Diccionario Durvan
de la Lengua Española

Contiene en su integridad el LÉXICO y tomo 20 de la
GRAN ENCICLOPEDIA DEL MUNDO

publicada bajo los auspicios de
DON RAMÓN MENÉNDEZ PIDAL
Director de la Real Academia Española

Prólogo de
DON JULIO CASARES
Secretario perpetuo de la Real Academia Española

*Etimologías, refranes, locuciones, modismos,
términos técnicos, americanismos, selección de
sinónimos y equivalencias en seis idiomas:
inglés, francés, alemán, ruso, portugués e italiano.*

DURVAN, S. A. DE EDICIONES - Bilbao

Distribución general: **EDITORIAL MARIN, S. A.**
Barcelona - Bogotá - Buenos Aires - México - Santiago - Río de Janeiro

Depósito legal: BI. 1075-1979
I.S.B.N. 84-85001-40-0

Publicada por **Durvan, S. A. de Ediciones.** Colón de Larreátegui, 13 - Bilbao-1,
Impresa en España por Artes Gráficas Grijelmo, S. A. - Uribitarte, 4 - Bilbao-1

PRINTED IN SPAIN

Prólogo

El léxico, como archivo idiomático, constituye a su manera una enciclopedia simbólica de todos los conocimientos humanos. *Toda idea, sentimiento, tendencia; todo ente, realidad, abstracción o verdad cósmica tiene expresión adecuada en las palabras, al través de sus diversas acepciones y, en todo caso, la posee virtual e indirectamente en la fraseología que forma parte integrante del tesoro verbal del idioma. Este tesoro, que se ha ido formando y perfeccionando a lo largo de varios siglos es, al propio tiempo, el reflejo fiel del paulatino desarrollo de una cultura que, por lo que toca a los pueblos hispanos, puede hoy compararse sin desdoro con las más avanzadas de Occidente; por ello la posesión de un rico vocabulario entraña una gran variedad de nociones, embrionarias en algún caso, pero susceptibles de ulterior precisión y perfeccionamiento.*

Por otra parte, la palabra sirve no sólo para exteriorizar la propia personalidad, o sea para expresar nuestras ideas, voliciones y sentimientos y para comunicarlos a nuestros semejantes, sino que nos ayuda a pensar, ya que sin la palabra la inteligencia carecería de base firme para el ejercicio de su propia actividad y habría de trabajar, por decirlo así, en el vacío. De aquí que un diccionario sea la más preciosa herramienta con que pueden contar el estudiante, el escritor, el investigador y, en general, todo aquel que pretenda elevarse a la categoría de persona culta. Recuérdese que entre las pruebas imaginadas para medir el grado de inteligencia en las Universidades y otros Centros docentes figura el «test» de vocabulario, cuyos resultados permiten formular un diagnóstico bastante aproximado de la formación y de la capacidad mental del individuo sometido a la prueba.

Ha servido de base para la compilación del presente léxico la última edición del Diccionario de la Academia Española, publicada en 1956, y no sólo se han incluido en la presente obra todos los artículos registrados en dicho Diccionario, sino que se han añadido muchas palabras y acepciones, en su mayoría tecnicismos y americanismos, así como voces recientemente aprobadas por la Academia para la próxima edición de su Diccionario.

Las equivalencias en portugués, inglés, francés, alemán, italiano y ruso que aquí figuran serán un complemento muy útil para delimitar los valores semánticos contenidos en las definiciones y podrán servir para eventuales trabajos de traducción, todo lo cual esperamos que ha de ser muy apreciado por los usuarios de la presente obra.

Madrid, mayo de 1964

JULIO CASARES
Secretario perpetuo
de la Real Academia Española

NORMAS PARA EL USO DEL PRESENTE «DICCIONARIO»

Contenido

En la explicación de las palabras encontrará el lector: 1) las definiciones más aceptadas; 2) las etimologías fundamentales (en caracteres griegos las de tal procedencia); 3) la morfología lexicográfica (si la voz es adjetivo, verbo, etc.); 4) el lugar de uso de la palabra, si aquel es limitado (Ávila, América, etc.); 5) la categoría técnica (Biología, Astronáutica, germanismo, lunfardo, etc.); 6) las diversas acepciones del vocablo, hasta más de veinte diferentes en algunos casos; 7) frases, modismos y refranes castellanos en los cuales entra aquella palabra. Por otra parte, este léxico cataloga: 8) numerosos modismos latinos, a menudo citados en textos españoles; 9) voces y expresiones extranjeras usuales en el habla actual de los países civilizados; 10) la equivalencia de palabras clave en los seis grandes idiomas occidentales (las del ruso en caracteres cirílicos); 11) neologismos, americanismos y tecnicismos, no incluidos aún en el *Diccionario de la Real Academia*, pero respecto de los cuales se señala aquí si han sido ya aceptados por dicha Academia hasta el momento de entrar en máquina el presente volumen (las voces señaladas con un circulito) o si no consta todavía de tal aceptación (las voces precedidas de un asterisco); 12) una selección de sinónimos para uso corriente y orientación general.

Se ha prescindido de algunas acepciones anticuadas, especialmente las de significado completamente discorde con la mentalidad actual, y de ciertos refranes y locuciones anacrónicos, nacidos en unas circunstancias de vida tan distintas de las actuales que al hombre de nuestros días le resultan completamente ininteligibles, pues, salvo en casos excepcionales, la presencia de tales expresiones, en vez de contribuir al buen uso del idioma puede dificultarlo engendrando confusión.

Al igual que en el *Diccionario de la Real Academia*, tampoco figuran aquí con entrada propia los aumentativos, diminutivos y superlativos de formación regular, muchos adverbios terminados en *mente* y los despectivos de fácil formación, a menos que tales voces posean algún significado especial que aconseje artículo aparte.

Al especificar los **americanismos** hemos tenido en cuenta su área de difusión. Si ésta abarca cierto número de países de habla hispánica pertenecientes al continente americano les precede la abreviatura AMÉR.; cuando el uso de la palabra se circunscribe a uno o a pocos estados, figura con la abreviatura o abreviaturas de los mismos.

ORDENACIÓN

El **orden alfabético** de las entradas es riguroso y se ajusta a las mismas normas que sigue el *Diccionario de la Real Academia*.

En la ordenación de las distintas **acepciones** de un mismo vocablo van primero las de uso vulgar y corriente; después las anticuadas aquí incluidas, las familiares, las figuradas, las provinciales e hispanoamericanas, las de germanía y lunfardo y, por último, los tecnicismos.

Los **refranes, frases, locuciones,** etc., aparecen en el artículo correspondiente a uno de los vocablos principales, a los cuales atribuimos a este efecto el siguiente orden de preferencia: substantivo o cualquier palabra substantivada, verbo, adjetivo, pronombre y adverbio. Si existen varias palabras de la misma categoría gramatical en la locución, ésta se incluye en el artículo correspondiente a la palabra, que además de ser la más importante, según lo dicho, figura en primer lugar. En algunos casos, por razones semánticas y para dar mayor facilidad al usuario del DICCIONARIO, la locución aparece en más de un artículo.

Las **equivalencias** en los seis idiomas fundamentales, por este orden, portugués, inglés, francés, alemán, italiano y ruso, se refieren a la primera acepción de la palabra española correspondiente, a no ser que se indique expresamente lo contrario.

ANEXO

La lista de **sinónimos** final constituye una selección de palabras afines con vistas a orientar al lector para menesteres corrientes. Importa, sin embargo, tener presente que en rigor apenas existen sinónimos absolutos o propiamente tales en un mismo idioma —si es que de veras hay algunos—, de modo que cuanto más densa y extensa fuere la lista de las voces así clasificadas, más peligro se correrá de confundir el verdadero significado de una palabra determinada con el de otras burdamente equivalentes. No se emplee, por lo tanto, «sinónimo» alguno sin percatarse bien de su peculiar matiz, definido con suficiente precisión en el cuerpo del presente DICCIONARIO.

DIRECTOR: **Francisco M. Biosca;** JEFE EJECUTIVO DE PRODUCCIÓN: **Luis Rodrigo**

Se han encargado de la redacción, ordenación y revisiones técnica y general:

Albéniz, José Fernando, Publ.; Arocena, Juan José, Corrector; Aróstegui, José María, Corrector; Baranyai, Carlota, Prof. Idiom.; Basauri, Francisco, Prof. Merc.; Biosca, Francisco M., Dr. Fil.; Díaz-Retg, Enrique, Lexicól.; Freire, Antonio, Prof. de Ruso; García, Gregorio, Prof. Merc.; Guijarrubia, Santiago, Corrector; Irigoyen, Julio Luis, Corrector; Lazúrtegui, Mari-Carmen, Secret. de Dirección; Marqués, Juana, Maest. Nac.; Nieto, Julián, Maest. Nac.; Ortega, Emilio, Lic. Fil. y Let.; Pastor, Pablo, Corrector; Pericacho, Julia, Prof. de Ruso; Puertas, Ángel, Publ.; Rebollo, Ángel, Maest. Nac.; Rodrigo, Julián, Lic. Der.; Rodrigo, Luis, Int. Merc.; Unanua, Julio, Regente de Art. Gráf.; Zamalloa, José María, Lic. Der.

ABREVIATURAS

A.	alemán	b. gr.	bajo griego	EQUIT.	Equitación
abl.	ablativo	BIBLIOG.	Bibliografía	ESC.	Escultura
Abrev.	Abreviación	BIOL.	Biología	escand.	escandinavo
acep., aceps.	acepción, acepciones	BIOQUÍM.	Bioquímica	ESGR.	Esgrima
acus.	acusativo	BLAS.	Blasón	esp.	español
ACÚST.	Acústica	b. l.	bajo latín	ESTAD.	Estadística
adj.	adjetivo	BOL.	Bolivia	ESTÁT.	Estática
ADM.	Administración	BOT.	Botánica	etim.	etimología
ADM. PÚB.	Administración pública	burg.	burgalés	ETNOGR.	Etnografía
adv.	advervio o adverbial	BURG.	Burgos	ETNOL.	Etnología
adv. afirm.	adverbio de afirmación	CÁC.	Cáceres	exclam.	exclamación
ad. c.	adverbio de cantidad	CÁD.	Cádiz	explet.	expletivo
adv. l.	adverbio de lugar	CALIGR.	Caligrafía	expr.	expresión
adv. m.	adverbio de modo	CAN.	Canarias	expr. elípt.	expresión elíptica
adv. neg.	adverbio de negación	CANT.	Cantería	EXTR.	Extremadura
adv. ord.	adverbio de orden	CARP.	Carpintería	F.	francés
adv. t.	adverbio de tiempo	CAST.	Castilla	f.	substantivo femenino
AERONÁUT.	Aeronáutica	cat.	catalán	fam.	familiar
AGR.	Agricultura	CAT.	Cataluña	FARM.	Farmacia
AGRIM.	Agrimensura	CATÓP. o CATÓPTR.	Catóptrica	FERR.	Ferrocarriles
al.	alemán	célt.	céltico	fest.	festivo o festiva
ÁL.	Álava	celtolat.	celtolatino	fig.	figurado o figurada
ALBAC.	Albacete	CERRAJ.	Cerrajería	FIL.	Filosofía
ALBAÑ.	Albañilería	CETR.	Cetrería	FILIP.	Filipinas
ÁLG.	Álgebra	CIBERN.	Cibernética	FILOL.	Filología
ALIC.	Alicante	CINEG.	Cinegética	FÍS.	Física
ALM.	Almería	CINEMAT.	Cinematografía	FISIOL.	Fisiología
al. mod.	alemán moderno	CIR.	Cirugía	FITOPAT.	Fitopatología
ALQ.	Alquimia	colect.	colectivo	flam.	flamenco
amb.	ambiguo	CITOLOG.	Citología	FON.	Fonética
AMÉR.	América	COLOM.	Colombia	FOR.	Forense
AMÉR. CENTRAL.	América Central	com.	común de dos	FORT.	Fortificación
AMÉR. MERID.	América Meridional	COM.	Comercio	FOTOGR.	Fotografía
ANAT.	Anatomía	comp.	comparativo	fr.	francés
AND.	Andalucía	conj.	conjunción	fr., frs.	frase, frases
ant.	anticuado o anticuada	conj. advers.	conjunción adversativa	fr. proverb.	frase proverbial
ANT.	Antillas	conj. comp.	conjunción comparativa	frec. o frecuent.	verbo frecuentativo
ant. al.	antiguo alemán	conj. cond.	conjunción condicional	FREN.	Frenología
ant. fr.	antiguo francés	conj. copulat.	conjunción copulativa	fut.	futuro
ANTROP.	Antropología	conj. distrib.	conjunción distributiva	gaél.	gaélico
Apl.	Aplicado	conj. disyunt.	conjunción disyuntiva	GAL.	Galicia
Apl. a pers. ú.t.c.s.	Aplicado a personas	conj. ilat.	conjunción ilativa	gall.	gallego
	úsase también como	Contracc.	contracción	gén.	género
	substantivo	CÓRD.	Córdoba	GENÉT.	Genética
apóc.	apócope	corrup.	corrupción	genit.	genitivo
ár.	árabe	C. REAL	Ciudad Real	GEOD.	Geodesia
AR.	Aragón	C. RICA	Costa Rica	GEOFÍS.	Geofísica
arag.	aragonés	CRISTALOG.	Cristalografía	GEOGR.	Geografía
arauc.	araucano	CRONOL.	Cronología	GEOL.	Geología
arc.	arcaico o arcaica	CUENC.	Cuenca	GEOM.	Geometría
ARGENT.	Argentina	d.	diminutivo	ger.	gerundio
ARIT.	Aritmética	dat.	dativo	germ.	germánico
ARQ.	Arquitectura	defect.	verbo defectivo	GERM.	Germanía
ARQUEOL.	Arqueología	Del m. or.	Del mismo origen	GNOM.	Gnomónica
ART. Y OFIC.	Artes y Oficios	DEP.	Deporte	gót.	gótico
art.	artículo	DER.	Derecho	gr.	griego
ART. MIL.	Arte Militar	der.	derivado	GRAB.	Grabado
ART.	Artillería	DER. CAN.	Derecho canónico	GRAM.	Gramática
AST.	Asturias	despect.	despectivo o despectiva	GRAN.	Granada
ASTROL.	Astrología	desus.	desusado	grecolat.	grecolatino
ASTRONÁUT.	Astronáutica	deter.	determinado	gr. mod.	griego moderno
ASTRON.	Astronomía	DIAL.	dialéctica	GUAD.	Guadalajara
ATOM.	Atomística	dialect.	dialectal	guar.	guaraní
aum.	aumentativo	DIÓP. o DIÓPTR.	Dióptrica	GUAT.	Guatemala
AUTOMOV.	Automovilismo	ECOLOG.	Ecología	GUAY.	Guayaquil
ÁV.	Ávila	ECON.	Economía	GUIP.	Guipúzcoa
AVIAC.	Aviación	ECON. POL.	Economía Política	hebr.	hebreo
azt.	azteca	ECUAD.	Ecuador	HERR.	Herrería
BACTERIOL.	Bacteriología	ELECTR.	Electricidad	HIDRÁUL.	Hidráulica
BAD.	Badajoz	ELECTROL.	Electrología	HIDROM.	Hidrometría
BAL.	Baleares	ELECTRÓN.	Electrónica	HIG.	Higiene
BARC.	Barcelona	EL SALV.	El Salvador	HIST.	Historia
b. bret.	bajo bretón	EMBRIOL.	Embriología	HIST. NAT.	Historia Natural
berb. o berber.	berberisco	ENCUAD.	Encuadernación	HIST. RELIG.	Historia Religiosa

HISTOL.	Histología
hol.	holandés
HORT.	Horticultura
HOND.	Honduras
I.	inglés
ibér.	ibérico
imper. o imperat..	imperativo
impers.	verbo impersonal
IMPR.	Imprenta
incoat.	verbo incoativo
incongr.	incongruencia
indet.	indeterminado
IND.	Industria
indic.	indicativo
INDUM.	Indumentaria
infinit.	infinitivo
infl.	influido
INGEN.	Ingeniería
ingl.	inglés
intens.	intensivo
interj.	interjección
intr.	verbo intransitivo
inus.	inusitado o inusitada
irl.	irlandés
irón.	irónico o irónica
irreg.	irregular
It.	italiano
ital.	italiano
iterat.	iterativo
JERIG.	Jerigonza
JURISP.	Jurisprudencia
l.	latín
l. mod.	latín moderno
l. pop..	latín popular
LING.	Lingüística
LEGISLA.	Legislación
Lit.	Literalmente
LIT.	Literatura
LITURG.	Liturgia
loc.	locución
loc. adv. lat.	locución adverbial latina
LÓG.	Lógica
LOGR.	Logroño
m.	substantivo masculino
m. y f.	substantivo masculino y femenino
m. adv., ms. advs..	modo adverbial, modos adverbiales
m. conjunt. advers.	modo conjuntivo adversativo
m. conj.	modo conjuntivo
m. conj. condic.	modo conjuntivo condicional
MÁL.	Málaga
MAR.	Marina
MAR. MIL.	Marina Militar
MAT.	Matemáticas
MEC.	Mecánica
MECANOGR.	Mecanografía
MED.	Medicina
MÉJ.	Méjico
mejic.	mejicano
METAL.	Metalurgia
metapl.	metaplasmo
metát.	metátesis
METEOR.	Meteorología
MÉTR.	Métrica
METROL.	Metrología
MICROBIOL.	Microbiología
MIL.	Milicia
MIN.	Minería
MINER.,MINERAL..	Mineralogía
MIT.	Mitología
mod.	moderno
MONT.	Montería
MURC.	Murcia
MÚS.	Música
n.	neutro
NÁUT.	Náutica
NAV.	Navarra
neerl.	neerlandés
neg.	negación
negat.	negativo o negativa
NEOL.	Neologismo
NICAR.	Nicaragua
nominat..	nominativo
nórd.	nórdico
n. p.	nombre propio
núm., núms.	número, números
NUMISM.	Numismática
OBST.	Obstetricia
OCEANOG.	Oceanografía
OCULT.	Ocultismo
ODONT.	Odontología
OFTALM.	Oftalmología
onomat.	onomatopeya
ÓPT.	Óptica
ORTOGR.	Ortografía
P.	portugués
p.	participio
p.a.	participio activo
PAL.	Palencia
PALEONT.	Paleontología
PAN.	Panamá
PAR.	Paraguay
part. comp.	partícula comparativa
part. conjunt.	partícula conjuntiva
part. insep.	partícula inseparable
PAT.	Patología
PED.	Pediatría
pers.	persona
PERSP.	Perspectiva
p.f.	participio de futuro
p.f.p.	participio de futuro pasivo
PINT.	Pintura
PIROT.	Pirotecnia
pl.	plural
poét.	poético o poética
POLÍT.	Política
PONT.	Pontevedra
pop.	popular
pol.	polaco
Por anal.	Por analogía
Por antonom.	Por antonomasia
Por ej.	Por ejemplo
Por excel.	Por excelencia
Por ext.	Por extensión
port.	portugués
p.p.	participio pasivo
p. us.	poco usado
pref.	prefijo
PREHIST.	Prehistoria
prep.	preposición
prep. insep.	preposición inseparable
pres.	presente
pret.	pretérito
P. RICO	Puerto Rico
priv. o privat.	privativo o privativa
pron.	pronombre
pron. dem.	pronombre demostrativo
pron. pers.	pronombre personal
pron. poses.	pronombre posesivo
pron. relat.	pronombre relativo
pronun. and.	pronunciación andaluza
pronun. esp.	pronunciación española
PROS.	Prosodia
prov.	provenzal
PROV. VAS.	Provincias Vascongadas
PSICOANÁL..	Psicoanálisis
PSICOL.	Psicología
p. us.	poco usado
quich.	quichua
QUÍM.	Química
QUÍM. E IND.	Química e Industria
QUIMIOTERAP.	Quimioterapia
R.	ruso
r.	verbo reflexivo
RADIOTELEC.	Radiotelecomunicación
RADIO.	Radiodifusión
RADIOTEC.	Radiotecnia
R. DE LA PLATA	Río de la Plata
RADIOL.	Radiología
RADIOTEL.	Radiotelegrafía
rec.	verbo recíproco
ref., refs.	refrán, refranes
reg.	regular
regres.	regresivo
REL.	Religión
RELOJ.	Relojería
REP. DOMIN.	República Dominicana
RET.	Retórica
rioj.	riojano
RIOJA	Rioja
s.	substantivo
S.	siglo
SAL.	Salamanca
SALV.	San Salvador
sánscr.	sánscrito
SANT.	Santander
sant.	santanderino
SEG.	Segovia
sent.	sentido
separat.	separativo o separativa
SEV.	Sevilla
sing.	singular
SOCIOL.	Sociología
SOR.	Soria
subj.	subjuntivo
suf.	sufijo
sup.	superlativo
t.	tiempo
TAUROM.	Tauromaquia
TEATR.	Teatro
TÉCN. IND.	Técnica Industrial
TECN.	Tecnicismo
TELEF.	Telefonía
TELEFOT.	Telefotografía
TELEGR.	Telegrafía
TELEV.	Televisión
TEOL.	Teología
TER.	Teruel
TERAP.	Terapéutica
term.	terminación
teutón.	teutónico
t. f.	terminación femenina
TINT.	Tintorería
TOCOL.	Tocología
TOL.	Toledo
TOPOGR.	Topografía
tr.	verbo transitivo
TRIG. o TRIGON.	Trigonometría
Ú. o ú.	Úsase
Ú.c.s.m.	Úsase como substantivo masculino
Ú.m.	Úsase más
Ú.m. con neg.	Úsase más con negación
Ú.m.c.r.	Úsase más como reflexivo
Ú.m.c.s.	Úsase más como substantivo
Ú.m. en pl.	Úsase más en plural
URUG.	Uruguay
Usáb. o usáb.	Usábase
Ú.t.c.adj.	Úsase también como adjetivo
Ú.t.c.intr.	Úsase también como intransitivo
Ú.t.c.r.	Úsase también como reflexivo
Ú.t.c.s.	Úsase también como substantivo
Ú.t.c.tr.	Úsase también como transitivo
Ú.t. en pl.	Úsase también en plural
Ú.t. en sing.	Úsase también en singular
V.	Véase
VAL.	Valencia
VALL. o VALLAD.	Valladolid
vasc.	vascuence
VENEZ.	Venezuela
VETER.	Veterinaria
visigót.	visigótico
VIZ. o VIZC..	Vizcaya
vocat.	vocativo
VOL.	Volatería
vulg.	vulgar
ZAM.	Zamora
ZAR.	Zaragoza
ZOOL.	Zoología
ZOOT.	Zootecnia

A

A. f. Primera letra del abecedario español. ‖ **2.** Fís. Con esta letra, mayúscula, represéntase la primera de las rayas de Fraunhofer del espectro solar; es asimismo la abreviatura de amperio. ‖ **3.** Quím. Símbolo del argón. ‖ A *por* A *y be por be.* m. adv. fig. Punto por punto.

A. (l. *ad.*) prep. Denota: **1.** Complemento de la acción del verbo. *Respeta* A *los padres.* ‖ **2.** Dirección o término: *Voy* A *Madrid; estas cartas van destinadas* A *tu hermano;* y en frases elípticas imperativas: *¡*A *la cárcel! ¡*A *estudiar!* ‖ **3.** Lugar o tiempo en que sucede alguna cosa. *Le detuvieron* A *la puerta; volveré* A *la noche.* ‖ **4.** Situación: A *la izquierda del presidente;* A *poniente.* ‖ **5.** Intervalo de lugar o de tiempo: *De acera* A *acera; de la mañana* A *la tarde.* ‖ **6.** El modo de la acción: A *caballo;* A *golpes.* ‖ **7.** Precio: A *veinte pesetas el metro.* ‖ **8.** Distribución proporcional: *Dos* A *dos;* A *cuatro por ciento.* ‖ **9.** Comparación o contraposición: *Va mucho de Julia* A *Teresa; de aconsejar una cosa* A *hacerla.* ‖ **10.** Equivale a «con»: *quien* A *hierro mata,* A *hierro muere.* ‖ **11.** «Hacia»: *Se fue* A *él como una fiera.* ‖ **12.** «Hasta»: *Pasó el río con el agua* A *la cintura.* ‖ **13.** «Junto a»: A *la puerta de casa.* ‖ **14.** «Para»: A *beneficio del público.* ‖ **15.** «Por»: A *instancias mías.* ‖ **16.** Da principio a muchos modos y frases adverbiales: A *la francesa;* A *bulto;* A *obscuras;* A *tientas.* ‖ **17.** Se usa como prefijo: A*coger.*

A. (gr. ά priv.). Partícula inseparable que denota privación o negación. *Acromático, Ateísmo.*

AARÓNICO, CA. adj. Perteneciente a Aarón. ‖ P. aarónico; I. aaronic; F. aaronien; A. aaronisch; It. aaronnico; R. аароникий.

AARONITA. adj. Descendiente de Aarón. Ú.t.c.s. ‖ **2.** Perteneciente o relativo a Aarón.

AB. (l. *ab.*) Prep. lat. empleada en algunas frases latinas introducidas en nuestro idioma, como AB *initio,* AB *aeterno.*

¡ABA! (l. *apáge.*) interj. p. us. ¡Cuidado!, ¡quita!

ABAB. m. Marinero turco libre que se empleaba en las galeras a falta de forzados.

ABABA. (Der. regres. de ababol.) f. Ababol, 1.ª acep.

★ **ABABÁN.** m. Bot. Arbolillo silvestre de fruto comestible. Pertenece a la familia de las leguminosas, subfamilia de las cesalpinieas y se cría en la América Meridional.

★ **ABABANGAY.** m. Bot. Planta arbórea, sarmentosa y trepadora, de la familia de las bignoniáceas, muy común en el archipiélago filipino. Se llama científicamente *bignonia indica.* Sus hojas se emplean para la curación de las úlceras.

★ **ABÁBAYA.** m. Nombre caribe del papayo.

ABABILLARSE. r. Chile. Enfermar de la babilla un animal.

ABABOL. (ár. *hababur,* y éste el l. *papaver.*) m. Bot. Amapola. ‖ **2.** fig. Persona distraída, abobada. ‖ P. papaula; I. poppy; F. coquelicot; A. Klatschrose; It. rosolaccio; R. мак.

★ **ABABRA.** f. Bot. Calabaza originaria de Portugal.

★ **AB ABRUPTO.** loc. adv. lat. Bruscamente, sin preparación previa.

★ **ABABUY.** m. Bot. Ant. Nombre indígena del arbusto *Ximenia americana,* llamado también ciruelo espinoso por producir un fruto comestible parecido a la ciruela.

ABACÁ. (Voz filipina.) m. Bot. Planta musácea, de unos 3 m de altura, cuyas hojas tienen un filamento textil que se prepara para la industria. Se cría en Oceanía. ‖ **2.** Tejido hecho con dicho filamento.

★ **ABACADO.** m. Bot. Nombre del aguacate en las Antillas.

★ **ABACANTO.** (gr. ἀπό, lejos de, y ἄκανθα, espina.) m. Zool. Pez marino sin espina.

★ **ABACARIS.** m. pl. Tribu india del Perú, que habitaba en las márgenes del Marañón.

★ **ABACAROS.** m. pl. Nombre de los naturales de las cercanías del río Madeira, afluente del Amazonas.

★ **ABACÁS.** m. pl. Etnog. Indígenas malayos de la isla de Luzón (Filipinas); reciben su nombre del río Abacá.

★ **ABACATES.** m. pl. Etnog. Indios brasileños asentados al este de Mato Grosso.

★ **ABACATIARES.** m. pl. Etnog. Indios brasileños que habitaban las islas del río San Francisco hasta que al aumentar la población blanca se trasladaron al continente.

★ **ABACATUAYA.** m. Zool. Nombre que se da a un pez del Brasil, llamado también pez gallo. En otras regiones de la América Meridional se llama abacatuxia.

ABACERÍA. (De *abacero.*) f. Tienda donde se vende por menor aceite, legumbres secas, bacalao, etc. ‖ P. merceeiro; I. grocer; F. épicerie; A. Spezereihandlung; It. droghiera; R. бакалейная лавка.

ABACERO, RA. (l. *abaz,* aparador.) m. y f. Persona que tiene abacería. ‖ P. merceeiro; I. grocer; F. épicier; A. Gewürzkrämer; I. droghiere; R. лавочник.

★ **ABACIA.** f. Bot. Amér. Planta dicotiledónea de las regiones ecuatoriales de América, clasificada generalmente como liliácea.

ABACIAL. (l. *abbatialis.*) adj. Perteneciente o relativo al abad, a la abadesa o a la abadía. ‖ P. abacial; I. abbatial; F. abbatial; A. äbtlich; It. abbaziale; R. аббатский.

ÁBACO. (l. *abácus,* y éste el gr. ἄβαξ.) m. Cuadro de madera con alambres paralelos y en cada uno de ellos diez bolas movibles, usado para enseñar a los niños los rudimentos del cálculo. ‖ **2.** Por ext., toda otra tabla o cuadro usado para el cómputo. ‖ **3.** Arq. Parte superior en forma de tablero que corona el capitel. ‖ **4.** Min. Artesa usada en las minas para lavar los minerales, especialmente los de oro. ‖ P. ábaco; I. abacus; F. abaque; A. Abakus; It. abaco; R. счёты.

★ **ABACOA.** f. Zool. Cuba. Albacora.

★ **ABACORADO, DA.** p.p. de abaco-

rar. ‖ **2.** adj. Colom. y Venez. Acosado, hostigado, oprimido.

★ **ABACORAR.** tr. Colom. y Venez. Acosar, hostigar, oprimir. ‖ **2.** Amér. Acometer una empresa con osadía temeraria. ‖ **3.** intr. Cuba. Arrimarse a la pareja en el baile de modo indecoroso.

★ **ABACOSA.** f. Bot. Arveja, veza.

★ **ABACOTE.** m. Doble corona, sin adornos, que los reyes de Inglaterra usaban antiguamente. ‖ **2.** Vara del gran maestre de los Templarios, que llevaba grabada en el puño la cruz de la Orden.

★ **ABACTOR.** (l. *abactor,* abigeo.) m. Cuatrero, ladrón de ganado.

★ **ABÁCULO.** (l. *abacúlus,* dim. de *abácus,* tablero.) m. Cubo de cristal, que imita una o varias piedras de color.

ABAD. (l. *abbas, -átis.*) m. Superior de un monasterio o colegiata. ‖ **2.** Dignidad en los antiguos cabildos de algunas catedrales. ‖ **3.** Dábase también este nombre a los que usaban hábito eclesiástico, como los sacerdotes o estudiantes de las universidades. ‖ **4.** Nombre que dan al cura en algunas provincias del N de España. ‖ **5.** Eclesiástico que preside un cabildo. ‖ **6.** Nombre que se da al Hermano mayor en algunas cofradías. ‖ **7.** Persona lega que por derecho de sucesión posee una abadía con frutos secularizados. ‖ **8.** Abadejo, insecto muy parecido a la cantárida. ‖ **—bendito.** El que ejerce jurisdicción casi episcopal. ‖ **—de oratorio.** Título del archicapellán del palacio de la antigua corte real de Francia. ‖ **—ecuménico.** Título que se dio a algunos monjes griegos. ‖ **—exento.** El independiente del obispo, sometido solamente a la jurisdicción papal. ‖ **—mitrado.** El que usa o puede usar insignias episcopales. ‖ *El* ABAD *de San Elpidio.* El que, no teniendo ocupación alguna, espera siempre colocarse en situación encumbrada y lucrativa, sin obtenerla jamás. ‖ *Como canta el* ABAD, *responde el monacillo,* o *responde el sacristán.* ref. que indica que los súbditos se ajustan al proceder de los superiores. ‖ P. abade; I. abbot; F. abbé; A. Abt; It. abate; R. аббат.

ABADA. f. Zool. Rinoceronte.

★ **ABADANAR.** tr. Convertir en badana. ‖ **2.** Dar a una cosa color, forma o aspecto de badana.

★ **ABADAVINA.** f. Zool. Nombre aplicado al verderón por algunos naturalistas.

ABADEJO. m. Bacalao. ‖ **2.** Zool. Género de peces gádidos entre cuyas especies se encuentran el bacalao o abadejo común. ‖ **3.** Nombre que suele darse al reyezuelo (pájaro) y también a la carraleja (insecto). ‖ **4.** Zool. Coleóptero venenoso, de la familia de los cantáridos, cuya cabeza es algo parecida a una mitra. ‖ **5.** Zool. Pez del mar de las Antillas, de color bruno y escamas pequeñas y rectangulares. Su nombre científico es *serranus intertialis,* y su carne es muy delicada. ‖ P. bacalhau, badejo; I. codfish; F. morue; A. Stockfisch, Kabeljau; It. baccalá; R. треска.

ABADENGO, GA. adj. Perteneciente o relativo a la dignidad o jurisdicción de

A

abad. *Bienes* ABADENGOS. ‖ **2.** m. Abadía. ‖ **3.** Poseedor de territorio o bienes abadengos. ‖ **P.** abacial; **I.** abbatial; **F.** abbatial; **A.** äbtlich; **It.** abbaziale; **R.** аббатский.

ABADERNAR. tr. MAR. Sujetar con badernas. ‖ **P.** abadernar; **I.** to nip; **F.** assujétir avec des badernes; **A.** mit der Serving festmachen; **It.** badernare.

ABADESA. (l. *abbatissa.*) f. Superiora en ciertas comunidades religiosas. ‖ **P.** abadessa; **I.** abbess; **F.** abbesse; **A.** Äbtissin; **It.** abbadessa; **R.** аббатисса.

ABADÍ. adj. Dícese del descendiente de Mohamed-ben-Ismail-ben-Abbad, que a la caída del Califato de Córdoba fundó un reino de taifas en Sevilla. Ú.t.c.s.m.

ABADÍA. (l. *abbatia.*) f. Dignidad de abad o abadesa. ‖ **2.** Iglesia o monasterio regido por abad o abadesa. ‖ **3.** Territorio, jurisdicción o rentas pertenecientes al abad o a la abadesa. ‖ **4.** En algunas provincias, casa del cura. ‖ **5.** Especie de luctuosa que se paga al párroco a la muerte de un feligrés, especialmente en Galicia. ‖ **P.** abadia; **I.** abbey; **F.** abbaye; **A.** Abtei; **It.** abadia; **R.** аббатство.

ABADIADO. m. Abadía, 1.ª, 2.ª y 3.ª aceps.

ABADIATO. m. Abadía.

★ **ABADIOTAS** o **ABDIOTAS.** m. pl. ETNOG. Tribu de origen árabe y sarraceno que vive en la isla de Creta.

★ **ABADIR.** m. Piedra que se empleaba antiguamente para fabricar ídolos.

★ **ABADIVA.** m. ZOOL. Pez gádido, comestible, parecido al bacalao. Vive en los mares del Norte.

AB AETERNO. loc. adv. lat. Desde la eternidad. ‖ **2.** Desde muy antiguo.

★ **ABAFO, FA.** (gr. ἄβαφος, sin empapar.) adj. Dícese de lo que está sin teñir. ‖ **P.** não tinto; **I.** undyed; **F.** non teint; **A.** ungefärbt; **It.** non tinto; **R.** не красенный.

★ **ABAGI.** m. NUMISM. Moneda persa de plata.

★ **ABAGÓ.** m. COLOM. Entre rústicos, lo mejor o más escogido de algo.

★ **ABAI.** m. Nombre dado en Japón al calicanto. ‖ **2.** Mes de agosto entre los turcos. ‖ **3.** Vestido usado en Siria.

★ **ABAINEO.** m. MÉTR. Medida para áridos usada en Cebú (Filipinas).

ABAJADERO. (De *abajar.*) m. Cuesta o terreno en pendiente. ‖ **P.** declive; **I.** slope; **F.** terrain en pente; **A.** Abhang; **It.** pendio; **R.** склон.

ABAJAMIENTO. m. Acción de abajar. ‖ **2.** Bajeza. ‖ **P.** abaixamento; **I.** abasement, descending; **F.** descente; **A.** niedrigermachen; **It.** abbassamento **R.** низость.

ABAJAR. intr. y tr. Bajar. ‖ **P.** abaixar; **I.** to abase, to descend; **F.** descendre; **A.** fallen lassen; **It.** abbassare; **R.** нагибать.

ABAJEÑO, ÑA. adj. MÉJ. El que procede de las costas o tierras bajas. Ú.t.c.s.

ABAJO. adv. Hacia el lugar o parte inferior. ‖ **2.** En lugar inferior. ‖ **3.** En lugar posterior, o que está después de otro, pero indicando inferioridad. Ú. hablando de libros o escritos. ‖ **4.** En dirección a lo que está más bajo respecto de lo que está más alto. *Cuesta* ABAJO. ‖ **5.** ¡ABAJO! interj. que indica desaprobación de algo o alguien que nos desagrada y quisiéramos que desapareciese. ‖ **P.** abaixo; **I.** down; **F.** en bas; **A.** hinab; **It.** abbasso; **R.** вниз.

ABAJOR. m. ant. Bajura, bajeza.

ABAJOTE. adj. vulg. aum. de abajo.

★ **ABAL.** (hindú *abaal,* o sánscr. *abala.*) m. BOT. Árbol caparidáceo de la India, cuyo fruto se usa como emenagogo.

★ **ABALA.** f. BOT. MÉJ. Ciruela de agua del Yucatán.

ABALADO, DA. p.p. de abalar. ‖ **2.** adj. ant. Fofo, esponjoso, especialmente la harina.

★ **ABALAGAR.** (l. *adpaleăre,* de *palla,* paja.) tr. Convertir en bálago o paja. ‖ **2.** Ponerse como el bálago o la paja.

★ **ABALALLAR.** tr. CUBA. Aballar. ‖ **2.** Abatir las plantas el viento o los animales, al pisar o acostarse.

★ **ABALANDRAR.** tr. Dar forma de balandra o aparejar como balandra.

ABALANZAR. tr. Poner la balanza en el fiel. ‖ **2.** Igualar. ‖ **3.** Lanzar violenta-

mente. Ú.t.c.r. ‖ **4.** r. Arrojarse inconsideradamente a decir o ejecutar algo.

ABALAR. tr. GAL., LEÓN y SAL. Mover rápidamente; agitar, tremolar. ‖ **2.** Mover de un lugar.

★ **ABALAR.** (l. vg. *advallare,* echar al valle.) tr. Mover de un lugar, echar abajo. ‖ **2.** SALV. Escapar.

ABALAUSTRADO, DA. p.p. de abalaustrar. ‖ **2.** adj. Balaustrado.

★ **ABALDESADO, DA.** p.p. de abaldesar. ‖ **2.** adj. Perteneciente o relativo al baldés. ‖ **3.** De piel semejante al baldés.

★ **ABALDESAR.** tr. Convertir la piel en baldés. ‖ **2.** Dar aspecto de baldés. ‖ **P.** cortir; **I.** to tan; **F.** tanner; **A.** lohen; **It.** conciare; **R.** выделывание кож.

ABALDONADAMENTE. adv. Con arrojo u osadía.

ABALDONAMIENTO. (De *abaldonar.*) m. ant. Atrevimiento, osadía.

ABALDONAR. tr. Envilecer. ‖ **2.** Afrentar, ofender. ‖ **P.** baldoar; **I.** to vilify; **F.** avilir; **A.** herabsetzen, erniedrigen; **It.** rinvilire; **R.** оскорблять.

ABALEADOR, RA. m. y f. Persona que abalea.

ABALEADURA. f. Acción y efecto de abalear. ‖ **2.** pl. Granzas que quedan después de abalear. ‖ **P.** maravalhas; **I.** chaff; **F.** balayures; **A.** Kehricht; **It.** vagliatura; **R.** веяние.

ABALEAR. (De *a* y *baleium,* escoba). tr. Separar los granzones y la paja gruesa del trigo y la cebada, con la escoba, después de aventado.

★ **ABALEAR.** (De *a* y *bala.*) tr. AMÉR. Tirotear.

ABALEO. m. Acción de abalear. ‖ **2.** Escoba con que se abalea. ‖ **3.** Nombre de varias plantas duras y espinosas de que se hacen escobas para abalear. ‖ **P.** cirandagem; **I.** cleaning grain; **F.** balayage; **A.** Worfeln; **It.** vagliatura; **R.** провеивание.

ABALIZAMIENTO. m. Acción y efecto de abalizar.

ABALIZAR. tr. MAR. Señalar con balizas algún paraje en aguas navegables. ‖ **2.** r. Marcarse. ‖ **P.** balizar; **I.** to lay down buoys; **F.** baliser; **A.** Bojen auslegen; **It.** metter segni; **R.** ставить баканы.

★ **ABALÓN.** m. BOT. AMÉR. Planta purgante americana que crece en suelos cenagosos.

★ **ABALÓN.** (De *abalear.*) m. ant. Cosa nimia, insignificante. ‖ **P.** ninharia; **I.** trifle; **F.** vétille; **A.** Kleinigkeit; **It.** bazzecola; **R.** ничтожный.

ABALORIO. m. Conjunto de cuentecillas de vidrio agujereada que, ensartadas, forman adornos y labores. ‖ **2.** Cada una de estas cuentecillas. ‖ **P.** avelórios; **I.** bead; **F.** verroterie; **A.** durchbohrte Glasperle; **It.** conteria; **R.** стеклянный бусы.

★ **ABALSAMAR.** (l. *balsamum.*) tr. Impregnar de bálsamo. ‖ **2.** Dar a un líquido las cualidades propias del bálsamo.

★ **ABALSERAR.** ANT. Formar balseros.

★ **ABALUARTADO, DA.** p.p. de abaluartar. ‖ **2.** adj. Dícese del sistema de fortificación dotado de baluartes. ‖ **P.** abaluartado; **I.** bulwarked; **F.** bastionné; **A.** mit Bollwerken versehen; **It.** bastionato; **R.** оплотанный.

ABALUARTAR. (De *a* y *baluarte.*) tr. Abastionar. ‖ **P.** abaluartar; **I.** to bulwark; **F.** bastionner; **A.** mit Bastionen versehen; **It.** bastionare; **R.** оплотить.

★ **ABALLADO, DA.** p.p. de aballar. ‖ **2.** CUBA. En una espesura, lugar donde la vegetación aparece abatida por haber encamado en ella algún animal.

ABALLAR. (De *a,* 2.º art., y el l. *vallus,* criba.) tr. e intr. Mover, 1.ª acep. Ú.t.c.r. ‖ **2.** SAL. Transportar o acarrear. ‖ **P.** abaixar, conduzir; **I.** to let down, to guide; **F.** abaisser, conduire; **A.** erniedrigen, führen; **It.** abbattere, condurre, guidare; **R.** сбить.

ABALLAR. (l. *ad,* a, y *vallem,* valle.) tr. ant. Echar abajo.

ABALLAR. (ital. *abbagliare,* rebajar.) tr. Amortiguar o esfumar las líneas y colores de una pintura.

ABALLESTAR. MAR. Tirar del medio de un cabo tenso, como se tira de una cuerda de ballesta. ‖ **P.** sirgar; **I.** to haul; **F.** haler; **A.** schleppen; **It.** alare; **R.** натягивать.

★ **ABAMA.** f. BOT. Planta liliácea de raíz purgante que abunda principalmente en los lugares pantanosos de Europa central.

★ **ABÁMITA.** (l. *ăbămita,* de *ab,* prep., y *ămită,* tía paterna.) f. Hermana del tatarabuelo paterno.

ABANAR. (l. *evannăre* por *evannĕre,* cribar.) tr. Hacer aire con el abano. ‖ **P.** abanar; **I.** to fan; **F.** éventer; **A.** fächeln; **It.** sventagliare; **R.** обмахивать веером.

ABANCALAR. tr. MURC. Desmontar un terreno y formar bancales en él. ‖ **P.** bancalar; **I.** to terrace; **F.** former des terrasses; **A.** terrassieren; **It.** terrapienare; **R.** делать грядки.

ABANDALIZAR. (De *a* y *bando,* bandera.) tr. Abanderizar, dividir en banderías. Ú.t.c.s. ‖ **2.** Formar bandos de facinerosos.

ABANDERADO. m. Oficial destinado a llevar la bandera de un regimiento o de un batallón de infantería. ‖ **2.** El que antiguamente servía de alférez para desempeñarle en llevar la bandera. ‖ **3.** El que lleva bandera en las procesiones u otros actos públicos. ‖ **P.** porta-bandeira; **I.** ensign-bearer; **F.** porte-drapeau; **A.** Fahnenträger; **It.** potabandiera; **R.** знаменосец.

ABANDERAMIENTO. m. Acción de abanderar.

ABANDERAR. tr. Matricular o registrar bajo la bandera de un Estado a un buque de nacionalidad extranjera. Ú.t.c.r. ‖ **P.** embandeirar; **I.** to register a ship; **F.** nationaliser un navire; **A.** eintragen; **It.** matricolare una nave; **R.** снабжать судно документами.

ABANDERÍA. f. ant. Bandería.

ABANDERIZADOR, RA. adj. Que abanderiza. Ú.t.c.s.

ABANDERIZAR. tr. Dividir en banderías. Ú.t.c.r. ‖ **2.** Acuadrillar. ‖ **3.** r. CHILE y PERÚ. Afiliarse en algún partido. ‖ **P.** abandar; **I.** to bard, to recruit; **F.** recruter; **A.** sich zusammenrotten; **It.** reclutare, assoldare; **R.** формировать банды, шайки.

ABANDONADO, DA. p.p. de abandonar. ‖ **2.** adj. Descuidado, desidioso. ‖ **3.** Sucio, desaseado. ‖ **4.** Alumbrado. ‖ **P.** abandonado; **I.** sloven; **F.** abandonné; **A.** verwahrlost; **It.** abbandonato; **R.** брошенный.

ABANDONAMIENTO. (De *abandonar.*) m. Abandono, 1.ª acep.

ABANDONAR. (fr. *abandonner,* y éste del germ. *Bann,* orden de castigo.) tr Desamparar o dejar a una persona o cosa. ‖ **2.** Dejar alguna cosa emprendida ya. ‖ **3.** r. fig. Dejarse dominar por afectos, pasiones o vicios. ‖ **4.** Confiarse uno a una persona o cosa. ‖ **5.** fig. Descuidar uno sus intereses y sus obligaciones o su aseo. ‖ **6.** fig. Caer de ánimo, rendirse en las adversidades. ‖ **P.** abandonar; **I.** to forsake; **F.** délaisser; **A.** verlassen; **It.** lasciare; **R.** покидать.

ABANDONISMO. m. Tendencia a abandonar sin lucha algo que poseemos o nos corresponde.

ABANDONISTA. adj. Perteneciente o relativo al abandonismo. ‖ **2.** Partidario del abandonismo. Ú.t.c.s.

ABANDONO. m. Acción y efecto de abandonar. ‖ **2.** FOR. Renuncia sin beneficiario determinado, con pérdida del dominio sobre cosas que recobran su condición de bienes *nullius* o adquieren la de mostrencos. ‖ **3.** FOR. Derecho del asegurado para exigir el pago del asegurador, dejando por cuenta de éste las cosas aseguradas, a consecuencia de accidentes del comercio marítimo. ‖ **P.** abandono; **I.** forlornness, abandonment; **F.** abandon; **A.** Verlassenheit; **It.** abbandono; **R.** оставление.

ABANEAR. (De *abano.*) tr. GAL. Mover, sacudir.

ABANERO, RA. adj. ant. Amaestrado, decíase del ave de cetrería.

ABANICAR. tr. Hacer aire con el abanico. Ú.m.c.r. ‖ **P.** abanar; **I.** to fan; **F.** éventer; **A.** fächeln, auslüften; **It.** ventilare; **R.** обмахивать веером.

ABANICAZO. m. Golpe dado con el abanico.

ABANICO. (d. de *abano.*) m. Instrumento para hacer o hacerse aire. El más común hoy tiene pie de varillas y país de tela, papel o piel, y se abre formando semicírculo. || 2. fig. Cosa de figura de abanico. || 3. fig. fam. Sable (arma). || 4. CUBA. Pieza de madera en forma de abanico, que sirve, en las vías férreas, para advertir al maquinista de una bifurcación. || 5. GERM. Espada. || 6. En algunas armaduras antiguas parte lateral del codal o de la rodillera. || 7. MAR. Especie de cabria hecha con elementos de a bordo. || *En* ABANICO. m. adv. En forma de abanico. || *Parecer uno* ABANICO *de tonta.* fr. fig. y fam. Moverse mucho y sin concierto. || P. leque; I. fan. F. éventail; A. Fächer; It. ventaglio; R. веер.

ABANILLO. (De *abano*.) m. Adorno de lienzo afollado de que se formaban ciertos cuellos alechugados. || 2. Abanico.

ABANINO. m. Adorno de gasa blanca con que las damas de la corte guarnecían el escote del jubón.

ABANIQUEO. m. Acción de abanicarse. || I. fanning; F. action de s'éventer; A. Fächeln; It. sventolamento; R. обмахивание веером.

ABANIQUERÍA. f. Fábrica o tienda de abanicos. || P. loja de venda de leques; I. fan-shop; F. éventaillerie; A. Fächerladen; It. bottega di ventaglii; R. мастерская вееров.

ABANIQUERO, RA. m. y f. Persona que hace o vende abanicos. || P. lequeiro; I. fan-maker; F. éventailler; A. Fächermacher; It. ventagliaio; R. мастер вееров.

ABANO. m. Abanico. || 2. Aparato en forma de abanico que, colgado del techo, sirve para hacer aire. || P. leque; I. fan; F. éventail; A. Fächer; It. ventaglio; R. веер, опахало.

★ ABANOS. m. pl. ETNOG. Indios colombianos asentados en el territorio de Caquetá.

★ ABANTAL. (De *ab* y *ante*.) m. Delantal. || 2. Abantal, mandil de los francmasones.

★ ABANTAR. intr. SAL. Rebosar el líquido de un recipiente al hervir. || 2. Jactarse, vanagloriarse.

ABANTO. m. Ave rapaz semejante al buitre pero más pequeña, con la cabeza y cuello cubiertos de pluma y de color blanquecino. Vive en el África septentrional y pasa en verano a Europa. || 2. Por ext., cualquiera otra ave de la familia de los buitres. || 3. adj. Dícese del hombre aturdido. || 4. Dícese del toro que al empezar la lidia parece aturdido.

ABAÑADOR, RA. m. y f. Persona que abaña.

ABAÑADURA. f. Acción de abañar.

ABAÑAR. (l. *evannāre*, de *vannus*, cribo.) tr. Seleccionar la simiente mediante un cribado especial.

★ ABAPO. m. BOT. Género de plantas amarilídeas semejantes al narciso.

★ ABAR. m. BOT. Nombre vulgar del árbol bignoniáceo *Millingtonia pinnata*, propio de Filipinas.

★ ABARAJAR. tr. NAV. Barajar. || 2. ARGENT. Coger una cosa en el aire. || 3. ARGENT. y URUG. Parar o esquivar los golpes de un adversario.

★ ABARANDAR. tr. REP. DOMIN. Tener a raya a alguien.

ABARAÑAR. (De *baraño*.) tr. SAL. Recoger y colocar ordenadamente los baraños de heno que los guadañeros dejan en el prado.

ABARATAMIENTO. m. Acción y efecto de abaratar. || P. baixa, barateio; I. cheapening; F. rabaissement; A. Preisverminderung, Verbilligung; It. ribasso; R. удешевление.

ABARATAR. tr. Disminuir o bajar el precio de una cosa, hacerla barata. || I. to cheapen; F. rabaisser; A. den Preis herabsetzen; It. rabaissare; R. удешевлять.

ABARBECHAR. tr. Barbechar.

ABARCA. (vasc. *abarca*.) f. Calzado de cuero crudo o de caucho, que cubre la planta de los pies, con reborde en torno, y se asegura con cuerdas o correas sobre el empeine y el tobillo. || 2. En algunas regiones, zueco.

ABARCADO, DA. adj. Calzado con abarcas.

ABARCADOR, RA. adj. Que abarca.

ABARCADURA. f. Acción y efecto de abarcar. || P. abarcamento; I. embracing.

F. embrassement; A. Umarmung; It. abbracciamento; R. охватывание.

ABARCAMIENTO. m. Abarcadura.

ABARCAR. (l. *ad*, a, y *brachium*, brazo.) tr. Ceñir con los brazos o con la mano alguna cosa. || 2. fig. Ceñir, rodear, comprender. || 3. Contener; implicar o encerrar en sí. || 4. Alcanzar con la vista. || 5. Tomar uno a su cargo muchas cosas o negocios a un tiempo. || 6. MÉJ. Acaparar. || 7. ECUAD. Empollar la gallina los huevos. || 8. MONT. Rodear un trozo de monte en que se supone hay caza. || 9. tr. AMÉR. Acaparar. || *Quien mucho* ABARCA, *poco aprieta*, ref. con que se significa que quien toma a su cargo muchos negocios a un tiempo, no suele desempeñar bien ninguno. || P. abarcar, conter; I. to embrace; F. embrasser; A. umarmen; It. abbraciare; R. охватывать.

★ ABARCIA. (gr. ἀπό, prep. priv., y ἀρνός, suficiente.) f. MED. Hambre canina.

ABARCÓN. (De *abarcar*.) m. Aro de hierro que en los coches antiguos afianzaba la lanza dentro de la punta de la tijera.

ABARCUZAR. tr. SAL. Abarcar. || 2. fig. SAL. Ansiar, codiciar.

★ ABAREMÓTEMO. m. BOT. Especie de acacia del Brasil, de la familia de las leguminosas. Su corteza se emplea contra las úlceras malignas.

★ ABÁRIDO. (gr. ἀ-βαρής, no pesado.) m. ZOOL. Género de insectos coleópteros de la familia de los carábidos, comunes en las zonas cálidas de América. || P. abarido; I. abaris; F. abaride; A. Leichtflügler; It. abaride.

ABARITONADO, DA. p.p. de abaritonar. || 2. adj. MÚS. Dícese del instrumento o voz de cualidades parecidas a las del baritono.

ABARLOAR. (De *a* y *barloa*.) tr. MAR. Colocar una embarcación al costado de otra o del muelle. Ú.t.c.r. || 2. r. fig. Arrimarse, relacionarse. || P. atracar; I. to lie alongside; F. être bord à bord; A. sorren; It. ormeggiare; R. пришвартовывать.

★ ABARMÓN. m. ZOOL. Pez escuálido del género *Scyllium*, semejante a la lija.

★ ABARQUE. m. ECUAD. Pollada o conjunto de pollos nacidos de una nidada. || 2. ECUAD. Pollazón o echadura de huevos para empollar de una vez.

ABARQUERO, RA. m. y f. Persona que hace o vende abarcas.

ABARQUILLADO, DA. p.p. de abarquillar. || 2. adj. De figura de barquillo. || P. encanudado; I. rolled up; F. roulé; A. nachenförmig, gebogen; It. incartocciato; R. изогнутый.

ABARQUILLAMIENTO. m. Acción y efecto de abarquillar o abarquillarse.

ABARQUILLAR. tr. Encorvar un cuerpo delgado y ancho, como pasta de barquillos, hojas de papel, lámina metálica, etc., sin que llegue a formar rollo. Ú.t.c.r. || P. enrolar; I. to roll up; F. enrouler; A. aufrollen; It. incartocciare; R. коробить.

ABARRACAR. intr. MIL. Acampar construyendo chozas o barracas. Ú.t.c.r. || P. abarracar; I. to barrack; F. baraquer; A. in Hütten lagern; It. barraccare; R. располагаться лагерем.

ABARRADO, DA. adj. Barrado. 2.ª acep.

ABARRAGANAMIENTO. (De *abarraganarse*.) m. Amancebamiento. || P. abarregamento; I. concubinage; A. Kebsehe; It. concubinato; R. внебрачная связь.

ABARRAGANARSE. (De *a* y *barragana*.) r. Amancebarse. || P. amancebar-se; I. to live in concubinage; F. vivre en concubinage; A. in wilder Ehe leben; It. vivere in concubinato; R. находиться во внебрачной связи.

★ ABARRAJADO, DA. adj. CHILE. Audaz, pendenciero. || 2. PERÚ y CHILE. Licencioso. Ú.t.c.s. || P. brigão; I. quarrelsome; F. querelleur; A. kühn; It. spaccamonti; R. сварливый.

ABARRAJAR. tr. Abarrar, atropellar. || 2. r. PERÚ. Encanallarse. || 3. MÉJ. Derribar. || 4. ECUAD. y MÉJ. Salir apresuradamente. || 5. PERÚ. Tropezar y caer al correr.

ABARRAMIENTO. m. Acción y efecto de abarrar.

ABARRANCADERO. m. Sitio donde

es fácil abarrancarse. || 2. fig. Negocio o lance de que no se puede salir fácilmente.

ABARRANCAMIENTO. m. Acción y efecto de abarrancar o abarrancarse.

ABARRANCAR. tr. Hacer barrancos. || 2. Meter en un barranco. Ú.t.c.r. || 3. intr. Varar. Ú.t.c.r. || 4. r. fig. Meterse en negocio de que no se puede salir fácilmente.

ABARRAR. tr. Arrojar violentamente alguna cosa. || 2. Varear o sacudir.

ABARRAZ. (ár. *habb ar-ra's*, semilla o grano de la cabeza.) m. ant. Albarraz, 2.º art.

ABARREDERA. f. Escoba. || 2. fig. Cosa que barre y limpia. || P. o que varre e limpa; I. broom, sweeper; F. ce qui balai et nettoye; A. Kehrbesen; It. scopa; R. веник.

ABARRENAR. tr. ant. Barrenar.

ABARRER. tr. Barrer, 2.ª acep.

ABARRISCO. adv. A barrisco.

ABARROTAR. tr. Apretar o fortalecer con barrotes alguna cosa.

ABARROTAR. tr. MAR. Cargar un buque aprovechando hasta los sitios más pequeños de su bodega y cámaras, y a veces parte de su cubierta. || 2. MAR. Asegurar la estiba con abarrotes. || 3. Por ext. Llenar completamente, atestar de géneros una tienda o un almacén. || P. cheiar, arrochar; I. to overstock, to bind; F. arrimer, garrotter; A. vollstopfen, stauen; It. inlattare, avvincere; R. заполнять, забивать.

ABARROTE. (De *abarrotar*.) m. MAR. Fardo pequeño o cuña que sirve para apretar la estiba. || 2. pl. AMÉR. Artículos de comercio, como caldos, cacaos, conservas alimenticias, etc. || 3. PERÚ. Artículos comestibles. || P. abarrote; I. fardage; F. petit ballot; A. kleines Staugut; It. piccola balla; R. тюк.

ABARROTERO, RA. (De *abarrote*.) m. y f. MÉJ. Persona que tiene tienda de abarrotes.

ABARSE. (De ¡*aba*!) r. defect. Apartarse, dejar libre el camino. Ú. casi únicamente en el infinitivo y en los números sing. y pl. de la segunda pers. del imperativo. || P. apartar-se; I. to move aside; F. faire place; A. ausweichen; It. scostarsi; R. удаляться.

ABASÍ. adj. Dícese del descendiente de Abu-l-Abbás, fundador de la dinastía que lleva este nombre, en el siglo VIII de J.C. Ú.m.c.s.m. y en pl. || 2. Perteneciente o relativo a este linaje o dinastía.

ABASTADAMENTE. adv. m. ant. Abundante o copiosamente.

ABASTAMIENTO. m. Acción y efecto de abastar y abastarse.

ABASTANTE. (De *abastar*.) adj. ant. Bastante o suficiente. || P. abundante; I. abundant; F. abondant; A. reichlich; It. abbondante; R. изобильный.

ABASTANZA. (De *abastar*.) adv. c. ant. Bastantemente.

ABASTAR. (De *a* y *bastar*.) tr. Abastecer. Ú.t.c.r. || 2. intr. ant. Bastar. || 3. Satisfacerse o contentarse.

ABASTARDAR. intr. Bastardear.

ABASTECEDOR, RA. adj. Que abastece. Ú.t.c.s. || P. fornecedor; I. purveyor; F. pourvoyeur; A. Proviantlieferant; It. provveditore; R. поставщик.

ABASTECER. (De *a* y *bastecer*.) tr. Proveer de bastimentos o de otras cosas necesarias. Ú.t.c.r. || P. fornecer; I. to purvey; F. fournir; A. versorgen; It. fornire; R. снабжать.

ABASTECIMIENTO. m. Acción o efecto de abastecer. || P. aprovisionamento; I. providing; F. approvisionnement; A. Lieferung; It. approvigionamento; R. снабжение.

ABASTERO. (De *abastar*.) m. CHILE. El que compra reses vivas para matarlas y vender la carne por mayor.

ABASTIMIENTO. m. ant. Abastecimiento.

ABASTIONAR. tr. FORT. Fortificar con bastiones.

ABASTO. (De *abastar*.) m. Provisión de bastimentos, y especialmente de víveres. || 2. Abundancia. || 3. En el arte del bordador, piezas menos principales de la obra. || *Dar* ABASTO *a una cosa.* fr. Proveer a todas sus necesidades. U.m. con neg. || P. abasto; I. provision, supply, anything abundant; F. provision, approvisionnement, abondance; **A.** Vorräte, Proviant, Verproviantierung, Zusatz; **It.** provvista, provvigioni; **R.** снабжение.

ABATANAR. tr. Batir o golpear el paño en el batán para desengrasarlo y enfurtirlo. || **2.** fig. Golpear de otro modo; maltratar. || **P.** pisoar; **I.** to full; **F.** fouler; **A.** walken; **It.** sodare; **R.** избивать.

ABATE. (l. *abbas, -ătis.*) m. Eclesiástico de órdenes menores, que solía vestir traje clerical a la romana. || **2.** Presbítero extranjero, especialmente francés o italiano. || **P.** abate; **I.** abbé; **F.** abbe; **A.** Abt, Weltgeistlicher; **It.** abate; **R.** аббат.

ABATÍ. (Voz guaraní.) m. En algunas regiones de la Argentina, maíz. || **2.** ARGENT. y PAR. Bebida alcohólica destilada del maíz.

ABATIDAMENTE. adv. Con abatimiento. || **P.** frouxamente; **I.** dejectedly; **F.** láchement; **A.** mutlos; **It.** debolmente; **R.** униженно.

ABATIDERO. (De *abatir.*) m. Cauce de desagüe.

ABATIDO, DA. p.p. de abatir. || **2.** adj. Abyecto, despreciable. || **3.** Que ha caído de su estimación y precio regular. || **P.** abatido, humilhado; **I.** dejected; **F.** découragé; **A.** kleinmütig, mutlos; **It.** scorato; **R.** подавленныи.

ABATIDURA. f. ant. Acción de abatirse o caer el ave de rapiña.

ABATIMIENTO. m. Humillación, bajeza. || **2.** Postración física o moral de una persona. || **3.** Persona o cosa afrentosa. || **4.** MAR. Ángulo que forma la línea de la quilla con la dirección que realmente sigue la nave. || **P.** abatimento; **I.** depression; **F.** abattement; **A.** Niedergeschlagenheit; **It.** abbattimento; **R.** изнеможение.

ABATIR. (l. *abbattuĕre.*) tr. Derribar, echar por tierra. Ú.t.c.r. || **2.** Hacer que baje una cosa. ABATIR *las velas de una embarcación.* || **3.** Inclinar, poner tendido lo que estaba vertical. ABATIR *los palos de un buque.* || **4.** fig. Humillar. Ú.t.c.r. || **5.** fig. Hacer perder el ánimo, el vigor. Ú.m.c.r. || **6.** Desarmar alguna cosa, como las tiendas de campaña, etc. || **7.** intr. MAR. Desviarse un buque de su rumbo a impulso del viento o de una corriente. || **8.** r. Descender el ave de rapiña. *El halcón se* ABATIÓ. || **P.** abater; **I.** to throw down; **F.** renverser; **A.** umstürzen; **It.** abbattere; **R.** сбивать.

ABATISMO. m. Poder de los abates; conjunto de abates.

ABATOJAR. tr. AR. Batojar o batir legumbres secas, para que las vainas suelten el grano.

ABAYADO, DA. adj. BOT. Parecido a la baya.

ABAZ. (l. *abax, -ăcis.*) m. ant. Aparador.

ABAZÓN. m. ZOOL. Cada una de las dos bolsas que dentro de la boca tienen muchos monos y algunos roedores, para depositar los alimentos antes de masticarlos.

* **ABDERA.** f. ZOOL. Género de insectos coleópteros heterómeros de pequeño tamaño representado por la especie *A. bifasciata*, que suele verse en las maderas descompuestas.

ABDERITANO, NA. adj. Natural de Abdera. Ú.t.c.s. || **2** Perteneciente a una de las dos antiguas ciudades de este nombre.

ABDICACIÓN. (l. *abdicatio, -onis.*) f. Acción y efecto de abdicar. || **2.** Documento en que consta la abdicación. || **P.** abdicação; **I.** abdication; **F.** abdication; **A.** Abdankung; **It.** abdicazione; **R.** отречение.

ABDICAR. (l. *abdicāre; de ab*, separativo, y *dicāre*, ofrecer). tr. Ceder o renunciar a la soberanía de un pueblo; renunciar otras dignidades o empleos. || **2.** Ceder derechos u opiniones. || **P.** abdicar; **I.** to abdicate; **F.** abdiquer; **A.** abdanken; **It.** abdicare; **R.** отрекаться.

ABDICATIVAMENTE. adv. Por delegación.

ABDICATIVO, VA. (l. *abdicativus.*) adj. Perteneciente a la abdicación.

ABDOMEN. (l. *abdōmen.*) m. Vientre. || **2.** ZOOL. Región posterior de las tres en que está dividido el cuerpo de los insectos, arácnidos y crustáceos. || **P.** abdome, ventre; **I.** abdomen, belly; **F.** abdomen; **A.** Bauch, Unterleib; **It.** addome; **R.** живот.

ABDOMINAL. (l. *abdominālis.*) adj. Perteneciente o relativo al abdomen. || **P.** abdominal; **I.** abdominal; **F.** abdominal; **A.** zum Unterleibe gehörig, abdominal; **It.** addominale; **R.** брюшной.

ABDUCCIÓN. (l. *abductio, -ōnis*, separación.) f. DIAL. Silogismo en que la mayor es evidente y la menor probable; pero más creíble o demostrable que la conclusión. || **2.** ZOOL. Movimiento con el cual un miembro se aleja del plano medio que divide imaginariamente al cuerpo en dos partes simétricas. ABDUCCIÓN *del brazo.* || **P.** abdução; **I.** y **F.** abduction; **A.** Abduktion; **It.** abduzione; **R.** абдукция.

* **ABDUCIR.** l. *abducĕre*, apartar.) tr. Alejar, separar, retirar. || **2.** DIAL. Argumentar por o con abducción. || **3.** FIL. Desechar una proposición. || **4.** MED. Separar los músculos abductores un órgano de la línea o plano medio del cuerpo. || **P.** apartar; **I.** to discard; F. écarter; **A.** entfernen; **It.** disgiungere; **R.** опровергать.

ABDUCTOR. (l. *abductor, -ōris.*) adj. ANAT. Dícese del músculo que ejecuta movimientos de abducción. Ú.t.c.s. || **2.** QUÍM. Dícese del tubo que sirve para conducir un gas o vapor. Ú.t.c.s. || **P.** abdutor; **I.** abductor; **F.** abducteur; **A.** Abziehmuskel; **It.** abduttore; **R.** отродящая мыщца.

ABEBRAR. (l. *abibĕrāre*, de *bibĕre*, beber.) tr. ant. Abrevar. || **2.** ant. Mojar, remojar. || **3.** ant. Saciar.

ABECÉ. (de *a, b, c.*) m. Abecedario. || **2.** fig. Rudimentos o principios de una ciencia o facultad. || *No entender uno,* o *no saber, el* ABECÉ. fr. fig. fam. Ser muy ignorante.

ABECEDARIO. (l. *abecedarĭum* y éste de *a, b, c.*) m. Serie ordenada de las letras de un idioma. || **2.** Cartel o librito con las letras del abecedario para enseñar a leer. || **3.** Orden alfabético; lista en orden alfabético. || **4.** IMPR. Orden de las signaturas de los pliegos de una impresión que van señalados con letras. || **P.** abecedário; **I.** primer; **F.** abécédaire; **A.** Abcbuch; **It.** abbecedario **R.** букварь.

ABEDUL. (celtolat. *betūlus*, por *betūla.*) m. Árbol de la familia de las betuláceas, de unos 10 m de altura, con hojas pequeñas, puntiagudas y doblemente aserradas o dentadas. Abunda en los montes de Europa. Su corteza contiene un aceite esencial. || **2.** Madera de este árbol. || **P.** bétula; **I.** birch; **F.** bouleau; **A.** Birke; **It.** betula; **R.** берёза.

ABEJA. (l. *apicŭla.*) f. Insecto himenóptero, de unos 15 mm de largo, de color pardo negruzco y con vello rojizo. Vive en colonias, cada una formada por una sola hembra fecunda, muchos machos y numerosísimas hembras estériles, produce la cera y la miel. || **2.** fig. Persona laboriosa y allegadora. || **3.** ASTRON. Mosca, constelación austral. || **—albañila.** Insecto himenóptero que vive apareado y hace para su morada agujeros horizontales en las tapias y en los terrenos duros. || **—carpintera.** Himenóptero parecido al abejorro, y de color negro morado; fabrica su panal en los troncos secos de los árboles, y de aquí su nombre. Es común en España. || **—machiega, maesa** o **maestra.** Hembra fecunda de las abejas, única en cada colmena. || **—neutra** u **obrera.** Cada una de las estériles que producen la cera y la miel. || **—reina.** Abeja machiega. || ABEJA *y oveja, y parte de la igreja, desea a su hijo la vieja.* ref. con que se da a entender que la carrera eclesiástica, el ganado lanar y los colmenares proporcionan comodidades y riquezas. || *Muerta es la* ABEJA *que daba la miel y la cera.* ref. con que se indica haber muerto la persona que atendía todas nuestras necesidades. || **P.** abelha; **I.** bee; **F.** abeille; **A.** Biene; **It.** ape; **R.** пчела.

ABEJAR. m. Colmenar. || **2.** adj. Calificativo que se da a una variedad de uva, que gusta mucho a las abejas. || **P.** colmeal; **I.** apiary; **F.** rucher, abeiller; **A.** Bienenstand; **It.** arniaio; **R.** пчальник.

* **ABEJARÓN.** m. Larva del coleóptero *Melolontha hippocastani* que se alimenta de las hojas de los árboles.

ABEJARRÓN. (aum. de *abeja.*) m. Abejorro, 1.ª acep. || **2.** Abejón, 3.ª acep. || **P.** zangão; **I.** bumble-bee; **F.** bourdon; **A.** Hummel, Brummer; **It.** calabrone; **R.** майский жук.

ABEJARUCO. (De *abejero.*) m. ZOOL. Pájaro del suborden de los sindáctilos, de unos 15 cm de longitud, con alas puntiagudas y largas y pico algo curvo, más largo que la cabeza y plumaje de vistoso colorido. Abunda en España y es perjudicial para los colmenares, porque se come las abejas. || **2.** fig. Persona noticiera o chismosa. || **P.** chapim; **I.** bee-eater, a mean, despicable fellow; **F.** méssange, guépier; **A.** Bienenfresser, Bienenwolf; **It.** apiario, merope, cingallegra; **R.** щурка.

ABEJERA. f. Colmenar. || **2.** Toronjil.

ABEJERO, RA. m. y f. Colmenero, ra, 2.ª acep. || **2.** m. Abejaruco.

ABEJÓN. (aum. de *abeja.*) m. Zángano, 1.ª acep. || **2.** Abejorro, 1.ª acep. || **3.** Juego entre sujetos, uno de los cuales, puesto en medio con las manos juntas delante de la boca, hace un ruido semejante al del abejón. || *Jugar al* ABEJÓN *con uno.* fr. fig. y fam. Tenerle en poco, tratarle con desprecio, burlarse de él. || **P.** abelhão; **I.** drone; **F.** frelon; **A.** Drohne; **It.** fuco **R.** трутень, шершень.

* **ABEJONEAR.** int. Susurrar, hablar bajo. || **2.** COLOM. y REP. DOMIN. Zumbar como el abejón.

ABEJORREO. m. Zumbido de las abejas. || **2.** Rumor confuso de voces o conversaciones.

ABEJORRO. (De *abeja.*) m. Insecto himenóptero, de dos a tres centímetros de largo, velludo y con la trompa casi del mismo tamaño que el cuerpo. Vive en enjambres poco numerosos, hace el nido debajo del musgo o de piedras y zumba mucho al volar. || **2.** ZOOL. Insecto coleóptero, de dos a tres cm de largo, que tiene el cuerpo negro, los élitros de color pardo leonado. Zumba mucho al volar, causa estragos en los pinares. || **3.** fig. Persona de conversación pesada y molesta. || **P.** besoiro; **I.** bumble-bee; **F.** bourdon; **A.** Hummel; **It.** calabrone; **R.** шмель.

ABEJUELA. f. d. de abeja.

ABEJUNO, NA. adj. Perteneciente o relativo a la abeja.

* **ABELIA.** f. BOT. Género de plantas caprifoliáceas de jardín originarias de Asia.

* **ABELITA.** f. QUÍM. Explosivo a base de nitroglicerina.

ABELMOSCO. (ár. *habb al-musk*, grano de almizcle.) m. BOT. Planta malvácea con tallo peludo y hojas acorazonadas, angulosas, puntiagudas y aserradas.

ABELLACADO, DA. p. p. de abellacar. || **2.** adj. Bellaco, vil. || **P.** avelhacado, velhaco; **I.** mean, roguish; **F.** fourbe; **A.** spitzbübisch; **It.** furbo; **R.** развращённый.

ABELLACAR. tr. Hacer bellaco, envilecer. Ú.m.c.r. || **P.** aviltar; **I.** to vilify; **F.** avilir; **A.** entwerten, verachten; **It.** avvilire; **R.** развращать.

ABELLAR. m. ant. Abejar.

ABELLERO. m. ant. Abejero.

ABELLOTA. f. ant. Bellota.

ABELLOTADO, DA. adj. De figura parecida a la de la bellota. || **P.** em forma de bolota; **I.** acorn-shaped; **F.** glandiforme; **A.** eichelförmig; **It.** ghiandoliforme.

ABEMOLADAMENTE. adv. Dulcemente.

ABEMOLAR. (De *a*, 2.º art., y *bemol.*) tr. Poner bemoles. || **2.** Suavizar, dulcificar la voz. || **P.** bemolar; **I.** to flat, to mellow; **F.** bémoliser; **A.** in Bemoll setzen; **It.** armare di bemolle; **R.** ставить бемоли.

ABENCERRAJE. m. Individuo de una familia del reino musulmán granadino, del siglo XV, rival del linaje de los cegríes.

ABENTAL. (l. *ab*, ante, por delante.) m. ant. Delantal.

ABENUZ. (ár. *abnus*, y éste del gr. ἔβενος m.) Ébano.

ABÉÑOLA. f. ant. Abéñula.

ABÉÑULA. (l. *pennŭla*, plumita.) f. ant. Pestaña, 1.ª acep.

* **ABEPTIMIA.** f. MED. Parálisis del plexo solar, a causa de cesar la influencia de las vísceras abdominales en el sistema nervioso. || **P.** abeptimia; **I.** abepithymia; **F.** abépthymie; **A.** Unterleibsnervenschlag; **It.** abettimia.

ABERENJENADO, DA. adj. De color o figura de berenjena.

ABERRACIÓN. (l. *aberratio,-ōnis*; de *aberrāre*, andar errante.) f. Extravío. || 2. ASTRON. Desvío aparente de los astros, que proviene de la velocidad de la luz combinada con la de la Tierra en su órbita. || 3. BIOL. Desviación del tipo normal. || —**cromática.** ÓPT. Imperfección de las lentes causante de cromatismo. || —**de esfericidad.** ÓPT. Falta de coincidencia de los rayos luminosos que deben encontrarse en el foco de una lente o de un espejo cóncavo. || P. aberração; I. y F. aberration; A. Aberration; It. aberrazione; R. уклонение от правильного пути.

ABERRAR. (l. *aberrare*.) intr. Desviarse, extraviarse, andar errante. || P. aberrar; I. to aberrate; F. aberrer; A. abirren, abweichen; It. aberrare; R. заблуждаться.

★ **ABERREAR.** tr. Perú. Encolerizar.

★ **ABERRÓMETRO.** (l. *aberrare* y gr. μέτρον medida.) m. Instrumento usado para medir errores cometidos en observaciones de precisión.

ABERTAL. (De *abierto*.) adj. Campo o finca rústica que no está cerrado con tapia, vallado, ni de otra manera. || 2. El terreno que con la sequía se agrieta.

ABERTURA. f. Acción de abrir o abrirse. || 2. Boca, hendidura o grieta. || 3. Grieta formada en la tierra por la sequedad o los torrentes. || 4. Terreno ancho y abierto que media entre dos montañas. || 5. Ensenada. || 6. fig. Franqueza, lisura en el trato y conversación. || 7. ASTRON. Diámetro útil de un anteojo, telescopio u objetivo. || 8. FOR. Apertura, 3.ª acep. || P. fenda, abertura; I. aperture, opening; F. ouverture; A. Öffnung, Spalt; It. apertura; R. отверстие, щель.

ABÉS. (De *avés*.) adv. ant. Difícilmente, con trabajo.

ABESANA. f. Besana.

ABESÓN. m. Eneldo.

ABESTIADO, DA. adj. Que parece bestia, o de bestia. || P. embrutecido; I. beast-like; F. abéti; A. vertiert; It. abbrutito; R. озверелый.

ABESTIALIZADO, DA. adj. Abestiado.

ABESTIONAR. tr. ant. FORT. Abastionar.

ABÉSTOLA. f. Arrejada.

ABETAL. m. Sitio poblado de abetos. || P. abetal; I. fir grove; F. sapinière; A. Tannenwald; It. abetaia; R. ельник, еловый лес.

ABETAR. m. Abetal.

ABETE. (l. *abies, -ētis*, abeto.) m. Abeto. || P. pinheiro; I. fir, fir-tree; F. sapin; A. Tanne, Fichte; It. abete; R. ёлка, ель.

ABETE. m. Hierrecillo con un gancho en cada extremidad, que asegura en el tablero la parte de paño que se teje.

ABETINOTE. (l. *abietīnus*, de *abies, -ētis*, abeto.) m. Resina líquida que fluye del abeto o pinabete.

ABETO. (De *abete*, con la *o* de pino.) m. Árbol de la familia de las abietáceas, de hasta 50 m de altura, tronco alto y derecho, corteza blanquecina, copa cónica, hojas aciculares y persistentes, y fruto en piñas casi cilíndricas. || 2. Madera de cualquiera de las especies de este árbol. || 3. V. *Aceite* de ABETO. || P. abeto; I. fir-tree; F. sapin; A. Tanne; It. abete; R. ель.

ABETUNA. (l. *abies, -ētis*, abeto.) f. Huesca. Pimpollo del abeto común.

ABETUNADO, DA. p.p. de abetunar. || 2. adj. Semejante al betún. || P. betuminoso; I. bituminated; F. bitumineux; A. erdpechartig; It. bituminoso; R. покрытый битумом.

ABETUNAR. tr. Embetunar.

ABEURREA. f. Señal que se pone en Vizcaya en terreno público para adquirir derecho de edificar en él.

ABEY. m. BOT. Árbol leguminoso de las Antillas, con hojas alternas y ovaladas, y cuya madera, fuerte y muy compacta, se usa en carpintería. || —**macho.** Árbol tropical, de la familia de las bignoniáceas de gran altura y ramaje. Su madera se aprecia mucho para obras de torno.

ABIA. (l. *avia*.) f. ÁL. Arándano. || 2. f. ZOOL. Insectos himenópteros de la familia de los tentredínidos.

ABIAR. m. Abihar.

ABIBOLLO. m. ÁL. Abado.

★ **ABICHARSE.** r. R. DE LA PLATA. Embicharse.

ABIELDAR. (l. *evēntilāre*, aventar.) tr. Bieldar.

ABIERTA. f. ant. Abertura, 2.ª acep.

ABIERTAMENTE. adv. Sin reserva, francamente. || P. abertamente; I. frankly, openly; F. ouvertement; A. offen, frei heraus; It. apertamente; R. чистосердечно.

ABIERTO, TA. (l. *apertus*.) p.p. irreg. de abrir. || 2. adj. Desembarazado, llano, dilatado. Dícese comúnmente del campo. || 3. No murado o cercado. || 4. V. Concejo, crédito, resto, viento abierto. || 5. V. Carga, carta, casa, espejuela, guerra, letra, sílaba, vaina, vocal abierta. || 6. fig. Ingenuo, franco, dadivoso. || 7. Claro, patente. || 8. fig. Dícese de la caballería que sufre relajación de los músculos de las regiones superiores de los miembros torácicos. || 9. MAR. Embarcación que no tiene cubierta. || 10. adv. Abiertamente. || P. aberto; I. open; F. ouvert; A. offen; It. aperto; R. открытый.

ABIETÁCEO, A. (De *abies*, nombre de un género de plantas.) adj. BOT. Árboles gimnospermos, bastante ramificados, con hojas persistentes de limbo muy estrecho y aun acicular; flores unisexuales monoicas; las semillas cubiertas por escamas muy apretadas; como el pino, el abeto, etc. Ú.t.c.s. || 2. f. pl. BOT. Familia de estas plantas.

ABIETE. m. Abeto.

ABIETÍNEO, A. (l. *abies, -ētis*, abeto.) adj. BOT. Abietáceo.

ABIETINO, NA. (l. *abietīnus*, de abeto.) adj. Dícese de la resina del abeto. || 2. m. Abetinote.

ABIGARRADAMENTE. adv. De modo abigarrado.

ABIGARRADO, DA. p.p. de abigarrar. || 2. adj. De varios colores mal combinados. || 3. Heterogéneo, sin concierto. || P. betado; I. variegated; F. bigarré; A. buntscheckig; It. screziato; R. пёстрый.

ABIGARRAMIENTO. m. Acción de abigarrar. || 2. Calidad de abigarrado. || P. reunião do côres mal combinadas; I. variegation; F. bigarrure; A. Buntscheckiges, buntes Allerlei; It. screziatura; R. чрезмерная пестрота.

ABIGARRAR. tr. Dar a una cosa varios colores mal combinados. || P. betar; I. variegate; F. bigarrer; A. buntscheckig machen; It. screziare; R. делать чрезмерно пестрым.

ABIGEATO. (l. *abigeātus*.) m. FOR. Hurtado de ganado. || P. abigeato; I. catle theft; F. abigéat; A. Viehraub; It. abigeato; R. кража, угон скота.

ABIGEO. (l. *abigĕus*.) m. FOR. El que hurta ganado o bestias. || P. ladrão de gado; I. cattle-thief; F. voleur de bétail; A. Viehräuber; It. abigeo; R. скотокрад.

ABIGERO. m. ant. Abigeo.

ABIGOTADO, DA. adj. Bigotudo.

★ **ABIL.** com. FILIP. Persona revoltosa y vagabunda.

★ **ABILO.** BOT. burseráceo de la isla de Luzón del que se obtiene la resina denominada elemí de Manila, usada en la preparación de ungüentos y barnices.

AB INITIO. loc. adv. l. Desde el principio. || 2. Desde tiempo inmemorial o muy remoto.

AB INTESTATO. loc. adv. l. Sin testamento. *Murió* AB INTESTATO. || 2. Descuidadamente. || P. ab intestato; I. intestate; F. ab intestat; A. ohne Testament; It. abintestato; R. умерший без завещания.

ABINTESTATO. (De *ab intestato*.) m. Procedimiento judicial sobre herencia y adjudicación de bienes del que muere sin testar.

★ **ABIOFANO, NA.** adj. HISTOL. Ciertos corpúsculos no visibles durante la vida de las células nerviosas y que representan materias disueltas por el método de fijación.

★ **ABIOFISIOLOGÍA.** (gr. ἄ-βίος, sin vida, y *fisiología*.) f. MED. Estudio de los procesos inorgánicos en los fenómenos fisiológicos.

★ **ABIOGENESIA.** (gr. α-βίος, sin vida, y γένεσις, generación.) f. BIOL. y GEN.

Supuesta generación de seres vivientes por materia inorgánica. || P. abiogenesia; I. abiogenesis; F. abiogénèse; A. Selbstentstehung; It. abiogènesi; R. самозарождение.

★ **ABIOGÉNESIS.** f. BIOL. y GEN. Abiogenesia.

★ **ABIOLOGÍA** (gr. α-βίος, sin vida, y λσνος, tratado.) f. BIOL. y GEN. Ciencia que se ocupa de la vida inorgánica. || I. abiology; F. y A. Abiologie; It. abiologia.

★ **ABIOQUÍMICA.** (gr. ἄ-βίος, sin vida, y *química*.) f. Química inorgánica.

ABIPÓN, NA. adj. Dícese de una raza de indios que habitaba cerca del Paraná. Ú.t.c.s. || 2. Perteneciente a estos indios. || P. abipões; I. abipon; F. abipon; A. Abiponen; It. abipone; R. индийское племя.

AB IRATO. loc. adv. l. Arrebatadamente, sin reflexión.

ABISAGRAR. tr. Clavar bisagras en las puertas y sus marcos.

ABISAL. (De *abiso*.) adj. Abismal.

ABISELAR. tr. Biselar. || P. biselar; I. to bevel; F. biseauter; A. abschleifen, It. tagliare ad ugna; R. скашивать край.

ABISINIO, NIA. adj. Natural de Abisinia. Ú.t.c.s. || 2. Perteneciente a este país de África. || 3. V. *Rito* ABISINIO. || 4. m. Lengua abisinia. || P. abyssinio; I. abyssinian; F. abyssinien; A. Abessinier; It. abissinio; R. абиссинец.

ABISMADO, DA. adj. BLAS. La pieza del escudo puesta en el abismo.

ABISMAL. m. Cada uno de los clavos con que se fijaba en el asta el hierro de la lanza. || P. cavilha mestra; I. clasp-nail; F. boulon de fixation; A. Befestigungsschraube; It. cavicchia; R. бездонный.

ABISMAL. adj. Perteneciente al abismo.

ABISMAR. tr. Hundir en un abismo. Ú.t.c.r. || 2. fig. Confundir. Ú.t.c.r. || 3. r. fig. Entregarse del todo a la contemplación, al dolor, etc. || P. abater; I. to depress; F. abîmer; A. versinken; It. abissare; R. переживать.

ABISMÁTICO, CA. adj. Profundo como un abismo; insondable.

ABISMO. (l. *abyssimus*, sup. de *abyssus*, y éste del gr. ἄβυσσος, de α, privt. y βυσσός, fondo.) m. Cualquier profundidad grande y peligrosa, como la de los mares, la de una sima, etc. || 2. Infierno. || 3. fig. Cosa inmensa o incomprensible. || 4. BLAS. Parte central del escudo. || P. abismo; I. abyss; F. abîme; A. Abgrund; It. abisso; R. пропасть, бездна.

ABISO. (l. *abyssus*.) m. ant. Abismo.

ABITA. (De *abitar*.) f. desus. Bita.

ABITADURA. f. MAR. Acción de abitar.

ABITAQUE. m. Cuartón.

ABITAR. (De *a* y *bita*.) tr. MAR. Amarrar y asegurar a las bitas el cable del ancla fondeada. || P. abitar; I. to bitt; F. bitter; A. knebeln; It. abbitare; R. привязывать якорный трос к битенгам.

★ **ABITIGAS.** m. pl. ETNOG. Tribu de indios peruanos cuyos supervivientes conservan todavía la lengua quichúa que hablaban los incas.

ABITÓN. (De *abitar*.) m. MAR. Madero que se coloca verticalmente en un buque y sirve para amarrar algún cable. || P. abiton; I. bitt; F. petite bitte; A. Bebingshölzer; It. bittone; R. столб.

ABIZCOCHADO, DA. adj. Parecido al bizcocho. || P. abiscoitado; I. biscuited; F. biscuité; A. zwiebackähnlich; It. biscottato; R. бисквитный.

ABJURACIÓN. (l. *abiuratio, -ōnis*.) f. Acción y efecto de abjurar. || P. abjuração; F. e I. abjuration; A. Abschwörung; It. abiurazione; R. клятвенное отречение.

ABJURAR. (l. *abiurāre*; de *ab*, separativo y *iurāre*, jurar.) tr. Desdecirse con juramento; renunciar solemnemente. Ú.t.c. intr. || P. abjurar; I. to abjure; F. abjurer; A. abschwören; It. abiurare; R. клятвенно отрекаться от чего-либо.

ABLACIÓN. (l. *ablatio, -ōnis*, acción de quitar.) f. CIR. Separación o extirpación de cualquiera parte del cuerpo. || I. y F. ablation; A. Wegnahme; It. ablazione; R. ампутация.

★ **ABLACTAR.** (l. *ablactare*, de *ab*, priv. y *lactāre*, dar leche.) tr. MED. Destetar,

A

suprimir la lactancia. ‖ **P.** ablactar; **I.** to wean; **F.** sevrer; **A.** entwöhnen; **It.** spoppare; **R.** отлучать от груди.

ABLANDABREVAS. (De *ablandar* y *breva*.) com. fig. fam. Persona inútil o para poco.

ABLANDADOR, RA. adj. Que ablanda.

ABLANDADURA. f. Ablandamiento.

ABLANDAHIGOS. com. fig. fam. Ablandabrevas.

ABLANDAMIENTO. m. Acción de ablandar. ‖ **P.** amolecimiento; **I.** softening; **F.** amollissement; **A.** Erweichung; **It.** ammollimento; **R.** размягчение.

ABLANDANTE. p.a. de ablandar. Que ablanda.

ABLANDAR. tr. Poner blanda una cosa. Ú.t.c.r. ‖ **2.** Laxar, suavizar. ‖ **3.** fig. Mitigar la fiereza o el enojo de alguno. Ú.t.c.r. ‖ **4.** intr. Calmar sus rigores el invierno; empezar a derretirse los hielos y las nieves. ‖ **5.** Ceder en su fuerza el viento. Ú.t.c.r. ‖ **P.** abrandar; **I.** to soften; **F.** amollir; **A.** erweichen; **It.** rammollire; **R.** размягчать, смягчать.

ABLANDATIVO, VA. adj. Que tiene virtud de ablandar. ‖ **P.** emoliente; **I.** mollifying; **F.** adoucissant; **A.** erweichend; **It.** addolcitivo; **R.** мягчительный.

ABLANDECER. tr. Ablandar, 1.ª acep.

ABLANDIR. tr. ant. Blandir, 2.º art.

ABLANEDO. (De *ablano.*) m. Ast. Avellanedo.

ABLANO. (l. *abellānus*, avellano.) m. Ast. Avellano.

ABLATIVO. (l. *ablatīvus.*) m. Gram. Uno de los casos de la declinación. Hace en la oración oficio de complemento, expresando procedencia, situación, modo, tiempo, instrumento, materia, etc., y en castellano lleva casi siempre antepuesta una preposición, con, de, desde, en, por, sin, sobre, tras. ‖ **—absoluto.** Expresión elíptica sin conexión gramatical con el resto de la frase a que pertenece, pero de la cual depende por el sentido. Puede componerse de dos nombres con preposición, o de nombre o pronombre acompañado de adjetivo, participio o gerundio. *Limpia la armadura, vistiósela.* Consta a veces de un solo gerundio o un solo participio, sobreentendiéndose un nombre. *Hablando, le dio una congoja; Agraviado, tuvo que defenderse.* ‖ **P.** ablativo; **I.** ablative; **F.** ablatif; **A.** Ablativ; **It.** ablativo; **R.** творительный падеж.

★ **ABLATOR.** (l. *ablātor- ōris*, de *aufero*, quitar.) m. Veter. Instrumento con que se corta el rabo al ganado bovino. ‖ **—vulcánico** Hierro candente que se usa para la castración. ‖ **P.** tesoura; **I.** ablator; **F.** ablateur; **A.** Schwanzschere für Schafe; **It.** ablatore; **R.** подрезка.

★ **ABLÉFARO, RA.** adj. Que carece de párpados. ‖ **2.** m. Zool. Género de reptiles saurios. Se caracterizan por el estado rudimentario de sus párpados.

ABLEGADO. (l. *ablegātus*, p.p. de *ablegāre*, enviar.) m. Enviado apostólico encargado de entregar el birrete a los nuevos cardenales. ‖ **P.** ablegado; **I.** ablegate; **F.** ablegat; **A.** Legatvikar; **It.** ablegato; **R.** апостольский посланный.

ABLENTAR. (De *ablentar*.) m. ant. Aventador, 3.ª acep.

ABLENTAR. (l. *evĕntilāre*, aventar.) tr. Ál. y Ar. Aventar, 2.ª acep.

★ **ABLEO.** m. Zool. Nombre que se da a varias especies de peces malacopterigios abdominales del género *leucisco*. ‖ **2.** Salmón blanco. ‖ **P.** alburnete; **I.** white fish; **F.** gardon blanc; **A.** Weissfisch; **It.** ghiozzo **R.** белый лосось.

★ **ABLEPSIA.** (gr. ἀ, priv. y βλέψις, vista.) f. Med. Ceguera. ‖ **2.** Ofuscación o pérdida de las facultades mentales. ‖ **P.** e **I.** ablepsia; **F.** ablepsie; **A.** Blindheit; **I.** ablessia; **R.** ослепление.

ABLUCIÓN. (l. *ablutio, -ōnis.*) f. Lavatorio. ‖ **2.** Acción de purificarse con agua según ritos de algunas religiones. ‖ **3.** Ceremonia de purificar el cáliz y lavarse los dedos el sacerdote después de consumir. ‖ **4.** pl. Vino y agua con que se hace esa purificación y lavatorio. Sumir las abluciones. ‖ **P.** ablução; **I.** y **F.** ablution;

A. Abwaschung; **It.** abluzione; **R.** омовение.

★ **ABLUIR.** (l. *abluĕre*, lavar.) tr. e intr. Aclarar, purificar un líquido. ‖ **2.** Limpiar, borrar. ‖ **3.** Hacer reaparecer lo escrito en una superficie limpiándola y tratándola con agentes químicos. ‖ **P.** detergir; **I.** to purify; **F.** déterger; **A.** reinigen; **It.** detergere.

ABLUSADO, DA. adj. Dícese del corpiño holgado a manera de blusa.

ABNEGACIÓN. (l. *abnegatio, -ōnis.*) f. Sacrificio que uno hace de su voluntad, de sus afectos o de sus intereses en servicio de Dios o para bien del prójimo. ‖ **P.** abnegação; **I.** abnegation; **F.** abnégation; **A.** Selbstlosigkeit; **It.** abnegazione; **R.** самопожертвование.

ABNEGADAMENTE. adv. Con abnegación. ‖ **P.** com abnegação; **I.** with abnegation; **F.** généreusement; **A.** hingebend; **It.** abnegatamente; **R.** самоотвеженно.

ABNEGADO, DA. p.p. de abnegar. ‖ **2.** adj. Que tiene abnegación.

ABNEGAR. (l. *abnegāre.*) tr. Renunciar uno voluntariamente a sus deseos, pasiones o intereses. Ú.m.c.r. ‖ **P.** abnegar; **I.** to renounce; **F.** renoncer; **A.** Verzicht leisten, entsagen; **It.** abnegare; **R.** категорически отрицать.

ABOBADO, DA. p.p. de abobar. ‖ **2.** adj. Que parece bobo. ‖ **P.** abobado; **I.** silly; **F.** ébai; **A.** verdummt; **It.** stupido; **R.** глуповатый.

ABOBAMIENTO. m. Acción y efecto de abobarse.

ABOBAR. tr. Hacer bobo a alguno, entorpecerle el uso de las potencias. Ú.t.c.r. ‖ **2.** Embobar. Ú.t.c.r. ‖ **P.** abobar; **I.** to stupefy; **F.** ébair; **A.** dumm machen; **It.** stupefare; **R.** отуплять.

ABOBRA. (l. *apŏpŏres*, calabaza.) f. Planta vivaz, cucurbitácea, que se cultiva como enredadera de adorno.

ABOCADEAR. tr. Herir o maltratar a bocados. ‖ **2.** Tomar bocados.

ABOCADO. adj. Dícese del jerez con mezcla de vino seco y dulce. Ú.t.c.s.m. ‖ **P.** abocado, delicado; **I.** mild to the palate; **F.** qui a du bouquet; **A.** schmackhaft; **It.** abboccato; **R.** приятный на вкус.

ABOCAMIENTO. m. Acción y efecto de abocarse. ‖ **P.** abocamento; **I.** interview; **F.** abouchement; **A.** Besprechung; **It.** abboccamento; **R.** встречаться.

ABOCANAR. intr. Ast. Escampar.

ABOCAR. tr. Asir con la boca. ‖ **2.** Aproximar. ABOCAR *la artillería, las tropas.* Ú.t.c.r. ‖ **3.** Verter el contenido de un cántaro, costal, etc., en otro. Dícese propiamente cuando para ello se aproximan las bocas de ambos. ‖ **4.** r. Juntarse de concierto una o más personas con otra u otras para tratar un negocio. ‖ **5.** intr. Mar. Comenzar a entrar en un canal estrecho, puerto, etc. ‖ **P.** apanhar com a boca; **I.** to mouth; **F.** aboucher; **A.** mit dem Munde packen; **It.** abboccare; **R.** хватать зубами.

ABOCARDADO, DA. p.p. de abocardar. ‖ **2.** adj. De boca semejante a la de una trompeta. Dícese más comúnmente de algunas armas de fuego. ‖ **P.** abocardado; **I.** counterbored; **F.** bouchardé; **A.** ausgeschweift, erweitert; **It.** allargato; **R.** широкий, просторный.

ABOCARDAR. tr. Ensanchar la boca de un tubo o de un agujero.

ABOCARDO. (De *bocarda*, trabuco de ancha boca.) m. Barrena grande que sirve para labrar los tubos de minas. ‖ **P.** broca; **I.** counterbore; **F.** foret a creuser; **A.** Röhrenbohrer; **It.** gradina; **R.** бур.

★ **ABOCASTRO.** (Voz peruana.) m. Perú. Monstruo horrible.

ABOCELADO, DA. adj. Que tiene forma de bocel.

ABOCETADO, DA. adj. Dícese de la pintura que por estar poco concluida, más parece boceto que obra terminada. ‖ **P.** esboçado; **I.** sketched; **F.** ébauché; **A.** skizziert; **It.** abozzato; **R.** эскиз.

ABOCETAR. tr. Ejecutar bocetos o dar carácter de tales a las obras artísticas. ‖ **P.** esboçar; **I.** to sketch; **F.** ébaucher; **A.** skizzieren; **It.** abozzare.

ABOCINADO, DA. p.p. de abocinar. ‖ **2.** adj. De figura semejante a la de la bo-

cina. ‖ **3.** Arq. Arco abocinado. ‖ **4.** Equit. Dícese del caballo o yegua que va con la cabeza baja, más caído el cuerpo sobre el cuarto delantero que apoyado en el trasero. ‖ **P.** abuzinado; **I.** trumpet shaped; **F.** évasé; **A.** trompetenförmig; **It.** strombato. **R.** придавать форму рожка.

ABOCINAMIENTO. m. Acción y efecto de abocinar.

ABOCINAR. tr. Ensanchar un tubo o cañón hacia su boca, a modo de bocina. ‖ **2.** intr. fam. Caer de bruces. 2.ª acep.: ‖ **P.** cair de bocca; **I.** to fall headlong; **F.** tomber sur la bouche; **A.** auf das Gesicht fallen; **It.** cadere bocconi; **R.** падать личом вниз.

ABOCHORNADO, DA. p.p. de abochornar. Bochornoso.

ABOCHORNAR. tr. Causar bochorno el excesivo calor. Ú.t.c.r. ‖ **2.** fig. Sonrojar. Ú.t.c.r. ‖ **3.** Agr. Enfermar las plantas por el excesivo calor. ‖ **P.** abafar con calor; **I.** to overheat; **F.** échauffer; **A.** erhitzen, erzürnen; **It.** abbrustolare; **R.** приводить в смущение.

ABOFETEADOR, RA. adj. Que abofetea. Ú.t.c.s. ‖ **P.** esbofeteador; **I.** buffeter; **F.** souffleteur; **A.** Beohrfeiger; **It.** schiaffeggiatore; **R.** давший пощёчину, оскорбитель.

ABOFETEAR. tr. Dar de bofetadas. ‖ **P.** esbofetear; **I.** to slap; **P.** souffleter; **A.** ohrfeigen; **It.** schiaffegiare; **R.** давать пощёчину.

ABOGACÍA. f. Profesión del abogado. ‖ **P.** advocacia; **I.** lawership; **F.** profession d'avocat, barreau; **A.** Advokatur; **It.** avvocatura; **R.** адвокатура.

ABOGADA. f. Mujer que se halla legalmente autorizada para profesar y ejercer la abogacía. ‖ **2.** fam. Mujer del abogado. ‖ **3.** fig. Intercesora o medianera. ‖ **P.** advogada; **I.** advocate; **F.** avocate; **A.** Advokatin; **It.** avvocata; **R.** адвокат.

★ **ABOGADERAS.** f. pl. Amér. Merid. Uso de argumentos falaces y especiosos.

★ **ABOGADERÍAS.** f. pl. Perú. Abogaderas.

ABOGADESCO, CA. adj. Perteneciente al abogado o a su profesión. Ú. por lo común en sentido despectivo.

ABOGADIL. adj. despect. Perteneciente a los abogados.

ABOGADISMO. m. Intervención excesiva de los abogados en los negocios públicos, o aplicación inadecuada de sus métodos a cuestiones extrañas a la abogacía.

ABOGADO. (l. *advocātus*.) m. Perito en el derecho positivo, dedicado a defender en juicio, por escrito o de palabra, los derechos o intereses de los litigantes o a dar dictamen sobre las cuestiones legales que se le consultan. ‖ **2.** fig. Intercesor o medianero. ‖ **—del diablo.** fig. y fam. Promotor de la fe. ‖ **2.** Por ext. contradictor de buenas causas. ‖ **—del Estado.** Letrado que tiene por principal cometido la defensa del Estado en juicio, el asesoramiento administrativo y la liquidación del impuesto de derechos reales. ‖ **—de pobres.** El que los defiende de oficio. ‖ **—de secano.** fig. y fam. Letrado que no ejerce ni sirve para ello. ‖ **2.** fig. y fam. El que se mete a hablar de materias en que es lego. ‖ **3.** fig. y fam. Rústico, avisado y diestro en el manejo de negocios superiores a su educación. ‖ **—firmón.** Abogado que por remuneración se dedica a firmar escritos ajenos. ‖ **P.** advogado; **I.** lawyer; **F.** avocat; **A.** Anwalt; **It.** avvocato; **R.** адвокат.

ABOGADOR, RA. adj. ant. advocātor, el que llama o convoca.) m. Muñidor.

ABOGAMIENTO. m. ant. Acción y efecto de abogar. ‖ **P.** defesa; **I.** pleading; **F.** plaidoyer; **A.** Verteidigung; **It.** difesa; **R.** защищать в суде.

ABOGAR. (l. *advocāre*, llamar.) intr. Defender en juicio. ‖ **2.** fig. Interceder en favor de alguno. ‖ **P.** advogar; **I.** to plead; **F.** plaider; **A.** plädieren; **It.** patrocinare; **R.** вступаться, ходатайствовать.

ABOHETADO, DA. adj. Abuhado.

ABOLAGA. f. Aulaga.

ABOLENGO. m. Ascendencia de abuelos o antepasados. ‖ **2** For. Patrimonio o herencia que viene de los abuelos. ‖ **3.** For. V. *Bienes* de ABOLENGO. ‖ **P.** avoengo; **I.** lineage, descend; **F.** généalogie, origine; **A.** Abstammung; **It.** ascendenza; **R.** происхождение, родословная.

ABOLICIÓN. (l. *abolitĭo, -ōnis.*) f. Acción y efecto de abolir. ‖ **P.** abolição; **I.** y **F.** abolition; **A.** Abschaffung; **It.** abolizione; **R.** отмена.

ABOLICIONISMO. m. Doctrina de los abolicionistas. ‖ **P.** abolicionismo; **I.** abolitionism; **F.** abolitionnisme; **A.** Abolitionismus; **It.** abolizionismo; **R.** аболиционизм.

ABOLICIONISTA. adj. Dícese del que procura dejar sin fuerza ni vigor un precepto o costumbre. Se aplicó a los partidarios de la abolición de la esclavitud. Ú.t.c.s. ‖ **P.** abolicionista; **I.** abolitionist; **F.** abolitionnist; **A.** Abolitionist; **It.** abolizionista; **R.** аболиционист.

ABOLIR. (l. *abolēre.*) tr. Derogar, dejar sin fuerza ni vigor un precepto o costumbre. ‖ **P.** abolir; **I.** to abolish; **F.** abolir; **A.** abschaffen; **It.** abolire; **R.** отменять.

*** ABOLO, LA.** (l. *abōlus.*) adj. El potro que no tiene todos los dientes. Ú.t.c.s.

ABOLONGO. (De *abuelo.*) m. ant. Abolengo.

ABOLORIO. (De *abuelo.*) m. Abolengo. 1.ª acep.

ABOLSARSE. r. Tomar figura de bolsa. ‖ 2. ALBAÑ. Afollarse las paredes.

ABOLLADO, DA. (De *abollar,* 2.º art.) p.p. de abollar. ‖ 2. m. Adorno de bollos en los metales y vestidos. ‖ **P.** amolgado; **I.** embossed; **F.** bossué; **A.** beulig; **It.** acciaccato; **R.** чеканка.

ABOLLADURA. f. Acción y efecto de abollar, 1.º y 2.º arts. ‖ **P.** amolgadura; **I.** embossment; **F.** bosse; **A.** Beule; **It.** gobba; **R.** чеканная работа, вмятина.

ABOLLAR. (l. *affullāre,* pisotear.) tr. Producir una depresión con un golpe. ‖ 2. BURG. Hollar. ‖ **P.** amolgar; **I.** to dent; **F.** bossuer; **A.** verbeulen; **It.** acciaccare; **R.** выдавливать.

ABOLLAR. (De *bollo.*) tr. Adornar con bollos o relieves semiesféricos metales o telas.

ABOLLÓN. m. Abolladura.

ABOLLONAR. (De *a* y *bollón.*) tr. Repujar formando bollones. ‖ 2. intr. AR. Arrojar las plantas del bollón.

ABOMASO. (l. *ab* y *omāsum,* panza.) m. ZOOL. Cuajar.

ABOMBAR. (De *a* y *bomba.*) tr. Dar figura convexa. ‖ 2. fig. y fam. Asordar, aturdir. ‖ 3. intr. Dar a la bomba. ‖ 4. r. MÉJ., P. RICO y VENEZ. Empezar a corromperse una cosa. *Agua, carne* ABOMBADA. ‖ **P.** arredondar; **I.** to bend; **F.** arrondar; **A.** wölben; **It.** rotondare; **R.** придавать выпуклую форму.

ABOMINABLE. (l. *abominabĭlis.*) adj. Digno de ser abominado. ‖ **P.** abominável; **I.** y **F.** abominable; **A.** scheusslich; **It.** abominabile; **R.** отвратительный.

ABOMINABLEMENTE. adv. De modo abominable. ‖ **P.** abominavelmente; **I.** abominably; **F.** abominablement; **A.** abscheulich; **It.** abbominavolmente; **R.** отвратительно.

ABOMINACIÓN. (l. *abominatĭo, -ōnis.*) f. Acción de abominar. ‖ 2. Cosa abominable. ‖ **P.** abominação; **I.** y **F.** abomination; **A.** Abscheu; **It.** abbominazione; **R.** отвращение.

ABOMINAR. (l. *abomināri;* de *ab,* separat., y *omĭnāri,* agorar, presagiar.) tr. Condenar y maldecir a personas o cosas por malas o perjudiciales. ‖ 2. Aborrecer. ‖ **P.** abominar; **I.** to abominate; **F.** abominer; **A.** verabscheuen; **It.** abominare; **R.** питать отвращение.

ABONABLE. adj. Que puede o debe ser abonado.

ABONADO, DA. p.p. de abonar. ‖ 2. adj. Que es de fiar por su caudal o crédito. ‖ 3. Dispuesto a decir o hacer algo. Tómase generalmente en mala parte. ‖ 4. FOR. Testigo abonado. ‖ 5. m. y f. Persona que ha tomado un abono. ‖ **P.** abonado; **I.** credited, capable, subscriber; **F.** accrédité, capable, abonné; **A.** wohlhabend, fähig; **It.** accreditato, atto, assoziato; **R.** поьзующийся доверия подписавшийся.

ABONADOR, RA. adj. Que abona. ‖ 2. m. f. Persona que abona al fiador y en su defecto se obliga a responder por él. ‖ 3. m. Barrena que usan los toneleros para

abrir grandes taladros en las pipas. ‖ **P.** fiador, garante; **I.** bailer; **F.** garant; **A.** Bürge; **It.** garante; **R.** поручитель.

ABONAMIENTO. m. Abono, 1.ª acep.

ABONANZA. f. ant. Bonanza.

ABONANZAR. (De *a* y *bonanza.*) intr. Calmarse la tormenta o serenarse el tiempo. ‖ **P.** abonançar; **I.** to grow calm; **F.** se rasséréner; **A.** sich aufheitern; **It.** rasserenare; **R.** улечься, утихнуть.

ABONAR. (l. *bŏnus,* bueno.) tr. Acreditar o calificar de bueno. ‖ 2. Salir por fiador de alguno. ‖ 3. Hacer alguna cosa útil, mejorarla de condición. ‖ 4. Dar por cierta y segura una cosa. ‖ 5. Echar en la tierra laborable materias que le aumenten la fertilidad. ‖ 6. Inscribir a una persona, mediante pago para que concurra a alguna diversión, disfrute de alguna comodidad o recibir algún servicio determinado número de veces. Ú.t.c.r. ‖ 7. Tomar en cuenta. ‖ 8. Pagar. ‖ 9. COM. Asentar en las cuentas corrientes las partidas que corresponden al haber. ‖ 10. intr. Abonanzar. ‖ **P.** pagar; **I.** to pay; **F.** payer; **A.** zahlen; **It.** pagare; **R.** уплачивать.

ABONARÉ. (1.ª pers. del sing. del fut. de indc. de *abonar.*) m. Documento expedido por un particular o una oficina en equivalencia de una partida de cargo sentada en cuenta o de un saldo preexistente. ‖ **P.** nota de banco; **I.** due-bill; **F.** billet a ordre; **A.** Scheck, Schuldschein; **It.** buono; **R.** чек.

ABONADAMENTE. adv. ant. Abundantemente.

ABONDADO, DA. p.p. del ant. abondar. ‖ 2. adj. ant. Abundado.

ABONDADURA. f. ant. Abundancia.

ABONDAMIENTO. m. ant. Abundancia.

ABONDAR. (l. *abŭndāre.*) intr. ant. Abundar. Ú. en LEÓN y SAL. ‖ 2. ant. Bastar ser suficiente. ‖ 3. tr. ant. Abastecer, proveer con abundancia. ‖ 4. ant. Satisfacer, contentar. Usáb.t.c.r.

ABONDO. (l. *abŭndo, abŭnde,* en abundancia.) m. ant. Abundo. Ú. en BURG. y LEÓN. ‖ 2. adv. fam. Abundantemente.

ABONDOSAMENTE. adv. ant. Abundantemente.

ABONDOSO, SA. adj. ant. Abundante.

ABONO. m. Acción de abonar o abonarse. ‖ 2. Fianza, garantía. ‖ 3. Derecho que adquiere el que se abona. ‖ 4. Substancia con que se abona la tierra. ‖ *Ser de* ABONO *una cosa.* fr. Tener validez para que se compute en favor de una persona. ‖ **P.** abono, credito, pago; **I.** subcription, payment, credit; **F.** abonnement, crédit, **A.** Gutschrift; **It.** abbonamento, credito, pagamento; **R.** абонемент, подписка, гарантия.

*** ABONUCO.** m. CUBA. Babunuco.

ABOQUILLADO, DA. p.p. de aboquillar. ‖ 2. adj. Que tiene forma de boquilla.

ABOQUILLAR. tr. Poner boquilla a alguna cosa. ‖ 2. ARQ. Dar a una abertura forma abocardada. ‖ 3. Chaflanar.

ABORDABLE. adj. Que se puede abordar. ‖ **P.** abordavel; **I.** boardable; **F.** abordable; **A.** zugänglich; **It.** abbordabile; **R.** доступный.

ABORDADOR, RA. adj. Que aborda. ‖ **P.** abordador; **I.** boarder; **F.** abordeur; **A.** Enterer; **It.** abbordatore; **R.** берущий на абордаж.

ABORDAJE. m. MAR. Acción de abordar. ‖ 2. *Al* ABORDAJE. m. adv. Pasar la gente del buque abordador al abordado, con armas a propósito para embestir al enemigo. Ú. con los verbos *entrar, saltar,* etc. ‖ **P.** abordagem; **I.** boarding; **F.** abordage; **A.** Entern; **It.** abbordo; **R.** абордаж.

ABORDAR. (De *a* y *bordo.*) tr. MAR. Llegar una embarcación a otra, chocar o tocar en ella, ya sea para embestirla, ya para cualquiera otro fin, ya por descuido, ya fortuitamente. Ú.t.c.intr. ‖ 2. Atracar una nave a un desembarcadero, muelle o batería. ‖ 3. fig. Acercarse a alguno para proponerle o tratar con él algún asunto. ‖ 4. fig. Emprender un negocio que ofrezca dificultades. ‖ 5. intr. Aportar, tomar puerto, llegar a una costa, isla, etc. ‖ **P.** abordar; **I.** to board; **F.** aborder; **A.** entern; **It.** abbordare; **R.** идти на абордаж, причаливать.

ABORDO. (De *abordar.*) m. MAR. Abordaje.

ABORDONAR. intr. ant. Andar o ir apoyado en un bordón.

ABORIGEN. (l. *aborigines;* de *ab,* desde, y *origo,* origen.) adj. Originario del suelo en que vive. *Tribu, animal, planta,* ABORIGEN. ‖ 2. Dícese del primitivo morador de un país, por contraposición a los establecidos posteriormente en él. Ú.t.c.s. y en pl. ‖ **P.** aborigen; **I.** aborigine; **F.** aborigines; **A.** Ureinwohner; **It.** aborigeno; **R.** туземный, коренной житель.

*** ABORÍGENA.** adj. CHILE y BOL. Aborigen. Ú.t.c.s. y en pl.

ABORLONADO, DA. (De *a* y *borlón.*) adj. COLOM. y CHILE. Acanillado.

ABORRACHADO, DA. (De *a* y *borracho.*) adj. De color encarnado muy encendido. ‖ **P.** muito vermelho; **I.** bright-red; **F.** d'un rouge éclatant; **A.** hochrot; **It.** rosso infocato; **R.** яркокрасный.

*** ABORRAJAR.** (De *a* y *borrajo.*) tr. COLOM. Rebozar una vianda para luego freírla.

ABORRAJARSE. (De *a,* 2.º art., y *borrajo.*) r. Secarse antes de tiempo las mieses y no llegar a granar por completo.

ABORRASCARSE. r. Ponerse el tiempo borrascoso.

ABORRECEDERO, RA. adj. ant. Aborrecible.

ABORRECEDOR, RA. adj. Que aborrece. Ú.t.c.s.

ABORRECER. (l. *abhorrescĕre;* de *ab,* de, y *horrescĕre,* tener horror.) tr. Tener aversión a una persona o cosa. ‖ 2. Dejar o abandonar algunos animales y especialmente las aves, el nido, los huevos o las crías. ‖ 3. Aburrir, 2.ª acep. ‖ 4. Fastidiar, molestar. Ú.t.c.r. ‖ **P.** aborrecer; **I.** to hate; **F.** haïr; **A.** hassen; **It.** aborrire; **R.** ненавидеть, питать отвращение.

ABORRECIBLE. adj. Digno de ser aborrecido. ‖ **P.** aborrecível; **I.** hateful; **F.** haïssable; **A.** hassenswert; **It.** aborrevole; **R.** заслуживающий отвращения.

ABORRECIBLEMENTE. adv. De modo aborrecible. ‖ **P.** aborrecivelmente; **I.** hatefully; **F.** odieusement; **A.** gehässigerweisse; **It.** odiosamente; **R.** ненавистно.

ABORRECIDAMENTE. adv. Con aborrecimiento.

ABORRECIDO, DA. p.p. de aborrecer. ‖ 2. adj. Dícese del que está aburrido. ‖ **P.** aborrecido; **I.** weary; **F.** ennuyé; **A.** gelangweilt; **It.** seccato; **R.** презренный.

ABORRECIMIENTO. m. Acción y efecto de aborrecer. ‖ 2. Aburrimiento. ‖ **P.** aborrecimento; **I.** abhorrence; **F.** haine; **A.** Hass; **It.** odio; **R.** отвращение.

ABORREGARSE. (De *a,* 2.º art., y *borrego.*) r. Cubrirse el cielo de nubes blanquecinas y revueltas a modo de vellones de lana.

ABORRENCIA. (l. *abhorrens, -entis,* p.a. de *abhorrēre,* aborrecer.) f. ant. Aborrescencia.

ABORRESCENCIA. (l. *abhorrescens, -entis,* p.a. de *abhorrēscere,* aborrecer.) f. ant. Aborrecimiento.

ABORRIBLE. (De *aborrir.*) adj. ant. Aborrecible.

ABORRÍO. (De *aborrir.*) m. ant. Aburrimiento.

ABORRIR. (l. *abhorrēre;* de *ab,* de, y *horrēre,* tener horror.). tr. ant. Entregarse con despecho a alguna acción o afecto.

ABORRONAR. intr. AST. Hacer borrones u hormigueros para quemar las hierbas inútiles.

ABORSO. (l. *aborsus.*) m. ant. Aborto.

ABORTADURA. f. ant. Aborto.

ABORTAMIENTO. m. Aborto.

ABORTAR. (l. *abortāre;* de *abortus,* aborto.) intr. Parir antes del tiempo en que el feto puede vivir. Ú.t. rara vez como causativo. ‖ 2. fig. Malograrse alguna empresa. ‖ 3. BOT. Ser nulo en las plantas el desarrollo de alguna de sus partes orgánicas. ‖ 4. MED. Desaparecer alguna enfermedad cuando empieza o antes del término natural. ‖ 5. tr. fig. Producir o echar de sí alguna cosa sumamente imperfecta, monstruosa o abominable. ‖ **P.** abortar; **I.** to abort; **F.** avorter; **A.** missgebären;

A

It. abortire; R. выкинуть, родить раньше времени.

ABORTÍN. (De *abortar*.) m. AR. Abortón, 1.ª acep.

ABORTIVO, VA. (l. *abortivus*.) adj. Nacido antes de tiempo. || 2. Que tiene virtud para hacer abortar. Ú.t.c.s.m. || P. abortivo; I. abortive; F. abortif; A. abortiv; It. abortivo; R. абортивный.

ABORTO. (l. *abortus*; de *ab*, priv., y *ortus*, nacimiento.) m. Acción de abortar. || 2. Cosa abortada. || P. aborto; I. abortion; F. avortement; A. Fehlgeburt; It. aborto; R. аборт.

ABORTÓN. (De *abortar*.) m. ZOOL. Animal mamífero nacido antes de tiempo. || 2. Piel del cordero nacido antes de tiempo. || P. abortón; I. slink; F. avorton; A. unzeitige, krüppelhafte Frucht; It. abortone; R. недоносок, уродец.

ABORUJAR. tr. Hacer que una cosa forme borujos. Ú.t.c.s. || 2. r. Arrebujarse, 2.ª acep. || P. aborrujar; I. to make lumps; F. mettre en peloton; A. knaueln; It. aggomitolare; R. делать небольшой тюк.

★ **ABOSADURA.** f. CUBA. Acción de abosar.

★ **ABOSAR.** tr. AMÉR. Acometer. || 2. CUBA. Azuzar a un gallo en la pelea. || 3. r. CUBA. Acercarse con intención de acometer. || 4. tr. ANT. Afrontar.

ABOTAGAMIENTO. m. Acción de abotagarse. || P. inchação; I. swelling; F. enflure; A. Anschwellung; It. enfiagione; R. опухоль.

ABOTAGARSE. (De *abotargarse*.) r. Hincharse o inflarse el cuerpo de un animal o de una persona, por enfermedad. || P. inchar-se; I. to swell; F. s'enfler; A. anschwellen; It. enfiarsi; R. опухать.

★ **ABOTARGARSE.** (De *a*, 2.º art., y *botarga*.) tr. fam. Abotagarse.

ABOTIJADO, DA. p.p.de abotijarse. || 2. adj. fig. y fam. Hinchado, abotagado.

ABOTINADO, DA. adj. Hecho en figura de botín; se aplica a zapato que ciñe y cierra la garganta del pie. || 2. V. *Pantalón* ABOTINADO. || P. abotinado; I. gaiter shaped; F. bottiné; A. halbstiefelförmig; It. in forma di stivaletto.

ABOTONADOR. m. Instrumento de metal con un gancho o un agujero en la punta, que sirve para asir el botón y meterlo en el ojal. || P. aboador; I. buttonhook; F. tire-bouton; A. Knopfhaken; It. allacciabottoni; R. крючок для застёгивания пуговиц.

ABOTONAR. tr. Cerrar o ajustar una prenda de vestir, metiendo el botón o botones por el ojal u ojales. Ú.t.c.r. || 2. intr. Echar botones las plantas. || 3. p. us. Arrojar el huevo boroncillos de clara cuando se cuece en agua. || P. abotoar; I. to button; F. boutonner; A. zuknöpfen; It. abbottonare; R. застёгивать.

ABOVEDADO, DA. p.p. de abovedar. || 2. adj. Corvo, combado.

ABOVEDAR. tr. Cubrir con bóvedas. || 2. Dar figura de bóveda. || P. abobadar; I. to arch; F. vouter; A. wölben, auswölben; It. voltare; R. придавать форму свода.

AB OVO. (LIT. desde el huevo.) loc. adv. l. fig. Tratándose de narraciones, desde el origen o desde tiempo antiguo.

ABOYADO, DA. adj. La finca rústica que se arrienda juntamente con bueyes para labrarla. || 2. Finca rústica o terreno cerrado que se destina al mantenimiento del ganado vacuno. || 3. adj. CUBA. Cesante, falto de recursos.

ABOYAR. tr. MAR. Poner boyas. || 2. intr. Boyar o flotar un objeto en el agua. || P. aboiar; I. to buoy up; F. placer des boucées; A. Bojen auslegen; It. collocare gavitelli; R. ставить баканы.

ABOYAR. tr. desus. Arrendar una heredad con bueyes para su labranza.

ABOZALAR. tr. Poner bozal. || P. açamar; I. to muzzle; F. museler; A. einen Maulkorb anlegen; It. mettere la musoliera; R. надевать намордник.

★ **ABOZAR.** (De *a* y *boza*.) v. tr. MAR. Sujetar con bozas. || P. açamar; I. to stopper; F. bosser; A. mit Ketten fangen; It. abozzare; R. стопорить.

ABRA. (fr. *havre*, y éste del neerl. *haven*, puerto.) f. Bahía no muy extensa. || 2. Abertura ancha y despejada entre dos

montañas. || 3. Grieta producida en el terreno por efecto de concusiones sísmicas. || 4. AND. En una andana de botas, espacio que queda entre dos de una misma serie. || 5. MAR. Distancia entre los palos de la arboladura, o abertura angular de las jarcias, de la obencudara, etc. || P. abra; I. haven; F. havre; A. Bai; It. insenatura; R. небольшая бухта.

ABRACADABRA. m. Palabra cabalística que se escribía en once renglones con una letra menos en cada uno, formando un triángulo, y a la cual se atribuían las propiedades curativas.

★ **ABRACADERA.** (De *abracar*.) f. COLOM., CUBA y PERÚ. Acto de agarrarse dos personas luchando.

ABRACIJARSE. r. p. us. Abrazarse, 1.ª y 2.ª aceps.

ABRACIJO. m. fam. Abrazo.

ABRAHÁN. n. p. V. *Seno de* ABRAHÁN. || P. Abrahão; F., I. y A. Abraham; It. Abramo; R. Абрам.

ABRAHONAR. tr. fam. Abrazar con fuerza a otro por los brahones. || P. cingir pelos braços; I. to hug; F. embraser fortement, saisir par les brahones; A. in die Arme schliessen; It. cingere; R. обнимать крепко.

★ **ABRANDECOSTA.** f. BOT. Nombre vulgar del árbol milpigiáceo americano *Bunchosia nitida*, de madera obscura muy apreciada por la figura de su grano.

★ **ABRANQUIO, QUIA.** (De *a* priv. y *branquia*.) adj. Dícese del animal acuático sin branquias. || 2. m. pl. ZOOL. Orden de anélidos que carecen de estos órganos. || P. abranchios; I. abranchiate; F. abranches; A. kiemenlose Ringelwürmer; It. abranchi.

ABRASADAMENTE. adv. Ardientemente. || I. ardently; F. ardemmento; A. mit Wärme, mit Inbrunst; It. ardentemente; R. жгучно.

ABRASADOR, RA. adj. Que abrasa. || P. abrassador; I. burning; F. brûlant; A. brennend; It. cocente; R. жгучий.

ABRASAMIENTO. m. Acción y efecto de abrasar. || P. abrasamento; I. burning; F. embrasement, brûlure; A. Brand; It. abbruciamento; R. сжигание.

ABRASANTE. p.a. de abrasar. Que abrasa.

ABRASAR. (De *a*, 2.º art., y *brasa*.) tr. Reducir a brasa, quemar. Ú.t.c.r. || 2. Secar el excesivo calor o frío una planta o sólo las puntas de sus hojas y pétalos. Ú.t.c.r. || 3. Calentar demasiado. Ú.t.c. intr. || 4. Producir una sensación de dolor ardiente o picor, como la producen la sed y algunas sustancias picantes o cáusticas. || 5. fig. Destruir; malbaratar los bienes y/ caudales. || 6. fig. Avergonzar, dejar muy corrido a alguno con acciones o palabras picantes. || 7. fig. Agitar o consumir a uno una pasión, especialmente el amor. || 8. fig. Encender en una persona una pasión violenta. || 9. r. Sentir uno demasiado calor o ardor. || 10. fig. Estar muy agitado de alguna pasión. || ABRASARSE *vivo*. fr. fig. Abrasarse, 9.ª y 10.ª aceps. de ABRASAR. || P. abrasar; I. to burn; F. embraser; A. verbrennen; It. abbruciare; R. сжигать.

ABRASILADO, DA. adj. Del color del palo Brasil. || 2. Que tira a este color.

ABRASIÓN. (l. *abradĕre*.) f. Acción y efecto de raer o desgastar por fricción. || 2. MED. Acción irritante de los purgantes enérgicos. || 3. MED. Leve ulceración de las membranas. || P. abrasar; I. abrasion; F. abrasion; A. abkratzen; It. abrasione; R. протирание, размельчение.

ABRASIVO, VA. adj. Relativo a la abrasión. Ú.t.c.s.m. Aplicado a los productos que sirven para desgastar por fricción.

★ **ABRATASE.** m. BOT. Planta labiada parecida al hisopo.

ABRAVAR. (De *a*, 2.º art., y *bravo*.) tr. ANT. Excitar.

ABRAVECER. (De *a*, 2.º art., y *bravo*.) tr. Embravecer, 1.ª acep.

ABRAXAS. (gr. ἀβραξάς, cuyas letras suman el número 365.) m. Palabra simbólica entre los gnósticos expresiva de los 365 días del año. || 2. Talismán gnóstico en que aparecía grabada esta palabra. P., I. y F. abraxas; A. Abraxas; It. abraseas; R. талисман.

ABRAZADA. f. p. us. Acción y efecto de abrazar, 2.ª acep.

ABRAZADERA. adj. V. *Sierra* ABRAZADERA. Ú.t.c.s. || 2. f. Pieza de metal u otra materia, que sirve para asegurar alguna cosa ciñéndola. || 3. IMPR. Corchete, 2.ª acep. || P. abraçadeira; I. brace; F. embrasse; A. runde Zwinge; It. ghiera; R. металлическое кольцо на рукоятке.

ABRAZADO, DA. p.p. de abrazar. || 2. adj. GERM. Preso.

ABRAZADOR, RA. adj. Que abraza. || 2. BOT. V. *Hoja* ABRAZADORA. || 3. m. Hierro o palo combado que sirve en la noria para mantener seguro al peón, arrimándolo y sujetándolo al puente. || 4. Almohada, larga y estrecha que se usa en Filipinas puesta en la cama entre una y otra pierna, o cogida con los brazos, para evitar el calor. || 5. ant. El que solicitaba a otros para llevarlos a las casas públicas de juego. || 6. GERM. Corchete, 6.ª acep. || P. abraçador; I. embracer; F. embrasseur; A. Umarmer; It. abbracciatore; R. обнимающий.

ABRAZAMIENTO. m. Acción y efecto de abrazarse.

ABRAZANTE. p.a. de abrazar. Que abraza.

ABRAZAR. (De *a*, 2.º art., y *brazo*.) tr. Ceñir con los brazos. Ú.t.c.r. || 2. Estrechar entre los brazos en señal de cariño. Ú.t.c.r. || 3. fig. Rodear, ceñir. || 4. fig. Prender, dando vueltas, algunas plantas trepadoras. Ú.t.c.r. || 5. fig. Comprender, incluir. || 6. fig. Admitir, seguir. || 7. fig. Tomar uno a su cargo alguna cosa. ABRAZAR *un negocio*. || P. abraçar; I. to embrace; F. embrasser; A. umarmen; It. abbracciare; R. обнимать.

★ **ABRAZITA.** f. MINER. Silicato de alúmina y calcio que cristaliza en octaedros blanquecinos muy frágiles; se la considera una variedad de la gismondina.

ABRAZO. Acción de abrazar o abrazarse, 1.ª y 2.ª aceps. || P. abraço; I. embracement; F. embrassement; A. Umarmung; It. abbraccio; R. объятие.

★ **ABRE.** m. BOT. Abro.

★ **ABREBOCA.** (De *abrir* y *boca*.) com. ARGENT. Persona muy distraída, papanatas. || 2. ECUAD. m. Aperitivo.

○ **ABRECARTAS.** m. Plegadera de punta afilada para abrir cartas.

ABREGANCIAS. f. pl. LEÓN. Llares, 2.ª acep. de llar.

ÁBREGO. (l. *africus*.) m. Viento sur. || P. ábrego; I. southwest wind; F. vent du sud-ouest; A. Südwestwind; I. libeccio; R. южный ветер.

ABRELATAS. m. Instrumento de metal para abrir las latas de conservas.

ABRENUNCIAR. (l. *abrenuntiāre*.) tr. ant. Renunciar.

ABRENUNCIO. (l. *abrenuntio*, 1.ª pers. del sing. del pres. de indic. de *abrenuntiāre*, renunciar.) Voz usada familiarmente para dar a entender que se rechaza alguna cosa.

ABREOJOS. (De *abre ojos*.) m. ÁL. Detienebuey. || 2. AR. Abrojo, 1.ª y 3.ª aceps.

ABREPUÑO. (De *abre puño*.) m. Arzolla, 1.ª acep. || 2. pl. Planta ranunculácea de uno a tres decímetros de altura, flores amarillas y hojas lampiñas. Sus carpelos son muy duros y están erizados de púas.

ABRETONAR. (De *a*, 2.º art., y *bretón*, a la bretona.) tr. MAR. Amarrar los cañones al costado del buque en dirección de popa a proa.

ABREVADERO. (De *abrevar*.) m. Pilón o paraje del río o manantial a propósito para dar de beber al ganado. || 2. V. *Servidumbre* de ABREVADERO. || P. bebedouro; I. wateringplace; F. abreuvoir; A. Tränke; It. abbeveratoio; R. водопой.

ABREVADOR, RA. adj. Que abreva. Ú.t.c.s. || 2. m. Abrevadero.

ABREVAR. (De *abebrar*.) tr. Dar de beber al ganado. || 2. Remojar las pieles para adobarlas. || 3. Hablando de personas, dar de beber, especialmente un brebaje. || 4. fig. Saciar. || P. abrevar; I. to water; F. abreuver; A. tränken; It. abbeverare; R. поить.

ABREVIACIÓN. (l. *abreviatĭo, -ōnis*.) f. Acción y efecto de abreviar. || 2. ant. Compendio. || P. abreviação; I. abbreviation; F. abrégement; A. Abkürzung; Verkürzung; **It.** abbreviamento; **R.** сокращение.

ABREVIADAMENTE. adv. En términos breves, compendiosa o sumariamente. || **I.** abbreviatamente; **F.** sommairement, en abrégé; **A.** im Auszuge, kurzgefasst; **It.** abbreviately; **R.** сокращенно.

ABREVIADO, DA. p.p. de abreviar. || **2.** adj. Parvo, escaso. || **3.** pl. fig. fam. V. *Evangelios* ABREVIADOS.

ABREVIADOR, RA. (l. *abbreviātor.*) adj. Que abrevia o compendia. Ú.t.c.s.m. || **2.** m. Oficial de la Cancillería Romana o de la Nunciatura Apostólica, que tiene a su cargo extractar los documentos. || **P.** abreviador; **I.** abbreviator; **F.** abréviateur; **A.** Abkürzer; **It.** abbreviatore; **R.** кто сокращает.

ABREVIADURÍA. f. Empleo u oficio del abreviador.

ABREVIAMIENTO. m. Abreviación, 1.ª acep.

ABREVIAR. (l. *abbreviāre.*) tr. Hacer breve, reducir a menos tiempo o espacio. || **2.** Acelerar, apresurar. || **P.** abreviar; **I.** to abbreviate; **F.** abréger; **A.** abkürzen; **It.** abbreviare; **R.** сокращать.

ABREVIATURA. (l. *abbreviatūra.*) f. Representación de las palabras con sólo una o varias de sus letras, empleando a veces mayúsculas, y poniendo punto después de la parte escrita en cada vocablo; v. gr. affmo. por afectísimo. || **2.** Abreviaduría. || **3.** Compendio o resumen. || *En* ABREVIADURÍA. m. adv. Sin alguna de las letras que en la escritura corresponden a cada palabra. || **2.** fam. y fest. Con brevedad o prisa. || **P.** abreviatura; **I.** abbreviation; **F.** abréviation; **A.** Abkürzung; **It.** abbreviazione; **R.** сокращение.

ABREVIATURÍA. f. Abreviaduría.

* **ABREVIOS.** m. p. CUBA. Avíos, trebejos.

ABRIBONADO, DA. p.p. de abribonarse. || adj. Que tiene trazas de bribón.

ABRIBONARSE. r. Hacerse bribón. || **P.** envilecerse; **I.** to loaf; **F.** s'encanailler; **A.** sich der Gaunerei ergeben; **It.** imbirbonirsi; **R.** становиться плутом.

* **ABRICANITA.** f. MINER. Abrichanita.

* **ABRICOTINA.** (fr. *abricot*, albaricoque.) f. BOT. Variedad de ciruela parecida al albaricoque y producida por el *Prunus armenoides.* || **2.** MINER. Variedad de mármol obscuro.

* **ABRICHANITA.** (De *abriachan*, n.p.) f. MINER. Silicato de hierro y magnesio hallado en Abriachan (Escocia).

ABRIDERO, RA. adj. Que se abre fácilmente por sí o por ajeno impulso. Ú.m. aplicado a frutas. || **2.** m. Variedad de pérsico, cuyo fruto se abre con facilidad y deja suelto el hueso. || **3.** Fruto de este árbol. || **P.** que se abre fácilmente; **I.** easily opened; **F.** qui s'ouvre facilement; **A.** leicht zu öffnen; **It.** che si apre facilmente; **R.** легко разламывающийся.

ABRIDOR, RA. adj. Que abre. || **2.** m. Abridero, 2.ª y 3.ª aceps. || **3.** Hueso o almendra con que termina la aguja de injertar, empleada para despegar la corteza del árbol hasta que quepa la púa que se le va a injerir. || **4.** Cada uno de los dos aretes de oro que se ponen a las niñas en las orejas para horadarlos. || **—de láminas.** Grabador. || **P.** abridor; **I.** opener; **F.** greffoir; **A.** Pfroptmesser; **It.** apritore; **R.** открывающий.

ABRIGADA. f. Abrigadero, 1.ª acep.

ABRIGADERO. m. Abrigo, 4.ª acep. || **2.** MAR. Abrigo, 6.ª acep. || **P.** abrigadero; **I.** sheltered place; **F.** abrivent; **A.** Zufluchtsstätte; **It.** riparo; **R.** прикрытие, защита.

ABRIGADO, DA. p.p. de abrigar. || **2.** m. Abrigo, 4.ª acep.

ABRIGADOR, RA. adj. CHILE, MÉJ. y PERÚ. Que abriga. Gabán muy abrigador. || **2.** MÉJ. Encubridor de un delito o falta. Ú.t.c.s.

ABRIGAMIENTO. m. ant. Abrigo, 1.ª acep.

ABRIGAÑO. m. Abrigo, 4.ª acep. || **P.** abriganho; **I.** refuge; **F.** abrivent; **A.** windstiller Ort; **It.** riparo; **R.** укрытие.

ABRIGAR. (l. *apricāre*, resguardar del frío.) tr. Defender, resguardar del frío Ú.t.c.r. || **2.** fig. Auxiliar, amparar. || **3.** fig. Tratándose de ideas, voliciones o afectos, tenerlos. ABRIGAR *esperanzas.* || **4.** EQUIT. Aplicar las piernas al vientre del caballo para ayudarle. || **5.** MAR. Defender la nave del viento o del mar. || **P.** abrigar; **I.** to shelter; **F.** abriter; **A.** beschützen; **It.** riparare; **R.** укрывать.

ABRIGO. (l. *aprīcus*, defendido del frío.) m. Defensa contra el frío. || **2.** Cosa que abriga. || **3.** Prenda que se pone sobre las demás y sirve para abrigar. || **4.** Paraje defendido de los vientos. || **5.** fig. Auxilio, amparo. || **6.** MAR. Lugar en la costa, a propósito para abrigarse las naves. || **7.** ARQUEOL. Covacha natural poco profunda. || **P.** 3.ª acep.: agasalho; **I.** shelter; **F.** abri; **A.** 4.ª acep.: Obdach, Mantel; **It.** riparo; **R.** пальто.

ÁBRIGO. (l. *afrĭcus.*) m. Ábrego.

ABRIL. (l. *aprīlis.*) m. Cuarto mes del año según nuestro cómputo; consta de treinta días. || **2.** fig. Primera juventud. *El* ABRIL *de la vida.* || **3.** fig. Cosa grata por su gentileza o color. || **4.** pl. fig. Años de la primera juventud. Ú.m. con calificativo: *floridos*, etc. || ABRIL, *aguas mil.* ref. que manifiesta lo abundantes que en este mes suelen ser las lluvias. || ABRIL *y mayo llaves de todo el año.* ref. que expresa que de las lluvias y templanza de estos meses depende la abundancia de las cosechas. || *Estar hecho un* ABRIL. Estar lucido, hermoso. || *Llueva para mí* ABRIL *y mayo, y para ti todo el año.* Denota lo convenientes que son para las cosechas las lluvias en estos meses. || **P.** abril; **I.** April; **F.** avril; **A.** April; **It.** aprile; **R.** апрель.

ABRILEÑO, ÑA. adj. Propio del mes de abril.

ABRILLANTADOR. m. Artífice que abrillanta piedras preciosas. || **2.** Instrumento con que se abrillanta. || **P.** 2.ª acep.: abrilhantador; **I.** polisher; **F.** brunissoir; **A.** 2.ª acep.: Glättwerkzeug; **It.** brunitoio; **R.** гранильщик, шлифовальщик.

ABRILLANTAR. tr. Labrar en facetas como las de los brillantes, las piedras preciosas y ciertas piezas de acero u otros metales. || **2.** Iluminar o dar brillantez. || **3.** fig. Dar más valor. || **P.** 2.ª acep.: abrilhantar; **I.** to polish; **F.** brillanter; **A.** glänzen, schleifen; **It.** brillantare; **R.** гранить, шлифовать.

ABRIMIENTO. m. Abertura, 1.ª acep. || **P.** abrimento; **I.** opening; **F.** ouverture; **A.** Oeffnung, (Er)Oeffnung; **It.** apertura; **R.** отверстие.

* **ABRINA.** (De *abro* y el suf. *ina.*) f. BIOQUÍM. Substancia tóxica de uso medicinal que contienen las semillas del abro.

ABRIR. (l. *aperīre.*) tr. Descubrir o hacer patente lo que está cerrado u oculto. ABRIR *una caja.* Ú.t.c.r. || **2.** Separar del marco la hoja o las hojas de la puerta, haciéndolas girar sobre sus goznes, o separar cualquiera otra cosa con que esté cerrada una abertura, para que deje de estarlo. Ú.t.c. intr. y c.r. *Esta puerta* ABRE *mal.* || **3.** Descorrer el pestillo o cerrojo, desechar la llave, levantar la aldaba, pieza o instrumento semejante. || **4.** Tratándose de cajones de una mesa o cualquier otro mueble, tirar de ellos hacia fuera sin sacarlos del todo. || **5.** Dejar en descubierto una cosa. ABRIR *los ojos.* || **6.** Tratándose de partes del cuerpo del animal o de cosas o instrumentos compuestos de piezas unidas por goznes, tornillos, etc., separarlas unas de otras de modo que entre ellas quede un espacio mayor o menor. ABRIR *los brazos, unas tijeras.* || **7.** Cortar por los dobleces los pliegos de un libro para separar las hojas. || **8.** Extender lo que estaba encogido o doblado. ABRIR *la mano.* || **9.** Hender, dividir. Ú.t.c.r. ABRIRSE *la tierra.* || **10.** Con nombres como agujero, ojal, camino, etc., hacer. || **11.** Tratándose de cartas, sobres, cubiertas o cosas semejantes, despegarlos o romperlos para sacar lo que contengan. || **12.** Grabar, esculpir. ABRIR *una lámina.* || **13.** fig. Vencer, apartar o destruir cualquier obstáculo. ABRIR *paso.* || **14.** Tratándose de cuerpos o establecimientos políticos, administrativos, científicos, artísticos, comerciales o industriales; dar principio a las tareas o negocios propios de cada uno de ellos. ABRIR *las Cortes.* || **15.** fig. Comenzar ciertas cosas o darles principio. ABRIR *la sesión.* || **16.** fig. Tratándose de certámenes, empréstitos, anunciar las condiciones con que deben llevarse a cabo. || **17.** fig. Tratándose de gente que camina formando hilera, ir a la cabeza. ABRIR *la marcha.* || **18.** intr. Tratándose de flores, separarse los pétalos que estaban recogidos en el botón. Ú.t.c.r. || **19.** Ocupar mayor espacio. ABRIR *el tiro.* Ú.t.c.r. || **20.** Tratándose del tiempo, empezar a clarear o serenarse. || **21.** MAR. Desatracar una embarcación menor. || **22.** fig. Separarse, hacer calle. ABRIRSE *un batallón.* Ú.t.c.r. ABRIR *filas.* || **24.** fig. Confiar una persona a otra un secreto. *Se* ABRIÓ *conmigo.* || **P.** abrir, descobrir; **I.** to open; **F.** ouvrir; **A.** öffnen; **It.** aprire. **R.** открывать.

* **ABRO.** m. BOT. Planta leguminosa papilionácea, cuyas semillas contienen un tóxico. De sus hojas se hace una infusión pectoral. || **P.** abro; **I.** wild licorice; **F.** abrus; **A.** Paternosterbse; **It.** abro.

* **ABROCOMA.** (gr. ἁβρος, abundante, y κομη, pelo.) m. ZOOL. Género de roedores chilenos de la talla de la ardilla que poseen dos clases de pelo, una de ellas muy fina.

ABROCHADOR. (De *abrochar.*) m. Abotonador.

ABROCHADURA. f. Abrochamiento.

ABROCHAMIENTO. m. Acción de abrocharse. || **P.** abrochadura; **I.** buttoning; **F.** action de boutonner; **A.** Zuknöpfen, einhäkeln; **It.** abbottonatura; **R.** застёгивание.

ABROCHAR. tr. Cerrar o ajustar con broches, botones, etc. Ú.t.c.r. || **2.** CHILE y MÉJ. Asir o agarrar para coger preso o castigar a uno. || **3.** ECUAD. Reprender, castigar. || **4.** rec. CHILE y MÉJ. Agarrarse para pelear cuerpo a cuerpo. || **P.** abrochar; **I.** to button; **F.** agrafer; **A.** (zu)knöpfen; **It.** abbotonare; **R.** застёгивать.

ABROGACIÓN. (l. *abrogatio, -ōnis.*) f. Acción y efecto de abrogar. || **P.** abrogação; **I.** abrogation; **F.** abrogation; **A.** Aufhebung; **It.** abrogazione; **R.** отмена, упразднение.

ABROGAR. (l. *abrogāre;* de *ab*, priv., y *rogāre*, promulgar.) tr. FOR. Abolir, revocar. ABROGAR *una ley.* || **P.** abrogar; **I.** to abrogate; **F.** abroger; **A.** abschaffen; **It.** abrogare; **R.** отменять, упразднять.

ABROJAL. m. Sitio poblado de abrojos. || **P.** abrolhal; **I.** thistly ground; **F.** ronceraic; **A.** Distelfeld; **It.** triboleto; **R.** место, заросшее репейником.

ABROJÍN. (del *abrojo.*) m. Cañadilla. || **P.** búzio; **I.** murex; **F.** limaçon de mer; **A.** Seeschneck; **It.** murice; **R.** морская улитка.

ABROJO. (l. *apĕri ocŭlum*, abre el ojo.) m. Planta cigofilácea, de tallos largos y rastreros, hojas compuestas y fruto casi esférico. Es perjudicial a los sembrados. || **2.** Fruto de esta planta. || **3.** Cardo estrellado. || **4.** Instrumento de plata u otro metal en figura de abrojo, que ponían los disciplinantes en el azote para herirse las espaldas. || **5.** MIL. Pieza de hierro en forma de estrella, con cuatro púas o cuchillas abiertas en ángulos iguales, de modo que al caer al suelo siempre queda una hacia arriba. Los abrojos se diseminaban para embarazar el paso al enemigo, principalmente a la caballería. || **6.** pl. MAR. Peñas agudas que suelen encontrarse en el mar a flor de agua. || **P.** abrolho; **I.** thistle; **F.** tribule, herse; **A.** Wurzeldorn; **It.** tribolo; **R.** репейник, чертополох.

ABROLLO. m. ant. Abrojo.

ABROMA. (gr. ἀ, priv., y βρῶμα, alimento.) m. BOT. Arbusto esterculiáceo, propio de países tropicales, donde llega a tres metros de altura. La corteza es fibrosa, y con ella se hacen cuerdas muy resistentes. || **P., I.** e **It.** abroma; **F.** abroma; **A.** Kakaomalve; **R.** тропический кустарник.

ABROMADO, DA. p.p. de abromar. || **2.** adj. MAR. Obscurecido con vapores o nieblas.

ABROMAR. tr. ant. Abrumar. || **2.** r. MAR. Llenarse de broma los fondos del buque.

ABRONCAR. (De *a*, 2.º art. y *bronca.*) tr. fam. Aburrir, enfadar. Ú.t.c.r.

ABROQUELADO, DA. p.p. de abroquelar. || **2.** adj. BOT. De forma de broquel. || **P.** abroquelado; **I.** peltated; **F.** pel-

A

té; **A.** schildförmig; **It.** peltato; **R.** закрытый щитом.

ABROQUELAR. tr. MAR. Halar de los penoles de las vergas hacia popa por la parte de barlovento, dando un salto a las bolinas de esta banda, para que el viento hiera en las velas por la cara de proa. ‖ **2.** Escudar, 2.ª acep. ‖ **3.** r. Cubrirse con el broquel para no ser ofendido. ‖ **4.** fig. Valerse de cualquier medio de defensa material o moral. ‖ **P.** abroquelar; **I.** to brace; **F.** brasseyer; **A.** brassen; **It.** bracciare; **R.** закреплять паруса.

ABRÓTANO. (l. *abrotŏnum*, y éste del gr. ἀβρότονον, de ἀβρός, tierno al tacto, delicado.) m. Planta herbácea compuesta de cerca de un metro de altura, hojas finas y blanquecinas y flores de olor suave en cabezuelas amarillas, cuya infusión se emplea para hacer crecer el cabello. **—hembra.** Planta herbácea de la familia de las compuestas, de cuatro a seis decímetros de altura y flores en cabezuelas amarillas de olor aromático. La infusión de sus flores se ha empleado como antiespasmódica y antihelmíntica. **—macho.** Abrótano. ‖ **I.** abrotono; **I.** southern wood; **F.** abrotone; **A.** Stabwurz; **It.** abrotano; **R.** полынь.

ABROTOÑAR. (Cruce de *brotar* y *otoñar*.) intr. Brotar, 2.ª acep.

ABRUMADOR, RA. adj. Que abruma.

ABRUMADORAMENTE. adv. De modo abrumador.

ABRUMAR. (De *a*, 2.º art., y *broma*, 2.º art.) tr. Agobiar con algún grave peso. ‖ **2.** fig. Causar gran molestia. ‖ **P.** opprimer; **I.** to overwhelm; **F.** accabler, surcharger; **A.** bedrücken, lästig fallen; **It.** aggravare; **R.** подавлять.

ABRUMARSE. r. Llenarse de bruma la atmósfera.

* **ABRUPCIÓN.** (l. *abruptĭo*, *-ōnis*, de *abrumpĕre*; de *ab.* y *rumpĕre*, romper.) CIR. Fractura transversal del hueso, con separación de los fragmentos. ‖ **2.** RET. fig. Consistente en suprimir toda transición para dar mayor viveza al discurso. ‖ **P.** abrupção; **I.** y **F.** abruption; **A.** Querbruch mit abstehenden Bruchenden; **It.** rottura; **R.** разлом, излом.

ABRUPTAMENTE. adv. De modo abrupto.

ABRUPTO, TA. (l. *abruptus*, p.p. de *abrumpĕre*, romper.) adj. Escarpado, 2.ª acep. *Montaña, roca* ABRUPTA. ‖ **P.** abrupto; **I.** craggy; **F.** abrupt; **A.** schroff; **It.** dirupato; **R.** крутой, обрывистый.

ABRUTADO, DA. adj. Que parece bruto.

* **ABRUZARSE.** (De *bruces*.) rec. REP. DOMIN. Llegar dos personas a las manos.

ABRUZO, ZA. adj. Natural de los Abruzos. Ú.t.c.s. ‖ **2.** Perteneciente a este país de Italia.

ABSCESO. (l. *abscessus*, tumor.) m. MED. Acumulación de pus en los tejidos orgánicos internos o externos. ‖ **P.** abcesso; **I.** abscess; **F.** abcès; **A.** Geschwür; **It.** ascesso; **R.** абсцесс, нарыв.

ABSCISA. (l. *abscissa*, cortada.) f. GEOM. Una de las dos distancias que sirven para fijar la posición de un punto sobre un plano con relación a los ejes coordenados. ‖ **2.** GEOM. V. *Eje* de ABSCISAS. ‖ **3.** GEOM. V. *Línea* ABSCISA. ‖ **P.** abscissa; **I.** absciss; **F.** abscisse; **A.** Abszisse; **It.** ascissa; **R.** абсцисса,

ABSCISIÓN. (l. *abscissĭo*, *-ōnis*, cortadura, mutilación.) f. Separación de una parte pequeña de un cuerpo cualquiera, hecha con instrumento cortante. ‖ **2.** fig. Interrupción o renunciación. ‖ **P.** abscisão; **I.** y **F.** abscission; **A.** Abschneiden; **It.** ascissione; **R.** раскол.

ABSCONIER. (l. *abscondĕre*.) tr. ant. Esconder. Ú.t.c.r.

ABSCONDIDAMENTE. adv. ant. Escondidamente.

ABSCURO, RA. adj. ant. Obscuro.

ABSENCIA. (l. *absentĭa*.) f. ant. Ausencia.

ABSENTARSE. (l. *absentāre*.) r. ant. Ausentarse.

ABSENTE. (l. *absens*, *-entis*.) adj. ant. Ausente.

ABSENTISMO. (l. *absens*, *-entis*, ausente.) m. Costumbre de residir un propie-

tario fuera de la localidad en que radican sus bienes.

ÁBSIDA. f. ARQ. Ábside, 1.ª acep.

ABSIDAL. adj. Que tiene ábside; en forma de ábside.

ÁBSIDE. (l. *absis*, *-īdis*, y éste del gr. ἀψίς, nudo o clave de la bóveda.) amb. ARQ. Parte del templo, abovedada y comúnmente semicircular, que sobresale en la fachada posterior y donde en lo antiguo estaban el altar y el presbiterio. ‖ **2.** m. ASTRON. Ápside. ‖ **P.** e **It.** ábside; **I.** apse; **F.** abside; **A.** Apsis; **R.** абсида.

ABSINTIO. (l. *absinthĭum*.) m. Ajenjo. 1.ª acep.

ABSIT. (3.ª pers. del sing. del pres. de subjuntivo del l. *abesse*, estar fuera, lejos.) Voz que se usa familiarmente para manifestar el deseo de que una cosa vaya lejos de nosotros, o de que Dios nos libre de ella.

ABSOLUCIÓN. (l. *absolutĭo*, *-ōnis*.) f. Acción de absolver. ‖ **—de la demanda.** FOR. Terminación del pleito enteramente favorable al demandado. ‖ **—de la instancia.** FOR. La que determinaba el proceso criminal por insuficiencia de la prueba contra el reo, pero sin producir efecto de cosa juzgada a favor del absuelto. ‖ **—de posiciones.** FOR. Acto de responder a ellas el litigante, bajo juramento. ‖ **—general.** Aplicación de indulgencias y comunicación de buenas obras que, por privilegios apostólicos, hacen algunas órdenes religiosas a los fieles en ciertos días del año. ‖ **—libre.** FOR. Terminación del juicio criminal por fallo en que se declara la inocencia del reo. ‖ **—sacramental.** Acto de absolver el confesor al penitente. ‖ **P.** absolvição; **I.** y **F.** absolution; **A.** Ablass; **It.** assoluzione; **R.** прощение.

ABSOLUTA. (De *absoluto*.) f. Aserción general dicha en tono de seguridad y magisterio. ‖ **2.** fam. *Licencia* ABSOLUTA.

ABSOLUTAMENTE. adv. De manera absoluta. ‖ **P.** absolutamente; **I.** absolutely; **F.** absolument; **A.** durchaus; **It.** assolutamente; **R.** абсолютно, безусловно.

ABSOLUTISMO. m. Sistema de gobierno absoluto. ‖ **P.** absolutismo; **I.** absolutism; **F.** absolutisme; **A.** Absolutismus; **It.** assolutismo; **R.** абсолютизм, самодержавие.

ABSOLUTISTA. adj. Partidario del absolutismo. Apl. a pers. ú.t.c.s. ‖ **2.** Perteneciente a este sistema de gobierno. ‖ **P.** absolutista; **I.** absolutist; **F.** absolutiste; **A.** Absolutist; **It.** assolutista; **R.** сторонник абсолютизма.

ABSOLUTO, TA. (l. *absolūtus*.) adj. Que excluye toda relación. ‖ **2.** Independiente, ilimitado. ‖ **3.** V. *Ablativo, alcohol, brillo, dominio, estado, gobierno, poder* ABSOLUTO. ‖ **4.** V. *Mayoría* ABSOLUTA. ‖ **5.** fig. y fam. De genio imperioso o dominante. ‖ **6.** GRAM. Cardinal, 7.ª acep. ‖ **7.** MIL. V. *Licencia* ABSOLUTA. ‖ **8.** *Lo* ABSOLUTO. La idea suprema e incondicionada. ‖ **9.** *En* ABSOLUTO. m. adv. De una manera general y terminante. ‖ **P.** absoluto; **I.** absolute; **F.** absolu; **A.** unbedingt, absolut; **It.** assoluto; **R.** абсолютный.

ABSOLUTORIO, RIA. (l. *absolutorius*.) adj. FOR. Dícese del fallo o sentencia que absuelve. ‖ **P.** absolutório; **I.** absolutory; **F.** absolutoire; **A.** freisprechend; **It.** assolutorio; **R.** оправдательный.

ABSOLVEDERAS. f. pl. fam. Facilidad de algunos confesores en absolver. Ú.m. con calificativo. *Buenas, bravas* ABSOLVEDERAS.

ABSOLVEDOR, RA. adj. Que absuelve. Ú.t.c.s.

ABSOLVENTE. p.a. de absolver. Que absuelve.

ABSOLVER. (l. *absolvĕre*; de *ab* y *solvĕre*, desatar.) tr. Dar por libre de algún cargo u obligación. ‖ **2.** Remitir a un penitente sus pecados en el tribunal de la confesión; o levantarle las censuras en que hubiere incurrido. ‖ **3.** Resolver, 3.ª acep. ‖ **4.** Dar por libre al reo demandado civil o criminalmente. ‖ **P.** absolver; **I.** to absolve; **F.** absoudre; **A.** freisprechen; **It.** assolvere; **R.** оправдывать, освобождать.

ABSOLVIENTE. p.a. ant. de absolver. Absolvente.

ABSOLVIMIENTO. m. ant. Absolución.

ABSORBENCIA. f. Acción de absorber.

ABSORBENTE. p.a. de absorber. Que absorbe. Ú.t.c.s. ‖ **P.** absorvente; **I.** absorbent; **F.** absorbant; **A.** aufsaugend; **It.** assorbente; **R.** поглощающий, всасывающий.

ABSORBER. (l. *absorbĕre*; de *ab*, y *sorbēre*, sorber.) tr. Atraer un cuerpo y retener entre sus moléculas las de otro en estado líquido o gaseoso. ‖ **2.** Aspirar los tejidos orgánicos o las células materias externas a ellos, ya disueltas, ya aeriformes. ‖ **3.** p. us. Sorber. ‖ **4.** fig. Consumir enteramente. ABSORBER *el capital*. ‖ **5.** fig. Atraer a sí, cautivar. ABSORBER *la atención*. ‖ **P.** absorver; **I.** to absorb; **F.** absorber; **A.** einsaugen; **It.** assorbire; **R.** поглощать, всасывать.

ABSORBIBLE. adj. FISIOL. La sustancia que puede ser absorbida.

ABSORBIMIENTO. m. Absorción, 1.ª acep.

ABSORCIÓN. (l. *absorptĭo*, *-ōnis*.) f. Acción de absorber. ‖ **2.** FÍS. V. *Espectro de* ABSORCIÓN. ‖ **P.** absorção; **I.** y **F.** absorption; **A.** Einsaugung; **It.** assorbimento; **R.** поглощение, всасывание.

ABSORTAR. (De *absorto*.) tr. Suspender, arrebatar el ánimo con alguna cosa extraordinaria. Ú.t.c.r. ‖ **P.** extasiar; **I.** to amaze; **F.** ravir; **A.** entzücken, verwundern; **It.** rapire; **R.** поражать.

ABSORTO, TA. (l. *absorptus*.) p.p. irreg. de absorber. ‖ **2.** adj. Admirado, pasmado. ‖ **P.** absorto; **I.** amazed; **F.** absorbé; **A.** hingerissen; **It.** rapito; **R.** поражённый, восхищенный.

ABSTEMIO, MIA. (l. *abstemĭus*; de *abs*, priv., y el inus. *temum*, vino.) adj. Que no bebe vino ni otros licores alcohólicos. Ú.t.c.s. ‖ **P.** abstémio; **I.** abstemious; **F.** abstème; **A.** Abstinenzler; **It.** astemio; **R.** непьющий.

ABSTENCIÓN. (l. *abstentĭo*, *-ōnis*.) f. Abstinencia, 1.ª acep. ‖ **P.** abstenção; **I.** y **F.** abstention; **A.** Enthaltung; **It.** astensione; **R.** воздержание.

ABSTENCIONISMO. m. Doctrina de los abstencionistas.

ABSTENCIONISTA. adj. Partidario de la abstención, especialmente en política. Ú.t.c.s.

ABSTENER. (l. *abstinēre*; de *abs*, priv., y *tenēre*, tener.) tr. desus. Contener o refrenar; apartar. ‖ **2.** r. Privarse de alguna cosa. ‖ **2.ª** acep.: **P.** abster-se; **I.** to abstain; **F.** s'abstenir; **A.** sich einer Sache enthalten; **It.** astenersi; **R.** воздерживаться.

ABSTERGENTE. (l. *abstergens*, *-entis*.) p.a. de absterger. Que absterge. ‖ **2.** adj. MED. Dícese del remedio que sirve para absterger. Ú.t.c.s. ‖ **P.** abstergente; **I.** y **F.** abstergent; **A.** reinigend; **It.** astergente; **R.** очищающий.

ABSTERGER. (l. *abstergĕre*; de *abs*, y *tergĕre*, limpiar.) tr. MED. Limpiar y purificar de materias viscosas o pútridas las superficies orgánicas. ‖ **P.** y **F.** absterger; **I.** to absterge; **A.** reinigen; **It.** astergere; **R.** очищать.

ABSTERSIÓN. (l. *abstersĭo*, *-ōnis*.) f. MED. Acción y efecto de absterger. ‖ **P.** abstersão; **I.** y **F.** abstersion; **A.** Reinigung; **It.** astersione; **R.** очищение.

ABSTERSIVO, VA. (l. *abstersus*, p.p. de *abstergĕre*, limpiar.) adj. MED. Que tiene virtud de absterger.

ABSTINENCIA. (l. *abstinentĭa*.) f. Acción de abstenerse. ‖ **2.** Virtud que consiste en privarse total o parcialmente de satisfacer los apetitos. ‖ **3.** Ejercicio de esta virtud. ‖ **4.** Privación de comer carne en cumplimiento de precepto o de voto. ‖ **P.** abstenção; **I.** y **F.** abstinence; **A.** Abstinenz; **It.** astinenza; **R.** воздержание, умеренность.

ABSTINENTE. (l. *abstinens*, *-entis*.) p.a. de abstenerse. Que se abstiene. ‖ **2.** adj. Que practica la virtud de la abstinencia.

ABSTINENTEMENTE. adv. Con abstinencia.

ABSTRACCIÓN. (l. *abstractĭo*, *-ōnis*.) f. Acción y efecto de abstraer o abstraerse. ‖ **P.** abstracção; **I.** y **F.** abstraction; **A.** Abstraktion; It. astrazione; R. абстракция, отвлечение.

ABSTRACTIVAMENTE. adv. Con abstracción.

ABSTRACTIVO, VA. adj. Que abstrae o tiene virtud de abstraer.

ABSTRACTO, TA. (l. *abstractus.*) p.p. irreg. de abstraer. ‖ 2. adj. Que significa alguna cualidad con exclusión del sujeto. ‖ 3. V. *Nombre, número* ABSTRACTO. ‖ 4. *En* ABSTRACTO. m. adv. Con separación o exclusión del sujeto en quien se halla cualquier cualidad. ‖ P. abstracto; I. abstract; F. abstrait; A. abstrakt; It. astratto; R. абстрактный, отвлечённый.

ABSTRAER. (l. *abstrahēre; de abs,* y *trahĕre,* traer hacia sí.) tr. Separar por medio de una operación intelectual las cualidades de un objeto para considerarlas aisladamente o para considerar el mismo objeto en su pura esencia. ‖ 2. intr. Con la preposición *de,* prescindir. Ú.t.c.r. ‖ 3. r. Enajenarse de los objetos sensibles para entregarse a la consideración de lo que se tiene en el pensamiento. ‖ P. abstrair; I. to abstract; F. abstraire; A. abstrahieren; It. astracce; R. абстрагировать, отвекать.

ABSTRUSO, SA. (l. *abstrūsus,* oculto.) adj. Recóndito, de difícil comprensión. ‖ P. abstruso; I. abstruse; F. abstrus; A. abstrus; It. astruso; R. тёмный, трудный для понимания.

ABSUELTO, TA. (l. *absolūtus.*) p.p. irreg. de absolver.

ABSURDIDAD. (l. *absurdĭtas, -ātis.*) f. Absurdo, 2.ª acep.

ABSURDO, DA. (l. *absurdus.*) adj. Contrario y opuesto a la razón. ‖ 2. m. Dicho o hecho repugnante a la razón. ‖ P. absurdo; I. absurd; F. absurde; A. widersinnig; It. assurdo; R. абсурдный, нелепый, бессмысленный.

ABUBILLA. (l. *ŭpŭpĕlla,* d. de *ŭpŭpa,* abubilla.) f. Pájaro insectívoro, del tamaño de la tórtola, con el pico largo y arqueado, un penacho de plumas en la cabeza y el cuerpo rojizo. Es muy agradable a la vista, pero de olor fétido y canto monótono. ‖ P. poupa; I. hoopoe; F. huppe; A. Wiedehopf; It. bubbola; R. удод.

ABUBO. m. AR. Cermeña.

ABUCHEAR. (De *a* y *huchear.*) tr. Sisear, reprobar con murmullos o ruidos. Dícese hablando de un auditorio o muchedumbre.

ABUCHEO. m. Acción de abuchear.

ABUELA. (l. *avĭŏla,* d. de *avia.*) f. Madre del padre o de la madre. ‖ 2. fig. Mujer anciana. ‖ *Contárselo uno a su* ABUELA. fr. fig. y fam. con que se niega o pone en duda lo que alguno refiere como cierto. Ú.m. el verbo en imper. o suj. *Cuéntaselo a tu* ABUELA. ‖ *Éramos pocos y parió mi* ABUELA. fr. Proverb. e iron. con que se da a entender que aumenta de un modo inoportuno la concurrencia de gente allí donde hay mucha. ‖ *Habérsele muerto a* uno su ABUELA. *No necesitar* uno, *o no tener* ABUELA. frs. fig. y fams. con que se censura al que se alaba mucho. ‖ P. avó; I. grandmother; F. grand-mère; A. Grossmutter; It. nonna; R. бабушка.

ABUELASTRO, TRA. (Despec. de *abuelo, la.*) m. y f. Padre o madre del padrastro o la madrastra. ‖ 2. Segundo o ulterior marido de la abuela, o segunda o ulterior mujer del abuelo.

★ **ABUELITA.** f. dim. de abuela. ‖ 2. CHILE. Moño, gorro de niños. ‖ 3. COLOM. Cuna semiesférica de cuerdas y bejucos o de hierro, madera y lona. ‖ 4. ZOOL. COLOM. Ave colombácea.

ABUELO. (l. *avĭŏlus,* d. de *avus.*) m. Padre del padre o de la madre. ‖ 2. Ascendiente, 2.ª acep. Ú.m. en pl. ‖ 3. fig. Hombre anciano. ‖ 4. fig. En la lotería de cartones nombre con que familiarmente suelen dar al número noventa. ‖ 5. fig. Cada uno de los mechoncitos que tienen las mujeres en la nuca a uno y otro lado del nacimiento del cabello. Ú.m. en pl. ‖ 6. fig. ÁL. Vilano, 2.ª acep. sobre todo si es grande y de filamentos suaves. ‖ 7. pl. El ABUELO *y la* ABUELA. ‖ *Criado por* ABUELO, *nunca bueno.* ref. con que se quiere dar a entender que los abuelos, por ser demasiado indulgentes para con sus nietos, no los educan bien. ‖ P. avó; I. grandfather; F. grand-père; A. Grossvater; It. nonno; R. дед, дедушка.

ABUHADO, DA. (De *a,* 2.º art., y la onomat. *buf.*) adj. Hinchado o abotargado.

ABUHAMIENTO. m. ant. Hinchazón o abotargamiento.

ABUHARDILLADO, DA. adj. Con buhardilla.

ABUJE. m. CUBA. Ácaro de color rojo que se cría en las hierbas, propagándose a las personas y produciéndoles un picor insoportable.

ABULAGA. f. Aulaga.

ABULAGAR. m. Aulagar.

ABULENSE. (l. *abulensis,* de *Abŭla,* Ávila.) adj. Avilés. Apl. a pers. ú.t.c.s. ‖ P. abulense; I. of Avila; F. natif d'Avila; A. aus Avila; It. di Ávila; R. житель г. Авила.

ABULIA. (gr. ἀβουλία; de ἀ, priv., y βούλομαι querer.) f. Falta de voluntad o disminución notable de su energía. ‖ P. abúlia; I. e It. abulia; F. abulie; A. Willenlosigkeit; R. абулия, патологическое безволие.

ABÚLICO, CA. adj. Que padece abulia. ‖ 2. Propio de la abulia.

ABULTADO, DA. p.p. de abultar. ‖ 2. adj. Grueso, de mucho bulto. ‖ P. avultado; I. bulky; F. gros; A. gross, stark; It. ingrossato; R. толстый, объёмистый.

ABULTAMIENTO. m. Acción de abultar. ‖ 2. Bulto, hinchazón.

ABULTAR. (De *a,* 2.º art., y *bulto.*) tr. Aumentar el bulto de alguna cosa. ‖ 2. Hacer bulto o relieve. ‖ 3. Aumentar la cantidad, intensidad, etc. ‖ 4. Ponderar, encarecer. ‖ 5. intr. Tener o hacer bulto. ‖ P. avultar; I. to enlarge; F. grossir; A. vergrössern; It. ingrossare; R. увеличивать объём, утолщать.

ABUNDADAMENTE. adv. ant. Abundantemente.

ABUNDADO, DA. p.p. de abundar. ‖ 2. adj. ant. Abundante. ‖ 3. ant. Rico, opulento.

ABUNDAMIENTO. m. Abundancia. *A mayor* ABUNDAMIENTO. loc. adv. Además, con mayor razón.

ABUNDANCIA. (l. *abundantĭa.*) f. Copia, gran cantidad. ‖ 2. V. *Cuerno de la* ABUNDANCIA. *De la* ABUNDANCIA *del corazón habla la boca.* fr. con que se denota que por lo común se habla mucho de aquello de que el ánimo está muy penetrado. ‖ P. abundância; I. abundance; F. abondance; A. Ueberfluss; It. abbondanza; R. изобилие избыток.

ABUNDANCIAL. adj. GRAM. Que denota abundancia. ‖ 2. V. *Adjetivo* ABUNDANCIAL.

ABUNDANTE. (l. *abundans, -antis.*) p.a. de abundar. Que abunda. ‖ 2. adj. Copioso, en gran cantidad. ‖ P. abundante; I. abundant; F. abondant; A. reichlich; It. abbondante; R. изобильный, обильный.

ABUNDANTEMENTE. adv. Con abundancia.

ABUNDANTÍSIMAMENTE. adv. Con mucha abundancia.

ABUNDAR. (l. *abundāre; de ab,* y *undāre,* inundar.) intr. Tener en abundancia. ‖ 2. Hallarse en abundancia. ‖ 3. Hablando de una idea u opinión, estar adherido a ella. ‖ 4. tr. p. us. Dotar en abundancia. ‖ *Lo que* ABUNDA, *no daña.* fr. proverbial con que se da a entender que el exceso en las cosas útiles no puede causar perjuicio. ‖ P. abundar; I. to abound; F. abonder; A. reichlich vorhanden sein, hinreichen; It. abbondare; R. изобиловать.

ABUNDO. (l. *abŭndo,* en abundancia. m. ant. Abundamiento. ‖ 2. adv. Abundantemente.

ABUNDOSAMENTE. adv. Abundantemente.

ABUNDOSO, SA. adj. Abundante.

ABUÑOLADO, DA. p.p. de abuñolar. ‖ 2. adj. De figura de buñuelo.

ABUÑOLAR. tr. Dicho de huevos y algún otro manjar; freírlos de modo que queden redondos, esponjosos y dorados.

ABUÑUELADO, DA. adj. Abuñolado.

ABUÑUELAR. tr. Abuñolar.

¡ABUR! interj. fam. ¡Agur! ¡Adiós!

ABURAR. (l. *abūrĕre,* quemar, con la term. de *cremāre,* quemar.) tr. Abrasar. ‖ P. queimar; I. to burn; F. brûler; A. verbrennen; It. abbruciare; R. жечь, сжигать.

ABURELADO, DA. adj. Burielado.

ABURGUESAMIENTO. m. Acción y efecto de aburguesarse.

ABURGUESARSE. r. Adquirir cualidades de burgués.

ABURRADO, DA. adj. Semejante en algo a un burro. ‖ 2. La persona de modales toscos y groseros. ‖ 3. MÉJ. La yegua destinada a la cría de mulas. ‖ I. brutified; F. abêti; A. eselhaft; It. abbrutito; R. тупой.

ABURRARSE. (De *a,* 2.º art., y *burro.*) r. Embrutecerse. ‖ P. embrutecerse; I. to brutify; F. s'abrutir; A. vertieren; It. abbrutirsi; R. звереть.

ABURRICIÓN. f. fam. Aburrimiento.

ABURRIDAMENTE. adv. De modo que causa aburrimiento.

ABURRIDO, DA. p.p. de aburrir. ‖ 2. Que causa aburrimiento.

ABURRIDOR, RA. adj. Que aburre.

ABURRIMIENTO. (De *aburrir.*) m. Cansancio, fastidio, originados generalmente de disgustos o molestias. ‖ P. aborrecimiento; I. annoyance; F. ennui; A. Langeweile; It. noia; R. скука, тоска.

ABURRIR. (De *aborrir.*) tr. Molestar, fastidiar. ‖ 2. fam. Exponer, perder o tirar algo, estimándolo en poco; especialmente invertir el tiempo o el dinero en cosas de poca o dudosa utilidad. ‖ 3. Aborrecer, 2.ª acep. ‖ 4. ant. Aborrecer, 1.ª acep. ‖ 5. r. Fastidiarse, cansarse de alguna cosa. ‖ P. enfastiar; I. to annoy; F. ennuyer; A. langweilen; It. annoiare; R. наводить, скуку, надоедать.

ABURUJAR. tr. Aborujar. Ú.t.c.r.

ABUSADOR, RA. adj. CHILE. Abusón.

ABUSANTE. p.a. de abusar. Que abusa.

ABUSAR. (De *abuso.*) intr. Usar mal, injusta o indebidamente de alguna cosa. ‖ P. abusar; I. to abuse; F. abuser; A. missbrauchen; It. abusare; R. злоупотреблять.

ABUSIÓN. (l. *abusio, -ōnis.*) f. Abuso. ‖ 2. Absurdo, engaño. ‖ 3. Superstición, agüero. ‖ 4. RET. Catacresis.

ABUSIONERO, RA. (De *abusión,* 1.ª acep.) adj. Agorero, supersticioso. ‖ P. agoreiro; I. superstitious; F. superstitieux; A. Wahrsager; It. superstizioso; R. предвещающий.

ABUSIVAMENTE. adv. Con abuso.

ABUSIVO, VA. (l. *abusivus.*) adj. Que se practica por abuso. ‖ P. abussivo; I. abusive; F. abusif; A. widerrechtlich; It. abusivo; R. неправый.

ABUSO. (l. *abūsus.*) m. Acción y efecto de abusar. ‖ —*de confianza.* Infidelidad que consiste en burlar o perjudicar uno a otro que, por inexperiencia, afecto o descuido, le ha dado crédito. ‖ —*de superioridad.* FOR. Circunstancia agravante determinada por aprovechar en la comisión del delito la notable desproporción de fuerza o número entre delincuente y víctima. ‖ P. abuso; I. abuse; F. abus; A. Missbrauch; It. abuso; R. злоупотребление.

ABUSÓN, NA. adj. La persona que es propensa al abuso. Ú.t.c.s.

★ **ABUTA.** f. BOT. Género de plantas trepadoras menispermáceas de las Antillas, cuya especie típica, la *A. rufescens,* goza de fama como panacea.

ABUZARSE. (De *a,* 2.º art., y *buz,* labio.) r. Echarse de bruces.

ABYECCIÓN. (l. *abiectĭo, -ōnis.*) f. Bajeza, envilecimiento. ‖ 2. Abatimiento, 1.ª acep. ‖ P. abjecção; I. y F. abjection; A. Verworfenheit; It. abbiezione; R. низость, мерзость.

ABYECTO, TA. (l. *abiectus,* p.p. de *abiicĕre,* rebajar, envilecer.) adj. Bajo, vil, humillado. ‖ P. abjecto; I. y F. abject; A. verworfen; It. abbietto; R. низкий, подлый.

★ **AC.** QUÍM. Símbolo del actinio. (Ac).

ACÁ. (l. *ĕcc[ŭm] hac,* he aquí.) adv. Lugar menos circunscrito que el que se denota con el adv. aquí. Por eso acá admite ciertos grados de comparación que rechaza aquí. *Tan* ACÁ, *más* ACÁ, *muy* ACÁ. ‖ 2. adv. Precedido de ciertas preposiciones y de otros advs. significativos de tiempo anterior, denota el presente. *Desde entonces* ACÁ. ‖ P. cá; I. here, hither; F. ici, çá; A. hierher; It. qui, qua; R. здесь, тут.

A

ACABABLE. (De *acabar*.) adj. Que tiene fin o término.

ACABADAMENTE. adv. Entera o perfectamente.

ACABADO, DA. p.p. de acabar. || 2. adj. Perfecto, consumado. || 3. Malparado, viejo o en mala disposición. Dícese de la salud, la ropa, la hacienda, etc. || 4. m. Perfeccionamiento o retoque de una obra o labor. || 2.ª acep.: **P.** perfeito; **I.** finished; **F.** accompli; **A.** vollendet; **It.** finito; **R.** совершенный, законченный.

ACABADOR, RA. adj. Que concluye alguna cosa. Ú.t.c.s. || **P.** acabador; **I.** finisher; **F.** acheveur; **A.** Fertigmacher; Vollender; **It.** finitore; **R.** заканчивающий.

ACABALAR. (De *a*, 2.º art., y *cabal*.) tr. Completar.

ACABALLADERO. m. Sitio en que los caballos o asnos cubren a las yeguas. || 2. Tiempo en que lo cubren.

ACABALLADO, DA. p.p. de acaballar. || 2. adj. Parecido al perfil de la cabeza del caballo. *Cara* ACABALLADA.

ACABALLAR. tr. Cubrir el caballo o el burro a la yegua. || **P.** acabalar; **I.** to cover a mare; **F.** étalonner; **A.** beschälen; **It.** stalloneggiare.

ACABALLERADO, DA. p.p. de acaballerar. || 2. adj. Que parece caballero. || 3. Que se precia de serlo.

ACABALLERAR. tr. Dar a uno la condición de caballero. Ú.t.c.r.

ACABALLONAR. tr. AGR. Hacer caballones en las tierras con azadón u otro instrumento.

ACABAMIENTO. (De *acabar*.) m. Cumplimiento de alguna cosa. || 2. Término, fin. || 3. Muerte, 1.ª acep. || **P.** acabamento; **I.** finishing; **F.** achèvement; **A.** Vollendung; **It.** fine; **R.** конец.

ACABAÑAR. intr. Construir cabañas o chozas los pastores para guarecerse de la intemperie, mientras apacientan sus ganados.

ACABAR. (De *a*, 2.º art., y *cabo*.) tr. Dar fin a una cosa, concluirla. Ú.t.c.r. || 2. Apurar, consumir. || 3. Poner mucho esmero en la conclusión de una obra. || 4. Matar. || 5. Seguido de la prep. *con* y un nombre de persona o pronombre personal, conseguir. ACABARON *con el rey que lo hiciese.* || 6. intr. Rematar, finalizar. *La espada* ACABA *en punta.* || 7. Morir, 1.ª acep. || 8. Extinguirse. Ú.t.c.r. || 9. Seguido de la prep. *con* y un nombre de persona o cosa o un pronombre, poner fin, destruir. *Los disgustos* ACABARON *con Diego.* || 10. Seguido de la prep. *de* y un verbo en infinitivo, haber ocurrido poco antes lo que este verbo significa. ACABA *de perder su caudal.* || ¡ACABARA ya! expr. fam. que se emplea cuando, después de gran dilación, se termina alguna cosa, o se sale de una duda. || ACABAR *de parir.* fr. fig. y fam. Explicarse al fin la persona torpe o que no se atreve a manifestar lo que sabe o quiere. Ú. para burlarse de ella o instigarla, más generalmente en imperativo. || *Antes que* ACABES, *no te alabes.* ref. que enseña que hasta el fin no es prudente alabarse de una cosa. || *San se* ACABÓ. expr. fam. Sanseacabó. || **P.** acabar; **I.** to finish; **F.** achever; **A.** enden, beendigen; **It.** finire; **R.** кончать, завершать.

ACABDAR. (l. *accapitāre*, recoger.) tr. ant. Acabtar.

ACABDELLAR. tr. ant. Acabdillar.

ACABDILLADAMENTE. adv. ant. Con orden y disciplina militar.

ACABDILLADOR, RA. adj. ant. Acaudillador. Usáb.t.c.s.

ACABDILLAMIENTO. m. ant. Acaudillamiento.

ACABDILLAR. (De *a*, 2.º art., y *cabdillo*.) tr. ant. Acaudillar.

★ **ACABE.** m. P. RICO. Fiesta con que celebran los trabajadores de los cafetales el fin de la recolección. || 2. COLOM. Acabamiento o término.

ACABELLADO, DA. (De *a*, 2.º art., y *cabello*.) adj. p. us. De color castaño claro. || **P.** amarelado; **I.** light chesnut; **F.** châtain clair; **A.** lichtbraun; **It.** castagno chiaro; **R.** каштановый цвет.

ACABESTRILLAR. intr. MONT. Cazar con buey de cabestrillo.

ACABIJO. (De *acabar*.) m. fam. Término, remate.

ACABILDAR. (De *a* y *cabildo*.) tr.

Juntar, congregar y unir en un dictamen a muchos para conseguir algún intento. || **P.** reunir os votos; **I.** to conjoin; **F.** associer; **A.** Stimmen sammeln; **It.** associare; **R.** объединять людей.

★ **ACABIRAY.** m. ZOOL. ARGENT. Iribuacabiray, variedad de iribú.

ACABO. m. Acabamiento, 1.ª acep.

ACABÓSE. (De *acabó*, 3.ª pers. de sing. del pret. indefinido de *acabar*, y el pron. *se*.) m. *Ser una cosa el* ACABÓSE. fr. con que se denota haber llegado una cosa a su último extremo. Tómase, en general, en mala parte, para denotar ruina o desastre.

ACABRONADO, DA. adj. Semejante en algo al cabrón.

ACABTAR. (l. *accapitāre*, recoger.) tr. ant. Conseguir.

★ **ACACETINA.** f. QUÍM. Materia colorante obtenida de la falsa acacia.

ACACIA. (l. *acacĭa*.) f. Árbol o arbusto de la familia de las mimosáceas, a veces con espinas, de madera bastante dura, hojas compuestas, flores olorosas en racimos laxos y colgantes y fruto en legumbre. || 2. Madera de este árbol. || 3. FARM. Substancia medicinal concreta y astringente que se extrae del fruto verde de la acacia de Egipto o del de la bastarda. || **—bastarda.** Endrino, 2.ª acep. || **—blanca o falsa.** La espinosa con hojuelas aovadas, que procede de la América Septentrional y se planta en los paseos de Europa. || **—rosa.** La de flores rosadas.|| **P.** acàcia; **I.**, **F.** e **It.** acacia; **A.** Akazie; **R.** акация.

ACACIANOS. m. pl. Herejes arrianos, partidarios de Acacio, obispo de Cesarea.

★ **ACACINA.** f. FARM. Goma arábiga pura obtenida de ciertas acacias. || **P.** acacina; **I.** acacin; **F.** acacine; **A.** Akazin, Akaziengummi; **It.** bomberaca; **R.** гуммиарабик.

★ **ACACIO.** m. BOT. CHILE y ARGENT. Acacia.

ACACHARSE. r. fam. Agacharse.

ACACHETAR. tr. TAUROM. Rematar al toro con el cachete o puntilla.

ACACHETEAR. tr. Dar cachetes, 1.ª acep. || **P.** esbofetear; **I.** to slap; **F.** souffleter; **A.** ohrfeigen; **It.** schiaffeggiare; **R.** давать пощечину.

ACACHORRAR. tr. ant. Acogotar, 2.ª acep.

ACADEMIA. (l. *academia*, y éste, del gr. ἀκαδήμεια.) f. Casa con jardín, cerca de Atenas, donde enseñaron Platón y otros filósofos. || 2. Escuela filosófica fundada por Platón. || 3. Sociedad científica, literaria o artística, establecida con autoridad pública. || 4. Junta o reunión de los académicos. || 5. Casa donde los académicos tienen sus juntas. || 6. Junta o certamen a que concurren algunos aficionados a las letras, artes o ciencias. || 7. Establecimiento en que se instruye a los que han de dedicarse a una carrera o profesión. || 8. ESC. y PINT. Estudio de una figura entera y desnuda, tomada del natural sin formar parte de una composición. || **P.** academia; **I.** academy; **F.** académie; **A.** Akademie; **It.** accademia; **R.** академия.

ACADÉMICAMENTE. adv. De manera académica. || **P.** academialmente; **I.** academically; **F.** académiquement; **A.** akademisch; **It.** accademicamente; **R.** академично.

ACADEMICISMO. m. Calidad de académico, 5.ª acep.

ACADÉMICO, CA. (l. *academĭcus*, y éste del gr. ἀκαδημικός.) adj. Dícese del filósofo que sigue la escuela de Platón. Ú.t.c.s. || 2. Relativo a la escuela filosófica de Platón. || 3. Perteneciente a las academias, o propio de ellas. *Discurso, estilo* ACADÉMICO. || 4. Dícese de los estudios, diplomas o títulos que causan efectos legales. || 5. Dícese de las obras de arte ajustadas a las normas clásicas, y de su autor. || 6. ESC. y PINT. Perteneciente o relativo a la academia, 8.ª acep. *Figura* ACADÉMICA. || 7. m. y f. Individuo de una academia. 3.ª acep. || **P.** académico; **I.** academic, academician; **F.** académicien; **A.** akademisch; **It.** accademico; **R.** академик.

ACADEMIO. m. ant. Académico, 1.ª acep.

ACADEMISTA. com. p. us. Académico, ca, 7.ª acep. || **P.** academista; **I.** aca-

demist; **F.** académiste; **A.** Akademiker; **It.** accademista; **R.** академический.

★ **ACÁDICO, CA.** adj. Dícese de la escritura cruciforme primitiva.

★ **ACADIENSE.** adj. y s. Natural de Acadia (Nueva Escocia) o relativo a este país. || 2. adj. GEOL. Dícese del piso medio del cámbrico, equivalente al ardenense y al paradoxiadiense.

ACAECEDERO, RA. adj. Que puede acaecer.

ACAECER. (l. *accadiscĕre*, de *accadĕre*, por *accidĕre*, ocurrir.) intr. Suceder, 4.ª acep. Ú. en el modo infinitivo y en las terceras pers. de sing. y pl. || **P.** acontecer; **I.** to happen; **F.** arriver; **A.** vorkommen; **It.** accadere; **R.** случаться.

ACAECIMIENTO. m. Suceso, 1.ª acep.

ACAFRESNA. f. Serbal.

★ **ACAGURO.** m. BOT. VENEZ. Nombre vulgar de la palmera cocoínea *Astrocaryum aculeatum* con cuyas hojas se confeccionan abanicos; también se la conoce por *Paramacá*.

★ **ACAHÉ.** m. ZOOL. Picaza del paraguay. || 2. com. AMÉR. Indio paraguayo.

ACAHUAL. m. Especie de girasol, muy común en Méjico. || 2. MÉJ. Nombre genérico de toda clase de hierba alta y de tallo algo grueso de que suelen cubrirse los barbechos.

★ **ACAHUALILLO.** m. BOT. MÉJ. Planta compuesta del género *Bidens* llamada también té de milpa.

ACAIRELAR. tr. Cairelar.

★ **ACAJA.** f. BOT. Árbol anacardiáceo americano cuyo fruto tiene propiedades astringentes.

★ **ACAL.** m. Nombre que los mejicanos daban a la canoa y en general a cualquier embarcación.

ACALABROTAR. (De *a*, 2.º art., y *calabrote*.) tr. MAR. Formar un cabo de tres cordones, compuesto cada uno de ellos de otros tres. || **P.** calabrotear; **I.** to braid a cable; **F.** cabler; **A.** ein Kabel schlagen; **It.** acanapare; **R.** переплетение кабель.

★ **ACALACA.** m. ZOOL. Hormiga americana de gran tamaño.

ACALAMBRARSE. r. Contraerse los músculos a causa del calambre. || **P.** contrairem-se; **I.** to make torpid; **F.** s'engourdir; **A.** sich verzucken; **It.** intirizzirsi; **R.** судорожная.

★ **ACALCAR.** intr. LEÓN. Doler.

ACALDAR. (l. *accapitāre*.) tr. SANT. Arreglar, poner en orden.

ACALEFO. (gr. ἀκαλήφη, ortiga de mar.) adj. ZOOL. Dícese del animal marítimo celentéreo de vida pelágica, que en su estado adulto presenta formas de medusa y tiene un ciclo de desarrollo con fases muy diversas. Ú.t.c.s. || 2. m. pl. ZOOL. Clase de estos animales. || **P.** acalefa; **I.** acaleph; **A.** Qualle; **It.** acalefo; **R.** медуза.

ACALENTURARSE. r. Empezar a tener calentura. || **P.** começar a ter febre; **I.** to become feverish; **F.** s'enfiévrer; **A.** Fieber bekommen; **It.** avere un principio di febbre; **R.** заболеть лихорадкой.

ACALIA. f. Malvavisco.

ACALMAR. tr. ant. Calmar, 1.ª acep.

ACALOÑAR. (De *a*, 2.º art., y *caloña*.) tr. ant. Caloñar.

ACALORADAMENTE. adv. Con calor o vehemencia.

ACALORAMIENTO. m. Encendimiento, arrebato de calor. || 2. fig. Arrebatamiento o acceso de una pasión violenta. || **P.** acaloramento; **I.** warming; **F.** échauffement; **A.** Erhitzung; **It.** riscaldamento; **R.** разгорячённость.

ACALORAR. tr. Causar calor. || 2. Fatigar con el demasiado ejercicio. Ú.m.c.r. || 3. fig. Promover, avivar, enardecer. || 4. fig. Hacerse viva una disputa o conversación. || **P.** acalorar; **I.** to warm; **F.** échauffer; **A.** erhitzen; **It.** riscaldare; **R.** нагревать.

ACALORO. m. Acaloramiento, sofocación.

★ **ACALOTE.** (Voz azteca.) m. MÉJ. Camino entre chinampas. || 2. Paso para canoas entre las hierbas flotantes de un río. || 3. ZOOL. Ave zancuda, especie de tántalo. Vive en América y se alimenta de reptiles, batracios, gusanos e insectos.

A

ACALUGAR. tr. GAL. y SAL. Sosegar, acariciar.

ACALUMNIADOR, RA. adj. ant. Calumniador. Usáb.t.c.s.

ACALUMNIAR. tr. ant. Calumniar. || **2.** ant. Afear, denigrar. || **3.** ant. Excomulgar.

ACALLADOR, RA. adj. Que acalla.

ACALLANTAR. tr. Acallar.

ACALLAR. tr. Hacer callar. || **2.** fig. Aplacar, sosegar. || *A quien has de* ACALLAR, *hasle de halagar.* ref. que enseña que la suavidad es el mejor medio para aplacar al irritado. || **P.** fazer calar; **I.** to silence; **F.** faire taire; **A.** Zum Schweigen bringen; **It.** far tacere; **R.** заставить замолчать.

ACAMAR. (De *a,* 2.º art. y *cama,* 1.ª art.) tr. Hacer la lluvia, el viento, etc., que se tiendan las mieses, el cáñamo, el lino, u otros vegetales. Ú.t.c.r. || **2.** r. SAL. Echarse el ganado en la dormida para pasar la noche.

ACAMBRAYADO, DA. adj. Parecido al cambray.

ACAMELLADO, DA. adj. Parecido al camello.

ACAMPAMENTO. m. Campamento.

ACAMPANADO, DA. p.p. de acampanar. || **2.** adj. De figura de campana. **P.** acampainhado; **I.** bell shaped; **F.** en forme de cloche; **A.** glockenförmig; **It.** accampanato; **R.** колоколообразный.

ACAMPANAR. tr. Dar a una cosa figura de campana. Ú.t.c.r.

ACAMPAR. (De *a,* 2.º art., y *campo.*) intr. Detenerse en despoblado, alojándose o no en tiendas o barracas. Ú.t.c.r.t.y.c.r.|| **P.** acampar; **I.** to encamp; **F.** camper; **A.** kampieren; **It.** accampare; **R.** располагаться лагерем.

ACAMPO. m. Dehesa.

★ **ACAMPSIA.** (gr. ά-καμψια, inflexibilidad.) f. MED. Inflexibilidad o anquilosis de un miembro. || **P.** acampsia; **I.** acampsia; **F.** acampsie; **A.** Gelenksteifheit; **It.** acampsia; **R.** анкилоз, неподвижность суставов.

★ **ACAMPTO, TA.** adj. Rígido, inflexible. || **2.** Fís. Que no se refleja.

★ **ACAMPTÓSOMO, MA.** adj. Fís. Dícese de los cuerpos que no reflejan ningún rayo de luz, aun cuando tengan pulimento suficiente. || **2.** ZOOL. Dícese de ciertos crustáceos de cuerpo envuelto en piezas calizas. Ú.t.c.s.

★ **ACAMPTOTO, TA.** adj. Fís. Acampto.

ACAMUZADO, DA. adj. ant. Agamuzado.

ÁCANA. amb. Árbol sapotáceo, muy común en la América Meridional y en la isla de Cuba. Da madera recia y compacta, excelente para la construcción. **2.** Madera de este árbol. || **3.** *De* ÁCANA. loc. fig. AND. De excelente calidad o de mucho valor. || **I.** e **It.** acana; **F.** acane; **A.** Akanabaum; **R.** дерево.

★ **ACANACEO, A.** adj. BOT. Acantáceo. || **2.** f. pl. BOT. Acantáceas.

ACANALADO, DA. p.p. de acanalar. || **2.** adj. Lo que pasa por canal o paraje estrecho. || **3.** De figura larga y abarquillada como la de las canales. Uñas acanaladas. || **4.** V. *Cuello* ACANALADO, 2.ª acep. || **P.** encanado; **I.** channeled; **F.** cannelé; **A.** gerippt; **It.** incanalato; **R.** кана-лообразный.

ACANALADOR. m. Instrumento que usan los carpinteros para abrir en los cercos y peinazos de puertas y ventanas ciertas canales en que entran y se aseguran los tableros. || **P.** garlopa; **I.** grooving plane; **F.** boubet à rainure; **A.** Nuthobel; **It.** incorsatoio; **R.** двойной шпунтовик.

ACANALADURA. (De *acanalar.*) f. ARQ. Canal o estría.

ACANALAR. tr. Hacer canales o estrías en alguna cosa. || **2.** Dar a una cosa forma de canal o teja. || **I.** to channel; **F.** canneler; **A.** auskehlen; **It.** accanalare; **R.** проводить канал.

ACANALLADO, DA. adj. Dícese de la persona que participa de los defectos de la canalla, 2.ª acep. || **P.** acanallado; **I.** debased; **F.** encanaillé; **A.** pöbelhaft; **It.** incanagliato; **R.** низкий, нечестный.

ACANALLAR. tr. Encanallar. Ú.t.c.r.

★ **ACANCHAR.** tr. MAR. Equipar, abastecer o armar un buque.

ACANDILADO, DA. adj. De figura de candil. || **2.** Encandilado.

ACANELADO, DA. adj. De color o sabor de canela.

ACANELONAR. (De *canelón,* 5.ª acep.) tr. Azotar con disciplinas.

ACANILLADO, DA. adj. Dícese del paño u otra tela que por desigualdad del hilo, del tejido o del color, forma canillas.

ACANILLADURA. f. Defecto de la tela que está acanillada.

★ **ACANOGAR.** tr. CHILE y GUAT. Dar forma de canoa. || **2.** AMÉR. Ahuecar o acanalar.

ACANTÁCEO, A. (De *acanto.*) adj. BOT. Dícese de plantas angiospermas dicotiledóneas, arbustos y hierbas, de tallo y ramas nudosos, hojas opuestas, flores de cinco pétalos, y por fruto una caja membranosa, coriácea o cartilaginosa que contiene varias semillas sin albumen; como el acanto. Ú.t.c.s. || **2.** f. pl. BOT. Familia de estas plantas.

ACANTALEAR. (De *a,* 2.º art., y *cantal.*) impers. AR. Caer granizo grueso. || **2.** AR. Llover copiosamente.

ACANTARAR. tr. Medir por cántaras.

★ **ACANTARIA.** f. ZOOL. Antiguo género de insectos hemípteros en el que se incluía la chinche.

★ **ACÁNTICO, CA.** adj. Dícese del órgano espinoso o espiniforme. || **2.** m. ZOOL. Acántido.

★ **ACÁNTIDO.** m. ZOOL. Género de insectos hemípteros de América del Sur, cuya especie prototípica es el *A. stolli.*

ACANTILADO, DA. p.p. de acantilar. || **2.** adj. Se dice del fondo del mar cuando forma escalones o cantiles. || **3.** Aplícase también a la costa cortada verticalmente o a plomo. Ú.t.c.s.m. || **4.** m. Escarpa casi vertical de un terreno. 2.ª acep. || **P.** alcantilado; **I.** cliffy; **F.** falaise; **A.** steil; **It.** dirupato; **R.** утёсистый берег.

ACANTILAR. tr. MAR. Poner un buque en un cantil por una mala maniobra. Ú.m.c.r. || **2.** MAR. Dragar un fondo para que quede acantilado.

★ **ACANTINA.** f. ZOOL. y BIOQUÍM. Substancia parecida a la quitina que forma el esqueleto de algunos radiolarios.

ACANTIO. (l. *acanthium,* y éste del gr. άκάνθιον.) m. Toba, 1.er art., 3.ª acep.

★ **ACANTITA.** f. MINERAL. Variedad de argentita de color plomizo y lustre metálico que cristaliza en el sistema monoclínico.

ACANTO. (l. *acanthus,* éste del gr. άκανθος.) m. Planta de la familia de las acantáceas, perenne, herbácea, con hojas anuales, largas, rizadas y espinosas. || **2.** ARQ. Ornato hecho a imitación de las hojas de esta planta, característico del capitel del orden corintio. || **P.** e **It.** acanto; **I.** acanthus; **F.** acanthe; **A.** Akanthus.

★ **ACANTOCARIS.** m. BOT. Cariocar.

★ **ACANTOCARPO, PA.** (gr. άκανθα, espina, y καρπός, fruto.) adj. BOT. Dícese de las plantas que dan fruto cubierto de espinas. || **I.** acantho-carpous; **F.** acantho-carpe; **A.** stachelfrüchtig; **It.** acantocarpo; **R.** колючий кустарник.

ACANTOCÉFALO .(gr. άκανθα, espina, y κεφαλή, cabeza.) adj. ZOOL. Dícese de los nematelmintos que carecen de aparato digestivo y tienen en el extremo anterior de su cuerpo una trompa armada de ganchos, con los que el animal, que es parásito, se fija a las paredes del intestino de su huésped. Ú.m.c.s. || **2.** m. pl. ZOOL. Orden de estos nematelmintos. || **P.** acanthocefalo; **I.** acanthocephalous; **F.** acantocéphale; **It.** acantocefalo.

★ **ACANTOCINO.** m. ZOOL. Insectos coleópteros de la familia de los cerambícidos o longicornios.

★ **ACANTOCLADO, DA.** (gr. άκανθα, espina, y κλάδος, rama.) adj. BOT. Dícese de las plantas de ramas espinosas. || **2.** m. BOT. Género de arbustos poligaláceos de ramas espinosas propios del Brasil.

★ **ACANTODRÍLIDOS.** (gr. άκανθα, espina, y δρίλος, lombriz.) m. pl. ZOOL. Familia de gusanos anélidos quetópodos, que poseen cuatro filas de cerdas.

★ **ACANTODRILO.** m. ZOOL. Género de gusanos acantodrílidos que a veces alcanzan tamaño gigantesco; entre sus especies se cuenta el *A. obtusus* de Caledonia.

★ **ACANTÓFAGO, GA.** (gr. άκανθα, espina, y φάγομαι, comer.) adj. ZOOL. Dícese del animal que come cardos. || **P.** acantófago; **I.** acanthophagous; **F.** acantophage; **A.** Distelfresser; **It.** acantofago.

★ **ACANTOFILIO.** m. PALEONT. Género de dinosaurios fósiles del cretáceo que representan una forma de transición entre los reptiles y las aves.

★ **ACANTÓFILO.** m. ZOOL. Dícese de los insectos que viven en plantas espinosas. || **2.** ZOOL. m. Género de plantas compuestas cariofiláceas de América del Sur. || **3.** m. PALEONT. Género de políperos fósiles del silúrico.

★ **ACANTÓFITON.** (gr. άκανθα, espina, y φυτόν, planta.) m. BOT. Género de plantas compuestas de cabezuelas homocarpas, propias de la región mediterránea.

★ **ACANTOLEPSIS.** (gr. άκανθα, espina, y λεπίς - ίδος, escama.) m. BOT. Planta compuesta cinárea de hojas terminadas en una pequeña espina.

★ **ACANTOLIPPIA.** m. BOT. Género de plantas verbenáceas de América del Sur.

★ **ACANTOLIS.** m. ZOOL. Género de reptiles de la isla de Cuba que tienen el lomo cubierto de pequeños tubérculos puntiagudos.

★ **ACANTÓMETRO.** (gr. άκανθα, espina, y μέτρον, medida.) m. ZOOL. Género de pequeños rizópodos radiolarios provistos con espinas o púas; forman parte del plancton marino.

ACANTONAMIENTO. m. Acción y efecto de acantonar fuerzas militares. || **2.** Sitio en que hay tropas acantonadas. || **P.** acantonamento; **I.** cantonment; **F.** cantonnement; **A.** Kantonierung; **It.** accantonamento; **R.** место расположения войск.

ACANTONAR. (De *a,* 2.º art., y *cantón.*) tr. Distribuir y alojar las tropas en diversos lugares. Ú.t.c.r. || **P.** acantonar; **I.** to canton; **F.** cantonner; **A.** einlagern; kantonieren; **It.** accantonare; **R.** размещать.

★ **ACANTÓNIX.** (gr. άκανθα, espina, y ὄνυ-υχος, uña.) m. ZOOL. Género de cangrejos decápodos macruros, de patas cortas y robustas, propios de las costas mediterráneas y americanas.

★ **ACANTOPO, PA.** (gr. άκανθα, espina, y ὤψ-ωπός, vista.) adj. ZOOL. Dícese del animal que posee ojos guarnecidos con púas. || **2.** m. ZOOL. Género de insectos ortópteros de América del Sur. || **3.** m. PALEONT. Género de moluscos cefalópodos fósiles del período jurásico.

★ **ACANTÓPOMOS.** (gr. άκανθα, espina, y πῶμα, cubierta.) m. pl. ZOOL. Familia de peces con opérculos espinosos.

ACANTOPTERIGIO. (gr. άκανθα, espina, y πτερύγιον, aleta.) adj. ZOOL. Peces teleósteos casi todos marinos, cuyas aletas, por lo menos las impares, tienen radios espinosos inarticulados; como el atún, el pez espada y el besugo. Ú.t.c.s. || **2.** m. pl. ZOOL. Suborden de estos animales. || **P.** acantopterígio; **I.** acanthoterygian; **F.** acanthopterygien; **A.** Stachelflosser; **It.** acanttottero.

★ **ACANTORRIZA.** (gr. άκανθα, espina, y ῥίζα, raíz.) f. BOT. Género de plantas palmáceas propias de América Central.

★ **ACANTOSIS.** (gr. άκανθα, espina, y νόσος, enfermedad.) f. BOT. Enfermedad de los vegetales caracterizada por la producción anormal de espinas. || **2.** f. PAT. Enfermedad de la capa córnea de la piel.

★ **ACANTOSPERMO.** (gr. άκανθα, espina, y σπέρμα, semilla.) m. BOT. Género de plantas herbáceas compuestas, originarias de América.

★ **ACANTOSTÓMIDOS.** m. pl. PALEONT. Anfibios estegocéfalos fósiles lejanamente parecidos a las salamandras actuales.

★ **ACANTURO.** (gr. άκανθα, espina, y ουρά, cola.) m. ZOOL. Género de peces plectognatos de carne muy apreciada, provistos de una espina cortante a cada lado de la cola, como el llamado pez cirujano del mar de las Antillas.

ACAÑAVEREAR. (De *a,* 2.º art., y *cañavera.*) tr. Herir con cañas cortadas en punta a modo de saeta; género de suplicio usado antiguamente.

ACAÑONEAR. tr. Cañonear.

A

ACAÑUTADO, DA. adj. De forma de cañuto.

★ **ACAP.** m. MÉJ. Madera roja y resistente que se utiliza para ensambladuras.

★ **ACAPACLE.** m. BOT. MÉJ. Planta amarantácea que produce la substancia febrífuga llamada *bullebulle*.

ACAPARADOR, RA. adj. Que acapara. Ú.t.c.s. || **P.** açambarcador; **I.** forestaller; **F.** accapareur; **A.** Aufkäufer; **It.** accaparratore; **R.** скупщик.

ACAPARAMIENTO. m. Acción y efecto de acaparar. || **P.** acambarcamento; **I.** forestalling; **F.** accaparement; **A.** Hamstern; **It.** accaparramento; **R.** скупка.

ACAPARAR. (fr. *accaparer*, y éste del ital. *accaparrare*, de *caparra*, *arras*.) tr. Adquirir y retener cosas propias del comercio en cantidad suficiente para dar la ley al mercado. || **2.** fig. Apropiarse en todo o en gran parte un género de cosas.

ACAPARRARSE. (De *a*, 2.º art., y *caparra*, 2.º art.) r. Ajustarse o convenirse con alguno.

ACAPARROSADO, DA. adj. De color de caparrosa. || **P.** com cor de caparrosa; **I.** copperas coloured; **F.** couperosé; **A.** vitriolfarbig; **It.** ritorzolato; **R.** цвета купороса.

ACAPILLAR. tr. p. us. Atrapar, apresar.

ACAPIZARSE. (l. *ad*, a, y *caput*, cabeza.) rec. fam. AR. Agarrarse uno a otro riñendo y dándose cabezadas.

★ **ACAPNIA.** (gr. ἄ, priv., y κάπνος, humo, vapor.) f. MED. Penuria de ácido carbónico en la sangre por la permanencia prolongada en lugares de gran altitud; da origen al llamado *mal de las montañas*. || **2.** MIL. Pólvora sin humo usada principalmente en los cartuchos de caza. || **P.** e **I.** acapnia; **F.** acapnie; **A.** Bergkrankheit; **It.** acaunia; **R.** атрофия.

ACAPONADO, DA. adj. Que parece de capón, o sea de hombre castrado. || *Rostro* ACAPONADO.

ACAPTAR. (l. *ad*, a, y *captāre*, solicitar.) ant. Pedir limosna.

ACAPULLARSE. r. Tomar forma de capullo.

ACARACOLADO, DA. adj. De figura de caracol.

ACARAMBANADO, DA. adj. Carambanado.

ACARAMELAR. tr. Bañar de azúcar en punto de caramelo. || **2.** r. fig. y fam. Mostrarse uno extraordinariamente galante, obsequioso, melifluo.

★ **ACARAPACHADO, DA.** adj. P. RICO. Dícese de los ojos obscuros.

ACARAR. tr. Acarear, 1.ª acep.

★ **ACARYA.** m. ZOOL. Pez de río del Brasil, que a menudo se sala.

ACARDENALAR. tr. Causarle cardenales a uno. || **2.** r. Salir al cutis manchas de color cárdeno, semejantes a las ocasionadas por golpes. || **P.** equimosar; **I.** to bruise; **F.** meurtrir; **A.** quetschen; **It.** ammaccare; **R.** ушибить, наставить синяков.

ACAREAMIENTO. m. Acción y efecto de acarear.

ACAREAR. tr. Carear. || **2.** Hacer cara, arrostrar. || **3.** r. fig. ant. Convenir, conformarse una cosa con otra. || **P.** facer frente; **I.** to brave; **F.** braver; **A.** trotzen; **It.** affrontare; **R.** итти навстречу.

★ **ACARIASIS.** f. MED. Sarna. ||**P.,I.,F.,** e **It.** acariasis; **A.** Akariasis; **R.** чесотка.

ACARICIADOR, RA. adj. Que acaricia. Ú.t.c.s.

ACARICIANTE. p.a. de acariciar. Que acaricia.

ACARICIAR. tr. Hacer caricias. || **2.** fig. Tratar a alguno con amor y ternura. || **3.** fig. Tocar suavemente una cosa a otra. *La brisa* ACARICIABA *su rostro.* || **4.** fig. Complacerse en pensar en alguna cosa con esperanza de conseguirla o llevarla a cabo. || **P.** acariciar; **I.** to caress; **F.** caresser; **A.** liebkosen; **It.** accarezzare; **R.** ласкать.

★ **ACARICOBA.** f. BOT. Planta umbelífera del Brasil originaria del Japón, de raíces aromáticas y medicinales.

★ **ACÁRIDO.** (gr. ἄκαρι, polilla.) m. ZOOL. Género de insectos coleópteros longicornios. || **2.** m. pl. ZOOL. Orden de pequeños arácnidos cuyo prototipo es el ácaro.

★ **ACARIGENOSIS.** (gr. ἄκαρι, insecto

pequeño, y γεννάω, producir.) f. PAT. y BOT. Enfermedad ocasionada por la picadura de garrapatas y otros arácnidos.

★ **ACARINOS.** m. pl. ZOOL. Acáridos.

★ **ACARIÑAR.** tr. ARGENT., CHILE y PERÚ. Acariciar.

★ **ACARNA.** m. y f. BOT. Género de plantas compuestas cardiáceas, entre las que se encuentra el cardo espinoso.

ACARNERADO, DA. adj. El caballo o yegua que tiene arqueada la parte delantera de la cabeza, como el carnero. || **P.** acarneirado; **I.** ram-headed; **F.** de mouton; **A.** schafähnlich; **It.** di montone; **R.** похожий на барана.

ÁCARO. (l. *acārus*, y éste del gr. ἄκαρι.) m. Arácnido de respiración traqueal o cutánea, con cefalotórax tan unido al abdomen que no se percibe la separación entre ambos. Es parásito de otros animales o plantas. || **2.** pl. ZOOL. Orden de estos animales. || **3.** Ácaro de la sarna. Arador, 2.ª acep. || **—del queso** o **doméstico.** El que se cría en el queso seco y rancio. || **P.** ácaro; **I.** acarus; **F.** acare; **A.** Krätzmilbe; **It.** acaro; **R.** насекомое.

★ **ACAROIDE.** (De *ácaro*, y el suf. *oide*.) adj. Parecido al ácaro. || **2.** f. BOT. Resina balsámica roja o amarilla que se obtiene de algunas liliáceas australianas.

ACARONAR. tr. AR. Arrimarse el ama la criatura al rostro, arrullándola para dormirla.

★ **ACARRALADURA.** f. CHILE y PERÚ. Carrera que se produce en las medias al soltarse los puntos. || **2.** f. PERÚ. Desgaste de una tela por el uso.

ACARRALAR. tr. Encoger un hilo, o dejar un claro entre dos, en los tejidos. Ú.m.c.r. || **2.** r. Desmedrarse los racimos de uvas a consecuencia de las heladas tardías. || **P.** encolher; **I.** to shrink; **F.** racourcir un fil; **A.** einlaufen (Tuch) **It.** scorciare; **R.** порча.

ACARRARSE. (De *a*, 2.º art., y *cara*.) r. Resguardarse del sol en estío el ganado lanar, uniéndose para procurarse sombra. || **2.** SAL. Ir las ovejas unas tras otras con el morro junto a la tierra en las horas de calor.

ACARRASCADO, DA. adj. Semejante a la carrasca.

ACARRAZARSE. r. AR. Echarse sobre uno, asiéndolo fuertemente.

★ **ACARREADERA.** f. SEG. Soga de cáñamo para sujetar una carga a la albarda de la acémila.

ACARREADIZO, ZA. adj. Que se puede acarrear. || **P.** acarretável; **I.** portable; **F.** portatif; **A.** fahrbar; **It.** portàbile; **R.** перевозимый.

ACARREADOR, RA. adj. Que acarrea. Ú.t.c.s. || **2.** m. Encargado de conducir la mies desde el rastrojo a la era. || **P.** acarretador; **I.** carrier; **F.** porteur; **A.** Fuhrmann; **It.** portatore; **R.** извозчик, носильщик.

ACARREAMIENTO. f. ant. Acarreo.

ACARREAMIENTO. m. Acarreo.

ACARREAR. tr. Transportar en carro. || **2.** Por ext., transportar de cualquier manera. || **3.** fig. Dicho de daños o desgracias, producir, traer consigo. || *Bien* ACARREA, *pero mal empiedra.* loc. que se dice del que tiene abundancia de medios o recursos y no sabe emplearlos. || **P.** transportar em carro; **I.** to carry; **F.** charrier; **A.** anfahren; **It.** carreggiare; **R.** перевозить, перетаскивать.

ACARREO. m. Acción de acarrear. || *De* ACARREO. loc. Dícese de lo que se trae de otra parte por tierra, o no es del lugar donde está sino que ha venido a él desde otro. || *Tierras de* ACARREO. || **2.** También se dice de lo que un arriero trae por cuenta ajena, sólo por el porte. || **P.** carreto; **I.** carriage; **F.** charriage; **A.** Anfuhr; **It.** carreggio; **R.** перевозка.

ACARRETAR. tr. GAL. Carretear.

ACARRETO. m. Acarreo. || **2.** V. *Hilo de* ACARRETO.

★ **ACARROÑAR.** tr. COLOM. Acobardar. Ú.t.c.r.

★ **ACARROÑARSE.** (De *carroña*.) r. Corromperse, pudrirse. || **2.** r. fam. COLOM. Amilanarse.

ACARTONARSE. r. Ponerse como cartón. Dícese de las personas que al llegar a cierta edad se quedan enjutas. ||

P. mumificar-se; **I.** to mummify; **F.** se momifier; **A.** einschrumpfen, mager werden; **It.** dimagrarsi; **R.** очерстветь.

ACASAMATADO, DA. adj. De forma de casamata. || **2.** La batería o fortificación que tiene casamata.

★ **ACASANATE.** m. ZOOL. MÉJ. Zanate.

★ **ACASAPE.** m. AMÉR. Metal oxidado.

ACASARADO. adj. V. *Lugar* ACASARADO.

★ **ACASERADO, DA.** adj. y s. CUBA, CHILE y PERÚ. Dícese del parroquiano asiduo. || **2.** adj. AMÉR. Dícese del perro extraño que se introduce en una casa y se queda en ella.

ACASERARSE. (De *a*, 2.º art., y *casero*.) r. CHILE y PERÚ. Hacerse parroquiano de una tienda. || **P.** affeiçoar-se; **I.** to apply oneself; **F.** s'attacher; **A.** Kunde werden; **It.** affezionarsi; **R.** привязаться.

ACASO. (De *a*, 2.º art., y *caso*.) m. Casualidad, suceso imprevisto. || *Por* Casualidad, accidentalmente. || **3.** adv. Quizá, tal vez. || *Más vale un «por si* ACASO» *que un «quién pensara»*, o *que un «¡válgame Dios!»* ref. que enseña que mejor es prevenir que tener que remediar. || *Por si* ACASO. m. adv. Por si llega a ocurrir o ha ocurrido alguna cosa. || **P.** casualidade; **I.** hazard; **F.** hasard; **A.** Zufall; **It.** azzardo; **R.** случай, случайность.

ACASTAÑADO, DA. adj. Que tira a color castaño.

ACASTILLADO, DA. adj. ant. De figura de castillo.

ACASTORADO, DA. adj. Semejante a la piel del castor. || **P.** acastorado; **I.** beavered; **F.** ressemble à la peau de castor; **A.** biberartig; **It.** castorato; **R.** касторовый.

ACATABLE. adj. Digno de acatamiento o respeto. || **P.** acatavel; **I.** y **F.** respectable; **A.** respektabel; **It.** rispettabile; **R.** достойный уважения.

ACATADAMENTE. adv. Con acatamiento o respeto. || **P.** com respeito; **I.** respectfully; **F.** respectueusement; **A.** Ehrerbietig; **It.** rispettosamente; **R.** почтительно, покорно.

ACATADURA. f. ant. Catadura, 2.ª acep.

ACATALÉCTICO. (l. *acatalecticus*, y éste del gr. ἀκαταλήκτικός, de ἀ priv., y que termina antes de llegar al fin.) adj. V. *Verso* ACATALÉCTICO. Ú.t.c.s.

ACATALECTO. (l. *acatalectus*, y éste del gr. ἀκατάληκτος, que no acaba; de ἀ priv., y καταλήγω, acabar.) adj. Acataléctico. Ú.t.c.s.

★ **ACATALEPSIA.** (gr. ἀ-κατά-ληψις, incomprensión.) f. MED. Enfermedad cerebral que priva de la facultad de comprender. || **2.** f. FIL. Imposibilidad de cualquier certeza, según la doctrina de los escépticos. || **P.** e **I.** acatalepsy; **F.** acatalepsie; **A.** Hirnzerrüttung; **It.** acatlessia; **R.** акаталепсия.

★ **ACATAMATESIA.** (gr. ἀ, priv., καταμάθησις, entendimiento.) f. MED. Pérdida de la capacidad de comprensión o percepción.

ACATAMIENTO. Acción y efecto de acatar. || **P.** acatamento; **I.** y **F.** respect; **A.** Hochachtung; **It.** rispetto; **R.** почитание, покорность.

ACATANTE. p.a. de acatar. Que acata.

★ **ACATAPOSIS.** (gr. ἀ, priv., y κατάποσις, deglución.) f. MED. Dificultad o imposibilidad de deglutir.

ACATAR. (De *a*, 2.º art., y *catar*, mirar.) tr. Tributar homenaje de sumisión y respeto. || **P.** acatar; **I.** to respect; **F.** respecter; **A.** anerkennen; **It.** rispettare. **R.** чтить, быть покорным.

ACATARRAR. tr. Resfriar, constipar.|| **2.** r. Contraer catarro.

★ **ACATARSIA.** (gr. ἀ-καθαρσία, impureza.) f. MED. Impureza en el estómago e intestinos. || **P.** acatharsia; **I.** acatharsy; **A.** acatharsie; **A.** Unreinigkeit; **It.** acatarsia; **R.** нечистота желудок.

ACATÉCHILI. m. ZOOL. Acatechitli.

★ **ACATECHITLI.** m. ZOOL. MÉJ. Pájaro fringílido, especie de pinzón.

★ **ACATERA.** f. BOT. Enebro de gran talla que produce bayas negras.

ACATES. m. Persona muy fiel.

ÁCATES. (l. *achates*, y éste del gr. ἀχάτης.) f. ant. Ágata.

ACATO. (De *acatar*.) m. Acatamiento. *Darse uno* ACATO. Darse cuenta o razón. || *Delante hago* ACATO, *y por detrás al rey mato*. ref. que se dice del que en presencia alaba o aplaude y en ausencia vitupera. ✱ **ACATU.** adv. AND. Acá, aquí.

ACAUDALADO, DA. p.p. de acaudalar. || **2.** adj. Que tiene mucho caudal. || **2.ª** acep.: **P.** muito rico; **I.** wealthy; **F.** riche; **A.** wohlhabend; **It.** opulento; **R.** богатый.

ACAUDALADOR, RA. adj. Que acaudala. Ú.t.c.s.

ACAUDALAR. tr. Hacer o reunir caudal. || **P.** capitalizar; **I.** to treasure; **F.** enrichir; **A.** Reichtümer sammeln; **It.** tesoreggiare; **R.** накапливать, копить.

ACAUDILLADOR, RA. adj. Que acaudilla. Ú.t.c.s.

ACAUDILLAMIENTO. m. Acción de acaudillar.

ACAUDILLAR. (De *a*, 2.º art., y *caudillo*.) tr. Mandar, como jefe, gente de guerra. || **2.** Guiar, dirigir. || **3.** r. Tomar o elegir caudillo.

ACAULE. (De *a*, priv., y del l. *caulis*, tallo.) adj. Dícese de la planta cuyo tallo es tan pequeño que no lo tenerlo.

ACAUTELARSE. r. Cautelarse.

✱ **ACAYA.** f. BOT. Árbol terebintáceo brasileño de gran porte, llamado también *ibametara*.

ACAYAZ. m. ant. Alcaide.

ACAYO, YA. adj. ant. Aqueo. Usáb. t.c.s.

✱ **ACAYURA.** f. BOT. Nombre indígena de la palmera *Astrocaryum aculeatum*, propia del Brasil y las Guayanas.

ACCEDENTE. (l. *accēdens, -entis*.) p.a. de acceder. Que accede. Dícese sólo de los tratados hechos entre príncipes. || **P.** acedente; **I.** acceding; **F.** accédent; **A.** beistimmend; **It.** aderente; **R.** кто уступает.

ACCEDER. (l. *accedĕre*; de *ad*, y *cedĕre*, retirarse.) intr. Consentir en lo que otro solicita o quiere. || **2.** Ceder uno en su parecer conviniendo con un dictamen o una idea de otro o asociándose a un acuerdo. || **P.** aceder; **I.** to accede; **F.** accéder; **A.** beistimmen; **It.** accedere; **R.** соглашаться, уступать.

✱ **ACCEHI.** m. ZOOL. PERÚ. Ave falconiforme parecida al chinango.

ACCENDER. (l. *accendĕre*; de *ad* y *candĕre*, blanquear, estar candente.) tr. ant. Encender.

ACCENSO, SA. (l. *accensus*; de *accedĕre*, encender.) p.p. irreg. ant. de accender.

✱ **ACCEPTOR.** m. BIOQUÍM. Substancia que recibe otra con la que se une. || **2.** m. ELECTR. Circuito formado por un carrete y un condensador y regulado para mantenerse en resonancia con una tensión oscilante determinada.

ACCESIBILIDAD. f. Calidad de accesible.

ACCESIBLE. (l. *accesibĭlis*.) adj. Que tiene acceso. || **2.** De fácil acceso o trato. || **3.** TOPOGR. V. *Altura* ACCESIBLE. || **P.** acessivel; **I.** y **F.** accesible; **A.** zugänglich; **It.** accessibile; **R.** доступный.

ACCESIÓN. (l. *accessĭo, -ōnis*.) f. Acción y efecto de acceder. || **2.** Cosa o cosas accesorias. || **3.** Ayuntamiento, 5.ª acep. || **4.** FOR. Modo de adquirir el dominio, según el cual el propietario de una cosa hace suyo lo que ella produce y también lo que se le une o incorpora por obra de la naturaleza o por mano del hombre. || **5.** FOR. Cosa de este modo adquirida. || **6.** MED. Cada uno de los ataques de las fiebres intermitentes. || *Por* ACCESIÓN. m. adv. Tratándose de elección canónica, unirse, después de publicado el escrutinio, al que ha tenido más votos, aquellos que antes no le habían votado. || **P.** acessão; **I.** y **F.** accession; **A.** Beitritt; **It.** accessione; **R.** согласие.

ACCESIONAL. adj. Que aparece y desaparece súbitamente, por acceso. || **2.** MED. Dícese de las enfermedades o síntomas que evolucionan de este modo, principalmente en ciertas fiebres como las palúdicas.

ACCÉSIT. (l. *accessit*, 3.ª pers. de sing. del pret. de *accedĕre*, acercarse.) m. Recompensa inferior inmediata al premio en certámenes científicos, literarios o artísticos. || **P.** acessit; **I.** e **It.** accessit; **F.** ac-

céssit; **A.** Nebenpreis; **R.** возмещение.

ACCESO. (l. *accessus*.) m. Acción de llegar o acercarse. || **2.** Ayuntamiento, 5.ª acep. || **3.** Entrada o paso. || **4.** fig. Entrada al trato o comunicación con alguno. || **5.** Arrebato o exaltación. || **6.** MED. Acometimiento o repetición de un estado morboso, periódico o no, como la epilepsia, histerismo, disnea, neuralgia, etc. || **7.** MED. Accesión, 6.ª acep. || —**del Sol.** ASTRON. Movimiento aparente con que se acerca el Sol al Ecuador. || **P.** acesso; **I.** access; **F.** accès; **A.** Zutritt; **It.** accesso; **R.** подступ, доступ.

ACCESORIA. (De *accesorio*.) f. Edificio contiguo a otro principal y dependiente de éste. Ú.m. en pl. || **2.** pl. Habitaciones bajas que tienen entrada distinta y uso separado del resto del edificio principal. || **P.** acessório; **I.** out-building; **F.** accessoire; **A.** Nebengebäude; **It.** accessorio; **R.** пристройка.

ACCESORIAMENTE. adv. Por accesión o agregación.

ACCESORIO, RIA. (De *acceso*.) adj. Que depende de lo principal o se le une por accidente. Ú.t.c.s. || **2.** V. *Puerta* ACCESORIA. || **3.** Secundario. || **P.** acessório; **I.** accessory; **F.** accessoire; **A.** zugehörig; **It.** accessorio; **R.** побочный, второстепенный.

ACCIDENTADAMENTE. adv. De modo accidental.

ACCIDENTADO, DA. p.p. de accidentar. || **2.** adj. Turbado, borrascoso. || **3.** Hablando de terreno, escabroso, abrupto, 2.ª acep. || **P.** acidentado; **I.** faint; **F.** évanoui; **A.** unpässlich; **It.** svenuto; **R.** неровный.

ACCIDENTAL. (l. *accidentālis*.) adj. No esencial. || **2.** Casual, contingente. || **3.** V. *Imagen, punto, sociedad* ACCIDENTAL. || **4.** TEOL. Aplícase a la gloria y bienes que gozan los bienaventurados, además de la vista y posesión de Dios. || **5.** m. MÚS. Accidente, 9.ª acep. || **P.** accidental; **I.** accidental; **F.** accidentel; **A.** zufällig; **It.** accidentale; **R.** случайный.

ACCIDENTALIDAD. f. Calidad de accidental.

ACCIDENTALMENTE. adv. De modo accidental.

ACCIDENTAR. tr. Producir accidente. || **2.** r. Ser acometido de algún accidente que priva de sentido o de movimiento.

ACCIDENTARIAMENTE. adv. ant. Accidentalmente.

ACCIDENTARIO, RIA. adj. Accidental, 1.ª y 2.ª aceps.

ACCIDENTE. (l. *accidens, -entis*.) m. Calidad o estado que aparece en alguna cosa sin que sea parte de su esencia o naturaleza. || **2.** Suceso eventual, que altera el orden regular de las cosas. || **3.** Suceso eventual o acción de que involuntariamente resulta daño para las personas o cosas. Seguro contra accidentes. || **4.** Enfermedad que sobreviene repentinamente y priva de sentido, de movimiento o de ambas cosas. || **5.** Pasión o movimiento del ánimo. || **6.** Irregularidad del terreno con elevación o depresión bruscas, quiebras, fragosidad, etc. || **7.** GRAM. Modificación de su estructura material que sufren el nombre, adjetivo y ciertos pronombres para expresar su género y número, y también el verbo para denotar sus modos, tiempos, voces, números y personas. || **8.** MED. Síntoma grave que se presenta inopinadamente durante una enfermedad, sin ser de los que la caracterizan. || **9.** MÚS. signo con que se altera la tonalidad de un sonido. Son tres: el sostenido, el bemol y el becuadro. || **10.** pl. fig. TEOL. Color, sabor y olor que en la Eucaristía quedan del pan y del vino después de la consagración. || —**del trabajo.** Lesión corporal que sufre el operario con ocasión o a consecuencia del trabajo que ejecuta por cuenta ajena. || *Por* ACCIDENTE. m. adv. Por casualidad. || **P.** acidente; **I.** y **F.** accident; **A.** Akzidens, 2.ª Zufall, 3.ª Unglück; **It.** accidente; **R.** случайно, несчастный случай.

✱ **ACCIOCA.** f. BOT. Planta del Perú, con la que se substituye el mate o té del Paraguay.

ACCIÓN. (l. *actio, -ōnis*.) f. Ejercicio de una potencia. || **2.** Efecto de hacer. ||

3. Operación o impresión de cualquier agente en el paciente. || **4.** Postura, ademán. || **5.** Conjunto de actitudes y gestos con que el actor y el orador hacen más eficaz la expresión de lo que dicen. || **6.** fam. Facultad de hacer alguna cosa, y especialmente de acometer o de defenderse. Ú.m. con los verbos *coger, quitar, dejar*, etc. *Coger la* ACCIÓN; *dejar sin* ACCIÓN. || **7.** ant. Acta. || **8.** COM. Cada una de las partes en que se considera dividido el capital de una compañía anónima, y, a veces, el que aportan los socios no colectivos a algunas comanditarias, que entonces se llaman comanditarias por acciones. || **9.** COM. Título que acredita y representa el valor de cada una de aquellas partes. || **10.** FÍS. Fuerza con que los cuerpos y agentes físicos obran unos sobre otros. || **11.** FOR. Derecho que se tiene a pedir alguna cosa en juicio. || **12.** FOR. Modo legal de ejercitar el mismo derecho, pidiendo en justicia lo que es nuestro o se nos debe. || **13.** MIL. Batalla, 1.ª acep., combate. || **14.** PINT. Actitud del modelo natural para dibujarlo o pintarlo. || **15.** LIT. En los poemas épico y dramático, u otro representativo de la vida humana, serie de actos enlazados entre sí de manera que todos vengan a formar un solo conjunto. || **16.** V. *Unidad de* ACCIÓN. || —**Católica.** Organización oficial de apostolado seglar en la Iglesia católica. || —**de gracias.** Expresión de agradecimiento. || —**de guerra.** MIL. Acción, 13.ª acep. || —**de jactancia.** FOR. La que se utiliza demandando a la persona que se jacta de un derecho negado por el actor, para que sea condenada a ponerlo sub júdice en el término que se le señale. || —**de presencia.** QUÍM. Catálisis. || —**directa.** Empleo de la violencia, como huelgas, etc., preconizado por algunos grupos sociales, con fines políticos o para conseguir ventajas económicas. || —**liberada.** COM. Aquella cuyo valor no se satisface pecuniariamente, porque está cubierto por cosas aportadas o servicios hechos a la sociedad, siendo igual en derechos y obligaciones a las que representan el restante capital social. || *Coger*, o *ganar*, a uno *la* ACCIÓN. fr. Anticiparse a sus intentos, impidiéndole realizarlos. || **P.** acção; **I.** y **F.** action; **A.** Handlung; **It.** azione; **R.** действие.

ACCIONADO, DA. p.p. de accionar. || **2.** m. Acción, 5.ª acep.

ACCIONAR. (De *acción*.) intr. Hacer movimientos y gestos para dar a entender alguna cosa, o acompañar con ellos la palabra hablada para hacer más viva la expresión. || **P.** accionar; **I.** to gesticulate; **F.** gesticuler; **A.** gestikulieren; **It.** gesticolare; **R.** жестикулировать.

✱ **ACCIONAR.** tr. AMÉR. Poner en acción o movimiento. ACCIONAR *una manivela*. || **2.** FOR. AMÉR. Emprender una acción judicial. ACCIONAR *a un deudor*.

ACCIONISTA. COM. Dueño de una o varias acciones en una compañía comercial o industrial. || **P.** accionista. **I.** shareholder; **F.** actionnaire; **A.** Aktionär; **It.** azionista; **R.** акционер, пайшик.

✱ **ACCIPÍTRIDO, DA.** adj. ZOOL. Dícese de las falcónidas, rapaces diurnas. Ú.t.c.s.

ACCITANO, NA. adj. Natural de Acci, hoy Guadix. Ú.t.c.s. || **2.** Perteneciente a esta ciudad.

✱ **ACCOS.** m. PERÚ. Hombre que se dedica a transportar coca y otras mercancías.

ACEBADAMIENTO. m. Encebadamiento.

ACEBADAR. tr. Encebadar. Ú.t.c.r.

ACEBAL. m. Acebeda.

ACEBEDA. f. Sitio poblado de acebos. **P.** azevinhal; **I.** holly-tree grove; **F.** houssaie; **A.** Stechpalmenwald; **R.** где растут остролисты.

ACEBEDO. m. Acebeda.

ACEBIDE. (ár. *az-zabib*, la uva y la ciruela pasas.) m. ant. Uva pasa.

ACEBO. (l. *aciphum*, der. regr. de *aciphylum*, acebo.) m. Árbol silvestre de la familia de las aquifoliáceas, de 4 a 6 m de altura, de hoja perenne, de color verde obscuro, lustrosas, flores blancas y fruto en drupa rojiza. Su madera, blanca, flexible, muy dura y compacta, se emplea en ebanistería. || **P.** azevinho; **I.** holly-tree;

A

A

F. houx; A. Stechpalme; It. agrifoglio; R. остролист, падуб.

ACEBOLLADO, DA. adj. Que tiene acebolladura.

ACEBOLLADURA. (De *a*, 2.° art., y *cebolla*, por la semejanza de las capas que la componen.) f. Daño que tienen algunas maderas, consistente en haberse desunido dos capas contiguas de las que forman el tejido leñoso del árbol.

ACEBRADO, DA. adj. Cebrado.

ACEBUCHAL. adj. Perteneciente al acebuche. || 2. m. Terreno poblado de acebuches.

ACEBUCHE. (ár. *az-zambúý*.) m. Olivo silvestre. || 2. Madera de este árbol. || P. zambujeiro; I. wild olive-tree; F. olivier sauvage; A. wilder Oelbaum; It. ulivo selvático; R. дикое иливковое дерево.

ACEBUCHENO, NA. adj. Acebuchal, 1.ª acep. || 2. V. *Olivo* ACEBUCHENO.

ACEBUCHINA. f. Fruto del acebuche. Es una especie de aceituna, más pequeña y menos carnosa que la del olivo cultivado.

ACECIDO. m. fam. Acezo. || 2. AMÉR. Asma.

ACECINADOR. m. desus. Asesino. || 2. adj. Que hace cecina. Ú.t.c.s.

ACECINAMIENTO. m. desus. Asesinato.

ACECINAR. (De *a* y *cecina*.) tr. Salar las carnes y ponerlas al humo y al aire para que se conserven. Ú.t.c.r. || 2. fig. Quedarse uno, por vejez u otra causa, muy enjuto de carnes. || P. chacinar; I. to dry meat; F. boucanner; A. räuchern (Fleisch); It. affumare; R. коптить, вялить мясо.

★ ACECONÍTICO, CA. adj. QUÍM. Dícese de un ácido que se encuentra en el zumo de la remolacha.

ACECHADERA. f. Sitio donde se puede acechar.

ACECHADERO. m. Acechadera.

ACECHADOR, RA. adj. Que acecha. Ú.t.c.s.

ACECHAMIENTO. m. Acecho.

ACECHANZA. f. Acecho, espionaje, persecución cautelosa.

ACECHAR. (De *a*, y el l. *sectāre*, seguir, perseguir.) tr. Observar, aguardar cautelosamente con algún propósito. || P. espreitar; I. to waylay; F. guetter; A. belauern; It. spiare; R. следить, подстерегать.

ACECHE. (ár. *az-zāy*, el sulfato de hierro.) m. Caparrosa.

ACECHO. m. Acción de acechar. || 2. Lugar desde el cual se acecha. || *Al, de*, o *en*, ACECHO. m. adv. Observando a escondidas y con cuidado. || P. espreita; I. waylaying; F. guet; A. Auflauern; It. agguato; R. засада, стража.

ACECHÓN, NA. adj. fam. Acechador.|| *Hacer la* ACECHONA. fr. fam. Acechar.

ACEDAMENTE. adv. Con acedía o desabrimiento.

ACEDAR. tr. Poner aceda o agria alguna cosa. Ú.m.c.r. || 2. Alterar con acidez el estómago o los humores. || 3. fig. Desazonar, disgustar. Ú.t.c.r. || 4. r. Tratándose de las plantas, ponerse amarillas y enfermizas a causa del exceso de humedad o de acidez del medio en que vive. || P. azedar; I. to sour; F. aigrir; A. säuern; It. acetare; R. квасить, окислять.

ACEDERA. (l. *acetaria*; de *acētum*, agrio.) f. Planta perenne poligonácea, con el tallo fistuloso y derecho, hojas alternas y envainadoras y de sabor ácido, y flores pequeñas y verdosas dispuestas en verticilos. || 2. V. *Sal de* ACEDERA. || P. azedeira; I. sorrel; F. oseille; A. Sauerampfer; It. acetosa; R. щавель.

ACEDERAQUE. (persa *azād diraǰt*, lila de Persia.) m. Cinamomo, 1.ª acep.|| I. bead-tree; F. azédérac; A. Zedrach; It. cinnamomo; R. коричное дерево.

ACEDERILLA. f. Planta perenne poligonácea, muy parecida a la acedera. || 2. Aleluya, 8.ª acep. || P. azedinha; I. wood-sorrel; F. petite oseille; A. gemeiner Sauerklee; It. acetosella; R. уксусница.

ACEDERÓN. m. Planta perenne poligonácea, parecida a la acedera, pero con hojas anchas y flores hermafroditas. Ú. en pl.

ACEDIA. f. ant. Acidia. Ú. en Chile.

ACEDÍA. f. Calidad de acedo. || 2. Indisposición del estómago, por haberse ace-

dado la comida. || 3. fig. Desabrimiento, aspereza de trato. || 4. Amarillez que toman las plantas cuando se acedan. || P. acidez; I. sourness; F. acidité; A. Säure; It. acidità; R. кислый вкус.

ACEDÍA. f. Platija.

★ ACEDIANA. f. CHILE y CUBA. Amaranto o moco de pavo.

ACEDO, DA. (l. *acētum*, vinagre.) adj. Ácido, 1.ª acep. || 2. Que se ha acedado. || 3. fig. Áspero, desapacible. Dícese más comúnmente de las personas o de su genio. || 4. m. El agrio o zumo agrio. || P. azedo; I. sour; F. aigre; A. sauer; It. agro; R. кислый.

ACEDURA. f. ant. Acedía, 1.er art.

ACEFALÍA. f. Calidad de acéfalo.

ACEFALISMO. m. Acefalía. || 2. Secta de los acéfalos. || 3. Doctrina profesada por los acéfalos. || P. acefalismo; I. acephalism; F. acéphalisme; A. Akephalismus; It. acefalismo; R. неимеющий главы.

ACÉFALO, LA. (l. *acephălos*, y éste del gr. ἀκέφαλος; de ἀ, priv., y κεφαλή cabeza.) adj. Falto de cabeza. || 2. Dícese del feto sin cabeza o sin parte considerable de ella. || 3. Aplícase a ciertos herejes del siglo V seguidores de Eutiques y que no reconocían jefe. Ú.t.c.s. || 4. fig. La sociedad, comunidad, etc., que no tiene jefe. || 5. m. ZOOL. Lamelibranquio. || P. acéfalo; I. acephalous; F. acéphale; A. kopflos; It. acefalo; R. безголовый.

ACEGUERO. m. Leñador que recoge las leñas muertas o arranca las vivas sin auxilio de herramientas.

ACEIFA. (ár. *as-sā'ifa*, expedición estival.) f. Expedición militar sarracena que se hacía en verano.

ACEITADA. f. Cantidad de aceite derramada. || 2. Torta o bollo amasado con aceite.

ACEITAR. tr. Dar, untar, bañar con aceite. || P. azeitar; I. to oil; F. huiler; A. einölen; It. inoliare; R. смазывать маслом.

ACEITAZO. m. Aceitón, 1.ª acep.

ACEITE. (ár. *az-zait*, el jugo de la oliva.) m. Líquido graso, de color verde amarillento, que se saca de la aceituna. || 2. V. *Balsa* DE ACEITE. || 3. Por ext., líquido graso que se obtiene de otros frutos o semillas, como nueces, almendras, etc.; de algunos animales, como la ballena, la foca, y aun de substancias minerales, como las pizarras bituminosas. || 4. Cualquier cuerpo pingüe, líquido a la temperatura media de los climas templados o cálidos. || **—de anís.** Aguardiente anisado y con gran cantidad de azúcar en disolución, lo que lo hace muy espeso. || **—de ballena.** Grasa líquida que se saca de la ballena y de otros cetáceos. || **—de hígado de bacalao.** El que fluye naturalmente del hígado extraído del abadejo. Ú. como medicamento reconstituyente por su riqueza vitamínica. || **—de hojuela.** El que se saca de las balsas donde se recoge el alpechín de la aceituna. || **—de vitriolo.** Ácido sulfúrico comercial. || **—esencial.** Aceite volátil. || **—fijo.** El que no se evapora, y cuya composición es la de las substancias grasas.|| **—mineral.** Petróleo. || **—onfacino.** El que se extrae de aceitunas sin madurar y se emplea en Medicina. || **—secante.** El que en contacto con el aire se seca pronto; como el de linaza cocido con litargirio, usado en pintura. || **—virgen.** El que sale de la aceituna por primera presión en el molino. || **—volátil.** Aceite esencial obtenido de las esencias líquidas de algunos vegetales, como el romero, espliego, etc. || ACEITES *pesados*. Los del petróleo bruto de los que se separan los lubricantes, el gas-oil y el fuel-oil. || P. azeite; I. oil; F. huile; A. Oel; It. olio; R. масло.

ACEITERA. f. La que vende aceite. || 2. Alcuza. || 3. Aceitero, 4.ª acep. || 4. Carraleja, 1.ª acep. || 5. pl. Vinagreras. || P. azeiteira; I. oil-cruet; F. burette à huile; A. Ölkrug; It. oliera; R. продавщица масла.

ACEITERÍA. f. Tienda donde se vende aceite. || 2. Oficio aceitero.

ACEITERO, RA. adj. Perteneciente o relativo al aceite. || 2. m. El que vende aceite. || 3. Cuerno en el que guardan el aceite los pastores. || 4. Árbol de las Anti-

llas, de madera muy dura, compacta y de color amarillo con vetas más obscuras, que admite hermoso pulimento. || P. azeiteiro; I. oil-man; F. huilier; A. Olhändler; Ölverkäufer; It. oliere; R. торговец, маслом.

★ ACEITILLO. m. CUBA. Árbol silvestre, muy parecido al aceitero. || 2. P. RICO. Árbol rutáceo, de tronco retorcido, cuya madera de color amarillo, se usa en ebanistería. || 3. AMÉR. Aceite perfumado o de tocador.

ACEITÓN. m. Aceite gordo y turbio. || 2. Impurezas que en el fondo de las vasijas va dejando el aceite en los diferentes trasiegos a que se le somete para purificarlo. || 3. Líquido espeso y pegajoso que segregan ciertos insectos.

ACEITOSO, SA. adj. Que tiene aceite. || 2. Que tiene mucho aceite. || 3. Que tiene jugo o crasitud semejante al aceite. || P. oleoso; I. oily; F. huileux; A. ölig; It. olioso; R. масляный, маслянистый.

ACEITUNA. (ár. *az-zaitúna*, la oliva.) f. Fruto del olivo. || **—de la reina.** La de mayor tamaño y superior calidad que se cría en Andalucía. || **—gordal.** La más larga que la común. || **—manzanilla.** La del olivo manzanillo. || **—tetuda.** La que remata en pequeño pezón. || **—zapatera.** La que ha comenzado a pudrirse. || **—zorzaleña.** La muy pequeña y redonda, así llamada porque los zorzales son muy aficionados a comerla. || P. azeitona; I. y F. olive; A. Olive; It. oliva; R. олива, маслина.

ACEITUNADO, DA. adj. De color de aceituna verde. || P. azeitonado; I. olivaceous; F. olivâtre; A. olivenfarbig; It. olivastro; R. оливкового цвета.

ACEITUNERA. f. EXTR. Época en que se recoge la aceituna.

ACEITUNERO, RA. m. y f. Persona que coge, acarrea o vende aceitunas. || 2. m. Sitio destinado para tener la aceituna desde su recolección hasta llevarla a moler.

ACEITUNÍ. (ár. *az-zaitûnî*, de la ciudad china *Zaitûn*, hoy *Tsiuán-chu-fu*.) m. Tela rica traída de Oriente y muy usada en la Edad Media. || 2. Cierta labor usada en los edificios árabes.

ACEITUNIL. adj. Aceitunado.

ACEITUNILLO. (d. *de aceituno*.) m. Árbol de las Antillas, de la familia de las estiracáceas, de fruto venenoso y madera muy dura que se emplea en construcciones.

ACEITUNO. m. Olivo. || **—silvestre.** Aceitunillo. || P. olivo; I. olive-tree; F. olivier; A. Olivenbaum; It. ulivo; R. оливковое дерево.

ACELAJADO, DA. adj. Que tiene celajes. || P. nibuloso; I. cloudy; F. nuageux; A. wolkig; It. nuvoloso; R. туманность.

ACELERACIÓN. (l. *acceleratio, -ōnis*.) f. Acción y efecto de acelerar o acelerarse. || 2. MEC. Incremento de la velocidad en la unidad de tiempo. || **—de las estrellas fijas, o de las fijas.** ASTRON. Intervalo variable en que se adelanta diariamente el paso de una estrella al del Sol por un mismo meridiano. Este intervalo toma el nombre de aceleración media, y es de 3 minutos y 56 segundos cuando se relaciona con el Sol medio. || P. aceleração; I. acceleration; F. accélération; A. Beschleunigung; It. accelerazione; R. нарастание скорости, ускорение.

ACELERADAMENTE. adv. Con aceleración. || I. acceleratedy; F. vite; A. schnell; It. acceleratamente; R. быстро.

ACELERADO, DA. p.p. de acelerar. || 2. adj. MEC. *Movimiento* ACELERADO, *y uniformemente* ACELERADO. || I. accelerated; F. accéléré; A. rasch; It. accelerato; R. скорый, быстрый.

ACELERADOR. m. Mecanismo del automóvil que regula la entrada de la mezcla explosiva en la cámara de combustión y permite acelerar más o menos el régimen de revoluciones del motor. || P. acelerador; I. accelerator; F. accélérateur; A. Gashebel; It. acceleratore; R. ускоритель.

ACELERAMIENTO. m. Aceleración.

ACELERAR. (l. *accelerāre*, de *ad*, a y *celerāre*, apresurar.) tr. Dar celeridad. Ú.t.c.r. || P. acelerar; I. to accelerate;

F. accélérer; **A.** beschleunigen; **It.** accelerare; **R.** ускорять.

ACELERATRIZ. adj. V. *Fuerza* ACELERATRIZ. || **P.** aceleratriz; **I.** accelerative; **F.** accélératrice; **A.** Treibkraft; **It.** acceleratrice; **R.** ускоряющая сила.

* **ACELERÓGRAFO.** m. Fís. Aparato para registrar el movimiento acelerado. || **2.** m. MIL. Aparato usado para medir la combustión de la pólvora en los cañones. || **I.** accelerograph; **F.** accélérographe; **A.** Akzelerograph; **It.** accelerografo.

ACELGA. (ár. *as-silqa*, y éste del gr. σικελή, la siciliana.) f. BOT. Planta hortense de la familia de las quenopodiáceas, de hojas grandes, anchas, lisas y jugosas y cuyo tallo es grueso y acanalado por el envés. Es comestible. || **2.** V. *Cara de* ACELGA. || **P.** acelga; **I.** white-beet; **F.** bette àcarde; **A.** Mangold; **It.** bietola; **R.** белая свёкла.

ACÉMILA. (ár. *az-zāmila*, la bestia de carga.) f. Mula o macho de carga. || **2.** Cierto tributo que se pagaba antiguamente. || **3.** Asno, persona ruda. || **P.** azémola; **I.** beast of burden; **F.** bête de somme; **A.** Maultier; Packtier; **It.** bestia de soma; **R.** вьючное животное.

ACEMILADO, DA. adj. Parecido a una acémila.

ACEMILAR. adj. Relativo a la acémila o al acemilero.

ACEMILERÍA. f. Lugar destinado para tener las acémilas y sus aparejos. || **2.** Oficio de la casa real para cuidar de las acémilas.

ACEMILERO, RA. adj. Relativo a la acemilería. || **2.** m. El que cuida o lleva del ramal a las acémilas. || **—mayor.** Jefe del oficio palatino de la acemilería. || **P.** acemeleiro; **I.** muleteer; **F.** muletier; **A.** Mauleseltreiber; **It.** mulattiere; **R.** погонщик мулов.

ACEMITA. f. Pan hecho de acemite.

ACEMITE. (ár. *samid*, la harina muy blanca.) m. Afrecho con alguna corta porción de harina. || **2.** Potaje de trigo tostado y medio molido. || **P.** farelo com farina; **I.** fine bran; **F.** fleurage; **A.** Kleienmehl; **It.** crusca grassa; **R.** отруби, брага.

* **ACENAFTENO.** m. QUÍM. Hidrocarburo obtenido por deshidrogenación del acenofteno.

ACENDER. (l. *accendĕre*.) tr. ant. Encender. Ú.t.c.r.

ACENDRADO, DA. p.p. de acendrar. || **2.** adj. Puro y sin manchas ni defecto. || **2.**ª acep.: **P.** purificado; **I.** purified; **F.** épuré; **A.** makellos; **It.** purificato; **R.** чистый, незапятнанный.

ACENDRAMIENTO. m. Acción y efecto de acendrar.

ACENDRAR. (l. *incinĕrāre*, incinerar.) tr. Depurar, purificar en la cendra los metales por la acción del fuego. || **2.** fig. Depurar, purificar, dejar sin mancha ni defecto. || **P.** acendrar; **I.** to purify; **F.** épurer; **A.** läutern; **It.** purificare; **R.** очищать.

ACENEFA. f. ant. Cenefa.

ACENIA. f. ant. Aceña.

ACENSAR. (De *a* y *censo*.) tr. Acensuar.

ACENSUADO, DA. p.p. de acensuar. || **2.** adj. pl. FOR. V. *Bienes* ACENSUADOS.

ACENSUADOR. (De *acensuar*.) m. Censualista.

ACENSUAR. (l. *ad*, y *census*, censo.) tr. Imponer censo.

ACENTO. (l. *accentus*.) m. La mayor intensidad con que se hiere determinada sílaba al pronunciar una palabra. || **2.** Rayita oblicua en dirección de derecha a izquierda del que escribe (´), la cual se pone en ciertos casos como signo ortográfico, sobre la vocal de la sílaba en que carga la pronunciación. || **3.** Particulares inflexiones de voz con que se distingue cada nación o provincia en el modo de hablar. || **4.** Uno de los elementos constitutivos del verso, el cual, aun teniendo la medida correspondiente, sería poco armonioso si no estuviese acentuado en determinadas sílabas. || **5.** Modulación de la voz. || **6.** Sonido, tono. || **7.** Poét. Lenguaje, voz, canto. || **—agudo.** Acento, 2.ª acep. || **—circunflejo.** El que se compone de uno agudo y otro grave, unidos por

arriba (^). No se usa en español. || **—grave.** Rayita oblicua en dirección de izquierda a derecha del que escribe (`). En nuestra lengua no tiene ya uso alguno. || **—métrico.** Acento, 4.ª acep. || **—ortográfico.** Acento, 2.ª acep. || **—prosódico.** Acento, 1.ª acep. || **—rítmico.** Acento métrico. || **—tónico.** Acento, 1.ª acep. || **P.** acento; **I.** y **F.** accent; **A.** Akzent; **It.** accento; **R.** ударение.

* **ACENTOR.** m. ZOOL. Pájaros acentóridos que se caracterizan por sus patas fuertes, cola corta y pico cónico. || **I.** accentor; **F.** accenteur; **A.** Flüevogel, Braunelk; **It.** acentor.

* **ACENTÓRIDOS.** m. pl. ZOOL. Pájaros dentirrostros, de talla mediana y pico fuerte y algo curvado.

ACENTUACIÓN. (l. *accentuatio, -ōnis*.) f. Acción y efecto de acentuar. || **P.** acentuação; **I.** y **F.** accentuation; **A.** Betonung; **It.** accentuazione; **R.** постановка ударения.

ACENTUADAMENTE. adv. Con pronunciación acentuada. || **2.** fig. Señaladamente.

* **ACENTUADO, DA.** HISTOL. Dícese de la acción de una substancia colorante, y de esta misma substancia, intensificada por otra llamada acentuador.

* **ACENTUADOR, RA.** m. y f. PERÚ. Persona que pronuncia con marcado acento. || **2.** m. HISTOL. Substancia que intensifica la acción de un colorante.

ACENTUAL. adj. GRAM. Relativo al acento.

ACENTUAR. (l. *accentuāre*.) tr. Dar acento prosódico a las palabras. || **2.** Ponerles acento ortográfico. || **3.** fig. Recalcar, 3.ª acep. || **4.** fig. Realzar, resaltar. || **5.** r. fig. Tomar cuerpo. || **P.** acentuar; **I.** to accentuate; **F.** accentuer; **A.** betonen; **It.** accentuare; **R.** делать ударение.

ACEÑA. (ár. *as-sāniya*, la que eleva [el agua], la rueda hidráulica.) f. Molino harinero de agua situado dentro del cauce de un río. || **2.** Azul, 1.ª acep. || **3.** AST. y GAL. Molino instalado en la orilla de una ría, que muele cuando el flujo y reflujo del mar. || **P.** azenha; **I.** water-mill; **F.** moulin à eau; **A.** Wassermühle; **It.** mulino; **R.** водяная мельница.

ACEÑERO. m. El que tiene a su cargo una aceña o trabaja en ella.

ACEPAR. intr. Encepar, 5.ª acep.

ACEPCIÓN. (l. *acceptio, -ōnis*.) f. Sentido en que se toma una palabra o una frase. || **—de persona.** Favorecer a unas personas más que a otras sin atender al mérito. || **P.** acepção; **I.** y **F.** acception; **A.** Bedeutung; **It.** accezione; **R.** смысл, значение.

* **ACEPILLADORA.** f. ART. y OF. Máquina para cepillar o alisar maderas y metales. || **P.** maquina de acepilhar; **I.** planning-maquine; **F.** machine a raboter; **A.** Hobelmaschine; **It.** accezione; **R.** струг, скобель.

ACEPILLADURA. f. Acción y efecto de acepillar. || **2.** Viruta que se saca de la materia que se acepilla. || **P.** acepilhadura; **I.** planing; **F.** rabotage; **A.** Hobeln; **It.** spazzolatura; **R.** стругание.

ACEPILLAR. tr. Alisar con cepillo la madera o los metales. || **2.** Limpiar, quitar polvo con cepillo de cerda, esparto, etc. || **3.** fig. y fam. Pulir. || **P.** acepilhar; **I.** to brush; **F.** brosser; **A.** (ab) bürsten; **It.** spazzolare; **R.** стругать.

ACEPTABILIDAD. f. Calidad de aceptable.

ACEPTABLE. (l. *acceptabilis*.) adj. Capaz o digno de ser aceptado. || **P.** aceitável; **I.** y **F.** acceptable; **A.** annehmbar; **It.** accettabile; **R.** приемлемый.

ACEPTABLEMENTE. adv. De modo aceptable.

ACEPTACIÓN. f. Acción y efecto de aceptar. || **2.** Aprobación, aplauso. || **—de personas.** Acepción de personas. || **P.** aceitação; **I.** y **F.** acceptation; **A.** Annahme; **It.** accettazione; **R.** принятие, согласие.

ACEPTADAMENTE. adv. Con aceptación.

ACEPTADOR, RA. (l. *acceptātor*.) adj. Que acepta. Ú.t.c.s. || **—de persona.** El que hace acepción de personas. || **P.** aceitante; **I.** y **F.** acceptant; **A.** Annehmer; **It.** accettante; **R.** принимающий.

ACEPTANTE. p.a. de aceptar. Que acepta. Ú.t.c.s.

ACEPTAR. (l. *acceptāre*, frecuent. de *accipĕre*, recibir.) tr. Recibir uno voluntariamente lo que se le da, ofrece o encarga. || **2.** Aprobar, dar por bueno. || **3.** En un desafío, admitir sus condiciones y comprometerse a cumplirlas. || **4.** Tratándose de letras o libranzas, obligarse por escrito en ellas mismas a su pago. || **P.** aceitar; **I.** to accept; **F.** accepter; **A.** akzeptieren; **It.** accettare; **R.** получать, одобрять.

ACEPTO, TA. (l. *acceptus*.) adj. Agradable, admitido con gusto.

ACEPTOR. (l. *acceptor*.) m. Aceptador. Ú. sólo en la locución ACEPTOR *de personas*. Aceptador de personas.

ACEQUIA. (ár. *as-sāqiya*, la que da a beber, la reguera.) f. Zanja o canal por donde se conducen las aguas para regar y para otros fines. || **P.** acéquia; **I.** trench; **F.** canal; **A.** Wassergraben; **It.** canale; **R.** оросительный канал.

ACEQUIAJE. m. MURC. Tributo que pagan los dueños de heredades por la conservación de las acequias.

ACEQUIAR. intr. Hacer acequias. Ú.t.c.tr.

ACEQUIERO. m. El que rige el uso de las acequias, o cuida de ellas.

* **ACER.** m. BOT. Género de plantas acerineas, que contienen azúcar en su savia.

ACERA. (De *hacera*.) f. Orilla de la calle o de otra vía pública, sita junto al paramento de las casas y particularmente destinada para el tránsito de la gente que va a pie. || **2.** Fila de casas que hay a cada lado de la calle o plaza. || **3.** ARQ. Cada una de las piedras con que se forman los paramentos de un muro. || **4.** ARQ. Paramento de un muro. || **P.** passeio lateral da rúa; **I.** sidewalk; **F.** trottoir; **A.** Bürgersteig; **It.** marciapiede; **R.** тротуар.

* **ACERÁCEO, A.** (De *acer*, nombre de un género de plantas.) adj. BOT. Árboles angiospermos dicotiledóneos, con hojas opuestas, flores hermafroditas, fruto constituido por dos sámaras. De la savia de muchos de ellos se puede extraer azúcar. Ú.t.c.s.

ACERACIÓN. f. Acción de acerar el hierro. || **P.** aceragem; **I.** steeling; **F.** aciération; **A.** Verstählung des Eisens; **It.** acciaiatura; **R.** превращение железа в сталь.

ACERADO, DA. p.p. de acerar, 1.er art. || **2.** adj. De acero. || **3.** Parecido a él. || **4.** fig. Fuerte o de mucha resistencia. || **5.** fig. Incisivo, mordaz. || **P.** acerado; **I.** steeled; **F.** acéré; **A.** gestählt; **It.** acciaiato; **R.** стальной.

ACERAR. (De *acero*.) tr. Dar a un hierro, por procedimientos metalúrgicos, las propiedades del acero, parcial o totalmente. || **2.** Dar al agua u otros líquidos ciertas propiedades medicinales mezclándolos con tintura de acero o apagando en ellos acero hecho ascua. || **3.** Dar los grabadores un tenue baño de acero a las planchas de cobre para que duren más. || **4.** fig. Fortalecer, vigorizar. Ú.t.c.r. || **5.** r. fig. AR. Padecer en los dientes la sensación llamada dentera. || **P.** acerar; **I.** to steel; **F.** aciérer; **A.** (ver)stählen; **It.** acciaire; **R.** превращать железо в сталь.

ACERAR. (De *acera*.) tr. Poner aceras. || **2.** ARQ. Reforzar un muro con aceras.

* **ACERATOSIA.** f. Ausencia de cuernos en algunos bovinos. || **2.** Raza bovina en la cual se ha conseguido hacer hereditaria la aceratosia.

ACERBAMENTE. adv. Cruel, rigurosa o desapaciblemente. || **I.** cruelly; **F.** avec acerbité; **A.** herb; **It.** acerbamente; **R.** строго.

ACERBIDAD. (l. *acerbĭtas, ātis*.) f. Calidad de acerbo. || **P.** acerbidade; **I.** acerbity; **F.** acerbité; **A.** Herbigkeit; **It.** acerbità; **R.** терпкость, строгость.

ACERBÍSIMAMENTE. adv. Muy acerbamente.

ACERBO, BA. (l. *acerbus*.) adj. Áspero al gusto. || **2.** fig. Cruel, despacible. || **P.** e **It.** acerbo; **I.** acerb; **F.** acerbe; **A.** hart; **R.** терпкий, суровый.

ACERCA. (l. *ad circa*.) adv. ant. Cer-

A

ca. ‖ ACERCA *de*. m. adv. Sobre la cosa de que se trata, o en orden a ella. ‖ P. a respeito de; I. about; F. à l'égard de; A. betreffs; It. circa; R. относительно, что касается.

ACERCADOR, RA. adj. Que acerca.

ACERCAMIENTO. m. Acción y efecto de acercar o acercarse.

ACERCANZA. f. ant. Cercanía, 1.ª acep.

ACERCAR. tr. Poner cerca o a menor distancia. Ú.t.c.s. ‖ P. acercar; I. to approach; F. approcher; A. nahen, nähern; It. avvicinare; R. приближать.

* **ACERDESA.** f. MINER. Óxido de manganeso hidratado. ‖ 2. MINER. Braunita.

* **ACERDOL.** m. QUÍM. Antiséptico que se obtiene por oxidación del potasio y el manganeso.

ÁCERE. (l. *acer, -ĕris*.) m. Arce.

ACERÍA. f. Fábrica de acero.

ACERICO. (d. de *hacero*, almohada y éste del l. *faciārius*, de *facies*, cara.) m. Almohada pequeña que se pone sobre las otras grandes de la cama para mayor comodidad. ‖ 2. Almohadilla que sirve para clavar en ella alfileres o agujas. ‖ 2.ª acep.: P. almofadinha; I. pin-cushion; F. pelote; A. Nadelkissen; It. torsello; R. подушечка для булавок.

ACERILLO. (l. *faciārius*, de *facies*, cara.) m. Acerico.

* **ACERINA.** f. ZOOL. Género de peces acantopterigios pércidos. Son de color verde con manchas obscuras, no tienen más que una aleta dorsal. Su carne es sabrosa y delicada.

ACERÍNEO, A. (l. *acer, -ĕris*, ácere.) adj. BOT. Aceráceo.

ACERINO, NA. adj. poét. Acerado.

ACERNADAR. tr. VETER. Aplicar o poner cernadas, 3.ª acep.

ACERO. (l. *aciārium*, de *acies*, filo). m. Hierro combinado con uno por ciento próximamente de carbono, y que hecho ascua y sumergido en agua fría adquiere por el temple gran dureza y elasticidad. Hay aceros especiales que contienen además, en pequeñísima proporción, cromo, níquel, titanio, volframio o vanadio. ‖ 2. fig. Arma blanca, y en especial la espada. ‖ 3. MED. Medicamento para las opiladas, compuesto de acero preparado de diversas maneras. ‖ 4. pl. Temple y corte de las armas blancas. Ú.m. como calificativo. *Buenos* ACEROS. ‖ 5. fig. Ánimo, brío, resolución. ‖ 6. fig. y fam. Ganas de comer. Ú.m. con calificativo. *Buenos, valientes*, ACEROS. ‖ —**fundido.** El que se obtiene haciendo quemar, en aparatos a propósito parte del carbono que tiene el hierro colado. ‖ —**inoxidable.** El resistente a la corrosión con un porcentaje elevado de cromo. ‖ —**magnético.** El empleado para fabricar imanes. ‖ P. aço; I. steel; F. acier.; A. Stahl; It. acciaio; R. сталь.

ACEROLA. (ár. *az-za'rŏra*, el níspero.) f. Fruto del acerolo. Es redondo, encarnado o amarillo, carnoso y agridulce, y tiene dentro tres huesecillos juntos muy duros. ‖ P. azarola; I. azarole; F. azerole; A. Azerolbirne; It. lazzeruola; R. кизил.

ACEROLO. m. Árbol de la familia de las rosáceas, de hasta diez metros, ramas cortas y frágiles, con espinas en el estado silvestre y sin ellas en el cultivo, hojas pubescentes, divididas en tres o cinco lóbulos, y flores blancas en corimbo. Su fruto es la acerola. ‖ P. azoroleira; I. azarole-tree; F. azerolier; A. Azerolbaum; It. azzeruolo; R. калина.

ACEROSO, SA. (l. *acer*, áspero, punzante.) adj. ant. Áspero, picante.

ACERRADOR. (De *acerrar*.) m. GERM. Criado de justicia.

ACERRAR. (De 2.º art. y *cerra*.) tr. GERM. Asir, agarrar.

ACÉRRIMAMENTE. adv. De modo acérrimo.

ACÉRRIMO, MA. (l. *acerrĭmus*.) adj. fig. sup. de acre. Muy fuerte, vigoroso o tenaz. ‖ P. acérrimo; I. strenuous; F. très tenace; A. sehr hart; It. acerrimo; R. очень сильно, проворно.

ACERROJAR. tr. Poner bajo cerrojo.

ACERTADAMENTE. adv. Con acierto, acertadamente. ‖ P. acertadamente; I.

fitly; F. adroitemen; A. zutreffend; It. destramente; R. удачно.

ACERTADO, DA. p.p. de acertar. ‖ 2. adj. Que tiene o incluye acierto. ‖ P. acertat; I. fit; F. convenable; A. toiftig, treffend; It. riuscito; R. удачный.

ACERTADOR, RA. adj. Que acierta. Ú.t.c.s.

ACERTAJO. m. fam. Acertijo.

ACERTAJÓN, NA. (De *acertar*.) adj. and. Adivinador. Ú.t.c.s.

ACERTAMIENTO. m. Acierto.

ACERTAR. (l. *ad*, a, y *certum*, cosa cierta.) tr. Dar en el punto a que se dirige alguna cosa. ACERTAR *al blanco*. ‖ 2. Encontrar, hallar. Ú.t.c.intr. ACERTÓ *con la casa*. ‖ 3. Hallar el medio apropiado para el logro de una cosa. ‖ 4. Dar con lo cierto en lo dudoso u oculto. ‖ 5. Hacer con acierto alguna cosa. Ú.t.c.intr. ‖ 6. Entre sastres, recorrer e igualar la ropa cortada. ‖ 7. intr. Con la prep. a y otro verbo en infinitivo, suceder impensadamente o por casualidad lo que este último significa. ACERTÓ *a ser viernes aquel día*. ‖ 8. AGR. Prevalecer, probar bien las plantas y semillas. ‖ P. acertar; I. to hit; F. frapper au but; A. erraten; It. riuscire; R. попадать, угадывать.

ACERTERO. (De *acertar*.) m. desus. Blanco de tiro.

ACERTIJO. (De *acertar*.) m. Especie de enigma para entretenerse en acertarlo. ‖ 2. Cosa o afirmación muy problemática. ‖ P. adivinhação; I. riddle; F. enigme; A. Rätsel; It. enigma; R. загадка.

ACERUELO. (l. *faciārius*, de *facies*, cara.) m. Especie de albardilla para cabalgar. ‖ 2. Acerico, 2.ª acep. ‖ P. sela ingleza; I. pack-saddle; F. selle anglaise; A. englischer Sattel; It. selletta; R. седло.

ACERVAR. (l. *acervāre*.) tr. ant. Amontonar.

ACERVO. (l. *acervus*.) m. Montón de cosas menudas, como trigo, cebada, etc. ‖ 2. Haber que pertenece en común a los socios de una compañía civil o comercial; a los coherederos, en una sucesión; a los acreedores, en un concurso o en una quiebra, etc. ‖ —**pío.** FOR. Conjunto de valores entregado al diocesano para redimir de cargas piadosas las fincas de particulares. ‖ P. montao; I. heap; F. amas; A. Haufen; It. acervo; R. куча, груда.

* **ACÉRVULA.** f. ANAT. Pequeñas concreciones granulosas de la glándula pineal.

ACESCENCIA. f. Disposición a acedarse o agriarse. ‖ P. acescência; I. acescency; F. acescence; A. Säure; It. acescenza; R. скисать.

ACESCENTE. (l. *acescens, -entis*, p.a. de *acescĕre*.) adj. Que se agría o empieza a agriarse. ‖ I. acescent; F. acescent; A. sauerwerdend; It. acescente; R. кислый.

* **ACESE.** m. MINERAL. Acesis.

* **ACESIS.** m. MINERAL. Especie de bórax que se usa para soldar. ‖ 2. BOT. Retama de propiedades astringentes.

* **ACETABULARIA.** f. BOT. Algas clorofíceas sifonocladiáceas. Abunda en las rocas y arenas bañadas por el mar.

ACETÁBULO. (l. *acetabŭlum*.) m. Medida antigua para líquidos equivalente a la cuarta parte de la hemina. ‖ 2. Cavidad de un hueso en que encaja otro. ‖ P. acetábulo; I. acetabulum; F. acétabule; A. Azetabulum; It. acetabolo; R. медное ведрышко.

* **ACETAL.** m. QUÍM. Éter etilidendietílico, llamado también aldehído dialcohólico. Se encuentra en los vinos añejos. ‖ 2. QUÍM. Nombre genérico de los compuestos que resultan de la combinación de los aldehídos con dos moléculas de alcohol. ‖ I. acetal; F. acétal; A. Essigäther; It. acetale; R. альдегид.

* **ACETALAMINA.** f. QUÍM. Substancia líquida e incolora que se obtiene por acción del amoníaco sobre el cloracetal.

ACETALDEHÍDO. m. QUÍM. Aldehído acético.

* **ACETAMIDA.** f. QUÍM. Amida primaria del ácido acético, que se obtiene por reacción del acetato de etilo y el hidróxido amónico y se usa en la síntesis orgánicas.

ACETAR. (l. *acceptāre*, aceptar.) tr, ant. Aceptar.

ACETATO. (l. *acētum*, vinagre.) m. QUÍM. Sal formada por la combinación del ácido acético con una base. ‖ P. acetato; I. acetate; F. acétate; A. essigsaures Salz; It. acetato; R. ацетат, уксуснокислая соль.

ACÉTICO, CA. (l. *acētum*, vinagre.) adj. QUÍM. Perteneciente al vinagre o sus derivados. ‖ 2. QUÍM. V. *Ácido* ACÉTICO. ‖ P. acético; I. acetic; F. acide acétique; A. Essigsäure; It. acetico; R. уксусный.

ACETIFICACIÓN. f. QUÍM. Acción de acetificar.

ACETIFICAR. tr. QUÍM. Convertir en ácido acético. Ú.t.c.r. ‖ I. to acetify; F. acétifier; A. in Essigsäure verwandeln; It. acetificare; R. делать кислым.

* **ACETILACÉTICO, CA.** adj. QUÍM. Ácido en estado libre o en forma de sal se encuentra en la orina de los diabéticos. ‖ 2. QUÍM. Aplícase al éter etílico de este ácido.

* **ACETILACETONA.** f. QUÍM. Substancia incolora muy móvil que se obtiene mediante la acción del cloruro de aluminio sobre el cloruro de acetilo, seguida de la descomposición del producto con agua.

* **ACETILAMINA.** f. QUÍM. Radical monovalente que se deriva de la acetamida.

* **ACETILCELULOSA.** f. QUÍM. Substancia acetilada derivada de la celulosa que se emplea en la fabricación de seda artificial.

ACETILENO. (l. *acetilo* y *eno*, terminación dada a los carburos de hidrógeno.) m. Hidrocarburo gaseoso que se obtiene por la acción del agua sobre el carburo de calcio, y se emplea para el alumbrado. ‖ P. acetileno; I. acetylene; F. acétylène; A. Azetylen; It. acetilene; R. ацетилен.

* **ACETÍLICO, CA.** adj. QUÍM. Dícese de diferentes cuerpos que se derivan del primer término de la serie de los alcoholes no saturados. ‖ 2. QUÍM. Alcohol no saturado, llamado también alcohol vinílico, que tiene por fórmula C_2H_4O

° **ACETILO.** m. QUÍM. Radical orgánico correspondiente al ácido acético.

* **ACETILPROPÍLICO, CA.** adj. QUÍM. Alcohol de consistencia oleaginosa que se obtiene por la acción combinada del ácido clorhídrico y del bromo sobre el éter acetilacético.

* **ACETILSALICÍLICO (ÁCIDO).** m. QUÍM. Cuerpo blanco y cristalino, de fórmula $C_9H_8O_4$, que se obtiene por acción del anhídrido acético sobre el ácido salicílico y se emplea en medicina como analgésico y antipirético con el nombre de aspirina.

* **ACETILURO.** m. QUÍM. Compuestos que se obtienen al substituir, en el acetileno, hidrógeno por metal.

ACETÍMETRO. m. QUÍM. Aparato para medir la fuerza del vinagre o su contenido de ácido acético.

ACETÍN. (l. *acētum*.) m. Abracejo, 3.ª acep.

* **ACETINA.** f. QUÍM. Nombre que se da a los acetatos de glicerina, líquidos espesos que se obtienen calentando ésta con ácido acético y destilando el producto. ‖ I. acétine; F. acétine; A. Azetin; It. acetina; R. ацетин.

ACETITE. (De *aceto*.) m. Denominación antigua de cualquiera de las combinaciones del vinagre con los óxidos. ‖ 2. Nombre del acetato de cobre en algunas comarcas de España.

ACETO. (l. *acētum*.) m. ant. Vinagre.

ACETO, TA. adj. ant. Acepto.

* **ACETOCARBÓNICO, CA.** adj. QUÍM. Un ácido que se forma calentando una mezcla de ácido cítrico y ácido sulfúrico.

* **ACETOCLOROFORMO.** m. QUÍM. Substancia obtenida de la mezcla de acetona y cloroformo, tratada con potasa en polvo.

* **ACETOL.** m. QUÍM. Líquido incoloro y oleaginoso, que se obtiene por acción del carbonato potásico sobre la monobromoacetona y se usa como disolvente de la nitrocelulosa.

* **ACETOLASA.** f. BIOQUÍM. Fermento que transforma el etanol en ácido acético.

A

* ACETOMORFINA. f. Farm. Heroína.

ACETONA. (De *aceto*, 1.er art.) f. Líquido incoloro, inflamable y volátil, de olor fuerte y sabor parecido al de la menta. Se obtiene de la destilación seca de la madera. Lo produce el organismo en la combustión incompleta de las grasas y se elimina por la orina. || P. acetona; I. acetone; F. acétone; A. Azeton; It. acetone; R. ацетон.

* ACETONEMIA. f. Med. Exceso de acetona en la sangre.

* ACETÓNICO, CA. adj. Quím. Que tiene a la vez función de acetona y función ácida. || 2. Quím. Ácido que se forma por la acción combinada de los ácidos clorhídrico y cianhídrico sobre la acetona.

* ACETONINA. f. Quím. Álcali que se obtiene disolviendo el amoníaco en la acetona.

* ACETONITRATO. m. Quím. Producto resultante de la mezcla de los ácidos acético y nítrico con una base. || **—de cromo.** Quím. Mezcla de acetato y nitrato de cromo usada como mordiente en tintorería. || **—de plata.** Mezcla de ácido acético, agua y nitrato de plata, usada en fotografía.

* ACETONITRILO. m. Quím. Éter cianhídrico del alcohol metílico.

* ACETONURIA. (De *acetona*, y ουρον, orina.) f. Pat. Exceso de acetona en la orina. || P. acetonúria; I. acetonuria; F. acétonurie; A. Azetonurie; It. acetonuria.

ACETOSA. (l. *acetōsa*.) f. Acedera. || P. azedo; I. sorrell; F. oseille; A. Ampfer; It. acetosa; R. щавель.

ACETOSIDAD. f. Calidad de acetoso.

ACETOSILLA. f. Acederilla.

ACETOSO, SA. (l. *acetōsus*.) adj. Ácido. || 2. Relativo del vinagre. || 3. Quím. Que sabe a vinagre. || P. acetoso; I. acetous; F. acide, acéteux; A. essigsauer; It. acetoso; R. кислый, уксусный.

* ACETOXIDASA. f. Bioquím. Fermento de las bacterias acéticas que produce ácido acético por oxidación del alcohol.

* ACETOXIMA. f. Quím. Compuesto de la combinación de la acetona con la hidroxilamina.

ACETRE. (ár. *as-satl*, el vaso con asa.) m. Caldero pequeño con que se saca agua de las tinajas o pozos. || 2. Caldero en que se lleva el agua bendita con el hisopo. || P. acéter; I. holy -water pot; F. bénitier portatif; A. Weihwasserbecken; It. vaso dell'acqua santa; R. кропильница.

ACETRERÍA. (De *acetrero*.) f. ant. Cetrería.

ACETRERO. (l. *accipitrārius*, de *accipiter*, gavilán.) m. ant. Cetrero, cazador con aves de cetrería.

ACETRINAR. tr. Poner de color cetrino.

ACEVILAR. tr. ant. Acivilar.

ACEZAR. intr. Jadear.

ACEZO. m. Acción y efecto de acezar. || P. ofego; I. pant; F. halètement; A. Keuchung; It. ansamento; R. одышка.

ACEZOSO, SA. (De *acezo*.) adj. Jadeante.

ACIAGO, GA. (l. *ægyptiācus* [*dies*], día fatal.) adj. Infausto, desgraciado, de mal agüero. || P. aziago; I. unhappy; F. malheureux; A. unglücklich; It. sciagurato; R. гибельный, роковой.

ACIAL. (De *aciar*.) m. Instrumento con que oprimiendo un labio, la parte superior del hocico, o una oreja de las bestias, se las hace estar quietas mientras las hierran, curan o esquilan. || P. aziar; I. barnacle; F. morailles; A. Bremse; It. morsa; R. кивер.

* ACIALAZO. m. Amér. Golpe dado con el acial. || 2. Guat. y Ecuad. Latigazo.

ACIANO. (l. *cyānus*, y éste del gr. κυάνεος, azul.) m. Planta de la familia de las compuestas, con hojas blandas y lineales, sentadas las superiores y pinadas las inferiores; flores grandes y orbiculares, de color rojo o blanco, y más generalmente azul claro. || **—mayor.** Planta perenne medicinal, con el tallo lanudo, hojas lanceoladas, y las flores azules con cabezuela escamosa. || P. escovinha; I. corn-flower; F. bleuet; A. blaue Kornblume; It. battisègola; R. василёк.

* ACIANOBLEPSIA. (gr. ά, priv., κυανός, azul, y βλέψις, vista.) f. Med. Incapacidad para distinguir el color azul.

ACIANOS. m. Escobilla, 3.ª acep.

ACIAR. (ár. *az-ziyār*, la tenaza de albéitar.) m. ant. Acial.

ACÍBAR. (ár. *as-sibr* o *as-sibar*, el jugo del áloe.) m. Áloe. || 2. fig. Amargura, disgusto. || P. aloés; I. aloe; F. aloès; A. Aloe; It. aloe; R. алоэ.

ACIBARAR. tr. Echar acíbar en alguna cosa. || 2. fig. Turbar el ánimo con algún pesar o desazón. || P. amargar; I. to embitter; F. rendre amer; A. verbittern; It. amareggiare; R. огорчать.

ACIBARRAR. tr. fam. Abarrar.

ACIBERAR. (De *a* y *cibera*.) tr. Moler. Reducir a polvo o partes menudas alguna cosa. || P. moer; I. to grind very fine; F. réduire en miettes; A. pulverisieren; It. macinare; R. молоть.

ACICALADA, DA. p.p. de acicalar. || 2. adj. Extremadamente pulcro. || P. açacalado; I. dressed; F. paré; A. herausgeputzt; It. pulito; R. жеманный.

ACICALADOR, RA. adj. Que acicala. Ú.t.c.s. || 2. m. Instrumento con que se acicala.

ACICALADURA. f. Acción y efecto de acicalar o acicalarse.

ACICALAMIENTO. m. Acicaladura.

ACICALAR. (ár. *as-siqāl*, el pulimento.) tr. Limpiar, avisar, bruñir, principalmente las armas blancas. || 2. Dar en una pared el último pulimento. || 3. fig. Pulir, aderezar a una persona, poniéndole afeites, peinándola, etc. Ú.t.m.c.r. || 4. fig. Hablando del espíritu o de las potencias, afinar, aguzar. || P. açacalar; I. to dress; F. parer; A. schniegeln; It. pulire; R. украшать, наряжать.

ACICATE. (ár. *aš-šawkāt*, los aguijones, las espinas.) m. Espuela para montar a la jineta que sólo tiene una punta de hierro con que se pica al caballo. || 2. fig. Incentivo. || P. acicate; I. goad- spur; F. éperon turc; A. maurischer Sporn; It. sperone; R. шпора, стимул.

ACICATEAR. (De *acicate*.) tr. Incitar, estimular.

* ACICLIA. (gr. ά, priv., y κύκλος, círculo.) f. Med. Falta de circulación de los fluidos orgánicos.

* ACÍCLICO, CA. adj. Dícese de lo que no es cíclico. || 2. Bot. Aplícase a la flor cuyas piezas aparecen dispuestas en espiral y no en verticilos. || 3. Quím. Se dice de los compuestos alifáticos o de estructura en cadena abierta.

* ACICULADO, DA. adj. Acicular. || Anat. Dícese de los órganos cuya superficie está marcada por estrías que parecen hechas con aguja; se usa especialmente hablando de frutos y semillas.

ACICULAR. (l. *acicŭla*, aguja pequeña.) adj. De figura de aguja. || 2. Bot. V. *Hoja* acicular. || 3. Mineral. La textura de algunos minerales que se presenta en fibras delgadas como agujas. || P. acicular; I. aciculate; F. aciculaire; A. nadelförmig; It. acicolare; R. иглообразный.

* ACICÚLIDO, DA. adj. Zool. Moluscos gasterópodos pulmonados, de concha pequeña.

ACICHE. (l. *asciscŭlus*.) m. Herramienta de solador, con dos bocas, en forma de azuela.

ACICHE. m. Aceche.

* ACIDALBÚMINA. f. Bioquím. Proteína que ha sido modificada por un ácido.

ACIDALIO, LIA. (l. *acidalius*.) adj. Perteneciente o relativo a la diosa Venus. 2. f. Zool. Género de insectos lepidópteros nocturnos.

ACIDAQUE. (ár. *as-sidāq*, la dote.) m. Arras que, en bienes, joyas o dinero, está obligado a dar el mahometano a la mujer por razón de casamiento.

* ACIDEMIA. (De *ácido*, y αίμα, sangre.) f. Med. Disminución de la alcalinidad hasta registrarse predominio de ácidos en la sangre.

ACIDEZ. f. Calidad de ácido. || P. acidez; I. acidity; F. acidité; A. Säuregehalt; It. acidezza; R. кислота.

ACIDIA. (l. *acidia*, y éste del gr. ἀκηδία, negligencia.) f. Pereza, flojedad.

* ACIDÍFERO, RA. (l. *acidus*, ácido y *fero*, llevar.) adj. Dícese del cuerpo que contiene uno o más ácidos. || P. acidífero; I. acidiferous; F. acidifère; A. sauerhaltig, saurehaltig; It. acidifero; R. содержащий кислоту.

* ACIDIFICANTE. p.a. de acidificar. Que acidifica. || 2. adj. Quím. Cuerpo que tiene la propiedad de comunicar a otros, neutros o alcalinos, sus cualidades ácidas. I. acidfying; F. acidifiant; A. säuerlich, sauernd; It. acidificante; R. окислительный.

ACIDIFICAR. tr. Hacer ácida una cosa.

ACIDIMETRÍA. f. Determinación de la acidez de un líquido. || P. acidimetría; I. acidimetry; F. acidimétrie; A. Säuermessung; It. acidimetria.

ACIDÍMETRO. m. Aparato para graduar la acidez de un líquido. || P. acidímetro; I. acidimeter; F. acidimètre; A. Säuremesser; It. acidometro.

ACIDIOSO, SA. (De *acidia*.) adj. Perezoso, flojo.

ÁCIDO, DA. (l. *acidus*.) adj. Que tiene sabor de agraz o de vinagre. || 2. fig. Áspero, desabrido. || 3. m. Quím. Cualquiera de las substancias que pueden formar sales combinándose con algún óxido metálico u otra base de distinta especie. Suelen tener sabor agrio y enrojecer la tintura de tornasol. || **—acético.** Cuerpo producido por la oxidación del alcohol vínico, al cual debe principalmente su acidez el vinagre. || **—arsénico.** Cuerpo blanco, soluble en el agua y muy venenoso. || **—benzoico.** Cuerpo sólido, blanco, que se obtiene de la orina del caballo y del benjuí. || **—bórico.** Cuerpo blanco en forma de escamas nacaradas solubles en el agua. Se usa en la industria y en Medicina como antiséptico. || **—cacodílico.** Substancia blanca, cristalina, resultante de la oxidación del cacodilo. || **—carbónico.** Líquido resultante de la combinación del anhídrido carbónico con el agua. || **—cianhídrico.** Líquido incoloro, muy volátil, de olor a almendras amargas y muy venenoso. || **—cítrico.** Cuerpo sólido, muy soluble en el agua, de la cual se separa al evaporarse ésta, en gruesos cristales incoloros. Está contenido en el limón y otros frutos. || **—clorhídrico.** Gas incoloro, algo más pesado que el aire, muy corrosivo y compuesto de cloro e hidrógeno. Se emplea comúnmente disuelto en el agua, que lo absorbe en gran cantidad; ataca a la mayor parte de los metales y se extrae de la sal común. || **—clórico.** Líquido espeso, compuesto de cloro, oxígeno e hidrógeno. Es muy inestable; actúa como oxidante poderoso en las substancias orgánicas al descomponerse en su contacto. || **—esteárico.** Substancia blanca, fusible a 71 grados, y cuyo aspecto es el de laminillas nacaradas. || **—fénico.** Cuerpo cristalizable, cáustico, de olor fuerte y sabor acre, se extrae por destilación de la brea de la hulla y se emplea mucho como desinfectante muy enérgico. || **—fluorhídrico.** Gas deletéreo, incoloro, de olor fuerte y sofocante, más ligero que el aire y compuesto de flúor e hidrógeno. Se emplea para grabar vidrio. || **—fórmico.** Líquido cáustico, incoloro, de olor picante. Obtiénese de las hormigas. || **—fulmínico.** Líquido volátil y muy inestable, compuesto de carbono, nitrógeno, hidrógeno y oxígeno. Es muy venenoso. Forma sales muy explosivas. Las más usadas en la industria son el fulminato de mercurio y el de plata. || **—graso.** Substancia ternaria de carácter ácido, cuya molécula forman dos átomos de oxígeno y doble número de átomos de hidrógeno que de carbono. Con la glicerina forma las grasas. || **—láctico.** Líquido incoloro, que se extrae de la leche agria, donde se produce por fermentación del azúcar por el bacilo láctico. || **—muriático.** Ácido clorhídrico. || **—nítrico.** Líquido fumante, muy corrosivo, incoloro, poco más pesado que el agua, compuesto de nitrógeno, oxígeno o hidrógeno. || **—oxálico.** Cuerpo sólido, blanco, cristalizable, de sabor picante, soluble en el agua. Es venenoso;

A se usa en tintorería; se extraía de las aceiteras, y hoy se obtiene del aserrín. ǁ —**pícrico.** Cuerpo sólido, amarillo, poco soluble en el agua y de sabor muy amargo. ǁ —**prúsico.** Ácido cianhídrico. ǁ —**salicílico.** Cuerpo blanco con aspecto de polvo cristalino muy poco soluble en el agua. Se usa en Medicina. ǁ —**sulfhídrico.** Gas inflamable formado por azufre e hidrógeno; despide un fuerte olor a huevos podridos y se desprende de las letrinas y de ciertas aguas minerales. ǁ —**sulfúrico.** Líquido de consistencia oleosa, incoloro e inodoro, y compuesto de azufre, hidrógeno y oxígeno. Es muy cáustico, carboniza las substancias orgánicas, tiene muchos usos en la industria. ǁ —**tartárico,** o **tártrico.** Cuerpo sólido, blanco, cristalizable y soluble en el agua. Se extrae del tártaro y se usa en Medicina, tintorería y otras industrias. ǁ —**úrico.** Compuesto de carbono, nitrógeno, hidrógeno y oxígeno. Está contenido en la orina. ǁ **P.** ácido; **I.** acid; **F.** acide; **A.** sauer, Säure; **It.** acido; **R.** кислый.

★ **ACIDÓGENO, NA.** adj. Bioquím. Que genera o da lugar a la producción de ácidos.

ACIDORRESISTENTE. adj. Biol. El bacilo que después de coloreado por la fucsina básica, no se decolora por la acción de un ácido mineral (nítrico o sulfúrico) diluido; como el de la tuberculosis.

ACIDOSIS. f. Pat. Estado anormal producido por exceso de ácidos en los tejidos y en la sangre.

★ **ACIDULADO, DA.** p.p. de acidular. ǁ **2.** adj. Ligeramente ácido.

ACIDULAR. tr. Poner acídulo un líquido. Ú.t.c.r. ǁ **P.** acídular; **I.** to acidulate; **F.** aciduler; **A.** ansäuern; **It.** acidulare; **R.** подкислять.

ACÍDULO, LA. (l. acidŭlus.) adj. Ligeramente ácido. ǁ **2.** V. *Agua* ACÍDULA. ǁ **P.** acídulo; **I.** acidulous; **F.** acidule; **A.** säuerlich; **It.** acidulo; **R.** кисловатый.

ACIERTO. m. Acción y efecto de acertar. ǁ **2.** V. *Don de* ACIERTO. ǁ **3.** fig. Habilidad o destreza en lo que se ejecuta. ǁ **4.** fig. Cordura, prudencia. ǁ **5.** Coincidencia, casualidad. ǁ **P.** acerto; **I.** achievement; **F.** réussite; **A.** Sicherheit, Erfolg; **It.** riuscita; **R.** удача, такт.

★ **ACIESIA.** (gr. ά, priv., y κύησις, concepción.) f. Med. Esterilidad en la mujer. ǁ **2.** Incapaz para la reproducción.

★ **ACIFORME.** adj. Bot. Órganos de las plantas que tienen forma de aguja.

★ **ACÍFORO, RA.** (gr. ἀκίς, punta, y φορός, portador.) adj. Zool. Dícese de los insectos provistos de oviscapto para depositar sus huevos.

★ **ACIGARRADO, DA.** adj. Chile. Que denota los efectos del cigarro; dícese, por ejemplo: *Voz* ACIGARRADA.

ÁCIGOS. (gr. ἄζυγος, impar; de ά, priv., y ζυγος, par.) adj. Zool. V. *Vena* ÁCIGOS. Ú.t.c.s.f.

ACIGUATADO, DA. p.p. de aciguatarse. ǁ **2.** adj. Ciguato. ǁ **3.** Pálido y amarillento como el que padece ciguatera.

ACIGUATAR. tr. And. Atisbar, acechar.

ACIGUATARSE. r. Contraer ciguatera.

ACIJADO, DA. adj. De color de acije.

ACIJE. m. Aceche.

ACIJOSO, SA. adj. Que tiene acije.

★ **ACILIA.** (l. a, priv., y cilia, pestaña.) f. Med. Carencia de pestañas.

ACIMBOGA. f. Azamboa.

ACIMENTARSE. (De a y cimentar.) r. ant. Establecerse o arraigarse en algún pueblo.

ÁCIMO. adj. Ázimo.

ACIMUT. (ár. as-sumūt, pl. de as-samt, la dirección, el cenit.) m. Astron. Ángulo que con el meridiano forma el círculo vertical que pasa por un punto de la esfera celeste o del globo terráqueo.

ACIMUTAL. adj. Astron. Perteneciente o relativo al acimut. ǁ **2.** V. *Ángulo, círculo, montura* ACIMUTAL.

★ **ACINARIO, RIA.** adj. Semejante al grano de uva. ǁ **2.** Bot. Plantas cuyos tallos o ramas presentan vesículas globosas parecidas a granos de uvas. ǁ **3.** Bot. Plantas que tienen el fruto en baya. Ú.t.c.s.f.

ACINESIA. f. Privación de movimien-

to. ǁ **2.** Intervalo que, en cada pulsación, separa la sístole de la diástole. ǁ **P.**, **I.** e **It.** acinesia; **F.** acinèse; **A.** Bewegungslosigkeit.

★ **ACINÉTICO, CA.** adj. Med. Relativo a la acinesia. ǁ **2.** Biol. Dícese de la reproducción celular por división directa.

★ **ACINÉTIDOS.** m. pl. Zool. Familia de infusorios que carecen de revestimiento ciliar; viven fijos sujetos por un pedúnculo o por una ventosa. Viven generalmente, sobre algas, crustáceos e incluso parásitos sobre otros infusorios.

★ **ACINO.** (l. acinus, grano de uva.) m. Anat. Cada uno de los lóbulos de una glándula arracimada. ǁ **2.** Bot. Baya carnosa y transparente que contiene gránulos, como la uva. ǁ **I.** y **F.** acine; **A.** Traubenbeere; **It.** acino.

ACINTURAR. (De a y cintura.) tr. Ceñir, estrechar. ǁ **P.** cingir; **I.** to gird; **F.** ceindre; **A.** umgürten; **It.** cingere; **R.** опоясывать, окружать.

★ **ACIOCA.** f. Perú. Planta indígena que los naturales usan como medicinal.

ACIÓN. f. Correa de que pende el estribo en las sillas de montar. ǁ **P.** loro; **I.** stirrup-leather; **F.** étrivière; **A.** Steigbügelriemen; **It.** staffile; **R.** ременной снаряжение.

ACIONERA. f. Argent. Pieza de metal o de cuero fija en la silla de montar y de la que cuelga la ación.

ACIONERO. m. El que hace aciones.

ACIPADO, DA. (l. stipātus, apretado.) adj. Dícese del paño que está bien tupido cuando se saca de la percha. ǁ **P.** apertado; **I.** close-woven; **F.** serré; **A.** dicht (Tuch); **It.** unito; **R.** плотный (о сукне).

★ **ACIPENSER.** m. Zool. Género de peces acipenséridos cuyo tipo es el esturión.

★ **ACIPENSÉRIDO, DA.** adj. Zool. Peces ganoideos caracterizados por su esqueleto medio óseo, medio cartilaginoso, y por su cabeza prolongada en un hocico puntiagudo como el del esturión. Ú.t.c.s.

ACIPRÉS. m. Ciprés.

ACIRATE. (ár. as-sirāt, el camino.) m. Loma que se hace en las heredades y sirve de lindero. ǁ **2.** Caballón que divide las eras en las huertas. ǁ **3.** Senda que separa dos hileras de árboles en un paseo.

ACIRÓN. (l. acer.) m. Ar. Arce.

★ **ACISTINEURIA.** (gr. ά, priv., κυστις, vejiga, y νευρου, nervio.) f. Pat. Parálisis de la vejiga.

ACITARA. (ár. as-sitāra, el velo, y en general, lo que oculta algo a las miradas.) f. Cítara. ǁ **2.** En algunas partes de Castilla, cada una de las paredes gruesas que forman los costados de una casa. ǁ **3.** Pretil de puente. ǁ **4.** Cobertura o paramento de una silla de estrado o de montar. ǁ **P.** citara; **I.** zither; **F.** cithare cloison; **A.** Zither; **It.** cetra; **R.** цитра.

ACITRÓN. (De a y el l. citrěum, cidra.) m. Cidra confitada. ǁ **2.** Méj. Tallo de la biznaga mejicana, descortezado y confiado. ǁ **P.** cidrão; **I.** candied citron; **F.** cédrat confit; **A.** Zitronat; **It.** cedrato candito; **R.** цедрат.

ACIVILAR. (De a y civil, en el sentido de grosero, vil.) tr. ant. Envilecer, abatir. Usáb.t.c.r. ǁ **P.** aviltar; **I.** to vilify; **F.** avilir; **A.** erniedrigen, entwerten; **It.** rinvilire; **R.** принижать.

ACLAMACIÓN. (l. acclamatĭo, -ōnis.) f. Acción y efecto de aclamar. ǁ *Por* ACLAMACIÓN. m. adv. A una voz. ǁ **P.** aclamação; **I.** y **F.** acclamation; **A.** Beifallsruf; **It.** acclamazione; **R.** шумное приветствие.

ACLAMADOR, RA. adj. Que aclama. Ú.t.c.s. ǁ **P.** aclamador; **I.** acclaimer; **F.** acclamateur; **A.** Beifallsspender; **It.** acclamatore; **R.** приветствующий.

ACLAMAR. (l. acclamāre; de ad, a, y clamāre, llamar, gritar.) tr. Dar voces la multitud en honor y aplauso de alguna persona. ǁ **2.** Conferir, por voto común, algún cargo u honor. ǁ **3.** Reclamar o llamar a las aves. ǁ **P.** aclamar; **I.** to acclaim; **F.** acclamer; **A.** Zujauchzen; **It.** acclamare; **R.** шумно приветствовать.

ACLAMÍDEO, A. adj. Bot. Que carece de periantio. ǁ **2.** f. pl. Bot. Grupo de plantas arquiclamídeas que carecen de sépalos y pétalos.

ACLAMIS. m. Bot. Planta amaran-

tácea, cuyo pistilo tiene un estilo muy largo.

ACLARACIÓN. f. Acción y efecto de aclarar. ǁ **2.** For. Enmienda del texto de una sentencia por el mismo juzgador inmediatamente después de notificarla. ǁ **3.** For. V. *Recurso de* ACLARACIÓN. ǁ **P.** aclaração; **I.** explanation; **F.** éclaircissement; **A.** Erklärung, Aufschluss; **It.** schiarimento; **R.** выяснение, объяснение.

ACLARADO, DA. p.p. de aclarar. ǁ **2.** adj. Blas. Dícese de la figura rodeada de un campo o espacio de determinado color. ǁ **P.** esclarecido; **I.** made clear; **F.** éclairci; **A.** aufgeklärt; **It.** schiarito; **R.** ясно.

ACLARADOR, RA. adj. Que aclara.

ACLARAR. (l. acclarāre; de ad, a, y clarus, claro.) tr. Disipar, quitar lo que ofusca la claridad o transparencia de algo. Ú.t.c.r. ǁ **2.** Aumentar la extensión o el número de los espacios o intervalos que hay en alguna cosa. ACLARAR *las filas.* Ú.t.c.r. ǁ **3.** Tratándose de ropa, volver a lavarla con agua sola después de la jabonada. ǁ **4.** Hablando de la voz, hacerla más perceptible. ǁ **5.** Aguzar los sentidos y facultades. ǁ **6.** Poner en claro, manifestar, explicar. ǁ **7.** Mar. Desliar, desenredar. ǁ **8.** Miner. Lavar por segunda vez los minerales. ǁ **9.** intr. Disiparse las nubes o la niebla. ǁ **10.** Amanecer, clarear. ǁ **11.** Purificarse un líquido, deponiendo las partículas sólidas que lleva en suspensión. ǁ **P.** aclarar; **I.** to clear; **F.** éclaircir; **A.** erklären; **It.** schiarire; **R.** выяснять, делать ясным.

ACLARATORIO, RIA. adj. Dícese de lo que aclara o explica. ǁ **P.** aclaratório; **I.** illustratory; **F.** éclaircissant; **A.** aufklärend; **It.** spiegativo; **R.** объяснительный.

ACLARECER. (De a y clarecer.) tr. Hacer más claro de luz y de color; alumbrar. ǁ **2.** Poner más espaciado. ǁ **3.** Poner en claro; manifestar.

ACLAREO. m. Acción de aclarar.

★ **ACLASTO, TA.** adj. Ópt. Aplícase al cuerpo que tiene la propiedad de dejar pasar los rayos luminosos sin refractarlos.

ACLAVELADO, DA. adj. Que se parece al clavel.

★ **ACLAVICULADO, DA.** adj. Zool. Acleido. ǁ **2.** m. pl. Zool. Acleidos.

ACLE. (Voz malaya.) m. Bot. Árbol del archipiélago filipino, de las mimosáceas, de más de 20 m de altura, con tronco recto y grueso; hojas divididas en hojuelas opuestas, anchas y lanceoladas; flores blanquecinas en cabezuelas y fruto en legumbre. ǁ **2.** Madera de este árbol.

ACLEIDO, DA. (gr. ά, priv., y κλείς, clavícula.) adj. Zool. Dícese del animal mamífero que no tiene clavículas o que las tiene rudimentarias. Ú.t.c.s.

ACLIMATACIÓN. f. Acción y efecto de aclimatar o aclimatarse. ǁ **P.** aclimatação; **I.** acclimation; **F.** acclimatation; **A.** Akklimatisierung; **It.** acclimazione; **R.** акклиматизация.

ACLIMATAR. (l. ad, a, y clima, -ātis. clima.) tr. Acostumbrar a un ser orgánico a clima que no le era habitual. Ú.m.c.r. ǁ **2.** fig. Hacer que una cosa prevalezca y medre en parte distinta de aquella en que tuvo su origen. Ú.t.c.s. ǁ **P.** aclimatar; **I.** to acclimatize; **F.** acclimater; **A.** akklimatisieren; **It.** acclimare; **R.** акклиматизировать.

★ **ACLÍNICO, CA.** adj. Dícese de los lugares en que la inclinación magnética es nula, y de la línea que pasa por todos ellos.

ACLOCAR. (De clueca.) intr. Enclocar. Ú.m.c.r. ǁ **2.** fig. Arrellanarse.

ACLORHIDRIA. f. Falta de ácido clorhídrico en el jugo gástrico.

ACLORHÍDRICO, CA. adj. Pat. Perteneciente o relativo a la aclorhidria. ǁ **2.** Que padece aclorhidria.

★ **ACLOROPSIA.** f. Pat. Defecto del órgano visual que le incapacita para distinguir el color verde. ǁ **I.** achloropsy; **F.** achloropsie; **A.** Achloropsie; **It.** acloropsia.

ACMÉ. f. Med. Punto o grado más alto de una enfermedad. ǁ **P.** e **I.** acme; **F.** acmé; **A.** Krankheitshöhepunkt; **It.** acme.

ACNÉ. f. Med. Enfermedad cutánea debida a la obstrucción e inflamación de

A

los folículos sebáceos de la piel. || P., I. e It. acne; F. acné; A. Akne; R. вздутие.

★ **ACO.** m. Bot. Árbol leguminoso de Venezuela.

ACOBARDAMIENTO. m. Acción y efecto de acobardarse.

ACOBARDAR. (De *a* y *cobarde*.) tr. Amedrentar, causar miedo. Ú.t.c.r. y c.intr. || P. acobardar; I. to intimidate; F. intimider; A. einschüchtern; It. intimidire; R. приводить в уныние, устрашать.

ACOBDADURA. f. ant. Acodadura.

ACOBDAR. (l. *accubitāre*, echarse.) tr. ant. Acodar.

ACOBDICIAR. (De *a*, y el ant. *cobdicia*, codicia.) tr. ant. Acodiciar. Usáb.t.c.r.

ACOBIJAR. (De *a* y *cobijar*.) tr. Abrigar las cepas y plantones con acobijos.

ACOBIJO. (De *acobijar*.) m. Montón de tierra que se apisona alrededor de las vides y de los plantones para darles estabilidad y abrigo a las raíces.

ACOBRADO, DA. adj. Cobrizo.

ACOCARSE. (De *a* y *coco*.) r. Agusanarse los frutos.

ACOCEADOR, RA. adj. Que acocea. || P. escoiceador; I. kicker; F. rueur; A. Schläger; It. calcitrante; R. брыкливый.

ACOCEAMIENTO. m. Acción y efecto de cocear. || P. acção de dar uma couce; I. kicking; F. ruade; A. Strangschlagen; It. calcitrazione; R. брыкание, лягание.

ACOCEAR. tr. Dar coces. || 2. fig. y fam. Abatir, ultrajar. || P. escoicear; I. to kick; F. ruer; A. hinten ausschlagen; It. calcitrare; R. брыкаться, лягаться.

ACOCILI. m. Méj. Especie de camarón de agua dulce.

ACOCLARSE. r. Ar. Ponerse en cuclillas.

ACOCOTAR. (De *a* y *cocote*.) tr. Acogotar.

ACOCOTE. (mejic. *acocotli*.) m. Calabaza larga agujereada por ambos extremos que se usa en Méjico para extraer por succión el aguamiel del maguey.

ACOCHARSE. (l. *ad*, a, y *coactāre*, de *coactus*, reunido.) r. Agacharse, agazaparse. || P. agachar-se; I. to squat; F. s'accroupir; A. sich ducken; It. accoccolarsi; R. приседать на корточки.

★ **ACOCHÍ.** m. Zool. Especie de tordo americano llamado también primavera.

ACOCHINAR. tr. fam. Matar a uno que no puede huir ni defenderse. || 2. fig. y fam. Acoquinar. || 3. En el juego de damas, encerrar a un peón de modo que no se pueda mover.

★ **ACODADERA.** (De *acodar*.) f. Art. y Of. Herramienta que utilizan los canteros para decorar las piedras.

ACODADO, DA. p.p. de acodar. || 2. adj. Doblado en forma de codo. *Tubo* ACODADO. || 3. V. *Freno* ACODADO.

ACODADURA. f. Acción y efecto de acodar. || P. acotoveladura; I. bending the elbow; F. accoudement; A. Krümmung; R. облокачивание.

ACODALAMIENTO. m. Arq. Acción y efecto de acodalar.

ACODALAR. tr. Arq. Poner codales. || P. escuadrar; I. to prop; F. etayer; A. abstützen; It. puntellare; R. закрепить.

ACODAR. (De *a* y *codo*.) tr. Apoyar uno el codo sobre alguna parte. Ú.t.c.r. || 2. Agr. Meter debajo de tierra el vástago o tallo doblado de una planta sin separarlo del tronco o tallo principal, dejando fuera la extremidad de aquél para que eche raíces la parte enterrada y forme otra nueva planta. || 3. Arq. Acodalar. || 4. Cant. y Carp. Poner codales en la superficie de una piedra o de un madero para ver si está plana. || 5. Veter. Clavar mal los clavos al herrar, desviándolos sobre las partes sensibles. || P. mergulhar; I. to layer; F. marcotter; A. Ableger machen; It. margottare; R. сгибать.

ACODERAMIENTO. m. Mar. Acción y efecto de acoderar o acoderarse.

ACODERAR. tr. Mar. Presentar en determinada dirección el costado de un buque fondeado valiéndose de coderas. Ú.t.c.r.

ACODICIAR. tr. Encender en deseo o codicia de alguna cosa. Ú.t.c.r. || P. exitar a cobicia; I. to long for; F. exciter; A.

lüster machen; It. eccitare; R. жаждать чего-л.

ACODILLAR. tr. Doblar formando codo, barras, varillas, etc. || 2. En ciertos juegos de naipes, dar codillo. || 3. intr. Tocar el suelo con el codillo los cuadrúpedos. || P. acotovelar; I. to bend; F. couder; A. knieförmig biegen; It. piegare; R. сгибать углом.

ACODO. m. Vástago acodado. || 2. Agr. Acción de acodar. || 3. Arq. Resalto de una dovela prolongado por debajo de ella. || 4. Arq. Moldura resaltada que forma el cerco de un vano. || P. mergulhia; I. layer; F. marcotte; A. Ableger; It. margotta; R. отводок.

ACOGEDIZO, ZA. adj. Que se acoge fácilmente y sin elección.

ACOGEDOR, RA. adj. Que acoge. Ú.t.c.s. || P. acolhedor; I. harbourer; F. accueillant; A. beschützend; It. accogliente; R. приветливый.

ACOGER. (l. *accŏllĭgĕre*; de *cŏllĭgĕre*, recoger.) tr. Admitir uno en su casa o compañía a otra u otras personas. || 2. Dar refugio una cosa a uno. || 3. Dar parte de la dehesa al ganado para que paste en ella. || 4. Admitir, aprobar. || 5. Recibir con un sentimiento o manifestación especial la aparición de personas o de hechos. || 6. fig. Proteger, amparar. || 7. r. Refugiarse, retirarse, tomar amparo. || 8. fig. Valerse de algún pretexto para disimular alguna cosa. || P. acolher; I. to welcome; F. accueillir; A. aufnehmen, empfangen; It. accogliere; R. принимать, оказывать приём.

ACOGETA. f. Sitio a propósito para acogerse al huir de algún peligro. || P. acolheita; I. place of safety; F. lieu de refuge; A. Zufluchtsort; It. ricovero; R. увёртка.

ACOGIDA. f. Afluencia de aguas, y por ext., de otro líquido. || 2. Recibimiento u hospitalidad que ofrece una persona o un lugar. || 3. Retirada, acción de retirarse. || 4. Refugio o lugar donde puede uno acogerse. || 5. fig. Protección o amparo. || 6. fig. Aceptación o aprobación. || P. afluencia; I. welcome; F. accueil; A. Aufnahme; It. accoglienza; R. приём.

ACOGIDO, DA. p.p. de acoger. || 2. m. y f. Persona pobre o desvalida a quien se admite y mantiene en establecimientos de beneficencia. || 3. m. Conjunto de reses que entregan los pegujaleros al dueño del rebaño para que las alimente por precio determinado. || 4. Precio que debe pagarse por la admisión de reses en una dehesa, 2.ª acep. || P. acolhido; I. received; F. recueilli; A. Armenhäusler; It. accolto; R. приём.

ACOGIMIENTO. m. Acogida, 2.ª, 4.ª y 6.ª aceps. || P. acolhimento; I. reception; F. accueil; A. Empfang; It. accoglienza; R. встречать.

ACOGOLLAR. (De *a* y *cogolla*.) tr. Cubrir las plantas delicadas con esteras, tablas o vidrios para defenderlas de los hielos o lluvias.

ACOGOLLAR. intr. Echar cogollos las plantas. Ú.t.c.r.

ACOGOMBRADURA. f. Agr. Acción y efecto de acogombrar.

ACOGOMBRAR. tr. Agr. Acohombrar.

ACOGOTAR. tr. Matar con herida o golpe dado en el cogote. || 2. fam. Derribar o vencer a una persona sujetándola por el cogote. || 3. Acoquinar, dominar, vencer. || 4. r. Sal. Herirse el buey en el cogote. || I. to knock down; F. assommer; A. das Genick brechen; It. accoppare; R. убивать ударом в затылок.

ACOGULLADO, DA. adj. En forma de cogulla.

ACOHOMBRAR. tr. Agr. Aporcar, 1.ª acep. || P. alporcar; I. to hill; F. enchausser; A. mit Erde beschütten; It. rincalzare; R. окучивать.

★ **ACOÍMETRO.** m. Acúst. y Med. Instrumento usado para medir la intensidad de la audición.

ACOITA. (De *acoitar*.) f. ant. Cuita.

ACOITAR. (De *a* y *coitar*.) tr. ant. Acuitar.

ACOJINAMIENTO. m. Mec. Entorpecimiento causado en las máquinas de vapor por la interposición de éste entre el émbolo y la tapa del cilindro.

ACOJINAR. (De *a* y *cojín*.) tr. Acolchar, 1.er art.

★ **ACOJOLADO, DA.** adj. Rep. Domin. Aplícase a la fruta raquítica.

ACOLADA. f. Abrazo que, acompañado de un espaldarazo, se daba al neófito después de ser armado caballero. || P. colchete; I. y F. accolade; A. Ritterschlag; It. piattonata; R. удар рукой со спине (церемония посвящения в рыцари).

ACOLAR. (f. *accoler*, o del prov. *acolar*, y éste del l. *ad*, a, y *collum*, cuello.) tr. Blas. Unir, combinar. Dícese de los escudos de armas que se ponen juntos por los costados bajo un timbre o corona que los une en señal de la alianza. || 2. Blas. Poner detrás formando aspa, o alrededor del escudo, ciertas señales de distinción, como llaves, banderas, etc.

ACÓLCETRA. (l. *cŭlcĭtra*, colcha, con el art. árabe.) f. ant. Cólcedra.

ACOLCHADO, DA. p.p. de acolchar. || 2. m. Acción y efecto de acolchar, 1.er art. || 3. Revestimiento compuesto de una capa de paja o caña delgada trenzada con cuerdas que sirve para fortalecer los tendidos de algunos diques. || P. acolchoado; I. quilted; F. picûre; A. Polsterung; It. ovattato; R. стеганный.

ACOLCHAR. (De *a* y *colchar*.) tr. Poner algodón, seda cortada, lana o estopa entre dos telas y después bastearlas. || P. acolchoar; I. to quilt; F. ouater; A. wattieren, auspolstern; It. ovattare; R. подбивать ватой, стегать.

ACOLCHAR. (De *a* y *corchar*.) tr. Mar. Corchar.

★ **ACOLCHÍ.** m. Zool. Acochí.

★ **ACOLCHONADO, DA.** adj. Amér. Acolchado.

ACOLCHONAR. (De *a* y *colchón*.) tr. Amér. Acolchar, 1.er art.

ACOLGAR. intr. ant. Colgar o inclinarse una cosa hacia una parte.

★ **ACOLIA.** f. Med. Supresión o disminución de la secreción biliar. || P. acholia; I. acholia; F. acholie; A. Acholie; It. acolia.

★ **ACOLÍN.** m. Zool. Ave acuática americana parecida a la chocha.

★ **ACÓLITA.** f. Chile. Religiosa que hace de acólito o de ceroferario.

ACOLITADO. (De *acólito*.) m. La superior de las cuatro órdenes menores del sacerdocio.

ACOLITAR. tr. intr. Amér. Desempeñar las funciones de acólito. Ú.t.c.r.

ACÓLITO. (l. *acolўtus*, y éste del gr. ἀκόλουθος, el que sigue o acompaña.) m. Ministro de la Iglesia, que ha recibido la superior de las cuatro órdenes menores. || 2. Monacillo que sirve con sobrepelliz en la Iglesia, aunque no tenga orden alguna. || 3. fig. Satélite. || P. acólito; I. y F. acolyte; A. Messgehilfe; It. accolito; R. спутник.

ACOLMILLADO. (De *a* y *colmillo*.) adj. V. *Diente* ACOLMILLADO.

★ **ACOLOGÍA.** (gr. ἄκος, remedio, y λόγος, tratado.) f. Med. Estudio de los remedios médicos. || 2. Por extensión. Tratado de los instrumentos quirúrgicos. || I. acology; F. acologie; A. Heilmittellehre; It. acologia; R. акол.

★ **ACOLÓGICO, CA.** adj. Perteneciente o relativo a la acología.

ACOLLADOR. (De *acollar*.) m. Mar. Cabo grueso que se pasa por los ojos de las vigotas y sirve para tesar el cabo más grueso en que están engazadas.

★ **ACOLLADURA.** f. Acción y efecto de acollar.

ACOLLAR. (De *a* y *cuello*.) tr. Agr. Cobijar con tierra el pie de los árboles y principalmente el tronco de las vides y otras plantas. || 2. Mar. Meter estopa en las costuras del buque. || 3. Mar. Halar de los acolladores.

ACOLLARADO, DA. p.p. de acollarar. || 2. adj. Se aplica a los pájaros y, por ext., a otros animales que tienen el cuello de color distinto que lo demás del cuerpo.

ACOLLARAR. tr. Poner collar a un animal. || 2. Unir unos perros a otros por sus collares para que no se extravíen. || 3. Poner colleras a las caballerías. || 4. Argent. Unir dos bestias. || 5. Argent.

A fig. Unir dos cosas o personas. ‖ 6. r. vulg. ARGENT. Amancebarse.

ACOLLIDO. m. ant. Acogido.

ACOLLONAR. (De *a* y *collón*.) tr. Acobardar. Ú.t.c.r.

ACOMBAR. tr. Combar. Ú.t.c.r.

ACOMEDIDO, DA. p.p. de acomedirse. ‖ 2. adj. AMÉR. Servicial, oficioso.

ACOMEDIRSE. (De *a* y *comedir*.) r. AMÉR. Prestarse espontánea y graciosamente a hacer un servicio.

ACOMENDADOR, RA. adj. ant. Que acomienda. Usáb.t.c.s.

ACOMENDAMIENTO. m. ant. Acción y efecto de acomendar.

ACOMENDANTE. p.a. ant. de acomendar. Que acomienda.

ACOMENDAR. tr. ant. Encomendar. ‖ 2. r. ant. Encomendarse.

ACOMETEDOR, RA. adj. Que acomete. Ú.t.c.s.

ACOMETER. (De *a* y *cometer*.) tr. Embestir con ímpetu y ardimiento. ‖ 2. Emprender, intentar. ‖ 3. Con la prep. *a* decidirse o empezar a ejecutar una acción. ‖ 4. Dicho de enfermedad, sueño, deseo, etc,. venir, entrar, dar repentinamente. ‖ 5. Tentar, procurar, forzar la voluntad. ‖ 6. ALBAÑ. y MINER. Desembocar una cañería o una galería en otra. ‖ ACOMETER *hace vencer.* ref. que enseña que más veces vencen los que acometen que los que se defienden. ‖ P. acometer; I. to assault; F. assaillir; A. angreifen; It. assalire; R. нападать, атаковать.

ACOMETIDA. f. Acometimiento. ‖ 2. Lugar por donde la línea de conducción de un fluido enlaza con la principal. ‖ I. assault; F. assaut; A. Angriff; It. assalto; R. нападение, атака.

ACOMETIENTE. p.a. de acometer. Que acomete.

ACOMETIMIENTO. m. Acción y efecto de acometer. ‖ 2. Ramal de cañería que desemboca en la alcantarilla general de desagüe. ‖ P. acomtimiento; I. assault; F. assaut; A. Anfall; It. assalto; R. нападение.

ACOMETIVIDAD. f. Propensión a acometer o reñir. ‖ P. acometividades; I. aggressiveness; F. combativité; A. Kampflust; It. aggressività; R. воинственность.

* **ACOMIA.** f. MED. Calvicie. ‖ I. baldness; F. acomie; A. Haarberaubung; It. acomia; R. плешивость.

ACOMODABLE. adj. Que se puede acomodar. ‖ P. acomodável; I. y F. accommodable; A. anpassungsfähig; It. accomodabile; R. приспособляемый.

ACOMODACIÓN. (l. *accommodatio, -önis*.) f. Acción y efecto de acomodar. ‖ 2. FISIOL. Acción y efecto de acomodar el ojo para que la visión no se perturbe cuando varía la distancia o la luz del objeto que se mira. ‖ P. acomodação; I. y F. accommodation; A. Anpassung; It. accomodazione; R. приспособление.

ACOMODADAMENTE. adv. Ordenadamente, del modo que conviene. ‖ 2. Con comodidad y conveniencia. ‖ P. acomodadamente; I. suitably; F. aisément; A. bequem; It. accomodatamente; R. удобно.

ACOMODADIZO, ZA. adj. Que a todo se aviene fácilmente.

ACOMODADO, DA. p.p. de acomodar. ‖ 2. adj. Conveniente, apto, oportuno. ‖ 3. Rico, abundante de medios. ‖ 4. Que está cómodo o a gusto; amigo de la comodidad. ‖ 5. Rico, abundante de medios o que tiene los suficientes. ‖ 6. Moderado en el precio.

ACOMODADOR, RA. adj. Que acomoda. ‖ 2. m. y f. En los teatros y otros lugares, persona encargada de indicar a los concurrentes los asientos que deben ocupar. ‖ P. acomodador; I. accomodator; F. accommodateur; A. Logenschliesser; It. accomodatore; R. капельдинер.

ACOMODAMIENTO. (De *acomodar*.) m. Transacción, ajuste o convenio sobre alguna cosa. ‖ 2. Comodidad o conveniencia. ‖ P. acomodamento; I. agreement; F. accommodement; A. Anpassen; It. accomodamento; R. сделка, соглашение, удобство.

ACOMODAR. (l. *accommodäre*; de *accommödus*, ajustado, a.) tr. Colocar una cosa de modo que se ajuste o adapte a otra. ‖

2. Preparar o arreglar de modo conveniente. ‖ 3. Colocar o poner en un lugar conveniente o cómodo. ‖ 4. Proveer. ‖ 5. fig. Amoldar o ajustar a una norma. Ú.t.c.intr. y c.r. ‖ 6. fig. Referir o aplicar. ‖ 7. fig. Concertar. ‖ 8. fig. Colocar en un estado o cargo. Dícese del matrimonio, empleos, etc. Ú.t.c.r. ‖ 9. fig. Agradar, parecer o ser algo conveniente. Ú.t.c.intr. ‖ 10. r. Avenirse, conformarse. ‖ P. acomodar; I. to accommodate; F. arranger, placer, accommoder; A. ordnen, stellen, passen; It. accomodare; R. устраивать, приспособлять.

ACOMODATICIO, CIA. adj. Acomodadizo. ‖ 2. V. *Sentido* ACOMODATICIO. ‖ P. acomodaticio; I. accommodating; F. accommodant; A. fügsam; It. accomodabile; R. умеренный.

ACOMODO. (De *acomodar*.) m. Empleo, ocupación o conveniencia. ‖ P. emprego; I. settlement; F. emploi; A. Anstellung; It. impiego; R. должность, занятие.

ACOMPAÑADO, DA. p.p. de acompañar. ‖ 2. adj. fam. Pasajero, concurrido. *Sitio* ACOMPAÑADO. ‖ 3. Persona que acompaña a otra para entender con ella en alguna cosa. Ú.t.c.s. ‖ 4. FOR. V. *Escribano, juez* ACOMPAÑADO. ‖ P. acompanhado; I. accompanied; F. accompagné; A. begleitet; It. accompagnato; R. сопровождаемый.

ACOMPAÑADOR, RA. adj. Que acompaña. Ú.t.c.s.

ACOMPAÑAMIENTO. m. Acción y efecto de acompañar o acompañarse. ‖ 2. Gente que va acompañando a alguno. ‖ 3. Conjunto de personas que en las representaciones teatrales figuran y no hablan o sólo dan gritos o dicen algunas palabras. ‖ 4. Mús. Sostén o auxilio armónico de una melodía principal por medio de uno o más instrumentos o voces. ‖ 5. Mús. Arte de la armonía aplicada a la ejecución del bajo continuo. ‖ P. acompanhamento; I. accompaniment; F. accompaniment; A. Begleitung; It. accompagnamento; R. сопровождение.

ACOMPAÑANTA. f. Mujer que acompaña.

ACOMPAÑANTE. p.a. de acompañar. Que acompaña. Ú.t.c.s. ‖ 2. m. MAR. Reloj que bate segundos y se usa en las observaciones astronómicas cuando se hacen sin tener el cronómetro a la vista.

ACOMPAÑAR. tr. Estar o ir en compañía de otros u otros. Ú.t.c.r. ‖ 2. fig. Juntar o agregar una cosa a otra. ‖ 3. Existir una cosa junta o simultánea con otra. Ú.t.c.r. ‖ 4. Participar en los sentimientos de otros. ‖ 5. BLAS. y PINT. Adornar la figura o escudo principal con otros. ‖ 6. Mús. Ejecutar el acompañamiento. Ú.t.c.r. ‖ 7. r. Juntarse un perito con otro u otros de la misma facultad para entender con ellos en alguna cosa. ‖ P. acompañar; I. to accompany; F. accompagner; A. begleiten; It. accompagnare; R. провожать, сопровождать.

ACOMPASADAMENTE. adv. De manera acompasada.

ACOMPASADO, DA. p.p. de acompasar. ‖ 2. adj. Hecho o puesto a compás. ‖ 3. fig. Que por hábito hablar pausadamente en un mismo tono, o andar y moverse con mucho reposo y compás. ‖ P. compassado; I. timed; F. cadencé; A. abgemessen; It. compasato; R. мерный, размеренный.

ACOMPASAR. (De *a* y *compás*.) tr. Compasar. ‖ P. compasar; I. to measure; F. compasser; A. abzirkeln; It. compassare; R. измерять циркулем.

ACOMPLEXIONADO, DA. adj. Complexionado.

ACOMUNALAR. intr. ant. Tener trato y comunicación. Usáb.t.c.r.

ACOMUNARSE. r. Coligarse, confederarse para un fin común.

* **ACÓN.** m. MAR. CUBA. Embarcación de fondo plano usada para desembarcar mercancías de buques anclados lejos de la costa. ‖ I. lighter; F. accon; A. Lichter; It. chiatta; R. баркас.

* **ACONCIAS.** f. BOT. Plantas aráceas, bulbosas de hojas trilobuladas, originarias de América del Sur. ‖ 2. ZOOL. Reptiles saurios de los acóntidos, de cuerpo delgado y cilíndrico, lengua escamosa y sin extremidades visibles.

ACONCHABARSE. r. fam. Conchabarse.

ACONCHADILLO. m. Cierto guisado de carne que se hacía antiguamente.

ACONCHAR. (ital. *acconciare*, y éste del l. *comptiare*; de *comptus*, arreglado.) tr. ant. Componer, aderezar.

ACONCHAR. (De *a* y *concha*.) tr. Arrimar mucho a cualquiera parte una persona o cosa para defenderla de algún riesgo o acometida. Ú.m.c.r. ‖ 2. MAR. Impeler el viento o la corriente a una embarcación hacia una costa u otro paraje peligroso. Ú.t.c.r. ‖ 3. r. MAR. Acostarse completamente sobre una banda el buque varado. ‖ 4. CHILE. Clarificarse un líquido por sedimentación de los posos. ‖ 5. TAUROM. Arrimarse el toro a la barrera para defenderse de los toreros. ‖ 6. rec. MAR. Abordarse sin violencia dos embarcaciones.

ACONDICIONADO, DA. p.p. de acondicionar. ‖ 2. adj. De buena condición natural o al contrario. ‖ 3. Dícese de las cosas de buena calidad o al contrario. ‖ P. acondicionado; I. conditioned; F. conditionné; A. beschaffen; It. condizionato; R. обусловленный.

ACONDICIONAMIENTO. m. Acción y efecto de acondicionar.

ACONDICIONAR. tr. Dar cierta condición o calidad. ‖ 2. Con los advs. *bien, mal* u otros semejantes, disponer alguna cosa de manera adecuada a un fin, o al contrario. ‖ 3. r. Adquirir cierta condición o calidad. ‖ P. acondicionar; I. to condition; F. conditionner; A. gestalten; It. condizionare; R. устроить, обусловить.

ACONDUCHAR. tr. ant. Proveer de conducho.

ACONGOJADAMENTE. adv. Con ánimo acongojado.

ACONGOJADOR, RA. adj. Que acongoja.

ACONGOJANTE. p.a. de acongojar. Que acongoja.

ACONGOJAR. (De *a* y *congojar*.) tr. Oprimir, fatigar. Ú.t.c.r. ‖ P. affligir; I. to afflict; F. affliger; A. betrüben; It. addolorade; R. угнетать, огорчать.

ACONHORTAR. tr. ant. Conhortar. Usáb.t.c.r.

* **ACONÍTICO, CA.** adj. QUÍM. Aplícase a un ácido tribásico, isómero del ácido fumárico y del ácido maleico, que se encuentra formando sales en muchas plantas, tales como el acónito. ‖ P. e It. aconitico; I. y F. aconitique; A. Akonitsäure. I. aconitic; F. aconitique; A. Akonitsäure.

ACONITINA. f. Principio activo del acónito. Es veneno muy violento. ‖ P. e It. aconitina; I. y F. aconitine; A. Akonitin; R. аконитин.

ACÓNITO. (gr. ἀκόνιτον.) m. Planta vivaz ranunculácea, que crece hasta 1,50 m y tiene hojas palmeadas, flores azules, rara vez blancas, y raíz fusiforme. Críase en montañas altas, es medicinal, cultívase en los jardines como adorno. Todas sus variedades son venenosas cuando la semilla ha llegado a madurez. ‖ P. acónito; I. aconite; F. aconit; A. Akonit; It. aconito; R. аконит.

ACONSEJABLE. adj. Que se puede aconsejar.

ACONSEJADO, DA. p.p. de aconsejar. ‖ 2. adj. Prudente, cuerdo. Ú. más con el adv. *mal*, en el sentido de imprudente, temerario.

ACONSEJADOR, RA. adj. Que aconseja. Ú.t.c.s.

ACONSEJAR. tr. Dar consejo. ‖ 2. Inspirar una cosa algo a uno. ‖ 3. r. Tomar consejo o pedirlo a otro. ‖ P. aconselhar; I. to counsel; F. conseiller; A. be-, zuraten; It. consigliare; R. советовать.

ACONSONANTAR. intr. Ser una palabra consonante de otras. ‖ 2. Incurrir uno en el vicio de la consonancia. ‖ 3. tr. Emplear en la rima una palabra como consonante de otra. ‖ P. aconsoantar; I. to rhyme; F. rimer; A. reimen; It. consonare; R. употреблять рифму.

* **ACONSTELADO, DA.** adj. En forma de constelación. ‖ 2. Supuestamente colocado bajo la influencia de una constelación.

ACONTAR. (l. *ad*, a, y *contus*, palo largo y fuerte, puntal.) tr. ant. Apuntalar.

ACONTECEDERO, RA. adj. Que puede acontecer.

ACONTECER. (De *a* y *contecer.*) intr. Suceder. Ú. en el modo infinit. y en las 3.ªs pers. de sing. y pl. ‖ P. acontecer, suceder; I. to happen; F. arriver; A. vorkommen; It. avvenire; R. грядущий, могущий случиться.

ACONTECIDO, DA. p.p. de acontecer. ‖ 2. adj. ant. Dicho de rostro o cara, afligido o triste.

ACONTECIMIENTO. (De *acontecer.*) m. Suceso. ‖ P. acontecimiento; I. happening; F. événement; A. Ereignis; It. avvenimento; R. происшествие, событие.

ACONTENTAR. tr. AR. Contentar.

★ **ACONTIA.** f. ZOOL. Género de saurios de cuerpo cilíndrico de unos 80 cm de longitud, cola corta y extremidades nulas o rudimentarias, propios del Cabo de Buena Esperanza. ‖ 2. Género de insectos lepidópteros nocturnos.

ACONTIADO, DA. (De *a* y *contía,* cuantía.) adj. ant. Hacendado.

★ **ACÓNTIDO, DA.** adj. y s. ZOOL. Reptil del género *Acontia*. ‖ 2. m. pl. ZOOL. Familia de estos ofidios.

A CONTRARIIS. expr. lat. LÓG. V. *Argumento* A CONTRARIIS.

★ **ACONURESIS.** (gr. ἄκων, involuntario, y οὔρησις, micción.) f. MED. Micción involuntaria.

ACONVIDO. m. ant. Convidado.

ACOPADO, DA. p.p. de acopar. ‖ 2. adj. De figura de copa de árbol. ‖ 3. VETER. Dícese del casco redondo y hueco. ‖ I. tofted; F. touffus; A. baumkroneförmig; It. folto; R. похожий на вершину дерева.

★ **ACOPADOR.** (De *acopar.*) m. ART. y OF. Herramienta utilizada para acopar piezas de hierro, bronce u hojalata.

ACOPAR. intr. Formar copas las plantas. ‖ 2. tr. Hacer que las plantas formen buena copa. ‖ 3. MAR. Hacer a un tablón la concavidad proporcionada a la convexidad de la cosa o sitio a que debe aplicarse.

★ **ACOPA.** (Voz azteca.) adj. y adv. MÉJ. Oportuno, conveniente. Se usa con los verbos *caer, llegar* y *venir.*

★ **ACOPE.** m. MIN. Inclinación de los puntales de una entibación en sentido convergente hacia arriba.

ACOPETADO, DA. p.p. de acopetar. ‖ 2. adj. De forma de copete o puesto en forma de copete.

ACOPIADOR, RA. adj. Que acopia. Ú t.c.s.

ACOPIAMIENTO. m. Acopio.

ACOPIAR. (De *a,* explet., y *copia,* abundancia.) tr. Amontonar, juntar, reunir, acumular alguna cosa. ‖ P. juntar; I. to gather; F. amasser; A. aufhäufen; It. ammucchiare; R. накапливать, собирать.

★ **ACÓPICO.** (gr. ά, priv., y κόπος, fatiga.) adj. MED. Capaz de reducir la fatiga, calmante. Ú.t.c.s.m.

ACOPIO. m. Acción y efecto de acopiar. ‖ P. aprovisionamiento; I. gathering; F. approvisionnement; A. Aufhäufung; It. mucchio; R. собирание, накапливание.

ACOPLADO, DA. m. CHILE. Vehículo destinado a ir remolcado por otro. ‖ 2. ARGENT. Remolque, especialmente del tranvía. ‖ 3. ELECTR. Circuito que transfiere a otro la energía eléctrica o magnética, que la reciba de éste, o que haga ambas cosas a la vez. ‖ I. coupled; A. anpassend; It. accoppiato; R. прицеп.

★ **ACOPLADOR, RA.** adj. Que acopla. ‖ 2. m. RADIOTEC. Sistema de sintonización basado en el acoplamiento de dos solenoides.

ACOPLADURA. f. Acción y efecto de acoplar dos piezas.

ACOPLAMIENTO. m. Acción y efecto de acoplar o acoplarse cosas, personas o animales. ‖ 2. m. ELECTR. Asociación de dos circuitos oscilantes. ‖ P. acoplamiento; I. coupling; F. accouplement; A. Schaltung, Zusammenfügung; It. accoppiamento; R. соединение.

ACOPLAR. (l. *ad,* a, y *copuláre,* juntar.) tr. En carpintería y otros oficios, unir entre sí dos piezas de modo que

ajusten exactamente. ‖ 2. Ajustar una pieza al sitio donde deba colocarse. ‖ 3. Unir o parear dos animales para yunta o tronco. ‖ 4. Procurar la unión sexual de los animales. Ú.t.c.r. ‖ 5. fig. Ajustar o unir entre sí a las personas que estaban discordes, o las cosas en que había alguna discrepancia. Ú.t.c.r. ‖ 6. Fís. Agrupar dos aparatos o sistemas, de manera que su funcionamiento combinado produzca el resultado conveniente. ‖ 7. r. fig. y fam. Unirse dos personas íntimamente, encariñarse. ‖ P. 3.ª acep.: jungir; I. to couple; F. accoupler; A. 3.ª acep.: zusammenkuppeln; It. accoppiare; R. присоединять.

★ **ACOPRO, PRA.** adj. MED. Sin materias fecales.

★ **ACOPROSIS.** (gr. ά, priv., y κόπρος, excremento.) f. MED. Formación insuficiente o nula de excrementos en el intestino.

ACOQUINAMIENTO. m. Acción y efecto de acoquinar o acoquinarse.

ACOQUINAR. tr. fam. Amilanar, acobardar, hacer perder el ánimo. Ú.t.c.r. ‖ P. amedrontar; I. to intimidate; F. effrayer; A. einschüchtern; It. intimidiare; R. запугивать, устрашать.

★ **ACOQUINO.** (De *coquina.*) m. AND. Especie de lanza con que se pescan coquinas y otros mariscos.

ACORAR. (De *a* y *cor,* corazón.) tr. Afligir, acongojar. Ú.t.c.r. ‖ 2. MURC. Rematar, descabellar, atronar. ‖ 3. r. Enfermar, desmedrarse las plantas por algún accidente atmosférico. ‖ 4. P. RICO. Detener, acorralar.

ACORAZADO, DA. p.p. de acorazar. ‖ 2. m. Buque de guerra blindado y de grandes dimensiones. ‖ 3. ZOOL. Pez tríglido, acantopterigio, que vive en el Mediterráneo, y en el Atlántico, cuyo cuerpo está protegido por ocho filas de placas muy resistentes. ‖ P. couraçado; I. armoured; F. cuirassé; A. Panzerkreuzer; It. corazzato; R. броненосец.

ACORAZAMIENTO. m. Acción y efecto de acorazar.

ACORAZAR. (De *a* y *coraza.*) tr. Revestir algo con planchas de hierro o acero. ‖ P. couraçar; I. to armour; F. cuirasser; A. panzern; It. corazzare; R. покрывать бронёй.

ACORAZONADO, DA. p.p. de acorazonar. ‖ 2. adj. De figura de corazón. ‖ P. em forma de coração; I. heart-shaped; F. cordiforme; A. herzförmig; It. cuoriforme; R. сердцевидный.

ACORCHADO, DA. p.p. de acorchar. ‖ 2. adj. Dícese de lo que es fofo y esponjoso como el corcho. ‖ 3. Dícese de la madera que hace botar la herramienta al trabajarla.

ACORCHAMIENTO. m. Efecto de acorcharse.

ACORCHARSE. r. Ponerse una cosa fofa como el corcho, perdiendo su consistencia o su jugo. ‖ 2. fig. Entorpecerse la sensibilidad de algún miembro del cuerpo. ‖ P. encortiçar; I. to become torpid; F. s'engourdir; A. korkig werden; It. intirizzirsi; R. делаться мягким, загнивать.

★ **ACORDABLE.** (De *acordar.*) adj. Dícese del instrumento musical susceptible de afinación.

ACORDABLEMENTE. adv. ant. Acordadamente.

ACORDACIÓN. (De *acordar.*) f. ant. Noticia, memoria o recordación.

ACORDADA. (De *acordar.*) f. Orden o despacho que un tribunal expide para que el inferior ejecute alguna cosa. ‖ 2. Documento de comprobación de certificaciones que, habiendo pasado de una oficina de la administración pública a otra distante, es enviado por ésta a la de origen, para comprobar la exactitud de aquélla. ‖ 3. También carta ACORDADA. ‖ 4. Certificación de la aprobación de grados en las universidades. ‖ 5. Especie de Santa Hermandad establecida en Méjico el año 1710. ‖ 6. Cárcel en la que se custodiaban estos reos. ‖ 7. Plantilla de dibujos curvilíneos. ‖ 8. TOP. Líneas geodésicas.

ACORDADAMENTE. adv. De común acuerdo, uniformemente. ‖ 2. Con reflexión, con madura deliberación. ‖ P. acordadamente; I. accordingly; F. d'accord; A. einstimmig; It. d'accordo; R. решено.

ACORDADO, DA. p.p. de acordar. ‖ 2. adj. Hecho con acuerdo y madurez. ‖ 3. Cuerdo, sensato, prudente. ‖ 4. Mús. Afinado, acorde. ‖ *Estése a lo* ACORDADO. FOR. Fórmula de resolución, que sin decidir sobre el fondo de la pretensión deducida, recuerda o confirma otro fallo o providencia anterior. ‖ *Lo* ACORDADO. FOR. Decreto de los tribunales por el cual se manda observar lo que con anterioridad se resolvió sobre el mismo asunto; y también decreto o fórmula que denota la providencia reservada, tomada con motivo del asunto principal. ‖ P. acordado; I. agreed; F. réflechi; A. zusammenstimmend; It. accordato; R. согласованный.

★ **ACORDADO, DA.** p.p. de acordar. ‖ 2. adj. y s. ZOOL. Dícese del animal sin notocordio.

★ **ACORDAL.** (gr. ά, priv., y χορδή, cuerda.) adj. EMBRIOL. Sin relación con el notocordio o formado fuera del mismo.

ACORDAMIENTO. (De *acordar.*) m. ant. Conformidad, concordia, consonancia. ‖ 2. ARQ. Línea que sirve para acordar. ‖ 3. TOP. Unión de dos alineaciones, curvas o rectas, de un modo suave, sin que casi formen ángulo. ‖ 4. ART. y OF. Unión de dos edificios. Y también unión de dos tubos o cañerías. ‖ P. acordamento; I. junction; F. raccordement; A. Übereinstimmung; It. raccordement; R. прилаживание, согласение.

ACORDANTE. p.a. ant. de acordar. Que acuerda. ‖ 2. adj. ant. Acorde.

ACORDANTEMENTE. adv. ant. Acordadamente.

ACORDANZA. f. Memoria o recuerdo. ‖ 2. Opinión acorde, concordia o acuerdo. ‖ 3. Armonía, compás o consonancia de las cosas.

ACORDAR. (l. *accordáre,* de *cŏr, cŏrdis,* corazón.) tr. Determinar o resolver de común acuerdo o por mayoría de votos. ‖ 2. Determinar o resolver deliberadamente una sola persona. ‖ 3. Resolver, determinar una cosa antes de mandarla. ‖ 4. Conciliar, componer. ‖ 5. Traer a la memoria de otro alguna cosa. ‖ 6. Traer a la propia memoria, recordar. Ú.m.c.r. ‖ 7. ant. Hacer a alguno volver en su juicio. ‖ 8. Mús. Disponer o templar, según arte, los instrumentos músicos o las voces, para que no disuenen entre sí. ‖ 9. PINT. Disponer armónicamente los tonos de un dibujo o pintura. ‖ 10. intr. Concordar, conformar, convenir una cosa con otra. ‖ 11. Caer en la cuenta, venir en conocimiento de algo que no se comprendía o en que no se paraba la atención. ‖ 12. ant. Volver alguno en su acuerdo o juicio. Ú.t.c.r. ‖ 13. r. Ponerse de acuerdo. ‖ 14. AMÉR. Conceder, otorgar. Es galicismo, muy usado en Río de la Plata y en Chile. ‖ 15. ARQ. Unir dos líneas, dos molduras o dos miembros, por medio de chaflanes. ‖ 16. ALBAÑ. Unir una construcción antigua con otra moderna. ‖ 17. TOP. Tirar una línea que pase por puntos dados. ‖ *Si mal no me* ACUERDO. expr. fam. Si no me engaño o equivoco, si no estoy trascordado. ‖ P. resolver; I. to resolve; F. résoudre; A. beschliessen; It. risolvere; R. решать, принимать решение.

ACORDE. (De *acordar.*) adj. Conforme, concorde. ‖ 2. Mús. Conjunto de sonidos combinados según el arte de la armonía. ‖ P. conforme, concorde; I. conformable; F. e It. conforme; A. einig; R. согласный, соответствующий.

ACORDELAR. tr. Medir algún terreno con cuerda o cordel. ‖ 2. Señalar con cuerdas o cordeles en el terreno, líneas o perímetros.

ACORDEMENTE. adv. Acordadamente, de común acuerdo. ‖ P. de comun acordo; I. accordantly; F. d'accord; A. einstimmig; It. concordemente; R. согласно.

ACORDEÓN. (al. *Akkordion,* nombre dado por su inventor en 1829.) m. Instrumento músico de viento, consistente en una cajita de madera con lengüetas de metal, un pequeño teclado de válvulas y un fuelle. ‖ P. acordeão; I. accordion; F. accordéon; A. Akkordion; It. fisarmònica; R. гармоника, аккордеон.

★ **ACORDEONA.** f. MÚS. URUG. Acordeón.

A

ACORDEONISTA. m. y f. Músico que toca el acordeón.

* ACORDINARSE. (De *acorde*.) r. ECUAD. Acompañarse bien un músico y un cantante o dos cantantes.

* ACORDIO. m. EMBRIOL. Parte del metodermo cefálico embrionario a la que no llega el notocordio, en los vertebrados inferiores.

ACORDONADO, DA. p.p. de acordonar. || **2.** adj. Dispuesto en forma de cordón. || **3.** MÉJ. Aplícase a los animales cenceños, pequeños, enjutos.

* ACORDONADOR, RA. adj. y s. Que acordona. || **2.** ART. y OF. Máquina con la que se forma el cordoncillo en el canto de las monedas.

ACORDONAMIENTO. m. Acción y efecto de acordonar.

ACORDONAR. tr. Ceñir o sujetar con un cordón. || **2.** Formar el cordoncillo en el canto de las monedas. || **3.** fig. Rodear de gente algún sitio para incomunicarlo y especialmente para salvarlo del contagio durante una epidemia. Ú.t.c.r. || **4.** CUBA. Preparar para la siembra un terreno. || P. acordoar; **I.** to lace; **F.** cordonner; **A.** (ein)schnüren; **It.** allacciare; **R.** шнуровать, оцеплять.

* ACOREA. f. MED. Falta de pupila.

ACORES. (l. *achóres*, y éste del gr. ἀχώρ.) m. pl. MED. Erupción parecida a la tiña mucosa, que suelen padecer los niños en la cabeza y la cara. || **2.** VET. Ulceración producida en la piel de los potros, debida a los pastos, a consecuencia de la cual se produce la caída del pelo.

* ACORETINA. f. QUÍM. Cuerpo gomoso derivado de la acorina.

* ACORINA. f. QUÍM. Glucósido amargo que se obtiene del rizoma del ácoro aromático y se usa en perfumería. || **I.** y **F.** acorine; **A.** Akorin; **It.** acorina.

* ACORIÓN. m. BOT. Hongo semejante al oidio, que vive parásito en el cuero cabelludo ocasionando la tiña favosa. También se desarrolla sobre la piel de los animales domésticos.

* ACORISTOS. m. pl. PAT. Señales que denotan la situación de un organismo en estado normal o anormal.

ACORNADO, DA. p.p. de acornar. || **2.** adj. BLAS. Dícese del animal que lleva cuernos de otro esmalte que lo restante del cuerpo. || **I.** horned; **F.** accorné; **A.** gehörnt; **It.** cornato; **R.** рогатый.

ACORNAR. tr. Acornear.

ACORNEADOR, RA. adj. Que acornea.

ACORNEAR. tr. Dar cornadas. || **P.** cornear; **I.** to butt; **F.** corner; **A.** mit den Hörnern stossen; **It.** corneggiare; **R.** ранить рогами.

ÁCORO. (l. *acóros*, y éste del gr. ἄχορος.) m. BOT. Planta de la familia de las aráceas. || **2.** FARM. Medicamento estomacal, amargo y de propiedades estimulantes. || **—bastardo, palustre** o **falso.** Planta de las iridáceas, herbácea, con hojas ensiformes y flores amarillas, acuática, parecida al lirio. || **P.** ácoro; **I.** sweet-flag; **F.** acorus; **A.** Kalmus; **It.** acoro; **R.** кувшинка.

ACORRALAMIENTO. m. Acción y efecto de acorralar o acorralarse.

ACORRALAR. tr. Encerrar o meter el ganado en el corral. Ú.t.c.r. || **2.** fig. Encerrar a uno dentro de estrechos límites, impidiéndole que pueda escapar. || **3.** fig. Dejar a uno confundido y sin tener que responder. || **4.** fig. Intimidar, acobardar. || **5.** r. GERM. Refugiarse, huyendo de la justicia. || **P.** encurralar; **I.** to yard; cattle; **F.** enfermer le bétail; **A.** einpferchen (Vieh); **It.** ammandriare; **R.** загонять.

ACORREDOR, RA. adj. Socorredor, que socorre. Ú.t.c.s.

ACORRER. (l. *accúrrere*, acudir.) tr. Acudir corriendo. || **2.** Socorrer a uno. || **3.** Atender, subvenir o acudir a una necesidad. || **4.** r. Refugiarse, acogerse. || **P.** acorrer; **I.** to hasten; **F.** accourir; **A.** herbeieilen; **It.** accorrere; **R.** помогать, пособлять.

ACORRIMIENTO. (De *acorrer*.) m. ant. Socorro, recurso, amparo, asilo.

ACORRO. (De *acorrer*.) m. Socorro, acción de socorrer.

ACORRUCARSE. r. Acurrucarse.

ACORTADIZO. (De *acortar*.) m. ant. AR. Recorte de tela, piel, etc. Suele usarse en plural.

ACORTAMIENTO. m. Acción y efecto de acortar o acortarse. || **2.** ASTRON. Diferencia entre la distancia real de un planeta al Sol o a la Tierra, y la misma distancia proyectada sobre el plano de la eclíptica. || **P.** encurtamento; **I.** shortening; **F.** accourcissement; **A.** Schmälerung, Abkürzung; **It.** accorciamento; **R.** сокращение, укорачивание.

ACORTAR. (De *a* y *cortar*.) tr. Disminuir la longitud, duración o cantidad de alguna cosa. Ú.t.c.intr. y c.r. || **2.** r. fig. Quedarse corto en pedir, hablar o responder. || **3.** EQUIT. Encogerse el caballo. || **P.** encurtar; **I.** to shorten; **F.** raccourcir; **A.** verkürzen; **It.** accorciare; **R.** сокращать, уменьшать.

* ACORTEJARSE. r. vulg. P. RICO. Amancebarse.

ACORULLAR. (De *a* y *corulla*.) tr. MAR. Meter los remos sin desarmarlos de modo que los guiones queden bajo crujía.

ACORVAR. tr. Encorvar.

ACORZAR. (l. *accúrtiãre*, de *cúrtãre*, cortar.) tr. AR. Acortar. || **2.** AR. Quitar a los niños la mantilla para vestirlos de corto.

ACOSADAMENTE. adv. Con acosamiento.

ACOSADOR, RA. adj. Que acosa. Ú.t.c.s.

ACOSAMIENTO. m. Acción y efecto de acosar.

ACOSAR. (l. *accúrsãre*, de *cúrsãre*, correr.) tr. Perseguir, sin darle tregua ni reposo, a un animal o a una persona. || **2.** Hacer correr al caballo. || **3.** fig. Perseguir, fatigar, importunar a alguno con molestias y trabajos. || **4.** TAUROM. Meterse un jinete en medio de una torada, persiguiendo e incitando a una res hasta cansarla. || **P.** accossar; **I.** to beset; **F.** acculer; **A.** hetzen (Tiere), in Verlegenheit setzen; **It.** incalzare; **R.** преследовать.

ACOSIJAR. tr. MÉJ. Acosar, apretar.

* ACOSMIA. (gr. ἀ, priv., y κόσμος, buen orden.) f. PAT. Irregularidad o desorden que se observa en el curso de una enfermedad; desorden menstrual.

* ACOSMIO. m. BOT. Planta leguminosa. || **2.** Género de coleópteros de África.

ACOSMISMO. (gr. ἀ, priv., y κόσμος, mundo.) m. Tesis filosófica que niega la existencia del mundo sensible, o sólo la admite de un modo hipotético. || P. e It. acosmismo; **I.** acosmism; **F.** acosmisme; **A.** Akosmismus; **R.** акосмизм.

* ACOSMO. m. ZOOL. Especie de araña, propia del África austral.

ACOSO. m. Acosamiento.

* ACOSTA. m. BOT. Nombre genérico de varias plantas. || **2.** f. CUBA. Tejido de algodón o lino llamado más corrientemente *coleta*.

ACOSTADA. (De *acostarse*.) f. Dormida durante la noche.

ACOSTADO, DA. p.p. de acostar. || **2.** BLAS. Dícese de la pieza puesta al lado de otra pieza. || **3.** BLAS. Dícese de la pieza alargada que, en vez de su posición propia que es la vertical, se halla colocada horizontalmente. || **P.** deitado; **I.** streched; **F.** accosté; **A.** nebenstehend; **It.** accostato; **R.** лежащий.

ACOSTADO, DA. (De *a* y *costa*.) adj. ant. Con acostamiento o estipendio.

ACOSTAMIENTO. (De *a* y *costa*.) m. Estipendio, paga o remuneración. || **2.** Acción de acostar o acostarse. || **P.** acostamento; **I.** wages; **F.** salaire, gages; **A.** Niederlegen, Gönnerschaft; **It.** stipendio; **R.** пенсия, стипендия.

ACOSTAR. (De *a* y *costa*.) tr. Echar o tender a alguno para que duerma y descanse, y con especialidad en la cama. Ú.m.c.r. || **2.** Arrimar o acercar. Ú.t.c.r. || **3.** MAR. Arrimar el costado de una embarcación a alguna parte. Ú.t.c.r. || **4.** intr. Ladearse, inclinarse hacia un lado o costado. Dícese principalmente de los edi-

ficios. Ú.t.c.r. || **5.** Hablando de la balanza, pararse en posición que el fiel no coincida con el punto o señal de equilibrio. || **6.** Llegar a la costa. || **7.** r. fig. Adherirse, inclinarse. Ú.t.c.intr. || **P.** deitar; **I.** to couch; **F.** coucher; **A.** betten; **It.** coricare; **R.** укладывать, уложить.

* ACOSTILLAR. (De *a* y *costilla*.) tr. GUAT. Arrimar una caballería de costado a alguna parte. || **2.** r. CHILE. Caerse de costado o costillas la cabalgadura. || **3.** r. REP. DOMIN. Arrimarse a alguien para vivir a su costa.

ACOSTUMBRADAMENTE. adv. Según costumbre.

* ACOSTUMBRADO, DA. p.p. de acostumbrar. || **2.** adj. Habitual, usual, probado, corriente. || **P.** acostumado; **I.** accustomed; **F.** habitué; **A.** gewöhnt; **It.** accostumato; **R.** привыкающий.

ACOSTUMBRAR. tr. Hacer, adquirir costumbre de alguna cosa. Ú.t.c.r. || **2.** intr. Tener costumbre de alguna cosa, persistir. || **P.** acostumar; **I.** to accustom; **F.** habituer; **A.** gewöhnen; **It.** accostumare; **R.** приучать, привыкать.

ACOTACIÓN. f. Acotamiento. || **2.** Señal o apuntamiento que se pone en la margen de algún escrito o impreso. || **3.** Cada una de las notas que se ponen en la obra teatral, advirtiendo o explicando todo lo relativo a la acción o movimiento de las personas y al servicio de la escena. || **4.** TOP. Cota que indica la altura de un punto en los planos topográficos. || 2.ª acep.: **P.** anotação; **I.** annotation; **F.** émargement; **A.** Randnote; **It.** annotazione; **R.** примечание, заметка.

ACOTADA. (De *acotar*, amojonar, poner cotos.) f. Terreno cercado, reservado para semillero.

ACOTAMIENTO. m. Acción y efecto de acotar o amojonar. || **P.** demarcação; **I.** limit; **F.** bornage; **A.** Abgrenzung; **It.** limitazione; **R.** размежевание, установка межевых столбов.

ACOTAR. (De *a* y *coto*.) tr. Reservar el uso y aprovechamiento de un terreno, manifestándolo por medio de cotos puestos en sus lindes o de otra manera legal. || **2.** Reservar, prohibir o limitar de otro modo. || **3.** Elegir, tomar por suyo. || **4.** Atestiguar, asegurar en la fe de un tercero o de un escrito o libro. || **5.** r. Ponerse en salvo o en lugar seguro, metiéndose dentro de los cotos de otra jurisdicción. || **6.** fig. Ampararse o apoyarse en una razón o condición.

ACOTAR. tr. Poner cotas, anotaciones en un escrito o impreso. || **2.** TOP. Poner números o cotas en un plano topográfico para indicar las alturas del terreno sobre el nivel del mar o sobre un plano de nivel.

ACOTAR. tr. Podar, cortar a un árbol todas las ramas por la parte alta.

* ACOTE. m. AGR. Estercoladura de un terreno recién sembrado.

* ACOTE. (Voz peruana.) m. BOT. Arbusto bixáceo. De su fruto se extrae una sustancia roja que emplean los indios para teñir sus vestidos y defender la piel de la picadura de los insectos. Se llama también achiote.

ACOTILEDÓN. (gr. ἀ, priv. y κοτυληδών, cavidad, cotiledón.) adj. BOT. Acotiledóneo. Ú.t.c.s.m.

ACOTILEDÓNEO, A. (De *acotiledón*.) adj. BOT. Dícese de la planta cuyo embrión carece de cotiledones. Ú.t.c.s.f. || **2.** f. pl. Grupo de la antigua clasificación botánica, que comprendía todas las plantas criptógamas, 2.ª acep.

* ACOTILÓFORO, RA. (gr. ἀ, priv., κοτύλη, cavidad y φέρω, llevar.) adj. ZOOL. Dícese de los animales sin ventosas o cavidades análogas.

ACOTILLO. (De *a* y *cotillo*.) m. Martillo grueso que usan los herreros y batidores de metales. || **P.** malho; **I.** sledge hammer; **F.** marteau de forgeron; **A.** Schmiedehammer; **It.** martellone; **R.** большой кузнечный молот.

ACOTOLAR. tr. AR. Aniquilar, acabar con alguna cosa, especialmente con los animales o frutos de la tierra.

ACOYUNDAR. tr. Uncir o poner la coyunda a los bueyes. || **P.** jungir os bois; **I.** to yoke; **F.** accoupler; **A.** anjochen;

It. aggiogare; R. запрягать, надевать ярмо.

ACOYUNTAR. (l. *ad*, a, y *coniunctus*, unido.) tr. Reunir dos labradores caballerías que tienen de non, para formar yuntas y labrar a medias o por cuenta de entrambos.

ACOYUNTERO. m. Cada uno de los labradores que acoyuntan.

* **ACRA.** f. Acre, 1.er art.

ACRACIA. (gr. ἀκράτεια.) f. Doctrina de los ácratas.

* **ACRANFIBRIADOS.** (gr. ἄκρος, extremo, ἀμφί, alrededor, y βρίω, brotar.) adj. pl. Bot. Dícese de los vegetales que experimentan a la vez crecimiento terminal y periférico.

* **ACRANTA.** m. Zool. Género de saurios lacértidos de América.

* **ACRANTAS.** f. pl. Bot. Grupo de plantas orquídeas.

* **ACRAS.** m. Bot. Planta sapotácea arbórea de América Central y las Antillas, llamada también zapote. || **2.** Peral silvestre.

* **ACRASIA.** (gr. ἀ-κρασία, intemperancia.) f. Med. Cualquier aberración orgánica. || **2.** Intemperancia, falta de régimen.

* **ACRÁSPEDO, DA.** adj. Zool. Dícese de los animales medusarios que carecen de velo. || **2.** m. pl. Grupo de celenterios escifozoarios en que se observa esta carencia.

ÁCRATA. (gr. ἀ, priv., y κράτος, autoridad.) adj. Partidario de la supresión de toda autoridad. Ú.t.c.s.

* **ACRÁTERO.** m. Bot. Planta herbácea de las gramíneas.

ACRÁTICO, CA. adj. Perteneciente o relativo a la acracia.

* **ACRATÓFILO, LA.** (gr. ἄ-κρατος, vino puro, y φίλος, amigo.) Dícese de la persona aficionada al vino puro.

* **ACRATÓFORO.** (gr. ἄ-κρατος, no mezclado, y φέρω, llevar.) m. Arqueol. Vaso griego que contenía el vino puro. || **2.** adj. Epíteto aplicado a Dioniso o Baco.

* **ACRATÓPOTO.** (gr. ἄ-κρατος, vino puro, y πότος, bebida.) Acratófilo.

* **ACRATURESIS.** (gr. ἀκρατες, débil, y ούρεσις, micción.) f. Med. Dificultad de la función urinaria por atonía de la vejiga.

ACRE. (ingl. *acre*.) m. Medida inglesa de superficie equivalente a 40 áreas y 47 centiáreas. Es medida en uso en Gran Bretaña, Irlanda y Estados Unidos.

ACRE. (l. *acer*, *acris*.) adj. Áspero y picante al gusto o al olfato. || **2.** fig. Áspero y desabrido en el genio o en las palabras. || **3.** Med. Aplícase al calor febril acompañado de una sensación como de picor. || **4.** Med. En la medicina humoral, decíase de ciertos principios a los que se atribuía acción irritante, y de los humores viciados por estos principios. || P. acre; I. acrid; F. e It. acre; A. scharf, ätzend; R. едкий. || **2.**a acep.: P. acre; I. tart; F. acariâtre; A. bitter; I. muggioso; R. острый, едкий.

* **ACREA.** f. Zool. Género de insectos lepidópteros diurnos, de los acreidos, de los trópicos.

ACREBITE. m. ant. Alcrebite, azufre.

ACRECENCIA. f. Acrecentamiento. || **2.** Derecho de acrecer. || **3.** For. Bienes adquiridos por tal derecho. || P. acrescentamento; I. accrescence; F. accroissement; A. Zuwachs; It. accrescimento; R. право на дополнительную долю наследства.

* **ACRECENTADO, DA.** p.p. de acrecentar. || **2.** adj. Agr. Dícese de los renuevos que brotan de la porción enterrada de los tallos.

ACRECENTADOR, RA. adj. Que acrecienta.

ACRECENTAMIENTO. m. Acción y efecto de acrecentar. || P. acrescentamento; I. increase; F. accroissement; A. Zunahme; It. accrescimento; R. увеличение.

ACRECENTANTE. p.a. de acrecentar. Que acrecienta.

ACRECENTAR. (De *a* y *crecentar*.) tr. Aumentar. Ú.t.c.r. || **2.** Mejorar, enriquecer, enaltecer. || P. acrescentar; I. to increase; F. augmenter; A. vergrössern; It. accrescere; R. увеличивать.

ACRECER. (l. *accrescĕre*.) tr. Hacer

mayor, aumentar. Ú.t.c.intr. y c.r. || **2.** Derecho de acrecer, adquirir la parte de herencia que otros coherederos renuncian o no pueden adquirir. || **3.** intr. For. Percibir un partícipe el aumento que le corresponde cuando otro partícipe pierde su cuota o renuncia a ella. Ú.t.c.r.

ACRECIMIENTO. m. Acción y efecto de acrecer. || **2.** Acrecencia, derecho de acrecer. || P. acrescentamento; I. increasing; F. accroissement; A. Zuwachs; It. accrescimento; R. увеличивание.

* **ACRECIÓN.** f. Miner. Crecimiento por yuxtaposición.

ACREDITADO, DA. p.p. de acreditar. || **2.** adj. De crédito o reputación. || **3.** Dícese del agente diplomático que ha obtenido autorización para ejercer su cargo. || P. acreditado; I. accredited; F. accredité; A. angesehen; It. accreditato; R. пользующийся доверием.

ACREDITAR. tr. Hacer digna de crédito alguna cosa, probar su certeza o realidad. Ú.t.c.r. || **2.** Afamar, dar crédito o reputación. Ú.t.c.r. || **3.** Dar la seguridad de que alguna persona o cosa es lo que representa o parece. || **4.** Dar testimonio en documento fehaciente de que una persona lleva facultades para desempeñar comisión o encargo diplomático, comercial, etc. || **5.** Com. Abonar una partida en el libro de cuentas. || **6.** r. Lograr fama o reputación. || **7.** Colom. Fiar y también obtener algo al fiado. || P. acreditar; I. to accredit; F. accréditer; A. beglaubigen; It. accreditare; R. поднимать доверие, удостоверять.

ACREDITATIVO, VA. adj. Que acredita.

* **ACRÉDULA.** f. Zool. Género de pájaros conirrostros, de los páridos.

ACREEDOR, RA. (De *acreer*.) adj. Que tiene acción o derecho a pedir el cumplimiento de alguna obligación. Ú.m.c.s. || **2.** Que tiene mérito para obtener alguna cosa. || **3.** Aplícase al saldo o cantidad que en una cuenta han de ser anotados en el haber. || P. credor; I. creditor; F. créancier; A. Gläubiger; It. creditore; R. кредитор.

* **ACREENCIA.** (De *acreer*.) f. Amér. Saldo o crédito a favor de un acreedor.

ACREER. (l. *ad*, a, y *credĕre*, prestar.) intr. ant. Dar prestado sobre prenda o sin ella.

* **ACREMATITA.** f. Mineral. Arseniomolibdito natural que contiene plomo y alguna cantidad de cloro.

ACREMENTE. adv. Ásperamente, agriamente.

ACRESCENTE. (l. *accrescĕre*, aumentar.) adj. Bot. Dícese del cáliz o de la corola que sigue creciendo después de fecundada la flor.

ACRIANZADO, DA. p.p. de acrianzar. || **2.** adj. Criado o educado.

ACRIANZAR. (De *a* y *crianza*.) tr. Criar o educar.

ACRIBADOR, RA. adj. Que acriba. Apl. a pers. ú.t.c.s.

ACRIBADURA. f. Acción y efecto de cribar. || **2.** Ahechaduras. || P. crivação; I. sifting; F. criblage; A. Siebrückstand; It. vagliatura; R. просеивать.

ACRIBAR. tr. Cribar. || **2.** Acribillar. Ú.t.c.r.

* **ACRIBIA.** (gr. ἀκρίβεια, diligencia, exactitud.) f. Solicitud, precisión. || **2.** Arq. Exacta delineación de los contornos con el compás.

ACRIBILLAR. (l. *ad*, a, y *cribellum*, cribillo.) tr. Abrir muchos agujeros en alguna cosa. || **2.** Hacer muchas heridas o picaduras a una persona o a un animal. || **3.** fig. y fam. Molestar mucho y con frecuencia. || P. crivar; I. to sift; F. cribler; A. durchlöchern; It. crivellare; R. изрешетить.

* **ACRIBÓMETRO.** (gr. ἀκριβής, exacto, y μέτρον, medida.) m. Fís. Instrumento usado para medir con precisión objetos muy pequeños. || P. acribómetro; I. acribometer; F. acribomètre; A. Akribometer; R. аппарат мера.

* **ACRIDIDEOS.** m. pl. Zool. Familia de insectos ortópteros, a la que pertenecen la langosta, el saltamontes, y otros.

ACRÍDIDO. (gr. ἀκρίς, -ίδος, saltamontes.) adj. Zool. Dícese del insecto or-

tóptero saltador, con antenas cortas y sólo tres artejos en los tarsos, como los saltamontes. Ú.t.c.s. || **2.** m. pl. Zool. Familia de estos insectos.

* **ACRIDÍNICO (ÁCIDO).** m. Quím. Ácido que resulta de la oxidación de la acridina por el permanganato potásico.

* **ACRIDOGENOSIS.** (gr. ἀκρίς, -ίδος, langosta, y γεννάω, producir.) f. Bot. Enfermedad causada a las plantas por la langosta.

ACRIMINACIÓN. f. Acción de acriminar.

ACRIMINADOR, RA. adj. Que acrimina. Ú.t.c.s.

ACRIMINAR. (l. *ad*, a, y *crimināri*, acusar.) tr. Acusar de algún crimen o delito. || **2.** Imputar culpa o falta grave. || **3.** Presentar como más grave un delito o culpa. || **4.** r. Chile. Cometer un delito grave, desgraciarse. || P. criminar; I. to incriminate; F. incriminer; A. bezichtigen; It. incriminare; R. обвинять.

ACRIMONIA. (l. *acrimonia*.) f. Aspereza de las cosas, especialmente al gusto o al olfato. || **2.** Condición de los humores acres. || **3.** Agudeza del dolor. || **4.** Aspereza en el trato o carácter. || P. acrimónia; I. acrimony; F. acrimonie; A. Bitterkeit; It. acrimonia; R. едкость, жёлчность.

* **ACRINIA.** (gr. ἀ, priv., y κρίνω, separar.) f. Med. Disminución o pérdida de la función secretora de una glándula.

* **ACRINILO.** m. Quím. Cuerpo que constituye el principio vesicante de la mostaza blanca.

ACRIOLLADO, DA. p.p. de acriollarse. || **2.** adj. Propio del criollo. || **3.** Amér. Aplícase al forastero que ha adoptado los hábitos y costumbres del país. Ú.t.c.s.

ACRIOLLARSE. (De *a* y *criollo*.) r. Amér. Merid. Contraer un extranjero los usos y costumbres de la gente del país.

* **ACRIS.** m. Zool. Especie de batracio, una de las ranas más pequeñas que se conocen. Es común en América.

ACRISOLADAMENTE. adv. De manera acrisolada.

ACRISOLADOR, RA. adj. Que acrisola.

ACRISOLAR. tr. Depurar, purificar en el crisol, por medio del fuego, el oro u otros metales. || **2.** fig. Purificar. || **3.** fig. Aclarar o apurar una cosa por medio de testimonios o pruebas, como la verdad, la virtud, etc. Ú.t.c.r. || P. acrisolar; I. to refine; F. affiner; A. läutern; It. affinare; R. очищать металлы в тигле.

ACRISTIANADO, DA. adj. ant. Decíase de quien se ocupaba en obras propias de cristiano.

ACRISTIANAR. tr. fam. Hacer cristiano. || **2.** fam. Bautizar. || **3.** Chile. Conformar una cosa con el rito cristiano.

ACRITUD. (l. *acritūdo*.) f. Acrimonia. || **2.** Enol. Enfermedad que ataca especialmente a los vinos tintos.

ACROAMÁTICO, CA. (l. *acroamaticus*, y éste del gr. ἀκροαματικός.) adj. Aplícase al modo de enseñar por medio de narraciones, explicaciones o discursos, y también a las enseñanzas que así se dan. || P. acroamático; I. acroamatic; F. acroamatique; A. akroamatisch; It. acroamatico; R. акроаматик.

* **ACROARTRITIS.** (gr. ἄκρον, extremidad, y *artritis*.) f. Med. Artritis que afecta a las extremidades.

* **ACROAS.** m. pl. Etnog. Indios brasileños que vivían en el estado de Goyaz y acabaron por incorporarse a otras tribus.

* **ACROÁTICO, CA.** adj. Que se puede oir.

ACROBACIA. f. Acrobatismo. || **2.** Cualquiera de las evoluciones espectaculares que efectúa un aviador en el aire.

ACRÓBATA. (gr. ἀκρόβατος, el que anda sobre las puntas de los pies.) com. Persona que da saltos, hace habilidades sobre el trapecio, la cuerda floja, y ejecuta cualesquiera otros ejercicios gimnásticos en los espectáculos públicos. || **2.** Zool. Pájaro túrdido, dentirrostro, que habita en Egipto. || **3.** Zool. Género de mamíferos marsupiales falangístidos, propios de algunas islas de Oceanía, pequeños, ágiles y muy saltadores. || P. e It. acrobata; I. acrobat; F. acrobate; A. Akrobat; R. акробат.

A

ACROBÁTICO, CA. (gr. ἀκροβατος.) adj. Apto para facilitar que una persona suba a lo alto. || **2.** Concerniente al acróbata. || **P.** acrobático; **I.** acrobatic; **F.** acrobatique; **A.** akrobatisch; **It.** acrobatico; **R.** акробатический.

ACROBATISMO. m. Profesión y ejercicio del acróbata.

* **ACROCÉFALO, LA.** adj. MED. Que tiene el cráneo puntiagudo. Ú.t.c.s. || **2.** m. BOT. Género de plantas labiadas. || **3.** ZOOL. Género de pájaros dentirrostros, sílvidos, llamados vulgarmente hortelanos.

* **ACROCIANOSIS.** f. MED. Cianosis de las extremidades, caracterizada por un aspecto lívido o azulado que adquieren las extremidades de los dedos, los labios, la nariz o los pabellones auriculares, generalmente por falta de oxigenación de la sangre. || **I.** acrocyanosy; **F.** acrocyanose; **A.** Akrozyanose; **It.** acrocianosi; **R.** синюха, цианоз.

* **ACROCÓRDIDO, DA.** adj. Dícese de ciertos reptiles ofidios culebriformes.

* **ACRODINIA.** f. MED. Dolor de las extremidades que es casi siempre epidémica y ataca principalmente a los niños. || **I.** acrodynia; **It.** acrodinia; **R.** акродиния.

* **ACRODRIÓN.** m. BOT. Género de plantas rubiáceas.

ACROE. m. Acroy.

ACROFOBIA. (gr. ἄκρα, punta, cima; y φόβος, miedo.) f. Horror a las alturas, vértigo de las alturas. || **I.** acrophobia; **F.** acrophobie; **It.** acrofobia; **R.** акрофобия.

* **ACROGRAFÍA.** (gr. ἄκρος, extremo, y γράφω, escribir.) f. ART. y OF. Arte de grabar en relieve dibujos o caracteres por medio de ácidos, generalmente para su reproducción.

* **ACROMACIA.** (gr. ἀ, priv., y χρῶμα, color.) f. MED. Confusión de los colores. || **2.** Palidez.

ACROMADO, DA. adj. Dícese de lo que se asemeja a un cromo, y especialmente de las obras pictóricas. Tómase por lo común a mala parte.

* **ACROMANÍA.** (gr. ἄκρος, extremo, exceso, y μανία, locura.) f. MED. Locura violenta.

* **ACROMASIA.** f. MED. Decoloración del cuerpo.

* **ACROMASTITIS.** (gr. ἄκρος, extremo, y μαστός, mama.) f. MED. Inflamación del pezón.

ACROMÁTICO, CA. (gr. ἀχρώματος, sin color.) adj. ÓPT. Dícese del cristal o del instrumento óptico que presenta las imágenes sin los visos y colores del arco iris. || **P.** acromático; **I.** achromatic; **F.** achromatique; **A.** achromatisch; **It.** acromatico; **R.** ахроматический, бесцветный.

ACROMATISMO. m. ÓPT. Calidad de acromático. || **P.** e **It.** acromatismo; **I.** achromatism; **F.** achromatisme; **A.** Achromatismus; **R.** ахроматизм.

* **ACROMATIZACIÓN.** f. Acción y efecto de acromatizar. || **I.** achromatization; **F.** achromatisation; **A.** Farblosmachung; **It.** achromatizzazione; **R.** обесцвечивание.

ACROMATIZAR. tr. Corregir total o parcialmente el acromatismo al fabricar prismas o lentes.

* **ACROMATÓFILO, LA.** adj. Que no se tiñe fácilmente por los pigmentos.

ACROMATOPSIA. (gr. ἀ, priv.; χρῶμα, color, y ὄψις, vista.) f. MED. Dificultad de percibir ciertos colores, confundiéndolos con otros, llámase también daltonismo. || **P.** e **It.** acromatopsia; **I.** achromatopsia; **F.** achromatopsie; **A.** Farbenblindheit; **R.** дальтонизм.

* **ACROMATOSIS.** f. Decoloración parcial de la piel.

* **ACROMATURIA.** (De acromia y gr. οὖρον, orina.) f. MED. Ausencia de color en la orina.

ACROMEGALIA. (gr. ἄκρα, punta, y μέγας, μεγάλ, grande.) f. Enfermedad crónica debida a lesión de la glándula pituitaria, caracterizada por un desarrollo extraordinario de las extremidades. || **P.** acromegalia; **I.** acromegaly; **F.** acromégalie; **A.** Akromegalie; **It.** acromegallia; **R.** акромегалия.

* **ACROMELALGIA.** f. PAT. Dolor en los dedos de los pies y de las manos, acompañado de cefalalgia y vómitos.

* **ACROMETAGÉNESIS.** f. MED. Deformidad que se produce simétricamente en las extremidades por afección de la glándula pituitaria.

* **ACROMÍA.** f. MED. Decoloramiento de la piel.

ACROMIAL. adj. ZOOL. Perteneciente o relativo al acromión.

ACROMIANO, NA. adj. ZOOL. Acromial.

* **ACRÓMICO, CA.** adj. Dícese de los cuerpos carentes de color. || **I.** acromical; **F.** acromique; **It.** acromico.

ACROMIO. m. ZOOL. Acromión.

* **ACROMIÓN.** (gr. ἀχρώμιον, de ἄκρος extremidad, y ὦμος, espalda.) m. ZOOL. Apófisis del omoplato, con la que se articula la extremidad externa de la clavícula.

* **ACROMOTRIQUIA.** (gr. ἀ, priv., χρῶμα, color, y θρίξ, τριχός, cabello.) f. MED. Ausencia de pigmentación en el pelo.

ACRÓNICO, CA. (gr. ἀχρόνυχος: de ἄκρος, extremidad, y νύξ, noche). adj. ASTRON. Se dice del astro que nace al ponerse el Sol, o se pone cuando éste sale. || **2.** Dícese del orto u ocaso del mismo astro. || **P.** acrónico; **I.** acronycal; **F.** acronique; **A.** achronisch (Gestirn); **It.** acronico.

* **ACRONIZOICO.** adj. FARM. Dícese del medicamento que se echa a perder al poco de prepararse. || **I.** achronizoical; **F.** acronizoïque; **A.** verderbbar; **It.** acronizoico.

* **ACRONO, NA.** adj. Que es eterno, que no está sometido a las leyes del tiempo. || **2.** Que no tiene duración, que sólo dura un instante. || **3.** BOT. Calificativo que se da a todos los ovarios que no se ensanchan por su base.

* **ACROPATÍA.** (gr. ἄκρος, extremo, y πάθος, enfermedad.) f. MED. Enfermedad que afecta a cualquiera de las extremidades.

* **ACROPODIO.** (gr. ἄκρος, extremidad, y πούς, ποδός, pie.) m. ARQ. Plinto de una estatua o pedestal elevado que descansa sobre pies o garras. || **2.** BOT. Género de plantas leguminosas. || **3.** Acrópodo.

* **ACRÓPODO.** m. ANAT. Extremo del queridio en los animales vertebrados. Ú.t.c.adj. || **2.** m. ZOOL. Parte superior del pie de las aves.

ACRÓPOLIS. (gr. ἀκρόπολις; de ἄκρος, alto, y πόλις, ciudad.) f. El sitio más alto y fortificado de las ciudades griegas. || **P.** acrópole; **I.** acropolis; **F.** acropole; **A.** Akropolis; **It.** acròpoli; **R.** акрополь.

* **ACROPOSTIA.** f. ANAT. Piel que recubre el prepucio.

* **ACROPOSTITIS.** f. MED. Inflamación del prepucio.

* **ACROQUENA.** f. BOT. Planta orquídea.

* **ACROQUITES.** m. BOT. Género de algas quetoforáceas. || **2.** ZOOL. Género de insectos dípteros, de los múscidos, propios del Brasil.

* **ACROSARCO.** m. BOT. Fruto carnoso, esférico y soldado con el cáliz, como la grosella.

* **ACROSOFÍA.** f. TEOL. Sabiduría que pertenece exclusivamente a Dios. || **P.** acrosophia; **I.** acrosophy; **F.** acrosophie; **A.** Gottwissenschaft; **It.** acrosofía.

ACRÓSTICO, CA. (gr. ἀχροστίχιον; de ἄκρος, extremidad, y στίχος, verso.) adj. Aplícase a la composición poética cuyas letras iniciales, medias o finales de los versos, forman un vocablo o una frase. Ú.t.c.s. m. || **P.** acróstico; **I.** acrostic; **F.** acrosti-che; **A.** Namengedicht; **It.** acrostico; **R.** акростих.

ACROSTOLIO. (gr. ἀκροστόλιον; de ἄκρος, extremidad, y στόλος, parte saliente de la proa de un barco.) m. MAR. Espolón de las naves antiguas. || **2.** Adorno de ellas. || **P.** acrostolio; **I.** acrostolion; **F.** acrostole; **A.** Schnabel der alten Schiffe; **It.** acrostolio; **R.** тарап.

* **ACROTARSO.** m. ZOOL. Parte inferior del pie de las aves.

ACROTERA. (l. acroteria, y éste del gr. ἀκρωτήριον; de ἄκρος, extremidad.) f. ARQ. Cualquiera de los pedestales que sirven de remate en los frontones, sobre los cuales suelen colocarse estatuas u otros adornos. || **2.** Cualquiera de los remates adornados de los ángulos de los frontones, y por ext. la cruz que remata en muchas iglesias el piñón o la bóveda del crucero. || **P.** acrotéria; **I.** acroterium; **F.** acrotère; **A.** Giebelzinne, Stirnziegel **It.** acroterto; **R.** подножие, пьедестал.

ACROTERA. f. Acrotera.

* **ACROTERIASMA.** f. MED. Amputación de un miembro.

ACROTERIO. (gr. ἀκρωτήριον.) m. ARQ. Pretil que se hace sobre los cornisamentos para ocultar la altura del tejado y que suele decorarse con pedestales.

* **ACROTERIOSIS.** f. MED. Amputación de una extremidad. || **2.** Falta congénita de una extremidad. || **3.** Gangrena senil que afecta a las partes extremas de un miembro.

* **ACROTRÍQUIDO, DA.** adj. BOT. Dícese del órgano provisto de pelos en sus extremidades.

ACROY. m. Gentilhombre de la casa de Borgoña, que acompañaba al soberano en ciertos actos públicos y le seguía a la guerra.

ACTA. (l. acta, pl. de actum, acto.) f. Relación escrita de lo tratado, sucedido o acordado en una junta. || **2.** Certificación en la que consta el resultado de la elección de una persona para ciertos cargos públicos o privados. || **3.** pl. Relación, historia coetánea de la vida y hechos de un mártir. || **—notarial.** Relación fehaciente de algún hecho, extendida por un notario. || Levantar ACTA. fr. Extenderla. || Tomar ACTA. fr. CHILE. Tomar nota, hacer constar. || **P.** acta; **I.** act; **F.** acte; **A.** Protokoll, Akt; **It.** atto; **R.** акт, протокол.

ACTEA. (l. actæa.) f. BOT. Yezgo.

* **ACTEOGRAFÍA.** f. Actografía.

* **ACTINAUXISMA.** (gr. ἀκτίς, -ῖνος, rayo de luz, y αὔξη, crecimiento.) m. BOT. Acción de los rayos solares en el crecimiento de los vegetales.

* **ACTINÉNQUIMO, MA.** adj. BOT. Dícese del tejido celular de las plantas que presenta forma radiada.

ACTINIA. (gr. ἀκτίς, -ῖνος, radio.) f. ZOOL. Anémone de mar, del grupo de los celentéreos, familia de los actinios, de vida sedentaria. || **P.** e **I.** actinia; **F.** actinie; **A.** Seenessel; **It.** attinia; **R.** актиния.

ACTÍNICO, CA. adj. Perteneciente o relativo al actinismo. || **2.** adj. Fís. V. Rayos ACTÍNICOS.

ACTINIO. (gr. ἀκτις, -ῖνος, rayo luminoso.) m. Cuerpo radiactivo hallado en algún compuesto de uranio. || **2.** Fís. Dícese de los rayos que emanan de los cuerpos incandescentes, y por los cuales ejerce la luz una acción química sobre determinadas substancias. || **I.** y **F.** actinium; **A.** Aktinium; **It.** attinio; **R.** луч.

ACTINISMO. (De actinio.) m. Acción química de las radiaciones luminosas.

* **ACTINO.** m. Fís. Unidad de calor equivalente a la cantidad del mismo necesaria para derretir en un minuto una lámina de hielo de una millonésima de metro de espesor a cero grados. || **2.** ZOOL. Género de insectos dípteros de la familia de los xilofágidos.

* **ACTINOCUTITIS.** f. PAT. Actinodermatitis.

* **ACTINODERMATITIS.** f. PAT. Inflamación de la piel producida por la exposición prolongada a los rayos actínicos.

* **ACTINOFONÍA.** f. Fís. Producción de sonidos por la acción química de algunas radiaciones sobre una substancia que las absorba.

* **ACTINOGRAFÍA.** f. Fís. Fotografía obtenida con ayuda de los rayos X. || **2.** Técnica de obtención de esta clase de fotografías.

ACTINÓGRAFO. (gr. ἀκτίς, ῖνος, rayo de luz, y γράφω, escribir.) m. Actinómetro registrador.

* **ACTINOGRAMA.** m. Fís. Registro obtenido con el actinógrafo. || **2.** MED. Radiografía.

* **ACTINOLOGÍA.** f. Fís. y QUÍM. Ciencia de la fotoquímica, de los efectos químicos de la luz.

ACTINOMETRÍA. (De actinómetro.) f. Fís. Parte de la física, que estudia la intensidad y la acción química de las radiaciones luminosas. || **2.** Medida de la acción química de la luz. || **P.** actinometria; **I.** actinometry; **F.** actinométrie; **A.** Strahlenmessung; **It.** attinometria; **R.** актинометрия.

ACTINOMÉTRICO, CA. adj. ÓPT. Perteneciente o relativo al actinómetro. || **P.** actinometrico; **I.** actinometric; **F.** actinométrique; **A.** aktinometrisch; **It.** attinometrico; **R.** актинометрический.

ACTINÓMETRO. (gr. ἀκτίς, -ῖνος, rayo de luz, y μέτον, medida.) m. ÓPT. Instrumento para medir la intensidad de las radiaciones, y especialmente las solares. || **P.** actinometro; **I.** actinometer; **F.** actinomètre; **A.** Aktinometer; **It.** attinometro; **R.** актинометр.

ACTINOMICES. m. MED. Hongo parásito que produce la actinomicosis.

ACTINOMICOSIS. f. MED. Enfermedad infecciosa común a varias especies de animales, que ataca especialmente a los bóvidos. Es rara en el hombre. La produce el hongo denominado actinomices. || **P.** actinomicose; **I.** actinomycosis; **F.** actinomycose; **A.** Aktinomykosis; **It.** actinomicosi.

ACTINOMORFA. (gr. ἀκτίς, radio, y μορφή, forma.) adj. BOT. Dícese de la flor que queda dividida en dos partes simétricas por cualquier plano que pase por su eje y por la línea media de cada pétalo; como la rosa.

★ **ACTINOSCOPIA.** f. Examen en medio de rayos X. || **I.** actinoscopy; **F.** actinoscopie; **A.** Aktinoscopie; **It.** attinoscopia; **R.** рентгенография.

ACTINOTA. (gr. ἀκτινωτὸς, radiado.) f. Anfíbol de color verde claro que suele presentarse en masas de textura fibrosa. || **P.** actinota; **I.** y **F.** actinote; **A.** Strahlstein; **It.** actinota.

★ **ACTINOTERAPIA.** f. MED. Tratamiento de las enfermedades por medio de radiaciones.

ACTITAR. (l. actitāre.) tr. AR. Tramitar un asunto. || **2.** intr. AR. Actuar en los procesos como notario o escribano.

ACTITUD. (De acto.) f. Postura del cuerpo humano o del ánimo. ACTITUD graciosa. || **2.** Dícese también de los animales. || **P.** atitude; **I.** y **F.** attitude; **A.** Haltung; **It.** attitudine; **R.** поза, положение.

ACTIVAMENTE. adv. Con actividad o eficacia. || **2.** GRAM. En sentido activo, con significación activa.

ACTIVAR. (De activo.) tr. Avivar, excitar, mover, acelerar. || **P.** activar; **I.** to activate; **F.** activer; **A.** fördern; **It.** attivare; **R.** ускорять, усиливать.

ACTIVIDAD. (l. activitas, -ātis.) f. Facultad de obrar. || **2.** Diligencia, eficacia. || **3.** Prontitud en el obrar. || **4.** Conjunto de tareas propias de una persona o entidad. Ú. m. en pl. || En ACTIVIDAD. loc. adv. En acción. || **P.** actividade; **I.** activity; **F.** activité; **A.** Tätigkeit; **It.** attività; **R.** деятельность, активность.

ACTIVO, VA. (l. activus.) adj. Que obra o tiene virtud de obrar. || **2.** Diligente y eficaz. || **3.** Que obra prontamente. || **4.** Dícese del funcionario mientras presta servicio. || **5.** GRAM. Que denota acción. Voz ACTIVA. || **6.** m. COM. Importe total del haber de una persona natural o jurídica. || Por ACTIVA y por pasiva. fr. fig. y fam. De todos modos. || **P.** activo; **I.** active; **F.** actif; **A.** aktiv; **It.** attivo; **R.** деятельный, активный.

ACTO. (l. actus.) m. Hecho o acción. || **2.** Hecho público y solemne. || **3.** Cada uno de los ejercicios literarios que se celebran en las universidades. || **4.** Cada una de las partes principales de una obra escénica. Comedia en dos ACTOS. || **5.** Medida lineal romana que tenía 120 pies, cerca de 36 m de largo. || **6.** Disposición legal. || **7.** pl. Actas de un concilio. || En el ACTO. m. adv. En seguida. || **P.** acto; **I.** act; **F.** acte; **A.** Handlung; **It.** atto; **R.** акт, действие.

★ **ACTOGRAFÍA.** (gr. ἄχθος, -εος, peso, y γράφω, derretir.) f. Descripción de los pesos de un sistema. || **P.** acteographia; **I.** acteography; **F.** actéographie; **A.** Gewichtsbeschreibung; **It.** arteografia.

ACTOR. (l. actor.) m. El que representa en el teatro. || **2.** Personaje de una acción u obra literaria. || **3.** FOR. Demandante o

acusador. || —**civil.** El que en juicio criminal, sin acusar, exige restitución, resarcimiento o indemnización. || **P.** e **I.** actor; **F.** acteur; **A.** Schauspieler; **It.** attore; **R.** актёр. || **3.ª** acep.: **P.** autor; **I.** plaintiff; **F.** demandeur; **A.** Kläger; **It.** damandator; **R.** обвинитель, истец.

ACTOR. (l. auctor.) m. ant. Autor.

ACTORA. (De actor.) adj. FOR. Dícese de la parte actora o demandante. || **2.** Mujer que demanda en juicio. || **3.** ZOOL. Género de insectos hemípteros, de la familia de los coreidos. || **2.ª** acep.

ACTRIZ. (l. actrix.) f. Mujer que representa en el teatro. || **P.** actriz; **I.** actress; **F.** actrice; **A.** Schauspielerin; **It.** attrice; **R.** актриса.

ACTUACIÓN. f. Acción y efecto de actuar. || **2.** pl. FOR. Actos o diligencias de un procedimiento judicial. || **P.** actuação; **I.** actuation; **F.** procédure; **A.** Prozedur **It.** procedura; **R.** действие, деятельность.

ACTUADO, DA. p.p. de actuar. || **2.** adj. Ejercitado o acostumbrado. || **3.** Practicado. Lo actuado en un proceso.

ACTUAL. (l. actuālis.) adj. Presente, en el tiempo. || **2.** Que existe, sucede, o se usa en el tiempo de que se habla. || **P.** e **I.** actual; **F.** actuel; **A.** gegenwärtig; **It.** attuale; **R.** настоящий, нынешний.

ACTUALIDAD. (De actual.) f. Tiempo presente. || **2.** Cosa o suceso que atrae y ocupa la atención del común de las gentes en un momento dado. || **3.** FIL. Acción del acto sobre la potencia. || **P.** actualidade; **I.** actuality; **F.** actualité; **A.** Aktualität; **It.** attualità; **R.** настоящее время, современность.

ACTUALIZAR. tr. Poner en acto. || **2.** Hacer actual una cosa, darla actualidad.

ACTUALMENTE. adv. En el tiempo presente. || **2.** adv. Real y verdaderamente. || **P.** actualmente; **I.** actually; **F.** actuellement; **A.** gegenwärtig; **It.** attualmente; **R.** в настоящее время, ныне.

ACTUANTE. p.a. de actuar. Que actúa. Ú.t.c.s.

ACTUAR. (De acto.) tr. Poner en acción. Ú.t.c.r. || **2.** Digerir algo que se ingiere. || **3.** Enterarse de algo. Ú.t.c.r. || **4.** intr. Ejercer una persona o cosa actos propios de su naturaleza, y de su cargo u oficio. || **5.** En las universidades, defender conclusiones públicas. || **6.** Practicar los ejercicios de una oposición. || **7.** FOR. Formar autos, proceder judicialmente. || **P.** actuar; **I.** to act; **F.** agir; **A.** handeln; **It.** attuare; **R.** действовать.

ACTUARIA. (l. actuaria, ligera, veloz.) adj. MAR. Dícese de cierta embarcación ligera, de remo y vela que usaban los antiguos romanos.

ACTUARIAL. adj. Perteneciente o relativo al actuario de seguros y sus funciones.

ACTUARIO. (l. actuarius.) m. FOR. Auxiliar judicial que da fe en los actos procesales. || **2.** Entre los romanos, oficial del ejército, parecido al ayudante de hoy, y también el que distribuía los víveres en el ejército. || **3.** Vista ACTUARIO. El que interviene en las operaciones de aduanas. || —**de seguros.** Persona que por sus conocimientos sobre los seguros, de carácter técnico matemático, asesora a las entidades aseguradoras, y sirve como perito en las operaciones de éstas. || **P.** auxiliar; **I.** actuary; **F.** greffier; **A.** Aktuar; **It.** tuario; **R.** секретарь суда.

ACTUOSIDAD. f. Calidad de actuoso.

ACTUOSO, SA. (l. actuōsus.) adj. ant. Diligente.

★ **ACU.** m. BOL. y PERÚ. Harina corriente de cañahua.

★ **ACUACHE.** (Voz azteca.) m. MÉJ. Compañero de farras o aventuras. Ú.t.c. adj.

ACUADRILLAR. tr. Juntar en cuadrilla. Ú.t.c.r. || **2.** Mandar una cuadrilla. || **3.** CHILE. Acometer muchos a uno, lo que también se llama «dar cuadrillazo».

★ **ACUAFORTISTA.** (l. aqua, agua, y fortis, fuerte.) com. ART. y OF. Grabador al agua fuerte.

★ **ACUAJARONAR.** tr. SAL. Coagular. Ú.t.c.r.

★ **ACUAMOTOR.** (l. aqua, agua, y motor.) m. Aparato utilizado para aprovechar

el impulso de las corrientes fluviales en sentido contrario.

ACUANTIAR. tr. Fijar o determinar la cuantía de alguna cosa.

★ **ACUAPAR.** m. BOT. Nombre vulgar de la euforbiácea americana Hura crepitans.

★ **ACUAPLANAR.** intr. Áv. Acuatizar, amarar.

★ **ACUAPLANO.** m. Vehículo acuático, deportivo, consistente en una plancha de madera lisa tirada por una canoa automóvil. Se va de pie en ella y se conserva el equilibrio tirando de una cuerda de que va provista.

★ **ACUAPUNTURA.** (l. aqua, agua, y punctura, punción.) f. TERAP. Método de revulsión local mediante la proyección violenta de un fino chorro de agua sobre los tejidos.

★ **ACUARELA.** (ital. acquarella.) f. Pintura que se realiza con colores transparentes diluidos en agua. || **P.** aguarela; **I.** y **F.** aquarelle; **A.** Aquarell; **It.** acquarello; **R.** акварель.

ACUARELISTA. com. Pintor de acuarelas. || **P.** aguarelista; **I.** aquarelist; **F.** aquarelliste; **A.** Aquarellmaler; **It.** acquarellista; **R.** акварелист.

ACUARELÍSTICO, CA. adj. Perteneciente o relativo a la acuarela.

ACUARIO. (l. aquarium.) m. Depósito de agua donde se tienen vivos animales o vegetales acuáticos. Generalmente es de cristal. || **P.** aquário; **I.** aquarium; **F.** y **A.** Aquarium; **It.** acquario; **R.** аквариум.

ACUARIO. (l. aquarius.) m. Edificio destinado a la exhibición de animales acuáticos vivos. || **2.** ASTRON. Undécimo signo o parte del Zodiaco, de 30 grados de amplitud, que el Sol recorre aparentemente a mediados del invierno. || **3.** ASTRON. Constelación zodiacal situada entre Capricornio y Piscis.

★ **ACUARIOFILIA.** f. Estudio de los peces de acuario.

ACUARTAR. tr. LEÓN. Encuartar, enganchar el encuarte.

ACUARTELADO, DA. p.p. de acuartelar. || **2.** adj. BLAS. Dícese del escudo dividido en cuarteles.

ACUARTELAMIENTO. m. Acción y efecto de acuartelar o acuartelarse. || **2.** Paraje o lugar donde se acuartela. || **P.** aquartelamento; **I.** quartering; **F.** casernement; **A.** Einquartierung; **It.** accaasernamento; **R.** расквартирование.

ACUARTELAR. tr. Poner la tropa en cuarteles. Ú.t.c.r. || **2.** Obligar a la tropa a permanecer en el cuartel en previsión de alguna alteración del orden público. || **3.** Dividir un terreno en cuarteles. || **4.** Localizar, distribuir, ordenar. || **5.** MAR. Presentar más al viento una vela de cuchillo. || **6.** AND. Tajar. || **P.** aquartelar; **I.** to quarter (troops) in barracks; **F.** caserner; **A.** einquartieren; **It.** accasernare; **R.** разместить войска по казармам.

ACUARTILLAR. intr. Doblar con exceso las caballerías las cuartillas cuando andan, por llevar mucho peso o por debilidad. || **2.** Andar de este modo las caballerías.

ACUÁTICO, CA. (l. aquaticus.) adj. Que vive en el agua. || **2.** Perteneciente o relativo al agua. || **P.** aquatico; **I.** aquatic; **F.** aquatique; **A.** Wasserlebend; **It.** acquatico; **R.** водяной.

ACUÁTIL. (l. aquatilis.) adj. Acuático.

★ **ACUATIZAR.** (l. aqua, agua.) intr. AMÉR. Amarar.

ACUBADO, DA. adj. De figura de cubo o de cuba.

ACUBILAR. tr. Recoger el ganado en el cubil.

★ **ACÚBITO.** (l. accubitus, lecho.) m. Sofá que utilizaban los romanos para recostarse durante la comida.

ACUCIA. (De acuciar.) f. Diligencia, prisa, solicitud. || **2.** Deseo vehemente.

ACUCIADAMENTE. adv. Acuciosamente, con solicitud y cuidado.

ACUCIADOR, RA. adj. Que acucia. Ú.t.c.s.

ACUCIAMIENTO. m. Acción de acuciar.

ACUCIAR. (l. acūtiāre, de acūtus, agudo.) tr. Estimular, dar prisa. || **2.** Desear

A con vehemencia. || **P.** dar pressa; **I.** to stimulate; **F.** stimuler; **A.** anspornen; **It.** eccitare; **R.** побуждать, торопить.

ACUCIOSAMENTE. adv. Con diligencia, o prisa. || **2.** Con deseo vehemente.

ACUCIOSIDAD. f. Calidad de acucioso, diligente.

ACUCIOSO, SA. (De *acucia*.) adj. Diligente, solícito, presuroso. || **2.** Movido por deseo vehemente.

ACUCLILLARSE. r. Ponerse en cuclillas. || **P.** acocorar-se; **I.** to squat; **F.** s'accroupir; **A.** niederhocken; **It.** accoccolarsi; **R.** приседать на корточки.

⋆ **ACUCUHUÉ.** (Voz caribe.) m. Bot. Ant. Nombre popular del café torrido.

⋆ **ACUCHAMADO, DA.** adj. Venez. Desanimado, abatido, triste.

ACUCHARADO, DA. adj. De figura parecida a la pala de una cuchara.

ACUCHILLADIZO. (De *acuchillar.*) m. Esgrimidor o gladiador.

ACUCHILLADO, DA. p.p. de acuchillar. || **2.** adj. fig. Dícese del que, a fuerza de trabajos y escarmientos, ha adquirido el hábito de conducirse con prudencia en los hechos de la vida. || **3.** fig. Aplícase al vestido o parte de él con aberturas semejantes a cuchilladas, bajo las cuales se ve otra tela distinta de la de aquél. || **I.** stabbed; **F.** balafré; **A.** verschmitzt; **It.** accoltelato; **R.** много испытавший.

ACUCHILLADOR, RA. adj. Que acuchilla. Ú.t.c.s. || **2.** Acuchilladizo. Ú.t.c.s. || **3.** m. El que tiene por oficio acuchillar pisos de madera.

ACUCHILLAR. tr. Herir, cortar o matar con el cuchillo, y por extensión, con otras armas blancas. || **2.** Hablando del aire, cortarlo. || **3.** Alisar con cuchilla o con otra herramienta la superficie de la madera. || **4.** Aclarar las plantas en un semillero. || **5.** rec. *Reñir con espadas, o darse de* cuchilladas. || **P.** anavalhar; **I.** to sabre; **F.** sabrer; **A.** erstechen; **It.** accoltellare; **R.** наносить удары ножом.

⋆ **ACUCHILLEAR.** tr. Chile. Acuchillar.

⋆ **ACUCHÓN.** m. Colom. Estrechamiento, arrinconamiento.

⋆ **ACUCHUCHAR.** tr. Chile. Aplastar con la fuerza de algún peso.

ACUDICIARSE. (De *a*, y el ant. *cudicia*.) r. ant. Aficionarse con vehemencia a alguna cosa.

ACUDIDERO, RA. m. y f. Ar. Cosa que exige pronta satisfacción o gasto inevitable.

⋆ **ACUDIENTE.** p. a. de acudir. || **2.** m. Colom. Cuidador de alumnos internos.

ACUDIMIENTO. m. Acción de acudir.

ACUDIR. (l. *accŭtĕre*, golpear.) intr. Ir uno al sitio donde le conviene o es llamado. || **2.** Ir o asistir con frecuencia a alguna parte. || **3.** Venir, presentarse o sobrevenir algo. || **4.** Ir en socorro de alguno. || **5.** Atender. || **6.** Recurrir a alguno o valerse de él. || **7.** Valerse de alguna cosa para algún fin. || **8.** Dar o producir la tierra o las plantas. || **9.** Corresponder, pagar u obsequiar. || **10.** Replicar o contestar; objetar. || **11.** Equit. Obedecer el caballo. || **P.** acudir; **I.** to attend; **F.** accourir; **A.** herbeieilen, zulaufen; **It.** accorrere; **R.** являться.

ACUEDUCTO. (l. *aqueductus*.) m. Conducto artificial por donde va el agua a lugar determinado, especialmente el que abastece a una población. || **P.** aqueduto; **I.** aqueduct; **F.** aqueduc; **A.** Aquädukt; **It.** acquidotto; **R.** акведук.

ÁCUEO, A. (l. *aquĕus*.) adj. De agua. || **2.** De naturaleza parecida a la del agua. || **3.** Anat. Dícese del humor que en el ojo se encuentra delante del cristalino. || **P.** aquoso; **I.** aqueous; **F.** aqueux; **A.** wässerig; **It.** acqueo; **R.** водный, водяной.

ACUERDADO, DA. adj. Tirado a cordel o alineado con una cuerda.

ACUERDO. (De *acordar*.) m. Resolución que se toma en los tribunales, comunidades o juntas. || **2.** Resolución premeditada de una sola persona. || **3.** Reflexión o madurez en la determinación de alguna cosa. || **4.** Conocimiento o sentido de alguna cosa. || **5.** Parecer, dictamen, consejo. || **6.** Recuerdo o memoria de las cosas. ||

7. Ajuste, regulación. || **8.** Pint. Armonía del colorido de un cuadro. || *De* acuerdo. m. adv. De conformidad. || *Estar* uno *en su* acuerdo *o fuera de él.* fr. Estar o no en su sano juicio o sentido. || *Volver* uno *en su* acuerdo. fr. Volver en sí; recobrar el uso de los sentidos, embargados por algún accidente. || **P.** acordo; **I.** y **F.** accord; **A.** Beschluss; **It.** accordo; **R.** соглашение, договор.

⋆ **ACUERPADO, DA.** p.p. de acuerpar. || **2.** adj. Colom. De mucho cuerpo.

⋆ **ACUERPAR.** tr. Amér. Central. Respaldar a alguien, defender.

ACUESTO. (De *a* y *cuesta*.) m. ant. Declive.

⋆ **ACÚFONO.** m. Med. Especie de micrófono utilizado para facilitar la audición a los sordos.

⋆ **ACUGULAR.** tr. Gal. Colmar una medida.

ACUIDAD. (l. *acuitas*, -*ātis*.) f. Agudeza, delgadez en el corte o puntas de armas, y también viveza y penetración del dolor. || **P.** agudeza; **I.** acuity; **F.** acuité; **A.** Spitzigkeit, Heftigkeit; **R.** острота.

ACUIDADARSE. (De *cuidado*.) r. p. us. Cuidarse o preocuparse, poner cuidado, vigilar.

⋆ **ACUILMARSE.** r. C. Rica. Afligirse, acobardarse.

ACUITADAMENTE. adv. Con cuita, con aflicción.

ACUITAMIENTO. m. ant. Cuita.

ACUITAR. tr. Poner en cuita, o en apuro, afligir, estrechar. Ú.t.c.r. || **2.** Apurar; **I.** to afflict; **F.** affliger; **A.** bekümmern; **It.** affligere; **R.** печалить, огорчать.

ÁCULA. (l. *acŭla*, d. de *acus*, aguja.) f. Quijones.

ACULADO, DA. p.p. de acular. || **2.** adj. Blas. Dícese del caballo levantado del cuarto delantero y sentado con las patas encogidas. También se dice de otros muebles heráldicos que adoptan posición semejante. || **2.** adj. fam. Arrinconado.

ACULAR. (De *a* y *culo*.) tr. Hacer que un animal, un carro, etc., quede arrinconado por detrás a alguna parte. Ú.t.c.r. || **2.** fam. Arrinconar. Ú.m.c.r. || **3.** r. Mar. Acercarse la nave a un bajo, o tocar en él con el codaste, en un movimiento de retroceso.

⋆ **ACULEBRAR.** tr. Mar. Culebrar, sujetar dos cabos entre sí o una vela a su palo. || **2.** r. Agr. Culebrear el trigo entre dos tierras sin llegar a brotar por falta de humedad.

ACULEBRINADO, DA. p.p. de aculebrinar. || **2.** adj. Aplícase al cañón de artillería que por su mucha longitud se parece a la culebrina.

⋆ **ACULEBRINAR.** (De *culebrina*.) tr. Neol. Dar a los cañones forma de culebrina al fundirlos.

ACÚLEO. (l. *aculĕus*.) m. Aguijón.

⋆ **ACULILLAR.** tr. Pan., P. Rico y Rep. Domin. Acobardar, meter miedo. || **2.** r. Acoquinarse, sentir culillo o miedo.

ACULLÁ. (l. *eccum* e *illāc*.) adv. A la parte opuesta del que habla. || **P.** acolá; **I.** yonder; **F.** là; **A.** jenseits, dort; **It.** colà; **R.** там, туда.

⋆ **ACULLICAR.** tr. Amér. Merid. Mascar hojas de coca.

⋆ **ACULLIDO.** m. Amér. Merid. Porción de pasta de coca que se masca de una vez.

⋆ **ACUMBENTE.** (l. *accumbens*, -*entis*.) adj. Bot. Dícese del órgano vegetal que descansa sobre otro. || **2.** Zool. Apoyado y extendido sobre una superficie, como las escamas de los peces y las mariposas.

ACUMBRAR. tr. ant. Encumbrar.

ACUMEN. (l. *acūmen*, -*inis*.) m. ant. Agudeza, perspicacia, ingenio.

⋆ **ACUMETRÍA.** (gr. ἀκουω, oir, y λαλια, habla.) f. Med. Medida de la agudeza auditiva. || **2.** Quím. Estudio de la intensidad de los sonidos.

⋆ **ACÚMETRO.** m. Aparato que se emplea para medir el grado de sensibilidad del aparato auditivo y la intensidad del sonido.

ACUMINADO, DA. (l. *acuminātus*.) adj. Que disminuyendo gradualmente termina en punta. || **P.** acuminado; **I.** acuminate; **F.** acuminé; **A.** scharf zugespitzt;

It. acuminato; **R.** постепенно уменьшающийся.

ACUMINOSO, SA. (l. *acúmen*, -*inis*.) adj. desus. Agudo, ácido.

⋆ **ACUMUCHAR.** tr. Chile. Acumular, amontonar.

ACUMULABLE. adj. Que puede acumularse.

ACUMULACIÓN. (l. *accumulatio*, -*ōnis*.) f. Acción y efecto de acumular. || **P.** acumulação; **I.** y **F.** accumulation; **A.** Anhäufung; **It.** accumulazione; **R.** собирание, накопление.

ACUMULADOR, RA. (l. *accumulātor*.) adj. Que acumula. Ú.t.c.s. || **2.** m. Aparato que almacena energía y puede restituirla luego para originar un movimiento. Puede ser de vapor, térmico, eléctrico, hidráulico. || **P.** acumulador; **I.** accumulator; **F.** accumulateur; **A.** Akkumulator; **It.** accumulatore; **R.** аккумулятор.

ACUMULAMIENTO. m. Acción y efecto de acumular.

ACUMULAR. (l. *accumulāre*; de *ad*, a, y *cumulāre*, amontonar.) tr. Juntar y amontonar. || **2.** Imputar algún delito o culpa. || **3.** For. Unir unos autos a otros o ejercitar varias acciones juntamente, para que sobre todos se pronuncie una sola sentencia. || **P.** acumular; **I.** to accumulate; **F.** accumuler; **A.** aufhäufen; **It.** accumulare; **R.** накапливать, собирать.

ACUMULATIVA. (De *acumular*.) adj. For. Aplícase a la jurisdicción por la cual puede un juez conocer a prevención de las mismas causas que otro.

ACUMULATIVAMENTE. adv. For. Con acumulación. || **2.** A prevención.

ACUNAR. (De *a* y *cuna*.) tr. Mecer al niño en la cuna para que se duerma.

ACUNTIR. (De *a* y *cuntir*.) intr. ant. Acontecer.

ACUÑACIÓN. f. Acción y efecto de acuñar. || **P.** cunhagem; **I.** coinage; **F.** monnayage; **A.** Prägung; **It.** coniazione; **R.** чеканка монеты.

ACUÑADOR, RA. adj. Que acuña. Ú.t.c.s. || **2.** m. Máquina para acuñar monedas y medallas. || **P.** cunhador; **I.** coiner; **F.** monnayeur; **A.** Präger; **It.** coniatore; **R.** чеканщик.

ACUÑAR. tr. Imprimir y sellar por medio de cuño y troquel una pieza de metal, especialmente las monedas y medallas. || **2.** Fabricar las monedas, hacerlas. || **P.** cunhar; **I.** to coin; **F.** frapper; **A.** prägen; **It.** coniare; **R.** чеканить монету.

ACUÑAR. (De *a* y *cuña*.) tr. Meter cuñas. || **2.** fig. y fam. Gal. y Argent. Hacer recomendaciones a favor de alguno. || **3.** Sujetar los carriles a los cojinetes. || **4.** Embutir, rellenar. || **5.** r. Venez. Esforzarse por dar término a una empresa.

ACUOSIDAD. (l. *aquōsitas*, -*ātis*.) f. Calidad de acuoso. || **P.** aquosidade; **I.** wateriness; **F.** aquosité; **A.** Wässerigkeit; **It.** acquosità; **R.** водянистость.

ACUOSO, SA. (l. *aquōsus*.) adj. Abundante en agua. || **2.** Parecido a ella, de ella, y relativo a ella. || **3.** De mucho jugo. Dícese de las frutas. || **4.** Dícese de los fenómenos atmosféricos que dependen del vapor de agua. || **5.** Quím. Se aplica a las soluciones para indicar que el disolvente es el agua. || **P.** aquoso; **I.** watery; **F.** aqueux; **A.** wässerig; **It.** acquoso; **R.** водянистый.

⋆ **ACUPE.** (Voz caribe.) m. Venez. Bebida de maíz algo fermentada.

⋆ **ACUPRESIÓN.** (l. *acus*, aguja, y *pressūra*, presión.) f. Cir. Compresión de un vaso con una aguja para evitar la hemorragia.

ACUPUNTURA. (l. *acus*, aguja, y *punctūra*, punzada.) f. Cir. Operación de clavar agujas en el cuerpo para curar ciertas enfermedades, usada desde muy antiguo por chinos y japoneses. || **P.** acupunctura; **I.** y **F.** acupuncture; **A.** Akupunktur; **It.** agopuntura.

ACURADAMENTE. adv. ant. Con cuidado y esmero.

ACURADO, DA. (l. *accurātus*, preparado con esmero.) adj. ant. Cuidadoso y esmerado.

⋆ **ACURCULLARSE.** r. Ar. Acurrucarse.

ACURE. (Del caribe *curi*, con a protética.) m. Zool. Roedor del tamaño de un conejo, comestible, que vive en domesticidad en varios países de la América Meridional.

★ **ACURILI.** (Voz caribe.) m. Bot. Nombre vulgar de la planta tropical de las Antillas *Tamonea lappulacea*, perteneciente a la familia de las melastomáceas.

★ **ACURRADO, DA.** p.p. de acurrarse. || 2. adj. Cuba. Persona que afecta guapeza, como un curro o currutaco.

★ **ACURRARSE.** r. Cuba y Méj. Remedar la pronunciación y maneras de los andaluces.

★ **ACURRUCADO, DA.** p.p. de acurrucarse. || 2. adj. Agazapado, encogido. || 3. Blas. Dícese del animal que se representa sentado en un blasón. || 4. m. Guat. Aguardiente clandestino.

ACURRUCARSE. (De *a* y *curruca*.) f. Encogerse para resguardarse del frío o con otro objeto. || 2. Guat. Acuclillarse.

★ **ACURRUJARSE.** r. Colom. Acurrucarse.

ACURRULLAR. (De *a* y *corrulla*.) tr. Mar. Desenvergar las velas y recogerlas.

★ **ACURUJAR.** tr. Gal. Esconder la lumbre bajo la ceniza para conservarla.

★ **ACUSABLE.** adj. Que puede o debe ser acusado.

ACUSACIÓN. (l. *accusatio, -ōnis.*) f. Acción de acusar o acusarse. || 2. For. Escrito o discurso en que se acusa. || P. acusação; I. y F. accusation; A. Anklage; It. accusa; R. обвинение.

ACUSADO, DA. p.p. de acusar. || 2. m. y f. Persona a quien se acusa. || P. acusado; I. acussed; F. accusé; A. Angeklagter; It. accusato; R. обвиняемый.

ACUSADOR, RA. (l. *accusātor.*) adj. Que acusa. Apl. a pers. ú.t.c.s. || 2. m. acusador; I. accuser; F. accusateur; A. Ankläger; It. accusatore; R. обвинитель.

ACUSAMIENTO. m. ant. Acusación.

ACUSANTE. p.a. de acusar. Que acusa.

ACUSANZA. f. ant. Acusación.

ACUSAR. (l. *accusāre*; de *ab*, a, y *causa*, causa.) tr. Imputar a alguno algún delito, culpa, vicio o cualquier cosa vituperable. || 2. Denunciar, delatar. Ú.t.c.r. || 3. Notar, tachar. || 4. Reconvenir, censurar, reprender. || 5. Tratándose del recibo de cartas, oficios, etc., avisarlo, notificarlo. || 6. En algunos juegos de naipes, manifestar uno en tiempo y forma oportuno que tiene determinadas cartas con que por ley de juego se ganan tantos. || 7. For. Exponer definitivamente en juicio los cargos contra el acusado y las pruebas de los mismos. || 8. Confesar, declarar uno sus culpas. || 9. Arq. En el estilo ojival, la manera como las cornisas y molduras determinan las alturas de los pisos. También indicar las juntas y las hiladas por medio de líneas trazadas sobre el muro. || P. acusar; I. to accuse; F. accuser; A. beschuldigen; It. accusare; R. обвинять.

ACUSATIVO. (l. *accusatīvus.*) m. Gram. Uno de los casos de la declinación. Indica el complemento directo del verbo, y en castellano, unas veces lleva, y otras no, la preposición *a*. || 2. For. Dícese del cargo resultante contra un procesado que permite acusarle. || 3. For. Dícese del acto de la acusación. || P. acusativo; I. accusative F. accusatif; A. Akkusativ; It. accusativo; R. винительный падеж.

ACUSATORIO, RIA. (l. *accusatorĭus.*) adj. For. Perteneciente o relativo a la acusación; ej. *Acto* ACUSATORIO. || 2. *Sistema* ACUSATORIO. For. Dícese del ordenamiento procesal que impide al juez exceder la acusación de la condena.

ACUSE. m. Acción y efecto de acusar recibo de escritos o, en algunos juegos de naipes, declarar la posesión de determinadas cartas. || 2. Carta que sirve para acusar en algunos juegos de naipes.

ACUSETAS. m. Colom. y C. Rica. Acusete.

ACUSETE. m. Chile, Guat. y Perú. Acusón, soplón.

ACUSICA. com. Acusón.

★ **ACUSMATAGNOSIA.** f. Med. Sordera mental.

★ **ACUSMATAMNESIA.** f. Med. Falta de memoria de los sonidos.

★ **ACUSMÁTICO.** adj. Que oye sin ver. Ú.t.c.s.

★ **ACÚSMATO.** (gr. αχουειν, oir.) m. Med. Alucinación auditiva.

★ **ACUSMOMETRÍA.** f. Med. Facultad de apreciar la distancia de los sonidos.

ACUSO. m. ant. Acusación.

ACUSÓN, NA. adj. fam. Que tiene el vicio de acusar. Ú.t.c.s.

ACÚSTICA. (gr. αχουστική, a.f. de -κὸς, acústico.) f. Parte de la física, que trata de la formación y propagación de los sonidos. || P. acústica; I. acoustics; F. acoustique; A. Akustik; It. acustica; R. акустика.

ACÚSTICO, CA. (gr. αχουστιμος, de αχούω, oir.) adj. Perteneciente o relativo al oído. || 2. Perteneciente o relativo a la acústica. || 3. Favorable para producir o propagar el sonido. || P. acústico; I. acoustic; F. acoustique; A. akustisch; It. acustico. R. акустический.

★ **ACUSTICÓN.** m. Fís. Instrumento eléctrico utilizado para ampliar las vibraciones sonoras. || 2. Med. Micrófono para uso de los sordos.

★ **ACUTÁNGULO.** (l. *acútus*, agudo, y *angûlus*, ángulo.) adj. Dícese del triángulo en que los tres ángulos son agudos.

ACUTÍ. (Voz guaraní.) m. Argent. y Par. Agutí.

ACUTO, TA. (l. *acútus.*) adj. ant. Agudo.

★ **ACUTÓMETRO.** m. Fís. Audiómetro.

ACHABACANAMIENTO. m. Chabacanería.

ACHABACANAR. tr. Hacer chabacano. Ú.m.c.r.

ACHACADIZO, ZA. (De *achacar*.) adj. ant. Simulado, fingido, malicioso.

★ **ACHACANA.** f. Bot. Amér. Especie de alcachofa de raíz comestible, propia de Bolivia y Perú.

★ **ACHACANI.** m. Amér. Papa medicinal utilizada para curar el azogamiento de los mineros.

ACHACAR. (De *asacar*.) tr. Atribuir, imputar. || P. atribuir; I. to attribute; F. attribuer; A. zuschreiben; It. imputare; R. приписывать.

★ **ACHACILLARSE.** r. Ar. Encamarse, echarse las mieses.

ACHACOSAMENTE. adv. Con achaques, con poca salud. || 2. Maliciosamente, so pretexto. || P. com achaques; I. sickly; F. maladivement; A. kränklich; It. acciacosamente; R. болезненно.

ACHACOSO, SA. adj. Que padece achaques, enfermizo. || 2. Levemente enfermo. || 3. Riguroso en la acusación. || 4. Dícese de las cosas que tienen defecto. || P. achacoso; I. sickly; F. infirme; A. siech; It. accilacoso; R. болезненный.

ACHACHAY. m. Colom. Juego de muchachos, llamado así porque al cantar con que lo acompañan empieza con aquella palabra.

★ **¡ACHACHAY!** (Voz quichua.) interj. Amér. Merid. Exclamación de contento o aprobación.

ACHAFLANAR. tr. Dar a una esquina forma de chaflán. || P. facetar; I. to bevel, to chamfer; F. chanfreiner; A. abschrägen; It. smentare; R. обтёсывать края.

★ **ACHAGUAL.** (Voz americana.) m. Zool. Acagual. || 2. Bot. Méj. Girasol. || 3. Méj. En algunas partes, aguazal.

ACHAJUANARSE. (De *a* y *chajuán*.) r. Colom. Sofocarse las bestias por trabajar mucho, por el calor o la gordura de ellas.

★ **ACHALA.** f. Argent. Abalario.

ACHAMBERGADO, DA. adj. Dícese del sombrero parecido al chambergo. || 2. And. Dícese de la cinta parecida a la chamberga.

★ **ACHAMBIRA.** f. Bot. Perú. Árbol peruano con cuyas fibras se hacen cuerdas.

ACHAMPAÑADO, DA. adj. Achampañado.

ACHAMPAÑADO, DA. adj. Dícese de la bebida que imita al vino de Champaña.

★ **ACHAMPAR.** intr. Méj. Acampar al aire libre en una tienda hecha generalmente de champa. || 2. tr. Argent. Obturar con inmundicias una corriente de agua pequeña. Ú.t.c.r. || 3. fam. Chile. Arrai-

gar al modo de la champa. || 4. r. Chile. Seguido de la preposición *con*, quedarse con lo ajeno.

★ **ACHANCAR.** tr. fam. And. Aplastar, estrujar, apabullar.

★ **ACHANCHAR.** (De *chancho*, cerdo.) tr. Chile. Acochinar, inmovilizar un peón en el juego de damas. Ú.t.c.r. || 2. Chile. Dejar a un jugador con fichas dobles en el dominó. Ú.t.c.r. || 3. r. Chile y Perú Hacerse pesado como el chancho. || 4. Perú. Apoquinarse, turbarse. || 5. Amér. Merid. Corromperse una persona.

★ **ACHANTAR.** intr. Germ. Enmudecer, quedar inmóvil. || 2. tr. And. Acoquinar, achicar a alguien. || 3. P. Rico. Apabullar.

ACHANTARSE. r. fam. Aguantarse, agazaparse o esconderse mientras dura un peligro. || 2. fam. Conformarse. || 3. Cuba y P. Rico. Callarse, contenerse, reprimirse. || 4. Colom., Cuba, Venez. y P. Rico. Detenerse, estacionarse en un lugar.

★ **ACHAPARRADO, DA.** p.p. de achaparrarse. || 2. adj. fig. Dícese de las cosas bajas y extendidas. || 3. Dícese de la persona gruesa y de baja estatura.

ACHAPARRARSE. r. Tomar un árbol la forma de chaparro. || 2. ¡No crecer los árboles. || P. achaparrar-se; I. to stunt F. se rabougrir; A. verkrüppeln (Pflanzen); It. rattrappire; R. расти в землю.

★ **ACHAPINARSE.** (De *a* y *chapín*, guatemalteco.) r. Guat. Adaptarse los extranjeros a las costumbres guatemaltecas.

ACHAQUE. (ár. *aš-šakā*, la queja, la enfermedad.) m. Indisposición o enfermedad habitual. || 2. Dolencia leve. || 3. fam. Menstruo de la mujer. || 4. fig. Embarazo de la mujer. || 5. fig. Vicio o defecto propio o habitual de uno. || P. achaque; I. sickliness; F. infirmité; A. Beschwerde; It. acciacco; R. частое недомогание.

ACHÁQUE. (De *achacar*.) m. fig. Excusa, pretexto. || 2. fig. Ocasión, motivo, causa. || 3. fig. Apariencia o reputación. || 4. Denuncia que hace el soplón con miras a ponerse de acuerdo con el presunto culpable y sacarle dinero para no mantenerla. || 5. For. Multa o pena pecuniaria. || 6. Asunto o materia.

ACHAQUERO. (De *achaque*.) m. Juez del Concejo de la Mesta, que imponía los achaques o multas contra los que quebrantaban sus leyes o reglamentos. || 2. Arrendador de los achaques anteriores.

ACHAQUIENTO, TA. adj. Achacoso enfermizo.

ACHARES. (De *azares*, pl. de *azar*.) m. pl. Celos, pl. de celo, tormento, pena.

ACHAROLADO, DA. p.p. de acharolar. || 2. adj. Semejante al charol.

ACHAROLAR. tr. Charolar.

★ **ACHATADO, DA.** p.p. de achatar. || 2. adj. De forma chata o plana. || P. achatado; I. flattened; F. aplati; A. plattgemacht; It. appianato; R. сплющиватый.

ACHATAMIENTO. m. Acción y efecto de achatar o achatarse. || P. achatamento; I. flattening; F. aplatissement; A. Abplattung; It. schiacciamento; R. сплющивание.

ACHATAR. tr. Poner chata alguna cosa. Ú.t.c.r. || 2. r. Chile. Achamparse. || 3. fig. y fam. Argent. y Chile. Amilanarse, acobardarse. || 4. Chile. Achamparse, apoderarse de lo ajeno. || P. achatar; I. to flatten; F. aplatir; A. abplatten; It. schiacciare; R. сплющивать.

★ **ACHECHAR.** tr. Méj. En Tabasco, mimar demasiado.

★ **ACHELENSE.** (De *Saint Acheul*, Francia.) adj. Cultura del paleolítico inferior, anterior al musteriense.

ACHERNAR. (ár. *ájir nahr*, fin del río, según la transcripción medieval *acher* [*akher*] por *ájir*.) f. Astron. Estrella de primera magnitud en la constelación de Erídano.

★ **ACHÍ.** m. Bot. Chile. Ají. || 2. adv. Chile. Así.

ACHICADO, DA. p.p. de achicar. || 2. adj. Aniñado. || P. acriançado; I. childish; F. enfantin; A. kindlich; It. infantile; R. похожий на ребёнка.

ACHICADOR, RA. adj. Que achica. Ú.t.c.s. || 2. m. Mar. Especie de cucharón de madera que sirve para achicar el agua en los botes. || 3. El que achica el agua

A

en las zanjas o subterráneos de las minas.
ACHICADURA. f. Acción y efecto de achicar o achicarse. ‖ **P.** diminuisão; **I.** reduction; **F.** rapetissement; **A.** Verkleinerung; **It.** scemamento; **R.** уменьшение, убыль.

ACHICAMIENTO. m. Achicadura.
ACHICAR. (De *a* y *chico*.) tr. Amenguar el tamaño de alguna cosa. Ú t.c.r. ‖ **2.** Extraer el agua de algún lugar inundado. ‖ **3.** Humillar, acobardar. Ú.t.c.r. ‖ **4.** Corregir la andadura de una caballería. ‖ **5.** Chile. Barbarismo usado por enchiquerar. ‖ **6.** Colom. Matar, quitar la vida. ‖ **P.** minguar; **I.** to shorten; **F.** rapetisser; **A.** kleiner machen; **It.** appicciolire; **R.** уменьшать, убавлять. ‖ 2.ª acep.: **P.** achicar; **I.** to bale; **F.** ecoper; **A.** ausschöpfen, auspumpen (Wasser) **It.** aggottare; **R.** вычерпывать, выкачивать.

★ **ACHICOPALARSE.** r. Méj. Afligirse, abatirse, achicarse.
ACHICORIA. (De *chicoria*, precedido del art. ár. *a*.) f. Planta de la familia de las compuestas, de hojas comestibles, así crudas como cocidas. Por la amargura de su raíz se emplea como sucedáneo del café. ‖ **P.** chicória; **I.** chicory; **F.** chicorée; **A.** Zichorie; **It.** cicoria; **R.** цикорий.

★ **ACHICHADO, DA.** p.p. de achichar o achicharse. ‖ 2.adj. Cuba. Ebrio.
★ **ACHICHAR.** (De *chicha*, bebida.) tr. Cuba. Embriagar. Ú.m.c.r.

ACHICHARRADERO. m. Sitio donde hace mucho calor.

ACHICHARRANTE. p.a. de achicharrar. Que achicharra.

ACHICHARRAR. (De *a* y *chicharra*.) tr. Freír, cocer, asar o tostar un manjar, hasta que tome sabor a quemado. Ú.t.c.r. ‖ **2.** fig. Calentar demasiado. Ú.t.c.r. ‖ **3.** fig. Molestar con exceso. ‖ **4.** Chile. Entre el vulgo, aplastar, estrujar. ‖ **P.** tostar; **I.** to overheat; **F.** rissoler; **A.** einbraten; **It.** arrostire; **R.** чересчур подкрытиь.

★ **ACHICHARRONARSE.** r. Méj. Achicharrarse. ‖ 2. Amér. Arrugarse.
★ **ACHICHICLE.** m. Méj. y Chile. Estalactita.

ACHICHINQUE. (mejic. *achichincle*; de *atl*, agua, y *chichinqui*, que chupa.) m. El que en las minas achica el agua. ‖ **2.** Méj. El que de ordinario acompaña a un superior y sigue sus órdenes ciegamente.

★ **ACHIFLONADO, DA.** (De *a* y *chiflón*, plano inclinado.) adj. Min. Chile. Dícese del terreno u obra de minería en pendiente.

★ **ACHIGUAR.** (quich. *achigua*, quitasol.) tr. Chile. Dar forma de quitasol.
★ **ACHIGUAR.** (Del azteca.) intr. Méj. En Tabasco, rociar con agua el maíz cocido mientras se muele.

ACHIGUARSE. (De *a* y *chigua*.) r. Argent. y Chile. Combarse una cosa, echar panza una persona.

★ **ACHIHUA.** f. Perú. Toldo usado por las cantineras en los campamentos militares.

★ **ACHILARSE.** r. Colom. Acobardarse.
★ **ACHIMERO.** m. Guat. Buhonero.
★ **ACHIMES.** m. pl. Guat. Buhonerías.
★ **ACHIN.** m. Amér. Central. Buhonero.
★ **ACHINADO, DA.** p.p. de achinar. ‖ 2. adj. Amér. Dícese del individuo que tiene traza de chino. ‖ 3. Amér. Merid. Dícese del mulato o mestizo. ‖ 4. Argent. Aplebeyado. ‖ 5. Chile. Amancebado.

ACHINAR. tr. fam. Acochinar. Ú.t.c.r.
ACHINELADO, DA. p.p. de achinelar. ‖ 2. De figura de chinela.
★ **ACHINERÍA.** f. Hond. Buhonería.
★ **ACHINERO.** m. Guat. Buhonero.
★ **ACHINGAR.** (De *a* y *chingo*, corto.) tr. Amér. Acortar, especialmente los vestidos.

ACHIOTE. (mejic. *achiotl*.) m. Bija, árbol bixáceo, cuya semilla lleva un polvillo muy aplicable en medicina.

★ **ACHIPILCARSE.** r. Chile. Atragantarse.

ACHIQUE. m. Acción y efecto de achicar. ‖ 2. f. Perú. Bruja, hechicera, embaucadora. ‖ **P.** esgotamento; **I.** bailing; **F.** épuisement; **A.** Auspumpen; **It.** aggottatura; **R.** вычерпывание, выкачивание.

ACHIQUILLADO, DA. adj. Aniñado.

★ **ACHIQUITAR.** tr. fam. Argent., Colom., Guat., Méj. y Urug. Achicar, empequeñecer. Ú.t.c.r. ‖ **2.** r. Colom., Guat. y Méj. Acoquinarse.

ACHIRA. (Voz quichua.) f. Bot. Planta sudamericana, de las alismatáceas, que vive en zonas húmedas. Sus hojas machacadas se usan para curar las heridas, y su raíz contra la epilepsia. ‖ **2.** Planta del Perú, de las canáceas, de raíz comestible. ‖ 3. Chile. Cañacoro. ‖ 4. Argent. Planta escitamínea, cuya semilla negra y dura se usa en medicina y en cosmética.

★ **ACHIRAF.** m. Chile. Cañacoro.
★ **ACHIRARSE.** (quich. *chiri*, frío.) r. Colom. Encapotarse el cielo.
★ **ACHIRLAR.** tr. Argent. Poner muy blanda y líquida una cosa espesa. ‖ **2.** fig. Amér. Abochornar o dejar cortado a uno.

ACHISPAR. (De *a* y *chispa*, borrachera.) tr. Poner casi ebria a una persona. Ú.t.c.r.

ACHITABLA. (l. *acetaria*, acedera.) f. Ál. Especie de romaza.

ACHOCADURA. f. Acción y efecto de achocar. ‖ **2.** And. Descalabradura.
ACHOCAR. (De *a* y *choque*.) tr. Arrojar o tirar a alguna persona contra una superficie dura. ‖ **2.** Herir a una persona con algún objeto duro. ‖ 3. fig. y fam. Guardar mucho dinero, colocándolo de canto para que quepa más, en fila. ‖ **4.** And. Descalabrar. ‖ **5.** P. Rico y Rep. Domin. Perder el sentido por haber recibido golpes en la cabeza.

ACHOCOLATADO, DA. adj. De color de chocolate.

ACHOCHARSE. r. fam. Comenzar a chochear, ponerse chocho, caduco.
ACHOLADO, DA. p.p. de acholar. ‖ 2. adj. Amér. Que tiene la tez del color del cholo o mestizo de europeo e india.

ACHOLAR. (De *a* y *cholo*.) tr. fam. Chile y Perú. Correr, avergonzar, amilanar. Ú.t.c.r.

ACHOLARSE. r. Argent. Insolarse, ponerse enfermo por exceso de calor.
ACHOLENCADO, DA. adj. Méj. En Guanajuato, enclenque.

★ **ACHOLOLE.** (mejic. *choloa*, chorrear el agua.) m. Méj. Sobrante de agua de regadío que escapa por los surcos. Ú.m. en pl.

★ **ACHOLOLERA.** f. Méj. Zanja que se abre para recoger el acholole.
★ **ACHOLLONCARSE.** r. Chile. Entre los campesinos, ponerse en cuclillas.
★ **ACHONADO, DA.** adj. Méj. Atontado, indiscreto.

★ **ACHONGAR.** tr. Ant. Abochornar, turbar.

★ **ACHOTAR.** tr. Amér. Central. Teñir una cosa con achiote. ‖ **2.** Pan. Azotar. ‖ 3. r. Imitar a los chotos.
★ **ACHOTE.** m. Bot. Achiote.
★ **ACHOTERA.** f. Amér. Vasija para guardar el achote.

★ **ACHUAL.** m. Bot. Palmera de gran porte que crece a orillas del Amazonas.

ACHUBASCARSE. (De *a* y *chubasco*.) r. Cargarse la atmósfera de nubarrones que traen aguaceros con viento. ‖ **P.** enubiar-se; **I.** to become squally; **F.** se couvrir; **A.** sich mit Regenwolken überziehen (Himmel) **It.** rannuvolarsi; **R.** покрываться дождевыми облаками.

★ **ACHUCUTADO, DA.** p.p. de achucutar. ‖ **2.** adj. Colom., Cuba, Ecuad., Salv. y Venez. Alicaído, acoquinado. ‖ 3. Guat. Marchito.

★ **ACHUCUTAR.** (quich. *achucutari*, acobardarse.) tr. Colom., Cuba, Ecuad., Salv. y Venez. Amilanar, abatir, humillar. Ú.t.c.r. ‖ 2. r. Guat. Alagsse, marchitarse.

ACHUCUYAR. tr. Amér. Central. Abatir, acoquinar. Ú.t.c.r.
★ **ACHUCUYARSE.** r. Hond. y El Salv. Achucutarse.

ACHUCHAR. tr. fam. Aplastar, estrujar con la fuerza de algún golpe o peso. ‖ **2.** fam. Empujar una persona a otra; agredirla violentamente, acorralándola. ‖ 3. fam. And. Sobar, manosear a alguna persona. ‖ **P.** empurrar; **I.** to crush; **F.** aplatir; **A.** erdrücken; **It.** ammaccare; **R.** тискать, стискивать.

ACHUCHAR. (De *a* y *chucho*.) tr. Azuzar, incitar a los perros para que embistan.

ACHUCHARRAR. tr. Colom., Chile y Hond. Achuchar, estrujar. ‖ 2. r. Méj. Encogerse, amilanarse. ‖ 3. tr. Amér. Achicarrar.

ACHUCHÓN. m. fam. Acción y efecto de achuchar, estrujar.
★ **ACHUICARSE.** r. Chile. Retraerse, avergonzarse.
★ **ACHUJAR.** tr. Cuba. Achuzar, azuzar.

ACHULADO, DA. p.p. de achularse. ‖ 2. adj. fam. Que tiene modales de chulo.
ACHULAPARSE. (De *a* y *chulapo*.) r. Achularse

ACHULARSE. r. Adquirir modales de chulo.
★ **ACHUNCHAR.** (De *a* y *chuncho*, cosa de mal agüero.) tr. Bol., Chile, Ecuad. y Perú. Frustrar los proyectos de uno dejándole corrido. Ú.t.c.r. ‖ **2.** Chile. Hacer mal de ojo.

★ **ACHUNE.** f. Ál. Ortiga.
★ **ACHUÑUSCAR.** (De *chuño*.) tr. Chile. Achuchar, estrujar. ‖ 2. Abochornar, desalentar. ‖ 3. r. Achicarse, encogerse.

ACHUPALLA. f. Bot. Planta de la América Meridional, de la familia de las bromeliáceas, de cuyos tallos se hace una horchata muy agradable.

ACHURA. f. Argent. Cualquier intestino o menudo del animal vacuno, lanar o cabrío, o todo otro pedazo de carne considerado como desperdicio. ‖ 2. Min. Perú. Nombre que se daba a una zona de mineral compacto, que ocupa el centro de una veta.

ACHURADOR, RA. m. Argent. El que achura.
ACHURAR. tr. Argent. Quitar las achuras a la res. ‖ 2. fig. y fam. Argent. Herir o matar a tajos a una persona o animal. ‖ 3. Argent. Sacar uno su parte en un despojo, saqueo o expoliación.

★ **ACHURRAR.** tr. Pan. Aplastar.
★ **ACHURRASCAR.** tr. Chile. Ajar una cosa de modo que quede como una churrasca o ramera. Ú.t.c.r.
★ **ACHURRUSCAR.** tr. Chile. Ajar, apretujar, achuchar. ‖ 2. r. Colom. Enrollarse, encogerse.
★ **ACHURUCARSE.** r. Guat. Ponerse churucas o arrugadas las plantas, marchitarse.

★ **ACHUZAR.** tr. Nav. Azuzar a los perros.

AD. (l. *ad*.) prep. ant. A. ‖ **2.** prep. insep. que tiene el mismo valor que a, AD*junto*; o bien denota proximidad: AD*yacente*; o encarecimiento: AD*miro*. ‖ **3.** prep. insep. muy usada en locuciones latinas de uso en nuestro idioma, como AD *hóminen*, AD *hoc*.

ADACILLA. (d. de *adaza*.) f. Bot. Planta, variedad de la adaza, de la cual se distingue por ser ella y su simiente más pequeñas.

ADAFINA. (ár. *ad-dafina*, la oculta o encubierta.) f. Olla que los hebreos colocan al anochecer del viernes en un anafe, cubriéndola con rescoldo y brasas, para comerla el sábado.

ADAGIAL. adj. Perteneciente o relativo al adagio o proverbio.
ADAGIO. (l. *adagium*.) m. Sentencia breve, comúnmente recibida, y, la más veces, moral. ‖ **P.** adágio; **I.** y **F.** adage; **A.** Sprichwort; **It.** adagio; **R.** поговорка, пословица.

ADAGIO. (ital. *adagio*.) adv. Mús. Con movimiento lento. ‖ 2. Mús. Composición o parte de ella que se ha de ejecutar con este movimiento. ‖ **P.** adágio; **I.** y **F.** adagio; **A.** Adagio; **It.** adagio; **R.** адажио.

ADAGUAR. (l. *adaquare*.) intr. Beber el ganado.

ADAHALA. f. des. Adehala.
ADALA. (De *a* y *dala*.) f. Mar. Canal de tablas por donde sale al mar el agua que extrae la bomba.

ADALID. (ár. *ad-dalil*, el guía.) m. Caudillo de gente de guerra. ‖ 2. fig. Guía y cabeza, o muy señalado individuo de algún partido, corporación o escuela. ‖ **P.** adail; **I.** chieftain; **F.** chef; **A.** Anführer; **It.** capo; **R.** командир, начальник.

★ **ADALINA.** f. Terap. Preparación sedante que se emplea como analgésico contra el insomnio nervioso.

ADAMADAMENTE. adv. Blanda, suavemente.

ADAMADO, DA. p.p. de adamarse. || adj. Aplícase al hombre de facciones, talle y modales delicados, como los de la mujer. || 3. Fino, elegante. Aplícase a personas. || 4. Dícese de la mujer vulgar que tiene apariencia de dama.

ADAMADURA. f. Adamar, enamoramiento.

ADAMANTE. (l. *adámas, -antis*, y éste del gr. ἀδάμας.) m. ant. Diamante.

★ **ADAMANTENO.** m. Quím. Hidrocarburo derivado de la nafta.

★ **ADAMANTINO, NA.** (gr. αδαμας, diamante.) adj. Diamantino. Ú.m. en el lenguaje poético. || 2. Med. Relativo al esmalte dental.

★ **ADAMANTONA.** (gr. αδαμας, diamante, y ωμα, tumor.) m. Med. Tumor que se forma en el esmalte dental.

ADAMAR. (De *adamar*.) m. ant. Fineza o prenda de amor o cariño.

ADAMAR. (l. *adamāre; de ad*, a, y *amāre*, amar.) tr. Cortejar, requebrar.

ADAMARSE. (De *a* y *dama*.) r. Adelgazarse el hombre o hacerse delicado como la mujer, afeminarse. || 2. Guat. Adamarse, amancebarse.

ADAMASCADO, DA. p.p. de adamascar. || 2. adj. Parecido al damasco. || **P.** adamascado; **I.** damask linen; **F.** damassé; **A.** Damastleinwand; **It.** damascato; **R.** узорчатый, похожий на дамаск.

ADAMASCAR. tr. Dar a las telas aspecto parecido al damasco. || **P.** adamascar; **I.** to damask; **F.** damasser; **A.** damastartig weben; **It.** damascare; **R.** выделывать узорчатую ткань.

ADAMASCO. m. ant. Damasco, tejido de seda o lana.

ADAMIDOS. (l. *ad-invitūs*, contra su voluntad.) adv. ant. Ambidas.

ADAMISMO. m. Doctrina y secta de los adamitas.

ADAMITA. (De *Adam*, n. p. hebreo, Adán.) adj. Dícese de ciertos herejes del siglo II que celebraban sus reuniones desnudos, a semejanza de Adán en el Paraíso, y que entre otros errores tenían por lícita la poligamia. Ú.m.c.s. y en pl. || 2. Perteneciente o relativo a estos herejes. || 3. f. Miner. Mineral compuesto de arseniato de cinc hidratado y hierro. || **P.** adamita; **I.** adamite; **F.** adamien; **A.** Adamit; **It.** adamita; **R.** адамиты.

ADÁN. m. fig. y fam. Hombre desaliñado, sucio y haraposo. || 2. fig. y fam. Hombre apático y descuidado.

ADANISMO. m. Adamismo. || 2. Multitud de personas desnudas.

ADAPONER. (l. *ad*, a, y *appónere*, poner.) tr. ant. For. Presentar en juicio.

ADAPTABILIDAD. f. Calidad de adaptable.

ADAPTABLE. adj. Capaz de ser adaptado.

ADAPTACIÓN. f. Acción y efecto de adaptar o adaptarse. || 2. Refundición o arreglo de una obra literaria de modo que no atente a los valores del original. || **P.** adaptação; **I.** y **F.** adaptation; **A.** Anpassung; **It.** adattamento; **R.** приспособливание.

ADAPTADAMENTE. adv. Acomodadamente.

ADAPTADOR, RA. adj. Que adapta.

ADAPTANTE. p.a. de adaptar. Que adapta.

ADAPTAR. (l. *adaptāre; de ad*, a, y *aptāre*, acomodar.) tr. Acomodar, ajustar una cosa a otra. Ú.t.c.r. || 2. r. fig. Dicho de persona, acomodarse, avenirse a circunstancias, condiciones, etc. || **P.** adaptar; **I.** to adapt; **F.** adapter; **A.** anpassen; **It.** adattare; **R.** приспособлять.

ADAPUESTO, TA. p.p. irreg. de adaponer.

ADARA. f. Estrella notable de la constelación del Can Mayor.

ADÁRAGA. f. ant. Adarga.

ADARAJA. (ár. *ad-daraya*, el escalón.) f. Arq. Diente, parte que se deja saliente en un edificio en construcción, para que al continuar la obra quede todo bien enlazado. || **P.** pedra saliente da parede; **I.** toothing; **F.** pierre d'attente; **A.** Mauerzahn; **It.** addentellato; **R.** ступень, уступ.

ADÁRAME. m. ant. Adarme.

ADARCE. (l. *adarce*, y éste del gr. ἀδάρκη.) m. Costra salina que las aguas del mar forman en los objetos que mojan. || **P., I.** e **It.** adarce; **F.** adarca; **A.** Meersalzkruste; **R.** корка от морской воды.

ADARDEAR. tr. p. us. Herir con dardo.

ADARGA. (ár. *ad-daraqa*, el escudo de piel.) f. Escudo de cuero, ovalado o de figura de corazón. De origen arábigo se usó mucho en España a finales de la Edad Media. || **P.** adarga; **I.** leather shield; **F.** adargue; **A.** Tartsche; **It.** targa; **R.** овальный илисердцевидный кожаный щит.

ADÁRGAMA. (ár. persa *ad-darmaka*, la harina muy blanca y pura.) f. ant. Harina de flor.

ADARGAR. tr. Cubrir con la adarga para defensa. Ú.t.c.r. || 2. fig. Defender, proteger. Ú.t.c.r.

ADARGUERO, RA. m. y f. El que hacía adargas, y también el que las usaba.

ADARME. (ár. *ad-dirham*, la dracma, octava parte de la onza, la moneda de plata.) m. Peso que tiene tres tomines y equivale a 179 centigramos. || 2. fig. Cantidad o porción mínima de una cosa. || *Por* ADARMES. m. adv. fig. En cortas porciones o cantidades, con mezquindad. || **P.** y **F.** adarme; **I.** dram; **A.** Quentchen; **It.** dramma; **R.** адарме (мера веса).

ADARVAR. (ár. *ad-darba*, el golpe, la turbación.) tr. Pasmar, aturdir. Ú.t.c.r.

ADARVAR. tr. Fortificar con adarves.

ADARVE. (ár. *ad-darb*, el camino estrecho, el desfiladero.) m. Camino detrás del parapeto y en lo alto de una fortificación. || 2. Muro de una fortaleza. || 3. fig. Protección, defensa.

ADATAR. tr. Datar, sentar las cuentas de la data. Ú.m.c.r.

ADAZA. (ár. *adasa*, lenteja.) f. Zahína.

AD BONA. expr. lat. For. Dícese del curador o persona encargada por nombramiento judicial de cuidar y administrar los bienes de un menor.

AD CALENDAS GRAECAS. expr. adv. l. Usada para designar un plazo que nunca ha de cumplirse.

AD CAUTÉLAM. expr. l. For. Dícese del recurso, escrito o acto que se formaliza sin creerlo necesario, previendo apreciación distinta del juzgador.

ADECENAMIENTO. m. Acción de adecenar.

ADECENAR. tr. Ordenar y dividir por decenas.

ADECENTAR. tr. Poner decente. Ú.m. c.r.

ADECUACIÓN. (l. *adaequatĭo, -ōnis*.) f. Acción de adecuar o adecuarse. || 2. Mat. Identidad.

ADECUADAMENTE. adv. A propósito, con oportunidad, con adaptación. || **P.** adequadamente; **I.** adequately; **F.** justement; **A.** passend; **It.** adeguatamente; **R.** приспособленно.

ADECUADO, DA. p.p. de adecuar. || 2. adj. Apropiado o acomodado a las condiciones, circunstancias u objeto de alguna cosa. || **P.** adequado; **I.** adequate; **F.** convenable; **A.** geeignet; **It.** adeguato; **R.** приспособленный, прилаженный.

ADECUAR. (l. *adaequāre; de ad*, a, y *aequāre*, igualar.) tr. Proporcionar, acomodar, apropiar una cosa con otra. Ú.t.c.r. || **P.** adequar; **I.** to adequate; **F.** égaler; **A.** anmessen; **It.** adeguare; **R.** уравнивать, прилаживать.

ADECUJA. f. ant. Especie de vasija o jarro usado por los moriscos de Andalucía.

★ **ADEDICA.** f. Bot. Cuba. Planta silvestre, de las rubiáceas, a la que se atribuye propiedades medicinales.

ADEFAGIA. (gr. ἀδηφαγία.) f. Zool. Voracidad.

ADÉFAGO, GA. (gr. ἀδηφάγος; de ἄδην, mucho, y φαγεῖν, comer.) adj. Zool. Voraz, glotón. || 2. Dícese de insectos coleópteros voraces, entre los que se encuentra el escarabajo.

★ **ADEFECIERO, RA.** adj. Perú y Chile. Adefesiero.

ADEFERA. (ár. *ad-dafíra*, la trenza, la cinta.) Azulejo pequeño y cuadrado que se usaba en frisos y pavimentos.

★ **ADEFESIERO, RA.** (De *adefesio*.) adj. Amér. Merid. Dícese del que viste de modo estrambótico o ridículo. || 2. Chi-

le, Ecuad. y Perú. Aplíquese a la persona que dice despropósitos o hace adefesios.

ADEFESIO. (De *ad ephesios*.) m. fam. Despropósito, disparate, extravagancia. Ú. m. en pl. || 2. fam. Traje, prenda de vestir o adorno ridículo y extravagante. || 3. fam. Persona de exterior ridículo y extravagante.

AD EFESIOS. (De *ad ephesios*, con alusión a la epístola de San Pablo a los efesios.) expr. a v. fam. Disparatadamente, saliéndose del propósito del asunto.

ADEFINA. f. Adafina. || 2. ant. Secreto.

ADEFUERA. adv. ant. Por defuera. || 2. amb. pl. ant. Afueras, parte exterior.

ADEGAÑO, ÑA. adj. ant. Aledaño. Usáb.t.c.s. y más generalmente en pl.

ADEHALA. (ár. *ad-dajála*, la entrada, el ingreso.) f. Lo que se da de gracia o se fija como obligatorio sobre el precio de aquello que se compra o toma en arrendamiento. || 2. Lo que se agrega de gajes o emolumentos al sueldo de algún empleo o comisión, || 3. Gratificación.

ADEHESAMIENTO. m. Acción y efecto de adehesar o adehesarse.

ADEHESAR. tr. Hacer dehesa alguna tierra. Ú.t.c.r.

ADELANTADAMENTE. adv. Anticipadamente.

ADELANTADO, DA. p.p. de adelantar. || 2. adj. Precoz, de aptitudes prematuras. || 3. Aventajado, excelente, superior. || 4. fig. Atrevido, imprudente. || 5. m. En lo antiguo, gobernador militar y político de una provincia fronteriza. || 6. En lo antiguo, y en tiempos de paz, presidente o justicia mayor del reino o de provincia o distrito determinado, y capitán general en tiempos de guerra. || —**de la corte** o **del rey.** El que oía las alzadas hechas ante el rey por personas agraviadas en sentencias de jueces, cuando el rey no podía administrar justicia por sí mismo. || —**de mar.** Persona a quien se confiaba el mando de una expedición marítima, concediéndole de antemano el gobierno de las tierras que descubriese o conquistase. || *Por* ADELANTADO. m. adv. Anticipadamente. || **P.** adiantado; **I.** advanced; **F.** avancé; **A.** Vorgeschritten; **It.** avanzato; **R.** ранний, преуспевающий.

ADELANTADOR, RA. adj. Que adelanta. Ú.t.c.s.

ADELANTAMIENTO. m. Acción y efecto de adelantar o adelantarse. || 2. Dignidad de adelantado. || 3. Territorio de su jurisdicción. || 4. fig. Medra, mejora.

ADELANTAR. tr. Mover o llevar hacia adelante. Ú.t.c.r. || 2. Acelerar, apresurar. || 3. Anticipar. || 4. Ganar la delantera a alguno andando o corriendo. Ú.m.c.r. || 5. Correr hacia adelante las saetas del reloj. || 6. fig. Aumentar, mejorar. || 7. fig. Añadir o inventar en alguna materia. || 8. Exceder a alguno, aventajarle. Ú.t.c.r. || 9. intr. Andar el reloj con más velocidad que la debida, y señalar, por tanto, hora indebida. Ú.t.c.r. || 10. Progresar en estudios, posición social, etc. || **P.** adiantar; **I.** to advance; **F.** avancer; **A.** vorwärtsbringen; **It.** avanzare; **R.** подвигать вперёд, ускорять.

ADELANTE. (De *a* y *delante*.) adv. Más allá. *No podemos ir más* ADELANTE. || 2. Hacia la parte opuesta a otra. *Venir por el camino* ADELANTE. || 3. adv. Con preposición antepuesta o siguiendo inmediatamente a algunos adverbios de tiempo, denota tiempo futuro. *Para más* ADELANTE. || **P.** adiante; **I.** farther; **F.** au delà; **A.** vorwärts; **It.** avanti; **R.** впереди, вперёд.

ADELANTO. m. Anticipo. || 2. Adelantamiento, progreso, desarrollo. || **P.** avanço; **I.** advancement; **F.** avancement; **A.** Fortsschritt; **It.** avanzamento; **R.** аванс, достижение.

ADELFA. (ár. *ad-diflà*, y éste del gr. δάφνη.) f. Bot. Arbusto de la familia de las apocináceas, muy ramoso. Es venenoso. Florece en verano y abunda en el Mediodía de España. || 2. Flor de esta planta. || **P.** adelfa; **I.** oleander; **F.** laurierrose; **A.** Oleander; **It.** oleandro; **R.** олеандр.

ADELFAL. m. Sitio poblado de adelfas.

ADÉLFICO, CA. adj. Perteneciente o relativo a la adelfa.

A

ADELFILLA. (d. de *adelfa*.) Bot. Mata de la familia de las timeleáceas. ‖ P. trovisco; I. daphne; F. lauréole; A. Weidenröschen; It. laureola; R. дикий лавр.

ADELGAZADOR, RA. adj. Que sirve para adelgazar.

ADELGAZAMIENTO. m. Acción y efecto de adelgazar o adelgazarse.

ADELGAZAR. (De *a*, y *delgazar*.) tr. Poner delgada a una persona o cosa. Ú.t.c.r. ‖ 2. fig. Purificar, depurar alguna materia. ‖ 3. Discurrir con sutileza. ‖ 4. tr. enflaquecer. ‖ P. adelgaçar; I. to thin; F. amincir; A. verdünnen, abmagern; It. assottigliare; R. худеть.

ADELIÑAR. (l. *ad*, a, y *delineãre*, de *linĕa*, línea.) tr. ant. Aliñar, componer, enmendar. Usáb.t.c.r. ‖ 2. intr. ant. Dirigirse, encaminarse.

ADELIÑO. m. ant. Aliño.

★ **ADELIPARIA.** f. Pat. Obesidad.

ADEMA. (ár. *ad-di'ma*, el poste.) f. Min. Ademe.

ADEMADOR. m. Min. Operario que hace o pone ademes.

ADEMÁN. (l. *ad*, a; *de*, de, y *manus*, manos.) m. Movimiento o actitud con que se manifiesta un afecto del ánimo. *Hizo* ademán *de pegar*. ‖ 2. m. pl. Modales. ‖ En ademán *de*. m. adv. En actitud de ir a ejecutar alguna cosa. ‖ P. ademane; I. gesture; F. geste; A. Gebärde; It. gesto; R. жест, движение.

ADEMAR. tr. Min. Poner ademes.

ADEMÁS. (De *a* y *demás*.) adv. A más de esto o aquello. ‖ 2. p. us. Con demasía o exceso. ‖ P. ademais, demais; I. beyond; F. outre, en outre; A. ausserdem; It. oltre; R. сверх, кроме.

ADEME. (ár. *ad-da'm*, el sostén, el apoyo.) m. Min. Madero que sirve para entibar. ‖ 2. Min. Cubierta o forro de madera con que se aseguran y resguardan los tiros, pilares y otras obras en los trabajos subterráneos. ‖ P. madeiro; I. shore; F. étançon; A. Trempel; It. puntello; R. столб.

ADEMPRIBIAR. tr. Ar. Acotar o fijar los términos de un adempribio.

ADEMPRIBIO. m. Ar. Terreno de pastos común a dos o más pueblos.

ADEMPRIO. m. Ar. Adempribio.

ADENIA. (gr. ἀδήν, glándula.) f. Med. Hipertrofia simple de los ganglios linfáticos. ‖ 2. Bot. Género de plantas plasiforáceas.

ADENITIS. (gr. ἀδήν, glándula.) f. Inflamación de los ganglios linfáticos. ‖ P. e It. adenite; I. adenitis; F. adénite; A. Drüsenentzündung.

★ **ADENOGRAFÍA.** (gr. ἀδήν, glándula, y γράφω, describir.) f. Anat. Descripción anatómica de las glándulas. ‖ P. adenografia; I. adenography; F. adénographie; A. Drüsenbeschreibung; It. adenografia; R. аденография.

ADENOIDEO, A. (gr. ἀδήν, glándula, y εἶδος, forma.) adj. Pat. Perteneciente a las glándulas y a los ganglios linfáticos, o parecido al tejido de una glándula.

ADENOLOGÍA. (gr. ἀδήν, glándula, y λόγος, discurso.) f. Anat. Tratado de las glándulas. ‖ P. e It. adenologia; I. adenology; F. adénologie; A. Drüsenkunde; R. аденология.

ADENOMA. (l. ἀδήν, glándula, y *oma*, terminación que en medicina significa tumor.) m. Med. Tumor de estructura semejante a la de las glándulas. ‖ 2. Med. Hipertrofia glandular. ‖ P., I e It. adenoma; F. adénome; A. Drüsenhypertrophie; R. опухоль.

ADENOPATÍA. Med. f. Enfermedad de las glándulas, particularmente de los ganglios linfáticos. ‖ I. adenopathy; F. adénopathie; A. Drüsenkrankheit; It. adenopatia; R. аденопатия.

ADENOSO, SA. (gr. ἀδήν, glándula.) adj. des. Glanduloso.

★ **ADENOTA.** m. Zool. Género de antílopes de color blancoamarillento, que habita en África. ‖ P. e It. adenoto; I. y A. Adenot; F. adénote.

ADENSAR. (l. *addensãre*; de *ad*, a, y *densus*, denso.) tr. p. us. Condensar, reducir de volumen.

ADENTELLAR. (Del m. or. que *dentellar*.) tr. Hincar los dientes. ‖ 2. p. us.

Morder, someter a una plancha a la acción del agua fuerte. ‖ 3. Arq. Dejar en una pared dientes o adarajas. ‖ 4. rec. fig. Enojarse. ‖ 5. fig. Enseñarse los dientes, darse dentelladas. ‖ P. adentar; I. to bite; F. mordre; A. (zu)beissen; It. addentare; R. вонзить зубы, кусать.

ADENTRARSE. (De *adentro*.) r. Penetrar en el interior de una cosa. ‖ 2. Pasar por dentro.

ADENTRO. (De *a* y *dentro*.) adv. A o en lo interior. Suele ir pospuesto a nombres sustantivos. Mar adentro. ‖ 2. m. pl. Lo interior del ánimo. *En sus* adentros *siente lo contrario de lo que dice*. ‖ ¡adentro! interj. que se usa para ordenar o invitar a una o varias personas a que entren en un sitio. ‖ P. adentro; adelante!; I. whithin; come in!; F. dedans; entrez!; A. hinein; herein!; It. dentro; entrate!; R. внутрь.

ADEPTO, TA. (l. *adeptus*.) adj. Iniciado en los secretos de la alquimia. Ú.t.c.s. ‖ 2. Por ext. afiliado en alguna secta o asociación. Ú.t.c.s. ‖ 3. Partidario de alguna persona o idea. Ú.t.c.s. ‖ P. adepto; I. adept; F. adepte; A. Anhänger; It. adepto; R. сведущий, посвящённый.

ADERAR. (l. *adaerãre*; de *ad*, a, y *aes*, *aeris*, dinero.) tr. ant. Tasar a dinero.

ADEREZADO, DA. p.p. de aderezar. ‖ 2. adj. Favorable, propicio.

ADEREZAMIENTO. m. Aderezo, acción de aderezar.

ADEREZAR. (De *a* y *derezar*.) tr. Componer, adornar. Ú.t.c.r. ‖ 2. Guisar los manjares. ‖ 3. Condimentar o sazonar los manjares. ‖ 4. Disponer o preparar. Ú.t.c.r. ‖ 5. Remendar o componer alguna cosa. ‖ 6. Componer algunas bebidas. ‖ 7. Preparar con goma algunos tejidos para darles consistencia y buena apariencia. ‖ 8. Guiar, dirigir, encaminar. Ú.t.c.r. ‖ 9. fig. Acompañar alguna acción con algo que le añade gracia y adorno.

ADEREZO. (De *aderezar*.) m. Acción y efecto de aderezar o aderezarse. ‖ 2. Aquello con lo que se adereza alguna persona o cosa. ‖ 3. Prevención, aparejo, disposición de lo necesario y conveniente. ‖ 4. Juego de algunas joyas con que se adornan las mujeres, y que suele componerse de collar, pendientes y pulsera. ‖ 5. Arreos para el manejo y ornato del caballo. ‖ 6. Guarnición de ciertas armas blancas, y boca y contera de su vaina. ‖ Medio aderezo. Juego de joyas que sólo se compone de pendientes y un alfiler para el pecho. ‖ P. adereço; I. dressing; F. ornement; A. Schmuck; It. acconciatura; R. укра шение, убранство.

ADERMAR. (ár. *aṭ-tarm*, o *ad-darm*, la melladura.) tr. Ar. Hacer mellas, roturas o hendiduras en el filo del astral, de resultas de un golpe.

ADERRA. (ár. *ad-dãrra*, lo que exprime y hace fluir.) f. Maromilla de esparto o de junco con que se aprieta el orujo.

ADERREDOR. adv. ant. Alrededor, en torno.

ADESTRADO, DA. p.p. de adestrar. ‖ 2. adj. Blas. Dícese del escudo que al lado diestro tiene alguna partición o blasón, y también de la figura o blasón principal a cuya diestra hay otro. ‖ P. adextrado; I. trained; F. dressé, adroit; A. abgerichtet; It. addestrato.

ADESTRADOR, RA. adj. Adiestrador. Ú.t.c.s.

ADESTRAMIENTO. m. Adiestramiento.

ADESTRANZA. f. ant. Adiestramiento.

ADESTRAR. tr. Adiestrar.

ADESTRÍA. f. ant. Destreza, habilidad, arte.

ADEUDAR. (De *a* y *deuda*.) tr. Meter en deudas o entrampar, refiriéndose a personas; deber o tener deudas, refiriéndose a complemento de cosas. Ú.m.c.r. ‖ 2. Satisfacer impuestos o contribución. ‖ 4. Com. Cargar en cuenta una partida. ‖ 5. r. Endeudarse. ‖ P. dever; I. to owe; F. débiter; A. schuldig sein; It. dovere; R. задолжать.

ADEUDAR. (De *a* y *deudo*.) intr. Contraer deudo o emparentar.

ADEUDO. m. Deuda, obligación que

se tiene que pagar. ‖ 2. Cantidad que se tiene que pagar por derechos de arancel en las aduanas. ‖ 3. Com. Acción y efecto de adeudar.

ADHERECER. (l. *adhaerescĕre;* de *ad*, a, y *haerescĕre*, estar unido.) intr. ant. Adherir, unir.

ADHERENCIA. f. Unión física, pegadura de las cosas. ‖ 2. Unión anormal de algunas partes del cuerpo que naturalmente deben estar separadas. ‖ 3. fig. Enlace, conexión, parentesco. ‖ 4. Parte añadida. ‖ P. aderência; I. adherence; F. adhérence; A. Anhang; It. aderenza; R. сцепление, связь.

ADHERENTE. (l. *adhaerens, -entis*.) p.a. de adherir. Que adhiere o se adhiere. ‖ 2. adj. Anexo, unido o pegado a una cosa. ‖ 3. m. Requisito o instrumento necesario para alguna cosa. Ú.m. en pl. ‖ P. e It. aderente; I. adherent; F. adhérent; A. Anhänger; R. примыкающии.

ADHERIR. (l. *adhaerĕre;* de *ad*, a, y *haerĕre*, estar unido.) intr. Pegarse una cosa con otra. Ú.m.c.r. ‖ 2. fig. Convenir en un dictamen o partido y abrazarlo. Ú.m.c.r. ‖ 3. r. For. Utilizar, quien no lo había interpuesto, el recurso entablado por la parte contraria. ‖ P. aderir; I. to adhere; F. adhérer; A. anhangen; It. adhere; R. плотно прилегать.

ADHESIÓN. (l. *adhaesio, -ōnis*.) f. Adherencia, de dos cosas que están desunidas. ‖ 2. fig. Acción y efecto de adherir o adherirse. ‖ P. adeção; I. adhesion; F. adhésion; A. Hingabe; It. adesione; R. соединение.

ADHESIVIDAD. f. Calidad de adhesivo.

ADHESIVO, VA. (l. *adhaesum*, sup. de *adherĕre*, adherir.) adj. Capaz de adherirse. ‖ P. e It. adesivo; I. adhesive; F. adhésif; A. anhaftend; R. липкий, клейкий.

ADHIBIR. (l. *adhibĕre*.) tr. Ar. Unir, agregar.

AD HOC. (Lit., *para esto*.) expr. adv. l. que se aplica a lo que se dice o hace sólo para un fin determinado.

AD HÓMINEM. (Lit., *al hombre*.) expr. l. Lóg. Se emplea para designar el argumento fundado en las opiniones o actos de la misma persona a quien se arguye.

ADHORTAR. (l. *adhortãri;* de *ad*, a, y *hortãri*, exhortar.) tr. ant. Exhortar, inducir con razones o ruegos.

★ **ADIABÁTICO, CA.** (gr. ἀ, priv., y διά-βατος; atravesable.) adj. Fís. Que no absorbe ni transmite calor. ‖ 2. Fís. Dícese de las transformaciones termodinámicas experimentadas por un cuerpo o sistema de cuerpos que no intercambian calor con el exterior.

ADIADO, DA. p.p. de adiar. ‖ 2. adj. Aplícase al día designado para ejecutar algo.

ADIAFA. (ár. *aḍ-ḍiyãfa*, el convite, la hospitalidad.) f. Regalo o refresco que se daba a los marineros al llegar a puerto después de un viaje.

ADIAFORESIS. f. Med. Supresión de la transpiración cutánea.

ADIAMANTADO, DA. p.p. de adiamantar. ‖ 2. adj. Parecido al diamante en la dureza o en otra de sus cualidades.

ADIAMIENTO. m. ant. Acción y efecto de adiar.

ADIANO, NA. (De *edad*, con la terminación de *anciano*.) adj. ant. De edad, desarrollado, crecido, provecto, antiguo.

ADIAR. tr. Señalar día fijo para hacer algo.

ADICIÓN A DÍE. (l. *addictio a die*.) loc. For. Pacto en virtud del cual recibe el comprador la cosa con la condición de que la venta quede rescindida si en plazo señalado encuentra el vendedor quien le dé más.

ADICIÓN IN DÍEM. loc. For. Adición a díe.

★ **ADICIDAD.** (l. *adicĕre*, por *adjicĕre*, agregar.) f. Valencia, atomicidad.

ADICIÓN. (l. *additio, -ōnis*.) f. Acción y efecto de añadir o agregar. ‖ 2. Añadidura que se hace en alguna obra o escrito. ‖ 3. Reparo o nota que se pone a las cuentas. ‖ 4. Mat. Operación de sumar. ‖ P. adição; I. y F. addition; A. Addition; It. addizione; R. прибавление, добавление.

ADICIONADOR, RA. adj. Que adiciona. Ú.t.c.s.

ADICIONAL. adj. Dícese de aquello que se adiciona. || **P.** adicional; **I.** addittional; **F.** additionnel; **A.** zusätzlich; **It.** addizionale; **R.** дополнительный.

ADICIONAR. tr. Hacer o poner adiciones. || **P.** adicionar; **I.** to add; **F.** additionner; **A.** addieren; **It.** sommare; **R.** прибавлять, добавлять.

ADICIÓN DE LA HERENCIA. (Traducción de la fr. l. *aditio haereditatis*.) loc. For. Acción y efecto de adir la herencia.

ADICTO, TA. (l. *addictus*.) adj. Dedicado, muy inclinado, apegado. Ú.t.c.s. || **2.** Unido o agregado a otros u otros para entender en algún asunto o desempeñar algún cargo o ministerio. Ú.t.c.s. || **3.** Secuaz, partidario. || **P.** adicto; **I.** addicted, partizan; **F.** partisan; **A.** Anhänger; **It.** adeso, partigiano; **R.** приверженный, склонный.

A DÍE. expr. l. For. Sólo se usa en la expr. lat. *Adicción* A DÍE.

ADIESO. (l. *ad id ipsum* [*tempus*], al mismo tiempo.) adv. ant. Al punto, al instante, luego.

ADIESTRADO, DA. p.p. de adiestrar. || **2.** adj. Blas. Dícese de la pieza a cuya derecha se pone otra.

ADIESTRADOR, RA. adj. Que adiestra. Ú.t.c.s.

ADIESTRAMIENTO. m. Acción y efecto de adiestrar o adiestrarse. || **P.** adestramento; **I.** training; **F.** dressage; **A.** Unterweissung; **It.** addestramento; **R.** тренировка.

ADIESTRAR. tr. Hacer diestro. Ú.t. c.r. || **2.** Enseñar, instruir. Ú.t.c.r. || **3.** Guiar, encaminar. || **P.** adestrar; **I.** to train; **F.** dresser; **A.** abrichten; **It.** addestrare; **R.** дрессировать, обучать.

ADIETAR. tr. Poner a dieta. Ú.t.c.r. || **P.** adietar; **I.** to diet; **F.** mettre à la diète; **A.** eine Diät vorschreiben; **It.** dietare; **R.** сажать на диету.

★ **ADIFÉS.** adv. Amér. Adrede, de propósito.

ADINAMIA. (gr. ἀδυναμία, de ά, priv., y δύναμις, fuerza.) f. Med. Debilidad o postración de las fuerzas del organismo. || **P.** e **It.** adinamia; **I.** adynamia; **F.** adynamie; **A.** Kraftlosigkeit; **R.** угнетённое состояние.

ADINÁMICO, CA. adj. Med. Perteneciente o relativo a la adinamia. || **2.** Que padece adinamia.

ADINERADO, DA. p.p. de adinerar. || **2.** adj. Que tiene mucho dinero.

ADINERAR. tr. Ar. Reducir a dinero los efectos o créditos. || **2.** r. fam. Hacerse rico. || **P.** reduzir a dinheiro; **I.** to convert into money, to grow rich; **F.** s'énrichir; **A.** zu Geld machen; **It.** realizare, arricchirsi; **R.** разбогатеть.

ADINTELADO, DA. adj. Arq. Dícese del arco que degenera en línea recta.

★ **ADINTELAR.** (De *dintel*.) tr. Arq. Poner dinteles. || **2.** Dar a una estructura forma de dintel. || **3.** Rematar un arco en línea recta.

ADIÓS. interj. usada para despedirse. Se escribe indistintamente A DIOS, o ADIÓS. || **2.** m. Despedida. || **P.** adeus; **I.** good bye; **F.** adieu; **A.** Lebewohl; **It.** addio; **R.** прощай.

★ **ADIPAL.** (l. *adipālis*, de *adeps*, grasa.) adj. Graso.

ADIPOCIRA. (l. *adipocēra*; de *adeps*, grasa, y *cera*, cera.) f. Grasa cadavérica. Substancia adiposa o grasa, jabón amoniacal procedente de la descomposición de los cadáveres. || **P.** e **It.** adipocira; **I.** adipocire, adipocere; **F.** adipocire; **A.** Leichenfett; **R.** жир от трупа.

★ **ADIPÓMETRO.** (l. *adeps*, grasa, y gr. μέτρον, medida.) m. Med. Instrumento usado para medir el espesor de la piel.

ADIPOSIDAD. f. Calidad de adiposo. || **P.** adiposidade; **I.** adiposity; **F.** adiposité; **A.** Fettigkeit; **It.** adiposità; **R.** сальный.

★ **ADIPOSIS.** (l. *adeps*, *-ĭpis*, grasa.) f. Med. Obesidad. || **P.** e **It.** adiposi; **F.** adipose; **A.** Fettigkeit; **It.** adiposi; **R.** тучность.

ADIPOSO, SA. (l. *adipōsus*.) adj. Zool. Grasiento, cargado de grasa o gordura; de la naturaleza de la grasa. || **2.** Dícese espe-

cialmente del tejido formado por células de grasa. || **P.** e **It.** adiposo; **I.** adipose; **F.** adipeux; **A.** fetthaltig; **R.** жирный.

★ **ADIPOSURIA.** (l. *adeps*, grasa, y gr. ουρον, orina.) f. Med. Presencia de grasa en la orina.

ADIPSIA. f. Med. Falta de sed por un largo plazo. || **P.** e **It.** adipsia; **I.** adipsy; **F.** adipsie; **A.** Durstlosigkeit.

ADIR. (l. *adīre*; de *ad*, a, e *ire*, ir.) tr. For. Aceptar la herencia.

ADITAMENTO. (l. *additamentum*.) m. Añadidura.

★ **ADITAMIENTO.** m. Ecuad. Aditamento.

ADITICIO, CIA. (l. *addĭtus*.) adj. Añadido.

★ **ADITIVO, VA.** (l. *addĭtīvus*, que se añade.) adj. Mat. Que puede o debe agregarse o sumarse.

ADIVA. f. Adive.

ADIVAS. (ár. *aḏ-ḏi' ba*.) f. pl. Veter. Cierta inflamación de garganta en las bestias. || **P.** vivulas; **I.** vives; **F.** avives; **A.** Feifel; **It.** vívole.

ADIVE. (ár. *aḏ-ḏi'b*, el lobo.) m. Zool. Mamífero carnicero parecido a la zorra.

ADIVINACIÓN. f. Acción y efecto de adivinar. || **P.** adivinhação; **I.** y **F.** divination; **A.** Wahrsagerei; **It.** divinazione; **R.** прорицание, гадание.

ADIVINADOR, RA. adj. Que adivina. Ú.t.c.s.

ADIVINAJA. (l. *ad*, a, y *divinacŭla*, pl. de *divinacŭlum*.) f. fam. Acertijo.

ADIVINAMIENTO. m. Adivinación. Que adivina.

ADIVINANTE. p.a. de adivinar. Que adivina.

ADIVINANZA. f. Adivinación. || **2.** Acertijo.

ADIVINAR. (l. *addivināre*.) tr. Predecir lo futuro o descubrir las cosas ocultas, por medio de agüeros o sortilegios. || **2.** Descubrir por conjeturas alguna cosa oculta o ignorada. || **3.** Tratándose de un enigma, acertar lo que quiere decir. || **P.** adivinhar; **I.** to divine; **F.** deviner; **A.** wahrsagen, vorhersagen; **It.** indovinare; **R.** предсказывать.

ADIVINATORIO, RIA. adj. Que incluye adivinación o se refiere a ella.

A DIVINIS. expr. l. que se usa en la loc. *Cesación* A DIVINIS, con que se designa la pena eclesiástica de suspensión de los oficios divinos.

ADIVINO, NA. m. y f. Persona que adivina, prediciendo lo futuro o descubriendo lo oculto. || **P.** adivinho; **I.** soothsayer; **F.** devin; **A.** Wahrsager; **It.** indovino; **R.** предсказатель.

ADJETIVACIÓN. f. Acción de adjetivar o adjetivarse.

ADJETIVADAMENTE. adv. Gram. A manera, o con valor y significación de adjetivo.

ADJETIVAL. adj. Adjetivo, que pertenece al adjetivo, o que participa de su naturaleza.

ADJETIVAR. tr. Concordar una cosa con otra, como en la gramática el substantivo con el adjetivo. || **2.** Gram. Aplicar adjetivos. || **3.** Gram. Dar al nombre valor de adjetivo. Ú.t.c.r. || **4.** Poner apodos.

ADJETIVO, VA. (l. *adiectivus*, de *adiectus*, agregado.) adj. Que dice relación a una cualidad o accidente. || **2.** Perteneciente al adjetivo. || **3.** Gram. Dícese de cualquiera de los verbos distintos al verbo *ser*, que es el único verbo substantivo. || **4.** m. Gram. Parte de la oración que se une al substantivo para calificarlo o determinarlo. || **P.** adjetivo; **I.** adjective; **F.** adjectif; **A.** Adjektiv; **It.** addiettivo; **R.** имя прилагательное.

ADJUDICACIÓN. (l. *adiudicatĭo*, *-ōnis*.) f. Acción y efecto de adjudicar o adjudicarse. || **P.** adjudicação; **I.** y **F.** adjudication; **A.** Zusprechung; **It.** aggiudicazione; **R.** присуждение, присвоение.

ADJUDICADOR, RA. adj. Que adjudica. Ú.t.c.s.

ADJUDICAR. (l. *adiudicāre*; de *ad*, a, y *iudicāre*, juzgar.) tr. Declarar que una cosa corresponde a una persona, o conferírsela en satisfacción de algún derecho. || **2.** r. Apropiarse uno alguna cosa. || **P.** adjudicar; **I.** to adjudge; **F.** adjuger; **A.** zuschlagen; **It.** aggiudicare; **R.** присуждать, присваивать.

ADJUDICATARIO, RIA. m. y f. Persona a quien se adjudica alguna cosa.

ADJUNCIÓN. (l. *adiunctĭo*, *-ōnis*, unión, enlace.) f. For. Acción ocasionada por la unión de dos cosas muebles de distintos dueños, pero de manera que puedan separarse. || **2.** Añadidura, agregación. || **P.** adjunção; **I.** adjunction; **F.** adjonction; en **2.ª** acep.: **A.** Hinzufügung; **It.** aggiunzione; **R.** присоединение.

° **ADJUNTAR.** v. Enviar algo adjuntamente, en especial en cartas.

ADJUNTO, TA. (l. *adiunctus*.) adj. Que va o está unido con otra cosa. || **2.** Dícese de la persona que acompaña a otra para entender con ella en algún negocio, cargo o trabajo. Ú.t.c.s. || **3.** Gram. Dícese del nombre adjetivo. Ú.t.c.s. || **4.** m. Aditamento, añadidura. || **P.** adjunto; **I.** joined, adjunct; **F.** adjoint; **A.** anliegend; **It.** aggiunto; **R.** присоединённый, приложенный.

ADJURABLE. (De *adjurar*.) adj. ant. Aplicábase a la persona o cosa por quien se podía jurar.

ADJURACIÓN. (l. *adiuratĭo*, *-ōnis*.) f. ant. Conjuro. || **2.** ant. Imprecación. || **P.** adjuração; **I.** y **F.** adjuration; **A.** Verschwörung; **It.** scongiuroe; **R.** заговор.

ADJURADOR. (l. *adiurātor*.) m. ant. Conjurador o exorcista.

ADJURAR. (l. *adiurāre*; de *ad*, y *iurāre*, jurar.) tr. ant. Conjurar, exorcizar.

ADJUTOR, RA. (l. *adiŭtor*.) adj. Que ayuda a otro. Ú.t.c.s.

ADJUTORIO. (l. *adiutorium*.) m. ant. Ayuda, auxilio.

AD LÍBITUM. expr. adv. l. A gusto, a voluntad.

AD LÍTEM. expr. l. For. Se usa en la loc. forense *Curador* AD LITEM, con que se designa la persona nombrada judicialmente para seguir el pleito y defender los derechos de un menor.

ADMINICULAR. (l. *adminiculāre*, de *adminicŭlum*, apoyo.) tr. Ayudar con algunas cosas a otras para darles mayor virtud o eficacia. Ú.m. en lo forense.

ADMINÍCULO. (l. *adminicŭlum*; de *ad*, a, y *manicŭla*, manecilla.) m. Lo que sirve de ayuda o auxilio para una cosa o intento. || **2.** Cada uno de los objetos que se llevan a prevención para servirse de ellos en caso de necesidad. Ú.m. en pl. || **P.** adminículo; **I.** adminicle; **F.** adminicule; **A.** Behelf; **It.** amminicolo; **R.** иодкреипение, иоддержка.

ADMINISTRACIÓN. (l. *administratĭo*, *-ōnis*.) f. Acción de administrar. || **2.** Empleo de administrador. || **3.** Local donde el administrador y sus dependientes ejercen su empleo. || **4.** Conjunto de los funcionarios o empleados encargados de un servicio. || —**activa.** Acción del gobierno al dictar las disposiciones necesarias para el cumplimiento de las leyes, y a resolver las reclamaciones a que dé lugar lo mandado. || —**contenciosa.** Acción del fuero judicial competente para resolver en agravios causados por actos administrativos. || —**de justicia.** Acción de los tribunales a quienes pertenece la potestad de aplicar las leyes en los juicios civiles y criminales. || *Por* ADMINISTRACIÓN. m. adv. Por los órganos de la administración pública o activa, no por contratista. || **P.** administração; **I.** y **F.** administration; **A.** Verwaltung; **It.** amministrazione; **R.** управление.

ADMINISTRADO, DA. adj. Dícese de cada una de las personas sometidas a la jurisdicción de una autoridad administrativa. Ú.t.c.s.

ADMINISTRADOR, RA. (l. *administrātor*.) adj. Que administra. Ú.t.c.s. || **2.** m. y f. Persona que administra bienes ajenos. || **3.** Cuba. Mayoral. || —**de orden.** En las órdenes militares, caballero profeso que cuida de la enmienda que goza una persona que no puede poseerla. || **P.** administrador; **I.** administrator; **F.** administrateur; **A.** Verwalter; **It.** amministratore; **R.** администратор, управляющий.

ADMINISTRADORCILLO. m. d. de administrador.

ADMINISTRAR. (l. *administrāre*; de *ad*, a, y *ministrāre*, servir.) tr. Gobernar, regir, cuidar. || **2.** Servir o ejercer algún ministerio o empleo. || **3.** Suministrar, proveer lo necesario. || **4.** Tratándose de

A los sacramentos, conferirlos o darlos. ||
5. Tratándose de medicamentos, aplicarlos, darlos o hacerlos tomar. Ú.t.c.r. ||
6. Dar, aplicar, propinar. ADMINISTRAR *los golpes*. || **P.** administrar; **I.** to administer; **F.** administrer; **A.** verwalten; **It.** amministrare; **R.** управлять, вести дела.

ADMINISTRATIVAMENTE. adv. m. Por autoridad o procedimiento administrativo.

ADMINISTRATIVO, VA. (l. *administrativus*.) adj. Perteneciente o relativo a la administración. || **P.** administrativo; **I.** administrativo; **F.** administratif; **A.** administrativ; **It.** amministrativo; **R.** администнративный.

ADMINISTRATORIO, RIA. (l. *administratorius*.) adj. p. us. Administrativo.

ADMINISTRO. (l. *administer, -tri*.) m. ant. El que ayudaba o servía a otro en algún cargo u oficio.

ADMIRABILÍSIMO, MA. adj. sup. irreg. de admirable.

ADMIRABLE. (l. *admirabilis*.) adj. Digno de admiración. || **P.** admirável; **I.** y **F.** admirable; **A.** wunderbar; **It.** ammirabile; **R.** замечательный, восхитительный.

ADMIRABLEMENTE. adv. De manera admirable.

ADMIRACIÓN. (l. *admiratio, -ōnis*.) f. Acción de admirar o admirarse. || **2.** Cosa admirable. || **3.** Signo ortográfico (¡!) que se pone antes o después de cláusulas o palabras para expresar ADMIRACIÓN, queja o lástima, para llamar la atención hacia alguna cosa, o ponderarla, o denotar énfasis. || **P.** admiração; **I.** y **F.** admiration; **A.** Bewunderung; **It.** ammirazione; **R.** восхищение, восторг.

ADMIRADOR, RA. (l. *admirātor*.) adj. Que admira. Ú.t.c.s. || **P.** admirador; **I.** admirer; **F.** admirateur; **A.** Bewunderer; **It.** ammiratore; **R.** поклонник, обожатель.

ADMIRANDO, DA. (l. *admirandus*.) adj. Digno de ser admirado.

ADMIRANTE. p.a. de admirar. Que admira. || **2.** m. ORTOGR. Admiración, signo ortográfico.

ADMIRAR. (l. *admirāri*; de *ad*, a, y *mirāri*, admirar.) tr. Ver o contemplar una cosa con sorpresa, placer o entusiasmo. Ú.t.c.r. || **2.** Causar sorpresa. || **3.** Demostrar sorpresa. || **4.** Tener en singular estimación a alguna persona o cosa que de algún modo sobresale en lo suyo. || **P.** admirar; **I.** to admire; **F.** admirer; **A.** bewundern; **It.** ammirare; **R.** восхищать.

ADMIRATIVAMENTE. adv. Admirablemente. || **2.** Con admiración.

ADMIRATIVO, VA. (l. *admirātus*, que admira.) adj. Capaz de causar admiración. || **2.** Admirado o maravillado. || **3.** Que implica o denota admiración. || **P.** admirativo; **I.** admirative; **F.** admiratif; **A.** Bewunderung ausdrückend; **It.** ammirativo; **R.** удивительный.

ADMISIBILIDAD. f. Calidad de admisible.

ADMISIBLE. (l. *admissum*, sup. de *admittěre*, admitir.) adj. Que puede admitirse. || **P.** admissível; **I.** y **F.** admissible; **A.** zulässig; **It.** ammissibile; **R.** приемлемый, допустимый.

ADMISIÓN. (l. *admissio, -ōnis*.) f. Acción y efecto de admitir. || **2.** FOR. Trámite previo en que se decide si ha o no lugar a seguir substancialmente ciertos recursos o reclamaciones ante los tribunales. || **3.** Recepción de un agente diplomático. || **P.** admissão; **I.** y **F.** admission; **A.** Zulassung; **It.** ammissione; **R.** принятие.

ADMITIR. (l. *admittěre*.) tr. Recibir o dar entrada. || **2.** Aceptar, reconocer. || **3.** Permitir o sufrir, aceptar. *Esto no* ADMITE *demora*. || **P.** admitir; **I.** to admit; **F.** admettre; **A.** zulassen; **It.** ammettere; **R.** принимать.

ADMIXTIÓN. (l. *admixtio, -ōnis*.) f. Mezcla, mixtura.

ADMONICIÓN. (l. *admonitio, -ōnis*.) f. Amonestación. || **2.** Reconvención. || **P.** admonição; **I.** y **F.** admonition; **A.** Ermahnung; **It.** ammonizione; **R.** предупреждение.

ADMONITOR. (l. *admonitor*.) m. Monitor, amonestador. || **2.** Religioso que en algunas comunidades tiene a su cargo amo-

nestar o exhortar a la observancia de la Regla.

ADNADO, DA. (l. *ante natus*, nacido antes.) m. y f. ant. Alnado, alnada; hijastros.

ADNATA. (De *adnato*.) f. ZOOL. Conjuntiva, membrana del ojo.

ADNATO, TA. (l. *adnātus*.) adj. BIOL. Que nace y crece juntamente con otra cosa a la que está adherido. || **P.** e **It.** adnato; **I.** adnate; **F.** adné; **A.** angewachsen.

★ **ADNEURAL**. (l. *ad*, cerca, y gr. νεῦρον, nervio.) adj. ANAT. Situado cerca de un nervio.

AD NÚTUM. expr. l. A voluntad.

ADÓ. (De *a*, y *do*, donde.) adv. ant. Adónde.

ADOBA. f. AR. Adobe, ladrillo crudo.

ADOBADO, DA. p.p. de adobar. || **2.** m. Carne, y especialmente la de puerco, puesta en adobo. || **3.** ant. Cualquier manjar guisado.

ADOBADOR, RA. adj. Que adoba. Ú.t.c.s.

ADOBAR. (germ. *dŭbdan*, armar caballero.) tr. Componer, arreglar, aderezar. || **2.** Guisar, preparar los manjares por medio del fuego. || **3.** Poner en adobo las carnes, u otras cosas, para sazonarlas y conservarlas. || **4.** Curtir las pieles y componerlas para varios usos. || **5.** Atarragar. || **P.** adobar; **I.** to dress, to pickle; **F.** arranger; **A.** ausbessern; **It.** addobare; **R.** поправлять, приготовлять пищу.

ADOBASILLAS. (De *adobar*, y *silla*.) m. El que compone sillas.

ADOBE. (ár. *aṭ-ṭūb*, el ladrillo.) m. Masa de barro mezclado a veces con paja, moldeada en forma de ladrillo y secada al aire, que se emplea en la construcción de paredes.

ADOBE. m. Hierro que ponían en los pies a un criminal, grillete.

★ **ADOBE**. m. ARGENT. Adobo, acción de adobar, y también salsa para adobar manjares.

ADOBERA. f. Molde para hacer adobes. || **2.** Adobería, lugar donde se hacen adobes. || **3.** CHILE. Molde para hacer quesos en forma de adobes. || **4.** MÉJ. Queso en forma de adobe.

ADOBERÍA. f. Lugar donde se hacen adobes. || **2.** Tenería. Lugar donde se adoban las pieles.

★ **ADOBERO**. m. ARGENT. Alfarero.

ADOBÍO. m. Parte delantera del horno de manga.

ADOBO. m. Acción y efecto de adobar. || **2.** Caldo o salsa con que se sazona un manjar. || **3.** Caldo compuesto para sazonar y conservar las carnes, con vinagre, sal, orégano, ajos y pimentón. || **4.** Mezcla de varios ingredientes para curtir las pieles y para dar cuerpo y lustre a las telas. || **5.** Afeite que usan las mujeres para aderezarse. || **6.** VENEZ. Carne adobada. || **P.** adubação; **I.** dressing, pickling; **F.** raccommodage; **A.** Ausbesserung; **It.** addobamento; **R.** соус, маринад.

★ **ADOBÓN**. m. AMÉR. MERID. Trozo de tapia hecho de una vez.

ADOCENADO, DA. p.p. de adocenar. || **2.** adj. Vulgar o de muy escaso mérito. || **P.** comum; **I.** common; **F.** commun; **A.** alltäglich; **It.** dozzinale; **R.** заурядный, посредственный.

ADOCENAR. tr. Ordenar por docenas, o dividir por docenas. || **2.** Comprender o confundir a alguno entre gentes de calidad inferior. Ú.t.c.r. || **P.** ordenar ou dividir por dúzias; **I.** to count by dozens; to underrate; **F.** ranger par douzaines; **A.** dutzendweise zählen; **It.** contare per dozzine; **R.** считать, разделять по дюжинам.

ADOCILAR. (De *a* y *dócil*.) tr. VALL. Hablando de la tierra de labor, dejarla suelta y ligera.

ADOCIR. (De *aducir*.) tr. ant. Aducir.

ADOCTRINAMIENTO. m. Acción y efecto de adoctrinar.

ADOCTRINAR. tr. Doctrinar.

ADOLECENTE. p.a. de adolecer. Que adolece.

ADOLECER. (l. *ad*, a, y *dolescěre*, incoat. de *dolēre*, doler.) intr. Caer enfermo o padecer alguna enfermedad habitual. || **2.** fig. Tratándose de afectos, pasiones, vi-

cios o malas cualidades, tenerlos o estar sujeto a ellos. || **3.** r. Condolerse. || **P.** adoecer; **I.** to sicken, to suffer; **F.** tomber malade; **A.** leiden; **It.** ammalarsi, soffrire; **R.** быть больным.

ADOLECER. (l. *adolescěre*.) intr. Crecer, aumentar.

ADOLESCENCIA. (l. *adolescentia*.) f. Edad que sucede a la niñez, desde la pubertad a la edad adulta. || **P.** adolescência; **I.** y **F.** adolescence; **A.** Jugend; **It.** adolescenza; **R.** отречество.

ADOLESCENTE. (l. *adolescens, -entis*.) adj. Que está en la adolescencia. Ú.t. c.s. || **P.** e **It.** adolescente; **I.** y **F.** adolescent; **A.** Jüngling; **R.** подросток.

ADOLORADO, DA. ad. Dolorido.

ADOLORIDO, DA. adj. Dolorido.

ADOMICILIAR. tr. Domiciliar. Ú.t. c.r.

ADONADO, DA. adj. ant. Colmado de dones.

ADONAÍ. m. Adonay.

ADONARSE. (l. *addōnāre*, de *dōnum*, regalo.) r. ant. Acomodarse, adornarse.

ADONAY. (hebr. *Adonay*, señor mío.) m. Uno de los nombres que los hebreos dan a la Divinidad.

ADONDE. (De *a* y *dónde*.) adv. A qué parte, o la parte que. *¿*ADÓNDE *vas? Aquélla es la ciudad* ADONDE *vamos*. || **3.** Donde. || **P.** aonde; **I.** where; **F.** où; **A.** wo (hin); **It.** dove; **R.** куда, где.

ADONDEQUIERA. adv. A cualquiera parte. || **2.** Dondequiera. || **P.** a qualquer parte; **I.** wherever; **F.** partout; **A.** wo es auch sei; **It.** dovunque; **R.** куда-нибудь.

ADONECER. (l. *adŏlěscěre*, crecer, infl. por *don*, 1.ᵉʳ art.) intr. ÁL. Aumentar, dar de sí.

ADÓNICO, CA. (De *adonio*.) adj. Aplícase a un verso clásico, compuesto de un dáctilo y un espondeo, que se empleaba en combinación con otros y para terminación de la estrofa sáfica. Ú.t.c.s. || **P.** adónico; **I.** adonic; **F.** adonien; **A.** adonisch; **It.** adonico; **R.** классический стих.

ADONIO, NIA. (l. *adonius*.) adj. Adónico. Ú.t.c.s.

ADONIS. (Por alusión a la hermosura de *Adonis*, personaje mitológico.) m. fig. Mancebo hermoso. || **2.** BOT. Género de plantas ranunculáceas, herbáceas. || **3.** ZOOL. Pez acantopterigio de los blénidos. || **P.** adónis; **I.** y **A.** Adonis; **F.** adonis; **It.** adone; **R.** щеголь.

ADONIZARSE. r. Embellecerse como un adonis.

ADOPCIÓN. (l. *adoptio, -ōnis*.) f. Acción de adoptar. || **P.** adopção; **I.** y **F.** adoption; **A.** Adoption; **It.** adozione; **R.** усыновление, принятие.

ADOPCIONISMO. m. Herejía de los adopcionistas.

ADOPCIONISTAS. adj. Dícese de ciertos herejes españoles del siglo VIII, que suponían que Jesucristo en cuanto hombre era hijo de Dios, no por naturaleza, sino por adopción del Padre. Ú.m.c.s. y en pl. || **2.** Perteneciente o relativo a estos herejes.

ADOPTABLE. (l. *adoptabilis*.) adj. Que puede ser adoptado.

ADOPTACIÓN. (l. *adoptatio, -ōnis*.) f. ant. Adopción.

ADOPTADOR, RA. (l. *adoptātor*.) adj. Que adopta. Ú.t.c.s.

ADOPTANTE. p.a. de adoptar. Que adopta. Ú.t.c.s.

ADOPTAR. (l. *adoptāre*; de *ad*, a, y *optāre*, desear.) tr. Recibir como hijo, legalmente, al que no lo es naturalmente. || **2.** Recibir o admitir alguna opinión, parecer o doctrina, aprobándola o siguiéndola. || **3.** Tomar resoluciones o acuerdos con previa deliberación. || **P.** adoptar; **I.** to adopt; **F.** adopter; **A.** adoptieren; **It.** adottare; **R.** усыновлять, принимать.

ADOPTIVO, VA. (l. *adoptivus*.) adj. Dícese de la persona adoptada. *Hijo* ADOPTIVO. || **2.** Dícese de la persona que adopta. *Padre* ADOPTIVO. || **3.** Dícese de la persona o cosa que uno elige, para tenerla por lo que realmente no es. *Patria* ADOPTIVA. || **P.** adoptivo; **I.** adoptive; **F.** adoptif; **A.** Pflegekind; **It.** adottivo; **R.** усыновлённый, приёмный.

ADOQUIER. adv. ant. Adoquiera, adondequiera.

ADOQUIERA. (De *a* y *doquiera*.) adv. ant. Adondequiera.

ADOQUÍN. (ár. *ad-dukkān*, la piedra escuadrada.) Piedra labrada en forma de prisma rectangular para empedrado y otros usos. || **P.**pedra de calçada; **I.**paving-stone; **F.** pavé; **A.** Pflasterstein; **It.** lastra da selciato; **R.** брусчатка.

ADOQUINADO, DA. p.p. de adoquinar. || **2.** Suelo empedrado con adoquines. || **3.** Acción de adoquinar.

ADOQUINAR. tr. Empedrar con adoquines. || **P.** empedrar; **I.** to pave; **F.** paver; **A.** pflastern; **It.** lastricare; **R.** мостить брусчаткой.

ADOR. (ár. *ad-dawr*, el turno, la vuelta, el período.) m. Tiempo señalado a cada uno para regar, en las comarcas o términos donde se reparte el agua, bajo autoridad.

ADORABLE. (l. *adorabilis*.) adj. Digno de adoración. || **P.** adorável; **I.** y **F.** adorable; **A.** anbetungswürdig; **It.** adorabile; **R.** обожаемый.

ADORACIÓN. (l. *adoratĭo*, *-ōnis*.) f. Acción de adorar. ||—**de los Reyes.** Por excel. la que hicieron los Reyes Magos al Niño Jesús en Belén. || **2.** Epifanía. || **P.** adoração; **I.** y **F.** adoration; **A.** Anbetung; **It.** adorazione; **R.** обожание, поклонение.

ADORADOR, RA. (l. *adorător*.) adj. Que adora. Ú.t.c.s. || **P.** adorador; **I.** adorer; **F.** adorateur; **A.** Anbeter; **It.** adoratore; **R.** обожатель, поклонник.

ADORANTE. p.a. de adorar. Que adora.

ADORAR. (l. *adorāre*; de *ad*, a, y *orāre*, orar.) tr. Reverenciar con sumo honor o respeto a un ser, considerándolo como cosa divina. || **2.** Reverenciar y honrar a Dios con el culto religioso que le es debido. || **3.** Postrarse los cardenales delante del Papa después de haberle elegido, en señal de reconocerle como legítimo sucesor de San Pedro. || **4.** fig. Amar con extremo. || **5.** intr. Orar, rezar. || **6.** Con la prep. *en*, tener puesta la estima o veneración en una persona o cosa. || **P.** adorar; **I.** to adore; **F.** adorer; **A.** anbeten; **It.** adorare; **R.** чтить.

ADORATORIO. m. Templo en que los indios americanos daban culto a algún ídolo. || **2.** Retablillo portátil para viaje o campaña.

ADORATRIZ. (l. *adoratrix*.) f. Religiosa de un Instituto, de votos simples, fundada por la Madre Sacramento, hoy canonizada, con el nombre de Esclavas del Santísimo Sacramento, dedicado al par de esa devoción a reformar las costumbres de las mujeres jóvenes extraviadas.

ADORMECEDOR, RA. adj. Que adormece, que produce sueño.

ADORMECER. (l. *addormiscĕre*; de *ad*, a, y *dormiscĕre*, dormirse.) tr. Dar o causar sueño. Ú.t.c.r. || **2.** fig. Acallar, entretener. || **3.** fig. Calmar, sosegar. || **4.** intr. Dormir. || **5.** r. Empezar a dormirse. || **6.** fig. Entorpecerse. || **7.** fig. Con la prep. *en*, y tratándose de vicios, placeres, etc., permanecer en ellos, no dejarlos. || **P.** adormecer; **I.** to drowse; **F.** assoupir; **A.** einschläfern; **It.** addormentare; **R.** усыплять.

ADORMECIMIENTO. m. Acción y efecto de adormecer o adormecerse. || **P.** adormecimento; **I.** drowsiness; **F.** assoupissement; **A.** Einschlafen, Schlummer; **It.** addormentamento; **R.** усыпление.

ADORMENTAR. (l. *ad*, a, y *dormiens*, *-entis*, durmiente.) tr. ant. Adormecer.

ADORMIDERA. (l. *adormir*, por su propiedad narcótica.) f. Planta de las papaveráceas. Es originaria de Oriente, y se cultiva en los jardines. Por incisiones en las cápsulas verdes de su fruto se extrae el opio. || **2.** Fruto de esta planta. || **P.** dormideira; **I.** poppy; **F.** pavot; **A.** Mohn; **It.** papavero; **R.** мак.

ADORMILARSE. r. Adormitarse.

ADORMIMIENTO. (De *adormir*.) m. ant. Adormecimiento.

ADORMIR. (l. *addormīre*; de *ad*, a, y *dormīre*, dormir.) tr. Adormecer. Ú.t.c.r.

ADORMITARSE. (De *a* y *dormitar*.) r. Dormirse a medias.

ADORNACIÓN. f. ant. Adornamiento.

ADORNADOR, RA. adj. Que adorna. Ú.t.c.s.

ADORNAMIENTO. m. Acción y efecto de adornar o adornarse.

ADORNANTE. p.a. de adornar. Que adorna.

ADORNAR. (l. *adōrnāre*.) tr. Engalanar con adornos. Ú.t.c.r. || **2.** Servir de adorno una cosa a otra; embellecerla, engalanarla. || **3.** fig. Dotar a un ser de perfecciones o virtudes; honrarlo, enaltecerlo. || **4.** fig. Enaltecer a una persona ciertas prendas o circunstancias favorables. Ú.t.c.r. || **5.** Taurom. Esmerarse el torero en la lidia, adornando los lances. || **P.** adornar; **I.** to adorn; **F.** orner; **A.** schmücken; **It.** ornare; **R.** украшать, наряжать.

ADORNISTA. m. El que hace o pone adornos en cualquier lugar. || **P.** ornamentista; **I.** decorator; **F.** ornementiste; **A.** Zimmermaler; **It.** ornatista; **R.** декоратор.

ADORNO. (De *adornar*.) m. Lo que se pone para el mejor parecer de personas, animales o cosas. || **2.** Germ. Vestido. || **3.** pl. Balsamina. || **4.** Germ. Chapines. || *De* adorno. loc. Dícese de ciertas enseñanzas que no son obligatorias. || **P.** adorno; **I.** ornament; **F.** ornement, parure; **A.** Schmuck; **It.** ornamento; **R.** украшение, убор.

ADORO. (De *adorar*.) m. ant. Adoración.

★ **ADOROTE.** m. Colom. y Venez. Especie de angarillas de forma aovada.

ADOSADO, DA. p.p. de adosar. || **2.** fig. ARQ. Dícese de las piezas colocadas dos a dos en los escudos. || **3.** Bot. Dícese del órgano fisiológico adherido a otro por el dorso. || **P.** encostado; **I.** addorsed; **F.** addossé; **A.** an etwas gelehnt; **It.** addossato; **R.** прислонять.

ADOSAR. (l. *ad*, a, y *dorsum*, dorso.) tr. Poner una cosa, por su espalda o envés, contigua a otra, como un cuadro contra la pared, o sólo arrimada, como una columna junto al muro. || **2.** Blas. Colocar espalda con espalda. || **P.** encostar; **I.** to lean against; **F.** adosser; **A.** anlehnen; **It.** addossare; **R.** прислонять.

ADOTRINAR. tr. ant. Adoctrinar.

ADOVELADO, DA. adj. Construido con dovelas.

AD PÉDEM LÍTTERAE. exp. adv. l. Al pie de la letra.

AD PERPÉTUAM. expr. l. que significa «para siempre, para eterna memoria».

AD QUEM. expr. l. que significa «quien o ante quien».

ADQUIRENTE. p.a. de adquirir. Que adquiere. Ú.t.c.s.

ADQUIRIBLE. adj. Que puede adquirirse.

★ **ADQUIRIDO, DA.** p.p. de adquirir. || **2.** adj. Que no es innato, que procede de la experiencia, o de la educación. *Carácter* ADQUIRIDO.

ADQUIRIDOR, RA. adj. Que adquiere. Ú.t.c.s.

ADQUIRIENTE. p.a. de adquirir. Adquirente.

ADQUIRIR. (l. *adquirĕre*; de *ad*, a, y *quaerĕre*, buscar.) tr. Conseguir con el propio trabajo o industria. || **2.** For. Hacer propio un derecho o cosa que a nadie pertenece, u otro transmite. || **P.** adquirir; **I.** to acquire; **F.** acquérir; **A.** erwerben; **It.** acquistare; **R.** приобретать.

ADQUISICIÓN. (l. *adquisitĭo*, *-ōnis*.) f. Acción de adquirir. || **2.** La cosa adquirida. || **P.** adquisição; **I.** y **F.** acquisition; **A.** Erwerbung; **It.** acquisizione; **R.** приобретение, овладение.

ADQUISIDOR, RA. adj. Adquiridor. Ú.t.c.s.

ADQUISITIVO, VA. (l. *adquisitivus*.) adj. For. Que sirve para adquirir.

ADQUISITO, TA. (l. *acquisitus*.) p.p. irreg. ant. de adquirir.

★ **ADQUISITORIO, RIA.** (l. *adquisito*.) adj. Relativo o concerniente a la adquisición.

ADRA. (ár. *ad-dāra*, la vuelta.) f. Turno, vez. || **2.** Porción o división del vecindario de un pueblo.

ADRADO, DA. adj. ant. Apartado o ralo.

ADRAGANTE. adj. Dícese de la goma llamada tragacanto.

ADRAGANTO. (De *a* y el l. *dragan-* *tum*.) m. Tragacanto, especie de goma y arbusto que la produce.

ADRAL. (De *ladral*, en el grupo el [*l*]*adral*.) m. Serie de varillas verticales que el carro lleva en cada uno de sus lados para que no se caiga la carga. Ú.m. en pl.

ADRAR. (De *adra*.) tr. Sal. Repartir las aguas para el riego.

ADREDAÑAS. adv. ant. Adrede.

ADREDE. (cat. o arag. *adret*, y éste del l. *ad*, *directum*, a derecho.) adv. De propósito, con deliberada intención. | **P.** adrede; **I.** purposely; **F.** exprès; **A.** mit Absicht; **It.** apposta; **R.** нарочно.

ADREDEMENTE. adv. Adrede.

AD REFERÉNDUM. expr. adv. l. A condición de ser aprobado por el superior o el mandante.

★ **ADRENAL.** (l. *ad*, junto a, y *renalis*, renal.) adj. Anat. Situado junto al riñón, como la cápsula o glándula suprarrenal.

ADRENALINA. (l. *ad*, junto a, y *renalis*, renal.) f. Fisiol. Hormona segregada principalmente por la masa medular de las glándulas suprarrenales. Se usa como medicamento hemostático. || **P.** e **It.** adrenalina; **I.** adrenalin; **F.** adrénaline; **A.** Adrenalin; **R.** адреналин.

ADREZAR. (De *aderezar*.) tr. ant. Aderezar. || **2.** r. ant. Enderezarse, empinarse, levantarse.

ADREZO. (De *adrezar*.) m. ant. Aderezo, adorno.

★ **ADRIAL.** adj. Sal. Lateral.

ADRIÁN. m. Juanete, hueso sobresaliente del dedo grueso del pie. || **2.** Nido de urracas.

ADRIÁTICO, CA. (l. *hadriaticus*.) adj. Aplícase al mar o golfo de Venecia. Ú.t.c.s. || **2.** Perteneciente a este mar. *Costa* ADRIÁTICA. || **P.** adriatico; **I.** adriatic Sea; **F.** adriatique; **A.** adriatsches; **It.** adriático; **R.** адриатический.

ADRIZAMIENTO. m. Mar. Acción y efecto de adrizar.

ADRIZAR. (De *a* y *drizar*.) tr. Mar. Enderezar, poner vertical o derecho algo.

ADRIZAR. (ital. *addrizare*, enderezar.) tr. Mar. Enderezar o levantar la nave.

ADROLLA. f. Trapaza, jugarreta, mala pasada en las compras o en las ventas.

ADROLLERO, RA. (De *adrolla*.) m. El que compra o vende con engaño.

ADRUBADO, DA. (De *a*, y del l. *tuberātus*, con hinchazón.) adj. ant. Gibado o contrahecho.

ADSCRIBIR. (l. *adscribĕre*; de *ad*, a, y *scribĕre*, escribir.) tr. Inscribir, contar entre lo que corresponde a una persona o cosa, atribuir. || **2.** Agregar a una persona al servicio de un cuerpo o destino. Ú.t.c.r. || **P.** aditar; **I.** to appoint; **F.** inserire, agréger; **A.** zuweisen, beifügen; **It.** ascrivere; **R.** приписывать.

ADSCRIPCIÓN. (l. *adscriptĭo*, *-ōnis*.) f. Acción y efecto de adscribir o adscribirse.

ADSCRIPTO, TA. (l. *adscriptus*.) p.p. irreg. de adscrito.

ADSCRITO, TA. (De *adscripto*.) p.p. irreg. de adscribir.

★ **ADSORBER.** (l. *ad*, hacia, y *sorbēre*, chupar.) tr. Fís. y Quím. Atraer un cuerpo partículas o substancias disueltas que quedan adheridas a su superficie.

ADSORCIÓN. (l. *ad*, y *sorbĕre*, sorber.) m. Fís. Concentración de una substancia disuelta en la superficie de un sólido o de las partículas coloidales en suspensión.

ADSTRICCIÓN. f. Astricción.

ADSTRINGENTE. p.a. de adstringir. Astringente.

ADSTRINGIR. tr. Astringir.

ADTOR. (l. *acceptor*, *ōris*, etim. pop.; por *accĭpiter*, gavilán.) m. ant. Azor, ave de rapiña.

ADUANA. (ár. *ad-diwāna*, el registro.) f. Oficina pública donde se registran los géneros que se importan o exportan, y se cobran los derechos que se adeudan. || **2.** fig. y fam. Sitio donde concurre mucha gente. || **3.** Germ. Mancebía. || **4.** Germ. Lugar donde juntan las cosas robadas los ladrones. || **P.** alfândega; **I.** customhouse; **F.** douane; **A.** Zollamt; **It.** dogana; **R.** таможня.

° **ADUANA.** f. Cierto juego parecido al de la oca.

A

A

★ ADUANAL. adj. GUAT. Concerniente o relativo a la aduana.

ADUANAR. tr. Registrar en la aduana las mercaderías, y pagar los derechos.

ADUANERO, RA. adj. Perteneciente o relativo a la aduana. || **2.** m. Empleado en la aduana. || **P.** aduaneiro; **I.** custom-house officer; **F.** douanier; **A.** Zollbeamter; **It.** doganiere; **R.** таможенный.

ADUAR. (ár. *adwâr*, casas.) m. Pequeña población de beduinos, formada de tiendas y chozas. || **2.** Conjunto de tiendas o barracas de los gitanos. || **3.** Ranchería de indios americanos. || **P.** aduar; **I.** y **F.** douar; **A.** Zeltdorf, wanderndes Zelt der Araber; **It.** villaggio arabo; **R.** посёлок мавританцев.

ADÚCAR. (ár. *ad-dukâr*, la seda basta.) m. Seda más basta que rodea exteriormente al capullo. || **2.** Tela hecha con esta seda. || **3.** Capullo ocal y también seda ocal.

ADUCCIÓN. (l. *adductio, -ōnis*.) f. ZOOL. Movimiento por el cual se acerca un miembro u otro órgano al plano medio que divide imaginariamente al cuerpo en dos partes simétricas. ADUCCIÓN *del brazo*.

ADUCIR. (l. *adducĕre; de ad,* y *ducĕre,* llevar.) tr. Tratándose de pruebas, razones, etc., presentarlas o alegarlas. || **P.** aduzir; **I.** to adduce; **F.** citer, alléguer; **A.** beibringen; **It.** addurre; **R.** ссылаться.

ADUCTOR. (l. *adductor,* que lleva o conduce.) adj. ZOOL. Dícese del músculo capaz de ejecutar una aducción. Ú.t.c.s.

ADUCHO, CHA. (l. *adductus,* aducido.) p.p. irreg. ant. de aducir.

ADUCHO, CHA. (l. *eductus,* enseñado.) adj. ant. Ducho.

ADUENDADO, DA. adj. Que tiene las propiedades atribuidas a los duendes.

ADUEÑARSE. r. Hacerse uno dueño de una cosa o apoderarse de ella.

ADUFA. (ár. *ad-duffa,* la compuerta.) f. En Valencia, compuerta de canal, presa, etc.

ADUFE. (ár. *ad-duff,* el pandero.) m. Pandero morisco. || **2.** fig. y fam. Pandero, persona necia.

ADUFERO, RA. m. y f. Persona que toca el adufe.

ADUFRE. m. Adufe.

ADUJA. f. MAR. Cada una de las vueltas de cualquier cabo, cadena o vela que se recoge en forma circular. || **P.** aducha; **I.** fake; **F.** roue, glène; **A.** Tauwerksrolle; **It.** aduglia; **R.** сложенный канат.

ADUJAR. tr. MAR. Recoger en adujas un cabo, cadena o vela enrollada. || **2.** r. fig. MAR. Encogerse para acomodarse en poco espacio. || **P.** aduchar; **I.** to fake; **F.** rouer; **A.** ein Tau aufschiessen; **It.** adugliare; **R.** свёртывать.

ADUL. (ár. *'udûl,* testigos fidedignos.) m. En Marruecos, asesor del cadí.

ADULA. f. Dula. || **2.** Ador, tiempo señalado a cada uno para regar.

ADULACIÓN. (l. *adulatio, -ōnis*.) f. Acción y efecto de adular. || **P.** adulação; **I.** y **F.** adulation; **A.** Schmeichelei; **It.** adulazione; **R.** лесть, угодничество.

ADULADOR, RA. (l. *adulātor*.) adj. Que adula. Ú.t.c.s.

★ ADULANCIA. f. VENEZ. Adulación.

ADULANTE. p.a. de adular. Que adula.

ADULAR. (l. *adulāri*.) tr. Halagar a una persona con elogios inmerecidos. || **2.** Deleitar. || **P.** adular; **I.** to adulate; **F.** aduler A. schmeicheln; **It.** adulare; **R.** льстить, угодничать.

ADULARIA. f. MINERAL. Variedad de feldespato, transparente y generalmente incoloro.

ADULATORIO, RIA. (l. *adulatorius.*) adj. Perteneciente o relativo a la adulación. || **P.** adulativo; **I.** adulatory; **F.** adulatoire; **A.** schmeichlerisch; **It.** adulatorio; **R.** льстивый.

ADULCIR. tr. Dulcificar, endulzar.

ADULEAR. intr. AR. Vocear o gritar mucho, como los adules.

ADULERO. m. Dulero.

★ ADULETE. adj. BOL., ECUAD. y PERÚ. Adulón. Ú.t.c.s.

★ ADULO. m. CHILE. Adulación.

ADULÓN, NA. adj. fam. Adulador servil y bajo. Ú.m.c.s.

ADULTERACIÓN. (l. *adulteratio, -ōnis*.) f. Acción y efecto de adulterar o adulterarse. || **P.** adulteração; **I.** adultera-

---

tion; **F.** adultération; **A.** Verfälschung; **It.** adulterazione; **R.** подделка.

ADULTERADOR, RA. (l. *adulterātor*.) adj. Que adultera. Ú.t.c.s. || **P.** adulterador; **I.** adulterator; **F.** adultérateur; **A.** Verfälscher; **It.** adulteratore; **R.** фальсификатор.

ADULTERANTE. p.a. de adulterar. Que adultera.

ADULTERAR. (l. *adulterāre*.) intr. Cometer adulterio. || **2.** tr. fig. Viciar, falsificar alguna cosa. Ú.t.c.r. || **P.** adulterar; **I.** to adulterate; **F.** adultérer; **A.** ehebrechen, verfälschen; **It.** adulterare; **R.** нарушать угодничать.

ADULTERINAMENTE. adv. Con adulterio.

ADULTERINO, NA. (l. *adulterīnus.*) adj. Procedente de adulterio. || **2.** Perteneciente o relativo al adulterio. || **P.** e **It.** adulterino; **I.** adulterine; **F.** adultérin; **A.** im Ehebruch erzeugt; **R.** незаконнорождённый.

ADULTERIO. (l. *adulterium.*) m. Ayuntamiento carnal ilegítimo de hombre con mujer, siendo uno de los dos o ambos casados. || **2.** Falsificación, fraude. || **3.** FOR. Delito que comete la mujer casada que yace con varón que no sea su marido, y el que yace con ella sabiendo que es casada. || **P.** adultério; **I.** adultery; **F.** adultère; **A.** Ehebruch; **It.** adulterio; **R.** нарушение супружеской верности.

ADÚLTERO, RA. (l. *adulter; de ad,* a, y *alter,* otro.) adj. Que comete adulterio. Ú.t.c.s. || **2.** Perteneciente al adulterio o al que lo comete. || **3.** fig. Falsificado, corrompido. || **P.** adúltero; **I.** adulterer; **F.** adultère; **A.** Ehebrecher; **It.** adultero; **R.** прелюбодей.

★ ADULTEZ. (De *adulto.*) f. AMÉR. CENTRAL. Calidad de adulto, virilidad.

ADULTO, TA. (l. *adultus.*) adj. Llegado a su mayor crecimiento o desarrollo. *Persona* ADULTA. Ú.t.c.s. || **2.** Dícese de la edad que sucede a la adolescencia. || **3.** fig. Llegado a su mayor grado de perfección. || **P.** e **It.** adulto; **I.** adult; **F.** adulte; **A.** erwachsen; **R.** взрослый.

ADULZAR. tr. Hacer dulce el hierro u otro metal. || **2.** Endulzar.

ADULZORAR. (De *a* y *dulzor.*) tr. Dulcificar, suavizar. Ú.t.c.r.

ADUMBRACIÓN. (l. *adumbratio, -ōnis; de adumbrāre,* hacer sombra.) f. PINT. Parte menos iluminada de la figura u objeto. || **P.** adumbração; **I.** adumbration; **F.** ombre; **A.** Schatten in Gemälden; **It.** adombramento; **R.** тень, полутень.

ADUMBRAR. (l. *adumbrāre*.) tr. Sombrear, poner sombras.

ADUNACIÓN. (l. *adunatio, -ōnis*.) f. ant. Acción y efecto de adunar o adunarse.

ADUNAR. (l. *adunāre; de ad,* a, y *unus,* uno.) tr. Unir, congregar. Ú.t.c.r. || **2.** Unificar. Ú.t.c.r. || **P.** adunar; **I.** to unite; **F.** unir; **A.** vereinigen; **It.** adunare; **R.** соединять.

★ ADUNCIRROSTRO, TRA. (l. *aduncus,* curvo, y *rostrum,* pico.) adj. ZOOL. Dícese de las aves que tienen el pico corvo.

ADUNCO, CA. (l. *aduncus; de ad,* a, y *uncus,* encorvado.) adj. Corvo, combado.

★ ADUNDARSE. r. AMÉR. CENTRAL. Atontarse, aturdirse.

ADUNIA. (ár. *ad-dunyā,* el mundo, los bienes materiales.) adv. En abundancia.

ADUR. adv. ant. Aduro.

ADURAR. intr. ant. Durar, ser de mucho aguante.

ADURAS. (De *a duras,* sobrentendiéndose *penas*.) adv. ant. Apenas, penosamente.

ADURIR. (l. *adūrĕre*.) tr. ant. Abrasar o quemar. || **2.** ant. Causar excesivo calor.

ADURO. (l. *ad durum*.) adv. ant. Aduras, apenas.

ADUSTEZ. f. Calidad de adusto, esquivez, sequedad. || **P.** adustez; **I.** harshness; **F.** sécheresse; **A.** Barschheit Verfahren; **It.** asprezza; **R.** суровость, строгость.

ADUSTIBLE. (De *adusto.*) adj. ant. Que se puede adurir o quemar.

ADUSTIÓN. (l. *adustio, -ōnis*.) f. ant. Acción y efecto de adurir, o quemar. || **P.** adustão; **I.** y **F.** adustion; **A.** Verbrennung; **It.** adustione; **R.** прижигание.

ADUSTIVO, VA. (De *adusto.*) adj. ant. Que tiene virtud de adurir o quemar. || **P.** adustivo; **I.** burning; **F.** adurent; **A.** verbrennbar; **It.** adustivo; **R.** воспламеняющийся.

ADUSTO, TA. (l. *adustus.*) p.p. irreg. ant. de adurir. || **2.** adj. Quemado, tostado, ardiente. || **3.** fig. Austero, rígido, melancólico. || **4.** ARGENT. y VENEZ. Inflexible, terco, tieso. || **P.** queimado; **I.** harsh; **F.** désobligeant; **A.** mürrisch; **It.** adusto; **R.** сожжённый, суровый, строгий.

ADUTAQUE. (ár. *ad-duqāq,* la harina fina.) f. ant. Adárgama o harina de flor.

AD VALÓREM. expr. adv. l. Con arreglo al valor.

ADVENEDIZO, ZA. (De *advenir.*) adj. Extranjero o forastero. Ú.t.c.s. || **2.** No natural. || **3.** despec. Dícese de la persona que va sin empleo u oficio a establecerse en un país o en un pueblo. Ú.t.c.s. || **4.** Dícese de la persona de humilde linaje que pretende figurar entre gentes de más alta condición social. Ú.t.c.s. || **5.** CUBA y P. RICO. Novicio. || **P.** adventicio; **I.** y **F.** parvenu; **A.** fremd; **It.** avventizio; **R.** пришлый.

ADVENIDERO, RA. adj. Venidero, que ha de venir o suceder.

ADVENIMIENTO. (De *advenir.*) m. Venida. || **2.** Ascenso de un sumo pontífice o un soberano al trono. || *Esperar uno el Santo* ADVENIMIENTO. fr. fig. y fam. Esperar algo que tarda mucho en realizarse, o que no se ha de realizar. || **P.** advento; **I.** arrival; **F.** avènement; **A.** Ankuft; **It.** avvenimento; **R.** прибытие, пришествие.

ADVENIR. (l. *advenīre; de ad,* a, y *venīre,* venir.) intr. Venir o llegar.

ADVENTAJAS. (De *aventaja.*) f. pl. FOR. AR. Porción de bienes muebles que el cónyuge que sobrevive puede sacar, según fuero, a beneficio suyo, antes de hacerse partición de aquéllos.

ADVENTICIO, CIA. (l. *adventicius.*) adj. Extraño a lo natural y propio. || **2.** FOR. Dícese de los bienes que adquiere el hijo de familia accidentalmente, y de la dote que no ha sido dada por los ascendientes directos. || **3.** BIOL. Aplícase al órgano de los animales o vegetales que se desarrollan ocasionalmente. || **4.** MED. Que no es constitucional ni hereditario. || **P.** advénticio; **I.** adventitious; **F.** adventice; **A.** zufällig; **It.** avventizio; **R.** пришлый, чуждый.

ADVENTISMO. (l. *adventus,* llegada.) m. Doctrina de los adventistas.

ADVENTISTA. adj. Dícese de una secta americana e inglesa que espera un segundo y próximo advenimiento de Cristo. || **2.** m. y f. Partidario de esta secta.

ADVENTO. (l. *adventus*.) m. ant. Venida o llegada.

ADVERACIÓN. f. Acción y efecto de adverar. || **2.** ant. Certificación. || **P.** asseveração; **I.** averment; **F.** certification; **A.** Attest; **It.** avveramento; **R.** свидетельствование.

ADVERADO, DA. p.p. de adverar. || **2.** adj. Dícese del testamento otorgado ante el párroco y dos testigos.

ADVERAR. (b. l. *adverāre,* y éste del l. *ad,* a, y *verus,* verdadero.) tr. Certificar, dar por cierta alguna cosa. || **P.** asseverar; **I.** to aver; **F.** certifier; **A.** bezeugen; **It.** avverare; **R.** заверить.

ADVERBIAL. (l. *adverbiālis.*) adj. GRAM. Perteneciente al adverbio o que participa de su índole o naturaleza. *Frase* ADVERBIAL. || **2.** GRAM. V. *Modo* ADVERBIAL. || **P., I., F.** y **A.** adverbial; **It.** avverbiale; **R.** употребляющийся в качестве наречия.

ADVERBIALIZAR. tr. Emplear adverbialmente una palabra o locución. Ú.t. c.r.

ADVERBIALMENTE. adv. GRAM. A modo de adverbio.

ADVERBIO. (l. *adverbium, de ad,* a, y *verbum,* palabra, verbo.) m. GRAM. Parte de la oración que sirve para modificar la significación del verbo o de cualquier otra palabra que tenga un sentido calificativo o atributivo. Hay adverbios de lugar, de tiempo, de modo, de cantidad, de orden, de afirmación, de negación y de duda. || **P.** advérbio; **I.** adverb; **F.** adverbe; **A.** Adverb; **It.** avverbio; **R.** наречие.

ADVERSADOR. (l. *adversātor*.) m. ant. Adversario.

ADVERSAMENTE. adv. Con adversidad. || **P.** adversamente; **I.** adversely; **F.** adversativement; **A.** widersetzlich; **It.** avversamente; **R.** злополучно.

ADVERSAR. (l. *adversāri*; de *adversus*, contrario.) tr. ant. Contrariar o resistir a otro.

ADVERSARIO, RIA. (l. *adversarius*.) adj. ant. Adverso. || **2.** m. y f. Persona contraria y enemiga. || **3.** m. pl. Notas de diversas materias puestas a modo de tablas, para consultarlas con facilidad. || **P.** adversário; **I.** adversary; **F.** adversaire; **A.** Gegner; **It.** avversario; **R.** противник, враг.

ADVERSATIVO, VA. (l. *adversativus*.) adj. GRAM. Que implica o denota oposición de concepto. || **2.** GRAM. Dícese de la conjunción que denota oposición. Y también de la proposición del mismo sentido. || **P.** adversativo; **I.** adversative; **F.** adversatif; **A.** gegensätzlich; **It.** avversativo; **R.** выражающий противоположность.

ADVERSIDAD. (l. *adversĭtas, -ātis*.) f. Calidad de adverso. || **2.** Suerte adversa, infortunio. || **3.** Situación desgraciada en que se halla uno. || **P.** adversidade; **I.** adversity; **F.** adversité; **A.** Widerwärtigkeit; **It.** avversità; **R.** несчастье, злополучие.

ADVERSIÓN. (l. *adversĭo, -ōnis*.) f. ant. Aversión. || **2.** ant. Advertencia.

ADVERSO, SA. (l. *adversus*; de *ad*, a, y *versus*, vuelto.) adj. Contrario, enemigo desfavorable. || **2.** Opuesto materialmente a otra cosa. || **P.** adverso; **I.** y **F.** adverse; **A.** widrig; **It.** avverso; **R.** противоположный.

ADVERTENCIA. f. Acción y efecto de advertir. || **2.** Escrito breve con el que se advierte algo. || **P.** advertência; **I.** advice; **F.** avertissement; **A.** Warnung; **It.** avvertimento; **R.** предупреждение.

ADVERTIDAMENTE. adv. Con advertencia.

ADVERTIDO, DA. p.p. de advertir. || **2.** Capaz, experto, avisado. || **P.** advertido; **I.** advised; **F.** avisé; **A.** klug; **It.** avvertito; **R.** опытный, способный.

ADVERTIMIENTO. m. Advertencia.

ADVERTIR. (l. *advertĕre*; de *ad*, a, y *vertĕre*, volver.) tr. Fijar en algo la atención. Ú.t.c.intr. || **2.** Llamar la atención de uno sobre algo. || **3.** Aconsejar, amonestar, prevenir. || **4.** intr. Atender. || **5.** r. Caer en la cuenta de algo que no se comprendía o en que no se había fijado la atención. || **P.** advertir; **I.** to advise; **F.** avertir; **A.** aufmerksam machen; **It.** avvertire; **R.** предупреждать, замечать.

ADVIENTO. (l. *adventus*, llegada.) m. Tiempo santo que celebra la Iglesia Católica, desde el domingo primero de los cuatro que preceden a la Natividad de Nuestro Señor Jesucristo hasta la vigilia de esta fiesta. || **P.** advento; **I.** y **F.** advent; **A.** Advent; **It.** avvento; **R.** рождественский пост.

ADVOCACIÓN. (l. *advocatĭo, -ōnis*.) f. Título que se da a un templo, capilla o altar, por estar dedicado al Señor, a la Virgen, a un santo, a un misterio de la Religión, etc. || **P.** advocação; **I.** y **F.** invocation; **A.** Anrufung; **It.** invocazione; **R.** посвящение.

ADVOCADO. (l. *advocātus*.) m. ant. Abogado.

ADVOCAR. (l. *advocāre*; de *ad*, a, y *vocāre*, llamar.) tr. ant. Abogar. || **2.** FOR. ant. Avocar.

ADVOCATORIO, RIA. adj. ant. Convocatorio.

ADYACENTE. (l. *adiăcens, -entis*, p.a. de *adiacĕre*, estar próximo.) adj. Situado en la inmediación o proximidad de otra cosa. || **P.** adjacente; **I.** y **F.** adjacent; **A.** anliegend; **It.** adiacente; **R.** прилегающий.

ADYUNTIVO, VA. (l. *adiunctivus*.) adj. ant. Conjuntivo, que junta o une.

ADYUTORIO. (l. *adiutorium*.) m. ant. Ayuda, auxilio, socorro.

ADYUVANTE. (l. *audiuvans, -antis*.) adj. Que ayuda.

AEDO. (gr. ἀοιδός, cantor.) m. Bardo, poeta o cantor épico, al son de la cítara, en la antigua Grecia. || **P.** aedo; **I.** aede; **F.** aède; **A.** Aöde; **It.** aedo; **R.** эпический поэт.

AELLAS. f. pl. GERM. Llaves.

AERACIÓN. (l. *aĕr*, aire.) f. MED. Acción del aire atmosférico en el tratamiento de las enfermedades. || **2.** MED. Introducción del aire en las aguas potables o medicinales. || **P.** aeração; **I.** aeration; **F.** aérage; **A.** Auslüftung; **It.** aereazione; **R.** проветривание, аэрация.

* **AEREMIA.** f. MED. Nombre genérico de los accidentes que sobrevienen a los que trabajan bajo la acción del aire comprimido, cuando ésta cesa repentinamente, ocasionando el desprendimiento en forma de finas burbujas, del agua contenida en la sangre.

AÉREO, A. (l. *aerĕus*.) adj. De aire. || **2.** Perteneciente o relativo al aire. || **3.** fig. Sutil, sin solidez. || **4.** BIOL. Dícese de los animales o plantas que viven en contacto directo con el aire atmosférico. || **5.** Dícese de los fenómenos atmosféricos que dependen del aire. || **6.** Alto, elevado, que está en el aire o que funciona por medio de cables, etc. || **P.** aéreo; **I.** aerial; **F.** aérien; **A.** luftig; **It.** aereo; **R.** воздушный.

AERÍFERO, RA. (l. *aĕr*, aire, y *ferre*, llevar.) adj. Que lleva o conduce aire. *Vías* AERÍFERAS. || **P.** aerífero; **I.** aeriferous; **F.** aérifère; **A.** luftleitend; **It.** aerifero.

* **AERIFICACIÓN.** f. Acción o efecto de aerificar. || **I.** aerification; **F.** aérification; **A.** Luftbildung; **It.** aerificazione; **R.** превращение в газообразное состояние.

* **AERIFICAR.** (l. *aĕr*, aire, y *facĕre*, hacer.) tr. Fís. y QUÍM. Convertir en gas un cuerpo sólido o líquido. || **2.** Disolver aire en un líquido, especialmente en el agua para aumentar su potabilidad. || **3.** fig. Convertir en aire.

AERIFORME. (l. *aĕr*, aire, y *forma*, forma.) adj. QUÍM. Parecido al aire. || **P.** aeriforme; **I.** aeriform; **F.** aériforme; **A.** luftförmig; **It.** aeriforme; **R.** воздушный.

AEROBIO. (gr. ἀήρ, aire, y βίος, vida.) adj. BIOL. Aplícase al ser vivo que necesita del aire para subsistir. || **2.** m. Ser microscópico que vive en el aire. || **P.** aeróbio; **I.** aerobe; **F.** aerobic; **A.** Aërobien; **It.** aerobio.

* **AEROBIOLOGÍA.** f. MED. Parte de la biología que se ocupa de los microorganismos suspendidos en el aire o transportados por el mismo.

* **AEROBIOSCOPIA.** f. Análisis de la composición bacteriológica del aire.

* **AEROBÚS.** m. Ómnibus aéreo.

AERODINÁMICA. (gr. ἀήρ, aire, y *dinámica*.) f. Parte de la mecánica, que estudia el movimiento de los gases. || **P.** aerodinâmica; **I.** aerodynamic; **F.** aérodynamique; **A.** Aerodynamik; **It.** aerodinamica; **R.** аэродинамика.

AERODINÁMICO, CA. adj. Perteneciente o relativo a la aerodinámica. || **2.** Dícese de los vehículos que tienen una forma adecuada para disminuir la resistencia del aire.

AERÓDROMO. (gr. ἀήρ, aire, y δρόμος, carrera.) m. Sitio destinado para la salida y llegada de aviones, aeronaves, etc. || **P.** aeródromo; **I.** aerodrome; **F.** aérodrome; **A.** Flughafen; **It.** aerodromo; **R.** аэродром.

AEROFAGIA. (gr. ἀήρ, aire, y φάγομαι, comer.) f. MED. Deglución del aire. Es un fenómeno de naturaleza histérica. || **P.** aerofagia; **I.** aerophagia; **F.** aérophagie; **A.** Luftschlucken; **It.** aerofagia.

° **AEROFARO.** m. Potente foco de luz instalado en los aeropuertos para servir de orientación a los aviones o aeroplanos y facilitarles el aterrizaje.

AERÓFORO, RA. (gr. ἀήρ, aire, y φορός, que lleva.) adj. Aerífero. || **P.** aeróforo; **I.** aerophorus; **F.** aérifère; **A.** Luftleitend; **It.** aeroforo.

* **AEROGNOSIA.** f. Fís. Parte de la física que trata de las propiedades del aire. || **P.** e **It.** aerognosia; **I.** aerognosy; **F.** aérognosie; **A.** Lehre von den Eigenschaften der Luft.

* **AERÓGRAFO.** m. Fís. Pulverizador a presión. Se utiliza para el retoque fotográfico, la pintura y las artes decorativas.

* **AEROGRAMA.** m. Despacho radiotelegráfico. || Se aplica al mensaje transmitido por un vehículo aéreo o una paloma mensajera.

* **AEROLÍNEA.** f. Línea aérea.

AEROLÍTICO, CA. adj. Perteneciente o relativo a los aerolitos.

AEROLITO. (gr. ἀήρ, aire, y λίθος, piedra.) m. Fragmento de un bólido que cae sobre la Tierra. || **P.** aerólito; **I.** aerolite; **F.** aérolithe; **A.** Meteorstein; **It.** aerolito; **R.** аэролит.

* **AEROLOGÍA.** (gr. ἀήρ, aire, y λόγος, tratado.) f. Parte de la Física que estudia los movimientos y variaciones de la atmósfera.

AEROMANCIA [-MANCÍA]. (l. *aeromantia*, y éste del gr. ἀήρ, aire, y μαντεία adivinación.) f. Adivinación supersticiosa por las señales e impresiones del aire.

AEROMÁNTICO, CA. adj. Perteneciente o relativo a la aeromancia. || **2.** m. y f. Persona que la profesa.

AERÓMETRO. (gr. ἀήρ, aire, y μέτρον, medida.) m. Instrumento para medir la densidad del aire.

* **AEROMODELISMO.** m. Arte y práctica de construir aeromodelos con fines instructivos.

* **AEROMODELO.** m. Modelo reducido de aeroplano, no apto para llevar seres humanos.

* **AEROMOTO.** (l. *aĕr*, aire, y *motus*, movimiento.) m. METEOR. Agitación violenta del aire atmosférico producida por explosiones o terremotos. || **2.** Viento huracanado, ciclón.

* **AEROMOTOR.** m. MEC. Máquina que utiliza la fuerza del aire para su funcionamiento. || **P.** e **It.** aeromotor; **F.** aéromoteur; **A.** Luftmotor; **It.** aeromotore; **R.** воздушный двигатель.

AEROMÓVIL. (gr. ἀήρ, aire, y *móvil*.) m. Aeronave o avión.

AERONATO, TA. (gr. ἀήρ, aire, y el l. *natus*, nacido.) adj. Dícese de una persona nacida en una aeronave durante el vuelo. Ú.t.c.s.

AERONAUTA. (gr. ἀήρ, aire, y ναύτης, navegante.) com. Persona que navega por el aire. || **P.** e **It.** aeronauta; **I.** aeronaut; **F.** aéronaute; **A.** Luftschiffer; **R.** воздухоплаватель.

AERONÁUTICA. f. Ciencia o arte de la navegación aérea. || **P.** e **It.** aeronautica; **I.** aeronautic; **F.** aéronautique; **A.** Aeronautik, schiffkunst; **R.** воздухоплавание.

AERONÁUTICO, CA. adj. Perteneciente a la aeronáutica.

* **AERONAVAL.** adj. Perteneciente o relativo a la navegación aérea. || **2.** Relativo conjuntamente a la aviación y la armada.

AERONAVE. (l. *aĕr*, aire, y de *nave*.) f. Vehículo dirigible que, lleno de un gas más ligero que el aire, se emplea en la aerostación.

AEROPLANO. (l. *aĕr*, aire, y *plānum*, plano.) m. Avión, aparato volador más pesado que el aire, que vuela por la acción combinada de unos planos fijos inclinados y el impulso de un motor que acciona una hélice o bien por un tubopropulsor o un tuborreactor. || **P.** e **It.** aeroplano; **I.** aeroplane; **F.** aéroplane; **A.** Flugzeug; **R.** аэроплан.

AEROPOSTAL. (gr. ἀήρ, aire, y *postal*.) adj. Relativo al correo aéreo o por avión.

AEROPUERTO. (gr. ἀήρ, aire, y de *puerto*.) m. Estación de parada o arranque para los vehículos aéreos.

* **AEROSCALA.** f. Localidad de aterrizaje y aprovisionamiento entre las bases aéreas.

* **AEROSCOPIA.** (gr. ἀήρ, aire, y σκοπέω, observar.) m. Fís. Examen microscópico del aire por el aeroscopio. || **P.** e **It.** aeroscopia; **I.** aeroscopy; **F.** aeroscopie; **A.** Luftbeobachtung; **R.** аэроскория.

* **AEROSCOPIO.** m. Fís. Aparato con que se recoge polvo, esporas y microorganismos del aire para su estudio microscópico. || **P.** aeroscópio; **I.** aeroscope; **F.** aéroscope; **A.** Aëroskop; **It.** aeroscopio.

* **AEROSFERA.** f. METEOR. Nombre científico de la atmósfera.

° **AEROSOL.** m. Solución de una droga, comúnmente bactericida, que se suministra pulverizada en inhalaciones.

AEROSTACIÓN. (l. *aĕr*, aire, y *statio, ōnis*, el acto de estar firmes.) f. Navegación aérea. || **P.** aerostação; **I.** aerostation; **F.** aérostation; **A.** Luftschiffkunst; **It.** aerostazione; **R.** воздухоплавание.

A

AEROSTÁTICA. (gr. ἀήρ, aire, y de *estática*.) f. Parte de la mecánica, que estudia el equilibrio de los gases, y el de los cuerpos en el aire. ‖ **P.** aerostatica; **I.** aerostatics; **F.** aérostatique; **A.** Aerostatik; **It.** aerostatica; **R.** аэростатика.

AEROSTÁTICO, CA. adj. Perteneciente o relativo a la aerostática. ‖ **2.** Dícese del globo lleno de gas menos pesado que el aire. ‖ **P.** aerostático; **I.** aerostatic; **F.** aérostatique; **A.** aerostatisch; **It.** aerostatico; **R.** воздухоплавательный.

★ AEROSTATMIO. (gr. ἀήρ, aire, y σταθμιον, balanza.) Fís. Antiguo barómetro usado para determinar el peso de la atmósfera.

AEROSTATO. (gr. ἀήρ, aire, y στατός, parado, en equilibrio.) m. Globo aerostático. ‖ **P.** aeróstato; **I.** air-balloon; **F.** aérostat; **A.** Luftballon; **It.** aerostato; **R.** аэростат, воздушный шар.

AEROSTERO. (fr. *aérostier*.) m. Aeronauta. ‖ **2.** Soldado de aerostación militar.

★ AEROTAXIA. (gr. ἀήρ, aire, y τάξις, orden.) f. Bact. Acción de atracción que ejerce el aire sobre los organismos aerobios y de repulsión sobre los anaerobios.

★ AEROTAXI. m. Taxi aéreo, avión de alquiler.

AEROTECNIA. (gr. ἀήρ, aire, y τέχνη, arte.) f. Arte o ciencia que trata de las aplicaciones del aire a la industria.

★ AEROTÉCNICA. f. Parte de la ingeniería que trata de las aplicaciones de la aerodinámica.

AEROTÉCNICO, CA. adj. Perteneciente o relativo a la aerotecnia.

AEROTERAPIA. (gr. ἀήρ, aire, y θεραπεία, tratamiento.) f. Med. Método de curar ciertas enfermedades por medio del aire continúo en aparatos a propósito. ‖ **P.** aerotherapia; **I.** aerotherapy; **F.** aérothérapie; **A.** Aerotherapie; **It.** aeroterapia; **R.** аэротерапия.

AEROVÍA. f. Ruta establecida para el vuelo comercial de los aviones.

AETA. (tagalo *ayta*, negro del monte.) adj. Indígena de las montañas de Filipinas, de pequeña estatura y color pardo. Ú.t.c.s. ‖ **2.** Perteneciente o relativo a los aetas.

AFABILIDAD. (l. *affabilĭtas, -ātis*.) f. Calidad de afable. ‖ **2.** Agrado en la conversación y trato. ‖ **P.** afabilidade; **I.** affability; **F.** affabilité; **A.** Leutseligkeit; **It.** affabilità; **R.** приветливость, вежливость.

AFABILÍSIMO, MA. adj. sup. de afable.

AFABLE. (l. *affabĭlis*, de *affāri*, hablar.) adj. Agradable, suave, en la conversación y trato. ‖ **P.** afável; **I.** y **F.** affable; freundlich; **It.** affabile; **R.** приветливый.

AFABLEMENTE. adv. Con afabilidad.

AFABULACIÓN. (l. *affubulatio, -ōnis*; de *ad*, a, y *fabulatio*, fábula, cuento.) f. Explicación de una fábula o apólogo.

AFABULADOR. m. ant. Fabulador, fabulista.

ÁFACA. l. (*aphăca*, y éste del gr. ἀφάκη, almorta.) f. Bot. Planta anual arvense, de la familia de las papilionáceas, parecida a la lenteja.

AFACCIONADO, DA. (De *a* y *facción*.) adj. ant. Con los adverbios *bien* o *mal*, bien o mal agestado.

AFACER. (l. *affăcĕre*, por *afficĕre*, hacer.) intr. ant. Tener comunicación o trato. Usáb.t.c.r.

AFACIMIENTO. m. ant. Acción y efecto de afacer o afacerse.

★ ÁFACO, CA. (gr. ἀ, priv., y φακός, lente.) Med. Que no tiene cristalino.

★ AFAGIA. (gr. ἀ, priv., y φάγωμαι, comer.) f. Med. Incapacidad para deglutir.

AFAICIONADO, DA. adj. ant. Afaccionado.

AFALAGAR. tr. ant. Halagar.

AFALAGO. m. ant. Halago.

AFAMADO, DA. p.p. de afamar. ‖ **2.** adj. Famoso, renombrado.

AFAMADO, DA. (De *a* y *fame*.) adj. ant. Hambriento.

AFAMAR. tr. Hacer famoso, dar fama. Tómase por lo común en buena parte. Ú.t.c.r. ‖ **P.** afamar; **I.** to fame; **F.** rendre fameux; **A.** berühmt machen; **It.** dare fama; **R.** создавать славу.

★ AFAMILIADO, DA. adj. Rep. Domin. Emparentado.

AFÁN. (De *afanar*.) m. Trabajo excesivo, solícito o congojoso. ‖ **2.** Anhelo vehemente. ‖ **3.** Trabajo corporal, como el de los jornaleros. ‖ **P.** afã; **I.** eagerness; **F.** désir véhement; **A.** Mühe; **It.** affano; **R.** горячее желание.

AFANADAMENTE. adv. Afanosamente.

AFANADO, DA. p.p. de afanar. ‖ **2.** Lleno de afán, afanoso.

AFANADOR, RA. adj. Que afana o se afana. ‖ **2.** m. y f. Méj. Persona que en los establecimientos públicos de beneficencia o de castigo, se emplea en las faenas más penosas.

AFANAR. (De *a* y *faena*.) intr. Entregarse al trabajo con solicitud congojosa. Ú.m.c.r. ‖ **2.** Hacer diligencias con vehemente anhelo para conseguir alguna cosa. Ú.m.c.r. ‖ **3.** Trabajar corporalmente como los jornaleros. ‖ **4.** Trabajar a uno, traerle apurado. ‖ **5.** vulg. Hurtar, robar. ‖ **6.** Amér. Central. Ganar dinero. ‖ **P.** afanar; **I.** to plod; **F.** travailler avec ardeur; **A.** sich bemühen; **It.** affannare; **R.** старательно работать.

★ AFANEIDOSCOPIO. (gr. ἀφανής, obscuro, εἶδος, forma, y σκοπέω, observar.) m. Fís. Instrumento usado para iluminar y observar cuerpos ocultos.

AFANÍPTERO. (gr. ἀφανής, invisible, y πτερόν, ala.) adj. Zool. Dícese de insectos dípteros que carecen de ala y tienen metamorfosis complicada; como la pulga. Ú.t.c.s. ‖ **2.** m. pl. Zool. Suborden de estos animales. ‖ **P.** afanipteros; **I.** aphanipterous; **F.** aphaniptère; **A.** flügellos; **It.** afanittero; **R.** двчкрылый (300 л).

AFANITA. (gr. ἀφανής, obscuro.) f. Anfibolita.

AFANOSAMENTE. adv. Con afán.

AFANOSO, SA. adj. Muy penoso o trabajoso. ‖ **2.** Que se afana. ‖ **P.** afanoso; **I.** laborious; **F.** laborieux; **A.** mühselig; **It.** affannoso; **R.** старательный, трудолюбивый.

AFAÑARSE. r. ant. Afanarse.

AFAÑO. m. Afán o fatiga.

AFARALLONADO, DA. adj. Dícese del bajo, cabo o punta de figura de farallón.

AFAROLADO, DA. (De *farol*.) adj. Taurom. Dícese del lance o suerte en que el diestro se pasa el engaño por encima de la cabeza.

★ AFAROLAMIENTO. m. Cuba, Chile y Perú. Acción y efecto de afarolarse.

★ AFAROLARSE. r. Cuba, Chile y Perú. Hacer aspavientos, enojarse exageradamente sin motivo. Ej. *No hay por qué* afarolarse *tanto*.

AFASCALAR. tr. Ar. Hacer fascales.

AFASIA. (gr. ἀφασία; de ἀ, priv., y φάσις, palabra.) f. Med. Pérdida del habla a consecuencia de desorden cerebral. ‖ **2.** fig. Indecisión del ánimo. ‖ **P.** e **It.** afasia; **I.** aphasia; **F.** aphasie; **A.** Sprachlosigkeit; **R.** афазия, потеря дара речи.

AFÁSICO, CA. adj. Que tiene afasia o propio de ella.

AFATAR. tr. As. y Gal. Aparejar una caballería.

AFÉ. (De *a*, y *fe*, he.) adv. ant. Ahé. Usáb. con pronombres sufijos, haciendo veces de acusativo.

AFEADOR, RA. adj. Que afea. Ú.t. c.s.

AFEAMIENTO. m. Acción y efecto de afear o afearse.

AFEAR. tr. Hacer o poner fea a una persona o cosa. Ú.t.c.r. ‖ **2.** fig. Tachar, vituperar. ‖ **P.** afã; **I.** to uglify; to blemish; **F.** enlaidir; **A.** entstellen; **It.** imbruttire, biasimare; **R.** уродовать.

AFEBLECERSE. (De *a* y *feble*.) r. Adelgazarse, debilitarse.

AFECCIÓN. (l. *affectio, -ōnis*.) f. Impresión que hace una cosa en otra, causando en ella alteración o mudanza. ‖ **2.** Afición o inclinación. ‖ **3.** En los beneficios eclesiásticos, reserva de su provisión. ‖ **4.** Med. Alteración morbosa. ‖ **5.** Fil. Forma de sensibilidad y cualquier otro fenómeno de carácter afectivo. ‖ **P.** afeição; **I.** y **F.** affection; 5.ª acep.: **A.** Leiden; **It.** affezione; **R.** впечатление.

AFECCIONAR. tr. ant. Impresionar, exponer una superficie ya preparada a la acción de las vibraciones acústicas o luminosas. ‖ **2.** Aficionarse, inclinarse a una persona o cosa.

AFECTACIÓN. (l. *affectatio, -ōnis*.) f. Acción de afectar. ‖ **2.** Falta de sencillez y naturalidad. ‖ **P.** afectação; **I.** y **F.** afectation; **A.** Affektation; **It.** affettazione; **R.** неестественность.

AFECTADAMENTE. adv. Con afectación.

AFECTADO, DA. p.p. de afectar. ‖ **2.** Que adolece de afectación. ‖ **3.** Aparente, fingido. ‖ **4.** Aquejado. ‖ **P.** afectado; **I.** affected; **F.** affecté; **A.** affektiert; **It.** affettato; **R.** притворный.

AFECTADOR, RA. (l. *affectātor*.) adj. Que afecta.

AFECTAR. (l. *affectāre*, frec. de *afficĕre*, disponer, preparar.) tr. Perder la sencillez y la naturalidad en la palabra o en la acción. ‖ **2.** Fingir, disimular. ‖ **3.** Anexar, agregar. ‖ **4.** Causar notable impresión una cosa en una persona. Ú.t. c.r. ‖ **5.** Alterar, modificar. *La nueva situación no* AFECTA *a lo convenido*. ‖ **6.** For. Gravar alguna finca. ‖ **7.** Med. Producir alteración en algún órgano del cuerpo. ‖ **P.** afectar; **I.** to affect; **F.** affecter; **A.** affektieren; **It.** affettare; **R.** притворяться, прикидываться.

AFECTÍSIMO, MA. adj. sup. de afecto.

AFECTIVIDAD. f. Cualidad de tener afecto. ‖ **2.** Fil. Conjunto de los fenómenos afectivos.

AFECTIVO, VA. (l. *affectīvus*.) adj. Perteneciente o relativo al afecto o a la sensibilidad. ‖ **P.** afectivo; **I.** affective; **F.** affectif; **A.** gemüts-; **It.** affettivo; **R.** трогательный.

AFECTO, TA. (l. *affectus, a, um*.) adj. Inclinado a alguna persona o cosa. ‖ **2.** Aplícase al beneficio eclesiástico que tiene alguna particular reserva en su provisión. ‖ **3.** Dícese de las posesiones o rentas sujetas a alguna carga u obligación. ‖ **4.** Dícese de la persona destinada a ejercer funciones en determinada dependencia. ‖ **P.** afeição; **I.** affected; **F.** affecté; **A.** zugetan; **It.** affetto; **R.** привязанный.

AFECTO. (l. *affectus*.) m. Cualquiera de las pasiones del ánimo. Tómase especialmente por amor. ‖ **2.** Med. Afección, alteración morbosa. ‖ **3.** Pint. Expresión y viveza de la acción en que se pinta la figura. ‖ **P.** afecto; **I.** y **F.** affection; **A.** Zuneigung; **It.** afetto; **R.** любящий.

AFECTUOSAMENTE. adv. Con afecto y cariño.

AFECTUOSIDAD. f. Calidad de afectuoso.

AFECTUOSO, SA. (l. *affectuōsus*.) adj. Amoroso, cariñoso. ‖ **2.** Pint. Expresivo, vivo. ‖ **P.** afectuoso; **I.** affectionate; **F.** affectueux; **A.** lieblich; **It.** affettuoso; **R.** любезный, сердечный.

AFECHO, CHA. (l. *affĕctus*, hecho.) p.p. irreg. ant. de afacer. ‖ **2.** adj. ant. Hecho o acostumbrado.

★ AFEITADA. f. Amér. Acción y efecto de afeitar o afeitarse.

AFEITADAMENTE. adj. Con adorno y pulimento.

AFEITADERA. (De *afeitar*.) f. ant. Peine, utensilio para limpiar y componer el pelo.

AFEITADO, DA. p.p. de afeitar. ‖ **2.** Acción y efecto de afeitar.

AFEITADOR. (De *afeitar*.) m. ant. Barbero, peluquero.

AFEITADORA. (De *afeitador*.) f. ant. Vellera.

AFEITAMIENTO. m. ant. Afeite.

AFEITAR. (arag. o leon. *afeitar*, y éste del l. *affectāre*, arreglar.) tr. Adornar, componer, hermosear. Ú.t.c.r. ‖ **2.** Hermosear con afeites el rostro u otra parte del cuerpo. Ú.t.c.r. ‖ **3.** Raer con navaja, o máquina, la barba, el bigote, y por ext. el pelo de cualquiera parte del cuerpo. Ú.t.c.r. ‖ **4.** Esquilar a una caballería las crines y las puntas de la cola. ‖ **5.** Recortar e igualar las ramas y hojas de una planta de jardín. ‖ **6.** intr. En los negocios, extremar el afán de lucro. ‖ 3.ª acep.: **P.** barbear; **I.** to shave; **F.** raser; **A.** rasieren; **It.** radere; **R.** брить, подкрашивать.

AFEITE. (De *afeitar*.) m. Aderezo, compostura. || **2.** Cosmético. || **P.** enfeite; **I.** cosmetic; **F.** fard; **A.** Putz, Schminke; **It.** belletto; **R.** косметическое средство.

★ **AFEITÓN.** adj. Dícese de los vientos del cuadrante del Norte. Ú.t.c.s.

AFELIO. (gr. ἀπό, lejos de, y ἥλιος, sol.) m. ASTRON. Punto en que la órbita de un planeta dista más del Sol. || **P.** afélio; **I.** aphelion; **F.** aphélie; **A.** Aphelium; **It.** afelio; **R.** афелио.

AFELPADO, DA. p.p. de afelpar. || **2.** adj. Hecho o tejido en forma de felpa. || **3.** fig. Parecido a la felpa por tener vello o pelusilla. || **P.** felpudo; **I.** plushy; **F.** peluché; **A.** samtartig; **It.** felpato; **R.** бархатистый.

AFELPAR. tr. Dar a la tela que se trabaja el aspecto de felpa o terciopelo. || **2.** MAR. Reforzar la vela con estopa o pallete.

AFEMINACIÓN. (De *efeminación*.) f. Molicie, flojedad de ánimo. || **2.** Acción de afeminar o afeminarse. || 2.ª acep.: **P.** efeminação; **I.** effeminacy; **F.** effemination; **A.** Verweichlichung; **It.** effeminatezza. **R.** изнеженность.

AFEMINADAMENTE. adv. Con afeminación.

AFEMINADO, DA. (De *efeminado*.) p.p. de afeminar. || **2.** adj. Dícese del que en su persona, modo de hablar, acciones o adornos, se parece a las mujeres. Ú.t.c.s. || **3.** Que parece de mujer. *Andar, voz,* AFEMINADO, DA. || **P.** efeminado; **I.** effeminate; **F.** efféminé; **A.** weibisch; **It.** effeminato; **R.** изнеженный, женственный.

AFEMINAMIENTO. m. Afeminación.

AFEMINAR. (De *efeminar*.) tr. Hacer a uno perder la energía varonil, o inclinarse a que en sus modales y acciones o en el adorno de su persona se parezca a las mujeres. Ú.m.c.r. || **P.** efeminar; **I.** to effeminate; **F.** efféminer; **A.** weibisch machen; **It.** effeminare; **R.** изнеживать.

AFER. (De *a*, y *fer*.) m. ant. Negocio, quehacer. Usáb. m. en pl.

AFERENTE. (l. *afferens*, *-entis*, p.a. de *afferre*, traer.) adj. Que trae. || **2.** ANAT. Dícese del vaso conductor de la sangre que entra en un órgano determinado. || **P.** aferente; **I.** afferent; **F.** afférent; **A.** zuführend; **It.** afferente.

AFÉRESIS. (gr. ἀφαίρεσις, de ἀφαιρέω, quitar.) f. GRAM. Supresión de algún sonido al principio de un vocablo, como en *norabuena* por enhorabuena. || **P.** aférese; **I.** apheresis; **F.** aphérèse; **A.** Aphäresis; **It.** aferesi; **R.** ампутация.

AFERIDOR, RA. adj. ant. Que afiere. Usáb.t.c.s.

AFERIR. (l. *ad*, a, y *ferire*, golpear, batir.) tr. ant. Contrastar los pesos y medidas.

AFERMOSEAR. tr. ant. Hermosear.

AFERRADAMENTE. adv. Con obstinación, con tenacidad.

★ **AFERRADO, DA.** p.p. de aferrar o aferrarse. || **2.** adj. Terco, obstinado.

AFERRADOR, RA. adj. Que aferra. **2.** m. GERM. Corchete, esbirro, alguacil.

AFERRAMIENTO. m. Acción y efecto de aferrar o aferrarse.

AFERRAR. (De *a* y *ferro*.) tr. Agarrar o asir fuertemente. Ú.t.c.intr. || **2.** MAR. Recoger una vela. || **3.** MAR. Atrapar con bichero, garfio, etc. || **4.** intr. MAR. Agarrar el ancla en el fondo. || **5.** r. Asirse, agarrarse fuertemente una cosa con otra. || **6.** fig. Insistir con tenacidad en algún dictamen u opinión. Ú.t.c.intr. || **P.** aferrar; **I.** to seize; **F.** saisir; **A.** fest ergreifen; **It.** afferrare; **R.** крепко схватывать.

AFERRAVELAS. (De *aferrar* y *vela*.) m. ant. MAR. Tomador para sujetar las velas cuando se aferran.

AFERROJAR. (De *a*, y *ferrojo*.) tr. ant. Aherrojar.

★ **AFERRUCHARSE.** r. COLOM. Aferrarse, asirse fuertemente.

AFERRUZADO, DA. (De *ad*, a, y *férus*, fiero.) adj. Iracundo, ceñudo, malhumorado.

AFERVENTAR. (l. *ad*, a, y *fervens*, *-entis*, hirviente.) tr. ant. Herventar.

AFERVORAR. (De *a*, y *fervorar*.) tr. Afervorizar. Ú.t.c.r.

AFERVORIZAR. (De *a* y *fervorizar*.) tr. Enfervorizar. Ú.t.c.r.

AFESTONADO, DA. p.p. de afestonar. || **2.** adj. Labrado en forma de festón. || **3.** Adornado con festones. || **P.** afestonado; **I.** festoned; **F.** festoné; **A.** girlandenförmig; **It.** festonato; **R.** сделанный в виде фестонов.

AFGANO, NA. adj. Natural de Afganistán. Ú.t.c.s. || **2.** Perteneciente a este país de Asia.

★ **AFHIDROSIS.** (gr. ἀ, priv., y ἱδρώς, sudor.) f. MED. Falta o disminución del sudor.

AFIANZADOR, RA. adj. Que afianza.

AFIANZAMIENTO. m. Acción y efecto de afianzar o afianzarse.

AFIANZAR. tr. Dar fianza por alguno para seguridad o resguardo de intereses o caudales, o del cumplimiento de alguna obligación. || **2.** Afirmar o asegurar con puntales, cordeles, clavos, etc.; apoyar, sostener. Ú.t.c.r. || **3.** Asir, agarrar. Ú.t. c.r. || **P.** afiançar; **I.** to guarantee; **F.** cautionner; **A.** bürgen; **It.** mallevare; **R.** давать поручательство.

AFIAR. (De *a* y *fiar*.) tr. ant. Dar a uno fe o palabra de seguridad de no hacer daño, según lo practicaban los hijosdalgos.

AFIBLAR. (l. *affibulāre*, de *fibula*, broche.) tr. ant. Ceñir, ajustar, abrochar.

AFICAR. tr. ant. Ahincar.

AFICE. (ár. *ḥafiz*, inspector.) m. ant. Hafiz, guarda o veedor de las rentas de la seda.

AFICIÓN. (l. *affectio*, *-ōnis*, afección.) f. Inclinación, amor a alguna persona o cosa. || **2.** Conjunto de aficionados a un espectáculo. || **3.** Ahinco, eficacia. || **P.** afeição; **I.** fondness; **F.** penchant; **A.** Zuneigung; **It.** affezione; **R.** склонность, пристрастие.

AFICIONADAMENTE. adv. Con afición.

AFICIONADO, DA. p.p. de aficionar. || **2.** adj. Que cultiva algún arte sin tenerlo por oficio. Ú.t.c.s. || **P.** afeiçoado; **I.** fond, amateur; **F.** amateur; **A.** zugetan; **It.** affezionato,, dilettante; **R.** привязанный, любитель в искусстве, науке.

AFICIONADOR, RA. adj. Que aficiona.

AFICIONAR. (De *afición*.) tr. Inclinar, inducir a otro a que guste de alguna persona o cosa. || **2.** r. Prendarse de alguna persona, gustar de alguna cosa. || **P.** afeiçoar; **I.** to attach; **F.** attacher; **A.** geneigt machen; **It.** affezionare; **R.** внушать любовь или привязанность к чему-л.

★ **AFIDÁVIT.** (l. *affidavit*, afirmó.) m. Declaración en que los tenedores de efectos públicos reembolsables afirman tener su residencia en el extranjero.

AFIEBRARSE. r. CHILE. Acalenturarse.

AFIELAR. tr. Enfielar, poner en el fiel de fijar.

AFIJACIÓN. f. ant. Fijación, acción de fijar.

AFIJADO, DA. (l. *affiliātus*.) m. y f. ant. Ahijado, da.

AFIJADURA. (De *afijar*.) f. ant. Fijación.

AFIJAMIENTO. (De *afijar*.) m. ant. Afijación.

AFIJAR. tr. ant. Fijar.

AFIJO, JA. (l. *affixus*.) p.p. irreg. ant. de fijar. || **2.** adj. GRAM. Dícese del pronombre personal cuando va pospuesto y unido al verbo, y también de las preposiciones y partículas que se emplean en la formación de palabras. Ú.m.c.s.m. || **P.** afixo; **I.** affix; **F.** affixe; **A.** Affix, Anhängewort; **It.** affisso; **R.** аффикс.

AFILADERA. (De *afilar*.) adj. Dícese de la piedra de afilar. Ú.t.c.s.

★ **AFILADO, DA.** p.p. de afilar. || **2.** adj. Adelgazado por el corte o aguzado por la punta. || **P.** afilado; **I.** thin; **F.** grêle; **A.** scharf; **It.** sottile; **R.** точенный.

AFILADOR, RA. adj. Que afila. || **2.** ARGENT. fig. y fam. Que afila o requiebra. Ú.t.c.s. || **3.** m. El que tiene por oficio afilar instrumentos cortantes. || **4.** Afilón, correa que se usa para afilar las navajas de afeitar. || **5.** CHILE. Afiladera. || **P.** afiador; **A.** Schleifer; **It.** affilatore; **R.** точильщик.

AFILADURA. f. Acción y efecto de afilar.

AFILAMIENTO. (De *afilar*.) m. Adelgazamiento de la cara, la nariz o los dedos.

° **AFILALÁPICES.** m. Instrumento que sirve para sacar punta a los lápices.

AFILAR. tr. Sacar filo o hacer más delgado o agudo el de un arma o instrumento. || **2.** Aguzar, hacer más aguda la punta de los instrumentos cortantes. || **3.** fig. Afinar la voz o hacer más sutil algo inmaterial. || **4.** r. fig. Adelgazarse la cara, la nariz, o los dedos. || **5.** R. DE LA PLATA. Enamorar, requebrar. || **6.** fig. y fam. R. DE LA PLATA. Adular, lisonjear. || **7.** fig. y fam. COLOM. Tragar el anzuelo, caer en la trampa. || **8.** AMÉR. Prepararse para hacer o procurarse algo que se desea. || **P.** afiar; **I.** to whet; **F.** aiguiser; **A.** schärfen; **It.** affilare; **R.** точить.

★ **AFILIA.** (gr. ἀ, priv., y φύλλον, hoja.) f. BOT. Carencia de hojas en las plantas.

AFILIACIÓN. f. Acción y efecto de afiliar o afiliarse. || **P.** afiliação; **I.** y **F.** affiliation; **A.** Affiliation; **It.** affiliazione; **R.** присоединение.

★ **AFILIADO, DA.** p.p. de afiliar. || **2.** adj. Asociado, admitido en alguna sociedad.

AFILIAR. (l. *affiliāre*; de *ad*, a, y *filius*, hijo.) tr. Juntar, asociar una persona a otras que forman corporación o sociedad. Ú.m.c.r. AFILIARSE *a un partido*. || **2.** Prohijar. || **P.** afiliar; **I.** to affiliate; **F.** affilier; **A.** aufnehmen; **It.** affiliare; **R.** принимать.

AFILIGRANADO, DA. p.p. de afiligranar. || **2.** adj. De filigrana. || **3.** Parecido a ella. || **4.** fig. Dícese de personas y cosas pequeñas, muy finas y delicadas. *Juego* AFILIGRANADO. || **P.** afiligranado; **I.** filigreed; **F.** filigrané; **A.** filigranartig; **It.** filigranato. **R.** филигранный.

AFILIGRANAR. tr. Hacer filigrana. **2.** fig. Pulir, hermosear primorosamente.

AFILO, LA. (gr. ἀφύλλος, de ἀ, priv., y φύλλον, hoja.) adj. BOT. Que no tiene hojas. || **P.** afilo; **I.** aphyllous; **F.** aphylle; **A.** blattlos; **It.** afillo.

AFILÓN. (De *afilar*.) m. Correa impregnada de grasa que sirve para afinar, suavizar o asentar el filo de la navaja y otros instrumentos cortantes. || **2.** Chaira o cilindro de acero de que se hace uso para avivar el filo. || **P.** assentador; **I.** kuitesharpener; **F.** cuir a rasoir; **A.** Wetzstahl; **It.** acciaiuolo; **R.** брусок для точки.

AFILOSOFADO, DA. adj. Que imita o pretende imitar a los filósofos.

AFÍN. (l. *affinis*; de *ad*, a, y *finis*, término.) adj. Próximo, contiguo. *Casas* AFINES. || **2.** Que tiene afinidad con otra cosa. || **3.** m. y f. Pariente por afinidad. || **P.** afim; **I.** afine; **F.** voisin; **A.** angrenzend; **It.** affine; **R.** ближайший, смежный.

AFINACIÓN. f. Acción y efecto de afinar o afinarse. || **P.** afinamento; **I.** refining, tuning; **F.** affinage; **A.** Stimmen; **It.** affinamento accordatura; **R.** совершенствова ние.

AFINADAMENTE. adv. Con afinación. || **2.** Con delicadeza y finura.

AFINADOR, RA. adj. Que afina. || **2.** m. El que tiene por oficio afinar instrumentos músicos. || **3.** Templador, llave de hierro con que se templan algunos instrumentos de cuerda. || **4.** MÚS. Instrumento de cristal que se usa para afinar pianos. || **P.** afinador; **I.** refiner, accordeur; **F.** affineur; **A.** 2.ª acep.: (Klavier)stimmer; **It.** affinatore, accordatore; **R.** настройщик.

AFINADURA. f. Afinación.

AFINAMIENTO. m. Afinación. || **2.** Finura.

AFINAR. (De *a*, y *fino*.) tr. Perfeccionar, dar el último punto a una cosa. Ú.t.c.r. || **2.** Hacer fina o cortés a una persona. Ú.m.c.r. || **3.** Hacer el encuadernador que la cubierta del libro sobresalga igualmente por todas partes. || **4.** Purificar los metales. || **5.** Poner en tono los instrumentos músicos. || **6.** Cantar o tocar entonando con perfección los sonidos. || **7.** Entre comerciantes ofrecer una mercancía al precio más reducido posible. || **8.** Sintonizar bien la radio receptora con una emisora. || **P.** afinar; **I.** to fine, to tune; **F.** affiner, accorder; **A.** verfeinern; **It.** affinare, accordare; **R.** доводить до совершенства, настраивать (муз)

AFINAR. (l. *ad*, a, y *finis*, fin.) tr. ant.

A

Finalizar, acabar, terminar. Ú. en Chile.

AFINCABLE. adj. ant. Que se desea o procura con ahinco.

AFINCADAMENTE. adv. ant. Ahincadamente.

AFINCADO, DA. p.p. de afincar. || **2.** adj. ant. Ahincado.

AFINCAMIENTO. m. ant. Ahincamiento.

AFINCAR. (De a y fincar.) intr. Fincar, adquirir fincas. Ú.t.c.r. || **2.** CUBA. Prestar dinero sobre fincas.

AFINCO. m. ant. Ahinco.

AFINE. adj. Afín.

AFINIDAD. (l. affinĭtas, -ātis.) f. Analogía o semejanza de una cosa con otra. || **2.** Parentesco que mediante el matrimonio se establece entre cada cónyuge y los deudos por consanguinidad del otro. || **3.** Impedimento dirimente derivado de tal parentesco. || **4.** QUÍM. Fuerza que une los átomos para formar las moléculas. || **—espiritual.** Parentesco espiritual entre los padrinos y su ahijado. || P. afinidade; I. affinity; F. affinité; A. Ähnlichkeit, Verwandtschaft; It. affinità; R. сходство.

AFINO. m. Afinación de los metales.

AFINOJAR. (De a y finojo.) tr. ant. Ahinojar, arrodillar. Usáb.m.c.intr. y c.r.

AFIRMACIÓN. (l. affirmatio, -ōnis.) f. Acción y efecto de afirmar o afirmarse. || P. afirmação; I. y F. affirmation; A. Bejahung; It. affermazione; R. утверждение.

AFIRMADAMENTE. adv. Con seguridad o firmeza.

★ **AFIRMADERO.** m. CHILE. Apoyo, puntal.

AFIRMADO, DA. p.p. de afirmar. || **2.** m. Firme, pavimento acondicionado para el paso de personas y carruajes. || 2.ª acep.: P. afirmado; I. macadam-road; F. macadam; A. Makadam-Pflaster; It. nassicciata; R. утверждено.

AFIRMADOR, RA. (l. affirmātor.) adj. Que afirma. Ú.t.c.s.

AFIRMAMIENTO. m. ant. Afirmación. || **2.** ant. AR. Ajuste con que entraba a servir un criado.

AFIRMANTE. p.a. de afirmar. Que afirma o asegura.

AFIRMANZA. (De afirmar.) f. ant. Firmeza.

AFIRMAR. (l. affirmāre; de ad, a, y firmāre, fortificar, asegurar.) tr. Poner firme, dar firmeza. Ú.t.c.r. || **2.** Dar por cierta alguna cosa. || **3.** AR. Ajustar a un criado por un año. Ú.t.c.r. || **4.** Estribar o asegurarse en algo para estar firme. AFIRMARSE en la barandilla. || **5.** Ratificarse alguno en su dicho. || **6.** ESGR. Irse firme hacia el contrario presentándole la punta de la espada. || P. firmar; I. to fasten, to affirm; F. affirmer; A. bejahen; It. affermare; R. утверждать.

AFIRMATIVA. (l. affirmatīva, f. de -tīvus, afirmativo.) f. Proposición u opinión afirmativa.

AFIRMATIVAMENTE. adv. De modo afirmativo.

AFIRMATIVO, VA. (l. affirmatīvus.) adj. Que denota o implica la acción de afirmar, aseverar. || **2.** Que afirma, que asevera. || P. afirmativo; I. affirmative; F. affirmatif; A. bejahend; It. affermativo; R. утвердительный.

★ **AFIROLAR.** tr. CUBA. Ataviar, adornar. Ú.t.c.r.

AFISTOLAR. tr. ant. Afistular.

AFISTULAR. tr. Hacer que una llaga pase a ser fístula. Ú.t.c.r.

AFIUCIAR. (l. fiduciāre, avalar.) tr. ant. Avalar.

AFLACAR. (De a y flaco.) tr. ant. Enflaquecer, debilitar. || **2.** intr. ant. fig. Flaquear, decaer.

AFLAMAR. (De a y flama.) tr. ant. Inflamar.

★ **AFLAMENCADO, DA.** adj. Agitanado, imitador de lo flamenco.

AFLAQUECERSE. r. ant. Enflaquecerse.

★ **AFLATARSE.** (De a y flato.) r. CHILE y HOND. Padecer flato. || **2.** GUAT. y HOND. Entristecerse.

AFLATO. (l. afflātus; de afflāre, soplar, inspirar.) m. Soplo, viento. || **2.** fig. Inspiración.

AFLAUTADO, DA. adj. De sonido semejante al de la flauta.

★ **AFLAUTAR.** tr. AMÉR. Atiplar.

AFLECHADO, DA. adj. En forma de flecha.

AFLECHATE. m. ant. MAR. Flechaste.

AFLEITAR. tr. ant. Fletar.

AFLETAMIENTO. (De afletar.) m. ant. Flete.

AFLETAR. tr. ant. MAR. Fletar.

AFLICCIÓN. (l. afflictio, -ōnis.) f. Efecto de afligir o afligirse; pesar, congoja. || P. aflição; I. y F. affliction; A. Kummer; It. afflizione; R. печаль, скорбь.

AFLICTIVO, VA. adj. Dícese de lo que causa aflicción. || **2.** FOR. Dícese de la pena corporal impuesta por los tribunales de justicia. || P. aflitivo; I. afflictive; F. afflictif; A. betrüben; It. afflittivo; R. огорчитель.

AFLICTO, TA. (l. afflictus.) p.p. irreg. de afligir.

AFLIGENTE. (l. affligens, -entis.) p.a. ant. de afligir. Que aflige.

AFLIGIBLE. (De afligir.) adj. ant. Aflictivo, que aflige.

AFLIGIDAMENTE. adv. Con aflicción, con angustia.

AFLIGIMIENTO. (De afligir.) m. Aflicción.

AFLIGIR. (l. affligĕre; de ad, a, y fligĕre, chocar, sacudir.) tr. Causar molestia o sufrimiento físico o moral. Ú.t.c.r. || **2.** MÉJ. Golpear, apalear. || P. afligir; I. to aflict; F. affliger; A. betrüben; It. afliggere; R. огорчать.

★ **AFLIJO.** (De afligir.) m. ECUAD. Pena, aflicción.

★ **AFLOGÍSTICO, CA.** adj. Que arde o se quema sin producir llama. || **2.** MED. Que actúa contra la inflamación.

★ **AFLOJADOR, RA.** adj. Que afloja. || **2.** m. Herramienta que utilizan los tejedores. || **3.** f. URUG. Mujer que se deja conquistar fácilmente.

AFLOJADURA. f. ant. Aflojamiento.

AFLOJAMIENTO. m. Acción de aflojar o aflojarse.

AFLOJAR. (De a y flojo.) tr. Disminuir la presión o la tirantez. Ú.t.c.s. || **2.** fig. y fam. Soltar, entregar. || **3.** intr. fig. Perder fuerza una cosa. AFLOJÓ la cuerda. || **4.** Flaquear uno en el esfuerzo. || **5.** fig. Dar dinero. || **6.** r. CHILE. Ventosear, peer. || P. afrouxar; I. to loosen; F. lâcher; A. nachlassen; It. rilassare; R. ослаблять, отпускать, разжимать.

AFLORADA, DA. p.p. de aflorar. || **2.** adj. De la flor de la harina, floreado. || **3.** Primoroso, florido, que es lo mejor y más perfecto.

AFLORAMIENTO. m. Efecto de aflorar. || **2.** Mineral aflorado, que asoma a flor de tierra. || P. afloramiento; I. outcropping; F. affleurement; 2.ª acep.: A. Ablagerung; It. affioramento.

AFLORAR. (De a y flor.) intr. Asomar a la superficie del terreno un filón. || **2.** tr. Cerner la harina o acribar los cereales para obtener la flor o parte selecta de los mismos. || **3.** Purificar. || P. aflorar; I. to outcrop; F. affleurer; A. zutage treten; It. affiorare; R. выходить на поверхность.

AFLUENCIA. (l. affluentia.) f. Acción y efecto de afluir. || **2.** Abundancia o copia. || **3.** Facundia. || P. afluência; I. y F. affluence; A. Zufluss; It. affluenza; R. наплыв.

AFLUENTE. (l. affluens, -entis.) p.a. de afluir. Que afluye. || **2.** adj. Fecundo, abundante en palabras o expresiones. || **3.** m. Arroyo o río secundario que desemboca en otro principal. || P. afluente; I. y F. affluent; A. zuströmend; It. affluente; R. приток.

AFLUENTEMENTE. adv. Con afluencia.

AFLUIR. (l. affluĕre; de ad, a, y fluĕre, fluir.) intr. Acudir en abundancia, o en gran número a un sitio determinado. || **2.** Verter sus aguas un arroyo o río en las de otro o en las de un lago o mar. || P. afluir; I. to stream; F. affluer; A. zuströmen, einmünden; It. affluire; R. стекаться, впадать.

AFLUJO. (l. affluxus.) m. MED. Llegada de una cantidad mayor de líquido a un tejido orgánico. || P. afluxo; I. y F. afflux; A. Zustrom; It. afflusso; R. прилив.

★ **AFLÚS.** adv. CHILE y MÉJ. Sin dinero, sin blanca.

★ **AFLUXIONARSE.** r. CUBA y COLOM. Acatarrarse. || **2.** AMÉR. CENTRAL. Abotagarse.

★ **AFOETEAR.** tr. COLOM. Azotar.

AFOGAMIENTO. (De afogar.) m. ant. Ahogamiento.

AFOGAR. (l. offocāre, apretar las fauces.) tr. ant. Ahogar. Usáb.t. c.r.

AFOGARAR. (De a y fogar.) tr. Asurar, abrasar. Ú.m.c.r.

AFOGONADURA. f. ant. MAR. Fogonadura.

★ **AFOLIADO, DA.** adj. BOT. Dícese de las plantas que carecen de hojas.

AFOLLADO, DA. p.p. de afollar. || **2.** m. Fuelle, arruga del vestido. || **3.** m. pl. ant. Follados.

AFOLLADOR. m. MÉJ. Follador, persona que afuella en una fragua.

AFOLLAR. (De a y follar.) tr. Soplar con los fuelles. || **2.** fig. Plegar en forma de fuelles. || **3.** ALBAÑ. Hacer mal la obra de fábrica. || **4.** r. ALBAÑ. Ahuecarse las paredes. || P. afolar; I. to blow; F. souffler; A. anblasen; It. soffiare; R. дуть, раздувать мехами.

★ **AFONAUDIA.** f. MED. Incapacidad de producir sonidos articulados por pérdida o disminución de la voz.

AFONDABLE. adj. ant. Fondable.

AFONDADO, DA. p.p. de afondar. || **2.** adj. ant. Hondo.

AFONDAR. tr. Echar a fondo, a pique. || **2.** intr. Irse a fondo, hundirse. Ú.t.c.r.

AFONÍA. (gr. ἀφωνία.) f. Falta de voz. || P. e It. afonia; I. aphony; F. aphonie; A. Stimmlosigkeit; R. афония, потеря голоса.

AFÓNICO, CA. (De afonía.) adj. Falto de voz, o de sonido. || P. afónico; I. aphonic; F. aphone; A. stimmlos; It. afonico; R. безголосый.

AFONO, NA. (gr. ἄφωνος, de ἀ, priv., y φωνή, voz.) adj. Afónico.

AFORADAR. (De a y foradar.) tr. ant. Horadar.

AFORADO, DA. p.p. de aforar. || **2.** adj. Aplícase a la persona que goza de fuero. Ú.t.c.r.

AFORADOR. m. El que afora. || P. aforador; I. gauger; F. jaugeur; A. Eichmeister, Visierer; It. stazzatore; R. сверлитель.

AFORAMIENTO. m. Acción y efecto de aforar o tomar alguna heredad a foro, y también otorgar fuero.

AFORAR. (De a y foro.) tr. Dar o tomar a foro alguna heredad. || **2.** Dar, otorgar fueros. || **3.** Reconocer o valuar mercancías para el pago de derechos. || **4.** Medir la cantidad de agua que lleva una corriente en una unidad de tiempo. || **5.** Determinar la cantidad y valor de una mercancía. || **6.** Calcular la capacidad de un receptáculo. || **7.** intr. Cubrir las partes del escenario teatral que deben ocultarse al público. Ú.t.c.tr. || 3.ª acep.: P. avaliar; I. to gauge; F. jauger; A. einschätzen; It. stazzare; R. оценивать товары для установления пошлины.

AFORCAR. (De a y forca.) tr. ant. Ahorcar.

AFORISMA. (gr. ἀφόρισμα, cosa puesta aparte; de ἀφορίζω, separar.) f. VETER. Tumor que se forma en las bestias por la relajación o rotura de alguna arteria.

AFORISMO. (l. aphorismus, y éste del gr. ἀφορισμὸς; de ἀπὸ, de, y ὁρίζω, limitar.) m. Sentencia breve y doctrinal que se propone como regla en alguna ciencia o arte. || P. e It. aforismo; I. aphorism; F. aphorisme; A. Lehrspruch; R. афоризм, краткое изречение.

AFORÍSTICO, CA. (gr. ἀφοριστικός.) adj. Perteneciente o relativo al aforismo.

AFORNECER. tr. ant. Fornecer, proveer.

AFORO. m. Acción y efecto de aforar mercaderías o corrientes de agua. || **2.** Capacidad total de las localidades de un teatro u otro recinto de espectáculos públicos. || P. avaliação; I. gauging; F. jaugeage; A. Abschätzung; It. stazzatura; R. оценка.

AFORRA. (ár. al-ḥurra, la libre.) f. ant. Aforramiento.

AFORRADO, DA. p.p. de aforrar. || **2.** adj. ant. Manumiso o liberto. Ú.t.c.s.

AFORRADOR. (De *aforrar*.) m. ant. Manumisor.

AFORRADOR, RA. adj. Que echa forros. Ú.t.c.s.

AFORRADURA. (De *aforrar*.) f. ant. Aforro.

AFORRAMIENTO. m. ant. Acción y efecto de aforrar o manumitir.

AFORRAR. (De *a*, y *forrar*.) tr. Forrar, poner forro a alguna cosa. ‖ 2. MAR. Cubrir a vueltas con un cabo delgado parte de otro grueso. ‖ 3. r. Ponerse mucha ropa interior. ‖ 4. fig. y fam. Comer y beber bien. Ú. más con algún adverbio. ‖ 5. fam. ÁL. Fastidiarse, reventarse. ‖ P. forrar; I. to line; F. doubler; A. füttern; It. foderare; R. подшивать подкладку.

AFORRAR. (De *aforra*.) tr. ant. Ahorrar, manumitir.

AFORRECHO, CHA. (De *aforrar*.) adj. ant. Horro, libre o desembarazo.

AFORRO. (De *aforrar*.) m. Forro. ‖ 2. MAR. Conjunto de vueltas de cabo delgado con que se cubre determinada parte de otro más grueso. ‖ 3. El mismo cabo con que se aforra.

AFORTALAR. tr. ant. Fortificar, hacer fuerte con obras de defensa.

★ **AFORTINAR.** tr. MÉJ. Fortalecer, vigorizar.

A FORTIORI. expr. adv. l. Con mayor razón.

AFORTUNADAMENTE. adv. Por dicha o por buena suerte.

AFORTUNADO, DA. p.p. de afortunar. ‖ 2. adj. Que tiene fortuna o buena suerte. ‖ 3. Borrascoso, tempestuoso. ‖ 4. Feliz, que hace feliz. *Casa* AFORTUNADA. ‖ 5. Rico, acaudalado. ‖ P. afortunado; I. fortunate; F. fortuné; A. glücklich; It. fortunato; R. счастливый.

AFORTUNAR. (De *a* y *fortuna*.) tr. Hacer afortunado o dichoso a alguno.

AFORZARSE. (De *a* y *forzar*.) r. ant. Esforzarse.

AFOSARSE. r. MIL. Defenderse haciendo algún foso.

AFOSCARSE. (De *a* y *fosco*.) r. MAR. Cargarse la atmósfera de vapores que hacen confusa la visión de los objetos. ‖ 2. Ponerse hosco.

★ **AFÓTICO, CA.** adj. Dícese de los seres que pueden vivir en aquellos medios faltos de luz.

★ **AFOTOMÉTRICO, CA.** adj. BOT. Dícese de la hoja insensible a la luz en cuanto a su orientación.

AFOYAR. (De *a*, y *foya*.) tr. ant. Ahoyar.

★ **AFRAILADO, DA.** p.p. de afrailar. ‖ 2. adj. IMPR. Aplícase a lo impreso que tiene fraile. ‖ 3. Que parece fraile.

AFRAILAMIENTO. m. Acción de afrailar.

AFRAILAR. (De *a* y *fraile*, con alusión al cerquillo.) tr. AGR. Cortar las ramas a un árbol por junto a la cruz.

AFRANCAR. tr. ant. Hacer franco o libre al esclavo. ‖ 2. AGR. Separar un injerto del patrón, cuando ya no es necesario.

AFRANCESADO, DA. (De *franco*, exento, libre, por no pagar contribución los predios no cultivados.) adj. ÁL. Dícese de la finca o heredad sin romper para sembrar.

AFRANCESADO, DA. p.p. de afrancesar. ‖ 2. adj. Que gusta de imitar a los franceses. Ú.t.c.s. ‖ 3. Partidarios de los franceses. Dícese especialmente de los españoles que en la guerra de la Independencia siguieron el partido de Napoleón. Ú.t.c.s.

AFRANCESAMIENTO. m. Tendencia exagerada a las ideas o costumbres de origen francés.

AFRANCESAR. tr. Hacer tomar carácter francés o inclinación a las cosas francesas. Ú.t.c.r. ‖ 2.r. Hacerse uno afrancesado.

AFRANJADO, DA. adj. Con franjas.

★ **AFRASIA.** f. MED. Mutismo de cualquier clase.

AFRECHARSE. r. CHILE. Enfermar un animal por haber comido demasiado afrecho.

AFRECHO. (l. *affractum*, quebrantado.) m. Salvado o cáscara del grano molido.

AFRENILLAR. tr. Amarrar o sujetar con frenillo. ‖ P. atar os remos com estropo; I. to bridle; F. attacher les rames; A. die Ruder anbinden; It. legare; R. придерживать уздачкой.

AFRENTA. (De *afruenta*.) f. Vergüenza y deshonor que resulta de algún dicho o hecho. ‖ 2. Dicho o hecho afrentoso. ‖ 3. Deshonra que se sigue de la imposición de penas por ciertos delitos. ‖ P. afronta; I. y F. affront; A. Schimpf; It. affronto; R. обида, оскорбление.

AFRENTACIÓN. f. ant. Afrontación.

AFRENTADAMENTE. adv. ant. Afrentosamente.

★ **AFRENTADO, DA.** p.p. de afrentar. ‖ 2. adj. P. RICO. Descarado, desvergonzado.

AFRENTADOR, RA. adj. Que afrenta. Ú.t.c.s.

AFRENTAR. (De *afrenta*.) tr. Causar afrenta. ‖ 2. Sobrepujar, humillar. ‖ 3. r. Avergonzarse. ‖ P. afrentar; I. to affront; F. affronter; A. beschimpfen; It. affrontare; R. оскорблять, позорить.

AFRENTOSAMENTE. adv. Con afrenta.

AFRENTOSO, SA. adj. Que causa afrenta. ‖ P. afrontoso; I. affrontive; F. outrageant; A. schimpflich; It. oltraggioso; R. постыдный, позорный.

★ **AFREÑIR.** tr. SANT. Desterronar.

AFRETADO, DA. (De *a* y *frete*.) adj. Parecido a la franja o fres.

AFRETAR. (ital. *affrettare*, y éste del l. *affrictāre*, de *affrictum*, fregado.) tr. MAR. Fregar, limpiar la embarcación, especialmente los fondos. ‖ 2. Frotar una cosa con otra.

AFREZA. (De *freza*.) f. ant. Cebo para atolondrar a los peces y cogerlos.

AFRICADO, DA. (l. *affricāre*.) adj. Dícese del sonido consonante que resulta de la articulación mixta de oclusión y fricación. En castellano lo son la *ch*, y en ciertas condiciones la *y*. Ú.t.c.s.f. ‖ 2. f. Letra que representa este sonido.

★ **AFRICANA.** f. BOT. CUBA. Pequeño cacto de origen africano cuyas flores amarillentas de cinco pétalos presentan forma estrellada; esta circunstancia hace que la planta se denomine también estrella.

★ **AFRICANDER.** com. Criollo de Sudáfrica, de origen holandés.

★ **AFRICANISMO.** m. Influencia ejercida por los pueblos africanos, por su arte, costumbres, lenguas, etc., sobre otros países, principalmente los del mundo occidental.

AFRICANISTA. com. Persona que se dedica al estudio y fomento de los asuntos africanos.

AFRICANIZAR. tr. Dar carácter africano. Ú.t.c.r.

AFRICANO, NA. adj. Natural de África. Ú.t.c.s. ‖ 2. Perteneciente a esta parte del mundo. ‖ 3. Dícese del alerce originario de África. ‖ 4. m. HOND. Dulce de azúcar, huevos y otros ingredientes, cocido al horno. ‖ P. e It. africano; I. African; F. africain; A. Afrikaner; R. африканец.

AFRICO, CA. (l. *africus*.) adj. Africano. ‖ 2. m. Ábrego.

AFRICOCHAR. tr. vulg. REP. DOMIN. Matar.

★ **AFRIJOLAR.** tr. CUBA. Matar a tiros.

AFRISONADO, DA. adj. Parecido al caballo frisón, en lo grande y peludo.

AFRO, FRA. (l. *afer*, *afra*.) adj. ant. Africano. Apl. a pers. usáb.t.c.s.

★ **AFROASIÁTICO, CA.** adj. Perteneciente o relativo a África y Asia, especialmente en orden a intereses económicos y a cuestiones político-sociales.

★ **AFRODISIA.** (gr. Ἀφροδίτη, Afrodita.) PAT. Excitación morbosa del apetito sexual. ‖ P. afrodisia; I. aphrodisy; F. aphrodisie; A. Geschlechtstriebbarkeit; It. afrodisia.

AFRODISIACO, CA [-SÍACO, CA]. (l. *aphrodisiācus*, y éste del gr. ἀφροδισιακός; de Ἀφροδίτη, Venus.) adj. Que excita o estimula el apetito sexual. ‖ 2. Dícese de la substancia o medicamento que tiene esta propiedad. Ú.t.c.s. ‖ P. afrodisiaco; I. aphrodisiac; F. afrodisiaque; A. Liebe bezüglich, aphrodisiakisch; It. afrodisiaco.

AFRODITA. (gr. Ἀφροδίτη, Venus.) adj. BOT. Aplícase a las plantas que se reproducen de modo asexual (por bulbos, estacas, etc.). ‖ P. afrodita; I. y F. aphrodite; A. Aphrodite; It. afrodita; R. Аподита.

★ **AFRÓMETRO.** (gr. ἀφρος, espuma, y μέτρον, medida.) Fís. Manómetro de aire comprimido que se utiliza para medir la presión gaseosa en las botellas de los vinos espumosos. ‖ P. aphrómetro; I. aphrometer; F. aphromètre; A. Manometer; It. afrometro; R. манометр.

★ **AFRONÍA.** (gr. ἀ, priv. y φρονις, inteligencia.) f. MED. Falta de discernimiento, demencia.

AFRONITRO. (l. *aphronitrum*, y éste del gr. ἀφρόνιτρον de ἀφρός, espuma y νίτρον, nitro.) m. Espuma de nitro, costra que se forma de esta sal en algunas paredes húmedas. ‖ P. afrónitro; I. aphronitrum; F. aphronitre; A. Mauersalz; It. afronito; R. пена нитрата.

AFRONTACIÓN. (De *afrontar*.) f. ant. Parte de una cosa que hace frente a otra o linda con ella.

AFRONTADAMENTE. adv. ant. Cara a cara, a las claras.

AFRONTADO, DA. p.p. de afrontar. ‖ 2. adj. ant. Decíase del que estaba en peligro. ‖ 3. BLAS. Dícese del escudo en que las figuras de animales que contiene se miran. ‖ P. defrontado; I. y F. affronté; A. aneinanderblickend; It. affrontato.

AFRONTADOR, RA. (De *afrontar*.) adj. ant. Afrentador. Usáb.t.c.s.

AFRONTAMIENTO. m. Acción y efecto de afrontar.

AFRONTAR. (l. *affrontāre*, de *frons*, *frontis*, frente.) tr. Poner una cosa enfrente de otra. Ú.t.c.intr. ‖ 2. Carear, confrontar. ‖ 3. Hacer frente al enemigo. ‖ 4. Arrostrar los trabajos y calamidades. ‖ P. afrontar; I. to confront; F. affronter; A reinander gegenüber stellen; It. affrontare; R. ставить лицом к лицу.

AFRONTILAR. (De *a* y *frontil*.) tr. MÉJ. Atar una res vacuna por los cuernos al poste o bramadero para domarla o matarla.

AFRUENTA. (De *afrontar*.) f. ant. Afrenta.

AFRUENTO. m. ant. Afruenta, vergüenza, deshonor.

AFTA. (l. *aphta*, y éste del gr. ἄφθα, quemaduras.) f. MED. Pequeña úlcera blanquecina que se forma en la membrana mucosa de la boca o en la del tubo digestivo, o en la genital. ‖ P. e It. afta; I. aphta; F. aphte; A. Mundfäule; R. язва.

AFTOSO, SA. adj. Que padece aftas. ‖ 2. Dícese de una fiebre que ataca a las reses, llamada también glosopeda. Ú.t.c.s.f.

AFUCIADO, DA. p.p. de afuciar. ‖ 2. adj. ant. Obligado por pacto o ajuste al cumplimiento de una obligación.

AFUCIAR. tr. ant. Afinciar. Usáb. también como reflexivo.

AFUERA. (l. *ad foras*, a las puertas.) adv. Fuera del sitio en que uno está. *Vayamos* AFUERA. ‖ 2. En lugar público o en la parte exterior. ‖ 3. f. pl. Alrededores de una población. ‖ 4. Terreno despejado alrededor de una plaza, para que el enemigo no pueda acercarse sin sufrir el fuego directo de la artillería. ‖ ¡AFUERA! expr. elípt. que se emplea para hacer que una o varias personas dejen libre el paso o se retiren de algún lugar. ‖ P. fora; I. environs; F. dehors, alentours; A. 3.ª acep.: Umgebungen; It. dintorni; R. вне, снаружи.

★ **AFUEREÑO, ÑA.** adj. COLOM., ECUAD. y GUAT. Fuereño, extraño, forastero.

★ **AFUERIÑO, ÑA.** adj. CHILE. Afuereño.

AFUERO. m. ant. Aforo.

★ **AFUETEADURA.** f. CUBA. Azotaina.

★ **AFUETEAR.** tr. AMÉR. Zurrar, golpear con el fuete o látigo.

AFUFA. f. fam. Fuga, huida.

AFUFAR. intr. fam. Huir. Ú.t.c.r. ‖ AFUFARLAS. fr. fam. Huir, desaparecer.

AFUFÓN. m. fam. Afufa.

★ **AFUJIA.** f. COLOM. Apuro, aprieto, afán.

AFUMADA. (De *afumar*.) f. Ahumada.

AFUMADO, DA. p.p. de afumar. ‖ 2. adj. ant. Decíase de la casa o lugar habitado.

AFUMAR. (De *a*, y *fumo*.) tr. ant. Ahumar.

A

A

AFUSADO, DA. (De a y *fuso*.) adj. ant. Ahusado.

AFUSIÓN. (l. *affusĭo, -ōnis*; de *affundĕre*, derramar, verter.) f. MED. Acción de verter agua, fría por lo común, sobre el cuerpo, como medio terapéutico. ‖ P. afusão; I. y F. affusion; A. Giessbad; It. affusione; R. проливание.

AFUSTE. (De a y *fuste*.) m. En los primeros tiempos de la artillería, cureña, armazón en la que se montaba el cañón de artillería. ‖ 2. Armazón parecida a una cureña sin ruedas, sobre la que se montaban los morteros para dispararlos. ‖ P. carreta; I. gun-carriage; F. affût; A. Lafette; It. affusto; R. станок, лафет.

★ **AFUTRARSE.** r. CHILE. Emperejilarse, ponerse majo.

AFUYENTAR. tr. ant. Ahuyentar.

★ **AG.** (l. *argentum*, de cuya voz es abreviatura.) QUÍM. Símbolo de la plata.

AGÁ. (turco *agá*, jefe, dueño, señor.) m. Oficial del ejército turco.

AGABACHAR. tr. Hacer que una persona imite a los gabachos. Ú.t.c.r.

AGACÉ. adj. Dícese del indio americano que vivía en la desembocadura del río Paraguay. Ú.t.c.s. ‖ 2. Perteneciente a estos indios.

★ **AGACHADA.** (De *agachar*.) f. AND. y ARGENT. Ardid, astucia. ‖ 2. CHILE. Reverencia, inclinación, genuflexión.

AGACHADERA. f. SAL. Cogujada. Ú.t. en Chile.

AGACHADIZA. (De *agacharse*.) f. Ave zancuda que vuela muy bajo y vive en lugares pantanosos. ‖ P. narceja; I. snipe; F. bécassine; A. Moorschnepfe; It. beccaccina; R. бекас.

★ **AGACHADO, DA.** p.p. de agachar o agacharse. ‖ 2. adj. ECUAD., PERÚ y P. RICO. De baja ralea, plebeyo. ‖ 3. AMÉR. CENTRAL. Solapado, disimulado. ‖ 4. CUBA y MÉJ. Cornudo, consentido.

AGACHAPARSE. r. AND. Agazaparse, esconderse.

AGACHAR. (De a y *gacho*.) tr. fam. Inclinar o bajar alguna parte del cuerpo, especialmente la cabeza. Ú.t.c.intr. ‖ 2. r. fam. Encogerse, doblando el cuerpo hacia la tierra. ‖ 3. fig. y fam. Dejar pasar algún contratiempo sin defenderse ni excusarse. ‖ 4. fig. y fam. Retirarse durante algún tiempo del trato y vista de las gentes. ‖ 5. AMÉR. Ceder, someterse. ‖ P. abaixar; I. to lower; F. baisser la tête; A. sich ducken; It. chinare il capo; R. скорчить, наклонять.

★ **AGACHE.** m. COLOM. Embuste, treta, ardid.

★ **AGACHÓN, NA.** adj. MÉJ. Consentidor, aguantón.

AGACHONA. (De *agacharse*.) f. Ave acuática que abunda en las lagunas próximas a la ciudad de Méjico.

AGADÓN. m. SAL. Hondonada estrecha en las faldas y repliegues de los montes. ‖ 2. SAL. Manantial.

AGAFAR. (De a y *gafa*.) tr. AR. Asir, agarrar.

★ **AGAJE.** m. VENEZ. Embalaje. ‖ 2. fig. VENEZ. Cabeza.

★ **AGALACTIA.** (gr. ἀ, priv. y γάλα, -ακτος, leche.) f. MED. Falta total o parcial de leche después del parto.

★ **AGALAXIA.** f. MED. Agalactia.

AGALBANADO, DA. adj. Galbanoso, perezoso.

AGALERAR. (De a y *galera*.) tr. MAR. Dar a los toldos de las embarcaciones la inclinación conveniente para que despidan el agua en tiempo de lluvia.

★ **AGALIBAR.** (De *galibo*.) tr. MAR. Galibar. ‖ 2. Poner en escuadra.

AGÁLOCO. (gr. ἀγάλλοχον.) m. BOT. Árbol euforbiáceo, cuyo leño contiene un jugo acre y se emplea en ebanistería y para sahumerios, perfumería y medicina. ‖ P. agáloco; I. agallochum; F. agalloche; A. Aloeholz; It. agallocco.

★ **AGALORREA.** (gr. ἀ, priv. γάλα, leche, y ῥέω, fluir.) f. MED. Agalactia.

AGALLA. (l. *galla*.) f. Excrecencia redonda que se forma en el roble, alcornoque y otros árboles y arbustos por la picadura de ciertos insectos al depositar sus huevos. ‖ 2. Amígdala. Ú.m. en pl. ‖ 3. Cada una de las branquias de los peces que les sirven de órganos respiratorios.

Ú.m. en pl. ‖ 4. Cada uno de los costados de la cabeza de las aves, que corresponden a las sienes. Ú.m. en pl. ‖ 5. BOT. CUBA. Arbusto rubiáceo, de cuyo fruto se obtiene una substancia que sirve para tinte. ‖ 6. ECUAD. Guizque. ‖ 7. pl. Angina. ‖ 8. Roscas que tienen la tientaguja en su extremo inferior. ‖ 9. fig. y fam. Ánimo esforzado. Ú.m. con el verbo *tener*. ‖ 10. AMÉR. Codicia. ‖ 11. COLOM. y ECUAD. Cicatería. Ú.t. con el verbo *tener*. ‖ 12. fig. y fam. PERÚ. Astucia. Ú.m. con el verbo *tener*. ‖ 13. Piña o fruto del ciprés. ‖ —de costa. CUBA. Árbol rubiáceo, cuya madera se emplea para fabricar muebles. ‖ P. galha; I. gallnut; F. noix de galle; A. Gallnuss; It. galla; R. жабры.

★ **AGALLADERO, RA.** adj. CUBA. Exagerado, demasiado espectacular o aparatoso.

AGALIADO, DA. adj. TINT. Dícese de lo que está metido en tintas de agallas molidas, a fin de que tome pie para el color negro. ‖ 2. CHILE. Dícese de la persona un tanto garbosa y hombruna.

AGALLADURA. f. Galladura.

★ **AGALLAR.** tr. COLOM. Codiciar. ‖ 2. r. P. RICO. Engallarse.

AGALLEGADO, DA. adj. Semejante a los gallegos en su habla y costumbres.

AGALLO. m. Gallón, adorno.

AGALLÓN. m. aum. de agalla. ‖ 2. Cada una de las cuentas de plata, huecas, a modo de agallas, de los collares con que suelen adornarse las aldeanas. ‖ 3. Cuenta de rosario muy abultada y de madera. ‖ 4. Gallón, adorno.

AGALLONADO, DA. adj. ARQ. Que tiene gallones, que tiene adornos.

AGALLUDO, DA. adj. fam. P. RICO, CHILE y ARGENT. Dícese de la persona animosa y resuelta. ‖ 2. CHILE. Ambicioso, avariento.

AGALLUELA. f. d. de agalla.

★ **ÁGAMA.** f. ZOOL. Género de reptiles saurios de la familia de los Agámidos, propios de África y la India. ‖ 2. CUBA. Especie de cangrejo. ‖ 3. adj. BOT. Dícese de las plantas que no poseen órganos sexuales.

° **AGAMÍ.** m. Ave zancuda, del tamaño de la gallina. Es domesticable, y sirve de guardián para las demás aves. Habita en América del Sur. ‖ P., I., F. e It. agami; A. Trompetenvogel.

★ **AGAMIA.** f. Reproducción asexual. ‖ 2. BOT. Estado de las plantas que carecen de órganos sexuales. ‖ P. e It. agamia; I. agamy; F. agamie; A. agamie; R. агамия.

AGAMITAR. (De a y *gamito*.) intr. Imitar la voz del gamo pequeño.

AGAMUZADO, DA. p.p. de agamuzar. ‖ 2. adj. Gamuzado. ‖ 3. De color amarillo claro, en las artes decorativas.

AGANAR. tr. desus. Inducir o meter en ganas.

AGANGRENARSE. r. Gangrenarse.

AGANIPEO, A. (l. *aganippēus*.) adj. Perteneciente o relativo a la fuente Aganipe, consagrada a las Musas.

★ **AGAPANTO.** m. BOT. CUBA. Especie de lirio de flor grande. ‖ 2. BOT. Género de plantas liliáceas.

ÁGAPE. (l. *agápe*, y éste del gr. ἀγάπη, afecto, amor.) m. Convite de caridad entre los primeros cristianos. ‖ 2. Por ext. banquete. ‖ P. ágape; I., F. e It. agape; A. Liebesmahl; R. пиршество.

★ **AGAPORNIS.** m. ZOOL. Pequeño papagayo de América del Sur.

AGARABATADO, DA. adj. En forma de garabato. ‖ 2. Dícese de los pelos, espinas y aguijones terminados en dos o más ganchitos.

° **AGAR-AGAR.** m. Medicamento laxante que se obtiene de ciertas algas marinas.

AGARBADO, DA. adj. Garboso, airoso, apuesto. ‖ P. garboso; I. spruce; F. gracieux; A. wohlgestaltet; It. garbato; R. бодрый.

AGARBANZADO, DA. p.p. de agarbanzar. ‖ 2. adj. Dícese del papel de color parecido al garbanzo.

AGARBANZAR. (De a, y *garbanzo*.) intr. MURC. Brotar en los árboles las yemas o botones.

AGARBARSE. r. Agacharse, encorvarse, doblando hacia abajo. ‖ P. agachar; I. to crouch down; F. se croupir; A. sich

ducken; It. rannicchiarsi; R. сгибаться.

AGARBILLAR. (De a, y *garbilla*, d. de *garba*.) tr. AGR. Hacer o formar garbas o gavillas de mies.

AGARDAMARSE. (De a y *gardama*.) r. ÁL. Apolillarse la madera.

AGARENO, NA. adj. Descendiente de Agar. Ú.t.c.s. ‖ 2. Mahometano. Ú.t.c.s. ‖ P. agareno; I. agareni; F. agareniens; A. Agarener; It. agareni; R. магометанин.

AGÁRICO. (l. *agaricum*, y éste del gr. ἀγαρικόν, hongo de cierto género.) m. BOT. Hongo del tipo seta que viven en el suelo y a veces en los árboles. ‖ 2. MINER. Substancia blanca y esponjosa, calcárea, que se forma en el fondo de los lagos y en las grietas de las rocas. ‖ P. agárico; I. y F. agaric; A. Feuerschwamm; It. agarico; R. опёнок (гриб).

AGARRADA. (De *agarrar*.) f. fam. Altercado, pendencia o riña, disputa. ‖ P. altercação; I. y F. dispute; A. Wortwechsel; It. disputa; R. ссора, спор.

AGARRADERO. m. Asa, mango o parte de un objeto propia para asirlo o asirse a él. ‖ 2. fig. y fam. Amparo o recurso. ‖ 3. MAR. Tenedero, sitio donde puede afirmarse el ancla. ‖ P. pegadeiro; I. handle; F. manche; A. Griff; It. manico; R. ручка, рукоятка.

AGARRADO, DA. p.p. de agarrar. ‖ 2. adj. fig. y fam. Apretado, mezquino o miserable. ‖ 3. Dícese del baile en que la pareja va estrechamente enlazada. Ú.t. c.m. ‖ 2.ª acep.: P. mesquinho; I. mean; F. chiche; A. knauserig; It. spilorcio; R. скупой, скаредный.

AGARRADOR, RA. adj. Que agarra. ‖ 2. m. Especie de almohadilla que sirve para coger por el asa la plancha caliente. ‖ 3. fam. Corchete, alguacil. ‖ 4. CHILE, PERÚ y ECUAD. Dícese del licor fuerte, que embriaga. ‖ P. agarrador; I. grasper; F. accrocheur; A. Hangriff; It. afferratore; R. хватающий.

AGARRAFADOR, RA. adj. Que agarrafa. ‖ 2. Cada uno de los obreros que en los molinos de aceite manejan las seras o capachos en que se echa lo molido para prensarlo.

AGARRAFAR. (De *agarrar*, infl. por *garfa*.) tr. fam. Agarrar a uno con fuerza al reñir. Ú.m.c.r.

★ **AGARRAFEO.** m. COLOM. Herramienta para arrancar clavos consistente en una barra de hierro con brazo de palanca.

AGARRAMA. f. Garrama.

AGARRANTE. p.a. de agarrar. Que agarra. ‖ 2. adj. fam. Agarrado, miserable. ‖ 3. m. Corchete, alguacil.

AGARRAR. (De a y *garra*.) tr. Asir fuertemente con la mano, o de otro modo hacer presa. ‖ 2. Coger, tomar. ‖ 3. Contraer una enfermedad. ‖ 4. Oprimir a una persona un apuro o daño, o vencerle el sueño. ‖ 5. fig. y fam. Conseguir lo que se intentaba. ‖ 6. r. Asirse fuertemente de alguna cosa. ‖ 7. fig. y fam. Apoderarse una enfermedad del paciente con tenacidad. ‖ 8. rec. fig. y fam. Asirse. ‖ P. agarrar; I. to grasp; F. saisir; A. ergreifen; It. afferrare; R. схватить, вцепиться.

AGARRO. m. Acción de agarrar.

AGARROCHADOR, RA. m. y f. Persona que agarrocha.

AGARROCHAR. (De a y *garrocha*.) tr. Herir a los toros con garrocha u otra arma semejante. ‖ 2. MAR. Forzar el braceo de las vergas, para ceñir el viento lo más posible.

AGARROCHEAR. tr. ant. Agarrochar.

AGARRÓN. m. AMÉR. Acción de agarrar y tirar con fuerza. ‖ 2. COLOM., ECUAD. y ARGENT. Agarro.

★ **AGARROSO, SA.** adj. MÉJ. Astringente, agrio.

° **AGARROTADO.** adj. Dícese de las piezas mecánicas que se agarrotan.

° **AGARROTAMIENTO.** m. Acción y efecto de agarrotarse las piezas mecánicas.

AGARROTAR. (De a y *garrote*.) tr. Apretar fuertemente los fardos o líos con cuerdas, que se retuercen por medio de un palo, dándose dobles vueltas. ‖ 2. Ajustar o apretar una cosa fuertemente. ‖ 3. Estrangular en el patíbulo o garrote. ‖ 4. Oprimir moral o materialmente. ‖ 5. r. Quedarse un miembro rígido o inmóvil. ‖ P. arrochar;

A

I. to bind; **F.** garroter; **A.** knebeln; **It.** avvincere; **R.** крепко связывать, скручивать.

° **AGARROTARSE.** r. Unirse hasta inmovilizarse las piezas mecánicas por recalentamiento y falta de engrase.

AGARROTEAR. (De *a* y *garrote*.) tr. AND. Varear los árboles.

AGASAJABLE. adj. Que agasaja, halagüeño.

AGASAJADOR, RA. adj. Que agasaja. Ú.t.c.s.

AGASAJAR. (De *a* y *agasajar*.) tr. Tratar con atención expresiva y cariñosa. ‖ **2.** Halagar o favorecer a uno con regalos o con otras muestras de afecto o consideración. ‖ **3.** Hospedar, aposentar. ‖ **P.** agasalhar; **I.** to entertain; **F.** flatter; **A.** bewirten; freundlich aufnehmen; **It.** ossequiare; **R.** угощать.

AGASAJO. m. Acción de agasajar. ‖ **2.** Regalo o muestra de afecto o consideración con que se agasaja. ‖ **3.** Refresco, que se solía servir por la tarde. ‖ **4.** pl. MÉJ. Trozos de papel con que se adornan los mascarones en carnaval. ‖ **P.** agasalho; **I.** entertainment; **F.** prévenance; **A.** Geschenk; **It.** ossequio; **R.** приветливость, угощение.

AGASAJOSO, SA. adj. Agasajador.

★ **AGÁSTRICO, CA.** (gr. ἀ, priv., γαστήρ, -τρός, estómago.) adj. ZOOL. Dícese de los animales carentes de estómago o aparato digestivo diferenciado, como la tenia.

ÁGATA. (l. *achātes*, y éste del gr. ἀχάτης.) f. Cuarzo lapídeo, duro, translúcido, con franjas de color. ‖ **P.** ágata; **I.** y **F.** agate; **A.** Achatstein; **It.** agata; **R.** агат.

AGATINO, NA. adj. Parecido al ágata por su aspecto.

AGATIZARSE. (De *ágata*.) r. Quedar lo pintado, por efecto del tiempo, muy liso y brillante.

★ **AGAUCHADO, DA.** adj. ARGENT. y CHILE. Que se parece o imita a los gauchos.

★ **AGAUCHARSE.** r. R. DE LA PLATA. Adquirir las costumbres y modos de los gauchos.

AGAUJA. f. LEÓN. Gayuba.

AGAVANZA. f. Fruto del agavanzo.

AGAVANZO. m. Escaramujo, especie de rosal silvestre y su fruto. ‖ **P.** rosa de cão; **I.** eglantine, dog-rose; **F.** églantier; **A.** Dornrose, Hundsrose; **It.** cino; **R.** шиповник.

AGAVE. (gr. ἀγαυή, admirable.) f. BOT. Pita. ‖ **P., I.** e **It.** agave; **F.** agavé; **A.** Agave; **R.** агава.

AGAVILLADOR, RA. m. y f. Persona que agavilla. ‖ **2.** f. Máquina agrícola que siega las mieses y las ata en gavillas.

AGAVILLAR. tr. Formar gavillas. ‖ **2.** fig. Acuadrillar, juntar en cuadrilla. Ú.t.c.r. ‖ **3.** fig. Dar que pensar. ‖ **P.** enfeixar; **I.** to sheaf; **F.** gerber; **A.** in Garben binden; **It.** accovonare; **R.** вязать снопы.

AGAZAPAR. (De *a* y *gazapo*.) tr. fig. y fam. Agarrar, prender a alguno. ‖ **2.** r. fam. Agacharse, encogiendo el cuerpo contra la tierra, como lo hace el gazapo cuando le persiguen.

AGENCIA. (l. *agentía*, de *agens, -entis*, el que hace.) f. Diligencia, solicitud. ‖ **2.** Oficio o encargo de agente. ‖ **3.** Oficina del agente. ‖ **4.** Empresa destinada a gestionar asuntos ajenos o a prestar determinados servicios. ‖ **5.** Sucursal o delegación subordinada de una empresa. ‖ **6.** CHILE. Monte de piedad, casa de préstamos. ‖ **—ejecutiva.** Empleo u oficina del agente ejecutivo. ‖ **—fiscal.** Empleo u oficina del agente del fisco. ‖ **P.** agência; **I.** agency; **F.** agence; **A.** Agentur, Auskunftsstelle; **It.** agenzia; **R.** агентство.

AGENCIAR. (De *agencia*.) tr. Hacer las diligencias conducentes al logro de una cosa. Ú.t.c.intr. ‖ **2.** Procurar o conseguir alguna cosa con diligencia o maña. Ú.t.c.r.; **P.** agenciar; **I.** to procure; **F.** procurer; **A.** besorgen; **It.** procurare; **R.** добиваться чего-л.

★ **AGENCIERO, RA.** adj. y s. GUAT. Persona activa en los negocios. ‖ **2.** CHILE. Dueño de una casa de préstamos. ‖ **3.** R. DE LA PLATA. Dueño de una agencia de lotería.

AGENCIOSO, SA. (De *agencia*.) adj. Oficioso o diligente.

AGENDA. (l. *agenda*, cosas que se han de hacer.) f. Libro o cuaderno en que se apuntan, para no olvidarlas, aquellas cosas que se han de hacer.

AGENESIA. (gr. ἀγεννησία; de ἀ, priv., y γεννάω, engendrar.) f. MED. Imposibilidad de engendrar. ‖ **2.** ANAT. Desarrollo defectuoso. ‖ **P.** agenesia; **I.** agenesis; **F.** agénésie; **A.** Zeugungsunvermögen; **It.** agenesia; **R.** бесплодие.

★ **AGENTADO, DA.** p.p. de agentarse. ‖ **2.** adj. P. RICO y REP. DOMIN. Dícese de quien se las da de persona decente.

★ **AGENTAMIENTO.** m. REP. DOMIN. Engreimiento, orgullo.

★ **AGENTARSE.** r. REP. DOMIN. Adquirir importancia.

AGENTE. (l. *agens, -entis*, p.a. de *agĕre*, hacer.) adj. Que obra o tiene virtud de obrar. ‖ **2.** GRAM. Dícese de la persona que ejecuta la acción del verbo. Ú.t.c.s. ‖ **3.** m. Persona o cosa que produce un efecto. ‖ **4.** Persona que obra con poder de otro. ‖ **—de bolsa, de cambio o de cambio y bolsa.** El colegiado que interviene en las operaciones de bolsa. ‖ **—de negocios.** El que se dedica a gestionar negocios ajenos. ‖ **—de policía.** Aquel cuya misión es velar por el orden público. ‖ **—de policía urbana.** El que está encargado de velar por el cumplimiento de las ordenanzas y disposiciones municipales. ‖ **—ejecutivo.** El que hace efectivas por vía de apremio las obligaciones pecuniarias no pagadas voluntariamente. ‖ **—fiscal.** Empleado subalterno de la Hacienda pública. ‖ **—provocador.** Persona que en los conflictos sociales o políticos provoca entre los adversarios incidentes comprometedores. ‖ **P.** e **It.** agente; **I.** y **F.** agent; **A.** Agent; **R.** агент.

AGERASIA. (gr. ἀγηρασία,. de ἀ, priv., y γῆρας, vejez.) f. FISIOL. Vejez exenta de los achaques propios de esta edad.

AGÉRATO. (l. *agerāton*, y éste del gr. ἀγήρατον, escorzonera.) m. Planta perenne de la familia de las compuestas.

AGERMANARSE. r. Entrar a formar parte de una germanía. ‖ **2.** Germanizarse.

AGESTADO, DA. p.p. de agestarse. ‖ **2.** adj. Con los advs. *bien* o *mal*, de buena o mala cara.

AGESTARSE. r. Poner un determinado gesto.

AGESTE. (Del anglosajón, *west*, oeste.) m. ant. Viento gallego.

AGESTIÓN. (l. *agestio, -ōnis*.) f. Agregación de materia, amontonamiento.

AGIBÍLIBUS. (b. l. *agibílis*, ingenioso, diestro, y éste del l. *agĕre*, hacer, procurar.) m. fam. Industria, habilidad para procurar la propia conveniencia. ‖ **2.** fam. Persona que tiene habilidad.

AGIBLE. (b. l. *agibílis*.) adj. Factible o hacedero.

AGIGANTADO, DA. p.p. de agigantar. ‖ **2.** adj. De estatura mucho mayor que lo regular. ‖ **3.** fig. Se dice de las cosas o calidades muy sobresalientes o que exceden mucho del orden regular. ‖ **P.** agigantado; **I.** gigantic; **F.** gigantesque; **A.** riesengross; **It.** gigantesco; **R.** исполинский.

AGIGANTAR. (De *a*, y *gigante*.) tr. fig. Dar a alguna cosa proporciones gigantescas. Ú.t.c.r.

AGIGOTAR. tr. Hacer gigote.

ÁGIL. (l. *agílis*, de *agĕre*, hacer, obrar.) adj. Ligero, pronto, expedito. ‖ **2.** Dícese de la persona que se mueve o utiliza sus miembros con facilidad y soltura. ‖ **P.** ágil; **I., F.** e **It.** agile; **A.** flink; **R.** ловкий.

AGÍLIBUS. m. fam. Agibílibus.

AGILIDAD. (l. *agílitas, -ātis*.) f. Calidad de ágil. ‖ **2.** TEOL. Una de las cuatro dotes de los cuerpos gloriosos, que consiste en la facultad de trasladarse instantáneamente de un lugar a otro. ‖ **P.** agilidade; **I.** agility; **F.** agilité; **A.** Behendigkeit; **It.** agilità; **R.** ловкость.

AGILITAR. (l. *agílitas*, agilidad.) tr. Hacer ágil, dar facilidad para ejecutar alguna cosa. Ú.t.c.r. ‖ **2.** ECUAD. vulg. por activar.

AGILIZAR. tr. Agilitar.

ÁGILMENTE. adv. Con agilidad.

AGIO. (ital. *agio*.) m. Beneficio que se obtiene del cambio de la moneda, o de descontar letras, pagarés, etc. ‖ **2.** Especulación sobre el alza y la baja de los fondos públicos. ‖ **P.** ágio; **I.** y **F.** agio; **A.** Agio; **It.** aggio; **R.** ажио.

AGIOTAGE. m. Agiotista.

AGIOTAJE. (fr. *agiotaje*.) m. Agio. ‖ **2.** Especulación abusiva hecha sobre seguro, con perjuicio de tercero. ‖ **P.** ágio; **I.** y **F.** agiotage; **A.** Wechselwucherei; **It.** aggiotaggio; **R.** ажиотаж.

AGIOTISTA. com. Persona que se emplea en el agiotaje.

AGIR. (l. *agĕre*, conducir.) tr. ant. FOR. Demandar en juicio.

AGITABLE. (l. *agitabílis*.) adj. Que puede agitarse o ser agitado.

AGITACIÓN. (l. *agitatio, -ōnis*.) f. Acción y efecto de agitar o agitarse. ‖ **P.** agitação; **I.** y **F.** agitation; **A.** Aufregung; **It.** agitazione; **R.** агитация.

AGITADOR, RA. (l. *agitātor*.) adj. Que agita. Ú.t.c.s. ‖ **2.** m. QUÍM. Varilla de vidrio que se usa para revolver líquidos. ‖ **P.** agitador; **I.** agitator; **F.** agitateur; **A.** Agitator; **It.** agitatore; **R.** агитатор.

AGITANADO, DA. adj. Que se parece a los gitanos.

AGITANTE. p.a. de agitar. Que agita.

AGITAR. (l. *agitāre*, frec. de *agĕre*, mover.) tr. Mover con frecuencia y violentamente. Ú.t.c.r. ‖ **2.** fig. Inquietar, turbar, mover violentamente el ánimo. Ú.t.c.r. ‖ **P.** agitar; **I.** to agitate; **F.** agiter; **A.** aufregen; **It.** agitare; **R.** агитировать, взбалтывать.

AGLAYARSE. (l. *ad*, a, y *gladius*, escapada.) r. ant. Pasmarse, quedarse absorto, asombrarse.

AGLAYO. (De *aglayarse*.) m. ant. Pasmo, asombro.

★ **AGLOBULIA.** (De *a*, priv., y l. *globŭlus*, glóbulo.) f. MED. Disminución del número de glóbulos rojos en la sangre.

AGLOMERACIÓN. f. Acción y efecto de aglomerar o aglomerarse. ‖ **P.** aglomeração; **I.** y **F.** agglomeration; **A.** Anhäufung; **It.** agglomerazione; **R.** нагромождение.

AGLOMERADO, DA. p.p. de aglomerar. ‖ **2.** Prisma hecho en molde con hornaguera menuda y alquitrán usado como combustible. ‖ **3.** BOT. Dícese de los órganos de las plantas que unidos forman una masa compacta. ‖ **P.** aglomerado; **I.** agglomerate; **F.** aggloméré; **A.** Trümmergestein; **It.** agglomerato; **R.** агломерат.

AGLOMERAR. (l. *agglomerāre*, de *ad*, a, a, y *glomĕrar*, juntar.) tr. Amontonar, juntar. Ú.t.c.r. ‖ **P.** aglomerar; **I.** to agglomerate; **F.** agglomérer; **A.** anhäufen; **It.** agglomerare; **R.** нагромождать.

AGLUTINACIÓN. (l. *agglutinatio, -ōnis*.) f. Acción y efecto de aglutinar o aglutinarse. ‖ **2.** Procedimiento en virtud del cual se unen dos o más palabras para formar una sola. ‖ **P.** aglutinação; **I.** y **F.** agglutination; **A.** Anklebung; **It.** agglutinazione; **R.** агглютинация, склеивание.

AGLUTINANTE. p.a. de aglutinar. Que aglutina. ‖ **2.** adj. Dícese del idioma en el que predomina la aglutinación. ‖ **3.** CIR. Dícese del emplasto que se adhiere tenazmente a la piel y sirve para aglutinar. Ú.t.c.s. ‖ **4.** MED. Se dice del remedio de que se usa para unir las partes divididas. Ú.t.c.s. ‖ **P.** aglutinate; **I.** y **F.** agglutinant; **A.** anheftend; **It.** agglutinante; **R.** склеивающий.

AGLUTINAR. (l. *agglutināre*, de *ad*, a, y *gluten*, engrudo, cola.) tr. Conglutinar. Ú.t.c.r. ‖ **2.** CIR. Mantener en contacto por medio de un emplasto las partes cuya adherencia se quiere lograr. Ú.t.c.r. ‖ **P.** aglutinar; **I.** to agglutinate; **F.** agglutiner; **A.** agglutinieren; **It.** agglutinare; **R.** склеивать.

★ **AGNACATO.** m. BOT. Árbol americano, semejante al peral, que produce un fruto de efectos afrodisíacos.

AGNACIÓN. (l. *agnatio, -ōnis*.) f. FOR. Parentesco de consanguinidad entre agnados. ‖ **2.** Orden de suceder en las vinculaciones cuando el fundador llama a los que descienden de varón en varón.

A

Es propio de los mayorazgos. || **P.** agnação; **I.** y **F.** agnation; **A.** Agnation; **It.** agnazione; **R.** единокровное родство.

AGNADO, DA. (l. *agnātus*, p.p. de *agnasci*, nacer cerca.) adj. **For.** Dícese del pariente por consanguinidad respecto de otro, cuando ambos descienden de un tronco común de varón en varón. Ú.t.c.s.

AGNATICIO, CIA. (l. *agnaticĭus*.) adj. **For.** Perteneciente o relativo al agnado. || **2.** Que viene de varón en varón.

AGNICIÓN. (l. *agnitĭo*, *-ōnis*, de *agnoscĕre*, reconocer.) f. poét. En el poema dramático reconocimiento de una persona cuya calidad se ignoraba. || **P.** agnição; **I.** anagnorisis; **F.** agnition; **A.** Anerkennung; **It.** agnizione; **R.** признавать, признание.

AGNOCASTO. (l. *agnus castus*.) m. Sauzgatillo. || **P.** agnocasto; **I.** chaste-tree; **F.** gattilier; **A.** Keuschbaum; **It.** vitice.

AGNOMBRE. (l. *agnōmen*, *-ĭnis*.) m. ant. Agnombre. || **P.** e **It.** agnome; **I.** agname; **F.** agnomen; **A.** Beiname, Zuname.

AGNOMENTO. (l. *agnomentum*.) m. Cognomento, renombre.

AGNOMINACIÓN. (l. *agnominatĭo*, *-ōnis*, de *ad*, a, y *nominatĭo*, nominación.) f. **Ret.** Paranomasia.

AGNOSTICISMO. (De a*gnóstico*.) m. Doctrina filosófica que declara inaccesible al entendimiento humano toda noción de lo absoluto, y reduce la ciencia al conocimiento de lo fenoménico y relativo. || **P.** e **It.** agnosticismo; **I.** agnosticism; **F.** agnosticisme; **A.** Agnostizismus; **R.** агностицизм.

AGNÓSTICO, CA. (gr. ἄγνωστος ignoto.) adj. Perteneciente o relativo al agnosticismo. || **2.** Que profesa esta doctrina. Apl. a pers. ú.t.c.s. || **P.** agnóstico; **I.** agnostic; **F.** agnostique; **A.** Agnostiker; **It.** agnostico.

★ AGNOSTOZOICO, CA. adj. **Geol.** Aplícase al terreno cámbrico más antiguo y a la época correspondiente.

AGNUS. m. **Relig.** Agnusdéi.

AGNUSDÉI. (l. *Agnus Dei*, Cordero de Dios.) m. Objeto de devoción muy venerado que consiste en una lámina gruesa de cera con la imagen del Cordero o de algún santo impresa, y que bendice y consagra el Sumo Pontífice por lo regular cada siete años. || **2.** Relicario que especialmente las mujeres llevaban al cuello. || **3.** Parte u oración de la liturgia de la Misa Católica, que se dice tres veces entre el paternóster y la comunión.

AGOBIADO, DA. p.p. de agobiar. || adj. Cargado de espaldas o inclinado hacia adelante.

AGOBIANTE. p.a. de agobiar. Que agobia.

AGOBIAR. (l. *ad*, a, y *gibbus* [gr. κυφός], encorvado.) tr. Inclinar o encorvar la parte superior del cuerpo hacia la tierra. Ú.m.c.r. || **2.** Hacer un peso que se doble el cuerpo sobre que descansa. || **3.** fig. Humillar, confundir. || **4.** fig. Deprimir, abatir. || **5.** fig. Causar gran molestia o fatiga. || **P.** curvar, angustiar; **I.** to bow; **F.** affaiser; **A.** nieder(beugen), beladen; **It.** incurvare; **R.** сгибать.

AGOBIO. m. Acción y efecto de agobiar o agobiarse. || **2.** Sofocación, angustia.

★ AGOCÍTICO, CA. adj. **Med.** Dícese del poder acelerante de ciertas aguas minerales sobre el desarrollo de las células.

AGOGÍA. (l. *agōgae*, y éste del gr. ἀγωγαί.) f. **Min.** Canal o reguero por donde sale el agua de las minas.

AGOLAR. (De *a*, y *gola*.) tr. **Mar.** Amainar.

AGOLPAMIENTO. m. Acción y efecto de agolparse.

AGOLPAR. (De *a*, y el ant. *golpar*.) tr. Juntar de golpe en un lugar. || **2.** r. Juntarse de golpe muchas personas o animales en un lugar. || **3.** fig. Venir juntas y de golpe ciertas cosas; como penas, lágrimas, etc. || **P.** juntarse; **I.** to heap; **F.** entasser; **A.** sich haufen; **It.** ammucchiare; **R.** соединять.

AGOLLETAR. tr. p. us. Poner alrededor del gollete, rodear la garganta.

★ AGOMETRÍA. (gr. ἄγω, conducir, y μέτρον, medida.) f. **Fís.** Estudio de la conductibilidad eléctrica de los cuerpos.

AGONAL. (l. *agonālis*, de *agon*, certamen.) adj. Perteneciente o relativo a los certámenes, luchas y juegos públicos, así corporales como de ingenio. || **2.** Dícese de las fiestas que dedicaba la gentilidad al dios Jano o al dios Agonio. Ú.m.c.s. y en pl.

AGONÍA. (l. *agonía*, y éste del gr. ἀγών, lucha, combate.) f. Angustia y congoja del moribundo. || **2.** fig. Pena o aflicción extremada. || **3.** fig. Ansia o deseo vehemente. || **4.** m. pl. fam. Hombre apocado y pesimista. || **P.** e **It.** agonia; **I.** agony; **F.** agonie; **A.** Todeskampf; **R.** агония.

AGÓNICO, CA. adj. Que se halla en la agonía. || **2.** Propio de la agonía.

AGONIOSO, SA. (De *agonía*.) adj. fam. Ansioso, apremiante en el pedir, inoportuno.

AGONISTA. (l. *agonista*, y éste del gr. ἀγωνιστής, combatiente.) com. Luchador. || **2.** ant. Persona que se encuentra en la agonía.

AGONÍSTICA. (l. *agonistĭca*, y éste del gr. ἀγωνιστικη, de ἀγών, combate.) f. Arte de los atletas. || **2.** Ciencia de los combates. || **P.** agonística; **I.** agonistics; **F.** agonistique; **A.** Agonistik; **It.** agonistica; **R.** наукасражения.

AGONÍSTICO, CA. (l. *agonistĭcus*, y éste del gr. ἀγωνιστικός.) adj. Agonal, relativo a certámenes y luchas.

AGONIZANTE. p.a. de agonizar. Que agoniza. || **2.** adj. Dícese del religioso de un instituto de votos simples cuya misión principal es asistir espiritualmente a los moribundos. Ú.t.c.s. || **3.** m. En algunas universidades el que apadrina a los graduados. || **P.** agonizante; **I.** agonizer; **F.** agonisant; **A.** Sterbender; **It.** agonizzante; **R.** умирающий.

AGONIZAR. (l. *agonizāre*, y éste del gr. ἀγωνίζομαι, combatir, luchar.) tr. Auxiliar al moribundo o ayudarle a bien morir. || **2.** fig. y fam. Molestar a alguno con instancias o prisas. *Cállate, no me* agonices. || **3.** intr. Estar el enfermo en la agonía. || **4.** Extinguirse o terminarse una cosa. || **5.** Perecerse por algo. || **6.** fig. Sufrir angustiosamente. || **P.** agonizar; **I.** to agonize; **F.** agoniser; **A.** mit dem Tode ringen; **It.** agonizzare; **R.** быть в агонии.

AGONIZOS. m. pl. vulg. P. **Rico.** Molestias.

ÁGORA. (gr. ἀγορά, de ἀγείρω, juntar, reunir.) f. Plaza pública en las ciudades griegas. || **2.** Asamblea en la plaza pública de las ciudades griegas.

AGORA. (l. *hac hora*, en esta hora.) adv. vulg. Ahora. || **2.** conj. distrib. ant. y poét. Ahora. Se usa hoy en Chile.

AGORADOR, RA. adj Agorero. Ú.t.c.s.

AGORAFOBIA. (gr. ἀγορά, plaza pública, y φοβέω, temer.) f. Sensación morbosa de angustia ante los espacios despejados y extensos, como una plaza, etc. || **P.** agorafobia; **I.** agoraphobia; **F.** agoraphobie; **A.** Agoraphobie; **It.** agorafobia.

AGORAR. (l. *augurāre*, hacer augurio.) tr. Predecir supersticiosamente lo futuro por la vana observación de algunas cosas. || **2.** fig. Presentir y anunciar desdichas con poco fundamento.

AGORERÍA. f. ant. Agüero. Ú. en Salamanca.

AGORERO, RA. adj. Que adivina por agüeros. Ú.t.c.s. || **2.** Que cree en agüeros. Ú.t.c.s. || **3.** Que predice sin fundamento males o desdichas. Ú.t.c.s. || **4.** Aplícase al ave que supersticiosamente se cree anuncia algún mal o suceso futuro. || **P.** agoireiro; **I.** augur; **F.** augure; **A.** Wahrsager; **It.** àugure; **R.** прорицатель.

AGORGOJARSE. r. Criar gorgojo las semillas.

★ AGORRONAR. tr. **Veter.** Acción de frotar un potro o cordero, con la sangre o secundinas de otra yegua u oveja que no es su madre para que sea adoptado como hijo.

★ AGORZOMAR. tr. Méj. Acosar, fatigar. || **2.** r. Méj. Achicoparse, afligirse, desanimarse.

AGOSO, SA. (l. *aquŏsus*.) adj. ant. Acuoso.

AGOSTADERO. m. Sitio donde agosta el ganado. || **2.** Tiempo en que agosta. || **3.** Acción de agostar, limpiar las tierras de malas hierbas en agosto.

AGOSTADO, DA. p.p. de agostar. || **2.** Agostadero, acción de agostar. || **3.** Seco, marchito.

AGOSTADOR, RA. (De *agostar*.) m. y f. Persona que efectúa la faena de agostar. || **2.** **Germ.** El que consume o gasta la hacienda de otro.

AGOSTAMIENTO. m. Acción de agostar o agostarse.

AGOSTAR. (De *agosto*.) tr. Secar o abrasar el excesivo calor las plantas. Ú.t.c.r. || **2.** Arar o cavar la tierra en el mes de agosto para limpiarla de malas hierbas. || **3.** **And.** Cavar la tierra para plantar viñas en ella. || **4.** intr. Pastar el ganado durante la seca en rastrojeras o en dehesas. || **P.** agostar; **I.** to parch; **F.** flétrir; **A.** verdorren; **It.** appassire; **R.** сжигать.

★ AGOSTE. (De *agostar*.) m. **Perú.** Supresión del riego en una plantación de caña antes de la cosecha, para mejorar la calidad del fruto.

AGOSTEÑO, ÑA. adj. Agostizo, propio del mes de agosto.

AGOSTERO, RA. adj. (De *agosto*.) Dícese del ganado que, levantadas las mieses, entra a pacer en los rastrojos. || **2.** m. Obrero que trabaja en las faenas de las eras durante la recolección de cereales. || **3.** Religioso destinado por las comunidades a recoger en agosto las limosnas de trigo y otros granos. || **P.** moço que em agosto ajuda os ceifeiros; **I.** harvester; **F.** aoûteron; **A.** Erntearbeiter; **It.** mietitore; **R.** косарь, жнец.

AGOSTÍA. (De *agosto*.) f. Empleo de agostero y tiempo durante el cual sirve.

AGOSTIZO, ZA. adj. Dícese de las cosas propias del mes de agosto. || **2.** Propenso a agostarse o desmedrarse.

AGOSTO. (l. *Augustus*, renombre del emperador Octaviano.) m. Octavo mes del año, según nuestro cómputo; consta de treinta y un días. || **2.** Temporada en que se hace la recolección de granos. **3.** Cosecha, recolección. || **4.** **Germ.** El pobre. || *Hacer uno su* agosto. fr. fig. y fam. Hacer su negocio, lucrarse aprovechando ocasión oportuna para ello. || **P.** e **It.** agosto; **I.** august; **F.** août; **A.** August; **R.** август.

AGOTABLE. adj. Que se puede agotar.

AGOTADOR, RA. adj. Que agota, que consume.

AGOTAMIENTO. m. Acción y efecto de agotar o agotarse. || **P.** esgotamento; **I.** exhaution; **F.** épuisement; **A.** Erschöpfung; **It.** esaurimento; **R.** истощение.

AGOTAR. (De *a* y *gota*.) tr. Extraer todo el líquido que hay en una capacidad cualquiera. Ú.t.c.r. || **2.** fig. Gastar del todo, consumir. Ú.t.c.r. || **3.** agotar; **I.** to drain off; **F.** épuiser; **A.** ausschöpfen; **It.** esaurir; **R.** вычерпывать.

AGOTE. adj. Dícese de unas gentes que hay en el valle de Baztán, en Navarra, y del individuo de esta raza. Ú.t.c.s.

AGOVÍA. f. Alborga.

AGOZCADO, DA. adj. Parecido al gozque.

★ AGRÁ. m. **Amér. Central.** Disgusto.

AGRACEJINA. f. **Bot.** Fruto del agracejo.

AGRACEJO. m. d. de agraz. || **2.** Uva que se queda muy pequeña y no llega a madurar. || **3.** **Bot.** Arbusto berberídeo, de flores amarillas en racimos colgantes y bayas rojas y agrias. || **4.** Árbol de Cuba, de las anacardiáceas, que se cría en los sitios bajos y en las costas, y cuyo fruto comen los animales. || **5.** **And.** Aceituna que cae del árbol antes de madurar. || **P.** agraço; **I.** barberry; **F.** berbéris; **A.** Berberitze; **It.** berbero; **R.** барбарис.

AGRACEÑO, ÑA. adj. Agrio como el agraz o uva sin madurar.

AGRACERA. f. Vasija en que se conserva el jugo del agraz.

AGRACERO, RA. adj. Dícese de la cepa o del viñedo cuyo fruto no pasa de agraz.

AGRACIADAMENTE. adv. Con gracia o donaire.

AGRACIADO, DA. p.p. de agraciar. Ú.t.c.s. || 2. Que tiene gracia o es gracioso. || 3. Bien parecido.

* **AGRACIADOR, RA.** adj. Que agracia. Ú.t.c.s.

AGRACIAR. (De *a* y *gracia*.) tr. Dar o aumentar a una persona o cosa gracia y buen parecer. || 2. Llenar el alma de la gracia divina. || 3. Hacer o conceder alguna gracia o merced. || 4. intr. SAL. Gustar, agradar. || P. agraciar; I. to grace; F. accorder une grâce; A. beglücken; It. graziare; R. придавать грацию.

AGRACILLO. m. Agracejo, arbusto berberidáceo.

AGRADABILÍSIMO, MA. adj. sup. de agradable.

AGRADABLE. adj. Que produce o que tiene complacencia o agrado o gusto.

AGRADABLEMENTE. adv. De manera agradable.

AGRADADOR, RA. adj. Que procura agradar.

AGRADAMIENTO. m. Agrado.

AGRADAR. (De *a* y *grado*.) intr. Complacer, contentar, gustar. Ú.t.c.r. || 2. r. Sentir agrado o gusto. || P. agradar; I. to please; F. plaire; A. gefallen; It. aggradare; R. быть приятный.

AGRADECER. (De *a* y *gradecer*.) tr. Sentir gratitud. || 2. Mostrar de palabra gratitud o dar gracias. || 3. fig. Corresponder una cosa al trabajo empleado en conservarla o mejorarla. || P. agradecer; I. to thank; F. remercier; A. danken; It. gradire; R. благодарить.

AGRADECIDAMENTE. adv. Con agradecimiento.

AGRADECIDO, DA. p.p. de agradecer. || 2. adj. Que agradece. Ú.t.c.s. *Al* AGRADECIDO, *más de lo pedido*. ref. que enseña que al hombre agradecido debe ser tratado con largueza. || P. agradecido; I. grateful; F. reconnaissant; A. dankbar; It. grato; R. благодарно.

AGRADECIMIENTO. m. Acción y efecto de agradecer. || P. agradecimiento; I. gratitude; F. reconnaisance; A. Dankbarkeit; It. gradimento; R. благодарность.

AGRADO. (De *agradar*.) m. Afabilidad, modo agradable de tratar a las personas. || 2. Complacencia, voluntad o gusto. || 3. BRASIL y ECUAD. Obsequio. || P. agrado; I. affability; F. agrément; A. Anmut; It. affabilità; R. приветливость.

AGRAFÍA. (gr. ἀ, priv. y γράφω, escribir.) f. Incapacidad total o parcial para expresar las ideas por escrito a causa de lesión cerebral. || P. e I. agraphia; F. agraphie; A. Unfähigkeit zu schreiben; It. agrafia; R. аграфия.

* **AGRAFO.** m. Cada una de las sentencias o máximas dichas realmente por Jesucristo según la tradición, pero no escritas en los Evangelios.

AGRAJES. n. p. m. Personaje del *Amadís de Gaula*, mencionado en la fr. proverb. *Ahora, o allá lo veredes*, dijo AGRAJES, empleada en son de amenaza para poner en duda o negar que suceda lo que otros aseguran.

AGRAMADERA. f. Instrumento para agramar. || P. gramadeira; I. scutch; F. broie; A. Hanfbreche; It. gramola; R. трепальная машина.

AGRAMADO, DA. p.p. de agramar. || 2. m. Acción y efecto de agramar.

AGRAMADOR, RA. adj. Que agrama. Ú.t.c.s. || 2. m. Agramadera.

* **AGRAMADURA.** f. Efecto de agramar. || 2. pl. Restos del cáñamo agramado.

AGRAMANTE. n.p.m. Personaje del *Orlando furioso*, de Ariosto, jefe de los sarracenos que sitiaron a París, y simboliza el valor impetuoso. Es muy usual la loc. *campo de* AGRAMANTE, con que se designa el lugar donde reina tanta confusión que nadie se entiende.

AGRAMAR. (De *a* y *gramar*.) tr. Majar el cáñamo o el lino para separar el tallo de la fibra. || 2. fig. Tundir, golpear. || P. bramar; I. to scutch; F. broyer le chanvre; A. (Hanf)-brechen; It. gramolare; R. трепать.

* **AGRAMATISMO.** m. PAT. Especie de amnesia verbal.

AGRAMANTE. adv. ant. Agriamente.

* **AGRAMILADO, DA.** p.p. de agramilar. || 2. f. Construcción o revestimiento en mampostería de ladrillos.

AGRAMILAR. (De *a* y *gramil*.) tr. Cortar y raspar los ladrillos para igualarlos en grueso y ancho. || 2. ARQ. Figurar con pintura hileras de ladrillos en una pared.

AGRAMIZA. (De *agramar*.) f. Caña quebrantada que queda como desperdicio después de agramado el cáñamo o el lino. || 2. AR. Agramadera. || P. bouccira (de canhamo); I. hemp-tow; F. chènevotte; A. Brechhede; It. capecchio; R. костырка.

* **AGRAMÓN.** m. BOT. Fresno silvestre.

AGRAMONTÉS, SA. adj. Dícese de una antigua facción de Navarra, acaudillada primitivamente por el Señor de Agramont, y de los individuos de este bando enemigos de los behamonteses. Apl. a pers. ú.t.c.s.

* **AGRANDADO, DA.** p.p. de agrandar. || 2. adj. PERÚ. Dícese del niño que quiere presumir de persona mayor.

AGRANDAR. tr. Hacer más grande alguna cosa. Ú.t.c.r. || P. agrandar; I. to enlarge; F. agrandir; A. vergrössern; It. aggrandire; R. увеличивать.

* **AGRANELAR.** tr. Imitar los granitos que forma la piel de zapa.

* **AGRANITAR.** tr. Imitar el granito en el color o en la forma.

AGRANUJADO, DA. p.p. de agranujarse. || 2. Ponerse en forma de grano o cubrirse de granos. || 3. adj. De forma de grano. || 4. Que tiene o forma granos.

AGRANUJADO, DA. p.p. de agranujarse, encanallarse. || 2. adj. fig. y fam. Hecho de granuja.

* **AGRANUJARSE.** r. fam. Ponerse en forma de grano, o cubrirse de granos. || 2. Adquirir las costumbres de un granuja, encanallarse.

* **AGRARIANA, NA.** adj. Agrario.

* **AGRARIENSE.** adj. Partidario de leyes agrarias.

AGRARIO, RIA. (l. *agrarius*; de *ager*, *agri*, campo.) adj. Perteneciente o relativo al campo. *Ley* AGRARIA. || 2. Que en política defiende o representa los intereses de la agricultura. Apl. a pers. ú.t.c.s. ||P. agrario; I. agrarian; F. agraires (lois); A. agrarisch; It. agrario; R. аграрный.

AGRARISMO. m. Conjunto de intereses referentes a la explotación agraria. || 2. Partido político que los defiende.

AGRAVACIÓN. (l. *aggravātio, -ōnis*.) f. Agravamiento.

AGRAVADOR, RA. adj. Que agrava.

AGRAVAMENTO. (De *agravar*.) m. ant. Agravio, perjuicio.

AGRAVAMIENTO. m. Acción o efecto de agravar o agravarse.

AGRAVANTE. p.a. de agravar. Que agrava. || 2. adj. Dícese de la circunstancia o motivo legal para recargar la pena del reo.

AGRAVANTEMENTE. adv. Con agravamiento. || 2. Con gravamen.

AGRAVAR. (l. *aggravāre*; de *gravāre*, gravar.) tr. Aumentar el peso de alguna cosa. || 2. Oprimir con gravámenes o tributos. || 3. Hacer alguna cosa más grave o molesta de lo que era. Ú.t.c.r. || 4. Ponderar una cosa por interés u otro fin particular para que resulte o parezca más grave. *Al hablar* AGRAVABA *el hecho*. || P. agravar; I. to aggravate; F. aggraver; A. erschweren, verschärfen; It. aggravare; R. отягчать.

AGRAVATORIO, RIA. adj. Que agrava u ocasiona agravación. || 2. FOR. Aplícase al despacho o provisión de un juez o tribunal en que se reitera lo que estaba mandado y se compele a su ejecución. || P. agravatorio; I. aggravating; F. aggravant; A. erschwerend; It. aggravante; R. усугубляющий.

AGRAVECER. (l. *aggravescĕre*; de *gravescĕre*, agravar.) tr. ant. Ser gravoso o molesto.

AGRAVIADAMENTE. adv. Con agravio u ofensa.

AGRAVIADO, DA. p.p. de agraviar. || 2. adj. ant. Agravioso.

AGRAVIADOR, RA. adj. Que agravia.

Ú.t.c.s. || 2. m. GERM. Delincuente incorregible.

AGRAVIAMIENTO. m. Acción y efecto de agraviar o agraviarse.

AGRAVIANTE. p.a. de agraviar. Que agravia.

AGRAVIAR. (l. *ad*, a, y *gravis*, grave, pesado.) tr. Hacer agravio. || 2. Rendir, agravar, apesadumbrar. || 3. Gravar con tributos. || 4. Presentar como extremadamente grave una cosa. || 5. Hacer más grave un delito o pena. || 6. r. Agravarse una enfermedad. || 7. Ofenderse o mostrarse resentido por algún agravio. || 8. FOR. Apelar de la sentencia que causa agravio o perjuicio. || P. agravar; I. to offend; F. offenser; A. beleidigen; It. offendere; R. оскорблять.

AGRAVIO. (De *agraviar*.) m. Ofensa que se hace a uno en su honra o fama con algún dicho o hecho. || 2. Hecho o dicho con que se hace esta ofensa. || 3. Ofensa o perjuicio que se hace a uno en sus derechos e intereses. || 4. Humillación, menosprecio. || 5. Daño o perjuicio expuesto por el apelante ante el juez superior como irrogado por sentencia del inferior. || *Deshacer* AGRAVIOS. fr. Tomar satisfacción de ellos. || P. agravo; I. offense; F. grief; A. Beleidigung; It. offesa; R. оскорбление, обида.

* **AGRAVIÓN, NA.** adj. CHILE. Dícese de la persona que se siente agraviado con mucha facilidad.

AGRAVIOSO, SA. adj. Que implica o causa agravio.

AGRAZ. (De *agro*.) m. Uva sin madurar. || 2. Jugo que se saca de esa uva. || 3. Agrazada. || 4. Calderilla, arbusto grosularieo. || 5. Marojo. || 6. fig. fam. Amargura, disgusto. || 7. CÓRD. Agracejo, arbusto berberidáceo. || *En* AGRAZ. m. adv. fig. Antes de sazón o tiempo. || P. agrazo; I. verjuice; F. verjus; A. Agrest; It. agresto; R. недозрелый виноград.

AGRAZADA. f. Bebida compuesta de agraz, agua y azúcar.

AGRAZAR. intr. Tener alguna cosa el gusto a agraz, agria. || 2. tr. fig. Disgustar, desazonar.

AGRAZÓN. (De *agraz*.) m. Uva silvestre o racimillos que hay en las vides que nunca maduran. || 2. Grosellero silvestre. || 3. fig. y fam. Enfado, disgusto, sentimiento. || 4. ÁL. Agraz, agracejo.

AGRE. (l. *acer*, *acris*.) adj. ant. Agrio, zumo ácido. Ú. en Salamanca.

AGREARSE. (De *agre*.) r. ant. Agriarse.

AGRECILLO. m. Agracillo.

AGREDIDO, DA. p.p. de agredir. Ú.t.c.s.

AGREDIR. (l. *aggrĕdi*.) tr. defec. Acometer a alguno para matarle, herirle o hacerle daño.

* **AGREDÓN.** (De *edredon*.) m. Especie de borra adecuada para acolchar.

AGREGACIÓN. f. Acción y efecto de agregar o agregarse. || P. agregação; I. aggregation; F. agrégation; A. Hinzufügung; It. aggregazione; R. добавление.

AGREGADO, DA. p.p. de agregar. || 2. m. Conjunto de cosas homogéneas que se consideran formando un cuerpo. || 3. Agregación, añadidura o anejo. || 4. Empleado adscrito a un servicio del cual no es titular. || 5. ARGENT. y COLOM. El que ocupa una propiedad rural ajena con su casa, o gratuitamente o en renta. || —**diplomático.** El que sirve en la última categoría de la carrera diplomática. || —**comercial, militar** o **naval.** Funcionarios encargados respectivamente de los asuntos comerciales, militares o navales en las representaciones diplomáticas. || P. agregado; I. aggregate; F. attaché; A. Attaché; It. aggregato; R. arperat.

AGREGAR. (l. *aggregāre*; de *ad*, a, y *grex*, rebaño.) tr. Unir o juntar unas personas o cosas a otras. Ú.t.c.r. || 2. Decir o escribir algo sobre lo ya dicho o escrito. || 3. Destinar a alguna persona a un cuerpo u oficina o asociarla a otro empleado, pero sin darle plaza efectiva. || 4. Anexar. || P. agregar; I. to aggregate; F. agréger; A. hinzufügen; It. aggregare; R. присоединять.

AGREGATIVO, VA. adj. ant. Que agrega o tiene virtud de agregar. || 2. FARM.

A

Dícese de las píldoras compuestas de diversos purgantes.

AGREMÁN. (f. *agrément*, y éste de *agréer;* del nórd. *greidi*, aparejo.) m. Labor de pasamanería, en forma de cinta, usada para adornos y guarniciones, en vestidos y abrigos de señora.

AGREMENTE. adv. ant. Agriamente.

* **AGREMIA.** (gr. ἄγρα, ataque, y αἷμα, sangre.) f. MED. Estado o condición de la sangre que acompaña a la gota.

AGREMIACIÓN. f. Acción de agremiar o agremiarse.

AGREMIAR. tr. Reunir en gremio. Ú.t.c.r.

AGRESIÓN. (l. *aggressĭo, -ōnis;* de *aggrĕdi*, acometer.) f. Acción y efecto de agredir. || 2. Acto contrario al derecho de otro. || P. agressão; I. y F. aggression; A. Angriff; It. aggressione; R. агрессия.

AGRESIVAMENTE. adv. De manera agresiva.

AGRESIVIDAD. (De *agresivo*.) f. Acometividad.

AGRESIVO, VA. (l. *aggressus*, p.p. de *aggrĕdi*, agredir.) adj. Propenso a faltar al respeto, a ofender o a provocar a los demás. || 2. Que implica provocación o ataque. *Actitud* AGRESIVA. || P. agressivo; I. aggressive; F. aggressif; A. angriffslustig; It. aggressivo; R. нападающий.

AGRESOR, RA. (l. *aggressor*.) adj. Que comete agresión. Ú.t.c.s. || 2. FOR. Se dice de la persona que viola o quebranta el derecho de otra. Ú.t.c.s. || 3. FOR. Aplícase a una persona que da motivo a una querella o riña, injuriando, amenazando, desafiando o provocando a otra de cualquier manera. Ú.t.c.s. || P. agressor; I. aggressor; F. agresseur; A. Angreifer; It. aggressore; R. агрессор.

AGRESTE. (l. *agrestis;* de *ager, agri*, campo.) adj. Campesino o perteneciente al campo. || 2. Áspero, inculto o lleno de maleza. || 3. fig. Rudo, grosero, falto de urbanidad. || P. agreste; I. agrestical; F. champêtre; A. ländlich; It. agreste; R. сельский.

AGRETA. (De *agrete*.) f. p. us. Acedera.

AGRETE. adj. d. de agrio. Ú.t.c.s.

AGREZA. f. ant. Agrura, sabor acre o ácido.

AGRIAMENTE. adv. fig. Con aspereza o rigor. || 2. fig. Amargamente.

AGRIAR. (De *agrio*.) tr. Poner agria alguna cosa. Ú.m.c.r. || 2. fig. Exasperar los ánimos o las voluntades. Ú.t.c.r. || P. azedar; I. to sour; F. aigrir; A. säuern; It. inagrire; R. делать кислым.

AGRIAR. m. Cinamomo, árbol meliáceo.

AGRÍCOLA. (l. *agricŏla;* de *ager, agri*, campo, y *colĕre*, cultivar.) adj. Concerniente a la agricultura y al que la ejerce. || 2. com. Agricultor, ra. || P. agrícola; I. agricultural; F. agricole; A. landwirtschaftlich; It. agricolo; R. земледельческий.

AGRICULTOR, RA. (l. *agricultor;* de *ager, agri*, campo, y *cultor*, cultivador.) m. y f. Persona que labra o cultiva la tierra. || P. agricultor; I. farmer; F. agriculteur; A. Landwirt; It. agricoltore; R. земледелец.

AGRICULTURA. (l. *agricultŭra;* de *ager, agri*, campo, y *cultūra*, cultivo.) f. Labranza o cultivo de la tierra. || 2. Arte de cultivar la tierra. || P. agricultura; I. y F. agriculture; A. Landwirtschaft; It. agricoltura; R. земледелие.

AGRIDULCE. adj. Que tiene mezcla de agrio y de dulce. Ú.t.c.s. || P. agridoce; I. bitter-sweet; F. aigre-doux; A. sauersüss; It. agrodolce; R. кислосладкий.

AGRIDULCEMENTE. adv. De modo agridulce.

* **AGRIELCOSIS.** f. CIR. Úlcera maligna.

* **AGRIERA.** (De *agrio*.) f. CHILE. Acedía de estómago.

AGRIETAMIENTO. m. Acción y efecto de agrietar o agrietarse.

AGRIETAR. tr. Abrir grietas o hendiduras. Ú.m.c.r.

AGRIFADA. adj. V. *Águila*, letra AGRIFADA.

* **AGRIFADO, DA.** adj. Dícese de la letra aldina. || 2. P. RICO. Aplícase a la persona de color que tira a negro.

AGRIFOLIO. (l. *agrifolĭum* y *aquifo-*

lĭum; de *acus*, aguja, y *folĭum*, hoja.) m. BOT. Acebo.

AGRIJA. f. ant. Grieta, llaga, fístula.

* **AGRILO.** m. ZOOL. Género de insectos coleópteros, pentámeros, de los buprés-tidos. || P. e It. agrilo; I. agrilus; F. agrile; A. Prachtkäfer

AGRILLA. (d. de *agria*.) f. BOT. Acedera.

AGRILLARSE. r. Grillarse.

AGRIMENSOR. (l. *agrimensor;* de *ager, agri*, campo, y *mensor*, medidor.) m. Perito en agrimensura. || 2. CUBA. Nombre dado a un gusano de color verdoso muy perjudicial a la agricultura. || P. agrimensor; I. land surveyor; F. arpenteur; A. Feldmesser; It. agrimensore; R. землемер.

AGRIMENSURA. (l. *agrimensūra;* de *ager, agri*, campo, y *mensūra*, medida.) f. Arte de medir tierras. || P. e It. agrimensura; I. surveying; F. arpentage; A. Feldmessung; R. межевание.

AGRIMONIA. (l. *agrimonĭa*.) f. BOT. Planta perenne de la familia de las rosáceas. Sus hojas se emplean en medicina como astringente, las flores, en algunas partes, para curtir cueros. || 2. CUBA. Planta labiada, utilizada como febrífuga. || P. agrimónia; I. agrimony; F. aigremoine; A. Ackermennig; It. agrimonia; R. репейник.

AGRIMOÑA. f. AND. Agrimonia.

* **AGRINGARSE.** (De *gringo*.) r. ARGENT., CHILE y MÉJ. Comportarse como un gringo o imitarlo.

AGRIO, GRIA. (Cruce de *agre* y *agro*.) adj. Ácido. || 2. fig. Dícese del camino o terreno áspero o arriscado, de difícil acceso, pendiente. || 3. fig. Acre, áspero, desabrido. *Pregunta* AGRIA. || 4. Hablando de castigos o sufrimientos, difícilmente tolerable. || 5. fig. Tratándose de metales, frágil, quebradizo, no dúctil ni maleable. || 6. PINT. Dicho del colorido, falto de armonía, o de la necesaria entonación. || 7. m. Zumo ácido. || 8. pl. Frutas agrias o agridulces, como el limón, la naranja. || P. agro; I. sour; F. raboteux; A. sauer; It. agro; R. кислый.

AGRIÓN. (De *agrio*.) m. VETER. Tumefacción más o menos dura y dolorosa, según las causas, que suelen padecer las caballerías en la punta del corvejón. || 2. Agriar. || 3. Género de insectos agriónidos.

* **AGRIOR.** m. ARGENT. Agriera.

* **AGRIOSO, SA.** adj. CUBA. Agridulce o agriado.

* **AGRIOTIMIA.** f. PAT. Locura furiosa.

AGRIPALMA. (l. *acer, -acris*, fuerte, punzante, y *palma*, palma.) f. BOT. Planta perenne de las labiadas, indígena de España.

* **AGRIPNOCOMA.** (gr. ἀγρυπνία, insomnio, y κῶμα, sopor.) f. PAT. Insomnio acompañado de letargo o sopor. || I. e It. agripnocoma; F. agrypnocome; A. aufgeregter Schlaf; R. бессонница.

AGRISADO, DA. (De *a* y *gris*.) adj. Gríseo, de color que tira a gris.

AGRISETADO, DA. adj. Aplícase a ciertas telas parecidas a la griseta.

* **AGRIURA.** f. ECUAD. y HOND. Agrura. || 2. AMÉR. CENTRAL. Acedía.

AGRO. (l. *ager, agri*, campo.) m. En lo antiguo, territorio jurisdiccional de ciertas ciudades. || 2. En Galicia, terreno extenso y cercado destinado al cultivo, de propiedad de varios.

AGRO, GRA. (l. *acer, acri*, en lugar de *acris*.) adj. Agrio.

AGROLOGÍA. (gr. ἀγρός, campo, y γαγω, decir, tratar.) f. Parte de la agronomía que se ocupa en el estudio del suelo en sus relaciones con la vegetación. || P. e It. agrologia; I. agrology; F. agrologie; A. Ackerbaukunde; R. агрология.

AGROLÓGICO, CA. adj. Perteneciente o relativo a la agrología.

* **AGRONOMETRÍA.** (gr. ἀγρός, campo, y νόμος, ley, y μέτρον, medida.) f. Parte de la agronomía dedicada al estudio de la productividad de las tierras de labor. || P. e It. agronometria; I. agronometry; F. agronométrie; A. Agronometrie; R. агронометрия.

AGRONOMÍA. (De *agrónomo*.) f. Conjunto de conocimientos aplicables al cultivo de la tierra, derivados de las ciencias

físicas, exactas y económicas. || P. e It. agronomia; I. agronomy; F. agronomie; A. Landwirtschaftskunde; R. агрономия.

AGRONÓMICO, CA. adj. Perteneciente o relativo a la agronomía.

AGRÓNOMO. (gr. ἀγρονόμος, de ἀγρός, campo, y νόμος, ley.) m. Persona que profesa la agronomía. Ú.t.c.adj. *Ingeniero* AGRÓNOMO.

AGROPECUARIO, RIA. (l. *ager, agri*, campo, y *pecus, -ŏris*, ganado.) adj. Que tiene relación con la agricultura y la ganadería. *Riqueza* AGROPECUARIA.

AGROR. (l. *acror*.) m. ant. Agrura, calidad de agrio.

* **AGROSTEMA.** f. BOT. Nombre científico de la neguilla. || 2. BOT. Género de plantas cariofiláceas, herbáceas y anuales. || 2.ª acep.: P. agrostema; I. agrostemma; A. Rade; It. agrostemma.

* **AGROSTIS.** f. BOT. Género de gramíneas.

* **AGROSTOLOGÍA.** f. BOT. Tratado de las plantas gramíneas.

AGRUADOR. (l. *augurātor*.) m. ant. Agogero.

AGRUMAR. tr. Hacer que se formen grumos. Ú.t.c.r.

AGRUPABLE. adj. Que puede agruparse.

AGRUPACIÓN. f. Acción y efecto de agrupar o agruparse. || 2. Conjunto de personas agrupadas. || 3. AMÉR. Círculo, sociedad o partido político. || P. agrupação; I. agroupment; F. agroupement; A. Gruppierung; It. aggruppamento; R. группировка.

AGRUPADOR, RA. adj. Que agrupa.

AGRUPAMIENTO. m. Acción y efecto de agrupar.

AGRUPAR. tr. Reunir en grupo, apiñar. Ú.t.c.r. || P. agrupar; I. to group; F. grouper; A. gruppieren; It. aggruppare; R. группировать.

AGRURA. (De *agro*.) f. Sabor ácido o acre que tienen algunas cosas. || 2. Agrio, zumo ácido. || 3. Calidad de agrio. || 4. Conjunto de árboles que producen frutas agrias o agridulces. || P. agrura; I. acidity; F. aigreur; A. Säure; It. agrezza; R. кислота.

* **AGÚ!** interj. CHILE y ECUAD. ¡Ajo!, ¡ajajá!

AGUA. (l. *aqua*.) f. Cuerpo formado por la combinación de dos volúmenes de hidrógeno y uno de oxígeno, líquido, inodoro, insípido, en pequeña cantidad incoloro, y verdoso en grandes masas, que refracta la luz, disuelve muchas substancias, se solidifica por el frío, se evapora por el calor y, más o menos puro forma la lluvia, las fuentes, los ríos y los mares. Es el líquido más abundante en la Tierra y uno de sus componentes más importantes. Se solidifica a o ºC convirtiéndose en hielo aumentando de volumen y hierve a 100 ºC transformándose en vapor de agua. Su densidad es máxima a 4 ºC. El agua es uno de los compuestos esenciales del protoplasma viviente, del que constituye un 50 % por término medio, es indispensable para la vida animal y vegetal. Es además uno de los más potentes agentes geológicos, obrando por erosión, transportes y sedimentación. El agua atmosférica contribuye a caracterizar los climas en forma de lluvias, nieves, granizos, nubes, niebla, rocío, escarcha, etcétera. || 2. Cualquiera de los líquidos que se obtienen por infusión, disolución y emulsión de flores, plantas o frutos, y se usan en medicina y perfumería. AGUA *de azahar, de colonia, de heliotropo, de la reina de Hungría, de rosas.* || 3. ARQ. Vertiente de un tejado. || 4. Vía de agua abierta en el casco de un buque. || 5. pl. Visos u ondulaciones que tienen algunas telas, plumas, piedras, maderas, etc. || 6. Visos o destellos de las piedras preciosas. || 7. MAR. Estela o camino que ha seguido un buque. —**acídula** o **agria.** La mineral que lleva disuelto ácido carbónico. || —**artesiana.** La de los pozos artesianos. || —**bendita.** La que bendice el sacerdote y sirve para el uso de la Iglesia y de los fieles. || —**blanca.** La que lleva disuelto acetato de plomo. || 2. La que se prepara con salvado y se da a beber a las caballerías para que refresquen. || —**compuesta.** Bebida hecha con agua, azúcar y jugo de frutas. || —**cruda.** La que, por exceso de sales cálcicas o magnésicas, endurece las legumbres al cocerlas. || —**de afinar.** Agua fuerte que usan los orfebres, compuesta de vitriolo, salitre y alumbre calcinado. || —**de ángeles.** Agua perfumada con el aroma de flores de varias clases. || —**de azahar.** La que se prepara con la flor del naranjo y se emplea en medicina como sedante. || —**de borrajas** o **cerrajas.** La que se saca de la hierba cerraja. || **2.** Cosa de poca o ninguna substancia. || —**de cal.** La que se prepara con cien partes de agua y una de cal: es muy usada en medicina. || —**de cepas.** fam. Vino de la uva. || —**de colonia.** Perfume compuesto de agua, alcohol y esencias aromáticas. || —**delgada.** La que tiene en disolución una cantidad muy pequeña de sales. || —**del mar.** m. CHILE. Pez lofobranquio común en la bahía de Valparaíso. || —**de seltz.** Agua carbónica natural o preparada artificialmente. || —**de socorro.** Bautismo administrado sin solemnidades, en caso de necesidad. || —**dulce.** La potable, de poco o ningún sabor. || —**fuerte.** Ácido nítrico diluido en poca cantidad de agua. Disuelve rápidamente la plata y otros metales. || **2.** Grabado al AGUA *fuerte.* || —**gorda.** Que tiene en disolución gran cantidad de sales, principalmente yeso. || —**manantial.** La que brota espontáneamente de la tierra. || —**mansa.** La que corre tranquila y apaciblemente. || —**del mar.** La del mar, de sabor salado. || —**mineral.** La que lleva en disolución substancias minerales. || —**mineromedicinal.** La mineral que se usa para la curación de alguna dolencia. || —**muerta.** La estancada y sin corriente. || **2.** MAR. La que entra en el buque como recalándose o por intervalos. || —**nieve.** La que cae de las nubes mezclada con nieve. || —**oxigenada.** QUÍM. Líquido incoloro, inodoro, que se obtiene de la reacción entre el bióxido de bario y el ácido clorhídrico diluido. Se descompone fácilmente en oxígeno y agua siendo por esto un oxidante energético. Se emplea como desinfectante, para decolorar los cabellos, y para blanquear el marfil, huesos, etc. || —**pesada.** QUÍM. Aquella en cuya composición entra el deuterio en lugar del hidrógeno. || —**pluvial.** Agua de lluvia. || —**regia.** QUÍM. Combinación del ácido nítrico con el muriático o clorhídrico; disuelve el oro. || —**sal.** Agua en que se echa alguna porción de sal. || —**salobre.** La cargada de sales, que la hacen impropia para la bebida. || —**termal.** La que en todo tiempo brota del manantial, con temperatura superior a la media del país. || —**viva.** La que mana y corre naturalmente. || **2.** MAR. La que entra en el buque con fuerza y sin intermisión. || **Aguas alumbradas.** Las que salen a la superficie por el esfuerzo del hombre y pertenecen al que las ha alumbrado. || —**de dominio privado.** Las de pozos y fuentes particulares, y las que nacen dentro de un predio mientras discurren por él. || —**de dominio público.** Las de los ríos y arroyos, las que surgen con ocasión de obras públicas, y las particulares cuando salen del predio en que nacen y por el que discurren. || —**falsas.** Las que se encuentran perforando la tierra y no son permanentes. || —**firmes.** Las de pozo o manantial perenne. || —**jurisdiccionales.** Las que bañan las costas de un Estado y están sujetas a su jurisdicción hasta cierto límite determinado por el Derecho internacional. || —**madres.** QUÍM. Las que restan de una disolución salina que se ha hecho cristalizar y no da ya más cristales. || —**mayores.** Excremento humano. || **2.** MAR. Las más grandes mareas de los equinoccios. || —**menores.** Orina del hombre. || **2.** MAR. Mareas diarias o comunes. || —**muertas.** MAR. Mareas menores en los cuartos de luna. || —**subálveas.** Las que se buscan y alumbran en los márgenes o debajo de los cauces empobrecidos o secos. || —**vertientes.** Las que bajan de las montañas o sierras. || **2.** Las que vierten los tejados. || **3.** Punto hacia donde descienden las aguas desde las alturas. || —**vivas.** MAR. Crecientes del mar hacia el tiempo de los equinoccios o en novilunio y el plenilunio. || AGUA *abajo.* m. adv. Con la corriente o curso natural del agua. || AGUA *arriba.* m. adv. Contra la corriente o curso natural del agua. || **2.** fig. Con gran dificultad, oposición o repugnancia. || AGUA *de por mayo pan para todo el año.* ref. que manifiesta lo convenientes que por este tiempo son las aguas para fecundizar los campos. || AGUA *de por San Juan, quita vino y no da pan.* ref. que advierte que la lluvia por San Juan es dañosa para las vides y nada beneficiosa para los trigos. || AGUA *pasada no mueve molino.* ref. que se aplica a las cosas que perdieron su oportunidad, valor o eficacia, o con que se censura el traerlas a cuento. || ¡AGUA *va!* expr. con que se avisaba a los transeúntes cuando desde alguna casa iban a echar agua o inmundicia a la calle. || **2.** fig. Se dice también cuando alguno se desboca o desvergüenza en la conversación. || AGUA *vertida, no toda cogida.* ref. que enseña que ordinariamente no puede remediarse todo el daño que se causa por alguna indiscreción. || *Ahogarse* uno *en poca* AGUA. fr. fig. y fam. Apurarse y afligirse por liviana causa. || *Algo tendrá el* AGUA *cuando la bendicen.* fr. proverb. con que se da a entender que al encomiar a persona o cosa a quien nadie culpa, o cuando no viene al caso, es señal de haber en ella alguna malicia. || *Bailarle el* AGUA *el uno al otro.* fr. fam. Adelantarse, por cariño o adulación a hacer algo que supone ha de serle grato. || *Bañarse* uno *en* AGUA *de rosas.* fr. fig. Alegrarse mucho del bien o del mal ajeno, especialmente del mal, cuando éste es consecuencia de no haber seguido los consejos dados. || *Cada uno quiere llevar el* AGUA *a su molino y dejar en seco el del vecino.* ref. que se dice del que sólo atiende a su propio interés, sin reparar en el daño ajeno. || *Coger las* AGUAS. fr. ARQ. Concluir de cubrir un edificio para preservarlo de la lluvia. || *Como* AGUA. loc. fam. con que se denota la abundancia de alguna cosa. || *Como el* AGUA *de mayo.* loc. fam. con que se pondera lo bien recibida o lo muy deseada que es alguna persona o cosa. || *Convertirse* una cosa *en* AGUA *de borrajas.* fr. fig. Convertirse en cosa de poca o ninguna importancia o interés. || *Volver las* AGUAS *a su cauce.* Volver las personas o las cosas a sus costumbres, usos o estado. || *Del* AGUA *mansa me libre Dios, que de la brava me cuidaré yo.* ref. con que se da a entender que las personas de genio apacible y manso al parecer, cuando llegan a enojarse suelen ser las más impetuosas y terribles. || *Echar* AGUA *en el mar.* fr. fig. Hacer algo inútilmente. || **2.** fig. Dar algo a quien tiene abundancia de ello. || *Entre dos* AGUAS. m. adv. fig. y fam. Con duda y perplejidad, o equivocadamente por reserva o cautela. Ú.m. con el verbo *estar.* || *Estar* uno *con el* AGUA *al cuello.* fr. fig. y fam. Estar en grande aprieto o peligro. || *Hacer* AGUAS. fr. Orinar. || *Hacerse una cosa* AGUA *en la boca.* fr. fam. con que se denota que una cosa es muy blanda y suave y que se deshace fácilmente en la boca al comerla. || *Hacérsele* a uno AGUA *la boca.* fr. fam. Recordar con deleite el buen sabor de algún manjar. || **2.** fig. y fam. Deleitarse con la esperanza de conseguir alguna cosa agradable, o con su memoria. || *Meterse en* AGUA *el tiempo, el día,* etc. Hacerse lluvioso. || *Nadie diga* o *puede decir, de este* AGUA *no beberé.* ref. con que se da a entender que ninguno está libre de que le suceda lo que a otro, ni seguro de que no hará alguna cosa, por mucho que le repugne. || *Ni bebas* AGUA *que no veas, ni firmes carta que no leas.* ref. que aconseja procurar la seguridad propia aunque sea a costa de cualquier diligencia. || *No alcanzar para* AGUA. fr. con que se indica la corta ganancia que ha hecho uno. || *No va por ahí el* AGUA *al molino.* fr. que se usa para decir que lo que uno propone no es adecuado al fin que se persigue. || *Romper* AGUAS. fr. Romperse la bolsa que envuelve al feto y derramarse por la vagina y la vulva el líquido amniótico. || *Sacar* uno AGUA *de las piedras.* fr. fig. y fam. Obtener provecho aun de las cosas que menos le prometen. || *Tan claro como el* AGUA. fr. que se dice de las cosas muy manifiestas y patentes. || *En abril,* AGUAS *mil.* fr. que se dice para indicar que en este mes suelen ser frecuentes las lluvias. || AGUA *que no has de beber, déjala correr.* fr. para expresar que aquel negocio que no te interesa debes dejárselo a otro y no detenerlo o estropearlo. || **P.** água; **I.** water; **F.** eau; **A.** Wasser; **It.** acqua; **R.** вода.

A

AGUACAL. m. Lechada de cal con algo de yeso, que se emplea para enjalbegar.

AGUACATAL. m. Terreno poblado de aguacates. || **2.** BOT. GUAT. Árbol llamado aguacate.

AGUACATE. (mejic. *ahuacatl.*) m. Árbol de América, de la familia de las lauráceas. Su fruto es parecido a una pera grande, blando, mantecoso e insípido, por lo que se come con sal. || **2.** Fruto de este árbol. || **3.** Esmeralda de figura de perilla. || **4.** HOND. Testículo. || **5.** GUAT. Persona floja, poco animosa.

* **AGUACATERO, RA.** adj. C. RICA. Hambriento. || **2.** GUAT. Adinerado. || **3.** m. Aguacate.

AGUACATILLO. (d. de *aguacate.*) m. Árbol de América, de la familia de las lauráceas, de madera blanquecina, corteza rojiza, flores pequeñas, amarillas y olorosas y fruto negruzco, que comen los cerdos cuando está maduro.

AGUACELLA. f. AR. Aguanieve.

* **AGUACERAL.** m. COLOM. y P. RICO. Aguacero.

* **AGUACERITO.** m. d. de aguacero. || **2.** CUBA. Nombre dado a una luciérnaga. || —**blanco.** VENEZ. Calabobos.

AGUACERO. (De *aguaza.*) m. Lluvia repentina, abundante, impetuosa y de poca duración. || **2.** fig. Sucesos y cosas molestas, como golpes, improperios, etc., que caen en gran cantidad sobre una persona. || **P.** aguaceiro; **I.** shower; **F.** averse; **A.** Regenguss, **It.** acquazzone; **R.** ливень.

AGUACIBERA. (De *agua* y *cibera.*) f. Agua con que se riega una tierra sembrada en seco.

AGUACIL. m. ant. hoy vulg. Alguacil.

* **AGUACOLA.** f. COLOM. y MÉJ. Agua de cola.

* **AGUACOLAR.** tr. COLOM. Darle aguacola a algo.

AGUACHA. f. Agua encharcada y corrompida.

* **AGUACHACHA.** f. AMÉR. CENTRAL. Comida mal hecha o de poca substancia, aguachirle.

AGUACHAR. m. Charco.

AGUACHAR. (De *aguacha.*) tr. Enaguachar. Ú.t.c.r. || **2.** r. ARGENT. Echar barriga y carnes un caballo por haber estado pastando ocioso una larga temporada. || **3.** CHILE. Domesticar, amansar. Ú.m.c.r. || **4.** ARGENT. Apartar de la madre una res para que se críe sola, cuando aún está mamando. || **5.** CHILE. Captarse la voluntad de uno por medio de palabras lisonjeras, caricias o dádivas. Ú.m.c.r. || **6.** P. RICO. Abochornarse, avergonzarse.

AGUACHARNAR. (De *aguachar.*) tr. Enguazar.

AGUACHAS. (De *agua.*) f. pl. MURC. Alpechín.

* **AGUACHE.** m. ZOOL. MÉJ. Culebra acuática pequeña. || **2.** fig. MÉJ. Camarada, compinche.

* **AGUACHENTARSE.** r. CUBA. Ponerse aguachenta o aguanosa la fruta.

AGUACHENTO, TA. adj. AMÉR. Aplícase a lo que pierde su jugo y sales, por estar muy impregnado de agua, especialmente los frutos.

* **AGUACHÍ.** m. BOT. PERÚ. Moriche.

* **AGUACHINANGARSE.** r. COLOM. Imitar a los guachinangos o mejicanos.

AGUACHINAR. (De *aguachar.*) tr. AR. y SAL. Enaguachar.

AGUACHIRLE. (De *agua* y *chirle.*) f. Especie de aguapié de ínfima calidad. || **2.** fig. Cualquier licor sin fuerza ni substancia. || **3.** fig. Cosa baladí, insubstancial, sin importancia alguna. Empléase hablando de obras o cualidades del ingenio. || **P.** aguachirla; **I.** sliplop; **F.** chasse cousin; **A.** schlechter Tresterwein; **It.** acquetta; **R.** бурда.

AGUADA. f. Tinta que se da a una pared para quitarle la mucha blancura del enlucido de yeso. || **2.** Sitio en que

A
hay agua potable y a propósito para surtirse de ella. || 3. MAR. Provisión de agua potable que lleva un buque. || 4. MIN. Avenida de aguas que inunda total o parcialmente las labores de una mina. || 5. PINT. Color diluido en agua sola, o en agua con ciertos ingredientes, como goma, miel, etc. || 6. PINT. Diseño o pintura que se ejecuta con colores preparados de esta manera. || 5.ª acep.: **P.** aguada; **I.** gouache; **F.** gouache; **A.** Wasserfarbe; **It.** guazzo; **R.** акварель.

* **AGUADEÑO.** m. COLOM. Sombrero de paja.

AGUADERA. f. CETR. Cada una de las cuatro plumas anchas, una más corta que otra, que están después de los cuchillos o remeras del ala de las aves. || 2. SAL. Surco o zanja de desagüe en las tierras. || 3. pl. Armazón de madera, mimbre u otra materia semejante, con divisiones, que se coloca sobre las caballerías para llevar en cántaros o barriles agua u otras cosas.

AGUADERO, RA. adj. Propio para el agua, hablando de prendas de vestir. || 2. m. Abrevadero. || 3. Sitio adonde acostumbran ir a beber algunos animales silvestres. || 4. Sitio donde se lanzan las maderas a los ríos para conducirlas a flote. || 5. desus. Aguador, persona que lleva o vende el agua. || 2.ª acep.: **P.** bebedoiro; **I.** watering-place; **F.** abreuvoir; **A.** Tränke; **It.** abbeveratoi; **R.** водопой.

AGUADIJA. f. Humor claro y suelto como agua, que se forma en los granos o llagas.

* **AGUADITO.** m. CHILE. Aguardiente rebajado con agua.

AGUADO, DA. p.p. de aguar. || 2. adj. Abstemio, que no bebe vino. || 3. GUAT. Débil, desfallecido. || 4. VENEZ. Dícese de las frutas jugosas, pero desabridas. || 5. m. CHILE. Aguardiente con agua. || 6. ECUAD. Bebida refrescante de frutas con azúcar o aguardiente. || 7. Que repugna el vino.

AGUADOR, RA. m. y f. Persona que tiene por oficio llevar o vender agua. || 2. m. Cada uno de los palos que unen los aros de la rueda vertical de la noria. || 2. MÉJ. El que cuida de las aguas en las haciendas. || **P.** aguadeiro; **I.** water-carrier; **F.** porteur d'eau; **A.** Wasserträger; **It.** acquaiolo; **R.** водовоз.

AGUADUCHAR. (De aguaducho.) tr. ant. Enaguazar.

AGUADUCHO. (De acueducto.) m. Avenida impetuosa de agua. || 2. Puesto donde se vende agua al público. || 3. Acueducto. || 4. Noria para sacar agua.

AGUADULCE. m. C. RICA. Aguamiel. || 2. COLOM. Bebida preparada con panela o papelón.

* **AGUADULCERA.** f. COLOM. Refrigerio, convite.

AGUADURA. (De aguar.) f. VETER. Infosura. || 2. VETER. Absceso que se forma en lo interior del casco de las caballerías.

AGUAFIESTAS. (De aguar y fiesta.) com. Persona que turba cualquier especie de diversión o regocijo.

* **AGUAFRESQUERA.** f. MÉJ. Mujer que vende refrescos.

AGUAFUERTE. am. Lámina obtenida por el grabado al agua fuerte. || 2. Estampa hecha con esta lámina. || **P.** água-forte; **I.** etching; **F.** eau-forte; **A.** Kupferstichplate, Radierung; **It.** acquaforte; **R.** офорт.

AGUAFUERTISTA. com. Persona que graba al aguafuerte.

AGUAGOMA. f. Disolución de goma arábiga en agua, de que usan los pintores para desleír los colores y darles mayor consistencia y viveza.

AGUAGRIERO, RA. (De agua agria.) adj. Mancha. Aplícase a la persona que va a tomar las aguas acídulas de Puertollano u otras de igual clase. Ú.t.c.s.

* **AGUAICAR.** (quich. aukha, riña.) tr. ARGENT. y BOL. Atacar alevosamente muchas personas a una sola.

* **AGUAITA.** f. AMÉR. Acción y efecto de aguaitar.

AGUAITACAIMÁN. (De aguaitar y caimán.) m. Ave de Cuba del orden de las zancudas, que se alimenta de pececillos y de moluscos.

AGUAITADOR, RA. adj. desus. Que aguaita. Ú.t.c.s.

AGUAITAMIENTO. m. desus. Acción de aguaitar.

AGUAITAR. (De a y guaitar.) tr. ant. Acechar. Ú. en Aragón, Navarra y América. || 2. r. GUAT. Ponerse en cuclillas.

* **AGUAJANARSE.** (Del ind. guajana, varilla de la caña.) r. P. RICO. Echar la caña su varilla empenachada.

AGUAJAQUE. (ár. al-wuššaq, la goma amoniacal.) m. Resina de color blancuzco que destila el hinojo.

AGUAJE. m. Aguadero de animales silvestres. || 2. MAR. Crecientes grandes del mar. || 3. MAR. Agua que entra en los puertos o sale de ellos en las mareas. || 4. MAR. Corrientes del mar periódicas en algunos parajes. || 5. MAR. Corriente impetuosa del mar. || 6. MAR. Aguada. Sitio propio para surtirse y aprovisionarse de agua. || 7. MAR. Estela o señal que deja un buque al navegar. || 8. CUBA. El segundo barro, muy blando o aguado que se pone sobre el azúcar para purgarlo. || 9. GUAT. y ECUAD. Aguacero, chaparrón. Y también, laguna o charca. || 10. MÉJ. Abrevadero. || 11. GUAT. y HOND. Regaño, reprimenda. || 12. P. RICO. y REP. DOMIN. Mentira, engaño. || —del timón. MAR. Remolinos que el agua forma en la popa al reunirse las dos corrientes que vienen por los costados y chocan con el timón. | Hacer AGUAJE. fr. MAR. Correr con mucha violencia las aguas.

* **AGUAJEAR.** intr. REP. DOMIN. Hacer aspavientos. || 2. Mentir.

AGUAJÍ. m. Pez acantopterigio de los mares de las Antillas, de carne poco apreciada.

* **AGUAJÍ.** (De agua y ají.) m. CUBA. Salsa de ají sazonada con cebolla, ajo, etc.

AGUAJINOSO, SA. adj. ant. Aguanoso.

* **AGUAJIRARSE.** (De a y guajiro.) r. CUBA. Apocarse. || 2. Tornarse huraño.

AGUALLEVADO. (De agua y llevar.) m. AR. Procedimiento de limpia de cauces que consiste en dejarles una pequeña corriente de agua, y metidos en ella los trabajadores, arrancar con herramientas el barro y echarlo al agua para que ésta lo arrastre.

* **AGUALLITA.** f. PERÚ. Agua somera o de poco fondo.

AGUAMALA. f. ZOOL. Medusa.

AGUAMANIL. (l. aquamanile, de aqua, agua, y manus, manos.) m. Jarro con pico para echar agua en la palangana, lavabo o lavamanos. || 2. Palangana o pila destinada para lavarse las manos. || 3. Por ext. Palancanero. || **P.** gomil; **I.** water jug; **F.** cuvette, aquamanile, lavemain; **A.** Handwaschbecken; **It.** brocca; **R.** кувшин.

AGUAMANOS. m. Agua que sirve para lavar las manos. || 2. Aguamanil jarro. | Dar AGUAMANOS a uno. fr. Servirle el agua con el aguamanil u otro jarro para que se lave las manos.

AGUAMAR. m. Aguamala.

AGUAMARINA. f. Variedad de berilo, transparente, de color parecido al del agua del mar y muy apreciado en joyería. || **P.** água-marinha; **I.** aquamarine; **F.** béryl, aigue-marine; **A.** blauer Beryll; **It.** acquamarina; **R.** аквамарин.

* **AGUAMARSE.** r. COLOM. Acobardarse, amilanarse.

AGUAMELADO, DA. adj. Mojado con aguamiel.

AGUAMIEL. f. Agua mezclada con alguna porción de miel. || 2. AMÉR. La preparada con la caña de azúcar o papelón. || 3. MÉJ. Jugo de magüey, que, fermentado, produce el pulque. || **P.** águamel; **I.** hydromel; **F.** hydromiel; **A.** Honigwasser; **It.** idromele; **R.** мёд.

AGUANAFA. (De agua y el ár. nafha, aroma.) f. MURC. Agua de azahar.

AGUANAL. m. ÁL. Surco profundo abierto de trecho en trecho para facilitar el desagüe en los sembrados.

AGUANÉS, SA. adj. CHILE. Aplícase a la res vacuna que tiene ambos costillares de un mismo color, pero distinto del del lomo y del de la barriga.

AGUANIEVE. f. Agua nieve, agua mezclada con nieve que cae de las nubes. || 2. PERÚ. Canto y baile popular.

AGUANIEVES. f. Aguzanieves.

* **AGUANOSIARSE.** r. COLOM. Volverse aguanoso un fruto. || 2. fig. Aguarse, frustrarse un plan.

AGUANOSIDAD. (De aguanoso.) f. Humor acuoso detenido en el cuerpo.

AGUANOSO, SA. (l. aquánus, de aqua, agua.) adj. Lleno de agua o excesivamente húmedo. || 2. AMÉR. Dícese del fruto insípido.

AGUANTABLE. adj. Que se puede aguantar.

AGUANTADERAS. f. pl. Aguante. Tómase por lo común en sentido despectivo.

* **AGUANTADOR, RA.** adj. AMÉR. Que aguanta.

AGUANTAR. (Quizá del ital. agguantare.) tr. Reprimir o contener. || 2. Resistir pesos, impulsos o trabajos. || 3. Admitir o tolerar a disgusto algo molesto o desagradable. || 4. MAR. Tratándose de cuerdas o cabos, tirar del que está fijo hasta ponerlo tenso. || 5. TAUROM. Adelantar el diestro el pie izquierdo en la suerte de matar, para citar al toro, conservando esta postura hasta dar la estocada, y resistiendo cuanto le es posible la embestida, de la cual se libra con el movimiento de la muleta del cuerpo. || 6. intr. Reprimirse, contenerse, callar. Ú.t.c.r. || 7. intr. LEÓN. En Maragatería, apresurarse, abreviar, darse prisa. || **P.** aguantar; **I.** to support; **F.** supporter; **A.** erdulden; **It.** sopportare; **R.** терпеть.

AGUANTE. (De aguantar.) m. Sufrimiento, tolerancia, paciencia. || 2. Fortaleza o vigor para resistir pesos, impulsos, trabajos, etc. || **P.** resistência, sofrimento; **I.** bearing; **F.** resistance; **A.** Ausdauer; **It.** sopportamento; **R.** стойкость.

* **AGUANTÓN, NA.** adj. AMÉR. De mucha paciencia, que aguanta mucho.

AGUAÑÓN. (De agua.) adj. Maestro constructor de obras hidráulicas.

* **AGUAO.** m. ECUAD. Sopa de arroz muy aguada.

* **AGUAPA.** f. BOT. Cierto árbol propio de América.

AGUAPIÉ. m. Vino muy bajo que se hace echando agua en el orujo pisado y apurado en el lagar. || 2. Agua de pie.

AGUAR. tr. Mezclar agua con vino, vinagre u otro licor. Ú.t.c.r. || 2. fig. Turbar, interrumpir, frustrar, tratándose de cosas halagüeñas o agradables. Ú.m.c.r. AGUARSE la fiesta. || 3. Atenuar lo grave o molesto con la mezcla de algo agradable. || 4. Echar el agua. Ú.t.c.r. || 5. r. Llenarse de agua algún lugar. || 6. Dícese de las caballerías que, por haberse fatigado mucho o haber bebido estando sudadas, se constipan de modo que no pueden andar.

AGUARÁ. (Voz guaraní.) m. Zorro del que hay varias especies en Argentina, Uruguay, Paraguay y el Brasil.

* **AGUARACHAY.** m. ZOOL. Zorro, de la familia de los cánidos, carnívoro. Vive en el Brasil, en lugares pantanosos. Le gusta la caña de azúcar, en cuyas plantaciones causa destrozos.

* **AGUARAGUAZÚ.** m. ZOOL. Mamífero carnicero americano, que ladra y aúlla como el perro.

AGUARAIBÁ. (Voz guaraní.) m. BOT. ARGENT. Aguaribay, turbinto o molle.

* **AGUARANGARSE.** r. ARGENT. Volverse guarango, rústico, falto de delicadeza.

* **AGUARAPADO, DA.** adj. VENEZ. Aplícase al líquido insuficientemente endulzado. || 2. Que tiene el color parecido al del guarapo.

* **AGUARAPARSE.** r. P. RICO. Hartarse con exceso de guarapo.

AGUARDADA. f. Acción de aguardar.

AGUARDADERO. m. MONT. Aguardo.

AGUARDADOR, RA. adj. Que aguarda. Ú.t.c.s.

AGUARDAMIENTO. m. ant. Acción de aguardar.

AGUARDAR. (De a y guardar.) tr. Estar esperando a que llegue o suceda algo. Ú.t.c.r. || 2. Creer o tener esperanza de que llegará o sucederá algo. || 3. Esperar a que tenga efecto o venga alguna persona. || 4. Dar tiempo o esperar a una persona, y especialmente al deudor, para que pague. || 5. Haber de ocurrir a una per-

A

sona, o estarle reservado algo para lo futuro. || **6.** Detenerse, retardarse. || **P.** aguardar; **I.** to await; **F.** attendre; **A.** erwarten; **It.** aspettare; **R.** ожидать.

★ **AGUARDENTERA.** f. Frasco generalmente cubierto de una funda de paja, destinado a llevar, especialmente en los viajes, aguardiente.

AGUARDENTERÍA. (De *aguardentero*.) f. Tienda en que se vende aguardiente por menor.

AGUARDENTERO, RA. m. y f. Persona que vende aguardiente.

AGUARDENTOSO, SA. adj. Que tiene aguardiente o está mezclado con él. || **2.** Que es o parece de aguardiente. || **3.** Dicho de la voz áspera, bronca, como la del que bebe con frecuencia mucho aguardiente.

AGUARDIENTE. (De *agua* y *ardiente*.) m. Bebida espiritosa que, por destilación, se saca del vino: es alcohol diluido en agua. || **—de caña.** El que se obtiene de la melaza. || **—alemán.** FARM. Purgante drástico. || **—catalán.** MÉJ. Aguardiente de vino. || **—de cabeza.** El primero que sale de la destilación de cada calderada. || **P.** aguardiente; **I.** brandy; **F.** eau-de-vie; **A.** Branntwein; **It.** acquavite; **R.** водка.

AGUARDILLADO, DA. adj. De figura de guardilla.

AGUARDO. m. Acecho. || **2.** SAL. Espera, acción de esperar. || **3.** MONT. Paraje donde suele ocultarse el cazador, y aguardar la caza para disparar sobre ella con seguridad.

★ **AGUAREAR.** intr. MÉJ. Llover con intensidad y persistencia.

★ **AGUARERÍA.** f. URUG. Presagio de desgracias.

AGUARIBAY. (De *aguaraibá*.) m. ARGENT. Turbinto. || **2.** ARGENT. Molle.

★ **AGUARICO, CA.** adj. ECUAD. Aplícase al gallo o a la gallina de cuello desplumado.

★ **AGUARIMO.** m. ZOOL. Mico, sapajú.

★ **AGUAROTE.** m. VENEZ. Aguachirle.

AGUARRADA. f. PAL. Lluvia ligera y de poca duración.

AGUARRÁS. (De *agua* y el fr. *rase*, aguarrás.) m. Aceite volátil de trementina. Se emplea principalmente en barnices y medicina. || **P.** aguarrás; **I.** spirit of turpentine; **F.** essence de térébenthine; **A.** Terpentinöl; **It.** acqua ragia; **R.** скипидар.

★ **AGUARUNA.** adj. Dícese de indios que viven en el alto Amazonas. Ú.t.c.s. || **2.** Perteneciente o relativo a estos indios.

★ **AGUASADO, DA.** p.p. de aguasarse. || **2.** adj. AMÉR. Necio, cándido, simplón. || **3.** AMÉR. Rústico, con modales de guaso.

AGUASAL. f. Salmuera.

★ **AGUASALIAR.** tr. Dar salmuera o aguasal al ganado. || **2.** COLOM. Emborracharse.

AGUASARSE. r. ARGENT. y CHILE. Tomar los modales y costumbres del guaso. || **2.** CHILE. Quedarse embobado, alelarse. || **3.** fig. CHILE. Degenerar uno de su nobleza, proceder como un villano.

★ **AGUASEM.** m. ZOOL. Serpiente muy venenosa de Filipinas.

AGUASOL. m. Roya de los garbanzos. || **2.** MÉJ. Rastrojo en un campo que ha estado sembrado de maíz.

★ **AGUATAL.** m. ECUAD. Charco.

★ **AGUATARSE.** r. CHILE. Enaguacharse. || **2.** CHILE. Combarse.

★ **AGUATE.** m. fam. AND. Todo líquido en que prevalece demasiado la parte acuosa.

AGUATERO, RA. m. y f. CHILE y ARGENT. Aguador. || **2.** f. PERÚ. Tinajero, lugar donde se ponen las tinajas.

★ **AGUATINTA.** f. ART. y OF. Grabado en cobre que imita los efectos del dibujo lavado. || **P.** aguatinta; **I.** aquatint; **F.** aqua-tinta; **A.** Tuschkupferstich; **It.** acquatinta; **R.** гравюра.

★ **AGUATLE.** m. MÉJ. Encina.

AGUATOCHA. f. Bomba hidráulica.

AGUATOCHO. m. ant. Balsa o lavajo. Ú. en Murcia.

AGUATURMA. f. Planta de la familia de las compuestas, herbácea. Su raíz tuberculosa, feculenta y fibrosa, es co-

mestible. || **2.** Raíz de esta planta, llamada vulgarmente pataca.

★ **AGUATUSAR.** tr. C. RICA. Arrebatar.

AGUAVERDE. f. Medusa verde.

AGUAVIENTO. m. Agua y viento, lluvia con viento fuerte.

AGUAVIENTOS. m. Planta perenne de la familia de las labiadas de hermosas flores encarnadas que se emplea de adorno en los jardines.

AGUAVILLA. f. Gayuba.

AGUAY. (Del guaraní *aguaí*.) m. Árbol del Chaco y de la Mesopotamia, Argentina, de la familia de las sapotáceas; de frutos agridulces, anaranjados, del tamaño de granos de uva. Se emplea para hacer confituras.

★ **AGUAYO, YA.** adj. MÉJ. Áspero. || **2.** Lienzo fuerte usado para hacer sacos, fundas, etc.

★ **AGUAYUNGAR.** tr. COLOM. Formar pareja, aparear.

AGUAZA. (De *agua*.) f. Humor acuoso de algunos tumores. || **2.** Humor que destilan algunas plantas y frutos.

AGUAZAL. m. Sitio bajo donde se detiene el agua llovediza. || **P.** aguacal; **I.** puddle; **F.** flaque; **A.** Pfütze; **It.** pozza; **R.** лужа.

AGUAZAR. (De *agua*.) tr. Encharcar, cubrir de agua. Ú.t.c.r.

AGUAZO. m. PINT. Pintura hecha a la aguada sobre lienzo blanco, aprovechando, para los claros, el color de la tela. || **P.** aguarela; **I.** gouache; **F.** peinture en détrempe; **A.** Wassermalerei; **It.** guazzo; **R.** живопись клеевой краской.

AGUAZOSO, SA. adj. Aguanoso.

AGUAZUL. m. BOT. Algazul.

AGUAZUR. m. BOT. Algazul.

AGUCIA. (De *aguciar*.) f. ant. Acucia.

AGUCIAR. (l. *acūtiāre*, de *acūtus*, agudo.) tr. ant. Acuciar.

AGUCIOSAMENTE. adv. ant. Acuciosamente.

AGUCIOSO, SA. adj. ant. Acucioso.

AGUDAMENTE. adj. Viva y sutilmente. || **2.** fig. Con agudeza o perspicacia de ingenio.

AGUDEZ. f. ant. Agudeza.

AGUDEZA. (De *agudo*.) f. Sutileza o delgadez en el corte o punta de armas, instrumentos u otras cosas. || **2.** Viveza y penetración del dolor. || **3.** fig. Perspicacia de la vista, oído u olfato. || **4.** Perspicacia o viveza de ingenio. || **5.** fig. Dicho agudo. || **6.** fig. Ligereza, velocidad. || **7.** FISIOL. Claridad, rapidez en las sensaciones. AGUDEZA *auditiva*. || **8.** GRAM. Cualidad del sonido. || **P.** agudeza; **I.** sharpness; **F.** acuité; **A.** Schärfe, Spitzigkeit; **It.** acutezza; **R.** острота.

AGUDIZAR. tr. Hacer aguda una cosa. || **2.** r. Tomar carácter agudo una enfermedad.

AGUDO, DA. (l. *acūtus*.) adj. Delgado, sutil. Se dice del corte o punta de armas, instrumentos, etc., y de estas mismas cosas. || **2.** fig. Sutil, perspicaz, ingenioso. || **3.** fig. Vivo, gracioso y oportuno. || **4.** fig. Aplícase al dolor vivo y penetrante. || **5.** fig. Se dice de la enfermedad grave y de no larga duración. || **6.** fig. Hablando del oído, de la vista y del olfato, perspicaz y pronto en sus sensaciones. **7.** Dícese del olor subido y del sabor penetrante. || **8.** fig. Ligero, veloz. || **9.** Mús. Dícese del sonido alto por contraposición al bajo. || **10.** Dícese de la palabra cuyo acento prosódico carga en la última sílaba; v. gr. razón. || **11.** m. Aire vivo con que termina el baile de pandereta en los pueblos de la llanada de Álava y condado de Treviño. || **P.** agudo; **I.** sharp; **F.** aigu; **A.** scharf; **It.** acuto; **R.** острый. || En sentido figurado: **P.** agudo; **I.** penetrating; **F.** spirituel; **A.** scharfsinnig; **It.** acuto; **R.** пронзительный.

★ **¡AGÜÉ!** interj. HOND. Exclamación usada para llamar.

AGUEDITA. f. Árbol americano de la familia de las anacardiáceas. Las hojas y la corteza son muy amargas y tienen virtud febrífuga.

★ **AGÜEITAR.** tr. AMÉR. Aguaitar acechar.

AGÜELA. f. fam. Abuela. || **2.** GERM. Capa, prenda de vestir.

AGÜELA. (Del ár. *ḥawāla*, transferen-

cia de crédito.) f. ant. Renta de los derechos sobre préstamos consignados en documentos públicos.

AGÜELO. m. fam. Abuelo.

AGÜERA. f. Zanja hecha para encaminar el agua llovediza a las heredades.

AGÜERAR. tr. ant. Agorar.

★ **AGÜERÍA.** f. R. DE LA PLATA. Agüero. Ú.c. en pl.

★ **AGÜERISTA.** adj. COLOM. Supersticioso.

AGÜERO. (l. *augurium*.) m. Presagio que algunos pueblos gentiles sacaban del canto y del vuelo de las aves o de fenómenos meteorológicos. || **2.** Presagio o señal de cosa futura. || **3.** Pronóstico, favorable o adverso, formado supersticiosamente por señales o accidentes sin fundamento. || **P.** agoiro; **I.** augury; **F.** augure; **A.** Vorbedeutung; **It.** augurio; **R.** предсказание.

AGUERRIDO, DA. p.p. de aguerrir. || **2.** adj. Ejercitado en la guerra. || **3.** fig. Práctico en luchas y trabajos.

AGUERRIR. tr. defect. Acostumbrar a los soldados bisoños a los peligros de la guerra. Ú.t.c.r. || **2.** CHILE. Habituar el cuerpo o el espíritu a trabajos penosos, sufrimientos, etc. || **P.** y **F.** aguerrir; **I.** to accustom to war; **A.** an den Krieg gewöhnen; **It.** agguerrire; **R.** закалять.

AGÜETAS. (De *agua*.) f. pl. MURC. Aguachirle.

AGUIERO. (port. *agüeiro*, y éste de *águia*, del l. *aquila*, águila.) m. AND. y EXTR. Rollo de madera de castaño de 4,60 m de largo, destinado a la construcción.

AGUIJA. (l. *aquilia*, oscura.) f. desus. Guija, piedra pelada y chica de río.

AGUIJADA. (l. *aculeāta*, de *aculēus*, punta, aguijón.) f. Vara larga que en un extremo tiene una punta de hierro con que los boyeros pican a la yunta. || **2.** Vara larga con un hierro de figura de paleta o de áncora en uno de sus extremos, en la que se apoyan los labradores cuando aran, y con la cual separan la tierra que se pega a la reja del arado. || **P.** aguijada; **I.** goad; **F.** aiguillade; **A.** Ochsenstachel; **It.** pùngolo; **R.** длинная палка.

AGUIJADOR, RA. adj. Que aguija. Ú.t.c.s.

AGUIJADURA. f. Acción y efecto de aguijar.

AGUIJAMIENTO. m. ant. Aguijadura.

AGUIJANTE. p.a. de aguijar. Que aguija.

AGUIJAR. tr. Picar con la aguijada u otra cosa a las bestias, para que anden aprisa. || **2.** fig. Avivarlos con la voz o de otro modo. || **3.** fig. Estimular, excitar. **4.** intr. Acelerar el paso. || **P.** aguilhoar; **I.** to goad; **F.** aiguillonner; **A.** stacheln; **It.** pungere; **R.** погонять.

AGUIJATORIO, RIA. (De aguijar.) adj. FOR. Decíase del despacho que libraba el juez superior al inferior para que cumpliera lo mandado anteriormente.

★ **AGUIJEÑO, ÑA.** adj. ant. Decíase del terreno o paraje lleno de guijas.

AGUIJÓN. (l. *aculēus*, de *acus*, aguja.) m. Punta del palo con que se aguija. || **2.** Púa que tiene en el extremo del abdomen el escorpión y también algunos insectos himenópteros, como las abejas y avispas, con el cual pican. || **3.** Acicate, incentivo. || **4.** fig. Estímulo. || **5.** BOT. Púa que nace del tejido epidérmico de algunas plantas. || *Cocear contra el* AGUIJÓN. fr. fig. y fam. Dar coces contra el aguijón, obstinarse en resistir a fuerza superior. || **P.** aguilhão; **I.** sting; **F.** aiguillon; **A.** Stachel, Sporn; **It.** aguglione; **R.** острие, жало.

AGUIJONADA. f. Aguijonazo.

AGUIJONAMIENTO. m. Acción y efecto de aguijonear.

AGUIJONAR. tr. ant. Aguijonear.

AGUIJONAZO. m. Punzada de aguijón.

AGUIJONEADOR, RA. adj. Que aguijonea. Ú.t.c.s.

AGUIJONEAR. (De *aguijón*.) tr. Aguijar, picar con la aguijada, estimular. || **2.** Picar con el aguijón. || **3.** Inquietar, atormentar.

ÁGUILA. (l. *aquila*.) f. Ave rapaz diurna, falcónida, de alas largas y redon-

A

deadas; pico grande, fuerte, corvo en la punta y de bordes cortantes, recto en la base; cabeza y tarsos vestidos de plumas, cola redondeada casi cubierta por las alas, de vista muy perspicaz, fuerte musculatura y vuelo rapidísimo. || 2. Por ext., cualquiera otra ave perteneciente a la misma familia que la anterior y de caracteres muy semejantes. || 3. Enseña principal de la legión romana; lo es también de algunos ejércitos modernos. || 4. Moneda de oro, de tiempos de Carlos V, y la cual tenía en el reverso un ÁGUILA con el rayo y un ramo de laurel a sus pies, y la inscripción *cviqve svvm*. || 5. Moneda de oro de Méjico. || 6. Moneda de oro de los Estados Unidos, que vale diez dólares. || 7. Pieza de uno de los juegos japoneses de ajedrez. || 8. fig. Persona de mucha viveza y perspicacia. || 9. CHILE. Especie de cometa con que juegan los niños. || 10. ASTRON. Constelación septentrional de la Vía Láctea. || 11. m. Pez, especie de raya que se distingue de ésta en tener la cola más larga que lo restante del cuerpo, y en ella una espina larga y aguda. || 12. ICONOGR. Símbolo de la fiereza, la arrogancia y el poder. || 13. fig. CHILE. Petardista. || —**agrifada**. BLAS. La que se representa estilizada en forma de grifo, animal fabuloso. || —**barbuda**. Quebrantahuesos. Ave rapaz. || —**bastarda** o **calzada**. La de pico robusto y encorvado desde la base, plumaje rojizo y tarsos completamente cubiertos de pluma. || —**blanca**. Ave rapaz diurna, propia de la América Meridional. || —**cabdal, caudal** o **real**. La de color leonado que se distingue por su gran tamaño. || —**culebrera**. Ave rapaz diurna que es útil a la agricultura porque devora reptiles en cantidad enorme. || —**doble**. Moneda de oro de los Estados Unidos que vale 20 dólares. || —**exployada**. BLAS. La que se representa con dos cabezas y las alas desplegadas o extendidas. || —**imperial**. La de color casi negro, cola cuadrada y tamaño algo menor que la real. || —**parda**. V. ÁGUILA *culebrera*. || —**pasmada**. BLAS. La que tiene plegadas o cerradas las alas. || —**perdiguera**. La de alas que no cubren la cola, cuando están cerradas. Ataca con preferencia a codornices, palomas y perdices. || —**pescadora**. La de gran tamaño, con plumaje liso y oleoso como el de las aves acuáticas, de alas muy largas que cubren totalmente la cola cuando están plegadas, de pico corto y curvo. Muy extendida en España, y perjudicial para la pesca, pues se alimenta de peces. || —**ratera**. Ave rapaz diurna, de plumaje de varios colores. Muy útil para la agricultura, pues destruye muchos roedores. || *Media* ÁGUILA. Moneda de oro de Méjico que vale diez pesos. || *Andar a palos con el*- ÁGUILA. fr. fig. CHILE. Ser pobre o estar apremiado por la necesidad, de tal modo que haya que defenderse de ella a todo trance. || *Ser un* ÁGUILA. fr. fig. y fam. Ser muy listo. || P. águia; I. eagle; F. aigle; A. Adler; It. aquila; R. opёл.

AGUILANDO. m. Aguinaldo.

* **AGUILARSE**. r. AR. Apoltronarse en un sitio por hallarse en él muy a gusto.

AGUILEÑA. (De *águila*.) f. BOT. Planta perenne de la familia de las ranunculáceas, que se cultiva de adorno en los jardines. || P. aquilégia; I. e It. aquilegia; F. ancolie; A. Akelei, Glockenblume.

AGUILEÑO, ÑA. (De *águila*.) adj. Dícese del rostro largo y delgado, y de la persona que lo tiene así. || 2. Aplícase a la nariz delgada y algo corva, como el pico del águila. || 3. Perteneciente al águila. || 4. GERM. Aguilucho, ladrón que entra a la parte con otros, sin intervenir en el robo. || P. e It. aquilino; I. aquiline; F. aquilin; A. adlerartig; R. орлиный.

AGUILILLA. (De *aquila*.) f. ZOOL. V. *Caballo* AGUILILLA. || 2. Cernícalo. || ·3. BLAS. Cada una de las aves representadas con el pico y las patas de color o metal distinto del cuerpo. || 4. com. fig. y fam. Persona que frecuenta las tabernas, y alternando con los bebedores, acecha a los que se embriagan y procura robarlos con disimulo. || 5. com. AMÉR. Petardista. * **AGUILILLO**. m. COLOM. Aguililla, caballo veloz.

* **AGUILITA**. m. MÉJ. Agente de policía.

AGUILÓN. (De *águila*.) m. aum. de águila. || 2. Brazo de una grúa. || 3. Caño cuadrado de barro. || 4. ALBAÑ. Teja o pizarra cortada oblicuamente para que ajuste sobre la lima tesa de un tejado. || 5. ARQ. Madero que en las armaduras con faldón está puesto diagonalmente desde el ángulo del edificio hasta el cuadral. || 6. Ángulo que forma en su parte superior la pared de un edificio cubierto a dos aguas. || 7. Nombre dado a una teja de 5 palmos de largo con que se forman los canales de los tejados. || 8. BLAS. Águila sin pico ni garras. || 9. ECUAD. Caballo de paso duro.

AGUILONIA. f. ÁL. Nueza.

* **AGUILOTE**. m. MÉJ. Especie de tomate, de raíz venenosa. || 2. ZOOL. VENEZ. Ave de rapiña.

AGUILUCHO. m. Pollo de águila. || 2. ZOOL. Águila bastarda. || 3. GERM. Ladrón que entra a la parte con otros ladrones, sin hallarse en los hurtos. || 4. Ave rapaz falcónica. || 5. BLAS. Cada una de las águilas que figuran en un mismo escudo. || P. filhote da águia; I. eaglet; F. aiglon; A. junger Adler; It. aguilotto; R. орлёнок.

AGUÍN. (Voz éuscara.) m. Arbusto conífero.

* **AGUINADO, DA**. adj. CUBA. Aplícase al animal de color parecido al de la caña, aunque algo más subido.

AGUINALDO. (De *aguilando*.) m. Regalo que se da en Navidad o en la fiesta de Epifanía o Reyes. || 2. Regalo que se da en alguna otra fiesta u ocasión. || 3. Villancico de Navidad. || 4. Bejuco silvestre de la familia de las convolvuláceas muy común en la isla de Cuba, y que florece por Pascua de Navidad. Se le llama vulgarmente campanilla. || P. consoada; I. Chrismas gift; F. étrennes; A. Weihnachtsgeschenk, Neujahrsgeschenk; It. strenna; R. рождественский подарок.

AGÜÍO. m. Pájaro de Costa Rica, de canto vario y agradable.

AGUISADO, DA. p.p. de aguisar. || 2. adj. ant. Justo o razonable.

AGUISAMIENTO. (De *aguisar*.) m. ant. Disposición, preparación. || 2. Compostura, adorno.

AGUISAR. (De *a* y *guisa*.) tr. ant. Aderezar y disponer alguna cosa; proveer de lo necesario.

AGUISCAR. tr. CAN. Aguizgar, azuzar, incitar.

AGÜISTA. com. Persona que frecuenta los manantiales de agua mineromedicinales.

* **AGÜITARSE**. r. MÉJ. Afligirse.

AGUIZGAR. (De *a* y *guizgar*.) tr. fig. Aguijar, excitar, estimular.

AGUJA. (l. *acúcŭla*, de *acus*, aguja.) f. Barrita de metal, madera o de otros materiales, con un extremo terminado en punta y el otro provisto de un ojo por donde se pasa un hilo, cuerda, etc., para coser, bordar, tejer, etc. || 2. Barrita de metal o de otros materiales, que sirve para hacer medias y otras labores de punto. || 3. Púa de metal, colocada en algún plano para varios usos; como la aguja del reloj de sol, la de la máquina de imprimir. || 4. Varilla de metal, concha, etc., con una bolita u otro adorno en uno o en ambos extremos que se emplea en el tocado de las mujeres. || 5. Pincho con que los empleados de consumos reconocen las cargas y bultos. || 6. Varilla delgada y larga, de que usan los colmeneros para atravesar los panales en las colmenas, asegurándolos así unos con otros. || 7. Manecilla del reloj. || 8. Varilla de hierro o de cobre que sirve para formar el oído en el taco de un barreno. || 9. Herramienta de acero, de punta encorvada, que usan los encuadernadores. || 10. Alambre que forma horquilla por ambos extremos y sirve para hacer malla. || 11. Alambre delgado que se usa para limpiar el oído del fusil. || 12. Punzón de acero, que al dispararse ciertas armas de fuego, choca con la parte posterior del cartucho y produce la detonación del fulminante y la combustión de la carga. *Fusil* de AGUJA. || 13. Especie de estilete que, recorriendo los

surcos de los discos de los gramófonos, reproduce las vibraciones inscritas en ellos. || 14. Instrumento con el que se dibuja sobre una lámina de metal para grabar al agua fuerte. || 15. Cada uno de los dos rieles movibles que en los ferrocarriles y tranvías sirven para que los carruajes vayan por una de dos o más vías que concurren en un punto. || 16. Barra de hierro o de madera, con agujeros y pasadores, que sirve para mantener paralelos los tableros de un tapial. || 17. Pieza de madera para apuntalar un puente. || 18. Obelisco, y también chapitel alto y estrecho. || 19. Chapitel de una iglesia. || 20. Pastel largo y estrecho, relleno de carne picada o de dulce. || 21. Pez lofobranquio de cuerpo largo y delgado con los huesos de la cara prolongados en forma de tubo. || 22. Planta anual de la familia de las geraniáceas, de fruto largo y delgado en forma de aguja. || 23. Espiga, pica o garrocha. || 24. Vástago del árbol usado como injerto. || 25. Buril de grabador. || 26. GEOL. Prominencia cónica y aguda que algunas montañas presentan en sus cimas. || 27. ÁL. Palo largo y grueso que se emplea para revolver el mosto en los tinos. || 28. AMÉR. Cada uno de los maderos verticales de una tranquera. || 29. IMPR. Arruga que a veces se hace en el papel afeando la impresión. || 30. MAR. Brújula, náutica, que sirve para marcar el rumbo de la nave. || 31. MAR. Pinzote de hierro firme en el codaste de algunas embarcaciones menores, en el que juega la hembra inferior del timón. || 32. pl. Costillas que corresponden al cuarto delantero del animal. *Carne de* AGUJAS. || 33. Enfermedad que padece el caballo en las piernas, pescuezo y garganta. || 34. TOP. Varilla de hierro aguzada por un extremo y curvada por el otro, en forma de anillo, que se emplea para mediciones con la cadena del agrimensor. Tubito metálico de reducido diámetro con un extremo cortado a bisel y dispuesto el otro para enchufar la jeringuilla con que se inyectan en el organismo ciertas substancias, principalmente medicamentos. || —**capotera**. La más gruesa que usan las costureras. || —**colchonera**. La grande y gruesa que usan los colchoneros. || —**de arria**. Aguja espartera. || —**de bitácora**. MAR. Aguja de marear, o náutica. || —**de enjalmar**. La que usan los enjalmeros. || —**de fogón**. ART. Punzón de acero que se usaba para romper el cartucho antes de cebar el cañón. || —**de gancho**. La que tiene forma de gancho y se usa para hacer labores de punto. || —**de marcar**. MAR. Aparato para hacer marcaciones, compuesto de una brújula y una alidada giratoria, montadas sobre un trípode. || —**de marear**. Brújula. || —**de mechar**. La que sirve para mechar carne. || —**de media**. La que se usa para hacer medias, calcetas, y otras labores de punto. || —**de pastor**. Planta gerianácea. || —**de toque**. Cualquiera de las puntas de oro y plata de diferente ley, que hay en un instrumento de figura de estrella, de que se sirven los joyeros y ensayadores para conocer por comparación en la piedra de toque el grado de pureza del oro o plata de un objeto cualquiera. || —**de venus**. Aguja de pastor. || —**de verdugado**. La más gruesa que usan los sastres. || —**espartera**. La que usan los esparteros para coser esteras, serones, etc. || —**giroscópica**. La de marear, en que ha sido sustituida la acción directriz magnética por la de un giróscopo en movimiento rápido. || —**loca**. La magnética, cuando no se mantiene fija en dirección norte. || —**magnética**. Brújula. || —**paladar**. Pez largo y delgado con las mandíbulas afiladas en forma de pico. || —**salmera**. La de enjalmar. || —**saquera**. Aguja grande que sirve para coser sacos, costales, etc. || *Buscar una* AGUJA *en un pajar*. fr. fig. y fam. Empeñarse en conseguir una cosa imposible o muy difícil. || *Conocer uno la* AGUJA *de marear*. fr. fig. y fam. Tener uno destreza para manejar los negocios. || *Coser con* AGUJA *de oro o plata*. fr. fig. y fam. Encargar las labores de costura a manos mercenarias. || *Cuartear la* AGUJA. fr. MAR. Designar por sus

A

nombres, números y valores los diferentes rumbos de la rosa náutica, así como sus opuestos y las perpendiculares y bolinas de una y otra banda. || *Dar o meter* AGUJA *y sacar reja.* fr. fig. y fam. Hacer un pequeño beneficio para obtener otro mayor. || **P.** agulha; **I.** needle; **F.** aiguille; **A.** Nadel, Nähnadel; **It.** ago; **R.** иголка. ARQ.: **P.** agulha; **I.** spire; **F.** aiguille, flêche; **A.** Turmspitze; **It.** guglia; **R.** обелиск. || F.C.: **P.** agulha; **I.** switch; **F.** aiguille; **A.** Weichschiene; **It.** scambio; **R.** стрелка. || ICTIOL.: **P.** agulha; **I.** needle-fish; **F.** aiguille; **A.** Nadelfisch; **It.** aguglia; **R.** рыба-игла. || Aguja magnética: **P.** agulha; **I.** magnetic needle; **F.** aiguille magnétique; **A.** Magnetnadel; **It.** ago magnètico; **R.** стрелка. || Aguja náutica: **P.** bússola; **I.** compass; **F.** aiguille aimantée; boussole; **A.** Schiffskompass; **It.** bussola; **R.** компас.

º **AGUJA.** f. Tubito cortado a bisel que se enchufa a la jeringuilla de inyectar.

AGUJADERA. (De *agujar*.) f. Mujer que trabaja en bonetes, gorros, etc., de punto.

★ **AGUJADOR.** m. CHILE. Alfiletero.

AGUJAL. m. Agujero que queda en las paredes al sacar las agujas de los tapiales.

AGUJAR. tr. ant. Herir o punzar con aguja. || **2.** ant. Hacer con agujas tejidos o prendas de punto. || **3.** ant. fig. Aguijar, excitar. || **4.** COLOM. Azuzar.

AGUJAZO. m. Punzada de aguja.

AGUJERAR. tr. Agujerear.

AGUJEREAR. tr. Hacer uno o más agujeros a una cosa. Ú.t.c.r. || **P.** furar; **I.** to hole; **F.** trouer; **A.** durchlöchern, durchbohren; **It.** forare; **R.** продырявливать.

AGUJERO. (De *aguja*.) m. Abertura más o menos redonda en alguna cosa. || **2.** El que hace o vende agujas. || **3.** Alfiletero. || **4.** Cueva estrecha y profunda. || **5.** Orificio natural del organismo. || *Escucha al* AGUJERO, *oirás de tu mal y del ajeno.* ref. que advierte que los demasiado curiosos suelen oir o ver cosas de que les resulta pesadumbre o disgusto. || **P.** agulheiro; **I.** hole; **F.** trou; **A.** Loch; **It.** buco; **R.** дыра.

AGUJERUELO. m. d. de agujero.

AGUJETA. (De *aguja*.) f. Correa o cinta con un herrete en cada punta, que sirve para atacar los calzones, jubones y otras prendas. || **2.** pl. Dolores que se sienten en los músculos después de algún ejercicio extraordinario o violento. || **3.** Propina que el cura corría la posta daba al postillón. || **4.** AND. Aguja que las mujeres emplean para su adorno en el tocado. || **5.** CUBA. Aguja grande de zapatero. || **6.** CUBA. Nombre dado a una variedad del pimiento. || **7.** IMPR. Aguja, arruga del papel que afea la impresión. || **P.** agulhetas; **I.** latchet; **F.** aiguillette; **A.** Schnürriemen; **It.** aghetto; **R.** ремешок. || **2.**ª acep.: **P.** agulhetas; **I.** pains from fatigue; **F.** courbature; **A.** schleifen in den Gliedern; **It.** stanchezza; **R.** ломота. || **3.**ª acep.: **P.** gorjeta; **I.** whip-money; **F.** lacet; **A.** Trinkgeld der Postillone; **It.** mancia; **R.** чаевые.

AGUJETERÍA. f. Oficio de agujetero. **2.** Tienda de agujetero.

AGUJETERO, RA. m. y f. Persona que hace o vende agujetas. || **2.** m. COLOM. y ARGENT. Alfiletero.

AGUJÓN. m. aum. de aguja. || **2.** Pasador, aguja que usan las mujeres para sujetarse el pelo. || **3.** Alfiler de sombrero. || **4.** ZOOL. CUBA. Pez escombresócido, común en las bahías antillanas. Es manjar poco apetecible.

AGUJUELA. f. d. de aguja. || **2.** Clavo algo mayor que la tachuela.

★ **AGUÑAR.** tr. SAL. Arañar. || **2.** fig. SAL. Robar.

AGUOSIDAD. (l. *aquosĭtas, -ātis.*) f. Humor o linfa que se cría en el cuerpo, y se parece en lo claro y suelto, al agua.

AGUOSO, SA. (l. *aquōsus.*) adj. Acuoso.

¡AGUR! interj. que se usa para despedirse. || **P.** adeus, abur; **I.** good bye; **F.** adieu; **A.** leb'wohl; **It.** addio; **R.** прощай!

★ **AGUSAJO.** m. COLOM. Ruido que molesta.

AGUSANAMIENTO. m. Acción y efecto de agusanarse.

AGUSANARSE. r. Criar gusanos alguna cosa.

AGUSTÍN. adj. Aplícase a cierta masa de mosto cocido con harina y especia fina.

AGUSTINIANISMO. m. Doctrina teológica de San Agustín.

AGUSTINIANO, NA. adj. Agustino. || **2.** Perteneciente o relativo a la orden de San Agustín.

AGUSTINO, NA. adj. Aplícase al religioso o religiosa de la orden de San Agustín. Ú.t.c.s. || **P.** agostinho; **I.** Augustinian; **F.** augustin; **A.** Augustinermönch; **It.** agostiniano; **R.** мснах-августинец.

AGUTÍ. m. AMÉR. Animal parecido al cobayo o conejillo de Indias. || **P.** aguti; **I.** y **F.** agouti; **A.** Goldhase; **It.** aguti; **R.** агути.

AGUZADERO, RA. adj. Que sirve para aguzar. || **2.** Dícese de la piedra afiladera o de amolar. Ú.t.c.s. || **3.** m. MONT. Sitio donde los jabalíes suelen hozar y aguzar los colmillos.

AGUZADO, DA. p.p. de aguzar. || **2.** adj. Que tiene forma aguda.

AGUZADOR, RA. adj. Que aguza. Ú.t.c.s. || **2.** f. Piedra aguzadera.

AGUZADURA. f. Acción y efecto de aguzar o de afilar. || **2.** Cantidad de hierro y acero que se emplea en calzar la reja del arado, cuando se ha gastado la punta. || **P.** aguçadura; **I.** whetting; **F.** aiguisement; **A.** Schleifung Schärfung, **It.** aguzzatura; **R.** заострение.

AGUZAMIENTO. m. Aguzadura, acción de aguzar.

AGUZANIEVES. (De *auce de nieves*, del l. *avĭcĕ[lla]*, avecilla.) f. Pájaro dentirrostro, de la familia de los motacilidos. De cola tan larga como el cuerpo. Vive en lugares húmedos, se alimenta de insectos y mueve sin cesar la cola. Abunda en España durante el invierno. || **P.** alvéola; **I.** wagtail; **F.** hocheequeue; **A.** Bachstelze; **It.** cuttretola; **R.** трясогузка.

AGUZAR. (l. *acūtiāre, acūtus*, agudo.) tr. Hacer o sacar punta; hacer más aguda la punta de un arma o cualquier instrumento u objeto susceptible de ser afilado. || **2.** fig. Aguijar, estimular. || **3.** fig. Hablando de dientes, garras, etc., prepararlos, disponiéndose a comer o a despedazar. || **4.** fig. Hablando del entendimiento o de un sentido, afinar, forzar para que preste más atención o se haga más perspicaz. || **P.** aguçar; **I.** to whet, to sharpen; **F.** aiguiser; **A.** schleifen, schärfen, spitzen; **It.** aguzzare; **R.** заострять, побуждать.

AGUZONAZO. (De *aguzar*.) m. Hurgonazo.

¡AH! (l. *¡ah!*) interj. con que se denotan muchos y diversos movimientos del ánimo, y más ordinariamente pena, admiración o sorpresa.

AHACADO. adj. Dícese del caballo que por la cabeza o por la alzada se parece a la jaca.

AHAJAR. (l. *ad, a,* y *facŭlāre*, de *facŭla*, antorcha.) tr. Ajar.

AHÉ. (De *a*, y *he*.) adv. demostrativo ant. He aquí. Usáb. frecuentemente con pronombres sufijos: AHÉme, AHÉlo.

AHEBRADO, DA. adj. Compuesto de partes en forma o figura de hebras.

AHECHADERO. m. Lugar destinado para ahechar.

AHECHADOR, RA. adj. Que ahecha. Ú.t.c.s.

AHECHADURA. f. Desperdicio que queda después de ahechado el trigo u otra semilla. Ú.m. en pl.

AHECHAR. (l. *affěctāre*, arreglar.) tr. Limpiar con arnero o criba el trigo u otra semilla.

AHECHO. m. Acción de aechar.

AHELEAR. (De *hiel*.) tr. Poner alguna cosa amarga como hiel. || **2.** fig. Entristecer, turbar la felicidad con alguna pena. || **3.** intr. Tener una cosa sabor amargo como el de la hiel.

AHELGADO, DA. adj. Helgado, de dientes ralos y desiguales.

AHEMBRADO, DA. (De *a* y *hembra*.) adj. Afeminado.

AHERIR. (De *aferir*.) tr. ant. Contratar las medidas y pesos.

AHERMANAR. tr. ant. Hermanar.

AHERROJAMIENTO. m. Acción y efecto de aherrojar.

AHERROJAR. (De *a* y *ferrojar*.) tr. Poner a alguno prisiones de hierro. || **2.** fig. Oprimir.

AHERRUMBRAR. tr. Dar a una cosa color o sabor de hierro. || **2.** r. Tomar una cosa color y sabor de hierro. Dícese especialmente del agua. || **3.** Cubrirse de herrumbre. || **P.** enferrujar; **I.** to rust; **F.** rouiller; **A.** einrosten, rostig werden; **It.** arrugginire; **R.** делать железистой (о воде).

AHERVENTAR. tr. ant. Herventar.

AHERVORADAMENTE. adv. ant. Fervorosamente.

AHERVORARSE. (De *a* y *hervor*.) r. Calentarse el grano apilado, por efecto de la fermentación.

AHETRAR. tr. ant. Enhetrar.

AHÍ. (l. *ad hic*, a este lugar.) adv. En ese lugar, a ese lugar. || **2.** En esto, o en eso. || **3.** Precedido de las preposiciones *de o por*, equivale a *esto o eso: Por* AHÍ *llegarás a la verdad. || Por* AHÍ. m. adv. Por sitios o parajes cercanos. Poco más o menos. || **P.** aí; **I.** there; **F.** là; **A.** da, dort; **It.** là, colà, ivi; **R.** там.

AHIDALGADAMENTE. adv. Hidalgamente, con hidalguía.

AHIDALGADO, DA. adj. Aplícase a la persona que en su trato y costumbres, muestra nobleza, generosidad y las demás prendas atribuidas a los hidalgos o nobles de linaje. || **2.** Dícese también de las cosas, costumbres y acciones nobles y caballerosas.

AHIDALGAR. tr. p. us. Hacer que una persona se parezca a los hidalgos o nobles. Ú.m.c.r.

AHIGADADO, DA. (De *a* e *hígado*.) adj. Valiente, esforzado. || **2.** De color de hígado, rojo obscuro.

AHIJADERA. f. SOR. Conjunto de crías de un rebaño. || **2.** Época en que los ganados ahíjan.

AHIJADERO. m. SAL. Prado o majadal que se reserva para que ahíjen las ovejas en la temporada del parto y cría de los corderos. || **2.** EXTR. Dehesa.

AHIJADO, DA. p.p. de ahijar. || **2.** m. y f. Cualquiera persona respecto de sus padrinos. || **3.** fig. Persona especialmente favorecida por otra. || **P.** afilhado; **I.** godchild; **F.** filleul; **A.** Patenkind, Schützling; **It.** figlioccio; **R.** крестник.

AHIJADOR. (De *ahijar*.) m. Pastor que cuida y apacienta las ovejas paridas y las crías mientras están en el ahijadero.

AHIJAMIENTO. m. ant. Prohijamiento.

AHIJAR. (l. *affiliāre*, de *fīlius*, hijo.) tr. Prohijar o adoptar al hijo ajeno. || **2.** Acoger la oveja u otro animal al hijo ajeno para criarlo. || **3.** Poner a cada cordero o a otro animal con su propia madre o con otra para que lo crie. || **4.** fig. Atribuir o imputar a alguno la obra o cosa que no ha hecho. || **5.** intr. Procrear hijos. || **6.** AGR. Echar las plantas retoños o hijuelos. || **P.** perfilhar; **I.** to adopt; **F.** adopter; **A.** adoptieren; **It.** adottare; **R.** усыновлять.

¡AHIJUNA! (De la expr. *¡ah hijo de una!*) ARGENT. y CHILE. Interj. de admiración o insulto.

AHILADO, DA. p.p. de ahilar. || **2.** adj. Dícese del viento suave y continuo. || **3.** Dícese de la voz delgada y tenue.

AHILAMIENTO. m. Ahilo. || **I.** etiolation, chlorosis; **F.** étiólement; **A.** Bleichsucht; **It.** appassimento; **R.** бессилие.

AHILAR. (l. *affilāre*, de *filum*, hilo.) intr. Ir uno tras otro formando hilera. || **2.** r. Padecer desfallecimiento por falta de alimento. || **3.** Hacer hebra la levadura, el vino y otras cosas por haberse maleado. || **4.** Adelgazarse por causa de alguna enfermedad. || **5.** Criarse débiles las plantas por falta de luz. || **6.** Criarse altos, derechos y limpios de ramas los árboles por estar muy juntos.

★ **AHILERADO, DA.** adj. VENEZ. Puesto en hilera.

★ **AHILERAR.** tr. AMÉR. CENTRAL. Poner en hilera.

AHÍLO. m. Acción y efecto de ahilar o ahilarse. || **2.** La capa de honguillos que cubre el pan mohoso.

A

AHÍNA. (l. *agina*, de *agĕre*, hacer.) adv. ant. Aína, 2.ª acep.

★ **AHINA.** f. Zool. Ave rapaz brasileña.

AHINCADAMENTE. adv. Con ahínco, con vehemencia.

AHINCADO, DA. p.p. de ahincar. || 2. Eficaz, vehemente.

AHINCAMIENTO. m. ant. Ahínco.

AHINCANZA. f. ant. Ahínco.

AHINCAR. (De *a* e *hincar*.) tr. Instar con ahínco y eficacia, apretar, estrechar. || 2. r. Apresurarse, darse prisa. || P. afincar; I. to press; F. presser; A. drängen; It. affrettare; R. настаивать.

AHÍNCO. (De *ahincar*.) m. Eficacia, empeño o diligencia grande con que se hace o solicita alguna cosa. || P. afinco; I. earnestness; F. empressement; A. Eifer; It. accanimento; R. настойчивость.

AHINOJAR. (De *hinojo*.) tr. ant. Arrodillar. Úsab.m.c.intr. y c.r.

★ **AHIPNIA.** f. Med. Insomnio morboso.

AHIRMAR. tr. ant. Afirmar. Usáb.t.c.r.

AHITAMIENTO. m. Acción y efecto de ahitar o ahitarse.

AHITAR. (De *a* e *hito*.) tr. Señalar los lindes de un terreno con hitos o mojones. || 2. Causar ahíto. Ú.t.c.intr. || 3. r. Comer hasta padecer embarazo de estómago.

AHITERA. f. fam. Ahíto grande o de mucha duración.

AHÍTO, TA. (De *ahitar*.) adj. Aplícase al que padece alguna indigestión o embarazo de estómago. || 2. fig. Cansado de alguna persona o cosa. || 3. m. Indigestión o embarazo de estómago. || P. afitado; I. gorged; F. gorgé; 2.ª acep.: A. überdrüssig, angeekelt; It. impinzato; R. пресыщенный.

¡AHO! interj. ant. que se usaba entre los rústicos para llamarse de lejos.

AHOBACHONADO, DA. (De *a*, y *hobachón*.) adj. fam. Apoltronado, entregado al ocio.

★ **AHOCARSE.** r. fam. Argent. Enredarse.

AHOCICAR. tr. Castigar a los perros o gatos mientras se les frota el hocico en el lugar que se han ensuciado. || 2. fam. Vencer a uno en la disputa obligándole a que reconozca su error. || 3. intr. fam. Rendirse ante los argumentos del contrario. || 4. fig. y fam. Apechugar, acabar por fuerza o necesidad alguna cosa a la que siempre se había mostrado repugnancia.

AHOCINARSE. (De *a* y *hocino*.) r. Correr los ríos por angosturas profundas.

★ **AHOGADERA.** (De *ahogar*.) f. Pera muy áspera al paladar. || 2. Venez. Espolonazo que recibe un gallo en el cuello.

AHOGADERO, RA. adj. Que ahoga o sofoca. || 2. m. Cordel delgado que se echaba a las que habían de ser ahorcados. || 3. Sitio donde hay mucha gente apretada. || 4. Cuerda o correa de la cabezada, que ciñe el pescuezo de la caballería. || 5. Caldera con agua caliente para ahogar en el capullo la ninfa del gusano de seda. || 6. fig. y fam. And. La corbata cuando da muchas vueltas alrededor del cuello.

AHOGADIZO, ZA. adj. Que se puede fácilmente ahogar. || 2. Se dice de las frutas que por su aspereza no se pueden tragar con facilidad. || 3. fig. Dícese de la madera que, por ser muy pesada, se hunde en el agua.

AHOGADO, DA. p.p. de ahogar. || 2. adj. Se dice del sitio estrecho y sin ventilación. || 3. m. y f. Persona muerta por falta de respiración especialmente en el agua. || 4. fig. Dícese de la carne de animal ahogado. || 5. Dícese de la seda que se hila una vez muerto el gusano. || 6. Perú. Dícese de la vianda rehogada. || 2.ª acep.: P. afogado; I. drowned; F. noyé; A. ertrunken; It. annegato; R. душный.

AHOGADOR, RA. adj. Que ahoga. Ú.t.c.s. || 2. Cuerda o correa de la cabezada. || 3. Sombrerillo ensartado en los bastones de paraguas y sombrillas para sujetar la tela. || 4. Amér. Media gamarra.

★ **AHOGATO.** m. Cuba. Cusubé.

AHOGAMIENTO. m. Acción y efecto de ahogar o ahogarse. || 2. fig. Ahogo, aprieto, aflicción.

AHOGANTE. p.a. de ahogar. Que ahoga.

AHOGAR. (l. *offŏcāre*, apretar las

fauces.) tr. Quitar la vida a alguno impidiéndole la respiración. Ú.t.c.r. || 2. Tratándose de plantas o simientes, dañar su lozanía el exceso de agua, el apiñamiento o la acción de otras plantas nocivas. Ú.t.c.r. || 3. Tratándose del fuego, apagarlo. || 4. fig. Extinguir, apagar. Ú.t.c.r. || 5. fig. Oprimir, acongojar. Ú.t.c. intr. y c.r. || 6. Sumergir en el agua. || 7. En el juego del ajedrez hacer que el rey contrario no pueda moverse sin quedar en jaque. || 8. r. Sentir sofocación o ahogo. || 9. Mar. Embarcar agua en un buque por la proa, por exceso de escora. || *Estar* o *verse uno* AHOGADO. fr. fig. y fam. Estar acongojado u oprimido con cuidados graves. || P. afogar; I. to suffocate; F. étouffer; A. ersticken, ertränken; It. soffocare; R. душить.

AHOGAR. (De *a*, y el l. *fŏcus*, fuego.) tr. ant. Estofar o rehogar.

AHOGAVIEJAS. (De *ahogar* y *vieja*.) f. Quijones.

AHOGO. (De *ahogar*.) m. fig. Aprieto o aflicción grande. || 2. fig. Apremio, prisa. || 3. fig. Falta de recursos. || 4. fig. Colom. Salsa con que se rehoga un guiso. || 5. Ahoguío. || P. ahogo; I. suffocation; F. étouffement; A. Atmungsbeschwerde; It. soffocazione; R. удушье.

AHOGUIJO. (De *ahogo*.) m. Ahoguío. || 2. Veter. Angina.

AHOGUÍO. (De *ahogo*.) m. Opresión o fatiga en el pecho, que impide respirar bien.

★ **AHOJADERO.** (De *ahojar*.) m. Aprovechamiento de las hojas de las vides, una vez terminada la vendimia, por el ganado que se deja entrar en las viñas.

AHOJAR. (De *a* y *hoja*.) intr. Ar. Ramonear, pacer los ganados las hojas de los árboles.

AHOMBRADO, DA. (De *a* y *hombre*.) adj. fam. Dícese de la mujer o del niño, y de sus actos o cualidades que se parecen a las del hombre.

AHONDAMIENTO. m. Acción y efecto de ahondar.

AHONDAR. (De *a* y *hondo*.) tr. Hacer más honda una cavidad o agujero. || 2. Por ext., cavar profundizando. || 3. Introducir una cosa muy dentro de otra. Ú.t.c. intr. y c.r. || 4. fig. Escudriñar lo más profundo o recóndito de un asunto. Ú.t.c. intr. || 5. intr. fig. Adelantar en el conocimiento de algo. || P. aprofundar; I. to deepen; F. approfondir; A. vertiefen; It. affondare; R. углублять.

AHONDE. (De *ahondar*.) m. Acción de ahondar. || 2. Miner. Excavación de siete varas que, según las ordenanzas, debía hacerse en tres meses en las minas de América, para conseguir la propiedad de las mismas.

AHORA. (l. *ad horam*.) adv. A esta hora, en el tiempo presente. || 2. fig. Poco tiempo ha. AHORA *me lo han dado*. || 3. fig. Dentro de poco tiempo. AHORA *te lo diré*. || 4. conj. distrib. AHORA *juegue a la pelota*, AHORA *al baloncesto, siempre lo hace bien*. || 5. conj. adver. Pero, sin embargo. || 6. AHORA *bien*. m. adv. Esto supuesto o sentado. || AHORA *que*. m. conj. que equivale a *pero*. || *Por* AHORA. m. adv. Por de, el, o lo pronto. || P. agora; I. now; F. maintenant; A. jetzt, gegenwärtig; It. adesso; R. теперь, сейчас.

AHORCA. f. Venez. Regalo de cumpleaños.

AHORCABLE. adj. Ahorcadizo, merecedor de ser ahorcado.

AHORCADIZO, ZA. adj. ant. Digno de ser ahorcado.

AHORCADO, DA. p.p. de ahorcar. || 2. m. y f. Persona ajusticiada en la horca. || 3. p.us. Persona condenada a morir en ella, desde que entra en capilla. || 4. pl. fig. y fam. Hond. Borceguíes. || P. enforcado; I. hanged; F. pendu; A. Gehenkter; It. impiccato; R. повешенный.

AHORCADORA. (De *ahorcar*.) f. Guat. y Hond. Especie de avispa grande, llamada así por creer el vulgo que la persona a quien le pica en el cuello, puede morir por asfixia.

AHORCADURA. f. Acción de ahorcar o ahorcarse.

AHORCAJARSE. r. Ponerse o montar a horcajadas.

AHORCAPERROS. (De *horca* y *perro*.) m. Mar. Nudo corredizo que sirve para salvar objetos sumergidos.

AHORCAR. tr. Quitar la vida a uno la vida echándole un lazo al cuello y colgándole de él en la horca o en otra parte. Ú.t.c.r. || 2. p. us. por ext. Colgar, suspender. || 3. fig. Hablando de hábitos religiosos, estudios, etc., dejarlos. || P. enforcar; I. to hang; F. pendre; A. aufhängen; It. impiccare; R. вешать.

AHORITA. adv. fam. Ahora mismo, muy recientemente.

★ **AHORITICA.** adv. fam. Cuba. Ahorita.

AHORMAR. tr. Ajustar una cosa a su horma o molde. Ú.t.c.r. || 2. fig. Amoldar, poner en razón a alguno. || 3. Taurom. Hacer que el toro se coloque bien para darle la estocada.

AHORNAGAMIENTO. m. Acción y efecto de ahornagarse.

AHORNAGARSE. (l. *ad*, a, *fornax, -ācis*, horno.) r. Abochornarse o abrasarse la tierra y sus frutos por el excesivo calor. || P. aquecer-se; I. to get parched; F. se brouir; A. ausdorren; It. abbrucciarsi; R. засыхать.

AHORNAR. (De *a* y *horno*.) tr. Enhornar. || 2. r. Sollamarse o quemarse el pan por defuera, quedándose sin cocer por adentro.

★ **AHORQUETARSE.** (De *a* y *horqueta*.) r. Urug. Horcajarse.

AHORQUILLADO, DA. p.p. de ahorquillar. || 2. adj. Que tiene forma de horquilla.

AHORQUILLAR. tr. Afianzar con horquillas las ramas de los árboles, para que no se desgajen con el peso de la fruta. || 2. Dar a una cosa la figura de horquilla. Ú.m.c.r. || P. aforquilhar; I. to fork; F. fourcher; A. mit Gabeln stützen; It. biforcare; R. поддерживать развилками.

AHORRADAMENTE. adv. Libre o desembarazadamente.

AHORRADO, DA. p.p. de ahorrar. || 2. adj. Horro, libre, exento. || 3. Que ahorra.

AHORRADOR, RA. adj. Que ahorra. Ú.t.c.s.

AHORRAMIENTO. m. Acción de ahorrar o ahorrarse.

AHORRAR. (De *a* y *horro*.) tr. Dar libertad al esclavo. || 2. Reservar alguna parte del gasto ordinario. Ú.t.c.r. || 3. fig. Evitar o excusar algún trabajo, riesgo, dificultad u otra cosa. Ú.t.c.r. || 4. Entre ganaderos, conceder a los mayorales y pastores cierto número de cabezas de ganado horras o libres de todo pago y gasto, y con todo el aprovechamiento para ellos. || 5. r. ant. Aligerarse de ropa. Ú. en Aragón y Salamanca. || *No* AHORRARSE, o *no* AHORRÁRSELAS *uno con nadie*. fr. fam. Hablar u obrar sin temor ni miramientos. || P. alforriar; I. to economize; F. économiser; épargner; A. ersparen, It. risparmiare; R. сберегать.

AHORRATIVA. f. Ahorro, acción de ahorrar.

AHORRATIVO, VA. adj. Que ahorra mucho en relación con sus recursos. || 2. Ecuad. Perezoso.

AHORRÍA. (De *alhorría*.) f. Calidad de horro.

★ **AHORRÍO.** m. Exención, libertad, rescate.

AHORRO. adj. m. Acción de ahorrar, manumitir, y también cercenar algo del gasto diario, y evitar trabajos, riesgos, etc. || 2. Lo que se ahorra. || 3. Ar. Dícese de la persona que camina sola o sin compañía. || P. economía; I. saving, sparingness; F. épargne, économie; A. Ersparung, Ersparnis; It. risparmio; R. сбережение.

AHOTADO, DA. (De *a* y *hoto*.) adj. ant. Confiado, asegurado.

AHOTAS. (De *a* y *hoto*.) adv. ant. A la verdad, a buen seguro, ciertamente.

★ **AHOVAI.** (Voz americana.) m. Bot. En el Brasil y las Antillas árbol apocináceo de hojas grandes y frutos drupáceos a los que se llama nueces de serpiente.

AHOYADOR. m. And. El que hace hoyos para plantar.

AHOYADURA. f. Acción y efecto de ahoyar.

AHOYAR. intr. Hacer hoyos.

★ **AHUACHAFAR.** tr. PERÚ. Vulgarizar.

AHUATE. (mejic. *auatl*.) m. HOND. y MÉJ. Espina muy pequeña y delgada que a modo de vello, tienen algunas plantas, como la caña de azúcar y el maíz.

★ **AHUATENTLE.** m. MÉJ. Reguera para distribuir el agua en un campo.

★ **AHUATOSO, SA.** adj. HOND. y MÉJ. Que tiene ahuates.

AHUCIAR. (De *a* y *hucia*.) tr. ant. Esperanzar o dar confianza.

AHUCHADOR, RA. adj. Que ahucha, o aguarda los ahorros. Ú.t.c.s.

AHUCHAR. (De *hucha*.) tr. Guardar en hucha. || **2.** fig. Guardar en lugar seguro el dinero o cosas que se han ahorrado.

AHUCHAR. (De *a* y *hucho*.) tr. Llamar al halcón al grito repetido de ¡hucho! || **2.** COLOM. Azuzar, oxear.

★ **AHUCHAR.** tr. COLOM. Achuchar, azuzar. || **2.** COLOM. Aplastar.

AHUÉ. m. BOT. Árbol americano, al que los indios llaman árbol malo, a causa de que su sombra rechaza toda vegetación y daña instantáneamente al que se cobija debajo de ella.

★ **AHUECADERA.** f. ART. y OF. f. Herramienta que usan los torneros para hacer las piezas cóncavas.

AHUECADOR, RA. adj. Que ahueca. Ú.t.c.s. || **2.** m. Herramienta de los torneros. || **3.** Miriñaque.

AHUECAMIENTO. m. Acción y efecto de ahuecarse. || **2.** fig. Engreimiento o envanecimiento.

AHUECAR. (De *aocar*.) tr. Poner hueca o cóncava alguna cosa. || **2.** Mullir, ensanchar o hacer menos compacta alguna cosa que estaba apretada. Ú.t.c.r. || **3.** fig. Dicho de la voz, hablar por afectación o adrede en tono más grave que el natural. || **4.** intr. fam. Ausentarse de una reunión. || **5.** r. fig. y fam. Hincharse, engreírse. || **P.** ocar; I. to hollow; F. creuser; A. aushölen, lockern; It. scavare; R. выдалблять.

AHUEHUÉ. m. Ahuehuete.

AHUEHUETE. (mejic. *ahuehuetl*, de *atl*, agua, y *huehue*, viejo.) m. Árbol de la familia de las cupresáceas, originario de la América del Norte, de madera semejante a la del ciprés. Por su elegancia se cultiva en los jardines de Europa.

AHUESADO, DA. adj. De color de hueso. || **2.** Parecido al hueso en la dureza.

★ **AHUESARSE.** (De *a* y *hueso*, cosa molesta e inútil.) r. CHILE. Averiarse, hacerse inútil una persona o cosa. || **2.** CHILE. Paralizarse la venta de un artículo de comercio. || **3.** GUAT. Enflaquecerse mucho.

AHUEVAR. tr. Dar limpidez a los vinos con clara de huevo. || **2.** CUBA. Dar forma ovoide al tabaco torcido. || **3.** intr. MÉJ. Poner huevos. || **4.** CUBA. Hacer movimientos indecorosos al bailar. || **5.** r. PAN. y PERÚ. Acobardarse, embobarse.

★ **AHUEVAZÓN.** f. PAN. Embobamiento.

AHUIZOTE. (De *Ahuitzotl*, nombre del octavo rey de Méjico que fue sanguinario y cruel.) m. ZOOL. Batracio que se suponía existente en los ríos de comarcas cálidas, y al que se atribuía calidad de maléfico. || **2.** Persona que molesta y fatiga continuamente y con exceso. || **3.** C. RICA. Agüero, brujería.

AHULADO, DA. adj. Dícese de la prenda impermeable, por tener uno de sus lados o los dos, untados con hule o goma elástica.

AHUMADA. (De *ahumar*.) f. Señal que para dar algún aviso se hace en las atalayas o lugares altos, quemando alguna materia famosa. || *hacer*. || **P.** almenara; I. signal-light; signalfire; F. fumée; A. Rauchsignal; It. fumata; R. дымовой сигнал.

AHUMADO, DA. p.p. de ahumar. || **2.** adj. Aplícase a los cuerpos transparentes, que sin haber estado expuestos al humo, tienen color sombrío: *Cristal* AHUMADO. || **2.** CUBA. fam. Ebrio. || **3.** m. Ahumadura.

★ **AHUMADOR.** m. Aparato que usan los apicultores para producir humo.

AHUMAR. (l. *affūmāre*, de *fūmāre*, echar humo.) tr. Poner al humo alguna cosa. || **2.** Llenar de humo. Ú.m.c.r. || **3.** intr. Despedir humo lo que se quema. || **4.** fam. Emborrachar. Ú.t.c.r. || **5.** r. Tomar los guisos sabor a humo. || **6.** Ennegrecerse una cosa con el humo. || **P.** afumar; I. to smoke; F. enfumer; A. räuchern, ausräuchern; It. affumicare; R. коптить.

AHUMEAR. intr. SAL. Humear. Ú.t. como reflexivo.

AHURRAGADO, DA. adj. AGR. Aurragado, mal labrado.

AHUSADO, DA. p.p. de ahusarse. || **2.** adj. De figura de huso. || **P.** afusado; I. spindle-shaped; F. fuselé; A. spindelförmig; It. affusolato; R. веретенообразный.

AHUSAR. tr. Dar forma de huso. || **2.** r. Irse adelgazando alguna cosa en figura de huso.

AHUYENTADOR, RA. adj. Que ahuyenta. Ú.t.c.s.

AHUYENTAR. (l. *affūgientāre*, de *fugiens, -entis*, el que huye.) tr. Hacer huir a alguno. || **2.** fig. Desechar cualquier pasión o afecto, u otra cosa que moleste o aflija. || **3.** r. Alejarse huyendo. || **P.** afugentar; I. to drive off; F. chasser; A. verjagen; It. scacciare; R. прогонять.

★ **AI.** m. ZOOL. AMÉR. Nombre vulgar de los mamíferos desdentados de la América Tropical o perezosos. || **2.** ZOOL. AMÉR. Especie de vicuña.

★ **AIBÉ.** m. ARGENT. Pasto duro que comen los animales cuando está tierno.

★ **AIDIA.** f. BOT. Árbol de la Cochinchina de madera blanca y muy dura. Se usa en la construcción.

★ **AIGUASTE.** m. GUAT. y HOND. Salsa que se prepara con harina, achiote y otros varios ingredientes.

AIJADA. f. Aguijada.

★ **AIJANA.** f. COLOM. Aguijada.

AILANTO. (Voz malaya.) m. BOT. Árbol de la familia de las simarubáceas, originario de las Molucas. Sus flores son de olor desagradable. Su madera es dura y compacta. Su fruto es seco y alargado. || **P., I.** e It. ailanto; F. ailante; A. Aylantusbaum.

★ **AILURO.** m. ZOOL. Género de animales plantígrados.

★ **AILLO.** m. Boleadoras usadas por algunos indios. || **2.** Agregado social andino que fue la base del imperio inca.

AIMARÁ. adj. Dícese de la raza de indios que habitan la región del lago Titicaca. Ú.t.c.s. || **2.** Propio o perteneciente a esta raza. || **3.** m. Lengua aimará.

★ **AIMBIRÉS.** m. pl. ETNOG. Pueblo de indios brasileños.

AÍNA. (l. *agina*; de *agĕre*, hacer.) adv. Presto, al instante. || **2.** adv. Fácilmente. || **3.** Por poco, casi.

AÍNAS. (De *aina*.) adv. Aína. || *No tan* AÍNAS. m. adv. No tan fácilmente.

AINDAMAIS. (port. *ainda*, el l. *ad inde*, de aquí, y de *mais*; del l. *magis*, más.) adv. fam. y fest. A más, además.

AÍNDE. (l. *ad*, a, e *inde*, después.) adv. ant. Adelante.

AINDIADO, DA. adj. AMÉR. Que tiene el color y las facciones propias de los indios.

★ **AINOS.** m. pl. Pueblo asiático en vías de desaparición; es de gran interés etnográfico. Actualmente vive en las islas de Yeso, Kuriles y Sajalín.

AIRADAMENTE. adv. Con ira, con violencia.

AIRADO, DA. p.p. de airar. || **2.** adj. Encolerizado. || **3.** fig. Depravado. || *vida airado*; I. wrathful; F. emporté; A. jähzornig; It. adirato; R. гневный.

★ **AIRAJE.** m. GUAT. Mal de aire.

AIRAMIENTO. m. Acción y efecto de airar o airarse.

AIRAMPO. (Voz quichua.) m. Planta tintórea del Perú, especie de cacto, cuya semilla da un hermoso color carmín, con el que se coloran los helados.

AIRAR. (De *a* e *ira*.) tr. Irritar, enojar. Ú.t.c.r. || **2.** Agitar, alterar violentamente. || **P.** irar; I. to anger; F. irriter; A. erzürnen; It. adirare; R. сердить.

AIRE. (l. *aer, -ĕris*, y éste del gr. ἀήρ.) m. Fluido incoloro, inodoro e insípido, formado por una mezcla gaseosa de unas veintiuna partes de oxígeno, setenta y ocho de nitrógeno, una de argón y otros gases semejantes y algunas centésimas de ácido carbónico, vapor de agua y corpúsculos orgánicos. Forma la atmósfera terrestre y es necesario para la respiración. || **2.** La misma atmósfera terrestre, y también el viento o corriente producida en ella por fuerzas naturales. || **3.** fig. Parecido, semejante. || **4.** fig. Vanidad o engreimiento. || **5.** fig. Con una de las maneras de andar de las caballerías (al paso, al trote y al galope). || **6.** fig. Frivolidad, futilidad o poca importancia de alguna cosa. || **7.** fig. Primor, gracia o perfección en el modo de hacer las cosas. || **8.** fig. Garbo y brío en las acciones, como en el andar, danzar, etcétera. || **9.** fam. Ataque de parálisis. *Le dio un* AIRE. || **10.** MÉJ. Encuentro o salida en el juego del monte, de dos cartas iguales. || **11.** AMÉR. MERID. Especie de enfermedad de las alturas que ataca a las caballerías en las cumbres de los Andes. || **12.** MÚS. Grado de presteza o lentitud con que se ejecuta una obra musical. || **13.** Música de una canción. || **14.** pl. GERM. Los cabellos. || **—acondicionado.** El que una instalación de aparatos especiales suministra en determinadas condiciones térmicas en el interior de un edificio || **—campero.** El paso y trote del caballo, que bracea volviendo los cascos hacia afuera. || **—colado.** Viento frío que corre encallejonado. || **—de suficiencia.** fig. Afectación de magisterio. || **—líquido.** Líquido que se obtiene sometiendo el aire a fuerte presión y dejándolo que se enfríe. Tiene uso en la industria y se emplea también como explosivo. || **—popular.** Canción bailable propia del pueblo. || ¡aire! infam. fam. con que se anima a uno para que se dé prisa en lo que está haciendo. Ú. por lo común repetida. || *Al* AIRE. m. adv. Tratándose de piedras preciosas, montarlas o engarzarlas de modo que sujetándolas únicamente por sus bordes, queden visibles por encima y por debajo. || **2.** Sin provecho, sin fundamento, sin fijeza. *Dejar una cosa al* AIRE. || *Al* AIRE *libre*. Fuera de todo resguardo. || *De buen* o *mal* AIRE. m. adv. fig. De buen, o mal humor. || *Disparar al* AIRE. fr. Disparar las armas hacia lo alto y sin hacer puntería. || *Echar al* AIRE. fr. fam. Descubrir, desnudar alguna parte del cuerpo. || *En el* AIRE. m. adv. fig. Con mucha ligereza o brevedad, en un instante. || **2.** fig. y fam. Pendiente de decisión ajena o de un suceso eventual. || *Guardar el* AIRE *a uno*. fr. fig. y fam. Atemperarse a su genio. || *Mudar de* AIRES. fr. Pasar el enfermo de un lugar a otro con el fin de recobrar la salud. || **2.** fest. Salir desterrado, huirse. || *Por el* AIRE, o *por los* AIRES. loc. fig. y fam. Con mucha ligereza o velocidad. || *Ser una cosa* AIRE. fr. Ser vana y de ninguna substancia. || *Sustentarse uno del* AIRE. fr. fig. y fam. Comer muy poco. || **2.** fig. y fam. Confiarse en esperanzas vanas. || **3.** fig. y fam. Dejarse llevar del halago y la lisonja. || *Tomar* AIRES. fr. Estar una persona en ciertos parajes alejados de su residencia con objeto de recobrar la salud. || *Tomar el* AIRE. fr. Pasearse, esparcirse en el campo, salir a algún sitio descubierto donde corra el aire. || **P.** ar; I. y F. air; A. Luft; It. aria; R. воздух.

AIRE. (Voz cubana.) m. Mamífero insectívoro de Cuba, con la cola y la parte posterior de los muslos casi desprovistos de pelo. Es nocturno.

★ **AIREACIÓN.** f. Ventilación. || **2.** FISIOL. Arterialización.

AIREAR. tr. Poner al aire o ventilar alguna cosa. || **2.** r. Ponerse o estar al aire para ventilarse, refrescarse o respirar con más desahogo. || **3.** Resfriarse con la frescura del aire. || **4.** fam. Picarse, agriarse una cosa por efectos del aire. || **P.** arejar; I. to air; F. aérer; A. auslüften; It. aerare; R. проветривать.

★ **AIRFIBIO.** m. Especie de autoavión consistente en un pequeño automóvil al que pueden adaptársele alas y fuselaje muy ligero, que puede pasar de la tierra al aire.

AIRÓN. (ant. f. *hairon*.) m. ZOOL. Garza real. || **2.** Penacho de algunas aves. || **3.** Adorno de plumas, o de cosas que las imite, en cascos, sombreros, gorras, etc., o en el tocado de las mujeres. || **P.** garza;

A

I. egret; **F.** aigrette; **A.** Reiher; **It.** airone; **R.** цапля.

AIRÓN. adj. Aplícase al pozo de mucha profundidad.

AIROSAMENTE. adv. Con aire, garbo o gallardía.

AIROSIDAD. (De *airoso*.) f. Buen aire, garbo o gallardía, especialmente en el manejo del cuerpo y en el vestir.

AIROSO, SA. adj. Se aplica al tiempo o sitio en el que hace mucho aire. || **2.** fig. Garboso y gallardo. || **3.** fig. Dícese del que lleva a cabo una empresa con honor, felicidad o lucimiento. Ú. por lo común con los verbos *quedar* y *salir: Salió* AIROSO *de los exámenes.*

AISLACIONISMO. m. Tendencia opuesta al intervencionismo en los asuntos internacionales.

AISLACIONISTA. adj. Perteneciente o relativo al aislacionismo. || **2.** Partidario de él. Ú.t.c.s.

AISLADAMENTE. adv. Separadamente, aparte.

AISLADO, DA. p.p. de aislar. ||**2.** adj. Solo, suelto, individual, de uno en uno. || **3.** Apartado, retirado. || **4.** Que está separado eléctricamente de otro cuerpo. || **5.** En el juego de ajedrez, dícese del peón que no puede ser defendido con otros. || **6.** ARQ. Dícese de la columna que no está arrimada a ninguna parte del edificio. || **P.** só; **I.** insulated; **A.** einzeln, isoliert; **It.** isolato; **R.** уединённый.

AISLADOR, RA. (De *aislar*.) adj. Que aísla. || **2.** Fís. Aplícase a los cuerpos que interceptan el paso a la electricidad o al calor. Ú.t.c.s.m. || **P.** isolador; **I.** insulator; **F.** insolant; isolateur; **A.** Isolator; **It.** isolatore; **R.** изолирующий.

AISLAMIENTO. m. Acción y efecto de aislar o aislarse. || **2.** fig. Incomunicación, desamparo.

★ **AISLANTE.** p.a. de aislar. Que aísla. || **2.** Dícese del cuerpo que impide el paso de algún agente físico como la electricidad, el calor, etc.

AISLAR. (De *a* e *isla*.) tr. Circundar o cercar de agua por todas partes algún sitio o lugar. || **2.** Dejar una cosa sola y separada de otras. Ú.t.c.r. || **3.** fig. Retirar a una persona del trato y comunicación de la gente. Ú.m.c.r. || **4.** Fís. Apartar por medio de aisladores un cuerpo electrizado de los que no lo están. || **P.** insular; **I.** to isolate; **F.** isoler; **A.** absonder; isolieren; **It.** isolare; **R.** изолировать, отделять.

AIZOÁCEO, A. (De *aizoon*, nombre de un género de plantas.) adj. BOT. Dícese de plantas angiospermas dicotiledóneas, herbáceas o algo leñosas, como el algazul. Ú.t.c.s.f. || **2.** f. pl. BOT. Familia de estas plantas.

AJ. (De *ax*.) Aje, achaque. Ú.m. en pl.

AJA. (l. *ascia*.) f. pl. p. us. Azuela.

AJA. (ár. ʿAʾiša, n. p. de mujer.) n. p. AJA *no tiene que comer y convida huéspedes*. ref. que reprende a los que por vanidad, estando necesitados, hacen gastos superfluos.

¡AJÁ! interj. fam. que se emplea para denotar complacencia o aprobación.

AJABEBA. (ár. *aš-šabbāba*, la flauta de caña.) f. Flauta morisca.

★ **AJACHO.** m. BOL. Bebida que se prepara con ají y chicha.

AJADA. (De *ajo*.) f. Salsa de pan deshecho en agua, ajos machacados y sal, con que se adereza el pescado y otras viandas. || **P.** alhada; **I.** garlic sauce; **F.** aillade; **A.** Knoblauchtunke; **It.** agliata; **R.** соус.

★ **AJADAMENTE.** adv. Mustiamente, languidamente.

★ **AJADIZO, ZA.** adj. Que se aja fácilmente.

AJADO, DA. pp. de ajar. || **2.** adj. ant. Que tiene ajos. || **3.** Mustio, marchito, lacio.

AJAEZAR. tr. ant. Enjaezar.

★ **AJAJA.** f. ZOOL. Ave zancuda, que tiene la cabeza calva y el pico ancho en la punta. Vive en la América Meridional.

¡AJAJÁ! interj. fam. ¡Ajá!

★ **AJAMBADO, DA.** adj. AMÉR. CENTRAL. Comilón, glotón. Ú.t.c.s. || **2.** AMÉR. CENTRAL. Zonzo, soso.

AJAMIENTO. m. Acción y efecto de ajar o ajarse.

AJAMONARSE. r. fam. Hacerse jamona una mujer.

★ **AJANGO.** m. joc. PERÚ. Trasto.

AJAQUECA. f. desus. Jaqueca.

AJAQUECARSE. r. Sentirse acometido de jaqueca.

AJAQUEFA. (ár. *as-saqífa*, el pórtico, el soportal.) f. ant. Tejado.

AJAR. m. Tierra sembrada de ajos.

AJAR. (De *ahajar*.) tr. Maltratar o deslucir alguna cosa manoseándola, o de otro modo. Ú.t.c.r. || **2.** fig. Tratar mal de palabra a alguno para humillarle. || **P.** estragar; **I.** to spoil; **F.** flétrir; **A.** verwelken; **It.** appassire; **R.** мять.

AJARACA. (ár. *aš-šaraka*, el lazo.) f. ant. Lazo, atadura de cintas. || **2.** ARQ. En la ornamentación árabe y mudéjar, lazo.

AJARACADO. m. ARQ. Dibujo o pintura que forma ajaracas.

AJARAFE. (ár. *aš-šaraf*, el lugar elevado.) m. Terreno alto y extenso. || **2.** Azotea o terrado. || **3.** Sitio real o terreno de algún rey o príncipe musulmán en los dominios árabes de España.

★ **AJARQUIA.** f. Parte oriental.

AJASPAJAS. (De *ajo* y *paja*.) f. pl. Cosa baladí, insignificante. || **2.** SAL. Paja que queda en la ristra de ajos, después de quitar las cabezas de éstos. || **3.** SAL. Paja o tallo seco de la cebolla.

AJE. (De *aj*.) m. Achaque habitual. Ú.m. en pl.

AJE. (Voz caribe.) m. BOT. Planta intertropical, de la familia de las dioscoréceas, vivaz, sarmentosa, rastrera. Sus rizomas son tuberculosos, feculentos y comestibles.

AJE. m. ZOOL. Especie de cochinilla de Honduras, de la que se obtiene un color amarillo. || **2.** Producto mantecoso que se emplea en medicina e industria, para la preparación de un barniz y preservar al acero de la oxidación.

AJEA. f. BOT. Artemisa pegajosa.

AJEAR. tr. Repetir la perdiz, como quejándose, aj, aj, aj, cuando se ve acosada.

AJEBE. (ár. *aš-šabb*, el alumbre.) m. Jebe.

AJEDREA. (ár. *as-saʿtariyya*, la planta aromática, como el orégano, el tomillo, etc.) f. BOT. Planta de la familia de las labiadas, muy poblada de ramas y hojas estrechas. Muy olorosa, se cultiva como adorno en los jardines, y se emplea en infusión como estomacal. || **P.** segurelha; **I.** winter savory; **F.** sarriette; **A.** Saturei, Pfefferkraut; **It.** santoreggia; **R.** чабер.

AJEDRECISTA. com. Persona diestra en el ajedrez o aficionada a este juego.

AJEDRECÍSTICO, CA. adj. Perteneciente o relativo al ajedrez.

AJEDREZ. (ár. *as-šaṭranǧ*, y éste del sánscr. *chaturanga*). Juego que consta de cuatro cuerpos de ejército o filas: peones, caballos, roques o carros y elefantes. || **2.** m. Juego entre dos personas, cada una de las cuales dispone de 16 piezas movibles, que se colocan sobre un tablero dividido en 64 escaques. Estas piezas son: un rey, una reina, dos alfiles, dos caballos, dos roques o torres y ocho peones. Las de un jugador son distintas en el color de las del otro. || **3.** Conjunto de piezas que sirven para este juego. || **4.** MAR. Jareta, enrejado de madera que se colocaba verticalmente en las bordas para dificultar la entrada del enemigo. || **P.** xadrez; **I.** chess; **F.** jeu d'échecs; **A.** Schach, Schachspiel; **It.** scacchi; **R.** шахматы.

AJEDREZADO, DA. adj. Que forma cuadros de dos colores alternados, como las casillas o escaques del tablero de ajedrez. || **P.** axadrezado; **I.** checkered; **F.** échiqueté; **A.** schachförmig; **It.** scaccato; **R.** клетчатый.

AJENABE. (De *jebane* con art. ár.) m. Jenabe o mostaza.

AJENABLE. (De *alienable*.) adj. ant. Enajenable.

AJENABO. (De *ajenable*.) m. BOT. Jenabe.

AJENACIÓN. (l. *alienātio*, *-ōnis*.) f. Enajenación.

AJENADOR, RA. (l. *alienātor*.) ant. Enajenador. Usáb.t.c.s.

AJENAMIENTO. (De *ajenar*.) m. ant. Enajenamiento.

AJENAR. (l. *alienāre*.) tr. ant. Enajenar. Ú.t.c.r.

AJENGIBRE. (De *jenjibre* con el art. árabe.) m. Jenjibre.

★ **AJENIAR.** tr. AMÉR. Apoderarse de lo ajeno.

AJENJO. (l. *absinthĭum*, y éste del gr. ἀψίνθιον.) m. Planta perenne de la familia de las compuestas. Es medicinal, muy amarga y algo aromática. || **2.** Bebida alcohólica aderezada con esencia de ajenjo y otras hierbas aromáticas. || **P.** absíntio; **I.** wormwood; **F.** absinthe; **A.** Absinth; **I.** assenzio; **R.** полынь.

AJENO, NA. (l. *aliēnus*; de *alĭus*, otro.) adj. Perteneciente a otro. || **2.** Extraño. || **3.** Enajenado, privado de razón. || **4.** Diverso, distinto. || **5.** fig. Distante, libre de alguna cosa. AJENO *de preocupaciones*. || **6.** fig. Impropio o no correspondiente. AJENO *a su intención*. || *Al que es* AJENO *se viste, en la calle le desnudan*. ref. con que se advierte que quien se atribuye cosas que no son suyas, se expone a verse despojado de ellas en cualquier parte. || *Estar* uno AJENO *a una cosa*. fr. No tener noticia o conocimiento de ella. || *Estar* uno AJENO *de sí*. fr. fig. y fam. Estar desprendido de sí mismo. || **P.** alheio; **I.** another's; **F.** d'autrui; **A.** fremd; **It.** d'altrui; **R.** чужой.

AJENUZ. (ár. *aš-šanūz*, la neguilla.) m. Arañuela, planta ranunculácea.

AJEO. m. Acción de ajear.

★ **AJEREZADO, DA.** adj. Dícese del vino que se parece al jerez.

AJERO, RA. m. y f. Persona que vende ajos. || **2.** m. Dueño de un ajar.

AJETE. m. d. de ajo. || **2.** Ajo tierno que aún no ha echado cabeza. || **3.** Ajipuerro. || **4.** Salsa de ajo.

AJETREARSE. (De *ajetreo*.) r. Fatigarse corporalmente con algún trabajo u ocupación, oyendo y viniendo de una parte a otra.

AJETREO. m. Acción de ajetrearse.

AJÍ. (Voz americana.) m. Pimiento, la planta y su fruto. || **2.** Ajiaco, salsa de ají. || *Ponerse* uno *como un* AJÍ. fr. fig. y fam. CHILE. Ponerse uno muy encarnado el rostro.

AJIACEITE. m. Composición hecha de ajos machacados y aceite. || **P.** molhos de alhos; **I.** garlic and oil sauce; **F.** aillade; **A.** Knoblauchbrühe; **It.** agliata; **R.** соус из чеснока.

AJIACO. (De *ají*.) m. Salsa que se usa mucho en América y cuyo principal ingrediente es el ají. || **2.** Especie de olla podrida usada en América, que se hace de legumbres y carne en pedazos pequeños y se sazona con ají. || *Estar* o *ponerse* uno *como* AJIACO. fr. fig. y fam. CHILE. Estar colérico o de mal humor.

★ **AJIBARARSE.** r. P. RICO. Adquirir las costumbres del jíbaro o campesino, volverse huraño.

★ **AJICERA.** f. AMÉR. Vasija en que se sirve el ají a la mesa.

AJICERO, RA. adj. CHILE. Perteneciente o relativo al ají. || **2.** m. y f. CHILE. Vaso en que se pone el ají en la mesa.

★ **AJICILLO.** (d. de *ají*.) m. BOT. AMÉR. Mata palúdica, perenne, de la familia de las poligonáceas. || **2.** ARGENT. Planta dicotiledónea de hojas ovaladas y flores axilares.

★ **AJICITO.** m. BOT. VENEZ. Árbol caparidáceo.

AJICOLA. f. Cola que se hace de retazos de piel cocidos con ajos, para preparar pintura al temple, o el dorado que ha de bruñirse.

AJICOMINO. m. Salsa en que entran como ingredientes el ajo y el comino.

★ **AJICÓN.** m. BOT. Planta solanácea de Cuba.

★ **AJICONAL.** m. CUBA. Terreno abundante en ajicones.

AJICUERVO. (De *ajo* y *cuervo*.) m. ÁL. Planta bulbosa que crece en los campos no cultivados y despide fuerte olor a ajos.

★ **AJICHE.** adj. GUAT. Flaco, desmedrado.

★ **AJIGOLEAR.** tr. MÉJ. Urgir, apremiar.

★ **AJIGOLONES.** m. pl. GUAT., EL SALV. y MÉJ. Apremios, prisas.

★ **AJILAR.** tr. VENEZ. Morder el pez el anzuelo.

★ **AJILGUERARSE.** r. CHILE. Parecerse mucho un canario al jilguero por efecto del cruzamiento. || **2.** Imitar el canario el canto del jilguero.

AJILIMOJE. m. fam. Ajilimójili.
AJILIMÓJILI. (De *ajo* y *moje*.) m. fam. Especie de salsa o pebre para los guisados. ‖ 2. pl. fig. y fam. Agregados, adherentes de una cosa. ‖ *Con todos sus* AJILIMÓJILIS. loc. fig. y fam. Con todos sus requisitos, sin que falte nada.
AJIMEZ. (ár. *aš-šammis*, lo expuesto al sol.) m. Ventana arqueada, dividida en el centro por una columna.
AJIPUERRO (De *ajo* y *puerro*.) m. Puerro silvestre.
AJIRONAR. tr. Hacer jirones a los sayos o ropas, según uso antiguo. ‖ 2. Hacer jirones.
★ **AJISECO.** m. AMÉR. Ají poco picante y secado al sol. ‖ 2. adj. PERÚ y ECUAD. Dícese del gallo cuyo plumaje tiene color morado rojizo, parecido al del ají muy maduro.
★ **AJISERA.** f. COLOM. Nombre dado al ají.
AJIZAL. m. Tierra sembrada de ají.
AJO. (l. *allïum*.) m. Planta de la familia de las liliáceas. Su bulbo es de color blanco, redondo y de olor fuerte y se usa mucho como condimento. ‖ 2. Cada una de las partes en que está dividido el bulbo o cabeza de ajos. ‖ 3. Salsa que se hace con ajos para guisar y sazonar las viandas. ‖ 4. fig. y fam. Afeite de que usan las mujeres para parecer bien. ‖ 5. fig. y fam. Negocio o asunto, generalmente reservado, que se está tratando entre varias personas. *Estar en el* AJO. ‖ 6. fig. y fam. Palabrota. —**blanco.** fig. y fam. ‖ 2. Condimento que se hace con ajos crudos machacados, miga de pan, sal, aceite, vinagre y agua. ‖ 3. Sopa fría que se hace con este condimento. ‖ —**cañete, castañete** o **castañuelo.** Variedad del ajo común, que tiene las túnicas de sus bulbas de color rojo. —**de Valdestillas.** fig. y fam. Cosa que se añade para adorno o aderezo de otra y que cuesta más que la principal. ‖ *Bueno anda el* AJO. loc. fig. y fam. que irónicamente se dice de las cosas cuando están muy turbadas y revueltas. ‖ *Hacer morder el* AJO *a* uno. fr. fig. y fam. Mortificarle, retardándole lo que desea. ‖ *Harto de* AJOS. loc. fig. y fam. Rústico, mal criado. ‖ *Muchos* AJOS *en un mortero, mal los maja un majadero.* ref. con que se denota ser muy difícil que una persona sola maneje bien muchos negocios a un mismo tiempo. ‖ *Quien se pica, o se quema,* AJOS *come,* o AJOS *ha comido.* ref. con que se denota que quien se resiente por lo que casualmente o en general se censura, da indicio de estar comprendido en ello. ‖ P. alho; I. garlic; F. ail; A. Knoblauch; It. aglio; R. чеснок.
¡AJO! interj. ¡Ajó!
¡AJÓ! interj. con que se acaricia y estimula a los niños para que empiecen a hablar. Dícese también ¡ajó, taita!
AJOARRIERO. (De *ajo* y *arriero*.) m. Guiso de Aragón y provincias vascongadas, que se hace de abadejo aderezado con ajos, aceite, huevos, pimientos y especias.
AJOBAR. tr. Llevar a cuestas, cargar con alguna cosa.
AJOBERO, RA. adj. Que ajoba. Ú.m. como sustantivo.
AJOBILLA. f. ZOOL. Molusco lamelibranquio, especie de almeja, muy común en los mares de España, cuyas valvas son recias, lustrosas, casi triangulares, simétricas, con dientecillos en los bordes, blancos o de color rojo, azul o amarillo.
AJOBO. m. Acción de ajobar. ‖ 2. Carga que se lleva encima. ‖ 3. Molestia, fatiga, trabajo. ‖ 4. fig. Fuste, importancia.
AJOFAINA. f. Aljofaina.
AJOLÍN. m. Insecto hemíptero, especie de chinche de color negro y de unos 8 mm de largo.
AJOLIO. (De *ajo* y *olio*.) m. AR. Ajiaceite.
AJOLOTE. (mejic. *axolotl*.) m. ZOOL. Larva de cierto batracio urodelo, con branquias externas muy largas, cuatro extremidades y cola comprimida lateralmente; puede conservar durante mucho tiempo la forma larvaria y adquirir la aptitud típica reproducirse antes de tomar la forma típica del adulto. Vive en algunos lagos de América del Norte. Su carne es comestible,

y cuyo aceite es usado como el de hígado de bacalao.
AJOMATE. (ár. *al-ŷummāt*, las cabelleras.) m. BOT. Alga pluricelular formada por filamentos muy delgados, sin nudos, lustrosos y de color verde intenso. Abunda en las aguas dulces de España.
AJONJE. (l. *axungia*, ungüento graso.) m. Substancia crasa y viscosa, que se saca de la raíz de la ajonjera, y sirve, como la liga, para coger pájaros. ‖ 2. Ajonjera.
★ **AJONJEAR.** tr. COLOM. Acariciar. ‖ 2. Seducir. ‖ 3. Adular.
★ **AJONJEO.** m. COLOM. Acción de ajonjear.
AJONJERA. (De *ajonje*.) f. Planta perenne de la familia de las compuestas, con raíz fusiforme, hojas puntiagudas y espinosas y flores amarillentas. ‖ —**juncal.** Condrila.
AJONJERO. adj. Que tiene cualidad de ajonje. ‖ 2. BOT. Aplícase a una variedad del cardo. ‖ 3. m. BOT. Ajonjera.
AJONJO. m. Ajonje, liga o visco de raíz de ajonjera. ‖ 2. GRAN. Ajonjera.
AJONJOLÍ. (ár. *al-ŷulŷulān*, el sésamo, con imela.) m. BOT. Planta herbácea anual, pedaliácea, llamada también alegría y sésamo. ‖ 2. Simiente de esta planta. ‖ 3. VENEZ. Cierta tenia del cerdo en estado de larva.
AJONUEZ. m. Salsa de ajo y nuez moscada.
AJOQUESO. m. Género de guisado en que entra el ajo y el queso.
AJORAR. (l. *ad*, a, y *fōras*, fuera.) tr. Llevar por fuerza gente o ganado de una parte a otra.
AJORCA. (ár. *aš-šurka*, el brazalete.) f. Especie de argolla de oro, plata u otro metal que para adorno traían las mujeres en las muñecas, en los brazos o en la parte de los pies. ‖ P. axorca; I. bangte; F. bracelet; A. Armband; It. braccialetto; R. браслет.
AJORDAR. (De *asordar*.) intr. AR. Levantar o esforzar la voz; gritar mucho hasta fatigarse o enronquecer.
AJORNALAR. tr. Ajustar a uno para que trabaje por un jornal. Ú.t.c.r.
AJORRAR. (De *ajorro*.) tr. MURC. Llevar arrastrando hasta el cargadero los troncos que se cortan en los montes.
AJORRO. adv. A jorro.
★ **AJOTAR.** tr. GUAT. Azuzar. ‖ 2. CUBA. Despreciar. ‖ 3. r. CUBA. Abochornarse, sonrojarse. ‖ 4. r. MÉJ. Afeminarse.
AJOTE. (De *ajo*, por el olor de la planta.) m. Escordio, planta labiada.
★ **AJOTOLLO.** m. PERÚ. Guiso hecho con ollo.
AJOTRINO. (l. *allïum*, ajo, y *tenĕrum*, tierno.) m. ÁL. Ajipuerro.
AJUAGAS. (ár. *aš-šuqāq*, las resquebrajaduras.) f. pl. VETER. Especie de úlceras que se forman en los cascos de las bestias caballares.
AJUANETADO, DA. (De *a* y *juanete*.) adj. Juanetudo.
AJUANETEADO, DA. adj. Ajuanetado.
AJUAR. (ár. *aš-šuwār*, los muebles del menaje.) m. Conjunto de muebles, enseres y ropas de uso común en la casa. ‖ 2. Conjunto de muebles, alhajas y ropas que aporta la mujer al matrimonio. ‖ 3. Conjunto de las ropas de un recién nacido, o de los recién casados.
º **AJUARAR.** tr. Proveer de ajuar necesario una casa o vivienda.
★ **AJUARAR.** tr. MÉJ. Amueblar.
★ **AJUATE.** m. EL SALV. Pelusa de algunos vegetales.
AJUDIADO, DA. p.p. de ajudiar. ‖ 2. adj. Que se parece a los judíos.
AJUGLARADO, DA. p.p. de ajuglarar. ‖ 2. Juglaresco; que tiene las condiciones de lo juglar.
AJUGLARAR. tr. Hacer que uno proceda como juglar. ‖ 2. Tener las condiciones de lo juglar.
AJUICIADO, DA. p.p. de ajuiciar. ‖ 2. adj. Juicioso, sensato, prudente.
AJUICIAR. tr. Hacer que otro tenga juicio. Ú.m.c.intr. ‖ 2. Juzgar o enjuiciar.
AJUMAR. tr. vulg. Ahumar, embriagar. ‖ 2. r. Ahumarse, embriagarse.

★ **AJUNCIA.** f. COLOM. Angustia, tribulación, trabajo.
AJUNO, NA. adj. De ajos.
★ **AJUNQUILLAR.** tr. MAR. Enjuncar.
AJUNTADAMENTE. adv. ant. Juntadamente.
AJUNTAMIENTO. m. ant. Acción y efecto de ajuntar o ajuntarse.
AJUNTANZA. f. ant. Ajuntamiento.
AJUNTAR. tr. ant. Juntar. Ú. en Salamanca. ‖ 2. r. ant. Juntarse. ‖ 3. ant. Unirse en matrimonio o tener ayuntamiento carnal.
★ **AJUPAR.** tr. PAN. Azuzar.
AJUSTADAMENTE. adv. Cabalmente, justamente.
AJUSTADO, DA. p.p. de ajustar. ‖ 2. adj. Justo, recto.
AJUSTADOR, RA. adj. Que ajusta. Ú.t.c.s. ‖ 2. m. Jubón o armador que se ajusta al cuerpo. ‖ 3. Anillo, por lo común liso, con que se impide que se salga una sortija que viene ancha al dedo. ‖ 4. Operario que trabaja las piezas de metal ya concluidas, amoldándolas al sitio en que han de quedar colocadas. ‖ 5. IMPR. Operario encargado de confeccionar las composiciones. ‖ 6. IMPR. Mueble con que se ejecuta esta operación. ‖ P. ajustador; I. jacket; F. justaucorps; A. Leibchen; It. giustacuore; R. корсаж. ‖ 4.ª acep.: P. ajustador; I. adjuster; F. ajusteur, assembleur; A. Maschinenschlosser, Monteur; It. aggiustatore; R. слесарь.
AJUSTAMIENTO. m. Ajuste, arreglo, acomodo. ‖ 2. Papel en que consta el ajuste de una cuenta.
AJUSTAR. (l. *ad*, a, y *iūstus*, justo.) tr. Hacer y poner alguna cosa de modo que case y venga justo con otra. Ú.t.c.r. ‖ 2. Conformar, acomodar una cosa a otra, de suerte que no haya discrepancias entre ellas. ‖ 3. Apretar una cosa de manera que sus varias partes casen o vengan justo con otra cosa o entre sí. Ú.t.c.r. ‖ 4. Arreglar, moderar. Ú.t.c.r. ‖ 5. Concertar, capitular, concordar alguna cosa, como el casamiento, la paz, los pleitos. ‖ 6. Componer o reconciliar a los discordes o enemistados. ‖ 7. Tratándose de cuentas, reconocer y liquidar su importe. ‖ 8. Concertar el precio de alguna cosa. ‖ 9. Obligar a una persona, mediante pacto o convenio, a prestar algún servicio o ejecutar alguna cosa. Ú.t.c.r. ‖ 10. IMPR. Concertar las galeradas para formar planas. ‖ 11. Venir justo, casar justamente. ‖ 12. r. Acomodarse, conformar uno su opinión o su gusto con el de otro. ‖ 13. AR. Arrimarse una persona a algún lugar, o una cosa a otra. ‖ 14. rec. Ponerse de acuerdo unas personas con otras. ‖ P. ajustar; I. to adjust; F. ajuster; A. anpassen, einrichten; It. aggiustare; R. прилаживать.
AJUSTE. m. Acción y efecto de ajustar o ajustarse. ‖ 2. Encaje o medida proporcionada que tienen las partes de que se compone alguna cosa para el efecto de ajustar o cerrar. ‖ *Más vale mal* AJUSTE *que buen pleito.* ref. Más vale mala avenencia que buena sentencia. ‖ P. ajuste; I. adjustment; F. ajustage, contrat; A. Vertrag; It. aggiustamento; R. проверка, поговор.
★ **AJUSTERO.** m. COLOM. Contratista.
AJUSTICIADO, DA. p.p. de ajusticiar. ‖ 2. m. y f. Reo en quien se ha ejecutado la pena de muerte.
AJUSTICIAMIENTO. m. Acción y efecto de ajusticiar.
AJUSTICIAR. (De *a* y *justicia*.) tr. Castigar al reo con la pena de muerte. ‖ P. justiçar; I. to execute; F. exécuter; A. hinrichten; It. giustiziare; R. казнить.
★ **AJUSTÓN.** m. HOND. Ajuste, acción de ajustarse.
★ **AKA.** (Voz argentina.) m. Bebida alcohólica de los quichuas.
AL. contracc. de la prep. *a* y el art. *el*.
AL. (l. ant. *alid* por *alïud*.) pron. indet. Otra cosa. ‖ 2. adj. ant. Demás, lo otro. Usáb. siempre usado del art. *lo*. ‖ P. ao; I. to the; F. au; A. dem, zu dem, zum, bei dem, beim; It. al, allo; R. при.
★ **AL.** QUÍM. Símbolo del aluminio.
★ **AL.** MAT. En el análisis matemático notación para designar cierta clase de funciones.
★ **AL.** QUÍM. Sufijo con que la nomen-

A

clatura química hace terminar los nombres de los aldehídos.

ALA. (l. *ala*.) f. Parte del cuerpo de algunos animales de que se sirven para volar. Son dos, simétricamente colocadas a ambos de sus lados, y ambas movibles. || **2.** Hilera, fila. || **3.** Helenio, planta vivaz, compuesta. || **4.** Parte inferior del sombrero, que rodea la copa sobresaliendo de ella. || **5.** Alero del tejado, y también parte del edificio que se extiende a cada lado del cuerpo principal. || **6.** Cada una de las partes membranosas que limitan por los lados las ventanas de la nariz. || **7.** Cada uno de los dos bordes adelgazados del hígado. || **8.** Cada una de las partes que a ambos lados del avión presentan al aire una superficie plana y sirven para sustentar el aparato en vuelo. || **9.** Arq. Cada una de las partes que se extienden a los lados del cuerpo principal de un edificio. || **10.** Bot. Cualquiera de los pétalos laterales de la corola amariposada. || **11.** Cortina, flanco de una fortificación. || **12.** Mil. Flanco, parte de una fuerza que constituye la derecha o izquierda de una línea. || **13.** Mar. Vela pequeña suplementaria que se larga en tiempo bonancible. || **14.** Mec. Cada una de las paletas alabeadas que parten de un eje para formar la hélice. || **15.** Mil. Tropa formada en cada uno de los extremos de un orden de batalla. || **16.** Cuba. Figura de la contradanza. || **17.** Zool. Cada una de las expansiones laterales que presentan algunos moluscos o sus conchas. || **18.** fig. Osadía, libertad o engreimiento con que una persona hace su gusto por la protección que alguien le dispensa. Ú.m. con los verbos *dar* y *tomar*. || **—de ángel.** Bot. C. Rica. Nombre que se da a una especie de begonia. || **—de corazón.** Aurícula. || **2.** fig. pl. Ánimos, valor, brío. || *Ahuecar el* ALA. fr. fig. Marcharse. || *Cortar las* ALAS *a uno.* fr. fig. Quitarle el ánimo o aliento cuando intenta ejecutar o pretende alguna cosa. || **2.** fig. Privarle de los medios con que cuenta para prosperar y engrandecerse. || **3.** fig. Privarle del consentimiento y libertad que tiene para hacer su gusto. || *En* ALA. m. adv. En fila. || *Volar* uno *con sus propias* ALAS. fr. fig. Poderse valer por sí mismo. || **P.** ala; **I.** wing; **F.** aile; **A.** Flügel; **It.** ala; **R.** крыло.

¡ALÁ! (ár. *yā llāh*, ¡oh Dios!, usado con la misma significación.) interj. ¡Hala!

ALÁ. (ár. *Allāh*, Dios.) Nombre que dan a Dios los mahometanos y los cristianos orientales.

ALABABLE. (De *alabar*.) adj. ant. Laudable, que puede o merece ser alabado.

ALABADO, DA. p.p. de alabar. || **2.** m. Motete que se canta en alabanza del Santísimo Sacramento, por lo regular al tiempo de la reserva, y comienza por las palabras ALABADO *sea.* || **3.** Canto que los antiguos serenos de Chile entonaban al venir el día y recogerse al cuartel. || **4.** Canto devoto que en algunas haciendas de Méjico acostumbran a cantar los trabajadores al comenzar y al terminar la faena diaria. || *Al* ALABADO. fr. fig. y fam. Chile. Al amanecer. || *Por el* ALABADO *dejé el conocido, y vime arrepentido.* ref. que aconseja no aventurar el bien que se goce por la esperanza de otro que parezca mayor.

ALABADOR, RA. adj. Que alaba. Ú.t.c.s.

ALABAMIENTO. m. Alabanza, elogio.

ALABANCERO, RA. (De *alabanza*.) adj. Lisonjero, adulador.

ALABANCIA. f. Alabanza, jactancia.

ALABANCIOSO, SA. (De *alabancia*.) adj. fam. Jactancioso.

ALABANDINA. (l. *alabandína gemma*, piedra preciosa de Alabanda, ciudad de Caria en Asia Menor.) f. Mineral poco común, de color negro y brillo metálico, formado por el sulfuro de manganeso. || **2.** Min. Variedad de cuarzo, de color rojo encendido. Es piedra preciosa usada en joyería, parecido al rubí. || **P.** alabandina; **I.** alabandite; **F.** alabandine; **A.** orientalischer Granat, edler Granat; **It.** alabàndina; **R.** гранат.

ALABANZA. (De *alabar*.) f. Acción de alabar o alabarse. || **2.** Expresión o conjunto de expresiones con que se alaba. ||

P. elógio; **I.** praise; **F.** louange; **A.** Lob, Lobspruch; **It.** lode; **R.** похвала.

ALABAR. (l. *alápāri*, jactarse, de *alápa*, bofetada.) tr. Elogiar, celebrar con palabras. Ú.t.c.r. || **2.** intr. Méj. Cantar el alabado. || **3.** r. Jactarse o vanagloriarse. || *Quien no se* ALABA *de ruin se muere.* ref. que denota lo poco que medran los que son demasiado modestos. || **P.** louvar; **I.** to praise; **F.** louer; **A.** loben, preisen, rühmen; **It.** lodare; **R.** хвалить.

ALABARDA. (ital. *alabarda*.) f. Lanza o pica como de 2 m de largo, y de una moharra con cuchilla transversal, aguda por un lado y de figura de media luna por otro. || **2.** Arma o insignia de que usaban los sargentos de infantería. || **3.** A veces, el mismo empleo de sargento. || **P.** e **It.** alabarda; **I.** halberd; **F.** hallebarde; **A.** Hellebarde; **R.** алебарда.

ALABARDADO, DA. adj. De figura de alabarda.

ALABARDAZO. m. Golpe dado con la alabarda.

ALABARDERO. m. Soldado armado de alabarda. || **2.** Soldado del cuerpo especial de infantería que daba guardia de honor a los reyes de España, y cuya arma distintiva era la alabarda. || **3.** fig. y fam. Cada uno de los que aplauden en los teatros por asistir de balde a ellos o por alguna recompensa que reciben de los empresarios o de los artistas. || **P.** alabardeiro; **I.** halberdier; **F.** hallebardier; **A.** Hellebardier; **It.** alabardiere; **R.** алебардщик.

ALABASTRADO, DA. adj. Parecido al alabastro.

ALABASTRINA. f. Hoja o lámina delgada de alabastro yesoso o espejuelo, de que, por su translucidez, suele usarse en las claraboyas de los templos en lugar de vidriera.

ALABASTRINO, NA. adj. De alabastro. || **2.** Semejante a él.

ALABASTRITA. (l. *alabastrites*, y éste del gr. ἀλαβαστρίτης.) f. Alabastro yesoso.

ALABASTRITES. f. Alabastrita.

ALABASTRO. (l. *alabaster*, y éste del gr. ἀλάβαστρος..) m. Mármol translúcido, generalmente con visos de colores. || **2.** fig. Vaso de ALABASTRO sin asas, que se usaba para guardar los perfumes. || **—oriental.** El muy translúcido y susceptible de hermoso pulimento. || **—yesoso.** Aljez compacto y translúcido. Se emplea en baldosas para las habitaciones, y las variedades más puras, en objetos de adorno. || **P.** e **It.** alabastro; **I.** alabaster; **F.** albatre; **A.** Alabaster; **R.** алебастр.

ÁLABE. (l. *alápa*, aleta, vuelo.) m. Rama de árbol combada hacia la tierra. || **2.** Estera que se pone a los lados del carro para que no se caiga lo que se conduce en él. || **3.** Mec. Cada una de las paletas curvas de la rueda hidráulica que reciben el impulso del agua. || **4.** Mec. Cualquiera de los dientes de la rueda, que sucesivamente levantan y luego abandonan a su propio peso los mazos de un batán u otro mecanismo análogo.

ALABEADO, DA. p.p. de alabear. || **2.** adj. Dícese de lo que tiene alabeo. || **3.** Mat. Dícese de la superficie reglada que no es desarrollable sobre un plano; como la del conoide. || **P.** arqueado; **I.** warped; **F.** déjeté; **A.** verkrümmt; **It.** storto; **R.** согнутый.

ALABEAR. (De *álabe*.) tr. Dar a una superficie forma alabeada. || **2.** r. Torcerse o combarse la madera labrada, como una puerta, ventana, etc., perdiendo la superficie plana y recta.

ALABEO. (De *alabearse*.) m. Vicio que toma la madera al alabearse. || **2.** Por ext., comba de la cara de una piedra o de otra superficie que presenta la misma forma de una pieza de madera alabeada. || **P.** empenamento; **I.** warping; **F.** gauchissement; **A.** Windschiefheit; **It.** incurvamento; **R.** выгиб.

ALABIADO, DA. (De *a* y *labio*.) adj. Aplicable a la medalla o moneda que por no estar bien acuñada, sale con rebaba.

★ **ALACATE.** m. Méj. Acocote, calabaza.

ALACAYO. m. ant. Lacayo.

ALACAYUELA. f. Planta cistácea, con flores amarillas. Se encuentra en los montes

de ambas Castillas, Andalucía y Extremadura.

ALACENA. (ár. *al-jazāna*, el armario, con *imela*.) f. Hueco hecho en la pared, con puertas y anaqueles, para guardar cosas. || **2.** Ecuad. Parte superior del pecho. || **P.** despensa; **I.** cup-board; **F.** placard; **A.** Wandschrank; **It.** armadio; **R.** стенной шкаф.

ALACET. m. Ar. Fundamento de un edificio.

ALACIARSE. r. Enlaciarse, ponerse lacio.

★ **ALACO.** m. El Salv. y Hond. Guiñapo, harapo. || **2.** C. Rica. Trasto, cosa inútil e inservible. || **3.** El Salv. Persona viciosa.

ALACRÁN. (ár. *al-'aqrab*, el escorpión.) m. Arácnido pulmonado venenoso. Su tráquea tiene forma de bolsa, el abdomen se prolonga en una cola de seis segmentos y terminada en un aguijón venenoso que el animal clava en el cuerpo de su presa. || **2.** Cada una de las asillas con que se traban los botones de metal y otras cosas. || **3.** Pieza del freno de los caballos, a manera de gancho retorcido, que sirve para sujetar la barbada al bocado. || **4.** fig. Argent. Persona murmuradora, chismosa. || **—cebollero.** Grillo real. || **—marino.** Pejesapo. || *Picado del* ALACRÁN. Picado de la tarántula, que adolece de alguna afección física o moral || **2.** fr. fig. y fam. Que padece mal venéreo. || **P.** lacrau; **I.** y **F.** scorpion; **A.** Skorpion; **It.** scorpione; **R.** скорпион.

ALACRANADO, DA. adj. Picado de alacrán. || **2.** fig. Aplícase a la persona que está inficionada de algún vicio, peste o enfermedad.

ALACRANCILLO. (d. de *alacrán*.) m. Planta silvestre americana, de la familia de las borragináceas. Sus florecillas tienen una espiga encorvada a manera de cola de alacrán.

ALACRANERA. f. Planta anual de la familia de las papilonáceas. Sus flores son amarillas y su fruto, una legumbre muy encorvada, semejante en su figura a la cola del alacrán. || **2.** Colom. Junta o reunión de gente chismosa.

ALACRIDAD. (l. *alacrĭtas, -ātis.*) f. Alegría y presteza del ánimo para hacer alguna cosa.

★ **ALACTAGA.** (Voz de origen tártaro.) m. Género de mamíferos roedores dipódidos, del tamaño de una ardilla. Saltan con gran rapidez.

★ **ALACTITA.** f. Mineral. Arseniato natural de manganeso, que se encuentra en Suecia.

ALACHA. f. Haleche o boquerón.

ALACHE. (ár. *alach*, y éste del l. *halex, -ēcis*, aleche.) m. Alacha.

ALADA. f. Movimiento que hacen las aves subiendo y bajando rápida y violentamente las alas.

ALADAR. (ár. *al-'iḍ-ār*, el vello que cubre las mejillas.) m. Porción de cabellos que hay a los lados de la cabeza y caen sobre cada una de las sienes. Ú.m. en pl.

★ **ALADEAR.** tr. Ecuad. Poner algo a un lado. || **2.** fig. Retirar el favor o protección a una persona.

★ **ALADICA.** f. Zool. Aluda, hormiga con alas.

ALADIERNA. (l. *alaternus*.) f. Arbusto perenne de la familia de las ramnáceas. Su fruto es una baya pequeña, negra y jugosa. Se emplea en medicina y en tintorería. || **P.** sanguinho; **I.** mock privet; **F.** alaterne; **A.** immergrüner Wegedorn; **It.** alaterno; **R.** черника.

ALADIERNO. m. Aladierna.

ALADO, DA. (l. *alātus.*) adj. Que tiene alas. || **2.** fig. Ligero, veloz. || **3.** Bot. De figura de ala. || **P.** alado; **I.** winged; **F.** ailé; **A.** geflügelt; **It.** alato; **R.** крылатый.

ALADRADA. (De *aladro*.) f. En algunas partes, surco que se hace con el arado.

ALADRAR. (l. *aratrāre*, binar, dar segunda reja.) tr. En algunas partes, arar.

ALADRERÍA. (De *aladrero*.) f. And. Conjunto de útiles empleados en la labranza.

ALADRERO. (De *aladro*.) m. Carpintero que labra las maderas para la entibación de las minas. || **2.** Carpintero que construye y repara arados, aperos de labranza, carros, etc.

ALADRO. (l. *aratrum*.) m. En algunas partes, arado.

ALADROQUE. m. Boquerón, anchoa.

ALAFA. (ár. *alafa*, costumbre.) f. ant. Salario, sueldo.

ALAFIA. (ár. *al-'āfiya*, la salud.) f. fam. Gracia, perdón. || **2.** HOND. Labia, verbosidad.

* ALAFRE. adj. VENEZ. Ruin, despreciable.

ALAGA. (l. *alīca*, de *alĕre*, alimentar.) f. Especie de trigo, muy parecido al fanfarrón, de grano largo y amarillento. El pan que se hace de él tira al mismo color, y es dulce y de poca corteza. || **2.** Grano de esta planta.

ALAGADIZO, ZA. (De *alagar*.) adj. Aplícase al terreno que fácilmente se encharca.

ALAGAR. tr. Llenar de lagos o charcos. Ú.t.c.r.

ALAGARTADO, DA. p.p. de alagartarse. || **2.** adj. Semejante, por la variedad de colores, al lagarto. || **3.** GUAT. Miserable, tacaño.

ALAGARTARSE. (De *a* y *lagarto*.) r. MÉJ. Apartar la bestia los cuatro remos, de suerte que disminuya de altura.

ALAGOTERÍA. f. ant. Lagotería.

* ALAGUIL. m. FILOL. Uno de los idiomas que hablaron los primitivos habitantes de Guatemala.

ALAGUNA. f. ant. Laguna.

ALAHÍLCA. (ár. *al-'ilqa*, lo que cuelga.) f. ant. Colgadura o tapicería para adornar las paredes.

ALAJOR. (ár. *al-ašūr*, los diezmos o décimas.) m. Tributo que se pagaba a los dueños de los solares en que estaban edificadas las casas.

ALAJÚ. (ár. *al-ḥašw*, el relleno o mechado.) m. Pasta de almendras, nueces y, a veces, piñones, pan rallado y tostado, especia fina y miel bien cocida.

ALALÁ. m. Canto popular de algunas provincias del norte de España.

* ALALIA. f. MED. Afonía. || **I.** alalia; **F.** alalie; **A.** Sprachlosigkeit; **It.** alia; **R.** потеря голоса.

° ALALIA. f. Pérdida del lenguaje hablado.

ALALIMÓN. (De *al alimón*.) m. Juego de muchachos que verifican dividiéndose en dos bandos que, puestos uno frente al otro, y asidos aquéllos de las manos, avanzan y retroceden cantando alternadamente unos versos que empiezan con el estribillo: ALALIMÓN, ALALIMÓN.

ALAMA. (De *lama*, 2.º art.), con el art. ár.) f. ant. AR. Lama, tela de oro o plata.

ALAMA. f. Planta leguminosa que sirve de pasto para el ganado.

ALAMAR. (ár. *'alama*, borde, ribete, orla de una tela.) m. Presilla y botón, u ojal sobrepuesto, que se cose, por lo común, a la orilla del vestido o capa, y sirve para abotonarse o meramente para adorno, o para ambos fines. || **2.** Cairel, guarnición a modo de fleco.

ALÁMBAR. m. ant. Ámbar.

ALAMBICADAMENTE. adv. Con excesiva sutileza.

ALAMBICADO, DA. p.p. de alambicar. || **2.** adj. Dado con escasez y muy poco a poco. || **3.** fig. Sutil o conceptuoso.

ALAMBICAMIENTO. m. Acción y efecto de alambicar.

ALAMBICAR. (De *alambique*.) tr. Destilar. || **2.** fig. Examinar atentamente alguna cosa, como palabra, escrito o acción, hasta apurar su verdadero sentido, mérito o utilidad. || **3.** Tratándose de lenguaje, estilo, concepto, etc., sutilizar excesivamente. || **4.** fig. y fam. Reducir todo lo posible el precio de una mercancía, aviniéndose a ganar poco. || **P.** alambicar; **I.** to lambiccare; **F.** distiller; **A.** destillieren; **It.** distillare; **R.** дистиллировать. || **2.ª** acep.: **P.** alambicar; **I.** to investigate closely; **F.** distiller; **A.** ausklügeln; **It.** sottilizzare; **R.** разузнавать.

ALAMBIQUE. (ár. *al-inbīq*, alambique, y éste del gr. ἄμβιξ, vaso.) m. Aparato para destilar. Se compone de una caldera y una tapa de donde arranca un tubo terminado en un serpentín que pasa por un refrigerador y da salida al producto de la destilación. || *Por* ALAMBIQUE. m. adv. fig. Con escasez o muy poco a poco. || **P.** alambique; **I.** still; **F.** alambic; **A.** Brennkolbe, Destillierblase; **It.** lambicco; **R.** перегонный куб.

* ALAMBIQUERÍA. f. AMÉR. Fábrica de alcoholes y aguardientes.

* ALAMBIQUERO. m. CUBA. El que en la fabricación de aguardientes cuida del alambique.

ALAMBOR. m. ARQ. Falseo, corte o cara de una piedra o madero falseados. || **2.** FOR. Escarpa o plano inclinado de una fortificación. || **3.** BOT. Variedad del naranjo.

ALAMBORADO, DA. adj. Que tiene alambor.

ALAMBRADA. f. MIL. Red de alambre grueso, sujeta al suelo con piquetes, qué se emplea en campaña para impedir o dificultar el avance de las tropas enemigas.

ALAMBRADO, DA. p.p. de alambrar. Cercar con alambre. || **2.** adj. Aplícase al objeto que tiene red hecha de alambre. || **3.** Dícese de cierta clase de hilo fino, que es bastante tieso y fuerte. || **4.** CUBA. Dícese de los caballos de color dorado. || **5.** m. Alambrera, red metálica que se pone en las ventanas u otras aberturas. || **6.** Cerco de alambre afianzado en postes. || **P.** cercado; **I.** wire-lattice; **F.** treillis, grillage; **A.** Drahtgitter, Gitterwerk; **It.** reticolato; **R.** проволочная сетка.

ALAMBRAR. tr. Cercar un sitio con alambre. || **2.** Poner los cencerros a una yeguada, recua o parada de cabestros.

ALAMBRAR. (Del m. or. que *alumbrar*.) intr. AR. y SAL. Aclarar, despejarse el cielo.

ALAMBRE. (De *arambre*.) m. Hilo tirado de cualquier metal. || **2.** Dábase este nombre antiguamente al cobre y sus dos aleaciones, el bronce y el latón. || **3.** Conjunto de cencerros, campanillas, etc., de una recua o hato de ganado. || **4.** fig. Persona o cosa sumamente delgada. || —**conejo.** El que se emplea para hacer los lazos para cazar conejos. || —**eléctrico.** El de cobre, usado para la transmisión de las corrientes eléctricas. || **P.** arame; **I.** wire; **F.** fil de fer, fil d'archal; **A.** Draht; **It.** filo metálico; **R.** проволока.

ALAMBREAR. intr. Tocar la perdiz con el pico los alambres de la jaula.

ALAMBRERA. f. Red de alambre que se pone en las ventanas y otras partes. || **2.** Cobertera de red de alambre, generalmente de figura de campana, que por precaución se pone sobre los braseros encendidos. || **3.** Cobertera de red de alambre muy espesa, generalmente de figura de media naranja, que sirve para cubrir y preservar los manjares. || **P.** rede de arame; **I.** wire screen; **F.** grillage; **A.** Gitterwerk; **It.** graticola; **R.** проволочная сетка.

* ALÁMBRICO, CA. adj. Que tiene alambres o los utiliza.

ALAMBRILLA. (ár. *ad-ḥamrā* la roja, con term. esp. de d.) f. Olambrilla.

ALAMEDA. f. Sitio poblado de álamos. || **2.** Paseo con álamos. || **3.** Por ext., paseo con árboles de cualquier clase. || **P.** alameda; **I.** grove of poplar-trees; **F.** allée, avenue de peupliers; **A.** Pappelallee; **It.** viale di pioppi; **R.** тополевая аллея.

* ALAMEDERO. m. MÉJ. Guarda encargado de una alameda.

ALAMÍN. (ár. *al-amīn*, el fiel, el síndico.) m. Oficial que en lo antiguo contrastaba las pesas y medidas y tasaba los víveres. || **2.** Alarife, diputado en lo antiguo para reconocer obras de arquitectura. || **3.** Juez de riegos. || **4.** AR., MURC. y NAV. Alguacil que podía terminar las causas de poca importancia.

ALAMINA. (De *alamín*.) f. Multa que pagaban en Sevilla los olleros por lo que se excedían en la carga de los hornos al cocer sus vasijas.

ALAMINADGO. (De *alamín*.) m. ant. Alaminazgo.

ALAMINAZGO. (De *alaminadgo*.) m. Oficio de alamín.

ALAMIR. m. ant. Amir.

ALAMIRRÉ. (De la letra *a*, y de las notas musicales, *la*, *mi*, *re*.) m. En la música antigua, indicación del tono que principia en el sexto grado de la escala diatónica de *do* y se desarrolla según los preceptos del canto llano y del canto figurado.

ÁLAMO. (l. *alnus*, álamo, infl. por *ŭlmus*, olmo.) m. Árbol de la familia de las salicáceas, indígena de España, que alcanza mucha altura, y su madera blanca y ligera resiste mucho al agua. Crece en poco tiempo. Existen varias especies. || **2.** Madera de cualquiera de las especies de este árbol, entre las cuales están el alpino, el balsámico, el blanco, el carolino, el falso (olmo), el lombardo, el negro (chopo) y el temblón. || **P.** álamo; **I.** poplar; **F.** peuplier; **A.** Pappel; **It.** pioppo; **R.** тополь.

ALAMUD. (De *a* y *lampar*.) intr. ÁL. Picar, enardecer el paladar ciertas cosas. || **2.** r. Tener ansiedad por el logro de una cosa, especialmente de un manjar o licor.

ALAMUD. (ár. *al-'āmūd*, la barra.) m. Barra de hierro de base cuadrada o rectangular, que servía de pasador o cerrojo para asegurar puertas y ventanas.

ALÁN. m. ant. Perro alano.

ALANCEADOR, RA. adj. Que alancea. Ú.t.c.s.

ALANCEAR. tr. Dar lanzadas, herir con lanza. || **2.** Zaherir.

ALANCEL. m. ant. Arancel.

ALANDREARSE. (De *a* y *landre*.) r. Ponerse los gusanos de seda secos, tiesos y blancos.

* ALANÉS. m. ZOOL. MÉJ. Venado grande.

ALANGIÁCEO, A. (De *Alangium*, nombre de un género de plantas.) adj. BOT. Dícese de árboles angiospermos dicotiledóneos, originarios del antiguo continente. Tienen hojas alternas, flores axilares y fruto en drupas aovados. Ú.t.c.s. || **2.** f. pl. BOT. Familia de estas plantas.

ALANGIEO, A. adj. BOT. Alangiáceo.

* ALANITA. f. MINERAL. Silicato de alúmina, cerio, hierro y otros metales.

ALANO, NA. (l. *alānus*.) adj. Dícese del individuo de un pueblo que, en unión con otro, invadió a España en los principios del siglo V. Ú.t.c.s. || **2.** Perteneciente a este pueblo. || **3.** Dícese de un perro de raza cruzada que se considera producida por la unión del dogo y el mastín. Ú.t.c.s. || **P.** e **It.** alano; **I.** alan; **F.** alain; **A.** Alane; **R.** бульдог.

* ALANTO. m. ZOOL. Género de insectos himenópteros tendedrínidos.

ALANTOIDES. (gr. ἀλλαντοειδής, de ἀλλᾶς, ἄντος, salchichón, embutido, y εἶδος, forma.) adj. y s. ZOOL. Bolsa membranosa que comunica con la cavidad intestinal del embrión de los reptiles, aves y mamíferos, y en cuya parte hay numerosos vasos sanguíneos; actúa como órgano respiratorio del embrión. || **P.** alantois; **I.** allantois; **F.** allantoïde; **A.** Allantois; **It.** allantoide.

ALANZAR. tr. Alancear. || **2.** intr. Tirar o arrojar lanzas a una armazón de tablas en cierto antiguo juego de caballería. La destreza consistía en romper las tablas con la lanza. || **3.** tr. Lanzar.

* ALAP. m. ZOOL. Especie de halcón.

* ALAPI. m. ZOOL. Pájaro de los formicáridos, que vive en la América tropical. Se alimenta de hormigas.

ALAQUECA. (ár. *al-'aqīqa*, nombre de la unidad *al-'aqīq*, especie de piedra roja.) f. Cornalina, ágata roja.

ALAQUEQUE. m. Alaqueca.

ALAR. (De *ala*.) m. Alero del tejado. || **2.** CETR. Percha de cerda para cazar perdices. Ú.m. en pl. || **3.** pl. GERM. Zaragüelles o calzones. || **4.** adj. Perteneciente o relativo al ala, y a la axila. || **5.** f. COLOM. Acera de la calle.

ALARA (EN). (ár. *halhala*, tela sutil.) m. adv. ant. En fárfara, a medio hacer.

ALÁRABE. (ár. *al-'arabī*, el árabe.) adj. Árabe. Apl. a pers. ú.t.c.s.

ALARBE. adj. Alárabe. Apl. a pers. ú.t.c.s. || **2.** m. fig. Hombre inculto o brutal.

ALARCONIANO, NA. adj. Propio y

A

característico del poeta dramático don Juan Ruiz de Alarcón. || **2.** Parecido a cualquiera de las dotes o calidades por que se distinguen las producciones de este escritor.

ALARDE. (ár. *al-'ard*, la exhibición, la revista militar.) m. Formación militar en que se hacía reseña de los soldados y de sus armas. || **2.** Revista, 2.ª acep. || **3.** Lista o registro de los nombres de los soldados. || **4.** Ostentación y gala que se hace de algo. || **5.** Fiesta anual que se hace en recuerdo de algún hecho de armas. || **6.** Reconocimiento que de su colmena hacen las abejas al entrar o salir. || **7.** Visita que a los presos hace el juez. || **8.** Examen periódico que hacen los tribunales de todos los negocios pendientes para promover su más breve tramitación. || **9.** For. Relación de las causas de competencia del jurado que en cada audiencia y cuatrimestre se han de someter a dicho examen. || 4.ª acep.: **P.** alarde; **I.** boasting; **F.** ostentation; **A.** Prahlerei; **It.** ostentazione; **R.** пышность.

ALARDEAR. intr. Hacer alarde, ostentación o gala de alguna cosa. || **P.** alardear; **I.** to boast; **F.** se vanter; **A.** prahlen; **It.** millantarsi; **R.** хвастаться.

ALARDO. m. ant. Alarde.

ALARDOSO, SA (De *alarde*.) adj. Ostentoso.

★ **ALARGADA.** f. Mar. Cesación del viento.

ALARGADAMENTE. adv. ant. Extendidamente.

ALARGADERA. (De *alargar*.) f. Pieza que sirve para alargar alguna cosa, como la que se emplea para las piernas del compás. || **2.** Ar. Sarmiento amugronado, o que deja de podarse para amugronarlo. || **3.** Quím. Tubo de vidrio, fusiforme, con un ensanchamiento en su mitad anterior, y que se adapta al cuello de las retortas para algunas operaciones destilatorias. || 3.ª acep.: **P.** alonga; **I.** nozzle; **F.** allonge; **A.** Einsatzrohr; **It.** aggiunta; **R.** надставная трубка.

ALARGADOR, RA. adj. Que alarga.

ALÁRGAMA. f. Bot. Alharma, planta rutácea muy olorosa.

ALARGAMIENTO. m. Acción y efecto de alargar o alargarse.

ALARGAR. (De *a*, y *largo*.) tr. Dar más longitud a una cosa. Ú.t.c.r. || **2.** Hablando de límites, llevarlos más allá. || **3.** fig. Aplicar o alcanzar a nuevos objetos o límites una facultad o actividad. || **4.** Estirar, desencoger. || **5.** Aplicar con interés el sentido de la vista o del oído. || **6.** Prolongar una cosa, hacer que dure más tiempo. Ú.t.c.r. || **7.** Refiriéndose al tiempo, retardar, diferir, dilatar. || **8.** Alcanzar algo y darlo a otro que está apartado. || **9.** fig. Ceder o dejar a otro lo que uno tiene. || **10** Alejar, desviar, apartar. Ú. más c.r. y alguna vez c. intr. || **11.** Dar cuerda o ir soltando poco a poco algún cabo, maroma o cosa semejante. || **12.** Hacer que adelante o avance alguna gente. || **13.** fig. Aumentar la cantidad o número señalado. ALARGAR *la ración.* || **14.** r. Excederse, salirse del justo término en elogios, ofertas, dádivas, etc. || **15.** Mar. Mudar de dirección el viento, inclinándose a popa. || **P.** alongar; **I.** to lengthen; **F.** allonger; **A.** verlängern; **It.** allungare; **R.** удлинять.

ALARGAS. f. pl. Sal. Confianza o condescendencia excesiva. *Tomarse muchas* ALARGAS.

ALARGUEZ. (beréber. *al-argīs*, corteza de raíz de cambronera.) m. Nombre que se ha dado a varias plantas espinosas, especialmente el agracejo y el aspálato.

ALARIA. (De *ala*, por la que forman sus extremos.) f. Chapa de hierro, con las dos puntas triangulares y dobladas a escuadra, en sentido inverso. La usan los alfareros para pulir y adornar en el torno las vasijas de barro.

ALARIDA. f. Conjunto de alaridos, vocería.

ALARIDAR. intr. desus. Dar alaridos, vocear.

ALARIDO. (ár. *al-garīd*, la gritería.) m. Grito de guerra de los moros al entrar en batalla. || **2.** Grito lastimero en que se prorrumpe por algún dolor, pena o conflicto. || **P.** alarido; **I.** howl; **F.** hurlement; **A.** Geschrei; **It.** ulio; **R.** вопль.

ALARIFADGO. m. ant. Alarifazgo.

ALARIFALGO. m. ant. Alarifazgo.

ALARIFAZGO. m. Oficio de alarife.

ALARIFE. (ár. *al-'arīf*, el maestro, el entendido, el oficial.) m. Arquitecto o maestro de obras. || **2.** Min. Albañil. || **3.** Argent. Persona lista.

ALARIJE. adj. Agr. Calificativo aplicado a una variedad de uva de color rojo.

ALARMA. (De *¡al arma!*) f. Aviso o señal que se da en un ejército o plaza para que se prepare inmediatamente a la defensa o al combate. || **2.** Rebato, convocación de vecinos. || **3.** fig. Inquietud, susto o sobresalto causado por algún riesgo o mal que repentinamente amenace. || **4.** Silbato de alarma. *Aparato de* ALARMA. Mecanismo de seguridad propio para dar avisos en determinadas circunstancias mediante un dispositivo que hace sonar timbres, sirenas, aparecer señales luminosas, etc. || *Falsa* ALARMA. Temor infundado. || **P.** alarme; **I.** alarm; **F.** alarme, frayeur; **A.** Alarm, Waffengeschrei; **It.** allarme, spavento; **R.** тревога.

ALARMADOR, RA. adj. Que alarma.

ALARMANTE. p.a. de alarmar. Que alarma.

ALARMAR. tr. Dar alarma o incitar a tomar las armas. || **2.** fig. Asustar, sobresaltar, inquietar. Ú.t.c.r. || **P.** alarmar; **I.** to alarm; **F.** alarmer; **A.** alarmieren, beängstigen; **It.** allarmare; **R.** тревожить.

ALÁRMEGA. f. Alharma, planta cigofilácea muy olorosa.

ALARMISTA. com. Persona que hace cundir noticias alarmantes.

ALAROZ. (ár. *al-'arūs*, el novio o recién casado.) m. Larguero fijo que divide el hueco de una puerta o ventana.

ALAROZA. (ár. *al-'arūsa*, la novia o recién casada.) f. ant. Esposa o recién casada musulmana.

ALARSE. (De *ala*.) r. Germ. Irse, marcharse.

★ **ALASITA.** f. Bol. Feria de juguetes.

★ **ALASTE.** adj. Colom. Elástico. || **2.** Colom. Resbaladizo.

ALASTRAR. (De *al* y *lastra*.) tr. Amusgar, echar hacia atrás las orejas un animal con intención hostil. || **2.** r. Tenderse, coserse contra la tierra el ave u otro animal, para no ser descubierto.

ALASTRAR. tr. ant. Mar. Lastrar, poner el lastre a un buque.

ALATAR. (ár. *al-'aṭṭar.*) m. ant. Vendedor de perfumes, drogas o especias.

A LÁTERE. (lit., *al lado*.) Expr. latina que se usa en la locución *legados* A LÁTERE, con que se designa al cardenal enviado extraordinariamente por el Papa para que le represente en determinados actos solemnes. || **2.** fig. y fam. Persona que acompaña a otra de modo constante o frecuente. A veces se toma en mala parte.

★ **ALATERNA.** m. Bot. Especie de olivo.

ALATERNO. (l. *alaternus*.) Aladierna, arbusto rámneo.

ALATÉS. m. Germ. Criado o mozo de un rufián o ladrón.

ALATINADAMENTE. adv. Según la lengua latina o conforme a ella.

ALATINADO, DA. adj. ant. Dicho con pulcritud afectada, o al modo latino.

ALATÓN. m. ant. Latón, aleación de cobre y cinc.

ALATÓN. m. Bot. Ar. Latón, fruto del latonero.

ALATONERO. (De *alatón*.) m. Ar. Almez, latonero.

ALATRÓN (ár. *al-natrūn*, y éste del gr. νίτρον, el nitro.) m. Afronitro.

ALAUDA. (l. *alauda*.) f. ant. Alondra.

ALAUDE. f. ant. Alauda.

★ **ALÁUDIDAS.** f. pl. Zool. Familia de pájaros conirrostros pequeños, entre los cuales se encuentra la alondra, la cogujada y la calandria.

ALAVANCO. m. Lavanco, pato bravío.

★ **ALAVANTE.** m. Mar. Guía para pasar cabos o estachas.

ALAVECINO, NA. (ár. *al-abbasī*, abasí.) adj. Fatimí. Apl. a pers. ú.t.c.s.

ALAVÉNSE. adj. Alavés. Apl. a pers. ú.t.c.s.

ALAVÉS, SA. adj. Natural de Álava.

Ú.t.c.s. || **2.** Perteneciente a esta provincia española.

ALAVESA. (f. de *alavés*.) f. Lanza corta usada antiguamente.

ALAZÁN, NA. adj. Dícese del color más o menos rojo, o muy parecido al de la canela. Existen diversas variedades. Ú.t.c.s. || **P.** alazão; **I.** sorrel; **F.** alezan; **A.** fuchsrot; **It.** sauro; **R.** рыжий.

ALAZÁN, NA. (ár. *al-ḥiṣān*, el caballo de raza.) adj. Dícese especialmente del caballo o yegua que tiene el pelo alazán. Ú.t.c.s. || ALAZÁN *tostado antes muerto que cansado.* ref. con que se da a entender lo fuertes e incansables que suelen ser los caballos de este color.

★ **ALAZANA.** f. Lugar del molino de aceite.

ALAZANO, NA adj. Alazán. Ú.t.c.s.

ALAZO. m. Golpe que dan las aves con el ala.

ALAZOR. (ár. *al-'aṣfur*, el cártamo.) m. Planta anual de la familia de las compuestas, de flores de color de azafrán, que se usan para teñir, y semilla ovalada, blanca y lustrosa, que sirve para cebar aves. || **P.** açafroa; **I.** safflower; **F.** carthame; **A.** Saflor; **It.** zafferano bastardo; **R.** сафлор.

ALBA. (l. *alba*, f. de *albus*, blanco.) f. Amanecer. || **2.** Resplandor del día que anuncia la salida del sol. || **3.** Vestidura blanca que los sacerdotes se ponen sobre el hábito y el amito para celebrar los oficios divinos. || **4.** Mil. Último de los cuartos en que para los centinelas se dividía la noche. || **5.** Germ. Sábana de la cama. || **6.** En algunos lugares, toque especial de campana que se da en la torre de la iglesia poco antes de salir el sol. || **7.** Composición poética de los trovadores provenzales. || **8.** Med. Substancia blanca del cerebro. || *Al* ALBA. m. adv. Al amanecer. || *Al rayar el* ALBA. fr. fig. Al aparecer la luz del día. || 2.ª acep.: **P.** alva; **I.** dawn; **F.** aube; **A.** Tagesanbruch; **It.** alba; **R.** заря. || 3.ª acep.: **P.** alva; **I.** alb; **F.** aube; **A.** Messhemd; **It.** camice; **R.** белая одежда.

ALBACARA. (ár. *al-baqqāra*, la vaquería.) f. Recinto murado en la parte exterior de una fortaleza, con entrada en la plaza y salida al campo, y en la cual se solía guardar ganado vacuno. || **2.** Cubo o torreón saliente en las antiguas fortalezas.

ALBACARA. (ár. *al-bakra*, la polea.) f. ant. Rodaja o rueda pequeña.

ALBACEA. (ár. *al-waṣiyya*, el testamento, la disposición testamentaria.) com. Persona encargada por el testador o por el juez, de cumplir la última voluntad y custodiar los bienes del finado. || **2.** Testamentario. —**dativo.** For. El nombrado judicialmente y no en el testamento. || **P.** testamenteiro; **I.** testamentary; **F.** exécuteur testamentaire; **A.** Testamentsvollstrecker; **It.** testamentario; **R.** душеприказчик.

ALBACEAZGO. m. Cargo de albacea.

ALBACETENSE. adj. Albaceteño. Apl. a pers. ú.t.c.s.

ALBACETEÑO, ÑA. adj. Natural de Albacete. Ú.t.c.s. || **2.** Perteneciente a esta ciudad española.

ALBACORA. (ár. *al-bakūra*, el higo precoz.) f. Breva, primer fruto de la higuera.

ALBACORA. (ár. *al-bakūra*, clase de pescado.) f. Zool. Pez parecido al atún y al bonito, mayor que éste y menor que aquél. Vive en las aguas costeras españolas.

ALBACORÓN. m. Bot. Murc. Alboquerón.

ALBADA. (l. *albāta*, de *albāre*, blanquear.) f. Alborada, composición destinada a cantar la mañana. || **2.** Ar. Alborada, música al amanecer al aire libre para festejar algo. || **3.** Ar. Jabonera, planta cariofílea, cuyo zumo sirve para lavar la ropa.

ALBADENA. (ár. *al-biṭāna*, el vestido forrado.) f. ant. Especie de túnica o vestido de seda.

ALBAHACA. (ár. *al-ḥabaqa*.) f. Planta anual de la familia de las labiadas, de fuerte olor aromático, y flores blancas

algo purpúreas. Se cultiva en los jardines. ‖ —silvestre mayor. Clinopodio. ‖ **—silvestre menor.** Alcino. ‖ **P.** alfavaca; **I.** basil; **F.** basilic; **A.** Basilienkraut; **It.** basilico; **R.** альбаака.

ALBAHAQUERO. (De *albahaca*.) m. Tiesto para plantas y flores. ‖ **2.** AND. Gradilla para colocar tiestos de flores.

ALBAHAQUILLA. f. d. de albahaca. ‖ **—de Chile o del campo.** Bot. Arbusto leguminoso, indígena de Chile. La infusión de sus hojas, flores y tallo se toma como medicamento contra las enfermedades del estómago. ‖ **—del río.** Bot. Parietaria.

ALBAHÍO. (ár. *al-bahiyyu*, el brillante, el esplendoroso.) adj. Dícese del color blanco amarillento a la capa de las reses vacunas.

★ **ALBAICÍN.** (Voz árabe.) Barrio en cuesta de una población.

ALBAIDA. (ár. *al-baidā'*, la blanca.) f. Planta de la familia de las papilionáceas, muy ramosa, con las ramas y hojas de color blanquecino por el tomento que las cubre. Sus flores son amarillas y se abren en la primavera.

★ **ALBAINAR.** tr. Ahechar el trigo u otras semillas.

ALBAIRE. (ár. *al-baiḍ*, los huevos.) m. Germ. Huevo de gallina.

ALBALÁ. (Del m. or. que *albarán*.) amb. Carta o cédula real en que se concedía alguna merced, o se proveía otra cosa. ‖ **2.** Documento público o privado en que se hacía constar alguna cosa.

ALBALAERO. m. El que despachaba albalaes.

★ **ALBANA.** f. Bot. Vid de tardía vegetación. Su fruto, de color amarillo de oro y de temprana madurez, es escaso, pero de buena calidad y fácil conservación. Es italiana. ‖ **2.** Zool. Género de insectos coleópteros, cerambícidos.

ALBANADO, DA. (De *alba*, sábana.) adj. Germ. Dormido.

ALBANAR. (ár. *al-bina'*, la construcción.) tr. ant. Estribar, descansar sobre algo.

★ **ALBANECAR.** (Del m. or. que *albanega*.) m. Carp. Triángulo rectángulo formado por el par toral, la lima tesa y la solera.

ALBANEGA. (ár. *al-baniqa*, el capillo o gorro femenino.) f. Especie de cofia o red para recoger el pelo, o para cubrir la cabeza. ‖ **2.** Manga cónica hecha de red y cerrada por el extremo más angosto, de que se usa para cazar animales, como el conejo, cuando salen de la madriguera. ‖ **3.** Arq. Enjuta de arco de forma triangular.

ALBANEGUERO. m. Germ. Jugador de dados.

ALBANÉS. m. Germ. Albaneguero. ‖ **2.** pl. Germ. Dados de jugar.

ALBANÉS, SA. adj. Natural de Albania. Ú.t.c.s. ‖ **2.** Perteneciente a este país de la península de los Balcanes. ‖ **3.** m. *Lengua* ALBANESA.

ALBANÍ. (ár. *al-bannā'*, el albañil, con imela.) m. ant. Albañil.

ALBANO, NA. (l. *albānus*.) adj. Natural de Alba Longa. Ú.t.c.s. ‖ **2.** Perteneciente a esta antigua ciudad del Lacio.

ALBANO, NA. adj. Albanés, de Albania. Apl. a pers. ú.t.c.s.

ALBAÑAL. (l. *alvěněus*, de *alvěus*, cauce.) m. Canal o conducto que da salida a las aguas inmundas. ‖ **2.** fig. Lo repugnante o inmundo. ‖ **—Salir uno por el** ALBAÑAL. fr. fig. y fam. Quedar mal e indecorosamente en alguna acción o empresa. ‖ **P.** e **It.** cloaca; **I.** sewer; **F.** égout; **A.** Abzugsgraben, Kloake; **R.** клоака.

ALBAÑAR. m. Albañal. ‖ **2.** Prodigalidad, desperdicio, derroche.

ALBAÑEAR. (De *albañí*.) intr. ant. Trabajar en albañilería.

ALBAÑERÍA. f. ant. Albañilería.

ALBAÑÍ. (De *albaní*.) m. ant. Albañil.

ALBAÑIL. (De *albani*.) m. Maestro u oficio de albañilería. ‖ **P.** alvanel; **I.** mason, brick-layer; **F.** maçon; **A.** Maurer; **It.** muratore; **R.** каменщик.

ALBAÑILA. (De *albañil*.) adj. Aplícase a una especie de abeja que vive apareada en los agujeros de las tapias y en los terrenos duros.

ALBAÑILERÍA. (De *albañil*.) f. Arte de construir edificios u obras en que se empleen ladrillo, piedra, cal, yeso, arena u otros materiales semejantes. ‖ **2.** *Obra* o *fábrica de* ALBAÑILERÍA. ‖ **P.** alvenaria; **I.** masonry; **F.** maçonnerie; **A.** Maurerhandwerk; **It.** muratura; **R.** ремесло каменщика.

ALBAÑIR. m. ant. Albañil.

ALBAQUÍA. (ár. *al-baqiyya*, el resto.) f. Residuo o resto de alguna cuenta o renta que queda sin pagar. ‖ **2.** En algunos obispados, remanente o residuo que en el prorrateo de cabezas de ganado para pagar diezmo no admitía división cómoda.

ALBAR. (De *albo*.) adj. Blanco. Dícese sólo de algunas cosas. ‖ **2.** Terreno de secano, y especialmente tierra blanquizca en altos y lomas. ‖ **P.** branco, alvar; **I.** whitish; **F.** blanchâtre; **A.** weisslich; **It.** bianchiccio; **R.** беловатый.

ALBARÁN. (ár. *al-barā'*, el papel o documento de libertad o exención.) m. Papel que se pone en las puertas, balcones o ventanas, como señal de que la casa se alquila. ‖ **2.** Albalá, documento en que se hace constar algo. ‖ **3.** Com. Relación duplicada de mercancías para el conforme de una de ellas.

ALBARAZADO, DA. adj. Enfermo de albarazo.

ALBARAZADO, DA. (De *albarazo*.) adj. De color mezclado de negro o cetrino y rojo, abigarrado. ‖ **2.** Dícese de una especie de uva de hollejo jaspeado. ‖ **3.** Méj. Dícese del descendiente de china y jenízaro, o de jenízara y chino. Ú.t.c.s.

ALBARAZO. (ár. *al-baraṣ*, la lepra.) m. desus. Especie de lepra. ‖ **2.** Herpe caracterizada por manchas ásperas y escamosas en el cutis.

ALBARCA. f. Abarca. ‖ **2.** Sant. Zueco.

ALBARCOQUE. (ár. *al-barqūq*, y éste el l. *praecŏquum* [*pomum*], fruto precoz.) m. Albaricoque.

ALBARCOQUERO. m. Albaricoquero.

ALBARDA. (ár. *al-barda'a*.) f. Pieza principal del aparejo de las caballerías de carga, que se compone de dos a manera de almohadas rellenas, generalmente de paja, y unidas por la parte que cae sobre el lomo del animal. ‖ **2.** Albardilla, lonja de tocino gordo. ‖ **3.** Hond. y Guat. Silla de montar de cuero crudo. ‖ **—gallinera.** La que tiene las almohadillas llanas. ‖ ALBARDA *sobre* ALBARDA. loc. fig. y fam. con que se hace burla de lo sobrepuesto o repetido innecesaria y torpemente. ‖ *Venirse la* ALBARDA *a la barriga.* fr. fig. y fam. Salir alguna cosa al contrario de lo que se deseaba. ‖ **P.** albarda; **I.** pack saddle; **F.** bât; **A.** Packsattel; **It.** basto; **R.** вьючное седло.

ALBARDADO, DA. p.p. de albardar. ‖ **2.** adj. fig. Dícese de la res vacuna, o de otro animal, que tiene el pelo del lomo de diferente color del de los demás del cuerpo. ‖ **3.** Nav. Aplícase a la vianda rebozada.

ALBARDÁN. (ár. *al-bardān*, el tonto, el que dice tonterías.) m. Bufón, truhán, pícaro.

ALBARDANEAR. (De *albardán*.) intr. ant. Usar de albardanerías.

ALBARDANERÍA. (De *albardán*.) f. Bufonada, truhanería.

ALBARDANÍA. f. ant. Albardanería.

ALBARDAR. (De *albarda*.) tr. Enalbargar. ‖ **2.** Poner albardilla a las aves para asarlas.

★ **ALBARDEAR.** tr. Hond. Molestar.

ALBARDELA. f. Albardilla, silla para domar potros.

ALBARDERA. adj. V. *Rosa* ALBARDERA.

ALBARDERÍA. (De *labardero*.) f. Casa, tienda o sitio en que se hacen o venden albardas. ‖ **2.** Oficio de albardero. ‖ **3.** Calle o barrio donde están reunidas las tiendas de los albarderos. ‖ **P.** lugar onde se facen albardas; **I.** pack-saddle shop; **F.** sellerie; **A.** Sattler handw.; **It.** basteria; **R.** мастерская.

ALBARDERO. m. El que tiene por oficio hacer o vender albardas. ‖ **P.** albar-

deiro; **I.** pack saddle maker; **F.** bâtier; **A.** Saumsattler; **It.** bastaio; **R.** шорник.

ALBARDILLA. (d. de *albarda*.) f. Silla para domar potros. ‖ **2.** Lana muy tupida y apretada que las reses lanares crían a veces en el lomo. ‖ **3.** Especie de almohadilla de paja y cuero que ponen los esquiladores de ovejas en los ojos de las tijeras para no hacerse daño en los dedos. ‖ **4.** Almohadilla forrada de cuero por un lado, que llevan los aguadores sobre el hombro para apoyar la cuba. ‖ **5.** Agarrador o almohadilla de la plancha. ‖ **6.** Caballete o tejadillo que se pone en los muros para que el agua de la lluvia no los penetre ni resbale por los paramentos. ‖ **7.** Caballete con que los hortelanos dividen las eras o cuadros. ‖ **8.** Caballete o lomo de barro que en sendas y caminos resulta de transitar por ellos después de haber llovido. ‖ **9.** Barro que se pega al dental del arado cuando se trabaja en tierra mojada. ‖ **10.** Lonja de tocino gordo que se pone a las aves por encima para asarlas. ‖ **11.** Mezcla o aderezo de huevos batidos, harina, dulce, etc., con que se rebozan lengua, pies de puerco y otros manjares. ‖ **12.** Fullería en el juego, que consiste en combar uno o más naipes, para alzar por ellos. ‖ **13.** And. Pieza de pan, de forma de albarda. ‖ 6.ª acep.: **P.** albardilha; **I.** cope; **F.** chaperon d'un mur; **A.** Mauerabdeckung; **It.** tettuccio; **R.** седло.

ALBARDÍN. (ár. *al-bardī*, la enea, la espadaña.) m. Mata de la familia de las gramíneas, propia de las estepas españolas, muy parecida al esparto, y con las mismas aplicaciones que éste. ‖ **P.** espart; **I.** mat-weed; **F.** albarde; **A.** spanisches Pfriemengras; **It.** sparto; **R.** шпажник.

ALBARDINAR. m. Sitio en que abunda el albardín.

ALBARDÓN. m. aum. de albarda. ‖ **2.** Aparejo más hueco y alto que la albarda, y el cual se pone a las caballerías para montar en ellas. ‖ **3.** Especie de silla jineta, con perilla saliente y armazón trasero alto y volteado. ‖ **4.** Argent. Loma o faja de tierra que sobresale en las costas explanadas o entre lagunas o charcos. ‖ **5.** Méj. Silla de montar, llana y sin borrenes. ‖ **6.** Hond. Albardilla, tejadillo. ‖ **7.** Amér. Dique.

ALBARDONERÍA. (De *albardonero*.) f. Albardería.

ALBARDONERO. (De *albardón*.) m. Albardero.

ALBAREJO. (De *albar*.) adj. Candeal, dícese del trigo y harina muy blancos y de buena calidad. Ú.t.c.s.

★ **ALBARELO.** (De *albar*.) m. Hongo comestible que se cría sobre los álamos blancos y los castaños.

ALBAREQUE. m. Red parecida al sardinal, para pescar sardinas.

ALBARICO. (De *albar*.) adj. Albarejo. Ú.t.c.s.

ALBARICOQUE. (De *alborcoque*.) m. Fruto de albaricoquero. Es una drupa casi redonda y con un surco, por lo común amarillenta y en parte encarnada, aterciopelada, de sabor agradable, y con hueso liso de almendra amarga. ‖ **2.** Albaricoquero. ‖ **—de nocí** o **pérsico.** El de color amarillo por un lado y encarnado por el otro, mayor que el común, y cuyo surco se descubre sólo en la parte contigua al pezón. ‖ **—de Toledo.** Variedad muy estimada, que tiene manchas en la piel y cuya almendra es dulce. ‖ **P.** albricoque; **I.** apricot; **F.** abricot; **A.** Aprikose; **It.** albicocca; **R.** абрикос.

ALBARICOQUERO. m. Árbol de la familia de las rosáceas, originario de Armenia, de ramo sin espina, hojas acorazonadas, flores blancas, y cuyo fruto es el albaricoque. Su madera se emplea en ebanistería. ‖ **P.** albricoqueiro; **I.** apricot-tree; **F.** abricotier; **A.** Aprikosenbaum; **It.** albicocco; **R.** абрикосовое дерево.

ALBARIGO. (De *albar*.) adj. Albarico. Ú.t.c.s.

ALBARILLO. m. Especie de tañido o son en compás muy acelerado, que se toca en la guitarra para bailar y acompañar jácaras y romances.

ALBARILLO. (De *albar*, y éste de *alba*.) m. Albaricoquero, variedad del

A

A

común cuyo fruto es de piel y carne casi blancas. || **2.** Fruto de este árbol.

ALBARINO. (De *albar*.) m. Afeite de que usaban antiguamente las mujeres para blanquearse el rostro.

ALBARIZA. (De *albar*.) f. Laguna salobre. || **2.** AND. Albar, terreno de secano.

ALBARIZO, ZA. (De *albar*.) adj. Blanquecino. Se aplica al terreno. || **2.** m. Albero o terreno albarizo.

★ **ALBARRA.** f. BOT. Especie de enebro.

ALBARRADA. (ár. *al-barrāda*, el muro de piedras secas.) f. Pared de piedra seca. || **2.** Parata sostenida por una pared de esta clase. || **3.** Cerca o valladar de tierra para impedir la entrada en un trozo de campo. || **4.** Reparo o parapeto de tierra hecho para defenderse en la guerra.

ALBARRADA. (ár. *al-barrāda*, el jarro, el jarro con dos asas.) f. Alcazarra. || **2.** ECUAD. Estanque, y también aljibe, cisterna.

ALBARRÁN. (ár. *al-bar'ān*, el mozo soltero.) adj. ant. Aplicábase al mozo soltero dedicado al servicio agrícola. Usáb. c.s. || **2.** m. ant. SAL. Mayoral.

ALBARRANA. (ár. *al-barrāna*, la de fuera, la silvestre.) adj. Dícese de cierta especie de cebolla medicinal. Ú.t.c.s. || **2.** FORT. Dícese de las torres que se construían a trechos en las murallas, como fuertes baluartes. || **3.** f. BOT. Albarranilla.

ALBARRÁNEO, A. (De *albarrán*.) adj. ant. Forastero o extranjero.

ALBARRANÍA. f. ant. Estado de albarrán.

ALBARRANIEGO, GA. adj. ant. Albarráneo. || **2.** Dícese del perro de ganado trashumante.

ALBARRANILLA. f. Especie de cebolla albarrana, con hojas estrechas, largas y lustrosas, y flores azules en umbela.

ALBARRAZ. m. MED. Albarazo.

ALBARRAZ. (De *abarraz*.) m. Hierba piojera.

ALBARRAZADO, DA. (De *albarraz*.) adj. Albarazado, de color mezclado de negro y rojo.

ALBARSA. (art. ár. *al*, y el l. *bursa*, bolsa.) f. Canasta en que lleva el pescador su ropa y los utensilios del oficio.

★ **ALBASPIDINA.** f. QUÍM. Principio amargo hallado en el rizoma de ciertos helechos.

ALBATOZA. (ár. *al-baṭāš*, nave con dos mástiles.) f. Especie de embarcación pequeña y cubierta.

ALBATROS. m. ZOOL. Ave palmípeda, de color blanco, muy voraz y buena voladora, con alas y cola muy largas. Vive en el Pacífico. || P. albatroz; I. albatross; F. albatros; A. Albatros; It. albatro; R. буревестник.

ALBAYALDADO, DA. adj. Dado de albayalde.

ALBAYALDE. (ár. *al-bayāḍ*, la blancura.) m. Carbonato básico de plomo. Es sólido, de color blanco y se emplea en la pintura. Se llama también cerusa, blanco de plomo y blanco de España. || P. alvaiago; I. white-lead; F. céruse; A. Bleiweiss; It. cerussa, biacca; R. свинцовые белила.

ALBAZANO, NA. adj. De color castaño obscuro. Dícese comúnmente de los caballos y yeguas. || P. baio; I. of dark chestnut colour; F. rouge brun; A. rotbraun; R. тёмнорусый.

ALBAZO. (De *alba*.) m. ant. ECUAD. y MÉJ. Alborada, acción de guerra al amanecer. || **2.** PERÚ. Alborada, música al amanecer. || **3.** MÉJ. Robo cometido al amanecer.

ALBEAR. (De *albo*.) intr. Blanquear, mostrar una cosa su blancura o tirar a blanco.

★ **ALBEAR.** (De *alba*.) intr. ARGENT. Madrugar.

ALBEDO. (l. *albedo*, blancura.) m. Potencia reflectora de un cuerpo iluminado; aplícase especialmente a la de los astros.

ALBEDRIADOR, RA. (De *albedriar*.) adj. ant. Arbitrador. Ú.t.c.s.

ALBEDRIAR. (De *albedrío*, y éste del l. *arbitrĭum*, arbitrio.) intr. ant. Juzgar por albedrío.

ALBEDRÍO. (Por *albedrio*, del l.

arbĭtrĭum, arbitrio.) m. Potestad de obrar por reflexión y elección. Dícese más ordinariamente. *Libre* ALBEDRÍO. || **2.** La voluntad no gobernada por la razón, sino por el apetito, antojo o capricho. || **3.** Costumbre jurídica no escrita. || **4.** ant. Sentencia del juez árbitro. || *Al* ALBEDRÍO. m. adv. A voluntad o a capricho, sin sujetarse a condición. || *Rendir el* ALBEDRÍO. fr. fig. Someter la propia voluntad a la ajena. || P. alvedrio; I. free will; F. arbitre; A. freier Wille; It. arbitrio; R. свобода воли.

ALBEDRO. (l. *arbĭtŭlus*, d. de *arbĭtus*, *arbŭtus*, madroño.) m. AST. Madroño, arbusto ericáceo, de fruto comestible.

ALBEGAR. (l. *albicāre*, de *albus*, blanco.) tr. ant. Enjalbegar.

ALBÉITAR. (ár. *al-baitar*, y éste del gr. ἱππίατρος.) m. Veterinario. || P. alveitar; I. veterinarian; F. vétérinaire; A. Tierarzt; It. veterinario; R. коновал.

ALBEITERÍA. (De *albéitar*.) f. Veterinaria.

ALBELDADERO. m. ÁL. Lugar destinado para albeldar.

ALBELDAR. (l. *evēntilāre*, aventar.) tr. Beldar.

ALBELDENSE. adj. Natural de Albelda. Ú.t.c.s. || **2.** Perteneciente a esta villa de Logroño.

ALBELLANINO. m. GRAN. Cornejo.

ALBELLÓN. m. Albollón.

ALBENDA. (ár. *al-band*, el estandarte, la bandera.) f. Colgadura de lienzo blanco usada antiguamente, con labores que representaban figuras de flores y animales.

ALBENDERA. f. Mujer que tejía o hacía albendas. || **2.** fig. Mujer callejera, ociosa.

ALBENGALA. (ár. *al* y de *Bengala*, provincia del Indostán.) f. Tejido muy delgado de que usaban los moros en España, por adorno, en los turbantes.

ALBÉNTOLA. (De *albenda*.) f. Especie de red de hilo muy delgado para pescar peces pequeños.

ALBERCA. (ár. *al-bírka*, el estanque.) f. Depósito artificial de agua con muros de fábrica. || **2.** Poza o charca en que se macera el cáñamo. || *En* ALBERCA. m. adv. Se dice de los edificios sin techo, con las paredes sólo. || P. alverca; I. tank; F. bassin; A. Wasserbehälter, Zisterne; It. bacino; R. водоём.

ALBERCOQUE. (De *albarcoque*.) m. Albarcoque.

ALBERCOQUERO. m. Albaricoquero.

ALBÉRCHIGA. f. Albérchigo.

ALBERCHIGAL. m. Terreno plantado de albérchigos.

ALBÉRCHIGO. (ár. *al-farsiq* o *al-farsik*, el persa, del gr. περσικός.) m. Fruto del alberchiguero, de tamaño vario; su carne es recia y jugosa. De color amarillo, su piel tiene una mancha sonrosada muy encendida por la parte que más le da el sol. || **2.** Alberchiguero. || **3.** En algunas partes albaricoque. || P. alperche; I. peach; F. alberge; A. Herzpfirsich; It. nocepesca; R. абрикос, персик.

ALBERCHIGUERO. m. Árbol, variedad del melocotonero, cuyo fruto es el albérchigo. || **2.** En algunas partes, albaricoquero. || P. alpercheiro; I. peach-tree; F. albergier; A. Herzpfirsichbaum; It. nocepesco; R. абрикосовое дерево.

ALBERGADA. (De *albergar*.) f. ant. Lugar donde se plantaban las tiendas para acampar; campamento de una hueste.

ALBERGADOR, RA. adj. Que alberga a otro. Ú.t.c.s.

ALBERGADURA. (De *albergar*.) f. ant. Albergue, lugar de hospedaje o refugio.

ALBERGAR. (De *albergo*.) tr. Dar albergue u hospedaje. || **2.** intr. Tomar albergue. Ú.t.c.r. || P. albergar; It. lodge; F. héberger, loger; A. beherbergen; It. albergare; R. приютить.

ALBERGE. (cat. o arag. *alberge*, y éste el l. *pèrsicum* [*pomun*], albérchigo.) m. ÁR. Albaricoquero.

ALBERGERO. (De *alberge*.) m. AR. Albaricoquero.

ALBERGO. (gót. *haribergo*, refugio.) m. ant. Albergue.

ALBERGUE. (De *albergar*.) m. Edificio o lugar en que una persona halla

hospedaje o resguardo. || **2.** Cueva o paraje en que se recogen los animales, especialmente las fieras. || **3.** En Malta, entre los caballeros de la Orden de San Juan, alojamiento o cuartel donde los de cada lengua o nación vivían separadamente. || P. albergue; I. lodging; F. auberge; A. Herberge; It. albergo; R. гостиница, пристанище.

ALBERGUERÍA. (De *alberguero*.) f. ant. Posada, mesón o venta. || **2.** ant. Casa destinada para recoger a los pobres.

ALBERGUERO, RA. m. y f. ant. Persona que alberga; posadero.

ALBERO, RA. (l. *albarius*, de *albus*, blanco.) adj. Albar. || **2.** m. Terreno albarizo. || **3.** Paño para secar y limpiar los platos. || **4.** SAL. Paño que al colar la ropa se tiende encima de ésta y sobre el cual se extiende la lejía. || **5.** SAL. Rincón pequeño construido con adobes en la cocina para ir depositando en él la ceniza del fogón.

ALBERQUE. m. Alberca.

ALBERQUERO, RA. m. y f. Persona que cuida de las albercas, balsas o estanques.

★ **ALBERTIPIA.** f. GRAB. Procedimiento para reproducir fotografías trasladando un clisé fotográfico a una placa de vidrio cubierta de cromato de potasa.

★ **ALBERTITA.** f. MINER. Asfalto negro.

★ **ALBICA.** f. MINER. Especie de arcilla blanca.

ALBICANTE. (l. *albicans,-āntis*, p.a. de *albicāre*, blanquear.) adj. Que albea.

ALBIGENSE. (l. *albigenses*.) adj. Natural de Albi (Francia). Ú.t.c.s. || **2.** Perteneciente a esta ciudad. || **3.** Dícese de ciertos herejes que infestaron la Francia meridional en los siglos XII y XIII, y los cuales condenaban el uso de los sacramentos, el culto externo y la jerarquía eclesiástica. Ú.m.c.s.m. y en pl. || P. albigense; I. Albigensian; F. albigeois, cathares; A. Albigenser; It. albigese; R. альбигойцы.

ALBIHAR. (ár. *al-bihār*, el narciso o junquillo.) m. Manzanilla loca, planta que tiene aplicaciones en medicina y tintorería.

ALBILLO, LLA. (d. de *albo*.) adj. Dícese de la uva que tiene el hollejo tierno y delgado, y es muy gustosa, y también del vino que se hace con dicha uva. Ú.m.c.s. || **3.** m. Uva albilla.

ALBÍN. m. MINER. Hematites. || **2.** PINT. Carmesí obscuro que se saca de la piedra del mismo nombre y se emplea, en vez del carmín, para pintar al fresco.

ALBINA. (De *albo*.) f. Estero o laguna que se forma con las aguas del mar en las tierras bajas que están inmediatas a él. || **2.** Sal que queda en estas lagunas. || **3.** Silicato cálcico hidratado, de color blanco purísimo.

ALBINISMO. m. Calidad de albino. || P. e It. albinismo; I. albinism; F. abinisme; A. Albinismus.

ALBINO, NA. (De *albo*.) adj. ZOOL. Falto entera o parcialmente, y por anomalía congénita, del pigmento que da a ciertas partes del organismo del hombre y de los animales los colores propios de cada especie, variedad o raza, y por tanto, con la piel, el pelo, el iris, etc., más o menos blanco. || **2.** MÉJ. Dícese del descendiente de morisco y europea, o de europeo y de morisca. Ú.t.c.s. || **3.** BOT. Por ext. aplícase a la planta que, en vez de su color propio, lo tiene blanquecino. || **4.** BOT. y ZOOL. Perteneciente o relativo a los seres albinos. *Color* ALBINO. || P. e It. albino; F. albin; A. Albino, weissling; R. альбинос.

ALBITA. (De *albo*.) f. Feldespato formado por silicato de alúmina y sosa, y cuyo color es más comúnmente blanco.

ALBITANA. (ár. *al-biṭana*, el forro, la [cosa] forrada.) f. Cerca con que los jardineros resguardan las plantas. || **2.** MAR. En faluchos y embarcaciones menores, lo mismo que contrarroda si se habla de proa, y que contracodaste, si se habla de popa.

ALBO, BA. (l. *albus*.) adj. Blanco. Generalmente sólo se usa en poesía. || **2.** Aplícase al hierro candente.

ALBOAIRE. (ár. *al-buḥair, mar* pequeño, término empleado en arquitectura con el sentido de lagunar.) m. Labor que se hacía en las capillas o bóvedas, especialmente en las esféricas, adornándolas con azulejos.

ALBOGÓN. (aum. de *albogue*.) m. Instrumento músico antiguo de madera, parecido a la flauta, que servía de bajo. || **2.** Instrumento parecido a la gaita gallega.

ALBOGUE. (ár. *al-būq*, la trompeta.) m. Especie de dulzaina. || **2.** Instrumento pastoril de viento, compuesto de dos cañas paralelas con agujeros, un pabellón de cuerno y una embocadura. || **3.** Cada uno de los dos platillos pequeños de latón que se usan para indicar el ritmo en las canciones y bailes populares. || **P.** albogue; **I.** jingle; **F.** alboguet; **A.** Dudelsack; **It.** piffero; **R.** флейта.

ALBOGUEAR. intr. Tocar el albogue.

ALBOGUERO, RA. m. y f. Persona que toca el albogue. || **2.** Persona que hace albogues.

ALBOHERA. (ár. *al-buḥaira*, el mar pequeño, la laguna.) f. ant. Albuhera.

ALBOHEZA. (ár. *al-jubbāzá*, la malva.) f. ant. Malva.

ALBOHOL. (ár. *al-ḥubūl*, las cuerdas.) m. Bot. Correhuela. || **2.** Planta anual de las franqueniáceas. Toda ella está cubierta de polvo salado y sirve para hacer barrilla.

ALBOLGA. f. ant. Ar. Alholva.

★ **ALBOLITA.** f. Cemento preparado con magnesia calcinada y cloruro magnésico. || **I., F. e It.** albolite; **A.** Albolit.

ALBOLLÓN. (l. *alveŏlus*, d. de *alvĕus*, álveo.) m. Desaguadero de estanques, corrales, patios, etc. || **2.** Albañal.

ALBÓNDIGA. (ár. *al-bunduga*, la avellana, la bolita del tamaño de la avellana.) f. Cada una de las bolas que se hacen de carne o pescado picado menudamente, y trabado con ralladuras de pan, huevos batidos y especias, y que se comen guisadas o fritas. || **P.** almóndega; **I.** meatball, forced meatball; **F.** boulette; **A.** Fleischklösschen; **It.** polpetta; **R.** фрикадельца.

ALBONDIGUILLA. (d. de *albóndiga*.) f. Albóndiga.

ALBOQUERÓN. (gr. βούκερον, heno.) m. Planta de la familia de las crucíferas, muy parecida al alhelí, cubierta toda ella de pelos blanquecinos, hojas lanceoladas y dentadas, flores rojas en corimbo y semillas en vainas cilíndricas.

ALBOR. (l. *albor*, blancura.) m. Albura, blancura perfecta. || **2.** Luz del alba. Ú. más en pl. || **3.** fig. Principio o comienzo de una cosa. || **4.** fig. Infancia o juventud. Ú. más en pl. || ALBOR o ALBORES *de la vida*. fig. Infancia o juventud.

★ **ALBORA.** f. Med. Especie de lepra o sarna.

ALBORADA. (De *albor*, resplandor del alba.) f. Tiempo de amanecer o rayar el día. || **2.** Acción de guerra al amanecer. || **3.** Toque o música militar al romper el alba, para avisar la avenida del día. || **4.** Música al amanecer y al aire libre para festejar a una persona. || **5.** Composición poética o musical destinada a cantar la mañana. || **P.** alvorada; **I.** dawning; **F.** pointe du jour; **A.** Tagesanbruch; **It.** alba; **R.** рассвет. || **3.ª, 4.ª** y **5.ª** aceps.: **P.** alvorada; **I.** reveille; **F.** aubade; **A.** Morgenmusik; **It.** mattinata; **R.** утренняя серенада.

ALBÓRBOLA. (ár. *al-walwala*, la gritería femenina, motivada por la aflicción o el gozo.) f. Vocería o algazara, y especialmente aquella con que se demuestra alegría. Ú. m. en pl.

ALBOREAR. (De *albor*, resplandor del alba.) intr. Amanecer o rayar el día. || **P.** alvorejar, alvorear; **I.** to dawn; **F.** poindre; **A.** tagen, dämmern; **It.** albeggiare; **R.** рассветать.

ALBORECER. (De *albor*.) intr. ant. Alborear.

ALBORGA. (ár. *al-bulga*, la abarca de esparto.) f. Calzado que en algunas provincias usa la gente rústica, y se hace de soga o cuerda de esparto, a manera de alpargata.

ALBORNÍA. (ár. *al-burŭniyya*, de al-

burūn, la jarra.) f. Vasija grande de barro vidriado en forma de taza.

ALBORNO. (l. *albŭrnum*.) m. Bot. Alburno.

ALBORNOZ. (ár. *al-burnus*, el capuchón.) m. Tela hecha con estambre muy torcido y fuerte, a manera de cordoncillo. || **2.** Especie de capa o capote con capucha. || **P.** albornó, albornoz; **I.** burnoose; **F.** bournous; **A.** Bademantel; **It.** burnus; **R.** бурнус.

ALBOROCERA. (l. *arbŭtěus*, de *arbŭtus*.) m. Ar. Madroño. || **2.** Fruto de este árbol.

ALBORONÍA. (ár. *al-būrāniyya*, guiso que lleva el nombre de Būrān, la esposa del califa al-Ma'mūm, cuyas bodas fueron muy sonadas.) f. Guisado de berenjenas, tomate, calabaza y pimiento, todo mezclado y picado.

ALBOROQUE. (ár. *al-buruk*, regalillo que, en una venta, se añade al precio convenido.) m. Agasajo que hacen el comprador o vendedor, o ambos, a los que intervienen en una venta.

ALBOROTADAMENTE. adv. Con alboroto o desorden.

ALBOROTADIZO, ZA. adj. Que por ligero motivo se alborota e inquieta.

ALBOROTADO, DA. p.p. de alborotar. || **2.** adj. Que por demasiada viveza obra precipitadamente y sin reflexión.

ALBOROTADOR, RA. adj. Que alborota. Ú.t.c.s.

ALBOROTAPUEBLOS. (De *alborotar*, y *pueblo*.) com. Alborotador, tumultuario. || **2.** fam. Persona de buen humor y dada a mover bulla y fiesta.

ALBOROTAR. tr. Inquietar, alterar, conmover, perturbar. Ú.t.c.r. || **2.** Amotinar, sublevar. Ú.t.c.r. || **3.** us. Alborozar. Ú.t.c.r. || **4.** intr. Causar alboroto. || **5.** Tratándose del mar, escresparse. || **6.** r. CHILE. Tratándose de caballos, encabritarse. || **P.** alvorotar; **I.** to disturb; **F.** troubler, tempêter; **A.** beunruhigen, aufrühren; **It.** disturbare; **R.** тревожить, буянить.

ALBOROTE. m. ant. Alboroto.

ALBOROTO. (Del m. or. que *alborozo*.) m. Vocerío o estrépito causado por una o varias personas. || **2.** Desorden, tumulto. || **3.** Asonada, motín, sedición. || **4.** Sobresalto, inquietud, zozobra. || **5.** Méj. Alborozo, placer, rogocijo. || **6.** Perú. Animación. || **7.** pl. Guat. y Hond. Rosetas de maíz tostado con miel. || **P.** alvoroço, alvoroto; **I.** disturbance; **F.** tumulte; **A.** Lärm, Aufruhr; **It.** trambusto; **R.** суматоха.

★ **ALBOROTOSO, SA.** adj. Colom. y Cuba. Alborotador. Ú.t.c.s.

ALBOROZADAMENTE. adv. Con alborozo.

ALBOROZADOR, RA. adj. Que alboroza o causa alborozo. Ú.t.c.s.

ALBOROZAMIENTO. (De *alborozar*.) m. ant. Alborozo, regocijo o placer extraordinario.

ALBOROZAR. (De *alborozo*.) tr. Causar extraordinario regocijo, placer o alegría. || **2.** Tratándose del mar, escresparse. || **P.** alvorocar, alvorotar; **I.** to rejoice; **F.** réjouir; **A.** jubeln, Freude bringen; **It.** rallegrare; **R.** радовать.

ALBOROZO. (ár. *al-burūz*, la parada o desfile militar.) m. Extraordinario regocijo, placer o alegría. || **P.** alvoroço, alvoroto; **I.** merriment; **F.** gaieté; **A.** Fröhlichkeit; **It.** gioia; **R.** ликование.

★ **ALBORTANTE.** m. Méj. Candelero de pared.

ALBORTO. (l. *albŭrtŭlus*, d. de *arbŭtus*.) m. Bot. Madroño.

ALBOTÍN. (ár. *al-buṭm*.) m. Bot. Terebinto.

ALBOYO. (ár. *al-buyŭt*, las casas.) m. Gal. Cobertizo, tendejón.

ALBRICIA. f. ant. Albricias, regalo. Ú. en Salamanca.

ALBRICIAR. tr. Dar una noticia agradable.

ALBRICIAS. (ár. *al-bišāra*, la buena nueva.) f. pl. Regalo que se da por alguna buena nueva a la persona que trae la primera noticia de aquélla. || **2.** Regalo que se da o se pide con motivo de un fausto suceso. || **3.** Méj. Agujeros que se dejan en el molde de la fundición para que salga el aire al entrar el metal. || ¡ALBRICIAS! expr. de júbilo. || **P.** alvíssaras; **I.** reward for

good news; **F.** étrennes; **A.** Botenlohn; **It.** strenna; **R.** подарок за хорошую весть.

ALBUDECA. (ár. *al-buṭaija*, la sandía.) f. Badea; sandía o melón de mala calidad.

ALBUÉRBOLA. f. ant. Albórbola.

ALBUFERA. (De *albuhera*.) f. Laguna formada del agua del mar en playas bajas, como las de Valencia y Mallorca.

ALBUGÍNEO, A. (l. *albūgo, -ĭnis*, blancura.) adj. Enteramente blanco. || **2.** Anat. Dícese de la membrana blanca y brillante que rodea el tejido propio del testículo. Ú.t.c.s.f.

ALBUGO. (l. *albūgo*.) m. Med. Mancha blanca de la córnea. También se aplica a las pequeñas manchas blancas de las uñas. || **P.** albugem; **I.** leucoma; **F.** albugo; **A.** Augenwölkchen; **It.** albugine.

ALBUHERA. (De *albuhera*.) f. Albufera. || **2.** Depósito artificial de agua, como estanque o alberca.

ÁLBUM. (l. *album*, blanco.) m. Libro en blanco, comúnmente apaisado y encuadernado, cuyas hojas se llenan con breves composiciones literarias, sentencias, máximas, piezas de música, firmas, retratos, etcétera. || **2.** Libro en blanco de hojas dobles, con una o más aberturas, de forma regular, a manera de marcos, para colocar en él fotografías, acuarelas, etc. || **P.** álbum; **I., F. e It.** album; **A.** Album, Stammbuch; **R.** альбом.

ALBUMEN. (l. *albūmen*, clara de huevo.) m. Bot. Tejido que rodea el embrión de algunas plantas, como el trigo y el ricino, y le sirve de alimento cuando la semilla germina. Puede ser carnoso, amiláceo, oleaginoso, córneo y mucilaginoso. || **P., I. y F.** albumen; **A.** Sameneiweiss; **It.** albume; **R.** белок.

ALBÚMINA. (De *albúmen, -ĭnis*.) f. Quím. Cualquiera de las numerosas substancias albuminoideas que forman principalmente la clara de huevo. Se hallan también en los plasmas sanguíneo y linfático, en los músculos, en la leche y en las semillas de muchas plantas. Es substancia alimenticia. || **P. e It.** albumina; **I.** albumin; **F.** albumine; **A.** Eiweissstoff, Albumin; **R.** альбумин.

ALBUMINADO, DA. p.p. de albuminar. || **2.** adj. Dícese de las hojas de papel, tela o vidrio cubiertas con una capa de albúmina.

ALBUMINAR. tr. Preparar con albúmina los papeles o placas para la fotografía.

ALBUMINOIDE. (De *albúmina*, y el gr. εἶδος, apariencia.) m. Quím. Cuerpo orgánico compuesto de carbono, hidrógeno, nitrógeno, oxígeno y azufre. Sólido en estado seco, de color blanquecino por lo común, inodoro e insípido, soluble en agua y coagulable por el calor. Forma parte integrante de las células de los seres vivos, de los jugos nutricios y vegetales y de los plasmas sanguíneo y linfático de los animales. || **P.** albuminoideo; **I.** albuminoid; **F.** albuminoïde; **A.** Eiweisskörper; **It.** albuminoide; **R.** альбуминоид.

ALBUMINOIDEO, A. adj. Quím. Perteneciente o relativo a los albuminoides.

ALBUMINÓMETRO. m. Quím. Tubo de vidrio graduado que sirve para determinar la albúmina que contiene un líquido orgánico, como la orina. || **P. e It.** albuminometro; **I.** albuminimeter; **F.** albuminomètre; **A.** Eiweissstoffmesser, Albuminimeter; **R.** альбуминомтр.

★ **ALBUMINORREA.** f. Med. Secreción excesiva de albúminas.

★ **ALBUMINOSIS.** f. Med. Aumento anormal de albúmina en la sangre.

ALBUMINOSO, SA. adj. Que contiene albúmina.

ALBUMINURIA. (l. *albūmen, -ĭnis*, albúmina, y el gr. οὖχον, orina.) f. Med. Fenómeno que se presenta en algunas enfermedades y consiste en la presencia de albúmina en la orina.

★ **ALBUMOSCOPIA.** f. Med. Investigación de la existencia y cantidad de albúmina en los fluidos, como la sangre, orina, y otros.

ALBUR. (ár. *al-būri*, el pez, la pescada.) m. Pez teleósteo de río, del suborden de los fisóstomos, de escamas plateadas, aletas rojizas y carne blanca y gustosa.

ALBUR. (ár. *al-būr*, el acto de someter

A

a prueba alguna cosa.) m. En el juego del monte, las dos primeras cartas que saca el banquero. || **2.** fig. Contingencia o azar a que se fía el resultado de alguna empresa. *Jugar un* ALBUR. || **3.** MÉJ. Retruécano. Ú. más en pl. || **4.** pl. Carteta, juego. || **5.** P. RICO. Infundios, mentiras.

ALBURA. (l. *albūra*.) f. Blancura perfecta. || **2.** Clara de huevo. || **3.** BOT. Capa blanca, que se halla inmediatamente debajo de la corteza en los tallos leñosos o troncos de los vegetales gimnospermos y angiospermos dicotiledóneos. || *Doble* ALBURA. BOT. Defecto que tiene la madera cuando su textura es más floja en alguna de las capas de su crecimiento anual. || P. alvura; I. alburnum; F. aubier; A. Weisse, Splint; It. alburno; R. совершенная белизна.

ALBURENTE. (De *albura*.) adj. Dícese de la madera de tejido fofo y blando, fácil de corromperse y mala para la construcción.

ALBURERO. m. El que juega a los albures.

★ **ALBURIAR.** tr. C. RICA. Embaucar, engañar.

ALBURNO. (l. *alburnum*.) m. BOT. Albura, una de las capas del sistema leñoso de las plantas dicotiledóneas. || **2.** ZOOL. Género de peces fisóstomos ciprínios.

★ **ALCA.** f. ZOOL. Género de aves palmípedas propias de las regiones árticas.

ALCABALA. (ár. *al-qabāla*, el contrato, el impuesto concertado con el fisco.) f. Tributo del tanto por ciento del precio que pagaba al fisco el vendedor en el contrato de compraventa y ambos contratantes en el de permuta. || **2.** Impuesto de circulación que se exigía sobre el precio de todas las cosas muebles, semovientes y raíces, vendidas y permutadas. || —**del viento.** La que pagaba el vendedor forastero.

ALCABALA. f. ant. Jábega, red muy grande de pesca.

ALCABALATORIO, RIA. adj. Perteneciente o relativo a la alcabala. || **2.** Dícese del libro en el que están recopiladas las leyes y ordenanzas concernientes al modo de repartir y cobrar las alcabalas. Ú.m.c.s.m. || **3.** Se aplica a la lista o padrón que servía para el repartimiento de las alcabalas. Ú.t.c.s.m. || **4.** Dícese del territorio en que se pagaban o cobraban las alcabalas.

ALCABALERO. m. El que administraba o cobraba las alcabalas. || **2.** El que tenía arrendadas las de algunas provincias, ciudades o pueblos. || **3.** El que cobraba tributos o impuestos aunque no fuesen alcabalas.

ALCABOR. (ár. *al-qabw*, la chimenea, el humero.) m. MURC. Hueco de la campana del horno o de la chimenea.

ALCABOTA. (ár. *al*, y el l. *caput*, -*ĭtis*, cabeza.) f. AND. Escoba de cabezuela, planta compuesta de la que se hacen escobas.

ALCABTEA. (ár. *al-qabṭiyya*, pronun. esp. de *al-qubṭiyya*, la [tela] copta.) f. ant. Tela fina de lino.

ALCABUZ. m. ant. Arcabuz.

ALCACEL. (ár. *al-qaṣīl*, cebada verde.) m. Alcacer.

ALCACEÑA. adj. Dícese de la tabla de sierra de 2,50 m de longitud, 43 cm de ancho y 5 cm de canto.

ALCACER. (De *alcacel*.) m. Cebada verde y en hierba. || **2.** Cebadal. || **3.** AR. Alfalfa.

ALCACERÍA. f. ant. Alcaicería.

ALCACÍ. m. Alcalcil.

ALCALCIL. m. Alcaucil, alcachofa silvestre.

ALCACHOFA. (De *alcarchofa*.) f. Planta hortense, de la familia de las compuestas. Sus hojas, algo espinosas, cuando son jóvenes tienen unas cabezuelas que son comestibles. || **2.** Cabezuela de esta planta. || **3.** Cabezuela del cardo y otras plantas análogas. || **4.** Adorno en figura de alcachofa. || **5.** Panecillo de figura que recuerda algo la de la alcachofa. || **6.** Receptáculo redondeado con muchos orificios que, sumergido en una cavidad que contiene agua estancada o corriente, permite la entrada de ella en un aparato destinado a elevarla. || **7.** fig. y fam. CHILE. Bofetada, guantada. ||

—**silvestre.** BOT. Planta compuesta. || P. alcachofra; I. artichoke; F. artichaut; A. Artischocke; It. carciofo; R. артишок.

ALCACHOFADO, DA. adj. De figura de alcachofa. || **2.** m. Guisado hecho o compuesto con alcachofas.

ALCACHOFAL. m. Sitio plantado de alcachofas. || **2.** Terreno inculto donde abundan los alcauciles, o alcachofas silvestres.

ALCACHOFAR. m. Alcachofal.

ALCACHOFAR. tr. Poner como una alcachofa; engreír, hinchar.

ALCACHOFERA. f. Alcachofa. || **2.** Vendedora de alcachofas.

ALCACHOFERO, RA. adj. Se dice del vegetal que echa alcachofas. || **2.** m. El que vende alcachofas.

ALCADAFE. (ár. *al-qadaḥ*, el recipiente.) m. Lebrillo que los taberneros ponen debajo del grifo de las botas para que al medir el vino caiga el derrame en él.

ALCADUZ. (ár. *al-qādus*, y éste del gr. κάδος, vaso.) m. ant. Arcaduz.

ALCACERÍA. f. desus. Alcarcería.

ALCAFAR. (ár. *al-kafal*, la grupa.) m. ant. Cubierta, jaez o adorno del caballo.

ALCAHAZ. (ár. *al-qafaṣ*.) m. Jaula grande para encerrar aves; pajarera.

ALCAHAZADA. f. Conjunto de aves vivas encerradas en el alcahaz.

ALCAHAZAR. tr. Encerrar o guardar aves en el alcahaz.

ALCAHOTAR. tr. ant. Alcahuetear.

ALCAHOTERÍA. f. ant. Alcahuetería.

ALCAHUETAR. tr. ant. Alcahuetear.

ALCAHUETAZGO. m. ant. Alcahuetería.

ALCAHUETE, TA. (ár. *al-qawwād*, el conductor, el intermediario.) m. y f. Persona que solicita o sonsaca a una mujer para usos lascivos con un hombre, o encubre, concierta o permite en su casa esta ilícita comunicación. || **2.** fig. y fam. Persona o cosa que sirve para encubrir lo que se quiere ocultar. || **3.** fig. y fam. Correveidile, persona chismosa, enredadora. || **4.** fig. y fam. Soplón, delator. || **5.** m. Telón que en el teatro suele emplearse, distinto del de boca, para dar a entender que el entreacto será muy corto o por otra razón. || P. alcovitero; I. procurer; F. entremetteur; A. Kuppler; It. ruffiano; R. ябедник.

ALCAHUETEAR. tr. Solicitar o inducir a una mujer para trato lascivo con un hombre. || **2.** intr. Servir de alcahuete o hacer oficios de tal. || P. alcaiotar; I. to bawd; F. faire le maquereau; A. verkuppeln; It. ruffianeggiare; R. сводничать.

ALCAHUETERÍA. f. Acción de alcahuetear. || **2.** Oficio de alcahuete. || **3.** fig. y fam. Acción de ocultar o encubrir los actos reprobables de una persona. || **4.** fig. y fam. Medio artificioso que se emplea para seducir o corromper.

ALCAICERÍA. (ár. *al-qaisāriyya*, y éste de Cesarea o de Καισαρεία, el mercado o un edificio cuadrado en forma de claustro, con habitaciones, depósitos y tiendas para los mercaderes.) f. En Granada y otros pueblos de aquel reino, aduana o casa pública donde los cosecheros presentaban la seda para pagar los derechos establecidos por los reyes moros. || **2.** Sitio o barrio con tiendas donde se vende seda cruda o en rama, u otras mercaderías.

ALCAICO. (l. *alcaĭcus*, de *Alcaeus*, Alceo, poeta griego.) adj. Dícese del verso de la poesía griega y latina. Ú.t.c.s. || P. e It. alcaico; I. alcaic; F. alcaïque; A. alkäisch.

ALCAIDE. (ár. *al-qā'id*, el general, el que conducía las tropas.) m. El que tenía a su cargo la guarda y defensa de algún castillo o fortaleza bajo juramento o pleito homenaje. || **2.** El que en las cárceles tenía a su cargo la custodia de los presos. || **3.** En las alhóndigas y otros establecimientos, persona encargada de su custodia y buen orden. || —**de los donceles.** Capitán del cuerpo que formaban los donceles, o el que cuidaba de instruirlos para la milicia.

ALCAIDESA. f. Mujer del alcaide.

ALCAIDÍA. f. Empleo de alcaide. || **2.** Casa u oficina del alcaide. || **3.** Territorio de su jurisdicción. || **4.** Derecho que se pagaba por el paso de ganado en algunas ALCAIDÍAS.

ALCAIDIADO. m. ant. Alcaidía, empleo de alcaide.

ALCAIRÍA. f. ant. Alquería. Ú. en Salamanca.

ALCALA. (ár. *al-kalla*, la cortina de cama, el mosquitero.) f. ant. Cortinaje, pabellón de cama, mosquitera. Ú. en Aragón. || **2.** m. MIL. Castillo situado en una altura.

ALCALADINO, NA. adj. desus. Alcalaíno.

ALCALAEÑO, ÑA. adj. Natural de Alcalá del Júcar. Ú.t.c.s. || **2.** Perteneciente a este pueblo de la provincia de Albacete.

ALCALAÍNO, NA. adj. Natural de uno cualquiera de los pueblos de Alcalá de Henares, Alcalá de los Gazules, o Alcalá la Real, particularmente del primero. Ú.t.c.s. || **2.** Perteneciente a cualquiera de estos pueblos.

ALCALAREÑO, ÑA. adj. Natural de uno de los pueblos de Alcalá de Guadaira, Alcalá del Río o Alcalá del Valle. Ú.t.c.s. || **2.** Perteneciente a cualquiera de estos pueblos.

ALCALDADA. f. Acción imprudente o inconsiderada que ejecuta un alcalde abusando de la autoridad que ejerce. || **2.** Por ext. acción semejante, ejecutada por cualquier persona afectando autoridad o abusando de la que tenga. || **3.** Dicho o sentencia necia. Ú. especialmente con los verbos *dar* y *meter*.

ALCALDE. (ár. *al-qāḍi*, el juez.) m. Presidente del ayuntamiento de cada pueblo o término municipal, encargado de ejecutar sus acuerdos. En su grado jerárquico es delegado del Gobierno en el orden administrativo. || **2.** Juez ordinario que administraba justicia en algún pueblo y presidía al mismo tiempo el concejo. || **3.** En algunas danzas, el principal de ellas. || **4.** Juego de naipes entre seis personas. || **5.** Juego de naipes, variedad de la brisca, entre tres personas. || **6.** En el tresillo y otros juegos de naipes, el que da las cartas y no juega. || **7.** PERÚ y ECUAD. Proxeneta, alcahuete. || —**alamín.** Alamín, oficial que contrastaba las pesas y medidas. || —**corregidor.** Funcionario de nombramiento real que presidía los ayuntamientos y gobernaba en las poblaciones importantes. || —**de alzadas.** Juez de alzadas o de apelaciones. || —**de barrio.** El que en las grandes capitales ejerce en barrio determinado las funciones que le delega el ALCALDE. || —**de casa y corte** o **de corte.** Juez togado de los que en la corte componían la sala llamada de ALCALDES. || —**de la cuadra.** El de la sala del crimen de la audiencia de Sevilla. || —**del agua.** En algunas comunidades de regantes, el que reparte y vigila los turnos. || —**de la hermandad.** El que se nombraba cada año en los pueblos para que conociera de los delitos y excesos cometidos en el campo. || —**de la Mesta.** Juez nombrado por una cuadrilla de ganaderos, y aprobado por el Concejo de la Mesta, para conocer de los pleitos entre pastores. || —**del crimen.** El de la sala del crimen, que había en las chancillerías de Valladolid y Granada, y en las audiencias del reino. || —**del mes de enero.** Persona que recién entrada en el desempeño de su cargo, demuestra gran celo y actividad. || —**del rastro.** Juez de letrado de los que en lo antiguo ejercían en la Corte y en su rastro o distrito la jurisdicción criminal. || —**de monterilla.** El de alguna aldea o lugar, sobre todo si es labriego o rústico. || —**de noche.** El que se elegía en algunas ciudades para rondar y cuidar de que no hubiera desórdenes por la noche. || —**de obras y bosques.** Juez togado que tenía jurisdicción privativa en lo civil y criminal dentro de los bosques y sitios reales. || —**de sacas.** Juez encargado de evitar que se sacasen del reino las cosas cuya extracción estaba prohibida. || —**entregador.** En el Concejo de la Mesta, juez de letras, para visitar los partidos y conocer de las causas concernientes a ganados y pastos. || —**mayor.** Juez de letras que ejercía la jurisdicción ordinaria en algún pueblo. || **2.** Juez de letras asesor del corregidor en las ciudades donde éste era juez lego. || **3.** En Nueva España, el que siendo o no juez de letras, gobernaba por el rey algún pueblo que no

A

era capital de provincia. ‖ **4.** En las antiguas provincias de Ultramar, juez de primera instancia que, además de las atribuciones propias de este cargo, ejercía otras gubernativas, administrativas y económicas. ‖ —**mayor entregador.** Alcalde entregador. ‖ —**ordinario.** Vecino de un pueblo que ejercía en él jurisdicción ordinaria. ‖ —**pedáneo.** El de barrio, designado para aldeas o partidos rurales en municipios dispersos. ‖ **P.** alcaide; **I.** mayor; **F.** alcaide; maire; **A.** Bürgermeister; **It.** sindaco; **R.** алькальд, городской голова.

ALCALDESA. f. Mujer del alcalde. ‖ **2.** Mujer que ejerce el cargo de alcalde.

ALCALDÍA. f. Oficio o cargo de alcalde. ‖ **2.** Territorio o distrito de su jurisdicción. ‖ **3.** Oficina donde se despachan los negocios de que se entiende el alcalde. ‖ **P.** alcaidaria, alcaidia; **I.** mayoralty; **F.** mairie; **A.** Bürgermeisterschaft; **It.** sindacato; **R.** звание алькальда.

ALCALDÍO. m. ant. Alcaldía.

ALCALESCENCIA. f. Quím. Alteración que experimenta un cuerpo al volverse alcalino. ‖ **2.** Quím. Estado de las substancias orgánicas en que se forma espontáneamente amoniaco. ‖ **P.** alcalescência; **I.** alkalescency; **F.** alcalescence; **A.** Alkaleszenz; **It.** alcalescenza.

ÁLCALI. (ár. *al-qâlî*, la sosa o ceniza de plantas alcalinas.) m. Quím. Nombre dado a los óxidos metálicos que por ser muy solubles en el agua pueden actuar como bases enérgicas. ‖ **P.** álcali; **I.** alkali; **F.** e **It.** alcali; **A.** Alkali; **R.** щёлочь.

ALCALIFA. m. ant. Califa.

ALCALIFAJE. m. ant. Califato, dignidad de califa.

★ **ALCALIMETRÍA.** f. Quím. Procedimiento para determinar la cantidad de álcali que contiene una substancia. ‖ **P.** e **It.** alcalimetria; **I.** alkalimetry; **F.** alcalimétrie; **A.** Alkalimessung.

ALCALÍMETRO. (De *álcali*, y el gr. μέτρον, medida.) m. Quím. Instrumento para apreciar la cantidad de álcali contenida en los carbonatos de sosa o de potasa. Es un tubo graduado.

ALCALINIDAD. f. Calidad de alcalino.

★ **ALCALINISMO.** m. Med. Estado morboso como consecuencia de adquirir propiedades alcalinas los humores o líquidos del organismo.

ALCALINO, NA. adj. Quím. Que tiene álcali. Lo contrario del ácido. ‖ **P.** e **It.** alcalino; **I.** alkaline; **F.** alcalin; **A.** alkalisch **R.** щелочной.

ALCALIZACIÓN. f. Acción y efecto de alcalizar.

ALCALIZAR. tr. Quím. Dar o comunicar a alguna cosa las propiedades de los álcalis. Ú.t.c.r.

ALCALOIDE. (De *álcali* y del gr. εἶδος, forma.) m. Quím. Cualquiera de los productos nitrogenados, ordinariamente cristalizables, que por sus propiedades básicas son considerados como álcalis orgánicos y se encuentran en ciertas células vegetales casi siempre combinados con ácidos orgánicos; suelen ser venenosos y muchos de ellos se emplean en terapéutica, como la quinina, la morfina y la estricnina. Algunos son sólidos, incoloros, inodoros y de sabor amargo; otros son líquidos. Actúan sobre el sistema nervioso. ‖ **P.** alcalóide; **I.** alkaloid; **F.** alcaloïde; **A.** Alkaloid; **It.** alcaloide; **R.** алкалоид.

ALCALOIDEO, A. (De *alcaloide*.) adj. Quím. Aplícase a los principios inmediatos orgánicos que pueden combinarse con ácidos para formar sales.

ALCALOSIS. f. Pat. Alcalinidad excesiva de la sangre. Ocurre en algunas enfermedades y se manifiesta por síntomas opuestos, por lo común, a los producidos por la acidosis.

ALCALL. m. ant. Alcalde.

ALCALLER. (ár. *al-qallâl*, el ollero.) m. Alfarero. ‖ **2.** Alfar, obrador de alfarero.

ALCALLERÍA. (De *alcaller*.) f. Conjunto de vasijas de barro.

ALCALLÍA. f. ant. Alcaldía.

ALCAMAR. (aimará *alcamarí*.) m. Ave de rapiña del Perú.

ALCAMIZ. (ár. *al-jamîs*, el cuerpo de ejército.) m. ant. Alarde, revista que se

hacía de los soldados y también lista y registro de sus nombres.

★ **ALCAMONERO, RA.** adj. Venez. Entrometido. Ú.t.c.s.

ALCAMONÍAS. (ár. *al-kamûmiyya*, lo propio del comino.) f. pl. Semillas que se emplean en condimentos, como anís, comino, etc. ‖ **2.** fig. y fam. Alcahueterías.

ALCANA. (ár. *al-hannâ*, la alheña.) f. Alheña, arbusto oleáceo, de bayas negras.

ALCANÁ. (ár. *al-jânât*, las tiendas.) f. Calle o sitio en que estaban las tiendas de los mercaderes.

ALCANCE. m. Seguimiento, persecución. ‖ **2.** Distancia a que llega el brazo de una persona. ‖ **3.** En las armas arrojadizas y en las de fuego, distancia a que alcanza o llega el tiro. ‖ **4.** Correo extraordinario que se envía para alcanzar al ordinario. ‖ **5.** En materia de cuentas, saldo que, según ellas, está debiéndose. ‖ **6.** fig. En los periódicos, noticia, o sección de noticias recibidas a última hora. ‖ **7.** fig. Capacidad o talento. Ú.m. en pl. ‖ **8.** Tratándose de obras o del espíritu humano, trascendencia. ‖ **9.** Impr. Parte de original que se distribuye a cada uno de los cajistas para su composición. ‖ **10.** Esgr. Lo que alcanza cualquier arma blanca o negra. ‖ **11.** Mil. Cantidad que en el ajuste queda a favor del soldado. ‖ **12.** Veter. Azcadura. ‖ **13.** En general, distancia máxima a que puede apreciarse los efectos de un fenómeno cualquiera. ‖ **14.** Chile. Mejoramiento de una mina que, perdida la buena veta, vuelve a dar con ella. ‖ **15.** pl. Guat. Calumnias. ‖ *Dar* ALCANCE *a uno.* fr. fig. Alcanzarle. ‖ *Ir uno a, o en los* ALCANCES *de una cosa.* fr. fig. Estar a punto de conseguirla. ‖ **P.** alcance; **I.** reach; **F.** atteinte; **A.** Erreichung; **It.** raggiungimento; **R.** достижение.

ALCANCÍA. (ár. *al-kanziyya*, la caja propia para atesorar.) f. Vasija, comúnmente de barro, cerrada y con una hendidura estrecha hacia la parte superior, por donde se echan monedas para guardarlas, sin que se puedan sacar fácilmente. ‖ **2.** Bola hueca de barro, seca al sol, del tamaño de una naranja, llena de ceniza o de flores, que se tiraba corriendo o jugando alcancías. ‖ **3.** Olla llena de alquitrán y otras materias inflamables que, encendida, se arrojaba a los enemigos. ‖ **4.** Chile, Guat. y Hond. Cepillo en que se deposita la limosna. ‖ **5.** Méj. Rancho construido dentro de una mina, para depósito de minerales. ‖ *Correr o jugar* ALCANCÍAS. fr. Tirárselas corriendo a caballo, unos jinetes a otros. ‖ **P.** mealheiro; **I.** money-box; **F.** tirelire; **A.** Sparbüchse; **It.** salvadanaio; **R.** копилка.

ALCANCIAZO. m. Golpe dado con una alcancía.

ALCÁNDARA. (ár. *al-kandara*, la percha en que se posa el halcón.) f. Percha o varal donde se ponían las aves de cetrería o donde se colgaba la ropa. ‖ **2.** Cada una de las dos varas o piezas de madera del carro y entre los cuales se enganchan las caballerías.

★ **ALCANDES.** m. Zool. Cuba. Pez que se adhiere a los buques como la rémora.

ALCANDÍA. (De *alcandiga*.) f. Zahína.

ALCANDIAL. m. Tierra sembrada de alcandía.

ALCANDIGA. (ár. *al* y l. *candicâre*, blanquear.) f. ant. Alcandía o zahína.

ALCANDOR. (Quizá de *candor*.) m. p. us. Especie de afeite usado por las mujeres.

ALCANDORA. (De *candela*.) f. Hoguera, luminaria o cualquier otro género de fuego que levante llama, de que se usaba para hacer señal.

ALCANDORA. (ár. dialect. *al-qandûra*, la camisa.) f. ant. Cierta vestidura a modo de camisa, o la misma camisa.

ALCÁNDORA. (De *alcándara*.) f. Alcándara. ‖ **2.** Germ. Percha de sastre donde se cuelga la ropa.

ALCANERÍA. (ár. *al-qannâriyya*, el cardo.) f. ant. Especie de alcachofa.

ALCANFOR. (ár. *al-kâfûr*.) m. Substancia blanca, sólida, cristalina, volátil, de sabor urente y olor característico, insoluble en el agua y soluble en el alcohol y en el éter, extraída del alcanforero y de otras lauráceas, y también en la raíz de la rubia

y en el ámbar. Empléase en medicina y en la citándisa. ‖ **2.** Bot. Alcanforero. ‖ **3.** fig. C. Rica. Alcahuete. ‖ **P.** canfora, alcanfor o alcânfora; **I.** camphor; **F.** camphre; **A.** Kampfer; **It.** canfora; **R.** камфора.

ALCANFORADA. f. Planta perenne de la familia de las quenopodiáceas, vellosa y con hojas lineales de color verde ceniciento que despiden olor de alcanfor. ‖ **P.** camforosma; **I.** stinking-ground-pine; **F.** camphorosme; **A.** Kampferkraut; **It.** canforosma; **R.** камфарное дерево.

ALCANFORAR. tr. Componer o mezclar con alcanfor alguna cosa. ‖ **2.** r. Venez. Desaparecer, ocultarse. ‖ **P.** canforar, alcanforar; **I.** to camphorate; **F.** camphrer; **A.** kampfern; **It.** saturare di canfora; **R.** смешивать с камфорой.

ALCANFORERO. m. Árbol de la familia de las lauráceas, de madera muy compacta, hojas persistentes, alternas, enteras y coriáceas, flores pequeñas y blancas, y por frutos bayas negras del tamaño del guisante. Propia de los países del Lejano Oriente. De sus ramas y raíces se extrae alcanfor por destilación.

★ **ALCANFÓRIDA.** f. Quím. Substancia parecida al alcanfor que se obtiene de algunos vegetales.

★ **ALCANOS.** m. pl. Quím. Nombre genérico de los hidrocarburos saturados o parafinas.

ALCÁNTARA. (ár. *al-qantara*, el dique, el puente, el acueducto, el arco.) f. En los telares de terciopelo, caja grande para guardar la tela que se va labrando. ‖ **2.** Cuba. Porrón de agua.

ALCÁNTARA. n. p. V. *Cruz de* Alcántara.

ALCANTARILLA. (d. de *alcántara*.) f. Puentecillo en un camino, hecho para que por debajo de él pasen las aguas o una vía de comunicación poco importante. ‖ **2.** Acueducto subterráneo o sumidero, fabricado para recoger las aguas llovedizas o inmundas y darles paso. ‖ **3.** Méj. Arca de agua, pilar que sirve de partidor de las aguas potables.

ALCANTARILLADO, DA. p.p. de alcantarillar. ‖ **2.** m. Conjunto de alcantarillas. ‖ **3.** Obra hecha en forma de alcantarilla.

ALCANTARILLEAR. tr. Hacer o poner alcantarillas.

ALCANTARILLERO. m. El que cuida o vigila las alcantarillas.

ALCANTARINO, NA. adj. Natural de Alcántara. Ú.t.c.s. ‖ **2.** Perteneciente a cualquiera de las poblaciones así llamadas. ‖ **3.** Dícese de los religiosos descalzos de San Francisco, reformados por San Pedro de Alcántara. Ú.t.c.s. ‖ **4.** m. Caballero de la Orden de Alcántara.

ALCANZADIZO, ZA. adj. Que se puede alcanzar con facilidad.

ALCANZADO, DA. p.p. de alcanzar. ‖ **2.** adj. Empeñado, adeudado. ‖ **3.** Falto, escaso, necesitado. ‖ **3.** Colom. Fatigado, cansado.

ALCANZADOR, RA. adj. Que alcanza. Ú.t.c.s.

ALCANZADURA. (De *alcanzar*.) f. Veter. Contusión, con herida o sin ella, que con los pies se hacen las caballerías en el pulpejo o algo más arriba de las manos.

ALCANZAMIENTO. m. ant. Acción de alcanzar o alcanzarse.

ALCANZANTE. p.a. ant. de alcanzar. Que alcanza.

ALCANZAR. (Cruce de *acalzar* y *encalzar*.) tr. Llegar a juntarse con una persona o cosa que va delante. ‖ **2.** Llegar a tocar o coger. ‖ **3.** Coger alguna cosa alargando la mano para tomarla. ‖ **4.** Tratándose de la vista, oído u olfato, llegar a percibir con ellos. ‖ **5.** Hablando de una persona, haber uno nacido ya o no haber muerto aún, cuando ella vivía. ‖ **6.** fig. Haber uno vivido en el tiempo de que se habla, o presenciado el suceso de que se trata. ‖ **7.** fig. Conseguir, lograr. ‖ **8.** fig. Tener poder, virtud o fuerza para alguna cosa. ‖ **9.** fig. Saber, entender, comprender. ‖ **10.** fig. Hallar a uno falto o deudor en el ajuste de cuentas. ‖ **11.** fig. Llegar a igualarse con otro en alguna cosa. ‖ **12.** intr. Llegar hasta cierto punto o término. ‖ **13.** En las armas arrojadizas y en las de

A

fuego, llegar el tiro a cierta distancia. || **14.** fig. Tocar o caber a uno alguna cosa o parte de ella. || **15.** fig. Ser suficiente o bastante alguna cosa para algún fin. || **16.** r. Llegar a tocarse o juntarse. || **17.** Hacerse alcanzaduras las caballerías. || **18.** R. DE LA PLATA. Hacer llegar. || ALCANZA *quien no cansa.* ref. que advierte que para conseguir conviene no importunar. || ALCAN- ZÁRSELE *a uno algo.* fr. fig. Entenderlo. Ú.m. en frs. negativas. || *No* ALCANZAR *una persona o cosa a otra.* fr. No llegar una persona o cosa a otra. || *Quedar,* o *salir,* uno ALCANZADO. fr. fig. Resultar deudor de alguna cantidad al rendir cuentas. || P. al- cançar; **I.** to overtake, to reach, to come up to; **F.** atteindre; **A.** erreichen, gelangen zu; **It.** raggiungere; **R.** догонять, доста- вать.

★ **ALCANZATIVO, VA.** adj. GUAT. Ca- lumniador.

ALCAÑIZANO, NA. adj. Natural de Alcañiz. Ú.t.c.s. || **2.** Perteneciente a esta ciudad de Teruel.

ALCAPARRA. (ár. *al-kabbār.*) f. Mata de la familia de las caparidáceas, ramosa, de tallos tendidos y espinosos, hojas al- ternas, redondeadas y gruesas, flores axila- res, blancas y grandes, y cuyo fruto es el alcaparrón. || **2.** Botón de la flor de esta planta. Se usa como condimento y como entremés. || **—de Indias.** Capuchina, plan- ta de adorno. || P. alcaparra; **I.** caper; **F.** câprier; **A.** Kaperstaude; **It.** cappero; **R.** каперсы.

ALCAPARRADO, DA adj. Adereza- do o condimentado con alcaparras.

ALCAPARRAL. m. Sitio poblado de alcaparros.

ALCAPARRERA. f. BOT. Alcaparra. || **2.** Vasija donde se ponen las alcaparras. || **3.** Mujer que las vende.

★ **ALCAPARRILLO.** m. BOT. Planta le- guminosa parecida a la alcaparra.

ALCAPARRO. m. BOT. Alcaparra.

ALCAPARRÓN. m. Fruto de la alca- parra, baya carnosa parecida a un higo pequeño. Se come encurtido.

ALCAPARROSA. f. QUÍM. Caparrosa.

ALCARACEÑO, ÑA. adj. Natural de Alcaraz, de la provincia de Albacete. Ú.t.c.s. || **2.** Perteneciente a esta ciudad.

ALCARAVÁN. (ár. *al-karawān.*) m. Ave zancuda, de cuello muy largo y cola pequeña, tarsos amarillos, vientre blanco, alas blancas y negras, la cabeza de color negro verdoso y el resto del cuerpo, rojo. || P. alcaraván; **I.** thick-knee; **F.** butor; **A.** Rohrdommel; **It.** tarabuso; **R.** выпь.

ALCARAVANERO. (De *alcaraván.*) adj. Dícese del halcón acostumbrado a perseguir los alcaravanes.

ALCARAVEA. (ár. *al-karāwiyā,* el comino de los prados.) f. Planta anual, umbelífera de semillas pequeñas, convexas, oblongas, estriadas por una parte y planas por otra, que, por ser aromáticas, sirven para condimento. || **2.** Semilla de esta plan- ta. || P. alcaravía; **I.** caraway; **F.** carvi; **A.** Feldkümmel; **It.** carvi; **R.** тмин.

ALCARCEÑA. (ár. *al-karsanna.*) f. BOT. Yero.

ALCARCEÑAL. m. Tierra sembrada de alcarceña.

ALCARCIL. m. Alcaucil, alcachofa sil- vestre.

ALCARCHOFA. (ár. *al-jaršuf.*) f. Al- cachofa.

ALCARCHOFADO, DA. p.p. del ant. alcarchofar. || **2.** Bordado con figuras de alcarchofa.

ALCARCHOFAR. tr. ant. Alcacho- far.

ALCARÍA. (ár. *al-qarya,* el poblado pequeño.) f. ant. Alquería. Ú. en Sala- manca.

ALCARRACERO, RA. m. y f. Per- sona que hace o vende alcarrazas. || **2.** m. Vasar en que se ponen las alcarrazas.

ALCARRAZA. (ár. *al-karráz,* jarra de cuello estrecho.) f. Vasija de arcilla porosa y poco cocida, que tiene la propiedad de dejar rezumarse cierta porción de agua, cuya evaporación enfría la mayor cantidad del mismo líquido que queda dentro.

ALCARREÑO, ÑA. adj. Natural de la Alcarria. Ú.t.c.s. || **2.** Perteneciente a este territorio de Castilla la Nueva.

ALCARRIA. f. Terreno alto, y por lo

común, raso y de poca hierba. || **2.** pl. GUAD. Lluvias primaverales.

ALCARTAZ. (ár. *al-qartās,* el papel, y éste del gr. χάρτης.) m. Cucurucho.

ALCATARA. (ár. *al-qiṭāra.*) f. Alqui- tara, alambique.

ALCATENES. (ár. *al-kattān,* el lino, la linaza.) m. Medicamento que, mezclado con aceche, se empleaba para curar las llagas y úlceras de los perros y de las aves de cetrería.

ALCATIFA. (ár. *al-qatifa,* el tercio- pelo.) f. Tapete o alfombra fina. || **2.** AL- BAÑ. Broza o relleno que, para allanar, se echa en el suelo antes de enlosarlo o sobre el techo para tejar.

ALCATIFAR. (De *alcatifa.*) tr. ant. Alfombrar, tapizar.

ALCATIFE. m. GERM. Seda en hebra.

ALCATIFERO. (De *alcatife.*) m. GERM. Ladrón que hurta en tienda de seda.

ALCATRAZ. m. Alcartaz, o cucuru- cho. || **2.** Aro, planta parecida a la gro- sella.

ALCATRAZ. m. Pelícano americano de plumaje pardoamarillento en el dorso, y blanco en el pecho. || **2.** joc. ECUAD. Concejal.

ALCAUCÍ. m. Alcaucil.

ALCAUCIL. (art. ár. *al,* y *cabecilla,* d. de *cabeza.*) m. Alcachofa silvestre. || **2.** En algunas partes, alcachofa. || **3.** AR- GENT. Alcahuete.

ALCAUDÓN. (De *caudón,* con el art. ár. *al.*) m. ZOOL. Pájaro carnívoro del suborden de los dentirrostros, con plu- maje ceniciento, alas y cola negra, man- chadas de blanco, y ésta larga y de figura de cuña. Fue empleado en cetrería.

ALCAVELA. (ár. *al-qabila,* la tribu.) f. ant. Alcavera. || **2.** ant. Turba, manada, gavilla.

ALCAVERA. (Del m. or. que *alcavela.*) f. ant. Casta, familia, tribu.

ALCAYATA. (ár. *al-qayyāda,* la que sujeta fuertemente.) f. Escarpia de hierro. || **2.** COLOM. Candileja, candil.

ALCAYATAR. (De *alcayata.*) tr. CARP. Poner en los marcos y hojas de las puertas las alcayatas de que éstas han de colgarse.

★ **ALCAYOTA.** f. CHILE. Cidra cayote.

ALCAZABA. (ár. *al-qaṣaba,* el fortín.) f. Recinto fortificado, dentro de una po- blación murada, para refugio de la guarni- ción. || P. alcáçora; **I.** fortress; **F.** forte- resse; A. Festung; It. fortezza; R. крепость.

ALCÁZAR. (ár. *al-qaṣr,* el fuerte, el palacio.) m. Fortaleza, plaza fuerte. || **2.** Casa real o habitación del príncipe, esté o no fortificada. || **3.** MAR. Espacio que media, en la cubierta superior de los buques, desde el palo mayor hasta la popa o hasta la toldilla, si la hay. || **4.** Nombre dado a varios palacios árabes de España. || 3.ª acep.: **P.** alcácer; **I.** quarter deck; **F.** gaillard d'arrière; **A.** Achterdeck; **It.** tolda; **R.** укрепленный замок.

ALCAZAREÑO, ÑA. adj. Natural de Alcázar. Ú.t.c.s. || **2.** Perteneciente a cual- quiera de las poblaciones así llamadas.

ALCAZUZ. (ár. *'irq al-Sūs,* la raíz del Sus, el regaliz.) m. Orozuz, o regaliz.

ALCE. (l. *alce.*) m. ZOOL. Anta, género de rumiantes cérvidos de gran tamaño, aproximadamente de dos metros de alto por tres de largo, con hocico ancho, orejas largas, cuello grueso, ojos pequeños, un mechón de pelos debajo del cuello, patas anteriores más altas que las posteriores, cuernos palmeados y cola muy corta. || P. anta; **I.** elk; **F.** élan; **A.** Elch, Elentier; **It.** alce; **R.** лось.

ALCE. (De *alzar.*) m. En el juego de naipes, porción de cartas que se corta después de haber barajado y antes de distribuirlas. || **2.** En el juego de la malilla, premio que se da por el valor de la última carta, que sirve para señalar el palo de triunfo en cada mano. || **3.** CUBA. Acción de alzar o recoger la caña de azúcar des- pués de cortada, y cargarla en los vehícu- los que la han de llevar al trapiche. || **4.** IMPR. Acción de alzar los pliegos. || **5.** CUBA. Acción de alzar en el juego de naipes.

ALCEA. (l. *alcea,* y éste del gr. ἀλκέα.) f. ant. Malvavisco silvestre.

ALCEDO. m. Arcedo, terreno poblado de arces.

★ **ALCEDO.** (l. *alcēdo.*) Género de pá- jaros levirrostros al que pertenece el mar- tín pescador.

ALCEDÓN. m. Alción, martín pesca- dor.

ALCINO. (l. *acinos,* y éste del gr. ἄκινος, albahaca silvestre.) m. Planta in- dígena de España de la familia de las labiadas, ramosa, con hojas menudas, aova- das y dentadas, y flores pequeñas y de color azul que tira a violado. Es de olor desagradable.

ALCIÓN. (gr. ἀλκυων; de ἀλς, mar, y κύω, concebir.) m. Martín pescador. || **2.** ZOOL. Antozoo colonial cuyos pólipos están unidos entre sí por un tejido de consistencia carnosa, del cual surgen aqué- llos como pequeñas flores blancas de ocho pétalos. || **3.** ASTRON. Estrella principal de las Pléyades. || P. martim-pescador; **I.** hal- cyon; **F.** alcyon; **A.** Eisvogel; **It.** alcione; **R.** зимородок.

ALCIONIO. (gr. ἀλκυώνιον.) m. ZOOL. Colonia de antozoos parecidos a los alcio- nes.

ALCIONITO. m. Alcionio fósil.

ALCIREÑO, ÑA. adj. Natural de Al- cira. Ú.t.c.s. || **2.** Perteneciente a esta ciu- dad de Valencia.

ALCISTA. com. Persona que juega al alza en la Bolsa.

ALCOBA. (ár. *al-qubba,* la cúpula, la bóveda, el gabinete.) f. Aposento desti- nado para dormir. || **2.** Caja en que se mueve el fiel de la balanza o de la ro- mana. || **3.** Lugar donde estaba el peso público. || **4.** Jabega, red grande de pesca. || **5.** Tertulia que los reyes de Méjico tenían en su palacio. || **6.** f. Conjunto de los mue- bles de una alcoba. || P. e It. alcova; **I.** al- cove; **F.** alcôve; **A.** Alkoven; **R.** спальня.

ALCOBILLA. f. d. de alcoba. || **2.** Al- coba, caja donde se mueve el fiel de la balanza. || **—de lumbre.** Chimenea para calentar una estancia.

ALCOCARRA. f. Gesto, coco, mueca.

ALCOFOL. m. ant. Alcohol.

ALCOFOLAR. tr. ant. Alcoholar.

ALCOHELA. (ár. *al-kuhailā,* la negri- lla.) f. ant. Escarola, achicoria cultivada.

ALCOHOL. (ár. *al-kuḥl,* el colirio.) m. Galena. || **2.** Polvo finísimo que como afeite usaron las mujeres para ennegrecerse los bordes de los párpados, etc. || **3.** QUÍM. Cada uno de los cuerpos compuestos de carbono, hidrógeno y oxígeno que derivan de los hidrocarburos al ser substituidos en éstos uno o varios átomos de hidrógeno por otros tantos hidróxidos. || **—absoluto.** El que está privado completamente de agua. || **—amílico.** El que contiene en su molécula cinco átomos de carbono; es un líquido incoloro, aceitoso, de olor fuerte y desagradable. || **—desnaturalizado.** El etílico mezclado con ciertos productos que le comunican sabor desagradable y lo inutilizan para la bebida. || **—etílico.** Lí- quido incoloro, de sabor urente y olor fuerte agradable, que arde fácilmente dan- do llama azulada y poco luminosa. Se obtiene por destilación de productos de fermentación de substancias azucaradas o feculentas. Forma parte de muchas be- bidas. Tiene muchas aplicaciones indus- triales. — **metílico.** Líquido incoloro, de olor agradable, que arde con llama azulada poco luminosa y se obtiene por destilación seca de la madera a baja temperatura. || **—neutro.** El etílico de 96 a 97 grados, que se emplea en la crianza de vinos y en la fabricación de licores. || P. álcool; **I.** al- cohol; **F.** e **It.** alcool; **A.** Spiritus, Alkohol, Branntwein; **R.** спирт.

ALCOHOLADO, DA. p.p. de alcoho- lar. || **2.** adj. Aplícase al animal que tiene el pelo de alrededor de los ojos más obscuro que lo demás. || **3.** m. MED. Compuesto alcohólico cargado de principios medica- mentosos. || 3.ª acep.: **P.** alcoolado; **I.** al- coholate; **F.** alcoolat; **A.** mit Spiritus ver- sehen; **It.** alcoolato; **R.** настойка.

ALCOHOLADOR, RA. adj. Que al- cohola. Ú.t.c.s.

ALCOHOLAR. (De *alcohol.*) tr. En- negrecer con alcohol las pestañas, el pelo, etcétera. Ú.t.c.r. || **2.** Lavar los ojos con alcohol o con otro colirio. || **3.** MAR. Em- brear lo calafateado. || **4.** QUÍM. Obtener alcohol de una substancia por destilación o fermentación.

ALCOHOLAR. (ár. *al-gūful*, la cabalgada de regreso.) intr. En los ejercicios de cañas y alcancías, pasar galopando la cuadrilla que ha cargado, y ostentarse despacio delante de sus contrarios.

* **ALCOHOLASA.** f. Bioquím. Fermento que transforma en ácido acético el alcohol etílico.

ALCOHOLATO. m. Med. Cualquier medicamento líquido que resulta de la destilación del alcohol con una o más substancias aromáticas vegetales o animales.

ALCOHOLATURO. m. Med. Medicamento que se obtiene macerando plantas frescas en alcohol.

ALCOHOLERO, RA. adj. Dícese de lo relativo a la producción y comercio del alcohol. || **2.** f. Fábrica en que se produce el alcohol. || **3.** Vasija para poner el alcohol usado por las mujeres como afeite.

* **ALCOHOLICIDAD.** f. Grado alcohólico de los licores.

ALCOHÓLICO, CA. adj. Que contiene alcohol. || **2.** Referente al alcohol o producido por él. || **3.** Alcoholizado. Ú.t.c.s.

* **ALCOHOLIFICACIÓN.** f. Fermentación alcohólica.

ALCOHOLÍMETRO. (De *alcohol*, y el gr. μέτρον, medida.) m. Areómetro que sirve para apreciar la cantidad de alcohol contenida en un líquido.

ALCOHOLISMO. m. Abuso de bebidas alcohólicas. || **2.** Enfermedad ocasionada por tal abuso, que puede ser aguda como la embriaguez, o crónica. || **P. e It.** alcoolismo; **I.** alcoholism; **F.** alcoolisme; **A.** Alkoholismus, Trunksucht; **R.** алкоголизм.

ALCOHOLIZACIÓN. f. Quím. Acción y efecto de alcoholizar. || **P.** alcoolização; **I.** alcoholisation; **F.** alcoolisation; **A.** Trunksüchtigkeit; **It.** alcoolizzazione; **R.** алкоголизация.

ALCOHOLIZADO, DA. p.p. de alcoholizar. || **2.** adj. Dícese del que por abuso de las bebidas alcohólicas padece los efectos de la saturación del organismo por el alcohol.

ALCOHOLIZAR. tr. Echar alcohol en otro líquido. || **P.** alcoolizar; **I.** to alcoholize; **F.** alcooliser; **A.** alkoholisieren; **It.** alcoolizzare; **R.** смешивать со спиртом.

ALCOLLA. (ár. *al-qulla*, el cántaro, la vasija.) f. Ampolla grande de vidrio.

ALCOMENÍAS. f. pl. ant. Alcamonías.

ALCONCILLA. (l. *conchylia*, conchillas, porque se ponía en ellas este afeite.) f. Color brasil o arrebol de que usaban como afeite las mujeres.

ALCOR. (ár. *al-qūr*, los collados.) m. Colina o collado.

ALCORA. (ár. *al-kura*, la esfera.) f. ant. Astron. Globo o esfera.

ALCORÁN. (ár. *al-qur'ān*, la lectura por excelencia, la recitación.) m. Libro en que se contienen las revelaciones que Mahoma supuso recibidas de Dios, y que es fundamento de la religión mahometana.

ALCORÁNICO, CA. adj. Perteneciente o relativo al Alcorán.

ALCORANISTA. Doctor o expositor del Alcorán o ley de Mahoma.

ALCORANO, NA. adj. Alcoránico.

ALCORCE. m. Ar. Acción y efecto de alcorzar. || **2.** Ar. Atajo.

ALCORCÍ. (ár. *al-qurs*, el disco.) m. Especie de joyel.

* **ALCORNEA.** f. Bot. Género de plantas arborescentes, propias de las regiones tropicales.

ALCORNOCAL. m. Sitio poblado de alcornoques.

ALCORNOQUE. (art. ár. *al*, y el l. *quercus*, cambiado en *quernus*.) m. Bot. Árbol siempre verde, de la familia de las fagáceas, de copa muy extensa, madera durísima, corteza formada por una gruesa capa de corcho, hojas aovadas, enteras o dentadas, flores poco visibles y bellotas por frutos. || **2.** Madera de este árbol. || **3.** fig. Persona ignorante y zafia. Ú.t.c. adj. || **P.** alcornoque; **I.** cork-tree; **F.** chêne liège; **A.** Korkbaum; **It.** sughero; **R.** пробковый дуб.

ALCORNOQUEÑO, ÑA. adj. Perteneciente al alcornoque.

* **ALCOROZADO.** m. Méj. Hueco que queda entre dos vigas.

ALCORQUE. (ár. *al-qurq*.) m. Chanclo con suela de corcho. || **2.** Germ. Alpargata.

ALCORQUE. m. Hoyo que se hace al pie de las plantas para detener el agua en los riegos.

ALCORZA. (ár. *al-qurṣa*, la torta redonda y plana.) f. Pasta muy blanca de azúcar y almidón, con la cual se suelen cubrir varios géneros de dulces. || **2.** Dulce cubierto con esta pasta.

ALCORZADO, DA. p.p. de alcorzar. Cubrir de alcorza. || **2.** adj. Almibarado.

ALCORZAR. (De *alcorza*.) tr. Cubrir de alcorza. || **2.** fig. Pulir, asear, adornar. Ú.t.c.r.

ALCORZAR. tr. Ar. Acorzar.

ALCOTÁN. (ár. *al-qaṭám*, el gavilán.) m. Ave rapaz diurna, semejante al halcón.

ALCOTANA. (ár. *al-qaṭṭā'*, la muy cortante.) f. Herramienta de albañilería, que termina por uno de sus extremos en figura de azuela y por el otro en figura de hacha. || **I.** gurlet; **F.** hachette; **A.** Doppelspitzhammer; **It.** picozza; **R.** маленькая кирка.

ALCOTÓN. m. ant. Algodón.

ALCOTONÍA. f. ant. Cotonía.

ALCOYANO, NA. adj. Natural de Alcoy. Ú.t.c.s. || **2.** Perteneciente a esta ciudad de Alicante.

ALCREBITE. (ár. *al-kribīt*, el azufre.) f. Azufre.

ALCRIBÍS. m. Min. Tobera.

ALCRIBITE. m. Alcrebite.

ALCROCO. (art. ár. *al*, y el l. *crocus*, azafrán.) m. ant. Croco, azafrán.

ALCUBILLA. (d. de *cuba*, con el art. ár. *al*.) f. Arca de agua, depósito y distribuidor de agua.

* **ALCUBIYI.** f. Zool. Cogujada, moñuda.

ALCUCERO, RA. adj. fig. y fam. Goloso. || **2.** m. y f. Persona que hace o vende alcuzas.

* **ALCUCO.** m. Argent. Cierto guiso de trigo sazonado con azafrán.

ALCUÑA. (ár. *al-kunya*, el sobrenombre.) f. ant. Alcurnia, estirpe, linaje.

ALCUÑO. (De *alcuña*.) m. ant. Sobrenombre, apodo.

ALCURNIA. (Del m. or. que *alcuña*.) f. Ascendencia, linaje, estirpe.

ALCUZA. (ár. *al-kūza*, la vasija.) f. Vasija, generalmente de hojalata y de forma cónica, en que se tiene el aceite para el uso ordinario. || **2.** Perú y Ecuad. Vinagreras. || **P.** alcuza; **I.** oil-cruet; **F.** huilier, burette; **A.** Ölkrug; **It.** oliera; **R.** масленка.

ALCUZADA. f. Porción de aceite que cabe en una alcuza.

ALCUZCUCERO. m. Vasija para hacer alcuzcuz.

ALCUZCUZ. (ár. *al-kuskus*.) m. Pasta de harina y miel, reducida a granitos redondos, cocida después con el vapor del agua y que los moros guisan de varias maneras. || **P.** alcuscuz; **I.** y **F.** couscous; **A.** Kuskus; **It.** cuscu.

ALCUZCUZU. m. ant. Alcuzcuz.

ALCHUB. (ár. *al-ŷubb*, el pozo, el calabozo obscuro.) m. Ar. Aljibe, cisterna.

ALDABA. (ár. *aḍ-ḍabba*, el picaporte, el cerrojo.) f. Pieza de hierro o bronce que se pone a las puertas para llamar golpeando con ella. || **2.** Pieza ordinariamente de hierro, fija en la pared, para atar de ella una caballería. || **3.** Barreta de metal o travesaño de madera con que se aseguran, después de cerrados, los postigos o puertas. || *Tener buenas* ALDABAS. fr. fig. y fam. Valerse de una poderosa protección o contar con ella. || **P.** aldrava; **I.** knocker; **F.** heurtoir, marteau de porte; **A.** Türklopfer; **It.** battente; **R.** дверный молоток.

ALDABADA. f. Golpe que se da en la puerta con la aldaba. || **2.** Aviso, dicho generalmente del que causa sobresalto.

ALDABAZO. m. Golpe recio dado con la aldaba.

ALDABEAR. tr. Dar aldabadas.

ALDABEO. m. Acción de aldabear, especialmente cuando se hace con repetición.

ALDABÍA. (De *aldaba*.) f. Cada uno de los dos maderos serradizos horizontales que, empotrados en dos paredes opuestas,

sostienen la armazón de un tabique colgado.

ALDABILLA. (d. de *aldaba*.) f. Pieza de hierro que, entrando en una embrilla, sirve para cerrar puertas, cofrecillos, etc.

ALDABÓN. m. aum. de aldaba. || **2.** Aldaba, llamador. || **3.** Asa grande de cofre, arca, etc.

ALDABONAZO. (De *aldabón*.) m. Aldaba, llamador. || **2.** Aldabazo.

* **ALDANA.** f. Colom. Hueso que se pone a cocer con la comida para que le dé substancia y sabor.

ALDEA. (ár. *ad-ḍay'a*, la finca rústica, el cortijo.) f. Pueblo de corto vecindario y, por lo común, sin jurisdicción propia, agregado a un ayuntamiento. || **P.** aldeia; **I.** hamlet; **F.** vilage; **A.** Dorf; **It.** villaggio, borghetto; **R.** деревня.

ALDEANAMENTE. adv. Según el uso o el modo de la aldea. || **2.** Inculta, rústica o groseramente.

ALDEANIEGO, GA. adj. Aldeano. || **2.** fig. Inculto, rústico, grosero.

ALDEANISMO. m. Vocablo o giro usado solamente por los aldeanos.

ALDEANO, NA. adj. Natural de una aldea. Ú.t.c.s. || **2.** Perteneciente o relativo a la aldea. || **3.** fig. Inculto, rústico.

ALDEBARÁN. (ár. *ad-dabarān*, la constelación de Tauro y su estrella más brillante.) m. Astron. Estrella de primera magnitud, en la constelación de Tauro.

ALDEHÍDO. (contrac. de *alcohol* dehydrogenatus.) m. Quím. Cuerpo resultante de la deshidrogenación del alcohol primario. Utilízase en la industria y en los laboratorios químicos por sus propiedades reductoras. —**acético, ordinario**, o simplemente ALDEHÍDO. —**acético.** El resultante de la oxidación del alcohol etílico. —**fórmico.** El resultante de la oxidación del alcohol metílico. || **P.** aldehido; **I.** aldehyde; **F.** aldéhyde; **A.** Aldehyd; **It.** aldeide; **R.** альдегид.

* **ALDEHIDROL.** m. Quím. Aldehído hidratado.

ALDEHUELA. f. d. de aldea.

ALDEÓN. m. aum. despect. de aldea.

ALDEORRIO. (De *aldea*.) m. despect. Lugar muy pequeño, pobre o falto de cultura.

ALDEORRO. m. despect. Aldeorrio.

ALDERREDOR. (De *al*, de *redor*.) adv. Alrededor, en torno.

ALDINO, NA. adj. Perteneciente o relativo a Aldo Manucio y otros famosos impresores de su familia. || **2.** Impr. Aplícase a la letra cursiva de imprenta empleada por ellos, y dícese también de sus ediciones.

ALDIZA. (ár. *ad-dīsa*, especie de junco.) f. Bot. Aciano.

ALDORTA. (port. *galldorta*, gallo de huerta.) f. Ave zancuda, que tiene en la cabeza un penacho formado de tres plumas blancas y eréctiles; el pico, negro y largo; los tarsos, rojos, y el cuerpo, ceniciento, excepto el lomo, que tira a verde.

* **ALDOSA.** f. Quím. Cualquier hidrato de carbono con función alcohólica y aldehídica.

ALDRÁN. m. El que vende vino en las dehesas.

ALDÚCAR. m. Adúcar.

ALEA. f. Relig. Aleya.

ALEACIÓN. f. Acción y efecto de alear o mezclar metales, fundiéndolos. || **2.** Quím. Compuesto resultante de la fusión de dos o más metales. Si uno de éstos es el mercurio, recibe el nombre de amalgama. || —**encontrada.** La que resulta de la fundición y liga de oro fuerte de ley con otro feble. || —**fusibles.** Son las formadas con metales de bajo punto de fusión, como el plomo, estaño, etc. || **P.** ligação; **I.** alloyage; **F.** alliage; **A.** Mischung, Metallversetzung, Legierung; **It.** lega; **R.** сплав.

* **ALEADO, DA.** p.p. de alear. || **2.** Mús. Mordente, doble apoyatura que adorna el canto.

ALEAR. (De *ala*.) intr. Mover las alas. || **2.** fig. Mover los brazos a modo de alas. || **3.** fig. Cobrar aliento o fuerzas el convaleciente o el que se repone de algún trabajo. Ú.m. en ger. con el verbo *ir*. *Juan va* ALEANDO. || **4.** fig. Aspirar a una cosa o dirigirse con afán hacia ella. || **5.** Sant. Patinar. || **P.** alar; **I.** to flutter; **F.** battre les

A

ailes; **A.** flattern; **It.** aleggiare; **R.** махать крыльями.

ALEAR. (l. *allĭgāre*, atar.) tr. Quím. Mezclar metales fundiéndolos.

ALEATORIO, RIA. (l. *aleatorĭus*, propio del juego de dados.) adj. Perteneciente o relativo al juego de azar. || **2.** Dependiente de algún suceso fortuito.

ALEBRARSE. r. Echarse en el suelo pegándose contra él como las liebres. || **2.** fig. Acobardarse.

ALEBRASTRARSE. r. Alebrestarse.

★ **ALEBRESTADO, DA.** p.p. de alebrestarse. || **2.** adj. Amér. Mujeriego. Ú.t. c.s.m.

ALEBRESTRARSE. r. Alebrarse. || **2.** Venez. y Colom. Erguirse, encabritarse, alborotarse los caballos u otros animales. || **3.** fig. Venez. y Colom. Ensoberbecerse, envalentonarse. || **4.** Méj. Alarmarse, alborotarse.

ALEBRONARSE. (De *a*, y *lebrón*.) r. Alebrarse.

★ **ALECANTINA.** f. Ecuad. Cantaleta.

ALECCIONADOR, RA. adj. Que alecciona.

ALECCIONAMIENTO. m. Acción y efecto de aleccionar o aleccionarse.

ALECCIONAR. (De *a* y *lección*.) tr. Instruir, amaestrar, enseñar. Ú.t.c.r. || **P.** leccionar; **I.** to teach; **F.** enseigner; **A.** lehren; **It.** insegnare; **R.** поучать.

ALECE. (l. *halex, -ĕcis*.) m. Zool. Haleche o boquerón. || **2.** Guisado hecho y sazonado con el hígado del salmonete o del sargo.

ALECRÍN. m. Zool. Escualo del mar de las Antillas, de unos cuatro metros de largo, cabeza obtusa, con doble fila de dientes, carnicero y muy voraz.

ALECRÍN. m. Bot. Árbol verbenáceo, de madera semejante a la caoba. Propio de América del Sur.

★ **ALECTO.** m. Zool. Serpiente venenosa del continente australiano. || **2.** Pájaro dentirrostro de las regiones cálidas de Asia, África y Oceanía. || **3.** Especie de murciélago. || **4.** Cierto género de peces de agua dulce, del orden de los fisóstomos.

ALECTOMANCIA [-MANCÍA]. (gr. ἀλέκτωρ, gallo, y μαντεία, adivinación.) f. Adivinación por el canto del gallo o por la piedra de su hígado.

ALECTORIA. (l. *alectorĭa*, y éste del gr. ἀλέκτωρ, gallo.) f. Piedra que suele hallarse en el hígado de los gallos viejos y a la cual se atribuyeron antiguamente muchas virtudes medicinales. || **P.** alectoria; **I.** cock stone; **F.** alectorie; **A.** Hahnenstein; **It.** alettoria.

★ **ALECTÓRIDOS.** m. pl. Zool. Aves zancudas.

★ **ALÉCTRIDAS.** f. pl. Zool. Gallináceas.

★ **ALECTRIOMAQUIA.** f. Riña de gallos.

ALECHE. m. Heleche o boquerón.

ALECHIGAR. (De *a*, y *lechiga*.) tr. ant. Dulcificar, suavizar.

ALECHUGADO, DA. p.p. de alechugar. || **2.** adj. De figura de hoja de lechuga.

ALECHUGAR. (De *lechuga*.) tr. Doblar o disponer alguna cosa en figura de hoja de lechuga, principalmente en las guarniciones y adornos de vestidos de las mujeres. || **P.** franzir; **I.** to flute; **F.** fraiser; **A.** fälteln; **It.** pieghettare; **R.** гофрировать.

ALEDA. f. Cera aleda.

ALEDAÑO, ÑA. (De *aladaño*, del l. *latĭnĕus*, de *latus*, lado, infl. por *alendaño*, *lindaño*, de *limĭtānĕus*, lindante.) adj. Confinante, lindante. || **2.** Dícese del campo, etc., que linda con un pueblo o con otro campo y que se considera como parte accesoria a ellos. Ú.t.c.s.m. y más en pl. || **3.** m. Confín, término, límite. Ú.m. en pl.

ALEFANGINA. adj. Farm. Aplícase a cierta píldora purgante. Ú.t.c.s. y más en pl.

ALEFRIZ. (ár. *al-ifrāḍ*, la incisión, con *imela*.) m. Mar. Ranura que se abre a lo largo de la quilla, roda y codaste de un buque para que en ella encajen los tablones de traca. || **P.** alefriz; **I.** rabbet; **F.** rablure; **A.** Spündung; **It.** battura; **R.** выемка.

ALEGACIÓN. (l. *allegatĭo, -ōnis*.) f. Acción de alegar. || **2.** For. Alegato.

—**en derecho.** For. Alegato extraordinario impreso, con el cual, a veces, se sustituyen los informes orales de las partes litigantes. || **P.** alegação; **I.** allegation; **F.** allégation; **A.** Beweisschrift, Zitat; **It.** allegazione; **R.** ссылка.

★ **ALEGAJAR.** tr. Chile. Formar legajos con papeles.

ALEGAMAR. tr. Echar légamo o cieno en las tierras para beneficiarlas. || **2.** r. Llenarse de légamo o cieno.

ALEGANARSE. (De *a*, y *légano*.) r. Alegamarse.

ALEGAR. (l. *allegāre*; de *ad*, a, y *legāre*, delegar.) tr. Citar, traer uno a favor de su propósito, como prueba, disculpa o defensa, algún hecho, dicho, ejemplo, etc. || **2.** Tratándose de méritos, servicios, etc., exponerlos para fundar en ellos alguna pretensión. || **3.** intr. For. Traer el abogado leyes, autoridades y razones en defensa de su causa. || **P.** alegar; **I.** to allege; **F.** alléguer; **A.** anführen; **It.** allegare; **R.** ссылаться.

ALEGATO. (l. *allegātus*.) m. Escrito en el cual expone el abogado las razones que sirven de fundamento al derecho de su cliente e impugna las del adversario. || **2.** Por ext., razonamiento o exposición de méritos o motivos aun fuera de lo judicial. —**de bien probado.** For. Escrito, llamado de conclusiones, en el cual mantenían los litigantes sus pretensiones al terminar la instancia. || **P.** alegação; **I.** allegation; **F.** factum; **A.** Verteidigungsschrift; **It.** allegato; **R.** заявление защитника.

ALEGORÍA. (l. *allegoria*, y éste del gr. ἀλληγορία; de ἄλλος, otro, y ἀγορεύω, hablar, arengar.) f. Ficción por la cual una cosa representa o significa otra diferente. || **2.** Obra o composición literaria o artística de sentido alegórico. || **3.** Pin. y Esc. Representación simbólica de ideas abstractas por medio de figuras. || **4.** Ret. Figura que consiste en hacer patentes en el discurso, por medio de varias metáforas consecutivas, un sentido recto y otro figurado, ambos completos a fin de dar a entender una cosa expresando otra distinta. || **P.** alegoria; **I.** allegory; **F.** allégorie; **A.** Allegorie; **It.** allegoria; **R.** аллегория.

ALEGÓRICAMENTE. adv. Con alegoría o en sentido alegórico.

ALEGÓRICO, CA. (l. *allegoricus*, y éste del gr. ἀλληγορικός.) adj. Perteneciente o relativo a la alegoría.

ALEGORIZAR. (l. *allegorizāre*.) tr. Interpretar alegóricamente alguna cosa; darle sentido o significación alegórica. || **P.** alegorizar; **I.** to allegorize; **F.** allégoriser; **A.** bildlich auslegen; **It.** allegorizzare; **R.** объяснять аллегориями.

★ **ALEGOSO, SA.** (De *alegar*.) adj. Perú. Disputador.

ALEGRA. (De *alegrar*.) f. Mar. Barrena para taladrar los maderos que han de emplearse como tubos de bomba.

ALEGRADOR, RA. adj. Que alegra o causa alegría. Ú.t.c.s. || **2.** m. pl. Taurom. Banderillas.

ALEGRADURA. f. Cir. Legradura.

ALEGRANTE. p.a. de alegrar. Que alegra.

ALEGRANZA. (De *alegrar*.) f. ant. Alegría, gozo, júbilo.

ALEGRAR. (De *alegre*.) tr. Causar alegría. || **2.** fig. Avivar, hermosear, dar más apacible vista a las cosas inanimadas. || **3.** fig. Tratándose de la luz o del fuego, avivarlos. || **4.** Mar. Aflojar un cabo para disminuir su trabajo. || **5.** Mar. Alijar o aliviar una embarcación para que no trabaje mucho por causa de la mar. || **6.** Taurom. Excitar el diestro al toro para que acometa. || **7.** r. Recibir o sentir alegría. || **8.** fig. y fam. Ponerse uno alegre por haber bebido vino u otros licores con algún exceso. || **P.** alegrar; **I.** to make merry; **F.** égayer, réjouir; **A.** erfreuen; **It.** rallegrar; **F.** радоваться || **2.** acep.: **P.** alegrar-se; **I.** to rejoice; **F.** se réjouir; **A.** sich berauschen; **It.** rallegrarsi; **R.** веселить.

ALEGRAR. (De *a*, y *legrar*.) tr. Cir. Legrar. || **2.** Mar. Agrandar un taladro o agujero cualquiera.

ALEGRE. (l. *alĕcris*, de *alacris* ,alegre.) adj. Lleno de alegría. || **2.** Que siente o manifiesta de ordinario alegría. || **3.** Que

ocasiona alegría. || **4.** Pasado o hecho con alegría. || **5.** fig. Aplicado a colores, vivo, como el amarillo, verde, rojo. || **6.** fig. y fam. Excitado alegremente por haber bebido vino u otros licores con algún exceso. || **7.** fig. y fam. Algo libre o deshonesto. || **8.** fig. y fam. Ligero, arriscado, que se las promete felices. || **9.** fig. y fam. Aplícase al juego o modo de jugar que denota osadía, ligereza en el jugador. || **10.** fig. y fam. Dícese del juego en que se atraviesa más dinero que de ordinario. || **11.** ant. fig. Gallardo, brioso, esforzado. || **P.** alegre; **I.** merry; **F.** joyeux; **A.** lustig; **It.** allegro; **R.** весёлый.

ALEGREMENTE. adv. Con alegría.

ALEGRETE, TA. adj. d. de alegre.

ALEGRETO. (l. *allegretto*.) adv. Con movimientos menos vivos que el alegro. || **2.** Mús. Composición o parte de ella que se ha de ejecutar con este movimiento.

ALEGREZA. (ital. *allegrezza*.) f. ant. Alegría, gozo.

ALEGRÍA. (De *alegre*.) f. Grato y vivo movimiento del ánimo, el cual, por lo común, se manifiesta con signos exteriores. || **2.** Palabras, gestos o actos con que se manifiesta el júbilo o alegría. || **3.** Ajonjolí, y su semilla. || **4.** Nuégado o alajú condimentado con ajonjolí. || **5.** Germ. Taberna. || **6.** Mar. Abertura, luz o hueco total de una porta. || **7.** pl. Regocijos y fiestas públicas. || **8.** Modalidad de cante andaluz, de tonada viva y graciosa. || **9.** Baile de la misma tonada. || **P.** alegria; **I.** mirth; **F.** allégresse; **A.** Freude; **It.** allegrezza; **R.** радость.

ALEGRO. (ital. *allegro*.) adv. Mús. Con movimiento moderadamente vivo. || **2.** m. Mús. Composición o parte de ella, que se ha de ejecutar con este movimiento.

ALEGRÓN. m. fam. Alegría intensa y repentina. || **2.** fig. y fam. Llamarada de fuego de poca duración. || **3.** adj. m. Méj. Aficionado a galanteos. || **4.** Ecuad. Alegre, bebido, achispado.

★ **ALEGRONA.** f. Perú y Méj. Prostituta.

ALEGROSO, SA. adj. Poseído o lleno de mucha alegría.

ALEJA. (ár. *al-luwaiḥ*, la tablilla.) f. Murc. Vasar.

ALEJAMIENTO. m. Acción y efecto de alejar o alejarse.

ALEJANDRÍA. n. p. V. *Rosal de Alejandría*.

ALEJANDRINO, NA. adj. Natural de Alejandría. Ú.t.c.s. || **2.** Perteneciente a esta ciudad de Egipto. || **3.** Neoplatónico. || **4.** Perteneciente a Alejandro Magno.

ALEJANDRINO. (Por el metro en que está escrito el poema de Alejandro.) adj. Dícese del verso castellano de catorce sílabas dividido en dos hemistiquios. Ú.t. c.s.

ALEJAR. tr. Poner lejos o más lejos. Ú.t.c.r. || **P.** afastar; **I.** to remove, to send away; **F.** éloigner; **A.** entfernen; **It.** allontanare; **R.** удалять.

ALEJIJA. (ár. *ad-dašīša*, el grano machacado y tostado, cocido con manteca especial.) f. Puches de harina de cebada condimentada con ajonjolí. Ú.m. en pl.

ALEJOR. m. ant. Alajor.

ALEJUR. m. Alajú.

ALELAMIENTO. n. Efecto de alelarse.

ALELAR. tr. Poner lelo. Ú.m.c.r. || **2.** fig. Aturdir, perturbar los sentidos. Ú.t.c.r.

ALELEVÍ. m. Ál. Escondite, juego. || **2.** Ál. Voz con que en el juego del escondite se llama al que se queda para que salga a buscar a los demás.

ALELÍ. m. Alhelí.

★ **ALELOFAGIA.** f. Biol. Acción recíprocamente destructora de los organismos.

★ **ALELOMORFO.** m. Biol. Cada uno de los caracteres hereditarios que se presentan en pares antagónicos.

★ **ALELOTAXIA.** Embriol. Desarrollo de un órgano en el que se encuentran diversos tejidos embrionarios.

ALELUYA. (hebr. *ḥallelū-yah*, alabad con júbilo a Yahvé.) Voz de que usa la Iglesia en demostración de júbilo, especialmente en tiempo de Pascua. Ú.t.c.s.amb. || **2.** interj. que se emplea para demostrar júbilo. || **3.** m. Tiempo de Pascua. || **4.** f. Estampitas con la palabra ALELUYA, las que se arrojan al paso de las procesiones; o las que formando serie, contienen la explicación del asunto, generalmente en versos pareados. || 5. Dulce de leche, en forma de tortita redonda, con la palabra ALELUYA realzada encima, que acostumbran a regalar las monjas a los devotos el día de Pascua de Resurrección. || 6. BOT. Planta perenne, oxalidácea, comestible, de gusto ácido. Se saca de ella la sal de acederas. || 7. BOT. Planta malvácea, de sabor ácido, usada en Cuba en salsas, dulces, refrescos, etc. || 8. fig. y fam. Pintura despreciable. || 9. fig. y fam. Versos prosaicos y de puro sonsonete. || 10. fig. y fam. Persona o animal de extremada flacura. || 11. fig. y fam. En algunas locuciones, alegría. || 12. fig. Noticia que alegra. || 13. COLOM., ECUAD., PERÚ y ANT. Excusa, pretexto, marullería. Ú.m. en pl. || P. aleluia; I. hallelujah; F. alléluia; A. Halleluja, Lobgesang; It. alleluia; R. аллилуйя.

ALEMA. (ár. al-ã́mma, la mayor parte de un todo.) f. Porción de agua de regadío que se reparte por turno.

ALEMÁN, NA. adj. Natural de Alemania. Ú.t.c.s. || 2. Perteneciente a este país de Europa. || Alto ALEMÁN. Dícese del idioma hablado por los habitantes de la Alta Alemania. || Bajo ALEMÁN. Aplícase al idioma hablado por los habitantes de la Baja Alemania. || P. alemão; I. German; F. allemand; A. Deutsche(r); deutsch; It. tedesco, germánico; R. немецкий.

ALEMANA. f. Alemanda.

ALEMANDA. (fr. allemande.) f. Danza alegre, de compás binario. Procede de la Baja Alemania o de Flandes.

ALEMANÉS, SA. adj. Alemán. Apl. a pers. ú.t.c.s.

ALEMANESCO, CA. adj. Alemanisco.

ALEMÁNICO, CA. adj. Perteneciente a Alemania.

ALEMANISCO, CA. adj. Alemánico. 2. Aplícase a cierto género de mantelería labrada a estilo de Alemania, donde tuvo origen.

ALEMBRARSE. (De a y lembrar.) r. ant. Acordarse.

ALÉN. adv. ant. Allende.

ALENGUAMIENTO. m. Acción y efecto de alenguar.

ALENGUAR. (De a y lengua.) tr. En La Mesta, tratar del ajuste o arrendamiento de alguna dehesa o hierbas para pasto de ganado lanar.

★ ALENÓN. m. FARM. Aceite de almendras dulces.

ALENTADA. (De alentar.) f. Respiración continuada y no interrumpida. Leyó los versos de una ALENTADA.

ALENTADAMENTE. adv. Con aliento o esfuerzo.

ALENTADO, DA. p.p. de alentar. || 2. adj. Resistente para la fatiga. || 3. Animoso, valiente. || 4. Altanero, valentón. || 5. CHILE y GUAT. Sano. || 6. COLOM. Robusto, vigoroso.

ALENTADOR, RA. adj. Que infunde aliento. Ú.t.c.s.

ALENTAR. (De aliento.) intr. Respirar, absorber el aire los seres vivos, animarse, y también descansar de un trabajo. || 2. Animar, infundir aliento, comunicar valor y energía. Ú.t.c.r. || 3. ECUAD. Palmotear, jalear. || 4. r. GUAT. Restablecerse, reponerse. || P. alentar; I. to encourage; F. encourager; A. ermuntern; It. incoraggiare; R. ободрять.

★ ALENTESIS. f. Existencia en el organismo de cuerpos extraños.

ALENTOSO, SA. adj. Alentado, resistente para la fatiga, animoso, esforzado, valiente.

ALEONADO, DA. adj. Leonado.

★ ALEPANTAMIENTO. m. ECUAD. Distracción, falta de atención.

ALEPÍN. (fr. alépine, y éste del ár. ḥalabī, de Alepo.) m. Tela muy fina de lana.

★ ALEPRUCES. m. pl. COLOM. Pajarracos.

ALERA. f. ant. AR. Sitio llano donde están las eras para trillar las mieses. || —foral. AR. Derecho que tienen los vecinos de un pueblo, de apacentar sus ganados en los terrenos de otro lugar, a condición de que saliendo del suyo, lo más pronto al amanecer, el mismo día,

al ponerse el Sol, se hallen ya en el lugar de origen.

ALERCE. (ár. al-arz, el cedro.) m. BOT. Árbol conífero, alto, de tronco derecho y delgado, ramas abiertas y hojas blandas. Su fruto es una piña menor que la del pino. || 2. Madera de este árbol, que es aromática. || —africano. Se cultiva en los jardines de Europa. De él se extrae la grasilla que suele darse al papel de escribir. || —europeo. El que florece en mayo; es la única conífera que pierde sus hojas en el invierno. Produce la trementina de Venecia; su madera se emplea en construcciones hidráulicas, y su corteza, en los curtidos. || P. lariço; I. larch-tree; F. mélèze; A. Lärche; It. larice; R. лиственница.

º ALÉRGENO. m. Substancia hipotética tóxica que facilita la aparición de la alergia en el organismo.

ALERGIA. (Palabra formada por el médico alemán Von Pirquet, del gr. ἄλλος, otro, y ἔργον, trabajo.) f. FISIOL. Conjunto de fenómenos de carácter respiratorio, nervioso o eruptivo, producido por la absorción de ciertas substancias que dan al organismo una sensibilidad especial ante una nueva acción de tales substancias aun en cantidades mínimas.

★ ALÉRGICO, CA. adj. Perteneciente o relativo a la alergia.

ALERO. (De ala.) m. Parte inferior del tejado, que sale fuera de la pared, y sirve para desviar de ella las aguas llovedizas. || 2. Cada una de las piezas o alas sujetas a los costados de la caja de algunos carruajes, para preservar de las salpicaduras de lodo a los que van dentro. || 3. En la caza de perdices con lazo o con buitrón, cada uno de los atajos o paredillas que se forman a uno y otro lado para que estas aves vayan encallejonadas hacia la red. || —corrido. ARQ. El que rebasa la línea del muro cuando éste no lleva cornisa. || —de chaperón. ARQ. El que no tiene canecillos. || —de mesilla. ARQ. El que forma cornisa horizontal. || P. beirado; I. eaves (pl.); F. auvent, avant-toit; A. Wetterdach; It. gronda; R. навес.

ALERO. adj. Dícese del ciervo joven que todavía no ha padreado.

º ALERÓN. m. Pieza móvil articulada en la parte posterior de las alas de un avión para dar al aparato la inclinación que convenga.

ALERTA. (ital. all'erta, y éste de erectus de ergo por erigo, levantar.) adv. Con vigilancia y atención. Ú. con los verbos estar, andar, vivir, etc. || 2. interj. que se emplea para excitar a la vigilancia. Ú.t.c.s.m. || P. e It. alerta; I. alert; F. alerte; A. wachsam; R. бдительно.

★ ALERTADO, DA. p.p. de alertar. || 2. adj. COLOM. y VENEZ. Alerto, vigilante.

ALERTAMENTE. adv. Alerta, con vigilancia y atención.

ALERTAR. tr. Poner alerta. || 2. intr. p.us. Estar alerta.

ALERTO, TA. (De alertar.) adj. Vigilante, cuidadoso.

ALERZAL. m. Sitio plantado de alerces.

★ ALESIA. f. Propiedad de algunos organismos de mostrar reacciones cuantitativas.

ALESNA. (germ. alesna.) f. Lesna.

ALESNADO, DA. adj. Puntiagudo, a manera de lesna. || 2. VENEZ. Intrépido, esforzado, animoso.

ALETA. f. d. de ala. || 2. ZOOL. Cada una de las membranas externas, a manera de ala, que tienen los peces, sirenios y cetáceos en varias partes del cuerpo y con las cuales se ayudan para nadar. || 3. Prolongación de la parte superior de la popa de algunas embarcaciones latinas. || 4. ant. Alero. || 5. ARQ. Cada una de las dos partes del machón que quedan visibles a los lados de una columna o pilastra. || 6. ARQ. Cada uno de los muros en rampa en los lados de los puentes o en las embocaduras de las alcantarillas, para contener las tierras y dirigir las aguas. || 7. MAR. Cada uno de los dos maderos corvos que forman la popa de un buque. || 8. MAR. Parte del costado de un buque comprendida entre la popa y el punto que corresponde a la primera parte de la batería. || 9. Guardabarros colocado sobre

las ruedas de los automóviles para evitar las salpicaduras. || —abdominal. ZOOL. Cada una de las dos situadas en la región abdominal. || —anal. ZOOL. La situada detrás del ano y junto a él. || —caudal. ZOOL. La situada en los extremos de la cola. || —dorsal. ZOOL. La situada en la línea media del dorso. || —pectoral o torácica. ZOOL. Cada una de las dos situadas inmediatamente después de la cabeza. || —ventral. La situada junto al vientre. || 2.ª acep.: P. asinha; I. fin; F. nageoire; A. Flosse; It. pinna; R. крылышко.

ALETADA. (De aleta.) f. Movimiento de las alas.

ALETARGAMIENTO. m. Acción y efecto de aletargar o aletargarse.

ALETARGAR. tr. Causar letargo. || 2. r. Padecerlo.

ALETAZO. m. Golpe de ala o de aleta. || 2. CUBA. Bofetada, puñetazo. || 3. HOND. Hurto, estafa.

ALETEAR. intr. Mover las aves frecuentemente las alas sin echar a volar. || 2. Mover los peces frecuentemente las aletas cuando se los saca del agua. || 3. fig. Alear, mover los brazos a modo de alas, o cobrar aliento y fuerzas. || 4. CUBA. Andar falto de recursos. || P. adejar; I. to flutter; F. batre des ailes; A. flattern; It. svolazzare; R. махать крыльями.

ALETEO. m. Acción de aletear. || 2. Acción de palpitar acelerada y violentamente el corazón.

ALETO. m. Halieto, ave rapaz.

★ ALETOSCOPIO. m. FÍS. Instrumento de óptica mediante el cual se perciben en relieve las imágenes de las cosas.

ALETRÍA. (ár. al-iṭriya.) f. MURC. Fideo.

★ ALEUCEMIA. f. MED. Insuficiencia de glóbulos blancos en la sangre.

ALEUDAR. tr. Leudar. Ú.t.c.r.

★ ALEURONA. f. BOT. Substancia nitrogenada que se encuentra en las semillas maduras de algunas plantas.

ALEUSERO, RA. (germ. lausinga, mentira.) adj. ant. Lisonjero.

ALEVANTADIZO, ZA. (De alevantar.) adj. ant. Acostumbrado a levantarse o rebelarse.

ALEVANTAMIENTO. (De alevantar.) m. ant. Levantamiento.

ALEVANTAR. tr. ant. Levantar. Usáb. t.c.r.

ALEVE. (gót. levian, hacer traición; anglosajón laeva, traidor.) adj. Alevoso. Ú.t.c.s.

ALEVEMENTE. adv. Alevosamente.

ALEVIAR. tr. ant. Aliviar.

ALEVILLA. (l. levicŭla, ligerilla, d. de levis.) f. Mariposa muy común en España, y muy parecida al gusano de seda, de la cual se diferencia en tener las alas enteramente blancas.

º ALEVÍN. m. Cría de peces para repoblación fluvial.

ALEVO. m. ant. Ahijado.

ALEVOSA. f. VETER. Ránula, tumor formado debajo de la lengua.

ALEVOSAMENTE. adv. Con alevosía.

ALEVOSÍA. (De alevoso.) f. Cautela para asegurar la comisión de un delito contra las personas, sin riesgo del delincuente. Es circunstancia que agrava la pena. || 2. Traición, perfidia. || Con ALEVOSÍA. m. adv. A traición y sobre seguro. 2.ª acep.: P. aleivosia; I. perfidy; F. perfidie; A. Treulosigkeit; It. perfidia; R. вероломство.

ALEVOSO, SA. (De aleve.) adj. Dícese del que comete alevosía. Ú.t.c.s. || 2. Que implica alevosía o se hace con ella.

★ ALEXIA. f. MED. Pérdida de la facultad de leer a causa de una lesión.

ALEXIFÁRMACO, CA. (l. alexipharmăcon, y éste del gr. ἀλεξιφάρμακον, contraveneno.) adj. MED. Dícese de la substancia o del medicamento preservativo o correctivo de los efectos del veneno. Ú.t.c.s.m.

ALEYA. (ár. al-ãya.) f. Versículo del Alcorán.

ALEZNA. (De alesna, por la semejanza de su semilla con la punta de aquélla.) f. RIOJA. Mostaza negra.

A

ALEZNADO, DA. adj. Bot. En forma de lezna.

ALEZO. (f. *alèze*.) m. Pedazo de lienzo en forma de faja para sujetar el vientre a las recién paridas. || **2.** Sábana que se pliega en varios dobleces y cuyo objeto es guarnecer el lecho de un enfermo para que no se manche con supuraciones, etc.

ALFA. (gr. ἄλφα.) f. Primera letra del alfabeto griego, que corresponde a la que en el nuestro se llama A. || ALFA y *omega*. expr. fig. Principio y fin. || **2.** fig. Dícese de Cristo en cuanto es Dios, principio y fin de todas las cosas. || **I.** y **F.** alpha; **A.** Alpha; **P.** e **It.** alfa; **R.** алфа.

ALFABA. (ár. *al-ḥabba*, la pieza.) f. Suerte de tierra compuesta de dos a cinco tahúllas, y a veces más, según la calidad del terreno.

★ **ALFABACA.** f. Bot. Planta de la familia de las rutáceas, propia del Brasil.

ALFÁBEGA. (ár. *al-ḥabaq*.) f. Albahaca.

ALFABÉTICAMENTE. adv. Por el orden del alfabeto.

ALFABÉTICO, CA. adj. Perteneciente o relativo al alfabeto.

° **ALFABETIZACIÓN.** f. Aspecto moderno de la política cultural de un Estado que dispone los medios conducentes a una enseñanza rápida del alfabeto o de la lectura y escritura para todos los habitantes del país aún analfabetos. || *Campaña de* ALFABETIZACIÓN. Es la emprendida por el gobierno de un país para reducir el número de analfabetos o para lograr su total desaparición. || **2.** tr. Enseñar el alfabeto o sea la lectura y escritura a los analfabetos para que dejen de serlo.

ALFABETIZAR. tr. Ordenar alfabéticamente.

ALFABETO. (l. *alphabētum*, y éste de las dos primeras letras del gr. ά, β: ἄλφα, βῆτα.) m. Abecedario. || **P.** e **It.** alfabeto; **I.** y **F.** alphabet; **A.** Alphabet, Abc; **R.** алфавит, букварь.

ALFADÍA. (ár. *al-hadiyya*, el regalo.) f. ant. Cohecho, soborno.

ALFAGUARA. (ár. *al-fawwāra*, surtidor, tromba de agua.) f. Manantial copioso que surge con violencia.

ALFAHAR. (ár. *al-fajjār*, la vajilla, la alfarería.) m. Alfar, obrador del alfarero.

ALFAHARERÍA. (De *alfaharero*.) f. Alfarería.

ALFAHARERO. (De *alfahar*.) m. Alfarero.

ALFAIDA. (ár. *al-fā'ida*.) f. La crecida del río por el flujo de la pleamar.

ALFAJA. f. ant. Alhaja.

ALFAJEME. (ár. *al-ḥayyām*, el sangrador, el que pone ventosas.) m. ant. Barbero, el que afeita o hace la barba.

ALFAJÍA. m. Carp. Alfarjía.

ALFAJOR. m. Alajú. || **2.** Rosquillas de alajú. || **3.** Argent. y Chile. Golosina compuesta de dos piezas de masa adheridas unas a otras con manjar blanco u otra especie de dulce. || **4.** Venez. Pasta hecha de harina de yuca, papelón, piña y jengibre.

★ **ALFALACA.** f. Cuba. Abarca, calzado rústico.

ALFALFA. (ár. *al-faṣfaṣa*.) f. Mielga común que se cultiva para forraje. || —**arborescente.** Arbusto siempre verde, de la familia de las papilonáceas, con hojas dentadas y flores amarillas. Se cultiva como planta de adorno y como forraje. || **P.** alfalfa; **I.** lucerne; **F.** luzerne; **A.** Luzerne, Schneckenklee; **It.** cedràngola; **R.** люцерна.

ALFALFAL. m. Alfalfar.

ALFALFAR. m. Tierra sembrada de alfalfa.

ALFALFAR. tr. Argent. y Chile. Sembrar un terreno de alfalfa.

ALFALFE. m. Alfalfa.

ALFALFEZ. m. Ar. Alfalfa.

ALFAMA. f. ant. Aljama.

ALFAMAR. m. ant. Alhamar, cairel, adorno de vestido. Ú. en Salamanca.

ALFAMARADA. (De *alfamar*.) f. ant. Llamarada, encendimiento repentino del rostro.

ALFAMBRA. (ár. *al-ḥamrā'*, la roja.) f. Nombre antiguo de la Alhambra de Granada.

ALFANA. f. Caballo corpulento, fuerte y brioso.

ALFANDOQUE. m. Pasta hecha con melado, queso y anís o jengibre, que se usa en América. || **2.** Colom. Especie de alfeñique hecho de panela o almendras. || **3.** Instrumento músico de acompañamiento, usado por los indios de Cauca, consistente en un canuto con semillas dentro que se sacude a compás.

ALFANEQUE. m. Ave de África, variedad de halcón, de color blanquecino con pintas pardas y tarsos amarillentos, que, domesticada, se empleaba en la cetrería. || **P.** alfaneque; **I.** kestrel; **F.** crécerelle; **A.** Turmfalke; **It.** gheppio; **R.** африканский сокол.

ALFANEQUE. (ár. *al-jānaqa*, el claustro.) m. ant. Tienda de campaña.

ALFANIGUE. (ár. *al-baniqa*, el capillo o gorro femenino.) m. ant. Mantellina.

ALFANJADO, DA. adj. De figura de alfanje.

ALFANJAZO. m. Golpe o herida de alfanje.

ALFANJE. (ár. *al-janyar*, el puñal.) m. Especie de sable, corto y corvo, con filo solamente por un lado y por los dos en la punta. || **2.** Pez espada. || **P.** y **F.** alfange; **I.** cutlass; **A.** Sarass; **It.** scimitarra; **R.** ятаган.

ALFANJETE. m. d. de alfanje.

ALFAQUE. (ár. *al-japp*, la quebraza, la grieta en la tierra.) m. Banco de arena, generalmente en la desembocadura de los ríos. Ú. m. en pl. || **P.** alfaque; **I.** shoal; **F.** banc de sable; **A.** Sandbank; **It.** calanca; **R.** песчаная отмель.

ALFAQUEQUE. (ár. *al-fakkāk*, el redentor de cautivos.) m. El oficialmente encargado de redimir cautivos o libertar esclavos y prisioneros de guerra. || **2.** Aldeano o burgués que servía de correo.

ALFAQUÍ. (ár. *al-faqīh*, el jurisconsulto.) m. Doctor o sabio de la ley, entre los musulmanes.

ALFAQUÍN. (ár. *al-ḥakīm*, el sabio, el médico.) m. ant. Médico.

ALFAR. (De *alfahar*.) m. Obrador de alfarero. || **2.** Arcilla.

ALFAR. adj. Que alfa.

ALFAR. (Del m. or. que *arfar*.) intr. Levantar el caballo demasiado, al galopar, el cuarto delantero, sin doblar los corvejones ni bajar las ancas.

ALFARAZ. (ár. *al-faras*, el caballo.) m. Caballo que usaban los árabes para las tropas ligeras.

ALFARDA. (ár. *al-farḍa*, la obligación, la contribución.) f. Cierta contribución que pagaban los moros y judíos en los reinos cristianos. || **2.** Ar. Contribución por el aprovechamiento de las aguas. || **3.** En Marruecos, tributo, contribución extraordinaria. || —**media.** Ar. Canon reducido que pagan algunas tierras en compensación de no recibir todas las ventajas del riego.

ALFARDA. (ár. *farḍa*, dicho de las dos cosas que forman un todo.) f. ant. Adorno que usaban las mujeres. || **2.** Arq. Par de una armadura. || **3.** Cuba. Alfarjía.

ALFARDAR. (De *alfarda*.) tr. Ar. Incluir una tierra entre las de una corporación de regantes. || **2.** intr. Estar inscrita una tierra entre las de una corporación de regantes.

ALFARDERO. m. Ar. Recaudador de la alfarda.

ALFARDILLA. f. Ar. Cantidad adicional sobre la alfarda, por la limpieza de las acequias secundarias. || **2.** Por ext., todo reparto extraordinario que han de pagar los herederos de una comunidad de regantes.

ALFARDILLA. (d. de *alfarda*.) f. Esterilla.

★ **ALFARDÓN.** m. Cuba. Vigueta grande.

ALFARDÓN. m. Ar. Alfarda, contribución de riego.

★ **ALFARDÓN.** (De *alfarda*, par de una armadura.) m. Cuba. Vigueta mayor que la alfarda.

ALFAREME. (ár. *al-ḥaram*, pieza de tela de lana blanca.) m. Toca semejante al almaizar, usada por los árabes para cubrir la cabeza.

ALFARENSE. adj. Natural de Alfaro.

Ú.t.c.s. || **2.** Perteneciente a esta ciudad de Logroño.

ALFARERÍA. (De *alfaharería*.) f. Arte de fabricar vasijas de barro. || **2.** Obrador donde se fabrican. || **3.** Tienda o puesto donde se venden. || **P.** olaria; **I.** pottery; **F.** poterie; **A.** Töpferwerkstatt; **It.** stoviglieria; **R.** гончарное ремесло.

ALFARERO. (De *alfaharero*.) m. Fabricante de vasijas de barro. || **P.** oleiro; **I.** potter; **F.** potier; **A.** Töpfer; **It.** stoviglaio; **R.** гончар.

★ **ALFARFERA.** f. Zool. Anto o bisbita, pájaro de la familia de los motacílidos.

ALFARGO. (De *alfarje*.) m. Viga del molino de aceite que sirve para exprimir la aceituna.

ALFARJE. (ár. *al-farš*, el piso, la tarima.) m. La piedra baja del molino de aceite. || **2.** Pieza o sitio donde está el ALFARJE. || **3.** Techo con maderas labradas y entrelazadas artísticamente. || **4.** Este mismo techo dispuesto para pisar encima.

ALFARJÍA. (De *alfarge*.) f. Carp. Madero de sierra que se emplea principalmente para cercos de puertas y ventanas.

ALFARMA. f. Ar. Alharma.

ALFARNATE. (ár. *al-jarnaq*, el gazapo.) adj. ant. Bribón, tuno.

ALFARRAZAR. (ár. *al-jarrāṣ*, el que adivina por conjetura.) tr. Ar. Ajustar alzadamente el pago del diezmo de los frutos en verde.

ALFAYA. (ár. *al-ḥaŷa*, cosa necesaria.) f. ant. Estimación, precio. || **2.** Alfaja o alhaja.

ALFAYAT. m. ant. Alfayate.

ALFAYATA. (De *alfayate*.) f. ant. Sastra.

ALFAYATE. (ár. *al-jayyāṭ*, el que cose.) m. ant. Sastre.

ALFAYATERÍA. f. ant. Oficio de alfayate.

ALFAYO. m. ant. Ingenio, destreza.

ALFAZAQUE. (ár. *al-fassāq*, el malvado.) m. Insecto coleóptero, parecido al escarabajo común, abundante en España, de color negro, con visos azulados, antenas cortas y élitros estriados.

ALFEIZA. f. Alféizar.

ALFÉIZAR. (port. *alfeisar* y *alfeizar*.) m. Arq. Vuelta o derrame que hace la pared en el corte de una puerta o ventana, por dentro y por fuera. || **2.** Arq. Rebajo en ángulo recto que forma el telar de una puerta o ventana con el derrame donde encajan las hojas de la puerta con que se cierra. || **P.** alizar; **I.** y **F.** embrasure; **A.** Türböschung; **It.** strombatura; **R.** оконный проём.

ALFEÑA. f. ant. Alheña.

ALFEÑAR. tr. ant. Alheñar.

ALFEÑICARSE. (De *alfeñique*.) r. fig. y fam. Afectar delicadeza y ternura remilgándose y repuliéndose. || **2.** fig. y fam. Adelgazarse mucho.

ALFEÑIQUE. (ár. *al-fānīd*, el azúcar, y quizá, por cruce de sinónimos, del ár. *al-fināq*, [con imela, *al-finīq*], los manjares delicados.) m. Pasta de azúcar cocida y estirada en barras muy delgadas y retorcidas. || **2.** fig. y fam. Persona delicada de cuerpo y complexión. || **3.** fig. y fam. Remilgo, afeite.

ALFEÑIQUE. (ár. *al*, y el gr. φοῖνιξ, por el color bermejo.) m. And. Valeriana.

ALFERAZGO. m. Empleo o dignidad de alférez. || **2.** Colom. Fiesta religiosa costeada por uno o más alféreces.

ALFERCE. m. ant. Alférez.

ALFERECÍA. (ár. *al-fāliŷiyya*, la hemiplejía, del gr. πληξία.) f. Enfermedad de la infancia caracterizada por convulsiones y pérdida del conocimiento.

ALFERECÍA. (De *alférez*.) f. Alferazgo.

ALFÉREZ. (ár. *al-fāris*, el jinete.) m. Oficial que llevaba la bandera en la infantería, y el estandarte en la caballería. || **2.** Oficial del ejército en el grado y empleo inferior de la carrera. || **3.** Bol. y Perú. Cierto cargo municipal en los pueblos de indios. || **4.** Bol. y Colom. Persona que costea los gastos de una fiesta. || **5.** Guat. y Hond. Entre personas de confianza, persona con que se designa a una de ellas, sin nombrarla. || —**alumno.** El que continúa recibiendo la enseñanza en la academia militar a que pertenece. || —**de**

fragata. Grado de la marina de guerra, que equivale al de segundo teniente del ejército. || **—del pendón real** o **del rey.** El que llevaba el pendón o estandarte real. || **—de navío.** Grado de la marina de guerra que equivale al de primer teniente del ejército. || **—mayor** de una ciudad o villa. El que llevaba la bandera o pendón de la milicia perteneciente a ella. || **2.** El que alzaba el pendón real en las aclamaciones de los reyes. || **—mayor de Castilla.** El ALFÉREZ del rey, hasta que ese título pasó a ser honorífico y vinculado. || **—mayor de los peones.** Jefe principal de los peones o gente de a pie que servía en la guerra. || **—provisional.** El habilitado para dicho grado o empleo, mediante una rápida preparación, para atender a necesidades urgentes. || **P.** alferez, porta-bandeira; **I.** ensign-bearer; **F.** enseigne porte-étandard; **A.** Unterleutnant, Fähnrich; **It.** alfiere; **R.** прапорщик.

ALFEREZADO. m. ant. Alferazgo.
★ **ALFERIO.** m. Aleación ligera de aluminio, especie de duraluminio, muy usada en la fabricación de aviones.

ALFERRAZ. (ár. al-farrás, el que devora la presa.) m. Ave rapaz diurna de las falcónidas, muy varia de color, pico corto muy encorvado y negro.

ALFICOZ. (ár. al-faqqūs, especie de melón.) m. Cohombro, variedad de pepino largo y retorcido.

ALFIÉREZ. m. ant. Alférez.

ALFIL. (ár. al-fīl, y éste del persa pīl, el elefante.) m. Pieza grande del juego de ajedrez, que camina diagonalmente por las casas de su color. || **P.** alfil; **I.** bishop in chess; **F.** fou; **A.** Läufer; **It.** alfiere; **R.** слон.

ALFIL. (ár. al-fa'l, el augurio, con imela.) m. ant. Agüero, proverbio.

ALFILEL. (ár. al-jilāl, lo que se entremete.) m. ant. Alfiler.

ALFILER. (De alfilel.) m. Clavillo metálico muy fino, que sirve generalmente para prender o sujetar alguna parte de los vestidos, los tocados, etc. || **2.** Joya más o menos preciosa semejante al ALFILER común, o de figura de broche, que se usa para sujetar exteriormente alguna prenda del traje, o por adorno. || **3.** Bot. Árbol silvestre, leguminoso, de la isla de Cuba, cuya madera compacta y de color pardo amarillento, se emplea en la construcción. || **4.** pl. Cantidad de dinero señalada a una mujer para costear el adorno de su persona. || **5.** Agasajo que suelen dar los pasajeros o huéspedes a las criadas de los lugares donde paran, al tiempo de partir. || **6.** Juego de niños, que consiste en empujar cada jugador con la uña del dedo pulgar, sobre cualquier superficie plana, un ALFILER, que le pertenece, para formar cruz con otro ALFILER que hace suyo si logra formarla. || **7.** Planta herbácea de la familia de las geraniáceas, de tallo grueso, hojas grandes, ovales, flores en pedúnculo, de pétalos purpúreos y desiguales, y fruto en carpelo, cuyas aristas se separan retorciéndose en forma de tirabuzones. || **8.** Juego de niños que consiste en tomar dos ALFILERES en la mano cerrada y preguntar si están cabeza con cabeza o cabeza con punta, ganando el que acierta. || **9.** Juego de niños que consiste en poner sobre una superficie plana varios ALFILERES mezclados, y con la punta de otro sacarlos uno a uno, haciéndolos saltar sin que se mueva ninguno de los otros. || **10.** Cuba. La carne del lomo de las reses. || **11.** Germ. La navaja. || **—de criandera.** Cuba. Imperdible. || **—de gancho.** Amér. Imperdible. || **—de nodriza.** Colom. Imperdible. || **—de París.** Clavillo de alambre de hierro de cabeza plana y punta piramidal. || No caber un ALFILER en alguna parte. loc. fam. Estar un local lleno de gente. || Prendido con ALFILERES. exp. fig. y fam. Dícese de todo lo que material y moralmente ofrece poca consistencia o firmeza. || **P.** alfinete; **I.** pin; **F.** épingle; **A.** Stecknadel; **It.** spillo; **R.** булавка.
★ **ALFILERA.** f. Cuba. Carne del lomo de la res.

ALFILERAZO. m. Punzada de alfiler. || **2.** fig. Pulla, indirecta o expresión mortifi-

cante. || **3.** fig. Mirada de expresión insinuante o provocativa.

ALFILERERA. f. And. Nombre que suele darse, por su forma, al fruto del geranio y a los de otras plantas.

ALFILERESCO, CA. adj. desus. Semejante al alfiler.

ALFILERILLO. m. Argent. y Chile. Planta herbácea que se usa como forraje y que en el centro de las hojas tiene un apéndice en forma de alfiler. || **2.** Méj. Nombre común a varias plantas cactáceas que tienen púas largas y agudas. || **3.** Méj. Insecto que ataca a la planta del tabaco y constituye en algunas regiones una plaga temible.

ALFILETERO. m. Especie de cañuto pequeño de metal, madera u otra materia, que sirve para tener en él alfileres y agujas. || **P.** alfineteira; **I.** pin-case, needle-case; **F.** aiguillier; **A.** Nadelbüchse; **It.** agoraio; **R.** игольник.

ALFINDE. (ár. al-hind [el espejo de acero de] la India.) m. ant. Acero.

ALFINGE. (ár. al-isfinŷ, el buñuelo, la esponja, y éste del gr. σπογγιά, esponja.) m. ant. Buñuelo.

ALFITETE. (ár. al-fatāt, especie de pasta hecha de harina.) m. Composición de masa a modo de sémola o farro.
★ **ALFITIÓN.** m. Fractura de cráneo.
★ **ALFITOSCOPIO.** m. Aparato para apreciar la cantidad de substancias nutritivas de las harinas.

ALFÍZ. (ár. al-ifrīz, ornamento arquitectónico.) m. Recuadro del arco árabe que envuelve las albanegas y arranca, bien desde las impostas, bien desde el suelo.
★ **ALFO.** m. Género de insectos del Brasil y Cayena.

ALFÓCIGO. (De alfóstigo.) m. ant. Alfóncigo.

ALFOLÍ. (ár. al-hury, el hórreo, el granero público.) m. Granero o pósito. || **2.** Almacén de la sal.

ALFOLIERO. m. El que tiene a su cargo y cuidado el alfolí.

ALFOLINERO. m. Alfoliero.

ALFOMBRA. (ár. al-jumra, la esterilla de hoja de palmera.) f. Tejido de material vario y diverso de color y forma, con que se cubre el piso de las habitaciones y escaleras. || **2.** fig. Conjunto o multitud de cosas que cubren el suelo. ALFOMBRA de flores. || **3.** Colom. Sudadero de lana. || **P.** alfombra; **I.** carpet; **F.** tapis; **A.** tappich, Fussteppich; **It.** tapetto; **R.** ковёр.

ALFOMBRAR. tr. Cubrir el suelo con alfombras.

ALFOMBRERO, RA. m. y f. Persona que hace alfombras.

ALFOMBRILLA. (De alfombra.) f. Med. Erupción cutánea que se diferencia del sarampión por la falta de los fenómenos catarrales. || **2.** Colom. y Guat. Viruelas confluentes.

ALFOMBRISTA. m. El que trata en alfombras y las vende. || **2.** El que las cose y acomoda en las habitaciones.

ALFÓNCIGO. (Del m. or. que alfóstigo.) m. Bot. Árbol anacardiáceo, de hojas compuestas, flores en maceta, fruto en drupa, oleaginoso, dulce y comestible, llamado pistacho. Del tronco y de las ramas se extrae la almáciga. || **2.** Fruto de este árbol.

ALFÓNDEGA. (ár. al-funduqa, la posada, la alhóndiga, y éste del gr. πάνδοκος.) f. ant. Alfóndiga.

ALFÓNDEGUERO. m. Ar. Alhondiguero.

ALFÓNDIGA. (De alfóndega.) f. ant. Alhóndiga. Ú. en Aragón y Salamanca.

ALFONSARIO. (art. ár. al, y fonsario, foso.) m. ant. Osario.

ALFONSEARSE. (Quizá del m. or. que alfonsina.) r. fam. desus. Burlarse de otro en tono de chanza.

ALFONSÍ. adj. Alfonsino. || **2.** Dícese del maravedí blanco de plata, anterior al reinado de los Reyes Católicos, equivalente a unos veinte céntimos de peseta.
★ **ALFONSÍA.** f. Bot. Género de plantas palmáceas.

ALFONSINA. (De Alfonso, por cele-

brarse el acto así llamado en la capilla de San Ildefonso del Colegio Mayor.) f. Acto solemne que se celebraba en la universidad de Alcalá, y en el cual se defendían muchas conclusiones de teología o medicina sin doctor padrino.

ALFONSINO, NA. adj. Perteneciente a alguno de los reyes españoles llamados Alfonso. || **2.** m. Moneda acuñada en tiempo de Alfonso el Sabio.

ALFONSISMO. m. Adhesión a la monarquía de alguno de los reyes españoles llamados Alfonso.

ALFORFÓN. (ár. al-furfūr, el euforbio y el trigo sarraceno.) m. Planta anual poligonácea, con tallos nudosos, hojas grandes y acorazonadas, flores blancas sonrosadas, en racimo, y fruto negruzco y triangular, de que se hace pan en algunas comarcas de España. || **2.** Semilla de esta planta. || **P.** fagopiro; **I.** buckwheat; **F.** sarrasin, blé noir; **A.** Buchweizen, Heidekorn; **It.** fagopiro, grano saraceno; **R.** гречиха.

ALFORÍN. m. Murc. Algorín, departamento donde se deposita la aceituna de cada cosechero, en los molinos de aceite.

ALFORÍZ. m. ant. Alfolí.

ALFORJA. (ár. al-jurŷa, la talega pendiente del arzón de la silla.) f. Especie de talega abierta por el centro y cerrada por sus extremos, los cuales forman dos bolsas grandes y ordinariamente cuadradas, donde colocan algunas cosas que han de llevarse de una parte a otra. Ú. m. en pl. || **2.** Provisión de comestibles para el viaje. || Pasarse a la otra ALFORJA. fr. fig. y fam. Chile. Excederse de los límites de la moderación y cortesía. || ¿Qué ALFORJA? expr. fam. de que se usa para denotar el enfado o desprecio con que se oyen algunas cosas. ¡Qué pretensión ni qué ALFORJA! || **P.** alforge; **I.** saddle-bag; **F.** besace; **A.** Quersack; **It.** bisaccia; **R.** сума, котомка.

ALFORJERO, RA. adj. Perteneciente a las alforjas. || **2.** Aplícase al perro enseñado a quedarse guardando las alforjas. || **3.** m. y f. Persona que hace o vende alforjas. || **4.** Persona destinada a llevar en la alforja la comida para otra. || **5.** m. Lego de algunos institutos religiosos mendicantes, que pide limosna de pan y otras cosas, y las recoge en las alforjas que lleva.

ALFORJÓN. m. Bot. Alforjón. || **2.** aument. de alforja.
★ **ALFORJUDO, DA.** adj. Chile. Tonto, necio.

ALFORJUELA. f. d. de alforja.

ALFORRE. (ár. al-hurr, el gavilán, el halcón.) m. ant. Especie de halcón.

ALFORROCHAR. (De alforrocho.) tr. Ar. Espantar a las gallinas de un lugar.

ALFORROCHO. (ár. al-furruŷ.) m. Ar. El pollo, la gallina.

ALFORZA. (ár. al-jurza, la costura.) f. Pliegue o doblez horizontal que se hace alrededor y por la parte inferior de las faldas, sayas y otras ropas talares. || **2.** fig. y fam. Costurón, cicatriz, grieta. || **3.** fig. y fam. Lo que se sisa o cercena. || **4.** fig. y joc. Pliegue, escondrijo, parte recóndita del corazón.

ALFORZAR. tr. Hacer alforzas. || **2.** Dar forma de alforza.
★ **ALFÓS.** m. Med. Lepra blanca.

ALFÓSTIGA. f. ant. Alfóncigo.

ALFÓSTIGO. (ár. al-fustaq, el pistacho, y éste del gr. πιστάκια.) m. ant. Alfóncigo.

ALFOZ. (ár. al-hawz, el distrito, el pago.) amb. Arrabal, término o pago de algún distrito, o que depende de él. || **2.** Distrito con diferentes pueblos que forman una sola jurisdicción. || **3.** Antigua división jurisdiccional de la tierra de Burgos. || **4.** En la montaña de Santander, terreno fuera de poblado. || **5.** Angostura o paso estrecho que sirve de entrada o salida en los montes altos o fragosos.

ALGA. (l. alga.) f. Bot. Cualquiera de las plantas talofitas, unicelulares, que viven de preferencia en el agua, tanto dulce como marina. Las hay pluricelulares que tienen el tallo en forma de filamento, de cinta o de lámina, y puede ser ramificado. || **2.** pl. Bot. Clase de estas plantas. Muchas son ricas en sosa y yodo. || **P.** alga, ova;

A

I. alga, seaweed; **F.** algue; **A.** Alge, (See)-Tang; **It.** alga.

ALGABA. (ár. *al-gāba*, el bosque.) f. Bosque, selva.

★ **ALGABARRA.** f. Taco de madera con que se afirma el macho del martinete.

ALGABEÑO, ÑA. adj. Natural de la Algaba. Ú.t.c.s. || **2.** Perteneciente a este pueblo de Sevilla.

★ **ALGÁCEO, A.** adj. Parecido a las algas en su forma o propiedades.

ALGADARA. f. Algarrada.

ALGAFACÁN. (ár. *al-fafaqān*, la palpitación.) m. ant. Dolor de corazón.

ALGAIDA. (ár. *al-gaida*, la breña, la selva.) f. Bosque o sitio lleno de matorrales espesos.

ALGAIDA. (ár. *al-qa'ida*, montón de arena.) f. Médano.

★ **ALGAIDIA.** f. Geol. Sitio en que se forman las dunas.

ALGAIDO, DA. (De *algaida*.) adj. And. Cubierto de ramas o paja.

ALGALIA. (ár. *al-gāliya*, el perfume del almizcle con ámbar.) f. Substancia untuosa, consistente, de olor fuerte y sabor acre. Se saca de la bolsa que cerca del ano tiene el gato de Algalia y se emplea en perfumería. || **2.** Bot. Abelmosco. || **3.** Zool. Gato de Algalia.

ALGALIA. (De *argalia*.) f. Cir. Tienta algo encorvada, hueca, abierta por una punta y agujereada por el otro extremo, que se usa para las operaciones de la vejiga.

ALGALIAR. tr. Perfumar con algalia.

ALGALIERO, RA. adj. Dícese del que usa de perfumes y principalmente de algalia. Ú.t.c.s.

ALGAR. (ár. *al-gār*.) m. ant. Cueva o caverna.

ALGARA. (ár. *al-gāra*, la incursión de guerra en un país.) f. Tropa de a caballo que salía a correr y robar la tierra del enemigo. || **2.** Correría de esta tropa.

ALGARA. (ár. *al-galāla*, la película.) f. Binza.

ALGARABÍA. (ár. *al-'arabiyya*, la lengua árabe.) f. Lengua árabe. || **2.** fig. y fam. Lengua o escritura ininteligible. || **3.** fig. y fam. Manera de hablar atropelladamente y pronunciando mal las palabras. || **4.** fig. y fam. Gritería confusa de varias personas que hablan a un tiempo.

ALGARABÍA. f. Bot. Planta anual silvestre, de la familia de las escrofulariáceas, de tallo nudoso que produce dos vástagos opuestos, los cuales echan también sus ramas de dos en dos, con hojas lanceoladas y tomentosas, y flores amarillas.

ALGARABIADO, DA. adj. Que sabe la algarabía, la lengua árabe. Ú.t.c.s.

ALGARABÍO, A. (ár. *al-'arabi*, el arábigo.) adj. ant. Natural de la Arabia. Úsab.t.c.s.

ALGARACEAR. (l. *glaciāre*, helar.) intr. Guad. Caer nieve menuda.

ALGARADA. f. Algara, tropa que hacía correría, y esta misma correría. || **2.** Vocerío grande causado por una algara o por algún tropel de gente.

ALGARADA. f. Algarrada, antigua máquina de guerra.

ALGARAZO. m. Ar. Lluvia de duración corta y de intensidad regular.

★ **ALGARBE.** m. Viento del poniente.

ALGAREADOR, RA. (De *algarear*.) adj. ant. Algarero.

ALGAREAR. (De *algara*.) intr. ant. Vocear o gritar.

ALGARERO, RA. adj. Voceador, parlero. || **2.** m. Hombre de a caballo que formaba parte de una algara.

ALGARIVO, VA. (ár. *al-garib*, el extraño, el extranjero.) adj. ant. Extraño, no propio, raro, singular. || **2.** ant. Injusto, inicuo, rebelde.

ALGARRADA. (ár. *al-'arrāda*, la máquina de lanzar piedras.) f. Máquina de guerra usada en lo antiguo para disparar o arrojar piedras contra las murallas.

ALGARRADA. (De *algarada*.) f. Fiesta que consiste en azarar al campo un toro para correrlo con vara larga. || **2.** Encierro de los toros de lidia en el toril. || **3.** Novillada, corrida de novillos.

ALGARROBA. (ár. *al-jarrūba*, el algarrobo.) f. Bot. Planta anual de la familia de las papilionáceas, de flores blancas y

semilla algo parda que se da de comer a las palomas y a los bueyes y caballerías. || **2.** Semilla de esta planta. || **3.** Fruto del algarrobo, que es una vaina azucarada y comestible, de color castaño por fuera y amarillenta por dentro, con semillas muy duras. Se da como alimento al ganado de labor. || **4.** Cuba. Las raíces del mangle que sirven para pescar. Ú.m. en pl. || **P.** alfarroba; **I.** carob-bean; **F.** caroube; **A.** Johannisbrot, Karoben; **It.** carruba; **R.** сладкий рожок.

ALGARROBAL. m. Sitio sembrado de algarrobas. || **2.** Sitio poblado de algarrobos.

★ **ALGARROBAR.** intr. Cuba. Preparar el cordel para pescar con algarroba.

ALGARROBERA. f. Algarrobo.

ALGARROBERO. m. Algarrobo.

ALGARROBILLA. (d. de *algarroba*.) f. Bot. Arveja. || **2.** Bot. Nombre vulgar de los frutos del algarrobillo, arbusto leguminoso de Chile.

★ **ALGARROBILLO.** m. R. de la Plata. Algarroba, fruto del algarrobo, y por ext. cualquier fruto parecido y el árbol que la produce.

ALGARROBO. m. Bot. Árbol siempre verde, de la familia de las papilionáceas, con copa de ramas irregulares y tortuosas, hojas lustrosas y coriáceas, flores purpúreas, y cuyo fruto es la algarroba. || —loco. Ciclamor. || **P.** alfarrobeira; **I.** carob-tree; **F.** caroubier; **A.** echter Johannisbrotbaum; **It.** carrubo; **R.** рожковое дерево.

★ **ALGASIA.** f. Molestia, pesadumbre, dolor.

ALGAVARO. (ár. *al-gawwār*, el algarero.) m. Zool. Insecto coleóptero, del suborden de los tetrámeros, enteramente negro y con las antenas más largas que el cuerpo. Muy común en España.

ALGAZAFÁN. (ár. *al-'aṣafān*.) m. Las agallas.

ALGAZARA. (ár. *al-gazāra*, la locuacidad, el murmullo, el ruido.) f. Vocería de los moros y de otra tropa al acometer al enemigo. || **2.** Ruido de muchas voces juntas. || **3.** Ruido, gritería, aunque sea de una sola persona.

★ **ALGAZAROSO, SA.** (De *algazara*.) adj. Venez. Alegre, bullicioso.

ALGAZUL. (ár. *al-gāsūl*, la planta jabonera.) m. Bot. Planta anual de la familia de las aizoáceas, de hojas crasas, de color verde amarillento, y flores poco visibles y llenas de vesículas transparentes semejantes a gotas de rocío. Es planta de las estepas.

ÁLGEBRA. (ár. *al-ŷabra*, la reducción.) f. Parte de las matemáticas, que trata de la cantidad considerada en general, sirviéndose para representarla de letras. || **2.** Arte de restituir a su lugar los huesos dislocados. || **P.** álgebra; **I.** e **It.** algebra; **F.** algèbre; **A.** Algebra; **R.** алгебра.

ALGEBRAICO, CA. adj. Perteneciente o relativo al álgebra.

ALGÉBRICO, CA. adj. Algebraico.

ALGEBRISTA. com. Persona que estudia, profesa o sabe el álgebra. || **2.** Persona, cirujano o curandero que se dedica a arreglar brazos rotos o dislocados. || **3.** Germ. Alcahuete o alcahueta, persona que procura el trato carnal entre hombre y mujer.

ALGECIREÑO, ÑA. adj. Natural de Algeciras. Ú.t.c.s. || **2.** Perteneciente a esta ciudad de Cádiz.

ALGENTE. (l. *algens, -entis*, p.a. de *algēre*, estar frío.) adj. poét. Frío, de temperatura inferior a la normal.

★ **ALGÉSICO, CA.** adj. Doloroso.

★ **ALGESIMETRÍA.** f. Medida de la intensidad de la excitación de una impresión dolorosa.

★ **ALGESÍMETRO.** m. Instrumento empleado para medir la intensidad de una impresión dolorosa.

★ **ALGESTESIS.** f. Percepción del dolor.

★ **ALGÉTICO, CA.** adj. Doloroso.

★ **ÁLGICO, CA.** adj. Med. Perteneciente o relativo al dolor.

ALGIDEZ. (De *álgido*.) f. Med. Frialdad glacial. || **P.** algidez; **I.** algidity; **F.** algidité; **A.** Eiskälte, Kühle; **It.** algore.

ÁLGIDO, DA. (l. *algĭdus*.) adj. Muy frío. || **2.** Med. Acompañado de frío glacial. *Fiebre* ÁLGIDA. || **P.** álgido; **I.** algid;

F. algide; **A.** eisig; **It.** algido; **R.** сопровождаемый ознобом.

ALGO. (l. *aliquod*.) pron. indet. con que se designa una cosa que no se quiere o no se puede nombrar. || **2.** Expresa el concepto de una cosa en contraposición a nada. || **3.** También denota cantidad indeterminada, considerada a veces en absoluto y a veces en relación a otra cantidad mayor o totalidad de la cual forma parte. || **4.** adv. Un poco. || ALGO *es* ALGO. fr. para significar que vale más ALGO que nada. || *Por* ALGO. loc. fam. Por algún motivo, no sin razón. || **2.ª** acep.: **P.** algo, qualquer cosa; **I.** something; **F.** quelque chose; **A.** (irgend) etwas; **It.** qualche cosa; **R.** что-нибудь.

ALGODÓN. (ár. *al-quṭn*, pronunciado *al-quṭun*, o *al-qṭūn*, la misma planta.) m. Planta vivaz de la familia de las malváceas, con tallos verdes al principio y rojos al florecer; hojas alternas, casi acorazonadas y de cinco lóbulos; flores amarillas con manchas encarnadas, y cuyo fruto es una cápsula que contiene de 15 a 20 semillas, envueltas en una borra muy larga y blanca, que se desenrolla y sale al abrirse la cápsula. || **2.** Esta borra. || **3.** Hilado o tejido hecho de esta borra. || **4.** Bolitas de hebras que algunos se colocan en los oídos. || —pólvora. Pólvora de algodón, piroxilina. || *Estar* uno *criado entre* ALGODONES. fr. fig. y fam. Estar criado con regalo y delicadeza. || **P.** algodão, algodoeiro; **I.** cotton; **F.** coton; **A.** Baumwolle; **It.** cotone; **R.** хлопок.

ALGODONAL. m. Terreno poblado de plantas de algodón. || **2.** Bot. La planta del algodón.

ALGODONAR. tr. Estofar o rellenar de algodón alguna cosa.

ALGODONCILLO. (d. de *algodón*.) m. Bot. Planta perenne americana, de la familia de las asclepiadáceas, de hojas anchas, ovales y vellosas, flores de color blanco rojizo y olorosas, y cuyas semillas dan una borra parecida a la del algodón. || **2.** Méj. Enfermedad peculiar de la boca de los niños, que consiste en la aparición de ulceritas blancas en la lengua. || **3.** Méj. Garrotillo, difteria.

ALGODONERO, RA. adj. Perteneciente al algodón. || **2.** m. y f. Persona que comercia en algodón. || **3.** m. Bot. La planta del algodón.

★ **ALGODONITA.** f. Miner. Arseniuro de cobre argentífero.

ALGODONOSA. f. Planta de la familia de las compuestas, con hojas alternadas y ovaladas, flores amarillas en corimbo y toda ella cubierta de una borra blanca, muy larga, semejante al algodón. Crece espontáneamente en el litoral mediterráneo.

★ **ALGOFILIA.** f. Perversión sexual por la que se busca la sensación de dolor.

ALGOL. (ár. *al-gūl*.) m. Estrella de la constelación de Perseo.

★ **ALGOLAGNIA.** f. Anomalía del impulso sexual, con tendencia a las sensaciones dolorosas, ya en forma activa como el sadismo, ya pasiva como en el masoquismo.

★ **ALGOMANÍA.** f. Med. Tendencia maníaca a buscar el sufrimiento.

★ **ALGÓMETRO.** m. Instrumento para apreciar la sensibilidad al dolor.

★ **ALGONQUIANO, NA.** adj. Geol. Dícese del sistema geológico que forma la parte superior de las capas anteriores al Cambriano.

★ **ALGOPSICALIA.** f. Med. Estado de melancolía y alucinación con tendencia al suicidio.

★ **ALGOR.** f. Sensación de frío que se experimenta en ciertas enfermedades.

ALGORFA. (ár. *al-gurfa*.) f. Sobrado o cámara, para recoger y conservar granos.

ALGORÍN. (De *alhorí*.) m. Cada una de las divisiones abiertas por delante y construidas sobre un plano inclinado, alrededor del patio del molino de aceite, para depositar separadamente la aceituna de cada cosechero hasta que se muela. || **2.** Patio donde están estas divisiones, con un sumidero para recoger el alpechín que emana de las aceitunas.

ALGORITMIA. (De *algoritmo*.) f. Cien-

A

cia del cálculo aritmético y algebraico; teoría de los números.

ALGORÍTMICO, CA. adj. Perteneciente o relativo al algoritmo.

ALGORITMO. (ár. *al-ĵwārizmī*, sobrenombre del célebre matemático Mohámed ben Musa.) m. Algoritmia. || **2.** Método y notación de las distintas formas del cálculo. || **3.** Símbolo matemático. || **—de Euclides.** MAT. Serie de divisiones necesarias para obtener el máximo común divisor de dos números o funciones racionales. || **P.** e **It.** algoritmo; **I.** algorithm; **F.** algorithme; **A.** Rechenkunst; **R.** арифметик.

★ **ALGORRA.** f. CHILE. Erupción en los niños de pecho.

ALGORZA. (ár. *al-'ursa*, el recinto.) f. p. us. Barda, bardal.

ALGOSO, SA. adj. Lleno de algas.

★ **ALGOSTASIS.** f. Interrupción de un dolor.

★ **ALGRAFÍA.** f. Procedimiento de grabado mediante una plancha de aluminio.

ALGUACIL. (ár. *al-wazīr*, el ministro.) m. Oficial inferior de justicia, que ejecuta las órdenes del tribunal a quien sirve. || **2.** En lo antiguo, gobernador de una ciudad o comarca. || **3.** Especie de araña de patas cortas, de color ceniciento y con cinco manchas negras sobre el lomo. || **—de ayuntamiento.** Oficial inferior ejecutor de los mandatos de los alcaldes y tenientes de alcalde. || **—del campo.** El que cuida de los sembrados. || **—del agua.** MAR. El que en los buques cuidaba de la provisión de agua. || **—de montería.** El que guardaba los aparejos de la montería. || **—mayor.** Cargo honorífico que había en las ciudades y villas del reino y en algunos tribunales. || *Cada uno tiene su* ALGUACIL. fr. proverb. con que se da a entender que nadie, por grande que sea su independencia o autoridad, deja de tener quien se las coarte observándole y fiscalizando sus acciones. || **P.** aguazil; **I.** y **F.** alguazil; **A.** Gerichtsdiener, **It.** alguazile; **R.** полицейский.

ALGUACILA. f. ant. Alguacilesca.

ALGUACILADGO. m. ant. Alguacilazgo.

★ **ALGUACILATO.** m. ECUAD. Alguacilazgo.

ALGUACILAZGO. m. Oficio de alguacil.

ALGUACILEJO. m. d. de alguacil.

ALGUACILERÍA. f. Acción o treta de alguacil.

ALGUACILESA. f. Mujer del alguacil.

ALGUACILESCO, CA. adj. Propio del alguacil o perteneciente a él.

ALGUACILÍA. f. Empleo de alguacil.

ALGUACILILLO. m. Cada uno de los dos aiguaciles que en las plazas de toros preceden a la cuadrilla durante el paseo, y uno de los cuales recibe del presidente la llave del toril, quedando luego a sus órdenes durante la corrida. || **2.** ZOOL. Alguacil, araña que persigue a las moscas.

ALGUANDRE. (l. *aliquantūle*.) adv. ant. Algo. || **2.** adv. ant. Jamás.

ALGUANTO, TA. (l. *aliquantus*.) pron. indet. ant. Alguno.

ALGUAQUIDA. (ár. *al-waqǔda*, la mecha, lo que sirve para encender.) f. Pajuela.

ALGUAQUIDERO, RA. m. y f. Persona que hace o vende alguaquidas.

ALGUARÍN. (De *algorín*.) m. AR. Aposentillo o cuartito bajo para guardar o recoger alguna cosa. || **2.** AR. Pilón donde cae la harina que sale de la muela.

ALGUARISMO. m. ant. Guarismo. || **2.** ant. Algoritmo.

ALGUAZA. (ár. *ar-razza*.) f. AR. Bisagra o gozne.

ALGUESE. (De *alarguez*.) m. AND. Agracejo, arbusto berberídeo de fruto comestible.

ALGUIEN. (l. *alǐquem*, acus. de *alǐquis*.) pron. indet. con que se significa vagamente una persona cualquiera, que no se nombra ni determina. || **P.** alguém; **I.** somebody; **F.** quelqu'un; **A.** jemand; **It.** qualcuno, qualcheduno; **R.** кто-то.

ALGUINIO. m. AR. Cuévano grande que sirve para vendimiar o recoger frutos.

ALGÚN. adj. Apócope de alguno. No se emplea sino antepuesto a nombres masculinos. ALGÚN *asunto.* || ALGÚN *tanto.* adv. Un poco, algo.

ALGUNAMENTE. adv. ant. De algún modo.

ALGUND. adj. ant. Alguno.

ALGUNO, NA. (l. *aliquis*, alguien, y *unus*, uno.) adj. que se aplica indeterminadamente a una persona o cosa con respecto a varias o muchas. || **2.** Ni poco ni mucho, bastante. || **3.** pron. indet. Alguien. *¿Ha venido* ALGUNO? || ALGUNO *que otro.* Algunos, pocos. || **P.** algum; **I.** some person, something; **F.** quelque, quelqu'un; **A.** einer, jemand; **It.** qualche, alcuno; **R.** какойнибудь.

ALGUNT. adj. ant. Alguno.

ALHÁBEGA. f. MURC. Albahaca.

ALHACENA. f. Alacena.

ALHAITE. (ár. *al-jait*, el hilo, el sartal.) m. ant. Joyel o joya.

ALHAJA. (ár. *al-hāĵa*, la cosa necesaria, el utensilio.) f. Joya, objeto de oro o plata, generalmente con pedrería, que sirve para adorno personal. || **2.** Adorno o mueble precioso. || **3.** fig. Cualquiera otra cosa de mucho valor o estima. || **4.** fig. y fam. Persona o animal de muy buenas o muy malas cualidades, según se diga en serio o en sentido irónico. || **5.** ant. Caudal, hacienda, bienes. || *¡Buena* ALHAJA! expr. irón. que se aplica a la persona pícara viciosa, o a la que es astuta, avisada y traviesa. || **P.** joia; **I.** jewel; **F.** bijou; **A.** Juwel; **It.** gioiello; **R.** драгоценность.

★ **ALHAJADO, DA.** p.p. de alhajar. || **2.** adj. COLOM. Rico, adinerado.

ALHAJAR. tr. Adornar con alhajas. || **2.** Amueblar.

ALHAJEME. m. ant. Alfajeme.

★ **ALHAJERA.** f. CHILE y R. DE LA PLATA. Joyero, estuche para guardar joyas.

★ **ALHAJERO.** m. MÉJ. Alhajera.

★ **ALHAJÍ.** m. BOT. Género de plantas leguminosas papilionáceas, arbustos espinosos. Exudan un jugo azucarado que se solidifica durante la noche formando pequeños granos comestibles llamados maná de Persia.

ALHAJÚ. m. Alajú.

ALHAJUELA. f. d. de alhaja.

ALHAMA. f. ant. Aljama.

ALHAMAR. (ár. *al-ḥanbal*, el cobertor, el tapiz.) m. ant. Manta o cobertor encarnado.

ALHÁMEGA. (De *alhárgama*.) f. Alharma.

ALHAMEL. (ár. *al-ḥammāl*, el ganapán, el fardero.) m. AND. Bestia de carga. || **2.** AND. Ganapán. || **3.** AND. Arriero.

ALHAMÍ. (Quizá del ár. *al-hammā'*, las asentaderas, con imela.) m. Poyo o banco de piedra más bajo que los ordinarios y revestido comúnmente de azulejos.

ALHANDAL. (ár. *al-ḥanzal*.) m. FARM. Coloquíntida.

ALHANÍA. (ár. *al-ḥaniyya*, el arco, el aposento abovedado.) f. ant. Alcoba. || **2.** ant. Alacena. || **3.** ant. Especie de colchoncillo.

ALHAQUEQUE. m. ant. Alfaqueque.

ALHAQUÍN. m. (ár. *al-ḥā'ikīn*, los tejedores.) m. ant. Tejedor.

ALHAQUÍN. m. ant. Alfaquín.

ALHARACA. (ár. *al-ḥaraka*, el movimiento.) f. Extraordinaria expresión, por ligero motivo, de la vehemencia de algún afecto, como de ira, alegría, etc. Ú.m. en pl.

ALHARAQUIENTO, TA. adj. Que hace alharacas.

ALHAREME. m. ant. Alfareme.

ALHÁRGAMA. f. Alharma.

ALHARMA. (ár. *al-ḥarmal*, la ruda, y éste del gr. ἅρμαλα.) f. Planta rutácea, ramosa, con flores blancas, muy olorosa, y cuyas semillas sirven de condimento en Oriente, y también se comen tostadas.

ALHAVARA. (ár. *al-ḥuwwārā*, la harina muy blanca.) f. ant. Harina de flor. || **2.** Cierto derecho que se pagaba antiguamente en las tahonas de Sevilla.

ALHELÍ. (ár. *al-jairī*.) m. Planta vivaz crucífera que se cultiva para adorno y cuyas flores, según sus variedades son sencillos o dobles, de varios colores, y de grato olor. || **—de Mahón.** Planta crucífera. **P.** aleli; **I.** gilliflower; **F.** giroflée; **A.** Goldlack, Levkoje; **It.** violacciocca, **R.** левкой.

ALHEÑA. (ár. *al-hinnā'*, el ligustro.) f. Arbusto oleáceo, ramoso, de flores peque-

ñas blancas y olorosas en racimos terminales, y por fruto bayas negras, redondas y del tamaño de un guisante. || **2.** Flor de este arbusto. || **3.** Polvo al que se reducen las hojas de la ALHEÑA secadas al aire libre. Sirve para teñir. || **4.** Azúmbar, planta alismácea. || **5.** Roya o tizón. *Hecho* ALHEÑA. *Molido como una* ALHEÑA. exprs. figs. y fams. Quebrantado por algún trabajo excesivo, golpes, etc.

ALHEÑAR. tr. Teñir con polvos de alheña. Ú.t.c.r. || **2.** r. Arroyarse, contraer roya una planta. || **3.** Quemarse o anublarse las mieses.

ALHIARA. f. ant. Aliara.

ALHIDADA. f. ant. Alidada.

ALHINDE. m. ant. Alfinde, acero.

★ **ALHO.** m. FILIP. Palo usado para moler arroz.

ALHÓCIGO. m. Alfóncigo.

ALHOLÍ. m. Alfolí.

ALHOLÍA. f. ant. Alholí.

ALHOLVA. (ár. *al-ḥulba*, el fonogreco.) f. BOT. Planta papilionácea, con hojas agrupadas de tres en tres, acorazonadas, vellosas y blanquecinas por debajo; flores pequeñas y blancas, y por fruto una vaina larga y encorvada, plana y estrecha, con semillas amarillentas, duras y de olor desagradable. || **2.** Semilla de esta planta.

ALHOLVAR. m. Terreno sembrado de alholvas.

ALHOMBRA. tr. ant. Alfombra.

ALHOMBRAR. tr. ant. Alfombrar.

ALHOMBRERO. m. ant. Alfombrero.

ALHÓNDIGA. (De *alfóndiga*.) f. Casa pública destinada para la compra y venta de trigo. En algunos pueblos sirve también para el depósito y para la compra y venta de otros granos, comestibles o mercaderías.

ALHONDIGAJE. (De *alhóndiga*.) m. MÉJ. Almacenaje.

ALHONDIGUERO. m. El que cuida de la alhóndiga.

ALHORÍ. (ár. *al-hury*, el hórreo, el granero.) m. ant. Alholí.

ALHORÍN. m. ant. Alholí. || **2.** ÁL. Troj.

ALHORMA. (ár. *al-ḥurma*. el presidio, la guardia.) f. Real o campo de moros.

ALHORRE. (ár. *al-jur'*, el excremento.) m. Excremento de los niños recién nacidos. || **2.** Erupción en la piel del cráneo, el rostro, las nalgas o los muslos de los recién nacidos. || *Yo te curaré el* ALHORRE. expr. fam. de que se usa algunas veces para amenazar con azotes a los niños traviesos.

ALHORRÍA. (ár. *al-ḥurriyya*, la calidad de horro o libre.) f. ant. Ahorría.

ALHORRO. m. ÁL. Alhorre.

ALHORZA. f. ant. Alforza.

ALHOZ. m. Alfoz.

★ **ALHUATE.** m. MÉJ. Pelusa de las hojas o frutas de algunas plantas.

ALHUCEMA. (ár. *al-juzāma*.) f. BOT. Espliego.

ALHUCEMILLA. (d. de *alhucema*.) f. Planta de las labiadas, de tallo leñoso con ramos de 0,50 m de largo, hojas opuestas divididas en hojuelas casi lineales y vellosas, flores azules en espigas terminales y semilla menuda.

ALHUCEÑA. (ár. *al-jušainā*, la asperilla.) f. Planta anual de las crucíferas, de tallo recto, hojas largas, hendidas y vellosas, flores blancas en espiga, y por fruto una vaina pequeña y cilíndrica. Es comestible.

ALHUMAJO. m. En algunas partes, hojas de los pinos.

ALHURRECA. (ár. *al-ḥurrāqa*, el agua muy salada.) f. Adarce.

ALI. m. En el juego de la secansa, dos o tres cartas iguales en el número o en la figura.

ALIABIERTO, TA. adj. Abierto de alas.

ALIACA. f. ant. Aliacán.

ALIACÁN. (ár. *al-yarqān*.) m. Ictericia.

ALIACANADO, DA. (De *aliacán*.) adj. Ictericiado.

ALIÁCEO, A. (l. *allǐum*, ajo.) adj. Perteneciente al ajo o que tiene su olor o sabor.

ALIADAS. (Metátesis de *adehalas*.) f. pl. Gratificación que por Navidad solían dar en Vizcaya los dueños de las ferrerías a los fundidores.

A

ALIADO, DA. p.p. de aliar. ‖ **2.** adj. Dícese de las personas con que uno se ha unido y coligado. Ú.t.c.s. ‖ **2.** m. CUBA. Coche de punto.

ALIADÓFILO, LA. adj. Dícese del que durante las dos guerras últimas, europea y mundial, fue partidario de las naciones aliadas en contra de Alemania.

ALIAGA. f. ant. Aulaga. ‖ **2.** BOT. Tojo.

ALIAGAR. (De *aliaga*.) m. Aulagar.

★ **ALIANCISTA.** adj. CHILE. Dícese del partidario de una alianza. Ú.t.c.s.

ALIANZA. (De *aliar*.) f. Acción de aliarse dos o más naciones, gobiernos o personas. ‖ **2.** Pacto o convención. ‖ **3.** Conexión o parentesco contraído por matrimonio. ‖ **4.** fig. Unión de cosas que concurren a un mismo fin. ‖ **5.** Anillo de esponsales. ‖ **6.** CHILE. Mezcla de varios licores hecha en el mismo vaso. ‖ **P.** aliança; **I.** y **F.** alliance; **A.** Bündnis, Bund; **It.** alleanza; **R.** союз.

ALIANZARSE. (De *alianza*.) r. ant. Aliarse.

ALIAR. (l. *allĭgāre*, atar.) tr. p. us. Poner de acuerdo y reunir para un fin común. ‖ **2.** rec. Unirse o coligarse, en virtud de tratados, los príncipes o Estados unos con otros para defenderse de los enemigos o para ofenderlos. Ú.t.c.r. ‖ **3.** Unirse o coligarse con otro. Ú.t.c.r. ‖ **P.** aliar; **I.** to be allied; **F.** s'allier; **A.** sich verbünden; **It.** allearsi; **R.** объединять.

ALIARA. (ár. *al-'iyāra*, la medida.) f. Cuerna, vaso rústico de cuerno.

ALIARIA. (l. *alliarĭa*, de *allĭum*, ajo.) f. Planta de las crucíferas, con tallos cilíndricos, duros y ramosos, hojas acorazonadas, flores blancas muy pequeñas en espiga terminal, y por fruto una vaina pequeña y llena de simientes menudas usadas para condimento. ‖ **P.** aliária; **I.** garlic-mustard; **F.** alliaire; **A.** Knoblauchkraut; **It.** alliaria; **R.** чеснок.

ALIAS. adv. latino. De otro modo, por otro nombre. *Alfonso II*, ALIAS el *Casto*. ‖ **2.** m. Apodo.

★ **ALIBLANCA.** f. COLOM. Pereza, desidia, modorra. ‖ **2.** ZOOL. CUBA. Especie de paloma salvaje parecida a la torcaz.

ALIBLE. (l. *alibĭlis*, de *alĕre*, alimentar.) adj. Capaz de alimentar o nutrir. ‖ **P.** alíbil; **I.** alible; **F.** e **It.** alibile; **A.** nahrhaft; **R.** питательный.

ALICA. (l. *alica*, espelta.) f. Poleadas o puches que se hacían de varias legumbres, y principalmente de espelta.

ALICAÍDO, DA. adj. Caído de alas. ‖ **2.** fig. y fam. Débil, falto de fuerzas. ‖ **3.** fig. y fam. Triste y desanimado. ‖ **4.** fig. y fam. Decaído de las riquezas, poder y estado floreciente en que antes se hallaba.

★ **ALICANCO.** m. AMÉR. Alicancro, alicrejo.

★ **ALICANCRO.** m. HOND. Alicrejo.

ALICÁNTARA. f. Alicante, víbora muy venenosa.

ALICANTE. m. Especie de víbora, de hocico remangado. Es muy venenosa y se cría en el Mediodía de Europa.

ALICANTE. n. p. V. *Barrilla de* ALICANTE.

ALICANTINA. f. fam. Treta, astucia o malicia con que se procura engañar.

ALICANTINO, NA. adj. Natural de Alicante. Ú.t.c.s. ‖ **2.** Perteneciente a esta ciudad.

ALICANTO. m. Arbusto originario de la América septentrional y muy cultivado en los jardines de Chile.

ALICATADO, DA. p.p. de alicatar. ‖ **2.** m. Obra de azulejos, generalmente de estilo árabe.

ALICATAR. (ár. *al-qaṭa'a*, la pieza, la cortadura.) tr. Azulejar, haciendo alicatados. ‖ **2.** ARQ. Cortar o raer los azulejos para darles la forma conveniente.

★ **ALICATE.** m. P. RICO. Compinche.

ALICATES. (ár. *al-liqāṭ*, la tenaza.) m. pl. Tenacillas de acero con brazos encorvados y puntas cuadrangulares o de figura de cono truncado, y que sirven para coger y sujetar objetos menudos o para torcer alambres o cosas parecidas. ‖ **P.** alicate; **I.** pliers; **F.** pinces; **A.** Zange, Biegzange; **It.** pinzette; **R.** плоскогубцы.

ALICER. m. Alizar.

★ **ALICES.** f. pl. MED. Manchas en la piel antes de formarse las pústulas de la viruela.

ALICIENTE. (l. *allicĭens, -entis*, p.a. de *allicĕre*, atraer, cautivar.) m. Atractivo o incentivo.

★ **ALICINA.** (l. *allĭum*, ajo.) f. Substancia extraída del ajo, que posee características antibióticas sobre ciertos gérmenes contra los cuales la penicilina es inoperante.

ALICIONAR. (De *a* y *lición*.) tr. ant. Aleccionar.

★ **ALICORADO, DA.** adj. COLOM. Achispado.

★ **ALICORDA.** f. BOT. Cierto árbol filamentoso propio de África.

★ **ALICOREAR.** tr. AMÉR. CENTRAL. Adornar, ataviar.

ALICORTAR. tr. Cortar las alas. ‖ **2.** Herir a las aves en las alas dejándolas impedidas para volar.

★ **ALICREJO.** m. GUAT. y HOND. Jamelgo. ‖ **2.** AMÉR. CENTRAL. Trasto. ‖ **3.** C. RICA. Persona fea y desgarbada.

ALICUANTA. (l. *aliquantus*; de *alius*, otro, y *quantus*, cuánto.) adj. Dícese de la parte que no mide exactamente a su todo.

★ **ALÍCULA.** (Voz latina.) f. ARQUEOL. Vestidura que cubría los hombros y parte superior de los brazos. Era propia de jóvenes. ‖ **P.** alícula; **I.** e **It.** alicula; **F.** alicule; **A.** Oberkleid; **R.** пелеринка.

ALÍCUOTA. (l. *aliquot*.) adj. MAT. Dícese de la parte que mide exactamente a su todo. ‖ **2.** Proporcional.

★ **ALICURCO, CA.** adj. CHILE. Astuto, ladino.

★ **ALICUYA.** f. ZOOL. Cierto insecto nocivo propio del Perú.

ALIDADA. (ár. *al-'iḍāda*, la regla del carpintero.) f. Regla fija o móvil, que lleva perpendicularmente y en cada extremo una pínula o un anteojo. En instrumentos de topografía sirve para dirigir visuales. ‖ **P.** e **It.** alidada; **I.** y **F.** alidade; **A.** Diopterlineal; **R.** алидада.

ALIDONA. (l. χελιδών, golondrina.) f. Concreción lapídea que se suponía encontrarse en el vientre de las golondrinas.

ALIENABLE. (De *alienar*.) adj. Enajenable.

ALIENACIÓN. (l. *alienatĭo, -ōnis*.) f. Acción y efecto de alienar. ‖ **2.** MED. Término genérico que comprende todos los trastornos intelectuales. ‖ **3.** Embelesamiento.

ALIENADO, DA. p.p. de alienar. ‖ **2.** adj. Loco, demente. Ú.t.c.s.

ALIENAR. (l. *alienāre*, de *aliēnus* ajeno.) tr. Enajenar. Ú.t.c.r.

ALIENDE. (Por *allende*.) adv. ant. Allende.

ALIENÍGENA. (l. *alienigĕna*, de *aliēnus* ajeno, y *gĕnĕre*, engendrar, nacer.) adj. Extranjero. Ú.t.c.s.

ALIENÍGENO, NA. (l. *alienigĕnus*.) adj. Extraño, no natural.

★ **ALIENISMO.** (l. *alienāre*, perder el juicio.) m. TERAP. Ciencia y profesión del alienista.

ALIENISTA. (l. *alienāre*, perder el juicio.) adj. Dícese del médico especialmente dedicado al estudio y curación de las enfermedades mentales. Ú.t.c.s. ‖ **P.** e **It.** alienista; **I.** alienist; **F.** aliéniste; **A.** Irrenarzt; **R.** врач-психиатр.

ALIENTO. (l. *alēnĭtus*, por *anhēlĭtus*, respiración.) m. Acción de alentar. ‖ **2.** Respiración. ‖ **3.** fig. Vigor del ánimo, esfuerzo, valor. Ú.t. en pl. ‖ **4.** fig. Soplo. ‖ **5.** p. us. Olfato. ‖ **6.** p. us. Emanación, exhalación. ‖ *De un* ALIENTO. m. adv. Sin tomar nueva respiración. ‖ **2.** fig. Sin pararse, seguidamente. ‖ **P.** alento; **I.** breath; **F.** haleine; **A.** Atem; **It.** alito; **R.** дыхание.

ALIER. m. ant. Soldado de marina que tenía su puesto en los costados del navío para defenderlo por aquella parte. ‖ **2.** ant. Remero de galera.

ALIFA. (ár. *al-ḥalfa*, el junco y una especie de caña de azúcar.) ‖ f. MÁL. Caña de azúcar de dos años.

ALIFAFE. (ár. *an-nafar*, la hinchazón.) m. fam. Achaque generalmente leve. ‖ **2.** VETER. Tumor sinovial que, por el trabajo excesivo, suele desarrollarse en los corvejones de las caballerías.

ALIFAFE. (ár. *al-liḥāf*.) m. ant. Cobertor, cubierta.

ALIFAR. (l. *allevāre*; de *ad*, a, y *lēvis*,

liso, pulido.) tr. Mancha. Pulir, acicalar.

ALIFARA. (ár. *al-farah*, la alegría, el convite.) f. AR. Convite o merienda.

ALÍFERO, RA. (l. *alĭfer*; de *ala*, ala, y *ferre*, llevar.) adj. Alígero, que tiene alas. ‖ **P.** e **It.** alifero; **I.** aliferous; **F.** alífère; **A.** geflügelt; **R.** крылатый.

ALIGACIÓN. (l. *alligatĭo, -ōnis*.) f. Ligazón, trabazón o unión de una cosa con otra.

ALIGAMIENTO. m. Aligación.

ALIGAR. (l. *alligāre*; de *ad*, a, y *ligāre*, atar.) tr. p. us. Ligar. ‖ **2.** r. Unirse, aliarse.

★ **ALIGATO.** m. FILIP. Pavesa que se levanta con el humo.

ÁLIGER. (l. *alĭger*, alígero, por los gavilanes en forma de alas.) m. ant. Parte de la guarnición de la espada que resguarda la mano.

ALIGERAMIENTO. m. Acción y efecto de aligerar o aligerarse.

ALIGERAR. tr. Hacer ligero o menos pesado. Ú.t.c.r. ‖ **2.** Abreviar, acelerar. ‖ **3.** fig. Aliviar, moderar, templar. ‖ **P.** aligeirar; **I.** to lighten; **F.** allégir; **A.** erleichtern; **It.** alleggerire; **R.** облегчать.

ALÍGERO, RA. (l. *alĭger*; de *ala*, ala, y *gĕrĕre*, levar.) adj. poét. Alado. ‖ **2.** fig. y poét. Rápido, veloz.

ALIGONERO. (art. ár. *al*, y *lodón*, del l. *lotus*.) m. Almez.

★ **ALIGUÍ.** m. FILIP. Gordura del cangrejo.

ALIGUSTRE. (De *ligustro*.) m. BOT. Alheña.

ALIJADOR, RA. (De *alijar*.) adj. Que alija. Ú.t.c.s. ‖ **2.** m. y f. Persona que tiene por oficio separar la borra de la simiente del algodón. ‖ **3.** m. Barcaza.

ALIJAR. (ár. *ad-dišār*, propiedad para pastos.) m. Dehesa. ‖ **2.** Aduar. ‖ **3.** Cortijo. ‖ **4.** Serranía.

ALIJAR. (l. *allĕvĭāre*, aliviar.) tr. Aligerar, aliviar la carga de una embarcación o desembarcar toda la carga. ‖ **2.** Transbordar o echar en tierra géneros de contrabando. ‖ **3.** Separar la borra de la simiente del algodón. ‖ **P.** aligeirar; **I.** to lighten; **F.** allégir; **A.** löschen; **It.** alleggiare; **R.** разгружать судно.

ALIJARAR. (De *alijar*.) tr. Repartir las tierras incultas para su cultivo.

ALIJARERO. m. El que toma para su cultivo algún pedazo de alijar.

ALIJARIEGO, GA. adj. Perteneciente o relativo a los alijares.

ALIJO. m. Acción de alijar. ‖ **2.** Conjunto de géneros o efectos de contrabando. ‖ **3.** p. us. Ténder de una locomotora. ‖ **4.** VENEZ. Especie de barcaza. ‖ **P.** alijamento; **I.** lightening; **F.** allégement; **A.** Lichtung; **It.** alleggiamento; **R.** разгрузка судна.

★ **ALILAYA.** f. COLOM. Excusa vana.

★ **ALILIS.** m. FILIP. Miel que se cuece.

★ **ALILO.** m. QUÍM. Radical monovalente hidrocarbonado del propeno. ‖ **P.** e **It.** alilo; **I.** allyl; **F.** allyle; **A.** Allyl.

ALIM. m. Arbolito del archipiélago filipino, de la familia de las euforbiáceas; sus hojas se hallan cubiertas de un polvo farináceo por el envés.

★ **ALIMANGO.** m. En Filipinas, cangrejo grande.

ALIMANIA. f. ant. Alimaña.

ALIMANISCO, CA. adj. ant. Alemanisco.

ALIMAÑA. (l. *animalĭa*; pl. de *animal*, *-ālis*, animal.) f. Animal. ‖ **2.** Animal perjudicial a la caza menor, como la zorra, el gato montés, etc.

ALIMAÑERO. m. Guarda de caza empleado en la destrucción de alimañas.

ALIMARA. (ár. *al-'imāra*, la señal.) f. ant. Ahumada.

★ **ALIMAYA.** f. FILIP. Regatón o contera de la lanza.

★ **ALIMBOYUGUIN.** m. FILIP. Gallo con las alas manchadas de negro, cuerpo colorado y patas pardas.

ALIMENTACIÓN. f. Acción y efecto de alimentar o alimentarse. ‖ **P.** alimentação; **I.** feeding; **F.** alimentation; **A.** Ernährung, Beköstigung, Verpflegung; **It.** alimentazione; **R.** питание.

ALIMENTADOR, RA. adj. Que alimenta. Ú.t.c.s.

ALIMENTAL. adj. Que sirve para alimentar.

A

ALIMENTANTE. p.a. de alimentar. Que alimenta. Apl. a pers. ú.t.c.s.

ALIMENTAR. tr. Dar alimento al cuerpo de los animales o de los vegetales. Ú.t.c.r. || **2.** Suministrar a una máquina en movimiento la materia que necesita para seguir funcionando. || **3.** fig. Hablando de virtudes, vicios, pasiones, sentimientos y afectos del alma, sostenerlos, fomentarlos. || **4.** For. Suministrar a alguna persona lo necesario para su manutención y subsistencia. || **P.** alimentar; **I.** to feed; **F.** alimenter; **A.** ernähren; **It.** alimentare; **R.** питать.

ALIMENTARIO. (l. *alimentaríus*.) adj. Propio de la alimentación o referente a ella. || **2.** m. For. Alimentista. || **3.** Dícese de los niños que en la Roma antigua se sostenían y educaban a expensas del Estado. || **P.** alimentista; **I.** alimentary; **F.** alimentaire; **A.** Pfründner; **It.** alimentario; **R.** получающий пенсию.

ALIMENTICIO, CIA. adj. Que alimenta o tiene la propiedad de alimentar.

ALIMENTISTA. com. Persona que goza asignación para alimentos.

* **ALIMENTIVIDAD.** f. Instinto nutritivo.

ALIMENTO. (l. *alimentum*, de *alĕre*, alimentar.) m. Substancia que sirve para nutrir el cuerpo animal o vegetal. || **2.** fig. Lo que sirve para mantener la existencia de alguna cosa que, como el fuego, necesita de algún pábulo o pasto. || **3.** Sostén, fomento, pábulo de los vicios, pasiones o sentimientos. || **4.** pl. Asistencias que se dan para el sustento adecuado de alguna persona a quien se deben por ley. || **—plástico.** El que sirve principalmente, como los albuminoides, para reparar la pérdida de materias que constantemente padece el organismo a consecuencia de su actividad fisiológica. || **—respiratorio.** El destinado principalmente, como las féculas, a procurar energía al organismo, mediante la combinación de dicho ALIMENTO con el oxígeno aportado por la función respiratoria. || *Ser una cosa de mucho o poco* ALIMENTO. fr. Tener mucho, o poco, poder nutritivo. || **P.** e **It.** alimento; **I.** food; **F.** aliment; **A.** Nahrung (Lebensmittel); **R.** пища, питание.

ALIMENTOSO, SA. (De *alimento*.) adj. Que nutre mucho.

* **ALIMENTOTERAPIA.** f. Tratamiento terapéutico mediante un régimen dietético adecuado.

ÁLIMO. (l. *halĭmon*, y éste del gr. ἅλιμον.) m. Bot. Orzaga.

ALIMOCHE. m. Abanto, ave rapaz, parecida al buitre.

ALIMÓN (AL). (aféresis de *alalimón*.) m. adv. que se dice de la suerte del toreo en que dos lidiadores, asiendo cada cual de uno de los extremos de un solo capote, citan al toro y lo burlan, pasándole por encima de la cabeza.

ALIMONARSE. (De *a* y *limón*.) r. Enfermar ciertos árboles de verdura perenne, como el olivo, tomando sus hojas color amarillento.

ALIMOSNA. (l. *eleemosyna*.) f. ant. Limosna.

ALIMPIADOR, RA. (De *alimpiar*.) adj. ant. Limpiador. Usáb.t.c.s.

ALIMPIADURA. (De *alimpiar*.) f. ant. Limpiadura.

ALIMPIAMIENTO. (De *alimpiar*.) m. ant. Limpiamiento.

ALIMPIAR. tr. ant. Limpiar.

ALINDADAMENTE. adv. ant. Lindamente.

ALINDADO, DA. p.p. de alindar. || **2.** adj. Que presume de lindo o es afectadamente pulcro.

ALINDAMIENTO m. Acción y efecto de alindar o poner lindes o límites.

ALINDAR. tr. Poner o señalar los lindes a una heredad. || **2.** Ast. Llevar el ganado hacia los lindes de las heredades para que paste. || **3.** intr. Lindar, confinar.

ALINDAR. tr. Poner lindo o hermoso. Ú.t.c.r.

ALINDE. (De *alfinde*.) m. ant. Alfinde.

* **ALINDERAR.** Chile. Deslindar, señalar límites.

ALINDONGARSE. r. Sal. Vestirse con excesiva elegancia.

ALINEACIÓN. f. Acción y efecto de

alinear o alinearse. || **P.** alinhamento; **I.** alignement, alineation; **F.** alignement; **A.** Ausrichtung; **It.** allineamento; **R.** выравнивание.

ALINEAR. tr. Poner en línea recta. Ú.t.c.r. || **P.** alinhar; **I.** to aline, to align; **F.** aligner; **A.** in gerader Linie aufstellen; **It.** allinear; **R.** выравнивать.

* **ALINGAONGAO.** m. Zool. Filip. Cierto mosquito.

* **ALINGARÓ.** m. Bot. Filip. Árbol del Paraíso.

* **ALINSANAY.** m. Bot. Filip. Cierta planta silvestre.

* **ALINTATAO.** (Voz filipina.) m. Bot. Árbol de la isla de Luzón, de madera negra y muy dura, propia para construcciones y ebanistería.

ALIÑADO, DA. p.p. de aliñar. ||**2.** adj. Aseado, dispuesto. || **3.** m. Venez. Aguardiente con especias.

ALIÑADOR, RA. adj. Que aliña. Ú.t.c.s. || **2.** m. ant. Administrador o ejecutor. || **3.** m. y f. Chile. Algebrista, curandero.

ALIÑAMIENTO. m. ant. Acción y efecto de aliñar, gobernar, administrar.

ALIÑAR. (l. *ad*, a, y *lineāre*, poner en línea, en orden.) tr. Aderezar, componer, condimentar. || **2.** Chile. Volver a su sitio los huesos dislocados. || **P.** alinhar; **I.** to season; **F.** apprêter; **A.** zubereiten; **It.** condire; **R.** убирать, приправлять.

ALIÑO. m. Acción y efecto de aliñar o aliñarse. ||**2.** Aquello con que se aliña alguna persona o cosa. || **3.** Disposición o aparato para hacer alguna cosa. || **4.** Condimento, aderezo con que se sazona la comida. || **5.** pl. Guat. y Hond. Sudaderos o lomillos que se ponen bajo el aparejo de las bestias.

ALIÑOSO, SA. (De *aliño*.) adj Adornado, compuesto. || **2.** Aplicado, cuidadoso.

* **ALIOCENTRISMO.** (l. *alius*, otro, y de *centro*.) m. Psicol. Tendencia o inclinación a hacer de los demás el centro del Universo.

ALIOJ. m. ant. Mármol.

ALIOLI. (cat. *alioli*; de *all*, del l. *allium*, ajo, y *oli*, del l. *ŏlĕum*, aceite.) m. Ajiaceite.

* **ALIONADO, DA.** p.p. de alionar. || **2.** adj. Chile. Alborotador.

* **ALIONAR.** tr. Chile. Excitar al alboroto.

ALIONÍN. m. Pájaro que tiene la cabeza, la garganta y el pecho de color negro azulado, una mancha en la nuca y los lados del cuello blancos, el vientre pardo y las alas negras con listas blancas.

* **ALIOS.** m. Geol. Roca compuesta de granos cuarzosos.

* **ALIPAI.** (Voz tagala.) m. Bot. Árbol de Filipinas de la familia de las sapindáceas.

* **ALIPARÓ.** (Voz tagala.) m. Bot. Árbol de Filipinas, de la familia de las euforbiáceas.

ALIPATA. m. Bot. Árbol de las islas Filipinas, de la familia de las euforbiáceas, de hojas alternas, flores unisexuales en espiga y madera aromática.

* **ALIPAY.** m. Bot. Árbol de Filipinas.

ALÍPEDE. (l. *alĭpes*, *-ĕdis*; de *ala*, ala, y *pes*, pie.) adj. poét. Que lleva alas en los pies. || **2.** Zool. Alípedo. Ú.t.c.s.

ALÍPEDO, DA. (Del m. or. que *alípede*.) adj. Alípede. || **2.** Zool. Quiróptero. Ú.t.c.s.

* **ALIPEGARSE.** r. C. Rica. Meterse uno donde no le llaman.

* **ALIPEGO.** m. C. Rica. Yapa. || **2.** Amér. Central. Pegote, persona que no se separa de otra para comer de gorra.

* **ALIPINA.** f. Quím. Substancia de propiedades similares a las de la cocaína.

* **ALIPTERIO.** m. Arqueol. Sala para perfumarse al salir del baño. || **2.** Lugar en que los atletas se ungían con aceite.

ALIQUEBRADO, DA. p.p. de aliquebrar. || **2.** adj. fig. y fam. Alicaído, débil, triste, decaído de la riqueza o del poder. Ú.t.c.r.

ALIQUEBRAR. tr. Quebrar las alas. Ú.t.c.r.

* **ALIQUI.** adj. Dícese del individuo de una tribu mejicana, y de lo perteneciente o relativo a la misma.

ALIRÓN. m. Ar. Alón.

ALIRROJO, JA. adj. De alas rojas.

ALISADOR, RA. adj. Que alisa. Ú.t.

c.s. || **2.** m. Instrumento de boj u otra madera fuerte, de unos 10 cm de grueso y unos 40 de largo, bien liso, de que se sirven los cereros para alisar las velas. || **3.** Venez. Peine fino.

ALISADURA. f. Acción y efecto de alisar o alisarse. || **2.** pl. Partes menudas que quedan de la madera, piedra u otra cosa que se ha alisado. || **2.ª** acep.: **P.** alisadura; **I.** shavings; **F.** polissure; **A.** Schleifspäne; **It.** trucioli; **R.** лощение.

ALISAL. m. Alisar.

ALISAR. m. Sitio poblado de alisos.

ALISAR. (De *liso*.) tr. Poner lisa alguna cosa. Ú.t.c.r. || **2.** Arreglar el cabello pasando ligeramente el peine sobre él. Ú.t.c.r. || **P.** alisar; **I.** to make smooth; **F.** lisser; **A.** glätten; **It.** lisciare; **R.** полировать.

ALISEDA. f. Alisar.

* **ALISIA.** f. Bot. Especie de alga del Brasil. || **2.** Zool. Género de insectos hemínopteros bracónidos.

ALISIOS. adj. pl. Dícese de los vientos fijos que soplan en la zona tórrida, con inclinación al nordeste en el hemisferio boreal y al sudeste en el austral. Ú.t.c.s. **P.** aliseos; **I.** trade-winds; **F.** alizés; **A.** Passatwinde; **It.** alisei; **R.** пассатный ветер.

ALISMA. (l. *alisma*, y éste del gr. ἄλισμα.) f. Planta perenne de la familia de las alismáceas, que crece en terrenos pantanosos; con hojas acorazonadas, ovaladas o lanceoladas; flores blanquecinas en panoja piramidal, fruto seco y semilla sin albumen. Su rizoma tiene un principio amargo que se usa en medicina contra la epilepsia. || **P.,** **I.** e **It.** alisma; **F.** alisme; **A.** Froschlöffel, Alisma.

ALISMÁCEO, A. (De *alisma*.) adj. Bot. Alismatáceo.

ALISMATÁCEO, A. (De *alisma*, un género de plantas.) adj. Bot. Dícese de plantas angiospermas monocotiledóneas, acuáticas, comúnmente perennes, con rizoma feculento, hojas radicales, solitarias o en umbela, racimo, verticilo o panoja, y frutos secos en aquenio o folículo, con semillas sin albumen. Ú.t.c.s.f. **2.** f. pl. Bot. Familia de estas plantas.

* **ALISMO.** (l. *alius*, otro.) m. Incoherencia mental.

ALISO. (l. *alyssum*, y éste del gr. ἄλυσσον, planta que se creía eficaz contra la rabia.) m. Árbol de la familia de las betuláceas, de tronco limpio y rollizo, corteza pardusca, copa redonda y bien poblada, hojas alternas, flores blancas en corimbos colgantes y frutos comprimidos y pequeños. Su madera, muy dura y algo amarillenta, se emplea en la construcción de instrumentos de música y otros muchos objetos. || **2.** Madera de este árbol. || **—blanco.** Seg. Abedul. || **—negro.** Arraclán, árbol rámneo. || **P.** amieiro; **I.** alder-tree; **F.** aune; **A.** Erle; **It.** alno, ontano; **R.** ольха.

* **ALISOIDE.** f. Mat. Nombre que recibe la superficie engendrada por una catenaria al girar alrededor de la base.

ALISTADO, DA. p.p. de alistar, inscribir en lista. || **2.** adj. Listado, que forma o tiene listas. || **3.** Rep. Domin. Soldado raso.

ALISTADOR. m. El que alista, asienta o escribe en lista. || **2.** C. Rica. Operario encargado de alistar.

ALISTAMIENTO. m. Acción y efecto de alistar o alistarse. || **2.** Conjunto de mozos a quienes cada año obliga el servicio militar. || **P.** alistamento; **I.** enlistment; **F.** enrôlement; **A.** Anwerbung; **It.** arrolamento; **R.** вербовка.

ALISTAR. (De *lista*.) tr. Sentar o escribir en lista a alguno. Ú.t.c.r. || **2.** r. Sentar plaza en la milicia. || **P.** alistar; **I.** to enlist, to enrol; **F.** engager, enrôler; **A.** anwerben; **It.** arrolare; **R.** вербовать.

ALISTAR. (De *a* y *listo*.) tr. Prevenir, aprontar, aparejar, disponer. Ú.t.c.r. || **2.** m. C. Rica. Oficial de zapatero encargado de acoplar y coser las piezas de que consta el calzado.

* **ALITAN.** m. Zool. Pez condropterigio, selacio, de la familia de los escílidos, vulgarmente llamado gato marino. Su piel se utiliza para pulimentar madera.

ALITERACIÓN. (l. *ad*, a, y *littĕra*, letra.) f. Ret. Figura que se comete empleando en una cláusula voces en que fre-

A

cuentemente se repiten una o unas mismas letras. Si ocurre independientemente de la voluntad del escritor es vicio del lenguaje. || **2.** RET. Paronomasia. || **P.** aliteração; **I.** alliteration; **F.** allitération; **A.** Buchstabengleichklang; **It.** alliterazione; **R.** аллитерация.

ALITERADO, DA. adj. Que tiene aliteración.

ALITERO. (gr. ἀλιτηρός, impío, execrable.) m. ant. Hombre impío o cruel.

ALITIERNO. m. Aladierna.

★ **ALITRANCA.** f. CHILE. Retranca. || **2.** Astucia.

★ **ALITRANCO.** m. C. RICA. Hebilla con que se ajusta el pantalón o el chaleco.

ALIVIADERO. (De aliviar.) m. Vertedero de aguas sobrantes embalsadas o canalizadas.

ALIVIADOR, RA. adj. Que alivia. Ú.t.c.s. || **2.** m. Palanca que en los molinos harineros sirve para levantar la piedra, de modo que la harina pueda salir más o menos fina. || **3.** GERM. Ladrón que recibe el hurto que otro hace y se va con él para ponerlo en cobro.

ALIVIAMIENTO. m. ant. Alivio.

ALIVIANAR. (De a y liviani.) tr. ant. Aliviar.

ALIVIAR. (l. alleviāre, aligerar, atenuar; de ad, a, y levis, ligero.) tr. Aligerar, hacer menos pesado. || **2.** Quitar a una persona o cosa parte del peso que sobre ella carga. Ú.t.c.r. || **3.** fig. Disminuir o mitigar la enfermedad o dar mejoría al enfermo. Ú.t.c.r. || **4.** fig. Mitigar las fatigas del cuerpo o las aflicciones del ánimo. Ú.t.c.r. || **5.** fig. Tratándose del paso, acelerarlo. || **6.** fig. Tratándose de alguna obra, apresurarla, aligerarla. || **7.** Por ext. p. us. Soliviar. || **P.** aliviar; **I.** to lighten; **F.** alléger; **A.** lindern; **It.** alleggerire; **R.** облегчать.

ALIVIO. (De aliviar.) m. Acción y efecto de aliviar o aliviarse. || **2.** GERM. Descargo que da el preso. || **3.** Procurador de los tribunales.

ALIVIOSO, SA. adj. desus. Que da o procura alivio.

ALIZACE. (ár. al-'isas, los cimientos.) m. ant. Zanja, y en especial la que se abre para poner en ella los cimientos de un edificio.

ALIZAR. (ár. al-'izār, el velo, el paño.) m. Cinta o friso de azulejos de diferentes labores en la parte inferior de las paredes de los aposentos. || **2.** Cada uno de estos azulejos.

ALIZARINA. f. Materia colorante que se extrae de la raíz de rubia. **P.** e **It.** alizarina; **I.** alizarin; **F.** alizarine; **A.** Alizarin; **R.** ализарин.

ALJABA. (ár. al-ŷa'ba, el carcaj.) f. Caja portátil para llevar flechas, ancha y abierta por arriba y estrecha por abajo, y que se lleva colgada del hombro.

ALJABIBE. (ár. al-ŷabbāb [con imela al-ŷábbĭd], el vendedor de chupas.) m. ant. Ropavejero.

★ **ALJADREZ.** m. MAR. Enrejado sobre la escotilla.

ALJAFANA. (Del m. or. que aljebana.) f. Aljofaina.

ALJAMA. (ár. al-ŷamā'a, la congregación.) f. Junta de moros o judíos. || **2.** Sinagoga de judíos. || **3.** Morería o judería.

ALJAMA. (ár. al-ŷāmi', la mezquita con sermón los viernes.) f. En Marruecos, mezquita principal, donde se reúnen los musulmanes para hacer las oraciones del viernes, y donde se pronuncian sermones.

ALJAMEL. m. AND. Alhamel.

ALJAMÍA. (ár. al-'aŷamiyya, la lengua extranjera, no árabe.) f. Nombre que daban los moros a la lengua castellana. Hoy se aplica especialmente a los escritos de los moriscos en nuestra lengua con caracteres arábigos.

ALJAMIADO, DA. adj. Que hablaba la aljamía. || **2.** Escrito en aljamía.

ALJAQUECA. f. ant. Jaqueca.

ALJARAFE. m. Ajarafe.

★ **ALJARAQUIENTO, TA.** adj. GUAT. Alharaquiento.

ALJARAZ. (ár. al-ŷaras, la campana.) m. ant. Campanilla o esquila del ganado.

ALJARFA. (ár. al-ŷarfa, la barredera.) f. Parte central y más tupida del aljerife.

ALJARFE. m. Aljarfa.

ALJEBANA. (ár. al-ŷafna, la escudilla.) f. Jofaina.

ALJEBENA. f. MURC. Aljebana.

ALJECERÍA. (De aljecero.) f. Yesería.

ALJECERO. (De aljez.) m. Yesero.

ALJECIREÑO, ÑA. adj. Algecireño.

ALJEMIFAO. m. ant. Mercero, el que vende toda clase de cosas.

ALJERIFE. (ár. al-ŷārif, el barredor, el que rastrilla.) m. Red muy grande para pescar que se usaba antiguamente.

ALJERIFERO. m. El que tenía por oficio pescar con aljerife.

ALJEZ. (ár. al-ŷibs, el yeso.) m. Mineral de yeso.

ALJEZAR. (De aljez.) m. Yesar.

ALJEZÓN. (De aljez.) m. Yesón.

ALJIBE. (ár. dialectal al-ŷibb, el pozo.) m. Cisterna. || **2.** AMÉR. Nombre dado al pozo ordinario provisto de brocal, caballete, polea, soga o cadena y cubos para extraer el agua. || **3.** MAR. Barco en cuya bodega, forrada de hierro, se lleva el agua a las embarcaciones; y por ext. el destinado a transportar petróleo. || **4.** MAR. Cualquiera de los depósitos propios para llevar el agua a bordo. || **5.** COLOM. Fuente, manantial, vertedero. || **P.** algibe; **I.** cistern; **A.** Tank, Zisterne; **It.** cisterna; **R.** водоём.

ALJIBERO. m. El que cuida de los aljibes.

ALJIMIFRADO, DA. adj. ant. Nimiamente pulcro, acicalado en extremo.

ALJOFAINA. (ár. al-ŷufaina, la escudillita.) f. Jofaina.

ALJÓFAR. (ár. al-ŷawhar, la perla.) f. Perla de figura irregular y comúnmente pequeña. || **2.** Conjunto de perlas de esta clase. || **3.** fig. Cosa parecida al ALJÓFAR, como las gotas de rocío.

ALJOFARAR. tr. Cubrir o adornar con aljófar alguna cosa. || **2.** fig. y poét. Hacer que una cosa parezca formada de aljófar o cubrirla o adornarla con algo que lo imite.

ALJOFIFA. (ár. al-ŷaffāfa, la que enjuga, con imela.) f. Pedazo de paño basto de lana para fregar el suelo.

ALJOFIFAR. tr. Fregar con aljofifa.

ALJONJE. m. Ajonje.

ALJONJERA. f. Ajonjera.

ALJONJERO. adj. Dícese de una especie de cardo. || **2.** m. Ajonjero.

ALJONJOLÍ. m. Ajonjolí.

ALJOR. (ár. al-'aŷūr, el ladrillo de barro.) m. Aljez, mineral de yeso.

ALJORCA. f. ant. Ajorca.

★ **ALJOROZAR.** tr. VENEZ. y CUBA. Guarnecer con mortero un muro.

★ **ALJOROZO.** m. VENEZ. Enjalbegadura.

★ **ALJORRA.** f. ZOOL. CUBA. Insecto muy perjudicial para las plantaciones.

★ **ALJOSUCHA.** f. BOT. Planta aromática del Perú.

ALJUBA. (ár. al-ŷubba, la túnica.) f. Vestidura morisca, especie de gabán.

ALJUMA. (ár. al-ŷumma, el mechón, la mata.) f. AND. Pimpollo o tallo nuevo de las plantas. || **2.** AND. Pinocha.

ALKERMES. m. Alquermes.

ALMA. (l. anima.) f. Substancia espiritual e inmortal, capaz de entender, querer y sentir, que informa el cuerpo humano, y con él constituye la esencia del hombre. || **2.** Por ext. principio sensitivo que da vida e instinto a los animales, y vegetativo que nutre y acrecienta las plantas. || **3.** Persona, individuo. No se ve un ALMA en la calle. || **4.** Substancia o parte principal de cualquier cosa. || **5.** fig. Viveza, energía. Este cuadro tiene mucha ALMA. || **6.** fig. Lo que da espíritu, aliento y fuerza a alguna cosa, o la persona que la impulsa o inspira. Fulano es el ALMA de la organización. || **7.** fig. Lo que se mete en el hueco de algunas piezas de poca resistencia para darles fuerza y solidez. || **8.** fig. Hueco o parte vana de algunas cosas. || **9.** En las piezas de artillería y en toda arma de fuego, el hueco del cañón. || **10.** fig. Pieza de hierro forjado que forma el recazo y espiga de la espada y en la parte correspondiente a la hoja va envuelta por las dos tejas de acero. || **11.** fig. En los instrumentos de cuerda que tienen puente, palo que se pone entre sus dos tapas para que se mantengan a igual distancia. || **12.** ARQ. Madero que, fijo verticalmente, sirve para sostener los otros

maderos o los tablones de los andamios. || **13.** CERR. La pared vertical que constituye el cuerpo principal y resistente de una viga de hierro en forma de doble T. || **14.** Muro que sostiene una escalera. || **15.** BLAS. El lema de una empresa o divisa. || **16.** ESCULT. Macizo interior de una figura destinado a sostener las partes delicadas. || **17.** MAR. Cordón que va en el centro de un cable y sobre el cual se tuercen los demás. || —**atravesada, de Caín** o **de Judas.** fig. y fam. Persona aviesa o cruel. || —**de cántaro.** fig. y fam. Persona falta de discreción y sensibilidad. || —**de Dios.** fig. Persona muy bondadosa y sencilla. || —**del negocio.** fig. Su objeto, su móvil o su secreto principal. || —**en pena.** La que padece en el purgatorio. || —**nacida** o **viviente.** Expr. ponderativa que se usa con negación para indicar que se incluyen o excluyen todos en la materia de que se trata. || —**perdida.** Ave del Perú, cuyos chillidos o canto se oye al anochecer y al amanecer. || Abrir uno su ALMA a otro. fig. y fam. Abrir uno a otro su corazón. || Agradecer con, o en, el ALMA alguna cosa. fr. fig. y fam. Agradecerla vivamente. || Arrancarle a uno el ALMA. fr. Quitarle la vida. || Arrancársele a uno el ALMA. Sentir algún dolor o conmiseración por algún suceso lastimoso. || Caérsele a uno el ALMA a los pies. fr. fig. y fam. Abatirse, desanimarse por no corresponder la realidad a lo que se esperaba o creía. || Como el ALMA que lleva el diablo. expr. fam. Con extraordinaria ligereza o velocidad y grande agitación o perturbación del ánimo. Empléase con los verbos ir, salir, etc. || Con el ALMA o con toda el ALMA. frs. figs. y fams. Con el ALMA y con la vida. || Con el ALMA y con la vida. expr. Con mucho gusto, de muy buena gana. || Entregar uno el ALMA a Dios. fr. Expirar, morir. || Dar uno el ALMA al diablo. fr. fig. y fam. Atropellar por todo para hacer uno su gusto. || Echar el ALMA. expr. para indicar que se pone todo lo posible para hacer una cosa. || En el ALMA. loc. fig. Entrañablemente. || Estar uno como el ALMA de Garibay. fr. fig. y fam. No hacer ni deshacer ni tomar partido en alguna cosa. || Estar uno con el ALMA en un hilo. fr. fig. y fam. Estar agitado por el temor de un grave riesgo o trabajo. || Llegarle a uno al ALMA alguna cosa. fr. fig. Sentirla vivamente. || Llevar a uno en el ALMA. fr. fig y fam. Quererle entrañablemente. || Manchar uno el ALMA. fig. Afearla con el pecado. || ¡Mi ALMA! expr. ¡Alma mía! || No tener uno ALMA. fr. fig. No tener compasión ni caridad. || **2.** fig. No tener conciencia. || **3.** fig. Ser indiferente a cuanto pueda mover el ánimo. || Partir una cosa el ALMA. fr. fig. Causar compasión o lástima. || Perder uno el ALMA. Condenarse. || Pesarle a uno en el ALMA alguna cosa. fr. Arrepentirse o dolerse de ella. || Recomendar el ALMA. fr. Decir las preces que la Iglesia tiene dispuestas para los que están en la agonía. || Rendir uno el ALMA a Dios. Dar el alma. || Romperle a uno el ALMA. fr. fig. y fam. Romperle la crisma. || Llegarle al ALMA alguna cosa. fr. fig. Afectarle mucho. || **P.** alma; **I.** soul; **F.** âme; **A.** Seele; **It.** anima, alma; **R.** душа.

ALMACABRA. (ár. al-maqābir, los cementerios.) m. ant. Cementerio de moros.

ALMACAERO. m. El que tenía por oficio pescar con almancebe.

ALMACÉN. (De almagacén.) m. Edificio donde se guardan por junto cualesquiera géneros o pertrechos. || **2.** Local donde los géneros en él existentes se venden, por lo común, al por mayor. || **P.** armazém; **I.** store; **F.** magasin; **A.** Lager, Warenhaus; **It.** magazzino; **R.** склад.

ALMACENADO, DA. p.p. de almacenar. || **2.** Cantidad de vino que se guarda en la bodega para criarlo.

ALMACENAJE. m. Derecho que se paga por guardar las cosas en un almacén o depósito.

ALMACENAMIENTO. m. Acción de almacenar.

ALMACENAR. tr. Poner o guardar en almacén. || **2.** Reunir o guardar muchas cosas. || **3.** r. fig. y fam. Apiñarse, aglomerarse.

ALMACENERO. m. Guardalmacén,

A

persona que guarda o cuida algún almacén. ‖ **2.** AMÉR. Tendero, especialmente abacero.

º **ALMACENERO.** m. ARGENT. Almacenista.

ALMACENISTA. com. Dueño de un almacén. ‖ **2.** Persona que despacha los géneros que en él se venden. ‖ **3.** Vinatero que tiene almacenado.

ALMACENO, NA. adj. Amaceno. ‖ **2.** m. Variedad de ciruelo.

ALMACERÍA (ár. *al-marṣiyya*, el sobrado o desván.) f. ant. Algorfa o casa pequeña.

ALMÁCIGA. (De *almástiga*.) f. Resina clara, translúcida, amarillenta y algo aromática, en forma de lágrimas, que por incisión se extrae de una variedad de lentisco que se cultiva en las islas Jónicas. ‖ **P.** alméciga; **I.** mastic; **F.** mastic aromatique; **A.** Maxtix; **It.** mastice; **R.** камедь.

ALMÁCIGA. (ár. *al-maskaba*, el terreno regado.) f. Lugar en donde se siembran las semillas de las plantas para transplantarlas después a otro sitio. ‖ **P.** almécega; viveiro; **I.** hotbed; **F.** pépinière; **A.** Baumschule; **It.** vivaio, semenzaio; **R.** питомник.

★ **ALMACIGADO, DA.** p.p. de almacigar. ‖ **2.** PERÚ. De raza morena. ‖ **3.** CUBA. Aplícase al caballo de color cobrizo.

★ **ALMACIGAL.** m. ECUAD. Plantación natural de cacao hecha aprovechando las plantas silvestres allí donde abundan.

ALMACIGAR. tr. Sahumar o perfumar con almáciga.

ALMÁCIGO. (De *almáciga*.) m. Lentisco. ‖ **2.** BOT. Árbol de Cuba, de la familia de las burseráceas; tiene el tallo cubierto de una telilla transparente que le da un brillo cobrizo; su fruto sirve de alimento a los cerdos; sus hojas, de pasto a las cabras.

ALMÁCIGO. m. Almáciga, lugar donde se siembran las semillas.

ALMACIGUERO, RA. adj. Perteneciente o relativo a la almáciga o semillero.

ALMÁDANA. f. Almádena. ‖ **P.** marreta; **I.** stone-hammer; **F.** casse-pierres; **A.** Steinhammer; **It.** mazza; **R.** молоток каменотёса.

ALMADANETA. f. d. de almádana.

ALMADEARSE. r. p. us. Almadiarse.

ALMADÉN. (ár. *al-ma'din*, la mina.) m. ant. Mina o minero de algún metal.

ALMÁDENA. (ár. *al-mi'dana*, el instrumento para piedras.) f. Mazo de hierro con mango largo, para romper piedras.

ALMADENETA. f. d. de almádena.

ALMADÍA. (ár. *al-ma'diya*, la barca en que pasan hombres y animales.) f. Especie de canoa usada en la India. ‖ **2.** Armadía, balsa de maderos. ‖ **P.** almadia; **I.** raft; **F.** radeau; **A.** Kanu, Floss; **It.** zattera; **R.** паром.

ALMADIAR. (De *almadia*.) intr. Marearse. Ú.m.c.r. ‖ **2.** intr. Pasar un río en balsas.

ALMADIERO, RA. m. y f. Persona que conduce una almadía.

ALMÁDINA. f. Almádana.

ALMADRABA. (ár. *al-maḍraba*, el golpeadero.) f. Pesca de atunes. ‖ **2.** Lugar donde se hace esta pesca. ‖ **3.** Red o cerco de redes con que se pescan atunes. ‖ **4.** pl. Tiempo en que se pesca. ‖ —**de buche.** Pesca que se hace con atajadizos, por donde los atunes entran en un cerco de redes del cual no pueden salir. ‖ —**de monteleva.** La que se hace al paso de los atunes. ‖ —**de tino** o **de vista.** La que se hace de día y con redes a mano donde hay muchas corrientes. ‖ **P.** almadraba; **I.** tunny-fishery; **F.** madrague; **A.** Tunfischerei; **It.** tonnara; **R.** ловля тунцов.

ALMADRABERO, RA. adj. Perteneciente o relativo a la almadraba. ‖ **2.** m. y f. Persona que se ocupa en la almadraba o en la pesca de atunes.

ALMADRABERO. (De *almadraba*.) m. ant. Tejero.

ALMADRAQUE. (ár. *al-maṭraḥ*, el lecho, el colchón.) m. ant. Cojín, almohada o colchón.

ALMADRAQUEJA. f. d. ant. de almadraque.

ALMADREÑA. (art. ár. *al*, y *madreña*.) f. Zueco, zapato tosco de madera.

ALMADREÑERO. m. El que tiene por oficio hacer o vender almadreñas.

ALMAGACÉN. (ár. *al-majzan*, el depósito, la recámara.) m. ant. Almacén.

ALMÁGANA. f. HOND. Almaganeta. ‖ **2.** HOND. Persona perezosa.

ALMAGANETA. f. Almádana.

ALMAGANETA. f. Almádana.

ALMAGESTO. (ár. *al-maŷistī*, y éste del gr. μέγιστος, muy grande.) m. Libro de astronomía, con muchas observaciones, semejante al de Tolomeo y Riccioli. ‖ **P.** e **It.** almagesto; **I.** almagest; **F.** almageste; **A.** Almagest.

ALMAGRA. (ár. *al-magra*, la tierra roja.) f. Almagre.

ALMAGRADURA. f. Acción y efecto de almagrar.

ALMAGRAL. m. Terreno en que abunda el almagre.

ALMAGRAR. tr. Teñir de almagre. ‖ **2.** fig. Notar, señalar con alguna marca; infamar. ‖ **3.** Entre rufianes y valentones, herir o lastimar de suerte que corra sangre.

ALMAGRE. (De *almagra*.) m. Óxido rojo de hierro, más o menos arcilloso, que tiene aplicación en la pintura. ‖ **2.** fig. Marca o señal. ‖ **P.** almagre; **I.** e **It.** almagra; **F.** almagra, rouge indien; **A.** Ocker, Rötel; **R.** красная охра.

ALMAGREÑO, ÑA. adj. Natural de Almagro. Ú.t.c.s. ‖ **2.** Perteneciente a esta ciudad de Ciudad Real.

★ **ALMAGRERITA.** f. MINER. Cincosita.

ALMAGRERO. Dícese del terreno en que abunda el almagre.

ALMAHALA. (ár. *al-maḥalla*, el real, el campamento.) f. ant. Almofalla, hueste, de guerra.

ALMAIZAL. m. Almaizar.

ALMAIZAR. (ár. *al-mi'zār*, el velo.) m. Toca de gasa usada por los moros. ‖ **2.** Humeral.

ALMAIZO. f. Almez.

ALMAJA. (ár. *al-maŷbà*; el tributo, la renta.) f. Derecho que se pagaba en Murcia por algunos frutos cogidos en secano.

ALMAJAL. m. Almajar.

ALMAJANEQUE. (ár. *al-maŷaniq*, máquina de guerra.) m. Maganel, antigua máquina de guerra usada para batir los muros.

ALMAJAR. (ár. *al-mi'ŷar*, el velo femenino.) m. ant. Manto de seda.

ALMAJAR. m. Almarjal, sitio poblado de almarjos.

ALMAJARA. (ár. *al-mašŷara*, el plantío de árboles.) f. Terreno abonado con estiércol reciente para que germinen prontamente las semillas.

ALMAJE. (l. *animalia*.) m. ÁL. Dula, hato de ganado mayor perteneciente a todos los vecinos de un pueblo.

ALMAJO. m. Almarjo.

ALMALAFA. (ár. *al-milḥafa*, el manto, la cobertura.) f. Vestidura moruna que cubre el cuerpo desde los hombros hasta los pies.

ALMANAC. m. ant. Almanaque.

ALMANACA. (gr. μανιάκης, collar, brazalete, con el art. ár. *al*.) f. ant. Manilla o pulsera.

ALMANAQUE. (ár. *al-manaŷ*, y éste del l. *manāchus*, círculo de los meses.) m. Registro que comprende todos los días del año, distribuidos por meses, con datos astronómicos, y con otras muchas noticias relativas a santos y festividades. ‖ **P.** almanaque; **I.** almanac; **F.** almanach; **A.** Almanach; **It.** almanacco; **R.** альманах.

ALMANAQUERO, RA. m. y f. Persona que hace o vende almanaques.

ALMANCEBE. (ár. *al-manṣab*, el lugar donde se echan las redes.) m. Especie de red que se usaba en el Guadalquivir. ‖ **2.** Barco destinado a esta pesca.

ALMANDINA. (De *alabandina*.) f. MINER. Mineral de color rojo, formado por silicato de aluminio, hierro y magnesio.

ALMANDINO. adj. MINER. Dícese de un granate de color rojo brillante o violeta muy estimado en joyería.

ALMÁNGUENA. f. MINER. Almagre.

ALMANTA. f. Entreliño, espacio entre liño y liño en las heredades. ‖ **2.** Porción de campo que se marca con dos surcos para dirigir la siembra. ‖ **3.** Almáciga, semillero.

ALMARADA. (ár. *al-mijrāza*, el punzón.) f. Puñal agudo de tres aristas y sin corte. ‖ **2.** Aguja grande para coser alpargatas. ‖ **3.** Barreta cilíndrica de hierro, con

un mango, usada en los hornos de fundición de azufre para desobstruir el conducto por donde pasa el azufre líquido desde el crisol al recipiente.

ALMARBATAR. (De *almarbate*.) tr. Ensamblar dos piezas de madera.

ALMARBATE. (ár. *al-mirbāṭ*, el tirante.) m. Madero cuadrado del alfarje, que une las alfardas.

ALMARCHA. (ár. *al-marŷ*, el prado.) f. Población situada en vega o tierra baja.

ALMARGA. (art. ár. *al*, y *marga*.) f. Marguera.

ALMARIETE. m. d. de almario.

ALMARIO. m. Armario.

ALMARJAL. (De *almarjo*.) m. Terreno poblado de almarjos.

ALMARJAL. m. Marjal, terreno bajo y pantanoso.

ALMARJO. (ár. *al-marŷa*, el prado inundado donde crece la barrilla.) m. Cualquiera de las plantas que dan barrilla. ‖ **2.** La barrilla que de ellas se obtiene.

ALMARO. (ár. *al-marw*, y éste del gr. μᾶρον.) m. Maro, planta labiada medicinal.

ALMARRÁ. (ár. *al-miḥtāŷ*.) m. Cilindro delgado de hierro que sirve para alijar el algodón oprimiéndolo contra una tabla.

ALMARRAJA. (ár. *al-mirašša*, la vasija de vidrio para regar.) f. Vasija de vidrio semejante a la garrafa, agujereada por el vientre, y la cual servía para rociar o regar.

ALMARRAZA. f. Almarraja.

ALMÁRTAGA. (ár. *al-marta'a*, el atadero.) f. Cabezada que se ponía a los caballos sobre el freno, para sujetarlos al apearse los jinetes.

ALMÁRTAGA. (ár. *al-martak*, el óxido de plomo.) f. QUÍM. Litargirio.

★ **ALMÁRTEGA.** f. AMÉR. Bellaco, maula.

ALMÁRTEGA. f. Almártaga, litargirio.

ALMÁRTIGA. f. Almártaga, especie de cabezada.

ALMARTIGÓN. m. Almártiga tosca que sirve para atar las bestias al pesebre.

ALMASTE. m. Almástec.

ALMÁSTEC. m. Almástiga.

ALMÁSTICA. (ár. *al-maṣṭikā*, y éste del gr. μαστίχη.) f. ant. Almástiga.

ALMÁSTIGA. (De *almástica*.) f. Almáciga, resina de lentisco.

ALMASTIGADO, DA. adj. Que tiene almástiga.

ALMÁTICA. (De *dalmática*.) f. ant. Méj. Dalmática.

ALMATRERO. m. El que tenía por oficio pescar con almatroque.

ALMATRICHE. (ár. *al-maṭriŷ*, y éste del l. *matrix*, el canal de riego.) m. AGR. Reguera, acueducto.

ALMATROQUE. m. Red parecida al sabogal, usada antiguamente.

ALMAZAQUE. m. ant. AR. Almáciga.

ALMAZARA. (ár. *al-ma'ṣara*, el lugar de exprimir.) f. Molino de aceite.

ALMAZARERO. m. El que tiene a su cargo una almazara.

ALMAZARRÓN. (aum. del ár. *al-miṣr*, la tierra roja.) m. Almagre, óxido rojo de hierro.

ALMEA. (ár. *al-may'a*, el estoraque.) f. Azúmbar, planta alismácea, y también bálsamo del estoraque. ‖ **2.** Corteza del estoraque después que se le ha sacado toda la resina.

ALMEA. (ár. 'ālima, cantora, danzarina.) f. Mujer que entre los orientales improvisa versos y canta y danza en público.

★ **ALMEADA.** f. PERÚ. Tierra que se amontona al pie y en torno a la caña del maíz.

ALMECER. tr. ant. Amecer.

ALMECINA. f. Almeza.

ALMECINO. m. AND. Almez.

★ **ALMEIDEA.** f. BOT. Género de plantas rutáceas.

ALMEJA. (art. ár. *al*, y el l. *mitŭlus*, almeja, y éste del gr. μυτίλος.) f. ZOOL. Molusco lamelibranquio, dimiario, marino, cuyas valvas son gruesas, casi ovales, poco lustrosas, de color gris verdoso, con surcos concéntricos, cortados por menudas estrías radiales. Su carne es comestible. ‖ —**de río.** ZOOL. Molusco lamelibranquio, dimiario, sin sifones, que vive en las aguas

A

dulces. La capa nacarada de las valvas se utiliza para la fabricación de botones de nácar. || **P.** améjioa; **I.** clam; **F.** clovisse; **A.** Miesmuschel; **It.** arsella; **R.** съедобная ракушка.

ALMEJAR. m. Criadero de almejas.

ALMEJÍ. f. Almejía.

ALMEJÍA. (ár. *al-mahšiya*, la túnica.) f. Manto pequeño y de tela basta, que entre los moros de España usaba la gente del pueblo.

ALMENA. (art. ár. *al*, y el l. *minae*, almenas.) f. Cada uno de los prismas que coronan los muros de las antiguas fortalezas para resguardarse en ellas los defensores. || **P.** ameia; **I.** merlon; **F.** créneau; **A.** Zinne, Mauerzinne; **It.** merlo; **R.** зубец стены.

ALMENADO, DA. p.p. de almenar. || **2.** adj. fig. Guarnecido o coronado de adornos o cosas de figura de almenas. || **3.** Que tiene figura de almena. || **4.** m. Almenaje.

ALMENAJE. m. Conjunto de almenas.

ALMENAR. (ár. *al-manār*, el lugar de la luz.) m. Pie de hierro rematado en arandela erizada de púas donde se clavaban teas que, encendidas, servían para alumbrarse en las cocinas de las aldeas.

ALMENAR. tr. Guarnecer o coronar de almenas un edificio.

ALMENARA. (ár. *al-manāra*, el lugar de la luz.) f. Fuego que se hace en las atalayas para dar aviso de alguna cosa. || **2.** Candelero sobre el cual se ponían candiles de muchas mechas. || **3.** Almenar, pie de hierro para sujetar teas.

ALMENARA. (ár. *al-minhara*, el canal.) f. Ar. Zanja por la cual se conduce al río el agua que sobra en las acequias.

ALMENDRA. (l. *amýndŭla*, por *amýndăla amýgdăla*, almendra.) f. Fruto del almendro; es una drupa oblonga, con un endocarpio leñoso, o hueso, que contiene la semilla, envuelta en una película de color canela. || **2.** Este fruto, separado de las capas externa y media del pericarpio. || **3.** Semilla de este fruto. || **4.** Semilla carnosa de cualquier fruto drupáceo. || **5.** fig. Diamante de forma de almendra. || **6.** Cada una de las piezas de cristal tallado, que se cuelgan como adorno en arañas, candelabros, etc. || **7.** fig. y fest. Piedra o guijarro pequeños. || **8.** Murc. Capullo de seda de un solo gusano y de la mejor calidad. || **9.** Arq. Adorno de moldura en figura de almendra. || —**amarga.** La del almendro amargo, que es venenosa. || —**dulce.** La que es comestible. || —**mollar.** La de cáscara fácil de quebrantar. || *De la media* almendra. loc. fam. Melindrosa. || **P.** amêndoa; **I.** almond; **F.** amande; **A.** Mandel; **It.** mandela; **R.** миндаль.

ALMENDRADA. f. Bebida compuesta de leche de almendras y azúcar. || **2.** Salsa compuesta de almendras machacadas y batidas con yemas de huevo. || *Dar una* almendrada a uno. fr. fig. y fam. Decirle alguna cosa que le halague o sea grata. || **P.** amendoada; **I.** almond-milk; **F.** amandé, lait d'amandes; **A.** Mandelmilch; **It.** orzata; **R.** миндальное молоко.

ALMENDRADO, DA. p.p. de almendrar. || **2.** adj. De figura de almendra. || **3.** m. Pasta hecha con almendras, harina y miel o azúcar. || **4.** Perú. Guiso con salsa de almendras.

ALMENDRAL. m. Sitio poblado de almendros. || **2.** Almendro.

ALMENDRAR. tr. Arq. Adornar con almendras.

ALMENDRATE. m. Especie de guisado compuesto con almendras, que se hacía antiguamente.

ALMENDRERA. f. Almendro. || *Florecer la* almendrera. fr. fig. y fam. Encanecer antes de tiempo.

ALMENDRERO. m. Almendro. || **2.** Plato, escudilla o vaso en que se sirven las almendras en la mesa.

ALMENDRILLA. (d. de *almendra*.) f. Lima rematada en figura de almendra, que usan los cerrajeros. || **2.** Piedra machacada en fragmentos menudos, que se emplea en las reparaciones del firme de las carreteras. || **3.** Labor de aguja que imitaba almendras pequeñas.

* **ALMENDRILLO.** m. Bot. Árbol rámneo de Cuba, más pequeño que el almen-

dro. || **2.** Madera correosa con que se hacen maromas.

ALMENDRO. m. Árbol de la familia de las rosáceas, de raíz profunda, madera dura, hojas oblongas y aserradas, flores blancas o rosadas, y cuyo fruto es la almendra. Florece muy temprano. || **P.** amendoeira; **I.** almond-tree; **F.** amandier; **A.** Mandelbaum; **It.** mandorlo; **R.** миндальное дерево.

ALMENDROLÓN. m. Mancha. Almendruco.

ALMENDRÓN. (aum. de *almendro*.) m. Árbol de la familia de las mirtáceas, originario de Jamaica, de fruto pequeño, ácido y comestible. || **2.** Fruto de este árbol. || **3.** Rep. Domin. Sujeto listo y avispado.

ALMENDRUCO. m. Fruto del almendro, con el mesocarpio todavía verde; el endocarpio blando y la semilla a medio cuajarse.

ALMENILLA. (d. de *almena*.) f. Adorno de figura de almena, en cenefas, guarniciones de trajes, etc.

ALMERIENSE. adj. Natural de Almería. Ú.t.c.s. || **2.** Perteneciente a esta ciudad.

ALMETE. (al. *helm*.) m. Pieza de la armadura antigua, que cubría la cabeza. || **2.** Soldado que usaba almete. || **P.** elmo; **I.** helmet; **F.** armet; **A.** Sturmhaube, Helm; **It.** elmetto; **R.** шлем.

ALMEZ. (ár. *al-mais*.) m. Bot. Árbol de la familia de las ulmáceas, de tronco derecho, corteza lisa, copa ancha, hojas lanceoladas y dentadas, flores solitarias, y cuyo fruto es la almeza. || **2.** Madera de este árbol. || **P.** almez; **I.** nettletree; **F.** alisier; **A.** Nesselbaum; **It.** bagolaro.

ALMEZA. f. Fruto del almez. Es una drupa comestible, redonda, negra por fuera, amarilla por dentro y con el hueso también redondo.

ALMEZO. m. Almez.

ALMIAR. (art. ár. *al*, y el l. *metālis*, de *meta*, meda.) m. Pajar al descubierto, con un palo largo en el centro, alrededor del cual se va apretando la mies, la paja o el heno. || **2.** Montón de heno o paja formado así para conservarlo todo el año. || **3.** El sitio donde hay uno o más de estos pajares. || **P.** meda; **I.** haystack; **F.** pailler; **A.** Heuschober; **It.** pagliaio; **R.** стог.

ALMIARAR. tr. Amontonar la paja para hacer el almiar.

ALMÍBAR. (ár. *al-maiba*, y éste del persa *may bih*, el jarabe de membrillo con vino y azúcar.) m. Azúcar disuelto en agua y cocido al fuego hasta que toma consistencia de jarabe. Se ha usado también c.f. || **2.** Jugo suave y dulce que dan de sí algunos frutos. || *Estar uno hecho un* almíbar. loc. fam. Mostrarse sumamente amable y complaciente. || **P.** calda de açucar; **I.** sugar sirup; **F.** sirop; **A.** Sirup; **It.** siroppo; **R.** сироп.

ALMIBARADO, DA. p.p. de almibarar. || **2.** adj. fig. y fam. Meloso, excesivamente halagüeño y dulce. Aplícase al lenguaje de esta clase y a la persona que lo emplea.

ALMIBARAR. tr. Bañar o cubrir con almíbar. || **2.** fig. Suavizar con arte y dulzura las palabras para ganarse la voluntad de otro y conseguir de él lo que se desea.

ALMICANTARAT. (ár. *al-muqanṭarāṭ*.) f. Cada uno de los círculos paralelos al horizonte que se suponen descritos en la esfera celeste, para determinar la altura o la depresión de los astros.

ALMIDÓN. (l. *amýlum*, y éste del gr. ἄμυλον.) m. Quím. Fécula, especialmente la de las semillas de los cereales. Es blanca, ligera y suave al tacto, muy útil para la alimentación y la industria. ||—**animal**. Glucógeno. || **P.** e **It.** amido; **I.** starch; **F.** amidon; **A.** Stärke, Stärkemehl; **R.** крахмал.

* **ALMIDONA.** f. ant. La parte más interna del grano almidón.

ALMIDONADO, DA. p.p. de almidonar. || **2.** adj. fig. y fam. Dícese del que se atavía con excesiva pulcritud.

ALMIDONAR. tr. Mojar la ropa blanca en almidón desleído en agua.

ALMIDONERÍA. f. Fábrica de almidón.

ALMIFOR. (ár. *al-mifarr*, el caballo ligero para huir.) m. Germ. Caballo.

ALMIFORA. (De *almifor*.) f. Germ. Mula.

ALMIFORERO. (De *almifor*.) m. Germ. Ladrón que hurta caballos o mulas.

ALMIJAR. (ár. *al-mišarr*, el escurridero.) m. ant. Lugar donde se ponen a secar los higos. || **2.** And. Lugar donde se ponen las uvas y aceitunas para que se oreen antes de exprimirlas.

ALMIJARA. (Quizá del ár. *al-māyila*, la cisterna.) f. Depósito de aceite que había en las minas de Almadén cuando la Hacienda facilitaba el alumbrado a los operarios.

ALMIJARERO. m. El encargado de la almijara. || **2.** Portero de cada una de las minas de Almadén, encargado de reconocer a los que entran y salen.

ALMILLA. (Como el burgalés *armilla*, ermilla, jubón, justillo, del l. *firmĕlla*, sujetador, de *firmus*.) f. Especie de jubón, con mangas o sin ellas, ajustado al cuerpo. || **2.** Jubón cerrado, escotado y con sólo medias mangas; poníase debajo de la armadura. || **3.** Tira ancha de carne sacada del pecho de los puercos, después de sacrificados. || **4.** Carp. Espiga de la pieza de madera que entra en el hueco de otra, con la cual ha de unirse. || **P.** amilha; **I.** under-waistcoat; **F.** brassière, camisole; **A.** Jäckchen; **It.** camiciola; **R.** куртка.

ALMIMBRAR. (ár. *al-minbar*, el púlpito.) n. Púlpito de las mezquitas.

ALMINAR. (ár. *al-manār*, el faro.) m. Torre de las mezquitas, por lo común elevada y poco gruesa, desde cuya altura convoca el almuédano a los mahometanos en las horas de oración. || **P.** minarete; **I.** y **F.** minaret; **A.** Minarett; **It.** minareto; **R.** минарет.

ALMIQUÍ. m. Zool. Aire, mamífero insectívoro de la isla de Cuba.

ALMIRAJ. m. ant. Almiraje.

ALMIRAJE. m. ant. Almirante, jefe de la armada.

ALMIRAL. (ár. *amir*, jefe, el que manda, a través del fr. y provenzal antiguos.) m. ant. Almirante, jefe de la armada.

ALMIRANTA. f. Mujer del almirante. || **2.** Nave que montaba el segundo jefe de una armada o flota.

ALMIRANTADGO. m. ant. Almirantazgo.

ALMIRANTAZGO. m. Alto tribunal o consejo de la armada. || **2.** Juzgado particular del almirante. || **3.** Derecho que para los gastos de la Marina Real pagaban las embarcaciones mercantes que entraban en los puertos españoles. || **4.** Término o terreno comprendido en la jurisdicción del almirante. || **5.** Dignidad de almirante. || **P.** almirantado; **I.** admiralty; **F.** amirauté; **A.** Admiralität; **It.** ammiragliato; **R.** адмиралтейство.

ALMIRANTE. (De *almiral*.) m. El que en las cosas de mar tenía jurisdicción con mero mixto imperio y con mando absoluto sobre las armadas y navíos. || **2.** El que mandaba la armada o flota después del capitán general. || **3.** El que desempeña en la armada el cargo que equivale al de teniente general en los ejércitos de tierra. || **4.** fig. And. Maestro de natación. ||—**de Castilla.** El que ejerció efectivamente ese cargo hasta que el título pasó a ser honorífico. || **P.** almirante; **I.** admiral; **F.** amiral; **A.** Admiral; **It.** ammiraglio; **R.** адмирал.

ALMIRANTESA. f. ant. Almiranta, mujer del almirante.

ALMIRANTÍA. f. ant. Almirantazgo.

ALMIREZ. (ár. *al-mihrās*, el instrumento para machacar.) m. Mortero, de metal u otra materia, pequeño y portátil que sirve para machacar o moler en él alguna cosa.

ALMIRÓN. (ár. *al-amirŭn*, y éste del gr. μυρὸν, el amargo.) m. And. Amargón, planta compuesta llamada vulgarmente diente de león.

ALMIZATE. (ár. *al-misāt*, el centro.) m. Punto central del harneruelo en los techos de maderas labradas. || **2.** Harneruelo.

ALMIZCATE. m. Patio entre dos fincas urbanas, para el uso común de paso, luz y agua.

ALMIZCLAR. tr. Aderezar o aromatizar con almizcle.

ALMIZCLE. (De *almizque*.) m. Subs-

A

tancia odorífera formada de grumos secos y fáciles de aplastar, untuosa al tacto, de sabor amargo y de color pardo rojizo. Se saca de la bolsa que el almizclero tiene en el vientre. Empléase en medicina y perfumería.|| 2. HOND. Substancia grasa que algunas aves tienen en una especie de bolsa, junto a la cola, y con la cual se untan las plumas para hacerlas impermeables. || P. almíscar; I. musk; F. musc; A. Moschus; It. muschio; R. мускус.

ALMIZCLEÑA. f. Planta perenne liliácea, parecida al jacinto pero más pequeña, y cuyas flores, de color azul claro, despiden olor de almizcle.

ALMIZCLEÑO, ÑA. adj. Que huele a almizcle. || 2. Dícese de la pera mosqueruela.

ALMIZCLERA. (De almizcle.) f. ZOOL. Desmán, ratón almizclero.

ALMIZCLERO, RA. adj. Almizcleño. || 2. m. ZOOL. Mamífero artiodáctilo rumiante, originario de Asia, parecido al corzo. Los machos poseen una bolsa en el vientre, en que segregan almizcle. || 3. ZOOL. Ratón almizclero. || P. almiscareiro; I. musk-deer; F. porte-musc; A. Moschustier; It. muschio; R. мускусный.

ALMIZQUE. (ár. al-misk, y éste el gr. μόσχος.) m. ant. Almizcle.

ALMIZQUEÑO, ÑA. (De almizque.) adj. ant. Almizcleño.

ALMIZQUERA. (De almizque.) f. ant. Almizclera.

ALMIZTECA. f. ant. Almástec.

ALMO, MA. (l. almus, de alěre, alimentar.) adj. poét. Criador, alimentador, vivificador. || 2. poét. Excelente, benéfico, santo, digno de veneración.

ALMOACÉN. m. ant. Almocadén.

ALMOCADÉN. (ár. al-muqaddam, el prepósito, el jefe.) m. En la milicia antigua, caudillo o capitán de tropa de a pie. || 2. Cabo que en Ceuta mandaba diez o doce hombres de a caballo. || 3. En Marruecos, autoridad subalterna de funciones varias.

ALMOCAFRE. (ár. al-muḥaffir, el cavador.) m. Instrumento que sirve para escardar y limpiar la tierra de malas hierbas, y para transplantar plantas pequeñas. || P. almocafre; I. weeder; F. sarcloir; A. Jäthacke; It. sarchio; R. мотыга.

ALMOCÁRABE. (De almocarbe.) m. ARQ. y CARP. Labor de adorno formada por la combinación geométrica de prismas acoplados, cuyo extremo inferior se corta en forma de superficie cóncava. Ú.m. en pl.

ALMOCARBE. (ár. al-muqarbaṣ.) m. Almocárabe.

ALMOCATÍ. (ár. al-mujjāt, los sesos.) m. ant. Medula de los huesos, y especialmente el cerebro.

ALMOCATRACÍA. f. Derecho o impuesto que se pagaba antiguamente por los tejidos de lana fabricados y vendidos en el reino.

ALMOCEDA. (Quizá del ár. al-musdà, lo que se deja correr o fluir libremente.) f. NAV. Derecho de tomar agua por días para regar.

ALMOCELA. (ár. al-musalla, el tapiz, el cobertor para la oración.) f. Capucha o cobertura de cabeza, de que se usaba antiguamente. || 2. Saco de lona o de arpillera que, relleno de paja o de hojas de maíz sirve de colchón a los jornaleros del campo.

ALMOCREBE. (ár. al-mukārī, el alquilador.) m. ant. Arriero de mulos, acemilero.

ALMOCRÍ. (ár. al-muqrī, el lector.) m. Lector del Alcorán en las mezquitas.

ALMODÍ. m. Almudí.

ALMODÓN. (ár. al-madhūn, lo falsificado.) m. Harina de trigo humedecido y después molido, de la cual, quitado el salvado grueso, se hacía pan.

ALMODOVAREÑO, ÑA. adj. Natural de Almodóvar del Campo. Ú.t.c.s. || 2. Perteneciente a esta ciudad de la provincia de Ciudad Real.

ALMODROTE. (ár. al-muḍarriṭ, el pedorrero.) m. Salsa compuesta de aceite, ajos, queso y otras cosas, con la cual se sazonan las berenjenas. || 2. fig. y fam. Mezcla confusa de varias cosas o especies.

ALMOFALLA. (ár. al-musalla, el ta-

piz, la almocela.) f. ant. Alfombra, tejido con que se cubre y adorna el suelo.

ALMOFALLA. (m. or. que almahala.) f. ant. Campamento o hueste acampada. || 2. ant. Hueste o gente de guerra.

ALMÓFAR. (ár. al-migfar.) m. Parte de la armadura antigua, especie de cofia de malla, sobre la cual se ponía el capacete.

ALMOFARIZ. (ár. al-muharris, el machacador.) m. ant. Almirez.

* ALMOFATE. m. Cuchilla redonda que usan los guarnicioneros.

ALMOFÍA. (ár. al-mujfiya, el vaso.) f. Jofaina.

ALMOFRE. m. ant. Almófar. || 2. CHILE. Almofrej.

ALMOFREJ. (ár. al-mufriš, la funda.) m. Funda en que se llevaba la cama de camino.

ALMOFREZ. m. AMÉR. Almofrej.

ALMOGAMA. (ár. al-muqāma, el ensamblaje, el lugar de asiento.) f. MAR. Redel.

ALMOGÁVAR. (ár. al-mugāwir, el que hace algaras.) m. En la milicia antigua, soldado de una tropa escogida y muy diestra en la guerra, que se empleaba en hacer entradas o correrías en las tierras de los enemigos. || 2. Hombres del campo que, junto con otros y formando tropa, entraba a correr tierras de enemigos.

ALMOGAVAREAR. (De almogávar.) intr. Hacer correrías por tierras de enemigos.

ALMOGAVARÍA. f. Tropas de almogávares. || 2. Ejercicio de los almogávares.

ALMOGAVERÍA. f. Ejercicio de los almogávares.

* ALMOGOTE. m. Cuerpo de infantería en línea de batalla.

ALMOHADA. (ár. al-mujadda, el lugar en que se apoya la mejilla.) f. Colchoncillo que sirve para reclinar sobre él la cabeza en la cama. || 2. Colchoncillo para sentarse sobre él. || 3. Funda de lienzo blanco en que se mete la ALMOHADA de la cama. || 4. ARQ. Almohadilla, resalto de un sillar. || 5. ART. Trozo prismático de madera que sirve de apoyo a alguna parte de la pieza o del afuste. || Aconsejarse o consultar con la ALMOHADA. fr. fig. y fam. Meditar con el tiempo necesario algún negocio, a fin de proceder en él con acierto. || P. almofada; I. pillow; F. oreiller; A. Kopfkissen; It. guanciale, capezzale; R. подушка. || 3.ª acep.: P. travesseiro; I. pillowcase; F. taie d'oreiller; A. Kissenüberzug; It. fèdera; R. наволочка.

ALMOHADADO, DA. (De almohada.) adj. Almohadillado.

ALMOHADAZO. m. Golpe dado con una almohada.

ALMOHADE. (ár. al-muwaḥḥid, el monoteísta, el unificador.) adj. Dícese de cada uno de los secuaces del africano Aben Tumart, que proclamándose Mesías del Islam, fanatizó en 1120 las tribus occidentales de África, y dio ocasión a que se fundase un nuevo imperio con ruina del de los almorávides. Ú.t.c.s. y m. en pl. || 2. Perteneciente a los almohades. || P. almoada; I. y F. almohade; A. Almohade; It. almoàde.

ALMOHADILLA. (d. de almohada.) f. Cojincillo sobre el cual cosen las mujeres, y que suele estar unido a la tapa de una cajita de costura. || 2. Cojincillo que hay en las guarniciones de las caballerías de tiro, y que se les pone sobre la cruz del lomo para no maltratarlas con ellas. || 3. CHILE. Acerico. || 4. CHILE. Agarrador de la plancha. || 5. ARQ. Parte del sillar que sobresale de la obra, con las aristas achaflanadas o redondeadas. || 6. ARQ. Parte lateral de la voluta del capitel jónico. || 7. VETER. Carnosidad que se les hace a las caballerías en los lados donde asienta la silla. || 8. ARQ. La piedra trabajada de tal modo que muestra la división de sus lechos y juntas. || 9. CARP. y CERR. Peto de madera guarnecido de hierro, o sólo de este metal, que se coloca sobre el pecho, y sirve a los carpinteros y cerrajeros para sostener y apoyar los berbiquíes. || 10. MIL. En artillería, piedra del afuste que lleva un rebajo donde se apoya el mortero. || 11. VETER. Masa de tejido celular que se encuentra en el interior del casco de los

animales monodáctilos. || —eléctrica. Bolsa de cuero de figura de almohadilla y llena de aire, que se calienta por una resistencia eléctrica que lleva en su interior. || P. almofadinha; I. sewing cushion; F. coussinet à coudre; A. Nähkissen; It. cuscinetto; R. подушечка.

ALMOHADILLADO, DA. p.p. de almohadillar. || 2. adj. ARQ. Que tiene almohadillas. Ú.t.c.s.m. || 3. m. MAR. Macizo de madera que se pone entre el casco de hierro y la coraza de los buques, con objeto de disminuir las vibraciones producidas por el choque de los proyectiles.

ALMOHADILLAR. tr. AR. Labrar los sillares de modo que tengan almohadilla.

ALMOHADÓN. (aum. de almohada.) m. Colchoncillo a manera de almohada que sirve para sentarse, recostarse o apoyar los pies en él. || 2. ARQ. Cada una de las dos piedras inferiores del arco, que están sobre los machones.

ALMOHARREFA. (ár. al-muharrifa, la [hilera] orillada.) f. ant. Almorrefa.

ALMOHATRE. (ár. persa an-nušādir, la sal amoniaco.) m. Sal amoníaco.

ALMOHAZA. (ár. al-muhassa, el rastrillo.) f. Instrumento que se compone de una chapa de hierro con cuatro o cinco serrezuelas de dientes menudos y romos, y de un mango de madera o un asa, y el cual sirve para limpiar las caballerías. || P. almofaça o almoface; I. curry-comb; F. étrille; A. Striegel; It. striglia; R. скребница.

ALMOHAZADOR. m. El que almohaza.

ALMOHAZAR. tr. Estregar a las caballerías con la almohaza para limpiarlas. || 2. Estregar o fregar de otro modo. || 3. ant. fig. Halagar los sentidos.

ALMOJÁBANA. (ár. al-muŷabbana, la [torta] de queso.) f. Torta de queso y harina. || 2. Especie de bollo, buñuelo que se hace de masa con manteca, huevo y azúcar.

ALMOJAMA. (ár. al-mušamma', la [carne] secada.) f. ant. Mojama.

ALMOJARIFADGO. (De almojarife.) m. ant. Almojarifazgo.

ALMOJARIFALGO. (De almojarifadgo.) m. ant. Almojarifazgo.

ALMOJARIFAZGO. (De almojarife.) m. Derecho que se pagaba por los géneros y mercaderías que salían del reino, por los que se introducían en él, o por aquellos con que se comerciaba de un puerto a otro dentro de España. || 2. Oficio y jurisdicción del almojarife.

ALMOJARIFE. (ár. al-mušrif, el inspector.) m. Oficial o ministro real que en lo antiguo cuidaba de recaudar las rentas del rey que guardaba como tesorero. || 2. Oficial encargado antiguamente de cobrar el almojarifazgo.

ALMOJATRE. m. ant. Almohatre.

ALMOJAYA. (ár. al-muŷa'iza, la saliente.) f. Madero cuadrado y fuerte que, asegurado en la pared, sirve para sostener andamios y para otros usos.

ALMOJERIFAZGO. m. Almojarifazgo.

ALMOJERIFE. m. Almojarife.

ALMONA. (ár. al-mūna, las provisiones de boca.) f. Pesquería o sitio donde se pescan sábalos. || 2. AND. Jabonería.

ALMÓNDIGA. f. Albóndiga.

ALMONDIGUILLA. f. d. de almóndiga.

ALMONEDA. (ár. almunādā, el pregón.) f. Venta pública de bienes muebles con licitación y puja; y por ext. se dice también de la venta de géneros que se anuncian a bajo precio. || 2. SAL. Riña, pendencia. || P. almoeda; I. auction; F. encan, enchère; A. Versteigerung; It. incanto; R. аукцион.

ALMONEDAR. tr. Almonedear.

ALMONEDEAR. tr. Vender en almoneda.

ALMORA. (art. ár. al, y el vasc. muru, montón.) f. ÁL. Majano.

* ALMORABE. m. ARQ. y ART. y OFIC. Almocárabe. Ú.m. en pl.

ALMORADUJ. m. AR. Almoradux.

ALMORADUJ. m. Almoradux.

ALMORADUX. (ár. hispánico al-murdadūš, la mejorana.) m. BOT. Mejorana. || 2. Entre jardineros, sándalo.

A

ALMORÁVIDE. (ár. *al-murābiṭ*, el profesional en una rábida.) adj. Se dice del individuo de una tribu del Atlas, guerrera y avasalladora, que mediado el siglo XI, subyugó a las más valerosas del occidente de África, fundó un vasto imperio y llegó a dominar toda la España árabe, desde 1093 a 1148. Ú.t.c.s. y m. en pl. || **2.** Perteneciente a los almorávides. || **P.** almorávida; **I.** y **A.** Almoravide; **F.** e **It.** almoravide.

ALMOREJO. m. Planta de la familia de las gramíneas, que crece en los campos cultivados; su tallo es de caña, de hojas con un nervio blanco longitudinal y flores en espiga, algo separadas y cubiertas de pelos.

ALMORÍ. (ár. *al-mury*, y éste del l. *muria.*) m. Masa de harina, sal, miel y otras cosas, de que se hacen tortas que se cuecen en el horno.

ALMORONÍA. f. Alboronía.

ALMORRANA. (Del pl. l. *haemorrhoides*, y éste del gr. αἱμορροΐδες, flujo de sangre.) f. Tumorcillo sanguíneo que se forma en la parte exterior del ano o en la extremidad del intestino recto. Ú.m. en pl. || **2.** CUBA. Planta convolvulácea llamada vulgarmente tomate de mar. || **P.** almorreimas; **I.** pile; **F.** hémorroïdes; **A.** Hämorrhoiden; **It.** moroide.

ALMORRANIENTO, TA. adj. Que padece almorranas. Ú.t.c.s.

ALMORREFA. (De *almoharrefa.*) f. ant. Cinta. || **2.** Mitad triangular de una baldosa o azulejo.

ALMORRÓN. m. VALLAD. Lomo alto de tierra, acanalado en su parte superior, y que desde una noria, acequia, etc., conduce el agua a las regueras.

ALMORTA. (art. ár. *al*, y del l. *mola*, muela, por la forma de la semilla.) f. Planta anual de la familia de las papilionáceas, con tallo herbáceo y ramoso; hojas lanceoladas con pedúnculo y zarcillo; flores moradas y blancas, y el fruto en legumbre con cuatro simientes de forma de muela. Su ingestión produce a veces una parálisis grave de las piernas denominada latirismo. || **2.** Semilla de esta planta. || **P.** almorta; **I.** bitter vetch; **F.** gessette, pois cornu; **A.** Platterbse; **It.** cicerchia; **R.** горox.

ALMORZADA. (De *almuerza.*) f. Porción de cualquiera cosa suelta, que cabe en el hueco que se forma con las manos juntas. || **2.** MÉJ. Almuerzo, acción de almorzar.

ALMORZADO, DA. p.p. de almorzar. || **2.** adj. Que ha almorzado.

ALMORZAR. (De *almuerzo.*) intr. Tomar el almuerzo. || **2.** tr. Comer en el almuerzo una u otra cosa. ALMORZAR *queso.* || **P.** almoçar; **I.** to breakfast; **F.** déjeuner; **A.** frühstücken; **It.** asciolvere; **R.** завтракать.

ALMOSNA. (De *alimosna.*) f. ant. Limosna.

ALMOSNAR. (De *almosna.*) tr. ant. Dar limosna.

ALMOSNERO, RA. (De *almosna.*) adj. ant. Limosnero, caritativo, que da limosna.

ALMOTACÉN. (ár. *al-muḥtasib.*) m. Persona encargada oficialmente de contrastar las pesas y medidas. || **2.** Oficina donde se efectúa esta operación. || **3.** En lo antiguo, mayordomo de la hacienda del rey. || **4.** En Marruecos inspector de los mercados, encargado de vigilar y señalar cada día el precio de las mercancías.

ALMOTACENADGO. m. ant. Almotacenazgo.

ALMOTACENALGO. (De *almotacenadgo.*) m. ant. Almotacenazgo.

ALMOTACENAZGO. m. Oficio de almotacén. || **2.** Oficina de almotacén.

ALMOTACENÍA. f. Derecho que se pagaba al almotacén. || **2.** Almotacenazgo. || **3.** Lonja de contratación de pescado.

ALMOTALAFE. (ár. *al-muṣṭaḥlaf*, el jurado.) m. ant. Fiel o inspector de la seda.

ALMOTAZAF. (ár. *al-muḥtasib.*) m. Almotacén.

ALMOTAZANÍA. f. Almotacenía.

ALMOZADA. f. ant. Almorzada.

ALMOZALLA. (ár. *al-muṣalla*, el tapiz, o almohadilla para la oración.) f. ant. Cobertor de cama.

ALMOZÁRABE. adj. Mozárabe. Apl. a pers. ú.t.c.s.

ALMUCIA. f. ant. Muceta. Ú.t. en Aragón.

ALMUD. (ár. *al-mudd*, la medida para áridos.) m. Medida de áridos de capacidad variable según los lugares. || **—de tierra.** MANCHA. Espacio en que cabe media fanega de sembradura.

ALMUDADA. f. Espacio de tierra en que cabe un almud de sembradura.

ALMUDEJO. m. Cada una de las medidas que tenía en su poder el almudero.

ALMUDELIO. (Quizá de *almud.*) m. ant. Medida y tasa de comida y bebida; ración de comida.

ALMUDERO. (De *almud.*) m. El que tenía el cargo de guardar las medidas públicas de áridos.

ALMUDÍ. (ár. *al-muddī*, lo perteneciente o relativo al almud.) m. Alhóndiga. || **2.** AR. Medida de seis cahíces.

ALMUDÍN. m. Almudí.

ALMUECÍN. m. Almuédano.

ALMUÉDANO. (ár. *al-mu'ḏḏin*, el que llama a la oración.) m. Musulmán que desde el alminar convoca en voz alta al pueblo para que acuda a la oración. || **P.** e **It.** muezzino; **I.** y **F.** muezzin; **A.** Muezzin; **R.** муэдзин.

ALMUEDÉN. m. p. us. Almuédano.

★ ALMUERCEAR. tr. GUAT. Dar el almuerzo a los trabajadores del campo.

★ ALMUERCERA. f. MÉJ. Sitio a la puerta de algunas tiendas donde se colocan cazuelas con raciones para almuerzos.

★ ALMUERCERO, RA. m. y f. PERÚ. Persona que en los mercados vende raciones de comida. || **2.** El encargado de llevar el almuerzo a los trabajadores del campo.

ALMUÉRDAGO. m. Muérdago, planta lorantácea, parásita.

ALMUERTAS. f. pl. AR. Impuesto sobre los granos que se vendían en la alhóndiga.

ALMUERZA. (Del m. or. que *ambuesta.*) f. Amorzada.

ALMUERZO. (l. *emōrdium*, mordisco.) m. Comida que se toma por la mañana o durante el día antes de la principal. || **2.** Acción de almorzar. || **P.** almoço; **I.** luncheon, lunch; **F.** déjeuner; **A.** Gabelfrühstück; **It.** colazione; **R.** завтрак.

ALMUEZADA. f. ant. Almorzada.

ALMUGÁVAR. m. Almogávar.

ALMUNA. f. ant. Almona.

ALMUNIA. (ár. *al-munya*, el huerto). f. Huerto, granja.

ALMUÑA. f. ant. Almunia.

ALMUTACÉN. m. ant. Almotacén.

ALMUTAZAF. m. ant. Almotazaf.

ALMUTELIO. m. ant. Almudelio.

ALNA. (b. l. *alna*, y éste del l. *ulna*, codo.) f. Ana, medida antigua de longitud aproximada al metro.

ALNADO, DA. (l. *ante natus*, nacido antes.) m. y f. Hijastro, tra.

ALNAFE. m. ant. Anafe, hornilla portátil.

ALNEDO. m. ant. Lugar poblado de alnos.

ALNO. (l. *alnus*.) m. ant. Álamo negro. || **2.** ant. Aliso.

★ ALÓ. m. MÉJ. Guacamayo.

★ ALÓ. CHILE. Voz que sola o repetida se usa en las llamadas telefónicas.

ALOA. (l. *alauda.*) f. ant. Alondra. || **2.** Género de lepidópteros heteróceros, que viven en Asia.

ALOARIA. (De *alboaire.*) f. ant. ARQ. Pechina.

ALOBADADO, DA. adj. Mordido de lobo.

ALOBADADO, DA. adj. VETER. Que padece lobado.

ALOBADO, DA. (De *al* y *lobo.*) adj. Dícese del coto de caza invadido por lobos.

★ ALÓBARA. f. METEOR. Línea que limita el área en el que hay un cambio de presión.

ALOBREGUECER. intr. ant. Lobreguecer.

ALÓBROGE. (l. *allobrŏges.*) adj. Dícese del individuo de un antiguo pueblo de la Galia Narbonense. Ú.m.c.s. y en pl.

★ ALOBROGIA. f. BOT. Planta liliácea.

ALOBRÓGICO, CA. adj. Perteneciente o relativo a los alóbroges.

ALÓBROGO. adj. Alóbroge. Ú.m.c.s. y en pl.

ALOBUNADO, DA. (De *a* y *lobuno.*) adj. Parecido al lobo, especialmente en el color del pelo.

ALOCADAMENTE. adv. Sin cordura ni juicio.

ALOCADO, DA. adj. Que tiene cosas de loco o parece loco. || **2.** Dícese de acciones que revelan poca cordura.

ALOCAR. tr. Causar locura o perturbación en los sentidos, perder el juicio. Ú.t.c.r. || **2.** r. PERÚ y VENEZ. Enloquecer.

★ ALOCASIA. f. BOT. Género de plantas aráceas.

★ ALOCINESIA. f. Desorden de la motilidad consistente en servirse del miembro opuesto al que se la ordena mover.

★ ALOCROÍSMO. m. Cambio de color.

★ ALOCROMASIA. f. FÍS. Cambio de color. || **2.** Visión defectuosa de los colores, en la que no se corresponden los percibidos con los reales.

★ ALÓCTONO, NA. adj. Forastero. || **2.** MINERAL. Dícese de la roca cuyos componentes se han formado en lugar distinto de aquel en que actualmente se halla.

ALOCUCIÓN. (l. *allocutio, -ōnis*, de *alloqui*, dirigir la palabra, hablar en público.) f. Discurso o razonamiento breve por lo común y dirigido por un superior a sus inferiores, secuaces o súbditos. || **P.** alocução; **I.** allocution, address; **F.** allocution; **A.** Anrede; **It.** allocuzione, **R.** речь, обращение.

ALODIAL. (De *alodio.*) adj. FOR. Libre de toda carga y derecho señorial. || **2.** Aplícase a heredades, patrimonios, etc.

ALODIO. (germ. *al od*, propiedad total.) m. Heredad, patrimonio o cosa alodial. || **P.** alódio; **I.** allodium; **F.** alleu; **A.** Erbgut; **It.** allodio; **R.** наследство.

ÁLOE [ALOE]. (l. *alŏe*, y éste del gr. ἀλόη.) m. Planta perenne, liliácea, con hojas largas y carnosas, que arrancan de la planta baja del tallo, el cual termina en una espiga de flores rojas y a veces blancas. De sus hojas se extrae un jugo resinoso y muy amargo que se emplea en medicina. || **2.** Jugo de esta planta. || **3.** Agáloco. || **—barbado.** FAM. Jugo procedente de un ÁLOE de las islas Barbadas. || **—sucotrino.** El de la isla Socotora, que es el mejor. || *Palo de* ÁLOE. Nombre que se da a la madera de agáloco. || **P.** aloés; **I.** e **It.** aloe; **F.** aloès; **A.** Aloe; **R.** алоэ.

ALOES. m. ant. Áloe.

ALOETA. (d. de *aloa.*) f. ant. Alauda, alondra.

ALOÉTICO, CA. adj. Perteneciente o relativo al áloe.

ALOGADOR, RA. m. y f. ant. Alquilador o arrendador.

★ ALOGAMIA. f. BOT. Fecundación de la flor de un vegetal por el polen procedente de la flor de otra planta.

★ ALOGAMIENTO. m. ant. Aloguer, alquiler o arrendamiento.

ALÓGAMO, MA. adj. BOT. Dícese de las plantas que presentan particulares disposiciones en las flores para impedir que el polen de una flor fecunde el gineceo de la misma.

★ ALÓGENO, NA. adj. De distinto país o raza.

★ ALOGIA. f. MED. Incapacidad para la palabra hablada a causa de lesión en los centros nerviosos.

★ ALÓGICO, CA. adj. FIL. Carente de lógica por quedar fuera de las reglas y principios de esta ciencia.

ALOGOTROFIA. f. MED. Irregularidad de los fenómenos de la nutrición.

★ ALOGRAFÍA. f. Escritura con diferentes caracteres de letra.

ALOGUER. (De *alogar*, infl. por alquiler.) m. ant. Alquiler o arrendamiento.

ALOGUERO. m. ant. Aloguer.

ALOJA. (l. *alaudea.*) f. Aloya, bebida preparada con agua, miel y especias finas. || **2.** ARGENT. y BOL. Chicha, bebida fermentada.

ALOJADO, DA. p.p. de alojar. || **2.** m. Militar que recibe hospedaje gratuito por disposición de la autoridad. || **3.** m. y f. CHILE y ECUAD. Huésped, persona hospedada en casa ajena.

ALOJAMIENTO. m. Acción y efecto de alojar o alojarse. || **2.** Lugar donde uno

A

está alojado. || **3.** Punto en que se hallan situadas o acampadas las tropas. || **4.** Hospedaje gratuito que, por carga vecinal, se da en los pueblos a la tropa. || **5.** Casa en que está alojado el militar. || **P.** alojamento; **I.** lodging; **F.** logement; **A.** Einquartierung; **It.** alloggio; **R.** жилище.

ALOJAR. (ital. *aloggiare*, y éste del art. alto al. *laubja*, enramada, cenador.) tr. Hospedar o aposentar. Ú.t.c. intr. y c.r. || **2.** Dar alojamiento a la tropa. Ú.t.c.r. || **3.** Colocar una cosa dentro de otra, y especialmente en cavidad adecuada. Ú.t. c.r. || **4.** Colocar la autoridad local a los braceros parados cuyo servicio y pago distribuye forzosamente entre los propietarios. || **5.** Situarse las tropas en algún punto. || **P.** alojar; **I.** to lodge; **F.** loger; **A.** unterbringen, einquartieren; **It.** alloggiare; **R.** лавать приют.

ALOJERÍA. f. Tienda de aloja.

ALOJERO, RA. m. y f. Persona que hace o vende aloja. || **2.** Cada uno de los palcos situados en la galería baja.

★ **ALOJÍ.** m. AMÉR. Alojamiento.

★ **ALOLALIA.** f. Anomalía psicopática en el lenguaje hablado que consiste en decir una palabra por otra.

ALOMADO, DA. p.p. de alomar. || **2.** adj. Que tiene forma de lomo. || **3.** Dícese de las caballerías que tienen el lomo encorvado o arqueado hacia arriba.

ALOMAR. (De *a* y *lomo*.) tr. AGR. Arar la tierra, dejando entre surco y surco espacio mayor que de ordinario y de manera que quede formando lomos. || **2.** EQUIT. Repartir la fuerza que el caballo suele tener en los brazos con más exceso que en los lomos. || **3.** r. Fortificarse y nutrirse el caballo, quedando apto para padrear. || **4.** Encogerse o sentirse de los lomos el caballo.

ALOMBAR. (De *a* y *lomba*.) tr. ÁL. Alomar.

ALOMBRA. f. ant. Alfombra.

★ **ALOMETRÍA.** f. BIOL. Desarrollo de una parte del organismo en relación al desarrollo total. || **2.** BIOL. Medida de este desarrollo.

★ **ALOMORFIA.** f. ZOOL. Paso de una forma a otra completamente diferente, como la transformación de algunas larvas en insectos perfectos.

ALÓN. m. Ala entera de cualquier ave quitadas las plumas.

ALÓN. (fr. *allons*, de *aller*, y éste del l. *ambŭlāre*, rascar.) interj. desus. con que se excitaba a mudar de lugar, de ejercicio o asunto.

★ **ALÓN, NA.** adj. CHILE. Aludo.

★ **ALONA.** f. BOT. Género de plantas solanáceas de la América Meridional.

ALONDRA. (l. *alaudŭla*, d. de *alauda*.) f. Pájaro de cola ahorquillada, con cabeza y dorso de color pardo terroso y vientre blanco sucio. Abunda en toda España. Anida en los campos de cereales y come insectos y granos. —moñuda. Cogujada. || **P.** calhandra; **I.** lark; **F.** alouette; **A.** Lerche; **It.** allodola; **R.** жаворонок.

ALONGADERA. (De *alongar*.) f. ant. Dilatoria, dilación. Usáb. m. en pl.

ALONGADERO, RA. (De *alongar*.) adj. ant. FOR. Dilatorio, que prorroga y retarda.

ALONGADO, DA. p.p. de alongar. || **2.** adj. Prolongado, alargado.

ALONGAMIENTO. m. Acción de alongar. || **2.** Distancia, separación de alguna cosa.

ALONGANZA. f. ant. Alongamiento.

ALONGAR. (l. *elŏngāre*, alargar.) tr. Alargar, prolongar. || **2.** r. Alejar, hacer que dure más tiempo una cosa. Ú.t.c.r.

★ **ALONSITO.** m. ZOOL. URUG. Nombre dado al llamado en el Río de la Plata pájaro hornero.

ALONSO. adj. Dícese del trigo fanfarrón, de caña cerrada y gruesa y espiga ancha.

ALÓPATA. adj. Que profesa la alopatía. Ú.t.c.s. || **2.** Que se cura por el método alopático o es partidario de él. Ú.t.c.s.

ALOPATÍA. (gr. ἀλλοπάθεια, de ἄλλος, otro, y πάθος, sufrimiento, afección.) f. Terapéutica cuyos medicamentos producen en el estado sano fenómenos diferentes de los que caracterizan las enfermedades en que se emplean. || **P.** alopatia; **I.** allopathy;

F. allopathie; **A.** Allopathie; **It.** allopatia; **R.** аллопатия.

ALOPÁTICO, CA. adj. Perteneciente o relativo a la alopatía o a los alópatas.

ALOPECIA. (l. *alopecia*, y éste del gr. ἀλωπεκία, de ἀλώπηξ, zorra, animal que suele pelarse con frecuencia.) f. Caída o pérdida del pelo a causa de alguna enfermedad cutánea. || **P., I.** e It. alopecia; **F.** alopecie; **A.** Haarschwund, Alopezie; **R.** падение волосы.

★ **ALOPECIAS.** m. ZOOL. Género de peces escuálidos, de la familia de los lámnidos, que alcanza una longitud de cuatro metros. || **P.** alopia; **I.** Alopias; **F.** alopias, renard; **A.** Fuchshai; **It.** alopias.

ALOPÉCURO. (l. *alopecūrus*, y éste del gr. ἀλώπηξ, zorra, y οὐρά, cola.) m. BOT. Cola de zorra. || **P.** alopécuro; **I.** alopecurus; **F.** alopécure; **A.** Fuchsschwanz; **It.** alopecuro.

ALOPIADO, DA. adj. Opiado, compuesto con opio.

ALOPICIA. f. ant. Alopecia.

ALOPSICOSIS. f. MED. Psicosis caracterizada por la desorganización de las facultades perceptivas externas sin alteración de las facultades motoras.

ALOQUE. (ár. *jalūqī*, perfume azafranado.) adj. De color rojo claro. || **2.** Aplícase especialmente al vino tinto claro o a la mixtura del tinto y blanco. Ú.t.c.s.

ALOQUECERSE. r. Enloquecerse.

ALOQUÍN. (ár. *al-waqi*, el que preserva.) m. Cerco de piedra que se pone alrededor de la cera que se cura al sol, para preservarla de cualquier riesgo.

ALOQUIRIA. f. PAT. Estado morboso en el cual las sensaciones táctiles no se experimentan en el punto estimulado, sino en el punto simétrico de la otra mitad del cuerpo. || **P., I.** e **It.** allochiria; **F.** allochirie; **A.** Allochirie.

★ **ALORARSE.** r. CHILE. Ponerse de color tostado por la acción del sol y del viento.

★ **ALORRITMIA.** f. Arritmia periódica del pulso.

ALOSA. (l. *alōsa*.) f. Sábalo, pez fisóstomo parecido al arenque. || **P.** savel; **I.** shad; **F.** alose; **A.** Else; **It.** cheppia; **R.** бешенка.

ALOSAR. tr. ant. Enlosar.

ALOSNA. (l. *aloxĭnum*, ajenjo.) f. BOT. Ajenjo.

ALOTAR. tr. MAR. Arrizar. || **2.** MAR. Suspender algún objeto trincándolo debidamente.

★ **ALOTERMO, MA.** adj. De diferente temperatura.

★ **ALOTRIO—, ALOTRI—.** Primer elemento de compuestos técnicos que denota condición anormal o extraña.

★ **ALOTRIODONTÍA.** f. Disposición anómala de los dientes.

★ **ALOTRIOSMÍA.** f. Trastorno del olfato.

ALOTROPÍA. (gr. ἄλλος, otro, τρόπος, mutación, cambio.) f. QUÍM. Diferencia que en su aspecto, textura u otras propiedades, puede presentar a veces un mismo cuerpo. || **P.** alotropia; **I.** allotropy; **F.** allotropie; **A.** Allotropie; **It.** allotropia; **R.** аллотропия.

ALOTRÓPICO, CA. adj. Perteneciente o relativo a la alotropía.

★ **ALOXANA.** f. QUÍM. Producto de la oxidación del ácido úrico. || **P.** e **It.** alloxana; **I.** alloxan; **F.** alloxane; **A.** Alloxan.

★ **ALOXÚRICO.** adj. Que contiene aloxana y residuos de urea.

ALOYA. (l. *alaudea*, de *alauda*, alondra.) f. ÁL. Alondra.

ALPACA. (De *paco*.) f. Mamífero rumiante, variedad doméstica de la vicuña, propio de la América Meridional, donde se emplea y aprovecha como la llama. || **2.** fig. Pelo de este animal, que es más largo, más brillante y flexible que el de las tibias lanares. || **3.** fig. Paño hecho con este pelo. || **4.** fig. Tela gruesa de algodón abrillantado, a propósito para trajes de verano. || **P., I.,** F. e **It.** alpaca; **A.** Alpaka; **R.** альпака.

ALPACA. f. Metal blanco; aleación de cobre, cinc y níquel, parecida en su color a la plata. Se emplea en objetos de adorno. || **P.** metal branco; **I.** german silver; **A.** Neusilber; **It.** alpacca.

★ **ALPACÓN.** m. CHILE. Tela más basta que la alpaca.

ALPAMATO. m. Arbusto de la Argentina, de la familia de las mirtáceas, de hoja aromática y medicinal que la gente del campo usa en lugar de té.

ALPAÑATA. f. Tierra gredosa de color muy rojo.

ALPARCEAR. tr. p. us. Aparear ciertos animales domésticos pertenecientes a distintos dueños, con la condición de repartir entre éstos las crías en la forma convenida.

ALPARCERÍA. f. fam. Aparcería. || **2.** AR. Chismografía.

ALPARCERO, RA. (De *aparcero*, infl. por *al*.) adj. AR. Dícese de la persona habladora y chismosa. Ú.t.c.s. || **2.** AND. Aparcero.

ALPARGATA. (ár. *al-bulgāt*, las sandalias de esparto.) f. Calzado de cáñamo en forma de sandalias que se asegura con cintas a la garganta del pie. || **P., I.** e **It.** alpargata; **F.** espadrille; **A.** Spargatte, Hanfschuh; **R.** альпаграт.

ALPARGATADO, DA. p.p. de alpargatar. || **2.** adj. Aplícase a los zapatos hechos a modo de alpargatas.

ALPARGATAR. intr. Hacer alpargatas.

ALPARGATE. m. Alpargata.

ALPARGATERÍA. f. Taller donde se hacen alpargatas. || **2.** Tienda donde se venden.

ALPARGATERO, RA. m. y f. Persona que hace o vende alpargatas.

ALPARGATILLA. (d. de *alpargata*.) com. fig. y fam. Persona que con astucia o maña se insinúa en el ánimo de otra para conseguir alguna cosa.

ALPARTAZ. m. Trozo de malla de acero que pendiente del borde inferior del almete defendía su unión con la coraza.

ALPATANA. (ár. andaluz *al-paṭna*, los utensilios, las menudencias.) f. AND. Trebejos, utensilios, trastos. || **2.** Apero de labranza.

ALPECHÍN. (art. ár. *al*, y el l. *faecinus*, que tiene muchas heces.) m. Líquido obscuro y fétido que sale de las aceitunas cuando están apiladas antes de la molienda, y cuando, al extraer el aceite, se las exprime con agua hirviendo.

ALPECHINERA. f. Tinaja o pozo donde se recoge el alpechín.

ALPENDE. (l. *appendĕre*, colgar.) m. Cubierta voladiza de cualquier edificio, y especialmente la sostenida por postes o columnas, a manera de pórtico. || **2.** Casilla para custodiar enseres en las minas y en las obras públicas.

ALPENDRE. (Del m. or. que *alpende*.) m. Alpende.

ALPÉRSICO. m. BOT. Árbol rosáceo, y su fruto.

ALPES. (Voz céltica.) m. pl. ant. Montes muy altos; alturas de los montes. || **2.** Gran cordillera de Europa. (2.ª acep.: **P.** y **F.** Alpes; **I.** Alps; **A.** Alpen; **It.** Alpi; **R.** Альпы.

ALPESTRE. adj. Alpino. || **2.** fig. Montañoso, áspero, silvestre. || **3.** BOT. Dícese de las plantas que viven a grandes altitudes.

ALPEZ. m. ant. Alopecia.

ALPICOZ. m. MANCHA. Alficoz.

ALPINISMO. m. Deporte que consiste en la ascensión a los Alpes o a otras altas montañas. || **P.** e **It.** alpinismo; **I.** alpinism; **F.** alpinisme; **A.** Alpinismus; **R.** альпинизм.

ALPINISTA. com. Persona aficionada al alpinismo.

ALPINO, NA. (l. *alpĭnus*.) adj. Perteneciente a los Alpes y por ext. a las montañas altas. || **2.** Perteneciente o relativo al alpinismo. || **3.** Dícese del álamo temblón o líbico. || **4.** HIST. NAT. Aplícase a la región geográfica que se caracteriza por tener una fauna y flora más o menos semejante a la de los Alpes.

ALPISTE. (art. ár. *al*, y del l. *pistum*.) m. Planta anual graminea, que echa una panoja oval, con espiguillas de tres flores y semillas menudas. Toda la planta sirve para forraje, y las semillas para alimento de pájaros y otros usos. || **2.** Semilla de esta planta. || **P.** alpista, alpiste; **I.** alpist;

A

F. alpiste; **A.** Kanariengras; **It.** falaride; **R.** канареечное семя.

ALPISTELA. f. Alpistera.

ALPISTERA. (De *alpiste*.) f. Torta pequeña de harina, huevos y alegría.

ALPISTERO. adj. Dícese del harnero con que se limpia el alpiste.

ALPORCHÓN. (art. ár. *al*, y de *porche*.) m. MURC. Edificio en que se celebra la subasta de las aguas para el riego.

ALPUJARREÑO, ÑA. adj. Natural de las Alpujarras. Ú.t.c.s. || **2.** Perteneciente a este territorio montañoso de Andalucía.

ALQUEQUENJE. (ár. *al-kākanȳ*, y éste del gr. ἀλιϰάϰαβον.) m. Planta solanácea, con tallo empinado y fruticoso, hojas ovaladas y puntiagudas, flores agrupadas, de color blanco verdoso y fruto encarnado del tamaño de un guisante. || **2.** Fruto de esta planta, que se emplea como diurético. || **P.**alquequenje;**I.**wintercherry; **F.** alkékenge; **A.** Judenkirsche; **It.** alkekengi.

ALQUERÍA. (ár. *al-qarya*, el poblado pequeño.) f. Casa de labranza o granja lejos de poblado. También se da este nombre a un conjunto de dichas casas.

ALQUERMES. (ár. *al-qirmiz*, la grana.) m. Licor de mesa, muy agradable, pero muy excitante, que se colora con el quermes animal. || **2.** FARM. Electuario en el que entraban el quermes animal y varias substancias excitantes.

ALQUERQUE. (ár. *al-qirq*, el juego de tres en raya.) m. ant. Tres en raya, juego.

ALQUERQUE. (ár. *al-qariq*, el piso plano.) m. Espacio que hay en los molinos de aceite donde se desmenuza la pasta de orujo de la primera presión, para volverla a exprimir, echando en ella agua caliente.

ALQUETIFA. f. ant. Alcatifa.

ALQUEZ. (ár. *al-qās*, la medida.) m. Medida de vino de 12 cántaras.

ALQUEZAR. (ár. *al-qaṣāra*, de la falta de agua.) m. GRAN. Corte que se hace en las aguas de un río para utilizarlas en el riego.

ALQUIBLA. (ár. *al-qibla*, el punto del horizonte que se tiene enfrente.) f. Punto del horizonte, o lugar de la mezquita, hacia donde los musulmanes dirigen la vista cuando rezan.

ALQUICEL. (ár. *al-kisā'*, el vestido.) m. Capa morisca, generalmente blanca, de lana.

ALQUICER. m. Alquicel.

ALQUIFOL. m. Zafre.

ALQUILABLE. adj. Que puede ser alquilado.

ALQUILADIZO, ZA. adj. Que se alquila. Apl. a pers. es despect. y ú.t.c.s.

ALQUILADOR, RA. m. y f. Persona que alquila y especialmente la que tiene por oficio dar en alquiler coches o caballerías. || **2.** Persona que toma en alquiler alguna cosa.

ALQUILAMIENTO. (De *alquilar*.) m. Alquiler.

ALQUILANTE. p.a. de alquilar. Que alquila.

ALQUILAR. (De *alquilé*.) tr. Dar a otro alguna cosa para que use de ella por el tiempo que se determine y mediante el pago de la cantidad convenida. Empléase más comúnmente tratándose de fincas urbanas, o de animales o muebles. || **2.** Tomar de otro alguna cosa para este fin y con tal condición. || **3.** r. Ponerse uno a servir a otro por cierto estipendio. || **P.** alugar, alquilar; **I.** to let, to hire; **F.** louer; **A.** vermieten; **It.** affittare; **R.** отдавать на прокат.

ALQUILATE. (De *quilate*, moneda.) m. Derecho que se pagaba en Murcia por la venta de las propiedades y frutos.

ALQUILÉ. m. ant. Alquiler.

ALQUILER. (ár. *al-kirā'*, el arriendo y su precio.) m. p. us. Acción de alquilar. || **2.** Precio en que se alquila alguna cosa. || *De* ALQUILER. loc. Dícese de los animales o cosas destinados para alquilarlos. || **P.** aluguer; **I.** hire, rent; **F.** louage, loyer; **A.** Miete, Vermietung; **It.** (af)fitto; **R.** прокат.

ALQUILÓN, NA. adj. despect. Alquiladizo. Apl. a pers. ú.t.c.s. || **2.** ECUAD. Arrendatario, colono, inquilino.

ALQUIMIA. (ár. *al-kīmiyā'*, la quími-

ca.) f. Arte con el que se pretendía hallar la piedra filosofal y la panacea universal. || **P.** alquimia; **I.** alchemy; **F.** alchimie; **A.** Alchimie; **It.** alchimia; **R.** алхимия.

ALQUÍMICAMENTE. adv. Según el arte o las reglas de la alquimia.

ALQUÍMICO, CA. adj. Perteneciente o relativo a la alquimia.

ALQUIMILA. (De *alquimia*.) f. BOT. Pie de león, planta rosácea medicinal. || **P.** alquimila; **I.** ladies' mantle, lion's-foot; **F.** alchimille; **A.** Löwenfuss; **It.** piede di leone.

ALQUIMISTA. com. El que profesaba el arte de la alquimia. Ú.t.c.adj.

ALQUINAL. (ár. *al-quinā'*, el velo.) m. Toca o velo que usaban por adorno las mujeres.

ALQUITARA. (ár. *al-qaṭṭāra*, la que destila, el alambique.) f. Alambique.

ALQUITARAR. (De *alquitara*.) tr. Destilar.

ALQUITIFA. f. ant. Alquetifa.

ALQUITIRA. (ár. *al-kaṭirā*, la goma de tragacanto.) f. Tragacanto.

ALQUITRABE. m. ant. Arquitrabe.

ALQUITRÁN. (ár. *al-qiṭrān*, labrea.) m. Substancia untuosa, de color obscuro, olor fuerte y sabor amargo, compuesta de resinas y aceites esenciales, que por destilación se obtienen de la hulla o de la madera del pino y otras coníferas. Se emplea en calafatear los buques y como medicamento. || **2.** Composición de pez, sebo, grasa, resina y aceite. || —*mineral.* El producido destilando la hulla para fabricar el gas del alumbrado. || **P.** alcatrão; **I.** tar, pitch; **F.** goudron; **A.** Teer, Goudron; **It.** catrame; **R.** смола, гудрон.

ALQUITRANADO, DA. p.p. de alquitranar. || **2.** adj. De alquitrán. || **3.** Dícese de la tela que impregnada de alquitrán u otra materia inflamable servía para alumbrar. || **4.** Acción de alquitranar. || **5.** m. MAR. Lienzo impregnado de alquitrán.

ALQUITRANAR. tr. Dar de alquitrán a alguna cosa, como tabla, palo, etc.

* **ALQUITRETE.** m. CUBA y P. RICO. Alcahuete.

ALREDEDOR. (De *al* y *rededor*.) adv. con que se denota la situación de personas o cosas que circundan a otras, o la dirección en que se mueven para circundarlas. || **2.** adv. fam. Cerca, sobre poco más o menos. ALREDEDOR *de una tonelada*. || **3.** m. Contorno. Ú.m. en pl. || **P.** ao redor, em redor; **I.** around; **F.** autour; **A.** ringsherum; **It.** intorno; **R.** кругом || 3.ª acep.: **P.** contorno; **I.** y **F.** environs; **A.** Umgegend; **It.** dintorni; **R.** круг.

ALROTA. (ár. *al-rawṭa*, el estiércol, el desecho.) f. Desecho que queda de la estopa después de rastrillada. || **2.** Estopa que cae del lino al tiempo de espadarlo.

ALSACIANO, NA. adj. Natural de Alsacia. Ú.t.c.s. || **2.** Perteneciente a esta región de Europa. || **3.** m. Dialecto germano hablado en ella.

ÁLSINE. (l. *alsine*, y éste del gr. ἀλσίνη.) f. Planta anual de las cariofiláceas, con hojas pequeñas y aovadas y flores blancas. Abunda en los parajes húmedos, y se usa en medicina y para alimentar pajarillos. || **P.** y **F.** alsine; **I.** alsine, chickweed; **A.** Hühnerdarm; **It.** alsine, paperina.

* **ALSTONIA.** f. BOT. Género de plantas apocináceas, árboles de flores pequeñas, de color blanco y agrupadas en espigas y frutos dehiscentes. Se emplean en medicina y tintorería. || **P.**, **I.** e **It.** alstonia; **F.** alsonia; **A.** Teufelsbaum.

ALTA. f. Danza antigua cortesana en compás ternario. || **2.** Ejercicio que se hacía en las escuelas de danzar, bailando algunos pasos de cada danza, de modo que se repasase toda la escuela. || **3.** En los hospitales orden que se comunicaba al enfermo a quien se da por sano para que deje la enfermería. || **4.** Documento que acredita la entrada en servicio activo del militar destinado a un cuerpo, o que vuelve a él. || **5.** Acto en que el contribuyente declara a la Hacienda el ejercicio de industria o profesión sujeta a impuesto. || **6.** Formulario fiscal para hacer tal declaración. || **7.** Ingreso de una persona en un cuerpo, profesión, carrera, etc. || **8.** ESGR. Asalto público. || **9.** GERM. Ventana, y también torre.

ALTABACA. f. Olivarda, planta compuesta.

ALTABAQUE. m. Tabaque, canastillo.

ALTABAQUILLO. (d. de *altabaque*.) m. BOT. Correhuela.

ALTAIR. (ár. *aṭ-ṭā'ir*, el ave.) f. Estrella de primera magnitud en la constelación del Águila.

ALTAMANDRÍA. AND. f. Centinodia, planta poligonácea medicinal.

ALTAMENTE. adv. Perfecta o excelentemente, en extremo, en gran manera.

ALTAMÍA. (ár. *aṭ-ṭa'āmiyya*, escudilla para comer.) f. ant. Especie de taza. || **2.** LEÓN. Cazuela de barro vidriado.

ALTAMISA. f. Artemisa, planta compuesta.

ALTANA. (De *alto*.) f. GERM. Templo, iglesia.

ALTANAR. (De *altana*.) intr. GERM. Casar, contraer matrimonio. Ú.t.c.r.

ALTANERAMENTE. adv. Con altanería, altivamente.

ALTANERÍA. (De *altanero*.) f. Altura, cumbre, elevación. || **2.** Vuelo alto de algunas aves. || **3.** Caza que se hace con alcones y otras aves de rapiña de alto vuelo. || **4.** fig. Altivez, soberbia. || 4.ª acep.: **P.** alturas; **I.** haughtiness; **F.** hauteur; **A.** Hochmut; **It.** alterigia; **R.** надменность.

ALTANERO, RA. (De *alto*.) adj. Aplícase al halcón y otras aves de rapiña de alto vuelo. || **2.** fig. Altivo, soberbio. || **3.** m. GERM. Ladrón que hurta por lugar alto.

ALTANEZ. f. ant. Altanería, altivez, soberbia.

ALTANO. (l. *altanus*.) adj. MAR. Dícese del viento que alternativamente sopla de mar a la tierra y viceversa. Ú.t.c.s.

ALTAR. (l. *altāre*, altar.) m. Monumento dispuesto para inmolar la víctima y ofrecer el sacrificio. || **2.** En el culto católico, ara o piedra consagrada sobre la cual extiende el sacerdote los corporales para celebrar el santo sacrificio de la misa. || **3.** Por ext., lugar levantado y en forma de mesa más larga que ancha donde el ara o piedra consagrada se coloca. || **4.** Retablo. || **5.** El estado eclesiástico, el sacerdocio. || **6.** El poder eclesiástico, la Iglesia. || **7.** ASTRON. Ara, constelación austral. || **8.** MIN. Piedra que separa la plaza del hogar en los hornos de reverbero. || **9.** MIN. En Vizcaya, banco o grada de una mina. || —*de alma* o **ánima.** El que tiene concedida indulgencia plenaria para las misas que se celebran en él. || —**mayor.** El principal, donde por lo común se coloca la imagen del santo titular. || —**privilegiado.** Altar de alma. || *Conducir* o *llevar* al ALTAR *a una mujer.* fr. fig. y fam. Casarse con ella. || *El* ALTAR *y el trono.* loc. fig. La religión y la monarquía. || *Sólo falta ponerle en un* ALTAR. fr. fig. que se dice de una persona cuyas virtudes se ponderan mucho. || **P.** e **I.** altar; **F.** autel; **A.** Altar; **It.** altare; **R.** алтарь.

ALTAREJO. m. d. de altar.

ALTARERO. m. El que forma altares de madera y los viste para las fiestas y procesiones.

ALTARICÓN, NA. adj. fam. Hombre o mujer de gran estatura y corpulencia.

ALTARREINA. f. BOT. Milenrama.

ALTAVOZ. (De *alta* y *voz*.) m. Aparato que reproduce en voz alta los sonidos transmitidos por medio de la electricidad. || —**electrodinámico.** Aquel en el que la bobina con la corriente de alta frecuencia está sobre un diafragma móvil.

ALTEA. (l. *althaea*, y éste del gr. ἀλθαία, de ἀλθομαι, curarse.) f. BOT. Malvavisco.

ALTEAR. (De *alto*.) tr. GAL. Elevar, dar mayor altura a alguna cosa, como a un muro, etc. || **2.** r. Elevarse, formar altura o eminencia en el terreno.

ALTERABILIDAD. f. Calidad de alterable.

ALTERABLE. adj. Que puede alterarse.

ALTERACIÓN. (l. *alteratío, -ōnis*.) f. Acción de alterar o alterarse. || **2.** Sobresalto, inquietud, movimiento de la ira u otra pasión. || **3.** Alboroto, tumulto, motín. || **4.** Altercado, disputa.

ALTERADIZO, ZA. adj. Alterable.

A

ALTERADO, DA. p.p. de alterar. || **2.** adj. fig. Descompuesto. || **3.** COLOM. Sediento.

ALTERADOR, RA. adj. Que altera. Ú.t.c.s.

ALTERANTE. p.a. de alterar. Que altera. || **2.** adj. Dícese del medicamento y de la medicación que modifican la composición de la sangre.

ALTERAR. (l. *alterāre*, de *alter*, otro.) tr. Cambiar la esencia o forma de una cosa. Ú.t.c.r. || **2.** Perturbar, trastornar, inquietar. || **3.** r. COLOM. Tener sed. || **P.** alterar; **I.** to alter; **F.** altérer; **A.** verändern; **It.** alterare; **R.** изменять.

ALTERATIVO, VA. adj. Que tiene virtud de alterar.

ALTERCACIÓN. (l. *altercatio,-ōnis*.) f. Acción de altercar, disputar o porfiar.

ALTERCADO, DA. p.p. de altercar. || **2.** m. Altercación.

ALTERCADOR, RA. (l. *altercātor*.) adj. Que alterca. Ú.t.c.s. || **2.** Propenso a altercar. Ú.t.c.s.

ALTERCANTE. p.a. de altercar. Que alterca.

ALTERCAR. (l. *altercāre*, de *alter*, otro.) intr. Disputar, porfiar con vehemencia y acritud. || **P.** altercar; **I.** to altercate; **F.** disputer; **A.** streiten; **It.** altercare; **R.** препираться.

ALTER EGO. (Lit. otro yo.) expr. l. Persona en quien otra tiene absoluta confianza, o que puede hacer sus veces sin restricción alguna. Ú.t.c.s.

ALTERNACIÓN. (l. *alternatĭo,-ōnis*.) f. Acción de alternar.

ALTERNADAMENTE. adv. Alternativamente.

ALTERNADO, DA. p.p. de alternar. || **2.** adj. Alternativo.

ALTERNADOR. m. Máquina eléctrica generadora de corriente alterna.

ALTERNANCIA. f. Acción y efecto de alternar. || **2.** BIOL. Fenómeno que se observa en la reproducción de algunos animales y plantas, en el cual se alterna la generación sexual y la asexual. || **3.** ELECTR. Cambio de signo de una corriente alterna. || **4.** Variación sufrida por un fonema o grupo de fonemas en un sistema morfológico dado.

ALTERNANTE. p.a. de alternar. Que alterna.

★ **ALTERNANTERA.** f. BOT. Género de plantas amarantáceas propio de las regiones tropicales y subtropicales.

ALTERNAR. (l. *alternāre*, de *alternus, alterno*.) tr. Variar las acciones diciendo o haciendo ya unas cosas, ya otras, y repitiéndolas sucesivamente. || **2.** Distribuir alguna cosa entre personas o cosas que se turnan sucesivamente. || **3.** MAT. Cambiar los lugares que ocupan respectivamente los términos medios o los extremos de una proporción. || **4.** intr. Hacer o decir una cosa, desempeñar un cargo varias personas por turno. || **5.** Hacer o decir una persona varias cosas por turnos y sucesivamente. || **6.** Sucederse unas cosas a otras repetidamente. ALTERNAR *el placer con el dolor.* || **7.** Tener comunicación amistosa unas personas con otras. || **8.** Entrar a competir con uno. || **9.** TAUROM. Obtener un novillero categoría de matador de toros. || **P.** alternar; **I.** to alternate; **F.** alterner; **A.** ab-, umwechseln; **It.** alternare; **R.** чередовать.

ALTERNATIVA. f. Acción o derecho que tiene cualquier persona o comunidad para ejecutar alguna cosa o gozar de ella alternando con otra. || **2.** Servicio que turnan dos o más personas. || **3.** Opción entre dos cosas. || **4.** Efecto de alternar. || **5.** TAUROM. Ceremonia por la cual un espada de cartel autoriza a un matador principiante para que pueda matar alternando con los demás espadas. El acto se reduce a entregar el primero al segundo, durante la lidia, la muleta y el estoque, para que ejecute la suerte en vez de él.

ALTERNATIVAMENTE. adv. Con alternación.

ALTERNATIVO, VA. adj. Que se dice, hace o sucede con alternación. || **P.** e **It.** alternativo; **I.** alternative; **F.** alternatif; **A.** abwechselnd; **R.** попеременный.

★ **ALTERNIFLORO, RA.** adj. BOT. Dícese de las plantas de flores alternas.

ALTERNO, NA. (l. *alternus*, de *alter*, otro.) adj. Alternativo. || **2.** BOT. Dícese de las hojas de las plantas que, por su situación en el tallo o en la rama, corresponden al espacio que media entre una y otra del lado opuesto. Dícese también de otros órganos de las plantas que se hallan en la situación indicada. || **4.** ELECTR. Dícese de una corriente eléctrica tal que su intensidad pasa periódicamente de positiva a negativa. || **5.** pl. GEOM. Dícese de cada dos ángulos que son ambos internos o externos y están situados a distinto lado de la secante, que los forma al cortar dos rectas paralelas.

★ **ALTERNOMOTOR.** m. ELECTR. Motor de corriente alterna.

★ **ALTERO.** m. MÉJ. Montón, pila de cosas.

★ **ALTERÓN.** (De *alto*.) m. Muro. Prominencia, protuberancia. || **2.** COLOM. Montón, pila.

ALTEROSO, SA. (De *alto*.) adj. ant. Alto, altivo. || **2.** MAR. Dícese del buque demasiado elevado en las obras muertas. || **3.** CUBA. Elevado.

ALTEZA. f. Altura, elevación. || **2.** fig. Elevación, sublimidad, excelencia. || **3.** Tratamiento que en España se da a los reyes hasta el advenimiento de la dinastía austriaca; ahora se da a los hijos de los reyes, a los infantes de España aunque no sean hijos de reyes, y algunas otras personas con título de príncipes. || **3.ª** acep.: **P.** alteza; **I.** highness; **F.** altesse; **A.** Hoheit; **It.** altezza; **R.** высочество.

ALTIBAJO. m. Tela antigua, la misma, al parecer, que la llamada hoy de terciopelo labrado. || **2.** ESGR. Golpe derecho que se da con la espada de alto a bajo. || **3.** pl. fam. Desigualdades o altos y bajos en un terreno cualquiera. || **4.** fig. y fam. Alternativa de bienes y males o de sucesos prósperos y adversos.

ALTILOCUENCIA. (De *altilocuente*.) f. Grandilocuencia.

ALTILOCUENTE. (l. *altus*, alto, y *loquens, -entis*, que habla.) adj. Altílocuo.

ALTÍLOCUO, CUA. adj. Grandílocuo.

★ **ALTILLANO.** m. COLOM. Antiplanicie.

ALTILLO. (d. de *alto*.) m. Cerrillo o sitio algo elevado. || **2.** ARGENT. y ECUAD. Desván o sobrado.

ALTIMETRÍA. (l. *altus*, alto, y del gr. μέτρον, medida.) f. Parte de la topografía, que enseña a medir las alturas. || **P.** e **It.** altimetria; **I.** altimetry; **F.** altimétrie; **A.** Höhenmessung; **R.** альтиметрия.

ALTÍMETRO, TRA. adj. Perteneciente o relativo a la altimetría. || **2.** m. Instrumento destinado a medir la altura sobre el nivel del mar. || —**radial.** El que combinado con un aparato transmisor y receptor de ondas electromagnéticas, sirve a los aviadores para determinar la altura a que vuelan. || **P.** altimetro; **I.** altimeter; **F.** altimètre; **A.** Höhenmesser; **It.** altimetro; **R.** альтиметр.

ALTIPLANICIE. (De *alto* y *planicie*.) f. Meseta de gran altitud y gran extensión.

ALTIPLANÍGRAFO. m. TOP. Brújula registradora que, combinada con un barómetro aneroide, asimismo registrador, y un hilo que se enrolla automáticamente en un tambor, permite registrar en forma aproximada una poligonal recorrida sobre el terreno, con datos altimétricos.

ALTÍSIMO, MA. adj. sup. de alto. || **2.** *El* Altísimo. Por antonomasia, Dios, el Ser Supremo. || **2.ª** acep.: **P.** El Altísimo; **I.** the Most-High; **F.** Le Très Haut; **A.** der Allerhöchste; **It.** L'Altísimo; **R.** Бог.

ALTISONANCIA. f. Calidad de altisonante.

ALTISONANTE. (De *alto* y *sonante*.) adj. Altísono. Dícese, por lo común, del lenguaje o estilo afectadamente elevado y sonoro.

ALTISONANTEMENTE. adv. Con altisonancia.

ALTÍSONO, NA. (l. *altisŏnus*; de *altus*, alto, y *sonus*, sonido.) adj. Altamente sonoro, de alto sonido. Dícese del lenguaje o estilo muy sonoro y elevado, y del escritor que se distingue empleando lenguaje o estilo de esta clase.

ALTITONANTE. (l. *altitŏnans, -antis*.) adj. poét. Que truena de lo alto.

★ **ALTITONO, NA.** (l. *altitŏnus*.) adj. De alto tono.

ALTITUD. (l. *altitūdo*.) f. Altura, elevación. || **2.** GEOGR. Altura de un punto de la Tierra con relación al nivel del mar. || **P., I.** y **F.** altitude; **A.** Höhe; **It.** altitudine; **R.** высота.

ALTIVAMENTE. adv. Con altivez.

ALTIVAR. tr. p. us. Elevar, ensalzar. || **2.** r. p. us. Llenarse de altivez.

ALTIVECER. tr. Causar altivez. Ú.t. c.r.

ALTIVEDAD. f. ant. Altivez.

ALTIVEZ. (De *altivo*.) f. Orgullo, soberbia.

ALTIVEZA. f. Altivez.

ALTIVIDAD. f. ant. Altivez.

ALTIVO, VA. (De *alto*.) adj. Orgulloso, soberbio. || **2.** Erguido, elevado, hablando de cosas. || **3.** CHILE. Dícese del caballo saltón. || **P.** altivo; **I.** haughty; **F.** hautain; **A.** stolz; **It.** altiero; **R.** высокомерный.

ALTO, TA. (l. *altus*.) adj. Levantado, elevado sobre la tierra. || **2.** Más elevado con relación a otro término inferior. || **3.** Dícese de la calle, pueblo, territorio o país que está más elevado con respecto a otro y de los habitantes de éstos. || **4.** Aplicado a río o arroyo, muy crecido, y en sentido análogo se dice también del mar alborotado. || **5.** Dicho de las hembras de ciertos animales, en celo. || **6.** Profundo, sólido. **7.** fig. Fuerte, que se oye de lejos. || **8.** Aplícase a la voz recia o fuerte, y al sonido muy agudo. || **9.** fig. Arduo y difícil. || **10.** fig. Superior o excelente. || **11.** fig. De superior categoría o elevación. || **12.** fig. Elevado, excelente, noble, santo. || **13.** fig. Muy grande, enorme, dicho de faltas y delitos. || **14.** fig. Caro, dicho del precio. || **15.** fig. Tardío, dicho de la cuaresma o fiestas movibles. || **16.** fig. Avanzado, dicho de las horas de la noche. || **17.** COLOM., ECUAD. y PERÚ. Dicho del vestido, corto. || **18.** m. Altura del cuerpo. || **19.** Sitio elevado. || **20.** Cada uno de los distintos órdenes de habitaciones que, sobrepuestos unos a otros, forman un edificio. || **21.** pl. CHILE, PERÚ y MÉJ. El piso o los pisos altos de una casa. || **22.** adv. En lugar o parte superior. || *En* ALTO. m. adv. A distancia del suelo. || **2.** Hacia arriba. || *Lo* ALTO. La parte más superior o más elevada. || **2.** El cielo en sentido material o espiritual. || *Por* ALTO. m. adv. Hablando de la consecución de algún empleo o merced, por particular favor o protección, y sin las formalidades debidas. || **2.** En pintura, por contraposición a apaisado, denota que un cuadro es más alto que ancho. || *Pasar por* ALTO *una cosa.* fr. Omitirla, callar. || **P.** e **It.** alto; **I.** high; **F.** haut; **A.** hoch; **R.** высокий.

ALTO. (al. *halt*, parada.) m. MIL. Detención o parada de la tropa que va marchando. || **2.** MIL. Voz táctica con mando para que cese de marchar la tropa. || **3.** MIL. Voz con que el centinela, cumpliendo su consigna, manda detenerse a cualquier tropa, gente o persona. || **4.** Voz que se usa para que otro suspenda la conversación, discurso o cosa que esté haciendo. || ¡ALTO *ahí!* expr. que se emplea para hacer que uno se detenga en la marcha, o en la ejecución de alguna cosa. || *Hacer* ALTO. fr. Pararse la tropa o quienquiera que sea durante una marcha. || **2.** fig. Parar la consideración sobre alguna cosa.

º **ALTOPARLANTE.** m. AMÉR. Altavoz.

ALTOR. m. Altura de un cuerpo.

ALTOZANO. (De *antuzano*.) m. Monte o cerro de poca altura en terreno llano. || **2.** Sitio más alto y ventilado de ciertas poblaciones. || **3.** COLOM., VENEZ. y C. RICA. Atrio de una iglesia.

ALTRAMUCERO, RA. m. y f. Persona que vende altramuces.

ALTRAMUZ. (ár. *at-turmus*, y éste del gr. θέρμος.) m. Planta anual de las pilonáceas, con hojas compuestas de hojuelas trasovadas, flores blancas y fruto de grano menudo y achatado, en legumbre o vaina. Es buen alimento para el ganado. || **2.** Fruto de esta planta. || **3.** En algunos cabildos de las iglesias, catedrales y colegiatas de España, especialmente en Castilla, caracolillo que sirve para votar. || —**del diablo** o **hediondo.** BOT. Arbusto

A

leguminoso, que despide olor desagradable cuando se frota. ‖ **P.** tremoceiro; **I.** lupine; **F.** lupin; **A.** Feigbohne, lupin; **It.** lupino; **R.** волчанка, лупин.

ALTRUISMO. (l. *alter, -ĕri,* el otro.) m. Esmero y complacencia en el bien ajeno, aun a costa del propio, y por motivos puramente humanos. ‖ **P.** altruísmo; **I.** altruism; **F.** altruisme; **A.** Nächstenliebe, Altruismus; **It.** altruismo; **R.** альтруизм.

ALTRUISTA. adj. Que profesa el altruismo. Ú.t.c.s. ‖ **2.** Perteneciente al altruismo.

ALTURA. (De *alto.*) f. Elevación que tiene cualquier cuerpo sobre la superficie de la tierra. ‖ **2.** Dimensión de los cuerpos perpendicular a su base. ‖ **3.** Región del aire considerada a cierta elevación sobre la tierra. ‖ **4.** Cumbre de los montes, collados o parajes altos del campo. ‖ **5.** fig. Alteza. ‖ **6.** fig. Mérito, valor. ‖ **7.** Altitud. ‖ **8.** ASTRON. Arco vertical que mide la distancia entre un astro y el horizonte. ‖ **9.** fig. Cielo. *Dios de las* ALTURAS. ‖ **10.** FON. Grado de elevación de voz. ‖ **11.** IMPR. Distancia que hay desde el pie a la superficie del ojo de la letra. ‖ —**accesible.** TOPOGR. Aquella cuya medida se puede tomar llegando hasta su pie. ‖ —**de apoyo.** FORT. Distancia vertical desde la línea de fuego o cresta del parapeto a la banqueta. ‖ —**de la vista.** PERSP. Distancia de la vista al plano geométrico. ‖ —**del Ecuador.** ASTRON. Arco de meridiano comprendido entre el Ecuador y el horizonte del sitio de la observación, complemento de la altura de polo. ‖ —**de polo.** ASTRON. Arco de meridiano comprendido entre el horizonte del sitio de la observación y el polo de su hemisferio. ‖ —**inaccesible.** TOPOGR. Aquella que se ha de medir sin llegar hasta su pie. ‖ —**meridiana.** ASTRON. La de los astros sobre el horizonte en el momento de pasar por el meridiano del observador. ‖ —**viva del agua.** HIDROM. Distancia vertical desde la superficie del agua hasta el fondo. ‖ *A estas* ALTURAS. fr. fig. En este tiempo, en esta ocasión, cuando han llegado las cosas a este punto. ‖ *A la* ALTURA de. fr. fig. Con los verbos *estar, ponerse,* y otros semejantes, alcanzar una persona o cosa al grado de perfección correspondiente al término que sirve de comparación. ‖ *Quedar* uno *a la* ALTURA *del betún.* fr. fig. y fam. Quedar mal. ‖ **P.** altura; **I.** height; **F.** hauteur, élévation; **A.** Höhe; **It.** altezza, altura; **R.** высина, высота.

ALÚA. f. ARGENT. Cocuyo, insecto coleóptero luminoso.

* **ALUATO.** (Voz americana.) m. ZOOL. Mono que forma parte del grupo de los aulladores, familia de los cébidos. Vive en América del Sur.

ALUBIA. (ár. *al-lūbiyā,* la judía.) Habichuela judía, planta leguminosa de fruto comestible. ‖ **2.** Este mismo fruto.

ALUBIAR. m. Judiar.

ALUCIAR. (De *a* y *lucio.*) tr. Dar lustre a alguna cosa material; ponerla lúcida y brillante. Ú.t.c.r. ‖ **2.** r. Pulirse, acicalarse. ‖ **3.** MIN. Aguzar; dícese de las barrenas y otras herramientas.

ALUCIEDAD. (De *aluciar.*) f. ant. fig. Luces, conocimientos, ilustración.

ALUCINACIÓN. (l. *allucinatĭo, -ōnis.*) f. Acción de alucinar o alucinarse. ‖ **2.** Sensación subjetiva que no va precedida de impresión en los sentidos. ‖ **3.** fig. Todo desvío de la imaginación. ‖ **3.ª** acep.: **P.** alucinação; **I.** y **F.** hallucination; **A.** Halluzination, Sinnestäuschung; **It.** allucinazione; **R.** галлюцинация.

ALUCINADAMENTE. adv. Con alucinación.

ALUCINADOR, RA. adj. Que alucina. Ú.t.c.s.

ALUCINAMIENTO. (De *alucinar.*) m. Alucinación.

ALUCINANTE. p.a. de alucinar. Que alucina.

ALUCINAR. (l. *allucināri.*) tr. Ofuscar, seducir o engañar haciendo que se tome una cosa por otra. Ú.t.c.r. ‖ **2.** intr. Confundirse, ofuscarse, desvariar. ‖ **3.** Cautivar irresistiblemente. ‖ **P.** alucinar; **I.** to delude; **F.** fasciner; **A.** bezaubern, bannen; **It.** affascinare; **R.** галлюцинировать. ‖ **3.ª** acep.: **P.** alucinar; **I.** to allure; **F.** éblouir;

A. verblenden, täuschen; **It.** abbagliare; **R.** покорять.

ALUCÓN. (aum. del l. *alūcus,* búho.) m. Cárabo, autillo, ave rapaz.

ALUD. (vasco *elurrte.*) m. Gran masa de nieve que se derrumba de los montes con violencia y estrépito. ‖ **2.** fig. Lo que se desborda y precipita impetuosamente. ‖ **P.** alude; **I.** y **F.** avalanche; **A.** Lawine, Schneesturz; **It.** valanga; **R.** лавина.

ALUDA. (De *aludo.*) f. Hormiga con alas.

ALUDEL. (ár. *al-'uṭāl,* el aparato para sublimar.) m. Cada uno de los caños de barro cocidos, semejantes a una olla sin fondo, que, enchufados con otros en fila, se emplean en los hornos de Almadén para condensar los vapores mercuriales producidos por la calcinación del mineral del azogue.

ALUDIR. (l. *alludĕre;* de *ad,* a, y *ludĕre,* jugar.) intr. Referirse a una persona o cosa sin nombrarla o sin expresar que se habla de ella. ‖ **2.** En los cuerpos deliberantes, referirse a persona determinada, ya nombrándola, ya hablando de sus hechos, opiniones o doctrinas. ‖ **P.** aludir; **I.** to allude; **F.** faire allusion; **A.** auf etwas anspielen; **It.** alludere; **R.** намекать.

ALUDO, DA. (De *ala.*) adj. De grandes alas.

ALUÉN. adv. ant. Alueñe.

ALUEÑAR. (De *alueñe.*) tr. ant. Alejar. Ú.m.c.r.

ALUEÑE. (l. *ad lŏnge,* lejos.) adv. ant. Lueñe, lejos.

ALUFRAR. (l. *ad,* a, y *lucifer,* que da luz.) tr. AR. Columbrar, divisar.

ALUGAR. tr. ant. Alogar, alquilar o arrendar.

* **ALUJAR.** tr. AMÉR. Pulir, abrillantar.

ALUM. m. AR. y MURC. Alumbre.

ALUMBRA. (De *alumbrar.*) f. p. us. Excava.

ALUMBRADO, DA. p.p. de alumbrar o alumbrarse. Dar luz o claridad. ‖ **2.** adj. Dícese de ciertos herejes españoles del siglo XVI, según los cuales se llegaba mediante la oración a estado tan perfecto, que no era necesario practicar los sacramentos ni las buenas obras. Ú.m.c.s. y en pl. ‖ **3.** m. Conjunto de luces que alumbran algún pueblo o sitio. ‖ —**fluorescente.** El obtenido por medio de tubos de cristal revestidos interiormente de una substancia que se pone incandescente al paso de una corriente eléctrica, emitiendo una luz blanca muy parecida a la luz solar. ‖ **P.** alumiado; **I.** lighting; **F.** éclairage; **A.** Beleuchtung, Erleuchtung; **It.** illuminazione. **R.** освещение.

ALUMBRADO, DA. p.p. de alumbrar. Meter en disolución de alumbre. ‖ **2.** adj. Que tiene mezcla de alumbre o participa de él.

ALUMBRADOR, RA. adj. Que alumbra, que da luz o claridad. Ú.t.c.s.

ALUMBRAMIENTO. m. Acción y efecto de alumbrar, dar claridad. ‖ **2.** fig. Parto.

ALUMBRANTE. p.a. de alumbrar. Dar claridad. ‖ **2.** m. El que cuida del alumbrado de los teatros.

ALUMBRAR. (l. *illumināre.*) tr. Llenar de luz y claridad. ‖ **2.** Poner luz o luces en algún lugar. ‖ **3.** Acompañar con luz a otro. ‖ **4.** Acompañar con luz en algún acto religioso, entierro, etc. ‖ **5.** Dar vista al ciego. ‖ **6.** Disipar la obscuridad y el error. ‖ **7.** Aplicado a las facultades intelectuales, ponerlas en condición de ejercitarse acertadamente. Ú.t.c.r. ‖ **8.** fig. Descubrir las aguas subterráneas y sacarlas a la superficie. ‖ **9.** fig. Ilustrar, enseñar y dar a conocer con claridad a otro lo que ignoraba, dudaba o no alcanzaba. ‖ **10.** fig. Conceder feliz parto. ‖ **11.** fig. y fam. Maltratar con golpes a una persona. ‖ **12.** AGR. Desembarazar la vid o cepa de la tierra con que se le había arrimado para abrigarla. ‖ **13.** Parir la mujer. ‖ **14.** r. fam. Embriagarse sin exceso, tomarse de vino. ‖ **15.** vulg. ARGENT. Exhibir, mostrar el dinero. ‖ **16.** MÉJ. y P. RICO. Aluzar, examinar un huevo al trasluz. ‖ **P.** alumiar; **I.** to light; **F.** éclairer; **A.** beleuchten, erhellen; **It.** illuminare; **R.** освещать.

ALUMBRAR. (De *alumbre.*) tr. TINT. Meter los tejidos, madejas, etc., en una

---

disolución de alumbre hecha en agua, para que reciban después mejor los colores y resulten éstos más permanentes.

ALUMBRE. (l. *alūmen, -ĭnis.*) m. Sulfato doble de alúmina y potasa; sal blanca y astringente que se halla en varias rocas y tierras. Se emplea para aclarar las aguas turbias, en tintorería y en medicina. ‖ —**de pluma.** El cristalizado en filamentos parecidos a las barbas de pluma. ‖ —**sacarino** o **zucarino.** Mezcla artificial de alumbre y de azúcar, usado en medicina. ‖ **P.** alúmen; **I.** alum; **F.** alun; **A.** Alaun; **It.** allume; **R.** квасцы.

ALUMBRERA. f. Mina o cantera de donde se saca el alumbre.

* **ALÚMBRICO, CA.** adj. MINERAL. Aplícase al terreno que contiene alumbre.
* **ALUMBRÓGENO.** m. MINER. Sulfato de alúmina hidratado.

ALUMBROSO, SA (l. *aluminōsus.*) adj. Que tiene calidad o mezcla de alumbre.

ALÚMINA. (l. *alūmen, -ĭnis,* alumbre.) f. QUÍM. Óxido de aluminio que se halla en la Naturaleza algunas veces puro y cristalizado, y por lo común formando, en combinación con la sílice y otros cuerpos, los feldespatos y las arcillas.

ALUMINADO, DA. p.p. de aluminar. ‖ **2.** adj. ant. Alumbrado, cierta clase de herejes. Úsáb.m.c.s. y en pl.

* **ALUMINAJE.** m. TECN. En tintorería, operación consistente en dar un mordiente de alúmina para que la tela reciba mejor el tinte.

ALUMINAR. (l. *ad,* y *lumināre,* alumbrar.) f. tr. Alumbrar, dar claridad.

* **ALUMINARIO, RIA.** (l. *aluminarius,* de *alūmen,* alumbre.) adj. Dícese de las piedras volcánicas que tienen alumbre.

ALUMINATO. m. QUÍM. Compuesto formado por la alúmina en combinación con ciertas bases.

* **ALUMINIAR.** tr. Cubrir con aluminio.

ALUMINIO. (De *alúmina.*) m. Metal de color y brillo parecidos a los de la plata, sumamente sonoro, tenaz como el hierro, ligero como el vidrio y poco menos fusible que el cinc; se extrae de la alúmina y tiene aplicaciones en la industria. ‖ **P.** alumínio; **I.** y **F.** aluminium; **A.** Aluminium; **It.** alluminio; **R.** алюминий.

ALUMINITA. (De *alúmina.*) f. Roca de que se extrae el alumbre. ‖ **P.** aluminita; **I.** aluminite; **F.** alunite; **A.** Aluminit; **It.** allumite.

ALUMINOSIS. (l. *alūmen, -ĭnis,* alumbre.) f. Enfermedad de los pulmones en quienes trabajan el alumbre.

ALUMINOSO, SA. adj. Que tiene calidad o mezcla de alúmina.

* **ALUMINOTERMIA.** f. QUÍM. Aplicación del aluminio a la obtención de altas temperaturas, mediante proceso químico.
* **ALUMNADO.** (De *alumno.*) m. AMÉR. Conjunto de alumnos de un centro docente. ‖ **2.** CHILE. Escuela, colegio.

ALUMNO, NA. (l. *alumnus,* de *alĕre,* alimentar.) m. y f. Persona criada y educada desde su niñez, por alguno, respecto de éste. ‖ **2.** Cualquier discípulo respecto de su maestro. ‖ —**de las musas.** fig. Poeta. ‖ **P.** aluno; **I.** pupil; **F.** élève; **A.** Schüler; **It.** alunno; **R.** ученик.

ALUNADO, DA. p.p. de alunarse. ‖ **2.** adj. Lunático. ‖ **3.** Dícese del caballo o yegua que padece algún género de constipación o encogimiento de nervios. ‖ **4.** Dícese del jabalí que por ser muy viejo tiene los colmillos muy crecidos y en forma de media luna.

* **ALUNADURA.** f. COLOM. y VENEZ. Edema en el lomo de una caballería, cuando su formación se atribuye a influjo lunar.

ALUNAMIENTO. m. MAR. Curva que forma la relinga de pujamen de algunas velas.

ALUNARADO, DA. adj. Dícese de la res berrenda cuyas manchas son redondas, como grandes lunares.

ALUNARSE. (De *a* y *luna.*) r. Corromperse o pudrirse el tocino sin criar gusanos. ‖ **2.** COLOM. Enconarse las mataduras.

ALUNEB. (ár. *al-'unnāb,* el azufaifo.) m. ant. Azufaifo.

ALUNGIR. tr. ant. Alongar.

* **ALUNÍFERO, RA.** (l. *alūmen,* alumbre, y *ferre,* llevar.) adj. Que contiene alumbre.

A

★ **ALUNIZAR.** intr. Posarse sobre la superficie de la Luna.

ALUQUETE. (ár. *al-waqīd*, la mecha.) m. ant. Luquete, pajuela.

ALUSIÓN. (l. *allusio, -ōnis*, retozo, juguete.) f. Acción de aludir. ‖ **2.** RET. Figura que consiste en aludir a una persona o cosa. ‖ —**personal.** La que se dirige a persona determinada, en las asambleas, ya nombrándola o refiriéndose a sus hechos, opiniones o doctrina. ‖ **P.** alusão; **I.** y **F.** allusion; **A.** Anspielung, Hinweis; **It.** allusione; **R.** намёк.

ALUSIVO, VA. adj. Que alude o implica alusión.

ALUSTAR. tr. Lustrar, abrillantar.

ALUSTRADO, DA. (l. *ad*, a, y *lutra*, lutria.) adj. De color parecido al de la lutria.

ALUVIAL. (l. *alluvĭus*, aluvión.) adj. De aluvión. ‖ **2.** GEOL. Dícese del último período de la formación de la Tierra.

ALUVIÓN. (l. *alluvĭo, -ōnis*.) m. Avenida fuerte de agua, inundación. ‖ **2.** fig. Cantidad de personas o cosas agolpadas. ‖ **3.** FOR. Accesión paulatina, perceptible con el tiempo, que en beneficio de un predio ribereño, va causando el lento arrastre de la corriente. ‖ **4.** GEOL. Conjunto de sedimentos depositados por la acción de las aguas en un lugar. ‖ *De* ALUVIÓN. loc. Dícese de los terrenos que quedan al descubierto después de las avenidas y de los que se forman lentamente por los desvíos o las variaciones en el curso de los ríos. ‖ **P.** aluvião; **I.** alluvium; **F.** alluvion; **A.** Anschwemmung; **It.** alluvione; **R.** на- воднение.

★ **ALUZAR.** tr. MÉJ. Iluminar, dar luz. ‖ **2.** MÉJ. y P. RICO. Observar al trasluz un huevo.

ALVEARIO. (l. *alveārĭum*, colmena.) m. ZOOL. Conducto auditivo externo donde se acumula la cerilla del oído.

ÁLVEO. (l. *alvĕus*.) m. Madre del río o arroyo. ‖ **P.** álveo; **I.** alveus, river-bed; **F.** lit d'un fleuve; **A.** Flussbett; **It.** àlveo; **R.** ложе реки.

ALVEOLAR. adj. ZOOL. Perteneciente, relativo o semejante a los alvéolos. ‖ **2.** Dícese de cada uno de los dos arcos formados respectivamente por el borde superior y el inferior de cada quijada. ‖ **3.** GRAM. Dícese del sonido que se pronuncia acercando o aplicando la lengua a los alvéolos de los incisivos superiores. ‖ **4.** Dícese de la letra que representa este sonido. Ú.t. c.s.f. ‖ **5.** m. ARQ. Adorno en forma de alvéolos o celdillas de panal de miel, que suele verse en el fuste de las columnas de la arquitectura románica. ‖ **P.** alveolar; **I.** alveolar; **F.** alvéolaire; **A.** grübchen-förmig, zu Zellen gehörig; **It.** alveolare; **R.** альвеолярный.

★ **ALVEOLISIS.** f. Destrucción de los alvéolos donde están engastados los dientes.

ALVEOLO [ALVÉOLO]. (l. *alveŏlus*, d. de *alvĕus*, cavidad.) m. Celdilla de los panales de miel. ‖ **2.** ZOOL. Cada una de las cavidades en que están engastados los dientes en las mandíbulas de los vertebrados. ‖ **3.** ZOOL. Cada una de las fositas hemisféricas en que terminan las últimas ramificaciones de los bronquiolos. ‖ **4.** BOT. Cavidad donde están situadas las semillas de los vegetales. ‖ **P.** alvéolo; **I.** alveole; **F.** alvéole; **A.** Alveole, Grübchen, Zahnhöhle; **It.** alveolo; **R.** ячейка.

ALVERJA. f. Arveja. ‖ **2.** CAN. Guisante. Ú.t. en Chile.

★ **ALVERJADO.** m. CHILE. Guiso de alverjas.

ALVERJANA. f. Arvejana.

ALVERJÓN. m. BOT. Arvejón.

★ **ALVIFLUJO.** (De *alvo* y *flujo*.) MED. Diarrea.

ALVINO, NA. (l. *alvīnus*, de *alvus*, vientre.) adj. ZOOL. Perteneciente o relativo al bajo vientre. ‖ **P.** e **It.** alvino; **I.** alvine; **F.** alvin; **A.** zum Unterleib gehörig; **R.** брюшной.

ALZA. (De *alzar*.) f. Pedazo de suela o vaqueta que los zapateros ponen sobre la horma cuando el zapato ha de ser algo más ancho o alto de lo que corresponde al tamaño de ella. ‖ **2.** Aumento de precio que toma alguna cosa, como la moneda, los fondos públicos, las mercaderías, etc. ‖ **3.** Regla graduada fija en la parte posterior

del cañón de las armas de fuego, que sirve para precisar la puntería. ‖ **4.** Cada una de los maderos o tableros que sirven para formar una presa movible. ‖ **5.** IMPR. Pedazo de papel que se pega sobre el tímpano de la prensa para igualar la impresión. ‖ *En* ALZA. loc. Aumentando la estimación de una cosa o persona. Ú.m. con los verbos *ir* y *estar*. *Jugar al* ALZA. fr. COM. Especular con las mudanzas de la cotización de los valores públicos o mercantiles, previendo ALZA en la misma. ‖ **2.ª** acep.: **P.** alça; **I.** rise; **F.** hausse; **A.** Steigerung, Preiserhöhung; **It.** rialzo; **R.** вздорожание ‖ **3.ª** acep.: **P.** alça; **I.** sight; **F.** hausse; **A.** Visier; **It.** alzo; **R.** прицельная шкала ‖ **5.ª** acep.: **P.** alça; **I.** overlay; **F.** hausse; **A.** Frosch; **It.** tacco; **R.** подстилка.

★ **ALZABRA.** f. ASTRON. Una de las posiciones de la Luna.

ALZACUELLO. (De *alzar* y *cuello*.) m. Prenda suelta del traje eclesiástico, especie de corbatín. ‖ **2.** Cuello que usaban por adorno las mujeres.

ALZADA. (De *alzar*.) f. Estatura del caballo medida desde el rodete del talón de la mano hasta la parte más elevada de la cruz. ‖ **2.** Recurso de apelación en lo gubernativo. ‖ **3.** AST. Lugar alto de pastos para el verano. ‖ **P.** estatura do cavalo; **I.** stature; **F.** taille; **A.** Grösse; **It.** taglia; **R.** рост лошадей.

ALZADAMENTE. adv. Por un tanto alzado.

ALZADERA. (De *alzar*.) f. Especie de contrapeso que servía para saltar.

ALZADERO. (De *alzar*.) m. AST. y GAL. Vasar o anaquel en cocinas y tiendas.

ALZADIZO, ZA. adj. Que es fácil de alzar.

ALZADO, DA. p.p. de alzar. ‖ **2.** adj. Aplícase a la persona que quiebra maliciosamente, ocultando sus bienes para defraudar a los acreedores. ‖ **3.** Dícese del ajuste o precio que se fija en determinada cantidad. ‖ **4.** m. AR. Robo, hurto. ‖ **5.** AMÉR. MERID. Dícese de los animales domésticos que se hacen montaraces, y, en algunas partes, de los que están en celo. ‖ **6.** ARGENT., CHILE, MÉJ. y P. RICO. Dícese de la persona engreída, soberbia o insolente. ‖ **7.** ANT. y MÉJ. Rebelde, sublevado. ‖ **8.** ARQ. Diseño que representa la fachada de un edificio. ‖ **9.** ARQ. Diseño que representa un edificio, máquina, aparato, etc., en su proyección geométrica y vertical, sin atender a la perspectiva. ‖ **10.** IMPR. Ordenación de los pliegos de una obra impresa. ‖ **11.** MÉJ. Tosco, tímido.

ALZADOR. m. IMPR. Pieza o sitio destinado para alzar los impresos. ‖ **2.** IMPR. Operario encargado de esta operación.

★ **ALZADORA.** (De *alzar*.) f. ARGENT. Niñera.

ALZADURA. f. Alzamiento.

ALZAFUELLES. (De *alzar* y *fuelle*.) com. fig. Persona aduladora y lisonjera.

ALZAMIENTO. m. Acción y efecto de alzar o alzarse. ‖ **2.** Puja que se hace en una subasta o almoneda. ‖ **3.** Levantamiento o rebelión. ‖ —**de bienes.** Desaparición u ocultación que de su fortuna hace el deudor para eludir el pago a sus acreedores. Tratándose de comerciantes, quiebra fraudulenta.

ALZAPAÑO. (De *alzar* y *paño*.) m. Cada una de las piezas de hierro, bronce u otra materia que, clavada en la pared, sirven para tener recogida la cortina hacia los lados del balcón o la puerta. ‖ **2.** Los lazos que sujetan la cortina.

★ **ALZAPELO.** (De *alzar* y *pelo*.) adj. GUAT. Aplícase al gallo cobarde. ‖ **2.** fig. Dícese de la persona apocada.

ALZAPIÉ. (De *alzar* y *pie*.) m. Lazo o artificio para prender y cazar por el pie cuadrúpedos o aves.

ALZAPÓN. (De *alzar* y *poner*.) m. SAL. Portezuela que tapa la parte anterior de los calzones o de alguna clase de pantalones.

ALZAPRIMA. (Como el dialect. *azaprieme* [*Sant*], del l. *altiat premit*.) f. Palanca para remover cosas pesadas. ‖ **2.** Puente de los instrumentos músicos de arco. ‖ **3.** ARGENT. Carro con dos ruedas

grandes y sin caja, propio para llevar troncos. ‖ **P.** alçaprema; **I.** lever; **F.** levier; **A.** Hebebaum; **It.** leva; **R.** рычаг.

ALZAPRIMAR. tr. Levantar alguna cosa con la alzaprima. ‖ **2.** fig. Incitar, conmover, avivar.

ALZAPUERTAS. (De *alzar* y *puerta*.) m. El que sólo sirve de criado o comparsa en las comedias.

ALZAR. (l. *altiāre*, de *altus*, alto.) tr. Levantar, mover algo de abajo arriba. ‖ **2.** Colocar en alto alguna cosa. ‖ **3.** Dirigir hacia arriba la mirada, la puntería, etc. ‖ **4.** Construir, edificar. ‖ **5.** Cortar o dividir la baraja para repartir los naipes en el juego. ‖ **6.** fig. Dar mayor incremento a algo, subir su precio, etc. ‖ **7.** Esforzar la voz haciéndola más sonora. ‖ **8.** Indultar de ciertas penas. ‖ **9.** Sublevar. ‖ **10.** Ensalzar. ‖ **11.** Elevar el sacerdote la Hostia y el Cáliz en la misa después de consagrar. Ú.t.c.intr. ‖ **12.** Quitar o llevarse alguna cosa. ‖ **13.** Recoger y guardar algo. ‖ **14.** Retirar del campo la cosecha. ‖ **15.** AGR. Dar la primera reja o vuelta a una tierra de labor. ‖ **16.** ALBAÑ. Dar el peón al oficial los materiales. ‖ **17.** IMPR. Ordenar uno a uno los pliegos de una impresión y formar con ellos los ejemplares del libro. ‖ **18.** r. Levantarse, sobresalir. ‖ **19.** Quebrar fraudulentamente los hombres de negocios. ‖ **20.** Dejar el juego un jugador yéndose con la ganancia sin ofrecer a los demás el desquite. ‖ **21.** AMÉR. Fugarse al campo los animales domésticos. ‖ **22.** COLOM. Emborracharse. ‖ **23.** FOR. Apelar de una sentencia al juez o tribunal superior. ‖ ¡ALZA! interj. fam. que se emplea para animar o celebrar a los que bailan. ALZARSE uno *con una cosa*. fr. Apoderarse de ella con usurpación o injusticia. ‖ **P.** alçar; **I.** to raise; **F.** hausser; **A.** aufheben, erheben; **It.** alzare; **R.** поднимать.

★ **ALZO.** m. GUAT. y HOND. Robo, hurto. ‖ **2.** GUAT. y HOND. Riña de gallos.

ALLÁ. (l. *illāc*, por allí.) adv. Allí, pero con cierta vaguedad. ‖ **2.** Empléase a veces para denotar lejanía. ALLÁ *en China*. ‖ **3.** Significando tiempo pasado. ALLÁ *en mi juventud*. ‖ **4.** En el otro mundo. ‖ *El más* ALLÁ. loc. La vida de ultratumba. ‖ *Muy* ALLÁ. m. adv. En fr. negativa y con los verbos *estar*, *andar*, y otros semejantes, no disfrutar de buena salud. ‖ **P.** lá; **I.** there; **F.** e **It.** là; **A.** da, dort; **R.** туда, там.

ALLANABARRANCOS. (De *allanar* y *barranco*.) com. ÁL. Persona facilitona.

★ **ALLANADA.** f. ART. Y OFIC. Obra que los batidores de oro sacan del molde para guardar los panecillos forjados.

ALLANADOR, RA. adj. Que allana. Ú.t.c.s.

ALLANADURA. f. ant. Allanamiento.

ALLANAMIENTO. m. Acción y efecto de allanar o allanarse. ‖ **2.** Acto de conformarse con una demanda o decisión del juez.

ALLANAR. (l. *applanāre*; de *ad*, a, y *planus*, llano.) tr. Poner llana la superficie de un terreno u otra cualquier cosa. Ú.t. c.intr. y c.r. ‖ **2.** Reducir una construcción o un terreno al nivel del suelo. ‖ **3.** fig. Vencer o superar alguna dificultad o inconveniente. ‖ **4.** fig. Pacificar, aquietar, sujetar. ‖ **5.** fig. Facilitar, permitir la entrada en un edificio cerrado a los ministros de justicia. ‖ **6.** fig. Entrar a la fuerza en casa ajena. ‖ **7.** r. Aplanar, venirse al suelo un edificio. ‖ **8.** fig. Conformarse, avenirse, acceder a alguna cosa. ‖ **9.** fig. Igualarse el que es de clase distinguida con alguno del estado llano, renunciando sus privilegios. ‖ **P.** alhanar; **I.** to level; **F.** aplanir; **A.** eb(e)nen; **It.** appianare; **R.** выравнивать.

★ **ALLANTARSE.** r. REP. DOMIN. Detenerse en un sitio.

ALLARIZ. m. Lienzo labrado en Allariz, villa de Galicia.

ALLEGADERA. (De *allegar*.) f. SAL. Utensilio agrícola que usan en las eras para recoger las porciones de mies que dejan la rastra y el bieldo.

ALLEGADERO, RA. adj. Allegador.

ALLEGADIZO, ZA. adj. Que se allega o junta sin elección y para aumentar el número.

ALLEGADO, DA. p.p. de allegar. ‖ **2.** adj. Cercano, próximo. ‖ **3.** Pariente,

A

deudo. Ú.m.c.s. || **4.** Parcial, partidario, secuaz. Ú.m.c.s.

ALLEGADOR, RA. adj. Que allega. Ú.t.c.s. || **2.** m. Rastro de madera o tabla con que los labradores allegan la parva trillada. || **3.** Hurgón para atizar la lumbre y remover el carbón del hogar.

ALLEGAMIENTO. m. Acción de allegar o allegarse.

ALLEGANCIA. f. ant. Alleganza.

ALLEGANZA. (De *allegar*.) f. ant. Allegamiento.

ALLEGAR. (l. *applicāre*, plegar.) tr. Recoger, juntar. || **2.** Arrimar o acercar una cosa a otra. Ú.t.c.r. || **3.** Entre labradores, recoger la parva en montones después de trillada. || **4.** Agregar, añadir. || **5.** intr. Llegar, venir. Ú.t.c.r. || **6.** r. Adherirse o convenir con un dictamen o idea. || **P.** recolher; **I.** to gather; **F.** ramasser; **A.** sammeln; **It.** raccogliere; **R.** собирать.

★ **ALLEGRO.** (Voz italiana.) m. Mús. Alegro.

ALLÉN. adv. ant. Allende.

ALLENDE. (l. *ĕllum índe*.) adv. De la parte de allá. || **2.** adv. Además. || **3.** prep. Más allá de, de la parte de allá de. || **4.** Además, fuera de. || **P.** além, acolá; **I.** beyond; **F.** au delà; **A.** jenseits; **It.** al di là, oltre; **R.** оттуда.

ALLENT. adv. ant. Allende, de la parte de allá.

ALLÍ. (l. *ad illic*.) adv. En aquel lugar. || **2.** A aquel lugar. || **3.** adv. Entonces, en tal ocasión. ALLÍ *fue el jaleo*. || **4.** En correlación con *aquí*, suele designar sitio o paraje indeterminado. *Aquí heridos*, ALLÍ, *muertos*. || **P.** ali; **I.** there; **F.** là, de ce côté-là; **A.** dort; **It.** là, colà; **R.** там.

★ **ALLÓ.** m. Amér. Guacamayo.

ALLORA. (l. *ad illam horam*.) adv. ant. Entonces, en tal ocasión.

ALLOZA. (ár. *al-lawza*, la almendra.) f. Almendruco.

ALLOZAR. m. Lugar poblado de allozos.

ALLOZO. (De *alloza*.) m. Almendro. || **2.** Almendro silvestre.

ALLUDEL. m. Aludel.

AMA. (vasco *amá*, madre.) f. Cabeza o señora de la casa o familia. || **2.** Dueña o poseedora de alguna cosa. || **3.** La que tiene uno o más criados, respecto de ellos. || **4.** Criada superior que suele haber en casa del clérigo o del seglar que vive solo. || **5.** Criada principal de una casa. || **—de cría**. La que cría a sus pechos una criatura ajena. || **—de gobierno o de llaves.** La encargada del gobierno, llaves y economía de una casa. || **—seca.** Mujer a quien se confía en la casa el cuidado de los niños. || AMA *sois mientras el niño mama*. ref. por el que se denota que por lo común sólo estimamos a las personas mientras necesitamos de ellas. || 1.ª acep.: **P.** ama; **I.** mistress of the house; **F.** maîtresse d'une maison; **A.** Hausfrau; **It.** donna di casa; **R.** хозяйка.

★ **AMÁBILE.** adj. Mús. Voz italiana que indica que la ejecución de la música ha de ser suave y graciosa, y que el movimiento debe ser término medio entre el andante y el adagio.

AMABILIDAD. (l. *amabilĭtas, -ātis*.) f. Calidad de amable, afabilidad.

AMABILÍSIMO, MA. adj. sup. de amable.

AMABLE. (l. *amabĭlis*.) adj. Digno de ser amado. || **2.** Afable, complaciente, afectuoso. || **P.** amável; **I.** amiable; **F.** aimable; **A.** liebenswürdig; **It.** amabile; **R.** любезный.

AMABLEMENTE. adv. Con amabilidad.

AMACAYO. m. Amér. Flor de lis, planta.

AMACENO, NA. (l. *damascēnus*, de *Damasco*.) adj. Agr. y Bot. Damasceno. Ú.t.c.s.

AMACIGADO, DA. adj. De color amarillo o de almáciga.

AMACIÓN. (l. *amatĭo, -ōnis*.) f. Mística. Enamoramiento o pasión amorosa.

★ **AMACIZAR.** tr. Colom. y Méj. Apretar, asegurar, afianzar. || **2.** Colom. y Salv. Macizar.

AMACOLLAR. intr. Formar macolla las plantas. Ú.t.c.r.

★ **AMACHAMBRAR.** (De *a* y *macham-*

brar.) tr. Carp. Machihembrar. Ú.t. en Chile y Puerto Rico.

★ **AMACHAMBRARSE.** r. Chile. Amachinarse, amancebarse.

★ **AMACHAR.** tr. Colom. Juntar, unir. || **2.** r. Méj. Obstinarse.

AMACHETAR. (De *a* y *machete*.) tr. Dar machetazos.

★ **AMACHIMBRARSE.** r. Amér. Merid. Amachinarse.

AMACHINARSE. (De *a* y *machín*.) r. Chile, Colom. y Méj. Amancebarse. || **2.** Pan. Acobardarse, apocarse, amilanarse.

★ **AMACHORRAR.** tr. Urug. Hacer infecundas a las hembras.

AMADO, DA. p.p. de amar. || **2.** m. y f. Persona amada.

AMADOR, RA. (l. *amātor*.) adj. Que ama. Ú.t.c.s.

AMADRIGAR. (l. *ad, a,* y *matriz, -īcis,* matriz.) tr. fig. Acoger bien a alguno, y especialmente al que no lo merece. AMADRIGAR *a un vago*. || **2.** r. Meterse en la madriguera. || **3.** fig. Retraerse, no dejarse ver en público sino rara vez.

★ **AMADRINADORA.** f. Perú. Mujer consentidora.

AMADRINAMIENTO. m. Acción y efecto de amadrinar.

AMADRINAR. tr. Unir dos caballerías con la correa llamada madrina. || **2.** fig. Apadrinar. Ú.t.c.r. || **3.** Amér. Merid. Acostumbrar al ganado caballar a que vaya en tropilla detrás de la madrina. || **4.** Mar. Unir o parear dos cosas para reforzar una de ellas o para que ambas ofrezcan mayor resistencia. || **5.** Venez. Amansar el ganado por medio de la manada llamada madrina. || **6.** Amér. Acompañar un jinete al domador de potros para facilitarle la labor. || **7.** r. fig. Protegerse mutuamente. || **8.** Amansarse. || **9.** Perú. Aquerenciarse los animales. || **P.** emparelhar; **I.** to couple; **F.** accoupler; **A.** koppeln; **It.** accopiare; **R.** соединять двух лошадей..

AMADROÑADO, DA. adj. Parecido al madroño.

AMAESTRADAMENTE. adv. Con maestría, con arte y destreza.

AMAESTRADO, DA. p.p. de amaestrar. || **2.** adj. Dispuesto con arte y astucia.

AMAESTRADOR, RA. adj. Que amaestra. Ú.t.c.s.

AMAESTRADURA. (De *amaestrar*.) f. Artificio para disimular o engañar.

AMAESTRAMIENTO. m. Acción y efecto de amaestrar o amaestrarse.

AMAESTRAR. (De *a* y *maestro*.) tr. Enseñar o adiestrar. Ú.t.c.r. || **2.** Germ. Amansar. || **P.** amaestrar; **I.** to train; **F.** enseigner; **A.** dressieren, schulen; **It.** ammaestrare; **R.** дрессировать.

★ **AMAFIARSE.** (De *a* y *mafia*.) r. Méj. Confabularse.

AMAGADURA. f. Veter. Rozadura sobre el casco de la caballería.

★ **AMAGAMIENTO.** (De *amagar*.) m. Colom. Amago. || **2.** Amér. Quebrada honda y estrecha.

AMAGAR. tr. Dejar ver la intención de ejecutar próximamente alguna cosa. Ú.t.c.intr. || **2.** intr. Estar próximo a sobrevenir. || **3.** Hacer ademán o demostración de favorecer o hacer algún mal, hablándose de ciertas enfermedades, empezar a manifestarse algunos síntomas de ella. || **5.** En lenguaje militar se usa para denotar la maniobra táctica de hacer ademán de querer dar un golpe. || **6.** r. fam. Ocultarse, esconderse. Ú.t.c.intr. en Aragón. || AMAGAR *y no dar*. Juego de muchachos, en el cual se eleva la mano como para dar a otro un golpe, sin llegar a dárselo. || **P.** ameaçar; **I.** to threaten; **F.** menacer; **A.** drohen; **It.** minacciare; **R.** замахиваться.

AMAGATORIO. (De *amagar*.) m. Ar. Escondite.

AMAGO. m. Acción de amagar. || **2.** Señal o indicio de alguna cosa.

ÁMAGO. m. Hámago.

AMAGRECER. (De *a* y *magro*.) tr. e intr. ant. Enmagrecer, enflaquecer.

AMAINADOR, RA. m. y f. Mín. Persona que amaina.

AMAINAR. tr. Mar. Recoger en todo o en parte las velas de una embarcación para que no camine tanto. || **2.** Mín. Retirar de los pozos las cubas o vasijas que se emplean en ellos. || **3.** intr. Tratándose

del viento, aflojar. || **4.** fig. Aflojar o ceder en algún deseo, empeño o pasión. Ú.t. c.tr. || 4.ª acep.: **P.** amainar; **I.** to moderate; **F.** modérer, céder; **A.** mässigen, mildern, niederlassen; **It.** cedere; **R.** зарифлять.

AMAINE. m. Acción y efecto de amainar.

AMAITINAR. tr. Observar y mirar con cuidado, acechar, espiar.

★ **AMAIZAR.** intr. Colom. Enriquecerse.

AMAJADAR. tr. Hacer la majada o redil al ganado menor en un terreno, para que lo abone mientras esté allí recogido. || **2.** Poner el ganado en la majada o redil. Ú.t.c.intr. || **3.** intr. Hacer mansión el ganado en la majada.

AMAJANAR. tr. Señalar los límites de un campo con majanos.

AMALAR. tr. ant. Malear, dañar. || **2.** r. ant. Ponerse enfermo, malo. Usáb. t.c.intr.

★ **AMALDITARSE.** r. Chile. Blasonar uno de ser peor de lo que realmente es.

AMALEAR. tr. ant. Malear, dañar, pervertir. || **2.** Colom. y Ecuad. Enfermar.

AMALECITA. (l. *amalecita*, y éste del hebr. *'amalquí*.) adj. Dícese del individuo de un pueblo bíblico de la Arabia, descendiente de Amalec, nieto de Esaú. Ú.m.c.s. y en pl. || **2.** Perteneciente a este pueblo. **P.** e **It.** amalecita; **I.** Amalekite; **F.** amalecite; **A.** Amalekiter.

AMALEQUITA. adj. Amalecita.

AMALFITANO, NA. adj. Natural de Amalfi. Ú.t.c.s. || **2.** Perteneciente a esta ciudad de Italia.

AMALGAMA. (De *amalgamar*.) f. Quím. Combinación del mercurio con otro u otros metales. || **2.** fig. Unión o mezcla de cosas de naturaleza contraria o distinta.

AMALGAMACIÓN. f. Quím. Acción y efecto de amalgamar o amalgamarse.

AMALGAMADOR, RA. adj. Que amalgama. Ú.t.c.s.

★ **AMALGAMADORA.** f. Máquina destinada al tratamiento de minerales.

AMALGAMAMIENTO. m. Amalgamación.

AMALGAMAR. (De *a* y *malgama*.) tr. Quím. Combinar el mercurio con otro u otros metales. Ú.t.c.r. || **2.** fig. Unir o mezclar cosas de naturaleza contraria o distinta. Ú.t.c.r. || **P.** amalgamar; **I.** to amalgamate; **F.** amalgamer; **A.** verquicken; **It.** amalgamare; **R.** амальгамиро.

★ **AMALHAYAR.** tr. Guat. y Hond. Anhelar, codiciar.

★ **AMALIGNARSE.** (De *maligna*.) r. Cuba. Padecer la calentura llamada maligna.

ÁMALO, LA. adj. Dícese de uno de los linajes más ilustres de los godos. Apl. a pers. ú.t.c.s.

AMALLADAR. intr. Ar. Malladar.

AMALLARSE. r. Chile. Alzarse, levantarse del juego ganando. || **2.** Chile. Amollar, jugar una carta inferior a la que va jugada teniendo otra superior.

AMAMANTADOR, RA. adj. Que amamanta. Ú.t.c.s.

AMAMANTAMIENTO. m. Acción y efecto de amamantar.

AMAMANTAR. tr. Dar de mamar. || **2** fig. Criar, alimentar, educar, nutrir, de tales o cuales doctrinas o principios. || **P.** amamentar; **I.** to nurse; **F.** allaiter; **A.** säugen; **It.** allattare; **R.** вскармливать.

AMÁN. (ár. *amān*, seguridad). m. Paz o amnistía que piden los moros que se someten.

AMANAL. m. Méj. Alberca, estanque.

AMANAR. tr. ant. Prevenir, preparar o poner a la mano alguna cosa.

AMANCAY. (Voz quichua.) m. Especie de narciso amarillo de Chile y del Perú. || **2.** Flor de esta planta.

AMANCEBAMIENTO. (De *amancebarse*.) m. Trato ilícito y habitual de hombre y mujer. || **P.** amancebamento; **I.** y **F.** concubinage; **A.** Kebsehe; **It.** concubinato; **R.** внебрачное сожительство.

AMANCEBARSE. (De *a* y *mancebar*.) r. Unirse en amancebamiento.

AMANCILLAR. (De *a* y *mancilla*.) tr. Manchar, empañar o deslumbrar la buena fama de alguien. || **2.** Deslucir, afear, ajar.

AMANEAR. tr. Manear.

AMANECER. (l. *ad*, a, y *mane*, por la mañana.) intr. Empezar a aparecer la luz del día. || **2.** Llegar o estar en un paraje, situación o condición determinados al aparecer la luz del día. || **3.** Aparecer de nuevo o manifestarse alguna cosa al rayar el día. || **4.** fig. Empezar a manifestarse alguna cosa, como el uso de la razón. || **P.** amanhecer; **I.** to dawn; **F.** faire jour; **A.** Tag werden; **It.** albeggiare; **R.** светать.

AMANECER. m. Tiempo durante el cual amanece. || **P.** amanhecimento; **I.** dawn; **F.** aube; **A.** Tagesanbruch; **It.** alba; **R.** рассвет.

AMANECIDA. f. Amanecer, tiempo en que amanece.

AMANECIENTE. p.a. de amanecer. Que amanece.

AMANERADAMENTE. adv. Con amaneramiento.

AMANERADO, DA. p.p. de amanerarse. || **2.** adj. Que adolece de amaneramiento.

AMANERAMIENTO. m. Acción de amanerarse. || **2.** Falta de variedad en el estilo.

AMANERARSE. (De a y *manera*.) f. Contraer un artista, un escritor o un orador el vicio de dar a sus obras o a su palabra cierta uniformidad y monotonía. Ú.t.c.tr. || **2.** Contraer una persona, por afectación, vicio semejante en el modo de accionar, de hablar, etc. || **P.** empregar expressões afectadas; **I.** to become mannered; **F.** se maniérer; **A.** Manieren annehmen; **It.** ammanierarsi; **R.** становиться манерным.

* **AMANEZCA.** f. Méj. Amanecida.

* **AMANGUALA.** f. Colom. Convenio, confabulación.

* **AMANGUALARSE.** r. Colom. Confabularse, convenirse.

AMANIATAR. tr. Maniatar.

AMANOJADO, DA. p.p. de amanojar. || **2.** adj. Bot. Que tiene forma de manojo.

AMANOJAR. (De a y *manojo*.) tr. Juntar o reunir en manojo. || **2.** r. Pan. Echarse los brazos por la cintura las parejas en los bailes.

* **AMANSA.** f. Chile. Amansamiento.

AMANSADO, DA. p.p. de amansar. || **2.** adj. Aplícase al animal que por el esfuerzo del hombre ha cambiado su condición natural indómita.

AMANSADOR, RA. adj. Que amansa. Ú.t.c.s. || **2.** Chile, Ecuad. y Méj. Picador, domador. || **3.** El que apacigua una riña.

* **AMANSAJE.** m. Ecuad. Amansamiento.

AMANSAMIENTO. m. Acción y efecto de amansar o amansarse.

AMANSAR. (De a y *manso*.) tr. Hacer manso a un animal, domesticarlo. Ú.t.c.r. || **2.** fig. Sosegar, apaciguar, mitigar. Ú.t.c.r. || **3.** fig. Domar el carácter violento de una persona. Ú.t.c.r. || **4.** intr. Apaciguarse, amainar algo. || **5.** Ablandarse una persona en su carácter. || **P.** amansar; **I.** to tame; **F.** apprivoiser; **A.** zähmen; **It.** ammansare; **R.** укрощать.

* **AMANSE.** m. Ecuad. y Colom. Amansamiento.

AMANTAR. tr. fam. Cubrir a uno con manta o con ropa sin ajustársela al cuerpo.

AMANTE. (l. *amans, -āntis*.) p.a. de amar. Que ama. Ú.t.c.s. || **2.** adj. Por ext. dícese de las cosas en que se manifiesta el amor o que se refieren a él. || **3.** m. pl. Hombre y mujer que se aman. || **P.** e **It.** amante; **I.** lover; **F.** amant; **A.** Liebhaber; **R.** любящий.

AMANTE. (gr. ἱμάς, -άντος, correa.) m. Mar. Cabo grueso que, asegurado por un extremo en la cabeza de un palo o verga y provisto en el otro de un aparejo, sirve para resistir grandes esfuerzos.

* **AMANTECA.** adj. Antiguo indígena de Méjico. Ú.t.c.s.

AMANTILLAR. tr. Mar. Tirar de los amantillos para dejar horizontal la verga.

AMANTILLO. (d. de *amante*, cabo grueso.) m. Mar. Cada uno de los cabos que sirven para embicar y mantener horizontal una verga cruzada.

AMANUENSE. (l. *amanuensis*.) com. Persona que escribe al dictado. || **2.** Escribiente. || **P.** e **It.** amanuense; **I.** amanuensis; **F.** copiste; **A.** (Ab)schreiber; **R.** писец.

AMANZANAMIENTO. m. Argent. Acción y efecto de amanzanar.

AMANZANAR. tr. Argent. Dividir un terreno en manzanas, conforme a las leyes y reglamentos.

AMAÑAR. (De a y *maña*.) tr. Componer mañosamente alguna cosa. Tómase generalmente en mala parte. || **2.** Gal. y Ast. Arreglar, componer. || **3.** r. Darse maña, acomodarse con facilidad a hacer alguna cosa. || **4.** rec. Entre los indios del Ecuador, unirse, amancebarse.

AMAÑO. (De *amañar*.) m. Disposición para hacer con maña alguna cosa. || **2.** fig. Traza o artificio para ejecutar o conseguir algo, especialmente cuando no es justo. Ú.m. en pl. || **3.** pl. Instrumentos o herramientas a propósito para alguna maniobra. || **4.** Entre los indios del Ecuador, amancebamiento.

AMAPOLA. (ár. ḥababura, y éste del l. *papāver*.) f. Planta anual papaverácea, con flores rojas por lo común y semilla negruzca. Frecuentemente nace en los sembrados y los infecta. Es sudorífera y algo calmante. || **P.** papoila; **I.** mohn, poppy; **F.** coquelicot; **A.** Klatschrose; **It.** rosolaccio, papavero; **R.** мак.

AMAPOLARSE. (De *amapola*.) r. ant. Pintarse la cara las mujeres. || **2.** fig. y fam. Ruborizarse.

* **AMAPUCHES.** m. pl. Cuba. Bártulos, avíos. || **2.** Venez. Remilgos, melindres afectados.

AMAR. (l. *amāre*.) tr. Tener amor a persona o cosa. || **2.** Dícese también de las cosas inanimadas. || **3.** Desear. || **P.** amar; **I.** to love; **F.** aimer; **A.** lieben; **It.** amare; **R.** любить.

* **AMARA.** f. En Marruecos, cada una de las habitaciones de que se compone un dexar.

AMARACINO, NA. (l. *amaracīnus*, y éste del gr. ἀμαράκινος, de ἀμάρακος, mejorana.) adj. De amáraco. || **2.** Dícese de un ungüento cuyo principal ingrediente es la mejorana.

AMÁRACO. (l. *amarācus*, y éste del gr. ἀμάρακος.) m. Mejorana, hierba labiada medicinal.

AMARAJE. m. Acción de amarar un hidroavión.

AMARANTÁCEO, A. (De *amaranto*.) adj. Bot. Dícese de matas y arbolitos angiospermos dicotiledóneos, de hojas opuestas o alternas, flores diminutas, sentadas, aglomeradas, solitarias o en espiga, y tienen por frutos cápsulas o cariópsides con semillas de albumen amiláceo. Ú.t.c.s.f. || **2.** f. Bot. Familia de estas plantas.

AMARANTINA. (De *amaranto*.) f. Perpetua de flores encarnadas. || **2.** Miner. Compuesto de sulfato básico hidratado.

AMARANTO. (l. *amarantus*, y éste del gr. ἀμάραντος; de ἀ priv., y μαραίνω, marchitar.) m. Planta anual de las amarantáceas, con tallo grueso y ramoso, hojas oblongas y ondeadas, flores terminales en espiga, a manera de cresta, carmesíes, blancas o jaspeadas, y frutos con muchas semillas negras y relucientes. Es originaria de la India y se cultiva en los jardines como planta de adorno. || **P.** e **It.** amaranto; **I.** amaranth; **F.** amarante; **A.** Amarant, Samtblume; **R.** амарант.

AMARAÑAR. tr. ant. Enmarañar.

AMARAR. (De a y *mar*.) intr. Posarse en el agua un hidroavión.

* **AMARCIGADO, DA.** adj. Perú. De piel morena.

* **AMARCHANTARSE.** (De a y *marchante*.) r. Cuba y Venez. Hacerse parroquiano de una tienda.

AMARECER. (l. *mas, maris*, carnero.) tr. Amorecer.

AMARGALEJA. (De *amargo*.) f. Endrina.

AMARGAMENTE. adv. Con amargura. || **2.** Con aflicción o disgusto.

AMARGAR. (l. *amaricāre*.) intr. Tener alguna cosa sabor parecido al de la hiel, el acíbar, el ajenjo, etc. Ú.t.c.r. || **2.** tr. Comunicar sabor o gusto desagradable a una cosa en sentido propio y figurado. || **3.** fig. Causar aflicción o disgusto. Ú.t.c.r. || **P.** amargar; **I.** to be bitter; **F.** être amer;

A. bitter sein; **It.** amereggiare; **R.** огорчать.

AMARGAZÓN. (De *amargar*.) f. ant. Amargor.

AMARGO, GA. (De *amaro*, infl. por *amargar*.) adj. Que amarga. || **2.** Que causa aflicción o disgusto. || **3.** fig. Que está afligido o disgustado. || **4.** fig. Áspero y de genio desabrido. || **5.** Que implica o demuestra amargura o aflicción. || **6.** m. Amargor, sabor parecido al de la hiel o el acíbar. || **7.** Dulce seco compuesto con almendras AMARGAS. || **8.** Licor confeccionado con almendras AMARGAS. || **9.** Especie de enfermedad que se produce en los vinos. || **10.** Méj. Aguardiente con infusión de cáscara de naranja, cidra, etc. || **11.** R. DE LA PLATA. El mate preparado sin azúcar. || **P.** amargo; **I.** y **A.** bitter; **F.** amer; **It.** amaro; **R.** горький || **2.ª** acep.: **P.** amargo; **I.** painful; **F.** douloureux; **A.** schmerzlich; **It.** doloroso; **R.** горестный.

AMARGÓN. m. Diente de león, hierba compuesta, de flores amarillas.

AMARGOR. m. Sabor o gusto amargo. || **2.** fig. Amargura, aflicción. || *Quitarse* uno el AMARGOR *de la boca*. fr. fig. y fam. Satisfacer un deseo.

AMARGOSAMENTE. adv. Amargamente.

AMARGOSO, SA. adj. Amargo, que amarga, que causa aflicción o disgusto, que está afligido o disgustado, y también que implica amargura o aflicción. || **2.** m. Serbal.

* **AMARGUEAR.** intr. Urug. Tomar el amargo o mate cimarrón, preparado sin azúcar.

AMARGUERA. f. Planta perenne de las umbelíferas, de tallo ramoso, con hojas lineales, tiesas y nerviosas, flores amarillas en umbela y frutos ovales y comprimidos, con dos semillas cada uno. Toda la planta tiene sabor amargo.

AMARGUERO. adj. And. Dícese del espárrago que se cría en los eriales.

AMARGUILLO. (d. de *amargo*.) m. Amargo, especie de dulce seco hecho con pasta de almendras.

AMARGURA. f. Amargor, sabor o gusto amargo. || **2.** fig. Aflicción o disgusto.

AMARICADO, DA. (De a y *marica*.) adj. fam. Afeminado.

* **AMARICONADO, DA.** adj. Amér. Que tiene algo de maricón; afeminado.

AMARILIDÁCEO, A. (De *amarylis*, nombre de un género de plantas.) adj. Bot. Dícese de plantas angiospermas monocotiledóneas, vivaces, generalmente bulbosas, de hojas lineales, flores hermafroditas, ordinariamente encimas, umbelas o racimos, alguna vez solitarias; fruto comúnmente en cápsula, con semillas de albumen carnoso; como el narciso. Ú.t.c.s.f. || **2.** f. pl. Bot. Familia de estas plantas.

AMARILÍDEO, A. adj. Bot. Amarilidáceo.

* **AMARILIS.** f. Planta que da nombre a la familia de las amarilidáceas. Tiene las flores dispuestas en umbelas y el fruto capsular. || **P.** amarilis; **I.** y **F.** amaryllis; **A.** Narzissenlilie; **It.** amarilli; **R.** амарилис.

AMARILLA. (De *amarillo*.) f. fig. y fam. Moneda de oro, y especialmente onza. || **2.** Veter. Enfermedad del ganado lanar, que procede de una alteración del hígado.

AMARILLEAR. intr. Mostrar alguna cosa la amarillez que en sí tiene. || **2.** Palidecer. || **P.** amarelecer; **I.** to grow yellow; **F.** jaunir; **A.** gelb erscheinen; **It.** ingiallire; **R.** желтеть.

AMARILLECER. intr. Ponerse amarillo.

AMARILLEJO, JA. adj. d. de amarillo. || **2.** Amarillento.

AMARILLENTO, TA. adj. Que tira a amarillo.

AMARILLEO. m. Acción y efecto de amarillear.

AMARILLEZ. f. Calidad de amarillo. Ú.m. hablando del cuerpo humano.

AMARILLEZA. f. ant. Amarillez.

AMARILLO, LLA. (l. *amarēllus*, de *amārus*, amargo.) adj. De color semejante al del oro, al limón, etc. Ú.t.c.s. Es el tercer color del espectro solar. || **2.** Med. Dícese de cierta fiebre de origen gastrointestinal, endémica de las regiones tro-

A picales. || 3. QUÍM. Aplícase a un ungüento madurativo y supurativo, cuyo principio medicinal es la colofonia. || 4. Modorra o adormecimiento de los gusanos de seda en tiempo de niebla. || 5. P. RICO y REP. DOMIN. Plátano maduro. || 6. URUG. y ARGENT. Nombre dado al tataré. || P. amarelo; I. yellow; F. jaune; A. gelb; It. giallo; R. жёлтый.

AMARILLOR. m. ant. Amarillez.

AMARILLURA. f. ant. Amarillez.

AMARINAR. tr. Marinar.

AMARIPOSADO, DA. adj. De figura semejante a la de la mariposa. Aplícase comúnmente a las corolas de las flores de las papilionáceas.

AMARITUD. (l. amaritūdo.) f. Amargor.

AMARIZAR. (l. meridiāre, sestear.) intr. AMÉR. Amarar. || 2. SAL. Sestear el ganado.

AMARIZARSE. (Como el port. amariçar, de a, y el l. vulgar maritiāre, de marītus, marido.) r. Copularse el ganado lanar. || 2. intr. fig. Sestear el mismo ganado.

AMARIZO. m. SAL. Sitio en donde se amariza el ganado.

AMARO. (l. mărum.) m. Planta de la familia de las labiadas, muy ramosa, con hojas grandes, acorazonadas en la base, recortadas por el margen y cubiertas de un vello blanquizco, y flores en verticilo, blancas con viso morado y de olor nauseabundo.

AMARO, RA. (l. amārus.) adj. ant. Amargo.

AMAROMAR. (De a y maroma.) tr. Amarrar.

AMARRA. (De amarrar.) f. Correa que se pone a los caballos para que no levanten la cabeza. || 2. MAR. Cable o cabo con que se asegura la embarcación en el puerto. || 3. pl. fig. y fam. Protección, apoyo. || P. amarra; I. rope, cord; F. amarre; A. Seil, Tau; It. cabo, gomena; R. мартингал || 3.ª acep.: P. amarra; I. belaying; F. amarre, courroie; A. Ankertau; It. ormeggio; R. шватров.

AMARRACO. (De amarreco.) m. Tanteo de cinco puntos en el juego de mus.

★ **AMARRADERA.** f. COLOM. y PERÚ. Amarra.

AMARRADERO. m. Poste, pilar o argolla donde se amarra alguna cosa. || 2. MAR. Sitio en que se amarran los barcos. || 3. fig. y fam. Cualquier cosa que embarga demasiado la atención de una persona, privándola de libertad y holgura.

★ **AMARRADIJO.** m. COLOM., GUAT. y HOND. Nudo mal hecho.

AMARRADO, DA. p.p. de amarrar. || 2. adj. CHILE. Atado, poco expedito en sus movimientos y acciones. || 3. MURC. Agarrado, mezquino. Ú.t. en Chile. || 4. VENEZ. Dícese de la cara adusta.

AMARRADURA. f. Acción y efecto de amarrar. || 2. MAR. Vuelta, lazo de amarre.

AMARRAJE. m. Impuesto que se paga por el amarre de las naves en un puerto.

AMARRAR. (neerl. marren o meren, atar.) tr. Atar y asegurar por medio de cuerdas, maromas, cadenas, etc. || 2. Por ext., atar, sujetar. || 3. Sujetar el buque en el puerto o en cualquier fondeadero, por medio de anclas, cadenas o cables. || 4. Atar los haces de trigo, cebada, etc. || 5. fig. En varios juegos de naipes hacer la fullería de barajar de tal suerte que ciertas cartas queden juntas, y salgan o no, según convenga. || 6. CUBA y MÉJ. Preparar bien un asunto para que dé buen resultado. || 7. fig. CHILE. Pactar, convenir, concertar. || AMARRÁRSELA uno. fr. fig. y fam. COLOM. Emborracharse. || P. amarrar; I. to tie; F. attacher; A. festbinden; It. attracare; R. привязывать || 3.ª acep.: P. amarrar; I. to belay to moor; F. amarrer; A. sorren; It. ormeggiare; R. швартовать.

AMARRAZÓN. f. ant. MAR. Conjunto de amarras.

AMARRE. m. Amarradura. || 2. Acción de amarrar o barajar con fullería. || 3. MÉJ. Lo que sirve para amarrar.

AMARRECO. (Voz vasca.) m. ÁL. Amarraco.

AMARREQUEAR. intr. ÁL. Señalar o apuntar los amarracos.

★ **AMARRETE.** (De amarrar.) adj. ARGENT. Tacaño.

AMARRIDO, DA. (De a y marrido.) adj. Afligido, melancólico, triste.

AMARRO. m. Sujeción.

AMARTELADAMENTE. (De amartelado.) adv. Enamoradamente.

AMARTELADO, DA. p.p. de amartelar. || 2. adj. Que implica o demuestra amartelamiento.

AMARTELAMIENTO. (De amartelar.) m. Exceso de galantería o rendimiento amoroso.

AMARTELAR. (De a y martelo.) tr. Atormentar, dar cuidado, y especialmente atormentar con celos. Ú.t.c.r. || 2. Dar cuidado amoroso, enamorar. || 3. r. Enamorarse de una persona o cosa.

★ **AMARTILLADO.** p.p. de amartillar. || 2. URUG. Bien preparado, perfectamente dispuesto.

AMARTILLAR. tr. Martillar. || 2. Poner un arma de fuego en el disparador.

AMARULENCIA. (l. amarulentus, de amārus, amargo.) f. Resentimiento, amargura.

AMASADERA. f. Artesa en que se amasa. || 2. MURC. Cuezo de los albañiles. || P. amassadeira; I. kneading-trough; F. pétrin; A. Backtrog; It. madia; R. квашня.

AMASADERO. m. Local donde se amasa el pan.

AMASADIJO. m. ant. Amasijo.

★ **AMASADO, DA.** p.p. de amasar. || 2. adj. CUBA. Panudo.

AMASADOR, RA. adj. Que amasa. Ú.t.c.s.

AMASADURA. f. Acción de amasar. || 2. Amasijo.

AMASAMIENTO. m. Amasadura. || 2. MED. Masaje.

★ **AMASANDERÍA.** f. CHILE, COLOM. y VENEZ. Tahona pequeña atendida comúnmente por personal femenino.

★ **AMASANDERO.** adj. CHILE. Amasador. Ú.t.c.s.

AMASAR. (De a y masa.) tr. Formar o hacer masa mezclando harina, yeso, o cosa semejante con agua u otro líquido. || 2. fig. Formar mediante la combinación de varios elementos. || 3. fig. Unir, amalgamar. || 4. fig. y fam. Disponer bien las cosas para el logro de lo que se intenta. Tómase por lo común en mala parte. || 5. MED. Practicar fricciones en el cuerpo con fines terapéuticos e higiénicos. || P. amassar; I. to knead; F. masser, pétrir; A. einrühren, kneten; It. impastare; R. месить.

AMASIA. (l. amasia, f. de amasius.) f. Querida, concubina.

AMASIATO. (l. amasia.) m. MÉJ. y PERÚ. Concubinato.

AMASIJO. m. Porción de harina amasada para hacer pan. || 2. Acción de amasar y de preparar o disponer las cosas necesarias para ello. || 3. Porción de masa hecha con yeso, tierra o cosa semejante y agua u otro líquido. || 4. fig. y fam. Convenio entre varias personas, regularmente para cosa mala. || 5. fig. y fam. Tarea. || 6. fig. y fam. Mezcla o unión de ideas diferentes que causan confusión. || 7. VENEZ. Pan de trigo. || 3.ª acep.: P. amasilho; I. dough; F. pate; A. Mörtel, Teig; It. pasta; R. замешивание || 6.ª acep.: P. amassilho; I. medley; F. pétrissage; A. Mischmasch; It. acozzaglia; R. неразбериха.

★ **AMATA.** f. ECUAD. Matadura.

AMATADOR, RA. (De amatar.) adj. ant. Matador. Ú.t.c.s.

AMATAR. tr. ant. Matar. Ú.t.c.r. || 2. ECUAD. Causar mataduras a una bestia para ludirle el aparejo.

AMATE. (mejic. amatl, papel; porque de su albura lo fabricaban los indios.) m. Higuera que abunda en las regiones cálidas de Méjico. Hay dos especies, el blanco y el negro.

AMATISTA. (l. amethystus, y éste del gr. ἀμέθυστος; de ά priv., y μεθύω, embriagarse.) f. Cuarzo transparente, teñido por el óxido de manganeso, de color de violeta más o menos subido. Se usa como piedra fina. || —oriental. Corindón viola-

do. || P. ametesta; I. amethyst; F. améthyste; A. Amethyst; It. ametista; R. аметист.

AMATISTE. m. ant. Amatista.

AMATIVIDAD. (De amativo.) f. FREN. Instinto del amor sexual.

AMATIVO, VA. (l. amātun, sup. de amāre.) adj. Propenso a amar.

AMATORIO, RIA. (l. amatorĭus.) adj. Relativo al amor. || 2. Que induce a amar. || 2. m. pl. Músculos oblicuos del ojo. || P. amatório; I. amatory; F. qui fait aimer; A. erotisch; It. amatorio; R. любовный.

★ **AMATRERADO, DA.** adj. ECUAD. Marrajo.

AMATRERARSE. r. ECUAD. No querer salir de un lugar una res.

AMAUROSIS. (gr. ἀμαύρωσις, obscurecimiento; de ἀμαυρός, obscuro.) f. Privación total de la vista, ocasionada por lesión interior, y que no se manifiesta por otra señal exterior que una inmovilidad constante del iris.

AMAUTA. m. Sabio, entre los antiguos peruanos.

AMAYORAZGAR. tr. Reducir a vinculados algunos bienes, fundando con ellos mayorazgos a favor de ciertas líneas y personas.

AMAYUELA. f. Almeja de mar.

AMAZACOTADO, DA. adj. Pesado, groseramente compuesto a manera de mazacote. || 2. fig. Dicho de obras literarias o artísticas, pesado, confuso, falto de orden, proporción, gracia y variedad.

AMAZOLADO, DA. (De a y mazuelo, d. de mazo.) adj. ant. Hecho mazos o dividido en ellos.

AMAZONA. (l. amazon, -ŏnis, y éste del gr. ἀμαζών.) f. Mujer de alguna de las razas guerreras que suponían los antiguos haber existido en los tiempos heroicos. || 2. fig. Mujer de ánimo varonil. || 3. fig. Mujer que monta a caballo. || 4. fig. Traje de falda, comúnmente muy larga, que suelen usar las mujeres para montar a caballo. || 5. ZOOL. Ave del Brasil, especie de papagayo de hermoso plumaje. || P. amazona; I. amazon; F. amazone; A. Amazone; It. amazzone; R. амазонка.

AMAZONAS. n. pl. V. Piedra de las AMAZONAS.

AMAZÓNICO, CA. adj. Perteneciente a las amazonas, o propio y característico de ellas.

AMAZONIO, NIA. (l. amazonĭus.) adj. Amazónico.

AMBAGES. (l. ambāges; de amb, alrededor, y agĕre, llevar, mover.) m. pl. ant. Rodeos o caminos intrincados, como los de un laberinto. || 2. Rodeo de palabras o circunloquios. || 2.ª acep.: P. y F. ambages; I. ambage; A. Umschweife im Reden; It. ambagi; R. обиняки, путаная речь.

AMBAGIOSO, SA. (l. ambagiōsus.) adj. Lleno de ambigüedades, sutileza y equívocos.

ÁMBAR. (ár. 'anbar.) m. Resina fósil de color amarillo más o menos obscuro, opaca o semitransparente, muy ligera, dura y quebradiza, que arde fácilmente, con buen olor y se emplea en cuentas de collares, boquillas para fumar, etc. Muy electrizable por frotación. Se usa en medicina como antiespasmódico. || 2. Perfume delicado. || —gris o pardillo. Substancia que se extrae del intestino de los cachalotes, sólida, opaca, de color gris con vetas amarillas y negras, de olor amizcleño, que al calor de la mano se ablanda como la cera. Se emplea en perfumería y como medicamento excitante. || —negro. Azabache. || De ÁMBAR. Decíase de los guantes, coletos, bolsos, y otras prendas de piel adobada con ÁMBAR gris. || Ser un ÁMBAR. fr. fig. y fam. con que se pondera el color, claridad y transparencia de algunos licores, y especialmente del vino. || P. ámbar; I. amber; F. ambre; A. Amber, Bernstein; It. ambra; R. янтарь.

AMBARAR. tr. ant. Dar o comunicar a alguna cosa olor de ámbar.

AMBARINA. (De ámbar.) f. Algalia. 1.er art., 2.ª acep.

AMBARINO, NA. (De ámbar.) f. Algalia, planta malvácea. || 2. AMÉR. Escabiosa, planta dipsácea medicinal. || 3. QUÍM. Substancia blanca, insípida y de olor agradable cuya composición es muy parecida a la colesterina, y que se encuentra en el ámbar gris.

AMBARINO, NA. adj. Perteneciente al ámbar, o parecido a él.

AMBERINO, NA. adj. Natural de Amberes. Ú.t.c.s.

AMBICIAR. tr. Ambicionar.

AMBICIÓN. (l. *ambitĭo, -ōnis*, de *ambire*, pretender.) f. Deseo ardiente de conseguir poder, riqueza, dignidades o fama. ‖ **2.** fam. Glotonería. ‖ **P.** ambição; **I.** y **F.** ambition; **A.** Ehrgeiz, Ambition; **It.** ambizione; **R.** честолюбие.

AMBICIONAR. (De *ambición*.) tr. Desear ardientemente alguna cosa.

AMBICIONEAR. tr. desus. Ambicionar.

AMBICIOSAMENTE. adv. Con ambición.

AMBICIOSO, SA. (l. *ambitiōsus*.) adj. Que tiene ambición. Ú.t.c.s. ‖ **2.** Que tiene ansia o deseo vehemente de alguna cosa. Ú.t.c.s. ‖ **3.** Dícese de aquellas cosas en que se manifiesta la ambición. ‖ **4.** fig. Dícese de la hiedra y demás plantas, que como ella, se abrazan con tenacidad a los árboles u objetos por los que trepan.

AMBIDEXTRO, TRA. (l. *ambidexter*, de *ambo*, ambos, y *dexter*, diestro.) adj. Que usa igualmente de la mano izquierda que de la derecha. ‖ **P.** e **It.** ambidestro; **I.** ambidextroux; **F.** ambidextre; **A.** beide Hände gebrauchend; **R.** владеющий правой и левой рукой.

AMBIDOS. (l. *invītus*, que obra de mala gana.) adv. ant. De mala gana.

AMBIENTAL. adj. Perteneciente o relativo al ambiente, como circunstancia.

AMBIENTAR. (De *ambiente*.) tr. Dar a una cosa el ambiente adecuado al fin que se persigue. Ú.m. hablando de obras de arte. Ú.t.c.r.

AMBIENTE. (l. *ambĭens, -entis*, que rodea o cerca.) adj. Aplícase a cualquier fluido que rodea un cuerpo. ‖ **2.** m. Aire tranquilo que rodea los cuerpos. ‖ **3.** Circunstancias que rodean a las personas o cosas. ‖ **4.** PINT. Efecto de la perspectiva aérea que presta corporeidad a lo pintado y finge las distancias. ‖ **I.** ambient; **F.** ambiant; **A.** Luft, Umgebung; **R.** атмосфера, среда.

AMBIGÚ. (fr. *ambigu*, y éste del l. *ambĭguus*, de ambos.) m. Comida, por lo regular nocturna, compuesta por manjares con que se cubre de una vez la mesa. ‖ **2.** En un edificio destinado para reuniones o espectáculos públicos, local en el cual se sirven dichos manjares, calientes o fríos.

AMBIGUAMENTE. adv. Con ambigüedad.

AMBIGÜEDAD. (l. *ambiguĭtas, -ātis*.) f. Calidad de ambiguo.

AMBIGUO, GUA. (l. *ambĭguus*, de *ambigĕre*, dudar.) adj. Que puede entenderse de varios modos dando motivo a dudas, incertidumbre o confusión. Dícese especialmente del lenguaje. ‖ **2** Incierto, dudoso. ‖ **3.** GRAM. Dícese del género al que pertenecen los nombres usados indistintamente en masculino y femenino. ‖ **P.** ambíguo; **I.** ambiguous; **F.** ambigu, équivoque; **It.** ambiguo; **R.** неясный.

★ **AMBIOPIA.** f. Vista doble.

★ **AMBIRAR.** tr. Impregnar el tabaco de mascar con el ambire o jugo del que antes ha sido sometido a cocción.

★ **AMBIRE.** m. AMÉR. Jugo del tabaco cocido.

ÁMBITO. (l. *ambĭtus*, de *ambīre*, rodear.) m. Contorno o perímetro de un espacio o lugar. ‖ **2.** Espacio comprendido dentro de límites determinados. ‖ **P.** âmbito; **I.** ambit; **F.** contour; **A.** Umfang, Umkreis; **It.** ambito; **R.** округа.

AMBIVALENCIA. f. PSICOL. Estado de ánimo en el que coexisten dos emociones o sentimientos opuestos; como el amor y el odio.

AMBIVALENTE. adj. Perteneciente o relativo a la ambivalencia.

★ **AMBJEGUA.** (Voz brasileña.) f. Aceite vegetal aromático recogido de los árboles en el Brasil.

AMBLADOR, RA. adj. Dícese del animal que ambla.

AMBLADURA. f. Acción y efecto de amblar.

AMBLAR. (l. *ambulāre*, andar.) intr. Andar moviendo a un mismo tiempo el pie y la mano de un mismo lado, como lo hace la jirafa, en lugar de hacerlo en cruz como los demás animales, por lo común. ‖ **P.** andar a furtapasso; **I.** to amble; **F.** ambler; **A.** den Zeltergang gehen; **It.** ambiare; **R.** идти иноходью.

AMBLEHUELO. m. d. de ambleo. ‖ **2.** Cirio de dos libras de peso.

AMBLEO. (fr. *flambeau*, y éste del l. *flammĕllus*, de *flammŭla*, llama.) m. Cirio de kilogramo y medio de peso que se usa en ciertos servicios de la Iglesia. ‖ **2.** Candelero para este cirio.

AMBLIGONIO. (l. *amblygonĭus*, y éste del gr. ἀμβλυ-γώνιος, de ἀμβλύς, obtuso, y γωνία, ángulo.) adj. GEOM. Aplícase al triángulo obtusángulo.

AMBLIOPÍA. (gr. ἀμβλυωπία, de ἀμβλυωπός, el que tiene la vista débil; de ἀμβλύς, débil, y ὤψ, vista.) f. MED. Debilidad o disminución de la vista, sin lesión orgánica del ojo. ‖ **P.** e **It.** ambliopia; **I.** amblyopia; **F.** amblyopie; **A.** Trübsichtigkeit.

★ **AMBLÓTICO, CA.** adj. MED. Abortivo. Ú.t.c.s.

AMBO. (l. *ambo*.) m. En el antiguo juego de la lotería, suerte favorable y ganancia consiguiente para el que llevaba dos números iguales a los que resultaban premiados. ‖ **2.** En la lotería de cartones, dos números colocados en una fila de un cartón, y cuyas bolas respectivas han salido antes que las correspondientes a los otros tres números de la misma fila. ‖ **3.** CHILE y ARGENT. Conjunto de pantalón y chaleco hecho de la misma tela.

AMBÓN. (l. *ambo, -ōnis*, y éste del gr. ἄμβων.) m. Cada uno de los púlpitos que están a ambos lados del altar mayor, para cantar la epístola y el evangelio. ‖ **2.** BOT. Árbol de las Indias Orientales cuyo fruto es semejante a una ciruela blanca y produce una embriaguez pasajera. ‖ **P.** pulpito; **I.** ambo; **F.** ambon; **A.** Seitenkanzel; **It.** ambone; **R.** амвон.

AMBOS, AS. (l. *ambo*.) adj. pl. El uno y el otro; los dos. ‖ **P.** ambos; **I.** both; **F.** tous deux, l'un et l'autre; **A.** beide; **It.** ambedue; **R.** оба.

★ **AMBROÍNA.** f. ELECTR. Substancia aisladora formada de silicatos y copal fósil.

AMBROLLA. (De *ambrollar*.) f. ant. Embrollo.

AMBROLLADOR, RA. adj. ant. Embrollador. Usáb.t.c.s.

AMBROLLAR. (De *embrollar*.) tr. ant. Embrollar.

AMBROSÍA [AMBROSIA]. (gr. ἀμβροσία, de ἄμβροτος, inmortal, divino.) f. MIT. Manjar o alimento de los dioses. ‖ **2.** fig. Cosa deleitosa al espíritu. ‖ **3.** fig. Cualquier vianda, manjar o bebida de gusto suave o delicado. ‖ **4.** Planta anua de la familia de las compuestas, ramosa, de hojas recortadas, muy blancas y vellosas; flores amarillas en ramillete y frutos oblongos, con una sola semilla. ‖ **P.** ambrósia; **I.** e **It.** ambrosia; **F.** ambroisie; **A.** Ambrosia, Götterspeise; **R.** амброзия.

AMBROSIANO, NA. adj. Perteneciente o relativo a San Ambrosio.

★ **AMBUCIA.** f. CHILE. Voracidad.

AMBUESTA. (célt. *ambibosta*; de *ambi*, ambos, y *bosta*, el hueco de la mano.) f. Almorzada, lo que cabe en ambas manos juntas.

AMBULACIÓN. f. Acción de ambular.

★ **AMBULACRO.** (l. *ambulācrum*, arboleda para pasear.) Alameda. ‖ **2.** Corredor en las catacumbas. ‖ **3.** ZOOL. Cada uno de los tubos cilíndricos, terminados en una especie de ventosa, que sobresalen del cuerpo de los erizos de mar y en la cara inferior de los brazos de las asterias, y sirven para la locomoción. ‖ **3.ª** acep.: **P.** e **It.** ambulacro; **I.** ambulacrum; **F.** ambulacre; **A.** Chorumgang; **R.** аллея.

AMBULANCIA. (l. *ambŭlans, -antis*, ambulante.) f. Hospital de campaña que sigue los movimientos de las tropas. ‖ **2.** Vehículo destinado al transporte de los heridos y enfermos y de los elementos de cura. ‖ **—de correos.** Oficina postal

establecida en algunos trenes y buques. ‖ **—fija.** La que permanece en determinado sitio del campo de maniobras o de batalla. ‖ **—volante.** La que lleva sus auxilios hasta la línea de fuego. ‖ **2.ª** acep.: **P.** ambulância; **I.** y **F.** ambulance; **A.** Ambulanzwagen; **It.** ambulanza; **R.** походный госпиталь.

AMBULANTE. (l. *ambŭlans, -antis*, p.a. de *ambulāre*, andar.) adj. Que va de un sitio a otro sin tener asiento fijo. ‖ **2.** PERÚ y BOL. Dícese del piano de manubrio. ‖ **3.** Ambulatorio. ‖ **4.** Perteneciente o relativo a la ambulancia. ‖ **5.** Empleado de correos encargado del servicio de una ambulancia.

AMBULAR. (l. *ambŭlāre*, pasear.) intr. p. us. Andar, ir de una parte a otra.

AMBULATIVO, VA. (l. *ambulatīvus*, de *ambulatio*, paseo.) adj. Aplícase a la inclinación de algunas personas que gustan de andar por diferentes tierras sin hacer mansión fija en ninguna.

★ **AMBULATORIO, RIA.** (l. *ambulatorĭus*, que anda.) adj. Que sirve para caminar. ‖ **2.** MED. Que no es fijo; que no obliga al enfermo a estar en cama. ‖ **3.** Edificio o local destinado a la asistencia de enfermos o heridos que no necesitan permanecer en cama.

★ **AMBUSTIÓN.** (l. *ambustio, -onis*, quemadura.) f. CIR. Cauterización.

AMEBA. (gr. ἀμοιβή, cambio.) f. ZOOL. Protozoo rizópido, monocelular, cuyo cuerpo carece de cutícula y emite seudópodos incapaces de anastomosarse entre sí. Unas especies viven parásitas de otros animales, otras en las aguas dulces o marinas y algunas en la tierra húmeda. ‖ **2.** f. pl. ZOOL. Orden de estos animales.

AMEBEO. (l. *amoebaeus*, y éste del gr. ἀμοιβαῖος, alternativo.) adj. Dícese de los versos alejandrinos que, por estrofas casi iguales, recitan alternativamente dos personajes de una égloga u otro poema. Ú.t.c.s.

AMECER. (l. *admiscēre* de *ad*, a, y *miscēre*, mezclar.) tr. ant. Mezclar. Usáb. t.c.r.

AMECHAR. tr. Poner mecha en velones, candiles, etc. ‖ **2.** Mechar.

AMEDRANTAR. tr. Amedrentar.

AMEDRENTADOR, RA. adj. Que amedrenta.

AMEDRENTANTE. p.a. de amedrentar. Que amedrenta.

AMEDRENTAR. (l. *mĕtōrĕntus*, de *mĕtor*, por *mĕtus*, miedo.) tr. Infundir miedo, atemorizar. Ú.t.c.r. ‖ **P.** amedrontar; **I.** to frighten; **F.** effrayer; **A.** einschüchtern; **It.** spaventare; **R.** пугать.

ÁMEL. (ár. *âmil*.) m. Entre los árabes, jefe de un distrito.

AMELAR. intr. Fabricar las abejas su miel.

★ **AMELCOCHADO, DA.** adj. CUBA. Meloso, cariñoso, enamorado.

AMELCOCHAR. tr. AMÉR. Dar a un dulce el punto espeso de la melcocha. Ú.t.c.r. ‖ **2.** r. CUBA. Fingir agrado, afectar complacencia. ‖ **3.** CUBA. Enamorarse.

AMELGA. (De *amelgar*.) f. Faja de terreno que el labrador señala en una haza para esparcir la simiente con igualdad y proporción.

AMELGADO, DA. p.p. de amelgar. ‖ **2.** adj. Dícese del sembrado que ha nacido con cierta desigualdad. ‖ **3.** m. AR. Acción y efecto de amelgar, amojonar.

AMELGADOR. m. Obrero que amelga.

AMELGAR. (De *a* y *mielga*.) tr. Hacer surcos de distancia en distancia proporcionadamente para sembrar con igualdad. ‖ **2.** AR. Amojonar alguna parte del terreno, en señal del derecho o posesión que en ella tiene alguna persona.

★ **AMELIA.** f. Falta o desaparición de miembros.

★ **AMELÍA.** f. Distrito gobernado por un ámel.

AMELO. (l. *amellus*.) m. Planta perenne de la familia de las compuestas, con tallo recto, ramoso por arriba; flores grandes, azules, y en su centro amarillas. Cultívase como planta de adorno.

AMELOCOTONADO, DA. adj. Que se parece al melocotón.

A

AMELONADO, DA. adj. De figura de melón.

AMEMBRILLADO, DA. adj. Que se parece en algo al membrillo.

AMÉN. (hebr. *āmēn*, así sea, así es; en ár. *āmīn*.) Voz que se dice al fin de las oraciones de la Iglesia. || **2.** Úsase para manifestar aquiescencia o vivo deseo de que tenga efecto lo que se dice. Ú.t.c.s.m. || *En un decir* AMÉN. fr. fig. y fam. En un instante; en brevísimo tiempo. || *Llevarle* a uno *el* AMÉN. fr. fig. y fam. CHILE. Manifestar conformidad o asentimiento a cuanto dice.

AMÉN. (De la loc. *a menos.*) adv. Excepto, a excepción. || **2.** adv. A más, además.

AMENAMENTE. adv. Con amenidad.

AMENAZA. (De *amenazar.*) f. Acción de amenazar. || **2.** Dicho o hecho con que se amenaza. || P. ameaça; I. threat; F. menace; **A.** Drohung; It. minaccia; **R.** угроза.

AMENAZADOR, RA. adj. Que amenaza.

AMENAZADORAMENTE. adv. De modo amenazador.

AMENAZANTE. p.a. de amenazar. Que amenaza.

AMENAZAR. (De *a* y *menazar.*) tr. Dar a entender con actos y palabras que se quiere hacer un mal a otro. || **2.** fig. Dar indicios de estar inminente alguna cosa mala o desagradable; anunciarla, presagiarla. Ú.t.c.intr. || *Más son los* AMENAZADOS *que los acuchillados.* ref. con que se da a entender que es más fácil AMENAZAR que castigar o ejecutar. || P. ameaçar; I. to threaten; F. menacer; **A.** drohen; It. minacciare; **R.** угрожать.

AMENCIA. (l. *amentia.*) f. ant. Demencia.

AMENGUADAMENTE. adv. ant. Menguadamente.

AMENGUADERO, RA. adj. ant. Que amengua.

AMENGUAMIENTO. m. Acción y efecto de amenguar.

AMENGUANTE. p.a. de amenguar. Que amengua.

AMENGUAR. (De *a* y *mengua.*) tr. Disminuir, menoscabar. Ú.t.c.intr. || **2.** fig. Deshonrar, difamar. || P. diminuir; I. to diminish; F. amoindrir; **A.** vermmindern; It. sminuire; **R.** уменьшать.

AMENIDAD. (l. *amoenĭtas, -ātis.*) f. Calidad de ameno.

AMENIZAR. tr. Hacer ameno algún sitio. || **2.** fig. Hacer amena alguna cosa.

AMENO, NA. (l. *amoenus.*) adj. Grato, placentero, deleitable por su frondosidad y hermosura. || **2.** fig. Aplícase también a las personas y cosas que, por obra del ingenio y de otras cualidades de la naturaleza humana, tienen el don de recrear o deleitar apaciblemente. || P. ameno; I. pleasant; F. agréable; **A.** anmutig; It. ameno; **R.** увлекательный.

★ **AMENOMANÍA.** (l. *amoenus,* agradable.) f. FREN. Variedad de la melancolía, caracterizada por un delirio parcial, con excitación de la imaginación, o con una pasión excitante y alegre.

AMENORAR. (De *a* y *menor.*) tr. ant. Aminorar.

AMENORGAR. (l. *minŏrĭcāre,* de *mĭnŏrāre,* empequeñecer.) tr. p. us. Aminorar, amenguar.

AMENORREA. (gr. *α,* priv., μήν, mes, y ρέω, fluir.) f. Enfermedad que consiste en la supresión del flujo menstrual. || P. e It. amenorrea; I. amenorrhea; F. aménorrhée; **A.** Amenorrhöe.

AMENOSO, SA. adj. ant. Ameno.

AMENTÁCEO, A. (De *amento.*) adj. BOT. Aplícase a las plantas que tienen inflorescencias en amento. Úsáb.t.c.s.f. || **2.** Orden de estas plantas. || P. amentácea; I. amentaceous; F. amentacé; **A.** Kätzchenblütler (Amentazeen); It. amentaceo.

AMENTAR. (l. *amentāre.*) tr. Atar o tirar con amiento.

AMENTE. (l. *amens, -entis;* de *a,* priv., y *mens,* entendimiento.) adj. ant. Demente, loco.

AMENTO. (l. *amentum.*) m. Amiento. || **2.** BOT. Espiga articulada por su base y compuesta de flores de un mismo sexo,

como la del avellano. || P. e It. amento; I. ament; F. chaton; **A.** Kätzchen.

AMEOS. (De *ami.*) m. Planta aromosa de las umbelíferas, con tallo recto, estriado y lampiño; hojas con segmentos serrados y lanceolados; flores blancas, fruto oval y comprimido, y semillas negruzcas, menudas y aromáticas, que se han empleado en medicina como diuréticas. || **2.** Semilla de esta planta. || P., F. e It. ammi; I. Ammi; **A.** Ammei.

AMERAR. tr. Merar. || **2.** r. Hablando de la tierra o de alguna fábrica, introducirse poco a poco el agua en ella o recalarse la humedad.

AMERCEARSE. (De *a* y *merced.*) r. ant. Amercendearse.

AMERCENDEADOR, RA. adj. ant. Que se amercendea. Usáb.t.c.s.

AMERCENDEAMIENTO. m. ant. Acción y efecto de amercendearse.

AMERCENDEANTE. p.a. ant. de amercendearse. Que se amercendea.

AMERCENDEARSE. (De *a* y *mercendear.*) r. ant. Compadecerse, apiadarse. Usáb.t.c.intr.

AMERENGADO, DA. adj. Semejante al merengue.

AMÉRICA. n. p. V. *Avestruz, Piña, Tifo de* AMÉRICA.

AMERICANA. f. Prenda de vestir semejante a la chaqueta, pero más larga. || **2.** CHILE. Asalto que se empieza tomando por la espalda los brazos de la víctima.

AMERICANISMO. m. Vocablo, acepción o giro propio o privativo de los americanos, y particularmente de los que hablan la lengua española. || **2.** Admiración por las cosas de América. || P. américanismo; I. americanism; F. américanisme; **A.** Amerikanismus; It. americanismo; **R.** американизм.

AMERICANISTA. adj. Relativo a las cosas de América. || **2.** com. Persona que cultiva y estudia las lenguas y antigüedades de América.

AMERICANO, NA. adj. Natural de América. Ú.t.c.s. || **2.** Perteneciente a esta parte del mundo. || **3.** AST. y GAL. Indiano que vuelve rico de América. Ú.t.c.s. || **4.** Dícese del calendario de pared. || P. americano; I. American; F. americain, d'Amérique; **A.** Amerikaner; It. americano; **R.** американец.

AMÉRICO, CA. adj. desus. Americano.

★ **AMERINDIO, DIA.** adj. Indio americano o indígena de América. Es denominación propuesta por la sociedad de Antropología de Washington. Ú.t.c.s.

★ **AMERISMO.** m. Cualidad de no dividirse en segmentos o fragmentos.

★ **AMERITAR.** tr. COLOM., CUBA y ECUAD. Dar mérito.

AMESNADOR. m. ant. El que amesna o guarda. || **2.** El que en palacio tenía por oficio guardar la persona del rey.

AMESNAR. (Del m. or. que *mesnada.*) tr. ant. Guardar, defender, poner a salvo o seguro. || **2.** intr. ant. Acogerse, guarecerse.

AMESTIZADO, DA. adj. Semejante al mestizo en el color o facciones.

AMESURAR. (De *a* y *mesurar.*) tr. ant. Medir, arreglar, ajustar.

★ **AMETÁBOLO.** adj. ZOOL. Aplícase a los insectos de algunos órdenes primitivos que no experimentan metamorfosis durante su desarrollo. Ú.t.s.c. || P. ametabolo; I. ametabola; F. amétabole; **A.** ohne Metamorphose; It. ametaboli; **R.** без метаморфоза.

AMETALADO, DA. adj. Semejante al metal. || **2.** Sonoro como metal, de buen timbre.

AMETALAR. tr. p. us. Alear, mezclar o fundir dos o más metales. || **2.** fig. Formar de cosas heterogéneas.

AMETISTA. f. Amatista.

AMETISTO. m. ant. Ametista.

AMETRALLADORA. (De *ametrallar.*) f. Máquina de guerra que dispara muy rápidamente proyectiles de fusil. —**anti-aérea.** La que se halla especialmente acondicionada para disparar sobre los aviones en vuelo. || P. metralhadora; I. machine gun; F. mitrailleuse; **A.** Maschinengewehr; It. mitragliatrice, mitragliera; **R.** пулемёт.

AMETRALLAR. tr. Disparar metralla

contra el enemigo. || P. metralhar; I. to mitraille; F. mitrailler; **A.** niederkartätschen; It. mitragliare; **R.** обстреливать.

★ **AMETRÍA.** f. MED. Falta de matriz.

° **AMETROPÍA.** f. Anomalía en la refracción del ojo que impide la formación de la imagen normal en la retina.

★ **AMEYAL.** m. MÉJ. Zanja o pozo que se abre junto a una alberca para filtrar sus aguas.

★ **AMEZQUINARSE.** r. Dolerse, quejarse.

AMEZQUINDARSE. (De *a* y *mezquindar.*) r. p. us. Entristecerse.

AMI. (l. *ammi,* y éste del gr. ἄμμι.) m. BOT. Ameos.

AMIA. (l. *amia,* y éste del gr. ἀμία.) f. ZOOL. Lamia o tiburón. || P. tuburão; I. bowfin; F. amie; **A.** Amia Haifisch; It. àmia; **R.** акула.

AMIANTA. f. ant. MINER. Amianto.

AMIANTO. (l. *amiantus,* y éste del gr. ἀμίαντος, sin mancha.) m. Mineral que se presenta en fibras blancas y flexibles, de aspecto sedoso. Por sus condiciones tiene aplicación para hacer con él tejidos incombustibles. || P. e It. amianto; I. amianthus; F. amiante; **A.** Asbest, Bergflachs; **R.** асбест.

AMIBA. (gr. ἀμοιβή, fermentación.) f. ZOOL. Ameba. || **2.** BIOL. Cualquier célula libre desprovista de membrana de secreción; como los leucocitos. || P. amiba; I. amoeba; F. amibe; **A.** Amöbe; It. ameba; **R.** амёба.

★ **AMIBIASIS.** f. MED. Enfermedad ocasionada por las amibas.

AMIBO. m. ZOOL. Ameba.

AMICICIA. (l. *amicĭtia.*) f. ant. Amistad.

AMICÍSIMO, MA. (l. *amicissĭmus.*) adj. sup. de amigo.

★ **AMICOS.** m. QUÍM. Preparación que sirve para conservar la carne.

★ **AMICOSIS.** f. MED. Asepsia perfecta con ausencia total de gérmenes.

★ **AMIDINA.** (De *amida.*) f. Uno de los constituyentes de los gránulos del almidón; la parte soluble en agua. || **2.** pl. QUÍM. Derivados de las amidas al sustituir el átomo de oxígeno del carbonilo por el radical divalente imido. || **2.**ᵃ acep.: P. amidinas; I. amidins; F. amidines; **A.** Amidinen; It. amidine; **R.** амидин.

AMIDOS. (l. *invitūs,* forzado.) adv. ant. Ambidos.

AMIENTO. (De *amento.*) m. Correa con que se aseguraba la celada. || **2.** Correa con que se ataba el zapato. || **3.** Correa con que se ataba por medio las lanzas o flechas para arrojarlas.

AMIÉSGADO. m. ant. Fresa, planta rosácea. || **2.** Fruto de esta planta.

AMIGA. (l. *amcia.*) f. Manceba o concubina. || **2.** Maestra de escuela de niñas. || **3.** Escuela de niñas. || —**de noche.** Planta bulbosa de Méjico que produce numerosas flores aromáticas.

AMIGABILIDAD. (De *amigable.*) f. Disposición natural para contraer amistades.

AMIGABLE. (l. *amicabĭlis.*) adj. Afable y que convida a la amistad. || **2.** Dicho de cosas, amistoso. || **3.** fig. Que tiene unión o conformidad con otra cosa. || **4.** FOR. Dícese de la persona que arregla pleitos entre las partes sin intervención del juez. AMIGABLE *componedor.*

AMIGABLEMENTE. adv. Con amistad.

° **AMIGACHO.** (despec. de *amigo.*) m. Para la esposa compinches del marido.

AMIGAJADO, DA. adj. ant. Hecho migajas.

AMIGANZA. (De *amigo.*) f. ant. Amistad.

AMIGAR. (l. *amicāre,* de *amicus,* amigo.) tr. Amistad. Ú.t.c.r. || **2.** r. Amancebarse.

★ **AMIGAZO.** m. AMÉR. aum. de amigo.

AMÍGDALA. (l. *amygdăla,* y éste del gr. ἀμυγδάλη, almendra, por la forma.) f. ZOOL. Órgano formado por la reunión de numerosos nódulos linfáticos. || —**farín-gea.** La situada en la porción nasal de la faringe. || —**lingual.** La situada en la base de la lengua. || —**palatina.** Cada una de las dos que se encuentran entre los pilares del velo del paladar. || P. amígdala; I.

A

amygdala, tonsil; **F**. amygdale; **A**. Tonsille, Mandel; **It**. amigdala, tonsilla; **R**. миндалина.

AMIGDALÁCEO, A. (l. *amygdalacĕus*, propio de la almendra.) adj. Dícese de árboles o arbustos de la familia de las rosáceas, que tienen hojas sencillas y alternas, flores precoces, solitarias o en corimbo y fruto drupáceo con hueso que encierra una almendra por semilla; como el cerezo, el ciruelo, etc. Ú. t. c. s. f. || 2. f. pl. Bot. Familia de estas plantas. || **P**. amygdalaceas; **I**. amygdalaceae; **F**. amygdalées; **A**. Mandelgewächse; **It**. amigdalèe.

AMIGDALINA. (l. *amygdalīnus*, de almendra.) f. Quím. Glucósido contenido en la almendra amarga. || **P**. e **It**. amigdalina; **I**. amygdalin; **F**. amygdaline; **A**. Amygdalin; **R**. амигдалин.

★ **AMIGDALINO, NA.** adj. Que tiene almendras. || 2. Quím. Dícese de la substancia en cuya composición entra la almendra. || 3. Med. Relativo a las amígdalas.

AMIGDALITIS. f. Med. Inflamación de las amígdalas, anginas. || **P**. e **It**. amigdalite; **I**. tonsillitis; **F**. amygdalite; **A**. Mandelentzündung; **R**. воспаление миндалин.

AMIGO, GA. (l. *amīcus*.) adj. Que tiene amistad. Ú. t. c. s. || 2. Amistoso. || 3. fig. Que gusta mucho de alguna cosa. || 4. poét. Refiriéndose a objetos materiales, benéfico, benigno, grato. || 5. Dícese del par de números aritméticos en que cada uno de ellos es igual a la suma de las partes alícuotas del otro. || 6. m. Hombre amancebado. || 7. Úsase como tratamiento afectuoso, aunque no haya verdadera amistad. || 8. Min. Palo atravesado en la punta del cintero, y en el cual se montan los mineros para bajar y subir por los pozos. || *El* AMIGO *que no presta y el cuchillo que no corta, que se pierda poco importa.* ref. con que se da a entender que no debe sentirse la pérdida de la amistad de amigos egoístas. || **P**. amigo; **I**. friend; **F**. ami; **A**. Freund; **It**. amico; **R**. дружеский.

AMIGOTE. m. aum. fam. de amigo.

★ **AMIGUERO, RA.** Méj., Ecuad. y Perú. Dícese de quien tiene gran facilidad para hacerse con amigos.

AMIGUÍSIMO, MA. adj. sup. de amigo.

AMILÁCEO, A. (l. *amўlum*, almidón, y éste del gr. ἄμυλον.) adj. Que contiene almidón.

AMILAMIA. (vasc. *eme*, l. *femina*, y *lamia*.) f. Ál. Hada o náyade de índole afable y caritativa.

AMILANAMIENTO. m. Acción y efecto de amilanar o amilanarse.

AMILANAR. (De *a* y *milano*.) tr. fig. Causar tal miedo a uno, que quede aturdido y sin acción. || 2. fig. Hacer caer de ánimo. || 3. r. Caer de ánimo, abatirse. || **P**. assustar, amedrontar; **I**. to frighten; **F**. méduser; **A**. einschüchtern; **It**. sbalordire; **R**. устрашать.

★ **AMILEMIA.** f. Presencia de almidón en la sangre.

AMÍLICO. (gr. ἄμυλον, almidón.) adj. V. *Alcohol* AMÍLICO. Ú. t. c. s.

AMILOIDE. adj. Semejante al almidón. || 2. m. Quím. Hidrocelulosa formada tratando la celulosa por el ácido sulfúrico concentrado. || **P**. e **It**. amyloide; **I**. amyloid; **F**. amyloíde; **A**. stäckemehlähnlich.

AMILLARAMIENTO. m. Acción y efecto de amillarar. || 2. Padrón en que constan los bienes amillarados.

AMILLARAR. (De *a* y *millar*.) tr. Regular los caudales y granjerías de los vecinos de un pueblo para repartir entre ellos las contribuciones.

AMILLONADO, DA. adj. Sujeto a la antigua contribución de millones o arreglado según ella. || 2. Muy rico o acaudalado.

AMÍN. (ár. *amīn*, fiel.) m. En Marruecos, funcionario encargado de administrar bienes por cuenta del Gobierno.

AMINORACIÓN. (De *minorar*.) f. Minoración.

AMINORAR. tr. Minorar, disminuir.

★ **AMIOSTENIA.** f. Pat. Debilidad de la fuerza muscular.

AMIR. (ár. *amir*, jefe.) m. desus. Emir.

AMIRÍ. (ár. *'āmirī*.) adj. Dícese de cada uno de los descendientes de Almanzor ben

Abiámir, que a la caída del califato de Córdoba fundaron reinos de taifas en el levante de España, durante la primera mitad del siglo XI. Ú. t. c. s.

AMISIÓN. (l. *amissio, -ōnis*, de *amittĕre*, perder.) f. ant. Perdimiento, perdición.

AMISTAD. (l. *amicĭtas, -ātis*, por *amicitĭa*, amistad.) f. Afecto personal puro y desinteresado, ordinariamente recíproco, que nace y se fortalece con el trato. || 2. Amancebamiento. || 3. Merced, favor. || 4. fig. Afinidad o conexión, hablando de cosas. || 5. pl. Personas con las que se tiene amistad. || *Romper las* AMISTADES. fr. Reñir los que eran amigos. || **P**. amizade; **I**. friendship; **F**. amitié; **A**. Freundschaft; **It**. amicizia; **R**. дружба.

AMISTANZA. f. ant. Amistad.

AMISTAR. tr. Unir en amistad. Ú. t. c. r. || 2. Reconciliar a los enemistados. Ú. t. c. r.

AMISTOSAMENTE. adv. Con amistad.

AMISTOSO, SA. adj. Perteneciente o relativo a la amistad.

AMITIGAR. tr. p. us. Mitigar.

AMITO. (l. *amictus*, de *amicire*, cubrir.) m. Lienzo fino, cuadrado y con una cruz en medio, que el sacerdote se pone sobre la espalda y los hombros, debajo del alba, para celebrar los oficios divinos. || **P**. amicto; **I**. amice; **F**. amict; **A**. Achseltuch; **It**. amito.

AMITOSIS. (gr. ἀ, priv., y μίτος, hilo.) f. Biol. División directa de las células, por la que cada uno de los dos componentes celulares, núcleo y citoplasma, se dividen, sin modificar su estructura, en dos porciones iguales que entran a formar parte, respectivamente, de cada una de las dos células hijas. Es menos frecuente que la mitosis.

AMITÓTICO, CA. (De *amitosis*.) adj. Biol. Perteneciente o relativo a la amitosis.

★ **AMIXIA.** f. Zool. Falta de aptitud de algunas especies para cruzarse con las especies tipo y recobrar sus caracteres primitivos.

★ **AMIXORREA.** f. Falta de secreción mucosa.

★ **AMMOTERAPIA.** f. Med. Tratamiento de las enfermedades por los baños de arena.

AMNESIA. (gr. ἀμνησία; de ἀ, priv., y μνῆσις, recuerdo, memoria.) f. Pérdida o debilidad notable de la memoria, a consecuencia de lesiones patológicas o seniles en determinados centros de la corteza cerebral. || **P**. amnésia; **I**. amnesia; **F**. amnésie; **A**. Gedächtnisschwäche; **It**. amnesia; **R**. амнезия.

AMNESTÍA. (l. *amnestia*, y éste del gr. ἀμνηστία, olvido.) f. ant. Amnistía.

★ **AMNÍCOLA.** (l. *amnicŏla*.) adj. Hist. Nat. Que crece o habita en las márgenes de los ríos.

★ **AMNIORREA.** f. Med. Flujo del líquido del amnios.

AMNIOS. (gr. ἄμνιον.) m. Zool. Membrana interna de los reptiles, aves y mamíferos en que se halla envuelto el feto. || **P**. ámnio; **I**. amnion; **F**. amnios; **A**. Amnion; **It**. amnio.

AMNIÓTICO, CA. adj. Zool. Perteneciente o relativo al amnios. || **P**. amniótico; **I**. amniotic; **F**. amniotique; **A**. amniotisch; **It**. amniotico.

AMNISTÍA. (De *amnestia*.) f. Olvido de los delitos políticos, otorgado por la ley ordinariamente a cuantos reos tengan responsabilidades análogas entre sí. || **P**. e **It**. amnistia; **I**. amnesty; **F**. amnistie; **A**. Amnestie; **R**. амнистия.

AMNISTIAR. tr. Conceder amnistía.

AMO. (De *ama*.) m. Cabeza o señor de la casa o familia. || 2. Dueño o poseedor de alguna cosa. || 3. El que tiene uno o más criados, respecto de ellos. || 4. Mayoral o capataz. || 5. Persona que tiene predominio o ascendiente decisivo sobre otra u otras. || *Nuestro* AMO. Chile y Méj. El Santísimo Sacramento. || *Quien a muchos* AMOS *sirve a alguno ha de hacer falta.* ref. que enseña que no se puede servir bien a la vez a distintas personas. || *Ser el* AMO *del cotarro.* fr. fig. y fam. Ser el principal en algún negocio. || **P**. amo; **I**. master; **F**. maître; **A**. Herr, Hausherr; **It**. padrone; **R**. хозяин.

AMOBLAR. tr. Amueblar.

AMOCHIGUAR. (l. *mŭltiffcāre*, multiplicar.) tr. ant. Amuchiguar, multiplicar. Usáb. t. c. intr. y r.

AMODITA. (l. *ammodўtes*, y éste del gr. ἀμμοδύτης, de ἄμμος, arena, y δύτης, que se sumerge.) f. Alicante, víbora muy venenosa. || 2. Bot. Astrágalo, planta leguminosa.

AMODORRADO, DA. adj. Soñoliento, adormecido o que tiene modorra.

AMODORRAMIENTO. m. Acción y efecto de amodorrarse.

AMODORRANTE. p. a. de amodorrarse. Que causa modorra.

AMODORRARSE. r. Caer en modorra. || **P**. amodorrar-se; **I**. to drowse; **F**. s'assoupir; **A**. schläfrig werden; **It**. assopirsi; **R**. делаться сонливым.

AMODORRECER. tr. Modorrar.

AMODORRIDO, DA. adj. Que padece modorra.

★ **AMÓDROMO.** m. Zool. Género de pájaros conirrostros que viven en las orillas de los ríos o del mar en América del Norte.

★ **AMÓFILO, LA.** adj. Hist. Nat. Dícese de los seres animales y plantas que nacen y crecen en terrenos arenosos.

★ **AMOGOLLARSE.** r. P. Rico. Enredarse, embrollarse.

AMOGOTADO, DA. adj. Mar. Dar figura de mogote o montículo.

AMOHECER. tr. Enmohecer. Ú. m. c. r.

AMOHINAR. tr. Causar mohina o enojo. Ú. t. c. r.

★ **AMOHOSAR.** tr. Chile y Argent. Enmohecer. Ú. t. c. r.

AMOJAMAMIENTO. (De *amojamar*.) m. Delgadez o sequedad de carnes.

AMOJAMAR. tr. Hacer mojama. || 2. r. Acecinarse, quedarse muy enjuto de carnes.

AMOJELAR. tr. Mar. Sujetar con mojeles el cable al virador.

AMOJONADOR, RA. m. y f. Persona que amojona.

AMOJONAMIENTO. m. Acción y efecto de amojonar. || 2. Conjunto de mojones.

AMOJONAR. (De *a* y *mojón*.) tr. Señalar con mojones los linderos de una propiedad o de un término jurisdiccional. || **P**. demarcar limites; **I**. to set landmarks; **F**. borner; **A**. abgrenzen; **It**. terminare; **R**. размежёвывать.

AMOL. (Del m. or. que *amole*.) m. Guat. y Hond. Planta sarmentosa, de la familia de las sapindáceas que, machacada, se usa para enverbascar.

AMOLADERA. (De *amolar*.) adj. Dícese de una piedra que se usa para amolar o afilar.

★ **AMOLADO, DA.** adj. Chile. Que ha sufrido algún daño o perjuicio.

AMOLADOR. m. El que tiene por oficio amolar instrumentos cortantes o punzantes. || 2. fig. y fam. Que molesta, causa o enoja con frecuencia.

° **AMOLADOR.** m. Amolador, afilador.

AMOLADURA. f. Acción y efecto de amolar. || 2. pl. Arenillas y pedazos muy menudos que se desprenden de la piedra al tiempo de amolar.

° **AMOLANCHÍN.** m. Afilador, amolador.

AMOLAR. (De *a* y *muela*.) tr. Sacar corte o punta a un arma o instrumento en la muela. || 2. Adelgazar, enflaquecer. || 3. fig. y fam. Molestar con pertinacia. || **P**. amolar; **I**. to whet; **F**. aiguiser; **A**. schleifen; **It**. arrotare; **R**. точить. || 2.ª acep.: **P**. amolar; **I**. to bore; **F**. ennuyer; **A**. abmagern; **It**. seccare; **R**. худеть.

AMOLDABLE. adj. Capaz de amoldarse.

AMOLDADOR, RA. adj. Que amolda. Ú. t. c. s.

AMOLDAMIENTO. m. Acción de amoldar o amoldarse.

AMOLDAR. (De *a* y *molde*.) tr. Ajustar una cosa al molde. Ú. t. c. r. || 2. fig. Por ext. acomodar a la forma propia y conveniente. Ú. t. c. r. || 3. fig. Arreglar o ajustar la conducta de alguno a una pauta determinada. Ú. m. c. r. || **P**. amoldar; **I**. to mould; **F**. mouler; **A**. anpassen; **It**. modellare; **R**. формовать.

AMOLE. (mejic. *amulli*, jabón.) m. Méj. Género de plantas de distintas familias,

A cuyos bulbos y rizomas se usan como jabón.

AMOLLADOR, RA. adj. Que amolla. Ú.t.c.s.

AMOLLANTE. p.a. de amollar. Que amolla.

AMOLLAR. (De *a* y *muelle*, flojo.) intr. Ceder, aflojar, desistir. || **2.** En el juego del revesino y otros, jugar una carta inferior a la que va jugada, teniendo otra superior con que poder cargar. || **3.** tr. MAR. Soltar o aflojar la escota u otro cabo para disminuir su trabajo. Ú.t.c.intr.

AMOLLECER. (l. *ad* y *mollescĕre*.) tr. ant. Ablandar. Úsáb.t.c.intr.

AMOLLENTADURA. f. ant. Acción y efecto de amollentar.

AMOLLENTAR. (De *a* y *mollentar*.) tr. Ablandar una cosa.

AMOLLENTATIVO, VA. adj. ant. Que amollenta.

AMOLLETADO, DA. adj. De figura de mollete.

AMOMO. (l. *amōmon*, y éste del gr. ἄμωμον.) m. Planta intertropical cingiberácea, con raíz articulada y rastrera, escapo ramoso y laxo, hojas membranosas y aovadas, flores en espiga y por fruto cápsulas triloculares con muchas semillas, usadas en medicina. || **2.** Semilla de esta planta.

AMÓN. n. p. V. *Cuerno de Amón.*

★ **AMONAMA.** f. ECUAD. Panal de miel que fabrica debajo de tierra una clase de abejas.

º **AMONARSE.** r. fam. Emborracharse.

AMONDONGADO, DA. (De *a* y *mondongo*.) adj. fam. Aplícase a la persona gorda, tosca y desmadejada. || **2.** fam. Dícese también de sólo alguna parte del cuerpo humano.

AMONEDACIÓN. f. Acción y efecto de amonedar.

AMONEDADO, DA. p.p. de amonedar. || **2.** adj. fam. Adinerado, rico. || **3.** Dícese de la moneda metálica.

AMONEDAR. tr. Reducir a moneda algún metal.

AMONESTACIÓN. f. Acción y efecto de amonestar. || **2.** Proclama o publicata. || **3.** Apercibimiento y requerimiento judicial. || **P.** admoestação; **I.** admonition; **F.** admonestation; **A.** (Er)Mahnung, Verwarnung; **It.** ammonizione; **R.** вьıговор.

AMONESTADOR, RA. adj. Que amonesta. Ú.t.c.s.

AMONESTAMIENTO. m. Amonestación.

AMONESTANTE. p.a. de amonestar. Que amonesta.

AMONESTAR. (b. l. *admonestāre*, y éste del l. *admonēre*.) tr. Hacer presente alguna cosa para que se considere, procure o evite. || **2.** Advertir, prevenir, a veces por vía de corrección disciplinaria. || **3.** Publicar en la iglesia, al tiempo de la misa mayor, los nombres y otras circunstancias de las personas que quieren contraer matrimonio. || **P.** admoestar; **I.** to admonish; **F.** admonester; **A.** ermahnen; **It.** ammonire; **R.** отчитывать.

AMONIACAL. adj. Perteneciente o relativo al amoniaco, o que tiene sus propiedades.

AMONIACO, CA [AMONÍACO, CA]. (l. *ammoniăcus*, y éste del gr. ἀμμωνιακὸς, que procede del país de Ammón, o sea de la Libia.) adj. Dícese de una sal inodora, de color blanco, soluble en el agua, compuesta de cloro, hidrógeno y nitrógeno. Se llama también cloruro amónico. || **2.** m. Gas compuesto de ázoe e hidrógeno, que, unido con el agua, sirve de base para la formación de ciertas sales. || **3.** Goma resinosa en lágrimas o en masas, compuesta de grumos de color amarillo rojizo por fuera y blanco por dentro, de sabor algo amargo y nauseativo y olor desagradable. || **P.** amoniaco; **I.** ammonia; **F.** ammoniaque; **A.** Ammoniak, Salmiakgeist; **It.** ammoniaco; **R.** аммиак, нашатырь.

AMÓNICO, CA. adj. QUÍM. Perteneciente o relativo al amonico.

★ **AMONIEMIA.** f. PAT. Enfermedad causada por la existencia de un exceso de carbonato amónico en la sangre. || **P.** ammoniemia; **I.** e **It.** ammoniemia; **A.** ammoniémie; **A.** Ammoniämie.

AMONIO. m. QUÍM. Radical compuesto de un átomo de nitrógeno y cuatro de hidrógeno, que en las reacciones químicas actúa como metal y, por consiguiente, puede combinarse con los ácidos para formar sales. || **P.** amónia; **I.** y **F.** ammonium; **A.** Ammonium; **It.** ammonio; **R.** аммоний.

AMONITA. (De *Ammón*, sobrenombre de Júpiter representado en figura de carnero, por la semejanza con los cuernos de este animal.) f. Concha fósil de forma espiral, perteneciente a un molusco cefalópodo extinguido.

AMONITA. (De *amonio.*) f. Mezcla explosiva cuyo principal compuesto es el nitrato amónico.

AMONITA. (l. *ammonīta.*) adj. Dícese del individuo de un pueblo bíblico de la Mesopotamia, descendiente de Amón, hijo de Lot. Ú.t.c.s. y en pl. || **2.** Perteneciente a este pueblo.

AMONTADGAR. tr. ant. Amontazgar.

AMONTAR. tr. Ahuyentar, hacer huir. || **2.** intr. Huir o hacerse al monte. Ú.t.c.r.

AMONTAZGAR. tr. Montazgar.

AMONTILLADO. adj. Dícese de una clase de jerez fino que se asemeja al vino de Montilla. Ú.t.c.s.m.

AMONTONADAMENTE. adv. A, de, o en MONTÓN.

AMONTONADOR, RA. adj. Que amontona. Ú.t.c.s.

AMONTONAMIENTO. m. Acción y efecto de amontonar o amontonarse.

AMONTONAR. (De *a* y *montón.*) tr. Poner unas cosas sobre otras sin orden ni concierto. Ú.t.c.r. || **2.** Apiñar personas o animales. || **3.** Juntar, reunir, allegar cosas en abundancia. || **4.** fig. Juntar y mezclar varias especies sin orden ni elección. AMONTONAR frases; || **5.** r. Tratándose de sucesos, sobrevenir muchos en corto tiempo. || **6.** fig. y fam. Montar en cólera, enfadarse sin querer oir razón alguna. || **7.** fig. y fam. Amancebarse. || **8.** fig. MÉJ. Juntarse varios para acometer a uno solo. || **P.** amontoar; **I.** to heap; **F.** entasser; **A.** anhäufen; **It.** ammontonare; **R.** нагромождать. 4.ª acep.: **P.** juntar o misturar; **I.** to ghater; **F.** amonceler; **A.** aufschichten; **It.** ammassare; **R.** скоплять.

★ **AMOÑAR.** intr. CHILE. Echar moño las aves.

★ **AMOQUILLAR.** tr. COLOM. y ECUAD. Sujetar el labio superior de una bestia con un nudo corredizo. || **2.** Unir dos reses vacunas por las narices con un lazo.

AMOR. (l. *amor*, *-ōris*.) m. Afecto por el cual busca el ánimo el bien verdadero o imaginado, y apetece gozarlo. Uniendo a esta palabra la preposición *de*, indicamos el objeto a que se refiere; como: AMOR de *los padres*; o la persona que lo siente: AMOR *del hijo.* || **2.** Pasión que atrae un sexo hacia el otro. || **3.** Blandura, suavidad. *Castigar con* AMOR. || **4.** Persona amada. || **5.** Esmero con que se trabaja una obra deleitándose en ella. || **6.** Voluntad, consentimiento. || **7.** pl. Relaciones amorosas. || **8.** Objeto de cariño especial para alguno. || **9.** Expresiones de AMOR, requiebros. || **10.** BOT. Cadillo, o bardana menor, planta umbelífera. || *Al uso.* Arbolito de la familia de las malváceas. || **—de hortelano.** Planta anua de las rubáceas, parecida al galio. || **2.** Almorejo. || **3.** Lampazo. || **—propio.** Inmoderada estimación de sí mismo. || *Al* AMOR *de la lumbre, del fuego.* expr. Cerca de ella o de él, de modo que calienten y no quemen. || AMOR *con* AMOR *se paga.* ref. con que se denota que la correspondencia debe ser proporcionada a la obligación. Suele usarse irónicamente. || AMOR *de niño, agua en cesto,* o *en cestillo.* ref. que denota la poca confianza que se debe tener en el amor de los niños. || *Con mil* AMORES. expr. fam. Con mucho gusto, de muy buena voluntad. || *Donde hay* AMOR *hay dolor.* ref. con que se da a entender que las penas de las personas queridas se sienten como propias. || *Hacer el* AMOR. fr. Enamorar, galantear. || *Para el* AMOR *y la muerte no hay cosa fuerte.* ref. con que se pondera el poder del AMOR y de la muerte. || *Por* AMOR *al arte.* loc. adv. fam. Gratuitamente,

sin obtener recompensa por el trabajo. || *Por* AMOR *de.* Por causa de. || *Por* AMOR *de Dios.* expr. que se usa para pedir con encarecimiento, o excusarse con humildad. || **P.** amor; **I.** love; **F.** amour; **A.** Liebe; **It.** amore; **R.** любовь.

AMORAGAR. tr. Asar con fuego de leña, y en la playa, peces o moluscos.

AMORAL. (De *a* y *moral.*) adj. Dícese de la persona desprovista de sentido moral. || **2.** Aplícase también a las obras humanas, especialmente a las artísticas, en las que de propósito se prescinde del fin moral. || **3.** Sectario del amoralismo. Ú.t.c. substantivo.

AMORALIDAD. f. Condición, calidad de amoral.

AMORALISMO. (De *amoral.*) m. Sistema filosófico ideado en el siglo XIX por los alemanes Stirner y Nietzsche y que cifra la norma de la conducta humana en algo independiente del bien y del mal moral, negando toda obligación y toda sanción. || **P.** e **It.** amoralismo; **I.** amoralism; **F.** amoralisme; **A.** Amoralismus; **R.** аморализм.

AMORATADO, DA. p.p. de amoratarse. || **2.** adj. Que tira a morado.

AMORATARSE. r. Ponerse morado.

AMORBAR. (De *a* y *morbo.*) tr. ant. Enfermar, causar enfermedad y también debilitar.

AMORCAR. tr. p. us. Amurcar.

AMORCILLO. m. d. de amor. || **2.** Figura de niño con que se representa a Cupido, dios mitológico del amor. || **P.** amorzinho; **I.** amourette; **F.** petit amour; **A.** Kupido; **It.** amoretto; **R.** амур.

AMORDAZADOR, RA. adj. Que amordaza. Ú.t.c.s.

AMORDAZAMIENTO. m. Acción y efecto de amordazar.

AMORDAZAR. (De *a* y *mordaza.*) tr. Poner mordaza. || **P.** amordaçar; **I.** to gag; **F.** bâillonner; **A.** (das Maul) verkörben; **It.** imbavagliare; **R.** заживать рот.

AMORECER. (l. *mas*, *maris*, macho.) tr. Cubrir el morueco a la oveja. || **2.** r. Entrar en celo las ovejas.

AMORFÍA. (gr. ἀμορφία.) f. Calidad de amorfo. || **2.** Deformidad orgánica.

AMORFO, FA. (gr. ἄμορφος; de ἀ, priv., y μορφή, forma.) adj. Sin forma regular o bien determinada. || **2.** QUÍM. Dícese de los cuerpos que no tienen forma cristalina. || **P.** e **It.** amorfo; **I.** amorphous; **F.** amorphe; **A.** amorph; **R.** аморфный.

AMORFOZOOS. m. pl. ZOOL. Animales que carecen de simetría, como los protozoos y espongiarios.

AMORGAR. tr. Dar morga a los peces para atontarlos o matarlos.

AMORGONAR. (arag. *morgón*, mugrón, y éste del l. *mĕrgo*, *ŏnis*, de *mĕrgus*, mugrón.) tr. AR. Amugronar.

AMORICONES. m. pl. fam. Señas, ademanes u otras acciones con que se manifiesta el amor que se tiene a una persona.

AMORÍO. (De *amor.*) m. fam. Enamoramiento.

AMORISCADO, DA. adj. Semejante a los moriscos en alguna cosa o cualidad.

AMORMADO, DA. adj. Aplícase a la bestia que padece muermo.

AMORMÍO. (De *amor* y *mío.*) m. Planta perenne de las amarilidáceas, de cebolla pequeña, hojas largas, lacias y lanceoladas, y bohordo central, con flores blancas poco olorosas.

★ **AMOROCHADO, DA.** (De *morocho*, gemelo, mellizo.) adj. VENEZ. Junto, unido, cercano.

AMOROSAMENTE. adv. Con amor.

AMOROSO, SA. adj. Que siente amor. *Madre* AMOROSA. || **2.** Que denota o manifiesta amor. *Escrito* AMOROSO. || **3.** fig. Blando, suave, fácil de labrar o cultivar. || **4.** fig. Templado, apacible.

AMORRAR. (De *a* y *morro.*) intr. fam. Bajar o inclinar la cabeza, obstinándose en no hablar. Ú.t.c.r. || **3.** MAR. Hocicar, hundir o calar la proa. || **4.** tr. MAR. Hacer que el buque cale mucho de proa. || **5.** MAR. Embestir el buque a la playa para quedar varado.

º **AMORRARSE.** r. Emborracharse.

AMORREO, A. (l. *Amorrhaeus*, y éste del hebr. *Emorí*.) adj. Dícese del individuo de un pueblo bíblico descendiente de Amorreo, hijo de Canaán. Ú.m.c.s. y en plural. ‖ 2. Perteneciente a este pueblo.

AMORRIONADO, DA. adj. p. us. De figura de morrión.

AMORRONAR. (De *a* y *morrón*.) tr. MAR. Enrollar la bandera y ceñirla de trecho en trecho con filástica, para izarla como señal en demanda de auxilio.

AMORRONGARSE. r. CUBA. Acobardarse, amilanarse.

AMORTAJADOR, RA. m. y f. Persona que amortaja o que tiene por oficio amortajar.

AMORTAJAMIENTO. m. Acción de amortajar.

AMORTAJAR. tr. Poner la mortaja al difunto. ‖ 2. Por ext., cubrir, envolver, esconder. ‖ 3. CARP. Hacer entrar una pieza de carpintería o su espiga en la mortaja o muesca correspondiente. ‖ **P.** amortalhar; **I.** to shroud; **F.** ensevelir; **A.** ins Leichentuch hüllen; **It.** seppelire; **R.** одевать покойника.

AMORTAMIENTO. (De *amortar*.) m. ant. Amortiguamiento.

AMORTAR. (l. *ad*, *a*, y *mors*, *mortis*, muerte.) tr. ant. Amortiguar.

AMORTECER. (l. *ad*, *a*, y *mors*, *mortis*, muerte.) tr. Amortiguar. Ú.t.c.intr. ‖ 2. r. Desmayarse, quedar como muerto.

AMORTECIMIENTO. m. Acción y efecto de amortecer o amortecerse.

AMORTIGUACIÓN. f. Amortiguamiento.

AMORTIGUADOR, RA. adj. Que amortigua. ‖ 2. m. Resorte que tienen los barómetros marinos para evitar el efecto de los balances. ‖ 3. Fís. Artificio que se aplica a un sistema mecánico para compensar o disminuir el efecto de choques o movimientos bruscos. ‖ 4. MEC. Silenciador.

AMORTIGUAMIENTO. m. Acción y efecto de amortiguar o amortiguarse. ‖ 2. Fís. Disminución progresiva en el tiempo, de la intensidad de un fenómeno periódico.

AMORTIGUAR. (De *a* y *mortiguar*.) tr. Dejar como muerto. Ú.t.c.r. ‖ 2. fig. Hacer menos viva, eficaz, violenta alguna cosa. Ú.t.c.r. ‖ 3. fig. Hablando de los colores, templarlos, amenguar su viveza. ‖ 4. CHILE. Tratándose de hortalizas, escaldarlas. ‖ **P.** amortecer; **I.** to soften; **F.** amortir; **A.** mildern; **It.** ammorzare; **R.** ослаблять (силу удара).

AMORTIZABLE. adj. Que puede amortizarse.

AMORTIZACIÓN. f. Acción y efecto de amortizar. ‖ **P.** amortização; **I.** amortizement; **F.** amortissement; **A.** Amortisierung, Amortisation; **It.** ammotizzazione; **R.** амортизация.

AMORTIZAR. (Del m. or. que *amortar*.) tr. Pasar los bienes a manos muertas. ‖ 2. Redimir o extinguir el capital de un censo, préstamo o deuda. ‖ 3. Recuperar o compensar los fondos invertidos en alguna empresa. ‖ 4. Suprimir empleos o plazas en un cuerpo u oficina. ‖ 2.ª acep.: **P.** amortizar, remir; **I.** to amortize; **F.** amortir, éteindre; **A.** abschreiben, entwerten; **It.** ammortizzare; **R.** амортизировать.

AMOS, AS. (l. *ambos*.) adj. pl. ant. Ambos.

AMOSCADOR. (De *amoscar*.) m. ant. Mosqueador o abanico para espantar las moscas.

AMOSCAMIENTO. m. Acción de amoscarse.

AMOSCAR. (De *a* y *mosca*.) tr. ant. Mosquear, espantar las moscas. Usáb.t.c.r. ‖ 2. r. fam. Enfadarse.

AMOSQUILADO, DA. p.p. de amosquilarse. ‖ 2. adj. EXTR. Dícese de la res vacuna que por defenderse de las moscas, mete la cabeza entre las carrascas.

AMOSQUILARSE. (De *a* y *mosquil*.) r. Refugiarse las reses huyendo de las moscas, en lugar fresco y frondoso.

AMOSTACHADO, DA. (De *a* y *mostacho*.) adj. Bigotudo.

AMOSTAZAR. (De *a* y *mostaza*.) tr. fam. Irritar, enojar. Ú.m.c.r. ‖ 2.r. ECUAD., HOND. y P. RICO. Amoscarse, sonrojarse, avergonzarse.

AMOSTRAMIENTO. m. ant. Acción y efecto de amostrar.

AMOSTRAR. tr. ant. Mostrar. ‖ 2. r. ant. Acostumbrarse.

★ **AMOTAPE.** m. PERÚ. Cierta tela azul de algodón.

AMOTINADO, DA. adj. Dícese de la persona que toma parte en un motín. Ú.t.c.s.

AMOTINADOR, RA. adj. Que amotina u ocasiona motín. Ú.t.c.s.

AMOTINAMIENTO. m. Acción de amotinar o amotinarse.

AMOTINAR. (De *a* y el fr. *mutiner*, de *meute*, y éste del l. *mōvĭta*, por *mota*, infl. por *mŏvēre*, mover.) tr. Alzar en motín a cualquier multitud. Ú.t.c.r. ‖ 2. fig. Turbar o inquietar las potencias del alma o los sentidos. Ú.t.c.r. ‖ **P.** amotinar; **I.** to mutiny; **F.** ameuter, émeuter; **A.** aufwiegeln; **It.** ammutinare; **R.** поднимать на бунт.

AMOVER. (l. *amovēre*; de *a*, de, y *mŏvēre*, mover.) tr. Remover, deponer a uno de su cargo.

AMOVIBLE. adj. Que se puede separar del lugar que ocupa o separado del puesto o del cargo que tiene. ‖ 2. Dícese también del cargo o beneficio del que puede ser libremente separado el que lo ocupa.

AMOVILIDAD. f. Calidad de amovible. ‖ **P.** amovilidade; **I.** removability; **F.** amobilité; **A.** Absetzbarkeit; **It.** amovibilità; **R.** сменяемость.

AMPARA. f. AR. y NAV. Acción y efecto de amparar, embargo de bienes muebles.

AMPARADOR, RA. adj. Que ampara, favorece o protege. Ú.t.c.s.

AMPARAMIENTO. m. ant. Amparo.

AMPARANZA. f. ant. Amparo, acción de amparar, y también abrigo, refugio, parapeto.

AMPARAR. (l. *anteparāre*, prevenir.) tr. Favorecer, proteger. ‖ 2. AR. Embargar bienes muebles. ‖ 3. CHILE. Llenar las condiciones con que se adquiere el derecho de sacar o beneficiar una mina. ‖ 4. r. Valerse del favor o protección de alguno. ‖ 5. Defenderse, guarecerse. ‖ **P.** amparar; **I.** to protect; **F.** protéger; **A.** beschützen; **It.** proteggere; **R.** покровительствовать.

AMPARO. m. Acción y efecto de amparar o ampararse. ‖ 2. Abrigo, refugio, defensa. ‖ 3. ÁL. y AR. Chispa, pizca, porción pequeña de algo. ‖ 4. GERM. Letrado o procurador que protege al preso. ‖ **P.** amparo; **I.** protection; **F.** aide; **A.** Schutz; **It.** assistenza; **R.** покровительство.

AMPELÍDEO, A. (gr. ἄμπελος, vid, y εἶδος, forma.) adj. BOT. Vitáceo.

★ **AMPELINA.** f. QUÍM. Substancia obtenida del aceite de esquistos bituminosos. Es semejante a la creosota. ‖ **P.** e **It.** ampelina; **I.** ampeline; **F.** ampéline; **A.** Ampelin.

AMPELITA. (l. *ampelītis*, y éste del gr. ἀμπελῖτις, de ἄμπελος, vid, por que se le ha empleado como abono en las viñas.) f. Pizarra blanca, aluminosa, de la que hacen lápices de carpintero. ‖ **P.** e **It.** ampelita; **I.** ampelite; **F.** ampélite; **A.** Zeichenschiefer.

AMPELOGRAFÍA. (gr. ἄμπελος, vid, y γράφω, describir.) f. Descripción de las variedades de la vid y de los modos de cultivarlas. ‖ **P.** e **It.** ampelografia; **I.** ampelography; **F.** ampélographie; **A.** Weinstockbeschreibung.

AMPELOGRÁFICO, CA. adj. Perteneciente o relativo a la ampelografía.

AMPELÓGRAFO. m. El que profesa la ampelografía o tiene en ella especiales conocimientos.

★ **AMPERAJE.** m. ELECTR. Intensidad de una corriente eléctrica expresada en amperios.

AMPÉRE. m. Fís. Nombre del amperio en la nomenclatura internacional.

★ **AMPEREHORÍMETRO.** m. ELECTR. Aparato para medir la cantidad de electricidad en amperios hora.

AMPERÍMETRO. (De *amperio*, y el gr. μέτρον, medida.) m. Aparato que sirve para medir el número de amperios de una corriente eléctrica. ‖ **P.** amperímetro; **I.** ammeremeter; **F.** ampèremètre; **A.** Amperimeter; **It.** amperometro; **R.** амперметр.

AMPERIO. (De *Ampère*.) m. Unidad de medida de corriente eléctrica, que corresponde al paso de un culombio por segundo. ‖ **P.** y **F.** ampère; **I.** ampere; **A.** Ampere; **It.** amperio; **R.** ампер.

° **AMPLEXICAULO.** adj. Aplícase a los órganos vegetales que abrazan el tallo de una planta.

★ **AMPLEXIÓN.** (l. *amplexio*, *-onis*.) f. Acción de circundar la caja torácica con el fin de apreciar el desarrollo y la forma de la misma.

AMPLIABLE. adj. Que puede ampliarse.

AMPLIACIÓN. (l. *ampliatio*, *-ōnis*.) f. Acción y efecto de ampliar. ‖ **P.** ampliação; **I.** amplification; **F.** ampliation; **A.** Erweiterung; **It.** ampliazione; **R.** увеличение.

AMPLIADOR, RA. (l. *ampliātor*.) adj. Que amplía. Ú.t.c.s.

AMPLIAMENTE. adv. ant. Ampliamente.

AMPLIAMENTE. adv. Con amplitud.

AMPLIAR. (l. *ampliāre* de *amplus*, extenso.) tr. Extender, dilatar. ‖ 2. Reproducir una fotografía en tamaño mayor del que tenga. ‖ **P.** ampliar; **I.** to amplify; **F.** étendre, élargir; **A.** ausdehnen; **It.** ampliare; **R.** увеличивать.

AMPLIATIVO, VA. adj. Que amplía o sirve para ampliar.

AMPLIFICACIÓN. (l. *amplifǐcao*, *-ōnis*.) f. Acción y efecto de amplificar. ‖ 2. RET. Desarrollo que se da a una idea explicándola de varios modos. ‖ 3. ELECTR. Operación consistente en recibir corrientes eléctricas y devolver corrientes de la misma especie y de la misma forma, pero de mayor amplitud.

AMPLIFICADOR, RA. (l. *amplificātor*.) adj. Que amplifica. Ú.t.c.s. ‖ 2. m. Fís. Aparato o conjunto de ellos, mediante el cual, utilizando energía externa, se aumenta la amplitud o intensidad de un fenómeno físico.

AMPLIFICANTE. p.a. de amplificar. Que amplifica.

AMPLIFICAR. (l. *amplificāre*; de *amplus*, amplio, y *facĕre*, hacer.) tr. Ampliar, extender, dilatar. ‖ 2. RET. Emplear la amplificación. ‖ **P.** dilatar, ampliar; **I.** amplify; **F.** amplifier; **A.** erweitern, vergrössern; **It.** amplificare; **R.** увеличивать.

AMPLIFICATIVO, VA. adj. Que amplifica o sirve para amplificar.

AMPLIO, PLIA. (De *amplo*.) adj. Extenso, dilatado, espacioso.

AMPLÍSIMO, MA. adj. sup. de amplio.

AMPLITUD. (l. *amplitudo*.) f. Extensión, dilatación. ‖ 2. ASTRON. Ángulo comprendido entre el plano vertical que pasa por la visual dirigida al centro de un astro y el vertical primario. Se mide sobre el horizonte y es complemento del acimut. ‖ **P.** y **F.** amplitude; **I.** extent, amplitude; **A.** Ausdehnung; **It.** amplitudine, ampiezza; **R.** протяжение.

AMPLO, PLA. (l. *amplus*.) adj. ant. Amplio.

AMPO. (De *lampo*.) m. Blancura resplandeciente. ‖ 2. Copo de nieve.

★ **AMPOA.** f. CHILE. Ampolla.

AMPOLLA. (l. *ampŭlla*, ampolla.) f. Vejiga formada por la elevación de la epidermis. ‖ 2. Vasija de vidrio o de cristal, de cuello largo y angosto, y de cuerpo ancho y redondo en la parte inferior. ‖ 3. Pequeño recipiente de vidrio cerrado herméticamente, que contiene por lo común una dosis de líquido inyectable. ‖ 4. Vinajera. ‖ 5. Burbuja del agua. ‖ **P.** empola, bolha; **I.** blister; **F.** ampoule; **A.** Blase, Ampulle; **It.** vescica; **R.** волдырь.

AMPOLLAR. adj. De figura de ampolla.

AMPOLLAR. tr. Hacer ampollas. Ú.t.c.r. ‖ 2. Ahuecar, poner hueca o cóncava una cosa. Ú.t.c.r.

AMPOLLETA. f. d. de ampolla. ‖ 2. Reloj de arena. ‖ 3. Tiempo que tarda en pasar la arena de una a otra de las dos AMPOLLETAS de que se compone este reloj. ‖ **P.** ampulheta; **I.** hour-glass; **F.** sablier; **A.** Sanduhr; **It.** ampolleta; **R.** песочные часы.

★ **AMPOLLÓN, NA.** adj. PERÚ. Ocioso, inactivo.

A

AMPOLLUELA. f. d. de ampolla.

AMPÓN, NA. adj. Amplio, repolludo, ahuecado.

AMPRAR. (De *amparar*.) tr. AR. Amparar, pedir prestado.

AMPULOSAMENTE. adv. Con ampulosidad.

AMPULOSIDAD. f. Calidad de ampuloso.

AMPULOSO, SA. (l. *ampulla*, expresión hinchada.) adj. Hinchado y redundante. Dícese del lenguaje o del estilo y del escritor o del orador. || **P.** empolado; **I.** bombastic; **F.** ampoulé; **A.** aufgedunsen, schwülstig; **It.** ampolloso; **R.** напыщенность.

AMPURDANÉS, SA. adj. Natural del Ampurdán. Ú.t.c.s. || **2.** Perteneciente a esta comarca de Cataluña.

AMPUTACIÓN. (l. *amputatĭo, -ōnis*.) f. CIR. Acción y efecto de amputar. || **P.** amputação; **I.** y **F.** amputation; **A.** Amputation; **It.** amputazione; **R.** ампутация.

AMPUTAR. (l. *amputāre*; de *am*, alrededor, y *putāre*, cortar.) tr. Cortar en derredor o quitar del todo. || **2.** CIR. Cortar y separar enteramente del cuerpo un miembro o porción de él. || **P.** amputar; **I.** to amputate; **F.** amputer; **A.** amputieren, abnehmen; **It.** amputare; **R.** ампутировать.

AMUCHACHADO, DA. adj. Aplícase al que en su aspecto, acciones o genio se parece a los muchachos. || **2.** Dícese de las cosas que tienen esta semejanza. *Cara* AMUCHACHADA.

AMUCHIGAR. (De *a* y *muchigar*.) tr. ant. Multiplicar, aumentar. Úsáb.t.c. intr. y c.r.

AMUEBLAR. (De *a* y *mueble*.) tr. Dotar de muebles algún edificio o parte de él.

AMUELAR. tr. Recoger el trigo ya limpio en la era, formando el muelo.

AMUFAR. tr. p. us. Amurcar.

AMUGAMIENTO. (De *a* y *muga*.) m. Amojonamiento.

AMUGRONADOR, RA. adj. Que amugrona. Ú.t.c.s.

AMUGRONAR. (De *a* y *mugrón*.) tr. AGR. Llevar el sarmiento largo de una vid por debajo de tierra, de modo que su extremo salga a la distancia necesaria para que arraigue y ocupe el vacío de una cepa que falta en la viña. || **2.** CHILE. Tratándose de plantas, acodar. || **P.** mergulhar; **I.** to provine; **F.** provigner; **A.** absenken; **It.** propagginare; **R.** прививать.

*** AMUJAR.** tr. CHILE y ARGENT. Amusgar.

AMUJE. m. SAL. Esguín o cría del salmón.

AMUJERADO, DA. (De *a* y *mujer*.) adj. Afeminado.

AMUJERAMIENTO. (De *a* y *mujer*.) m. Afeminación.

AMULAR. (De *a* y *mula*.) intr. Ser estéril. || **2.** r. Inhabilitarse la yegua para criar por haberla cubierto el mulo. || **3.** SAL. Enfadarse, enojarse. || **4.** MÉJ. Quedar inservible una cosa. || **5.** MÉJ. Hacerse inútil para el trabajo.

AMULATADO, DA. adj. Semejante a los mulatos en el color y en las facciones.

AMULETO. (l. *amulētum*.) m. Figura, medalla o cualquier otro objeto portátil a que supersticiosamente se atribuye virtud sobrenatural para alejar algún daño o peligro a su poseedor. || **P.** amuleto; **I.** amulet; **F.** amulette; **A.** Amulett; **It.** amuleto; **R.** амулет.

AMUNICIONAR. (De *a* y *municionar*.) tr. Municionar.

AMUNUCARSE. r. fam. CHILE. Enfadarse, amohinarse.

AMUÑECADO, DA. adj. Aplícase a la persona que se parece a un muñeco.

AMURA. (De *amurar*.) f. MAR. Parte de los costados del buque donde éste empieza a estrecharse para formar la proa. || **2.** MAR. Cabo que hay en cada puño de las velas mayores de cruz para llevarlo hacia proa y afirmarlo. || **P.** e **It.** amura; **I.** tack; **F.** amure; **A.** Halsen; **R.** галс.

AMURADA. f. MAR. Cada uno de los costados del buque por la parte inferior.

AMURALLADO, DA. adj. Cercado de murallas.

AMURALLAR. (De *a* y *muralla*.) tr. Murar, cercar con muros.

AMURAR. (De *a* y *muro*.) tr. MAR. Sujetar con la amura los puños de las velas para que queden bien orientadas cuando se ha de navegar de bolina.

AMURCA. (l. *amurca*.) f. ant. Alpechín, líquido obscuro y fétido que destilan las aceitunas apiladas.

AMURCAR. tr. Dar el golpe el toro con las astas.

AMURCO. (De *amurcar*.) m. Golpe que da el toro con las astas.

*** AMURILLAR.** tr. VENEZ. Aporcar. || **2.** Acollar.

*** AMURRARSE.** r. CHILE y HOND. Amodorrarse.

AMURRIÑARSE. (De *a* y *morriña*.) r. HOND. Contraer un animal la morriña.

*** AMURRUÑARSE.** rec. VENEZ. Hacerse recíprocamente arrumacos y caricias.

AMUSCO, CA. adj. Musco, de color pardo obscuro.

AMUSGAR. (ár. *al-musgà*, el inclinado para escuchar.) tr. Echar hacia atrás las orejas el caballo, el toro, etc., en ademán de querer morder, tirar coces o embestir. Ú.t.c.intr. || **2.** Recoger la vista para ver mejor.

*** AMUSIA.** f. PAT. Pérdida patológica de las aptitudes musicales de cualquier clase que sean.

AMUSO. (l. *amussium*.) m. Losa de mármol sobre cuya superficie, bien nivelada, se trazaba una rosa de los vientos.

AMUSTIAR. (De *a* y *mustio*.) tr. Enmustiar, poner mustio. Ú.t.c.r.

AN. (gr. ἄν, forma que toma el α priv. antes de vocal.) part. insep. A, ANEPIGRÁFICO.

ANA. (De *alna*.) f. Medida de longitud aproximada a la del metro.

ANA. (gr. ἀνά.) Cifra que usan los médicos en sus recetas para denotar que ciertas substancias han de ser iguales en peso o volumen. || **2.** prep. insep. que significa *contra*; como en ANACRÓNICO; *sobre*; como en ANAtema; *de nuevo*; como en ANAbaptista.

ANA. (Voz india.) f. Moneda indostánica de níquel cuyo valor es aproximadamente el de dos centavos de dólar.

ANABAPTISMO. (l. *anabaptismus*, y éste del gr. ἀναβαπτισμός, segundo bautismo.) m. Secta de los anabaptistas.

ANABAPTISTA. (gr. ἀνα, de nuevo, y βαπτιστής, el que bautiza.) adj. Dícese del hereje que cree que no se debe bautizar a los niños antes de que lleguen al uso de razón. Ú.m.c.s. || **P.** anabaptista; **I.** anabaptist; **F.** anabaptiste; **A.** Wiedertäufer, Anabaptist; **It.** anabattista; **R.** анабаптист.

ANABAPTÍSTICA. adj. ant. Anabaptista. Usáb.m.c.s.

ANÁBASIS. f. Med. Aumento, crecimiento. || **2.** Género de plantas quenopodiáceas.

ANABÍ. m. BOT. Nabí.

*** ANABIOSIS.** f. Vuelta a la vida después de una muerte aparente.

*** ANÁBOLA.** f. MED. Evacuación por vómito.

ANABÓLICO, CA. adj. Perteneciente o relativo al anabolismo.

ANABOLISMO. (gr. ἀναβολή, lanzamiento.) m. BIOL. Fase del metabolismo en la que los procesos químicos que se desarrollan dan por resultado, en general, la síntesis de las materias constitutivas del protoplasma. || **2.** Metabolismo constructivo y asimilación.

*** ANABROQUISMO.** m. CIR. Operación para remediar la inversión hacia adentro de las pestañas.

*** ANABROSIS.** f. PAT. Ulceración superficial.

ANACALO, LA. (Del m. or. que *añacal*.) m. y f. ant. Criado o criada de la hornera que iban a las casas particulares por el pan que se había de cocer.

*** ANACAMPIS.** f. GEOM. Nombre de una curva de tercer grado.

*** ANACÁMPTICO, CA.** adj. Fís. Catóptrico.

ANACANTO, TA. (gr. ἀνά, sobre, y ἄκανθα, espina.) adj. ZOOL. Dícese de peces teleósteos con aletas de radios blandos y flexibles, y de las cuales las abdominales están situadas debajo de las pectorales o delante de ellas. Ú.t.c.s. || **2.** m.

pl. ZOOL. Suborden de estos peces, al que pertenecen la merluza, el bacalao, etc.

ANACARADO, DA. adj. Nacarado, semejante al nácar.

ANACARDIÁCEO, A. (De *anacardium*, nombre de un género de plantas.) adj. BOT. Dícese de plantas angiospermas dicotiledóneas, árboles o arbustos de corteza resinosa; flores por lo común en racimos; fruto en drupa o seco, con una sola semilla. Ú.t.c.s.f. || **2.** f. pl. BOT. Familia de estas plantas.

ANACARDINA. f. FARM. Confección que se hacía con anacardos, y a la cual se atribuía la virtud de restituir la memoria.

ANACARDINO, NA. adj. Compuesto con anacardos.

ANACARDO. (gr. ἀνάκαρδος.) m. Árbol de Asia, de la familia de las anacardiáceas, con tronco grueso, corteza gris; flores pequeñas, cuyo pedúnculo se hincha en forma de pera comestible. El cáliz se endurece para encerrar un jugo rojizo, acre y áspero, que rodea a una almendra de sabor dulce y agradable. Tanto el jugo como la almendra del cáliz madura se usan en medicina. || **2.** Fruto de este árbol. || **P.** anacardo; **I.** cashew; **F.** anacarde; **A.** Akajou-, Merknuss; **It.** anacardio.

ANACO. (quichua *anacu*.) m. Tela que a modo de manteo indian a cintura las indias del Ecuador y Perú, y les cubre hasta las rodillas por lo menos. || **2.** Árbol de Madagascar. || **3.** COLOM. Guiñapo, andrajo.

ANACOLUTO. (gr. ἀνακὀλουθος, inconsecuente.) m. GRAM. Inconsecuencia en el régimen o en la construcción de una cláusula.

ANACONDA. m. ZOOL. Serpiente de las de mayor tamaño que se conocen. Su color es rojo aceitunado obscuro con una faja roja amarillenta, orillada de negro. Se cría en América y vive en el agua.

° **ANACONDA.** f. Serpiente americana de la familia de las boas que vive en las orillas de los ríos y puede alcanzar una longitud de hasta 10 m.

ANÁCORA. (ár. *an-nāqūra*.) f. Cuerno de caza, trompa, clarín, corneta.

ANACORETA. (l. *anachorēta*, y éste del gr. ἀναχωρητής; de ἀναχωρέω, retirarse.) com. Persona que vive en lugar solitario, retirada del comercio humano y entregada enteramente a la contemplación y a la penitencia. || **P.** e **It.** anacoreta; **I.** anchoret; **F.** anachorète; **A.** Einsiedler; **R.** анахорет.

ANACORÉTICO, CA. adj. Perteneciente al anacoreta.

ANACORITA. com. ant. Anacoreta.

*** ANACOSTA.** m. Cierta tela de lana cruzada.

ANACREÓNTICO, CA. adj. Propio y característico del poeta griego Anacreonte. || **2.** Semejante a cualquiera de las dotes o calidades por que se distinguen sus obras. || **3.** Se aplica especialmente a la composición poética, en que, a imitación de las de Anacreonte, se cantan los placeres del amor, del vino u otros análogos, con ligereza, donaire y gusto delicado. Ú.t. c.s.f. || **P.** anacreóntico; **I.** anacreontic; **F.** anacréontique; **A.** anakreontisch; **It.** anacreòntico; **R.** анакреонтический.

*** ANACROASIA.** f. PAT. Imposibilidad de comprender el lenguaje, debido a una enfermedad cerebral.

ANACRÓNICAMENTE. adv. Con anacronismo.

ANACRÓNICO. adj. Que adolece de anacronismo.

ANACRONISMO. (gr. ἀναχρονισμος; de ἀνα, contra, y χρόνος, tiempo.) m. Error que consiste en suponer acaecido un hecho antes o después del tiempo en que sucedió. || **2.** Antigualla, mueble, traje, adorno ya en desuso.

*** ANACTESIA.** f. Reparación de fuerzas.

*** ANACUSIA.** f. PAT. Sordera.

ÁNADE. (l. *anas, -ātis*.) amb. Pato. || **2.** Por ext. cualquiera otra ave de los mismos caracteres genéricos del pato. || **P.** pato; **I.** duck, goose; **F.** canard; **A.** Ente; **It.** ànitra, ànatra; **R.** утка.

ANADEAR. intr. Andar una persona a semejanza del ánade, moviendo las caderas de un lado a otro.

ANADEJA. (l. *anaticŭla*, ánade.) f. d. de ánade.

★ **ANADENIA.** f. Pat. Insuficiencia de la función glandular.

ANADINO, NA. (l. [*pullus*] *anātīnus*, pollo de ánade.) m. y f. Ánade pequeño.

★ **ANADIPLOSIS.** f. Ret. Figura retórica consistente en repetir al principio de un verso o período la palabra final del verso o período anterior. ‖ P. e I. anadiplosis; F. anadiplose; A. Anadiplosis; It. anadíplosi.

★ **ANADIPSIA.** f. Pat. Sed intensa.

ANADÓN. m. Pollo del ánade.

ANAEROBIO, BIA. (gr. ἀν, priv.; ἀήρ, aire, y βίος, vida.) adj. Aplícase al ser capaz de vivir sin aire, y especialmente sin el oxígeno. ‖ I. anaerobian; F. anaérobie; A. Anaёrobe; It. anaerobio.

★ **ANAEROSIS.** f. Pat. Interrupción de la función respiratoria, especialmente en los recién nacidos.

ANAFAGA. (ár. *an-nafaqa*, el gasto.) f. ant. Costa, cantidad que se da por una cosa.

ANAFALLA. f. Anafaya, tela.

ANAFAYA. (ár. *an-nafāya*, y éste del gr. γναφάλιον, siempreviva, de que se hacía una especie de tomento.) f. Tejido, antiguamente de seda o de algodón, y modernamente de seda.

ANAFE. (ár. *an-nâfiǰ*, horno portátil de barro cocido.) m. Hornillo portátil de hierro, barro, o ladrillo.

★ **ANAFIA.** f. Med. Pérdida del tacto.

ANAFILAXIA. (gr. ἀνά, de nuevo, y φυλάξις, protección.) f. Impresionabilidad exagerada del organismo debida a la acción de ciertas substancias orgánicas, cuando al inyectarlas por segunda vez, aun en pequeñísima cantidad, producen desórdenes varios, a veces graves. ‖ 2. Impresionabilidad excesiva a la acción de ciertas substancias alimenticias o medicamentos.

ANAFILAXIS. f. Anafilaxia.

ANÁFORA. (l. *anaphŏra*, y éste del gr. ἀναφορά, repetición.) f. En las liturgias griegas y orientales, parte de la misa que corresponde al prefacio y al cañon en la liturgia romana. ‖ 2. Ret. Repetición de palabras. ‖ 2.ª acep.: P. anáfora; It. anaphora; F. anaphore; A. Anaphora; It. anàfora; R. анафора.

★ **ANAFORESIS.** f. Pat. Disminución de la actividad funcional de las glándulas sudoríparas.

ANAFÓRICO, CA. adj. Perteneciente o relativo a la anáfora.

ANAFRE. m. Anafe, hornillo portátil.

ANAFRODISIA. (gr. ἀναφροδισία; de ἀν, priv., y ἀφροδισία, placer sensual.) f. Disminución o falta del apetito venéreo. ‖ P. e It. anafrodisia; I. anaphrodisia; F. anaphrodisie; A. Anaphroditismus; R. отсутствие половeго влечения.

ANAFRODISIACO, CA [∼SÍACO]. (De *anafrodisia*.) adj. Antiafrodisiaco. Ú.t. como sustantivo.

ANAFRODITA. (gr. ἀναφρόδιτος; de ἀν, priv., y Ἀφροδίτη, Venus.) adj. Dícese del que por temperamento o por virtud se abstiene de placeres sensuales. Ú.t.c.s. ‖ P. anafrodita; y F. anaphrodite; A. Anaphrodit; It. anafrodito; R. импотентный.

★ **ANAGÉNESIS.** f. Fisiol. Evolución progresiva de los seres vivos. ‖ 2. Regeneración de ciertas partes o miembros destruidos o amputados de un organismo.

ANAGLÍFICO, CA. (De *anáglifo*.) adj. Arq. Que tiene relieves toscos.

ANÁGLIFO. (gr. ἀνάγλυφος; de ἀνα, en alto, y γλύφω, esculpir.) m. Arq. Vaso u otra obra tallada, de relieve abultado. ‖ P. anáglifo; I. anaglyph; F. anaglyphe; A. groberhabene, Arbeit; It. anàglifo; R. гравированный.

ANAGLÍPTICA. f. Impr. Impresión en relieve para uso de los ciegos.

ANAGNÓRISIS. (gr. ἀναγνώρισις, de ἀναγνωρίζω, reconocer.) f. poét. Agnición, reconocimiento de un personaje.

ANAGOGE. (l. *ananōge*, y éste del gr. ἀναγωγή, elevación, de ἀνάγω, elevar, educar.) m. Anagogía.

ANAGOGÍA. (De *anagoge*.) f. Sentido místico de la Sagrada Escritura, encaminado a dar idea de la bienaventuranza eterna. ‖ 2. Elevación del alma en la con-

templación de las cosas divinas. ‖ P. ananogía; I. anagogics; F. anagogie; A. sinnbildliche Auslegung; It. anagogía.

ANAGÓGICAMENTE. adv. Con anagogía.

ANAGÓGICO, CA. (gr. ἀναγωγικός.) adj. Perteneciente y relativo a la anagogía. ‖ P. anagogico; I. anagogic; F. anagogique; A. mystisch, sinnbildlich; It. anagògico.

ANAGRAMA. (l. *anagramma*, y éste del gr. ἀνάγραμμα.) m. Transposición de las letras de una palabra o sentencia, de que resulta otra palabra o sentencia distinta. ‖ 2. Palabra o sentencia, que resulta de esta transposición de letras. ‖ P. anagrama; I. anagram; F. anagrammé; A. Anagramm; It. anagramma; R. анаграмма.

ANAGRAMÁTICO, CA. adj. Relativo al anagrama.

ANAGRAMATISTA. com. Persona que encubre su nombre bajo un seudónimo anagramático.

ANAGRAMISTA. com. Anagramatista.

★ **ANAHORA.** adv. Perú. En seguida, ahora mismo.

ANAIBOA. m. Cuba. Jugo nocivo que contiene la catíba.

ANAL. (l. *annālis*, de *annus*, año.) adj. ant. Anual. ‖ 2. pl. Relaciones de sucesos por años.

ANAL. adj. Zool. Perteneciente o relativo al ano.

★ **ANALCO.** m. Méj. Parte menor de las dos en que un río divide a algunas poblaciones.

ANALECTAS. (pl. l. *analecta*, y éste del gr. ἀνάλεκτα, cosas recogidas.) f. pl. Florilegio, colección de fragmentos literarios.

ANALÉPTICO. (l. *analepticus*, y éste del gr. ἀναληπτικός, de ἀναλαμβάνω, recuperar.) adj. Med. Dícese del régimen alimenticio que tiene por objeto restablecer las fuerzas.

ANALFABETISMO. (De *analfabeto*.) m. Falta de instrucción elemental en un país. ‖ P. e It. analfabetismo; I. illiteracy; F. analphabétisme; A. Analphabetismus; R. неграмотность.

ANALFABETO, TA. (l. *analphabētus*, y éste del gr. ἀναλφάβητος; de ἀν, priv., y ἀλφάβητος, alfabeto.) adj. Que no sabe leer ni escribir. Ú.t.c.s. ‖ P. analfabeto; I. illiterate, analphabet; F. analphabète; A. Analphabet; It. analfabeta; R. неграмотный.

ANALGESIA. (gr. ἀναλγησία; de ἀν, priv., y ἄλγος, dolor.) f. Med. Falta o supresión de toda sensación dolorosa. ‖ P., I. e It. analgesia; F. analgésie; A. Unempfindlichkeit gegen Schmerz; R. безболезненность.

ANALGÉSICO, CA. adj. Perteneciente o relativo a la analgesia.

ANÁLISIS. (gr. ἀνάλυσις de ἀναλύω, desatar.) amb. Distinción y separación de las partes de un todo. ‖ 2. fig. Examen que se hace de alguna obra, discurso o escrito. ‖ 3. Gram. Examen de las palabras del discurso, para determinar la categoría, oficio, accidentes y propiedades gramaticales de cada una de ellas. ‖ 4. Mat. Arte de resolver problemas por el álgebra. ‖ 5. Med. Examen químico o bacteriológico de los humores, secreciones o tejidos con un fin diagnóstico. ‖ —cualitativo. Quím. El que tiene por objeto descubrir y aislar los elementos de un cuerpo compuesto. ‖ —cuantitativo. Quím. El que se emplea para determinar la cantidad de cada elemento. ‖ —espectral. Fís. Método de análisis químico cualitativo y en algunos casos cuantitativo, fundado en la observación del espectro. ‖ —matemático. Mat. Nombre que recibe la ciencia matemática en general, con exclusión de la aritmética, álgebra y geometría. ‖ P. análise; I. analysis; F. analyse; A. Analyse; It. anàlisi; R. анализ.

ANALISTA. com. Autor de anales. ‖ 2. Med. El que hace los análisis químicos o médicos.

ANALISTA. m. Mat. Matemático que se dedica al estudio del análisis.

ANALÍSTICO, CA. adj. Perteneciente o relativo a los anales.

ANALÍTICAMENTE. adv. Con análisis o método analítico.

ANALÍTICO, CA. (gr. ἀναλυτικός.) adj. Relativo o perteneciente al análisis. ‖ 2. Que procede descomponiendo, o que pasa del todo a las partes. ‖ 3. Mat. Aplícase a la geometría en que se estudian las propiedades de las líneas y superficies por medio del cálculo algebraico.

ANALIZABLE. adj. Que se puede analizar.

ANALIZADOR, RA. adj. Que analiza. Ú.t.c.s. ‖ 2. m. Fís. Anteojo del espectroscopio con que se observa la luz ya dispersada. ‖ P. analisador; I. analyser; F. analiseur; A. Zergliedernd; It. analizzatore; R. анализатор.

ANALIZAR. tr. Hacer análisis de alguna cosa. ‖ P. analisar; I. to analyse; F. analyser; A. analysieren; It. analizzare; R. анализировать.

ANÁLOGAMENTE. adv. Con analogía.

ANALOGÍA. (l. *analogía*, y éste del gr. ἀναλογία, proporción, semejanza; de ἀνά, conforme a, y λόγος, razón.) f. Relación de semejanza entre cosas distintas. ‖ 2. Gram. Parte de la Gramática que trata de los accidentes y propiedades de las palabras consideradas aisladamente. ‖ P. e It. analogía; I. analogy; F. analogie; A. Analogie; R. сходство, аналогия.

ANALÓGICAMENTE. adv. Análogamente. ‖ 2. Gram. Según las leyes de la analogía.

ANALÓGICO, CA. (gr. ἀναλογικός.) adj. Análogo. ‖ 2. Gram. Perteneciente o relativo a la analogía. ‖ 3. Dícese de las máquinas o sistemas que se controlan por sí mismos a base de autorreguladores.

★ **ANALOGISMO.** m. Argumento que procede del efecto a la causa. ‖ 2. Razonamiento por analogía. ‖ P. e It. analogismo; I. analogism; F. analogisme; A. Aehnlichkeitsschluss; R. аналогизм.

ANÁLOGO, GA. (l. *analŏgus*, y éste del gr. ἀνάλογος.) adj. Que tiene analogía con otra cosa.

★ **ANALOSIS.** f. Med. Extenuación.

★ **ANAMARTESIA.** f. Impecabilidad. ‖ P., I. e It. anamartesia; F. anamartésie; A. Sündlosigkeit; R. праведность.

ANAMITA. com. Natural de Anam, región de la Indochina. Ú.t.c.s.

ANAMNESIA. f. Pat. Parte de la historia clínica, que comprende el recuerdo de los fenómenos anteriores a la enfermedad. ‖ I. anamnesis; F. anamnésie; A. Vorgeschichte; It. anamnesi; R. анамнез.

⁰ **ANAMNESIA.** f. Anamnesis.

⁰ **ANAMNESIS.** f. Interrogatorio al cual somete el médico a un cliente nuevo para averiguar los antecedentes personales y familiares que puedan dar luz sobre la enfermedad cuya curación se intenta.

ANAMÓRFICO, CA. adj. Dícese de los sistemas ópticos constituidos por superficies curvas que producen imágenes deformadas de los objetos como son los espejos cóncavos, convexos, etc. ‖ 2. Miner. Se dice del cristal cuyo núcleo es de forma distinta de la suya.

★ **ANAMORFOSCOPIO.** m. Fís. Lente o espejo que ofrece imágenes deformadas.

ANAMORFOSIS. (gr. ἀναμόρφωσις, transformación.) f. Pintura o dibujo que ofrece a la vista una imagen deforme y confusa, o regular y acabada, según de donde se la mire. ‖ 2. Bot. Toda generación que modifica sensiblemente el aspecto de un vegetal. ‖ 3. Geom. Método de transformación con el que se consigue reemplazar un cuadro gráfico por otro que sólo contenga las líneas más sencillas del primero. ‖ 4. Fís. Imagen más o menos deformada producida por algunos sistemas ópticos. ‖ P. anamorfose; I. anamorphosis; F. anamorphose; A. Wandlungsbild; It. anamorfosi; R. анаморфоз.

ANAMÚ. m. Planta silvestre de la isla de Cuba, de la familia de las fitolacáceas. La planta huele a ajos y lo mismo la leche de las vacas que la comen.

ANAMULLÚ. m. Planta leguminosa, a cuya decocción en agua de arroz o en leche, empleada en baños, se atribuye la propiedad de curar la timpanitis.

ANANÁ. (Voz guaraní.) m. Ananás.

ANANÁS. (De *ananá*.) m. Planta exótica, vivaz, bromeliácea, de flores de color morado, y fruto grande en forma de piña,

A

carnoso, amarillento, muy fragante y suculento. || **2.** Fruto de esta planta. || **P.** ananás; **I.** ananas, pine-apple; **F.** ananas, ananassa; **A.** Ananas; **It.** ananàs, anasso; **R.** ананас.

* ANANGIOPLASIA. f. MED. Insuficiencia del sistema vascular, por estrechez y poca elasticidad congénita de las arterias.

* ANANTO, TA. adj. Que no produce flores.

ANAPELO. (De a y napelo.) m. BOT. Acónito.

ANAPÉSTICO, CA. (l. anapaesticus, y éste del gr. ἀναπαιστικός.) adj. Perteneciente o relativo al anapesto. || **2.** Dícese del verso latino compuesto de anapestos, dáctilos y espóndeos. Ú.t.c.s.

ANAPESTO. (l. anapaestus, y éste del gr. ἀνάπαιστος; de ἀνά, hacia atrás, y παίω, herir, golpear.) m. Pie de las métricas griega y latina, compuesto de tres sílabas; las dos primeras, breves, y la otra, larga. || **P.** e **It.** anapesto; **I.** anapaest, anapest; **F.** anapeste; **A.** Anapäst; **R.** анапест.

ANAQUEL. (ár. al-naqqāl, el que lleva o portea.) m. Cada una de las tablas puestas horizontalmente en los muros, o en armarios, alacenas, etc., para colocar sobre ellas libros, vajilla, etc.

ANAQUELERÍA. f. Conjunto de anaqueles.

ANARANJADO, DA. adj. De color semejante al de la naranja. Ú.t.c.s. Es el segundo color del espectro solar. || **P.** alaranjado; **I.** orange-coloured; **F.** orangé; **A.** orangfarbig; **It.** aranciato; **R.** оранжевый.

ANARANJEAR. tr. Tirar o arrojar naranjas contra uno.

* ANARCOSINDICALISMO. (De anarquía y sindicalismo.) m. Movimiento revolucionario contrario a la organización política y partidario de la acción directa.

ANARQUÍA. (gr. ἀναρχία; de ἄναρχος, falto de jefe.) f. Falta de todo gobierno en un Estado. || **2.** fig. Desorden, confusión, por ausencia o flaqueza de la autoridad pública. || **3.** Por ext., desconcierto, incoherencia, barullo. || **P.** anarquia; **I.** anarchy; **F.** anarchie; **A.** Anarchie; **It.** anarchia; **R.** анархия.

ANÁRQUICAMENTE. adv. De modo anárquico.

ANÁRQUICO, CA. adj. Perteneciente o relativo a la anarquía.

ANARQUISMO. m. Conjunto de doctrinas de los anarquistas. || **2.** Conducta política destructora de la autoridad y subversiva del orden social. || **P.** anarquismo; **I.** anarchism; **F.** anarchisme; **A.** Anarchismus; **It.** anarchismo; **R.** анархизм.

ANARQUISTA. adj. Propio del anarquismo o de la anarquía. || **2.** com. Persona que profesa el anarquismo, o desea o promueve la anarquía.

ANARQUIZANTE. p.a. de anarquizar. Que anarquiza.

ANARQUIZAR. intr. Propagar el anarquismo.

* ANARTRIA. f. Incapacidad para la articulación de la palabra a causa de la parálisis de la lengua.

ANASARCA. (gr. ἀνα, más allá, y σάρξ, σαρκός, carne.) f. MED. Enema general del tejido celular subcutáneo, acompañado de hidropesía en las cavidades orgánicas. || **P.,** **I.** e **It.** anasarca; **F.** anasarque; **A.** Wassersucht; **R.** водянка.

* ANASCOPIO. m. Fís. Parte o aparato de algunas máquinas fotográficas que permite ver las imágenes de los objetos en sentido directo y facilita enfocarlas debidamente.

ANASCOTE. (fr. anascot.) m. Tela delgada de lana, asargada por ambos lados, de que usan para sus hábitos varias órdenes religiosas.

ANASTASIA. (l. anastasía, y éste del gr. ἀναστασία, levantamiento, resurrección, de ἀνίστημι, resucitar.) f. BOT. Artemisa, planta compuesta medicinal.

ANASTIGMÁTICO, CA. (gr. 'αν, priv. y στίγμα, punta.) adj. ÓPT. Dícese de los objetivos aplanáticos en que se ha corregido esmeradamente el astigmatismo.

* ANASTIGMATISMO. m. ÓPT. Carencia de astigmatismo.

ANASTOMIZARSE. r. Anastomosarse.

ANASTOMOSARSE. r. Unirse formando anastomosis.

ANASTOMOSIS. (l. anastomōsis, y éste del gr. ἀναστόμωσις, embocadura.) f. BOT. y ZOOL. Unión de dos elementos anatómicos con otros de la misma planta o del mismo animal. || **P.** y **F.** anastomose; **I.** anastomosis; **A.** Anastomose; **It.** anastòmosi.

ANÁSTROFE. (l. anastrŏphe, y éste del gr. ἀναστροφή, de ἀναστρέφω, invertir.) GRAM. f. Inversión violenta en el orden de las palabras de una oración. || **P.** anástrofe; **I.** y **F.** anastrophe; **A.** Wortversetzung; **It.** anàstrofe; **R.** анастроф.

* ANATROFIA. f. MED. Inversión de una parte del cuerpo.

ANATA. (b. l. annāta, y éste del l. annus, año.) f. Renta, frutos o emolumentos que produce en un año cualquier beneficio o empleo. || **2.** Media ANATA. Derecho que se paga al ingreso de cualquier beneficio eclesiástico o empleo secular. || **P.** anata; **I.** annats; **F.** annate; **A.** Annaten; **It.** annata; **R.** годовой доход.

ANATADO, DA. adj. desus. Abundante en nata.

ANATEMA. (l. anathēma, y éste del gr. ἀνάθημα, ofrenda, maldición; de ἀνάτίθημι, poner en alto.) amb. Excomunión. || **2.** Maldición, imprecación. || **P.** anátema; **I.** anathema; **F.** anathème; **A.** Bannfluch, Anathem; **It.** anatema; **R.** анафема.

ANATEMATISMO. (l. anathematismus, y éste del gr. ἀναθεματισμός.) m. Anatema, excomunión.

ANATEMATIZADOR, RA. adj. Que anatematiza.

ANATEMATIZAR. (l. anathematizāre, y éste del gr. ἀναθεματίζω.) tr. Imponer el anatema. || **2.** Maldecir a alguno o hacer imprecaciones contra él. || **3.** fig. Reprobar o condenar por mala una persona o cosa. || **P.** anatematizar; **I.** to anathematize; **F.** anathématiser; **A.** verdammen; **It.** anatematizzare; **R.** проклинять.

ANATISTA. m. Oficial que en la dataría romana tiene a su cargo los libros y despachos de las medias anatas.

A NATIVITATE. expr. adv. l. De nacimiento.

* ANATOCISMO. m. Acumulación al capital de los intereses devengados para que produzcan su rédito.

ANATOMÍA. (l. anatomía, y éste del gr. ἀνατομή, corte, disección; de ἀνατέμνω, cortar, disecar.) f. BIOL. Disección o separación artificiosa de las partes del cuerpo de un animal o de una planta. || **2.** Ciencia que estudia las diferentes partes de los cuerpos orgánicos, y especialmente del humano. || **3.** ESC. y PINT. Disposición, tamaño, forma y sitio de los miembros externos que componen el cuerpo humano o el de los animales. || **P.** anatomia; **I.** anatomy; **F.** anatomie; **A.** Anatomie; **It** anatomia, notomia; **R.** анатомия.

ANATOMIANO. m. ant. Anatomista.

ANATÓMICAMENTE. adv. Conforme a las reglas de la anatomía.

ANATÓMICO, CA. (l. anatomicus, y éste del gr. ἀνατομικός.) adj. Perteneciente o relativo a la anatomía. || **2.** Dícese del anfiteatro o lugar que en los hospitales está destinado a la disección de los cadáveres. || **3.** m. y f. Anatomista.

* ANATOMISMO. (De anatomía.) Doctrina que pretende explicar las funciones de un organismo por la estructura y disposición de sus partes. || **P.** anatomismo; **I.** anatomism; **F.** anatomisme; **A.** Anatomismus; **R.** анатомизм.

ANATOMISTA. com. Profesor o profesora de anatomía.

ANATOMIZAR. tr. Hacer o ejecutar la anatomía de algún cuerpo. || **2.** ESC. y PINT. Señalar en las figuras los huesos y músculos de manera que se distingan bien. || **P.** anatomizar; **I.** to anatomize; **F.** anatomiser; **A.** zergliedern; **It.** anatomizzare, notomizzare; **R.** анатомировать.

* ANATOPISMO. m. Desorden, desconcierto.

* ANATOXINA. f. Toxina preparada para producir la inmunidad por vacu-

nación, y desprovista de su poder tóxico.

* ANATRESIS. f. CIR. Perforación, trepanación.

* ANATRIPSIA. f. TERAP. Fricción con fines terapéuticos.

ANAVAJADO, DA. adj. ant. Maltratado con cortaduras de navaja u otro instrumento semejante.

ANAVIA. (De abia, y éste del l. avia.) f. RIOJA. Arándano, planta vacciniea de fruto comestible.

ANAY. (Voz filipina.) m. Comején, insecto del género termes. Es nombre que se da vulgarmente en Filipinas a la hormiga blanca.

ANCA. (Del ant. alto al. ancha, pierna.) f. Cada una de las dos mitades laterales de la parte posterior de las caballerías y otros animales. || **2.** Parte posterior y superior de las caballerías. || **3.** Parte superior de la pierna de una personal cadera. || A ANCAS. m. adv. En la grupa de una caballería que monta otra persona. || **2.** En sentido fig. y fam. se emplea para dar a entender que una cosa va unida a otra o es accesoria de ella. || **P.** e **It.** anca; **I.** haunch, rump; **F.** hanche, fesse; **A.** Hüfte; **R.** круп, зад.

ANCADO, DA. (De anca.) adj. VETER. Dícese de la caballería que tiene encorvado hacia adelante el menudillo de las patas traseras. || **2.** m. Defecto de la caballería ANCADA.

* ANCANA. f. PERÚ. Vasija usada para tostar rosetas de maíz.

* ANCANO. m. PERÚ. Vasito de chicha que sirve el tabernero a sus clientes para obsequiarlos.

* ANCARA. f. PERÚ y ARGENT. Cáscara seca y vacía de la calabaza.

* ANCARSE. r. PERÚ. Subirse a las ancas de una caballería en la que otra persona va montada.

° ANCESTRAL. adj. Perteneciente o relativo a los antepasados.

ANCIANAMENTE. adv. ant. Antiguamente.

ANCIANÍA. f. ant. Ancianidad. || **2.** En las órdenes militares, dignidad de anciano.

ANCIANIDAD. (De anciano.) f. Último período de la vida ordinaria del hombre. || **P.** ancianidade; **I.** old age; **F.** vieillesse; **A.** hohes Alter; **It.** anzianità, vecchiaia; **R.** старость.

ANCIANISMO. m. ant. Ancianidad.

ANCIANO, NA. (l. antiānus, de ante.) adj. Dícese del hombre o la mujer que tiene muchos años y de lo que es propio de ellos. Ú.t.c.s. || **2.** m. Cualquiera de los miembros del Sanedrín. || **3.** En los tiempos apostólicos, cada uno de los encargados de gobernar las iglesias. || **4.** En las órdenes militares, cualquiera de los freires más antiguos. || **P.** ancião, velho; **I.** old; **F.** vieux, vieillard; **A.** Greis; **It.** anziano, vecchio; **R.** старец.

ANCLA. (l. ancŏra.) f. Instrumento fuerte de hierro forjado, en forma de arpón o anzuelo doble, compuesto de una barra llamada caña, que lleva unas uñas puestas para aferrarse al fondo del mar y sujetar la nave. || **2.** GERM. Mano. || —de la esperanza. La muy grande y que se utiliza en casos extremos. || —de leva. Cada una de las dos que van colocadas en las servíolas. || Abatir un ANCLA. fr. MAR. Colocarla en dirección más apartada de la que tenía con respecto a la de la corriente, marea o viento. || **P.** âncora; **I.** anchor; **F.** ancre; **A.** Anker; **It.** àncora; **R.** якорь.

ANCLADERO. (De anclar.) m. Fondeadero. || **2.** p. us. Acción de estar anclado.

ANCLAJE. m. MAR. Acción de anclar la nave. || **2.** MAR. Fondeadero. || **3.** MAR. Tributo que se paga por fondear en un puerto. || **4.** ARQ. Sistema de sujeción de los extremos de las vigas de hierro sobre los muros que las soportan.

ANCLAR. intr. MAR. Echar anclas. || **2.** MAR. Quedar sujeta la nave por medio del ancla. || **P.** ancorar; **I.** to anchor; **F.** ancrer; **A.** ankern; **It.** ancorare; **R.** бросать якорь.

ANCLEAR. tr. p. us. Sujetar la nave por medio del ancla.

ANCLOTE. m. Ancla pequeña.

ANCÓN. (l. *ancon*, codo, ángulo, y éste del gr. ἀγκών.) m. Ensenada pequeña en que se puede fondear. || **2.** MÉJ. Rincón, ángulo entrante. || **3.** ARQ. Cada una de las dos ménsulas colocadas a uno y otro lado de un vano para sostener la cornisa. || **4.** AR. Anca o cadera muy saliente. || **5.** COLOM. Espacio comprendido entre dos colinas. || **6.** P. RICO. Especie de balsa de maderos unidos.

ANCONADA. f. Ancón.

★ **ANCONAJE.** m. P. RICO. Impuesto que se paga por el transporte en ancones o balsas de maderos unidos.

★ **ANCÓNEO, A.** adj. ANAT. Dícese del músculo situado en la parte posterior del codo.

★ **ANCONI.** m. ARQ. Ancón, canecillo o ménsula.

ANCONITANO, NA. adj. Natural de Ancona. Ú.t.c.s. || **2.** Perteneciente a esta ciudad de Italia.

ÁNCORA. (l. *ancŏra* y éste del gr. ἄγκορα.) f. Ancla. || **2.** fig. Lo que sirve o puede servir de amparo en un peligro o infortunio. || **P.** âncora; **I.** anchor; **F.** ancre; **A.** Anker; **It.** ancora; **R.** якорь.

ANCORAJE. (De *ancorar*.) m. MAR. ant. Anclaje.

ANCORAR. (De *árcora*.) intr. MAR. Anclar.

ANCORCA. (l. *argilla ochra*.) f. Ocre, arcilla amarilla muy pura, propia para pintar.

ANCOREL. (prov. o cat. *ancorell*, y éste del l. *ancŏra*, ancla.) m. Piedra que sirve de ancla a la boya de una red.

ANCORERÍA. f. Taller donde se construyen áncoras.

ANCORERO. m. El que tiene por oficio hacer áncoras.

ANCORQUE. m. p. us. Ancorca.

★ **ANCOSA.** f. BOL. Cata o prueba de alguna bebida.

★ **ANCUA.** m. ARGENT. y CHILE. Pororó o rosetas de maíz tostado.

★ **ANCUANA.** f. ARGENT. Ancua, y también harina de ancua mezclada con harina de algarroba.

★ **ANCUCO.** m. BOL. Turrón de almendras y miel.

ANCUDO, DA. adj. De ancas grandes.

ANCUSA. (gr. ἄγχουσα.) f. BOT. Lengua de buey, planta borraginácea.

ANCUVIÑA. f. Sepultura de los indígenas chilenos.

ANCHA. (De *ancho*.) m. GERM. Población grande.

ANCHAMENTE. adv. Con anchura.

ANCHAR. (De *ancho*.) intr. p. us. Ensancharse. || **2.** tr. Ensanchar. Ú.t.c.r.

ANCHARIA. f. ant. Anchura.

ANCHETA. f. Pacotilla de venta que se llevaba a América en tiempos de la dominación española. || **2.** Porción corta de mercaderías que una persona lleva a vender a cualquier parte. || **3.** Negocio generalmente pequeño o malo.

ANCHEZA. f. ant. Anchura.

ANCHI. (arauc. *amchi*, afrecho de cebada.) m. CHILE. Harina de cebada o de trigo brotado. || **2.** PERÚ. Afrecho de la jora.

ANCHICORTO, TA. adj. Ancho y corto.

ANCHO, CHA. (l. *amplus*.) adj. Que tiene más o menos anchura. || **2.** Que tiene anchura excesiva. || **3.** Holgado, amplio en demasía. || **4.** fig. y fam. Dícese de la vida relajada. || **5.** fig. Desembarazado, laxo, libre. || **6.** Orgulloso. Ú.m. con los verbos *estar* y *ponerse*. || **7.** m. Anchura, latitud. || *A mis, a tus, a sus,* ANCHAS, o ANCHOS. ms. advs. fams. Cómodamente, sin sujeción, con entera libertad. || *Estar,* o *ponerse,* uno *muy* ANCHO, o *tan* ANCHO. fr. fig. y fam. Ufanarse, engreírse, desvanecerse. || **P.** ancho; **I.** broad; **F.** large; **A.** breit, weit; **It.** largo; **R.** широкий.

ANCHOA. (l. *apiuva*, de *aphye*, y éste del gr. ἀφύη, anchoa.) f. El boquerón, desangrado y curado en salmuera. || **P.** anchova; **I.** anchovy; **F.** anchois; **A.** Sardelle, Anschove; **It.** acciuga; **R.** анчоус.

ANCHOAR. tr. Rellenar con anchoa el hueco de una aceituna deshuesada.

ANCHOR. m. Anchura, latitud.

ANCHOVA. f. Anchoa.

ANCHOVETA. f. d. de anchova.

ANCHUELO, LA. adj. d. de ancho.

ANCHURA. (De *ancho*.) f. Latitud, dimensión perpendicular a la longitud. || **2.** fig. Libertad, soltura, desahogo. Suele usarse en mal sentido. || **P.** anchura; **I.** width; **F.** largeur; **A.** Breite; **It.** larghezza; **R.** ширина.

ANCHUROSO, SA. (De *anchura*.) adj. Muy ancho o espacioso.

ANDA. f. CHILE, GUAT. y PERÚ. Andas para llevar imágenes, personas o cosas.

ANDÁBATA. (l. *andabăta*.) m. Gladiador que peleaba cubierta la cabeza con un casco que le tapaba los ojos. || **P.** andabata; **I.** e **It.** andabata; **F.** andabate; **A.** Blindkaemfer; **R.** гладиатор.

ANDABOBA. (De *andar* y *boba*.) f. ant. Parar, carteta.

ANDADA. (De *andar*.) f. ant. Andanza. || **2.** Pan que se pone muy delgado y llano para que al cocer quede muy duro y sin miga. || **3.** AR. Terreno en que suele pastar un ganado, o en que pastó en determinado día. || **4.** pl. Entre cazadores, huellas de perdices, conejos, liebres, etc. || *Volver* uno *a las* ANDADAS. fr. fig. y fam. Reincidir en un vicio o mala costumbre.

ANDADERAS. (De *andar*.) f. pl. Artefacto que sirve para que los niños aprendan a andar sin caerse. || **2.** AR. Seca, infarto glandular. || **P.** andadeiras; **I.** go-cart; **F.** roulotte d'enfant; **A.** Gängelwagen; **It.** carruccio; **R.** детский стул.

ANDADERO, RA. adj. Aplícase al sitio o terreno por donde se puede andar fácilmente. || **2.** Andador, que va de una parte a otra sin parar.

ANDADO, DA. m. y f. fam. Andado, da.

ANDADO, DA. p.p. de andar. || **2.** adj. Pasajero, frecuentado. Ú.m. con los adverbios *más, menos, muy, poco,* etc. || **3.** Común y ordinario. || **4.** Dícese de las ropas o vestidos usados. || **5.** m. HOND. Modo de andar.

ANDADOR, RA. adj. Que anda mucho o con velocidad. Ú.t.c.s. || **2.** Que anda de una parte a otra sin parar en ninguna. Ú.t.c.s. || **3.** m. Ministro inferior de justicia. || **4.** Avisador, persona que lleva avisos. || **5.** Senda, por donde, en las huertas, se anda fuera de los cuadros. || **6.** Pollera, artefacto de mimbre en forma de campana para que aprendan a andar los niños. || **7.** pl. Tirantes que sirven para sostener al niño cuando aprende a andar. || *Poder* uno *andar sin* ANDADORES. fr. fig. y fam. Ser bastante hábil por sí mismo; no necesitar de ajeno auxilio.

ANDADURA. f. Acción y efecto de andar. || **2.** Portante o paso de andadura. || **P.** andadura; **I.** gait; **F.** allure; **A.** Gangart; **It.** andatura; **R.** ходьба.

ANDALIA. (por el pl. las [s]andalias.) f. ant. Sandalia.

★ **ANDALÓN, NA.** adj. AMÉR. CENTRAL. Aplícase a la caballería muy andadora.

ANDALOTERO, RA. (De *andar*.) adj. ÁL. Callejero, que está todo el tiempo fuera de casa. Ú.t.c.s.

ANDALUCISMO. m. Locución, giro o modo de hablar peculiar y propio de los andaluces. || **2.** Amor o apego a las cosas típicas de Andalucía.

ANDALUZ, ZA. adj. Natural de Andalucía. Ú.t.c.s. || **2.** Perteneciente a esta región de España. || **3.** m. Dialecto que se habla en Andalucía.

ANDALUZADA. f. fam. Exageración que, como habitual, se atribuye a los andaluces.

¡ANDALLO! interj. ant. ¡Anda!

ANDAMIADA. f. Conjunto de andamios.

ANDAMIAJE. m. Andamiada.

ANDAMIENTO. (De *andar*.) m. Acción de andar, movimiento, marcha.

ANDAMIO. (De *andar*.) m. Armazón de tablones o vigas puestos horizontalmente y sostenidos en pies derechos y puentes, o de otra manera, que sirve para colocarse encima para trabajar en la construcción, reparación o pintura de edificios. || **2.** Tablado que se pone para ver desde él alguna fiesta. || **3.** fam. Calzado. || —**colgado.** El suspendido con cuerdas. || **P.** andaime; **I.** scaffold; **F.** échafaud; **A.** Baugerüst; **It.** ponte; **R.** помост.

ANDANA. (De *andar*.) f. Orden de algunas cosas puestas en línea. || **2.** Estante en cuyas bandas se colocan los gusanos de seda para criarlos. || **3.** Serie de zarzos horizontales adosados a una pared para el mismo fin. || **4.** Andén, corredor. || **5.** COLOM., P. RICO y REP. DOMIN. Diente que sale sobre otro. || **6.** Arte de pesca de forma rectangular empleado en el Levante español. || **P.** andaina ou andana; **I.** row, file; **F.** file; **A.** Reihe; **It.** andana; **R.** ряд.

ANDANA. (*Llamarse uno*.) fr. fam. Desdecirse o desentenderse de lo que dijo o prometió.

ANDANADA. f. Descarga cerrada de toda una andana o batería de cualquiera de los dos costados de un buque. || **2.** Localidad cubierta y con diferentes órdenes de gradas, destinada al público en las plazas de toros. || **3.** fig. y fam. Reprensión, reconvención agria y severa. Ú.m. en la fr. *Le soltó la,* o *una* ANDANADA. || **P.** surriada; **I.** broadside; **F.** volée, bordée; **A.** Breitseitsalve; **It.** fiancata; **R.** бортовой залп.

ANDANCIA. f. ant. Andanza. || **2.** AMÉR. y AND. Andancio. || **3.** COLOM. Negocio u ocupación que conduce a mal fin. || **4.** AMÉR. CENTRAL. Vagancia. || **5.** AMÉR. CENTRAL. Suceso, fortuna, suerte.

ANDANCIO. (De *andar*.) m. Enfermedad o epidemia leve.

★ **¡ANDANDO!** interj. con que se mete prisa a alguien.

ANDANIÑO. (De *andar* y *niño*.) m. Pollera, artificio de mimbres que sirve al niño para aprender a andar.

ANDANTE. (ital. *andante*, y éste de *andare*.) p.a. de andar. Que anda. || **2.** Dícese de la profesión u orden de los caballeros que salían en busca de aventuras. || **3.** m. MÉJ. Entre rancheros, caballo. || *Bien* ANDANTE. Bienandante, feliz, dichoso. || *Mal* ANDANTE. Malandante, desafortunado.

ANDANTE. (ital. *andante*.) adv. MÚS. Con movimiento moderadamente lento. || **2.** m. MÚS. Composición o parte de ella que se ha de ejecutar con este movimiento.

ANDANTESCO. adj. Perteneciente o relativo a la caballería o a los caballeros andantes.

ANDANTINO. (ital. *andantino*.) adv. MÚS. Con movimiento más vivo que el andante, pero menos que el alegro. || **2.** m. MÚS. Composición o parte de ella que se ha de ejecutar con este movimiento.

ANDANZA. (De *andar*.) f. Caso o suceso. || **2.** Correría o viaje. || **3.** Modo de andar. || **4.** Suceso, aventura. || *Buena* ANDANZA. Buena fortuna. || *Mala* ANDANZA. Malandanza, desgracia.

ANDAR. (l. *andăre*, avanzar nadando, o de *ambĭtăre*, de *ambire*, pasear.) intr. Ir de un lugar a otro dando pasos. Ú.t.c.r. || **2.** Ir de un lugar a otro lo inanimado. Ú. raramente c.r. || **3.** Moverse un artefacto o máquina para ejecutar sus funciones. ANDAR *el reloj.* || **4.** fig. Estar. ANDAR *enfermo.* || **5.** fig. Haber. *El viento que* ANDABA *en la calle.* || **6.** fig. Entender en algo. ANDAR *en pleitos.* || **7.** Hablando del tiempo, pasar o correr. || **8.** Con las preps. *con* y *sin* y algunos nombres, tener o padecer lo que el nombre significa, o al contrario. ANDAR *con cuidado;* ANDAR *sin miedo.* || **9.** Seguido de la prep. *a* y de nombres en plural, como cuchilladas, tiros, darlos o reñir de este modo. || **10.** fam. Seguido de la prep. *en,* poner o meter las manos o los dedos en alguna cosa. *Hallé a uno* ANDANDO *en la caja.* Ú.t.c.r. *Es feo* ANDARSE *en la nariz.* || **11.** Con la misma prep. seguida de un número que indique años, estar por cumplir éstos. *Tengo ocho años y* ANDO *en los nueve.* || **12.** Seguido de la prep. *con,* manejar. *Es sucio* ANDAR *con carbón.* || **13.** Con gerundios denota la acción que expresan éstos. ANDAR *pescando.* || **14.** fam. Ir, moverse de un lado a otro. || **15.** MAR. Arribar un barco. || **16.** tr. Recorrer. ANDAR *cinco kilómetros.* || **17.** r. Seguido de la prep. *a* y otro verbo, ocuparse en, o ponerse a, ejecutar la acción de dicho verbo. || **18.** Con las preps. *con* o *en,* usar o emplear. ANDARSE *con bromas.* || **¡ANDA!** interj. que sirve para expresar admiración o sorpresa, y también para excitar o animar a hacer alguna cosa y

A

para denotar alegría, como por despique, cuando a otro le ocurre algo desagradable. || ANDAR *a derechas*. fr. fig. y fam. Obrar con rectitud. || ANDAR *tras alguno*, o *alguna cosa*. fr. Andar en su seguimiento o alcance. || ANDAR uno *tropezando* o *cayendo*. fr. fig. y fam. Cometer varios errores o correr varios peligros consecutivos en algún trabajo o negocio. || ¡ANDE! o ¡ANDE *usted*! loc. interj. ¡ANDA! Ú. cuando no se tutea a la persona con quien se habla. || *Quien mal* ANDA *mal acaba*. ref. con que se denota que el que vive desordenadamente tiene, por lo común, un fin desastrado. || *Todo se* ANDARÁ. loc. fam. con que se da a entender al que echó de menos alguna cosa, creyéndola olvidada, que a su tiempo, se ejecutará o se tratará de ella. || P. andar; I. to walk; F. marcher, aller; A. gehen, marschieren; It. andare; R. идти, ходить.

ANDAR. (De *andar*.) m. Andadura, acción y efecto de andar. || 2. Modo o manera de proceder. || 3. Modo de andar las personas, especialmente cuando es airoso y gallardo.

ANDARAJE. (De *andar*.) m. Rueda de la noria en que se afirma la maroma y cargan los arcaduces. || 2. Aparato de madera con que se hace andar el rodillo que los labradores usan para afirmar el suelo de las eras.

* ANDARAZ. m. ZOOL. CUBA. Mamífero roedor, semejante a la rata.

* ANDAREGUEAR. intr. COLOM. Cazcalear.

ANDARICA. f. AST. Especie de cangrejo de mar, pequeño y comestible.

ANDARIEGO, GA. adj. Andador, que anda mucho, o que anda de un lado a otro sin parar. Ú.t.c.s. || 2. Que anda pidiendo de puerta en puerta. Ú.t.c.s.

ANDARÍN, NA. (De *andar*.) adj. Dícese de la persona andadora, y especialmente de la que lo es por oficio. Ú.t.c.s. || 2. m. pl. Perdigones.

ANDARINA. (De *andarina*, infl. por *andar*.) f. Andorina, golondrina.

ANDARIVEL. (Del mismo or. que el ital. *andarivello*.) m. Maroma tendida entre las dos orillas de un río o canal o entre dos puntos no muy distantes de un puerto, arsenal, etc. || 2. MAR. Tecle. || 3. Cuerda colocada en diferentes sitios del buque, a manera de pasamano, para dar seguridad a las personas, o para otros usos. || 4. Mecanismo usado para pasar ríos y hondonadas que no tienen puente; y consiste en una especie de cesta o cajón, comúnmente de cuero, que pendiente de dos argollas, corre por una maroma fija por sus dos extremos. || 5. CUBA. Batea usada para pasar los ríos, palmeándola con ayuda del ANDARIVEL. || 6. ARGENT. Barrera formada por una cuerda o alambre sostenido en postes para contener al público en las carreras de caballos. || 7. MÉJ. Enredo, complicación, maraña. Ú.m.en pl. || 8. pl. COLOM. Adornos. || 9. adj. HOND. Callejero, andariego.

ANDARRAYA. (De *andar* y *raya*.) f. Juego que se hacía con piezas sobre un tablero a modo del de damas.

ANDARRÍOS. (De *andar* y *ríos*.) m. ZOOL. Aguzanieves.

ANDAS. (l. *amites*, pl. de *ames*, angarillas.) f. pl. Tablero que, sostenido por dos varas paralelas y horizontales, sirve para conducir efigies, personas o cosas. || 2. Féretro o caja con varas, en que se llevan a enterrar los muertos. || *En* ANDAS *y en volandas*. m. adv. fig. En volandas, en el aire, o como que va volando.

* ANDAVETE. m. BOL. Jarro para la chicha, que cabe un litro.

ANDEL. (Como *andén*, de andar.) m. Rodada o carril que deja el paso de un carro o de otro vehículo a campo traviesa. Ú.m. en pl.

ANDÉN. m. En las norias y tahonas, sitio por donde las caballerías andan, dando vueltas alrededor. || 2. Corredor o sitio destinado para andar. || 3. Pretil, antepecho. || 4. En las estaciones de los ferrocarriles, especie de acera a lo largo de la vía para uso de los viajeros al montar o salir del tren, y para cargar y descargar equipajes. || 5. En los puertos de mar, espacio de terreno sobre el muelle en que

andan las gentes. || 6. Acera de un puente. || 7. Anaquel. || 8. AMÉR. CENTRAL. Acera en la calle. || 9. PERÚ y VENEZ. Cada uno de los bancales de tierra establecidos en los cerros por los antiguos agricultores indígenas. Ú.m. en pl. || I. platform, sidewalk, F. quai; A. Fussweg, Perron; It. marciapiede; R. платформа, круг.

* ANDENERÍA. f. PERÚ. Gradería de bancales en una ladera.

ANDERO. m. Cada uno de los que llevan en hombros las andas.

* ANDEROLA. m. VENEZ. Árbol de cuyas semillas se obtiene aceite amargo.

ANDESINA. f. Feldespato de alúmina, sosa y cal, que forma parte de algunas rocas eruptivas.

ANDESITA. f. GEOL. Roca volcánica compuesta de cristales de andesina, que se encuentra principalmente en los Andes. || P. e It. andesita; I. andesite; F. andésite; A. Andesite.

ANDINISMO. m. AMÉR. MERID. Deporte que consiste en la ascensión a los Andes.

ANDINISTA. com. Persona que practica el andinismo, o es aficionada a él.

ANDINO, NA. (l. *andīnus*.) adj. Natural de Andes. Ú.t.c.s. || 2. Perteneciente o relativo a esta aldea de la antigüedad, cercana a Mantua.

ANDINO, NA. adj. Perteneciente o relativo a la cordillera de los Andes.

* ANDIRA. m. R. DE LA PLATA. Especie de murciélago.

ÁNDITO. (l. *ambĭtus*, infl. por *andar*.) m. Corredor o andén que exteriormente rodea del todo o en gran parte un edificio. || 2. Acera de una calle.

ANDOLA. f. Cancioncilla popular del siglo XVII. || 2. Voz usada en estribillos.

ANDOLENCIA. f. ant. Andalucía.

ANDOLINA. f. Andorina, golondrina.

ANDÓN, NA. (De *andar*.) adj. COLOM., CUBA y VENEZ. Andador. Dícese de las caballerías. || 2. VENEZ. Paso de andadura.

* ANDONEAR. intr. COLOM. y VENEZ. Cabalgar a paso de andón.

ANDORGA. (ár. *'unduqa*, bajo vientre.) m. fam. Vientre, abdomen.

ANDORINA. (l. *hĭrundĭna*, infl. por *andar*.) f. Golondrina, pájaro fisirrostro.

ANDORRA. (De *andar*.) f. fam. Mujer andorrera.

ANDORRANO, NA. adj. Natural de Andorra. Ú.t.c.s. || 2. Perteneciente a este valle de los Pirineos, o a la villa de Andorra, en Aragón.

° ANDORREAR. intr. Carcalear, vagar de una parte a otra afectando diligencia.

ANDORRERO, RA. (De *andorra*.) adj. Que todo lo anda, amigo de callejear. Dícese más comúnmente de las mujeres. Ú.t.c.s.

ANDOSCO, CA. (ár. *an-nuṣqa*, la del nudo corredizo, la oveja antes de cumplir un año.) adj. Aplícase a la res de ganado menor que tiene dos años. Ú.t.c.s.

ANDRADO, DA. (l. *ante natus*, nacido antes.) m. y f. ant. Adnado, da. Ú. en Burgos.

ANDRAJERO, RA. (De *andrajo*,) m. y f. Trapero, trapera, que recoge trapos de desecho para comerciar con ellos.

ANDRAJO. (ár. *inḍĭrāj*, rasgón, rotura.) m. Pedazo o girón de ropa muy usada. || 2. fig. y despect. Persona o cosa muy despreciable. || P. andrajo; I. rag; F. haillon; A. Lumpen; It. cencio; R. лохмотья.

ANDRAJOSAMENTE. adv. Con andrajos.

ANDRAJOSO, SA. adj. Cubierto de andrajos.

ANDREHUELA. f. CÓRD. Especie de melón que se guarda para el invierno.

* ANDRENA. f. ZOOL. Género de himenópteros de la familia de los ápidos. Fabrican sus nidos en el suelo. || P. e It. andrena; I. Andrena; F. andrène; A. Erdgrabbiene.

ANDRÉS. n. p. V. *Aspa*, *Cruz de San* ANDRÉS. || P. y F. André; I. Andrew; A. Andreas; It. Andrea; R. Андрей.

* ANDRIALA. f. Género de plantas compuestas, tribu de las lactúceas, con varias especies propias de la región mediterránea y de Canarias.

ANDRIANA. (fr. *andrienne*.) f. Especie de bata muy ancha que usaban las mujeres.

ANDRINA. (De *andorina*, por el color, y éste del l. *hĭrŭndo*, *-ĭnis*, golondrina.) f. Endrina.

ANDRINO. (De *andrina*.) m. BOT. Endrino.

ANDROCEO. (gr. ἀνήρ, ἀνδρός, varón, y la term. *-ceo*, a semejanza de *gineceo*.) m. BOT. Tercer verticilo de la flor, formado por los estambres.

ANDRÓGINO, NA. (l. *androgȳnus*, y éste del gr. ἀνδρόγυνος; de ἀνήρ, ἀνδρός, varón, y γυνή, mujer.) adj. De sexo doble o de sexo dudoso. || 2. Hermafrodita. || 3. ZOOL. Se dice de algunos animales de órdenes inferiores que, aun cuando reúnen los dos sexos, no pueden fecundarse a sí mismos, sino que necesitan el concurso de otro individuo de la misma especie. || 4. BOT. Monoico. Dícese de las plantas monoicas, que tienen las flores masculinas y femeninas en una misma influorescencia.

ANDROIDE. (gr. ἀνήρ, ἀνδρός, varón, y εἶδος, forma.) m. Autómata de figura de hombre.

ANDRÓMEDA. (De *Andrómeda*, hija de Cefeo, transportada al cielo según la Mitología.) f. ASTRON. Constelación septentrional al sur de Casiopea.

* ANDROMEDOTOXINA. f. QUÍM. Principio activo de algunas ericáceas. Substancia muy venenosa, de efectos eméticos e hipnóticos.

ANDRÓMINA. (Quizá del vasc. *androminac*, achaque de mujer.) f. fam. Embuste, enredo con el que se pretende alucinar. Ú.m. en pl.

ANDROSEMO. (l. *androsaemon*, y éste del gr. ἀνδρόσαιμον; de ἀνήρ, ἀνδρός, varón, y αἷμα sangre.) m. BOT. Todabuena, planta gutífera, medicinal.

* ANDROSTERONA. f. QUÍM. Hormona masculina aislada de la orina del hombre.

ANDUJAREÑO, ÑA. adj. Natural de Andújar. Ú.t.c.s. || 2. Perteneciente a esta ciudad.

ANDULARIO. (Por *haldulario*, de *halda*.) m. Faldulario, ropa que cuelga desproporcionadamente hasta el suelo.

ANDULENCIA. (Cruce de *andancia* y *dolencia*.) f. ant. Andancia. Ú. en Salamanca.

ANDULLO. (fr. *andouille*, o del prov. *andulho*, y éste del l. *inductĭlia*, pl. n. de *inductĭlis*, embutido.) m. Tejido que se pone en las jaretas y motones de los buques para evitar el roce. || 2. Hoja larga de tabaco arrollada. || 3. Cada uno de los manojos de hojas de tabaco con que suelen formarse los fardos. || 4. AMÉR. MERID. Hoja grande que sirve para envolver. || 5. ANT., MÉJ. y VENEZ. Pasta de tabaco para mascar. || 6. P. RICO. Tamarindo maduro desprovisto de la cáscara y envuelto en hojas secas de plátano.

ANDURRIAL. (De *andar*.) m. Paraje extraviado o fuera de camino. Ú.m. en pl.

ANEA. (ár. *an-na'ya*, la flauta.) f. Planta tifácea que crece en sitios pantanosos. Se emplean sus hojas para hacer asientos de silla, ruedos, etc. || 2. Espadaña.

ANEAJE. m. Acción de anear, medir por anas.

ANEAR. (De *ana*.) tr. Medir por anas.

ANEAR. tr. SANT. Mecer al niño en la cuna.

ANEAR. (De *anea*.) m. Sitio poblado de aneas.

ANEBLAR. (l. *ad*, a, y *nebulāre*.) tr. Cubrir de niebla. Ú.m.c.r. || 2. Anublar, marchitar o poner mustias las plantas. Ú.t.c.r.

ANÉCDOTA. (gr. ἀνέκδοτα, pl. n. del adj. ἀνέκδοτος, inédito; de ἀν, priv., y ἐκδίδωμι publicar.) f. Relación, ordinariamente breve, de algún rasgo o suceso particular más o menos notable y curioso. || P. anedota; I. y F. anecdote; A. Anekdote; It. aneddoto; R. анекдот.

ANECDOTARIO. m. Colección de anécdotas.

ANECDÓTICO, CA. adj. Perteneciente o relativo a la anécdota.

ANECDOTISTA. com. Persona que escribe, refiere o gusta de contar anécdotas.

ANECIARSE. r. Hacerse necio.

ANEGABLE. adj. Que puede ser anegado.

ANEGACIÓN. f. Acción y efecto de anegar o anegarse.

ANEGADIZO, ZA. adj. Que frecuentemente se anega, que se inunda. Ú.t.c.s.m. ‖ **2.** Dícese de la madera que, echada en el agua, se sumerge.

ANEGAR. (l. *enĕcāre*, matar.) tr. Ahogar a uno sumergiéndole en el agua. Ú.t.c.r. ‖ **2.** Inundar un lugar. Ú.m.c.r. ‖ **3.** Abrumar, agobiar, molestar. ‖ **4.** r. Naufragar, irse a pique. ‖ **P.** anegar; **I.** to flood; **F.** submerger, noyer; **A.** ertränken; **It.** annegare, sommergere; **R.** затоплять.

ANEGOCIADO, DA. adj. Metido en muchos negocios.

ANEJAR. tr. Anexar.

ANEJIR. (ár. *an-našîd*, el canto, la recitación.) m. Refrán o sentencia popular, en verso y cantable.

ANEJO, JA. (l. *annĕxus*, añadido.). adj. Anexo, unido, agregado, dependiente. ‖ **2.** m. Iglesia parroquial de un lugar, sujeta a la de otro pueblo en donde reside el párroco. ‖ **3.** Iglesia sujeta a otra principal del mismo pueblo. ‖ **4.** Grupo de población rural incorporado a otro u otros, para formar municipio con el nombre de algunos de ellos. ‖ **P.** anexo; **I.** annexed; **F.** annexe; **A.** zugehörig; **It.** annesso; **R.** побавочный, прилагаемый.

ANELDO. (l. *anethŭlus*, d. de *anēthum*, y éste del gr. ἄνηθον.) m. Bot. Eneldo, hierba umbelifera medicinal.

★ **ANELÉCTRICO, CA.** adj. Fís. Aplícase al cuerpo que no conserva las propiedades eléctricas. ‖ **P.** aneléctrico; **I.** anelectric; **F.** anélectrique; **A.** nichtleitend; **It.** anelettrico.

ANÉLIDO, DA. (l. *anellus*, anillo, y del gr. εἶδος, forma.) adj. Zool. Dícese de animales pertenecientes al grupo de los gusanos. De cuerpo segmentado y sangre roja. Muchos viven en el mar, y algunos en agua dulce, como la sanguijuela, y otros en tierra húmeda, como la lombriz. ‖ **2.** m. pl. Zool. Clase de estos animales. ‖ **2.ª** acep.: P. anélidos; **I.** annelids; **F.** annélides; **A.** Ringelwürmer; **It.** annelidi; **R.** кольчатые черви.

ANEMASIS. f. Pat. Anemia epidémica de los mineros.

ANEMIA. (gr. ἀναιμία; de ἀν, priv., y αἷμα, sangre.) f. Empobrecimiento de la sangre, por disminución de su cantidad total, como por hemorragias, o por enfermedades que amenguan la cantidad de hemoglobina o el número de glóbulos rojos. ‖ —**clorótica.** Clorosis. ‖ —**de los mineros.** Anquilostomiasis. ‖ —**perniciosa.** Enfermedad caracterizada por una disminución progresiva de los glóbulos rojos. ‖ **P.** e **It.** anemia; **I.** anaemia; **F.** anémie; **A.** Blutarmut; **R.** малокровие.

ANÉMICO, CA. adj. Perteneciente o relativo a la anemia. ‖ **2.** Que padece anemia. Ú.t.c.s.

★ **ANEMOCINEMÓGRAFO.** m. Meteor. Aparato que registra sobre una banda la intensidad, recorrido y dirección del viento, al mismo tiempo que señala las horas en que se producen los cambios.

ANEMOCORDIO. (gr. ἄνεμος, viento, y χορδή, cuerda.) m. Arpa eolia.

ANEMÓFILO, LA. (gr. ἄνεμος, viento, y φίλος, amigo.) adj. Bot. Dícese de las plantas en las que la polinización se verifica por medio del viento.

ANEMOGRAFÍA. (De *anemógrafo*.) f. Parte de la Meteorología, que trata de la descripción de los vientos.

ANEMOGRÁFICO, CA. adj. Perteneciente o relativo a la anemografía.

ANEMÓGRAFO. (gr. ἄνεμος, viento, y γράφω, describir.) m. El que profesa la anemografía. ‖ **2.** Anemoscopio. ‖ **3.** Fís. Anemómetro que registra la velocidad del viento. ‖ **P.** anemógrafo; **I.** anemographer; **F.** anémographe; **A.** Windrichtungsmesser; **It.** anemògrafo; **R.** анемограф.

ANEMOMETRÍA. (De *anemómetro*.) f. Parte de la meteorología, que enseña a medir la velocidad o fuerza del viento.

ANEMOMÉTRICO, CA. adj. Perteneciente o relativo a la anemometría o al anemómetro.

ANEMÓMETRO. (gr. ἄνεμος, viento, y μέτρον, medida.) m. Instrumento que sirve para medir la velocidad o la fuerza del viento. ‖ **P.** anemómetro; **I.** anemo-

meter; **F.** anénomètre; **A.** Windmesser; **It.** anemòmetro; **R.** анемометр.

ANÉMONA [ANEMONA]. f. Anemone.

ANEMONE. (l. *anemòne*, y éste del gr. ἀνεμώνη, de ἄνεμος, viento.) f. Planta herbácea, vivaz, de la familia de las ranunculáceas. Se cultiva en los jardines. ‖ **2.** Flor de esta planta. ‖ —**de mar.** Pólipo solitario antozoo, del orden de los hexacolarios, de colores brillantes. La boca está rodeada de varias filas de tentáculos, que, extendidos, hacen que el animal se parezca a una flor. ‖ **P.** anémona; **I.** anemone; **F.** anémone; **A.** Windröschen, Anemone; **It.** anèmone; **R.** анемон, ветреница.

ANEMOSCOPIO. (gr. ἄνεμος, viento, y σκοπέω, examinar.) m. Instrumento que sirve para indicar los cambios de dirección del viento. ‖ **P.** e **It.** anemotropismo; **I.** anemoscope; **F.** anémoscope; **A.** Anemoskop, Windzeiger; **R.** анемоскоп.

★ **ANEMOTROPISMO.** m. Tendencia de algunas aves a volar contra la dirección del viento. ‖ **P.** e **It.** anemotropismo; **I.** anemotropism; **F.** anémotropisme; **A.** Anemotropismus; **R.** анемотропизм.

ANEOTA. f. Gran. Toronjil, planta labiada medicinal.

ANEPIGRÁFICO, CA. (De *an* y *epigráfico*.) adj. Dícese de la medalla, lápida, etcétera, que carece de inscripción, y del escrito que no tiene título o epígrafe.

ANEQUÍN. (De *a o de*.) m. adv. A razón de un tanto por cada res que se ha de esquilar, y no a jornal. Dícese del ajuste que se hace con los operarios para los esquileos.

ANEROIDE. (gr. ἀν, priv., y ἀεροειδος, aéreo; de ἀήρ, aire, y εἶδος, forma.) adj. Fís. Aplícase al barómetro metálico en que no interviene el mercurio. Ú.t.c.s.

★ **ANESIA.** f. Med. Remisión o disminución de los síntomas de una enfermedad aguda.

★ **ANESTECINESIA.** f. Pat. Pérdida de sensibilidad y movimiento en una parte del organismo.

ANESTESIA. (gr. ἀναισθησία, de ἀν, priv., y αἰσθησις, sentido, sentimiento.) f. Falta o privación general o parcial de la sensibilidad por efecto de un padecimiento, o artificialmente producida. ‖ **P.** e **It.** anestesia; **I.** anaesthesia; **F.** anesthésie; **A.** Narkose; **R.** анестезия.

ANESTESIAR. tr. Privar total o parcialmente de la sensibilidad por medio de la anestesia.

ANESTÉSICO, CA. adj. Perteneciente o relativo a la anestesia. ‖ **2.** Que produce o causa anestesia. ‖ **P.** anestésico; **I.** anaesthetic; **F.** anesthésique; **A.** Betäubungsmittel; **It.** anestètico; **R.** обезболивающий.

★ **ANESTESÍMETRO.** m. Med. y Cir. Aparato para medir la cantidad de anestésico que se administra y el grado y extensión de la anestesia. ‖ **P.** e **It.** anestesímetro; **I.** anesthesimeter; **F.** anesthésimètre; **A.** Anästhesimeter; **R.** анестезиметр.

° **ANESTESIOLOGÍA.** f. Tratado de la anestesia y de los anestésicos.

ANESTESISTA. m. y f. Especialista encargado de aplicar la anestesia.

ANETO. (l. *anethum*.) m. Bot. Ar. Aneldo.

★ **ANETOL.** m. Quím. Uno de los éteres aromáticos, que se encuentra en el aceite de la semilla del anís. Es antiséptico.

★ **ANEURIA.** f. Med. Falta de energía nerviosa.

ANEURISMA. (gr. ἀνεύρυσμα, de ἀνευρύνω, dilatar.) amb. Tumor relleno de coágulo y de sangre circulante, que se forma al resquebrajarse las paredes de una arteria. ‖ **2.** Dilatación o aumento anormal del volumen del corazón. ‖ **P.** e **It.** aneurisma; **I.** aneurism; **F.** anévrisme, anévrysme; **A.** Krampfader; **R.** аневризма.

ANEXAR. (De *anexo*.) tr. Unir una cosa a otra con dependencia de ella.

ANEXIDAD. f. p. us. Conexión de una cosa con otra. ‖ **2.** pl. Derechos y cosas anexas a otra principal. Ú. con la voz *conexidades*, como fórmula en los instrumentos públicos.

ANEXIÓN. (l. *annexĭo, -ōnis*.) f. Acción y efecto de anexar. ‖ **P.** anexação; **I.** an-

nexation; **F.** annexion; **A.** Anschluss; **It.** annessione; **R.** аннексия.

ANEXIONAR. (De *anexión*.) tr. Anexar.

ANEXIONISMO. m. Doctrina que favorece y defiende las anexiones, especialmente tratándose de territorios.

ANEXIONISTA. adj. Partidario o defensor del anexionismo. Apl. a pers. ú.t.c.s.

ANEXITIS. f. Med. Inflamación de los anexos.

ANEXO, XA. (l. *annexus*, p.p. de *annectĕre*, enlazar, unir.) adj. Unido o agregado a otra cosa con dependencia de ella. Ú.t.c.s. ‖ **2.** m. pl. Se llaman así en anatomía, y sobre todo en cirugía, los órganos y tejidos que rodean el útero. ‖ **P.** anexo; **I.** annex; **F.** annexe; **A.** zugehörig; **It.** annesso; **R.** прилагаемый.

ANFESIBENA. f. Anfisibena.

ANFI. (gr. ἀμφί.) prep. insep. que significa alrededor: ANFIteatro.

★ **ANFIARTROSIS.** f. Anat. Articulación de muy poca movilidad.

ANFIBIO, BIA. (l. *amphibĭus*, y éste del gr. ἀμφίβιος; de ἀμφί, ambos, y βίος, vida.) adj. Que puede vivir dentro del agua y fuera de ella. Ú.t.c.s. ‖ **2.** Dícese de los vehículos que pueden caminar por tierra y por agua. ‖ **3.** Batracios. Ú.t.c.s. ‖ **4.** m. pl. Zool. Clase de estos animales. ‖ **P.** anfibio; **I.** amphibium; **F.** amphibie; **A.** amphibisch; **It.** anfibio; **R.** земноводный.

ANFÍBOL. (gr. ἀμφίβολος, ambiguo.) m. Mineral compuesto de sílice, magnesia, cal y óxido ferroso, de color, por lo común, verde o negro, y brillo anacarado. ‖ **P.** anfíbola; **I.** y **F.** amphibole; **A.** kieselsaures Magnesium; **It.** anfibol.

ANFIBOLITA. f. Roca compuesta de anfíbol y algo de feldespato, cuarzo o mica, de color verde, dura y tenaz. Se emplea en la fabricación de objetos de lujo.

ANFÍBOLO, LA. adj. Pat. Se aplica al período de las fiebres intermedio.

ANFIBOLOGÍA. (l. *amphibologĭa*, y éste del gr. ἀμφίβολος, ambiguo, equívoco.) f. Doble sentido, vicio de la palabra, cláusula, o manera de hablar, a que puede darse más de una interpretación. ‖ **2.** Ret. Figura que consiste en emplear adrede voces o cláusulas de doble sentido. ‖ **P.** anfibologia; **I.** amphibology; **F.** amphibologie; **A.** Doppelsinn; **It.** anfibologia; **R.** двойной смысл.

ANFIBOLÓGICAMENTE. adv. Con anfibología.

ANFIBOLÓGICO, CA. adj. Que tiene o implica anfibología.

ANFÍBRACO. (l. *amphibrăchus*, y éste del gr. ἀμφίβραχυς; de ἀμφί, de ambos lados, y βραχύς, breve.) m. Pie de la poesía griega y latina, compuesto de tres sílabas, una larga entre dos breves.

★ **ANFICÁRPEO, A.** adj. Bot. Aplícase a las plantas que producen frutos en dos épocas distintas o de dos formas diferentes.

ANFICTIÓN. (gr. 'Αμφικτίονες.) m. Cada uno de los diputados de la anfictionía.

ANFICTIONADO. m. Cargo de anfictión.

ANFICTIONÍA. (gr. ἀμφικτιονία.) f. Confederación de las antiguas ciudades griegas. ‖ **2.** Asamblea de los anfictiones.

ANFICTIÓNICO, CA. adj. (gr. ἀμφικτιονικός.) adj. Perteneciente o relativo al anfiction o a la anfictionía.

★ **ANFIDIARTROSIS.** f. Anat. Articulación que permite movimientos en varios sentidos.

★ **ANFÍGAMO, MA.** adj. Bot. Aplícase a las plantas que tienen un procedimiento de fecundación poco claro.

★ **ANFÍGENO, NA.** adj. Quím. Dícese de los cuerpos que para formar sales no pueden combinarse directamente con los metales.

ANFÍMACRO. (l. *amphimăcrus*, y éste del gr. ἀμφίμακρος; de ἀμφί, de ambos lados, y μακρός, largo.) m. Pie de la poesía griega y latina, compuesto de tres sílabas; la primera y última, largas, y la segunda, breve. ‖ **P.** anfímacro; **I.** amphimacer; **F.** amphimacre; **A.** Amphimacer; **It.** anfimacro; **R.** анфимахро.

ANFINEURO. (gr. ἀμφί, por ambos lados, y νεῦρον, nervio.) adj. Zool. Dícese

A

4

A

de moluscos marinos que carecen de cabeza y pie distinto, con simetría bilateral y sistema nervioso formado por una doble cadena ganglionar, semejante a la de los gusanos. Unos son desnudos y otros tienen concha. || **2.** m. pl. ZOOL. Clase de estos animales.

ANFIÓN. (ár. *afiyūn*, y éste del gr. ὄπιον.) m. QUÍM. Opio.

★ **ANFIOXO.** m. ZOOL. Pez rudimentario que puede considerarse como el eslabón que une los vertebrados con los moluscos. || **P.** anfioxo; **I.** amphioxe; **F.** amphioxus; **A.** Lanzettfisch; **It.** anfiosso.

ANFÍPODO. (gr. ἀμφί, por ambos lados, y πούς, ποδός, pie.) adj. ZOOL. Dícese de crustáceos acuáticos de pequeño tamaño, casi todos marinos, como la pulga de arena. Ú.t.c.s. || **2.** m. pl. ZOOL. Orden de estos animales. || 2.ª acep.: **P.** anfípodos; **I.** amphipods; **F.** amphipodes; **A.** Flohkrebs; **It.** anfìpodi.

★ **ANFIPOSITIVO, VA.** adj. FOTOGR. Dícese de la imagen que aparece positiva en el revelado.

ANFIPRÓSTILO. (l. *amphiprostÿlos*, y éste del gr. ἀμφιπρόστυλος; de ἀμφί, a uno y a otro lado, y πρόστυλος, próstilo.) m. ARQ. Edificio con pórtico y columnas en dos de sus fachadas.

ANFISBENA. (l. *amphisbaena*, y éste del gr. ἀμφίσβαινα; de ἀμφίς, por ambos lados, y βαίνω, ir.) f. Reptil de que los antiguos contaban fábulas y prodigios. || **2.** ZOOL. Reptil saurio, sin patas, lo cual hace que se asemeje a una pequeña culebra. Vive bajo tierra. || **P.** anfisbena; **I.** amphisbaena; **F.** amphisbène; **A.** Doppelschleiche; **It.** anfisbena, anfesibena.

ANFISCIO, CIA. (l. *amphiscius*, y éste del gr. ἀμφίσκιος; de ἀμφί, de ambos lados, y σκία, sombra.) adj. GEOG. Dícese del habitante de la zona tórrida, cuya sombra, al mediodía, mira ya al Norte, ya al Sur, según las estaciones del año. Ú.m.c.s. y en pl. || **P.** amfiscio; **I.** amphiscian; **F.** amphiscien; **A.** Zweischattig; **It.** anfiscio.

ANFISIBENA. f. Anfisbena.

ANFITEATRO. (l. *amphitheātrum*, y éste del gr. ἀμφιθέατρον; de αμφι, alrededor, y θέατρον, teatro.) m. Edificio de figura redonda con gradas alrededor, en el cual se celebran varios espectáculos. || **2.** Conjunto de asientos en gradas semicirculares que suele haber en las aulas y en los teatros. || **—anatómico.** Lugar destinado a la disección de los cadáveres. || **P.** e **It.** anfiteatro; **I.** amphitheatre; **F.** amphithéâtre; **A.** Amphitheater; **R.** амфитеатр.

ANFITRIÓN. (De *Anfitrión*, rey de Tebas, esposo de Alcumena, espléndido en sus banquetes.) m. fig. y fam. El que tiene convidados a su mesa y los regala con esplendidez. || **P.** anfitrião; **I.** y **F.** amphitryon; **A.** Gastgeber; **It.** anfitrione; **R.** гостеприимный.

ANFODIPLOPIA. f. PAT. Anomalía de la vista que consiste en que ambos ojos, ya juntos, ya independientes, perciben dobles objetos.

ÁNFORA. (l. *amphŏra*, y éste del gr. ἀμφορεύς, vaso grande de dos asas.) f. Cántaro alto y estrecho, de cuello largo, con dos asas, terminado en punta, y muy usado por los antiguos griegos y romanos. || **2.** Medida de capacidad usada por griegos y romanos. || **3.** pl. Jarras o cántaros, por lo regular de plata, en que el obispo consagra los óleos el Jueves Santo. || **P.** ânfora; **I.** amphora; **F.** amphore; **A.** Amphore; **It.** ânfora; **R.** амфора.

★ **ANFÓTERO, RA.** adj. QUÍM. Dícese del cuerpo o de la substancia que presenta un doble comportamiento, unas veces como ácido y otras como base.

ANFRACTUOSIDAD. f. Calidad de anfractuoso. || **2.** ANAT. Surco o depresión sinuosa que separa las circunvoluciones cerebrales. Ú.m. en pl.

ANFRACTUOSO, SA. (l. *anfractuosus*, lleno de vueltas o rodeos.) adj. Quebrado, sinuoso, tortuoso, desigual.

ANGANILLAS. f. pl. AR. Angarillas, aguaderas, jamugas.

ANGARIA. (l. *angarĭa*, y éste del gr. ἀγγαρεία, servicio de transporte.) f. Antigua servidumbre o prestación personal. ||

2. MAR. Retraso forzoso impuesto a la salida de un buque para emplearlo en un servicio público que el Gobierno de una nación impone a buques extranjeros. || **3.** Incautación, por un beligerante, de la propiedad mueble enemiga o neutral para emplearla en su lucha contra el adversario.

ANGARILLA. f. COLOM. Fusta de montura de dos cabezas para carguío. || **2.** CHILE y ECUAD. Angarillas. || **3.** CUBA. Cordel con una piedra en un extremo que se arroja por encima de la cuerda de una cometa para apoderarse de ella. || *Echar la* ANGARILLA. fr. fig. y fam. CUBA. Apoderarse de un negocio ajeno por medios ilícitos.

ANGARILLADA. f. Carga que de una vez se puede transportar en unas angarillas.

ANGARILLAR. tr. Poner angarillas a una caballería.

ANGARILLAS. (l. *angarĭa*, acarreo.) f. pl. Armazón compuesta de dos varas con un tabladillo en medio, en que se llevan a mano materiales para edificios y otras cosas. || **2.** Armazón de cuatro palos clavados en cuadro, de los que penden unas como bolsas grandes de redes para transportar en las cabalgaduras cosas delicadas, como el vidrio. || **3.** Aguaderas. || **4.** Utensilio del servicio de mesa, consistente en un pie en que se colocan frascos para aceite y vinagre, y saleros para especias. || **P.** cangalhas; **I.** hand-barrow; **F.** civière; **A.** Tragbahre; **It.** barella; **R.** ручные носилки.

★ **ANGARILLEAR.** tr. CHILE. Transportar en angarillas. || **2.** CHILE. Trabajar con angarillas.

ANGARIPOLA. f. Lienzo ordinario, estampado en listas de varios colores, que usaron las mujeres del siglo XVII para hacerse guardapiés. || **2.** pl. fam. Adornos de mal gusto que se ponen en los vestidos.

ÁNGARO. (gr. ἄγγαρον πῦρ, señales por medio del fuego.) m. Almenara, fuego o ahumada de aviso en las atalayas. || **2.** Disco de señales en los ferrocarriles.

★ **ANGARRIA.** f. COLOM. Persona flaca y desmedrada.

★ **ANGAS o POR MANGAS (POR).** m. adv. fam. CHILE. De una o de otra manera.

ANGAZO. (l. *hamĭca*, de *hamus*, anzuelo.) m. Instrumento para pescar mariscos. || **2.** AST. y GAL. Rastro, instrumento agrícola.

ÁNGEL. (l. *angĕlus*, y éste del g. ἄγγελος, nuncio, mensajero, de ἀγγέλλω, anunciar.) m. Espíritu celeste criado por Dios para su ministerio. Es aplicable a todos los espíritus celestiales. || **2.** Cualquiera de los espíritus celestes que pertenecen al último de los nueve coros. || **3.** Con el art. *el*, por autonomasia, el Arcángel San Gabriel. || **4.** fig. Gracia, simpatía. Ú. casi siempre con el verbo *tener*. || **5.** fig. Persona en quien se suponen las calidades propias de los espíritus angélicos. || **6.** En el juego de los trucos, cierta ventaja para jugar las bolas que no se alcanzan con la punta del taco. || **—custodio o de la guarda.** El que Dios tiene señalado a cada persona para su guarda. || *Ser uno como un* ÁNGEL *o un* ÁNGEL. fr. fig. Ser en extremo hermoso o muy afable, inocente o bueno. || **P.** anjo; **I.** angel; **F.** ange; **A.** Engel; **It.** àngelo; **R.** ангел.

ÁNGELA. n. p. ¡ÁNGELA *María*! expr. que se usa para denotar que se aprueba alguna cosa, que se cae en la cuenta de algo, o que causa extrañeza lo que se oye.

ANGELAR. intr. HOND. Suspirar.

ANGÉLICA. (l. *angelĭca*, por las virtudes terapéuticas de la planta.) f. Planta herbácea, vivaz, umbelífera. Su semilla se emplea en Farmacia. || **2.** Lección que se canta el Sábado Santo para la bendición del cirio. || **3.** FARM. Bebida purgante, compuesta de maná y otras cosas. || *Arc*ANGÉLICA. Planta anua de la familia de las umbelíferas, que apenas se diferencia de la ANGÉLICA sino por las hojas más aserradas, las semillas muy aplastadas y el olor aromático, principalmente de la raíz, cuyo cocimiento suele usarse en medicina. **—carlina.** Ajonjera. || **P.** angélica; **I.** Angelica; **F.** angélique; **A.** Angelika; **It.** angèlica. **R.** ангелика, дягиль.

ANGELICAL. adj. Perteneciente o relativo a los ángeles. || **2.** fig. Parecido a los ángeles por su hermosura, candor o inocencia. || **3.** fig. Que parece de ángel. *Cara* ANGELICAL. || **P.**, **I.** y **F.** angelical; **A.** engelgleich; **It.** angelicale; **R.** ангельский.

ANGELICALMENTE. adv. Con candor e inocencia.

ANGÉLICO. m. d. de ángel. || **2.** fig. Angelito, niño de tierna edad. || **3.** SAL. Saltaojos.

ANGÉLICO, CA. (l. *angelĭcus*.) adj. Angelical.

ANGELÍN. (port. *angelim*.) m. BOT. Pangelín, árbol leguminoso medicinal.

★ **ANGELINA.** expr. P. RICO y REP. DOMIN. ¡Ángela María!

ANGELITO. m. d. de ángel. || **2.** fig. Niño de muy tierna edad, aludiendo a su inocencia. || **3.** CHILE. Cadáver de un párvulo, especialmente cuando está vestido y adornado para el velatorio. || **4.** irón. R. DE LA PLATA. Persona mayor que afecta poseer cualidades de inocencia. || **5.** irón. R. DE LA PLATA. Hombre temible por sus fechorías. || *Estar uno con los* ANGELITOS. Estar en Babia. || **2.** fig. y fam. Estar dormido o muy distraído.

ANGELIZAR. (De *ángel*.) tr. p. us. Comunicar la virtud angélica. || **2.** r. Purificarse espiritualmente, aspirando a la perfección angélica.

ANGELOLOGÍA. (l. *angĕlus*, y éste del gr. ἄγγελος, mensajero, y λόγος, tratado.) f. Tratado de lo referente a los ángeles.

ANGELÓN. m. aum. de ángel. || **—de retablo.** fig. y fam. Persona desproporcionadamente gorda y carrilluda.

ANGELORO. m. CHILE. El párvulo que por su cuerpo o por su edad, ya no merece el nombre de angelito.

ANGELOTA. f. BOT. Trébol hediondo.

ANGELOTE. m. aum. de ángel. || **2.** fam. Figura grande de ángel que se pone en los retablos o en otras partes. || **3.** fig. y fam. Niño muy gordo y de apacible condición. || **4.** fig. y fam. Persona muy sencilla y apacible. || **5.** ZOOL. Pez marino, selacio, del suborden de los escuálidos, que llega a tener 2 m de largo; es aplastado, de color azul obscuro por encima y blanco por debajo y con aletas muy grandes, a manera de alas blancas. || **6.** BOT. Especie de higueruela, planta leguminosa. || 5.ª acep.: **P.** anjo do mar; **I.** ange-fish; **F.** angelot, ange; **A.** Meerengel; **It.** pesce àngelo; **R.** кроткий, спокойный.

ÁNGELUS. m. Oración en honor del misterio de la Encarnación, que comienza con las palabras ÁNGELUS *Dómini.* Se reza al amanecer, al mediodía y al atardecer.

ANGEO. m. COLOM. Tela metálica.

° **ANGEVINO, NA.** adj. Natural de la antigua provincia francesa de Anjou o de su capital Angers. || **2.** Perteneciente o relativo a la casa de Anjou.

ANGINA. (l. *angina*; de *angère*, sofocar.) f. Inflamación de las amígdalas, o de éstas y de la faringe. || **—de pecho.** Síndrome caracterizado por accesos súbitos de corta duración con angustias de muerte y dolor violento desde el externón hasta el hombro, brazo, antebrazo y mano izquierdos. || **P.**, **I.** e **It.** angina; **F.** angine; **A.** Halsentzündung, Bräune; **R.** ангина.

ANGINOSO, SA. adj. Perteneciente o relativo a la angina, o acompañado de ella.

° **ANGIOLOGÍA.** f. Ciencia que tiene por objeto el estudio de los vasos sanguíneos y linfáticos.

ANGIOMA. (gr. ἀγγεῖον, vaso, y el sufijo *-oma*, que en medicina significa tumor.) m. MED. Tumor de tamaño variable, formado por acumulación de vasos sanguíneos. || **2.** PAT. Antojo, manchas o tumorcitos eréctiles que algunas personas suelen presentar en la piel.

ANGIOSPERMO, MA. (gr. ἀγγεῖον, vaso, y σπέρμα, simiente.) adj. BOT. Dícese de plantas fanerógamas cuyos carpelos forman una cavidad cerrada u ovario, dentro de la cual están los óvulos. Ú.t. c.s.f. || **2.** f. pl. BOT. Subtipo de estas plantas.

★ **ANGIOSTENIA.** f. MED. Tensión arterial.

A

* ANGIOTRIBO. m. Cir. Pinzas muy fuertes usadas para aplastar los tejidos que contienen una arteria y así contener la hemorragia.·

ANGLA. (De *ángulo*.) f. Cabo, punta, promontorio.

ANGLESITA. f. Sulfato de plomo natural.

ANGLICANISMO. (De *anglicano*.) m. Conjunto de las doctrinas de la religión reformada predominante en Inglaterra.

ANGLICANIZADO, DA. adj. Influido por las costumbres, ideas, etc., de los ingleses.

ANGLICANO, NA. (l. *anglicānus*.) adj. Que profesa el anglicanismo. Ú.t.c.s. || 2. Perteneciente a él.

ANGLICISMO. m. Giro o modo de hablar propio y privativo de la lengua inglesa. || 2. Vocablo o giro de esta lengua empleado en otra. || 3. Empleo de vocablos o giros ingleses en distinto idioma. || **P.** e **It.** anglicismo; **I.** Anglicism; **F.** anglicisme; **A.** Anglizismus; **R.** англицизм.

ANGLO, GLA. (l. *anglus*.) adj. Dícese del individuo de una tribu germánica que en el siglo vi se estableció en Inglaterra. Ú.t.c.s. || 2. Inglés. Ú.t.c.s.

ANGLOAMERICANO, NA. adj. Perteneciente a ingleses y americanos, o compuesto de elementos propios de los países de ambos. || 2. Dícese del individuo de origen inglés, nacido en América. || 3. Natural de los Estados Unidos de la América septentrional. Ú.t.c.s. || 4. Perteneciente a ellos.

* ANGLOFILIA. f. Simpatía hacia las cosas propias de los ingleses.

° ANGLÓFILO. adj. Amigo, partidario, simpatizante con Inglaterra y los ingleses. Ú.t.c.s.

* ANGLOFOBIA. f. Odio o aversión hacia Inglaterra y los ingleses.

ANGLOMANÍA. (De *anglo* y *manía*.) f. Afectación en imitar las costumbres inglesas.

ANGLÓMANO, NA. adj. Que adolece de anglomanía. Ú.t.c.s.

ANGLOSAJÓN, NA. adj. Dícese del individuo procedente de los pueblos germanos que en el siglo v invadieron Inglaterra. Ú.t.c.s. || 2. Pertenecientes a la cual procede el inglés. || **P.** anglo-saxão; **I.** Anglo-Saxon; **F.** anglo-saxon; **A.** angelsachse; **It.** anglosassone; **R.** англо-саксонский.

* ANGLOFRASIA. f. Med. Tartamudez o balbuceo a sacudidas que se observa en la demencia.

ANGOJA. (dialect. *angoja*, y éste del l. *angustia*.) f. ant. Congoja.

ANGOJOSO, SA. (De *angoja*.) adj. ant. Congojoso.

* ANGOLA. f. Hond. Leche agria.

* ANGOLA. adj. Argent. Lerdo, necio.

ANGOLÁN. m. Árbol de la India, de la familia de las alangiáceas. El fruto es comestible y la raíz se usa como purgante.

* ANGOLLO. m. Bol. Mazamorra.

ANGORA. n. p. V. *Gato de* Angora.

ANGORRA. f. Pieza de cuero o tela gruesa destinada en ciertos oficios a defender las partes del cuerpo expuestas a rozamientos o quemaduras.

ANGOSTAMENTE. adv. Con angostura o estrechez.

ANGOSTAR. (l. *angustāre*.) tr. Hacer angosto, estrechar. Ú.t.c.intr. y r. || 2. ant. fig. Angustiar.

ANGOSTO, TA. (l. *angūstus*, estrecho.) adj. Estrecho o reducido. || **P.** estreito; **I.** narrow; **F.** étroit, resserré; **A.** eng; **It.** angusto; **R.** узкий.

ANGOSTURA. f. Calidad de angosto. || 2. Estrechura o paso estrecho. || 3. Min. La parte que va disminuye de grueso un filón. || 4. Árbol rutáceo de Venezuela y Colombia. || **P.** angustura; **I.** narrowness; **F.** étroitesse; **A.** Enge; **It.** angustia, strettezza; **R.** узость, теснота.

ANGRA. (l. *angra*, *ancra*, valle, recodo.) f. Ensenada, bahía.

ANGRELADO, DA. (fr. *engrêlé*, y éste de *grêle*, gresle, del l. *gracilis*, delgado.) adj. Dícese de las piezas de heráldica, de las monedas y de los adornos de arquitectura que rematan en forma de picos o dientes

muy menudos. || **P.** crenado; **I.** engrailed; **F.** engrêlé; **A.** gespitzt; **It.** dentellato; **R.** мелкозубчатый.

* ANGSTRÖM. m. Fís. Unidad de medida usada para longitudes de ondas de la luz, radiaciones ultravioleta y rayos X. Es equivalente a 10^{-10} metros o 10^{-8} centímetros.

ANGÚ. m. C. Rica y Pan. Masa de plátanos verdes cocida en caldo de carne.

ANGUARINA. (De *hungarina*.) f. Gabán de paño burdo y sin mangas que, en tiempo de agua y frío, usan los labradores de algunas comarcas.

ANGÜEJO. m. Oreja de Abad, fruta de sartén.

ANGUILA. (l. *anguilla*.) f. Pez teleósteo, fisóstomo, sin aletas abdominales, de cuerpo largo, cilíndrico, que llega a medir 1 m. Vive en los ríos, pero para efectuar su reproducción se traslada a un lugar del océano Atlántico. || 2. Mar. Cada uno de los dos largos maderos, paralelos a la quilla del buque en construcción que, con otras piezas, constituyen la base sobre la que se bota el agua. Ú.m. en pl. || —**de cabo.** Rebenque, látigo. || **P.** enguia; **I.** eel; **F.** anguille; **A.** Aal; **It.** anguilla; **R.** угорь.

ANGUILAZO. m. Golpe dado con la anguila de cabo o rebenque.

ANGUILERO, RA. adj. Dícese del canasto o cesta que sirve para llevar anguilas.

ANGUILO. (De *anguila*.) m. Sant. Congrio pequeño.

ANGUILLA. (l. *anguilla*.) f. ant. Anguila, pez. Ú. en Honduras y Nicaragua.

ANGUINA. (l. *inguen*, -*inis*, ingle.) f. Veter. Vena de las ingles.

ANGULA. (de *anguila*.) f. Cría de la anguila, que desde el lugar del océano Atlántico en que nace llega a la costa, y sube por algunos ríos en cantidades asombrosas. Cocida se vuelve blanca, y es un sabroso pescado.

* ANGULACIÓN. f. Obstrucción del intestino por doblamiento del mismo en ángulo agudo.

ANGULADO, DA. adj. Anguloso.

ANGULAR. (l. *angulāris*.) adj. Perteneciente o relativo al ángulo. || 2. De figura de ángulo. || 3. Aplícase a la piedra que en los edificios hace esquina; y en sentido figurado, se usa para significar la base o fundamento de algo.

ANGULARMENTE. adv. En figura de ángulo.

ANGULEMA. (De *Angulema*, ciudad de Francia de donde procede.) f. Lienzo de cáñamo o estopa. || 2. pl. fam. Zalamerías, carantoñas.

ÁNGULO. (l. *angŭlus*, y éste del gr. αγκύλος, encorvado.) m. Geom. Abertura formada por dos líneas que parten de un mismo punto. || 2. Rincón. 3. Esquina o arista. || —**acimutal.** Astron. El comprendido entre el meridiano de un lugar y el plano vertical en que esté la visual dirigida a un astro o a otro objeto. || —**agudo.** Geom. El menor o más cerrado que el recto. || —**cenital.** Topogr. El que forma una visual con la vertical del punto de observación. || —**complementario.** Geom. El que con otro, forman un recto. || —**curvilíneo.** Geom. El que forman dos líneas curvas. || —**de corte.** Cant. El que forma el intradós de una bóveda o un arco con el lecho o sobrelecho de cada una de las dovelas. || —**de incidencia.** Fís. El que forma un rayo de luz, una onda o un cuerpo elástico, con la normal a una superficie en el punto en que la encuentra. || —**del ojo.** Extremo donde se unen uno y otro párpado. || —**de mira.** Art. El que forma la línea de mira con el eje de la pieza. || —**de reflexión.** Fís. El que forma un rayo de luz, una onda o un cuerpo elástico con la normal a una superficie en el punto en que se apartan de ella después de la incidencia. || —**de tiro.** Art. El que forma la línea horizontal con el eje de la pieza. || —**diedro.** Geom. El formado por dos planos que se cortan. || —**entrante.** Geom. Aquel cuyo vértice entra en la figura o cuerpo de que es parte. || —**esférico.** Geom. El formado en la superficie de la esfera por dos arcos de

círculo máximo. || —**facial.** Zool. El formado por la intersección de las dos rectas que se pueden imaginar en la cara del hombre y otros animales, una desde la frente hasta los alveolos de la mandíbula superior, y otra desde este sitio hasta el conducto auditivo. || —**horario.** El que forma con el meridiano un círculo horario. || —**mixtilíneo** o **mixto.** Geom. El que forman una recta y una curva. || —**muerto.** Fort. El que no tiene defensa ni está flanqueado. || —**oblicuo.** Geom. El mayor o más abierto que el recto. || —**occipital.** Zool. Aquel cuyo vértice está en el intervalo de los cóndilos occipitales, y cuyos lados pasan respectivamente por el vértice de la cabeza y el borde inferior de la órbita. || —**óptico.** El formado por las dos visuales que van desde el ojo del observador a los extremos del objeto que se mira. || —**plano.** Geom. El que está formado en una superficie plana. || —**poliedro.** Ángulo sólido. || —**rectilíneo.** Geom. El que forman dos líneas rectas. || —**recto.** Geom. El que forman dos líneas, o dos planos, que se cortan perpendicularmente. || —**saliente.** Geom. Aquel cuyo vértice sobresale en la figura o cuerpo de que es parte. || —**semirrecto.** Geom. El de 45 grados, mitad del recto. || —**sólido.** Geom. El formado por varios planos que se cortan mutuamente y concurren en un punto. || —**suplementario.** Geom. Suplemento. || —**triedro.** Geom. El formado por tres planos que concurren en un punto. || —**adyacentes.** Geom. Los dos que a un mismo lado de una recta forman con ella otra que la corta. || —**alternos.** Geom. Los dos que a distinto lado forman una secante con dos rectas. Son *alternos internos* los que están entre las rectas; *alternos externos*, los que están fuera. || —**correspondientes.** Geom. Los dos que a un mismo lado forman una secante con dos rectas, uno entre ellas y otra fuera. || —**opuestos por el vértice.** Geom. Los que tienen el vértice común y los lados de cada uno en prolongación de los del otro. || **P.** ângulo; **I.** y **F.** angle; **A.** Ecke, Winkel; **It.** àngolo; **R.** угол.

ANGULOSO, SA. (l. *angulōsus*.) adj. Que tiene ángulos o esquinas.

ANGURRIA. (gr. αγγούριον, cohombro, pepino.) f. ant. Sandía.

ANGURRIA. f. fam. Estangurria, enfermedad de las vías urinarias.

* ANGURRIA. f. fam. R. de la Plata. Hombre. || 2. R. de la Plata. Avaricia.

ANGUSTIA. (l. *angustĭa*, angostura, dificultad.) f. Aflicción, congoja. || 2. Germ. Cárcel, prisión. || 3. pl. Germ. Galeras. || **P.** angústia; **I.** anguish; **F.** angoisse; **A.** Angst; **It.** angoscia, angustia; **R.** тоска, тревога.

ANGUSTIADAMENTE. adv. Angustiosamente.

ANGUSTIADO, DA. p.p. de angustiar. || 2. adj. Que implica o expresa angustia. || 3. Estrecho. || 4. fig. Apocado, miserable. || 5. m. Germ. Preso y galeote.

ANGUSTIADOR, RA. adj. Que angustia.

ANGUSTIAR. (l. *angustiāre*.) tr. Causar angustia, afligir, acongojar. Ú.t.c.r.

ANGUSTIOSAMENTE. adv. Con angustia.

ANGUSTIOSO, SA. adj. Lleno de angustia. || 2. Que la causa. || 3. Que la padece.

ANHELACIÓN. (l. *anhelatĭo*, -*ōnis*.) f. Acción y efecto de anhelar o respirar con dificultad.

ANHELANTE. p.a. de anhelar. Que anhela.

ANHELAR. (l. *anhelāre*.) intr. Respirar con dificultad. || 2. Tener ansia o deseo vehemente de conseguir alguna cosa. Ú.t.c.r. || 3. tr. fig. Expeler, echar de sí con el aliento. || **P.** anelar; **I.** to pant; **F.** convoiter; **A.** begehren, ersehnen; **It.** anelare; **R.** задыхаться.

ANHÉLITO. (l. *anhēlĭtus*.) m. Respiración, principalmente corta y fatigosa. || **P.** anélito; **I.** panting; **F.** anhélation; **A.** Schweratmigkeit; **It.** anèlito; **R.** одышка.

A

ANHELO. (l. *anhēlus*.) m. Deseo vehemente.

ANHELOSAMENTE. adv. Con anhelo.

ANHELOSO, SA. (l. *anhelōsus*.) adj. Dícese de la respiración frecuente y fatigosa. || **2.** Que respira de este modo. || **3.** Que tiene o siente anhelo, o que lo causa.

ANHÍDRIDO. (De *anhidro* y la terminación -*ido*, de ácido.) m. QUÍM. Cuerpo que inmediata o mediatamente procede de la deshidratación de los ácidos, con la pérdida de los caracteres de la acidez. ‖—**arsenioso.** Cuerpo blanco, compuesto de arsénico y oxígeno, poco soluble en el agua y muy venenoso. ‖ —**bórico.** Cuerpo sólido, amorfo, incoloro, compuesto de boro y oxígeno. ‖ —**carbónico.** Gas asfixiante, no combustible, de olor y sabor picante, que se produce en las combustiones y en algunas fermentaciones por la combinación del carbono con el oxígeno. ‖—**nítrico.** Cuerpo sólido, blanco, inestable, compuesto de nitrógeno y oxígeno. ‖—**sulfúrico.** Cuerpo sólido, compuesto de azufre y oxígeno, blanco y muy ávido de agua, con la que se combina formando el ácido sulfúrico. ‖—**sulfuroso.** Gas incoloro, de olor fuerte e irritante, que resulta de la combustión del azufre. ‖ P. anidrido; I. y F. anhydride; A. wasserlose Säure, Anhydrid; It. anidride; R. ангидрид.

ANHIDRITA. f. Roca de mayor densidad y dureza que el yeso, formada por un sulfato de cal anhidro.

ANHIDRO, DRA. (gr. ἄνυδρος; de ἀν, priv., y ὕδωρ, agua.) adj. QUÍM. Aplícase a los cuerpos en cuya formación no entra el agua. ‖ P. e It. anidro; I. anhydrous; F. anhydre; A. wasserlos; R. безводный.

ANHIDROSIS. (gr. ἀνίδρωσις; de ἀν, priv., e ἱδρόω, sudar.) f. MED. Disminución o supresión del sudor.

ANIAGA. (Por *añaga*, del l. *annus*, año.) f. MURC. Salario que cada año se paga al labrador. || **2.** MURC. Haza pequeña de tierra.

ANIDAR. intr. Hacer nido las aves o vivir en él. Ú.t.c.r. ‖ **2.** fig. Morar, habitar. Ú.t.c.r. ‖ **3.** Hallarse o existir algo en una persona o cosa. Ú.t.c.r. ‖ P. abrigar, acoger. ‖ P. anihhar; I. to nest; F. nicher; A. nisten; It. annidare; R. гнездиться.

ANIDIAR. (l. *ad*, a, y *nitidāre*, pulir, limpiar.) tr. SAL. Blanquear las paredes de la casa y hacer en ésta una limpieza general. ‖ **2.** r. SAL. Peinarse, arreglarse el pelo.

ANIDIO. m. SAL. Acción y efecto de anidiar.

ANIEBLAR. tr. Aneblar, anublar. Ú.t.c.r. ‖ **2.** r. AR. Alelarse, entontecerse.

ANIEGO. (De *anegar*.) m. Anegación.

ANIEJAR. (De *añejar*.) tr. ant. Añejar. Usáb.t.c.intr. Ú. en Andalucía.

ANIEJO, JA. adj. ant. Añejo. Ú. en Andalucía.

ANIHILACIÓN. f. p. us. Aniquilación.

ANIHILAMIENTO. m. p. us. Aniquilamiento.

ANIHILAR. tr. p. us. Aniquilar.

★ ANILIDA. f. QUÍM. Cada uno de los derivados de la anilina por substitución de hidrógeno del grupo amino por radicales ácidos. ‖ P. anilida; I. y F. anilide; A. Anilid; It. anilido; R. анилид.

ANILINA. (De *añil*.) f. QUÍM. Alcaloide líquido, artificial, obtenido por transformación de la bencina procedente del carbón de piedra. ‖ P. e It. anilina; I. y F. aniline; A. Anilin; R. анилин.

★ ANILISMO. m. Envenenamiento por las anilinas. ‖ P. e It. anilismo; I. anilism; F. anilisme; A. Anilismus; R. анилизм.

ANILLA. (De *anillo*.) f. Cada uno de los anillos para colocar colgaduras y cortinas. ‖ **2.** Anillo al cual se ata un cordón o correa para sujetar un objeto. ‖ **3.** pl. En gimnasia, aro, pendiente de cuerdas o cadenas, para hacer diferentes ejercicios. ‖ **4.** Fajita litografiada en colores que rodea el cigarro puro. ‖ P. anilha; I. hoop; F. anneau, bague; A. Gardinenring; It. campanella; R. кольцо.

ANILLADO, DA. p.p. de anillar. ‖ **2.** adj. Dícese del cabello rizado. ‖ **3.** ZOOL. Aplícase a los animales cuyo cuerpo imita una serie de anillos. Ú.t.c.s.m.

★ ANILLAMIENTO. m. Operación de pasar un anillo por el tabique nasal de un animal para sujetarlo y dominarlo mejor. ‖ **2.** VETER. Operación para impedir la función de algún órgano.

ANILLAR. tr. Dar figura de anillo, ensortijar. ‖ **2.** Sujetar con anillos. ‖ **3.** Formar anillos los cuchilleros en las piezas que fabrican. ‖ P. anilhar; I. to hoop; F. anneler; A. ringeln; It. inanellare; R. придавать форму кольца.

ANILLEJO. m. d. de anillo.

ANILLETE. m. d. de anillo.

ANILLO. (l. *anēllus*.) m. Aro pequeño. ‖ **2.** Aro de metal, liso o con labores que se lleva en los dedos de la mano. ‖ **3.** Cada una de las dos series de camones que ponen las ruedas hidráulicas. ‖ **4.** ARQ. Moldura que rodea por su sección recta un cuerpo cilíndrico. ‖ **5.** ARQ. Cornisa circular u ovalada que sirve de base a la cúpula. ‖ **6.** ZOOL. Cada uno de los segmentos en que está dividido el cuerpo de los gusanos y artrópodos. ‖ **7.** pl. GERM. Grillos. ‖ **8.** Fajita de colores que rodea el cigarro puro. ‖ —**astronómico.** ASTRON. Antiguo instrumento de la especie de las armillas y astrolabios. ‖ —**de boda.** El que recíprocamente se dan los que se casan. ‖ —**del Pescador.** Sello del Papa y que se estampa en los breves. ‖ —**de Saturno.** ASTRON. Círculo que rodea a este planeta y está compuesto de tres zonas concéntricas de distinto resplandor. ‖ —**pastoral.** El que, como insignia de dignidad, usan y dan a besar los prelados. ‖ *Caérsele* a uno los ANILLOS. Desmerecer aparentemente en dignidad. Ú. más frecuentemente en forma negativa. ‖ *Venir una cosa como* ANILLO *al dedo.* fr. fig. y fam. Haber sido dicha o hecha con oportunidad. ‖ P. anel; I. ring; F. anneau, bague; A. Ring; It. anello, cerchio; R. перстень.

ÁNIMA. (l. *anima*, y éste del gr. ἄνεμος, soplo.) f. Alma, espíritu. ‖ **2.** Alma que pena en el purgatorio antes de ir a la gloria. ‖ **3.** fig. Alma, hueco o parte vana de alguna cosa; hueco de la pieza de artillería donde entra la pólvora y la bala. ‖ **4.** Toque de campana en las iglesias a ciertas horas de la noche, para que los fieles rueguen a Dios por las ÁNIMAS del purgatorio. ‖ **5.** Hora a que se tocan las campanas para este fin. ‖ P. alma; I. soul; F. âme; A. Seele; It. ànima; R. душа.

ANIMACIÓN. (l. *animatio*, -*ōnis*.) f. Acción y efecto de animar o animarse. ‖ **2.** Viveza, expresión en las acciones, palabras o movimientos. ‖ **3.** Concurso de gente.

ANIMADAMENTE. adv. Con animación.

ANIMADOR, RA. (l. *animātor*.) adj. Que anima. Ú.t.c.s.

ANIMADVERSIÓN. (l. *animadversio*, -*ōnis*.) f. Enemistad, ojeriza. ‖ **2.** Crítica, reparo o advertencia severa.

ANIMADVERTENCIA. (l. *animadvertens*, -*entis*, p.a. de *animadvertĕre*, advertir.) f. ant. Aviso o advertencia.

ANIMAL. (l. *animal*.) m. Ser orgánico que vive, siente y se mueve por propio impulso. ‖ **2.** ANIMAL irracional.

ANIMAL. (l. *animālis*, de *animus*, soplo, aliento vital.) adj. Perteneciente o relativo al ANIMAL. ‖ **2.** Perteneciente o relativo a la parte sensitiva de un ser viviente. ‖ **3.** fig. Dícese de la persona incapaz, grosera o muy ignorante. Ú.t.c.s. ‖ **4.** Dícese del carbón que por destilación se obtiene de huesos y otras materias animales. ‖ **5.** Aplícase a la fuerza del ser viviente cuando se la emplea como motriz. ‖ **6.** V. *Pedazo de* ANIMAL. ‖ —**de bellota.** Cerdo. ‖ —**amansado o domesticado.** FOR. El que por el esfuerzo del hombre ha cambiado su condición indómita. ‖ —**doméstico.** FOR. El que vive en compañía o dependencia del hombre y no es susceptible de ocupación. ‖ —**fiero.** FOR. El que, vagando libre por la tierra, el aire o el agua, es objeto adecuado para la ocupación, caza o pesca. Dícese también ANIMAL *salvaje*. ‖ P., I. y

F. animal; A. Tier; It. animale; R. животное.

ANIMALADA. (De *animal*.) f. fam. Borricada, dicho o hecho necio. ‖ **2.** ARGENT. Dícese de un conjunto numeroso de animales, especialmente de ganado caballar.

★ ANIMALAJE. m. VENEZ. Conjunto de animales.

ANIMÁLCULO. m. Animal microscópico.

ANIMALEJO. m. d. de animal.

ANIMALIA. f. ant. Animal, ser viviente y animal.

ANIMALIAS. (l. *animalia*, pl. de *animālis*, de animal.) f. pl. ant. Sufragio o exequias, funerales.

ANIMALIDAD. (l. *animalĭtas*, -*ātis*.) f. Calidad de animal. ‖ P. animalidade; I. animality; F. animalité; A. Tiernatur; It. animalità; R. животное состояние.

ANIMALIZACIÓN. f. Acción y efecto de animalizar o animalizarse.

ANIMALIZAR. (De *animal*.) tr. Convertir los alimentos, particularmente los vegetales, en materia apta para la nutrición. Ú.t.c.r. ‖ **2.** p. us. Convertir en ser animal. ‖ **3.** r. Embrutecerse.

ANIMALUCHO. m. despect. Animal de figura desagradable o repugnante.

ANIMANTE. (l. *animans*, -*antis*.) p.a. ant. de animal. Que anima. ‖ **2.** m. ant. Viviente.

ANIMAR. (l. *animāre*, de *anima*, alma, espíritu.) tr. Vivificar el alma al cuerpo. ‖ **2.** Infundir vigor a un ser viviente. ‖ **3.** Infundir energía moral a uno. ‖ **4.** Excitar a una acción. ‖ **5.** Hacer que parezcan dotadas de vida las obras de arte. ‖ **6.** Refiriéndose a cosas inanimadas, comunicarles mayor vigor, intensidad y movimiento. ‖ **7.** Dar movimiento, calor y vida a un concurso de gente o a un paraje. Ú.t.c.r. ‖ **8.** intr. Vivir, habitar o morar. ‖ **9.** r. Cobrar ánimo y esfuerzo. ‖ **10.** CHILE. Jalear. ‖ P. animar; I. to animate; F. animer; A. beleben, beseelen; It. animare; R. одушевлять.

★ ANIMATO. adj. MÚS. Voz italiana que significa animado. Pónese al principio de un trozo musical para indicar que debe ser ejecutado con calor, con animación.

ANIME. (Voz americana.) m. BOT. Curbaril. ‖ **2.** Resina de esta planta.

ANIMERO. m. El que pide limosna para sufragio de las ánimas del purgatorio.

ANÍMICO, CA. (De *ánima*.) adj. Psíquico, perteneciente o relativo al alma.

ANIMISMO. (De *ánima*.) m. Doctrina filosófica y médica, opuesta al mecanismo que considera el alma como principio de acción de los fenómenos vitales en el estado de salud y de enfermedad. ‖ **2.** Creencia propia de pueblos primitivos que atribuyen actividad voluntaria a los seres y fenómenos de la naturaleza a los que hacen objeto de adoración. ‖ **3.** Creencia en la existencia de espíritus que animan a todas las cosas. P. e It. animismo; I. animism; F. animisme; A. Animismus; R. анимизм.

ÁNIMO. (l. *animus*, y éste del gr. ἄνεμος, soplo.) m. Alma o espíritu en cuanto es principio de la actividad humana. ‖ **2.** Valor, esfuerzo, energía. ‖ **3.** Intención, voluntad. ‖ **4.** fig. Atención o pensamiento. ‖ ¡ÁNIMO! interj. para alentar a alguno. ‖ *Caer* o *caerse*, uno de ÁNIMO. fr. fig. Desanimarse. ‖ *Hacer* o *tener*, uno ÁNIMO. fr. fig. Formar o tener intención de hacer alguna cosa. ‖ **2.ª** acep.: P. ânimo; I. spirit, courage; F. courage; A. Mut; It. ànimo; R. дух, бодрость.

ANIMOSAMENTE. adv. Con ánimo, con valor.

ANIMOSIDAD. (l. *animosĭtas*, -*ātis*.) f. p. us. Ánimo, valor. ‖ **2.** Adversión, ojeriza.

ANIMOSO, SA. (l. *animōsus*.) adj. Que tiene ánimo, que tiene valor.

ANIÑADAMENTE. adv. Puerilmente o con propiedades de niño.

ANIÑADO, DA. p.p. de aniñarse. ‖ **2.** adj. Aplícase al que en su aspecto, acciones o genio se parece a los niños. ‖ **3.** También se dice de las cosas en que consiste esta semejanza. *Cara* ANIÑADA.

A

3.ª acep.: **P.** ameninado; **I.** childish; **F.** enfantin, poupard; **A.** kindisch; **It.** fanciullesco; **R.** ребяческий.

ANIÑARSE. r. Hacerse el niño el que no lo es.

ANIÓN. m. **Fís.** Elemento electronegativo de una molécula que en la electrólisis se dirige al ánodo. Llámase también ion negativo.

ANIQUILABLE. adj. Que fácilmente se puede aniquilar.

ANIQUILACIÓN. f. Acción y efecto de aniquilar o aniquilarse.

ANIQUILADOR, RA. adj. Que aniquila. Ú.t.c.s.

ANIQUILAMIENTO. m. Aniquilación.

ANIQUILAR. (De *ad* a, y *nihil*, nada.) tr. Reducir a la nada. Ú.t.c.r. || **2.** fig. Destruir o arruinar enteramente. Ú.t.c.r. || **3.** r. fig. Deteriorarse mucho alguna cosa, como la salud o la hacienda. || **4.** fig. Anonadarse. || **P.** aniquilar; **I.** to annihilate, to destroy; **F.** annihiler, anéantir; **A.** vernichten; **It.** annichilare, annientare; **R.** уничтожать.

★ **ANIRIDIA.** f. **Pat.** Carencia del iris por falta de desarrollo.

ANÍS. (l. *anisum*, y éste del gr. ἄνισος.) m. Planta anua umbelífera. Tiene por fruto semillas aovadas, verdosas, menudas, aromáticas y de sabor agradable. || **2.** Semilla de esta planta. || **3.** Grano de ANÍS cubierto con baño de azúcar. || **4.** Por ext. toda confitura menuda. || **5.** fig. Anisado, aguardiente con sabor a anís. || —**estrellado.** Fruto del badián, de sabor parecido al del anís. || **P.** y **F.** anis; **I.** anise; **A.** Anis; **It.** anace; **R.** анис.

ANISADO, DA. p.p. de anisar. || **2.** m. Aguardiente anisado. || **2.ª** acep.: **P.** anisado; **I.** anisette; **F.** anisette, anisé; **A.** Anisbranntwein; **It.** anisetto, anaciate; **R.** анисовка.

ANISAL. m. **Chile.** Anisar.

ANISAR. m. Tierra sembrada de anís.

ANISAR. tr. Echar anís o espíritu de anís a una cosa.

★ **ANISCURIA.** f. **Pat.** Incontinencia de orina.

ANISETE. m. Licor compuesto de aguardiente, azúcar y anís.

★ **ANISIDINA.** f. **Quím.** Éter metílico del aminofenol. Es muy usado en la industria de colorantes.

ANISODONTE. (gr. ἄνισος, desigual, y ὀδούς, ὀδόντος, diente.) adj. **Zool.** De dientes desiguales.

ANISÓFILO, LA. (gr. ἄνισος, desigual, y φύλλον, hoja.) adj. **Bot.** De hojas desiguales.

★ **ANISOL.** m. **Quím.** Éter cíclico, líquido de olor aromático agradable. Se emplea en la preparación de perfumes.

ANISÓMERO. (gr. ἄνισος, desigual, y μέρος, parte.) adj. **Bot.** Dícese del órgano formado por partes desiguales o irregulares.

ANISOPÉTALA. (gr. ἄνισος, desigual, y πέταλον, hoja.) adj. **Bot.** Dícese de la corola que tiene pétalos desiguales y de la flor que tiene esta clase de corola. || **P.** anisopétala; **I.** anisopetal; **F.** anisopétale; **A.** mit ungleichen Blumenblättern; **It.** anisopétalo.

★ **ANISÓTROPO, PA.** adj. **Fís.** Dícese de los cuerpos que ofrecen distintas propiedades al ser examinados en direcciones diferentes, como algunos cristales que varían de sus propiedades respecto a la luz, según la dirección de ésta. || **I.** anisotropous; **F.** anisotrope; **A.** doppelbrechend; **It.** anisòtropo.

ANITO. m. Ídolo familiar adorado por algunos pueblos de raza filipina.

★ **ANIVELACIÓN.** f. **Chile.** Nivelación.

ANIVELAR. tr. Nivelar, igualar, poner en equilibrio.

ANIVERSARIO, RIA. (l. *aniversarius*; de *annus*, año, y *versus* p.p. de *vertere*, volver.) adj. Anual. || **2.** m. Oficio y misa que se celebran en sufragio de un difunto el día en que se cumple el año de su fallecimiento. || **3.** Día en que se cumplen años de algún suceso. || **P.** aniversário; **I.** anniversary; **F.** anniversaire; **A.** Jahresfest, Jahrestag; **I.** anniversario; **R.** годовщина.

★ **¡ANJA!** interj. **Cuba.** Denota aplauso y equivale a: ¡bien!, ¡bravo!, Con énfasis denota admiración, reconvención o burla.

ANJEO. (Del antiguo ducado de Anjou, en Francia, de donde procede.) m. Especie de lienzo basto.

ANNADO, DA. m. y f. ant. Adnado, da, hijastro, a.

ANO. (l. *anus*.) Orificio en que remata el conducto digestivo y por el cual se expele el excremento. || —**artificial.** **Cir.** Abertura intestinal practicada quirúrgicamente. || **P.** ânus; **F.** e **I.** anus; **A.** After. **It.** ano.

ANOA. (Voz malaya.) f. Especie de búfalo más pequeño que el carabao, de sólo un metro de altura; vive en estado salvaje en las islas Célebes.

° **ANOBIO.** m. **Hist. Nat.** Género de coleópteros xilófagos, llamados vulgarmente carcoma.

ANOCHE. (l. *ad noctem.*) adv. En la noche de ayer. || **P.** na noite de otem; **I.** last night; **F.** hier soir, dans la nuit d'hier; **A.** gestern abend; **It.** iersera, iernotte; **R.** вчера вечером.

ANOCHECEDOR, RA. (De *anochecer.*) adj. Que se recoge tarde. Ú.t.c.s.

ANOCHECER. (l. *ad, a,* y *noctescere,* de *nox, noctis,* noche.) intr. Empezar a faltar la luz del día, venir la noche. || **2.** Llegar a estar en un paraje, situación o condición determinados al empezar la noche. || **3.** tr. p. us. Obscurecer. || **4.** Hacer desaparecer una cosa, hurtarla. || **5.** r. Poét. Privarse o quedar privada alguna cosa de luz o claridad. || ANOCHECERLE a uno *en alguna parte.* fr. fam. Cogerle en ella la noche. || **P.** cair a noite, anoitecer; **I.** to darken; **F.** se faire nuit; **A.** Abend werden; **It.** annottare; **R.** вечереть.

ANOCHECER. (De *anochecer.*) m. Tiempo durante el cual anochece. || *Al* ANOCHECER. m. adv. Al acercarse la noche. || **P.** anoitecer; **I.** nightfall, twilight; **F.** tombée du jour, soir; **A.** Abendstunde; **It.** prima sera; **R.** сумерки.

ANOCHECIDA. f. Anochecer, tiempo durante el cual anochece.

ANOCHECIDO. adv. Al empezar la noche.

ANODINIA. (gr. ἀνωδυνία.) f. **Med.** Falta de dolor.

ANODINO, NA. (l. *anodynus,* y éste del gr. ἀνώδυνος; de ἀν, priv., y ὀδύνη, dolor.) adj. Que sirve para calmar el dolor. Ú.t.c.s.m. || **2.** Insignificante, ineficaz, insubstancial, sin gracia. || **P.** anódino; **I.** adonyne; **F.** anodin; **A.** schmerzstillend; **It.** anodino; **R.** болеутоляющий.

ÁNODO. (gr. ἄνοδος, camino ascendente.) m. **Fís.** Polo positivo de un generador de corriente eléctrica. || **2.** **Quím.** Electrodo por donde entra la corriente en un electrólito.

★ **ANODONTIA.** (De *anodonte.*) f. **Fisiol.** Anomalía consistente en la carencia de todos los dientes.

★ **ANOEA.** f. **Med.** Demencia, imbecilidad, idiotismo, insensatez.

★ **ANOESIA.** f. Idiotez.

ANOFELES. (gr. ἀνωφελής, perjudicial.) adj. **Zool.** Dícese de los mosquitos transmisores del parásito productor de las fiebres palúdicas. Son dípteros, con larga probóscide. Sus larvas viven en las aguas encharcadas o de escasa corriente. Ú.m.c.s. || **P.** anofeles; **I.** anopheles; **F.** anophéle; **A.** Anophele; **It.** anòfele; **R.** малярийный комар.

ANOMALÍA. (l. *anomalia,* y éste del gr. ἀνωμαλία.) f. Irregularidad, anormalidad. || **2.** **Astron.** Distancia angular de un planeta a su afelio. || **3.** **Biol.** Cualquier desviación de un organismo de las características esenciales de su tipo. —**media.** **Astron.** La que en un momento dado corresponde al lugar medio del astro. || —**verdadera.** **Astron.** La que corresponde al lugar verdadero que ocupa el astro en un momento dado. || **P.** anomalía; **I.** anomaly; **F.** anomalie; **A.** Regelwidrigkeit; **It.** anomalía; **R.** аномалия.

ANOMALIDAD. f. ant. Anomalía, irregularidad.

ANOMALÍSTICO. (De *anómalo.*) adj. **Astron.** Dícese del año medido por el

tiempo que transcurre entre dos pasos consecutivos de la Tierra por el afelio o el perihelio de su órbita. También se dice del mes medido por el tiempo que transcurre desde que la luna está en su apogeo hasta que vuelve a él.

ANÓMALO, LA. (l. *anomalus,* y éste del gr. ἀνώμαλος; de ἀν, priv., y ὁμαλός, igual.) adj. Irregular, extraño. || **P.** anómalo; **I.** anòmalous; **F.** anomal; **A.** unregelmässig; **It.** anòmalo; **R.** неправильный.

★ **ANOMALOTROFIA.** f. Nutrición anormal.

ANOMURO. (gr. ἄνομος, irregular, y οὐρά, cola.) adj. **Zool.** Dícese de crustáceos decápodos, con grandes antenas interiores y cuyo abdomen es muy blando, por lo cual se introducen en conchas de caracoles marinos para protegerse. Ú.t.c.s. || **2.** m. pl. Suborden de estos animales.

ANÓN. (Voz caribe.) m. **Bot.** Anona. || **2.** fam. **Guat.** Bocio, papera. || **3.** **Zool.** Pez de los gádidos, orden de los anacántidos.

ANONA. (l. *annona.*) f. Provisión de víveres.

ANONA. (De *anón.*) f. Arbolito de la familia de las anonáceas, de tronco ramoso, con corteza obscura, hojas grandes, alternas, lanceoladas, verdinegras por encima y más claras por el envés; flores de color blanco amarillento, y fruto como una manzana, con escamas convexas, que cubren una pulpa blanca, aromática y dulce. || **2.** Fruto de este arbolito. || —**del Perú.** Chirimoyo. || —**de Méjico.** Guanábano. || **P.** e **It.** anona; **F.** corossolier; **A.** Flaschenbaum. **R.** гванабано.

ANONÁCEO, A. (De *anona,* nombre de un género de plantas.) adj. **Bot.** Dícese de árboles y arbustos angiospermos, dicotiledóneos, que tienen hojas alternas, simples y enteras, flores comúnmente verdes o verdosas. Ú.t.c.s. || **2.** f. pl. **Bot.** Familia de estas plantas.

ANONADACIÓN. f. Acción y efecto de anonadar o anonadarse.

ANONADAMIENTO. m. Anonadación.

ANONADAR. (De *a* y *nonada.*) tr. Aniquilar, reducir a la nada. Ú.t.c.r. || **2.** fig. Apocar, disminuir mucho alguna cosa. || **3.** fig. Humillar, abatir. Ú.t.c.r. || **P.** aniquilar; **I.** to annihilate; **F.** anéantir; **A.** vernichten; **It.** annientare; **R.** уничтожать.

ANÓNIMAMENTE. adv. De modo anónimo.

ANONIMIA. f. Calidad de anónimo.

ANÓNIMO, MA. (gr. ἀνώνυμος; de ἀν, priv., y ὄνομα, nombre.) adj. Dícese de la obra o escrito sin el nombre de su autor. || **2.** Aplícase al autor cuyo nombre no es conocido. Ú.t.c.s.m. || **3.** **Com.** V. *Compañía, sociedad* ANÓNIMA. || **4.** Carta o papel sin firma, por lo común ofensivo. || **5.** Secreto del autor que oculta su nombre. *Guardar el* ANÓNIMO. || **P.** anónimo; **I.** anonymous; **F.** anonyme; **A.** namenlos; **It.** anònimo; **R.** анонимный.

★ **ANOOPSIA.** f. **Pat.** Forma de estrabismo en que un ojo está vuelto hacia arriba.

ANOPLURO. (gr. ἄνοπλος, sin armas, y οὐρά, cola.) adj. **Zool.** Dícese de insectos hemípteros, sin alas, que viven como parásitos sobre el cuerpo de algún mamífero, como el piojo y la ladilla. Ú.t.c.s. || **2.** **Zool.** Suborden de estos animales.

★ **ANOPSIA.** f. **Pat.** Carencia de vista, ceguera.

ANOREXIA. (gr. ἀ, priv., y ὄρεξις, apetito.) f. **Pat.** Falta anormal de ganas de comer. || **P.** anorexia; **I.** anorexy; **F.** anorexie; **A.** Appetitlosigkeit; **It.** anoressia; **R.** отсутствие аппетита.

ANORIA. (ár. *an-nâ'ûra.*) f. Noria.

ANORMAL. (De *a* y *normal.*) adj. Dícese de lo que accidentalmente se halla fuera de su natural estado. || **2.** com. Persona cuyo desarrollo físico o intelectual es inferior al que corresponde a su edad. || **3.** Persona privada de alguno de los sentidos corporales. Ú.m. en pl. || **P.** y **F.**

A

anormal; **I.** abnormal; **A.** abnorm; **It.** anormale; **R.** ненормальный.

ANORMALIDAD. f. Calidad de anormal.

ANORMALMENTE. adv. De modo anormal.

ANORZA. (ár. *al-'uršān*, las parras.) f. Bot. Nueza blanca.

* **ANOSTOSIS.** f. Pat. Atrofia senil de los huesos.

ANOTACIÓN. (l. *annotatio, -onis*.) f. Acción y efecto de anotar. || —**preventiva.** For. Asiento temporal y provisional de un título en el registro de la propiedad, como garantía precautoria de un derecho o de una futura inscripción. || **P.** anotação. **I.** y **F.** annotation; **A.** Anmerkung; Anzeichung, **It.** annotazione; **R.** заметка, аннотация.

ANOTADOR, RA. (l. *annotātor*.) adj. Que anota. Ú.t.c.s.

° **ANOTADOR.** m. y f. Cinemat. Ayudante masculino o femenino, del director cinematográfico que anota los pormenores de cada escena durante el rodaje.

ANOTAR. (l. *annotāre*; de *ad*, a, y *notāre*, notar, advertir.) tr. Poner notas en un escrito. || **2.** Apuntar, tomar nota por escrito de alguna cosa. || **3.** Hacer anotación en un registro público. || **P.** anotar; **I.** to annotate; **F.** annoter; **A.** Verzeichnen; **It.** annotare; **R.** отмечать.

ANOTOMÍA. f. desus. Anatomía, disección de las partes de un cuerpo orgánico.

ANOTÓMICO, CA. adj. desus. Anatómico.

ANOVELADO, DA. adj. Que participa de los caracteres de la novela.

* **ANOXEMIA.** f. Pat. Insuficiente oxigenación de la sangre.

ANQUEAR. (De *anca*) intr. ant. Amblar, mover lúdicamente el cuerpo al andar. || **2.** Cuba. Mover las ancas al caballo torciéndose de patas al tiempo de mudar el paso.

* **ANQUENTO.** m. Chile. Patata que se conserva después de ahumada.

* **ANQUERA.** f. Méj. Gualdrapa del caballo.

ANQUETA. f. d. de anca.

ANQUIALMENDRADO, DA. (De *anca* y *almendra*, por la forma.) adj. Se dice de las caballerías que tienen las ancas muy estrechas.

ANQUIBOYUNO, NA. adj. Se dice de la caballería que tiene muy salientes los extremos anteriores de las ancas.

ANQUIDERRIBADO, DA. (De *anca* y *derribado*.) adj. Se dice de la caballería que tiene la grupa alta y en declive.

ANQUILOSAMIENTO. m. Acción y efecto de anquilosarse.

ANQUILOSARSE. r. Producirse una anquilosis. || **2.** fig. Detenerse una cosa en su progreso.

ANQUILOSIS. (gr. ἀγκύλωσις, soldadura, de ἀγκυλόω, atar.) f. Med. Disminución o imposibilidad de movimiento en una articulación normalmente móvil. || **P.** anclose; **I.** ankylosis; **F.** ankylose; **A.** Gelenksteifheit; **It.** anchilosi; **R.** анкилоз.

ANQUILOSTOMA. (gr. ἀγκύλος, curvo, y στόμα, boca.) m. Zool. Gusano nematelminto parásito en el intestino del hombre y de algunos animales. Destruye los glóbulos rojos en gran cantidad.

ANQUILOSTOMIASIS. (De *anquilostoma*.) f. Med. Enfermedad producida por el gusano parásito anquilostoma, que afecta principalmente a los mineros. Se caracteriza por trastornos intestinales.

ANQUIRREDONDO, DA. (De *anca* y *redondo*.) adj. Dícese de la caballería que tiene las ancas muy carnosas y convexas.

ANQUISECO, CA. (De *anca* y *seco*.) adj. Se dice de la caballería de ancas descarnadas.

ANSA. (l. *ansa*.) f. Ar. Asa de una vasija, cesta, etc.

ANSA. (De *hansa*.) f. Antigua confederación de varias ciudades de Alemania para seguridad y fomento de su comercio.

ÁNSAR. (l. *anser*.) m. Ave palmípeda, de la familia de las anséridas, entre cuyas especies se encuentra el ganso común. Es domesticable y de carne muy agradable.

Sus plumas se usan para rellenar colchones. || **2.** Ganso, ave doméstica.

ANSARERÍA. f. Paraje donde se crían ánsares.

ANSARERO, RA. m. y f. Persona que cuida ánsares.

ANSARINO, NA. adj. Perteneciente al ánsar. || **2.** m. Pollo de ánsar.

ANSARÓN. m. Ánsar. || **2.** Ansarino, pollo de ánsar.

ANSEÁTICO. adj. Perteneciente al ansa, al ganso.

ANSÍ. (l. *aeque sic*, o *ad sic*.) adv. ant. Así. Ú. todavía entre la gente rústica.

ANSIA. (l. *anxia*, f. de *anxius*, angustiado.) f. Congoja o fatiga juntamente con inquietud o agitación violenta. || **2.** Angustia o aflicción de ánimo. || **3.** Náusea. || **4.** Anhelo, deseo ardiente. || **5.** Germ. Tortura o tormento. || **6.** pl. Germ. Galeras. || **7.** Germ. Agua. || **P.** ânsia; **I.** anxiety; **F.** angoisse, convoitise; **A.** Angst, Pein, Kummer; **It.** ansia; **R.** тоска, томление.

ANSIADAMENTE. adv. Ansiosamente.

ANSIAR. (l. *anxiāre*.) tr. Desear con ansia. || **2.** r. Llenarse de ansia.

ANSIEDAD. (l. *anxiĕtas, -ātis*.) f. Estado de agitación, inquietud o zozobra del ánimo. || **2.** Med. Angustia que acompaña a algunas enfermedades, en particular a las agudas, produciendo desasosiego a los enfermos. || **P.** ansiedade; **I.** anxiety; **F.** anxiété; **A.** innere Unruhe; **It.** ansietà; **R.** душевное волнение.

ANSIMESMO. adv. ant. Ansimismo.

ANSIMISMO. (De *ansí* y *mismo*.) adv. ant. Así mismo.

ANSINA. (De *ansi*.) adv. ant. Así. Ú. todavía entre la gente rústica.

ANSIÓN. m. aumen. de ansia. || **2.** Sal. Tristeza, nostalgia.

ANSIOSAMENTE. adv. con ansia.

ANSIOSIDAD. (De *ansioso*.) f. ant. Ansia, angustia, aflicción, zozobra.

ANSIOSO, SA. (l. *anxiōsus*.) adj. Acompañado de ansias o congojas grandes. || **2.** Que tiene ansia o deseo vehemente de algo.

ANSOTANO, NA. adj. Natural de Ansó. Ú.t.c.s. || **2.** Perteneciente a este valle de Aragón.

ANTA. (De *ante*.) f. Zool. Mamífero rumiante, parecido al ciervo y tan corpulento como el caballo, de pelo áspero, color gris obscuro y astas en forma de pala.

ANTA. (l. *antae, -arum*.) f. Menhir. || **2.** Arq. Pilastra embutida en un muro, del cual sobresale un poco; delante tiene una columna de la misma anchura que ella. || **3.** Arq. Pilastra levantada, antiguamente, a los costados de la puerta de una fachada. || **4.** Arq. f. pl. Pilastras que refuerzan y decoran los extremos de un muro.

ANTAGALLA. f. Mar. Faja de rizos de las velas de cuchillo. || **P.** antegalha; **I.** balance reef; **F.** fanon; **A.** Kreuzreff; **It.** benda di terzaruelo.

ANTAGALLAR. tr. Mar. Tomar las antagallas para que la vela oponga menos superficie al viento.

ANTAGÓNICO, CA. adj. Que denota o implica antagonismo.

ANTAGONISMO. (gr. ἀνταγώνισμα, de ἀνταγωνίζομαι, luchar contra.) m. Contrariedad, oposición substancial o habitual, especialmente en opiniones. || **P.** e **It.** antagonismo; **I.** antagonism; **F.** antagonisme; **A.** Widerstreit; **R.** антагонизм.

ANTAGONISTA. (l. *antagonista*, y éste del gr. ἀνταγωνιστής; de ἀντί, contra, y ἀγωνιστής, combatiente.) com. Persona o cosa opuesta a otra. || **2.** adj. Anat. Dícese de los músculos que en una misma región anatómica obran en sentido contrario. || **3.** Anat. Dícese de los nervios que animan funciones contrarias. || **4.** Mec. Dícese del muelle o resorte que recobra su posición normal al dejar de actuar sobre él la fuerza que lo mantenía fuera de dicha posición. || **P.** e **It.** antagonista; **I.** antagonist; **F.** antagoniste; **A.** Gegner; **R.** антагонист.

ANTAINAR. (l. *anteagināre*, de *agināre*, apresurarse.) intr. Ast. Darse prisa para hacer alguna cosa.

* **ANTALGIA.** f. Med. Ausencia de dolor.

ANTAMILLA. f. Sant. Altamía, especie de taza.

ANTANA (LLAMARSE UNO). fr. fam. Llamarse andana.

ANTAÑADA. (De *antaño*.) f. p. us. Antigualla, noticia muy antigua.

ANTAÑAZO. (De *antaño*.) adv. fam. Mucho tiempo ha.

ANTAÑO. (l. *ante annum*.) adv. En el año pasado, o sea en el que precedió al corriente. || **2.** Por ext. en tiempo antiguo.

ANTAÑÓN, NA. (De *antaño*.) adj. Muy viejo.

* **ANTAPÓDISIS.** f. Med. Repetición de los accesos febriles.

* **ANTARA.** f. Mús. Instrumento músico de viento, especie de siringa de los indios del Perú. || —**de las junglas.** Perú y Brasil. Especie de ardilla.

* **ANTARCARSE.** (De *antarca*.) r. fam. Argent. Caerse de espaldas.

ANTÁRCTICO, CA. (l. *antarcticus*, y éste del gr. ἀνταρκτικός; de ἀντί, en contra, y ἀρκτικός, septentrional.) adj. ant. Astron. y Geogr. Antártico.

ANTARES. (gr. 'Ανταρης; de ἀντί, enfrente de, y 'Αρης, Marte.) m. Estrella de primera magnitud en la constelación de Escorpión.

* **ANTARQUEARSE.** r. fam. Argent. Echar hacia atrás los hombros y la cabeza de modo que el cuerpo quede encorvado en ese sentido.

ANTÁRTICO, CA. (De *antárctico*.) adj. Astron. y Geogr. Dícese del polo opuesto al ártico. || **2.** Perteneciente, cercano o relativo al polo antártico. || **3.** por ext. Meridional. || **P.** antárctico; **I.** antarctic; **F.** antarctique; **A.** antarktisch; **It.** antartico; **R.** антарктический.

ANTE. (l. *ante*.) prep. En presencia de, rumiante parecido al ciervo. || **2.** Zool. Búfalo. || **3.** Piel, adobada y curtida de ante, y también de otros animales. || **P.** anta; **I.** chamois, elk; **F.** chamois, élan; **A.** Elentier, Elenleder; **It.** camoscio; **R.** лось.

ANTE. (l. *ante*.) prep. En presencia de, delante de. || **2.** En comparación, respecto de. || **3.** adv. ant. Antes. || **4.** Se usa como prefijo. Ante**cámara**. || **5.** Bebida muy refrigerante usada en el Perú. || **6.** Postre que se hace en Méjico. || **7.** Guat. Una especie de almíbar. || **P.** ante; **I.** before; **F.** devant; **A.** vor; **It.** innanzi; **R.** перед.

ANTEADO, DA. adj. De color de ante. || **2.** Dícese de una variedad de azucena. || **3.** Méj. Aplícase al género averiado, que no puede venderse.

ANTEALTAR. m. Espacio contiguo a la grada o a la demarcación del altar.

ANTEANOCHE. (De *ante* y *anoche*.) adv. En la noche de anteayer.

ANTEANTEANOCHE. adv. Transanteanoche.

ANTEANTEAYER. adv. Trasanteayer.

ANTEANTENOCHE. (De *ante* y *antenoche*.) adv. Anteanteanoche.

ANTEANTIER. (De *ante* y *antier*.) adv. fam. Anteanteayer.

ANTEAYER. adv. En el día que precedió inmediatamente al de ayer.

ANTEBRAZO. m. Parte del brazo desde el codo hasta la muñeca. || **2.** Zool. Brazuelo. || **P.** antebraço; **I.** fore-arm; **F.** avant-bras; **A.** Vorderarm; **It.** antibraccio; **R.** предплечье.

* **ANTEBURRO.** m. Zool. Tapir de Méjico.

ANTECAMA. f. Especie de tapete para ponerlo delante de la cama.

ANTECÁMARA. (De *ante* y *cámara*.) f. Pieza delante de la sala o salas grandes de un palacio o casa grande. || **P.** antecâmara; **I.** antechamber; **F.** antichambre; **A.** Vorzimmer; **It.** anticàmera; **R.** передняя.

ANTECAPILLA. f. Pieza contigua a una capilla y por donde ésta tiene la entrada.

ANTECEDENCIA. (l. *antecedentia*.) f. Antecedente, dato que sirve de elemento de juicio. || **2.** Ascendencia. || **3.** Procedencia.

ANTECEDENTE. (l. *antecĕdens-entis*.) p.a. de anteceder. Que antecede. || **2.** m. Acción, dicho o circunstancia anterior

que sirve para juzgar hechos posteriores. ||
3. GRAM. El primero de los términos de la
relación gramatical. || **4.** GRAM. Nombre,
pronombre u oración a que se refieren
los pronombres relativos. || **5.** LÓG. Pri-
mera proposición de un entimema. ||
6. MAT. Primer término de una razón. ||
P. e **It.** antecedente; **I.** antecedent; **F.**
antécédent; **A.** vorig, vorhergehend; **R.**
предшествующий.

ANTECEDENTEMENTE. adv. Anteriormente.

ANTECEDER. (l. *antecedĕre;* de *ante,*
delante, y *cedĕre,* moverse, marchar.) tr.
Preceder, ser anterior o ir delante.

ANTECESOR, RA. (l. *antecessor.*)
adj. Anterior en tiempo. || **2.** m. y f.
Persona que precedió a otra en una dig-
nidad, empleo, etc. || **3.** m. Antepasado,
familiar ascendente. || **P.** antecessor; **I.**
predecessor; **F.** antécesseur; **A.** Vorgänger;
It. antecessore; **R.** предшественник.

ANTECLÁSICO, CA. adj. En literatura y arte, anterior a la época clásica.

ANTECO, CA. (l. *antoeci, -orum,* y
éste del gr. ἄντοικος, que vive a lado
opuesto; de ἀντί contra, y οἶκος, casa.)
adj. GEOGR. Aplícase a los moradores del
globo terráqueo que ocupan puntos de
la misma longitud y a igual distancia
del Ecuador, pero en distinto hemisferio.
Ú.m.c.s.m. y en pl. || **P.** anteco; **I.** antis-
cian; **F.** antiscien, ancétien; **A.** gegenüber
wohnend, auf demselben Breitenkreis; **It.**
antiscio.

° **ANTECOCINA.** f. Pieza anterior y
contigua a la cocina y complementaria de
sus servicios.

ANTECOGER. tr. Coger a una per-
sona o cosa llevándola por delante. ||
2. AR. Coger las frutas antes de que estén
en sazón.

ANTECORO. m. Pieza que da ingreso
al coro.

ANTECRISTO. m. Anticristo.

ANTECUARTO. (De *ante* y *cuarto.*)
m. ant. Recibimiento o antesala.

ANTEDATA. (De *ante* y *data.*) f.
Fecha falsa de un documento anterior a
la verdadera.

ANTEDATAR. tr. Poner antedata a
un documento.

ANTEDECIR. (l. *antedicĕre,* de *ante,*
antes, y *dicĕre,* decir.) tr. Predecir, anunciar.

ANTEDESPACHO. m. Pieza que da
ingreso al despacho principal.

ANTEDÍA. adv. Antes de un día de-
terminado. || **2.** En el día precedente o
pocos días antes.

ANTEDICHO, CHA. p.p. irreg. de
antedecir. || **2.** adj. En los libros y escritos,
dicho antes.

ANTE DIEM. expr. adv. l. Atedía.
Empléase tratándose de avisos o convoca-
torias.

ANTEDILUVIANO, NA. (De *ante* y
diluviano.) adj. Anterior al diluvio uni-
versal. || **2.** fig. Antiquísimo.

ANTEFERIR. (l. *anteferre;* de *ante,*
delante, y *ferre,* llevar.) tr. ant. Preferir,
anteponer.

★ **ANTEFIJA.** (l. *antefixa.*) f. ARQ. Adorno colocado verticalmente delante de la
última teja cobija. || **2.** Por ext., todo ador-
no voladizo.

ANTEFIRMA. f. Fórmula de trata-
miento que se pone antes de la firma. ||
2. Denominación del empleo, dignidad o
representación del firmante puesta antes
de la firma.

ANTEFOSO. m. FORT. Foso cons-
truido delante del foso principal. || **P.** ante-
fosso; **I.** advanced ditch; **F.** avant-fossé;
A. Vorgraben, Aussengraben; **It.** anti-
fosso; **R.** ров.

ANTEHISTÓRICO, CA. adj. Prehistórico.

ANTEIGLESIA. f. Atrio o pórtico
delante de la iglesia. || **2.** Iglesia parroquial
de algunos pueblos de las provincias Vas-
congadas. || **3.** Pueblo o distrito municipal
de estas mismas provincias. || **4.** En lo anti-
guo, iglesia parroquial en las montañas
de Burgos y Santander. || **P.** galilé, atrio
de igreja; **I.** ante-church; **F.** porche d'une
église; **A.** Vorkirche; **It.** pòrtico; **R.**
портик.

ANTEISLÁMICO, CA. (De *ante*
e *islámico.*) adj. Perteneciente a la época

del pueblo árabe anterior al islamismo.

ANTEJO. m. Árbol silvestre de Cuba,
de corteza morada y madera de textura
igual y fibra recta, sin nudos y fácil de
trabajar.

ANTEJUICIO. (De *ante* y *juicio.*) m.
FOR. Juicio previo establecido como garantía en favor de los jueces y magistrados,
para decidir si ha lugar o no a proceder
criminalmente contra ellos por razón de
su cargo. || **I.** fore-judgement; **F.** avant-
jugement; **A.** Vorurteil; **It.** antigiudizio.
R. инчатио.

ANTELACIÓN. (l. *antelātus,* p.p. de
anteferre, anteponer.) f. Anticipación temporal con que sucede una cosa respecto
a otra. || **P.** antelação; **I.** anteriority; **F.**
anticipation; **A.** Vorausgehen; **It.** anticipazione; **R.** предшествование.

★ **ANTELIO.** f. METEOR. Resplandor o
falso sol sin color, que aparece alguna
vez en situación opuesta al sol. || **I.** an-
thelion; **F.** anthélie; **A.** Gegensonne; **It.**
antelio; **R.** сияние.

ANTELUCANO, NA. (l. *antelucānus;*
de *ante,* antes, y *lux, lucis,* luz.) adj. ant.
Decíase del tiempo de la madrugada.

★ **ANTELLEVAR.** tr. MÉJ. Llevar ante
sí, atropellar.

★ **ANTEMA.** f. ARQ. Cualquier objeto de
ornamentación sacado de la naturaleza
orgánica.

ANTEMANO. (De *ante* y *mano.*) adv.
Con anticipación, anteriormente. || *De* AN-
TEMANO. m. adv. Antemano.

ANTEMERIDIANO, NA. (l. *ante-
meridiānus.*) adj. Anterior al mediodía. ||
2. ASTRON. Dícese de cualquiera de los
puntos del paralelo anteriores al de la
intersección con el meridiano. || **P.** e
It. antimeridiano; **I.** antemeridian; **F.** an-
te-méridien; **A.** vormittägig; **R.** допо-
лудный.

ANTE MERIDIEN. expr. l. Antes del
mediodía.

ANTEMOSTRAR. (De *ante* y *mostrar.*) tr. ant. Pronosticar, predecir.

ANTEMURAL. (l. *antemurăle;* de
ante, delante, y *murus,* muro.) m. Fortaleza,
roca, etc., que sirve de defensa. || **2.** fig.
Reparo o defensa. || **P.** y **F.** antemural;
I. outwall; **A.** Vormauer; **It.** antemurale;
R. укрепление, бруствер.

ANTEMURALLA. (De *ante* y *muralla.*) f. ant. Antemural.

ANTEMURO. (De *ante* y *muro.*)
m. ant. Antemural. || **2.** ant. FORT. Falsa-
braga, muro bajo levantado delante del
principal.

ANTENA. (l. *antenna.*) f. MAR. En-
tena. || **2.** FÍS. Mástil del telégrafo sin
hilos, semejante a la antena de los barcos, aunque hoy puede tener diversas
formas, destinado a radiar o captar ondas
eléctricas. || **2.** ZOOL. Apéndices articu-
lados y móviles, órganos del tacto que
tienen en la cabeza muchos animales
artrópodos, en número de dos, como los
insectos y los miriápodos, o de cuatro
como los crustáceos. || **P.** antena; **I.** e **It.**
antenna; **F.** antenne; **A.** Antenne; **R.**
рея, antenna.

ANTENACIDO, DA. adj. Nacido antes de su debido tiempo o sazón.

ANTENADO, DA. (l. *antenātus,* nacido antes.) m. y f. Entenado, da, hijastro,
tra.

ANTENOCHE. (De *ante* y *noche.*)
adv. Anteanoche. || **2.** Antes de anochecer.

ANTENOMBRE. m. Nombre o calificativo que se pone antes del nombre
propio; como *don, san,* etc.

ANTENOTAR. (De *ante* y *notar.*)
tr. ant. Intitular, poner título o dar título.

ANTENUPCIAL. adj. Que precede a
la boda.

ANTEOCUPAR. (l. *anteoccupāre;* de
ante, antes, y *accupāre.* ocupar.) tr. ant.
Preocupar.

ANTEOJERA. f. Caja o vaina en que
se guardan anteojos. || **2.** Cada una de las
piezas de vaqueta que caen junto a los
ojos del animal de tiro, para que no vea
por los lados, sino sólo de frente. || **P.**
estojo para os ósculos; **I.** blinkers; **F.**
oeillère; **A.** Brillenfutter; **It.** paraocchi;
R. футляр для очков.

ANTEOJERO. m. El que hace o vende
anteojos.

ANTEOJO. (De *ante* y *ojo.*) m. Instrumento óptico para ver objetos lejanos,
compuesto principalmente de dos lentes;
una colectora de luz, y otra, amplificadora
de la imagen formada por la primera. ||
2. Cada una de las dos piezas convexas de
vaqueta, de figura redonda, con un agujero
en el centro, que ponen delante de los
ojos a los caballos espantadizos. || **3.** pl.
Instrumento óptico con dos tubos y un
juego de dos o más lentes en cada uno
que sirve para observar objetos lejanos. ||
4. Doblescudo. || **—analítico.** TOP. y
ÓPT. Anteojo usado en levantamientos to-
pográficos para la medición de distancias. ||
—de caza. MAR. Catalejo con telémetro. ||
—de estrella. MAR. El pequeñito que se
coloca en los instrumentos de reflexión
usados en los barcos para observar las
alturas de las estrellas. || **—de larga
vista.** El que sirve para ver a larga dis-
tancia. || **—de línea.** MAR. Catalejo de
pequeñas dimensiones. || **—de noche.** MAR.
El de mucho campo, apto para las observa-
ciones nocturnas. || **—de pasos.** ASTRON.
ANTEOJO destinado a observar la culmi-
nación de los astros. || **—directo.** AN-
TEOJO terrestre. || **—doble.** ASTRON. As-
trógrafo. || **—inverso.** El que invierte la
imagen del objeto. || **—meridiano.** AN-
TEOJO de pasos. || **—prismático.** El que
tiene en el interior del tubo una combina-
ción de prismas para ampliar la visión. ||
—terrestre. El que presenta los objetos
según la posición que realmente tienen. ||
Mirar o ver uno las cosas con ANTEOJOS
de aumento, o de larga vista. fr. fig. y fam.
Preverlas mucho antes de que sucedan. ||
2. fig. y fam. Abultarlas. || **P.** lente;
I. spy-glass; **F.** lunette; **A.** Fernglas;
It. cannocchiale; **R.** зрительная труба.

ANTEÓN. m. BOT. Bardana.

ANTEPAGAR. tr. Pagar con anticipación.

★ **ANTEPAGMENTO.** m. ARQ. Jamba.

ANTEPALCO. m. Espacio que da
ingreso a un palco en los edificios destinados a espectáculos públicos.

ANTEPASADO, DA. p.p. de ante-
pasar. || **2.** adj. Dicho de tiempo, anterior
a otro tiempo ya pasado. || **3.** m. Abuelo
o ascendiente. Ú.m. en pl.

ANTEPASAR. (De *ante* y *pasar.*)
intr. p. us. Anteceder, suceder antes.

ANTEPECHADO, DA. adj. Que tiene
antepecho.

ANTEPECHO. (De *ante* y *pecho.*) m.
Pretil que se suele poner en parajes altos
para evitar caídas. || **2.** Parapeto. || **3.** En
los coches de estribos, pedazo de vaqueta
que cubría el estribo. || **4.** Pedazo ancho
de vaqueta que forma parte del arreo de
las caballerías de tiro para protegerles el
pecho. || **5.** Madero que por comodidad
se pone en la parte anterior del telar de
cintas. || **6.** Huesecillo de la parte superior
de la nuez de la ballesta. || **7.** MAR. La
parte de la obra muerta de la nave que
sobresale de la cubierta superior. || **8.** En
las minas de Linares y Marbella, banco
o empalizada con que se cerca la boca
de los pozos para impedir la caída de los
operarios. || **9.** MÉJ. Tablero que se pone
en la parte superior de una ventana para
que una persona se apoye al asomarse. ||
P. parapeito; **I.** parapet; **F.** garde-fou;
A. Brüstung; **It.** spalletta; **R.** оградa. ||
7.ª acep.: **I.** bulwark; **F.** pavois; **A.** Schanz-
kleid, Verschanzung; **It.** batteria, muratta;
R. иерцла. || 9.ª acep.: **P.** resguardo;
I. balcony; **F.** mur d'appui; **A.** Fenster-
brüstung; **It.** sguancio; **R.** подоконник.

ANTEPENÚLTIMO, MA. adj. Inmediatamente anterior al penúltimo.

★ **ANTEPERÍODO.** m. MAT. Conjunto
de cifras que en una fracción decimal
periódica mixta se encuentran entre la
coma y el primer período.

★ **ANTEPIRÉTICO, CA.** adj. MED. Antes de la fiebre.

ANTEPONER. (l. *anteponĕre;* de *ante,*
delante, y *ponĕre,* poner.) tr. Poner delante; poner inmediatamente antes. Ú.t.
c.r. || **2.** Preferir, dar la preferencia. Ú.t.c.s.

ANTEPORTA. (De *ante* y *porta.*) f.
Anteportada.

ANTEPORTADA. f. Hoja que precede a la portada de un libro, y en la cual
no se pone más que el título de la obra. ||

A

P. anteportada; **I.** bastard-title; **F.** fauxtitre; **A.** Untertitel; **It.** antiporta; **R.** заглавный лист.

ANTEPOSAR. (l. *anteposui,* pret. perf. de *anteponĕre,* anteponer.) tr. ant. Anteponer.

ANTEPOSICIÓN. (De *ante y posición.*) f. Acción de anteponer.

ANTEPROYECTO. m. Conjunto de trabajos preliminares para redactar el proyecto de una obra de arquitectura o de ingeniería. ‖ **2.** Proyecto provisional de una ley o estatuto que se ha de revisar antes de ser presentado como definitivo. ‖ **P.** anteprojecto; **I.** draft; **F.** avant-projet; **A.** Vorplan; **R.** эскизный проект.

ANTEPUERTA. f. Cortina que se pone delante de una puerta para abrigo u ornato. ‖ **2.** Fort. Puerta interior o segunda que cierra la entrada de una fortaleza.

ANTEPUERTO. m. Terreno elevado que en las cordilleras precede al puerto. ‖ **2.** Mar. Parte avanzada de un puerto artificial, donde los buques esperan para entrar.

ANTEPUESTO, TA. p.p. irreg. de anteponer.

ANTEQUERANO, NA. adj. Natural de Antequera. Ú.t.c.s. ‖ **2.** Perteneciente a esta ciudad.

ANTEQUINO. (De *anti,* contra, y *equino.*) m. Arq. Esgucio, caveto. ‖ **2.** Zool. Mamífero marsupial australiano.

ANTERA. (gr. ἀνθηρά, florida, de ἄνθος, flor.) f. Bot. Parte del estambre de las flores que contiene el polen. ‖ **P.** e **I.** antera; **I.** anther; **F.** anthère; **A.** Anthere; **R.** пыльник.

★ **ANTÉRICO.** m. Bot. Género de plantas liliáceas propias de las regiones cálidas y templadas. ‖ **I.** Anthericum; **F.** anthéric; **A.** Sandlilie, Zaunblume; **It.** antèrico.

ANTERIOR. (l. *anterĭor.*) adj. Que precede en lugar o tiempo.

ANTERIORIDAD. (De *anterior.*) f. Precedencia temporal de una cosa con respecto a otra.

ANTERIORMENTE. adv. Con anterioridad.

ANTERO. m. El que tiene por oficio trabajar en ante.

ANTES. (De *ante,* con la *s* de tras.) adv. Que denota prioridad de tiempo o lugar. Antepónese con frecuencia las partículas *de y que.* ‖ **2.** adv. Que denota prioridad o preferencia. antes *morir que ofender a Dios.* ‖ **3.** conj. advers. que denota idea de contrariedad y preferencia. ‖ **4.** Referida a las divisiones del tiempo, se suele usar como adjetivo por lo mismo que antecedente o anterior. *El día* antes. ‖ antes *bien.* conj. Antes. ‖ antes *con* antes. adv. Cuanto antes. ‖ **P.** antes; **I.** before; **F.** avant;. **A.** vorher; **It.** anzi, piuttosto; **R.** прежде, до.

ANTESACRISTÍA. f. Espacio o pieza que da entrada a la sacristía.

ANTESALA. f. Pieza delante de la sala o salas principales de una casa. ‖ *Hacer* uno antesala. fr. Aguardar en ella o en otra habitación a ser recibido.

★ **ANTESALAZO.** m. Chile. Larga espera en una antesala.

ANTESEÑA. (De *ante y seña.*) f. ant. Divisa, insignia, distintivo.

ANTESTATURA. (De *ante y estatura.*) f. Fort. Trinchera improvisada con estacas y sacos de tierra.

★ **ANTETECHO.** m. Chile. Alero antepuesto al techo.

ANTETEMPLO. m. Pórtico de un templo.

ANTEVEDIMIENTO. (l. *antevidēre,* prever.) m. ant. Previsión.

ANTEVENIR. (l. *antevenīre;* de *ante,* antes, y *venīre,* venir.) intr. Venir antes o preceder.

ANTEVER. tr. Prever.

★ **ANTEVERSIÓN.** f. Med. Desviación de un órgano hacia adelante.

ANTEVISO, SA. (l. *antevĭsus,* p.p. de *antevidēre,* prever.) adj. ant. Advertido o avisado.

ANTEVÍSPERA. f. Día inmediatamente anterior al de la víspera.

ANTEVISTO, TA. p.p. irreg. de antever.

ANTI. (gr. ἀντί.) prep. insep. Que denota oposición o contrariedad.

ANTIA. (l. *anthĭas,* y éste del gr. ἀνθίας.) f. Zool. Lampuga.

ANTIÁCIDO, DA. adj. Que neutraliza el exceso de acidez anormal en ciertas partes del organismo.

ANTIAÉREO. adj. Que sirve para la defensa contra aviones militares. Aplicado a los cañones. Ú.t.c.s.m.

ANTIAFRODISIACO, CA [∼SÍACO, CA]. (De *anti y afrodisiaco.*) adj. Dícese del medicamento o substancia que modera o anula el apetito venéreo. Ú.t.c.s.m.

ANTIALCOHÓLICO, CA. adj. Que es eficaz contra el alcoholismo.

★ **ANTIÁLGICO, CA.** adj. Que calma el dolor.

★ **ANTIANAFILAXIA.** f. Med. Estado de completa insensibilidad.

° **ANTIARTRÍTICO, CA.** adj. Dícese del medicamento o medio empleado para prevenir o combatir el artritismo.

★ **ANTIASTÉNICO, CA.** adj. Restaurador de las fuerzas.

ANTIBAQUIO. (l. *antibacchĭus,* y éste del gr. ἀντιβάχχειος.) m. Pie de las métricas griega y latina, que consta de dos sílabas largas seguidas de una breve.

★ **ANTIBIOSIS.** f. Pat. Asociación de dos o más organismos, perjudicial para uno de ellos.

ANTIBIÓTICO, CA. (gr. ἀντί, contra, y βίος, vida.) adj. Med. Dícese de las substancias químicas elaboradas por bacterias o mohos, que impiden la proliferación y actividad de otros microorganismos; como la penicilina. Ú.t.c.s. ‖ **2.** Med. Dícese de la acción de dichas substancias.

ANTICANÓNICO, CA. adj. Opuesto a los sagrados cánones y demás disposiciones eclesiásticas.

ANTICARIENSE. adj. Natural de Anticaria, hoy de Antequera. Ú.t.c.s. ‖ **2.** Perteneciente a esta ciudad de la Bética.

★ **ANTICÁTODO, CA.** adj. Fís. Parte de un tubo de Crookes, comúnmente de wolframio, opuesta al cátodo y en la que se producen los rayos X.

ANTICATÓLICO, CA. adj. Contrario al catolicismo.

ANTICICLÓN. (De *anti y ciclón.*) m. Área de alta presión barométrica, que tiende a aumentar hacia el centro, y en la cual reina un tiempo bonancible, que suele preceder a los temporales giratorios.

ANTICIPACIÓN. (l. *anticipatĭo,-ōnis.*) f. Acción y efecto de anticipar o anticiparse. ‖ **2.** Ret. Figura consistente en proponerse uno la objeción que otro pudiera hacerle, para refutarla de antemano. ‖ **P.** anticipação; **I.** y **F.** anticipation; **A.** Vorausnahme, Vorschuss; **It.** anticipazione; **R.** предварение.

ANTICIPADA. (De *anticipar.*) f. Acción traidora de acometer al contrario antes de que se ponga en defensa.

ANTICIPADAMENTE. adv. Con anticipación.

★ **ANTICIPADO, DA.** adj. Prematuro. ‖ *Por* anticipado. De antemano.

ANTICIPADOR, RA. (l. *anticipātor.*) adj. Que anticipa. Ú.t.c.s.

ANTICIPAMIENTO. m. Anticipación.

ANTICIPANTE. p.a. de anticipar. Que anticipa o se anticipa.

ANTICIPAR. (l. *anticipāre;* de *ante,* antes, y *capĕre,* tomar.) tr. Hacer que ocurra algo antes del tiempo regular o señalado. ‖ **2.** Fijar tiempo anterior al regular o al señalado para hacer alguna cosa. ‖ **3.** Tratándose de dinero, darlo o entregarlo antes del tiempo regular o señalado. ‖ **4.** Anteponer, preferir. ‖ **5.** Sobrepujar, aventajar. ‖ **6.** r. Adelantarse a otra persona en la ejecución de alguna cosa. ‖ **7.** Ocurrir alguna cosa antes del tiempo regular o señalado. ‖ **P.** anticipar; **I.** to anticipate; **F.** anticiper; **A.** antizipieren; vorhergehen; **It.** anticipare; **R.** предварять.

ANTICIPATIVAMENTE. adv. ant. Anticipadamente.

ANTICIPO. (De *anticipar.*) m. Anticipación. ‖ **2.** Dinero anticipado.

ANTICLERICAL. adj. Contrario al clericalismo. Apl. a pers. ú.t.c.s.

ANTICLERICALISMO. m. Doctrina o procedimiento contra el clericalismo.

★ **ANTICLORO.** m. Quím. Substancia reductora que elimina el cloro, y suele emplearse para destruir el cloro de que quedan impregnados los papeles y telas que se han blanqueado con él.

° **ANTICONCEPCIONAL.** adj. y s. Aplícase a los medicamentos y substancias para impedir la fecundación.

ANTICONSTITUCIONAL. (De *anti* y *constitucional.*) adj. Contrario a la constitución o ley fundamental de un Estado.

ANTICRESIS. (gr. ἀντίχρησις; de ἀντί, en vez de, y χρῆσις, uso.) f. Contrato en que el acreedor obtiene del deudor el usufructo de la finca que le entrega, hasta que sea cancelada la deuda.

ANTICRESISTA. com. Acreedor en el contrato de anticresis.

ANTICRÉTICO, CA. adj. Perteneciente o relativo a la anticresis.

ANTICRISTIANO, NA. adj. Contrario al cristianismo.

ANTICRISTO. (l. *Antichristus,* y éste del gr. Ἀντίχριστος, contrario a Cristo.) m. Aquel hombre perverso y diabólico que, al fin del mundo, perseguirá cruelmente a la Iglesia católica y a sus fieles. ‖ **P.** anticristo; **I.** Antichrist; **F.** antéchrist; **A.** Antichrist; **It.** anticristo; **R.** антихрист.

ANTICRÍTICO. m. El opuesto o contrario a la crítica.

ANTICUADO, DA. p.p. de anticuar. ‖ **2.** adj. Que no está en uso ni tiene tiempo.

ANTICUAR. (l. *antiquāre.*) tr. Graduar de antigua y sin uso alguna cosa. ‖ **2.** r. Hacerse antiguo. ‖ **P.** antiquar; **I.** to antiquate; **F.** viellir, démoder; **A.** veralten; **It.** disusare, invecchiare; **R.** считать устаревшим.

ANTICUARIO. (l. *antiquarĭus.*) m. El que hace profesión del conocimiento de las cosas antiguas. ‖ **2.** El que las colecciona o negocia con ellas. ‖ **P.** antiquário; **I.** antiquary, antiquarian; **F.** antiquaire; **A.** Antiquar; **It.** antiquario; **R.** антиквар.

★ **ANTICUCHERO, RA.** m. y f. Perú. Persona que vende anticuchos.

★ **ANTICUCHO.** m. Perú. Trocitos de hígado de vaca ensartados en un palillo, asados y aderezados con ají.

ANTICUERPO. m. Med. Substancia que se produce en el organismo para oponerse a la acción de otros elementos, tales como bacterias, toxinas, etc.

ANTIDÁCTILO. (l. *antidactỹlos,* y éste del gr. ἀντιδάκτυλος.) m. Métr. Anapesto.

° **ANTIDEPORTIVO, VA.** adj. Dícese del jugador o del equipo a quien falta nobleza y generosidad en la observancia de las reglas del juego y en su comportamiento frente a sus rivales. ‖ **2.** Aplícase al público asistente a los encuentros deportivos que no observa la debida corrección e imparcialidad en sus manifestaciones.

° **ANTIDETONANTE.** adj. y s. Se dice de todo producto añadido a la gasolina para evitar la explosión prematura de los motores de combustión interna.

ANTIDINÁSTICO, CA. adj. Contrario a la dinastía.

ANTIDORAL. (l. *antidōrum,* don que se hace por reconocimiento.) adj. For. Remuneratorio de los favores y de los beneficios recibidos.

ANTIDOTARIO. (De *antídoto.*) m. Libro que trata de la composición de medicamentos. ‖ **2.** Lugar donde se ponen en las farmacias los específicos de que se hacen los antídotos y los cordiales.

ANTÍDOTO. (l. *antidŏtum,* y éste del gr. ἀντίδοτος; de ἀντί, contra, y δοτός, dado.) m. Contraveneno. ‖ **2.** Por ext., cualquier medicina que preserve de algún mal. ‖ **3.** fig. Medio o preservativo para no incurrir en ningún vicio o falta. ‖ **P.** antídoto; **I.** y **F.** antidote; **A.** Gegengift; **It** antidoto; **R.** противоядие.

ANTIEMÉTICO, CA. (De *anti* y *emético.*) adj. Med. Que sirve para contener el vómito. Ú.t.c.s.m.

★ **ANTIENZIMA.** m. Quím. Cada uno de los inhibidores, generalmente los venenos más potentes de los organismos

A

vivos, que ejercen su acción inhibiendo enzimas o debilitando su acción.

ANTIER. (l. *ante heri*.) adv. fam. Anteayer.

ANTIESCORBÚTICO, CA. (De *anti* y *escorbútico*.) adj. MED. Que es eficaz contra el escorbuto. Ú.t.c.s.m.

ANTIESPASMÓDICO, CA. (De *anti* y *espasmódico*.) adj. MED. Que sirve para calmar los espasmos o desórdenes nerviosos. Ú.t.c.s.m.

ANTIESTÉTICO, CA. adj. Contrario a la estética.

ANTIFAZ. (De *antefaz*.) m. Velo, máscara o cosa semejante con que se cubre la cara.

ANTIFERNALES. (l. *antipherna*, y éste del gr. ἀντίφερνος; de ἀντί, en vez de, y φερνή, dote.) adj. pl. Dícese de los bienes que el marido da a la mujer en lugar de dote.

★ **ANTIFÍMICO, CA.** adj. MED. Antituberculoso.

ANTIFLOGÍSTICO, CA. (gr. ἀντί, contra, y φλογιστος, inflamado.) adj. MED. Que sirve para calmar la inflamación.

ANTÍFONA. (l. *antiphōna*, y éste del gr. ἀντίφωνος, el que responde; de ἀντί, contra, y φωνή, voz.) f. Breve pasaje, tomado ordinariamente de la Sagrada Escritura, que se canta y reza antes y después de los salmos y de los cánticos en las horas canónicas. || 2. fig. y fam. Antifonario. || P. antienne; I. antiphony; F. antienne; A. Wechselgesang; It. antifona.

ANTIFONAL. (De *antífona*.) adj. Dícese del libro de coro en que se contienen las antífonas de todo el año. Ú.t.c.s.

ANTIFONARIO. (De *antífona*.) adj. Aplícase al libro de coro en que se contienen las antífonas de todo el año. Ú.t.c.s. || 2. m. fig. y fam. Trasero, por alusión a lo voluminoso del libro de coro. || 3. CHILE. Antifonero. || P. et I. antifonario; I. antiphonary; F. anthiphonaire; A. Chorgesangbuch; It. antifona.

ANTIFONERO, RA. m. y f. Persona que en el coro entona las antífonas.

★ **ANTÍFONO.** m. Instrumento que, adaptado al conducto auditivo externo, amortigua los ruidos violentos y protege el oído.

ANTÍFRASIS. (l. *antiphrăsis*, y éste del gr. ἀντίφρασις; de ἀντί, contra, y φράσις, frase, locución.) f. RET. Figura consistente en designar personas o cosas con voces de significación contraria de lo que se debiera decir. || P. antífrase; I. antiphrasis; F. antiphrase; A. Antiphrase; It. antifrasi.

ANTIFRICCIÓN. m. Aleación especial con que se forra el interior de los cojinetes para disminuir el frotamiento.

º **ANTIGÁS.** (De *anti* y *gas*.) adj. Dícese de la careta, refugio, etc., protectores contra los gases tóxicos.

ANTÍGENO, NA. adj. MED. Dícese de las substancias que, introducidas en el organismo, estimulan la formación de anticuerpos. Ú.t.c.s.

★ **ANTIGENOTERAPIA.** f. Método terapéutico que consiste en introducir cuerpos antígenos en el organismo.

ANTIGO, GA. adj. ant. Antiguo.

ANTIGRAMATICAL. adj. Contrario a las leyes de la gramática.

ANTIGUALLA. (De *antiguo*.) f. Obra u objeto de arte de antigüedad remota. || 2. Noticia de sucesos muy antiguos. Ú.m. en pl. || 3. Uso o estilo antiguo. Ú. m. en pl. || 4. Mueble, traje, etc., que ya no está de moda. || P. antigalha; I. old lumber; F. antiquaille; A. Altertumsstück, alter Plunder; It. anticaglia; R. старьё.

ANTIGUAMENTE. adv. En lo antiguo.

ANTIGUAMIENTO. m. Acción de antiguar o antiguarse.

ANTIGUAR. tr. Anticuar. || 2. intr. Adquirir antigüedad un individuo de una colectividad. Ú.t.c.r. || 3. r. Anticuarse.

★ **ANTIGUBERNAMENTAL.** adj. Enemigo del Gobierno constituido.

ANTIGÜEDAD. (l. *antiquĭtas, -ātis* infl. por *antigua*.) f. Calidad de antiguo. || 2. Tiempo antiguo. || 3. Lo que sucedió en tiempo antiguo. || 4. Los hombres que vivieron en lo antiguo. || 5. Tiempo que se lleva en el desempeño de un cargo

o empleo. || 6. pl. Monumentos u objetos artísticos de tiempo antiguo. || 2.ª acep.: P. antiguidade; I. antiquity; F. antiquité; A. Altertum; It. antichità; R. древность.

ANTIGUO, GUA. (l. *antīqŭus*, infl. por *antigua*, de *antĭqŭa*.) adj. Que existe desde hace mucho tiempo. || 2. Que existió o sucedió en tiempo remoto. || 3. Dícese de una persona que cuenta mucho tiempo en un empleo. || 4. m. Miembro de una colectividad que ha salido de moderno. || 5. ESCULT. y PINT. Cualquiera de los modelos, del arte griego y romano. || 6. pl. Los que vivieron en siglos remotos. || *A la* ANTIGUA, o *a lo* ANTIGUO. m. adv. Según costumbre o uso antiguo. || P. antigo; I. ancient, old; F. ancien, antique; A. alt, einstig; It. antico; R. древний.

★ **ANTIHELIO.** METEOR. Falso sol en el círculo perihelio de un halo.

ANTIHELMÍNTICO, CA. (gr. ἀντί, contra, y ἕλμινς, ἕλμινθος, lombriz.) adj. MED. Que sirve para extinguir las lombrices. Ú.m.c.s.m.

ANTIHIDRÓPICO, CA. (De *anti* e *hidrópico*.) adj. Dícese del medicamento que se emplea para combatir la hidropesía.

ANTIHIGIÉNICO, CA. adj. Contrario a la higiene.

★ **ANTIHIGROSCÓPICO, CA.** (De *anti* e *higroscópico*.) adj. Dícese del cuerpo que no absorbe la humedad.

ANTIHISTÉRICO, CA. (De *anti* e *histérico*.) adj. Eficaz contra el histerismo. Ú.t.c.s.m.

ANTIJURÍDICO, CA. (De *anti* y *jurídico*.) adj. Que es contra derecho.

ANTILOGÍA. (gr. ἀντιλογία; de ἀντί, contra, y λόγος, discurso.) Contradicción entre dos textos. || P. antilogia; I. antilogy; F. antilogie; A. Widerspruch; It. antilogia; R. противоречие.

ANTILÓGICO, CA. (gr. ἀντιλογικός.) adj. Perteneciente o relativo a la antilogía.

ANTILOGIO. m. Antilogía.

ANTÍLOPE. (b. gr. ἀντάλωψ.) m. ZOOL. Mamífero rumiante de cornamenta persistente, que forman un grupo intermedio entre las cabras y los ciervos. Forman la subfamilia de los antilopinos. || P. antílope; I. antelope; F. antilope; A. Antilope; It. antilope; R. антилопа.

ANTILLA. f. Cada una de las islas situadas al E de América Central.

ANTILLANO, NA. adj. Natural de cualquiera de las Antillas. Ú.t.c.s. || 2. Perteneciente a cualquiera de ellas.

★ **ANTIMACASAR.** m. AMÉR. Lienzo o tela con puntillas o encajes que se pone sobre el respaldo de sofás y butacas para resguardarlos.

ANTIMATERIA. f. Fís. Denominación dada a la resultante de antipartículas, tales como antiprotón, antineutrón, etc.

º **ANTIMILITARISMO.** m. Oposición al desarrollo y aun a la existencia de los ejércitos.

ANTIMILITARISTA. adj. Contrario al militarismo.

ANTIMINISTERIAL. adj. Contrario al ministerio o a los ministros.

ANTIMONIAL. adj. QUÍM. Que contiene antimonio.

ANTIMONIO. (n. l. *antimonium*.) m. QUÍM. Elemento químico de aspecto blanco azulado, brillante, de estructura laminosa. Su símbolo es Sb. Se usa en medicina combinado con otras substancias, y aleado con el plomo sirve para fabricar los caracteres de imprenta. || P. antimonio; I. antimony; F. antimoine; A. Antimon; It. antimonio; R. антимоний.

ANTIMORAL. adj. Contrario a la moral.

ANTINATURAL. adj. Contranatural, contrario al orden de la Naturaleza.

★ **ANTINEUTRÓN.** m. Fís. Partícula de existencia brevísima, que difiere del neutrón por el signo de su momento magnético. Juntamente con el positrón y el antiprotón completa la lista de las tres partículas previstas para constituir la "antimateria".

ANTINOMIA. (l. *antinomĭa*, y éste del gr. ἀντινομία; de ἀντί, contra, y νόμος, ley.) f. Contradicción entre dos preceptos o dos leyes vigentes. || 2. Contradicción entre dos principios racionales. || P. antinomia; I. antinomy; F. antinomie; A.

Antinomie; It. antinomia; R. противоречие.

ANTINÓMICO, CA. adj. Que implica antinomia.

★ **ANTIOFÍDICO, CA.** (De *anti* y *ofídico*.) adj. MED. Que sirve de antídoto contra la mordedura de las serpientes.

ANTIOQUENO, NA. adj. Natural de Antioquía. Ú.t.c.s. || 2. Perteneciente a esta ciudad de Siria.

ANTIOQUEÑO, ÑA. adj. Natural del departamento o de la ciudad de Antioquia, en la República de Colombia. Ú.t.c.s. || 2. Perteneciente o relativo a esta ciudad o departamento.

★ **ANTIORGÁSTICO, CA.** (De *anti* y *orgástico*.) adj. MED. Calmante, sedante.

ANTIPALÚDICO, CA. adj. Que sirve para combatir el paludismo.

ANTIPAPA. m. El que no está canónicamente elegido Papa y pretende ser reconocido como tal, frente al verdadero y legítimo. || P. e It. antipapa; I. antipope; F. antipape; A. Gegenpapst; R. антилала.

ANTIPAPADO. m. Ilegítima dignidad de antipapa. || 2. Tiempo que dura.

ANTIPAPISTA. adj. Que no reconoce la soberanía del Papa. Ú.t.c.s.

ANTIPARA. (De *anti* y *parar*.) f. Cancel o biombo que se pone delante de una cosa para encubrirla. || 2. Polaina que cubre la pierna sólo por delante. Ú.m. en pl. || P. anteparo; I. screen; F. écran; A. spanische Wand; It. paravento; R. ширма.

ANTIPARERO. m. Soldado que usaba antiparas o polainas.

ANTIPARLAMENTARIO, RIA. adj. Contrario a los usos y prácticas parlamentarios.

ANTIPARRAS. (De *antipara*.) f. pl. m. Anteojos o gafas.

ANTIPATÍA. (l. *antipathĭa*, y éste del gr. ἀντιπάθεια.) f. Repugnancia instintiva sentida hacia alguna persona o cosa. || 2. fig. Oposición recíproca entre seres inanimados. || P. antipatia; I. antipathy; F. antipathie; A. Widerwille; It. antipatia; R. антипатия.

ANTIPÁTICO, CA. adj. Que causa antipatía.

º **ANTIPATIZAR.** intr. AMÉR. Sentir o mostrar antipatía hacia una persona o cosa.

ANTIPATRIÓTICO, CA. adj. Contrario al patriotismo.

ANTIPEDAGÓGICO, CA. adj. Contrario a los preceptos de la pedagogía.

ANTIPENDIO. (l. *ante*, delante, y *pendĕre*, colgar.) m. Velo o tapiz de tela preciosa que tapaba los soportes y la parte delantera del altar entre la mesa y el suelo. || 2. Frontal, parte delantera del altar.

ANTIPERISTÁLTICO, CA. adj. ZOOL. Se aplica al movimiento de contracción del estómago y de los intestinos en virtud del cual, las materias contenidas en ellos van en sentido inverso de su curso natural o peristáltico.

ANTIPERÍSTASIS. (gr. ἀντιπερίστασις; de ἀντί, contra, y περίστασις, circunstancia.) f. Acción de dos cualidades contrarias, una de las cuales excita por su oposición el vigor de la otra.

ANTIPERISTÁTICO, CA. adj. Perteneciente o relativo a la antiperístasis.

ANTIPIRÉTICO, CA. (gr. ἀντί, contra, y πυρετός, fiebre.) m. MED. Medicamento contra la fiebre.

ANTIPIRINA. (gr. ἀντί, contra, y πύρινος, inflamado, ardiente.) f. Base oxigenada compuesta de carbono, hidrógeno y nitrógeno, en forma de polvo blanco, usada como medicamento febrífugo, analgésico, antiespasmódico y calmante. P. e It. antipirina; I. antipyrin; F. antipyrine; A. Antipyrin; R. антипирин.

ANTÍPOCA. (De *anti* y *ápoca*.) f. FOR. AR. Escritura de reconocimiento de censo.

ANTIPOCAR. (De *antípoca*.) tr. AR. Volver a hacer obligatoria alguna cosa que había estado suspensa por mucho tiempo. || 2. FOR. AR. Reconocer un censo, con escritura pública, obligándose a pagar sus réditos.

ANTÍPODA. (l. *antipŏdes*, y éste del gr. ἀντίποδες, antípodas; de ἀντί, contrs, y πούς, ποδός, pie.) adj. GEOGR. Dícese

A de cualquier habitante del globo terrestre con respecto a otro que more en lugar diametralmente opuesto. Ú.m.c.s. y en pl. || **2.** fig. y fam. Se aplica por ext. a las cosas y personas que tienen entre sí oposición. Ú.m.c.s. || **P.** antípoda; **I.** y **F.** antipode; **A.** Gegenfüssler; **It.** antipoda; **R.** антипод.

ANTIPODIA. f. ant. Antipodio.

ANTIPODIO. m. ant. Extraordinario, 5.ª acep.

ANTIPOÉTICO, CA. adj. Contrario a los principios de la poética.

★ **ANTIPOLÍTICO, CA.** adj. Contrario a la política.

ANTIPONTIFICADO. (De *anti* y *pontificado.*) m. Antipapado.

★ **ANTIPROTECCIONISTA.** adj. Contrario al proteccionismo. Ú.t.c.s.

★ **ANTIPROTÓN.** m. Quím. Partícula de masa igual a la del protón pero con carga negativa.

★ **ANTIPULSADOR.** m. Fís. Aparato para mantener invariable la presión en las tuberías de alimentación de algunos motores. || **P.** antipulsador; **I.** antipulsator; **F.** antipulsateur; **A.** Antipulsator; **It.** antipulsatore.

ANTIPÚTRIDO, DA. (De *anti* y *pútrido.*) adj. Med. Que sirve para impedir la putrefacción. Ú.t.c.s.m.

ANTIQUÍSIMO, MA. (l. *antiquissimus.*) adj. sup. de antiguo.

ANTIQUISMO. (l. *antiquissimus.*) m. Arcaísmo.

ANTIRRÁBICO, CA. adj. Útil contra la rabia.

ANTIRREGLAMENTARIO, RIA. adj. Que se hace o se dice contra lo que dispone el reglamento.

ANTIRRELIGIOSO, SA. (De *anti* y *religioso.*) adj. Irreligioso.

ANTIRREUMÁTICO, CA. (De *anti* y *reumático.*) adj. Que sirve para curar el reúma. Ú.t.c.s.m.

★ **ANTIRREVOLUCIONARIO, RIA.** adj. Polít. Opuesto a la revolución. Ú.t.c.s.

ANTISCIO. (l. *antiscius*, y éste del gr. ἀντίσκιος, de ἀντί, contra, y σκία, sombra.) adj. Dícese de cada uno de los habitantes de las dos zonas templadas que, por vivir sobre el mismo meridiano y en hemisferios opuestos, proyectan al mediodía la sombra en dirección contraria.

° **ANTISEMITA.** adj. Enemigo de los judíos. Ú.t.c.s.

° **ANTISEMÍTICO, CA.** adj. Relativo al antisemitismo.

★ **ANTISEMITISMO.** m. Doctrina y tendencia opuesta a la influencia de los judíos. || **P.** antisemitismo; **I.** antisemitismo, antijewish feeling; **F.** antisémitisme; **A.** Antisemitismus; **It.** antisemitismo; **R.** антисемитизм.

ANTISEPSIA. (gr. ἀντί, contra, y σήψις, putrefacción.) f. Med. Método que consiste en combatir o prevenir los padecimientos infecciosos, destruyendo los microbios que los causan. || **P.** anti-sepsia; **I.** antisepsis; **F.** antisepsie; **A.** Antisepsis; **It.** antisepsi; **R.** антисептика.

ANTISÉPTICO, CA. (gr. ἀντί, contra, y σηπτικός, que engendra la putrefacción.) adj. Med. Antipútrido, da. || **2.** Toda substancia que destruye las bacterias o detiene su crecimiento y propagación. || **P.** antiséptico; **I.** antiseptic; **F.** antiseptique; **A.** antiseptisch; **It.** antisettico; **R.** антисептический.

ANTISIFILÍTICO, CA. (De *anti* y *sifilítico.*) adj. Med. Que sirve para curar la sifilis.

ANTISOCIAL. adj. Opuesto a la sociedad, a la convivencia social.

ANTISPASTO. (l. *antipastus*, y éste del gr. ἀντίσπαστος, de ἀντί, contra, y σπάω, atraer.) m. Pie de las métricas griega y latina, compuesto de dos sílabas largas entre dos breves.

ANTISTROFA. (l. *antitrŏpha*, y éste del gr. ἀντιστροφή; de ἀντί, contra, y στροφή, vuelta.) f. En la poesía griega, segunda parte del canto lírico compuesto de *estrofa* y antistrofa, o de éstas y el épodo.

ANTITANQUE. adj. Mil. Dícese de las armas y proyectiles destinados a destruir tanques de guerra y otros vehículos semejantes.

★ **ANTITÉRMICO, CA.** (De *anti* y *térmico.*) adj. Fís. Que opone resistencia a la propagación del calor.

ANTÍTESIS. (l. *antithĕsis*, y éste del gr. ἀντίθεσις, de ἀντί, contra, y θέσις, posición.) f. Fil. Oposición de dos juicios o afirmaciones. || **2.** fig. Persona o cosa enteramente opuesta en sus condiciones a otra. || **3.** Ret. Figura consistente en contraponer una frase o una palabra a otra de contraria significación. || **P.** antítese; **I.** antithesis; **F.** antithése; **A.** Gegensatz, Anthese; **It.** antitesi; **R.** антитеза.

★ **ANTITETÁNICO, CA.** adj. Med. Preventivo o curativo de los tétanos.

ANTITÉTICO, CA. (l. *antitheticus*, y éste del gr. ἀντιθετικός.) adj. Que denota o implica antítesis.

ANTÍTETO. (l. *antithĕton*, y éste del gr. ἀντίθετον.) m. ant. Ret. Antítesis, 3.ª acep.

★ **ANTITÍFICO, CA.** (De *anti* y *tífico.*) adj. Terap. Que preserva del tifus o lo combate.

★ **ANTITISINA.** (De *anti* y *tisina.*) f. Bioquím. Substancia derivada del cultivo de bacilos tuberculosos, usada en el tratamiento de la tisis.

★ **ANTITÓXICO, CA.** (De *anti* y *tóxico.*) adj. Med. Que sirve de contraveneno o combate la intoxicación.

ANTITOXINA. f. Med. Substancia capaz de neutralizar una toxina. Se forma a consecuencia de la introducción de una toxina determinada. || **P.** antitoxina; **I.** antitoxin; **F.** antitoxine; **A.** Antitoxin; **It.** antitossina; **R.** антитоксин.

ANTITRAGO. (gr. ἀντίτραγος.) m. Prominencia de la oreja humana situada en la parte inferior del pabellón y opuesta al trago.

ANTITRINITARIO, RIA. (De *ante* y *trinitario*). adj. Dícese de ciertos herejes que niegan en Dios haya tres personas distintas. Ú.m.c.s. || **2.** Perteneciente a esta herejía.

★ **ANTITROPINA.** f. Bioquím. Anticuerpo.

ANTITUBERCULOSO, SA. adj. Perteneciente o relativo a los procedimientos e instituciones para combatir la tuberculosis.

ANTIVENÉREO, A. adj. Que combate las afecciones venéreas.

ANTOCIANA. (gr. ἄνθος, flor, κύανος, azul.) f. Bot. Antocianina.

ANTOCIANINA. (gr. ἄνθος, flor, y κύανος, azul.) f. Bot. Cualquiera de los pigmentos que se encuentran disueltos en el protoplasma de las células de diversos órganos vegetales.

ANTÓFAGO, GA. (gr. ἄνθος, flor, y φάγομαι, comer.) adj. Zool. Se dice de los animales que fundamentalmente se alimentan de flores.

★ **ANTOFILITA.** f. Mineral. Mineral compuesto de silicato de magnesio y hierro. Generalmente se encuentra en masas fibrosas de color pardo.

ANTOJADIZAMENTE. adv. Con antojo.

ANTOJADIZO, ZA. (De *antojado*.) adj. Que tiene antojos con frecuencia.

ANTOJADO, DA. p.p. de antojarse. || **2.** adj. Que tiene antojo de alguna cosa.

ANTOJAMIENTO. (De *antojarse*.) m. ant. Antojo, 1.ª acep.

ANTOJANA. f. Ast. Antuzana.

ANTOJANZA. (De *antojarse*.) f. ant. Antojo, 1.ª acep.

ANTOJARSE. (De *antojo*.) r. Hacerse objeto de irreflexible deseo de alguna cosa. Es verbo impersonal y se usa sólo con alguno de los prons. *me, te, le, nos, os.* || **2.** Ofrecerse a la consideración como probable alguna cosa: *Se me* ANTOJA *que va a nevar.*

ANTOJERA. (De *antojo*, 3.ª acep.) f. Anteojera.

ANTOJO. (l. *ante ocŭlum*, delante del ojo.) m. Deseo vivo y pasajero de alguna cosa, especialmente el que suelen tener las mujeres durante el embarazo. || **2.** Juicio hecho de alguna cosa sin bastante examen. || **3.** pl. Lunares, manchas que suelen presentar en la piel algunas personas. || **P.** antojo; **I.** whim; **F.** caprice, fantaisie; **A.** Laune, Gelüst; **It.** voglia; **R.** каприз.

ANTOJUELO. m. d. de antojo, 1.ª acep.

★ **ANTOLAR.** m. Cuba. Entredós, tira de encaje.

★ **ANTOLITA.** f. Paleont. Flor fósil.

ANTOLOGÍA. (gr. ἀνθολογία; de ἄνθος, flor, y λέγω, escoger.) f. Florilegio. || **P.** antologia; **I.** anthology; **F.** anthologie; **A.** Gedichtsammlung, Anthologie; **It.** antología; **R.** антология, хрестоматия.

ANTÓN. n. p. V. *Fuego, gusano, mal, vaca de San* ANTÓN. || **2.** ANTÓN *Pirulero, cada cual atienda a su juego.* Cierto juego de prendas.

ANTONIANO, NA. adj. Dícese del religioso de la Orden de San Antonio Abad. Ú.t.c.s. || **2.** Perteneciente a esta Orden.

ANTONIMIA. f. Gram. Calidad de antónimo.

ANTÓNIMO, MA. (gr. ἀντί, contra, y ὄνομα, nombre.) adj. Gram. Dícese de las palabras que expresan ideas opuestas o contrarias. Ú.t.c.s.m.

ANTONINIANO, NA. (l. *antoninianus.*) adj. Perteneciente a cualquiera de los emperadores Antoninos: Nerva, Trajano, Adriano, Antonino Pío, Marco Aurelio, Vero y Cómodo.

ANTONINO, NA. adj. Antoniano. Apl. a pers. ú.t.c.s.

ANTONOMASIA. (l. *antonomasia*, y éste del gr. ἀντονομασία.) f. Ret. Sinécdoque consistente en poner el nombre apelativo por el propio o viceversa, p. ej.: el Apóstol, por San Pablo; un Rafael, por un pintor. || **P.** antonomásia; **I.** e **It.** antonomasia; **F.** antonomase; **A.** Antonomasil.

ANTONOMÁSTICAMENTE. adv. Por antonomasia.

ANTONOMÁSTICO, CA. adj. Perteneciente o relativo a la antonomasia.

ANTOR. (b. l. *antor*, y éste del l. *auctor*.) m. For. Ar. Vendedor de quien se ha comprado de buena fe alguna cosa hurtada.

ANTORCHA. (prov. *antorcha*, y éste del l. *intŏrquia*; de *intŏrquēre*, retorcer.) f. Hacha, 1.er art. || **2.** fig. Lo que sirve de guía para el entendimiento. || **P.** brandão; **I.** torch; **F.** torche, flambeau; **A.** Fackel; **It.** torcia; **R.** факел.

ANTORCHAR. tr. Entorchar.

ANTORCHERA. f. Ar. Antorchero.

ANTORCHERO. m. Candelero o araña para poner antorchas, usado antiguamente.

ANTORÍA. f. For. Ar. Derecho de reclamar contra el autor.

ANTOSTA. f. Ar. Fragmento de tabique o techo desprendido y caído al suelo.

ANTOVIAR. (De *ante* y *obviare*, salir al encuentro.) tr. ant. Antuviar. Usáb. m.c.r.

★ **ANTOZOARIOS.** m. pl. Zool. Clase de celentéreos, cuyo aspecto recuerda al de las flores. || **P.** antozoarios; **I.** Anthozoa; **F.** anthozoaires; **A.** Blumenpolypen; **It.** anthozoi.

ANTOZOO. (gr. ἄνθος, flor, y ζῶον, animal.) adj. Zool. Dícese de ciertos celentéreos que en estado adulto viven fijos sobre el fondo del mar, constituidos por un solo pólipo o por una colonia de muchos unidos entre sí por un polipero. Los pólipos tienen alrededor de la boca tentáculos en número de ocho, seis o múltiplo de seis. Ú.m.c.s. || **2.** pl. Clase de estos animales.

★ **ANTRACEMIA.** f. Asfixia ocasionada por óxido de carbono.

★ **ANTRACENO.** m. Quím. Hidrocarburo sólido que cristaliza en hojitas incoloras, de fluorescencia violeta. Usado como materia prima en la industria de colorantes. || **P.** antraceno; **I.** anthracene; **F.** anthracène; **A.** Anthrazen; **It.** antracene; **R.** углеводород.

ANTRACITA. (l. *anthracites*, y éste del gr. ἀνθρακίτης, de ἄνθραξ, carbón.) f. Carbón de piedra poco bituminoso, que arde con dificultad y sin conglutinarse. || **P.** e **It.** antracite; **I.** anthracite, stone coal; **F.** anthracite; **A.** Anthrazit, Glanzkohle; **R.** антрацит.

★ **ANTRACNOSIS.** f. Agr. Enfermedad de la vid, producida por un hongo, que se manifiesta por manchas obscuras.

★ **ANTRACÓMETRO.** m. Quím. Aparato usado para investigar la proporción de ácido carbónico existente en una mezcla gaseosa.

★ **ANTRACONITA**. f. MINERAL. Variedad de caliza bituminosa.

ANTRACOSIS. (gr. ἄνθραξ, -αχος, carbón.) f. MED. Enfermedad pulmonar producida por el polvo del carbón.

★ **ANTRACOTIPIA**. f. FOT. Procedimiento fotográfico conducente a obtener una positiva espolvoreando con polvo de carbón las partes no impresionadas de una negativa.

ÁNTRAX. (l. anthrax, y éste del gr. ἄνθραξ, carbunclo.) m. MED. Reunión de forúnculos producidos por la inflamación de las glándulas sebáceas. Tiene tendencia a la difusión. ‖ P. antraz; I. y F. anthrax; A. Karbunkel; It. antrace; R. карбункул.

ANTRO. (l. antrum, y éste del gr. ἄντρον.) m. Caverna, cueva, gruta. Ú.m. en poesía. ‖ P. e It. antro; I. cave(rn); F. antre; A. Höhle; R. пещера, грот.

★ **ANTRÓPICO, CA**. adj. Lo que se refiere al hombre. ‖ P. antrópico; I. anthropic; F. antropique; A. menschlich; It. antropico; R. антропологический.

ANTROPOCÉNTRICO, CA. adj. Perteneciente o relativo a un antropocentrismo.

ANTROPOCENTRISMO. (gr. ἄνθρωπος, hombre, y centro.) m. FIL. Doctrina que supone que el hombre es el centro de todas las cosas; el fin absoluto de la naturaleza.

ANTROPOFAGIA. (gr. ἀνθρωποφαγία.) f. Costumbre de algunos salvajes de comer carne humana. ‖ P. antropofagia; I. anthropophagy; F. anthropophagie; A. Menschenfresserei, Kannibalismus; It. antropofagia; R. людоедство.

ANTROPÓFAGO, GA. (l. anthropophăgus, y éste del gr. ἀνθρωποφάγος; de ἄνθρωπος, hombre, φάγομαι, comer.) adj. Dícese del salvaje que come carne humana. Ú.t.c.s.

ANTROPOGRAFÍA. (gr. ἄνθρωπος, hombre, y γράφω, describir.) f. Parte de la antropología que trata de la descripción de las razas humanas y de sus variedades.

ANTROPOGRÁFICO, CA. adj. Perteneciente o relativo a la antropografía.

ANTROPOIDE. (gr. ἄνθρωπος, hombre, y εἶδος, forma.) adj. Dícese de los animales que por sus caracteres morfológicos externos se asemejan al hombre. Ú.t.c.s. ‖ P. antropóide; I. anthropoid; F. anthropoide; A. Menschenaffen; It. antropoide; R. антропоид.

ANTROPOIDEO. (gr. ἄνθρωπος, hombre, y εἶδος, forma.) adj. Dícese de los monos catirrinos, sin cola, como el gorila, etcétera. Ú.t.c.s. ‖ 2. m. pl. Grupo de estos animales.

★ **ANTROPOLATRÍA**. f. Culto dado a un hombre divinizado. ‖ P. antropolatria; I. anthropolatry; F. anthropolatrie; A. Anthropolatrie; It. antropolatria.

ANTROPOLOGÍA. (gr. ἄνθρωπος, hombre, y λόγος, discurso.) f. Ciencia que trata del hombre y de las razas humanas a través del tiempo y del espacio, en forma comparativa. ‖ P. antropologia; I. anthropology; F. anthropologie; A. Menschenkunde; It. antropologia; R. антропология.

ANTROPOLÓGICO, CA. adj. Perteneciente o relativo a la antropología.

ANTROPÓLOGO. (gr. ἀνθρωπολόγος.) m. El que profesa la antropología o tiene en ella especiales conocimientos.

ANTROPÓMETRA. m. Perito en antropometría.

ANTROPOMETRÍA. (gr. ἄνθρωπος, hombre, y μέτρον, medida.) f. Tratado de las proporciones y medidas del cuerpo humano. ‖ P. antropometria; I. anthropometry; F. anthropometrie; A. Antropometrie; It. antropometria; R. антропометрия.

ANTROPOMÉTRICO, CA. adj. Perteneciente o relativo a la antropometría. ‖ 2. V. Ficha ANTROPOMÉTRICA.

★ **ANTROPÓMETRO**. m. Aparato para medir el cuerpo humano.

ANTROPOMÓRFICO, CA. adj. Perteneciente o relativo al antropomorfismo.

ANTROPOMORFISMO. (De antropomorfo.) m. Atribución a la divinidad de la figura, cualidades y defectos humanos. ‖ 2. Herejía de los antropomor-

fitas. ‖ P. antropomorfismo; I. anthropomorphism; F. anthropomorphisme; A. Anthropomorphismus; It. antropomorfismo; R. антропоморфизм.

ANTROPOMORFITA. (l. anthropomorphitae, y éste del gr. ἀνθρωπομορφίται.) adj. Dícese de ciertos herejes que atribuyen a Dios cuerpo humano. Ú.t.c.s.

ANTROPOMORFO, FA. (l. anthropomorphos, y éste del gr. ἀνθρωπόμορφος; de ἄνθρωπος, hombre, y μορφή, forma.) adj. ZOOL. Antropoideo. Ú.t.c.s.

⁰ **ANTROPOMORFO**. adj. Que tiene gran apariencia humana.

ANTROPONIMIA. (gr. ἄνθρωπος, hombre, y ὄνομα, nombre.) f. Estudio del origen y significación de los nombres propios de persona.

ANTROPONÍMICO, CA. adj. Perteneciente o relativo a la antroponimia.

ANTROPÓNIMO. m. Nombre propio de persona.

⁰ **ANTROPOPITECO**. (gr. ἄνθρωπος, hombre, y πιθηκος, mono.) m. Mamífero al que algunos consideran precursor del hombre.

★ **ANTROPOZOICO, CA**. adj. GEOL. Dícese del terreno que contiene restos humanos fósiles. ‖ 2. Dícese de la era geológica actual (Cuaternaria).

ANTRUEJADA. (De antruejar.) f. Broma grotesca.

ANTRUEJAR. (De antruejo.) tr. Mojar o hacer otra broma en carnestolendas.

ANTRUEJO. (De entruejo.) m. Los tres días de carnestolendas.

ANTRUIDO. (l. introïtus, entrada.) m. ant. Antruejo.

★ **ANTUERPIA**. adj. PERÚ. Dícese de la persona muy torpe.

ANTUERPIENSE. (l. antuerpiensis.) adj. Natural de Antuerpia, hoy Amberes. Ú.t.c.s. ‖ 2. Perteneciente a esta ciudad de Bélgica.

ANTUVIADA. (De antuviar.) f. fam. Golpe o porrazo dado de improviso.

ANTUVIADO, DA. p.p. de antuviar. ‖ 2. adj. ant. Que se anticipa, precoz.

ANTUVIADOR, RA. adj. ant. Que antuvia. Usáb.t.c.s.

ANTUVIAR. (De antuviar.) tr. ant. Adelantar, anticipar. Usáb.m.c.r. ‖ 2. fam. Dar de repente, o primero que otro, un golpe.

ANTUVIO. (De antuviar.) m. ant. Acción anticipada o precipitada.

ANTUVIÓN. (De antuvio.) m. fam. Golpe o acometimiento repentino. ‖ 2. fig. El que da el golpe anticipado. ‖ De ANTUVIÓN. m. adv. fam. De repente, inopinadamente.

ANTUZANO. (l. ante, delante, y ostium, puerta, con el suf. -ano.) m. VIZC. Atrio o plazuela delante de la casa.

ANUAL. (l. annualis.) adj. Que sucede o se repite cada año. ‖ 2. Que dura un año. ‖ P. anual; I. yearly; F. annuel; A. jährlich; It. annuale; R. годовой.

ANUALIDAD. f. Calidad de anual. ‖ 2. Importe anual de una renta o carga periódica. ‖ 3. Renta de un año que pagaba el que obtenía una prebenda eclesiástica. ‖ P. anualidade; I. annuity; F. annuité; A. Jährlichkeit; It. annualità; R. годичный срок.

ANUALMENTE. adv. Cada año.

ANUARIO. (De anuo.) m. Libro publicado de año en año, especialmente el que contiene las informaciones correspondientes al año. ANUARIO Financiero. ‖ P. anuário; I. annuary, yearbook; F. annuaire; A. Jahrbuch; It. annuario; R. ежегодник.

ANÚBADA. f. Anúteba.

ANUBADO, DA. adj. Anubarrado.

ANUBARRADO, DA. adj. Cubierto de nubes, nubloso. ‖ 2. fig. Pintado imitando nubes.

ANUBLADO, DA. p.p. de anublar. ‖ 2. adj. GERM. Ciego, 1.ª acep.

ANUBLAR. (De añublar, y éste del l. innūbilāre, infl. por nublar.) tr. Ocultar las nubes el azul del cielo o cualquier astro. ‖ 2. fig. Obscurecer, empañar. ‖ 3. fig. Marchitar o poner secas las plantas. ‖ 4. r. Desvanecerse una cosa que se deseaba. ‖ P. anublar; I. to cloud; F. couvrir de nuages; A. bewölken; It. annuvolare; R. покрывать тучами.

ANUBLO. (De anublar.) m. Añublo. **ANUDADOR, RA**. adj. Que anuda. Ú.t.c.s.

ANUDADURA. f. Anudamiento.

ANUDAMIENTO. m. Acción y efecto de anudar o anudarse.

ANUDAR. (De añudar, infl. por nudo.) tr. Hacer nudos. ‖ 2. Juntar, unir o asegurar mediante nudos, cuerdas, hilos. etc. ‖ 3. Por ext., juntar, unir. ANUDAR la amistad. ‖ 4. Embargar el uso de la palabra. ‖ 5. fig. Continuar lo interrumpido. ‖ 6. r. Dejar de crecer o medrar los seres orgánicos sin llegar a la perfección debida.

ANUENCIA. (l. annŭens, -entis, anuente.) f. Consentimiento, 1.ª acep.

ANUENTE. (l. annŭens, -entis, p.a. de annuĕre, aprobar.) adj. Que consiente.

ANULABLE. adj. Que se puede anular.

ANULACIÓN. f. Acción y efecto de anular o anularse.

ANULADOR, RA. adj. Que anula. Ú.t.c.s.

ANULAR. (l. anulāris.) adj. Perteneciente o relativo al anillo. ‖ 2. De figura de anillo. ‖ 3. V. Dedo ANULAR. ‖ P. anelar; I. annular; F. annulaire; A. ringförmig; It. anulare; R. кольцевой.

ANULAR. (De a y nulo.) tr. Dar por nula alguna disposición. ‖ 2. fig. Incapacitar, desautorizar a uno. Ú.t.c.r. ‖ 3. fig. Retraerse, humillarse, postergarse. ‖ P. anular; I. to annul; F. annuler; A. entwerten, tilgen; It. annullare; R. аннулировать.

ANULATIVO, VA. adj. Dícese de lo que tiene fuerza para anular.

ANULETE. (l. ānŭlus, anillo.) m. BLAS. Pieza en forma de anillo que se dibuja en el escudo.

ÁNULO. (l. ānŭlus, anillo.) m. ARQ. Anillo o gradecilla. Se aplica especialmente al astrágalo de los capiteles dóricos griegos.

ÁNULO, LA. adj. ant. Anual.

ANULOSO, SA. (l. ānŭlus, anillo.) adj. Compuesto de anillo. ‖ 2. Anular, 1.er art., 2.ª acep.

ANUMERACIÓN. (l. annumeratio, -ōnis.) f. ant. Numeración.

ANUMERAR. (l. annumerāre; de ad, a, y numĕrus, número.) tr. ant. Numerar.

ANUNCIA. f. ant. Anuncio, 3.ª acep.

ANUNCIACIÓN. (l. annuntiatio,-ōnis.) f. Acción y efecto de anunciar. ‖ 2. Por antonomasia, anuncio que el arcángel San Gabriel trajo a la Virgen Santísima del misterio de la Encarnación. ‖ 3. Fiesta con que la Iglesia celebra este misterio. ‖ 3.ª acep.: P. Anunciação; I. y F. Annonciation; A. Mariä Verkündigung; It. Annunciata; R. благовещение.

ANUNCIADOR, RA. (l. annuntiător.) adj. Que anuncia. Ú.t.c.s.

ANUNCIAMIENTO. (De anunciar.) m. ant. Anunciación, 1.ª acep.

ANUNCIANTE. p.a. de anunciar. Que anuncia. Ú.t.c.s.

ANUNCIAR. (l. annuntiāre; de ad, a, y nuntius, mensajero.) tr. Dar noticia de una cosa. ‖ 2. Pronosticar. ‖ 3. Proclamar, hacer saber una cosa. ‖ 4. Hacer saber el nombre de un visitante a la persona por quien desea ser recibido. ‖ P. anunciar; I. to announce; to advertise; F. annoncer; A. verkündigen, ankündigen, inserieren; It. annunciare; R. объявлять.

ANUNCIO. (l. annuntius.) m. Acción y efecto de anunciar. ‖ 2. Conjunto de palabras o signos con que se anuncia algo. ‖ 3. Pronóstico.

ANUO, NUA. (l. annŭus.) adj. Anual. ‖ 2. V. Paralaje ANUA.

★ **ANURESIS**. f. MED. Anuria.

ANURIA. (gr. ἄν, priv., y οὖρον, orina.) f. MED. Supresión de la secreción urinaria. ‖ P. anúria; I. anury; F. anurie; A. Anurie; It. anuria.

ANURO, RA. (gr. ἄν, priv., y οὐρά, cola.) adj. ZOOL. Que carece de cola. ‖ 2. ZOOL. Dícese de los batracios que carecen de cola y tienen cuatro extremidades, como la rana. Ú.t.c.s. ‖ 3. m. pl. ZOOL. Orden de estos batracios. ‖ I. anura; F. anoure; A. Batrachia.

ANÚTEBA. (ár. an-nudba, la invitación.) f. Llamamiento a la guerra. ‖ 2. Antigua prestación personal para reparar fortificaciones. ‖ 3. Tributo pagado por redimirse de ella.

ANUBLO. (De anublar.) m. Añublo.

ANUBLO. (De anublar.) m. Añublo.

A

ANVERSO. (l. *anteversus; de ante,* delante, y *versus,* vuelto.) m. Lado de una moneda o medalla que lleva la imagen o inscripción principal. || **2.** Cara en que va impresa la primera página de un libro. || **P.** frente; **I.** head; **F.** face; **A.** Bildseite; **It.** fronte; **R.** лицевая сторона монеты.

ANZOLAR. tr. Poner anzuelos. || **2.** Coger con ellos.

ANZOLERO. m. El que hace o vende anzuelos.

ANZUELO. (l. *hamicĕolus,* d. de *hamus,* anzuelo.) m. Arponcillo o garfio de metal que, pendiente de un sedal, y puesto en él algún cebo, sirve para pescar. || **2.** fig. Atractivo, aliciente. || *Caer* uno *en el* ANZUELO. fr. fig. y fam. Caer en el lazo. || *Echar el* ANZUELO. fr. fig. y fam. Emplear artificios para atraer, generalmente con engaño. || *Picar en el* ANZUELO. fr. fig. y fam. Caer en el anzuelo. || *Tragar el* ANZUELO. fr. fig. y fam. Caer, o picar en el anzuelo. || **P.** anzol; **I.** fish-hook; **F.** hameçon; **A.** Angelhaken; **It.** amo; **R.** приманка, удочка.

AÑA. (Voz vasca.) f. ÁL. Nodriza. || **—seca.** ÁL., SANT. y VIZC. Ama seca.

AÑACAL. (ár. *an-naqqāl,* el que lleva o portea.) m. El que lleva trigo al molino. || **2.** Tabla en que se lleva el pan al horno.

AÑACALERO. (De *añacal.*) m. AND. Añacal, 1.ª acep. || **2.** CAD. El que acarrea cal, teja y otros materiales para la obra.

AÑACEA. (ár. *an-nazāha,* la diversión.) f. ant. Fiesta, regocijo, diversión.

AÑACEAR. (De *añacea.*) intr. ant. Divertirse.

AÑADA. f. ant. Duración de un año. || **2.** Tiempo atmosférico que hace durante un año. || **3.** Época favorable para la cosecha. || **4.** Cada una de las hojas de una dehesa o de una tierra de labor.

AÑADIDO, DA. p.p. de añadir. || **2.** m. Postizo.

AÑADIDURA. f. Lo que se añade a alguna cosa. || *Por* AÑADIDURA. m. adv. Además.

AÑADIMIENTO. m. ant. Añadidura.

AÑADIR. (l. *inaddĕre.*) tr. Agregar, incorporar. || **2.** Aumentar, acrecentar, ampliar. || **P.** agregar; **I.** to add; **F.** ajouter; **A.** beifügen, hinzufügen; **It.** aggiungere; **R.** прибавлять.

AÑAFEA. (ár. *an-nafāya,* el desecho.) f. *Papel de* AÑAFEA. Papel de estraza.

AÑAFIL. (ár. *an-nafīr,* la trompeta.) m. Trompeta recta morisca, usada también en Castilla. || **2.** Añafilero.

AÑAFILERO. m. El que toca el añafil.

AÑAGAZA. (ár. *an-naqqāza,* la caza.) f. Señuelo para coger aves. || **2.** fig. Artificio para atraer con engaño. || **P.** negaça; **I.** decoy; **F.** chanterelle, appeau; **A.** Lockvogel; **It.** zimbello, riciamo; **R.** приманка.

★ AÑAJE. m. COLOM. Aspecto, catadura, semblante.

AÑAL. (l. *annalis.*) adj. Anual. || **2.** Dícese del cordero, becerro o macho cabrío que tiene un año cumplido. || **3.** pl. ant. Anales, 4.ª acep. de añal.

AÑALEJO. (De *añal.*) m. Calendario para los eclesiásticos, que señala el orden y rito del rezo y oficio divino de todo el año.

★ AÑANGOTARSE. r. COLOM. Agacharse, recogerse.

★ AÑAPA. f. ARGENT. y BOL. Comida preparada de harina de algarroba. || **2.** ARGENT. y BOL. Bebida que se prepara poniendo en agua algarroba machacada. || *Hacer* AÑAPA. fr. Hacer añicos.

★ AÑAPANCO. m. BOL. Cacto pequeño y redondo.

★ AÑARES. m. pl. URUG. Años.

AÑAS. (Voz quichua.) f. Especie de zorra del Perú.

AÑASCAR. (De *añasco.*) tr. fam. Juntar o recoger poco a poco cosas menudas y de poco valor. || **2.** Enredar, embrollar. Ú.t.c.r.

AÑASCO. (ár. *an-naqš.,* el lazo, el enredo.) m. Enredo, embrollo.

AÑAZME. (ár. *an-nazm,* el sartal de perlas.) m. ant. Ajorca.

AÑEDIR. (l. *inaddĕre,* añadir.) tr. ant. Añadir.

AÑEJAMIENTO. m. Acción y efecto de añejar o añejarse.

AÑEJAR. (De *añejo.*) tr. Hacer añeja alguna cosa. || **2.** r. Alterarse alguna cosa en el transcurso del tiempo, ya mejorándose, ya deteriorándose.

AÑEJEZ. (De *añejo.*) f. Calidad de añejo.

AÑEJO, JA. (l. *annīcŭlus,* de un año.) adj. Dícese de ciertas cosas de uno o más años. *Vino* AÑEJO. || **2.** fig. y fam. Que tiene mucho tiempo. || **P.** antigo; **I.** old; **F.** vieux; **A.** überjährig; **It.** vecchio; **R.** старый.

AÑERO, RA. adj. CHILE. Vecero en un año de mucho fruto y poco o ninguno al siguiente.

AÑICOS. (ár. *an-niqd,* lo roto.) m. pl. Pedazos o piezas pequeñas en que se divide alguna cosa, al romperse. || *Hacerse* uno AÑICOS. fr. fig. y fam. Ejecutar alguna cosa con grande y constante esfuerzo. || **P.** fanicos; **I.** flinders; **F.** miettes; **A.** Scherben, Splitter; **It.** briciole; **R.** куски.

AÑIDIR. tr. ant. Añedir. Ú. en Soria.

AÑIL. (ár. *an-anil,* la planta del índigo.) m. BOT. Arbusto leguminoso de cuyos tallos y hojas se saca una substancia colorante. || **2.** Pasta de color azul obscuro, que se saca de esta planta por maceración en agua. || **3.** Color de esta pasta. || **P.** anil; **I.** y **F.** indigo; **A.** Indigo; **It.** indaco; **R.** индиго.

AÑILAR. tr. Dar o teñir de añil.

AÑILERÍA. f. Hacienda de campo donde se cultiva y elabora el añil.

AÑINERO. m. El que trabaja en añinos. || **2.** El que comercia con ellos.

★ AÑINGOTARSE. r. COLOM., PAN. y REP. DOMIN. Añagotarse.

AÑINO, NA. (l. *agnīnus,* de cordero.) adj. Añal, 2.ª acep. dicho del cordero. || **2.** m. Cordero de un año. || **3.** pl. Pieles no tonsuradas de corderos de un año o menos. || **4.** Lana de corderos.

AÑIR. m. ant. Añil.

AÑIRAR. tr. ant. Añilar.

AÑO. (l. *annus.*) m. ASTRON. Tiempo invertido por la Tierra en su revolución periódica alrededor del Sol. || **2.** Período de doce meses a contar desde el día 1.º de enero hasta el 31 de diciembre, ambos inclusive. || **3.** Período de doce meses a contar desde un día cualquiera. || **4.** V. *Cabo de* AÑO. || **5.** pl. Día en que alguno cumple AÑOS. || **6.** V. *Día de* AÑOS. || AÑO *anomalístico.* ASTRON. Tiempo que transcurre entre dos pasos consecutivos de la Tierra por su afelio o perihelio. Consta de 365 días, 6 horas, 13 minutos y 59 segundos. || **—árabe.** AÑO *lunar.* || **—astral** o **astronómico.** ASTRON. AÑO *sidérico.* || **—bisiesto.** El que excede al año común en un día, que se añade al mes de febrero. Se repite cada cuatro años, a excepción del último de cada siglo cuyo número de centenas no sea múltiplo de cuatro. || **—civil.** El que consta de un número cabal de días; 365 si es común y 366 si es bisiesto. || **—climatérico.** El que es calamitoso. || **—común.** El que consta de 365 días. || **—de gracia.** AÑO de la era cristiana, al romperse. || AÑO *Santo.* || **—de jubileo.** AÑO *Santo.* || **—de luz.** ASTRON. Unidad de longitud consistente en la distancia que la luz recorre en un año solar. Equivale a unos 9 billones de km. || **—eclesiástico.** El que rige para las solemnidades de la Iglesia y empieza en la primera dominica de Adviento. || **—económico.** Espacio de doce meses en que rigen los presupuestos de gastos e ingresos públicos. || **—embolismal.** El que se compone de 13 lunaciones, añadiéndose una sobre las 12 de que consta el año puramente lunar para ajustar los años lunares con los solares. || **—emergente.** El que se empieza a contar desde un día cualquiera que se señala hasta otro igual del año siguiente. || **—intercalar.** AÑO *bisiesto.* || **—lunar.** ASTRON. Período de 12 revoluciones sinódicas de la luna, o sea 354 días. Usado por los judíos y los mahometanos. || **—nuevo.** El que está a punto de empezar o ha empezado recientemente. || **2.** V. *Día de* AÑO *nuevo.* || **—político.** AÑO *civil.* || **—Santo.** El de jubileo universal que se celebra en Roma. Se viene celebrando cada 25 años. || **—sideral** o **sidérico.** ASTRON. Tiempo que transcurre entre dos pasos consecutivos de la Tierra por el mismo punto de su órbita. Es el año propiamente dicho

y consta de 365 días, 6 horas, 9 minutos y 54 segundos. || **—sinódico.** ASTRON. Tiempo que media entre dos conjunciones consecutivas de la tierra con un mismo planeta. || **—trópico.** ASTRON. Tiempo que transcurre entre dos pasos consecutivos y reales de la Tierra o aparentes del Sol por el mismo equinoccio o el mismo solsticio. Consta de 365 días, 5 horas, 48 minutos y 48 segundos. || *A buen* AÑO *o malo, molinero u hortelano.* ref. que denota la utilidad casi cierta que le rinden estos dos oficios en cualquier momento. || AÑO *de brevas, nunca lo veas.* ref. con que se quiere dar a entender que el año en que hay abundancia de brevas suele ser estéril en granos y frutos. || AÑO *de heladas,* AÑO *de parvas.* ref. con que se denota que el año de grandes heladas suelen ser buenas las cosechas. || AÑO *de muchas endrinas, pocas hacinas.* ref. que denota que el año abundante en esta fruta, suele ser escasa la cosecha de granos. || AÑO *de nieves,* AÑO *de bienes.* ref. que da a entender que en año que nieva mucho, suele ser abundante la cosecha de frutos. || AÑO *de ovejas,* AÑO *de abejas.* ref. que da a entender que el año que es bueno para una de estas dos granjerías, lo es también para la otra. || AÑO *y vez.* expr. con que se significa, hablando de tierras, que se siembra un año sí y otro no, y tratándose de árboles, el que produce un AÑO sí, y otro no. || *Cien* AÑOS *de guerra y no un día de batalla.* ref. que aconseja que, aunque se haga la guerra, se procure evitar los riesgos de una batalla, por lo mucho que se arriesga. || *Cual el* AÑO, *tal el jarro.* ref. que advierte que el jarro con que se dé a beber sea grande o chico, según haya sido abundante o escasa la cosecha de vino. || *De buen* AÑO. m. adv. Gordo, saludable. Ú. generalmente con el verbo *estar.* || *El* AÑO *de la nanita.* expr. fam. El tiempo incierto y muy antiguo. || *El mal* AÑO *entra nadando.* expr. con que se denota que las excesivas lluvias al principio del AÑO son perjudiciales porque desubstancian la tierra. || *El* AÑO *bueno el grano es heno. En* AÑO *malo la paja es grano.* ref. que denota los distintos efectos que causan la abundancia y la carestía. || *Entrado en* AÑOS. expr. De edad provecta. || *Entre* AÑO. m. adv. En el discurso del AÑO. || *Ganar* AÑO. fr. fam. Ser aprobado el estudiante en los exámenes de fin de curso. || *Jugar los* AÑOS. fr. fam. Jugar por diversión, sin que se atraviese interés alguno. || *Lo que no acaece en un* AÑO, *acaece en un rato.* ref. que denota la contingencia y variedad de los sucesos humanos. || *Lo que no fue en mi* AÑO, *no fue en mi daño.* ref. que explica que no debemos hacer duelo por los acaecimientos pasados que no estuvieron a nuestro cuidado. || *¡Mal* AÑO! interj. fam. que se usa para dar fuerza o énfasis a lo que se dice. || *Mal* AÑO para alguna persona o cosa. expr. fam. que se usa como imprecación. || *Más vale* AÑO *tardío que vacío.* ref. que da a entender que por malo que sea esperar mucho tiempo una cosa, siempre es mejor que dejarla de conseguir. || *No en los* AÑOS *están todos los engaños.* ref. que advierte que no sólo los viejos tienen tretas o astucias sino también los mozos. || *No hay quince* AÑOS *feos.* fr. fam. que denota que la juventud suple en las mujeres la falta de hermosura, haciendo que parezcan bien. || *No me lleves,* AÑO, *que yo te iré alcanzando.* ref. con que se da a entender el deseo, natural en los viejos, de prolongar cada AÑO su vida. || *Perder* AÑO. fr. fam. No ser aprobado el estudiante en los exámenes de fin de curso. || *Por los* AÑOS *de.* loc. Por el tiempo que se indica, sobre poco más o menos. || *Quien en un* AÑO *quiere ser rico, al medio le ahorcan.* ref. que amenaza a los que, por medios ilícitos quieren enriquecerse en poco tiempo. || *Quitarse* uno AÑOS. fr. fig. y fam. Declarar menos AÑOS de los que tiene. || *Saber* uno *bastante para su* AÑO. fr. fam. Saber manejarse en sus negocios con más habilidad que la que aparenta. || *Una en el* AÑO, *y esa en tu daño.* ref. que se dice de quien al cabo de mucho tiempo

A

se decida a hacer alguna cosa y ésa le sale mal. || *Viva usted mil* AÑOS. expr. que se emplea para manifestar agradecimiento y como saludo. || **P.** ano; **I.** year; **F.** an, année; **A.** Jahr; **It.** anno; **R.** год.

AÑO. (l. *agnus*, cordero.) m. GAL. y LEÓN. Corderillo de poca edad.

★ **AÑOBLO.** m. AGR. Enfermedad del trigo, cebada y otros cereales.

AÑOJAL. (De *añojo*, de un año.) m. Pedazo de tierra que se cultiva algunos años y otros se deja como erial.

AÑOJO, JA. (De *año*, 1.er art.) m. y f. Becerro o cordero de un año cumplido.

AÑOÑAR. tr. PERÚ y P. RICO. Mimar, halagar.

AÑORANZA. (Del cat. *anyoranza*, y éste del l. *ignŏrantĭa*, ignorancia.) f. Soledad, 3.ª acep.

AÑORAR. (Del cat. *anyorar*, y éste del l. *ignŏrāre*, ignorar.) tr. Recordar con pena la ausencia, privación o pérdida de una persona o cosa. || **2.** Padecer añoranza.

AÑOSO, SA. (l. *annosus*.) adj. De muchos años.

AÑUBLADO, DA. p.p. de añublar.

AÑUBLAR. (l. *innūbĭlare*.) tr. Anublar. Ú.t.c.r.

AÑUBLO. (De *añublar*.) m. Enfermedad de los cereales producida por el tizón o la roya.

AÑUDADOR, RA. adj. Que añuda. Ú.t.c.s.

AÑUDADURA. f. Añudamiento.

AÑUDAMIENTO. m. Acción y efecto de añudar o añudarse.

AÑUDAR. (l. *innūdare*, de *nŭdus*, por *nŏdus*, nudo.) tr. Anudar. Ú.t.c.r.

★ **AÑUQUIR.** tr. COLOM. Apretar demasiado una cosa dentro de otra.

AÑUSGAR. intr. Atragantarse, estrecharse el tragadero como si se hubieran hecho un nudo. || **2.** fig. Enfadarse o disgustarse.

AOCAR. (l. *ad-ŏccāre*, cavar.) tr. ant. Ahuecar.

★ **AOCLESIA.** f. PAT. Alivio considerable en una enfermedad.

★ **AOJADA.** f. COLOM. Tragaluz.

AOJADOR, RA. adj. Que aoja, 1.er art. Ú.t.c.s.

AOJADURA. f. Aojo.

AOJAMIENTO. m. Aojo.

AOJAR. tr. Hacer mal de ojo. || **2.** fig. Malograr una cosa.

AOJAR. tr. Ojear, 2.º art., 1.ª acep.

AOJO. m. Acción y efecto de aojar, 1.er art.

AÓNIDES. (l. *aonĭdes*, de Aonia o Beocia; por hallarse en esta comarca el monte Helicón y la fuente Hipocrene, consagrados a las musas.) f. pl. Las musas.

AONIO, NIA. (l. *aonĭus*.) adj. Beocio. Apl. a pers. ú.t.c.s. || **2.** fig. Perteneciente o relativo a las musas.

AOPTARSE. r. ant. Darse por contento.

AORAR. (l. *adŏrāre*, adorar.) tr. ant. Adorar.

AORISTIA. f. FIL. Estado de ánimo en que no se puede afirmar ni negar nada de un modo concreto. || **2.** Duda, vacilación.

AORISTO. (gr. ἀόριστός; de ᾀ priv., y ὁριστός, definido.) m. Pretérito de la conjugación griega, que equivale aproximadamente al indefinido castellano.

AORTA. (gr. ἀρτή, de ἀείρω, elevar.) f. ZOOL. Arteria principal que arranca del ventrículo izquierdo del corazón y lleva la sangre a todas las partes del cuerpo excepto a los pulmones. || **—abdominal.** Parte de ella desde que atraviesa el orificio del diafragma hasta que se bifurca. || **—torácica.** La parte comprendida entre su nacimiento en el corazón y su paso por el diafragma. || **—ventral.** AORTA abdominal. || **P.**, **I.** e **It.** aorta; **F.** aorte; **A.** Aorta; **R.** aopта.

AÓRTICO, CA. adj. Perteneciente o relativo a la aorta.

º **AORTITIS.** f. MED. Enfermedad de la aorta caracterizada por alteraciones inflamatorias de las paredes de esa arteria. || **P.** y **F.** aortite; **I.** aortitis; **A.** Aortitis; **It.** aortite.

AOVADO, DA. p.p. de aovar. || **2.** De figura de huevo. || **3.** BOT. V. *Hoja* AOVADA.

AOVADO-LANCEOLADA. adj. BOT.

Dícese de la hoja lanceolada, redondeada en la parte del pecíolo.

AOVAR. (De *a*, 2.º art., y *huevo*.) intr. Poner huevos las aves y otros animales.

AOVILLARSE. r. fig. Hacerse un ovillo.

★ **APA.** CHILE. A cuestas.

APABILAR. (De *a*, 2.º art., y *pabilo*.) tr. Preparar el pabilo de las velas para que se enciendan más fácilmente.

APABULLAMIENTO. m. Apabullo.

APABULLAR. tr. fam. Aplastar, 2.ª acep.

APABULLO. m. fam. Acción y efecto de apabullar.

APACAR. (l. *ad*, a, y *pacāre*, pacificar.) tr. ant. Apaciguar.

APACENTADERO. m. Sitio en que se apacienta ganado.

APACENTADOR, RA. adj. Que apacienta. Ú.t.c.s.

APACENTAMIENTO. m. Acción y efecto de apacentar o apacentarse. || **2.** Pasto, 3.ª acep.

APACENTAR. (l. *adpascens, -entis*, p.a. de *adpascĕre*.) tr. Dar pasto a los ganados. || **2.** fig. Instruir, enseñar. || **3.** fig. Cebar los deseos o placeres. APACENTAR *los sentidos*. || **4.** r. Pacer el ganado. || **P.** apascentar; **I.** to pasture; **F.** pacager, paître; **A.** weiden, hüten; **It.** pascolare; **R.** пасти.

APACER. (l. *adpascĕre*.) tr. ant. Apacentar. || **2.** intr. ant. Alimentarse.

APACIBILIDAD. f. Calidad de apacible.

APACIBILÍSIMO, MA. adj. sup. irreg. de apacible.

APACIBLE. (De *apacible*.) adj. Dulce, manso, agradable en la condición y el trato. || **2.** Bonancible. || **P.** aprazível; **I.** mild; **F.** paisible; **A.** mild, leutselig; **It.** mite; **R.** кроткий.

APACIBLEMENTE. adv. Con apacibilidad.

APACIGUADOR, RA. adj. Que apacigua. Ú.t.c.s.

APACIGUAMIENTO. m. Acción y efecto de apaciguar o apaciguarse.

APACIGUAR. (l. *ad*, a, y *pacificāre*, pacificar.) tr. Poner en paz, sosegar. Ú.t.c.r. || **2.** fig. apaziguar; **I.** to appease; **F.** apaiser; **A.** beruhigen; **It.** impaciare; **R.** успокаивать.

APACORRAL. m. Árbol gigantesco de Honduras, cuya corteza, sumamente amarga, emplean los campesinos como remedio tónico.

APACHE. (Voz india.) adj. Dícese de ciertos indios salvajes que habitaban en diversos parajes de Tejas, Nueva Méjico y Arizona. || **2.** fig. Bandido o salteador de París y por ext. de las grandes poblaciones. || *Estar* APACHE. fr. fam. CHILE. Tener dos o más personas grande amistad o confianza.

APACHETA. f. Montón de piedras colocadas por los indios peruanos en las mesetas de los Andes, como signo de devoción a la divinidad.

★ **APECHETERO.** m. BOL. Bandolero, ladrón.

★ **APACHICO.** m. AMÉR. Bulto, envoltorio, lío.

APACHURRAR. tr. p. us. Despachurrar, 1.ª acep.

APADRINADOR, RA. adj. Que apadrina. Ú.t.c.s.

APADRINAMIENTO. m. Acción y efecto de apadrinar.

APADRINAR. tr. Acompañar como padrino a una persona. || **2.** fig. Patrocinar, proteger. || **3.** EQUIT. Acompañar un jinete en caballo manso a otro jinete que monta un potro para domarlo. || **4.** r. Ampararse, acogerse.

APAGABLE. adj. Que se puede apagar.

APAGADIZO, ZA. (De *apagar*, 1.ª acep.) adj. Dícese de ciertas materias que arden muy difícilmente.

APAGADO, DA. p.p. de apagar. || **2.** adj. De genio muy sosegado y apocado. || **3.** Tratándose de color, el brillo, etc., amortiguado, poco vivo. || **4.** V. *Volcán* APAGADO.

APAGADOR, RA. adj. Que apaga. || **2.** m. Pieza cónica de metal para apagar

luces. || **3.** Pieza de los pianos que evita la resonancia. || **P.** apagador; **I.** extinguisher; **F.** éteigneur; **A.** Löschhorn; **It.** spegnitoio; **R.** гасильник.

★ **APAGAINCENDIOS.** m. MAR. Bomba usada a bordo para extinguir los incendios que puedan producirse en un barco.

APAGAMIENTO. f. Acción y efecto de apagar o apagarse.

APAGAPENOL. (De *apagar* y *penol*.) m. MAR. Cabo para cerrar o cargar las velas de cruz.

APAGAR. (l. *ad*, a, y *pacāre*, calmar.) tr. Extinguir la luz o el fuego. Ú.t.c.r. || **2.** Extinguir, aplacar. Ú.t.c.r. || **3.** Hablando de la cal viva, echarle agua. || **4.** ART. Hacer cesar con la artillería los fuegos de la del enemigo. || **5.** MAR. Cerrar las bolsas que el viento forma en las velas cargadas. || **6.** PINT. Rebajar el color demasiado vivo o templar el tono de la luz. || APAGA *y vámonos.* expr. fig. y fam. que se emplea para dar por terminada una cosa, al oír o ver algo absurdo o escandaloso. || **P.** apagar; **I.** to extinguish; to put out; **F.** éteindre; **A.** löschen, dämpfen; **It.** spegnere; **R.** гасить.

APAGAVELAS. (De *apagar* y *vela.*) m. Matacandelas.

★ **APAGINO, NA.** BOT. Dícese de las plantas que tienen una sola fructificación.

APAGÓN. m. Extinción pasajera y accidental del alumbrado eléctrico. || **2.** CUBA y MÉJ. Apagadizo.

★ **APAGOSO, SA.** adj. CHILE. Apagadizo.

APAINELADO. adj. ARQ. V. *Arco* APAINELADO.

APAISADO, DA. adj. Dícese de lo que es más ancho que alto. *Cuadro* APAISADO.

★ **APAISANARSE.** (De *a* y *paisano.*) r. AMÉR. Adoptar las costumbres y modales de la gente del campo.

★ **APAJARADO, DA.** adj. CHILE. Atolondrado, ligero de cascos.

APALABRAR. tr. Concertar de palabra dos o más personas, alguna cosa.

APALAMBRAR. (l. *ad*, a, y *perluminăre*, alumbrar mucho.) tr. ant. Abrasar, incendiar.

★ **APALANCADOR, RA.** adj. Que apalanca. Ú.t.c.s.

APALANCAMIENTO. m. Acción y efecto de apalancar.

APALANCAR. tr. Levantar, mover algo con palanca.

★ **APALASTRARSE.** r. COLOM., P. RICO y REP. DOMIN. Extenuarse, desvanecerse.

APALEADOR, RA. adj. Que apalea, 1.er art. Ú.t.c.s. || **—de sardinas.** GERM. Galeote.

APALEAMIENTO. m. Acción y efecto de apalear, 1.er art.

APALEAR. tr. Dar golpes a una persona o cosa con un palo o cosa semejante. || **2.** Varear. || **2.** fig. **I.** to cane, to baste; **F.** bâtonner; **A.** vèrhauen; **It.** bastonare; **R.** бить палкой.

APALEAR. tr. Aventar con palo el grano.

APALEAR ORO O PLATA. fig. Tenerlo en gran abundancia.

★ **APALEARSE.** (De *palo*, trago.) r. REP. DOMIN. Beber, echarse un trago.

APALENCARSE. (De *a* y *palenque.*) r. AMÉR. Hacerse fuerte en un sitio de defensa. || **2.** CUBA. Alistarse en palenques o formalo los negros prófugos.

APALEO. m. Acción y efecto de apalear, 2.º art. || **2.** Tiempo de apalear, 2.º art.

APALIAR. tr. desus. Paliar, 1.ª acep.

APALMADA. (De *palma*.) adj. BLAS. V. *Mano* APALMADA.

APALPAR. tr. fam. Palpar.

★ **APAMPAR.** tr. ARGENT. Embaucar, engañar. || **2.** r. ARGENT. Embobarse.

APANALADO, DA. adj. Que forma celdillas con el panal. || **2.** V. *Cuello* APANALADO.

★ **APANCLE.** m. MÉJ. Acequia.

APANCORA. f. ZOOL. Crustáceo marino, con caparazón oval y espinoso, tenazas grandes y gruesas, patas peladas y cola triangular. Vive en las costas de Chile.

APANDAR. tr. fam. Pillar, atrapar,

A

guardar alguna cosa con ánimo de apropiársela.

APANDAR. (De *pando*.) intr. Pandear. Ú.m.c.r.

APANDILLAR. tr. Hacer pandilla. Ú.t.c.r.

★ **APANDORGARSE.** r. Perú. Apoltronarse.

★ **APANGADO, DA.** adj. Amér. Zopenco, atontado.

★ **APANGALARSE.** r. Colom. Atontarse.

★ **APANGARSE.** r. Hond. Agacharse.

APANIAGUADO, DA. (De *apaniguado*.) m. y f. ant. Paniaguado.

★ **APANIAGUARSE.** r. Colom., P. Rico y Venez. Confabularse.

APANIGUADO, DA. p.p. de apaniguar. || 2. m. y f. ant. Paniaguado.

APANIGUAR. (Del dialec. *apaniguar*, alimentar, y éste del l. *ad*, a, *panificāre*, proveer de pan.) tr. ant. Alimentar, 1.ª acep.

★ **APANINARSE.** r. Méj. Aclimatarse.

APANOJADO, DA. adj. Bot. Dícese del tallo de algunas plantas y también de la flor dispuestos en forma de panoja.

APANTALLADO, DA. adj. Méj. Bobo, mentecato.

★ **APANTALLAR.** tr. Méj. Asombrar.

APANTANAR. tr. Llenar de agua algún terreno, dejándolo hecho un pantano. Ú.t.c.r.

★ **APANTE.** m. Guat. Terreno de regadío destinado al cultivo de hortalizas y cereales.

★ **APANTEONARSE.** r. Chile. Rendir escasamente una mina. || 2. Chile. fig. Empobrecerse.

APANTUFLADO, DA. adj. De hechura de pantuflo.

APAÑACUENCOS. m. Ar. Lañador.

APAÑADO, DA. adj. Dícese de los tejidos semejantes al paño.

APAÑADO, DA. p.p. de apañar. || 2. adj. fig. Hábil, mañoso, para hacer alguna cosa. || 3. fig. Adecuado para el uso que se destina.

APAÑADOR, RA. adj. Que apaña. Ú.t.c.s.

APAÑADURA. f. Acción y efecto de apañar o apañarse.

APAÑAMIENTO. m. Apañadura, 1.ª acep.

APAÑAR. (De *a*, 2.° art., y *paño*.) tr. Recoger y guardar una cosa. || 2. Apoderarse de algo ilícitamente. || 3. Aderezar, asear. || 4. fam. Abrigar, arropar. || 5. Colocar, guardar. || 6. r. fam. Darse maña para hacer alguna cosa; apanhar; I. to grasp; F. arranger; A. packen; It. achiappare; R. брать.

APAÑO. m. Apañadura, 1.ª acep. || 2. fam. Compostura, reparo o remiendo. || 3. fam. Maña para hacer alguna cosa.

APAÑUSCADOR, RA. adj. fam. Que apañusca. Ú.t.c.s.

APAÑUSCAR. tr. fam. Apretar una cosa entre las manos ajándola. || 2. Apañar, 2.ª acep.

APAPACHAR. tr. Méj. Hacer papachos o caricias, sobar.

APAPAGAYADO, DA. adj. Semejante al papagayo. Más comúnmente se dice de la nariz.

APARA. m. Zool. Mamífero desdentado con un fuerte escudo óseo que le cubre desde el cuello hasta las nalgas, y otro en la frente que baja por la nariz llegando casi hasta la punta del hocico. Su color es plomizo obscuro rojizo y vive en América a campo raso. Cuando advierte el peligro se esconde en el caparazón formando una bola.

APARADOR, RA. (l. *apparātor*.) adj. Que apara, 5.ª acep. Ú.m.c.s. || 2. m. Mueble para guardar lo necesario para el servicio de mesa. || 3. Por ext. credencia, 1.ª acep. || 4. Taller de un artífice. || 5. Escaparate, 2.ª acep. || *Estar de* APARADOR *una mujer*. fr. fig. y fam. Estar muy compuesta y en disposición de recibir visitas. || 2.ª acep.: P. aparador; I. sideboard; F. dressoir, buffet; A. Anrichte; It. credenza; R. буфет.

APARADURA. (De *aparar*.) f. Mar. V. *Tablón de* APARADURA.

APARAMENTO. m. ant. Paramento.

APARAR. (l. *apparāre*, de *ad*, a, y *parāre*, preparar.) tr. Acudir con las manos o con la capa, falda, etc., para recibir alguna cosa. Ú. más en imperativo. || 2. Dar segunda labor a las plantas, quitando las hierbecillas extrañas. || 3. Preparar una fruta para comerla, mondándola. || 4. Alargar, poner las manos. || 5. Aparejar, adornar, preparar. Ú.t.c.r.

APARASOLADO, DA. adj. De figura de parasol. || 2. Umbelífero. Ú.t.c.s.f.

APARATAR SE. (De *aparato*.) r. Nublarse el cielo: prepararse para llover, nevar, etc. || 2. Vestirse con pompa.

APARATERO, RA. adj. Ál., Ar. y Chile. Aparatoso.

APARATO. (l. *apparātus*.) m. Apresto o reunión de lo que se necesita para algún fin. || 2. Pompa, ostentación. || 3. Circunstancia o señal que precede o acompaña a alguna cosa. || 4. Instrumento o conjunto de instrumentos que sirven para determinado objeto. || 5. Cir. Apósito o vendaje que se aplica al cuerpo humano. || 6. Biol. Conjunto de órganos que concurren en una función. || 7. Med. Conjunto de los síntomas de una enfermedad grave. || P. aparato; I. apparatus; F. appareil; A. Zurüstung; It. apparecchio; R. аппарат. || 2.ª acep.: P. ostentación; I. pomp; F. apparat; A. Prunk; It. pompa, apparecchio; R. пышность.

APARATOSO, SA. adj. Que tiene mucho aparato, 2.ª acep.

° **APARCAMIENTO.** m. Acción y efecto de aparcar los vehículos. || 2. Lugar destinado a este objeto o finalidad.

APARCAR. (De *a* y *parque*.) tr. Colocar los vehículos en los parajes destinados a ellos. || 2. Colocar en un campamento los pertrechos de guerra.

APARCERA. (De *aparcero*.) f. ant. Manceba.

APARCERÍA. (De *aparcero*.) f. Trato o convenio de los que van a ser parte en una granjería. || 2. For. Contrato por el cual el propietario del suelo cede el cultivo y la explotación de la finca a otra persona denominada aparcero, a cambio de una parte alícuota de productos y frutos. || P. parçaria; I. partnership, tenency; F. amodiation; A. Verpachtung; It. mezzadria; R. товарищество.

APARCERO, RA. (l. *ad*, a, y *partiarius*; de *pars*, *partis*, parte.) m. y f. Persona que tiene aparcería con otra u otras. || 2. Comunero, 3.ª acep. || 3. fam. En algunas comarcas, mutua denominación de tratamiento entre personas ligadas por contrato de aparcería.

APARCIONERO, RA. (De *a*, 2.° art., y *parcionero*.) m. y f. ant. Partícipe.

APAREAMIENTO. m. Acción y efecto de aparear o aparearse.

APAREAR. (De *a*, 2.° art., y *parear*.) tr. Ajustar una cosa con otra de forma que queden iguales. || 2. Unir una cosa con otra formando par. || 3. Juntar las hembras de los animales con los machos para que críen. Ú.t.c.r. || P. emparelhar; I. to match; F. apparier, accoupler; A. paaren; It. appaiare, accoppiare; R. спаривать.

APARECER. (l. *apparescĕre*; de *ad*, a, y *parēre*, parecer.) intr. Manifestarse por lo común repentinamente. Ú.t.c.r. || 2. Parecer, hallarse, encontrarse. Ú.t.c.r. || P. aparecer; I. to appear; F. apparaître; A.erscheinen; It. apparire; R.появляться.

APARECIDO, DA. p.p. de aparecer. || 2. m. Espectro de un difunto.

APARECIMIENTO. (De *aparecer*.) m. Aparición, 1.ª acep.

APAREJADAMENTE. adv. Aptamente.

APAREJADO, DA. p.p. de aparejar. || 2. adj. Apto. || 2.ª acep.: P. aparelhado; I. apt; F. apte; A. fähig; It. atto; R. приготовленный.

APAREJADOR, RA. adj. Que apareja. Ú.t.c.s. || 2. m. Oficial que prepara y dispone los materiales que han de entrar en la obra. || 3. Perito que ayuda a un arquitecto. || P. aparelhador; I. rigger; F. gréeur; A. Werkführer, Takelmeister; It. attrezzatore; R. десятник.

APAREJAMIENTO. m. ant. Acción y efecto de aparejar o aparejarse.

APAREJAR. (De *a*, 2.° art., y *parejo*.) tr. Preparar, prevenir. Ú.t.c.r. || 2. Vestir

con esmero, adornar. Ú.t.c.r. || 3. Poner el aparejo a las caballerías. || 4. Mar. Poner a un buque su aparejo. || 5. Pint. Imprimir. || P. aparelhar; I. to get ready; F. apprêter; A. zubereiten; It. apparecchiare; R. приготовлять. || 3.ª acep.: P. arrear; I. to harness; F. embâter, harnacher; A. anschirren; It. bardamentare, imbastare; R. запрягать. || 4.ª acep.: P. aparelhar; I. to rig; F. gréer; A. auftakeln; It. attrezzare; R. оснащать

★ **APAREJERÍA.** f. Cuba. Establecimiento donde se fabrican o venden aparejos para caballerías.

APAREJO. (De *aparejar*.) m. Preparación, disposición para una cosa. || 2. Prevención de lo necesario para conseguir un fin. || 3. Arreo necesario para montar o cargar la caballería. || 4. Conjunto de objetos necesarios para hacer ciertas cosas. || 5. Conjunto de poleas compuesto por un grupo fijo y otro móvil. || 6. Arq. Forma en que quedan colocados los materiales en una construcción. || 7. Mar. Conjunto de palos, vergas, jarcias, y velas de un buque. || 8. Pint. Preparación de un lienzo o tabla por medio de la imprimación. || 9. pl. Materiales que sirven para aparejar. || 10. Pint. Imprimación, 2.ª acep. || 11. Cuba. Montura tosca de junco o majagua. || 12. Perú. Montura de las mujeres del campo. || APAREJO *de gata*. Mar. El que sirve para llevar el ancla desde la superficie del agua hasta la serviola, cuando se leva. || —**real**. El que se forma con montones de mayor número de roldanas y cabos más gruesos que los del APAREJO ordinario. || —**redondo**. El compuesto de carona, albarda, enjalma, ropón y zafra, con cincha de tarabita, ataharre y petral, si es para cargar las caballerías y con aciones y enjalma, si es para montarlas. || 2. Traje típico de las aldeanas. || P. aparelho; I. preparation; F. apprêt; A. Zürustung; It. apparecchio; R. подготовка || 3.ª acep.: P. arreios; I. harness; F. harnais; A. Pferdegeschirr; It. bardatura, arness; R. сбруя. || 7.ª acep.: P. aparelho; I. rigging; F. gréement; A. Takelung; It. attrezzatura; R. оснакста.

APAREJUELO. m. d. de aparejo.

APARENCIA. f. ant. Apariencia.

APARENCIAL. adj. Fil. Dícese de lo que sólo tiene existencia aparente.

APARENTADOR, RA. adj. Que aparenta.

APARENTAR. (De *aparente*.) tr. Manifestar o dar a entender lo que no existe o no es. || 2. Hablando de la edad de una persona, tener ésta el aspecto físico o moral correspondiente a dicha edad. || P. aparentar; I. to feign; F. feindre; A. Vorgeben; It. affettare; R. притворяться.

APARENTE. (l. *apparens*, *-entis*, p.a. de *apparēre*, aparecer.) adj. Que parece y no es. || 2. Conveniente, oportuno. || 3. Que aparece y se muestra a la vista. || 4. Que tiene tal o cual aspecto o apariencia. || 5. Notable, principal. *La persona más* APARENTE *del lugar*. || P. aparente; I. apparent; F. apparent; A. augenscheinlich; It. apparente; R. кажущийся.

APARENTEMENTE. adv. Con apariencia.

A PARI. expr. l. Lóg. V. *Argumento* A PARI.

APARICIO. n. p. V. *Aceite de* APARICIO.

APARICIÓN. (l. *apparitĭo*, *-ōnis*.) f. Acción o efecto de aparecer o aparecerse. || 2. Visión de un ser sobrenatural o fantástico. || 3. Fiesta que celebra la Iglesia el día de la APARICIÓN de Cristo a sus Apóstoles después de su Resurrección. || P. apariçião; I. y F. apparition; A. Erscheinung; It. apparizione; R. появление.

APARIENCIA. (l. *apparentĭa*.) f. Aspecto o parecer exterior de una persona o cosa. || 2. Verosimilitud, probabilidad. || 3. Cosa que parece y no es. || 4. pl. Telón, bastidor o caroca del teatro. || *En* APARIENCIA, m. adv. Aparentemente, al parecer. || P. aparência; I. appearance; F. apparence; A. Ansehen, Anschein; It. apparenza; R. видимость.

APARIR. (l. *apparēre*.) intr. ant. Aparecer.

★ **APARITMESIS.** f. Ret. Enumeración.

A

★ **APARQUÍ.** m. PERÚ. Manta remendada.

APARRADO, DA. p.p. de aparrar. || 2. Dícese de los árboles cuyas ramas se extienden mucho horizontalmente. || 3. fig. Achaparrado, 3.ª acep.

APARRAGARSE. (Del m. or. que *aparrar*.) r. CHILE y HOND. Achaparrarse.

★ **APARRANDADO, DA.** adj. C. RICA. Borracho, ebrio.

APARRAR. (De *a*, 2.º art., y *parra*, 1.er art.) tr. Hacer que un árbol extienda sus ramas en dirección horizontal.

APARROQUIADO, DA. p.p. de aparroquiar. || 2. adj. Establecido en una parroquia.

APARROQUIAR. (De *a*, 2.º art., y *parroquia*.) tr. Procurar parroquianos a los tenderos o a los que ejercen ciertas profesiones. || 2. Hacerse feligrés de una parroquia.

★ **APARTA.** (De *apartar*.) f. AMÉR. Ganado destetado. || 2. CHILE. Hablando de reses, apartado.

APARTACIÓN. (De *apartar*.) f. ant. Repartición.

APARTADAMENTE. adv. Separada o secretamente.

APARTADERO. m. Lugar o sitio, en los caminos, ferrocarriles y canales, donde se apartan las personas, las caballerías, los carruajes, los trenes o los barcos, para dejar libre el paso. || 2. Pedazo de terreno contiguo a los caminos que se deja baldío para que pasten los ganados y caballerías que van de paso. || 3. Sitio donde se aparta a unos toros de otros para encajonarlos. || 4. Vía corta derivada de la principal, que sirve para apartar en ella los vagones y tranvías. || P. baldío; I. sidetrack; F. voie de refuge; A. Ausweiche; It. riparo; R. разъезд.

APARTADIJO. (De *apartado*.) m. Apartadizo, 2.ª acep. || 2. Parte pequeña de algunas cosas que estaban juntas. *Hacer* APARTADIJOS *de una cosa.*

APARTADIZO, ZA. (De *apartado*.) adj. Que se aparta del trato de la gente. || 2. Lugar separado de otro mayor, para diferentes usos.

APARTADO, DA. p.p. de apartar. || 2. adj. Retirado, remoto. || 3. Diferente, distinto. || 4. FOR. V. *Juez* APARTADO. Ú.t.c.s. || 5. m. Aposento desviado del tráfago de la casa. || 6. Correspondencia que se aparta en el correo para que los interesados la recojan. || 7. Lugar de la oficina de correos destinado a este servicio. || 8. Acción de separar las reses de una vacada para varios objetos. || 9. Acción de encerrar los toros en los chiqueros horas antes de ser lidiados. || 10. MIN. Operación por la que se determina la ley del oro o de la plata. || 11. MIN. Conjunto de operaciones para purificar el oro sacado de su mena. || 12. MIN. MÉJ. Operación de apartar metales. || 13. MÉJ. Edificio dependiente de la fábrica de la moneda donde se hace esta operación. || 7.ª acep.: P. caixa postal; I. postal box; F. boite postal; A. Postfach; It. casella postale; R. удалённый.

APARTADOR, RA. adj. Que aparta o separa una cosa de otra. || 2. m. El que tiene por oficio, en los molinos, de papel, apartar la lana o separar el trapo según sus especies. || 3. El que aparta el ganado, separando unas reses de otras. || 4. Cápsula para purificar en ella los pallones de oro. || 5. Retorta para sacar la plata, destilando los ácidos en que está disuelto el metal. || —**de ganado.** GERM. Ladrón de ganado.

º **APARTAMENTO.** m. Vivienda con varios aposentos para ser habitada' por una familia y que forma parte de un edificio donde hay otras viviendas semejantes.

APARTAMIENTO. m. Acción y efecto de apartar o apartarse. || 2. Lugar apartado. || 3. Habitación, vivienda. || 4. Celdilla, cavidad en los animales y plantas. || 5. FOR. Acto judicial con que alguno desiste de la acción o recurso que tiene deducido. || —**de ganado.** Hurto de ganado. || —**de meridiano.** Longitud del arco de paralelo terrestre comprendido entre dos meridianos, expresada en millas. || P. apartamento; I. removal; F. éloignement;

A. Entfernung; It. allontanamento; R. отделение.

APARTAR. (De *a*, 2.º art., y *parte*.) tr. Separar, desunir, dividir. Ú.t.c.r. || 2. Quitar a una persona o cosa del lugar donde estaba dejándolo desembarazado. || 3. Alejar, retirar. Ú.t.c.r. || 4. fig. Disuadir a uno de alguna cosa. || 5. Separar las cuatro clases de lana que se encuentran en cada vellón. || 6. MIN. MÉJ. Extraer el oro contenido en las barras de plata. || 7. intr. MONT. No hacer caso el perro que sigue el rastro de una res, de otros perros ni aun de otras reses que se hallan al paso. || 8. r. Divorciarse los casados. || 9. FOR. Desistir uno formalmente del recurso o acción que entabló. || 1.ª acep.: P. apartar; I. to part; F. séparer; A. absondern; It. appartare. || 2.ª acep.: P. apartar; I. to remove; F. écarter; A. entfernen; It. scostare; R. отделять.

APARTE. (l. *ad*, a, y *pars, partis*, parte.) adv. En otro lugar. *Poner* APARTE *un lápiz.* || 2. A distancia, desde lejos. || 3. adv. Separadamente, con distinción. || 4. Con preterición, con omisión de. || 5. m. Lo que en la representación escénica dice un personaje cualquiera hablando para sí o con otro u otros, y suponiendo que no le oyen los demás. || 6. Lo que en la obra dramática debe recitarse de este modo. || 7. Párrafo, 1.ª acep. || 8. AR. Espacio que se deja en la escritura entre dos palabras. || 9. ARGENT. Separación que se hace en un rodeo, de cierto número de cabezas de ganado.

APARTIDAR. tr. Alzar o tomar partido por una persona. || 2. r. Adherirse a una parcialidad.

APARTIJO. (De *apartar*.) m. Apartadijo.

APARVADERA. (De *aparvar*.) f. Allegadera.

APARVADERO. m. BURG. Aparvadera.

APARVADOR. m. Allegador, 2.ª acep.

APARVAR. tr. Hacer parva, disponer la mies para trillarla. || 2. Recoger la mies ya trillada.

APASIONADAMENTE. adv. Con pasión o deseo vehemente. || 2. Con interés o parcialidad.

APASIONADO, DA. p.p. de apasionar. || 2. adj. Poseído de alguna pasión o afecto. || 3. Partidario de alguno. || 4. Dícese de la parte del cuerpo que sufre algún dolor o enfermedad. || 5. m. GERM. Alcaide de la cárcel. || P. apaixonado; I. passionate, fond; F. passionné; A. leidenschaftlich; It. appassionato; R. страстны.

APASIONAMIENTO. m. Acción y efecto de apasionar o apasionarse.

APASIONANTE. p.a. de apasionar. Que apasiona.

APASIONAR. tr. Causar, excitar alguna pasión. Ú.m.c.r. || 2. Atormentar, afligir. || 3. r. Aficionarse con exceso a una persona o cosa. || P. apaixonar; I. to impassionate; F. passionner; A. begeistern; It. appassionare; R. увлекать.

★ **APASITO.** (De *a*, y *pasito*, dim. de paso.) adv. CUBA. Despacito. || 2. En voz baja.

APASOTE. (mejic. *epacotl*.) m. Pasote.

APASTAR. (De *a*, 2.º art., y *pastar*.) tr. Apacentar.

APASTE. (mejic. *apaztli*.) m. GUAT., HOND. y MÉJ. Lebrillo hondo de barro y con asas.

★ **APASTILLADO, DA.** adj. MÉJ. De color blanco con cierto matiz rosado.

APASTO. (De *apastar*.) m. ant. Pasto.

APASTURAR. tr. ant. Pasturar. || 2. ant. Forrajear.

APATÁN. m. Medida de capacidad para áridos usada en Filipinas. Equivale a 94 mililitros.

APATANADO, DA. (De *a*, 2.º art., y *patán*.) adj. Rústico, tosco.

APATÍA. (l. *apathia*, y éste del gr. ἀπάθεια.) f. Impasibilidad del ánimo. || 2. Falta de vigor o energía, indolencia. || P. e It. apatía; I. apathy; F. apathie; A. Teilnahmslosigkeit; R. апатия.

APÁTICO, CA. adj. Que adolece de apatía.

★ **APATITA.** f. MIN. Fluofosfato de cal

nativo con pequeñas cantidades de cloro y flúor.

APÁTRIDA. adj. Dícese de las personas que jurídicamente carecen de nacionalidad. Ú.t.c.s.

APATROCINAR. tr. desus. Patrocinar.

★ **APATRONARSE.** r. CHILE. Ponerse a servir en una casa como doméstico. || 2. CHILE. Amancebarse la mujer.

APATURA. f. ZOOL. Género de insectos lepidópteros que comprende ciertas mariposas europeas de muy bello aspecto.

APATUSCA. f. AR. Juego de muchachos consistente en arrojar cada uno una moneda hacia un guijarro; y, apiladas luego aquéllas, golpearlas cada uno con una piedra, y hacer suyas las que, por efecto del golpe, presenten el anverso.

APATUSCO. m. fam. Adorno, aliño, arreo. || 2. Utensilio. 1.ª acep. || 3. VENEZ. Trapacería.

APAULARSE. r. desus. Apaullarse.

APAULILLARSE. (De *a*, 2.º art., y *paulilla*.) r. desus. Agorgojarse.

APAYASAR. tr. Dar a una cosa el carácter de payasada. || 2. r. Proceder uno como un payaso.

APAZGUADO, DA. (l. *ad*, a, y *pacificātus*, reconciliación.) adj. ant. Aplicábase a las personas con quienes se tenían hechas las paces.

APEA. (De *apear*.) f. Soga con un palo en una punta y un ojal en la otra, para maniatar las caballerías.

APEADERO. (De *apear*.) m. Poyo o sillas en los zaguanes o en las puertas de las casas, para montar en las caballerías. || 2. Sitio o punto del camino en que los viajeros pueden apearse. || 3. En los ferrocarriles, sitio de la vía preparado para el servicio público, pero sin los accesorios de una estación de tráfico mercantil. || 4. fig. Casa que uno habita interinamente cuando viene de fuera. || P. apeadeira; I. horse-block; F. montoir; A. Trittstein; It. montatoio; R. подножка.|| 3.ª acep.: P. apeadeiro; I. halt; F. montoir; A. Halteplatz; It. piccola stazione; R. полустанок.

APEADOR, RA. adj. Que apea. Ú.t.c.s. || 2. m. El que deslinda y señala los límites de las fincas rústicas.

APEALAR. (De *a*, 2.º art., y *peal*.) tr. AMÉR. Manganear.

APEAMIENTO. m. Acción de apear o apearse, 1.ª y 4.ª aceps. || 2. Apeo, 3.ª acep.

APEAR. (l. *appēdāre*, de *pēdāre*, sostener.) tr. Bajar a alguno de una caballería o carruaje. Ú.t.c.r. || 2. Tratándose de caballerías, maniatarlas para que no se escapen. || 3. Calzar un vehículo para que no ruede. || 4. Deslindar, fijar los límites de una finca, midiéndola. || 5. Echar abajo un árbol. || 6. fig. V. APEAR *la artillería, el tratamiento.* || 7. fig. y fam. Disuadir a alguno de su opinión. || 8. ARQ. Sostener provisionalmente una construcción o terreno. || 9. fig. Vencer alguna dificultad. || 10. ARQ. Bajar de su sitio. APEAR *una moldura.* || P. apear; I. to alight; F. démonter, descendre; A. absteigen; It. appedare; R. выйти из экипажа. || 4.ª acep.: P. delimitar; I. to survey; F. arpenter; A. abgrenzen; It. misurare i terreni; R. межевать.

APECHAR. (De *a*, 2.º art., y *pecho*.) intr. fig. Apechugar, 2.ª acep. || 2. AMÉR. Afrontar una dificultad. Decidirse a hacer algo arriesgado y difícil. || 3. P. RICO. Subir una cuesta. || 4. tr. P. RICO. Dar de mamar a una criatura.

APECHUGAR. (De *a*, 2.º art., y *pechuga*.) intr. Dar empujones con el pecho, o cerrar pecho a pecho con alguno. || 2. fig. y fam. Admitir, aceptar alguna cosa. || 3. CHILE. Apoderarse de lo ajeno más o menos violentamente. || 4. tr. AMÉR. Estrujar a uno, sacudirle violentamente.

APEDAZAR. tr. Despedazar, 1.ª acep. || 2. Echar pedazos, remendar.

APEDERNALADO, DA. adj. Pedernalino. Ú. en sentido figurado.

APEDGAR. (l. *appēdicāre*, de *pēdica*, traba.) tr. ant. Apear, 2.ª acep.

★ **APEDIOSCOPIO.** m. ÓPT. Aparato usado en las proyecciones estereoscópicas. Mirando con él las dos imágenes sobre una pantalla se superponen dando la sensación

A

del relieve. || **P.** e **It.** apedioscopio; **I.** apedioscope; **F.** apédioscope; **A.** Apädioskop.

APEDRAR. tr. ant Apedrar, 1.ª y 2.ª aceps.

APEDREA. f. p. us. Apedreo.

APEDREADERO. m. Sitio donde suelen juntarse los muchachos para la pedrea.

APEDREADO, DA. p.p. de apedrear. || **2.** adj. Manchado o salpicado de varios colores. || **3.** V. *Cara* APEDREADA.

APEDREADOR, RA. adj. Que apedrea. Ú.t.c.s.

APEDREAMIENTO. m. Acción y efecto de apedrear o apedrearse.

APEDREAR. tr. Tirar piedras a una persona o cosa. || **2.** Por ext. matar a pedradas. || **3.** impers. Caer pedrisco, 1.ª acepción. || **4.** r. Padecer daño con el granizo los árboles, las mieses y especialmente las viñas. || **P.** apedrejar; **I.** to stone; **F.** jeter des pierres; **A.** mit Steinen werfen; **It.** gettare pietre; **R.** забрасывать камнями. || 2.ª acep.: **P.** lapidar; **I.** to stone to death; **F.** lapider; **A.** steinigen; **It.** lapidare; **R.** побивать камнями.

APEDREO. m. Apedreamiento.

APEGADAMENTE. adv. fig. Con apego.

APEGADERAS. (De *apegar*, 2.ª acep.) f. RIOJA. Lampazo, 1.ª acep.

APEGADIZO, ZA. (De *apegar*, 1.ª acep.) adj. ant. Pegadizo.

APEGADURA. (De *apegar*.) f. ant. Pegadura.

APEGAMIENTO. (De *apegar*.) m. ant. Pegamiento. || **2.** ant. fig. Apego.

APEGAR. (l. *ad*, a, y *picâre*, de *pix*, pez.) tr. ant. Pegar. Usáb.t.c.r. || **2.** fig. Cobrar apego.

APEGO. (De *apegar*.) m. fig. Afición o inclinación particular.

APEGOSTRAR. tr. ant. despect. de apegar, 2.ª acep. Ú. en Salamanca.

APEGUALAR. intr. ARGENT. y CHILE. Hacer uso del pegual.

APELABLE. (De *apelar*, 1.er art.) adj. Que admite apelación.

APELACIÓN. (l. *appellatio, -ōnis*.) f. FOR. Acción de apelar. || **2.** fam. Consulta de médicos. || **3.** V. *Juez de* APELACIONES. || **4.** V. *Médico, recurso, sala de* APELACIÓN. || *Dar por desierta la* APELACIÓN. fr. FOR. Declarar el juez ser pasado el término en que el apelante debió acudir a sostener el recurso. || *Desamparar* uno *la* APELACIÓN. fr. FOR. No seguir la que interpuso. || *Interponer* APELACIÓN. fr. FOR. Apelar, 1.er art., 1.ª acep. || *No haber o no tener* APELACIÓN. fr. fig. y fam. No haber recurso en alguna dificultad o aprieto. || **P.** apelação; **I.** appeal; **F.** appel; **A.** Berufung; **It.** appallazione; **R.** апелляция.

APELADO, DA. p.p. de apelar, 1.er art. || **2.** adj. FOR. Dícese del litigante que ha obtenido sentencia favorable contra la cual se apela.

APELADO, DA. p.p. de apelar, 2.º art. || **2.** adj. Dícese de dos o más caballerías del mismo pelo o color.

APELAMBRAR. tr. Meter los cueros en agua y cal viva, para que pierdan pelo.

APELANTE. p.a. de apelar, 1.er art. Que apela. Ú.t.c.s.

APELAR. (l. *appêllâre*, llamar.) intr. FOR. Recurrir al juez o tribunal superior para que enmiende o anule la sentencia dada por el inferior. || **2.** fig. Recurrir a una persona o cosa para hallar favor o remedio. || **3.** intr. Referirse, recaer. || **P.** apelar; **I.** to appeal; **F.** appeler; **A.** appellieren; **It.** appellare; **R.** апеллировать.

APELAR. intr. Ser del mismo pelo dos o más caballerías.

APELATIVO. (l. *appellativus*.) adj. GRAM. V. *Nombre* APELATIVO. Ú.t.c.s.

APELDAR. (l. *appêllîtâre*, de *appêllâre*, llamar.) intr. fam. Escapar, huir. Ú. ordinariamente con el pron. *las*. || **2.** SAL. Juntarse.

APELDE. (De *apeldar*.) m. En los conventos de la orden de San Francisco, toque de campanas antes del amanecer. || **2.** fam. Acción de apeldar.

APELGARARSE. r. AND. Hacerse pelgar.

APELIGRAR. tr. ant. Poner en peligro.

APELMAZADAMENTE. adv. De manera apelmazada.

APELMAZADO, DA. adj. fig. Falto de amenidad, amazacotado.

APELMAZAR. (De *a*, 2.º art., y *pelmazo*.) tr. Hacer que una cosa esté menos esponjosa que lo requerido. Ú.t.c.r.

APELOTONAR. tr. Formar pelotones. Ú.t.c.r.

APELLAR. (De *a*, 2.º art., y l. *pellis*, piel.) tr. Adobar la piel sobándola.

APELLIDADOR, RA. adj. Que apellida. Ú.t.c.s. || **2.** m. Apellidero.

APELLIDAMIENTO. m. Acción de apellidar.

APELLIDANTE. p.a. de apellidar. Que apellida. || **2.** FOR. AR. El que presenta apellido, 10.ª acep.

APELLIDAR. (l. *appellitâre*, frec. de *appellâre*, llamar, proclamar.) tr. Gritar convocando o excitando. || **2.** Llamar a las armas. || **3.** Aclamar a uno confiriéndole un cargo u honor. || **4.** Nombrar, llamar. || **5.** r. Tener tal nombre o apellido. || **P.** apelidar; **I.** to call, to name; **F.** surnommer; **A.** nennen, heissen; **It.** chiamare; **R.** именовать.

APELLIDERO. m. Hombre de guerra que formaba parte de hueste de guerra reunida por apellido.

APELLIDO. (De *apellidar*.) m. Nombre de familia con que se distinguen las personas. || **2.** Nombre particular que se da a varias cosas. || **3.** Sobrenombre, 2.ª acep. || **4.** Llamamiento de guerra. || **5.** Hueste reunida por este llamamiento. || **6.** Clamor o grito. || **7.** FOR. AR. Causa o proceso en que pueden intervenir como declarantes o testigos todos cuantos quieran. || **8.** FOR. AR. Primer pedimento o escrito que se presenta al juez en cualquiera de los cuatro procesos forales. || **P.** apelido; **I.** surname, family-name; **F.** nom de famille; **A.** Familienname; **It.** cognome; **R.** фамилия.

APELLINARSE. r. CHILE. Endurecerse.

APENA. adv. Apenas.

APENAMIENTO. m. AR. Acción de apenar, 2.ª acep.

APENAR. tr. Causar pena, afligir. Ú.t.c.r. || **2.** COLOM., HOND. y MÉJ. Sonrojarse, avergonzarse.

APENAS. (De *a penas*.) adv. Penosamente. || **2.** Casi no. || **3.** adv. Luego que, al punto que. || **4.** Escasamente, a lo más. || **5.** FOR. Persona que acompaña a otra de continuo.

APENCAR. (De *a*, 2.º art., y *penca*.) intr. fam. Apechugar, 2.ª acep.

APENDEJADO, DA. adj. ANTILL. Pusilánime, tímido.

APENDENCIA. (l. *appendens, -entis*.) p.a. de *appendêre*, depender.) f. ant. Pertenencia, 4.ª acep. Usáb. m. en pl.

APÉNDICE. (l. *appendix, -icis*, de *appendêre*, pender de.) m. Cosa adjunta a otra de la cual es como prolongación o parte accesoria. || **2.** fig. Persona que acompaña a otra de continuo. || **3.** BOT. Conjunto de escamas que tienen en su base algunos pecíolos. || **4.** ZOOL. Parte del cuerpo animal unida o contigua a otra principal. || —*cecal, vermicular* o *vermiforme.* ZOOL. Prolongación delgada y hueca que se halla en la parte inferior del intestino ciego. || **P.** apendice; **I.** appendix; **F.** e **It.** appendice; **A.** Anhang. **R.** придаток.

APENDICITIS. (De *apéndice*.) f. MED. Inflamación del apéndice vermicular. || **P.** apendicite; **I.** appendicitis; **F.** e **It.** appendicite; **A.** Blinddarmentzündung; **R.** аппендицит.

APENDICULAR. (l. *appendicüla*, d. de *appendix*, apéndice.) adj. ZOOL. Perteneciente o relativo al apéndice.

APENSIONAR. tr. Pensionar.

APENSIONARSE. r. CHILE. Entristecerse. || **2.** Tomarse trabajos y molestias por complacer a alguien o prestarle algún servicio.

APEÑUSCAR. tr. Apiñar, agrupar, amontonar. Ú.m.c.r.

APEO. m. Acción y efecto de apear un árbol, una finca o un edificio. || **2.** Instrumento jurídico que acredita el deslinde y demarcación. || **3.** ARQ. Fábrica con que se apea una construcción o terreno.

APEONAR. (De *a*, 2.º art., y *peón*.) intr. Andar a pie aceleradamente las aves, especialmente las perdices.

APEPSIA. (gr. ἀπεψία, de ἄπεπτος,

no conocido.) f. MED. Falta de digestión.

★ APEQUENADO, DA. adj. CHILE. Gracioso.

APERADO, DA. p.p. de aperar. || **2.** adj. AND. Dícese del cortijo provisto de yuntas, pajares e instrumentos de labranza.

APERADOR. m. El que tiene por oficio aperar. || **2.** El que cuida de la hacienda del campo y de todas las cosas pertenecientes a la labranza. || **3.** Capataz de una mina.

APERAR. (De *apero*.) tr. Componer, aderezar. || **2.** Especialmente hacer carros y galeras para el acarreo del campo.

★ APERCANCARSE. AMÉR. Enmohecerse.

APERCEBIMIENTO. m. ant. Apercibimiento.

APERCEBIR. tr. ant. Apercibir.

APERCEPCIÓN. f. FIL. Acto interno de reconocimiento del objeto percibido. || **I.** apperception; **F.** aperception; **A.** Apperzeption; **It.** appercezione; **R.** апперцепция.

APERCIBIMIENTO. m. Acción y efecto de apercibir o apercibirse. || **2.** Aviso, advertencia de una autoridad. || **P.** observação; **I.** preparedness, summons; **F.** sommation juridique; **A.** Zurüstung, Aufforderung; **It.** preparazione, ammonizione; **R.** подготовка выговор.

APERCIBIR. (De *a*, 2.º art., y *percibir*.) tr. Preparar el ánimo para alguna cosa, amonestar, advertir. || **2.** Percibir, observar. || **3.** FOR. Hacer saber a la persona requerida las sanciones a que está expuesta.

APERCIBO. m. ant. Apercibimiento.

APERCIÓN. (l. *apertio, -ōnis*.) f. p. us. Apertura, 1.ª acep.

APERCOLLAR. (De *a*, 2.º art., y el l. *per collum*, por el cuello.) tr. fam. Coger o asir por el cuello a alguno. || **2.** fam. Acogotar, 1.ª acep. || **3.** fig. y fam. Coger algo de prisa y como a escondidas.

APERDIGAR. tr. Perdigar.

APEREÁ. (Voz guaraní.) m. ZOOL. Roedor de la Argentina, de unos 30 cm de longitud, sin cola, parecido al conejo, pero con boca de rata.

APERGAMINADO, DA. p.p. de apergaminarse. || **2.** adj. Semejante al pergamino.

APERGAMINARSE. (De *a*, 2.º art., y *pergamino*.) r. fig. y fam. Acartonarse.

★ APERGOLLAR. tr. MÉJ. Apersogar. || **2.** MÉJ. Encarcelar.

APERITIVO, VA. (l. *aperitivus*.) adj. Que sirve para abrir el apetito. Ú.t.c.s.m. || **2.** MED. Que abre las vías a los líquidos orgánicos en los aparatos digestivos, biliar, urinario, etc. || **P.** aperitivo; **I.** aperitiser, aperitif; **F.** apéritif; **A.** Appetit erregend; **It.** aperitivo, aperiente; **R.** аперитив.

APERNADOR, RA. adj. MONT. Dícese del perro que apierna. Ú.t.c.s.

APERNAR. tr. MONT. Asir o agarrar el perro por las piernas a una res.

APERO. (l. *apparium*, de *apparâre*, preparar.) m. Conjunto de instrumentos necesarios para la labranza. || **2.** Conjunto de animales destinados a una hacienda o a las faenas domésticas. || **3.** Por ext., conjunto de instrumentos y herramientas de otro cualquier oficio. Ú.m. en pl. || **4.** Majada, 1.ª acep. || **5.** ARGENT., CHILE, P. RICO y VENEZ. Recado de montar más lujoso que el común, propio de la gente de campo. || **P.** apeiria; **I.** agricultural implements; **F.** outillage de laboureur; **A.** Ackergeräte; **It.** attrezzi agricoli; **R.** сельскохозяйственный инвентарь.

APERREADO, DA. p.p. de aperrear. || **2.** Trabajoso, molesto.

APERREADOR, RA. adj. fam. Que aperrea. Ú.t.c.s.

APERREAR. tr. Echar perros a uno para que lo maten o despedacen. || **2.** fig. y fam. Fatigar mucho a una persona. || **3.** r. fig. Emperrarse.

APERREO. m. fig. y fam. Acción y efecto de aperrear o aperrearse, 2.ª acep.

★ APERRUCHAR. tr. REP. DOMIN. Estrujar.

APERSOGAR. (De *a*, 2.º art., y *per soga*.) tr. Atar a un animal, especialmente del cuello, para que no se vaya.

APERSONADO, DA. p.p. de apersonarse. || **2.** adj. ant. *Bien* APERSONADO. ||

A

3. *Bien*, o *mal* APERSONADO. loc. De buena o mala presencia.

APERSONAMIENTO. m. FOR. Acción de apersonarse, 3.ª acep.

APERSONARSE. r. Personarse, 1.ª y 2.ª aceps. || **2.** FOR. Comparecer como parte en un negocio el que tiene interés en él.

APERTURA. (l. *apertūra*.) f. Acción de abrir. || **2.** Acto de dar o volver a dar principio a las funciones de una asamblea, teatro, escuela, etc. || **3.** Acto solemne de sacar de su pliego y dar publicidad a un testamento cerrado. || **4.** Combinación de ciertas jugadas con que se inicia una partida de ajedrez. || **P.** abertura; **I.** opening, inauguration; **F.** ouverture, inauguration; **A.** Eröffnung; **It.** apertura; **R.** откры-вание.

APESADUMBRAR tr. Causar pesadumbre, afligir. Ú.m.c.r.

APESARADAMENTE adv. Con pesar.

APESARAR. (De *a*, 2.º art., y *pesar*.) tr. Apesadumbrar. Ú.t.c.r.

APESGAMIENTO. m. Acción y efecto de apesgar o apesgarse.

APESGAR. (De *a*, 2.º art., y el ant. *pesgar*, del l. *pēnsicāre*, de *pēnsāre*, pensar.) tr. Hacer peso o agobiar a alguno. || **2.** r. Ponerse muy pesado.

APESTAR. tr. Causar o comunicar la peste. || **2.** fig. Corromper, viciar. || **3.** fig. y fam. Causar hastío. || **4.** intr. Arrojar o comunicar mal olor. || *Estar un paraje* APESTADO *de alguna cosa*. fr. fig. y fam. Haber allí gran abundancia de ella.

★ **APESTILLAR.** r. CHILE. Asir o coger a uno de manera que no pueda soltarse y escapar. || **2.** P. RICO. Introducir, poner en uso.

APESTOSO, SA. adj. Que apesta, 3.ª y 4.ª aceps.

APÉTALA. (gr. ἀπέταλος; de α, priv., y πέταλον, hoja.) adj. BOT. Dícese de la flor que carece de pétalos. || **P.** apétalas; **I.** apetalous; **F.** apétale; **A.** blattlos; **It.** apètala; **R.** безлепестковый.

APETECEDOR, RA. adj. Que apetece.

APETECER. (l. *appetĕre*; de *ad*, a, y *petĕre*, desear con ansia.) tr. Tener gana de alguna cosa o desearla. En algunas partes, ú.t.c.r. || **2.** intr. Gustar, agradar una cosa. || **P.** apetecer; **I.** to like, to desire; **F.** appéter, convoiter; **A.** begehren, verlangen; **It.** appetire; **R.** желать.

APETECIBLE. adj. Digno de apetecerse.

APETENCIA. (l. *appetentīa*.) f. Apetito, gana de comer. || **2.** Movimiento natural que inclina al hombre a desear alguna cosa.

APETIBLE. (l. *appetibĭlis*.) adj. ant. Apetecible.

APETITE. m. Salsa o sainete para excitar el apetito. || **2.** fig. Estímulo para hacer o desear alguna cosa.

APETITIVO, VA. adj. (De *apetito*.) Aplícase a la potencia o facultad de apetecer. || **2.** Apetitoso, 2.ª acep.

APETITO. (l. *appetītus*.) m. Tendencia a satisfacer las necesidades orgánicas. || **2.** Gana de comer. || **3.** fig. Lo que excita el deseo de alguna cosa. ||—**concupiscible.** El sensitivo, al cual pertenece desear lo que conviene a la conservación y comodidad del individuo o de la especie. || *Abrir*, o *despertar el* APETITO. fr. fig. y fam. Excitar la gana de comer. || **P.** apetite; **I.** appetite; **F.** appétit; **A.** Appetit, Esslust; **It.** appetito; **R.** аппетит.

APETITOSO, SA. adj. Que excita el apetito o deseo. || **2.** Gustoso, sabroso. || **3.** Que gusta de manjares delicados. || **4.** Aficionado a cumplir su gusto.

ÁPEX. (l. *apex*, ápice.) m. ASTRON. Punto de la esfera celeste hacia el cual se dirige el Sol arrastrando a los planetas.

APEZONADO, DA. adj. De figura de pezón.

APEZUÑAR. intr. Hincar en el suelo los bueyes las pezuñas, o las caballerías los cascos, como sucede cuando suben una cuesta.

APIADADOR, RA. adj. Que se apiada.

APIADAR. tr. Causar piedad. || **2.** Mirar o tratar con piedad. || **3.** r. Tener piedad. Ú. com. con la prep. *de*.

APIANAR. (De *piano*, 1.ª acep.) tr. Disminuir sensiblemente la intensidad de la voz o del sonido. Ú.t.c.r.

APIARADERO. m. Cómputo que el ganadero hace del número de cabezas de cada rebaño o piara.

APIASTRO. (l. *apiastrum*.) m. ant. Toronjil.

APICAL. (l. *apex, -ĭcis*, ápice.) adj. FON. Dícese de los sonidos en que uno de los órganos productores es la punta de la lengua. || **2.** Letra que representa este sonido. Ú.t.c.s.

APICARARSE. r. Adquirir modales o procederes de pícaro.

ÁPICE. (l. *apex, -ĭcis*, ápice.) m. Extremo superior o punta de una cosa. || **2.** Cualquier signo ortográfico que se pone sobre las letras. || **3.** fig. Parte pequeñísima, nonada. || **4.** fig. Lo más arduo y delicado de un asunto. || *Estar uno en* ÁPICES *de alguna cosa*. fig. y fam. Entenderla a la perfección. || **P.** ápice, cume; **I.** apex; **F.** pointe, sommet; **A.** Gipfel, Spitze; **It.** àpice; **R.** вершина.

APÍCOLA. (l. *apis*, abeja, y *colĕre*, cultivar.) adj. Perteneciente o relativo a la apicultura.

APÍCULO. (l. *apicŭlum*.) m. BOT. Punta corta, aguda, y poco resistente. || **P.** apículo; **I.** apiculus; **F.** apicule, apiculum; **A.** Spitzchen; **It.** apícolo; **R.** наконечник.

APICULTOR, RA. m. y f. Persona que se dedica a la apicultura. || **P.** apicultor; **I.** beekeeper; **F.** apiculteur; **A.** Bienenzüchter, Imker; **It.** apicultore; **R.** пчеловод.

APICULTURA. (l. *apis*, abeja, y *cultŭra*, cultivo.) f. Arte de criar abejas para aprovechar sus productos. || **P.** e **It.** apicultura; **I.** beekeeping; **F.** apiculture; **A.** Bienenzucht; **R.** пчеловодство.

★ **APICHU.** (Voz quichua.) m. PERÚ. Nombre que se da en este país a la planta de la patata.

ÁPIDOS. m. pl. ZOOL. Insectos himenópteros, cuyas hembras tienen un aguijón en relación con una glándula venenosa. A esta familia pertenecen las abejas. || **P.** apidos; **I.** Apidae; **F.** apiaires; **A.** Bienen; **It.** apiadi.

APILADA. adj. V. *Castaña* APILADA.

APILADOR, RA. adj. Que apila. Ú.t.c.s.

APILAMIENTO. m. Acción y efecto de apilar.

APILAR. tr. Amontonar, poner una cosa sobre otra haciendo pila o montón. || **P.** empilar; **I.** to pile up; **F.** empiler; **A.** aufschichten, häufen; **It.** ammucchiare; **R.** нагромождать.

APIMPOLLARSE. r. Echar pimpollos las plantas.

APIÑADO, DA. p.p. de apiñar. || **2.** adj. De figura de piña.

APIÑADURA. f. Apiñamiento.

APIÑAMIENTO. m. Acción y efecto de apiñar o apiñarse.

APIÑAR. (De *a*, 2.º art., y *piña*.) tr. Juntar o agrupar estrechamente personas o cosas. Ú.t.c.r.

APIÑONADO, DA. adj. MÉJ. De color de piñón. Dícese por lo común de las personas algo morenas.

APIO. (l. *apĭum*.) m. Planta de la familia de las umbelíferas, de 5 a 6 dm de altura, con tallo jugoso, grueso, lampiño, hueco, asurcado y ramoso; hojas largas y hendidas y flores muy pequeñas y blancas. Aporcado, es comestible. ||—**caballar.** Planta silvestre parecida al APIO común y como de 0,50 m de altura, con tallo lampiño, prismático y asurcado, hojas de tres en rama y flores amarillas por la haz y blancas por el envés. Es diurética. ||—**cimarrón.** APIO silvestre de la Argentina, de propiedades medicinales. ||—**equino.** APIO caballar. || **P.** aipo; **I.** celery; **F.** céleri, ache; **A.** Sellerie; **It.** apio, appio; **R.** сельдерей.

APIOJARSE. r. MURC. Llenarse de pulgón la planta. || **2.** COLOM. Adelgazar.

APIOLAR. (De *a*, 2.º art., y *pihuela*.) tr. Poner pihuela o apea. || **2.** Atar los pies de un animal muerto en la caza con otro para cogerlo. || **3.** fig. y fam. Prender, 2.ª acep. || **4.** fig. y fam. Matar, 1.ª acep.

APIPARSE. (De *a*, 2.º art., y *pipa*, tonel.) r. fam. Atracarse de comida o bebida.

★ **APIPORRAR.** BURG. y SAL. Atracar de comida. Ú.t.c.r.

★ **APIQUE.** m. COLOM. Pozo vertical de una mina.

APIRÉTICO, CA. (gr. ά, priv., y πυρετικός, febril.) adj. MED. Perteneciente o relativo a la apirexia.

APIREXIA. (gr. ἀπυρεξία, de ἀπυρετικός, sin fiebre.) MED. f. Falta de fiebre. || **2.** MED. Intervalo que media entre una y otra accesión de la fiebre intermitente. || **P.** apirexia; **I.** apyrexia; **F.** apyrexie; **A.** Fieberlosigkeit; **It.** apiressia.

APIRGÜINARSE. r. CHILE. Padecer pirgüin el ganado.

APIRI. (Voz quichua.) m. AMÉR. Operario que transporta el mineral en las minas.

★ **APISONADORA.** f. Máquina locomovil de mucho peso y montada sobre grandes rodillos, que se utiliza para apisonar pavimentos de calles o carreteras.

APISONAMIENTO. m. Acción y efecto de apisonar.

APISONAR. tr. Apretar con pisón la tierra u otra cosa. || **P.** pisar; **I.** to ram; **F.** damer, aplanir; **A.** feststampfen; **It.** mazzarangare; **R.** трамбовать.

★ **APISTE.** adj. HOND. Avaro.

APITAR. (De *a*, 2.º art., y *pito*.) tr. SAL. Azuzar a los perros para que saquen el ganado de donde puede hacer daño. || **2.** SAL. Gritar, 2.ª acep.

APITO. (De *apitar*.) m. SAL. Grito, 3.ª acep.

APITONADO, DA. p.p. de apitonar. || **2.** adj. Quisquilloso, puntilloso.

APITONAMIENTO. m. Acción y efecto de apitonar.

APITONAR. intr. Echar pitones los animales que tienen cuernos. || **2.** Empezar los árboles a brotar. || **3.** tr. Romper las aves la cáscara de sus huevos con el pico. || **4.** fig. y fam. Repuntarse, enojarse.

APIZARRADO, DA. adj. De color de pizarra, o sea negro azulado.

APLACABLE. adj. Fácil de aplacar.

APLACACIÓN. f. ant. Aplacamiento.

APLACADOR, RA. adj. Que aplaca.

APLACAMIENTO. m. Acción y efecto de aplacar o aplacarse.

APLACAR. (l. *ad*, a, y *placāre*.) tr. Amansar, mitigar, suavizar. Ú.t.c.r.

APLACENTAR. (l. *ad*, a, *placens, -entis*, que agrada.) tr. ant. Dar placer o contento.

APLACENTERÍA. f. ant. Placentería.

APLACER. (l. *ad*, a, y *placēre*.) intr. Agradar, contentar. Ú.t.c.r.

APLACERADO, DA. (De *a*, 2.º art., y *placer*, 1.er art.) adj. MAR. Dícese del fondo del mar, llano y poco profundo.

APLACIBLE. (De *a*, 2.º art., y *placible*.) adj. Agradable.

APLACIENTE. p.a. de aplacer. Que aplace.

APLACIMIENTO. m. Complacencia, placer o gusto.

APLAGAR. (De *a*, 2.º art., y *plaga*, llaga.) tr. ant. Llagar.

APLANACALLES. (De *aplanar* y *calle*.) com. GUAT. y PERÚ. Azotacalles.

APLANADERA. f. Instrumento de piedra, madera u otra materia, con que se aplana el suelo, terreno, etc. || **P.** maço de calceteiro; **I.** leveller; **F.** planoir; **A.** Pflasterramme; **It.** appianataio, mazzaranga; **R.** трамбовка.

APLANADOR, RA. adj. Que aplana. Ú.t.c.s. || **2.** Especie de martillo grande que sirve a los herreros para formar superficies planas cuando el hierro está candente.

APLANAMIENTO. m. Acción y efecto de aplanar o aplanarse.

APLANAR. (De *a*, 2.º art., y *plano*.) tr. Allanar, 1.ª acep. || **2.** fig. y fam. Dejar a uno pasmado. || **3.** r. Caerse a plomo. || **4.** Perder el vigor y la animación por enfermedad u otra causa. || **P.** aplanar; **I.** to level; **F.** aplanir, aplatir; **A.** ebnen, glätten; **It.** appianare; **R.** кузнечный молот. || **4.ª** acep.: **P.** nivelar; **I.** to weaken; **F.** aplanir, aplatir; **A.** applanieren; **It.** abbàtere; **R.** сплющивать.

APLANCHADO, DA. p.p. de aplanchar. || **2.** m. Planchado.

APLANCHADOR, RA. (De *aplanchar*.) m. y f. Planchador, ra. || **2.** m. CHILE.

A

Oficina o departamento donde se hace el planchado.

APLANCHAR. tr. Planchar.

★ **APLANEAR.** tr. VENEZ. Dar golpes de plano.

APLANÉTICO, CA. (gr. ἀ, priv., y πλάνη, error.) adj. ÓPT. Dícese del espejo cóncavo, lente, u objetivo exentos de aberración esférica. ‖ **I.** aplanetic; **F.** aplanétique; **A.** aplanatisch; **It.** aplanètico; **R.** вогнутый.

APLANTILLAR. tr. Labrar piedra, madera u otro material con arreglo a plantilla o patrón.

APLASTAMIENTO. m. Acción y efecto de aplastar o aplastarse.

APLASTANTE. p.a. de aplastar. Que aplasta.

APLASTAR. (De a, 2.° art., y plasta.) tr. Reformar una cosa disminuyendo su grosor. Ú.t.c.r. ‖ 2. fig. y fam. Dejar a uno confuso y sin saber qué hablar o responder. ‖ **P.** machucar; **I.** to crush; **F.** aplatir, écraser; **A.** zerquetschen; **It.** schiacciare; **R.** сплющивать.

★ **APLATANARSE.** r. en CUBA y P. RICO. Familiarizarse un extranjero con los usos y costumbres de un país. ‖ 2. P. RICO. Permanecer una persona en un puesto, cargo o categoría teniendo medios y capacidad para aspirar a más.

APLAUDIDOR, RA. Que aplaude. Ú.t.c.s.

APLAUDIR. (l. applaudĕre; de ad, a, y plaudĕre, dar palmadas.) tr. Palmotear en señal de aprobación o entusiasmo. ‖ 2. Celebrar con palmas u otras demostraciones a personas o cosas. ‖ **P.** aplaudir; **I.** to applaud, to clap; **F.** applaudir; **A.** beklatschen, applaudieren; **It.** applaudire; **R.** аплодировать.

APLAUSO. (l. applausus.) m. Acción y efecto de aplaudir. Un APLAUSO cerrado. Aplauso unánime y muy nutrido. ‖ **P.** aplauso; **I.** applause; **F.** applaudissement; **A.** Applaus, Beifall; **It.** aplauso, battimano; **R.** аплодисменты.

APLAYAR. (De a, 2.° art., y playa.) intr. Salir el río de madre extendiéndose por los campos.

APLAZABLE. adj. Que puede aplazarse.

APLAZAMIENTO. m. Acción y efecto de aplazar.

APLAZAR. (De a, 2.° art., y plazo.) tr. Convocar, citar, llamar para tiempo y sitio señalados. ‖ 2. Diferir, 1.ª acep. ‖ **P.** aprazar; **I.** to defer; **F.** ajourner; **A.** vertagen; **It.** aggiornare; **R.** откладывать.

APLEBEYAR. (De a, 2.° art., y plebeyo.) tr. Envilecer los ánimos o los modales. Ú.t.c.r.

APLEGAR. (Del arag. y rioj. aplegar, y éste del l. applicāre, allegar.) tr. ant. Allegar y recoger. ‖ 2. AR. Arrimar o llegar una cosa a otra.

APLICABLE. adj. Que puede o debe aplicarse.

APLICACIÓN. (l. applicatio, -ōnis.) f. Acción y efecto de aplicar o aplicarse. ‖ 2. fig. Afición y asiduidad con que se hace una cosa, especialmente el estudio. ‖ 3. Ornamentación ejecutada en materia distinta de otra a la cual se sobrepone. ‖ **P.** aplicação; **I.** y **F.** application; **A.** Anwendung, Applikation; **It.** applicazione; **R.** прилежание.

APLICADERO, RA. adj. Aplicable.

APLICADO, DA. p.p. de aplicar. ‖ 2. adj. fig. Que tiene aplicación, 2.ª acep. ‖ **V.** Matemáticas APLICADAS.

APLICAR. (l. applicāre, arrimar.) tr. Poner una cosa sobre otra o en contacto con otra. ‖ 2. fig. Hacer uso de una cosa o poner en práctica los procedimientos adecuados para conseguir un fin. ‖ 3. fig. Referir a un individuo o a un caso particular lo que se ha dicho en general o de otro individuo. ‖ 4. fig. Atribuir, imputar. ‖ 5. fig. Destinar, adjudicar, apropiar. ‖ 6. fig. Hablando de profesiones, ejercicios, etcétera, dedicar o destinar a ellos a una persona. ‖ 7. FOR. Adjudicar bienes o efectos. ‖ 8. r. fig. Dedicarse a un estudio o ejercicio. ‖ 9. fig. Poner esmero en ejecutar alguna cosa. ‖ **P.** aplicar; **I.** to apply; **F.** appliquer; **A.** anlegen, anwenden; **It.** applicare; **R.** накладывать.

APLICATIVO, VA. adj. Que sirve para aplicar alguna cosa.

★ **APLIQUE.** (De aplicar.) m. En el teatro, trasto que se emplea para completar la decoración.

° **APLIQUE.** m. Candelero adosado a la pared.

APLOMADO, DA. p.p. de aplomar. ‖ 2. adj. Que tiene plomo. ‖ 3. Plomizo, 3.ª acep.

APLOMAR. (De a, 2.° art., y plomo.) tr. Hacer mayor la pesantez de una cosa. Ú.t.c.r. ‖ 2. ALBAÑ. Examinar con la plomada si lo que se construye está a plomo. Ú.t.c.intr. ‖ 3. ARQ. Poner las cosas verticalmente. ‖ 4. r. Desplomarse. ‖ 5. Cobrar aplomo. ‖ 6. CHILE. Avergonzarse, correrse. ‖ **P.** aprumar; **I.** to plumb; **F.** plomber; **A.** loten; **It.** piombinare; **R.** проверить отвесом.

APLOMO. (De aplomar.) m. Gravedad, serenidad, circunspección. ‖ 2. En el caballo, cada una de las líneas verticales que determinan la dirección que deben tener sus miembros para que esté bien constituido. Ú.m. en pl. ‖ 3. Verticalidad. ‖ **P.** aprumo; **I.** y **F.** aplomb; **A.** Sicherheit; **It.** appiombo; **R.** апломб.

APLOMO. (Del m. adv. a plomo.) m. Plomada, 2.ª acep.

★ **APLOYAR.** tr. REP. DOMIN. Estropear. ‖ 2. Matar.

APNEA. (gr. ἄπνοια, de ἄπνους; de ἀ, priv., y πνέω, respirar.) f. MED. Falta o suspensión de la respiración.

APOASTRO. (gr. ἀπό, lejos de, y ἄστρον, astro.) m. ASTRON. Punto en que un astro secundario se halla a mayor distancia de su principal.

ÁPOCA. (l. apŏcha, y éste del gr. ἀποχή.) f. FOR. AR. Carta de pago o recibo.

APOCADAMENTE. adv. Con poquedad. ‖ 2. fig. Con abatimiento o bajeza de ánimo.

APOCADO, DA. p.p. de apocar. ‖ 2. adj. fig. De poco ánimo o espíritu. ‖ 3. fig. Vil. ‖ **P.** apoucado; **I.** poor-spirited; **F.** pusillanime; **A.** kleinmütig; **It.** pusillànime; **R.** малодушный.

APOCADOR, RA. adj. Que apoca o disminuye alguna cosa. Ú.t.c.s.

APOCALIPSIS. (l. apocalypsis, y éste del gr. ἀποκάλυψις, revelación; de ἀπό, des, y καλύπτω, velar, ocultar.) m. Último libro canónico del Nuevo Testamento. Contiene las revelaciones escritas por el Apóstol San Juan en su destierro de Patmos, referente en su mayor parte a los postreros días del mundo. Es obra esencialmente profética y de difícil interpretación. ‖ **P.** y **F.** apocalipse; **I.** Apocalypse; **A.** Apokalypse, Offenbarung Johannis; **It.** Apocalisse; **R.** апокалип.

APOCALÍPTICO, CA. (gr. ἀποκαλυπτικός.) adj. Perteneciente o relativo al Apocalipsis. ‖ 2. fig. Que parece del Apocalipsis. ‖ 3. fig. Terrorífico, espantoso. ‖ **P.** apocalíptico; **I.** apocalyptic; **F.** acopalyptique; **A.** apokalyptisch; **It.** apocalittico; **R.** апокалиптический.

APOCAMIENTO. (De apocar.) m. Cortedad o encogimiento del ánimo. ‖ 2. fig. Abatimiento.

APOCAR. tr. Reducir a poco una cantidad. ‖ 2. fig. Limitar, estrechar. ‖ 3. fig. Humillar.

APOCATÁSTASIS. (gr. ἀποκατάστασις, de ἀποκαθίστημι, restablecer.) f. FIL. Retorno de todas las cosas o de cualquiera de ellas a su primitivo punto de partida.

APÓCEMA. (l. apozĕma, y éste del gr. ἀπόζεμα, cocimiento.) f. FARM. Pócima, 1.ª acep.

APÓCIMA. (De apócema.) f. Pócima, 1.ª acep.

APOCINÁCEO, A. (l. apocynum, y éste del gr. ἀπόκυνον, matacán.) adj. BOT. Dícese de las plantas angiospermas dicotiledóneas, lactíferas, de hoja persistente, flores regulares de corola monopétala y fruto capsular o folicular; como la adelfa. ‖ **P.** apocináceo; **I.** apocynaceous; **F.** apocynée; **A.** Apocynazee; **It.** apocinàceo; **R.**

APÓCOPA. f. GRAM. Apócope.

APOCOPAR. tr. GRAM. Cometer apócope.

APÓCOPE. (l. apocŏpe, y éste del gr. ἀποκοπή, de ἀποκόπτω, cortar.) f. GRAM.

Supresión de uno o más sonidos al fin de un vocablo. ‖ **P.** apócope; **I.** apocopation, apocope; **F.** apocope; **A.** Apokope; **It.** apòcope; **R.** усечение.

APOCRIFAMENTE. adv. Con fundamentos falsos o inciertos.

APÓCRIFO, FA. (l. apocrўphus, y éste del gr. ἀπόκρυφος, oculto, secreto; de ἀποκρύπτω, ocultar.) adj. Fabuloso, superpuesto, fingido. ‖ 2. Dícese de todo libro sagrado no incluido en el canon por no ser segura su inspiración divina. ‖ **P.** apócrifo; **I.** apocryphal; **F.** apocryphe; **A.** apokryph; **It.** apòcrifo; **R.** апокрифический.

APOCRISIARIO. (l. apocrisiarius, y éste del gr. ἀπόκρισις, respuesta.) m. Embajador, enviado del imperio griego. ‖ 2. Canciller del imperio griego. ‖ 3. Legado pontificio en aquel imperio.

APOCROMÁTICO, CA. (gr. ἀπό, sin, y χρωματικός, de color.) adj. ÓPT. Dícese del objetivo exento de espectro secundario.

★ **APOCHINARSE.** r. MÉJ. Deshilacharse una tela.

★ **APOCHINCHARSE.** r. CUBA. Hartarse de comida. ‖ 2. MÉJ. Saciarse de algo que se apetece.

★ **APOCHONGARSE.** r. ARGENT. Acobardarse.

APODADOR, RA. (De apodar.) adj. Que acostumbra poner o decir apodos. Ú.t.c.s.

APODAMIENTO. (De apodar.) m. ant. Apodar.

APODAR. (l. ad, a, y pŭtāre, juzgar.) tr. Poner o decir apodos.

APODENCADO, DA. adj. Semejante al podenco.

APODERADAMENTE. adv. ant. Con cierto dominio.

APODERADO, DA. p.p. de apoderar. ‖ 2. adj. Dícese del que tiene poderes de otro para representarle y proceder en su nombre. Ú.t.c.s. ‖ Constituir APODERADO. FOR. Nombrarlo en debida forma. ‖ **P.** apoderado; **I.** proxy; **F.** fondé de pouvoir; **A.** Bevollmächtigter; **It.** mandatario; **R.** уполномоченный.

APODERAMIENTO. m. Acción y efecto de apoderar o apoderarse.

APODERAR. tr. Dar poder una persona a otra para que le represente. ‖ 2. r. Hacerse uno dueño de una cosa, ocuparla. ‖ 3. fig. Dominar completamente, dar la ley. ‖ **P.** apoderar; **I.** to empower; **F.** conférer un mandat; **A.** bevollmächtigen; **It.** mandare; **R.** уполномочивать. ‖ 2.ª acep.: **P.** apoderar -se; **I.** to take possession; **F.** s'emparer; **A.** sich bemächtigen; **It.** impossessarsi; **R.** овладать.

APODÍCTICO, CA. (l. apodicticus, y éste del gr. ἀποδεικτικός, demostrativo.) adj. LÓG. Demostrativo, convincente, sin contradicción. ‖ **P.** apodíctico; **I.** apodictical; **F.** apodictique; **A.** überzeugend; **It.** apodittico; **R.** убедительный.

APODO. (De apodar.) m. Nombre que suele darse a una persona, tomado de sus defectos corporales o de alguna otra circunstancia. ‖ **P.** apodo; **I.** nickname, alias; **F.** sobriquet, surnom; **A.** Spitzname; **It.** soprannome; **R.** прозвище.

ÁPODO, DA. (gr. ἄπους, ἄποδος; de ἀ, priv., y ὀπύς, ποδός, pie.) adj. ZOOL. Falto de pies. ‖ 2. ZOOL. V. Malacopterigio ÁPODO. ‖ 3. ZOOL. Orden de anfibios que en edad adulta carecen de extremidades y tienen muy corta la cola. ‖ 4. m. pl. ZOOL. Orden de estos animales. ‖ **P.** ápode; **I.** apodal; **F.** apode; **A.** fusslos; **It.** àpodo; **R.** безногий.

APÓDOSIS. (l. apodŏsis, y éste del gr. ἀπόδοσις, explicación, retribución.) f. RET. Parte del período subordinado en que se completa el sentido que queda pendiente en la primera, llamada prótasis. ‖ **P.** e **I.** apodosis; **F.** apodose; **A.** Nachsatz; **It.** apòdosi.

APÓFIGE. (l. apophўgis, y éste del gr. ἀποφυγή, huida, evitación.) f. ARQ. Parte curva que enlaza las extremidades del fuste de la columna con su base.

APÓFISIS. (gr. ἀπόφυσις, excrecencia.) f. ANAT. Parte saliente en un hueso que sirve para la articulación o para la inserción muscular. ‖ **P.** apófise; **I.** apophysis;

F. apophyse; A. Knochenfortsatz; It. apòfisi; R. апофиз.

APOFONÍA. (gr. ἀπό, lejos de, y φωνή, sonido.) f. Alteración de vocales en palabras de la misma raíz: como imberbe, de barba.

APOGEO. (l. apogǣus, y éste del gr. ἀπόγειος; de ἀπό, lejos de, y γαῖα, tierra.) m. ASTRON. Punto en que la Luna se halla a mayor distancia de la Tierra. ‖ **2.** fig. Grado superior que puede alcanzar alguna cosa; como el poder, la gloria, etc. ‖ P. apogeu; I. apogee; F. apogée; A. Erdferne; It. apogeo; R. апогей.

APÓGRAFO. (l. apográphum, y éste del gr. ἀπόγραφος, transcrito.) m. Copia de un escrito original.

APOLILLADURA. (De apolillar.) f. Agujero o señal que hace la polilla en las ropas, paños, maderas, etc.

APOLILLAMIENTO. m. Acción de apolillar o apolillarse.

APOLILLAR. tr. Roer, penetrar o destruir la polilla las ropas u otras cosas. Ú.m.c.r.

APOLINAR. (l. apollināris.) adj. poét. Apolíneo.

APOLINARISMO. m. Herejía de los apolinaristas.

APOLINARISTA. adj. Sectario de Apolinar, hereje del siglo IV, el cual enseñaba no haber recibido Jesucristo un cuerpo de carne como el nuestro ni un alma semejante a la nuestra. Ú.m.c.s.

APOLÍNEO, A. (l. apollinĕus.) adj. poét. Perteneciente o relativo a Apolo.

★ **APOLISMAR.** tr. Magullar. ‖ **2.** C. RICA. Holgazanear. ‖ **3.** GUAT., CUBA y P. RICO. No alcanzar el desarrollo normal. ‖ **4.** C. RICA, P. RICO y VENEZ. Acobardarse.

APOLÍTICO, CA. (De a, 3.er art., y político.) adj. Ajeno a la política.

APOLOGÉTICA. (f. de apologético.) f. Parte de la Teología que tiene por objeto exponer las pruebas y fundamentos de la verdad de la religión católica.

APOLOGÉTICO, CA. (l. apologeticus, y éste del gr. ἀπολογητικός,.) adj. Perteneciente o relativo a la apología. ‖ **2.** m. ant. Apología.

APOLOGÍA. (l. apologia, y éste del gr. ἀπολογία.) f. Defensa o alabanza de personas o cosas, por escrito o verbalmente. Es uno de los aspectos primordiales de la oratoria. ‖ P. apologia; I. apology; F. apologie; A. Schutzschrift; It. apologia; R. апология.

APOLÓGICO, CA. adj. Perteneciente o relativo al apólogo o fábula.

APOLOGISTA. com. Persona que hace alguna apología.

APOLOGIZAR. tr. p. us. Hacer la apología de una persona o cosa.

APÓLOGO, GA. (l. apologus, y éste del gr. ἀπόλογος, cuento.) adj. Apológico. ‖ **2.** m. Fábula, 5.ª acep. ‖ P. e It. apòlogo; I. y F, apologue; A. Lehrfabel; R. басня.

APOLTRONAMIENTO. m. Acción y efecto de apoltronarse.

APOLTRONARSE. r. Hacerse poltrón. Dícese más comúnmente de los que se dan a la vida sedentaria. ‖ P. apoltronar-se; I. to grow lazy; F. s'accagnarder; A. faulenzen; It. impoltronire; R. облениться.

APOLVILLARSE. (De a, 2.º art. y polvillo, d. de polvo.) r. CHILE. Atizonarse.

APOMAZAR. tr. Estregar o alisar con la piedra pómez una superficie. ‖ P. polir com pedra-pomes; I. to pumice; F. poncer; A. abbimsen; It. impomiciare; R. лощить.

APONER. (l. appǒnĕre; de ad, a, y pǒnĕre, poner.) tr. ant. Achacar, echar la culpa.

APONEUROSIS. (gr. ἀπονεύρωσις, de ἀπονεύομαι, endurecerse en forma de nervio o tendón.) f. ZOOL. Prolongación laminar del periostio, que sirve para la inserción de los músculos planos. ‖ P. aponeurose; I. aponeurosis; F. aponevrose; A. Sehnenhaut; It. aponeurosi.

APONEURÓTICO, CA. adj. ZOOL. Perteneciente o relativo a la aponeurosis.

APONTOCAR. tr. Sostener una cosa o darle apoyo con otra.

APONZOÑAR. tr. ant. Empozoñar.

APOPLEJÍA. (l. apoplexia, y éste del gr. ἀποπληξία; de ἀποπλήσσω, ser acometido de estupor.) f. MED. Suspensión súbita de la acción cerebral, debida a derrames sanguíneos en el encéfalo o las meninges. ‖ P. apoplexia; I. apoplexy; F. apoplexie; A. Apoplexie; It. apoplessia; R. апоплексия.

APOPLÉTICO, CA. (l. apoplecticus, y éste del gr. ἀποπληκτικός.) adj. Perteneciente o relativo a la apoplejía. ‖ **2.** Que padece apoplejía. Ú.t.c.s. ‖ **3.** Predispuesto a la apoplejía. ‖ P. apoplético; I. apoplectic; F. apoplectique; A. apoplektisch; It. apoplèttico; R. апоплексический.

★ **APOPOCHARSE.** r. COLOM. Hartarse.

APOQUECER. (De a, 2.º art., y poco.) tr. ant. Apocar, acortar, abreviar.

APOQUINAR. tr. vulg. Aprontar uno, generalmente mal de su grado, lo que le corresponde entregar o pagar.

APORCA. f. CHILE. Aporcadura.

APORCADOR, RA. adj. Que aporca. Ú.t.c.s.

APORCADURA. f. Acción y efecto de aporcar.

APORCAR. (l. ad, a, y porca, caballón.) tr. Cubrir con tierra ciertas hortalizas, para que se pongan más tiernas y blancas. ‖ **2.** Acollar, 1.ª acep. ‖ **3.** GUAT. Avergonzar, confundir. ‖ P. alporcar; I. to hill; F. butter; A. zuackern; It. rincalzare; R. окучивать.

APORISMA. (b. l. aporisma, y éste del gr. ἀπορία, dificultad de pasar; de ἀ, priv., y πόρος, paso.) m. CIR. Tumor formado entre la piel y la carne a cónsecuencia de un derrame sanguíneo ocasionado por una sangría o punción semejante. ‖ P. e It. aporisma; I. aporism; F. aporisme; A. Bluterguss.

APORISMARSE. r. CIR. Hacerse aporisma.

APORRACEAR. (De a, 2.º art., y porrazo.) tr. AND. Aporrear, 1.ª y 2.ª aceps.

APORRAR. (De a, 2.º art., y porro.) intr. fam. Quedarse alguno sin poder responder ni hablar.

APORRARSE. (De a, 2.º art., y porra.) r. fam. Hacerse pesado o molesto.

★ **APORRATAR.** tr. CHILE. Monopolizar.

APORREADO, DA. p.p. de aporrear. ‖ **2.** adj. Arrastrado, 2.ª y 3.ª aceps. ‖ **3.** m. CUBA. Guisado de carne de vaca con manteca, tomate, ajo y otras especias.

APORREADOR, RA. adj. Que aporrea. Ú.t.c.s.

APORREADURA. f. Aporreo.

APORREAMIENTO. m. Aporreo.

APORREANTE. p.a. de aporrear. Que aporrea.

APORREAR. tr. Golpear a una persona o cosa especialmente con palo o porra. Ú.t.c.r. ‖ **2.** fig. Dar golpes aunque no sea con porra o palo. ‖ **3.** fig. Machacar, importunar. ‖ **4.** Sacudir o ahuyentar las moscas. ‖ **5.** fig. Atarearse con suma fatiga. ‖ **6.** fig. y fam. ARGENT. Apabullar, confundir a alguno en una discusión. ‖ **7.** CUBA. Preparar en aporreado.

APORREO. m. Acción y efecto de aporrear o aporrearse.

APORRETADO. (De a, 2.º art., y porreta, d. de porra.) adj. Dícese de los dedos de la mano con más grosor que el correspondiente por su longitud.

APORRILLARSE. (De a, 2.º art., y porrilla.) r. Hincharse las articulaciones con abscesos que dificultan el movimiento.

APORTACIÓN. (l. apportatio, -ōnis.) f. Acción de aportar, 2.º art. ‖ **2.** Conjunto de bienes aportados.

APORTADERA. (De aportar, 2.º art.) f. Cada una de las dos cajas colocadas sobre el aparejo de las caballerías para transportar algo. ‖ **2.** Recipiente de madera para transportar uva.

APORTADERO. m. Paraje donde se puede o se suele aportar, 1.er art.

APORTAR. intr. Arribar a puerto. ‖ **2.** fig. Llegar a lugar no pensado después de haber andado perdido. ‖ **3.** Acudir a determinado lugar, acercarse, llegarse.

APORTAR. (l. apportāre; de ad, a, y portāre, llevar.) tr. Llevar, conducir, traer. ‖ **2.** Dar o proporcionar. ‖ **3.** FOR. Llevar cada cual la parte que le corresponde

a la sociedad de la cual es miembro, y más comúnmente, llevar bienes o valores, el marido o la mujer, a la sociedad conyugal.

APORTE. (De aportar, 2.º art.) m. Aportación, 2.ª acep. ‖ **2.** ARGENT. Óbolo, contribución.

APORTELLADO. (l. ad, a, y portella, portillo.) m. Magistrado municipal que administraba justicia en las puertas de los pueblos.

APORTILLADO. p.p. de aportillar. ‖ **2.** m. Aportellado.

APORTILLAR. (De a, 2.º art., y portillo.) tr. Romper una muralla o pared para poder entrar por la abertura resultante. ‖ **2.** Romper o abrir cualquier cosa unida y compacta. ‖ **3.** r. Caerse alguna parte de muro o pared. ‖ P. aportilhar; I. to breach; F. ébrécher; A. eine Bresche legen; It. fare breccia; R. разламывать.

★ **APORUÑAR.** tr. CHILE. Atesorar. ‖ **2.** r. CHILE. Quedarse chasqueado.

APOSENTADOR, RA. adj. Que aposenta. Ú.t.c.s. ‖ **2.** m. El que tiene por oficio aposentar. ‖ **3.** Oficial encargado de aposentar las tropas en las marchas. ‖ P. aposentador; I. lodge; F. logeur; A. Quartiermacher; It. albergatore; R. квартирмейстер.

APOSENTADURÍA. f. Cargo y funciones de aposentador.

APOSENTAMIENTO. m. Acción y efecto de aposentar o aposentarse. ‖ **2.** Aposento, 1.ª y 2.ª aceps.

APOSENTAR. (l. ad, a, y pausans, -antis, p.a. de pausāre, posar.) tr. Dar habitación y hospedaje. ‖ **2.** r. Tomar casa, alojarse. ‖ P. aposentar; I. to lodge; F. loger; A. beherbergen, einquartieren; It. albergare; R. поселять.

APOSENTO. (De aposentar.) m. Cuarto o pieza de una cosa. ‖ **2.** Posada, hospedaje. ‖ **3.** V. Carga, casa, composición, husped, junta, regalía de APOSENTO. ‖ **4.** Cada una de las piezas pequeñas de los antiguos teatros, equivalentes a los actuales palcos. ‖ P. aposento; I. room; F. chambre; A. Zimmer; It. stanza; R. помещение.

APOSESIONADO, DA. p.p. de aposesionar.

APOSESIONAR. tr. Posesionar. Ú. m.c.r.

APOSICIÓN. (l. appositio, -ōnis; de appǒnĕre, poner junto.) f. GRAM. Construcción que consiste en aclarar o determinar a un sustantivo por medio de otro sustantivo yuxtapuesto, v. gr., Moisés, legislador del pueblo hebreo.

APOSITIVO, VA (l. appositīvus.) adj. GRAM. Concerniente a la aposición.

APÓSITO. (l. appositum.) m. MED. Remedio que se aplica exteriormente, sujetándolo con paños, vendas, etc.

APOSTA. (l. apposita ratione.) adv. Adrede.

APOSTADAMENTE. adv. fam. Aposta.

APOSTADERO. m. Paraje donde hay persona o gente apostada. ‖ **2.** Puerto en que se reúnen varios buques de guerra bajo un solo mando. ‖ **3.** Departamento marítimo mandado por un comandante general.

APOSTAL. m. AST. Sitio oportuno para coger pesca en algún río.

APOSTAMIENTO. (De apostar.) m. ant. Apostura, 1.ª y 2.ª aceps.

APOSTANTE. p.a. de apostar. Que apuesta.

APOSTAR. (l. appǒsitāre, de appǒnĕre, colocar.) tr. Pactar entre sí, los que tienen alguna disputa o hacen algún pronóstico, que quien acertare ganará cierta cantidad de dinero o cosa determinada de antemano. ‖ **2.** Poner una o más personas o caballerías en un determinado paraje para algún fin. Ú.t.c.r. ‖ **3.** intr. fig. Competir, rivalizar. Ú. rara vez c.r. ‖ APOSTARLAS, o APOSTÁRSELAS a alguno, o con alguno, o fam. Declararse su competidor. ‖ **2.** fam. Amenazarle. ‖ P. apostar; I. to bet; F. parier; A. wetten; It. scommettere; R. держать пари. ‖ **2.**ª acep.: P. postar; I. to post; F. aposter; A. aufstellen; It. appostare; R. ставить посты.

APOSTASÍA. (l. apostasia, y éste del gr. ἀποστασία; de ἀπό, fuera de, e ἵστημι, colocarse.) f. Acción y efecto de apostatar. ‖ P. apostasia; I. apostasy; F. apos-

A

tasie; **A.** Apostasie; **It.** apostasia; **R.** вероотступничество.

APÓSTATA. (l. *apostăta*, y éste del gr. ἀποστάτης.) com. Persona que comete apostasía. || **P.** apóstata; **I.** apostate; **F.** apostat; **A.** Abtrünniger; **It.** apòstata; **R.** апостат.

APOSTATAR. (l. *apostatāre.*) intr. Negar la fe de Jesucristo recibida en el Bautismo. || **2.** Por ext., abandonar un religioso la orden a que pertenece. || **3.** Por ext., no cumplir un clérigo con las obligaciones propias de su estado. || **4.** Por ext., abandonar un partido o credo para entrar en otro. || **P.** apostatar; **I.** to apostatise; **F.** apostasier; **A.** abtrünnig werden; **It.** apostatare; **R.** отрекаться от веры.

APOSTELAR. tr. ant. Apostillar.

APOSTEMA. (l. *apostēma*, y éste del gr. ἀπόστημα, alejamiento, absceso.) f. Postema, 1.ª acep.

APOSTEMACIÓN. (De *apostemar*.) f. ant. Apostema.

APOSTEMAR. tr. Hacer o causar apostema. || **2.** r. Llenarse de postema.

APOSTEMERO. (De *apostema*.) m. Postemero.

APOSTEMOSO, SA. adj. Perteneciente o relativo a la apostema.

A POSTERIORI. (lit. *por lo que viene después*.) m. adv. **FIL.** Dícese de los conocimientos que provienen o dependen de la experiencia. || **2.** En la filosofía escolástica, dícese del razonamiento que asciende del efecto a la causa o de las propiedades de una cosa a su esencia.

APOSTILLA. (De *a*, 2.º art., y *postilla*, 2.º art.) f. Acotación que interpreta, aclara o completa un texto. || **P.** apostila; **I.** postil, postill; **F.** apostille; **A.** Randbemerkung; **It.** apostilla, postilla; **R.** примечание.

APOSTILLAR. tr. Poner apostillas.

APOSTILLARSE. r. Llenarse de postillas.

APOSTIZO, ZA. adj. ant. Postizo, 1.ª acep.

APOSTO. m. **EXTR.** Acción y efecto de apostar un monte.

APÓSTOL. (l. *apostŏlus*, y éste del gr. ἀπόστολος, enviado.) m. Cada uno de los doce principales discípulos de Jesucristo, a quienes envió a predicar el Evangelio por todo el mundo. || **2.** También se da este nombre a San Pablo y a San Bernabé. || **3.** Con el art. *el*, por antonom., San Pablo. || **4.** *Actos, símbolo de los* APÓSTOLES. || **5.** El que predicando la fe verdadera convierte a los infieles de cualquier país. || **6.** Por ext., propagador de cualquier género de doctrina importante. || *El* APÓSTOL *de las gentes:* San Pablo. || **P.** apóstolo; **I.** apostle; **F.** apôtre; **A.** Apostel; **It.** apòstolo; **R.** апостол.

APOSTOLADO. (l. *apostolātus*.) m. Oficio de apóstol. || **2.** Congregación de los santos apóstoles. || **3.** Conjunto de las imágenes de los doce apóstoles. || **4.** fig. Campaña de propaganda en pro de alguna causa o doctrina.

APOSTOLADO, DA. adj. p. us. Apostólico. || **2.** p. us. Que ejerce funciones de apóstol.

APOSTOLAZGO. m. ant. Apostolado. 1.ᵉʳ art.

APOSTOLICAL. adj. ant. Apostólico, 1.ª y 2.ª aceps. || **2.** m. Sacerdote o eclesiástico.

APOSTÓLICAMENTE. adv. Según las reglas y prácticas apostólicas. || **2.** fam. Pobremente, sin aparato, a pie.

★ **APOSTOLICIDAD.** f. Conformidad con la enseñanza y doctrina de los apóstoles.

APOSTÓLICO, CA. (l. *apostolĭcus.*) adj. Perteneciente o relativo a los apóstoles. || **2.** Perteneciente al Papa o que dimana de su autoridad. *Bendición* APOSTÓLICA. || **3.** m. pl. Nombre de distintas sectas heréticas que han pretendido, entre otras cosas, retornar al modo de vivir de los apóstoles. || **4.** Bando político fundado en España después de la revolución de 1820, partidario de un régimen extremado en sentido católico y absolutista. || **5.** V. *Cámara, cancillería, constitución, sede* APOSTÓLICA. || **6.** V. *Colegio, inquisidor, nuncio, padre, protonotario* APOSTÓLICO. || **7.** V. *Rota de la nunciatura* APOSTÓLICA. || **8.** V. *Constituciones* APOSTÓLICAS. || **P.** apos-

tólico; **I.** apostolic, apostolical; **F.** apostolique; **A.** apostolisch; **It.** apostólico; **R.** апостольский.

APOSTOLIGAL. adj. ant. Apostolical, 1.ª acep.

APOSTÓLIGO, GA. adj. ant. Apostólico, 2.ª acep.

APÓSTOLO. m. ant. Apóstol. || **2.** pl. **FOR.** Letras auténticas, que a pedimento de parte, se concedían por los jueces apostólicos y eclesiásticos de cuyas sentencias se apelaban.

APOSTRE. adv. l. y t. ant. A postre.

APOSTROFAR. tr. Dirigir apóstrofes.

APÓSTROFE. (l. *apostrŏphe*, y éste del gr. ἀποστροφή, de ἀποστρέφω, volverse.) amb. **RET.** Figura consistente en interrumpir el discurso para dirigir la palabra con vehemencia en segunda persona a una o varias presentes o ausentes, vivas o muertas, a seres abstractos o a cosas inanimadas, ya para dirigírsela a sí mismo en iguales términos. || **2.** fig. Dicterio. || **P.** apóstrofe; **I.** y **F.** apostrophe; **A.** Anrede; **It.** apòstrofe; **R.** апострофа.

APÓSTROFO. (gr. ἀπόστροφος, de ἀποστρέφω, volver, huir.) m. Signo ortográfico (') que indicaba antiguamente la elisión de una vocal en fin de palabra cuando la siguiente empieza asimismo por vocal; v. gr.: *d'aquel*. || **P.** apostrofe; **I.** y **F.** apostrophe; **A.** Apostroph; **It.** apòstrofo; **R.** апостроф.

APOSTURA. (De *a*, 2.º art., y *postura*.) f. Gentileza, buena disposición en la persona. || **2.** Actitud, ademán, aspecto.

APOTECA. (l. *apothēca*, y éste del gr. ἀποθήκη, almacén.) f. ant. Botica, 1.ª acep.

APOTECARIO. (l. *apothecarĭus.*) m. ant. Boticario, 1.ª acep.

APOTEGMA. (l. *apophthegma*, y éste del gr. ἀπόφθεγμα.) m. Dicho breve y sentencioso; dicho feliz, generalmente atribuido a una persona ilustre. || **P.** e **It.** apotegma; **I.** apothegm; **F.** apothegme; **A.** Denkspruch, Lehrspruch; **R.** изречение.

APOTEMA. (gr. ἀπό, desde, y τίθημι, colocar.) f. **GEOM.** Perpendicular trazada desde el centro de un polígono regular a uno cualquiera de sus lados. || **2.** **GEOM.** Altura de las caras triangulares de una pirámide regular. || **P.** apótema; **I.** apothem; **F.** apothème; **A.** Apothem; **It.** apotema; **R.** апофема.

APOTEÓSICO, CA. adj. Perteneciente a la apoteosis.

APOTEOSIS. (l. *apothēōsis*, y éste del gr. ἀποθέωσις, deificación.) f. Acto de deificar a los héroes entre los paganos. || **2.** fig. Ensalzamiento de una persona con grandes honores y alabanzas. || **3.** Cuadro final de gran espectáculo en la representación teatral. || **P.** apoteose; **I.** apotheosis; **F.** apothéose; **A.** Vergötterung; **It.** apoteosi; **R.** обожествление, апофеоз.

APOTEÓTICO, CA. adj. Apoteósico.

APOTICARIO. m. ant. Apotecario.

★ **APOTINCAR.** (arauc. *apo*, en cuclillas, e *hincar*.) tr. CHILE. Poner a uno en cuclillas. Ú.m.c.r.

★ **APOTRARSE.** r. R. DE LA PLATA. Enojarse mucho, enfurecerse.

APOTRERAR. tr. CHILE. Dividir una hacienda o feudo en potreros. || **2.** CUBA. Poner el ganado en un potrero.

APOYADERO. m. ant. Apoyo, 1.ª acep.

APOYADURA. (De *apoyar*.) f. Raudal de leche que acude a las ubres de las hembras cuando dan de mamar.

APOYAR. (l. *appodiāre*, de *pŏdium*, poyo.) tr. Hacer que una cosa descanse sobre otra. APOYAR *la mano en la silla.* || **2.** Basar, fundar. || **3.** fig. Favorecer, ayudar. || **4.** fig. Confirmar, sostener alguna opinión o doctrina. *Aristóteles* APOYA esta *afirmación.* || **5.** fig. Sacar el apoyo o apoyadura de los pechos de las hembras. || **6.** EQUIT. Inclinar el caballo la cabeza hacia el pecho. Ú.t.c.r. || **7.** MIL. Prestar protección una fuerza. || **8.** intr. Cargar, estribar. *El edificio se* APOYA *sobre la columna.* Ú.t.c.r. || **9.** fig. Servirse de una persona o cosa como de apoyo. || **10.** fig. Servirse de algo como razón o fundamento de una doctrina u opinión. || **P.** apoiar; **I.** to lean;

F. appuyer; **A.** (unter)stützen; **It.** appoggiare **R.** опираться.

APOYATURA. (l. *appogiatura.*) f. Mús. Nota pequeña y de adorno cuyo valor se toma del signo siguiente para no alterar la duración del compás.

APOYO. (De *apoyar*.) m. Lo que sirve para sostener. || **2.** Apoyatura. || **3.** fig. Protección, auxilio, favor, ayuda. || **4.** fig. Fundamento, confirmación o prueba de una opinión o doctrina. || **5.** AMÉR. Leche que se ordeña después de dejar mamar al ternero por segunda vez. || **P.** apoio; **I.** support; **F.** appui; **A.** Stütze; **It.** appoggio; **R.** опора. || **3.ª** acep.: **P.** protección; **I.** help; **F.** appui; **A.** Hilfe; **It.** appoggio; **R.** покровительство.

APOZARSE. (De *a*, 2.º art., y *poza.*) r. COLOM. y CHILE. Rebalsarse, detenerse el agua formando pozas.

★ **APPASSIONATO.** Voz italiana con la que se indica que ciertos pasajes musicales han de ser ejecutados de manera que se ponga de manifiesto la pasión y el calor que en ellos predomina.

★ **APRAXIA.** f. PAT. Pérdida de la facultad de reproducir movimientos coordinados. || **2.** Pérdida de reconocer los usos de un objeto.

APRECIABILIDAD. f. Calidad de apreciable.

APRECIABLE. adj. Capaz de ser apreciado o tasado, como las cosas vendibles. || **2.** fig. Digno de aprecio. || **P.** apreciável; **I.** appreciable; **F.** apprèciable; **A.** achtbar; **It.** apprezzabile; **R.** уважаемый.

APRECIACIÓN. f. Acción y efecto de apreciar, 1.ª y 3.ª aceps.

APRECIADAMENTE. adv. Con aprecio.

APRECIADOR, RA. adj. Que aprecia. Ú.t.c.s.

APRECIADURA. f. ant. Apreciación.

APRECIAMIENTO. m. ant. Apreciación.

APRECIAR. (l. *appretiāre*; de *ad*, a, y *pretium*, precio.) tr. Poner precio o tasa a las cosas vendibles. || **2.** fig. Estimar o reconocer el mérito de las personas o cosas. || **3.** fig. Formar juicio de la magnitud, intensidad, o importancia de las cosas. APRECIAR *la intensidad de un terremoto.* **P.** apreçar; **I.** to appreciate; **F.** apprécier; **A.** abschätzen, taxieren; **It.** apprezzare; **R.** оценивать, дорожить.

APRECIATIVO, VA. adj. Perteneciente al precio o estimación que se hace de alguna persona o cosa.

APRECIO. m. Apreciación. || **2.** Acción y efecto de apreciar, 2.ª acep. || **3.** Estimación afectuosa de una persona. || **P.** apreço; **I.** appreciation, estimation; **F.** estime; **A.** Schätzung, Achtung, Wert; **It.** apprezzo, stima; **R.** уважение.

APREHENDER. (l. *apprehendĕre*; de *ad*, a, y *prehendĕre*, asir, agarrar.) tr. Coger, prender a una persona, o bien alguna cosa, especialmente si es de contrabando. || **2.** FIL. Concebir las especies de las cosas sin hacer juicio de ellas. || **3.** FOR. AR. Embargar, 3.ª acep.

APREHENDIENTE. p.a. de aprehender. Que aprehende.

APREHENSIÓN. (l. *apprehensio,-ōnis.*) f. Acción y efecto de aprehender. || **2.** FOR. Uno de los cuatro privilegios forales de Aragón, que consistía en poner bajo la jurisdicción real la cosa aprehendida, mientras se justificaba a quién pertenecía. || **P.** apreensão; **I.** apprehension; **F.** appréhénsion; **A.** Ergreifung; **It.** apprensione; **R.** схватывание.

APREHENSIVO, VA. adj. Perteneciente a la facultad mental de aprehender. || **2.** Aprensivo.

APREHENSO, SA. (l. *apprehensus.*) p.p. irreg. ant. de aprehender.

APREHENSOR, RA. (De *aprehenso.*) adj. Que aprehende. Ú.t.c.s.

APREHENSORIO, RIA. (De *aprehensor.*) adj. ant. Que sirve para aprehender o asir.

APREMIADAMENTE. adv. Con apremio.

APREMIADOR, RA. adj. Que apremia. Ú.t.c.s.

APREMIADURA. f. ant. Apremio, 1.ª acep.

APREMIAMIENTO. m. ant. Apremio, 1.ª acep.

APREMIANTE. p.a. de apremiar. Que apremia.

APREMIANTEMENTE. adv. De modo apremiante.

APREMIAR. (De *a*, 2.º art., y *premia*.) tr. Dar prisa, compeler a alguno a que haga prontamente alguna cosa; especialmente obligar a alguno con mandamiento de autoridad. || 2. Oprimir, apretar. || 3. Imponer apremio. || 4. For. Presentar instancia un litigante para que su contrario actúe en el procedimiento. || P. apressar; I. to press, to hasten; F. presser; A. zwingen, nötigen; It. prèmere; R. торопить.

APREMIO. m. Acción de apremiar. || 2. Mandamiento judicial o gubernativo para compeler al cumplimiento de alguna cosa. || 3. Recargo de contribuciones o impuestos por causa de demora en el pago. || 4. V. *Comisionado de* APREMIO. || 5. Procedimiento judicial brevísimo que siguen las autoridades administrativas y agentes de la Hacienda para el cobro de impuestos.

APREMIR. (l. *apprimère*.) tr. ant. Exprimir, apretar. || 2. ant. fig. Apremiar, 1.ª acep.

APRENDEDOR, RA. adj. Que aprende. Ú.t.c.s.

APRENDER. (l. *apprehendère*; de *ad*, a, y *prehendère*, percibir.) tr. Adquirir el conocimiento de una cosa por medio del estudio o de la experiencia. || 2. Conjeturar una cosa. || 3. Tomar algo en la memoria. APRENDER *un verso*. || P. aprender; I. to learn; F. apprendre; A. (er)lernen; It. apprèndere; R. учить.

APRENDIENTE. p.a. ant. de aprender. Que aprende.

APRENDIZ, ZA. m. y f. Persona que aprende algún arte u oficio. || P. aprendiz; I. apprentice; F. apprenti; A. Lehrling; It. apprendista; R. ученик.

APRENDIZAJE. (De *aprendiz*.) m. Acción de aprender algún arte u oficio. || 2. Tiempo que en ello se emplea. || P. aprendizagem; I. apprenticeship; F. apprentissage; A. Lehrzeit; It. apprentissaggio, tirocinio; R. обучение.

APRENSAR, RA. adj. Que aprensa. Ú.t.c.s.

APRENSADURA. (De *aprensar*.) f. p. us. Prensadura.

APRENSAR. tr. Prensar. || 2. fig. Oprimir.

APRENSIÓN. f. Aprehensión. || 2. Temor, escrúpulo, recelo. || 3. Figuración, idea u opinión infundada. Ú.m. en pl. || 4. fig. Delicadeza, vergüenza, reparo.

APRENSIVO, VA. (De *aprehensivo*.) adj. Delicado y pusilánime, que teme mucho por su salud. || 2. Delicado, vergonzoso. Ú. com. en sentido negativo.

APRÉS. (l. *ad. prèsum*, de prisa, en seguida.) adv. ant. Cerca, 2.º art., 1.ª y 2.ª aceps. || 2. adv. ant. Después.

APRESADOR, RA. adj. Que apresa.

APRESAMIENTO. m. Acción y efecto de apresar.

APRESAR. (l. *aprensāre*.) tr. Asir, hacer presa de una cosa con las garras o colmillos. || 2. Tomar por fuerza una nave. || 3. Aprisionar.

APRESIVAMENTE. adv. ant. Con fuerza y violencia.

APRESO, SA. p.p. ant. de aprender. || 2. adj. Dícese del árbol plantado y que ha prendido. || 3. ant. Con los advs. *bien* o *mal*, feliz o desgraciado.

APRÉSTAMO. m. ant. Prestamera.

APRESTAR. (De *a*, 2.º art., y *presto*.) tr. Aparejar, preparar, disponer lo necesario para una cosa. || 2. Aderezar, 7.ª acep. || P. aprestar; I. to prepare, to make ready; F. apprêter; A. fertigmachen, (zu)rüsten; It. apprestare; R. приготовлять.

APRESTO. m. Disposición, preparación para alguna cosa. || 2. Acción y efecto de aprestar. || 3. Almidón, cola, añil u otros ingredientes que sirven para aprestar las telas. || 4. Conjunto de operaciones a que se someten las mercancías a fin de darles lustre, pulimento y firmeza. || P. apreste; I. preparation; F. apprêts; A. Vorbereitung; It. apprestamiento; R. приготовление.

APRESURA. (De *apresurar*.) f. ant. Estímulo o apresuramiento.

APRESURACIÓN. f. Apresuramiento.

APRESURADAMENTE. adv. Con apresuramiento.

APRESURADO, DA. p.p. de apresurar. || 2. Que muestra apresuramiento.

APRESURAMIENTO. m. Acción y efecto de apresurar o apresurarse.

APRESURAR. (De *a*, 2.º art., y *presura*.) tr. Dar prisa, acelerar. Ú.t.c.r. || P. apressurar; I. to hasten; F. hâter; A. (be)eilen; It. affrettare; R. торопить.

APRESUROSO, SA. (De *apresurar*.) adj. ant. Presuroso.

APRETADAMENTE. adv. Con fuerza que aprieta u oprime; estrechamente.

APRETADERA. f. Cinta o cuerda que sirve para apretar. || 2. p. fig. y fam. Instancias con que se estrecha a otro para que haga lo que se le pide.

APRETADERO, RA. (De *apretar*.) adj. Apretativo. || 2. m. Braguero, 1.ª acep.

APRETADIZO, ZA. adj. Que por su calidad se aprieta o comprime fácilmente.

APRETADO, DA. p.p. de apretar. || 2. adj. fig. Arduo, dificultoso. || 3. fig. y fam. Mezquino, miserable. || 4. V. *Caso*, *lance* APRETADO. || 5. Escrito de letra muy metida. || 6. GERM. Jubón. || *Estar* uno *muy* APRETADO. fr. fig. y fam. Hallarse en gran aprieto o peligro.

APRETADOR, RA. adj. Que aprieta. Ú.t.c.s. || 2. Instrumento que sirve para apretar. || 3. Almilla sin mangas. || 4. Especie de cotilla con que se aprieta el cuerpo de los niños y a la cual se cosen los andadores. || 5. Faja de los niños que están en mantillas.

APRETADURA. f. Acción y efecto de apretar.

APRETAMIENTO. (De *apretar*.) m. Aprieto.

APRETANTE. p.a. de apretar. Que aprieta.

APRETAR. (l. *appèctōrāre*; de *ad*, a, y *pèctus*, *-ōris*, pecho.) tr. Estrechar contra el pecho; estrechar ciñendo; especialmente hablando de vestidos. *La chaqueta me* APRIETA. || 2. V. APRETAR *la mano*. || 3. Poner una cosa sobre otra comprimiendo. || 4. Aguijar, espolear. || 5. Poner más tirante para aumentar la presión. || 6. Estrechar algo reduciendo su volumen. || 7. Apiñar estrechamente. Ú.m.c.r. || 8. Acosar, estrechar a uno persiguiéndole o atacándole. || 9. fig. Angustiar, afligir. || 10. Tratar con excesivo rigor. || 11. Constreñir, tratar de reducir con amenazas, ruegos o razones. || 12. Activar, tratar de llevar a efecto con urgencia o instancia. || 13. intr. Obrar con mayor esfuerzo o intensidad que de ordinario, una persona o cosa. || 14. PINT. Dar apretones. APRETAR *a correr*. fr. fam. Echar a correr. || APRETAR *con uno*. fr. fam. Embestirle, cerrar con él. || ¡APRIETA! inter. fam. con que se reprueba alguna cosa incoherente o desatinada. || P. apertar; I. to tighten; F. presser, étreindre; A. zusammenpressen; It. stringere; R. сжимать, давить.

APRETATIVO, VA. adj. ant. Que tiene virtud de apretar.

APRETÓN. (De *apretar*.) m. Apretadura muy fuerte y rápida. || 2. fig. Ahogo, conflicto. || 3. Carrera violenta y corta. || 4. Acción de acosar, acometida violenta. || 5. Apretura causada por la excesiva concurrencia de gente. || 6. PINT. Golpe de color obscuro para aumentar la entonación o efecto de lo que se pinta. || 7. Movimiento violento del vientre que obliga a evacuar. || P. apertão; I. grip; F. étreinte; A. Druck; It. stretta; R. сжатие.

APRETUJAR. tr. fam. Apretar mucho o reiteradamente. || 2. r. Oprimirse varias personas en un recinto demasiado estrecho.

APRETUJÓN. m. fam. Acción y efecto de apretujar.

APRETURA. (De *apretar*.) f. Opresión causada por la excesiva concurrencia de gente. || 2. Sitio o paraje estrecho. || 3. fig. Aprieto, 2.ª acep. || 4. Escasez, falta especialmente de víveres.

APREVENIR. tr. AND., COLOM. y GUAT. Prevenir.

APRIESA. (De *a*, 2.º art., y *priesa*.) adv. Aprisa.

APRIETO. (De *apretar*.) m. Apertura, 1.ª acep. || 2. fig. Estrecho, apuro, conflicto. || *En amarillentos* APRIETOS. fr. fam. CHILE. En calzas PRIETAS. Ú. con los verbos *estar*, *dejar*, etc.

APRIMAR. (De *a*, 2.º art., y *primar*.) tr. Afinar, perfeccionar.

A PRIORI. (lit. *por lo que precede*.) m. adv. l. que indica la demostración consistente en descender de la causa al efecto o de la esencia de una cosa a sus propiedades. || 2. En general, se llaman A PRIORI los conocimientos que son independientes de la experiencia.

APRIORISMO. m. Método en que se emplea sistemáticamente el razonamiento *a priori*.

APRIORÍSTICO, CA. adj. Perteneciente o relativo al apriorismo.

APRISA. (De *a*, 2.º art., y *prisa*.) adv. Con celeridad, presteza, prontitud.

APRISCADERO. (De *apriscar*.) m. ant. Aprisco.

APRISCAR. (l. *apprèsicāre*, de *apprèssus*, apretado.) tr. Recoger el ganado en el aprisco. Ú.c.r.

APRISCO. (De *apriscar*.) m. Paraje donde los pastores recogen el ganado para resguardarle de la intemperie. || P. aprisco; I. sheepfold; F. bergerie; A. Pferch; It. pecorile, ovile; R. загон, хлев.

APRISIONADAMENTE. adv. ant. Estrechamente.

APRISIONAR. tr. Poner en prisión. || 2. Poner prisiones a uno. || 3. fig. Atar, sujetar. || P. aprisionar; I. to imprison; F. emprisonner; A. gefangen nehmen; It. imprigionare; R. арестовывать.

APRISQUERO. (De *apriscar*.) m. ant. Aprisco.

APROAR. intr. ant. Aprodar.

* **APROAR.** (De *pro*, 1.er art.) intr. MAR. Volver el buque la proa a alguna parte.

APROBACIÓN. (l. *approbatio*, *-ōnis*.) f. Acción y efecto de aprobar. || 2. Probación, 1.ª acep. || P. aprovação; I. approval; F. approbation; A. Billigung, Beifall; It. approvazione; R. одобрение.

APROBADO, DA. p.p. de aprobar. || 2. m. En exámenes, calificación de aptitud o idoneidad en la materia objeto de aquéllos.

APROBADOR, RA. (l. *approbātor*.) adj. Que aprueba. Ú.t.c.s.

APROBANTE. p.a. de aprobar. Que aprueba. Ú.t.c.s.

APROBANZA. f. fam. Aprobación, 1.ª acep.

APROBAR. (l. *approbāre*; de *ad*, a, y *probāre*, probar.) tr. Calificar o dar por bueno. || 2. Dar por buena una opinión o doctrina. || 3. Tratándose de personas, declarar hábil y competente. || P. aprovar; I. to approve; F. approuver; A. billigen, genehmigen; It. approvare; R. одобрять.

APROBATIVO, VA. (l. *approbativus*.) adj. Aprobatorio, aprobativa.

APROBATORIAMENTE. adv. De modo aprobatorio.

APROBATORIO, RIA. adj. Que aprueba o implica aprobación.

APROCHES. fr. *approches*, y éste de *approcher*, del l. *appròpiāre*, de *pròpe*, cerca.) m. MIL. Conjunto de trabajos que van haciendo los que atacan una plaza para acercarse a batirla. Ú.m. en pl. || P. aproches; I. approaches; F. approches; A. Aussenwerke; It. approcci; R. осадные работы.

APRODAR. (De *a*, 2.º art., y l. *pròdis*, provecho.) intr. ant. Aprovechar, 1.ª y 2.ª aceps.

APROMETER. tr. desus. Prometer, 1.ª acep.

APRONTAMIENTO. m. Acción y efecto de aprontar.

APRONTAR. (De *a*, 2.º art., y *pronto*.) tr. Prevenir, disponer con prontitud. || 2. Entregar sin dilación. || P. aprontar; I. to prepare readily; F. apprêter; A. fertigmachen, zubereiten, liefern; It. approntare; R. быстро приготовлять.

APROPIABLE. adj. Que puede ser apropiado.

APROPIACIÓN. (l. *appropriatio*, *-ōnis*.) f. Acción y efecto de apropiar o apropiarse.

A

APROPIADAMENTE. adv. Con propiedad.

APROPIADO, DA. p.p. de apropiar. || **2.** adj. Acomodado o proporcionado para el fin a que se destina.

APROPIADOR, RA. adj. Que apropia. Ú.t.c.s.

APROPIAR. (l. appropriāre.) tr. Hacer propio de alguno una cosa. || **2.** Aplicar a cada cosa lo que es más propio. || **3.** fig. Acomodar o aplicar con propiedad un ejemplo o moralidad al caso de que se trata. || **4.** r. Tomar para sí alguna cosa haciéndose dueño de ella. APROPIARSE de unos bienes. || **P.** apropiar; **I.** to appropriate; **F.** approprier; **A.** aneignen, anpassen; **It.** appropriare; **R.** присваивать.

APROPINCUACIÓN. (l. appropinquatio, -ōnis.) f. Acción y efecto de apropincuarse.

APROPINCUARSE. (l. appropinquāre; de ad, a, y propinquus, cercano.) r. Acercarse. Hoy no se emplea si no es en estilo festivo.

APROPÓSITO. m. Breve pieza teatral de circunstancias.

APROVECER. (l. ad, a, y proficěre, aprovechar.) intr. ant. Aprovechar, hacer progresos. Ú. en Asturias.

APROVECIMIENTO. m. ant. Acción y efecto de aprovecer.

APROVECHABLE. adj. Que se puede aprovechar.

APROVECHADAMENTE. adv. Con aprovechamiento.

APROVECHADO, DA. p.p. de aprovechar. || **2.** adj. Dícese del que saca provecho de todo, y del que utiliza lo que otros desperdician. || **3.** Aplicado, diligente.

APROVECHADOR, RA. adj. Que aprovecha.

APROVECHAMIENTO. m. Acción y efecto de aprovechar o aprovecharse. || **2.** V. Bienes de APROVECHAMIENTO común. || **—de aguas.** FOR. Derecho de utilizar para usos comunes o privativos aguas de dominio público, concedido por ley, prescripción o concesión. || **—forestal.** Esquilmo o producto de montes y dehesas. || **P.** aproveitamento; **I.** profit, advantage; **F.** profit; **A.** Nutzung; **It.** profitto; **R.** использование.

APROVECHANTE. p.a. de aprovechar. Que aprovecha.

APROVECHAR. intr. Servir de provecho una cosa. || **2.** Adelantar, mejorar en virtudes o estudios. Ú.t.c.r. || **3.** MAR. Orzar cuanto permite la dirección del viento reinante. || **4.** tr. Emplear útilmente una cosa. APROVECHE bien el tiempo. || **5.** r. Sacar utilidad de alguna cosa. || **P.** aproveitar; **I.** to profit; **F.** profiter; **A.** benutzen, ausnützen; **I.** profittare; **R.** приносить пользу.

★ APROVISIONAMIENTO. m. Abastecimiento.

APROVISIONAR. tr. Abastecer.

APROXIMACIÓN. f. Acción y efecto de aproximar o aproximarse. || **2.** En la lotería nacional, cada uno de los premios concedidos a los números de la centena de los primeros premios de un sorteo. || **P.** aproximação; **I.** approximation; **F.** approche; **A.** Annäherung; **It.** approssimazione, avvicinamento; **R.** приближение.

APROXIMADAMENTE. adv. Con proximidad.

APROXIMADO, DA. adj. Aproximativo, que se acerca más o menos a lo exacto.

APROXIMAR. (De a, 2.º art., y próximo.) tr. Arrimar, acercar. Ú.t.c.r.

★ APROXIMATIVAMENTE. CHILE adv. Aproximadamente.

APROXIMATIVO, VA. adj. Que se aproxima o acerca.

APROXIS. (l. aproxis.) m. p. us. Díctamo.

APSARA. (Del sánscrito ápsãra; de ap, agua, y sri, manar.) f. En la mitología de la India, cada una de ciertas ninfas acuáticas del paraíso de Indra.

ÁPSIDE. (gr. ἀψίς, -ίδος, de ἅπτω, enlazar.) m. ASTRON. Cada uno de los dos extremos del eje mayor de la órbita trazada por un astro. || **P.** abside; **I.** apsis; **F.** abside; **A.** Apside; **It.** àbside; **R.** апсида.

APTAMENTE. adv. Con aptitud.

APTAR. (l. aptāre.) tr. Ajustar, adaptar.

★ APTERÍGIDAS. f. pl. ZOOL. Familia de aves, propia de Nueva Zelanda.

ÁPTERO, RA. (gr. ἅπτερος; de ἀ, priv., y πτερόν, ala.) adj. Que carece de alas. || **2.** Dícese de los templos antiguos que carecen de columnas. || **3.** m. pl. ZOOL. Suborden de insectos hemípteros, sin alas ni ojos compuestos, como los piojos. || **P.** áptero; **I.** apterous; **F.** aptère; **A.** ungeflügelt; **It.** àttero; **R.** бескрылый.

APTEZA. f. ant. Aptitud.

APTITUD. (l. aptitudo.) f. Calidad que hace que un objeto sea apto para cierto fin. || **2.** Idoneidad para el buen desempeño de alguna cosa. || **3.** Capacidad y disposición para el buen ejercicio de una profesión o cargo. || **P.** aptidão; **I.** y **F.** aptitude; **A.** Fähigkeit, Tauglichkeit; **It.** attitùdine; **R.** способность.

APTO, TA. (l. aptus, de apěre, adaptar.) adj. Idóneo, hábil, a propósito para hacer alguna cosa. || **P.** apto; **I.** apt, able; **F.** apte; **A.** fähig, tauglich; **It.** atto; **R.** способный.

APUD. prep. l. usada en las citas, con la significación de en la obra, o en el libro de. APUD Juan: en la obra de Juan.

APUESTA. f. Acción y efecto de apostar. || **2.** Cosa que se apuesta. || De, o sobre APUESTA. loc. fam. Con empeño y porfía en la ejecución de alguna cosa. || **P.** aposta; **I.** bet, wager; **F.** gageure, pari; **A.** Wette; **It.** posta, scommessa; **R.** заклад, пари.

APUESTAMENTE. adv. Ordenadamente, con aliño y compostura.

APUESTO, TA. (l. appositus, p.p. de apponěre, colocar, poner.) p.p. irreg. ant. de aponer. || **2.** adj. Ataviado, adornado, de gentil disposición en la persona. || **P.** ataviado; **I.** spruce; **F.** gentil; **A.** stattlich; **It.** leggiadro; **R.** статный.

APULGARAR. intr. Hacer fuerza con el dedo pulgar.

APULGARARSE. r. Llenarse la ropa blanca de manchas muy menudas, parecidas a las señales que dejan las pulgas.

APULSO. (l. appulsus, aproximación.) m. ASTRON. Contacto del borde de un astro con el hilo vertical del retículo del anteojo con que se observa. || **2.** Momento en que un astro parece tocar a otro. || **P.**, **F.** e **It.** appulso; **I.** appulse; **A.** Berührung.

★ APUNADO, DA. adj. ARGENT. Extenuado, débil, flaco.

APUNARSE. r. AMÉR. MERID. Contraer la enfermedad de la puna o sea experimentar el soroche al atravesar las punas de los Andes. || **2.** COLOM. Por ext. arrecirse.

APUNCHAR. (De a, 2.º art., y puncha.) tr. Abrir los peineros las púas del peine.

APUNTACIÓN. f. Apuntamiento. || **2.** Acción de escribir música. || **3.** Notación musical. || **4.** pl. MÚS. Modificaciones que se practican en los papeles de música para adaptarlos a la voz de algún cantante.

APUNTADAMENTE. adv. ant. Puntualmente.

APUNTADO, DA. p.p. de apuntar. || **2.** adj. Que hace puntas por las extremidades. || **3.** V. Arco, sombrero APUNTADO. || **4.** BLAS. Dícese de dos o más figuras o blasones que se tocan por las puntas.

APUNTADOR, RA. adj. Que apunta. Ú.t.c.s. || **2.** m. El que en el teatro va apuntando a los actores lo que deben decir. || **3.** Traspunte. || **4.** En las iglesias catedrales, el que anota la hora en que cada religioso entra o sale del coro. || **5.** GERM. Alguacil, 1.ª acep. || **2.ª** acep.: **P.** apontador; **I.** prompter; **F.** souffleur; **A.** Einsager; **It.** suggeritore; **R.** суфлёр.

APUNTADURA. (De apuntar, 8.ª acep.) f. ant. Calce puesto a la punta de una reja, barrena u otro instrumento semejante.

APUNTALAMIENTO. m. Acción y efecto de apuntalar.

APUNTALAR. tr. Poner puntales. || **2.** fig. Sostener, afirmar. || **3.** ECUAD. Tomar alimento para reparar las fuerzas. || **P.** escorar; **I.** to prop; **F.** étançonner, étayer; **A.** (ab)stützen; **It.** puntellare; **R.** подпирать.

APUNTAMIENTO. m. Acción y efecto de apuntar. || **2.** FOR. Resumen o extracto que de los autos forma el secretario de sala o el relator de un tribunal colegiado.

APUNTAR. (De a, 2.º art., y punto, punta.) tr. Asestar una arma arrojadiza o de fuego. || **2.** Señalar con el dedo o de cualquiera otra manera hacia sitio u objeto determinado. || **3.** En lo escrito, señalar alguna cosa con una raya, u otra nota, para encontrarla fácilmente. || **4.** Tomar nota por escrito de alguna cosa. || **5.** Hacer un apunte o dibujo ligero. || **6.** En las iglesias que tienen horas canónicas, anotar las faltas que sus individuos hacen en la asistencia al coro. || **7.** Concertar, convenir en pocas palabras. || **8.** Empezar a fijar o colocar alguna cosa interinamente, sin hacerlo en firme. || **9.** Sacar punta a un arma, herramienta u otro objeto. || **10.** En ciertos juegos, poner sobre una carta o cerca de ella la cantidad que se quiere jugar. || **11.** Unir ligeramente por medio de puntadas. || **12.** fam. Remendar o zurcir. || **13.** En el obraje de paños, pasar con hilo bramante los dobleces, para poner los sellos. || **14.** En las obras dramáticas, y en su representación, ir el apuntador leyendo a los actores lo que han de recitar. || **15.** fig. Señalar o indicar. || **16.** fig. Insinuar o tocar ligeramente alguna especie o cosa. || **17.** fig. Sugerir al que habla alguna cosa o especie para que recuerde lo olvidado o para que se corrija. || **18.** IMPR. Clavar el pliego en las junturas. || **19.** intr. Empezar a manifestarse alguna cosa. || **20.** r. Hablando del vino, empezar a tener punta de agrio. || **21.** fam. Empezar a embriagarse. || **22.** MÉJ. Hablando del trigo y otros cereales, nacerse, entallecerse. APUNTAR y no dar. fr. fig. y fam. Ofrecer y no cumplir. || **P.** apontar; **I.** to aim, to point; **F.** braquer; **A.** zielen, richten; **It.** appuntare; **R.** прицеливаться.

APUNTE. m. Apuntamiento, 1.ª acep. || **2.** Asiento o nota que se hace por escrito de alguna cosa. || **3.** Pequeño dibujo tomado del natural rápidamente. || **4.** Voz del apuntador, y manuscrito o escrito de que se sirve. || **5.** Apuntador, 2.ª y 3.ª aceps. || **6.** Manuscrito o impreso de que se sirve el apuntador. || **7.** Puesta, 3.ª acep. || **8.** Punto. || **9.** Persona que causa extrañeza por alguna condición o singularidad. || **10.** fam. Perillán. || **11.** pl. Extracto que de las explicaciones de un profesor toman los alumnos para su estudio, y que a veces se reproduce para uso de los demás. || **3.ª** acep.: **P.** apontamento; **I.** sketch; **F.** esquisse; **A.** Skizze; **It.** schizzo; **R.** эскиз, заметка.

APUNTILLAR. tr. TAUROM. Acachetar, rematar al toro con la puntilla.

APUÑADAR. (De a, 2.º art., y puñada.) tr. AR. Apuñear.

APUÑALADO, DA. p.p. de apuñalar. || **2.** adj. De figura parecida a la hoja de un puñal.

APUÑALAR. (De a, 2.º art., y puñal.) tr. Dar de puñaladas. || **P.** apunhalar; **I.** to poniard; **F.** poignarder; **A.** erdolchen; **It.** pugnalare; **R.** наносить удары кинжалом.

★ APUÑALEAR. tr. COLOM. y CHILE. Apuñalar.

APUÑAR. (De a, 2.º art., y puño.) tr. Asir o coger algo con la mano, cerrándola. || **2.** Apuñear. || **3.** intr. Apretar la mano para que no se caiga lo que se lleva en ella. || **4.** ARGENT. Reñir.

APUÑEAR. (De a, 2.º art., y puño.) tr. fam. Dar de puñadas.

APUÑETEAR. tr. Apuñear. Ú.t.c.r.

★ APUÑUSCAR. tr. CHILE y PERÚ. Apañuscar. || **2.** GUAT. y HOND. Amontonarse.

★ APUPAR. tr. ECUAD. Llevar a cuestas.

APURACABOS. (De apurar y cabo.) m. Pieza cilíndrica de loza u otra materia y con una púa metálica donde se aseguran los cabos de vela que pueden arder hasta consumirse. || **P.** queima-todo; **I.** candlesafe; **F.** brûle-tout; **A.** Lichtsparer; **It.** portamòccoli.

APURACIÓN. f. Acción y efecto de apurar o apurarse.

APURADAMENTE. adv. fam. Tasadamente, precisamente. || **2.** ARGENT., CHILE y PERÚ. Con prisa, con precipitación.

APURADERO. (De apurar.) m. ant.

A

Examen, prueba con que se califica la realidad de una cosa.

APURADO, DA. p.p. de apurar. || **2.** adj. Pobre, falto de caudal. || **3.** Dificultoso, peligroso, angustiado. || **4.** Esmerado, exacto. || **5.** ARGENT., CHILE y PERÚ. Apresurado. || *Estar* APURADO. fr. ARGENT., CHILE y PERÚ. Con prisa, con precipitación.

APURADOR, RA. adj. Que apura. Ú.t.c.s. || **2.** Apuracabos. || **3.** MIN. El que lava de nuevo las tierras depositadas en las tinas.

APURADURA. f. ant. Apuramiento.

APURAMIENTO. m. Acción y efecto de apurar.

° APURANIEVES. f. Avecilla que tiene entre otros varios nombres, el de «pajarita de las nieves».

APURAR. (De *a,* 2.° art., y *puro.*) tr. Purificar, reducir una cosa al estado de pureza. || **2.** Aplicado a la moral, santificar, purificar. || **3.** Averiguar la verdad ahincadamente. || **4.** Extremar, llegar hasta las últimas consecuencias. || **5.** Acabar o agotar. || **6.** Sufrir hasta el extremo. || **7.** fig. Apremiar, dar prisa. || **8.** Molestar a uno e impacientarlo. || **9.** r. Afligirse, acongojarse, preocuparse. || **10.** ARGENT., CHILE y PERÚ. Apresurarse. || **P.** apurar, purificar; **I.** to purify; **F.** épurer; **A.** reinigen, ausleeren; **It.** epurare; **R.** очищать.

APURATIVO, VA. (De *apurar.*) adj. ant. Que purifica o limpia de materia impura y crasa. || **2.** REP. DOMIN. Que apremia.

APURE. m. MIN. Acción de purificar los minerales. || **2.** Residuos resultantes del lavado de los minerales de plomo. || *Ir de* APURE *una cosa.* fr. fam. Acercarse a su agotamiento o acabamiento.

APUREÑO, ÑA. adj. Natural de Apure. Ú.t.c.s. || **2.** Perteneciente o relativo a este estado de Venezuela.

* APURISMADO, DA. adj. ECUAD. Enclenque, débil.

APURO. (De *apurar.*) m. Aprieto, escasez grande. || **2.** Aflicción, estrecho, conflicto. || **3.** Apremio, urgencia.

APURÓN, NA. adj. Que apura o apremia con frecuencia. || **2.** CHILE. Dícese de la persona que con frecuencia apura o apremia. Ú.t.c.s. || **3.** MÉJ. Dícese de la persona dada a padecer aflicción.

APURRIR. (l. *ad,* a, y *porrĭgĕre,* alargar.) tr. AST. y SANT. Alargar, 8.ª acep. Alargar algo a otro que está apartado.

AQUEBRAZARSE. r. AR. Formarse quebrazas o grietas en los pies o en las manos.

AQUEDADOR, RA. m. y f. ant. Persona que aqueda.

AQUEDAR. (De *a,* 2.° art., y *quedo.*) tr. ant. Detener o hacer parar. || **2.** r. ant. Dormirse.

AQUEJADAMENTE. adv. ant. Pronta, apresurada o velozmente.

AQUEJADOR, RA. adj. Que aqueja. Ú.t.c.s.

AQUEJAMIENTO. m. ant. Acción y efecto de aquejar o aquejarse.

AQUEJAR. (De *a,* 2.° art., y *quejarse.*) tr. ant. Estimular. || **2.** fig. Afligir, acongojar.

AQUEJO. (De *aquejar.*) m. ant. Aquejamiento.

AQUEJOSAMENTE. adv. ant. Con ansia o vehemencia.

AQUEJOSO, SA. (De *aquejar.*) adj. Afligido, acongojado. || **2.** ant. Quejicoso.

* AQUEJUMBRARSE. (De *a* y *quejumbre.*) r. CUBA y GUAT. Quejarse.

AQUEL, LLA, LLO. (l. *eccum,* he aquí, e *ille,* él.) pron. dem. con que se designa lo que está lejos de la persona que habla y de la persona con quien se habla. Las formas masculina y femenina se usan como adjetivos y como sustantivos y en este último caso llevan acento. || **2.** También suele hacer el mismo oficio que el pronombre personal de tercera persona. || **3.** m. fam. Voz que se emplea para expresar cualidad que no se quiere o no se acierta a decir. *Pedro tiene mucho* AQUEL. || **P.** aquele, aquela, aqueles; **I.** that; **F.** ce, cet là, cette là; **A.** jener, jene; jenes; **It.** quell, quello, quella; **R.** тот, та, то.

AQUELARRE. (vasc. *aquelarre,* de *aquer,* cabrón, y *larre,* prado: prado del cabrón.) m. Conciliábulo de brujos o hechiceros en el que interviene frecuentemente el demonio bajo la forma de un macho cabrío. || **2.** fig. Ruido y confusión. || **P.** conciliábulo de bruxos; **I.** witchessab; **F.** sabbat; **A.** Hexensabbat; **It.** tregenda; **R.** шабаш.

AQUELE, LA, LO. pron. dem. ant. Aquel.

AQUELLAR. (De *aquello.*) tr. fam. Verbo que se emplea en sustitución de otro cualquiera, cuando se ignora éste o no se quiere expresar.

AQUELLOTRAR. (De *aquell otro.*) tr. ant. Aquillotrar. Usáb.t.c.r.

AQUÉN. adv. ant. Aquende.

AQUENDE. (l. *ĕcc[ŭm]ĭnde.*) adv. De la parte de acá. || **P.** aquém; **I.** on this side; **F.** en deçà, de ce côte-ci; **A.** diesseits; **It.** da questa parte; **R.** по сю, по эту сторону.

AQUENIO. (gr. ά, priv., y χαίνειν, abrirse.) m. BOT. Fruto seco, indehiscente y con pericarpio distinto del tegumento de la semilla. || **P.** aquénio; **I.** achene; **F.** achaine, akène; **A.** Kernapfel; **It.** achenio.

AQUEO, A. (l. *achaeus.*) adj. Natural de Acaya. Ú.t.c.s. || **2.** Perteneciente a esta región de Grecia. || **3.** Por ext., natural de Grecia antigua. Ú.t.c.s. || **4.** Por ext., perteneciente a Grecia antigua. Ú.t.c.s. || **P.** aqueu; **I.** Achaean; **F.** achée; **A.** Achäer; **It.** acheo.

AQUERARSE. (De *quera.*) r. SOR. Apolillarse la madera.

AQUERENCIADO, DA. p.p. de aquerenciarse. || **2.** adj. ant. MÉJ. Enamorado.

AQUERENCIARSE. r. Tomar querencia a un lugar. Dícese principalmente de los animales.

AQUESE, SA, SO. (l. *eccum,* he aquí, e *ipse,* ese.) pron. dem. Ese, 2.° art. Solamente se usa en poesía.

AQUESTAR. tr. ant. Aquistar.

AQUÈSTE. (De *a,* 2.° art., y l. *quaestio.*) m. ant. Cuestión, riña, pendencia.

AQUESTE, TA, TO. (l. *ĕcc[ŭm]ĭste.*) pron. dem. Este, 2.° art. Ya sólo se usa en poesía.

ÁQUETA. (l. *achĕta,* y éste del gr. ἀχέτας, sonoro.) f. Cigarra, 1.ª acep.

AQUÍ. (l. *ĕcc[ŭm]hĭc.*) adv. En este lugar. || **2.** A este lugar. || **3.** Equivale a veces a *en esto,* o *en eso,* o simplemente *esto* o *eso,* cuando va precedido de las preposiciones de o *por: por* AQUÍ *no se pasa.* || **4.** En correlación con *allí,* suele indicar sitio o paraje indeterminado. || **5.** Ahora, en el tiempo presente. Únicamente se emplea en este caso con la preposición antepuesta. || **6.** Entonces, en tal ocasión. || **7.** Seguido de la prep. de se usa en frases de auxilio. ¡AQUÍ *de los míos!* || AQUÍ *y allí.* m. adv. que denota indeterminadamente varios lugares. || *De* AQUÍ *para allí,* m. adv. De una parte a otra, sin permanecer en ninguna. || P. aquí; I. here, hither; F. ici; A. hier, hierher; It. qui, qua; R. здесь, тут.

AQUIESCENCIA. (l. *acquiescentia.*) f. Asenso, consentimiento.

AQUIESCENTE. (l. *acquiescĕre.*) adj. Que consiente, permite o autoriza.

AQUIETADOR, RA. adj. Que aquieta.

AQUIETADORAMENTE. adv. De manera aquietadora.

AQUIETAMIENTO. m. Acción y efecto de aquietar o aquietarse.

AQUIETANTE. p.a. de aquietar. Que aquieta.

AQUIETAR. (De *a,* 2.° art., y *quieto.*) tr. Sosegar, apaciguar. Ú.t.c.r.

AQUIFOLIÁCEO, A. (De *Aquifolium,* nombre de una especie de plantas del género *ilex.*) adj. BOT. Familia de plantas dicotiledóneas, árboles o arbustos siempre verdes, de hojas alternas, coriáceas, enteras o dentadas, flores axilares, pequeñas y blancas y fruto en drupa abayada, con tres o muchos huesecillos; como el acebo. Ú.t.c.s.f. || **2.** f. pl. BOT. Familia de estas plantas.

AQUIFOLIO. (l. *aquifolium.*) m. Acebo.

AQUILATAMIENTO. m. Acción y efecto de aquilatar.

AQUILATAR. tr. Examinar y graduar los quilates de oro, de perlas preciosas, etc. || **2.** fig. Apreciar debidamente el mérito de una persona o verdad de una cosa. || **3.** Apurar, purificar. || **P.** aquilatar; **I.** to assay; **F.** aloyer; **A.** prüfen; **It.** assagiare.

AQUILEA. (l. *achillẽa.*) f. Milenrama. || **P.** achilea; **I.** Achillea; **F.** achillée; **A.** Schafgarbe; **It.** achillea; **R.** тысячелистник.

AQUILEÑO, ÑA. adj. ant. Aguileño, 1.ª acep. || **2.** GERM. El que tiene traza y buena disposición para ser ladrón.

AQUILES. n. p. V. *Argumento* AQUILES. || **2.** ZOOL. V. *Tendón de* AQUILES.

AQUILÍFERO. (l. *aquilĭfer, -ĕri;* de *aquila,* águila, y *ferre,* llevar.) m. El que llevaba las insignias del águila en las antiguas legiones romanas.

AQUILINO, NA. (l. *aquilinus.*) adj. poét. Aguileño, 1.ª acep.

AQUILÓN. (l. *aquĭlo, -ōnis.*) m. Norte, 1.ª y 4.ª aceps. || **2.** Norte o polo ártico. || **3.** Viento que sopla de dicha parte. || **P.** aquilão; **I.** y **F.** aquilon; **A.** Nordwind; **It.** aquilone; **R.** север.

AQUILONAL. (l. *aquilonālis.*) adj. Perteneciente o relativo al aquilón. || **2.** fig. Aplícase al tiempo de invierno.

AQUILONAR. (l. *aquilonāris.*) adj. Aquilonal.

AQUILONARIO, RIA. adj. ant. Aquilonar.

AQUILLADO, DA. adj. De figura de quilla. || **2.** MAR. Aplícase al buque que tiene mucha quilla.

AQUILLOTRAR. (De *aquellotrar.*) tr. ant. Quillotrar. Usáb.t.c.r.

AQUILLOTRO. m. ant. Quillotro.

AQUINTRALARSE. r. CHILE. Cubrirse de quintral los árboles y arbustos. || **2.** CHILE. Contraer los melones y otras plantas la enfermedad llamada del quintral.

AQUISTADOR, RA. adj. Que aquista.

AQUISTAR. (l. *acquisĭtāre,* de *acquĭsitus,* adquirido.) tr. Conseguir, adquirir, conquistar.

AQUITÁNICO, CA. (l. *aquitanĭcus.*) adj. Perteneciente a Aquitania, región de Francia antigua.

AQUITANO, NA. (l. *aquitānus.*) adj. Natural de Aquitania. Ú.t.c.s. || **2.** Aquitánico.

AQUIVO, VA. (l. *achīvus.*) adj. Aqueo. Apl. a pers. ú.t.c.s.

A QUO. expr. l. For. V. *Juez* A QUO.

ARA. (l. *ara.*) f. Altar. || **2.** Piedra consagrada que contiene generalmente reliquias de mártires, sobre la cual extiende el sacerdote los corporales para celebrar la misa. || **3.** V. *Amigo hasta las* ARAS. || **4.** ASTRON. Constelación austral situada debajo del Escorpión. || *Acogerse* uno *a las* ARAS. fr. fig. Refugiarse o tomar asilo. || *En* ARAS *de.* loc. En honor o en obsequio de.

ÁRABE. (ár. *arab,* árabes.) adj. Natural de Arabia. Ú.t.c.s. || **2.** Perteneciente a esta región de Asia. || **3.** m. *Idioma* ÁRABE. || **4.** V. *Año* ÁRABE. || **P.** árabe; **I.** arabian; **F.** e **It.** arabe; **A.** Araber; **R.** арабский.

ARABESCO, CA. (De *árabe.*) adj. Arábigo. || **2.** m. ESC. y PINT. Dibujo de adorno compuesto de follajes, cintas y roleos, empleándose más comúnmente en frisos, cenefas y zócalos. || **2.ª** acep.: **P.** e **It.** arabesco; **I.** y **F.** arabesque; **A.** Arabeske; **R.** арабский.

ARABÍA. (ár. *arabiyya,* la lengua árabe.) f. ant. Árabe, 3.ª acep.

ARÁBICA, CA. adj. Arábigo.

ARÁBIGO, GA. (l. *arabĭcus.*) adj. Árabe, 2.ª acep. || **2.** V. *Goma, numeración* ARÁBIGA. || **3.** V. *Número* ARÁBIGO. || **4.** m. Árabe, 3.ª acep. || *Estar* una cosa en ARÁBIGO. fr. fig. y fam. Ser muy difícil de entenderla. || **P.** arábigo; **I.** Arabian; **F.** arabique; **A.** arabisch; **It.** arábico; **R.** арабский.

ARABIO, BIA. (l. *arabĭus.*) adj. Árabe. Apl. a pers. ú.t.c.s.

ARABISMO. m. Giro o modo de hablar propio o privativo de la lengua árabe. || **2.** Vocablo o giro de esta lengua empleado en otra. || **P.** e **It.** arabismo; **I.** arabism, arabicism; **F.** arabisme; **A.** arabischer Ausdruck; **R.** арабизм.

ARABISTA. com. Persona que cultiva la lengua y literatura árabes.

ARABIZACIÓN. f. Acción y efecto de arabizar.

ARABIZAR. intr. Imitar la lengua, estilo o costumbres árabes.

A

ARABLE. adj. A propósito para ser arado.

ARABO. m. Bot. Árbol tropical eritroxiláceo, cuya madera, dura, resistente y fibrosa, se emplea para hacer horcones.

ARÁCEO, A. (De *arum*, nombre de un género de plantas.) adj. Bot. Dícese de las plantas de la familia de las aráceas. || 2. f. pl. Familia de plantas monocotiledóneas, de hojas alternas, que envuelven un bohordo con flores en espádice, como el aro. Algunas especies son venenosas y de fuerte olor. Ú.t.c.s.f.

ARÁCNIDO, DA. (gr. ἀράχνη, araña.) adj. Zool. Dícese de los animales de la clase de los arácnidos. || 2. m. pl. Clase de artrópodos de respiración traqueal o pulmonar, con un par de quelíceros, cuatro pares de patas y el tórax unido a la cabeza y a veces también al abdomen como las arañas. Ú.t.c.s.m.

ARACNOIDES. (gr. ἀραχνοειδής; de ἀράχνη, tela de araña, y εἶδος, forma.) adj. Zool. Meninge situada entre la duramáter y la piamáter y formada por un tejido claro y seroso que remeda las telas de araña.

ARACNOLOGÍA. (gr. ἀράχνη, araña, y λόγος, tratado.) f. Parte de la zoología que trata de los arácnidos.

ARACNOLÓGICO, CA. adj. Perteneciente a la aracnología.

ARACNÓLOGO. m. El que estudia o profesa la aracnología.

ARADA. f. Acción de arar. || 2. Tierra labrada con el arado. || 3. Cultivo y labor del campo. || 4. Porción de tierra arada en un día por una yunta. || ARADA *con terrones, no la hacen todos los hombres.* ref. que enseña que en los campos secos y de tierras fuertes no deben arar sino hombres robustos y ganado de pujanza, para que la labor salga bien.

ARADO. (De *aradro*.) m. Instrumento de agricultura que, movido por fuerza animal o mecánica, sirve para labrar la tierra, abriendo surcos en ella. || 2. Reja, 3.ª acep. || 3. Colom. Tierra labrada por el arado. || 4. Colom. Huerto. || —**brabante.** Arado de vertedera móvil. || —**común** o **timonero.** El descendiente del arado romano. || —**de desfonde.** El que abre surcos de más de 35 centímetros de profundidad. || —**de vertedera.** El que invierte el prisma de tierra levantado por la reja. || —**de doble vertedera.** El que vierte la tierra a ambos lados a la vez. || —**múltiple.** El compuesto de varios cuerpos que produce varios surcos al mismo tiempo. || *No prende de ahí el* ARADO. fr. fig. y fam. No está la dificultad en lo que se supone. || **P.** arado; **I.** plough; **F.** charrue; **A.** Pflug; **It.** aratro; **R.** плуг.

ARADOR, RA. (l. *arător*.) adj. Que ara. Ú.t.c.s. || —**de la sarna.** Ácaro parásito y casi microscópico que produce la enfermedad llamada sarna; vive debajo de la capa córnea de la epidermis. || —**del queso.** Ácaro diminuto que vive en el queso rancio. || *No se saca* ARADOR *con pala y azadón.* ref. que advierte que con medios desproporcionados no se puede conseguir lo que se desea. || **P.** arador; **I.** plougher; **F.** laboureur; **A.** Pflüger; **It.** aratore; **R.** пахарь.

ARADRO. (l. *arātrum*.) m. En algunas partes, arado.

ARADURA. f. Acción y efecto de arar. || 2. Ast. Arada, 4.ª acep.

ARAGÓN. n. p. V. *Canchalagua, consejo, justicia mayor, libra de* ARAGÓN. || *Negar que negarás, que en* ARAGÓN *estás.* ref. cuyo fundamento es que en aquel reino no se podía aplicar la cuestión del tormento.

ARAGONÉS, SA. adj. Natural de Aragón. Ú.t.c.s. || 2. Perteneciente a la región o antiguo reino de este nombre. || 3. Dícese de una especie de uva tinta y también de las vides y veduños de esta clase. || V. *Carga* ARAGONESA.

ARAGONESISMO. m. Palabra, locución o giro propio y peculiar de los aragoneses.

ARAGONITO. (De *Aragón*, donde se halla esta substancia.) m. Carbonato de cal, cristalizado en prismas hexagonales, de brillo nacarado color blanco, teñido a menudo con el óxido rojo de hierro. ||

P. aragonit; **I.**, **F.** e **It.** aragonite; **A.** Aragonit; **R.** арагонит.

ARAGUATO. m. Mono americano, de 70 centímetros de alto, pelaje de color leonado obscuro, pelo hirsuto en la cabeza y barba grande.

ARAGUIRÁ. (guaraní *ara*, día, luz, y *guirá*, pájaro.) m. Pajarillo de la Argentina, de lomo rojizo y pecho y copete de hermosísimo color rojo.

ARALIA. (Voz iroquesa.) f. Arbusto araliáceo, de adorno, originario del Canadá, de flores pequeñas y blancas. || **P.** arália; **I.** e **It.** aralia; **F.** araliá; **A.** Aralie.

ARALIÁCEO, A. (De *aralia*, nombre de un género de plantas.) adj. Bot. Dícese de las plantas de la familia de las araliáceas. || 2. f. pl. Familia de plantas dicotiledóneas, generalmente tropicales, de flores en umbela o cabezuela, con el cáliz soldado al ovario y fruto en baya; como la hiedra. Ú.t.c.s.f.

ARAMBEL. (De *harambel*.) m. Colgadura con que se adornan las habitaciones. || 2. fig. Andrajo, harapo, colgante.

ARAMBOL. m. Pal. y Vallad. Balaustrada de una escalera.

ARAMBRE. (l. *aerāmen, -ĭnis*, bronce.) m. ant. Ast., Burg. y Sant. Alambre, 1.ª acep.

ARAMEO, A. (l. *aramei, -eōrum*.) adj. Descendiente de Aram, hijo de Sem. Apl. a pers. ú.t.c.s. || 2. Natural del país de Aram. Ú.t.c.s. || 3. Perteneciente a este pueblo bíblico. || 4. m. *Lengua* ARAMEA. || **P.** arameo; **I.** Aramean; **F.** araméen; **A.** Aramäer; **It.** arameo; **R.** арамеонский.

ARAMINA. f. Amér. Producto textil brasileño, cuya fibra substituye al sisal y con el que se fabrican envases para el café.

ARAMIO. (De *arar*.) m. Campo o tierra de labor que después de tener una o dos rejas, se deja de barbecho.

ARÁN. (Voz vasca.) m. Ál. Endrino, 2.ª acep. || 2. Endrina.

ARAÑA. f. Embuste, trampa, estafa.

ARANCEL. (De *alancel*.) m. Tarifa oficial que determina los derechos que se han de pagar en ciertos ramos de la administración pública. || 2. Tasa, valoración, norma, ley. || 3. fig. y fam. Lista, catálogo, disposición de cosas ordenadas. || **P.** taxa (2.ª acep.); **I.** tarif of duties, fees; **F.** tarif, taxe (tarif des huissiers, tarif douanier); **A.** Tarif; **It.** tariffa; **R.** тариф.

★ **ARANCELAR.** (De *arancel*.) tr. Amér. Central. Pagar. || 2. Guat. Hacerse parroquiano de una tienda.

ARANCELARIO, RIA. adj. Perteneciente o relativo al arancel. Dícese más comúnmente del de aduanas. *Derechos* ARANCELARIOS.

ARANDANEDO. m. Terreno húmedo y sombrío poblado de arándanos.

ARÁNDANO. m. Bot. Planta ericácea, leñosa, de hojas alternas sentadas y dentadas, flores de color blanco verdoso o rosado y frutos abayados, de color morado y comestibles. || 2. Fruto de esta planta. || **P.** arando; **I.** cranberry; **F.** airelle; **A.** Heidelbeere; **It.** mirtillo; **R.** черника.

ARANDELA. (fr. *rondelle*, y éste del l. *rŏtŭndĕlla*, de *rŏtŭndus*, redondo.) f. Pieza a modo de platillo de vidrio o metal, que tiene un agujero en medio y se pone en la parte superior del candelero, abrazando la vela, para recoger lo que se derrama de ella o del pabilo. || 2. Anillo metálico de uso frecuente en las máquinas para evitar el roce entre dos piezas. || 3. Pieza fuerte de metal, de forma cónica, que se ponía encima de la empuñadura de la lanza para defensa de la mano. || 4. Pieza de hojalata, a manera de embudo, que aplican los hortelanos a los troncos de los árboles. || 5. Amér. Merid. Chorrera y vueltas de la camisola. || 6. Chile y Hond. Candileja. || 7. fig. Colom. Ambages, rodeos, subterfugios. || 8. Mar. Tablero formado por una o dos hojas giratorias, que sirve para cerrar las portas de los buques con el fin de evitar que entre en ellos el agua del mar. || **P.** arandela; **I.** candle socket; **F.** bobèche; **A.** Lichthalter; **It.** padellina; **R.** свечная розетка.

ARANDELA. (De un d. del l. *hīrŭndo*.) f. Ál. Golondrina, 1.ª acep.

ARANDILLO. (l. *hīrŭndĭnĕlla*, de *hīrŭndo, -ĭnis*, golondrina.) m. Pájaro de

unos 10 centímetros de largo, ceniciento por el lomo y las alas, blanco por el vientre y la frente, y con las piernas rojas. Se alimenta de semillas e insectos. || 2. And. Caderillas.

ARANDINO, NA. adj. Natural de Aranda del Duero. Ú.t.c.s. || 2. Perteneciente a esta villa.

ARANERO, RA. (De *araña*.) adj. Embustero, tramposo, estafador. Ú.t.c.s.

ARANÉS, SA. adj. Natural de cualquiera de los pueblos comprendidos en el valle de Arán. Ú.t.c.s. || 2. Perteneciente a este valle de los Pirineos.

ARANGORRI. (vasc. *arrain*, pez, y *gorri*, rojo.) m. Zool. Pez acantopterigio, de color rojo y cabeza grande. Vive en el mar Cantábrico.

ARANIEGO. (De *araña*, 7.ª acep.) adj. V. *Gavilán* ARANIEGO.

ARANOSO, SA. adj. Aranero.

ARANZADA. (Como *arenzata*, de *arienzo*.) f. Medida agraria compuesta de 400 estadales y equivalente a 447 deciáreas. Se usaba en Castilla.

ARAÑA. (l. *arănĕa*.) f. Zool. Arácnido pulmonado, de tórax y cabeza indiviso, con ocho ojos dispuestos en arco, boca con dos palpos ganchudos, cuatro pares de patas y abdomen abultado, en cuya extremidad hay dos glándulas por donde el animal segrega la substancia sedosa con que fabrica la tela o red en la cual aprisiona los insectos de que se alimenta. || 2. Bot. Planta graminea de las Antillas. || 3. Especie de candelabro de varios brazos, el cual se cuelga del techo. || 4. Red para cazar pájaros. || 5. V. *Red, tela de* ARAÑA. || 6. V. *Mono, peje* ARAÑA. || 7. Arañuela, 3.ª acep. || 8. fig. y fam. Persona muy aprovechada y vividora. || 9. fig. Mujer pública. || 10. Chile. Carruaje pequeño y ligero. || 11. Chile. Carro viejo y destartalado. || 12. Murc. Arrebatiña. || 13. Mar. Conjunto de cabos delgados que desde un punto común se separan para afianzarse convenientemente. || —**de agua.** Araña que hace sus nidos dentro del agua semejantes a campanas de buzo. || —**de mar.** Zool. Cangrejo de mar de carapacho espinoso, cinco pares de patas y boca grande y elíptica. Abunda en los mares de Europa. || —**picacaballos.** Arácnido de Honduras, que pica las patas a los caballos, a consecuencia de lo cual pierden éstos los cascos. || *Picado de la* ARAÑA. fig. Chile. Picado de la tarántula, 1.ª acep. || *Picóme una* ARAÑA, *y atéme una sábana.* ref. Poco mal y bien quejado. || **P.** aranha; **I.** spider; **F.** araignée; **A.** Spinne; **It.** ragno; **R.** паук. || 3.ª acep.: **P.** y **F.** lustre; **I.** lustre, chandelier; **A.** Kronleuchter; **It.** lumiera; **R.** люстра.

ARAÑADA. f. Arañamiento. || 2. Ar. Arañazo.

ARAÑADOR, RA. adj. Que araña. Ú.t.c.s.

ARAÑAMIENTO. m. Acción de arañar o arañarse.

ARAÑAR. (De *araña*.) tr. Raspar ligeramente el cutis con las uñas, un alfiler, etcétera. || 2. Por ext. hacer rayas en una superficie lisa. || 3. fig. Recoger poco a poco y de varias partes lo necesario para un fin. || 4. Argent. Hurtar, robar. || **P.** arranhar; **I.** to scratch; **F.** égratigner; **A.** kratzen; **It.** graffiare; **R.** царапать.

ARAÑAZO. (De *arañar*.) m. Rasgadura ligera hecha en el cutis con las uñas, un alfiler u otra cosa. || **P.** arranhão; **I.** scratch; **F.** égratignure; **A.** Kratzwunde; **It.** graffiatura; **R.** царапина.

ARAÑENTA, TA. adj. ant. Perteneciente a la araña.

ARAÑERO, RA. (De *araña*.) adj. Cetr. Zahareño, 1.ª acep. || 2. V. *Pájaro* ARAÑERO. Ú.t.c.s.

ARAÑIL. adj. Propio de la araña o perteneciente a ella.

ARAÑO. (De *arañar*.) m. Arañamiento. || 2. Arañazo.

ARAÑÓN. m. Ar. Arán.

ARAÑUELA. f. d. de araña. || 2. Arañuelo, 2.ª acep. || 3. Planta de la familia de las ranunculáceas, que da hermosas flores. Muchas de sus variedades se cultivan en los jardines.

ARAÑUELO. (l. *araneŏlus*.) m. Zool. Larva de ciertos insectos que destruyen los plantíos. || **2.** Garrapata. || **3.** Araña, 7.ª acep.

★ **ARAPAIMA.** m. Zool. Género de peces fisóstomos, de boca grande, cuerpo alargado y mandíbula saliente y aletas pectorales grandes. Vive en los grandes ríos del Brasil y de las Guayanas siendo su carne muy estimada.

ARAPENNE. (l. *arapennis*.) m. ant. Arpende.

ARAR. (ár. `ar'ar`, enebro.) m. Alerce africano. || **2.** Bot. Enebro.

ARAR. (l. *arāre*.) tr. Remover la tierra haciendo en ella surcos con el arado. || **2.** fig. Arrugar; hacer en alguna cosa rayas parecidas a los surcos. || **3.** fig. En el caminar por un fluido, rompiéndolo o cortándolo. || **P.** arar; **I.** to plough; **F.** labourer; **A.** ackern, pflügen; **It.** arare; **R.** пахать.

★ **ARARAO.** adj. Rep. Domin. Aplícase al animal con la piel listada de blanco y negro.

ARATE CAVATE. (De *arar* y *cavar*.) fr. fig. con que se indica la tarea diaria del labrador; y por ext., la tosquedad de la persona que sólo sabe los rudimentos de su profesión u oficio.

ARATORIO, RIA. (l. *aratorĭus*.) adj. ant. Perteneciente o relativo al oficio de arar.

ARAUCANISTA. com. Persona entendida en el idioma o en las costumbres de los araucanos.

ARAUCANO, NA. adj. Natural de Arauco. Ú.t.c.s. || **2.** Perteneciente a este país en América, hoy una de las provincias de Chile. || **3.** m. Idioma de los araucanos.

ARAUCARIA. (De *Arauco*, región de Chile.) f. Bot. Árbol conífero abietáceo de gran talla; se cultiva en los jardines. Tiene una altura no superior a los 50 m, con hojas siempre verdes en ramas horizontales que forman una copa cónica y espesa, flores dioicas y fruto drupáceo. Es originario de América, donde forma extensos bosques. || **P.** araucária; **I.** e **It.** araucaria; **F.** araucarie; **A.** chilenische Fichte; **R.** араукария.

ARAUJA. f. Bot. Planta trepadora del Brasil, de la familia de las asclepiadáceas, de hojas oblongas y flores blancas y olorosas.

ARAVICO. m. Poeta de los antiguos peruanos.

ARAZÁ. (Voz guaraní.) m. Árbol de la familia de las mirtáceas, originario del Uruguay, con la copa ancha y frondosa, madera consistente y flexible y fruto amarillo dorado y comestible. || **2.** Fruto de este árbol.

ARBALESTRILLA. (l. *arcuballista*; de *arcus*, arco, y *ballista*, ballesta.) f. Mat. Instrumento antiguo que venía a ser un sextante de alidadas.

ARBELCORÁN. m. Gram. Alboquerón.

ARBELLÓN. (l. *alveŏlus*, d. de *alveus*, álveo.) m. Albollón, desaguadero.

ARBEQUÍN. (De *Arbeca*, villa de la prov. de Lérida.) adj. V. *Olivo* arbequín.

ARBITRABLE. adj. Que depende del arbitrio.

ARBITRACIÓN. (De *arbitrar*.) f. For. Arbitramento.

ARBITRADERO, RA. (De *arbitrar*.) adj. ant. Arbitrable.

ARBITRADOR, RA. (l. *arbitrātor*.) adj. Que arbitra. Ú.t.c.s. || **2.** V. *Juez* arbitrador. Ú.t.c.s.

ARBITRAJE. m. Acción o facultad de arbitrar. || **2.** Juicio arbitral. || **3.** Procedimiento para resolver pacíficamente conflictos internacionales, dejando la decisión del asunto a una tercera potencia, de una persona individual o de una comisión o tribunal. || **4.** com. Operación de cambio de valores mercantiles, en la que se busca la utilidad en las diferencias de cotización de diversas plazas. || **P.** arbitramento; **I.** arbitration; **F.** arbitrage; **A.** Schiedsspruch; **It.** arbitraggio; **R.** арбитраж.

ARBITRAL. (l. *arbitrālis*.) adj. Perteneciente o relativo al arbitrador o al juez árbitro.

ARBITRAMENTO. (De *arbitrar*.) m. For. Acción o facultad de dar sentencia arbitral. || **2.** For. Sentencia arbitral.

ARBITRAMIENTO. m. For. Arbitramento.

ARBITRANTE. p.a. de arbitrar. Que arbitra.

ARBITRAR. (l. *arbitrāre*.) tr. Proceder uno con arreglo a su libre albedrío. || **2.** Dar o proponer arbitrios. || **3.** intr. Discurrir, formar juicio. || **4.** For. Juzgar como árbitro. || **5.** r. Ingeniarse. || **P.** arbitrar; **I.** to arbitrate; **F.** arbitrer; **A.** einen Schiedspruch fällen; **It.** arbitrare; **R.** судить.

ARBITRARIAMENTE. adv. Por arbitrio o al arbitrio. || **2.** Con arbitrariedad.

ARBITRARIEDAD. (De *arbitrario*.) f. Acto o proceder contrario a la justicia, la razón o las leyes. || **P.** arbitrariedade; **I.** arbitrariness; **F.** (procédé) arbitraire; **A.** Willkür; **It.** arbitrarietà; **R.** произвол.

ARBITRARIO, RIA. (l. *arbitrarĭus*.) adj. Que depende del arbitrio. | **2.** Que procede con arbitrariedad. || **3.** Arbitral. | **4.** V. *Poder* arbitrario. || **P.** arbitrário; **I.** arbitrary; **F.** arbitraire; **A.** willkürlich; **It.** arbitrario; **R.** произвольный.

ARBITRATIVO, VA. adj. Arbitrario, 1.ª y 4.ª aceps.

ARBITRATORIO, RIA. (De *arbitrar*.) adj. Arbitral.

ARBITRERO, RA. adj. Arbitrario. || **2.** m. Arbitrista.

ARBITRIANO. (De *arbitrio*.) m. Arbitrista.

ARBITRIO. (l. *arbitrĭum*.) m. Facultad de resolver o decidir. || **2.** Autoridad, poder. || **3.** Voluntad no gobernada por la razón. || **4.** Medio que se propone para el logro de algún fin. || **5.** Sentencia del juez árbitro. || **6.** pl. Derechos o impuestos para gastos públicos, por lo general municipales. || arbitrio *de juez*, o *judicial*. For. Facultad que se deja a los jueces para la apreciación circunstancial a la ley no alcanza. || **P.** arbítrio; **I.** free will; **F.** arbitre; **A.** freier Wille; **It.** arbitrio; **R.** воля. 4.ª acep.: **P.** arbítrio; **I.** means, expedient; **F.** expédient; **A.** Mittel; **It.** provvedimento; **R.** выход.

ARBITRISTA. (De *arbitrio*.) com. Persona que inventa planes o proyectos disparatados o empíricos para aliviar la hacienda pública o el país en general.

ÁRBITRO, TRA. (l. *arbĭter*, *-ĭtri*.) adj. Dícese del que puede obrar por sí solo, con toda independencia. Ú.t.c.s. || **2.** V. *Juez* árbitro. || **3.** m. El que en ciertas contiendas deportivas cuida de la aplicación del reglamento. || **3.**ª acep.: **P.** árbitro; **I.** arbiter; **F.** arbitre; **A.** Schiedsrichter; **It.** àrbitro; **R.** арбитр.

ÁRBOL. (l. *arbor*, *-oris*.) m. Planta perenne, de tronco leñoso, que se ramifica a cierta altura del suelo. || **2.** Pieza de hierro en la parte superior del husillo de la prensa de imprimir. || **3.** En los órganos, eje que, a voluntad del ejecutante, actúa sobre un registro. || **4.** Punzón con cabo de madera y punta de acero que usan los relojeros. || **5.** Cuerpo de la camisa, sin las mangas. || **6.** Germ. Cuerpo, 2.ª acep. || **7.** Arq. Pie derecho de una escalera de caracol. || **8.** Impr. Altura de la letra desde la base hasta el hombro. || **9.** Mar. Palo o mástil del navío. || **10.** Mec. Pie derecho, fijo o giratorio, que sirve de eje en una máquina. || —*de costados*. Árbol genealógico. || —*de fuego*. Armazón de madera, compuesta de un palo como pie, y varios listones como brazos, que sostienen las envolturas de papeles por donde va distribuida la pólvora para un fuego de los que llaman artificiales. || —*de Judas*. Ciclamor. || —*de la canela*. Canelo, 2.ª acep. || —*de la cera*. Árbol de Cuba, que exuda una materia semejante a la cera. || —*de la ciencia del Bien y del Mal*. Árbol del Paraíso Terrenal, cuyo fruto no debía comer el hombre. || —*de la leche*. Árbol de la familia de las moráceas, propio de Venezuela, cuyo látex, dulce y abundante, se utiliza como alimento. || —*del amor*. Ciclamor. || —*de la Vida*. El que puso Dios en medio del Paraíso. || **2.** Zool. Conjunto de ramificaciones formadas en el cerebro por la substancia gris sobre la blanca. || —*del cielo*. Ailanto. || —*del clavo*. Clavero. || —*del diablo*. Jabillo. || —*del incienso*. Árbol del Asia que da por exudación del incienso. || —*del lizo*. En las fábricas de tapices, palo que atraviesa la urdimbre. || —*del pan*. Árbol de los trópicos, cuyas

infrutescencias del tamaño de una cabeza contienen una substancia farinácea y sabrosa, y cocidas se usan como alimento. || —*del Paraíso*. Árbol eleagnáceo, de hojas blanquecinas y aromáticas, de olor muy subido. || —*de María*. Calambuco. || —*de Marte*. Quím. Compuesto de carbonato de potasa y silicato de hierro, que con color gris blanquecino, se forma sobre los cristales de sulfato de hierro. || —*de Navidad*. Árbol, generalmente un pino o abeto, que por Navidad se adorna con diversos objetos y con luces. Es una costumbre de procedencia escandinava. || —*de pie*. El que viene de semilla y no de cepa. || —*de ruedas*. Eje de las ruedas del reloj. || —*de Saturno*. Quím. Cristalizaciones menudas de plomo que se forman sobre una lámina o alambre de cinc introducido en una solución de acetato neutro de plomo. || —*genealógico*. Cuadro descriptivo, generalmente en forma de árbol, de los parentescos de una familia. || —*mayor*. Mar. Palo mayor. || —*padre*. El que al hacer una corta se deja en pie para que con su semilla se repueble el monte. || —*respiratorio*. Med. Sistema orgánico formado por la ramificación de los bronquios que parten del tronco de la laringe y de la tráquea. || —*de transmisión*. Mec. Eje que soporta los engranajes, ruedas o poleas de una transmisión. || —*motor*. Mec. Cigüeñal. || —*de la muerte*. Bot. Manzanillo. || —*del melón*. Bot. Amér. Nombre dado al papayo en la Argentina. || —*grande*. Se denomina así el famoso tilo de Neustadt, gigantesca planta que para sostener sus ramas han sido necesarias más de cien columnas. || *Del* árbol *caído todos hacen leña*. ref. que da a entender el desprecio que se hace comúnmente de aquel a quien ha sido contraria la suerte. || *Quien a buen* árbol *se arrima, buena sombra le cobija*. ref. que da a entender las ventajas que logra el que tiene protección poderosa. || **P.** árvore; **I.** tree; **F.** arbre; **A.** Baum; **It.** àlbero; **R.** дерево.

ARBOLADO, DA. adj. Dícese del sitio poblado de árboles. || **2.** m. Conjunto de árboles. || **3.** Germ. Hombre de grande estatura.

ARBOLADURA. (De *arbolar*.) f. Mar. Conjunto de árboles y vergas de un buque. || **P.** arvoredo; **I.** masts; **F.** mâture; **A.** Bemastung; **It.** alberatura; **R.** рангоут.

ARBOLAR. tr. Enarbolar, 1.ª acep. || **2.** Poner los árboles a una embarcación. || **3.** Arrimar derecho un objeto alto a una cosa. || **4.** r. Encabritarse, 1.ª acep. || **P.** arvorar; **I.** to hoist; **F.** arborer; **A.** hissen; **It.** alberare; **R.** поднимать. || **2.**ª acep.: **P.** mastrear; **I.** to mast; **F.** mâter; **A.** bemasten; **It.** alberare; **R.** обмачтовывать.

ARBOLARIO, RIA. adj. fig. y fam. Herbolario, 2.ª acep. Ú.t.c.s.

ARBOLECER. intr. Arborecer.

ARBOLEDA. (l. *arborēta*, pl. de *arborētum*, arboledo.) f. Sitio poblado de árboles, principalmente de sombrío y ameno.

ARBOLEDO. (l. *arborētum*.) m. Arbolado, 2.ª acep.

ARBOLEJO. m. d. de árbol.

ARBOLETE. m. d. de árbol. || **2.** Rama de árbol que usan los cazadores para poner en ella las varetas de liga en que se prenden los pájaros.

ARBOLILLO. m. d. de árbol. || **2.** And. Arbolete, 2.ª acep. || **3.** Min. Cada uno de los dos muros que forman los costados de los hornos de cuba.

ARBOLISTA. com. Persona dedicada por oficio al cultivo de los árboles. || **2.** Persona que comercia con ellos.

★ **ARBOLITO.** (d. de *árbol*.) m. Arbolillo. || **2.** Chile. Árbol de fuego.

★ **ARBOLLÓN.** (De *arbellón*.) m. Albollón, 1.ª y 2.ª acep.

ÁRBOR. m. ant. Árbol.

ARBORADO, DA. adj. ant. Arbolado, 1.ª acep.

ARBORECER. (l. *arborescĕre*.) intr. Hacerse árbol.

ARBÓREO, A. (l. *arborĕus*.) adj. Perteneciente o relativo al árbol. || **2.** Semejante al árbol. || **3.** V. *Hiedra*, *malva* arbórea.

ARBORESCENCIA. (l. *arborescens*, *-entis*, arborescente.) f. Cualidad de arborescente. || **2.** Semejanza de ciertos mine-

A

rales o cristalizaciones con la forma de un árbol.

ARBORESCENTE. (l. *arborescens, -entis*, arborescente.) adj. Dícese de la planta que tiene caracteres parecidos a los del árbol. || **2.** V. *Alfalfa* ARBORESCENTE.

ARBORIBONZO. (l. *arbor*, y del japonés *bonzo*, sacerdote.) m. Sacerdote vagabundo del Japón que vive de la limosna. Se cubre la cabeza con un gorro puntiagudo de corteza de árbol.

ARBORICULTOR. (l. *arbor, -ris*, árbol, y *cultor*, cultivador.) m. El que se dedica a la arboricultura.

ARBORICULTURA. (l. *arbor, -ris*, árbol, y *cultūra*, cultivo.) f. Cultivo de los árboles. || **2.** Enseñanza relativa al modo de cultivarlos. || **P.** arboricultura; **I.** y **F.** arboriculture; **A.** Baumzucht; **It.** arboricoltura; **R.** лесоводство.

ARBORIFORME. (l. *arbor, -ris*, árbol, y *forma*, figura.) adj. De figura de árbol.

ARBOTANTE. (fr. *arc-boutant*; de *arc*, arco, y *bouter*, por *buter*, apoyar.) m. ARQ. Arco por tranquil que sostiene otro arco o bóveda. || **2.** MAR. Palo o hierro que sobresale del casco del buque, en el cual se asegura para sostener cualquier objeto. || **P.** arcobotante; **I.** flying buttress; **F.** arc-boutant; **A.** Strebebogen; **It.** arco rampante.

ARBUSTIVO, VA. adj. BOT. Que tiene la naturaleza o calidades del arbusto.

ARBUSTO. (l. *arbustum*.) m. Planta perenne, de tallos leñosos y ramas desde la base. || **P.** e **It.** arbusto; **I.** shrub; **F.** arbuste; **A.** Strauch; **R.** куст.

ARCA. (l. *arca*.) f. Caja, comúnmente de madera sin forrar y con tapa llana. || **2.** Caja, 2.ª acep. || **3.** Horno secundario de las fábricas de vidrio, donde se ponen las piezas después de labradas. || **4.** ARCA *de agua*. || **5.** En Valencia, pedrea que tienen los estudiantes unos con otros. || **6.** pl. Pieza donde se guarda el dinero en las tesorerías. || **7.** Vacío que hay debajo de las costillas, encima de los ijares. || ARCA *cerrada*. fig. Persona muy reservada. || **2.** fig. Persona o cosa de la cual no se tiene aún cabal idea. || —**de la Alianza.** Aquella en que se guardaban las tablas de la Ley, el maná y la vara de Aarón. || —**del cuerpo.** Tronco del cuerpo humano. || —**del Diluvio.** ARCA *de Noé*, 1.ª acep. || —**del Testamento.** ARCA *de la Alianza*. || —**de Noé.** Embarcación en que se salvaron del Diluvio universal, Noé, su familia y un par de animales de cada especie. || **2.** fig. y fam. Pieza, cajón o cofre donde se guardan muchas y variadas cosas. || **3.** ZOOL. Molusco lamelibranquio muy común en los mares de España. || ARCA *llena* y ARCA *vacía*. expr. fig. Alternativa de abundancia y escasez de dinero y otras cosas. || *En* ARCA *abierta el justo peca*. ref. La ocasión hace al ladrón. || *Hacer* ARCAS. fr. Abrirlas en las tesorerías con asistencia de los claveros, para recibir o entregar alguna cantidad. || **P.** e **It.** arca; **I.** ark, chest; **F.** coffre, arche; **A.** Kasten, Kiste; **R.** сундук.

ARCA. (De *arcar*.) f. ant. Acción de arquear, 1.er art., 2.ª acep.

ARCABUCEAR. tr. Tirar arcabuzazos. || **2.** Matar a una persona con una descarga de arcabucería.

ARCABUCERÍA. f. Tropa militar armada de arcabuces. || **2.** Fuego de arcabuces. || **3.** Conjunto de arcabuces. || **4.** Fábrica de arcabuces. || **5.** Paraje donde se vendían.

ARCABUCERO. m. Soldado armado de arcabuz. || **2.** Fabricante de arcabuces y de otras armas de fuego. || **P.** arcabuzeiro; **I.** y **F.** arquebusier; **A.** Büchsenschütze; **It.** archibugiere; **R.** мушкетёр.

ARCABUCO. m. d. de arcabuz, 1.ª acep.

ARCABUCO. m. Monte muy espeso y cerrado. || **2.** CUBA. Camino entre árboles.

ARCABUCOSO, SA. adj. Que abunda en arcabucos.

ARCABUEZO. m. ant. Carcavuezo.

ARCABUZ. (fr. *harquebuse*, y éste del neerl. *haakbuse*.) m. Arma antigua de fuego, semejante al fusil y que se disparaba prendiendo la pólvora del tiro mediante una mecha móvil. || **2.** Arcabucero, 1.ª acep. ||

P. arcabuz; **I.** y **F.** arquebuse; **A.** Büchse, Feuerrohr; **It.** archibùgio; **R.** аркебуз, мушкет.

ARCABUZAL. m. ant. Arcabuco.

ARCABUZAZO. m. Tiro de arcabuz. || **2.** Herida que causa.

ARCACIL. m. Alcacil.

ARCADA. f. Conjunto o serie de arcos, esp. en los puentes. || **2.** Ojo, 11.ª acep. || **3.** Movimiento violento del estómago, que excita al vómito. Ú.m. en pl. || **4.** ARQ. Abertura cintrada que sigue las diferentes formas del arco. || —**ciega o falsa.** La que tiene su luz tapada por el paramento del muro. || —**lobulada.** Arcada recortada y decorada que sigue porciones de círculo semejantes al semicírculo. || —**practicable.** La que presenta una abertura ofreciendo paso directo. || ARCADAS *gemelas*. Las que ofrecen el aspecto de dos arcadas yuxtapuestas. || **P.** arcada; **I.** y **F.** arcade; **A.** Bogengang; **It.** arcata; **R.** аркада.

ÁRCADE. (l. *arcas, -ădis*, y éste del gr. άρκάς,) adj. Natural de la Arcadia. Ú.t.c.s. || **2.** Perteneciente a este país de Grecia. || **3.** m. Individuo de la academia de poesía y buenas letras, llamada de los ÁRCADES, en Roma.

ARCÁDICO, CA. adj. Perteneciente o relativo a la Arcadia o a los árcades.

ARCADIO, DIA. (l. *arcadĭus*.) adj. Árcade, 1.ª y 2.ª aceps.

ARCADOR. m. El que tiene por oficio arcar.

ARCADUZ. (De *alcaduz*.) m. Caño por donde se conduce el agua. || **2.** Cada uno de los caños de que se compone una cañería. || **3.** Cangilón, 2.ª acep. || **4.** fig. y fam. Medio por donde se entabla o consigue un negocio.

ARCADUZAR. tr. ant. Conducir el agua por arcaduces.

ARCAICO, CA. adj. (l. *archăicus*, y éste del gr. άρχαϊκός, de άρχαϊος, antiguo.) adj. Perteneciente o relativo al arcaísmo. || **2.** Anticuado. || **3.** GEOL. Dícese de la primera de las eras en que se divide la historia de la Tierra, anterior a la Primaria. || **P.** e **It.** arcaico; **I.** archaic; **F.** archaïque; **A.** altertümlich; **R.** архаический.

ARCAÍSMO. (l. *archaismus*, y éste del gr. άρχαϊσμός.) m. Voz, frase o manera de decir anticuadas. || **2.** Empleo de voces, frases o maneras de decir anticuadas. || **3.** Imitación de lo antiguo. || **P.** arcaísmo; **I.** archaism; **F.** archaïsme; **A.** Archaismus; **It.** arcaismo; **R.** архаизм.

ARCAÍSTA. com. Persona que emplea arcaísmos sistemáticamente.

ARCAIZANTE. p.a. de arcaizar. Que arcaiza.

ARCAIZAR. (gr. άρχαϊζω.) intr. Usar arcaísmos. || **2.** Dar carácter de antigua a una lengua, empleando arcaísmos.

★ ARCANA IMPERII. expr. lat. con que se designan los secretos del Estado. Ú. en lenguaje diplomático y más comúnmente en sentido jocoso.

ARCANAMENTE. adv. Con arcano, misteriosamente.

ARCÁNGEL. (l. *archangĕlus*, y éste del gr. άρχάγγελος; de άρχός, jefe, y άγγελος, ángel.) m. Espíritu bienaventurado de orden medio entre los ángeles y los principados, que pertenece al octavo coro de los espíritus celestes. || **P.** arcanjo; **I.** archangel; **F.** archange; **A.** Erzengel; **It.** arcàngelo; **R.** архангел.

ARCANGÉLICO, CA. adj. Perteneciente o relativo a los arcángeles. || **2.** V. *Angélica* ARCANGÉLICA.

ARCANIDAD. f. ant. Arcano, 2.ª acep.

ARCANO, NA. (l. *arcānus*.) adj. Secreto, recóndito. Díc. más comúnmente de las cosas. || **2.** m. Secreto muy reservado y de importancia. || **P.** e **It.** arcano; **I.** arcanum; **F.** arcane; **A.** Geheimnis; **R.** тайный, сокровенный.

ARCAR. tr. Arquear, 1.er art., 1.ª y 2.ª aceps.

ARCATIFA. f. ALBAÑ. Mezcla muy fina de cal y arena que admite pulimento.

ARCATURA. f. ARQ. Arcada figurada, principalmente voladiza sobre columnitas, usado en el último periodo románico.

ARCAZ. m. ant. aum. de arca, 1.er art.

ARCAZÓN. m. AND. Mimbre.

ARCE. (ár. *arz*, cedro.) m. BOT. Árbol aceráceo, de madera muy dura, hojas sencillas, flores en corimbo o en racimo, y fruto en doble sámara. || **P.** bordo; **I.** maple; **F.** érable; **A.** Ahorn; **It.** àcero; **R.** клён.

ARCE. (l. *arger, -ĕris*, cerco.) m. ant. Arcén.

ARCEA. f. AST. Chocha.

★ ARCEDIANA. f. CUBA. Acediana.

ARCEDIANADGO. m. ant. Arcedianazgo.

ARCEDIANATO. m. Dignidad de arcediano. || **2.** Territorio de su jurisdicción.

ARCEDIANAZGO. m. ant. Arcedianato.

ARCEDIANO. (l. *archidiacōnus*, y éste del gr. άρχιδιάκονος, de άρχω, matar, y διάκονος, diácono.) m. Antiguamente el principal de los diáconos. Hoy es dignidad en las iglesias catedrales. || **2.** Juez ordinario que ejercía jurisdicción delegada de la episcopal en determinado territorio. || **P.** arcediago; **I.** archdeacon; **F.** archidiacre; **A.** Erzdechant, Archidiakon; **It.** arcidiàcono; **R.** архидиакон.

ARCEDO. m. Sitio poblado de arces, 1.er art.

ARCÉN. (De *arce*, 2.º art.) m. Margen u orilla. || **2.** Brocal, 1.ª acep.

ARCENSE. adj. Arcobricense. Apl. a pers. ú.t.c.s.

★ ARCEO. m. CUBA. Movimiento que el oleaje de las aguas produce en una embarcación.

★ ARCESTES. m. PALEONT. Género de moluscos cefalópodos propios del triásico.

★ ARCICHE. m. Herramienta con dos bocas cortantes que usan los soladores.

ARCIDRICHE. (Del m. or. que *ajedrez*.) m. ant. Tablero de ajedrez.

ARCIFINIO, NIA. (l. *arcifinĭum*.) adj. Dícese del territorio que tiene límites naturales.

ARCILLA. (De *arcilla*.) f. MIN. Silicato alumínico hidratado natural, puro o impurificado por óxidos de hierro, que empapado con agua se hace muy plástico y que por la calcinación se contrae y endurece. || —**figulina.** La que contiene arena, cal y óxido de hierro, y se usa corrientemente en alfarería. || **P.** argila; **I.** argil, clay; **F.** argile; **A.** Ton; **It.** argilla; **R.** глина.

ARCILLAR. tr. Mejorar las tierras silíceas echándoles arcilla o greda.

ARCILLOSO, SA. (l. *argillōsus*.) adj. Que tiene arcilla. || **2.** Que abunda en arcilla. || **3.** Semejante a ella.

ARCIÓN. m. ARQ. Dibujo de líneas enlazadas que, imitando a las mallas de red, se usaba en la ornamentación de la Edad Media. || **2.** pl. Dibujos moriscos formados con líneas y figuras geométricas.

ARCIPRESTADO. m. AR. Arciprestazgo.

ARCIPRESTAL. adj. De arcipreste o propio de él.

ARCIPRESTAZGO. m. Dignidad o cargo de arcipreste. || **2.** Territorio de su jurisdicción.

ARCIPRESTE. (l. *archipresbyter*, y éste del gr. άρχός, jefe, y πρεσβύτερος, presbítero.) m. Antiguamente el primero o principal de los presbíteros. Hoy es dignidad en el cabildo catedral. || **2.** Presbítero, que por nombramiento del obispo, ejerce ciertas atribuciones sobre los curas e iglesias de un territorio determinado. || **P.** arcipreste; **I.** archpriest; **F.** archiprête; **A.** Erzpriester; **It.** arciprete; **R.** протопресвитер.

★ ARCIRIA. f. BOT. Género de hongos que brotan sobre maderas que se están pudriendo. || **P.** e **I.** arcyria; **F.** arcyrie; **A.** Arcyrie; **It.** arciria; **R.** гриб.

ARCO. (l. *arcus*.) m. Arma que sirve para disparar flechas, compuesta por una varilla de madera o de metal, sujeta por los extremos con una cuerda o bordón. || **2.** GEOM. Porción de curva. || **3.** MÚS. Varilla arqueada en cuyos extremos se fijan unas cerdas con que se hieren las cuerdas del violín. || **4.** Aro que ciñe y mantiene unidas las duelas de pipas, cubas, etc. || **5.** ARQ. Fábrica en forma de arco, que cubre un vano entre dos pilares o puntos fijos. || **6.** Fís. Flujo de chispas en forma de arco originado al saltar la corriente eléc-

A

trica entre dos conductores separados por un medio aislador. || **7.** V. *Danza de* ar-cos. || **8.** V. *Secante, seno, tangente de un* arco. || **9.** V. *Secante segunda, tangente segunda de un* arco. —**abocinado.** Arq. El que tiene más luz en un paramento que en el opuesto. —**adintelado.** Arq. El que viene a degenerar en línea recta. || —**alveolar.** Zool. Cada uno de los dos formados por el borde inferior y superior de la quijada. —**a nivel.** Arq. Arco *adintelado.* || —**aviajado.** Arq. Arco *enviajado.* || —**apainelado.** Arq. Arco *carpanal.* || —**apuntado.** Arq. El que consta de dos porciones de curva que forman ángulo en la clave. —**botarate.** Arq. Arbotante, 1.ª acep. —**carpanel.** Arq. El que consta de varias porciones de circunferencias tangentes entre sí y trazadas desde distintos centros. —**cegado.** Arq. El que tiene tapiada su luz. || —**ciego.** Arq. arco *cegado.* || —**complementario.** Geom. Complemento, 5.ª acep. || —**conopial.** Arq. El muy rebajado y con una escotadura en el centro de la clave, que lo hace semejante a un pabellón o cortinaje. —**crucero.** Arq. El que une en diagonal dos ángulos en la bóveda por arista. || —**de círculo.** Arq. Geom. Parte de la circunferencia. —**degenerante.** Arq. arco *adintelado.* || —**de iglesia.** fig. y fam. Cosa muy difícil de ejecutar. Ú. generalmente con el verbo *ser* y con negación. || —**del cielo.** Arq. iris. || —**de medio punto.** Arq. El que consta de un semicírculo entero. || —**de punto entero.** Arq. arco *de todo punto.* || —**de punto hurtado.** Arq. arco *rebajado.* || —**de todo punto.** Arq. El apuntado cuyos dos centros están en los puntos de arranque. || —**enviajados.** Arq. El que tiene los machos o apoyos colocados oblicuamente respecto a su planta. || —**escarzano.** Arq. El que es menor que el semicírculo del mismo radio. || —**iris.** Iris, 1.ª acep. || —**perpiaño.** Arq. El resaltado a manera de cincho en la parte inferior del cañón de una nave. || —**por tranquil.** Arq. El que tiene sus arranques a distinta altura uno de otro. || —**realzado.** Arq. Aquel cuya altura es mayor que la mitad de su luz. || —**rebajado.** Arq. Aquel cuya altura es menor que la mitad de su luz. || —**remontado.** Arq. arco *realzado.* || —**suplementario.** Geom. Suplemento, 5.ª acep. || —**tercelete.** Arq. El que en las bóvedas por arista sube por un lado hasta la mitad del arco diagonal. || —**toral.** Arq. Cada uno de los cuatro en que estriba la media naranja de un edificio. || —**triunfal.** Monumento compuesto de uno o varios arcos, elevado en honor de algún personaje o en memoria de algún suceso. || —**voltaico.** Flujo de chispas en el punto donde se interrumpe un circuito eléctrico con un intervalo sumamente pequeño. || —**zarpanel.** Arq. arco *carpanel.* || arco *que mucho brega, o él o la cuerda,* ref. que advierte que el que mucho trabaja quebranta sus fuerzas. || arco *siempre armado, o flojo o quebrado.* ref. que da a entender que las cosas humanas no pueden mantenerse mucho tiempo en un estado violento. || **P.** e It. arco; **I.** bow; **F.** arc; **A.** Bogen; **R.** дуга. || 3.ª acep.: **P.** arco; **I.** fiddlebow; **F.** archet; **A.** (Geigen)bogen; It. archetto, arco; **R.** смычок.

ARCOBRICENSE. (l. *arcobrigenses.*) adj. Natural de Arcos de la Frontera. Ú.t.c.s. || **2.** Perteneciente a esta ciudad.

ARCÓN, NA. m. y f. aum. de arca, 1.er art.

ARCONTADO. m. Forma de gobierno que en Atenas substituyó a la monarquía y en la cual el poder supremo residía en nueve jefes; llamados arcontes, que cambiaban todos los años.

ARCONTE. (l. *archon, -ontis,* y éste del gr. ἄρχων, de ἄρχω, gobernar.) m. Magistrado a quien se confió el gobierno de Atenas después de la muerte del rey Codro. || **P.** e It. arconte; **I.** archon; **F.** archonte; **A.** Archont; **R.** арконт.

ARCOSA. f. Min. Roca detrítica de textura variable que se emplea como piedra de construcción y para empedrado.

ARCTADO. (l. *arctātus,* p.p. de *arctāre,* estrechar, limitar.) adj. Dícese del

clérigo que tiene tiempo limitado para ordenarse.

ÁRCTICO, CA. (l. *arctĭcus,* y éste del gr. ἀρκτικός, de ἄρκτος, oso, osa.) adj. ant. Astron. y Geogr. Ártico.

ARCUACIÓN. (l. *arcuatĭo, -ōnis.*) f. Curvatura de un arco.

ARCUADO, DA. (l. *arcuātus.*) adj. ant. De figura de arco.

ARCUAL. (l. *arcus,* arco.) adj. ant. Arcuado.

ARCHA. (fr. *arche.*) f. Arma ofensiva que usaban los archeros de Castilla, compuesta de una cuchilla larga y fija en la extremidad de un asta.

ARCHERO. (fr. *archer,* y éste del l. *arcārius,* de *arcus,* arco.) m. Soldado de la guardia de la casa de Borgoña que trajo a Castilla Carlos V. || **2.** Soldado de la compañía del preboste.

ARCHETE. m. Mús. Tabla delgada que sostiene la parte interior de los cañones de los órganos.

ARCHI. (gr. ἄρχω, ser el primero.) Prefijo que denota preeminencia cuando va unido a sustantivos: archiduque. Con adjetivos equivalentes a *muy:* archinotable.

ARCHÍ. (ár. *jarŷi,* comisario de gastos.) m. Sargento mayor de la milicia turca de los jenízaros argelinos, encargado de la administración económica del batallón.

ARCHIBRIBÓN, ONA. (De *archi* y *bribón.*) adj. Muy bribón. Ú.t.c.s.

ARCHIBRUTO, TA. (De *archi* y *bruto.*) adj. Muy bruto.

ARCHICOFRADE. m. Individuo de una archicofradía.

ARCHICOFRADÍA. (De *archi* y *cofradía.*) f. Cofradía más antigua o que tiene mayores privilegios que las otras.

ARCHIDIÁCONO. m. Arcediano.

ARCHIDIÓCESIS. f. Diócesis arquiepiscopal.

ARCHIDUCADO. m. Dignidad de archiduque. || **2.** Territorio perteneciente al archiduque.

ARCHIDUCAL. adj. Perteneciente o relativo al archiduque o al archiducado.

ARCHIDUQUE. (De *archi* y *duque.*) m. Dignidad de los príncipes de la casa de Austria y de la de Baviera. || **P.** archiduque; **I.** archduke; **F.** archiduc; **A.** Erzherzog; It. arciduca; **R.** эрцгерцог.

ARCHIDUQUESA. f. Princesa de la casa de Austria o mujer o hija del archiduque.

ARCHILAÚD. (De *archi* y *laúd.*) m. Instrumento de cuerda semejante al laúd, pero de mayor tamaño, que se usaba antiguamente.

ARCHIMANDRITA. (l. *archimandrĭta,* y éste del gr. ἀρχιμανδρίτης; de ἄρχω, mandar, y μάνδρα, establo, monasterio.) m. En la Iglesia griega, dignidad eclesiástica de estado regular, inferior al obispo. || **2.** Germ. Jefe o superior de una junta o comunidad.

★ **ARCHIMILLONARIO, RIA.** (De *archi* y *millonario.*) adj. Que es poseedor de muchos millones. Ú.t.c.s.

ARCHIPÁMPANO. m. fest. Persona que ejerce gran dignidad o autoridad imaginaria.

ARCHIPIÉLAGO. (b. gr. ἀρχιπέλαγος; de ἄρχω, ser superior, y πέλαγος, mar.) Parte del mar poblada de islas. || **2.** Por ext., grupo considerable de islas. || **3.** Por antonomasia, parte del mar Mediterráneo poblado de islas y comprendida entre Grecia y el Asia Menor. || **P.** arquipélago; **I.** archipelago; **F.** archipel; **A.** Archipel, Inselgruppe; It. arcipèlago; **R.** архипелаг.

ARCHITRICLINO. (l. *architriclinus,* y éste del gr. ἀρχιτρίκλινος; de ἄρχω, mandar, y τρίκλινον, comedor.) m. Entre los griegos y romanos, persona encargada de ordenar los banquetes y de dirigir el servicio de la mesa.

ARCHIVADOR, RA. adj. Que archiva. Ú.t.c.s. || **2.** m. Carpeta con divisiones donde se archivan cartas y documentos. || **3.** Mueble de oficina con el mismo uso.

ARCHIVAR. tr. Poner y guardar papeles y documentos en un archivo. || **P.** arquivar; **I.** to file; **F.** archiver; **A.** einregistrieren; It. archiviare; **R.** хранить документы.

ARCHIVERO. m. El que tiene a su cargo un archivo, o sirve como técnico en

él. || **P.** arquivista; **I.** archivist; **F.** archiviste; **A.** Archivar; It. archivista; **R.** архивариус.

ARCHIVISTA. m. Archivero.

ARCHIVÍSTICO, CA. adj. Perteneciente o relativo a los archivos.

ARCHIVO. (l. *archivum,* y éste del gr. ἀρχεῖον, de ἀρχή, principio, origen.) m. Local en que se custodian documentos públicos o particulares. || **2.** Conjunto de estos documentos. || **3.** fig. Persona a quien se confía un secreto y sabe guardarlo. || **4.** fig. Persona que tiene en sumo grado una perfección o conjunto de perfecciones. archivo *de la lealtad.* || **P.** arquivo; **I.** y **F.** archives; **A.** Archiv; It. archivio; **R.** архив.

ARCHIVOLTA. (ital. *archivolto,* de *arco* y *volto.*) f. Arq. Conjunto de molduras que decoran el paramento exterior de un arco. || **P.** arquivolta; **I.** archivolt; **F.** archivolte; **A.** verzierter Bogen, Unterbogen; It. archivolto; **R.** лепное украшение.

ARDA. f. Ardilla.

ARDA. f. And. Ardentía, 3.ª acep.

ARDALEAR. (De *ralear.*) intr. Ralear, 2.ª acep.

ÁRDEA. (l. *ardĕa.*) f. Alcaraván.

ARDENTÍA. (De *ardiente.*) f. Ardor. || **2.** Pirosis. || **3.** Especie de reverberación fosfórica que suele mostrarse en las olas agitadas, y a veces en la mar tranquila.

ARDENTÍSIMAMENTE. adv. Con mucho ardor.

ARDENTÍSIMO, MA. (l. *ardentissĭmus.*) adj. sup. de ardiente.

ARDER. (l. *ardēre.*) intr. Estar encendido. || **2.** fig. Resplandecer, 1.ª acep. Ú. sólo en poesía. || **3.** fig. Repudrirse el estiércol. || **4.** fig. Con las preps. *de* o *en,* y tratándose de pasiones o movimientos de ánimo, estar muy agitados por ellos. arder *de celos.* || **5.** Con la prep. *en,* y tratándose de guerras, discordias, etc., ser estas muy vivas y frecuentes. arder *en guerra una nación.* || **6.** tr. Abrasar, 1.ª acep. Ú.t.c.s. || **7.** r. Echarse a perder por fermentación las mieses, el tabaco, etc. || **8.** El gerundio *ardiendo* pospuesto a un sustantivo hace el oficio de adjetivo. *Un horno* ardiendo. || arder *verde por seco,* fr. fig. y fam. Pagar justos por pecadores. || **P.** arder; **I.** to burn; **F.** brûler; **A.** brennen, verbrennen, It. ardere; **R.** гореть, пылать.

ARDERO, RA. (De *arda.*) adj. V. *Perro* ardero.

ARDEVIEJAS. (De *arder* y *vieja.*) f. fam. Aulaga.

ARDICIA. (De *arder.*) f. ant. Deseo ardiente o eficaz de alguna cosa.

ARDID. (l. *artītus,* instruido en artes.) adj. Mañoso, astuto. || **2.** m. Artificio empleado para el logro de algún intento. **P.** manhoso, ardil; **I.** artifice; **F.** artifice, ruse; **A.** geschickt, List; It. artifizio; **R.** коварство.

ARDID. (Del dialect. *ardit,* y éste del germ. *hardjam,* endurecer.) adj. ant. Ardido.

ARDIDAMENTE. adv. ant. Con ardimiento o valor.

ARDIDEZ. f. ant. Ardideza, 1.er art.

ARDIDEZA. (De *ardid,* 1.er art.) f. ant. Maña, astucia, sagacidad.

ARDIDEZA. (De *ardid,* 2.º art.) f. ant. Ardimiento, 2.º art.

ARDIDO, DA. p.p. de arder. || **2.** Echado a perder por exceso de calor. || **3.** Argent. Quemado, abrasado por el fuego.

ARDIDO, DA. (germ. *hardjan,* endurecer.) adj. Valiente, denodado, intrépido. || **2.** Hond. Irritado, enojado.

ARDIDOSAMENTE. adv. ant. Ardidamente.

ARDIDOSO, SA. adj. ant. Ardid, 1.er art., 1.ª acep.

ARDIDOSO, SA. adj. ant. Ardido.

ARDIENTE. (l. *ardens, -entis.*) p.a. de arder. || **2.** adj. Que causa ardor. || **3.** fig. Fervoroso, activo, eficaz. || **4.** fig. y poét. De color rojo o de fuego. *Rosa* ardiente. || **5.** fig. V. *Capilla* ardiente. || **P.** e It. ardente; **I.** ardent, burning; **F.** ardent; **A.** heiss, glühend; **R.** горячий.

ARDIENTEMENTE. adv. Con ardor.

ARDILLA. (d. de *arda.*) f. Mamífero roedor, de unos 20 cm de largo, de color negro rojizo por el lomo, blanco por el

A

vientre y con cola muy poblada. Se cría en los bosques; es vivo y ligero; su carne es muy sabrosa y su piel muy apreciada. Con el pelo de la cola se hacen pinceles. || **P.** esquilo; **I.** squirrel; **F.** écureuil; **A.** Eichhörnchen; **It.** scoiàttolo; **R.** бѣлка.

ARDIMIENTO. m. Acción y efecto de arder.

ARDIMIENTO. (germ. *hardjan*, y el sufijo latino *mentum*.) m. Valor, intrepidez, denuedo.

ARDÍNCULO. m. VETER. Absceso que se presenta en las heridas de las caballerías cuando se declara la gangrena.

★ **ARDIÑAL.** adj. Que puede arder.

ARDIONDO, DA. adj. Lleno de ardor y coraje.

★ **ARDITA.** f. COLOM. y VENEZ. Ardilla.

ARDITE. m. Moneda de poco valor que hubo antiguamente en Castilla. || **2.** V. *Real* de ARDITE. || *No importar o no valer un* ARDITE. fr. fam. con que se denota el poco valor o el poco aprecio que se hace de una cosa.

ARDOR. (l. *ardor, -ōris.*) m. Calor grande. || **2.** fig. Brillo, resplandor. || **3.** fig. Enardecimiento de los afectos y pasiones. || **4.** Ardimiento, intrepidez, denuedo. || **5.** fig. Viveza, ansia, anhelo. || *En el* ARDOR *de la batalla, de la disputa*, etc., loc. fig. En lo más encendido o empeñado de ella. || **P.** ardor; **I.** ardour; **F.** ardeur; **A.** Hitze, Glut; **It.** ardore; **R.** жар.

ARDORADA. (De *ardor*.) f. Oleada de rubor que pone encendido el rostro.

ARDOROSAMENTE. adv. Con ardor.

ARDOROSO, SA. adj. Que tiene ardor. || **2.** fig. Ardiente, vigoroso, eficaz.

ARDUAMENTE. adv. Con gran dificultad.

ARDUIDAD. (l. *arduĭtas, -ātis.*) f. Calidad de arduo.

ARDUO, DUA. (l. *ardŭus.*) adj. Muy difícil. || **P.** árduo; **I.** ardous; **F.** ardu; **A.** schwierig; **It.** arduo; **R.** трудный.

ARDURA. (De *arduo*.) f. ant. Estrechez, apuro, angustia. Ú. en Álava.

ARDURÁN. (berb. *'ayārdan*, trigo.) m. Variedad de la zahína de Berbería.

ÁREA. (l. *ārĕa*.) f. Espacio de tierra que ocupa un edificio. || **2.** Medida de superficie, igual a un cuadrado de 10 m de lado. || **3.** Era, 2.° art. 2.ª acep. || **4.** GEOM. Superficie comprendida dentro de un perímetro. || **5.** ARQ. Superficie plana. || **P.** área; **I.** area; **F.** aire; **A.** Flächeninhalt; **It.** àrea; **R.** площадь.

ARECA. f. Palma de tronco algo más delgado por la base que por la parte superior y con corteza surcada con anillos, hojas aladas, peciolos anchos, flores dispuestas en espigada panoja y fruto del tamaño de una nuez común. || **2.** Fruto de esta planta. || **P., I.** e **It.** areca; **F.** arec; **A.** Arekapalme; **It.** пальма.

ARECAÍNA. f. QUÍM. Alcaloide que se encuentra en la nuez de areca. || **P.** e **It.** arecaina; **I.** arecaine; **F.** arecaïne; **A.** Arekaïn.

ARECER. (l. *arescĕre*.) tr. ant. Segar.

AREFACCIÓN. (l. *arefactum*, supino, de *arefacĕre*, secarse.) f. Secamiento, acción y efecto de secar o secarse.

AREITO. m. Canto popular de los antiguos indios de las Antillas y de la América Central. || **2.** Danza que se bailaba con este canto.

AREL. (l. *areāle cribrum*, harnero.) m. Criba grande para limpiar el trigo en la era.

ARELAR. tr. Limpiar el trigo con arel.

ARENA. (l. *arēna*.) f. Conjunto de partículas desagregadas de las rocas, acumuladas en las orillas del mar o de los ríos, o en capas de los terrenos de acarreo. || **2.** Metal o mineral reducido a partes muy pequeñas. || **3.** V. *Calza, reloj de* ARENA. || **4.** fig. Sitio o lugar del combate o de la lucha. || **5.** fig. Redondel de la plaza de toros. || **6.** pl. Piedrecitas o concreciones pequeñas que se encuentran en la vejiga. —**de mina.** La que se explota subterráneamente entre las formaciones geológicas. —**muerta.** La que por estar sin mezcla no sirve para el cultivo. || *Edificar sobre* ARENA. fr. fig con que se denota la inestabilidad y poca duración de alguna cosa. || *Escribir en la* ARENA. fr. fig. y fam. con que se da a entender la poca firmeza o duración en lo que se resuelve o determina. || *Sem-*

brar en ARENA. fr. fig. de que se usa para denotar el trabajo vano. || **P.** areia; **I.** sand; **F.** arène, sable; **A.** Sand; **It.** sabbia, rena; **R.** песок.

ARENÁCEO, A. (l. *arenacĕus.*) adj. Arenoso.

ARENACIÓN. (l. *arenatio, -ōnis.*) f. MED. Operación que consiste en cubrir, en todo o en parte, con arena caliente el cuerpo del enfermo. || **P.** arenação; **I.** arenation; **F.** arénation; **A.** Sandbad; **It.** arenazione; **R.** посыпать песком.

ARENAL. m. Suelo de arena movediza. || **2.** Extensión grande de terreno arenoso.

ARENALEJO. m. d. de *arenal*.

ARENAR. tr. Enarenar, 1.ª acep. || **2.** Refregar con arena.

★ **ARENARIA.** f. BOT. Género de plantas cariofiláceas con unas 100 especies de las regiones templadas. En España es muy frecuente. || **P.** e **It.** arenaria; **I.** Arenaria; **F.** arénaire; **A.** Dünengrase.

ARENAZA. (De *arena*.) f. JAÉN. Granito descompuesto que suele encontrarse en contacto con los filones de galena.

ARENCAR. tr. Salar y secar sardinas al modo de los arenques.

ARENCÓN. m. Especie de arenque mayor que los comunes.

ARENERO, RA. m. y f. Persona que tiene por oficio vender arena. || **2.** Caja en que llevan las locomotoras arena para soltarla sobre los raíles. || **3.** TAUROM. Mozo encargado de mantener en condiciones convenientes, durante la lidia, la superficie de arena del redondel.

ARENGA. (gót. *hrings*, círculo.) f. Discurso solemne y enardecedor, especialmente el tendente a enardecer los ánimos. || **2.** fig. Razonamiento largo e impertinente. || **P.** arenga; **I.** y **F.** harangue; **A.** Anrede; **It.** arringa; **R.** обращение.

ARENGADOR, RA. adj. Que arenga. Ú.t.c.s.

ARENGAR. intr. Decir en público una arenga. Ú.t.c.tr.

★ **ARENÍCOLA.** adj. Que vive en la arena.

ARENILLA. (d. de *arena*.) f. Arena menuda que se echaba en los escritos para secarlos. || **2.** pl. Salitre en granos menudos para fabricar pólvora. || **3.** Cálculo, 3.ª acep.

ARENILLERO. (De *arenilla*.) m. Salvadera, 1.ª acep. || **2.** CUBA. Nombre que se da a la jabilla.

ARENISCA. (De *arena*.) f. Roca formada con granillos de cuarzo unidos por un cemento silíceo, arcilloso, calizo y ferruginoso.

ARENISCO, CA. adj. Aplícase a lo que tiene mezcla de arena. *Vaso* ARENISCO. || **P.** arenoso; **I.** sandy; **F.** sablonneux, graveleux; **A.** sandig, sandreich; **It.** sabbioso renoso; **R.** песчаник.

ARENOSO, SA. (l. *arenōsus.*) adj. Que tiene arena o abunda en ella. || **2.** Que participa de la naturaleza y calidades de la arena.

ARENQUE. (germ. *haring.*) m. ZOOL. Pez del grupo de los malacopterigios abdominales, de unos 25 cm de largo, cuerpo comprimido, boca pequeña, dientes visibles en las dos mandíbulas, aletas ventrales estrechas, y color azulado por encima y plateado por el vientre. Se come fresco, salado o desecado al humo. || **P.** arenque; **I.** herring; **F.** hareng; **A.** Hering; **It.** aringa; **R.** селедка.

★ **ARENQUERA.** f. Red para pescar arenques.

ARENZATA. (De *arienzo*.) f. ant. Almudelio.

★ **AREOGRAFÍA.** (De *areógrafo*.) f. Descripción del planeta Marte.

AREOLA [ARÉOLA]. (l. *areŏla*.) f. MED. Círculo rojizo que limita ciertas pústulas, como en las viruelas y la vacuna. || **2.** ZOOL. Círculo rojizo algo moreno que rodea el pezón del pecho.

AREOLAR. adj. ZOOL. Perteneciente o relativo a las areolas.

AREÓMETRO. (gr. ἀραιός, tenue, y μέτρον, medida.) m. FÍS. Instrumento fundado en el principio de Arquímedes, que sirve para determinar las densidades de los cuerpos especialmente de los líquidos. || **P.** areómetro; **I.** areometer; **F.** aréomètre;

A. Aräometer; **It.** areòmetro; **R.** apeoметр.

AREOPAGITA. (l. *areopagita*, y éste del gr. ἀρεοπαγίτης.) m. Cada uno de los jueces del Areópago. || **2.** fig. Juez imparcial, justo, incorruptible.

AREÓPAGO. (l. *aeropăgus*, y éste del gr. ἀρειόπαγος; de Ἄρειος, consagrado a Marte, y πάγος, colina: colina de Marte, en la cual se reunía este tribunal.) m. Tribunal superior de la antigua Atenas. || **2.** Grupo de personas graves a quienes se atribuye predominio o autoridad para resolver ciertos asuntos. || **P.** areópago; **I.** Areopagus; **F.** aréopage; **A.** Areopag; **It.** areòpago; **R.** ареопаг.

AREOSÍSTILO. adj. ARQ. Dícese del edificio o monumento adornado con columnatas, en las que se combinan los módulos del areóstilo con los del sístilo. Ú.t.c.s.

AREÓSTILO. adj. ARQ. Dícese del edificio o monumento adornado con columnatas en las que la distancia entre columna y columna es de ocho o más módulos.

★ **AREOTECTÓNICA.** f. Arquitectura militar referida a la construcción de fortificaciones. || **P.** e **It.** areotectònica; **I.** areotectonics; **F.** aréotectonique; **A.** Areotektonika.

AREPA. (cumanagoto *erepa*, maíz.) f. Torta que se hace en América, con maíz, huevos y manteca, y cocida al horno.

★ **AREPERO, RA.** adj. VENEZ. Zopenco. || **2.** f. Mujer callejera.

★ **AREPIQUE.** m. COLOM. Dulce hecho con arroz, leche y azúcar.

° **AREQUIPEÑO.** adj. Natural de Arequipa, en el Perú.

ARES. Voz usada en la loc. *ares y mares* para denotar prodigios, maravillas, etc. Ú. con los verbos *poseer, contar, hacer.*

ARESTA. (l. *arista*.) f. ant. Espina, 1.ª acep. || **2.** ant. Tormento, 1.ª acep.

ARESTIL. (De *aresta*.) m. Arestín.

ARESTÍN. (De *aresta*.) m. BOT. Planta perenne de la familia de las umbelíferas, de unos 3 dm de altura, con tallo ramoso y hojas partidas en tres gajos y llenas de púas en sus bordes; es de color azul bajo. || **2.** VETER. Excoriación que padecen las caballerías en las cuartillas de pies y manos, con picazón molesta. || **3.** VETER. En algunos otros animales, *fuego*, 7.ª acep. || **4.** fig. Desazón, molestia. || **2.ª** acep.: **P.** arestim; **I.** frush; **F.** teigne; **A.** Hufgrind; **It.** grappa.

ARESTINADO, DA. adj. VETER. Que padece arestín.

ARETE. m. d. de *aro*, 1.er art. || **2.** Arillo de metal, casi siempre precioso, que como adorno llevan las mujeres atravesado en el lóbulo de cada una de las orejas. || **P.** aronzinho; **I.** ear-ring; **F.** boucle d'oreille; **A.** Ohrring; **It.** orecchino; **R.** серьга.

ARETINO, NA. (l. *aretinus*, de *Aretĭum*, Arezzo.) adj. Natural de Arezo. Ú.t.c.s. || **2.** Perteneciente a esta ciudad de Italia.

ARÉVACO, CA. (l. *arevăcus*.) adj. Natural de una región de la España Tarraconense, territorio en que existen hoy las poblaciones de Arévalo, El Escorial, Sigüenza, Medinaceli, Almazán, Osma, Sepúlveda y Segovia. Ú.t.c.s. || **2.** Perteneciente a esta región.

ARFADA. f. MAR. Acción de arfar.

ARFAR. (ár. *raf'a*, elevación.) intr. MAR. Cabecear, 5.ª acep. Cabecear la embarcación, alzando alternativamente la popa y la proa. || **P.** arfar; **I.** to pitch; **F.** tanguer; **A.** stampfen; **It.** beccheggiare; **R.** килевая качка.

ARFIL. m. ant. Alfil, 1.er art. Ú. en América.

ARFIL. m. ant. Alfil, 2.° art.

ARGADIJO. m. Argadillo. || **2.** Argamandijo.

ARGADILLO. (l. *ergăta*, máquina especie de cabrestante, y éste del gr. ἐργάτης.) m. Devanadera, 1.ª acep. || **2.** Armazón de aros o listones con que se forma la parte inferior del cuerpo de algunas imágenes. || **3.** fig. Persona bulliciosa y entrometida. || **4.** AR. Cesto grande de mimbres.

ARGADO. m. Enredo, travesura, dislate.

ARGALIA. (gr. ἐργαλεῖον, instrumento; de ἔργον, obra.) f. Algalla, 2.° art.:

tienta de cirujano, propia para operaciones de vejiga.

ARGALLERA. (De *argolla*.) f. Serrucho curvo que sirve para labrar surcos en redondo. || **P.** jauradeira; **I.** reed-plane; **F.** mouchette de tonnelier; **A.** Böttchersäge; **It.** porcella; **R.** ножовка.

ARGAMANDEL. (ár. *hirqa mandil*, harapo de lienzo.) m. Andrajo, 1.ª acep.

ARGAMANDIJO. m. fam. Conjunto de cosas menudas que sirven para algún arte u oficio. || **2.** V. *Dueño, señor del* ARGAMANDIJO.

ARGAMASA. f. Mezcla de cal, arena y agua que se emplea en las obras de albañilería. || **P.** argamassa; **I.** morter; **F.** mortier; **A.** Mörtel; **It.** calcina; **R.** извест- тковый раствор.

ARGAMASAR. tr. Hacer argamasa. || **2.** Unir con argamasa los materiales de construcción.

ARGAMASÓN. m. Pedazo o conjunto de pedazos grandes de argamasa.

ARGAMULA. f. AND. Lengua de buey.

ARGÁN. (ár. *aryân*, acebuche espinoso.) m. BOT. Erguén. || **P.** argania; **I.** argantree; **F.** argan; **A.** Arganbaum; **It.** argan.

ÁRGANA. (De *árgano*.) f. Máquina a modo de grúa, para subir piedras o cosas de mucho peso.

ÁRGANAS. f. pl. Especie de angarillas, formadas con dos cuévanos o cestos. || **2.** Árguenas, 1.ª acep.

ARGANDEÑO, ÑA. adj. Natural de Arganda, villa de la provincia de Madrid. Ú.t.c.s. || **2.** Perteneciente a esta villa.

ARGANEL. (cat. *arganell*, del l. *orgănum*, aparato.) m. Círculo pequeño de metal, parte del astrolabio.

ARGANEO. (fr. *arganeau*, argollón, y éste del l. *orgănum*.) m. Argolla de hierro en el extremo superior de la caña del ancla. || **P.** arganéu; **I.** ancho-ring; **F.** organeau d'ancre; **A.** Ankerring; **It.** cicala dell'àncora; **R.** металлическое кольцо на якоре.

ÁRGANO. (l. *orgănum*, aparato.) m. Árgana.

ARGAÑA. f. Argaya.

ARGAVIESO. m. Turbión, 1.ª acep.

ARGAYA. (ár. *al-gâya*, el término, el fin.) f. ant. Arista del trigo.

ARGAYAR. impers. Desprenderse argayos.

ARGAYO. m. Porción de tierra y piedras que se desliza por la ladera de un monte. || **—de nieve.** AST. Alud, 1.ª acep.

ARGAYO. m. Abrigo de paño burdo que usaban los dominicos.

ARGEL. (ár. *aryal*.) adj. Dícese del caballo o yegua que solamente tiene blanco el pie derecho.

ARGELINO, NA. adj. Natural de Argel o Argelia. Ú.t.c.s. || **2.** Perteneciente a esta ciudad y estado de África.

ARGEMONE. (l. *argemōne*, y éste del gr. ἀργεμώνη.) f. Género de plantas papaveráceas, de América, caracterizadas por sus flores de corola con pétalos rugosos y sépalos llenos de pequeñas puntas y fruto capsular. Se cultiva en Europa como planta de adorno y se emplea en medicina. En Asia y América se usa como antídoto su jugo lechoso, contra las mordeduras de las culebras venenosas.

ARGÉN. (prov. o cat. *argent*, y éste del l. *argentum*, plata.) m. ant. Argento. || **2.** ant. Dinero, 1.ª y 3.ª aceps. || **3.** BLAS. Color blanco o de plata.

ARGENT. m. ant. Argento. Ú. en Aragón.

ARGENTADA. (l. *argentata*, plateada.) f. Especie de afeite que usaban las mujeres.

ARGENTADO, DA. p.p. de argentar. || **2.** adj. Plateado, 2.ª y 3.ª aceps. || **3.** fig. V. *Voz* ARGENTADA. || **4.** V. *Zapato* ARGENTADO.

ARGENTADOR, RA. adj. Que argenta. Ú.t.c.s.

ARGENTAR. (l. *argentāre*.) tr. Platear. || **2.** Guarnecer una cosa con plata. || **3.** fig. Dar brillo semejante al de la plata.

ARGENTARIO. (l. *argentarĭus*.) m. Platero, 1.ª acep. || **2.** Gobernador de los monederos.

ARGENTE. m. ant. Argento.

ARGÉNTEO, A. (l. *argentĕus*.) adj.

De plata. || **2.** Dado o bañado de plata. || **3.** fig. Parecido a la plata. || **P.** argénteo; **I.** argenteous; **F.** argenté; **A.** silbern; **It.** argènteo; **R.** серебряный.

ARGENTERÍA. (De *argentero*.) f. Bordadura brillante de plata u oro. || **2.** fig. Ornato, gala o hermosura de las obras de ingenio. || **3.** fig. Expresión que tiene más de brillante que de sólida.

ARGENTERO. m. Argentario, 1.ª acep.

★ **ARGÉNTICO, CA.** adj. QUÍM. Dícese de algunos cuerpos compuestos en que entra la plata.

ARGENTÍFERO, RA. (l. *argentĭfer*; de *argentum*, plata, y *ferre*, llevar.) adj. Que contiene plata. *Mineral* ARGENTÍFERO.

ARGENTINA. (l. *argentina*, plateada.) f. Planta perenne de la familia de las rosáceas, con hojas divididas en cinco gajos de figura de cuña, por encima verdes y por el envés con vello sedoso plateado, y flores amarillas en corimbo. || **2.** MIN. Piedra de cal carbonada. || **P., I.** e **It.** argentina; **F.** argentine; **A.** Silberkraut.

ARGENTINISMO. m. Locución, giro o modo de hablar propio y peculiar de los argentinos.

ARGENTINO, NA. (l. *argentinus*, de *argentum*, plata.) adj. Argénteo. || **2.** Natural de la República Argentina. Ú.t.c.s. || **3.** Perteneciente a esta república de América. || **4.** fig. V. *Voz* ARGENTINA. || **5.** Moneda de oro de la República Argentina, que vale cinco pesos de oro.

ARGENTO. (l. *argentum*.) m. poét. Plata, 1.ª acep. || **—vivo.** AZOGUE, 1.er art., 1.ª acep. || **—vivo sublimado.** QUÍM. Solimán.

ARGENTOSO, SA. (l. *argentōsus*.) adj. Que tiene mezcla de plata.

ARGENTPEL. (l. *argentum*, plata, y *pellis*, piel, forro.) m. ant. Lámina de latón muy batida y con baño de plata.

★ **ARGEÑO.** m. GUAT. Cierta enfermedad que marchita las plantas.

ARGILA. (l. *argilla*, arcilla.) f. Arcilla.

ARGILOSO, SA. (De *argila*.) adj. Arcilloso.

ARGILLA. (l. *argilla*.) f. Arcilla.

ARGINAS. (Del m. or. que *árguenas*.) f. pl. ant. Aguaderas, 3.ª acep. de aguadera.

ARGIROIDE. m. Aleación parecida al metal blanco, muy usado en la industria.

ARGIVO, VA. (l. *argīvus*.) adj. Natural de Argos o de la Argólida. Ú.t.c.s. || **2.** Perteneciente a esta ciudad y país de Grecia. || **3.** Por ext., natural de Grecia antigua. Ú.t.c.s. || **4.** Por ext., perteneciente a Grecia antigua.

ARGO. (gr. ἀργός, inactivo.) m. Argón.

ARGÓLICO, CA. (l. *argolĭcus*.) adj. Argivo.

ARGOLLA. (ár. *al-gulla*, el collar, las esposas.) f. Aro grueso, generalmente de hierro, que sirve, una vez afirmado, para asirse. || **2.** Juego que consiste en hacer pasar unas bolas de madera por una argolla clavada en tierra. || **3.** Pena que consistía en exponer al reo a la vergüenza pública, sujeto por el cuello con una ARGOLLA a un poste. || **4.** fig. Sujeción, cosa que sujeta a uno a la voluntad de otro. || **5.** fam. CHILE. Anillo, sortija, especialmente el que se regalan los novios. || **6.** fig. ECUAD. Agrupación política o comercial para conseguir honores, lucro, etc. || *Dar la* ARGOLLA a uno. fr. fig. y fam. MÉJ. Tomarle el pelo, reirse o burlarse de él. || *Echar* a uno *una* ARGOLLA. fr. fig. Echarle una ese y un clavo. || *Tener* ARGOLLA. MÉJ. Tener suerte o tener miedo. || **P.** argola; **I.** ring; **F.** anneau, carcan; **A.** Ring, Halseisen; **It.** anello; **R.** кольцо.

★ **ARGOLLAR.** tr. Dar palabra de casamiento. Ú.t.c.r. || **2.** CUBA. Asegurar lo que se juega en una apuesta.

ARGOLLETA. f. d. de argolla.

ARGOLLÓN. m. aum. de argolla, 1.ª acep.

ÁRGOMA. f. Aulaga.

ARGOMAL. m. Terreno poblado de árgomas.

ARGÓN. m. Cuerpo simple, gaseoso, inerte para las combustiones, que entra en proporción de 1 a 100 en la composición del aire. || **P.** argão; **I., F.** e **It.** argon; **A.** Argon; **R.** аргон.

ARGONAUTA. (l. *argonauta*, y éste del gr. ἀργοναύτης; de ᾿Αργώ, nombre de

un buque, y ναύτης, marinero.) m. Cada uno de los héroes griegos que fueron a Colcos a la conquista del vellocino de oro. || **2.** Molusco marino, cefalópodo, de cuerpo comprimido, con ocho tentáculos, dos de ellos muy ensanchados en los extremos. || **3.** fig. El piloto o navegante experto. || **P.** e **It.** argonauta; **I.** Argonaut; **A.** Argonaut; **R.** аргонавт. || **2.ª** acep.: **P.** e **It.** argonauta; **I.** paper sailor; **F.** argonaute; **A.** Kahnmuschel; **R.** аргонавт.

ARGOS. (Por alusión a Argos, personaje mitológico a quien se le representa con cien ojos.) m. fig. Persona muy vigilante. || **2.** ASTRON. V. *Navío* ARGOS.

★ **ARGOT.** (Voz francesa.) m. fam. Jerga, jerigonza, germanía.

ARGUCIA. (l. *argutia*.) f. Sutileza, sofisma, argumento falso presentado con agudeza.

ARGÜE. (fr. *argue*, y éste del l. *orgănum*, aparato.) m. Cabrestante.

ARGUELLARSE. r. AR. Desmedrarse por falta de salud.

ARGUELLO. m. AR. Acción y efecto de arguellarse.

★ **ÁRGUENA.** f. CHILE. Cuévano forrado de cuero que se pone sobre el lomo de una bestia para acarrear diversas cosas.

ÁRGUENAS. f. pl. Angarillas, 1.ª acep. || **2.** Alforjas. || **3.** CHILE. Arganas, 1.ª acep.

ARGUENERO. m. CHILE. El que hace o vende árganas, 3.ª acep.

ÁRGUEÑAS. (ár. *al-wanya*, el saco.) f. pl. Árguenas.

ARGÜIDOR, RA. adj. Que arguye, 4.ª y 5.ª aceps.

ARGÜIR. (l. *arguĕre*.) tr. Sacar en claro una cosa; deducirla como consecuencia natural. || **2.** Descubrir, probar, dejar ver con claridad. || **3.** Echar en cara una cosa, en general, acusar. ARGÜIR *a uno de lujuria*. || **4.** intr. Disputar, impugnando la sentencia u opinión ajena. || **5.** Poner argumento contra una opinión o contra quien la sostiene. || **P.** arguir; **I.** to argue; **F.** deduire; **A.** folgern; **It.** arguire; **R.** приводить доводы.

ARGÜITIVO, VA. adj. p. us. Que arguye o contradice.

ARGULLO. m. ant. Orgullo. Ú. en Burgos.

ARGULLOSO, SA. adj. ant. Orgulloso. Ú. en Burgos.

ARGUMENTACIÓN. (l. *argumenta-tĭo, -ōnis*.) f. Acción de argumentar. || **2.** Argumento, 1.ª acep.

ARGUMENTADOR, RA. (l. *argumen-tātor*.) adj. Que argumenta. Ú.t.c.s.

ARGUMENTANTE. p.a. de argumentar. Que argumenta.

ARGUMENTAR. (l. *argumentāre*.) tr. p. us. Argüir, 1.ª y 2.ª aceps. || **2.** intr. Argüir, 4.ª y 5.ª aceps. Ú.t.c.rec.

ARGUMENTATIVO, VA. adj. Propio de la argumentación o del argumento.

ARGUMENTISTA. com. Argumentador.

ARGUMENTO. (l. *argumentum*.) m. Razonamiento empleado para demostrar una proposición. || **2.** Asunto o materia de que se trata en una obra. || **3.** Sumario que para dar breve noticia del asunto de obra literaria o de cada una de las partes de que está dividida, suele ponerse a principio de ellas. || **4.** Indicio o señal. || **5.** MAT. Variable independiente de la cual depende el valor de la función. || **—a contrariis.** LÓG. El que parte de la oposición entre dos hechos para concluir del uno lo contrario de lo que ya se sabe del otro. || **—ad hóminem.** LÓG. El que se funda en los actos de la persona a quien se trata de convencer. || **—a pari.** LÓG. El fundado en razones de semejanza e igualdad entre el hecho propuesto y el que de él se concluye. || **—Aquiles.** Raciocinio que se tiene por decisivo para demostrar justificadamente una tesis. || **a símili.** ARGUMENTO *a pari*. || **—cornuto.** LÓG. Dilema. || **—disyuntivo.** LÓG. El que tiene por mayor una proposición disyuntiva. || **—negativo.** LÓG. El que se toma del silencio de aquellas autoridades que, siendo natural que hablasen, de un asunto, por ser concerniente a la materia que tratan, lo omiten. || **—ontológico.** FIL. El em-

A pleado por San Anselmo para demostrar *a priori* la existencia de Dios, partiendo de la idea que tenemos del Ser perfectísimo. || *Apretar el* ARGUMENTO. fr. LÓG. Reforzarlo para dificultar más su solución. || *Desatar el* ARGUMENTO. fr. LÓG. Darle solución. || **P.** argumento; **I.** y **F.** argument; **A.** Argument, Beweisgrund; **It.** argomento; **R.** довод.

ARGUMENTOSO, SA. (l. *argumentōsus.*) adj. desus. Solícito, ingenioso.

ARGUYENTE. p.a. de argüir. Que arguye.

ARIA. (ital. *aria,* y éste del l. *aera,* pl.n. de *aer,* aire.) f. Composición musical de carácter melódico, generalmente vocal, con acompañamiento de uno o más instrumentos. || **P., I., F.** e **It.** aria; **A.** Arie; **R.** ария.

* **ARIBE.** m. HOND. Niño instruido, inteligente.

* **ARICA.** f. VENEZ. Abeja.

ARICADO. m. Acción y efecto de aricar.

ARICAR. tr. Arar muy superficialmente. || **2.** Arrejacar.

ARIDECER. tr. Hacer árida alguna cosa. Ú.t.c.intr. y c.r.

ARIDEZ. f. Calidad de árido. || **P.** aridez; **I.** aridity; **F.** aridité; **A.** Trockenheit; **It.** aridità; **R.** сухость.

ÁRIDO, DA. (l. *arĭdus.*) adj. Seco, estéril. || **2.** fig. Falto de amenidad. *Asunto* ÁRIDO. || **3.** m. pl. Granos, legumbres y otros frutos secos a que se aplican medidas de capacidad. || **P.** árido, seco; **I.** arid; **F.** aride; **A.** trocken, dürr; **It.** àrido, **R.** сухой, бесплодный.

ARIENZO. (l. *argentĕus,* de plata.) m. Cierta moneda antigua de Castilla. || **2.** Peso equivalente a 123 centigramos, usado en el Alto Aragón.

ARIES. (l. *aries,* carnero.) m. ASTRON. Primer signo o parte del Zodíaco que el Sol recorre aparentemente al comenzar la primavera. || **2.** ASTRON. Constelación zodiacal situada entre Tauro y Piscis. || **P.** e **I.** Aries; **F.** belier; **A.** Widder; **It.** Ariete; **R.** созвездие Овна.

ARIETA. (ital. *arietta,* d. de *aria.*) f. d. de aria.

ARIETAR. tr. p. us. Atacar o batir con ariete.

ARIETARIO, RIA. (l. *arietarĭus.*) adj. Perteneciente al ariete, 1.ª acep.

ARIETE. (l. *aries, -ĕtis,* carnero.) m. Máquina militar que se empleaba antiguamente para batir murallas. Era una viga larga y muy pesada, uno de cuyos extremos estaba reforzado con una pieza de hierro o bronce, labrada, por lo común, en figura de cabeza de carnero. || **2.** MAR. Antiguamente, buque de vapor, blindado y con un espolón, para embestir a otras naves. || —**hidráulico.** MEC. Máquina para elevar agua utilizando el movimiento oscilatorio producido por una columna del mismo líquido. || **P.** e **It.** ariete; **I.** battering-ram; **F.** bélier; **A.** Wurfwidder. Mauerbrecher; **R.** таран.

ARIETINO, NA. (l. *arietinus.*) adj. Semejante a la cabeza de carnero.

* **ARIFA.** f. Alcaidesa de una cárcel de mujeres en Marruecos.

ARIFARZO. m. GERM. Capote de dos faldas o bonito sayagués.

ARIGUE. m. FILIP. Madero propio para la construcción de edificios.

ARIJE. (ár. ʿ*ariš,* parra.) adj. V. *Uva* ARIJE.

ARIJO, JA. adj. Aplícase a la tierra delgada y fácil de cultivar.

ARILO. (b. l. *arillus.*) m. BOT. Envoltura, casi siempre carnosa y de colores vivos, que tienen algunas semillas; como las del trigo.

ARILLO. (d. de *aro.*) m. Aro de madera, de 3 a 4 centímetros de ancho, que sirve para armar el alzacuellos de los clérigos. || **2.** Arete, 2.ª acep. || *Entrar* uno *por el* ARILLO. fr. fig. y fam. Entrar por el aro. Ú.t. precedida del verbo *hacer.* || 2.ª acep.: **P.** brinco de oreja; **I.** ear-ring; **F.** anneau d'oreille; **A.** Ohrring; **It.** orecchino; **R.** деревянный ободок.

ARIMASPE. m. Arimaspo.

ARIMASPO. (l. *arimaspus.*) m. MIT. Cualquiera de los pobladores fabulosos de una región asiática que tenían un solo ojo

y luchaban con los grifos para arrebatarles los tesoros de que eran guardianes.

ARIMEZ. (ár. *al-'imâd,* la pilastra, el sostén.) m. ARQ. Resalto de algunos edificios a modo de refuerzo o adorno. || **P.** resalto; **I.** projecture; **F.** avant-corps; **A.** Erker; **It.** sporto; **R.** выступ.

* **ARINCARSE.** r. CHILE. Estreñirse.

ARIO, RIA. (sánscr. *arya,* noble.) adj. Dícese del individuo de una raza que habitó en el Asia central, y de la cual proceden todos los pueblos indoeuropeos. Ú.t.c.s. || **2.** Dícese de las lenguas que hablaron estos pueblos. || **3.** Perteneciente a los arios. || **4.** Por ext., jefático o indoeuropeo. || **P.** ario; **I.** Aryan; **F.** aryen; **A.** arisch, Arier; **It.** ario; **R.** ариец.

ARÍOL. m. ant. Aríolo.

ARÍOLO. (l. *hariŏlus.*) m. ant. Agorero, 1.ª acep.

ARIQUE. m. CUBA. Tira de yagua que se emplea para atar.

ARÍSARO. (l. *arisărus,* y éste del gr. ἄρίσαρον.) m. BOT. Planta perenne de la familia de las aráceas, herbácea, con hojas radicales, flores unisexuales y desnudas. Toda la planta es viscosa de mal olor y muy acre; pero después de cocida se come, sobre todo la raíz.

ARISBLANCO, CA. (De *arista* y *blanco.*) adj. De aristas o raspas blancas. Dícese del trigo y de la espiga.

ARISCARSE. r. Enojarse, ponerse arisco. || **2.** P. RICO. Escaparse, huir.

ARISCO, CA. (cfr. dialect. *jarisco* [Sant.], del l. *fěrus,* fiero.) adj. Áspero, intratable. Dícese de las personas y de los animales. || **2.** P. RICO, CUBA y MÉJ. Miedoso, temeroso.

ARISMÉTICA. f. ant. Aritmética.

ARISMÉTICO, CA. adj. ant. Aritmético. || **2.** fig. ant. Sodomita, pederasta.

ARISNEGRO, GRA. adj. De aristas o raspas negras. Dícese del trigo y de la espiga.

ARISPRIETO, TA. (De *arista* y *prieto.*) adj. Arisnegro.

ARISTA. (Del ant. *ariesta,* del l. *arěsta,* por *arista.*) f. Filamento áspero del cascabillo que envuelve el grano de trigo y de otras gramíneas. || **2.** Pajilla de cáñamo o lino después de agramados. || **3.** Borde de un sillar, madero o pieza labrada. || **4.** Intersección de dos mesas en las armas blancas. || **5.** GERM. Piedra, 1.ª acep. || **6.** GEOM. Línea que resulta de la intersección de dos superficies, considerada por la parte exterior del ángulo que forman. || **7.** V. *Bóveda por* ARISTA. || —**de retroceso.** GEOM. Línea que resulta de las intersecciones sucesivas de las generatrices de una superficie desarrollable. || —**viva.** ART. y OFIC. La muy marcada y labrada con cuidado. || **P.** e **It.** arista; **I.** awn; **F.** arête; **A.** Granne, Rand; **R.** ость. || 3.ª acep.: **P.** arista; **I.** side, arris; **F.** arête; **A.** Kante, Krone; **It.** canto, spigolo; **R.** грань.

ARISTADO, DA. adj. Que tiene aristas. || **2.** V. *Trigo* ARISTADO.

ARISTARCO. (Por alusión a *Aristarco,* famoso crítico de la antigüedad.) m. fig. Crítico entendido, pero muy severo. || **P.** aristarcho; **I.** Aristarch; **F.** aristarque; **A.** Aristarchos; **It.** aristarco; **R.** порицатель.

ARISTÍN. m. MURC. Aristino.

ARISTINO. (De *arista.*) m. VETER. Arestín, 2.ª y 3.ª aceps.

ARISTOCRACIA. (l. *aristocratĭa,* y éste del gr. ἀρίστοκρατία; de ἄριστος, el mejor, y κράτος, fuerza.) f. POLÍT. Forma de gobierno en que el poder se halla en manos de las clases altas. || **2.** Clase noble de una nación, provincia, etc. || **3.** Por ext., clase que sobresale entre las demás por alguna circunstancia: ARISTOCRACIA *del dinero,* etc. || **P.** aristocracia; **I.** aristocracy; **F.** aristocratie; **A.** Aristokratie; **It.** aristocrazia; **R.** аристократия.

ARISTÓCRATA. com. Individuo de la aristocracia. || **2.** Partidario de la aristocracia. || **P.** aristocrata; **I.** aristocrat; **F.** aristocrate; **A.** Aristokrat; **It.** aristocràtico; **R.** аристократ.

ARISTOCRÁTICAMENTE. adv. De modo aristocrático.

ARISTOCRÁTICO, CA. (gr. ἄρισ-

τοκρατικός.) adj. Perteneciente o relativo a la aristocracia. || **2.** Fino, distinguido.

ARISTOFÁNICO, CA. adj. Propio y característico del poeta cómico griego Aristófanes. || **2.** Parecido a cualquiera de las dotes o calidades por que se distinguen las producciones de este escritor.

ARISTOLOQUIA. (l. *aristolochia,* y éste del gr. ἀριστολοχία; de ἄριστος, excelente, y λόχος, parto.) Género de plantas aristoloquiáceas medicinales, de raíz fibrosa, hojas acorazonadas, flores amarillas y fruto esférico y coriáceo. ||—**hembra.** ARISTOLOQUIA *redonda.* || —**larga** o **macho.** La de raíz fusiforme y fruto en forma de pera. || —**redonda.** La de raíz redonda y flores de color pardo amarillento. || **I.** Aristolochia; **F.** aristoloche; **A.** Osterluzei, Pfeifenstrauch; **It.** aristolòchia.

ARISTOLOQUIÁCEO, A. (De *aristolochia,* nombre de un género de plantas.) adj. BOT. Dícese de las plantas de la familia de las aristoloquiáceas. || **2.** f. pl. Familia de plantas dicotiledóneas (hierbas, matas, arbustos), de tallo nudoso, hojas alternas, flores axilares y fruto en cápsula o, raras veces, en baya.

º **ARISTÓN.** Instrumento músico, especie de órgano portátil, que funciona mediante una manivela.

ARISTOSO, SA. adj. Que tiene muchas aristas.

ARISTOTÉLICO, CA. adj. Perteneciente o relativo a Aristóteles. *Doctrina* ARISTOTÉLICA. || **2.** Conforme con la doctrina de Aristóteles. || **3.** Partidario de esta doctrina. Ú.t.c.s.

ARISTOTELISMO. m. Peripato.

ARITMÉTICA. (l. *arithmetica,* y éste del gr. ἀριθμητιχή, t.f. de-κός, aritmético.) f. Parte de las matemáticas que estudia la composición y descomposición de la cantidad representada por números. || **P.** aritmética; **I.** arithmetic; **F.** arithmétique; **A.** Arithmetik; **It.** aritmètica; **R.** арифметика.

ARITMÉTICAMENTE. adv. Según las reglas de la Aritmética.

ARITMÉTICO, CA. (l. *arithmeticus,* y éste del gr. ἀριθμητικός, de ἀριθμέω, contar.) adj. Perteneciente o relativo a la aritmética. || **2.** V. *Cálculo* ARITMÉTICO. || **3.** V. *Línea, progresión, proporción, razón* ARITMÉTICA. || **4.** m. y f. Persona que profesa la aritmética o tiene en ella especiales conocimientos. || **P.** aritmético; **I.** arithmetical; **F.** arithmétique; **A.** arithmetisch **It.** aritmètico; **R.** арифметический.

* **ARITMÓGRAFO.** m. Aritmómetro.

* **ARITMOLOGÍA.** f. MAT. Nombre que dan algunos a la ciencia de los números, que comprende la aritmética y el álgebra.

* **ARITMOMANCIA.** f. Adivinación por medio de los números o de las letras que tienen valor numérico. || **P.** aritmomancia; **I.** arithmomancy; **F.** arithmomancie; **A.** Wahrsagerei aus Zahlen; **It.** aritmomancia.

* **ARITMOMANÍA.** f. Manía por el cálculo numérico.

ARITMÓMETRO. (gr. ἀριθμός, número, y μέτρον, medida.) m. Instrumento para ejecutar mecánicamente las operaciones aritméticas. || **P.** aritmometro; **I.** arithmometer; **F.** arithmomètre; **A.** Arithmometer, Rechenmaschine; **It.** aritmòmetro; **R.** арифмометр.

ARITO. (d. de *aro.*) m. FILIP., HOND., COLOM., GUAT. y REP. DOMIN. Arete, zarcillo, pendiente para las orejas.

ARJORÁN. (ár. *urǧuwân,* púrpura.) m. Ciclamor.

ARLAR. tr. Poner las frutas en arlos, 2.ª acep.

ARLEQUÍN. (ital. *arlecchino,* y éste de *Hernequin,* conde de Bolonia.) Personaje cómico de la antigua comedia italiana; llevaba mascarilla negra y traje de cuadros o losanges de distintos colores. || **2.** Persona vestida con este traje. || **3.** Gracioso o bufón de algunas compañías de volatineros. || **4.** fig. Persona informal y ridícula. || **5.** fig. y fam. Sorbete de dos o más substancias y colores. || **P.** arlequim; **I.** harlequin; **F.** arlequin, bouffon; **A.** Harlekin; **It.** arlecchino; **R.** арлекин.

ARLEQUINADA. f. Acción o ademán ridículo, como el de los arlequines. || **P.** arlequinada; **I.** harlequinade; **F.** arlequinade; **A.** Harlekinade; **It.** arlecchinata; **R.** арлекинада.

ARLEQUINESCO, CA. adj. Propio del arlequín o perteneciente a él.

ARLO. m. Agracejo, 3.ª acep. ‖ **2.** Colgajo, 2.ª acep.

ARLOTA. f. Alrota.

ARLOTE. (ital. *arlotto*, y éste del l. *ardelĭo, -ōnis.*) adj. ant. Bribón. ‖ **2.** ÁL. y AR. Descuidado, desaseado en el porte. Ú.t.c.s.

ARLOTERÍA. (De *arlote.*) f. ant. Bribonería. ‖ **2.** ant. Malicia, picardía.

ARLOTÍA. (De *arlote.*) f. ant. Arlotería.

ARMA. (l. *arma, -ōrum*, armas.) f. Instrumento para atacar o defenderse. ‖ **2.** MIL. Cada uno de los cuerpos militares que forman el ejército combatiente. ARMA *de ingenieros, de artillería*, etc. ‖ **3.** pl. Armadura, 1.ª acep. ‖ **4.** V. *Cámara de* ARMAS. ‖ **5.** V. *Escudo, fiesta, gente, gacha, hecho, hombre, maestro, paje, plaza, rey, suspensión, trance, ujier de* ARMAS. ‖ **6.** Tropas o ejército de un Estado o nación. *Las* ARMAS *de Francia.* ‖ **7.** Defensas naturales de los animales. ‖ **8.** Piezas con que se arman algunos instrumentos, como la brújula, etc. ‖ **9.** Milicia o profesión militar. *Seguir la carrera de las* ARMAS. ‖ **10.** Hechos de armas, hazañas guerreras. ‖ **11.** fig. Medios para conseguir una cosa. *El* ARMA *de la mentira.* ‖ **12.** BLAS. Escudo de armas o blasones del escudo. ARMAS *parlantes.* Las que representan simbólicamente el nombre de la familia, ciudad o Estado que las usa. ‖ **—arrojadiza.** La ofensiva que se arroja, como el dardo. ‖ **—atómica.** La que se basa en la fuerza explosiva de la energía atómica. ‖ **—automática.** La que, hecho el primer disparo, descarga rápidamente una serie de proyectiles. ‖ **—blanca.** La ofensiva de hoja de acero. ‖ **—corta.** La manual, de pequeño alcance y dimensión, como la pistola. ‖ **—de caza.** La de fuego usada para cazar. ‖ **—de chispa.** La de fuego cuyo cebo se inflama con las chispas que da el rastrillo herido por el pedernal. ‖ **—defensiva.** La que sólo sirve para defenderse. ‖ **—de fuego.** La que se carga con pólvora. ‖ **—de percusión.** La de fuego cebada con mixto fulminante, cuya explosión se produce por golpe. ‖ **—de precisión.** La de tiro más certero que las ordinarias. ‖ **—falsa.** Acometimiento o ataque fingido para probar la gente o engañar al enemigo. ‖ **—negra.** Espada o florete sin filo y con botón en la punta, con que se aprende la esgrima. ‖ **—ofensiva.** La que sirve para ofender. ‖ ARMAS *blancas.* BLAS. Las que llevaba el caballero novel, sin empresa, en el escudo hasta que por su esfuerzo las ganase. ‖ **—falsas.** BLAS. Las ganadas contra las reglas del arte. ‖ *¡Al* ARMA!, exclam. *¡A las* ARMAS! ‖ *¡A las* ARMAS! exclam. con que se previene a los soldados para que tomen con prontitud las ARMAS. ‖ *Alzarse en* ARMAS. fr. Sublevarse. ‖ ARMAS *y dinero buenas manos quieren.* ref. que advierte que para que sean de provecho estas dos cosas, importa saberlas manejar. ‖ *Con las* ARMAS *en la mano.* loc. adv. Estando armado y dispuesto para hacer la guerra. ‖ *De* ARMAS *tomar.* loc. Dícese de la persona que tiene brío y resolución para afrontar las empresas más arriesgadas. ‖ *Dejar uno las* ARMAS. fr. fig. Retirarse del servicio activo. ‖ *Descansar las* ARMAS. fr. MIL. Aliviarse del peso de ellas los soldados dejándolas apoyadas en el suelo. ‖ *Estar en* ARMA *o en* ARMAS. fr. Estar alterado un pueblo o gente con guerras civiles. ‖ *Hacer* ARMAS. fr. Pelear, hacer guerra. ‖ **2.** Pelear uno cuerpo a cuerpo con otro, en sitio público. ‖ *Hacerse* uno *a las* ARMAS. fr. fig. Acostumbrarse y acomodarse uno a una cosa porque obliga la necesidad. ‖ *Llegar a las* ARMAS. fr. Llegar a reñir o pelear. ‖ *Medir las* ARMAS. fr. fig. Reñir o pelear. ‖ **2.** fig. Contender de palabra, por escrito o de otra manera. ‖ *Pasar* a uno *por las* ARMAS. fr. Fusilarlo. ‖ *Poner en* ARMA. fr. Alarmar, 1.ª acep. ‖ *Poner en* ARMAS. fr. Armar o apercibir para combatir. Ú. t. el verbo c.r. ‖ **2.** Alterar a un pueblo o gente con guerras civiles. Ú.t. el verbo c.r. ‖ *Ponerse* uno *en* ARMA. fr. fig. y fam. Apercibirse o disponerse para ejecutar alguna cosa. ‖ *Presentar* ARMAS. fr. MIL. Hacer la tropa honores militares a una persona poniendo el fusil frente al pecho, con el disparador hacia afuera. ‖ *Probar las* ARMAS. fr. ESGR. Tentar y reconocer la habilidad de los que las manejan. ‖ **2.** fig. Por ext., probar la habilidad en cualquiera materia que sea. ‖ *Publicar* ARMAS. fr. Desafiar a combate público. ‖ *Rendir el* ARMA. fr. MIL. Hacer los honores al Santísimo hincando en tierra la rodilla e inclinando las armas. ‖ *Rendir las* ARMAS. fr. MIL. Entregar la tropa sus ARMAS al enemigo en reconocimiento de su derrota. ‖ *Sobre las* ARMAS. loc. MIL. En su puesto y presto a combatir. Dícese de la tropa y se usa más con los verbos *estar, poner* y *ponerse.* ‖ *Tomar las* ARMAS. fr. Armarse para la defensa o el ataque. ‖ **2.** MIL. Hacer los honores militares que correspondan a las personas según su categoría. ‖ *Tomar* uno *las* ARMAS contra otro. fr. fig. Declararse su contrario y hacerle guerra como enemigo. ‖ *Velar* uno *las* ARMAS. fr. Hacer centinela por una noche, cerca de sus armas, el que había de ser armado caballero. ‖ *Vestir* uno *las* ARMAS. fr. Ponérselas para entrar en la pelea o armarse con ellas. ‖ **P.** e **It.** arma; **I.** weapon, arm; **F.** arme; **A.** Waffe; **R.** оружие. ‖ 12.ª acep.: **P.** brasões do escudo; **I.** arms; **F.** armoiries; **A.** Wappen; **It.** armi; **R.** герб.

ARMADA. (l. *armāta*, f. de *armātus*, armado.) f. Conjunto de fuerzas navales de un Estado. ‖ **2.** V. *Ingeniero de la* ARMADA. ‖ **3.** Escuadra, 6.ª acep. ‖ **4.** AMÉR. MERID. Forma en que se dispone el lazo para lanzarlo. ‖ **5.** GERM. Flor que el fullero lleva hecha en los naipes. ‖ **6.** MONT. Línea de cazadores que acechan a las reses en la batida. ‖ **7.** MONT. Gente con perros que espantaban las reses para llevarlas hacia los cazadores. ‖ **P.** armada; **I.** navy, fleet; **F.** flotte, armée navale; **A.** (Kriegs) Flotte; **It.** armata; **R.** флот.

ARMADERA. f. MAR. Cuaderna de armar.

ARMADÍA. (De *almadía.*) f. Conjunto de vigas o maderos unidos por otros en forma plana, para poderlos conducir fácilmente a flote.

ARMADIJA. (l. *armatĭcŭla*, de *armatus.*) f. ant. Armadijo.

ARMADILLA. f. GERM. Dinero que uno da a otro para que juegue por él.

ARMADILLO. (De *armado.*) m. ZOOL. Mamífero desdentado de América, cuyo dorso y cola están protegidos por placas córneas articuladas de manera que le permiten arrollarse en bola. ‖ **P.** armadilho; **I.** e **It.** armadillo; **F.** armadille; **A.** Gürteltier; **R.** броненосец.

ARMADO, DA. p.p. de armar. ‖ **2.** V. *Cemento, hormigón, instituto* ARMADO. ‖ **3.** V. *Gallina* ARMADA. ‖ **4.** m. Hombre que, vestido como los antiguos soldados romanos, acompaña a los pasos en las procesiones de Semana Santa. ‖ **5.** AMÉR. CENTRAL. Armadillo. ‖ **6.** MÉJ. y P. RICO. Pez fluvial parecido al bagre, de cabeza grande armada de tres púas huecas y resistentes.

ARMADOR, RA. m. y f. Persona que arma, 5.ª acep. ‖ **2.** m. MAR. El que por su cuenta arma una embarcación. ‖ **3.** Corsario, 1.ª acep. ‖ **4.** El que alista marineros para la pesca del bacalao o de la ballena. ‖ **5.** Jubón, 1.ª acep. ‖ **6.** CHILE y BOL. Chaleco. ‖ **7.** ECUAD. Gancho para colgar la ropa. ‖ 2.ª acep.: **P.** armador; **I.** shipowner; **F.** armateur; **A.** Reeder; **It.** armatore; **R.** судовладелец.

ARMADURA. (l. *armatūra.*) f. Conjunto de armas defensivas que protegían el cuerpo de los combatientes. ‖ **2.** Pieza o conjunto de piezas sobre las que se arma una cosa. ‖ **3.** Esqueleto, 1.ª acep. ‖ **4.** V. *Cuchillo de* ARMADURA. ‖ **5.** FÍS. Cada uno de los cuerpos conductores, separados por otro aislador, con que se forman los condensadores eléctricos. ‖ **6.** FÍS. Pieza de hierro dulce que se coloca en contacto con los polos de un imán para ayudarle a conservar sus cualidades magnéticas. ‖ **7.** MAR. Aro de metal con que se refuerzan la unión del codaste, las chumaceras y el pozo de la hélice. ‖ **8.** MÚS. Conjunto de sostenidos y bemoles que indican el tono de una composición. ‖ **P.** armadura; **I.** armor; **F.** armure; **A.** Waffenrüstung; **It.** armatura; **R.** вооружение, оборудование.

° **ARMADURA.** f. Armazón de maderos entrelazados con que se cubre un edificio.

ARMAJAL. m. Almarjal, 2.º art.

ARMAJO. m. Almarjo, 1.ª acep.

ARMALLADA. f. MAR. Arte de pesca con paños de red que se cala a lo largo de la costa y se utiliza en las costas catalanas para la pesca de salmonetes, langostinos, etc.

ARMAMENTO. (l. *armamentum.*) m. MIL. Prevención de todo lo necesario para la guerra. ‖ **2.** Conjunto de armas al servicio del ejército, de un cuerpo armado o de un individuo. ‖ **3.** MAR. Equipo y provisión de un buque. ‖ **I.** armament, equipment; **F.** équipement, armement; **A.** Ausrüstung, Reederei; **It.** armamento, equipaggiamento; **R.** вооружение.

ARMAMIENTO. m. ant. Armamento.

ARMANDIJO. m. ant. Armadijo.

ARMANZA. (De *armar.*) f. ant. Armadijo.

ARMAR. (l. *armāre.*) tr. Vestir oponer a uno armas ofensivas o defensivas. Ú.t. c.r. ‖ **2.** Proveer de armas. Ú.t.c.r. ‖ **3.** A percibir para la guerra. Ú.m.c.r. ‖ **4.** Preparar un arma para usarla. ARMAR *la ballesta.* ‖ **5.** Por anal. Juntar entre sí y concertar las piezas varias de una cosa: ARMAR *una máquina.* ‖ **6.** Sentar, fundar una cosa sobre otra. ‖ **7.** Poner los pasamaneros hilo de oro o plata sobre otro metal. ‖ **8.** En la poda, dejar los árboles con unas guías determinadas. ‖ **9.** V. *Cuaderna, espejo de* ARMAR. ‖ **10.** fig. y fam. Disponer, fraguar, formar alguna cosa. ‖ **11.** fig. y fam. Tratándose de pleitos, escándalos, etc., mover, causar. Ú.t.c.r. ‖ **12.** fig. y fam. Aviar. Ú.t.c.r. ‖ **13.** MAR. Aprestar una embarcación. ‖ **14.** intr. Convenir una cosa a uno, ser conforme a su deseo. ‖ **15.** MIN. Yacer el mineral explotable entre las rocas. ‖ **16.** r. fig. Disponer el ánimo para lograr algún fin o resistir una contrariedad. ARMARSE *de paciencia.* ‖ **17.** GUAT. y MÉJ. Plantarse las caballerías. ‖ **18.** AMÉR. CENTRAL y MÉJ. Negarse violentamente y con obstinación a hacer algo. ‖ **19.** MÉJ. Proveerse de dinero. ‖ **20.** TAUROM. Liar el espada la muleta y colocar el estoque en la dirección al sitio donde debe herir. ‖ ARMARLA. fr. fam. Promover riñas o alborotos. ‖ **2.** Hacer trampas en el juego. ‖ **P.** armar; **I.** to arm; **F.** armer; **A.** bewaffnen; **It.** armare; **R.** вооружать.

ARMARIO. (l. *armarĭum.*) m. Mueble con puertas y anaqueles en lo interior, donde se pueden guardar libros, ropas u otros objetos. ‖ **—de luna.** El ropero que tiene espejo en su puerta. ‖ **P.** armário; **I.** press; **F.** armoire; **A.** Schrank; **It.** armadio; **R.** шкаф.

ARMATOSTE. (De *armar* y el adv. ant. *toste*, prontamente.) m. Máquina o mueble tosco, pesado y mal hecho. ‖ **2.** fig. Persona corpulenta que para nada sirve. ‖ **3.** MIL. Aparato con que se armaban antiguamente las ballestas.

* **ARMATURA.** (l. *armatūra.*) f. Combate simulado en que los soldados romanos se ejercitaban en el manejo de las armas.

ARMAZÓN. (l. *armatĭo, -ōnis.*) f. Armadura, 2.ª acep. ‖ **2.** Acción y efecto de armar, 5.ª acep. ‖ **3.** Armadura, 3.ª acep. ‖ **4.** m. AMÉR. Anaquelería. ‖ **5.** Disposición de vigas en fila. ‖ **P.** armação; **I.** framework; **F.** armature, charpente; **A.** Zimmerwerk, Geripppe; **It.** armatura; **R.** арматура, оборудование.

ARMELLA. (l. *armilla*, aro.) f. Anillo de hierro u otro metal que por lo común suele tener una espiga o tornillo para clavarlo en parte sólida.

ARMELLUELA. f. d. de armella.

ARMENIA. n. p. V. *Bol, bolo, de* ARMENIA.

ARMÉNICO. (l. *armenĭcus.*) adj. V. *Bol, bolo* ARMÉNICO.

ARMENIO, NIA. (l. *armenĭus.*) adj. Natural de Armenia. Ú.t.c.s. ‖ **2.** Perteneciente a este país de Asia. ‖ **3.** Dícese de los cristianos que pertenecen al patriarcado católico o al cismático de Armenia y que conservan su antiquísima liturgia. Ú.t.c.s. ‖ **4.** m. Lengua ARMENIA. ‖ **P.** ar-

A

ménico; **I.** Armenian; **F.** arménien; **A.** Armenier; **It.** armeno; **R.** армянин.

ARMENTO. (l. *armentum*.) m. ant. Gando, 3.ª acep.

ARMERÍA. (De *armero*.) f. Edificio o sitio donde se exhiben armas para su estudio o curiosidad. || **2.** Arte de fabricar armas. || **3.** Tienda en que se venden armas. || **4.** Blasón, 1.ª acep. || **5.** Cabo de ARMERÍA. || **P.** armaria; **I.** armory; **F.** musée d'armes; **A.** Waffensammlung, Waffenhaus; **It.** armeria; **R.** арсенал.

ARMERO. (l. *armarīus*.) m. El que tiene por oficio fabricar o vender armas. || **2.** El que en las armerías, unidades de ejército, buques de guerra, etc., está encargado de custodiarlas y conservarlas. || **3.** Mueble para tener las armas. || **P.** armeiro; **I.** armourer; **F.** armurier; **A.** Waffenschmied; **It.** armaiuolo; **R.** оружейник.

ARMEROL. m. desus. Maestro armero.

ARMÍFERO, RA. (l. *armĭfer*; de *arma*, armas, y *ferre*, llevar.) adj. poét. Armígero, 1.ª acep.

ARMÍGERO, RA. (l. *armĭger*; de *arma*, armas, y *gerĕre*, llevar.) adj. poét. Dícese del que viste o lleva armas. || **2.** fig. Belicoso, aficionado a la guerra. || **3.** m. Escudero que tenía por oficio llevar las armas de su señor.

★ **ARMILA.** (l. *armilla*, anillo.) f. ARQ. Parte de la base en la columna.

ARMILAR. (l. *armilla*, anillo.) adj. V. *Esfera* ARMILAR.

ARMILLA. (l. *armilla*.) f. ant. Armella, 2.ª acep. || **2.** ARQ. Astrágalo, 2.ª acep. || **3.** ARQ. Espira, 1.ª acep. || **4.** ASTRON. Antiguo instrumento parecido a la esfera armilar.

ARMINIO. (l. *armēnius*, de Armenia.) m. ant. Armiño.

ARMIÑADO, DA. p.p. de armiñar. || **2.** adj. Guarnecido de armiños, 2.ª y 5.ª aceps. || **3.** Semejante en blancura al armiño, 2.ª y 5.ª aceps.

ARMIÑAR. tr. Dar a una cosa el color blanco del armiño.

ARMIÑO. (Como el fr. *hermine*, del l. *armēnius*, de Armenia.) m. ZOOL. Mamífero carnívoro mustélido, de unos 25 cm de largo, de piel muy suave y delicada, parda en verano y blanquísima en invierno, excepto el extremo de la cola, que es negra. || **2.** Piel de este animal. || **3.** fig. Lo puro o limpio. || **4.** Pinta blanca junto al casco de las caballerías. || **5.** BLAS. Figura convencional, a manera de mota larga y negra, sobre campo de plata. || **P.** arminho; **I.** ermine, stoat; **F.** hermine; **A.** Hermelin; **It.** ermellino; **R.** горностай.

ARMIPOTENTE. (l. *armĭpŏtens*, *-entis*; de *arma*, armas, y *potens*, poderoso.) adj. poét. Poderoso en armas.

ARMISONANTE. (l. *arma*, armas, y *sonans*, *-antis*, que suena.) adj. poét. Que lleva armas que suenan al ser movidas o chocar unas con otras.

ARMISTICIO. (l. *arma*, armas, y *statĭo*, detención, suspensión.) m. Suspensión de hostilidades pactada entre pueblos o ejércitos beligerantes. || **P.** armisticio; **I.** y **F.** armistice; **A.** Waffenstillstand; **It.** armistizio; **R.** перемирие.

ARMÓN. (de *armar*.) m. Pliego delantero de la cureña del cañón de campaña. || **2.** SANT. Parte delantera del carro de dos ruedas. || 2.ª acep.: **P.** armão; **I.** limber; **F.** avanttrain; **A.** Protze, Protzwagen; **It.** lavetta; **R.** передок.

ARMONÍA. (l. *harmonía*, y éste del gr. ἀρμονία, de ἀρμός, ajustamiento, combinación.) f. Combinación o unión de sonidos simultáneos y diferentes, pero acordes. || **2.** Combinación de sonidos, cadencias y acentos que resultan gratos al oído en el lenguaje hablado. || **3.** Conveniente proporción y correspondencia de unas cosas con otras. || **4.** fig. Amistad y buena correspondencia. || **5.** MÚS. Arte que trata de la formación, sucesión y modulación de los acordes musicales. || **P.** harmonia; **I.** harmony; **F.** harmonie; **A.** Harmonie; **It.** armonia; **R.** гармония.

ARMONIACO, [∼NÍACO]. adj. desusado. Amoniaco, 1.ª acep.

º **ARMÓNICA.** f. MÚS. Pequeño instrumento músico de viento que se toca soplando o aspirando por una serie de orificios con lengüeta. || **2.** Instrumento músico que se compone de varias piezas sonoras de diferente longitud que emiten sonidos al ser golpeadas con un macillo.

ARMÓNICAMENTE. adv. De manera armónica.

ARMÓNICO, CA. (l. *harmonĭcus*, y éste del gr. ἁρμονικός.) adj. Perteneciente o relativo a la armonía. *Composición* ARMÓNICA. || **2.** V. *Música, proporción* ARMÓNICA. || **3.** MÚS. Sonido agudo, concomitante, producido por la resonancia de otro fundamental. || **4.** MÚS. Sonido que se obtiene en los instrumentos de cuerda apoyando suavemente el dedo en determinados puntos de una cuerda en vibración.

ARMONIO. (De *armonía*.) m. Órgano pequeño, al cual se da el aire por medio de un fuelle que se mueve con los pies.

ARMONIOSAMENTE. adv. Con armonía.

ARMONIOSO, SA. adj. Sonoro y agradable al oído. || **2.** fig. Que tiene armonía o correspondencia entre sus partes.

ARMONISMO. m. Armonía imitativa del estilo.

ARMONISTA. (De *armonía*.) com. ant. Músico, 2.ª acep.

★ **ARMONÍSTICA.** f. Ciencia que estudia las concordancias de las Sagradas Escrituras.

ARMONIZABLE. adj. Que puede armonizarse.

ARMONIZACIÓN. f. MÚS. Acción y efecto de armonizar.

★ **ARMONIZADO, DA.** adj. MÚS. Acorde. || **2.** Cadencioso.

ARMONIZAR. tr. Poner en armonía dos o más partes de un todo, o dos o más cosas que deben concurrir a un mismo fin. || **2.** MÚS. Escoger y escribir los acordes correspondientes a una melodía o a un bajete. || **3.** intr. Estar en armonía.

ARMORICANO, NA. adj. Natural de Armórica. Ú.t.c.s. || **2.** Perteneciente o relativo a este antiguo país, hoy Bretaña francesa.

ARMOS. (l. *armus*, la cruz de los animales.) m. pl. En las caballerías, la cruz.

ARMUELLE. (l. *atriplex mollis*.) m. BOT. Planta salsolácea de 1 m de altura, con flores muy pequeñas en espiga y de color verde amarillento. Se cultiva y se come cocida. || **2.** Bledo. || **3.** Orzaga. || —**borde.** Ceñiglo.

ARNA. (b. l. *arna*, y éste tal vez del l. *urna*.) f. Vaso de colmena.

★ **ARNACO.** m. COLOM. Trasto viejo.

ARNACHO. m. Asnallo.

ARNADÍ. (ár. *garnāti*, granadino.) m. Dulce hecho al horno con calabaza y boniato, relleno de piñones, nueces, etc.

ARNASCA. (vasc. *arn*, piedra, y *asca*, gamella, 1.ª acep.) f. ÁL. Artesa o pila de piedra. Dícese generalmente de la colocada a la puerta de las casas.

ARNAÚTE. (turc. *arnāwud*, albanés.) adj. Albanés, 2.º art. Ú.t.c.s.

ARNEQUÍN. (De *arlequín*.) m. ant. Maniquí.

ARNÉS. (fr. *harnais*, y éste del bretón *harn*, hierro.) m. Conjunto de armas de acero defensivas que se vestían y acomodaban al cuerpo asegurándolas con correas y hebillas. || **2.** pl. Guarniciones de las caballerías. || **3.** fig. y fam. Cosas necesarias para algún fin. || ARNÉS *tranzado*. El compuesto de diversas piezas con sus junturas, para que el hombre armado pudiera moverse con facilidad. || *Blasonar* uno *de* ARNÉS. fr. fig. Echar fanfarronadas. || **P.** arnês; **I.** harness; **F.** harnais, armure; **A.** Harnisch; **It.** arnese; **R.** броня, латы.

ÁRNICA. (l. *ptarmica*, l. y éste del gr πταρμική, estornutatoria.) f. Planta compuesta medicinal, de cabezuela amarilla, cuyas flores y raíz tienen sabor acre y olor fuerte, que hace estornudar. Se emplea en medicina. || **2.** Tintura hecha con estas plantas. || **P.** árnica; **I., F.** e **It.** arnica; **A.** Arnika; **R.** арника.

ARNILLO. m. ZOOL. Pez del mar de las Antillas, del orden de los acantopterigios, de 20 a 30 cm de largo, y figura y color parecidos a los del barbero, aunque no tienen aplastado el cuello.

ARO. m. Pieza de materia rígida en figura de circunferencia. || **2.** Argolla con espigón movible, para el juego de este

nombre. || **3.** Armadura de madera que sostiene el tablero de la mesa. || **4.** Nombre que reciben las paredes perpendiculares de la caja de los pianos. || **5.** Juguete de niños en forma de aro. || **6.** ARGENT. y CHILE. Arete, 2.ª acep. || *Entrar* uno *por el* ARO. fr. fig. y fam. Ejecutar contra su voluntad una cosa que no quería. || **P.** aro; **I.** hoop; **F.** cerceau; **A.** Reif; **It.** cerchio; **R.** обруч.

ARO. (l. *arum*, y éste del gr. ἄρον.) m. BOT. Planta perenne de la familia de las aráceas, de raíz tuberculosa y feculenta, de la cual salen las hojas de color verde obscuro; bohordo central de 3 a 4 cm de altura; espádice purpúreo prolongado en figura de maza, y fruto del color y tamaño de la grosella. || —**de Etiopía.** Cala, 3.er art. || **P.** jarro; **I.** y **F.** arum; **A.** Zehrwurz; **It.** arum; **R.** цветок акации.

¡ARO! (Voz aimará.) CHILE. interj. con que se interrumpe a uno que habla, canta o baila, presentándole a la vez una copa de licor. Ú.c.m. con el verbo *hacer*.

AROCA. f. Lienzo labrado en Arouca, villa de Portugal.

AROIDEO, A. (De *oro*, 2.º art.) adj. BOT. Aráceo.

AROMA. (l. *arōma*, y éste del gr. ἄρωμα.) f. Flor del aromo. || **2.** m. Cualquier goma, bálsamo, leño o hierba de mucha fragancia. Ú. alguna vez c.f. || **3.** Perfume, olor muy agradable. || **P., I.** e **It.** aroma; **F.** arome; aromate; **A.** Aroma, Duft; **R.** аромат, благоухание.

★ **AROMADO, DA.** (De *aroma*.) adj. Perfumado.

★ **AROMAL.** m. CUBA. Terreno poblado de aromos, árboles leguminosos.

AROMAR. (De *aroma*.) tr. Aromatizar.

AROMATICIDAD. f. Calidad de aromático.

AROMÁTICO, CA. (l. *aromatĭcus*, y éste del gr. ἀρωματικός.) adj. Que tiene aroma, 3.ª acep. || **2.** V. *Cálamo* AROMÁTICO. || **P.** aromático; **I.** aromatic; **F.** aromatique; **A.** aromatisch, wohlriechend; **It.** aromatico; **R.** ароматный.

AROMATIZACIÓN. f. Acción de aromatizar.

AROMATIZANTE. p.a. de aromatizar. Que aromatiza.

AROMATIZAR. (l. *aromatizāre*, y éste del gr. ἀρωματίζω.) tr. Dar o comunicar aroma a alguna cosa.

AROMO. (De *aroma*.) m. BOT. Árbol leguminoso, especie de acacia, que crece hasta 17 m, de ramas espinosas y flores amarillas muy olorosas, y por frutos vainas fuertes y encorvadas.

AROMOSO, SA. adj. Aromático.

ARON. m. Aro, 2.º art.

ARPA. (l. *harpa*, y éste del germ. *harpa*.) f. Instrumento músico, de figura triangular, con cuerdas colocadas verticalmente, que se hieren directamente con los dedos de ambas manos. || —**eolia.** Instrumento de cuerda en el cual los sonidos se producían al roce de una corriente de aire. || *Tronar* uno ARPA *vieja* una persona o cosa. fr. fig. y fam. Acabar desastrosa y repentinamente. || **P.** harpa; **I.** harp; **F.** harpe; **A.** Harfe; **It.** arpa; **R.** арфа.

ARPADO, DA. p.p. de arpar. || **2.** adj. Que remata en dientecillos como de sierra. || **3.** COLOM. Lleno, plagado.

ARPADO, DA. (De *arpa*.) adj. poét. Dícese de los pájaros de canto grato y armonioso.

ARPADOR. m. ant. Arpista.

ARPADURA. (De *arpar*.) f. Araño o rasguño.

ARPAR. (l. *harpe*, y éste del gr. ἄρπη, hoz, gancho.) tr. Arañar o rasgar con las uñas. || **2.** Hacer tiras o pedazos alguna cosa. || **3.** COLOM. Llenarse, plagarse.

★ **ARPAZ.** adj. Rapaz, rapante.

ARPEGIO. (ital. *arpeggio*, y éste de *arpa*.) m. MÚS. Sucesión de los sonidos de un acorde. || **P.** arpejo; **I.** e **It.** arpeggio; **F.** arpège; **A.** Arpeggio; **R.** созвучие.

★ **ARPEL.** m. MIN. Especie de azadón con tres dientes que termina en punta.

ARPELLA. (l. *harpe*, y éste del gr. ἄρπη.) f. Ave rapaz diurna, de color pardo con manchas rojizas en el pecho y el vientre, y collar y moño amarillentos. Anida en tierra, cerca de los sitios pantanosos.

ARPENDE. (l. *arapennis*.) m. Medida

A

superficial usada por los antiguos españoles equivalente al acto cuadrado de los romanos.

ARPEO. (De *arpar*.) m. MAR. Instrumento de hierro con unos garfios, que sirve para rastrear o para aferrarse dos embarcaciones.

ARPÍA. (l. *harpyia*, y éste del gr. Ἅρπυια.) f. Monstruo fabuloso con el rostro de doncella y el cuerpo de ave de rapiña. || 2. fig. y fam. Persona codiciosa que saca todo cuanto puede. || 3. fig. y fam. Mujer de muy mala condición. || 4. fig. y fam. Mujer muy fea y flaca.

★ ARPÍAS. MIT. Deidades aladas, de vuelo rápido, cuya misión era arrebatar a los mortales y librarles de los poderes infernales.

ARPILLADOR, RA. m. y f. MÉJ. Persona que arpilla sacos y cajones.

ARPILLADURA. f. MÉJ. Acción de arpillar.

ARPILLAR. tr. MÉJ. Cubrir fardos y cajones con arpillera.

ARPILLERA. (Por las [s]arpilleras, del fr. *serpillière*, y éste del l. *sirpícula*, tejido de juncos.) f. Tejido por lo común de estopa muy basta, con que se cubren varias cosas para defenderlas del polvo y del agua.

★ ARPIÑA. f. ECUAD. Hurto.

★ ARPIÑAR. tr. ECUAD. Gurtar.

ARPISTA. com. Persona que toca el arpa.

ARPÓN. (gr. ἅρπη, instrumento en forma de anzuelo.) m. Instrumento compuesto por un astil de madera armado con una punta de hierro para herir y de otras dos para hacer presa. || 2. ARQ. Grapa, 1.ª acep. || P. arpão; I. harpoon; F. harpon; A. Harpune; It. rampone; R. гарпун.

ARPONADO, DA. adj. Parecido al arpón.

ARPONAR. tr. Herir con arpón.

º ARPONEAR. Cazar o pescar con arpón.

ARPONERO. m. El que fabrica arpones. || 2. El que pesca o caza con arpón.

★ ARQUEADA. f. Paso del arco por las cuerdas de un instrumento músico, sin cambiar de dirección. || 2. Arcada, 3.ª acep.

ARQUEADOR. m. Perito que arquea o mide la capacidad de las embarcaciones. || P. arqueador; I. ship-gauger; F. jaugeur; mesureur; A. Eichmeister; It. stazzatore; R. бондарь.

ARQUEADOR. m. El que tiene por oficio arquear la lana.

ARQUEAJE. m. Arqueo, 2.º art.

ARQUEAMIENTO. m. Arqueo, 2.º art.

ARQUEAR. tr. Dar a una cosa figura de arco. Ú.t.c.r. || 2. En el obraje de paños, sacudir la lana con un arco. || 3. intr. Nausear. || P. arquear; I. to arch; F. arquer; A. wölben; It. inarcare; R. сгибать в дугу.

★ ARQUEAR. tr. CHILE. Hacer el arqueo de una caja u oficina.

ARQUEAR. (De *arca*, 2.º art., 1.ª acep.) tr. Medir la cabida de una embarcación.

ARQUEO. m. Acción y efecto de arquear o arquearse, 1.er art.

ARQUEO. m. Acción de arquear, 2.º art. || 2. Cabida de una embarcación. || 3. V. *Tonelada, tonelada métrica de* ARQUEO.

ARQUEO. (De *arca*, 2.º art., 2.ª acep.) m. Reconocimiento de los caudales que existen en la caja.

★ ARQUEOGRAFÍA. f. Descripción gráfica de escenas, usos y costumbres de la antigüedad.

ARQUEOLÍTICO, CA. (gr. ἀρχαῖος, antiguo, y λίθος, piedra.) adj. Perteneciente o relativo a la Edad de la Piedra.

ARQUEOLOGÍA. (gr. ἀρχαιολογία; de ἀρχαῖος, antiguo, y λόγος, discurso.) f. Ciencia que estudia los monumentos no literarios de la antigüedad. || P. arqueologia; I. archeology; F. archéologie; A. Archäologie; It. archeologia; R. археология.

ARQUEOLÓGICO, CA. (gr. ἀρχαιολογικός.) adj. Perteneciente o relativo a la arqueología. || 2. fig. Antiguo, desusado, sin importancia actual.

ARQUEÓLOGO. (gr. ἀρχαιολόγος.) m. El que por profesión o estudio se dedica a la arqueología.

★ ARQUERA. f. ARQ. Aspillera estrecha y alta.

ARQUERÍA. f. Serie de arcos. || P. arcaria; I. arcade; F. arcature; A. Bogenwerk; It. arcata; R. ряд арок.

ARQUERO. (De *arca*.) m. Cajero, 2.ª acep.

ARQUERO. (De *arco*.) adj. V. *Hierro* ARQUERO. || 2. m. Soldado armado con arco y flechas. || 3. El que tiene por oficio hacer arcos. || P. arqueiro; I. y F. archer; A. Bogenschütze; It. arciere; R. лучник.

ARQUETA. f. d. de arca, 1.er art.

ARQUETÍPICO, CA. adj. Perteneciente o relativo al arquetipo.

ARQUETIPO. (l. *archetýpum*, y éste del gr. ἀρχέτυπος; de ἄρχω, ser el primero, y τύπος, modelo.) m. TEOL. Tipo supremo, prototipo ideal de las cosas. || 2. fig. Modelo original y primario en el arte u otras cosas. || P. arquétipo; I. archtype; F. archétype; A. Vorbild, Urbild; It. archetipo; R. прототип.

ARQUETÓN. m. aum. de arqueta.

ARQUIBANCO. m. Banco largo con uno o más cajones a modo de arcas, cuyas tapas sirven de asiento.

ARQUIDIÓCESIS. f. Archidiócesis.

ARQUIEPISCOPAL. (De *arqui*, por *archi*, y *episcopal*.) adj. Arzobispal.

★ ARQUILLA. f. Arca pequeña. || 2. Pescante en algunos carruajes. || P. arca pequena; I. casket; F. coffret; A. Kistchen; It. cofanetto; R. шкатулка.

★ ARQUILLO. (d. de *arco*.) m. Arco de un instrumento músico. || 2. Arco pequeño usado por los cerrajeros para taladrar. || 3. MIN. La entrada de las galerías de las minas.

ARQUÍMEDES. n. p. V. *Rosca de* ARQUÍMEDES.

ARQUIMESA. (De *arca* y *mesa*.) f. Mueble con tablero de mesa y varios compartimientos o cajones.

ARQUÍPTERO. (gr. ἀρχή, principio, y πτερόν, ala.) adj. ZOOL. Dícese de los insectos masticadores, con metamorfosis sencillas o complicadas, ápteros con cuatro alas membranosas y reticulares. Ú.t.c.s. || 2. m. pl. ZOOL. Orden de estos animales.

ARQUISINAGOGO. (l. *archisynagógus*, y éste del gr. ἀρχισυνάγωγος; de ἄρχω, gobernar, y συναγωγή, sinagoga.) m. El principal de la sinagoga.

ARQUITECTO. (l. *architectus*, y éste del gr. ἀρχιτέκτων; de ἄρχω, mandar, y τέκτων, obrero.) adj. El que profesa o ejerce la arquitectura. || P. arquiteto; I. architect; F. architecte; A. Architekt; It. architetto; R. архитектор.

ARQUITECTÓNICO, CA. (l. *architectonicus*, y éste del gr. ἀρχιτεκτονικός.) adj. Perteneciente o relativo a la arquitectura.

ARQUITECTOR. (l. *architector*.) m. ant. Arquitecto.

ARQUITECTURA. (l. *architectúra*.) f. Arte de proyectar y construir edificios. || 2. Método o estilo de construir caracterizado por ciertas peculiaridades. ARQUITECTURA *bizantina*. || 3. Arte de estructurar un espacio en función de las necesidades materiales o espirituales del hombre. || —civil. La que trata de edificios destinados a usos civiles. || —hidráulica. Arte de conducir y aprovechar las aguas, o de construir obras debajo de ellas. || —militar. La que entiende de las construcciones militares. || —naval y aeronáutica. La que proyecta las embarcaciones y aeroplanos. || —religiosa. La que construye templos y otros edificios religiosos. || P. arquitectura; I. y F. architecture; A. Baukunst, Architektur; It. architettura; R. архитектура.

ARQUITECTURAL. adj. Arquitectónico.

ARQUITRABE. (ital. *architrave*, trabe maestra.) m. ARQ. Parte inferior del cornisamento, la cual descansa inmediatamente sobre el capitel de la columna. || P. arquitrave; I., F. e It. architrave; A. Architrav; R. архитрав.

ARQUIVOLTA. (ital. *archivolta*.) f. ARQ. Archivolta.

ARRA. f. p.us. Arras, 1.ª acep. || 2. AR. Cada una de las dos tortas de pan que se llevan a las bodas.

ARRABÁ. (ár. *ar-rabá'*, el cuadro.) m.

ARQ. Adorno rectangular que suele circunscribir el arco de las puertas y ventanas de estilo árabe.

ARRABAL. (ár. *ar-rabad*, el barrio de las afueras.) m. Barrio fuera del recinto de la población a que pertenece. || 2. Cualquiera de los sitios extremos de una población. || 3. Población anexa a otra mayor. || P. arrabalde; I. suburb; F. faubourg; A. Vorstadt; It. sobborgo; R. пригород.

ARRABALDE. m. ant. Arrabal.

ARRABALERO, RA. adj. Habitante de un arrabal. || 2. fig. y fam. Dícese especialmente de la mujer que en su traje, modales o manera de hablar da muestras de mala educación. Ú.t.c.s.

ARRABIADAMENTE. adv. ant. Con rabia, airadamente.

★ ARRABIATAR. (De *a* y *rabiatar*.) tr. AMÉR. Rabiatar, atar por el rabo. || 2. CUBA. Atar un animal a la cola de otro. || 3. r. fam. COLOM. Aceptar con servilismo el dictamen ajeno.

ARRABIO. m. METAL. Hierro colado.

★ ARRACACINCHADO, DA. adj. fest. y fam. Atado, enredo. || 2. Preocupado, obsesionado.

ARRACACHÁ. (quich. *racachá*.) f. Planta de la América Meridional, de la familia de las umbelíferas, semejante a la chirivía, pero de raíz más larga y más gruesa y muy exquisita. || 2. fig. COLOM. Sandez.

ARRACADA. (ár. *al-qarrāt*, el pendiente.) f. Arete con adorno colgante. || P. arrecada; I. pendant; F. pendant d'oreilles; A. Ohrgehänge; It. buccola; R. серьга.

ARRACIMADO, DA. p.p. de arracimarse. || 2. adj. En racimo.

ARRACIMARSE. r. Unirse o juntarse algunas cosas en figura de racimo.

ARRACLÁN. (vasc. *ollacarana*.) m. BOT. Árbol ramnáceo, de hojas ovales, flores hermafroditas y madera flexible que da un carbón muy ligero.

ARRACLÁN. m. AR. y SAL. Alacrán, 1.ª acep.

ARRÁEZ. (ár. *ar-ra'is*, el jefe, el caudillo.) m. Caudillo o jefe árabe o morisco. || 2. Capitán de embarcación árabe o morisca. || 3. Capitán o patrón de un barco en el archipiélago de Filipinas. || 4. Tratándose de una almadraba, jefe de todas las operaciones que se ejecutan.

ARRAEZAR. (De *a*, 2.º art., y *rahez*.) intr. ant. Dañarse, malearse alguna cosa. Usáb.t.c.r.

ARRAFIZ. (De *arrazafe*.) m. ant. Cardo comestible.

ARRAIGADAMENTE. adv. Fijamente, con fijeza y permanencia.

ARRAIGADAS. (De *arraigar*.) f. pl. MAR. Cabos o cadenas para seguridad de las obencaduras de los masteleros; se afirman en el cuello del palo macho y desde allí van al canto de la cofa. || P. arraigadas; I. futtoks; F. gambes de hune; A. Puttingswanten; It. sartie rovescie; R. трос или цепь.

ARRAIGADO, DA. p.p. de arraigar. || 2. adj. Que posee bienes raíces. || 3. m. MAR. Amarradura de un cabo o cadena.

ARRAIGADURA. (De *arraigar*.) m. ant. Arraigo, 1.ª acep.

ARRAIGAMIENTO. (De *arraigar*.) m. ant. Arraigo, 1.ª acep.

ARRAIGANTE. p.a. de arraigar. Que arraiga.

ARRAIGAR. (l. *ad*, a, y *radicāre*.) intr. Echar o criar raíces. Ú.t.c.r. y como causativo. || 2. fig. Hacerse muy firme una virtud, vicio, costumbre, etc. || 3. For. Afianzar las resultas del juicio con bienes raíces o depósito en metálico. || 4. tr. fig. Establecer, fijar firmemente una cosa. || 5. fig. Establecer y afirmar a uno en una virtud, costumbre, etc. || 6. r. Establecerse de asiento; adquirir fincas. || P. arraigar; I. to root; F. prende racine, s'enraciner; A. einwurzeln, anwachsen; It. radicare; R. укоренять.

ARRAIGO. m. Acción y efecto de arraigar. || 2. Bienes raíces. Ú.m. en expresiones como éstas. *Persona de* ARRAIGO, etc. || 3. V. *Fianza de* ARRAIGO.

ARRALAR. (De *a*, 2.º art., y *ralo*.) Realear, 1.ª y 2.ª aceps. || 2. tr. AMÉR. Suprimir plantas en las plantaciones muy espesas para aclararlas.

A

ARRAMBLAR. (De *a*, 2.º art., y *rambla*.) tr. Dejar los ríos o torrentes cubierto de arena el suelo por donde pasan. || **2.** fig. Arrastrarlo todo, llevándoselo con violencia. || **3.** fig. Recoger codiciosamente todo lo que hay en algún lugar. || **4.** r. Quedarse el suelo cubierto de arena a causa de una avenida.

ARRAMPLAR. tr. fam. Arramblar, 3.ª acep. Ú.t.c.intr.

★ **ARRANADO, DA.** adj. CHILE. Dícese de la cosa que presenta una forma más baja o achatada que la ordinaria.

★ **ARRANCACAMISA.** (De *arrancar* y *camisa*.) m. CUBA. Juego de naipes en que se reparten cada una de las dos personas que juegan la mitad de la baraja.

º **ARRANCACLAVOS.** m. Palanca con una uña hendida dispuesta para arrancar clavos.

ARRANCADA. (De *arrancar*.) f. Partida o salida violenta. || **2.** MAR. Primer empuje de un buque al emprender la marcha. || **3.** Aumento repentino de la velocidad en la marcha de un buque. || **I.** start; **F.** départ; **A.** Ausreise; **It.** slancio; **R.** старт.

ARRANCADERA. (De *arrancar*.) f. Esquila grande que llevan los mansos para levantar y guiar el ganado.

ARRANCADERO. (De *arrancar*.) m. Punto desde donde se echa a correr.

ARRANCADO, DA. p.p. de arrancar.|| **2.** adj. fig. y fam. Dícese del sujeto, que habiendo tenido bienes de fortuna, los pierde. || **3.** BLAS. Se dice del árbol o planta que descubre sus raíces. || **4.** MAR. V. *Boga* ARRANCADA.

ARRANCADOR, RA. adj. Que arranca. Ú.t.c.s.

ARRANCADURA. f. Acción de arrancar.

ARRANCAMIENTO. m. Arrancadura.

ARRANCAPINOS. (De *arrancar* y *pino*, 1.er art.) m. fig. y fam. Hombre de pequeño cuerpo.

º **ARRANCAPUNTAS.** m. Utensilio para arrancar puntas.

ARRANCAR. (l. *eruncāre*.) tr. Sacar de raíz. ARRANCAR *una planta*. || **2.** Sacar con violencia lo que está asegurado en un lugar. ARRANCAR *un clavo*. || **3.** Quitar con violencia. || **4.** fig. Obtener algo de una persona con trabajo, violencia o astucia. ARRANCAR *una confesión*. || **5.** fig. Conseguir algo por el entusiasmo que despierta. || **6.** fig. Separar con violencia o astucia a uno de alguna parte, especialmente de las costumbres, vicios, etc. || **7.** fig. Despedir y arrojar la flema. || **8.** MAR. Dar a un barco mayor velocidad que la que lleva. || **9.** intr. Partir de carrera para seguir corriendo. || **10.** Iniciarse el funcionamiento o movimiento de una máquina. Ú.t.c.tr. || **11.** fam. Partir o salir de alguna parte. || **12.** fig. Provenir, traer origen. || **13.** ARQ. Principiar el arco o la bóveda. || **P.** arrancar; **I.** to pull out; **F.** arracher; **A.** reissen; **It.** sradicare; **R.** вырывать.

ARRANCASIEGA. f. Acción de arrancar y segar el trigo o cebada cuando se han quedado cortos.

ARRANCIARSE. r. Enranciarse.

★ **ARRANCÓN.** (De *arranque*.) m. MÉJ. Salida violenta. || **2.** COLOM. Congoja, angustia. || **3.** COLOM. Entusiasmo, fogosidad. || **4.** COLOM. Despedida.

ARRANCHAR. (fr. *ranger*.) tr. MAR. Contornear la costa, un banco, etc. || **2.** Cazar y bracear el aparejo de un buque.

★ **ARRANCHAR.** tr. BOL. Reducir a prisión. || **2.** MÉJ. Acomodarse con uno para vivir con él. || **3.** MÉJ. y URUG. Amancebarse. || **4.** CUBA. Demorarse demasiado en un lugar. || **5.** CHILE. Reunirse varias personas para comer.

ARRANCHARSE. r. Juntarse en ranchos. Ú.t.c.intr.

ARRANQUE. m. Acción y efecto de arrancar. || **2.** fig. Impetu de cólera, amor o piedad. || **3.** Prontitud excesiva en una acción. || **4.** Ocurrencia viva e inesperada. || **5.** Principio de un arco o bóveda. || **6.** Comienzo de un miembro o parte de un animal o vegetal. || **P.** arrancadura; **I.** impetuousness; **F.** fougue, arrachement; **A.** Ausreissen; **It.** foga; **R.** вспышка.

ARRANQUERA. (De *arranque*.) f.

CAN., CUBA y MÉJ. Falta de dinero habitual o pasajera.

ARRAPAR. (germ. *rapon*, quitar.) tr. Arrebatar, 1.ª acep. Sólo se emplea en estilo bajo.

ARRAPIEZO. (despect. de *arrapo*.) m. Harapo, 1.ª acep. || **2.** fig. y despect. Persona pequeña, de corta edad o humilde condición.

ARRAPO. m. Harapo, 1.ª acep.

ARRAQUIVE. m. ant. Arrequive.

ARRAS. (l. *arrha*, y éste del gr. ἀρραβών.) f. pl. Lo que se da como prenda en algún contrato. || **2.** Las trece monedas, que al celebrarse el matrimonio, entrega el desposado a la desposada. || **3.** Donación que el esposo hace a la esposa en remuneración de la dote o por sus cualidades personales. || **P.** arras; **I.** pledge; **F.** arrhes; **A.** Handgeld; **It.** arra, caparra; **R.** задаток.

ARRÁS. n. p. V. *Paño de* ARRÁS.

ARRASADO, DA. adj. De la calidad del raso o parecido a él.

ARRASADURA. (De *arrasar*.) f. Rasadura.

ARRASAMIENTO. m. Acción y efecto de arrasar.

ARRASAR. (De *a*, 2.º art., y *rasar*.) tr. Allanar la superficie de una cosa. || **2.** Echar por tierra, destruir. || **3.** Llenar una vasija hasta los bordes. || **4.** fig. Llenar o cubrir los ojos de lágrimas. Ú.t.c.r. || **5.** intr. Despejarse el cielo de nubes. Ú.t.c.r. || **P.** arrasar; **I.** to level; **F.** aplanir; **A.** ebnen; **It.** spianare; **R.** выравнивать, разрушать.

ARRASCAR. tr. ant. Rascar. Ú. en Álava, Burgos y Soria.

ARRASTRACULO. (De *arrastrar* y *culo*.) m. MAR. Vela pequeña que se largaba debajo de la botavara.

★ **ARRASTRADA.** f. fam. Mujer prostituta.

ARRASTRADAMENTE. adv. fig. y fam. Imperfecta o defectuosamente. || **2.** fig. y fam. Con trabajo y escasez. || **3.** fig. Infelizmente.

ARRASTRADERA. f. MAR. Ala del trinquete.

ARRASTRADERO. m. Camino por donde se hace el arrastre de maderas. || **2.** Sitio por donde se saca de la plaza de toros los animales muertos. || **3.** MÉJ. Garito de baja estofa.

ARRASTRADIZO, ZA. (De *arrastrado*.) adj. Que se lleva o puede llevarse a rastras. || **2.** Que ha sido trillado.

ARRASTRADO, DA. p.p. de arrastrar. || **2.** adj. fig. y fam. Pobre, desastrado, fatigoso. *Una existencia* ARRASTRADA. || **3.** Dícese del juego en que es obligatorio seguir a la carta jugada. || **4.** fig. y fam. Bribón, tunante.

ARRASTRADURA. f. ant. Arrastramiento.

ARRASTRAMIENTO. m. Acción de arrastrar o arrastrarse.

ARRASTRANTE. p.a. de arrastrar. Que arrastra. || **2.** m. El que arrastraba bayetas en las universidades.

ARRASTRAPIÉS. m. Acción de ir arrastrando los pies por el suelo.

ARRASTRAR. (De *a*, 2.º art., y *rastrar*.) tr. Llevar a una persona o cosa por el suelo tirando de ella. || **2.** Llevar o mover rasando el suelo. || **3.** fig. Impulsar un poder o fuerza irresistible. || **4.** fig. Llevar tras sí. || **5.** fig. Tener por consecuencia inevitable. || **6.** fig. Llevar adelante o soportar algo penosamente. || **7.** intr. Pender hasta tocar el suelo. *Las faldas se* ARRASTRAN. || **8.** Trasladarse rozando el cuerpo con el suelo los animales que no tienen patas. || **9.** En varios juegos de naipes, jugar carta a que han de servir los demás jugadores. || **10.** r. fig. Humillarse vilmente. || **P.** arrastrar; **I.** to drag; **F.** traîner; **A.** schleifen, schleppen; **It.** strascinare; **R.** волочить. || **8.ª** acep.: **P.** arrastrar; **I.** to creep; **F.** ramper; **A.** kriechen; **It.** strisciare; **R.** ползти.

ARRASTRE. m. Acción de arrastrar cosas que se llevan así de una a otra parte. Tómase especialmente por la conducción de madera desde el monte en que se cortó, hasta la orilla del agua o del camino. || **2.** Acción de arrastrar en los juegos de naipes. || **3.** MIN. Talud o inclinación de las paredes de un pozo de mina. ||

4. MIN. MÉJ. Molino donde se pulverizan los minerales de plata que se benefician por amalgamación. || **5.** TAUROM. Acto de sacar de la arena al toro o caballo muerto en la lidia. || **P.** arrasto; **I.** dragging, haulage; **F.** traine, roulage; **A.** Schleppen, Holzabfuhr; **It.** trascinamento; **R.** таскание.

ARRATE. (Del m. or. que *arrelde*.) m. Libra de 16 onzas.

ARRATONADO, DA. adj. Comido o roído de ratones.

★ **ARRATONARSE.** r. GUAT. Criarse raquíticas las plantas.

★ **ARRAYADOR.** m. ECUAD. Rasero para las medidas.

ARRAYÁN. (ár. *ar-raihān*, el aromático, el mirto.) m. Arbusto mirtáceo, de hojas compuestas y persistentes, flores axilares pequeñas, blancas, muy olorosas, y fruto en baya de color negro. || **—brabántico.** Planta mirtácea cuyo fruto es una baya, que puesta a cocer da una substancia semejante a la cera. || **—moruno.** El de hojas más pequeñas que el común.

ARRAYANAL. m. Terreno poblado de arrayanes.

ARRAYAZ. m. Arráez.

ARRAZ. m. Arráez.

¡ARRE! (De *¡harre!*) interj. que se emplea para arrear a las bestias. || **2.** Ú. también para denotar que se desaprueba algo. || **3.** m. fam. Caballería ruin. ¡ARRE *allá!* exclam. fam. de desprecio o enfado. || **P.** arre!; **I.** gee, get up!; **F.** ¡haïe!; **A.** hott!; **It.** arri!; **R.** трогай!, вперёд!

★ **ARREA.** (De *arrear*, conducir.) f. AMÉR. Recua.

★ **ARREA.** f. Supresión de un flujo.

ARREADA. (De *arrear*, 1.er art.) f. ARGENT. y MÉJ. Robo de ganado. || **2.** ARGENT. y MÉJ. Acción y efecto de arrear, 1.er art., 2.ª acep. Por ext., se aplica a las personas.

★ **ARREADO, DA.** adj. CHILE, MÉJ. y PERÚ. Flojo, negligente, pesado para la marcha. || **2.** HOND. Cachazudo, calmoso.

ARREADOR. (De *arrear*, 1.er art.) m. ARGENT., COLOM. y PERÚ. Látigo de mango corto y lonja larga, destinado a arrear. || **2.** Vareador de aceituna. || **3.** AND. Capataz de operarios del campo.

ARREALA. f. Derecho que se pagaba por ciertos rebaños de la Mesta formados a reala.

ARREAMIENTO. (De *arrear*, adornar, engalanar.) m. ant. Arreo, atavío, adorno.

ARREAR. tr. Estimular a las bestias para que echen a andar o aviven el paso. || **2.** ARGENT. y MÉJ. Llevarse violenta o furtivamente el ganado ajeno. || **3.** Dar prisa, estimular. || **4.** Dar golpes, palos, etc. || **5.** intr. Ir, caminar de prisa. ¡ARREA! interj. fam. que se emplea para meter prisa. || **P.** apressar; **I.** to quicken; **F.** exciter, aiguillonner; **A.** antreiben, anspornen; **It.** incitare; **R.** погнать.

ARREAR. (l. *ad*, a, y del gót. *rêdan*, adornar.) tr. Poner arreos, adornar, engalanar.

ARREBAÑADERAS. (De *arrebañar*.) f. pl. Ganchos de hierro destinados a sacar los objetos que se caen a los pozos.

ARREBAÑADOR, RA. adj. Rebañador. Ú.t.c.s.

ARREBAÑADURA. f. fam. Rebañadura, 1.ª acep. || **2.** pl. Residuos de alguna cosa por lo común comestibles, que se recogen arrebañando.

ARREBAÑAR. tr. Recoger una cosa sin dejar nada. || **2.** Apurar los residuos de comida. || **P.** arrebanhar; **I.** to scrape up; **F.** ramasser; **A.** zusammenraffen; **It.** raccogliere; **R.** подобрать.

ARREBATACAPAS. (De *arrebatar* y *capa*.) m. V. *Puerto de* ARREBATACAPAS.

ARREBATADAMENTE. adv. Precipitadamente e impetuosamente. || **2.** fig. Inconsiderada y violentamente.

ARREBATADIZO, ZA. adj. fig. Propenso a arrebatarse.

ARREBATADO, DA. p.p. de arrebatar. || **2.** adj. Precipitado e impetuoso. || **3.** fig. Inconsiderado y violento. || **4.** Dicho del color del rostro, muy encendido.

ARREBATADOR, RA. adj. Que arrebata. Ú.t.c.s.

ARREBATAMIENTO. m. Acción de

arrebatar o arrebatarse. || **2.** fig. Furor, enajenación causada por la vehemencia de alguna pasión. || **3.** Éxtasis.

ARREBATAPUÑADAS. (De *arrebatar* y *puñada*.) m. p. us. Matón.

ARREBATAR. (De *a*, 2.º art., y *rebatar*.) tr. Quitar con violencia, en general, coger las cosas con precipitación. || **2.** Llevar consigo o tras de sí con fuerza irresistible. || **3.** fig. Sacar de sí, conmover poderosamente excitando alguna pasión o afecto. Ú.t.c.r. || **4.** Arrobar el espíritu. Ú.t.c.r. || **5.** Agostarse las mieses por el calor. || **6.** r. Enfurecerse, dejarse llevar de la pasión. || **7.** Cocerse mal un manjar por exceso de fuego. || **8.** AMÉR. MERID. y GUAT. Atropellar. || **P.** arrebatar; **I.** to snatch; **F.** enlever; **A.** (ent)-reissen; **It.** rapire; **R.** отнимать силой.

ARREBATARSE. (De *arrebato*, 2.º art.) r. ant. Acudir la gente cuando tocan a rebato.

ARREBATIÑA. f. Acción de recoger arrebatada y presurosamente alguna cosa entre muchos que pretenden apoderarse de ella.

ARREBATO. m. Arrebatamiento, 2.ª y 3.ª aceps. || **2.** ARREBATO y *obcecación*. FOR. Una de las circunstancias que atenúan la responsabilidad penal.

ARREBATO. m. ant. Rebato.

ARREBATOSO, SA. adj. Pronto, repentino.

* **ARREBIATAR.** tr. VENEZ. Reatar.

ARREBOL. (De *arrebolar*.) m. Color rojo de las nubes heridas por los rayos del Sol. || **2.** Aceite de color encarnado. || **3.** m. pl. Arrebolada. || **4.** VENEZ. Adorno. || ARREBOLES *al oriente, agua amanecine.* ARREBOLES *a todos cabos, tiempo de los diablos.* ARREBOLES *a la mañana, a la noche son agua,* etc., refs. con que se indica el diferente estado atmosférico que anuncian los arreboles, según la hora y situación en que aparecen.

ARREBOLADA. (De *arrebol.*) f. Conjunto de nubes enrojecidas por los rayos del Sol.

ARREBOLAR. (l. *írrŭbŏrāre*, de *rŭbor*, rojez.) tr. Poner de color de arrebol. Ú.m.c.r. || **2.** COLOM. Alborotarse. || **3.** VENEZ. Adornarse.

ARREBOLERA. f. Salserilla o tacita en que se ponía el arrebol. || **2.** Mujer que vendía salserillas. || **3.** Dondiego de la noche.

ARREBOLLARSE. r. AST. Despeñarse, precipitarse.

ARREBOZAR. tr. Rebozar. Ú.t.c.r. || **2.** fig. Ocultar, encubrir. || **3.** r. Arracimarse las abejas alrededor de la colmena, o las moscas o las hormigas en alguna parte. || ARREBÓCESE *con ello.* fr. fam. Arrópese con ello.

ARREBOZO. (De *arrebozar.*) m. Rebozo.

ARREBUJADAMENTE. adv. fig. Confusa o embozadamente; sin precisión ni claridad.

ARREBUJAR. (De *a*, 2.º art., y *rebujo.*) tr. Coger mal y sin orden una cosa flexible. || **2.** r. Cubrirse bien y envolverse con la ropa de la cama, o con alguna prenda de vestir, mantón, etc. || **3.** Revolver, enredar. Ú.m.c.r. || **P.** amarrotar; **I.** to huddle; **F.** chiffoner; **A.** zerknittern; **It.** gualcire; **R.** комкать, мять. || 2.ª acep.: **P.** enroupar-se; **I.** to wrap oneself; **F.** friper; **A.** sich einwickeln; **It.** avvolgersi; **R.** накрываться, закутываться

ARRECADAR. (l. *recapitāre*, recoger.) tr. SAL. Guardar, poner a buen recaudo.

ARRECIAR. (De *a*, 2.º art., y *recio.*) tr. Dar fuerza y vigor. Ú.t.c.r. || **2.** intr. Cobrar fuerza, vigor. || **3.** Irse haciendo cada vez más recia, fuerte o violenta alguna cosa. || **4.** r. Arrecirse. || **P.** aumentar; **I.** to increase, to augment; **F.** renforcer, redoubler; **A.** stäker werden, zunehmen; **It.** crescere, rinforzarsi; **R.** усиливать.

ARRECIFAR. tr. AND. Empedrar un camino.

ARRECIFE. (ár. *ar-rasif*, el camino.) m. Calzada, camino empedrado, y, en general, carretera. || **2.** Afirmado o firme de un camino. || **3.** Banco o bajo formado en el mar por piedras, puntas de roca o poliperos casi a flor de agua. || 3.ª acep.:

P. recife; **I.** reef; **F.** recif; **A.** Riff; **It.** scoglio; **R.** риф.

ARRECIR. (l. *arrigescĕre*; de *arrigĕre*, atiesarse.) Hacer que alguien se entumezca de frío. || **2.** r. p. us. Entorpecerse o entumecerse por exceso de frío.

* **ARRECHAR.** tr. ant. VENEZ. Encolerizarse. || **2.** r. COLOM. Hacerse lascivo, rijoso.

ARRECHO, CHA. (l. *arrectus*, p.p. de *arrigĕre*, enderezar.) adj. ant. Tieso, erguido, brioso. Ú. en Álava, Burgos y Soria.

ARRECHUCHO. m. fam. Arranque. || **2.** fam. Indisposición repentina y pasajera.

ARREDILAR. tr. Meter en redil.

ARREDOMADO, DA. p.p. de arredomar. || **2.** adj. Redomado.

ARREDOMAR. tr. GERM. Juntar, 1.ª acep. || **2.** r. GERM. Escandalizarse.

ARREDONDAR. tr. ant. Arredondear.

ARREDONDEAR. tr. Redondear. Ú.t.c.r.

ARREDOR. (De *a*, 2.º art., y *redor.*) adv. ant. Alrededor.

ARREDRAMIENTO. m. Acción y efecto de arredrar o arredrarse.

ARREDRAR. (De *arredro.*) tr. Apartar, separar. Ú.t.c.r. || **2.** fig. Retraer, hacer retroceder. || **3.** fig. Amedrentar, asustar. Ú.t.c.r. || **P.** arredar; **I.** to remove; **F.** éloigner, écarter; **A.** entfernen; **It.** allontanare, scostare; **R.** отделять. || 3.ª acep.: **P.** atemorizar; **I.** to terrify; **F.** intimider; **A.** erschrecken; **It.** intimidire, impaurire; **R.** запугивать.

ARREDRO. (l. *ad*, hacia, y *retro*, atrás.) adv. Atrás, detrás o hacia atrás.

ARREGAZADO, DA. p.p. de arregazar. || **2.** adj. fig. Que tiene la punta hacia arriba.

ARREGAZAR. tr. Recoger las faldas hacia el regazo. Ú.m.c.r.

ARREGLADAMENTE. adv. Con sujeción a regla o con arreglo. || **2.** fig. Con orden y moderación.

ARREGLADO, DA. p.p. de arreglar. || **2.** adj. Sujeto a regla. || **3.** fig. Ordenado y moderado.

ARREGLADOR, RA. adj. Que arregla.

ARREGLAMIENTO. (De *arreglar.*) m. ant. Reglamento.

ARREGLAR. tr. Ajustar o conformar a la regla, a la costumbre, a la ley. || **2.** Ordenar, concertar, componer, reparar. || **3.** CHILE. Castrar, capar. || **4.** fam. En frases que envuelven amenazas, castigar. || **5.** Mús. Transportar el tono de una composición. || **6.** MAR. Determinar el estado absoluto y movimiento de los cronómetros. || ARREGLÁRSELAS. fr. fam. Componérselas. || **P.** regular; **I.** to regulate; **F.** arranger; **A.** regeln; **It.** regolare; **R.** упорядочивать.

ARREGLO. m. Acción de arreglar o arreglarse. || **2.** Regla, orden, coordinación, conciliación. || **3.** fam. Amancebamiento. || **—parroquial.** Reforma de las categorías y demarcaciones de las parroquias de las diócesis. || *Con* ARREGLO. m. adv. Conformemente, según. || **P.** regra; **I.** arrangement; **F.** arrangement, ajustement; **A.** Regelung; **It.** acconciamento; **R.** приведение в порядок.

ARREGOSTARSE. (De *a*, 2.º art., y el l. *regŭstāre*, gustar.) r. fam. Engolosinarse, aficionarse a alguna cosa.

ARREGOSTO. (De *arregostarse*.) m. fam. Gusto que se toma a una cosa₋hecho ya costumbre.

ARREJACAR. (De *a*, 2.º art., y *rejacar*.) tr. Romper con azadilla, grada o rastra la costra del terreno de los sembrados ya crecidos.

ARREJACO. m. Arrejaque, 2.ª acep.

ARREJADA. (De *a*, 2.º art., y *rejada.*) f. Aguijada, 2.ª acep.

ARREJAQUE. (ár. *ar-rašāq*, el tridente.) m. Garfio de hierro con tres puntas torcidas, que se usa en algunas partes para pescar. || **2.** Vencejo, 2.ª acep.

ARREJERAR. (De *a*, 2.º art., y *rejera.*) tr. MAR. Sujetar la embarcación con dos anclas por la proa y una por la popa.

* **ARREJÓN.** (De *arrejar.*) m. CHILE. Acción y efecto de arriesgar o arriesgarse.

ARREJONADO, DA. adj. BOT. Dícese de la hoja en forma de rejón.

ARRELA. f. ant. Arrelde.

ARRELDE. (ár. *ar-ritl*, la libra.) m. Peso de 4 libras. || **2.** Pesa de un ARRELDE, usada principalmente para pesar carne.

ARRELLANARSE. (De *a*, 2.º art., y *rellano.*) r. Extenderse en el asiento cómodamente. || **2.** fig. Vivir uno en su empleo con gusto. || **P.** repotrear-se; **I.** to sit at ease; **F.** se mettre à son aise (sur un divan, etc.); **A.** sich bequem machen; **It.** sdraiarsi; **R.** развалиться.

ARREMANGADO, DA. p.p. de arremangar. || **2.** adj. fig. Levantado o vuelto hacia arriba.

ARREMANGAR. tr. Remangar. Ú.t.c.r. || **P.** arregaçar; **I.** to tuck up; **F.** retrousser; **A.** aufraffen; **It.** rimboccare; **R.** засучивать (рукава).

ARREMANGO. m. Acción y efecto de arremangar o arremangarse. || **2.** Parte de ropa que se recoge en la cintura para arremangarse.

ARREMATAR. tr. fam. Rematar, dar fin a una cosa.

ARREMEDADOR, RA. (De *arremedar.*) adj. ant. Remedador, ra.

ARREMEDAR. (l. *ad*, a, y *re-imĭtāri.*) tr. Remedar.

ARREMEMBRAR. tr. ant. Remembrar. Usáb.t.c.r.

ARREMETEDERO. (De *arremeter.*) m. MIL. Paraje por donde puede atacarse un lugar fuerte.

ARREMETEDOR, RA. adj. Que arremete. Ú.t.c.s.

ARREMETER. (De *a*, 2.º art., y *remeter*.) tr. Hacer al caballo arrancar con ímpetu. || **2.** intr. Arrojarse con presteza. || **3.** Acometer con furia. || **4.** fig. y fam. Chocar, ofender a la vista una cosa. || **P.** arremeter; **I.** to assail; **F.** attaquer; **A.** angreifen; **It.** assalire; **R.** яростно нападать.

ARREMETIDA. f. Acción de arremeter. || **2.** Carrera corta del caballo. || **P.** arremetida; **I.** attack; **F.** attaque; **A.** Anfall; **It.** assalimento; **R.** натиск.

ARREMETIMIENTO. m. Arremetida.

ARREMOLINADAMENTE. adv. Apiñada, amontonadamente.

* **ARREMOLINAR.** tr. Hacer o formar remolinos. || **2.** fig. Reunir mucha gente alrededor. || **3.** r. fig. Apiñarse de modo desordenado las gentes.

ARREMOLINARSE. r. fig. Amontonarse desordenadamente las gentes.

ARREMPUJAR. tr. Rempujar.

ARREMUECO. m. ant. Arremuesco. Ú. en Colombia.

ARREMUESCO. m. ant. Arrumaco, 1.ª acep. Ú. en Colombia.

ARRENDABLE. adj. Que puede o suele arrendarse, 1.er art.

ARRENDACIÓN. f. Arrendamiento.

ARRENDADERO. (De *arrendar*, 2.º art., 1.ª acep.) m. Anillo de hierro con una armella que se clava en la pared y sirve para atar las caballerías.

ARRENDADO, DA. p.p. de arrendar, 2.º art. || **2.** adj. Se dice de las caballerías que obedecen dócilmente a las riendas.

ARRENDADOR, RA. m. y f. Persona que da en arrendamiento alguna cosa. || **2.** Arrendatario, ria. || **P.** arrendatário; **I.** lessor, hirer; **F.** donneur à terme; **A.** Verpächter; **It.** affittatore; **R.** арендатор.

ARRENDADOR, RA. adj. Que sabe arrendar un caballo. Ú.t.c.s. || **2.** m. Arrendadero.

ARRENDADORCILLO. m. d. de arrendador, 1.er art.

ARRENDAJO. (De *arrendar*, 3.er art.) m. ZOOL. Pájaro córvido, de mediano tamaño, color gris morado, con rayas azules y moño ceniciento. Abunda en Europa, alimentándose de bellotas y de los huevos de otras aves, cuyas voces imita. || **2.** Ave americana del orden de los pájaros, de color negro brillante, con el pico y las alas ribeteados de amarillo. Suele domesticarse y aprende a imitar la voz de otros animales. || **3.** fig. y fam. Persona que remeda las acciones o palabras de otra. || **4.** fig. Copia o remedo imperfecto de una cosa. || *Ser uno el* ARRENDAJO *de otro.* fr. fig. y fam. Parecérsele mucho físicamente. **P.** pega; **I.** jay; **F.** geai; **A.** Häher; **It.** ghiandaia.

ARRENDAMIENTO. m. Acción y

A

efecto de arrendar. || **2.** Contrato por el cual se arrienda. || **3.** Precio en que se arrienda. || —**rústico.** El que hace referencia a fincas rústicas. || —**urbano.** El referente a fincas urbanas. || **P.** arrendamento; **I.** leasing, hiring; **F.** affermage; **A.** Verpachtung; **It.** affitto; **R.** аренда.

ARREDANTE. p.a. de arrendar, 1.er art. Que arrienda.

ARRENDAR. (De a, 2.º art., y *renda*, renta.) tr. Ceder o adquirir por precio el aprovechamiento temporal de inmuebles, cosas, obras o servicios. || **P.** arrendar; **I.** to lease, to hire; **F.** affermer; **A.** verpachten, vermieten; **It.** affittare; **R.** арендовать.

ARRENDAR. (De a, 2.º art., y *rienda*.) tr. Atar por las riendas una caballería. || **2.** Enseñar al caballo a que obedezca a la rienda. || **3.** fig. Sujetar.

ARRENDAR. (De *arremedar*.) tr. p. us. Remedar la voz y las acciones de alguno.

ARRENDATARIO, RIA. (De *arrendar*, 1.er art.) adj. Que toma en arrendamiento alguna cosa. Apl. a pers. ú.t.c.s. || **P.** arrendatário; **I.** lessee; **F.** fermier; **A.** Pachtnehmer; **It.** fittaiuolo; **R.** съёмщик.

ARRENDATICIO, CIA. adj. FOR. Perteneciente o relativo al arrendamiento.

★ **ARRENQUÍN.** m. CUBA y CHILE. Caballería en que va montado el arriero y sirve de guía al resto de la recua. || **2.** fig. CHILE. Persona que está al servicio de otra. || **3.** fig. AMÉR. Persona que por no separarse de otra, resulta un estorbo para ésta.

ARRENTADO, DA. adj. ant. Decíase de quien tenía o gozaba de rentas copiosas.

ARREO. (De *arrear*, 2.º art.) m. Atavío, adorno. || **2.** pl. Guarniciones de las caballerías. || **3.** Cosas menudas que pertenecen a otra principal o se usan con ella. || **P.** arreio; **I.** dress; **F.** parure; **A.** Putz; **It.** ornamento; **R.** упряжь, наряд.

ARREO. (cat. *arreu*, seguido, y éste del germ. *reds*, consejo, suerte.) adv. Sucesivamente, sin interrupción. || **2.** m. CHILE. Acción de arrear a las bestias.

ARREPANCHIGARSE. r. fam. Repantigarse.

ARREPÁPALO. m. Fruta de sartén, especie de buñuelo.

ARREPASARSE. r. fam. Repasar, 1.ª acep. Ú. sólo en el juego llamado ARREPÁSATE *acá, compadre.*

ARREPENTIDA. f. Mujer, que, habiendo reconocido los yerros y mala vida, se arrepiente y vuelve a Dios, encerrándose en un monasterio.

ARREPENTIMIENTO. (De *arrepentirse*.) m. Pesar de haber hecho alguna cosa. || **2.** Enmienda que se advierte en los dibujos y pinturas. || —**activo.** FOR. El manifestado por el reo con actos tendentes a reparar el daño de un delito o a facilitar su castigo. || **P.** arrependimento; **I.** repentance; **F.** repentir; **A.** Reue; **It.** pentimento; **R.** раскаяние.

ARREPENTIRSE. (De a, 2.º art., y *repentirse*.) r. Pesarle a uno haber hecho o haber dejado de hacer alguna cosa. || **P.** arrepender-se; **I.** to repent; **F.** se repentir; **A.** bereuen; **It.** pentirsi; **R.** раскаиваться.

ARREPISO, SA. (De a, 2.º art., y *repiso*, 2.º ar.) p.p. irreg. de arrepentirse.

ARREPISTAR. (De a, 2.º art., y *re*, y el 1. *pistare*, machacar.) tr. Picar y moler en una máquina el trapo con que se fabrica la pasta del papel de tina.

ARREPISTO. m. Acción de arrepistar.

ARREPTICIO, CIA. (l. *arreptitius*.) adj. Endemoniado o espiritado.

ARREQUESONARSE. (De a, 2.º art., y *requesón*.) r. Cortarse la leche, separándose el suero de la parte más crasa.

ARREQUIFE. (ár. *ar-rikāb*, el soporte, el estribo.) m. Cada una de las palomillas de hierro de la empuñadura del almarrá.

★ **ARREQUINTAR.** tr. AMÉR. Atar fuertemente con cuerda o vendaje.

ARREQUIVE. (ár. *ar-rakīb*, lo inserto, lo sobrepuesto.) m. Guarnición que se ponía en el borde del vestido. || **2.** m. pl. fam. Adornos o atavíos. || **3.** fig. y fam. Circunstancias o requisitos.

ARRESTADO, DA. p.p. de arrestar. || **2.** adj. Arrojado, audaz.

ARRESTAR. (l. *ad*, a, y *restāre*, que-

dar.) tr. Detener, poner preso. Ú. más comúnmente en la milicia. || **2.** r. Arrojarse a una acción o empresa ardua. ARRESTARSE *a una dificultad.* **P.** prender; **I.** to arrest; **F.** arrêter, mettre aux arrêts; **A.** verhaften; **It.** arrestare; **R.** арестовывать.

ARRESTO. m. Acción de arrestar. || **2.** Detención provisional. || **3.** Reclusión por tiempo breve. || **4.** pl. Arrojo para emprender una cosa ardua. || —**mayor.** Privación de libertad desde un mes y un día hasta seis meses. || —**menor.** Pena de igual índole y de duración menor, de uno a treinta días. || **P.** detenção provisória; **I.** arrest; **F.** arrêts, détention; **A.** Verhaftung; **It.** arresto; **R.** арест.

★ **ARRETACARSE.** r. CHILE. Encoger mucho el cuerpo hasta parecer un retaco.

ARRETÍN. (Como *retina*, del fr. *ratine*.) m. Filipichín.

ARRETRANCA. f. COLOM., ECUAD. y MÉJ. Retranca, 3.ª acep.

★ **ARRETRANCO.** (De *arretranca*.) m. CUBA y COLOM. Cada uno de los atelajes, guarniciones o arreos de las bestias de tiro. Ú.m. en pl.

ARREVESADO, DA. adj. Revesado, 2.ª acep.

ARREVOLVEDOR. (De *arrevolver*.) m. ant. Gusano revoltón.

ARREVOLVER. tr. ant. Revolver. Ú. en Andalucía y Colombia.

ARREZAFE. (ár. *al-jiršāf*, el suelo duro y áspero.) m. Cardal, sitio en que abundan las malezas, cardos y matas espinosas.

ARREZAGAR. (metát. de *arregazar*.) tr. Arremangar. || **2.** Alzar, mover de abajo arriba. ARREZAGAR *la pierna.*

ARRIA. (De *arre*.) f. Recua. || **2.** V. *Aguja de* ARRIA.

ARRIADA. (De a, 2.º art., y *río*.) f. Riada.

ARRIADA. f. MAR. Acción de arriar, 1.er art.

★ **ARRIADERO.** (De *arriar*.) m. MIN. Sitio donde se enganchan y desenganchan las vasijas en que se extraen los minerales.

ARRIAL. m. Arriaz.

ARRIANISMO. m. Herejía de los arrianos. Según dicha herejía el Verbo no es igual o consubstancial al Padre. || **P.** arianismo; **I.** Arianism; **F.** arianisme; **A.** Arianismus; **It.** arianismo.

ARRIANO, NA. adj. Dícese de los herejes sectarios de Arrio. || **2.** Perteneciente o relativo al arrianismo. || **P.** e **It.** ariano; **I.** Arian; **F.** arien; **A.** Arianer.

ARRIAR. tr. MAR. Bajar las velas o banderas que están izadas. || **2.** MAR. Aflojar o soltar un cabo, cadena, etc. || **P.** arriar; **I.** to strike, to haul down; **F.** amener, haler bas; **A.** streichen, niederholen; **It.** abbassare, alare abasso, ammainare; **R.** спускать (флаг).

ARRIAR. (De a, 2.º art., y *río*.) tr. Inundar. || **2.** r. Inundarse por una avenida algún paraje.

ARRIATA. f. Arriate.

ARRIATE. (ár. *ar-riyāḍ*, los jardines.) m. Era estrecha y dispuesta para tener plantas de adorno junto a las paredes de los jardines y patios. || **2.** Calzada, camino. || **3.** Encañado. 2.º art., 2.ª acep. || **P.** alegrete; **I.** border; **F.** plate-bande; **A.** Blumenbeet; **It.** aiuola; **R.** грядка, дорожка.

ARRIAZ. (ár. *ar-riyās*, el extremo de la vaina.) m. Gavilán de espada. || **2.** Por ext., puño de la espada.

ARRIBA. (l. *ad ripam*, a la orilla.) adv. A lo alto, hacia lo alto. || **2.** En lo alto, en la parte alta. || **3.** En lugar anterior, pero denotando superioridad. || **4.** En dirección hacia lo que está más alto, en relación con la cosa que está más baja. || **5.** En los escritos, antes o antecedentemente. || **6.** Con voces expresivas de cantidad, denota exceso indeterminado. ¡ARRIBA! interj. Sirve para excitar a alguno a que se levante, que se suba, etc. || De ARRIBA. loc. fig. De Dios. || *De* ARRIBA *abajo.* m. adv. Del principio al fin, de un extremo a otro. || **2.** De superior a inferior, o con desdén. || **P.** arriba; **I.** above, up; **F.** dessus, en haut; **A.** oben, über; auf, darauf; **It.** sù, insù; **R.** вверху, наверху.

ARRIBADA. f. Acción de arribar, 1.ª y 2.ª aceps. || **2.** MAR. Bordada que da un buque dejándose ir con el viento. || —**for-**

zosa. FOR. Llegada de un buque mercante a puerto distinto de su destino, obligado por causas extraordinarias. || De ARRIBADA. m. adv. MAR. Denota la acción de dirigirse la nave por algún motivo a puerto que no es el de su destino. || **P.** arribada; **I.** arrival; **F.** relâche, arrivée; **A.** Ankunft, Einlaufen; **It.** arrivata; **R.** прибытие в гавань.

ARRIBAJE. (De *arribar*.) m. Arribada, 1.ª acep. Ú. más en marinería.

★ **ARRIBANO, NA.** adj. CHILE y PERÚ. Aplícase a los habitantes de las provincias meridionales.

ARRIBAR. (l. *arripāre*, de *ripa*, orilla.) intr. Llegar la nave al puerto en que termina su viaje. || **2.** Llegar por caso fortuito la nave a puerto que no sea su destino. || **3.** Llegar por tierra a cualquier paraje. Ú.t.c.r. || **4.** fig. y fam. Ir recobrando la salud o reponiendo la hacienda. || **5.** fig. y fam. Llegar a ver el fin de lo que se desea. || **6.** MAR. Dejarse ir con el viento. || **P.** arribar; **I.** to arrive; **F.** arriver; **A.** ankommen; **It.** arrivare; **R.** прибывать в порт.

ARRIBAZÓN. (De *arribar*.) f. Gran afluencia de peces a las costas en determinadas épocas.

ARRIBEÑO, ÑA. (De *arriba*.) adj. AMÉR. Aplícase por los habitantes de las costas, al que procede de las tierras altas.

★ **ARRIBISMO.** (De *arribista*.) m. Deseo de llegar al poder pronto y por cualquier medio.

° **ARRIBISTA.** adj. Advenedizo, intrigante. || **2.** com. Persona ambiciosa y sin escrúpulos, dispuesta a triunfar por todos los medios.

ARRIBO. (De *arribar*.) m. Llegada.

ARRIBOTA. adj. vulg. aum. de arriba, 2.ª acep.

ARRICÉS. (ár. *ar-rizār*, los cierres.) m. Cada una de las dos hebillas con que se sujetan a la silla de montar las aciones de los estribos.

ARRICESA. f. Arricés.

ARRICETE. m. Restinga.

ARRIDAR. (l. *ad*, a, y *rigidāre*, poner rígido.) tr. MAR. Tesar las jarcias muertas.

ARRIEDRO. adv. ant. Arredro.

ARRIENDO. (De *arrendar*, 1.er art.) m. Arrendamiento.

★ **ARRIERA.** f. AMÉR. Hormiga muy dañina para la agricultura.

ARRIERÍA. f. Oficio o ejercicio de arriero.

ARRIERITO. m. d. de arriero.

ARRIERO. (De *harriero*.) m. El que trajina con bestias de carga. || **P.** arrieiro; **I.** muleteer; **F.** muletier; **A.** Maultiertreiber; **It.** mulattiere; **R.** погонщик.

ARRIESGADAMENTE. adv. Con riesgo.

ARRIESGADO, DA. p.p. de arriesgar. || **2.** adj. Aventurado, peligroso. || **3.** Osado, imprudente.

ARRIESGAR. tr. Poner a riesgo. Ú.t.c.r. || **P.** arriscar; **I.** to risk; **F.** risquer; **A.** riskieren, wagen; **It.** rischiare; **R.** рисковать.

ARRIESGÓN. m. Acción y efecto de arriesgar.

ARRIGIRSE. (l. *arrigĕre*, enderezar, erizar.) r.p.us. arrecirse.

ARRIMA. (De *arrimar*.) f. ant. Bocha, 1.er art., 2.ª acep.

★ **ARRIMADERA.** f. REP. DOMIN. Acercamiento, aproximación.

ARRIMADERO. m. Cosa en que se puede estribar o a que uno puede arrimarse.

ARRIMADILLO. m. Especie de friso de estera o tela, que se pone arrimado a la pared.

° **ARRIMADILLO.** m. Cierto juego de muchachos en el que gana quien lanza algo más cerca de la pared.

ARRIMADIZO, ZA. adj. Que puede arrimarse a alguna parte. || **2.** Dícese del que intensamente se pega o arrima a otro. Ú.t.c.s.

★ **ARRIMADO, DA.** adj. AMÉR. Amancebado. Ú.t.c.s.

ARRIMADOR. (De *arrimar*.) Tronco grueso que se pone en las chimeneas para apoyar en él los otros.

ARRIMADURA. (De *arrimar*.) f. Arrimo, 1.ª acep.

A

★ ARRIMANTE. m. BOL. Arrendatario de un terreno, colono.

ARRIMAR. (De *a*, 2.º art., y *rima*, rimero.) tr. Acercar, poner en contacto. ARRIMAR *la silla a la mesa.* || **2.** fig. Abandonar, refiriéndose a empleos, ocupaciones, etc. || **3.** fig. Arrinconar, 3.ª acep. || **4.** fig. y fam. Dar golpes, palos, etc. || **5.** r. Apoyarse como para descansar o sostenerse. || **6.** Juntarse, agregarse a otros. || **7.** fig. Acogerse a la protección de uno. || **8.** fig. Acercarse al conocimiento de una cosa. || **9.** MAR. Estibar la carga. || **10.** TAUROM. Acercarse mucho al toro. || **P.** arrimar; **I.** to approach; **F.** approcher; **A.** (an)nähern, anlehnen; **It.** avvicinare, appressare; **R.** придвигать.

ARRIME. (De *arrimar*,) m. Sitio muy próximo al boliche en el juego de las bochas.

ARRIMO. m. Acción de arrimar o arrimarse. || **2.** Apego, sostén. || **3.** Ayuda, auxilio. || **4.** Apego, afición. || **5.** Pared medianera. || **6.** CUBA. Cerca que divide las heredades. || **2.ª** acep.: **P.** apoio; **I.** staff; **F.** soutien; **A.** Stütze; **It.** sostegno; **R.** опора.

ARRIMÓN. m. El que está aguardando en la calle durante mucho tiempo, arrimado a la pared.

ARRINCADA. (De *arrincar*,) f. ant. Arrancada.

ARRINCAR. tr. ant. Arrancar. || **2.** ant. Echar, ahuyentar.

★ ARRINCLÍN. m. VENEZ. Bestia flaca.

ARRINCONADO, DA. p.p. de arrinconar. || **2.** adj. Apartado, retirado, distante del centro. || **3.** fig. Desentendido, olvidado.

ARRINCONAMIENTO. (De *arrinconar*,) m. Recogimiento o retiro.

ARRINCONAR. tr. Poner una cosa en un rincón o lugar apartado. || **2.** Perseguir a uno; estrecharlo hasta que no pueda huir. || **3.** fig. Privar a uno del favor que gozaba, dejarle por inútil. || **4.** fig. Arrimar, 2.ª acep. || **5.** r. fig. y fam. Retirarse del trato de las gentes.

ARRIÑONADO, DA. adj. De figura de riñón.

ARRIOSTRAR. tr. Riostrar.

★ ARRIQUÍN. m. HOND. y GUAT. Persona inseparable de otra.

ARRISCADAMENTE. adv. Con atrevimiento u osadía.

ARRISCADO, DA. p.p. de arriscar. || **2.** adj. Lleno de riscos. || **3.** Atrevido, resuelto. || **4.** Ágil, gallardo, con apostura al presentarse o al andar. Dícese de las personas y animales.

ARRISCADOR, RA. m. y f. Persona que coge la aceituna que cae de los olivos al varearlos.

ARRISCAMIENTO. (De *arriscar*,) m. Atrevimiento, ímpetu denodado, resolución vigorosa.

ARRISCAR. (De *a*, 2.º art., y *risco*,) tr. Arriesgar. Ú.t.c.r. || **2.** r. Despeñarse las reses por los riscos. || **3.** Encresparse alborotarse, enfurecerse. || **4.** fig. COLOM. Arremangar. || **5.** fig. PERÚ. Vestirse con esmero. || *Quien no ARRISCA, no aprisca.* ref. que enseña que es necesario arriesgar algo para conseguir lo que se desea.

ARRISCO. (De *arriscar*,) m. Riesgo.

★ ARRISCOCHO, CHA. adj. COLOM. Levantisco.

ARRITMIA. f. Falta de ritmo regular. || **2.** MED. Irregularidad y desigualdad en las contracciones del corazón. || **P.** arritmia; **I.** arythmia; **F.** arytmie; **A.** Ungleichheit der Herzbewegungen; **It.** aritmia.

ARRÍTMICO, CA. adj. Perteneciente o relativo a la arritmia.

ARRITRANCA. f. desus. Retranca. || **2.** fig. AMÉR. Adorno de mal gusto.

★ ARRITRANCO. m. CUBA. Mueble inútil, trasto viejo.

ARRIZAR. tr. MAR. Aferrar a la verga una parte de las velas. || **2.** MAR. Colgar una cosa en el buque de modo que resista los balanceos. || **3.** Entre la gente de mar, atar o asegurar a uno. || **P.** arrizar; **I.** to reef; **F.** riser; **A.** reffen; **It.** ammeggiare; **R.** брать рифы и парусом.

ARROAZ. m. Delfín, cerda.

ARROBA. (ár. *ar-rub'*, la cuarta parte del quintal.) f. Peso de 25 libras, equiva-

lente a 11 kilogramos y 502 gramos. || **2.** Pesa de una ARROBA. || **3.** Medida para líquidos; varía de peso según las provincias y los líquidos. || *Echar* uno *por* ARROBAS. fr. fig. y fam. Abultar y ponderar mucho las cosas. || *Por* ARROBAS. m. adv. fig. A montones. || **P., I.** e **It.** arroba; **F.** arobe; **A.** 25 Pfund (Gewicht); **R.** аробa.

ARROBADERA. f. Robadera o traílla.

ARROBADIZO, ZA. adj. Que finge o suele arrobarse.

ARROBADO, DA. p.p. de arrobar, 2.º art. || *Por* ARROBADO. m. adv. ant. Por arrobas.

ARROBADOR, RA. (De *arrobar*, 1.er art.) adj. Que causa arrobamiento.

ARROBADOR. m. ant. El que arroba, 2.º art.

ARROBAL. adj. AND. Que puede contener una arroba.

ARROBAMIENTO. m. Acción de arrobar o arrobarse. 1.er art., 3.ª acep. || **2.** Éxtasis.

ARROBAR. (De *a*, 2.º art., y *robar*,) tr. Embelesar. || **2.** r. Enajenarse, quedarse fuera de sí. || **P.** arroubar; **I.** to encapture; **F.** être ravi; **A.** in Entzücken geraten; **It.** rapire; **R.** восхищать.

ARROBAR. tr. ant. Pesar o medir por arrobas.

ARROBEÑO, ÑA. adj. AND. Arrobal.

ARROBERO, RA. adj. De una arroba de peso. || **2.** m. y f. Persona que hace pan y surte de él a una comunidad.

ARROBETA. f. AR. Medida de aceite de 24 libras, a diferencia de la arroba, que es de 36.

ARROBIÑAR. (De *arrebañar*, infl. por robar.) tr. GERM. Recoger, 5.ª acep.

ARROBO. (De *arrobar*, 1.er art. 3.ª acep.) m. Arrobamiento, 1.er art. 3.ª acep.

ARROCABE. (ár. *ar-rukkāb*, los montantes.) m. Maderamen colocado en lo alto de los muros de un edificio, para ligar a éstos entre sí y con la armadura que han de sostener. || **2.** Adorno a manera de friso.

ARROCADO, DA. adj. De figura de rueca. || **2.** V. *Manga* ARROCADA.

ARROCERO, RA. adj. Perteneciente o relativo al arroz. || **2.** m. y f. Persona que cultiva el arroz. || **3.** V. *Molino* ARROCERO.

ARROCINADO, DA. p.p. de arrocinar. || **2.** adj. Parecido al rocín. Dícese comúnmente de los caballos.

ARROCINAR. (De *a*, 2.º art., y *rocín*.) tr. fig. y fam. Embrutecer. Ú.t.c.r. || **2.** r. fig. y fam. Enamorarse ciegamente.

★ ARROCHELARSE. r. VENEZ. Desbocarse o plantarse los caballos. || **2.** COLOM. Alborotarse las caballerías.

ARRODAJARSE. (De *a*, 2.º art., y *rodaja*,) r. C. RICA. Sentarse en el suelo con las piernas cruzadas, al modo de los orientales.

ARRODEAMIENTO. (De *arrodear*,) m. ant. Mareo de cabeza, turbación.

ARRODEAR. intr. ant. Rodear.

ARRODELAR. tr. p. us. Resguardar a uno con rodela. || **2.** r. Cubrirse con rodela.

ARRODEO. (De *arrodear*,) m. Rodeo.

ARRODILLADA. f. SAL. y CHILE. Genuflexión, arrodillamiento.

ARRODILLADURA. f. Arrodillamiento.

ARRODILLAMIENTO. m. Acción de arrodillar o arrodillarse.

ARRODILLAR. tr. Hacer que una persona apoye una o ambas rodillas en el suelo. || **2.** intr. Ponerse de rodillas. || **P.** ajoelhar; **I.** to kneel down; **F.** agenouiller; **A.** knien lassen; **It.** inginochiare; **R.** ставить на колени. || **2.ª** acep.: **P.** genuflectir; **I.** to kneel; **F.** s'agenouiller; **A.** niederknien; **It.** inginocchiarsi; **R.** сгибать колено.

ARRODRIGAR. (De *a*, 2.º art. y *rodrigar*.) tr. AGR. Arrodrigonar.

ARRODRIGONAR. tr. AGR. Poner rodrigones a las vides.

ARROGACIÓN. (l. *arrogatio*, *-ōnis*.) f. Acción y efecto de arrogar o arrogarse.

ARROGADOR, RA. (l. *arrogātor*.) adj. Que se arroga alguna cosa. Ú.t.c.s.

ARROGANCIA. (l. *arrogantia*.) f. Calidad de arrogante. || **P.** arrogância;

I. y **F.** arrogance; **A.** Hochmut; **It.** arroganza; **R.** высокомерие.

ARROGANTE. (l. *arrŏgans, -antis*.) p.a. de arrogar. Que arroga. || **2.** adj. Altanero, soberbio. || **3.** Valiente, alentado, brioso. || **4.** Gallardo, 3.ª acep. || **P.** arrogante; **I.** spirited; **F.** brave; **A.** hochmütig; **It.** ardito; **R.** высокомерный, спесивый.

ARROGANTEMENTE. adv. Con arrogancia.

ARROGAR. (l. *arrŏgāre*; de *ad*, a, y *rŏgāre*, pedir.) tr. FOR. Adoptar al huérfano o al emancipado. || **2.** r. Atribuirse, apropiarse. Dícese de cosas inmateriales, como jurisdicción, facultades, etc. || **2.ª** acep.: apropiarse; **I.** to assume; **F.** s'arroger; **A.** sich etwas anmassen; **It.** arrogarsi; **R.** усыновлять.

ARROJADAMENTE. adv. Con arrojo.

★ ARROJADERA. (De *arrojar*.) f. VENEZ. Vómitos.

ARROJADIZO, ZA. adj. Que se puede fácilmente arrojar o tirar. || **2.** V. *Arma* ARROJADIZA.

ARROJADO, DA. p.p. de arrojar, 1.er art. || **2.** adj. Resuelto, osado, intrépido, imprudente.

ARROJADOR, RA. adj. Que arroja, 1.er art.

ARROJAMIENTO. (De *arrojar*, 1.er art.) m. ant. fig. Arrojo.

ARROJAR. (l. *rŏtŭlāre*, de *rŏtŭlus*, rodillo.) tr. Lanzar con violencia una cosa de modo que recorra cierta distancia. || **2.** Echar, 1.ª a 6.ª aceps. || **3.** fig. Tratándose de cuentas, documentos, etc., dar como consecuencia o resultado. || **4.** fam. Vomitar, 1.ª acep. || **5.** r. Precipitarse con violencia de alto a bajo. || **6.** Ir violentamente hacia una persona o cosa. || **7.** fig. Resolverse a hacer una cosa sin reparar en las dificultades. || ARROJAR *uno de sí* a otro. fr. fig. Despedirse con enojo. || **P.** arrojar; **I.** to fing; **F.** jeter, lancer; **A.** werfen, schleudern; **It.** gettase; **R.** бросать.

ARROJAR. (De *a*, 2.º art., y *rojo*.) tr. AST. Calentar el horno hasta enrojecerlo.

ARROJE. m. Cualquiera de los que se arrojaban desde el telar de un teatro, para hacer subir el telón con el peso de su cuerpo. || **2.** pl. Sitio desde donde estos hombres se arrojaban.

ARROJO. (De *arrojar*, 1.er art.) m. fig. Osadía, intrepidez.

ARROLLABLE. adj. Que se puede arrollar.

ARROLLADO, DA. p.p. de arrollar. || **2.** m. CHILE. Carne de puerco cocida y aderezada, que se acomoda en rollo formado de la piel del mismo animal. || **2.** AMÉR. MERID. Matahambre arrollado y adobado para asarlo.

ARROLLADOR, RA. adj. Que arrolla.

ARROLLAMIENTO. (De *arrollar*, 2.º art.) m. ant. Arrullo, 1.ª acep.

ARROLLAR. (l. *rŏtŭlāre*.) tr. Envolver una cosa en forma de rollo. || **2.** Llevar rodando la fuerza del viento, o del agua, una cosa sólida. || **3.** fig. Desbaratar o derrotar al enemigo. || **4.** fig. No hacer caso de las leyes. || **5.** fig. Vencer, dominar. || **6.** fig. Confundir una persona a otra dejándola sin réplica posible. || **7.** r. AMÉR. Recogerse las faldas, remangarse los puños. || **P.** enrolar; **I.** to roll up; **F.** enrouler; **A.** rollen; **It.** arrotolare; **R.** свёртывать. || **2.ª** acep.: **P.** levar rolando; **I.** to sweep away; **F.** emporter; **A.** fortwalzen; **It.** trascinare; **R.** сметать.

ARROLLAR. (De la onomat. *ro*, sobre el moderno de *aullar* y *maullar*.) tr. fig. Dormir al niño recién nacido meciéndolo en la cuna o en los brazos de su madre.

ARROMADIZAR. tr. Causar romadizo. || **2.** r. Contraer romadizo.

ARROMANZAR. tr. Poner en romance o traducir a otro idioma al castellano.

ARROMAR. tr. Poner roma alguna cosa. Ú.t.c.r.

ARROMPER. tr. fam. Romper o roturar.

ARROMPIDO, DA. p.p. de arromper. || **2.** m. Rompido, 3.ª acep.

A

ARROMPIMIENTO. m. ant. Acción de arromper.

ARRONJAR. tr. desus. Arrojar, 1.er art., 1.ª acep.

ARRONQUECER. intr. ant. Enronquecer.

ARRONZAR. tr. MAR. Ronzar, 2.º art. || **2.** intr. Caer el buque demasiado a sotavento.

ARROPAMIENTO. m. Acción y efecto de arropar o arroparse, 1.er art.

ARROPAR. tr. Cubrir o abrigar con ropa. Ú.t.c.r. || **2.** Por ext., cubrir, abrigar. || **3.** Rodear o cercar los cabestros a las reses bravas para conducirlas. || ARRÓPATE, *que sudas*. loc. irón, que se emplea para referirse al que habiendo trabajado poco, finge o aparenta estar fatigado. || ARRÓPESE *con ello*. fr. fam. con que despectivamente se rechaza lo que a uno le dan.

ARROPAR. tr. Echar arrope al vino.

ARROPE. (ár. *ar-rubb*, el jugo de frutas cocido.) m. Mosto cocido con consistencia de jarabe. || **2.** FARM. Jarabe concentrado hecho con miel blanca. || **3.** AMÉR. MERID. Dulce que se hace con uvas, peras, algarrobillo y otros frutos. | **P.** arrobe; **J.** y **F.** rob; **A.** Mostsirup; **It.** sapa; **R.** сироп.

ARROPEA. (De *herropea*.) f. Grillete. || **2.** Traba que se pone a las caballerías.

ARROPERA. f. Vasija para arrope.

ARROPÍA. (De *arrope*.) f. Melcocha, 1.ª acep.

ARROPIERO, RA. m. y f. Persona que hace o vende arropía.

ARROSCAR. tr. ant. Enroscar. Úsab. t.c.r. || GERM. Envolver o juntar.

ARROSTRADO, DA. p.p. de arrostrar. || **2.** adj. Agestado. Ú. con los advs. *bien* o *mal*.

ARROSTRAR. (De *a*, 2.º art., y *rostro*.) tr. Hacer cara, resistir, sin dar muestras de cobardía a las calamidades o peligros. || **2.** Sufrir o tolerar a una persona o cosa desagradable. || **3.** intr. fig. Manifestar inclinación a alguna cosa. || **4.** r. Atreverse, arrojarse a batallar rostro a rostro con el contrario.

ARROTADO, DA. adj. CHILE. Dícese de la persona que tiene aires o modales de roto.

ARROTO, TA. p.p. irreg. de arromper. || **2.** m. LEÓN. Porción de terreno recién roturado para dedicarlo al cultivo de cereales.

ARROTURA. (De *a*, 2.º art., y *rotura*.) f. ant. Arrompido, 2.ª acep.

ARROYADA. (De *arroyar*.) f. Valle por donde corre un arroyo. || **2.** Surco producido por el agua corriente. || **3.** Crecida de un arroyo e inundación que produce.

ARROYADERO. m. Arroyada, 1.ª y 2.ª aceps.

ARROYAR. tr. Formar la lluvia arroyada. || **2.** Formar arroyos.

ARROYARSE. r. Contraer roya las plantas.

ARROYATO. m. ant. Arroyo, 1.ª acep.

ARROYO. (De la voz hispánica, *arrūgia*, galería de mina y arroyo.) m. Caudal corto de agua, de curso casi continuo. || **2.** Cauce por donde corre. || **3.** V. *Sopa de* ARROYO. || **4.** Parte de la calle por donde suelen correr las aguas. || **5.** Por ext., calle, 1.ª acep. || **6.** fig. Afluencia o corriente de cualquier cosa líquida. || *Plantar*, o *poner a* uno *en el* ARROYO. fr. fig. y fam. Ponerlo en la calle. || **P.** arroio; **J.** rivulet; **F.** ruisseau; **A.** Bach; **It.** ruscello; **R.** ручей.

ARROYUELA. (De *arroyo*, por criarse junto a ellos.) f. Salicaria.

ARROYUELO. m. d. de arroyo. || **2.** COLOM. Juego de bolas en un círculo hecho en el suelo.

ARROZ. (ár. *ar-ruz* o *ar-ruzz*.) m. Planta anua de la familia de las gramíneas, originaria de las Indias Orientales. Medra generalmente en los sitios húmedos; tiene la caña con tres o cuatro nudos, hojas largas muy ásperas, flores blanquecinas y por fruto un grano ovalado blanco y muy rico en almidón que, cocido, es un muy buen alimento. || **2.** Fruto de esta planta. || ARROZ *y gallo muerto*. expr. fam. con que festivamente se pondera la

esplendidez de una comida, aludiendo a las de las aldeas. Úsase más con los verbos haber y tener. || **3.** fam. COLOM. Grano de maíz cocido. || **4.** VENEZ. Fiesta familiar modesta en que se distribuyen obsequios a los invitados. || **P.** arroz; **J.** rice; **F.** riz; **A.** Reis; **It.** riso; **R.** рис.

ARROZAL. m. Tierra sembrada de arroz.

ARRUAR. intr. MONT. Dar el jabalí cierto gruñido cuando huye viéndose acorralado.

ARRUFADÍA. (De *arrufar*.) f. ant. Engreimiento.

ARRUFADO, DA. (De *a*, 2.º art., y *rufo*, 1.er art.) adj. ant. Arrufianado.

ARRUFADURA. (De *arrufar*.) f. MAR. Curvatura que hacen las cubiertas, cintas, galones, y bordes de los buques, levantándose más, respecto de la superficie del agua, por la popa y proa que por el centro.

ARRUFALDADO, DA. p.p. de arrufaldarse. || **2.** adj. Levantado de ala.

ARRUFALDARSE. r. ant. Arrufarse, 6.ª acep. envalentonarse. Ú. en Murcia.

ARRUFAR. (Voz onomatopéyica.) tr. ant. Encoger o arquear. || **2.** MAR. Dar arrufadura al buque en su construcción. || **3.** int. MAR. Hacer arrufo. || **4.** VENEZ. Embravecerse, irritarse, envalentonarse.

ARRUFIANADO, DA. adj. Que parece rufián o de rufián. || **2.** Dícese de las mismas cualidades en que consiste esta semejanza.

ARRUFO. (De *arrufar*.) m. MAR. Arrufadura. || **J.** sheer; **F.** ronture, relèvement; **A.** (Deck) Sprung; **It.** cerbatura, inrellamento; **R.** перегиб корпуса судна.

ARRUGA. (De *arrugar*.) f. Pliegue que se hace en la piel. || **2.** Pliegue irregular que se hace en la ropa o en cualquier cosa flexible. || **P.** e **It.** ruga; **J.** wrinkle; **F.** ride; **A.** Runzel. **R.** морщина. || **2.ª** acep.: **P.** prega; **J.** rumple; **F.** pli; **A.** Falte; **It.** piega; **R.** складка.

ARRUGACIÓN. f. Arrugamiento.

ARRUGAMIENTO. m. Acción y efecto de arrugar o arrugarse.

ARRUGAR. (l. *irrūgāre*, arrugar.) tr. Hacer arrugas. Ú.t.c.r. || **2.** V. *Media de* ARRUGAR. || **3.** r. Encogerse. || ARRUGAR *uno el ceño, la frente, el entrecejo*. fig. Mostrar en el semblante ira o enojo. || **5.** CUBA. Fastidiar, molestar. || **6.** MÉJ. Acobardarse, aturdirse. || **P.** arrugar; **J.** to wrinkle; **F.** rider; **A.** runzeln, falten; **It.** corrugare; **R.** морщить.

ARRUGIA. (Voz española y latinizada, según Plinio, *Hist. Nat.*, 33, 70.) f. Mina o excavación subterránea que solían producir el hundimiento de las tierras de aluvión, hacían los antiguos mineros españoles, las cuales después del lavado daban oro. || **2.** Mina de oro.

★ ARRUGÓN. m. ESCUL. Adorno hecho en las obras de talla.

ARRUINADOR, RA. adj. Que arruina. Ú.t.c.s.

ARRUINAMIENTO. m. Acción y efecto de arruinar o arruinarse.

ARRUINAR. tr. Causar la ruina. Ú.t.c.r. || **2.** fig. Destruir, ocasionar daño grave. || **P.** arruinar; **J.** to ruin; **F.** ruiner; **A.** ruinieren; **It.** rovinare; **R.** разорять.

ARRULLADOR, RA. adj. Que arrulla. Ú.t.c.s.

ARRULLAR. (De la onomat. *ru*, sobre el modelo de *aullar* y *maullar*.) tr. Atraer con arrullo el palomo o el tórtolo a la hembra. || **2.** Por ext., adormecer al niño con arrullos. || **3.** y fam. Enamorar a una persona con frases dulces y lisonjeras. || **P.** arrular; **J.** to coo; **F.** roucouler; **A.** girren, rucken; **It.** tubare; **R.** ворковать.

ARRULLO. (De *arrullar*.) m. Canto grave y monótono de las palomas y tórtolas. || **2.** Habla dulce y lisonjera con que se enamora a una persona. || **3.** fig. Cantarcillo para adormecer a los niños. || **4.** fig. Todo ruido que sirve para arrullar.

ARRUMA. (De *arrumar*.) f. MAR. División que se hace en la bodega de un buque para colocar la carga.

ARRUMACO. m. fam. Demostración de cariño hecha con gestos y ademanes. Ú.m. en pl. || **2.** fam. Adorno o atavío estrafalario.

ARRUMAJE. (De *arrumar*.) m. MAR. Distribución y colocación de la carga en un buque.

ARRUMAR. (Del neerl. *ruim*, bodega de un buque.) tr. Distribuir y colocar la carga en un buque. || **2.** r. MAR. Cargarse de nubes el horizonte. || **3.** CHILE. Arrinconar, arrimar. || **P.** estivar; **J.** to stow; **F.** arrimer; **A.** stauen; **It.** stivare; **R.** грузить.

ARRUMAZÓN. f. MAR. Acción y efecto de arrumar. || **2.** MAR. Conjunto de nubes en el horizonte.

ARRUMBACIÓN. Conjunto de trabajos que realizan los arrumbadores en las bodegas. || **2.** MAR. Acción de arrumbar, 2.º art., 3.ª acep.

ARRUMBADA. f. MAR. Corredor que tenían las galeras en la parte de proa a una y otra banda.

ARRUMBADOR, RA. adj. Que arrumba, 1.er art. Ú.t.c.s. || **2.** m. Obrero encargado en las bodegas de sentar las botas y de las operaciones destinadas a clarificar los vinos.

ARRUMBAMIENTO. (De *arrumbar*, 2.º art.) m. Rumbo, 1.er art., 1.ª acep.

ARRUMBAR. (De *arrumar*.) tr. Poner una cosa como inútil en lugar excusado. || **2.** fig. Arrollar a uno en la conversación haciéndole callar. || **3.** fig. Arrinconar a uno, no hacerle caso.

ARRUMBAR. (De *a*, 2.º art., y *rumbo*.) tr. MAR. Determinar la dirección que sigue una costa. || **2.** MAR. Hacer coincidir dos o más objetos en un solo arrumbamiento. || **3.** intr. MAR. Fijar el rumbo a que se navega o a que se debe navegar. || **4.** r. MAR. Marcarse.

ARRUMUECO. m. p. us. Arrumaco. Ú.m. en pl.

★ ARRUNCHARSE. r. COLOM. Ovillarse, encogerse, acurrucarse, embrollarse.

ARRUNFLAR. (De *a*, 2.º art., y *runfla*.) tr. En los juegos de naipes, juntar muchas cartas de un mismo palo. Ú.m.c.r.

★ ARRUNZAR. tr. PERÚ. Apoderarse de lo ajeno.

ARRURRUZ. (Del ingl. *arrowrrot*, raíz de flecha, porque los indios atribuyen al jugo de las raíces el que se extrae la propiedad de curar las heridas de flechas emponzoñadas.) m. Fécula que se extrae de la raíz de una planta originaria del Brasil y de la India, con la que se confecciona una sopa muy nutritiva.

ARSÁFRAGA. f. Berrera.

ARSENAL. (ár. *dār as-sinā'a*, casa de fabricación, taller.) m. Establecimiento en que se construyen, reparan y conservan las embarcaciones. || **2.** Almacén general de armas y efectos bélicos. || **3.** fig. Depósito de noticias, datos, etc. || **P.** y **F.** arsenal; **J.** dockyard; **A.** Arsenal, Rüstkammer; **It.** arsenale; **R.** морской арсенал.

ARSENIATO. m. QUÍM. Sal de ácido arsénico. || **P.** e **It.** arseniato; **J.** arsenate, arseniate; **F.** arseniate; **A.** Arseniksalz.

ARSENICAL. adj. QUÍM. Perteneciente al arsénico. || **2.** QUÍM. Que contiene arsénico. || **3.** QUÍM. V. *Pirita* ARSENICAL.

ARSÉNICO. (l. *arsenicum*, y éste del gr. ἀρσενικόν, de ἄρσην, varonil, macho.) adj. V. *Ácido* ARSÉNICO. || **2.** m. Metaloide quebradizo, de color gris y brillo metálico, que al calentarse se volatiliza sin fundirse. Se emplea en pirotecnia y en la fabricación de perdigones. El ácido y sus compuestos son altamente venenosos; algunos de ellos se usan en Medicina. || **P.** arsénio, arsénico; **J.** y **F.** arsenic; **A.** Arsenik; **It.** arsenico; **R.** мышьяк.

ARSENIOSO. adj. QUÍM. V. *Ácido*, *anhídrido* ARSENIOSO.

ARSENITO. m. QUÍM. Sal formada por la combinación del ácido arsenioso con una base.

ARSENIURO. m. QUÍM. Combinación del arsénico con otro cuerpo simple. || **P.** e **It.** arseniuro; **J.** arsenide; **F.** arséniure; **A.** Arsenikamalgam.

ARSOLLA. f. Arzolla.

ARTA. f. Plantaina. || **—de agua.** Zaragatona. || **—de monte.** Planta plantaginácea, de flores blancas, propia de terrenos áridos.

ÁRTABRO, BRA. adj. Dícese del habitante de una región galaica que se extendía desde Camariñas hasta los cabos Ortegal y Vares y desde el mar hasta las sierras de Montemayor y la Faladora. Ú.t.c.s. || **2.** Perteneciente a esta región.

ARTADO. adj. Arctado.

ARTAL. (De *harto*, relleno.) m. ant. Especie de empanada.

ARTALEJO. m. d. de artal.

ARTALETE. m. d. de artal.

* **ARTAMIDOS.** m. pl. Familia de pájaros fisirrostros, insectívoros, que tienen cierto parecido con las golondrinas.

ARTANICA. f. Artanita.

ARTANITA. (Tal vez del gr. ἄρτος, pan.) f. Pamporcino.

* **ARTANTE.** m. COLOM. Matico.

ARTAR. (l. *arctāre*, apretar, estrechar.) tr. ant. AR. Precisar.

ARTE. (l. *ars, artis*.) amb. En sentido lato, disposición o aptitud para hacer alguna cosa. || **2.** Acto por el cual, el hombre, valiéndose de elementos materiales, da forma sensible a una concepción del entendimiento. || **3.** Conjunto de reglas o preceptos para conseguir hacer bien alguna cosa. || **4.** Cautela, maña, astucia. || **5.** V. *Mujer del* ARTE. || **6.** Con los adverbios *buen* o *mal* antepuestos, buena o mala disposición personal de alguno. || **7.** Aparato para pescar. || **8.** V. *Copla de* ARTE *mayor*. || **9.** V. *Verso de* ARTE *mayor*. || **10.** pl. Lógica, física y metafísica. || **11.** V. *Licencia de* ARTES. || **12.** V. *Bachiller, maestro en* ARTES. || **—angélico.** Medio por el que supersticiosamente, se suponía que con el auxilio de un ángel bueno podía el hombre adquirir la sabiduría por infusión. || **—bella.** La que tiene por objeto expresar la belleza. Refiérese ordinariamente a la música, la pintura, la poesía, la escultura y la arquitectura. || **—cisoria.** La de trinchar. || **—decorativa.** Arte aplicada a la decoración; la pintura y la escultura en cuanto no crean obras independientes, sino subordinadas al embellecimiento de edificios. || **—de los espíritus.** ARTE *angélico*. || **—de maestría mayor.** Artificio rítmico usado en la antigüedad, consistente en repetir las mismas consonantes en todas las estrofas de una composición. || **—de maestría media.** El mismo artificio, del que sólo se diferencia en que se puede variar una rima en cada estrofa. || **—liberal.** Cualquiera de las que principalmente requieren el ejercicio del entendimiento. Ú.m. en pl. || **—mecánica.** Cualquiera de aquellas en que principalmente se necesita el trabajo manual o el uso de máquinas. || **—metálica.** Metálica. || **—métrica.** Métrica. || **—militar.** Comprende el conjunto de conocimientos necesarios para crear, organizar, sostener, perfeccionar, mover y batirse los ejércitos. || **—noble.** ARTE *bella*. || **—notoria.** Medio por el que supersticiosamente, se suponía que por ayunos, confesiones y otras ceremonias podía adquirir el hombre la sabiduría por infusión. || **—plumaria.** El de bordar o recamar representando aves y plumas con sus colores. || **—poética.** Poética, 2.ª acep. || **—servil.** ARTE mecánica. || **—tormentaria.** Artillería, 1.ª acep. || *Séptimo* ARTE. Cinematografía. || *De mal* ARTE. m. adv. En mal estado o disposición. || *Con* ARTE *y engaño, se vive medio año; y con engaño y* ARTE, *la otra parte*. ref. que moteja a los que viven de la faramalla. || *Malas* ARTES. Medios o procedimientos reprobables de que se vale uno para conseguir algún fin. || *No ser, o no tener,* ARTE *ni parte en alguna cosa*. fr. No intervenir en ella de ningún modo. || *Por* ARTE *de birlibirloque, o de encantamiento*. loc. fam. con que se denota haberse hecho una cosa por medios ocultos o extraordinarios. || *Por* ARTE *del diablo*. expr. fig. Por medio que parece fuera de lo natural. || *Quien tiene* ARTE, *va por toda parte*. ref. que enseña la utilidad de saber algún oficio para poder vivir. || Arte (el bello): **P.** e **It.** arte; **I.** y **F.** art; **A.** Kunst; **R.** искусство.

ARTEFACTO. (l. *arte factus*, hecho con arte.) m. Obra mecánica hecha según arte.

ARTEJO. (l. *articŭlus*, d. de *artus*, nudo.) m. Nudillo, 1.ª acep. || **2.** ZOOL.

Cada una de las piezas articuladas entre sí, de que están formados los apéndices segmentados de los artrópodos. || **P.** artigo; **I.** joint; **F.** article; **A.** Knöchel; **It.** articolo; **R.** сустав пальца.

* **ARTEL.** m. Granja colectiva rusa.

ARTELLERÍA. f. ant. Conjunto de máquinas, ingenios o instrumentos de que se servían en la guerra antiguamente para combatir alguna plaza.

ARTEMISIA. (De *artemisia*.) f. Planta compuesta, aromática, de hojas hendidas, flores en panoja, blancas con el centro amarillo. || **2.** Matricaria. || **3.** Planta americana de la familia de las compuestas, de tallo estriado y flores verdes y amarillentas. Es medicinal. **—bastarda.** Milenaria. || **P.** artimísia; **I.** mugwort; **It.** artemisia; **F.** armoise; **A.** Mutterkraut; **R.** чернобыльник.

* **ARTEMISAL.** m. CUBA. Terreno plantado de artemisas, conjunto de artemisas.

ARTEMISIA. (l. *artemisia*, y éste del gr. ἀρτεμισία de Ἄρτεμις, Diana.) f. Artemisa.

* **ARTEMISILLA.** f. BOT. CUBA. Planta compuesta, silvestre, que se utiliza en remedios caseros.

ARTERA. (Del m. or. que *artesa*.) f. Instrumento de hierro con que cada uno marca su pan antes de mandarlo a un horno común.

ARTERAMENTE. adv. Con artería.

ARTERIA. (l. *arterĭa*, y éste del gr. ἀρτηρία.) f. Cada uno de los vasos membranosos que llevan la sangre desde el corazón a las demás partes del cuerpo. || **2.** fig. Calle de la población, a la cual afluyen muchas otras. || **3.** ELECTR. Conductor que une directamente una central eléctrica con cualquier punto de la red de distribución. || **—celiaca.** ZOOL. La que lleva la sangre al estómago y otros órganos abdominales. || **—coronaria.** ZOOL. Cada una de las dos que nacen en la aorta y dan ramas que se distribuyen por el corazón. || **—emulgente.** ZOOL. Cada una de las que llevan la sangre a los riñones. || **—ranina.** ZOOL. La que da ramas que se distribuyen por la parte anterior de la lengua. || **—subclavia.** ZOOL. Cada una de las dos que partiendo del tronco braquiocefálico, a la derecha, corren hacia el hombro respectivo. || **P.** artéria; **I.** artery; **F.** artère; **A.** Arterie; **It.** arteria; **R.** артерия.

ARTERÍA. f. Amaño, astucia que se emplea para un fin. Hoy se toma en mal sentido.

ARTERIAL. adj. Perteneciente o relativo a las arterias.

ARTERIOGRAFÍA. (gr. ἀρτηρία, arteria, y γράφω, describir.) f. Descripción de las arterias. || **2.** Fotografía obtenida por los rayos X de una o varias arterias.

ARTERIOLA. f. Arteria pequeña.

ARTERIOLOGÍA. (gr. ἀρτηρία, arteria, y λόγος, tratado.) f. Parte de la anatomía, que trata de las arterias.

ARTERIOSCLEROSIS. (gr. ἀρτηρία, arteria, y σκλήρωσις, endurecimiento.) f. MED. Endurecimiento de las arterias. || **P.** arteriosclerose; **I.** arteriosclerosis; **F.** artériosclérose; **A.** Schlagaderverhärtung, Arteriosklerosis; **It.** arteriosclerosi; **R.** артериосклероз.

ARTERIOSO, SA. adj. Arterial. || **2.** Abundante en arterias. || **3.** V. *Conducto* ARTERIOSO.

* **ARTERIOTOMÍA.** f. MED. Sangría arterial.

* **ARTERIOTREPSIA.** f. MED. Torsión de las arterias. Se hace para detener la hemorragia.

° **ARTERITIS.** f. MED. Inflamación de las arterias. || **P.** arterite: **I.** arteritis; **F.** artérite; **A.** Arteritis; **It.** arterite; **R.** воспаление артерии.

ARTERO, RA. (De *arte*, cautela, astucia.) adj. Mañoso, astuto. Hoy se toma siempre en mal sentido.

° **ARTEROSCLEROSIS.** f. Forma común de arteriosclerosis causada por la acumulación de materia lipoide en la túnica interior de las arterias.

ARTESA. (gr. ἄρτος, pan.) f. Cajón cuadrilongo, en forma de troñco de pirámide invertido, para amasar pan y para

otros usos. || **P.** artesa; **I.** trough; **F.** auge; **A.** Trog; **It.** madia, **R.** корыто.

ARTESANÍA. f. Clase social constituida por los artesanos. || **2.** Arte u obra de los artesanos.

ARTESANO, NA. (b. l. *artesānus*, y éste del l. *ars, artis*, arte.) m. y f. Persona que ejercita un arte u oficio mecánico. Modernamente se distingue por este nombre al que hace por su cuenta objetos de uso doméstico.

ARTESIANO, NA. (b. l. *artesiānus*, y éste del l. *Artesia*, Artois.) adj. Natural del Artois. Ú.t.c.s. || **2.** Perteneciente a esta antigua provincia de Francia. || **3.** V. *Agua* ARTESIANA. || **4.** V. *Pozo* ARTESIANO. || **P.** e **It.** artesiano; **I.** artesian; **F.** artésien; **A.** artesisch; **R.** артезианский.

ARTESILLA. (d. de *artesa*.) f. Cajón de madera que en las norias sirve de recipiente al agua que vierten los arcaduces. || **2.** Juego consistente en pasar a caballo por debajo de una artesa pequeña llena de agua, de tal forma que golpeándola con una lanza, caiga el agua por detrás del caballo sin mojar al caballero.

ARTESÓN. m. Artesa que sirve en las cocinas para fregar. || **2.** Cada uno de los adornos generalmente con molduras y florón en el centro, que se ponen en los techos y bóvedas. || ARQ. Artesonado, 2.ª acep.: **P.** gamela grande; **I.** caissan; **F.** caisson; **A.** Felderdecke; **It.** cassettone; **R.** лоток.

ARTESONADO, DA. adj. ARQ. Adornado con artesones. || **2.** am. Techo adornado de artesones. || **P.** artesoado; **I.** panelled-ceiling; **F.** lambris; **A.** Täfelung; **It.** soffita a cassettoni.

ARTESUELA. f. d. de artesa.

ARTÉTICO, CA. (l. *arthrīticus*, y éste del gr. ἀρθριτικός, de ἄρθρον, articulación.) adj. Dícese del que padece dolores en las articulaciones. || **2.** Dícese también de estos mismos dolores. || **3.** V. *Gota* ARTÉTICA.

ÁRTICA. f. AR. Artiga.

ÁRTICO, CA. (De *árctico*.) adj. ASTRON. y GEOG. V. *Polo* ÁRTICO. || **2.** ASTRON. y GEOG. Perteneciente, cercano al Polo Ártico. || **P.** ártico; **I.** arctic; **F.** arctique; **A.** arktisch; **It.** artico; **R.** арктический, северный.

ARTICULACIÓN. (l. *articulatĭo, -ōnis*.) f. Acción y efecto de articular o articularse. || **2.** Unión móvil de dos partes o piezas de una máquina o instrumento, y también de dos partes rígidas del cuerpo de un animal. || **3.** Pronunciación clara y distinta de las palabras. || **4.** BOT. En las plantas, unión de una parte con otra distinta. || **5.** GRAM. Emisión de sonidos articulados, vocales o consonantes. || **6.** BOT. Nudo a manera de soldadura en el tallo de las plantas gramináceas. || **7.** ZOOL. Unión de dos o más huesos directamente o por medio de ligamentos. || **—artificial.** Juego de los órganos orales empleado por los sordomudos para darse a entender. || **P.** articulação; **I.** y **F.** articulation; **A.** Artikulation; **It.** articolazione; **R.** артикуляция. || 7.ª acep.: **P.** articulação; **I.** y **F.** articulation; **A.** Gelenk, Gliederung; **It.** articolazione; **R.** сустав.

ARTICULADAMENTE. adv. Con pronunciación clara y distinta.

ARTICULADO, DA. p.p. de articular. || **2.** adj. Que tiene articulaciones. || **3.** V. *Tuya* ARTICULADA. || **4.** ZOOL. Dícese de los animales invertebrados que tienen el cuerpo dividido en segmentos anulares. || **5.** m. Serie de los artículos de un tratado, ley, etc. || **6.** FOR. Serie de los medios de pruebas que propone un litigante.

ARTICULADOR, RA. adj. Que articula.

ARTICULAR. (l. *articulāris*, de *articŭlus*, artejo.) adj. Perteneciente o relativo a la articulación o articulaciones.

ARTICULAR. (l. *articulāre*, de *articŭlus*, juntura.) tr. Unir, enlazar, las partes de un todo, en forma generalmente funcional. || **2.** Pronunciar las palabras clara y distintamente. || **3.** Producir los sonidos de una lengua disponiendo adecuadamente los órganos de la voz. || **4.** FON. Proponer los medios de prueba

A

o preguntas para los litigantes o los testigos. ‖ **5.** Distribuir una ley o texto en artículos. ‖ **6.** CHILE. intr. Disputar, altercar, ponerse a razones. ‖ **7.** CUBA. Refunfuñar, rezongar. ‖ **P.** articular; **I.** to articulate; **F.** articuler; **A.** gliedern; **It.** articolare; **R.** соченять.

ARTICULARIO, RIA. (l. *articularius*.) adj. Articular.

ARTICULATORIO, RIA. adj. GRAM. Perteneciente o relativo a la articulación de los sonidos del lenguaje.

ARTICULISTA. com. Persona que escribe artículos para periódicos o publicaciones análogas.

ARTÍCULO. (l. *articŭlus*.) m. Artejo. ‖ **2.** Una de las partes en que suelen dividirse los escritos. ‖ **3.** Cada una de las divisiones de un diccionario correspondientes a una palabra. ‖ **4.** Cada una de las disposiciones numeradas de un tratado, ley, etc. ‖ **5.** Escrito de cierta extensión e importancia inserto en un periódico o publicación análoga. ‖ **6.** Mercancía, cosa con que se comercia. ‖ **7.** FOR. Cuestión incidental en un juicio. ‖ **8.** FOR. Cualquiera de las probanzas, o párrafo distinto de un interrogatorio. ‖ **9.** GRAM. Parte de la oración que se antepone como proclítica al sustantivo para enunciar su género y su número. ‖ **—adicional.** Cualquiera de los que al final de una ley o reglamento, regulan su implantación, alcance y vigencia. ‖ **—de comercio.** Cosa comerciable. ‖ **—de fe.** Verdad que debemos creer como revelada por Dios. ‖ **—de fondo.** El periodístico en que se trata con extensión algún asunto importante. ‖ **—de la muerte.** Parte de tiempo muy próxima a la muerte. ‖ **—de previo pronunciamiento.** FOR. El incidente, que mientras se decide, paraliza el asunto principal. ‖ **—de primera necesidad.** Cualquiera de los víveres indispensables para el sustento. ‖ **—definido o determinado.** GRAM. Es el que determina con precisión el nombre a que va unido. ‖ **—genérico, indefinido o indeterminado.** Es el que no determina con precisión el nombre a que va unido. Sus formas son uno, una, unos, unas. ‖ *Formar* ARTÍCULO. For. Introducir la cuestión incidental llamada ARTÍCULO, para que sobre ella recaiga pronunciamiento judicial. ‖ *Formar o hacer* uno ARTÍCULO *de alguna cosa.* fr. fig. Dificultarla o contradecirla. ‖ **P.** artículo; **I.** F. article; **A.** Artikel; **It.** articolo; **R.** статья, артикль.

ARTIFARA. m. GERM. Pan, 1.ª acep. ‖ **2.** GERM. *Peso de* ARTIFARA.

ARTIFE. m. GERM. Artifara.

ARTIFERO. (De *artife*.) m. GERM. Panadero, 1.ª acep.

ARTÍFICE. (l. *artifex, -fĭcis*; de *ars*, arte, y *facĕre*, hacer.) com. Artista. ‖ **2.** Persona que ejerce un arte manual. ‖ **3.** fig. Autor. ‖ **P.** artífice; **I.** artificer; **F.** artiste; **A.** Künstler; **It.** artefice; **R.** мастер.

ARTIFICIADO, DA. p.p. ant. de artificiar. ‖ **2.** adj. ant. Artificial.

ARTIFICIAL. (l. *artificiālis*.) adj. Hecho por mano o arte del hombre. ‖ **2.** V. *Agnación, articulación, bálsamo, día, espino, horizonte, imán, luz, memoria, neumotórax, venturina* ARTIFICIAL. ‖ **3.** V. *Fuegos* ARTIFICIALES. ‖ **4.** No natural, falso. ‖ **P.** e **It.** artificial; **F.** artificiel; **A.** künstlich; **It.** artificiale; **R.** искусственный.

ARTIFICIALMENTE. adv. De manera artificial.

ARTIFICIAR. tr. ant. Hacer con artificio alguna cosa.

ARTIFICIERO. (De *artificio*.) m. ART. Artillero especialmente instruido en el manejo, carga y descarga de proyectiles, cartuchos, espolones y estopines. ‖ **2.** Pirotécnico.

ARTIFICIO. (l. *artificĭum*; de *ars*, arte, y *facĕre*, hacer.) m. Arte, habilidad con que está hecha alguna cosa. ‖ **2.** Máquina o aparato con que se hace algo mejor o más fácilmente que con los medios ordinarios. ‖ **3.** fig. Disimulo, cautela, doblez. ‖ **P.** artificio; **I.** y **F.** artifice; **A.** Kunstfertigkeit; **It.** artifizio; **R.** искусство.

ARTIFICIOSAMENTE. adv. De manera artificiosa.

ARTIFICIOSO, SA. (l. *artificiōsus*.) adj. Hecho con artificio, 1.ª acep. ‖ **2.** fig. Disimulado, cauteloso, doble. ‖ **3.** FOR. *Agnación* ARTIFICIOSA. ‖ **P.** artificioso; **I.** artful; **F.** artificieux; **A.** künstlich; **It.** artifizioso; **R.** искусственный.

ARTÍFICO, CA. adj. ant. Artificioso, 1.ª acep.

ARTIGA. f. Acción y efecto de artigar. ‖ **2.** Tierra artigada.

ARTIGAR. (l. *exsarticāre*, rozar.) tr. Romper un terreno para cultivarlo, quemando antes el monte bajo y las ramas de los árboles que hay en él.

ARTILUGIO. m. despect. Aparato o mecanismo artificioso, pero de poca importancia y duración.

ARTILLADO, DA. p.p. de artillar. ‖ **2.** m. Artillería de un buque o de una plaza de guerra.

ARTILLAR. (fr. *artiller*.) tr. Armar de artillería las fortalezas o las naves. ‖ **2.** Colocar en disposición de combate la artillería de una batería, obra, fortaleza o nave.

ARTILLERÍA. (fr. *artillerie*.) f. Arte de construir y usar toda clase de armas, máquinas y municiones de guerra. ‖ **2.** Tren de cañones, obuses, morteros y otras máquinas de guerra, que tiene un ejército, un buque o una aeronave. ‖ **3.** Cuerpo militar destinado a este servicio. ‖ **4.** V. *Parque, pieza, de* ARTILLERÍA. ‖ **5.** V. *General de* ARTILLERÍA. ‖ **—antiaérea.** La destinada a combatir contra aviones militares. ‖ **—de costa.** La de grueso calibre utilizada en la defensa del litoral. ‖ **—de lomo.** ARTILLERÍA *de montaña.* La de fácil transporte que opera en terreno montuoso. ‖ **—de batalla o de campaña.** La que forma parte de los ejércitos destinados a operaciones campales. ‖ **—de plaza o de sitio.** La que se emplea indistintamente en el ataque y defensa de las plazas fuertes y posiciones fortificadas. ‖ **—ligera, montada, rodada o volante.** La de campaña que acompaña a la infantería siempre que el terreno lo permita. ‖ **—de tiro curvo.** La que dispara con grandes ángulos de elevación. ‖ **—de tiro rasante.** La que dispara con ángulos de elevación reducidos. ‖ **—motorizada.** La de campaña, de tracción automóvil. ‖ **—pesada.** La de gran potencia con calibres superiores a los 150 mm. ‖ *Asestar* uno *toda la* ARTILLERÍA. fr. fig. Hacer todo el esfuerzo posible para conseguir alguna cosa. ‖ *Desmontar la* ARTILLERÍA. fr. Sacarla de las cureñas o afustes. ‖ *Montar la* ARTILLERÍA. fr. Ponerla o colocarla en las cureñas. ‖ **P.** artilharia; **I.** artillery; **F.** artillerie; **A.** Artillerie; **It.** artiglieria; **R.** артиллерия.

ARTILLERO. m. El que profesa la artillería. ‖ **2.** Soldado de artillería. ‖ **—de mar.** Clase en la marina de guerra. ‖ **P.** artilheiro; **I.** artillery-man; **F.** artilleur, canonnier; **A.** Artillerist; **It.** artigliere, canoniere; **R.** артиллерист.

ARTIMAÑA. (De *arte* y *maña*.) f. Trampa, 1.ª acep. ‖ **2.** fam. Artificio o astucia para engañar a uno, o para otro fin.

ARTIMÓN. (l. *artēmo, -ōnis*, y éste del gr. ἀρτέμων.) MAR. Una de las velas que usaban en las galeras.

ARTINA. f. Fruto del arto, 1.ª acep.

ARTIODÁCTILO. (gr. ἄρτιος, par, y δάκτυλος, dedo.) adj. ZOOL. Dícese del mamífero ungulado cuyas extremidades terminan en un número par de dedos, de los cuales apoyan en el suelo por lo menos dos, que son simétricos. Ú.t.c.s. ‖ **2.** m. pl. ZOOL. Orden de estos animales que comprenden los paquidermos y los rumiantes. ‖ **2.**ª acep.: **P.** artiodáctilo; **I.** Artiodactyla; **F.** artiodactyle; **A.** Paarzeher; **It.** artiodattili.

* ARTIOZOARIO, RIA. adj. ZOOL. Aplícase a los metiozarios de cuerpo bilateralmente simétrico.

ARTISTA. com. Persona que ejercita alguna bella arte. ‖ **2.** Persona dotada de las disposiciones necesarias para el cultivo de un arte bella. ‖ **P.** e **It.** artista; **I.** artist; **F.** artiste; **A.** Künstler; **R.** артист.

ARTÍSTICAMENTE. adv. Con arte, de manera artística.

ARTÍSTICO, CA. adj. Perteneciente

o relativo a las artes, especialmente a las que se denominan bellas. ‖ **2.** V. *Belleza* ARTÍSTICA. ‖ **3.** V. *Director* ARTÍSTICO. ‖ **P.** artístico; **I.** artistic; **F.** artistique; **A.** künstlerisch; **It.** artistico; **R.** художественный.

ARTIZADO, DA. p.p. de artizar.

ARTIZAR. (De *arte*.) tr. Hacer alguna cosa con arte. ‖ **2.** Artificiar.

ARTO. (Del vasc. *lartzo*, zarza.) m. Cambronera. ‖ **2.** Nombre dado a varias plantas espinosas con que se forman setos vivos.

ARTOCARPÁCEO, CEA. adj. BOT. Artocárpeo.

ARTOCÁRPEO, A. (De *artocarpus*, nombre lat. dado por Linneo al árbol del pan; del gr. ἄρτος pan, y καρπός, fruto.) adj. BOT. Dícese de árboles o arbustos de la familia de las moráceas, con jugo lechoso, hojas alternas, flores unisexuales, fruto vario, compuesto, y semilla sin albumen; como el árbol del pan.

ARTOLAS. (De *cartolas*.) f. pl. Especie de jamugas para transportar a dos personas.

ARTOLATRÍA. f. Adoración del pan eucarístico u hostia consagrada.

* ARTOLITO. m. MINER. Concreción calcárea en forma de pan.

ARTOS. m. Arto.

° **ARTRALGIA.** f. MED. Dolor en las articulaciones.

ARTRÍTICO, CA. (l. *arthriticus*, y éste del gr. ἀρθριτικός.) adj. MED. Relativo al artritismo. ‖ **2.** adj. y s. Que padece artritis.

ARTRITIS. (l. *arthritis*, y éste del gr. ἀρθρῖτις, de ἄρθρον, articulación.) f. MED. Inflamación aguda o crónica de una articulación. ‖ **P.** artritismo: **I.** arthritis; **F.** arthrite; **A.** Gelenkentzündung; **It.** artrite; **R.** подагра.

ARTRITISMO. (De *artritis*.) m. MED. Estado orgánico morboso caracterizado por un retardo de los fenómenos de nutrición y que se da a conocer por diversas manifestaciones clínicas. ‖ **P.** e **It.** artritismo; **I.** arthritism; **F.** arthritisme; **A.** Gicht; **R.** артритизм.

* ARTROGASTROS. m. pl. ZOOL. Nombre dado a ciertos artrópodos que forman una subclase de aracnoideos y se caracterizan por tener el abdomen sentado y articulado.

ARTROGRAFÍA. (gr. ἄρθρον, articulación, y γράφω, describir.) f. Descripción de las articulaciones.

ARTROLOGÍA. (gr. ἄρθρον, articulación, y λόγος, tratado.) f. Parte de la anatomía, que trata de las articulaciones.

ARTROPATÍA. (gr. ἄρθρον, articulación, y πάθος, enfermedad.) f. Enfermedad de las articulaciones.

ARTRÓPODO. (gr. ἄρθρον, articulación, y πούς, ποδός pie.) adj. ZOOL. Dícese de los animales del tipo de los artrópodos. ‖ **2.** m. pl. Tipo de animales invertebrados, de simetría bilateral, y cuerpo segmentado, con esqueleto exterior y patas articuladas; como los insectos y los crustáceos. Ú.t.c.s. ‖ **P.** artrópode; **I.** Arthropoda; **F.** arthropode; **A.** Gliederfusser; **It.** artropodi.

* ARTROSIS. f. Articulación.

ARTUÑA. (De *abortar*.) f. Entre pastores, oveja parida que ha perdido la cría.

ARTURO. (l. *arctūrus*, y éste del gr. ἀρκτοῦρος; de ἄρκτος, osa, y οὖρος, guardián.) m. ASTRON. Estrella de primera magnitud de la constelación de Bootes. ‖ **P.** e **It.** Arturo; **I.** Arcturus; **F.** Arcturus; **A.** Arkturus, Bärenhüter; **R.** Арктур.

ARUGAS. f. pl. Matricaria.

ÁRULA. (l. *arŭla*, d. de *ara*.) f. ARQUEOL. Ara pequeña.

ARUNDENSE. adj. Natural de Arunda, hoy Ronda. Ú.t.c.s. ‖ **2.** Perteneciente a esta ciudad de la Bética.

* ARUNDINARIA. f. BOT. Género de plantas gramináceas.

ARUNDÍNEO, A. (l. *arundinĕus*.) adj. Perteneciente o relativo a las cañas.

ARUÑAR. (De *arañar*, infl. por *uña*.) tr. fam. Arañar.

ARUÑAZO. (De *aruñar*.) m. fam. Arañazo.

ARUÑO. (De *aruñar*.) m. fam. Araño.

ARÚSPICE. (l. *haruspex, -icis*.) m. Sacerdote que en la antigua Roma examinaba las entrañas de las víctimas para hacer presagios. || **P.** arúspice; **I.** aruspex; **F.** e **It.** aruspice; **A.** Harusper; **R.** авгур.

ARUSPICINA. (l. *haruspicina*.) f. Arte supersticioso de adivinar por las entrañas de los animales.

ARVEJA. (l. *ĕrvilia*.) f. Algarroba, 1.ª y 2.ª aceps. || **2.** CHILE Arvejo. || —**silvestre.** Áfaca. || **P.** ervilhaca; **I.** vetch; **F.** vesce; **A.** Wicke; **It.** veccia; **R.** вика.

ARVEJAL. m. Terreno poblado de arvejas.

ARVEJANA. f. Arveja.

ARVEJAR. m. Arvejal.

ARVEJERA. (De *arveja*.) m. Guisante.

ARVEJO. (De *arveja*.) m. Guisante.

ARVEJÓN. (De *arvejo*.) m. AND. Almorta.

ARVEJONA. f. AND. Arveja, 1.ª acep. || —**loca.** AND. Arveja silvestre.

ARVEJOTE. m. ÁL. Arvejón.

ARVENSE. (l. *arva*, campo cultivado.) adj. BOT. Aplícase a toda planta que crece en los sembrados.

★ **ARVÍCOLA.** adj. Que vive en el campo. || m. pl. ZOOL. Género de roedores de pequeña talla, como el ratón.

★ **ARVICULTURA.** f. Cultivo de los cereales.

ARZOBISPADO. m. Dignidad de arzobispo. || **2.** Territorio en que el arzobispo ejerce jurisdicción. || **3.** Palacio del arzobispo. || **P.** arcebispado; **I.** archbishopric; **F.** archevêché; **A.** Erzbistum; **It.** arcivescovado; **R.** архиепископство.

ARZOBISPAL. adj. Perteneciente o relativo al arzobispo.

ARZOBISPAZGO. m. ant. Arzobispado.

ARZOBISPO. (l. *archiepiscŏpus*, y éste del gr. ἀρχιεπίσκοπος,) m. Obispo de iglesia metropolitana o que tiene honores de tal. || **P.** arcebispo; **I.** archbishop; **F.** archevêque; **A.** Erzbischof; **It.** arcivescovo; **R.** архиепископ.

ARZOLLA. f. Planta compuesta de tallo y fruto espinosos y hojas largas y hendidas. || **2.** Cardo lechero. || **3.** Almendruco. || **4.** AR. Planta herbácea de la familia de las compuestas, de tallo muy ramoso, de unos 30 cm de altura, blanquecino como todo el vegetal.

ARZÓN. (b. l. *arcio, -ōnis*, y éste del l. *arcus*.) m. Fuste delantero o trasero de la silla de montar. || **P.** arção; **I.** saddlebow; **F.** arçon; **A.** Sattelbogen; **It.** arcione; **R.** седельная лука.

AS. (l. *as*.) m. Antigua moneda romana de bronce, (décima parte del denario). || **2.** Carta que en la numeración de cada palo de la baraja de naipes lleva el número uno. || **3.** En los dados, la cara que tiene un solo punto. || **4.** fig. Persona que sobresale de manera notable en el ejercicio o profesión. || —**hereditario.** Neto haber de una sucesión testada o intestada. || **P.** ás; **I.** ace; **F.** y **A.** As; **It.** asso; **R.** туз.

ASA. (l. *ansa*.) f. Asidero que sobresale del cuerpo de la vasija, cesta, etc. || **2.** V. *Amigo del* ASA. || **3.** fig. Asidero, 2.ª acep. || **4.** GERM. Areja, 2.ª acep. || *En* ASA. m. adv. En jarras. || *Ser del* ASA. *o muy del* ASA. fr. fam. Ser amigo íntimo, o de la parcialidad, de otro. || **P.** asa; **I.** handle; **F.** anse; **A.** Henkel, Handgriff; **It.** ansa, maniglia; **R.** ручка.

ASA. (b. l. *assa*.) Jugo que fluye de diversas plantas umbelíferas. || —**dulce.** Gomorresina muy apreciada por los antiguos. || —**fétida.** Planta perenne asiática de la familia de las umbelíferas, de unos dos metros de altura, con tallo recto, hojas de pecíolos envainadores y divididas en lóbulos, flores amarillas y fruto seco en cápsula estrellada. || **2.** Gomorresina concreta de esta planta, de color amarillento, con grumos blancos de olor muy fuerte y fétido, y de sabor amargo y nauseabundo. || —**olorosa.** ASA *dulce*.

ASA. (l. *acer*.) f. GRAN. Acebo.

ASÁ. (De *así*, con la *a* de *aca*, según la correlación *aquí, acá*.) V. ASÍ *que* ASÁ.

★ **ASABALADO, DA.** adj. CUBA. Aplícase a la caballería de cabeza aguzada, cuello largo y poca barriga.

ASABORADO, DA. p.p. de asaborar. || **2.** adj. ant. Divertido, embebecido.

ASABORAR. (De *a*, 2.º art. y *sabor*.) tr. ant. Saborear.

ASABORGAR. (De *a*, 2.º art. y *saborgar*.) tr. ant. Asaborar.

ASABORIR. tr. ant. Asaborar.

ASACADOR, RA. (De *asacar*.) adj. ant. Calumniador, cizañador. Úsáb.t.c.s.

ASACAMIENTO. m. ant. Acción y efecto de asacar.

ASACAR. (De *a*, 2.º art. y *sacar*.) tr. Sacar, inventar. || **2.** Fingir, pretextar. || **3.** Achacar, imputar.

ASACIÓN. f. Acción y efecto de asar. || **2.** FARM. Cocimiento asativo.

★ **A SACRIS.** (lit. *de cosas sagradas*.) oc. l. empleada en Derecho canónico para denotar las censuras eclesiásticas.

ASACRISTANADO, DA. adj. Que participa de las características del sacristán.

ASADERO, RA. adj. A propósito para asarse. Dícese más comúnmente de cierta especie de queso y de algunas peras.

ASADO, DA. p.p. de asar. || **2.** V. *Así que* ASADO. || **3.** m. Carne asada. || **4.** R. DE LA PLATA. Tira de costillar. || *Pasarse el* ASADO. fr. fig. y fam. AR. Perderse la oportunidad. || **3.**ª acep.: **P.** assado; **I.** roast; **F.** rôti; **A.** Braten; **It.** arrosto; **R.** жареное мясо.

ASADOR. m. Varilla en que se clava y se pone al fuego lo que se quiere asar. || **2.** Aparato para igual fin. || **P.** espeto; **I.** spit; **F.** broche; **A.** (Brat)Spiess; **It.** spiedo; **R.** жаровня.

ASADURA. (De *asar*.) f. Conjunto de las entrañas del animal. Ú.t.m. en pl. || **2.** Hígado y bofes. || **3.** Hígado, 1.ª acep. || **4.** Derecho que se pagaba por el paso de los ganados. || *Echar uno las* ASADURAS. fr. fig. y fam. Echar el bofe o los bofes. || **P.** assadura; **I.** roast; **F.** rôti; **A.** Braten; **It.** arrosto; **R.** жареное мясо.

ASADURÍA. f. Asadura, 4.ª acep.

ASAETEADOR, RA. adj. Que asaeta. Ú.t.c.s.

ASAETEAR. (De *a*, 2.º art. y *saetar*.) tr. Disparar saetas contra alguien. || **2.** Herir o matar con saetas. || **3.** fig. Causar a uno repetidamente disgustos o molestias.

ASAETINADO, DA. Aplícase a ciertas telas, parecidas al saetín.

ASAFÉTIDA. f. Asa fétida.

ASAINETADO, DA. adj. Parecido al sainete.

ASAINETEAR. (De *a* y *sainete*.) tr. Salpimentar.

ASALARIADO, DA. p.p. de asalariar. || **2.** adj. Persona que presta algún servicio mediante un salario. Ú.t.c.s. || **3.** despect. Aplícase a la persona que indecorosamente supedita su voluntad a la merced ajena. || **P.** assalariado; **I.** salaried; **F.** salarié; **A.** Besoldeter; **It.** salariato; **R.** наёмный.

ASALARIAR. tr. Señalar salario a una persona. || **P.** assalariar; **I.** to salary; **F.** salarier; **A.** besolden, löhnen; **It.** salariare; **R.** назначать жалованье.

ASALIR. intr. ant. Salir al encuentro.

ASALMERAR. (De *a*, 2.º art. y *salmer*.) tr. CANT. Dar a la parte superior de los estribos la forma de plano inclinado para apoyar en ellos un arco o bóveda.

ASALMONADO, DA. adj. Salmonado. || **2.** De color rosa pálido.

ASALTADOR, RA. adj. Que asalta. Ú.t.c.s.

ASALTANTE. p.a. de asaltar. Que asalta.

ASALTAR. (De *a*, 2.º art. y *salto*.) tr. Acometer impetuosamente una plaza o fortaleza para apoderarse de ella. || **2.** Acometer repentinamente por sorpresa a uno. || **3.** fig. Ocurrir de pronto una enfermedad, un pensamiento, etc., a uno. || **P.** assaltar; **I.** to assault; **F.** assaillir; **A.** angreifen, anfallen, bestürmen; **R.** штурмовать, атаковать.

ASALTO. m. Acción y efecto de asaltar. || **2.** Variedad del juego de tres en raya. || **3.** ESGR. Combate simulado. || **4.** V. *Carro, guardia de* ASALTO. || **5.** ESGR. Acometimiento que se hace metiendo el pie derecho y la espada al mismo tiempo. || **6.** CUBA. Baile, que sin previo anuncio, se celebra en una sociedad. || *Dar* ASALTO. fr. Asaltar, 1.ª y 2.ª acep. || **P.** e **It.** assalto; **I.** assault, storm; **F.** assaut; **A.** Angriff; **Überfall; R.** штурм.

ASAMBLEA. (Del fr. *assemblée*, de *assembler*, y éste del l. *assimŭlare*, juntar.) f. Reunión numerosa de personas convocadas para algún fin. || **2.** Cuerpo político deliberante. || **3.** Tribunal peculiar de la Orden de San Juan. || **4.** MIL. Reunión numerosa de tropas para su instrucción o para entrar en campaña. || **5.** MIL. Toque para que la tropa se una y forme en sus cuerpos respectivos y lugares determinados. || **P.** assambleia; **I.** assembly; **F.** assemblée; **A.** Versammlung; **It.** assemblea; **R.** собрание.

ASAMBLEÍSTA. com. Persona que forma parte de una asamblea.

ASAMIENTO. m. ant. Asación.

ASAÑAR. (De *ensañar*, con cambio de prefijo.) tr. Ensañar. Úsáb.t.c.r.

ASAR. (l. *assāre*.) tr. Preparar un manjar, especialmente carnes, pescados, frutas, a la acción directa del fuego o a la del aire caldeado en un horno. || **2.** fig. Tostar, abrasar. || **3.** r. fig. Sentir extremado ardor o calor. || **4.** fig. Importunar, molestar insistentemente. || ASARSE *vivo*. fr. fig. y fam. ASAR. || **P.** assar; **I.** to roast; **F.** rôtir; **A.** braten, rösten; **It.** arrostire; **R.** жарить.

ASARABÁCARA. (l. *asarum*, ásaro, y *baccar*, esclarea.) f. Ásaro.

ASÁRACA. f. Ásaro.

ASARDINADO, DA. (De *a*, 2.º art. y *sardina*.) adj. Aplícase a la obra hecha de ladrillos o adobes colocados de canto.

ASARERO. (De *ásaro*.) m. Endrino, 2.ª acep.

ASARGADO, DA. adj. Parecido a la sarga, 1.er art., 1.ª acep.

ASARINA. f. Planta perenne, familia de las escrofulariáceas, que nace entre las peñas, de hojas vellosas acorazonadas y aserradas y flores de color violado. || **P.** assarina; **I.** e **It.** asarina; **F.** asarine; **A.** Löwenmaul; **R.** конский ладан.

ÁSARO. (l. *asărum*, y éste del gr. ἄσαρον.) m. Planta aristoloquiácea de olor fuerte y nauseabundo, de flores terminales de color rojo, hojas radicales y rizoma rastrero. || **P.** e **It.** asaro; **I.** asarum; **F.** asaret; **A.** Haselwurz.

ASATIVO, VA. (De *asar*.) adj. FARM. Dícese del cocimiento de alguna cosa hecho con su propio zumo.

★ **ASAÚRA.** f. GERM. Flema, cachaza, falta de gracia.

ASAYAR. (l. *exagiāre*, ensayar.) tr. ant. Experimentar.

ASAYÉ. m. BOL. Espuerta de palma.

ASAZ. (l. *ad*, a, y *satiem*, acus. de *saties*, saciedad.) adv. Bastante, harto, muy. || **2.** adj. Mucho, bastante. Ú. en poesía.

ASBESTINO, NA. adj. Perteneciente al asbesto.

ASBESTO. (l. *asbestos*, y éste del gr. ἄσβεστος, incombustible, inextinguible; de ἀ, priv. y σβέννυμι, extinguir.) m. Mineral de características similares a las del amianto, pero de fibras duras y rígidas. || **P.** e **It.** asbesto; **I.** asbestos; **F.** asbeste; **A.** Asbest; **R.** асбест.

ASCA. f. BOT. Célula madre de los hongos ascomicetos.

★ **ASCÁLAFO.** m. ZOOL. Género de insectos neurópteros de antenas muy largas y ojos grandes. || **P.** ascalafo; **I.** Ascalaphus; **F.** ascalaphe; **A.** Askalaphus; **It.** ascalafo.

ASCALONIA. (l. *ascolonia*.) f. Chalote. || **2.** V. *Ajo de* ASCALONIA.

ASCALONITA. adj. Natural de Ascalón. Ú.t.c.s. || **2.** Perteneciente a esta ciudad de Palestina.

ÁSCAR. (ár. *'askar*, soldado.) m. En Marruecos, ejército, 1.ª y 2.ª aceps.

ÁSCARI. (ár. *'askari*, soldado.) m. Soldado de infantería marroquí.

ASCÁRIDE. (l. *ascaridae, -ārum*, y éste del gr. ἀσκαρίς.) f. Lombriz intestinal. || **P.** ascáride; **I.** y **F.** ascaris; **A.** Spülwurm; **It.** ascaride; **R.** аскарида.

ASCENDENCIA. f. Serie de ascendientes, 2.ª acep.

ASCENDENTE. (l. *ascendens, -entis*.) p.a. de ascender. Que asciende. || **2.** GRAM. Creciente. || **3.** adj. V. *Fuente, nodo, progresión, tren* ASCENDENTE.

ASCENDER. (l. *ascendĕre*; de *ad*, a, y *scandĕre*, subir.) intr. Subir, pasar a lugar más alto. || **2.** fig. Adelantar en em-

A

pleo o dignidad. || **3.** intr. Dar, otorgar un ascenso. || **P.** ascender; **I.** to ascend; **F.** monter; **A.** (an-auf)steigen; **It.** ascendere; **R.** подниматься.

ASCENDIENTE. p.a. de ascender. Ascendente. || **2.** com. Padre o cualquiera de los antepasados de una persona. || **3.** m. Influjo, predominio moral. || **2.ª** acep.: **P.** antepassado; **I.** ancestor; **F.** ascendant; **A.** Ahne; **It.** ascendente; **R.** предок.

ASCENSIÓN. (l. *ascensio, -ōnis*.) f. Acción y efecto de ascender, 1.ª acep. || **2.** Por excelencia, la de Cristo, a los cielos en presencia de los apóstoles y discípulos. || **3.** Fiesta con que se celebra este misterio, cuarenta días después de la Pascua. || **4.** Exaltación a una dignidad suprema. || **—oblicua.** ASTRON. Arco del Ecuador tomado desde el principio de Aries hacia el oriente, hasta aquel punto que llega al horizonte al mismo tiempo que el astro de la esfera oblicua. || **—recta.** Arco del Ecuador, contado de O a E y comprendido entre el punto equinoccial de primavera y el meridiano de un astro. || **P.** ascensão; **I.** y **F.** ascension; **A.** Aufgang; **It.** ascensione; **R.** подъём.

ASCENSIONAL. adj. Dícese del movimiento de un cuerpo ascendente y de la fuerza que lo produce. || **2.** Perteneciente o relativo a la ascensión de los astros.

ASCENSIONISTA. com. Persona que asciende a puntos muy elevados de las montañas. || **2.** Aeronauta.

ASCENSO. (l. *ascensus*.) m. p. us. Subida, 1.ª acep. || **2.** fig. Promoción a mayor dignidad o empleo. || **3.** fig. Cada uno de los grados señalados para el adelanto en una carrera.

ASCENSOR. (l. *ascensor*, el que sube.) Aparato elevador para trasladar personas de unos pisos a otros. || **2.** Montacargas. || **P.** ascensor; **I.** lift, elevator; **F.** ascenseur; **A.** Fahrstuhl, Lift; **It.** elevatore, ascensore; **R.** лифт.

ASCENSORISTA. m. Persona que tiene a su cargo el manejo del ascensor.

ASCETA. (l. *ascēta*, y éste del gr. ἀσκητής, de ἀσκέω, ejercitar.) com. Persona que practica el ascetismo. || **P.** asceta; **I.** ascetic; **F.** ascète; **A.** Asket; **It.** asceta; **R.** аскет.

ASCETERIO. (l. *ascētērium*, lugar para practicar ejercicios.) m. En el monacado oriental, colonia de anacoretas o eremitas.

ASCÉTICA. f. Ascetismo, 2.ª acep.

ASCÉTICO, CA. (gr. ἀσκητικός, de ἀτικέω, ejecutar.) adj. Dícese de la persona que se dedica de forma particular a la perfección cristiana. || **2.** Perteneciente o relativo a este ejercicio. || **3.** Que trata de la vida ascética. || **4.** V. *Teología* ASCÉTICA.

ASCETISMO. m. Profesión de la vida ascética. || **2.** Doctrina de la vida ascética. || **P.** e **It.** ascetismo; **I.** asceticism; **F.** ascétisme; **A.** beschauliches Leben; **R.** аскетизм.

★ **ASCIDIA.** f. Hoja en forma de urna. || **2.** pl. ZOOL. Subclase perteneciente al tipo de los tunicados, que viven fijos en el fondo del mar, aislados o en colonia.

ASCIO, CIA. (l. *ascĭus*, y éste del gr. ἄσκιος; de ἀ, priv. y σκιά, sombra.) adj. GEOGR. Dícese del habitante de la zona tórrida, donde dos veces al año, al mediodía, cae verticalmente el sol y los cuerpos no proyectan sombra. Ú.t.c.s. y m. en pl.

ÁSCIRO. (l. *ascȳron*, y éste del gr. ἄσκυρον.) m. Planta indígena de España, muy semejante al hipérico, con tallo cuadrangular y hojas perforadas de puntitos sólo en las márgenes.

ASCITERIO. (l. *ascētērium*, y éste del gr. ἀσκητήριον.) m. ant. Monasterio.

ASCÍTICO, CA. adj. MED. Que padece ascitis. Ú.t.c.s.

ASCITIS. (l. *ascites*, y éste del gr. ἀσκίτης; de ἀσκός, odre.) f. MED. Acumulación de líquido en la cavidad peritoneal. Se observa preferentemente en el curso de la cirrosis del hígado, de la tuberculosis peritoneal y del cáncer intestinal. || **P.,** **F.** e **It.** ascite; **I.** ascites; **A.** Bauchwassersucht.

ASCLEPIADÁCEO, A. (De *asclepias*, nombre de un género de plantas.) m. Familia de plantas dicotiledóneas, hierbas, árboles o arbustos, de hojas opuestas, flores hermafroditas regulares, estambres con apéndices nectarios y frutos en folículo apergaminado. Ú.t.c.s.f. || **2.** f. pl. BOT. Familia de estas plantas.

ASCLEPIADEO. (l. *asclepiadēus;* de *Asclepiades*, poeta griego, propagador de este metro.) adj. V. *Verso* ASCLEPIADEO. Ú.t.c.s.

ASCLEPIADEO, A. adj. BOT. Asclepiadáceo.

★ **ASCLEPIAS.** f. pl. BOT. Género de plantas de América del Norte y Australia. || **I.** Asclepias; **F.** asclépiade; **It.** asclepias.

ASCO. (De *asqueroso*.) m. Repugnancia que incita al vómito. || **2.** fig. Impresión desagradable causada por una cosa que repugna. || **3.** fig. Esta misma cosa. || **4.** fig. y fam. Miedo. || *Estar hecho un* ASCO. fr. fig. y fam. Estar muy sucio. || *Hacer* ASCOS. fr. fig. y fam. Hacer afectadamente desprecio de una cosa. || *Ser un* ASCO *una cosa.* fr. fig. y fam. Ser muy indecorosa y despreciable. || **2.** Ser muy mala e imperfecta. || **P.** asco; **I.** nausea, loathing; **F.** dégoût, nausée; **A.** Ekel; **It.** schifo; **R.** отвращение.

° **ASCOMICETO.** adj. BOT. Dícese de los hongos de la subclase de los ascomicetos. || **2.** m. pl. Subclase de hongos de micelio tabicado, y cuyas células madres forman en su interior cuatro u ocho ésporas endógenas. || **I.** ascomycetes; **F.** ascomycètes; **A.** Schlauchpilz.

ASCONDER. (l. *abscŏndĕre*, esconder.) tr. ant. Esconder. Ú. en Burgos y Soria.

ASCONDIDAMENTE. adv. ant. Escondidamente.

ASCONDIDO. p.p.p. de asconder.

ASCONDIMIENTO. (De *asconder*.) m. ant. Escondrijo.

ASCONDREDIJO. m. ant. Ascondrijo.

ASCONDRIJO. (De *asconder*.) m. ant. Escondrijo.

ASCOROSO, SA. adj. ant. Asqueroso.

ASCOSIDAD. (De *ascoso*.) f. Inmundicia que mueve a asco.

ASCOSO, SA. (De *asco*.) adj. Asqueroso, 1.ª acep.

ASCREO, A. (l. *ascraeus*.) adj. Natural de Ascra. Ú.t.c.s. || **2.** Perteneciente a esta aldea de Beocia.

ASCUA. f. Pedazo de cualquier materia sólida que está ardiendo sin dar llama. || **2.** fig. Cosa que brilla y resplandece mucho. || *Arrimar uno el* ASCUA *a su sardina.* fr. fig. y fam. Aprovechar para lo que le interesa o le importa, la ocasión o coyuntura que se ofrece. || *Estar uno en* ASCUAS. fr. fig. y fam. Estar inquieto, sobresaltado. || ¡ASCUAS! interj. fest. con que se manifiesta dolor o extrañeza.

ASCUSO (A o EN). m. adv. ant. A escuso.

ASEADAMENTE. adv. Con aseo.

ASEADO, DA. p.p.p. de asear. || **2.** adj. Limpio, curioso.

ASEAR. (port. *assear*.) tr. Adornar, componer con curiosidad y limpieza. Ú.t.c.r.

ASECUCIÓN. (b. l. *assecutĭo, -ōnis*, y éste del l. *assĕqui*, conseguir, obtener.) f. Consecución.

★ **ASECUENCIA.** (De *a* priv., y l. *sequentia*, continuación.) f. MED. Carencia de continuación normal entre las contracciones auriculares y ventriculares del corazón.

ASECHADOR, RA. adj. Que asecha. Ú.t.c.s.

ASECHAMIENTO. m. Asechanza.

ASECHANZA. (De *asechar*.) f. Engaño o artificio para hacer daño a otro. Ú.m. en pl.

ASECHAR. (l. *assectāri*, ir al alcance de uno; de *ad*, a, y *sectāri*, seguir.) tr. Poner o armar asechanzas. || **P.** armar ciladas; **I.** to ambush; **F.** dresser des embûches; **A.** Schlingen legen; **It.** insidiare; **R.** выслеживать.

ASECHO. (De *asechar*.) m. Asechanza.

ASECHOSO, SA. (De *asecho*.) adj. ant. Dispuesto con asechanzas. || **2.** adj. Propio de ellas.

ASEDAR. tr. Poner suave como la seda alguna cosa. Dícese del cáñamo y el lino.

ASEDIADOR, RA. adj. Que asedia. Ú.t.c.s.

ASEDIAR. (b. l. *assedĭāre*, y éste del l. *ad*, a, y *sedēre*, estar sentado.) tr. Cercar un punto fortificado para impedir que salgan los que están en él o que reciban socorros. || **2.** fig. Importunar a uno sin descanso con pretensiones.

ASEDIO. m. Acción y efecto de asediar. || **P.** assédio; **I.** siege; **F.** siège; **A.** Belagerung; **It.** assedio; **R.** осада.

ASEGLARARSE. r. Relajarse el clérigo o religioso, portándose y viviendo como seglar.

ASEGLARIZAR. tr. p. us. Relajar la virtud propia del estado religioso, haciendo que el clérigo se porte como un seglar.

ASEGUIR. (l. *assĕqui;* de *ad*, a, y *sĕqui*, seguir.) tr. ant. Conseguir.

ASEGUNDAR. (De *a*, 2.º art., y *segundo*.) tr. Repetir un acto poco después de haberlo llevado a cabo por vez primera.

ASEGURACIÓN. f. Seguro, 7.ª acep.

ASEGURADAMENTE. adv. ant. Seguramente.

ASEGURADO, DA. p.p.p. de asegurar. || **2.** adj. Dícese de la persona que ha contratado un seguro. Ú.t.c.s.

ASEGURADOR, RA. adj. Que asegura. Ú.t.c.s. || **2.** Dícese de la persona o empresa que asegura riesgos ajenos. Ú.t.c.s.

ASEGURAMIENTO. m. Acción y efecto de asegurar. || **2.** Seguro, 8.ª acep. || **—de bienes litigiosos.** FOR. Conjunto de medidas adoptadas por el juez para impedir el deterioro o fraude, especialmente tratándose de minas, árboles o industrias. || **2.** FOR. Procedimiento especial para acordar estas medidas. || **P.** asseguração; **I.** assurance, insurance; **F.** assurance; **A.** Versicherung; **It.** assicuramento; **R.** утверждение.

ASEGURANZA. (De *asegurar*.) f. ant. Seguridad, resguardo. Ú. en Salamanca.

ASEGURAR. (De *a*, 2.º art., y *seguro*.) tr. Establecer, fijar sólidamente una cosa. || **2.** Apresar a uno a impedir que se defienda o que huya. || **3.** Librar del cuidado o temor. Ú.t.c.r. || **4.** Dejar seguro a uno de la certeza de una cosa. || **5.** Afirmar la certeza de lo que refiere. Ú.t.c.r. || **6.** Preservar de daño a las personas o a las cosas: ASEGURAR *una plaza.* || **7.** Dar garantía con hipoteca o prenda del cumplimiento de una obligación; salir responsable. || **8.** Garantizar a una persona o cosa, mediante el cobro de una cantidad, contra determinado accidente, pérdida o quebranto, obligándose a indemnizar al que asegura, del importe total o parcial de dicha pérdida: ASEGURAR *un buque*, etc. || **P.** assegurar; **I.** to secure; **F.** assurer; **A.** feststellen; **It.** assicurare; **R.** укреплять. || **5.ª** acep.: **P.** segurar; **I.** to assure; **F.** affirmer; **A.** befestigen; **It.** affermare; **R.** уверять. || **8.ª** acep.: **P.** segurar; **I.** to insure; **F.** assurer; **A.** versichern; **It.** assicurare; **R.** страховать.

ASEIDAD. (l. *a se*, por sí.) f. Atributo de Dios, por el cual existe por sí mismo o por necesidad de su propia naturaleza.

ASELADERO. m. Sitio en que se aselan las gallinas.

ASELADOR. m. Aseladero.

ASELARSE. (l. *asȳlāre;* de *asȳlum*, refugio.) intr. SAL. Acomodarse las gallinas y otros animales para pasar la noche.

★ **ASÉLIDOS.** m. pl. ZOOL. Familia de crustáceos isópodos, de cuerpo aplanado y con el abdomen con todos o casi todos los anillos soldados entre sí. || **P.** aselidos; **I.** Asellidae; **F.** ascéllides; **A.** Wasserasseln; **It.** asellidi.

ASEMBLAR. (l. *assimulāre;* de *ad*, a, y *simul*, juntamente.) tr. ant. Juntar, reunir.

ASEMEJAR. (De *a*, 2.º art., y *semejar*.) tr. Hacer una cosa con semejanza a otra. || **2.** Representar una cosa como semejante a otra; parecer. Ú.t.c.r. || **3.** intr. Mostrarse semejante; semejar.

ASEMILLAR. (De *a*, 2.º art., y *semilla*.) intr. CHILE. Cerner, estar fecundándose la flor en ciertas plantas.

ASENCIO. m. ant. Asenjo.

ASENDEREADO, DA. p.p.p. de asenderar. || **2.** adj. V. *Camino* ASENDEREADO. || **3.** fig. Agobiado de trabajos o adversidades. || **4.** fig. Experto.

ASENDEREAR. tr. Hacer o abrir sendas o senderos. || **2.** Perseguir a uno haciéndole andar furtivo por los senderos.

ASENGLADURA. f. MAR. Singladura.

A

ASENJO. m. ant. Ajenjo, 1.ª acep.

ASENSIO. m. ant. Asenjo.

ASENSO. (l. *assensus*.) m. Acción y efecto de asentir. || *Dar* ASENSO. fr. Dar crédito.

ASENTACIÓN. (l. *assentatio, -ōnis*.) f. ant. Adulación, lisonja.

ASENTADA. f. Tiempo que está sentada una persona. || *De una* ASENTADA. m. adv. De una vez.

ASENTADAMENTE. adv. ant. Llana y terminantemente.

ASENTADERAS. (De *asentar*.) f. pl. fam. Nalgas.

ASENTADILLAS (A.) (De *asentar*.) m. adv. A mujeriegas.

ASENTADO, DA. p.p. de asentar. || 2. adj. Sentado, 2.ª acep. || 3. fig. Estable, permanente.

ASENTADOR. m. El que asienta. || 2. El que contrata al por mayor víveres para un mercado público. || 3. Instrumento a manera de formón para repasar su obra el herrero. || 4. Suavizador, 2.ª acep. || 5. AND. Obrero que dirige la formación de un pajar. || 6. MÉJ. Tamborilete, tablilla cuadrada con que se igualan las letras de un molde.

ASENTADURA. (De *asentar*.) f. ant. Asentamiento, 1.ª acep.

ASENTAMIENTO. m. Acción y efecto de asentar o asentarse. || 2. Establecimiento, 5.ª acep. || 3. Lugar que ocupa cada pieza o cada batería en una posición. || 4. fig. Juicio, cordura. || 5. Instalación provisional por la autoridad gubernativa, de colonos o cultivadores, en tierras destinadas a expropiarse.

ASENTAR. (De *a*, 2.º art., y *sentar*.) Sentar, 1.ª acep. Ú.m.c.r. || 2. Colocar a uno en determinado asiento en señal de posesión de algún empleo o cargo. Ú.t. c.r. || 3. Poner una cosa de manera que permanezca firme. || 4. Tratándose de pueblos, fundar. || 5. Tratándose de golpes, darlos con tino y violencia. || 6. Aplanar, alisar planchando. || 7. Afinar el filo de una navaja, herramienta. || 8. Presuponer o hacer supuesto de alguna cosa. || 9. Dar por supuesta una cosa; afirmar, darlo por hecho. || 10. Ajustar un convenio. || 11. Anotar una especie para que conste. || 12. FOR. Poner al demandante en posesión de bienes del demandado. || 13. intr. Sentar, 3.ª acep. || 14. r. Posar, 3.ª acep. || 15. Establecerse en un pueblo o paraje. || 16. Tratándose de líquidos, posarse. || 17. Dicho del aparejo o de la albarda, hacer daño a las caballerías. || 18. Hacer asiento una cosa. || 19. Estancarse algún manjar en el estómago. || P. assentar; I. to seat; F. asseoir; A. (fest-ver-aus)legen; It. sedere; R. сажать.

ASENTIMIENTO. (De *asentir*.) m. Asenso. || 2. Consentimiento. || P. assentimento; I. assent; F. assentiment; A. Zustimmung; It. assenso; R. согласие.

ASENTIR. (l. *assentīre*; de *ad*, a, y *sentīre*, sentir.) intr. Admitir como cierta o conveniente una cosa. || P. y F. assentir; I. to assent; A. beistimmen; It. assentire; R. одобрять.

ASENTISTA. m. El que se encarga de suministros por contrato.

ASEÑORADO, DA. adj. Dícese de la persona ordinaria que imita a los señores. || 2. Parecido a lo que es propio de los señores.

ASEO. (De *asear*.) m. Limpieza, curiosidad. || 2. Adorno, compostura. || 3. Esmero, cuidado. || 4. Buena disposición, gentileza. || P. asseio; I. cleanliness; F. propreté; A. Reinlichkeit, Sauberkeit; It. pulitezza, pulizia; R. опрятность.

ASÉPALA. (De *a*, 3.ᵉʳ art., y *sépalo*.) adj. BOT. Dícese de la flor que carece de sépalos.

ASEPSIA. (De *á*, priv., y σῆψις, putrefacción.) f. Ausencia de gérmenes infecciosos. || 2. Método o procedimiento que se propone evitar el acceso de gérmenes infecciosos al organismo. || P. assepsia; I. asepsis; F. y A. Asepsies; It. asepsi; R. асептика.

ASÉPTICO, CA. (De *a*, 3.ᵉʳ art., y *séptico*.) adj. MED. Perteneciente o relativo a la asepsia. || P. asséptico; I. aseptic; F. aseptique; A. aseptisch; It. asèttico; R. асептический.

ASEQUI. (ár. *az-zakā*, el azaque.) m. Cierto derecho que se pagaba en Murcia por todo ganado menor, en llegando a 40 cabezas.

ASEQUIBLE. (l. *assĕqui*, conseguir, obtener.) adj. Que puede conseguirse o alcanzarse. || P. exequível; I. attainable; F. accesible; A. erreichbar; It. ottenibile; R. достижимый.

ASERCIÓN. (l. *assertio, -ōnis*.) f. Acción y efecto de afirmar. || 2. Proposición en que se afirma o da por cierta alguna cosa.

ASERENAR. tr. Serenar. Ú.t.c.r.

ASERIARSE. r. Ponerse serio.

ASERMONADO, DA. adj. Que participa de las cualidades propias del sermón.

ASERRADERO. m. Paraje donde se sierra la madera u otra cosa. || P. serraria; I. saw-pit; F. scierie; A. Sägemühle; It. segheria; R. лесопилка.

ASERRADIZO, ZA. adj. A propósito para ser aserrado. || 2. Dícese del madero que ha sido aserrado para reducirlo a las medidas convenientes.

ASERRADO, DA. p.p. de aserrar. || 2. BOT. V. *Hoja* ASERRADA.

ASERRADOR, RA. adj. Que sierra. || 2. m. El que tiene por oficio aserrar.

ASERRADURA. (De *aserrar*.) f. Corte que hace la sierra. || 2. Parte donde se ha hecho el corte. || 3. pl. Aserrín.

* **ASERRADURÍA.** f. Fábrica de aserrar madera por medio de sierras mecánicas.

ASERRAR. tr. Serrar. || P. serrar; I. to saw; F. scier; A. sägen, schneiden; It. segare; R. пилить.

ASERRÍN. m. Serrín. Conjunto de partículas que al aserrar la madera se desprenden de ella. || P. serrim; I. sawdust; F. sciure; A. Sägenspäne; It. segatura; R. опилки.

ASERRUCHAR. tr. COLOM., CHILE, PERÚ y HOND. Cortar o dividir con serrucho la madera u otras cosas.

ASERTIVAMENTE. adv. Afirmativamente.

ASERTIVO, VA. (De *aserto*.) adj. Afirmativo.

ASERTO. (l. *assertus*.) m. Aserción, 1.ª acep.

ASERTOR, RA. (l. *assertor, -ōris*.) m. y f. Persona que afirma, sostiene o da por cierta una cosa.

ASERTORIO. (l. *assertorius*.) adj. FIL. Se dice del juicio que afirma la conformidad o disconformidad objetiva del sujeto con el predicado. || 2. V. *Juramento* ASERTORIO.

ASESAR. tr. Hacer que uno adquiera cordura. || 2. intr. Adquirir seso o cordura.

ASESINAR. (De *asesino*.) tr. Matar alevosamente, o por precio, o con premeditación. || 2. fig. Causar aflicción o grandes disgustos. || 3. Engañar o hacer traición con abuso de confianza. || P. assassinar; I. to assassinate; F. assassiner; A. ermorden; It. assassinare; R. убивать.

ASESINATO. m. Acción y efecto de asesinar. || P. assassinio; I. assassination, murder; F. assassinat; A. Mord; It. assassinio, assassinamento; R. убийство.

ASESINO,·NA. (ár. *ḥaššāšīn*, los bebedores de ḥašīš [preparación narcótica hecha de las hojas y sumidades del cáñamo], nombre de los individuos de una secta religiosa que, al ingresar en ella, hacían voto de matar a quien su jefe les ordenase.) adj. Que asesina, homicida. Ú.t.c.s. || P. assassino; I. assassin, murderer; F. assassin; A. Mörder; It. assassino; R. убийца.

ASESOR, RA. (l. *assessor*; de *assidēre*, asistir.) adj. Que asesora. Ú.t.c.s. || 2. Dícese del letrado por oficio le incumbe aconsejar con su dictamen a un juez lego. || P. e I. assessor; F. asseseur; A. Assessor; It. assessore; R. асессор.

ASESORAMIENTO. m. Acción y efecto de asesorar o asesorarse.

ASESORAR. tr. Dar consejo o dictamen. || 2. r. Tomar consejo del letrado. || 3. Por ext., tomar consejo una persona de otra.

ASESORÍA. f. Oficio de asesor. || 2. Estipendio o derechos del asesor. || 3. Oficina del asesor.

ASESTADERO. m. AR. Sesteadero.

ASESTADURA. f. Acción de asestar.

ASESTAR. (De *a*, 2.º art., y *sestar*.) tr. Dirigir una arma hacia el objeto que se quiere ofender con ella: ASESTAR *la lanza*. || 2. Dirigir la vista, los anteojos, etcétera. || 3. Descargar contra un cuerpo el proyectil o el golpe de una arma u objeto parecido. || 4. fig. Hacer tiro, intentar causar daño. || 5. intr. fig. Poner la mira, dirigirse. || P. assestar; I. to take aim; F. braquer; A. richten, zielen; It. assestare; R. наводить.

ASESTAR. (De *a*, 2.º art., y *siesta*.) intr. AR. y SAL. Sestear, 2.ª acep.

ASEVERACIÓN. (l. *asseveratio, -ōnis*.) f. Acción y efecto de aseverar.

ASEVERADAMENTE. adv. Con aseveración.

ASEVERANCIA. (De *aseverar*.) f. ant. Aseveración.

ASEVERAR. (l. *asseverāre*; de *ad*, a, y *sevērus*, severo.) tr. Afirmar o asegurar lo que se dice.

ASEVERATIVO, VA. adj. Que asevera o afirma.

ASEXUAL. (De *a*, priv., y el l. *sexus*, sexo.) adj. Sin sexo; que carece de sexo o de función o acción sexual. || 2. BIOL. Se dice en particular de la generación y reproducción en que no intervienen los sexos, como la gemación.

ASFALTADO. p.p. de asfaltar. || 2. m. Acción de asfaltar. || 3. Solado de asfalto. || P. asfaltado; I. asphalt-pavement, asphalting; F. asphalté, asphaltage; A. Asphalt (Pflaster); It. asfaltatura; R. асфальтированный.

ASFALTAR. tr. Revestir de asfalto.

ASFÁLTICO, CA. adj. De asfalto. || 2. Que tiene asfalto.

ASFALTO. (l. *asphaltus*, y éste del gr. ἄσφαλτος.) m. Betún negro, sólido, quebradizo, que se derrite al fuego y arde con dificultad. Se encuentra en el mar Muerto, Maracaibo, Bejucal, Tuxpán, Chapapote, Santa Bárbara, etc. Se emplea como aglutinante de diversos materiales, en la pavimentación y en la fabricación de briquetas de carbón. || 2. Mezcla de asfalto con arena, cal, etc., usada para pavimentar, o como cemento impermeable. || —**artificial.** El obtenido a partir de diversos alquitranes por destilación. || P. e It. asfalto; I. asphalt; F. asphalte; A. Asphalt; R. асфальт.

ASFÍCTICO, CA. adj. Perteneciente o relativo a la asfixia.

* **ASFIGMIA.** f. MED. Desaparición del pulso.

ASFIXIA. (gr. ἀσφυξία; de ἄσφυκτος; de ἀ, priv., y σφύζω, palpitar.) f. Suspensión de las funciones vitales debida a la falta de oxígeno en la sangre, interrupción de la respiración, inhalación de gases nocivos, etc. || —**azul.** La caracterizada por la coloración cianótica de la piel, debida a la presencia de óxido de carbono en la sangre. || P. asfixia; I. asphyxy; F. asphyxie; A. Erstickung; It. asfissia; R. удушье, асфиксия.

ASFIXIANTE. p.a. de asfixiar. Que asfixia.

ASFIXIAR. tr. Producir asfixia. Ú.t. c.r. || P. asfixiar; I. to asphyxiate; F. asphyxier; A. ersticken; It. asfissiare; R. удушать.

ASFÍXICO, CA. adj. Asfíctico.

ASFÓDELO. (l. *asphodĕlus*, y éste del gr. ἀσφόδελος.) m. Gamón. || P. asfodelo; I. asphodel; F. asphodèle; A. Asphodel; It. aspodelo; R. асфодель.

ASGO. m. ant. Asco.

ASÍ. (l. *ad sic*.) adv. De esta, o de esa suerte o manera. || 2. Se usa en las oraciones desiderativas para expresar un deseo como pago de la acogida que se da a una súplica: ASÍ *Dios te ayude*. || 3. Úsase con énfasis para denotar extrañeza o admiración. || 4. Adquiere sentido ponderativo, equivalente a tanto, de tal suerte o manera. || 5. También, igualmente. || 6. Usada como conjunción comparativa, correspondiéndose con las partículas, *como* o *cual*, equivale a tanto, o a de igual manera. || 7. También hace veces de conjunción continuativa, equivaliendo a en consecuencia, por lo cual, de suerte que; y en este caso lleva generalmente antepuesta la copulativa *y*. || 8. Aunque, por más que. ||

A

ASÍ ASÍ. m. adv. Tal cual, medianamente. ‖ ASÍ *como*. m. adv. Así que, I.ª acep. ‖ 2. m. adv. y conjunt. que denota comparación, equivaliendo a como, o de igual manera que. ‖ ASÍ *como* ASÍ. m. adv. De cualquiera suerte; de todos modos. ‖ ASÍ o *asá;* ASÍ O ASÍ. exprs. fams. Así que así. ‖ ASÍ *que*. m. adv. Tan luego como, al punto que. ‖ 2. m. conjunt. En consecuencia, de suerte que. ‖ ASÍ *que asá*, o ASÍ *que asado*. expr. fam. que se usa regularmente con los verbos *ser*, *dar* y *tener*, y vale tanto como si se dijese: lo mismo importa de un modo que otro. ‖ ASÍ *que* ASÍ. m. adv. Así como así. ‖ P. assim; I. thus; F. ainsi; A. so, also; It. così; R. так.

ASIANO, NA. adj. ant. Asiático. Apl. a pers. usáb.t.c.s.

★ ASIATICISMO. (De *asiático*.) m. Inclinación por las costumbres y las cosas orientales.

ASIÁTICO, CA. (gr. ἀσιατικός, del nombre Ἀσία, que en un principio dieron los griegos a las comarcas jónicas y lidias regadas por el Caístro.) adj. Natural de Asia. Ú.t.c.s. ‖ 2. Perteneciente a esta parte del mundo. ‖ 3. V. *Cólera, lujo, tifo* ASIÁTICO. ‖ P. asiático; I. Asiatic; F. asiatique; A. asiatisch; It. asiatico; R. азиатский.

ASIBILACIÓN. f. Acción de asibilar.

ASIBILAR. (l. *assibilāre*.) tr. Hacer sibilante el sonido de una letra.

★ ASICAR. tr. REP. DOMIN. Asediar, hostigar, molestar.

★ ASIDERITOS. m. pl. MIN. Aerolitos que no contienen hierro o sólo en muy pequeña cantidad.

ASIDERO. m. Parte por donde se ase alguna cosa. ‖ 2. fig. Ocasión o pretexto.

ASIDILLA. f. ant. Asidero.

ASIDONENSE. (l. *asidonensis*.) adj. Natural de Asido, hoy Medinasidonia. Ú.t.c.s. ‖ 2. Perteneciente a esta ciudad de la Bética. ‖ 3. Natural de Medinasidonia. Ú.t.c.s. ‖ 4. Perteneciente a esta ciudad.

★ ASIDOR, RA. adj. Que ase. ‖ 2. BOT. Dícese de las raíces de los vegetales parásitos.

ASIDUAMENTE. adv. Con asiduidad.

ASIDUIDAD. (l. *assidŭĭtas, -ātis*.) f. Frecuencia, puntualidad, aplicación constante a una cosa.

ASIDUO, DUA. (l. *assidŭus*.) adj. Frecuente, puntual, perseverante. ‖ P. assíduo; I. assiduous; F. assidu; A. emsig; It. assiduo; R. постоянный.

ASIENTO. (De *asentar*.) m. Cualquier mueble destinado a sentarse en él. ‖ 2. Lugar que tiene uno en cualquier tribunal o junta. ‖ 3. Sitio en que está o estuvo fundado un pueblo o edificio. ‖ 4. Parte inferior, más o menos plana, de las vasijas, botellas, etc., que les sirven de base. ‖ 5. Poso, I.ª acep. ‖ 6. Acción de asentar un material en la obra. ‖ 7. Descenso de los materiales de un edificio a causa de la presión de unos sobre los otros. ‖ 8. Tratado o ajuste de paces. ‖ 9. Contrato u obligación que se hace para proveer de dinero, víveres o géneros a un ejército, asilo, etc. ‖ 10. Anotación de una cosa, especialmente en los libros de contabilidad. ‖ 11. En América, territorio y población de las minas. ‖ 12. Parte del freno que entra en la boca de la caballería. ‖ 13. Espacio sin dientes en la mandíbula posterior de las caballerías. ‖ 14. Estancamiento de alguna substancia indigesta en el intestino o en el estómago. ‖ 15. Capa de argamasa sobre la que se colocan los ladrillos cuando se pavimenta. ‖ 16. fig. Estabilidad, permanencia. ‖ 17. fig. Cordura, prudencia, madurez. ‖ 18. fig. Estado y orden que deben tener las cosas. ‖ 19. V. *Culo de mal* ASIENTO. ‖ 20. pl. Perlas semiesferoidales. ‖ 21. Tirillas de lienzo doblado que se ponen en los cuellos y puños de la camisa y otras piezas de ropa. ‖ 22. Asentaderas. ‖ 23. CUBA. Punto céntrico del corral, donde regularmente se coloca la primera casa o establecimiento de la hacienda. ‖ ASIENTO *de colmenas*. Colmenar abierto. ‖ —*de molino*. Piedra armada y con toda la disposición necesaria para moler. ‖ —*de pastor*. BOT. Mata leguminosa, de ramas entrelazadas, y muy espinosa. Abunda en España y florece

en primavera y en verano. ‖ —*de presentación*. FOR. Primera toma de razón de un título en el Registro de la Propiedad, a cuya fecha se retrotraen los efectos de la ulterior inscripción, y determina la preferencia entre éstas cuando son varias y están relacionadas. ‖ —*de tahona*. Asiento de molino. ‖ *Estar uno de* ASIENTO. fr. Estar establecido en un pueblo o paraje. ‖ *No calentar* uno *el* ASIENTO. fr. fig. y fam. Durar poco en el empleo, destino o puesto que tiene. ‖ *Pegársele a* uno *el* ASIENTO. fr. fig. y fam. Pegársele la silla. ‖ *Quedarse* uno *de* ASIENTO. fr. Quedarse establecido en un pueblo o paraje. ‖ *Tomar* uno ASIENTO. fr. Sentarse. ‖ 2. Establecerse en un pueblo o paraje. ‖ P. assento; I. seat; F. siège; A. Sitz, Stuhl; It. seggio; R. сиденье.

★ ASIFONADOS. m. pl. Suborden de moluscos, de la clase de los lamelibranquios, caracterizados por carecer de sifones.

ASIGNABLE. adj. Que se puede asignar.

ASIGNACIÓN. (l. *assignatĭo, -ōnis*.) f. Acción y efecto de asignar. ‖ 2. Cantidad señalada por sueldo o por otro concepto.

ASIGNADO, DA. p.p. de asignar. ‖ 2. m. Cada uno de los títulos que sirvieron de papel moneda en Francia durante la Revolución.

ASIGNAR. (l. *assignāre;* de *ad*, a, y *signāre*, señalar.) tr. Señalar lo que corresponde a una persona o cosa. ‖ 2. Señalar, fijar. ‖ P. atribuir, fixar; I. to assign; F. assigner; A. anweisen; It. assegnare; R. ассигновать.

ASIGNATARIO, RIA. m. y f. FOR. AMÉR. Persona a quien se asigna la herencia o el legado.

ASIGNATURA. (l. *assignatus*, signado.) f. Cada una de las materias que se enseñan en un instituto docente, o forman un plan académico de estudios.

★ ASILÁBICO, CA. GRAM. Dícese del fonema impropio para constituir por sí solo un centro de sílaba.

ASILADO, DA. p.p. de asilar. ‖ 2. m. y f. Acogido, da, 2.ª acep.

ASILAR. tr. Albergar en un asilo. Ú.t.c.r.

ASILO. (l. *asȳlum*, y éste del gr. ἄσυλον, sitio inviolable; de ἀ, priv., y συλάω, despojar, quitar.) m. Lugar privilegiado de refugio para los delincuentes. ‖ 2. Establecimiento benéfico en que se recogen menesterosos. ‖ 3. fig. Amparo, protección, favor. ‖ 2.ª acep.: P. asilo; I. asylum; F. asile; A. Asyl; It. asilo; R. приют.

ASILO. (l. *asĭlus*.) m. ZOOL. Insecto díptero del suborden de los braquíceros, de abdomen alargado, con trompa larga que utiliza para matar otros insectos de cuyo cuerpo se alimenta.

ASILVESTRADO, DA. adj. Dícese de la planta silvestre que procede de semilla de planta cultivada.

ASILLA. f. ant. Islilla, I.ª acep.

ASILLA. f. d. de asa, I.er art. ‖ 2. Asidero, ocasión, pretexto.

ASIMESMO. adv. ant. Asimismo.

ASIMETRÍA. f. Falta de simetría.

ASIMÉTRICO, CA. (De *a*, 3.er art., y *simétrico*.) adj. Que no guarda simetría.

ASIMIENTO. m. Acción de asir. ‖ 2. fig. Adhesión, apego, afecto.

ASIMILABLE. adj. Que puede asimilarse.

ASIMILACIÓN. (l. *assimilatĭo, -ōnis*.) f. Acción y efecto de asimilar o asimilarse. ‖ 2. BIOL. Anabolismo. ‖ P. assimilação; I. y F. assimilation; A. Einverleibung, Assimilation, Stoffwechsel; It. assimilazione; R. уподобление.

ASIMILAR. (l. *assimilāre;* de *ad*, a, y *simĭlis*, semejante.) tr. Asemejar. Ú.t. c.r. ‖ 2. Conceder a los individuos de una clase derechos u honores iguales a los que tienen los individuos de otra. ‖ 3. BIOL. Apropiarse los organismos las substancias necesarias para su conservación y desarrollo. ‖ 4. GRAM. Transformarse un sonido por influencia de otro de la misma palabra. ‖ 5. intr. Ser semejante una cosa a otra. ‖ 6. r. Parecerse. ‖ P. assimilar; I. to assimilate; F. s'assimiler; A. angleichen; It. assimilare; R. уподоблять.

ASIMILATIVO, VA. (De *asimilar*.)

adj. Dícese de lo que tiene fuerza para hacer semejante una cosa a otra.

A SÍMILI. (Lit., *por semejanza*.) expr. lat. LÓG. V. *Argumento* A SÍMILI.

ASIMILISTA. adj. Que procura asimilar. Aplícase especialmente a la política que persigue tal fin, respecto de minorías étnicas o lingüísticas o de colonias.

★ ASIMINA. f. Arbusto anonáceo de la América meridional. ‖ P. asimineiro; I. e It. asimina; F. asiminier; A. Rahmpfel.

ASIMISMO. ad. Así mismo.

ASIMPLADO, DA. adj. Que parece simple. ‖ 2. Que parece de simple.

ASÍN. (De *así*, con la *n* de otras partículas.) adv. fam. Así.

ASINA. (De *asín*.) adv. fam. Así.

ASÍNDETON. (l. *asynděton*, y éste del gr. ἀσύνδετον; de ἀ, priv., y συνδέω, unir, ligar.) m. RET. Figura que consiste en omitir las conjunciones para dar energía al concepto. ‖ P. assindeto; I. asyndeton; F. asyndéte, asyndeton; A. Asyndeton; It. asindeto.

ASINERGIA. (De *a*, priv., y *sinergia*.) f. FISIOL. Defecto o carencia de sinergia.

ASININO, NA. (l. *asinĭnus*.) adj. Asnino.

ASÍNTOTA. (gr. ἀσύμπτωτος; de ἀ, priv., y συμπίπτω, unir, coincidir.) f. GEOM. Línea recta a la cual se acercan los puntos de una curva prolongada al infinito sin llegar nunca a encontrarla.

ASIR. (Como el fr. *saisir*, del germ. *sazian*, apoderarse.) tr. Tomar, coger con la mano, y en general, tomar de cualquier otro modo. ‖ 2. intr. Tratándose de plantas, arraigar. ‖ 3. r. Agarrarse de alguna cosa: ASIRSE *a las ramas*. ‖ 4. fig. Tomar ocasión o pretexto para decir o hacer algo. ‖ 5. REC. fig. Reñir dos o más, de obra o de palabra. ‖ P. pegar, asir; I. to seize; F. saisir; A. ergreifen; It. afferrare; R. схватывать.

ASIRIANO, NA. adj. ant. Asirio. Apl. a pers. usáb.t.c.s.

ASIRIO, RIA. (l. *assyrius*.) adj. Natural de Asiria. Ú.t.c.s. ‖ 2. Perteneciente a este país de Asia antigua. ‖ 3. m. Lengua asiria.

ASIRIOLOGÍA. (De *asiriólogo*.) f. Ciencia que trata de la escritura, lengua, historia y antigüedades de Asiria y Babilonia.

ASIRIÓLOGO. (De *Asiria*, y el gr. λέγω, tratar.) m. El versado en asiriología.

ASISIA. (b. l. *assisia*, anotación; del l. *assessum*, asentado.) f. ant. FOR. AR. Cláusula de proceso.

★ ASÍSMICO, CA. adj. Dícese de la construcción edificada en condiciones técnicas tales que la preservan de las consecuencias de los seísmos.

ASISTENCIA. f. Acción de asistir a un lugar. ‖ 2. Emolumentos que se ganan con la asistencia personal. ‖ 3. Socorro, ayuda. ‖ 4. Empleo o cargo de asistente. ‖ 5. MÉJ. Pieza para recibir las visitas de confianza. ‖ 6. pl. Medios que se dan a uno para que se mantenga. ‖ 7. TAUROM. Conjunto de los mozos de plaza. ‖ 3.ª acep.: P. assistência; I. assistance, aid; F. assistance; A. Beistand; It. assistenza, soccorso; R. присутствие, помощь.

ASISTENTA. f. Monja que asiste y suple a la superiora. ‖ 2. Criada seglar que sirve en convento de religiosas. ‖ 3. Criada de una casa particular que no pernocta en ella.

ASISTENTE. (l. *assistens, -entis*.) p.a. de asistir. Que asiste. ‖ 2. m. Cualquiera de los dos obispos que ayudan al que consagra a otro. ‖ 3. En algunas órdenes regulares, religioso nombrado para asistir al general en el gobierno de la orden. ‖ 4. Soldado destinado al servicio personal de un general, jefe u oficial. ‖ P. e It. assistente; I. y F. assistant; A. Assistent; R. присутствующий. ‖ 4.ª acep.: P. impedido dum oficial; I. orderly; F. brosseur, ordonnance; A. Offizierbursche; It. attendente; R. денщик.

ASISTIMIENTO. (De *asistir*.) m. SAL. Servicio, asistencia.

ASISTIR. (l. *assistěre;* de *ad*, a, y *sistěre*, detenerse.) tr. Acompañar a uno en un acto público. ‖ 2. Prestar determinados servicios eventuales. ‖ 3. Socorrer, favorecer. ‖ 4. Cuidar a los enfermos. ‖

5. fig. Obrar en defensa de cosas inmateriales. || **6.** intr. Concurrir con frecuencia a alguna casa o reunión. || **7.** Estar o hallarse presente. || **8.** En los juegos de naipes, echar carta del mismo palo que el de la jugada anterior. || **P.** assistir; **I.** to assist; **F.** assister; **A.** beiwohnen; **It.** assistere; **R.** присутствовать. || 3.ª acep.: **P.** socorrer; **I.** to succour; **F.** secourir; **A.** aushelfen; **It.** soccorrere; **R.** помогать.

ASISTOLIA. (De a, 3.ᵉʳ art., y *sístole*.) f. Insuficiencia de la sístole cardíaca. || **P.** assistolia; **I.**, **F.** y **A.** Asystolie; **It.** asistolia; **R.** асистолия.

ASISTÓLICO, CA. adj. Perteneciente a la asistolia.

ASLILLA. (l. *axillĕlla*, d. de *axilla*, sobaco.) f. ant. Islilla, 1.ª acep.

ASMA. (l. *asthma*, y éste del gr. ἄσθμα; de ἄω, respirar.) f. Enfermedad que se manifiesta por accesos interminentes de sofocación, debidos a la contracción espasmódica de los bronquios. || **P.** e **It.** asma; **I.** asthma; **F.** asthme; **A.** Asthma; **R.** астма.

ASMADAMENTE. adv. ant. Considerada o atentamente.

ASMADERO, RA. (De *asmar*.) adj. ant. Que discierne o hace discernir.

ASMADURA. f. ant. Asmamiento.

ASMAMENTO. m. ant. Asmamiento.

ASMAR. (l. *adaestĭmāre*, estimar.) tr. ant. Estimar, 1.ª y 2.ª aceps. || **2.** ant. Comparar.

ASMÁTICO, CA. (l. *asthmatĭcus*, y éste del gr. ἀσθματικός.) adj. Perteneciente o relativo al asma. || **2.** Que la padece. Ú.t.c.s.

ASMOSO, SA. (De *asmar*.) adj. ant. Discursivo, capaz de pensar.

ASNA. (l. *asĭna*.) Hembra del asno. || **2.** pl. Costaneras, 3.ª acep. de costanera. || ASNA *con pollino, no va derecha al molino.* ref. con que se da a entender que quien tiene alguna pasión no puede hacer bien las cosas.

ASNACHO. (De *asno*.) m. Mata leguminosa, de flores amarillas en hacecillos y vaina con cuatro semillas. || **2.** Gatuña.

ASNADA. f. fig. y fam. Asnería.

ASNADO. (De *asno*.) m. En las minas de Almadén, cada madero que se pone para asegurar los costados de la mina.

ASNAL. (l. *asinālis*.) adj. Perteneciente o relativo al asno, 1.ª acep. || **2.** fam. Bestial o brutal. || **3.** fig. V. *Media* ASNAL.

ASNALMENTE. adv. fam. Cabalgando en un asno. || **2.** fam. Bestial o brutalmente.

ASNALLO. m. Asnacho, 2.ª acep.

★ **ASNEAR.** tr. CHILE. Tratar de asno a uno. || **2.** Proceder neciamente, demostrando tener poca inteligencia.

ASNEJÓN. m. aum. y despect. de asno, 2.ª acep.

ASNERÍA. f. fam. Conjunto de asnos. || **2.** fig. y fam. Necedad, tontería.

ASNERIZO. (De *asnero*.) m. ant. Arriero de asnos.

ASNERO. (De *asno*.) m. ant. Asnerizo.

ASNICO. (d. de *asno*.) m. AR. Instrumento de cocina para afirmar el asador.

ASNILLA. (d. de *asna*.) f. Sostén formado con un madero horizontal apoyado en cuatro tornapuntas que sirven de pies. || **2.** ALBAÑ. Pieza de madera sostenida por dos pies derechos para sostener un edificio que amenaza ruina.

ASNILLO. (d. de *asno*.) m. ZOOL. Insecto coleóptero de cabeza grande, élitros cortos y abdomen eréctil que despide un líquido volátil. Es insectívoro y muy voraz.

ASNINO, NA. (l. *asinīnus*.) adj. fam. Asnal, 1.ª acep.

ASNO. (l. *asĭnus*.) m. Mamífero ungulado, équido, más pequeño que el caballo y con las orejas muy largas; se emplea especialmente como bestia de carga y a veces también de tiro. || **2.** fig. Persona ruda y de muy corto entendimiento. Ú.t.c.adj. || **3.** fig. y fam. V. *Puente de los* ASNOS. || **4.** pl. ASTRON. Dos estrellas notables de la constelación del Cangrejo. || ASNO *cargado de letras.* fig. y fam. Erudito de cortos alcances. || **—silvestre.** Variedad del asno, de pelo pardo, muy veloz, que habita, en manadas, algunas regiones africanas y asiáticas. || *Al* ASNO *muerto, la*

cebada al rabo. ref. que reprende la necedad de querer aplicar el remedio a las cosas, pasada la ocasión oportuna. || *Apearse uno de su* ASNO. fr. fig. y fam. Caer de su ASNO. || ASNO *con oro alcánzalo todo.* ref. con que se da a entender que quien tiene dinero consigue lo que quiere por necio que sea. || ASNO *de muchos, lobos lo comen.* ref. con que se denota que nadie cuida de lo que está encargado a muchos. || ASNO *sea quien* ASNO *batea.* ref. que reprende a los que dan empleo a quienes son incapaces de desempeñarlos. || *Bien sabe el* ASNO *en cuya cara, o casa, rebuzna.* ref. que denota que la demasiada familiaridad suele dar motivo a libertades. || *Cada* ASNO, *con su tamaño.* ref. que enseña que cada uno debe juntarse con los de su igual. || *Caer uno del* ASNO. fr. fig. y fam. Conocer que ha errado en una cosa el mismo que la defendía como acertada. || *Do vino el* ASNO, *vendrá la albarda.* ref. que denota que lo uno principal va generalmente lo secundario. || *El* ASNO *sufre la carga, pero no la sobrecarga.* ref. que advierte que la paciencia tiene sus límites. || *Más quiero* ASNO *que me lleve, que caballo que me derrueque.* ref. que enseña que es mejor contentarse con un mediano estado que aspirar al grande de los grandes puestos. || *No ver uno siete, o tres en un* ASNO. fr. fig. y fam. Ver muy poco. || *Por dar en el* ASNO, *dar en la albarda.* fr. fig. y fam. Tocar y confundir las cosas, sin acertar en lo que se dice. || *Tal sabe el* ASNO *qué cosa es melocha.* ref. No es la miel, etc. || **P.** asno; **I.** ass; **F.** âne; **A.** Esel; **It.** asino; **R.** осёл.

ASNUNO, NA. adj. ant. Asnal, 1.ª acep.

ASOBARCAR. tr. fam. Sobarcar.

ASOBINARSE. (l. *ad*, a, y *supināre*, poner boca arriba.) r. Quedar una bestia, al caer, con la cabeza metida entre las patas, de forma que por sí sola no pueda levantarse. || **2.** Por ext. quedar una persona hecha un ovillo al caer.

★ **ASOCAIRARSE.** r. MAR. Ponerse al abrigo de algún cabo, punta, etc. || **2.** fig. Flaquear en el cumplimiento de su obligación.

★ **ASOCAR.** tr. CUBA. Azocar.

ASOCARRONADO, DA. adj. Que parece socarrón. || **2.** Que parece de socarrón.

ASOCIABLE. adj. Dícese de lo que se puede asociar a otra cosa.

ASOCIACIÓN. f. Acción de asociar o asociarse. || **2.** Conjunto de los asociados para un mismo fin. || **3.** RET. Figura retórica consistente en aplicar a muchos lo que sólo es aplicable a uno solo o a varios, para atenuar la propia loa o la censura ajena. || **4.** QUÍM. Fenómeno consistente en la agrupación de moléculas de algunos cuerpos. || **P.** associação; **I.** y **F.** association; **A.** Vereinigung, Genossenschaft, Verein; **It.** associazione; **R.** ассоциация.

ASOCIACIONISMO. m. Doctrina psicológica que explica el desarrollo de la vida mental por las leyes de la asociación de ideas.

ASOCIADO, DA. p.p. de asociar. || **2.** adj. Dícese de la persona que acompaña a otra en alguna comisión o encargo. || **3.** m. y f. Persona que forma parte de una asociación. || **P.** associado; **I.** associate; **F.** associé; **A.** Genosse, Handelsgenosse; **It.** associato; **R.** член организации.

ASOCIAMIENTO. m. Asociación, 1.ª y 2.ª acep.

ASOCIAR. (l. *associāre*; de *ad*, a, y *socius*, compañero.) tr. Dar a uno por compañero persona que le ayude en el desempeño de su cargo, comisión o trabajo. || **2.** Juntar una cosa con otra de suerte que concurran al mismo fin. || **3.** Tomar uno compañero que le ayude. || **4.** r. Reunirse, juntarse para algún fin. || **5.** r. Ingresar en una asociación. || **P.** associar; **I.** to associate; **F.** associer; **A.** zugesellen; **It.** associare; **R.** ассоциировать.

ASOCIATIVO, VA. adj. Que tiende o induce a la asociación, o se caracteriza por ella. || **2.** Que depende de la asociación de ideas.

° **ASOCIO.** m. AMÉR. Asociación, colaboración, unión. *En* ASOCIO *con.*

ASOHORA. (De la prep. *a*, de *so*, bajo, debajo, y de *hora*.) adv. ant. De improviso, repentina o inesperadamente.

ASOLACIÓN. f. Asolamiento.

ASOLADOR, RA. adj. Que asuela, 1.ᵉʳ art., 1.ª acep.

ASOLADURA. f. ant. Asolamiento.

ASOLAMIENTO. m. Acción y efecto de asolar.

ASOLANAR. tr. Dañar o echar a perder el viento solano alguna cosa, como frutas, legumbres, mieses, vino, etc. Ú.m. como reflexivo.

ASOLAPAR. (De a, 2.º art., y *solapo*.) tr. Asentar una teja, loza, etc., sobre otra, de modo que sólo cubra parte de ella.

ASOLAR. (l. *assolāre*; de *ad*, a, y *solum*, suelo.) tr. Poner por el suelo, destruir, arrasar. || **2.** r. Posarse los líquidos. || **P.** assolar; **I.** to havoc; **F.** ravager; **A.** verwüsten; **It.** desolare, rovinare; **R.** опустошать.

ASOLAR. (De a, 2.º art., y *sol*.) tr. Secar los campos, o echar a perder los frutos, el calor, una sequía, etc. Ú.m.c.r. t.c.r.

ASOLAZAR. tr. ant. Solazar. Usáb. t.c.r.

ASOLDADAR. (De a, 2.º art., y *soldada*.) tr. Asoldar. Ú.t.c.r.

ASOLDAMIENTO. (De *asoldar*.) m. ant. Sueldo o salario que se daba por servicio.

ASOLDAR. (De a, 2.º art., y *sueldo*.) tr. Tomar a sueldo, asalariar. Decíase especialmente en lo antiguo tratándose de gente de guerra. Ú.t.c.r.

ASOLEADA. (De *asolearse*.) f. COLOM., CHILE y GUAT. Insolación, 1.ª acep.

ASOLEAMIENTO. (De *asolear*.) m. ant. Insolación.

ASOLEAR. tr. Tener al sol una cosa durante algún tiempo. || **2.** r. Acalorarse tomando el sol. || **3.** Ponerse muy moreno por haber tomado el sol. || **4.** VETER. Contraer asoleo los animales.

ASOLEJAR. (De a, 2.º art., y *solejar*.) tr. ant. Asolear.

ASOLEO. m. Acción y efecto de asolear. || **2.** VETER. Enfermedad de ciertos animales caracterizada por sofocación y violentas palpitaciones.

ASOLVAMIENTO. m. Acción y efecto de asolvar.

ASOLVAR. tr. ant. Azolvar.

★ **ASOLLAMAR.** tr. CHILE. Sollamar, tostar una cosa con la llama.

ASOMADA. (De *asomar*.) f. Acción de manifestarse o dejarse ver brevemente. || **2.** Paraje desde el cual se empieza a ver algún lugar.

★ **ASOMAGADO, DA.** adj. ECUAD. Aplícase a quien se vu recobrando de una borrachera. || **2.** ECUAD. Dícese de quien se levanta soñoliento.

ASOMANTE. p.a. ant. de asomar. Que asoma.

ASOMAR. (De a, 2.º art., y *somo*.) intr. Empezar a mostrarse. || **2.** tr. Sacar o mostrar alguna cosa por una abertura o por detrás de alguna parte. Ú.t.c.r. || **3.** r. fam. Tener algún principio de borrachera. Ú.t.c.r. || **4.** fam. Empezar a enterarse de una cosa sin propósito de profundizar en su estudio. Ú.m. en frases negativas. || **P.** assomar; **I.** to appear; **F.** poindre; **A.** hervorkommen; **It.** spuntare; **R.** высовывать.

ASOMBRADIZO, ZA. (De *asombrado*, p.p. de *asombrar*.) adj. Espantadizo.

ASOMBRADOR, RA. adj. Que asombra.

ASOMBRAMIENTO. (De *asombrar*.) m. ant. Asombro.

ASOMBRAR. (De a, 2.º art., y *sombra*.) tr. Hacer sombra una cosa a otra. || **2.** Obscurecer un color, mezclándolo con otro. || **3.** fig. Asustar, espantar. Ú.t.c.r. || **4.** fig. Causar grande admiración. Ú.t.c.r. || **P.** assombrar; **I.** to shade; **F.** ombrager; **A.** beschatten; **It.** ombrare; **R.** затенять. || 4.ª acep.: **P.** asustar; **I.** to astonish; **F.** étonner; **A.** erstaunen; **It.** stupire; **R.** удивлять.

ASOMBRO. (De *asombrar*.) m. Susto, espanto. || **2.** Grande admiración. || **3.** Persona o cosa asombrosa. || 2.ª acep.: **P.** assombro; **I.** amazement, astonishmnet; **F.** étonnement; **A.** Erstaunen; **It.** stupore; **R.** удивление.

ASOMBROSAMENTE. adv. Maravillosamente, de manera asombrosa.

A

A

ASOMBROSO, SA. adj. Que causa asombro.

ASOMO. (De *asomar*.) m. Acción de asomar o asomarse. || **2.** Indicio o señal de alguna cosa. || **3.** Sospecha, presunción. *Ni por* ASOMO. m. adv. De ningún modo.

ASONADA. (De *asonar*.) f. Reunión numerosa para conseguir tumultuariamente algún fin. || P. assunada; **I.** riot; **F.** émeute; **A.** Aufruhr; **It.** sommosa; **R.** сборище.

ASONADÍA. f. ant. Hostilidad cometida por los que iban en asonadas.

ASONANCIA. (De *asonar*, 1.ª acep.) f. Correspondencia de un sonido con otro. || **2.** fig. Correspondencia o relación de una cosa con otra. || **3.** MÉTR. Rima imperfecta entre dos palabras cuyas vocales son iguales a contar desde la última acentuada, pero diferentes las consonantes. || **4.** RET. Vicio que consiste en el uso inmotivado de voces asonantes. || **5.** RET. Figura que consiste en emplear adrede, al fin de dos o más cláusulas o miembros del periodo, voces que terminan en sílaba o sílabas iguales. || **P.** assonância; **I.** y **F.** assonance; **A.** Assonanz; **It.** assonanza; **R.** созвучие, ассонанс.

ASONANTAR. intr. Ser una palabra asonante de otra. || **2.** Incurrir en el vicio de la asonancia. || **3.** tr. Emplear en la rima una palabra como asonante de otra.

ASONANTE. p.a. ant. de asonar. Que asuena o hace asonancia. || **2.** adj. Dícese de cualquier voz con respecto a otra de la misma asonancia. Ú.t.c.s.

ASONÁNTICO, CA. adj. Perteneciente o relativo a la asonantes.

ASONAR. (l. *assonāre*; de *ad*, a, y *sonus*, sonido, acento.) intr. Hacer asonancia, convenir un sonido con otros.

ASONDAR. tr. ant. Sondar.

ASORDANTE. p.a. de asordar. Que asorda.

ASORDAR. (De *a*, 2.º art., y *sordo*.) tr. Ensordecer a una persona un ruido fuerte, de suerte que no se oiga.

ASOROCHARSE. r. AMÉR. MERID. Padecer soroche. || **2.** CHILE. Ruborizarse.

ASOSEGADAMENTE. adv. ant. Sosegadamente.

ASOSEGAR. tr. Sosegar. Ú.t.c.intr. y c.r.

ASOTANAR. tr. Excavar el suelo de un edificio para construir en él sótanos y bodegas.

ASOTILAR. tr. ant. Asutilar. Usáb. t.c.r.

ASPA. (germ. *haspa*.) f. Conjunto de dos maderos atravesados en forma de X. || **2.** Instrumento que sirve para aspar el hilo. || **3.** Aparato exterior del molino de viento y cada uno de sus brazos. || **4.** Cualquier agrupación, figura, representación o signo en forma de X. || **5.** MIN. Punto de inserción de dos vetas. || **6.** pl. MANCHA. Dos maderos en cruz que, movidos por el peón, hacen andar la rueda donde están los arcaduces. || **7.** MIN. CHILE. Extensión o cabida de una mina, conforme a los límites que se le han dado. || **8.** VENEZ. Cuernos. || ASPA *de San Andrés.* Insignia de la casa de Borgoña. || **2.** Aspa de paño rojo que se ponía en los capotillos de los penitenciados por la Inquisición. || **P.** aspa; **I.** saltier cross; **F.** croix en saltoir; **A.** liegendes Kreuz; **It.** aspo; **R.** крестовина.

ASPADERA. (De *aspar*.) f. Aspa, 2.ª acep.

ASPADO, DA. p.p. de aspar. || **2.** adj. Dícese del que por penitencia llevaba los brazos extendidos en forma de cruz, atados por las espaldas a una barra de hierro u otro objeto semejante. || **3.** Que tiene forma de aspa. || **4.** fig. y fam. Aplícase al que no puede manejar con facilidad los brazos, por oprimirle el vestido. || **5.** BLAS. Adornado de aspa.

ASPADOR, RA. adj. Que aspa. Ú.t. c.s. || **m.** Aspa, 2.ª acep.

ASPÁLATO. (l. *aspalăthus*, y éste del gr. ἀσπάλαθος.) m. Nombre dado a varios arbustos leguminosos papilionáceos y a algunas maderas olorosas.

ASPALTO. m. desus. Asfalto.

ASPAR. tr. Hacer madeja el hilo en el aspa. || **2.** Clavar en un aspa a uno. || **3.** fig. y fam. Mortificar o molestar mucho a uno. || **4.** r. fig. Mostrar con quejidos y

contorsiones dolor o enojo. || **5.** Dedicar gran esfuerzo al logro de algo. || **6.** MIN. AMÉR. Colocar los estemples fuera de la perpendicular de los hastiales por haberle dado excesiva longitud. || **P.** aspar; **I.** to reel; **F.** dévider; **A.** haspeln; **It.** innaspare; **R.** мотать.

ASPAVENTAR. (l. *expaventāre*, de *expavens*, *-entis*, el que teme.) tr. Atemorizar o espantar.

ASPAVENTERO, RA. adj. Que hace aspavientos. Ú.t.c.s.

ASPAVIENTO. (De *aspaventar*.) m. Demostración excesiva o afectada de espanto, admiración o sentimiento.

* ASPEAR. tr. VENEZ. Derribar una bestia patas arriba.

ASPEARSE. (De *despearse*.) r. Despearse.

ASPECTO. (l. *aspectus*.) m. Manera de aparecer o presentarse una persona o cosa a la vista. || **2.** V. *Visita de* ASPECTOS. || **3.** Orientación de un edificio. || **4.** fig. Semblante, 4.ª acep. || **5.** ASTROL. Situación respectiva de dos astros con relación a las casas celestes que ocupan. ||—**cuadrado.** ASTROL. El de dos astros cuando quedan entre ambos dos casas celestes vacías. ||—**partil.** ASTROL. Aquel en que la diferencia de longitudes de los dos astros es un múltiplo exacto de la dozava parte del círculo. ||—**sextil.** ASTROL. El de dos astros cuando quedan entre ambos una casa celeste vacía. ||—**trino.** ASTROL. El de dos astros cuando quedan entre ambos tres casas celestes vacías. ||—**de la acción verbal.** Manera de concebirla, como perfectiva, imperfectiva, reiterada, etc. || *Al*, o *a*, *primer* ASPECTO. m. adv. A primera vista. || **P.** aspecto; **I.** y **F.** aspect; **A.** Aussehen; **It.** aspetto; **R.** вид.

ÁSPERAMENTE. adv. Con aspereza.

ASPERARTERIA. (De *áspera*, y *arteria*.) f. Tráquea, 1.ª acep.

ASPEREAR. intr. Tener sabor áspero.

ASPEREDUMBRE. f. ant. Aspereza.

ASPERETE. m. Asperillo.

ASPEREZ. f. ant. Aspereza.

ASPEREZA. f. Calidad de áspero. || **2.** Desigualdad del terreno, que lo hace difícil y escabroso. || **P.** aspereza; **I.** acerbity; **F.** apreté, aspérité; **A.** Rauheit; **It.** asprezza; **R.** терпкость.

ASPERGER. (l. *aspērgĕre*, rociar.) tr. Asperjar.

ASPERGES. (Voz latina con que se empieza la antífona que dice el sacerdote al rociar con agua bendita el altar para celebrar el santo sacrificio de la misa. De *aspērgĕre*, rociar.) m. fam. Antífona que comienza con esta palabra. || **2.** fam. y fest. Hisopo, 2.ª y 3.ª aceps. || **3.** fig. y fam. Rociadura o aspersión. || *Quedarse* uno ASPERGES. fr. fig. y fam. No lograr lo que esperaba. || **P.**,**I.e It.** asperges; **F.** aspergès; **A.** Weihwasserwedel.

ASPERIDAD. (l. *asperĭtas*, *-ātis*.) f. Aspereza.

ASPERIEGO, GA. (De *áspero*.) adj. V. *Manzano* ASPERIEGO. Ú.t.c.s. || **2.** V. *Manzana* ASPERIEGA. Ú.t.c.s.

ASPERILLA. (d. de *áspera*.) f. Planta herbácea, de la familia de las rubiáceas, con tallos nudosos, flores de color blanco azulado y fruto redondo.

ASPERILLO. (d. de *áspero*.) m. Gustillo agrio que tiene la fruta no bien madura, o por naturaleza, algún manjar o bebida.

ASPERJAR. (De *asperges*.) tr. Hisopear. || **2.** Rociar, 2.ª acep.

ÁSPERO. m. Aspro.

ÁSPERO, RA. (l. *asper*.) adj. Insuave al tacto por tener la superficie desigual. || **2.** Escabroso. || **3.** fig. Desapacible al gusto o al oído. || **4.** fig. Tempestuoso o desapacible, hablando del tiempo. || **5.** fig. Violento, hablando de combates o disidencias. || **6.** fig. Desabrido, falto de afabilidad. || **7.** V. *Espíritu* ÁSPERO. || **P.** áspero; **I.** rough; **F.** âpre; **A.** rauh; **It.** aspro; **R.** шероховатый.

ASPERÓN. (aum. de *áspero*, 2.º art.) m. Arenisca de cemento silíceo o arcilloso, usado generalmente para la construcción o en piedras de amolar. || **P.** pedra de amolar; **I.** sand-stone; **F.** grès; **A.** Sandstein; **It.** cote; **R.** песчаник.

ASPERÓN. m. ant. Esperón.

ASPÉRRIMO, MA. (l. *asperrimus*.) adj. sup. de áspero.

ASPERSIÓN. (l. *aspersio*, *-ōnis*.) f. Acción de asperjar.

ASPERSORIO. (l. *aspērsus*, de *aspērgĕre*, rociar.) m. Instrumento con que se asperja.

ASPERURA. (De *áspero*.) f. Aspereza.

ÁSPID. (l. *aspis*, *-ĭdis*, y éste del gr. ἀσπίς.) m. Víbora muy venenosa que sólo se diferencia de la culebra común en tener las escamas de la cabeza iguales a las del resto del cuerpo. || **2.** Culebra venenosa propia de Egipto y que puede alcanzar hasta 2 m de longitud; es de color verde amarillento con manchas pardas y cuello extensible. Su mordedura es casi siempre mortal. Cuando se ve atacada lanza un líquido cáustico que ocasiona una inflamación muy dolorosa. || **P.** áspide; **I.** asp; **F.** aspic; **A.** Natter; **It.** aspide; **R.** аспид.

ÁSPIDE. m. Áspid.

ASPIDISTRA. (gr. ἀσπίδιον, escudo pequeño, por la forma del estigma de la flor.) f. Género de plantas liliáceas, asparragoideas, herbáceas, acaules y lampiñas, hojas persistentes, grandes, verdinegras, pecioladas y de nervios bien señalados. Se cultiva para adorno de las habitaciones.

ASPILLA. f. AND. Listón delgado de madera que, en sentido de su longitud, lleva señalada una escala que permite apreciar, en recipientes de cabida y forma conocidas, el volumen de la parte que tiene ocupada por un líquido.

ASPILLADOR. m. El que aspilla.

ASPILLAR. tr. AND. Averiguar, mediante la aspilla, la cantidad de vino envasado en cubas.

ASPILLERA. (l. *specularia*, lugar desde el cual se vigila.) f. FORT. Abertura larga y estrecha en un muro, para disparar por ella. ||—**apaisada.** FORT. La que tiene su mayor extensión en sentido horizontal. ||—**invertida.** FORT. La que es más ancha por la parte exterior que por el interior del muro o pared. || **P.** seteira; **I.**loop-hole; **F.**meurtrière; **A.** Schiessscharte; **It.** feritoia; **R.** амбразура.

ASPILLERAR. tr. Hacer aspilleras.

ASPIRACIÓN. (l. *aspiratio*, *-ōnis*.) f. Acción y efecto de aspirar. || **2.** TEOL. Afecto encendido del alma hacia Dios. || **3.** FON. Sonido del lenguaje que resulta del roce del aliento, cuando se emite con relativa fuerza, hallándose abierto el canal articulatorio. || **4.** MÚS. Espacio menor de la pausa. || **P.** aspiração; **I.** y **F.** aspiration; **A.** Atemholen, Einatmung; **It.** aspirazione; **R.** вдыхание.

ASPIRADO, DA. p.p. de aspirar. || **2.** adj. FON. Dícese del sonido que se pronuncia emitiendo con cierta fuerza el aire de la garganta. || **3.** FON. Dícese de la letra que representa este sonido. Ú.t.c.s.

ASPIRADOR, RA. adj. Que aspira el aire. || **2.** f. Máquina que, movida por electricidad, sirve para quitar el polvo absorbiéndolo. || **3.** MED. Aparato para extraer por succión líquidos patológicos.

ASPIRANTE. p.a. de aspirar. Que aspira. || **2.** adj. V. *Bomba* ASPIRANTE. || **3.** V. *Bomba* ASPIRANTE *e impelente*. || **4.** m. Persona que ha obtenido derecho a ocupar un cargo público según las disposiciones legales. || **P.** e It. aspirante; **I.** aspirant; **F.** aspirant; **A.** Aspirant; **R.** всасываю-щий.

ASPIRAR. (l. *aspirāre*; de *ad*, a, y *spirāre*, respirar.) tr. Atraer el aire exterior a los pulmones. || **2.** Pretender o desear algún empleo o dignidad, etc. || **3.** GRAM. Pronunciar con aspiración. La *h*, signo de aspiración de varias lenguas, tuvo también a veces en antiguo castellano ese mismo sonido. Se aspiran las consonantes fricativas *j*, *s*, etc., cuando se pronuncian con mayor abertura de la que corresponde a su articulación ordinaria; y las oclusivas *p*, *t*, *k*, cuando terminan con una breve explosión sorda, como en alemán y otras lenguas. || **P.** aspirar, levar; **I.** to inspire; **F.** aspirer; **A.** einatmen; **It.** aspirare; **R.** вдыхать. || **2.ª** acep.: **P.** pretender, aspirar; **I.** to aspire; **F.** aspirer; **A.** nach etwas streben; **It.** aspirare; **R.** стремиться.

ASPIRINA. (al. *Aspirin*, nombre comercial registrado.) f. Cuerpo blanco, cristalizado en agujas y poco soluble en agua. Es el ácido acetilsalicílico y se usa como antirreumático y antipirético. || **P. e It.** aspirina; **I.** aspirin; **F.** aspirine; **A.** Aspirin; **R.** аспирин.

ASPRO. (gr. mod. ἄσπρον.) m. Moneda turca cuyo valor ha variado según tiempos y lugares.

ASQUEAR. tr. Tener o mostrar asco de alguna cosa.

ASQUEROSAMENTE. adv. Puerca o suciamente.

ASQUEROSIDAD. (De *asqueroso*.) f. Suciedad que mueve a asco. || **P.** asquerosidade; **I.** filthiness; **F.** saleté; **A.** Ekelhaftigkeit; **It.** sporcizia; **R.** гадость.

ASQUEROSO, SA. (l. *eschāra*, y éste del gr. ἐσχάρα, costra, postilla.) adj. Que causa asco. || **2.** Que tiene asco. || **3.** Propenso a tenerlo.

★ **ASQUIENTO, TA.** adj. COLOM. y ECUAD. Asqueado.

ASTA. (l. *hasta*.) f. Arma ofensiva de los antiguos romanos, compuesta de hierro, astil y regatón. Empleábase como lanza, y también como dardo, para arrojarla con la mano contra el enemigo. || **2.** Palo de lanza, pica, venablo, etc. || **3.** Lanza o pica. || **4.** Palo a cuyo extremo o en medio del cual se pone una bandera. || **5.** Cuerno, 1.ª acep. || **6.** MAR. Cada una de las piezas del enramado del buque que van desde la cuadra a popa y proa. || **7.** MAR. Extremo superior de un mastillero. || **8.** MAR. Verguita en que se fija un gallardete para suspenderlo del tope de un palo. || **9.** MONT. Tronco principal del cuerno del ciervo. || **10.** PINT. Mango de brocha o de pincel. || *A media* ASTA. fr. que denota estar a medio izar una bandera en señal de duelo. || *Darse de las* ASTAS. fr. fig. y fam. Batallar hasta estrecharse y mezclarse unos con otros. || **2.** fig. y fam. Repuntarse dos en la conversación, diciéndose palabras picantes. || **3.** fig. y fam. Porfiar, 1.ª acep. || *De* ASTA. m. adv. ALBAÑ. Hablando de ladrillos, a tizón. || *Dejar a uno en las* ASTAS *del toro.* fr. fig. y fam. Abandonarlo en el peligro. || *El que lo tiene lo gasta, y si no, se lame el* ASTA. ref. con que se da a entender que cada uno debe resignarse con su suerte. || 2.ª acep.: **P.** hasta; **I.** staff; **F.** bois; **A.** Schaft; **It.** asta; **R.** пика. || 3.ª acep.: **P.** lanca; **I.** staff; **F.** haste; **A.** Spiess; **It.** asta; **R.** копьё. || 4.ª acep.: **P.** mastro; **I.** lance; **F.** hampe; **A.** Fahnenstange; **It.** asta; **R.** флагшток.

ASTABATÁN. (vasc. *astoa*, burro, y *batán*, menta.) m. ÁL. Marrubio.

★ **ASTACICULTURA.** (l. *astācus*, cangrejo, y *cultūra*, cultivo.) f. Arte de dirigir y fomentar la repoblación de los crustáceos.

ÁSTACO. (l. *astācus*.) m. Cangrejo de agua dulce.

ASTADO, DA. (l. *hastātus*.) adj. Provisto de asta. || **2.** m. Astero.

★ **ASTASIA.** f. PAT. Enfermedad nerviosa, caracterizada por dificultad o alteración en la marcha del paciente. || **I.** astasia; **F.** astasie; **It.** astasia; **R.** астазия.

ASTÁTICO, CA. (gr. ἀ, priv., y στατικός, estático.) adj. V. *Corriente* ASTÁTICA. || **2.** V. *Sistema* ASTÁTICO.

★ **ASTATO.** m. QUÍM. Uno de los elementos halógenos, prácticamente desconocido en la Naturaleza e inestable, de ahí su nombre, obtenido al bombardear el bismuto con partículas alfa.

ASTEÍSMO. (l. *asteismus*, y éste del gr. ἀστεϊσμός, de ἀστεϊζω, hablar con urbanidad.) m. RET. Figura que consiste en dirigir delicadamente una alabanza con apariencia de represión.

ASTENIA. (gr. ἀσθένεια, debilidad.) f. MED. Falta de fuerzas físicas o psíquicas. || **P. e It.** astenia; **I.** asthenia; **F.** asthénie; **A.** Kraftlosigkeit; **R.** астения.

ASTÉNICO, CA. gr. ἀσθενικός, valetudinario, enfermizo; de ἀσθενής, débil, sin vida.) adj. MED. Perteneciente o relativo a la astenia. || **2.** MED. Que la padece.

ASTER. (l. *aster*.) m. Género de plantas compuestas, de cabezuelas agrupadas en panículas o corimbos. || **2.** BIOL. Conjunto de finísimas estrías radiantes que aparecen rodeando el centrosoma de la célula.

★ **ASTERIA.** f. MINERAL. Variedad de ópalo que al sol presenta el fenómeno del asterismo. || **2.** FÍS. Punto centelleante que

---

a veces se observa en una masa de cristal herida por un rayo de luz. || **P., I. e It.** asteria; **F.** astérie; **A.** Seestern; **R.** опал.

★ **ASTERIÓN.** m. ANAT. Punto donde se unen los huesos parietal, temporal y occipital.

ASTERISCO. (l. *asteriscus*, y éste del gr. ἀστερίσκος, de ἀστήρ, estrella.) m. Signo ortográfico (*) empleado para llamadas a notas u otras indicaciones especiales. || **P. e It.** asterisco; **I.** asterisk; **F.** astérisque; **A.** Sternchen; **R.** звёздочка.

ASTERISMO. (gr. ἀστερισμός, de ἀστήρ, astro.) m. ASTRON. Constelación, 1.ª acep. || **2.** FÍS. Fenómeno luminoso que ofrecen algunos minerales que muestran una estrella reluciente en el interior de su masa. || **P. e It.** asterismo; **I.** asterism; **F.** asterisme; **A.** Sternbild; **R.** созвездие.

ASTERO. (l. *hastarīus*.) m. Soldado de la antigua milicia romana, que peleaba con asta.

ASTEROIDE. (gr. ἀστεροειδής; de ἀστήρ, εἶδος, y eidos, forma.) adj. De figura de estrella. || **2.** m. Cada uno de los pequeños planetas cuyas órbitas se encuentran generalmente entre las de Marte y Júpiter. || **P.** asteróide; **I.** asteroid; **F.** astéroïde; **A.** Asteroid; **It.** asteroide; **R.** звездообразный.

★ **ASTEROIDEOS.** adj. pl. ZOOL. Aplícase a los animales equinodermos, de brazos triangulares, soldados por la base unos con otros, como el llamado estrella de mar. Ú.t.c.s.m.

ASTIFINO. adj. Dícese del toro de astas delgadas y finas.

ASTIGITANO, NA. (l. *astigitānus*.) adj. Natural de Ástigi, hoy Écija. Ú.t.c.s. || **2.** Perteneciente a esta ciudad de la Bética.

ASTIGMATISMO. (gr. ἀ, priv., y στίγμα, -ατος, punto, pinta.) m. MED. Imperfección de una lente o de los órganos refringentes del ojo consistente en no ser igualmente refringentes en todos sus meridianos, lo cual origina imágenes deformadas o visión confusa. || **P. e It.** astigmatismo; **I.** astigmatism; **F.** astigmatisme; **A.** Astigmatismus; **R.** астигматизм.

ASTIGMÓMETRO. m. Instrumento que sirve para apreciar o medir el astigmatismo y su dirección.

ASTIL. (l. *hastile*.) m. Mango, normalmente de madera, de hachas, azadas, picos, etc. || **2.** Varilla de la saeta. || **3.** Barra horizontal, de cuyos extremos penden los platillos de la balanza. || **4.** Vara de hierro por donde corre el pilón de la romana. || **5.** Eje córneo de la pluma de ave. || **P.** hastil; **I.** handle; **F.** manche; **A.** Stiel; **It.** astile; **R.** ручка, рукоятка.

ASTILLA. (l. *astēlla*, de *astŭla*, por *assŭla*.) f. Fragmento irregular que salta de una pieza de madera que se parte violentamente. || **2.** El que salta del pedernal y otros minerales. || **3.** GERM. Flor hecha en los naipes. || *Sacar uno* ASTILLA. fr. fig. y fam. Lograr un beneficio, lucro o ganancia, o cuando menos alguna parte de lo que desea. || **P.** estilha; **I.** chip, splinter; **F.** éclat de bois, esquille; **A.** Splitter; **It.** scheggia; **R.** щепка.

ASTILLAR. tr. Hacer astillas. || **2.** tr. MÉJ. Destrozar.

ASTILLAZO. m. Golpe que da una astilla al desprenderse de la madera.

ASTILLEJOS. m. pl. ASTRON. Astillejos.

ASTILLEJOS. (l. *aster*, estrella.) m. pl. ASTRON. Cástor y Pólux, estrellas principales de la constelación zodiacal de Géminis.

ASTILLERO. (De *astilla*.) m. Percha en que se ponen las lanzas, astas o picas. || **2.** Establecimiento donde se construyen y reparan buques. || **3.** Depósito de maderos. || **4.** MÉJ. Sitio del monte donde se corta leña. || *En* ASTILLERO. loc. fig. En puesto o empleo importante. || **P.** estaleiro; **I.** shipyard; **F.** chantier de construction; **A.** (Schiff)-Werft; **It.** cantiere; **R.** корабельная верфь.

ASTILLÓN. m. aum. de astilla.

ASTILLOSO, SA. (De *astilla*.) adj. Dícese de los cuerpos que se rompen fácilmente en astillas. || **2.** MIN. Dícese de la fractura de los minerales que al que-

---

brarse presentan sus caras ásperas como las de las astillas.

★ **ASTITA.** (d. de *asta*.) f. MAR. El mastelero de juanete de sobremesana.

ASTO. (l. *astus*.) m. ant. Astucia.

ASTORGANO, NA. adj. Natural de Astorga. Ú.t.c.s. || **2.** Perteneciente a esta ciudad.

ASTRACÁN. m. Piel de cordero nonato o recién nacido, con pelo rizado, que se prepara en la ciudad rusa que le da nombre. || **2.** Terciopelo de lana con bucles parecidos o los de esta piel.

ASTRACANADA. f. fam. Farsa teatral disparatada y chabacana.

ASTRÁGALO. (l. *astragālus*, y éste del gr. ἀστράγαλος.) m. Tragacanto. || **2.** ARQ. Cordón en forma de anillo que abraza la columna. || **3.** ART. Adorno de las piezas de artillería antiguas compuesto de un cordón colocado entre dos filetes. || **4.** ZOOL. Hueso corto en la parte superior y media del tarso, que se articula con la tibia. Vulgarmente se denomina taba. || 2.ª acep.: **P.** astrágalo; **I.** astragal; **F.** astragale; **A.** Säulenring; **It.** astragalo; **R.** астрагал. || 4.ª acep.: **P.** astrágalo; **I.** astragalus; **F.** astragale; **A.** Sprungbein; **It.** astragalo; **R.** таранная кость.

ASTRAGO. (Por *estrado*, del l. *strātus*.) m. ant. Suelo, 1.ª acep.

ASTRAL. (l. *astrālis*.) adj. Perteneciente o relativo a los astros. || **2.** V. *Año* ASTRAL. || *Cuerpo* ASTRAL. Según los espiritistas y teósofos, envoltura intermedia entre el cuerpo y el alma que anima el cuerpo físico o terrenal y es imperceptible al común de las gentes.

ASTRAL. m. AR. Destral.

ASTREÑIR. (l. *adstrĭngĕre*, apretar.) tr. Astringir.

ASTRICCIÓN. (l. *astrictio*, -ōnis.) f. Acción y efecto de astringir.

ASTRICTIVO, VA. (De *astricto*.) adj. Que astringe o tiene virtud de astringir.

ASTRICTO, TA. (l. *astrictus*.) p.p. de astringir. || **2.** adj. AR. V. *Procurador* ASTRICTO.

ASTRÍFERO, RA. (l. *astrifer*, -ĕri; de *aster, astri*, estrella, y *ferre*, llevar.) adj. poét. Estrellado o lleno de estrellas.

ASTRINGENCIA. f. Calidad de astringente. || **2.** Astricción.

ASTRINGENTE. (l. *astringens, -entis*.) p.a. de astringir. Que astringe. Dícese principalmente de los alimentos o remedios. Ú.t.c.s. || **P.** adstringente; **I.** y **F.** astringent; **A.** zusammenziehend; **It.** astringente; **R.** закрепляющий.

ASTRINGIR. (l. *astringĕre*; de *ad*, a, y *stringĕre*, apretar.) tr. Apretar, estrechar, contraer alguna substancia los tejidos orgánicos. || **2.** fig. Sujetar, obligar, constreñir. || **P.** adstringir; **I.** to astringe; **F.** resserrer; **A.** Zusammenziehung; **It.** astringere; **R.** сжимать.

ASTRIÑIR. tr. Astringir.

ASTRO. (l. *astrum*, y éste del gr. ἄστρον.) m. Cualquiera de los innumerables cuerpos celestes que pueblan el firmamento. || **2.** fig. Persona que se distingue por su mérito o cualidades. || **P. e It.** astro; **I.** star; **F.** astre; **A.** Gestirn, Stern; **R.** небесное светило.

★ **ASTROBRÚJULA.** (De *astro* y *brújula*.) f. MAR. Instrumento destinado a determinar direcciones con respecto a las estrellas.

★ **ASTRODINÁMICA.** (De *astro* y *dinámica*.) f. ASTRON. Parte de la cosmografía que estudia las leyes del movimiento de los astros.

ASTROFÍSICA. f. Parte de la astronomía que estudia las características físicas y químicas de los astros: luminosidad, temperatura, atmósfera, etc.

ASTROFÍSICO, CA. adj. Perteneciente o relativo a la astrofísica.

★ **ASTROFOTOGRAFÍA.** f. Parte de la astronomía cuyo objeto es la obtención de imágenes fotográficas de los astros. || **I.** astrophotography; **F.** astrophotographie; **It.** astrofotografìa; **R.** астрофотография.

ASTROGRÁFICO, CA. adj. Relativo a la fotografía de los astros. || **2.** Perteneciente o relativo al astrógrafo.

ASTRÓGRAFO. (gr. ἄστρον, astro, y γράφω, describir.) m. Aparato astronómico fotográfico.

A

ASTROLABIO. (gr. ἀστρολάδιον; de ἄστρον, astro, y λαμβάνω, coger, encontrar.) m. ASTRON. Antiguo instrumento para observar la situación y movimientos de los astros. || **P.** astrolábio; **I.** y **F.** astrolabe; **A.** Astrolabium, Sternhöhenmesser; **It.** astrolabio; **R.** астролябия.

ASTROLITO. (gr. ἄστρον, astro, y λίθος, piedra.) m. Aerolito.

ASTROLOGAL. (De astrólogo.) adj. ant. Astrológico.

ASTROLOGAR. tr. Averiguar o pronosticar por la astrología.

ASTROLOGÍA. (l. astrologia, y éste del gr. ἀστρολογία; de ἀστρολόγος, astrólogo.) f. Falsa ciencia que pretende conocer y estudiar la influencia de los astros en el destino de los hombres y pronosticar, por la posición y aspecto de aquéllos, los sucesos terrestres.|| **P.** e **It.** astrologia; **I.** astrology; **F.** astrologie; **A.** Astrologie, Sterndeuterei; **R.** астрология.

ASTROLÓGICO, CA. (l. astrologicus, y éste del gr. ἀστρολογικός.) adj. Perteneciente o relativo a la astrología.

ASTRÓLOGO, GA. (l. astrologus, y éste del gr. ἀστρολόγος; de ἄστρον, astro, y λέγω, decir, designar.) adj. Astrológico. || **2.** m. y f. Persona que profesa la astrología.

★ **ASTROMETEOROLOGÍA.** (De astro y meteorología.) f. Estudio de la relación entre los fenómenos celestes, especialmente solares, y los atmosféricos. || **P.** e **It.** astrometeorologia; **I.** astrometeorology; **F.** astrométéorologie; **A.** Sternwetterkunde; **R.** астрометеорология.

º **ASTRONAUTA.** m. Piloto, tripulante de una nave espacial.

º **ASTRONÁUTICA.** f. Navegación mediante ingenios espaciales alrededor de la Tierra o de un astro a otro.

★ **ASTRONAVE.** f. Vehículo capaz de navegar por el espacio interplanetario.

ASTRONOMERO. (De astrónomo.) m. ant. Astrólogo, 2.ª acep.

ASTRONOMÍA. (l. astronomia, y éste del gr. ἀστρονομία, de ἀστρονόμος, astrónomo.) f. Ciencia que trata de cuanto se refiere a los astros, y principalmente a las leyes de sus movimientos. || **P.** e **It.** astronomia; **I.** astronomy; **F.** astronomie; **A.** Astronomie, Stern-, Himmelskunde; **R.** астрономия.

ASTRONOMIANO. (De astronomía.) m. ant. Astrólogo, 2.ª acep.

ASTRONOMIÁTICO. (De astronomía.) m. ant. Astrólogo, 2.ª acep.

ASTRONÓMICAMENTE. adv. Según los principios y reglas de la astronomía.

ASTRONÓMICO, CA. (l. astronomicus, y éste del gr. ἀστρονομικός.) adj. Perteneciente o relativo a la astronomía. || **2.** V. Efemérides ASTRONÓMICAS. || **3.** V. Geografía ASTRONÓMICA. || **4.** fig. y fam. Dícese de las cantidades extraordinariamente grandes. || **5.** ASTRON. V. Anillo, año, día, ASTRONÓMICO. || **6.** ASTRON. V. Mes solar ASTRONÓMICO.

ASTRÓNOMO. (l. astronomus, y éste del gr. ἀστρονόμος, de ἄστρον, astro, y νέμω, atribuir, regir.) m. El que profesa la astronomía o tiene de ella especiales conocimientos. || **P.** astrónomo; **I.** astronomer; **F.** astronome; **A.** Astronom, Sternforscher; **It.** astronomo; **R.** астроном.

★ **ASTROQUÍMICA.** f. Estudio de la composición química de los astros, fundado principalmente en el espectroscopia.

ASTROSAMENTE. adv. Puerca o desaliñadamente.

★ **ASTROSFERA.** f. BIOL. Masa central de un aster, con exclusión de los rayos; esfera de atracción o centrosoma.

ASTROSO, SA. (l. astrosus, de astrum, astro.) adj. Desastrado, desgraciado. || **2.** fig. Desaseado. || **3.** fig. Vil, abyecto, despreciable.

ASTUCIA. (l. astutia.) f. Calidad de astuto. || **2.** Ardid, 1.ª acep., 2.ª acep. || **P.** astúcia; **I.** astuteness; **F.** astuce; **A.** Arglist;**It.** astutezza, astuzia; **R.** лукавство

ASTUCIOSO, SA. (De astucia.) adj. Astuto.

★ **ASTUCHE.** m. CHILE. Parche o refuerzo, de cuero o de paño resistente, que se pone exteriormente al pantalón de montar.

ASTUR. adj. Natural de una antigua región de España, cuya capital era Astúrica, hoy Astorga. || **2.** Asturiano, 1.ª acep. Ú.t.c.s.

ASTURIANISMO. m. Locución, giro o modo de hablar propio de los asturianos.

ASTURIANO, NA. adj. Natural de Asturias. Ú.t.c.s. || **2.** Perteneciente a este principado.

ASTURIAS. n. p. V. Princesa, príncipe de ASTURIAS.

ASTURICENSE. (l. asturicensis.) adj. Natural de Astúrica, hoy Astorga. Ú.t.c.s. || **2.** Perteneciente a esta ciudad de la España Tarraconense.

ASTURIÓN. (De esturión.) m. Esturión.

ASTURIÓN. (De astur.) m. Jaca, 1.ª acep.

ASTUTAMENTE. adv. Con astucia.

ASTUTO, TA. (l. astútus.) adj. Hábil para engañar o evitar el engaño. || **2.** Que implica astucia.

★ **ASUANA.** f. PERÚ. Vasija para contener la bebida alcohólica llamada chicha.

ASUARDADO, DA. (De a, 2.º art., y suarda.) adj. Juardoso.

ASUBIADERO. m. SANT. Lugar donde puede uno asubiarse.

ASUBIAR. (De a, 2.º art. y l. súb obviāre, acogerse.) intr. SANT. Guarecerse de la lluvia. Ú.t.c.r.

ASUELO. (De asolar, 1.er art.) m. ant. Asolamiento.

ASUETO, TA. (l. assuētus.) adj. ant. Acostumbrado, habituado. || **2.** Vacación de un día o de una tarde.

ASULCAR. tr. ant. Sulcar.

ASUMADAMENTE. adv. ant. En suma o compendio.

ASUMAR. tr. ant. Sumar.

ASUMIR. (l. assuměre; de ad, a, y suměre, tomar.) tr. Atraer a sí, tomar para sí. **P.** assumir; **I.** to assume; **F.** assumer; **A.** auf sich nehmen; **It.** assumere; **R.** брать.

ASUNCIÓN. (l. assumptĭo, -ōnis.) f. Acción y efecto de asumir. || **2.** Por excelencia, acto de ser elevada por Dios la Virgen Santísima en su propia carne mortal de la tierra al cielo. || **3.** Fiesta con que anualmente celebra la Iglesia este misterio el día 15 de agosto. || **4.** Acto de ser ascendido una persona a una suprema dignidad.|| **1.**ª acep.: **P.** assunção; **I.** assumption; **F.** assomption; **A.** Aufnahme; **It.** assunzione; **R.** принимать. || Teol.: **P.** Assunnpção; **I.** Assumption; **F.** Assomption; **A.** Mariae Himmelfahrt; **It.** Assunzione; **R.** Успение.

ASUNCIONISTA. adj. Dícese del religioso que pertenece a la congregación de la Asunción de María, fundada en Francia en 1864.

ASUNTO, TA. (l. assumptus, tomado.) p.p. irreg. de asumir. || **2.** m. Materia de que se trata. || **3.** Argumento de una obra literaria. || **4.** Lo que representa un cuadro o escultura. || **5.** Negocio, 3.ª acep. || **2.**ª acep.: **P.** assunto; **I.** matter; **F.** sujet; **A.** Gegenstand; **It.** soggetto; **R.** предмет.

ASURAMIENTO. m. Acción y efecto de asurar o asurarse.

ASURAR. (l. arsūra, de ardēre, arder.) tr. Requemar los guisados. || **2.** Abrasar los sembrados el excesivo calor. || **3.** fig. Inquietar mucho. || **4.** r. Asarse.

ASURCADO, DA. p.p. de asurcar. || **2.** adj. Que tiene surcos o henduras.

ASURCANO, NA. adj. Dícese de un labrador con respecto a otro de tierras contiguas. || **2.** Aplícase a las labores o tierras contiguas.

ASURCAR. tr. Surcar.

ASUSO. (l. ad sursum.) adv. Arriba.

ASUSTADIZO, ZA. adj. Que se asusta con facilidad.

★ **ASUSTADO, DA.** adj. PERÚ. Aplícase al niño retrasado en su desarrollo.

ASUSTAR. (l. súscitāre, levantar.) tr. Dar o causar susto. Ú.t.c.r.

ASUTILAR. (De a, 2.º art., y sutil.) tr. Sutilizar. Ú.t.c.r.

ATA. prep. ant. Hasta.

ATABACA. (ár. aṭṭabbāqa, el eupatorio.) f. AND. Atarraga, 1.er art.

ATABACADO, DA. adj. De color de tabaco.

ATABAL. (ár. aṭ-ṭabal, el tímpano.) m. Timbal, 1.ª acep. || **2.** Tamborcillo o tamboril que suele tocarse en fiestas públicas. ||

Atabalero. || Traer uno los ATABALES a cuestas. fr. fig. y fam. Ser conocido de todos por hacer públicas sus bellaquerías. || **2.**ª acep.: **P.** atabale; **I.** atabal; **F.** timbale; **A.** Pauke; **It.** timballo.

ATABALEAR. intr. Piafar el caballo produciendo un ruido semejante al son de los atabales. || **2.** Imitar con los dedos sobre un mueble el son de los atabales.

ATABALEJO. m. d. de atabal.

ATABALERO. m. El que toca el atabal.

ATABALETE. m. d. de atabal.

ATABANADO, DA. (De a, 2.º art., y tábano, por la señal que deja su picadura.) adj. Dícese del caballo o yegua de pelo obscuro y con pintas blancas en los ijares y en el cuello.

ATABARDILLADO, DA. adj. Aplícase al accidente o enfermedad que participa de las cualidades del tabardillo.

ATABE. (ár. aṭ-taqb, el agujero.) m. Abertura que se deja en las cañerías para desventarlas o reconocerlas.

ATABERNADO, DA. (De a, 2.º art., y taberna.) adj. V. Vino ATABERNADO.

ATABILLAR. (De a, 2.º art., y tabillar.) tr. En el obraje de paños y otros tejidos de lana, doblarlos o plegarlos, dejándolos sueltos por las orillas.

ATABLADERA. (De atablar.) f. Tabla que sirve para allanar la tierra una vez sembrada.

ATABLAR. (De a, 2.º art., y tabla.) tr. Allanar con atabladera la tierra ya sembrada.

ATACABLE. adj. Que puede ser atacado.

ATACADERA. f. Barra de cobre o madera para atacar la carga de los barrenos. || **P.** taco para atacar a pólvora nas pedreiras; **I.** blaster rammer; **F.** bourroir; **A.** Stopfer; **It.** caleatoio; **R.** забой.

ATACADO, DA. p.p. de atacar. || **2.** adj. V. Calzas ATACADAS. || **3.** fig. y fam. Encogido, irresoluto. || **4.** fig. Miserable, mezquino.

ATACADOR, RA. adj. Que ataca, 2.ª, 3.ª y 6.ª aceps. Ú.t.c.s. || **2.** m. Instrumento para atacar los cañones de artillería. || **3.** MÉJ. Engallador. || **4.** MIN. Instrumento para apretar el tarugo con que se cierra el orificio por donde se hace la colada de los hornos de manga.

ATACADURA. f. Acción y efecto de atacar o atacarse, 1.ª acep.

ATACAMIENTO. m. Atacadura.

ATACAMITA. (Por haberse descubierto en el territorio de Atacama.) f. Mineral de cobre, de hermoso color verde; se encuentra en América del Sur y África Occidental. || **P.** e **It.** atacamita; **I.** y **F.** atacamite; **A.** Atakamit; **R.** атакамит.

ATACANTE. p.a. de atacar. Que ataca.

ATACAR. (ital. attaccare battaglia, comenzar la batalla.) tr. Abrochar, ajustar al cuerpo cualquier pieza del vestido. Ú.t. c.r. || **2.** Meter y apretar el taco en una arma de fuego, mina o barreno. || **3.** Atestar, atiborrar. || **4.** Acometer, embestir. || **5.** fig. Impugnar, refutar. || **6.** Apretar o estrechar a uno con algún argumento o reflexión. || **7.** fig. Empezar a producir su efecto en uno el sueño, una enfermedad, etc. || **8.** Mús. Producir un sonido súbitamente, de modo que se destaque. || **9.** Quím. Ejercer acción una substancia sobre otra. || **4.**ª acep.: **P.** acometer; **I.** to atack; **F.** attaquer; **A.** angreifen; **It.** attacare; **R.** нападать.

ATACIR. (ár. at-ta'ṭir, el influjo de los astros.) m. ASTROL. División de la bóveda celeste en doce partes iguales o casas por medio de meridianos. || **2.** ASTROL. Instrumento en que se halla representada esta división.

ATACOLA. (De atar y cola.) m. Correa o cordón con que se mantiene atada la cola del caballo.

ATACHONADO, DA. (De a, 2.º art., y tachón, 2.º art.) adj. ant. Abrochado.

ATADERAS. f. pl. fam. Ligas para atar las medias.

ATADERO. m. Lo que sirve para atar. || **2.** Parte donde se ata una cosa. || **3.** Gancho, anillo, etc., con que se ata el ramal de las bestias. || **4.** MÉJ. Liga para sujetar las medias.

ATADIJO. (De atado.) m. fam. Lío

pequeño y mal hecho. ‖ **2.** Atadero, 1.ª acep.

ATADO, DA. p.p. de atar. ‖ **2.** adj. fig. Dícese de la persona que es para poco, o que se embaraza con cualquier cosa. ‖ **3.** m. Conjunto de cosas atadas.

ATADOR, RA. adj. Que ata. Ú.t.c.s. ‖ **2.** Entre segadores, el que ata las gavillas.

ATADURA. f. Acción y efecto de atar. ‖ **2.** Cosa que se ata. ‖ **3.** fig. Unión o enlace.

ATAFAGAR. (De *tafo.*) tr. Sofocar, aturdir a uno, especialmente con olores fuertes. ‖ **2.** fig. y fam. Molestar a uno con insufrible importunidad.

ATAFARRA. (ár. *aṭ-ṭafara*, el baste.) f. ant. Ataharre.

ATAFEA. (ár. *aṭ-ṭafāḥa*, la plenitud.) f. Ahíto o hartazo. ‖ *Uno muere de* ATAFEA, *y otro la desea.* ref. con que se denota que muchas veces tratamos de satisfacer nuestros apetitos sin escarmentar en el daño que tal acción ha causado a otros.

ATAFETANADO, DA. adj. Semejante al tafetán.

ATAGALLAR. intr. MAR. Navegar un buque muy forzado de vela.

ATAGUÍA. (De *atajar.*) f. Macizo de tierra impermeable, para atajar el paso del agua durante la construcción de una obra hidráulica. ‖ **P.** dique maçiço; **I.** cofferdam; **F.** batardeau; **A.** Fangdamm; **It.** tura; **R.** дамба.

ATAHARRE. (De *atafarra.*) m. Banda que sujeta la silla o albarda, rodea las ancas de la caballería e impide que el aparejo se corra hacia adelante. ‖ **P.** atafal; **I.** crupper; **F.** croupière; **A.** Schwanzriemen; **It.** groppiera; **R.** пояс.

ATAHONA. (ár. *aṭ-ṭaḥūna*, el molino de cereales.) f. Tahona.

ATAHONERO. m. Tahonero.

ATAHORMA. (ár. *at-tafurma*, la hembra del halcón.) f. ZOOL. Especie de águila de color ceniciento, con el pecho manchado de gris rojo, la cola blanca y los tarsos amarillos; se alimenta de aves, batracios y reptiles. Es ave de paso.

ATAHÚLLA. f. Tahúlla.

ATAIFOR. (ár. *aṭ-ṭaifūr*, la bandeja, la mesilla.) m. Plato hondo que se usaba antiguamente para servir viandas. ‖ **2.** Mesa redonda y pequeña usada por los musulmanes.

ATAIRAR. tr. Hacer ataires.

ATAIRE. (ár. *ad-dā'ir*, lo que circunda.) m. Moldura en las escuadras y tableros de puertas o ventanas.

★ **ATAJA.** f. ARGENT. Ataharre. ‖ **2.** CUBA. Delincuente fugitivo.

ATAJADA. f. CHILE. Acción de atajar, 1.ª y 6.ª aceps.

ATAJADAMENTE. adv. ant. Solamente.

ATAJADERO. m. Obstáculo de tierra, madera o piedra que se pone en las acequias o regaderas para hacer entrar o distribuir el agua en una finca.

ATAJADIZO. m. Artefacto con que se ataja un sitio o terreno. ‖ **2.** Porción menor del sitio o terreno atajado.

ATAJADOR, RA. (De *atajar.*) adj. Que ataja. Ú.t.c.s. ‖ **2.** m. CHILE. El que guía la recua. ‖ **3.** MÉJ. Arriero encargado de preparar la comida para sus compañeros, guiar la recua y buscar sitio a propósito para recoger las acémilas.

ATAJAMIENTO. m. Acción de atajar o atajarse.

ATAJANTE. p.a. ant. de atajar. Que ataja.

ATAJAR. (De *a,* 2.º art., y *tajar.*) intr. Ir o tomar por el atajo. ‖ **2.** tr. Salir al encuentro de una persona o animal por algún atajo. ‖ **3.** Separar parte de un terreno o espacio por medio de un tabique, cancel, etc. ‖ **4.** Señalar con rayas en un escrito la parte que se ha de suprimir u omitir. ‖ **5.** Hablando de un rebaño, dividirlo en atajos o porciones. ‖ **6.** Detener el curso de alguna cosa. ‖ **7.** Interrumpir a uno en lo que va diciendo. ‖ **8.** r. fig. Correrse de vergüenza, miedo, etc. ‖ **9.** AND. Emborracharse, 3.ª acep.

ATAJASOLACES. (De *atajar* y *solaz.*) m. Espantagustos.

ATAJEA. f. Atarjea.

ATAJÍA. f. Atajea.

ATAJO. (De *atajar.*) m. Senda por donde se abrevia el camino. ‖ **2.** fig. Procedimiento o medio rápido. ‖ **3.** Separación o división de alguna cosa. ‖ **4.** Acción y efecto de atajar, 4.ª acep. ‖ **5.** Pequeño grupo de cabezas de ganado. ‖ **6.** fig. Conjunto o copia. ‖ **7.** ESGR. Treta para herir al adversario por el camino más corto esquivando la defensa. ‖ *Echar uno por el* ATAJO. fr. fig. y fam. Emplear medio por donde salir brevemente de cualquier dificultad. ‖ *No hay* ATAJO *sin trabajo.* ref. con que se explica que sin trabajo no se puede conseguir en poco tiempo lo que se quiere. ‖ *Poner* uno *el* ATAJO. ESGR. Poner la espada sobre la del contrario, cortándola. ‖ *Salir al* ATAJO. fr. fig. y fam. Interrumpir el discurso a otro. ‖ **P.** atalho; **I.** cut; **F.** traverse, chemin de traverse; **A.** Richtweg, Seitenweg; **It.** scorciatoia, **R.** тропинка.

ATAJUELO. m. d. de atajo.

ATAL. adj. ant. Tal.

ATALADOR, RA. adj. ant. Talador. Usáb.t.c.s.

ATALADRAR. tr. ant. Taladrar.

ATALAERO. (De *atalayero.*) m. ant. Atalayador.

ATALAJAR. tr. Poner el atalaje a las caballerías y engancharlas. Ú.m. en artillería. ‖ **P.** arrear; **I.** to harness; **F.** atteler; **A.** (an, -ein)spannen; **It.** bardare; **R.** запрягать.

ATALAJE. m. Atelaje. Ú.m. en artillería. ‖ **2.** fig. y fam. Ajuar o equipo.

ATALANTAR. (De *a,* 2.º art., y *talante.*) tr. Agradar, convenir.

ATALANTAR. tr. Atarantar. Ú.t.c.r.

ATALAR. tr. ant. Talar.

ATALAYA. (ár. *aṭ-ṭalā'i'*, los centinelas.) f. Torre destinada a registrar el campo y el mar para dar aviso de lo que se descubre. ‖ **2.** Cualquier eminencia o altura desde donde se descubre mucho espacio de tierra o de mar. ‖ **3.** fig. Posición desde la que se aprecia bien una verdad. ‖ **4.** m. Hombre que vigila desde la atalaya. ‖ **5.** El que atisba o procura inquirir lo que sucede. ‖ **P.** atalaia; **I.** watch-tower; **F.** vigie, tour de guet, beffroi; **A.** Wachturm; **It.** vedetta; **R.** дозорная башня. ‖ **4.** acep.: **P.** hommem que vigia; **I.** lookout; **F.** vigie; **A.** Turmwächter; **It.** vedetta; **R.** дозорный.

ATALAYADOR, RA. adj. Que atalaya. Ú.t.c.s. ‖ **2.** fig. y fam. Que atisba y procura inquirir y averiguar lo que sucede.

ATALAYAMIENTO. m. ant. Acción y efecto de atalayar.

ATALAYAR. tr. Observar el campo o el mar desde una atalaya. ‖ **2.** fig. Observar o espiar las acciones de otros.

ATALAYERO. (De *atalayar.*) m. El que servía en los puestos avanzados en el ejército, para observar y avisar los movimientos del enemigo.

ATALAYUELA. f. d. de atalaya.

ATALEAR. tr. ant. Atalayar.

ATALUDAR. tr. Dar talud.

ATALUZAR. tr. Ataludar.

ATALVINA. (ár. *at-talbīna*, el manjar hecho con harina, leche y miel.) f. Talvina.

★ **ATAMBA.** f. ECUAD. Faja de cuero con dos cuerdas en los extremos que usan los mozos de cordel para el transporte de cargas a cuestas.

ATAMBOR. (ár. *aṭ-ṭunbūr*, el tambor, la cítara.) m. ant. Tambor, 1.ª y 2.ª aceps.

ATAMIENTO. m. ant. Atadura. ‖ **2.** fig. y fam. Encogimiento o cortedad de ánimo.

ATAMOR. m. ant. Atambor.

ATÁN. adv. ant. Tan, 3.er art.

ATANASIA. (gr. ἀθανασία, inmortalidad.) f. Hierba de Santa María.

ATANASIA. f. IMPR. Carácter de letra de 14 puntos, llamada así porque la primera obra que se imprimió con ella fue la vida de San Atanasio.

ATANCAR. (De *estancar,* con cambio de prefijo.) tr. ant. Atrancar, 1.ª y 2.ª aceps.

ATANCO. (De *atancar.*) m. p. us. Atasco, atranco.

ATANDADOR. m. MURC. El encargado de fijar el turno de riego.

ATANOR. (ár. *at-tannūr,* el horno circular, la boca de pozo.) m. Tubo o

cañería para conducir el agua. ‖ **2.** V. *Hornillo de* ATANOR.

ATANQUÍA. (ár. *at-tanqiya,* la limpiadura.) f. Ungüento depilatorio, compuesto de cal viva y aceite. ‖ **2.** Adúcar, 1.ª acep. ‖ **3.** Cadarzo, 1.ª acep.

ATAÑEDERO, RA. (De *atañer.*) adj. Tocante o perteneciente.

ATAÑER. (l. *attangĕre,* por *attingĕre,* tocar.) intr. Corresponder, tocar o pertenecer. ‖ **2.** Detener a un animal desmandado.

ATAPAR. tr. Tapar.

ATAPIERNA. (De *atar* y *pierna.*) f. ant. Liga, 1.ª acep.

★ **ATAPUZAR.** tr. VENEZ. Atestar, llenar mucho.

ATAQUE. m. Acción de atacar. ‖ **2.** Trabajos de trinchera para expugnar una plaza. ‖ **3.** MIL. V. *Paso de* ATAQUE. ‖ **4.** fig. Acometimiento de algún accidente de parálisis, apoplejía, etc. ‖ **5.** fig. Pendencia, disputa, impugnación. ‖ **P.** ataque; **I.** attack; **F.** attaque; **A.** Angriff, Anfall; **It.** attacco; **R.** атака.

ATAQUIZA. f. AGR. Acción y efecto de ataquizar.

ATAQUIZAR. (ár. *at-takātar,* la multiplicación.) tr. AGR. Amugronar.

ATAR. (l. *aptāre,* ajustar, adaptar.) tr. Unir o sujetar con ligaduras o nudos. ‖ **2.** fig. Impedir o quitar el movimiento. ‖ **3.** fig. Juntar, conciliar. ‖ **4.** r. fig. Embarazarse, ponerse en situación difícil. ‖ **5.** fig. Ceñirse a una cosa o materia determinada. ‖ *ATAR corto* a uno. fr. fig. y fam. Reprimirle, sujetarle. ‖ *No* ATAR *ni desatar.* fr. fig. y fam. Hablar sin concierto. ‖ **2.** fig. y fam. No resolver ni determinar nada en ningún sentido. ‖ *Quien bien* ATA, *bien desata.* ref. con que se da a entender que el que emprende con conocimiento un negocio, sabrá salir bien de él. ‖ **P.** atar, ligar; **I.** to tie; **F.** lier; **A.** binden, zubinden; **It.** legare; **R.** связывать.

ATARACEA. (ár. *at-tarṣī'a,* la incrustación.) f. Taracea.

ATARACEAR. tr. Taracear.

ATARANTADO, DA. p.p. de atarantar. ‖ **2.** adj. Picado de la tarántula. ‖ **3.** fig. y fam. Inquieto y bullicioso. ‖ **4.** Aturdido o espantado.

ATARANTAMIENTO. m. Acción y efecto de atarantar o atarantarse.

ATARANTAPAYOS. (De *atarantar* y *payos.*) m. MÉJ. Espantavillanos.

ATARANTAR. (De *a,* 2.º art., y *tarántula.*) tr. Aturdir, 1.ª acep. Ú.t.c.r.

★ **ATARAXIA.** f. FIL. Calma, tranquilidad moral, o imperturbabilidad del espíritu. ‖ **P.** ataraxia; **I.** ataraxia, ataraxy; **F.** ataraxie; **A.** Leidenschaftslosigkeit; **It.** atarassia; **R.** спокойствие.

ATARAZANA. (ár. *ad-dār, aṣ-sinā'a,* la casa de fabricación, el taller.) f. Arsenal, 1.ª acep. ‖ **2.** Cobertizo en que trabajan los cordeleros o los fabricantes de márragas u otras telas de estopa o cáñamo. ‖ **3.** AND. Paraje donde se guarda el vino en toneles.

ATARAZANAL. m. ant. Atarazana, 1.ª acep.

ATARAZAR. (De *a,* 2.º art., y *tarazar.*) tr. Morder o rasgar con los dientes.

ATARDECER. intr. Tardecer.

ATARDECER. m. Último período de la tarde.

ATAREA. f. ant. Tarea.

ATAREAR. tr. Poner o señalar tarea. ‖ **2.** r. Entregarse mucho al trabajo.

ATARFE. (ár. *aṭ-ṭarfā',* el tamariz.) f. ant. Taray.

ATARJEA. (ár. *aṭ-ṭarḥiyya,* la vía de los excrementos.) f. Caja de ladrillo con que se protegen las cañerías. ‖ **2.** Conducto por donde las aguas de la casa van al sumidero. ‖ **3.** MÉJ. Alcantarilla. ‖ **4.** PERÚ. Depósito de agua que surte a una población. ‖ **I.** culvert; **F.** encaissement, égout; **A.** Abzugsrinne; **It.** fogna; **R.** сточная труба.

ATARQUINAR. tr. Llenar de tarquín. Ú.m.c.r.

ATARRAGA. f. Olivarda, 2.º art.

ATARRAGA. (ár. *aṭ-ṭarrāqa,* el instrumento que golpea, el martillo.) m. ant. Martillo, 1.ª acep.

ATARRAGAR. (De *atarraga.*) tr. Dar con el martillo la forma conveniente a la herradura y a los clavos para su mejor

A

aplicación al casco de la bestia. || **2.** VENEZ. Clavar. || **3.** MÉJ. Comer mucho, hartarse.

ATARRAJAR. tr. Aterrajar.

ATARRAYA. (ár. *aṭ-ṭarrāḥa*, la red.) f. Esparabel, 1.ª acep.

★ **ATARRAYAR.** tr. ECUAD. y PERÚ. Pescar con atarraya o esparavel. || **2.** P. RICO. Apresar, detener.

ATARUGAMIENTO. m. fam. Acción y efecto de atarugar o atarugarse.

ATARUGAR. tr. Asegurar el carpintero un ensamblado con tarugos y clavijas. || **2.** Tapar con tarugos los agujeros de los recipientes. || **3.** fig. y fam. Hacer callar a uno. || **4.** fig. y fam. Atestar, 1.er art., 1.ª acep. || **5.** fig. y fam. Atracar, 1.er art., 1.ª acep. Ú.t.c.r. || **6.** r. fig. y fam. Atragantarse.

ATASAJADO, DA. p.p. de atasajar. || **2.** adj. fam. Dícese de la persona que va tendida sobre una caballería.

ATASAJAR. tr. Hacer tasajos la carne.

ATASCADERO. m. Sitio donde se atascan los carruajes, caballerías o personas. || **2.** fig. Estorbo o impedimento. || **P.** atascadeiro; **I.** mire; **F.** bourbier; **A.** Sumpfloch; **It.** melma; **R.** препятствие.

ATASCADO, DA. p.p. de atascar. || **2.** adj. MURC. Pertinaz, obstinado, terco.

ATASCAMIENTO. (De atascar.) m. Atasco.

ATASCAR. (De *a*, 2.º art., y *tasco*.) tr. Tapar con tascos o estopones un agujero o hendedura. || **2.** Obstruir o cegar un conducto con alguna cosa. Ú.m.c.r. || **3.** fig. Poner embarazo en un negocio o dependencia. || **4.** fig. Detener, impedir a alguno que prosiga lo comenzado. || **5.** r. Quedarse detenido en un terreno cenagoso. || **6.** fig. y fam. Quedarse detenido por cualquier obstáculo; especialmente, quedarse detenido en un discurso sin poder proseguir.

ATASCO. (De atascar.) m. Impedimento que no permite el paso. || **2.** Obstrucción de un conducto.

ATASQUERÍA. (De atasco.) f. MURC. Terquedad.

ATAÚD. (ár. *at-tābūt*, la caja, el arca.) m. Caja en que se lleva a enterrar el cadáver. || **2.** Cierta antigua medida de granos. || **P.** ataúde; **I.** coffin; **F.** bière, cercueil; **A.** Bahre, Sarg; **It.** bara; **R.** гроб.

ATAUDADO, DA. adj. De figura de ataúd.

ATAUJÍA. (ár. *at-tawṣiya*, el adorno con dibujo en colores.) f. Obra de adorno que se hace con filamentos de oro o plata, embutiéndolos en ranuras abiertas en piezas de hierro u otro metal. || **2.** fig. Labor primorosa o de difícil engarce. || **P.** tauxia; **I.** damaskeening; **F.** damasquinure; **A.** Damaszierung; **It.** damascatura; **R.** насечка.

ATAUJIADO, DA. adj. Dicho del metal, trabajado o adornado con ataujía.

ATAURIQUE. (ár. *at-tawrīq*, el adorno foliáceo.) m. Labor que representa hojas y flores, hecha con yeso, usado por los moros en España para adornar sus edificios.

ATAVIAR. (De atavío.) tr. Componer, asear, adornar. Ú.t.c.r.

ATÁVICO, CA. adj. Perteneciente o relativo al atavismo.

ATAVÍO. (ár. *'attābi*, tela de seda y algodón en colores, fabricada en un barrio de Bagdad del mismo nombre.) m. Compostura y adorno. || **2.** fig. Vestido, 2.ª acep. || **3.** pl. Objetos que sirven para adorno.

ATAVISMO. (l. *atăvus*, cuarto abuelo, antepasado.) m. Semejanza con los abuelos. || **2** BIOL. Fenómeno de herencia discontinua, por el cual un descendiente presenta caracteres de un antepasado que no se ofrecen en las generaciones intermedias. || **P.** e **It.** atavismo; **I.** atavism; **F.** atavisme; **A.** Atavismus; **R.** атавизм.

ATAXIA. (gr. ἀταξία, de ἄτακτος; de ά, priv., y τάσσω, arreglar.) f. MED. Incapacidad de coordinar los movimientos musculares voluntarios. **—locomotriz.** Enfermedad de la medula espinal, debida a una atrofia de las raíces posteriores. || **P.** e **I.** ataxia; **F.** ataxie; **A.** Ataxie; **It.** atassia; **R.** атаксия.

ATÁXICO, CA. adj. MED. Perteneciente o relativo a la ataxia. || **2.** MED. Que padece ataxia. Ú.t.c.s.

★ **ATAYOTARSE.** r. PERÚ. Volverse pálido.

ATEAR. (De *a*, 2.º art., y *tea*.) tr. ant. Encender, avivar. Ú.t.c.r.

ATECA. f. ant. Espuerta.

ATEDIANTE. p.a. de atediar. Que atedia. || **2.** adj. Tedioso.

ATEDIAR. tr. Causar tedio. Ú.t.c.r.

ATEÍSMO. m. Doctrina u opinión de los que niegan la existencia de Dios, propia generalmente del materialismo y del mecanicismo. || **P.** ateísmo; **I.** atheism; **F.** athéisme; **A.** Atheismus; **It.** ateismo; **R.** атеизм.

ATEÍSTA. adj. Ateo. Apl. a pers. ú.t.c.s.

ATEJE. m. BOT. Árbol de Cuba, de la familia de las borragináceas, de ramas y ramillas trifurcadas, hojas parecidas a las del café, y fruto dorado, dulce y gomoso, en figura de racimo.

★ **ATEJONARSE.** r. MÉJ. Agazaparse.

ATELAJE. (fr. *attelage*.) m. Conjunto de guarniciones de las bestias de tiro y el mismo tiro. Ú.m. en Artillería. || **P.** arreiros; **I.** draft; **F.** attelage; **A.** Gespann; **It.** bardatura; **R.** упряжь.

ATELANA. (l. *atellāna fabŭla*; de Atella, ciudad de los oscos, célebre por su anfiteatro y sus representaciones graciosas.) adj. Dícese de la pieza cómica de los latinos parecida al entremés o sainete. Ú.t.c.s.f.

★ **ATEMBAR.** tr. COLOM. Embobar. Ú.t.c.r.

ATEMORAR. tr. ant. Atemorizar.

ATEMORIZAR. tr. Causar temor. Ú. t.c.r.

ATEMPA. (l. *tempĕa*, y éste del gr. τέμπεα, cañadas.) f. AST. Pastos en llanuras o lugares bajos y descampados.

ATEMPERACIÓN. f. Acción y efecto de atemperar o atemperarse.

ATEMPERANTE. p.a. de atemperar. Que atempera. Ú.t.c.r.

ATEMPERAR. (l. *attĕmpĕrāre*, de *tĕmpĕrāre*, templar.) tr. Moderar, templar. Ú.t.c.r. || **2.** Acomodar una cosa a otra. Ú.t.c.r. || **P.** atemperar; **I.** to temper; **F.** tempérer; **A.** mässigen, mildern; **It.** attemperare; **R.** умерять.

ATEMPERO. (De atemperar.) m. ant. Temperamento, 1.ª acep.

ATENACEAR. tr. Arrancar con tenazas pedazos de carne a uno. || **2.** Sujetar fuertemente. || **3.** fig. Afligir cruelmente a uno.

ATENAZADO, DA. p.p. de atenazar. || **2.** adj. Dícese de las fortificaciones en forma de tenaza, con grandes ángulos entrantes y salientes.

ATENAZAR. tr. Atenacear. || **2.** Hablando de los dientes, ponerlos apretados de ira o dolor.

ATENCIÓN. (l. *attentĭo, -ōnis*.) f. Acción de atender. || **2.** Demostración de respeto, obsequio o cortesía. || **3.** pl. Negocios, obligaciones. || **4.** Entre ganaderos, compra o venta de lanas, sin especificar precio, fijándolo por el que otros hicieron. || ¡ATENCIÓN! interj. MIL. Voz preventiva con que se advierte a los soldados que va a empezar un ejercicio. || **2.** Se usa también para que se aplique especial cuidado a lo que se va a decir o hacer. || *En* ATENCIÓN *a.* m. adv. Atendiendo, teniendo presente. || **P.** atenção; **I.** y **F.** attention; **A.** Achtsamkeit; **It.** attenzione; **R.** внимание. || **2.**ª acep.: **P.** cortesia, urbanidade; **I.** civility; **F.** politesse; **A.** Höflichkeit; **It.** gentileza; **R.** любезность.

ATENDALAR. (De *a*, 2.º art., y *tendal*.) intr. ant. MIL. Atendar. Usáb.t.c.r.

ATENDAR. intr. ant. Acampar, armando las tiendas de campaña. Usáb.t.c.r.

ATENDEDOR, RA. m. y f. IMPR. Persona que atiende, 6.ª acep.

ATENDENCIA. f. Acción de atender.

ATENDER. (l. *attendĕre*; de *ad*, a, y *tendĕre*, extender.) tr. Aguardar, esperar. || **2.** Acoger favorablemente, o satisfacer un deseo, ruego. Ú.t.c.intr. || **3.** intr. Aplicar el entendimiento a un objeto. || **4.** Tener en cuenta alguna cosa. || **5.** Cuidar de una persona o cosa. Ú.t.c.r. || **6.** IMPR. Leer uno para sí el original de un escrito mientras otro va leyendo la prueba en alta voz. || **P.** atender, esperar; **I.** to attend, to mind; **F.** considérer; **A.** warten, beachten;

It. attèndere, considerare; **R.** учитывать, ухаживать.

ATENDIBLE. adj. Digno de atención o de ser atendido.

★ **ATENDIDO, DA.** adj. MÉJ. y AMÉR. MERID. Considerado, cortés, atento.

ATENDIMIENTO. m. ant. Acción y efecto de atender, 1.ª acep.

ATENEBRARSE. (De *a*, 2.º art., y el l. *tenebrāre*, obscurecer; de *tenebrae*, tinieblas.) r. Entenebrecerse.

ATENEDOR. m. ant. Parcial, el que se atiene a un partido.

ATENEÍSTA. com. Socio de un ateneo.

ATENENCIA. (De atener.) f. ant. Amistad, parcialidad, concordia.

ATENEO. (l. *Athenaeum*, y éste del gr. Ἀθήναιον, templo de Minerva en Atenas.) m. Nombre de algunas asociaciones, especialmente científicas o literarias. || **2.** Local en donde se reúnen. || **P.** ateneu; **I.** athenaeum; **F.** athénée; **A.** Athenäum; **It.** ateneo; **R.** атеней.

ATENEO, A. (l. *Athenaeus*, y éste del gr. Ἀθηναῖον.) adj. Ateniense, ordinariamente usado en lenguaje poético. Ú.t.c.s.

ATENER. (l. *attĭnĕre*; de *ad*, a, y *tenēre*, tener.) tr. ant. Mantener, guardar una cosa. || **2.** r. Acogerse a la protección de una persona o cosa. || **3.** Ajustarse uno en sus acciones a alguna cosa: ATENERSE *a una orden.* || **2.**ª acep.: **P.** ater-se; **I.** to abide by; **F.** s'attacher; **A.** sich an etwas halten; **It.** attenersi; **R.** поддерживать.

ATENIENSE. (l. *atheniensis*.) adj. Natural de Atenas. Ú.t.c.s. || **2.** Perteneciente a esta ciudad de Grecia o a la antigua república del mismo nombre. || **P.** ateniense; **I.** Athenian; **F.** athénien; **A.** Athener; ateniese; **R.** афинянин.

ATENIÉS, SA. adj. ant. Ateniense. Usáb.t.c.s.

★ **ATENIO.** m. QUÍM. Elemento radiactivo transuránico. Su símbolo es Ah, y su número atómico, 99.

ATENORADO, DA. adj. Dícese de la voz parecida a la del tenor y de los instrumentos cuyo sonido tienen timbre parecido.

ATENTACIÓN. (l. *attentatĭo, -ōnis*.) f. Atentado, 4.ª acep.

ATENTADAMENTE. adv. Con tiento, con prudencia. || **2.** Contra el orden o forma que previenen las leyes.

ATENTADO, DA. p.p. de atentar. || **2.** adj. Cuerdo, moderado. || **3.** Hecho con tiento. || **4.** m. Procedimiento abusivo de cualquier autoridad. || **5.** Delito cometido contra el Estado o una autoridad. || **6.** FOR. Delito que sin llegar a la sedición o a la rebelión reviste la forma de resistencia grave contra la autoridad.

ATENTAMENTE. adv. Con atención, 1.ª y 2.ª aceps.

ATENTAR. (l. *attentāre*, frec. de *attĭnĕre*, tener, detener.) tr. Ejecutar o emprender alguna cosa ilegal o ilícita. || **2.** Intentar, hablando especialmente de un delito. || **3.** intr. Cometer atentado. || **4.** r. Ir con tiento.

ATENTATORIO, RIA. (De atentar.) adj. Que lleva en sí la tendencia, el conato o la ejecución del atentado.

ATENTO, TA. (l. *attentus*.) p.p. irreg. de atentar. || **2.** adj. Que tiene fija la atención en alguna cosa. || **3.** Cortés, urbano. || **4.** adv. *En* ATENCIÓN *a.*

★ **ATENTÓN.** (De atentar.) m. CHILE. Tocamiento, tacto.

ATENUACIÓN. (l. *attenuatĭo, -ōnis*.) f. Acción y efecto de atenuar. || **2.** RET. Figura que consiste en no expresar del todo lo que se quiere dar a entender, sin que por esto deje de ser bien comprendida la intención del que habla. || **P.** atenuação; **I.** attenuation; **F.** atténuation; **A.** Milderung; **It.** attenuazione; **R.** утончение.

ATENUANTE. p.a. de atenuar. Que atenúa. || **2.** adj. V. *Circunstancias* ATENUANTES. Ú.t.c.s.f. || **P.** atenuante; **It.** attenuant; **F.** atténuant; **A.** mildernd; **It.** attenuante; **R.** смягчающий.

ATENUAR. (l. *attenuāre*; de *ad*, a, y *tenŭis*, tenue, sutil.) Poner tenue o delgada una cosa. || **2.** fig. Minorar. || **P.** atenuar; **I.** to attenuate; **F.** atténuer; **A.** mildern; **It.** attenuare; **R.** смягчать, утончать.

ATEO, A. (l. *athĕus*, y éste del gr. ἄθεος; de ά, priv., y Θεός, Dios.) adj. Que niega

A

la existencia de Dios. Aplíc. a pers. ú.t.c.s. ||
P. ateu; **I.** atheist; **F.** athée; **A.** gottlos;
It. àteo; **R.** безбожник.

★ **ATEPERETARSE.** r. Atolondrarse,
aturdirse.

ATEPOCATE. (mejic. *atepocatl*.) m.
Méj. Renacuajo, cría de rana.

ATERCIANADO, DA. adj. Que padece tercianas. Ú.t.c.s.

ATERCIOPELADO, DA. adj. Semejante al terciopelo.

ATERECER. (De *aterir*.) tr. p. us.
Hacer temblar. || 2. r. Aterirse.

ATERECIMIENTO. m. ant. Acción
y efecto de aterecerse.

ATERICIA. f. ant. Ictericia.

ATERICIARSE. (De *atericia*.) r. ant.
Atiriciarse.

ATERIMIENTO. m. Acción y efecto
de aterirse.

ATERIR. (De la onomatopeya *ter*, del
temblor.) tr. Pasmar de frío. Ú.m.c.r. ||
P. inteiriçar-se; **I.** to stiffen; **F.** s'engourdir; **A.** erstarren(vor Kälte); **It.** intirizzirsi;
R. окоченеть.

★ **ATERMANCIA.** f. Fís. Calidad de
atérmano o de oponer dificultad al paso
del calor.

ATÉRMANO, NA. (gr. ἀ, priv., y
θέρμη, calor.) adj. Fís. Que difícilmente
da paso al calor.

ATERNECER. tr. ant. Enternecer.

★ **ATERRADA.** f. Acción de atracar a
tierra una embarcación. || 2. Recalada.

ATERRADOR, RA. adj. Que aterra,
3.ª acep.

ATERRAJAR. tr. Labrar con la terraja
las roscas de los tornillos y tuercas. || 2.
Hacer molduras con la terraja.

ATERRAJE. m. Acción de aterrar un
buque o un aviador con su aparato. ||
2. Mar. Determinación geográfica del
punto donde ha aterrado una nave.

ATERRAMIENTO. (De *aterrar*.) m.
Terror. || 2. Humillación, abatimiento.

ATERRAR. (De *tierra*.) tr. Bajar al
suelo. || 2. Derribar, abatir. || 3. Aterrorizar. Ú.t.c.r. || 4. Cubrir con tierra. ||
5. Min. Echar las escorias y los escombros
en los terreros. || 6. intr. Llegar a tierra. ||
7. Mar. Acercarse a tierra los buques en
su derrota.

ATERRECER. (De *a*, 2.º art., y *terrecer*.) tr. ant. Aterrorizar.

ATERREAR. (De *a*, 2.º art., y *terrero*.)
tr. Min. Aterrar, 5.ª acep.

★ **ATERRILLARSE.** r. Colom. Enfermarse por estar mucho tiempo expuesto
a la acción solar.

ATERRIZAJE. m. Acción de aterrizar.

ATERRIZAR. intr. Descender a tierra
un avión.

ATERRONAR. tr. Hacer terrones alguna materia suelta.

ATERRORIZAR. (De *a*, 2.º art., y
terror.) tr. Causar terror. Ú.t.c.r. || **P.**
aterrorizar; **I.** terrorize; **F.** terroriser; **A.**
terrorisieren; **It.** aterrire; **R.** терроризовать.

ATESAR. (De *a*, 2.º art., y *tesar*.) tr.
ant. Atiesar. || 2. Mar. ant. Tesar, 1.ª
acep. || 3. Cuba. Marcharse velozmente,
irse corriendo como quien huye.

ATESORAR. (De *a*, 2.º art., y *tesoro*.)
tr. Reunir y guardar dinero o cosas de valor. || 2. fig. Tener virtudes, perfecciones,
gracias, etc. || **P.** entesourar; **I.** to treasure;
F. thésauriser; **A.** aufhäufen, Schätze sammeln; **It.** tesaurizzare; **R.** копить.

ATESTACIÓN. (l. *attestatio, -önis*.) f.
Deposición del testigo o persona que
afirma una cosa.

ATESTADO, DA. p.p. de atestar, 2.º
art. || 2. m. Documento oficial en que se
hace constar como cierta alguna cosa. ||
3. pl. Testimoniales. || **P.** atestado; **I.** y
F. attestation; **A.** Attest; **It.** attestato;
R. аттестат.

ATESTADO, DA. (De *a*, 2.º art., y
testa.) adj. Testarudo.

ATESTADURA. f. Atestamiento. ||
2. Porción de mosto con que se atiestan
las cubas de vino.

ATESTAMIENTO. m. Acción y efecto
de atestar, 1.er art., 3.ª acep.

ATESTAR. (De *a*, 2.º art., y *tiesto*,
2.º art.) tr. Henchir una cosa hueca apretando lo que se mete en ella. || 2. Meter o
introducir una cosa en otra. || 3. Rellenar

con mosto las cubas de vino para suplir
mermas. || 4. fig. y fam. Atracar, 1.er art.,
1.ª acep. Ú.m.c.r. || **P.** abarrotar; **I.** to
stuff; **F.** bourrer; **A.** Vollstopfen; **It.**
riempire; **R.** набивать.

ATESTAR. (l. *attestări*; de *ad*, a, y
testis, testigo.) tr. For. Testificar, 1.ª y
2.ª aceps. || *Ir*, *salir*, *venir* ATESTADO. fr.
fam. con que se denota que alguno va
enfadado y lo manifiesta con maldiciones,
amenazas, etc. || **P.** testemunhar; **I.** to
attest; **F.** attester; **A.** bezeugen; **It.** attestare; **R.** удостоверять.

ATESTIGUACIÓN. f. Acción de atestiguar.

ATESTIGUAMIENTO. m. Atestiguación.

ATESTIGUAR. (l. *ad*, a, y *testificăre*.)
tr. Deponer, declarar, afirmar como testigo alguna cosa.

ATETADO, DA. adj. De figura de
teta.

ATETAR. tr. Dar la teta. Dícese más
comúnmente de los irracionales. || 2. intr.
Sal. Mamar.

ATETILLAR. (De *a*, 2.º art., y *tetilla*.)
tr. Agr. Hacer una excava alrededor de los
árboles dejando un poco de tierra arrimada
al tronco.

★ **ATEUCO.** m. Zool. Género de insectos coleópteros de la familia de los lamelicornios, vulgarmente llamados escarabajos peloteros.

ATEZADO, DA. p.p. de atezar. || 2.
adj. Que tiene la piel tostada y obscurecida
por el sol. || 3. De color negro.

ATEZAMIENTO. m. Acción y efecto
de atezar.

ATEZAR. (De *a*, 2.º art., y *tez*.) tr.
Poner liso, terso, lustroso. || 2. Ennegrecer. Ú.t.c.r.

ATIBAR. (l. *stipăre*, estibar, con cambio de pref.) tr. Min. Rellenar con zafras,
tierra o escombros las excavaciones de
una mina que no conviene dejar abierta.

ATIBIANTE. p.a. ant. de atibiar. Que
atibia.

ATIBIAR. tr. ant. Entibiar.

ATIBORRAR. (De *atibar* y *borra*.)
tr. Llenar una cosa de borra, hasta que
quede repleta. || 2. fig. y fam. Atracar,
1.ª acep. Ú.m.c.r.

★ **ATIBUMAR.** tr. Amér. Central. Hartar.

ATICISMO. (l. *atticismus*, y éste del
gr. ἀττικισμός.) m. Pureza, simplicidad,
elegancia en el estilo literario o artístico,
propia de los autores áticos. || 2. Por ext.,
iguales cualidades en otros autores. || **P.**
aticismo; **I.** atticism; **F.** atticisme; **A.** Atticismus; **It.** atticismo; **R.** простота, нело-
рочность.

ÁTICO, CA. (l. *atticus*, y éste del gr.
ἀττικός, del Ática.) adj. Natural del Ática
o de Atenas. Ú.t.c.s. || 2. Perteneciente a
este país o a esta ciudad de Grecia. || 3.
Perteneciente o relativo al aticismo. ||
4. V. *Sal* ÁTICA || 5. Arq. V. *Basa*, *columna* ÁTICA. || 6. m. Uno de los dialectos
de la lengua griega. || 7. Arq. Último piso
de un edificio que cubre el arranque de las
techumbres. || 8. Arq. Cuerpo que por
ornato se coloca sobre la cornisa de un
edificio. || **P.** ático; **I.** attic; **F.** attique;
A. attisch; **It.** attico; **R.** аттик.

★ **ATIENDADO, DA.** adj. Chile. Dícese del despacho con traza de tienda.

ATIERRE. (De *aterrar*.) m. Min. Escombro que por hundimiento natural llena
a veces los sitios de labor de las minas.

ATIESAR. tr. Poner tiesa una cosa.
Ú.t.c.r.

ATIESTO. (De *atestar*, 1.er art.) m.
ant. Atestamiento.

ATIFLE. (ár. *aṭāfī*, puntos de apoyo de
una marmita.) m. Utensilio de los alfareros para evitar que se peguen unas con
otras las piezas al cocerse.

ATIGRADO, DA. adj. Manchado como
la piel de tigre. || 2. *De piel* ATIGRADA. Dícese de varios animales.

★ **ATIGRONARSE.** r. Venez. Hacerse
fuerte.

ATIJARA. (ár. *at-tiŷāra*, la mercancía; el negocio comercial.) f. Mercancía,
comercio. || 2. Precio de transporte de una
mercancía. || 3. Merced, recompensa.

ATIJARERO. (De *atijara*.) m. Porteador.

ATILDADO, DA. p.p. de atildar. ||
2. adj. Pulcro, elegante.

ATILDADURA. f. Atildamiento.

ATILDAMIENTO. m. Acción y efecto
de atildar o atildarse.

ATILDAR. tr. Poner tildes a las letras. ||
2. fig. Censurar. || 3. fig. Componer, asear.

ATINADAMENTE. adv. Con tino.

ATINAR. (De *a*, 2.º art., y *tino*.) intr.
Hallar lo que se busca a tiento, sin verlo. ||
2. Hallar por conjetura o por casualidad lo
que se busca. || 3. Acertar a dar en el
blanco. || 4. fig. Acertar una cosa por conjeturas.

ATINCAR. (ár. *at-tinkăr*, el bórax.)
m. Bórax.

★ **ATINCAR.** tr. Colom. Planchar con
brillo.

ATINCONAR. tr. Min. Asegurar provisionalmente los hastiales con estemples
para evitar hundimientos.

ATINENTE. (l. *attinens, -entis*, p.a. de
attinĕre, pertenecer.) adj. Tocante o perteneciente.

★ **ATINGENCIA.** (l. *attingĕre*, tocar,
alcanzar.) f. Acción y efecto de alcanzar
una cosa hasta otra, o de tocarla. || 2. Méj.
Tino, acierto. || 3. Chile, Hond., Méj.
y Perú. Conexión, relación. || 4. Perú.
Incumbencia.

ATINO. (De *atinar*.) m. ant. Tino,
1.er art.

○ **ATIPARSE.** r. Atracarse, hartarse.

ATIPLADO, DA. p.p. de atiplar. ||
2. adj. Hablando de la voz o del sonido,
agudo, en tono elevado.

ATIPLAR. tr. Levantar, subir el tono
de un instrumento o de una voz hasta que
llegue a tiple. || 2. r. Volverse la cuerda de
instrumento, o la voz, del tono grave al
agudo.

★ **ATIPUTARSE.** r. Colom. Hartarse,
atiborrarse.

ATIRANTAR. tr. Poner tirante. ||
2. Arq. Afirmar con tirantes la armadura
de un tejado, etc.

ATIRELADO, DA. (De *a*, 2.º art., y
tirela.) adj. ant. Aplicábase a la tela tejida
en listas.

ATIRICIARSE. tr. Contraer la ictericia.

ATISBADOR, RA. adj. Que atisba.
Ú.t.c.s.

ATISBADURA. f. Acción de atisbar.

ATISBAR. tr. Mirar, observar con
cuidado, recatadamente.

ATISBO. m. Atisbadura. || 2. Vislumbre, 2.ª acep.

ATISUADO, DA. adj. Parecido al
tisú.

ATIZACANDILES. (De *atizar* y
candil.) com. fig. y fam. Entrometido, servidor oficioso e impertinente.

ATIZADERO. m. Lo que sirve para
atizar.

ATIZADOR, RA. adj. Que atiza. Ú.t.
c.s. || 2. Instrumento que sirve para atizar. || 3. El que en los molinos de aceite
arrima la aceituna a la piedra.

ATIZAR. (l. *attitiăre*, de *titĭo, -önis*,
tizón.) tr. Remover el fuego o añadirle
combustible. || 2. Despabilar la luz artificial. || 3. fig. Avivar pasiones o discordias. || 4. fig. y fam. Dar con sentido intensivo: ATIZAR *una patada*. ¡ATIZA!,
interj. fam. ¡Aprieta! || **P.** atiçar; **I.** to
rake; **F.** attiser; **A.** (an)schüren, stochern;
It. attizare; **R.** раздувать.

ATIZONAR. tr. Albañ. Trabar la
obra de mampostería a tizón. || 2. Albañ.
Asestar la cabeza de un madero en el espesor de la pared. || 3. r. Contraer tizón
los cereales.

ATLANTE. (l. *at*, antes.) m. Arq. Cada
una de las estatuas de hombres que, en
lugar de columnas, se ponen en el orden
atlántico, y sustentan sobre sus hombros
o cabezas los arquitrabes de las obras. ||
2. fig. Persona que es firme sostén y ayuda
de algo pesado y difícil. || **P.**, **I.**, **F.** e **It.**
atlante; **A.** Atlas; **R.** атлант.

ATLÁNTICO, CA. (l. *atlanticus*.) adj.
Perteneciente al monte Atlas o Atlante. ||
2. Dícese del mar u océano que se extiende
desde las costas occidentales de Europa y
África hasta las orientales de América.
Ú.t.c.s. || 3. V. *Folio* ATLÁNTICO. || 4. Arq.
V. *Orden* ATLÁNTICO. || 5. Impr. V. *Papel*
ATLÁNTICO. || **P.** atlántico; **I.** atlantic; **F.**

A

atlantique; **A.** atlantisch; **It.** atlantico; **R.** атлантический.

ATLÁNTIDAS. (l. *Atlantĭdes*, y éste del gr. Ἀτλαντίς, hija de Atlante.) f. pl. Híadas.

ATLAS. (l. *Atlas*, y éste del gr. Ἄτλας, nombre del gigante a quien se suponía que sostenía con sus hombros la bóveda celeste.) m. Colección de mapas geográficos en un volumen. || **2.** Colección de láminas. || **3.** ZOOL. Primera vértebra cervical que se articula inmediatamente con el cráneo por medio de la apófisis espinosa. No se halla bien diferenciada más que en los reptiles, aves y mamíferos.

ATLETA. (l. *athlēta*, y éste del gr. ἀθλητής.) m. El que tomaba parte en los antiguos juegos públicos de Grecia y Roma. || **2.** El que practica ejercicios o deportes que requieren el empleo de la fuerza. || **3.** fig. Hombre muy robusto y fuerte. || **4.** Defensor enérgico. || **5.** Persona que practica el atletismo. **P. e It.** atleta; **I.** athlete; **F.** athléte; **A.** Athlet; **R.** атлет.

ATLÉTICO, CA. (l. *athletĭcus*, y éste del gr. ἀθλητικός.) adj. Perteneciente o relativo al atleta o a los juegos públicos.

ATLETISMO. m. Práctica de ejercicios atléticos y doctrinas referentes a los mismos.

* **ATMOLOGÍA.** f. Fís. Tratado de la evaporación y de los cuerpos gaseosos.

* **ATMOMETRÍA.** f. Fís. Parte de la Física que trata de la medida de los vapores.

ATMÓSFERA [ATMOSFERA]. (gr. ἀτμός, vapor, aire, y σφαῖρα, esfera.) f. Envoltura gaseosa de la Tierra. || **2.** Fluido gaseoso que rodea un cuerpo celeste. || **3.** Fluido gaseoso que rodea un cuerpo cualquiera. || **4.** fig. Espacio a que se extienden las influencias de una persona o cosa. || **5.** fig. Prevención favorable o adversa a una persona o cosa. || **6.** MEC. Unidad de presión equivalente a la de 760 mm de mercurio en condiciones normales. || **P.** atmosfera; **I.** atmosphere; **F.** atmosphère; **A.** Atmosphäre; **It.** atmosfera; **R.** атмосфера.

ATMOSFÉRICO, CA. adj. Perteneciente o relativo a la atmósfera. || **2.** V. *Constitución* ATMOSFÉRICA.

ATOAR. (De *a*, 2.º art., y *toar*.) tr. MAR. Llevar a remolque una nave, por medio de un cabo que se echa por la proa. || **2.** Espiar.

ATOBA. (ár. *aṭ-ṭûba* ,el ladrillo.) f. MURC. Adobe, 1.er art.

ATOBAR. (l. *attūbāre*, de *tūba*, trompeta.) tr. ant. Aturdir o sorprender y admirar. Usáb.t.c.r.

ATOCINADO, DA. p.p. de atocinar. || **2.** adj. fig. y fam. Dícese de la persona muy gorda.

ATOCINAR. tr. Partir el puerco en canal, hacer los tocinos y salarlos. || **2.** fig. y fam. Asesinar. || **3.** r. fam. Irritarse, amostazarse. || **4.** Enamorarse perdidamente.

ATOCHA. f. Esparto, 1.ª acep.

ATOCHADA. f. En algunas provincias, lomo que se hace en los bancales, con romero, atocha y tierra, para contener agua.

ATOCHADO, DA. (De *a*, 2.º art., y *tocho*.) adj. ant. Atontado o asimplado.

ATOCHAL. (De *atocha*.) m. Espartizal.

ATOCHAR. m. Atochal.

ATOCHAR. tr. Llenar alguna cosa de esparto o de cualquier otra materia apretándola. || **2.** r. MAR. Oprimir el viento una vela contra su jarcia. || **3.** r. MAR. Sufrir un cabo presión entre dos objetos que dificultan su laboreo.

ATOCHERO, RA. m. y f. Persona que en otros tiempos llevaba la atocha a los puntos de consumo.

ATOCHÓN. m. Caña de la atocha. || **2.** Esparto, 1.ª acep.

ATOCHUELA. f. d. de atocha.

ATOL. m. CUBA, GUAT. y VENEZ. Atole.

ATOLE. (mejic. *atolli*.) m. Bebida muy usada en Méjico, especie de gachas de harina de maíz, hervida con agua o leche. || **2.** MÉJ. Baile y canto parecido al jarabe. || *Dar* ATOLE *con el dedo* a uno. fr. fig. MÉJ. Engañarle, embaucarle.

ATOLEADAS. (De *atole*.) f. pl. HOND. Fiestas populares en que se toma atole de elote.

ATOLERÍA. (De *atolero*.) f. Lugar donde se hace o se vende atole.

ATOLERO, RA. m. y f. Persona que hace o vende atole.

ATOLILLO. m. C. RICA y HOND. Gachas hechas con maicena, azúcar y huevo. || **2.** MÉJ. Atole más simple que el corriente, especialmente para niños y enfermos. || **3.** pl. AMÉR. Cierta poción medicinal diurética.

ATOLÓN. (De *atolu*, voz local.) m. GEOL. Arrecife coralino de forma circular, que circunda una laguna interior, frecuente en el Pacífico.

ATOLONDRADAMENTE. adv. Con atolondramiento.

ATOLONDRADO, DA. p.p. de atolondrar. || **2.** adj. fig. Que procede sin reflexión.

ATOLONDRAMIENTO. m. Acción de atolondrar o atolondrarse.

ATOLONDRAR. (De *a*, 2.º art., y *tolondro*.) tr. Aturdir, 1.ª acep. Ú.t.c.r.

ATOLLADAL. m. EXTR. Atolladero.

ATOLLADAR. m. EXTR. Atolladal.

ATOLLADERO. (De *atollar*.) m. Atascadero.

ATOLLAR. (De *a*, 2.º art., y *tollo*.) intr. Dar en un atolladero. Ú.t.c.r. || **2.** r. fig. y fam. Atascarse, 5.ª acep.

ATOMECER. (l. *ad*, y *tumescĕre*, hincharse.) tr. ant. Entumecer. Usáb.m.c.r.

* **ATOMICIDAD.** f. QUÍM. Valencia de un átomo o radical. || **2.** Número de átomos de una molécula de un cuerpo dado.

ATÓMICO, CA. adj. Perteneciente o relativo al átomo. || **2.** Dícese de la teoría química que explica la formación de los cuerpos por los átomos que la componen. || **3.** V. *Bomba* ATÓMICA.

ATOMIR. (l. *ad*, y *tumĕre*, hincharse.) intr. ant. Helarse.

ATOMISMO. m. Doctrina filosófica que explica la formación del mundo por el concurso fortuito de los átomos. || **2.** Teoría atómica. || **P. e It.** atomismo; **I.** atomism; **F.** atomisme; **A.** Atomismus; **R.** атомизм.

ATOMISTA. com. Partidario del atomismo.

ATOMÍSTICO, CA. adj. Perteneciente o relativo al atomismo.

ATOMIZACIÓN. f. Acción y efecto de atomizar.

º **ATOMIZADOR.** m. Aparato, instrumento para atomizar o pulverizar un líquido proyectándolo en forma de partículas finísimas.

ATOMIZAR. (De *átomo*.) tr. Dividir en partes sumamente pequeñas. || **2.** tr. Pulverizar un líquido proyectándolo en forma de partículas finísimas.

ÁTOMO. (l. *atŏmus*, y éste del gr. ἄτομος; de ἀ, priv., y τέμνω, cortar, dividir.) m. La partícula más pequeña de un elemento que puede tomar parte en una reacción química. El átomo consta de un núcleo pequeño en que se halla la totalidad de la masa atómica y con una carga eléctrica positiva igual al número atómico, rodeado a una distancia relativamente grande de electrones, cargados de electricidad negativa. || **2.** m. Cosa muy pequeña. || **3.** Partícula material de pequeñez extremada. || *En un* ÁTOMO. expr. fig. y fam. En la cosa más mínima o pequeña. || **P.** átomo; **I.** atom; **F.** atome; **A.** Atom; **It.** atomo; **R.** атом.

ATONA. f. Oveja que cría un cordero de otra madre.

ATONAL. (De *a*, 3.er art., y *tonal*.) adj. MÚS. Dícese de la composición en que no existe una tonalidad bien definida. Se aplica especialmente a la música fundamentada en la escala cromática de doce sonidos.

ATONALIDAD. f. MÚS. Calidad de atonal.

ATONDAR. (l. *ad*, a, y *tundĕre*, golpear.) tr. EQUIT. Estimular el jinete con las piernas al caballo.

ATONÍA. (l. *atonía*, y éste del gr. ἀτονία.) f. MED. Falta de vigor o debilidad de los tejidos orgánicos, particularmente de los contráctiles. || **P. e It.** atonia; **I.** atony; **F.** atonie; **A.** Abgespanntheit; **R.** атония.

ATÓNICO, CA. adj. Perteneciente o relativo a la atonía. || **2.** Que padece ato-

nía. Ú.t.c.s. || **3.** MED. Dícese del medicamento que disminuye un estado de tensión.

̄ **ATÓNITO, TA.** (l. *attonĭtus*.) adj. Pasmado de un objeto o suceso raro.

ÁTONO, NA. (gr. ἄτονος; de ἀ, priv., y τόνος, tono.) adj. GRAM. Dícese de la palabra, sílaba o vocal que carecen de acento prosódico.

ATONTADAMENTE. adv. Indiscreta o neciamente.

ATONTAMIENTO. m. Acción y efecto de atontar o atontarse.

ATONTAR. (l. *attonĭtus*, atónito.) tr. Aturdir o atolondrarse. Ú.t.c.r.

ATONTECER. tr. ant. Atontar.

ATONTOLINAR. tr. fam. Atontar. Ú.m.c.r.

ATOPADIZO, ZA. adj. AST. Dícese del paraje muy frecuentado y en el que es fácil tropezar con personas conocidas.

ATOPILE. (mejic. *atl*, agua, y *topilli*, criado, alguacil.) m. MÉJ. El que en las haciendas de caña hace diariamente la distribución general de las aguas para los riegos.

ATOQUE. m. AR. Listón de madera que forma el borde de un escalón, de un pesebre o de otra construcción similar hecha de yeso.

ATORA. (hebr. *ha-Tōrah*, la institución, el precepto, la ley divina.) f. ant. La ley de Moisés.

ATORADAMENTE. adv. ant. Con atascamiento u obstrucción.

* **ATORADO, DA.** adj. R. DE LA PLATA. Nervioso, agitado. || **2.** URUG. Desconfiado. || **3.** URUG. Terco, obstinado.

ATORAMIENTO. m. Acción de atorarse o atragantarse.

ATORAR. (l. *obtūrāre*, cerrar.) tr. Atascar, obstruir. Ú.t.c.intr. y c.r. || **2.** r. Atragantar, 2.ª acep.

ATORAR. (De *a*, 2.º art., y *tuero*.) tr. Partir leña en tueros. || **2.** MÉJ. Emprender una tarea, acometer una empresa.

ATORCER. (De *a*, 2.º art., y *torcer*.) intr. ant. Separarse, desviarse. Usáb.t.c.r.

ATORDECER. tr. ant. Aturdir, 1.ª acep. Usáb.t.c.r.

ATORDECIMIENTO. (De *atordecer*.) m. ant. Adormecimiento.

ATORGAR. tr. Otorgar.

ATORMECER. tr. ant. Adormecer. Usáb.t.c.r.

ATORMECIMIENTO. (De *atormecer*.) m. ant. Adormecimiento.

ATORMENTADAMENTE. adv. Con tormento.

ATORMENTADOR, RA. adj. Que atormenta. Ú.t.c.s.

ATORMENTANTE. p.a. de atormentar. Que atormenta.

ATORMENTAR. (De *a*, 2.º art., y *tormentar*.) tr. Causar dolor o molestia corporal. Ú.t.c.r. || **2.** Dar tormento al reo. || **3.** Batir con la artillería. || **4.** fig. Causar aflicción o enfado. Ú.t.c.r. || **P.** atormentar; **I.** to torment; **F.** tourmenter; **A.** quälen, peinigen; **It.** tormentare; **R.** мучить.

* **ATORNASOLADO, DA.** adj. COLOM. y CHILE. Tornasolado.

ATORNILLADOR. m. Destornillador.

ATORNILLAR. tr. Introducir un tornillo haciéndolo girar alrededor de su eje. || **2.** Sujetar una cosa con tornillos.

ATORO. m. CHILE. Atasco, aprieto, apuro.

ATOROZONARSE. r. Padecer torozón las caballerías.

ATORRA. (vasc. *atorra*, camisa de mujer.) f. ÁL. Enagua o saya bajera de lino o cáñamo.

ATORRANTE. m. ARGENT. Vago callejero, generalmente sin domicilio, que vive de pordiosear. || **2.** Por ext., desaliñado, sucio, desaseado, y también de muy poco valor, despreciable. Ú.t.c.s.

* **ATORRAR.** intr. ARGENT. Vagabundear.

* **ATORTAJAR.** tr. ARGENT. Aturdir, correr a uno.

* **ATORTILLAR.** (De *a* y *tortilla*.) tr. CHILE. Despachurrar, atortujar.

ATORTOLAR. (De *a*, 2.º art., y *tórtola*.) tr. fam. Aturdir, confundir o acobardar. Ú.t.c.r.

ATORTORAR. tr. Mar. Fortalecer con tortores.

ATORTUJAR. (De *a*, 2.º art., y *torta*.) tr. Aplanar o aplastar alguna cosa apretándola.

★ **ATORUNARSE.** r. Chile y Urug. Ponerse hosco.

ATOSIGADOR, RA. adj. Que atosiga. Ú.t.c.s.

ATOSIGAMIENTO. m. Acción de atosigar.

ATOSIGAR. (De *tósigo*, veneno.) tr. Emponzoñar con tósigo o veneno.

ATOSIGAR. (l. *tussicāre*, toser, fatigarse.) tr. fig. Fatigar u oprimir a alguno, dándole mucha prisa para que haga una cosa.

★ **ATOTUMARSE.** r. Colom. Aturdirse, atolondrarse.

ATOXICAR. (De *a*, prep., y *tóxico*.) tr. p.us. Atosigar, 1.er art. Ú.t.c.r.

ATRABAJADO, DA. p.p. de atrabajar. ǁ **2.** adj. Abrumado de trabajos. ǁ **3.** Hecho a fuerza de trabajo; falto de naturalidad.

ATRABAJAR. tr. p. us. Hacer pasar trabajos; cansarle a uno con ellos.

★ **ATRABANCADO, DA.** p.p. de atrabancar. ǁ **2.** adj. Venez. Entrampado, lleno de deudas. ǁ **3.** Méj. Atronado, impulsivo, que obra irreflexivamente.

ATRABANCAR. (De *a* y *trabanco*.) tr. Pasar o saltar de prisa, salvar obstáculos. Ú.t.c.intr.

ATRABANCO. m. Acción de atrabancar. ǁ **2.** Cuba y Rep. Domin. Traba, obstáculo, estorbo.

ATRABILIARIO, RIA. adj. Med. Perteneciente o relativo a la atrabilis. ǁ **2.** m. y f. Persona de genio destemplado. Ú.t.c.s. ǁ **3.** Zool. V. *Cápsula* ATRABILIARIA.

ATRABILIOSO, SA. adj. Med. Atrabiliario, 1.ª acep.

ATRABILIS. (l. *atra*, negra, y *bilis*, cólera.) f. Med. Cólera negra y acre. ǁ **P.** atrabilis; **I.** black bile; **F.** e **It.** atrabile; **A.** schwarze Galle; **R.** чёрная меланхолия.

ATRACADA. f. Cuba y Méj. Atracón. ǁ **2.** Cuba y Perú. Riña, reyerta. ǁ **3.** Mar. Acto de atracar un buque o embarcación menor a cualquier parte. ǁ 3.ª acep.: **P.** atracada; **I.** hauling alongside; **F.** accostage; **A.** Anlegen; **It.** accostamento; **R.** причаливание.

ATRACADERO. (De *atracar*, 2.º art.) m. Paraje donde pueden sin peligro arrimarse a tierra las embarcaciones menores.

○ **ATRACADOR, A.** adj. y s. Persona que comete un atraco. Ú.t.c.s.

ATRACAR. tr. fam. Hacer comer y beber con exceso. Ú.t.c.r. ǁ **2.** Saltear en poblado. ǁ **3.** Argent. y Chile. Zurrar.

ATRACAR. (ár. *ar-taraqqā*, la acción de anclar la nave.) tr. Mar. Arrimar unas embarcaciones a otras, o a tierra. ǁ **2.** intr. Mar. Arrimarse en una embarcación a tierra o a otra embarcación. ǁ **P.** atracar; **I.** to haul alongside; **F.** accoster; **A.** anlegen; **It.** accostarsi; **R.** приставать.

ATRACCIÓN. (l. *attractĭo, -ōnis*.) f. Acción de atraer. ǁ **2.** Fuerza para atraer. ǁ **—molecular.** Fís. La que ejercen recíprocamente todas las moléculas de los cuerpos. ǁ **—universal.** Fís. La que ejercen unos sobre otros todos los cuerpos que componen el Universo y que depende de las masas y distancias respectivas de éstos. ǁ **P.** atracção; **I.** y **F.** attraction; **A.** Anziehung, Attraktion; **It.** attrazione; **R.** притяжение.

ATRACO. m. Acción de atracar, 1.er art., 2.ª acep.

ATRACÓN. m. fam. Acción y efecto de atracar, 1.er art., 1.ª acep.

ATRACTIVO, VA. (l. *attractīvus*.) adj. Que atrae. ǁ **2.** m. Cualidad física o moral de una persona que atrae la voluntad. ǁ **P.** atractivo; **I.** attractive; **F.** attractif; **A.** attraktiv; **It.** attrattivo; **R.** притягивающий.

ATRACTRIZ. adj. Fís. Que atrae.

ATRAER. (l. *attrahĕre*; de *ad*, a, y *trahĕre*, traer.) tr. Traer hacia sí alguna cosa. *El imán* ATRAE *el hierro*. ǁ **2.** fig. Inclinar o reducir una persona a otra a su voluntad, opinión, etc. ǁ **3.** fig. Ocasio-

nar, acarrear o hacer que recaiga algo en uno. ǁ **P.** atrair; **I.** to attract; **F.** attirer; **A.** anziehen; **It.** attrarre; **R.** притягивать.

ATRAFAGAR. (De *a*, 2.º art., y *tráfago*.) intr. Fatigarse o afanarse. Ú.t.c.r.

ATRAGANTAR. (De *a*, 2.º art., y *tragante*.) tr. p. us. Tragar, pasar con dificultad. ǁ **2.** No poder tragar algo que se atraviesa en la garganta. Ú.m.c.r. ǁ **3.** r. fig. y fam. Cortarse o turbarse en la conversación. ǁ **P.** engasgar; **I.** to gulp, to choke; **F.** s'étrangler; **A.** sich verschlucken; **It.** ingorgarsi; **R.** поперхнуть.

ATRAÍBLE. adj. Que se puede atraer.

ATRAICIONAR. tr. Traicionar.

ATRAIDORAMENTE. adv. ant. A traición, alevosamente.

ATRAIDORADO, DA. adj. Que procede como traidor. ǁ **2.** Peculiar o propio del traidor.

ATRAILLAR. tr. Atar los perros con traílla. ǁ **2.** Mont. Seguir el cazador la res guiado por el perro asido con la traílla. ǁ **3.** fig. Dominar o sujetar. Ú.t.c.r.

ATRAIMIENTO. m. Acción de atraer.

ATRAMENTO. (l. *atramentum*.) m. p. us. Color negro.

ATRAMENTOSO, SA. (De *atramentu*.) adj. ant. Que tiene virtud de teñir de negro.

ATRAMPAR. (De *a*, 2.º art., y *trampa*.) tr. Caer en la trampa. ǁ **2.** tr. Coger o pillar en la trampa o en lugar del que no se puede salir. ǁ **3.** Taparse un conducto. ǁ **4.** Caerse el pestillo de la puerta de modo que no se pueda abrir. ǁ **5.** fig. y fam. Embarazarse en una cosa sin poder salir de ella.

ATRAMUZ. m. Altramuz, 1.ª y 2.ª aceps.

ATRANCAR. (De *a*, 2.º art., y *tranca*.) tr. Asegurar la puerta por dentro con una tranca. ǁ **2.** Atascar, 2.ª acep. Ú.m.c.r. ǁ **3.** intr. fam. Dar trancos o pasos largos. ǁ **4.** fig. y fam. Leer muy de prisa, saltando palabras. ǁ **P.** atrancar; **I.** to bar a door; **F.** barrer; **A.** verriegeln; **It.** sbarrare; **R.** запирать на засов.

ATRANCO. (De *atrancar*.) m. Atolladero. ǁ **2.** Embarazo o apuro.

ATRANQUE. m. Atranco.

ATRAPAMOSCAS. (De *atrapar* y *mosca*.) m. Bot. Planta americana de la familia de las droseráceas, con hojas provistas de glándulas y pelos sensitivos. Cuando éstos son tocados por un insecto que se posa en la hoja, ésta se cierra aprisionándolo para digerirlo por medio de un líquido que segregan las mencionadas glándulas.

ATRAPAR. (germ. *trappa*, trampa.) tr. fam. Coger al que huye o va de prisa. ǁ **2.** fam. Coger alguna cosa. ǁ **3.** fig. y fam. Conseguir una cosa de provecho. ǁ **4.** fig. y fam. Engañar a uno con maña. ǁ **P.** apanhar; **I.** to catch; **F.** agripper; **A.** haschen; fangen; **It.** attrappare; **R.** ловить.

ATRÁS. (l. *ad*, a, y *trans*, al otro lado, más allá.) adv. Hacia la parte que está a las espaldas de uno. ǁ **2.** A las espaldas, detrás. ǁ **3.** Úsase también para indicar tiempo pasado. ǁ **4.** Aplicado al hilo del discurso, *anteriormente*. ǁ **5.** Mil. V. *Paso* ATRÁS. ǁ ¡ATRÁS!, interj. que se usa para mandar retroceder a alguno. ǁ **P.** atrás, detrás; **I.** backward; **F.** en arrière; **A.** rückwärts; **It.** indietro; **R.** сзади, позади.

ATRASADO, DA. p.p. de atrasar. ǁ **2.** adj. Alcanzado, empeñado.

ATRASAMIENTO. m. ant. Atraso, 1.ª acep.

ATRASAR. (De *atrás*.) tr. Retardar. Ú.t.c.r. ǁ **2.** Fijar un hecho en época posterior a la verdadera. ǁ **3.** Hacer que retrocedan o anden con menos velocidad las agujas del reloj. ǁ **4.** intr. Señalar el reloj un tiempo que ya ha pasado, o no marchar con la debida velocidad. ǁ **5.** r. Quedarse atrás. ǁ **6.** Llegar tarde. ǁ **7.** Argent. y Colom. Sufrir menoscabo en la salud o en la hacienda. ǁ **8.** Colom. y Chile. No adquirir su desarrollo normal una cosa. ǁ **9.** fam. Chile. Lastimarse, enfermarse, herirse. ǁ **P.** atrasar; **I.** to retard; **F.** retarder; **A.** verzögern; **It.** ritardare; **R.** откладывать.

ATRASO. m. Efecto de atrasar o atrasarse. ǁ **2.** pl. Pagas o rentas vencidas y no cobradas. ǁ **P.** atraso; **I.** retardation; **F.** retard; **A.** Zurückbleiben; **It.** ritardo; **R.** опоздание. ǁ 2.ª acep.: **P.** atrasamento; atraso; **I.** arrears; **F.** arrérages; **A.** Rückstände; **It.** arretrati; **R.** задержка.

ATRAVESADO, DA. p.p. de atravesar. ǁ **2.** adj. Que es algo bizco. ǁ **3.** Dícese del animal cruzado o mestizo. ǁ **4.** fig. Que tiene ruin alma o dañada intención. ǁ **5.** fig. y fam. V. *Alma* ATRAVESADA. ǁ **6.** And. Mulato o mestizo.

ATRAVESADOR, RA. adj. Que atraviesa.

ATRAVESAÑO. m. Travesaño, 1.ª acep.

ATRAVESAR. (De *a*, 2.º art., y *través*.) tr. Poner una cosa de modo que pase de una a otra parte. ǁ **2.** Pasar un objeto sobre otro o hallarse puesto sobre él oblicuamente. ǁ **3.** Tender a una persona o cosa sobre una caballería. ǁ **4.** Pasar un cuerpo penetrándolo de parte a parte. ǁ **5.** Poner una cosa delante para que impida el paso o haga caer. ǁ **6.** Pasar cruzando de una parte a otra. ǁ **7.** En algunos juegos, poner traviesas o apuestas. ǁ **8.** En el juego del hombre, meter triunfo a la carta que viene jugada. ǁ **9.** Aojar, 1.er art., 1.ª acep. ǁ **10.** Mar. Poner una embarcación en facha, al pairo o a la capa. ǁ **11.** r. Ponerse una cosa entre medias de otras. ǁ **12.** fig. Interrumpir la conversación, mezclándose en ella. ǁ **13.** fig. Mezclarse en algún empeño o asunto de otro. ǁ **14.** fig. Ocurrir alguna cosa que altera el curso de otra. ǁ **15.** Encontrarse con alguno; tener pendencia con él. ǁ **16.** fig. En los juegos de interés, haber cantidades apostadas. ǁ ATRAVESARSE *una persona a otra*. fr. fig. No poderla sufrir, ser antipática. ǁ 4.ª acep.: **P.** trespasar; **I.** to pierce; **F.** transpercer; **A.** durchstechen, durchbohren; **It.** trafiggere; **R.** прокалывать. ǁ 6.ª acep.: **P.** atravessar; **I.** to cros, to traverse; **F.** traverser; **A.** durchgehen; **It.** traversare; **R.** пересекать.

ATRAVESÍA. f. ant. Travesía.

★ **ATRAVIESO.** m. Chile. Collado. ǁ **2.** Cantidad de dinero que se apuesta en el juego.

ATRAYENTE. (l. *attrahens, -entis*.) p.a. de atraer. Que atrae.

ATRAZAR. tr. ant. Trazar.

ATRAZNALAR. tr. Ar. Atresnalar.

★ **ATRECHAR.** intr. P. Rico. Ir por un atrecho.

★ **ATRECHO.** m. P. Rico. Tajo, sendero.

ATREGAR. (germ. *treuwa*, tregua.) tr. ant. Asegurar, tomar a su cargo la defensa y amparo de algo.

ATREGUADAMENTE. adv. ant. Con manía, alocadamente.

ATREGUADO, DA. p.p. de atreguar. ǁ **2.** adj. Lunático. ǁ **3.** Que está en tregua con su enemigo.

ATREGUAR. tr. Dar o conocer treguas. Ú.t.c.r.

★ **ATREMIA.** f. Falta de temblor. ǁ **2.** Imposibilidad para la marcha debida al histerismo.

ATRENZO. m. Amér. Conflicto, apuro, dificultad.

○ **ATREPSIA.** (gr. ά priv., y θρέψις, crianza.) f. Pat. Atrofia general o debilidad y desnutrición de los niños de pecho. ǁ **P.** e **It.** atrepsia; **I.** athrepsia; **F.** atrépsie; **A.** mangelhafte Ernährung; **R.** атрепсия.

ATRESIA. (gr. ά, priv., y τρῆσις, agujero.) f. Med. Imperfección u oclusión de un orificio o conducto normal del cuerpo humano.

ATRESNALAR. tr. Poner y ordenar los haces en tresnales.

ATREUDAR. (De *a*, 2.º art., y *treudo*.) tr. Ar. Dar en enfiteusis.

ATREVENCIA. f. ant. Atrevimiento.

ATREVER. (l. *attribuĕre*.) tr. desus. Atrever. ǁ **2.** r. Determinarse a algo arriesgado. ǁ **3.** Insolentarse, descararse. ǁ **4.** fig. Llegar a competir u ofender. ǁ **P.** atrever; **F.** oser; **A.** sich wagen; **It.** ardire; **R.** осмелиться.

ATREVIDAMENTE. adv. Con atrevimiento.

ATREVIDO, DA. p.p. de atrever. ǁ

A

A

2. adj. Que se atreve. Ú.t.c.s. || **3.** Hecho o dicho con atrevimiento.

ATREVIENTE. p.a. ant. de atrever. Que se atreve.

ATREVIMIENTO. m. Acción y efecto de atrever, 2.ª y 3.ª aceps.

* ATREZO. (ital. *atrezzo*.) m. Conjunto de enseres necesarios para el servicio escénico de un teatro.

ATRIACA [ATRÍACA]. (ár. *at-tyriāq*, el antídoto, y éste del gr. θηριαχή.) f. ant. Triaca, 1.ª acep.

ATRIAQUERO. (De *atríaca*.) m. ant. Boticario, 1.ª acep.

ATRIBUCIÓN. (l. *attributio,-ōnis*.) f. Acción de atribuir. || **2.** Facultad que una persona tiene por razón de su cargo. || **3.** V. *Objeto de* ATRIBUCIÓN.

ATRIBUIR. (l. *attribuĕre*; de *ad*, a, y *tribuĕre*, dar.) tr. Aplicar por conjetura hechos o cualidades a alguna persona o cosa. Ú.t.c.r. || **2.** Asignar una cosa a alguno como de su competencia. || **3.** fig. Achacar, imputar. || **P.** atribuir; **I.** to attribute; **F.** attribuer; **A.** zuschreiben; **It.** attribuire; **R.** присваивать.

ATRIBULACIÓN. (De *atribular*.) f. Tribulación.

ATRIBULADAMENTE. adv. Con tribulación.

ATRIBULAR. (De *a*, 2.° art., y *tribular*.) tr. Causar tribulación. || **2.** r. Padecerla.

ATRIBUTAR. tr. ant. Imponer tributo sobre alguna finca.

ATRIBUTIVO, VA. adj. Que indica un atributo o cualidad.

ATRIBUTO. (l. *atribūtum*.) m. Cada una de las propiedades de un ser. || **2.** En obras artísticas, símbolo que denota lo que una figura representa. || **3.** Cualquiera de las perfecciones propias de Dios. || **4.** LÓG. Cualidad o característica que pertenece al sujeto esencial y necesariamente. || **5.** GRAM. Palabra o frase que se adjunta a un substantivo para calificarlo o especificarlo. || **6.** Insignias, condecoraciones, trajes, propios de un cargo o autoridad. || **P.** atributo; **I.** attribute; **F.** attribut; **A.** Eigenschaft, Attribut; **It.** attributo; **R.** атрибут.

ATRICIÓN. (l. *attritĭo,-ōnis*.) f. Dolor de haber ofendido a Dios, por la gravedad de los pecados, por temor al infierno, o de perder la bienaventuranza, con propósito de enmienda. || **P.** atrição; **I.** y **F.** attrition; **A.** Zerknirschung; **It.** attrizione; **R.** покаяние.

* ATRICIONISMO. (De *atrición*.) m. HIST. RELIG. Doctrina sustentada por algunos teólogos escolásticos, según la cual tenía la atrición el valor de perdonar por sí el pecado mortal. En el Concilio de Trento fue condenada esta doctrina.

* ATRICOMIA. (gr. á-θριξ, calvo y χομη, cabellera.) PAT. Caída del pelo.

ATRIL. (Por el [*l*] atril, del l. *lectōrīle*, de *lector*,-*oris*, lector.) m. Mueble que sirve para sostener libros y papeles abiertos, y poder leerlos con más comodidad. || **P.** atril; **I.** lectern; **F.** lutrin; **A.** Chorpult, Notenständer; **It.** leggio; **R.** пюпитр, пульт.

ATRILERA. f. Cubierta que se pone al atril o facistol en que se cantan la Epístola y el Evangelio.

* ATRINCAR. intr. CHILE y VENEZ. Encobrar. || **2.** r. MÉJ. Obstinarse. || **3.** MÉJ. Quedar inmovilizado.

ATRINCHERAMIENTO. m. Conjunto de trincheras y toda obra de defensa y fortificación.

ATRINCHERAR. (De *a* y *trinchera*.) tr. MIL. Fortificar una posición con atrincheramientos. || **2.** r. Ponerse en trincheras a cubierto del enemigo. || **P.** entrincheirar; **I.** to entrench; **F.** retrancher; **A.** verschanzen; **It.** trincerare; **R.** окапываться.

* ATRINCHILAR. tr. AMÉR. Arrinconar, acorralar.

ATRIO. (l. *atrĭum*.) m. Patio interior, por lo común cercado de pórticos. || **2.** Espacio cubierto que sirve de acceso a algunos templos o palacios. || **3.** Zaguán. || **4.** MIN. Cabecera de la mesa de lavar. || **P.** átrio; **I.** y **F.** atrium; **A.** Vorhof, Vorhalle; **It.** atrio; **R.** атриум, портик.

ATRÍPEDO, DA. (l. *ater*, negro, y

pes, pedis, pie.) adj. ZOOL. Dícese de los animales que tienen negros los pies.

* ATRIQUINARSE. r. COLOM. Envilecerse.

ATRIRROSTRO, TRA. (l. *ater*, negro, y *rostrum*, pico.) adj. ZOOL. Se dice de las aves que tienen negro el pico.

ATRISTAR. (De *a*, 2.° art., y *triste*.) tr. ant. Entristecer. Usáb.t.c.r.

ATRITO, TA. (l. *attrītus*, quebrantado.) adj. Que tiene atrición.

ATROCIDAD. (l. *atrocĭtas,-ātis*.) f. Crueldad grande. || **2.** fam. Exceso, demasía. || **3.** fam. Dicho o hecho muy necio o temerario.

ATROCHAR. intr. Andar por trochas o sendas.

ATROFIA. (l. *atrophía*, y éste del gr. άτροφία, falta de nutrición.) f. Falta de desarrollo de cualquiera parte del cuerpo. || **2.** MED. Disminución del volumen y vitalidad de un órgano o ser, por defecto de nutrición. || **—degenerativa.** La que va acompañada de un proceso destructor de las células de un tejido. || **—fisiológica.** La de algunos tejidos u órganos que en la evolución natural del organismo resultan innecesarios. || **—senil.** La de los tejidos y órganos cuando el individuo llega a edad avanzada. || **P.** atrofia; **I.** atrophy; **F.** atrophie; **A.** Schwund, Atrophie; **It.** atrofia; **R.** атрофия.

ATROFIAR. tr. Producir atrofia. || **2.** r. Padecer atrofia.

ATRÓFICO, CA. adj. Perteneciente a la atrofia.

ATROJAR. (De *a*, 2.° art., y *troj.*) tr. Entrojar. || **2.** fig. y fam. MÉJ. Hacer o lograr que alguien no pueda hablar o seguir hablando por haberle hecho sentir pena o vergüenza. Ú.t.c.r. || **2.** r. MÉJ. No hallar una salida en un apuro o dificultad. || **3.** fig. y fam. MÉJ. Encalmarse el caballo.

ATROMPETADO, DA. (De *a*, 2.° art., y *trompeta*.) adj. Abocardado. Dícese de las escopetas y de las narices gordas y torcidas.

ATRONADAMENTE. adv. Precipitadamente, sin reflexión.

ATRONADO, DA. adj. Dícese del que hace las cosas precipitadamente, sin cordura ni reflexión. || **2.** p.p. de atronar. || **3.** VETER. V. *Casco* ATRONADO.

ATRONADOR, RA. adj. Que atruena.

ATRONADURA. f. Hendeduras en la madera que penetran en lo interior del tronco del árbol. || **2.** VETER. Alcanzadura.

ATRONAMIENTO. m. Acción de atronar o atronarse. || **2.** Aturdimiento causado por algún golpe. || **3.** VETER. Enfermedad que padecen las caballerías en los cascos de pies y manos y suele proceder de algún golpe.

ATRONANTE. p.a. ant. de atronar. Que atruena.

ATRONAR. (l. *attonāre*.) intr. ant. Tronar. || **2.** tr. Asordar a uno con ruido. || **3.** Aturdir, 1.ª acep. || **4.** Tapar los oídos de una caballería para que no se espante con el ruido. || **5.** Dejar sin sentido a una res con un golpe de porra. || **6.** Matar un toro hiriéndolo en medio de la cerviz. || **7.** r. Aturdirse los pollos y gusanos de seda oyendo tronar. || **P.** atroar; **I.** to deafen; **F.** assourdir; étourdir; **A.** betäuben; **It.** assordare; **R.** оглушать.

ATRONERAR. tr. Abrir troneras.

ATROPADO, DA. p.p. de atropar. || **2.** adj. AGR. Dícese de las plantas de ramas recogidas.

ATROPAR. tr. Juntar gente en tropas o en cuadrillas. Ú.t.c.r. || **2.** Juntar, reunir, especialmente la mies y el heno en gavillas.

ATROPELLADAMENTE. adv. De tropel, con desorden, muy de prisa.

ATROPELLADO, DA. p.p. de atropellar. || **2.** adj. Que habla u obra con precipitación.

ATROPELLADOR, RA. adj. Que atropella. Ú.t.c.s.

ATROPELLAMIENTO. m. Atropello.

° ATROPELLAPLATOS. f. fam. Dícese de la doméstica brusca en cuyas manos peligra la vajilla.

ATROPELLAR. (De *a*, 2.° art., y *tropel*.) tr. Pasar precipitadamente por encima de uno. || **2.** Derribar o empujar a uno para abrirse paso. || **3.** fig. Agraviar a uno abusando de la fuerza o poder que

tiene. || **4.** fig. Ultrajar a uno de palabra sin darle ocasión de hablar. || **5.** fig. Proceder sin miramiento a las leyes o respetos. Ú.t.c.intr. con la prep. *por*. || **6.** fig. Hacer una cosa precipitadamente y sin el cuidado necesario. || **7.** fig. Oprimir o abatir a uno el tiempo, los achaques o las desgracias. || **8.** r. fig. Apresurarse demasiado en las obras o palabras. || **P.** atropelar; **I.** to trample on; **F.** fouler aux pieds; **A.** überfahren, niederdrücken; **It.** calpestare; **R.** толкать, сшибать с ног.

ATROPELLO. m. Acción y efecto de atropellar o atropellarse.

ATROPINA. (De *atropa*, nombre científico de la belladona.) f. QUÍM. Alcaloide venenoso de propiedades midriáticas y narcóticas, usado en medicina; se extrae de la belladona y otras solanáceas. || **P.** e **It.** atropina; **I.** y **F.** atropine; **A.** Atropin; **R.** атропин.

ATROZ. (l. *atrox-ōcis*.) adj. Fiero, cruel, inhumano. || **2.** Enorme, grave, descomunal. || **3.** fam. Muy grande o desmesurado. || **P.** atroz, cruel; **I.** atrocious; **F.** e **It.** atroce; **A.** abscheulich; **R.** зверский.

ATROZMENTE. adv. De manera atroz.

ATRUCHADO, DA. adj. Dícese del hierro colado o fundición cuyo grano semeja a las pintas de la trucha.

ATRUENDO. m. desus. Atuendo.

ATRUHANADO, DA. adj. Aplícase al que en sus palabras o modales parece truhán. || **2.** También se dice de las cosas que parecen de truhán.

* ATTAGIS. ZOOL. Género de aves gallináceas de la América del Sur, parecidas a la perdiz.

* ATTALEA. BOT. Género de palmeras de la América Central. Las semillas de algunas especies se utilizan como comestible y para la extracción de aceite, y las fibras de sus hojas, como textiles. || **I.** Attalea; **F.** attalée; **It.** attalea; **R.** атталея.

* ATUCUNAR. tr. HOND. Rellenar un recipiente introduciendo en él por presión cuanto se pueda. || **2.** HOND. Atracarse de comida.

ATUENDO. m. Aparato, ostentación. || **2.** Atavío, vestido.

ATUFADAMENTE. adv. Con enfado o enojo.

ATUFADO, DA. adj. Dícese del que usaba tufos.

ATUFAMIENTO. (De *atufar*, 1.ª y 2.ª aceps.) m. Atufo.

ATUFAR. (De *a*, 2.° art., y *tufo*.) tr. Trastornar con el tufo. Ú.m.c.r. || **2.** fig. Enfadar, enojar. Ú.m.c.r. || **3.** r. Recibir o tomar tufo. || **4.** Tratándose de licores, y especialmente del vino, avinagrarse. || **5.** ECUAD. Aturdirse, atolondrarse. || **6.** GUAT. Ensoberbecerse.

ATUFO. (De *atufar*.) m. Enfado o enojo.

ATUMECERSE. (De *a*, 2.° art., y l. *tumēscĕre*, hincharse.) r. ant. Entumecerse.

ATUMECIMIENTO. (De *atumecerse*.) m. ant. Entumecimiento.

ATUMNO. (l. *autumnus*.) m. ant. Otoño.

ATUMULTUAR. tr. Tumultuar. Ú. t.c.r.

ATÚN. (ár. *at-tūn* o *at-tunn*; éste del l. *thunnus*, y éste del gr. θύννος.) m. Pez acantopterigio comestible, de 2 a 3 m de largo, dorso negro azulado y vientre blanquecino. Su carne, tanto fresca como salada, es muy apreciada y de sabor muy agradable. || **2.** fig. Persona ignorante y perezosa. || *Ser un pedazo de* ATÚN. fr. fig. Ser un ignorante y estúpido. || *Por* ATÚN *y a ver al duque*. expr. fig. y fam. que se dice de los que hacen alguna cosa con dos fines. || **P.** atum; **I.** tunny; **F.** thon; **A.** Thunfisch; **It.** tonno; **R.** тунец.

ATUNARA. (De *atún*.) f. Almadraba, 2.ª acep.

ATUNERA. f. Anzuelo grande para pescar atunes.

ATUNERO, RA. m. y f. Persona que trata en atún o que lo vende. || **2.** m. Pescador de atún.

* ATUPA. f. ECUAD. Mazorca de maíz atacada de tizón.

ATURADA. (De *aturar*, 1.er art.) f. ant. Duración o detención.

ATURADAMENTE. (De *aturar*, 1.er

art.) adv. ant. Con ahinco o vehemencia.

ATURADOR, RA. adj. ant. Que sufre o aguanta mucho el trabajo.

ATURAR. (l. *obdūrāre*, durar.) tr. ant. Hacer durar. || **2.** ant. Hacer parar a las bestias. Ú. en Aragón. || **3.** intr. ant. Aguantar, perseverar. || **4.** ant. Durar. Ú. en Salamanca. || **5.** fig. Obrar con juicio. || *El que a cuarenta no* ATURA *y a cincuenta no adivina, a sesenta desatina.* ref. que reprende a los que llegan a la edad madura, sin tener cordura en su proceder.

ATURAR. (l. *obturāre*.) tr. fam. Tapar apretadamente alguna cosa.

ATURBONADO, DA. adj. Perteneciente o relativo al turbón o a la turbonada.

ATURDIDAMENTE. adv. Con aturdimiento.

ATURDIDO, DA. p.p. de aturdir. || **2.** adj. Atolondrado, 2.ª acep.

ATURDIDOR, RA. adj. Que aturde.

ATURDIMIENTO. (De *aturdir*.) m. Perturbación física debida a un golpe, ruido, etc. || **2.** fig. Perturbación moral causada por una desgracia, mala noticia, etcétera. || **3.** fig. Falta de serenidad y reflexión. || **4.** MED. Estado morboso en que los sonidos se confunden y parece que los objetos giran alrededor de uno. || **P.** aturdimento; **I.** stunning; **F.** étourdissement; **A.** Betäubung; **It.** stordimento; **R.** ошеломление.

ATURDIR. (Como el fr. *étourdir*, del l. *tŭrdus*, tordo.) tr. Causar aturdimiento. Ú.t.c.r. || **2.** fig. Confundir, pasmar. Ú. t.c.r. || **P.** aturdir; **I.** to stun; **F.** étourdir; **A.** betäuben; **It.** stordire; **R.** ошеломлять.

ATURQUESADO, DA. (De *a*, 2.º art., y *turquesa*, 2.º art.) adj. De color azul turquí.

ATURRAR. (De la onomat. *turr.*) tr. ant. SAL. Aturdir, ensordecer.

★ **ATURRARSE.** r. GUAT. Marchitarse.

ATURRIAR. (De *aturrar*.) tr. ant. SAL. Aturrar.

ATURRULLAR. (De la onomat. *turr.*) tr. fam. Confundir a uno, turbarle de modo que no sepa qué decir o cómo hacer una cosa. Ú.t.c.r.

ATURRULLAMIENTO. (De *aturrullar*.) m. Atolondramiento.

ATURULLAR. (De *a*, 2.º art., y *turullo*.) tr. Aturrullar. Ú.t.c.r.

★ **ATURUXO.** m. MÚS. Denomínase así en Galicia, a un grito con que se finalizan ciertas canciones populares.

ATUSADOR, RA. adj. Que atusa. Ú.t.c.s.

ATUSAR. (l. *attonsus*, p.p. de *attondēre*, pelar, trasquilar.) tr. Recortar e igualar el pelo con tijeras. || **2.** Igualar los jardineros el follaje de ciertas plantas. || **3.** Alisar el pelo con la mano o el peine mojados. || **4.** r. fig. Adornarse con afectación y prolijidad.

ATUTÍA. (ár. *at-tūtiyā*, el cinc o el antimonio.) f. Mezcla de óxido de cinc y otros cuerpos que, en forma de costra dura, se adhiere a la chimenea en los hornos donde se tratan los compuestos de cinc. || **2.** Ungüento medicinal hecho con ATUTÍA.

AUCA. (l. *auca*.) f. Oca, 1.er art. || **2.** BOL. Sombrero hongo.

AUCA. (Voz quichua que significa guerrero.) adj. Dícese del indio de una parcialidad, rama de los araucanos, que corría la Pampa en las cercanías de Mendoza (Argentina). Ú.t.c.s. || **2.** Perteneciente a dicha parcialidad.

AUCCIÓN. (l. *auctio, -ōnis*, acción de aumentar.) f. ant. Acción o derecho a alguna cosa.

AUCTÉNTICO, CA. adj. ant. Auténtico.

AUCTOR. m. ant. Autor.

AUCTORIDAD. f. ant. Autoridad.

AUCTORIZAR. tr. ant. Autorizar.

AUDACIA. (l. *audacia*.) f. Osadía, atrevimiento.

AUDAZ. (l. *audax*, de *audēre*, atreverse.) adj. Osado, atrevido.

AUDAZMENTE. adv. Con audacia.

AUDIBLE. (l. *audibĭlis*.) adj. Que se puede oir.

AUDICIÓN. (l. *auditĭo, -ōnis*.) f. Acción de oir. || **P.** audição; **I.** y **F.** audition;

A. Hören, Gehör; **It.** audizione; **R.** слушание.

AUDIDOR. m. ant. Auditor.

AUDIENCIA. (l. *audientia*.) f. Acto de oir los soberanos u otras autoridades a las personas que acuden a ellos. || **2.** DER. Acto de oir a una parte en un pleito. || **3.** Lugar destinado para dar AUDIENCIA. || **4.** Tribunal de justicia colegiado que entiende en los pleitos o causas de determinado territorio. || **5.** Distrito de su jurisdicción. || **6.** Edificio donde se reúne. || —**eclesiástica.** Tribunal de un juez eclesiástico. || —**en justicia.** FOR. Procedimiento especial para revisar, a petición del funcionario judicial corregido, la sanción que sus superiores le han impuesto por incidencia, al conocer de asunto en que aquél intervino. || —**pretorial.** En Indias, la que no dependía del virrey para algunos efectos. || —**provincial.** DER. La que tiene jurisdicción penal limitada a una provincia. || —**territorial.** La que tiene jurisdicción civil o de apelación sobre varias provincias o una región histórica. || *Dar* AUDIENCIA. fr. Admitir el rey, sus ministros u otras autoridades a los sujetos que tienen que exponer, reclamar o solicitar alguna cosa. || *Hacer* AUDIENCIA. fr. FOR. Ver y determinar los pleitos y causas. || *Prestar* AUDIENCIA. fr. FOR. Atender la pretensión del litigante rebelde, otorgándole rescisión del fallo dictado sin oírle, y sentenciando de nuevo oída su defensa. **P.** audiência; **I.** y **F.** audience; **A.** Audienz; **It.** audienza; **R.** аудиенция.

AUDIENCIERO. adj. ant. Decíase de los ministros inferiores de las audiencias o tribunales seculares o eclesiásticos, como los escribanos, alguaciles, etc. Usáb.t.c.s.

○ **AUDÍFONO.** m. Aparato para mejorar la audición de los duros de oído.

○ **AUDIOGRAMA.** f. Curva con que se representa la agudeza auditiva de una persona.

★ **AUDIOMETRÍA.** f. Examen del sentido del oído, para medir su agudeza.

★ **AUDIÓMETRO.** m. Fís. Aparato electrotelefónico que permite apreciar la agudeza del oído.

AUDITIVO, VA. (De *audito*.) adj. Que tiene virtud para oir. || **2.** Perteneciente a órgano del oído. || **3.** m. Pieza del aparato telefónico destinado a oir. || **P.** e **It.** auditivo; **I.** auditive; **F.** auditif; **A.** Gehör- (en comp.); **R.** слуховой.

AUDITO. (l. *audītus*.) m. ant. Sentido del oído. || **2.** ant. Acción de oir.

AUDITOR. (l. *audītor*.) m. ant. Oyente. || —**de guerra.** DER. Funcionario del cuerpo jurídico militar que informa sobre la interpretación o aplicación de las leyes y propone la resolución correspondiente por los procedimientos judiciales instruidos por el fuero militar. || —**de la nunciatura.** Asesor del nuncio en España. || —**de la Rota.** Cada uno de los doce prelados del tribunal romano de la Rota. || —**de marina.** Juez letrado que entiende en las causas del fuero marítimo. || **P.** e **I.** auditor; **F.** auditeur; **A.** Hörer; **It.** auditore; **R.** аудитор.

○ **AUDITOR.** m. AMÉR. Revisor de cuentas colegiado.

AUDITORÍA. f. Empleo de auditor. || **2.** Tribunal o despacho del auditor.

AUDITORIO. (l. *auditorium*.) m. Concurso de oyentes.

AUDITORIO, RIA. (l. *auditorĭus*.) adj. Auditivo, 1.ª y 2.ª aceps.

○ **AUDITORIO.** m. Local acondicionado para escuchar conferencias, lecturas, etc.

AUGE. (ár. *awŷ*, el punto más alto del cielo.) m. Elevación grande en dignidad o fortuna. || **2.** ASTRON. Apogeo, 1.ª acep.

AUGITA. (l. *augites*, y éste del gr. αὐγίτις, especie de piedra preciosa.) f. Piroxeno que se presenta en cristales monoclínicos de color verde obscuro o negro.

AUGMENTACIÓN. f. ant. Aumentación.

AUGMENTAR. tr. ant. Aumentar.

AUGUR. (l. *augur, -ūris*.) m. Sacerdote que en la antigua Roma practicaba la auguración.

AUGURACIÓN. (l. *auguratĭo, -ōnis*.) f. Arte supersticioso de adivinar por el vuelo, el canto y el modo de comer de las aves.

AUGURADOR, RA. adj. Que augura.

AUGURAL. (l. *augurālis*.) adj. Perteneciente al agüero o a los agoreros.

AUGURAR. (l. *augurāre*, de *augur*, agorero.) tr. Pronosticar por el vuelo o canto de las aves u otras observaciones. || **2.** Presagiar, presentir, predecir. || **P.** augurar; **I.** to augur; **F.** augurer; **A.** prophezeien; **It.** augurare; **R.** предвещать.

AUGURIO. (l. *augurium*.) m. Presagio, anuncio, indicio de algo futuro.

AUGUSTAL. (l. *augustālis*.) adj. Perteneciente o relativo al emperador romano Augusto, o establecido en honor suyo. || **2.** V. *Flamen, sacerdote, séviro,* AUGUSTAL.

AUGUSTAMENTE. adv. Excelente, ilustre o eminentemente.

AUGUSTO, TA. (l. *augustus*.) adj. Dícese de lo que infunde respeto y veneración por su majestad o excelencia. || **2.** Título honorífico de Octavio César, que después llevaron los demás emperadores romanos. || **3.** m. Payaso de circo que lleva la cara pintarrajeada grotescamente, viste de modo estrafalario y hace todo con mil equivocaciones y torpezas. || **P.** e **It.** augusto; **I.** august; **F.** auguste; **A.** ehrwürdig, erhaben; **R.** величественной.

AULA. (l. *aula*.) f. Sala donde se enseña algún arte o facultad. || **2.** poét. Palacio de un príncipe soberano. || **P.** e **It.** aula; **I.** class-room; **F.** classe; **A.** Lehrsaal; **R.** аудитория.

AULAGA. (ár. *ŷawlaq*, nombre de la misma planta.) f. BOT. Planta leguminosa, de hojas lisas terminadas en púa y flores amarillas, que se emplea como pienso. || **2.** Nombre de varias plantas de la misma familia. || —**merina.** Asiento de pastor. || —**vaquera.** BOT. Planta muy ramosa, con ramillas de espinas cortas y axilares, y flores amarillas. || **P.** tojo; **I.** furze; **F.** ajonc; **A.** Stechginster; **It.** ginestrone; **R.** дрок.

AULAGAR. m. Sitio poblado de aulagas.

AULÁQUIDA. f. ant. Alguaquida.

ÁULICO, CA. (l. *aulĭcus*; de *aula*, corte.) adj. Perteneciente o relativo a la corte o palacio. || **2.** Cortesano o palaciego. Ú.t.c.s. || **P.** àulico; **I.** aulic; **F.** aulique; **A.** höfisch; **It.** aulico; **R.** дворцовый.

AULLADERO, RA. m. MONT. Sitio donde de noche se juntan y aúllan los lobos.

AULLADOR, RA. adj. Que aúlla. || **2.** V. *Mono* AULLADOR.

AULLANTE. p.a. de aullar. Que aúlla.

AULLAR. (l. *alulāre*.) intr. Dar aullidos.

AULLIDO. (De *aullar*.) m. Voz triste y prolongada del lobo, perro y otros animales.

AÚLLO. (De *aullar*.) m. Aullido.

AUMENTABLE. adj. Que se puede aumentar.

AUMENTACIÓN. (l. *augmentatĭo, -ōnis*.) f. ant. Aumento. || **2.** RET. Especie de gradación en que el sentido va de menos a más.

AUMENTADA. (De *aumentar*.) adj. Mús. V. *Séptima, sexta* AUMENTADA.

AUMENTADOR, RA. adj. Que aumenta alguna cosa.

AUMENTANTE. p.a. de aumentar. Que aumenta.

AUMENTAR. (l. *augmentāre*.) tr. Dar a una cosa mayor extensión, número y materia. Ú.t.c.intr. y c.r. || **2.** Adelantar o mejorar en conveniencias, empleos o riquezas. Ú.t.c.r. || **P.** aumentar; **I.** to augment; **F.** augmenter; **A.** vergrössern; **It.** aumentare; **R.** увеличивать.

AUMENTATIVO, VA. adj. Que aumenta. || **2.** GRAM. Dícese de los substantivos, adjetivos, adverbios y gerundios derivados que acrecientan la significación de las voces de que se derivan. A veces el aumento envuelve desestimación o menosprecio.

AUMENTO. (l. *augmentum*.) m. Acrecentamiento o extensión de una cosa. || **2.** Adelantamiento o medra en conveniencias o empleos. Ú.m. en pl. || **3.** ASTRON. Potencia o facultad amplificadora de una lente, anteojo o telescopio.

AUN. (l. *adhŭc*.) adv. Todavía. 1.ª, 3.ª, 4.ª y 5.ª aceps. || **2.** Denota a veces encarecimiento o ponderación. Se escribe

A

A con acento cuando pueda sustituirse por *todavía*. || AUN *cuando*. m. conj. advers. Aunque. || **P.** ainda; **I.** yet; **F.** encore; **A.** noch; **It.** ancora; **R.** ещё, даже, несмотря.

AUNAMIENTO. m. ant. Acción y efecto de aunar o aunarse.

AUNAR. (l. *adūnāre*, juntar.) tr. Unir, confederar para algún fin. || **2.** Unificar. Ú.t.c.r. || **3.** Poner juntas o armonizar varias cosas. Ú.t.c.r.

★ **AUNCHE.** m. COLOM. Residuo, afrecho de alguna cosa.

AUNGAR. (l. *adūnicāre*, de *adūnāre*, juntar.) tr. ant. Unir o juntar.

AUNIGA. f. Ave palmípeda de pico, cuello y cola largos y uñas encorvadas, propia de las islas Filipinas.

AUNQUE. (De *aun que*.) conj. advers. con que se denota oposición, a pesar de la cual puede ser, ocurrir o hacerse alguna cosa. || **2.** Puede usarse en correlación con advs. como *todavía, con todo, donde, entonces*, etc. || **3.** Hace algunas veces un oficio de conj. coordinativa adversativa. || AUNQUE *más*. m. conj. Por mucho que. || **P.** se bem que; ainda que; mesmo que; posto que; I though; **F.** quoique, nonobstant; **A.** obgleich, wenn auch; **It.** benché, sebbene; **R.** хотя, несмотря на.

¡AÚPA! interj. ¡Upa!

AUPAR. (De *aúpa*.) tr. fam. Levantar o subir a una persona. Ú.t.c.r. || **2.** fig. Ensalzar, enaltecer. Ú.t.c.r.

AURA. (l. *aura*, y éste del gr. αὔρα, de ἄω, soplar.) f. Viento suave y apacible. Ú. más en poesía. || **2.** Hálito, aliento. || **3.** fig. Favor, aplauso, aceptación general. || **4.** MED. Síntoma premonitorio de un ataque epiléptico. || **P.**, **I.** e **It.** aura; **F.** aure; **A.** Sommerlüftchen; **R.** ветерок. || 3.ª acep.: **P.** favor, aplauso; **I.** popularity; **F.** faveur populaire; **A.** Volksgunst; **It.** aura popolare; **R.** популярный.

AURA. (Voz americana.) f. Ave rapaz del género catartes, que vive en bandadas, despide olor fétido y se alimenta de cadáveres de animales.

AURANCIÁCEO, A. (De *aurantium*, nombre de una especie de planta del género citrus.) adj. BOT. Dícese de árboles y arbustos de la familia de las rutáceas, siempre verdes, con hojas alternas, cáliz persistente y fruto carnoso, como el naranjo. Ú.t.c.s.f.

★ **AURELIA.** f. BOT. Planta amarilidácea. || **2.** ZOOL. Género de medusas caracterizadas por su umbrela en forma de disco y por sus tentáculos cortos y numerosos.

AURELIANENSE. (l. *aurelianensis*, de *Aurelia*, Orleáns.) adj. Perteneciente a Orleáns, ciudad de Francia.

ÁUREO, A. (l. *aurĕus*.) adj. De oro. Úsase más en poesía. || **2.** Parecido al oro o dorado. Úsase más en poesía. || **3.** V. *Leyenda* ÁUREA. || **4.** CRONOL. V. *Número* ÁUREO. || **5.** NUMISM. Moneda de oro, y especialmente la acuñada por los emperadores romanos.

AUREOLA. [**AURÉOLA**]. (l. *aurĕŏla*, dorada.) f. Círculo luminoso que suele figurarse detrás de la cabeza de las imágenes santas. || **2.** Areola. || **3.** fig. Gloria que alcanza una persona por sus méritos o virtudes. || **4.** ASTRON. Corona que en los eclipses de Sol rodea el disco lunar. || **5.** TEOL. Resplandor que corresponde en la gloria a cada estado o jerarquía. || **P.** auréola; **I.** e **It.** aureola; **F.** auréole; **A.** Heiligenschein; **R.** ореол.

AUREOLAR. tr. Adornar como con aureola.

★ **AUREOMICINA.** f. MED. Antibiótico, en forma de clorhidrato, derivado de una variedad de *Streptomyces aureofaciens*. Es eficaz contra bacterias grampositivas y gramnegativas.

AURERO. m. CUBA. Lugar donde se reúnen muchas auras, 2.º art.

AURGITANO, NA. adj. Natural de Aurgi, hoy Jaén. Ú.t.c.s. || **2.** Perteneciente a esta ciudad de la España Tarraconense.

AURICALCO. (l. *orichalcum*, y éste del gr. ὀρείχαλκος, cobre de montaña.) m. ant. Cobre, bronce o latón.

ÁURICO, CA. adj. De oro.

AURÍCULA. (l. *auricŭla cordis*.) f. Cada una de las dos cavidades superiores

del corazón que reciben sangre de las venas. || **2.** BOT. Prolongación de la parte inferior del limbo de las hojas. || **3.** ANAT. Lóbulo de la oreja. || **P.** aurícula; **I.** auricle; **F.** auricule; **A.** Herzohr; **It.** auricola; **R.** предсердие.

AURICULAR. (l. *auriculāris*.) adj. Perteneciente o relativo al oído. || **2.** V. *Confesión* AURICULAR. || **3.** V. *Dedo* AURICULAR. Ú.t.c.s. || **4.** m. En los aparatos telefónicos, la pieza que se aplica al oído. || **P.** e **I.** auricular; **F.** auriculaire; **A.** zum Ohr gehörig; **It.** auriculare; **R.** ушной.

AURICULAR. (De *aurícula*.) adj. Perteneciente o relativo a las aurículas del corazón.

★ **AURIDOS.** (l. *aurum*, oro.) m. pl. MINERAL. Familia de minerales que comprende el oro y sus combinaciones.

AURIENSE. adj. Natural de Auria o Aregia, hoy Orense. Ú.t.c.s. || **2.** Perteneciente a esta ciudad de la España Tarraconense. || **3.** Orensano. Apl. a pers. ú.t.c.s.

AURIFABRISTA. (l. *aurum*, oro, y *faber*, artífice.) m. ant. Orífice.

AURÍFERO, RA. (l. *aurifer, -ĕri*; de *aurum*, oro, y *ferre*, llevar.) adj. Que lleva o contiene oro.

★ **AURÍFICO, CA.** (l. *aurifĭcus*, dorado.) adj. Que es de oro, que contiene oro.

★ **AURIFLUO, FLUA.** adj. poét. Dícese de lo que arrastra oro, como las aguas de ciertos ríos.

AURIGA. (l. *aurīga*.) m. poét. El que dirige y gobierna las caballerías que tiran de un carruaje. || **2.** ASTRON. Constelación boreal muy notable entre Géminis y Perseo. || **P.** cocheiro; **I.** coachman; **F.** aurige; **A.** Wagenlenker; **It.** auriga; **R.** кучер.

AURÍGERO, RA. (l. *auriger, -ĕri*.) adj. Aurífero.

★ **AURÍMELO.** m. PERÚ. Especie de melocotón.

AURÍVORO, RA. (l. *aurum*, oro, y *vorāre*, devorar.) adj. poét. Codicioso de oro.

★ **AURÓN.** m. ZOOL. Culebra de América.

AURORA. (l. *aurōra*, de *aura*, brillo, resplandor.) f. Luz sonrosada que precede inmediatamente a la salida del Sol. || **2.** fig. Canto religioso que se entona al amanecer, antes del rosario, y con el que se da comienzo a la celebración de una festividad religiosa. || **3.** fig. Principio de una cosa. || **4.** fig. Hermosura del rostro, y por ext., el rostro sonrosado. || **5.** fig. Bebida de leche de almendras y agua de canela. || **—polar** (austral o boreal). Meteoro luminoso, probablemente de origen eléctrico, visible sólo de noche, que aparece frecuentemente en las regiones árticas y antárticas. || *Despuntar o romper la* AURORA. fr. Empezar a amanecer. || **P.**, **I.** e **It.** aurora; **F.** aurore; **A.** Morgenröte; **R.** утренняя заря.

AURORAL. adj. Perteneciente o relativo a la aurora.

AURRAGADO, DA. (vasc. *aurraca*, a empujones, de prisa.) adj. Aplícase a la tierra mal labrada.

★ **AURRESCU.** (éuskaro *aurr-esku*, primera mano.) m. prov. Danza peculiar del país vascongado.

AURÚSPICE. m. Arúspice.

AUSCULTACIÓN. (l. *auscultatĭo, -ōnis*.) f. MED. Acción y efecto de auscultar. || **P.** auscultação; **I.** y **F.** auscultation; **A.** Behorchung, Auskultation; **It.** ascoltazione, auscultazione; **R.** аускультация.

AUSCULTAR. (l. *auscultāre*.) tr. MED. Escuchar aplicando el oído inmediatamente, o por medio de instrumentos adecuados, los sonidos que se producen en el cuerpo; || **P.** auscultar; **I.** to auscultate; **F.** ausculter; **A.** auskultieren; **It.** ascoltare, auscultare; **R.** аускультировать.

AUSENCIA. (l. *absentĭa*.) f. Acción y efecto de ausentarse o de estar ausente. || **2.** Tiempo en que alguno está ausente. || **3.** FOR. Condición legal de ausente cuyo paradero se ignora. || *Brillar* uno *por su* AUSENCIA. loc. fam. No estar presente una persona o cosa en el lugar en que era de esperar. || **P.** ausência; **I.** y **F.** absence; **A.** Abwesenheit; **It.** assenza; **R.** отсутствие.

AUSENTADO, DA. p.p. de ausentar. || **2.** adj. Ausente.

AUSENTAR. (l. *absentāre*.) tr. Hacer que uno se aleje de un lugar. || **2.** fig. Hacer desaparecer alguna cosa. || **3.** Alejarse uno, especialmente de la población donde reside. || **4.** Desaparecer alguna cosa. || 3.ª acep.: **P.** ausentar-se; **I.** to absent; **F.** s'absenter; **A.** sich entfernen; **It.** assentarsi; **R.** удалять.

AUSENTE. (l. *absens, -entis*, p.a. de *abesse*, estar ausente.) adj. Dícese del que está separado de alguna persona o lugar, especialmente de la población donde reside. || **2.** FOR. Persona de quien se ignora si vive y dónde está. || *Ni* AUSENTE *sin culpa, ni presente sin disculpa*. ref. que da a entender cuán difícil es al AUSENTE contestar a los cargos que se le hacen. || **P.** ausente; **I.** y **F.** absent; **A.** abwesend; **It.** assente; **R.** отсутствующий.

AUSETANO, NA. adj. Natural de Ausa, hoy Vich. Ú.t.c.s. || **2.** Perteneciente a esta ciudad de la España Tarraconense. || **3.** Vigitano.

★ **AUSOL.** m. AMÉR. CENTRAL. Grieta formada en los terrenos volcánicos. || **2.** SALV. Geiser.

AUSONENSE. adj. Ausetano.

AUSONIO, NIA. (l. *ausonĭus*.) adj. Natural de Ausonia. Ú.t.c.s. || **2.** Perteneciente a este país de Italia antigua. || **3.** Por ext., italiano. Apl. a pers. ú.t.c.s.

AUSPICIAR. tr. AMÉR. Proteger, amparar, patrocinar.

AUSPICIO. (l. *auspicium*; de *auspex*, agorero; de *avis*, ave, y *spicĕre*, observar.) m. Agüero. || **2.** Protección, favor. || **3.** pl. Señales que al comienzo de un negocio parecen presagiar su resultado. || **P.** auspício; **I.** y **F.** auspice; **A.** Vorbedeutung; **It.** auspizio; **R.** предзнаменование.

★ **AUSPICIOSO, SA.** adj. ARGENT. Con señales de buen presagio, favorable.

AUSTERAMENTE. adv. Con austeridad.

AUSTERIDAD. (l. *austerĭtas, -ātis*.) f. Calidad de austero. || **2.** Mortificación de los sentidos y pasiones.

AUSTERO, RA. (l. *austĕrus*, y éste del gr. αὐστηρός, de αὔω, desecar.) adj. Agrio, astringente y áspero al gusto. || **2.** Que obra y vive con rigidez y severidad.

AUSTRAL. (l. *austrālis*.) adj. Perteneciente al austro, y en general al polo y al hemisferio del mismo nombre. || **2.** V. *Corona, hemisferio, nodo, pez, triángulo* AUSTRAL. || **3.** ASTRON. y GEOGR. V. *Polo* AUSTRAL. || **4.** METEOR. V. *Aurora* AUSTRAL. || **P.**, **I.** y **F.** austral; **A.** südlich; **It.** australe; **R.** южный.

AUSTRAL. (De *Austria*.) adj. ant. Austríaco.

AUSTRALIANO, NA. adj. Natural de Australia. Ú.t.c.s. || **2.** Perteneciente a este continente o gran isla de Oceanía.

AUSTRIACO, CA [AUSTRÍACO, CA]. adj. Natural de Austria. Ú.t.c.s. || **2.** Perteneciente a esta nación de Europa.

AUSTRIDA. adj. p. us. Austríaco.

AUSTRINO, NA. (l. *austrīnus*.) adj. ant. Austral, 1.er art.

AUSTRINO, NA. adj. p. us. De la casa de Austria; perteneciente a ella.

AUSTRO. (l. *auster, austri*.) m. Viento que sopla de la parte del Sur. || **2.** Sur, 1.ª acep.

★ **AUSÚ.** m. P. RICO. Árbol de madera muy fuerte.

AUTÁN. (l. *aliŭd*, otro, y *tantum*, tanto.) adv. ant. Tanto o igualmente.

★ **AUTARCÍA.** (gr. αὐτάρκεια, autosuficiencia.) f. Autarquía, 2.º art.

★ **AUTARCÍA.** (gr. αὐταρχία, autocracia.) f. Poder para gobernarse a sí mismo.

AUTARQUÍA. (gr. αὐτάρκεια, autosuficiencia.) f. Estado de un país que intenta bastarse a sí mismo con sus propios recursos restringiendo todo lo posible las importaciones del extranjero. || **2.** Independencia económica de un Estado.

AUTÁRQUICO, CA. adj. Perteneciente o relativo a la autarquía económica.

AUTÉNTICA. (l. *authentĭca*, t. f. de *-cus*, auténtico.) f. Certificación con que se testifica la identidad y verdad de alguna cosa. || **2.** Copia autorizada de una orden, carta, etc. || **3.** FOR. Cualquiera de las

Constituciones recopiladas de orden de Justiniano, después del Código, y también la parte dispositiva de cada una de ellas.

AUTENTICACIÓN. f. Acción y efecto de autenticar.

AUTÉNTICAMENTE. adv. Con autenticidad o en forma que haga fe.

AUTENTICAR. (De *auténtico*.) tr. Autorizar o legalizar alguna cosa. || **2.** Acreditar, dar fama.

AUTENTICIDAD. f. Calidad de auténtico.

AUTÉNTICO, CA. (l. *authenticus*, y éste del gr. αὐθεντικός.) adj. Acreditado de cierto y positivo. || **2.** Autorizado y legalizado; que hace fe pública. || **3.** FOR. V. *Interpretación* AUTÉNTICA. || **4.** MÚS. V. *Modo* AUTÉNTICO. || **P.** auténtico; **I.** authentic; **F.** authentique; **A.** echt; **It.** autentico; **R.** настоящий.

AUTILLO. (d. de *auto*.) m. Auto particular del tribunal de la Inquisición, a distinción del general.

AUTILLO. (l. *avis ōtĕllus*, d. de *ōtus*, del gr. ὦτος.) m. Ave rapaz nocturna, especie de mochuelo, perteneciente a la familia de las estrígidas. || **P.** coruja; **I.** brown-owl; **F.** hulotte; **A.** Waldkauz; **It.** allocco; **R.** тайное аутодафе.

★ **AUTISMO.** m. Especie de demencia caracterizada por la tendencia a aislarse del mundo exterior ensimismándose.

AUTO. (De *acto*.) m. FOR. Forma de resolución judicial, generalmente fundada, que decide cuestiones para las que no se requiere sentencia. || **2.** LIT. Composición dramática breve, tanto de índole profana como de asunto religioso. || **3.** pl. FOR. Conjunto de actuaciones o piezas de un procedimiento judicial. || **4.** FOR. V. *Pieza de* AUTOS. || AUTO *acordado* FOR. Determinación que tomaba por punto general algún consejo o tribunal supremo con asistencia de toda la sala. ||—**de fe.** Castigo público de los penitenciados por el tribunal de la Inquisición. ||—**definitivo.** DER. El que impide la continuación del pleito o deja resuelta alguna de las cuestiones litigiosas. ||—**de oficio.** FOR. El que provee el juez sin pedimento de parte. ||—**de providencia.** FOR. El que da el juez mandando lo que debe ejecutarse en algún caso, sin perjuicio del derecho de las partes; disposición que sólo dura hasta la definitiva. ||—**interlocutorio.** FOR. El que decide asunto accidental durante el curso del juicio. ||—**sacramental.** LIT. Auto dramático glosando el misterio de la Eucaristía o simbolizando el Pecado, la Fe, etc. || *Arrastrar los* AUTOS. fr. FOR. Arrastrar la causa. || AUTO *en favor.* loc. fig. y fam. Con tanta más razón. || *Constar de* AUTOS, o *en* AUTOS. fr. FOR. Hallarse probada en ellos alguna cosa. || *Estar uno en* AUTOS, o *en los* AUTOS. fr. fig. y fam. Estar enterado de alguna cosa. || *Hacer* AUTO *de fe de una cosa.* fr. fig. y fam. Quemarla. || **P.** auto; **I.** judicial decree; **F.** arreté, décret; **A.** Urteil; **It.** atto, decreto; **R.** постановление.

AUTO. (gr. αὐτός, mismo, propio.) Voz que se usa como prefijo con la significación de *propio, por uno mismo*. || **2.** m. fam. Automóvil.

AUTOBIOGRAFÍA. (De *auto*, 2.º art., y *biografía*.) f. Vida de una persona escrita por ella misma. || **P.** autobiografia; **I.** autobiography; **F.** autobiographie; **A.** Selbstbiographie; **It.** autobiografia; **R.** автобиография.

AUTOBIOGRÁFICO, CA. adj. Perteneciente o relativo a la autobiografía.

AUTOBIÓGRAFO. m. Autor de una autobiografía.

AUTOBOMBO. (De *auto*, 2.º art., y *bombo*.) m. fest. Elogio desmesurado y público que hace uno de sí mismo.

º **AUTOBÚS.** m. Ómnibus automóvil que circula por las calles de las grandes poblaciones.

AUTOCAMIÓN. m. Camión automóvil.

★ **AUTOCAR.** (De *auto*, apócop. de *automóvil*, y el ingl. *car*, carruaje.) m. Automóvil de gran capacidad para uso de turistas o para largos recorridos.

AUTOCLAVE. (De *auto*, 2.º art., y *clave*.) f. Aparato utilizado para la esterilización por medio del vapor, a presión

y temperaturas elevadas. || **P., F. e It.** autoclave; **I.** autoclave; **A.** Drucktopf; **R.** автоклав.

AUTOCOPISTA. f. Aparato que permite sacar varias copias de un escrito o dibujo, empleando para ello tinta especial y una prensa.

AUTOCRACIA. (gr. αὐτοκράτεια, de αὐτοκράτης, autócrata.) f. Forma de gobierno en el cual la voluntad de un solo individuo es la suprema ley. || **P.** autocracia; **I.** autocracy; **F.** autocratie; **A.** Selbstherrschaft; **It.** autocrazia; **R.** самодержавие.

AUTÓCRATA. (gr. αὐτοκράτης, de αὐτός,, uno mismo, y κράτος poder, dominio.) com. Persona que ejerce autoridad ilimitada en un Estado.

AUTOCRÁTICO, CA. adj. Perteneciente o relativo al autócrata o a la autocracia.

AUTOCRÍTICA. f. Crítica de una obra por su autor. || **2.** Breve noticia crítica hecha por su autor para que se publique antes del estreno.

★ **AUTOCROMO, MA.** adj. FOT. Aplícase a la placa preparada para la fotografía en colores. || **2.** m. ART. y OF. Procedimiento litográfico para la reproducción de policromías.

AUTOCTONÍA. f. Calidad de autóctono.

AUTÓCTONO, NA. (l. *autochthōnes*, y éste del gr. αὐτόχθων, de αὐτός, mismo, y χθάν, tierra.) adj. Aplícase a los pueblos o gentes originarios del mismo país en que viven. Se dice también de los animales y plantas.

★ **AUTODETERMINACIÓN.** f. Libre decisión del individuo. || **2.** BIOL. Teoría según la cual el mismo organismo contiene la razón de su propio funcionamiento y estructura. || **3.** POLÍT. Principio jurídico según el cual los habitantes de un país pueden decidir sobre su organización estatal.

AUTODIDACTO, TA. (gr. αὐτοδίδακτος.) adj. Que se instruye por sí mismo. Ú.t.c.s.

★ **AUTÓDROMO.** m. Lugar destinado para las carreras de automóviles.

AUTÓGENO, NA. (gr. αὐτός, mismo, y γεννάω, producir.) adj. Dícese de la soldadura metálica que se hace sin mediación de materia extraña, fundiendo con un soplete las partes por donde ha de hacerse la unión. || **2.** Que existe por sí mismo.

AUTOGIRO. (De *auto*, 2.º art., y γιρος, giro.) Aparato de aviación provisto de una hélice horizontal formada de grandes palas, articuladas en un eje vertical y dispuestas para que giren por la acción del viento. Dichas palas sirven de plano de sustentación y permiten que el aparato tome tierra casi verticalmente.

★ **AUTOGOBIERNO.** Gobierno de sí mismo y por sí mismo con independencia de toda imposición ajena.

AUTOGRAFÍA. (gr. αὐτός, mismo, y γράφω, escribir, grabar.) f. Procedimiento para reproducir, mediante una piedra preparada al efecto, escritos y dibujos hechos sobre un papel en tinta grasa. || **2.** Oficina donde se autografía. || **P.** autografia; **I.** autography; **F.** autographie; **A.** Autographie **It.** autografia; **R.** автография.

AUTOGRAFIAR. tr. Reproducir un escrito por medio de la autografía.

AUTOGRÁFICO, CA. adj. Perteneciente o relativo a la autografía.

AUTÓGRAFO, FA. (l. *autographus*, y éste del gr. αὐτόγραφος; de αὐτός, uno mismo, y γράφω, escribir). adj. Aplícase al escrito de mano de su mismo autor. Ú.t.c.s.m. || **P.** autógrafo; **I.** autograph; **F.** autographe; **A.** Urschrift, Autogramm; **It.** autografo; **R.** автограф.

★ **AUTOINDUCCIÓN.** f. ELECTR. Producción de una corriente inducida en un circuito, por una variación de corriente en el mismo.

★ **AUTOINFECCIÓN.** f. PAT. Infección del organismo o de una de sus partes, por productos sépticos del mismo.

AUTOINTOXICACIÓN. (De *auto*, 2.º art., e *intoxicación*.) f. MED. Intoxicación producida en el organismo mismo a

consecuencia de la formación de substancias tóxicas que son transportadas por la sangre.

★ **AUTOLATRÍA.** f. Amor exagerado de sí mismo hasta la adoración.

★ **AUTOMACIÓN.** f. TECNOL. Automatización.

AUTÓMATA. (l. *automāta*, t. f. de *-tus*, y éste del gr. αὐτόματος, espontáneo; de αὐτός, uno mismo, y μαίομαι, lanzarse.) m. Aparato con un mecanismo que le imprime ciertos movimientos. || **2.** Máquina que imita los movimientos y figura de un ser animado. || **3.** fig. Persona que se deja dirigir por otra. || **P.** autómato; **I.** automaton; **F.** automate; **A.** Automat; **It.** automa, automata; **R.** автомат.

AUTOMÁTICAMENTE. adv. De manera automática.

AUTOMÁTICO, CA. adj. Perteneciente o relativo al autómata. || **2.** V. *Arma* AUTOMÁTICA. || **3.** fig. Maquinal e indeliberado. || **4.** m. Especie de corchete que se cierra por presión, quedando el macho sujeto con los dientes de la hembra. || **P.** automatico; **I.** automatic; **F.** automatique; **A.** automatisch, selbsttätig; **It.** automatico; **R.** автоматический.

AUTOMATISMO. (gr. αὐτοματισμός, de αὐτοματίζω, obrar espontáneamente.) m. MED. Ejecución de actos sin intervención de la voluntad. || **2.** Cualidad de automático.

º **AUTOMATIZACIÓN.** f. TECNOL. Acción y efecto de automatizar.

AUTOMATIZAR. tr. Disponer complicadas operaciones mecánicas de carácter industrial, comercial o científico, para que se realicen automáticamente mediante la aplicación de dispositivos electrónicos que regulen los mecanismos y los procesos de autocontrol.

AUTOMEDONTE. (Por alusión a *Automedonte*, conductor del carro de Aquiles.) m. fig. Auriga, 1.ª acep.

AUTOMOTOR, RA. (De *auto*, 2.º art., y *motor*.) adj. Dícese del aparato que se mueve sin la intervención de una acción exterior. || **2.** m. Aplíc. a los vehículos de tracción mecánica, ú.t.c.s.m. || **3.** m. Autovía.

AUTOMOTRIZ. (De *auto*, 2.º art., y *motriz*.) adj. f. Automotora.

AUTOMÓVIL. (De *auto*, 2.º art., y *móvil*.) adj. Que se mueve por sí mismo. Dícese principalmente de los coches de carretera accionados por un motor de explosión, y que pueden ser guiados sin necesidad de carriles. Ú.m.c.s.m. || **2.** V. *Torpedo* AUTOMÓVIL. || **P.** automóvel; **I.** automobile, motor-car; **F.** e **It.** automobile; **A.** Automobil; **R.** автомобиль.

AUTOMOVILISMO. m. Conjunto de conocimientos teóricos y prácticos referentes a la construcción, funcionamiento y manejo de vehículos automóviles. || **2.** Ejercicio del que conduce un automóvil.

AUTOMOVILISTA. adj. Perteneciente o relativo al automóvil. || **2.** com. Persona que conduce un automóvil.

AUTOMOVILÍSTICO, CA. adj. Perteneciente o relativo al automovilismo.

AUTONOMÍA. (l. *autonomia*, y éste del gr. αὐτονομία.) f. Estado y condición de un pueblo que goza de entera independencia política. || **2.** Condición del individuo que de nadie depende bajo ciertos conceptos. || **3.** Potestad que dentro del Estado pueden gozar regiones, provincias, municipios u otras entidades dependientes de él, para regir intereses peculiares de su vida interna, mediante normas y órganos de gobierno propios. || **4.** Capacidad máxima de un vehículo marítimo, aéreo o terrestre para efectuar un recorrido ininterrumpido sin repostarse. || **P. e It.** autonomia; **I.** autonomy; **F.** autonomie; **A.** Autonomie, Unabhägigkeit; **R.** автономия.

AUTONÓMICAMENTE. adv. de manera autónoma.

AUTONÓMICO, CA. adj. Perteneciente o relativo a la autonomía.

AUTONOMISTA. adj. Partidario de la autonomía política. Apl. a pers. ú.t.c.s.

AUTÓNOMO, MA. (gr. αὐτόνομος de αὐτός, propio, y νόμος, ley.) adj. Que goza de autonomía.

AUTOPISTA. (De *auto*, 2.º art., y

A

A

pista.) f. Carretera construida expresamente para el tránsito de automóviles.

º **AUTOPLASTIA.** (gr. αὐτός, uno mismo, y πλαστός, formado; de πλάσσω, formar.) f. Cɪʀ. Restauración de partes dañadas o enfermas del organismo, mediante injertos procedentes del mismo individuo.

AUTOPSIA. (gr. αὐτοψία, acción de ver por los propios ojos.) f. Mᴇᴅ. Disección de un cadáver para averiguar las causas de la muerte. || **2.** fig. Examen minucioso. || **P.** autópsia; **I.** autopsy, postmortem examination; **F.** autopsie; **A.** Totenschau; **It.** autopsia; **R.** вскрытие.

AUTÓPSIDO, DA. (gr. αὐτός, mismo, y ὄψις, vista.) adj. Dícese de los minerales que tienen aspecto metálico.

AUTOR, RA. (l. *auctor, -ōris*) m. y f. El que es causa de alguna cosa. || **2.** El que la inventa. || **3.** El que ha hecho alguna obra científica, literaria o artística. || **4.** Antiguamente, el que cuidaba del gobierno económico de una compañía cómica. || **5.** Fᴏʀ. En lo criminal, persona que comete el delito, o fuerza o induce a la ejecución de un acto sin el cual no se hubiera efectuado. || **6.** Fᴏʀ. Causante. || **P.** autor; **I.** author; **F.** auteur; **A.** Urheber, Autor, Verfasser; **It.** autore; **R.** автор, творец.

AUTORÍA. f. Empleo de autor de las antiguas compañías cómicas.

AUTORIDAD. (l. *auctoritas, -ātis*) f. Carácter o representación de una persona por su empleo, mérito o nacimiento. || **2.** Potestad, facultad. || **3.** Potestad legítima a que están sometidos los ciudadanos del Estado en virtud de la constitución del mismo. || **4.** Poder que tiene una persona sobre otra que le está subordinada. || **5.** Persona revestida de algún poder, mando o magistratura. || **6.** Crédito y fe que se da de una persona o cosa en alguna materia. || **7.** Ostentación, fausto, aparato. || **8.** Texto, expresión, etc., que se cita en apoyo de algo. || **9.** Según la filosofía cristiana, emanación o atributo de Dios, en quien tiene su fundamento toda otra autoridad. || **P.** autoridad; **I.** authority; **F.** autorité; **A.** Autorität, Einfluss, Anschen; **It.** autorità; **R.** власть, авторитет.

AUTORITARIAMENTE. adv. De modo autoritario, imperiosamente.

AUTORITARIO, RIA. adj. Que se funda en la autoridad. || **2.** Partidario extremado del principio de autoridad. Ú.t.c.s.

AUTORITARISMO. (De *autoritario*.) m. Sistema fundado en la sumisión incondicional a la autoridad. || **2.** Abuso que uno hace de su autoridad.

AUTORITATIVO, VA. (l. *auctoritas, -ātis*, autoridad.) adj. p. us. Que incluye o supone autoridad.

AUTORIZABLE. adj. Que se puede autorizar.

AUTORIZACIÓN. f. Acción y efecto de autorizar. || **—previa.** Fᴏʀ. En algunos sistemas políticos, la que se reserva el Gobierno para impedir o permitir el procesamiento de sus subordinados por hechos que ejecutan como funcionarios. || **P.** autorización; **I.** authorization; **F.** autorisation; **A.** Ermächtigung; **It.** autorizzazione; **R.** разрешение.

AUTORIZADAMENTE. adv. Con autoridad. || **2.** Con autorización.

AUTORIZADO, DA. p.p. de autorizar. || **2.** adj. Dícese de la persona que es digna de respeto o crédito por sus cualidades o circunstancias.

AUTORIZADOR, RA. adj. Que autoriza. Ú.t.c.s.

AUTORIZAMIENTO. m. Autorización.

AUTORIZANTE. p.a. de autorizar. Que autoriza.

AUTORIZAR. (De *autor*.) tr. Dar a uno facultad para hacer alguna cosa. || **2.** Dar fe el escribano o notario en un documento. || **3.** Confirmar una cosa con autoridad, texto o testimonio. || **4.** Aprobar o abonar. || **5.** Dar importancia a una persona o cosa. || **P.** autorizar; **I.** to authorize; **F.** autoriser; **A.** ermächtigen, autorisieren; **It.** autorizzare; **R.** уполномочивать.

★ **AUTORREGULACIÓN.** f. Sistema tecnológico que tiene por objeto la regulación automática de máquinas, procesos industriales, servicios públicos o privados, etc., por medio de dispositivos adecuados. Aplícase ya normalmente en algunas industrias químicas y en la fabricación de automóviles.

★ **AUTORREGULADOR, RA.** adj. y s. Dícese del dispositivo o proceso por el que se obtiene la autorregulación.

AUTORRETRATO. (De *auto*, 2.º art., y *retrato*.) m. Retrato de una persona hecho por sí misma.

★ **AUTOSERVICIO.** m. Sistema que en algunos establecimientos permite al usuario o al cliente servirse por sí mismo sin necesidad de personal encargado.

AUTOSUGESTIÓN. (De *auto*, 2.º art., y *sugestión*.) f. Mᴇᴅ. Sugestión que se produce en una persona independientemente de toda influencia extraña.

★ **AUTÓTROFO, FA.** adj. Dícese del organismo que se nutre por sí mismo sin precisar de substancias previamente elaboradas por otros. Aplícase de manera especial a las bacterias que no requieren nitrógeno ni carbono orgánico para su desarrollo.

★ **AUTOVACUNA.** f. Mᴇᴅ. Vacuna preparada con los microbios del mismo sujeto a quien se aplica.

★ **AUTOVÍA.** (De *auto*, 2.º art., y *vía*.) f. Autopista. || **2.** Autorriel, autobús que corre sobre rieles.

AUTRIGÓN, NA. (l. *autrigōnes*.) adj. Dícese del individuo de un antiguo pueblo que habitó en el territorio que media entre Bilbao y la ría de Oriñón, Medina de Pomar y Miranda de Ebro, Haro y Briviesca. Ú.m.c.s.m. y en pl. || **2.** Perteneciente a este pueblo.

AUTUMNAL. (l. *autumnālis*.) adj. Otoñal.

★ **AUVERNIA.** f. Cᴜʙᴀ. Cierta planta de jardinería, que tiene hojas con olor de limón muy agradable. Se le da también el nombre de luisa.

★ **AUXANOLOGÍA.** f. Bɪᴏʟ. Ciencia del crecimiento o del desarrollo de los organismos.

AUXILIADOR, RA. (l. *auxiliātor*.) adj. Que auxilia. Ú.t.c.s.

AUXILIANTE. p.a. de auxiliar. Que auxilia.

AUXILIAR. (l. *auxiliāris*.) adj. Que auxilia. Ú.t.c.s. || **2.** V. *Obispo* ᴀᴜxɪʟɪᴀʀ. || **3.** Gʀᴀᴍ. *Verbo* ᴀᴜxɪʟɪᴀʀ. || **4.** m. Funcionario subalterno. || **5.** Profesor que substituye al catedrático o le ayuda en su labor. || **I.** auxiliary; **F.** auxiliaire; **It.** ausiliario; **R.** вспомогательный, помощник.

AUXILIAR. (l. *auxiliāre*.) tr. Dar auxilio. || **2.** Ayudar a bien morir.

AUXILIARÍA. f. Empleo de auxiliar, 1.ᵉʳ art., 5.ª acep.

AUXILIATORIO, RIA. (De *auxiliar*, 2.º art.) adj. Fᴏʀ. Dícese del despacho que daban los tribunales superiores para que se cumpliera lo ordenado por los superiores.

AUXILIO. (l. *auxilium*.) m. Ayuda, socorro. || **2.** V. *Denegación de* ᴀᴜxɪʟɪᴏ. || **P.** auxilio; **I.** assistance; **F.** secours; **A.** Hilfe, Beistand; **It.** ausilio; **R.** помощь.

★ **AUXOLOGÍA.** f. Auxanología.

AVACADO, DA. adj. Dícese de la caballería parecida a la vaca en tener mucho vientre y poco brío.

AVADAR. intr. Menguar los ríos y arroyos tanto, que se puedan vadear. Ú.m.c.r.

AVAHADO, DA. p.p. de avahar.

AVAHAR. tr. Calentar con el vaho alguna cosa. || **2.** intr. Echar de sí o despedir vaho.

AVAL. (fr. *aval*, y éste del l. *ad vallem*, abajo.) m. Cᴏᴍ. Firma puesta al pie de un documento de crédito para responder de su pago en caso de no verificarlo la persona obligada a él. || **2.** Escrito en que uno responde de la conducta de otro, especialmente en materia política. || **P.** y **F.** aval; **I.** endorsement; **A.** Garantieschein; **It.** avallo; **R.** поручительство.

º **AVALANCHA.** f. Alud, gran masa de nieve que se derrumba. || **2.** fig. Irrupción, invasión de muchas cosas, tropel.

AVALAR. tr. Garantizar por medio de aval.

AVALENTADO, DA. adj. Propio del valentón; como el traje, el aire, en el andar, etc.

AVALENTAMIENTO. m. p. us. Alarde de valentía.

AVALENTAR. tr. Dar ánimos; envalentonar. Ú.m.c.r.

AVALENTONADO, DA. adj. Valentón.

AVALIAR. (De *a* y *valía*.) tr. ant. Valuar.

AVALÍO. (De *avaliar*.) m. ant. Avalúo.

AVALISTA. com. Persona que avala.

AVALORAR. tr. Dar valor o precio a alguna cosa. || **2.** fig. Infundir valor o ánimo. || **P.** valorizar; **I.** to price; **F.** priser; **A.** abschätzen, taxieren; **It.** valutare; **R.** оценивать.

AVALUACIÓN. f. Valuación.

AVALUAR. tr. Valuar.

AVALÚO. (De *avaluar*.) m. Valuación.

AVALLAR. tr. p. us. Cerrar con valla una heredad.

AVAMBRAZO. (De *aván*, por avante, adelante, y *brazo*.) m. ant. Pieza del arnés o armadura antigua, que servía para cubrir y defender el antebrazo.

AVAMPIÉS. (fr. *avant-pied*, y éste del l. *ab ante pedem*.) m. ant. Parte de la polaina o botín, que cubre el empeine del pie.

AVANCARGA (DE). (De *aván*, por avante, y *carga*.) loc. Se dice de las armas de fuego que se cargan por la boca.

AVANCE. m. Acción de avanzar, 1.ª y 2.ª aceps. || **2.** Anticipo de dinero. || **3.** Avanzo, 1.ª y 2.ª aceps. || **4.** En ciertos coches, parte anterior de la caja. || **5.** Cʜɪʟᴇ. Juego de pelota en campo raso y abierto. || **P.** avance, avanço; **I.** advance; **F.** avancement; **A.** Vorrücken; **It.** avanzamento; **R.** аванс.

º **AVANCE.** m. Conjunto de fragmentos de una película que se proyectan antes de su estreno y con fines de publicidad.

AVANDICHO, CHA. (De *aván*, por avante, y *dicho*.) adj. ant. Sobredicho.

AVANECERSE. (De *a*, 2.º art., y *vano*.) r. Acorcharse. Dícese de la fruta.

AVANGUARDIA. f. desus. Mɪʟ. Avanguardia.

AVANGUARDIA. (De *aván* y *guardia*.) f. desus. Mɪʟ. Vanguardia.

AVANTAL. (De *avante*.) m. Devantal.

AVANTE. (l. *ab ante*.) adv. ant. Adelante. Hoy tiene uso en Salamanca y en la Marina. || **2.** Mᴀʀ. V. *Orza de* ᴀᴠᴀɴᴛᴇ. || **P.** avante; **I.** forward; **F.** avant; **A.** vorwärts; **It.** avanti; **R.** вперёд.

AVANTRÉN. (fr. *avant-train*.) m. Juego delantero de los carruajes de que se sirve la artillería. || **2.** Parte delantera de un carruaje.

AVANZADA. f. Partida de soldados destacada para observar al enemigo y precaver sorpresas. || **P.** avançada; **I.** out-post; **F.** poste avancé; **A.** Vorposten; **It.** avamposto; **R.** авангард.

★ **AVANZADILLA.** (De *avanzar*.) f. Mᴀʀ. Muelle angosto construido sobre pilotes, que se adelanta hacia el mar y que por debajo pasa libremente el agua. || **2.** Mɪʟ. Pequeña fuerza destacada de una tropa para observar lo más cerca posible los movimientos del enemigo.

AVANZADO, DA. p.p. de avanzar. || **2.** adj. V. *Edad* ᴀᴠᴀɴᴢᴀᴅᴀ. || **3.** De ideas políticas o doctrinales muy nuevas o atrevidas.

AVANZAR. (l. *abantiāre*, de *ab ante*.) tr. o us. Adelantar, mover o prolongar hacia adelante. || **2.** intr. Ir hacia adelante, embestir, especialmente las tropas. || **3.** Tratándose del tiempo, acercarse a su fin. Ú.t.c.r. || **4.** fig. Adelantar, progresar o mejorar la acción, condición o estado. || **5.** Cᴜʙᴀ. Vomitar. || **6.** Méᴊ. Robar, pillar. || **P.** avançar; **I.** to advance; **F.** avancer; **A.** vorwärtskommen, vorwärtsbringen; **It.** avanzare; **R.** продвигать.

AVANZO. (De *avanzar*.) m. Balance, 3.ª acep. || **2.** Presupuesto, 4.ª acep.

AVARAMENTE. adv. Avariciosamente.

AVARICIA. (l. *avaritĭa*.) f. Afán desordenado de poseer riquezas para atesorarlas. || **P.** avareza; **I.** y **F.** avarice; **A.** Geiz, Habsucht; **It.** avarizia; **R.** скупость.

AVARICIAR. tr. ant. Desear con avaricia. Ú.t.c.intr.

AVARICIOSAMENTE. adv. Con avaricia.

AVARICIOSO, SA. (De *avaricia*.) adj. Avariento.

AVARIENTAMENTE. adv. Avariciosamente.

AVARIENTEZ. (De *avariento*.) f. ant. Avaricia.

AVARIENTO, TA. (De *avaro*.) adj. Que tiene avaricia. Ú.t.c.s. || *Piensa el* AVARIENTO *que gasta por uno, y gasta por ciento.* ref. que advierte que el excesivo ahorro suele ocasionar al AVARIENTO mayores gastos.

★ **AVARIOSIS.** f. MED. Sífilis.

AVARO, RA. (l. *avārus*, de *avēre*, desear con ansia.) adj. Avariento. Ú.t.c.s. || 2. fig. Que reserva, oculta o escatima alguna cosa.

AVASALLADOR, RA. adj. Que avasalla. Ú.t.c.s.

AVASALLAMIENTO. m. Acción y efecto de avasallar o avasallarse.

AVASALLAR. (De *a*, 2.º art., y *vasallo*.) tr. Sujetar o someter a obediencia. || 2. r. Hacerse súbdito o vasallo de un rey o señor. || 3. Someterse por impotencia o debilidad al que tiene poder o valimiento.

★ **AVATAR.** m. Transformación.

AVE. (l. *avis*.) f. ZOOL. Clase de vertebrados de sangre caliente y respiración pulmonar, caracterizados por tener dos pies y dos alas y el cuerpo cubierto de plumas. Poseen sistema circulatorio doble y corazón con cuatro concavidades. || 2. pl. ZOOL. Clase de estos animales. || —**brava.** Ave silvestre. || —**de corral.** Toda ave doméstica cuya carne y huevos son utilizados en la alimentación humana. || —**del Paraíso.** Ave paseriforme. Presenta unos penachos de color amarillo dorado que constituyen el adorno llamado paraíso. || —**de cuchar o de cuchara.** Ave acuática cuyo pico afecta la forma de una cuchara. || —**de paso.** La que en ciertas ocasiones del año se muda de un lugar a otro. || 2. fig. y fam. Persona que se detiene poco en pueblo o sitio determinado. || —**de rapiña.** Cualquiera de las carnívoras que tienen pico y uñas muy robustos, encorvados y puntiagudos; como el águila y el buitre. || 2. fig. y fam. Persona que se apodera con violencia o astucia de lo que no es suyo. || —**de ribera.** Cualquiera de las pertenecientes al orden de las zancudas. || —**Fénix.** ASTRON. Constelación austral situada entre la Grulla y Erídano. || —**fría.** Ave zancuda que vive en España solamente durante el otoño e invierno. Es de color blanco y verde con un moño eréctil de cinco o seis plumas rizadas. || 2. fig. y fam. Persona de poco espíritu y viveza. || —**lira.** Pájaro dentirrostro, del tamaño de una gallina. El macho tiene una cola con 16 plumas en forma de lira. Vive en Nueva Gales del Sur. || —**migratoria.** La que cada año hace un largo viaje a partir del lugar donde nidifica, y retorna a éste al año siguiente. || —**pasajera.** AVE *de paso*, 1.ª acep. || —**rapaz.** AVE *de rapiña*, 1.ª acep. || —**ratera.** La que va volando muy cerca de la tierra. || —**silvestre.** La que huye de lugares poblados y nunca o rara vez se domestica. || —**tonta.** Pájaro indígena de España, parecido en tamaño al gorrión, que hace sus nidos en tierra y se deja coger con facilidad. || —**zonza.** AVE *tonta*. || 2. fig. y fam. Persona descuidada, simple. || *Al* AVE *de paso, cañazo.* ref. que aconseja no tener trato íntimo con forasteros o transeúntes. || *De las* AVES *que alzan el rabo, la peor es el jarro.* ref. que denota las fatales consecuencias de la embriaguez. || *Ser una* AVE. fr. fig. y fam. Ser muy ligero o veloz. || **P.** ave; **I.** bird; **F.** oiseau; **A.** Vogel; **It.** uccello; **R.** птица.

★ **AVECASINA.** (De *ave*, y el fr. *bécassine*.) f. ZOOL. CHILE. Becada.

AVECILLA. (l. *avicella*.) f. d. de ave. || —**de las nieves.** Aguzanieves.

AVECINAR. (De *a*, 2.º art., y *vecino*.) tr. Acercar. Ú.m.c.r. || 2. Avecindar, 1.ª acep. Ú.m.c.r.

AVECINDAMIENTO. m. Acción y efecto de avecindarse. || 2. Lugar en que uno está avecindado.

AVECINDAR. tr. Admitir a alguno en el número de vecinos de un pueblo. || 2. r. Establecerse en algún pueblo en calidad de vecinos. || 3. fig. Arraigar una persona o cosa.

AVECHUCHO. m. Ave de figura desagradable. || 2. fig. y fam. Sujeto despreciable por su figura o costumbres.

AVEFRÍA. f. Ave fría, 1.ª acep.

AVEJAR. tr. ant. Vejar.

AVEJENTAR. tr. Poner a uno viejo antes de serlo. Ú.m.c.r.

AVEJIGAR. tr. Levantar vejigas contra alguna cosa. Ú.t.c.intr. y c.r.

AVELAR. tr. ant. Poner a la vela el buque.

AVELENAR. tr. ant. Avenenar.

AVELLANA. (l. *abellāna*[*nux*], de *Abella*, ciudad de Campania.) f. Fruto del avellano: es casi esférico, con corteza dura, delgada y de color canela, dentro de la cual hay una carne blanca, aceitosa y de gusto agradable. || 2. Carbón mineral de la cuenca de Puertollano en trozos de tamaño reglamentado. || 3. PERÚ. Cohete volador estruendoso. || **P.** avelã; **I.** hazelnut; **F.** noissette; **A.** Haselnuss; **It.** avellana; **R.** opex.

★ **AVELLANADO, DA.** adj. COLOM. Dícese del coco que se ha secado en su parte interior. || 2. m. MAR. Agujero abierto en la madera para que no sobresalga del suelo la cabeza de los clavos.

AVELLANADOR. m. Barrena que suele emplearse para ensanchar o alisar los taladros o barrenos.

AVELLANAL. m. Avellanar, 1.er art.

AVELLANAR. m. Sitio poblado de avellanos.

AVELLANAR. (De *avellana*.) tr. ensanchar en forma de embudo los agujeros para los tornillos, a fin de que la cabeza de éstos quede embutida en la pieza taladrada. || 2. Arrugar una persona o cosa.

AVELLANATE. (cat. *avellanat*, de *avellana*.) m. Guiso o pasta con avellanas.

AVELLANEDA. (De *avellana*, con el suf. *-eda*, del l. *-eta*, pl. *-ētum*.) Avellanar, 1.er art.

AVELLANEDA. f. Avellano, 1.ª acep. || 2. La que vende avellanas.

AVELLANEDO. (De *avellano*, con el suf. *-edo*, del l. *-ētum*.) m. Avellaneda.

AVELLANERA. f. Avellano, 1.ª acep. || 2. La persona que vende avellanas.

AVELLANERO. m. El que vende avellanas.

AVELLANO. (De *avellana*.) m. BOT. Arbusto betuláceo, de hojas acorazonadas y aserradas, que crece en los bosques de las regiones templadas y se cultiva por su fruto, que es una núcula de pericarpio leñoso con una semilla redondeada y comestible. || 2. Madera de este árbol. || 3. Árbol de la isla de Cuba, de la familia de las euforbiáceas, de madera tierna, viscosa y blanca; hojas alternas y flores verdosas e inodoras, de cinco pétalos. Su fruto es una baya, y del jugo de su tronco se obtiene goma elástica. || **P.** aveleira; **I.** hazel; **F.** coudrier, noisetier; **A.** Haselstrauch; **It.** avellano; **R.** орешник.

AVEMARÍA. (l. *ave*, voz empleada como salutación, y *María*, nombre de la Virgen.) f. Oración compuesta de las palabras con que el arcángel San Gabriel saludó a la Virgen, de las que dijo Santa Isabel y de otras que añadió la Iglesia. || 2. Cada una de las cuentas pequeñas del Rosario. || 3. Ángelus. || *Al* AVEMARÍA. m. adv. Al anochecer. Dícese así por la costumbre que hay de tocar a estas horas las campanas y rezar la salutación angélica. || *En una* AVEMARÍA. loc. fig. y fam. En un instante. || *Saber* uno *como el* AVEMARÍA *una cosa.* fr. fig. y fam. Tenerla en la memoria con perfecta claridad.

¡AVE MARÍA! exclam. con que se denota asombro o extrañeza. || 2. Saludo empleado al llamar o entrar en una casa. || 3. ¡AVE MARÍA *Purísima!* exclam. ¡AVE MARÍA!

AVENA. (l. *avēna*.) f. BOT. Planta graminea de espigas colgantes, cuyo grano se da como pienso a las caballerías. || 2. Conjunto de granos de esta planta. || 3. poét. Zampoña, 1.ª acep. || —**caballuna.** Especie muy parecida a la loca, pero que tiene todos los ramos de la panoja en un solo lado. || —**loca.** Ballueca. || **P.** aveia; **I.** oats; **F.** avoine; **A.** Hafer; **It.** avena; **R.** овёс.

AVENADO, DA. p.p. de avenar. || 2. Que tiene vena de loco.

AVENADO, DA. adj. ant. Perteneciente a la avena o que tiene avena.

AVENAMIENTO. m. Acción y efecto de avenar.

AVENAR. (De *a*, 2.º art., y *vena*.) tr. Dar salida a las aguas o a la excesiva humedad de los terrenos por medio de zanjas o cañerías.

AVENATE. m. Bebida fresca y pectoral, hecha de avena mondada, cocida en agua y molida a manera de almendra.

AVENATE. (De *a*, 2.º art., y *vena*.) m. AND. Arranque de locura.

AVENEDIZO, ZA. adj. ant. Advenedizo.

AVENENAR. (De *a*, 2.º art., y *veneno*.) tr. Envenenar.

AVENENCIA. (De *avenir*.) f. Convenio, transacción. || 2. Conformidad y unión. || *Más vale mala* AVENENCIA *que buena sentencia.* ref. que advierte la utilidad que se sigue de componer los pleitos y diferencias, aunque haya derecho. || **P.** avenência; **I.** agreement; **F.** convention; **A.** Vertrag; **It.** accordo; **R.** соглашение.

AVENENCIA. f. p. us. Venencia.

AVENENTEZA. (l. *advĕniens, -entis*, que se acerca.) f. ant. Ocasión, coyuntura, oportunidad.

AVENIBLE. adj. Fácil de avenirse o concertarse.

AVENÍCEO, A. adj. Perteneciente a la avena.

AVENIDA. (De *avenir*.) f. Creciente impetuosa de un río o arroyo. || 2. Camino que va a un pueblo o paraje determinado. || 3. Vía ancha con árboles a los lados. || 4. fig. Concurrencia de varias cosas. || 5. MIL. Desfiladero, barranco, puente, etc., que conduce a una plaza fuerte, campamento o posición. || **P.** enchente fluvial; **I.** freshet; **F.** crue; **A.** Hochwasser; **It.** fiumana; **R.** половодье. || 3.ª acep.: **P.** avenida; **I.** y **F.** avenue; **A.** Allee, Avenue; **It.** viale; **R.** аллея.

AVENIDERO, RA. adj. ant. Advenidero.

AVENIDIZO, ZA. adj. ant. Advenedizo.

AVENIDO, DA. p.p. de avenir. || 2. adj. Con los advs. *bien* o *mal*, concorde o conforme con personas o cosas, o al contrario.

AVENIDOR, RA. (De *avenir*.) adj. Que media entre dos o más sujetos, para componer sus diferencias. Ú.t.c.s.

AVENIENTE. p.a. de avenir. Que aviene.

AVENIMIENTO. m. Acción y efecto de avenir o avenirse.

AVENIR. (l. *advenīre*, de *ad*, a, y *venīre*, venir.) tr. Conciliar, ajustar las partes discordes. Ú.m.c.r. || 2. intr. Suceder, 4.ª acep. || 3. r. Entenderse bien una persona con otra; especialmente ponerse de acuerdo en materia de opiniones o pretensiones. || 4. Hablándose de cosas, hallarse en armonía o conformidad. || *Allá se las* AVENGA, *o* AVENGAN, *o se lo* AVENGA, *o* AVENGAN, *o te las* AVENGAS, *o te lo* AVENGAS. locs. fams. Allá se las haya, o hayan, etc.

AVENTADERO. m. ant. Sitio donde se avienta. || 2. ant. Aventador, 2.ª y 3.ª aceps. || 3. ant. Mosqueador, 1.ª acep.

AVENTADO, DA. p.p. de aventar. || 2. ad. p. us. Aplícase al que tiene anchas las ventanas de la nariz, o a quien se le hinchan las narices. || 3. R. DE LA PLATA. Desbravado, que ha perdido su savia, su aroma, etc. || 4. VENEZ. Muerto violentamente.

AVENTADOR, RA. adj. Dícese del que avienta y limpia los granos. Ú.t.c.s. || 2. Aplícase a la máquina o instrumento que se aplica a tal fin. Ú.t.c.s. || 3. m. Bieldo. || 4. Soplillo o abanico. || 5. MIN. Válvula de suela de las bombas. || **P.** aventador; **I.** winnower; **F.** tarare; **A.** Fegemühle; **It.** vagliatore; **R.** веяльщик.

AVENTADURA. (De *aventar*.) f. Enfermedad de las caballerías, que consiste en levantarse la carne y formarse hinchazón y tumor.

AVENTAJA. (fr. *avantage*, y éste del l. *abantaticum*, de *ab ante*.) f. ant. Ventaja. || 2. pl. FOR. AR. Adventajas.

AVENTAJADAMENTE. adv. Con ventaja.

AVENTAJADO, DA. p.p. de aventa-

A

jar. || **2.** adj. Que aventaja a lo ordinario o común en su línea. || **3.** Ventajoso, provechoso, conveniente. || **4.** m. MIL. Antiguamente, soldado que tenía alguna ventaja en el sueldo.

AVENTAJAMIENTO. (De *aventajar*.) m. Ventaja.

AVENTAJAR. tr. Anteponer, preferir. Ú.t.c.r. || **2.** Adelantar, poner en mejor estado. || **3.** r. Llevar ventaja, exceder.

AVENTAMIENTO. m. Acción de aventar.

AVENTAR. (De *a*, 2.° art., y *viento*.) tr. Dirigir una corriente de aire a una cosa. || **2.** Echar al viento una cosa, especialmente los granos en la era para limpiarlos. || **3.** Impeler el viento alguna cosa. || fig. y fam. Echar o expulsar a uno. || **5.** CUBA. Exponer al aire y al sol el azúcar en los ingenios. || **6.** CUBA. Limpiar el café de su cáscara por medio del aventador. || **7.** MÉJ. Tirar, arrojar. || **8.** r. Llenarse de viento algún cuerpo. || **9.** MAR. Reventarse o causarse alguna hendedura en cualquier cuerpo sólido, como palo, bomba, etc. || **10.** fig. y fam. Escapar, huirse. || **P.** aventar; **I.** to fan; **F.** éventer; **A.** auslüften; **It.** sventolare; **R.** веять, провеивать.

AVENTEAR. tr. ant. Ventear.

AVENTURA. (l. *adventūra*, t. f. del p. f. de *advenīre*, llegar, suceder.) f. Suceso o lance extraño. || **2.** Casualidad, contingencia. || **3.** Riesgo, peligro inopinado. || **4.** CUBA. La cuarta cosecha. del maíz. || **P.** aventura; **I.** adventure; **F.** aventure; **A.** Abenteuer; **It.** avventura; **R.** приключение.

AVENTURADO, DA. p.p. de aventurar. || **2.** adj. Arriesgado, atrevido, inseguro.

AVENTURAR. (De *aventura*.) tr. Arriesgar, poner en peligro. Ú.t.c.r. || **2.** Decir una cosa atrevida o de que se duda. || **P.** aventurar; **I.** to venture; **F.** aventurer; **A.** wagen; **It.** avventurare; **R.** рисковать.

AVENTURERAMENTE. adv. A la ventura. || **2.** A modo de aventurero.

AVENTURERO, RA. adj. Que busca aventuras, que vive una vida de aventuras. || **2.** V. *Caballero* AVENTURERO. Ú.t.c.s. || **3.** V. *Estómago* AVENTURERO. || **4.** Que entraba voluntariamente en la milicia y servía a su costa al rey. || **5.** CUBA. Dícese del maíz, arroz, etc., que se produce fuera del tiempo apropiado. || **6.** MÉJ. Dícese del trigo que se siembra en secano. || **7.** m. MÉJ. Mozo que los tratantes en bestias alquilan para que los ayude a conducirlas. || **P.** aventureiro; **I.** adventurer; **F.** aventurier; **A.** Abenteurer; **It.** avventuriero; **R.** авантюрист.

★ **AVERAGE.** (Voz inglesa.) m. Término de uso internacional en el comercio, en los deportes, etc., con la significación de promedio o término medio.

AVERAR. tr. ant. Adverar.

AVERDUGAR. (De *a*, 2.° art., y *verdugo*.) tr. VETER. Apretar o ajustar con exceso, hasta causar lesión. Dícese especialmente hablando de las herraduras.

AVERGONZADAMENTE. adv. m. ant. Vergonzosamente.

AVERGONZADO, DA. p.p. de avergonzar. || **2.** adj. ant. Vergonzante.

AVERGONZAMIENTO. m. ant. Acción y efecto de avergonzar o avergonzarse.

AVERGONZAR. tr. Causar vergüenza a uno. || **2.** r. Tener o sentir vergüenza. || **P.** envergonhar; **I.** to shame; **F.** faire honte; **A.** erröten, beschämen; **It.** svergognare; **R.** стыдить.

AVERGOÑAR. tr. ant. Avergonzar.

AVERÍA. f. Lugar donde se crían aves. || **2.** Averío.

AVERÍA. (ár. *al-ʿawāriyya*, las mercaderías estropeadas.) f. Daño que padecen las mercaderías o géneros durante el transporte por tierra o por mar. || **2.** Deterioro o desperfecto de cualquiera de los órganos de un aparato que impide el normal funcionamiento de éste. || **3.** fam. Azar, daño, perjuicio o menoscabo. || **4.** CHILE. Suceso desgraciado. || **5.** MAR. Detrimento o daño de la embarcación. || **—gruesa.** Daño o gasto que deliberadamente se causa al buque o al cargamento, ya para salvarlos,

---

o bien para preservar a otros buques, el importe del cual ha de ser pagado por cuantos tienen interés en el salvamento que se ha procurado. || **—simple.** La que no afecta a todos los interesados en el riesgo o salvamento. || **P.** e **It.** avaria; **I.** damage, average; **F.** avarie; **A.** Havarie, Schaden; **R.** авария.

AVERIARSE. (De *avería*, 2.° art.) r. Maltratarse o echarse a perder alguna cosa. Dícese más comúnmente de las mercaderías. || **P.** avariar-se; **I.** to get damaged; **F.** s'avarier; **A.** verderben; **It.** avariarsi; **R.** портиться.

AVERIGUABLE. adj. Que se puede averiguar.

AVERIGUACIÓN. f. Acción y efecto de averiguar.

AVERIGUADAMENTE. adv. Seguramente.

AVERIGUADOR, RA. adj. Que averigua. Ú.t.c.s.

AVERIGUAMIENTO. m. Averiguación.

AVERIGUAR. (l. *ad*, a, y *verificāre*; de *verum*, verdadero, y *facĕre*, hacer.) tr. Inquirir la verdad hasta descubrirla. || AVERIGUARSE *con alguno*. fr. fam. Avenirse con él, sujetarle o reducirle a razón. || **P.** averiguar; **I.** to inquire; **F.** avérer; **A.** erforschen; **It.** avverare; **R.** исследовать.

AVERÍO. (l. *habēre*, tener, con la term. -*io*, de cabrío.) m. Copia o conjunto de muchas aves.

AVERNO. (l. *avernus*.) m. poét. Infierno, 1.ª acep. || **2.** MIT. Infierno, 4.ª acep. || **P.** e **It.** averno; **I.** Avernus; **F.** averne; **A.** Hölle, Unterwelt; **R.** ад.

AVERNO, NA. (l. *avernus*.) adj. Perteneciente o relativo al averno.

AVERROÍSMO. m. Sistema o doctrina del filósofo árabe Averroes, que acentúa el contraste entre la razón y la fe, entre la filosofía y la religión, y niega la inmortalidad de las almas individuales.

AVERROÍSTA. adj. Que profesa el averroísmo. Apl. a pers. ú.t.c.s.

AVERRUGADO, DA. adj. Que tiene muchas verrugas.

AVERSAR. (l. *aversāri*, intens. de *avertĕre*, apartar, desechar.) tr. ant. Repugnar, contradecir, manifestar aversión a alguna cosa.

AVERSARIO, RIA. adj. ant. Adversario. || **2.** m. y f. ant. Adversario, ria.

AVERSIÓN. (l. *aversĭo*, -*ōnis*.) f. Oposición y repugnancia que se tiene a alguna persona o cosa. || **P.** aversão; **I.** y **F.** aversion; **A.** Abneigung; **It.** avversione; **R.** отвращение.

AVERSO, SA. (l. *aversus*.) adj. ant. Opuesto, contrario. || **2.** ant. Malo, perverso.

AVÉS. (l. *ad vix*, apenas.) adv. ant. Abés.

AVESTA. m. Libros sagrados de los antiguos persas.

AVESTRUZ. (l. *avis strūthĭus*, y éste del gr. στροῦθος.) m. ZOOL. Ave corredora del África y Arabia, la mayor de las conocidas, de patas largas y robustas con sólo dos dedos, y cabeza y cuello casi desnudos, muy largo este último. Sus plumas son muy apreciadas, criándose avestruces en granjas especiales para obtener fácilmente dicho producto. Se alimentan de hierbas, semillas, insectos, asustándose con facilidad. || **—de América.** Ñandú. || **—de Australia.** ZOOL. Casuar. || **P.** avestruz; **I.** ostrich; **F.** autruche; **A.** Strauss; **It.** struzzo; **R.** страус.

AVETADA, DA. adj. Veteado, que tiene vetas.

AVETARDA. (l. *avis tarda*, ave torpe, pesada.) f. Avutarda.

AVETORO. (Tal vez del l. *botaurus*, nombre científico de este pájaro.) m. ZOOL. Especie de garza que en época de celo emite un sonido que recuerda al mugido del toro.

AVEZA. (De *veza*, con la *a* del art. *la*.) f. AR. Arveja.

AVEZADURA. (De *avezar*.) f. ant. Costumbre, 1.ª acep.

AVEZAR. (De *a*, 2.° art., y *vezar*, del l. *vitiāre*, enviciar, infl. en la significación por el ant. *avesar*, del l. *versāri*, acostumbrar.) tr. Acostumbrar. Ú.t.c.r.

AVIACIÓN. (De *ave*.) f. Sistema de locomoción aérea, fundado en el empleo de vehículos más pesados que el aire, con los cuales se imita en cierto modo el vuelo de las aves. || **2.** MIL. Cuerpo militar que utiliza este medio de locomoción para la guerra. || **3.** CUBA. Aventura amorosa, y también orgía, juerga. || **—civil.** La que no está afecta a servicios militares. || **—comercial.** La que se destina al transporte de mercancías. || **—de transporte.** La que se destina al de viajeros y mercancías. || **P.** aviação; **I.** y **F.** aviation; **A.** Aviatik, Flugwesen; **It.** aviazione; **R.** авиация.

AVIADOR, RA. adj. Dícese de la persona que dirige o tripula un aparato de aviación. Ú.t.c.s. || **2.** m. Individuo que presta servicio en la aviación militar. || **3.** m. AMÉR. Sodomita. || **4.** CUBA. Mujer pública.

AVIADOR, RA. adj. Que avía, dispone o prepara una cosa. Ú.t.c.s. || **2.** m. Barrena que usan los calafates. || **3.** m. Persona que costea labores de minas, o que hace préstamos a labradores, ganaderos o mineros.

AVIAJADO, DA. adj. ARQ. V. *Arco* AVIAJADO.

AVIAMIENTO. (De *aviar*, 1.er art.) m. Avío, 1.ª acep.

AVIAR. (l. *ad*, para, y *vía*, camino.) tr. Tratándose de viajes, prevenir o preparar una cosa. || **2.** fam. Alistar, aprestar, componer. AVIAR *una habitación*. Ú.t.c.r. || **3.** fam. Avivar la ejecución de lo que se está haciendo. || **4.** fam. Proporcionar a uno lo que le hace falta para algún fin. *Le* AVIÉ *de muebles*. || **5.** AMÉR. Hacer préstamos a labradores, ganaderos o mineros. || **6.** CHILE. Costear las labores de una mina para que siga la explotación, con objeto de resarcirse de los préstamos hechos a su dueño. || **7.** MAR. Dar el último repaso de calafatería a las costuras de un buque. || *Estar* uno AVIADO. fr. fig. y fam. Estar rodeado de dificultades o contratiempos.

AVIAR. adj. Aviario.

AVIARIO, RIA. adj. Dícese de las enfermedades de las aves domésticas.

AVICA. (d. de *ave*.) f. ÁL. Reyezuelo, 2.ª acep.

AVICENA. n. p. de un célebre médico árabe. || *Más vale un no cena que cien* AVICENAS. ref. Más mató la cena, que sanó AVICENA.

AVICIAR. tr. ant. Enviciar. Usáb.t.c.r. || **2.** SAL. Abonar la tierra; estercolar. || **3.** AGR. Dar vicio y frondosidad a las plantas.

AVÍCOLA. (l. *avis*, ave, y *colĕre*, cultivar.) adj. Perteneciente o relativo a la avicultura.

AVICULTOR, RA. (l. *avis*, ave, y *cultor*, que cultiva.) m. y f. Persona que se dedica a la cría y fomento de aves para aprovechar sus productos.

AVICULTURA. (l. *avis*, ave, y *cultūra*, cultivo.) f. Arte de criar y fomentar la reproducción de aves y de aprovechar sus productos. || **P.** avicultura; **I.** y **F.** aviculture; **A.** Geflügelzucht; **It.** avicolture; **R.** птицеводство.

ÁVIDAMENTE. adv. Con avidez.

AVIDEZ. (De *ávido*.) f. Ansia, codicia.

ÁVIDO, DA. (l. *avidus*.) adj. Ansioso, codicioso. || **P.** ávido; **I.** avid; **F.** avide; **A.** gierig; **It.** avido; **R.** жадный.

AVIEJAR. (De *a*, 2.° art., y *viejo*.) tr. Avejentar. Ú.m.c.r.

AVIENTO. (De *aventar*.) m. Bieldo. || **2.** Instrumento para cargar la paja en los carros.

AVIESAMENTE. adv. Siniestra o malamente.

AVIESAS. (De *avieso*.) adv. ant. Al revés, puesto al contrario.

AVIESO, SA. (l. *aversus*, desviado, torcido.) adj. Torcido, fuera de regla. || **2.** fig. Malo, o mal inclinado. || *En* AVIESO. m. adv. ant. Aviesamente.

AVIGORAR. tr. Vigorar.

AVILANTARSE. (De *avilantez*.) r. Insolentarse.

AVILANTEZ. (De *a*, 2.° art., y *vil*.) f. Audacia, insolencia.

AVILANTEZA. f. Avilantez.

AVILAR. (De *a*, 2.° art., y *vil*.) tr. desus. Envilecer.

AVILÉS, SA. adj. Natural de Ávila.

Ú.t.c.s. ‖ **2.** Perteneciente a esta ciudad.

AVILESINO, NA. adj. Natural de Avilés. Ú.t.c.s. ‖ **2.** Perteneciente a esta ciudad asturiana.

AVILTACIÓN. (De *aviltar*.) f. ant. Envilecimiento.

AVILTADAMENTE. adv. ant. Con envilecimiento e ignominia.

AVILTAMIENTO. (De *aviltar*.) m. ant. Envilecimiento, baldón, injuria.

AVILTANZA. f. ant. Aviltación.

AVILTAR. (dialect. *viltat*, y éste del l. *vilĭtas*, -*tātis*, vileza.) tr. ant. Envilecer, menospreciar, afrentar. Usáb.t.c.r.

AVILLANADO, DA. p.p. de avillanar. ‖ **2.** adj. Que parece villano. ‖ **3.** Que parece de villano.

AVILLANAMIENTO. m. Acción y efecto de avillanar o avillanarse.

AVILLANAR. tr. Hacer que alguno proceda como villano. Ú.m.c.r.

AVINAGRADAMENTE. adv. fig. y fam. Agriamente, ásperamente.

AVINAGRADO, DA. p.p. de avinagrar. ‖ **2.** adj. fig. y fam. De condición acre y áspera.

AVINAGRAR. (De *a*, 2.º art., y *vinagre*.) tr. Poner agria una cosa. Ú.c.r.m. ‖ **P.** avinagrar; **I.** to sour; **F.** aigrir; **A.** säuern; **It.** inacetare; **R.** делать кислым.

★ AVINCA. f. AMÉR. Especie de calabaza peruana.

AVINENTEZA. f. ant. Avenenteza.

AVIÑONENSE. adj. Aviñonés. Apl. a pers. ú.t.c.s.

AVIÑONÉS, SA. adj. Natural de Aviñón. Ú.t.c.s. ‖ **2.** Perteneciente a esta ciudad de Francia.

AVÍO. (De *aviar*, 1.ᵉʳ art.) m. Prevención, apresto. ‖ **2.** Provisión que los pastores llevan al hato. ‖ **3.** AMÉR. Nombre dado a los préstamos que se hacen a labradores, ganaderos y mineros. ‖ **4.** MÉJ. y ECUAD. Nombre que se da al conjunto de carruajes y caballerías de tiro y de silla, con sus respectivos servidores, que los dueños de una hacienda previenen para sus viajes. ‖ **5.** PERÚ. Silla y aparejo de caballo. ‖ **6.** m. pl. Utensilios propios para un fin. ‖ *Al* AVÍO. loc. fam. que se usa para animar a uno a apresurarse en la ejecución de algo.

AVIÓN. (De *gavión*.) m. Pájaro, especie de vencejo.

AVIÓN. (De *ave*.) m. Vehículo aéreo más pesado que el aire. ‖ **2.** Por ext., aeroplano. ‖ **—de bombardeo.** MIL. Aeroplano militar utilizado para arrojar bombas desde él, al objeto de destruir los objetivos enemigos. ‖ **—de caza.** El de tamaño reducido y gran velocidad, destinado principalmente a reconocimiento y combates aéreos. ‖ **—de reconocimiento.** El que se emplea para la observación del campo enemigo. ‖ **—de escolta.** Aeroplano destinado a escoltar a los bombarderos pesados. ‖ **—torpedero.** Aparato militar especialmente acondicionado para el lanzamiento de torpedos. ‖ **P.** avião; **I.** airplane; **F.** avion, aéroplane; **A.** Flugzeug; **It.** aeroplano; **R.** самолт.

AVIONETA. f. Avión pequeño y de poca potencia.

AVISACIÓN. (De *avisar*.) f. ant. Avisamiento.

AVISACOCHES. m. Persona que, mediante una gratificación, se encarga de avisar al conductor de un automóvil estacionado cuando el dueño o el ocupante lo requiere.

AVISADAMENTE. adv. Con prudencia, discreción o sagacidad.

AVISADO, DA. p.p. de avisar. ‖ **2.** adj. Prudente, discreto, sagaz. ‖ **3.** TAUROM. Dícese del toro que por cualquier circunstancia atiende a cuanto se mueve en la plaza, dificultando su lidia. ‖ **4.** m. GERM. Juez, 1.ᵃ acep. ‖ *Mal* AVISADO. Que obra sin consejo. ‖ **P.** avisado; **I.** cautious; **F.** sage; **A.** klug, schlau; **It.** avvisato; **R.** осторожный.

AVISADOR, RA. adj. Que avisa. Ú.t.c.s. ‖ **2.** m. Persona que se ocupa en llevar los avisos de una parte a otra.

AVISAMIENTO. (De *avisar*.) m. ant. Aviso, 1.ᵃ y 3.ᵃ aceps.

AVISAR. (De *aviso*.) tr. Dar noticia a alguno de algún hecho. ‖ **2.** Advertir, aconsejar. ‖ **3.** Hacer que llamen a alguna persona, enviarle recado. ‖ **4.** AMÉR. intr. Hacer propaganda. ‖ **P.** avisar, dar aviso; **I.** to advise; **F.** aviser, avertir; **A.** benachrichtigen, ankündigen; **It.** avvisare; **R.** уведомлять.

AVISO. (l. *ad visum*.) m. Noticia dada a alguno. ‖ **2.** Indicio, señal. ‖ **3.** Advertencia, consejo. ‖ **4.** Precaución, cuidado. ‖ **5.** Prudencia, discreción. ‖ **6.** MAR. Buque de guerra pequeño, muy ligero, para llevar órdenes, etc. ‖ **7.** GERM. Rufián, 1.ᵃ acep. ‖ **8.** TAUROM. Advertencia que hace la presidencia de la corrida de toros al espada cuando éste prolonga la faena de matar más tiempo del prescrito por el reglamento. ‖ *Andar* o *estar* uno *sobre* AVISO, o *sobre el* AVISO. fr. Estar prevenido y con cuidado. ‖ **P.** aviso; **I.** information, notice; **F.** avis; **A.** Meldung, Nachricht; **It.** avviso; **R.** уведомление.

AVISÓN. (De *aviso*.) Voz usada a manera de adverbio, con la significación de *alerta*.

AVISPA. (l. *vĕspa*, avispa, con la *a* de *abeja*.) f. Insecto himenóptero de cuerpo amarillo con fajas negras, provisto de un aguijón con el que produce picaduras muy dolorosas. Como la abeja, vive en sociedad y fabrica panales. ‖ **2.** fig. Persona muy astuta. ‖ **3.** Maldiciente. ‖ **P.** e **It.** vespa; **I.** wasp; **F.** guêpe; **A.** Wespe; **R.** oca.

AVISPADO, DA. p.p. de avispar. ‖ **2.** adj. fig. y fam. Vivo, despierto, agudo. ‖ **3.** GERM. Recatado, suspicaz. ‖ **4.** CHILE. Espantado, asustado.

AVISPAR. (De *avispa*.) tr. Aguijar, avivar a las caballerías. ‖ **2.** fig. y fam. Hacer despierto y avisado a alguno. ‖ **3.** GERM. Inquirir, avizorar. ‖ **4.** CHILE. Espantar, 1.ᵃ acep. Ú.t.c.r. ‖ **5.** fig. Inquietarse. ‖ **P.** aguilhoar; **I.** to rouse; **F.** déniaiser; **A.** antreiben; **It.** scaltrire; **R.** подгонять.

AVISPEDAR. (De *avispar*.) tr. GERM. Mirar con cuidado o recato.

AVISPERO. m. Panal de avispas. ‖ **2.** Lugar en que se halla. ‖ **3.** Conjunto de avispas. ‖ **4.** fig. Negocio enredado y peligroso. ‖ **5.** MED. Grupo de diviesos, con varios focos de supuración. ‖ **P.** vespeiro; **I.** wasp's hive; **F.** guêpier; **A.** Wespennest; **It.** vespaio; **R.** осиное гнездо.

AVISPÓN. m. aum. de avispa. ‖ **2.** Especie de avispa, mucho mayor que la común. Se oculta en los troncos de los árboles, de donde sale a cazar abejas, base de su alimentación. ‖ **3.** GERM. El que anda viendo dónde se puede robar. ‖ **P.** vespeiro; **I.** hornet; **F.** frelon; **A.** Hornisse; **It.** vespone; **R.** шмель.

★ AVISPOREAR. tr. COLOM. Alborotar, espantar.

AVISTAR. tr. Alcanzar con la vista una cosa. ‖ **2.** r. Reunirse una persona con otra para tratar de algún negocio. ‖ **P.** avistar; **I.** to descry; **F.** apercevoir; **A.** von weitem erblicken; **It.** avvistare; **R.** видеть.

AVITAMINOSIS. f. MED. Nombre que se da a la carencia de vitaminas en un organismo dado, animal o vegetal, motivada por una alimentación inadecuada o por una deficiente metabolización de las vitaminas o provitaminas ingeridas.

AVITELADO, DA. adj. Parecido a la vitela.

AVITUALLAMIENTO. m. Acción y efecto de avituallar.

AVITUALLAR. tr. Proveer de vituallas.

AVIVADAMENTE. adv. Con viveza.

AVIVADOR, RA. adj. Que aviva. ‖ **2.** m. Pequeño hueco entre dos molduras. ‖ **3.** Cepillo especial de que se valen los tallistas para hacer esas molduras. ‖ **4.** MURC. Papel que se pone encima de la simiente de gusanos de seda para que suban los que se van avivando.

AVIVAMIENTO. m. Acción y efecto de avivar o avivarse.

AVIVAR. (De *a*, 2.º art., y *vivo*.) tr. Dar nueva fuerza y vigor. ‖ **2.** Excitar, animar. ‖ **3.** fig. Encender, acalorar. ‖ **4.** fig. Hacer que la luz artificial dé más claridad. ‖ **5.** fig. Hablando de los colores, dar viveza, ponerlos brillantes, encendidos. ‖ **6.** intr. Empezar a vivir o nacer de la semilla los gusanos de seda. Ú.t.c.r. ‖ **7.** Cobrar vida. Ú.t.c.r. ‖ **P.** avivar; **I.** to quicken; **F.** exciter; **A.** erregen; **It.** avvivare; **R.**

оживлять. ‖ **5.**ᵃ acep.: **P.** avivar, acalorar; **I.** to brighten; **F.** aviver; **A.** beleben; **It.** avvivare; **R.** освежать.

AVIZOR. (b. l. *advisor*, -*ōris*, y éste del l. *ad*, la y, *visor*, -*ōris*, el que inspecciona.) adj. V. *Ojo* AVIZOR. ‖ **2.** m. El que avizora. ‖ **3.** pl. GERM. Ojos, 1.ᵃ acep.

AVIZORADOR, RA. adj. Que avizora. Ú.t.c.s.

AVIZORANTE. p.a. de avizorar. Que avizora.

AVIZORAR. (De *avizor*.) tr. Acechar.

AVO, VA. Terminación que se añade a los números cardinales para significar las partes en que se ha dividido una unidad. ‖ **2.** m. Parte pequeña de una cosa.

AVOCACIÓN. (l. *advocatio*, -*ōnis*.) f. FOR. Acción y efecto de avocar.

AVOCAMIENTO. (De *avocar*.) m. FOR. Avocación.

AVOCAR. (l. *advocāre*.) tr. FOR. Llamar a sí un juez o tribunal superior la causa que se seguía ante otro inferior. Hoy está prohibido. ‖ **2.** Atraer o llamar a sí cualquier superior un negocio que está sometido a examen y decisión de un inferior.

★ AVOCASTRO. (De *avucastro*.) m. CHILE. Persona muy fea.

AVOCETA. (ital. *avocetta*.) f. Ave zancuda de cuerpo blanco con manchas negras y pico largo, delgado y encorvado hacia arriba.

AVOL. adj. ant. Vil, malo, ruin.

AVOLCANADO, DA. adj. Aplícase al lugar donde hay volcanes o los ha habido.

AVOLEZA. (De *avol*.) f. ant. Maldad, vileza.

AVOLUNTAMIENTO. m. ant. Voluntariedad.

AVOLVIMIENTO. (l. *advolvĕre*, revolver, mezclar.) m. ant. Mezcla de una cosa con otra.

★ AVORA. f. BOT. Palmera cuyas semillas producen el aceite de palma.

AVUCASTA. (l. *avis casta*.) f. Avutarda.

AVUCASTRO. (De *avucasta*, por alusión a la pesadez de esta zancuda.) m. ant. Persona pesada y enfadosa.

AVUGO. m. BOT. Fruta del avuguero, redonda, como de un centímetro de diámetro y de color verde. Tiene gusto poco agradable.

AVUGUERO. m. Árbol, variedad del peral, cuyo fruto es el avugo.

AVUGUÉS. m. RIOJA. Gayuba.

AVULSIÓN. (l. *avulsĭo*, -*ōnis*.) f. CIR. Extirpación.

★ AVUNCULAR. adj. Relativo al tío o a la tía.

AVUTARDA. (Cruce de *avetarda* y *autarda*, del l. *avis tarda*.) f. Ave zancuda, muy común en España, de unos 8 dm de longitud, desde la cabeza hasta la cola, y de color rojo manchado de negro, el cuello delgado y largo y las alas pequeñas. ‖ **—menor.** Sisón, 1.ᵉʳ art. ‖ **P.** abetarda; **I.** bustard; **F.** outarde; **A.** Trappe; **It.** ottarda; **R.** дрохва.

AVUTARDADO, DA. adj. Parecido o semejante a la avutarda.

¡AX! interj. de dolor.

AXE. m. ant. Eje.

AXIAL. (fr. *axial*.) adj. Axil.

★ AXIFORME. Dícese de lo que por su posición o dirección es semejante a un eje.

AXIL. (l. *axis*, eje.) adj. Perteneciente o relativo al eje.

AXILA. (l. *axilla*.) f. BOT. Ángulo formado por la articulación de la planta con el tronco. ‖ **2.** ZOOL. Sobaco, 1.ᵃ acep. ‖ **2.**ᵃ acep: **P.** axila; **I.** armpit; **F.** aisselle; **A.** Achsel(höhle); **It.** ascella; **R.** подмышка.

AXILAR. adj. BOT. y ZOOL. Perteneciente o relativo a la axila.

AXINITA. (gr. ἀξίνη, hacha.) f. Mineral compuesto de ácido bórico, sílice y alúmina, con cal, óxido de hierro y manganeso; es de color gris, azul o violado, translúcido y con brillo cristalino. ‖ **P.** axinita; **I.** y **F.** axinite; **A.** Axinit; **It.** assinite.

★ AXIOLOGÍA. f. Parte de la filosofía que tiene por objeto el estudio de los valores.

AXIOMA. (l. *axiōma*, y éste del gr. ἀξίωμα, lo que parece o se estima como

A

justo; de ἀξιόω, estimar.) m. Proposición tan evidente que no necesita demostración. ‖ P. axioma; I. axiom; F. axiome; A. Axiom, Grundsatz; It. assioma; R. аксиома.

AXIOMÁTICO, CA. (De *axioma.*) adj. Incontrovertible, evidente.

AXIÓMETRO. (gr. ἄξιος, justo, y μέτρον, medida.) m. MAR. Instrumento que indica sobre cubierta la dirección de la caña del timón. ‖ P. axiometro; I. axiometer; F. axiomètre de gouvernail; A. Ruderzeiger; It. assiometro; R. аксиометр.

AXIS. (l. *axis,* eje.) m. ZOOL. Segunda vértebra del cuello, sobre la cual se efectúa el movimiento de rotación de la cabeza.

AXOIDEO, A. (l. *axis,* eje, y el gr. εἶδος, forma.) adj. Perteneciente o relativo al axis.

AXÓN. (l. *axis,* eje.) m. ZOOL. Neurita.

AXOVAR. (Del m. or. que *ajuar.*) m. AR. Heredad que recibe de sus ascendientes la esposa, sin facultad de enajenarla mientras no tenga descendencia, y que se convierte en dote ordinaria desde que nace prole.

¡AY! interj. expresiva de aflicción o dolor. ‖ 2. Con la preposición *de* denota pena, temor, lástima o amenaza. ‖ 3. m. Suspiro, quejido.

AYACUA. (guaraní, *aña qua.*) m. desus. Diablillo diminuto e imperceptible a quien los indios argentinos atribuían la causa de sus dolencias.

AYAHUASA. f. ECUAD. Planta narcótica cuya infusión toman los indios ecuatorianos para embriagarse y tener visiones fantásticas.

AYALÉS, SA. adj. Natural del valle de Ayala. ‖ 2. Perteneciente a este valle.

★ **AYAMPACO.** m. ECUAD. Comestible preparado con plátano relleno de pescado condimentado.

AYATE. (mejic. *ayatl.*) m. MÉJ. Tela rala de hilo de maguey.

AYEAR. intr. p. us. Repetir ayes en manifestación de algún sentimiento, pena o dolor.

AYEATE. (Voz onomatopéyica del grito de este animal.) m. ZOOL. Prosimio del tamaño de un gato, con hocico agudo, la cola más larga que el cuerpo y muy poblada; los dedos muy largos y delgados. Es nocturno y de movimientos lentos.

AYER. (l. *ad hĕri.*) adv. En el día que precedió inmediatamente al de hoy. ‖ 2. fig. Poco tiempo ha. ‖ 3. fig. En tiempo pasado. ‖ 4. m. Tiempo pasado. ‖ *De* AYER *acá, de* AYER *a hoy.* exprs. figs. En breve tiempo; de poco tiempo a esta parte. ‖ P. ontem; I. yesterday; F. hier; A. gestern; It. ieri; R. вчера.

AYERMAR. tr. Convertir en yermo. Ú.t.c.r.

¡AYMÉ! interj. ant. ¡Ay me! Aún suele usarse en poesía.

AYO, YA. (gót. *hagja,* guarda.) m. y f. Persona encargada de la custodia o crianza de un niño.

AYOCOTE. (mejic. *ayecotli.*) m. MÉJ. Especie de fríjol grueso.

★ **AYORA.** m. ECUAD. Moneda de plata equivalente a un sucre.

AYOTE. (mejic. *ayotli.*) m. AMÉR. CENTRAL. Calabaza. 2.ª acep. ‖ *Dar* AYOTES. fr. fig. y fam. GUAT. Dar calabazas.

AYOTERA. f. (de *ayote.*) f. BOT. AMÉR. Planta cucurbitácea de fruto comestible que se cría en Honduras. ‖ 2. En algunas regiones de América, calabaza común. ‖ 3. AMÉR. Mujer que vende ayotes.

AYÚA. f. BOT. Árbol americano, de la familia de las rutáceas, de madera blanca y blanda, cubierta de púas, hojas compuestas, flores pequeñas y fruto en cápsula. Se usa en construcción y en medicina.

AYUDA. (De *ayudar.*) f. Acción y efecto de ayudar. ‖ 2. AYUDA *de costa.* ‖ 3. Persona o cosa que ayuda. ‖ 4. Entre pastores, *aguador,* 1.ª acep. ‖ 5. Medicamento líquido que se introduce por el ano. ‖ 6. Lavativa, 2.ª acep. ‖ 7. V. *Perro de* AYUDA. ‖ 8. EQUIT. Cualquier medio con que el jinete estimula al caballo. ‖ 9. m. Subalterno adscrito al jefe de un servicio en el palacio real. ‖ 10. MAR. Cabo con que se refuerza otro. ‖ —**de cámara.**

Criado que cuida especialmente del vestido de su amo. ‖ —**de costa.** Socorro en dinero para costear en parte alguna cosa. ‖ —**de oratorio.** Clérigo que en los oratorios de palacio hacía el oficio de sacristán. ‖ —**de parroquia.** Iglesia que ayuda a la parroquia en sus ministerios. ‖ *Con la* AYUDA *de vecino mató mi padre un cochino.* fr. proverb. con que se zahiere a quien se vale de auxilio ajeno sin declararlo. ‖ P. ajuda; I. help; F. aide; A. Hilfe; It. aiuto; R. помощь.

AYUDADO, DA. p.p. de ayudar. ‖ 2. adj. TAUROM. Dícese del pase de muleta en cuya ejecución intervienen las dos manos del matador. Ú.t.c.s. ‖ 3. COLOM. Endemoniado, embrujado.

AYUDADOR, RA. adj. Que ayuda. Ú.t.c.s. ‖ 2. m. Pastor que ocupa el primer lugar después del mayoral.

AYUDAMIENTO. (De *ayudar.*) m. ant. Ayuda o auxilio.

AYUDANTE. p.a. de ayudar. Que ayuda. ‖ 2. m. En algunos cuerpos, oficial subalterno. ‖ 3. Maestro subalterno que ayuda a otro superior. ‖ 4. Profesor subalterno que ayuda a otro superior en el ejercicio de su facultad. ‖ 5. MIL. Oficial destinado a las órdenes de un jefe superior. ‖ —**de montes.** Capataz de cultivo. ‖ —**de obras públicas.** El que con ciertos conocimientos facultativos, auxilia oficialmente a los ingenieros de caminos, canales y puertos. ‖ P. ajudante; I. adjutant; F. adjudant; A. Helfer, Adjutant; It. aiutante; R. помощник.

AYUDANTÍA. f. Empleo de ayudante. ‖ 2. Oficina de ayudante.

AYUDAR. (l. *adiutāre.*) tr. Prestar cooperación. ‖ 2. Por ext., auxiliar, socorrer. ‖ 3. r. Poner los medios para el logro de alguna cosa. ‖ 4. Valerse de la cooperación o ayuda de otro. ‖ AYÚDATE, y AYUDARTE *he.* ref. que enseña que para conseguir uno algún fin, ha de poner de su parte lo que pueda y no fiarlo todo al auxilio ajeno. ‖ P. ajudar; I. to aid; F. aider; A. helfen, beistehen; It. aiutare; R. содействовать. ‖ 2.ª acep. ‖ P. auxiliar, socorrer; I. to help; F. secourir; A. zu Hilfe kommen; It. soccorrere; R. помогать.

AYUDORIO. (l. *adiutorium.*) m. ant. Ayudamiento.

AYUGA. (l. *aiūga.*) f. Mirabel, 1.ª acep.

AYUNADOR, RA. adj. Que ayuna. Ú.t.c.s.

AYUNANTE. p.a. de ayunar. Que ayuna.

AYUNAR. (l. *ieiūnāre.*) intr. Abstenerse total o parcialmente de comer y beber. ‖ 2. Privarse de algún gusto o deleite. ‖ 3. Guardar el ayuno eclesiástico. ‖ AYUNARLE *a uno.* fr. fig. y fam. Temerle o respetarle. ‖ P. jejuar; I. to fast; F. jeûner; A. fasten; It. digiunare; R. постничать.

AYUNO. (l. *ieiunĭum.*) m. Acción y efecto de ayunar. ‖ 2. Abstinencia que se hace por devoción o por precepto eclesiástico de alguna de las comidas diarias o de ciertos manjares. ‖ —**natural.** El que se hace de toda bebida y comida desde las doce de la noche antecedente. ‖ P. jejum; I. fasting; F. jeûne; A. Fasten; It. digiuno; R. пост.

AYUNO, NA. (De *ayunar.*) adj. Que no ha comido. ‖ 2. fig. Privado de algún gusto o deleite. ‖ 3. Ignorante de lo que se habla. ‖ *En* AYUNAS, o *en* AYUNO. m. adv. Sin haberse desayunado. ‖ 2. fig. y fam. Ignorante de alguna cosa. Ú. más con los verbos *quedar* o *estar.*

AYUNQUE. m. Yunque.

AYUNTABLE. adj. ant. Que se puede ayuntar.

AYUNTABLEMENTE. adv. ant. Ayuntadamente.

AYUNTACIÓN. f. ant. Acción y efecto de ayuntar.

AYUNTADAMENTE. adv. ant. Juntamente. ‖ 2. ant. Por junto.

AYUNTADOR, RA. adj. Que ayunta. Ú.t.c.s.

AYUNTAMIENTO. (De *ayuntar.*) m. Acción y efecto de ayuntar o ayuntarse. ‖ 2. Junta, 1.ª acep. ‖ 3. Corporación que administra los intereses de un municipio. ‖ 4. Casa consistorial. ‖ 5. Cópula carnal. ‖ 6. V. *Alguacil de* AYUNTAMIENTO. 3.ª acep.: P. câmara Municipal; I. common-

council; F. conseil municipal, municipalité; A. Gemeinderat; It. consiglio comunale; R. муниципалитет.

AYUNTANTE. p.a. ant. de ayuntar. Que ayunta.

AYUNTANZA. f. ant. Ayuntamiento, 5.ª acep.

AYUNTAR. (l. *adiunctum,* supino de *adiungĕre;* de *ad,* a, y *iungĕre,* juntar.) tr. ant. Juntar, 1.ª acep. Usáb.t.c.r. ‖ 2. ant. Añadir. ‖ 3. r. ant. Tener cópula carnal.

AYUNTO. (l. *adiunctus,* junto.) m. ant. Junta, 1.ª acep.

AYUSO. (l. *ad, deorsum,* hacia abajo.) adv. Abajo.

AYUSTAR. (l. *ad,* a, y *iuxta,* cerca, al lado de.) tr. MAR. Unir dos cabos por sus chicotes o dos piezas de madera por sus extremidades. ‖ P. ajustar; I. to splice; F. épisser; A. spliessen; It. impiombare; R. привязывать.

AYUSTE. m. MAR. Acción de ayustar. ‖ 2. Costura o unión de dos cabos. ‖ P. ajuste; I. splice; F. ajust, mariage; A. Splissung; It. impiombatura; R. привязка.

AZABACHADO, DA. adj. Semejante al azabache en el color o en el brillo.

AZABACHE. (ár. *as-sabáy.*) m. Variedad de lignito de hermoso color negro, muy compacto y susceptible de pulimento. ‖ 2. ZOOL. Pájaro insectívoro que tiene la cabeza y las alas negras. ‖ 3. pl. Conjunto de dijes de azabache. ‖ P. azeviche; I. jet; F. jais; A. Gagat, Pechkohle; It. giavazzo; R. агат.

AZABACHERO. m. Artífice que labra el azabache. ‖ 2. El que vende azabaches.

AZABARA. (ár. *aș-şabbāra,* el áloe.) f. BOT. Zabila.

★ **AZABRA.** f. Antigua embarcación ligera, parecida a un bergantín.

AZACÁN, NA. (ár. *as-saqqā',* el aguador.) adj. Que se ocupa en trabajos humildes y penosos. Ú.t.c.s. ‖ 2. m. Aguador, 1.ª acep. ‖ *Hecho un* AZACÁN. loc. fig. y fam. Muy afanado en dependencias o negocios. Ú. por lo común con los verbos *andar* y *estar.*

AZACANARSE. r. p. us. Afanarse.

AZACANEAR. (De *azacán.*) intr. Azacanarse, trabajar con afán.

AZACANEO. m. Acción y efecto de azacanarse.

AZACAYA. (ár. *as-saqāya,* la fuente, el depósito de agua.) f. ant. Noria grande. ‖ 2. GRAN. Ramal o conducto de aguas.

AZACHE. (ár. *as-sāý,* cierta tela de seda.) adj. V. *Seda* AZACHE. Ú.t.c.s.

AZADA. (l. *asciata,* de *ascia.*) f. Instrumento que consiste en una lámina de hierro, ordinariamente de 20 a 25 cm de lado, cortante uno de éstos y provisto el opuesto de un anillo donde encaja el mango. Sirve para cavar tierras roturadas o blandas. ‖ 2. Azadón, 1.ª acep. ‖ *Quien trae* AZADA, *trae zamarra.* ref. que da a entender la utilidad que reporta el trabajo. ‖ P. enxada; I. hoe; F. houe; A. Hacke; It. zappa; R. кирка.

AZADADA. f. Golpe dado con azada.

AZADAZO. m. Azadada.

AZADILLA. (d. de *azada.*) f. Almocafre.

AZADÓN. (aum. de *azada.*) m. Instrumento que se distingue de la azada en que la pala es algo curva y más larga que ancha. ‖ 2. acep. 1.ª acep. ‖ —**de peto,** o **de pico.** Zapapico.

AZADONADA. f. Golpe dado con azadón. ‖ *A la primera* AZADONADA. expr. fig. con que se da a entender haberse hallado a la primera diligencia lo que se buscaba. ‖ *A tres* AZADONADAS, *sacar agua.* fr. fig. con que se da a entender que algunos con poca diligencia suelen conseguir lo que pretenden.

AZADONAZO. m. Azadonada.

AZADONERO. m. El que trabaja con azadón.

AZAFATA. (De *azafate.*) f.) Criada que servía a la reina los vestidos y alhajas. ‖ 2. Camarera en los aviones de pasajeros. ‖ 3. CHILE. Fuente, plato grande, circular u oblongo.

AZAFATE. (ár. *as-safat,* la cesta, el canastillo.) m. Especie de canastillo tejido de mimbres, llano y con borde de poca altura. || **2.** COLOM. Jofaina, pintada, de madera.

AZAFRÁN. (ár. *az-za'faràn*.) m. BOT. Planta iridácea, con bulbos sólidos, hojas lineales, perigonio de tres divisiones externas y tres internas algo menores; tres estambres, ovario triangular, estilo filiforme, estigmas de color anaranjado y caja membranosa con muchas semillas. Procede de Oriente y se cultiva en España. || **2.** Estigma de esta planta. Se usa para condimentar manjares y para teñir de amarillo, y en medicina como estimulante y emenagogo. || **3.** MAR. Madero exterior que forma parte de la pala del timón. || **4.** PINT. Color amarillo anaranjado para iluminar, que se saca del estigma del AZAFRÁN desleído en agua. |—**bastardo.** Alazor. || —**de Marte.** FARM. Herrumbre de hierro. || —**romí** o **romín.** Azafrán bastardo. || **P.** açafrão; **I.** saffron; **F.** safran; **A.** Safran; **It.** zafferano; **R.** шафран.

AZAFRANADO, DA. p.p. de azafranar. || **2.** adj. De color de azafrán. || **3.** V. *Mielga* AZAFRANADA. || **4.** MÉJ. Dícese del que tiene el cabello de color bermejo.

AZAFRANAL. m. Sitio plantado de azafranes.

AZAFRANAR. tr. Teñir de azafrán. || **2.** Poner azafrán en un líquido. || **3.** Mezclar, juntar azafrán con otra cosa.

AZAFRANERO, RA. m. y f. Persona que cultiva o vende azafrán.

AZAGADERO. m. Azagador.

AZAGADOR. m. Vereda o paso del ganado.

AZAGAYA. (berb. *az-zagáya*, el venablo, la lanza.) Lanza o dardo pequeño arrojadizo. || **P.** azagaia; **I.** assagai, assegai; **F.** zagaie; **A.** Wurfspiess; **It.** zagaglia; **R.** копьё.

AZAGUÁN. m. ant. Zaguán.

AZAHAR. (ár. *al-azhār*, flores blancas, y por antonom. la del naranjo.) m. Flor del naranjo, del limonero, del cidro, blanca y formando cuatro o cinco hojitas; es muy olorosa. Se emplea en medicina y perfumería.

* **AZAHARILLO.** m. Variedad de higo de Canarias, muy dulce.

AZAINADAMENTE. adv. A lo zaino.

AZALÁ. (ár. *as-sala*, la oración ritual.) m. Entre los mahometanos, oración, 2.ª acep.

AZALEA. (gr. ἀζαλέος, seco, árido.) f. Arbolito de la familia de las ericáceas, originario del Cáucaso, de 1 m de altura, con hojas oblongas y hermosas flores, con corolas que contienen una substancia venenosa. || **P.** azálea; **I.** e **It.** azalea; **F.** azalée; **A.** Azalie, Felsenstrauch; **R.** азалия.

* **AZAMBADO, DA.** adj. AMÉR. Dícese del que sin ser mulato lo parece.

AZAMBOA. (ár. *az-zambú'a*, la toronja.) f. Fruto del azamboero, variedad de cidra muy arrugada.

AZAMBOERO. m. Árbol, variedad del cidro, cuya fruta es la azamboa.

AZAMBOO. m. Azamboero.

AZANAHORIATE. m. Zanahoria confitada. || **2.** fig. y fam. Cumplimiento o expresión muy afectada.

AZANCA. f. MIN. Manantial de agua subterránea.

AZÁNDAR. (ár. *aș-șandal*, el sándalo, y éste del gr. σάνταλον, madera olorosa.) m. AND. Sándalo, 1.ª acep.

AZANEFA. f. desus. Cenefa.

AZANORIA. (ár. *isfanāriya*, pastinaca.) f. Zanahoria.

AZANORIATE. m. AR. Azanahoriate.

AZAQUE. (ár. *az-zakā*, la limosna ritual.) m. Tributo que los muslines están obligados a pagar de sus bienes y consagrar a Dios.

AZAQUEFA. (ár. *as-saqīfa*, el pórtico, el vestíbulo.) f. ant. Pórtico.

AZAR. (ár. *az-zahr*, el dado para jugar.) m. Casualidad, caso fortuito. || **2.** Desgracia imprevista. || **3.** En los juegos de naipes o dados, carta o dado que tiene el punto con que se pierde. || **4.** En el juego de billar, cualquiera de los lados de la tronera que miran a la mesa. || **5.** V. *Juego de azar.* || *Salir* AZAR. fr. fig. y fam. Malograrse o salir mal una cosa. || **P.** casualidade; **I.** hazard; **F.** hasard; **A.** Zufall; **It.** azzardo; **R.** случайность.

AZARANDAR. tr. Zarandear.

AZARAR. (De *azorar*.) tr. Conturbar, sobresaltar, averiguar. Ú.t.c.r.

AZARARSE. r. Torcerse un asunto o lance por un caso imprevisto. Dícese más generalmente con referencia al juego. || **2.** Sobresaltarse, alarmarse. || **3.** COLOM. Ruborizarse, sonrojarse.

AZARBA. f. ant. Azarbe.

AZARBE. (ár. *as-sarb*, el correntío, la cloaca.) m. Zanja o caudal adonde van a parar los sobrantes o filtraciones del riego.

AZARBETA. f. d. de azarbe. || **2.** Acequia o cauce pequeño que va a parar al azarbe.

AZARCÓN. (ár. *az-zarqūn*, el carbonato de plomo, la cerusa.) m. Minio. || **2.** PINT. Color anaranjado muy encendido.

AZAREARSE. r. GUAT. y HOND. Azararse, ruborizarse. || **2.** CHILE y PERÚ. Irritarse, enojarse.

AZARJA. (ár. *as-sāriya*, la devanadera.) f. Instrumento usado para coger la seda cruda.

AZARNEFE. (ár. *az-zarnīy*, el arsénico.) m. ant. Oropimente.

AZARO. (De *azarote*.) m. ant. Sarcocola.

AZAROLLA. f. Acerola. || **2.** AR. Serba.

AZAROLLO. m. Acerolo. || **2.** AR. Serbal.

AZAROSAMENTE. adv. Con azar o desgracia.

AZAROSO, SA. adj. Que tiene en sí azar o desgracia. || **2.** Turbado, temeroso. || m. ant. Azaro.

AZAROTE. (ár. *'anzarūt*, sarcocola.) m. ant. Azaro.

AZAYA. f. GAL. Cantueso, 1.ª acep.

AZCARRIO. (vasc. *ascarri*.) m. ÁL. Arce, 1.er art.

AZCÓN. m. ant. Azcona.

AZCONA. (De *fascona*.) f. Arma arrojadiza, como dardo, usado antiguamente.

AZEMAR. tr. Sentar, alisar.

AZENORIA. f. Azanoria.

ÁZIMO. (l. *azýmus*, y éste del gr. ἄζυμος; de ἀ, priv., y ζύμη, levadura.) adj. V. *Pan* ÁZIMO. || **P.** ázimo; **I.** azymous; **F.** azyme; **A.** ungesäuert(Brot); **It.** àzzimo; **R.** пресный.

AZIMUT. m. ASTRON. Acimut.

AZIMUTAL. adj. ASTRON. Acimutal.

AZNACHO. (De *asnacho*.) Pino, rodeno, generalmente achaparrado. || **2.** Madera de este árbol.

AZNALLO. m. Aznacho. || **2.** Gatuña.

AZOADO, DA. p.p. de azoar. || **2.** adj. Que tiene ázoe. Dícese principalmente de las aguas.

AZOAR. tr. QUÍM. Impregnar de ázoe o nitrógeno. Ú.t.c.r.

AZOATO. (De *ázoe*.) m. QUÍM. Nitrato.

* **AZOCALAR.** tr. CHILE. Poner zócalo a una pared.

AZOCAR. (fr. *souquer*.) tr. MAR. Tratándose de nudos, trincas, ligaduras, etc., apretarlos bien. || **2.** CUBA. Apretar demasiado una cosa.

AZOCHE. m. ant. Azogue, 2.° art.

ÁZOE. (gr. ἀ, priv., y ζωή, vida, existencia.) m. QUÍM. Nitrógeno.

AZOEMIA. (De *ázoe*, y el gr. αἷμα, sangre.) f. MED. Presencia de urea o de otros cuerpos nitrogenados en la sangre.

AZOFAIFA. f. Azufaifa.

AZOFAIFO. m. Azufaifo.

AZÓFAR. (ár. *aș-șufar*, el cobre.) m. Latón, 1.er art.

AZOFEIFA. f. ant. Azufeifa.

AZOFEIFO. m. ant. Azufeifo.

AZOFRA. (ár. *as-sufra*, el impuesto, el trabajo forzoso y gratuito.) f. Prestación personal. || **2.** AR. Sufra, 1.ª acep.

AZOFRAR. intr. AR. Prestar la azofra, 1.ª acep.

AZOGADAMENTE. adv. fig. y fam. Con mucha celeridad y agitación.

AZOGAMIENTO. m. Acción y efecto de azogar o azogarse.

AZOGAR. tr. Cubrir con azogue una cosa, especialmente los cristales para hacer espejos. || **2.** r. Contraer la enfermedad producida por la absorción de los vapores de azogue, la cual produce un temblor continuado. || **3.** fig. Turbarse y agitarse mucho.

AZOGAR. tr. Apagar la cal rociándola

con agua, de modo que se deshaga sin formar lechada.

AZOGUE. (ár. *az-zā'ūq*, el mercurio.) m. Metal blanco, brillante, pesado, líquido a la temperatura ordinaria. Puro o unido a otras substancias, se emplea en medicina y en la industria y tiene mucho uso en el beneficio del oro y de la plata. || **2.** Cada una de las naves destinadas antes para conducir AZOGUE de España a América. || *Ser* uno *un* AZOGUE. fr. fig. y fam. Ser muy inquieto. || **P.** azougue; **I.** quicksilver; **F.** vif argent; **A.** Quecksilber; **It.** argento vivo; **R.** ртуть.

AZOGUE. (ár. *as-sūq*, el mercado.) m. Plaza de algún pueblo donde se tiene el trato y comercio públicos. || *En el* AZOGUE, *quien mal dice mal oye.* ref. con que se advierte que quien murmura de otros en lugar público es por lo común castigado con la pena de que también se murmure de él públicamente.

AZOGUEJO. m. d. de azogue, 2.° art.

AZOGUERÍA. (De *azoguero*.) f. MIN. Oficina donde hacen las operaciones de amalgamación.

AZOGUERO. (De *azogue*, 1.er art.) m. MIN. Amalgamador, jefe que dirige las operaciones de la amalgamación.

AZOICO. (De *ázoe*.) adj. QUÍM. Nítrico.

AZOLÁCEO, A. (De *azolla*, nombre de un género de plantas.) adj. BOT. Dícese de plantas pteridofitas de la clase de las hidropteríneas, con tallo filiforme provisto de raíces de trecho en trecho, hojas simples e imbricadas. Tienen por frutos esporangios y esporocarpios, situados en la base del tallo, dehiscentes y llenos de esporas redondas o angulosas. Ú.t.c.s. || **2.** f. pl. BOT. Familia de estas plantas.

AZOLAR. tr. CARP. Desbastar la madera con azuela.

AZOLEO, A. (De *azolla*, nombre de un género de plantas.) adj. BOT. Azoláceo.

AZOLVAMIENTO. m. p. us. Acción y efecto de azolvar.

AZOLVAR. (ár. *aș-șulba*, la obstrucción, la detención.) tr. Cegar con alguna cosa un conducto de agua.

AZOLVE. (De *azolvar*.) m. MÉJ. Lodo o basura que obstruye un conducto de agua.

AZOMAMIENTO. m. ant. Acción de azomar.

AZOMAR. (De *asomar*.) tr. ant. Incitar a los animales para que embistan.

* **AZONZAR.** tr. AMÉR. Aturdir, atolondrar. Ú.t.c.r.

AZOR. (De *atzor*, y éste de *aztor*.) m. ZOOL. Ave de rapiña, de la familia de las falcónidas, de mediano tamaño, de color negruzco por encima y blanco ceniciento por debajo; es muy voraz y se empleó en cetrería. || **2.** GERM. Ladrón de presa alta. |—**desbañado.** CETR. El que no ha tomado el agua los días que le hacen volar. || **P.** açor; **I.** goshawk; **F.** autour; **A.** Habicht; **It.** astore; **R.** ястреб.

AZOR. (ár *as-sūr*, la muralla.) m. ant. Muro, 1.ª acep.

* **AZORADA.** f. COLOM. Azoramiento.

AZORAFA. (ár. *az-zuràfa*.) f. ant. Jirafa, 1.ª acep.

AZORAMIENTO. m. Acción y efecto de azorar o azorarse.

AZORANTE. p.a. de azorar. Que causa azoramiento.

AZORAR. (De *azor*, 1.er art.) tr. fig. Conturbar, sobresaltar. Ú.t.c.r. || **2.** fig. Irritar, encender, infundir ánimo. Ú.t.c.r.

* **AZORENCO, CA.** adj. EL SALV. Zopenco, necio, zote.

AZORERO. (De *azor*, 1.er art.) m. GERM. El que acompaña al ladrón y lleva lo que éste hurta.

* **AZOROCARSE.** r. HOND. Asustarse.

AZORRAMIENTO. m. Efecto de azorrarse.

AZORRARSE. (De *a*, 2.° art., y *zorra*, 1.er art.) r. Quedarse como adormecido por tener la cabeza muy cargada.

* **AZORRILLAR.** tr. MÉJ. Dominar, tener totalmente sometida a una persona. || **2.** MÉJ. Apocarse. || **3.** MÉJ. Cortarse la leche.

AZOTABLE. adj. Que merece ser azotado.

AZOTACALLES. (De *azote* y *calle*.)

com. fig. y fam. Persona ociosa que anda continuamente callejeando.

AZOTADO, DA. p.p. de azotar. || **2.** adj. De varios colores unidos confusamente y sin orden. Dícese más de las flores. || **3.** m. Reo castigado con pena de azotes. || **4.** Disciplinante, 2.ª acep.

AZOTADOR, RA. adj. Que azota. Ú.t.c.s.

AZOTAINA. f. fam. Zurra de azotes.

AZOTALENGUAS. (De *azotar* y *lengua.*) f. AND. Amor de hortelano, 1.ª acep.

AZOTAMIENTO. m. Acción y efecto de azotar o azotarse.

AZOTAR. tr. Dar azotes a uno. Ú.t.c.r. || **2.** Dar golpes con la cola o con las alas. || **3.** Cortar el aire violentamente. || **4.** fig. Golpear una cosa o dar repetida y violentamente contra ella. || **P.** açoitar; **I.** to whip, to lash; **F.** flageller, fouetter; **A.** geisseln; **It.** staffilare, frustare; **R.** стегать.

AZOTAZO. m. Golpe grande dado con el azote. || **2.** Golpe grande dado en las nalgas con la mano.

AZOTE. (ár. *as-sūt*, el látigo.) m. Instrumento formado con cuerdas anudadas o provistas de puntas, con las que se castigaba a los delincuentes. || **2.** Vara, vergajo o tira de cuero que sirve para azotar. || **3.** Golpe dado con el azote. || **4.** Golpe dado con la mano en las nalgas. || **5.** Embate o golpe repetido del agua o del aire. || **6.** fig. Calamidad o desgracia grande. || **7.** fig. Persona que es causa o instrumento de ellas. || **8.** pl. Pena de azotes que se imponía a ciertos criminales. Este castigo era infamante. || AZOTES *y galeras.* fig. y fam. Comida ordinaria que no se varía. || *Besar* uno *el* AZOTE. fr. fig. Recibir el castigo con resignación. || *No salir* uno *de* AZOTES *y galeras.* fr. fig. y fam. No prosperar. || 3.ª acep.: **P.** golpe grande; **I.** whip; **F.** coup de fouet; **A.** Peitschenhieb; **It.** staffilamento; **R.** удар. || 6.ª acep.: **P.** calamidade, castigo grande; **I.** calamity; **F.** fléau; **A.** Landplage; **It.** flagello; **R.** наказание.

AZOTEA. (ár. *as-suṭaiḥa*, el terradillo.) f. Cubierta llana de un edificio, dispuesta para poder andar sobre ella. || **P.** açoteia; **I.** terrace; **F.** terrasse; **A.** Terrase, Dach; **It.** terrazza; **R.** плоская крыша.

AZOTINA. f. fam. Azotaina.

AZRE. m. Arce, 1.er art.

AZTECA. adj. Dícese del individuo de un antiguo pueblo invasor y dominador del territorio de Méjico. Ú.t.c.s. || **2.** Perteneciente a este pueblo. || **3.** m. Idioma AZTECA. || **P.** asteque; **I.** Aztec; **F.** aztéque; **A.** Azteke; **It.** azteco; **R.** ацтекский.

* **AZOTERA.** (De *azote.*) f. AMÉR. Conjunto de los dos cabos en que suele terminar la rienda y que se usan para azotar a la cabalgadura.

AZTOR. (l. *acceptor, -ōris.*) m. Azor, 1.er art., 1.ª acep.

AZUA. f. Chicha, 2.º art. Bebida alcohólica hecha de la harina del maíz.

* **AZUCAPÉ.** m. ARGENT. Cierto dulce de caña de azúcar preparado en forma de prisma.

AZÚCAR. (ár. *as-sukkar.*) amb. Substancia formada por hidrato de carbono, blanca, sólida, cristalizable, muy dulce, que se encuentra en el jugo de muchas plantas; se extrae especialmente de la caña de azúcar y de la remolacha. || **2.** V. *Caña, costra, ingenio, pan de* AZÚCAR. || **3.** QUÍM. Nombre genérico de un grupo de hidratos de carbono que tienen un sabor más o menos dulce. || **—amarilla.** Azúcar de segunda producción, cuyo color varía desde el amarillo al pardo, según la cantidad de melaza que lleve adherida a los cristales. || **—blanco,** o **blanca.** Azúcar de flor. || **—blanquilla.** El semirrefinado moldeado en forma de cortadillo. || **—cande,** o **candi.** El que mediante cierto procedimiento ha sido reducido a cristales transparentes. || **—centrífuga.** El semirrefinado de primera producción, pero amarillo y de grano grueso. || **—comprimido.** El refinado, cuyo moldeado se hace comprimiendo el polvo o grano fino en forma de cortadillo. || **—de cortadillo.** Azúcar refino, moldeado en aparatos centrífugos y que se expende fraccionado en pequeños trozos o terrones. || **—de flor.** El más purificado. || **—de leche.** Principio inmediato, no nitrogenado, que abunda en la leche. || **—de lustre.** El molido y pasado por cedazo. || **—de Malta.** Maltosa. || **—de pilón.** El preparado en masas cónicas. || **—de plomo.** QUÍM. Sal de plomo. || **—de quebrados.** El refino moldeado, imperfectamente elaborado. || **—de redoma.** El que se queda en las paredes y suelos de las vasijas que han contenido jarabes. || **—de Saturno.** QUÍM. Sal de Saturno. || **—de uva.** Glucosa que forma el principio dulce de la uva y de otras frutas. || **—estuchado.** El cortadillo cuando se expende en pequeños estuches de cartón o papel. || **—florete.** El semirrefinado, en pedazos irregulares mezclados con polvo. || **—granulado.** El semirrefinado, en cristales sueltos y gruesos. || **—jugosa.** Azúcar blanquilla de caña ligeramente fermentada. || **—mascabado,** o **mascabada.** El de caña de segunda producción. || **—moreno** o **morena.** Azúcar amarilla. || **—quebrado** o **quebrada.** El que no ha sido blanqueado. || **—refinado.** Azúcar de la mayor pureza que se fabrica en las refinerías. || **—refino** o **refina.** Azúcar refinado muy puro. || **—semirrefinado.** El que se produce directamente en las fábricas que elaboran la caña o la remolacha. || **—terciado,** o **terciada.** Azúcar amarilla. || AZÚCAR *y canela.* loc. Color de algunos caballos mezcla de blanco y rojo. || **P.** açúcar; **I.** sugar; **F.** sucre; **A.** Zucker; **It.** zucchero; **R.** сахар.

AZUCARADO, DA. p.p. de azucarar. || **2.** adj. Semejante al azúcar en el gusto. || **3.** fig. y fam. Blando, afable, meloso en las palabras.

AZUCARAR. tr. Bañar una cosa con azúcar; endulzarla con azúcar. || **2.** fig. y fam. Suavizar, endulzar una cosa. || **3.** r. Almibarar, 1.ª acep. || **4.** MÉJ. Cristalizarse el almíbar en las conservas. || **P.** açucarar; **I.** to sugar; **F.** sucrer; **A.** überzuckern; **It.** inzuccherare; **R.** сахарить.

AZUCARERA. f. Vaso para poner azúcar en la mesa. || **2.** Fábrica en que se extrae y elabora el azúcar.

AZUCARERÍA. f. CUBA y MÉJ. Lugar en que se vende azúcar al por menor.

AZUCARERO, RA. adj. Perteneciente o relativo al azúcar. || **2.** m. Maestro de labores en un ingenio de azúcar. || **3.** Ave trepadora de los países tropicales, de cuerpo pequeño, colores hermosos y variados, pico largo y con los dos dedos exteriores soldados. Se alimenta de insectos, miel y jugos azucarados de las plantas. || **4.** Azucarera, 1.ª acep.

AZUCARÍ. (ár. *as-sukkarī*, azucarado, dulce.) adj. AND. Azucarado, 1.ª acep. Aplícase a ciertos frutos.

AZUCARILLO. (d. de *azúcar.*) m. Masa esponjosa que se hace con almíbar, clara de huevo y zumo de limón. || **P.** açucarilho; **I.** sugar loaf; **F.** pain de sucre; **A.** Schaumzucker; **R.** сахарное печенье.

AZUCENA. (ár. *as-sūsāna*, el lirio.) f. Planta liliácea, de tallo alto y flores terminales grandes y blancas y muy olorosas. Se cultivan para adorno en los jardines. || **2.** Flor de esta planta. || **3.** fig. Persona o cosa especialmente calificada por su pureza o blancura. || **4.** CUBA. Planta de jardinería muy estimada, de flores blancas y fragantes, que se reproduce fácilmente. || **—anteada.** Planta liliácea de tallo ramoso y flores de color de ante. || **—de agua.** SAL. Nenúfar. || **—de Buenos Aires.** Planta amarilidácea, de flores abigarradas de rojo, amarillo, blanco y negro. || **—de Guernesey.** Planta perenne monocotiledónea, de la familia de las amarilidáceas, de hojas largas, estrechas, romas y flores terminales de color encarnado vivo. || **P.** açucena; **I.** white lily; **F.** lis; **A.** weisse Lilie; **It.** giglio; **R.** лилия.

AZUCHE. (l. *soccus*, zueco, calzado.) m. Punta de hierro que suele colocarse en la extremidad inferior del pilote.

AZUD. (ár. *as-sudd*, la barrera, la presa.) amb. Máquina con que se saca agua de los ríos para regar los campos. Es una gran rueda movida por el impulso de la corriente. || **2.** Presa hecha en los ríos a fin de tomar agua para regar. || **P.** azud; barragen; **I.** water-wheel; **F.** roue hydraulique; **A.** Wasserrad; **It.** ruota idràulica; **R.** водокачка. || 2.ª acep.: **P.** presa; **I.** dam; **F.** barrage; **A.** Flusswehr; **It.** pescaia; **R.** плотина.

AZUDA. f. Azud.

AZUELA. (l. *asciŏla*, d. de *ascĭa.*) f. Herramienta de carpintero compuesta por una plancha de hierro acerada y cortante y un mango corto de madera, que forma recodo. Se usa para desbastar. || **2.** ESCULT. Hacha pequeña empleada por los escultores para trabajar el yeso. || **P.** enxó; **I.** adze; **F.** herminette; **A.** Hohlbeil; **It.** accetta; **R.** тесло.

AZUFAIFA. (ár *az-zufaizaf*, y éste del gr. ζίζυφον.) f. Fruto del azufaifo: es una drupa elipsoidal, encarnada por fuera y amarilla por dentro, dulce y comestible. || **P.** açofeifa; **I.** y **F.** jujube; **A.** Brustbeere; **It.** giuggiola.

AZUFAIFO. m. Árbol ramnáceo, de tronco tortuoso, con las ramas llenas de aguijones; hojas alternas, festoneadas; flores pequeñas y amarillas y fruto en drupa elipsoidal, dulce y comestible. || **—loto.** Loto, 4.ª acep. || **P.** açofeifeira; **I.** jujubetree; **F.** jujubier; **A.** Brustbeerbaum; **It.** giuggiolo.

AZUFEIFA. f. Azufaifa.

AZUFEIFO. m. Azufaifo.

AZUFRADO, DA. p.p. de azufrar. || **2.** adj. Sulfuroso. || **3.** Parecido en el color al azufre.

AZUFRADOR, RA. adj. Que azufra. Ú.t.c.s. || **2.** m. Enjuagador con que se suele azufrar la ropa. || **3.** Aparato para azufrar las vides atacadas del oídio.

AZUFRAMIENTO. m. Acción y efecto de azufrar.

AZUFRAR. tr. Echar azufre en alguna cosa. || **2.** Dar o impregnar de azufre. || **3.** Sahumar con él. || **P.** enxofrar; **I.** to sulphur; **F.** soufrer; **A.** schwefeln; **It.** insolfare, solforare; **R.** окуривать серой.

AZUFRE. (l. *sulphur, -ŭris.*) m. Metaloide de color amarillo, sólido, frágil, insoluble en agua, que se electriza por frotamiento y arde con llama azulada y olor característico. Se encuentra nativo especialmente en los terrenos volcánicos, y combinado con los metales formando sulfuros. Se emplea en la fabricación de pomadas, jabones, pólvoras, en la vulcanización del caucho y como anticriptogámico. || **—vegetal.** Nombre que se daba a una materia pulverulenta amarilla compuesta de esporas de licopodio. || **P.** enxofre; **I.** sulphur, brimstone; **F.** soufre; **A.** Schwefel; **It.** solfo, zolfo; **R.** сера.

AZUFRERA. f. Mina de azufre.

AZUFRÓN. (De *azufre.*) m. Mineral piritoso en estado pulverulento.

AZUFROSO, SA. adj. Que contiene azufre.

AZUL. (ár. persa *lāzūrd*, por *lāzaward*, lapislázuli, azulita.) adj. Del color del cielo sin nubes. Ú.t.c.s. Es el quinto color del espectro solar. || **2.** V. *Caparrosa, ceniza, libro, malaquita, sangre, trigo, zorro* AZUL. || **3.** QUÍM. V. *Vitriolo* AZUL. || **—celeste.** El más claro. || **—de cobalto.** Mezcla de alúmina y fosfato de cobalto. Muy usado como colorante en pintura. || **—de mar.** El obscuro, parecido al que suelen tener las aguas del mar. || **—de montaña.** Carbonato de cobre natural. || **—de Prusia.** Substancia de color azul subido, compuesta de cianógeno y hierro, usada en pintura. || **—de Sajonia.** Disolución de índigo en ácido sulfúrico concentrado. || **—de Ultramar.** Lapislázuli pulverizado o bien una mezcla de sulfato de hierro, sulfuro de sodio y arcilla calcinada. || **2.** Pasta de añil. || **—marino.** AZUL *de mar.* || **—turquí.** El más obscuro. Sexto color del espectro solar. || **—ultramarino** o **ultramaro.** AZUL *de Ultramar.* || *El que quiera* AZUL *celeste, que le cueste.* fr. fig. con que se da a entender que quien quiera obtener lo que desea, no debe quejarse si por ello se le originan gastos y molestias. || **P.** azul; **I.** blue; **F.** bleu; **A.** blau, Blau; **It.** azzurro; **R.** синий.

AZULADO, DA. p.p. de azular. || **2.** adj. De color azul o que tira a él.

AZULAQUE. (ár. *as-sulāqa*, el betún.) m. Zulaque.

AZULAR. tr. Dar o teñir de añil.

AZULEAR. intr. Mostrar alguna cosa el color azul que en sí tienen. || **2.** Tirar a azul. || **P.** azular; **I.** to turn blue; **F.** bleuir; **A.** bläuen; **It.** azzurreggiare, turchineggiare; **R.** синеть.

AZULEJAR. tr. Revestir de azulejos.

AZULEJERÍA. f. Oficio de azulejero. || **2.** Obra hecha o revestida de azulejos.

AZULEJERO. m. El que hace azulejos, 2.º art.

AZULEJO, JA. adj. d. de azul. || **2.** V. *Trigo* AZULEJO. || **3.** AMÉR. Azulado, 2.ª acep. || **4.** Carraca, 2.º art., 4.ª acep. || **5.** AMÉR. Aplícase al caballo o yegua de color blanco azulado. Ú.t.c.s. || **6.** m. ZOOL. Pájaro de la familia de los coraciádidos, con el dorso pardo; cabeza, cuello y parte inferior de las alas, de color azul verdoso, y el pico, negro. Tiene unos 3 cm de largo y se alimenta de insectos. || **7.** COLOM. Morcella. || **8.** CUBA. Planta de jardinería parecida al romero. || **9.** CUBA. Pez raro y bonito, del tamaño de una sardina, de color azul, con cinco franjas transversales más obscuras. || **10.** CHILE. Pez de 1 m de longitud casi completamente de color azul. || **11.** Anciano menor.

AZULEJO. (ár. *az-zulaiŷ*, el ladrillito.) m. Ladrillo pequeño vidriado de varios colores, usado comúnmente para frisos en las iglesias, portales, etc.

AZULENCO, CA. adj. HIST. NAT.
Azulado, 2.ª acep. || **2.** V. *Trigo* AZULENCO.

AZULETE. m. Viso de color azul que se da a las medias de seda blanca y a otras prendas de vestir. || **2.** AR. Pasta de añil en bolsas.

★ **AZULILLO, LLA.** adj. d. de azul. m. VENEZ. Tintura de añil.

AZULINO, NA. adj. Que tira a azul.

★ **AZULITO.** m. ZOOL. AMÉR. Cierto pájaro cantor, llamado también en Cuba *aparecido*.

AZULONA. f. Especie de paloma de las Antillas, de unos 3 dm de largo; tiene la cabeza y el cuello azules con una faja blanca, el cuerpo morado, y el vientre, del mismo color más claro.

★ **AZULOSO, SA.** adj. COLOM. Azulado.

★ **AZUMAGARSE.** r. CHILE. Enmohecerse.

AZUMAR. tr. Teñir los cabellos con algún zumo que les dé lustre o color.

AZÚMBAR. (ár. *as-sunbul*, la espiga, el nardo.) m. Planta alismácea, de hojas acorazonadas, flores blancas en umbela terminal y fruto en forma de estrella de seis puntas. || **2.** Espicanardo. || **3.** Estoraque, 2.ª acep.

AZUMBRADO, DA. adj. Medido por azumbres. || **2.** fig. y fam. Ebrio, 1.ª acep.

AZUMBRE. (ár. *at-tumn*, la octava parte [de la cántara].) f. Medida de capacidad para líquidos, equivalente a 2 l y 16 ml.

AZUR. (Voz francesa.) adj. BLAS. Dícese del color heráldico que en pintura se denota con el azul obscuro, y en el grabado, por medio de líneas horizontales. || **P.** azul escuro; **I.** azure; **F.** azur; **A.** azurn, himmelblau; **It.** azzurro; **R.** тёмный синий.

AZURITA. (De *azur*.) f. Malaquita azul.

AZURRONARSE. r. Dícese de la espiga de trigo que no puede salir del zurrón a causa de la sequía.

★ **AZURUMBADO, DA.** p.p. de azurumbarse. || **2.** adj. GUAT. y HOND. Aturdido, atolondrado.

AZUT. m. AR. Azud.

AZUTEA. f. desus. Azotea.

AZUTERO. m. AR. El que cuida del azut.

AZUZADOR, RA. adj. Que azuza, excita o instiga. Ú.t.c.s.

AZUZAR. (De *a*, 2.º art., y *¡sus!*) tr. Incitar a los perros para que acometan. || **2.** fig. Irritar, estimular.

★ **AZUZÓN.** m. Persona chismosa.

A

B

B. f. Segunda letra del alfabeto español y primera de sus consonantes, cuyo sonido bilabial sonoro es oclusivo cuando va detrás de la *m* o en posición inicial absoluta, y fricativo, en cualquiera otra posición. Su nombre es *be*. || **2.** Fís. En el cuadrante del barómetro representa buen tiempo. || **3.** Geom. Anal. Representa el semieje menor en las fórmulas de la elipse y de la hipérbola. || **4.** Símbolo del boro.

BAALITA. adj. Adorador de Baal, divinidad semita. Ú.t.c.s.

BABA. (De la onomat. *bab*.) f. Zool. Saliva espesa y abundante que a veces se da en los hombres y en algunos mamíferos. || **2.** Zool. Líquido viscoso segregado por ciertas glándulas del tegumento de la babosa. || **3.** Por ext., jugo viscoso de algunas plantas. || **4.** Colom. y Venez. Especie de caimán. || **5.** Bol. Mariposa grande y de colores brillantes. || *Caérsele a uno la* BABA. fr. fig. y fam. con que se da a entender que es bobo o que experimenta gran complacencia viendo u oyendo alguna cosa. || **P.** baba; **I.** drivel; **F.** bave; **A.** Geifer, Speichel; **It.** bava; **R.** слюна.

BABADA. (De *baba*.) f. Babilla, 1.ª acep.

BABADA. f. Ar. y Cast. Barro que se forma en los campos por deshielo.

BABADERO. (De *baba*.) m. Babador.

BABADOR. (De *baba*.) m. Babero. || **P.** babadoiro; **I.** bib, chincloth; **F.** bavette; **A.** Geiferlätzchen; **It.** bavaglio; **R.** детский нагрудник.

BABANCA. (De la onomat. *bab*.) com. ant. Persona boba. Ú. en Salamanca.

* **BABASSÚ.** m. Bot. Brasil. Palmera gigantesca.

* **BABASTIBIAS.** m. Ecuad. Juan Lanas.

BABATEL. (De *baba*.) m. ant. Cualquiera cosa desaliñada que cuelga del cuello.

BABAZA. (aum. de *baba*.) f. Baba, 2.ª y 3.ª aceps.

BABAZORRO, RRA. (vasc. *babazorro*; de *baba*, haba, y *zorro*, saco.) adj. Ar. Joven atrevido y arriscado. Ú.t.c.s. || **2.** Ar. Rústico. Ú.t.c.s. || **3.** Natural de Álava.

* **BABEADOR.** m. Ecuad. Babador.

BABEAR. (De *babear*.) intr. Echar de sí la baba. || **2.** fig. y fam. Obsequiar a una mujer con demostraciones de excesivo rendimiento. || **P.** babar; **I.** to drivel; **F.** baver; **A.** geifern; **It.** sbavazzare; **R.** пускать слюну.

BABEL. (hebr. *Bābĕl*, la ciudad o el imperio de Babilonia, y esta voz de *baibēl*, confusión [de lenguas].) amb. fig. y fam. Lugar en que hay desorden. || **2.** fig. y fam. Desorden y confusión.

BABÉLICO, CA. adj. Perteneciente o relativo a la torre de Babel. || **2.** fig. Confuso.

BABEO. (De *babear*.) m. Acción de babear.

BABERA. (De *baba*.) f. Pieza de la armadura antigua que cubría la boca, barba y quijadas. || **I.** drivel; **F.** mentonnière; **A.** Kinnblech am Helm; **It.** baviera.

BABERO. (De *baba*.) m. Pedazo de lienzo que se coloca al cuello de los niños sobre el pecho.

BABEROL. m. Babera, 1.ª acep.

BABIA. (Territorio de las montañas de León.) n. p. *Estar* uno *en* BABIA. fr. fig. y fam. Estar distraído y como ajeno a lo que se trata.

BABIANO, NA. adj. Natural de Babia. Ú.t.c.s. || **2.** Perteneciente a este territorio de las montañas de León.

* **BABICHAS.** f. pl. Méj. Residuos, sobras que quedan.

BABIECA. (De *Babia*.) com. fam. Persona floja y boba. Ú.t.c.adj.

BABILAR. m. En los molinos harineros, eje sobre el que se mueve la canaleja.

* **BABILEJO.** m. Colom. Llana de albañil.

BABILONIA. (Por alusión a la célebre torre de la ciudad de aquel nombre en Asia.) f. fig. y fam. Babel.

BABILÓNICO, CA. (l. *babylonicus*.) adj. Perteneciente o relativo a Babilonia. || **2.** fig. Fastuoso.

BABILONIO, NIA. (l. *babylōnĭus*.) adj. Natural de Babilonia. Ú.t.c.s.

BABILLA. (d. de *baba*.) f. En los cuadrúpedos, región de las extremidades posteriores formada por los músculos y tendones que articulan el fémur, la tibia y la rótula. || **2.** Choquezuela de los cuadrúpedos. || **3.** Méj. Humor que en las desgarraduras o fracturas del organismo, impide la buena consolidación. || **4.** Méj. Callo en las fracturas. || **P.** soldra; **I.** hock, hough; **F.** jarret; **A.** Knie(falte) -scheibe **It.** garetto; **R.** коленная чашечка у животных.

* **BABINEY.** m. Amér. Lodazal.

BABIRUSA. (malayo *baby-rusa*, puercociervo.) m. Cerdo salvaje mayor que el jabalí y de carne comestible. || **P.** e **It.** babirussa; **I.** babirussa, babiroussa; **F.** babiroussa; **A.** Schweinshirsch; **R.** дикий кабан.

BABISMO. (ár. *bāb*, puerta, en el sentido místico de «medio que permite comunicar con el interior».) m. Sistema religioso fundado en Persia en el siglo XIX.

BABLE. (l. *fabŭla*, habla.) m. Dialecto de los asturianos.

BABOR. (neerl. *bakboord*.) m. Mar. Lado o costado izquierdo de los buques. || **P.** bombordo; **I.** larboard, port; **F.** babord; **A.** Backbord; **It.** babordo; **R.** бакборт.

BABOSA. (De *baba*.) f. Molusco gasterópodo pulmonado, que al arrastrarse deja una huella de baba. || **2.** Ar. Cebolla añeja que plantada produce otras. || **3.** Venez. Especie de culebra. || **4.** Cuba. Molusco testáceo que segrega una baba. || **5.** Cuba. Enfermedad casi mortal de los ganados vacunos. || **6.** Cuba. Parásito que la produce. || **P.** lesma; **I.** slug, limax; **F.** limace; **A.** Wegschnecke; **It.** lumacone; **R.** слизняк.

* **BABOSADA.** f. Amér. Central. Persona o cosa despreciable. || **2.** Guat. Disparate, tontería. || **3.** Guat. Cortedad, apocamiento.

BABOSEAR. (De *baboso*.) tr. Llenar o rociar de babas. || **2.** intr. fig. y fam. Babear, 2.ª acep. || **3.** Méj. Manosear. ||

4. Méj. Burlarse de una persona. || **5.** Guat. Engañar. || **6.** intr. Guat. Callejear.

BABOSEO. (De *babosear*.) m. fig. y fam. Acción de babosear, 2.ª acep.

BABOSILLA. f. Especie de babosa más pequeña que la ordinaria.

BABOSO, SA. (De *baba*.) adj. Se dice de la persona que echa muchas babas. Ú.t.c.s. || **2.** fig. y fam. Enamoradizo. **3.** fig. y fam. Se aplica al que no tiene edad de hacer lo que está haciendo. Ú.t.c.s. || **4.** Budión. Perú. Tonto. || **5.** Perú. Pusilánime. || **6.** Amér. Central. Canalla. || **P.** baboso; **I.** drivelling; slavering; **F.** baveux; **A.** geifern; **It.** bavoso; **R.** слюнявый.

BABOSUELO, LA. adj. d. de baboso. Ú.t.c.s.

* **BABOYANA.** f. Cuba. Zool. Lagarto pequeño.

BABUCHA. (ár. *bābūs* o *bābūš*, y éste del persa *papūš*, lo que cubre el pie.) f. Zapato ligero y sin tacón. || **2.** Méj. Calzado femenino de paño con punta de cuero. || **3.** Rep. Domin. Blusa. || **4.** Cuba. Corpiño holgado. || **5.** pl. Cuba. Calzones holgados. || *A* BABUCHA o *a* BABUCHAS. m. adv. Amér. A cuestas. || **P.** babucha; **I.** baboosh; **F.** babouche; **A.** Babusche; **It.** babuccia; **R.** бабуша.

BABUCHERO, RA. m. y f. Persona que hace o vende babuchas. || **2.** m. Lugar destinado a depositar las babuchas.

* **BABUINO.** m. Zool. Mono americano. || **P.** babuíno; **I.** baboon; **F.** babouin; **A.** Pavian; **It.** babbuino; **R.** бабуин.

* **BABUJAL.** m. fam. Cuba. Brujo.

* **BABUL.** m. Cuba. Baile de negros.

* **BABUNUCO.** m. Cuba. Rodete que emplean los negros para cargar.

BACA. (célt. *bacca*, vaso.) f. Sitio en la parte superior de las diligencias donde pueden ir los pasajeros y se colocan los equipajes. || **P.** tajadilho dos carros; **I.** coach-top; **F.** bâche; **A.** Wagendecke; **It.** imperiale; **R.** верх дилижанса.

BACA. (l. *bacca*.) f. Fruto o baya de laurel.

* **BACA (DAR.)** fr. Colom. Entre maquinistas, dar marcha atrás.

* **BACABÁ.** m. Brasil. Fruto de la bacabeira y la bebida extraída de él.

* **BACABADA.** f. Brasil. Manjar compuesto con el fruto de la bacabeira.

* **BACACO.** m. Zool. Venez. Pájaro cuyo plumaje tiene un hermoso color purpúreo brillante.

BACADA. (De *baque*.) f. ant. Batacazo.

* **BACAL.** m. Méj. Olote.

BACALADA. f. Bacalao curado.

BACALADERO, RA. adj. Perteneciente o relativo al bacalao, a su pesca o a su comercio.

BACALAO. (De *bacallao*.) m. Zool. Pez teleósteo, de cuerpo simétrico. Es comestible. || **2.** Chile. Persona miserable que no recompensa los servicios que le prestan. || **3.** Rep. Domin. Papelote de forma romboidal. || **—de Escocia.** Merluza a la que se da la misma preparación del bacalao común. || **P.** bacalhau; **I.** codfish; **F.** morue; **A.** Stockfisch; **It.** baccalà; **R.** треска.

B

BACALLAO. (hol. *kabeljau*.) m. Bacalao.

BACALLAR. (b. l. *baccallarīus*, siervo de una corta heredad.) m. Hombre rústico.

* **BACÁN.** m. Argent. Hombre presumido, que viste con cierta elegancia y goza de ascendiente entre gente viciosa y mujeres de mal vivir.

* **BACANA.** f. R. de la Plata. y Bol. Amante del bacán. || **2.** Rep. Domin. Bulla grande.

BACANAL. (l. *bacchanālis*.) adj. Perteneciente al dios Baco. Se aplica a las fiestas que se celebraban en honor de este dios. Ú.m.c.s.f. y en pl. || **2.** f. fig. Orgía con mucho desorden. || **P.** bacanal; **I.** bacchanal; **F.** bachanale; **A.** Bacchanal; **It.** baccanale; **R.** вакханалия.

* **BACANERÍA.** f. Colom. Elegancia en las personas encopetadas.

* **BACANORA.** f. Méj. Bebida alcohólica obtenida del pulque.

BACANTE. (l. *bacchans, -antis*.) f. Mujer que celebraba las fiestas bacanales. || **2.** fig. Mujer ebria y lúbrica. || **P.** bacante; **I.** y **F.** bacchante; **A.** Bacchantin; **It.** baccante; **R.** вакханка.

BÁCARA. (De *bácaris*.) f. Amaro, 1.er art.

° **BACARÁ.** (fr. *bacara*.) m. Juego de naipes.

BÁCARIS. (l. *baccăris*, y éste del gr. βάκχαρις.) f. Bácara.

° **BACARRÁ.** m. Bacará.

BACELAR. (gall. port. *bacelar* y éste del l. *bacillum*, sarmiento.) m. Parral, 1.er art., 1.ª acep.

BACERA. (De *bazo*.) f. Enfermedad del ganado vacuno.

BACETA. (De *baza*.) f. Naipes que quedan después de repartir entre los jugadores. || **P.** cartas que sobram; **I.** stock; **F.** bassette; **A.** Stock (im Spiel); **It.** bassetta.

BACÍA. (l. *bacchia*, taza, en San Isidoro.) f. Vasija, 1.ª y 2.ª aceps. || **2.** Especie de jofaina que usan los barberos. || **P.** bacia; **I.** basin, shaving-dish; **F.** bassin, plat à barbe; **A.** Barbierbecken; **It.** bacino, bacile; **R.** тазик.

BÁCIGA. (fr. *bésigue*.) f. Juego de naipes. || **2.** Lance principal en dicho juego.

BACILAR. (De *bacilo*.) adj. Perteneciente o relativo a los bacilos. || **2.** Miner. De textura en fibras gruesas. || **P.** bacilar; **I.** bacillary; **F.** bacillaire; **A.** stabtierchen förmig; **It.** bacilare; **R.** бациллярный.

BACILO. (l. *bacillus*, báculo pequeño.) m. Bacteria en forma de bastoncillo —**de Koch.** Bacilo de la tuberculosis. || —**de Eberth.** Bacilo de la fiebre tifoidea. || —**de Pfeiffer.** Bacilo específico de la gripe. || **P.** e **It.** bacillo; **I.** bacillus; **F.** bacille; **A.** Bazillus; **R.** бацилла.

BACILLAR. (l. *bacillum*, sarmiento.) m. Bacelar. || **2.** Viña nueva.

BACILLO. (l. *bacillus*, palo.) m. León y Zam. Vástago de la vid.

BACÍN. (ant. cat. *bacín*, y éste del l. *baccĭnum*, taza.) m. Orinal. || **2.** Bacineta para pedir limosna. || **3.** fig. y fam. Hombre despreciable. || **P.** bacio; **I.** chamber-pot; **F.** pot de chambre; **A.** Nachtgeschirr; **It.** cantero, pitale; **R.** кружка, горшок.

BACINA. (l. *baccĭnum*, taza.) f. ant. Bacín, 4.ª acep. || **2.** Extr. Caja o cepo que llevan los demandantes para recoger las limosnas.

BACINADA. f. Inmundicia arrojada del bacín. || **2.** fig. y fam. Acción indigna y despreciable.

BACINADOR. (De *bacina*.) m. ant. Bacinero.

BACINEJO. m. d. de bacín.

BACINERO, RA. (De *bacina*.) m. y f. Demandante de limosna para el culto religioso.

BACINETA. (d. de *bacina*.) f. Bacía pequeña que sirve para recoger limosna y otros usos.

BACINETE. (fr. *bassinet*, y éste del l. *baccĭnum*, taza.) m. Pieza de armadura antigua que cubría la cabeza. || **2.** Soldado que vestía coraza. || **P.** bacinete; **I.** basinet; **F.** bassinet; **A.** Pickelhaube; **It.** bacinetto; **R.** шлем.

BACINICA. (d. de *bacina*.) f. Bacineta. || **2.** Bacín pequeño y bajo.

BACINILLA. (d. de *bacina*.) f. Bacinica.

BACISCO. (De *bazo*, 1.ª acep.) m. Mineral menudo y tierra de la mina con que se hace barro y se moldean adobes. Ú.m. en pl.

BACONIANO, NA. adj. Perteneciente al método y doctrina del filósofo inglés Bacon.

* **BACOVA.** f. Fruto de las Guayanas.

* **BACOVERO.** m. Bot. Amér. Árbol que produce las bacovas.

BACTERIA. (gr. βακτηρία, bastón.) f. Bot. Vegetal unicelular, sin clorofila ni núcleo, y provisto a veces de cilios. Muchas de sus especies viven en las aguas abundantes en substancias orgánicas, en el suelo y en materias orgánicas en putrefacción; otras son parásitas, más o menos patógenas. || **P.** bactéria; **I.** bacterium; **F.** bactérie; **A.** Bakterie; **It.** batterio; **R.** бактерия.

BACTERIANO, NA. adj. Perteneciente o relativo a las bacterias.

BACTERICIDA. adj. Que mata las bacterias o impide su desarrollo.

BACTERIOLOGÍA. (De *bacteriólogo*.) f. Parte de la microbiología, que tiene por objeto el estudio de las bacterias. || **P.** bacteriologia; **I.** bacteriology; **F.** bactériologie; **A.** Bakteriologie; **It.** batteriologia; **R.** бактериология.

BACTERIOLÓGICO, CA. adj. Perteneciente a la bacteriología.

BACTERIÓLOGO. (De *bacteria* y el gr. λέγω, tratar.) m. El que se dedica al estudio de la bacteriología.

BACTRIANO, NA. (l *bactrianus*.) adj. Natural de Bactriana. Ú.t.c.s. || **2.** Perteneciente a esta región de Asia antigua.

* **BACUEY.** m. Cuba. Vegetal con cuyas hojas se hace una infusión de aguardiente.

BÁCULO. (l. *bacŭlum*.) m. Palo o cayado. || **2.** fig. Alivio, arrimo, consuelo. || —**pastoral.** El que usan los obispos. || **P.** báculo; **I.** stick, staff, crozier; **F.** bâton, crosse; **A.** Stock, Stab, Bischofsstab; **It.** bacolo; **R.** посох.

* **BACHACO.** m. Zool. Venez. y Colom. Cierto insecto parecido a una hormiga.

* **BACHAJÉ.** m. Colom. Matarife.

* **BACHARO, RA.** adj. Colom. Mellizo.

* **BACHATA.** f. Cuba. Juerga, franca-chela.

* **BACHATEAR.** intr. Cuba. Divertirse.

* **BACHATERO, RA.** adj. Cuba. Amigo de bachatear o divertirse. Ú.t.c.s.

BACHE. m. Hoyo que se hace en la calle o camino. || **2.** Desigualdad de la densidad atmosférica que determina un momentáneo descenso del avión.

BACHE. m. Sitio donde se encierra el ganado lanar para que sude antes de esquilarlo.

BACHEAR. tr. Arreglar las vías públicas rellenando los baches, 1.er art., 1.ª acep.

BACHEO. m. Acción de bachear.

* **BACHERO, RA.** (De *bacha*, por *bachata*.) adj. Cuba. Bachatero.

* **BACHERO, RA.** (De *bachos*.) adj. Perú. Embustero.

* **BACHICHA.** com. Amér. Apodo con que se designa al italiano de baja ralea. || **2.** Nombre despectivo con que se designa el idioma italiano que hablan los grupos de emigrantes en algunas repúblicas americanas. || **3.** Méj. Colilla de cigarro. || **4.** f. Méj. Resto o sobra que los bebedores dejan en los vasos.

* **BACHICHE.** com. Amér. Bachicha, 1.ª acep. || **2.** Méj. Bachicha, 4.ª acep. Ú.m. en pl.

BACHILLER. (fr. *bachelier*, y éste del b. l. *baccalaurĕus*.) com. Persona que ha obtenido el grado que se concede al terminar la segunda enseñanza. || **P.** bacharel; **I.** bachelor; **F.** bachelier; **A.** Abiturient; **It.** baccelliere; **R.** бакалавр.

BACHILLER, RA. (De *bachiller*.) m. y f. fig. y fam. Persona que habla mucho e impertinentemente. Ú.t.c.adj.

BACHILLERADGO. m. ant. Bachillerato.

BACHILLERAMIENTO. m. Acción y efecto de bachillerar o bachillerarse.

BACHILLERAR. tr. Dar el grado de bachiller. || **2.** r. Tomar el grado de bachiller.

BACHILLERATO. (De *bachiller*.) m. Grado de bachiller. || **2.** Estudios necesarios para dicho título. || **P.** bacharelato; **I.** baccalaureate; **F.** baccalauréat; **A.** Abitur; **It.** baccelierato; **R.** степень бакалавра.

BACHILLEREAR. (De *bachiller*.) intr. fig. y fam. Hablar mucho e impertinentemente. || **2.** Méj. Dar repetidamente a una persona el título de bachiller.

BACHILLEREJO, JA. m. y f. d. de bachiller, ra.

BACHILLERÍA. (De *bachiller*, 2.° art.) f. fam. Locuacidad impertinente. || **2.** fam. Cosa dicha sin fundamento.

* **BACHURE.** adj. Venez. Patizambo.

BADA. f. Abada.

BADAJADA. (De *badajo*.) f. Golpe que da el badajo en la campana. || **2.** fig. y fam. Necedad.

BADAJAZO. m. Badajada, 1.ª acep.

BADAJEAR. (De *badajo*, 2.ª acep.) intr. fig. y fam. Hablar mucho y neciamente.

BADAJO. (l. *batacŭlum*, por *battuacŭlum*.) m. Pieza metálica que pende del interior de las campanas y con que se golpean para hacerlas sonar. || **2.** fig. y fam. Persona habladora, tonta o necia. || **P.** badalo; **I.** clapper; **F.** battant; **A.** Glockenschwengel; **It.** battaglio; **R.** язык колокола.

BADAJOCENSE. adj. Natural de Badajoz. Ú.t.c.s. || **2.** Perteneciente o relativo a esta ciudad.

° **BADAJOCEÑO, A.** Badajocense.

BADAJUELO. m. d. de badajo, 1.ª acep.

BADAL. (b. l. *badallum*, acial.) m. ant. Bozal para las bestias. || **2.** Balancín que sirve para arrastrar maderos, etc.

BADAL. (ár. *badila*, la carne entre el pecho y la axila.) m. Ar. Carne de la espalda y las costillas en las reses que sirven para el abasto.

BADALONÉS, SA. adj. Natural de Badalona. Ú.t.c.s. || **2.** Perteneciente a esta ciudad.

BADALLAR. intr. Ar. Bostezar.

BADÁN. (ár. *badan*, tronco del cuerpo.) m. Tronco del cuerpo en el animal.

BADANA. (ár. *bitâna*, forro.) f. Piel curtida de carnero u oveja. || **2.** m. fam. Persona perezosa. || **Zurrar** a uno la **BADANA.** fr. fig. y fam. Darle de golpes. || **2.** fig. y fam. Maltratarle de palabra. || **P.** badana; **I.** basan; **F.** basane; **A.** Schafleder; **It.** bazzana; **R.** сафьян.

BADANADO, DA. adj. ant. Cubierto de badana.

BADAZA. (Del dialect. *bedasa beasa*, y éste del l. *bissaccium*, alforja.) f. ant. Barjuleta, 1.ª acep. || **2.** Cuba. Cualquiera de las correas que llevan ciertos carruajes para agarrarse los viajeros.

BADEA. (ár. *batîja*, cucurbitácea.) f. Sandía o melón de mala calidad. || **2.** En algunos lugares, pepino amarillento. || **3.** fig. y fam. Persona floja. || **4.** fig. y fam. Cosa sin substancia. || **5.** Colom., Ecuad. y Perú. Fruto exquisito de una especie de pasiflora. || **6.** Bot. Perú. Cierto árbol frutal de raíz venenosa.

BADELICO. m. Germ. Badil.

BADÉN. (ár. *batn*, cavidad; depresión del suelo.) m. Zanja que forma el terreno al paso de las aguas llovedizas. || **2.** Cauce enlosado o empedrado que se hace en la carretera para dar paso a un corto caudal de agua.

BADERNA. (b. bret. *badern*.) f. Mar. Cabo trenzado que se emplea para sujetar el cable al virador, etc. || **P.** baderna; **I.** nipper; **F.** baderne; **A.** Serving; **It.** bàderna; **R.** трос.

BADIÁN. (persa *bādiyân*, anís.) m. Árbol de Oriente, siempre verde, de fruto capsular, de semillas pequeñas.

BADIANA. f. Badián. || **2.** Fruto de este árbol.

BADIL. (l. *batillum*.) m. Paleta de hierro o de otro metal con que se mueve la lumbre. || **P.** badil; **I.** fire-shovel; **F.**

B

râble, pelle à feu; **A.** Ofenschaufel; **It.** paletta; **R.** совок.

BADILA. (De *badil*.) f. Badil. || *Dar a uno* con la BADILA *en los nudillos*. fr. fig. y fam. Vejarle disimuladamente.

BADILAZO. m. Golpe dado con el badil o la badila.

BADILEJO. (d. de *badil*.) m. Llana, 1.er art.

BADINA. (Del m. or. que *badén*.) f. Ar. Balsa o charca de agua.

BADOMÍA. f. Disparate. || **P.** desatino; **I.** nonsense; **F.** balourdise; **A.** Albernheit, Unsinn; **It.** strafalcione; **R.** нелепость.

★ **BADULACADA.** f. PERÚ. Calaverada. || **2.** CHILE. Bellaquería.

BADULAQUE. m. Afeite antiguo. || **2.** fig. y fam. Persona de poca razón y fundamento. Ú.t.c.adj. || **3.** CHILE. Pícaro, bellaco. || **4.** ECUAD. Informal, embustero. || 2.ª acep.: **P.** badulaque; **I.** dunderhead; **F.** nigaud, dadais; **A.** Einfaltspinsel, Stümper; **It.** stupidone, balordo; **R.** дурень.

★ **BADULAQUEAR.** intr. CHILE y PERÚ. Cometer badulacadas o bellaquerías.

★ **BADULAQUERÍA.** f. ECUAD. Bellaquería.

BAENERO, RA. adj. Perteneciente o relativo a Baena. || **2.** Natural de esta población de Córdoba. Ú.t.c.s.

BAEZANO, NA. adj. Natural de Baeza. Ú.t.c.s. || **2.** Perteneciente a esta ciudad.

BAFEAR. (De la onomat. *baf*.) intr. SAL. Vahear.

BAGA. (l. *bacca*, baya.) f. Cápsula que contiene las semillas del lino.

BAGA. (Del prov. *baga*, carga.) f. AR. Soga con que se atan las cargas de las caballerías.

BAGÁ. m. Árbol de la isla de Cuba, anonáceo, cuyas hojas sirven de alimento al ganado.

BAGACERA. (De *bagazo*.) Lugar de los ingenios de azúcar, en que se tiende el bagazo de la caña.

BAGAJE. (fr. *bagage*, de *bague*, y éste del escand. *baggi*, paquete.) m. Equipaje militar de tropa en marcha. || **2.** Bestia de carga que se toma en los pueblos mediante remuneración. Llámase BAGAJE *mayor* al caballo y al mulo o mula, y *menor* al asno. || **3.** fig. Conjunto de conocimientos y noticias de que dispone una persona. || **4.** ECUAD. Individuo muy bruto. || **P.** equipagem militar; **I.** baggage; **F.** bagage; **A.** Feldgepäck; **It.** bagaglio; **R.** багаж.

BAGAJERO. m. El que conduce el bagaje, 1.ª acep.

★ **BAGAMÁN.** adj. COLOM. y REP. DOMIN. Vagabundo. Ú.t.c.s.

BAGAR. intr. Echar el lino baga y semilla.

BAGARINO. (ár. *baḥrī*, marino, marinero.) m. Remero libre asalariado a diferencia del forzado o galeote.

BAGASA. (ár. *baggāza*, mujer libertina.) f. Ramera.

BAGATELA. (ital. *bagatella*, y éste de *bagata*, del l. *baca*, baya.) f. Cosa de poco valor. || **2.** CHILE. Billar romano. || **P.** bagatela; **I.** bagatelle, trifle; **F.** bagatelle; **A.** Kleinigkeit; **It.** bagatella; **R.** безделушка.

BAGAZAL. m. CUBA. Terreno en que abundan los bagaes.

BAGAZO. (De *baga*, 1.er art.) m. Cáscara que queda después de deshecha la baga. || **2.** En algunos lugares, residuo que queda al exprimir una cosa. || **3.** CUBA. Residuo de la caña de azúcar después de exprimirla. || **4.** CUBA y P. RICO. Persona despreciable. || **P.** bagaço; **I.** y **F.** bagasse; **A.** Bagassol; **It.** buccia; **R.** выжимки.

BAGO. (l. *pagus*, aldea.) m. LEÓN. Pago, 2.º art.

BAGRE. (cat. *bagre*, y éste del l. *pagrus*.) m. ZOOL. Pez teleósteo, abundante en los ríos de América. Su carne es sabrosa. || **2.** C. RICA. Ramera. || **3.** BOL., CHILE y COLOM. Persona pesada. || **4.** HOND. y EL SALV. Persona lista.

★ **BAGRERA.** f. COLOM. Esparavel especial para pescar bagres.

★ **BAGRERÍO.** m. CHILE. Grupo de mujeres feas.

★ **BAGRERO.** m. COLOM. Anzuelo usado para pescar bagres.

BAGUAL, LA. (araucano *cahual*, y

éste del cast. *caballo*.) adj. ARGENT., BOL. y URUG. Incivil. || **2.** ARGENT., BOL. y URUG. Caballo no domado. || **3.** CHILE. Bambarria. Ú.t.c.s. || **4.** m. fig. y fam. CHILE. Hombre alto, seco.

BAGUALADA. f. ARGENT. Caballada. || **2.** fig. ARGENT. Gran torpeza, barbaridad.

BAGUARÍ. (guaraní *mbaguarí*.) m. Especie de cigüeña de la Argentina.

BAGUIO. m. Huracán en el archipiélago filipino.

¡BAH! interj. con que se denota desdén. Úsase también repetida.

BAHARÍ. (ár. *baḥri*, marino, marinero.) m. Ave rapaz diurna, de color obscuro y pies rojos. || **2.** AMÉR. Bajarí.

BAHÍA. (l. *baia*, en San Isidoro, y éste de origen ibérico.) f. Entrada del mar en la costa, de considerable extensión. || **P.** baía; **I.** bay; **F.** baie; **A.** Bucht; **It.** baia; **R.** бухта.

BAHORRINA. (ár. *bājūri*, propio del vapor o exhalación fétida.) f. fam. Conjunto de muchas cosas asquerosas mezcladas con agua sucia. || **2.** fig. y fam. Conjunto de gente soez.

BAHUNO, NA. (De la onomat. *baf*.) adj. Se dice de la gente soez y ruin.

BAHURRERO. m. ant. AR. Cazador de aves.

BAILA. f. Raño, 1.ª acep.

BAILA. f. ant. Baile, 1.er art., 1.ª, 2.ª y 3.ª aceps.

BAILABLE. adj. Se dice de la música compuesta para bailar. || **2.** Cada una de las danzas que se ejecutan en el espectáculo compuesto de mímica y baile. || **P.** bailável; **I.** danceable; **F.** dansable; **A.** tanzbar; **It.** ballabile; **R.** танцевальный. || 2.ª acep.: **P.** dançável; **I.** ballet; **A.** Tanzstück; **It.** ballabile; **R.** танцевальный номер.

BAILADERO, RA. adj. ant. Bailable; 1.ª acep. || **2.** m. En algunas provincias, sitio destinado para bailes públicos.

BAILADOR, RA. adj. Que baila. Ú.m.c.s. || **2.** m. y f. Bailarín o bailarina que ejecuta profesionalmente bailes populares.

BAILANTE. p.a. de bailar. Que baila. || **2.** ARGENT. Orgía nocturna de gente pobre.

BAILAR. (l. *ballāre*, y éste del gr. βαλλίζω, danzar.) intr. Hacer mudanzas con los pies, el cuerpo y los brazos, en orden y al compás. Ú.t.c.tr. || **2.** Moverse rápidamente una cosa. || **3.** EQUIT. Ejecutar el caballo algunos movimientos irregulares y de índole nerviosa. | *Otra*, *que bien* BAILA. expr. fig. y fam. con que se da a entender que una persona se parece a otra en un vicio o en una cualidad poco digna. || **P.** bailar; **I.** to dance; **F.** danser; **A.** tanzen; **It.** ballare; **R.** танцевать, плясать.

BAILARÍN, NA. adj. Que baila. Ú.t.c.s. || **2.** m. y f. Persona que profesa el arte de bailar. || **3.** CHILE. Ave rapaz. | **P.** dançarino; **I.** dancer; **F.** danseur, danseuse; **A.** Tänzer; **It.** ballerino; na; **R.** танцор.

BAILE. (De *bailar*.) m. Acción de bailar. || **2.** Cada una de las series de mudanzas que hacen los que bailan. || **3.** Festejo en que varias personas bailan. || **4.** VENEZ. Sopa de arvejas desconchadas y molidas. | —*de cuenta*. BAILE de figuras. || —*de San Vito*. Nombre vulgar de varias enfermedades convulsivas. || —*de negros*. COLOM. Zafarrancho. || —*serio*. El de etiqueta. || **P.** baile; **I.** dance, **F.** danse; **A.** Tanz; **It.** ballo; **R.** танец.

BAILE. (l. *baiŭlus*, teniente, el que ayuda a sobrellevar un cargo.) En Andorra, magistrado de menor categoría que la del veguer.

★ **BAILECITO.** m. ARGENT. y BOL. Baile por parejas.

BAILETE. (De *baile*, 1.er art.) m. Baile de corta duración que se introducía en la representación de ciertas obras dramáticas.

BAILÍA. (De *baile*, 2.º art.) f. Territorio sometido a la jurisdicción del baile. || **2.** Territorio de alguna encomienda de las órdenes. || **P.** bailiado; **I.** bailiwick; **F.** bailliage; **A.** Ballei; **It.** baliaggio.

BAILIAJE. (De *bailía*.) m. Especie de encomienda o dignidad en la orden de San Juan.

BAILIAZGO. m. Bailía.

BAILINISTA. adj. desus. Se decía del poeta que escribía letras para los bailes· Usáb.t.c.s.

BAILÍO. (De *baile*, 2.º art.) m. Caballero profeso de la orden de San Juan que tenía bailiaje.

BAILISTA. com. p. us. Bailarín o bailarina.

BAILÓN. (De *baile*, 1.er art., 5.ª acep.) m. GERM. Ladrón viejo.

★ **BAILÓN, NA.** adj. P. RICO, REP. DOMIN. y AMÉR. CENTRAL. Bailador. Ú. t.c.s.

★ **BAILONGO.** m. R. DE LA PLATA, COLOM., PERÚ y AMÉR. CENTRAL. Baile de gente pobre, pero alegre.

BAILOTEAR. intr. Bailar mucho, sobre todo sin gracia. || **P.** bailar frequentemente; **I.** to hop; **F.** dansoter; **A.** hopsen; **It.** ballonzolare; **R.** пританцовывать.

BAILOTEO. m. Acción y efecto de bailotear.

BAIVEL. (ant. fr. *baivel*, mod. *biveau*.) m. Escuadra falsa con uno de los brazos recto y el otro curvo, usada por los canteros. || **P.** esquadria falsa de canteiro; **I.** bevel square; **F.** buveau, biveau; **A.** Winkelmass, Schablone; **It.** squadra zoppa, piferello; **R.** малка.

BAJA. (De *bajar*.) f. Disminución del valor de una cosa. || **2.** MIL. Pérdida de un individuo. || **3.** MIL. Documento que acredita la falta de un individuo. || **4.** Acto en que se declara la cesión de impuestos. || **5.** Formulario fiscal para dichas declaraciones. || **6.** Cese de una persona en un cuerpo, carrera, etc. || **7.** CUBA. Intención, propósito. | *Dar* BAJA *una cosa*. fr. Perder mucho de su estimación. || *Dar de* BAJA. fr. MIL. Tomar nota de la falta de un individuo. || Eliminar a una persona del escalafón o nómina. || *Darse de* BAJA. fr. fig. Cesar en el ejercicio de una industria. || **2.** Dejar de pertenecer voluntariamente a una corporación. || *De*, o *en*, BAJA. loc. adv. Disminuyendo la estimación de una persona o cosa. || *Jugar a la* BAJA. COM. Especular con las mudanzas de la cotización de valores públicos, o mercantiles, previendo BAJA en la misma. || *Ser* BAJA. MIL. Dejar de estar en un cuerpo un individuo. || **P.** baixa; **I.** fall of price; **F.** baisse; **A.** Senkung(der Preise); **It.** calo; **R.** снижение.

BAJÁ. (ár. *bāšā*; éste del turco *pāšā*, y éste del persa *pādišāh*, con probable contaminación del turco *basqāq*.) m. En Turquía, el que antiguamente obtenía un mandato superior. || **P.** baxá; **I.** pasha; **F.** pacha; **A.** Pascha; **It.** pascià; **R.** паша.

BAJADA. f. Acción de bajar. || **2.** Camino por donde se baja. || —*al foso*. Excavación en rampa que hace el sitiador por debajo del camino cubierto, avanzando en galería blindada subterránea, hasta cortar la contraescarpa, enfrente de la brecha abierta por la artillería en la escarpa. || —*de aguas*. Canal o conjunto de caños que en un edificio recogen el agua llovediza y le dan salida. || 2.ª acep.: **P.** baixada; **I.** descent; **F.** descente; **A.** Abstieg; **It.** discesa; **R.** спускание.

★ **BAJAGUA.** f. MÉJ. Tabaco malo.

BAJALATO. m. Dignidad de bajá. || **2.** Territorio de su mando.

BAJAMANERO. (De *bajamano*.) m. GERM. Ladrón, ratero.

BAJAMANO. (De *bajar* y *mano*.) m. GERM. Ladrón que entra en una tienda, y señalando con la mano alguna cosa, hurta con la otra lo que tiene junto a sí. || **2.** adv. GERM. Debajo del sobaco.

BAJAMAR. (De *bajar* y *mar*.) f. Fin o término del reflujo del mar. || **2.** Tiempo que éste dura. || **P.** baixa-mar; **I.** low tide; **F.** basse-mer; **A.** Ebbe; **It.** marea bassa; **R.** отлив.

BAJAMENTE. adv. fig. Con bajeza o abatimiento.

BAJAMIENTO. m. ant. Acción y efecto de bajar.

★ **BAJAMUELLES.** (De *bajar* y *muelle*.) adj. CHILE. Bajador, digestivo.

★ **BAJANTE.** f. VENEZ. Disminución de caudal en una corriente de agua.

BAJAR. (De *bajo*.) intr. Ir de un lugar a otro más bajo. Ú.t.c.r. || **2.** Disminuir alguna cosa. || **3.** Hablando de los expedientes y provisiones, remitirse despachados al tribunal que los ha de publicar. || **4.** tr. Poner alguna cosa en lugar inferior a donde se hallaba. || **5.** Inclinar hacia abajo. || **6.** Disminuir la estimación o el valor de alguna cosa. || **7.** fig. Humillar, abatir. Ú.t.c.r. || **8.** r. Inclinarse uno hacia el suelo. || **9.** CUBA y ARGENT. En el lenguaje comercial, pagar. || **P.** baixar, abaixar; **I.** to descend, to fall; **F.** descendre; **A.** hinabsteigen; **It.** abbassare; **R.** спускаться.

BAJAREQUE. m. CUBA. Bohío o casucho muy pobre. || **2.** GUAT. y HOND. Pared de palos entretejidos con cañas y barro.

* **BAJATIVO, VA.** adj. CHILE. Digestivo.

* **BAJEAR.** tr. VENEZ. Sondear, rastrear. || **2.** m. CUBA, P. RICO y VENEZ. Vajear. || **3.** CUBA. Sugestionar.

BAJEDAD. f. ant. Bajeza.

BAJEL. (cat. *vaixel*, y éste del l. *vascĕllum*, vaso.) m. Buque, 3.ª acep. || *Sentenciar* a uno *a los* BAJELES. fr. Condenarle a servicio forzado en los buques de guerra, pena usada antiguamente. || **P.** baixel; **I.** Vessel; **F.** vaisseau; **A.** Schiff; **It.** vascello; **R.** судно.

BAJELERO. m. Dueño o patrón de un bajel.

* **BAJEO.** m. VENEZ. Sondeo.

BAJERA. f. ant. Bajada de una cuesta. || **2.** R. DE LA PLATA. Pieza del recado de montar consistente en una manta pequeña, de lana o de algodón. || **3.** AMÉR. Hoja de tabaco de la parte inferior de la planta. || **4.** AMÉR. Tabaco malo.

BAJERO, RA. adj. Bajo, 2.ª acep. || **2.** Que se usa o se pone debajo de otra cosa.

BAJETE. m. d. despect. de bajo. || **2.** MÚS. Tema escrito en clave de bajo, que se da al discípulo de armonía para que se ejercite escribiendo sus acordes y modulaciones.

* **BAJETÓN, NA.** (De *bajo.*) adj. ANT., COLOM. y ECUAD. Se dice de la persona de mediana estatura.

BAJEZ. f. ant. Bajeza.

BAJEZA. (De *bajo.*) f. Hecho vil. || **2.** fig. Condición de humildad o de inferioridad. || **—de nacimiento.** fig. Humildad de nacimiento. || **P.** baixeza; **I.** meanness, lowliness; **F.** turpitude, humilité, petitesse; **A.** Gemeinheit, Niedrigkeit; **It.** bassezza; **R.** подлость.

BAJIAL. (De *bajío.*) m. PERÚ. Lugar bajo en las provincias litorales.

BAJILLO. (l. *vascĕllum*, vaso.) m. AR. Cuba en que se guarda el vino.

BAJÍO, A. (De *bajo.*) adj. ant. Bajo. || **2.** AMÉR. Terreno bajo. || *Dar* uno *en un* BAJÍO. fr. fig. Tropezar con un gran inconveniente que pone en peligro el fin que se esperaba.

BAJISTA. com. Persona que juega a la baja en la bolsa.

BAJO, JA. (l. *bassus.*) adj. De poca altura. || **2.** Se dice de lo que está en lugar inferior. || **3.** Inclinado mirando el suelo. || **4.** Dícese del color poco vivo. || **5.** Oro y plata cuando tienen sobrada liga. || **6.** Se aplica a la fiesta movible. || **7.** Se dice del puyazo que hiere al toro por debajo del alto de las agujas. || **8.** fig. Humilde. || **9.** fig. Se aplica a expresiones de lenguaje vulgar. || **10.** fig. Dícese del precio de las cosas poco considerable. || **11.** fig. En sonidos, el grave. || **12.** fig. Que no se oye de lejos. || **13.** m. Lugar hondo. || **14.** En lugares navegables, elevación del fondo que impide flotar a las embarcaciones. || **15.** Casco de las caballerías. Ú.m. en pl. || **16.** MÚS. La más grave de las voces humanas. || **17.** Instrumento que produce los más graves sonidos de la escala musical. || **18.** MÚS. Nota que sirve de base a un acorde. || **19.** pl. Parte inferior de la ropa de las mujeres, sobre todo de la ropa interior. || **20.** Piso bajo de las casas. || **21.** EQUIT. Manos y pies del caballo. || **22.** adv. En voz baja o que apenas se oiga. || BAJO *cantante.* MÚS. Barítono de voz tan robusta como la del bajo. || **—cifrado.** MÚS. Parte de bajo sobre cuyas notas se escriben números y signos que determinan la armonización correspondiente. || **—de continuo.** MÚS. Parte de la música que no tiene pautas y sirve para armonía de acompañamiento instrumental. || **—de agujas.** EQUIT. Se dice del caballo más bajo de cruz que de grupa. || *Al* BAJO. m. adv. ARGENT. A la costa del río o arroyo. || *Por lo* BAJO. m. adv. fig. Disimuladamente. || **P.** baixo; **I.** low, short, shoal, bass; **F.** bas, haut-fond, basse; **A.** niegrig, klein; **It.** basso; **R.** низкий.

BAJOCA. (cat. *bajoca.*) f. MURC. Judía verde. || **2.** MURC. Gusano de seda que se muere y queda tieso como la vaina de la judía.

BAJOCAR. m. MURC. Haza sembrada de bajocas, 1.ª acep.

BAJÓN. (aum. de *bajo.*) m. Instrumento músico de viento, construido de una pieza de madera, con ocho agujeros para los dedos, y otro u otros dos que se tapan con llaves; en su parte lateral superior se encaja un tudel de cobre, de forma curva, y en éste una pipa de caña con que se hace sonar el instrumento, que tiene la extensión de bajo. || **P.** fagote; **I.** bassoon; **F.** basson; **A.** Fagott; **It.** fagotto; **R.** фагот.

BAJÓN. m. aum. de baja. || **2.** fig. y fam. Notable disminución en el caudal, salud, etc. Se usa con el verbo *dar.*

BAJONADO. m. Pez de los mares de Cuba parecido a la dorada.

BAJONAZO. (De *bajo.*) m. despect. TAUROM. Estocada excesivamente baja.

BAJONCILLO. (d. de *bajón*, 1.er art.) m. Instrumento músico parecido al bajón, pero de menor tamaño, proporcionado al tono de tiple, de contralto o de tenor.

BAJONISTA. m. El que toca el bajón. || **P.** fagotista; **I.** bassoonist; **F.** bassoniste; **A.** Fagottbläser; **It.** fagottista; **R.** фаготист.

BAJOTRAER. (De *bajo* y *traer.*) m. ant. Abatimiento, humillación.

BAJUELO, LA. adj. d. de bajo.

* **BAJUJO (POR LO.)** m. adv. CHILE. Por lo bajo.

* **BAJUMBAL.** m. VENEZ. Bajial, bajío.

BAJUNO, NA. (De la onomat. *baj.*) adj. Bahúno.

BAJURA. f. Falta de elevación.

* **BAKELITA.** f. QUÍM. Baquelita.

BALA. (fr. *balle*, y éste del germ. *balla*, bola, fardo.) f. Proyectil de diversos tamaños y de forma esférica o cilindro ojival, generalmente de plomo o hierro para cargar las armas de fuego. || **2.** Confite redondo, liso, todo de azúcar. || **3.** Cualquier fardo apretado de mercaderías, y generalmente de los que se transportan embarcados. || **4.** Entre impresores y libreros, atado de 10 resmas de papel. || **5.** IMPR. Almohadilla circular con que se toma tinta para ponerla sobre las galeradas cuando se quieran sacar pruebas de una composición. || **—de cadena,** o **encadenada.** La de hierro, partida en dos mitades, unidas interiormente con unas cadenillas. || **—fría.** fig. La que ha perdido casi por completo la velocidad. || **—perdida.** La que va a dar en un punto apartado de donde se deseaba dar. || **—rasa.** La sólida y esférica que se lanzaba aisladamente, o sea como único proyectil en un disparo. || **2.** fig. Balarrasa. || *Como una* BALA. expr. fig. y fam. con que se pondera la presteza y velocidad con que alguien camina. || *No entrarle* a uno *la* BALA. fr. fig. y fam. CHILE. Tener complexión fuerte como blindada contra las enfermedades; mostrarse insensible a los ruegos, amenazas, etc. || **P.** bala; **I.** bullet, ball; **F.** balle, boulet; **A.** Kugel; **It.** palla, pallota; **R.** пуля.

° **BALACA.** f. ECUAD. Fanfarronada. || **2.** COLOM. Bombolla, boato. || **3.** COLOM. Cinta con que las mujeres sujetan el peinado.

* **BALACADA.** f. ECUAD. y ARGENT. Fanfarronada.

* **BALACEAR.** tr. MÉJ. Tirotear.

* **BALACERA.** f. MÉJ. Tiroteo.

BALADA. f. Balata. || **2.** Composición poética dividida generalmente en estrofas iguales y en la que en general se refieren sucesos legendarios y se deja ver la emoción del poeta. Es original del norte de Europa. || **3.** Composición poética provenzal dividida en estrofas de varias rimas que terminan en un mismo verso a manera de estribillo. || **4.** GERM. Convenio. || **P.** balada; **I.** ballad; **F.** ballade; **A.** Ballade; **It.** ballata; **R.** баллада.

BALADÍ. (ár. *bāṭilī*, inútil, vano, sin valor.) adj. De clase inferior, de poco precio. || **P.** frívolo; **I.** weak, frail; **F.** futile, banal; **A.** gehaltlos; **It.** futile, frivolo; **R.** пустяковый.

BALADÍ. (ár. *baladī*, indígena, perteneciente a un país o pueblo.) adj. Se dice de lo propio de la tierra.

BALADOR, RA. adj. Se dice del que bala.

BALADRAR. (l. *blaterāre.*) intr. Dar baladros. || **P.** berrar; **I.** to cry out; **F.** hurler, crier; **A.** schreien, heulen; **It.** gridare, urlare; **R.** кричать.

BALADRE. (cat. *baladre*, y éste del l. *veratrum*, eléboro.) m. Adelfa.

BALADREAR. (De *baladro.*) intr. ant. Baladronear.

BALADRERO, RA. (De *baladro.*) adj. Se dice del gritador, del alborotador.

BALADRO. (De *baladrar.*) m. Grito, alarido. || **P.** berro; **I.** shout, outcry; **F.** hurlement, cri; **A.** Geschrei, Geheul; **It.** urlo, grido; **R.** вопль, крик.

BALADRÓN, NA. (l. *balatro, -ōnis.*) adj. Se dice del fanfarrón, hablador, que siendo cobarde se las da de valiente. || **2.** ECUAD. Pícaro, bellaco. || **P.** fanfarrão; **I.** boaster, bragger; **F.** fanfaron; **A.** Prahler, Grosssprecher; **It.** spaccone; **R.** хвастун.

BALADRONADA. f. Hecho o dicho propio de baladrones. || **P.** bravata; **I.** boast, brag; **F.** fanfaronnade; **A.** Prahlerei, Grosssprecherei; **It.** smargiassata, fanfaronata; **R.** хвастовство.

BALADRONEAR. (De *baladrón.*) intr. Hacer o decir baladronadas.

BALAGAR. (De *bálago.*) m. AST. Montón y haz grande de bálago, que se guarda para sustento de las bestias en el invierno.

BALAGARIENSE. adj. Se dice del natural de Balaguer. Ú.t.c.s. || **2.** Perteneciente o relativo a esta ciudad.

BÁLAGO. (l. *palĕa*, paja.) m. Paja larga de los cereales después de quitarle el grano. || **2.** En algunos lugares, paja trillada. || **3.** Espuma crasa del jabón, de la cual se hacen bolas. || **P.** colmo; **I.** grainstalk; **F.** chaume; **A.** Strohhaufen; **It.** paglia; **R.** солома.

BALAGRE. m. HOND. Bejuco algo grueso que sirve para hacer nasas.

BALAGUERO. m. Montón grande de bálago, que se hace en la era cuando se limpia el grano.

BALAJ. (ár. *balajš* o *balājš*, y éste de *Balajšān*, variante del nombre del territorio de *Badajšān*, donde se encuentran estas piedras.) m. Balaje.

BALAJE. (De *balaj.*) m. Rubí de color morado.

* **BALAJÚ.** adj. P. RICO. Flaco y feo.

BALALAICA. (ruso *balalayka.*) f. Instrumento músico parecido a la guitarra, pero con caja de forma triangular. Es de uso popular en Rusia.

BALANCE. (De *balanzar.*) m. Movimiento que hace un cuerpo, inclinándose a un lado y a otro. || **2.** fig. Vacilación, inseguridad. || **3.** COM. Confrontación del activo y el pasivo para averiguar el estado de los negocios o del caudal. || **4.** COM. Estado demostrativo del resultado de dicha operación. || **5.** ESGR. Movimiento que se hace inclinando el cuerpo hacia adelante y hacia atrás, sin mover los pies. || **6.** MAR. Movimiento de la nave de babor a estribor, o al contrario. || **7.** CUBA. Mecedora. || **8.** COLOM. Negocio. || 3.ª acep.: **P.** balanço; **I.** balance; **F.** bilan; **A.** Bilanz, Inventar; **It.** bilancio; **R.** баланс.

BALANCEADOR, RA. adj. Que balancea fácilmente.

BALANCEANTE. p.a. de balancear. Que balancea.

BALANCEAR. (De *balance.*) intr. Dar o hacer balances. Se dice más tratándose de naves. Ú.t.c.r. || **2.** fig. Dudar, estar perplejo en la resolución de alguna cosa. || **3.** tr. Igualar o poner en equilibrio, contrapesar. || **4.** r. CUBA. Mecerse. || **P.** balancear; **I.** to balance; **F.** balancer; **A.** schwanken; **It.** bilanciare; **R.** качаться.

BALANCEO. (De *balancear.*) m. Acción y efecto de balancear o balancearse. || **P.** balanço; **I.** balancing; **F.** balancement; **A.** Pendeln; **It.** barcollamento; **R.** качание.

BALANCERO. m. Balanzario.

BALANCÍN. m. d. de balanza, 1.ª acep. || **2.** Madero que se atraviesa paralelamente al eje de las ruedas delan-

B teras de un carruaje, fijándolo en su promedio a la tijera, y por los extremos a los del eje mismo, con dos hierros que se llaman guardapolvos. || **3.** Madero que se cuelga de una vara de guardia y a cuyas extremidades se enganchan los tirantes de las caballerías. || **4.** Palo largo que usan los volatineros para mantenerse en equilibrio sobre la cuerda. || **5.** Volante pequeño para sellar monedas y medallas. || **6.** Barra fuerte e inflexible que puede moverse alrededor de un eje y se emplea en las máquinas de vapor como órgano intermedio para transformar un movimiento alternativo rectilíneo en otro circular continuo. || **7.** pl. MAR. Cabos que penden de la antena de la nave y sirven para ponerla en medio, o para llamarla hacia una de las bandas. || **8.** ZOOL. Cada uno de los dos órganos, semejantes a diminutas cachiporras, que tienen los dípteros a los lados del tórax, detrás de las alas; la ablación de uno de ellos o de los dos incapacita al animal para volar. || **P.** balancim; **I.** splinter-bar; **F.** balancier; **A.** Wippbaum; **It.** bilancino; **R.** вага, балансир.

BALANDRA. (fr. *balandre*, y éste del neerl. *bylander*.) f. Embarcación pequeña con cubierta y sólo un palo. || **P.** balandra; **I.** bilander; **F.** balandre, côtre; **A.** Kutter; **It.** palandra; **R.** шлюп.

BALANDRÁN. (ant. al. *wallender*, peregrino.) m. Vestidura talar ancha y con esclavina que suelen usar los eclesiásticos. || **P.** balandrau; **I.** cassock; **F.** balandran; **A.** breiter Oberrock; **It.** palandrano; **R.** ряса.

BALANDRISTA. com. Persona que gobierna un balandro.

BALANDRO. m. Balandra pequeña. || **2.** Barco pescador aparejado de balandra, que se usa en la isla de Cuba.

★ BALANDRONEAR. intr. MURC. Baladronear. Ú.t. en Chile.

BALANITIS. f. Inflamación de la membrana mucosa que reviste el bálano o glande. || **P.** y **F.** balanite; **I.** balanitis; **A.** Eichelentzündung, Balanitis; **It.** balanite.

BÁLANO [BALANO]. (l. *balănus*, bellota, y éste del gr. βάλανος.) m. Parte extrema o cabeza del miembro viril. || **2.** ZOOL. Crustáceo cirrópodo, sin pedúnculo, que vive sobre las rocas. Algunas de sus especies son tan abundantes que cubren la superficie de las peñas hasta el límite de las mareas. || **P.** bálano; **I.** balanus; **F.** gland; **A.** Eichel; **It.** bàlano.

BALANTE. p.a. de balar. Que bala.

BALANZA. (l. *bilanx, -ancis*; de *bis*, dos, y *lanx*, plato.) f. Instrumento que sirve para pesar. Se compone ordinariamente de una barra metálica horizontal suspendida de una armadura en su punto medio, encima de la cual va perpendicularmente la aguja que señala el equilibrio cuando se pesa. De los extremos de la barra cuelgan dos platillos, en uno de los cuales se colocan las pesas y en el otro la mercancía. || **2.** fig. Comparación o juicio que el entendimiento hace de las cosas. || **3.** MÉJ. Balancín de volantinero. || **4.** MÉJ. Balance comercial. || **—comercial** o **de comercio.** Estado comparativo de la importación y exportación de artículos mercantiles con un país. || **—de Roberval.** Aquella cuyos platillos quedan libres encima de la barra principal, la cual descansa en un pie convenientemente dispuesto. || **—electrodinámica.** ELECTR. Electrodinamómetro, aparato que sirve para medir la acción de una corriente en un campo magnético. || *Caer la* BALANZA. fr. Inclinarse a una parte más que a otra. || *En* BALANZA, o *en* BALANZAS. loc. fig. En peligro o en duda. || *Poner en* BALANZA. fr. fig. Hacer dudar o titubear. || **P.** balança; **I.** y **F.** balance; **A.** Waage, Waagschale; **It.** bilancia; **R.** весы.

BALANZAR. (De *balanza*.) tr. ant. Balancear, 3.ª acep.

BALANZARIO. (De *balanza*.) m. El que en las casas de monedas tiene el oficio de pesar los metales antes y después de amonedarlos. || **P.** juiz de balança; **I.** weighmaster; **F.** ajusteur; **A.** Münzwäger; **It.** pesatore; **R.** весовщик.

BALANZO. (De *balanzar*.) m. ant. Balance.

BALANZÓN. (De *balanza*, por la forma.) m. Vasija, por lo común de cobre, circular u oval, con mango de hierro, de que usan los plateros para limpiar la plata o el oro. || **2.** MÉJ. Recogedor para granos. || **3.** MÉJ. Platillo de la balanza en que se coloca el cuerpo que se va a pesar. || **P.** tigela; **I.** cleaning-pan; **F.** bouilloir; **A.** Schmelztiegel; **It.** padellino; **R.** посудина.

★ BALAQUEAR. intr. AMÉR. Baladronear.

★ BALAQUERO, RA. adj. AMÉR. Fanfarrón. Ú.t.c.s.

BALAR. (l. *balāre*.) intr. Dar balidos. || BALAR uno *por una cosa*. fr. fig. y fam. Suspirar por ella. || **P.** balar; **I.** to bleat; **F.** béler; **A.** blöken; **It.** belare; **R.** блеять.

BALARRASA. (De *bala* y *rasa*.) m. fig. y fam. Aguardiente fuerte.

BALASTAR. (De *balasto*.) tr. Tender el balasto.

BALASTO. (ingl. *ballast*, lastre.) m. Capa de grava o de piedra machacada que se tiende sobre la explanación de los ferrocarriles para asentar y sujetar sobre ella las traviesas. || **P.** balastro; **I.** y **F.** ballast; **A.** Steinschotter; **It.** ballastro; **R.** балласт.

BALATA. (ital. *ballata*, y éste del l. *ballare*, bailar.) f. Composición poética que se hacía para ser cantada al son de la música de los bailes. || **2.** AMÉR. Balatá.

★ BALATA. f. BOT. AMÉR. Árbol sapotáceo que produce un jugo lechoso que al solidificarse forma una goma elástica, que se usa como aislante. || **2.** Esta misma goma.

BALATE. (ár. *balāt*, camino.) m. Margen de una parata. || **2.** Terreno pendiente, lindazo, etc., de poca anchura. || **3.** Borde exterior de las acequias, aunque estén en terrenos llanos.

BALATE. m. ZOOL. Especie de cohombro de mar que abunda en las islas situadas entre Asia y Australia y es muy estimado en China como alimento.

BALAUSTA. (l. *balaustium*, flor del granado.) f. BOT. Fruto carnoso, adherente al cáliz y dividido en celdillas de un modo irregular, como la granada. || **P.** e **It.** balaustia; **I.** balausta; **F.** balauste; **A.** wilder, Granatapfel; **R.** гранатовое дерево.

BALAUSTRA. (l. *balaustium*, flor del granado.) f. Árbol, variedad del granado, que se distingue del común en que sus flores son dobles, mayores y de color más vivo.

BALAUSTRADA. f. Serie u orden de balaustres colocados entre los barandales. || **P.** balaustrada; **I.** y **F.** balustrade; **A.** Balustrade; **It.** balaustrata; **R.** балюстрада.

BALAUSTRADO, DA. adj. Se dice de lo que tiene figura de balaustre.

BALAUSTRAL. adj. Balaustrado.

BALAUSTRE [BALAÚSTRE]. (De *balaustra*, por la semejanza del adorno). m. Cada una de las columnitas que con los barandales forman las barandillas o antepechos de balcones, azoteas, corredores o escaleras. || **2.** AMÉR. Palustre, llana de albañil. || **P.** balaústre; **I.** baluster; **F.** balustre; **A.** Geländersäule; **It.** balaustro; **R.** стойка.

BALAUSTRERÍA. f. ant. Balaustrada.

BALAUSTRIADO, DA. adj. ant. Balaustrado.

BALAY. m. AMÉR. Cesta de mimbre o carrizo. || **2.** CUBA. Plato de madera, especie de batea, con que se avienta arroz antes de cocerlo. || **3.** COLOM. Cedazo de bejuco.

★ BALAYAR. tr. CUBA. Aventar con el balay.

BALAZO. m. Golpe de bala disparada con arma de fuego. || **2.** Herida causada por una bala. || **3.** CHILE. fig. y fam. Persona que va de un lugar a otro con velocidad. || *Ser* uno BALAZO, *o un* BALAZO, *para una cosa*. fr. CHILE. Ser muy rápido para su ejecución.

★ BALAZO, ZA. adj. fam. CHILE. Se aplica al que es astuto.

BALBOA. (Del nombre del conquistador *Vasco Núñez de Balboa*.) m. Moneda de oro de Panamá, equivalente a cinco pesetas.

BALBUCEAR. intr. Balbucir.

BALBUCENCIA. f. Acción y efecto de balbucir. || **P.** balbuciamento; **I.** stammering; **F.** balbutiement; **A.** Stammeln; **It.** balbuzie, balbuzione; **R.** лепет.

BALBUCEO. m. Acción de balbucear.

BALBUCIENTE. (l. *balbutiens, -entis*, que balbucea.) p.a. de balbucir. Que balbuce.

BALBUCIR. (De *balbuciente*.) intr. Hablar o leer con pronunciación dificultosa, tarda y vacilante, trastrocando a veces las letras o las sílabas. || **P.** balbuciar; **I.** to stammer; **F.** balbutier; **A.** stammeln; **It.** balbettare, balbutire; **R.** запинаться.

BALBUSARDO. m. ZOOL. Águila pescadora.

BALCÁNICO, CA. adj. Perteneciente o relativo a la región de los Balcanes.

BALCARROTAS. f. pl. MÉJ. Mechones de pelo que los indios de Méjico dejan colgar a ambos lados de la cara llevando tapado el resto de la cabeza. || **2.** COLOM. Patillas. pl. de patilla, 3.ª acep.

BALCÓN. (ital. *balcone*, y éste del germ. *balko*, palo.) m. Hueco abierto al exterior desde el suelo de la habitación, con barandilla por lo común saliente. || **2.** Esta barandilla. || **3.** CHILE. Plataforma de los coches del tren. || **P.** balcão; **I.** balcony; **F.** balcon; **A.** Balkon; **It.** balcone; **R.** балкон.

BALCONADA. f. En Galicia, balcón o mirador que domina un vasto horizonte.

BALCONAJE. m. Conjunto de balcones de un edificio.

BALCONCILLO. m. d. de balcón. || **2.** Galería que en los teatros está más baja y delante de la primera fila de palcos. || **3.** Espacio aislado, con barandilla, que en las plazas de toros suele haber sobre las puertas o sobre el toril.

★ BALCONCITO. m. PERÚ. Camino o sendero al borde de un precipicio.

★ BALCONEAR. (De *balcón*.) intr. fam. AMÉR. MERID. Atisbar, observar. || **2.** GUAT. Pelar la pava.

BALCONERÍA. f. ant. Balconaje.

BALDA. f. Anaquel de armario o alacena.

BALDA. (ár. *bātila*, cosa vana, inútil.) f. ant. Cosa de escaso valor y ningún provecho.

BALDA. f. AR. y VAL. Aldaba, 3.ª acep.

BALDADO, DA. (Del m. or. que *baldar*.) p.p. de baldar. || **2.** adj. ant. Dado de balde. || **I.** cripple; **F.** perclus, estropié; **A.** lahm; **It.** rattrappito; **R.** избитый.

BALDADURA. f. Impedimento físico del que está baldado.

BALDAMIENTO. m. Baldadura.

BALDAQUÍN. (De *Baldac*, nombre dado en la Edad Media a Bagdad, de donde llegaba la tela llamada así.) m. Especie de dosel o palio hecho de tela de seda. || **2.** Pabellón que cubre un altar. || **P.** baldaquím; **I.** baldachin; **F.** baldaquin; **A.** Baldachin; **It.** baldacchino; **R.** балдахин.

BALDAQUINO. m. Baldaquín.

BALDAR. (ár. *battala*, anular, inutilizar.) tr. Impedir una enfermedad o accidente el uso de los miembros o de alguno de ellos. Ú.t.c.r. || **2.** fig. Causar a uno contrariedad. || **P.** baldar; **I.** to cripple; **F.** estropier; **A.** lähmen; **It.** storpiare, rattrappire; **R.** парализовать.

BALDE. (l. *baiŭlus aquae*.) m. Cubo, generalmente de lona o cuero, que se emplea para sacar y transportar agua, sobre todo en las embarcaciones. || **P.** balde; **I.** bucket; **F.** seau, seille; **A.** Eimer, Kübel; **It.** bugliolo, secchio; **R.** ведро.

BALDE (DE). (ár. *bātil*, vano, inútil, ocioso.) m. adv. Graciosamente, sin precio alguno. || **2.** Sin motivo. || *Estar de* BALDE. Estar de más, ocioso. || **P.** de balde; **I.** gratis; **F.** gratuitement; **A.** unentgeltlich; **It.** gratuito; **R.** даром.

BALDEAR. tr. Regar las cubiertas de los buques con baldes, refrescándolas y limpiándolas. || **2.** Achicar con baldes el agua de una excavación. || **3.** Regar con baldes cualquier suelo.

BALDEO. m. Acción de baldear.

BALDEO. m. GERM. Espada, 1.ª acep.

★ BALDEQUIN. m. CHILE. Baldaquín.

BALDERO, RA. (De *balde*, 2.° art.) adj. ant. Ocioso, baldío.

BALDÉS. (De *baldrés*.) m. Piel de oveja, curtida y suave, que sirve para guantes y otras cosas.

BALDÍAMENTE. adv. En balde, ociosamente. || **2.** Sin guarda.

B

BALDÍO, A. (De *balda*, 2.º art.) adj. Se aplica a la tierra que ni se labra ni se adehesa. Ú.t.c.s. || **2.** Se dice del terreno de particulares que huelga. || **3.** Vano, sin motivo. || **4.** Vagabundo, perdido. || **P.** baldio; **I.** uncultivated; **F.** inculte, en friche; **A.** unangebaut; **It.** incolto; **R.** невозделанный (о земле).

★ **BALDIOSO, SA.** HOND. Se aplica al que no tiene una ocupación honesta.

BALDO, DA. (De *balda*, 2.º art.) m. adj. Fallo, 2.º art., 1.ª acep.

★ **BALDO, DA.** adj. COLOM. Baldado, tullido.

★ **BALDOMERO.** m. BOT. CUBA. Árbol de madera dura y fina, usada en carpintería.

BALDÓN. (De *balda*, 2.º art.) m. Injuria, palabra afrentosa. || *De* BALDÓN *de señor o marido nunca zaherido.* ref. con que se denota que los criados no deben molestarse de las palabras de sus amos, ni las esposas de las de sus maridos. || **P.** baldão; **I.** affront, insult; **F.** affront, outrage; **A.** Schimpf, Beschimpfung; **It.** rimprovero, oltraggio; **R.** поношение.

BALDONADO, DA. p.p. de baldonar.

BALDONADAMENTE. adv. ant. Con baldón o injuria.

BALDONADOR, RA. adj. Se dice del que baldona. Ú.t.c.s.

BALDONAMIENTO. m. ant. Acción y efecto de baldonar.

BALDONAR. (De *baldón*.) tr. Injuriar a alguno de palabra en su cara. || **P.** baldoar; **I.** to insult, to affront; **F.** outrager; **A.** beschimpfen; **It.** rimproverare; oltraggiare; **R.** поносить.

BALDONEAR. tr. Baldonar. Ú.t.c.r.

BALDONO, NA. (De *balda*, 2.º art.) adj. ant. Barato, 1.ª acep.

BALDOSA. (ital. *baldosa*, de *baldo*, y éste del germ. *bald*, atrevido.) f. Antiguo instrumento músico de cuerda parecido al salterio.

BALDOSA. (ár. *balāṭ*, losa cuadrada.) f. Ladrillo, en general fino, que sirve para solar. || **2.** MÉJ. Losa. || **P.** ladrilho; **I.** paving-tile; **F.** carreau de carrelage; **A.** Fliese, Steinfliese; **It.** quadrello; **R.** плитка.

BALDOSADOR. m. El que embaldosa.

BALDOSAR. tr. Embaldosar.

BALDOSÍN. (De *baldosa*, 2.º art.) m. Baldosa pequeña y fina.

BALDOSÓN. m. aum. de baldosa, 2.º art.

BALDRAGAS. m. Hombre flojo, sin energía.

BALDRÉS. (ant. fr. *baldret*, y éste del ant. alto al. *balderich*, cintura, ceñidor.) m. ant. Baldés.

BALDUQUE. (De *Bois-le-Duc*, ciudad de Holanda, y donde los españoles decían Bolduque, y donde se tejían estas cintas.) m. Cinta angosta, por lo general encarnada, que se usa en las oficinas para atar legajos.

BALEA. (celt. *balan*, retama.) f. Escobón para barrer las eras.

BALEAR. (l. *baleāris*.) adj. Natural de las islas Baleares. Ú.t.c.s.

BALEAR. tr. AR. y SAL. Abalear.

BALEAR. tr. AMÉR. Herir o matar a balazos.

º **BALEAR.** f. Habla catalana propia de las Baleares.

BALEÁRICO, CA. (l. *balearicus*.) adj. Se dice de lo perteneciente a las islas Baleares.

BALEARIO, RIA. adj. Baleárico.

BALÉNIDO. (l. *balaena*.) adj. ZOOL. Se dice de los mamíferos cetáceos que en el estado adulto carecen de dientes y tienen la boca con grandes láminas córneas insertas en la mandíbula superior, con las cuales retienen en la boca los pequeños animales que le sirven de alimento. Ú.t.c.s. || **2.** m. pl. ZOOL. Familia de estos animales.

BALEO. (célt. *balazn*, retama.) m. Ruedo o felpudo.

★ **BALEO.** m. CHILE y MÉJ. Tiroteo.

BALERÍA. f. Provisión de balas de un ejército o de una plaza.

BALERÍO. m. Balería.

BALERO. m. MÉJ. Boliche, 1.er art., 5.ª acep.

BALETA. f. d. de bala, 4.ª acep.

BALHURRIA. f. GERM. Gente baja.

BALIDO. (De *balar*.) m. Voz del carnero, oveja o cabra, gamo o ciervo. || **P.** balido; **I.** bleating, bleat; **F.** bêlement; **A.** Geblöke; **It.** belamento, belato; **R.** блеяние.

BALIMBÍN. m. BOT. Árbol de Filipinas de la familia de las exaliáceas, de hoja pequeña, flor colorada y fruta agria. El dulce de esta fruta es muy apreciado.

BALÍN. m. d. de bala. || **2.** Bala de menor calibre que la ordinaria de fusil. || **P.** balím; **I.** buckshot; **F.** petite balle; **A.** Pistolenkugel; **It.** pallino; **R.** картечина.

★ **BALINÉS.** adj. Natural o relativo a Balí (Oceanía).

BALISTA. (l. *balista*, y éste del gr. βάλλω, lanzar.) f. Máquina usada antiguamente en los sitios de las ciudades y fortalezas para arrojar piedras de mucho peso. || **P. e It.** balista; **I.** ballista; **F.** baliste; **A.** Balliste; **R.** баллиста.

BALÍSTICA. (*balista*.) f. Ciencia que tiene por objeto el cálculo del alcance y dirección de los proyectiles. || **P.** balística; **I.** ballistics; **F.** balistique; **A.** Ballistik; **It.** balistica; **R.** баллистика.

BALÍSTICO, CA. adj. Perteneciente o relativo a la balista o a la balística.

★ **BALISTITA.** (l. *balista*, del gr. βάλλω, lanzar.) f. QUÍM. Explosivo formado por la mezcla de binitrocelulosa y nitroglicerina.

BALITA. f. Medida agraria usada en Filipinas, décima parte del quiñón, equivalente a 27 áreas y 95 centiáreas.

BALITADERA. (De *balitar*.) f. Instrumento hecho de un trozo de caña hendido por la parte del nudo, que, tocándolo con la boca, imita la voz del gamo nuevo y hace acudir a la madre.

BALITAR. (l. *balitāre*, frec. de *balāre*, balare.) intr. Balar con frecuencia.

BALITEAR. intr. Balitar.

BALIZA. (prov. *palissa*, y éste del l. *palus*, palo.) f. MAR. Señal fija o flotante que se pone de marca para indicar bajos, direcciones de canales o cualquier otro rumbo que convenga señalar. || **2.** URUG. Camino estrecho. || **P.** baliza; **I.** beacon, sea mark; **F.** balise; **A.** Bake, Boje; **It.** gavitello; **R.** курорт.

BALIZAMIENTO. (De *balizar*.) m. Abalizamiento.

BALIZAR. (De *baliza*.) tr. Abalizar.

BALNEARIO, RIA. (l. *balneārius*, de *balnĕum*, baño.) adj. Se dice de lo perteneciente o relativo a baños públicos, especialmente a los medicinales. || **2.** m. Edificio con baños medicinales y en el que suele darse hospedaje. || **P.** balnear; **I.** balneary; **F.** balnéaire; **A.** Badehaus, Kurort; **It.** balneario; **R.** курорт.

BALNEOTERAPIA. f. Tratamiento de las enfermedades según la terapéutica balnearia.

★ **BALOMPIÉ.** m. Nombre que aplican algunos al fútbol.

BALÓN. m. aum. de bala. || **2.** Fardo grande de mercancías. || **3.** Pelota grande de viento que se usa en varios juegos. || **4.** Este mismo juego. || **5.** Recipiente flexible, dispuesto para contener cuerpos gaseosos. || **6.** Recipiente esférico de vidrio con cuello prolongado. || **—de papel.** Fardo que incluye veinticuatro resmas de papel. || **3.ª** acep.: **P.** balão; **I.** large-ball; **F.** ballon; **A.** Luftball, Ballon; **It.** pallone; **R.** мяч.

BALONCESTO. m. Juego al aire libre, semejante al fútbol, en que los tantos se ganan metiendo a mano el balón en un cesto colocado en lo alto de una percha en la meta del equipo contrario.

BALOTA. (fr. *ballotte*.) f. Bolilla de que algunas comunidades usan para votar. || **P.** bolinha; **I.** ballot; **F.** ballotte; **A.** Wahlkugel; **It.** pallotta, pallottola; **R.** избирательный шар.

BALOTADA. (De *balota*.) f. EQUIT. Salto que da al caballo alzando las patas en tal forma que deja ver las herraduras, como si fuese a tirar un par de coces.

★ **BALOTAJE.** (De *balota*.) m. AMÉR. Votación hecha utilizando balotas o bolillas, unas blancas y otras negras.

BALOTAR. intr. Votar con balotas. || **P.** votar com bolas; **I.** to ballot; **F.** balloter; **A.** ballotieren; **It.** ballottare; **R.** избирать.

BALSA. f. Hueco del terreno que se llena con agua, natural o artificialmente. || **2.** En los molinos de aceite, estanque donde van a parar las heces y demás desperdicios. || **3.** En la vinatería y tonelería de la Andalucía Baja, media bota. || **—de aceite.** fig. y fam. Lugar o concurso de gente muy tranquilo. || **—de sangre.** AR. Aquella en que, a fuerza de mucho trabajo, se recoge agua para el ganado y a veces para las personas.

BALSA. f. Conjunto de maderos atados que forman una especie de explanada o plancha de agua. Se emplea para navegar en los ríos y lagunas, y a veces para salvar la vida en los mares. || **2.** GERM. Embarcación. || **3.** AMÉR. Jangada. || **P.** balsa; **I.** raft; **F.** radeau; **A.** Floss; **It.** zàttera; **R.** плот.

BALSADERA. f. Paraje en la orilla de un río donde hay balsa en que pasarlo.

BALSADERO. m. Balsadera.

BALSAMAR. (De *bálsamo*.) tr. ant. Embalsamar.

BALSAMERA. f. Vaso cerrado que se hace de varias materias y figuras para poner bálsamo.

BALSAMERITA. (d. de *balsamera*.) f. Balsamera.

BALSAMÍA. (De *blasfemia*, 2.ª acep.) f. ant. Cuento fabuloso, hablilla.

BALSÁMICO, CA. (l. *balsamĭcus*.) adj. Se dice de lo que tiene bálsamo o sus cualidades. || **2.** TERAP. Se dice de los medicamentos consistentes en substancias resinosas naturales que se aplican a numerosas dolencias. Ú.t.c.s. || **P.** balsâmico; **I.** balsamic, balmy; **F.** balsamique; **A.** balsamisch; **It.** balsàmico; **R.** бальзамический.

BALSAMINA. (gr. βαλσαμίνη, de βάλσαμον, bálsamo.) f. Planta anual cucurbitácea, con zarcillos trepadores, hojas semejantes a las de la vid. Sus flores son axilares, su fruto capsular, alargado. Es planta americana naturalizada en España. || **2.** BOT. Planta perenne originaria del Perú, balsamiácea, de hojas gruesas, flores amarillas y fruto redondo que, estando maduro, arroja con fuerza la semilla en cuanto se le toca. Se emplea en medicina como vulneraria. || **P. e It.** balsamina; **I.** balsam, touch-me-not; **F.** balsamine; **A.** Balsamine; **R.** бальзамин.

BALSAMINÁCEO, A. (De *Impatiens Balsamina*, nombre de una especie de planta.) adj. BOT. Se dice de las plantas herbáceas angiospermas, dicotiledóneas, con hojas sin estípulas, algunas veces con glándulas en los pecíolos, y fruto en cápsula; como la balsamina, 2.ª acep. Ú.t.c.s.f. || **2.** f. pl. BOT. Familia de estas plantas.

BALSAMITA. (l. *balsamĭta*.) f. Jaramago.

BÁLSAMO. (l. *balsămun*, y éste del gr. βάλσαμον.) m. Substancia aromática, líquida y casi transparente al tiempo que por incisión se obtiene de ciertos árboles, se va espesando y tomando color a medida que por acción atmosférica los aceites esenciales que contiene se cambian en resina y en ácido benzoico o cinámico. || **2.** FARM. Medicamento compuesto de substancias comúnmente aromáticas, que se aplica como remedio en las heridas, llagas y otras enfermedades. || **—de calaba.** Resina de calaba o calambuco. || **—de copaiba.** Oleorresina del copayero, clara la primera que sale, y dorada y más espesa la segunda. Se emplea en medicina contra las inflamaciones de las mucosas. || **—de copaiba de la India.** Oleorresina procedente de plantas de la misma familia a que pertenece el copayero. || **—de las misiones.** AMÉR. Bálsamo que se extrae del molle, turbinto o aguaraibá. || **—del Canadá.** Oleorresina de una especie de abeto muy usada para las observaciones microscópicas. || **—del Perú.** Resina muy parecida al bálsamo de Tolú, pero de calidad algo inferior. || **—de Tolú.** Resina que se extrae del tronco de un árbol papilonáceo, muy abundante en Colombia. Se emplea en medicina como pectoral. || *Ser una cosa un* BÁLSAMO. fr. fig. Ser muy generosa, de mucha fragancia. Se dice en general del vino añejo. || **P.** bálsamo; **I.** balm, balsam; **F.** baume; **A.** Balsam; **It.** bàlsamo; **R.** бальзам.

BALSAR. m. Barzal.

BALSEAR. tr. Pasar en balsas los ríos.

* BALSEAR. (De *balso*, 2.º art.) intr. COLOM. Flotar en el agua.

* BALSEO. m. CHILE. Balsadera.

BALSERO. m. El encargado de conducir la balsa. || 2. CUBA y P. RICO. Montón de ramas de árbol. || P. balseiro; I. raftsman; F. batelier; A. Flösser; It. navalestro; R. плотовщик.

BALSETE. m. AR. Charca pequeña.

BALSO. (l. *baltĕus*.) m. MAR. Lazo grande de dos o tres vueltas que sirve para suspender pesos o elevar a los marineros a lo alto de los palos o a las vergas.

* BALSO. m. COLOM. Madera liviana.

* BALSÓN. m. CHILE. Anilla del yugo por donde pasa el timón del arado.

* BALSÓN, NA. adj. ECUAD. Se dice de la persona de gordura fofa. || 2. m. MÉJ. Río sin desagüe y corto.

BALSOPETO. (De *falsopeto*.) m. fam. Bolsa grande que ordinariamente se trae junto al pecho. || 2. fig. y fam. Interior del pecho.

* BALSOSO, SA. adj. ECUAD. Fofo, blando.

* BALSUDO, DA. adj. COLOM. Fofo.

BÁLTEO. (l. *baltĕus*.) m. MIL. Cíngulo militar, insignia de oficial, que se usaba antiguamente.

BÁLTICO, CA. (l. *baltĭcus*, de *Baltĭa*, Escandinavia.) adj. Se aplica al mar comprendido entre Suecia, Finlandia, Estonia, Letonia y Lituania. || 2. Se dice de estos cuatro últimos países. || 3. Perteneciente o relativo a estos países o al mar Báltico. Apl. a pers. ú.t.c.s. || P. báltico; I. Balcit; F. baltique; A. baltisch; It. bàltico; R. балтийский.

BALTO, TA. (l. *Baltĭa*, Escandinavia.) adj. Se aplica a los linajes más ilustres de los godos. Apl. a pers. ú.t.c.s.

BALTRA. f. SAL. Vientre, panza.

BALUARTE. (al. *bollwerk*, fortificación.) m. Obra de fortificación de figura pentagonal, que sobresale en el encuentro de dos cortinas, y se compone de dos caras que forman ángulo saliente, dos flancos que las unen al muro y una gola de entrada. || 2. fig. Amparo, defensa. || 3. AMÉR. MERID. Embudo de calas que algunos indígenas usan como arte de pesca. || P. baluarte; I. bastion, bulwark; F. bastion, boulevard; A. Bollwerk; It. bastione, baluardo; R. бастион.

BALUMA. (l. *volūmĭna*, pl. m. de *volūmen*.) f. ant. Balumba. || 2. MAR. Caída de popa de las velas de cuchillo. || 3. ECUAD. Ruido, alboroto.

BALUMBA. (l. *volūmĭna*, pl. de *volūmen*.) f. Bulto que hacen muchas cosas juntas. || 2. Conjunto desordenado y excesivo de cosas. || 3. ECUAD. Alboroto. || P. feixe; I. bulk, heap; F. tas; A. Krempel; It. cumulo; R. купа.

BALUMBO. (De *balumba*.) m. Lo que abunda mucho y es embarazoso por el volumen y por el peso.

BALUME. (l. *volūmen*.) m. ant. Balumbo.

* BALUMOSO, SA. adj. HOND. De mucho bulto o de mucho peso.

* BALUQUERO. m. AMÉR. Falsificador de moneda.

* BALUSTRE. m. AMÉR. Palustre.

BALLACIÓN. (l. *ballatĭo, -ōnis*, danza.) f. ant. Acción de ballar.

BALLAR. (l. *ballāre*, danzar.) tr. ant. Bailar y cantar.

BALLARTE. (Como el fr. *baillard*, *bayart*, angarillas, del l. *baiŭlus*, cargador.) m. AR., NAV. y SORIA. Bayarte.

BALLENA. (l. *balaena*.) f. Cetáceo, el mayor de los animales conocidos, de color obscuro por encima y blanquecino por debajo. Vive generalmente en los mares polares. Su pesca es una gran industria. || 2. Cada una de las láminas córneas y elásticas que tiene la ballena en la mandíbula superior y que, cortadas en tiras, se emplean en diferentes usos. || 3. Cada una de estas tiras. || 4. ASTRON. Constelación del hemisferio austral, próxima al Ecuador y situada debajo de Piscis. || P. baleia; I. whale; F. baleine; A. Walfisch; It. balena; R. кит.

BALLENATO. m. Hijuelo de la ballena. || P. baleote; I. young whale; F. ba-

leineau; A. junger Walfisch; It. balenotto; R. молодой кит.

BALLENER. (cat. *ballener*, y éste del l. *balaena*, ballena.) m. Bajel largo, abierto y bajo de costados, que se usó en la Edad Media. Generalmente era de guerra y tenía grandes y pequeños, de remo y de vela.

BALLENERO, RA. adj. Perteneciente o relativo a la pesca de la ballena. || 2. m. Pescador de ballenas. || P. baleeiro; I. whaler; F. baleinier; A. Walfischfänger; It. baleniere; R. китобойный.

BALLESTA. (l. *ballista*.) f. Máquina antigua de guerra para arrojar piedras y saetas gruesas. || 2. Arma compuesta de una caja de madera como el moderno fusil y con un canal por donde salían las flechas impulsadas por la fuerza de un muelle. || 3. Armadijo para cazar pájaros. || 4. Cada uno de los muelles en que descansa la caja de los coches para apoyarse en los ejes de las ruedas. | *Encabalgar con* BALLESTA. fr. Montarla sobre un tablero. || P. e It. balestra; I. crossbow; F. arbalète; A. Armbrust; R. арбалет.

BALLESTADA. f. Tiro de ballesta.

BALLESTAZO. m. Golpe dado con el proyectil de la ballesta.

BALLESTEADOR. (De *ballestear*.) m. ant. Ballestero, 1.ª acep.

BALLESTEAR. tr. MONT. Tirar con la ballesta.

BALLESTERA. f. Abertura por donde en las naves o muros se disparaban las ballestas.

BALLESTERÍA. (De *ballestero*.) f. Arte de caza mayor. || 2. Conjunto de ballestas. || 3. Gente armada de ellas. || 4. Casa en que se alojaban los ballesteros y se guardaban los instrumentos de caza.

BALLESTERO. (l. *ballistarĭus*.) m. El que usaba de la ballesta o servía con ella en la guerra. || 2. El que tenía por oficio fabricar ballestas. || 3. El que cuidaba de las escopetas o arcabuces de las personas reales y las asistía cuando salían de caza. Antes se usaba la ballesta en lugar de arcabuces y por eso se llamó ballestero al que tenía este cuidado. |—**de corte.** Cada uno de los porteros del rey y su consejo, que tenían la obligación de cumplir los mandatos de los alcaldes. |—**de maza.** Cada uno de los maceros o porteros que había antiguamente en palacio, en los tribunales, ayuntamientos, etc. || P. besteiro; I. arbalister, cross-bowman; F. arbalétrier; A. Armbrustschütze; It. balestriere; R. арбалетчик.

BALLESTILLA. (d. de *ballesta*.) f. En carretería, balancín pequeño. || 2. Cierta fullería en los juegos de naipes. || 3. MAR. Arte de anzuelo y cordel a modo de arco de ballesta.

BALLESTÓN. m. aum. de ballesta. || *No se ha de apretar tanto el* BALLESTÓN *que salte la verga.* ref. que reprende la intolerancia y excesiva severidad con los inferiores.

* BALLESTRINCA. f. CUBA. Ballestrinque.

BALLESTRINQUE. m. MAR. Nudo marinero que se forma con dos vueltas de cabo, dadas de tal modo que resultan cruzados los chicotes.

* BALLET. m. Galicismo con que se designa la danza escénica. Podría sustituirse por la voz castiza bailete.

* BALLETA. f. VENEZ. Bayetón.

BALLICO. m. Planta vivaz de la familia de las gramíneas, parecida al joyo, del cual difiere en ser más baja y tener las espinas sin aristas. Es buena para pasto y para formar céspedes.

BALLUECA. f. Especie de avena, cuya caña se levanta hasta más de un metro de altura y tiene las flores en panoja desparramada. Crece entre los trigos, a los que perjudica mucho.

BAMBA. (De la onomat. *bamb*.) f. Bambarria, 2.ª acep. || 2. MURC. Especie de bollo muy esponjado.

BAMBA. n. p. V. *Caballito de* BAMBA.

BAMBALEAR. (De la onomat. *bambal*.) intr. Bambolear. Ú.m.c.r. || 2. fig. No estar segura o firme alguna cosa. Ú.m.c.r.

BAMBALINA. (De *bambalear*.) f. Cada una de las tiras de lienzo pintado que cuelgan del telar del teatro de uno a otro

lado del escenario y figuran la parte superior de lo que la decoración representa. || P. bambolina; I. fly; F. bande de toile, frise; A. Soffitte; It. ribalta; R. софит.

BAMBALINÓN. m. Bambalina grande que, con los bastidores de ropa, forma una segunda embocadura que reduce el hueco de la escena.

* BAMBALÚA. m. AMÉR. Gambalúa.

BAMBANEAR. intr. Bambonear. Ú.t. c.r.

BAMBARRIA. (De *bamba*, 1.er art.) com. fam. Persona tonta o boba. Ú.t.c.adj. || 2. f. En el juego de trucos y en el de billar, acierto.

BAMBARRIÓN. m. fam. aum. de bambarria, 1.ª acep.

* BAMBAZO. m. COLOM. Bambarria, 2.ª acep.

* BAMBEAR. tr. COLOM. Abatir un caballo agarrándole de la mandíbula inferior o de las orejas.

* BAMBIAYA. f. AMÉR. Biaya.

* BAMBITA. f. GUAT. Moneda de dos centavos y medio.

* BAMBOA. f. BOT. PAN. Bambú.

BAMBOCHADA. (ital. *bambocciata*, y éste de *bambocio*, bamboche.) f. Cuadro o pintura que representa borracheras o banquetes ridículos.

BAMBOCHE. (ital. *bamboccio*, y éste de la onomat. *bamb*.) m. fam. Persona rechoncha y de cara abultada y encendida.

BAMBOLEAR. (Como *bambarear*, voz onomat.) intr. Moverse una persona o cosa de un lado a otro y sin perder el sitio en que está. Ú.m.c.r. || P. bambolear; I. to reel, to stagger, to totter; F. se balancer, vaciller; A. schwanken, wackeln; It. dondolare, vacillare; R. качаться.

BAMBOLEO. m. Acción y efecto de bambolear o bambolearse. || P. bamboleio; I. reeling, staggering; F. vacillation, oscillation; A. Schwanken; It. dondolamento; R. шатание.

BAMBOLLA. (De la onomat. *bamb*.) f. fam. Boato, fausto u ostentación excesiva y de más apariencia que realidad. || 2. P. RICO, COLOM., MÉJ. y PERÚ. Fanfarronería. || P. ostentação; I. ostentation, boast; F. faste, ostentation; A. Prunksucht; It. fasto; R. чванство.

BAMBOLLERO, RA. adj. fam. Se dice de la persona que gasta mucha bambolla.

BAMBONEAR. intr. Bambolear. Ú.m. como reflexivo.

BAMBONEO. m. Bamboleo.

BAMBONTÉ. (ár. vulgar *bambûh*, caña de la India, y éste del malayo.) m. Planta graminea, de tallo leñoso, de cuyos nudos superiores nacen ramitos muy cargados de hojas grandes de color verde. Las cañas, aunque ligeras, son muy resistentes, y se emplean en la construcción de casas y en la fabricación de muebles, armas, instrumentos y demás objetos; las hojas, para envolver las cajas de té que vienen de la China, la corteza en las fábricas de papel, los nudos dan una especie de azúcar y los brotes tiernos son comestibles. || P. bambu; I. bamboo; F. bambou; A. Bambusrohr; It. bambù; R. бамбук.

BAMBUC. m. Bambú.

BAMBUCO. (Quizá de *Bambuc*, región africana.) m. Baile popular en Colombia. || 2. Tonada de este baile.

* BAMBUCHE. m. ECUAD. Figura ridícula, hecha en barro.

* BAMBUDAL. m. ECUAD. Plantío de bambúes.

* BAMBUQUEAR. intr. COLOM. Bailar el bambuco.

* BAMBURRETE. adj. VENEZ. Necio, tonto.

BANABA. f. Árbol de las islas Filipinas, de la familia de las litráceas, de hojas alternas, lanceoladas, enteras y lampiñas y flores grandes, encarnadas, axilares y terminales, dispuestas en racimos. || 2. Madera de este árbol.

BANANA. (Voz formada por los indios chaimas de *balatana*, corrupción caribe de *plátano*.) f. Banano. || 2. ARGENT. Plátano, 3.ª acep.

BANANAL. m. C. RICA. Bananar.

BANANAR. m. C. RICA y GUAT. Sitio poblado de bananos.

B

BANANERO, RA. adj. Se dice del terreno poblado de plátanos.

BANANO. (De *banana*.) m. Plátano, 2.ª acep.

BANAS. (De *banir*, *bandir*, y éste del germ. *bandvjan*, desterrar.) f. pl. ant. Amonestaciones matrimoniales. Ú. en la loc. *dispensa de* BANAS.

BANASTA. (célt. *benna*, cesta, cruzado con *canasta*.) f. Cesto grande formado de mimbres o listas de madera delgadas y entretejidas. Las hay de distintos tamaños y figuras. ‖ 2. P. RICO. Aguaderas. ‖ **P.** canastra; **I.** large basket; **F.** banne; **A.** Tragkorb; **It.** bariglione; **R.** корзина.

BANASTERO, RA. m. y f. Persona que hace o vende banastas. ‖ 2. m. GERM. Carcelero. ‖ **P.** canastreiro; **I.** basket-maker; **F.** vannier; **A.** Korbmacher; **It.** cestaio; **R.** корзинщик.

BANASTO. m. Banasta redonda.

BANCA. (germ. *bank*, banco.) f. Asiento de madera sin respaldo y a modo de mesilla baja. ‖ 2. Cajón hecho de tablas, donde se colocan los lavanderos o lavanderas para preservarse de la humedad de las aguas. ‖ 3. Embarcación pequeña estrecha usada en Filipinas, construida en un tronco ahuecado, con las dos extremidades agudas, muy remangadas y planas por arriba. Carece de cubierta, quilla y timón, se gobierna con la pagaya, lleva dos batangas que aseguran la flotación. ‖ 4. Juego que consiste en poner el que lleva el naipe una cantidad de dinero y en apuntar los demás, a las cartas que eligen, las cantidades que quieran. ‖ 5. Cantidad de dinero que pone el que lleva el naipe. ‖ 6. Comercio que consiste generalmente en operaciones de giro, cambio y descuento, en abrir créditos y llevar cuentas corrientes y comprar y vender efectos públicos. ‖ 7. Mesa de cuatro pies puesta en la plaza u otro paraje público y donde se tienen las frutas y otras cosas que se venden. ‖ 8. fig. Conjunto de bancos y banqueros. ‖ 9. AMÉR. Banco, 1.ª acep. ‖ 10. ECUAD. Multitud de peces juntos. ‖ **—abierta.** CHILE. Juego que responde por todo lo que se apunta aunque tenga a la vista menos dinero que el que importan las apuestas. ‖ **—fallusta.** CUBA. Juego de naipes que se hace poniendo el banquero diversos montones. *Tener* BANCA. fr. fig. y fam. ARGENT. Tener influencia. ‖ 1.ª y 6.ª aceps.: **P.** banco ou cadeira, comércio bancário; **I.** bench, banking; **F.** banquette, banque; **A.** Schemel, Wechselgeschäft, **It.** panca, banca, banco; **R.** скамья, прилавок.

BANCADA. f. Mesa o banco grande con un colchoncillo encima, sobre el cual se tendían los tejidos en las fábricas de paños. ‖ 2. Porción de paño preparada para ser tendida. ‖ 3. ARQ. Trozo de obra. ‖ 4. MAR. Tabla o banco donde se sientan los remeros. ‖ 5. MEC. Basamento firme para una máquina o un conjunto de ellas. ‖ 6. MIN. Trozo en las galerías subterráneas.

BANCAL. (De *banco*.) m. En las sierras y terrenos pendientes, rellano de tierras que se forma natural o artificialmente, y que se aprovecha para algún cultivo. ‖ 2. Pedazo de tierra cuadrilongo, dispuesto para plantar legumbres o árboles frutales. ‖ 3. Arena amontonada a la orilla del mar, al modo de la que se amontona dentro de él dejando poco fondo. ‖ 4. Tapete o cubierta que se pone sobre el banco como adorno para cubrir la madera. ‖ 5. Árbol de Filipinas rubiáceo. Su madera es de color amarillo, y apreciada por su tenacidad y duración. ‖ 6. Madera de este árbol. ‖ 7. COLOM. Aglomeración de olas y también barranca. ‖ **P.** tabuleiro de terra; **I.** terrace; **F.** terrasse; **A.** Beet; **It.** terrapieno, aiuola; **R.** гряда.

BANCALERO. m. Tejedor de bancales, 2.ª acep.

BANCARIO, RIA. adj. Perteneciente o relativo a la banca mercantil.

BANCARROTA. (ital. *bancarotta*.) f. Quiebra, 4.ª acep.; y más comúnmente la completa o casi total que procede de falta grave, o la fraudulenta. ‖ 2. fig. Desastre, hundimiento, descrédito. ‖ **P.** bancarrota; **I.** bankruptcy; **F.** banqueroute; **A.** Bankerott; **It.** bancarotta; **R.** банкротство.

* **BANCAZO.** m. CUBA. Armazón donde se sostienen las mazas del trapiche.

BANCE. (Del m. or. que *banzo*.) m. Cada uno de los palos sueltos que a cierta distancia unos de otros y atravesados en sentido horizontal, cierran los portillos de las fincas.

BANCO. (germ. *bank*.) m. Asiento de madera generalmente en el que pueden sentarse varias personas. ‖ 2. Asiento de los galeotes en las galeras. ‖ 3. Madero grueso sobre cuatro pies que sirve como de mesa para el trabajo de los carpinteros y otros artesanos. ‖ 4. Establecimiento público de crédito constituido en sociedad por acciones. Según sea su ejercicio mercantil, se llama agrícola, hipotecario, etc. ‖ 5. Cama del freno. Ú.m. en pl. ‖ 6. En los lugares navegables, bajo de una gran extensión. ‖ 7. Conjunto de peces que van juntos en gran número. ‖ 8. GEOL. Estrato de gran espesor. ‖ 9. MIN. Macizo de mineral que presenta dos caras descubiertas, una superior horizontal y otra vertical. ‖ 10. CUBA. Cantidad de dinero en ciertos juegos pone el que lleva el naipe. ‖ 11. ECUAD. y VENEZ. Terreno fértil a orillas de ríos y formado por aluviones. ‖ 12. COLOM. Llanura. ‖ 13. VENEZ. Parte prominente de una sabana. ‖ **—azul.** Aquel en que tienen asiento los ministros en las Cortes españolas. ‖ **—de emisión.** El que emite billetes de banco. ‖ **—internacional para reconstrucción y desarrollo.** Organismo de las N.U., creado para facilitar inversiones para el aumento de la producción mundial. ‖ **—de paciencia.** MAR. El que está en el alcázar de los navíos delante del palo de mesana. ‖ **—de piedra.** Veta de una cantera que contiene una sola especie de piedra. ‖ **—de sangre.** CIR. Provisión de sangre, clasificada en grupos, para transfusiones. ‖ *Herrar* o *quitar el* BANCO. fr. fig. y fam. con que se excita a uno a hacer una cosa o a desistir de ella. ‖ **P.** e **It.** banco; **I.** bench, bank; **F.** banc; **A.** Sitzbank, Bank; **R.** сиденье, банк.

BANCOCRACIA. (De *banco*, y el gr. κράτος, fuerza, poder.) f. Influencia abusiva de la banca en la administración de un Estado.

BANDA. (germ. *band*, cinta.) f. Cinta ancha o tafetán de colores que se lleva atravesada de un hombro al costado opuesto. Antes era distintivo de los militares y hoy lo es de grandes cruces, tanto españolas como extranjeras. ‖ 2. Faja o lista. ‖ 3. Porción de gente armada. ‖ 4. Número de gente que sigue o favorece el partido de alguno. ‖ 5. BLAS. Pieza honorable que representa la insignia distintiva de las altas jerarquías militares y se coloca diagonalmente de derecha a izquierda. ‖ 6. MAR. Costado de la nave. ‖ 7. MIL. Conjunto de tambores y cornetas, o músicos que pertenecen a institutos de a pie, o trompetas que sirven en cuerpos montados del ejército. A veces la banda comprende toda clase de instrumentos de viento. Por ext. se da el mismo nombre a otros cuerpos de músicos no militares. ‖ 8. pl. IMPR. Carriles de hierro sobre los cuales va y viene el carro o la platina en algunas máquinas de imprimir. ‖ 9. CUBA. Una de las dos partes en que se divide longitudinalmente el cuerpo de las reses cuando se la mata y beneficia. ‖ 10. GUAT. Franja. ‖ 11. GUAT. Hoja de puerta o ventana. ‖ 12. Faja usada para ceñir los calzones. ‖ **—de sonido.** CIN. Porción de la película en que va registrado el sonido. Se extiende todo a lo largo de la película entre la línea de perforación y el fotograma. (En inglés *sound track*.) ‖ *Arriar en* BANDA. fr. MAR. Soltar enteramente los cabos. ‖ *Cerrarse* uno *a la* BANDA. fr. fig. y fam. Mantenerse firme en un acomodamiento, negarse rotundamente a todo acomodamiento o a conceder lo que se pretende o desea. ‖ *Dar a la* BANDA. fr. MAR. Tumbar la embarcación sobre los costados para descubrir su fondo y limpiarlos. ‖ *Estar en* BANDA. BLAS. Estar colocadas las piezas del blasón en los dos campos del escudo partido en banda. ‖ 2. MAR. Cualquier cosa que pende en el aire sin sujeción. ‖ **P.** banda; **I.** band, side; **F.** bande, bord; **A.** Bande, Seite; **It.** ciarpa, banda; **R.** полоса, лента.

BANDADA. (De *banda*.) f. Número crecido de aves que vuelan juntas. ‖ **P.** bandada; **I.** covey; **F.** bande; **A.** Schwarm; **It.** stormo; **R.** стая (птиц).

BANDADO, DA. adj. ant. Bandeado. ‖ 2. m. PERÚ. El que concluidos los estudios universitarios recibía el título de maestro y la banda distintiva del mismo.

* **BANDALLA.** m. ARGENT. Facineroso.

BANDARRIA. f. MAR. Mandarria.

* **BANDARSE.** r. PERÚ. Recibir la banda de profesor.

* **BANDAYO, YA.** m. y f. ARGENT. Tuno, truhán.

BANDAZO. (De *banda*.) m. MAR. Tumbo o balance violento que da una embarcación hacia los lados.

BANDEADO, DA. p.p. de bandear. ‖ 2. AMÉR. Herido gravemente.

BANDEAR. (De *bando*, 2.º art.) tr. ant. Conducir. ‖ 2. intr. ant. Andar en parcialidades.

BANDEAR. (De *banda*.) tr. ant. Mover algo a una y otra banda. ‖ 2. r. Saberse ingeniar para satisfacer las necesidades de la vida. ‖ 3. CHILE. Atravesar la bala una pierna o brazo, pasarlo de banda a banda. ‖ 4. GUAT. Perseguir a alguno con cierta solicitud y especialmente a una mujer para enamorarla.

BANDEJA. f. Pieza de metal o de otra materia plana o algo cóncava en la que se sirven alimentos, etc. ‖ 2. MÉJ. Palangana. ‖ 3. COLOM. Fuente en que se sirven viandas. ‖ 4. ARGENT. Armazón de cañas o listoncillos que se utiliza para la desecación de orejones. ‖ **P.** bandeja; **I.** tray; **F.** plateau, cabaret; **A.** Tablett; **It.** vassoio; **R.** поднос.

BANDEJADOR, RA. (De *bandejar*.) adj. ant. Se decía del que andaba en bandos o parcialidades. Usáb.t.c.s.

BANDEJAR. intr. ant. Hacer o sustentar bandos, 2.º art.; 1.ª acep.

BANDERA. (De *banda*.) f. Lienzo de figura en general cuadrada o cuadrilonga que se asegura por uno de los lados a una asta y se emplea como insignia o señal. Sus colores en el escudo que lleva indican la potencia o nación a que pertenece el navío o el lugar en que está izada. ‖ 2. Lienzo u otra tela que suele ser de diversos colores y sirve para adornar alguna cosa en las grandes fiestas y también en las escuadras y torres de la costa para hacer señales. ‖ 3. Insignia de que usan las tropas de infantería, consistente en un tafetán, asegurado por un lado en una asta con regatón y moharra y con las armas y distintivo del cuerpo militar que la lleva y las de la nación a que pertenece. ‖ 4. Gente o tropa que milita bajo una misma bandera. ‖ 5. Cada una de las compañías de los antiguos tercios españoles y también actualmente de ciertas unidades tácticas en el Ejército de África. ‖ **—blanca.** Es la de la paz. ‖ **—de combate.** La nacional de gran tamaño que largan a popa los buques en las acciones de guerra y en las grandes solemnidades. ‖ **—de inteligencia.** MAR. La que con arreglo al código de señales, se emplea para indicar que se han entendido las comunicaciones recibidas. ‖ **—de paz.** La que se enarbola como señal de querer tratar de convenio o paz y en los buques en señal de que son amigos. Generalmente es blanca. ‖ 2. fig. Convenio y ajuste cuando ha habido disensión. ‖ **—de recluta.** Partida de tropa mandada por un oficial o sargento destinada a reclutar soldados. ‖ **—negra.** La de este color que izan los piratas indicando que ni dan ni esperan cuartel. ‖ 2. fig. Con que se denota hostilidad o rigor extremado contra algo o contra alguien. ‖ **—repetidora.** MAR. La que con arreglo al código de señales repite alguna que se halla colocada sobre ella. ‖ *A* BANDERAS *desplegadas*. fig. Con toda libertad. ‖ *Arriar* BANDERA, o la BANDERA. fr. MAR. Rendirse al enemigo. ‖ *Asegurar un buque la* BANDERA. fr. MAR. Disparar un cañonazo con bala al tiempo de izar el pabellón como señal de la legitimidad del que la lleva. ‖ *Batir* BANDERAS. fr. MIL. Hacer reverencia con ellas al superior bajándolas en señal de dignidad. ‖ *Dar a uno la* BANDERA. fr. fig. Cederle la primacía, reconocerle ventaja en alguna cosa. ‖ *Levantar* BANDERA,

B o BANDERAS. fr. fig. Convocar gente de guerra. || **2.** fig. Hacerse cabeza de bando. || *Rendir la* BANDERA. fr. MAR. Arriarla en señal de cortesía. || **2.** MIL. Inclinarla de modo que apoye en el suelo la moharra, lo cual se hace como honor militar al Santísimo Sacramento. || *Salir con* BAN-DERAS *desplegadas*. fr. MIL. Úsase para significar uno de los honores que conceden en algunas capitulaciones a los sitiados para la entrega de las plazas. || **P.** bandeira; **I.** banner, flag, ensign; **F.** drapeau, bannière; **A.** Fahne, Flagge; **It.** bandiera; **R.** знамя, флаг.

BANDERADO. m. ant. Abanderado.

★ **BANDEREAR.** intr. CUBA. Florecer la caña de azúcar.

BANDERETA. f. d. de bandera.

BANDERÍA. (De *bandera*.) f. Bando o parcialidad.

BANDERILLA. f. d. de bandera. || **2.** Palo delgado armado de una lengüeta de hierro en uno de los extremos y que revestido de papel picado y adornado a veces con una banderita, usan los toreros para clavarlo en el cerviguillo de los toros. || **3.** fig. y fam. Dicho picante o satírico; pulla. Ú. principalmente con los verbos *clavar*, *plantar* o *poner*. || **4.** IMPR. Papel que se pega en las pruebas o en el original para añadir o enmendar el texto. || **5.** MIN. Papel dispuesto en forma de cucurucho que el barrenero coloca junto a la mecha de los barrenos cargados, para que el pegador los pueda distinguir con facilidad. || **6.** MÉJ. Banderillazo, chasco. || —**de fuego.** La que está guarnecida de petardos que estallan al clavarla en el toro. || **P.** bandarilha; **I.** small dart; **F.** banderille; **A.** Banderilla; **It.** dardo; **R.** бандерилья.

BANDERILLAZO. (De *banderilla*.) m. MÉJ. Petardo, sablazo.

BANDERILLEAR. tr. Poner banderillas a los toros.

BANDERILLERO. m. Torero que pone banderillas.

BANDERÍN. m. d. de bandera. || **2.** Cabo o soldado que sirve de guía a la infantería en los ejercicios y lleva al efecto una banderita en la bayoneta del fusil. || **3.** Depósito para enganchar reclutas.

BANDERIZAMENTE. adv. ant. Con bando o parcialidad.

BANDERIZAR. (De *banderizo*.) tr. Abanderizar. Ú.t.c.r.

BANDERIZO, ZA. (De *bandera*.) adj. Que sigue bando o parcialidad. Ú.t.c.s. || **2.** fig. Fogoso, alborotado. || **P.** bandeiro; **I.** factious; **F.** factieux; **A.** Anhänger; **It.** fazioso; **R.** пламенный.

BANDERO, RA. (De *bando*, 2.º art.) adj. ant. Banderizo, 1.ª acep.

BANDEROLA. (ital. *banderuola*, de *bandiera*, bandera.) f. Bandera pequeña, que tiene varios usos en la milicia, en la topografía y en la marina. || **2.** Bandera pequeña que se pone en las efigies de Cristo resucitado, San Juan Bautista y otros santos. || **3.** Adorno que llevan los soldados de caballería en las lanzas y es una cinta o pedazo de tela que se coloca debajo de la moharra. || **4.** AMÉR. Ventana hecha sobre el hueco de una habitación. || **P.** bandeirola; **I.** bannerol; **F.** banderole; **A.** Fähnchen; **It.** banderuola; **R.** флажок, вымпел.

BANDIDAJE. m. Bandolerismo.

BANDIDO, DA. p.p. de ant. bandir. || **2.** adj. Fugitivo de la justicia llamado por bando. Ú.t.c.s. || **3.** Persona perversa. || **P.** bandido; **I.** y **F.** bandit; **A.** Bandit; **It.** bandito; **R.** бандит.

BANDÍN. m. Banda corta que los condecorados con una cruz llevan debajo del chaleco, pero en dirección menos inclinada que la banda y que sustituye a ésta en actos menos solemnes. || **2.** MAR. Cada uno de los asientos de las galeras y demás embarcaciones alrededor de las bandas que forman la popa.

BANDIR. (gót. *bandvjan*, desterrar, pregonar.) tr. ant. Publicar bando sobre un reo ausente, con sentencia de muerte en su rebeldía.

BANDO. (De *bandir*.) m. Edicto o mandato solemnemente publicado de orden superior. || **2.** Solemnidad o acto de publicarlo. || *Echar* BANDO. fr. Publicar un mandato. || **P.** e **It.** bando; **I.** ban; **F.**

ban; **A.** öffentliche Bekanntmachung; **R.** приказ.

BANDO. (gót. *band*, lazo, bandera.) m. Parcialidad. || **2.** Banco de peces.

BANDOLA. (l. *pandūra*, y éste del gr. πανδοῦρα, guitarra de cuerdas.) f. Instrumento músico pequeño de cuatro cuerdas y de cuerpo combado como el laúd. || **2.** MAR. Armazón provisional que para seguir navegando, se pone en el buque que ha perdido algún palo por cualquier accidente. || **3.** PERÚ. Muleta de torear. || **4.** PERÚ. Látigo de mango corto y con flagelo nudoso. || *En* BANDOLAS. m. adv. MAR. Con bandolas en lugar de palos. || **P.** bandola; **I.** pandore, mandolin; **F.** mandoline; **A.** Bandoline, Pandore; **It.** mandola; **R.** бандола.

BANDOLERA. f. Mujer que vive con los bandoleros o toma parte en sus delitos.

BANDOLERA. (De *banda*.) f. Correa que cruza por el pecho y la espalda desde el hombro izquierdo hasta la cadera derecha, y que en el remate lleva un gancho de acero para colgar un arma de fuego. Es distintivo de los guardas jurados. || **2.** Banda usada por los guardias de corps. Actualmente en los institutos montados del ejército, para días de gala y ciertos servicios, llevan los jefes una banderola de charol o de correa con cartera portapliegos, y los soldados, dos de correa, cruzadas sobre el pecho y la espalda, para suspender respectivamente la carabina y el morral del pan. || **3.** fig. Plaza de guardia de corps. || 2.ª acep.: **P.** bandoleira; **I.** bandoleer, bandolier; **F.** bandolière o bandoulière; **A.** Bandelier; **It.** bandoliera; **R.** плечевой ремень.

★ **BANDOLEREAR.** (De *bandolero*.) intr. CUBA, P. RICO y PERÚ. Practicar el bandolerismo.

★ **BANDOLERÍA.** f. P. RICO y PERÚ. Bandolerismo.

BANDOLERISMO. m. Existencia continuada de bandoleros en una comarca. || **2.** Desafueros y violencias propias de los bandoleros.

BANDOLERO. (De *bando*, 2.º art.) m. Salteador de caminos. || **2.** fig. Bandido. || **P.** salteador; **I.** highwayman; **F.** bandit, brigand; **A.** Strassenräuber; **It.** brigante, bandito; **R.** разбойник.

BANDOLÍN. m. d. de bandola.

BANDOLINA. (fr. *bandoline*, voz formada de *bandeau*, venda, y el l. *linĕre*, untar.) f. Mucílago que sirve para mantener asentado el cabello. || **P.** e **It.** bandolina; **I.** y **F.** bandoline; **A.** Bandoline; **R.** слизь.

BANDOLINISTA. m. y f. Persona que toca la bandolina.

★ **BANDOLINO.** m. CHILE. Pequeño instrumento músico de cuatro cuerdas.

BANDOLÓN. m. aum. de bandola. || **2.** Instrumento músico semejante a la bandurria, pero del tamaño de la guitarra. Sus cuerdas repartidas en seis órdenes de a tres, se hieren con una púa de carey o de cuerno.

BANDOLONISTA. m. El que toca con destreza el bandolón.

BANDOSIDAD. f. ant. Bando o parcialidad.

BANDUJO. (De *bandullo*.) m. Tripa grande del cerdo, carnero o vaca, llena de carne picada.

BANDULLO. (l. *ventricŭlum*, d. de *venter*, vientre.) m. fam. Vientre o conjunto de las tripas. || **P.** ventre; **I.** belly; **F.** bedaine, panse; **A.** Eingeweide; **It.** ventre, pancia, trippa; **R.** брюхо, утроба.

BANDURRIA. (l. *pandūra*, y éste del gr. πανδοῦρα.) f. Instrumento músico de cuerda semejante a la guitarra, pero mayor, y algo más estrecha en la parte que se junta con el mástil. Antes tenía sólo tres cuerdas y el mástil liso y sin trastes; hoy tiene doce cuerdas y pareadas las primeras de tripa y entorchadas las otras y el mástil con catorce trastes fijos de metal. Se toca con una púa de concha o de cuerno de búfalo. || **2.** R. DE LA PLATA y CHILE. Ave zancuda más pequeña que la garza llamada por los guaraníes curucán. || —**sonora.** La que, en lugar de las seis cuerdas de tripa, tiene otras tantas de alambre. || **P.** bandurra; **I.** bandore; **F.** mandore; **A.** Mandoline; **It.** mandola; **R.** бандуррия.

★ **BANGAÑO, ÑA.** adj. CUBA. y COLOM.

Se dice de cualquiera vasija o fruto grande, redondeado, y a manera de güira. Ú.t.c.s.

BANIANO. m. Comerciante de la India, generalmente sin residencia fija.

BANIDO, DA. (germ. *bandvjan*, pregonar, desterrar.) adj. ant. Pregonado por delitos, llamado por pregón público.

★ **BANJO.** m. AMÉR. Instrumento músico de cuerda que usan los negros, parecido a la guitarra.

★ **BANQUEAR.** tr. COLOM. Nivelar el terreno.

★ **BANQUEO.** m. COLOM. Desmonte de un terreno en bancos escalonados.

BANQUERA. f. AR. Sitio donde se ponen en línea las colmenas sobre bancos. || **2.** AR. Colmenar pequeño sin cerca.

BANQUERO. m. Jefe de una casa de banca. || **2.** El que se dedica a operaciones mercantiles de giro, descuento, cuentas corrientes y otras análogas sobre dinero o valores. || **3.** En el juego de la banca y otros, el que lleva el naipe. || **4.** GERM. Alcaide de la cárcel o carcelero. || **P.** banqueiro; **I.** banker; **F.** banquier; **A.** Wechsler, banquier; **It.** banchiere; **R.** банкир.

★ **BANQUESTRADO.** m. ECUAD. Banco con respaldo para varias personas.

BANQUETA. f. Asiento de tres o cuatro pies y sin respaldo. || **2.** Banco corrido y sin respaldo guarnecido con más o menos lujo. || **3.** Banquillo muy bajo para poner los pies. || **4.** Andén de alcantarilla subterránea, a propósito para poder visitarla o limpiarla. || **5.** FORT. Obra de tierra o mampostería, a modo de banco corrido, al cual se sube por una rampa desde el interior de una fortificación. Tiene amplitud bastante para que los soldados se coloquen sobre él en dos filas, resguardados detrás de la pared. || **6.** MÉJ. Orilla de las calles en las poblaciones. || **7.** P. RICO. Palanqueta. || **P.** banqueta; **I.** stool, bench; **F.** banquette; **A.** Schemel; **It.** sgabello, banchina; **R.** скамейка.

BANQUETE. m. d. de banco. || **2.** Comida a que concurren muchas personas para celebrar algún acontecimiento. || **3.** Comida espléndida. || **P.** banquinho; **I.** y **F.** banquet; **A.** Festmahl; **It.** banchetto; **R.** банкет.

★ **BANQUETEADO, DA.** adj. ECUAD. Descarado.

BANQUETEAR. tr. Dar banquetes o andar en ellos. Ú.t.c.intr. y c.r.

BANQUILLO. m. d. de banco. || **2.** Asiento en que se coloca el procesado ante el tribunal. || **3.** CUBA. Cada una de las piezas correspondientes al bancazo que asegura los extremos de las mazas menores del trapiche. || **4.** ECUAD. Cadalso.

BANZO. m. Cada uno de los listones de madera más gruesos que el bastidor para bordar, guarnecidos con tiras de lienzo a que se cose la tela. || **2.** Cada uno de los largueros paralelos o apareados que sirven para afianzar una armazón; como la escalera de mano, el respaldo de una silla, etcétera.

BAÑA. (De *bañar*.) f. MONT. Bañadero.

★ **BAÑADERA.** (De *bañar*.) f. MAR. Palo que termina en una especie de cuchara grande y sirve para bastir y refrescar los costados del buque. || **2.** AMÉR. Tina para bañarse. || **3.** R. DE LA PLATA. Terreno bajo y pantanoso. || **4.** ARGENT. Autocar grande y generalmente descubierto, propio para excursiones.

BAÑADERO. m. Charco o paraje donde suelen bañarse y revolcarse los animales monteses. || **P.** charco; **I.** puddle; **F.** bauge; **A.** Suhle; **It.** bagnatoio, pozzànghera; **R.** место купанья диких животных.

BAÑADO, DA. p.p. de bañar. || **2.** m. Bacín, 1.ª acep. || **3.** ARGENT. Terreno húmedo a veces cenagoso y otras inundado por las aguas pluviales o por las de un río o laguna cercana.

BAÑADOR, RA. (l. *balneator, -ōris*.) adj. Que baña. Apl. a pers. ú.t.c.s. || **2.** m. Cajón o vaso que sirve para bañar alguna cosa. || **3.** Traje para bañarse. || **4.** ECUAD. Bañista.

BAÑAR. (l. *balneāre*.) tr. Meter el cuerpo o parte de él en el agua o en otro líquido, por limpieza, para refrescarse o con un fin medicinal. Ú.t.c.s. || **2.** Sumergir alguna cosa en algún líquido. || **3.** Humedecer con agua algo. || **4.** Tocar algún

B

paraje el agua del mar, de algún río, etc. ||
5. Cubrir una cosa con una capa de otra
substancia. || 6. Entre zapateros, dejar un
borde a la suela en todo el contorno del
zapato. || 7. Tratándose del Sol, la Luna,
el aire, dar de lleno en alguna cosa. || 8.
Pint. Dar una mano de color transparente
sobre otro. || 9. Cuba. Ser afortunado en
negocios. || P. banhar; I. to bathe, to wash;
F. baigner, mouiller; A. baden, befeuchten; It. bagnare; R. купать, омывать.

BAÑERA. f. Mujer que cuida de los
baños y sirve a las que se bañan. || 2. Pila
para bañarse. || 3. Mar. Escotilla espa-
ciosa en los balandros. || 2.ª acep.: P.
banheira; I. bath-tub; F. baignoire; A. Ba-
dewanne; It. bagnina, bagnarola; R. ванна.

BAÑERO. (De baño, 1.er art.) m.
Dueño de un baño. || 2. El que cuida de
los baños y sirve a los que se bañan. ||
P. banheiro; I. bathkeeper; F. baigneur;
A. Bademeister; It. bagnino; R. ку-
пальщик.

BAÑEZANO, NA. adj. Natural de
Bañeza. Ú.t.c.s. || 2. Perteneciente a esta
villa.

BAÑIL. (De baño, 1.er art.) m. Mont.
Bañadero.

BAÑISTA. com. Persona que va a
tomar baños.

★ **BAÑITO.** (d. de baño.) m. Chile. Barquillo que se utiliza como envase en los
helados.

BAÑO. (l. balnĕum.) m. Acción y efecto
de bañar o bañarse. || 2. Agua o líquido
para bañarse. || 3. Pila que sirve para
bañar el cuerpo o parte de él. || 4. Sitio
donde hay aguas para bañarse. || 5. Capa
de materia extraña con que queda cubierta
la cosa bañada. || 6. Ast. y Gal. Artesón
de madera o piedra en que se mete en
salmuera la carne del cerdo para conser-
varla. || 7. Metal. Masa de metal fundido
junta en la plaza o crisol de un horno. ||
8. Pint. Mano de color que en la pintura
de brocha gorda se da sobre lo pinta-
do. || 9. Quím. Calor templado por la
interposición de alguna materia entre el
fuego y lo que se calienta. || 10. Tint.
Líquido en que se sumergen las fibras
textiles, tanto para el blanqueo como para
el teñido. || —de aire comprimido. Med.
Remedio consistente en someter el cuerpo
en un espacio cerrado, a la acción del aire
comprimido. || —de maría o baño ma-
ría. Vaso con agua puesto a la lumbre
y en el que se mete otra vasija para que
su contenido reciba un calor suave y
constante en ciertas operaciones químicas,
farmacéuticas o culinarias. || —de vapor.
Med. Remedio mediante el cual se somete
el cuerpo a la acción del vapor de agua
o de otro líquido caliente. || P. banho;
I. bath; F. bain; A. Bad; It. bagno; R.
ванна, купанье.

BAÑO. (ár. bunayya, edificio.) m. Especie de corral grande o patio con aposento
o chozas alrededor, en el cual los moros
tenían encerrados a los cautivos.

BAÑÓN. m. V. Palo de Bañón.

BAÑUELO. (l. balnĕŏlum, bañito.) m.
d. de baño, 1.er art.

BAO. (dialec. bau, y éste del l. baiŭlus,
el que lleva la carga.) m. Mar. Cada uno
de los miembros de madera, hierro o acero
que colocados de trecho en trecho de un
costado al otro del buque sirven de con-
solidación y para sostener las cubiertas. ||
2. Mar. Cada uno de los barrotes que
empernados en las cacholas, en el sentido
de la quilla, sirven para sostener las cofas. ||
P. vaus; I. beam; F. bau; A. Balken,
Saling; It. bao, baglio; R. бимс.

BAOBAB. m. Bot. Árbol de África
tropical, de la familia de las bombacáceas,
con tronco derecho, de 9 a 10 m de altura,
y hasta 10 de circunferencia, ramas horizontales, flores grandes y blancas, frutos
capsulares carnosos y de sabor acídulo
agradable. || P., I. e It. baobab; F. ando-
sonier, baobab; A. Affenbrotbaum; R.
баобаб.

BAPTISMAL. (De baptismo.) adj. ant.
Bautismal.

BAPTISMO. (l. baptismus, y éste del
gr. βαπτισμός, de βαπτίζω, bautizar.) m
ant. Bautismo.

BAPTISTERIO. (l. baptisterĭum, y
éste del gr. βαπτιστήριον.) m. Sitio don-

de está la pila bautismal. || 2. Arq. Edi-
ficio, en general de planta circular o poligonal, próximo a un templo y generalmente pequeño, donde se administraba
el bautismo. || P. baptistério; I. baptis-
try; F. baptistère; A. Taufkapelle; It.
battistero; R. крестильный купель.

BAPTIZADOR. (De baptizar.) m.
ant. Se dice del que bautiza.

BAPTIZANTE. p.a. de ant. de baptizar. Bautizante. Usáb.t.c.s.

BAPTIZAR. (l. baptizāre, y éste del
gr. βαπτίζω, sumergir.) tr. ant. Bautizar.

BAPTIZO. (De baptizar.) m. ant. Bautizo.

BAQUE. (ár. wāqiʿ, el que cae, o lo que
cae.) m. Golpe que da el cuerpo o cualquier cosa pesada cuando cae.

BAQUEANO, NA. adj. Baquiano.

BAQUEAR. (ingl. to back.) intr. Mar.
Navegar al amor del agua cuando la corriente de ésta supera en rapidez a la que
daría la nave al impulso del viento.

★ **BAQUELITA.** f. Quím. Resina artificial que se obtiene condensando los fenoles con formaldehído. Tiene muchos
usos y aplicaciones, en la fabricación de
discos gramofónicos, como substitutivo del
marfil, del celuloide, etc.

BAQUERO. adj. V. Sayo vaquero.
Ú.t.c.s.

BAQUETA. (ital. bacchetta, y éste del
bat. ital. bac, del l. bacus, regresión de ba-
cŭlus, palo.) f. Vara delgada con un casquillo de cuerno o metal que sirve para
atacar las armas de fuego. || 2. Varilla seca
que los picadores llevan para el manejo
de los caballos. || 3. pl. Palillos con que
se toca el tambor. || Mandar uno a ba-
queta, o a la baqueta. fr. fig. y fam. Man-
dar despóticamente. || Tratar a baqueta,
o a la baqueta, a uno. fr. fig. y fam. Tra-
tarle con severidad. || P. vareta de espin-
garda; I. ramrod, drumsticks; F. baguette,
baguettes; A. Ladestock, Trommelstock;
It. bachetta, bacchette; R. шомпол, прут.

BAQUETAZO. m. Golpe dado con la
baqueta.

BAQUETEADO, DA. p.p. de baque-
tear. || 2. adj. fig. Se dice del que está acos-
tumbrado a negocios o trabajos. || P. exer-
citado; I. inured, habituated; F. endurci;
A. bewandert, erfahren; It. assuefatto,
avvezzo; R. опытный.

BAQUETEAR. (De baqueta.) tr. Dar
o ejecutar el castigo de baquetas. || 2. fig.
Incomodar demasiado. || 3. Colom. Adies-
trar. Ú.t.c.r. || 4. Amér. Central. Tocar la
marimba con el palillo o la baqueta. ||
P. açoitar com baqueta; I. to vex; F. en-
nuyer, incommoder; A. Spiessruten laufen;
It.bacchattare,seccare;R. бить,надоедать.

BAQUETEO. m. Acción y efecto de
baquetear.

BAQUETÓN. m. Argent. Baqueta
grande.

★ **BAQUETÓN, NA.** adj. Méj. Calmoso,
cachazudo.

★ **BAQUETUDO, DA.** adj. Amér. Calmoso.

BAQUÍA. (Voz haitiana.) f. Conocimiento práctico de las sendas, atajos, etc.,
de un país. || 2. Amér. Habilidad y des-
treza para las obras manuales.

BAQUIANO, NA. (De baquía.) adj.
Experto, cursado. || 2. Práctico en cami-
nos y atajos. Apl. a pers. ú.t.c.s. || 3. m.
Guía para transitar por ellos.

★ **BAQUIAR.** tr. Méj. Adestrar.

BÁQUICO, CA. (l. bacchĭcus, y éste
del gr. βαχχικός.) adj. Perteneciente o re-
lativo a Baco. || 2. fig. Perteneciente a la
embriaguez. || P. báquico; I. bacchic; F.
bacchique; A. bacchisch; It. bàcchico;
R. вакхический.

★ **BAQUINÍ.** Rep. Domin. Baquiné.

BAQUIO. (l. bacchīus, y éste del gr.
βαχχεῖος.) m. Pie de las métricas griega
y latina compuesto de tres sílabas, la primera breve y las otras dos largas.

BÁQUIRA. m. Saíno.

BAR. (ingl. bar, barra.) m. Local en que
se despachan bebidas que suelen tomarse
de pie ante el mostrador. Por ext., se da
este nombre a ciertas cervecerías.

★ **BARABARA.** m. Bot. Venez. Árbol
de madera dura y pesada.

BARACA. (ár. baraka, bendición, don
carismático.) f. En Marruecos, don divino

atribuido a los morabitos, y que se cree
transmitido por bendición.

★ **BARACAYA.** (guaraní mbaracayá.) m.
Zool. Parag. y R. de la Plata. Gato
montés.

★ **BARACOA.** m. Bot. Cuba. Bejuco
delgado de tallo flexible y propio para
amarras.

★ **BARACUTA.** f. Zool. Amér. Pez
acantopterigio de Honduras.

★ **BARACUTEY, YA.** adj. Cuba. Dícese
del ave que se cría sola, sin compañeras.
Por ext. dícese también de cualquier animal que vive solo y aun del hombre
soltero o viudo. || 2. Cuba. fig. Taciturno.

BARAFUNDA. (port. barafunda, y fr.
baragouin.) f. ant. Barahúnda.

BARAHÁ. (hebr. barakah.) f. ant.
Entre los judíos, oración, 2.ª acep.

BARAHÚNDA. (De barafunda.) f.
Ruido y confusión grandes. || P. barafun-
da; I. noise, hurly-burly, confusion; F.
fracas, tapage; A. grosser Lärm; It. ba-
raonda; R. суматоха.

BARAHUSTAR. tr. ant. Barajustar.

BARAJA. f. Conjunto de naipes que
sirve para varios juegos; la española consta
de 48 naipes y la francesa de 52. || 2. Riña,
contienda entre varias personas. Ú.m. en
pl. || 3. Hond. Arbusto de raíz purgante
que se utiliza para la curación de enfer-
medades venéreas. || 4. Colom. y Perú.
Naipe o naipes cuando se dice de jugar a
la baraja en vez de jugar a naipes. || En-
trarse en baraja. fr. En algunos juegos de
naipes, dar por perdida la mano. || 2. fig.
Desistir de un intento. || Jugar uno con
dos barajas. Proceder uno con doblez. ||
P. baralho; I. set of cards; F. jeu de cartes;
A. Spielkarten; It. mazzo di carte; R.
колода.

BARAJADA. f. Barajadura.

BARAJADOR, RA. (De barajar.) adj.
ant. Pendenciero, pleiteador.

BARAJADURA. f. Acción de barajar.

BARAJAR. (port. baralhar.) tr. En el
juego de naipes, mezclarlos unos con otros
antes de repartirlos. || 2. En el juego de las
tabas o dados, embarazar la suerte que se va
a hacer. || 3. fig. Mezclar y revolver unas
personas o cosas con otras. Ú.t.c.r. || 4.
Equit. Tirar al caballo de una y otra
rienda para refrenarle. || 5. intr. Reñir,
contender unos con otros. || 6. Chile.
Parar, estorbar. || 7. Amér. Merid. Re-
cibir una cosa en el aire. || Barajar el
mate. fr. Urug. Pasar una persona a otra
la vasija que contiene el mate. || P. baral-
har; I. to shuffle; F. battre, brouiller les
cartes; A. die Karten mischen; It. mesco-
lare, fare le carte; R. тасовать.

BARAJE. (De barajar.) m. Barajadura.

BARAJO. m. fam. Chile. Badajo. ||
¡Barajo! || Ecuad. Barajadura. || ¡Barajo! interj.
Colom., Cuba y Perú. ¡Caramba!

BARAJÓN. (b. l. barallio, -ōnis, y éste
del l. vara.) m. Bastidor de madera que
sujeta un tejido de varas y se ata debajo
del pie para que éste no se hunda al andar
sobre la nieve. Se hace también de una
tabla con tres agujeros en los cuales entran los tarugos de las almadreñas. Ú.m.
en pl.

BARAJUSTAR. tr. ant. Baraustar,
3.ª acep. || 2. Venez. Desmandar el ganado.
Ú.m.c.r. || 3. Amér. Central. Emprender.||
4. Colom. y Venez. Acometer. || 5. intr.
Guat. Hacer corcovos un caballo o mula. ||
6. Colom., Hond. y Venez. Escaparse.

★ **BARAJUSTE.** m. Acción y efecto de
barajustar. || 2. Venez. Ganado desman-
dado. || 3. Venez. y Colom. Carrera atro-
pellada. || ¡Barajuste! Venez. ¡Caramba!

★ **¡BARAMBA!** interj. Amér. ¡Caramba!

BARANDA. (l. vara.) f. Barandilla. ||
2. Borde o cerco que tienen las mesas de
billar. || 3. Perú. Casa de vecindad divi-
dida en departamentos de dos o tres pie-
zas. || Echar uno de baranda. fr. fig. y
fam. Exagerar o ponderar mucho una
cosa.

BARANDADO. (De baranda.) m. Barandilla.

BARANDAJE. (De baranda.) m. Barandilla.

BARANDAL. (De baranda.) m. Listón
de hierro u otra materia, sobre el que se
asientan los balaustres. || 2. El que los
sujeta por arriba.

BARANDILLA. (d. de *baranda.*) f. Antepecho compuesto de balaustres de madera, hierro u otra materia y los barandales que las sujetan, sirve en general para los balcones, pasamanos de escaleras y división de piezas. || **2.** CHILE. Comulgatorio. || **3.** CHILE y PERÚ. Adral del carro. || **P.** corrimão; **I.** rail, banister; **F.** gardefou; **A.** (Schutz)Geländer; **It.** ringhiera, balaustrada; **R.** балюстрада.

BARANGAY. (tagalo *balañgay.*) m. Embarcación de remos, baja de bordo, usada en Filipinas. || **2.** Cada uno de los grupos de 45 ó 50 familias indígenas o de mestizos, en que se divide la vecindad de los pueblos de Filipinas y que está bajo la dependencia y vigilancia de un jefe.

BARANGAYÁN. (De *barangay.*) m. Gubán.

BARAÑO. m. SAL. Fila de heno recién guadañado y tendido en tierra. || **2.** SAL. Parte de ella que corresponde a cada uno de los golpes de guadaña.

BARATA. (De *baratar.*) f. Baratura. || **2.** Trueque, cambio. || **3.** En el juego de las tablas reales, disposición de las piezas que mira a ocupar las dos últimas casas del contrario, donde se termina el juego con piezas dobles. || **4.** MÉJ. Barato. || *A la* BARATA. m. adv. Confusamente. || 2.ª acep.: **P.** troca, baratura; **I.** barter; **F.** troc, échange; **A.** Tausch; **It.** baratto, permuta; **R.** мена, обмен.

BARATA. (l. *blatta.*) f. ZAM., CHILE y PERÚ. Cucaracha.

BARATADOR, RA. (De *baratar.*) adj. ant. Embustero. Usáb.t.c.s. || **2.** Que hace baratas. Ú.t.c.s.

BARATAMENTE. adv. A poca costa.

BARATAR. (gr. πράττω, hacer, obrar.) tr. ant. Trocar unas cosas por otras. || **2.** ant. Dar o recibir una cosa a menos precio que el ordinario. || **3.** ant. Proceder, obrar.

BARATEAR. (De *barato.*) tr. Dar una cosa por menos precio que el ordinario. || **2.** ant. Regatear una cosa antes de comprarla. || **P.** baratear; **I.** to cheapen; **F.** rabaisser; **A.** verschleudern; **It.** ribassare; **R.** продешевить.

BARATERÍA. (De *baratero.*) f. ant. Delito cometido con fraude. || **2.** FOR. Engaño en ventas o trueques. || **3.** FOR. Delito del juez que admite dinero o regalos por dar una sentencia justa. || **—de capitán o patrón.** Acto u omisión de los que mandan o tripulan un buque, en perjuicio del armador, cargador o de los aseguradores.

BARATERO, RA. (De *barato.*) adj. ant. Engañoso. || **2.** m. El que de grado o por fuerza cobra el barato de los que juegan. || **2.** CHILE. Regatero. Ú.t.c.s. || **3.** COLOM. Que vende barato. Ú.t.c.s.

* **BARATEZ.** f. CUBA. Baratura.

BARATÍA. (De *barato.*) f. COLOM. Baratura.

BARATIJA. (De *barato.*) f. Cosa menuda y de poco valor. Ú.m. en pl. || **P.** coisa miúda; **I.** stuff; **F.** bagatelle; **A.** Kleinigkeit; **It.** frascherie; **R.** безделица.

BARATILLERO, RA. m. y f. Persona que tiene baratillo.

BARATILLO. (d. de *barato.*) m. Conjunto de cosas de poco precio, que están de venta en paraje público. || **2.** Tienda en que se venden. || **3.** Sitio fijo en que se hacen estas ventas. || **4.** CHILE y ARGENT. Mercería pequeña.

* **BARATÍO.** m. AMÉR. CENTRAL. Venta de géneros a bajo precio.

BARATISTA. (De *baratar.*) com. ant. Persona que trueca cosas.

BARATO, TA. (De *baratar.*) adj. Se dice de lo vendido o comprado a poco precio. || **2.** fig. Que se compra con poco esfuerzo. || **3.** m. Venta de cosas a poco precio y con el fin de despacharlos pronto. || **4.** Porción de dinero que da voluntariamente el que gana en el juego y también la que exige por fuerza el baratero. || **5.** adv. Con poco precio. || **6.** COLOM. Cesión galante que hace un bailador a otro de su pareja. || *Ahorcado sea tal* BARATO. expr. fam. que denota que una cosa se da o se vende por un precio muy bajo. || *Cobrar el* BARATO. fr. fig. y fam. Predominar una cosa por el miedo que impone a otras. || *Dar de* BARATO. fr. fig. y fam. Conceder graciosa o hipotéticamente alguna cosa por no ser del caso, o por no embarazar el fin principal que se pretende. || *Hacer* BARATO. fr. Dar mercancías a poco precio para despacharlas pronto. || *Lo* BARATO *es caro.* Indica que lo barato sale caro por su poca duración. || *Meter a* BARATO. fr. fam. Confundir y obscurecer lo que uno va a decir metiendo bulla y dando voces. || **P.** barato; **I.** cheap; **F.** bon marché; **A.** billig, preiswert; **It.** buon mercato; **R.** дешёвый.

BARATÓN, NA. (De *baratar.*) m. y f. ant. Baratista. || **2.** AMÉR. CENTRAL. Instrumento agrícola a modo de laya.

BÁRATRO. (l. *barăthrum*, y éste del gr. βάραθρον.) m. poét. Infierno, 1.ª acep.

* **BARATUJALES.** m. pl. REP. DOMIN. Cosas de poco valor.

BARATURA. (De *barato.*) f. Bajo precio de las cosas vendibles. || **P.** barateza; **I.** cheapness; **F.** bon marché; **A.** Billigkeit; **It.** buon mercato; **R.** дешёвка.

BARAÚNDA. f. Barahúnda.

BARAUSTADO, DA. p.p. de baraustar. || **2.** adj. GERM. Muerto a puñaladas. Ú.t.c.s.

BARAUSTADOR. (De *baraustar.*) m. GERM. Puñal. 1.er art., 2.ª acep.

BARAUSTAR. (De *barahustar.*) tr. Asestar, 1.ª acep. || **2.** Desviar el golpe de un arma.

BARAUSTE. (l. *bălaŭstium*, granada.) m. ant. Balaustre.

* **¡BARAY!** interj. P. RICO. ¡Barajo!

BARBA. (l. *barba.*) f. Parte de la cara que está debajo de la boca. || **2.** Pelo que nace en esta parte de la cara y en los carrillos. Ú.t. en pl. || **3.** En el ganado cabrío, mechón de pelo pendiente del pellejo que cubre la quijada inferior. || **4.** Carúnculas colgantes que en la mandíbula inferior tienen algunas aves. || **5.** Entre colmeneros, primer enjambre que sale de la colmena. || **6.** Parte superior de la colmena donde se ponen las abejas cuando se va formando nuevo enjambre. || **7.** m. Comediante que hace el papel de anciano. || **8.** f. pl. BOT. Conjunto de raíces delgadas de las plantas. || **9.** Bordes desiguales del papel de tina. || **10.** Filamentos sutiles que guarnecen el astil de la pluma; generalmente están unidos entre sí por medio de otros más tenues que hay en los bordes, tienen gran variedad de colores, muchos brillantes y algunos metálicos. || **—cabruna.** Planta perenne compuesta, de tallo lampiño, hojas lisas, flores amarillas y raíz comestible después de cocida. || **—cerrada.** fig. La del hombre muy poblada y fuerte. || **—corrida.** La del hombre que se la deja crecer toda sin afeitar parte ninguna de ella. || **—de cabra.** Hierba vivaz rosácea, de hojas partidas, flores en panojas colgantes, blancas y de buen olor. || **—honrada.** fig. Persona respetable. || BARBAS *de chivo.* fig. y fam. Las que son escasas en los carrillos y largas debajo de la boca. || **2.** fig. y fam. Hombre que las tiene de este modo. || **3.** Planta anual gramínea, con hojas muy delgadas que forman un césped; sus flores forman panoja cilíndrica y las aristas son muy finas por su parte superior. || **—de choclo.** AMÉR. Madeja de hilos sedosos que penden del ápice de la mazorca del maíz. || **—de zamarro.** fig. y fam. Las muy pobladas y crespas. || **2.** fig. y fam. Hombre que las tiene de este modo. || **—de medio.** CUBA. Planta silvestre con flores en panojas. || **—de mono.** COLOM. Planta poligonácea. || **—de tigre.** ARGENT. Arbusto cuya corteza se emplea como sucedáneo del jabón. || **—de viejo.** BOT. CHILE. Planta compuesta, especie de eupatorio. || **—española.** BOT. CUBA. Vegetal silvestre parecido a la guajaca, cuyos tallos se utilizan para henchir colchones y almohadas. || **—de coco.** P. RICO, MÉJ. y PERÚ. Fibras de corteza exterior del coco. || **—de viejo.** C. RICA, GUAT. y MÉJ. Planta ranunculácea medicinal. || *A* BARBA *muerta obligación cubierta.* ref. que denota que muerto el dueño de la casa, los que tenían obligaciones con él no las manifiestan a su viuda e hijos. || *A las* BARBAS *con dineros, honra hacen los caballeros.* ref. Indica que a los ancianos acaudalados todo son respetos esperando recibir algo de él a su muerte. || *Andar* uno *con la* BARBA *sobre el hombro.* fr. fig. Estar alerta. || *Ante* BARBA *blanca para tu hija que muchacho de crencha partida.* ref. que indica que se debe preferir para yerno al hombre juicioso, aun de edad, que al muchacho sin juicio. || *A poca* BARBA, *poca vergüenza.* ref. que indica que los pocos años hacen a los hombres atrevidos. || BARBA *pone mesa, que no pierna tiesa.* ref. que recomienda la aplicación para conseguir lo necesario. || BARBAS *mayores quitan menores.* ref. que indica que siempre se atiende mejor a las personas de mayor importancia. || *Callen* BARBAS *y hablen cartas.* ref. que indica que es ocioso hablar cuando hay medios de probar lo que se dice. || *Con toda la* BARBA. loc. fam. con que se pondera la plenitud de facultades. || *Cuando la* BARBA *de tu vecino vieres pelar, echa la tuya a remojar,* o *en remojo.* ref. que indica que debemos prevenirnos viendo lo que a los demás sucede. || *De tal* BARBA *tal escama.* ref. que advierte que regularmente no se debe esperar de los hombres otra cosa que no corresponda a su nacimiento y crianza. || *Dos* BARBAS *parejas, mal guardan ovejas.* ref. que indica que cuando la autoridad está repartida entre muchos, unos por otros descuidan la obligación. || *Echar a la buena* BARBA. fr. Señalar a uno para pagar el gasto de todos. || *En las* BARBAS *de* uno. m. adv. En su cara, en su presencia. || *Hacer la* BARBA. fr. Afeitar la barba o el bigote. || **2.** fig. y fam. Incomodar. || **3.** fig. y fam. Obsequiar con fines interesados. || *Hazme la* BARBA, *hacerte he de copete.* ref. que indica que conviene ayudarse uno a otro para conseguir lo que desean. || *Llevarlo* a uno *de la* BARBA. fr. fig. y fam. Gobernarlo. || *Mentir por la* BARBA. fr. fig. y fam. Mentir con todo el descaro. || *Para mis* BARBAS. loc. Fórmula de juramento para aseverar una cosa. || *Pelarse* uno *las* BARBAS. fr. fig. Manifestar con ademanes gran ira y enojo. || *Por* BARBA. Por persona. || *Subirse* uno *a las* BARBAS *de* otro. fr. fig. y fam. Perder respeto al superior. || *Temblarle* a uno *la* BARBA. fr. fig. y fam. Tener miedo. || *Tener una mujer buenas* BARBAS. fr. fig. y fam. Ser bien parecida. || *Tener* uno *pocas* BARBAS. fr. fig. y fam. Tener poca experiencia. || **P.** barba; **I.** chin, beard; **F.** menton, barbe; **A.** Kinn, Bart; **It.** mento, barba; **R.** подбородок, борода.

BARBACANA. f. FORT. Obra avanzada y aislada para defender puertas de plazas, cabezas de puente, etc. || **2.** Muro bajo con que se suelen rodear las plazuelas que algunas iglesias tienen alrededor de ellas o delante de algunas puertas. || **3.** Saetera, tronera. || **P.** barbacã; **I.** barbican; **F.** barbacane; **A.** Schiessscharte; **It.** barbacane; **R.** амбразура.

BARBACOA. f. AMÉR. Zarzo cuadrado u oblongo que sirve de camastro. || **2.** AMÉR. Andamio en que se ponen los muchachos para guardar los maizales. || **3.** AMÉR. Casita construida sobre árboles o estacas. || **4.** AMÉR. Tablado tosco en lo alto de las casas, donde se guardan frutos, etc. || **5.** C. RICA. Armazón sobre el que se extienden las plantas enredaderas. || **6.** MÉJ. Conjunto de palos de madera verde puestos sobre un hueco a manera de parrilla y en la que los indios asan carne. || **7.** MÉJ. Carne asada de este modo. || **8.** COLOM. Andas.

BARBACUÁ. f. Barbacoa.

BARBADA. f. Quijada inferior de las caballerías. || **2.** Cadenilla que se pone en las caballerías por debajo de la barba atravesada de una cama a otra del freno para sujetarlas. || **3.** ZOOL. Pez teleósteo del suborden de los anacantos, parecido al abadejo, pero de cabeza más gruesa, dos aletas dorsales en vez de tres, y una barbilla en la mandíbula inferior, a lo que debe el nombre. Vive en el Mediterráneo, es negruzco por el lomo y azul plateado por el abdomen. || **4.** PERÚ y MÉJ. Barboquejo.

BARBADAMENTE. adv. ant. Varonilmente.

* **BARBADINA.** f. PERÚ. Granadilla.

BARBADO, DA. p.p. de barbar. || **2.** adj. Que tiene barbas. Apl. a pers. ú.t.c.s. || **3.** m. Árbol que se planta con raíces o sarmiento con ellas, que sirve para plantar viñas. || **4.** Cabrón, 1.ª acep. ||

B

Plantar de BARBADO. fr. AGR. Trasplantar un vástago o sarmiento que ha echado raíces. || 2.ª acep.: **P.** barbado; **I.** bearded, sucker; **F.** barbu, rejeton; **A.** bärtig; **It.** barbato, barbatella; **R.** бородатый.

BARBAJA. (despect. de *barba*.) f. Planta perenne compuesta parecida a la escorzonera con tallo ramoso, hojas lanceoladas, flores rojizas, abunda mucho en España. || 2. pl. AGR. Primeras raíces que echan las vegetales recién plantados.

BARBAJÁN. m. CUBA y MÉJ. adj. Tosco, brutal. Ú.t.c.s.

BARBAJUELAS. f. pl. d. de barbajas, 2.ª acep. de barbaja.

BARBAR. intr. Echar barbas el hombre. || 2. Entre colmeneros, criar las abejas. || 3. AGR. Echar raíces las plantas.

BÁRBARAMENTE. adv. Con barbaridad, toscamente.

BARBARERÍA. f. ant. Barbaridad.

BARBARESCO, CA. adj. ant. Barbárico.

BARBARIA. (l. *barbaría*.) f. ant. Barbarie.

BARBÁRICAMENTE. adv. Al modo de los pueblos bárbaros.

BARBÁRICO, CA. (l. *barbaricus*.) adj. Perteneciente o relativo a los pueblos bárbaros. || **P.** barbárico; **I.** barbaric, barbareous; **F.** barbare; **A.** barbarisch; **It.** barbaresco, barbarico; **R.** варварский.

BARBARIDAD. f. Calidad de bárbaro. || 2. Dicho o hecho temerario. || **P.** barbaridade; **I.** barbarity, rashness; **F.** témérité, settise, bêtise; **A.** Barbarei; Kühnheit; **It.** barbarità, grossolanità, rozzeza; **R.** варварство.

BARBARIE. (l. *barbaries*.) f. fig. Falta de cultura. || 2. fig. Fiereza, crueldad. || **P.** barbárie; **I.** barbarousness, cruelty; **F.** e **It.** barbarie; **A.** Barbarei, Grausamkeit; **R.** зверство.

BARBARISMO. (l. *barbarismus*.) m. Vicio del lenguaje que consiste en escribir o pronunciar mal las palabras o emplear vocablos impropios. || 2. fig. y fam. Barbarie. || 3. poét. Multitud de bárbaros. || **P.** e **It.** barbarismo; **I.** barbarism; **F.** barbarisme; **A.** Barbarismus; **R.** варваризм.

BARBARIZANTE. p.a. de barbarizar. Que barbariza.

BARBARIZAR. (l. *barbarizāre*.) tr. p. us. Adulterar una lengua con barbarismos. || 2. intr. fig. Decir barbaridades. || **P.** barbarizar; **I.** to barbarize; **F.** barbariser; **A.** verrohen; **It.** barbarizzare; **R.** варваризировать.

BÁRBARO, RA. (l. *barbărus*, y éste del gr. βάρβαρος, extranjero.) adj. Se dice del individuo de cualquiera de las hordas o pueblos que en el siglo V abatieron el Imperio romano y se difundieron por la mayor parte de Europa. Ú.t.c.s. || 2. Perteneciente a estos pueblos. || 3. fig. Fiero, cruel. || 4. fig. Arrojado, temerario. || 5. fig. Inculto, tosco. || **P.** bárbaro; **I.** barbarian; **F.** barbare; **A.** Barbar; **It.** bàrbaro; **R.** варвар.

BARBAROTE, TA. adj. fam. aum. de bárbaro, 3.ª, 4.ª y 5.ª aceps.

★ **BARBASCO.** m. BOT. Verbasco, gordolobo. || 2. BOT. AMÉR. Bejuco sapindáceo, tropical americano.

BARBASTRENSE. adj. Barbastrino. Apl. a pers. ú.t.c.s.

BARBASTRINO, NA. adj. Se dice del natural de Barbastro. Ú.t.c.s. || 2. Perteneciente a esta ciudad.

BARBATO. (l. *barbātus*.) adj. ASTRON. V. *Cometa* BARBATO.

BARBAZA. f. aum. de barba, 2.ª acep.

BARBEAR. tr. Llegar con la barba a cierta altura. || 2. fig. MÉJ. Hacer la *barba*, 3.ª acep. || 3. fig. MÉJ. Tomar una res vacuna, generalmente si es pequeña, por el hocico y el testuz o el cuerno, y haciendo fuerza con las manos torcerle el cuello hasta dar en tierra con el animal. || 4. intr. Trabajar el barbero. || 5. fig. Llegar una cosa casi a la altura de otra. || 6. fig. C. RICA. Lisonjear. || 7. TAUROM. Andar el toro a lo largo de las tablas rozándolas con el hocico, como olfateando y buscando la salida del ruedo. || 8. fam. MÉJ. y GUAT. Adular, hacer carantoñas.

BARBECHADA. (De *barbechar*.) f. Barbechera, 3.ª acep.

BARBECHAR. (De *barbecho*.) tr. Arar o labrar la tierra disponiéndola para la siembra. || 2. Arar la tierra para que descanse. || **P.** barbechar; **I.** to fallow; **F.** jachérer, labourer; **A.** brachen; **It.** maggesare; **R.** пахать.

BARBECHERA. f. Conjunto de barbechos. || 2. Tiempo en que se barbecha. || 3. Acción y efecto de barbechar.

BARBECHO. (l. *vervactum*, de *vervagĕre*, arar la tierra en la primavera.) m. Tierra labrantía que no se siembra durante uno o más años. || 2. Acción de barbechar. || 3. Haza arada para sembrar después. || *Firmar* uno *como en un* BARBECHO. fr. fig. y fam. Hacerlo sin examinar lo que se firma. || **P.** barbeito; **I.** fallow; **F.** jachère; **A.** Brachfeld; **It.** maggese; **R.** распаханная целина.

BARBERA. f. Mujer del barbero. || 2. adj. ARGENT. Se dice del vino áspero de color obscuro.

BARBERÍA. f. Tienda del barbero. || 2. Oficio de barbero. || 3. Sala o pieza destinada en las comunicaciones y otros establecimientos para servicios de barbero o peluquero. || **P.** barbearia; **I.** barber's shop; **F.** salon de coiffeur; **A.** Barbierstube, Barbierladen; **It.** barbieria, barbería; **R.** парикмахерская.

BARBERIL. adj. fam. Propio de barberos.

BARBERO. (De *barba*.) m. El que tiene por oficio afeitar o hacer la barba. || 2. Pez del mar de las Antillas acantopterigio, de color de chocolate y cola ahorquillada. || *Ni* BARBERO *mudo ni cantor sesudo.* ref. que denota el demasiado hablar de ciertos barberos cuando afeitan, y el poco asiento y juicio que suelen tener algunos músicos. || **P.** barbeiro; **I.** barber; **F.** barbier, coiffeur; **A.** Barbier; **It.** barbiere; **R.** цирюльник.

BARBERO. (De *barbo*.) m. ÁL. Red que se tiende de orilla a orilla en los ríos, para pescar barbos. || 2. fig. MÉJ. Adulador.

BARBEROL. m. ZOOL. Pieza que, con otras, forma el labio inferior de los insectos masticadores.

BARBETA. (fr. *barbette*, d. de *barbe*, y éste del l. *barba*, barba.) f. FORT. Trozo de parapeto destinado a la artillería. || 2. MAR. Trozo de meollar o filástica. || *A* BARBETA. m. adv. ART. y FORT. Se dice de las fortificaciones cuyo parapeto no tiene troneras ni merlones; y, de la artillería puesta sobre este género de fortificación. || **P.** barbeta; **I.** y **F.** barbette; **A.** Geschützbank; **It.** barbetta; **R.** бруствер.

BARBIÁN, NA. adj. fam. Gallardo. Ú.t.c.s. || 2. GERM. Superior en su línea. Ú.t.c.s.

BARBIBLANCO, CA. adj. Barbicano.

BARBICACHO. (l. *barba*, barba, y *capsus*, quijada, de *capsa*, caja.) m. Cinta o toca que se echa por debajo de la barba.

BARBICANO, NA. adj. Que tiene la barba cana.

BARBICASTAÑO, ÑA. adj. Que tiene la barba de color castaño.

BARBIESPESO, SA. adj. Que tiene muy espesa la barba.

BARBIHECHO. (De *barba* y *hacer*.) adj. Recién afeitado.

BARBIJO. m. ARGENT. y SAL. Barbiquejo, 1.ª acep.

BARBILAMPIÑO. (De *barba* y *lampiño*.) adj. Se dice del hombre que tiene poca barba.

BARBILINDO. (De *barba* y *lindo*.) adj. Que se precia de lindo y bien parecido.

BARBILUCIO. (De *barba* y *lucio*, 2.º acep.) adj. Barbilindo.

BARBILUENGO, GA. (De *barba* y *luengo*.) adj. Que tiene la barba larga.

BARBILLA. (d. de *barba*.) f. Punta de la barba, 1.ª acep. || 2. Apéndice carnoso que algunos peces tienen en la parte inferior de la cabeza. || 3. Cartílago que a modo de fleco rodea a ciertos peces. || 4. CARP. Corte dado oblicuamente en la cara de un madero para que encaje en el hueco poco profundo de otro. || 5. m. pl. COLOM. Hombre de poca barba. || **P.** queixo, mento; **I.** chin; **F.** bout du menton; **A.** Kinnspitze; **It.** barbetta; **R.** подбородок.

★ **BARBILLAS.** (pl. de *barbilla*.) m. COLOM. Hombre de poca barba. Se aplica también a los animales que tienen vello bajo la mandíbula.

BARBILLERA. (De *barbilla*.) f. Rollo de estopa que se pone alrededor de las cubas de vino para que, si al hervir sale algo de mosto, tropezando con la estopa, caiga por las puntas del rollo. || 2. Especie de barboquejo que se pone a los cadáveres cerrándoles la boca.

★ **BARBIMONO, NA.** (De *barba* y *mono*.) adj. COLOM. Barbirrubio.

BARBIMORENO, NA. adj. Que tiene barba morena.

BARBINEGRO, GRA. adj. Que tiene la barba negra.

BARBIPONIENTE. (De *barbipungente*.) adj. fam. Se dice del joven a quien empieza a salir la barba. || 2. fig. y fam. Principiante, 2.ª acep.

BARBIPUNGENTE. (l. *barba*, barba; y *pungens*, -*entis*, punzante.) adj. Barbiponiente, 1.ª acep.

BARBIQUEJO. (l. *barba*, barba, y *capsus*, quijada, por *capsa*, caja.) m. Barboquejo. || 2. PERÚ. Pañuelo que, a modo de venda, se pasa por debajo de la barba y la ata por encima de la cabeza, o a un lado de la cara. || 3. MAR. Cabo o cadena que sujeta el bauprés al tajamar o a la roda. 4. ECUAD. Cuerda con que se ciñe la boca de un caballo para guiarlo. || 5. ZOOL. CUBA. Variedad de paloma salvaje de plumaje pardo y con una lista blanca a modo de barboquejo de donde le viene el nombre.

BARBIRRAPADO, DA. adj. Que tiene la barba rapada.

BARBIRROJO, JA. adj. Barbitaheño.

BARBIRRUBIO, BIA. adj. Que tiene la barba rubia.

BARBIRRUCIO, CIA. (De *barba* y *rucio*.) adj. Que tiene la barba con pelos negros y blancos mezclados.

BARBITAHEÑO, ÑA. (De *barba* y *taheño*.) adj. Que tiene la barba rojiza.

BARBITEÑIDO, DA. adj. Que se tiñe la barba.

BARBITONTO, TA. (De *barba* y *tonto*.) adj. Que tiene cara de tonto.

★ **BARBITURATO.** m. QUÍM. y FARM. Sal formada por la combinación del ácido barbitúrico con una base.

BARBITÚRICO, CA. (l. *barbata* y *úrico*.) adj. QUÍM. Se dice del ácido cristalino cuyos derivados tienen propiedades hipnóticas. || 2. m. Nombre de estos derivados.

BARBO. (l. *barbus*, de *barba*, barba.) m. ZOOL. Pez de río, de color fusco en el lomo y blanquecino en el vientre. Tiene cuatro barbillas en la mandíbula superior. Es comestible. || *Hacer el* BARBO. fam. Se dice del que abre la boca dejando cantar. || **P.** barbo; **I.** barbel; **F.** barbeau; **A.** Barbe; **It.** barbo, barbio; **R.** усач.

★ **BARBOLETA.** f. BRASIL. Mariposa.

★ **BARBOLETEAR.** (De *barboleta*.) intr. URUG. Mariposear.

BARBÓN. m. Hombre barbado. || 2. En la orden de la Cartuja, religioso lego, porque se deja crecer la barba.

BARBOQUEJO. (De *barbiquejo*.) m. Cinta con que se sujeta bajo la barba el sombrero. || 2. CUBA. Cinta con que las mujeres se sujetan el calzado. || 3. CUBA. Lazo del bozal que pasa por debajo de la boca del caballo a manera de bocado. || **P.** francalete; **I.** chin-strap; **F.** mentonnière; **A.** Kinnband; **It.** mentoniera; **R.** подбородный ремень.

BARBOTAR. (De la onomat. *barb*.) intr. Mascullar. Ú.t.c.tr.

BARBOTE. (De *barbo*.) m. Babera, 1.ª acep. || 2. Barrita o palito de plata que, embutida en el labio inferior, llevan como insignia en algunas parcialidades de indios de la Argentina.

BARBOTEADURA. f. ant. Material y obra con que se barbotea, 2.º art.

BARBOTEAR. intr. Mascullar.

BARBOTEAR. tr. ant. Atrancar y fortificar.

BARBOTEO. m. Acción y efecto de barbotear, 1.er art.

BARBUCHA. f. despect. de barba. || 2. m. pl. AMÉR. CENTRAL. Barbas descuidadas. || 3. m. COLOM. Hombre de poca barba.

B

* **BARBUCHÍN.** adj. Guat. Barbilampiño.

* **BARBUCHO, CHA.** adj. Chile. Dícese de la persona o animal de barba gruesa y rala.

BARBUDO, DA. (De *barbado*, con la term. *-udo*.) adj. Se dice del que tiene muchas barbas. || **2.** Cuba. Cometa con que juegan los muchachos, cuando tiene flecos en la parte inferior. || **P.** barbudo; **I.** fullbearded; **F.** barbu; **A.** (voll)bärtig; **It.** barbuto; **R.** бородатый.

BARBULLA. (De *barbullar*.) f. fam. Ruido, voces y gritería de los que hablan a un tiempo. || **P.** balbúrdia; **I.** confused noise; **F.** tohu-bohu, vacarme; **A.** Geschrei; **It.** baccano, chiasso, cagnara; **R.** гомон, гам.

BARBULLAR. (De la onomat. *bar.*) intr. fam. Hablar atropelladamente.

BARBULLIDO. m. Rizado que produce en la superficie del mar el paso de un banco de sardinas.

BARBULLÓN, NA. (De *barbullar*.) adj. fam. Que habla atropelladamente. Ú.t.c.s.

BARBUQUEJO. m. Barboquejo.

BARBUSANO. m. Árbol de las islas Canarias, de la familia de las lauráceas, de madera durísima, parecida a la caoba. || **2.** Madera de este árbol.

BARCA. (l. *barca*.) f. Embarcación pequeña para pescar o traficar en las costas del mar o para atravesar los ríos. || **-de pasaje.** Lancha grande y plana que se utiliza para atravesar los ríos. || *Quien ha de pasar la BARCA, no cuente jornada.* ref. que advierte que no ha de darse por seguro un éxito cuando hay obstáculos. || **P.** e **It.** barca; **I.** boat, bark; **F.** barque; **A.** Fährboot; **R.** лодка.

BARCADA. f. Carga que transporta o lleva una barca. || **2.** Cada viaje de una barca. || **P.** barcada; **I.** boat-load; **F.** barquée; **A.** Kahnladung; **It.** barcata; **R.** груз.

BARCAJE. m. Transporte de efectos en una barca. || **2.** Precio que por él se paga. || **3.** Precio que se paga por pasar en la barca de un lugar a otro. || **P.** barcagem; **I.** boatage; **F.** batelage; **A.** Kahnfrachtbeförderung; **It.** barcheggio; **R.** плата за перевоз.

BARCAL. (De *barca*.) adj. V. *Madero*, *tabla* BARCAL. Ú.t.c.s. || **2.** m. Artesa de una pieza, en la que al medir el vino se colocan las vasijas para recoger el que se derrame. || **3.** Cajón chato con abrazaderas de hierro que se emplea en las minas de Huelva.

BARCAROLA. (ital. *barcarola*, de *barcarolo*, barquerillo.) f. Canción popular de Italia y especialmente de los gondoleros de Venecia. || **2.** Canto de los marineros que imita el ritmo del movimiento de los remos. || **P.** e **It.** barcarola; **I.** y **F.** barcarolle; **A.** Barkarole; **R.** баркарола.

BARCAZA. (aum. de *barca*.) f. Lanchón para transportar carga de los buques a tierra o viceversa.

BARCELONA. n. p. V. *Conde de* Barcelona.

BARCELONÉS, SA. adj. Natural de Barcelona. Ú.t.c.s. || **2.** Perteneciente a esta ciudad.

BARCENO, NA. adj. Barcino.

BARCEO. m. Albardín. || **2.** Albardín seco de que, en el lugar de esteras, se sirve la gente pobre en varios lugares de Castilla la Vieja.

BARCIA. f. Desperdicio o ahechaduras que se sacan al limpiar el grano.

BARCINA. (De *barceo*.) f. And. y Méj. Herpil. || **2.** And. y Méj. Carga grande de paja.

BARCINADOR. m. And. El que barcina.

BARCINAR. (De *barcina*, 2.ª acep.) intr. And. Coger las gavillas de mies, echarlas en el carro y conducirlas a la era.

BARCINO, NA. (ár. *barší*, de color mixto de cetrino, o negro, y rojo, es decir, abigarrado, manchado.) adj. Se dice de los animales de pelo blanco y pardo, a veces rojizo. || **2.** Argent. Hombre político que cambia fácilmente de partido.

BARCO. (De *barca*.) m. Construcción de madera, de hierro u otra materia, dispuesta para flotar, que impulsada y dirigida por un artificio adecuado, puede transportar agua personas o cosas. || **2.** Barranco poco profundo. || **3.** Hond. Calabaza grande. || *Por viejo que sea el* BARCO, *pasa una vez el vado.* ref. que advierte que por inútil y quebrantado que esté cualquiera puede en ocasiones servir de algo. || **-de guerra.** Es el destinado a fines militares, con artillería, etc.|| **-de pasaje.** Los dedicados al transporte de viajeros como fin primordial, aunque tienen bodegas de mercancías. || **-de pesca.** El dedicado a las faenas propias de esta actividad. || **-petrolero.** Construidos exclusivamente para el transporte de petróleo, gasolina o gasoil. || **-de pozo.** El que tiene pozos que son espacios situados a proa y popa entre la superestructura del puente y cubiertas volantes. || **-de recreo.** Son los dedicados corrientemente al deporte náutico. || **P.** barco; **I.** ship, vessel; **F.** bateau, navire; **A.** Schiff; **It.** barco, nave, vescello; **R.** судно, корабль.

BARCOLONGO. (gall. y port. *barco longo*.) m. Embarcación antigua larga y estrecha, de dos palos y muy velera. || **2.** También han tenido este nombre otros buques de proa redonda con cubierta, un solo mástil y vela de popa o proa.

BARCOLUENGO. (De *barco* y *luengo*.) m. Barcolongo.

BARCÓN. (De *barca*.) m. Embarcación menor que se llevaba a remolque o sobre cubierta en los galeones y bajales grandes para servicios auxiliares, principalmente en tiempos de guerra. || **-mastelero.** El que, aparejado de mástil y de velas, servía para navegaciones costeras.

BARCOTE. m. aum. de barco.

BARCHILÓN, NA. (De *Barchilón*, apellido de un español caritativo que vivió en el Perú en el siglo XVI.) m. y f. Amér. Enfermero de hospital. || **2.** Bol. Curandero.

BARCHILLA. (ár. *barýila*, o *barýálla*, y éste del l. *particĕlla*, porción.) f. Medida de capacidad para áridos, usada en las provincias de Alicante, Castellón y Valencia.

BARDA. (germ. *bardi*, escudo.) f. Arnés o armadura de vaqueta o hierro, o de una y otro conjuntamente, con que antes se guarnecían el pecho, los costados y las ancas de los caballos para su defensa en la guerra. || **2.** Cubierta de sarmientos, paja o espinos, que se pone, asegurada con tierra o piedras, sobre las tapias de los corrales y demás para su resguardo. || **3.** Ar. Seto o vallado de espinos. || **4.** Mar. Nubarrón obscuro, alargado, y de mal aspecto, que sobresale pegado al horizonte. || **P.** barda; **I.** bard; **F.** barde; **A.** Pferdeharnisch; **It.** barda; **R.** сбруя.

BARDADO, DA. p.p. de bardar. || **2.** adj. Armado o defendido con la barba.

BARDAGUERA. f. Arbusto de la familia de las salicáceas, ramoso, de hojas lanceoladas y flores verdes. Los ramos muy delgados sirven para hacer canastillas y cestas. || **P.** bardagueira; **I.** willow; **F.** osier rouge; **A.** Korbweide; **It.** agnocasto.

BARDAJA. m. Bardaje.

BARDAJE. (ár. *bardaŷ*, mancebo, cautivo.) m. Sodomita paciente.

BARDAL. (De *barda*.) m. Barda. 2.ª y 4.ª aceps. || *Saltando* BARDALES. expr. fig. y fam. Huyendo sin reparar en obstáculos.

BARDANA. (Como el fr. *bardane*, de origen incierto.) f. Lampazo, 1.ª acep. || **P.** bardana; **I.** burdock; **F.** bardone; **A.** Klette; **It.** bardana; **R.** репейник.

BARDANZA (ANDAR DE) fr. fam. Andar de aquí para allí.

BARDAR. (De *barda*.) tr. Poner bardas a los vallados, paredes o tapias.

BARDIOTA. (gr. bizantino βαρδαριώτης.) adj. Se dice de ciertos soldados de la milicia bizantina encargados de guardar las personas del emperador o de los príncipes de su familia. Ú.t.c.s.

BARDIZA. (De *barda*.) f. Murc. Vallado de cañas con que se cerca una heredad.

BARDO. (l. *bardus*, y éste del célt. *bardǎ*, poeta.) m. Poeta de los antiguos celtas. || **2.** Por ext., poeta lírico de cualquier país. || **P.** e **It.** bardo; **I.** bard; **F.** barde; **A.** Barde; **R.** бард.

BARDOMA. f. Ar. Suciedad y lodo corrompido.

BARDOMERA. f. Murc. Broza que, de los montes y otros parajes, traen en las avenidas los ríos y arroyos.

* **BARDÓN.** m. Ecuad. Anillo por el que pasa el timón del arado.

BAREMO. (fr. *barême*, y éste del nombre del inventor, *B. F. Barrême*.) m. Cuaderno o tabla de cuentas ajustadas.

* **BAREQUEAR.** tr. Colom. Trabajar sin técnica en extraer oro de las minas.

* **BAREQUERO, RA.** m. y f. Colom. Persona que barequea. || **2.** m. Colom. Batea usada en el trabajo de barequear.

BARGUEÑO, ÑA. Natural de Bargas. Ú.t.c.s. || **2.** Perteneciente a esta población. || **3.** m. Mueble de madera con muchos cajoncitos y gavetas, adornado con labores de talla, al estilo de los que construían en Bargas, provincia de Toledo.

* **BARHIDRÓMETRO.** m. Fís. Aparato para apreciar la presión ejercida por el agua a distintas profundidades.

BARÍ. (ár. *bāri*, superior, excelente.) adj. En caló, excelente, 1.ª acep.

BARÍA. (Voz cubana.) f. Árbol de la isla de Cuba, berragináceo. La babaza de su corteza se emplea para clarificar el azúcar.

BARIA. (gr. βάρος, pesadez.) f. En el sistema cegesimal, unidad de presión equivalente a una dina por centímetro cuadrado.

* **BARIBAL.** m. Zool. Amér. Especie de oso negro. Vive en América del Norte y se alimenta de frutos y raíces, y a veces de ranas y tortugas.

* **BARIFONIA.** f. Med. Dificultad para la emisión de los sonidos.

BARIL. adj. En caló, barí.

* **BARIMBA.** f. Colom. Instrumento músico rústico, constituido por una vara larga y una cuerda.

* **BARIMETRÍA.** f. Fís. Tratado de la medida y peso de los cuerpos.

* **BARINÉS, SA.** adj. m. Venez. Viento fuerte, que sopla esporádicamente de NE a SO en el Estado de Bolívar.

BARIO. (De *barita*, por haberse extraído de este mineral.) m. Metal blanco amarillento dúctil y difícil de fundir. En contacto con el aire, y más aún en el agua, se oxida rápidamente. || **P.** bário; **I.** barium; **F.** baryum; **A.** Barium; **It.** bario; **R.** барий.

BARISFERA. (gr. βαρύς, pesado, y σφαῖρα, esfera.) f. Núcleo central del globo terrestre.

BARITA. (gr. βαρύς, pesado.) f. Óxido de bario, que en forma de polvo blanco se obtiene en los laboratorios. Combinado con ácido sulfúrico, se encuentra generalmente en la Naturaleza, formando la baritina. || **P.** bárita; **I.** baryta; **F.** baryte; **A.** Baryt, Baryterde; **It.** barite; **R.** барит.

BARITEL. m. Malacate, 1.ª acep.

BARITINA. f. Sulfato de barita que se usa para falsificar el albayalde. || **P.** e **It.** baritina; **I.** y **F.** barytine; **A.** Schwerspat; **R.** баритин.

BARÍTONO. (l. *barytǒnus*, y éste del gr. βαρύτονος; de βαρύς, grave; y τόνος, tensión.) m. Mús. Voz media entre la de tenor y bajo. || **2.** Mús. El que tiene esta voz. || **P.** barítono; **I.** barytone; **F.** baryton; **A.** Bariton; **It.** baritono; **R.** баритон.

* **BARJOLETA.** adj. fig. Méj. Tonto. Ú.t.c.s.com.

BARJULETA. (Tal vez del b. l. *bursa*, bolsa.) f. Bolsa grande de cuero o tela que llevan a la espalda los caminantes. || **P.** barjuleta; **I.** knapsack; **F.** bougette; **A.** Tornister; **It.** bisaccia; **R.** вещевой мешок.

BARLOA. f. Mar. Cable con que se sujetan los buques abarloados.

BARLOAR. (De *barloa*.) tr. Mar. Abarloar. Ú.t.c.intr. y c.r.

BARLOVENTEAR. (De *barlovento*.) intr. Mar. Ganar distancia contra el viento navegando de bolina. || **2.** fig. y fam. Andar de una parte a otra sin permanencia en ningún lugar. || **P.** barlaventear; **I.** to ply; **F.** louveyer, bouliner; **A.** luvieren; **It.** bordeggiare; **R.** лавировать.

BARLOVENTO. (fr. *par le vent*.) m. Mar. Parte de donde viene el viento, con respecto a un lugar determinado. || *Ganar el* BARLOVENTO. fr. Situarse dejando al enemigo o buque a sotavento y en disposición de poder arribar sobre él. || **2.** fig. Aventajar a otro en cualquier línea. || **P.** barlavento; **I.** windward; **F.** dessus du vent; **A.** Windseite, Luv, Luvseite; **It.** sopravvento; **R.** наветренная сторона.

BARNABITA. (l. *Barnăba*, Bernabé.) adj. Se dice de los clérigos regulares de la congregación de San Pablo, por haber dado principio a su ejercicio en la iglesia de San Bernabé de Milán. Ú.t.c.s.

BARNACLA. (irlandés *barnacle*, percebe.) m. Pato marino de Hibernia, que se creyó nacía de las conchas que se adhieren a los vegetales que crecen en la orilla del mar.

BARNIZ. (De *berniz*.) m. Disolución de una o más substancias resinosas en un líquido que al aire se volatiliza o se deseca. Con ella se da a las pinturas, maderas, etc., para preservarlas de la acción de la atmósfera y para que adquieran lustre. || **2.** Baño que da en crudo al barro, loza y porcelana y que se vitrifica con la cocción. || **3.** Baño con que se componen el rostro las mujeres. || **4.** IMPR. Compuesto de trementina y aceite cocido con el cual y polvos de humo o de pez se hace tinta para imprimir. || **—del Japón.** Alianto. || **—de pulimento.** El que de seco adquiere tanta dureza que puede pulimentarse como el mármol. || **P.** verniz; **I.** varnish; **F.** vernis; **A.** Firnis; **It.** vernice; **R.** лак.

* **BARNIZADA.** f. CHILE. Barnizado.

BARNIZADOR, RA. adj. Que barniza. Apl. a pers. ú.t.c.s.

BARNIZAR. tr. Dar un baño de barniz. || **P.** envernizar; **I.** to varnish; **F.** vernir; **A.** firnissen, lackieren; **It.** inverniciare; **R.** лакировать.

* **BAROESTESIA.** f. FISIOL. Sentido de la presión.

BARÓGRAFO. (gr. βαρύς, pesado, y γράφω, describir.) m. Barómetro registrador.

BAROMÉTRICO, CA. adj. Perteneciente o relativo al barómetro.

BARÓMETRO. (gr. βάρος, pesadez, y μέτον, medida.) m. Instrumento que sirve para determinar la presión atmosférica. || **—aneroide.** El que consiste en una cajita metálica perfectamente cerrada, en la que se ha hecho el vacío, de tapa convexa y de tanta flexibilidad que se deprime según las variaciones de la presión atmosférica. Los movimientos se transmiten a una aguja que da la indica en un limbo graduado por comparación con un barómetro de mercurio. || **—de mercurio.** El que indica en una escala la presión del aire por la altura de la columna de mercurio contenido en un tubo de vidrio cerrado y vacío por el extremo superior y en comunicación por el inferior con un depósito del mismo líquido. || **—de cubeta.** Fís. Se compone de un tubo de vidrio cerrado por un extremo y el otro sumergido en una cubeta con mercurio después de haberle llenado de este metal. El mercurio desciende en el tubo hasta que el peso del aire equilibra el de la columna de mercurio. Una escala graduada coincide con el nivel de mercurio de la cubeta. || **—metálico.** El que está formado por un trozo circular de un tubo metálico de paredes muy delgadas y lleno de aire comprimido. Las variaciones de la presión atmosférica hacen variar las curvas del tubo y estas variaciones se transmiten a una aguja como en el aneroide. || **P.** barómetro; **I.** barometer; **A.** Barometer; **F.** baromètre; **It.** barometro; **R.** барометр.

BARÓN. (germ. *baro*, hombre libre.) m. Título de dignidad de más o menos preeminencia, según los diferentes países. || **P.** barão, **I.** y **F.** baron; **A.** Baron, Freiherr; **It.** barone; **R.** барон.

BARONESA. f. Mujer del barón. || **2.** Mujer que goza una baronía. || **P.** baronesa; **I.** baroness; **F.** baronne; **A.** Baronin, Freifrau; **It.** baronessa; **R.** баронесса.

BARONÍA. f. Dignidad de barón. || **2.** Territorio sobre el que recae este título o en el que se ejercía jurisdicción el barón. || **P.** e **It.** baronia; **I.** barony; **F.** baronnie; **A.** Freiherrschaft, Baronie; **R.** баронство.

BAROTO. Barca muy pequeña que se usa en Filipinas sólo en aguas tranquilas.

Sirve de bote a los barcos menores de cabotaje.

* **BAROTROPISMO.** m. BIOL. Influencia ejercida por la gravedad en el desarrollo de los organismos y en la dirección y sentido del crecimiento.

BARQUEAR. tr. Atravesar en barco un río o lago. || **2.** intr. Utilizar botes o lanchas para pasar de un lugar a otro.

BARQUEO. m. Acción de barquear.

BARQUERO, RA. m. y f. Persona que lleva la barca. || **P.** barqueiro; **I.** boatman; **F.** batelier; **A.** Kahnführer; **It.** barcaiuolo; **R.** лодочник.

BARQUETA. f. d. de barca. || *Si no fuere, o es, en esta* BARQUETA, *irá, o será, en la que se fleta.* ref. que indica que lo que no se logra en una ocasión se puede lograr en otra.

BARQUETE. m. d. de barco.

BARQUÍA. f. Embarcación capaz, a lo sumo, de cuatro remos de banda.

BARQUICHUELO. m. d. de barco.

BARQUILLA. (d. de *barca*.) f. Molde prolongado a manera de barca, que sirve para hacer pasteles. || **2.** Cesto en que van los tripulantes de un globo o una aeronave. || **3.** MAR. Tablita en figura de sector de círculo, con una chapa de plomo en el arco para que se mantenga vertical en el agua, y en cuyo vértice se afirma el cordel de la corredera que mide lo que anda la nave. || **4.** P. RICO y REP. DOMIN. Barquillo en forma cónica, propio para contener o envolver helados. || **P.** barquilha; **I.** little boat; **F.** nacelle; **A.** Kahn; **It.** navicella; **R.** вафельница. || **3.ᵃ** acep.: **I.** logships; **F.** bateau de loch; **A.** Logscheit, Logbrett, Logschiff; **It.** caserna; **R.** вафля для лага.

° **BARQUILLERA.** f. Recipiente metálico en que lleva los barquillos el vendedor ambulante. Tiene forma cilíndrica y en la tapa lleva una rueda con ballestilla y unos números marcados en la circunferencia que indican, al hacer girar la rueda, los barquillos que tocan en cada tirada.

BARQUILLERO, RA. m. y f. Persona que vende o hace barquillos. || **2.** m. Molde de hierro para hacer barquillos. || **P.** barquilheiro; **I.** wafer-baker, waferiron; **F.** oublieur, gaufrier; **A.** Waffelverkäufer; **It.** cialdonaio, forme de cialdoni; **R.** вафельник.

BARQUILLO. (d. de *barco*.) m. d. de barco. || **2.** m. Hoja delgada de pasta hecha con harina sin levadura y con azúcar o miel, y que en moldes calientes en otros tiempos recibía la figura de barco y hoy la de canuto. || **P.** barquilho; **I.** waffle, wafer cake; **F.** oublie, cornet, plaisir; **A.** Hohlhippe; **It.** cialdone; **R.** вафля трубочка.

BARQUÍN. (l. [*follis*] *vervēcinus*.) m. Fuelle grande que se usa en las ferrerías y fraguas.

BARQUINAZO. m. fam. Vaivén recio de un carruaje, y vuelco del mismo.

BARQUINERA. f. Barquín.

BARQUINO. m. Odre, 1.ᵃ acep.

BARRA. (Quizá del m. or. que *vara*.) f. Pieza de metal o de otra materia, de forma generalmente prismática o cilíndrica y mucho más larga que gruesa. || **2.** Palanca de hierro que sirve para levantar o mover cosas de gran peso. || **3.** Rollo de oro, plata u otro metal sin labrar. || **4.** Pieza prolongada de hierro, de diferentes figuras y pesos, con la cual se juega, tirándola desde un sitio determinado. Gana el que la arroja a mayor distancia cuando aquélla cae de punta. || **5.** Pieza de hierro para barretear. || **6.** Barandilla, que en la sala del tribunal, corporación o asamblea celebra sus sesiones, separa el lugar destinado al público. || **7.** En la mesa de trucos, hierro en forma de arco, distante de la barandilla unos 8 cm. || **8.** Banco o bajo de arena que se forma en algunos ríos y algunos mares y que dificulta la navegación. || **9.** Defecto de algunos paños. || **10.** BLAS. Pieza honorable que representa el tahalí de la espada del caballero y ocupa diagonalmente el tercio central del escudo. Por ext. vulg. otras listas o bastones verticales. || **11.** MAR. La de hierro con grilletes en que se aseguran los presos a bordo. || **12.** MIN. AMÉR. Cada una de las acciones o participaciones en que se

divide una empresa para el laboreo d∼ una mina. || **13.** pl. En el juego de la argolla, el frente de ella señalado con unas rayas atravesadas en forma de barras. || **14.** Arcos de madera de que se sirven los albarderos para formar sobre ellos las albardas y darles hueco. || **15.** Dos listones de madera delgados con agujeros que entran en los dos lados del bastidor de bordar y que por medio de clavijas lo tienen tirante. || **16.** CUBA. Cada una de las dos piezas de madera a manera de timón que se coloca para asegurar la silla del caballo. || **17.** CHILE. Juego del marro. || **18.** AMÉR. Prisión a modo de cepo. || **19.** ECUAD. Público que presencia las sesiones de un tribunal. || **20.** R. DE LA PLATA. Grupo de amigos. || **—de bastardía.** BLAS. Pieza honorable disminuida que a diferencia de la barra se coloca como la banda, de derecha a izquierda. Sobre cualquier escudo familiar sirve para distinguir la rama bastarda del apellido de la legítima. || **—fija.** La sujeta horizontalmente a la altura conveniente para hacer ciertos ejercicios gimnásticos. || *Estar uno en* BARRAS. fr. En el juego de la argolla hallarse próximo a embocar la bola por el aro. || **2.** fig. y fam. Tener su pretensión, negocio o dependencia en buen estado. || *Estirar uno la* BARRA. fr. fig. y fam. Hacer todo el esfuerzo posible para conseguir una cosa. || *Sin mirar, pararse, reparar, o tropezar en* BARRAS. expr. adv. fig. Sin reparo. || *Tirar uno a la* BARRA. fr. Ejercitar el juego que se ejecuta con la barra. || *Tirar la* BARRA. fr. fig. y fam. Vender las cosas al mayor precio que se puede. || **P.** barra; **I.** bar; **F.** barre; **A.** Stange; **It.** barra; **R.** брус, железная балка.

BARRABÁS. (Por alusión al judío indultado con preferencia a Jesús.) m. fig. y fam. Persona mala, traviesa. || **P.** malfetor; **I.** devil; **F.** espliègle; **A.** Bösewicht; **It.** barraba; **R.** злодей.

BARRABASADA. (De *barrabás*.) f. am. Travesura grave.

BARRACA. (ital. *barracca*, y éste del célt. *barr*, palo, tabla.) f. Caseta construida toscamente. || **2.** Vivienda rústica, propia de las huertas de Valencia y Murcia, hecha con adobes y cubierta con cañas. || **3.** AMÉR. Edificio en que se depositan cueros, lanas y otros efectos destinados al tráfico. || **4.** ECUAD. Sitio que cada vendedor ocupa en las plazas del mercado. || **P.** barraca; **I.** barrack, cabin; **F.** baraque; **A.** Baracke; **It.** baracca; **R.** барак.

BARRACÓN. m. aum. de barraca.

BARRACHEL. (ant. fr. *barigel*, y éste del germ. *barigildus*, jefe.) m. ant. Jefe de los alguaciles.

BARRADO, DA. p.p. de barrar. || **2.** adj. Se dice del paño que tiene alguna lista que lo estropea. || **3.** BLAS. Se aplica a la pieza sobre la que se aplican barras. || 2.ᵃ acep.: **P.** barrado; **I.** corded, ribbed; **F.** barré; **A.** gestreift; **It.** rigato; **R.** полосатый.

BARRAGÁN. adj. ant. Esfórzado, valiente. || **2.** m. ant. Mozo soltero. Úsase en Salamanca. || **3.** MÉJ. Enaguas de jerga.

BARRAGÁN. (ár. *barrakăn*, chamelote basto y manto hecho de esta tela.) m. Tela de lana, impenetrable al agua. || **2.** Abrigo de esta tela para uso de los hombres.

BARRAGANA. (De *barragán*, 1.ᵉʳ art.) f. Manceba. || **2.** Concubina que vivía en casa de su amante. || **3.** ant. Mujer legítima, aunque en condición desigual y sin el goce de los derechos civiles.

BARRAGANADA. (De *barragán*, 1.ᵉʳ art.) f. ant. Barrumbada, travesura.

BARRAGANERÍA. (De *barragana*.) f. Amancebamiento.

BARRAGANETE. m. MAR. Última pieza alta de la cuaderna.

BARRAGANÍA. f. ant. Barraganería.

* **BARRAJAR.** tr. ARGENT. Derribar con fuerza una persona a otra. || **2.** intr. MÉJ. Salir presurosamente. Ú.t.c.r.

BARRAL. (Del m. or. que *barril*.) b. l. *barrăle*.) m. AR. Redoma grande y capaz de una arroba de agua y vino, poco más o menos.

* **BARRALES.** m. pl. CHILE. Costados de una carreta.

BARRANCA. f. Barranco.

B

BARRANCAL. m. Sitio donde hay muchos barrancos.

BARRANCO. (gr. φάραγξ, -αγγος, precipicio.) m. Despeñadero. || 2. Quiebra profunda que hacen en la tierra las corrientes de agua. || 3. fig. Dificultad en lo que se intenta. || 4. AMÉR. Talud, orilla de un precipicio. || *No hay* BARRANCO *sin atranco.* ref. que indica que en todas las empresas hay alguna dificultad. || *Salir uno del* BARRANCO. fr. fig. Desembarazarse de una grave dificultad. || P. barranco; I. gorge, ravine; F. fondrière, ravin; A. Schlucht; It. burrone; R. пропасть.

★ **BARRANCORRIO.** m. CUBA. Pájaro llamado también pedorrera.

BARRANCOSO, SA. adj. Que tiene muchos barrancos.

BARRANQUERA. f. Barranca. || 2. ARGENT. Charrúa, planta trepadora.

BARRAQUE. m. V. *A traque* BARRAQUE.

★ **BARRAQUEAR.** tr. REP. DOMIN. Infundir miedo.

BARRAQUERO, RA. adj. Relativo o perteneciente a la barraca. || 2. MURC. Constructor de barracas. || 3. m. y f. Dueño o administrador de una barraca, 3.ª acep. || 4. Persona que posee o administra una barraca.

★ **BARRAQUETE, TA.** m. y f. REP. DOMIN. Niño grueso.

BARRAQUILLO. m. Pieza pequeña de artillería reforzada y corta, que se usaba para campaña.

BARRAR. (De *barro*, 1.er art.) tr. Embarrar, 1.er art.

BARRAR. (De *barra*.) tr. ant. Barrear, 1.ª acep.

BARREAL. (De *barro*, 1.er art.) m. Barrizal.

BARREAR. (De *barra*.) tr. Cerrar con maderos cualquier sitio abierto. || 2. AR. Borrar lo escrito, tachando el renglón con una raya. || 3. intr. Resbalar la lanza por encima de la armadura del caballero acometido. || 4. VENEZ. Maniatar. || P. fechar com barras; I. to bar; F. bâcler, barrer; A. absperren, verrammeln; It. sbarrare; R. загораживать.

BARREARSE. (De *barro*, 1.er art.) r. EXTR. Revolcarse los jabalíes en los parajes donde hay barro.

BARREDA. (De *barra*.) f. Barrera, 1.er art., 1.ª y 3.ª aceps.

BARREDERO, RA. (De *barrer*.) adj. fig. Que lleva cuanto encuentra. || 2. m. Varal con unos trapos a su extremo con el que se barre el horno antes de poner el pan a cocer. || 3. CUBA. Cada uno de los palos horizontales colocados sobre los verticales para que descansen en ellos los cujes de tabaco.

BARREDOR, RA. adj. Se dice del que barre. Ú.t.c.r.

BARREDUELA. (De *barreda*.) d. AND. Plazoleta, en general sin salida.

BARREDURA. f. Acción de barrer. || 2. pl. Inmundicia o desperdicios que se juntan con la escoba cuando se barre. || 3. Residuos que suelen quedar como desecho de algunas cosas, especialmente de las sueltas y menudas. || 4. COLOM. Entre mineros, conjunto de operaciones practicadas para recoger el oro contenido en un lugar de aluvión. || P. varredura; I. sweeping; F. balayure; A. Auskehren; It. spazzatura; R. мусор.

★ **BARREJOBO.** m. fam. CUBA. Acción y efecto de desparpajar, quitar con valentía cuantos obstáculos se le ponen a uno por delante.

BARRENA. (l. *veruina*, infl. por *barra*.) f. Instrumento de acero, con una rosca en espiral en su punta y una manija en el extremo opuesto; sirve para agujerear un objeto duro. Otras hay sin manija que se usan con berbiquí. || 2. Barra de hierro con uno o más extremos cortantes, que sirve para agujerear peñascos, sondar terrenos, etc. || —*de mano.* La que tiene manija. || *Entrar en* BARRENA. fr. Empezar a descender un avión verticalmente y en giro por faltarle la velocidad mínima indispensable para sostenerse en el aire. || P. verruma; I. gimlet, drill; F. vrille, tarière; A. Bohrer; It. succhiello, trapano; R. сверло.

º **BARRENADO, DA.** adj. fig. Loco, demente.

BARRENAR. (De *barrena*.) tr. Abrir agujeros con barrena. || 2. fig. Desbaratar la pretensión de alguno. || 3. fig. Hablando de leyes, etc., traspasar. || 4. TAUROM. Hincar la puya en el estoque revolviéndolos a modo de barrena. || P. verrumar; I. to bore; F. forer; A. (durch)bohren; It. succhiellare, forare; R. сверлить.

BARRENDERO, RA. m. y f. Persona que tiene por oficio barrer. || P. varredor; I. sweeper; F. balayeur; A. Strassenkehrer; It. spazzatore; R. метельщик.

★ **BARRENEAR.** tr. CHILE. Barrenar.

BARRENERO. m. El que hace o vende barrenas. || 2. Operario que abre las barrenas en las minas, canteras, etc.

BARRENILLO. (d. de *barreno*.) m. Insecto que ataca a los árboles. || 2. Enfermedad que produce este insecto en los árboles. || 3. CUBA. Terquedad.

BARRENO. (De *barrena*.) m. Barrena, 1.ª acep. Generalmente se emplea para significar la de mayor tamaño. || 2. Agujero que se hace con la barrena. || 3. Agujero relleno de una materia explosiva, en una roca o en una obra de fábrica para hacerla volar. || 4. fig. Vanidad. || 5. fig. Manía. || 6. CHILE. Obstinación. || *Dar* BARRENO. fr. MAR. Agujerear una embarcación para que se vaya a fondo. || *Llevarle el* BARRENO *a uno*, fr. fig. y fam. MÉJ. Acomodarse a su gusto, aparentando aceptar sus opiniones. || P. verrumão; I. auger-hole; F. trou de mine; A. Loch; It. trivellone; R. буровая скважина.

BARREÑA. (De *barro*, 1.er art.) f. Barreño.

BARREÑO. (De *barro*, 1.er art., 1.ª acep.) m. Vasija de barro tosco, generalmente más estrecha por la base. || 2. GUAT. Baile semejante al zapateado. || P. alguidar; I. earthen tub; F. terrine; A. irdene Schüssel; It. catino; R. лохань.

BARRER. (l. *verrĕre*.) tr. Quitar del suelo con la escoba la basura, etc. || 2. fig. No dejar nada de lo que había en alguna parte. || 3. r. MÉJ. Dar una huida al caballo. || BARRER *hacia dentro.* loc. fig. Comportarse interesadamente. || P. varrer; I. to sweep; F. balayer; A. kehren; It. scopare, spazzare; R. подметать.

BARRERA. (De *barra*.) f. Especie de valla, generalmente de tablas, que se usa para atajar un camino o cerrar un sitio. || 2. Antepecho con que se cierra el redondel en las plazas de toros. || 3. fig. Delantera de dichas plazas, 2.ª acep. || 4. fig. Embarazo. || —*de golpe.* La que cerrándola en virtud de su misma fuerza de gravedad queda asegurada al dar el golpe sobre el quicio. || 2. La que en los pasos a nivel de los ferrocarriles funciona automáticamente, cerrándose al llegar los trenes. || *Salir uno a* BARRERA. fr. fig. Exponerse a la pública censura. || P. barreira; I. barrier; F. barrière; A. Barriere; It. barriera; R. барьер.

BARRERA. (De *barro*, 1.er art.) f. Sitio de donde se saca el barro. || 2. Montón de tierra que queda después de sacar el salitre. || 3. Escaparate para guardar barros. 1.er art., 3.ª acep.

BARRERO. (De *barro*, 1.er art.) m. Alfarero. || 2. Barrizal. || 3. Terreno salitroso de algunos parajes de la América del Sur, que lamen los ganados cuando comen pastos muy dulces. || 4. adj. R. DE LA PLATA. Se dice de la persona o del animal acostumbrados a andar entre barro.

★ **BARRESUELO.** m. REP. DOMIN. Conjunto de las hojas inferiores de la planta del tabaco.

BARRETA. f. d. de barra. || 2. Barra pequeña que usan los mineros, etc. || 3. Tira de cuero que suele ponerse en el interior del calzado para reforzar la costura. || 4. AND. Trozo de arropía hecha de cañamones o garbanzos tostados en lugar de harina. || 5. MÉJ. Pico o piqueta.

BARRETA. (l. *bĭrrus*, rojo.) f. ant. Gorra, 1.ª acep.

BARRETE. (l. *bĭrrus*, rojo.) m. ant. Barreta, 2.º art.

★ **BARRETEADO, DA.** p.p. de barretear. || 2. adj. P. RICO. Lorigado.

BARRETEAR. (De *barreta*, 1.er art.) tr. Asegurar alguna cosa con barras de metal o de madera, como se hace con los baúles, etc. || 2. AMÉR. Abrir zanjas con barra.

BARRETERO. m. MIN. El que trabaja con barra, cuña o pica.

BARRETINA. (De *barreta*, 2.º art.) f. Gorro catalán.

★ **BARRETÓN.** m. COLOM. Pico del minero.

BARRIADA. f. Barrio. || 2. Parte de un barrio.

BARRIAL. (De *barro*, 1.er art.) adj. ant. MÉJ. Se aplica a la tierra gredosa o arcilla.

BARRICA. (Del m. or. que *barril*.) f. Especie de tonel mediano que sirve para diferentes usos. || 2. CUBA. Por antonomasia, la de vino tinto francés que se diferencia poco de la bordelesa. || —*bordelesa.* Tonel de vino de cabida de 225 litros. || P. barrica; I. butt; F. barrique; A. Tonne; It. botte; R. бочка.

BARRICADA. (fr. *barricade*, o el ital. *barricata*, y éste del célt. *barr*, palo.) f. Parapeto que se hace con barricas o carruajes volcados, etc. Sirve para estorbar el paso al enemigo. || P. barricada; I. y F. barricade; A. Barrikade; It. barricata; R. баррикада.

★ **BARRIDA.** f. CHILE. Barreduras.

BARRIDO, DA. p.p. de barrer. || 2. m. Acción de barrer. || 3. Barreduras.

★ **BARRIDURA.** f. CHILE. Barredura.

BARRIGA. (Quizá de *barrica*.) f. Vientre, 1.ª acep. || 2. fig. Parte media abultada de una vasija. || 3. fig. Comba que hace una pared. || *Estar o hallarse con la* BARRIGA *en la boca.* fr. fig. y fam. Hallarse en días de parir. || P. barriga; I. belly; F. ventre; A. Bauch; It. pancia; R. живот.

BARRIGÓN, NA. adj. fam. Barrigudo. || 2. ant. Chicuelo. || 3. m. CUBA. Hijo de corta edad.

BARRIGUDO, DA. adj. Se dice del que tiene gran barriga. || P. barrigudo; I. big-bellied, pot-bellied; F. ventru; A. dickbäuchig; It. panciuto; R. пузатый.

BARRIGUERA. f. Correa que se pone en la barriga a las caballerías de tiro. || P. barrigueira; I. cinch; F. sous-ventrière; A. Bauchgurt; It. reggipancia; R. подпруга.

BARRIL. (b. l. *barrillus*, y éste de origen celta.) m. Vasija de madera de varios tamaños y hechuras que sirve para conservar y transportar licores y otros géneros. || 2. Vaso de barro de gran vientre y cuello angosto en que tiene la gente de campo agua para beber. || 3. CHILE. Nudo, de figura de un barrilito, que por adorno se hace en las riendas. || 4. ARGENT. Casco para líquidos equivalente a 97 litros. || —*bizcochero.* El que sirve para llevar el bizcocho en las embarcaciones. || P. barril; I. barrel; F. baril; A. Fass; It. barile; R. бочка.

BARRILA. (De *barril*.) f. SANT. Botija.

BARRILAJE. m. MÉJ. Barrilamen.

BARRILAMEN. m. Barrilería, 1.ª acep.

BARRILEJO. m. d. de barril.

BARRILERÍA. f. Conjunto de barriles. || 2. Taller donde se fabrican. || 3. Sitio donde se venden.

BARRILERO. m. El que hace o vende barriles. || P. taoneiro; I. barrel-maker; F. tonnelier; A. Böttcher; It. bottaio; R. бочар.

BARRILETE. (De *barril*.) m. d. de barril. || 2. Instrumento grueso de hierro y de la figura de un siete que usan los carpinteros y otros para asegurar sobre el banco los materiales que labran. || 3. En algunas provincias cometa, 2.ª acep. || 4. MAR. Especie de nudo en forma de barril que se hace en algunos cabos para que no pasen del sitio en que deben quedar firmes, o para que sirvan de apoyo a un mojel o cosa semejante. || 5. MÚS. La pieza cilíndrica del clarinete más inmediata a la boquilla. || 6. ZOOL. Cangrejo de mar, de carapacho trapezoidal y liso, común en las costas africanas y en las de Cádiz, de patas anteriores muy desiguales; la mayor es comestible y se le llama boca de la isla. || 7. MÉJ. Especie de salmón grande. || 8. MÉJ. Abogado que trabaja como ayudante de otro. || 9. BOL. Mujer coqueta. || P. barrilete; I. holdfast; F. barillet; A.

B

Klammer; **It.** bariletto; **R.** маленький бочонок.

BARRILLA. (d. de *barra*.) f. Planta quenopodiácea, con hojas blanquecinas y flores verduscas. Crece en terrenos salados, y sus cenizas sirven para obtener la sosa. || **2.** Estas mismas cenizas. || **3.** COLOM. Cobre nativo. || **4.** BOL. Polvo de mineral concentrado. || —**borde.** Planta de tallos tumbados y con hojas en espina. || —**de Alicante.** Planta de la misma familia que las anteriores, de hojas pequeñas y cilíndricas. Sus cenizas dan la barrilla mejor que se conoce y es muy cultivada en Alicante, Cartagena, etc.

BARRILLAR. m. Sitio poblado de barrilla. || **2.** Paraje donde se quema.

BARRILLERO, RA. Que contiene o puede producir barrilla.

BARRILLO. (d. de *barro*, 1.er art.) m. V. *Miel de* BARRILLOS.

BARRILLO. m. Barro, 2.º art., 1.ª acep.

BARRIO. (ár. *barrî*, exterior, propio de las afueras, arrabal.) m. Cada una de las partes en que se dividen los pueblos grandes o sus distritos. || **2.** Arrabal, 2.ª acep. || **3.** Grupo de casas o aldehuela dependiente de otra población. || *El otro* BARRIO. fig. y fam. La eternidad. || *Andar, o estar*, uno *de* BARRIO, *o vestido de* BARRIO. fr. fam. Andar de trapillo. || **P.** barrio; **I.** ward, quarter; **F.** quartier; **A.** Stadtviertel; **It.** quartiere, **R.** квартал.

BARRIOSO, SA. adj. ant. Barroso, 1.er art., 1.ª acep.

★ **BARRIOTERO, RA.** adj. CUBA. Se dice de la gente sin distinción.

BARRISCAR. (De *barrer*.) tr. AR. Dar o entregar a bulto y sin peso ni medida cosas vendibles.

BARRISCO, (A) (De *barriscar*.) m. adv. Sin distinción.

° **BARRISTA.** com. Artista de circo que trabaja en la barra fija.

BARRITO. (l. *barrîtus*.) m. ant. Berrido del elefante.

BARRIZAL. m. Sitio lleno de barro. || **P.** lodaçal; **I.** clay-pit, muddy place; **F.** bourbier; **A.** Lehmboden; **It.** terreno argilloso, fangoso; **R.** болото, топь.

BARRO. m. Masa que resulta de la unión de tierra y agua. || **2.** Lodo que se forma cuando llueve. || **3.** fig. Cosa despreciable. || **4.** ARGENT. fig. Enredo, lío. || —**de hierbas.** Búcaro adornado con relieves de la misma tierra, que representan e imitan hierbas. || *A arrastra* BARRO. m. adv. Se dice cuando se siembra sobre llovido, y el arado se embarra al cubrir la simiente. || BARRO *y cal encubren mucho mal.* ref. que indica que el barniz o afeite en muchas cosas oculta lo malo. || *Dar a uno* BARRO *a mano.* fr. fig. y fam. Darle dinero u otra cosa para que cumpla su deseo. || *No ser* BARRO *una cosa.* fr. fig. y fam. Tener valor, no ser despreciable. || *Tener* uno BARRO *a mano.* fr. fig. y fam. Contar con dinero o recursos en abundancia. || **P.** lodo; **I.** mud; **F.** boue; **A.** Lehm; **It.** fango; **R.** грязь.

BARRO. (l. *varus*, grano en la cara.) m. Cada uno de los granitos de color rojizo que salen al rostro, sobre todo a los que empieza a salirles la barba. || **2.** Cada uno de los tumorcillos que salen al ganado lanar o vacuno.

BARROCO, CA. (Quizá del m. or. que *barrueco*.) adj. Se dice del estilo de ornamentación caracterizado por la profusión de volutas y demás adornos en que predomina la línea curva. Por ext., se aplica también a las obras de pintura y escultura donde son excesivos el movimiento de las figuras y el partido de los paños; en el arte literario la obra en que predominan la pompa y el ornato. || **P.** barroco; **I.** baroque; **F.** baroque, rococó; **A.** barock; **It.** barocco; **R.** барокко.

BARROCHO. m. Birlocho.

BARRÓN. m. aum. de barro. || **2.** Planta perenne graminea, de tallos altos y derechos, flores en panoja amarilla y cilíndrica, con pelos cortos. Crece en los arenales marítimos, y sirve para consolidarlos.

BARROQUISMO. m. Tendencia a lo barroco.

BARROSO, SA. (De *barro*, 1.er art.) adj. Se dice del terreno en que el barro se forma fácilmente. || **2.** De color de ba-

rro, que tira a rojo. || **P.** barroso; **I.** muddy; **F.** fangeux; **A.** lehmig; **It.** fangoso; **R.** глинистый.

BARROSO, SA. (De *barro*, 2.º art.) adj. Se dice del rostro que tiene barros.

BARROTE. m. Barra gruesa. || **2.** Barra de hierro con que se aseguran por debajo las mesas. || **3.** Barra de hierro con que se afianza alguna cosa. || **4.** CARP. Palo que se pone atravesado sobre otros palos para reforzar.

BARRUECO. (l. *verrûca*, verruga.) m. Perla irregular. || **2.** Nódulo esferoidal que suele encontrarse en las rocas.

★ **BARRULLO.** m. ECUAD. Barullo, jaleo.

BARRUMBADA. f. fam. Dicho jactancioso. || **2.** fam. Gasto excesivo hecho por jactancia.

BARRUNTA. (De *barruntar*.) f. ant. Trascendencia.

BARRUNTADOR, RA. adj. Se dice del que barrunta.

BARRUNTAMIENTO. m. Barrunto, 1.ª acep.

BARRUNTAR. tr. Conjeturar o presentir por alguna señal o indicio. || **P.** barruntar; **I.** to foresee, to conjecture; **F.** soupçonner, conjecturer; **A.** ahnen, vorhersehen; **It.** congetturare, presentire; **R.** предвидеть.

BARRUNTE. (De *barruntar*.) m. Indicio, noticia. || **P.** indício; **I.** conjecture; **F.** indice; **A.** Ahnung; **It.** indizio, notizia; **R.** признак.

BARRUNTO. m. Acción de barruntar. || **2.** P. RICO. Mal tiempo, precursor de lluvia.

BARTOLA (A LA). m. adv. fam. Sin ningún cuidado. Se usa con los verbos *echarse, tenderse* y *tumbarse*.

BARTOLILLO. m. Pastel pequeño en forma triangular, relleno de crema o carne.

BARTOLINA. f. MÉJ. Calabozo estrecho e incómodo.

★ **BARTOLÓN.** m. HOND. Colmena de abejas negras.

★ **BARTULAR.** intr. CHILE. Bartulear.

BARTULEAR. (De *bártulos*.) intr. CHILE. Devanarse los sesos, cavilar.

BARTULEO. m. CHILE. Acción de bartulear.

BÁRTULOS. (De *Bártolo*, famoso jurisconsulto italiano del siglo XIV; y de ir muy pertrechados con sus libros los estudiantes, se aplicó a otros objetos.) m. pl. fig. Enseres que se manejan. || *Liar los* BÁRTULOS. fr. fig. y fam. Arreglarlo todo para una mudanza o viaje. || *Preparar los* BÁRTULOS. fr. fig. y fam. Disponer los medios para ejecutar alguna cosa. || **P.** objectos que se manejam; **I.** tools; **F.** affaires; **A.** Sachen; **It.** masserizie; **R.** вещи, пожитки.

BARUCA. (De *boruca*.) f. fam. Enredo que se emplea para impedir el efecto de alguna cosa.

★ **BARULLENTO, TA.** adj. fam. R. DE LA PLATA. Barullero. Ú.t.c.s.

BARULLERO, RA. adj. Enredador, que promueve barullo. Apl. a pers. ú.t.c.s.

BARULLO. (b. l. *brolium*, y éste del al. *bruhl*, maleza.) m. fam. Confusión, desorden. || **P.** barulho; **I.** confusion, disorder, tumult; **F.** tohu-bohu, confusion; **A.** Wirrwarr; **It.** confusione, desordine; **R.** путаница, беспорядок.

BARZA. (l. *virgĕa*, de varas.) f. AR. Zarza.

BARZAL. (De *barza*.) m. Terreno cubierto de zarzas y maleza.

BARZÓN. (l. *virgĕus*, de varas.) m. Paseo ocioso. Ú. en algunas partes de Andalucía y Extremadura en la fr. *Dar, echar o hacer* BARZONES. || **2.** AGR. Anillo de hierro, madera o cuero, por donde pasa el timón del arado en el yugo. || **P.** passeio; **I.** idle walk; **F.** flânerie; **A.** Bummel; **It.** girandolamento; **R.** прогулка.

BARZONEAR. (De *barzón*.) intr. Andar vago.

BASA. (De *basar*.) f. Base, 1.ª acep. || **2.** ARQ. Asiento sobre el que se pone la columna o estatua. || —**ática.** La formada por una escocia entre dos filetes y dos toros. Es la más usada y de ella se derivaron otras. || —**corintia.** La formada por dos escocias y uno o dos junquillos entre dos

toros. || —**toscana.** La formada por un filete y un toro. || **P., I., F.** e **It.** base; **A.** Säulenfuss; **R.** база.

BASA. f. AR. Balsa, 1.er art., 1.ª acep.

BASADA. (De *basa*, 1.er art.) f. Aparato armado en la grada debajo del buque, para botarlo al agua.

BASÁLTICO, CA. adj. Se dice de lo formado de basalto, o que participa de su naturaleza. || **P.** basáltico; **I.** basaltic; **F.** basaltique; **A.** basaltartig; **It.** basáltico; **R.** базальтовый.

BASALTO. (l. *basaltes*.) m. Roca volcánica, por lo común de color negro o verdoso, de grano fino, generalmente formada de feldespato y piroxena o augita, y a veces de estructura prismática. || **P.** e **It.** basalto; **I.** basalt; **F.** basalte; **A.** Basalt; **R.** базальт.

BASAMENTO. (De *basar*.) m. ARQ. Cualquier cuerpo que se pone debajo de la caña de la columna, y que comprende la base y el pedestal. || **P.** envasamento; **I.** basement; **F.** soubassement; **A.** Grundlage, Grundmauer; **It.** basamento; **R.** цоколь.

BASANITA. (l. *basanîtes*.) f. Basalto.

BASAR. (De *base*.) tr. Asentar algo sobre una base. || **2.** fig. Apoyar. Ú.t.c.r. **3.** Partir en las operaciones geodésicas, de una base previamente determinada, referirse constantemente a la misma base. Ú.t.c.r. || **P.** basear; **I.** to base, to found; **F.** fonder, appuyer; **A.** (be)gründen; **It.** basare, fondare; **R.** обосновывать.

BASÁRIDE. (l. *bassăris, -ĭdis*, y éste del gr. βασσαρίς, vulpeja.) f. Mamífero carnívoro de piel de color leonado, y en la cola ocho anillos negros. Vive en Méjico, en California y en otros parajes de América, y habita en las oquedades de las tapias y paredes. Los indios la ponen en los techos desecadas como trofeos.

BASCA. (Quizá del vasc. *basca*, que tiene la misma significación.) f. Ansia, desazón que se siente al desear vomitar. Ú.m. en pl. || **2.** Por ext., en algunas partes, desazón que siente un animal rabioso durante los ataques y le impele a morder. || **3.** fig. y fam. Arrechucho e ímpetu colérico en una acción o asunto. || **P.** vasca; **I.** squeamishness; **F.** nausée; **A.** Übelkeit; **It.** schifo, nausea; **R.** тошнота, отвращение.

BASCAR. (De *basca*.) intr. ant. Basquear.

BASCO. m. ant. Basca, 1.ª acep.

BASCOSIDAD. (De *bascoso*.) f. Inmundicia. || **2.** ECUAD. Palabra malsonante. || **P.** imundície; **I.** nastiness; **F.** immondice; **A.** Ekelhaftigkeit; **It.** sucidume; **R.** отбросы, мусор.

BASCOSO, SA. adj. Que padece bascas. || **2.** COLOM. y VENEZ. Asqueroso. || **3.** ECUAD. Indecente, mal hablado.

BÁSCULA. (fr. *bascule*, del ant. *bacule*, *bacul*, y éste del l. *batte-cûlum*.) f. Aparato para medir pesos, que se colocan sobre un tablero y se equilibran con el pilón de un brazo donde está la escala correspondiente. || **2.** FORT. Máquina para alzar el puente levadizo. || **P.** báscula; **I.** platform scale; **F.** bascule, balance; **A.** (Waage) vorrichtung; **It.** bascula, stadera; **R.** десятичные весы.

BASCUÑANA. f. Trigo de aristas azuladas y negras, buen grano y excelente paja.

BASE. (l. *basis*, y éste del gr. βάσις.) f. Fundamento o apoyo principal en que estriba o descansa alguna cosa. || **2.** ARIT. Cantidad fija y distinta de la unidad, que ha de elevarse a una potencia dada. || **3.** GEOM. Línea o superficie en que se supone que insiste una figura. En algunas como en el trapecio, etc., se llama también la base a la línea o superficie paralela a aquélla. || **4.** QUÍM. Cada uno de los cuerpos de procedencia orgánica o inorgánica que tienen la propiedad de combinarse con los ácidos para formar sales. || **5.** TOPOGR. Recta que se mide sobre el terreno y de la cual se parte en las operaciones geodésicas y topográficas. || —**aérea.** MIL. Aeropuerto militar. || —**de operaciones.** MIL. Lugar donde se prepara un ejército de guerra. || —**naval.** Puerto o lugar de la costa en que las fuerzas navales se preparan o concentran. || —**orgánica.** QUÍM.

B Se da este nombre a cualquiera de los compuestos de carbono que al combinarse con los ácidos da productos semejantes a las sales metálicas. || P., I., F. e It. base; A. Basis; R. базис, основание.

BASELÁCEO, A. (De *basella*, nombre de un género de plantas.) adj. BOT. Se dice de las plantas angiospermas dicotiledóneas, propias de los países tropicales, de tubérculos en general comestibles. Ú.t.c.s.f. || 2. f. pl. BOT. Familia de estas plantas.

★ **BASICIDAD.** (De *básico*.) f. QUÍM. Estado básico de un cuerpo. || 2. QUÍM. Propiedad de ser base.

BÁSICO, CA. adj. Perteneciente a las bases sobre las que se sustenta una cosa. || 2. QUÍM. Se dice de la sal en que predomina la base.

BASILAR. adj. Se dice de lo perteneciente o relativo a la base.

BASILEA. f. GERM. Horca, 1.ª acep.

BASILEENSE. adj. Basiliense. Apl. a pers. ú.t.c.s.

BASILENSE. adj. Basiliense. Apl. a pers. ú.t.c.s.

BASÍLICA. (l. *basilíca*, y éste del gr. βασιλική, regia.) adj. ZOOL. V. *Vena* BASÍLICA. Ú.t.c.s. || 2. f. Palacio o casa real. || 3. Edificio público que servía a los romanos de tribunal y de lugar de reunión y contratación. || 4. Cada una de las trece iglesias de Roma, siete mayores y seis menores, y que por ser primeras en la cristiandad gozan de privilegios especiales. || 5. Iglesia notable que goza de ciertos privilegios por imitación de las basílicas romanas. || —**mayor.** Cada una de las siete de Roma que son estaciones para ganar el jubileo y tienen título cardenalicio con un prelado por vicario. || —**menor.** Cada una de las seis de Roma que gozan menores privilegios. || 3.ª acep.: P. basilica; I. basilica; F. basilique; A. Basilika; It. basilica; R. базилика.

BASILICAL. adj. Perteneciente o relativo a la basílica.

BASÍLICAS. f. pl. Colección de leyes formadas por orden del emperador bizantino Basilio el Macedonio y de su hijo León.

BASILICÓN. (l. *basilicon*, y éste del gr. βασιλικόν, real, regio.) adj. V. *Ungüento* BASILICÓN. Ú.t.c.s.

BASILIENSE. adj. Natural de Basilea. Ú.t.c.s. || 2. Perteneciente a esta ciudad de Suiza.

BASILIO, LIA. adj. Se dice del monje que sigue la regla de San Basilio. Ú.t.c.s.

BASILISCO. (l. *basiliscus*, y éste del gr. βασιλίσκος, reyezuelo.) m. Animal fabuloso al que se le atribuía la propiedad de matar con la vista. || 2. Pieza antigua de artillería de gran calibre y mucha longitud. || 3. ECUAD. Reptil de color verde muy hermoso y del tamaño de una iguana pequeña. || *Estar uno hecho un* BASILISCO. fr. fig. y fam. Estar muy airado. || P. e It. basilisco; I. basilisk; F. basilic; A. Basilisk; R. василиск.

★ **BASILISIS.** f. OBST. Aplastamiento de la base del cráneo del feto, para facilitar el parto.

BASIS. (l. *basis*.) amb. ant. Base o fundamento.

BASNA. f. SANT. Especie de narria, 1.ª acep.

BASO, SA. (l. *bassus*, gordo, bajo.) adj. ant. Bajo.

BASQUEAR. intr. Tener o padecer bascas. || 2. tr. Producir bascas.

BASQUILLA. (d. de *basca*.) f. Enfermedad del ganado lanar por abundancia de sangre.

BASQUIÑA. (De *vasco*.) f. Saya negra que usan las mujeres sobre la ropa interior para salir a la calle. || P. vasquiña; I. upper-skirt; F. basquine; A. Frauen-(Oberkleid); It. gonnella; R. юбка.

BASTA. (De *bastar*, 2.º art.) f. Hilván. || 2. Cada una de las ataduras que suele tener el colchón. || P. basta; I. basting; F. bâti; A. Heftnaht; R. наметка.

BASTADAMENTE. adv. ant. Bastantemente.

BASTAJE. (cat. *bastax*, y éste del gr. βάσταξ -ακος, mozo de cuerda.) m. Ganapán.

BASTAMENTE. adv. Groseramente.

BASTANTE. (De *bastar*, 1.er art.) p.a. de bastar. Que basta. || 2. adv. Ni mucho ni poco, ni más ni menos de lo regular. || 3. No poco. || P. e It. bastante; I. enough; F. suffisant, assez; A. genügend; R. достаточный.

BASTANTEAR. (De *bastante*.) intr. FOR. Afirmar un abogado, por escrito y bajo su responsabilidad, que un instrumento público, en donde consta un contrato de mandato, es suficiente para dar valor legal a una o más actuaciones del mandatario. Ú.t.c.tr. || 2. Por ext. Declarar persona competente que un poder u otro documento es bastante para el fin con que ha sido otorgado. Ú.t.c.tr.

BASTANTEMENTE. adv. Suficientemente.

BASTANTEO. m. Acción de bastantear. || 2. Documento con que se hace constar.

BASTANTERO. (De *bastantear*.) m. FOR. En la chancillería de Valladolid y otros tribunales, oficio para reconocer si los poderes presentados eran bastantes.

BASTAR. (De *bastir*.) intr. Ser suficiente. Ú.t.c.r. || ¡BASTA! interj. que sirve para poner término a una acción o discurso. || P. bastar; I. to suffice; F. suffire, être suffisant; A. genügen; It. bastare; R. хватать.

BASTAR. (Del ant. alto al. *bestan*, coser.) tr. ant. Bastear. Ú. en Venezuela.

BASTARDA. (De *bastardo*.) f. Lima de grano muy fino que usan los cerrajeros para dar lustre a las piezas. || 2. Culebrina cuya longitud no alcanza a treinta veces el calibre o diámetro de la boca. || P. e It. bastarda; I. bastard file; F. bâtarde; A. Schlichtfeile; R. напильник.

BASTARDEAR. (De *bastardo*.) intr. Degenerar de su naturaleza. Se aplica a los brutos y a los animales. || 2. fig. Aplicado a las personas, apartarse en sus obras de lo que conviene a su origen. || 3. fig. Aplicado a cosas, apartarse en sus obras de lo que conviene a su pureza e institución primitivas. || 4. tr. Apartar una cosa de su pureza primitiva. || P. bastardear; I. to bastardize; to degenerate; F. abâtardir; A. abarten; It. imbastardire, degenerare; R. развращаться.

BASTARDELO. (d. de *bastardo*.) m. Minutario.

BASTARDERÍA. f. ant. Bastardía.

BASTARDÍA. f. Calidad de bastardo. || 2. fig. Dicho o hecho indigno. || P. bastardia; I. bastardy; F. bâtardie, bâtardise; A. Unehelichkeit; It. bastardiggine; R. незаконнорождённость.

BASTARDILLA. f. Instrumento músico.

BASTARDILLO, LLA. (d. de *bastardo*.) adj. V. *Letra* BASTARDILLA. Ú.t.c.s.m. y f.

BASTARDO, DA. (ant. fr. *bastard*.) adj. Se dice del que degenera de su origen. || 2. SAL. y GAL. Culebra grande. || 3. MAR. Especie de racamento. || 4. *A la* BASTARDA. m. adv. EQUIT. En silla bastarda.

BASTE. m. Basta, 1.ª acep.

BASTE. (Del m. or. que *bastar*, 1.er art.) m. Especie de almohadilla que lleva la silla de montar para comodidad de la caballería. || P. alinhavo; I. saddle-pad; F. bât; A. Sattelkissen; It. cuscinetto; R. подушка на седле.

BASTEAR. tr. Echar bastas. || P. acolchoar; I. to baste; F. bâtir, faufiler; A. heften; It. imbastire; R. наметывать.

BASTECEDOR, RA. (De *bastecer*.) adj. ant. Abastecedor. Usáb.t.c.s.

BASTECER. (De *bastir*.) tr. ant. Abastecer.

BASTECIMIENTO. (De *bastecer*.) m. ant. Abastecimiento.

BASTEDAD. f. Calidad de basto.

★ **BASTEDAD.** f. AMÉR. CENTRAL. Abundancia.

★ **BASTEREADO, DA.** URUG. Se dice de la bestia que tiene los bastos puestos. || 2. R. DE LA PLATA. Se dice de la bestia que tiene lastimado el lomo por los bastos o aparejos.

★ **BASTEREAR.** tr. URUG. Poner los bastos. || 2. r. URUG. Lastimarse con los bastos.

BASTERNA. (l. *basterna*.) m. Individuo de un pueblo antiguo sármata que ocupó el terreno de la actual Podolia y Ucrania. Ú.m. en pl. || 2. f. Carro de los antiguos basternas. || 3. Litera que usaban las damas romanas.

BASTERO. m. El que hace o vende las albardas.

BASTETANO, NA. (l. *bastetānus*.) adj. Natural de Bastetania. Ú.t.c.s. || 2. Perteneciente a esta región de la España Tarraconense.

BASTEZA. (De *basto*, 2.º art.) f. Tosquedad.

BASTIDA. (De *bastir*.) f. Máquina militar que se empleaba para batir murallas, castillos, etc. || P. bastida; I. battering-ram; F. bastide, bastille; A. Sturmbock; It. bastita; R. военная машина.

BASTIDOR. (De *bastir*.) m. Armazón sobre la que se colocan lienzos para pintar, para armar vidrieras, etc. || 2. Armazón sobre la que se extiende un lienzo o papel pintados sobre todo los que se ponen a los lados del escenario. || 3. Armazón metálica que soporta la caja de un vagón, etc. A veces se da este nombre al conjunto de dicha armazón con el motor y las ruedas. || 4. MAR. Hablando de la hélice, armazón en que se apoya su eje cuando no es fijo. || 5. CUBA. Colchón de tela metálica. || 6. COLOM. y CHILE. Celosía de ventana. || —**de ropa.** Los que en los teatros van inmediatamente detrás de la embocadura. || *Entre* BASTIDORES. loc. fam. Se dice de lo que se refiere a la organización interior de las representaciones y a los dichos particulares de los actores. || 2. Por ext. se dice de lo que se prepara reservadamente. || P. bastidor; I. embroidery-frame, frame-wing; F. châssis, coulisse; A. Bühnenwand, Kulisse; It. intelaitura, telaio, quinta; R. рама, станина.

BASTILLA. (d. de *basta*.) f. Doblez que se hace con puntadas a los extremos de la tela para que no se deshilache. || P. bainha alinhavada; I. hem; F. ourlet; A. Saum; It. orlo; R. складка.

★ **BASTILLEAR.** tr. CHILE. Bastillar.

BASTIMENTAR. tr. Proveer de bastimentos, 1.er art., 2.ª acep. || P. abastecer; I. to victual, to provision; F. approvisionner; A. verproviantieren; It. vettovagliare; R. снабжать.

★ **BASTIMENTERA.** f. VENEZ. Alforja.

BASTIMENTERO. (De *bastimentar*.) m. ant. Abastecedor.

BASTIMENTO. (De *bastir*.) m. Embarcación, 1.ª acep. || 2. Provisión para sustento de una ciudad, etc. || 3. En la Orden de Santiago, derecho de cobrar o pagar las primicias que constituían las encomiendas de este nombre. || 4. En la Orden de Santiago, primicias que en algunos territorios se constituía encomienda. || P. bastimento; I. supply of provisions; F. approvisionnement; A. Proviant; It. vettovagliamente; R. провиант.

BASTIMENTO. m. ant. Conjunto de colchas.

BASTIÓN. (ital. *bastione*, y éste del m. or. que *bastir*.) m. FORT. Baluarte, 1.er acep. || P. bastião; I. y F. bastion; A. Bollwerk, Bastei; It. bastione; R. бастион, оплот.

BASTIR. (germ. *bastjan*, construir.) tr. ant. Hacer, disponer alguna cosa.

BASTITANO, NA. (l. *bastitāni, -orum*.) adj. Natural de Baza. Ú.t.c.s. || 2. Perteneciente a esta ciudad.

BASTO. (De *bastir*.) m. Cierto género de albarda que llevan las caballerías de carga. || 2. As en el palo de tope llamado BASTOS. || 3. pl. Uno de los cuatro palos de la baraja española, en cuyos naipes está representado por una o varias figuras de leños a modo de clavas. || 4. ARGENT. Almohadas que forman el relleno. || 5. ECUAD. y MÉJ. Baste de silla de montar. || P. basto; I. pack-saddle; F. bastine; A. Sattelkissen; It. basto; R. вьючное седло.

BASTO, TA. (De *bastar*.) adj. Grosero, sin pulimento. || 2. fig. Se aplica a la persona tosca.

BASTÓN. (De *basto*, 1.er art.) m. Vara de una u otra materia que sirve para apoyarse al andar. || 2. Insignia de mando, de ordinario de caña de Indias. || 3. En el arte de la seda, palo redondo en que se envuelve toda la tela. || 4. SAL. Tallo o

B

brote tierno de barda o carrasco. || 5. Blas. Cada una de las listas que parten el escudo. || 6. Chile. Trozo de masa del que se toma lo necesario para formar un pan. || 7. Rep. Domin. Miedo. || —de San Francisco. Bot. Cuba. Planta labiada. *Del* BASTÓN. fr. Entre cosecheros de vino, moverlo con un palo para deshacer la coagulación. || *Empuñar* uno *el* BASTÓN. fr. fig. Conseguir el mando. || *Meter* uno *el* BASTÓN. fr. fig. Meterse por medio, o poner paz. || **P.** bastão; **I.** walking-stick, cane, truncheon; **F.** canne, bâton; **A.** Stock, Stab; **It.** bastone; **R.** трость, палка.

BASTONADA. f. Bastonazo.

BASTONAZO. m. Golpe dado con el bastón.

BASTONCILLO. (d. de *bastón.*) m. Bastón pequeño. || 2. Galón angosto con el que se guarnece. || 3. Zool. Prolongación de ciertas células de la retina de algunos vertebrados, que está situada en la llamada capa de los conos y bastoncillos y recibe las impresiones luminosas incoloras.

BASTONEAR. tr. Dar golpes con el bastón. || 2. intr. Sal. Comer bastones el ganado, 4.ª acep.

BASTONERA. f. Mueble para colocar en él los bastones. || 2. La que dirige ciertos bailes.

BASTONERO. m. El que hace o vende bastones. || 2. El que en ciertos bailes designa el lugar que han de ocupar las parejas y el orden en que han de bailar. || 3. Ayudante del alcaide de la cárcel. || 4. Chile. Maestro de ceremonias. || 5. Venez. Rufián.

BASURA. (l. *versūra*, de *verrĕre*, barrer.) f. Inmundicia, generalmente la recogida barriendo. || 2. Estiércol de las caballerías. || 3. Amér. Tabaco de la peor calidad. || 4. Cuba. Desperdicios del tabaco en rama. || **P.** varredura; **I.** sweepings, rubbish; **F.** balayure, ordure; **A.** Kehricht; **It.** spazzatura; **R.** мусор, отбросы.

BASURAL. m. Chile. Basurero, 2.ª acep.

★ **BASUREAR.** tr. vulg. R. de la Plata. Vencer, matar. || 2. R. de la Plata. Aplastar, apabullar.

BASURERO. m. El que lleva o saca la basura al campo o lugar destinado para echarla. || 2. Lugar donde se amontona la basura. || **P.** varredor; **I.** dustman, dunghill; **F.** boueur, veirie; **A.** Strassenreiniger; **It.** spazzaturaio, mondezzaio; **R.** мусорщик.

★ **BASURIENTO, TA.** adj. Chile y Colom. Lleno de basura.

★ **BASURILLA.** f. C. Rica. Mal de ojo, maleficio.

★ **BASURITA.** f. Cuba. Propina.

BATA. (ár. *batt*, vestido grosero a modo de alquicel.) f. Ropa talar con mangas, que usan los hombres para estar en casa con comodidad. || 2. Traje holgado que usan con el mismo fin las mujeres. || **P.** bata; **I.** morning-gown; **F.** robe de chambre; **A.** Hauskleid, Schlafrock; **It.** veste da camera; **R.** халат.

BATA. (Voz tagala.) adj. Filip. Niño o niña, 1.ª acep. || 2. m. Criado joven de raza indígena.

★ **BATA.** f. Chile. Tabla de madera que se usa para jugar a la pelota. || 2. Chile. Tabla con que se golpea la ropa para lavarla.

BATACAZO. (De *bacada*, por metátesis.) m. Golpe fuerte que da una persona al caer. || 2. Argent. Triunfo de un caballo que poseía pocas posibilidades para ganar. || 3. fig. Argent. Éxito inesperado.

BATAHOLA. (De *batayola*.) f. fam. Bulla, ruido grande. || **P.** bulha; **I.** hurlyburly, clamour, hubbub; **F.** vacarme; **A.** Lärm, Getöse; **It.** schiamazzo, chiasso; **R.** суматоха.

★ **BATAJOLA.** f. Colom. Brega, travesura.

★ **BATAJOLEAR.** intr. Colom. Bregar, travesear.

BATALLA. (fr. *bataille*, y éste del l. *battalia*, de *battŭĕre*, batir.) f. Lid, pelea de un ejército con otro. || 2. Acción bélica en que toman parte todas las principales armas de combate. || 3. Orden de batalla. || 4. Justa o torneo. || 5. Encaje de la nuez donde en la ballesta se pone el lance para

que al tiempo de dispararla dé la cuerda en él. || 6. Parte de la silla de montar en que descansa el cuerpo del jinete. || 7. Distancia de eje a eje en los carruajes de cuatro ruedas. || 8. fig. Inquietud de ánimo. || 9. Esgr. Pelea de los que juegan con espadas negras. || 10. Pint. Cuadro en que se representa alguna batalla. || —campal. Mil. La general y decisiva entre dos ejércitos completos. || 2. Mil. La que se da en campo raso. || —de batalla. loc. adjetival. Dícese de las prendas y objetos de uso ordinario para distinguirlos de los que se reservan para ciertas ocasiones y para ciertos días. || —de flores. Regocijo público en que los concurrentes se arrojan flores. *Dar la* BATALLA. fr. fig. Arrostrar las dificultades de un asunto. || *En* batalla. adv. Mil. Con el frente de la tropa extendido y con poco fondo. || *Perder la* batalla. fr. Mil. Ser vencido en ella. || *Presentar la* batalla. fr. Mil. Desplegar las tropas ante las del enemigo, provocándole. || **P.** batalha; **I.** battle; **F.** bataille; **A.** Schlacht; **It.** battaglia; **R.** сражение.

BATALLADOR, RA. adj. Que batalla. || 2. Renombre que se daba al que había dado muchas batallas. || **P.** batalhador; **I.** battler; **F.** batailleur; **A.** Kämpfer; **It.** battagliero, battagliatore; **R.** боевой, воин.

BATALLANTE. p.a. ant. de batallar. Que batalla.

BATALLAR. (De *batalla.*) intr. Pelear, reñir con armas. || 2. fig. Vacilar. || 3. Esgr. Contender una persona con otras, jugando con espadas negras.

BATALLAROSO, SA. (De *batallar.*) adj. ant. Guerrero, marcial.

★ **BATALLERO, RA.** m. y f. Méj. Bullebulle. Ú.t.c.adj.

BATALLOLA. (ital. *battagliola*, d. de *battaglia*, y éste del l. *battŭalia*, de *battŭĕre*, batir.) f. Mar. Batayola, 1.ª acep.

BATALLÓN. (De *batalla.*) m. Unidad compuesta de varias compañías de una misma arma, mandada por un jefe del ejército cuya categoría es inferior a la del coronel. || 2. Escuadrón de caballería en lo antiguo. || **P.** batalhão; **I.** battalion; **F.** bataillon; **A.** Schar, Bataillon; **It.** battaglione; **R.** батальон.

BATALLONA. (De *batallar.*) adj. fam. V. *Cuestión* BATALLONA.

BATALLOSO, SA. adj. ant. Perteneciente o relativo a las batallas.

BATÁN. (cat. *batán*, y éste der. del l. *battŭĕre*, batir.) m. Máquina, generalmente hidráulica, compuesta de gruesos mazos movidos por un eje para golpear, desengrasar y enfurtir los paños. || 2. Edificio en que funciona esta máquina. || 3. pl. Juego que se hace entre varias personas que se tienden pie con cabeza y levantando las piernas alternativamente, dan golpes con un zapato o con otra cosa al compás del son que les tocan. || 4. Chile. Entre el vulgo, tintorería. || 5. Perú. Piedra para moler el trigo. || 6. Colom. Ajetreo. || **P.** pisão para panos; **I.** fullingmill; **F.** foulon; **A.** Walkmühle; **It.** gualchiera; **R.** сукновальня.

BATANAR. (De *batán.*) tr. Abatanar.

BATANEAR. (De *batán.*) tr. fig. y fam. Dar golpes a alguno. || **P.** bater; **I.** to thrash, to beat; **F.** tanner, battre; **A.** prügeln; **It.** picchiare, bastonnare; **R.** поколотить.

BATANERO. m. El que cuida o trabaja en los batanes. || **P.** pisoeiro; **I.** fuller; **F.** foulon; **A.** Walkmüller; **It.** gualchieraio; **R.** сукновал.

BATANGA. f. Cada uno de los refuerzos de cañas de bambú de las embarcaciones filipinas, para que floten mejor.

BATAOLA. f. Batahola.

★ **BATARÁS, SA.** adj. R. de la Plata. Bataraz.

★ **BATARAZ, ZA.** adj. Argent. Aplícase al gallo o gallina cuyas plumas son de color plomizo y con cintas blancas.

BATATA. (De *patata.*) f. Planta vivaz convolvulácea, de flores grandes, y raíces como las de la patata. || 2. Cada uno de los tubérculos de las raíces de esta planta y comestibles. || 3. fig. y fam. R. de la Plata. Timidez. || 4. P. Rico y R. de la Plata. Papanatas, pusilánime. || **P.** batata

doce; **I.** sweet potato; **F.** e **It.** batate; **A.** Batate; **R.** батат.

★ **BATATAZO.** m. Chile y Perú. Suerte, cuando en las carreras gana el caballo que menos se esperaba. Ú.m. con el verbo *dar*. || 2. P. Rico y Perú. Batacazo, golpe.

★ **BATATERO, RA.** adj. Se dice de la persona que vende batatas. Ú.t.c.s. || 2. m. y f. P. Rico. Persona bobalicona.

★ **BATATILLA.** f. Bot. Amér. Planta convolvulácea y que en la raíz echa un bulbo gomoso que es vomitivo y purgante.

BATATÍN. m. d. de batata, 2.ª acep. || 2. And. Batata menuda.

★ **BATATO, TA.** adj. Colom. Que posee piel negruzca amoratada.

BATAVIA. n. p. V. *Caña, lágrima* de Batavia.

BÁTAVO, VA. (l. *batāvus*.) adj. Natural de Batavia. Ú.t.c.s. || 2. Perteneciente a este país de la Europa antigua.

BATAYOLA. (De *batallola*.) f. Mar. Barandilla fija o levadiza que se colocaba a los bordes del buque para sostener los empalletados. || 2. Mar. Caja cubierta con encerados que se construye sobre la regala de los buques y dentro de la cual se acomodan los coyes de la tripulación.

° **BATE.** m. Zapapico que se usa para introducir el balasto debajo de los carriles. || 2. Palo más grueso por el extremo libre que por la empuñadura con el que el jugador de béisbol rechaza la pelota en el aire.

★ **BATE.** m. Cuba. Buscavidas.

BATEA. (Voz caribe.) f. Bandeja o azafate de diferentes tamaños y hechuras de madera pintada. || 2. Barco pequeño de figura de cajón. || 3. Vagón descubierto con los bordes muy bajos. || 4. Perú. Artesa para lavar. || 5. Chile y Perú. Herrada, en su acep. de cubo de madera con aros de hierro. || 6. Perú. Artesa para lavar.

° **BATEADOR.** m. Jugador de béisbol que está a la espera de la pelota para rechazarla golpeándola en el aire con el bate.

BATEAR. (l. *baptidiāre*, bautizar.) tr. ant. Bautizar, 1.ª acep.

BATEHUELA. f. d. de batea.

★ **BATEÍTA.** adj. Amér. Central. Chismoso.

BATEL. (b. l. *batellus*, y éste del l. *patella*, especie de vaso o escudilla.) m. Bote, 3.er art. || 2. pl. Germ. Junta de rufianes.

BATELEJO. m. d. de batel, 1.ª acep.

BATELERO, RA. m. y f. Persona que gobierna el batel, 1.ª acep.

★ **BATELÓN.** m. Mar. Amér. Merid. Especie de canoa para descender los rápidos de los ríos.

BATEO. (De *batear.*) m. fam. Bautizo.

BATERÍA. (De *batir.*) f. Conjunto de piezas de artillería colocadas en un paraje para hacer fuego al enemigo. || 2. Unidad táctica del arma de artillería que se compone de cierto número de piezas y de los artilleros que las sirven. || 3. Obra de fortificación dispuesta a contener algún número de piezas de artillería reunidas y a cubierto. || 4. Conjunto de cañones de los buques mayores de guerra. || 5. Espacio en que están colocados dichos cañones. || 6. Acción y efecto de batir. || 7. Conjunto de instrumentos de percusión en una banda u orquesta. || 8. fig. En el teatro, fila de luces del proscenio. || 9. fig. Cosa que hace una gran impresión en el ánimo. || 10. fig. Multitud o repetición de empeños e importunaciones para que alguna persona haga lo que se le pide. || 11. Colom. Conjunto de pisones de un molino minero. || 12. Amér. Central. Molestia. || 13. Colom. Daño, perjuicio. || —de cocina. Conjunto de utensilios necesarios para la cocina, no se comprenden en ella las vasijas de barro. || —eléctrica. Fís. Acumulador de electricidad o conjunto de ellos. || **P.** bateria; **I.** battery; **F.** batterie; **A.** Batterie; **It.** batteria; **R.** батарея.

BATERO, RA. m. y f. Persona que tiene por oficio hacer batas.

BATEY. (Voz caribe.) m. Lugar ocupado por las casas de viviendas, calderas, barracones, etc., en los ingenios y demás fincas de campo de las Antillas. || 2. Ant. Plazoleta que hay frente a las casas de campo.

B * **BATIBOLEAR.** tr. Rep. Domin. Accionar, gestionar.

* **BATIBOLEO.** m. Méj. Bulla. || 2. Rep. Domin. Ajetreo.

BATIBORRILLO. m. Batiburrillo.

BATIBURRILLO. m. Baturrillo, mezcla de cosas que desdicen entre sí.

BATICABEZA. (De *batir* y *cabeza*.) m. Coleóptero de cuerpo prolongado, que por la disposición de su esternón puede dar saltos cuando cae de espaldas y colocarse en posición normal.

* **BATICIÓN.** f. Cuba. Acción de batir.

BATICOLA. (De *batir*, lucir, y de *cola*.) f. Correa sujeta al fuste trasero de la silla, con una especie de ojal donde entra el maslo de la cola. Evita que la montura corra hacia adelante. || 2. Perú. Ataharre. || 3. Amér. Taparrabo. || P. rabicho; I. crupper; F. trousse-queue; A. Schwanzriemen; It. posolino.

* **BATICOLEARSE.** r. Hond. Lucirse la cola de una caballería por el uso de la baticola. || 2. Venez. Pavonearse.

BATICOR. (De *batir*, y *cor*, corazón.) m. ant. Pena, dolor.

BATICULO. m. Mar. Cabo grueso que se da en ayuda de los viradores de los masteleros. || 2. Mar. Cangrejo pequeño que arman y orientan los faluchos y otras embarcaciones latinas.

BATIDA. f. En la montería, acción de batir el monte para que las reses que haya salgan a los puestos donde están esperando los cazadores. || 2. Acción de batir, 11.ª acep. || 3. Cuba. Golpe que tira el gallo a su contrario. || 4. Perú. Zurra, tunda.

BATIDERA. f. Instrumento semejante al azadón; se emplea para mezclar la cal con la arena y el agua para hacer argamasa. || 2. Instrumento pequeño con que se cortan los panales al catar las colmenas.

BATIDERO. (De *batir*.) m. Continuo golpear de una cosa con otra. || 2. Lugar donde se golpea o bate. || 3. Terreno desigual que hace difícil el paso de los carruajes. || 4. pl. Mar. Pedazos de tabla que forman un triángulo y se ponen en la parte inferior de la banda del tajamar, para que a las cabezadas que dé el buque no hagan las aguas mucha batería en ellas. || 5. Mar. Refuerzo de tela que se pone a las velas. || *Guardar los* BATIDEROS. fr. Ir con tiento por ellos. || 2. fig. y fam. Evitar todos los inconvenientes.

BATIDO, DA. p.p. de batir. || 2. adj. Se aplica a los tejidos de seda que por tener la urdimbre de un color y la trama de otro resultan con visos. || 3. Dícese del camino muy andado. || 4. Dícese del oro reducido a hojas muy delgadas para dorar. || 5. m. Masa de la cual se hacen hostias y bizcochos. || 6. Claras, yemas o huevos batidos. || 7. Guat. Especie de atole que se bate como el chocolate.

BATIDOR, RA. adj. Que bate. || 2. m. Instrumento para batir. || 3. Explorador que mira si el campo está libre de enemigos. || 4. Cada uno de los jinetes o personas reales que preceden al rey en las solemnidades. || 5. Cada uno de los soldados que preceden al regimiento. || 6. Peine claro, a veces en dos mitades, una más espesa que la otra. || 7. Mont. El que levanta la caza en las batidas. || 8. Chile. Palo que se emplea para hacer el batido. || 9. Hond. y Guat. Chocolatera. || 10. Germ. Argent. Denunciador. || —**de oro** o **de plata.** El que hace panes de oro o de plata para dorar o platear. || 3.ª acep.: P. batedor; I. scout; F. éclaireur; A. Pfadfinder; It. esploratore; R. разведчик.

BATIENTE. p.a. de batir. Que bate. || 2. m. Parte del cerco de las puertas y cosas semejantes que se detienen y baten cuando se cierran. || 3. Lugar donde el mar bate el pie de una costa. || 4. En los pianos y claves, listón de madera en el que baten los martinetes cuando se pulsan las teclas. || 5. Fort. Madero que se coloca para impedir que las ruedas de la cureña deterioren el parapeto. || 6. Mar. Cada uno de los cantos verticales de las portas de las baterías.

* **BATIFONDO.** m. Argent. Barahunda, alboroto.

BATIFULLA. (De *batir*, y el cat. *fulla*, hoja.) m. ant. Ar. Batihoja.

BATIHOJA. (De *batir* y *hoja*.) m. Batidor de oro o plata. || 2. Artífice que labra metales reduciéndolos a láminas.

* **BATIHOJERÍA.** f. Amér. Oficina de batihoja.

* **BATIJUELA.** f. Argent. Batehuela.

* **BATILONGO.** m. Cuba. Bata larga usada por las mujeres.

BATIMÁN. (fr. *battement*, de *battre*, y éste del l. *battŭĕre*, batir.) m. Danza. Movimiento que se hace alzando la pierna y llevándola rápidamente hacia la otra como para sacudirla.

BATIMENTO. m. Pint. Esbatimento.

BATIMETRÍA. (gr. βαθύς, profundo, y μετρία, medida.) f. Arte de medir las profundidades del mar y estudio de la distribución de las plantas y animales en sus diversas capas o zonas.

BATIMÉTRICO, CA. adj. Perteneciente a la batimetría.

BATIMIENTO. m. Acción de batir. || 2. Fís. Variación periódica de la oscilación al combinarse con otra de frecuencia diferente. || P. batedura; I. beating; F. battement; A. Schlagen; It. battimento; R. хлопанье.

BATÍN. m. Bata con haldillas que llega sólo un poco más abajo de la cintura.

BATINTÍN. m. Campana que llevan los chinos a bordo, sumamente sonora, que tocan con una bola cubierta de lana fija en un palillo.

BATIPORTAR. tr. Mar. Hacer que las bocas de las piezas de artillería se apoyen en el batiporte alto de las portas respectivas.

BATIPORTE. m. Mar. Canto alto de la porta de una batería. || P. batiporte; I. port-sillportcell; F. senillet; A. Stückpforten, Drempel; It. fogliecci.

BATIR. (l. *battŭĕre*.) tr. Golpear. || 2. Golpear para destruir, echar por tierra alguna pared, etc. || 3. Por ext., hablando de la tienda o toldo, desarmarlo. || 4. Hablando del aire, del Sol, del agua, dar en una parte sin estorbo. || 5. Mover con fuerza una cosa. || 6. Mover una cosa para que se condense. || 7. Martillar una pieza para reducirla a chapa. || 8. Peinar el pelo hacia arriba. || 9. Ajustar las resmas del papel. || 10. Derrotar al enemigo. || 11. Con voces significativas de terreno en despoblado, como campo, estrada, etc., recorrerlo para operaciones militares, para caza o para otros motivos. Se emplea generalmente como voz técnica de montería y milicia. || 12. Encuad. Golpear el volumen para disminuir su grosor. || 13. Ar. y Nav. Arrojar desde lo alto una cosa. || 14. Pelear. || 15. Chile. Aclarar la ropa. || 16. Germ. Argent. Denunciar. || 17. Argent. Declararse culpable. || batir; I. to beat; to strike; F. battre; A. schlagen, kneten; It. bàttere; R. бить, колотить.

BATISTA. (De *Baptiste*, Bautista, nombre del primer fabricante de esta tela, en Cambray.) f. Lienzo fino muy delgado. || 2. Cuba. Tejido estampado con el revés blanco. || P. baptista; I. y F. batiste; A. Batist; It. batista; R. батист.

BATISTERIO. m. ant. Baptisterio.

BATO. (gr. Βάττος, rey de Cirene, famoso por su tartamudez.) m. Hombre tonto y de pocos alcances. || 2. Zool. Amér. Ave zancuda. || P. homem tonto; I. rustic, simpleton; F. rustre; A. Dummkopf; It. sciocco; R. простоватый.

* **BATÓ.** m. Hond. Embarcación mayor que la canoa.

* **BATOCROMO.** m. Quím. Átomo que al formar parte de una molécula de un cuerpo coloreado obscurece el color de éste.

* **BATOFOBIA.** f. Med. Vértigo de las alturas.

BATOJAR. (l. *battŭcŭlāre*, de *battŭĕre*, batir.) tr. Varear, 1.ª acep.

BATOLOGÍA. (l. *battologia*, y éste del gr. βαττολογία, de βάττος, bate, y λέγω, decir.) f. Ret. Repetición de vocablos inmotivada. || P. batologia; I. battology; F. bathologie; A. unnütze, Wiederholung; It. battologia. R. баттология.

BATÓMETRO. (gr. βάθος, profundidad, y μέτρον, medida.) m. Fís. Apa-

rato que sirve para medir la profundidad del mar.

BATRACIO. (l. *batrachium*, y éste del gr. βατράχειος, propio de las ranas; de βάτραχος, rana.) adj. Zool. Se dice de los vertebrados de temperatura variable acuáticos y que respiran por branquias primero, y por pulmones después; en el estado embrionario carecen de amnios y alantoides. Ú.m.c.s. || 2. m. pl. Zool. Clase de estos animales.

BATUCAR. tr. ant. Batir, 5.ª acep. Ú.s.b.c.r.

BATUDA. (De *batudo*.) f. Serie de saltos que dan los gimnastas por el trampolín.

BATUDO, DA. p.p. ant. de batir.

BATUECAS. n. p. *Estar* uno *en las* Batuecas. fr. fig. y fam. Estar en Babia.

BATUECO. adj. Natural de las Batuecas. Ú.t.c.s. || 2. m. Ar. y Nav. Huevo huero.

* **BATUGUE.** m. Tambor de los indios del Chaco.

* **BATUQUE.** m. Amér. Baile y mezcla desordenada de hombres y mujeres. || 2. Amér. Barahúnda. Se dice en alusión a los bailes negros. || 3. Tambor de los indios del Chaco argentino.

BATUQUEAR. tr. Colom., Cuba, Guat. y Venez. Batucar. || 2. Guat. Reprender. || 3. intr. R. de la Plata. Alborotar.

BATURRADA. f. Acción y hecho propios de los baturros.

BATURRILLO. (De *batir*, *mezclar*, *revolver*.) m. Mezcla de cosas en desorden. Se usa hablando de guisados. || 2. fig. y fam. En la conversación o en los escritos, mezcla de especies inconexas y que no vienen al caso. || P. misturada; I. hodgepodge, potpourri, medley; F. macédoine, méli-melo; A. Mischmasch; It. miscuglio, piastriccio, guazzabuglio; R. мешанина, сумбур.

BATURRO, RRA. (De *bato*.) adj. Rústico aragonés. Ú.t.c.s. || 2. Perteneciente al baturro.

BATUTA. (ital. *battuta*, pulsación, p.p. de *battere*, y éste del l. *battŭĕre*, batir.) f. Bastón corto que emplea el director para marcar el compás en una orquesta. || *Llevar* uno *la* BATUTA. fr. fig. y fam. Dirigir un conjunto de personas, determinando lo que se ha de hacer. || P. batuta; I. baton; F. bâton; A. Taktstock; It. bachetta; R. дирижёрская палочка.

BAÚL. m. Cofre, 1.ª acep. || 2. fig. y fam. Vientre, 1.ª acep. || —**mundo.** El grande y de mucho fondo. || *Henchir o llenar*, el BAÚL. fr. fig. y fam. Comer mucho. || P. cofre, baú; I. trunk, chest; F. coffre, bahut; A. Koffer, Truhe; It. baule; R. сундук.

* **BAULE.** m. Chile. Baúl.

BAULERO. m. El que tiene por oficio hacer o vender baúles.

BAUPRÉS. (fr. *beaupré*, y éste del ingl. *bowsprit*; de *bow*, proa, y *sprit*, palo.) m. Mar. Palo que en la proa de los barcos sirve para asegurar los estayes del trinquete. || P. gurupés; I. bowsprit; F. beaupré; A. Bugspriet; It. bompresso; R. бугшприт.

BAURAC. (ár. *bawraq*, bórax, nitro.) m. desus. Bórax.

* **BAUSA.** f. Perú. Holgazanería.

BAUSÁN, NA. (Quizá del m. or. que *bauzador*.) m. y f. Figura de hombre rellena de paja, heno o algo semejante y vestida de armas. || 2. fig. Persona simple. || 3. Méj. Persona ruda. || 4. Perú. Persona holgazana.

* **BAUSANO, NA.** adj. El Salv. Holgazán.

* **BAUSADOR, RA.** adj. Perú. Holgazán.

BAUTISMAL. adj. Perteneciente al bautismo. || P., I. y F. baptismal: A. Tauf- (en comp.); It. battesimale; R. крестильный.

BAUTISMO. (De *baptismo*.) m. Primero de los sacramentos de la Iglesia con el que se da la gracia y el carácter cristiano. || —**de fuego.** Participación por vez primera en una batalla. || —**del aire.** Primer vuelo en avión. || —**de sangre.** El martirio en el que la sangre hace las veces de agua. || *Romper el* BAUTISMO *a* uno. fr.

B

fig. y fam. Romperle la crisma. || P. baptismo; I. baptism; F. baptême; A. Taufe; It. battèsimo; R. крещение.

BAUTISTA. (l. *baptista*, y éste del gr. βαπτιστής.) m. El que bautiza. || 2. *El* BAUTISTA. Por antonom. San Juan, el precursor de Cristo.

BAUTISTERIO. m. Baptisterio.

BAUTIZADO, DA. p.p. de bautizar. || 2. m. Bautizo, en el ref. *A boda ni a* BAUTIZO *no vayas sin ser llamado.*

BAUTIZANTE. p.a. de bautizar. Que bautiza.

BAUTIZAR. (De *baptizar*.) tr. Administrar el sacramento del bautismo. || 2. fig. Poner nombre a una cosa. || 3. fig. y fam. Dar a una persona o cosa un nombre distinto del suyo. || 4. fig. y fam. Hablando del vino, mezclarlo con agua. || 5. fig. y fest. Arrojar agua sobre otra persona. || P. baptizar; I. to baptise, to christen; F. baptiser; A. taufen; It. battezzare; R. крестить.

BAUTIZO. m. Acción de bautizar y fiesta con que ésta se solemniza. || P. baptism; I. baptism; F. baptême; A. Taufe; It. battezzimni; R. крестины.

º **BAUXITA.** f. MINERAL. Roca blanda compuesta de hidratos de alúmina, que sirve como primera materia en la fabricación del aluminio.

BAUYÚA. f. CUBA. Árbol de buena madera.

BAUZA. f. Madero sin labrar de 2 ó 3 m de longitud.

BAUZADO. m. SANT. Techumbre de una cabaña.

BAUZADOR, RA. (b. l. *bausiãtor*, de *bausia*, y éste del ant. alto al. *bôsa*, engaño.) adj. ant. Embaucador.

BAUZÓN. m. AST. y SAL. Bola de cristal pintada que sirve en los juegos infantiles.

* **BAVANITA.** URUG. Niña o muchacha de humilde condición.

BÁVARA. (De *bávaro*.) f. Coche antiguo, al modo de los llamados estufas.

BÁVARO, RA. (l. *bavãrus*.) adj. Natural de Baviera. Ú.t.c.s. || 2. Perteneciente a este país de Europa. || P. bávaro; I. Bavarian; F. bavarois; A. Bayer; It. bavarese; R. баварец.

* **BAVIERA.** f. CHILE. Cierta clase de cerveza.

* **BAXAMA.** f. BOT. Árbol de la India que da un contraveneno.

BAYA. (fr. *baje*, y éste del l. *baca*, baga.) f. Fruto de ciertas plantas que contienen semillas rodeadas de pulpa. || 2. Planta liliácea de raíz bulbosa. || 3. CHILE. Chicha de uva. || P. baga; I. berry; F. baie; A. Beere; It. bacca; R. ягода.

* **BAYABE.** m. CUBA. Cordel grueso. || *Dar* BAYABE. CHILE. Amarrar.

BAYADERA. (port. *bailadeira*, bailarina.) f. Bailarina y cantora india. || P. bailadora, indiana; I. bayadere; F. bayadère; A. Bajadere; It. baiadera; R. баядерка.

* **BAYAHONDA.** f. BOT. REP. DOMIN. Árbol leguminoso.

* **BAYAJÁ.** m. CUBA. Pañuelo de listas cruzadas.

BAYAL. (ár. *baªl*, tierra de secano, o planta que no se riega.) adj. V. *Lino* BAYAL.

BAYAL. m. Palanca formada de dos maderos unidos con una abrazadera de hierro. Sirve para volver las piedras de un lado u otro cuando van a picarlas.

BAYAMÉS, SA. Natural de Bayamo. Ú.t.c.s. || 2. Perteneciente a esta ciudad de Cuba.

BAYANO, NA. adj. Natural de Bayas. Ú.t.c.s. || 2. Perteneciente a esta ciudad de Italia.

BAYARTE. (fr. *baiart*.) m. Parihuela, 1.ª acep. Se emplea sobre todo en Aragón y Navarra.

BAYETA. (ital. *baietta*, y éste de *baio*, del l. *badius*, rojizo.) f. Tela de lana floja y poco tupida. || 2. pl. COLOM. Pañales. || *Arrastrar* BAYETAS. fr. Ir el que pretendía beca en un colegio a visitar al rector y hacer actos de opositor con bonete y hábitos de bayeta sueltos y arrastrando. || 2. fig. y fam. Cursar en una universidad. || 3. fig. y fam. Andar en pretensiones. || P. baeta; I. baize; F. bayette; A. (Boi) stoff; It. baietta; R. байка.

* **BAYETA.** adj. fig. COLOM. Se dice del hombre dejado, flojo. Ú.t.c.s.

* **BAYETILLA.** f. CHILE. Bayeta más fina que la ordinaria.

BAYETÓN. m. aum. de bayeta. || 2. Tela de lana con mucho pelo. || 3. COLOM. Poncho grande de lana.

BAYO, YA. (l. *badius*.) adj. De color blanco amarillento. Se aplica en general al pelo de los caballos. Ú.t.c.s. || 2. m. Mariposa del gusano de seda que ponen como cebo los pescadores de caña. || 3. CHILE. Especie de féretro para los pobres. || *Pescar de* BAYO. fr. Pescar empleando como cebo la mariposa del gusano de seda. || *Uno piensa el* BAYO *y otro el que le ensilla.* ref. que indica el diferente modo de pensar del que manda y del que obedece.

BAYOCO. (ital. *baiocco*.) m. Moneda de cobre que tuvo curso en Roma y en gran parte de Italia.

BAYOCO. m. MURC. Higo o breva que se ha perdido en el árbol sin madurar.

BAYÓN. m. Saco de estera que se usa en Filipinas para empaquetar ciertos artículos de comercio.

BAYONA. n. p. *Arda* BAYONA: expr. fig. y fam. que denota la poca importancia que se da de que se gaste mucho en una cosa.

BAYONENSE. adj. Bayonés. Apl. a pers. ú.t.c.s.

BAYONÉS, SA. adj. Natural de Bayona. Ú.t.c.s. || 2. Perteneciente a esta ciudad de Francia.

BAYONETA. (fr. *baïonnette*, y éste de *Bayona*.) f. Arma blanca que usan los soldados de infantería, complementaria del fusil. Actualmente se emplea el cuchillo bayoneta. || *A la* BAYONETA. m. adv. MIL. Sirviéndose de ella sin hacer fuego. || *Armar la* BAYONETA. fr. MIL. Asegurarla en la boca del fusil. || 2. MIL. Poner el fusil con la punta de la bayoneta al frente, apoyándolo en la mano izquierda y empuñándolo por la garganta con la derecha. || P. baioneta; I. bayonet; F. baïonnette; A. Bajonett; It. baionetta; R. штык.

BAYONETAZO. m. Golpe dado con la bayoneta. || 2. Herida causada con esta arma. || P. baionetazo; I. bayonet thrust; F. coup de baïonnette; A. Bajonettstich; It. baionettazo; R. удар штыком.

BAYOQUE. m. Bayoco, 1.ᵉʳ art.

BAYOSA. f. GERM. Espada, 1.ª acep.

* **BAYOYA.** f. ZOOL. Lagarto de color carmelita con pintas blancas que habita en la costa Norte de Cuba. || 2. P. RICO y REP. DOMIN. Bulla, desconcierto.

* **BAYOYAR.** intr. P. RICO. Armar bayoya, alboroto.

* **BAYOYERO, RA.** adj. P. RICO. Amigo de armar bayoyas.

* **BAYOYO, YA.** adj. CUBA. Abundante. || *Ponerse* BAYOYO. fr. CUBA. Montar en cólera.

BAYÚ. m. CUBA. Casa o sitio de reunión indecente.

BAYÚA. f. CUBA. Ayúa.

BAYUCA. f. fam. Taberna.

* **BAYUNCA.** f. AMÉR. CENTRAL. Taberna.

* **BAYUNCO, CA.** adj. GUAT. Rústico. Ú.t.c.s. || 2. GUAT. Se dice de los naturales de otros países centroamericanos.

* **BAYUNQUEAR.** intr. AMÉR. CENTRAL. Tontear.

* **BAYUSCO, CA.** adj. P. RICO. Furioso.

* **BAYUSERA.** f. CUBA. Mujer que frecuenta el bayú.

BAZA. (ár. *bazza*, ganancia conquistada en la disputa.) f. Número de cartas que en ciertos juegos de naipes recoge el que gana la mano. || *Asentar* uno *bien su* BAZA. fr. Levantar el que gana las cartas de cada jugada y ponerlas a su lado. || *Hacer* BAZA. fr. fig. y fam. Prosperar en un asunto o negocio. || *Meter* BAZA. fr. Intervenir en la conversación de otros. || *Meterse en* BAZAS. fr. fig. En el tresillo, procurar hacer BAZAS, el que no robó primero. || *No dejar meter* BAZA. fr. fig. Hablar de forma que no se deje hablar a los demás. || *Soltar la* BAZA. fr. En el juego de naipes, no ganar pudiéndola hacer. || P. vaza; I. trick; F. levée; A. Stich; It. bazza; R. взятка.

BAZAR. (persa *bāzār*, mercado con puertas y cubierto.) m. En el Oriente, lugar destinado al comercio. || 2. Mercado en que se venden materias a precio fijo. ||

P., F. e It. bazar; I. bazaar; A. Bazar; R. базар.

BAZO, ZA. (l. *badius*, rojizo.) adj. De color moreno amarillento. || 2. m. ZOOL. Víscera de los vertebrados intercalada en el trayecto de la circulación sanguínea, y en el que se producen substancias que destruyen los hematíes caducos. || P. baço; I. spleen, milt; F. rate; A. Milz; It. milza; R. селезёнка.

BAZOFIA. (ital. *bazzoffia*.) f. Mezcla de heces o sobras. || 2. fig. Cosa soez. || P. bazófia; I. offal; F. ratatouille; A. Überbleibsel; It. bazzoffia; R. объедки.

º **BAZUCA.** m. Arma portátil usada por la infantería contra los tanques o carros de combate o de asalto. Consiste en un tubo metálico con unas medidas aproximadas de metro y medio de longitud y siete centímetros de diámetro.

BAZUCAR. tr. Revolver una cosa moviendo el recipiente.

BAZUQUEAR. tr. Bazucar.

BAZUQUEO. m. Acción y efecto de bazuquear.

BE. f. Nombre de la letra *b.*

BE. Onomatopeya de la voz del carnero y de la oveja.

* **BE.** QUÍM. Símbolo del berilio.

BEACIENSE. adj. Baezano.

BEAMONTÉS, SA. adj. Antigua facción de Navarra, enemiga de los agramonteses. Apl. a pers. ú.t.c.s.

BEARNÉS, SA. adj. Se dice del natural de Bearnia. Ú.t.c.s. || 2. Perteneciente a esta provincia de Francia.

BEATA. (De *beato*.) f. Mujer que viste el hábito y sin pertenecer a ninguna comunidad vive con recogimiento. || 2. La que vive en clausura bajo ciertas reglas. || 3. La que sin nombre de la comunidad pide limosna o hace otros menesteres. || 4. fam. Mujer que frecuenta mucho los templos. || 4.ª acep.: P. e It. beata; I. devotee-woman; F. béate, béguine; A. Betschwester; R. набожная.

BEATERÍA. (De *beato*, 4.ª acep.) f. Acción de afectada virtud. || P. beatice; I. bigotry; F. bigoterie; A. Frömmlelei; It. bacchettoneria; R. ханжество.

BEATERIO. m. Casa en que viven las beatas formando comunidad.

BEATIFICACIÓN. f. Acción de beatificar. || P. beatificação; I. beatification; F. béatification; A. Seligsprechung; It. beatificazione; R. причисление к лику святых.

BEATÍFICAMENTE. adv. TEOL. Con visión beatífica.

BEATIFICANTE. p.a. de beatificar. Que beatifica.

BEATIFICAR. (l. *beatificãre*; de *beãtus*, beato, feliz, y *facère*, hacer.) tr. Hacer feliz a alguno. || 2. Hacer respetable una cosa. || 3. Declarar el Sumo Pontífice que algún siervo de Dios, cuyas virtudes han sido calificadas de heroicas, está en el cielo, y se le puede dar culto. || P. beatificar; I. to beatify; F. béatifier; A. seligsprechen; It. beatificare; R. осчастливить.

BEATÍFICO, CA. (l. *beatificus*.) adj. TEOL. Se dice de lo que hace bienaventurado a alguno. || P. beatífico; I. beatific; F. béatifique; A. beseligend; It. beatifico; R. блаженный.

BEATILLA. (fr. *bétille*.) f. Especie de lienzo delgado y ralo.

BEATÍSIMO. (sup. de *beato*.) adj. V. BEATÍSIMO *Padre.*

BEATITUD. (l. *beatitūdo*.) f. Bienaventuranza eterna. || 2. Tratamiento que se da al Sumo Pontífice. || P. e I. beatitud; F. béatitude; A. Seligkeit; It. beatitúdine; R. блаженство.

BEATO, TA. (l. *beãtus*.) adj. Feliz. || 2. Se dice del beatificado por el Sumo Pontífice. Ú.m.c.s. || 3. Que se ejercita en obras de virtud. Ú.t.c.s. || 4. fig. Que afecta virtud. Ú.t.c.s. || 5. m. El que lleva hábito religioso sin vivir en comunidad. || 6. m. Hombre que frecuenta mucho los templos. || P. e It. beato; I. blessed; F. béat; A. gottselig; R. блаженный.

BEATUCO, CA. adj. despect. de beato.

BEBDAR. (De *bebdo*.) tr. ant. Embeodar. Usáb.t.c.r.

BEBDEZ. (De *bebdo*.) f. ant. Beodez.

BEBDO, DA. adj. ant. Bébedo.

B

* BEBE, BA. s. fam. ARGENT. Nene, nena.

* BEBÉ. (fr. *bebé*, y éste del ingl. *baby*.) m. Nene, niño pequeño.

* BEBECINA. f. COLOM. Borrachera. || **2.** COLOM. Sed insaciable.

* BEBECO, CA. adj. COLOM. y CUBA. Albino. Apl. a pers. ú.t.c.s.

* BEBEDERA. f. COLOM. Acción de beber prolongada.

BEBEDERO, RA. adj. Se aplica al licor que es bueno de beber. || **2.** m. Vaso en el que se echa agua a las aves. || **3.** Paraje donde acuden a beber las aves. || **4.** Pico que para beber tienen algunas vasijas. || **5.** C. RICA y MÉJ. Abrevadero. || **6.** pl. Pedazos largos de tela que se ponen en los extremos de los vestidos para reforzarlos. || **7.** GUAT. y PERÚ. Lugar donde se expende licor. || P. bebedoiro; I. drinking trough; F. auget; A. Trinknapf; It. beverino; R. водопой.

BEBEDIZO, ZA. adj. Potable. || **2.** m. Bebida que se toma como medicina. || **3.** Bebida confeccionada con veneno. || **2.**ª acep.: P. poção medicinal; I. draught; F. potion; A. Arzneitrank; It. pozione; R. зелье.

BÉBEDO, DA. (l. *bibĭtus*.) adj. ant. Bebida, 2.ª acep. Ú. en Asturias.

BEBEDOR, RA. (l. *bibĭtor, -ōris*.) adj. Que bebe. || **2.** fig. Que abusa de las bebidas alcohólicas. Ú.t.c.s. || **3.** m. AR. Bebedero, 2.ª acep. || **4.** VENEZ. Lugar donde acuden a beber los animales. || P. bebedor; I. drinker, toper; F. buveur; A. Trinker, Säufer; It. bevitore, beone; R. пьяница.

* BEBELERA. f. COLOM. Bebecina.

* BEBENDURRIA. f. PERÚ. Borrachera.

BEBER. m. Acción de beber. || *Do entra* BEBER, *sale saber*. ref. que expresa que el exceso en beber vino embota el entendimiento.

BEBER. (l. *bibĕre*.) intr. Hacer que un líquido pase de la boca al estómago. Ú.t.c.tr. || **2.** fig. Hacer uso frecuente de las bebidas. || BEBER con blanco, *o en blanco*. fr. Tener blanco el belfo un caballo. || BEBER fresco. fig. Estar sin cuidado de lo que pueda ocurrir. || P. beber; I. to drink; F. boire; A. trinken; It. bere, bèvere; R. пить.

* BEBERAJE. f. R. DE LA PLATA. Bebecina.

* BEBEREGUA. f. MÉJ. Bebecina.

BEBERÍA. f. ant. Exceso de beber.

BEBERRÓN, NA. adj. fam. Que bebe mucho. Ú.t.c.s.

BEBESTIBLE. (De *beber*, 2.º art. a imitación de comestible.) adj. fam. Que se puede beber. Ú.t.c.s. || **2.** m. pl. ARGENT. y PERÚ. Bebidas.

BEBETURA. (l. *bibitūra*, p. f. de *bibĕre*, beber.) f. ant. Bebida, 1.ª y 2.ª aceps.

* BEBEZÓN. f. COLOM. y CUBA. Borrachera. || **2.** CUBA, COLOM., VENEZ. y GUAT. Bebecina. || **3.** CUBA. Bebida de licores espiritosos.

* BEBEZONA. f. COLOM., ECUAD. y PAN. Bebecina.

BEBIBLE. (De *beber*, 2.º art.) adj. fam. Se dice de los líquidos agradables al paladar. || P. bebível; I. drinkable; F. buvable; A. trinkbar; It. bevibile; R. пригодный для питья.

BEBIDA. f. Cualquier líquido que se bebe. || **2.** En sentido restricto, líquido compuesto, y más los alcohólicos. || **3.** AR. Tiempo que descansan los trabajadores, principalmente en el campo, y durante el cual beben un trago. || *Darse a la* BEBIDA. Adquirir el vicio de beber con demasiada frecuencia y en cantidades excesivas líquidos que contienen alcohol. || P. bebida; I. drink; F. boisson; A. Getränk; It. bevanda; R. питьё.

º BEBIDA. f. Vicio de beber con frecuencia y en gran medida.

BEBIDO, DA. p.a. de beber. || **2.** adj. Que ha bebido demasiado.

BEBIENDA. (l. *bibenda*, que se ha de beber.) f. Bebida, 2.ª acep.

BEBIENTE. p.a. ant. de beber. Que bebe.

BEBISTRAJO. (De *beber*, 2.º art., a imitación de comistrajo.) m. fam. Mezcla irregular de bebidas. || **2.** fam. Bebida desagradable.

* BEBÓN, NA. adj. P. RICO. Bebedor.

BEBORROTEAR. intr. fam. Beber a menudo y en pequeñas cantidades. || P. bebericar; I. to sip often; F. buvoter; A. nippen; It. zinzinare; R. попивать.

BECA. f. Insignia cruzada delante de pecho que traen los colegiales sobre el manto, del mismo o diferente color. Llévanla cruzada delante del pecho teniendo en general en la izquierda una rosca del mismo paño. || **2.** Embozo de capa. || **3.** Especie de seda o paño que colgada del cuello hasta cerca de los pies, empleaban los clérigos. || **4.** Plaza o prebenda de colegial. || **5.** fig. El mismo colegial. || **6.** fig. Estipendio que se concede a un estudiante. || P. beca; I. scarf, scholarship; F. écharpe, bourse; A. Stipendium; It. vitta, striscia, prebenda; R. стипендия.

BECACINA. f. Agachadiza. || **2.** f. ZOOL. AMÉR. Becasina.

BECADA. (célt. *bĕccus*, pico.) f. Chocha.

BECAFIGO. (De un inus. *becar*, picar, derivado del l. *bĕccus*, pico, y de *figo*.) m. Papafigo, 1.ª acep.

BECARDÓN. (fr. *becard*, der. de *bec*, pico.) m. AR. Agachadiza.

BECARIO, RIA. m. y f. Persona que disfruta de una beca para estudios. || **2.** Colegial o seminarista con beca, 6.ª acep.

* BECASINA. ZOOL. AMÉR. Chocha, becada.

* BECAZINA. f. ZOOL. AMÉR. Becasina.

BECERRA. (vasc. *beia*, vaca, y *cecorra*, ternera.) f. Vaca hasta que cumple los dos años. || **2.** GAL. Parte de una masa apelmazada que aparece dentro de algunos panes, bizcochos, etc., mal cocidos o con poca levadura. || P. bezerra; I. calf; F. génisse; A. Färse; It. vitella; R. тёлка.

BECERRADA. f. Lidia o corrida de becerros.

BECERRERO. m. Peón, casi siempre mozo, que cuida de los becerros.

BECERRIL. adj. Perteneciente al becerro.

BECERRILLA. f. d. de becerra, 1.ª acep. || BECERRILLA *mansa, a su madre y a la ajena mama* o *a todas vacas mama*. ref. que denota que el hombre apacible es siempre bien acogido.

BECERRILLO. m. d. de becerro. || **2.** Piel de becerro curtida.

BECERRO. (De *becerra*, 1.ª acep.) m. Toro hasta que cumple dos años o poco más. En el lenguaje taurino a veces se llama así a los novillos. || **2.** Piel de ternero o ternera curtida. || **—de las behetrías.** Libro en el que de orden del rey Alfonso XI y de su hijo el rey don Pedro, se escribieron las behetrías de las merindades de Castilla y sus derechos. || **2.**ª acep.: P. bezerro; I. calf; F. veau; A. Kalbsleder; It. vitello; R. молодой бычок.

* BECONGUILLA. f. BOT. AMÉR. Planta emética.

BECOQUÍN. m. Bicoquín.

BECOQUINO. m. Ceriflor.

BECQUERIANA. f. Bequeriana.

BECUADRADO. (De *becuadro*.) m. MÚS. Primera de las propiedades del canto llano o gregoriano. || *Cantar por* BECUADRADO. fr. MÚS. Girar dentro de los grados de la escala diatónica de *do*, principiando en el quinto grado.

BECUADRO. (De *be* y *cuadro*, por su forma de una *b* cuadrada.) m. MÚS. Signo con el que se expresa que las notas o nota a que se refiere deben sonar con su entonación natural. || P. bequadro; I. cuadrate; F. bécarre; A. Auflösungszeichen; It. bisquadro; R. бекар.

BEDEL. (prov. *bedel*, y éste del germ. *bidal*, alguacil.) m. En las universidades de enseñanza, empleado que cuida del orden y anuncia las horas de las clases. || P. bedel; I. beadle, warden; F. appariteur, bedeau; A. Pedell, Schuldiener; It. bidello; R. педель.

BEDELÍA. f. Empleo del bedel.

BEDELIO. (l. *bdellǐum*, y éste del gr. βδέλλιον.) m. Gomorresina de color amarillo, olor suave y sabor amargo. Entra en la composición de varias preparaciones farmacéuticas para uso externo. || P. bedélio; I. y F. bdellium; A. Gummiharz; It. bedellio.

BEDERRE. m. GERM. Verdugo, 5.ª acep.

* BEDOYA. adj. COLOM. Tonto, bobo.

BEDUINO, NA. (ár. *badawi*, el que vive en desierto o despoblado.) adj. Se dice de los árabes nómadas que viven en su país originario o viven esparcidos por Siria y norte de África. Ú.m.c.s. || **2.** m. fig. Hombre bárbaro y desaforado. || P. e It. beduino; I. Bedouin; F. bédouin; A. Beduine; R. бедуин.

BEDURO. (De *be* y *duro*.) m. MÚS. Becuadrado.

BEFA. (De *befar*.) f. Grosera expresión de desprecio. || P. mofa; I. jeer; F. dérision, moquerie; A. Verspottung; It. beffa; R. издевательство.

BEFABEMÍ. (De la letra *b*, y de las notas musicales *fa, mi*.) m. En la música antigua, indicación del tono que principia en el séptimo grado de la escala diatónica de *do* y se desarrolla según los preceptos del canto llano y del canto figurado.

BEFAR. (De la onomat. *bef*.) intr. Mover los caballos el befo, alargándolo para alcanzar la cadenilla del freno. || **2.** tr. Burlar. || **2.**ª acep.: P. mofar; I. to jeer; F. narguer; A. verspotten; It. beffare; R. двигать нижней губой.

BEFEDAD. f. Calidad de befo, 3.ª acep.

BEFO, FA. adj. Belfo, 1.ª acep. Ú.t.c.s. || **2.** De labios abultados y gruesos. Ú.t.c.s. || **3.** Zambo. Ú.t.c.s. || **4.** Especie de mico. || P. belfo; I. tick-lipped; F. lippu; A. dicklippig; It. labbrone; R. губастый.

BEFRE. m. ant. Bíbaro.

BEGARDO, DA. (b. l. *beggardus*, y éste del flam. *beggen*, pedir.) m. y f. Hereje de los siglos XIII y XIV, que profesaba doctrinas análogas a las de los iluminados.

BEGASTRENSE. adj. Se dice del natural de Begastro en la provincia de Murcia. Ú.t.c.s. || **2.** Perteneciente a esta ciudad episcopal.

BEGONIA. (De *Bégon*, botánico francés.) f. Planta perenne begoniácea de hojas grandes y acorazonadas, rojizas y con nervios muy salientes en el envés, sin corola y con el cáliz de color rosa. || P. begónia; I. e It. begonia; F. bégonia; A. Begonie; Schiefblatt; R. бегония.

BEGONIÁCEO, A. (De *begonia*, nombre de un género de plantas.) adj. BOT. Se dice de un género de plantas angiospermas que pertenecen exclusivamente al género de las begonias. Ú.t.c.s.f. || **2.** f. pl. BOT. Familia de estas plantas.

BEGUINA. (De Lambert le Bègue, fundador, en el siglo XII, del primer convento de estas religiosas.) f. Beata que forma parte de ciertas comunidades religiosas existentes en Bélgica.

BEGUINO, NA. (De *beguina*.) m. y f. Begardo, da.

BEHAÍSMO. (ár. *Bahá'Allán*, el esplendor de Dios, sobrenombre del fundador.) m. Cisma del babismo, fundado en Palestina en el siglo XIX por el persa Mirza Hosain Alí, que bajo la apariencia de una religión universal, es realmente un racionalismo antimusulmán e irreligioso.

BEHETRÍA. (De *benefactría*.) f. Antigua población cuyos vecinos ponían por señor a quien ellos quisieran. || **2.** fig. Confusión y desorden. || **—cerrada, de entre parientes** o **de linaje**. La que podía elegir por señor a quien quisiese con tal de que fuera de determinados linajes que tuviesen naturaleza en aquel lugar. || **—de mar a mar**. La que libremente podía elegir señor sin sujeción a linaje determinado.

º BÉISBOL. m. Juego entre dos equipos, en que los jugadores han de recorrer ciertos puestos o bases en combinación con el lanzamiento de una pelota desde el centro del circuito.

BEJARANO, NA. adj. Natural de Béjar. Ú.t.c.s. || **2.** Perteneciente a esta ciudad.

BEJERANO, NA. adj. Bejarano. Apl. a pers. ú.t.c.s.

* BEJIGÓN, NA. adj. CUBA. Gordo, hinchado.

BEJÍN. (l. *vissĭnus*, de *vissire*, ventosear.) m. BOT. Hongo de color blanco y cuerpo fructífero. Se desgarra cuando llega a la madurez y deja salir un polvo negro, que se emplea para restañar la sangre y para otros usos. || **2.** Persona que se enfada por poco motivo y más comúnmente que llora

B

mucho y se irrita. || **P.** espécie de cogumelo; **I.** puff-ball; **F.** vesse-de-loup; **A.** Bovist; **It.** vescia; **R.** дождевик (гриб).

BEJINA. (l. *faecina*, f. de *-īnus*, que tiene muchas heces.) f. ant. AND. Alpechín.

BEJINERO. (De *bejina*.) m. ant. AND. El que arrendaba la bejina para sacar el aceite. || **2.** ant. AND. Cualquiera que entendía en este aprovechamiento.

★ **BEJUCA.** f. ZOOL. COLOM. Culebra venenosa.

★ **BEJUCADA.** f. AMÉR. Bejucal.

BEJUCAL. m. Lugar donde se crían los bejucos. || **2.** AMÉR. Enredo que forman los bejucos.

BEJUCO. (Voz caribe.) m. Nombre de diversas plantas tropicales cuyos tallos se enrollan a otros vegetales. Se emplean para ligaduras dada su flexibilidad y también para bastones, etc. || **2.** BOT. ARGENT. Enredadera de la familia de las ranunculáceas. || **P.** cipó; **I.** rattan, liana; **F.** liane; **A.** Liane; **It.** liana; **R.** лиана.

BEJUQUEAR. (De *bejuco*.) tr. PERÚ. Apalear.

BEJUQUEDA. f. Bejucal. || **2.** PERÚ. Paliza, 1.ª acep.

★ **BEJUQUERA.** f. AMÉR. Bejucal.

★ **BEJUQUERO.** m. AMÉR. Bejucal.

BEJUQUILLO. (d. de *bejuco*.) m. Cadenita de oro fabricada en China y con la que se adornan el cuello las mujeres. || **2.** Ipecacuana.

BEL. m. FÍS. Nombre del belio en la nomenclatura internacional.

BEL, LA. (prov. o cat. *bell*, y éste del l. *bĕllus*, bello.) adj. ant. Bello.

BELCHO. m. BOT. Mata efedrácea, muy ramificada, que da frutos carnosos, en baya. Vive generalmente en los arenales.

BELDAD. (l. *bellĭtas, -ātis*, de *bĕllus*, bello.) f. Belleza sobre todo en la mujer. || **2.** Mujer notable por su belleza. || **P.** beldade; **I.** beauty; **F.** beauté; **A.** Schönheit; **It.** beltà, bellezza; **R.** красота.

BELDAR. (l. *vĕntĭlăre*.) tr. Aventar con el bieldo las mieses para separar del grano la paja.

BELDUQUE. (Del m. or. que *balduque*, por la procedencia de estos cuchillos.) m. COLOM. y MÉJ. Cuchillo grande de hoja puntiaguda.

BELEMNITA. (gr. βέλεμνον, flecha.) f. PALEONT. Fósil de figura cónica o de maza.

BELÉN. m. fig. Nacimiento, 7.ª acep. || **2.** fig. y fam. Sitio en el que hay confusión. || **3.** fig. y fam. La misma confusión. || **4.** fig. y fam. Negocio o lance ocasionado a contratiempos o disturbios. || **P.** *Estar*, o *estar bailando*, uno *en* BELÉN. fr. fig. y fam. Estar embobado.

BELEÑO. (l. *vĕnēnum*, veneno.) m. Planta solanácea, de hojas largas, anchas, flores a lo largo del tallo amarillas y rojas. Toda la planta, especialmente la raíz, es narcótica. || —**blanco.** Planta del mismo género que la anterior pero con hojas redondeadas y las flores amarillas por fuera y verdosas por dentro. || **P.** meimendro; **I.** henbane; **F.** jusquiame; **A.** Bilsenkraut; **It.** giusquiamo; **R.** белена.

BELÉRICO. m. Mirobálano.

★ **BELERMO.** m. ECUAD. Individuo caprichosamente vestido o bien monigote de mascaradas.

BELESA. (gót. *bĭlīsa*.) f. BOT. Planta vivaz plumbaginácea, de tallos rectos cubiertos de hojas alternas y coronados por flores purpúreas, en espiga.

BELEZ. m. Vasija, 1.ª acep. || **2.** Ajuar. || **3.** Alcarria. Tinaja para el vino o aceite. || **4.** GERM. Cosa de casa.

BELEZO. m. Belez, 2.ª acep.

BELFO, FA. adj. Se dice del que tiene más grueso el labio inferior como ocurre con los caballos. Apl. a pers. ú.t.c.s. || **2.** m. Cualquiera de los labios de los animales.

BELGA. (l. *belga*.) adj. Natural de Bélgica. Ú.t.c.s. || **2.** Perteneciente a esta nación de Europa. || **3.** m. Moneda imaginaria del valor de cinco francos, introducida en Bélgica en octubre de 1926.

BÉLGICO, CA. adj. Perteneciente a los belgas o a Bélgica.

BELHEZ. m. ant. Belez, 2.ª acep.

BÉLICO, CA. (l. *bellĭcus*, de *bellum*, guerra.) adj. Guerrero, 1.ª acep. || **P.** bélico; **I.** warlike, bellicose; **F.** guerrier; **A.** kriegerisch; **It.** bèllico, guerresco; **R.** военный.

○ **BELICISMO.** m. Tendencia a provocar o intervenir en conflictos armados.

○ **BELICISTA.** com. Partidario secuaz del belicismo.

★ **BELICOLOGÍA.** f. Ciencia de la guerra.

BELICOSIDAD. f. Calidad de belicoso.

BELICOSO, SA. (l. *bellicōsus*.) adj. Guerrero, marcial. || **2.** fig. Agresivo.

BELIDO, DA. adj. V. *Hierba* BELIDA.

BELIGERANCIA. f. Calidad de beligerante. || *Conceder*, o *dar* BELIGERANCIA a uno. fr. Atribuirle la importancia suficiente para contender con él. Ú. más con negación.

BELIGERANTE. (l. *belligĕrans, -antis*; de *bellum*, guerra, y *gĕrere*, sustentar.) adj. Se aplica a la nación que está en guerra. Ú.t.c.s. y más en pl. || **P.** beligerante; **I.** belligerent; **F.** belligérant; **A.** kriegführend; **It.** belligerante; **R.** воюющий.

BELÍGERO, RA. (l. *belliger, -ĕri*.) adj. poét. Dado a la guerra, belicoso. || **P.** belígero; **I.** bellicose; **F.** belliqueux; **A.** kriegerisch; **It.** belligero; **R.** воинственный.

★ **BELINÚN.** m. URUG. Papanatas.

BELIO. (Del nombre de *A. G. Bell*, inventor del teléfono.) m. FÍS. Unidad de medida cuya décima parte es el decibelio, más usado en la práctica.

BELÍSONO, NA. (l. *bellisŏnus*; de *bellum*, guerra, y *sonus*, sonido.) adj. De ruido bélico.

BELITRE. (fr. *bélître*, y éste del germ. *bettler*, mendigo.) adj. fam. Pícaro, ruin. Ú.t.c.s. || **2.** COLOM. Frágil. || **P.** biltre; **I.** scoundrel; **F.** bélître; **A.** Schurke, Lump; **It.** birbone, furfante; **R.** плут.

BELITRERO. m. GERM. Rufián que estafa a pícaros.

★ **BELIZ.** m. MÉJ. Maleta de mano.

★ **BELOMANCIA** o **BELOMANCÍA.** f. Sistema de adivinación usado en la antigüedad clásica.

BELORTA. f. Vilorta, 2.ª acep.

BELTRÁN. n. p. *Quien bien quiere a* BELTRÁN, *bien quiere a su can.* ref. que da a entender que el cariño que se tiene a una persona se extiende a todas sus allegadas o a las cosas que tienen relación con ella.

BELUA. (l. *bellŭa*.) f. ant. Bestia, 1.ª acep.

BELLACADA. f. ant. Junta de bellacos.

BELLACAMENTE. adv. Con bellaquería.

BELLACO, CA. (ital. *vigliacco*, y éste del lat. *vilia*, pl. n. de *vilis*, vil.) adj. Malo, ruin. Ú.t.c.s. || **2.** R. DE LA PLATA. Se dice de la cabalgadura que es difícil de gobernar. || **3.** ECUAD. y PAN. Valiente. || **4.** P. RICO. Lascivo. || *Los* BELLACOS *hay en casa, madre, y no somos yo ni mi padre.* ref. con que se da a entender a alguien que se le conoce a fondo. || **P.** velhaco; **I.** rogue; **F.** coquin; **A.** Schuft; **It.** briccone; **R.** подлый.

BELLACUELO, LA. adj. d. de bellaco.

BELLADONA. (ital. *belladonna*.) f. Planta solanácea venenosa y empleada con fines terapéuticos. || **P.** beladona; **I.** e **It.** belladonna; **F.** belladone; **A.** Belladonna, Wolfskirsche; **R.** белладонна.

BELLAMENTE. (De *bello*.) adv. Con primor.

BELLAQUEAR. intr. Hacer bellaquerías. || **2.** R. DE LA PLATA. Encabritarse una cabalgadura. || **3.** fig. R. DE LA PLATA y VENEZ. Resistirse a ejecutar una cosa.

★ **BELLAQUERA.** f. P. RICO. Lujuria, lascivia.

BELLAQUERÍA. f. Calidad de bellaco. || **2.** Acción o dicho propio de bellaco. || **2.**ª acep.: **P.** velhacaria; **I.** knavery, roguery; **F.** faquinerie, friponnerie; **A.** Schurkenstreich; **It.** bricconata; **R.** мошенничество.

BELLASOMBRA. (De *bella* y *sombra*.) f. AND. y ARGENT. Ombú.

BELLEGUÍN. m. ant. Alguacil.

BELLERIFE. m. GERM. Criado de justicia.

BELLEZA. (De *bello*.) f. Cualidad de bello. || **2.** Propiedad de las cosas que infunden en nosotros deleite espiritual. Existe en la naturaleza y en las obras literarias y artísticas. La BELLEZA absoluta sólo radica en Dios. || **2.** Mujer de notable hermosura. || —**artística.** La que se produce de modo cabal y conforme a los principios estéticos por imitación de la naturaleza o por intuición del espíritu. || —**ideal.** Prototipo, modelo de belleza, que sirve de modelo al artista. Es frase usada por los estéticos platónicos. || *Decir* BELLEZAS. fr. fig. Decir una cosa con gracia. || **P.** beleza; **I.** beauty; **F.** beauté; **A.** Schönheit; **It.** bellezza; **R.** красота.

BELLIDO, DA. (De *bello*.) adj. Bello, hermoso.

★ **BELLÍSIMA.** f. BOT. HOND. Planta de hermosas flores que se cultiva en los jardines.

BELLISTA. adj. Perteneciente a la vida y obras del escritor venezolano Andrés Bello. || **2.** Dedicado con especialidad a las obras de este autor y cosas que le pertenecen. Apl. a pers. ú.t.c.s.

BELLO, LLA. (l. *bellus*.) adj. Que tiene belleza. || **2.** V. BELLO *sexo*. || **P.** belo; **I.** beautiful, fine; **F.** beau; **A.** schön; **It.** bello; **R.** красивый.

BELLOTA. (ár. *ballúṭa*, encina.) f. Fruto de la encina, del roble, y otros árboles del mismo género. Es un aquenio voluminoso, de cáscara medianamente dura, dentro de ella está la única semilla. Es alimento empleado para el ganado de cerda. || **2.** Bálano o glande. || **3.** Capullo de clavel sin abrir. || **4.** Vasija pequeña, en general de forma de bellota, destinada a contener especies aromáticas. || **5.** Adorno de pasamanería, con una piedrecilla en forma de bellota, cubierto con hilo de seda o lana. || **6.** Extremidad de las capas de que va desprendiéndose el cuerno de los toros con los años. Desaparece del todo a los tres años. || **P.** bolota; **I.** acorn; **F.** gland; **A.** Eichel; **It.** ghianda; **R.** жолудь.

BELLOTE. m. Clavo con cabeza semejante al cascabillo de la bellota.

BELLOTEAR. intr. Comer bellota el ganado.

BELLOTERA. f. La que coge y vende bellotas. || **2.** Tiempo de recoger la bellota. || **3.** Cosecha de bellotas.

BELLOTERO. m. El que coge o vende bellotas.

BELLOTILLO. m. d. de bellote.

BELLOTO. (De *bellota*.) m. Árbol chileno, lauráceo, cuyo fruto sirve de alimento a los animales.

★ **BEMBA.** f. fam. CUBA y VENEZ. Labio grueso y tosco. || **2.** f. PERÚ. Hocico.

★ **BEMBÉ.** m. CUBA. Baile africano antiguo.

★ **BEMBETEAR.** intr. P. RICO. Charlar.

★ **BEMBETEO.** m. P. RICO. Acción de bembetear, charla.

BEMBO. m. CUBA. Bezo, y sobre todo el de negro bozal. || **2.** adj. CUBA. Se dice de la persona de origen africano. || **3.** MÉJ. Bobo.

BEMBÓN, NA. (De *bembo*.) adj. CUBA. Bezudo. Se aplica sólo a las personas.

★ **BEMBUDO, DA.** adj. CUBA. Bembón.

BEMOL. (De *b*, letra musical, que en la gama antigua representaba la nota *si*, y *mol*, por *mole*, suave, blando.) adj. MÚS. Se dice de la nota cuya entonación es un semitono más baja que la del sonido natural. Ú.t.c.s. || **2.** m. MÚS. Signo (*b*) que representa esta alteración del sonido natural de la nota o notas a que se refiere. *Doble* BEMOL. MÚS. Nota cuya entonación es de dos semitonos más baja que la de su sonido natural. || **2.** MÚS. Signo compuesto de dos bemoles que representa esta doble alteración del sonido de la nota o notas a que se refiere. || *Tener* BEMOLES, o *tres* BEMOLES. fr. fig. y fam. con que se pondera lo que se tiene por muy grave y dificultoso. || **P.** bemol; **I.** flat; **F.** bémol; **A.** Vertiefungszeichen; **It.** bemolle; **R.** бемоль.

BEMOLADO, DA. adj. Con bemoles.

BEN. (ár. *bān*.) m. BOT. Árbol morin-

B gáceo de los países intertropicales, cuyo fruto da un aceite que no se enrancia y que se emplea en relojería y perfumería.

BEN. adv. ant. Bien.

BENCENO. m. Hidrocarburo volátil inflamable que se obtiene por destilación de la hulla.

★ BENCIMIDA. Quím. Compuesto que se encuentra en la esencia de las almendras amargas. Se da en forma de un polvillo blanco; el ácido sulfúrico lo colorea de azul.

BENCINA. (De benzoe, nombre dado por los botánicos al benjuí.) f. Quím. Substancia líquida, compuesta de carbono e hidrógeno que se obtiene de diversas maneras y sobre todo de la brea o del aceite de la hulla; se emplea para quitar manchas de la ropa. || **P.** benzina; **I.** y **F.** benzine; **A.** Benzin; **It.** benzina; **R.** бензин.

★ BENCINOFORMO. m. Quím. Cuerpo que puede substituir a la bencina como disolvente.

BENDECIDOR, RA. adj. Que bendice.

BENDECIR. (l. benedicĕre; de bene, bien, y dicĕre, decir.) tr. Alabar. || **2.** Colmar a uno de bienes la Providencia. || **3.** Invocar en favor de alguien la bendición divina. || **4.** Consagrar algo al culto divino. || **5.** Formar el obispo o el presbítero cruces en el aire con la mano extendida sobre personas o cosas, invocando a la Santísima Trinidad o recitando preces u oraciones. || **P.** abençoar; **I.** to bless; **F.** bénir; **A.** (ein)-segnen; **It.** benedire; **R.** благословлять.

BENDICERA. (De bendicir.) f. ant. Mujer que santiguaba con señales y oraciones supersticiosas, para sanar a los enfermos.

BENDICIENTE. p.a. ant. de bendecir. Que bendice.

BENDICIÓN. (l. benedictio, -ōnis.) f. Acción y efecto de bendecir. || **2.** pl. Ceremonias con que se celebra el sacramento del matrimonio. || **—episcopal** o **pontifical.** La que en días solemnes dan el Papa, los obispos y otros prelados, haciendo tres veces la señal de la cruz cuando se nombran las personas de la Santísima Trinidad. || Echar la BENDICIÓN a una cosa. fr. fig. y fam. No querer ya mezclarse en algún negocio. || Hacerse con BENDICIÓN una cosa. fr. fig. Hacerse con acierto y felicidad. || Ser una cosa BENDICIÓN de Dios. fr. fig. y fam. Ser excelente y muy abundante, o digna de admirar. || **P.** benção; **I.** benediction, blessing; **F.** bénédiction; **A.** Segen; **It.** benedizione; **R.** благословение.

BENDICIR. tr. ant. Bendecir.

BENDICHO, CHA. (l. benedictus, bendito.) p.p. irreg. ant. de bendecir.

BENDITERA. f. Sant. Pila de agua bendita.

BENDITO, TA. (l. benedictus.) p.p. irreg. de bendecir. || **2.** adj. Santo. Ú.t.c.s. || **3.** Sencillo y de pocos alcances. || **4.** Oración que empieza así: BENDITO y alabado sea, etc. || **5.** Venez. Entre campesinos, el cura del lugar. || **6.** R. de la Plata. Especie de humilladero. || **7.** Argent. y Bol. Cubierta en forma de ángulo con estacas y lonas. || Saber uno una cosa como el BENDITO. fr. fig. y fam. Saber uno como el avemaría alguna cosa. || **2.ª** acep.: **P.** bendito; **I.** sainted, blessed; **F.** béni; **A.** gesegnet, selig; **It.** benedetto; **R.** святой.

BENEDÍCITE. (2.ª pers. del pl. de imperat. del l. benedicĕre, bendecir.) m. Licencia que los religiosos piden a sus prelados para ir a alguna parte. || **2.** Oración que empieza con esta palabra, para bendecir la comida al sentarse a la mesa.

BENEDICTA. (l. benedicta, santa.) f. Confección de varios polvos de hierbas y raíces purgantes y estomacales mezclados con miel espumada.

BENEDICTINO, NA. (l. Benedictus, Benito.) adj. Perteneciente o relativo a la orden de San Benito. Apl. a pers. ú.t.c.s. || **2.** m. Licor que hacen los frailes de esta Orden. || **P.** beneditino; **I.** Benedictine; **F.** bénédictin; **A.** Benediktiner(mönch, -nonne); **It.** benedettino; **R.** бенедиктинский.

BENEFACTOR, RA. (l. benefactor.) adj. ant. Bienhechor. Ú.t.c.s.

BENEFACTORÍA. (De benefactor.) f. ant. Benefactría.

BENEFACTRÍA. (De benefactoría.) f. ant. Acción buena.

BENEFICENCIA. (l. beneficentia.) f. Virtud de hacer bien. || **2.** Conjunto de institutos benéficos y de los servicios gubernativos referentes a ellos, a sus fines, haberes y derechos que les pertenecen. || **P.** beneficência; **I.** beneficence; **F.** bienfaisance; **A.** Wohltätigkeit; **It.** beneficenza; **R.** благотворительность.

BENEFICENTÍSIMO, MA. adj. sup. de benéfico.

BENEFICIACIÓN. f. Acción y efecto de beneficiar. || **P.** beneficiação; **I.** benefaction; **F.** bénéficiement; **A.** Wohltätigkeit; **It.** beneficamento; **R.** благодеяние.

BENEFICIADO, DA. p.p. de beneficiar. || **2.** m. y f. Persona en beneficio de la cual se realiza una función o espectáculo público. || **3.** m. Presbítero, o por rara excepción, clérigo de grado inferior que goza de un beneficio eclesiástico que no es curato o prebenda. || 2.ª acep.: **P.** beneficiado; **I.** beneficiary; **F.** bénéficier; **A.** Pfründner; **It.** beneficiato; **R.** бенефициант.

BENEFICIADOR, RA. adj. Que beneficia. Ú.t.c.s.

BENEFICIAL. (l. beneficiālis.) adj. Perteneciente a beneficios eclesiásticos.

BENEFICIAR. (De beneficio.) tr. Hacer bien. Ú.t.c.r. || **2.** Cultivar una cosa esperando que fructifique. || **3.** Trabajar un terreno para hacerlo productivo. || **4.** Extraer de una mina las substancias útiles. || **5.** Someter estas mismas substancias al tratamiento metalúrgico cuando lo requieren. || **6.** Conseguir un empleo por dinero. || **7.** Administrar por cuenta de la real hacienda las rentas que procedían del servicio de millones. || **8.** Hablando de efectos, y demás créditos, venderlos por menos de lo que importan. || **9.** Cuba, P. Rico y Chile. Hablando de una res, descuartizarla, venderla al menudeo. || **10.** Amér. Central. Preparar los beneficios, es decir, los productos agrícolas para su consumo interior. || **11.** Guat. Matar, asesinar. || **P.** beneficiar; **I.** to benefit; **F.** bénéficier; **A.** guttun; **It.** beneficare; **R.** благодетельствовать.

BENEFICIARIO, RIA. (l. beneficiarius.) adj. Se aplica a la persona a quien beneficia un contrato de seguro. Ú.t.c.s. || **2.** m. y f. For. El que goza en territorio, predio o usufructo. || **P.** beneficiário; **I.** beneficiary; **F.** bénéficiaire; **A.** Nutzniesser; **It.** beneficiario; **R.** концессионер.

BENEFICIO. (l. beneficium.) m. Bien que se hace o se recibe. || **2.** Provecho. || **3.** Labor y cultivo que se da a los campos, árboles, etc. || **4.** Acción de beneficiar minas o minerales. || **5.** Conjunto de derechos que obtiene un eclesiástico, inherentes o no a un oficio. || **6.** Acción de beneficiar empleos por dinero. || **7.** Función o espectáculo, cuyo producto se da a una persona, corporación, etc. || **8.** For. Derecho que compete a uno por ley o privilegio. || **9.** Amér. Acción de beneficar una res. || **10.** Chile. Abono, estiércol. || **11.** Amér. Central. Hacienda donde se benefician productos agrícolas. || **—amovible** o **amovible ad nútum.** Beneficio eclesiástico, que no es colativo, y del cual puede, el que lo da, remover al que lo goza. || **—compulso.** En las órdenes militares el que por su poco valor se llegó a incorporar a otro. || **—consistorial.** El que el Papa provee en consistorio. || **—de bandera.** Disminución de los derechos arancelarios que pagan las mercancías transportadas en buques de la propia nación o de otra a la que se ha concedido esta ventaja. || **—deliberar.** For. El concedido por la ley al heredero para diferir la adición o repudiación de la herencia hasta que haya hecho el inventario. || **—exento.** Aquel reservado únicamente al Papa. || **—simple.** El eclesiástico que no tiene obligación aneja de cura de almas. || Desconocer uno el BENEFICIO. fr. No corresponder a él, ser ingrato. || **P.** benefício; **I.** benefit; **F.** bénéfice; **A.** Wohltat; **It.** beneficio; **R.** благодеяние, прибыль.

BENEFICIOSO, SA. (l. beneficiōsus.) adj. Provechoso. || **P.** beneficioso; **I.** beneficial; **F.** bénéficieux; **A.** vorteilhaft; **It.** utile, vantaggioso; **R.** выгодный.

BENÉFICO, CA. (l. beneficus.) adj. Que hace bien. || **P.** benéfico; **I.** beneficent, **F.** bénéfique; **A.** wohltätig; **It.** benèfico; **R.** благодетельный.

BENEMERENCIA. (der. del l. benemĕrens, -entis, benemérito.) f. ant. Mérito o servicio.

BENEMÉRITO, TA. (l. benemeritus.) adj. Digno de galardón. || La BENEMÉRITA. La Guardia Civil.

BENEPLÁCITO. (l. bene placitus, bien querido.) m. Aprobación, permiso. || **P.** beneplácito; **I.** approbation, goodwill, consent; **F.** approbation; **A.** Genehmigung; **It.** beneplácito; **R.** одобрение.

BENÉVOLAMENTE. adv. Con benevolencia.

BENEVOLENCIA. (l. benevolentia.) f. Simpatía y buena voluntad hacia las personas. || **P.** benevolência; **I.** benevolence, kindness; **F.** bienveillance; **A.** Wohlwollen; **It.** benevolenza; **R.** благосклонность.

BENEVOLENTÍSIMO, MA. (l. benevolentissimus.) adj. sup. de benévolo.

BENÉVOLO, LA. (l. benevŏlus; de bene, bien, y volo, quiero.) adj. Que tiene buena voluntad. || **P.** benévolo; **I.** benevolent, kind; **F.** bienveillant; **A.** wohlwollend; **It.** benèvolo; **R.** благосклонный.

BENGALA. f. Bot. Caña de Bengala. || **2.** V. Luz de Bengala. Ú.t.c.s.

BENGALÍ. adj. Natural de Bengala. Ú.t.c.s. || **2.** Perteneciente a esta provincia del Indostán. || **3.** m. Lengua derivada del sánscrito y que se habla en Bengala. || **4.** Pájaro pequeño que habita en las regiones intertropicales del antiguo continente.

★ BENGALINA. f. Chile. Muselina.

BENIGNAMENTE. adv. Con benignidad.

BENIGNIDAD. (l. benignĭtas, -ātis.) f. Calidad de benigno. || **P.** benignidade; **I.** benignity; **F.** bénignité; **A.** Güte, Milde; **It.** benignità; **R.** благодушность.

BENIGNO, NA. (l. benignus, y éste del arc. benus, por bonus, bueno, y genus, índole.) adj. Benévolo, piadoso. || **2.** fig. Templado. || **P.** e **It.** benigno; **I.** benign, merciful; **F.** bénigne; **A.** gütig, liebreich; **R.** благодушный.

BENIMERÍN. (ár. Bani Marin, los descendientes de Marin.) m. Se aplica al individuo de una tribu belicosa de Marruecos que durante los siglos XIII y XIV de Jesucristo fundó una dinastía en el norte de África y substituyó a los almohades en el imperio de la España musulmana. Ú.m. en pl.

BENINO, NA. adj. ant. Benigno.

BENITO, TA. (l. benedictus.) adj. Benedictino. Apl. a pers. ú.t.c.s.

BENJAMÍN. (Por alusión a Benjamín, hijo último y predilecto de Jacob.) m. fig. Hijo menor y en general el más amado de los padres.

BENJAMITA. adj. Descendiente de la tribu de Benjamín. Ú.t.c.s. || **2.** Perteneciente o relativo a Benjamín.

BENJUÍ. (ár. laban ŷāwi, incienso de Java.) m. Bálsamo aromático que se obtiene de un árbol de Malaca y varias islas de la Sonda. || **P.** benjoim; **I.** benzoin; **F.** benjoin; **A.** Benzoe; **It.** belzuino; **R.** росный ладан.

★ BENQUE. m. Hond. Ribera de un río.

BENQUERENCIA. f. ant. Bienquerencia.

★ BENTEVEO. m. R. de la Plata. Pájaro que en su canto imita en cierto modo la pronunciación de las palabras bien te veo.

BENTÓNICO, CA. (gr. βένθος, profundidad.) adj. Biol. Se dice del animal o planta que en general vive en contacto con el fondo del mar, aunque puede separarse de él y flotar.

BENTOS. (gr. βένθος, fondo del mar.) m. Biol. Conjunto de seres bentónicos.

º BENZOATO. m. Toda sal formada por el ácido benzoico.

★ BENZOFLAVINA. f. Quím. Materia que sirve para teñir de amarillo la lana, la seda y el algodón.

BENZOICO, CA. (Del m. or. que

B

bencina.) adj. Quím. Perteneciente o relativo al benjuí.

BENZOL. (De *benzoe*, nombre que los botánicos dan al benjuí.) m. Hidrocarburo que se extrae de la brea de la hulla, y se emplea en los motores de explosión. || **P.,** **I.** y **F.** benzol; **A.** Benzol; **It.** benzolo; **R.** бензол.

★ **BENZONAFTOL.** m. Quím. Cuerpo incoloro, pulverulento, que se emplea como antiséptico intestinal.

BEOCIO, CIA. (l. *boeotĭus*.) adj. Natural de Beocia. Ú.t.c.s. || **2.** Perteneciente a esta región de la Grecia antigua. || **3.** fig. Estúpido. || **P.** beócio; **I.** Beotian; **F.** béotien; **A.** Böotisch; **It.** beozio.

BEODERA. (De *beodo*.) f. ant. Beodez.

BEODEZ. (De *beodo*.) f. Borrachera. || **P.** borracheira; **I.** drunkenness; **F.** ivresse; **A.** Trunkenheit; **It.** ubbriachezza, ebrezza; **R.** опьянение.

BEODO, DA. (De *beudo*.) adj. Borracho. Ú.t.c.s. || **P.** bêbedo; **I.** drunk; **F.** ivre; **A.** betrunken; **It.** ubbriaco, ebbro; **R.** пьяный.

BEORÍ. m. Tapir americano.

★ **BEOTISMO.** m. Pobreza de entendimiento. || **2.** Idiotismo.

BEQUE. (fr. *bec*, y éste del célt. *bĕccus*, pico.) m. Mar. Obra exterior de proa. || **2.** Mar. Retrete de la marinería en los barcos. Ú.m. en pl. || **3.** Amér. Retrete.

BEQUERIANA. f. Composición poética, en general breve, de tema amoroso, llamada así de su autor Gustavo Adolfo Bécquer.

★ **BEQUISTA.** m. Amér. Central. Becario.

★ **BERA.** f. Bot. Nombre que se da en algunas regiones de América a un árbol cigofiláceo.

★ **BERBECI.** m. Amér. Bejín, persona que se irrita fácilmente.

BERBÉN. m. Méj. Loanda.

BERBERECHO. (gr. βέρβερι, ostra de las perlas.) m. Molusco bivalvo, que se cría en las costas del norte de España y se come crudo o guisado.

BERBERÍ. (ár. *barbarī*, bárbaro, natural de Berbería, *beréber*.) adj. Beréber. Apl. a pers. ú.t.c.s.

BERBERIDÁCEO, A. (De *berberis*, nombre de un género de plantas.) adj. Bot. Se dice de los arbustos y matas angiospermas dicotiledóneas, con fruto en baya. Ú.t.c.s.f. || **2.** f. pl. Bot. Familia de estas plantas. || **P.** berberidáceas; **I.** berberidacées; **F.** berberidacées; **A.** Sauerdorngewächse; **It.** berberidacee, berberidee; **R.** барбарисовый.

BERBERÍDEO, A. (De *berberís*.) adj. Bot. Berberidáceo.

BERBERÍS. (ár. *barbāris*, espino de fruto rojo y ácido.) m. Bérbero. 1.ª y 2.ª aceps. Apl. a pers. ú.t.c.s.

BÉRBERO. (De *berberís*.) m. Agracejo, 3.ª acep. || **2.** Fruto del bérbero, llamado también agracejina. || **3.** Confección hecha con este fruto.

BÉRBEROS. m. Bérbero.

BERBÍ. (De *Verviers*, ciudad de Bélgica, célebre por sus paños.) adj. V. *Paño* BERBÍ.

BERBIQUÍ. (fr. *vilebrequin*, y éste del flam. *wimpelkin*.) m. Manubrio que puede girar alrededor de un puño ajustado en una de sus extremidades y tener sujeta cualquier herramienta propia para taladrar. || **P.** berbequim; **I.** brace; **F.** vilebrequin; **A.** Drillbohrer; **It.** trapano; **R.** коловорот.

BERCEO. m. Barceo.

BERCERÍA. f. ant. Paraje donde se venden verduras.

BERCERO, RA. (De *berza*.) m. y f. ant. Verdulero, ra.

BERCIAL. m. Sitio poblado de berceos.

BERCIANO, NA. adj. Natural de Bierza. Ú.t.c.s. || **2.** Perteneciente a este territorio.

BERÉBER. (ár. *barbar*, bárbaro, natural de Berbería.) adj. Natural de Berbería. Ú.t.c.s. || **2.** Perteneciente a esta región de África. || **3.** m. Individuo de la raza más antigua y numerosa de las que habitan el África Septentrional.

BEREBERE. adj. Beréber.

BERENGARIO, RIA. adj. Sectario de Bérenger, heresiarca francés del siglo XI que negaba la presencia real de Jesucristo en la Eucaristía. Ú.m.c.s. y en pl.

★ **BERENGO, GA.** adj. Méj. Bobo, sencillo. Ú.t.c.s.

BERENICE. n. p. V. *Cabellera de* BERENICE.

BERENJENA. (ár. *bāḏinŷāna*.) t. Planta anua solanácea, ramosa, de fruto aovado cubierto por una película morada y con una pulpa blanca, dentro de la cual hay semillas. || **2.** Fruto de esta planta. —**catalana.** Variedad de la común de fruto casi cilíndrico, de color morado obscuro. ||—**de huevo.** Variedad de la común, cuyo fruto es semejante en todo al huevo de gallina. ||—**zocata.** La que estando ya madura se pone amarilla y como hinchada. || **P.** beringela; **I.** egg-plant; **F.** aubergine; **A.** Eierpflanze; **It.** petronciano; **R.** баклажан.

BERENJENADO, DA. (De *berenjena*.) adj. ant. Aberenjenado.

BERENJENAL. m. Sitio plantado de berenjenas. || *Meterse* uno *en buen, en mal,* o *en un* BERENJENAL. fr. fig. y fam. Meterse en negocios difíciles.

BERENJENÍN. m. d. de berenjena. || **2.** Variedad de la berenjena común, de color enteramente blanco o bien rayado con rojo o morado claro.

★ **BEREQUE.** adj. Guat. Torcido, aplicado ordinariamente a los ojos.

BERGADÁN, NA. adj. Natural de Berga. Ú.t.c.s. || **2.** Perteneciente a esta ciudad y comarca.

BERGADANO. adj. Bergadán.

BERGAMASCO, CA. adj. Natural de Bérgamo. Ú.t.c.s. || **2.** Perteneciente a esta ciudad de Italia.

BERGAMOTA. (De *Bérgamo*, ciudad de donde procede.) f. Variedad de pera aromática. || **2.** Variedad de lima muy aromática de la cual se extrae una esencia usada en perfumería. || **P.** bergamota; **I.** bergamot; **F.** bergamote; **A.** Bergamotte; **It.** bergamotta; **R.** бергамот.

BERGAMOTE. (fr. *bergamote*, y éste del ital. *bergamotta*.) m. Bergamoto.

BERGAMOTO. m. Limero que produce la bergamota. || Peral que produce la bergamota. || **P.** limoeiro bergamota; **I.** bergamot-tree; **F.** bergamottier; **A.** Bergamottbaum; **It.** bergamotto; **R.** бергамотовое дерево.

BERGANTE. (gót. *brikan*, romper, luchar.) m. Pícaro sinvergüenza. || **P.** bergante; **I.** ruffian, rascal; **F.** coquin, fripon; **A.** Spitzbube; **It.** birbante; **R.** мошенник.

BERGANTÍN. (fr. *brigantin*, y éste del ital. *brigantino*, der. de *brigante*, del célt. *briga*, tropa.) m. Buque de dos palos y vela cuadrada o redonda. ||—**goleta.** El que usa aparejo de goleta en el palo mayor. || *Estar*, o *ser*, uno BERGANTÍN.fr. fig. No tener cartas más que de dos palos en el tresillo. || **P.** bergantim; **I.** brig; **F.** brigantin; **A.** Brigantine; **It.** brigantino; **R.** бриг.

★ **BERGANTÍN.** m. P. Rico y Rep. Domin. Golpe en el ojo que deja un círculo amoratado.

BERGANTINEJO. m. d. de bergantín.

BERIBERI. (cingalés *beri*, debilidad.) m. Med. Enfermedad caracterizada por la debilidad general y rigidez dolorosa en los miembros. Es producida por el excesivo consumo del arroz descascarillado.

BERILIO. (Del m. or. que *berilo*.) m. Metal alcalinotérreo, de sabor dulce, también se le conoce con el nombre de glucinio. || **P.** berilo; **I.** beryllium; **F.** bérylium; **A.** Beryll; **It.** berillio; **R.** бериллий.

BERILO. (l. *beryllus*, y éste del gr. βήρυλλος.) m. Silicato de alúmina y glucina, variedad de esmeralda. Se le cuenta entre las piedras preciosas cuando es hialino y de color uniforme. || **P.** berilo; **I.** beryl; **F.** béryl; **A.** Beryll; **It.** berillo; **R.** берилл.

BERITENSE. (l. *berytensis*.) adj. Natural de Berito. Ú.t.c.s. || **2.** Perteneciente a esta ciudad de Fenicia.

BERLANDINA. f. desus. Bernardina.

BERLANGA. (ant. alto al. *bretlenc*, d. de *brett*, tabla.) f. Juego de naipes en que se gana reuniendo tres cartas iguales.

BERLINA. (De *Berlín*, ciudad donde se construyeron las primeras.) f. Coche cerrado y en general de dos asientos. || **2.** En las diligencias y otros carruajes con dos departamentos, el de delante, cerrado y con una fila de asientos. || **3.** Departamento en los ferrocarriles que se distinguen por esta circunstancia. || **P.** berlinda; **I.** coupé; **F.** berline; **A.** Berline; **It.** berlina; **R.** карета.

BERLINA (EN). (ital. *berlina*, picota.) expr. adv. fig. En ridículo. Ú. con los verbos *estar, poner* y *quedar*.

BERLINÉS, SA. adj. Natural de Berlín. Ú.t.c.s. || **2.** Perteneciente a esta ciudad de Alemania.

BERLINGA. (germ. *bret-ling*, tabla pequeña.) f. Pértiga de madera verde para remover los materiales de los hornos metalúrgicos. || **2.** And. Palo que sirve para tender la ropa.

BERLINGAR. tr. Remover con la berlinga.

BERMA. (fr. *berme*, y éste del neerl. *breme*, borde, margen.) f. Fort. Espacio al pie de la muralla que sirve para que las piedras desprendidas de ella no caigan dentro del foso.

BERMEJAL. (De *bermejo*.) m. Cuba. Extensión grande de terreno bermejo.

BERMEJEAR. intr. Mostrar alguna cosa el color bermejo que en sí tiene. || **2.** Tirar a bermejo.

BERMEJECER. intr. ant. Bermejear.

BERMEJENCO, CA. adj. ant. Bermejo.

BERMEJEZ. f. ant. Bermejura.

BERMEJÍA. f. ant. Agudeza maliciosa, que se atribuía a los bermejos.

BERMEJIZO, ZA. adj. Que tira a bermejo.

BERMEJO, JA. (l. *vĕrmĭcŭlus*, gusanillo.) adj. Rubio, rojizo. || **2.** Cuba. Se aplica al ganado vacuno que tiene color pajizo. || **P.** vermelho; **I.** russet, rúfous; **F.** vermeil, roux; **A.** (rosen)rot, rothaarig; **It.** vermiglio; **R.** яркокрасный.

BERMEJÓN, NA. (aum. de *bermejo*.) adj. De color rojo o que tira a él.

BERMEJOR. (De *bermejo*.) m. ant. Bermejura.

BERMEJUELA. (d. de *bermeja*.) f. Pez teleósteo, de color variable, los hay verdes con una mancha negra en la cola y otros con manchas doradas y encarnadas. || **2.** Pez común en algunos ríos de Europa, del mismo género y tamaño que el anterior.

BERMEJUELO, LA. adj. d. de bermejo.

BERMEJURA. f. Color bermejo.

BERMELLÓN. (fr. *vermillon*, y éste de *vermeil*, del l. *vĕrmĭcŭlus*, gusanillo.) m. Cinabrio reducido a polvo, que toma color rojo. || **P.** vermelhão; **I.** vermilion; **F.** vermillon; **A.** Zinnober; **It.** vermiglio; **R.** киноварь.

BERMUDINA. (Del poeta *Salvador Bermúdez de Castro*, que usa mucho esta estrofa en sus *Ensayos poéticos*, 1840.) f. Octava endecasílaba o decasílaba, cuyos versos cuarto y octavo tienen rima común aguda. Los demás tienen terminación llana.

BERNARDINA. (De *Bernardo del Carpio*.) f. fam. Mentira. Regularmente se llama así la que se dice fingiendo valentías o cosas extraordinarias. Ú.t. en pl.

BERNARDO, DA. adj. Se dice del monje o monja de la orden del Cister. Ú.t.c.s. || **P.** bernardo; **I.** Bernardine; **F.** bernardin; **A.** Bernhadinermönch; **It.** bernardino; **R.** монах-бернардинец.

BERNEGAL. (Quizá del ár. *barniya*, vaso de barro o cristal.) m. Taza para beber, ancha de boca. || **2.** Venez. Tinaja que recibe el agua que destila el filtro.

BERNÉS, SA. adj. Natural de Berna. Ú.t.c.s. || **2.** Perteneciente a esta ciudad de Suiza.

BERNIA. (De *Hibernia*, llamada también *Bernia*, hoy Irlanda, isla donde se fabricaba esta tela.) f. Tejido basto de lana. || **2.** Capa hecha de esta tela. || **3.** Hond. Persona haragana.

BERNIO. m. ant. Bernia.

BERNIZ. (l. *veronix, -ĭcis*, barniz.) m. Ar. Barniz, 1.ª acep.

BEROZO. (célt. *vroiceus*, de *vroicus*, brezo.) m. Ál. Brezo, 1.er art.

BERRA. (l. *bĕrŭra, bĕrŭla*, berro.) f. Berraza, 2.ª acep.

B

★ BERRACO. m. Bot. Venez. Árbol de madera dura y de color aceitunado.

★ BERRÁN. m. Rep. Domin. Amante de una prostituta. || **2.** Rep. Domin. Disgusto. || **3.** Incomodidad.

BERRAÑA. f. Planta, variedad del berro común, de tallos más robustos. No es comestible.

BERRAZA. f. Berrera. || **2.** Berro crecido.

BERREAR. (l. *verres*, el verraco.) intr. Dar berridos los becerros u otros animales. || **2.** fig. Gritar o cantar desentonadamente una persona. || **3.** r. Germ. Descubrir, declarar una cosa. || **4.** Ecuad. Enfadar. Ú.t.c.r. || **5.** intr. Amér. Encolerizarse.

BERRENCHÍN. m. Vaho o tufo que arroja el jabalí furioso. || **2.** Ecuad. En la región de Azuay, irritación de la piel.

★ BERRENCHINARSE. r. Ecuad. En la región de Azuay, irritarse la piel.

BERRENDEARSE. (De *berrendo*.) r. And. Pintarse el trigo.

BERRENDO, DA. (l. *variandus*, ger. de *variāre*, variar, presentar diferentes matices.) adj. Manchado de dos colores por naturaleza o por arte. || **2.** Se dice del toro que tiene manchas de distinto color del de la capa. Ú.t.c.s. || **3.** Murc. Se dice del gusano de seda de color moreno, y del que adquiere cierta enfermedad que le hace tomar este color. || **4.** m. Animal mamífero, rumiante, semejante al ciervo en lo esbelto, en la clase de pelo y en la cornamenta. Vive salvaje y en manadas. || **5.** P. Rico. Colérico, furioso. || **P.** bicolor; **I.** two-colored; **F.** deux couleurs; **A.** zweifarbig; **It.** bicolore; **R.** двухцветный.

★ BERRENGUE. m. Colom. Látigo, vergajo.

★ BERREO. m. Ecuad. Berrinche.

BERREÓN, NA. (De *berrear*.) adj. Sal. Chillón.

BERRERA. (De *berro*.) f. Planta umbelífera, que crece en las orillas y remansos de los riachuelos, de tallos ramosos, hojas anchas y lisas.

★ BERRETÍN. m. Argent. Terquedad.

★ BERRIADORA. f. Colom. Borrachera.

BERRIDO. (De *berrear*.) m. Voz de los animales que berrean. || **2.** fig. Grito desaforado de persona o nota alta y desafinada al cantar. || **P.** berro; **I.** bellowing; **F.** beuglement; **A.** Blöken, Brüllen; **It.** muggito; **R.** мычание.

★ BERRIETAS. m. Colom. Niño llorón.

BERRÍN. (De *berrear*.) m. Bejín, 2.ª acep.

★ BERRINCHAR. intr. Rep. Domin. Protestar.

BERRINCHE. (De *berrín*.) m. fam. Coraje, enojo, comúnmente en los niños. || **2.** Ecuad. Riña. || **3.** P. Rico. Mal olor. || **P.** cólera; **I.** anger, tanbrum; **F.** rage, colère; **A.** Wutanfall, Jähzorn; **It.** stizza, bizza; **R.** гнев, капризы.

° BERRINCHUDO, DA. adj. Amér. Corajudo, irritable. || **2.** Guat. y Méj. Bejín. || **3.** Méj. y Amér. Central. Que se emborracha frecuentemente.

BERRO. (De *berra*.) m. Planta crucífera, se cría en lugares aguanosos. Tiene un gusto picante y las hojas son comestibles. || **—de costa.** Cuba. Planta crucífera parecida al berro. || *Enviar a uno a buscar* berros. fr. fig. Despedirlo. || *Tú que coges el berro, guárdate del anapelo.* ref. que aconseja la cautela para evitar lo malo que parece bueno. || **P.** agrião; **I.** water-cress; **F.** cresson; **A.** Kresse, Brunnenkresse; **It.** crescione, nasturzio; **R.** кресс.

BERROCAL. m. Sitio lleno de berruecos, 2.ª acep.

★ BERROCHAR. intr. Colom. Alborotar.

★ BERROCHE. m. Colom. Alboroto, barullo.

BERROCHÓN, NA. adj. Colom. Alborotador.

BERROQUEÑA. (De *berrueco*.) adj. V. *Piedra* berroqueña. Ú.t.c.s.

BERRUECO. (l. *verrūca*, verruga.) m. Tumorcillo que se cría en el iris de los ojos, de difícil cura. || **2.** Tolmo granítico.

BERTA. (Del n. p. *Berta*.) f. desus.

Tira de punto que adornaba el vestido de las mujeres.

BERVETE. (fr. *brevet*, y éste der. del l. *brĕvis*, breve.) m. ant. Apuntación breve de alguna cosa.

BERZA. (l. *virdia*, pl. n. de *virdis*, *virĭdis*, verde.) f. Col. || berzas *y nabos, para en una son entrambos.* ref. Se dice de los que siendo de malas propiedades, se juntan para hacer alguna cosa. || *Mezclar* uno berzas *con capachos.* fr. fig. y fam. Traer a cuento cosas inconexas. || *Picar* uno la berza. fr. fig. y fam. Empezar a aprender una cosa y estar poco adelantado. || *Si preguntáis por* berzas, *mi madre tiene un garbanzal.* expr. fig. y fam. con que se zahiere al que responde fuera de propósito. || **P.** berça; **I.** cabbage; **F.** chou; **A.** Kohl; **It.** càvolo; **R.** капуста.

BERZAL. m. Campo plantado de berzas.

BES. (l. *bes*.) m. Peso de ocho onzas.

BESALAMANO. m. Esquela con la abreviatura B. L. M. que se redacta en tercera persona y que no lleva firma.

BESAMANOS. (De *besa manos*.) m. Acto en que concurrían las personas a manifestar su adhesión al rey, y en el que se le besaba la mano. || **2.** Modo de saludar a algunas personas acercando la mano derecha a la boca. || *Dar a uno* besamanos. fr. fig. y fam. Gratificarle por algún favor que se le deba o espere de él. || **P.** béija-mão; **I.** kissing hands; **F.** baisemain; **A.** Handkuss; **It.** baciamano; **R.** официальное извещение.

BESAMELA. (fr. *béchamelle*.) f. Salsa blanca que se hace con harina, crema de leche y manteca.

BESANA. (der. del l. *vĕrsāre*, volver.) f. Labor de surcos paralelos que se hace con el arado. || **2.** Primer surco que se hace en la tierra cuando se empieza a arar. || **3.** Medida agraria usada en Cataluña.

BESANTE. (ant. fr. *besant*, y éste del l. *byzantius*.) m. Antigua moneda bizantina que también tuvo curso entre los mahometanos y en el occidente de Europa. || **2.** Blas. Figura heráldica que representa la moneda de este nombre. || **P.** besante; **I.** bezant; **F.** besant; **A.** Besam; **It.** bisante; **R.** красноцвѣтная монета.

BESAR. (l. *basiāre*.) tr. Tocar alguna cosa con los labios contrayéndolos y dilatándolos, en señal de amistad, amor, reverencia. || **2.** fig. y fam. Tocar una cosa inanimada a otra. || **3.** rec. fig. y fam. Tropezar impensadamente una persona con otra. || besadme, *y abrazaros he.* fr. Se dice cuando uno pide más que promete. || **P.** beijar; **I.** to kiss; **F.** baiser, embrasser; **A.** küssen; **It.** baciare; **R.** целовать.

BESICO. m. d. de beso.

★ BESITO. m. Amér. Panecillo o bollo de coco, etc. || **2.** Chile. Merengue pequeño.

BESO. (l. *basium*.) m. Acción de besar. || **2.** fig. Golpe violento que se dan dos personas al tropezar en la cara o en la cabeza, o dos cosas. || **—de Judas.** 2. fig. Falsa besa con falsa intención. || **2.** fig. Falsa manifestación de cariño. || **—de paz.** El que se da en muestra de cariño. || *Comerse a* besos *a uno.* fr. fig. y fam. Besarle con repetición y vehemencia. || **P.** beijo; **I.** kiss; **F.** baiser; **A.** Kuss; **It.** bacio; **R.** поцелуй.

★ BESOTEAR. tr. Besar con exceso. || **2.** R. de La Plata. Besuquear. Ú.t.c.rec.

BESTEZUELA. f. d. de bestia.

BESTIA. (l. *bestia*.) f. Animal cuadrúpedo. Comúnmente se entiende por tal los domésticos de carga. || **2.** com. fig. Persona ruda. Ú.t.c.adj. || **—de carga.** Animal destinado a llevar carga. || *A la* bestia *cargada, el sobornal la mata.* ref. que significa que al que tiene mucha carga, si le aumentan otra, aunque sea pequeña, se rinde. || *Quedarse uno por* bestia. fr. fam. Se dice festivamente del que queda en su sitio por no hallar cabalgadura para trasladarse a otro. || *Quien quiere* bestia *sin tacha, a pie se anda.* ref. que enseña que no se han de pretender imposibles. || **P.** besta; **I.** beast, quadruped; **F.** bête; **A.** Tier, Vieh; **It.** bestia, animale; **R.** животное, скотина.

BESTIAJE. m. Conjunto de bestias de carga.

BESTIAL. (l. *bestiālis*.) adj. Brutal o irracional. || **2.** fig. y fam. Extraordinario. || **3.** m. desus. Bestia vacuna, mular, caballar o asnal. || **P.** y **F.** bestial; **I.** beast, brutal; **A.** viehisch, tierisch; **It.** bestiale; **R.** зверский.

BESTIALIDAD. (De *bestial.*) f. Brutalidad. || **2.** Pecado de lujuria cometido con una bestia. || **P.** bestialidade; **I.** brutality; **F.** bestialité; **A.** Bestialität; **It.** bestialità; **R.** зверство.

BESTIALIZARSE. r. Hacerse bestial.

BESTIALMENTE. adv. Con bestialidad.

BESTIAME. m. ant. Bestiaje.

BESTIARIO. (l. *bestiarius.*) m. Hombre que luchaba con las fieras en los circos romanos. || **2.** En la literatura medieval, colección de fábulas referentes a animales reales o quiméricos. || **P.** bestiário; **I.** bestiarius; **F.** bestiaire; **A.** Bestienkämpfer; **It.** bestiario; **R.** бестиарий.

BESTIEDAD. f. ant. Bestialidad.

BESTIHUELA. f. ant. d. de bestia.

BESTIÓN. m. aum. de bestia. || **2.** Bicha o monstruo de uso en la ornamentación arquitectónica.

BESTIÓN. m. ant. Bastión.

BESTIZUELA. f. ant. d. de bestia.

BÉSTOLA. f. Arrejada.

BESUCADOR, RA. adj. fam. Que besuca. Ú.t.c.s.

BESUCAR. tr. fam. Besuquear.

BESUCÓN, NA. adj. fam. Besucador. Ú.t.c.s.

BESUGADA. f. Francachela en que se come besugo.

BESUGO. m. Zool. Pez teleósteo, acantopterigio. El besugo común con una mancha negra sobre la axila de las aletas torácicas, es común en el Cantábrico y muy apreciado por su carne. || **2.** Especie de pagel propia del Mediterráneo, de color verdoso. || *Te veo,* o *Ya te veo,* besugo, *que tienes el ojo claro.* fr. fig. y fam. con que se da a entender que se penetra en la intención de alguno. || **P.** besugo; **I.** seabream; **F.** pagre, rousseau; **A.** Schellfisch; **It.** sparo; **R.** красноперый спар.

BESUGUERA. f. La que vende besugos. || **2.** Cazuela ovalada que sirve para guisar besugos.

BESUGUERO. m. El que vende y transporta besugos. || **2.** Ast. Anzuelo para pescar besugos.

BESUGUETE. m. d. de besugo.

BESUQUEADOR, RA. adj. Besucador.

BESUQUEAR. tr. fam. Besar repetidamente. || **P.** beijocar; **I.** to kiss repeatedly; **F.** baisoter; **A.** abküssen; **It.** baciucchiare; **R.** целовать.

BESUQUEO. m. Acción de besuquear.

BETA. (gr. βῆτα.) f. Nombre de la segunda letra del alfabeto griego.

BETA. (l. *vitta*, venda.) f. Ar. Pedazo de cuerda o hilo. || **2.** Mar. Cualquiera de los cabos empleados en los aparejos, excepto los gruesos.

★ BETABEL. f. Méj. Betarraga.

BETARRAGA. (fr. *betterave*, y éste del l. *beta*, acelga, y *rapa*, rabo.) f. Remolacha.

BETARRATA. f. Betarraga.

★ BETATRÓN. m. Fís. Aparato de inducción magnética para acelerar electrones o partículas beta hasta velocidades sumamente elevadas.

BETEL. (malabar *betle*.) m. Planta trepadora piperácea; sus hojas tienen cierto sabor a menta, y su fruto en baya contiene un grano como de pimienta. || **P.** e **It.** betel; **I.** betel pepper; **F.** bétel; **A.** Betel (pfeffer); **R.**

BETELGEUSE. (ár. *ibṭ al-ŷawzā';* la axila de Géminis.) f. Astron. Estrella de primera magnitud en la constelación de Orión.

★ BETERAGA o **BETERRAGA.** f. Bot. Chile. Betarraga.

BÉTICO, CA. (l. *baeticus.*) adj. Natural de la antigua Bética, hoy Andalucía. Ú.t.c.s. || **2.** Perteneciente a ella.

BETIJO. (l. *vitticŭlum*, de *vitta*, venda.) m. Palito que se les pone a los chivos en la boca de modo que les impide mamar, pero no pacer.

BETLEHEMITA. adj. Betlemita.

BETLEHEMÍTICO, CA. Betlemítico.

B

BETLEMITA. (l. *bethlemites*, de Belén.) adj. Natural de Belén. Ú.t.c.s. || **2.** Perteneciente a esta ciudad de Tierra Santa. || **3.** Se dice del religioso profeso de la orden fundada en Guatemala en el siglo XVII por Pedro de Betencourt. Ú.t.c.s.

BETLEMÍTICO, CA. (l. *bethlemiticus*.) adj. Perteneciente a Belén. || **2.** Perteneciente a los bletemitas.

BETÓNICA. (l. *betonica*.) f. Planta labiada en que sus hojas y raíces son medicinales. || **2.** Planta silvestre de la isla de Cuba y de la cual se hace aguardiente aromático.

★ **BETULA.** f. BOT. Planta betulácea cuya especie tipo es el abedul.

BETULÁCEO, A. (l. *betula*, abedul.) adj. BOT. Se dice de los árboles o arbustos angiospermos dicotiledóneos, cuyas flores pueden carecer de cáliz. Ú.t.c.s.f. || **2.** f. pl. BOT. Familia de estas plantas.

★ **BETULINA.** f. QUÍM. Substancia resinosa que se obtiene de la corteza del abedul.

BETUME. [BETUMEN]. m. ant. Betún.

★ **BETUMEAR.** tr. CUBA. Embetunar.

BETUMINOSO, SA. adj. Bituminoso.

BETÚN. (l. *bitumen*.) m. Nombre genérico de varias substancias, que se dan en la naturaleza y arden con llama, humo espeso y olor peculiar. || **2.** Mezcla de varios ingredientes que se usa para poner lustroso el calzado. || **3.** CUBA. Agua saturada de la substancia contenida en los nervios y venas de las hojas de tabaco que se emplea para humedecer el tabaco en rama. || **4.** CHILE. Mezcla de azúcar y clara de huevo batida con que se cubren por encima muchas clases de dulces. ||—**de Judea o judaico.** Asfalto.

BETUNAR. (De *betún*.) tr. ant. Embetunar.

★ **BETUNEAR.** tr. CUBA. Humedecer con betún el tabaco en rama.

BETUNERÍA. f. Fábrica de betunes. || **2.** Tienda donde los venden.

BETUNERO. m. El que .elabora o vende betunes.

° **BETUNERO.** m. AMÉR. Limpiabotas.

BEUDEZ. (De *beudo*.) f. ant. Beodez.

BEUDO, DA. (De *bebdo*.) adj. ant. Beodo.

BEUNA. f. AR. Uva de color bermejo, pequeña y de hollejo tierno. || **2.** m. AR. Vino de color de oro que se hace de esta uva.

BEVRA. (l. *bifera*, f. de *bifer*; de *bis*, dos veces, y *fero*, producir.) f. ant. Breva.

BEY. (turco *bey*, en otras formas *bege* o *bek*, título honorífico.) m. Gobernador de un distrito, ciudad o región, del Imperio turco.

★ **BEYAPURA.** m. ZOOL. Pez marino del Brasil.

BEZAAR. (ár. *bazahár*, contraveneno.) m. Bezoar.

BEZAÁRTICO, CA. adj. ant. Bezoárdico.

BEZANTE. (De *besante*.) m. BLAS. Figura redonda, llana y de metal.

BEZAR. m. Bezoar.

BEZO. (De la onomat. *bez*.) m. Labio grueso. || **2.** fig. Carne que se levanta alrededor de la herida enconada. || **P.** beiço; **I.** blubber-lip; **F.** lippe; **A.** dicke Lippe; **It.** labbro grosso; **R.** толстая губа.

BEZOAR. (De *bezaar*.) m. Concreción calculosa que suele encontrarse en las vías digestivas y urinarias de algunos mamíferos. ||—**occidental.** El del cuajar. || —**oriental.** El de la misma cavidad del estómago del antílope. || **P.** bezoar; **I.** bezoar; **F.** bézoard; **A.** Bezoarstein; **It.** belzuar.

BEZOÁRDICO, CA. adj. ant. Bezoárdico.

BEZOÁRICO, CA. adj. Se aplica a lo que contiene bezoar, y también a los medicamentos contra el veneno y contra las enfermedades malignas. Ú.m.c.s.m. ||—**mineral.** Peróxido de antimonio, substancia obtenida por la acción del ácido nítrico sobre el metal.

BEZÓN. m. ant. Bozón.

BEZOTE. (De *bezo*.) m. Adorno que usaban los indios de América en el labio inferior.

BEZUDO, DA. (De *bezo*.) adj. Grueso de labios. Se aplica a las personas y también a las cosas inanimadas.

BI. (l. *bi*, por *bis*.) prep. insep. que significa dos, o dos veces.

★ **BIABA.** f. GERM. ARGENT. Bofetada, golpe. || **2.** fig. GERM. ARGENT. Derrota. || *Dar la* BIABA. fr. GERM. ARGENT. Derrotar.

★ **BIABAR.** intr. ARGENT. Atacar, golpear.

★ **BIABISTA.** m. pop. ARGENT. Ladrón que para robar mejor mata o golpea a su víctima.

★ **BIAJACA.** f. ZOOL. CUBA. Pez de agua dulce.

BIAJAIBA. f. Pez del mar de las Antillas; su carne es apreciada.

★ **BIAJANI.** f. ZOOL. CUBA. Paloma menor que la común, de color ceniciento fino.

BIARCA. (l. *biarchus*, y éste del gr. βίαρχος; de βίος, víveres, y ἄρχω, gobernar.) m. Oficial que en la milicia romana cuidaba sobre todo de los víveres y de las pagas.

BIARROTA. adj. Natural de Biarritz. Ú.t.c.s. || **2.** Perteneciente a esta ciudad del sur de Francia.

★ **BIAS.** m. ELECTR. Nombre con que algunos autores designan la batería de polarización de rejilla y también el procedimiento para llevar a cabo dicha polarización.

BIAURICULAR. adj. Perteneciente o relativo a ambos oídos. **P.** e **I.** biauricular; **F.** biauriculaire; **A.** zweiohrig; **It.** biauriculare.

BIAZA. f. Bizaza.

BÍBARO. (l. *fiber*, y éste del germ. *béber*.) m. ant. Castor, I.ª acep.

BIBERÓN. (fr. *biberon*, y éste del l. *bibere*, beber.) m. Utensilio para lactancia artificial, en general de goma elástica, para la succión de la leche. || **P.** biberão; **I.** nursing-bottle; **F.** biberon; **A.** Kinderdutte; **It.** biberone; **R.** детский рожок.

BIBICHO. (Quizá de *micho*.) m. HOND. Gato, I.er art., I.ª acep.

BIBIJAGUA. f. Especie de hormiga de la isla de Cuba, perjudicial a las plantas. || **2.** fig. CUBA. Persona muy activa, diligente.

★ **BIBIJAGÜERA.** f. CUBA. Bibijagüero.

★ **BIBIJAGÜERO.** m. CUBA. Lugar donde habitan las hormigas.

★ **BIBILI.** m. BOT. FILIP. Mija de la India.

★ **BIBIO.** m. ZOOL. Género de insectos dípteros; sus larvas viven e invernan en las tierras cultivadas o en las materias en putrefacción.

BIBIR. tr. ant. Beber.

★ **BIBIRÚ.** m. BOT. VENEZ. Bebeerú.

BIBLIA. (l. *biblia*, y éste del gr. βιβλία, libros.) f. Sagrada Escritura o sea los libros canónicos del Antiguo y Nuevo Testamento. || **2.** AMÉR. CENTRAL. Astucia, maña. || **P.** biblia; **I.** y **F.** Bible; **A.** Bibel; **It.** Biblia; **R.** библия.

BÍBLICO, CA. adj. Perteneciente o relativo a la Biblia. || **P.** bíblico; **I.** biblical; **F.** biblique; **A.** biblisch; **It.** biblico; **R.** библейский.

BIBLIOFILIA. (De *bibliófilo*.) f. Pasión por los libros, generalmente por los raros.

BIBLIÓFILO. (gr. βιβλίον, libro, y φίλος, amigo.) m. El aficionado a las ediciones originales, más correctas o más raras. || **P.** bibliófilo; **I.** bibliophile; **F.** bibliophile; **A.** Bücherfreund; **It.** bibliòfilo; **R.** библиофил.

★ **BIBLIOGNÓSTICA.** f. Ciencia que da a conocer los libros, más bien por su aspecto material que por el literario.

BIBLIOGRAFÍA. (gr. βιβλιογραφία, copia de libros.) f. Descripción, conocimiento de libros, de sus ediciones, etc. || **2.** Relación de libros o escritos referentes a una materia determinada. || **P.** e **It.** bibliografia; **I.** bibliography; **F.** bibliographie; **A.** Bücherkunde; **R.** библиография.

BIBLIOGRÁFICO, CA. adj. Perteneciente o relativo a la bibliografía.

BIBLIÓGRAFO. (gr. βιβλιογράφος, copista; de βιβλίον, libro, y γράφω, escribir.) m. El que posee gran conocimiento de libros o los describe. || **P.** e **It.** bibliògrafo; **I.** bibliographer; **F.** bibliographe; **A.** Bibliograph; **R.** библиограф.

★ **BIBLIOLATRÍA.** f. Culto a los libros. ||

2. Entre los protestantes, adhesión excesiva a la Biblia.

BIBLIOLOGÍA. (gr. βιβλίον, libro, y λέγω, tratar.) f. Estudio general del libro en su aspecto histórico y técnico.

BIBLIOMANÍA. (gr. βιβλίον, libro, y μανία, locura, pasión violenta.) f. Pasión de tener libros raros, o los pertenecientes a tal o cual ramo, más por manía que por instruirse. || **P.** e **It.** bibliomania; **F.** bibliomanie; **A.** Bibliomanie; **It.** bibliomania; **R.** библиомания.

BIBLIÓMANO. m. El que tiene bibliomanía.

BIBLIOPOLA. (gr. βιβλίον, libro, y πωλέω, vender.) m. Vendedor de libros.

★ **BIBLIORATO.** m. ARGENT. Carpeta, cartera o cartapacio, que se emplea para guardar cartas, facturas, etc.

★ **BIBLIÓTAFO.** m. Bibliómano, que no deja leer a nadie el libro raro que posee.

BIBLIOTECA. (l. *bibliothēca*, y éste del gr. βιβλιοθήκη; de βιβλίον, libro, y θήκη, caja.) f. Lugar donde se tiene considerable número de libros ordenados para la lectura. || **2.** Conjunto de estos libros. || **3.** Obra en que se da cuenta de los escritores de una nación o de un ramo del saber y de las obras que han escrito. || **4.** Colección de libros o tratados semejantes entre sí. ||—**circulante.** Aquella cuyos libros pueden prestarse a los lectores bajo ciertas condiciones. || **P.** e **It.** biblioteca; **I.** bibliotec, library; **F.** bibliothèque; **A.** Bibliothek; **R.** библиотека.

BIBLIOTECARIO, RIA. m. y f. Persona que tiene a su cargo la biblioteca. || **P.** bibliotecário; **I.** bibliotecary, librarian; **F.** bibliothécaire; **A.** Bibliothekar; **It.** bibliotecario; **R.** библиотекарь.

★ **BIBONA.** f. BOT. CUBA. Especie de aralia, árbol silvestre que crece en las sierras. Su madera es blanca.

BICAL. (fr. *bécard*.) m. Salmón macho.

★ **BICAMARISTA.** adj. ARGENT. Bicameral.

BICARBONATO. (De *bis*, 2.ª acep., y *carbonato*.) m. QUÍM. Sal formada por una base y por ácido carbónico en doble cantidad que en los carbonatos neutros. || **P.** e **It.** bicarbonato; **I.** y **F.** bicarbonate; **A.** doppeltkohlensaures Salz; **R.** бикарбонат.

BICÉFALO, LA. (l. *bis*, dos veces, y el gr. κεφαλή, cabeza.) adj. Bicípite. || **P.** bicéfalo; **I.** bicephalous; **F.** bicéphale; **A.** zweiköpfig; **It.** bicéfalo; **R.** двуглавый.

BÍCEPS. (l. *biceps*; de *bis*, dos, y *caput*, cabeza.) adj. ZOOL. De dos cabezas, dos puntas, dos cimas o cabos. || **2.** ZOOL. Se aplica a los músculos pares que tienen por arriba dos porciones o cabezas. Ú.t.c.s. ||—**braquial.** ZOOL. El que va desde el omóplato a la parte superior del radio, y al contraerse dobla el antebrazo sobre el brazo. ||—**femoral.** ZOOL. El que está situado en la parte posterior del muslo y contrayéndole, dobla la pierna sobre éste.

BICERRA. (l. *ibicaria*, de *ibex*, -*icis*, cabra silvestre.) f. Especie de cabra montés, de cuernos levantados, con la frente y barbas manchadas de blanco.

BICICLETA. f. Velocípedo de dos ruedas iguales y más pequeño que el biciclo. || **P.** bicicleta; **I.** bicycle; **F.** bicyclette; **A.** Fahrrad; **It.** bicicletta; **R.** велосипед.

★ **BICICLETERÍA.** f. AMÉR. Comercio de bicicletas.

BICICLO. (l. *bis*, dos, y *cyclus*, rueda.) m. Velocípedo de dos ruedas. || **P.** e **It.** biciclo; **I.** y **F.** bicycle; **A.** Zweirad. **R.** велосипед.

BICÍPITE. (l. *biceps*, -*ipitis*.) adj. Bicéfalo. Se dice de lo que tiene dos cabezas.

BICOCA. (ital. *bicocca*, y éste de la batalla y lugar de *Bicocca*.) f. ant. Fortificación pequeña y de poca defensa. || **2.** fig. y fam. Cosa de poca estima y precio.

★ **BICOCA.** f. CHILE y ARGENT. Solideo. || **2.** CHILE. Capirotazo.

BICOLOR. (l. *bicolor*; de *bis*, dos, y *color*, color.) adj. Se dice de lo que tiene dos colores. || **P.** bicolor; **I.** bicolour; **F.** e **It.** bicolore; **A.** zweifarbig; **R.** двухцветный.

BICÓNCAVO, VA. (De *bis*, 2.ª acep., y *cóncavo*.) adj. GEOM. Se dice del cuerpo que tiene dos superficies cóncavas opuestas. || **P.** bicôncavo; **I.** y **F.** biconcave; **A.**

B bikonkav; **It.** biconcavo; **R.** двояковогнутый.

BICONVEXO, XA. (De *bis,* 2.ª acep., y *convexo.*) adj. GEOM. Se dice del cuerpo que tiene dos superficies convexas opuestas. || **P.** biconvexo; **I.** biconvex; **F.** biconvexe; **A.** bikonvex; **It.** biconvesso; **R.** двояковыпуклый.

* **BICOQUETA.** f. PERÚ. Gorro usado por los religiosos de algunas órdenes. || **2.** PERÚ. Bicoquete o papalina.

BICOQUETE. (fr. *bicoquet.*) m. Papalina, 1.er art., 2.ª acep.

BICOQUÍN. m. Bicoquete.

BICORNE. (l. *bicornis;* de *bis,* dos, y *cornu,* cuerno.) adj. poét. De dos cuernos o puntas. || **P.** bicórneo; **I.** bicornous; **F.** e **It.** bicorne; **A.** zweihörnig; **R.** двурогий.

BICOS. (célt. *beccus,* pico.) m. pl. Ciertas puntillas de oro que se ponían en los birretes de terciopelo con que antes se cubría la cabeza.

* **BICUARZO.** m. Conjunto de dos prismas unidos de cuarzo.

BICUENTO. (De *bis,* 2.ª acep., y *cuento.*) m. ARIT. Billón.

* **BICUIBA.** f. BOT. Árbol miristicáceo del Brasil de fruto parecido a la nuez, de usos medicinales.

BICÚSPIDE. adj. Se dice de lo que tiene dos cúspides. Ú.m. en odontología.

BICHA. (Del dialect. *bicha,* y éste del l. *bĕstia,* bestia.) f. ant. Bicho. Ú. en Colombia. || **2.** fam. Entre personas supersticiosas, culebra, porque creen de mal agüero el pronunciar este nombre. || **3.** ARQ. Figura fantástica, de forma de mujer de medio cuerpo para arriba y el resto de pez, se emplea como objeto de ornamentación. || **4.** MÉJ. Figura de mujer en candeleros y otras cosas. || **5.** VENEZ. Pieza con que se cierra una partida de dominó.

* **BICHADERO.** m. R. DE LA PLATA. Atalaya.

* **BICHAR.** tr. VENEZ. Labrar un madero.

* **BICHARÁ.** adj. R. DE LA PLATA. Poncho descolorido o de tejido basto. Ú.t.c.s.

* **BICHARRA.** f. PERÚ. Cocina de barro.

BICHARRACO. m. despect. de bicho.

* **BICHE.** adj. COLOM. Se dice de las frutas verdes y de las personas débiles. || **2.** MÉJ. Fofo. || **3.** m. PERÚ. Olla de tamaño grande.

* **BICHEADERO.** m. R. DE LA PLATA. Torre en lugar alto, atalaya, lugar desde donde se descubre mucho espacio.

* **BICHEADOR, RA.** adj. R. DE LA PLATA. Que bichea. Ú.t.c.s.

* **BICHEAR.** tr. R. DE LA PLATA. Espiar. Ú.t.c.intr. || **2.** GERM. Escamotear.

* **BICHENTO, TA.** adj. PERÚ. Envidioso. || **2.** COLOM. Raquítico.

* **BICHERA.** f. URUG. Llaga o úlcera en la piel del ganado. || **2.** COLOM. Diarrea de las aves.

BICHERO. m. MAR. Asta larga que en uno de los extremos tiene un hierro de punta y gancho, y sirve en las embarcaciones menores para atracar y desatracar. || **P.** bicheiro; **I.** boat-hook; **F.** gaffe; **A.** Bootshaken; **It.** gancio, gaffa; **R.** багор.

* **BICHÍN, NA.** adj. HOND. Aplícase a la persona o animal con un labio roto.

BICHO. (Del dialect. *bicho,* y éste del l. *bĕstius,* bestia.) m. Cualquiera sabandija o animal pequeño. || **2.** Toro de lidia. || **3.** Animal, especialmente el doméstico. || **4.** fig. Persona de figura ridícula. || **5.** CUBA. Por antonomasia, el animalillo que producen los huevecillos que deposita la mosca verde en la herida o llaga del ganado. || **6.** PERÚ. Enojo, despecho. || **—de cesto o de canasto.** ZOOL. ARGENT. Mariposa perjudicial para la agricultura. || **—colorado.** ZOOL. R. DE LA PLATA. Acárido trombídico que abunda en la Argentina y en la piel produce una comezón muy molesta. || **—de los pies.** BRASIL. Nigua. || **—mono.** ZOOL. ARGENT. Insecto coleóptero parecido a la cantárida que vive parásito en ciertas plantas. || *Mal* BICHO. fig. Persona de mala intención. || **P.** bicho; **I.** grub, bug, vermin; **F.** bestiole; **A.** Ungeziefer; **It.** bestiola; **R.** насекомое.

* **BICHO, CHA.** m. y f. GUAT. Muchacho, chico.

BICHOCO, CA. adj. ARGENT. y CHILE. Se dice del caballo que apenas puede moverse. Se aplica también a las personas en estas condiciones. || **2.** fam. R. DE LA PLATA. Se dice de quien por su avanzada edad tiene torpes las piernas.

* **BICHOFEO.** m. R. DE LA PLATA. Benteveo.

* **BICHOQUERA.** f. R. DE LA PLATA. Dolencia del animal bichoco.

* **BICHORNO.** m. CUBA. Pajurria.

* **BICHORONGA.** f. VENEZ. Cosa insignificante. || **2.** VENEZ. Ramera.

BICHOZNO. (De *bis,* 2.ª acep., y *chozno.*) m. Quinto nieto, hijo del cuadrinieto.

* **BICHUNGA.** f. ECUAD. Ajustador de prendas.

BIDÉ. (fr. *bidet,* y éste del célt. *bid,* pequeño.) m. Mueble de tocador que encierra una cubeta de forma alargada, sobre la cual puede una persona colocarse a horcajadas para lavarse. || **P.** e **It.** bidè; **I.** y **F.** bidet; **A.** Bidet; **R.** раковина.

* **BIDEL.** m. CUBA. Bidé.

BIDENTE. (l. *bidens, -entis;* de *bis,* dos, y *dens,* diente.) adj. poét. De dos dientes. || **2.** m. Palo largo con una cuchilla en forma de media luna que usaban los primitivos españoles. || **3.** poét. Especie de azada o azadón de dos dientes. || **P.** bidentado; **I.** y **F.** bident; **A.** zweizahnig; **It.** bidente; **R.** заступ.

BIDMA. (l. *epithĕma,* y éste del gr. ἐπίθεμα, de ἐπιτίθημι, poner encima o sobre.) f. ant. Bizma.

° **BIDÓN.** m. Vasija metálica de regular capacidad para contener líquidos.

BIELA. (fr. *bielle.*) f. Barra que en las máquinas sirve para transformar el movimiento de vaivén en otro de rotación o a la inversa. || **P.** biela; **I.** brace-strut; **F.** bielle; **A.** Treibstange; Lenker; **It.** biella; **R.** шатун.

BIELDA. (De *beldar.*) f. Instrumento agrícola que sirve para recoger y cargar la paja. || **2.** Acción de beldar. || **P.** forcado; **I.** pitchfork; **F.** râteau; **A.** Rechen, Jarke; **It.** forca; **R.** грабли.

BIELDAR. tr. Beldar.

BIELDO. (De *beldar.*) m. Instrumento compuesto de un palo con otro atravesado a uno de los extremos de aquél y de cuatro fijos en el transversal, en figura de dientes.

BIELGA. (l. *mĕrga,* horca, cruzado con bieldo.) f. AND. Bieldo de dobles dimensiones que el ordinario y que se emplea para hacer los pajares.

BIELGO. (De *bielga.*) m. Bieldo.

BIEN. (l. *bene,* bien.) m. Aquello que en sí mismo tiene el complemento de la perfección de su propio género, o lo que es objeto de la voluntad, que no puede moverse sino por el BIEN, sea verdadero o falso. BIEN *sumo sólo lo es Dios.* || **2.** Utilidad, beneficio. || **3.** adv. Según es debido, de buena manera. || **4.** Según se apetece, felizmente. || **5.** De buena gana. || **6.** Sin inconveniente o dificultad. BIEN *puedes creerlo.* || **7.** A veces equivale a bastantemente, modificando la significación del verbo, y también a muy, si califica la de adverbios o adjetivos. || **8.** Se usa con algunos participios pasivos, casi a manera de prefijo. || **9.** Se emplea para denotar el cálculo aproximado, y en este caso equivale a seguramente, y va siempre antepuesto al verbo. BIEN *podríamos marcharnos.* || **10.** Denota a veces condescendencia. || **11.** Repetido, hace las veces de conjunción distributiva. || **12.** m. pl. Hacienda, riqueza. || **Bienes acensurados.** FOR. Bienes raíces gravados con algún censo. || **—adventicios.** FOR. Los que el hijo de familia que está bajo la patria potestad adquiere por su trabajo, y los que hereda de propios y extraños. || **—alodiales.** FOR. Los que están libres de toda carga. || **—castrenses.** FOR. Los que adquiere el hijo de familia por milicia o con ocasión del servicio militar. || **—comunales** o **concejiles.** Los que pertenecen al común de algún pueblo. || **—cuasi castrenses.** FOR. Los que adquiere el hijo de familia ejerciendo cargo público o arte liberal. || **—de abolengo.** Los heredados de los abuelos. || **—de aprovechamiento común.** Los comunales que en cuanto a la propiedad pertenecen a un pueblo y en cuanto al uso a todos y cada uno de los vecinos. || **—de ninguno.** Los que nunca han pertenecido a nadie o están abandonados por su dueño. || **—dotales.** FOR. Los que constituyen la dote de la mujer en el matrimonio. || **—forales.** FOR. Los que concede el dueño a otra persona, reservándose el dominio directo por algún tiempo, mediante el pago de una renta mensual. || **—fungibles.** FOR. Los muebles de que no puede hacerse uso sin consumirlos y aquellos en reemplazo de los cuales se admite legalmente otro tanto de igual calidad. || **—gananciales.** Los adquiridos por el marido o la mujer durante la sociedad conyugal. **—heridos.** Los que están gravados ya por alguna carga. || **—libres.** Los que no están vinculados y los que no tienen ninguna otra carga. || **—mostrencos.** Los muebles o los semovientes que por no tener dueño conocido pasan al Estado. Todos los que carecen de dueño conocido. || **—muebles.** Los que pueden trasladarse de un lugar a otro sin menoscabo de la cosa inmueble que los contiene. || **—nacionales.** Los que posee el Estado. || **—parafernales.** Los que lleva la mujer al matrimonio fuera de la dote y los que adquiere durante él por título lucrativo, como herencia o donación. || **—profecticios.** Los que adquiere el hijo que vive bajo la patria potestad con los de su padre o le vienen por respecto de éste. || **—raíces.** Las tierras, edificios y minas y otros a los que atribuye la ley consideración de inmuebles. || **—relictos.** Los que dejó alguno o quedaron de él a su fallecimiento. || **—reservables,** o **reservativos.** FOR. Los heredados bajo precepto legal de que pasen después a otra persona en casos determinados. || **—semovientes.** Los que consisten en ganados. || **—vacantes.** Los que no tienen dueño conocido. || *A* BIEN *que.* m. adv. Por fortuna. Ú. en frs. de sentido concesivo. || BIEN *a* BIEN. m. adv. De buen grado. || BIEN *así como,* o BIEN *como.* m. adv. y conjunt. Así como, de igual modo. || BIEN *haya quien a los suyos se parece.* ref. que se dice de los que ejecutan algunas acciones semejantes a las que ejecutaron sus padres o parientes. || *Cuando viene el* BIEN, *mételo en tu casa.* ref. que nos enseña a no despreciar la buena suerte. || *De* BIEN *en mejor.* m. adv. Acertadamente. || *Decir mil* BIENES *de uno.* fr. fig. y fam. Alabarle mucho. || *Del* BIEN *al mal no hay un canto de real.* ref. que advierte lo cerca que está el mal del bien. || *Desamparar uno los* BIENES. fr. FOR. Hacer cesión de ellos a los acreedores. || *Ejecutar en los* BIENES *a uno.* fr. FOR. Venderlos para pagar a los acreedores. || *El* BIEN *no es conocido hasta que es perdido.* ref. que denota el gran aprecio que debe hacerse de la buena suerte, por los daños que se experimentan cuando se la pierde. || *El* BIEN *o el mal a la cara sal,* o *sale.* ref. que da a entender que la buena o mala disposición de ánimo se manifiesta en el semblante. || *El* BIEN *suena y el mal vuela.* ref. que da a entender que se saben antes las cosas malas que las buenas. || *Hacer* BIEN. fr. Beneficiar. || *Hacer* BIEN, *nunca se pierde.* ref. que enseña lo mucho que importa hacer obras buenas, que siempre traen alguna utilidad, aunque sean mal correspondidas. || *Haz* BIEN *y guárdate.* ref. que da a entender la ordinaria ingratitud de los hombres. || *Haz* BIEN *y no te cates,* o *no mires a quien.* ref. que indica que el bien se ha de hacer desinteresadamente. || *No* BIEN. m. conjunt. Apenas, al punto que. || *No hay* BIEN *ni mal que cien años dure.* ref. con que se procura consolar al que padece. || *Por* BIEN *de paz.* Por camino amistoso. || *Pues* BIEN. m. conjuntivo, que se usa para admitir o conceder algo. || *Quien quisiere el* BIEN, *no lo merezca.* ref. que indica que a veces alcanzan los bienes de fortuna quienes menos los merecen. || *Si* BIEN. m. conjunt. que se emplea para contraponer un concepto a otro, equivale a *aunque.* || *Tener* a uno *a* BIEN, o *por* BIEN. fr. Estimar justo o conveniente. || Y BIEN. expr. que sirve para introducirse a preguntar algo. || **P.** bem, **I.** good; **F.** bien; **A.** Gut, Wohl; **It.** bene; **R.** хорошо. || 12.ª acep.: **P.** bens; **I.** estate; **F.** biens; **A.** Vermögen; **It.** beni; **R.** добро.

BIENAL. (l. *biennālis;* de *bis,* dos veces,

y *annălis*, anual.) adj. Que se repite cada bienio. || **2.** Que dura un bienio.

BIENALMENTE. adv. Cada dos años.

BIENANDANCIA. f. ant. Bienandanza.

BIENANDANTE. (De *bien* y *andante*, p.a. de *andar*.) adj. Feliz, dichoso, afortunado.

BIENANDANZA. (De *bien* y *andanza*.) f. Felicidad, dicha, fortuna en los sucesos.

BIENAPARENTE. (De *bien* y *aparente*.) adj. ant. Bien parecido.

BIENAVENTURADAMENTE. adv. Con felicidad.

BIENAVENTURADO, DA. p.p. del ant. bienaventurar. || **2.** adj. Que goza de Dios en el cielo. Ú.t.c.s. || **3.** Afortunado, feliz. || **4.** irón. Se dice de la persona demasiado sencilla o cándida. Ú.t.c.s.

BIENAVENTURANZA. (De *bienaventurar*.) f. Vista y posesión de Dios en el cielo. || **2.** Felicidad humana. || **3.** pl. Las ocho felicidades que manifestó Cristo a sus discípulos para que aspirasen a ellas. || **P.** bem-aventurança; **It.** beatitude; **F.** béatitude: **A.** Glückseligkeit; **It.** beatitúdine; **R.** блаженство.

BIENAVENTURAR. (De *bien* y *aventura*.) tr. ant. Hacer bienaventurado a uno.

BIENESTAR. (De *bien* y *estar*.) m. Comodidad, 2.ª acep. || **2.** Vida holgada. || **P.** bem-estar; **I.** well-being, comfort; **F.** bien-être; **A.** Wohlsein, Wohlstand; **It.** benestare, benessere; **R.** благосостояние.

BIENFACER. (De *bien* y *facer*.) m. ant. Beneficio.

BIENFAMADO, DA. adj. ant. De buena fama.

BIENFECHO. (De *bienfacer*.) m. ant. Beneficio.

BIENFECHOR, RA. (De *bien* y *fechor*.) adj. ant. Bienhechor. Usáb.t.c.s.

BIENFECHORÍA. (De *bien* y *fechoría*.) f. ant. Beneficencia.

BIENFETRÍA. (De *benefactoría*.) f. ant. Behetría.

BIENFORTUNADO, DA. adj. Afortunado, 2.ª acep.

BIENGRANADA. (De *bien* y *granada*.) f. Planta aromática quenopodiácea, con hojas medio hendidas y flores de color bermejo que nacen en racimos pequeños junto a las hojas.

BIENHABLADO, DA. adj. Se dice del que habla cortésmente y sin murmurar.

BIENHACIENTE. (De *bien* y *haciente*.) adj. ant. Bienhechor.

BIENHADADO, DA. (De *bien* y *hadado*, de *hado*.) adj. Bienafortunado.

BIENHECHOR, RA. (De *bienfechor*.) adj. Se dice del que hace bien a otro. Ú.t.c.s. || **P.** benfeitor; **I.** benefactor; **F.** bienfaiteur; **A.** Wohltäter; **It.** benefattore; **R.** благодетель.

★ BIENHECHURÍA. f. Mejora que el arrendatario lleva a cabo en una finca.

BIENINTENCIONADAMENTE. adv. Con buena intención.

BIENINTENCIONADO, DA. (De *bien* e *intencionado*.) adj. Se dice del que tiene buena intención.

BIENIO. (l. *biennium*; de *bis*, dos, y *annus*, año.) m. Tiempo de dos años.

BIENLLEGADA. (De *bien* y *llegada*.) f. Bienvenida.

BIENMANDADO, DA. (De *bien* y *mandado*.) adj. Obediente, sumiso.

BIENMERECIENTE. (De *bien* y *mereciente*.) adj. ant. Benemérito.

BIENMESABE. (De *bien* y *me sabe*.) m. Dulce de claras de huevo y azúcar clarificado.

BIENOLIENTE. (De *bien* y *oliente*.) adj. Fragante.

BIENPLACIENTE. (De *bien* y *placiente*.) adj. ant. Muy agradable.

BIENQUERENCIA. (De *bienquerer*, 2.º art.) f. Buena voluntad, cariño.

BIENQUERER. (De *bienquerer*, 2.º art.) m. Bienquerencia.

BIENQUERER. (De *bien* y *querer*.) tr. Querer bien, estimar.

BIENQUERIENTE. p.a. de bienquerer. Que bien quiere.

BIENQUIRIENTE. p.a. de ant. de bienquerer. || **2.** Bienqueriente.

BIENQUISTAR. (De *bienquisto*.) tr.

Poner bien a una o varias personas con otra u otras. Ú.t.c.r.

BIENQUISTO, TA. (De *bien* y *quisto*.) p.p. irreg. de bienquerer. || **2.** adj. De buena fama.

BIENTEVEO. (De *bien* y *te veo*.) m. Candelecho. || **2.** ZOOL. Benteveo.

BIENVENIDA. f. Venida o llegada feliz. || **2.** Parabién que se da a uno por haber llegado con felicidad. || **P.** boasvindas; **I.** welcome; **F.** bienvenue; **A.** Willkommen; **It.** benvenuto; **R.** благополучное прибытие.

BIENVENIDO, MA. adj. Bienvenida.

BIENVISTA. (De *bien* y *vista*.) f. ant. Juicio prudente o buen parecer.

BIENVIVIENTE. p.a. ant. de bienvivir. Que bienvive.

BIENVIVIR. intr. Vivir con holgura. || **2.** Vivir honestamente.

BIENZA. f. AR. Binza, 1.ª y 3.ª aceps.

BIERVA. (l. *priva*, privada.) f. AST. Vaca a quien se ha quitado o ha perdido la cría y sigue dando leche.

BIERZO. n. p. V. *Carga del* BIERZO. || **2.** m. Lienzo labrado en el Bierzo, territorio de la provincia de León.

BIFÁSICO, CA. adj. Fís. Se dice de un sistema de dos corrientes eléctricas alternas iguales, procedentes del mismo generador y desplazadas en el tiempo un semiperíodo.

° BIFE. m. AGENT. Bistec. || **2.** fig. ARGENT. Bofetada. || **3.** fig. y fam. Escocedura en las nalgas como consecuencia de haber cabalgado durante mucho tiempo.

BÍFERO, RA. (l. *bifĕrus*; de *bis*, dos veces, y *ferre*, llevar.) adj. BOT. Se dice de la planta que fructifica dos veces al año.

BÍFIDO, DA. (l. *bifĭdus*, partido en dos.) adj. BOT. Hendido en dos partes. || **P.** bífido; **I.** bifid, bifidate; **F.** bifide; **A.** Zweispaltig; **It.** bífido; **R.** рассеканный.

BIFLORO, RA. (l. *bis*, dos, y *flos*, *flŏris*, flor.) adj. Se dice de la planta que encierra o tiene dos flores.

BIFOCAL. adj. ÓPT. Se dice de lo que tiene dos focos. Se aplica principalmente a las lentes que tienen una parte adecuada para corregir la visión a corta distancia y otra para lejos.

BIFORME. (l. *biformis*; de *bis*, dos y *forma*, figura.) adj. De dos formas.

★ BIFOSFURO. m. QUÍM. Combinación del fósforo con otro cuerpo simple, en la cual entra aquél en doble cantidad que en el fosfuro.

BIFRONTE. (l. *bifrons*, *-ontis*; de *bis*, dos, y *frons*, frente.) adj. Se aplica a lo que tiene dos frentes o dos caras. || **P.** e **It.** bifronte; **I.** bifronted; **F.** bifrons; **A.** zweistirnig; **R.** двухлицовый.

★ BIFTEC. m. Bistec.

★ BIFTEQUERA. f. CHILE. Plancha de hierro para asar bistecs.

BIFURCACIÓN. (l. *bifurcatio*, *-ōnis*.) f. Acción y efecto de bifurcarse. || **P.** bifurcação; **I.** y **F.** bifurcation; **A.** Gabelung, Verzweigung; **It.** bifurcazione; **R.** разветвление.

BIFURCADO, DA. p.p. de bifurcarse. || **2.** adj. De figura de horquilla.

BIFURCARSE. (l. *bifurcus*, ahorquillado; de *bis*, dos, y *furca*, horca.) r. Dividirse en dos ramales, brazos o puntas una cosa. || **P.** bifurcar-se; **I.** to branch off; **F.** se bifurquer; **A.** sich verzweigen; **It.** biforcarsi; **R.** разветвляться.

BIGA. (l. *biga*.) f. Carro de dos caballos. || **2.** poét. Tronco de caballos que tiran de la biga. || **P.**, **I.** e **It.** biga; **F.** bige; **A.** Zweigespann; **R.** двуколка.

BIGAMIA. (De *bígamo*.) f. FOR. Estado de un hombre casado con dos mujeres al mismo tiempo, o de la mujer casada con dos hombres. || **2.** FOR. Segundo matrimonio que contrae el que sobrevive de los consortes. || **—interpretativa.** La que resulta del matrimonio con una mujer que notoriamente ha perdido su virginidad, bien por haberse prostituido, bien por haberse declarado nulo su primer matrimonio. || **—similitudinaria.** Entre los canonistas, aquella de que se hace reo un religioso profeso o un clérigo casándose de hecho, aunque de derecho sea nulo su matrimonio. || **P.** e **It.** bigamia; **I.** bigamy; **F.** bigamie; **A.** Doppelehe; **R.** двоеженство.

BÍGAMO, MA. (l. *bis*, dos, y el gr. γάμος, casamiento, latinizado por San Isidoro, en *bigāmus*, casado con dos.) adj. Se dice del que se casa por segunda vez viviendo el primer cónyuge. Ú.t.c.s. || **2.** Casado con viuda o casada con viudo. Ú.t.c.s.

BIGARDA. f. LEÓN. Billalda.

BIGARDEAR. (De *bigardo*.) intr. fam. Andar uno vago o mal entretenido.

BIGARDÍA. f. Burla, disimulación.

BIGARDO, DA. (De *begardo*.) adj. fig. Se solía aplicar a los frailes desenvueltos y de vida libre. Usáb.t.c.s. || **2.** fig. Vago. Ú.t.c.s.

BÍGARO. m. Caracol marino de concha blanquecina. Su carne es poco estimada.

BIGARRADO, DA. adj. Abigarrado.

BIGARRO. m. Bígaro. || **2.** VENEZ. Toro grande y salvaje.

BIGATO. (l. *bigātus*.) m. Moneda antigua romana de plata, que representa en el reverso una biga.

BIGNONIA. (Por haber sido dedicada a *Bignon*, bibliotecario de Luis XIV.) f. Planta exótica trepadora. || **P.** bignonia; **I.** bignonia; **F.** bignonie; **A.** Trompetenblume, Biginie; **It.** bignonia.

BIGNONIÁCEO. (De *bignonia*, nombre de un género de plantas.) adj. BOT. Se dice de las plantas arbóreas angiospermas, dicotiledóneas, de hojas en general compuestas y cáliz de una pieza con cinco divisiones. Tiene cuatro estambres fértiles y uno estéril. Ú.t.c.s.f. || **2.** f. pl. BOT. Familia de estas plantas.

BIGORNETA. f. d. de bigornia.

BIGORNIA. (l. *bicŏrnia*, pl. n. de *bicŏrnius*, de dos cuernos.) f. Yunque con dos puntas opuestas. || *Los de* BIGORNIA. GERM. Los guapos que andan en cuadrilla para hacerse temer. || **P.** bigorna; **I.** anvil; **F.** bigorne; **A.** Spitzamboss; **It.** bicornia; **R.** наковальня.

BIGORNIO. (De *bigornia*.) m. GERM. Guapo o valentón de los que andan en cuadrilla.

BIGORRELLA. f. Piedra que sirve para calar las collas.

BIGOTE. m. Pelo que nace sobre el labio superior. Ú.t. en pl. || **2.** IMPR. Línea horizontal, generalmente de adorno, gruesa por el medio y delgada en los extremos. || **3.** MIN. Abertura semicircular que los hornos de cuba tienen en la delantera, para que salga la escoria fundida. || **4.** pl. MIN. Llamas que salen por esta abertura. || **5.** MIN. Infiltraciones del metal en las grietas de lo interior del horno. || *El* BIGOTE *al ojo, aunque no haya un cuarto*. loc. fig. y fam. Se aplica a los que con cortos medios quieren ostentar superioridad. || *No tener malos* BIGOTES. fr. fig. y fam. con que se da a entender que una mujer es bien parecida. || *Tener* uno BIGOTES. fr. fig. y fam. Tener constancia en las resoluciones y no dejarse manejar fácilmente. || **P.** bigode; **I.** mustache; **F.** moustache; **A.** Schnurrbart; **It.** baffo, mustacchio; **R.** усы.

BIGOTERA. f. Tira de gamuza suave con que se cubren los bigotes para que no se descompongan. || **2.** Bocera de vino o de otro licor, que cuando se bebe queda en el labio de arriba. Úm. en pl. || **3.** Asiento estrecho que se pone enfrente de la testera en las berlinas y otros coches. || **4.** Compás pequeño. || **5.** MURC. Añadido que suele ponerse a las galeras y tartanas unido por delante a la tienda, con fuelle para guarecerse del sol y de la lluvia. || *Pegar* uno *una* BIGOTERA. fr. fig. y fam. Estafarle.

BIGOTUDO, DA. adj. Se dice del que tiene mucho bigote.

★ BIGUÁ. m. ZOOL. R. DE LA PLATA y BRASIL. Ave palmípeda, especie de cuervo marino de color negro con alguna mezcla blanca en el cuello y cabeza.

° BIGUDÍ. m. Especie de hebilla con que se recogen el cabello las mujeres.

BIJA. (Del caribe, *bija*, encarnado, rojo.) f. Árbol bixáceo de flores rojas, fruto carnoso del que, cocido, se saca una bebida medicinal, y de la semilla una substancia de color rojo que se usa en pintura y tintorería. || **2.** Fruto de este árbol. || **3.** Semilla de este árbol. || **4.** Pasta que se prepara con esta semilla. || **5.** Pasta hecha con bermellón, que los indios americanos usaban para pintarse.

B ★ **BIJAGUA.** f. Bot. Cuba. Planta marantácea de hojas grandes que se emplean para envolturas.
★ **BIJAGUAL.** m. Cuba. Terreno poblado de bijaguas.
★ **BIJAGUARA.** f. Bot. Cuba. *Colubrina ferruginea*, ramanácea, árbol silvestre de gran elevación; su madera, de color almagrado, es dura y útil para construcciones.
★ **BIJAGUARAL.** m. Cuba. Terreno poblado de bijáguaras.
★ **BIJAO.** m. Bot. Amér. Planta musácea.
★ **BIJAURA.** f. Bot. Cuba. Floripondio, arbusto solanáceo.
★ **BIJIRITA.** f. Zool. Cuba. Pájaro sílvido, de tamaño y figura como el canario, pero de color aceitunado. ‖ 2. Cuba. Cometa. ‖ 3. Cuba. Cubano hijo de padre español.
★ **BIJORRIA.** f. Rep. Domin. Molestia.
★ **BILABARQUÍN.** m. Ecuad. Berbiquí.
★ **BILABIADO, DA.** adj. Bot. Se dice del cáliz o corola cuyo tubo se halla dividido por la superior en dos partes. ‖ P. bilabiado; I. bilabiate; F. bilabié; A. zweilippig; It. bilabiato; R. двугубный.
BILABIAL. (De *bis*, 2.ª acep. y *labio*.) adj. Se dice del sonido en cuya pronunciación intervienen los dos labios, como la *p.* ‖ 2. Se dice de la letra que representa este sonido. Ú.t.c.s.f.
BILAO. m. Bandeja o batea que se hace en Filipinas con cañas.
BILATERAL. (De *bis*, 2.ª acep., y *lateral*.) adj. Perteneciente o relativo a los dos lados o partes que se consideran.
BILBAÍNO, NA. adj. Natural de Bilbao. Ú.t.c.s. ‖ 2. Perteneciente a esta villa.
BILBILITANO, NA. (l. *bilbilitānus*.) adj. Natural de Bílbilis. Ú.t.c.s. ‖ 2. Perteneciente a esta antigua ciudad. ‖ 3. Natural de Calatayud. Ú.t.c.s. ‖ 4. Perteneciente a esta ciudad.
BILIAR. adj. Perteneciente o relativo a la bilis. ‖ P. biliar ou biliário; I. biliary; F. biliaire; A. gallig; It. biliare; R. жёлчный.
BILIARIO, RIA. adj. Biliar.
BILIMBÍN. m. Arbolillo de Filipinas, oxalidáceo, de fruto comestible.
BILINGÜE. (l. *bilinguis*; de *bis*, dos, y *lingua*, lengua.) adj. Se dice del que habla dos lenguas. ‖ 2. Escrito en dos idiomas. ‖ P. y F. bilingue; I. bilingual, bilinguar; A. zweisprachig; It. bilingue, bilinguo; R. двуязычный.
BILINGÜISMO. (De *bilingüe*.) m. Uso habitual de dos lenguas en una misma región.
BILIOSO, SA. (l. *biliōsus*.) adj. Abundante de bilis. ‖ 2. Med. Se aplica a aquello en que predomina la bilis. ‖ P. e It. bilioso; I. bilious; F. bilieux; A. gallsüchtig; R. жёлчный.
BILIS. (l. *bilis*.) f. Humor algo viscoso, amarillento o verdoso, de sabor amargo y segregado por el hígado de los vertebrados. Emulsiona las grasas de los alimentos que se encuentran en el intestino, facilitando la digestión. ‖ —vitelina. La de color amarillo obscuro. ‖ *Cortar la* bilis. fr. Atenuarla. ‖ *Exaltársele* a uno la bilis. fr. fig. Irritarse. P. bilis; I. y F. bile; A. Galle; It. bile; R. жёлчь.
BILÍTERO, RA. (l. *bis*, dos, y *littěra*, letra.) adj. Que consta de dos letras.
BILMA. (De *bidma*.) f. Cuba, Chile, Méj. y Sal. Bizma.
BILMAR. (De *bilma*.) tr. Cuba, Chile, Méj. y El Salv. Bizmar.
BILOBULADO, DA. adj. Que tiene dos lóbulos.
BILOCARSE. (l. *bis*, dos, y *locāre* de *lucus*, lugar.) r. Hallarse en dos lugares distintos a un tiempo. ‖ 2. Argent. Chiflarse.
BILOGÍA. (De *bis*, 2.ª acep., y el gr. λόγος, tratado.) f. Composición o tratado literario que consta de dos partes.
★ **BILONGO.** m. Cuba. Hechicería, brujería, mal de ojo.
★ **BILONGUEAR.** tr. Cuba. Hechizar, embrujar.
★ **BILONGUERO, RA.** (De *bilonguear*.) adj. Cuba. Brujo, hechicero. Ú.t.c.s.
BILLA. (fr. *bille*, y éste del ant. al. *bickel*.) f. En el juego de billar, jugada que consiste en meter una bola en la tronera después de haber chocado con otra bola.

Llámase limpia cuando la bola que entra en la tronera es la del jugador y sucia, cuando es cualquiera otra.
BILLALDA. (De *billarda*.) f. Tala, 2.º art., 1.ª acep.
BILLAR. (fr. *billard*.) m. Juego de destreza que se ejecuta impulsando con tacos bolas de marfil en la mesa rectangular forrada de paño, rodeada de barandas elásticas (con troneras o sin ellas. ‖ 2. Casa pública o aposento privado donde están las mesas para este juego. ‖ —**romano.** Juego de salón que consiste en hacer correr unas bolitas sobre un tablero inclinado y erizado de púas o clavos, y gana el que alcanza mejores puntos, según el paradero de su bolita. ‖ P. bilhar; I. billiards; F. billard; A. Billardspiel; It. biliardo; R. бильярд.
★ **BILLARÁN.** m. P. Rico. Villarán.
BILLARDA. (fr. *billard*.) f. Billalda. ‖ 2. Hond. Trampa para coger lagartos. ‖ 3. Guat., Hond. y Méj. Trampa para pescar peces de gran tamaño.
BILLARISTA. m. Jugador de billar.
BILLETADO, DA. (De *billete*,) adj. Blas. Cartelado.
BILLETAJE. m. Conjunto o totalidad de los billetes de un teatro, tranvía, etc.
BILLETE. (fr. *billet*, y éste del l. *būlla*, sello.) m. Carta breve por lo común. ‖ 2. Tarjeta que da derecho para ocupar asiento en un lugar o viajar en un vehículo. ‖ 3. Cédula que acredita participación en una rifa o lotería. ‖ 4. Cédula que representa cantidades de numerario. ‖ 5. P. Rico y Rep. Domin. Trozo de tela para remendar. ‖ —**circular.** El de ferrocarril que da derecho a recorrer un circuito de varias estaciones con facultad de detenerse en cualquiera de ellas a condición de regresar al punto de partida. ‖ —**de banco.** Título al portador, a la vista y sin devengar interés, que autoriza a exigir del respectivo banco de emisión el pago en la moneda del valor en la cantidad que representa. ‖ —**kilométrico.** El que autoriza para recorrer por ferrocarril cierto número de kilómetros en un plazo determinado. ‖ 2.ª acep.: P. bilhete; I. ticket; F. billet; A. Billet(t), Fahrschein; It. biglietto; R. билет.
★ **BILLETERA.** f. Chile. Cartera de bolsillo para guardar billetes de Banco.
° **BILLETERO.** m. Carterita de bolsillo en la que se llevan los billetes.
BILLÓN. (De *bi*, por *bis*, dos, y la terminación de *millón*.) m. Arit. Un millón de millones. ‖ 2. En Francia y Norteamérica, un millar de millones. ‖ P. trilhão; I. one million millions; F. trillion; A. Billion; It. bilione; R. биллион.
BILLONÉSIMO, MA. (De *billón*.) adj. Arit. Se aplica a cada una de las partes, iguales entre sí, de un todo dividido, o que se considera dividido, en un billón de ellas. Ú.t.c.s. ‖ 2. Arit. Que ocupa en una serie ordenada de un billón, el último lugar.
BIMANO, NA [BÍMANO, NA.] (l. *bis*, dos, y *mǎnus*, mano.) adj. Zool. De dos manos. Se dice sólo del hombre. Ú.t.c.s. ‖ 2. m. pl. Zool. Grupo de orden de los primates, al que sólo pertenece el hombre. ‖ P. bimanos; I. bimanous; F. bimane; A. Zweihänder; It. bìmano; R. двурукий.
BIMBA. f. fam. Chistera, 3.ª acep. ‖ 2. Hond. Persona muy alta. ‖ 3. Méj. Borrachera.
BIMBALETE. (Quizá de *guimbalete*.) m. Méj. Palo redondo que se emplea para sostener tejados y otros usos. ‖ 2. Méj. Columpio. ‖ 3. Méj. Aparato para sacar agua de un pozo.
★ **BIMBO.** m. Zool. Colom. Pavo, ave gallinácea.
BIMBRAL. m. fam. Mimbreral.
BIMBRE. (De *vimbre*.) m. fam. Mimbre.
BIMEMBRE. (l. *bimembris*; de *bis*, dos, y *membrum*, miembro.) adj. Que tiene dos miembros o partes.
BIMENSUAL. (De *bis*, 2.ª acep., y *mensis*, mes.) adj. Se dice de lo que se hace u ocurre dos veces al mes.
BIMESTRAL. adj. Se dice de lo que sucede o se repite cada bimestre. ‖ 2. Que dura un bimestre.

BIMESTRE. (l. *bimestris*; de *bis*, dos, y *mensis*, mes.) adj. Bimestral. ‖ 2. m. Tiempo de dos meses. ‖ 3. Renta que se cobra o paga cada dos meses.
BIMETALISMO. (De *bis*, 2.ª acep., y *metal*.) m. Sistema monetario que admite como patrones el oro y la plata. ‖ P. e It. bimetalismo; I. bimetallism; F. bimétalisme; A. Bimetallismus; R. биметаллизм.
BIMETALISTA. adj. Propio del bimetalismo o relativo a él. ‖ 2. com. Partidiario del bimetalismo.
BIMOTOR. m. Avión provisto de dos motores.
BINA. f. Acción y efecto de binar, 1.ª y 2.ª aceps.
BINACIÓN. f. Acción de binar, 3.ª acep.
BINADOR. m. El que bina. ‖ 2. Instrumento con el que se bina, 2.ª acep.
BINADURA. f. Acción y efecto de binar, 1.ª y 2.ª aceps.
BINAR. (l. *binus*, de dos en dos.) tr. Dar segunda reja a las tierras de labor. ‖ 2. Hacer la segunda cava en las viñas. ‖ 3. intr. Celebrar un sacerdote dos misas en día festivo. ‖ P. binar; I. to replow; F. biner; A. zweibrachen; It. riarare; R. вторично пропахивать.
BINARIO, RIA. (l. *binarius*, de *binus*, doble.) adj. Compuesto de dos elementos, unidades o guarismos. ‖ P. binário; I. binary; F. binaire; A. binär; It. binario; R. двойной.
BINAZÓN. f. Bina.
★ **BINDE.** m. Colom. Tulpa. ‖ 2. Cada una de las barras que se atraviesan en fogones u hornillas.
BINGARROTE. m. Aguardiente destilado del binguí que se hace en Méjico.
BINGUÍ. m. Bebida que en Méjico extraen del tronco del maguey, asado y fermentado en una vasija que haya tenido pulque.
BINÓCULO. (l. *binus*, doble, y *ocŭlus*, ojo.) m. Anteojos con lunetas para ambos ojos. ‖ P. binóculo; I. y F. binocle; A. Binokel; It. binòcolo; R. бинокль.
BINOMIO. (De *bis*, 2.ª acep., y el gr. νομός, parte, porción.) m. Álg. Expresión compuesta de dos signos algebraicos separados por los signos más o menos. ‖ P. binómio; I. binomial; F. binôme; A. Binom; It. binomio; R. бином.
BÍNUBO, BA. (l. *binǔbus*.) adj. Casado por segunda vez. Ú.t.c.s.
BINZA. f. Fárfara, 2.º art. ‖ 2. Película que tiene la cebolla por la parte exterior. ‖ 3. Cualquier telilla del cuerpo del animal. ‖ 4. Murc. Simiente del tomate o del pimiento.
★ **BIOBLASTO.** m. Biol. Unidad orgánica elemental capaz de crecer y reproducirse. ‖ 2. Célula en formación.
BIODINÁMICA. (gr. βίος, vida, y de *dinámica*.) f. Ciencia de las fuerzas vitales.
BIOGRAFÍA. (gr. mod. βιογραφία; de βιογράφος, biógrafo.) f. Historia de la vida de una persona. ‖ P. e It. biografia; I. biography; F. biographie; A. Lebensbeschreibung; R. биография.
BIOGRAFIADO, DA. m. y f. Persona cuya vida es el objeto de una biografía.
BIOGRÁFICO, CA. adj. Perteneciente o relativo a la biografía.
BIÓGRAFO, FA. (gr. mod. βιογράφος; de βίος, vida, y γράφω, referir.) m. y f. Escritor de vidas particulares. ‖ 2. m. Amér. Cinematógrafo.
BIOLOGÍA. (De *biólogo*.) f. Ciencia que trata de los seres vivos, considerándolos en su doble aspecto morfológico y fisiológico. ‖ P. e It. biologia; I. biology; F. biologie; A. Biologie, Lebenslehre; R. биология.
BIOLÓGICO, CA. adj. Perteneciente o relativo a la biología.
BIÓLOGO. (gr. βιολόγος; de βίος, vida, y λέγω, referir.) m. El que profesa la biología o tiene especiales conocimientos en ella.
★ **BIOLUMINISCENCIA.** f. Luminiscencia propia de ciertos seres vivos, tales como luciérnagas, etc.
BIOMBO. (Del japonés *byó*, protección, y *bu*, viento.) m. Mampara compuesta por varios bastidores unidos por medio de

goznes. Se cierra, abre y despliega. ||
P. biombo; **I.** screen; **F.** paravent; **A.** spa-
nische Wand; **It.** paravento; **R.** ширмы.

BIOPSIA. (gr. βίος, vida, y ὄψις, vista.) f. MED. Examen que se hace de un
trozo de tejido tomado de un ser vivo,
generalmente para completar un diagnós-
tico. || **P.** e **It.** biopsia; **I.** biopsy; **F.**
biopsie; **A.** Probeexzision; **R.** биопсия.

BIOQUÍMICA. (gr. βίος, vida, y de
química.) f. Ciencia que estudia los fenómenos químicos en el ser vivo.

BIOQUÍMICO, CA. adj. Perteneciente o relativo a la bioquímica.

BIÓXIDO. (De *bis*, 2.ª acep, y *óxido.*)
m. QUÍM. Combinación de un radical
simple o compuesto con dos átomos de
oxígeno.

BIPARTICIÓN. (l. *bipartitio, -ōnis.*)
f. División de una cosa en dos partes.

BIPARTIDO, DA. (l. *bipartitus;* de
bis, dos veces, y *partitus*, partido.) adj.
Partido en dos, dividido en dos pedazos
o partes. Se usa en el lenguaje poético
y en el científico. || **P.** bipartido; **I.** bipar-
tite; **F.** biparti; **A.** zweiteilig; **It.** bipartito;
R. разделённый на два.

BÍPEDE. (l. *bipes, -ĕdis;* de *bis*, dos y
pes, pie.) adj. Bípedo.

BÍPEDO, DA. (l. *bipĕdus.*) adj. De
dos pies. Ú.t.c.s.m.

★ **BIPENNA.** f. ARQUEOL. Hacha de
doble filo usada como arma de guerra
por los romanos, galos y francos. || **I.**
bipennis; **F.** bipenne; **A.** zweischneidiges
Streitaxt; **It.** bipenne; **R.** палаш.

BIPLANO. (De *bis*, 2.ª acep. y *plano.*)
m. Avión con cuatro alas que, dos a dos,
forman planos paralelos.

BIPONTINO, NA. (De *Bipontium*, con
que en latín moderno se nombra la ciudad
de Dos Puentes.) adj. Natural de Dos
Puentes. (Zweibrücken.) Ú.t.c.s. || **2.** Per-
teneciente a esta ciudad alemana del Bajo
Rin, antiguamente capital del ducado y
Estado del mismo nombre.

★ **BIRARÓ.** m. BOT. R. DE LA PLATA.
Árbol bignoniáceo, parecido al lapacho.

★ **BIRIBÍ.** m. P. RICO. Fiesta en que reina
la animación y la alegría.

BIRIBÍS. (ital. *biribisso.*) m. Bisbís.

BIRICÚ. (De *bridecú.*) m. Cinto del
que penden dos correas unidas por la
parte inferior, en que se engancha el
espadín, sable, etc.

★ **BIRIJÍ.** m. BOT. CUBA. Árbol mirtáceo,
que se produce en terrenos bajos y medianos.

BIRIMBAO. (Voz imitativa del sonido
de este instrumento.) m. Instrumento
músico pequeño, que consiste en una
barrita en forma de herradura, con una
lengüeta que se hace vibrar con el índice
de la mano derecha, teniendo con la izquierda el instrumento entre los dientes.

★ **BIRIMBÍ.** adj. COLOM. Hablando de
alimentos, poco consistente y substancio-
so. || **2.** COLOM. Dícese del niño raquítico
y débil.

★ **BIRINGO, GA.** adj. COLOM. Desnu-
do. || **2.** PERÚ. m. Perro chino.

BIRLA. (De *birlar.*) f. AR. Bolo,
1.er art., 1.ª acep. || **2.** SANT. Juego de la
tala.

BIRLADOR, RA. adj. Se dice del que
birla. Ú.t.c.s. || **2.** GERM. Estafador.

BIRLAR. (De *birlo.*) tr. Tirar por segunda vez la bola en el juego de los bolos
desde el lugar donde se detuvo la primera
vez que se tiró. || **2.** fig. y fam. Matar o
derribar a uno de un golpe o disparo. ||
3. fig. y fam. Alzarse uno, por medio de
alguna intriga, con la novia de otro o con
el empleo o colocación que éste esperaba
fundadamente conseguir.

BIRLESCA. (De *birlesco.*) m. GERM.
Junta de ladrones o rufianes.

BIRLESCO. (De *birlar.*) m. GERM.
Ladrón y rufián.

BIRLÍ. m. IMPR. Parte inferior que
queda en blanco en las páginas de un
impreso. || **2.** IMPR. Ganancia que por ello
obtiene el impresor.

BIRLIBIRLOQUE. m. V. *Por arte de
BIRLIBIRLOQUE.*

BIRLO. (b. l. *pirŭlus*, d. del l. *pirum*,
pera.) m. ant. Bolo, 1.er art. || **2.** COLOM.

BIRLOCHA. (De *milocha*, infl. por
birlo o *birlar.*) f. Cometa, 2.ª acep.

BIRLOCHE. m. GERM. Birlesco. ||
2. GUAT. Birlocho.

BIRLOCHO. (ingl. *whirlicote*, carro
abierto.) m. Carruaje ligero de cuatro asientos, abierto por los costados y sin porte-
zuelas.

BIRLÓN. (De *birlo.*) m. AR. En el juego
de bolos, bolo grande que se pone en
medio.

BIRLONGA. (Del ant. fr. *berlenc*,
tabla para el juego de dados, y éste del
al. *bretling*, tabla.) f. Variedad de un juego
de naipes, llamado del hombre en el que
teniendo la espada se está obligado a
entrar. || *A la* BIRLONGA. m. adv. fig. y
fam. Al descuido. || *Andar* uno *a la* BIR-
LONGA. fr. fig. y fam. Andar a la suerte
y a lo que sale.

BIRMANO, NA. adj. Natural de Bir-
mania. Ú.t.c.s. || **2.** Perteneciente o rela-
tivo a este país de la India Transgangética.

★ **BIRONDILLA.** f. COLOM. Corte de
pelo en uso entre los campesinos.

★ **BIRONDO.** adj. ECUAD. y COLOM.
Pelado, sin dinero.

★ **BIRORTA.** f. Arte de pesca de arrastre,
con red de malla finísima.

BIRRECTÁNGULO. (De *bis*, 2.ª
acep. y *rectángulo.*) adj. GEOM. V. *Triángulo esférico* BIRRECTÁNGULO.

★ **BIRREFRINGENCIA.** f. Fís. Doble
refracción, fenómeno en que resultan
dos rayos refractados por uno incidente.

★ **BIRREFRINGENTE.** adj. Fís. Dícese de las substancias en que se produce
la doble refracción.

BIRREME. (l. *birēmis;* de *bis*, dos, y
remus, remo.) adj. De dos órdenes de
remos. Se dice de una antigua nave.
Ú.t.c.s.

BIRRETA. (l. *birrus*, rojo.) f. Bonete
cuadrangular que usan los clérigos. Suele
tener en la parte superior una bola del
mismo color que la tela, que es roja para
los cardenales, morada para los obispos
y negra para los demás.

BIRRETE. (fr. *birrete, barrette*, der. de
barre, del célt. *barr*, extremidad.) m. Bi-
rreta. || **2.** Gorro en forma prismática y
que es distintivo de los profesores de las
facultades universitarias. || **3.** Gorro con
borla de color negro que llevan en los
actos judiciales solemnes los magistrados,
jueces, relatores y abogados.

BIRRETINA. (d. de *birreta.*) f. Gorro
o birrete pequeño. || **P.** barretina; **I.** bears-
kin, busby; **F.** bonnet à poil; **A.** Grenadier-
mütze; **It.** berrettina; **R.** шапочка.

BIRRIA. f. Zaharrón, moharracho. ||
2. Mamarracho. || **3.** COLOM. Capricho,
obstinación. || *Jugar de* BIRRIA. m. ad.
COLOM. Jugar sin interés.

★ **BIRRINGA.** f. AMÉR. CENTRAL. Mujer
ligera.

★ **BIRRINGUEAR.** intr. AMÉR. CEN-
TRAL. Loquear las mujeres.

★ **BIRRIÑAQUE.** m. HOND. Bollo de
pan mal confeccionado.

★ **BIRRIÓN.** m. CUBA. Mancha de forma
alargada.

BIS. (l. *bis*, dos veces.) adv. Se emplea
en los papeles de música y en impresos
o manuscritos castellanos para dar a entender que una cosa debe repetirse o está
repetida. || **2.** prep. insep. que significa dos
veces.

★ **BIS.** m. BOT. AMÉR. Zapote.

BISABUELO, LA. (De *bis*, 2.ª acep.,
y *abuelo.*) m. y f. Respecto de una persona,
el padre o la madre de su abuelo o de su
abuela. || **P.** bisavô; **I.** great-grandfather;
F. bisaïeul; **A.** Urgrossvater; **It.** bisàvolo,
bisavo; **R.** прадед.

BISAGRA. (l. *bis-acra*, de dos puntas,
como *bicornis* y *bidens.*) f. Conjunto de
dos planchitas unidas y articuladas entre
sí que sirven para facilitar el movimiento
giratorio de las puertas. || **2.** Palo de boj,
corto y cuadrado, con algunas molduras
en los extremos, de que usan los zapateros
para alisar y dar lustre al canto de la suela
de los zapatos después de desvirada. ||
P. bisagra; **I.** hinge; **F.** charnière; **A.** Schar-
nier; **It.** cerniera; **R.** оконная петля.

BISAGÜELO, LA. m. y f. ant. Bisabuelo, la.

BISALTA. (l. *bisalta.*) adj. Se dice del
individuo de un antiguo pueblo de la Macedonia. Ú.m.c.s. y en pl.

BISALTO. m. AR. y NAV. Guisante.

° **BISAR.** tr. Repetir, a petición de los
oyentes, la ejecución de una composición
musical o parte de ella. || **2.** Repetir, en un
espectáculo público, una actuación cualquiera a instancia del auditorio.

BISARMA. (fr. *guisarme.*) f. ant. Alabarda, 1.ª acep.

BISAYO, YA. adj. Natural de las
Bisayas. Ú.t.c.s. || **2.** Perteneciente a estas
islas del archipiélago filipino. || **3.** m. Len-
gua bisaya.

BISBÍS. (De *biribís.*) m. Juego que se
hace en un tablero, dividido en casillas,
en cada una de las cuales colocan los jugadores las puestas que quieren. Sacando
a suerte el número de una de aquéllas el
banquero paga al favorecido y los demás
pierden las suyas. || **2.** Tablero que sirve
para este juego.

BISBISAR. (Voz onomatopéyica.) tr.
fam. Musitar.

BISBISEAR. tr. fam. bisbisar.

BISBISEO. m. Acción de bisbisear.

★ **BISCAMBRA.** f. ARGENT. Juego de
brisca.

★ **BISCOCHUELO.** m. CUBA. Bizcocho.

BISECAR. (l. *bis*, dos veces, y *secāre*,
cortar.) tr. GEOM. Dividir en dos partes
iguales.

BISECCIÓN. (De *bis*. 2.ª acep. y
sección.) f. GEOM. Acción y efecto de bisecar. Se aplica en general a la división
de los ángulos.

BISECTOR, TRIZ. (De *bis*, 2.ª acep.,
y *sector*, el que corta.) adj. GEOM. Que divide en dos partes iguales, comúnmente se
aplica a un plano o una recta. Ú.t.c.s. ||
P. bissector; **I.** bisector; **F.** bissecteur;
A. Zweiteiler, Halbierungslinie; **It.** biset-
tore; **R.** биссектриса.

BISEL. (Del dialect. *bisel*, fr. *biseau.*)
m. Corte oblicuo en el borde de una lámina
o plancha. || **P.** bisel; **I.** bevel; **F.** biseau;
A. Schrägkante, schiefe Kante; **It.** ugna-
natura, scancio; **R.** фаска.

BISELADOR. m. El que tiene por
oficio hacer biseles.

BISELAR. tr. Hacer biseles.

BISEMANAL. (De *bis*, 2.ª acep., y
semana.) adj. Que se hace u ocurre dos
veces por semana.

BISEXTIL. (b. l. *bisextĭlis.*) adj. ant.
Bisiesto.

BISEXUAL. (l. *bis*, dos, y *sexus*, sexo.)
adj. Hermafrodita. Ú.t.c.s.

BISIESTO. (l. *bisextus;* de *bis*, dos veces, y *sextus*, sexto, porque los latinos
llamaban *bis sexto kalendas Martii* al día
25 de febrero cuando este mes tenía
29 días.) adj. V. *Año* BISIESTO. Ú.t.c.s. ||
Mudar uno BISIESTO *o de* BISIESTO. fr.
fig. y fam. Variar de conducta o lenguaje.

BISILÁBICO, CA. adj. Bisílabo.

BISÍLABO, BA. (l. *bisyllăbus.*) adj.
De dos sílabas.

BISMUTO. (al. *wismuth.*) m. Metal
muy brillante de color gris rojizo, frágil,
fusible con facilidad. Se encuentra en
estado nativo o combinado con oxígeno
y azufre. Algunas de sus sales se emplean
en medicina. || **P.** e **It.** bismuto; **I.** y **F.** bis-
muth; **A.** Wismut; **R.** висмут.

BISNIETO, TA. (De *bis*, 2.ª acep., y
nieto.) m. y f. Respecto de una persona,
hijo o hija de su nieto o de su nieta. || **P.**
bisneto, bisneta; **I.** great-grandson, great-
granddaugther; **F.** arrière-petit-fils, arrière-
petite-fille; **A.** Urenkel, Urenkelin; **It.** pro-
nipote; **R.** правнук.

BISO. m. ZOOL. Producto de secreción
de una glándula en el pie de muchos moluscos lamelibranquios, que se endurece
con el contacto del agua y toma la forma
de filamentos mediante los cuales se fija
el animal a las rocas u otros cuerpos sumergidos.

BISOJO, JA. (Por *vesojo*, del l. *versāre*,
volver, y *ŏcŭlus*, ojo.) adj. Se aplica a la
persona que padece estrabismo. Ú.t.c.s.

BISONTE. (l. *bison, -ōntis*, y éste del
gr. βίσων, toro salvaje.) m. Bóvido salvaje
con la parte anterior muy abultada cubierto de pelo muy áspero y de cuernos
muy desarrollados. Se conocen dos espe-
cies, la europea y la americana. || **P.** e
It. bisonte; **I.** y **F.** bison; **A.** Wisent;
R. бизон.

BISOÑADA. (De *bisoño.*) f. fig. y

B

fam. Dicho o hecho de quien no tiene conocimiento o experiencia.

BISOÑÉ. (fr. *bisognée*.) m. Peluca que cubre sólo la parte anterior de la cabeza.

BISOÑERÍA. f. fig. y fam. Bisoñada.

BISOÑO, ÑA. (ital. *bisogno*.) adj. Se aplica al soldado o tropa nuevos. Ú.t.c.s. || **2.** fig. y fam. Nuevo o inexperto en cualquier arte u oficio. Ú.t.c.s.

★ **BISORECO, CA.** adj. COLOM. Algo bizco.

BISPÓN. m. Rollo de encerado de que se valen los espaderos para varios usos.

BISSEXTIL. adj. ant. Bisextil.

BISTEC. (ingl. *beefsteak; de beef*, buey, y *steak*, lonja, tajada.) m. Lonja de carne de vaca asada en parrillas o frita. || **P.** bife; **I.** beefsteak; **A.** Beefsteak; **F.** bifteck; **It.** bistecca; **R.** бифштекс.

★ **BISTEQUE.** m. HOND. y VENEZ. Bistec.

BÍSTOLA. f. LA MANCHA. Béstola.

★ **BISTORSIÓN.** f. Procedimiento de castración que consigue la atrofia de los testículos mediante la torsión de los cordones testiculares del animal.

BISTORTA. (l. *bis*, dos veces, y *torta*, torcida.) f. Planta poligonácea, de raíz leñosa y retorcida y tallo sencillo. La raíz es astringente.

BISTRAER. (l. *bis*, dos veces, y *trahĕre*, traer.) tr. AR. Dar dinero de antemano o tomarlo.

★ **BISTRE.** adj. PINT. Color de tierra quemada; se prepara con hollín. || **P.** y **F.** bistre; **I.** y **A.** Bister; **It.** bistro; **R.** жёлто-тёмный.

BISTRECHA. (l. *bis*, dos veces, y *tracta*, p.p. de *trahĕre*, traer.) f. Anticipo de un pago.

BISTRETA. (De *bistraer*.) f. AR. Bistrecha. || **2.** AR. Cantidad que en lo antiguo se adelantaba a un procurador.

BISTURÍ. (fr. *bistouri*.) m. CIR. Instrumento cortante que sirve para hacer incisiones en tejidos blandos. || **P. e It.** bisturi; **I.** bistoury; **F.** bistouri; **A.** Sezier (Messer), Ritzmesser; **R.** ланцет.

BISULCO, CA. (l. *bisulcus; de bis*, dos, y *sulcus*, surco.) adj. ZOOL. De pezuñas partidas.

BISULFURO. (De *bis*, 2.ª acep., y *sulfuro*.) m. QUÍM. Combinación de un radical simple o compuesto con dos átomos de azufre.

BISUNTO, TA. (De *bis*, 2.ª acep., y *unto*.) adj. Sucio, grasiento.

BISURCO. adj. Se aplica al arado mecánico que por tener dos rejas abre dos surcos paralelos.

BISUTERÍA. (fr. *bijouterie*.) f. Joyería de imitación.

BITA. (fr. *bitte*, y éste del ant. nórdico *biti*, travesaño.) f. Cada uno de los postes de madera o hierro que sirven para dar vuelta a los cables del ancla cuando se fondea la nave.

BITÁCORA. (fr. *bitacle*, por *habitacle*, y éste del l. *habitacŭlum*, habitación.) f. MAR. Especie de armario en que se pone la aguja de marear. || **2.** P. RICO. Clave. || **3.** P. RICO. Chisme, enredo. || **P.** bitácula; **I.** binnacle; **F.** habitacle; **A.** Kompasshäuschen; **It.** chiesola.

BITADURA. (De *bita*.) f. MAR. Porción de cable del ancla que se emplea cuando la nave está próxima a fondear. || **P.** abitatura; **I.** bitter; **F.** bitture; **A.** Ankerkette; **It.** abbisciatura; **R.** бухта троса.

★ **BITANGENTE.** f. MAT. Se llama así a las dos curvas que son tangentes en dos puntos distintos. || **P., F. e It.** bitangente; **I.** bitangent; **A.** doppel Tangente; **R.** бикасательная.

BITANGO. (De *beta*, cuerda.) adj. V. *Pájaro* BITANGO.

BITAR. tr. Amarrar y asegurar la cadena del ancla a las bitas.

BITÍNICO, CA. (l. *bithynĭcus*.) adj. Perteneciente a Bitinia, país de Asia antigua.

BITINIO, NIA. (l. *bithynĭus*.) adj. Natural de Bitinia. Ú.t.c.s.

BITNERIÁCEO, A. (De *bitneria*, nombre de un género dedicado a *Büttner*, botánico alemán del siglo XVIII.) adj. BOT. Esterculiáceo.

BITONGO. adj. fam. V. *Niño* BITONGO.

BITOQUE. (De *bita*.) m. Tarugo de madera con que se cierra el agujero de los toneles. || **2.** fig. COLOM., CHILE y MÉJ. Cánula de la jeringa. || **3.** MÉJ. Grifo, 1.er art., 3.ª acep. || **4.** COLOM. Parte sólida del caucho. || **5.** ECUAD. Orificio de cualquier instrumento. || **6.** AMÉR. CENTRAL. Cloaca.

BITOR. (l. *avis tauri*, ave del toro.) m. Rey de codornices.

BITUME. m. ant. Bitumen.

BITUMEN. (l. *bitŭmen, -ĭnis*, betún.) m. ant. Betún, 1.ª acep.

BITUMINADO, DA. (l. *bituminātus*.) adj. ant. Bituminoso.

BITUMINOSO, SA. (l. *bituminōsus*.) adj. Que tiene betún o semejanza con él.

★ **BITURÓN.** m. MAR. Arte fijo de pesca, que se utiliza en el río Miño para la pesca del salmón y del sábalo principalmente.

BIVALVO, VA. (De *bis*, 2.ª acep., y *valva*.) adj. Que tiene dos valvas.

BIXÁCEO, A. adj. BOT. Se aplica a los árboles y arbustos angiospermos dicotiledóneos, de flores con cinco pétalos, y fruto de cápsula. Ú.t.c.s.f. || **2.** f. pl. BOT. Familia de estas plantas.

BIXÍNEO, A. (De *bixa*, antigua ortografía de *bija*.) adj. BOT. Bixáceo.

★ **BIYAYA.** adj. CUBA. Industrioso, diligente.

★ **BIYAYA.** f. fam. CUBA. Bibijagua.

★ **BIYUYO.** m. BOT. COLOM. Arbolito de flores amarillas y fruto en baya.

BIZA. f. Bonito, 1.er art.

BIZANTINISMO. m. Corrupción por lujo en la vida social o por exceso de ornamentación en el arte. || **2.** Afición a discusiones bizantinas.

BIZANTINO, NA. (l. *byzantĭnus*.) adj. Natural de Bizancio, hoy Constantinopla. Ú.t.c.s. || **2.** Perteneciente a esta ciudad. **3.** fig. Se dice de las discusiones intempestivas o demasiado sutiles.

BIZARRAMENTE. adv. Con bizarría.

BIZARREAR. intr. Ostentar y obrar con bizarría.

BIZARRÍA. (De *bizarro*.) f. Gallardía, valor. || **2.** Generosidad, lucimiento. || **P.** bizarria; **I.** gallantry; **F.** courage; **A.** Mut; **It.** gagliardía; **R.** отвага.

BIZARRO, RRA. (vasc. *bizarr*, barba.) adj. Valiente, 3.ª acep. || **2.** Generoso, lucido.

BIZARRÓN. m. Candelero grande o blandón.

BIZAZA. (l. *bĭsaccia*, pl. n. de *bisaccĭum*, alforja.) f. Alforja de cuero. Ú.m. en pl.

★ **BIZBIRINDA.** f. GUAT. Muchacha descocada.

★ **BIZBIRINDO, DA.** adj. MÉJ. Alegre, vivaracho.

BIZCAR. (l. *versĭcāre; de versāre*, volver.) intr. Padecer o simular estrabismo.

BIZCO, CA. (l. *versĭcus; de versus*, vuelto.) adj. Bisojo. Ú.t.c.s.

BIZCOCHADA. f. Sopa de bizcochos que ordinariamente se hace con leche. || **2.** Panecillo de masa sobada, largo, con una cortada en medio.

BIZCOCHAR. (De *bizcocho*, 1.ª acep.) tr. Recocer el pan para que se conserve mejor.

BIZCOCHERÍA. f. MÉJ. Tienda donde se venden bizcochos y algunos otros comestibles.

BIZCOCHERO, RA. adj. V. *Barril* BIZCOCHERO. Ú.t.c.s. || **2.** m. y f. Persona que hace y vende bizcochos.

BIZCOCHO. (l. *bis*, dos veces, y *coctus*, cocido.) m. Pan sin levadura, que se cuece por segunda vez para que se enjugue y dure mucho tiempo. || **2.** Masa hecha con la flor de la harina, huevos y azúcar. || **3.** Yeso que se hace de yesones. || **4.** Objeto de loza o porcelana después de la primera cochura y antes de recibir algún barniz o esmalte. || **—de borracho.** El empapado en almíbar y vino generoso. | *Embarcarse* uno *con poco* BIZCOCHO. fr. fig. y fam. Empeñarse en un negocio o empresa sin tener lo necesario para salir bien de ella. || **P.** biscoito; **I.** biscuit; **F.** biscuit; **A.** Biskotte; **It.** biscotto; **R.** бисквит.

★ **BIZCOCHÓN, CHA.** adj. MÉJ. Se dice de lo que es de mala calidad. || **2.** MÉJ. Cobarde, miedoso.

BIZCOCHUELO. m. d. de bizcocho,

1.ª acep. || *Comer* BIZCOCHUELO. fr. VENEZ. Conversar amorosamente.

★ **BIZCORETO, TA.** adj. HOND. Bizco, bisojo.

BIZCORNEADO, DA. p.p. de bizcornear. || **2.** adj. CUBA. Bizco. || **3.** IMPR. Se aplica al pliego que por haber sido mal marcado sale torcido.

BIZCORNEAR. (De *bizcuerno*.) intr. CUBA y P. RICO. Bizcar, 1.ª acep.

BIZCORNETA. (De *bizcuerno*.) adj. COLOM. y MÉJ. Bizco.

★ **BIZCORNETO, TA.** adj. COLOM., VENEZ. y MÉJ. Bizco, bisojo.

BIZCOTELA. (ital. *biscottella*, d. de *biscotto*, y éste del l. *bis cŏctus*, cocido dos dos veces.) f. Especie de bizcocho ligero, cubierto de un baño blanco de azúcar.

BIZCUERNO, NA. (l. *bis*, pref. despectivo, y *cornu*, cuerno.) adj. AR. Bizco.

BIZMA. (De *bidma*.) f. Emplasto para confortar, compuesto de estopa, incienso, mirra y otros ingredientes. || **2.** Pedazo de baldés o lienzo cubierto de emplasto y cortado en forma adecuada a la parte del cuerpo donde se aplica.

BIZMAR. tr. Poner bizmas. Ú.t.c.r.

BIZNA. (De *binza*.) f. Película que separa los cuatro gajitos de la nuez.

BIZNAGA. (ár. *bišnāqa*, pastinaca.) f. Planta umbelífera, de tallos lisos y fruto oval. || **2.** Cada uno de los piececillos de las flores de esta planta, que en algunos lugares emplean para mondadientes. || **3.** Planta de Méjico cactácea, propia de tierras más que templadas. Crece sin cultivo en terrenos áridos. || **4.** AND. Ramillete de jazmines en forma de bola.

BIZNAGAL. m. Terreno en el que hay muchas biznagas.

BIZNIETO, TA. m. y f. Bisnieto, ta.

BIZQUEAR. intr. fam. Torcer la vista el bisojo.

BIZQUERA. (De *bizco*.) f. Estrabismo.

BLAGO. (l. *bacŭlum*, bastón.) m. ant. Báculo.

BLANCA. (De *blanco*.) f. Moneda antigua de vellón. || **2.** GUAT. Ron del país, incoloro e insípido. || *Estar* uno *sin* BLANCA. fr. fig. No tener blanca. || *Más vale* BLANCA *de paja que maravedí de lana*. ref. que denota que algunas cosas baratas aprovechan más que otras de mayor precio. || *No tener* uno BLANCA. fr. fig. No tener dinero.

★ **BLANCAJE.** m. Asistencia a los rodeos de los dueños de las haciendas para vigilar el reparto del ganado.

BLANCAL. (De *blanco*.) adj. V. *Perdiz* BLANCAL.

BLANCAZO, ZA. adj. fam. Blanquecino.

BLANCO, CA. (ant. alto al. *blanch*.) adj. Se aplica a lo que tiene color de nieve o de leche. Es el color de la luz solar sin descomponerse. Ú.t.c.s. || **2.** Se aplica a las cosas que son ser blancas son más claras que las de su especie. || **3.** Hablando de la especie humana, se aplica al color de la raza europea o caucásica en contraposición con el de las demás. Ú.t.c.s. || **4.** V. *Abeto, ajo, álamo, amate, azúcar, barro, belén, caballo, cabo, cedro, dictamo, espino, flujo, heno, libro, lirio, mangle, maravedí, metal, monte, oso, palo, papel, plomo, precipitado, rosal, ruibarbo, sauce, tomillo, verso, vitriolo, zafiro* BLANCO. || **5.** V. *Acacia, agua, águila, arma, bandera, cancha, caparrosa, carta, cera, espada, espina, estepa, helada, hulla, labor, legua, morera, mostaza, nuez, perdiz, pez, pimienta, ropa, salsa* BLANCA. || **6.** m. Mancha o lunar de pelo blanco que tienen algunos caballos y otros animales en la cabeza y en el extremo inferior de los miembros. || **7.** Objeto situado lejos para ejercitarse en el tiro y puntería, o bien para adiestrar la vista en medir distancias y a veces para graduar el alcance de las armas. || **8.** Por ext., todo sobre lo cual se dispara un arma de fuego. || **9.** Hueco o intermedio entre dos cosas. || **10.** Espacio que en los escritos se deja sin llenar. || **11.** fig. Fin u objeto a que se dirigen nuestras aspiraciones. || **12.** GERM. Hombre necio, bobo. || **13.** IMPR. Molde con que se imprime la primera cara de cada pliego. || **14.** HOND. Abeja de color blanco. || **—de España.** Nombre común del carbonato básico de plomo, al subnitrato de bismuto y a la creta lavada. || **—de huevo.** Afeite que se hace con cáscaras de huevo. || **—de la uña.** Faja blanquecina estrecha y arqueada que se nota en el nacimiento de la uña. || **—de Venecia.** Quím. Mezcla de blanco de plomo y sulfato de bario por partes iguales, usada en la fabricación de colores. || **—fijo.** Quím. Sulfato de bario artificial. || **—visual.** Fisiol. Producto final de la acción de la luz solar sobre la púrpura visual. || *En* blanco. loc. adv. Se dice del libro, cuaderno u hoja que no están escritos o impresos. || 2. Dicho de la espada desenvainada. || 3. Sin comprender lo que se lee o se oye. || *En el* blanco *de la uña.* expr. adv. fig. y fam. En lo más mínimo. || *Hacer* blanco. fr. Dar en el blanco a que se dispara. || *No distinguir uno lo* blanco *de lo negro.* fr. fig. y fam. Ser muy ignorante. || P. branco; I. white; F. blanc; A. weiss; It. bianco; R. белый; 7.ª acep.: P. objectivo; I. target; F. objectif, but; A. (Schiess) Scheibe; It. bersaglio; R. мишень.

★ **BLANCONAZO, ZA.** adj. Cuba. Se dice del mulato de color muy claro. Ú.t.c.s.

BLANCOR. m. Blancura.

BLANCOTE, TA. adj. aum. de blanco. || 2. fig. y fam. Cobarde, 1.ª acep. Ú.t.c.s.

BLANCURA. f. Calidad de blanco. || P. brancura; I. whiteness; F. blancheur; A. Weisse; It. bianchezza; R. белизна.

BLANCUZCO, CA. adj. Que tira a blanco, o es de color blanco sucio.

BLANCHETE. (fr. *blanchet*, blanquecino, por ser comúnmente de este color los primeros que vinieron de Malta.) m. ant. Perrillo blanquecino. Usáb.t.c.adj.

BLANDA. (De *blando*.) f. Germ. Cama, 1.ª y 2.ª aceps.

BLANDAMENTE. adv. Con blandura. || 2. fig. Suave, mansamente.

BLANDEADOR, RA. adj. Que blandea.

BLANDEAR. (De *blando*.) intr. Aflojar, ceder. Ú.t.c.r. || 2. tr. Hacer que uno mude de propósito. || blandear con uno. fr. Contemporizar con él o complacerle.

BLANDEAR. tr. Blandir, 1.er art. Ú.t.c.intr. y c.r.

BLANDENGUE. adj. Blando, suave. Se aplica a las personas. || 2. m. Soldado armado con lanza que defendía los límites de la provincia de Buenos Aires. || 2. fig. y fam. Colom. Suave.

BLANDENGUERÍA. f. Calidad de blandengue, 1.ª acep.

BLANDENSE. adj. Natural de Blanes. Ú.t.c.s. || 2. Perteneciente a esta villa.

BLANDEZA. f. ant. Blandicia, 2.ª acep.

BLANDICIA. (l. *blanditia*.) f. Adulación, halago. || 2. Molicie, delicadeza.

BLANDICIOSO, SA. (De *blandicia*.) adj. ant. Adulador, lisonjero.

BLANDIENTE. (De *blandir*, 1.er art.) adj. Que se blande.

BLANDIMIENTO. (l. *blandimentum*.) m. ant. Blandicia, 1.ª acep.

BLANDIR. (germ. *brand*, espada.) tr. Mover un arma o alguna cosa, con movimiento vibratorio o trémulo. || 2.intr. p. us. Moverse con agitación trémula o de un lado para otro. Ú.t.c.r. || P. y F. brandir; I. to brandish; A. schwingen; It. brandire; R. бряцать.

BLANDIR. (l. *blandire*.) tr. ant. Adular, lisonjear.

BLANDO, DA. (l. *blandus*.) adj. Tierno, suave. || 2. Hablando de los ojos, tierno. || 3. Tratándose del tiempo o de la estación, templado. || 4. fig. Suave, benigno. || 5. fig. Afeminado y que no sirve para el trabajo. || 6. fig. De genio o trato apacibles. || 7. adv. Con blandura, con suavidad. || P. brando; I. soft; F. mou; A. weich; It. molle; R. мягкий.

BLANDÓN. (fr. *brandon*, y éste del germ. *brand*, cosa encendida.) m. Hacha de cera de un pabilo. || 2. Candelero grande en que se ponen estas hachas. || P. brandão; I. wax-taper; F. flambeau; A. Fackelleuchter, Wachsfackel; It. torcia; R. большая восковая свеча.

BLANDUCHO, CHA. adj. fam. Algo blando.

BLANDUJO, JA. adj. fam. Blanducho.

BLANDURA. f. Calidad de blando. || 2. Emplasto que se aplica a los tumores

para que se ablanden y maduren. || 3. Temple del aire húmedo, que deshace los hielos y nieves. || 4. fig. Regalo, delicadeza. || 5. fig. Dulzura, afabilidad en el trato. || 6. fig. Requiebro. || 7. Cant. Capa o costra blanda que tienen algunas piedras calizas y que debe quitarse al labrarlas. || P. brandura; I. softness; F. mollesse; A. Weichheit; It. mollezza; R. мягкость.

BLANDURILLA. (d. de *blandura*.) f. Pomada hecha de manteca de cerdo con esencia de espliego o de otras plantas aromáticas.

º **BLANDUZCO, CA.** adj. Que está más blando de lo que fuera de desear.

BLANQUEACIÓN. (De *blanquear*.) f. Blanquición.

★ **BLANQUEADA.** f. Méj. Blanqueo.

★ **BLANQUEADO, DA.** p.p. de blanquear. || 2. m. Chile. Blanqueo. || 3. Colom. Pasta de miel de caña con anís, nueces, etc.

BLANQUEADOR, RA. adj. Que blanquea. Ú.t.c.s.

BLANQUEADURA. (De *blanquear*.) f. Blanqueo.

BLANQUEAMIENTO. m. Blanqueo.

BLANQUEAR. (De *blanco*.) tr. Poner blanca una cosa. || 2. Dar varias manos de cal o de yeso blanco, en las paredes y techos de los edificios. || 3. Dar las abejas cierto betún a los panales en que empiezan a trabajar después del invierno. || 4. intr. Mostrar una cosa la blancura que en sí tiene. || 5. Tirar a blanco. || blanquear a uno. fr. Bol. y Méj. Hacer blanco en uno, disparando. || P. branquear; I. to whiten, to bleach; F. blanchir; A. weissen; It. imbiancare, bianchire; R. белить.

BLANQUECEDOR. m. Oficial que se encarga de blanquear las monedas.

BLANQUECER. (De *blanco*.) tr. En las casas de monedas o entre plateros, limpiar y sacar color al oro, plata y otros metales.

BLANQUECIMIENTO. (De *blanquecer*.) m. Blanquición.

BLANQUECINO, NA. adj. Que tira a blanco.

BLANQUEO. m. Acción y efecto de blanquear. || P. branqueamento; I. bleaching; F. blanchiment; A. Bleichen; It. imbiancamento; R. беление, побелка.

BLANQUERO. (De *blanco*.) m. Ar. Curtidor.

BLANQUETA. f. Tejido basto de lana, que se usaba antes.

BLANQUETE. m. Afeite con el que las mujeres se blanquean el cutis.

BLANQUÍBOLO. (De *blanco* y *bolo*, arcilla.) m. ant. Albayalde.

BLANQUICIÓN. f. Acción y efecto de blanquear los metales.

BLANQUILLA. f. Enfermedad de las perdices enjauladas que se manifiesta como disentería de color lechoso.

BLANQUILLO, LLA. (d. de *blanco*.) adj. Candeal. Ú.t.c.s.m. || 2. Chile y Perú. Durazno de cáscara blanca. || 3. Pez chileno, de color rojizo, algo pardo por el lomo y plateado por el vientre. || 4. Méj. Huevo.

BLANQUIMENTO. m. Blanquimiento.

BLANQUIMIENTO. m. Disolución, generalmente de un cloruro, que se emplea para blanquear metales, telas, etc.

BLANQUINOSO, SA. adj. Blanquecino.

★ **BLANQUIZAJE.** m. Rep. Domin. Celaje.

BLANQUIZAL. (De *blanquizo*.) m. Gredal, 2.ª acep.

BLANQUIZAR. m. Blanquizal.

BLANQUIZCO, CA. adj. Blanquecino.

BLANQUIZO, ZA. adj. ant. Blanquecino.

BLAO. (germ. *blao*.) adj. ant. Azul.

BLAS. n. p. *Díjolo* Blas, *punto redondo.* expr. con que se replica al que presume de llevar siempre razón. || P. Braz; I. Blase; F. Blaise; A. Blasius; It. Biagio.

BLASFEMABLE. (l. *blasphemabilis*.) adj. Vituperable.

BLASFEMADOR, RA. adj. Que blasfema. Ú.t.c.s.

BLASFEMAMENTE. adv. Con blasfemia.

BLASFEMANTE. p.a. de blasfemar. Que blasfema. Ú.t.c.s.

BLASFEMAR. (l. *blasphemāre*, y éste del gr. βλασφημέω.) intr. Decir blasfemias. || 2. fig. Maldecir, vituperar.

BLASFEMATORIO, RIA. adj. Blasfemo, 1.ª acep.

BLASFEMIA. (l. *blasphemia*, y éste del gr. βλασφημία.) f. Palabra injuriosa contra Dios, la Virgen, los santos. || 2. fig. Palabra gravemente injuriosa contra una persona. || P. blasfémia; I. blasphemy; F. blasphème; A. Gotteslästerung; It. bestemmia; R. богохульство.

BLASFEMO, MA. (l. *blasphēmus*, y éste del gr. βλάσφημος; de βλάπτω, herir, y φήμη, fama.) adj. Que contiene blasfemia. || 2. Que dice blasfemia. Ú.t.c.s.

BLASMAR. (l. *blasphēmāre*, insultar.) tr. ant. Hablar mal de una persona o cosa.

BLASMO. (De *blasmar*.) m. ant. Vituperio.

BLASÓN. (fr. *blason*.) m. Arte de explicar y describir los escudos de armas de cada linaje, ciudad o persona. || 2. Cada figura, señal o pieza de las que se ponen en un escudo. || 3. Honor o gloria. || P. arte dos brasões, brasão; I. blazon, blazonry; F. blason; A. Wappenkunde; It. blasone; R. геральдика.

BLASONADO, DA. p.p. de blasonar. || 2. adj. Ilustre por sus blasones.

BLASONADOR, RA. adj. Que blasona o se jacta de alguna cosa.

BLASONANTE. p.a. de blasonar. Que blasona.

BLASONAR. (De *blasón*.) tr. Disponer el escudo de armas de una ciudad o familia según la regla del arte. || 2. intr. fig. Hacer ostentación de alguna cosa.

BLASONERÍA. (De *blasonar*.) f. Baladronada.

BLASTEMA. (gr. βλάστημα, germen, retoño.) m. Biol. Conjunto de células embrionarias que llegan a formar un conjunto determinado. || P., I. e It. blastema; F. blastème; A. Blastema; R. зачаток, бластема.

BLASTODERMO. (gr. βλαστός, germen, y δέρμα, piel.) m. Zool. Conjunto de células procedentes de la segmentación del huevo de los animales, que suele tener la forma de disco o de membrana. || P. e It. blastoderma; I. blastoderm; F. blastoderme; A. Keimhaut; R. бластомеры.

★ **BLASTOGENIA.** f. Biol. Desarrollo germinal de un organismo.

BLAVO, VA. (l. *blavus*, y éste del germ. *blao*, azul.) adj. ant. De color compuesto de blanco y pardo, o algo bermejo.

BLE. m. Ple.

BLEDA. (l. *bēta*, acelga, cruzado con *blitum*, bledo.) f. ant. Acelga.

BLEDO. (l. *blītum*, m. Bot. Planta quenopodiácea, de flores muy pequeñas y en racimos axilares. En algunos lugares la comen cocida. || *No dársele a uno un* bledo *de alguna cosa.* fr. fig. y fam. Hacer desprecio de ella. || *No importa, o no valer, un* bledo *alguna cosa.* fr. fig. y fam. Ser de suyo insignificante.

BLEFARITIS. (gr. βλέφαρον, párpado, y el sufijo -itis, que en medicina indica inflamación.) f. Med. Inflamación aguda o crónica de los párpados. || P. e It. blefarite; I. blepharitis; F. blépharite; A. Augenlidentzündung; R. блефарит.

★ **BLEFAROFIMIA.** f. Pat. Tumor de los párpados.

BLEFAROPLASTIA. (gr. βλέφαρον, párpado, y πλαστός, adj. verbal de πλάσσω, formar.) f. Cir. Restauración del párpado por medio de la aproximación de la piel inmediata. || P. e It. blefaroplastia; I. blepharoplasty; F. blépharoplastie; A. Blepharoplastik.

★ **BLEFAROPTOSIS.** f. Med. Caída del párpado superior por parálisis. || P. e I. blepharoptosis; F. blépharoptose; A. Augenlidervorfall; It. blefaroptosi.

BLENDA. (al. *blende*.) f. Sulfuro de cinc, de color variante entre el amarillo rojizo al pardo obscuro, y se emplea para extraer el cinc. || P. e It. blenda; I. y F. blende; A. Blende, Zinkblende; R. цинковая обманка.

BLENORRAGIA. (gr. βλέννος, mucosidad, y ῥήγνυμι, romper, brotar.) f. Flujo mucoso ocasionado por la inflamación de

B una membrana, sobre todo de la uretra. ‖ **P.** e **It.** blenorragia; **I.** blennorrhagia; **F.** blenorrhagie; **A.** Tripper; **R.** триппер.

BLENORRÁGICO, CA. adj. MED. Perteneciente o relativo a la blenorragia.

BLENORREA. (gr. βλέννος, mucosidad, y ῥέω, fluir.) f. MED. Blenorragia crónica. ‖ **P.** blenorreia; **I.** blennorrhea; **F.** blenorrhée; **A.** Schleimfluss, chronischer Tripper; **It.** blenorrea; **R.** бленоррея.

★ **BLEQUE.** m. ARGENT. Alquitrán.

BLEZO. (De *brezo*, 2.º art.) m. ant. Brizo.

BLINCAR. intr. vulg. Brincar.

BLINCO. m. vulg. Brinco.

BLINDA. (fr. *blinde*, y éste del germ. *blende*.) f. FORT. Viga gruesa que con zarzos, tierra, etc., forma un cobertizo defensivo. ‖ **2.** Bastidor de madera compuesto de dos montantes y dos travesaños que sirve para contener las tierras o las fajinas en las trincheras.

★ **BLINDADO, DA.** p.p. de blindar. ‖ **2.** AMÉR. Acorazado.

BLINDAJE. m. FORT. Cobertizo que se hace con blindas u otro material para resguardarse de los tiros. ‖ **2.** MAR. Conjunto de planchas que sirven para blindar. ‖ **P.** blindagem; **I.** y **F.** blindage; **A.** Blendung; **It.** blindamiento. ‖ **2.ª** acep.: **I.** armour-plating; **F.** blindage; **A.** Panzerung; **It.** blindatura; **R.** броня.

BLINDAR. (fr. *blinder*, y éste del germ. *blende*, pantalla.) tr. Proteger exteriormente las cosas, contra los efectos de las balas, el fuego, etc. Actualmente se aplican planchas metálicas. ‖ **P.** blindar; **I.** to blind; **F.** blinder; **A.** blenden, panzern; **It.** blindare; **R.** бронировать.

★ **BLITZKRIEG.** f. Nombre usado por los alemanes y hoy universalmente, para designar la guerra relámpago o táctica para aniquilar rápidamente y por sorpresa al enemigo.

★ **BLOC.** AMÉR. Taco de calendario. ‖ **2.** Cuaderno de apuntes cuyas hojas están dispuestas para poder arrancarlas.

BLOCA. f. Punta aguda que tenían en el centro algunos escudos y rodelas.

BLOCAO. (al. *blockhaus;* de *block*, pieza de madera, y *haus*, casa.) m. FORT. Fortín de madera que puede llevarse fácilmente para armarlo donde convenga. ‖ **P.** fortim de madeira; **I.** block-house; **F.** e **It.** blockhaus; **A.** Blockhaus; **R.** блокгаус.

BLONDA. (al. *blonde*.) f. Encaje de seda de que se hacen y guarnecen vestidos de mujer y otras ropas. ‖ **P.** y **F.** blonde; **I.** blondlace; **A.** Blonde, Seidenspitze; **It.** merletto; **R.** блонды.

BLONDINA. (d. de *blonda*.) f. Blonda angosta.

BLONDO, DA. (al. *blond*.) adj. Rubio, 1.ª acep.

BLOQUE. (fr. *bloc*, y éste del germ. *block*, bloque.) m. Trozo grande de piedra sin labrar. ‖ **2.** Sillar artificial hecho de hormigón. ‖ **3.** Paralelepípedo recto rectangular de materia dura. ‖ **4.** MEC. En los motores de explosión, pieza de fundición en cuyo interior se ha labrado el cuerpo de uno o varios cilindros, provista de dobles paredes para que circule en ellas el agua de refrigeración. ‖ **5.** AMÉR. Taco, dicho del calendario de pared, o el librito de hojas para arrancar. ‖ **6.** CUBA. En el juego de billar, la billa que hace el jugador en alguna de las troneras de las esquinas o lo largo de la mesa enfiladas las dos bolas con esa tronera, y tirada con fuerza. ‖ *En* BLOQUE. loc. fig. En conjunto, sin distinción. ‖ **P.** bloco; **I.** block; **F.** bloc; **A.** Block; **R.** колода.

BLOQUEADOR, RA. adj. Que bloquea. Ú.t.c.s.

BLOQUEAR. (De *blocao*.) tr. Asediar. ‖ **2.** COM. Inmovilizar la autoridad una cantidad o crédito, privando a su dueño para disponer de ellos total o parcialmente por cierto tiempo. ‖ **3.** MAR. Cortar todo género de comunicaciones a uno o más puertos y con frecuencia a una parte determinada del litoral del país enemigo. ‖ **P.** bloquear; **I.** to block; **F.** bloquer; **A.** blockieren; **It.** bloccare; **R.** блокировать.

BLOQUEO. m. Acción de bloquear. ‖ **2.** COM. Acción y efecto de bloquear una

cantidad o crédito. ‖ **3.** MAR. Fuerza marítima que bloquea. ‖ **—efectivo.** El que se hace con fuerzas marítimas suficientes para cortar las comunicaciones. ‖ **—en el papel.** El que consiste sólo en declaraciones escritas, sin estar apoyado con fuerzas bastantes para que resulte efectivo. ‖ *Declarar el* BLOQUEO. fr. Proclamarlo o notificarlo oficialmente la potencia bloqueadora. ‖ *Violar el* BLOQUEO. fr. Entrar un buque neutral en punto o paraje bloqueado, o salir de él. ‖ **P.** bloqueio; **I.** blockade; **F.** blocus; **A.** Einschliessung, Blockade; **It.** blocco, bloccatura; **R.** блокада.

★ **BLUFEAR.** intr. CHILE. Fanfarronear.

★ **BLUFF.** m. Voz inglesa por fanfarronada, baladronada.

BLUSA. (fr. *blouse*.) f. Vestidura a modo de túnica con mangas. ‖ **2.** Prenda exterior que usan las mujeres y los niños. ‖ **3.** COLOM. Chaqueta. ‖ **4.** COLOM. Canesú de la camisa. ‖ **P.** blusa; **I.** y **F.** blouse; **A.** Bluse; **It.** camiciotto, blusa; **R.** кофта.

BLUSÓN. m. Blusa larga que llega hasta más abajo de las rodillas.

BOA. (l. *boa*.) f. Serpiente americana, la mayor de las conocidas; no es venenosa pero tiene tanta fuerza que sujeta hasta a los toros y comprimiéndolos, les da muerte para devorarlos después. ‖ **2.** m. Prenda de piel o pluma en forma de culebra, que usan las mujeres para adorno del cuello. ‖ **P., I., F.** e **It.** boa; **A.** Boa; **R.** боа.

BOALAJE. m. Dehesa boyal.

BOALAR. (l. *boalis*, der. de *boe*, por *bovem*, buey.) m. Dula, sitio donde pastan los ganados de un pueblo.

BOARDA. f. ant. Buharda.

BOARDILLA. (d. de *boarda*.) f. Buharda.

BOATO. (l. *boātus*, grito, alboroto.) m. Ostentación en el porte exterior.

★ **BOBA.** f. ZOOL. COLOM. Cierto loro azul.

BOBADA. f. Bobería.

BOBALÍAS. com. fam. Persona muy boba.

BOBALICÓN, NA. adj. fam. aum. de bobo. Ú.t.c.s.

BOBAMENTE. adv. Con bobería. ‖ **2.** Sin cuidado, o sin trabajo.

BOBARRÓN, NA. adj. fam. aum. de bobo. Ú.t.c.s.

BOBATEL. m. fam. Hombre bobo.

BOBÁTICAMENTE. adv. Bobamente.

BOBÁTICO, CA. adj. fam. Aplícase a lo que se dice o hace con bobería.

BOBEAR. (De *bobo*.) intr. Hacer o decir bobadas. ‖ **2.** fig. Gastar el tiempo en cosas vanas.

BOBEDAD. f. ant. Bobería.

BOBERA. (De *bobo*.) f. Bobería.

★ **BOBERA.** com. CUBA. Persona boba.

BOBERÍA. (De *bobo*.) f. Dicho o hecho necio.

★ **BOBETA.** adj. ARGENT. Bobalicón. Ú.t.c.s.

BÓBILIS, BÓBILIS (DE). m. adv. fam. De balde. ‖ **2.** fam. Sin trabajo.

BOBILLO. (d. de *bobo*.) m. Jarro barrigudo con un asa como la del puchero.

BOBINA. (fr. *bobine*.) f. Carrete, cilindro con hilo o alambre arrollado y también el cubierto de hilo metálico para imantarse con la corriente eléctrica. ‖ **2.** Fís. En general devanado hecho con un hilo conductor. ‖ **3.** Fís. Transformador. ‖ **—nido de abeja.** ELECTR. Bobina que presenta muy poca capacidad repartida gracias a la forma especial del devanado que recuerda vagamente los alvéolos del panal.

BOBO, BA. (l. *balbus*, balbuciente.) adj. De muy corto entendimiento. Ú.t.c.s. ‖ **2.** Neciamente candoroso. Ú.t.c.s. ‖ **3.** fam. Bien cumplido, no escaso. ‖ **4.** Gracioso de los entremeses, farsas o autos. ‖ **5.** Pez de los ríos de Guatemala y Méjico, de piel negra sin escamas y carne blanda. Se le llama así por la facilidad con que se deja matar a palos en las orillas de los ríos, adonde acude para comer las migas de pan que se le echan. ‖ **6.** GERM. Cosa hurtada que ha aparecido. ‖ **7.** CUBA. Juego de la mona. ‖ **8.** P. RICO. Chupador que se da a los niños. ‖ **9.** BOT. AMÉR. Sauce llorón. ‖ **10.** GERM. ARGENT. Reloj de bolsillo. ‖ **—de Coria.** Personaje pro-

verbial símbolo de tontería y mentecatez. ‖ *A los* BOBOS *se les aparece la Madre de Dios.* ref. que denota da a algunos les viene la fortuna sin saberse cómo. ‖ BOBOS *van al mercado, cada cual con su asno.* ref. contra los que insisten neciamente en su dictamen, aunque sepan que es contra razón. ‖ *El* BOBO, *si es callado, por sesudo es reputado.* ref. que indica que se ha de callar ante la falta de conocimientos para hablar. ‖ *Entre* BOBOS *anda el juego.* fr. irón. que se dice cuando los que tratan de una cosa son igualmente astutos. ‖ *¿Qué haces,* BOBO? —*Bobeo: Escribo lo que me deben y borro lo que debo.* ref. que indica que algunos que parecen bobos sólo hacen lo que les conviene. ‖ **P.** bobo; **I.** dunce, simpleton; **F.** niais, nigaud; **A.** einfältig; **It.** sciocco, balordo; **R.** глупый.

★ **BOBOLICHE.** adj. PERÚ. Simple. Ú.t.c.s.

BOBOTE, TA. adj. fam. aum. de bobo. Ú.t.c.s.

BOCA. (l. *būcca*.) f. Abertura anterior del tubo digestivo de los animales, sirve de entrada a la cavidad bucal. También se aplica a toda la expresada cavidad en la cual se hallan la lengua y los dientes. ‖ **2.** ZOOL. Pinza con que terminan las patas delanteras de los crustáceos. ‖ **3.** fig. Entrada o salida, con la última aplicación se emplea generalmente en plural. ‖ **4.** Abertura, agujero. ‖ **5.** En ciertas herramientas, parte afilada con la que cortan, y en algunos instrumentos como el martillo, la extremidad opuesta al cotillo, en el que van las orejas. ‖ **6.** fig. Hablando de vinos, gusto o sabor. ‖ **7.** fig. Órgano de la palabra. ‖ **8.** fig. Persona o animal al que se mantiene. ‖ **9.** pl. En el juego de la argolla parte del aro que tiene las rayas que se dicen barras. ‖ **10.** GUAT. Botana. ‖ **—de escorpión.** fig. Persona muy maldiciente. ‖ **—de espuerta.** fig. y fam. La muy grande y rasgada. ‖ **—de fraile.** loc. que se coloca con algunos verbos indicando demasía en el pedir. ‖ **—de fuego.** Cualquier arma, que se carga con pólvora. ‖ **—de gachas.** fig. y fam. Persona que habla con tanta blandura que no se le entiende. ‖ **2.** fig. y fam. Persona que salpica con saliva al hablar. ‖ **—de la isla.** Pinza grande arrancada al barrilete, crustáceo común en las costas del norte de África y de Cádiz. ‖ **—del estómago.** Parte central de la región epigástrica. ‖ **—de lobo.** expr. fig. que se emplea para indicar una gran obscuridad. Más comúnmente se dice: *Estar como* BOCA *de lobo,* u *obscuro como la* BOCA *del lobo.* ‖ **2.** MAR. Agujero cuadrado en el medio de la cofa. ‖ **—de riego.** Abertura en un conducto de agua donde se enchufa la manga para regar. ‖ **—de risa.** fig. Afabilidad y agrado en las palabras y semblante. ‖ **—de verdades.** fig. Persona que dice con claridad lo que piensa o siente. ‖ **2.** irón. Persona que miente mucho. ‖ **—rasgada.** La que no guarda proporción con las demás facciones de la cara. ‖ **—regañada.** fig. La que tiene un fruncé que la desfigura y le impide cerrarse por completo. ‖ *A* BOCA. m. adv. De palabra. ‖ *A* BOCA *de costal.* m. adv. Sin tasa. ‖ *A* BOCA *de invierno.* m. adv. A entrada del invierno. ‖ *A* BOCA *de jarro.* m. adv. fig. A quema ropa. ‖ *A* BOCA *llena.* m. adv. Hablando claramente. ‖ *Abrir* BOCA. fr. fig. Despertar el apetito con algún manjar o bebida. ‖ *Andar de* BOCA *en* BOCA *una cosa.* fr. fig. Saberse de público, estar divulgada. ‖ *Andar en* BOCA *de alguno* o *algunos.* fr. fig. Ser objeto de BOCA. fig. Exactamente. ‖ *A una* BOCA, *una sopa.* ref. que recomienda la justicia distributiva. ‖ *Blando de* BOCA. fig. Se dice de las bestias de freno que sienten mucho los toques del bocado. ‖ **2.** fig. Se dice de la persona fácil en decir lo que debiera callar. ‖ BOCA *abajo.* m. adv. Tendido con la cara al suelo. ‖ BOCA *con* BOCA. m. adv. Estando muy juntos. ‖ BOCA *con duelo no dice bueno.* ref. que denota que los que están enojados con alguna persona no dicen nada bueno de ella. ‖ BOCA *pajosa cría cara hermosa.* ref. que indica lo hermosas que parecen las mujeres aplicadas a sus labores. ‖ *Buscar* a uno *la* BOCA.

fr. fig. Dar motivo, irritando a uno, a que diga algo que de otro modo callaría. || *Calentársele* a uno la BOCA. fr. fig. Hablar con extensión. || *Cerrar la* BOCA a uno. fr. fig. y fam. Hacerle callar. || *Con la* BOCA *abierta*, o *Con toda* BOCA *abierta*. loc. fig. y fam. Admirado de alguna cosa que se ve u oye. Se emplea con los verbos, *estar, quedarse*, etc. || *De* BOCA. m. adv. con que se califican las acciones de que uno se jacta sin motivo. || *De buena* BOCA. loc. Se dice de la persona benévola que de todo habla bien. || *Decir* uno *alguna cosa con la* BOCA *chica*, o *chiquita*. fr. fig. y fam. Ofrecer algo por mero cumplimiento. || *Duro de* BOCA. fig. Se dice de las bestias de freno que sienten poco los toques del bocado. || *Echar* BOCA. fr. fig. Acerar la de una herramienta desgastada por el uso. || **2.** Hablando de los tacos de billar, añadirles la materia conveniente a la punta ya gastada. || *Echar* uno *de*, o *por aquella* BOCA. fr. fam. Decir uno con imprudencia y enojo palabras injuriosas y ofensivas. || *En* BOCA *cerrada no entra mosca*, o *no entran moscas*. ref. que indica cuán útil es saber callar. || *En la* BOCA *del discreto lo público es secreto*. ref. que recomienda la prudencia en el hablar. || *Estar* uno *a qué quieres* BOCA. fr. fig. Disfrutar de gran regalo. || *Estar* uno *con la* BOCA *a la pared*, o *pegada a la pared*. fr. fig. y fam. Hallarse en suma necesidad y no tener a quien recurrir. || *Ganar* a uno *la* BOCA. fr. fig. Persuadirle a que siga algún dictamen, haciéndole que disimule el suyo propio. || *Guardar* uno *la* BOCA. fr. fig. No hacer exceso en la comida. || **2.** fig. Callar lo que no conviene decir. || *Hablar* uno *por* BOCA *de otro*. fr. fig. Conformarse con la opinión y voluntad ajena. || *Hablar* uno *por* BOCA *de ganso*. fr. fig. y fam. Decir lo que otro le ha sugerido. || *Hacer* BOCA. fr. fig. y fam. Tomar algún alimento ligero y aperitivo o beber en pequeña cantidad algún licor estimulante, preparando el estómago para la comida. *Hacer la* BOCA, *a una caballería*. fr. fig. Acostumbrarla a llevar el bocado. || *Halagar con la* BOCA *y morder con la cola*. fr. fig. y fam. con que se denota la falsedad de los que se muestran amigos y proceden como enemigos. *Heder la* BOCA a uno fr. fig. y fam. Ser pedigüeño. || *Irse uno de* BOCA. fr. fig. Dejarse llevar del vicio. || *Irse la* BOCA *a donde está el corazón*. fr. fig. Hablar alguno conforme a sus deseos. || *La* BOCA *hace juego*. loc. fam. con que se manifiesta que en el juego se debe estar a lo que se dice, aunque sea contra la intención del que lo ha dicho. || **2.** fig. Significa que se debe cumplir lo que se dice. || *Llorar a* BOCA *cerrada, y no dar cuenta a quien no se le da nada*. ref. que nos aconseja no contar nuestros males a quienes no los van a remediar. || *Mentir uno con toda la* BOCA. fr. fig. y fam. Mentir absolutamente. || *Meterse* uno *en la* BOCA *del lobo*. loc. fam. Exponerse sin necesidad a un peligro cierto. || *No abrir uno la* BOCA. fr. fig. Callar cuando se debiera hablar. || *No caérsele* a uno *de la* BOCA *una cosa*. fr. fig. Decirla repetidamente. || *No salir una cosa de la* BOCA, a uno. fr. fig. Callarla. || *No tomar* uno *en* BOCA, o *en la* BOCA, *a una persona o cosa*. fr. fig. No hablar ni hacer mención de ella. || *Pegar uno la* BOCA *a la pared*. fr. fig. Resolverse a callar la necesidad que padece. || *Poner en* BOCA *de uno algún dicho*. fr. fig. Atribuírselo. || *Poner* BOCA *al viento*. fr. fam. No tener que comer. || *Por la* BOCA *muere el pez*. ref. que indica lo peligroso que puede ser hablar inconsideradamente. || *Quien tiene* BOCA, *no diga a otro sopla*. ref. que indica no dejar al cuidado ajeno lo que uno puede hacer por sí. || *Quitar* a uno *de la* BOCA *alguna cosa*. fr. fig. y fam. Anticiparse uno a decir lo que iba a decir otro. || *Repulgar* uno *la* BOCA. fr. Plegar los labios, formando un género de doblez con ellos. || *Respirar* uno *por la* BOCA *de otro*. fr. fig. Vivir sujeto a la voluntad de otro. || *Tapar* BOCAS. Impedir que se siga censurando a una persona. || *Tapar la* BOCA a uno. fig. y fam. Cohecharle con dinero. || **2.** fig. y fam. Darle una razón tan concluyente que no tenga qué res-

ponder. || *Tener* a uno *sentado en la* BOCA *del estómago*. fr. fig. y fam. Indigestársele. || *Torcer* uno *la* BOCA. fr. Volver el labio inferior hacia alguno de los carrillos en ademán de disgusto. || *Venírsele* a uno *a la* BOCA *alguna cosa*. fr. Sentir el sabor de alguna cosa que hay en el estómago. || **2.** fig. Ofrecer algunas especies y palabras para proferirlas. || **P.** easp; **I.** mouth; **F.** bouche; **A.** Mund; **It.** bocca; **R.** рот.

★ **BOCABAJO.** adv. CUBA, P. RICO y PERÚ. De bruces.

BOCABARRA. (De *boca* y *barra*.) f. MAR. Cada una de las muescas abiertas en el sombrero del cabrestante, donde se encajan las barras para hacerlo girar.

BOCACALLE. (De *boca* y *calle*.) f. Entrada de una calle.

BOCACAZ. (De *boca* y *caz*.) m. Abertura o boca que hay en una presa para que salga el agua.

BOCACÍ (ár. *bugāzī*, tela de seda grosera.) m. Tela de hilo, de color, más ordinaria que la holandilla.

BOCACÍN. m. ant. Bocací.

BOCACHA. f. aum. de boca.

BOCADA. f. ant. Bocado.

BOCADEAR. tr. Partir en bocados una cosa.

BOCADILLO. (d. de *bocado*.) m. Cierto lienzo delgado y poco fino. || **2.** Especie de cintas de las más angostas. || **3.** Alimento que los trabajadores de campo toman entre el almuerzo y la comida. || **4.** Dulce de guayaba, conservado en poca cantidad envuelto en hojas de plátano. || **5.** Panecillo relleno de algún manjar apetitoso, como jamón, etc. || **6.** HOND. y MÉJ. Dulce de coco, y en Cuba de boniato.

★ **BOCADITO.** m. CUBA. Cigarrillo de picadura envuelto en hoja de tabaco. || **—de la reina.** Dulce hecho de leche, harina y clara de huevo.

BOCADO. m. Porción de comida que cabe de una vez en la boca. || **2.** Un poco de comida. || **3.** Mordedura que se hace con los dientes. || **4.** Pedazo de cualquier cosa que se arranca con la boca. || **5.** Pedazo arrancado de cualquier cosa violentamente. || **6.** Parte del freno que entra en la boca de la caballería. || **7.** Estaquilla que se coloca a las reses lanares para que baben. || **8.** Escalerilla para tener la boca del animal abierta para mirarla o curarla. || **9.** pl. Fruta en conserva partida en pedazos que se dejan secar. || **10.** ARGENT. y PERÚ. Guasca, que aplicada a la quijada inferior del potro, hace veces de freno para domarlo. || BOCADO *de Adán*. Nuez de la garganta. || **—sin hueso.** fig. Bien sin mezcla de mal. || **2.** fig. y fam. Provecho sin desperdicio. || **3.** fig. y fam. Empleo de mucha utilidad y poco trabajo. || *A* BOCADO *harón, espolada de vino*. ref. que indica que así como se ayuda a la bestia lerda con la espuela, así al manjar seco se le ha de ayudar con vino. || *A buen* BOCADO, *buen grito*, o *buen suspiro*. ref. que indica lo bien que le está empleado a uno algún mal por estar entregado sin rienda a un placer. || BOCADO *comido no gana amigo*. ref. que indica que quien no reparte lo suyo con otros no hace amigos. || *Buen* BOCADO. loc. fig. y fam. con que se encarece la excelencia de ciertas cosas que no son de comer. || *Caro* BOCADO. loc. fig. y fam. Lo que cuesta mucho o tiene malas resultas. || *Comer una cosa en un* BOCADO, *o en dos* BOCADOS. fr. fig. y fam. Comer muy de prisa. || *Con el* BOCADO *en la boca*. expr. fig. y fam. Acabado de comer. || *Contarle* a uno *los* BOCADOS. fr. fig. Darle poco de comer. || **2.** fig. y fam. Tener en cuenta sus acciones. || *Dar a uno un* BOCADO. fr. fig. Darle de comer por piedad. || *Más valen dos* BOCADOS *de vaca que siete de patata*. ref. que denota que es mejor poco bueno que mucho malo. || *Me lo comeré, me lo comería*, o *quisiera comérmelo*, *a* BOCADOS. fr. fig. y fam. Con que se denota el furor que se tiene contra alguno. || **2.** fig. y fam. Ser muy escasa la comida, o haber poca cantidad de alguna cosa. || *No tener para un* BOCADO. fr. fig. y fam. Estar uno en extrema necesidad. || **1.ᵃ** acep.: **P.** bocado; **I.** morsel; **F.** bouchée;

A. Munvoll, Happen; **It.** boccone; **R.** кусок.

BOCAL. (l. *baucālis*, y éste del gr. βαύκαλις especie de vaso.) m. Jarro de boca ancha y cuello corto para sacar el vino de las tinajas. || **2.** Fís. Frasco de cristal de cuello ancho y corto que se usa para construir botellas de Leyden. || **3.** Fís. Globo blanco de cristal lleno de agua y colocado sobre un pie.

BOCAL. (De *boca*.) adj. MAR. V. *Tabla* BOCAL.

BOCAMANGA. (De *boca* y *manga*.) f. Parte de la manga que está más cerca de la muñeca y especialmente por el interior o el forro.

★ **BOCAMEJORA.** f. AMÉR. MERID. Pozo auxiliar que comunica con el principal de una mina.

BOCAMINA. f. Boca de la galería o pozo que sirve de entrada en una mina.

BOCANA. f. Paso estrecho de mar que sirve de entrada a una bahía o fondeadero. || **2.** GUAT., NICAR., COLOM. y PERÚ. Desembocadura de un río.

BOCANADA. f. Cantidad de líquido que de una vez se toma o se arroja de la boca. || **2.** Porción de humo que se echa cuando se fuma. || **—de gente.** fig. y fam. Tropel de gente que sale con dificultad de algún local. || **—de viento.** fig. Golpe de viento que entra de repente. || *Echar* uno BOCANADAS. fr. fig. y fam. Hablar con jactancia. || *Echar* uno BOCANADAS *de sangre*. fr. fig. y fam. Hacer alarde de ser noble o estar emparentado con personas ilustres. || *Hablar* uno *a* BOCANADAS. fr. fig. y fam. Hablar sin ton ni son, o con fanfarronería.

★ **BOCANEGRA.** m. CHILE. Revólver.

BOCARTE. m. SANT. Cría de la sardina.

BOCATEJA. (De *boca* y *teja*.) f. Teja primera de cada una de las canales de un tejado.

★ **BOCATERÍA.** f. VENEZ. Baladronada.

★ **BOCATERO, RA.** adj. fam. CUBA, HOND. y VENEZ. Jactancioso. Ú.t.c.s.

BOCATIJERA. (De *boca* y *tijera*.) f. En los carruajes de cuatro ruedas, parte del juego delantero en donde se afirma y juega la danza.

BOCATOMA. (De *boca* y *tomar*.) f. CHILE y ECUAD. Boquera.

BOCAZA. f. aum. de boca. || **2.** m. fig. y fam. El que habla más de lo que aconseja la discreción.

BOCAZO. m. Explosión que sale por la boca del barreno sin producir efecto.

BOCEAR. intr. Bocezar, 1.ᵃ acep.

BOCEL. m. ARQ. Moldura convexa de sección semicilíndrica. || **2.** *Cuarto* BOCEL. ARQ. Moldura convexa cuya sección es un cuarto de círculo.

BOCELAR. tr. Formar bocel a una pieza de plata u otra materia.

BOCELETE. m. d. de bocel.

BOCELÓN. m. aum. de bocel.

BOCERA. f. Lo que queda pegado a la parte exterior de los labios después de haber comido o bebido.

BOCERAS. m. Bocaza, hablador. || **2.** Persona despreciable.

BOCETO. (ital. *bozzetto*.) m. En pintura, el borroncillo en colores previo a la ejecución del cuadro; en escultura, el modelado sin pormenor y en tamaño reducido de la figura o de la composición. Por ext. se aplica a otras obras de arte que no tienen forma acabada.

BOCEZAR. (De *bozo*.) intr. Mover los labios el caballo y demás bestias hacia uno y otro lado, como lo hacen cuando toman el pienso o beben.

BOCEZO. (De *bocezar*.) m. ant. Bostezo.

BOCÍN. (l. *buxis pyxis*, caja.) m. Pieza redonda de esparto, que se pone por defensa alrededor de los cubos de las ruedas de carros y galeras. || **2.** En los molinos de cubo, agujero por donde cae el agua.

BOCINA. (l. *būcina*, trompeta, infl. por *voz*.) f. Cuerno, 4.ᵃ acep. || **2.** Instrumento de metal, en figura de trompeta, con ancha embocadura para meter los labios, y que se usa principalmente en los buques para hablar de lejos. || **3.** Instrumento semejante al anterior, que se coloca en los automóviles, etc., para producir se-

B

ñales sonoras. || **4.** Pabellón con que se refuerza el sonido en los gramófonos. || **5.** MAR. Revestimiento metálico con que se guarnece interiormente un orificio. || **6.** CUBA. Cada una de las dos piezas de metal que cubren ambos extremos exteriores en las mazas de las ruedas del volante. || **7.** CHILE y COLOM. Trompetilla para los sordos. || **P.** buzina; **I.** horn, trumpet; **F.** buccin; **A.** Waldhorn; **It.** buccina; **R.** рупор. || **2.ª** acep.: **P.** buzina; **I.** speaking-trumpet; **F.** porte-voix; **A.** Sprachrohr; **It.** portavoce; **R.** автомобильный гудок.

BOCINAR. (l. *buccināre.*) intr. Tocar la bocina, usarla para hablar.

BOCINERO. m. El que toca la bocina.

BOCIO. (b. l. *bocia.*) m. Hipertrofia de la glándula tiroides. || **2.** Tumor localizado en el cuerpo tiroides. || —**exoftálmico.** Variedad de bocio caracterizada por la exoftalmía, acompañada de trastornos generales. || **P.** bócio; **I.** goiter; **F.** goître; **A.** Kropf; **It.** gozzo; **R.** зоб.

★ **BOCK.** m. Voz alemana que designa un vaso especial para beber cerveza, de un cuarto de litro de capacidad aproximadamente.

BOCÓN, NA. adj. fam. Bocudo. Ú.t.c.s. || **2.** fig. y fam. Que habla mucho y lanza bravatas. Ú.t.c.s. || **3.** m. Especie de sardina del mar de las Antillas. || **4.** CHILE. Murmurador. || **5.** m. AMÉR. Trabuco.

★ **BOCONADA.** f. REP. DOMIN. Fanfarronada.

★ **BOCONEAR.** intr. REP. DOMIN. Fanfarronear.

★ **BOCONERÍA.** REP. DOMIN. y P. RICO. Fanfarronada.

★ **BOCOR.** m. HAITÍ. Brujo, hechicero.

BOCOY. (fr. *boucaut;* de *bouc,* macho cabrío, y éste del germ. *bukk.*) m. Barril grande para envase.

BOCUDO, DA. adj. Que tiene grande la boca.

BOCHA. (ital. *boccia,* y éste del l. *botlia,* bulto, bola.) f. Bola de madera, que sirve para tirar en el juego de bochas. || **2.** pl. Juego entre dos o más personas, que consiste en tirar a cierta distancia unas bolas medianas y otra más pequeña y gana el que arrima más a ésta con las otras. || **3.** fam. ARGENT. Cabeza, testa. | **P.** bala para jogar; **I.** bowl; **F.** boule; **A.** Regelkugel; **It.** boccia; **R.** кегельный шар.

BOCHA. (Como en el fr. *bouche,* del celta *bulga,* bolsa.) f. MURC. Bolsa, 4.ª acep.

BOCHADO. (De *boche,* 3.ᵉʳ art.) m. GERM. Ajusticiado.

★ **BOCHÁN.** m. CHILE. Rastrojo de chacra.

BOCHAR. tr. En el juego de bochas, dar con una bola a otra. || **2.** fig. y fam. VENEZ. Dar BOCHE. || **3.** fig. y fam. AMÉR. MERID. Reprobar en los exámenes.

BOCHAZO. m. Golpe dado con una bocha a otra.

BOCHE. (Quizá de *bache,* 1.ᵉʳ art.) m. Hoyo pequeño que hacen los muchachos en el suelo para jugar, tirando a meter en él las piezas con que juegan.

BOCHE. (De *bocha.*) m. VENEZ. Bochazo. || **2.** fig. y fam. VENEZ. Repulsa. || *Dar* BOCHE, *o un* BOCHE, a uno. fr. fig. y fam. Rechazarle.

BOCHE. (fr. *boucher,* carnicero.) m. GERM. Verdugo. || **2.** CHILE. Bochinche. || **3.** fig. y fam. CHILE. Disputa. || **4.** fig. y fam. VENEZ. Repulsa.

BOCHERO. (De *boche,* 3.ᵉʳ art.) m. GERM. Criado de verdugo.

★ **BOCHICHA.** f. fam. ARGENT. Panza.

BOCHÍN. m. ant. Boche, 3.ᵉʳ art., 1.ª acep.

★ **BOCHIN.** m. AMÉR. MERID. Bola pequeña en el juego de bolas.

BOCHINCHE. m. Tumulto, barullo. || **2.** MÉJ. Baile casero. || **3.** P. RICO y COLOM. Chisme, cuento. || **4.** P. RICO y COLOM. Taberna de aspecto pobre.

★ **BOCHINCHEAR.** intr. ARGENT. Armar bochinches.

BOCHINCHERO, RA. adj. Se dice del que toma parte en los bochinches. Ú.t.c.s.

★ **BOCHINCHOSO, SA.** adj. P. RICO, REP. DOMIN., PAN., COLOM. y PERÚ.

Bochinchero. || **2.** P. RICO. Quisquilloso.

BOCHISTA. com. Persona diestra en bochar.

BOCHORNO. (l. *vŭltŭrnus,* viento del este.) m. Aire caliente y molesto que se levanta en el estío. || **2.** Calor sofocante. || **3.** Encendimiento pasajero del rostro. || **4.** Desazón producido por algo que ofende, molesta, avergüenza. || **5.** fig. Encendimiento y alteración del rostro por haber recibido ofensa el pudor o la vergüenza.

BOCHORNOSO, SA. adj. Se dice de lo que causa vergüenza.

BODA. (l. *vota,* pl. de *votum,* voto, promesa.) f. Casamiento y fiesta con que se solemniza. Ú.m. en pl. || —**de negros.** fig. fam. Cualquiera función en que hay mucha bulla. || **Bodas de diamante.** Aniversario sexagésimo de la boda o de otro acontecimiento solemne o muy señalado. || —**de oro.** Aniversario quincuagésimo de los mismos hechos. || *A* BODA *ni bautizo no vayas sin ser llamado.* ref. que reprende a los entrometidos. || BODAS *largas, barajas nuevas.* ref. que indica que al fin no se celebran las que se aplazan demasiado. || *De tales* BODAS, *tales costras, o tortas.* ref. que indica que los que andan en malos pasos no tienen buen fin. || *En la* BODA, *quien menos come es la novia.* ref. que denota en las grandes funciones el que menos disfruta es el dueño de la casa por el cuidado de que todo esté bien servido. || *Lo que no viene a la* BODA, *no viene a toda hora.* ref. que denota lo que prometen los suegros si no se cumple antes de la boda se realiza después con dificultad. || *Ni* BODA *pobre ni mortuorio rico.* ref. que indica que en general se ponderan los caudales más de lo que son en realidad al tiempo de celebrarse los casamientos y se disminuyen al de la muerte. || *No hay* BODA *sin doña toda.* ref. que se aplica a algunas señoras que se encuentran en todas las fiestas. || *No ir* uno *a* BODAS. fr. fig. y fam. No ir uno a divertirse, sino a pasar trabajos. || *No se hace la* BODA *de hongos, sino de buenos bollos, o ducados, redondos.* ref. que denota que las cosas importantes no se hacen a poca costa. || *Quien bien baila, de* BODA *en* BODA *se anda.* ref. que indica que el que tiene alguna gracia o habilidad desea mostrarla a todos. || *Quien se ensaña en la* BODA, *piérdela toda.* ref. que censura a los aguafiestas. || *Si de ésta escapo y no muero, nunca más* BODAS *al cielo,* ni en el cielo. ref. que dicen los que se hallan en un lance peligroso, del que les parece muy difícil salir, y escarmentados hacen propósito de ser cautos en adelante. || **P.** boda; **I.** wedding; **F.** noce; **A.** Hochzeit; **It.** nozze; **R.** свадьба.

BODE. (De *boc,* boque, y éste del germ. *bukk,* macho cabrío.) m. Macho cabrío. || **2.** *Bésote* BODE, *porque has de ser odre* ref. que se dice de aquello que esperamos que, andando el tiempo, nos dé alguna utilidad.

BODEGA. (l. *apothēca,* y éste del gr. ἀποθήκη, depósito, almacén.) f. Lugar donde se guarda y cría el vino. || **2.** Cosecha o mucha abundancia de vino en algún lugar. || **3.** Troj o granero. || **4.** En los puertos de mar, piezas bajas que sirven de almacén a los mercaderes. || **5.** SANT. Pieza baja que sirve de habitación en las casas de vecindad de los barrios pobres. || **6.** MAR. Espacio interior de los buques desde la cubierta inferior hasta la quilla. || **7.** CHILE. En los ferrocarriles, almacén en que se guardan las mercancías. || *Al que va a la* BODEGA, *por vez se le cuenta, beba o no beba.* ref. que advierte que se huya de los lugares sospechosos, aunque se vaya con buen fin. || *La* BODEGA *huele al vino que tiene.* ref. que denota que los hombres en sus palabras denotan su interior aunque procuren disimularlo. || **P.** adega; **I.** cellar; **F.** cave; **A.** (Wein)-Keller; **It.** cantina; **R.** винный погреб.

BODEGAJE. m. CHILE. Almacenaje.

BODEGO. m. desus. Bodegón, 1.ª y 2.ª aceps.

BODEGÓN. (aum. de *bodega*.) m. Sitio en que se guisan y dan de comer viandas ordinarias. || **2.** Taberna. || **3.** Pintura en que se representan cosas comes-

tibles, vasijas y utensilios vulgares. || *Echar* uno *el* BODEGÓN *por la ventana.* fr. fig. y fam. Echar la casa por la ventana. || **2.** fig. y fam. Enfadarse con demasía. || *¿En qué* BODEGÓN *hemos comido juntos?* fr. fig. y fam. que se reprende al que se toma demasiada familiaridad con quien no debe usarla. || **P.** taberna; **I.** tavern; **F.** cabaret; **A.** Schänke, Speisekeller; **It.** bèttola; **R.** трактир.

BODEGONCILLO. m. d. de bodegón. || —**de puntapié.** Tiendecilla ambulante donde se venden cosas de comer.

BODEGONERO, RA. m. y f. Persona que tiene bodegón, 1.ª y 2.ª aceps.

BODEGUERO, RA. m. y f. Dueño de una bodega, 1.ª acep. || **2.** Persona que tiene a su cargo la bodega. || **3.** CUBA. Tendero, persona que tiene una tienda.

BODEGUETA. f. d. ant. de bodega.

BODIGO. (l. *panis votīvus,* pan ofrecido en voto; de *votum,* voto, ofrenda.) m. Panecillo hecho de la flor de la harina, que se suele llevar a la iglesia por ofrenda.

BODIJO. m. fam. Boda desigual. || **2.** fam. Boda sin aparato ni concurrencia.

BODOCAL. (De *bodoque.*) adj. V. *Uva* BODOCAL. Ú.t.c.s. || **2.** Se dice también de las vides y del veduño de esta especie.

BODOCAZO. m. Golpe del bodoque disparado de la ballesta.

BODOLLO. m. AR. Podón.

BODÓN. (l. *buda,* anea.) m. Charca que se seca en verano.

BODONAL. (De *bodón.*) m. SAL. Terreno encenagado. || **2.** SAL. Juncar.

BODOQUE. (ár. *bunduq,* avellana, bolita.) m. Pelota o bola de barro hecha en turquesa y endurecida al aire, como una bala de mosquete, la cual servía para tirar con ballesta de bodoques. || **2.** Reborde con que se refuerzan los ojales del colchón por donde se pasan las bastas. || **3.** Relieve de forma redonda que se emplea como adorno en bordados. || **4.** fig. y fam. Persona de cortos alcances. Ú.t.c. adj. || **5.** fig. MÉJ. Chichón, en general hinchazón de forma redonda. || **6.** MÉJ. Cosa mal hecha. 1.ª acep.: **P.** bodoque; **I.** pellet; **F.** jalet; **A.** Armbrustbolzen; **It.** palla; **R.** глиняное ядро.

BODOQUERA. f. Molde para bodoques, 1.ª acep. || **2.** Escalerita de cuerda de vihuela que se formaba en medio de la cuerda de la ballesta para sujetar el bodoque.

★ **BODOQUERO, RA.** adj. AMÉR. Contrabandista.

BODORRIO. m. fam. Bodijo. || **2.** MÉJ. Fiesta que se celebra con motivo de una boda. || **3.** AMÉR. Banquete.

BODRIO. (De *brodio.*) m. Caldo con algunas sobras de sopa, mendrugos, etc., que en general se daba a los pobres en los conventos. || **2.** Guiso mal aderezado. || **3.** Sangre de cerdo mezclada con cebolla para embutir morcillas. || **4.** ARGENT. Confusión, desorden.

BOE. (l. *boem,* por *bovem.*) m. ant. Buey.

BÓER. (Voz holandesa que significa colono.) adj. Se dice de los habitantes del África Austral que son de origen holandés. Ú.t.c.s. || **2.** Perteneciente a esta región del sur de África.

BOEZUELO. (De *boe.*) m. d. de buey. || **2.** Figura que representa un buey y que se usa en la caza de perdices.

★ **BOFADAL.** m. ARGENT. Tremendal.

BOFE. (De la onomat. *buf.*) m. Pulmón. 1.ª acep. Ú.m. en pl. || **2.** P. RICO. Cosa fácil de lograr y también trabajo fácil. || **3.** REP. DOMIN. Artículo muy rebajado de precio. || **4.** adj. AMÉR. CENTRAL. Antipático. || *Echar* uno *el* BOFE, *o* los BOFES, *por una cosa.* fr. fig. y fam. Solicitarla con ansia.

BOFENA. (De *bofe.*) f. Bofe.

BOFEÑA. (De *bofe.*) f. MANCHA. Bohena, 2.ª acep.

BÓFETA. (ár. *bafta,* tela de algodón blanco de las Indias.) f. Tela de algodón delgada y tiesa.

BOFETADA. (Del dialecto *bofet,* y éste de la onomat. *buf.*) f. Golpe que se da en el carrillo con la palma abierta. || **2.** CHILE. Puñetazo. || —**de cuello vuelto.** loc. fam. La que se da con gran violencia. ||

Dar una BOFETADA *a uno.* fr. fig. Hacerle un gran desaire. || **P.** bofetada; **I.** slap, buffet; **F.** soufflet; **A.** Ohrfeige; **It.** schiaffo; **R.** пощёчина.

BOFETÁN. m. Bófeta.

★ **BOFETEAR.** tr. CHILE. Abofetear.

★ **BOFETEO.** m. P. RICO y REP. DOMIN. El sustento.

BOFETÓN. (Del dialect. *bofet*, y éste de la onomat. *buf*.) m. Bofetada dada con fuerza. || **2.** Tramoya de teatro que se funda en un quicio como de puertas para hacer aparecer y desaparecer personas u objetos. || BOFETÓN *amagado, nunca bien dado.* ref. que indica que el que amenaza no tiene ánimo de ejecutar lo que dice, sino de atemorizar.

BOFO, FA. (de la onomat. *buf*.) adj. Fofo. || **2.** AMÉR. CENTRAL. Antipático. || **3.** m. HOND. Boj, bolo con que los zapateros lustran la suela.

BOFORDAR. intr. ant. Bohordar.

BOFORDO. m. ant. Bohordo, 2.ª acep.

BOGA. (l. *boca*.) f. ZOOL. Pez teleósteo, fisóstomo, de color plateado y aletas casi blancas; es comestible y abunda en los ríos españoles. || **2.** Pez teleósteo, acantopterigio, con rayas a lo largo, las superiores negruzcas y las inferiores doradas y plateadas. Es comestible y abunda en los mares de España.

BOGA. f. Acción de bogar o remar. || **2.** fig. Buena aceptación, felicidad creciente. Ú. principalmente en la frase: *En* BOGA. || **2.** m. ECUAD., GUAT., MÉJ., COLOM. y PERÚ. Botero, remero. || **—arrancada.** MAR. La que se hace con la mayor fuerza. || **—larga.** MAR. La pausada manteniendo el remo el mayor tiempo posible bajo el agua. || *A* BOGA *lenta.* m. adv. MAR. Remando despacio. || **P.** voga; **I.** rowing; **F.** nage; **A.** Rudern; **It.** voga; **R.** гребля.

BOGA. f. EXTR. Cuchillo pequeño de dos filos.

BOGADA. (De *bogar*.) f. Espacio que la embarcación navega por el impulso de un solo golpe de remos.

BOGADA. (De *bugada*.) f. AST. Colada, acción de colar o pasar un líquido por un cedazo.

BOGADOR, RA. m. y f. Persona que boga. || **P.** vogador; **I.** rower; **F.** rameur, nageur; **A.** Ruderer; **It.** vogatore; **R.** гребец.

BOGANTE. p.a. de bogar. Que boga.

BOGAR. (germ. *wogen*, bogar.) intr. MAR. Remar, 1.ª acep. || **2.** MIN. CHILE. Desnatar, quitar la escoria que sobrenada en el metal fundido. || **3.** COLOM. Sorber, beber.

BOGAVANTE. (De *bogar* y *avante*.) m. Primer remero de cada banco de la galera. || **2.** Lugar en que se sentaba este remero. || **3.** ZOOL. Crustáceo marino, semejante a la langosta de la que se diferencia en que las patas del primer par terminan en pinzas muy grandes y robustas. || **P.** vogavante; **I.** lobster; **F.** homard; **A.** Seekrebs, Hummer; **It.** vogavanti; **R.** загребной.

★ **BOGÍO.** m. CUBA. Bohío.

★ **BOGOTANO, NA.** adj. Natural de Bogotá. Ú.t.c.s. || **2.** Perteneciente a esta ciudad de América.

★ **BOGUE.** m. CHILE. Coche de dos asientos, abierto y con capota, parecido a la victoria, pero más alto.

BOHARDILLA. (d. de *bufarda*.) f. Buhardilla.

BOHEMIA. n.p. V. *Granate, rubí de* BOHEMIA.

BOHEMIANO, NA. adj. Bohemo. Apl. a pers. ú.t.c.s.

BOHÉMICO, CA. adj. Perteneciente a Bohemia.

BOHEMIO, MIA. (l. *bohemius*.) adj. Bohemo. Apl. a pers. ú.t.c.s. || **2.** Gitano. Apl. a pers. ú.t.c.s. || **3.** Se dice de las personas de vida libre y costumbres irregulares. Ú.t.c.s.

BOHEMO, MA. (l. *bohēmus*.) adj. Natural de Bohemia. Ú.t.c.s.

BOHENA. f. Bofena. || **2.** Longaniza hecha con bofes de puerco.

BOHEÑA. (De *bofe*.) f. ant. Bohena.

BOHÍO. (Voz de las Antillas.) m.

Cabaña de América, hecha de madera y ramas.

BOHONERÍA. f. ant. Buhonería.

BOHONERO. m. ant. Buhonero.

BOHORDAR. int. antr. Tirar o arrojar bohordos en los juegos de caballería.

BOHORDO. (fr. *bohort*.) m. Junco de la espadaña. || **2.** BOT. Tallo herbáceo y sin hojas que sostiene las flores y el fruto de algunas plantas.

★ **BOICININGA.** f. ZOOL. BRASIL. Especie de cobra.

★ **BOICOT.** m. Boicoteo.

° **BOICOTEAR.** v. Hacer el vacío, privar de relación comercial u otra a persona o entidad para obligarla a ceder.

° **BOICOTEO.** m. Acción y efecto de boicotear.

★ **BOICUABA.** BRASIL y PERÚ. f. Serpiente de gran tamaño y no venenosa.

BOÍL. (l. *bōīle*, por *bovile*.) m. Boyera.

BOINA. f. Gorra sin visera generalmente de una pieza y de uso muy antiguo en las Provincias Vascongadas y Navarra y muy extendido después. || **P.** boina; **I.** Basque cap; **F.** béret basque; **A.** baskische Mütze; **It.** berretto basco; **R.** берет.

★ **BOIQUIRA.** f. ZOOL. AMÉR. Culebra de cascabel.

BOIRA. (l. *bŏreas*, viento norte.) f. Niebla.

BOJ. (cat. y arag. *box*, y éste del l. *bŭxus*.) m. Arbusto buxáceo, de madera amarilla dura y compacta, muy apreciada para el grabado, obras de tornería, etc. La planta se emplea en los jardines como adorno. || **2.** Madera de este arbusto. || **3.** Bolo de madera con un remate a modo de oreja, sobre la que se cosen los pedazos de cordobán de que se hace el zapato. || **P.** buxo; **I.** box-tree; **F.** buis; **A.** Buchsbaum; **It.** bosso; **R.** букс.

BOJ. (De *bojar*, 2.° art.) m. MAR. Bojeo.

BOJA. f. Abrótano.

BOJA. (Como el ital. *bogia*, vesícula, del l. *bŭbia*, pezón.) f. VALLAD. Ampolla, 1.ª acep.

BOJAR. tr. Quitar la flor, las aguas y las manchas al cordobán de colores, rayéndolo con la estira.

BOJAR. (Quizá del neerl. *buigen*, doblar, torcer.) tr. MAR. Medir el perímetro de una isla, cabo, o porción saliente de una costa. || **2.** intr. Tener una isla, cabo o porción saliente de la costa tal o cual dimensión en circuito. || **3.** Rodear dicho circuito navegando.

★ **BOJAZO.** m. COLOM. Golpe fuerte.

BOJE. m. Boj, 1.er art., 1.ª y 2.ª aceps. || **2.** fam. AND. y MÉJ. Persona muy torpe. Ú.t.c.adj. || **3.** ZOOL. CUBA. Árbol silvestre de la isla de Pinos, cuya madera se emplea para hacer remos.

BOJEAR. tr. e intr. MAR. Bojar, 2.° art., 1.ª y 2.ª aceps. || **2.** intr. Navegar a lo largo de una costa.

★ **BOJEDAD.** f. MÉJ. Simpleza.

BOJEDAL. (Der. del l. *bŭxetum*, lugar de bojes.) m. Sitio poblado de bojes.

BOJEO. m. MAR. Acción de bojear. || **2.** Perímetro de una isla o cabo.

BOJETA. f. ant. Ar. Sardineta, 1.ª acep.

★ **BOJETE.** m. VENEZ. Bojote.

BOJIGANGA. f. Compañía corta de farsantes que en lo antiguo representaba algunas comedias y autos en los pueblos pequeños.

★ **BOJÍO.** m. CUBA. Bohío.

BOJO. m. MAR. Acción de bojar, 2.° art.

BOJOTE. m. COLOM., HOND. y VENEZ. Lío, bulto, envoltorio. || **2.** VENEZ. Rodillo de madera envuelto en sacos con que los arrieros equilibran la carga. || **3.** GUAT. Porción pequeña de cualquier substancia maleable.

★ **BOJOTEAR.** tr. VENEZ. Envolver una cosa atando después con una cuerda. || **2.** intr. VENEZ. Equilibrar los arrieros la carga con el bojote.

BOJOTERO. m. COLOM. El que con los trapiches forma bojotes de bagazo para echarlos a la hornilla.

BOL. (ingl. *bowl*, taza.) m. Ponchera. || **2.** Taza grande y sin asa. || **P.** poncheira; **I.** towl; **F.** bol; **A.** henkellose Tasse, Bowle; **It.** bolo; **R.** чаша.

BOL. (l. *bolus*, y éste del gr. βόλος, de βάλλω, lanzar.) m. Redada, lance de red.

BOL. m. Bolo, 1.er art. || **—arménico o de armenia.** Arcilla rojiza procedente de Armenia y usada en medicina, en pintura y en el arte de dorar.

BOLA. (ant. fr. *boule*, y éste del l. *bŭlla*, bola.) f. Cuerpo esférico de cualquiera materia. || **2.** Juego que consiste en tirar con la mano una bola de hierro, y gana el jugador que ha pasado con su bola más adelante. || **3.** Lance que en algunos juegos de naipes consiste en hacer uno todas las bazas. || **4.** Armazón compuesta de dos discos circulares con la apariencia de bola y se emplea para hacer señales en los buques y en otros sitios. || **5.** fig. y fam. Mentira. || **6.** pl. CUBA y CHILE. Argolla, 2.ª acep. || **7.** VENEZ. Tamal de figura esférica. || **8.** CHILE. Balota. || **9.** CHILE. Cometa grande y de forma redonda. || **10.** MÉJ. Tumulto, bulla. || **11.** CUBA. Gallina que no tiene cola. || **12.** CUBA. Raíz o tubérculo de la malanga. || *A bola vista.* m. adv. fig. A las claras. || *¡Dale* BOLA! expr. fig. y fam. Que denota el enfado que ocasiona una cosa cuando se la repite muchas veces. || **—charrúa, pampa** o **perdida.** R. DE LA PLATA. Instrumento ofensivo usado por los indios. || **—de fuego.** Avecilla de color de fuego. || **—erizada.** R. DE LA PLATA. Instrumento usado por los indios. || *Dejar que ruede,* o *dejar rodar la* BOLA. fr. fig. y fam. Dejar que un suceso siga su curso sin intervenir en él. || **2.** fig. y fam. Mirar con indiferencia que las cosas vayan del modo que sea. || *Escurrir la* BOLA. fr. fig. y fam. Huir. || *Estar,* o *meterse en* BOLA. CUBA. Tomar parte en la diversión o negocio de otros. || *Ruede la* BOLA. expr. fig. y fam. Con que uno manifiesta el deseo de que las cosas sigan marchando como antes. || **P.** bola; **I.** ball; **F.** boule; **A.** Kugel; **It.** palla; **R.** шар.

★ **BOLACEAR.** intr. ARGENT. Disparatar.

★ **BOLACO.** m. CHILE. Socaliña. || **2.** Metal en estado nativo en un trozo compacto de cierto volumen.

★ **BOLACHA.** f. AMÉR. Bola de caucho en bruto.

BOLADA. f. Tiro que se hace con la bola. || **2.** Caña del cañón de artillería. || **3.** ARGENT. Tirada del jugador de billar. || **4.** R. DE LA PLATA y VENEZ. Encuentro, oportunidad para un negocio. || **5.** CHILE. Golosina. || **6.** COLOM. Jugarreta. || **7.** CUBA. Mentira. || **8.** ECUAD. Trampa, estafa.

BOLADO. (De *bola*.) m. Azucarillo. || **2.** HOND. Lance diestro en el juego de billar. || **3.** AMÉR. Negocio, asunto. || **4.** Lance amoroso. || **5.** AMÉR. CENTRAL. Rumor.

★ **BOLADORA.** f. GUAT. Trompada.

BOLAGA. f. CÁD. y MURC. Torvisco.

BOLAGAR. m. MURC. Sitio donde abunda la bolaga.

BOLÁN. V. *De bolín, de* BOLÁN.

★ **BOLANCHERA.** f. CUBA. Baile en el que las parejas saltan por turno al centro y hacen una figura que repiten sucesivamente girando en círculo.

BOLANDISTA. (Del P. Juan van *Bolland*, fundador de la sociedad de este nombre.) m. Individuo de una sociedad formada por miembros de la Compañía de Jesús, para publicar y depurar críticamente los textos originales de las vidas de los santos. || **P.** bolandistas; **I.** Bollandist; **F.** bollandiste; **A.** Bollandist; **It.** bollandista.

BOLAÑEGO, GA. adj. Se dice del natural de Bolaños. Ú.t.c.s. || **2.** Perteneciente a esta villa.

BOLAÑO. m. Bola o pelota de piedra que disparaban las bombardas y pedreros.

BOLAR. (De *bol*, 3.er art.) adj. V. *Tierra* BOLAR.

BOLARDO. (ingl. *bollard*.) m. Noray de hierro colado o acero, que se coloca junto a la arista exterior de un muelle, para que las amarras no estorben el paso.

★ **BOLATE.** m. COLOM. Confusión, enredo.

BOLAZO. m. Golpe de bola. || **2.** fig. ARGENT. Bola, mentira. || *De* BOLAZO. m. adv. fig. y fam. De prisa y sin esmero.

B

BOLCHACA. (l. *bŭrsa*.) f. fam. AR. y MURC. Bolsillo o faltriquera.

BOLCHACO. m. fam. y despect. AR. Bolchaca.

BOLCHEVIQUE. (Del ruso *bolchevik*, partidario del máximo.) adj. Partidario del bolcheviquismo. Ú.t.c.s.

BOLCHEVIQUISMO. m. Sistema de gobierno establecido en Rusia por la revolución social de 1917, que practica el colectivismo mediante la dictadura que ejerce en nombre del proletariado. || 2. Doctrina defensora de tal sistema.

BOLCHEVISMO. m. Bolcheviquismo.

BOLDINA. f. Alcaloide extraído del boldo.

BOLDO. m. Arbusto monimiáceo, originario de Chile, de fruto comestible. La infusión de sus hojas se emplea para curar las enfermedades del estómago y del hígado.

★ **BOLEA.** f. MÉJ. Puñetazo.

★ **BOLEADA.** f. ARGENT. Acción y efecto de bolear. || 2. AMÉR. Partida de caza. || 3. PERÚ. Reprobación en un examen.

★ **BOLEADO, DA.** adj. AMÉR. Se dice del animal cazado con las boleadoras. || 2. fig. y fam. AMÉR. Avergonzado.

BOLEADOR. (De *bolear*, 2.º art.) m. GERM. El que hace caer a otro. || 2. adj. ARGENT. Se aplica al que bolea animales. Ú.t.c.s. || 3. Se dice del animal que se tira de lomo al suelo para golpear a quien lo monta.

BOLEADORAS. (De *bolear*, 2.º art.) f. pl. ARGENT. y CHILE. Instrumento que se arroja a los pies o pescuezo de los animales para aprehenderlos. Está compuesto de dos o tres bolas. Las de dos se emplean para los avestruces, venados y animales semejantes, y las de tres para toros y caballos.

BOLEAR. (De *bola*.) intr. En los juegos de trucos o billar, jugar por puro entretenimiento, sin interés. || 2. Tirar las bolas apostando a quién las arroja más lejos. || 3. MURC. Decir muchas mentiras. || 4. tr. ARGENT. Arrojar boleadoras a un animal. || 5. fig. ARGENT. Enredar a uno, hacerle una mala partida. || 6. COLOM., VENEZ., PAN., PERÚ y CHILE. Rechazar en una votación, reprobar en un examen, deponer a uno de su empleo. || 7. MÉJ. Embetunar el calzado.

BOLEAR. (De *bol*, 2.º art.) tr. fam. Arrojar, 1.ª acep. || 2. r. R. DE LA PLATA. Tumbarse el caballo de espaldas y también volcarse un vehículo estando en marcha. || 3. ARGENT. Tener o sentir mucha vergüenza.

★ **BOLECO, CA.** adj. HOND. Algo ebrio.

★ **BOLENCIA.** f. GUAT. Borrachera.

BOLEO. m. Acción de bolear, tirar las bolas. || 2. Sitio en que se bolea o tira la bola. || 3. COLOM. Golpe.

BOLERA. (De *bolo*.) f. Boliche, lugar en que se juega a los bolos.

BOLERAS. f. pl. BOLERO, aire musical popular español.

★ **BOLEREAR.** tr. VENEZ. Derribar un caballo agarrándole de la cola.

BOLERO, RA. (De *bola*.) adj. Novillero, el que hace novillos o se huye. || 2. fig. y fam. Que dice muchas mentiras. Ú.t.c.s. || 3. URUG. Se dice del caballo delantero. || 4. m. PERÚ. Bolinche, juego. || 5. VENEZ. Cuatrero, salteador.

BOLERO, RA. m. y f. Persona que profesa el arte de bailar el bolero o cualquier otro baile nacional de España. || 2. m. Aire popular español. || 3. Chaquetilla corta de señora. || 4. GUAT. y HOND. Chistera, sombrero de copa alta. || 5. COLOM. Faralá. || *A lo* BOLERO. m. adv. Con meneos parecidos a los del que baila el bolero.

★ **BOLERÓN.** m. COLOM. Faralá grande.

BOLETA. (ital. *bolletta*.) Cédula que se da para poder entrar sin embarazo en alguna parte. || 2. Cédula que se da a los militares cuando entran en un lugar, señalando a cada uno la casa donde han de alojarse. || 3. Especie de libranza para tomar o cobrar alguna cosa. || 4. Cédula que se insaculan llevando inscrito un número, o nombre de persona o cosa. || 5. CHILE. Borrador que entregan las partes al notario para que redacte una escritura

pública. || 6. AMÉR. Cédula electoral. || 7. AMÉR. Cédula para citar a juicio en los tribunales. || P. bilhete; I. ticket; F. billet; A. Schein; It. bullettino; R. пропуск.

BOLETAR. tr. Hacer boletas o papelitos de tabaco.

BOLETERÍA. (De *boleta*.) f. AMÉR. Taquilla, despacho de billetes.

BOLETERO. m. Individuo encargado de hacer y repartir boletas de alojamiento.

BOLETERO, RA. m. y f. AMÉR. Persona que vende boletos.

★ **BOLETERO, RA.** adj. vulg. ARGENT. Embustero. Ú.t.c.s.

BOLETÍN. (ital. *bollettino*, de *bolletta*, y éste del l. *bŭlla*, bola.) m. d. de boleta. || 2. Libramiento para cobrar dinero. || 3. Cédula de suscripción a una obra o empresa. || 4. Publicación destinada a tratar de asuntos científicos, artísticos, literarios o históricos, generalmente publicada por alguna corporación. || 5. Periódico que contiene disposiciones oficiales. || 6. CUBA. Billete de ferrocarril. || P. boletim; I. y F. bulletin; A. Bolletin, Amtsblatt; It. bollettino; R. ордер.

BOLETO. (De *boleta*.) m. CHILE, ECUAD., MÉJ. y PERÚ. Billete, 2.ª y 3.ª aceps. || 2. R. DE LA PLATA. Cédula que en las carreras de caballos acredita la participación en las apuestas. || 3. ARGENT. Contrato preliminar de compraventa.

★ **BOLETO.** m. vulg. ARGENT. Embuste, mentira.

BOLICHADA. f. Lance de la red llamada boliche. || 2. fig. y fam. Lance afortunado en que median intereses pecuniarios. || *De una* BOLICHADA. m. adv. fig. y fam. De golpe, de una vez.

BOLICHE. (l. *bŭlla*, bola.) m. Bola que se emplea en el juego de las bochas. || 2. Juego que se ejecuta en una mesa cóncava, con unos cañoncillos, y echando las bolas en tanto número como cañoncillos, según el mayor número que entran por ellos, se gana lo apostado o parado. || 3. Juego de bolos. || 4. Lugar donde se ejecuta este juego. || 5. Juguete que se compone de un palo terminado en punta por un extremo y con una cazoleta por el otro, y de una bola taladrada sujeta por un cordón al medio del palo, y que lanzada al aire se procura recoger. || 6. Adorno en general torneado y que remata ciertos muebles. || 7. Tabaco de clase inferior que se produce en la isla de Puerto Rico. || 8. Horno pequeño para hacer carbón de leña. || 9. Horno pequeño para fundir minerales de plomo. || 10. Tienda de baratijas. || 11. AND. Establecimiento industrial. || 12. CHILE y ARGENT. Taberna. || 13. CHILE y R. DE LA PLATA. Tienda de baratijas. || P. bola pequena; I. jack; F. cochonnet; A. Zierkugel; It. pallino; R. шарик.

BOLICHE. (De *bol*, 2.º art.) m. Jábega pequeña. || 2. Pescado menudo que se saca con ella. || 3. MAR. Bolina de las velas menudas.

★ **BOLICHEAR.** intr. ARGENT. Ocuparse de negocios de poca importancia.

BOLICHERO. m. AND. Vendedor del pescado llamado boliche.

BOLICHERO, RA. m. y f. Persona que tiene un boliche, 1.er art., 2.ª acep.

BÓLIDO. (l. *bolis, -idis*, y éste del gr. βολίς, arma arrojadiza, tiro; de βάλλω, lanzar.) m. METEOR. Cantidad de materia cósmica de dimensiones apreciables a simple vista, que atraviesa rápidamente la atmósfera y suele estallar y dividirse en pedazos. || P. bólido; F. bolide; A. Meteorstein; It. bólide; R. болид, метеор.

BOLILLO. (d. de *bolo*.) m. Palito torneado que sirve para hacer encajes y pasamanería. || 2. En la mesa de trucos, hierro redondo, puesto perpendicularmente en una cabecera, enfrente de la barra. || 3. Horma para aderezar vuelos de gasa o de encaje. || 4. Cada uno de estos vuelos. || 5. Hueso a que está unido el casco de las caballerías. || 6. Barritas de masa dulce. || 7. MÉJ. Pan de trigo. || 8. P. RICO. Carrete de hilo. || 9. AMÉR. Palillos de tambor. || P. bilro; I. bobbin; F. fuseau; A. Klöppel; It. fuso; R. коклюшка.

BOLÍN. m. d. de *bolo*. || *De* BOLÍN, *de* bolán. m. adv. fam. Inconsideradamente.

BOLINA. (ingl. *bowline*.) f. MAR. Cabo con que se hala hacia la proa de la relinga

de barlovento de una vela para que reciba mejor el viento. || 2. MAR. Cada uno de los cordeles que forman las arañas que sirven para colgar los coyes. || 3. MAR. Castigo que se daba a los marineros de a bordo, y que consistía en azotar al reo, corriendo éste al lado de una cuerda que pasaba por una argolla asegurada al cuerpo. || 4. MAR. Respecto a un rumbo de la aguja, cada uno de los dos que distan seis cuartas de él, por banda y banda. || 5. fig. y fam. Ruido o bulla de pendencia. *Echar* uno *de* BOLINA. fr. fig. y fam. Proferir bravatas. || 2. fig. y fam. Exagerar sin consideración. || *Ir, o navegar, de* BOLINA. fr. MAR. Navegar de modo que la dirección de la quilla forme con la del viento el ángulo menor posible. || P. e It. bolina; I. bowline; F. bouline; A. Senkblei; R. булинь.

★ **BOLINA.** f. GUAT. Borrachera colectiva.

BOLINEADOR, RA. adj. MAR. Bolinero, 1.ª acep.

BOLINEAR. intr. MAR. Ir, o navegar de bolina.

BOLINERO, RA. adj. MAR. Se dice del buque que tiene la propiedad de navegar bien de bolina. || 2. CHILE. Alborotador.

★ **BOLINILLO.** m. COLOM. Molinillo.

BOLISA. f. En algunas partes, pavesa.

★ **BOLITA.** f. ZOOL. AMÉR. Armadillo.

★ **BOLITO.** m. BOT. PERÚ. Árbol sapindáceo.

BOLÍVAR. (Del nombre de Simón *Bolívar*, que inició la independencia de América.) m. Moneda de plata de Venezuela que, a la par, equivale a una peseta. Es la unidad monetaria.

BOLIVARIANO, NA. adj. Perteneciente o relativo a Simón Bolívar o a su historia política.

° **BOLIVIANISMO.** m. Palabra, giro especial de Bolivia.

BOLIVIANO, NA. adj. Natural de Bolivia. Ú.t.c.s. || 2. Perteneciente o relativo a esta república de América. || 3. m. Moneda de plata de Bolivia.

BOLO. (De *bola*.) m. Trozo de palo labrado en forma cónica o en otra de base plana, para que se tenga derecho en el suelo. || 2. En el juego de las cargadas, en el que no hace ninguna baza. || 3. fig. y fam. Hombre ignorante o de escasa habilidad. Ú.t.c.adj. || 4. Actor independiente de una compañía, contratado sólo para hacer un determinado papel. || 5. Reunión de cómicos que representan por los pueblos obras famosas. || 6. AR. Almohadilla para hacer encajes. || 7. FARM. Píldora más grande que la ordinaria. || 8. pl. Juego que consiste en poner sobre el suelo nueve bolos y en derribarlos tirando una bola desde un lugar determinado. || 9. MÉJ. Tarjeta de bautizo. || 10. MÉJ. Regalo que hacen los padrinos en un acto civil o religioso. —**alimenticio.** Alimento insalivado que de una vez se deglute. || *Echar* uno *a rodar los* BOLOS. fr. fig. y fam. Promover reyerta prescindiendo de toda consideración. || *Mudarse los* BOLOS. fr. fig. y fam. Descomponerse o mejorarse los medios de una pretensión o negocio. || *Quedarse o volver,* BOLO. fr. fig. Se aplica al cazador que no logra ninguna pieza. || *Tener* uno *bien puestos los* BOLOS. fr. fig. y fam. Tener bien tomadas las medidas para lograr algún fin. || P. fito; I. bowl; F. quille; A. Kegel, bolo; It. birillo; R. кегля.

BOLO. m. Cuchillo grande que emplean los filipinos como arma y para cortar ramas y otros usos.

★ **BOLO, LA.** adj. GUAT., HOND. y MÉJ. Borracho. || 2. CUBA y P. RICO. Se aplica a las aves sin cola.

★ **BOLOGOTE.** m. AMÉR. CENTRAL. Alboroto.

★ **BOLOMBO, BA.** adj. COLOM. Rechoncho.

BOLÓN. (De *molón*.) m. CHILE. Piedra que se emplea en los cimientos de las construcciones. || 2. ECUAD. Pasta esférica que se prepara con plátano verde asado y aderezado con especias y sal. || 3. MÉJ. Multitud de gente en desorden.

★ **BOLONDRÓN.** CUBA. Quingombó.

* BOLONGO, GA. adj. COLOM. Bolombo.

BOLONIO. adj. fam. Se dice de los
estudiantes y graduados del Colegio Espa-
ñol de Bolonia. Ú.t.c.s. || **2.** fig. y fam.
Necio, ignorante. Ú.t.c.s.

BOLONÉS, SA. adj. Natural de Bo-
lonia. Ú.t.c.s. || **2.** Perteneciente a esta
ciudad de Italia.

BOLSA. (Cruce del l. *bŭrsa* y de
bulga.) Especie de talega o saco de tela
o de otra materia flexible, que sirve para
llevar o guardar alguna cosa. || **2.** Saquillo
de cuero en que se echa el dinero y se ata
o cierra para que éste no se salga. || **3.** Ta-
leguilla de tafetán o moaré negro con una
cinta en la parte superior que usaban los
hombres para llevar recogido el pelo. ||
4. Arruga que hace un vestido cuando viene
ancho o no ajusta bien al cuerpo, o la
que forman dos telas cosidas cuando una
es más larga o ha dado más de sí que la
otra. || **5.** Pieza de estera en forma de saco
que pende entre los varales del carro
para colocar efectos. || **6.** fig. Reunión
oficial de los que operan con fondos pú-
blicos. || **7.** Local en que se reúnen. ||
8. fig. Caudal o dinero de una persona. ||
9. MIN. Parte de un criadero donde hay
mineral reunido en mayor abundancia,
y en forma redondeada. || **10.** pl. Las dos
cavidades del escroto en las cuales se
alojan los testículos. || **11.** MÉJ., AMÉR.
CENTRAL y PERÚ. Bolsillo, faltriquera. ||
—de corporales. Pieza de dos hojas de
cartón cuadradas y forradas de tela, entre
las cuales se guardan los corporales ple-
gados. || **—de hierro.** Persona misera-
ble. || **—de trabajo.** Organismo encargado
de recibir ofertas y peticiones de trabajo
y de ponerlas en conocimiento de los in-
teresados. || **—turca.** Vaso de vaqueta
plegable y a propósito para llevarlo en el
bolsillo que suele usarse para beber en él
cuando se va al campo o se viaja. || *Alargar
uno la* BOLSA. fr. fig. y fam. Prevenir di-
nero para gasto grande. || *Bajar la* BOLSA.
fr. fig. Bajar el precio de los valores
fiduciarios que se cotizan en ella y espe-
cialmente los de deuda pública. || BOLSA
sin dinero, llámola cuero. ref. que significa el poco aprecio que se debe hacer
de las cosas cuando no sirven al fin a
que están destinadas. || *Castigar* a uno *en
la* BOLSA. fr. fam. Imponerle alguna pena
pecuniaria. || *El que compra y miente en
su* BOLSA *lo siente.* ref. contra los que por
ufanía fingen que compran barato. ||
Estar peor que en la BOLSA. fr. fig. y fam.
que se dice para denotar la incertidumbre
que tiene del empleo de algún dinero. ||
Huéleme a mi la BOLSA *y hiédete a ti la
boca.* ref. que se dice de los que prefieren
el provecho a su buen nombre y fama. ||
Jugar a la BOLSA. fr. fig. Comprar o vender
al descubierto o a plazos, valores cotizables previniendo ganancia en las diferen-
cias que resulten. || *Subir la* BOLSA. fr.
fig. Subir el precio de los valores fiduciarios que se cotizan en ella y especial-
mente los de la deuda pública. || *Tener
uno bien herrada la* BOLSA. fr. ant. Estar
o ir bien provisto de dinero. || *Trae la*
BOLSA *abierta y entrárseme ha en ella la
sentencia.* ref. que advierte cuánto puede
el dinero como medio de corrupción. ||
7.ª acep.: **P.** bolsa; **I.** exchange; **F.** bourse;
A. Börse; **It.** borsa; **R.** сумочка, мешок.

BOLSADA. f. MIN. Bolsa en un criadero.

* BOLSAZO. m. ARGENT. y BOL. Acción
y efecto de dar calabazas. || **2.** GUAT.
Estafa, engaño.

BOLSEAR. intr. AR. Hacer bolsas en el
vestido, las tapicerías, paños, etc. || **2.** tr.
C. RICA, GUAT., HOND. y MÉJ. Quitarle
a uno furtivamente del bolsillo el reloj
o el dinero. || **3.** CHILE. Sacar mañosa-
mente a uno algo que no está obligado a
dar. || **4.** AMÉR. CENTRAL y MÉJ. Mentir,
engañar. || **5.** AMÉR. CENTRAL y MÉJ. Es-
tafar, defraudar.

* BOLSEO. m. CHILE. Acción de bolsear.

BOLSERA. f. Bolsa o talega para el
pelo.

BOLSERÍA. (De *bolsero*.) f. Oficio de
hacer bolsas. || **2.** Fábrica de bolsas. ||
3. Lugar donde se venden. || **4.** Conjunto
de ellas. || **5.** VENEZ. Sandez, necedad.

BOLSERO, RA. m. y f. Persona que
hace o vende bolsas o bolsillos. || **2.** CHILE.
Persona gorrona.

BOLSICO. (d. de *bolso*.) m. ant. fig.
Bolsa, 8.ª acep. || **2.** CHILE. Bolsillo, 2.ª
acep. || *Quien tiene cuatro y gasta cinco,
no ha menester* BOLSICO. ref. contra el que
gasta más de lo que tiene.

* BOLSICÓN. m. ECUAD. Saya de bayeta que usan las mujeres pueblerinas.

* BOLSICONA. f. ECUAD. Mujer que
usa bolsicón.

BOLSILLA. (d. de *bolsa*.) f. GERM.
Bolsa que llevan los fulleros para esconder los naipes.

BOLSILLO. (d. de *bolso*.) m. Bolsa,
2.ª acep. || **2.** Saquillo que sirve para me-
ter en él algunas cosas usuales. || **3.** fig.
Bolsa, 8.ª acep. || **—de parche.** El so-
brepuesto a una prenda. || *Consultar uno con
su* BOLSILLO. fr. fig. y fam. Examinar el
estado de su caudal. || *De* BOLSILLO. loc.
Se dice de la cosa que por su hechura y
tamaño es adecuada para llevarla en el
bolsillo. || *No echarse uno nada en el*
BOLSILLO. fr. fig. y fam. No sacar provecho
en lo que se trata. || *Rascarse el* BOLSILLO.
fr. fig. y fam. Soltar dinero, en general
de mala gana. || *Tener* uno *en el* BOLSILLO
a otro. fr. fig. y fam. Contar con él con
seguridad. || 2.ª acep.: **P.** algibeira; **I.**
pocket; **F.** poche; **A.** Säckel; **It.** borsellino;
R. карман.

BOLSÍN. m. d. de bolsa. Lonja. ||
2. Reunión de bolsistas para sus tratos,
fuera de las horas y sitio de reglamento. ||
3. Lugar donde se lleva a cabo dicha reunión.

BOLSIQUEAR. tr. AMÉR. MERID.
Bolsear, registrar, para robarle, lo que
lleva uno en el bolsillo.

BOLSISTA. (De *bolsa*, 6.ª acep.) m. El
que se dedica a especulaciones bursátiles. ||
2. MÉJ. Carterista.

BOLSO. (De *bolsa*.) m. Bolsa, 2.ª
acep. || **2.** MAR. Seno que por la acción
del viento se forma en las velas cuando se
efectúan en ellas ciertas maniobras.

BOLSÓN. (aum. de *bolso*.) m. En los
molinos de aceite, tablón de madera con
que se forra el suelo del alfarje desde la
solera a la superficie. || **2.** ALBAÑ. Abraza-
dera de hierro en un barrón vertical de
este metal, donde se fijan los tirantes para
su mayor firmeza. || **3.** PERÚ. Cartera de
mano que usan las mujeres. || **4.** AMÉR. Va-
de de los niños de la escuela. || **5.** COLOM.
Tonto. || **6.** BOL. Masa considerable de
mineral. || **7.** MÉJ. Depresión del terreno. ||
8. MÉJ. Laguna. || *Donde hay saca y
nunca pon, presto se acaba el* BOLSÓN.
ref. que advierte por grande que sea
el caudal, gastando y no reponiendo se
acaba.

BOLSOR. (fr. *voussoir*, der. del l.
volsus, por *vŏlŭtus*, vuelto.) m. ant. Dovela, piedra labrada en forma de cuña.

* BOLSOTA. adj. REP. DOMIN. Zopenco, zote.

* BOLSUDO, DA. adj. Que forma bolsa. ||
2. (COLOM. Tonto, babieca.

* BOLUCA. f. MÉJ. Ruido, alboroto.

BOLLA. (l. *bŭlla*, sello.) f. Derecho que
se pagaba en Cataluña al tiempo de vender por menor los tejidos de lana y de
seda.

BOLLA. (l. *bŭlla*, bola.) f. LEÓN. Bollo
de harina de flor y leche. || **2.** LEÓN. Mo-
llete de una libra de peso, con que las cofradías religiosas de Astorga obsequian
a los cofrades, en determinados días del
año. || **3.** BOL. Hongo. || **4.** AMÉR. MERID.
Abundancia y buena calidad de mineral
en una mina.

BOLLADURA. (De *bollar*, 2.º art.)
f. Abolladura.

BOLLAR. (De *bolla*, 1.er art.) tr. Poner
un sello en los tejidos para que se conozca
la fábrica de donde salen.

BOLLAR. (De *bollo*, 2.º art.) tr. Abollonar, 1.ª acep.

BOLLECER. intr. ant. Meter ruido,
bulla.

BOLLÉN. m. Árbol chileno, de la familia de las rosáceas, cuya madera se
emplea para hacer mangos y en la cons-
trucción. || **2.** Madera de este árbol.

* BOLLEO. m. CUBA. Desorden, trifulca.

BOLLERÍA. f. Establecimiento donde
se hacen bollos, 1.er art., 1.ª acep. || **2.** Tien-
da donde se venden.

BOLLERO, RA. m. y f. Persona que
hace o vende bollos. || **2.** m. CHILE. Peón
que forma y entrega al patrón el bollo de
que se hace la teja.

BOLLICIADOR, RA. (De *bolliciar*.)
adj. ant. Que mueve inquietudes y alborotos. Usáb.t.c.r.

BOLLICIAR. tr. ant. Alborotar o
causar bullicio. Usáb.t.c.r.

BOLLICIO. (De *bollir*.) m. ant. Bullicio. Ú. en Salamanca.

BOLLICIÓN. f. ant. Acción y efecto
de bollir.

BOLLIMIENTO. m. ant. Bullición.

BOLLIR. (l. *bŭllīre*, bullir.) intr. ant.
Bullir.

BOLLO. (l. *bŭlla*, bola.) m. Panecillo
de harina amasado con huevos, leche,
etc. || **2.** Cierto plegado de tela usado en
trajes de señora y en adornos de tapicería. ||
3. Chichón. || **4.** CHILE. Porción de barro
con greda. || **5.** HOND. Puñetazo. || **6.** COLOM.
Tamal, especie de empanada. || **7.** CUBA.
El primer barro que se echa al azúcar que
no pasa de los bordes de la horma. ||
8. AMÉR. MERID. Entre mineros, trozo de
barra de plata, después de sometido el
mineral a la operación del fuego o del
agua fuerte. || **9.** COLOM. Apuros, aho-
gos. || **—de Apolobamba.** PERÚ. Se llama
así a un gran pedazo de cacao sin azúcar
ni canela que los indios de Apolobamba
amasan y traban con la misma manteca,
para hacer luego de él el chocolate. || **—de
relieve.** Resalto esférico o elipsoidal que
se hace repujando o estampando piezas de
plata. || **—maimón.** Roscón de masa
de bizcochos. || **2.** Mazapán relleno de
conservas. || *Ese* BOLLO *no se ha cocido en
su horno.* loc. fig. y fam. con que se da
a entender que un dicho o escrito no procede originariamente de quien pasa por
su autor. || **—mina.** CUBA. Harina de
maíz cocida, rellena de dulce y envuelta
con hojas de plátano. || **—prieto.** CUBA.
El dulce palanqueta. || *Perdonar el* BOLLO
por el coscorrón. fr. fig. y fam. con que se
indica la conveniencia de renunciar a
alguna cosa por ser excesivo el esfuerzo
que requiere el conseguirla. || **P.** bolo;
I. cake; **F.** pain au lait; **A.** eine Art Sem-
mel, Kuchen; **It.** buccellato; **R.** сдобная
булка.

BOLLO. (De *abollar*, 1.er art.) m. fam.
Abolladura.

BOLLÓN. (aum. de *bollo*.) m. Clavo
de cabeza grande, comúnmente dorada,
que sirve para adorno. || **2.** Broquelillo
o pendiente con sólo un botón. || **3.** AR.
Botón que echan las plantas, sobre todo
la vid.

* BOLLÓN, NA. (aum. de *bollo*.) adj.
COLOM. Se aplica a la persona rolliza
y ordinaria.

BOLLONADO, DA. adj. Se dice del
adornado con bollones.

BOLLUELO. m. d. de bollo.

BOMBA. (l. *bombus*, ruido, zumbido.)
f. Máquina para elevar el agua u otro
líquido. || **2.** Proyectil esférico, ordinaria-
mente de hierro, hueco y lleno de pól-
vora. || **3.** Pieza hueca de cristal, abierta
por la parte superior e inferior, que se
pone en las lámparas con el fin de que
alumbren mejor y la luz no ofenda la vista. ||
4. Pieza hueca de metal que, llena de materias explosivas y provista de una mecha,
se emplea para producir daños y atenta-
dos. || **5.** En los instrumentos músicos de
metal, tubo encorvado que por sus extremos enchufa con otros abiertos en la mitad del instrumento, y sirve, sacándolo,
más o menos, para la buena afinación. ||
6. En los molinos de aceite, tinaja soterrada
donde se recoge el agua que sale del pozuelo y sirve para separar de ésta el aceite
que pueda contener. || **7.** fig. Noticia in-
esperada. || **8.** fig. y fam. Versos que im-
provisa la gente del pueblo en las jaranas. ||
9. fig. COLOM. y HOND. Pompa. || **10.** fig.
y fam. GUAT., HOND., PERÚ. Borra-
chera, 1.ª acep. || **11.** fig. MÉJ. y CUBA.
Chistera. || **12.** CUBA. Especie de cucharón
usado en los ingenios para batir el líquido
en la resfriadera a fin de sacar el grano
del azúcar. || **13.** CUBA. Especie de panal

B

que presenta la forma de una campana de cristal. || **14.** fam. CUBA. Noticia falsa o dudosa. || **15.** fig. y fam. VENEZ. y ECUAD. Globo aerostático. || **16.** ARGENT. y CUBA. Cometa de forma circular. || **17.** P. RICO. Bombo, y también baile africano. || **18.** COLOM. Melena que cae sobre los hombros. || —**alimenticia**. La que sirve para proveer de agua la caldera de una máquina de vapor. || —**aspirante**. La que eleva el líquido por combinación con la presión atmosférica. || —**aspirante e impelente**. La que saca el agua de profundidad por aspiración y luego la impele por presión del émbolo. || —**atómica**. Proyectil explosivo, cuya enorme potencia es producida por la desintegración del átomo de determinadas sustancias. || —**centrífuga**. Aquella en que se hace la aspiración y elevación del agua por medio de una rueda de paletas que gira con rapidez dentro de una caja cilíndrica. || —**de hidrógeno**. Proyectil de extraordinaria fuerza destructora debida a la energía que se libera en la fusión del deuterio y el tritio. || —**de mano**. MIL. La explosiva de tamaño reducido que se puede lanzar con la mano || —**impelente**. La que no saca el agua de la profundidad, sino que la eleva desde el sitio mismo que ocupa la máquina. || —**neumática**. La que se emplea para extraer el aire y a veces para comprimirlo. || ¡BOMBA! exclam. fig. con que en ciertos convites anuncia uno que se va a pronunciar un brindis. | *Caer como una* BOMBA. fr. fig. y fam. Se dice de la persona que se presenta inopinadamente en una reunión o da la noticia inesperada que deja atónitos a los circunstantes. || *Estar echando* BOMBAS una cosa. fr. fig. y fam. Estar muy caldeada. || **P.** bomba; **I.** pump; **F.** pompe; **A.** Pumpe; **It.** pompa, tromba; **R.** насос. || 2.ª acep.: **P.** bomba; **I.** bomb; **F.** bombe; **A.** Bombe; **It.** bomba; **R.** бомба.

BOMBACÁCEO, A. (De *bombax*, nombre de un género de plantas.) adj. BOT. Se dice de los árboles y arbustos intertropicales dicotiledóneos, de fruto vario y semilla frecuentemente cubierta de lana o pulpa. Ú.t.c.s.f. || **2.** f. pl. BOT. Familia de estas plantas.

BOMBÁCEO, A. adj. BOT. Bombacáceo.

BOMBACHA. f. AMÉR. Calzón o pantalón bombacho. Ú.t. en pl. || **2.** AMÉR. Calzón muy corto de mujer. || **3.** AMÉR. Prenda infantil.

BOMBACHO. adj. V. *Calzón* BOMBACHO.

BOMBARDA. (b. l. *bombarda*, y éste del l. *bombus*, ruido.) f. Máquina militar de metal, cañón de gran calibre, que se empleaba antiguamente. || **2.** Buque de dos palos, armado de morteros instalados en la parte de proa. || **3.** Embarcación de cruz, sin cofas, usada en el Mediterráneo. || **4.** Registro del órgano compuesto de grandes tubos. || **P.** e It. bombarda; **I.** bombard; **F.** bombarde; **A.** Bombarde; **R.** бомбарда.

BOMBARDEAR. (De *bombarda*.) tr. Bombear, 1.er art. || **2.** Hacer fuego violento y sostenido de artillería. || **3.** Fís. Someter un cuerpo a la acción de ciertas radiaciones o al impacto de los neutrones u otros elementos del átomo.

BOMBARDEO. m. Acción de bombardear. || **P.** bombardeamento; **I.** bombardment; **F.** bombardement; **A.** Bombardierung; **It.** bombardamento; **R.** бомбардировка.

BOMBARDERO, RA. adj. V. *Lancha* BOMBARDERA. || **2.** Dícese del aeroplano destinado a bombardear. || **3.** m. Oficial o soldado de artillería destinado al servicio de las bombardas. || **4.** m. Tripulante de un avión encargado de lanzar las bombas.

BOMBARDINO. (De *bombarda*.) m. Instrumento músico de viento, de metal y de sonido grave.

BOMBARDÓN. (aum. de *bombarda*.) m. Instrumento músico de viento que sirve de contrabajo en las bandas militares. || **P.** bombardón; **I.** y **F.** bombardon; **A.** Bombardon; **It.** bombardone; **R.** контрабас.

BOMBASÍ. (fr. *bombasin*, y éste del

ital. *bambagine*, der. del l. *bombyx*, -*ĭcis*, gusano de seda.) m. Fustán, tela de algodón. || **2.** VENEZ. Zaraza encarnada.

BOMBÁSTICO, CA (ingl. *bombastic*.) adj. Se dice del lenguaje hinchado, grandilocuente, sobre todo cuando no viene al caso. || **2.** Se aplica a la persona que habla o escribe de este modo. || **3.** COLOM. Encomiástico.

BOMBAZO. m. Golpe que da la bomba al caer. || **2.** Explosión de este proyectil. || **3.** Daño que causa. || **4.** P. RICO. Indirecta.

BOMBÉ. (fr. *voiture bombée*, carruaje bombado.) m. Carruaje muy ligero de dos ruedas y dos asientos, abierto por delante.

* **BOMBEADOR** m. ARGENT. Bombero, explorador.

* **BOMBEADORA.** f. CUBA. Garrucha que facilita el trasiego del guarapo de una paila a otra.

BOMBEAR. tr. Arrojar o disparar bombas de artillería. || **2.** ARGENT. y BRASIL. Explorar el campo enemigo. || **3.** ARGENT. Espiar. || **4.** COLOM. Expulsar, despedir. || **5.** CUBA. Sacar agua con la bomba. || **6.** CUBA y P. RICO. Trasegar el guarapo por medio del bombón. || **7.** HOND. Ocultar algo que otro tenía guardado para sí. || **8.** GUAT. Robar, escamotear. || **9.** URUG. Reprobar en un examen. || **10.** intr. COLOM. Echar bombas de humo al fumar. || **11.** ANT. y AMÉR. CENTRAL. Decir bombas, recitar versos en las fiestas.

BOMBEAR. tr. Dar bombo.

BOMBEO. (De *bomba*.) m. Comba, convexidad. || **P.** convexidade; **I.** camber; **F.** bombement; **A.** Wölbung; **It.** incurvamento; **R.** выпуклость.

* **BOMBERA.** f. CUBA. Sosera.

BOMBERO. m. El que tiene por oficio trabajar con la bomba hidráulica. || **2.** Cada uno de los operarios encargados de extinguir los incendios. || **3.** Cañón que sirve para disparar bombas. || **4.** ARGENT. Explorador del campo enemigo. || **5.** AMÉR. Espía que va siguiendo los pasos y observando los movimientos de una expedición. || **5.** adj. CUBA. Tonto. || **2.ª** acep.: **P.** bombeiro; **I.** fireman; **F.** pompier; **A.** Feuerwehrmann; **It.** pompiere; **R.** пожарный.

BOMBILLA. (d. de *bomba*.) f. Bombillo, 2.ª acep. || **2.** Globo de cristal en que se ha hecho el vacío y dentro del cual se ha colocado un hilo de platino, carbón, etc., que al paso de una corriente eléctrica se pone incandescente. || **3.** Caña delgada con la que sorben el mate en América. También las hay de oro y de plata. || **4.** MAR. Farol muy usado a bordo. || **5.** MÉJ. Cucharón. || **6.** MÉJ. Tubo de cristal de la lámpara. || **2.ª** acep.: **P.** bombilha; **I.** bulb; **F.** ampoule; **A.** Birne, Glühlampe; **It.** lampadina; **R.** лампочка.

BOMBILLO. (d. de *bombo*.) m. Aparato con sifón para evitar la subida del mal olor en las aguas inmundas. || **2.** Tubo de hojalata o de plata para sacar líquidos. || **3.** MAR. Bomba pequeña que se destina a varios usos y principalmente a extinguir incendios. || **4.** P. RICO, REP. DOMIN., AMÉR. CENTRAL, PAN. y COLOM. Bombilla eléctrica. || **P.** sifão; **I.** watercloset trap; **F.** siphon (d'égout); **A.** Spüler; **It.** sifone da cesso; **R.** вентиляционная труба, сифон.

BOMBÍN. m. fam. AMÉR. Sombrero hongo.

* **BOMBITA.** f. COLOM. Rubor, vergüenza.

* **BOMBITO.** m. ZOOL. CUBA. Pájaro pequeño y rechoncho.

BOMBO, BA. (l. *bombus*, ruido.) adj. fam. Aturdido por alguna novedad o dolor agudo. || **2.** m. Tambor muy grande que se toca con una maza. || **3.** El que toca este instrumento. || **4.** Buque de fondo chato que sirve para el paso de un brazo estrecho de mar. || **5.** Caja cilíndrica que sirve para contener numerosas bolas, cédulas escritas o cualquier cosa que ha de sacarse a suerte. || **6.** Vaso, ordinariamente de cuero que en ciertos juegos de billar sirve para contener bolas numeradas que han de distribuirse por suerte entre los jugadores. || **7.** fig. Elogio exagerado a una persona o cosa. || **8.** P. RICO y REP. DOMIN. Sombrero de copa con ribete. || **9.** CHILE. Pompa, bambolla. || *Dar* BOMBO. fr. fig.

y fam. Elogiar con exageración, especialmente por medio de la prensa. Ú.t.c.r. || *Echar al* BOMBO. fr. fig. y fam. AMÉR. Desairar. || *Irse al* BOMBO. fr. fig. y fam. AMÉR. MERID. Fracasar. || 2.ª acep.: **P.** bombo; **I.** bass drum; **F.** grosse caisse; **A.** Pauke; **It.** gran cassa; **R.** большой барабан.

BOMBÓN. (fr. *bonbon*, voz infantil, bueno.) m. Pieza pequeña de chocolate o azúcar. || **P.** bombom; **I.** y **F.** bonbon; **A.** Bonbon; **It.** bonbone; **R.** конфета.

BOMBÓN. (De *bomba*.) m. Vasija usada en Filipinas que se hace de un trozo de la caña espina aprovechando el nudo para que sirva de suelo. || **2.** CUBA. Especie de cangilón de metal que se usa para trasegar el guarapo. || **3.** CUBA. Infernáculo.

BOMBONA. (De *bombón*, 2.° art.) f. Vasija de vidrio o loza, barriguda, que se emplea para transporte de ciertos líquidos.

BOMBONAJE. m. BOT. Planta pandanácea, de hojas alternas y palmeadas que, cortadas en tiras, se emplean para fabricar objetos de jipijapa. Es originaria de las regiones tropicales de América.

BOMBONERA. f. Cajita para bombones.

* **BOMBOTE.** m. VENEZ. Barco de fondo chato.

* **BOMBOTÓ.** m. P. RICO. Panecillo de harina de trigo y coco.

* **BOMINÍ.** m. BOT. CUBA. Árbol cuya madera es fuerte y dura, y del que se obtiene una especie de resina.

* **BOMINISÍ.** m. BOT. CUBA. Bominí.

BON, NA. (Proclítico, del l. *bonus*, bueno.) adj. ant. Bueno.

BONA. n. p. V. *Trigo de* BONA.

BONA. (l. *bona*, bienes, riqueza.) f. ant. Bienes o hacienda.

BONACHÓN, NA. (aum. de *bueno*.) adj. fam. De genio dócil, amable. Ú.t.c.s. || **P.** bonachão; **I.** good-natured; **F.** bonasse; **A.** gutmütig; **It.** bonaccione; **R.** добряк.

BONACHONERÍA. f. Calidad de bonachón.

BONAERENSE. adj. Natural de Buenos Aires. Ú.t.c.s. || **2.** Perteneciente o relativo a esta ciudad de Argentina.

BONANCIBLE. (De *bonanza*.) adj. Tranquilo, sereno, suave. Se aplica al mar, al tiempo y al viento. || **P.** bonançoso; **I.** calm; **F.** calme; **A.** ruhig; **It.** bonaccioso; **R.** тихий.

BONANZA. (ital. *bonaccia*, en contraposición del l. *malacia*, calma del mar.) f. Tiempo tranquilo en el mar. || **2.** fig. Prosperidad. || **3.** MIN. Zona de mineral muy rico. || *Ir en* BONANZA. fr. MAR. Navegar con viento suave. || **2.** fig. Caminar con felicidad en lo que se pretende. || **P.** bonança; **I.** calmness; **F.** bonace; **A.** Windstille; **It.** bonaccia; **R.** штиль.

BONANZOSO, SA. (De *bonanza*.) adj. Próspero.

BONAPARTISMO. m. Partido o comunión política de los bonapartistas.

BONAPARTISTA. adj. Partidario de Napoleón Bonaparte, o del imperio y dinastía fundados por él. Apl. a pers. ú.t.c.s. || **2.** Perteneciente o relativo al bonapartismo.

* **BONASÍ.** m. CUBA. Género de peces acantopterigios, venenosos, grandes.

BONAZO, ZA. adj. aum. de bueno. **2.** fam. Se dice de la persona pacífica.

BONDAD. (l. *bonitas*, -*ātis*.) f. Calidad de bueno. || **2.** Natural inclinación a hacer el bien. || **3.** Blandura de genio.

BONDADOSAMENTE. adv. Con bondad.

BONDADOSO, SA. adj. Lleno de bondad, de genio apacible.

BONDOSO, SA. adj. Bondadoso.

BONETA. (De *bonete*, por la forma.) f. MAR. Paño que se añade a algunas velas para aumentar su superficie. || **2.** MÉJ. Especie de capota que usan las mujeres.

BONETADA. f. fam. Cortesía que se hace con el sombrero.

BONETAZO. m. Golpe dado con el bonete.

BONETE. (b. l. *bonětus*, cierta clase de tela, y ésta tal vez del l. *bonus*, bueno.) m. Especie de gorra de varias hechuras, en general de cuatro picos, usado por los eclesiásticos. || **2.** fig. Clérigo secular. ||

B

3. Dulcera de vidrio. || **4.** FORT. Obra exterior en las plazas y castillos, en forma de cola de golondrina. || **5.** ZOOL. Redecilla de los rumiantes. || *Bravo* BONETE. expr. irón. Persona tonta. || *Gran* BONETE. Persona de gran influencia. || **2.** R. DE LA PLATA. Bonetón. || *A tente* BONETE. m. adv. fig. y fam. Con insistencia. || **P.** boné; **I.** y **F.** bonnet; **A.** Mütze; **It.** berretta; **R.** шапочка.

BONETERÍA. f. Oficio de bonetero. || **2.** Taller donde se fabrican los bonetes. || **3.** Tienda donde se venden.

BONETERO, RA. adj. V. *Calabaza* BONETERA. || **2.** m. y f. Persona que hace o vende bonetes. || **3.** m. Arbusto celastráceo, que florece en verano y se cultiva en los jardines de Europa, sirve para setos, y su carbón se emplea en la fabricación de pólvora.

BONETILLO. (d. de *bonete.*) m. Cierto adorno femenino sobre el tocado.

BONETÓN. m. CHILE. Juego de prendas.

BONGA. f. FILIP. Areca.

BONGO. m. Especie de canoa que usan los indios de la América Central. || **2.** CUBA. Barca de pasaje.

BONIATILLO. (De *boniato.*) m. CUBA. Cafiroleta hecha sin coco.

BONIATO. (Voz caribe.) m. Planta convolvulácea, de raíces tuberculosas de fécula azucarada. || **2.** Cada uno de los tubérculos de la raíz de esta planta. Son comestibles.

BONICAMENTE. adv. Bonitamente.

BONICO, CA. adj. d. de bueno. || *A* BONICO. m. adv. AR. y MURC. En silencio.

* BONIFACIO. m. ZOOL. PERÚ. Nombre familiar del bonito.

BONIFICACIÓN. f. Acción y efecto de bonificar.

BONIFICAR. (l. *bonus*, bueno, y *facére*, hacer.) tr. abr. Abonar, mejorar una cosa; admitir en cuenta. || **2.** Conceder el vendedor al comprador mejora en el precio.

BONIFICATIVO, VA. (De *bonificar.*) adj. ant. Que hace buena alguna cosa.

BONILLO, LLA. adj. ant. d. de bueno.

BONINA. (l. *bonus*, bueno.) f. Manzanilla loca.

BONÍSIMO, MA. adj. sup. de bueno.

BONÍTALO. m. Bonito, 1.er art.

BONITAMENTE. adv. Con tiento y maña.

BONITERA. f. Pesca del bonito, y temporada que dura.

BONITO. (b. l. *boniton.*) m. Pez muy parecido al atún y del mismo género que él, pero de carne más fina y apreciada. || **P.** e I. bonito; **F.** bonite; **A.** Bonit; **It.** scombro; **R.** тунец.

BONITO, TA. adj. d. de bueno. || **2.** Lindo, agraciado. || —**sayagués.** GERM. Sayo de Castilla o de Sayago. || **2.ª** acep.: **P.** lindo; **I.** pretty; **F.** joli, mignon; **A.** hübsch; **It.** bellino; **R.** милый.

BONIZAL. m. Terreno poblado de bonizo.

BONIZO. m. Especie de panizo, de poca altura, que en Asturias nace espontáneamente entre los maizales y hortalizas.

BONO, NA. adj. ant. Bueno. || **2.** m. Tarjeta o medalla a modo de vale que puede canjearse por comestibles u otros artículos de primera necesidad. || **3.** COM. Título de deuda emitido comúnmente por una tesorería pública.

BONONIENSE. (l. *bononiensis;* de *Bononia*, Bolonia.) adj. Boloñés. Apl. a pers. ú.t.c.s.

BONOTE. m. Filamento extraído de la corteza del coco.

BONZO. (jap. *bonsa.*) m. Sacerdote del culto de Buda en el Asia oriental. || **P.** e **It.** bonzo; **I.** y **F.** bonze; **A.** Bonze; **R.** бонза.

BOÑIGA. (l. *bovinica;* de *bobinus*, de buey.) f. Excremento del ganado vacuno. || **P.** bosta; **I.** cow-dung; **F.** bouse; **A.** Kuhmist; **It.** bovina; **R.** коровий помёт.

BOÑIGAR. (De *doñigal.*) adj. V. *Higo* BOÑIGAR. Ú.t.c.s.

BOÑIGO. (De *boñiga.*) m. Cada una de las porciones del excremento del ganado vacuno.

BOÑIGUERO. m. Abanto, 1.ª acep.

BOOTES. (l. *boötes*, y éste del gr. βοώτης boyero; de βοῦς, buey.) m. ASTRON. Constelación boreal próxima a la Osa Mayor y cuya estrella principal es Arturo.

BOQUE. (germ. *bukk*, macho cabrío.) m. AR. Buco, 1.er art.

BOQUEADA. (De *boquear.*) f. Acción de abrir la boca. Sólo se dice de los que están para morir. Ú.m. en pl.

BOQUEAR. intr. Abrir la boca. || **2.** Estar expirando. || **3.** fig. y fam. Estar una cosa acabándose y en los últimos términos. || **4.** tr. Pronunciar una palabra o expresión. || **5.** C. RICA. Enseñar a que el caballo obedezca a las riendas.

BOQUERA. (De *boca.*) f. Boca o puerta de piedra que se hace para regar las tierras. || **2.** Ventana por donde se echa la paja o el heno en el pajar. || **3.** AST. Abertura que se hace en las heredades cerradas, para entrada de los ganados. || **4.** MURC. Sumidero para las aguas inmundas. || **5.** MED. Excorición que se forma en las comisuras de los labios de los racionales y les impide abrir la boca con facilidad. || **6.** VETER. Llaga en la boca de los animales. || **7.** m. pl. vulg. AND. Boceras. || **8.** P. RICO. Abertura posterior que se hace a las sayas.

* BOQUERIENTO, TA. adj. CHILE. Que padece boqueras. || **2.** Apl. a pers., despreciable.

BOQUERÓN. m. aum. de boquera. || **2.** Abertura grande. || **3.** ZOOL. Pez teleósteo, semejante a la sardina, pero más pequeño.

* BOQUETA. f. MIN. AMÉR. Abertura que da respiración a los subterráneos. || **2.** adj. COLOM. Boquineto. Ú.t.c.s.

BOQUETE. (De *boca.*) m. Entrada angosta de un paraje. || **P.** boquete; **I.** gap; **F.** brèche; **A.** Bresche, Durchbruch; **It.** breccia; **R.** брешь.

* BOQUETERO. m. MÉJ. Empleado que registra e introduce en la cárcel a los presos.

* BOQUETO, TA. adj. COLOM. y VENEZ. Labihendido.

BOQUI. m. BOT. Especie de enredadera de Chile; se emplea en la fabricación de cestos y canastos.

BOQUIABIERTO, TA. adj. Que tiene la boca abierta. || **2.** fig. Que está embobado mirando alguna cosa.

BOQUIANCHO, CHA. adj. De boca ancha.

BOQUIANGOSTO, TA. adj. De boca estrecha.

BOQUIBLANDO, DA. adj. Blando de boca, 1.ª acep.

BOQUICONEJUNO, NA. adj. Se dice del caballo o yegua que tiene la boca parecida a la del conejo.

* BOQUICHE. adj. fam. PERÚ. Labihendido. || **2.** Parlanchín. Ú.t.c.s.

BOQUIDURO, RA. adj. Duro de boca. || **2.** CUBA y P. RICO. Respondón.

* BOQUIFLOJO, JA. adj. MÉJ. Boquirroto.

BOQUIFRESCO, CA. adj. Se aplica a las caballerías que tienen la boca muy salivosa y son dóciles al freno. || **2.** fig. y fam. Se dice de la persona que con serenidad y sin reparo dice verdades desagradables.

BOQUIFRUNCIDO, DA. (De *boca* y *fruncido*, p.p. de *fruncir.*) adj. Se dice de la caballería que tiene bajas las comisuras de los labios.

BOQUIHENDIDO, DA. adj. De boca muy hendida. Se aplica a las caballerías.

BOQUIHUNDIDO, DA. (De *boca* y *hundido*, p.p. de *hundir.*) adj. Se dice de la caballería que tiene muy altas las comisuras de los labios.

* BOQUIL. m. BOT. AMÉR. Boqui.

BOQUILLA. (d. de *boca.*) f. Abertura inferior del calzón, por donde sale la pierna. || **2.** Cortadura que se hace en las acequias a fin de extraer las aguas para el riego. || **3.** Pieza pequeña y hueca, que se adopta a varios instrumentos de viento, y produce sonido apoyando en ella los labios. || **4.** Tubo pequeño donde se pone el cigarrillo para fumarlo aspirando el humo por el extremo opuesto. || **5.** Escopleadura que se hace en las piezas de madera para ensamblarlas. || **6.** Tercera abrazadera del fusil y que es la más pró-

xima a la boca del mismo. || **7.** Orificio cilíndrico por donde se introduce la pólvora en las bombas y granadas. || **8.** Pieza de metal que guarnece la boca o entrada de la vaina de arma blanca. || **9.** Pieza donde se produce la llama de los aparatos de alumbrado. || **10.** Extremo exterior del cigarro puro. || **11.** Rollito de cartulina, corcho, oro, etc., que se coloca en uno de los extremos de ciertos cigarrillos. || **12.** FÍS. Pieza colocada en los teléfonos por donde se puede hablar. || **13.** ECUAD. Rumor, hablilla. || *De* BOQUILLA. loc. adv. Con que se denota que el jugador hace la postura sin aprontar el dinero. || **4.ª** acep.: **P.** boquilha fumadaria; **I.** cigar-holder; **F.** porte-cigarette; **A.** Zigarrenspitze; **It.** portasigari; **R.** мундштук.

* BOQUILLAZO. m. PERÚ. Noticia comunicada verbalmente.

* BOQUILLERO, RA. adj. CUBA y P. RICO. Charlatán.

BOQUIMUELLE. (De *boca* y *muelle*, blando, suave.) adj. Blando de boca, 1.ª acep. || **2.** fig. Se aplica a la persona fácil de manejar.

BOQUÍN. m. Bayeta tosca, menos ancha que la fina.

BOQUÍN. (Del m. or. que *bochín.*) m. ant. Verdugo, ejecutor de la justicia.

BOQUINATURAL. (De *boca* y *natural.*) adj. Se dice de la caballería que ni es blanda ni dura de boca, sino que tiene regular sensación.

BOQUINEGRO, GRA. adj. Se aplica a los animales que tienen la boca u hocico negros. || **2.** m. Caracol terrestre de color amarillento con zonas rojizas, y puntos blancos y negra la boca o abertura.

* BOQUINETE, TA. adj. MÉJ. y COLOM. Boquineto. Ú.t.c.s.

* BOQUINETO, TA. adj. COLOM., MÉJ. y VENEZ. Se dice de la persona que tiene el labio leporino. Ú.t.c.s.

BOQUINO, NA. (De *boca.*) adj. AND. Se dice de la persona que por defecto congénito o por lesión sufrida no puede cerrar enteramente los labios. || **2.** AND. Se dice del cántaro u otra vasija que por habérsele roto la boca, no puede taparse como antes.

BOQUIRRASGADO, DA. adj. De boca rasgada.

BOQUIRROTO, TA. (De *boca* y *roto.*) adj. Boquirrasgado. || **2.** fig. y fam. Fácil en hablar.

BOQUIRRUBIO, BIA. (De *boca* y *rubio.*) adj. fig. Que sin necesidad dice cuanto sabe. || **2.** Candoroso. || **3.** m. fam. Mozalbete presumido de lindo y de enamorado.

BOQUISECO, CA. adj. Que tiene la boca seca. || **2.** Se dice de la caballería que no saborea el freno ni hace espuma.

* BOQUISUCIO, CIA. ECUAD. Lengüilargo.

BOQUISUMIDO, DA. (De *boca* y *sumido*, p.p. de *sumir.*) adj. Boquihundido.

BOQUITORCIDO, DA. adj. Boquituerto.

BOQUITUERTO, TA. (De *boca* y *tuerto.*) adj. Se dice del que tiene la boca torcida.

* BORACIAR. intr. R. DE LA PLATA. Fanfarronear.

BORATERA. f. CHILE. Mina de borato.

BORATERO, RA. adj. CHILE. Perteneciente o relativo al borato. || **2.** m. CHILE. El que trabaja o negocia en borato.

BORATO. m. QUÍM. Combinación del ácido bórico con una base.

BÓRAX. (Del m. or. que *baurac.*) m. Sal blanca compuesta de ácido bórico, sosa y agua, que se encuentra formada en las playas y en algunos lagos de China, Tíbet, Ceilán y Potosí, y también se prepara artificialmente. || **P.** bórax; **I.** y **F.** borax; **A.** Borax; **It.** borace; **R.** бура.

* BORBOLETA. f. BRASIL. Mariposa.

BORBOLLAR. (De la onomat. *bor* y el l. *büllare.*) intr. Hacer borbollones el agua.

BORBOLLEAR. intr. Borbollar.

BORBOLLEO. m. Acción de borbollear.

BORBOLLÓN. (De *borbollar.*) m. Erupción que hace el agua de abajo para arriba, elevándose sobre la superficie. ||

B

P. borbulhão; **I.** bubbling; **F.** bouillonnement; **A.** Sprudeln, Aufwallen; **It.** bollimento; **R.** бурление, клокотание.

BORBOLLONEAR. (De *borbollón*.) intr. Borbollar.

BORBÓNICO, CA. adj. Se dice de lo perteneciente a los Borbones.

BORBOR. (Voz onomatopéyica.) m. Acción de borbotar.

BORBORIGMO. (gr. βορβορυγμός, de βορβορύζω, hacer ruido con las tripas.) m. Ruido producido por los gases en las tripas. Ú.m. en pl.

BORBORITAR. (De la onomat. *bor*, *bor*.) intr. Borbotar, borbollar.

BORBORITO. (De *borboritar*.) m. SAL. Borbotón.

BORBOTAR. (De la onomat. *bor* y *botar*.) intr. Nacer o hervir el agua haciendo ruido.

BORBOTEAR. intr. Borbotar.

BORBOTEO. m. Acción de borbotear.

BORBOTÓN. (De *borbotar*.) m. Borbollón. || *Hablar* uno *a* BORBOTONES. fr. fig. y fam. Hablar aceleradamente, queriendo decir todo de una vez.

BORCEGUÍ. (flam. *brosekin*.) m. Calzado que llega hasta más arriba del tobillo y se ajusta por medio de cordones. || **P.** borzeguim; **I.** buskin; **F.** brodequin; **A.** Halbstiefel; **It.** borzacchino; **R.** штиблеты.

BORCEGUINERÍA. (De *borceguinero*.) f. Taller donde se hacen borceguíes. || **2.** Tienda donde se venden.

BORCEGUINERO, RA. m. y f. Persona que hace o vende borceguíes.

* **BORCELANA.** MÉJ. Bacín pequeño y bajo.

BORCELLAR. (l. *buccella*, boquilla.) m. Borde de una vasija o vaso.

* **BORCHINCHO.** m. MÉJ. Baile familiar.

BORDA. (De *borde*, 2.° art.) MAR. Vela mayor de las galeras. || **2.** MAR. Canto superior del costado de un buque. || *Echar o tirar por la* BORDA. fr. fig. y fam. Deshacerse desconsideradamente de una persona o cosa. || **2.**ª acep.: **P.** borda; **I.** gunwale; **F.** plat-bord; **A.** Bord; **It.** bordata; **R.** борт.

BORDA. (célt. *borda*, tabla.) f. Choza.

BORDADA. (De *bordo*.) f. MAR. Derrota o camino que hace entre dos viradas una embarcación cuando navega para ganar hacia barlovento. || **2.** fig. y fam. Paseo reiterado de una parte a otra. || *Dar* BORDADAS. fr. MAR. Navegar de bolina alternativa y consecutivamente de una y otra banda. || *Rendir el buque una* BORDADA. MAR. Llegar al sitio en que le conviene virar.

BORDADILLO. (De *bordado*.) m. ant. Tafetán doble labrado.

BORDADO, DA. p.p. de bordar. || **2.** m. Acción de bordar. || **3.** Bordadura. || **—a canutillo.** El que se hace con hilos de oro o plata rizados en canutos. || **—al pasado.** El que se hace pasando las hebras de un lado a otro de la tela o piel, formando dibujos sin cosido. **—tambor.** El que se hace con punto de cadeneta en un bastidor pequeño y en forma de tambor. || **—de realce.** Aquel en que sobresalen mucho los adornos ejecutados con la aguja. || **—de sobrepuesto.** El que se hace bordando las figuras separadamente y aplicándolas luego a la tela. || **3.**ª acep.: **P.** bordado; **I.** embroidery; **F.** broderie; **A.** Stickerei; **It.** ricamo; **R.** вышитый.

BORDADOR, RA. m. y f. Persona que tiene el oficio de bordar.

BORDADURA. f. Labor de relieve ejecutada en tela o piel.

* **BORDALESA.** f. R. DE LA PLATA. Mala grafía.

* **BORDANTE.** com. CUBA y P. RICO. Persona que vive en casa de huéspedes.

BORDAR. (germ. *bruzdan*, bordar, infl. por *borde*, 1.er art.) tr. Adornar una tela o piel con bordadura. || **2.** fig. Ejecutar una cosa con primor y arte. || **P.** bordar; **I.** to embroider; **F.** broder; **A.** sticken; **It.** ricamare; **R.** вышивать.

BORDE. (germ. *bord*, lado de la nave.) m. Extremo u orilla de alguna cosa. || **2.** En las vasijas, la orilla que tienen alrededor de la boca. || *A* BORDE. m. adv.

A pique, cerca de suceder algo. || **P.** borda; **I.** border; **F.** bord; **A.** Rand; **It.** bordo; **R.** край.

BORDE. (arag. *borde*, y éste del l. *búrdus*, bastardo.) adj. BOT. Se aplica a las plantas no injertas ni cultivadas. || **2.** Se dice de los hijos nacidos fuera del matrimonio. Ú.t.c.s.

BORDEAR. intr. Andar por la orilla o borde. Ú.t.c.tr. || **2.** fig. Frisar, aproximarse.

BORDELÉS, SA. (ant. fr. *Bourdel*, Burdeos.) adj. Natural de Burdeos. Ú.t.c.s. || **2.** Perteneciente a esta ciudad de Francia.

* **BORDERÓ.** m. R. DE LA PLATA. Cantidad recaudada en un espectáculo público.

BORDILLO. (De *borde*, 1.er art.) m. Encintado de una acera, etc. || **2.** CHILE. Tejido de lana que se fabrica en la provincia de Chiloé.

* **BORDINGA.** f. ARQ. NAV. Madero que se usa como refuerzo.

* **BORDINGUERA.** f. CUBA. Ama de casa de huéspedes.

BORDIONA. (De *burdel*.) f. ant. Ramera.

BORDO. (De *borde*, 1.er art.) m. Lado o costado exterior de la nave. || **2.** GUAT. y MÉJ. Reparo, en general de céspedes y estacas que forman los labradores en el campo. || *A* BORDO. m. adv. En la embarcación. || *Al* BORDO. m. adv. Al costado de la nave. || *De alto* BORDO. expr. que se dice de los buques mayores. || **2.** fig. Se aplica también al sujeto o negocio de mucha cuenta. || *Rendir el* BORDO *en* o *sobre alguna parte.* fr. MAR. Llegar a ella el buque. || **P.** e **It.** bordo; **I.** board; **F.** bord, coté; **A.** Bord, Seite, bordo; **R.** борт.

* **BORDO, DA.** adj. ECUAD. Borde.

BORDÓN. (b. l. *burdo*, *-ŏnis*, mulo, zángano.) m. Bastón o palo más alto que la estatura de un hombre, con una punta de hierro y en el medio de la cabeza unos botones que lo adornan. || **2.** Verso quebrado que se repite al final de cada copla. || **3.** Voz que se repite inadvertidamente y con frecuencia. || **4.** En los instrumentos músicos de cuerda, cualquiera de las más gruesas que hacen el bajo. || **5.** Cuerda de tripa atravesada diametralmente en el parche inferior del tambor. || **6.** fig. Persona que guía o sostiene a otra. || **7.** CIR. Cuerda de tripa que se emplea para dilatar conductos naturales o conservar los practicados artificialmente. || **8.** COLOM. y PAN. Hijo menor de una familia. || BORDÓN *y calabaza, vida holgada.* ref. contra los vagabundos que viven así por no trabajar. || **P.** bastão; **I.** Jacob's staff; **F.** bourdon; **A.** Stab, Pilgerstab; **It.** bordone; **R.** посох.

* **BORDONA.** f. ARGENT. Bordón, sobre todo de las guitarras.

BORDONCILLO. (d. de *bordón*.) m. Bordón, 3.ª acep.

BORDONEAR. intr. Ir tentando la tierra con el bordón o bastón. || **2.** Dar palos con el bordón o bastón. || **3.** Pulsar el bordón de la guitarra. || **4.** Andar vagando y pidiendo por no trabajar.

* **BORDONEAR.** intr. VENEZ. y PERÚ. Zumbar un insecto.

BORDONEO. m. Sonido ronco del bordón de la guitarra.

BORDONERÍA. (De *bordonero*.) f. Costumbre viciosa de andar vagando.

BORDONERO, RA. (De *bordonear*.) adj. Vagabundo. Ú.t.c.s.

* **BORDONETE.** m. AMÉR. Lechino, clavo de hilas que se mete en las heridas.

* **BORDONÚA.** f. P. RICO. Guitarra grande y tosca.

BORDURA. (fr. *bordure*, orilla.) f. BLAS. Pieza honorable que rodea el ámbito interior del escudo. || **P.** bordadura; **I.** y **F.** bordure; **A.** Bordüre; **It.** bordura; **R.** рант.

BOREAL. (l. *boreālis*.) adj. Perteneciente al bóreas. || **2.** ASTRON. y GEOGR. Septentrional. || **3.** METEOR. V. *Aurora* BOREAL.

BÓREAS. (l. *borĕas*, y éste del gr. βορέας.) m. Viento norte.

BÓREO. (l. *borĕus*, boreal.) adj. V. *Noto* BÓREO.

BORGOÑA. n. p. V. *Cruz, pez de* BORGOÑA. || **2.** m. fig. Vino de Borgoña.

BORGOÑÓN, NA. adj. Natural de Borgoña. Ú.t.c.s. || **2.** Perteneciente a esta antigua provincia de Francia. || *A la* BORGOÑONA. m. adv. Al uso o al modo de Borgoña.

BORGOÑOTA. adj. Dícese de la celada que dejaba descubierta la cara y cubría la parte superior de la cabeza. || **P.** borguinhota; **I.** burgonet; **F.** bourguignote; **A.** Sturmhaube; **It.** borgognotta; **R.** шлем без забрала.

BORGUIL. m. AR. Almiar.

BORICADO, DA. adj. Se aplica a las preparaciones que tienen ácido bórico.

* **BORICINA.** f. FARM. Cuerpo pulverulento usado como antiséptico. || **2.** Disolución acuosa de ácido bórico con magnesia calcinada.

BÓRICO. (De *bórax*.) adj. QUÍM. V. *Ácido anhídrido* BÓRICO.

BORINQUEÑO, ÑA. (De *Borinquén*, antiguo nombre de la isla de Puerto Rico.) adj. Puertorriqueño. Apl. a pers. ú.t.c.s.

BORLA. (l. *búrrŭla*; d. de *bŭrra*, borra.) f. Conjunto de hebras o hilos unidos por un solo cabo a una especie de botón y sueltos por el otro. También se hacen filamentos de pluma para aplicar los polvos que se emplean como cosmético. || **2.** Insignia de los graduados de doctores y maestros de las universidades y consiste en una borla con el botón fijo en el centro del bonete. || *Tomar* uno *la* BORLA. fr. fig. Graduarse de doctor o maestro. || **P.** borla; **I.** tassel; **F.** houppe; **A.** Quaste, Troddel; **It.** nappa; **R.** кисточка.

* **BORLARSE.** r. AMÉR. MERID. Doctorarse.

* **BORLEARSE.** r. MÉJ. Graduarse de doctor.

BORLILLA. (d. de *borla*.) f. Antera.

BORLÓN. m. aum. de borla. || **2.** Tela de lino y algodón sembrada de borlitas.

* **BORLOTE.** m. CUBA y MÉJ. Burlote. || **2.** MÉJ. Bulla.

BORNE. (fr. *borne*, extremo, límite.) m. Extremo de la lanza de justar. || **2.** Cada uno de los botones de metal en que suelen terminar ciertas máquinas y aparatos eléctricos y a los cuales se unen los hilos conductores. || **3.** Tornillo en el que puede sujetarse el extremo de un conductor para poner en comunicación el aparato en que va montado con un circuito independiente de él. || **4.** GERM. Horca, 1.ª acep. || **2.**ª acep.: **P.** y **F.** borne; **I.** clamp; **A.** Klemmschraube; **It.** morsetto; **R.** выключатель.

BORNE. (l. *laburnum*.) m. Codeso.

BORNE. (De *alborne*, y éste del l. *albŭrnum*, albura, por el que se vio falsamente el art. ár. *al*.) adj. V. *Madera, roble* BORNE.

BORNEADIZO, ZA. (De *bornear*, 1.er art.) adj. Fácil de torcerse.

BORNEADURA. (De *bornear*, 2.° art.) f. Borneo, acción de bornear o bornearse.

BORNEAR. (De *borne*, 1.er art.) tr. Dar vuelta, ladear. || **2.** Labrar en contorno las columnas. || **3.** Disponer y mover oportunamente los sillares y otras piezas de arquitectura. || **4.** intr. SAL. Hacer mudanzas y figuras con los pies en el baile. || **5.** MAR. Girar el buque sobre sus amarras estando fondeado. || **6.** r. Torcerse la madera.

BORNEAR. (fr. *bornoyer*; de *borgne*, tuerto.) tr. ARQ. Mirar con un solo ojo para examinar si un cuerpo, o varios están en la misma línea, o si una superficie tiene alabeo. || **2.** MÉJ. En el juego de boliche, arrojar la bola de modo que derribe el mayor número de bolos.

BORNEO. m. Acción y efecto de bornear, 1.er art. || **2.** Balance del cuerpo en el baile.

BORNEO. m. Acción de bornear, 2.° art.

BORNERO, RA. adj. V. *Piedra* BORNERA. || **2.** V. *Trigo* BORNERO.

BORNÍ. (ár. *burní*, especie de halcón.) m. Ave rapaz diurna, que habita en los lugares pantanosos y anida en la orilla del agua.

BORNIDO. (De *borne*, horca.) m. GERM. Ahorcado.

BORNIZO. (De *borne*, 3.er art.) adj. Dícese del corcho que se obtiene de la primera pela de los alcornoques.

BORO. (De *bórax*.) m. Metaloide de color verde obscuro, semejante al carbono

B

en sus propiedades químicas, que se presenta amorfo o cristalino, con el brillo y la dureza del diamante cuando se descompone a elevadísima temperatura el ácido bórico por medio del aluminio. ‖ **P.** e **It.** boro; **I.** boron; **F.** bore; **A.** Bor; **R.** бор.

★ **BOROCOCO.** m. fam. CUBA. Amoríos de esconditе. ‖ 2. fam. CUBA. Batiborrillo.

★ **BOROCHO, CHA.** adj. NICAR. Mellado.

★ **BOROMETILO.** m. QUÍM. Combinación del boro con el metilo; se inflama al contacto del aire, ardiendo con llama verde.

BORONA. (célt. *bron*, pan.) f. Mijo. ‖ 2. fam. ‖ 3. En varias provincias pan de maíz. ‖ 4. COLOM. Migaja de pan.

BORONÍA. f. Alboronía. ‖ 2. P. RICO. Cosa hecha añicos.

★ **BORONILLO, LLA.** adj. CUBA. Se aplica a lo que está hecho añicos.

★ **BOROSCHI.** m. COLOM. Migaja de pan.

BORRA. (l. *bŭrra*.) f. Cordera de un año. ‖ 2. Parte más grosera o corta de la lana. ‖ 3. Pelo de cabra de que se rehinchen las pelotas y otras cosas. ‖ 4. Pelo que el tundidor saca del paño con la tijera. ‖ 5. Pelusa que sale al abrirse la cápsula del algodón. ‖ 6. Pelusa polvorienta que se forma en los bolsillos, entre los muebles y sobre las alfombras. ‖ 7. Tributo sobre el ganado. ‖ 8. Hez que forma la tinta, el aceite, etc. ‖ 9. fig. y fam. Cosas, palabras, expresiones inútiles. ‖ *¿Acaso es* BORRA? loc. fig. y fam. con que se da a entender que una cosa no es tan indispensable como se piensa. ‖ **P.** borrega; **I.** yearling ewe; **F.** bourre; **A.** junges Schaf; **It.** borra; **R.** годовалый ягнёнок.

BORRA. f. Bórax.

BORRACHA. (Como el ital. *borraccia*; del l. *bŭrrăcĕa*, de *bŭrra*, borra.) f. fig. y fam. Bota para el vino.

BORRACHADA. f. Borrachera, 1.ª acep.

BORRACHEAR. (De *borracho*.) intr. Emborracharse frecuentemente.

BORRACHERA. f. Efecto de emborracharse. ‖ 2. Banquete o función en que hay algún exceso en comer y beber. ‖ 3. fig. y fam. Disparate grande. ‖ 4. fig. y fam. Exaltación extremada en la manera de hacer o decir alguna cosa.

BORRACHERÍA. f. ant. Borrachera, 1.ª, 3.ª y 4.ª aceps. ‖ 2. MÉJ. Taberna.

BORRACHERO. (De *borracho*.) m. Arbusto de la América meridional, planta solanácea, de hojas grandes y flores blancas. Despide olor desagradable de día y grato y narcótico de noche; comido el fruto, causa delirio.

BORRACHEZ. (De *borracho*.) f. Embriaguez, 1.ª acep. ‖ 2. fig. Turbación del juicio o la razón. ‖ BORRACHEZ *de agua nunca se acaba*. ref. que enseña que los vicios crecen al paso que menudean las ocasiones.

BORRACHÍN. m. d. de borracho, 2.ª acep.

BORRACHO, CHA. (De *borracha*.) adj. Ebrio, 1.ª acep. Ú.t.c.s. ‖ 2. Que se embriaga habitualmente. Ú.t.c.s. ‖ 3. Se aplica a algunos frutos y flores de color morado. ‖ 4. fig. y fam. Vivamente poseído o dominado de alguna pasión y especialmente de la ira. ‖ 5. CHILE. Fruta pasada. ‖ 6. m. ZOOL. AMÉR. Pez chileno de color verde. ‖ **P.** borracho; **I.** drunken; **F.** ivrogne; **A.** betrunken; **It.** ubriaco; **R.** пьяный.

★ **BORRACHOSO, SA.** adj. PERÚ. Borrachín.

BORRACHUELA. (d. de *borracha*.) f. Cizaña, 1.ª acep.

BORRACHUELO, LA. adj. d. de borracho. Apl. a pers. ú.t.c.s.

BORRADO, DA. p.p. de borrar. ‖ 2. adj. PERÚ. Picado de viruelas.

BORRADOR. (De *borrar*.) m. Escrito de primera intención en el que pueden hacerse correcciones. ‖ 2. Libro en que los comerciantes hacen sus apuntes. ‖ 3. AMÉR. Paño o cosa semejante que borra los escritos de tiza. ‖ *Sacar de* BORRADOR a uno. fr. fig. y fam. Vestirse limpia y decentemente. ‖ **P.** borrão, minuta; **I.** rough draft; **F** minute, brouillon; **A.** ers-

ter Entwurf; **It.** brogliazzo; **R.** черновик. ‖ 2. acep.: **P.** borrador; **I.** blotter; **F.** brouillard, main courante; **A.** Schmierheft; **It.** scartafaccio; **R.** журнал.

BORRADOR. m. GAL. y VALLAD. Cartera que usan los niños para la escuela.

BORRADURA. f. Acción y efecto de borrar, 1.ª acep.

BORRAGINÁCEO, A. (De *borrago*, nombre de un género de plantas.) adj. BOT. Se aplica a las plantas angiospermas dicotiledóneas, de flores gamopétalas dispuestas en racimo o panoja, y el fruto, cápsula o baya con una sola semilla sin albumen. Ú.t.c.s.f. ‖ 2. f. pl. BOT. Familia de estas plantas.

BORRAGÍNEO, A. (l. *borrāgo*, -ĭnis, borraja.) adj. BOT. Borragináceo.

BORRAJ. m. Bórax.

BORRAJA. (cat. *borratja*, y éste del l. *borrāgo*, -ĭnis.) f. Planta anua borraginácea, de tallo grueso, hojas grandes. Está cubierta de pelos ásperos, es comestible y la infusión de sus flores se emplea como sudorífico. ‖ V. *Agua de* BORRAJAS. ‖ **P.** borragem; **I.** borage; **F.** bourrache; **A.** Borretsch; **It.** borrana; **R.** огуречная трава.

BORRAJEAR. (De *borrar*.) tr. Escribir sin asunto determinado. ‖ 2. Hacer rúbricas o rasgos por mero entretenimiento.

BORRAJO. m. Rescoldo, 1.ª acep. ‖ 2. Hojarasca de pinos.

BORRAR. (De *borra*.) tr. Hacer rayas sobre lo escrito para que no pueda leerse. ‖ 2. Hacer que la tinta se corra. Ú.t.c.r. ‖ 3. Hacer desaparecer lo representado con tinta, lápiz, etc. Ú.t.c.r. ‖ 4. fig. Desvanecer, hacer que desaparezca una cosa. Ú.t.c.r. ‖ **P.** borrar; **I.** to scratch, to efface, to erase; **F.** effacer, raturer, biffer; **A.** verwischen, auskratzen, ausstreichen; **It.** scassare, cancellare; **R.** зачёркивать.

BORRASCA. (ital. *burrasca*, y éste del l. *bŏrra*, *bŏrĕas*, norte.) f. Tempestad, tormenta del mar. ‖ 2. fig. Temporal fuerte que se levanta en tierra. ‖ 3. fig. Riesgo que se padece en algún negocio. ‖ 4. fig. MÉJ. En las minas, carencia de mineral útil en el criadero. ‖ *Correr* BORRASCA una cosa. CHILE. Perderse o ser robada. ‖ **P.** borrasca; **I.** storm; **F.** bourrasque; **A.** Sturm; **It.** burrasca; **R.** буря.

BORRASCOSO, SA. adj. Se dice de lo que causa borrascas. ‖ 2. Propenso a ellas. ‖ 3. fig. y fam. Se dice de la vida, diversiones, etc., en que predomina el desorden y el libertinaje.

BORRASQUERO, RA. adj. fig. y fam. Se aplica a la persona dada a diversiones borrascosas.

★ **BORRATINA.** f. fam. ARGENT. Borradura.

BORREGADA. f. Rebaño de borregos o corderos. ‖ 2. ECUAD. Siesta.

BORREGO, GA. (De *borra*, 1.er art.) m. y f. Cordero o cordera de uno o dos años. ‖ 2. fig. y fam. Persona ignorante. Ú.t.c.adj. ‖ 3. m. fig. CUBA y MÉJ. Pajarota. ‖ 4. MÉJ. Marido consentido. ‖ *Salir* BORREGO. fr. MÉJ. Fallar. ‖ **P.** borrego; **I.** lamb; **F.** agneau, agnelle; **A.** Lamm; **It.** agnello; **R.** ягнёнок.

BORREGUERO, RA. adj. Se dice del coto, dehesa, o terreno cuyos pastos son de mejores condiciones para el borrego que para otros ganados. ‖ 2. m. y f. Persona que cuida de los borregos.

BORREGUIL. adj. Perteneciente o relativo al borrego.

BORRÉN. m. En las sillas de montar, encuentro del arzón y las almohadillas que se ponen delante y detrás.

BORRENA. f. ant. Borrén.

★ **BORRENO.** m. VENEZ. Borrén.

BORRERO. (De *borro*.) m. ant. Verdugo, ejecutor de la justicia.

BORRICA. (De *borrico*.) f. Asna, 1.ª acep. ‖ 2. fig. y fam. Mujer necia. Ú.t.c. adj. ‖ *A la* BORRICA *arrodillada, doblarle la carga*. ref. que se aplica a los que añaden trabajo a los que no pueden con el que tienen.

BORRICADA. f. Conjunto o multitud de borricos. ‖ 2. Cabalgata que se hace en borricos por diversión y bulla. ‖ 3. fig. y fam. Dicho o hecho necio.

BORRICAL. adj. Asnal.

BORRICALMENTE. adv. fam. Asnalmente.

BORRICO. (l. *bŭrrĭcus*, *bŭrĭcus*, caballejo.) m. Asno, 1.ª acep. ‖ 2. Armazón compuesta de tres maderos y que sirve a los carpinteros para apoyar la madera que labran. ‖ *Puesto en* BORRICO. expr. fig. y fam. con que uno denota que va resuelto a seguir el empeño en que se halla metido. ‖ *Ser* uno *un* BORRICO. fr. fig. y fam. Ser de mucho aguante en el trabajo.

BORRICÓN. (aum. de *borrico*.) m. fig. y fam. Hombre sufrido en demasía. Ú.t. c.adj.

BORRICOTE. m. fig. y fam. Borricón. Ú.t.c.adj.

BORRINA. (l. *bŏrra*, *bŏrĕas*, norte, con la term. de *calina*.) f. AST. Niebla densa y húmeda.

BORRIQUEÑO, ÑA. adj. Propio de borrico o perteneciente a él.

BORRIQUERO. adj. V. *Cardo* BORRIQUERO. ‖ 2. m. El que guarda o conduce una borricada.

BORRIQUETE. m. Borrico, armazón de tres maderos que usan los carpinteros. ‖ 2. Vela que se pone en el trinquete. ‖ **P.** cavalete dos carpinteiros; **I.** sawhorse; **F.** chevalet; **A.** Sägebock; **It.** cavallino; **R.** козлы.

★ **BORRIQUITA.** f. COLOM. Cierto juego de niños.

BORRO. (De *borra*.) m. Cordero que pasa de un año y no llega a dos. ‖ 2. Cierto tributo sobre el ganado lanar.

BORROMINESCO. adj. Se dice del gusto introducido en la arquitectura española por los italianos Borromini, y otros en el siglo XVII.

BORRÓN. (De *borrar*.) m. Gota de tinta que cae en el papel. ‖ 2. fig. Denominación que por modestia suelen dar los autores a sus escritos. ‖ 3. fig. Imperfección que desluce. ‖ 4. fig. Acción indigna que afea la fama. ‖ 5. PINT. Primera invención para un cuadro. ‖ 6. pl. IMPR. Exceso parcial de engrudo que ha servido para fijar las alzas sobre el cilindro de una máquina de imprimir. ‖ BORRÓN *y cuenta nueva*. fr. fig. y fam. con que se expresa olvido o disculpa de abusos pasados con el deseo de corregirlos si se repiten. ‖ **P.** nódoa de tinta; **I.** ink-blot; **F.** pâté; **A.** Tintenklecks; **It.** sgorbio; scarabocchio; **R.** клякса.

BORRONCILLO. m. Borrón, 5.ª acep.

BORRONEAR. (De *borrón*.) tr. Borrajear.

BORROSIDAD. f. Calidad de borroso, 2.ª acep.

BORROSO, SA. adj. Lleno de borra o heces en las cosas líquidas que no están claras. ‖ 2. Se dice del escrito cuyos trazos están obscuros. ‖ 3. Que no se distingue con claridad.

BORRUFALLA. (l. *mala fólia*, malas hojas.) f. fam. AR. Hojarasca, fruslería.

BORRUMBADA. f. fam. Barrumbada.

BORTAL. (De *borto*.) m. ÁL. Madroñal.

BORTO. (De *alborto*.) m. ÁL., BURG. y LOGR. Alborocera, madroño.

BORUCA. (vasc. *buruka*, lucha, topetazo.) f. Bulla, algazara.

BORUGA. f. CUBA. Requesón que, después de coagulada la leche, sin separar el suero, se bate con azúcar y se toma como refresco.

BORUJO. (l. *vŏlŭcŭlum*, envoltura.) m. Burujo, 1.ª acep. ‖ 2. Masa que resulta del hueso de la aceituna después de molida y exprimida.

BORUJÓN. m. Burujón.

BORUNDÉS, SA. adj. Natural del valle de la Burunda o de la Barranca. Ú.t.c.s. ‖ 2. Perteneciente a esta comarca de Navarra.

BORUQUIENTO, TA. (De *boruca*.) adj. MÉJ. Bullicioso, alegre.

BORUSCA. (De *brusca*.) f. Seroja.

BOSADILLA. (De *bosar*.) f. ant. Vómito.

★ **BOSADO.** m. COLOM. Movimiento exagerado de caderas.

BOSAR. (l. *versăre*, frec. de *vertĕre*, volver.) tr. ant. Vomitar, 1.ª acep.

BOSCAJE. m. Bosque de corta extensión. ‖ 2. PINT. Cuadro de tapiz que re-

B presenta un país poblado de árboles, matorrales y animales.

BOSCOSO, SA. adj. Abundante en bosques.

BÓSFORO. (l. *bosphŏrus*, y éste del gr. βόσπορος.) m. GEOGR. Estrecho, canal o garganta entre dos tierras firmes por donde un mar se comunica con otro. Se aplica al de Tracia y al Cimero.

BOSNIACO, CA [BOSNÍACO, CA] adj. Bosnio. Apl. a pers. ú.t.c.s.

BOSNIO, NIA. adj. Natural de Bosnia. Ú.t.c.s. || **2.** Perteneciente a este país de Europa. || **P.** bosníaco; **I.** Bosnian; **F.** bosniaque, bosnien; **A.** Bosniak(e); **It.** bosniaco; **R.** боснийский.

★ BOSOROLA. f. AMÉR. CENTRAL. Sedimento, poso.

BOSQUE. (b. l. *boscus*.) m. Sitio poblado de árboles y matas. || **—maderable.** El que da árboles maderables. || **P.** bosque; **I.** wood; **F.** bois; **A.** Wald; **It.** bosco; **R.** лес.

★ BOSQUEJADOR, RA. adj. PERÚ. Que bosqueja. Ú.t.c.s.

BOSQUEJAR. (De *bosquejo*.) tr. Pintar o modelar, sin definir los contornos. || **2.** Disponer cualquier cosa sin concluirla. || **3.** fig. Indicar con vaguedad algún plan. || **P.** bosquejar, esboçar; **I.** to sketch; **F.** ébaucher, esquisser; **A.** skizzieren; **It.** abbozzare, sbozzare; **R.** набрасывать.

BOSQUEJO. (De *bosque*.) m. Traza primera y no definida de una obra pictórica y en general de cualquiera producción del ingenio. || **2.** fig. Idea vaga de alguna cosa. || *En* BOSQUEJO. loc. fig. No concluido.

BOSQUETE. m. d. de bosque. || **2.** Bosque artificial y de recreo, en los jardines o en las casas de campo.

BOSQUIMÁN. (neerl. *boschjesman*, hombre del bosque.) m. Individuo de una tribu de África meridional al N de El Cabo.

★ BOSQUIMANOS. m. pl. ETNOG. Grupo humano del África austral.

BOSTA. (De *bostar*.) f. Excremento del ganado vacuno o caballar.

BOSTAR. (l. *bostar*, *-āris*; de *bos*, buey, y *stabŭlum*, establo.) m. ant. Boyera.

BOSTEAR. (De *bosta*.) intr. ARGENT. y CHILE. Excretar el ganado vacuno y el caballar, y por ext., cualquier animal.

BOSTEZADOR, RA. adj. Que bosteza con frecuencia.

BOSTEZANTE. p.a. de bostezar. Que bosteza.

BOSTEZAR. (l. *oscitāre*; de *os*, boca, y *citāre*, mover.) intr. Hacer involuntariamente, abriendo mucho la boca, inspiración lenta y profunda, generalmente ruidosa. Es indicio de tedio y sobre todo de sueño. **P.** bocejar; **I.** to yawn; **F.** bâiller; **A.** gähnen; **It.** sbadigliare; **R.** зевать.

BOSTEZO. m. Acción de bostezar. || **P.** bocejo; **I.** yawning; **F.** bâillement; **A.** Gähnen; **It.** sbadiglio; **R.** зевота.

★ BOSTICAR. intr. ant. AMÉR. CENTRAL y MÉJ. Refunfuñar.

★ BOSTONEAR. intr. CHILE. Valsear.

BOTA. (De *botar*.) f. Cuero pequeño empegado por la parte interior y cosido por los bordes, que remata en un cuello con brocal de cuerno o madera por donde se llena de vino y se bebe. || **2.** Cuba para guardar vino y otros líquidos. || **3.** Calzado generalmente de cuero que resguarda el pie y parte de la pierna. || **4.** ARGENT. Vuelta o tela sobrepuesta en la parte interior de las perneras del pantalón. || **5.** P. RICO, COLOM. y VENEZ. Vaina de cuero con que se cubren los espolones de los gallos de pelea. || **—de montar.** La que cubre la pierna por encima del pantalón y usan los jinetes para cabalgar, o como uniforme. || **—de potro.** ARGENT. Bota de montar hecha de una pieza. || **—fuerte.** La de montar más alta, holgada y de material resistente. || *Estar un de* BOTAS, o *con las* BOTAS *puestas*. fr. fig. Estar dispuesto para un viaje. || **2.** fig. Estar dispuesto para cualquier cosa. || *Ponerse* uno *las* BOTAS. fr. fig. y fam. Lograr un provecho extraordinario. || *Sentar las* BOTAS. fr. En Jerez, colocarlas en hileras a lo largo de las paredes de las bodegas. || **3.**ª acep.; **P.** bota; **I.** boot; **F.** botte; **A.** Stiefel; **It.** stivale; **R.** бурдюк.

★ BOTAAGUA. m. P. RICO., MÉJ. y COLOM. Moldura que se coloca en puertas y ventanas para que el agua de la lluvia no pase dentro.

★ BOTABARRO. m. CHILE. Aleta sobre las ruedas de los carruajes.

★ BOTADERO. m. PERÚ. Basurero, muladar. || **2.** COLOM. Vado de un río. || **3.** HOND. Atajo.

★ BOTADO, DA. CUBA. Expósito. Ú.t. c.s. || **2.** fig. AMÉR. Que no tiene vergüenza. || **3.** fig. AMÉR. Muy barato. || **4.** fig. ECUAD. Resignado, dispuesto. || **5.** fig. AMÉR. Malgastador. || **6.** fig. AMÉR. De poco juicio. || **7.** MÉJ. Dormido por estar beodo.

BOTADOR, RA. adj. Que bota. || **2.** m. Palo largo con que haciendo fuerza en la arena se hace andar a los barcos. || **3.** CARP. Instrumento de hierro para arrancar los hierros que no se pueden sacar con tenazas. || **4.** CIR. Hierro que usan los dentistas. || **5.** IMPR. Trozo de madera que sirve para apretar las cuñas de la forma. || **6.** CUBA, P. RICO, AMÉR. CENTRAL, MÉJ. y CHILE. Malgastador. Ú.t.c.s.

BOTADURA. (De *botar*.) f. Acto de echar al agua un buque. || **P.** bota-fora; **I.** launching; **F.** lancement; **A.** Stappellauf; **It.** varo; **F.** спуск судна.

★ BOTAFANGO. m. CUBA, P. RICO y PERÚ. Guardabarros.

BOTAFUEGO. (De *botar*, arrojar, y *fuego*.) m. ART. Varilla de madera en cuyo extremo se ponía la mecha a las piezas de artillería. || **2.** fig. y fam. Persona que se acalora fácilmente y es propensa a suscitar alborotos. || **P.** bota-fogo; **I.** linstock; **F.** boutefeu; **A.** Zündstock; **It.** buttafuoco; **R.** пальник.

BOTAFUMEIRO. (Por alusión al *Botafumeiro*, gran incensario de la catedral compostelana.) m. fig. y fam. Incensario.

★ BOTAGUADO. m. AMÉR. Botaguano.

BOTAGUEÑA. (l. *bŏtus*, de *bŏtŭlus* embutido, y *güeña*, de bofes.) f. Longaniza hecha de asadura de puerco.

★ BOTALODO. m. P. RICO y PERÚ. Guardabarros.

BOTALOMO. m. CHILE. Instrumento de hierro con el que los encuadernadores forman la pestaña en el lomo de los libros.

BOTALÓN. (De *botar*, echar fuera.) m. MAR. Palo largo que se saca hacia la parte exterior de la embarcación para varios usos. || **2.** VENEZ. y COLOM. Poste, estaca. || **3.** P. RICO. Empujón. || **P.** pau de surriola; **I.** boom; **F.** bout-dehors; **A.** Ausleger; **It.** boma; **R.** бон, гик.

º BOTALÓN. m. AMÉR. Poste hundido en tierra para atar en él reses, caballerías, etcétera.

★ BOTALONEAR. intr. VENEZ. Alindar.

★ BOTAMANGA. f. CHILE. y ECUAD. Vuelta, tela sobrepuesta en las bocamangas.

BOTAMEN. m. Conjunto de botes en una oficina de farmacia.

BOTANA. (De *bota*.) f. Remiendo que se pone en los agujeros de los odres para que no salga el líquido. || **2.** Taruguito que con el mismo fin se pone en las cubas de vino. || **3.** fig. y fam. Parche que se pone en una llaga. || **4.** fig. y fam. Cicatriz de una llaga. || **5.** GUAT. y MÉJ. Cojincillo que se coloca en la pata de un gallo de pelea. || **6.** COLOM. y CUBA. Bota, vaina de suela o algo parecido que se pone en los espolones de los gallos. || **7.** MÉJ. y GUAT. Lo que se come para tomar una copita de licor. || **8.** VENEZ. Pellejo. || **9.** VENEZ. Bebedor.

BOTÁNICA. (l. *botanica*, y éste del gr. βοτανική, f. de -κός, botánico.) f. Ciencia que trata de los vegetales. || **P.** botânica; **I.** botany; **F.** botanique; **A.** Botanik; **It.** botânica; **R.** ботаника.

BOTÁNICO, CA. (l. *botanicus*, y éste del gr. βοτανικός, de βοτάνη, hierba.) adj. Perteneciente a la botánica. || **2.** m. y f. Persona que profesa o tiene grandes conocimientos de botánica. || **2.**ª acep.: **P.** e **It.** botânico; **I.** botanic; **F.** botaniste; **A.** Botaniker; **R.** ботанический.

BOTANISTA. com. Botánico, 2.ª acep.

★ BOTANOMANCIA. f. Arte de adivinar el porvenir por medio de las plantas. || **P.** botanomancia; **I.** botanomancy; **F.** botanomancie; **A.** Pflanzenwahrsagerei; **It.** botanomanzia.

BOTAR. (germ. *botan*, golpear.) tr. Arrojar. || **2.** Echar al agua un buque haciéndole descender por la grada. || **3.** MAR. Enderezar el timón a la parte que conviene. || **4.** Saltar la pelota después de haber tocado el suelo. || **5.** Saltar otra cosa como la pelota. || **6.** EQUIT. Sustraerse el caballo e la acción del bocado intentando derribar al jinete. || **7.** CUBA. Arrojar. || **8.** CHILE. Dilapidar. || **9.** P. RICO, REP. DOMIN., AMÉR. CENTRAL, COLOM. y PERÚ. Perder alguna cosa. || **10.** CHILE. Despedir a los criados o dependientes. || **11.** CHILE. Derribar. || **12.** CHILE. Arrojarse. || ¡BOTA! interj. fam. que se emplea en Cuba para mover a otro a hacer rápidamente algo. || **2.**ª acep.: **P.** botar; **I.** to launch; **F.** lancer; **A.** ablaufen lassen; **It.** varare; **R.** спускать судno na vody. || **4.**ª acep.: **P.** botar; **I.** to bound; **F.** bondir; **A.** (auf)prallen; **It.** balzare; **R.** отпрыгивать.

BOTARATADA. f. fam. Dicho o hecho propio de un botarate.

BOTARATE. (De *botar*, saltar.) m. fam. Hombre alborotado y de poco juicio. Ú.t.c.adj. || **2.** CHILE. Entre el vulgo, derrochador.

★ BOTARATEAR. intr. ARGENT. Obrar o hablar como un botarate.

BOTAREL. (Del m. or. que *botar*.) m. ARQ. Contrafuerte, 3.ª acep. || **P.** botaréu; **I.** buttress; **F.** contrefort; **A.** Strebepfeiler; **It.** contrafforte; **R.** контрфорс.

BOTARETE. (Del m. or. que *botar*.) adj. ARQ. V. *Arco* BOTARETE.

BOTARGA. (De *boto*.) f. Especie de calzón ancho usado antiguamente. || **2.** Vestido ridículo que se usa en las mojigangas. || **3.** El que lleva este vestido. || **4.** Especie de embuchado.

BOTASELA. f. ant. Botasilla.

BOTASILLA. (De *botar*, echar, y *silla*.) f. MIL. En los cuerpos de caballería toque de clarín para que los soldados ensillen los caballos. || **P.** bota-selas; **I.** boots and saddles; **F.** boute-selle; **A.** Aufsitzbefehl; **It.** buttasella; **R.** сигнал седлать коней.

BOTAVANTE. (De *botar*, arrojar, y *avante*.) m. Asta larga que usaban los marineros para defenderse en los abordajes.

BOTAVARA. (De *botar*, y *vara*.) f. MAR. Palo horizontal que sirve para cazar la vela cangreja. || **2.** P. RICO y R. DE LA PLATA. Lanza de un carruaje y también palo de molino.

BOTE. (l. *bŭttis*.) m. Golpe que se da con ciertas armas enastadas. || **2.** Cada salto del caballo cuando desahoga su alegría. || **3.** Salto de la pelota al botar en el suelo. || **4.** Salto de una persona. || **5.** Cada salto de la bala del cañón disparada a rebote. || **6.** MÉJ. Acción de botar. || **—de carnero.** Salto que da el caballo metiendo la cabeza entre los brazos. || *De* BOTE *y voleo*. expr. fig. y fam. Sin dilatación, sin reflexión. || **3.**ª y **4.**ª aceps.: **I.** rebound; **F.** bond; **It.** balzo; **R.** прыжок. || MAR.: **I.** boat; **F.** canot; **It.** schifo, palischermo; **R.** лодка.

BOTE. (Del m. or. que *pote*.) m. Vasija que sirve para guardar medicinas, conservas, etc. || **2.** CHILE. Garapiñera. || **3.** MÉJ. Odre para recoger la leche en las queseras. || **4.** MÉJ. Pesebre portátil. || **5.** fig. y fam. MÉJ. La cárcel. || **—de metralla.** Tubo cargado con balas y que se dispara con cañón u obús.

BOTE. (ingl. *boat*.) m. Barco pequeño y sin cubierta que sirve para transportar gente y equipajes a los buques grandes. || *Tocarle* a uno *amarrar el* BOTE. fr. fig. y fam. VENEZ. Quedarse el último en la recompensa, trabajo o peligro.

BOTE. (germ. *bock*, macho cabrío.) m. SOR. Macho cabrío.

BOTE (DE BOTE EN). fr. fig. y fam. Se aplica a cualquier lugar completamente lleno.

BOTEAL. (l. *puteālis*, de *putĕus*, pozo.) m. desus. Paraje en que abundan charcas de aguas manantiales.

BOTECARIO. (l. *apothēcārius*, bodeguero.) m. Cierto tributo que se pagaba en tiempo de guerra.

BOTEDAD. (De *boto*.) f. ant. Embotamiento.

BOTEJA. f. AR. Botijo.

BOTELLA. (dialec. *botella*, o del fr. *bouteille*, del l. *bŭttĭcŭla*.) f. Vasija de cris-

B

tal que sirve para contener líquidos. ||
2. Todo el líquido que cabe en la botella. ||
3. CUBA y P. RICO. Sinecura. || **—de**
Leiden. FÍS. La que forrada con papel de
estaño y tapada con un corcho bien la-
crado sirve para recibir y acumular elec-
tricidad. ||**—de greda.** CHILE. Alcarra-
za. || **—de Lane.** ELECTR. Es una botella
de Leiden dispuesta para medir la electri-
cidad acumulada en una batería. || P. bo-
telha; I. bottle, flask; F. bouteille; A. Fla-
sche; It. bottiglia, fiasco; R. бутылка.

BOTELLAZO. m. Golpe dado con una
botella.

BOTELLER. (prov. *boteller,* y éste del
l. *bùtticùla,* bitella.) m. ant. Botillero.

BOTELLERO. m. El que fabrica o
vende botellas. || 2. CUBA. Político pródigo
en la concesión de sinecuras. || 3. MÉJ.
Botillero.

BOTELLÓN. m. aum. de botella. ||
2. MÉJ. Damajuana.

BOTEQUÍN. (neerl. *botkin,* barquito.)
m. desus. MAR. Bote pequeño.

BOTERÍA. f. Taller del botero. ||
CHILE y ARGENT. Botillería.

BOTERO. m. El que hace o vende
botellas, botas, pellejos para vino, aceite,
etcétera. || 2. MÉJ. El que hace o vende
zapatos.

BOTERO. m. Patrón de un bote.

BOTEZA. f. ant. Botedad.

BOTICA. (b. gr. ἀποθήκη, almacén;
véase *bodega.*) f. Oficina en que se hacen y
despachan medicinas. || 2. Asistencia de
medicamentos durante un plazo. || 3. Tien-
da de mercader en algunos lugares. || 4. fig.
Ingrediente. || 5. GERM. Tienda de mer-
cero. || *Haber de todo en alguna parte como*
en BOTICA. fr. fig. y fam. Haber surtido
variado de cosas. || *Recetar uno de buena*
BOTICA. fr. fig. y fam. Gastar mucho por-
que puede hacerlo. || P. botica, farmácia;
I. apothecary's shop; F. pharmacie, boutique d'apothicaire; A. Apotheke; It. spe-
zieria; R. аптека.

BOTICAJE. (De *botica.*) m. ant. Derecho o alquiler de la tienda en que se vende
alguna cosa.

BOTICARIA. f. Profesora de farma-
cia. || 2. fam. Mujer del boticario.

BOTICARIO. (De *botica.*) m. Profesor
de farmacia. || 2. GERM. Tendero de mer-
cería. || P. farmacêutico; I. apothecary;
F. apothicaire; A. Apotheker; It. speziale;
R. аптекарь.

BOTIGA. (l. *apòthēca,* bodega.) f. En
algunas partes botica, 3.ª acep.

BOTIGUERO. (De *botiga.*) m. En algunas partes mercader de tienda abierta.

BOTIJA. (l. *bùtticùla.*) f. Vasija de barro
mediana, de cuello corto. || 2. BOT. CUBA.
Árbol silvestre que da madera poco apre-
ciada. || 3. CUBA. Vasija de hojalata que
usan los campesinos. || 4. HOND., P. RICO
y C. RICA. Tesoro oculto. || 5. BOT. CUBA.
Árbol bombáceo de madera empleada para
varios usos. || 6. com. fig. y fam. URUG.
Niño pequeño. Ú.t.c.adj. || **—verde.** CO-
LOM. y CUBA. Término de comparación
empleado como máximo insulto. || *Estar*
hecho una BOTIJA. fr. fig. y fam. Se aplica
al niño cuando se enoja y llora. || 2. fig.
y fam. Se dice del que es muy grueso.

BOTIJERO, RA. m. y f. Persona que
hace o vende botijos.

BOTIJO. (De *botija.*) Vasija de barro,
de vientre abultado y a uno de los lados
con boca para echar el agua y al opuesto
un pitón para beber.

★ BOTIJÓN. m. aum. de botijo. || 2.
VENEZ. Tinaja.

BOTIJUELA. f. d. de botija. || 2. P. RI-
CO, REP. DOMIN., HOND. y MÉJ. Tesoro
oculto. || 3. CUBA. Persona aduladora. || 4.
CUBA. Instrumento de las orquestas afro-
cubanas.

★ BOTIJUELEO. m. CUBA. Adulación.

BOTILLA. (d. de *bota.*) f. Cierto cal-
zado que usaban las mujeres. || 2. Bor-
ceguí.

BOTILLER. (fr. *bouteiller,* de *bouteille,*
botella.) m. Botellero.

BOTILLERÍA. (De *botillero.*) f. Casa
donde se hacían y vendían refrescos. ||
2. CHILE. Comercio de venta de vinos
embotellados.

BOTILLERO. (De *botella.*) m. El que
hacía o vendía refrescos.

★ BOTILLERO. m. MÉJ. El que hace
o vende zapatos.

BOTILLO. (De *bote,* 2.º art.) m. Pellejo
pequeño que sirve para llevar vino.

BOTÍN. (De *bota.*) m. Calzado antiguo
que cubría el pie y parte de la pierna. ||
2. Calzado de cuero que se ajusta con
botones, hebillas o correas. || 2.ª acep.:
P. polaina; I. half-boot; F. bottine; A. Gamasche; It. stivaletto; R. ботинок.

BOTÍN. (prov. *botin,* y éste del germ.
bytin, presa.) m. Despojo que se concedía
a los soldados como premio de conquista. ||
2. Conjunto de las armas y provisiones del
ejército vencido que pasa al vencedor. ||
3. CHILE. Calcetín.

BOTINA. (d. de *bota.*) f. Calzado moderno que pasa algo del tobillo.

BOTINERÍA. f. Taller donde se hacen
botines. || 2. Tienda donde se venden.

BOTINERO. m. El que guarda botín.

BOTINERO, RA. adj. Se aplica a la
res con las extremidades negras. || 2. m.
El que hace o vende botines. || 3. R. DE
LA PLATA. Mueble en que se guarda el
calzado.

BOTIONDO, DA. (De *bote,* macho
cabrío.) adj. Se dice de la cabra en celo. ||
2. fig. Dominado de apetito venéreo.

BOTIQUERÍA. f. ant. Tienda donde
se vendían botes de olor.

BOTIQUÍN. (d. de *botica.*) m. Mueble,
caja o maleta para guardar o transportar
medicinas. || 2. Conjunto de estas medici-
nas. || 3. VENEZ. Tienda de géneros al por
menor. || P. botica portátil; I. medicine-
chest; F. boîtier; A. Reiseapotheke, Sa-
nitätspeck; It. cassetta dei medicinali; R.
дорожная аптечка.

BOTITO. m. Especie de bota de hombre.

BOTIVOLEO. (De *bote* y *voleo.*) m.
Acción de jugar la pelota o volea después
que ha botado en el suelo.

BOTO. m. AND. y EXTR. Bota de montar a caballo.

BOTO, TA. (De *bota.*) adj. Romo,
1.ª acep. || 2. fig. Rudo o torpe de inge-
nio. || 3. m. Cuero pequeño para echar
vino. || 4. AST. Tripa de vaca llena de
manteca.

BOTOCUDO, DA. adj. Se aplica al
individuo de una tribu de indios del
Brasil.

BOTÓN. (De *botar.*) m. Yema, 1.ª
acep. || 2. Flor cerrada y cubierta de hojas. ||
3. Pieza pequeña y de forma varia que se
pone en los vestidos para abrocharlos o
como adorno. || 4. Resalto de forma cilín-
drica o esférica que se atornilla a algún
objeto para servir de asidero o tope según
los casos. || 5. Labor a modo de anillo
formado por bolitas con que se adornan
balaustres, llaves, etc. || 6. En el timbre
eléctrico pieza en forma de botón que al
oprimirle cierra el circuito de la corriente
y hace que suene aquél. || 7. BOT. Parte
central de las flores compuestas. || 8. ESGR.
Chapita redonda que se pone en la punta
de la espada. || 9. MONT. Pedazo de palo
que tiene la red o tela de caza. || 10. MÚS.
En los instrumentos de pistones, pieza
circular que recibe la impresión del dedo. ||
11. MÚS. Pieza en forma de botón que
tienen los instrumentos de arco en la
parte inferior. || 12. MÉJ. Yunta de refuer-
zo. || 13. ARGENT. Polizonte. || 14. CUBA. Re-
proche de menosprecio. || **—de fuego.**
CIR. Cauterio que se da con un metal
enrojecido al fuego. || *Contarle uno los*
BOTONES *a otro.* fr. ESGR. Ser tanta la
destreza de alguno que da las estocadas
a otro donde quiere. || *De* BOTONES *adentro.*
m. adv. fig. y fam. En lo interior del áni-
mo. || *Hablar al* BOTÓN, o *al divino* BOTÓN.
fr. fig. y fam. CHILE. Hablar al tuntún. ||
3.ª acep.: P. botão; I. button; F. bouton;
A. Knopf; It. bottone; R. пуговица.

BOTONADURA. f. Juego de botones
para un traje o prenda de vestir.

★ BOTONAR. tr. AMÉR. Poner botones.

BOTONAZO. m. ESGR. Golpe dado
con el botón de la espada o florete.

BOTONERÍA. f. Fábrica de botones. ||
2. Tienda en que se venden.

BOTONERO, RA. m. y f. Persona que
hace o vende botones.

BOTONES. (De *botón,* por los que
lucen en su vestido.) m. Muchacho que

sirve en los establecimientos para llevar
recados y otras comisiones.

BOTOR. (ár. *butūr,* postemas.) m. ant.
Buba o tumor.

BOTORAL. adj. ant. Perteneciente al
botor o semejante a él.

BOTOSO, SA. adj. ant. Boto, 2.º art.,
1.ª y 2.ª aceps.

BOTOTO. (De *bota.*) m. AMÉR. Cala-
baza para llevar agua. || 2. CHILE. Zapato
grande y ordinario. Ú.m. en pl.

BOTRINO. (l. *vùltùrinus,* buitre.) m.
ÁL., AR., BURG. y LOCR. Butrino.

★ BOTRIS. m. BOT. Ambrina o té de
Méjico.

★ BOTÚA. f. CUBA. Butúa.

★ BOTUDO, DA. adj. CUBA y MÉJ.
Calceta. || 2. MÉJ. Patiblanco.

★ BOTULISMO. m. MED. Enfermedad
producida por los embutidos averiados. ||
I. botulism; F. botulisme; It. botulismo;
R. ботулизм.

BOTUTO. (Voz caribe.) m. Pezón largo
que sostiene la hoja del lechoso. || 2. Trom-
peta sagrada de los indios del Orinoco. ||
3. VENEZ. Ombligo. || 4. COLOM. y VENEZ.
Fotuto.

BOU. (cat. *bou,* y éste del m. or. que
bol, redada.) m. Pesca con dos barcas
arrastrando la red por el fondo. || 2. Barca
destinada a esta clase de pesca.

BOVAJE. (l. *bŏvătĭcum,* de *bos, bŏvis,*
buey.) m. Servicio que se pagaba antiguamente en Cataluña por las yuntas de
bueyes.

BOVÁTICO. m. Bovaje.

BÓVEDA. (l. *vŏlvĭta* por *vŏlŭta,* t.f. de
vŏlŭtus, infl. por *volvo,* volver.) f. ARQ.
Obra de fábrica que cubre el espacio
entre dos muros. || 2. Habitación cuya
parte superior es de bóveda. ||**—craneal.**
ZOOL. Parte superior e interna del cráneo. ||
—de aljibe o **esquifada.** ARQ. Aquella
cuyos dos cañones se cortan. || **—en cañón.**
ARQ. La superficie que cubre el espacio
comprendido entre dos muros paralelos. ||
—fingida. ARQ. La construida en madera
para imitar a una bóveda. || **—tabicada.**
ARQ. La que se hace de ladrillos puestos
de plano sobre la cimbra, de modo que
toda la bóveda viene a ser como un ta-
bique. || **—vaída.** ARQ. La formada de un
hemisferio cortado por cuatro planos ver-
ticales. || *Hablar uno de* BÓVEDA, o *en*
BÓVEDA. fr. ant. fig. Hablar hueco y con
arrogancia. || P. abóbada; I. vault; F. voûte;
A. Gewölbe; It. volta; R. свод.

BOVEDAR. tr. ant. Abovedar.

BOVEDILLA. (d. de *bóveda.*) f. Bóveda
pequeña para cubrir el espacio entre varias
vigas. || 2. MAR. Parte arqueada de la fa-
chada de popa de los buques; cuando no
la tienen recibe este nombre la parte en
que debía de hallarse.

BÓVIDO. (l. *bos, bŏvis,* buey.) m. Mamífero rumiante de cuernos óseos no
caedizos. || 2. m. pl. ZOOL. Familia de estos
animales.

BOVINO, NA. (l. *bovīnus.*) adj. Perte-
neciente al buey o vaca. || 2. Se aplica al
toro, mamífero rumiante de hocico ancho
y desnudo, cola larga con un mechón en
el extremo. Muchos de ellos son domésti-
cos. || 2. m. pl. ZOOL. Tribu de estos ani-
males.

★ BOVOCHECO. m. BOT. MÉJ. Planta
solanácea, con cuyos frutos se prepara
una bebida muy excitante llamada tonga.

★ BOVOCHEVO. m. AMÉR. Bovocheco.

★ BOX. m. Instrumento con que los boti-
neros aseguran la obra. || 2. CHILE y MÉJ.
Boxeo.

BOXEADOR. m. El que se dedica al
boxeo.

BOXEAR. (der. del ingl. *box,* golpear.)
intr. Luchar a puñetazos.

BOXEO. (De *boxear.*) m. Pugilato,
1.ª acep. || P. y F. boxe; I. boxing; A.
Boxen; It. bossa; R. бокс.

BOY. (dialect. del l. *bŏe,* por *bŏvem,*
de *bos, bŏvis,* buey.) m. ant. Buey, 1.er art.

BOYA. (neerl. *boei,* y éste del germ.
bauk, señal.) f. Cuerpo flotante sujeto al
fondo del mar, de un lago, etc., para
indicar un sitio peligroso. || 2. Corcho que
se pone en la red para que las plomadas
o piedras que la cargan no la lleven al
fondo, y sepan los pescadores dónde está
cuando vuelven por ella. || 3. CHILE. Abo-

B lladura. || *De buena* BOYA. loc. Boyante, feliz, afortunado. Se usa en general con el verbo *estar*. || **P.** bóia; **I.** buoy; **F.** bouée; **A.** Boje; **It.** boa; **R.** бакан.

BOYA. (De *boy*.) m. ant. Carnicero que mata los bueyes.

BOYADA. f. Manada de bueyes.

BOYAL. (De *boy*.) adj. Perteneciente o relativo al ganado vacuno. Se aplica en general a las dehesas donde el vecindario de un pueblo suelta sus ganados aunque no sean vacunos. || **2.** AMÉR. Se dice de la época en que está rica una mina.

BOYANTE. p.a. de boyar. Que boya. || **2.** adj. fig. Que tiene felicidad creciente. || **3.** MAR. Se dice del buque que por llevar poca carga cala poco.

BOYANTE. (De *boy*.) adj. Se dice del toro que acomete de modo franco.

BOYAR. (De *boya*, I.ᵉʳ art.) intr. MAR. Volver a flotar la embarcación que ha estado en seco. || **2.** AMÉR. Flotar, sobrenadar. || **3.** P. RICO. Bogar. || **4.** r. PAN. Frustrarse.

BOYARDA. f. Mujer de boyardo.

BOYARDO. m. Señor ilustre, antiguo feudatario de Rusia o Transilvania. || **P.** e **It.** boiardo; **I.** boyar; **F.** boyard; **A.** Bojar; **R.** боярин.

BOYAZO. m. aum. de buey, I.ᵉʳ art.

* **BOYAZO.** m. AMÉR. Puñetazo, linternazo.

* **BOYÉ.** m. AMÉR. MERID. Culebra que limpia de alimañas las plantaciones.

BOYERA. f. Corral donde están los bueyes.

BOYERAL. (De *boyero*.) adj. ant. Boyal.

BOYERIZA. f. Boyera.

BOYERIZO. m. Boyero, I.ª acep.

BOYERO. (De *buey*.) m. El que guarda bueyes o los conduce. || **2.** COLOM. Venus, estrella de la mañana. || **3.** ECUAD. Aquijana. || **4.** ZOOL. CUBA. Ave parecida a la perdiz. || **P.** boieiro; **I.** ox driver; **F.** bouvier; **A.** Ochsenhirt; **It.** bo(v)aro; **R.** погонщик быков.

BOYEZUELO. m. de buey, I.ᵉʳ art.

BOYUDA. f. GERM. Baraja de naipes.

BOYUNO, NA. adj. Bovino.

BOZA. (ital. *bozza*, y éste del germ. *botja*, golpe.) f. Pedazo de cuerda, fijo por un extremo en el buque, y que dando unas vueltas al calabrote, cadena, etc., impide que se escurra. || **2.** MAR. Cabo de pocas brazas de longitud hecho firme en la proa de las embarcaciones menores, y sirve para amarrarlas. || **P.** boça; **I.** stopper; **F.** bosse; **A.** Ankertaustopper; **It.** bozza; **R.** стопор.

* **BOZADA.** f. COLOM. Bozo, cabestro.

BOZAL. (De *bozo*.) adj. Se dice del negro recién sacado de su país. Ú.t.c.s. || **2.** fig. y fam. Bisoño. || **3.** fig. y fam. Simple, necio e idiota. Ú.t.c.s. || **4.** Cerril, tratándose de caballerías. || **5.** m. Esportilla que, colgada de la cabeza, se pone en las bocas de las bestias de labor y carga. || **6.** Aparato que se pone en la boca a los perros para que no muerdan. || **7.** Tableta con púas que se pone a los terneros para que las madres no les dejen mamar. || **8.** Adorno con cascabeles que se pone a los caballos. || **9.** R. DE LA PLATA. Se dice del que se expresa con dificultad en castellano. || **10.** CUBA, CHILE y MÉJ. Juego que asegura el hocico del caballo. || **7.ª**, **8.ª** y **9.ª** aceps.: **I.** muzzle; **F.** muselière; **A.** Beisskorb; **It.** musoliera; **R.** намордник.

* **BOZALEAR.** tr. C. RICA. Arriendar, empleando un bozal o cabestro.

BOZALEJO. m. d. de bozal, 6.ª y 7.ª aceps.

* **BOZALILLO.** m. dim. de bozal. || **2.** ECUAD. y MÉJ. Almártaga, especie de cabezada para los caballos.

BOZO. (De un der. del l. *bucca*, boca.) m. Vello que apunta a los jóvenes sobre el labio superior antes de nacer la barba. || **2.** Parte exterior de la boca. || **3.** Cuerda que se echa a las caballerías sobre la boca, cabestro. || **P.** buço; **I.** down; **F.** duvet; **A.** Milchbart; **It.** lanúgine; **R.** пушок.

BOZÓN. (prov. *bosó*[n].) m. ant. Ariete, I.ª acep.

* **BR.** QUÍM. Símbolo del bromo.

BRABANTE. (De *Brabant*.) m. Lienzo fabricado en el territorio de este nombre.

BRABÁNTICO. adj. V. *Arrayán* BRABÁNTICO.

BRABANZÓN, NA. adj. Natural de Brabante. Ú.t.c.s. || **2.** Perteneciente a este territorio de los Países Bajos.

BRACAMARTE. m. Espada usada antiguamente, de un solo filo y de lomo algo encorvado cerca de la punta.

* **BRACAMONTE.** m. COLOM. Duende, trasgo.

BRACARENSE. (l. *bracarensis*.) adj. Natural de Braga. Ú.t.c.s. || **2.** Perteneciente a esta ciudad de Portugal.

BRACEADA. f. Movimiento de brazos ejecutado con esfuerzo y valentía.

BRACEADOR, RA. adj. Que bracea.

BRACEAJE. (De *brazo*.) m. Trabajo y labor en las casas de moneda.

BRACEAJE. (De *braza*.) m. MAR. Profundidad del mar en determinado paraje.

BRACEAR. intr. Mover repetidamente los brazos. || **2.** Nadar sacando los brazos fuera del agua. || **3.** fig. Esforzarse. || **4.** EQUIT. Doblar el caballo los brazos con soltura al andar. || **5.** REP. DOMIN. Obtener provechos ilícitos. || **P.** bracear; **I.** to brace; **F.** brasser; **A.** die Arme bewegen; **It.** bracciare; **R.** размахивать руками.

BRACEAR. intr. MAR. Halar de las brazas para hacer girar las vergas.

BRACEO. m. Acción de bracear, I.ᵉʳ art.

BRACEO. m. Acción de bracear, 2.º art.

BRACERAL. m. Brazal, pieza de la armadura antigua que cubría el brazo.

BRACERO, RA. adj. Que brazo) adj. Se aplica al arma que se arrojaba con el brazo. || **2.** m. El que da el brazo a otro para que se apoye en él. || **3.** Peón. || **4.** El que tiene buen brazo para tirar barra, lanza, etc. || De BRACERO. m. adv. con que se denota que dos personas van del brazo.

BRACETE. m. d. de brazo. || *De* BRACETE. m. adv. fam. De bracero.

BRACIL. (l. *brachile*.) m. Brazal, I.ª acep.

BRACILLO. (d. de *brazo*.) m. Cierta pieza del freno de los caballos.

BRACIO. (l. *bracchium*, brazo.) m. GERM. Brazo, I.ª acep. || —**ledro.** GERM. Brazo izquierdo.

BRACMÁN. m. Brahmán.

BRACO, CA. (germ. *brakko*, perro de caza.) adj. V. *Perro* BRACO. Ú.t.c.s. || **2.** fig. y fam. Se dice de la persona de nariz roma y algo levantada. Ú.t.c.s.

BRÁCTEA. (l. *bractĕa*, hoja delgada de metal.) f. BOT. Hoja que nace del pedúnculo de las flores de ciertas plantas, y difiere de la hoja verdadera en color, forma y consistencia. || **P.** bráctea; **I.** bract; **F.** bractée; **A.** Deckblatt; **It.** bráttea.

BRACTÉOLA. (l. *bractĕola*.) f. BOT. Bráctea pequeña. || **P.** bracteola; **I.** bractlet; **F.** bractéole; **A.** Deckblättchen; **It.** bratteola.

BRADICARDIA. (gr. βραδύς, lento, y καρδία, corazón.) f. Ritmo excesivamente lento de la contracción cardíaca.

BRADILALIA. (gr. βραδύς, lento, y λαλέω, hablar.) f. Emisión lenta de la palabra; se observa en ciertas enfermedades nerviosas.

BRADIPEPSIA. (gr. βραδυπεψία; de βραδύς, lento, y πέσσω, digerir.) f. MED. Digestión lenta.

* **BRADIPÓDIDOS.** m. pl. ZOOL. Mamíferos placentarios desdentados. Son los llamados perezosos que viven en América del Sur. || **P.** bradypodídeos; **I.** Bradypodidae; **F.** bradypodidés; **A.** Faultiere; **It.** bradipódidi; **R.** ленивец.

BRADITA. (gr. βραδύς, lento.) f. ASTRON. Estrella fugaz de poco brillo y lenta.

BRAFONERA. (De *brahonera*.) f. Pieza que en la armadura antigua cubría la parte superior del brazo. Se ponía también a los caballos.

BRAGA. (l. *braca*.) f. Calzón, 2.ª acep. Ú.m. en pl. || **2.** Conjunto de plumas que cubren las patas de las aves calzadas. || **3.** pl. Especie de calzones anchos. || Prenda interior que usan las mujeres y cubre desde la cintura hasta el arranque de las piernas. || *Al que no está hecho a*

bragas, *las costuras le hacen llagas*. ref. que denota la dificultad de hacer algo a lo que no se está acostumbrado. || *¿Qué tienen que hacer las* bragas, *con la alcabala de las* habas? ref. que se dice de los que hablan fuera de propósito. || **P.** calças largas; **I.** breeches; **F.** braie; **A.** Pluderhose; **It.** brache; **R.** трико.

BRAGA. (De *briaga*.) f. Cuerda con que se ciñe un fardo, tonel, etc., para suspenderlos en el aire.

BRAGADA. (De *braga*, I.ᵉʳ art.) f. Cara interna del muslo del caballo y demás animales. || **2.** MAR. Parte más ancha de una curva.

BRAGADO, DA. (l. *bracātus*.) adj. Se dice de los animales que tienen la bragadura de diferente color. || **2.** fig. Se dice de la persona de dañada intención. || **3.** fig. y fam. Se aplica a la persona de resolución firme. || **4.** R. DE LA PLATA. Se dice de la bestia de color cebrino con rayas claras.

BRAGADURA. f. Entrepiernas del hombre o animal. || **2.** Parte de las bragas situada entre los muslos.

BRAGAZAS. (f. pl. aum. de *bragas*.) m. fig. y fam. Hombre que se deja disuadir con facilidad y particularmente el que se deja dominar por las mujeres. Ú.t.c.adj.

* **BRAGAZAS.** f. pl. CUBA. Bramadera, bravera.

BRAGUERO. (De *braga*, I.ᵉʳ art.) m. Aparato destinado a contener quebraduras. || **2.** MÉJ. Cuerda o cincha que rodea el cuerpo del toro. || **3.** PERÚ. Gamarra. || **4.** ART. y MAR. Cabo grueso que servía en los buques para moderar el retroceso producido por el disparo de las piezas de artillería. || **5.** CHILE. Estomaguero. || **P.** bragueiro; **I.** truss; **F.** brayer; **A.** Bruchband; **It.** brachiere; **R.** бандаж.

BRAGUETA. (De *braga*, I.ᵉʳ art.) f. Abertura de los calzones o pantalones por delante. || **P.** braguilha; **I.** fly; **F.** braguette; **A.** Hosenschlitz; **It.** brachetta; **R.** прореха.

BRAGUETAZO. m. aum. de bragueta. || *Dar* BRAGUETAZO. fr. fig. y fam. Casarse un hombre pobre con una mujer rica.

BRAGUETERO. (De *bragueta*.) adj. fam. Se dice del hombre lascivo. Ú.t.c.s. || **2.** CHILE. Dícese del hombre pobre que se casa con una mujer rica. || **3.** P. RICO y PERÚ. Se dice del hombre que vive a expensas de una mujer.

BRAGUILLAS. (f. pl. de *bragas*.) m. fig. Niño que empieza a usar los calzones. || **2.** fig. Niño pequeño y mal dispuesto.

BRAHMÁN. (sánscr. *brahmāna*, hombre de la casta sacerdotal.) m. Cada uno de los individuos de la primera de las cuatro castas en que se halla dividida la población de la India. || **P.** brâmane; **I.** brahman; **F.** brahmane; **A.** Brahmane; **It.** bramino; **R.** брамин.

BRAHMANISMO. m. Religión de la India que adora a Brahma como dios supremo. || **P.** bramanismo; **I.** brahmanism; **F.** brahmanisme; **A.** Brahmanismus; **It.** braminismo; **R.** брахманизм.

BRAHMIN. m. Brahmán.

BRAHÓN. (ant. fr. *braón*, y éste del nórdico *brado*, músculo.) m. Rosca que ceñía el brazo de algunos vestidos antiguos.

BRAHONERA. f. Brahón.

BRAMA. (De *bramar*.) f. Acción y efecto de bramar. Se usa sobre todo para designar el celo de los ciervos y algunos otros animales y la temporada en que lo sienten.

BRAMADERA. (De *bramar*.) f. Pedazo de tabla delgada que usan los niños como juguete y que produce ruido al hacerla girar en el aire atada al hacerla girar en el aire atada a una cuerda. || **2.** Instrumento que usan los pastores para llamar al ganado. || **3.** COLOM. y CUBA. Bravera.

BRAMADERO. (De *bramar*.) m. Poste al cual en América amarran en el corral los animales para herrarlos. || **2.** MONT. Sitio adonde acuden con preferencia los animales salvajes en celo.

BRAMADOR, RA. adj. Que brama. Ú.t.c.s. || **2.** PAN. Bramadero.

BRAMANTE. p.a. de bramar. Que brama.

BRAMANTE. (De *brabante*.) m. Hilo

B

gordo o cordel delgado hecho de cáñamo. Ú.t.c.adj.

BRAMAR. (germ. *brammōn.*) intr. Dar bramidos. || **2.** fig. Manifestar con violencia la ira de que se está poseído. || **3.** fig. Hacer ruido el viento, el mar, etc., agitados. || **4.** GERM. Dar voces, gritar. || **P.** bramar; **I.** to bellow, to roar; **F.** bramer; **A.** röhren, tosen; **It.** bramire; **R.** мычать, реветь.

BRAMIDO. (De *bramar.*) m. Voz del toro y de otros animales salvajes. || **2.** fig. Grito confuso del hombre colérico. || **3.** fig. Ruido grande producido por la agitación del aire, mar, etc. || **P.** bramido; **I.** roaring; **F.** bramement, beuglement; **A.** Gebrüll, Wüten; **It.** bramito; **R.** мычание.

BRAMO. (De *bramar.*) m. GERM. Bramido o grito. || **2.** GERM. Grito con que se denota el descubrimiento de alguna cosa.

BRAMÓN. (De *bramar.*) m. GERM. Soplón.

BRAMONA. (De *bramar.*) || *Soltar* la BRAMONA. fr. fig. Entre tahures, prorrumpir en dicterios.

★ **BRAMOSO, SA.** adj. VENEZ. Que brama o ruge.

BRAMURAS. (De *bramar.*) f. pl. Fieros, bravatas.

BRAN DE INGLATERRA. (fr. *branle,* cierto baile antiguo.) m. Baile español antiguo.

BRANCA. f. ant. Branquia.

BRANCA. (l. *branca,* garra.) f. AR. Tallo que arranca desde la raíz de la planta.

BRANCADA. (l. *branca,* garra.) f. Red barredera para encerrar la pesca.

BRANCAL. (l. *branca,* garra.) m. Conjunto de dos viguetas que descansan por intermedio de cojinetes, sobre los ejes de las ruedas.

BRANCHA. (fr. *branche,* y éste del l. *branca,* garra.) f. ant. Branquia.

BRANDAL. m. MAR. Cada uno de los ramales de cabo que forman las escalas de viento de los buques. || **2.** MAR. Cabo grueso que se da en ayuda de los obenques de juanete. || **P.** brandal; **I.** back-stay; **F.** galhauban; **A.** Strickleiter; **It.** paterazzo; **R.** верёвочный трап.

BRANDECER. (De *blando.*) tr. ant. Ablandar.

BRANDÍS. (fr. *brandebourgeois,* de *Brandebourg.*) m. Casacón grande que se ponía como abrigo.

BRANQUE. m. MAR. Roda, pieza curva que forma la proa de la nave.

BRANQUIA. (l. *branchia,* y éste del gr. βράγχια.) f. ZOOL. Órgano respiratorio de muchos animales acuáticos, constituido por láminas tegumentarias. Ú.m. en pl. || **P.** bránquia; **I.** branchia; **F.** branchie; **A.** Kieme; **It.** branchia; **R.** жабры.

BRANQUIAL. adj. Perteneciente a las branquias.

BRANQUÍFERO, RA. (De *branquia,* y el l. *ferre,* llevar.) adj. Que tiene branquias.

★ **BRANQUIUROS.** m. pl. ZOOL. Suborden de crustáceos entomostráceos. Viven parásitos sobre diversas especies de agua dulce. || **P.** brānquiuros; **I.** Branchiura; **F.** branchiures; **It.** branchiuri.

BRANZA. f. Argolla de las cadenas de los forzados en galeras.

BRAÑA. (l. *vŏrāgo -inis,* abismo.) f. AST. y SANT. Pasto de verano en general en la falda de algún montecillo. || **2.** AST. Prado para pasto aun donde no hay monte. || **3.** AST. Poblado de vaqueiros de alzada.

BRAQUETE. m. d. de braco, 1.ª acep.

BRAQUIAL. (l. *brachiālis.*) adj. Perteneciente o relativo al brazo. || **P.** braquial; **I.** y **F.** brachial; **A.** zum Arm gehörig; **It.** branchiale; **R.** ручной.

BRAQUICEFALIA. f. Cualidad de braquicéfalo.

BRAQUICÉFALO, LA. (gr. βραχύς, breve, y κεφαλή, cabeza.) adj. Se dice de la persona cuyo cráneo es casi redondo. Ú.t.c.s. || **P.** braquicéfalo; **I.** brachicephalous; **F.** brachycéphale; **A.** kurköpfig; **It.** brachicéfalo; **R.** брахицефал.

BRAQUÍCERO. (gr. βραχύς, breve, y κέρας, cuerno.) adj. Se aplica a los insectos dípteros de cuerpo grueso y antenas cortas. Ú.t.c.s. || **2.** m. pl. ZOOL. Suborden de estos insectos, que se conocen con el nombre de moscas.

★ **BRAQUIDIAGONAL.** f. GEOM. La menor de las diagonales del rombo.

BRAQUIGRAFÍA. (gr. βραχύς, breve, y γράφω, escribir.) f. Estudio de las abreviaturas.

BRAQUIOCEFÁLICO, CA. adj. ANAT. Se dice de los vasos de la cabeza y los brazos.

BRAQUIÓPODO. (gr. βραχύς, breve, y πούς, ποδός, pie.) adj. ZOOL. Se aplica a los animales marinos que por su organización se asemejan a los gusanos. Por una de sus valvas se fijan a las rocas submarinas. Ú.t.c.s.

BRAQUIURO. (gr. βραχύς, breve, y ούρά, cola.) adj. ZOOL. Se aplica a los crustáceos decápodos cuyo abdomen no le sirve al animal para nadar. Ú.t.c.s. || **2.** m. pl. ZOOL. Suborden de estos animales.

BRASA. (germ. *brasa,* fuego.) f. Leña o carbón encendido y pasado del fuego. || **2.** GERM. Ladrón. || BRASA *trae en el seno la que cría hijo ajeno.* ref. que denota el gran cuidado que ha de tener el que se encarga de cosas ajenas. || *Estar como* en BRASAS, *o en* BRASAS. fr. fig. y fam. Estar en ascuas. || *Estar uno hecho unas* BRASAS. fr. fig. y fam. Estar inquieto, sobresaltado. || *Estar uno hecho unas* BRASAS. fr. fig. Estar muy encendido de rostro. || *Pasar como sobre* BRASAS. fr. fig. Tocar de pasada un asunto. || **P.** brasa; **I.** live coal; **F.** braise; **A.** Kohlenglut; **It.** brace, bragia; **R.** угли.

BRASAR. (De *brasa.*) tr. ant. Abrazar.

BRASCA. (fr. *brasque.*) f. MIN. Mezcla de polvo de carbón y arcilla.

BRASERO. (De *brasa.*) m. Pieza de metal generalmente circular y en la que se hace lumbre para calentarse. || **2.** MÉJ. Hogar, 1.ª acep. || **3.** COLOM. Hoguera. || **P.** braseira; **I.** brazier; **F.** brasier; **A.** Kohlenbecken; **It.** braciere; **R.** жаровня.

BRASIL. (De *brasa,* por el color rojo.) m. Árbol papilionáceo, propio de los países tropicales; su madera es el palo brasil.

BRASIL. n. p. V. *Loro, palo, rubí, topacio* del BRASIL.

BRASILADO, DA. adj. De color encarnado o de brasil.

BRASILEÑO, ÑA. adj. Natural del Brasil. Ú.t.c.s. || **2.** Perteneciente a este país de América. || **P.** brasileiro; **I.** Brazilian; **F.** brésilien; **A.** Brasilianer; **It.** brasiliano; **R.** бразилец.

★ **BRASILERO, RA.** adj. AMÉR. Brasileño.

BRASILETE. m. Árbol de la misma familia que el brasil, de color más bajo que aquél. || **2.** Madera de dicho árbol.

★ **BRASILINA.** f. QUÍM. Materia colorante roja del palo brasil. || **P. e It.** brasilina; **I.** brazilin; **F.** brasiline; **A.** Brasilein; **R.** бразилин.

BRASMOLOGÍA. (gr. βράσμα, ebullición, agitación, y λόγος, tratado.) f. Tratado acerca del flujo y reflujo del mar.

★ **BRAUNITA.** f. QUÍM. Uno de los minerales de manganeso.

★ **BRAVA.** f. CUBA. Apócope de bravata. || **2.** CUBA. Sablazo con alguna imposición.

BRAVAMENTE. adv. Con bravura. || **2.** Perfectamente. || **3.** Abundantemente.

BRAVATA. (ital. *bravatta.*)f.Amenaza con arrogancia para intimidar a alguno. || **2.** P. RICO. Borrasca. || **P. e It.** bravata; **I.** bravado; **F.** bravade; **A.** Grosssprecherei; **R.** бравада.

BRAVATERO. m. GERM. Guapo que echa bravatas.

BRAVATO, TA. (De *bravata.*) adj. ant. Que ostenta baladronería y descaro.

BRAVEADOR, RA. adj. Que bravea. Ú.t.c.s.

BRAVEAR. (De *bravo.*) intr. Echar bravatas. || **P.** bravatear; **I.** to brave; **F.** bravader; **A.** prahlen; **It.** bravare; **R.** бравировать.

BRAVERA. f. Ventana de algunos hornos.

BRAVERÍA. (De *bravo.*) f. ant. Bravata.

★ **BRAVERO.** m. CUBA. Bravatero, matón.

BRAVEZA. f. Bravura, 1.ª y 2.ª aceps. || **2.** Ímpetu de los elementos.

BRAVÍO, A. (De *bravo.*) adj. Feroz, salvaje. Generalmente se aplica a los animales sin domesticar. || **2.** fig. Se aplica a los árboles y plantas silvestres. || **3.** fig. Dícese del que tiene costumbres rústicas. || **4.** m. Bravura, hablando de las fieras, 1.ª acep. || **P.** bravio; **I.** savage; **F.** sauvage; **A.** wild; **It.** feroce, indòmito; **R.** дикий.

BRAVO, VA. (l. *pravus,* malo, inculto.) adj. Valiente. || **2.** Bueno, excelente. || **3.** Animal feroz. || **4.** Se aplica al mar alborotado. || **5.** Inculto. || **6.** Violento, enojado. **7.** fam. Valentón. || **8.** fig. y fam. Suntuoso. || ¡BRAVO! interj. de aplauso. Se usa también repetida. || **9.** GERM. Se dice del ají muy fuerte. || **10.** CUBA. Ambicioso. || **P.** bravo; **I.** brave, valiant; **F.** brave, vaillant; **A.** tapfer, mutig; **It.** bravo, prode; **R.** мужественный.

BRAVOCEAR. (De *bravo.*) tr. p. us. Infundir bravura. || **2.** intr. Bravear.

BRAVONEL. (De *bravo.*) m. Fanfarrón, 1.ª acep.

BRAVOSAMENTE. adv. ant. Bravamente.

BRAVOSÍA. f. Bravosidad.

BRAVOSIDAD. (De *bravoso.*) f. Gallardía o gentileza. || **2.** Arrogancia.

BRAVOSO, SA. adj. Bravo.

BRAVOTE. (De *bravo.*) m. GERM. Fanfarrón.

BRAVUCÓN, NA. (De *bravo.*) adj. fam. Esforzado sólo en la apariencia. Ú.t.c.s.

BRAVUCONADA. f. Dicho o hecho de bravucón.

BRAVUCONERÍA. f. Calidad de bravucón. || **2.** P. RICO y REP. DOMIN. Bravuconada.

BRAVURA. (De *bravo.*) f. Fiereza de los brutos. || **2.** Valentía de las personas. || 2.ª acep.: **P.** braveza; **I.** courage; **F.** bravoure; **A.** Tapferkeit; **It.** bravura; **R.** свирепость.

BRAZA. (l. *brachia,* pl. de *brachium,* brazo, por la distancia media entre los dedos pulgares del hombre, extendidos horizontalmente los brazos.) f. Medida de longitud generalmente usada en la marina. || **2.** Medida agraria usada en Filipinas. || **3.** MAR. Cabo que laborea por el penol de las vergas y sirve para mantenerlas fijas y hacerlas girar en un plano horizontal. || **P.** braça; **I.** fathom; **F.** brasse; **A.** Klafter; **It.** braccio; **R.** морская сажень.

BRAZADA. f. Movimiento que se hace con los brazos, extendiéndolos y recogiéndolos. || **2.** ant. Braza, 1.ª acep. Ú. en Colombia, Chile, Méjico y Venezuela. || **—de piedra.** MÉJ. Medida que sirve de unidad en la compraventa de mampuestos, y equivale a 4,70 metros cúbicos.

BRAZADO. m. Cantidad de leña, palos, etc., que se puede llevar de una vez en los brazos.

BRAZAJE. m. Braceaje, trabajo de las casas de moneda.

BRAZAJE. m. Braceaje, profundidad del mar en un lugar determinado.

BRAZAL. (l. *brachiālis.*) m. Pieza de la armadura antigua, que cubría el brazo. || **2.** En el juego del balón instrumento de madera labrado por de fuera en forma de diamante y hueco por dentro, que se encaja en el brazo desde la muñeca al codo, y se empuña por un asa que tiene en el extremo. || **3.** Sangría que se saca de un río o acequia para regar. || **4.** Tira de tela que ciñe el brazo izquierdo por encima del codo y sirve de distintivo. || **5.** MAR. Cada uno de los maderos fijados por los extremos en una y otra banda desde la serviola al tajamar. || **P.** braçal; **I.** bracer; **F.** brassard; **A.** Armharnisch; **It.** bracciale; **R.** нарукавник.

BRAZALETE. m. Aro de metal o de otra materia que rodea el brazo, usado como adorno. || **P.** bracelete; **I.** armlet, bracelet; **F.** bracelet; **A.** Armband; **It.** braccialetto; **R.** браслет.

BRAZAR. (De *brazo.*) tr. ant. Abrazar.

BRAZNAR. tr. ant. Estrujar.

BRAZO. (l. *brachium.*) m. Miembro del cuerpo que comprende desde el hombro a la extremidad de la mano. || **2.** Cada una de las patas delanteras de los cuadrúpedos. || **3.** En las arañas y aparatos de iluminación, candelero que sale del cuerpo central. || **4.** Cada uno de los dos palos que salen del respaldo del sillón y sirven para descanso de los brazos. || **5.** Cada una

B de las dos mitades de la barra de la balanza. ‖ **6.** Rama de árbol. ‖ **7.** Valor, esfuerzo. ‖ **8.** Mec. Cada una de las distancias del punto de apoyo de la palanca hasta la potencia y la resistencia. ‖ **9.** pl. fig. Protectores. ‖ **10.** fig. Jornaleros. ‖ —**de cruz.** Mitad del más corto de los palos que la forman. ‖ —**de Dios.** Poder y grandeza de Dios. ‖ —**de gitano.** Pieza de repostería en forma de cilindro, hecha de bizcocho, crema, etc. ‖ —**de la nobleza.** Estado de la nobleza que representaban sus diputados en las Cortes. ‖ —**de mar.** Canal ancho y largo del mar que entra tierra adentro. ‖ —**de río.** Parte del río que corre independientemente. ‖ —**real, secular** o **seglar.** Autoridad temporal que se ejerce por los tribunales y magistrados reales. ‖ *A* brazo *partido.* m. adv. Con los brazos solos, sin armas. ‖ **2.** fig. A viva fuerza. ‖ brazo *a* brazo. m. adv. Cuerpo a cuerpo y con iguales armas. ‖ *Con los* brazos *abiertos.* m. adv. fig. Con agrado y amor. Ú. con los verbos *recibir, admitir,* etc. ‖ *Cruzarse de* brazos. fr. fig. Estar o quedarse con los brazos cruzados. ‖ **2.** Abstenerse de obrar en un asunto. ‖ *Dar el* brazo *a uno.* fr. fig. Ofrecérselo para que se apoye en él. ‖ *Dar los* brazos *a uno.* fr. fig. y fam. Abrazarle. ‖ *Dar uno su* brazo *a torcer.* fr. fig. Rendirse, desistir de su dictamen. ‖ *Entregar al* brazo secular *una cosa.* fr. fig. y fam. Ponerle en manos de quien dé pronto fin de ella. ‖ *Hecho un* brazo *de mar.* loc. fig. y fam. Se dice de la persona ataviada con mucho lujo. ‖ *No dar uno su* brazo *a torcer.* fr. fig. y fam. Mantenerse firme en su propósito. ‖ *Quedar a uno el* brazo *sabroso.* fr. fig. Estar contento de alguna acción propia, con deseo de repetirla. ‖ *Quedar el* brazo *sano a uno.* fr. fig. Tener caudal de reserva después de un gran gasto. ‖ *Ser el* brazo *derecho de uno.* fr. fig. Ser la persona de mayor confianza. ‖ *Soltar uno los* brazos. fr. Dejarlos caer como miembros muertos. ‖ *Tener* brazo *uno.* fr. fig. y fam. Tener mucha fuerza. ‖ *Volverse uno con los* brazos *cruzados.* fr. fig. Volverse sin hacer lo que le encargaron. ‖ **P.** braço; **I.** arm; **F.** bras; **A.** Arm; **It.** braccio; **R.** рука.

BRAZOLA. (fr. *vassole*.) f. Mar. Reborde de refuerzo en las bocas de las escotillas.

BRAZOLARGO. m. Amér. Mono araña.

BRAZUELO. (l. *brachiŏlum*.) m. d. de brazo. ‖ **2.** Zool. Parte de las patas delanteras de los mamíferos, comprendida entre el codo y la rodilla. ‖ **3.** León. Pértigo de los carros.

BREA. (fr. *brai*, y éste del germ. *bragen*.) f. Substancia viscosa de color obscuro obtenida destilando al fuego la madera de varios árboles coníferos. ‖ **2.** Especie de lienzo muy basto que se emplea para resguardo de los fardos en los transportes. ‖ **3.** Arbusto de Chile de la familia de las compuestas, del que se extraía una resina. ‖ **4.** Mar. Mezcla de sebo, brea, pez y aceite de pescado que se emplea en caliente para calafatear. ‖ **5.** Argent. Árbol leguminoso de cuya corteza se saca una resina. ‖ **6.** Méj. Excremento. ‖ **7.** Guat. Dinero. ‖ —**blanca.** Quím. Resina endurecida procedente del abilo. ‖ —**crasa.** Mezcla de partes iguales de colofonia, alquitrán y pez negra. ‖ —**fría.** La obtenida por la destilación de la hulla en el vacío. ‖ —**mineral.** Substancia crasa y negra semejante a la brea, que se obtiene por destilación de la hulla. ‖ **P.** breu; **I.** pitch; **F.** goudron; **A.** Teer; **It.** pece; **R.** дёготь.

★ BREAL. m. Argent. Paraje en el que abunda el árbol llamado brea.

BREAR. (De *brea*.) tr. ant. Embrear.

BREAR. (l. *verberāre*, azotar.) tr. Maltratar, molestar. ‖ **2.** fig. y fam. Zumbar, chasquear.

BREBAJE. (fr. *breuvage*, y éste del l. *bibĕrăticum*, bebida, de *bibĕre*, beber.) m. Bebida en general compuesta de ingredientes desagradables al paladar. ‖ **P.** beberagem; **I.** beverage; **F.** breuvage; **A.** Trank; **It.** beveraggio; **R.** напиток.

BREBAJO. m. Brebaje. ‖ **2.** Sal. Refresco formado por salvado, sal y agua que se da al ganado como medicina.

BRECA. (ingl. *bleak*, albur.) f. Albur, 1.er art. ‖ **2.** Variedad de pagel con las aletas azuladas.

BRÉCOL. (De *broculi*.) m. Variedad de la col común. Ú.m. en pl.

BRECOLERA. f. Especie de brécol que echa pellas como la coliflor.

BRECHA. (fr. *brèche*, y éste del germ. *brecha*, rotura.) f. Rotura en la pared que hace la artillería u otro ingenio. ‖ **2.** Cualquier abertura en una pared o edificio. ‖ **3.** fig. Impresión que hace en el ánimo la razón ajena o un sentimiento propio. ‖ *Abrir* brecha. fr. Mil. Arruinar con máquinas de guerra parte de la muralla de una plaza, etc., para poder dar el asalto. ‖ **2.** fig. Hacer impresión en el ánimo de uno. ‖ *Batir en* brecha. fr. Mil. Percutir un muro para abrir brecha en él. ‖ **2.** fig. Perseguir a una persona hasta derribarla de su valimiento. ‖ *Estar uno siempre en la* brecha. fr. fig. Estar siempre dispuesto para defender un negocio o interés. ‖ *Montar la* brecha. fr. Mil. Asaltar la plaza por la brecha. ‖ **P.** brecha; **I.** breach; **F.** brèche; **A.** Bresche; Durchstich; **It.** breccia; **R.** брешь.

BRECHADOR. (De *brechar*.) m. Germ. El que entra a terciar en el juego.

BRECHAR. (De *brecha*.) intr. Germ. Meter dado falso en el juego.

BRECHERO. (De *brecha*.) m. Germ. El que mete el dado falso.

BREGA. f. Acción y efecto de bregar, 1.er art. ‖ **2.** Riña o pendencia. ‖ **3.** fig. Chasco, zumba. ‖ *Andar a la* brega. fr. Trabajar afanosamente. ‖ **2.ª** acep.: **P.** disputa; **I.** quarrel; **F.** mêlée; **A.** Streit, Handgemenge; **It.** rissa; **R.** борьба.

★ BREGADOR, RA. Venez. Desvergonzado, libertario.

BREGADURA. (De *bregar*, 1.er art.) f. desus. Brega, 2.ª acep.

BREGADURA. (De *bregar*, 2.º art.) f. desus. Costurón, cicatriz.

BREGAR. (gót. *brikan*, golpear.) intr. Luchar, forcejear unos con otros. ‖ **2.** Ajetrearse. ‖ **3.** fig. Luchar con los riesgos para vencerlos.

BREGAR. (l. *plicāre*, doblar.) tr. Amasar de cierta manera.

★ BREGÓN, NA. adj. Rep. Domin. Guapo.

BREGUERO, RA. adj. ant. Amigo de las bregas, 2.ª acep.

★ BREGUETA. f. Hond. Reunión de gente alegre y divertida.

BREGUETEAR. intr. Rep. Domin. y Colom. Bregetear, discutir.

★ BRÉJETE. m. Rep. Domin. Bochinche, escándalo.

★ BREJETERÍA. (De *bréjete*.) f. Colom. Chisme, cuento. Ú.m. en pl.

★ BREJETERO, RA. adj. Venez. Chismoso, enredador. Ú.t.c.s.

BREN. (célt. *bran*, *brenn*.) m. Salvado.

BRENCA. (Del m. or. que *brancal*.) f. Poste que en las acequias sujeta las compuertas o presas de agua para que ésta suba para alcanzar los repartidores.

BRENCA. (célt. *brinica*, de *brinos*, filamento, brizna.) f. Fibra, filamento, especialmente el estigma del azafrán.

BRENGA. (De *brinicus*, del célt. *brinos*, fibra.) f. Ast. Fibra o haz de fibras reviradas en un tronco.

BREÑA. (l. *vorāgo*, -*inis*, abismo.) f. Tierra quebrada entre peñas y con malezas.

BREÑAL. m. Sitio o paraje de breñas.

BREÑAR. m. Breñal.

★ BREÑERO. m. Cuba. Breñal.

BREÑOSO, SA. (l. *vorāginōsus*, abismal.) adj. Lleno de breñas.

BREQUE. (ingl. *bleak*, albur.) m. Breca, 2.ª acep.

★ BREQUE. m. Amér. Prisión, cepo.

★ BREQUE. m. Amér. Vagón de ferrocarril donde se colocan los equipajes.

★ BREQUEAR. tr. Amér. Central. Enfrenar.

★ BREQUERO. m. Amér. Guardafrenos.

BRESCA. (célt. *brisca*, panal.) f. Panal de miel.

BRESCAR. (De *bresca*.) tr. Castrar las colmenas.

BRETADOR. (De *brete*, 1.er art.) m. ant. Reclamo o silbo para cazar aves.

BRETÁNICO, CA. adj. ant. Británico.

BRETAÑA. f. Lienzo fino fabricado de Bretaña.

BRETE. (germ. *brett*, tabla.) m. Cepo o prisión estrecha de hierro que se pone a los reos en los pies para que no puedan huir. ‖ **2.** fig. Aprieto sin refugio o evasiva. Se usa comúnmente en las frases *Estar* y *poner, en un* brete. ‖ **3.** fig. Argent. En las estancias, estaciones ferroviarias y mataderos, pasadizo corto entre dos estacadas para enfilar el ganado a fin de marcarlo, curarlo o matarlo. ‖ **4.** Rep. Domin. Disputa, contienda. ‖ **5.** Cuba. Enredo. ‖ **6.** P. Rico. Amorío, enredo amoroso. ‖ **P.** grilhão; **I.** fetter; **F.** fer; **A.** Fussschellen; **It.** ceppo; **R.** ножные кандалы.

BRETE. (Del m. or. que *betel*.) m. En la India comida que hacen los naturales con una hoja que tiene forma de corazón y sabor de clavo.

★ BRETEAR. intr. P. Rico. Estar metido en amoríos.

★ BRETERO, RA. adj. Cuba y P. Rico. Amigo de bretes.

BRETÓN, NA. (l. *britto*, -*ōnis*, bretón.) adj. Natural de Bretaña. Ú.t.c.s. ‖ **2.** Perteneciente a esta antigua provincia de Francia. ‖ **3.** m. Lengua que hablan los bretones. ‖ **4.** Variedad de la col, que echa muchos tallos. ‖ **5.** Renuevo o tallo de esta planta. ‖ **P.** bretão; **I.** y **F.** breton; **A.** Bretone; **It.** bretone; **R.** бретонский.

BRETONIANO, NA. adj. Propio de Bretón de los Herreros como escritor, o que tiene semejanza con las cualidades por las que se distinguen sus obras.

BRETÓNICA. f. Betónica.

BREVA. (De *bevra*.) f. Primer fruto que da anualmente la higuera breval. ‖ **2.** Bellota temprana. ‖ **3.** Cigarro puro aplastado y poco apretado. ‖ **4.** fig. Ventaja lograda o poseída por alguno. ‖ **5.** Chile. Fruto o baya del palqui. ‖ **6.** Cuba y El Salv. Tabaco de calidad inferior. ‖ **7.** P. Rico y R. de la Plata. Cigarro de superior calidad. ‖ —**pelada.** Chile. Recurso, o medio imposible de hallar. ‖ *Más blando que una* breva. loc. fig. Se dice de los que se han reducido a la razón o a lo que otros le han persuadido, después de haberse resistido mucho. ‖ **P.** figo lampo; **I.** early fig; **F.** figue-fleur; **A.** Frühfeige; **It.** fico fiore; **R.** ранняя фига.

BREVADOR. m. ant. Abrevadero.

BREVAL. (De *breva*.) adj. V. *Higuera* breval. Ú.t.c.s.m.

BREVE. (l. *brevis*.) adj. De corta extensión o duración. ‖ **2.** Aplicado a palabras, grave, o llana. ‖ **3.** m. Documento pontificio redactado con formas menos solemnes que las bulas, sellado con el Anillo del Pescador y expedido por la Secretaría de Breves para llevar la correspondencia política del Papa y dictar resoluciones respecto al gobierno y disciplina de la Iglesia. ‖ **4.** f. Mús. Figura o nota musical que vale dos compases mayores. ‖ **5.** Ecuad. Prontamente, rápidamente. ‖ *En* breve. m. adv. Dentro de poco tiempo, muy pronto. ‖ **P.** e **It.** breve; **I.** brief; **F.** bref; **A.** kurz; **R.** короткий. ‖ **3.ª** acep.: **P.** e **It.** breve; **I.** apostolic brief; **F.** bref; **A.** päpstliches Breve; **R.** папское послание.

BREVEDAD. (l. *brevǐtas*, -*ātis*.) f. Corta extensión o duración de una cosa. ‖ **P.** brevidade; **I.** brevity, shortness; **F.** brièveté; **A.** Kürze; **It.** brevità; **R.** краткость.

BREVEMENTE. adv. Con brevedad.

BREVERA. (De *breva*.) f. Ál. y Sal. Higuera, breval.

BREVETE. (fr. *brevet*, y éste del l. *brĕvis*, breve.) m. d. de breve, 3.ª acep. ‖ **2.** Membrete.

BREVEZA. (De *breve*.) f. ant. Brevedad.

BREVIARIO. (l. *breviarius*, compendioso, sucinto.) m. Libro que contiene el rezo eclesiástico de todo el año. ‖ **2.** Compendio. ‖ **3.** Germ. El que es breve en ejecutar alguna cosa. ‖ **P.** breviário; **I.** breviary; **F.** bréviaire; **A.** Brevier; **It.** breviario; **R.** молитвенник.

BREVIPENNE. (l. *brevis*, breve, y *penne*, pluma.) adj. Zool. Dícese de las aves de gran tamaño y alas muy cortas, llamadas también corredoras.

BREZAL. m. Sitio poblado de brezos. || **P.** tojal; **I.** heath; **F.** bruyère; **A.** Heideland, Heide; **It.** scopiccio; **R.** место, пороспее верескомъ.

BREZO. (célt. *vroiceus*, de *vroicos*.) m. Arbusto ericáceo, muy ramoso, de madera dura y raíces gruesas que sirven para hacer carbón de fragua. || **P.** urze; **I.** heather; **F.** bruyère; **A.** Heidekraut; **It.** escopa, erica; **R.** вереск.

BREZO. m. Brizo.

BRIADADO, DA. adj. ant. Se decía del caballo o yegua que tenía puesta la brida.

BRIAGA. (l. *ĕbriăca* [f. de -*cus*, borracho].) f. Maroma gruesa de esparto con que se ceñía el pie de la uva en lagares para exprimirlo con la prensa.

★ **BRIAGA.** f. Méj. Embriaguez.

★ **BRIAGO, GA.** adj. Méj. Ebrio, borracho.

BRIAL. (ant. fr. y prov. *blialt*.) m. Vestido de seda o tela rica que usaban las mujeres, sujeto a la cintura. Llegaba hasta los pies. || **2.** Faldón llevado por los hombres de armas.

BRIBA. (fr. *bribe*, mendrugo.) f. Holgazanería picaresca. || *Andar, o echarse, uno a la* BRIBA. fr. Vivir en holgazanería picaresca.

BRIBAR. intr. ant. Andar a la briba.

BRIBIA. f. ant. Briba. || **2.** GERM. Arte y modo de engañar halagando con buenas palabras. || *Echar uno la* BRIBIA. fr. fig. y fam. Hacer arenga de pobre, representando necesidad y miseria.

BRIBIAR. (De *bribia*.) intr. ant. Bribar.

BRIBIÁTICO, CA. (De *bribia*.) adj. ant. Propio de la briba o perteneciente a ella.

BRIBIÓN. (De *bribia*.) m. GERM. El que halaga con palabras para engañar.

BRIBÓN, NA. (De *briba*.) adj. Haragán. Dado a la briba. Ú.t.c.s. || **2.** Pícaro, bellaco. Ú.t.c.s. || **P.** preguiçoso; **I.** vagrant; **F.** coquin; **A.** Spitzbube; **It.** birbone; **R.** плут.

BRIBONADA. (De *bribón*.) f. Picardía, bellaquería.

BRIBONEAR. intr. Hacer vida de bribón. || **2.** Hacer bribonadas.

BRIBONERÍA. f. Vida o ejercicio de bribón.

BRIBONESCO, CA. adj. Perteneciente o relativo al bribón.

BRIBONZUELO, LA. adj. d. de bribón. Ú.t.c.s.

★ **BRICAMO, MA.** adj. CUBA. Carabalí.

BRICBARCA. (ingl. *brig*, barco con dos mástiles, y *barca*.) m. Buque de tres palos sin vergas de cruz en la mesana.

BRICHO. (l. *obryzum*, oro refinado.) m. Hoja sutil de oro o plata que sirve para bordados.

BRIDA. (fr. *bride*, y éste del germ. *brittil*.) f. Freno de los caballos con las riendas. || **2.** Reborde circular en el extremo de los tubos metálicos para acoplar unos con otros. || **3.** EQUIT. Arte o modo de andar a caballo. || **4.** pl. CIR. Filamentos membranosos que se forman en las heridas. || *A la* BRIDA. m. adv. EQUIT. A caballo en silla de borrenes o rasa con los estribos largos. || *Beber la* BRIDA. fr. EQUIT. Tomar el caballo la embocadura entre las muelas por tener la boca rasgada, con lo que se anula la acción de la mano del jinete. || **P.** brida; **I.** bridle; **F.** bride; **A.** Zügel; **It.** briglia; **R.** узда.

BRIDAR. (De *brida*.) tr. ant. Embridar, 1.ª acep.

BRIDECÚ. (fr. *bridecu*, y éste del germ. *brittil*, brida.) m. Biricú.

BRIDÓN. (De *brida*.) m. El que va montado a la brida. || **2.** Brida pequeña. || **3.** Varilla de hierro que se pone a los caballos debajo del bocado. || **4.** Caballo ensillado y enfrenado a la brida. || **5.** En estilo poético, caballo brioso y arrogante.

BRIEGA. (De *brega*.) f. AND. Brega.

BRIGADA. (fr. *brigade*.) f. MIL. Unidad orgánica del arma de infantería, o de caballería. || **2.** MIL. Grado de la jerarquía militar comprendido entre los del sargento y oficial. || **3.** Cierto número de bestias con tiros y conductores para llevar los trenes y provisiones de campaña. || **4.** Conjunto de personas reunidas para dedicarse a ciertos trabajos. || **5.** MAR. Cada

una de las secciones en que se divide la marinería de un buque. || —**mixta.** MIL. La de infantería o caballería que se complementan con material y tropas de artillería, ingenieros, sanidad, etc. || **P.** brigada; **I.** y **F.** brigade; **A.** Brigade; **It.** brigata; **R.** бригада.

BRIGADERO. m. Paisano que sirve en las brigadas de acémilas en el ejército de campaña.

BRIGADIER. (fr. *brigadier*.) m. Oficial general de categoría inmediatamente superior al coronel. Hoy se denomina general de brigada. || **P.** brigadeiro; **I.** brigadier general; **F.** général de brigade; **A.** Generalmajor, Brigadier; **It.** brigadiere; **R.** бригадный генерал.

BRIGADIERA. f. fam. Mujer del brigadier.

BRIGANTINA. f. Coraza disimulada en forma de jubón. || **P.** e **It.** brigantina; **I.** y **F.** brigandine; **A.** Brustharnisch, Brünne; **R.** кираса.

BRIGANTINO, NA. (l. *brigantinus*, de *Brigantium*, nombre antiguo de La Coruña y de otras ciudades.) adj. Propio o relativo de La Coruña.

BRIGOLA. (b. l. *bricola*.) f. MIL. Máquina empleada antes para batir las murallas.

BRIGOSO, SA. (b. l. *brigosus*, de del célt. *briga*, fuerza.) adj. ant. Brioso.

BRIJÁN. n. p. *Saber más que* BRIJÁN. fr. fig. y fam. Ser muy advertido, tener perspicacia.

BRILLA. f. SANT. Cachurra.

BRILLADOR, RA. adj. Que brilla.

BRILLADURA. (De *brillar*.) f. ant. Brillo.

BRILLANTE. p.a. de brillar. Que brilla. || **2.** adj. fig. Admirable en su línea. || **3.** m. Diamante brillante. || **P.** brilhante; **I.** brilliant; **F.** brillant; **A.** leuchtend; **It.** brillante; **R.** сверкающий.

BRILLANTEMENTE. adv. De manera brillante.

BRILLANTEZ. (De *brillante*.) f. Brillo.

★ **BRILLANTINA.** (De *brillante*.) f. Cierto producto de perfumería para dar brillo al pelo.

★ **BRILLANTINO, NA.** adj. poét. R. DE LA PLATA y BOL. Resplandeciente, brillante.

BRILLAR. (De *brillo*.) intr. Resplandecer. || **2.** fig. Lucir o sobresalir en talento, hermosura, etc. || **P.** brilhar; **I.** to shine; **F.** briller; **A.** glänzen; **It.** brillare; **R.** блестеть.

★ **BRILLAZÓN.** f. ARGENT. y P. RICO. Espejismo.

BRILLO. (l. *beryllus*, berilo, piedra preciosa.) m. Lustre o resplandor. || **2.** Lucimiento, gloria. || —**absoluto.** FÍS. El intrínseco de una fuente luminosa con diferencia del que aparenta. || **P.** brilho; **I.** brillancy; **F.** brillant, éclat; **A.** Glanz; **It.** brillo; **R.** блеск.

★ **BRILLOSO, SA.** adj. P. RICO, REP. DOMIN., PERÚ y ARGENT. Resplandeciente, brillante.

★ **BRIMBRÁN.** m. REP. DOMIN. Alboroto, bulla.

BRIN. (célt. *brinos*, fibra; fr. *brin*.) m. Vitre. || **2.** AR. Hebra del azafrán. || **3.** Tela ordinaria y gruesa que se usa para forros y para pintar al óleo.

★ **BRINCADA.** (De *brincar*.) f. COLOM. Corcovo.

BRINCADOR, RA. adj. Que brinca.

BRINCAR. intr. Dar brincos o saltos. || **2.** fig. y fam. Omitir con cuidado una cosa pasando a otra, en la lectura o en la conversación. || **3.** fig. y fam. Resentirse y alterarse demasiado. || **4.** tr. Jugar con un niño elevándolo en brazos y bajándolo sucesivamente. || **5.** Saltar. || **P.** brincar; **I.** to leap; **F.** sauter; **A.** springen; **It.** saltare; **R.** перепрыгивать.

BRINCO. (De *brincar*.) m. Movimiento que se hace levantando los pies del suelo con ligereza. || *En dos* BRINCOS, o *en un* BRINCO. loc. En un momento. || **P.** salto; **I.** leap, jump. **F.** saut; **A.** Sprung; **It.** salto, balzo; **R.** прыжок.

★ **BRINCOLEAR.** intr. COLOM. Brincar.

BRINCHO. m. Flux mayor en el juego de las quínolas.

BRINDADOR, RA. adj. Que brinda. Ú.t.c.s.

BRINDAR. (De *brindis*.) intr. Manifestar, al ir a beber vino u otro licor, el bien que se desea a personas o cosas. || **2.** Ofrecer voluntariamente a uno alguna cosa, convidarle con ella. Ú.t.c.r. || **3.** fig. Convidar las cosas a que alguien se aproveche de ellas o las goce. || **4.** r. Ofrecerse voluntariamente a ejecutar alguna cosa. || **P.** brindar; **I.** to toast; **F.** toaster; **A.** toasten, Zutrinken; **It.** brindare; **R.** поднимать, тост.

BRINDIS. (ital. *brindisi*, y éste del al. *bring dir's!*, yo te lo ofrezco.) m. Acción de brindar, 1.ª acep. || **2.** Lo que se dice al brindar. || **P.** brinde; **I.** y **F.** toast; **A.** Trinkspruch; Toast; **It.** brindisi; **R.** провозглашать, тост.

★ **BRINQUETE.** m. CUBA. Horquilla firme en los ingenios de la caña dulce.

BRINQUILLO. (d. de *brinco*.) m. Brinquiño.

★ **BRINQUILLO, LLA.** adj. ECUAD. Niño revoltoso.

BRINQUIÑO. m. d. de brinco. || **2.** Alhaja pequeña o juguete de mujeres. || **3.** Dulce menudo y muy delicado generalmente hecho en Portugal. || *Estar, o ir, hecho un* BRINQUIÑO. fr. fig. y fam. Estar, o ir muy compuesto.

BRIÑÓN. (Como el fr. *brugnon*, de un der. del l. *prūnum*.) m. Griñón, 2.º art.

BRÍO. (célt. *brivos*, fuerza; irlandés, *brig*.) m. Pujanza. Ú.m. en pl. || **2.** fig. Espíritu, valor. || **3.** fig. Garbo, gentileza.

BRIOCENSE. adj. Natural de Brihuega. Ú.t.c.s. || **2.** Perteneciente o relativo a este pueblo.

BRIOFITO, TA. (gr. βρύον, musgo, y φυτόν, planta.) adj. BOT. Se aplica a las plantas criptógamas que tienen tallos y hojas pero no vasos ni raíces; hacen las veces de éstas unos filamentos que absorben del suelo el agua con las sales minerales que necesita la planta para su nutrición. Ú.t.c.s. || **2.** f. pl. BOT. Tipo de estas plantas.

BRIOL. (fr. *breuil*, y éste del der. de *braie*, braga.) m. MAR. Cada uno de los cabos que sirven para cargar las relingas de las velas de cruz, cerrándolas y apagándolas para facilitar la operación de aferrarlas. || **P.** briol; **I.** bunt-line; **F.** cargue; **A.** Laufgording; **It.** imbroglio; **R.** снасткa.

BRIONIA. (l. *bryonia*, y éste del gr. βρυωνία.) f. Nueza. || **P.** e **I.** bryonia; **F.** bryone; **A.** Bryonia; **It.** briònia. **R.** бриония.

BRIOS! (¡VOTO A). expr. fam. ¡Voto a Dios!

BRIOSAMENTE. adv. Con brío.

BRIOSO, SA. (De *brío*.) adj. Que tiene brío.

★ **BRIQUE.** m. COLOM. Bergantín.

BRIQUETA. (fr. *briquette*.) f. Conglomerado de materia en forma de ladrillo.

BRISA. f. Viento del Nordeste, contrapuesto al vendaval. || **2.** Airecillo que en las costas sopla durante el día del mar hacia tierra y durante la noche en dirección opuesta. || **3.** COLOM. Viento ligero impregnado de agua. || **4.** fig. y fam. CUBA. Apetito. || **5.** COLOM. Ventarrón de estío. || **6.** VENEZ. Viento alisio del Este o el Nordeste. || **P.** brisa; **I.** breeze; **F.** brise; **A.** Brise; **It.** brezza; **R.** бриза.

BRISA. (l. *brisa*.) f. Orujo, 1.ª acep.

★ **BRISAR.** tr. REP. DOMIN. Vomitar. || **2.** intr. AMÉR. CENTRAL. Soplar la brisa.

BRISCA. f. Juego de naipes en el que se dan al principio tres cartas a cada uno, y se descubre el palo de triunfo, después se van tomando las cartas hasta que se termina. Gana el que tiene más puntos. || **2.** El as o el tres de los palos que no son triunfo en el juego de brisca y en el de tute. || **P.** bisca; **I.** y **F.** brisque; **A.** Briska; **It.** briscola; **R.** бриска.

BRISCADO, DA. p.p. de briscar. || **2.** adj. Se aplica al hilo de oro o plata retorcido que se emplea en el tejido de ciertas telas. || **3.** m. Labor hecha con este hilo.

★ **BRISCÁN.** m. ECUAD. y PERÚ. Brisca.

BRISCAR. (l. *obrycicāre*, de *obryzum*, prueba del oro.) tr. Tejer o hacer labores con hilo briscado.

BRISERA. (De *brisa*, 1.er art.) f. Especie de guardabrisa, usado en América.

★ **BRISERILLO.** m. COLOM. Brisera.

B

★ BRISERO. m. Colom. Brisera.

BRISOTE. m. Brisa fuerte y con chubascos propia de las costas de la América Septentrional.

BRISURA. (fr. *brisure*, de *briser*, romper.) f. Blas. Lambel, u otra pieza del mismo significado.

BRITÁNICA. (l. *britannĭca*.) f. Romaza de hojas vellosas y de color moreno obscuro. || **2.** Cuba. Cigarro puro de los de mayor tamaño.

BRITÁNICO, CA. (l. *britannĭcus*.) adj. Perteneciente a la antigua Britania. || **2.** Perteneciente a Inglaterra. || **P.** britânico; **I.** British; **F.** britannique; **A.** britisch, britannisch; **It.** britânnico; **R.** британский.

BRITANO, NA. (l. *britannus*.) adj. Natural de la antigua Britania. Ú.t.c.s. || **2.** Inglés, 1.ª acep. Ú.t.c.s.

BRIZA. f. Género de plantas gramíneas, de tallo poco elevado; se utiliza como pasto sobre todo del ganado lanar. || **P.** e **It.** briza; **I.** Briza; **F.** brise; **A.** Zittergrass.

BRIZAR. (De *brizo*.) tr. Cunear, 1.ª acep.

BRIZNA. (Quizá de *brin*.) f. Filamento o parte delgada de una cosa, o hebra que tiene la sutura de una vaina de las legumbres.

★ BRIZNA. f. Venez. Llovizna.

★ BRIZNAR. intr. Venez. Lloviznar.

BRIZNOSO, SA. adj. Que tiene muchas briznas.

BRIZO. (De *brizar*.) m. Cuna, 1.ª acep.

BROA. (Del m. or. que *brodio*.) f. Especie de bizcocho o galleta.

BROA. (gall. *boroa*, *broa*, borona.) f. Ensenada llena de barras y rompientes.

BROCA. (l. *brŏccus*, dentón.) f. Carrete que dentro de la lanzadera lleva el hilo para la trama de ciertos tejidos. || **2.** Barrena de boca cónica que se usa con la máquina de taladrar. || **3.** Clavo redondo y de cabeza cuadrada para sujetar los zapateros la suela a la horma. || **2.ª** acep.: **P.** broca; **I.** drill; **F.** mèche; **A.** Bohreisen; **It.** trápano; **R.** шпулька, сверло.

BROCADILLO. (d. de *brocado*.) m. Tela de seda y oro, más ligera y peor que el brocado.

BROCADO, DA. (ital. *broccato*, y éste de *brocco*, del l. *brŏccus*, dentón.) adj. ant. Se decía de la tela entretejida con oro y plata. || **2.** m. Guadamecí dorado y plateado. || **3.** Tela de seda entretejida con oro y plata formando el metal dibujos briscados. || **4.** Tejido fuerte todo de seda con dibujos de distinto color que el fondo. || **P.** brocado; **I.** brocade; **F.** brocart; **A.** Brokat; **It.** broccato; **R.** парча.

BROCADURA. (Del m. or. que *broca*.) f. ant. Mordedura de oso.

BROCAL. (l. *bŭccŭlăre*, taza.) m. Antepecho alrededor de la boca de un pozo. || **2.** Cerco en la boca de la bota para beber con facilidad. || **3.** Ribete que guarnece el escudo. || **4.** Mil. Moldura que refuerza la boca de las piezas de artillería. || **P.** brocal; **I.** curb, puteal; **F.** margelle; **A.** Brunnenrand; **It.** sponda; **R.** закраина колодца.

BROCALADO, DA. (De *broca*.) adj. ant. Bordado.

BROCAMANTÓN. (De *broca* y *mantón*.) m. Joya grande de oro o piedras preciosas, a manera de broche, que llevaban las mujeres al pecho.

BROCÁRDICO. m. desus. Entre los profesores de derecho, sentencia, refrán, o axioma legal.

BROCATEL. (cat. *brocatell*, de *brocat*, brocado.) adj. V. *Mármol* BROCATEL. Ú.t.c.s. || **2.** Tejido de cáñamo o seda, a modo de damasco, que se emplea en muebles y colgaduras.

BROCATO. m. Ar. Brocado, 2.ª y 4.ª aceps.

BROCEARSE. (De *broza*.) r. Min. Amér. Merid. Esterilizarse una mina, por perder la veta metálica o por salir el metal de inferior calidad. || **2.** fig. Amér. Merid. Echarse a perder un negocio.

BROCENSE. adj. Natural de Brozas. Ú.t.c.s. || **2.** Perteneciente a esta villa, patria del humanista Francisco Sánchez.

BROCEO. m. Min. Amér. Merid. Acción y efecto de brocearse.

BROCINO. m. Porcino, 4.ª acep.

★ BROCO, CA. adj. P. Rico. Se dice del

---

animal vacuno al que le falta un cuerno o a la persona que le falta un dedo.

BRÓCUL. m. Ál. y Ar. Bróculi.|| **2.** Sal. Coliflor.

BRÓCULI. (ital. *broccoli*, y éste de *brocco*, del l. *brŏccus*, dentón.) m. Brécol || **P.** brócolos; **I.** broccoli; **F.** chou brocoli; **A.** Brokkoli; **It.** broccoli; **R.** брокколи.

BROCHA. (ant. alto al. *brusta*.) f. Escobilla de cerda atada al extremo de un mango que sirve principalmente para pintar. || **2.** Cuba. Chito, juego igual al del tejo, pero en el que se tira al chito con monedas. || **3.** adj. Amér. Central. Adulador. || *De* BROCHA *gorda.* expr. fig. Se dice del pintor de puertas, ventanas, etc. || **2.** fig. y fam. Se dice del mal pintor. || **3.** fig. y fam. Se aplica a las obras de ingenio toscas y de mal gusto. || **P.** pincel; **I.** brush; **F.** brosse; **A.** Pinsel; **It.** pennello; **R.** кисть.

BROCHA. (fr. *broche*.) f. Entre fulleros dado falso y cargado.

BROCHADA. (De *brocha*.) f. Cada una de las idas y venidas de la brocha sobre la superficie que se pinta.

BROCHADO, DA. (De *brocado*.) adj. Se aplica a los rasos y tejidos de seda que tienen alguna labor de oro, plata o seda, con el torzal o hilo levantado. || **P.** lavrado; **I.** brocaded; **F.** broché; **A.** golddurchwirkt; **It.** broccato; **R.** расшитый золотом.

BROCHADURA. (De *broche*.) f. Juego de broches que se solía traer de las capas y casacas.

BROCHAL. (De *broche*.) m. Arq. Madero atravesado entre otros dos de un suelo y ensamblado en ellos.

★ BROCHAR. intr. Pintar muy mal. || **2.** Cuba. Tirar al hito en el juego de la brocha. || **3.** fig. y fam. Cuba. Arrojar algo de modo que haya encuentro. Ú.m.c.tr.

BROCHAZO. m. Brochada. || **2.** Colom. Dicho grosero o necio.

BROCHE. (fr. *broche*, y éste del l. *brŏccus*, dentón.) m. Conjunto de dos piezas en general de metal, encajadas la una en la otra. || **2.** Chile. Instrumento de metal para sujetar papeles. || **3.** pl. Ecuad. y P. Rico. Gemelos de camisa. || **P.** broche; **I.** clasp; **F.** agrafe; **A.** Brosche; **It.** fermaglio; **R.** брошка.

BROCHETA. f. Broqueta.

BROCHÓN. m. aum de brocha. || **2.** Escobilla que sirve para blanquear.

★ BROCHÓN, NA. adj. Amér. Central. Adulador.

BROCHUELA. f. d. de brocha.

BRODETE. m. fam. d. de brodio.

BRODIO. (germ. *brode*, caldo.) m. Bodrio.

★ BRODIO. m. Méj. Arruga en el pie hecha por el calzado.

BRODISTA. com. desus. Sopista.

★ BROGGERITA. f. Mineral. Variedad de uraninita que contiene torio en gran cantidad.

BROLLADOR, RA. adj. Que brolla. Ú.t.c.s.m.

BROLLAR. intr. Borbotar.

★ BROLLERO, RA. adj. Venez. Embrollón.

★ BROLLO. m. Venez. Aféresis de embrollo.

BROMA. (gr. βρῶμα, alegría de sobremesa, de βιβρώσκω, devorar.) f. Bulla, algazara. || **2.** Chanza, burla.

BROMA. f. Zool. Taraza.

BROMA. f. Masa de cascote, piedra y cal empleada para rellenar huecos en las paredes.

★ BROMAL. m. Quím. Líquido oleoso que resulta de la acción del bromo sobre el alcohol.

BROMAR. (De *broma*, 2.º art.) tr. Roer la broma la madera.

BROMATOLOGÍA. (gr. βρῶμα, -ατος alimento, y λόγος, tratado.) f. Ciencia que trata de los alimentos. || **P.** e **It.** bromatologia; **I.** bromatology; **F.** bromatologie; **A.** Nahrungsmittellehre.

º BROMATÓLOGO. m. Persona versada en bromatología.

★ BROMATOMETRÍA. Hig. Cálculo de la cantidad de alimentos que debe tomar diariamente el cuerpo humano.

º BROMAZO. m. Broma, generalmente pesada.

BROMEAR. (De *broma*, 1.er art.) intr. Usar de bromas. Ú.t.c.r. || **P.** gracejar; **I.** to joke; **F.** plaisanter; **A.** scherzen; **It.** scherzare; **R.** шутить.

★ BROMELIA. f. Bot. Nombre técnico de la piña o ananá. || **P., I.** e **It.** bromelia; **F.** bromélie; **A.** Bromelia, Narzissenschwertel; **R.** ананас.

BROMELIÁCEO, A. (De *bromelia*, nombre de un género dedicado a *Bromel*, botánico sueco del siglo XVIII.) adj. Bot. Se aplica a las hierbas y matas angiospermas, de raíz fibrosa, casi siempre parásitas. Ú.t.c.s.f. || **2.** f. pl. Bot. Familia de estas plantas. || **2.ª** acep.: **P.** bromeliáceas; **I.** bromeliaceae; **F.** broméliacées; **A.** Bromeliazeen; **It.** bromeliàcee; **R.** бромелиевые.

★ BROMELINA. f. Quím. Fermento que se halla en algunos frutos, como en la piña americana.

★ BROMHIDROSIS. f. Pat. Secreción copiosa de sudor fétido.

★ BROMINA. (De *bromo*.) f. Quím. Cuerpo gaseoso a la temperatura ordinaria, perteneciente al grupo de los halógenos. Entra en la preparación de compuestos de gran importancia en medicina, fotografía, etc.

★ BROMISMO. m. Med. Estado de intoxicación por el bromo y sus compuestos. Se manifiesta por erupción acneiforme, cefalalgia, somnolencia y aliento fétido. || **I.** bromism; **F.** bromisme; **A.** Bromismus; **It.** bromismo.

BROMISTA. (De *broma*, 1.er art.) adj. Se dice del aficionado a dar bromas. Ú.t.c.s.

BROMO. (gr. βρῶμος, fetidez.) m. Metaloide líquido a la temperatura ordinaria, de color rojo y pardusco y olor fuerte y repugnante. Es venenoso. || **P.** e **It.** bromo; **I.** bromine; **F.** brome; **A.** Brom; **R.** бром.

BROMO. (l. *bromos*, y éste del gr. βρόμος.) m. Planta gramínea, con aristas que salen de una hendedura del cascabillo. Sirve para forraje.

★ BROMOBENCENO. m. Quím. Uno de los derivados halogenados aromáticos; se obtiene substituyendo el hidrógeno del benceno por el bromo.

★ BROMOFORMO. m. Quím. Líquido incoloro, anestésico y antiespasmódico, de olor agradable, usado en la tos ferina y en el mareo. || **I.** bromoform; **F.** bromoforme; **A.** Bromoform; **It.** bromofòrmio; **R.** бромурал.

★ BROMOYODISMO. m. Intoxicación por el yodo y el bromo o por alguno de los compuestos de ambos.

BROMURO. (De *bromo*, 1.er art.) m. Quím. Combinación del bromo con un radical simple o compuesto. || **P.** brometo; **I.** bromide; **F.** bromure; **A.** Bromür; **It.** bromuro; **R.** бромистое соединение.

BRONCA. (Tal vez de *bronco*.) f. Riña entre varios. || **2.** Represión áspera. || **3.** Manifestación colectiva de desagrado, sobre todo en los toros. || **4.** Argent. Odio, tirria.

BRONCAMENTE. adv. Con aspereza.

BRONCE. m. Cuerpo metálico que resulta de la aleación del cobre con el estaño. Es de color amarillento, y muy tenaz y sonoro. || **2.** fig. Estatua o escultura de bronce. || **3.** fig. poét. El cañón de artillería, la campana, el clarín o la trompeta. || **4.** Numism. Moneda de cobre. || **—de aluminio.** Cuerpo metálico que resulta de la aleación del cobre con el aluminio. || *Escribir uno en* BRONCE *alguna cosa.* fr. fig. Retenerla constantemente en la memoria. || *No hay más* BRONCE *que años once, ni más lana que no saber que hay mañana.* ref. que denota la robustez de los pocos años. || *Ser uno de* BRONCE, *o un* BRONCE. fig. fam. Ser infatigable en el trabajo. || **P.** bronze; **I.** bronze, brass; **F.** bronze, airain; **A.** Bronze; **It.** bronzo; **R.** бронза.

BRONCEADO, DA. p.p. de broncear. || **2.** adj. De color de bronce. || **3.** m. Acción y efecto de broncear. || **2.ª** acep.: **P.** bronzeado; **I.** bronzed; **F.** bronze; **A.** bronzefarbig; **It.** abbronzito; **R.** бронзированный.

BRONCEADURA. f. Bronceado, 3.ª acep.

BRONCEAR. tr. Dar el color de bronce. || **2.** Poner la piel morena por efecto del

B

sol. || **P.** bronzear; **I.** to bronze; **F.** bronzer; **A.** bronzieren; **It.** bronzare: **R.** бронзировать.

* **BRONCEAR.** tr. **MÉJ.** Traquetear.

° **BRONCEAR.** v. Dar a la piel color obscuro sometiéndola a los rayos solares o a algún ingrediente.

BRONCERÍA. f. Conjunto de piezas de bronce.

BRONCÍNEO, A. adj. De bronce. || **2.** Parecido a él.

BRONCISTA. m. El que trabaja en bronce.

BRONCO, CA. (Quizá del l. *bronchus*, diente saltón.) adj. Tosco, áspero. || **2.** Se aplica a los metales quebradizos, sin elasticidad. || **3.** fig. Se dice de la voz y de los instrumentos de música de sonido desagradable. || **4.** fig. De genio y trato áspero.

* **BRONCOFONÍA.** f. **MED.** Resonancia de la voz en los bronquios percibida por auscultación. || **P.** broncofonia; **I.** bronchophony; **F.** bronchophonie; **A.** Bronchophonie; **It.** broncofonia; **R.** бронхофония.

BRONCONEUMONÍA. (gr. βρόγχος, traquearteria, y πνευμονία, pulmonía.) f. **MED.** Inflamación de la mucosa bronquial y del parénquima pulmonar. || **P.** bronco-pneumonia; **I.** broncho-pneumonia; **F.** broncho-pneumonie; **A.** Bronchopneumonie; **It.** broncopolmonite; **R.** бронхопневмония.

BRONCORRAGIA. (gr. βρόγχος, bronquio, y ῥήγνυμι, brotar.) f. **MED.** Hemorragia de la mucosa bronquial. Se manifiesta generalmente por vómito de sangre roja.

BRONCORREA. (gr. βρόγχος, traquearteria, y ῥέω, fluir.) f. **MED.** Flujo mucoso de los bronquios. || **P.** broncorreia; **I.** bronchorrhea; **F.** bronchorrhée; **A.** Schleimabsonderung der Bronchien; **It.** broncorrea.

BRONCHA. f. Arma corta, usada antiguamente.

* **BRONQUEAR.** tr. **CUBA.** Reprender con severidad y dureza. || **2.** **MÉJ.** Empinarse un caballo.

BRONQUEDAD. f. Calidad de bronco.

BRONQUIAL. adj. Perteneciente o relativo a los bronquios. || **P.** bronquial; **I., F.** y **A.** bronchial; **It.** bronchiale; **R.** бронхиальный.

BRONQUIECTASIA. (gr. βρόγχος, bronquio, y ἔκτασις, dilatación.) f. **MED.** Enfermedad crónica, producida por la dilatación de los bronquios.

BRONQUINA. (De *bronca*.) f. fam. Quimera, riña.

* **BRONQUINOSO, SA.** adj. **COLOM.** y **VENEZ.** Pendenciero, camorrista. **Ú.t.c.s.**

BRONQUIO. (l. *bronchia*, y éste del gr. βρόγχια, pl. de βρόγχιον, traquearteria.) m. **ZOOL.** Cada uno de los conductos fibrocartilaginosos en que se bifurca la tráquea y que entran en los pulmones. **Ú.m. en pl.**

BRONQUIOLO [~**QUÍOLO**]. (De *bronquio*.) m. **ZOOL.** Cada uno de los pequeños conductos en que se dividen y se subdividen los bronquios dentro de los pulmones. **Ú.m. en pl.**

* **BRONQUISTA.** adj. **ECUAD.** Camorrista.

BRONQUITIS. (De *bronquio*, y el sufijo *itis*, inflamación.) f. **MED.** Inflamación aguda o crónica de la membrana mucosa de los bronquios. || **P.** bronquite; **I.** bronchitis; **F.** e **It.** bronchite; **A.** Bronchitis; **R.** бронхит.

BRONZO. m. desus. Bronce.

* **BROÑARTINA.** f. **MINERAL.** Sulfato de cal y sosa. || **2.** **MINERAL.** Nombre que a veces se da a la broncatita de Méjico.

BROQUEL. (ant. fr. *bocler*, y éste de *bocle*, del l. *bǔcŭla*, centro del escudo.) m. Escudo pequeño de madera o corcho, con guarnición de hierro y canto y una cazoleta en medio para que la mano pueda empuñarlo. || **2.** Escudo, 1.ª acep. || **3.** fig. Defensa o amparo. || **4.** **MAR.** Posición en que quedan las velas y vergas cuando se abroquelan. || **2.**ª acep.: **P.** escudo; **I.** buckler; **F.** bouclier; **A.** Schild; **It.** brocchiere; **R.** щит.

BROQUELARSE. (De *broquel*.) r. Abroquelarse.

BROQUELAZO. m. Golpe dado con broquel.

BROQUELERO. (De *broquel*.) m. El que hacía broqueles. || **2.** El que usaba de ellos. || **3.** fig. Hombre amigo de pendencias.

BROQUELETE. m. d. de broquel.

BROQUELILLO. (d. de *broquel*.) m. Botoncillo que, colgando de las orejas, usan como adorno las mujeres.

* **BROQUELONA.** f. fam. **BOL.** Garrapata.

BROQUETA. (De *broca*.) f. Estaquilla con que se sujetan las patas de las aves para asarlas, o en que se ensartan pajarillos, etc.

BRÓQUIL. m. **AR.** Brécol.

BROSLA. (De *broslar*.) m. ant. Brosladura.

BROSLADOR. (De *broslar*.) m. ant. Bordador.

BROSLADURA. (De *broslar*.) f. ant. Bordadura, 1.ª acep.

BROSLAR. (germ. *bruzdan*, bordar.) tr. ant. Bordar.

BROSQUIL. (l. *vervecile*, apartadero de carneros.) m. **AR.** Redil.

BROTA. f. Brote, 1.ª acep. || **2.** **CHILE.** Brotadura.

BROTADURA. f. Acción de brotar.

BRÓTANO. m. Abrótano.

BROTANTE. m. ant. **ARQ.** Arbotante, 1.ª acep.

BROTAR. (De *brote*.) intr. Nacer o salir la planta de la tierra. || **2.** Nacer o salir en la planta renuevos, flores, etc. || **3.** Echar la planta hojas o renuevos. || **4.** Manar. || **5.** fig. Tener principio o empezar a manifestarse alguna cosa. || **6.** tr. Echar la tierra plantas, hierba, flores, etc. || **7.** fig. Arrojar, causar, originar. || **P.** brotar; **I.** to germinate; **F.** germer; **A.** keimen; **It.** germogliare; **R.** пробиваться. || **2.**ª y **3.**ª aceps.: **P.** manar; **I.** to bud; **F.** bourgeonner; **A.** aufsprossen; **It.** germogliare; **R.** прорастать. || **5.**ª acep.: **P.** surgir; **I.** to issue; **F.** saillir; **A.** hervorquellen; **It.** zampillare; **R.** появляться.

BROTE. (ant. bajo al. *brot*, retoño.) m. Pimpollo o renuevo que empieza a desarrollarse. || **2.** Acción de brotar, 5.ª acep. || **3.** **MURC.** Migaja. || **P.** gomo; **I.** germ. bud; **F.** bouton, bourgeon; **A.** Knospe; **It.** gemma; **R.** почка, бутон.

BROTO. m. ant. Brote, 1.ª acep. **Ú.** en Salamanca.

BROTÓN. (De *brotar*.) m. ant. Brochón, brocha del sayo. || **2.** **BOT.** **GUAT.** Renuevo que sale del árbol.

BROZA. (b. l. *brustia*, *brozia*, y éste del alto al. *brusta*.) f. Despojos de las plantas. || **2.** Desperdicio de algo. || **3.** Maleza. || **4.** fig. Cosas inútiles dichas de palabra o por escrito. || **5.** **IMPR.** Bruza. || *Meter* BROZA. fr. fig. y fam. Meter ripio. || *Servir de toda* BROZA. fr. fig. Servir de todo o para todo. || **P.** despojos de vegetais, maravalha; **I.** chaff; **F.** broussaille; **A.** Abfall, Reisig; **It.** macchieno; **R.** хворост.

BROZADOR. (De *brozar*.) m. **IMPR.** Bruzador.

BROZAR. (De *broza*.) tr. **IMPR.** Bruzar.

BROZNAMENTE. (De *brozno*.) adv. Duramente.

BROZNEDAD. (De *brozno*.) f. ant. Necedad.

BROZNO, NA. adj. Bronco. || **2.** fig. De ingenio rudo, brusco.

* **BROZOROLA.** f. **C. RICA.** Sedimento.

BROZOSO, SA. adj. Que tiene o cría mucha broza.

BRUCERO. m. El que hace o vende bruzas, escobillas, etc. || **P.** escoveiro; **I.** brush-maker; **F.** brossier; **A.** Bürstenbinder; **It.** spazzolaio; **R.** щёточник.

BRUCES (A, o DE). (vasc. *burutz*, de cabeza, infl. en el sentido por *buces*.) m. adv. Boca abajo. Se junta con varios verbos. *Tirarse de* BRUCES. || *Caer, o dar, de* BRUCES. fr. fam. Caer o dar, de hocicos.

* **BRUCINA.** f. Alcaloide tóxico, muy amargo y blanco, de la nuez vómica y otras especies. || **P.** e **It.** brucina; **I.** brucin; **F.** brucine; **A.** Brucin; **R.** брумин.

BRUCIO, CIA. adj. ant. Abruzo. Apl. a pers. usáb.t.c.s.

BRUCITA. (De *Bruce*, mineralogista distinguido.) f. Mineral formado de magnesia hidratada infusible al soplete, se

halla en cristales o masas compactas. Empléase en medicina.

* **BRUCÚ.** adj. **CUBA.** Se aplica al negro recién llegado de Guinea.

* **BRUGNATELITA.** f. **MINERAL.** Carbonato básico hidratado de magnesio y hierro.

BRUGO. (l. *bruchus*, y éste del gr. βροῦχος.) m. Larva de un lepidóptero pequeño y nocturno, devorador de las hojas de las encinas y los robles. || **2.** Larva de una especie de pulgón.

BRUJA. adj. **MURC.** V. *Arena* BRUJA. || **2.** f. Lechuza, 1.ª acep. || **3.** Mujer que, según opinión vulgar, tiene pacto con el demonio. || **4.** fig. y fam. Mujer fea y vieja. || **5.** **CUBA.** Persona que en determinadas fiestas corretea con una sábana blanca. || **6.** **CUBA.** Ramera. || **7.** **BOT.** **CUBA.** Planta de hojas largas y flores que mueren rápidamente. || **8.** **MÉJ.** Juego del tejo. || **9.** **CUBA.** y **MÉJ.** Individuo con escaso dinero. || **10.** **CUBA** y **COLOM.** Tagaua. || *Creer en* BRUJAS. fr. fig. y fam. Ser demasiado crédulo. || *Estar, o quedar*, BRUJA. fr. **CUBA.** Estar o quedar sin dinero. || *Parecer que a uno le chupan, o le han chupado*, BRUJAS, *o las* BRUJAS. fr. fig. y fam. Estar muy flaco y descolorido. || **3.**ª acep.: **P.** bruxa; **I.** witch, sorceress; **F.** sorcière; **A.** Hexe, Zauberin; **It.** strega; **R.** колдунья, ведьма.

BRUJEAR. (De *bruja*.) intr. Hacer brujerías. || **2.** **P. RICO** y **MÉJ.** Brujulear. || **3.** **VENEZ.** Cazar bestias salvajes.

BRUJERÍA. (De *bruja*.) f. Superstición y engaños en que cree el vulgo que se ejercitan las brujas. || **2.** **P. RICO.** Pobreza. || **3.** **VENEZ.** Pobreza: **I.** witchcraft; **F.** sorcellerie; **A.** Zauberei; **It.** stregoneria; **R.** колдовство.

BRUJESCO, CA. adj. Propio del brujo o de la brujería, o perteneciente a ellos.

* **BRUJEZ.** f. **MÉJ.** Pobreza.

BRUJIDOR. m. Grujidor.

BRUJILLA. (De *bruja*.) f. Dominguillo, muñeco con un contrapeso en la base para quedar siempre sobre ella.

BRUJIR. tr. Grujir.

BRUJO. m. Hombre supersticioso o embaucador del que se dice que tiene pacto con el diablo. || **2.** **CUBA.** Cierta clase de tasajo. || **3.** **CUBA.** Boniato morado. || *Él es* BRUJO *y ella bruja, y saben hacer calzas de aguja*. ref. Con que se moteja a ciertos matrimonios taimados. || **P.** bruxo; **I.** sorcerer; **F.** sorcier; **A.** Zauberer; **It.** stregone; **R.** колдун.

BRUJO, JA. adj. **CHILE.** Falso. || **2.** **CUBA**, **MÉJ.** y **P. RICO.** Empobrecido. **Ú.** más en determinación femenina aun con sustantivos masculinos. **Ú.t.c.s.m.**

BRÚJULA. (ital. *bussola*, y éste del l. *bǔxis pyxis*, caja.) f. Barrita imanada que, puesta en equilibrio sobre una púa, se vuelve siempre al norte magnético. || **2.** **MAR.** Instrumento que se usa a bordo formado de una caja con dos círculos concéntricos, puesto en equilibrio sobre una púa. Tiene la rosa náutica y lleva adherida en la línea norte-sur, una barrita imanada que indica el rumbo de la nave. || **3.** Agujerito que sirve para apreciar la puntería de la escopeta, ahora se llama mira. || **4.** Agujerito por donde se mira mejor un objetivo. || **5.** **VENEZ.** Pinta del naipe, indicadora del palo. || —**de alidada.** **Fís.** y **TOP.** Brújula empleada en el trazado de itinerarios y levantamiento de planos. || —**de bolsillo.** La que puede llevarse en el bolsillo. || —**de declinación.** **Fís.** La que está sostenida por un eje vertical. || —**de inclinación.** **Fís.** La que gira en un plano vertical marcando el ángulo de inclinación magnética. || *Perder la* BRÚJULA. fr. fig. Perder el tino en el negocio de algo. || *Ver por* BRÚJULA. fr. fig. Mirar desde un paraje por donde se descubre poco. || **P.** bússola; **I.** magnetic needle, sea-compass; **F.** boussole; **A.** Magnetnadel, Kompass, **It.** bùssola; **R.** компас.

BRUJULEAR. (De *brújula*.) tr. En el juego de naipes, descubrir poco a poco las cartas para conocer por las rayas o pintas de qué palo son. || **2.** fig. y fam. Adivinar, descubrir por indicios algún proceso. || **3.** fig. y fam. Buscar con diligencia y por varios caminos el logro de una pretensión. || **4.** **COLOM.** Intrigar. || **5.** intr. **PERÚ.** Estar de juerga.

B

BRUJULEO. m. Acción de brujulear.

BRULOTE. (fr. *brûlot*, de *brûler*, quemar.) m. Barco cargado de materias combustibles e inflamables, que se dirigía sobre los buques enemigos para incendiarlos. || **2**. fig. AMÉR. MERID. Dicho ofensivo. || **3**. AMÉR. MERID. Escrito ofensivo con fines de lucro ilícito. || **P**. brulote; **I**. fire-ship; **F**. brûlot; **A**. Brander; **It**. brulotto; **R**. брандер.

BRUMA. (l. *brumă*, solsticio de invierno.) f. Niebla, sobre todo la formada sobre el mar. || **2**. brema; **I**. fog; **F**. brume; **A**. Nebel; **It**. nebbione; **R**. густой туман.

BRUMADOR, RA. (De *brumar*.) adj. Abrumador.

BRUMAL. (l. *brumālis*.) adj. Perteneciente o relativo a la bruma.

BRUMAMIENTO. m. Acción y efecto de brumar.

BRUMAR. (De *bruma*.) tr. Abrumar.

BRUMARIO. (fr. *brumaire*, y éste del l. *brumă*, bruma.) m. Segundo mes del calendario republicano francés. || **P**. brumário; **I**. y **F**. Brumaire; **A**. Nebelmonat, Brumaire; **It**. brumaio; **R**. брюмер.

BRUMAZÓN. m. aum. de bruma. || **2**. Niebla espesa. || **2**.ª acep.: **P**. brumaça; **I**. thick fog, haze; **F**. brouillard; **A**. dichter Nebel; **It**. nebbione; **R**. густой туман.

BRUMO. (De *grumo*.) m. Cera blanca y bien purificada que usan los cereros para dar el último baño a las hachas y cirios blancos.

BRUMOSO, SA. (De *bruma*.) adj. Nebuloso. || **P**. brumoso; **I**. foggy; **F**. brumeux; **A**. nebelig; **It**. nebbioso; **R**. туманный.

BRUNETA. (De *bruno*, 2.º art.) adj. ant. Dícese de una especie de plata sin labrar.

BRUNETE. (De *bruno*, 2.º art.) m. ant. Cierto paño basto de color negro.

BRUNO. (l. *prūnum*, ciruela, y de *prūnus*, ciruelo.) m. Ciruela negra que se produce en el norte de España. || **2**. Árbol que la da.

BRUNO, NA. (germ. *brūn*, moreno.) adj. De color negro u obscuro. || **P**.moreno; **I**. brown; **F**. brun; **A**. schwarzbraun; **It'** bruno; **R**. чёрный.

★ **BRUÑIDERA**. AMÉR. CENTRAL. Fastidio.

BRUÑIDO. p.p. de bruñir. || **2**. m. Acción y efecto de bruñir. || **3**. AMÉR. CENTRAL. Se aplica a la persona que molesta.

BRUÑIDOR, RA. adj. Que bruñe. Ú.t.c.s. || **2**. m. Instrumento para bruñir. || **P**. brunidor; **I**. burnisher; **F**. brunissoir; **A**. Polierstahl; **It**. brunitoio; **R**. полировщик.

BRUÑIDURA. f. Bruñido, 2.ª acep.

BRUÑIMIENTO. m. Bruñido, 2.ª acep.

BRUÑIR. (germ. *brūn*, moreno.) tr. Acicalar, sacar brillo a una cosa. || **2**. fig. y fam. Afeitar el rostro. || **3**. C. RICA y GUAT. Molestar. || **P**. y **F**. brunir; **I**. to burnish; **A**. glätten, polieren; **It**. brunire; **R**. лощить.

BRUÑO. (l. *prūněum*, de *prūnum*, ciruela.) m. Bruno, 1.er art.

BRUSCA. f. Planta papilionácea que crece en los alrededores de Caracas, donde se emplea contra los dolores reumáticos, y el cólico uterino. || **2**. Chamarasca, 1.ª acep. || **3**. MAR. Ramaje que se usa para dar fuego exteriormente a los fondos de las embarcaciones, para matar la broma. || **4**. MAR. Regla o medida de compás para el arqueo de baos, palos y vergas. || **5**. MAR. Medida que se toma en la orilla de la lona para determinar el corte diagonal de un paño de cuchillo. || **6**. CUBA. Material vegetal de fácil combustión.

BRUSCADERA. f. MAR. Horquilla de mango largo con que se enganchan los haces de brusca con que dar fuego a las embarcaciones.

BRUSCAMENTE. adv. De manera brusca.

BRUSCATE. m. Cierto guisado que antes se preparaba con la asadura de cordero o de cabrito.

BRUSCO, CA. (l. *ruscus*.) adj. Áspero, desapacible. || **2**. Repentino, pronto. || **3**. Planta perenne liliácea, con tallos ramosos

retorcidos en el eje y bayas del tamaño y color casi de una guinda. || **4**. Lo que se desperdicia en las cosechas por muy menudo. || **P**. e **It**. brusco; **I**. rough; **F**. brusque; **A**. derb; **R**. грубый, резкий.

BRUSELA. f. Hierba doncella.

BRUSELAS. f. pl. Pinzas anchas con que los plateros arrancan los pallones de metal que quedan en las copelas al hacer los ensayos.

BRUSELENSE. adj. Natural de Bruselas. Ú.t.c.s. || **2**. Perteneciente a esta ciudad de Bélgica.

★ **BRUSITA**. f. MINERAL. Fosfato cálcico en pequeños prismas.

BRUSQUEDAD. f. Calidad de brusco. || **2**. Acción o procedimiento bruscos.

★ **BRUSQUERO**. m. P. RICO. Leña menuda.

★ **BRUSQUILLA**. f. R. DE LA PLATA. Brusca, leña menuda.

★ **BRUSQUITA**. f. BOT. AMÉR. Arbusto de la familia de las rámneas, crece en la República Argentina.

★ **BRUSULACA**. f. PAN. Broza.

BRUTAL. adj. Que imita o asemeja a los brutos. || **2**. m. Bruto. || **P**., **I**., **F**, y **A**. brutal; **It**. brutale; **R**. зверский.

BRUTALIDAD. (De *brutal*.) f. Calidad de bruto. || **2**. fig. Afecto y pasión excesivos y desordenados. || **3**. fig. Acción torpe, grosera, brutal.

BRUTALIZARSE. (De *brutal*.) r. p. us. Proceder como los irracionales.

BRUTALMENTE. adv. Con brutalidad.

★ **BRUTEAR**. intr. ARGENT. Disparatar.

BRUTEDAD. (De *bruto*.) f. ant. Brutalidad.

BRUTESCO, CA. adj. Grutesco.

BRUTEZ. (De *bruto*.) f. ant. Brutalidad.

BRUTEZA. (De *bruto*.) f. Brutalidad. || **2**. Falta de pulimento y adorno.

BRUTO, TA. (l. *brutus*.) adj. Necio, incapaz, falto de razón. Ú.t.c.s. || **2**. Vicioso. || **3**. Se aplica a las personas y cosas sin pulimento. || **4**. m. Animal irracional. || **5**. CHILE. Se aplica al gallo o pollo dedicado al reñidero. || **6**. CHILE. Se dice del gallo del país y, en general, de todo animal de raza inferior. || *En* BRUTO. m. adv. Sin pulir o labrar. || **2**. Se dice de las cosas que se toman por peso sin rebajar la tara. || **3**. C. RICA y REP. DOMIN. Con exceso. || **4**.ª acep.: **P**. e **It**. bruto; **I**. brute, beast; **F**. bête, brute; **A**. Tier, Bestie; **R**. скотский.

BRUZA. (ant. alto al. *brusta*.) f. Cepillo de cerdas muy espesas y fuertes, empleado para limpiar las caballerías, los moldes de imprenta, etc. || **P**. escova de animais; **I**. brush; **F**. brosse; **A**. Pferdebürste, Strigel; **It**. brusca; **R**. жёсткая щётка.

BRUZADOR. (De *bruzar*.) m. IMPR. Tablero inclinado para limpiar las formas con la bruza.

BRUZAR. tr. Limpiar con bruza. || **P**. brossar; **I**. to brush; **F**. brosser; **A**. abbürsten; **It**. spazzolare; **R**. чистить формы щёткой.

BRUZAS (DE). (De *buces*, infl. por *boruca*, del vasc. *buru*, cabeza.) m. adv. ant. De bruces.

BRUZOS (DE). m. adv. ant. De bruces.

★ **BTU**. (ingl. *British Thermal Unit*.) Cantidad de calor necesaria para elevar de 1º F la temperatura de 1 libra de agua. Equivale a 252 calorías.

BU. m. fam. Fantasma imaginario con que se asusta a los niños. || **2**. fest. y fam. Persona o cosa que mete o pretende meter miedo. || *Hacer el* BU. fr. fig. Asustar.

BÚA. (De *buba*.) f. Tumorcillo que sale en el cuerpo. || **2**. pl. Bubas. || *El que tiene* BÚA, *ése la estruja*. ref. que insiste en que nadie se interesa en remediar los males tanto como el que los padece.

BUARILLO. m. Buaro.

BUARO. (Como *buharro*, de *buho*.) m. Buharro.

BUBA. (De *bubón*.) f. AST. Búa. || **2**. pl. Tumores blandos, frecuentemente con pus, que se dan en la región inguinal y también en las axilas y en el cuello. Ordinariamente, aunque no siempre, son de origen venéreo.

BÚBALO, LA. (l *bubălus*, y éste del gr. βούβαλος.) m. y f. Búfalo de Asia, del

cual proceden los búfalos domésticos de Egipto, Grecia e Italia.

BUBÁTICO, CA. adj. Perteneciente o relativo a las bubas.

BUBÓN. (gr. βουβών, tumor en la ingle.) m. Tumor purulento y voluminoso. || **2**. pl. Bubas, 2.ª acep. de buba. || **P**. babas; **I**. bubo; **F**. bubon; **A**. Leistengeschwulst, Pestbeule; **It**. bubbone; **R**. опухоль желёз.

BUBÓNICO, CA. adj. Perteneciente o relativo al bubón.

BUBOSO, SA. adj. Que padece de bubas. Ú.t.c.s.

BUCAL. (l. *bucca*, boca.) adj. Perteneciente o relativo a la boca. || **P**. bucal; **I**. y **F**. buccal; **A**. zum Mund gehörig; boccale; **R**. ротовой.

★ **BUCANEROS**. m. pl. Corsarios y filibusteros, comúnmente ingleses y franceses, que en los siglos XVII y XVIII saquearon los dominios españoles de ultramar. || **P**. bucaneiros; **I**. buccaneers; **F**. boucaniers; **A**. Seeräuber; **It**. bucanieri; **R**. буканьеры.

★ **BÚCARA**. f. REP. DOMIN. Lugar peñascoso en la costa. || **2**. pl. REP. DOMIN. Rocas puntiagudas.

BUCARAL. m. Sitio plantado de bucares.

BUCARÁN. (fr. *bouquerant*.) m. AR. Bocaraí.

BUCARDO. (De *buco*, 1.er art.) m. AR. Macho de la cabra montés.

BUCARE. m. Árbol americano papilionáceo de espesa copa y flores blancas. Sirve en Venezuela para defender contra el rigor del sol los plantíos de café y cacao.

BÚCARE. m. En algunos países de América, bucare.

BÚCARO. (l. *pōcŭlum*, vaso, taza.) m. Arcilla que se encuentra en varios lugares del mundo; despide, mojada, un olor agradable. Hay tres especies, que se diferencian por el color, rojo, negro o blanco. || **2**. Vasija hecha de esta arcilla. || **3**. HOND. Especie de lirio. || **4**. REP. DOMIN. Persona desagradecida.

★ **BUCCELACIÓN**. f. Acción de restañar la sangre que brota de una herida.

BUCCINO. (l. *buccīnum*.) m. Caracol marino de concha pequeña y abocinada, cuya tinta fue empleada en tintorería.

BUCEAR. (De *buzo*.) intr. Nadar y mantenerse debajo del agua. || **2**. Trabajar como buzo. || **3**. fig. Explorar acerca de algún tema material o moral. || **P**. mergulhar; **I**. to dive; **F**. plonger; **A**. (unter)tauchen; **It**. tuffare; **R**. нырять.

BUCÉFALO. (De *Bucéfalo*, caballo de Alejandro, Βουκέφαλος; de βοûς, buey, y κεφαλή, cabeza de buey.) m. fig. y fam. Hombre rudo, incapaz. || **2**. R. DE LA PLATA. Rocín.

BUCELARIO. (l. *buccellarius*.) m. Soldado de ciertas milicias bizantinas. || **2**. Entre los visigodos, hombre libre que voluntariamente se sometía al patrocinio de un magnate a quien prestaba determinados servicios y del que recibía alguna propiedad.

BUCEO. (De *bucear*.) m. Acción de bucear.

BUCERO, RA. adj. Dícese del perro de hocico negro. Ú.t.c.s. || **2**. ZOOL. Género de pájaros levirrostros que tienen un pico grande y sobre él una protuberancia carnosa.

BUCES (DE). (De *bus*, labio.) m. adv. De bruces.

BUCLE. (fr. *boucle*, y éste del l. *bŭccŭla*, boquita.) m. Rizo de cabello en forma helicoidal. || **P**. bucle; **I**. ringlet; **F**. boucle; **A**. Locke, Haarlocke; **It**. riccio; **R**. локон.

BUCO. (b. l. *buccus*, y éste del ant. alto al. *bukk*.) m. Cabrón, macho de la cabra.

BUCO. m. ant. Buque, cabida.

BUCO. (l. *bucca*. boca.) m. HIST. NAT. Abertura o agujero.

★ **BUCO**. m. AMÉR. CENTRAL. Bola, mentira.

BUCÓLICA. (l. *bucolĭca*, t. f. de -*cus*, bucólico.) f. Composición poética del género bucólico.

BUCÓLICA. (l. *bucca*, boca.) f. fam. Comida, alimento. || **2**. COLOM. Hambre.

BUCÓLICO, CA. (l. *bucolĭcus*, y éste del gr. βουκολικός, de βουκόλος, bo-

B

yero). adj. Se dice del género de poesía o cualquier composición poética en que se trata de las cosas concernientes a la vida campestre y pastoril. || **2.** Perteneciente o relativo a este género de poesía. || **3.** Se dice del poeta que lo cultiva. Ú.t.c.s.

★ **BUCUL.** m. GUAT. Vasija grande hecha de la corteza dura del fruto de la güira. ||

★ **BUCURÚ.** m. BOL. Patata arenosa. || **2.** AMÉR. CENTRAL. Hechizo, maleficio.

BUCHA. f. ant. Hucha.

★ **BUCHACA.** f. EL SALV. Bolsa. || **2.** CUBA y MÉJ. Tronera de la mesa de billar.

★ **BUCHACARA.** f. COLOM. Buchaca, bolsa.

BUCHADA. (De buche.) f. Bocanada.

BUCHE. (fr. poche.) m. ZOOL. Bolsa membranosa que comunica con el esófago de las aves, en el que se reblandece el alimento. || **2.** Estómago de algunos animales cuadrúpedos. || **3.** Porción de líquido que cabe en la boca. || **4.** Red colocada en las almadrabas y en la que quedan encerrados los atunes. || **5.** fam. Estómago de los racionales. || **6.** fig. y fam. Pecho o lugar en que se finge que se guardan los secretos. || **7.** ECUAD. Sombrero de copa alta. || **8.** MÉJ. Bocio. || **9.** CUBA. Individuo de la plebe, golfo. || Sacar el BUCHE a uno. fr. fig. y fam. Hacerle decir todo lo que sabe. || P. bucho, bochecho; I. craw; F. jabot; A. Kropf; It. gozzo; R. зоб, глоток.

BUCHE. (contracc. de burrucho, despectivo de burro.) m. Borrico recién nacido y mientras mama.

★ **BUCHERÍA.** f. CUBA. Acción propia de un golfo.

★ **BUCHERO.** m. VENEZ. Cosa o palabra que se saca de alguien contra su voluntad.

BUCHETA. f. desus. Bujeta.

BUCHETE. (d. de buche, 1.er art.) m. Mejilla inflada.

BUCHÍN. (fr. boucher, verdugo, y éste del germ. bukk, macho cabrío.) m. ant. Bochín.

BUCHINCHE. m. Zaquizamí, cuchitril. || **2.** CUBA. Café o taberna de aspecto pobre.

★ **BUCHIPLUMA.** com. ANT. Persona que promete y no cumple.

★ **BUCHÓGRAFO.** m. PAN. Borrachín.

BUCHÓN, NA. (De buche, 1.er art.) adj. Se aplica al palomo o paloma doméstico que se distinguen por la propiedad de inflar el buche de tal manera que a veces llega a parecer más voluminoso que el resto del cuerpo. || **2.** COLOM. Barrigón. || **3.** CUBA. Bonachón.

BUDARE. m. Plato de barro o hierro que en Venezuela se emplea para cocer el pan de maíz.

BÚDICO, CA. adj. Perteneciente o relativo al budismo. || P. búdico; I. buddhic; F. boudhique; A. buddhistisch; It. búddico; R. буддийский.

BUDÍN. (ingl. pudding.) m. Plato de dulce que se prepara con bizcocho o pan deshecho en leche y azúcar y frutas secas, cocido todo al baño de María.

BUDINERA. f. Cazuela de cobre o hierro en que se hace el budín.

BUDIÓN. m. ZOOL. Pez teleósteo acantopterigio, que tiene nobles labios carnosos que cubren sus mandíbulas. Se halla en las costas de España.

BUDISMO. m. Doctrina filosófica fundada en la India por Buda, y cuyo principal problema consiste en suprimir la causa del dolor mediante la aniquilación del deseo. || **2.** Doctrina religiosa inspirada por las máximas de Buda y derivada del brahamanismo, con mezcla de supersticiones populares. || P. budismo; I. buddhism; F. boudhisme; A. Buddh(a)ismus; It. buddismo; R. буддизм.

BUDISTA. adj. Perteneciente o relativo al budismo. || **2.** com. Persona que profesa el budismo. || P. budista; I. buddhist; F. boudhiste; A. Buddhist; It. buddista; R. буддист.

BUÉ. m. ant. Buey, 1.er art. Ú. en León y en Salamanca.

BÚE. (l. bŏem, por bŏvem, por buey.) m. ant. Bué.

BUEGA. AR. Mojón que señala el límite entre dos heredades.

BUÉIS. (l. bŏes, por bŏves, bueyes.) m. pl. ant. de buey. 1.er art.

BUEITRE. (Cruce del vulg. buetre, y de buitre.) m. ant. Buitre.

BUEN. adj. Apócope de bueno. Se usa precedido a un substantivo o a un verbo en infinitivo, como BUEN negocio, BUEN comer.

BUENA. (l. bona, bienes.) f. ant. Hacienda o bienes, herencia.

BUENABOYA. (ital. bonavoglia; de buona, buena, y voglia, voluntad.) f. Bagarino.

BUENAMENTE. adv. Fácilmente, cómodamente.

BUENAMERESCIENTE. adj. ant. Bienmereciente.

★ **BUENAMOZA.** f. COLOM. Ictericia.

BUENANDANZA. f. Bienandanza.

★ **BUENASNOCHES.** com. URUG. Persona que ignora totalmente un asunto.

★ **BUENASTARDES.** f. AMÉR. Dondiego de día.

BUENAVENTURA. (De buena y ventura.) f. Buena suerte, dicha de alguno. || **2.** Adivinación supersticiosa que hacen las gitanas de la suerte de las personas y de su futuro.

★ **BUENAZO, ZA.** adj. sup. fam. de bueno.

BUENO, NA. (l. bŏnus.) adj. Que tiene bondad en su género. || **2.** A propósito para alguna cosa. || **3.** Gustoso, divertido. || **4.** Grande. || **5.** Sano. || **6.** Demasiadamente sencillo. || **7.** No deteriorado, que puede servir. || **8.** Suficiente. || **9.** Usado irónicamente con el verbo ser, extraño, particular. || **10.** Usado como adverbio a manera de exclamación, denota aprobación; equivale a basta o no más. || **11.** m. En los exámenes, mejor que el aprobado. || A BUENAS. m. adv. fig. De grado, voluntariamente. || ¿Adónde BUENO? expr. fam. ¿A dónde va, que en hora buena sea su venida? || Allégate, o arrímate a los BUENOS y serás uno de ellos. ref. que indica el provecho que se saca de las buenas compañías. || ¡BUENA es ésa, o ésta! expr. irón. con que se denota extrañeza o aprobación. || ¡BUENAS y gordas! exclam. fam. con que se desdeña cualquier especie falsa o añeja. || BUENO está. expr. fam. Basta, no más. || BUENO está lo bueno. fr. fam. con que se da a entender cuando una cosa está bien no conviene moverla intentando que esté mejor. || De BUENAS a BUENAS. m. adv. fam. Buenamente o sin repugnancia. || De BUENAS a primeras. m. adv. A la primera vista. || ¿De dónde BUENO? expr. fam. ¿De dónde viene, que en hora buena sea su venida? || P. bon; I. good; F. bon, bonne; A. gut; It. buono; R. хороший.

BUENOS AIRES. n. p. V. Azucena de BUENOS AIRES.

BUERA. (De la onomat. buf.) f. MURC. Postilla o grano que sale en la boca.

BUÉTAGO. m. ant. Bofe.

BUETRE. (l. vŭltŭr, -ŭris, buitre.) m. ant. Buitre.

BUEY. (l. bos, bŏvis.) m. Macho vacuno castrado. || **2.** Germ. Naipes. || **3.** MÉJ. Cornudo, hombre cuya mujer le es infiel. || **4.** P. RICO. Gran cantidad de dinero. || —de cabestrillo o de caza. Buey de que se sirven los cazadores para tirar a las estando ocultos detrás de él; gobiérnanle atándole una trailla a los cuernos y a una oreja. || **2.** Armazón dentro del cual se mete el cazador para tirar desde él. || —almizcleno. Rumiante parecido al búfalo. Vive en Alaska y otros países árticos. || —de parada. CHILE. El de yunta aradora que al empezar otro surco se queda parado. || —de vuelta. CHILE. El de yunta aradora que al empezar otro surco da vuelta. || —muerto. P. RICO. Ganga. || —trompeta. ARGENT. Buey que ha perdido un cuerno. || BUEYES. AMÉR. CENTRAL. Dormirse. || A BUEY harón poco le presta el aguijón. ref. que indica que la persona lerda, por mucho que la estimulen, nunca sale de su paso. || A BUEY viejo no le cates majada, que él se la cata. ref. contra los que dan consejos a los experimentados. || ¿A dó irá el BUEY que no are? ref. que indica que en todos los oficios hay que trabajar. || Al BUEY por el asta y al hombre por la palabra o Al BUEY por

el cuerno y al hombre por el verbo. ref. que declara quedar el hombre tan atado por la palabra a cumplirla como el buey uncido por el cuerno para tirar o arar. || Al BUEY viejo, múdale el pesebre y dejará el pellejo. ref. que indica que las personas ancianas, al cambiar de clima y alimentos, ponen en peligro su salud. || Are mi BUEY por lo holgado, y el tuyo por lo alabado. ref. que enseña que la tierra holgada da más fruto que la que se siembra todos los años aunque sea de mejor calidad. || BUEY frontudo, caballo cascudo. ref. que indica las cualidades que son preferibles en los animales de una y otra especie. || BUEY viejo, surco derecho. ref. que indica que los hombres guiados por la inteligencia y la práctica cumplen bien sus oficios. || El BUEY bravo, en tierra ajena se hace manso. ref. que denota que en país ajeno se procede con más templanza. || El BUEY harto no es comedor. ref. que indica que la continuación en los deleites causa fastidio. || El BUEY que me acornó en buen lugar me echó. ref. que indica que lo que parece desgracia resulta a veces suerte. || El BUEY sin cencerro piérdese presto. ref. que indica el cuidado que debe ponerse en las cosas para que no se pierdan. || El BUEY suelto bien se lame. ref. que denota lo hermosa que es la libertad. || El BUEY traba el arado, mas no de su grado. ref. con que se da a entender que trabajar cuesta. || El BUEY viejo arranca la gatura del barbecho. ref. que indica que no se deben despreciar las cosas viejas, que a veces son de mayor utilidad que las nuevas. || El que no tiene BUEY ni cabra, toda la noche ara. ref. que indica los desvelos que ocasiona el no tener los medios para un fin. || El ruin BUEY holgando se descuerna. ref. Se dice de los que se cansan trabajando poco. || Habló el BUEY y dijo mu. ref. que se aplica a los necios acostumbrados a callar y sólo hablan diciendo algún disparate. || Quien BUEYES ha perdido, los cencerros trae al oído. ref. que advierte lo que engaña el deseo, pues con poco fundamento persuade el logro de lo que se apetece. || P. boi; I. ox, bullock; F. boeuf; A. Rind, Ochs(e); It. bue; R. вол.

BUEY. (gr. βόλος, golpe, tirada.) BUEY de agua. loc. Medida hidráulica que usan en algunas localidades para apreciar el volumen del agua que pasa por la acequia o brota de un manantial. || **2.** Golpe o caudal muy grueso de agua. || **3.** MAR. Golpe de mar que entra por una porta desfondada o abierta.

BUEYECILLO. m. d. de buey, 1.er art.

★ **BUEYERO.** m. CHILE y VENEZ. El que guarda o conduce bueyes.

BUEYEZUELO. m. d. de buey, 1.er art.

BUEYUNO, NA. adj. Boyuno.

BUFA. (ital. buffa, y éste de la onomat. buf.) f. Burla, bufonada. || **2.** CUBA. Borrachera. || P. burla; I. jest; F. buffe; A. Posse; It. burla; R. издёвка.

★ **BUFADERA.** f. AMÉR. Bramadera, juguete.

BUFADO, DA. p.p. de bufar. Dícese del vidrio fundido con el que, soplando con un canuto, se forma una ampolla tan sutil que revienta.

BUFALINO, NA. adj. Perteneciente o relativo al búfalo.

BÚFALO, LA. (l. bufálus.) m. y f. ZOOL. Bisonte que vive en América del Norte y está en vías de desaparición. || **2.** ZOOL. Bóvido corpulento de cuyas dos especies principales una es asiática y otra africana. || P. búfalo; I. buffalo; F. buffe; A. Büffel; It. búfalo; R. буйвол.

BUFANDA. (De bufar.) f. Prenda, con que se abriga el cuello y la boca. || P. cachecol; I. muffler; F. cache-nez; A. Halstuch; It. cravattone; R. кашне.

★ **BUFANDILLA.** com. CUBA. Persona borracha.

BÚFANO, NA. (De búfalo.) m. y f. ant. Búfalo, la. || **2.** m. BOT. Árbol oleáceo de Cuba.

★ **BÚFANO, NA.** adj. CUBA y VENEZ. Fofo.

BUFAR. (De la onomat. buf.) intr. Resoplar con ira y furor el toro, el caballo y otros animales. || **2.** fig. y fam. Manifestar el hombre su enojo. || **3.** r. MÉJ. Ahue-

B carse o avejigarse una pared. || **P.** bufar; **I.** to puff; **F.** souffler; **A.** schnauben; **It.** sbuffare; **R.** фыркать.

BUFARDA. (De *bufar*.) f. SAL. Agujero abierto a ras de tierra en la carbonera por la que respira mientras se hace el carbón.

★ **BUFARRÓN.** adj. ARGENT. Bujarrón. Ú.t.c.s.

★ **BUFEADERO.** m. REP. DOMIN. Gruta en la costa.

★ **BUFEO.** m. ZOOL. PERÚ y ARGENT. Marsopa.

BUFETA. f. d. de bufa.

BUFETE. (fr. *buffet*, aparador.) m. Mesa de escribir con cajones. || **2.** fig. Estudio de un abogado. || **3.** fig. Clientela del abogado. || **4.** COLOM. Vaso para excretar en la cama los enfermos. || *Abrir* BUFETE. fr. fig. Empezar a ejercer la abogacía. || **P.** bufete; **I.** desk; **F.** bureau; **A.** Schreibtisch; **It.** scrittoio; **R.** бюро.

BUFETE. (De *bufar*.) m. ant. Fuelle, 1.ª acep.

BUFÍ. m. ant. AR. Especie de tela como camelote de aguas.

BUFIA. (De *bufar*.) f. GERM. Bota de vino.

BUFIADOR. (De *bufia*.) m. GERM. Tabernero, 1.ª acep.

BUFIDO. (De *bufar*.) m. Voz del animal que bufa. || **2.** fig. y fam. Expresión de enojo o enfado. || **3.** GERM. Voz descompuesta.

BUFO, FA. (ital. *buffo*, y éste de la onomat. *buf*.) adj. Cómico que raya en lo grotesco. || **2.** m. y f. Persona que hace el gracioso en la ópera italiana. || **P.** bufo; **I.** y **F.** bouffe; **A.** komisch; **It.** buffo; **R.** комический.

★ **BUFO, FA.** adj. VENEZ. Fofo, inconsciente.

BUFÓN. m. Buhonero.

★ **BUFÓN.** m. ARGENT. Revólver, en el lenguaje lunfardo.

BUFÓN, NA. (ital. *buffone*, y éste de *buffo*.) adj. Chocarrero. || **2.** m. y f. Truhán que se ocupa de hacer reir. || **P.** truão; **I.** buffoon; **F.** bouffon; **A.** Geck; **It.** buffone; **R.** шут.

BUFONADA. f. Dicho o hecho propio de bufón. || **2.** Chanza satírica. Se toma comúnmente por mala parte.

BUFONEARSE. (De *bufón*, 3.er art.) r. Burlarse. Ú.t.c.intr.

BUFONERÍA. f. Bufonada.

BUFONERÍA. f. ant. AR. Buhonería.

BUFONESCO, CA. adj. Bufo, chocarrero.

BUFONIZAR. (De *bufón*, 2.º art.) intr. Decir bufonadas.

BUFOS. (De la onomat. *buf*.) m. pl. ant. Papo, moda de tocado que usaron en algún tiempo las mujeres.

★ **BUFOSA.** f. GERM. ARGENT. Revólver.

★ **BUFOSA.** f. ARGENT. La pistola.

★ **BUFOSO.** m. ARGENT. ARGENT. Revólver.

BUGADA. (germ. *bukon*, suciedad.) f. ant. Bogada, colada, acción de colar.

BUGALLA. (port. *bugalho*.) f. Agalla del roble y otros árboles que sirve para hacer tintes y tinta.

BUGANVILLA. f. BOT. Arbusto trepador nictagináceo, oriundo de América.

BUGLE. (ingl. *bugle*, y éste del ant. fr. *bucûlus*, boyezuelo.) m. Instrumento músico de viento formado por un tubo y pistones en número variable.

BUGLOSA. (l. *buglossa*, y éste del gr. βούγλωσσον; de βοῦς, buey, y γλῶσσα, lengua.) f. Lengua de buey. || **P.** buglossa; **I.** bugloss; **F.** buglose, bouglone; **A.** Ochsenzunge; **It.** buglossa.

BUHAR. (De la onomat. *but*.) tr. GERM. Descubrir una cosa, dar soplo de ella.

BUHARDA. (De la onomat. *but*.) f. Buhardilla.

BUHARDILLA. (d. de *buharda*.) f. Ventana que se levanta por encima del tejado de una casa. || **2.** Desván. || **2.ª** acep.: **P.** desvão; **I.** garret; **F.** galetas, mansarde; **A.** Dachstube; **It.** soffitta; **R.** чердак.

BUHARRO. (Despect. de *búho*.) m. Corneja, 2.ª acep.

BUHEDAL. (De *buhedo*.) m. ant. Lugar cenagoso.

BUHEDERA. (De *buhar*.) f. Tronera, agujero.

BUHEDO. (l. *budetum*, de *bûda*, espadaña.) m. Bodón.

BUHERO. (De *buho*.) m. El que cuidaba de los buhos de caza.

BUHÍO. m. Bohío.

BÚHO. (l. *bûfus*, dialect. de *bubo*, *-ônis*.) m. ZOOL. Ave rapaz nocturna, indígena de España, de color negro y rojo, de pico corvo, ojos colocados en la parte delantera de la cabeza, sobre la cual tiene unas plumas alzadas con figura de orejas. || **2.** fig. y fam. Persona huraña. || **3.** GERM. Descubridor o soplón. || **P.** mocho; **I.** owl; **F.** hibou; **A.** Uhu; **It.** gufo; **R.** филин.

BUHONERÍA. (De *buhonero*.) f. Chucherías de poca monta que lleva su dueño a vender por las calles. || **2.** pl. Objetos de buhonería.

BUHONERO. (De *bufón*, 1.er art.) m. El que lleva o vende objetos de buhonería. || **P.** bufarinheiro; **I.** peddler; **F.** colporteur; **A.** Hausierer, Tabulettkrämer; **It.** merciaiuolo; **R.** бродячий торговец.

BUIDO, DA. (cat. *buit*, y éste del l. *vocîtus*, hueco.) adj. Aguzado, afilado. || **2.** Acanalado o con estrías.

BUITRE. (l. *vûltur*, *-ûris*.) m. Ave rapaz de cuello desnudo, rodeado de un collar de plumas y el cuerpo leonado. Se alimenta de carne muerta. ||—*franciscano*. Menos abundante que el común, con plumaje obscuro y la cabeza con plumas suaves. ||—*de las Indias*, *Gran*. Cóndor, ave rapaz diurna. || **P.** abutre; **I.** vulture; **F.** vautour; **A.** Geier; **It.** avvoltoio; **R.** стервятник.

★ **BUITREADA.** CHILE. Acción y efecto de buitrear. || **2.** CHILE. Vomitada.

BUITREAR. intr. CHILE. Cazar buitres. || **2.** CHILE. Vomitar alguna cosa recién comida.

BUITRERA. (De *buitre*.) f. Lugar en que los cazadores ponen el cebo al buitre. || *Estar ya para* BUITRERA. fr. Se aplica a la bestia flaca que está cerca de morirse y ser alimento de buitres.

BUITRERO, RA. adj. Perteneciente al buitre. || **2.** m. Cazador de buitres. || **3.** El que pone el cebo en las buitreras.

BUITRINO. m. desus. Buitrón, 2.ª acep.

BUITRÓN. (De *buitre*.) m. Arte de pesca en forma de cono prolongado en cuya boca hay otro más corto, dirigido hacia adentro. || **2.** Cierta red para cazar perdices. || **3.** Horno de manga usado en América para fundir minerales argentíferos. || **4.** Era honda y solada donde se benefician los minerales argentíferos. || **5.** Cenicero del hogar en los hornos metalúrgicos. || **6.** MONT. Artificio formado por setos de estacas entretejidas con ramas para que acosada con el ojeo, la caza venga a caer en ella. || **P.** cesto de vime para pescar; **I.** kipe; **F.** seine; **A.** Fischreuse; **It.** bertuello; **R.** верша.

★ **BUITRÓN.** m. PERÚ. Lugar soleado para secar coca.

★ **BUJA.** f. MÉJ. Buje.

BUJALAZOR. m. p. us. Bujarasol. Ú.t.c.adj.

BUJARASOL. m. Variedad de higo de carne colorada. Ú.t.c.adj.

★ **BUJARRO.** m. VENEZ. Bujarrón.

BUJARRÓN. (ital. *buggerone*, y éste del l. *Bulgârus*.) adj. Sodomita. Ú.t.c.s.

BUJE. (l. *bûxis*, *pyxis*, caja.) m. Pieza cilíndrica de hierro o cobre que guarnece interiormente el cubo de las ruedas de los carruajes, para disminuir el rozamiento con los ejes. || **P.** chapa; **I.** box; **F.** happe; **A.** Achsenblech; **It.** bronzina; **R.** букса.

★ **BUJE.** m. MÉJ. Calabacera.

BUJEDA. (l. *bûxêta*, pl. de *bûxêtum*, lugar de bojes.) f. Bujedal.

BUJEDAL. m. Bojedal.

BUJEDO. (l. *bûxêtum*, lugar de bojes.) m. Bujedal.

BUJELADA. f. ant. Especie de afeite para el rostro.

BUJERÍA. f. Mercadería de estaño, hierro, etc., de poco valor y precio. || **P.** bufarinhas; **I.** gewgaw; **F.** breloque; **A.** Kram; **It.** minuterie; **R.** мелочные товары.

BUJETA. (Del prov. *boiseta*, y éste del l. *bûxis*, *pyxis*, caja.) f. Caja de madera. || **2.** Pomo para perfumes que se suele traer en la faltriquera. || **3.** Cajita en que se guarda este pomo. || **P.** boceta; **I.** scent-

bottle; **F.** cassolette; **A.** Büchschen; **It.** profumiera; **R.** деревянный ящичек.

BUJÍA. (Del n. p. de la ciudad de *Bujía*, en África.) f. Vela de cera blanca, de esperma de ballena o esteárica. || **2.** Candelero en que se pone. || **3.** Unidad empleada para medir la intensidad de un foco de luz artificial. || **4.** Pieza que sirve en los motores de combustión interna para que salte la chispa eléctrica. ||—*eléctrica*. ELECTR. Se llama al arco voltaico en el cual los carbones no están situados el uno a continuación del otro, sino colocados paralelamente, empleándose corrientes alternas para que se consuman por igual. || **P.** bugia; **I.** candle; **F.** bougie; **A.** Kerze; **It.** candela; **R.** свеча.

BUJIER. (fr. *bougier*, der. de *bougie*, bujía.) m. Jefe de la bujiería.

BUJIERÍA. (De *bujier*.) f. Pieza de la casa real donde se guardaban y distribuían los combustibles.

BUJO. (l. *bûxus*, boj.) m. ant. Boj, 1.er art. Ú. en Burgos.

★ **BUL.** m. CUBA. Bebida compuesta de cerveza, agua y azúcar.

BULA. (l. *bulla*.) f. Distintivo que llevaban al cuello en la antigua Roma los hijos de los nobles hasta que vestían toga. || **2.** Sello de plomo que va pendiente de ciertos documentos pontificios. || **3.** Documento pontificio relativo a materia de fe o de interés general. ||—*de carne*. La que da el Papa en dispensación de comer de vigilia en ciertos días. ||—*de composición*. La que da el comisario general de Cruzada a los que poseen bienes ajenos cuando no les consta el dueño de ellos. ||—*de difunto*. Aquella por la cual pueden aplicarse ciertas indulgencias al alma de un difunto. ||—*de la Santa Cruzada*. Indulgencias concedidas a los fieles de España que contribuyen con la limosna determinada. || **2.** Sumario de esta Bula que expide el comisario general de Cruzada. || *Echar las* BULAS *a uno*. fr. fig. y fam. Imponerle algún gravamen o carga. || **3.** fig. y fam. Reprenderle severamente. || *Haber* BULAS *para difuntos*. fr. fig. y fam. Haber favor para librarse de alguna carga. || *No poder con la* BULA. fr. fig. y fam. Estar sin fuerzas para nada. || *No valerle a uno la* BULA *de meco*. fr. fig. y fam. No haber remedio para él. || **P.** bula; **I.** y **F.** bulla; **A.** Bulle; **It.** bolla; **R.** булла.

BULAR. (De *bula*, sello.) tr. ant. Marcar con un hierro encendido al esclavo o al reo.

BULÁRCAMA. f. MAR. Sobreplán.

BULARIO. m. Colección de bulas. || **P.** bulário; **I.** bulalry; **F.** bullaire; **A.** Bullensammlung; **It.** bollario.

★ **BULBILLO.** m. BOT. Yema aérea que se separa de la planta madre.

BULBO. (l. *bûlbus*.) m. BOT. Tallo subterráneo del que pueden nacer los órganos aéreos; se llama tunicado cuando sus hojas forman envolturas completas a manera de túnicas, y escamoso cuando son estrechas. ||—*dentario*. ANAT. Una de las partes del germen del diente que carece de vasos. ||—*piloso*. ZOOL. Abultamiento ovoideo en que termina la raíz del pelo de los mamíferos por su extremo profundo. || **P.** bolbo; **I.** bulb; **F.** bulbe; **A.** Knolle, Zwiebel; **It.** bulbo; **R.** цветочная луковица.

BULBOSO, SA. adj. BOT. Que tiene bulbos.

BULDA. f. ant. Bula.

BULDAR. (De *bulda*.) tr. ant. Bular.

BULDERÍA. (De *buldero*.) f. ant. Palabra de injuria.

BULDERO. (De *bulda*.) m. ant. Bulero.

★ **BULE.** m. MÉJ. Calabaza, güira.

BULERÍAS. f. pl. Cante popular andaluz, de ritmo vivo que se acompaña con palmoteo. || **2.** Baile al son de este cante.

BULERO. m. Persona comisionada para distribuir las bulas de la Santa Cruzada y recaudar el producto de la limosna que dan los fieles.

BULETO. (De *bula*.) m. Breve apostólico.

º **BULEVAR.** m. Paseo amplio plantado de árboles.

BÚLGARO, RA. adj. Natural de Bulgaria. Ú.t.c.s. || **2.** Perteneciente a este estado europeo. || **3.** m. Lengua búlgara.

BULÍ. m. FILIP. Burí.

★ **BÚLICO, CA.** adj. P. RICO, MÉJ. y VENEZ. Aplícase a las aves gallináceas cuyo plumaje es de color amarillo con pintas blancas.

BULIMIA. (gr. βουλιμία, de βούλιμος, que tiene mucha hambre; de βοῦς, buey, y λιμός, hambre.) f. MED. Hambre canina. || **P., I. e It.** bulimia; **F.** boulimie; **A.** Heisshunger; **R.** голод.

★ **BULÍN.** f. ARGENT. Departamento bien amueblado.

★ **BULINA.** f. MÉJ. Torta, pasta de fríjol.

★ **BULINCHE.** m. AMÉR. CENTRAL. Boliche.

BULO. m. Noticia falsa propalada con algún fin.

BULTO. (l. *vŭltus*, rostro.) m. Volumen de cualquiera cosa. || **2.** Cuerpo que no se distingue lo que es. || **3.** Elevación causada por cualquier tumor. || **4.** Busto o estatua. || **5.** Fardo, baúl, etc. || **6.** Funda de almohada. || **7.** MÉJ., HOND. y COLOM. Cartapacio. || —**redondo.** Obra escultórica aislada y visible por todo su contorno. || *A* BULTO. m. adv. fig. Por mayor, poco más o menos. || *A menos* BULTOS, *más claridad.* loc. fam. con que da a entender que no tiene importancia la ausencia o la retirada de personas convocadas a una reunión. || *Buscar* a uno *el* BULTO. fr. fig. Perseguirle con intenciones hostiles. || *Coger* a uno *el* BULTO. fr. fig. y fam. Haberle a las manos. || *Escurrir, guardar, o huir* uno *el* BULTO. fr. fig. y fam. Eludir el riesgo. || *Menear* a uno *el* BULTO. fr. fig. y fam. Darle golpes. || *Poner de* BULTO una cosa. fr. fig. Referirla de modo que llame la atención. || *Ser de* BULTO una cosa. fr. fig. Ser muy manifiesta y clara. || **P.** vulto; **I.** bulk; **F.** colis; **A.** Pack; **It.** fardello; **R.** тюк.

BULULÚ. (Voz imitativa.) Farsante que representaba él solo una comedia, mudando la voz según la calidad de personas que iban hablando. || **2.** VENEZ. Alboroto.

★ **BULULÚ.** REP. DOMIN. Dólar, peso.

BULLA. (De *bullir*.) f. Gritería que hacen una o más personas. || **2.** Concurrencia de mucha gente. || **3.** PERÚ. Ruido en general. || **4.** P. RICO. Pelea. || *Meter a* BULLA. fr. fig. y fam. Impedir que se prosiga un asunto introduciendo muchas especies extrañas. || **P.** bulha; **I.** bustle; **F.** bruit, tapage, vacarme; **A.** Lärm, Krach; **It.** voce; **R.** сумятока.

BULLA. f. NAV. Bolla, 1.er art.

★ **BULLABULLA.** m. PAN. Hombre bullanguero.

★ **BULLADO, DA.** adj. CHILE, PERÚ y ECUAD. Ruidoso, sonado.

BULLAJE. (De *bulla*, 1.er art.) m. Confusión de mucha gente.

BULLANGA. (De *bulla*, 1.er art.) f. Rebullicio.

★ **BULLANGUERÍA.** f. CHILE y ARGENT. Bulla.

BULLANGUERO, RA. adj. Alborotador. Ú.t.c.s.

BULLAR. (l. *bŭlla*, bola.) tr. AR. y NAV. Bollar, 1.er art.

★ **BULLARANGA.** f. AMÉR. Bullanga.

BULLARENGUE. m. fam. Prenda que usaban las mujeres para dar a las nalgas apariencia voluminosa. || **2.** CUBA. Cosa postiza, fingida. || **3.** interj. CUBA. Se emplea para reírse de aquel a quien se ha engañado.

★ **BULLARENGUE.** m. CUBA. Bulla. || **2.** PAN. Baile movido.

★ **BULLARUGA.** f. AMÉR. Jaleo, bulla.

BULLEBULLE. (De *bullir*.) com. fig. y fam. Persona inquieta.

BULLECER. (l. *bullescěre*.) intr. ant. Bullir.

BULLENTE. p.a. de bullir. Que bulle.

★ **BULLERENGUE.** m. fam. COLOM. y MÉJ. Bullarengue.

★ **BULLERO, RA.** adj. COLOM., PERÚ y VENEZ. Bullicioso.

★ **BULLICIERO, RA.** adj. MÉJ. y AMÉR. CENTRAL. Bullicioso.

BULLICIO. (De *bullir*.) m. Ruido y rumor que causa la mucha gente. || **2.** Alboroto.

BULLICIÓN. f. ant. Bullicio, 2.ª acep.

BULLICIOSAMENTE. adv. Con bullicio.

BULLICIOSO, SA. adj. Se dice de lo que causa mucho bullicio, y de aquello en que lo hay. || **2.** Inquieto, que no para. || **3.** Desasosegado, inquieto. || **4.** Sedicioso. Ú.t.c.s.

BULLIDOR, RA. adj. Que bulle o se mueve con viveza.

BULLIDURA. (De *bullir*.) f. ant. Bullicio.

BULLIR. (l. *bullīre*.) intr. Hervir algún líquido. || **2.** Agitarse una cosa con movimiento semejante al del agua al hervir. || **3.** fig. Agitarse una persona con movimiento excesivo. || **4.** fig. Moverse como dando señal de vida. Ú.t.c.r. || **5.** fig. Ocurrir con frecuencia cosas de la misma naturaleza. || **6.** tr. fig. Mover. || **7.** MÉJ. Embromar. || BULLIRLE a uno *una cosa.* fr. fig. y fam. Deseo vehemente que siente uno de algo. || **P.** ferver; **I.** to boil; **F.** bouillir; **A.** sieden; **It.** bollire; **R.** кипеть.

★ **BULLISTA.** adj. COLOM. Bullicioso.

BULLÓN. (De *bullir*, hervir.) m. Tinte que está hirviendo en la caldera.

BULLÓN. (l. *bulla*, bola.) m. Pieza de metal con varias labores con que se guarnecen los libros grandes.

★ **BULLÓN.** m. GUAT., ECUAD. y PERÚ. Alboroto.

★ **BULLOSO, SA.** adj. ECUAD. Bullicioso.

★ **BUNA.** f. QUÍM. Caucho sintético.

★ **BUNA.** f. COLOM. Hormiga que al picar causa irritación.

★ **BUNDE.** m. AMÉR. Cierto baile de negros. || **2.** COLOM. Apuro.

★ **BUNDEAR.** intr. COLOM. Trabajar con escaso provecho, y también vagabundear. || **2.** tr. COLOM. Expulsar a alguien de un lugar.

★ **BUNGA.** f. CUBA. Orquesta de pocos instrumentos. || **2.** CUBA. Bola, mentira.

BUNIATAL. m. Campo plantado de buniatos.

★ **BUNIATILLO.** m. CUBA. Dulce de buniato.

BUNIATO. m. Boniato.

BUNIO. (l. *bunion*, y éste del gr. βούνιον.) m. Nabo que se deja para simiente.

★ **BUNSENITA.** f. MINERAL. Protóxido. natural de níquel de color verde claro.

BUÑOLERÍA. (De *buñolero*.) f. Tienda en que se hacen y venden buñuelos.

BUÑOLERO, RA. m. y f. Persona que por oficio hace o vende buñuelos.

BUÑUELO. (ant. alto al. *bungo*, gleba, bulbo; en fr. *beignet*.) m. Fruta de sartén que se hace con masa de harina frita y esponjada. || **2.** fig. y fam. Cosa mal hecha. || **3.** CUBA. Pedazos de masa de fríjoles frita. || —**de viento.** El que se llena con algún dulce. || *¿Es* BUÑUELO? *No es* BUÑUELO. No son BUÑUELOS. exprs. figs. y fams. con que se denota la inconsideración del que sin dar tiempo desea que se haga alguna cosa. || **P.** filhó; **I.** cruller; **F.** beignet; **A.** Krapfen; **It.** frittella; **R.** пончик.

BUQUE. (fr. *buc*, casco.) m. Cabida, 1.ª acep. || **2.** MAR. Casco de nave. || **3.** MAR. Barco apropiado para empresas marítimas de importancia. || **4.** C. RICA. Marco de la puerta. || —**a la carga.** MAR. El que está en el puerto buscando el cargamento. || —**cisterna.** Buque tanque. || —**de cabotaje.** MAR. El que se dedica a esta especie de navegación. || —**de cruz.** MAR. El de velas cuyas vergas van cruzadas sobre los palos. || —**de guerra.** MAR. El armado para usos militares. || —**de hélice.** MAR. El de vapor que se mueve por tal medio. || —**de torres.** MAR. El que lleva en cubierta cañones de grueso calibre montados en torres giratorias. || —**de transporte.** MAR. El del Estado que conduce hombres o efectos durante la guerra. || —**de vapor.** El que navega con máquinas de esta especie. || —**de vela.** MAR. El que aprovecha con cualquier aparejo la fuerza del viento. || —**de lastre.** El que navega sin carga útil. || —**en rosca.** MAR. El que está acabado de construir y sólo consta de casco. || —**escuela.** Barco de marina en que completan su instrucción los guardias marinas. || —**mercante.** El que se emplea en la conducción de pasajeros y mercancías. || —**mixto.** MAR. El que está habilitado para navegar por la fuerza del viento y del vapor. || —**submarino.** MAR. El de guerra que puede cerrarse herméticamente, y navegar por debajo del agua. || —**tanque.** El especialmente construido para transportar carburantes líquidos. || —**tramp.** El mercante sin líneas regulares ni cargamento fijo utilizado para el transporte de mercancías varias. || **P.** buque; **I.** ship, vessel; **F.** navire, bâtiment, vaisseau; **A.** Schiff, Fahrzeug; **It.** bastimento, legno; **R.** судно, корабль.

★ **BUQUÉ.** m. Galicismo por perfume, aroma, hablando de bebidas alcohólicas, o por ramillete, si se trata de flores.

★ **BUQUENQUE.** adj. CUBA. Se aplica a la persona alcahueta. Ú.t.c.s.

★ **BUQUÍ.** m. REP. DOMIN. Tragaldabas.

★ **BURA.** f. VENEZ. Masa de maíz.

BURACO. m. vulg. Agujero, 1.ª acep. || **2.** ARGENT. Agujero grande. || **3.** MAR. Abertura de registro en los buques para reconocer sus ligazones.

★ **BURADO, DA.** adj. COLOM. Se aplica a lo que no alcanza su desarrollo normal.

★ **BURATA.** f. VENEZ. Moneda, dinero.

BURATO. (ital. *buratto*, y éste del l. *būra, būrra*, borra.) m. Tejido que sirve para alivio de lutos y para manteos. || **2.** Manto transparente, cendal. || 1.ª acep.: **P.** burato; **I.** bombazine; **F.** burat; **A.** Borat; **It.** buratto; **R.** ткань.

★ **BURBAQUE.** m. REP. DOMIN. Alboroto, desorden.

BURBUJA. (De *borbollar*.) Glóbulo de aire u otro gas que se forma en el interior de algún líquido. || **P.** borbulha; **I.** bubble; **F.** bulle; **A.** Wasserblase; **It.** bolla; **R.** пузырёк воздуха.

BURBUJEANTE. p.a. de burbujear. Que burbujea.

BURBUJEAR. intr. Hacer burbujas.

BURBUJEO. m. Acción de burbujear.

BURCHACA. f. Burjaca.

BURCHE. (ár. *burý*, torre de fuerte, y éste del gr. πύργος.) f. Torre, 1.ª acep.

BURDA. f. MAR. Brandal de los masteleros de juanete.

BURDALLO, LLA. adj. ant. Burdo.

BURDAMENTE. adv. De modo burdo.

BURDÉGANO. (l. *bŭrdicŭlus*, de *bŭrdus*, mulo.) m. Hijo de caballo y burra.

BURDEL. (ant. fr. *bordel*, choza, y éste del célt. *borda*, tabla.) adj. Lujurioso. || **2.** m. Mancebía, casa de prostitutas. || **3.** fig. y fam. Casa en que se falta al decoro con ruido y confusión. || 2.ª y 3.ª aceps.: **P.** y **F.** bordel; **I.** brothel; **A.** Bordell; **It.** bordello; **R.** бордель.

BURDELERO, RA. m. y f. ant. Alcahuete.

BURDEOS. m. fig. *Vino de* BURDEOS.

BURDINALLA. f. ant. MAR. Cabo o conjunto de cabos delgados que sujetaban el mastelero de la sobrecebadera y se hacían firmes en el estay mayor.

BURDO, DA. adj. Tosco, grosero. || **P.** tosco; **I.** coarse; **F.** gros, grossier; **A.** grob; **It.** grossolano; **R.** грубый.

★ **BUREAR.** tr. COLOM. Burlar. || **2.** intr. COLOM. Divertirse.

BUREL. (ant. fr. *burel*.) m. BLAS. Pieza formada por una faja cuya anchura es la novena parte de ancho del escudo. || **P.** burela; **I.** bar; **F.** burelle; **A.** schmaler Streifen; **It.** fascia; **R.** штихель.

BURELADO. (De *burel*.) adj. BLAS. Dícese del escudo que tiene cinco fajas de metal y otras cinco de color.

★ **BURÉN.** m. CUBA, REP. DOMIN. y COLOM. Hornillo para las tortas de casabe. || **2.** ANT. y COLOM. Plancha donde se hace dicha torta.

BURENGUE. m. MURC. Esclavo mulato.

BUREO. (fr. *bureau*.) m. Junta formada por altos dignatarios palatinos que ejercía jurisdicción sobre las personas sujetas al fuero de ella. || **2.** Entretenimiento. || *Entrar en* BUREO. fr. ant. fig. Juntarse para tratar de algo.

★ **BURETA.** f. QUÍM. Tubo largo y graduado en décimas y medias décimas de centímetro cúbico, y a manera de pipeta va dejando caer el líquido gota a gota. Úsase en el análisis volumétrico. || **P.** bureta; **I.** y **F.** burette; **A.** Bürette; **It.** buretta; **R.** бюретка.

BURGA. (Tal vez del vasc. *bero-ur-ga*,

B lugar de agua caliente.) f. Manantial de agua caliente.

BURGADO. (l. *mŭrĭcātŭs*, múrice.) m. Caracol terrestre, del tamaño de una nuez pequeña.

BURGALÉS, SA. adj. Natural de Burgos. Ú.t.c.s. || **2.** Perteneciente a esta ciudad.

BURGÉS, SA. (l. *burgensis*.) adj. ant. Burgués, 1.ª acep. Usáb.t.c.s.

BURGO. (l. *burgus*, y éste del germ. *burg*, en gr. πύργος.) m. ant. Aldea dependiente de otra población.

BURGOMAESTRE. (al. *burgmeister; de burg*, ciudad, villa, y *meister*, magistrado.) m. Primer magistrado municipal de algunas ciudades de Alemania, los Países Bajos, etc.

BURGRAVE. (al. *burggraf; de burg*, ciudad, villa, y *graf*, conde.) m. Señor de una ciudad. Título que se usó en Alemania.

BURGRAVIATO. m. Dignidad de burgrave. || **2.** Territorio del burgrave.

BURGUEÑO, ÑA. adj. Natural de un burgo. Ú.t.c.s.

BURGUÉS, SA. Perteneciente al burgo. || **2.** m. y f. Ciudadano de la clase media, acomodada. Ú. comúnmente en contraposición a proletario. || **P.** burguez; **I.** burgess; **F.** bourgeois; **A.** Bürger; **It.** borghese; **R.** буржка.

BURGUESÍA. f. Conjunto de personas acomodadas. || **P.** burgezia; **I.** y **F.** bourgeoisie; **A.** Bürgerschaft; **It.** borghesìa; **R.** буржуазия.

BURÍ. m. Palma que se cría en Filipinas, de tronco alto. De la medula de su tronco se obtiene el segú; de las hojas, un filamento textil y de las espatas de las flores, la tuba. || **2.** Este filamento.

BURIEL. (cat. *burell*, y éste del l. *bŭrĭĕllus*, d. de *bŭrĭus*, rojizo.) adj. De color rojo, entre negro y leonado. || **2.** Aplícase al paño con que se agarra el hilo del cáñamo al devanarlo.

BURIELADO, DA. adj. ant. Semejante o perteneciente al color o paño buriel.

BURIL. (fr. *burin*.) m. Instrumento que sirve a los grabadores para abrir y hacer líneas en los metales. || **2.** Constelación austral situada entre la Paloma y Erídano. || **—chaple redondo.** El que tiene la punta en forma de gubia. || **—chaple en forma de escoplo.** El que tiene la punta en figura de escoplo. || **—de punta.** El que tiene la punta aguda. || **P.** buril; **I.** y **F.** burin; **A.** Griffel; **It.** bulino; **R.** резец.

BURILADA. f. Trazo de buril. || **2.** Porción de plata que sacan con el buril los ensayadores para ver si es de ley.

BURILADOR, RA. adj. Que burila. Ú.t.c.s.

BURILADURA. f. Acción y efecto de burilar.

BURILAR. tr. Grabar con el buril.

BURJACA. (l. *bursa*, cruzado con el germ. *habersack*, saco de mano.) f. Bolsa grande de cuero que llevan los peregrinos. || **2.** ARGENT. Cartapacio, cartera.

BURLA. (b. l. *burula*, d. del l. *burra*, necedad, bagatela.) f. Acción con que se pone en ridículo a personas o cosas. || **2.** Chanza. || **3.** Engaño. || **4.** En plural se dice un contraposición de *veras*. || *A la* BURLA *dejarla cuando más agrada.* ref. que indica que demasiada chanza acaba disgustando. || *A las* BURLAS, *así ve a ellas que no te salgan a veras.* ref. que indica el cuidado que hay que poner para que las chanzas no ofendan. || BURLA *burlando.* m. adv. fam. Sin darse cuenta de ello. || **2.** fam. Disimuladamente. || BURLA *burlando vase el lobo al asno.* ref. que denota la facilidad de inclinarnos a lo que nos agrada. || BURLA *con daño no cumple el año.* ref. que indica que las burlas perjudiciales duran poco. || *Decir una cosa entre* BURLAS *y veras.* fr. Decir algo desagradable en tono festivo. || *Mezclar unas* BURLAS *con veras.* fr. Introducir en un escrito o conversación cosas serias y jocosas. || **2.** Decir en tono de chanza, verdades. || *Ni en* BURLAS *ni en veras, con tu amo no partas peras.* ref. que indica que no ha de echarse en las chanzas familiaridad con los superiores. || *No hay peor* BURLA *que la verdadera.* ref. que indica que no hay que guardarse de los defectos a la cara. || *Quien hace la* BURLA, *guárdese de la escarapulla.* ref. que indica que quien gasta burlas pesadas debe guardarse de la venganza. || **P.** e **It.** burla; **I.** mockery; **F.** moquerie; **A.** Spott; **R.** насмешка. || **3.ª** acep.: **P.** engano; **I.** deceit; **F.** raillerie; **A.** Betrug; **It.** gabbamento; **R.** обман.

BURLADERO. (De *burlar*.) m. Trozo de valla que se pone en las plazas de toros para refugiarse el lidiador burlando al toro.

BURLADOR, RA. adj. Que burla. Ú.t.c.s. || **2.** m. Libertino que engaña a las mujeres. || **3.** Vaso que por tener unos agujeros ocultos moja y burla al que bebe. || **4.** Conducto de agua oculto que moja al que se acerca incautamente.

BURLAR. (De *burla*.) tr. Chasquear. Ú.m.c.r. || **2.** Engañar. || **3.** Desvanecer la esperanza o deseo, etc., de alguno. || **4.** r. Hacer burla de personas o cosas. Ú.t.c. intr. || **P.** burlar; **I.** to mock; **F.** railler; **A.** verspotten; **It.** burlare; || **2.ª** acep.: **P.** anganar; **I.** to deceive; **F.** tromper; **A.** hintergehen; **It.** burlare; **R.** издеваться.

BURLERÍA. f. Burla, engaño. || **2.** Conseja de viejas. || **3.** Engaño, ilusión. || **4.** Mengua, irrisión.

BURLESCAMENTE. adv. De manera burlesca.

BURLESCO, CA. adj. fam. Festivo, sin formalidad.

BURLETA. f. d. de burla.

BURLETE. (fr. *bourrelet*.) m. Tira de venda o tela que se pone al canto de las hojas de puertas o ventanas para cubrir los intersticios y evitar la entrada de aire frío.

★ **BURLISTO, TA.** adj. AMÉR. CENTRAL. Bullanguero.

BURLÓN, NA. adj. Inclinado a decir o hacer burlas. Ú.t.c.s. || **2.** Que denota burla.

BURLONAMENTE. adv. Con burla.

BURLOTE. m. Entre jugadores, la partida más pequeña acabada la primera.

BURO. m. AR. Greda.

★ **BURÓ.** m. Especie de escritorio. || **2.** MÉJ. Mesa de noche.

BUROCRACIA. (fr. *bureaucratie*, y éste de *bureau*, oficina, y el gr. κράτος, poder.) f. Influencia excesiva de los empleados públicos en los negocios del Estado. || **2.** Clase social de los empleados públicos. || **P.** burocracia; **I.** bureaucracy; **F.** bureaucratie; **A.** Bürokratie; **It.** burocrazìa; **R.** бюрократия.

BURÓCRATA. com. Persona que pertenece a la burocracia, 2.ª acep.

BUROCRÁTICO, CA. adj. Perteneciente a la burocracia.

BURRA, (De *burro*.) f. Asna, 1.ª acep. || **2.** fig. Mujer necia, ignorante. Ú.t.c.adj. || **3.** fig. y fam. Mujer laboriosa. || **4.** P. RICO, REP. DOMIN. y COLOM. Burro, juego de naipes. || **5.** COLOM. Sombrero hongo. || **6.** GERM. ARGENT. Caja de caudales. || *Descargar la* BURRA. fr. fig. y fam. Que sin causa bastante deja el trabajo echando la carga a otro. || **2.** Cierto juego de tablas entre dos. || *Estar a uno una cosa como a la* BURRA *las arracadas.* fr. fig. y fam. Sentar mal algo al que se le pone. || *Jo, que te estrego,* BURRA *de mi suegro.* ref. que se aplica a los que se resienten cuando les hacen bien. || **P.** burra; **I.** she-ass; **F.** ânesse; **A.** Eselin; **It.** àsina, somara; **R.** ослица.

BURRADA. f. Manada de burros. || **2.** fig. Jugada hecha contra regla, en el juego del burro. || **3.** fig. y fam. Necedad.

BURRAJEAR. tr. Borrajear.

BURRAJO. (De *burro*.) m. Estiércol seco empleado como combustible. || **2.** MÉJ. Grosero, imbécil.

BURRAL. adj. p. us. Asnal, brutal.

BURREÑO, ÑA. (De *burro*.) m. Burdégano.

BURRERO. m. El que tiene o conduce burras. || **2.** MÉJ. Dueño o arriero de burros. || **3.** GUAT. Gran número de burros. || **4.** COLOM. Baile de gentualla.

BURRICIEGO, GA. adj. vulg. Cegato.

BURRIEL. (De *buriel*.) adj. desus. Buriel.

BURRILLO. (d. de *burro*.) m. fam. Añalejo.

★ **BURRIÓN.** m. GUAT. y HOND. Colibrí.

★ **BURRIQUITA.** f. ANT. y AMÉR. CENTRAL. Borriquita.

★ **BURRIQUITO.** m. ant. AMÉR. CENTRAL. Borriquillo.

BURRITO. m. d. de burro. || **2.** MÉJ. Flequillo. || **3.** MÉJ. Rosetas de maíz.

BURRO. (De *borrico*.) m. Asno, 1.ª acep. || **2.** Armazón que sirve para sujetar una de las cabezas del madero que se ha de aserrar. || **3.** Rueda dentada que pone en movimiento las ruedas en el torno para torcer la seda. || **4.** Juego de naipes en que se dan tres cartas a cada jugador, se descubre la primera de las que sobran, entra el que quiere y gana el que más bazas hace. || **5.** fig. y fam. Asno. Ú.t.c.adj. || **6.** El que pierde en el juego del burro. || **7.** MÉJ. fig. Escalera de tijera. || **8.** CUBA. Maroma que se emplea para techar las casas hechas de guano o palma. || **9.** ANT. Nombre vulgar de un árbol. || **10.** ARGENT. Armazón portátil. || **11.** ARGENT. Caballete destinado en los ranchos a la colocación del recado de lujo. || **12.** P. RICO. Banquillo de zapatero. || **13.** ARGENT. Juego de la mona. || **14.** MÉJ. Juego de niños. || *Los* BURROS. expr. vulg. R. DE LA PLATA. Las carreras de caballos. || **—cargado de letras.** fig. Persona que ha estudiado mucho pero no tiene ingenio. || **—de carga.** fig. y fam. Hombre laborioso y de mucho aguante. || *Correr* BURRO *una cosa.* fr. fig. y fam. Extraviarse. || *Ver* BURROS *negros.* fr. fig. y fam. CHILE. Ver las estrellas. || **P.** burro; **I.** ass; **F.** âne; **A.** Esel; **It.** àsino; **R.** осёл. || **2.ª** acep.: **I.** sawyer's jack; **F.** baudet; **A.** Sägebock; **It.** pièdica; **R.** козлы.

BURRUMBADA. f. Barrumbada.

★ **BURRUNAZO.** m. P. RICO. Golpe, porrazo.

★ **BURSACA.** f. VENEZ. Buchaca, bolsa.

BURSÁTIL. (l. *bŭrsa*, bolsa.) adj. COM. Concerniente a la bolsa, a las operaciones que en ella se hacen y a los valores cotizables.

BURSERÁCEO, A. (De *bursera*, nombre de un género de plantas.) adj. BOT. Se aplica a las plantas dicotiledóneas angiospermas, que tienen en su corteza conductos que destilan resinas y bálsamos. Ú.t.c.s.f. || **2.** f. pl. BOT. Familia de estas plantas.

★ **BURUCA.** f. AMÉR. CENTRAL. Bulla.

★ **BURUJINA.** f. CUBA y P. RICO. Confusión.

BURUJO. (De *borujo*.) m. Bulto pequeño que se forma uniéndose apretadas con otras las partes que debían estar sueltas.

BURUJÓN. m. aum. de buruja. || **2.** Chichón. || **3.** CUBA. Confusión, jaleo.

★ **BURUNDANGA.** f. CUBA. Entre el vulgo, cosa despreciable. || **2.** CUBA. Enredo.

★ **BURUSCA.** f. C. RICA. Pizca, migaja.

★ **BUSACA.** f. AMÉR. Tronera de la mesa de billar. || **2.** VENEZ. Bolsa.

BUSARDA. f. Buzarda.

BUSCA. f. Acción de buscar. || **2.** Tropa de cazadores, monteros, que levanta la caza. || **2.** CUBA, PERÚ y MÉJ. Provechos accesorios que se sacan de algún empleo. || **P.** busca; **I.** search; **F.** recherche; **A.** Suche; **It.** ricerca; **R.** отыскивание.

★ **BUSCABULLA.** com. CUBA, P. RICO y COLOM. Buscarruidos.

BUSCADA. (De *buscar*.) f. Busca, 1.ª acep.

BUSCADOR, RA. adj. Que busca. Ú.t.c.s. || **2.** m. Anteojo pequeño de mucho campo que forma cuerpo con telescopios, refractores y reflectores para facilitar su puntería.

BUSCAMIENTO. (De *buscar*.) m. ant. Busca, 1.ª acep.

BUSCANIGUAS. (De *buscar* y *nigua*.) m. COLOM. y GUAT. Buscapiés.

BUSCAPIÉ. (De *buscar* y *pie*.) m. fig. Especie que se suelta en la conversación para poner en claro o dar a entender alguna cosa. || **2.** VENEZ. Buscapiés.

BUSCAPIÉS. (De *buscar* y *pie*.) m. Cohete sin varilla que encendido corre por la tierra entre los pies de las personas. || **P.** busca-pé; **I.** squib-cracker; **F.** serpenteau; **A.** Schwärmer; **It.** serpentello; **R.** шутиха.

BUSCAPIQUES. (De *buscar* y *pique*.) m. PERÚ. Buscapiés.

★ **BUSCAPLEITO.** m. PERÚ. Buscapleitos.

BUSCAPLEITOS. com. AMÉR. CENTRAL y MERID. Buscarruidos, picapleitos.

BUSCAR. tr. Inquirir, hacer diligencias para hallar alguna cosa. || 2. GERM. Hurtar con mañas. || 3. CHILE, ECUAD. y HOND. Llamar a uno, preguntar por él. || 4. MÉJ. Irritar, provocar. || BUSCÁRSELA. fam. Ingeniarse para hallar medios de subsistencia. || *Quien* BUSCA *halla.* fr. proverb. que da a entender la importancia de la diligencia en intentar una cosa. || **P.** buscar; **I.** to seek, to search; **F.** chercher, rechercher; **A.** suchen; **It.** ricercare; **R.** искать.

BUSCARRUIDOS. (De *buscar* y *ruido*.) com. fig. y fam. Persona inquieta, que anda moviendo alborotos. || **P.** brigão; **I.** quarresome; **F.** querelleur; **A.** Zänker, Händelsucher; **It.** accattabrighe; **R.** задира.

BUSCAVIDA. com. Buscavidas, 2.ª acep.

BUSCAVIDAS. (De *buscar* y *vida*.) com. fig. y fam. Persona curiosa en averiguar las vidas ajenas. || 2. fig. y fam. Persona diligente en buscarse por cualquier medio lícito el modo de vivir. || 3. MÉJ. Acusón. || **P.** fura-vidas; **I.** busybody; **F.** dénicheur; **A.** Schnüffler; **It.** ficcanaso; **R.** проныра.

BUSCO. (fr. *busc*.) m. Umbral de una puerta de esclusa.

BUSCO. (De *buscar*.) m. ant. Rastro que dejan los animales.

BUSCÓN, NA. (De *buscar*.) adj. Que busca. Ú.t.c.s. || 2. Se dice de la persona que hurta rateramente. Ú.t.c.s. || 3. f. Ramera.

BUSIER. m. Bujier.

BUSILIS. m. fam. Punto en que estriba la dificultad del asunto de que se trata.

BUSO. m. ant. Agujero, 1.ª acep.

BÚSQUEDA. (De *buscar*.) f. Busca, 1.ª acep. Se emplea en los archivos y escribanías.

BUSQUILLO. (De *buscar*.) m. fam. CHILE y PERÚ. Buscavidas, 2.ª acep.

BUSTO. (l. *bustum*, por análisis de *combustum*, quemado.) m. Escultura o pintura de la parte superior del cuerpo. || **P.** e **It.** busto; **I.** bust; **F.** buste; **A.** Büste; **R.** бюст.

BUSTRÓFEDON. (gr. βουστροφηδόν; de βοῦς, buey, y στρέφω, volver, tornar.) adv. Manera de escribir trazando un renglón de izquierda a derecha y el siguiente de derecha a izquierda. Se empleó en la antigua Grecia. El nombre le viene de la semejanza con los surcos que hacen los bueyes arando.

★ **BUSÚA.** m. REP. DOMIN. Bola grande con la que juegan los muchachos.

★ **BUSUNUCO.** m. REP. DOMIN. Busúa.

BUTACA. (cumanagoto *putaca*, asiento.) f. Silla de brazos con respaldo inclinado hacia atrás. || **P.** poltrona; **I.** armchair; **F.** fauteuil; **A.** Armsessel; **It.** poltrona; **R.** кресло.

★ **BUTACO.** m. P. RICO. Butaque.

° **BUTADIENO.** m. Uno de los hidrocarburos isómeros empleado en la producción del caucho artificial.

° **BUTANO.** m. QUÍM. Hidrocarburo gaseoso natural, saturado acíclico, que se desprende de los pozos de petróleo. Se presenta envasado a presión y se usa como combustible.

★ **BUTAQUE.** m. COLOM. Butaca. || 2. VENEZ. Butaca de tijera. || 3. COLOM. Vestido de niño con el calzón y la prenda del talle formando una pieza única.

BUTEN (DE). loc. vulg. Excelente, la mejor en su clase.

BUTIFARRA. (cat. *butifarra*, y éste del l. *bŏttŭ[lus]*, tripa, y *farsus*, por *fartus*, relleno.) f. Cierto embuchado que se hace principalmente en Cataluña, Baleares y Valencia. || 2. PERÚ. Pan con jamón y ensalada. || 3. fig. y fam. Calza o media muy ancha o que no ajusta bien. || *Tomar* a uno *por la* BUTIFARRA. fr. vulg. ARGENT. Burlarse de él.

BUTIFARRERO, RA. m. y f. Persona que hace o vende butifarras.

★ **BUTIFARRÓN.** m. P. RICO. Cosa mal hecha.

★ **BUTILBENCENO.** m. QUÍM. Uno de los hidrocarburos aromáticos.

BUTIONDO, DA. (dialect. *bote*, macho cabrío.) adj. Botiondo.

BUTIRO. (l. *butȳrum*, y éste del gr. βούτυρον.) m. Mantequilla obtenida de la leche.

★ **BUTIRÓMETRO.** m. QUÍM. Instrumento que determina la manteca que tiene la leche. || **P.** butyrometro; **I.** butyrometer; **F.** butyromètre; **A.** Butyrometer; **It.** butiròmetro. **R.** бутирометр

BUTIROSO, SA. (De *butiro*.) adj. Mantecoso.

BUTOMÁCEO, A. (De *botumus*, nombre de un género de plantas.) adj. BOT. Se aplica a las hierbas angiospermas monocotiledóneas, perennes, con semillas sin albumen. Ú.t.c.s.f. || 2. f. pl. BOT. Familia de estas plantas.

BUTOMEO, A. (gr. βούτομος, junco florido; de βοῦς, buey, y τέμνω, cortar.) adj. BOT. Butomáceo.

BUTRINO. (De *botrino*.) m. Buitrón, 1.ª acep.

BUTRÓN. m. Buitrón, 1.ª acep.

★ **BUTUCO, CA.** adj. HOND. Rechoncho.

★ **BUTUCÚ.** m. BOL. Fiesta que los indios chiquitanos celebran el 2 de febrero.

★ **BUTUTE.** m. HOND. Cuerno de res vacuna.

BUXÁCEO, A. (De *buxus*, nombre de un género de plantas.) adj. BOT. Se aplica a plantas angiospermas dicotiledóneas, parecidas a las euforbiáceas, de fruto capsular. Ú.t.c.s.f. || 2. f. pl. BOT. Familia de estas plantas.

BUYADOR. m. AR. Latonero, 1.er art.

BUYES. m. pl. GERM. Naipes.

BUYO. m. Mixtura hecha con el fruto de la areca, hojas de betel y cal de conchas que mascan los naturales del Extremo Oriente.

★ **BUYÓN.** m. BOL. Hornillo que se usa para preparar el caucho.

BUZ. (ár. *būs*, beso.) m. Beso de reconocimiento y reverencia. || *Hacer* uno *el* BUZ. fr. fig. y fam. Hacer alguna demostración de lisonja.

BUZAMIENTO. (De *buzar*.) m. Inclinación de un filón o de una capa del terreno.

BÚZANO. m. p. us. Buzo, 1.ª acep.

BUZAQUE. (Quizá del ár. *abū zaqq*, el del *zaque*.) m. Beodo.

BUZAR. (De *buzo*.) intr. Inclinarse hacia abajo los filones o capas del terreno.

BUZARDA. f. MAR. Cada una de las piezas curvas con que se fortalece la proa de la embarcación.

BUZCORONA. (De *buz* y *coronar*.) m. Burla que se hacía dando a besar la mano y descargar un golpe en la cabeza y carrillo del que besaba.

BUZO. (gr. βύθιος, sumergido, de βυθός, fondo.) m. El que tiene el oficio de trabajar sumergido en el mar. || 2. GERM. Ladrón muy diestro o que ve mucho.

BUZÓN. (l. *bucco*, -ōnis, boca grande.) m. Conducto por donde desaguan los estanques. || 2. Abertura por donde se echan las cartas y papeles al correo. || 3. Por ext., caja en que caen dichas cartas. || 4. Tapón de cualquier agujero para dar entrada o salida al agua u otro líquido. || 5. PERÚ. Conducto de la cloaca hacia la calle. || 6. PERÚ. Tapa de este conducto. || 2.ª acep.: **P.** caixa de correio; **I.** letter-box; **F.** boite aux lettres; **A.** Briefkasten; **It.** buca della posta; **R.** почтовый ящик.

BUZONERA. (De *buzón*.) f. TOL. Sumidero de patio.

★ **BUZONERO.** m. CHILE. Empleado de correos que recoge las cartas del buzón.

BUZOS (DE). (De *buz*.) m. adv. ant. De bruces.

C

C. f. Letra consonante, de pronunciación interdental fricativa, sorda ante *e*, *i* (cero, cine) y velar oclusiva sorda en los demás casos (casa, coche, clima, claro). Frecuentemente en disposición final de sílaba, ante consonante que no sea la *t*, el sonido velar oclusivo de esta letra se debilita y suaviza haciéndose sonoro y fricativo (acción, técnica). ‖ **2.** Letra que tiene el valor de ciento en la numeración romana. Con una línea encima valía cien mil. ‖ **3.** Fís. Representa el calor específico a presión constante, escrita mayúscula; y minúscula representa el calor específico a volumen constante. ‖ **4.** Fís. Abreviación de *Celsio*, de *centígrado*, de *centesimal* y del *culombio*. ‖ **5.** Quím. Símbolo del carbono.

CA. (l. *quia*.) conj. causal. ant. Porque.

¡CA!. intej. fam. ¡Quiá!

CABADELANTE. (De *cabo* y *adelante*.) adv. ant. En adelante.

CABAL. (De *cabo*, extremo.) adj. Ajustado a peso y medida. ‖ **2.** Se dice de lo que cabe a cada uno. ‖ **3.** fig. Completo, acabado. ‖ **4.** Ar. Pegujal del segundo génito. ‖ *Por su* CABAL. m. adv. ant. Con mucho empeño. ‖ *Por sus* CABALES. m. adv. Cabalmente, perfectamente. ‖ **2.** Por su justo precio. ‖ **3.** Por el orden regular. ‖ **P.** justo; **I.** precise; **F.** juste; **A.** richtig, genau; **It.** giusto, esatto. ‖ **3.ª** acep.: **P.** acabado; **I.** accomplished; **F.** parfait; **A.** vollendet; **I.** completo; **R.** верный.

CÁBALA. (hebr. *qabbalah*, tradición.) f. Tradición oral que entre los judíos explicaba y fijaba el sentido de los libros del Antiguo Testamento, ya en lo moral y práctico, ya en lo místico y especulativo. ‖ **2.** Arte vano y supersticioso practicado por los judíos, fundamento a la astrología, la nigromancia y demás ciencias ocultas. ‖ **3.** fig. Cálculo supersticioso para adivinar una cosa. ‖ **4.** fig. y fam. Negociación secreta y artificiosa. ‖ **5.** fig. Conjetura. Ú.m. en pl. ‖ **P.** e **It.** cábala; **I.** cabbala, cabal; **F.** cabale; **A.** каббала; **R.** каббала.

CABALAR. tr. p. us. Acabalar.

CABALERO. adj. Ar. Se dice del hijo de familia que no es heredero. Ú.t.c.s.

CABALFUSTE. (De *cabalo* y *fuste*.) m. ant. Cabalhuste.

CABALGADA. (De *cabalgar*, 2.º art.) f. Tropa de gente de a caballo. ‖ **2.** Servicio que debían hacer los vasallos al rey saliendo en cabalgada por su orden. ‖ —**doble.** La que hacía una partida, entrando dos veces en las tierras del enemigo antes de regresar al punto de partida. ‖ **P.** cavalgada; **I.** mount; y **F.** cavalcade; **A.** Kavalkade; **It.** cavalcata; **R.** наезд.

CABALGADOR, RA. m. y f. Persona que cabalga.

CABALGADURA. f. Bestia en que se cabalga. ‖ **2.** Ecuad. Horcajadura. ‖ **P.** cavalgadura; **I.** mount; **F.** monture; **A.** Reittier; **It.** cavalcatura; **R.** вьючное животное.

CABALGAMIENTO. m. Ret. Hipermetría.

CABALGANTE. p.a. de cabalgar. Que cabalga.

CABALGAR. (De *cabalgar*, 2.º art.) m. ant. Conjunto de los arreos y arneses para andar a caballo.

CABALGAR. (b. l. *caballicāre*, y éste del l. *caballus*, caballo.) intr. Subir o montar a caballo. Ú.t.c.tr. ‖ **2.** Andar o pasear a caballo. ‖ **3.** Equit. Mover el caballo los remos cruzando el uno sobre el otro. ‖ **4.** tr. Cubrir el caballo u otro animal a su hembra. ‖ **2.ª** acep.: **P.** cavalgar; **I.** to ride; **F.** chevaucher; **A.** reiten; **It.** cavalcare; **R.** ехать верхом.

CABALGATA. (De *cabalgar*, 2.º art.) f. Reunión de muchas personas que van cabalgando. ‖ **2.** Comparsa de jinetes. ‖ **P.** cavalgata; **I.** y **F.** cavalcade; **A.** Kavalkade, Festzug; **It.** cavalcata; **R.** кавалькада.

CABALGAZÓN. f. Acción de cubrir o cabalgar el caballo u otro animal a su hembra.

CABALHUSTE. (De *cabalfuste*.) m. Caballete, pieza de los guadarneses.

CABALINO, NA. (l. *caballīnus*, de *caballus*, caballo.) adj. que en mitología se aplica al caballo Pegaso, al monte Helicón, que aquél, al nacer, hirió con su planta, y a la fuente Hipocrene, que brotó del golpe.

CABALISTA. m. El que profesa la cábala. ‖ **P.** e **It.** cabalista; **I.** cabbalist; **F.** cabaliste; **A.** Kabbalist; **R.** каббалист.

CABALÍSTICO, CA. adj. Perteneciente o relativo a la cábala.

CABALMENTE. adv. Precisa, perfectamente.

CABALONGA. Bot. Cuba y Méj. f. Árbol apocináceo silvestre. ‖ **2.** Bot. Nombre que dan vulgarmente en Filipinas a un arbusto llamado también haba de San Ignacio.

CABALLA. (l. *caballa*, yegua.) f. Zool. Pez teleósteo, acantopterigio, comprimido, de color azul y verde con rayas negras. ‖ **P.** cavala; **I.** mackerel; **F.** maquereau; **A.** Makrele; **It.** maccarello, scombro; **R.** макрель.

CABALLADA. f. Manada de caballos o de caballos y yeguas. ‖ **2.** Amér. Animalada.

CABALLAJE. (De *caballo*.) m. Acción de montar el caballo a la yegua. ‖ **2.** Precio que se paga por ella.

CABALLAR. adj. Perteneciente o relativo al caballo. ‖ **2.** Parecido a él.

CABALLAZO. m. Chile y Méj. Golpe que da un jinete a otro o a alguno de a pie echándole encima el caballo. ‖ **2.** fig. Chile. Acometida recia o violenta, de palabra o de hecho que da una persona a otra. ‖ **3.** Perú. Reprimenda. ‖ **4.** Guat. Acción de vender como bueno un caballo malo.

CABALLEAR. intr. fam. Andar frecuentemente a caballo.

CABALLEJO. m. d. de caballo. ‖ **2.** Caballete, 3.ª acep.

★ **CABALLERANGO.** m. Méj. Caballerizo.

CABALLERATO. (De *caballero*.) m. Derecho o título concedido por dispensa pontificia al seglar que contrae matrimonio, para percibir pensiones eclesiásticas. ‖

2. La misma pensión. ‖ **3.** Categoría intermedia entre la nobleza y el estado llano, que el rey concedía a los naturales de Cataluña.

★ **CABALLERAZO.** m. fam. Perú y Chile. Caballero cumplido.

CABALLEREAR. intr. Hacer el caballero.

CABALLERESCAMENTE. adv. De modo caballeresco.

CABALLERESCO, CA. adj. Propio de caballero. ‖ **2.** Perteneciente o relativo a la caballería de los siglos medios. ‖ **3.** Se aplica especialmente a los libros en que se cuentan las fabulosas hazañas de los antiguos paladines o caballeros andantes. ‖ **P.** cavalheiroso; **I.** knightly, chivalrous; **F.** chevaleresque; **A.** ritterlich; **It.** cavalleresco; **R.** рыцарский.

CABALLERETE. m. d. de caballero. ‖ **2.** fam. Caballero joven, presumido en traje y acciones.

CABALLERÍA. (De *caballero*.) f. Cualquier animal solípedo que sirve para cabalgar en él. ‖ **2.** Cuerpo de soldados montados. ‖ **3.** Cualquiera porción del mismo cuerpo. ‖ **4.** Cualquiera de las órdenes militares que ha habido y hay en España. ‖ **5.** Preeminencia y exenciones de que goza el caballero. ‖ **6.** Empresa o acción propia de un caballero. ‖ **7.** Instituto propio de los caballeros que hacían profesión de las armas. ‖ **8.** Conjunto de caballeros. ‖ **9.** Medida agraria, equivalente a 3.863 áreas. ‖ **10.** Medida agraria usada en la isla de Puerto Rico y en la isla de Cuba de diferente extensión en una y otra isla. ‖ **11.** Arte y destreza de manejar el caballo y demás ejercicios propios de los caballeros. ‖ —**andante.** Profesión, regla, u orden de los caballeros aventureros. ‖ —**ligera.** Arma de combate constituida por soldados de poco peso, armados con lanza, carabina o sable y montados en caballos de poca alzada, ágiles y maniobreros. ‖ *Andarse uno en* CABALLERÍAS. fr. fig. y fam. Hacer galanterías o cumplimientos innecesarios. ‖ **P.** cavalgadura; **I.** mount; **F.** monture; **A.** Reittier; **It.** cavalcatura. ‖ **2.ª** acep.: **P.** cavalaria; **I.** cavalry; **F.** cavalerie; **A.** Kavallerie, Ritterschaft; **It.** cavalleria; **R.** кавалерия.

CABALLERIL. adj. ant. Perteneciente al caballero.

CABALLERILMENTE. adv. ant. Caballerosamente.

CABALLERIZA. (De *caballería*.) f. Lugar cubierto destinado para estancia de los caballos y bestias de carga. ‖ **2.** Conjunto de caballos o mulas de una caballeriza. ‖ **3.** Conjunto de los criados que la sirven. ‖ **4.** Mujer del caballerizo. ‖ *Mancarse en la* CABALLERIZA. fr. fig. y fam. con que se reprueba la ociosidad o cobardía de alguno.

CABALLERIZO. m. El que tiene a su cargo el gobierno y cuidado de las caballerizas y de los que sirven en ella. ‖ —**de campo del rey.** Empleado de la servidumbre de palacio, · que tenía por oficio ir a caballo a la izquierda del coche de las personas reales. ‖ —**mayor del**

rey. Uno de los jefes de palacio a cuyo cargo estaba el cuidado y gobierno de las caballerizas de S. M., de la armería real y otras dependencias. || *Primer* CABALLERIZO *del rey.* Inmediato subalterno y lugarteniente del caballerizo mayor. || **P.** cavalriço; **I.** head groom; **F.** chef d'écurie, écuyer; **A.** Stallmeister; **It.** cavallerizzo, stalliere; **R.** конюший.

CABALLERO, RA. (l. *caballarĭus.*) adj. Que cabalga, 2.ª acep. || **2.** fig. Seguido de nombres regidos por la prep. *en,* que expresen actos de voluntad, o de inteligencia, como propósito, empeño, porfía, oposición, etc., dícese de la persona obstinada que no se deja disuadir. || **3.** m. Hidalgo de calificada nobleza. || **4.** El que pertenece a alguna de las antiguas o de las modernas órdenes de caballería. || **5.** El que se porta con nobleza y generosidad. || **6.** Persona de alguna consideración o de buen porte. || **7.** Baile antiguo español. || **8.** Depósito de tierra sobrante colocado al lado y en lo alto de un desmonte. || **9.** FORT. Obra de fortificación defensiva, interior y bastante elevada sobre las otras de una plaza. || **—andante.** El que en los libros de caballerías se finge que anda por el mundo buscando aventuras. || **2.** fig. y fam. Hidalgo pobre y ocioso que anda vagando de una parte a otra. || **—de industria.** Hombre que con apariencia de caballero vive a costa ajena. || **—del hábito.** El que lo es de alguna de las órdenes militares. || **—de sierra.** En algunos pueblos, el guarda de a caballo de los montes. || **—de trinchera.** FORT. Obras culminantes sobre las demás de ataque a una plaza para instalar las baterías de brecha. || **—en plaza.** El que torea a caballo. || **—mesnadero.** Descendiente de un jefe de mesnada. || CABALLEROS *pobres.* CHILE. Torrijas. || *A* CABALLERO. m. adv. fig. A o desde mayor altura. || *A* CABALLERO *nuevo, caballo viejo.* ref. que indica que los principiantes de algún arte necesitan instrumentos buenos. || *Armar* CABALLERO a uno. fr. Vestirle las armas otro caballero o el rey. || *Poderoso* CABALLERO *es don dinero.* fr. proverb. con que se encarece lo mucho que puede el dinero. || **P.** cavalheiro; **I.** rider; **F.** chevalier; **A.** Ritter; **It.** cavaliere; **R.** всадник.

CABALLEROSAMENTE. adv. Generosamente, como caballero.

CABALLEROSIDAD. f. Calidad de caballero. || **2.** Proceder caballeroso. || **P.** cavalheirismo; **I.** gentlemanliness; **F.** noblesse; **A.** Ritterlichkeit; **It.** cavalleria, gentilezza; **R.** благородство.

CABALLEROSO, SA. adj. Propio de caballeros. || **2.** Que tiene acciones propias de caballero.

CABALLEROTE. m. aum. de caballero. || **2.** m. Caballero tosco y desairado en su persona. || **3.** ZOOL. CUBA. Pez acantopterigio, de cabeza prolongada; su carne es muy apreciada.

CABALLETA. (De *caballo,* por la forma.) f. Saltamontes.

CABALLETE. m. d. de caballo. || **2.** Línea horizontal y más elevada de un tejado, del que arrancan dos vertientes. || **3.** Potro de madera para dar tormento. || **4.** Madero en que se quebranta el cáñamo o el lino. || **5.** Pieza de los guardarneses que sirven para tener las sillas de manera que no se maltraten los fustes. || **6.** Extremo o parte más alta de la chimenea que impide la entrada del agua por su forma y colocación. || **7.** Prominencia que suele tener la nariz en medio y la hace corva. || **8.** IMPR. Pedazo de madera asegurado con un tornillo en la pierna izquierda de la prensa de mano donde descansa el manubrio. || **9.** PINT. Armazón de madera compuesta de tres palos y donde se colocan los cuadros para pintarlos. || **—del pintor.** ASTRON. Constelación austral situada al norte del Fénix. || **P.** cavalete; **I.** roofsaddle; **F.** chevalet; **A.** Gestell; **It.** cavalletto; **R.** лошадка.

CABALLICO. m. d. de caballo.

CABALLILLO. (d. de *caballo.*) m. ant. Caballete, 2.ª acep.

CABALLISTA. m. El que entiende de caballos y monta bien. || **2.** AND. Ladrón a caballo.

* **CABALLITERO.** m. CUBA. Volatinero. || **2.** CUBA. Dueño de un circo.

CABALLITO. m. d. de caballo. || **2.** pl. Juego de azar, en que se gana o pierde según sea la casilla numerada donde cesa la rotación de una figura de caballo. || **3.** PERÚ. Especie de balsa compuesta de dos odres fuertemente unidos entre sí, en la cual puede navegar un solo hombre, aun en días de mar alborotado. || **4.** MÉJ. Paño que se pone a los niños debajo del pañal. || **5.** GUAT. Especie de cantárida. || **6.** HOND. El caballete de la nariz. || **7.** VENEZ. Golpe que da de punta un trompo a otro. || CABALLITO *de bamba.* fr. que se dice de la persona o cosa que es inútil o sirve para poco. || **—del diablo.** ZOOL. Insecto arquíptero con cuatro alas reticulares. Muchas de las especies tienen las alas de color azul intenso en los machos y transparentes en las hembras. || **—de siete colores.** PERÚ. Cierto insecto coleóptero que, al cogerlo con la mano, deja ésta impregnada de un olor parecido al del almizcle. || **—de totora.** AMÉR. Haz de totora, de tamaño suficiente para que puesta sobre él a horcajadas una persona, puede mantenerse a flote. Lo usan los indios del Perú para navegar, sirviéndose de un trozo de bambú.

CABALLO. (l. *caballus,* y éste del gr. καβάλλης.) m. ZOOL. Mamífero del orden de los perisodáctilos, solípedo, de cuello y cola poblados de cerdas largas y abundantes, que se domestica con facilidad. Presta grandes servicios al hombre. || **2.** Pieza grande del juego de ajedrez, única que salta sobre las demás, y pasa oblicuamente de escaque negro a blanco, dejando en medio uno negro, o blanco a negro, dejando en medio uno blanco. || **3.** Naipe que representa un caballo con un jinete. || **4.** Hebra de hilo que se cruza y atraviesa al tiempo de formar una madeja en el aspa. || **5.** SAL. En la vid, el sarmiento que brota con más fuerza. || **6.** MIN. Masa de roca estéril que corta el filón metalífero. || **7.** pl. MIL. Soldados con sus correspondientes caballos. || **8.** AMÉR. fig. y fam. Persona brutal. || **9.** MÉJ. Golpe que da un jinete a un peatón. || **10.** CUBA. Medida de carga de las caballerías. || **11.** P. RICO. Cierta danza que se baila por parejas. || **—aguililla.** AMÉR. Caballo muy veloz. || **—blanco.** Persona que pone el dinero en una empresa dudosa. || **—de aldaba** o **de regalo.** Se llama así por estar lo más del tiempo en la caballeriza atado a la aldaba, sin trabajar. || **—de batalla.** fig. Aquello en que sobresale el que profesa un arte o ciencia y en que más suele ejercitarse. || **2.** fig. Punto principal de una controversia. || **—de buena boca.** fig. y fam. Persona que se acomoda fácilmente a todo, se dice sobre todo hablando de la comida. || **—de Frisa** o **Frisia.** MIL. Madero de regular escuadría que se usa para defensa contra la caballería y para cerrar pasos importantes. || **—de mano.** El que se engancha a la derecha de la lanza. || **—de monta.** CUBA. Caballo que no es de tiro sino de montar. || **—de regalo.** El que se tiene reservado para el lucimiento. || **—de silla.** El que se engancha a la izquierda de la lanza. || **—de vapor.** Unidad de medida que expresa la potencia de una máquina y representa el esfuerzo necesario para levantar, a 1 m de altura, en un segundo, 75 kg de peso. || **—ligero.** El que no lleva armas defensivas y por eso se revuelve y maneja con más facilidad. || **—marino.** Hipopótamo. || **2.** Pez teleósteo lofobranquio, de cuerpo comprimido, hocico prolongado, cola más larga que el cuerpo, y la cabeza erguida y prolongada como la del caballo. || **—menor.** ASTRON. Constelación boreal situada al oriente del Pegaso. || **—muleto.** El aficionado a mulas. || **—padre.** El que los criadores tienen destinado para la monta de las yeguas. || **—recelador.** El destinado para incitar a las yeguas. || *A* CABALLO. m. adv. Montado en una caballería. || **2.** fig. Apoyándose en dos cosas contiguas o participando de ambas. || *Andar a* CABALLO. fr. fig. y fam. CHILE. Poseer varias artes o facultades. || *Andar a* CABALLO una cosa. fr. fig. y fam. ARGENT. y CHILE. Escasear. || *A* CABALLO *comedor, cabestro corto.* ref. que enseña la necesidad de sujetar el vicio. || *A* CABALLO *regalado* o *presentado, no hay que mirarle al diente.* ref. que indica que a los objetos regalados, aunque tengan defectos no hay que ponerles reparo. || *A mata* CABALLO. m. adv. A toda prisa. || *Armarse el* CABALLO. fr. Impedir el caballo el efecto de la brida encorvando el cuello hasta apoyar en el pecho las camas del bocado. || CABALLO *que alcanza, pasar querrá.* ref. con que se denota que por lo común aspiramos a más de lo que hemos conseguido. || *Caer* uno *bien,* o *mal a* CABALLO. fr. fig. y fam. Estar airoso a caballo y manejarlo con garbo, o al contrario. || *Con mil de a* CABALLO. expr. fam. de enojo. Se usa sobre todo para despedir a uno. Se dice también con cuatrocientos, con dos mil o con cien mil de a caballo. || *De* CABALLO *de regalo, a rocín de molinero.* expr. fig. Que se dice del que pasa de la prosperidad a la desgracia. || *El* CABALLO *y la mujer, al ojo se han de tener.* ref. que denota la asistencia que requieren uno y otra. || *Eso queremos los de a* CABALLO, *que salga el toro.* ref. que explica el deseo que tiene alguno de lo que considera útil, aunque a costa de alguna dificultad. || *Montar* uno *a* CABALLO. fr. Montar en una caballería. || *Poner* a uno *a* CABALLO. fr. Empezar a enseñarle y a adiestrarle en el arte de andar a caballo. || *Pasársele* a uno *el* CABALLO. fr. fig. y fam. CHILE. Extralimitarse. || *Sacar* uno *bien* o *limpio el* CABALLO. fr. En el manejo de caballería y particularmente en las corridas de toros, salir del lance o de la suerte sin que el caballo padezca. || **2.** fig. Salir bien de una disputa o acusación. || **3.** fig. Hacer una cosa difícil o peligrosa evitando todo el daño. || *Salir en* CABALLO *blanco.* fr. fig. y fam. GUAT. Salir bien de un negocio. || *Ser* uno *de a* CABALLO. fr. fig. y fam. ARGENT., CHILE y MÉJ. Ser buen jinete. || *Si el* CABALLO *tuviese bazo y la paloma hiel, toda la gente se avendría bien.* ref. que enseña que no podrá tener buen trato y correspondencia el que no contemporice con los afectos o inclinaciones de los demás. || **P.** cavalo; **I.** horse; **F.** cheval; **A.** Pferd; **It.** cavallo; **R.** конь, лошадь.

CABALLÓN. (aum. de *caballo.*) m. Lomo entre surco y surco de la tierra arada. || **2.** El que levanta con la azada para formar y dividir las eras de las huertas y para plantar las hortalizas o aporcarlas. || **3.** El que se dispone para contener las aguas o dirigirlas en los riegos. || **P.** camalhão; **I.** ridge; **F.** sillon; **A.** Furchenrain; **It.** porca, cavalletto; **R.** гряда.

CABALLUELO. m. d. de caballo.

CABALLUNO, NA. adj. Perteneciente o semejante al caballo.

* **CABANA.** MAR. Habitación pequeña destinada en los buques de guerra a un contramaestre, y a un pasajero en los mercantes. || **2.** MAR. Especie de cajón de madera que sirve de cuerpo de guardia al resguardo de rentas en los puertos. || **3.** Bote fuerte de dos proas.

* **CABANGA.** f. PAN. Dulce de papaya. || **2.** AMÉR. CENTRAL. Tristeza, melancolía.

CABAÑA. (l. *capanna,* choza, de *capĕre,* caber.) f. Casilla tosca hecha en el campo, por lo general de palos y cañas y cubiertas de ramas, para refugio y habitación de pastores y gente humilde. || **2.** Número considerable de cabezas de ganado. || **3.** Recua de caballerías que se emplea en portear granos. || **4.** En el juego de billar, espacio dividido por una raya a la cabecera de la mesa, desde el cual juega el que tiene la bola en mano. || **5.** PINT. Cuadro en que aparecen pintadas cabañas de pastores con aves y animales domésticos. || **6.** ARGENT. Establecimiento ganadero dedicado a la cría de ejemplares de raza. || **—real.** Conjunto de ganado trashumante propio de los ganaderos que componían el Consejo de la Mesta. || **P.** cabana; **I.** hut, cabin; **F.** cabane, hutte; **A.** Hütte; **It.** capanna; **R.** хижина.

CABAÑAL. adj. Se dice del camino por donde pasan las cabañas. || **2.** m. Poblado formado de cabañas. || **3.** SAL. Cobertizo formado con maderos y escobas para cobijar el ganado.

C

CABAÑERA. (De *cabaña*.) f. Ar. Cañada, vía pastoril para los ganados trashumantes.

CABAÑERÍA. (De *cabañero*.) f. Ración de pan, aceite, vinagre y sal que se da a los pastores.

CABAÑERO, RA. adj. Perteneciente a la cabaña, 1.ª, 2.ª y 3.ª aceps. || 2. m. El que cuida de la cabaña, 2.ª y 3.ª aceps.

CABAÑIL. adj. Perteneciente a las cabañas de los pastores. || 2. m. El que cuida de la cabaña, 3.ª acep.

CABAÑUELA. f. d. de cabaña. || 2. pl. Cálculo que forma el vulgo para pronosticar el tiempo que ha de hacer durante cada uno de los meses del año presente o del siguiente. || 3. Bol. Primeras lluvias de verano. || 4. Méj. Lluvia en la época invernal.

★ **CABARGA.** f. Amér. Merid. Envoltura de cuero que en vez de herradura se pone al ganado para pasar los Andes.

CABARRA. (l. *crabrus*, der. regres. de *crabo*, *-ônis*, tábano.) f. Vallad. Caparra.

CABÁS. (fr. *cabas*.) m. Sera pequeña, esportilla o cestillo que usan las mujeres para guardar las compras.

CABAZA. (De *capa*.) f. ant. Manto largo.

CABCIÓN. f. ant. Caución.

CABDAL. (l. *capitālis*, de *caput*, *-itis*, cabeza.) adj. Dícese del águila caudal o real.

CABDELLADOR. (De *cabdellar*.) m. ant. Caudillo.

CABDELLAR. tr. ant. Cabdillar.

CABDIELLO. m. ant. Cabdillo.

CABDILLAMIENTO. (De *cabdillar*.) m. ant. Acaudillamiento.

CABDILLAR. (De *cabdillo*.) tr. ant. Acaudillar.

CABDILLAZGO. m. ant. Empleo de caudillo.

CABDILLO. (l. *capitĕllum*, d. de *caput*, cabeza.) m. ant. Caudillo.

CABE. (De *caber*.) m. Golpe lleno que en el juego de la argolla da una bola a otra, impelida por la pala, de forma que llegue el remate del juego, con que se gana raya. || 2. Chile. Cabe *de pala*. || —de pala. fig. y fam. Ocasión que impensadamente se ofrece para conseguir lo que se pretende. || —de paleta. En el juego de la argolla, suerte que consiste en quedar las dos bolas a tal distancia que entre una y otra cabe la pala con que se juega. || Dar un CABE. fr. fig. y fam. Causar un perjuicio.

CABE. (De *cabo*, orilla, borde.) prep. ant. Cerca de, junto a. Ú. aún en poesía.

CABEAR. tr. ant. Poner cabos, extremos.

★ **CABECEADA.** f. Amér. Cabezada. || 2. Chile. Cabeceo.

CABECEADO. (De *cabecear*.) m. Mayor grueso que se da en la parte superior al palo de algunas letras, como la *b* o la *d*.

CABECEADOR. m. ant. Cabecera. || 2. Colom. y Chile. Que cabecea, 3.ª y 4.ª aceps. || 3. Méj. y Chile. Gamarra del caballo. || 4. adj. Colom. y Chile. Dícese del caballo que mueve mucho la cabeza de alto a bajo.

CABECEAMIENTO. m. Cabeceo.

CABECEAR. intr. Mover la cabeza de un lado a otro o hacia adelante. || 2. Volver la cabeza de un lado a otro en demostración de que no asiente a lo que se oye o se pide. || 3. Dar cabezadas o inclinar la cabeza hacia el pecho cuando uno, de pie o sentado, se va durmiendo. || 4. Mover los caballos reiteradamente la cabeza de alto a bajo. || 5. Hacer la embarcación un movimiento de proa a popa, bajando y subiendo alternativamente una y otra. || 6. Moverse demasiado un carruaje. || 7. Inclinarse a una parte o a otra lo que debía estar en equilibrio. || 8. Chile. Formar las puntas o cabezas de los cigarros. || 9. tr. Dar a los palos de las letras el cabeceado. || 10. Echar un poco de vino añejo a las cubas del nuevo para darle más fuerza. || 11. En la viticultura jerezana, formar de varias clases de vinos uno solo. || 12. Al encuadernarlo poner cabeceras a un libro. || 13. Colocar en los extremos de las esteras, listas de tela fuerte para cubrir la orilla y hacerla más

resistente y de mejor vista. || 14. Poner nuevo pie a las calcetas. || 15. And. Contar el número de las reses de pago por el acogido de los ganados en un cortijo o dehesa. || 16. Cuba. Unir por la base cierto número de hojas de tabaco. || 17. Agr. Arar las cabeceras o extremos de una tierra de labor. || 18. Carp. Poner cabezas en los tableros. || 19. Perú. Mezclar la chicha de jora o maíz con la de cacahuete. || P. cabecear; I. to nod, to pitch; F. secouer, hocher la tête, brimbaler; A. den Kopf schütteln; It. crollare il capo, dondolare; R. качать головой.

CABECEO. m. Acción y efecto de cabecear.

CABECEQUIA. (De *cap* y *acequia*.) m. Ar. Persona encargada de las acequias, y de la distribución de las aguas para el riego.

CABECERA. (De *cabeza*.) f. Principio o parte principal de alguna cosa. || 2. Sitio de preferencia en el que se sientan las personas más dignas. || 3. Lugar en que se ponen las almohadas en la cama. || 4. Tabla de la cama para que no caigan las almohadas. || 5. V. *Médico de* CABECERA. || 6. Sitio de más honor de una mesa. || 7. Origen de un río. || 8. Capital principal de un territorio. || 9. Adorno que se pone en la cabeza de una página. || 10. Cada uno de los extremos del lomo de un libro. || 11. Cada uno de los extremos de una tierra de labor. || 12. Almohada, 1.ª acep. || 13. Min. Jefe de una cuadrilla de barreneros. || 14. f. pl. Impr. Cuñas con que se asegura el molde a la rama. || *Asistir*, o *estar*, uno *a la* CABECERA *del enfermo*. fr. Asistirle en lo que necesite. || 3.ª acep.: P. cabeceira; I. bed's head, head-board; F. chevet; A. Kopfende des Bettes; It. cappezale; R. изголовье. || 8.ª acep.: P. capital; I. head city; F. capitale; A. Hauptstadt; It. capo; R. столица. || 9.ª acep.: I. head-piece; F. vignette, dentelle; A. Zierleiste, Titelvignette; It. testata; R. виньетка.

CABECERO, RA. adj. ant. Cabezudo.

CABECIANCHO, CHA. adj. Se dice del que tiene la cabeza ancha.

CABECIDURO, RA. (De *cabeza* y *duro*.) adj. Colom. y Cuba. Testarudo.

CABECILLA. f. d. de cabeza. || 2. Conjunto de dobléces con que se cierra el tubo de papel de algunas clases de cigarrillos para que no se caiga el tabaco picado. || 3. fig. y fam. Persona de mal porte y de mala conducta. || 4. m. Jefe de rebeldes. || 5. Chile. Arzón.

CABEDERO, RA. adj. ant. Que tiene cabida.

CABELLADO, DA. adj. De color castaño con visos.

CABELLADURA. (De *cabellar*.) f. Cabellera.

CABELLAR. intr. Echar cabello. || 2. Ponérselo postizo. Ú.t.c.r.

CABELLEJO. m. d. de cabello.

CABELLERA. (De *cabello*.) f. El pelo de la cabeza, especialmente el largo. || 2. Pelo postizo. || 3. Ráfaga luminosa de que aparece rodeado el cometa crinito. || —de berenice. Astron. Constelación boreal situada debajo de los Lebreles y al oriente del Boyero. || P. cabeleira; I. long hair; F. chevelure; A. Haupthaar; It. capigliatura; R. волосы на голове.

CABELLO. (l. *capillus*.) m. Cada uno de los pelos que nacen en la cabeza y el conjunto de todos ellos. || 2. pl. Barbas de la mazorca del maíz. || CABELLO, o CABELLOS, *de ángel*. Dulce de almíbar que se hace con la cidra cayote. || 2. Argent. y Chile. Cuscuta. || 3. Chile y Perú. Cierta clase de fideos delgados. || 4. Cuba, P. Rico, Guat., y Méj. Cierta planta ranunculácea. || 5. C. Rica. Árbol leguminoso. || —merino. El crespo y muy espeso. || *Asirse* uno *de un* CABELLO. fr. fig. y fam. Aprovecharse de cualquier pretexto para conseguir lo que se desea. || CABELLOS *y cantar, no cumplen ajuar o no es buen ajuar*. ref. que denota que la mujer demasiado presumida no es hacendosa. || *Cada* CABELLO *hace su sombra en el suelo*. ref. que aconseja no despreciar ninguna cosa por poco que valga. || *Cortar* uno *un* CABELLO *en el aire*. fr. fig. Tener gran perspicacia para comprender las cosas. || *En*

CABELLO. m. adv. Con el cabello suelto. || *Estar* uno *colgado de los* CABELLOS. fr. fig. y fam. Estar con sobresalto, en espera del fin de un suceso. || *Estar* una cosa *pendiente de un* CABELLO. fr. fig. y fam. Estar en gran riesgo. || *Llevar* a uno *de* un CABELLO. fr. fig. y fam. con que se denota la facilidad de inclinar al débil a lo que se desea. || *Llevar* a uno *de*, o *por los* CABELLOS. Llevarlo a la fuerza. || *No faltar un* CABELLO a una cosa. fr. fig. y fam. Estar completa o próxima a estarlo. || *No montar un* CABELLO *una cosa*. fr. fig. y fam. Ser muy poco importante. || *Podérsele ahogar* a uno *con un* CABELLO. fr. fig. y fam. Estar falto de espíritu. || *Tocar* a uno *en un* CABELLO. Ofenderle en algo muy leve. || *Traer* una *cosa por los* CABELLOS. fr. fig. Aplicar alguna autoridad o sentencia a una materia con la que no tiene relación ni conexión. || *Tropezar* en un CABELLO. fr. fig. y fam. Detenerse en cosas de poca importancia. || P. cabelo; I. hair; F. cheveu; A. Haar; It. capello; R. волос.

CABELLOSO, SA. adj. ant. Cabelludo.

CABELLUDO, DA. adj. De mucho cabello. || 2. Se dice de la fruta o plantas cubiertas con largas hebras. || P. cabeludo; I. hairy; F. chevelu; A. langhaarig; It. capelluto; R. волосатый.

CABELLUELO. m. d. de cabello.

CABER. (l. *capĕre*, coger.) intr. Poder contenerse una cosa dentro de otra. || 2. Tener lugar o entrada. || 3. Tocarle a uno o pertenecerle alguna cosa. || 4. Ser posible o natural. Ú. tr. Tomar, tener capacidad. || *No* CABE *más*. expr. con que se da a entender que una cosa es extremada en su línea. || *No* CABER en uno *alguna cosa*. fr. fig. y fam. Ser incapaz de ella. || *No* CABER uno *en sí*. fr. fig. Tener mucha soberbia. || *Todo* CABE *en fulano*. fr. fig. y fam. Que da a entender que alguno es capaz de cualquier acción mala. || P. caber; I. to fit, to have room; F. tenir, saisir; A. aufnehmen, fassen; It. capere, capire; R. содержать.

CABERO, RA. (De *cabo*, 1.er art.) adj. ant. Último, 2.ª y 3.ª acep. Ú. en Méjico. || 2. m. En Andalucía Baja, el que tiene por oficio echar cabos, mangos, etc., en las herramientas de campo, y hacer otras.

CABESTRAJE. m. Conjunto de cabestros. || 2. Agasajo que se hace a los vaqueros que han conducido con los cabestros la res vendida.

CABESTRANTE. m. Cabrestante.

CABESTRAR. tr. Echar cabestros a las bestias que andan sueltas. || 2. intr. Cazar con buey de cabestrillo. || P. cabestrar; I. to halter; F. echevêtrer; A. halftern; It. incapestrare; R. надевать недоуздок.

★ **CABESTREADOR, RA.** adj. Argent. y Chile. Se aplica a la bestia que se empieza a dejar llevar del cabestro.

CABESTREAR. intr. Seguir sin resistencia la bestia al que la lleva del cabestro. || 2. tr. Venez. Llevar del cabestro. || 3. Amér. Merid. Conducir el ganado yendo delante. || 4. P. Rico, Urug. y Venez. Gobernar, dirigir.

CABESTRERÍA. (De *cabestrero*.) f. Taller donde se hacen cabestros, cuerdas, etc. || 2. Tienda donde se venden.

CABESTRERO, RA. adj. And. Se aplica a las caballerías que empiezan a dejarse llevar del cabestro. || 2. m. El que hace o vende cabestros y otras obras de cáñamo. || 3. El que conduce las reses vacunas de un sitio a otro.

CABESTRILLO. (d. de *cabestro*.) m. Banda o aparato pendiente del hombro para sostener la mano o el brazo lastimados. || 2. Cadena delgada de oro, plata o aljófar, que se traía al cuello por adorno. || P. faixa para suster a mão; I. sling; F. écharpe; A. Armschlinge, Binde; It. reggibraccio; R. перевязь.

CABESTRO. (l. *capistrum*.) m. Cordel que se ata a la cabeza o al cuello de la caballería para llevarla o asegurarla. || 2. Buey manso que suele llevar cencerro y sirve de guía en las toradas. || 3. Guat. Cuerda de cerdas y cabuya. || P. cabresto; I. halter; F. chevêtre, licou; A. Halfter; It. capestro, cavezza; R. недоуздок.

CABETE. (De *cabo,* extremo.) m. Herrete, 2.ª acep.

CABEZA. (De *cabezo.*) f. ZOOL. Parte superior del cuerpo del hombre y superior o anterior del de muchos animales, en que están situados los órganos de los principales sentidos. En los vertebrados contiene el encéfalo y en los artrópodos y moluscos ciertos ganglios nerviosos que fisiológicamente son equivalentes al encéfalo. || **2.** En el hombre y algunos mamíferos, parte superior y posterior de ella, que comprende desde el cuello excluida la cara. || **3.** Principio o parte extrema de una cosa. || **4.** Extremidad roma y abultada, opuesta a la punta de un clavo, alfiler, etc. || **5.** Parte superior del corte de un libro. || **6.** Parte superior de la armazón en que está sujeta la campana. || **7.** Parte más elevada de un monte o sierra. || **8.** fig. Origen, principio. || **9.** fig. Juicio, talento. || **10.** CARP. Listón de madera que se machihembra contrapeado al extremo de un tablero para evitar que éste se alabee. || **11.** m. Superior, jefe de comunidad o corporación. || **12.** Jefe de una familia que vive reunida. || **13.** MÉJ. Por antonomasia, las de carnero que dentro de un horno portátil llevan a vender por la calle. || **14.** ECUAD. Cama y dental del arado. || **15.** MIN. HOND. Residuo que queda después de hecha una quema en que están contenidos plomo y plata. || **—de ajo** o **de ajos.** Conjunto de las partes que forman el bulbo de la planta llamada ajo. || **—de barangay.** Jefe administrativo de estas colectividades, que formaba parte de la principalía de Filipinas. || **—de casa.** El que hereda todos los derechos de primogenitura. || **—de chorlito.** fig. y fam. Persona de poco juicio. || **—de ganado mayor.** El buey, el caballo o la mula, respecto al carnero o la cabra. || **—de hierro.** fig. Persona terca. || **2.** fig. El que no se cansa por mucho trabajo mental que haga. || **—de Iglesia.** Atributo o título que se da al Papa respecto de la Iglesia universal. || **—de lobo.** Cosa que se ostenta para atraer el favor de los demás. || **2.** MÉJ. Pretexto para sacar algún provecho. || **—de olla.** Substancia que sale en las primeras tazas que se sacan de la olla. || **—de partido.** Ciudad o villa principal de un territorio. || **—de proceso.** Auto de oficio que provee el juez para la investigación del delito y de los delincuentes. || **—de puente.** Fortificación que lo defiende. || **2.** Posición militar que un ejército establece en la orilla de un río o en una costa para preparar y proteger el paso o desembarco del grueso de las fuerzas. || **—de testamento.** Principio de él. || **—de turco.** Persona a quien se suele hacer blanco de inculpaciones por cualquier motivo. || **—mayor.** La de algún linaje o familia. || **2.** El buey, el caballo respecto al carnero o cabra. || **—menor.** El carnero o cabra respecto al buey, el caballo o la mula. || **—moruna.** La del caballo de color claro que la tiene negra. || **—de negro.** BOT. CUBA. Planta anonácea. || **2.** PERÚ y COLOM. Nombre vulgar de la planta que da marfil vegetal. || **—de plátanos.** ECUAD. Racimo de plátanos. || **—de viejo.** HOND. Flores blancas algodonadas. || **—redonda.** fig. y fam. Persona de rudo entendimiento. || **—torcida.** fig. y fam. Persona hipócrita. || **—vana.** fig. y fam. La que está débil y flaca por enfermedad. || *Mala* CABEZA. fig. y fam. Persona que procede sin juicio. || *Alzar* CABEZA uno. fr. fig. y fam. Salir de la pobreza o desgracia. || **2.** fig. y fam. Restablecerse de una enfermedad. || *Andársele* a uno *la* CABEZA. fr. fig. y fam. Estar perturbado o débil, pareciendo que todo se le mueve alrededor. || **2.** fig. y fam. Estar amenazado de perder su dignidad. || *Bajar* uno *la* CABEZA. fr. fig. y fam. Hacer sin réplica lo que se le pide. || **2.** fig. y fam. Conformarse. || *Calentarle* a uno *la* CABEZA. fr. fig. y fam. Quebrantarle a uno la cabeza, 2.ª acep. || *Dar* uno *con la* CABEZA *en las paredes.* fr. fig. y fam. Precipitarse uno en un negocio con daño propio. || *Dar* uno *de* CABEZA. fr. fig. y fam. Caer de su tortura o autoridad. || *Dar en la* CABEZA a uno. fr. fig. Vencerle. || *De* CABEZA. m. adv. De memoria. || **2.** Con rapidez. || **3.** Con muchos quehaceres urgentes. Ú.m. con los verbos *andar* y *estar.* || *De mi* CABEZA, *de su* CABEZA, etc., expr. De propia invención. || *Descomponérsele* a uno *la* CABEZA. fr. Perder el juicio. || *Echar de* CABEZA. fr. AGR. Tratándose de vides y otras plantas, enterrar algunos de los sarmientos para que arraiguen y se puedan trasplantar después. || *En* CABEZA *de mayorazgo.* loc. fig. y fam. con que se pondera la mucha estimación que uno hace de una cosa. || *Encasquetarle* a uno *en la* CABEZA *alguna cosa.* fr. fig. y fam. Darle un golpe con ella como para encajársela en el cráneo. || *Escarmentar* uno *en* CABEZA *ajena.* fr. Tener presente lo ocurrido desgraciadamente a otro para no caer en lo mismo. || *Flaco de* CABEZA. expr. Se dice de la persona poco firme en sus juicios o ideas. || *Hacer* uno CABEZA. fr. Ser el principal de un negocio o grupo. || *Henchir* a uno *la* CABEZA *de viento.* fr. fig. y fam. Adularle. || *Ir* uno CABEZA *abajo.* fr. fig. y fam. Decaer. || *La* CABEZA, *blanca, y el seso, por venir.* ref. que reprende a los que, siendo ancianos, proceden aún sin juicio. || *Más vale ser* CABEZA *de ratón que cola de león.* ref. que indica que es mejor ser el primero y jefe de un grupo por pequeño que sea, que el último en uno grande. || *Meter* a uno *en la* CABEZA *alguna cosa.* fr. fig. y fam. Persuadirle de ella eficazmente. || **2.** fig. y fam. Hacérsela comprender. || *Meter* uno *la* CABEZA *en alguna parte.* fr. fig. y fam. Conseguir introducirse en ella. || *Meter* uno *la* CABEZA *en un puchero.* fr. fig. y fam. con que se da a entender que, aunque ha padecido equivocación notoria en alguna cosa, mantiene su dictamen con terquedad. || *Metérsele* a uno *en la* CABEZA *alguna cosa.* fr. fig. y fam. Figurársela con poco fundamento y obstinarse en considerarla cierta. || **2.** fig. y fam. Perseverar en un capricho. || *No levantar* uno CABEZA. fr. fig. Estar muy atareado. || **2.** fig. No acabar de convalecer de una enfermedad. || **3.** fig. No poder salir de la pobreza. || *No tener* uno *donde volver la* CABEZA. fr. fig. No hallar auxilio. || *Pasarle* a uno *una cosa por la* CABEZA. fr. fig. y fam. Imaginarla. || *Perder* uno *la* CABEZA. fr. fig. Ofuscársele la razón. || *Por su* CABEZA. m. adv. Sin consultar, por su propio dictamen. || *Quebrantar* a uno *la* CABEZA. fr. fig. Humillar su soberbia. || **2.** fig. Cansarlo y molestarlo con conversaciones necias. || *Quebrarse* uno *la* CABEZA. fr. fig. y fam. Hacer o solicitar una cosa difícil con gran cuidado e insistencia. || *Quebrásteme la* CABEZA *y ahora me untas el casco.* ref. que reprende al que con adulación pretende remediar el daño que antes ha hecho. || *Quitar* a uno *de la* CABEZA *alguna cosa.* fr. fig. y fam. Disuadirle de alguna cosa. || *Romper* a uno *la* CABEZA. fr. Herirle en ella. || *Sacar la* CABEZA. fr. fig. y fam. Dejarse ver alguno o alguna cosa que no se había visto en algún tiempo. || **2.** fig. y fam. Gallear el que antes ha sido tímido. || *Sentar* uno *la* CABEZA. fr. fig. y fam. Hacerse juicioso. || *Subirse* una cosa *a la* CABEZA. fr. Ocasionar aturdimiento la vanagloria, el vino, etc. || *Tener* uno *la* CABEZA *a las once,* o *a pájaros.* fr. fig. y fam. No tener juicio. || **2.** fig. y fam. Estar distraído. || *Tener* uno *la* CABEZA *como una olla de grillos.* fr. fig. y fam. Estar atolondrado. || *Tener* uno *mala* CABEZA. fr. fig. y fam. Proceder sin juicio. || *Tocado de la* CABEZA. expr. fig. y fam. Se dice de la persona que empieza a perder el juicio. || *Tornar* uno *la* CABEZA *a alguna cosa.* fr. fig. Tener atención o consideración a ella. || *Vestirse por la* CABEZA *una persona.* fr. fig. y fam. Ser del sexo femenino o bien clérigo. || **P.** cabeça; **I.** head; **F.** tête; **A.** Kopf, Haupt; **It.** capo; **R.** голова.

CABEZADA. f. Golpe dado con la cabeza. || **2.** El que se recibe en ella. || **3.** Cada movimiento que hace con la cabeza el que sin estar acostado se va durmiendo. || **4.** Inclinación de cabeza, como saludo de cortesía. || **5.** Acción de cabecear una embarcación. || **6.** Correaje que ciñe y sujeta la cabeza de una caballería. || **7.** Guarnición comúnmente de cuero que se pone a las caballerías en la cabeza. || **8.** Cordel con que se cosen las cabeceras de los libros. || **9.** En las botas, cuero que cubre el pie. || **10.** Parte más elevada de una tierra labrantía. || **11.** CUBA. Lecho de un río. || **12.** ARGENT. y ECUAD. Arzón de la silla. || **—potrera.** La de cáñamo que se pone a los potros. || *Dar* CABEZADAS. fr. fam. Cabecear el que va quedándose dormido estando sentado o de pie. || *Darse* uno *de* CABEZADAS. fr. fig. y fam. Fatigarse inútilmente en averiguar una cosa.

CABEZADOR. (De *cabeza.*) m. ant. Cabezalero, 1.ª acep.

CABEZAJE. m. ant. Capitación. || *A* CABEZAJE. m. adv. ant. Por cabezas.

CABEZAL. m. Almohada pequeña. || **2.** Pedazo de lienzo que se pone sobre la cisura de la sangría y que en medicina tiene también otros usos. || **3.** Almohada larga que ocupa toda la cabecera de la cama. || **4.** Colchoncillo estrecho para dormir en los escaños. || **5.** En los coches, parte que va sobre el juego delantero, formada por dos pilares, con su asiento. || **6.** FORT. Larguero superior del bastidor de encofrado de una mina. || **7.** FORT. Viga que se apoya en la contraescarpa o en la primera fila del puente levadizo. || **8.** MEC. Pieza fija del torno en la que gira el árbol. || **9.** CHILE y MÉJ. Travesaño superior que forman el marco de puertas y ventanas. || **—divisor.** MEC. Aparato que se emplea para calcular y disponer en las fresadoras el corte de los dientes de las ruedas y piñones de los engranajes. || **P.** cabeçal; **I.** bolster; **F.** oreiller, traversin; **A.** Kopfkissen; **It.** capezzale; **R.** подушка.

CABEZALEJO. m. d. de cabezal.

CABEZALERÍA. (De *cabezalero.*) f. ant. Albaceazgo.

CABEZALERO, RA. m. y f. Testamentario, ria. || **2.** Persona que hace cabeza entre los que llevan foro y paga el canon por todos, de acuerdo con el dueño.

CABEZAZO. m. Cabezada, 1.ª acep.

CABEZCAÍDO, DA. (De *cabeza* y *caído.*) adj. desus. Cabizcaído.

CABEZO. (l. *capitium;* de *caput,* cabeza.) m. Cerro alto o cumbre de una montaña. || **2.** Montecillo aislado. || **3.** MAR. Roca de cima redonda, a flor de agua o que sobresale de la superficie de ésta.

CABEZÓN, NA. adj. fam. Cabezudo, 1.ª y 2.ª aceps. Ú.t.c.s. || **2.** CHILE. Dícese del licor espirituoso. || **3.** m. Padrón de los contribuyentes y contribuciones. || **4.** Lista de lienzo que se asegura con unos botones o cintas a la parte superior de la camisa rodeando el cuello. || **5.** Abertura que tiene cualquier ropaje para sacar la cabeza. || **6.** COLOM. Remolino de los ríos. || **7.** ZOOL. CUBA. Pececillo de mar. || **8.** C. RICA. Renacuajo. || *Llevar o traer de los* CABEZONES a uno. fr. fig. y fam. Llevarle a donde se quiere o contra su voluntad.

CABEZONADA. (De *cabezón,* 1.ª acep.) f. fam. Acción propia de persona terca.

CABEZORRO. m. aum. fam. Cabeza grande y desproporcionada.

CABEZOTA. m. aum. de cabeza. || **2.** com. fam. Persona que tiene la cabeza muy grande. || **3.** fig. y fam. Persona terca. Ú.t.c.adj.

* **CABEZOTE.** m. ZOOL. CUBA. Pececito parecido al cabezón. || **2.** CUBA. Piedra de mamposterías.

CABEZUDAMENTE adv. m. Terca y obstinadamente.

CABEZUDO, DA adj. Que tiene grande la cabeza || **2.** fig. y fam. Terco. || **3.** fig. y fam. Se aplica al vino espirituoso. || **4.** CUBA. Dícese del cigarro apagadizo. || **5.** Cada una de las figuras de enanos de gran cabeza que acompañan a los gigantones.

CABEZUELA f. d. de cabeza. || **2.** Harina más gruesa que sale del trigo después de sacada la flor. || **3.** Heces que cría el vino. || **4.** Planta perenne compuesta, de tallo anguloso y flores blancas. Es indígena de España. || **5.** Botón de la rosa, que se usa en las boticas para preparar agua de olor. || **6.** BOT. Inflorescencia cuyas flores están insertas en un receptáculo. || **7.** com. fig. y fam. Persona de poco juicio. || *Quitar la* CABEZUELA *al vino.* fr. Trasegar el vino

C

a los dos o tres meses de haber desliado el mosto para separarlo de las heces.

CABEZUELO. m. d. de cabezo.

★ **CABIAY.** m. Colom. Capincho.

★ **CABIBLANCO.** m. Colom. y Venez. Belduque.

CABIDA. (De caber.) f. Espacio que tiene una cosa para contener otra. || 2. Extensión superficial de un terreno. || Tener uno CABIDA, o gran CABIDA con alguna persona o en alguna parte. fr. fig. Tener valimiento. || P. contende; I. capacity; F. contenance; A. Fassungsvermögen; Raum(gehalt); It. contenanza; R. ёмкость.

CABIDO, DA. p.p. de caber.

★ **CABIEL.** m. Amér. Cabiay.

CABILA. (Del ár. qabíla, tribu.) f. Tribu de beduinos o beréberes.

CABILDADA. f. fam. Resolución atropellada.

CABILDANTE. m. Argent. y Perú. Regidor.

CABILDEAR. (De cabildo.) intr. Gestionar con maña para ganar las voluntades en una corporación. || 2. Venez. Reunirse en grupos el ganado y mugir o balar plañideramente. || P. cabalar; I. to lobby; F. briguer; A. intrigieren; It. brigare, brogliare; R. интриговать.

CABILDEO. m. Acción y efecto de cabildear. || 2. Venez. Acción de cabildear el ganado.

CABILDERO. m. El que cabildea.

CABILDO. (l. capitŭlum.) m. Cuerpo o comunidad eclesiástica capitular de una iglesia catedral o colegial. || 2. En algunos pueblos, comunidad que forman los eclesiásticos. || 3. Junta celebrada por un Cabildo. || 4. Sala donde se celebra. || 5. Capítulo que celebran algunas religiones para elegir sus prelados. || 6. Junta de hermanos de ciertas cofradías. || 7. En algunos puertos, corporación o gremio de matriculados. || 8. Sesión celebrada por este gremio. || 9. Corporación que en Canarias representa a los pueblos de cada isla y administra los intereses comunes. || 10. Venez. Acción y efecto de cabildear el ganado. || 11. Venez. Reunión de ganado salvaje. || 12. Cuba. Reunión de negros. || 13. fig. Cuba. Corporación de personas ineptas. || P. cabido; I. chapter; F. chapitre; A. Kapitel; It. capitolo; R. капитул.

CABILEÑO, ÑA. adj. Propio de la cabila. || 2. m. Individuo de una cabila.

CABILLA. (dialect. del l. cavícŭla, por clavícŭla, clavija).' . V. Hierro CABILLA. Hierro forjado en barra redonda. || 2. Mar. Barra redonda de hierro con la cual se clavan las curvas y otros maderos. || 3. Mar. Cada una de las barritas que sirven para manejar la rueda del timón y para amarrar los cabos de labor. || 4. Cuba. Cada una de las varillas de hierro o madera que pasa por los mainelas de la ventana.

CABILLERO. m. Mar. Pieza de madera o metal con agujeros por los que pasan las cabillas que sirven para amarrar los cabos.

CABILLO. (d. de cabo, 1.er art.) m. Pezón, 1.ª acep.

CABILLO. m. ant. Cabildo.

★ **CABIMA.** f. Cuba. Árbol silvestre meliáceo, de madera aromática y de bastante consistencia.

★ **CABIMBO.** m. Bot. Venez. Árbol que alcanza gran altura y cuya madera es de poco peso.

CABIMIENTO. m. Cabida, 1.ª acep. || Tener CABIMIENTO. fr. Hablando de juros, caber en el valor de la renta sobre que están consignados.

° **CABINA.** f. Locutorio telefónico. || 2. Recinto aislado en teatros, cines, etc., donde funciona un aparato de proyecciones. || 3. Departamento de los aviones reservado a la tripulación, y en camiones y vehículos semejantes para el conductor y su ayudante.

CABIO. (De cabrio.) m. Listón que se atraviesa a las vigas para formar suelos y techos. || 2. Arq. Madero menor que la carrera, sobre el que se asientan los maderos del suelo. || 3. Arq. Madero de suelo que cierra cada lado del hueco de una chimenea. || 4. Arq. Travesaño superior e inferior del marco de las puertas y ventanas.

CABIZBAJO, JA. adj. Se dice de la persona que tiene la cabeza inclinada hacia abajo por abatimiento o tristeza.

CABIZCAÍDO, DA. (De cabezcaído.) adj. Cabizbajo.

CABIZMORDIDO, DA. (Del ant. cabezmordido, y éste de cabeza y morder.) adj. fam. Deprimido de nuca.

★ **CABLA.** f. Chile. Cábula, ardid.

CABLE. (l. capŭlum, amarra.) m. Maroma gruesa. || 2. Cablegrama. || 3. Mar. Cabo grueso que se hace firme en el arganeo de una ancla. || 4. Mar. Décima parte de una milla. || —de alambre. El construido con alambres torcidos en espiral. || —de Litz. Electr. El formado por numerosos cables muy finos esmaltados por separado y provistos de una capa aislante común. || —eléctrico. Cordón formado con varios conductores aislados unos de otros y protegido generalmente por una envoltura flexible y resistente. || —submarino. El eléctrico reforzado y aislado con esmero, empleado como conductor en las líneas telegráficas submarinas. || Echar un CABLE a uno. fr. fig. Ayudarle a salir de una situación comprometida. || P. cabo; I. cable; F. câble; A. Kabel, Tau; It. fune; R. канат.

CABLEGRAFIAR. (De cable y grafiar, aféresis de telegrafiar.) tr. Transmitir noticias por cable submarino.

CABLEGRÁFICO, CA. adj. Perteneciente o relativo al cablegrama.

CABLEGRAMA. (De cable y grama, terminación de telegrama.) m. Telegrama transmitido por cable submarino.

° **CABLERO, RA.** adj. Dícese del buque especialmente destinado a las operaciones de tendido y reparación de los cables submarinos. Ú.t.c.s.

CABLIEVA. (Del b. l. caplevāre, fiar.) f. ant. Fianza de saneamiento.

★ **CABLISTA.** com. Chile. Persona que usa de cábulas o ardides con alguna frecuencia.

CABO. (l. caput, cabeza.) m. Cualquiera de los extremos de las cosas. || 2. Extremo o parte pequeña que queda de alguna cosa. || 3. En algunos oficios, hilo o hebra. || 4. En las aduanas, lío más pequeño que el fardo. || 5. Lengua de tierra que penetra en el mar. || 6. Jefe, caudillo. || 7. Parte, sitio, lado. || 8. Ar. Párrafo o capítulo. || 9. Mil. Individuo de la clase de tropa inmediatamente superior al soldado. || 10. pl. Piezas sueltas que se usan con el vestido como adornos. || 11. Patas, hocico y crines del caballo. || 12. fig. Especies varias que se han tocado en un asunto. || 13. Chile. Masilla de cera con otros ingredientes usada para el cabildo. || 14. Amér. Cada una de las patas del caballo especialmente cuando son de distinto color que el cuerpo. || Nav. Casa solariega. || —de barra. Real de a ocho mejicano, último que resulta de la barra. || 2. Última moneda de que se da cuando se ajusta una cuenta. || —de cañón. Mar. Soldado encargado de una pieza de artillería. || —de cuartón. Cuba. Ministro de justicia que tiene a su cargo un partido. || —de escuadra. Mil. El que manda una escuadra de soldados. || —de fila. Mil. Soldado que está a la cabeza de la fila. || —de labor. Mar. Cada una de las cuerdas que sirven para manejar el aparejo. || —de Maestranza. Capataz de una brigada de obreros. || —de mar. Individuo de clase superior en la marinería. || —de ronda. Mil. El que manda una patrulla de noche. || —suelto. fig. y fam. Circunstancia que ha quedado pendiente. || CABOS negros. En las mujeres, pelos, cejas y ojos negros. || Al CABO. m. adv. Al fin, por último. || Al CABO de cien años todos seremos calvos, o seremos salvos. ref. que denota que al fin de este tiempo todos habremos muerto y estaremos libres de las penalidades de esta vida. || Al CABO de Dios os salve, o te salve. m. adv. Después de mucho tiempo. || A CABO del mundo. loc. fam. A cualquier parte. || Al CABO de los años mil, vuelve el agua por do solía ir, o vuelven las aguas por do solían ir, o torna el agua a su cubil. refs. que advierten que con el transcurso del tiempo tornan ciertas cosas a su primitivo ser. || Atar uno CABOS. fr. fig. Reunir antecedentes para sacar una consecuencia. || Dar uno CABO a una cosa. fr. Perfeccionarla. || Dar uno CABO de una cosa. fr. Acabarla, destruirla. || De CABO a CABO. m. adv. Del principio al fin. || En mi solo CABO, en tu solo CABO, en su solo CABO. m. adv. A mis solas, a tus solas, a sus solas. || Estar uno al CABO de una cosa, o al CABO de la calle. fr. fig. y fam. Haber comprendido bien todas las circunstancias de una cosa. || Estar uno al CABO, o muy al CABO. fr. fig. En el fin de la vida. || Llevar uno a CABO o al CABO, una cosa. fr. Ejecutarla. || Llevar uno hasta el CABO una cosa. fr. fig. Seguirla con tenacidad hasta el final. || No tener una cosa ni CABO ni CUERDA. fr. fig. y fam. Estar tan llena de dificultades y contradicciones que no se sabe cómo ponerla en claro. || Ponerse uno al CABO de una cosa, o al CABO de la calle. fr. fig. y fam. Llegar a entender bien una cosa. || Por ningún CABO. m. adv. De ningún modo. || 1.ª acep.: P. cabo, bico; I. tip-end; F. bout; A. Ende-Stiel; It. capo; R. ко нey. || Mar: P. cordame; I. rope, line; F. cordaje-corde-fune; A. Seiltau; It. cavo; R. трос.

CABO. n. p. V. Carnero del CABO.

★ **CABOCLO.** m. Colom. Colono.

CABORAL. (De caporal.) adj. ant. Capital.

★ **CABORTERO, RA.** adj. Urug. Dícese de la caballería difícil de domar.

CABOSO, SA. (De cabo, extremo.) adj. ant. Cabal, perfecto.

CABOTAJE. (De cabo, 1.er art.) m. Navegación comercial hecha a lo largo de la costa. || 2. Tráfico marítimo en las costas de un país. || Gran CABOTAJE. Navegación entre los puertos españoles de la Península, Baleares, Canarias, N y NO de África y los puertos extranjeros situados en el Mediterráneo o en la costa africana del Atlántico hasta el Cabo Blanco. || P. cabotagem; I. y F. cabotage; A. Küstenfahrt; It. cabotaggio; R. каботаж.

CABRA. (l. capra.) f. Mamífero rumiante doméstico, de los ovinos, de cuerpo esbelto, cuernos arqueados hacia atrás y cola muy corta, tiene un mechón de pelos colgante de la mandíbula inferior. || 2. Hembra de cualquier especie de este género. || 3. Molusco marino de concha con dos valvas iguales. || 4. Colom. y Cuba. Brocha, dado falso y cargado. || 5. Chile. Carruaje ligero de dos ruedas. || 6. Chile. Tentemozo que sirve para contener el peso de la carreta. || 7. Chile. Cabrilla, trípode empleado por los carpinteros. || 8. Chile. Perol. || 9. Chile. Moneda de cobre de valor de un centavo. || 10. P. Rico. Mono que se da a varios árboles. || 11. Astron. Estrella de primera magnitud de la constelación del Cochero. || —del Tíbet. Cabra de pelo muy largo y fino que vive en el Tíbet. || —montés. Especie salvaje, de color ceniciento o rojizo, de cuernos muy grandes y rugosos. Vive en las regiones más escabrosas de España. || —mora. Cuba y P. Rico. Nombre que se aplica a un pez de boca grande y de carne muy apreciada. || Cabra coja no tenga siesta. ref. con que se da a entender que el que tiene poco talento debe poner más atención. || Cargar las cabras a uno. fr. fig. y fam. Hacerle pagar a uno lo que han perdido varios. || 2. fig. y fam. Echarle la culpa al que no la tiene. || Echar CABRAS o las CABRAS. fr. fig. y fam. Jugar los que han perdido para ver quién paga la deuda de todos. || La CABRA siempre tira al monte. expr. con que se da a entender que regularmente se obra según el origen o natural de cada uno. || Meterle a uno las CABRAS en el corral. fr. fig. y fam. Atemorizarle. || P. cabra; I. goat; F. chèvre; A. Ziege; It. capra; R. коза.

CABRADA. f. Rebaño de cabras.

CABRAFIGAR. (l. capriticāre.) tr. ant. Cabrahigar.

CABRAFIGO. (l. caprifĭcus.) m. ant. Cabrahígo.

CABRAHIGADURA. f. Acción y efecto de cabrahigar.

CABRAHIGAL. m. Cabrahigar, 1.er art.

CABRAHIGAR. m. Terreno poblado de cabrahígos.

CABRAHIGAR. (De *cabrafigar*.) tr. Colgar sartas de higos silvestres o cabrahígos en las ramas de las higueras por creer que así darán mejor fruto.

CABRAHÍGO. (De *cabrafigo*.) m. Higuera silvestre. || 2. Fruto de este árbol. || P. figueira silvestre; I. wild fig; F. caprifiguier; A. wilder Feigenbaum; It. caprifico; R. лесная смоковница.

CABREAR. tr. Meter ganado cabrío en un terreno. || 2. fig. y fam. Enfadar. Ú.m.c.r. || 3. intr. CHILE. Ir saltando. || 4. CUBA. Esquivar, por ext., engañar.

CABREIA. (l. *caprĕa*, cabra.) f. ant. Cabra, máquina militar antigua.

CABREO. (De. b. l. *capibrevĭum*, y éste del l. *caput*, cabeza, y *brevis*, pequeña.) m. AR. Becerro, libro en que copiaban sus pertenencias las iglesias y los monasterios.

CABREO. m. fam. Efecto de cabrear, 2.ª acep.

CABRERA. f. Pasta de cabras. || 2. Mujer del cabrero.

CABRERÍA. (De *cabrero*.) f. Casa donde se vende leche de cabra. || 2. Casa donde se recogen las cabras por la noche.

CABRERIZA. f. Choza en que se recogen de noche los cabreros y en que se guarda el hato. || 2. Cabrera, 2.ª acep.

CABRERIZO, ZA. adj. Perteneciente o relativo a las cabras. || 2. m. Cabrero, 1.ª acep.

CABRERO. (l. *caprarĭus*.) m. Pastor de cabras. || 2. Pájaro de cabeza negra con listas blancas. Abunda en Cuba. || P. cabreiro; I. goatherd; F. chevrier; A. Ziegenhirt; It. capraio; R. пастух.

★ **CABRERO, RA.** adj. AMÉR. Se dice del que se enoja con facilidad.

CABRESTANTE. (l. *caper*, cabrón, y *stans, stantis*, p.a. de *stāre*, estar firme.) m. Torno del eje vertical que se emplea para mover grandes pesos. || P. cabrestante; I. capstan; F. cabestan; A. Spill; It. argano; R. кабестан.

★ **CABRESTEADOR, RA.** adj. CHILE. Cabrestero.

★ **CABRESTEAR.** tr. HOND. Acostumbrar al animal que se está domando a que tolere el lazo con que se le sujeta. || 2. intr. CHILE. Cabestrear.

★ **CABRESTO.** adj. CHILE. Se dice del gallo que en la primera arremetida no acomete y huye.

★ **CABRETILLA.** f. CHILE. Cabritilla.

CABREVACIÓN. f. AR. Acción y efecto de cabrevar.

CABREVAR. (b. l. *capibrevĭum*, cabreo.) tr. AR. Apear en los terrenos realengos las fincas que pagaban los derechos del patrimonio real.

CABREVE. m. AR. Acción de cabrevar.

CABRIA. (l. *caprĕa*, cabra.) f. Torno para levantar pesos, en que la cuerda de tracción pasa por la polea suspendida en el punto de unión de tres vigas que forman trípode. || P. cábrea; I. derrick; F. chèvre; A. Bockwinde, Dreibein; It. capra; R. лебёдка.

CABRIAL. m. ant. Cabrio, 1.ª acep.

CABRILLA. (d. de *cabra*.) f. ZOOL. Pez teleósteo, de boca grande con muchos dientes, salta mucho en el agua y su carne es insípida. || 2. Trípode de madera usado por los carpinteros y aserradores para sujetar los maderos grandes para labrarlos o aserrarlos. || 3. Manchas que salen en las piernas por permanecer mucho tiempo junto al fuego. || 4. Juego de muchachos que consiste en tirar piedras planas sobre la superficie del agua de modo que reboten. || 5. Pequeñas olas blancas que se forman en el mar cuando empieza a agitarse.

CABRILLEAR. intr. Formarse cabrillas en el mar. || P. encapelar-se o mar; I. to comb; F. moutonner; A. sich kräuseln, schäumen (Meer); It. far pecorelle; R. локрываться барашками(оморе).

CABRILLEO. m. Acción de cabrillear.

★ **CABRILLONA.** f. ARGENT. Cabra de poca edad.

CABRINA. (l. *caprina*, de cabra.) f. ant. Piel de cabra.

CABRIO. (De *cabria*.) m. ARQ. Madero paralelo a los pares de una armadura de tejado y destinado para recibir la tabla-

zón. || 2. Madero de construcción, de variables dimensiones. || 3. BLAS. Pieza honorable, en forma de medio sotuer. || P. caibro; I. rafter; F. chevron; A. Dachsparren; It. canterio; R. стропила.

CABRÍO, A. adj. Perteneciente a las cabras. || 2. m. Rebaño de cabras.

CABRIOL. (l. *capriŏlus*.) m. ant. Cabrío, 1.ª acep.

CABRIOLA. (l. *capriŏla*, d. de *capra*, cabra.) f. Brinco que dan los danzantes cruzando varias veces los pies en el aire. || 2. fig. Voltereta. || 3. MÉJ. Salto del caballo dando un par de coces en el aire. || 4. CUBA y P. RICO. Travesura. || P. voltereta; I. caper, capriole; F. cabriole; A. Luftsprung; It. capriola; R. балетный прыжок.

CABRIOLAR. intr. Dar o hacer cabriolas.

CABRIOLÉ. (fr. *cabriolet*.) m. Especie de birlocho o silla volante.

CABRIOLEAR. intr. Cabriolar.

CABRÍOLO. (l. *caprielus*.) m. ant. Cabrito, 1.ª acep.

★ **CABRIÓN.** m. Cuña con que se calza la rueda de un carruaje.

CABRITA. (d. de *cabra*.) f. Cabra, máquina militar antigua.

CABRITERO, RA. adj. V. *Navaja* CABRITERA. || 2. m. y f. Persona que vende carne de cabrito.

CABRITILLA. f. Piel curtida de cabrito, cordero u otro animal pequeño. || P. pelica; I. kid-leather; F. chevreau, chevrotin; A. Ziegenleder, Lammfell; It. pelle di capretto; R. овечья кожа.

CABRITO. m. Cría de cabra desde que nace hasta que deja de mamar. || 2. pl. CHILE. Rosetas, granos de maíz abiertos al tostarse. || 3. MÉJ. Muchacho que ejecuta trabajos propios de su edad. || 4. PERÚ. Persona a la que se explota. || 5. BOL. Juego ecuestre en que dos jinetes, teniendo asido por las patas un cabrito, corren en dirección opuesta.

CABRITUNO, NA. adj. Perteneciente o relativo al cabrito.

★ **CABRIUBA.** f. BOT. ARGENT. Árbol leguminoso de gran altura que abunda en América Meridional.

CABRO. (l. *caprum*, acus. de *caper*.) m. ant. Cabrón, 1.ª acep. Ú. en América. || 2. CHILE. Muchacho.

CABRÓN. (aum. de *cabra*.) m. Macho de la cabra. || 2. fig. y fam. El que consiente el adulterio de su mujer. Ú.t.c.adj. || 3. CHILE. Rufián, jefe de una mancebía. || P. cabrão; I. buck; F. bouc; A. Bock, Ziegenbock; It. caprone, becco; R. козёл.

CABRONADA. (De *cabrón*, 2.ª acep.) f. fam. Acción infame permitida contra la propia honra. || 2. fig. y fam. Cualquier incomodidad grave que hay que aguantar por alguna consideración.

★ **CABRONAZO.** m. MÉJ. Golpe.

CABRONZUELO. m. d. de cabrón.

CABRUNA. f. ant. Piel de cabra. Ú. en Aragón.

CABRUNO, NA. adj. Perteneciente o relativo a la cabra.

CABRUÑAR. tr. AST. Sacar el corte a la guadaña.

CABRUÑO. m. AST. Acción y efecto de cabruñar.

CABUJÓN. (fr. *cabochon*, de *caboche*, cabeza grande, y éste del l. *caput*, cabeza.) m. Piedra preciosa de forma convexa, pulimentada y no tallada. || P. pedra preciosa; I. y F. cabochon; A. ungeschliffener Edelstein; R. кабошон.

★ **CÁBULA.** f. AMÉR. Cábala, ardid.

★ **CABULEO.** m. PERÚ. Cábula, treta.

★ **CABULERO, RA.** adj. vulg. MÉJ. Que recurre a ardides para conseguir algo. || 2. CHILE. Astuto.

★ **CABULISTA.** adj. Cabulero. Ú.t.c.s.

★ **CABULLERA.** f. VENEZ. Cabuyera.

CABURÉ. (Voz guaraní.) m. Ave de rapiña, que aturde con su chillido a los pájaros de tal forma que se dejan coger. Vive en las selvas de Paraguay y Argentina.

CABUYA. (Voz caribe) f. Pita, 1.er art. || 2. Fibra de la pita con que se componen cuerdas y tejidos. || 3. AND. y AMÉR. Cuerda sobre todo la de pita. || 4. PAN. Parcela de terreno equivalente a unos 1.118 metros cuadrados. || *Dar* CABUYA. fr. AMÉR. MERID. Amarrar, atar. ||

Ponerse en la CABUYA. fr. fig. AMÉR. MERID. Coger el hilo, ponerse al tanto de algún asunto.

★ **CABUYAL.** m. COLOM. Cabuya.

CABUYERA. f. Conjunto de las cabuyas que lleva la hamaca.

CABUYERÍA. (De *cabuya*.) f. MAR. Conjunto de cabos pequeños.

★ **CABUYO.** m. ECUAD. Cabuya.

CACA. (Voz infantil sobre el l. *cacăre*.) f. fam. Excremento humano, en especial el de los niños. || 2. fig. y fam. Defecto o vicio. Se usa sobre todo con los verbos callar, ocultar, tapar o descubrir. || 3. fig. y fam. Suciedad.

★ **CACAERÍA.** f. REP. DOMIN. Fábrica de chocolate.

★ **CACAGUAL.** m. CUBA. Cacahual.

★ **CACAGUATAL.** m. GUAT. Cacahual o cacaotal.

CACAHUAL. m. Terreno lleno de cacaos.

CACAHUATE. m. Cacahuete. || *No valer un* CACAHUATE. fr. fig. MÉJ. No valer un cacao.

★ **CACAHUATE.** adj. MÉJ. Picado de viruelas.

CACAHUATERO, RA. m. y f. MÉJ. Persona que vende cacahuates en tiendas ambulantes, 1.er art.

CACAHUÉ. m. Cacahuete.

CACAHUERO. m. AMÉR. Propietario de huertas de cacao y el que lo cultiva, vende, etc.

CACAHUETE. (mejic. *cacahuatl*.) m. Planta anua originaria de América, papilionácea, de hojas alternas, flores amarillas estériles las superiores y fecundas las inferiores, fruto de cáscara con dos o cuatro semillas blancas y comestibles. || 2. Fruto de esta planta. || P. amendoim, cacahuè; I. peanut; F. arachide; A. Aschantinuss; It. aràchide; R. земдяной орех.

CACAHUEY. m. Cacahuete.

★ **CACALACO.** m. MÉJ. Planta leguminosa.

★ **CACALINA.** f. MÉJ. Cosa insignificante.

★ **CACALO.** m. MÉJ. Disparate.

★ **CACALOTA** f. HOND. Deuda.

CACALOTE. (mejic. *cacalotl*.) m. MÉJ. Cuervo, ave de plumaje negro. || 2. AMÉR. CENTRAL y MÉJ. Rosetas. || 3. BOT. CUBA. Planta leguminosa. || 4. fam. CUBA. Disparate.

★ **CACAMATA.** f. MÉJ. Mujer entremetida.

CACAO. (mejic. *cacahuatl*.) m. Árbol de América, esterculiáceo, de fruto en forma elíptica y aristada con semillas carnosas que, tostadas, se emplean como principal ingrediente del chocolate. || 2. Semilla de este árbol. || 3. Moneda ínfima de los aztecas que consistía en granos de cacao. || 4. AMÉR. Chocolate. || 5. VENEZ. Bebida hecha con cacao y papelón. —**ladino.** GUAT. Cacao de grano pequeño. —**de mico.** HOND. Cacao silvestre. || *Gran* CACAO. fig. VENEZ. Hombre influyente. || *No haber quien le haga* a uno CACAO. fr. VENEZ. No haber quien le supere en cualquier cosa. || *No valer un* CACAO alguna cosa. fr. fam. Ser de poco valor. || P. cacaueiro; I. cacao, chocolate-tree; F. cacaotier, cacaoyer; A. Kakaobaum; It. cacao; R. какао. || 2.ª acep.: P. cacau; I., F. e It. cacao; A. Kakaobohne; R. какао.

CACAO. (Onomatopeya de la voz del gallo que huye.) *Pedir* CACAO. fr. COLOM., GUAT., MÉJ. y VENEZ. Pedir alafia.

CACAOTAL. m. Cacahual.

★ **CACARACO.** m. HOND. Cacareo.

CACARAÑA. f. Cada uno de los hoyos en el rostro de una persona ocasionados o no por la viruela. || 2. AMÉR. CENTRAL. Garabato.

CACARAÑADO, DA. p.p. de cacarañar. || 2. adj. Lleno de cacarañas. || 3. AMÉR. CENTRAL. Se aplica a la letra mal hecha.

CACARAÑAR. tr. GUAT. Ocasionar cacarañas la viruela. || 2. MÉJ. Pellizcar una cosa blanda dejándola llena de hoyos. || 3. GUAT. Escribir con letra muy mal formada.

★ **CACARAQUEAR.** intr. HOND. Cacarear.

C

★ CACARAQUEO. m. HOND. Cacareo.

★ CACARÉ. m. ZOOL. ARGENT. y BOL. Ave del Chaco boliviano, con plumaje negro.

CACAREADOR, RA. adj. Que cacarea. || 2. fig. y fam. Que exagera y pondera sus cosas.

CACAREAR. (Voz imitativa, en l. *cucurire*.) intr. Dar voces repetidas el gallo o la gallina. || 2. tr. fig. y fam. Exagerar las cosas propias. || **P.** cacarejar; **I.** to crow; **F.** claqueter, glousser; **A.** gackern; **It.** chiocciare; **R.** кудахтать.

CACAREO. m. Acción de cacarear.

★ CACARICO. m. HOND. Cangrejo.

★ CACARICO, CA. adj. AMÉR. CENTRAL. Tullido.

CACARIZO, ZA. adj. MÉJ. Cacarañado, 2.ª acep.

CÁCARRO. m. ÁL. Agalla del roble.

★ CACARUSO, SA. adj. COLOM. Cacarañado.

★ CACASTE. m. HOND. y C. RICA. Cacaxtle.

CACATÚA. (malayo *kakatw*, voz imitativa de su canto.) f. Ave de Oceanía, trepadora, de pico grueso, mandíbula superior arqueada, cola corta y plumaje blanco brillante. Aprende a hablar con facilidad y domesticada vive en los climas templados de Europa. || **P.** cacatua; **I.** cockatoo; **F.** cacatois, cacatoès; **A.** Kakadu; **It.** cacatùa; **R.** какаду.

CACAXTLE. (mejic. *cacaxtli*.) m. Méj. Armazón de madera para llevar algo a cuestas. || 2. HOND. Esqueleto.

CACAXTLERO. m. MÉJ. Indio que transporta mercancías u otras cosas en el cacaxtle.

CACEAR. tr. Revolver una cosa con el cazo. || 2. intr. AST. y SANT. Mover los pescadores el anzuelo incesantemente de un lado a otro.

CACEO. m. Acción de cacear.

CACERA. (De *caz*.) f. Zanja o canal por donde corre el agua para el riego.

CACERA. (De *cazar*.) f. MURC. Cacería, 1.ª acep.

CACEREÑO, ÑA. adj. Natural de Cáceres. Ú.t.c.s. || 2. Perteneciente a esta ciudad.

CACERÍA. f. Partida de caza. || 2. Conjunto de animales muertos en la caza. || 3. PINT. Cuadro que figura una caza. || 4. Caza, animales que son objeto de ella. || **P.** caçada; **I.** hunt, hunting-party; **F.** chasse; **A.** Hatz(e), Jagd; **It.** cacciata; **R.** охота.

CACERINA. (De *caza*.) f. Bolsa grande donde se llevan cartuchos y balas.

CACEROLA. f. Vasija de metal, con asas o mango, para guisar. || **P.** caçarola; **I.** sauce-pan; **F.** casserole; **A.** Kochtiegel; **It.** cazzaruela; **R.** кастрюля.

CACETA. f. Cazo con mango corto y fondo taladrado, usado a modo de colador por los boticarios.

CACICA. f. Mujer del cacique. || 2. Señora de vasallos en pueblo de indios.

CACICAZGO. m. Dignidad de cacique o de cacica. || 2. Territorio que posee el cacique o cacica. || 3. fam. Autoridad del cacique, 2.ª acep.

★ CACICUTO. m. CUBA. Bija.

CACILLO. m. Cazo pequeño.

CACIMBA. (De *cachimba*.) f. Hoyo que se hace en la playa para buscar agua potable. || 2. Balde, cubo más ancho por el fondo. || 3. COLOM. Casilla. || 4. CUBA y PERÚ. Balsa de agua. || 5. CUBA. Hueco que se hace en el tronco de algunos árboles para recoger el agua de la lluvia.

CACIQUE. (Voz caribe.) m. Señor de vasallos o superior en algún territorio de indios. || 2. fig. y fam. Persona que en algún lugar ejerce excesiva influencia. || 3. CHILE. Persona que se da muy buena vida. || 4. ZOOL. COLOM. y BRASIL. Pájaro americano semejante al mirlo. || **P.**, **I.** y **F.** cacique; **A.** Kazike; **It.** cacico; **R.** касик. || 2.ª acep.: **P.** y **F.** cacique; **I.** boss; **A.** Ortsgewaltiger; **It.** cacico; **R.** староста.

CACIQUEAR. intr. fam. Mangonear, 2.ª acep.

CACIQUIL. adj. Perteneciente o relativo al cacique, 2.ª acep.

CACIQUISMO. m. Influencia dominante de los caciques, 2.ª acep.

★ CACITO. m. CUBA. Especie de jarro de metal. || 2. fam. CUBA. Barbilla.

CACLE. m. Sandalia tosca de cuero muy usado por los indios en Méjico. || 2. MÉJ. Entre el vulgo, toda clase de calzado. || 3. CUBA. Chancleta.

CACO. (l. *Cacus*, caco, ladrón mitológico.) m. fig. Ladrón que roba con destreza. || 2. fig. y fam. Hombre muy tímido y de poca resolución.

★ CACO. m. GUAT. Fruto del icaco.

CACODILATO. m. Nombre genérico de las sales formadas por el ácido cacodílico. La de mayor uso en medicina es el cacodilato sódico.

CACODÍLICO. (De *cacodilo*.) adj. QUÍM. V. *Ácido* CACODÍLICO.

CACODILO. (gr. κακός, malo, y la raíz όδ, del verbo ὄζω, oler.) m. QUÍM. Arseniuro de metilo.

CACOFONÍA. (gr. κακοφωνία, de κακόφωνος que tiene mal sonido; de κακός, malo, y φωνή, voz, sonido.) f. Disonancia resultante de la inarmónica combinación de los elementos acústicos de las palabras. || **P.** cacofonia; **I.** cacophony; **F.** cacophonie; **A.** Übellaut; Missklang; **It.** cacofonia; **R.** диссонанс.

CACOFÓNICO, CA. adj. Que tiene cacofonía.

★ CACOGRAFÍA. (gr. κακός, malo, y γραφή, escritura.) f. Escritura con incorrecciones ortográficas. || **P.** cacographia; **I.** cacography; **F.** cacographie; **A.** Kakographie; **It.** cacografía.

★ CACOLOGÍA. f. Locución viciosa, incorrección de estilo. || **P.** e **It.** cacologia; **I.** cacology; **F.** cacologie; **A.** fehlerhafte Sprechweise.

★ CACOMISCLE. m. MÉJ. Cacomiztle.

CACOMITE. (mejic. *cacomitl*.) m. Planta iridácea, oriunda de Méjico, con flores grandes en forma de copa. La raíz es tuberculosa y feculenta y es comestible.

CACOMIZTLE. m. MÉJ. Basáride.

★ CACOMIZTLI. m. MÉJ. Cacomiztle.

CACOQUIMIA. (gr. κακοχυμία, de κακόχυμος, que tiene mal jugo; de κακός, malo, y χυμός, jugo.) f. MED. Depravación de los humores normales. || 2. MED. Caquexia, estado de extrema desnutrición. || **P.** cacoquimia; **I.** cacochymia; **F.** cacochyme; **A.** Kachoxie; **It.** cacochimia; **R.** худосоцие.

CACOQUÍMICO, CA. adj. MED. Perteneciente o relativo a la cacoquimia. || 2. MED. Que padece cacoquimia. Ú.t.c.s.

CACOQUIMIO, MIA. (De *cacoquimia*.) m. y f. Persona que padece tristeza o disgusto, lo que le produce palidez y melancolía.

★ CACORRO. m. COLOM. Marica, maricón.

★ CACRECO, CA. adj. AMÉR. CENTRAL. Vagabundo, tunante. || 2. AMÉR. CENTRAL. Deteriorado. || 3. AMÉR. CENTRAL. Inservible.

CACTÁCEO, A. (De *cacto*.) adj. BOT. Se aplica a las plantas angiospermas dicotiledóneas, originarias de América, de tallos carnosos y flores grandes y olorosas. || 2. f. pl. BOT. Familia de estas plantas.

CACTO. (l. *cactos*, y éste del gr. κάκτος, hoja espinosa.) m. BOT. Planta cactácea, originaria de Méjico con tallo globoso con grandes surcos meridianos y con grandes flores amarillas. || **P.** cacto; **I.** y **F.** cactus; **A.** Kaktus; **It.** catto; **R.** кактус.

★ CACUJA. f. CUBA. Nata de la leche.

★ CACULEAR. intr. P. RICO. Mariposear.

★ CACULO. m. P. RICO. Escarabajo cuya larva es perjudicial a las plantas.

CACUMEN. (l. *cacúmen*.) m. ant. Altura, collado, cumbre. || 2. fig. y fam. Agudeza.

★ CACUNDA. f. ARGENT. Parte superior del espinazo, cuando es abultada.

★ CACURO. m. VENEZ. Avispero.

CACHA. (l. *capûla*, pl. de *capûlum*, puño.) f. Cada una de las dos chapas que cubren o forman el mango de las navajas y de algunos cuchillos. Ú.m. en pl. || 2. Cada una de las ancas de la caza menor. || 3. Cachete, carrillo de la cara. || 4. SAL. Nalga. || 5. AMÉR. Mango de cuchillo. || 6. GUAT. Empeño. || 7. PAN. Atrevimiento. || 8. R. DE LA PLATA, PERÚ, ECUAD.

y AMÉR. CENTRAL. Engaño. || 9. BOL. Quebrado. || 10. COLOM. Moneda de 20, 40 ó 50 centavos, y por ext. dinero. || *A medias* CACHAS. m. adv. fig. y fam. MÉJ. Medio embriagado. || *Hacer* CACHA. fr. GUAT. Hacer diligencias. || 2. CHILE. Burlarse de uno, atemorizar. || *Hasta la* CACHAS. m. adv. fig. y fam. Sobremanera. Aplícase sobre todo al que se mete en algún empeño.

CACHA. (l. *capsa*.) f. COLOM. Cacho, cuerno. || 2. BOL. Espolón artificial del gallo de pelea.

★ CACHACIENTO, TA. adj. CHILE y ARGENT. Cachazudo en extremo. Ú.t.c.s.

★ CACHACO. m. COLOM. Hombre joven, elegante y atento. || 2. COLOM., ECUAD. y VENEZ. Gomoso, lechuguino. || 3. PERÚ. Agente de policía. || 4. m. pl. COLOM. Rizos que suelen hacerse las mujeres.

CACHADA. (De *cacho*, 3.er art.) f. Golpe que dan los muchachos con el hierro del trompo en la cabeza de otro trompo. || 2. COLOM. y HOND. Cornada, golpe dado con el cuerno.

★ CACHADERAS. f. pl. CHILE. Intuición.

★ CACHAFAZ. adj. ARGENT., URUG. y CHILE. Se aplica a la persona desenfadada, pícara.

★ CACHAFO. m. MÉJ. Colilla de cigarro.

★ CACHAFÚ. m. MÉJ. Fusil viejo.

★ CACHAGUA. f. MÉJ. Sumidero.

★ CACHALANDACO, CA. adj. COLOM. Andrajoso.

CACHALOTE. m. Cetáceo denticeto de los mares templados y tropicales, de 15 a 20 metros de largo y cabeza enorme. || **P.** cachalote; **I.** sperm-whale; **F.** cachalot; **A.** Pottwal; **It.** balenotto, fisetere; **R.** кашалот.

★ CACHAMA. f. ZOOL. VENEZ. Pez del mar de las Antillas. Alcanza hasta un metro de longitud.

CACHAMARÍN. m. Cachemarín.

★ CACHAMENTA. f. VENEZ. Cornamenta. || 2. COLOM. Destrucción.

★ CACHANCHÁN. m. CUBA. Entre politicastros, hombres de confianza.

CACHANLAGUA. (arauc. *cachanlahuen*.) f. Canchalagua.

CACHANO. m. fam. El diablo. || *Llamar a* CACHANO. fr. fig. y fam. Pedir auxilio inútilmente.

★ CACHAÑA. f. CHILE. Burla. || 2. CHILE. Molestia. || 3. CHILE. Arrebatina. || 4. CHILE. Especie de loro. || *Hacer* CACHAÑA. fr. fig. y fam. CHILE. Hurtar el cuerpo en un juego.

★ CACHAÑAR. tr. CHILE. Hacer burla.

★ CACHAÑEAR. tr. CHILE. Cachañar.

★ CACHAÑERO, RA. adj. CHILE. Que se burla. Ú.t.c.s.

CACHAPA. f. Panecillo de maíz que se usa en Venezuela.

★ CACHAPEAR. tr. VENEZ. Borrar la marca de una res robada para venderla como propia.

CACHAPERA. f. VALLAD. Choza hecha de ramaje.

★ CACHAQUEAR. intr. COLOM. Dárselas de mayo.

★ CACHAQUERÍA. f. COLOM. Generosidad.

CACHAR. tr. Hacer cachos una cosa. || 2. Partir madera en el sentido de la fibra. || 3. Arar una tierra alomada llevando la reja por el medio de cada uno de los lomos. || 4. fam. AMÉR. CENTRAL. Conseguir. || 5. CHILE. Sorprender al que hace algo secreto. || 6. HOND. Robar los niños a sus padres. || 7. ECUAD. Burlar. || 8. GUAT. y HOND. Dar cornadas. || 9. MÉJ. Recoger algo lanzado. || 10. COLOM. Jugar al cacho.

★ CACHARETO, TA. adj. COLOM. Se aplica al animal que tiene una oreja torcida o caída.

CACHARPARI. (Del m. or. que *cacharpas*.) m. PERÚ. Convite de despedida del que emprende un viaje. || 2. PERÚ. Baile que se celebra con ese motivo.

CACHARPAS. (quich. *cacharpayani*, despachar, aviar al caminante.) f. pl. AMÉR. CENTRAL. Trastos de escaso valor. || 2. AMÉR. Entre gauchos, prendas muy lucidas. || 3. C. RICA. Zapatos grandes y viejos.

★ CACHARPAYA. f. PERÚ y BOL. Cacharpari.

★ CACHARPEARSE. r. CHILE. Lucirse con cacharpas o prendas ostentosas.

★ CACHARPERO, RA. m. y f. CHILE. Ropavejero.

★ CACHARREAR. tr. AMÉR. CENTRAL. Encarcelar.

CACHARRERÍA. (De *cacharrero*.) f. Tienda de cacharros o loza ordinaria.

CACHARRERO, RA. m. y f. Persona que vende cacharros.

CACHARRO. (De *cacho*, 1.er art.) m. Vasija tosca. || 2. Pedazo de ella en que puede echarse algo. || 3. COLOM. Baratija. || 4. AMÉR. CENTRAL. Cárcel, prisión.

★ CACHASPARI. m. PERÚ. Cachapari.

CACHAVA. f. Juego de niños en que se ha de meter una pelota en hoyuelos abiertos en la tierra. || 2. Palo que sirve para este juego. || 3. Cayado.

CACHAVAZO. m. Golpe dado con la cachava.

CACHAZA. f. fam. Lentitud y sosiego en el modo de hablar u obrar. || 2. Aguardiente de melaza de caña. || 3. Espuma que se forma en la desecación o purificación de la caña de azúcar. || P. fleuma; I. slowness; F. flegme; A. Kaltblütigkeit; It. flemma; R. флегматичность.

★ CACHAZO. m. AMÉR. Cornada, golpe de cuerno.

CACHAZUDO, DA. adj. Se dice del que tiene cachaza. Ú.t.c.s. || 2. CUBA. Gusano perjudicial a los tabacales.

★ CACHE. adj. R. DE LA PLATA. Mal arreglado. Ú.t.c.s.

★ CACHEADA. f. CHILE. Cachada, cornada, golpe dado con el cuerno.

★ CACHEADOR, RA. adj. CHILE. Corneador.

CACHEAR. tr. Registrar a gente sospechosa quitándole las armas que puede llevar. || 2. CHILE. Cornear.

CACHELOS. (De *cacho*, 1.er art.) m. pl. GAL. Trozos de patata cocida que se sirven acompañando a carne, pescado, etc.

CACHEMARÍN. m. Quechemarín.

CACHEMIR. m. Casemir.

★ CACHENCHO, CHA. m. y f. fam. CHILE. Persona boba. || 2. CHILE. Burla. Se emplea con el verbo *hacer*.

CACHEO. m. Acción de cachear. || 2. CHILE. Cachada, cornada.

CACHERA. (ár. *qišra*, corteza, vestido.) f. Ropa de lana muy tosca. || 2. BOL. Cacho, espolón artificial que se pone a los gallos de pelea. || 3. AMÉR. Ramera.

★ CACHERÍA. f. fam. GUAT., ARGENT. y EL SALV. Negocio poco importante. || 2. ARGENT. Falta de gusto en el vestir. || 3. GUAT. Actividad de la persona cachera.

★ CACHERO, RA. adj. VENEZ. Mentiroso. || 2. EL SALV. Pedigüeño. || 3. AMÉR. CENTRAL. Activo. || 4. PERÚ. Guasón.

CACHETA. f. Gacheta, palanquita de los pestillos de las cerraduras.

CACHETADA. (De *cachete*, 2.ª acep.) f. CAN., COLOM., CHILE, PERÚ y P. RICO. Bofetada.

★ CACHETAZO. m. AMÉR. Bofetada. || 2. GUAT. Trago de licor.

CACHETE. (De una forma *capulete*, d. del l. *capulus*, puño.) m. Golpe dado con el puño en la cara o en la cabeza. || 2. Carrillo y sobre todo el abultado. || 3. Cachetero, 2.ª acep. || P. soco; I. slap; F. gifle; A. Faustschlag ins Gesicht; It. guanciata; R. оплеуха.

★ CACHETEAR. tr. CHILE. Dar cachetes. || 2. intr. MÉJ. Mover la cabeza el caballo para defenderse del freno.

CACHETERA. f. HOND. Carabina.

CACHETERO. (De *cachete*.) m. Puñal corto y agudo usado antiguamente. || 2. Puñal con el que se remata a las reses. || 3. Torero que remata al toro con este instrumento. || 4. fig. y fam. El último entre los que hacen daño a una persona o cosa. || 5. COLOM. Peso fuerte.

★ CACHETERO, RA. adj. MÉJ. Ratero. Ú.t.c.s. || 2. VENEZ. Se aplica al cigarro muy difícil de fumar.

CACHETINA. f. Riña a cachetes.

CACHETÓN, NA. adj. COLOM. y CHILE. Cachetudo. || 2. CHILE. Orgulloso. || 3. MÉJ. Descarado. || 4. C. RICA. Simpático. || 5. m. ARGENT. Bofetada.

CACHETUDO, DA. (De *cachete*.) adj. Carrilludo.

CACHI. (De *cacho*, 1.er art.) Voz que entra como prefijo en la composición de algunos adjetivos y substantivos, con la significación de casi. CACHIblanco.

★ CACHI. BOL. Polizonte.

★ CACHIBAJO, JA. adj. COLOM. Cabizbajo. || 2. adj. COLOM. Paticojo.

★ CACHICA. m. CUBA. El diablo.

★ CACHICAMBO. m. ECUAD. Armadillo.

CACHICAMO. (Voz tamanaca.) m. AMÉR. Armadillo.

CACHICÁN. m. Capataz, encargado de la labranza. || 2. fig. y fam. Hombre astuto. Ú.t.c.adj.

★ CACHICUBO. m. ARGENT. Tonel de vino.

CACHICUERNO, NA. adj. Se aplica al cuchillo con mango de cuerno.

★ CACHICHA. f. HOND. Berrinche, enojo.

CACHIDIABLO. (De *cachi* y *diablo*.) m. fam. El que se viste imitando la figura del diablo.

★ CACHIFLÍN. m. C. RICA. Cohete.

★ CACHIFLOREAR. tr. COLOM. Echar piropos.

★ CACHIFO. m. COLOM. Rapazuelo.

★ CACHIFOLAR. tr. ECUAD. Cachifollar.

CACHIFOLLAR. (De *cachi* y *afollar*.) tr. fam. Dejar a uno humillado.

CACHIGORDETE, TA. adj. fam. d. de cachigordo.

CACHIGORDO, DA. (De *cachi* y *gordo*.) adj. fam. Se aplica a la persona pequeña y gorda.

★ CACHILAPEAR. tr. VENEZ. Cazar a lazo el ganado no herrado.

★ CACHILAPEO. m. VENEZ. Acción y efecto de cachilapear.

★ CACHILAPIAR. tr. VENEZ. Cachilapear.

★ CACHILAPO. m. VENEZ. Res sin herrar y cazada a lazo.

★ CACHILO. m. ARGENT. Cachila.

★ CACHILLA. f. CHILE. Cocido a estilo indio.

CACHILLADA. (l. *catŭlus*, cachorrillo.) f. Lechigada.

CACHIMBA. (Voz africana.) f. AMÉR. Cachimbo. || 2. ARGENT. Cacimba. Hoyo que se hace en la playa. || 3. AMÉR. Pozo poco profundo. || 4. AMÉR. Ojo de agua manantial. || 5. BOT. CUBA. Árbol silvestre. || 6. HOND. Casquillo de arma de fuego. || 7. despect. CUBA. Mujer de baja condición. Ú.t.c.adj. || *Fregar la* CACHIMBA. fr. fig. y fam. CHILE. Fastidiar.

★ CACHIMBAZO. m. AMÉR. CENTRAL. Linternazo. || 2. AMÉR. CENTRAL. Trago de licor.

CACHIMBO. (De *cachimba*.) m. AMÉR. Pipa. || 2. despect. PERÚ. Guardia nacional. || 3. CUBA. Ingenio pequeño de azúcar. || 4. CUBA. Hombre de baja condición. Ú.t.c.adj. || 5. COLOM. Árbol de flores rojas. || *Chupar* CACHIMBO. fr. VENEZ. Fumar en pipa. || 2. fam. VENEZ. Chuparse el niño, durante la lactancia, algún dedo de la mano.

★ CACHIMONA. f. COLOM. Tubo de hojalata que se emplea para arrojar los dados.

★ CACHINA. f. BOL. Alumbre natural. || 2. PERÚ. Mosto en fermentación.

★ CACHINFLÍN. m. HOND. Cachiflín, cohete.

CACHIPA. f. P. RICO. Residuo del coco o de otro fruto rallado. || 2. P. RICO. Yesca, corteza seca del coco.

CACHIPOLLA. f. ZOOL. Insecto arquíptero que habita en las orillas del agua y apenas vive un día.

CACHIPORRA. (De *cachi* y *porra*.) f. Palo enterizo que termina en una bola o cabeza abultada. || 2. BOT. CUBA. Zarapito, ave zancuda. || 3. adj. CHILE. Farsante, vanidoso. || P. cachamorra; I. billy; F. trique; A. Keule; It mazza; R. дубина.

CACHIPORRAZO. m. Golpe dado con una cachiporra u otra cosa parecida.

★ CACHIPORREARSE. r. CHILE. Pavonearse.

★ CACHIPORREO. m. fam. CHILE. Acción de cachiporrearse.

★ CACHIPORRO. m. fam. CHILE.

CACHETUDO, DA. (De *cachete*.) adj. Carrilludo.

Ministro que sirve con capa y cetro en las solemnidades litúrgicas.

★ CACHIPUCO, CA. adj. HOND. Dícese de quien tiene más abultado un carrillo que otro.

★ CACHIQUENCA. f. URUG. Baile de candil.

★ CACHIRI. m. VENEZ. Especie de licor que hacen los indios.

★ CACHIRÍ. m. COLOM. Cachiri.

★ CACHIRRE. m. COLOM. Caimán pequeño.

★ CACHIRULA. f. COLOM. Mantilla de punto.

CACHIRULO. (l. *capsŭla*.) m. Vasija para guardar aguardiente u otros licores. || 2. Embarcación muy pequeña de tres palos con velas al tercio. || 3. AND. Vasija ordinaria y pequeña. || 4. AR. Pañuelo que los aragoneses del pueblo llevan atado a la cabeza. || 5. MÉJ. Forro de paño o de gamuza que se pone al pantalón de montar por la parte interior de los muslos y el asiento. || 6. GUAT. Remiendo en una prenda.

★ CACHITO. m. ECUAD. Cuento, leyenda, anécdota. || 2. BOT. HOND. Fruto del aromo. || 3. ECUAD., PERÚ y VENEZ. Juego de dados en su cubilete.

CACHIVACHE. m. despect. Vasija, trebejo. Ú.m. en pl. || 2. despect. Cosa de este estilo considerada ya inútil. Ú.m. en pl. || 3. fig. y fam. Hombre ridículo. || 4. COLOM. Baratija, chuchería.

★ CACHIVACHERÍA. f. PERÚ. Conjunto de cachivaches y lugar en que se venden.

★ CACHIVACHERO, RA. adj. PERÚ. Persona que vende cachivaches.

★ CACHIVEO. m. MAR. ARGENT. Canoa hecha con un tronco vaciado.

CACHIZO. adj. V. *Madero* CACHIZO. Ú.t.c.s.

CACHO. (l. *capŭlum*, de *capĕre*, coger.) m. Pedazo de alguna cosa. || 2. Juego de naipes en el que se juega con media baraja. || P. pedaço; I. piece, slize; F. morceau; A. kleines Stück; It. pezzo; R. кусок.

CACHO. (l. *catŭlus*, animal pequeño.) m. ZOOL. Pez teleósteo, de color obscuro, de cola mellada, es común en los ríos caudalosos de España.

CACHO, CHA. (l. *coactus*, p.p. de *cogĕre*, recoger, condensar.) adj. Gacho. || 2. CHILE y GUAT. Cuerna o liara. || 3. CHILE. Maula, objeto inservible. || 4. AMÉR. Cuerno. || 5. ARGENT. Racimo de bananas. || 6. CHILE. Artículo que queda sin vender. || 7. CHILE. Juego de dados. || 8. ARGENT. Cubilete de los dados. || 9. GUAT. Panecillo de figura de cuerno. || 10. VENEZ. Burla. || 11. AMÉR. Cuentecillo. || *Empinar el* CACHO. GUAT. Beber, especialmente vinos y licores. || *Raspar el* CACHO. fr. fig. y fam. Limpiar la garganta por sí misma para no carraspear. || *Raspar a uno el* CACHO. fr. fam. BOL. Sortear. || P. pedacinho; I. piece, slize; F. morceau; A. kleines Stück; It. pezzo; R. por.

★ CACHOHUECO. m. COLOM. Catarro del ganado vacuno.

CACHOLA. f. MAR. Cada una de las dos curvas con que forman el cuello de un palo. || 2. MAR. Cada uno de los pedazos de tablón colocados a uno y otro lado de la cabeza del bauprés.

CACHÓN. (De *cachar*.) m. Ola de mar que rompe en la playa haciendo espuma. Ú.m. en pl. || 2. Chorro de agua que cae de poca altura formando espuma.

★ CACHÓN, NA. adj. COLOM. y C. RICA. Se dice del animal de grandes cuernos. || 2. COLOM. Toro adulto.

★ CACHONDEAR. tr. MÉJ. Manosear a una mujer.

CACHONDEARSE. r. vulg. Burlarse.

CACHONDEO. m. vulg. Acción y efecto de cachondearse.

CACHONDEZ. (De *cachondo*.) f. Apetito venéreo.

CACHONDIEZ. f. ant. Cachondez.

CACHONDO, DA. (l. *catŭlus*, cachorro.) adj. Se aplica a la perra salida. || 2. fig. Dominado del apetito venéreo. || P. cachondo; I. ruttish; F. chaud; A. brünstig; It. in fregola.

CACHOPÍN. m. Cachupín.

CACHOPO. m. AST. Tronco seco de árbol.

C

C

* **CACHORREAR**. intr. ECUAD. Molestar. || 2. PERÚ. Dar cabezadas. || 3. COLOM. Buscar pelea.

CACHORREÑAS. f. pl. Sopas hechas con agua caliente, aceite, ajos, pimentón, sal y vinagre.

* **CACHORREO**. m. ECUAD. Molestia, burla. || 2. PERÚ. Cabeceo.

* **CACHORRERÍA**. f. P. RICO. Perrería.

* **CACHORRERO, RA**. adj. ECUAD. Dícese de la persona fastidiosa.

CACHORRILLO. (d. de *cachorro*.) m. Pistola pequeña.

CACHORRO, RRA. (l. *catŭlus*.) m. y f. Perro de poco tiempo. || 2. Hijo pequeño de otros mamíferos. || 3. m. Cachorrillo. || 4. CUBA. Tratamiento despectivo. || 5. VENEZ. adj. De carácter tosco. || 6. CUBA, P. RICO y VENEZ. Testarudo. || 7. CUBA. Rencoroso. || P. cachorro; I. whelp puppy, cub; F. petit chien; A. Welp, Junge; It. cagnetto, cùcciolo; R. щенок.

CACHÚ. m. Cato. Substancia medicinal.

CACHUA. f. Baile de los indios del Perú, Ecuador y Bolivia.

CACHUCHA. (De *cachucho*, 1.er art.) f. Lanchilla. || 2. Especie de gorra. || 3. Baile popular de Andalucía. || 4. Canción de este baile. || 5. CHILE. Bofetada. || 6. CHILE. Cometa pequeño con forma de cucurucho. || 7. VENEZ. Embarcación pequeña. || 8. BOL. Aguardiente de caña. || 9. MÉJ. Copa de varios licores mezclados. || 10. CUBA. Apuesta hecha sobre cartas.

CACHUCHERO. m. El que hace o vende cachuchas. || 2. El que hace o vende cachuchos. || 3. GERM. Ladrón que roba oro.

CACHUCHO. (l. *capsŭla*.) m. Medida de aceite de unos ocho centilitros. || 2. Alfiletero. || 3. Cachucha, 1.ª acep. || 4. AND. Vasija tosca y pequeña. || 5. CHILE. Recipiente para hervir la caliche. || 6. ECUAD. Sustento diario de una persona.

CACHUCHO. m. Pez del mar de las Antillas, de carne muy estimada.

CACHUDO, DA. (De *cacho*, 3.er art.) adj. CHILE, ECUAD. y MÉJ. Se aplica al animal de cuernos grandes. || 2. MÉJ. Dícese de quien tiene el semblante duro. || 3. COLOM. Que tiene mucha cacha, adinerado. Ú.t.c.s.

CACHUELA. (De *cazuela*.) f. Guisado que hacen en Extremadura de la asadura del puerco. || 2. Guisado usado entre cazadores, hecho de hígados, corazones y riñones de conejo.

* **CACHUELEAR**. intr. PERÚ. Andar buscando ganancias eventuales.

CACHUELO. (d. de *cacho*, 2.º art.) m. ZOOL. Pez teleósteo, fisóstomo, de carne muy apreciada.

* **CACHUELO**. m. PERÚ. Gratificación, propina.

* **CACHUFO**. m. ZOOL. PERÚ. Gallo de pelea.

CACHULERA. (l. *cavěŏla*, jaula.) MURC. Cueva o lugar donde se esconde alguno.

CACHULERO. (l. *cavěŏla*, jaula.) m. MURC. Gayola, especie de jaula.

CACHUMBA. f. Planta compuesta, empleada en Filipinas en vez del azafrán.

CACHUMBO. m. Gachumbo. || 2. COLOM. Tirabuzón del cabello.

* **CACHUNCAR**. intr. BOL. Chocar en el aire las piedras en una pedrea.

CACHUNDE. (Como el port. *cachú* del malayo *kachú*.) f. Pasta compuesta de almizcle, ámbar y cato.

CACHUPÍN, NA. (d. del port. *cachopo*, niño.) m. y f. Mote que se da al español que se establece en la América Septentrional.

* **CACHUPINA**. f. COLOM. Camisa de fuerza.

* **CACHUREAR**. intr. CHILE. Revolver las basuras en busca de algo de valor.

* **CACHURECO, CA**. adj. MÉJ. Chusco, deformado. || 2. AMÉR. CENTRAL. Beato. || 3. GUAT., HOND. y EL SALV. Conservador en política. Ú.t.c.s.

* **CACHUREO**. m. CHILE. Comercio de chucherías.

* **CACHUREQUE**. adj. AMÉR. CENTRAL. Conservador. Ú.t.c.s.

* **CACHURETO, TA**. adj. COLOM. Deformado.

CACHURRA. f. SANT. Juego de niños semejante al de la cachava. || 2. Palo que se emplea para este juego.

CADA. (fr. *cade*, y éste del l. *catănus*, enebro.) m. Enebro.

CADA. (l. *cata*, y éste del gr. κατά, según, conforme a.) adj. Sirve para designar separadamente a una o más personas o cosas con relación a las de una colectividad. || CADA que. m. adv. Siempre que, o cada vez que. || CADA y *cuando que*. loc. conjunt. Siempre que, o luego que. || P. cada; I. every, each; F. chaque; A. jeder; It. ogni; R. каждый, всяй.

* **CADAAÑERO**. adj. ARGENT. Se aplica a los cargos concejiles que duran un año.

CADAFALSO. (m. or. que *catafalco*.) m. ant. Cadalso, 1.ª acep.

CADAHALSO. (De *cadafalso*.) m. Cobertizo de tablas.

CADALDÍA. adv. t. ant. Cada día.

CADALECHO. (b. l. *catalectum*, y éste tal vez de *catar*, mirar, y el l. *lectus*, lecho; véase *candelecho*.) m. Cama tejida de ramas.

CADALSO. (De *cadahalso*.) m. Tablado levantado para un acto solemne. || 2. El levantado para la ejecución de la pena de muerte. || P. cadalso; I. scaffold; F. échafaud; A. Schafott; It. palco; R. эшафот.

CADAÑAL. adj. ant. Que se hace o sucede cada año.

CADAÑEGO, GA. Se dice de las plantas que dan fruto abundante todos los años.

CADAÑERO, RA. adj. Que dura un año. || 2. Anual. || 3. Que pare cada año. Ú.t.c.s.f.

CADARZO. (gr. ἀκάθαρτος, impuro.) m. Seda basta de los capullos enredados que no se hila a torno. || 2. Camisa del capullo. || 3. AST. Cinta estrecha de seda basta.

CADASCUNO, NA. (De *cada* y *cascuno*.) adj. ant. Cada uno.

CÁDAVA. f. AST. Tronco chamuscado de árgoma o de tojo que queda en pie en un terreno después de una quema y sirve para leña.

CADAVAL. m. AST. Terreno donde quedan en pie muchas cádavas.

CADÁVER. (l. *cadáver*.) m. Cuerpo muerto. || P. cadáver; I. cadaver; F. cadavre; A. Leichnam; It. cadàvere; R. труп.

CADAVERA. f. ant. Calavera. Conjunto de huesos de la cabeza.

CADAVERA. (l. *cadăvěra*, pl. n. de *cadáver*.) f. ant. Cadáver.

CADAVÉRICO, CA. adj. Perteneciente o relativo al cadáver. || 2. fig. Pálido y desfigurado como un cadáver. || P. cadavérico; I. cadaverous; F. cadavérique; A. leichenartig; It. cadavèrico; R. трупный.

* **CADAVERINA**. f. QUÍM. Una de las diaminas más importantes que se forman en la descomposición de los aminoácidos correspondientes y se halla entre los productos de putrefacción en el intestino.

CADAVEROSO, SA. (l. *cadaverōsus*.) adj. desus. Cadavérico.

CADEJO. (l. *capitellum*, cabecita.) m. Parte del cabello muy enredada que se separa para peinarla. || 2. Madeja pequeña de hilo. || 3. Conjunto de muchos hilos para hacer trabajos de cordonería. || 4. ARGENT. Melena. || 5. fam. HOND. Animal fantástico nocturno.

CADENA. (l. *catēna*.) f. Serie de muchos eslabones enlazados entre sí. || 2. Serie de perchas o masteleros unidos por cables para cerrar la boca de un puerto o de un río. || 3. fig. Sujeción causada por una pasión violenta o por una obligación. || 4. fig. Continuación de sucesos. || 5. ARQ. Bastidor de maderos fuertemente ensamblados sobre el que se levanta una fábrica. || 6. ARQ. Madero que resguarda la arista horizontal de un fogón de cocina. || 7. ARQ. Machón de sillería con que se fortifica un muro. || 8. FOR. Pena aflictiva de gravedad variable. || 9. GEOL. Grupo de terrenos asociados y de igual o semejante naturaleza. || 10. CHILE y HOND. Labor de cadeneta. || 11. AMÉR. Figura de la danza cubana. || —de agrimensor. MAT. La empleada en mediciones topográficas y que suele

tener 10 metros de largo. || —de montañas. Cordillera. || —de Vaucanson. MEC. Cadena sin fin utilizada para comunicar un movimiento de una rueda dentada a otra. || —lateral. QUÍM. Grupo de combinaciones unido a un núcleo bencénico o a otro grupo cíclico de la molécula de un compuesto orgánico. || *Estar en* CADENA. fr. Se dice del que estaba en la cárcel. || 2. fig. Estar oprimido y mortificado. || *Tirar la* CADENA. fr. fig. y fam. CHILE. Interrumpir, cortar una conversación. || P. cadena; I. chain; F. chaîne; A. Kette; It. catena; R. цепь.

CADENADO. (l. *catenatus*, de *catenare*, sujetar con cadenas.) m. ant. Candado, cerradura suelta.

CADENCIA. (l. *cadens*, *-entis*, cadente.) f. Serie de sonidos o movimientos que se suceden de un modo regular. || 2. Proporcionada y grata distribución de los acentos y de las pausas, así en la prosa como en el verso. || 3. DANZA. Medida del sonido, que regla el movimiento del que danza. || 4. MÚS. Manera de terminar una frase musical. || 5. MÚS. Ritmo, sucesión de sonidos diversos que caracterizan una pieza musical. || 6. MÚS. Resolución de un acorde disonante con un acorde consonante. || —auténtica o perfecta. MÚS. Reposo que se hace al final de una frase sobre el acorde perfecto en el orden directo precedido de la séptima dominante sin inversión. || —interrumpida. MÚS. Paso que se efectúa desde el acorde séptimo dominante de otro tono. || —suspendida. MÚS. La que se detiene sobre la dominante. || P. cadencia; I. y F. cadence; A. Kadenz; It. cadenza; R. каденция.

CADENCIOSAMENTE. adv. m. De modo cadencioso.

CADENCIOSO, SA. adj. Que tiene cadencia, 1.ª y 2.ª aceps.

CADENERO, RA. adj. El encargado de manejar la cadena de agrimensor. || 2. ARGENT. Caballo delantero del tiro de un carruaje.

CADENETA. f. Labor hecha con hilo o seda en figura de cadena muy delgada. || 2. Labor hecha por los encuadernadores en las cabeceras de los libros para firmeza del cosido. || P. cadeneta; I. chainstitch; F. chaînette; A. Kettenstich; It. catenella.

CADENILLA. (d. de *cadena*.) f. Cadena estrecha que se pone por adorno en las guarniciones. || —y media cadenilla. Perlas que se distinguen y separan por el tamaño o hechura.

CADENTE. (l. *cadens*, *-entis*, p.a. de *caděre*, caer.) adj. Que amenaza ruina.

CADER. (l. *caděre*.) intr. ant. Caer, humillarse.

CADERA. (l. *cathědra*, asiento, silla, y éste del gr. καθέδρα.) f. Cada una de las dos partes salientes formadas a ambos lados del cuerpo por los huesos superiores de la pelvis. || 2. ZOOL. La primera de las cinco piezas de que constan las patas de los insectos. || *Derribar las* CADENAS *a un caballo*. fr. EQUIT. Derribarlo. || P. caderas; I. hip; F. hanche; A. Hüfte; It. anca; R. бедро.

CADERILLAS. f. pl. Tontillo que servía para ahuecar la falda por la parte de las caderas.

* **CADERÓN, NA**. adj. COLOM. Caderudo.

CADETADA. (De *cadete*.) f. fam. Acción irreflexiva impropia de gente formal.

CADETE. (fr. *cadet*, y éste del ant. fr. *capdet*, del l. *caput*, *-itis*, cabeza.) m. Alumno de una academia militar. || 2. ARGENT. Aprendiz de comercio. || 3. ARGENT. Mozo de recados. || *Hacer el* CADETE. fr. fig. y fam. Hacer cadetadas. || P. cadete; I. y F. cadet; A. Kadett; It. cadetto; R. кадет.

CADI. m. Especie de palmera del Ecuador, cuyas hojas se usan para el techado de las casas en el campo.

CADÍ. (ár. *qādí*, juez.) m. Entre turcos y moros, juez que entiende en las causas civiles.

CADIAZGO. m. Cargo de cadí.

* **CADILLAL**. m. ARGENT. Cadillar.

CADILLAR. m. Sitio en que se crían muchos cadillos, 1.er art., 1.ª y 2.ª aceps.

CADILLO. (l. *capitellum*, cabecita.) m.

C

Planta umbelífera, muy común en los campos cultivados, de hojas anchas, flores en umbela y fruto elipsoidal. || **2.** Planta compuesta, de hojas alternas, vellosas y ásperas; flores separadas las masculinas de las femeninas. Crece entre los escombros y en los campos áridos de Europa. || **3.** pl. Primeros hilos de la urdimbre de la tela. || **4.** AR. Flor del olivo. || **5.** BOT. Pelusilla de ciertas plantas que se pega a la ropa.

CADILLO. (l. *catéllus*.) m. AR. Cachorro, 1.ª acep.

CADIRA. (l. *cathédra*, asiento.) f. ant. Silla, asiento con respaldo para uno.

CADIRA. (ár. *qadra*, olla.) f. ant. Olla pequeña.

CADMÍA. (l. *cadmia*, y éste del gr. καδμεία.) f. Óxido de cinc sublimado durante la fundición del metal, y que lleva óxido de cadmio. || **2.** Por ext., cualquier sublimado metálico adherido a una chimenea o a la bóveda de un horno.

CADMIO. (De *cadmia*.) m. Metal de color blanco azulado, dúctil y maleable. || **P.** cádmio; **I.** y **F.** cadmium; **A.** Kadmium; **It.** cádmio; **R.** кадмий.

CADO. (Por *cao*, del cat. y arag. *cau*, y éste del l. *cavus*.) m. AR. Huronera o madriguera.

CADOCE. m. Gobio.

CADOZ. m. AST. Cadoce.

CADOZO. (l. *cadus*, olla.) m. Olla, 1.ª acep.

CADUCAMENTE. adv. m. Débilmente.

CADUCANTE. p. a. de caducar. Que caduca.

CADUCAR. (De *caduco*.) intr. Chochear, 1.ª acep. || **2.** Perder su fuerza una ley, contrato, etc. || **3.** Extinguirse un derecho, una facultad o un recurso. || **4.** fig. Acabarse alguna cosa por vieja o gastada. || **A.** caducar; **I.** to dote; **F.** radoter; **A.** unsinning sprechen, faseln; **It.** rimbambinire; **R.** устареть. || 2.ª acep.: **P.** extinguir-se um dereito; **I.** to be worn out; **F.** tomber en désuétude; **A.** verjähren; **It.** divenire caduco; **R.** терять силу (о законе).

CADUCEADOR. (l. *caduceátor*.) m. Rey de armas que publicaba la paz y llevaba en la mano el caduceo.

CADUCEO. (l. *caduceum*, y éste del gr. κηρύκειον, del heraldo.) m. Vara delgada, lisa y cilíndrica, atributo de Mercurio. Antiguamente fue símbolo de la paz, y hoy, del comercio. || **P.** caduceu; **I.** caduceus; **F.** caducée; **A.** Schlangenstab; **It.** caduceo; **R.** кадуцей.

CADUCIDAD. f. Acción y efecto de caducar, 2.ª y 3.ª aceps. || —**de la instancia.** FOR. Presunción legal de que los litigantes han abandonado sus pretensiones.

CADUCO, CA. (l. *cadúcus*.) adj. Decrépito, muy anciano. || **2.** Poco durable. || **P.** e **It.** caduco; **I.** caducous; **F.** caduc, caduque; **A.** hinfällig; **R.** дряхлый.

CADUQUEZ. f. Caducidad, calidad de caduco.

CAECER. (l. *cadéscere*, incoat. de *cadére*.) intr. ant. Acaecer.

CAEDIZO, ZA. adj. Que cae fácilmente o amenaza caerse. || **2.** m. COLOM. Colgadizo, tejadillo.

CAEDURA. f. Lo que en los telares se desperdicia.

CAER. (l. *cadére*.) intr. Venir el cuerpo de arriba abajo por la acción de su propio peso. Ú.t.c.r. || **2.** Perder el cuerpo el equilibrio hasta dar en cosa que lo detenga. Ú.t.c.r. || **3.** Desprenderse una cosa de donde estaba adherida. Ú.t.c.r. || **4.** Seguido de la preposición *de* y del nombre de alguna parte del cuerpo, venir al suelo dando en él con la parte nombrada. || **5.** Venir a dar en la trampa, etc. || **6.** fig. Venir sin pensarlo a encontrarse en algún peligro. || **7.** fig. Dejar de ser. || **8.** fig. Perder la prosperidad. || **9.** fig. Incurrir en algún error. || **10.** fig. Cuando se trata de operaciones del entendimiento, llegar a comprender. || **11.** fig. Debilitarse alguna cosa. || **12.** fig. Hablándose del color, perder viveza. || **13.** fig. Ir a parar a distinta parte de la que se esperaba. || **14.** fig. Cumplirse los plazos para algunos réditos. ||

15. fig. Tocar o corresponder a alguno una alhaja, carga, empleo. || **16.** fig. Estar situado en alguna parte o cerca de ella. || **17.** fig. Quedar incluido en alguna denominación o sujeto a alguna regla. || **18.** fig. Corresponder un suceso a determinada época del año. || **19.** fig. Venir o sentar mal o bien. || **20.** fig. Hablando del Sol, del día, de la tarde, etc., acercarse a su fin. || **21.** fig. Sobrevenir. || **22.** fig. y fam. Morir. || **23.** fig. Desconsolarse, descaecer. || **24.** ARGENT. Venir, arribar. || **25.** CHILE. Comenzar a cuajar las frutas. || **26.** MÉJ. Sorprender. || *Al* CAER *de la hoja* o *de la pámpana.* m. adv. fam. Al fin del otoño. || CAER *bien* o *mal una persona.* fr. fig. y fam. Obtener buena o mala acogida. || CAER *uno de plano.* fr. Caer tendido a la larga. || CAER *una cosa por defuera.* fr. fam. No perjudicar notablemente. || CAER *que hacer.* fr. fam. Ofrecerse inopinadamente ocasión de trabajar. || **2.** Sobrevenir adversidades. || CAERSE *de maduro.* fr. fig. y fam. Dícese del anciano cercano a la muerte. || CAERSE *de suyo.* fr. fig. que nota la poca firmeza de las cosas mal fundadas. || **2.** fig. Ser una cosa muy fácil de comprender. || CAERSE *muerto.* fr. fig. Con la prep. *de*, y de algunos nombres, como *miedo*, *susto*, *risa*, etc., se emplea para ponderar el sumo miedo, susto, etc. || CAERSE *uno redondo.* fr. fig. Venir al suelo con algún desmayo o accidente. || CAYENDO *y levantando.* loc. fig. y fam. Con alternativas adversas y favorables. || *El que no* CAE *no se levanta.* ref. que da a entender que nada enseña tanto como la consecuencia de los yerros propios. || *Estar una cosa al* CAER. fr. fig. Estar muy próxima a suceder. || **P.** cair; **I.** to fall; **F.** tomber, choir; **A.** fallen; **It.** cadere; **R.** падать.

CAFÉ. (turco *qahwé*, y éste del ár. *qahwa*.) m. Cafeto. || **2.** Semilla del cafeto. || **3.** Bebida que se hace por infusión con esta semilla tostada y molida. || **4.** Casa o sitio público donde se vende y se toma esa bebida. || **5.** fig. y fam. CHILE. Reprimenda. || **6.** MÉJ. Berrinche. || —**canalla.** CUBA. El de inferior calidad. || 3.ª acep.: **P.** y **F.** café; **I.** coffee; **A.** Kaffee; **It.** caffè; **R.** кофе.

CAFEÍNA. f. QUÍM. Alcaloide blanco, cristalizable en agujas transparentes, se obtiene de las semillas y de las hojas del café, del té y de otros vegetales. Es tónico y estimulante cardiaco. || **P.** cafína; **I.** caffeine; **F.** caféine; **A.** Kaffein; **It.** caffeina; **R.** кофеин.

CAFELA. (ár. *qaffála*, la que cierra fuertemente.) f. ant. Cerrojo.

★ **CAFELITA.** f. Materia plástica que se obtiene del café.

CAFERÍA. (ár. *kafriyya*, propia de aldea.) f. Aldea o cortijo.

CAFETAL. m. Sitio poblado de cafetos.

CAFETALERO, RA. adj. Que tiene cafetales. Ú.t.c.s.

CAFETALISTA. com. CUBA. Persona dueña de un cafetal.

★ **CAFETEAR.** tr. ARGENT. Amonestar, reprender.

CAFETERA. f. Dueña de un café. || **2.** Mujer que vende café en un sitio público. || **3.** Vasija en que se hace o sirve café. || **P.** cafeteira; **I.** coffee-pot; **F.** cafetière; **A.** Kaffeetopf, Kaffeekanne; **It.** caffettiera; **R.** кофейник.

CAFETERÍA. f. Despacho de café y otras bebidas. || **2.** Local en que el cliente se sirve las bebidas, etc., sin intervención ajena. || **3.** CUBA, P. RICO, COLOM. y CHILE. Tienda en que se vende café por menor.

CAFETERO, RA. adj. Perteneciente o relativo al café. || **2.** m. y f. Persona que en los cafetales tiene por oficio recoger la simiente. || **3.** m. Dueño de un café. || **4.** Que vende café en un sitio público.

CAFETÍN. m. d. de café, 1.ª acep. || **2.** Establecimiento de bebidas de ínfima categoría.

CAFETO. m. Árbol rubiáceo, originario de Etiopía, de hojas opuestas, flores blancas, fruto en baya roja, cuya semilla es el café. || **P.** cafèzeiro; **I.** coffee-tree; **F.** caféier; café; **A.** Kaffeebaum; **It.** caffè; **R.** кофейное дерево.

CAFETUCHO. m. despect. de café, 1.ª acep.

★ **CAFIASPIRINA.** f. QUÍM. y TERAP. Producto farmacéutico de propiedades antineurálgicas y antirreumáticas.

★ **CAFICHE.** m. CHILE. Rufián, chulo.

★ **CAFIFIA.** f. PERÚ. Excremento, inmundicia.

CÁFILA. (ár. *qáfila*, caravana.) f. fam. Multitud de gentes, animales o cosas; especialmente cuando van unas tras otras.

★ **CAFIOLO.** m. CHILE. Cafiche.

CAFIROLETA. f. CUBA. Dulce compuesto de boniato, coco rallado y azúcar. || **2.** CHILE. Caspiroleta.

CAFIZ. (ár. *qafiz*, medida de capacidad, para áridos). m. ant. Cahíz, 1.ª acep.

CAFIZAMIENTO. m. ant. Derecho que se pagaba por regar cada cahizada.

★ **CAFONGO.** m. COLOM. Pan dulce de harina de maíz.

CAFRE. (ár. *káfir*, infiel, incrédulo.) adj. Habitante de la parte oriental del África Austral, en las colonias inglesas de El Cabo y de Natal. Ú.t.c.s. || **2.** fig. Bárbaro y cruel. Ú.m.c.s. || **3.** fig. Zafio, rústico. Ú.m.c.s. || **P.** y **F.** cafre; **I.** kaffir; **A.** Kaffer; **It.** cafro; **R.** скотский.

CAFTÁN. (ár. *qaftán*, especie de vestido.) m. Vestimenta que cubre desde el pescuezo hasta la mitad de la pierna, abierta por delante, sin cuello, usada por turcos y moros.

★ **CAFTEN.** m. ARGENT. Rufián, tratante de blancas.

★ **CAFÚ.** m. CUBA. Cafunga.

★ **CAFUCHE.** adj. COLOM. Se dice del café u otra bebida mal preparada. || **2.** COLOM. Se dice del tabaco malo. || **3.** m. ZOOL. COLOM. Saíno.

★ **CAFUNGA.** m. CUBA. Personaje imaginario.

CAGAACEITE. (De *cagar* y *aceite*, por la calidad oleosa del excremento.) m. Pájaro insectívoro de color gris obscuro por arriba, blanquizco por abajo y las patas de color de carne.

CAGACHÍN. m. Mosquito mucho más pequeño que el común y de color rojizo. || **2.** Pájaro más pequeño que el jilguero. Es común en España.

CAGADA. (l. *cacáta*.) f. Excremento expulsado cada vez que se caga. || **2.** fig. y fam. Acción contraria a la que corresponde hacer en un negocio. || *A buscar la* CAGADA *del lagarto.* expr. fig. y fam. usada para despedir a uno con desprecio.

CAGADERO. (De *cagar*.) m. Sitio donde va mucha gente a exonerar el vientre.

★ **CAGADILLA.** f. dim. de cagada. || —**de gallina.** BOT. CUBA. Flor de una de las especies del curujey.

CAGADO, DA. p.p. de cagar. || **2.** adj. fig. y fam. Que es para poco, carente de espíritu.

CAGAFIERRO. (De *cagar* y *fierro*.) m. Escoria de hierro. || **P.** escumalho; **I.** iron-dross; **F.** mâchefer; **A.** Eisenschlacke; **It.** rosticcio; **R.** шлак.

CAGAJÓN. (De *cagar*.) m. Cada una de las porciones, de forma casi esférica, del excremento de las caballerías.

CAGALAOLLA. (De *cagar* y *olla*.) m. fam. El que va vestido de botarga en algunas fiestas en que hay danzantes.

CAGALAR. (De *cagar*.) m. V. *Tripa del* CAGALAR.

CAGALERA. (De *cagalar*.) f. fam. Repetición de cursos o cámaras. || **2.** COLOM. Cagalar. || **3.** BOT. HOND. Árbol espinoso que se utiliza para formar setos.

CAGALUTA. f. Cagarruta.

★ **CAGANTINA.** f. REP. DOMIN. Diarrea. || **2.** REP. DOMIN. Pérdida en el juego.

★ **CAGAPUESTO.** m. ECUAD. El que cambia continuamente de ocupación, empleo o lugar.

CAGAR. (l. *cacáre*.) intr. Evacuar el vientre. Ú.t.c.tr. y **2.** tr. fig. y fam. Manchar, echar a perder algo. || **P.** defecar; **I.** to stool; **F.** chier; **A.** scheissen, kacken; **It.** cacare; **R.** испражняться.

CAGARRACHE. m. Mozo que en el molino de aceite lava el hueso de la aceituna. || **2.** Cagaaceite.

CAGARRIA. f. Colmenilla.

CAGARROPA. (De *cagar* y *arrope*.) m. Cagachín, 1.ª acep.

C

CAGARRUTA. (De *cagar*.) f. Cada una de las porciones, casi esféricas, del excremento del ganado menor. || 2. fam. ARGENT. Hombre apocado, ruin.

CAGATINTA. (De *cagar* y *tinta*.) m. fam. despect. Oficinista.

CAGATINTAS. m. fam. despect. Cagatinta.

CAGATORIO. m. Cagadero.

★ **CAGAVINO.** m. ZOOL. ARGENT. Pez escómbrido, del Mar de la Plata.

CAGÓN, NA. (De *cagar*.) adj. Que evacua el vientre muchas veces. Apl. a pers. ú.t.c.s. || 2. fig. y fam. Se dice de la persona muy cobarde. Ú.t.c.s || 3. m. ZOOL. CUBA. Pez llamado cotorro. || 4. CUBA. Aguaitacaimán, ave zancuda.

★ **CAGUAIRAN.** m. BOT. CUBA. Árbol resinoso, de la familia de las leguminosas.

★ **CAGUAJASA.** f. BOT. CUBA. Pasionaria, planta de flores olorosas.

★ **CAGUALA.** f. BOT. CUBA. Planta silvestre llamada también barba de indio. || 2. BOT. VENEZ. Planta de raíz medicinal.

CAGUAMA. (Voz caribe.) f. Tortuga marina algo mayor que el carey y cuyas huevas son más estimadas. || 2. Materia córnea de esta tortuga. || 3. ZOOL. CUBA. Tortuga grande del Mar de las Antillas.

★ **CAGUAMO.** m. COLOM. Concha de la caguama.

★ **CAGUANETAZO.** m. CUBA. Acción y efecto de quemar el caguanete.

★ **CAGUANETE.** m. CUBA. Borra o lana de algodón u otro combustible que arde y se consume velozmente.

★ **CAGUARA.** f. ZOOL. CUBA. Molusco marino univalvo.

★ **CAGUARÉ.** m. ZOOL. AMÉR. MERID. Mamífero desdentado mirmecofágido, de cabeza alargada, ojos pequeños, patas anteriores con cuatro dedos, las posteriores con cinco, cola prensil, pelaje de color gris sucio. Se alimenta de insectos.

★ **CAGUAYO.** m. ZOOL. CUBA. Lagartija.

★ **CAGUE.** m. ZOOL. CHILE. Ganso que abunda en Chiloé y Magallanes.

° **CAGUETA.** com. fam. Persona apocada y cobarde.

★ **CAGÜI.** m. COLOM. Almendrón, árbol mirtáceo de fruto pequeño y comestible.

★ **CAGUINGA.** f. COLOM. Mecedor.

★ **CAGUIYE.** m. BOT. CHILE. Chicha cruceña.

CAHÍZ. (De *cafiz*.) m. Medida de capacidad, de distinto valor según las regiones. || 2. Medida de peso usada para el yeso en la provincia de Madrid.

CAHIZADA. f. Porción de terreno que se siembra con un cahíz de grano. || 2. Medida agraria usada en Zaragoza.

CAHUERCO. m. ant. Carcavuezo.

★ **CAHUI.** m. BOL. La planta llamada oca, destaca al sol.

★ **CAHUIL.** m. ZOOL. CHILE. Ave acuática, parecida a la gaviota.

★ **CAHUIN.** m. CHILE. Borrachera, embriaguez. || 2. CHILE. Comilona en que se bebe hasta emborracharse. || 3. adj. fig. CHILE. Chismoso.

CAI. (fr. *quai*, muelle.) m. ant. Cortina de muelle.

★ **CAÍ.** adj. ZOOL. R. DE LA PLATA. Se aplica a un mono pequeño que vive en Uruguay y Paraguay y es de color amarillento. Ú.t.c.s.

★ **CAÍBLE.** adj. Que puede caer.

CAICO. m. CUBA. Bajo o arrecife grande que a veces forma isletas.

CAICOBÉ. f. BOT. AMÉR. Sensitiva.

★ **CAICHI.** adj. CHILE. Enfermizo, raquítico.

CAÍD. (ár. *qāʼid*, jefe, conductor, general.) m. Juez o gobernador en algunos países musulmanes.

CAÍDA. f. Acción y efecto de caer. || 2. Declive de alguna cosa. || 3. Hablando de colgaduras, cada una de las partes de ellas que penden de alto a bajo. || 4. Manera de plegarse o de caer ciertos paños o ropajes. || 5. Galería interior de las casas de Manila. || 6. fig. Culpa de los ángeles malos y del primer hombre. || 7. GERM. Lo que gana la mujer con su cuerpo. || 8. MAR. Altura de las velas de cruz desde el grátil al pujamen y largo de popa de las de cuchillo. || 9. pl. Entre los tratantes de lana, la que se desprende del vellón y la que el ganado lanar cría hacia el anca

y alguna otra parte. || 10. fig. y fam. Dichos oportunos y con naturalidad. || 11. COLOM. y ECUAD. Tenderete, cierto juego de naipes. || —**de latiguillo**. La que sufre un picador arrojado del caballo por la grupa y choca contra el suelo de espaldas. || —**de ojos**. Manera habitual de bajarlos una persona. || *A la* CAÍDA *de la tarde*. m. adv. Al concluirse la tarde. || *A la* CAÍDA *del Sol*. m. adv. Al ir a ponerse. || P. caída; I. fall; F. chute; A. Fall, Fallen; It. caduta; R. ладение. || 2.ª acep.: P. declive; I. declivity; F. pente; A. Abhang; It. calata; R. падение.

CAÍDO, DA. p.p. de caer. || 2. adj. fig. Desfallecido, amilanado. || 3. m. Cada una de las líneas oblicuas del papel pautado. || 4. pl. Réditos ya devengados. || 5. HOND. Caedizo. || 6. GUAT. y HOND. Busca, emolumento. Ú.t.m. en pl.

★ **CAIFA.** adj. VENEZ. Taimado, astuto. Ú.t.c.s.

CAIGUA. f. Planta cucurbitácea, indígena del Perú cuyos frutos rellenos de carne picada constituyen un plato usual en el país.

CAIGUÁ. adj. Se dice del indio de la América Meridional que habitaba en los montes del Uruguay, Panamá y Paraguay. Ú.t.c.s.

★ **CAIGÜIR.** tr. PERÚ. Remover la chicha.

CAIMA. adj. AMÉR. Lerdo, estúpido.

CAIMACÁN. (ár. *qāʼ im maqām*, lugarteniente.) m. Lugarteniente del gran visir. || 2. COLOM. Persona de autoridad.

CAIMÁN. (taino *kaimán*.) m. ZOOL. Reptil emidosaurio, propio de los ríos de América parecido al cocodrilo, aunque algo menor. || 2. fig. Persona que con astucia logra sus intentos. || 3. adj. COLOM. Codicioso. Ú.t.c.s. || 4. ECUAD. Perezoso. P. caimão; F. cayman; F. caïman; A. Kaiman; It. caimano; R. кайман.

★ **CAIMANAZO.** m. COLOM. Pirueta, voltereta.

★ **CAIMANEAR.** tr. COLOM. y MÉJ. Engañar, timar.

★ **CAIMANERA.** f. CUBA. Lugar en que están los caimanes.

★ **CAIMANESO.** m. COLOM. El que substituye a otro temporalmente.

★ **CAIMANZOTE.** m. ECUAD. Caimán, perezoso.

CAIMIENTO. (De *caer*.) m. Caída, 1.ª acep. || 2. fig. Desfallecimiento de ánimo o de fuerzas corporales.

CAIMITAL. m. Terreno en que abundan los caimitos.

★ **CAIMITILLO.** m. BOT. CUBA. Árbol sapotáceo silvestre, cuyo fruto es del tamaño de la aceituna y agradable al paladar.

CAIMITO. (Voz haitiana.) m. Árbol silvestre de las Antillas, de la familia de las sapotáceas, de fruto redondo de pulpa azucarada. || 2. Árbol del Perú de la misma familia que el anterior, aunque de distinta especie. || 3. Fruto de estos árboles.

CAÍN. n. p. Empleado en la expresión: *alma de* CAÍN. Con el significado de persona cruel. || *Las de* CAÍN. loc. con que se dan a entender las perversas intenciones de una persona.

★ **CAINAR.** intr. ECUAD. Pasar el día en algún sitio.

CAIQUE. (ár. turco *qāʼiq*, barca.) m. Barca muy ligera usada en los mares de Levante. || 2. Esquife destinado al servicio de las galeras.

CAIRE. m. GERM. Dinero. || *Quien no tiene* CAIRE, *no tiene amigos ni donaire*. ref. que pone de manifiesto el valor del dinero.

CAIREL. (cat. *cairell*, y éste el l. *caliendrum*, adorno de la cabeza.) m. Cerco de cabellera postiza que imita el pelo natural. || 2. Guarnición o fleco que cuelga a los extremos de algunas ropas. || 3. BOT. CUBA. Planta rastrera de flores grandes y fruto leguminoso. || 4. ARGENT. Adorno de cristal que pende de las lámparas. || 5. fig. y fam. ARGENT. Cazcarria. Ú.m. en pl.

CAIRELAR. tr. Guarnecer la ropa con caireles.

CAIRELOTA. (De *cairelar*.) f. GERM. Camisa galana.

CAIRINO, NA. (De *El Cairo*, capital de Egipto.) adj. Natural de El Cairo. Ú.t.c.s. || 2. Perteneciente o relativo a dicha ciudad.

★ **CAIRO.** m. CUBA. Torcida o mecha de algodón.

★ **CAIROTA.** adj. Natural de El Cairo (Egipto). Ú.t.c.s. || 2. Relativo a esta ciudad africana.

★ **CAISIMON.** m. BOT. CUBA. Planta silvestre de hojas distantes. Exhala un olor agradable. De su semilla se extrae un aceite esencial.

★ **CAITA.** adj. CHILE y NICAR. Bravo, salvaje. Ú.t.c.s. || 2. fig. CHILE y NICAR. Poco sociable, esquivo. Ú.t.c.s.

CAITE. m. AMÉR. CENTRAL. Cacle, sandalia tosca de ciertos indios.

CAJA. (l. *capsa*.) f. Pieza hueca de madera, metal, etc., que sirve para guardar en ella alguna cosa. Tiene muchos usos, formas y tamaños. || 2. Caja, por lo común de hierro o acero, para guardar con seguridad dinero y objetos de valor. || 3. Parte del coche destinada para las personas. || 4. Parte exterior de madera que sirve de resguardo o forma parte de algunos instrumentos, como el piano, el violín, etc. || 5. Hueco en que se introduce alguna cosa. || 6. Armazón de madera donde se pone el brasero. || 7. Pieza de la balanza y de la romana en la que entra el fiel cuando el peso está equilibrado. || 8. En las armas de fuego portátiles, pieza de madera en que aseguran el cañón. || 9. En la ballesta, hueco que está en el tablero donde se encaja la nuez. || 10. Espacio en que se forma la escalera de un edificio. || 11. Oficina pública de correos situada en un pueblo. || 12. Dependencia destinada a guardar y recibir dinero y para hacer pagos en bancos, casas de comercio, etc. || 13. Alguna vez, el mismo cajero. || 14. Espacio comprendido entre dos bastidores de los escenarios. || 15. IMPR. Cajón con varios cajetines, en cada uno de los cuales se ponen los caracteres que representan una misma letra o signo tipográfico. || 16. pl. CHILE. Lecho de los ríos. || 17. CHILE y BOL. Salbanda, capa arcillosa entre la roca estéril y una veta. || 18. MÉJ. Préstamo que hace el que lleva la banca. || —**alta**. IMPR. Parte superior izquierda de la caja en la que se colocan las letras mayúsculas. || —**baja**. IMPR. Parte inferior de la caja, en la que se colocan las minúsculas, los números, la puntuación y los espacios. || —**de agua**. PERÚ. Depósito para recibir y repartir el agua. || —**de ahorros**. Establecimiento destinado a recibir cantidades que vayan formando un capital devengando réditos en favor de sus dueños. || —**de consulta**. Parte positiva que precede al dictamen del tribunal o cuerpo que hace la consulta. || —**de las muelas**. fam. Encías. || 2. fam. Toda la boca. || —**del tambor**, o **del tímpano**. ZOOL. Parte media del órgano del oído de la mayoría de los vertebrados. || —**de músico**. Instrumento pequeño de barretas de acero a las que hace sonar un cilindro con púas. || —**de reclutamiento**. Organismo militar encargado de la inscripción, clasificación y destino de los reclutas. || —**perdida**. IMPR. Parte de la caja alta que contiene los signos de poco uso. || —**registradora**. La que se usa en el comercio y señala automáticamente el importe de las ventas. || *Despedir*, o *echar*, a uno *con* CAJAS *destempladas*. fr. fig. y fam. Despedirlo o echarlo de alguna parte de malas formas. || *En* CAJA. loc. fig. y fam. En buen estado de salud, dicho de las personas, o en regla hablando de las cosas. Se usa más con los verbos *entrar* y *estar*. || P. cofre, caixa; I. box, chest; F. caisse, boite; A. Kasten; It. cassa; R. коробка. || 10.ª acep.: P. caina; I. well; F. caisse; A. Treppenraum; It. vano; R. лестничная клетка. || 12.ª acep.: P. caixa forte; I. safe, cash-safe; F. coffre-fort; A. Geldschrank; It. cassa forte; R. несгораемый шкаф.

CAJÁ. adj. CUBA. En la expresión: *palo* CAJÁ. Designa un árbol de cuya corteza se extrae una materia resinosa.

★ **CAJEAR.** tr. MÉJ. Contraer deudas con el banquero. || 2. C. RICA. Zurrar.

CAJEL. (cat. *caixell*, y éste el l. *capsellum*, de *capsa*, caja.) adj. V. *Naranja* CAJEL.

CAJERA. f. Mujer que en los comercios está encargada de la caja. || 2. MAR.

Abertura donde se colocan las roldanas de motones y cuadernales.

CAJERÍA. f. Tienda de cajas.

CAJERO. m. El que hace cajas. || 2. Persona que en los bancos, casas de comercio, etc., está encargada de cobros y pagos.|| 3. En las acequias o canales, parte de talud comprendida entre el nivel ordinario del agua y la superficie del terreno. || 4. Por ext., pared que forma la caja de un acueducto. || 5. Buhonero. || 2.ª acep.: **P.** caixeiro; **I.** cashier; **F.** caissier; **A.** Kassier(er); **It.** cassiere; **R.** кассир.

CAJETA. f. d. de caja. || 2. AR. Caja para recoger limosnas. || 3. C. RICA y MÉJ. Caja redonda con tapa usada para poner postres y jaleas. || 4. ECUAD., PERÚ y C. RICA. Persona que tiene el labio inferior muy saliente. || *De* CAJETA. m. adv. MÉJ. y C. RICA. Muy bien.

CAJETA. (ingl. *gaskett*.) f. MAR. Trenza de filásticas o meollar.

CAJETE. m. MÉJ. y GUAT. Cazuela honda y gruesa sin vidriar. || 2. MÉJ. Hoyo hecho en tierra para trasplantar vegetales.

★ **CAJETEAR.** tr. MÉJ. Abrir los cajetes para trasplantar vegetales. || 2. REP. DOMIN. Martillar. || 3. fig. REP. DOMIN. Insistir. || 4. REP. DOMIN. Disparar, descerrajar.

★ **CAJETERO, RA.** adj. AMÉR. CENTRAL. Ridículo.

CAJETILLA. (d. de *cajeta*.) f. Paquete de tabaco picado o de cigarrillos. || 2. CHILE. Merengue vaciado y cocido en una especie de cajita de papel. || 3. R. DE LA PLATA y URUG. Nombre que los campesinos dan en sentido despectivo a los de la capital por presumidos.

CAJETÍN. m. d. de *cajeta*, 1.er art. || 2. Sello de mano con que se estampan diversas anotaciones. || 3. Cada una de estas anotaciones. || 4. Caja metálica que usan los cobradores de tranvía. || 5. ELECTR. Listón de madera que se cubre con una moldura y tiene dos ranuras en las que se alojan los conductores eléctricos. || 6. IMPR. Caja, uno de los compartimientos de la caja.

★ **CAJETÓN, NA.** adj. P. RICO. Guapetón.

CAJÍ. (Voz cubana.) m. CUBA. Pez del Mar de las Antillas, de cola ahorquillada y de color amarillo y morado.

CAJIGA. f. Quejigo.

CAJIGAL. m. Quejigal. || 2. BOT. CUBA. Damasquina, planta compuesta mejicana.

CAJILLA. (l. *capsēlla*, por *capsŭla*, cajita.) pl. Mandíbula.

CAJÍN. (cat. *caixin*, de *caixa*, y éste del l. *capsa*, caja.) adj. MURC. V. *Granada* CAJÍN.

★ **CAJISOTE.** m. ZOOL. CUBA. Cají joven.

CAJISTA. (De *caja*.) com. Oficial de imprenta que compone lo que se ha de imprimir. || **P.** caixista; **I.** compositor; **F.** compositeur; **A.** Schriftsetzer; **It.** compositore; **R.** наборщик.

★ **CAJITA.** f. BOL. Especie de cerdo salvaje.

CAJO. (l. *capsus*, caja.) m. Pestaña que se forma al encuadernar en el lomo de un libro sobre las primeras y últimas hojas para que quepan los cartones que han de cubrirlas.

CAJÓN. m. aum. de caja. || 2. Caja, comúnmente de forma prismática y de madera. || 3. Cualquiera de los receptáculos que se pueden sacar y meter en ciertos huecos. || 4. En los estantes, espacio que media entre tabla y tabla. || 5. Casilla que sirve de tienda o de obrador. || 6. CHILE. Cañada larga por cuyo fondo corre algún río o arroyo. || 7. AMÉR. Comercio, tienda de abacería. || 8. ARQ. Cada uno de los espacios en que queda dividida una pared por los machones. || 9. ARGENT. Medida de capacidad para los minerales. || 10. VENEZ. Cuenca de un río. || 11. CHILE y GUAT. Féretro. || 12. CHILE. En el comercio de leña, cantidad de dieciocho cargas de veinticuatro palos cada una. || 13. CHILE. Medida de capacidad para los minerales. || 14. PERÚ. Cualquiera de las cajas que se colocan entre los tocadores de varios instrumentos y que se golpean guardando el compás. || —**de sastre.** fig. y fam. Conjunto de cosas diversas y desordenadas. || 2. fig. y fam. Persona que

tiene en su imaginación gran variedad de especies desordenadas y confusas. || *Ser de* CAJÓN una cosa. fr. Ser corriente y de estilo. || **P.** caixão; **I.** box; **F.** tiroir; **A.** Schublade, Kasten; **It.** cassetto; **R.** ящик.

CAJONADA. (De *cajón*.) f. MAR. Encasillado a una y otra banda del sollado para colocar las maletas de la marinería.

★ **CAJONEAR.** intr. MÉJ. Andar de tiendas.

CAJONERA. f. Conjunto de cajones que hay en las sacristías para guardar los ornamentos sagrados. || 2. AGR. Cajón de madera con bastidores de vidrio para resguardar las plantas.

★ **CAJONERA.** MÉJ. Dueña de un cajón o tienda. || 2. ECUAD. Vendedora ambulante.

CAJONERÍA. f. Conjunto de cajones de un armario o estantería.

CAJONERO. m. AMÉR. Dueño de un cajón o tienda. || 2. MIN. Operario que en el brocal de un pozo de mina recibe o amaina las vasijas en que se extrae el agua. || 3. adj. COLOM., CUBA y VENEZ. Que es de cajón, que es corriente. || 4. m. y f. PERÚ. Persona que golpea rítmicamente el cajón acompañando la música.

CAJONGA. (Voz americana.) f. HOND. Tortilla grande de maíz mal molido.

CAJUELA. f. d. de caja. || 2. CUBA. Árbol euforbiáceo silvestre, de buena madera. || 3. MÉJ. Hueco bajo el asiento de un coche. || 4. AMÉR. CENTRAL. Medida de capacidad de unos 16 litros.

CAJUIL. m. BOT. Marañón.

CAL. (l. *calx*.) f. Óxido de calcio, substancia blanca, que en estado natural se halla siempre combinada con alguna otra. Mezclada con arena forma la argamasa o mortero. || 2. ALQ. Cualquier óxido metálico. || —**anhidra.** La que está privada de agua. || —**hidráulica.** Producto de la calcinación de piezas calizas. || —**muerta.** La apagada. || —**viva.** Cal anhidra. || *Ahogar la* CAL. fr. Apagarla. || *De* CAL *y canto.* expr. fig. y fam. Fuerte y macizo. || *Una de* CAL *y otra de arena.* loc. fig. y fam. Alternar cosas diversas o contrarias para contemporizar. || **P.** cal; **I.** lime; **F.** chaux; **A.** Kalk; **It.** calce; **R.** известь.

CAL. f. ant. Calle.

CALA. f. Acción y efecto de calar un melón u otras frutas semejantes. || 2. Trozo cortado de una fruta para probarla. || 3. Mecha de jabón, aceite y sal que sirve de ayuda o supositorio para los niños. || 4. Rompimiento hecho para reconocer el grueso de una pared o para descubrir bajo el pavimento, cañerías, etc. || 5. Parte más baja en el interior de un buque. || 6. Paraje alejado de la costa, propio para pescar con anzuelo. || 7. Sonda que introduce el cirujano para reconocer la profundidad de una herida. || 8. CHILE. Juego de niños que consiste en hacer avanzar un tejo pegándole con el trompo. || 9. CHILE. Partida de este mismo juego. || 10. R. DE LA PLATA. Acción de matar con el as de triunfo el tres del mismo. || 11. fig. CHILE. Estafa. || *Hacer* CALA, *o* CALA *y* cata. fr. Reconocer alguna cosa para saber su cantidad y calidad. || 5.ª acep.: **P.** porão de navio; **I.** hold; **F.** cale; **A.** Schiffsboden; **It.** stiva; **R.** трюм.

CALA. (ár. *kallâ*, fondeadero abrigado.) f. Ensenada pequeña.

CALA. (l. *calla*, cierta planta.) f. Planta acuática aroidea, que se cultiva en los jardines por su buen olor y aspecto.

★ **CALA.** f. CUBA. Punzón para sacar muestras de fardos cerrados.

CALABA. (Voz americana.) m. Calambuco.

CALABACEAR. tr. fig. y fam. Dar calabazas.

CALABACERA. f. Mujer que vende calabazas. || 2. BOT. Planta anua cucurbitácea, de tallos rastreros, cuyo fruto es la calabaza. || 2.ª acep.: **P.** cabaceira; **I.** gourd; **F.** calebassier; **A.** Kürbispflanze; **It.** zucca; **R.** тыква.

CALABACERO. m. El que vende calabazas. || 2. GERM. Ladrón que roba con ganzúa.

CALABACERO. m. C. RICA. Jícaro.

CALABACIL. (De *calabaza*.) adj. Aplícase a la pera que tiene forma parecida a la calabaza.

CALABACILLA. (De *calabaza*.) f. Cohombrillo amargo. || 2. Colgante del pendiente o arete de las orejas cuando es de forma parecida a una calabaza pequeñita.

CALABACÍN. m. Calabacita cilíndrica de corteza verde y carne blanca. || 2. fig. y fam. Calabaza, 4.ª acep.

CALABACINATE. m. Guisado hecho con calabacines.

CALABACINO. m. Calabaza seca y hueca para tener líquidos.

CALABAZA. f. Calabacera, 2.ª acep. || 2. Fruto de la calabacera, muy vario en su forma, tamaño y color. || 3. Calabacino. || 4. fig. y fam. Persona muy ignorante. || 5. fig. y fam. MAR. Buque de malas condiciones náuticas. || 6. BOT. CHILE. Calabacinate. || —**bonetera** o **pastelera.** La de forma de bonete y gran tamaño. || —**confitera** o **totanera.** La de mayor tamaño entre las conocidas. || —**vinatera.** La que forma cintura en medio y después de seca se emplea para llevar vino. || *Beber de* CALABAZA. fr. fig. y fam. Aprovechar la confusión de un negocio para lucrarse. || *Dar* CALABAZAS. fr. fig. y fam. Reprobar a uno en los exámenes. || 2. fig. y fam. Desairar la mujer al que la pretende en amores. || *Echar en* CALABAZA. fr. fig. y fam. Perder el tiempo especialmente cuando le faltan a uno a la palabra dada. || *Nadar sin* CALABAZA. fr. fig. y fam. Saber manejarse por sí solo. || *Salir uno* CALABAZA. fr. fig. y fam. No corresponder al buen concepto que se había formado de él. || **P.** calabaceira; **I.** squash, pumpkin; **F.** courge, potiron; **A.** Kürbis; **It.** zucca; **R.** тыква.

CALABAZADA. f. Cabezada, 1.ª y 2.ª aceps. || *Darse uno de* CALABAZADAS. fr. fig. y fam. Fatigarse por averiguar o conseguir una cosa.

CALABAZAR. m. Lugar sembrado de calabazas.

CALABAZATE. m. Dulce seco de calabaza. || 2. Cascos de calabaza en miel y arrope.

CALABAZAZO. m. Golpe dado con una calabaza, 2.ª acep. || 2. fam. Golpe en la cabeza.

CALABAZONA. m. Calabaza, 3.ª acep. || 2. MAR. Calabaza, 2.ª acep. || 3. CUBA. Instrumento músico hecho de güiro ahuecado.

CALABAZÓN. m. aum. de calabaza. || 2. ÁL. Especie de cerezo.

CALABAZONA. f. ÁL. Calabazón, 2.ª acep. || 2. MURC. Calabaza inverniza.

CALABAZUELA. f. Planta que se cría en la provincia de Sevilla y se emplea contra la mordedura de la víbora.

CALABOBOS. (De *calar*, 2.º art., y *bobo*.) m. fam. Lluvia menuda y continua.

★ **CALABOCEAR.** tr. GUAT. Herir con la daga.

CALABOCERO. m. El encargado de asistir a los presos que están en calabozo.

CALABOZAJE. m. Derecho que pagaba al carcelero el que había estado en calabozo.

★ **CALABOZAZO.** m. AMÉR. Pena de calabozo.

CALABOZO. m. Lugar seguro donde se encierra a los presos. || 2. Aposento de cárcel para incomunicar a un preso. || **P.** calaboiço; **I.** dungeon; **F.** cachot; **A.** Kerker, Arrestzimmer; **It.** segreta; **R.** застенок.

CALABOZO. (De *calagozo*.) m. Instrumento de hoja ancha para podar. || 2. CUBA. Especie de hoz para cortar las hierbas inútiles. || 3. COLOM. Cuchillo, daga.

CALABRE. (gr. καταβολή, acto de bajar.) m. ant. MAR. Cable. || 2. fig. y fam. Perro de muestra.

CALABRÉS, SA. adj. Natural de Calabria. Ú.t.c.s. || 2. Perteneciente a esta región de Italia.

CALABRIADA. f. Mezcla de vinos, sobre todo del tinto y blanco. || 2. fig. Mezcla de cosas diversas.

CALABROTAR. tr. MAR. Acalabrotar.

CALABROTE. (De *calabre*.) m. MAR. Cabo grueso hecho de nueve cordones colchados de izquierda a derecha. || 2. VENEZ. Hombre informal y calavera.

★ **CALACA.** f. MÉJ. La muerte.

★ **CALACEAR.** tr. GUAT. Dar golpes.

C

CALACUERDA. (De *calar*, 2.° art., y *cuerda*.) f. MIL. Toque militar antiguo para acometer al enemigo.

★ **CALACHE.** m. HOND. Cachivache. || 2. AMÉR. CENTRAL. Quídam.

CALADA. f. Acción y efecto de calar, 1.ª y 15.ª aceps. || 2. Vuelo rápido del ave de rapiña. || *Dar una* CALADA. fr. fig. y fam. Reprender ásperamente.

CALADELANTE. (De *cal*, calle, y *adelante*.) adv. ant. Caradelante.

CALADERA. (De *calar*, 2.° art.) f. MURC. Red con que se pescan mújoles y lisas.

CALADERO. m. Sitio a propósito para calar las redes de pesca.

CALADO. (De *calar*, 2.° art.) m. Labor hecha con aguja en tela imitando el encaje. || 2. Labor que consiste en taladrar el papel, tela u otra materia siguiendo un dibujo. || 3. GERM. Hurto que ha parecido. || 4. MAR. Profundidad que alcanza en el agua la parte sumergida de un buque. || 5. MAR. Altura que alcanza la superficie del agua sobre el fondo. || 1.ª acep.: P. trabalho de agulha; I. openwork; F. point-à-jour, broderie à jour; A. durchbrochene, Handarbeit; It. traforo; R. ажурная строцка.

CALADOR. (De *calar*, 2.° art.) m. El que cala. || 2. Tienta del cirujano. || 3. Hierro cilíndrico afilado por un extremo con que los calafates introducen las estopas. || 4. CHILE. Punzón o aguja grande para abrir los sacos, etc., y robar con disimulo su contenido. || 5. ARGENT. y MÉJ. Barrena acanalada para sacar muestras de las mercaderías sin abrir los bultos.

CALADORA. (De *calar*, 2.° art.) f. VENEZ. Piragua grande.

CALADRE. f. Calandria, 1.er art., 1.ª acep.

CALADURA. (De *calar*, 2.° art.) f. Cala, 1.er art., 2.ª acep.

CALAFATE. (ár. *qalfât*.) m. El que calafatea las embarcaciones. || 2. Carpintero de ribera. || 3. BOT. CHILE. Arbusto berberídeo, semejante al agracejo. || P. calafate; I. calker; F. calfat; A. Kalfaterer; It. calafato; R. конопатчик.

CALAFATEADO. m. Arte del calafate. || 2. Calafateo.

CALAFATEADOR. m. Calafate, 1.ª acep.

CALAFATEADURA. f. Calafateo.

CALAFATEAR. (De *calafate*.) tr. Cerrar las junturas de las medras de las naves con estopa y brea. || 2. Por ext., tapar otras junturas. || P. calafetar; I. to calk; F. calfeutrer; A. zustopfen, kalfatern; It. calafatare; R. конопатить.

CALAFATEO. m. Acción y efecto de calafatear. || P. calafetação; I. calking; F. calfatage, calfet; A. Kalfaterung; It. calafatacione; R. конопачение.

CALAFATERÍA. f. Calafateo.

★ **CALAFATI.** m. BOT. ARGENT. y CHILE. Calafate.

CALAFATÍN. m. Aprendiz de calafate.

★ **CALAFATITA.** f. MINER. Variedad de alunita que se halla en Almería.

CALAFETAR. tr. ant. Calafatear.

CALAFETEAR. tr. Calafatear.

CALAGOZO. m. Calabozo, 2.° art.

CALAGRAÑA. f. Variedad de uva de mala calidad.

CALAGUALA. f. BOT. Helecho papilionáceo, originario del Perú, de raíz rastrera. Se emplea en medicina.

CALAGUASCA. f. COLOM. Aguardiente.

★ **CALAGUATAZO.** m. HOND. Pedrada en la cabeza.

CALAGURRITANO, NA. (l. *calagurritānus*.) adj. Natural de la antigua Calagurris o de la moderna Calahorra. Ú.t.c.s. || 2. Perteneciente a esta ciudad.

CALAHORRA. (De *Calahorra*.) f. Casa donde se daba el pan en tiempo de escasez.

CALAHORRANO, NA. (De *Calahorra*.) adj. Calagurritano.

CALAHORREÑO, ÑA. adj. Calagurritano.

CALAÍNOS. n. p. V. *Coplas de* CALAÍNOS.

CALAÍTA. (l. *callaïs*, y éste del gr. κάλλαϊς.) f. Turquesa, 2.° art.

CALAJE. m. AR. Cajón o naveta.

CALALÚ. m. CUBA. Potaje hecho de hojas de la planta de su nombre, calabaza, bledo y otros vegetales. || 2. Nombre que recibe en Cuba una planta amarantácea cuya legumbre sirve para aderezar el calalú. Se llama también jaboncillo. || 3. Quingombó. || 4. P. RICO. Alboroto, pelea.

CALALUZ. m. Embarcación pequeña usada en las Indias Orientales.

CALAMACO. m. Tela de lana delgada que tiene un torcidillo como jerga. || 2. MÉJ. Fríjol. || 3. MÉJ. Mezcla, aguardiente.

CALAMAR. (l. *calamarius*, de *calămus*, caña o pluma de escribir.) m. Molusco cefalópodo, con un rudimento de concha interna y semejante en su forma a una pluma de ave. || P. calamar; I. calamary, sea-sleeve, squid; F. calmar; A. Kalmar, Tintenfisch; It. calamàio, calamaro; R. кальмар.

★ **CALAMARA.** f. BOT. CUBA. Árbol de madera compacta y dura empleada en carpintería.

CALAMBAC. (persa *kalanbak*.) m. Árbol del Extremo Oriente, leguminoso, con flores en racimos erguidos. Su madera es el palo áloe.

CALAMBRE. (ant. nórdico *klampt*, laña, corchete; en al. *krampf*, calambre.) m. Contracción espasmódica, dolorosa, poco duradera de ciertos músculos en particular los de la pantorrilla. || 2. Enfermedad caracterizada por el espasmo de ciertos grupos de músculos, más comúnmente de la mano que dificulta o impide el ejercicio de ésta en algunos oficios y profesiones. || **—de estómago.** PAT. Gastralgia; dolor muy fuerte de estómago. || P. caibra; I. cramp; F. crampe; A. Krampf; It. granchio; R. судорога.

CALAMBUCO. (De *calaba*.) m. Árbol americano gutífero, de tronco negruzco, flores en ramillete y frutos carnosos. Su resina es el bálsamo de María.

★ **CALAMBUCO.** m. COLOM. Vasija para llevar leche.

★ **CALAMBUCO, CA.** adj. fam. CUBA. Se dice de la persona muy entregada a las cosas de la Iglesia.

CALAMENTO. (gr. καλάμινθος.) m. BOT. Planta vivaz labiada, ramosa, con flores purpúreas en racimo. Despide olor agradable y se usa en medicina.

CALAMENTO. (De *calar*, 2.° art.) m. Acción de calar las redes o cualquier otro arte de pesca.

CALAMIDA. f. ant. Calamita, 2.° art.

CALAMIDAD. (l. *calamĭtas*, -ātis.) f. Desgracia que alcanza a mucha gente. || *Ser* uno *una* CALAMIDAD. fr. fig. y fam. Ser una persona fastidiosa. || P. calamidade; I. calamity, misfortune; F. calamité; A. Kalamität, Unglück; It. calamità; R. бедствие.

CALAMIFORME. (De *cálamo* y *forma*.) adj. Se aplica a las partes vegetales o animales que tienen figura de cañón o pluma.

CALAMILLERA. f. Caramilleras.

CALAMINA. (l. *cadmea*, b. l. *calamina*.) f. Carbonato de cinc, anhidro, pétreo, rojizo cuando lo tiñe el hierro. Generalmente es la mena de la que se extrae el cinc. || 2. Cinc fundido.

CALAMINAR. adj. Dícese de la piedra que contiene calamina.

CALAMINTA. (l. *calaminthe*, y éste del gr. καλαμίνθη.) f. Calamento, género de plantas labiadas, hierbas aromáticas.

CALAMISTRO. (l. *calamister*, -tri, de *calămus*, caña.) m. ARQUEOL. Hierro con el que antiguamente se rizaba el pelo.

CALAMITA. f. Calamite.

CALAMITA. (Del m. or. que *caramida*.) f. Piedra imán.

★ **CALAMITACIÓN.** f. FÍS. Imanación.

CALAMITE. (l. *calamites*, y éste del gr. καλαμίτης, el que mora entre cañas.) f. Sapo pequeño, verde, de uñas planas y redondas.

CALAMITOSAMENTE. adv. m. Con calamidad.

CALAMITOSO, SA. (l. *calamitōsus*.) adj. Que causa calamidades o es propio de ellas. || 2. Infeliz, desdichado.

CÁLAMO. (l. *calămus*.) m. Especie de

flauta antigua. || 2. poét. Caña, 1.ª acep. || 3. poét. Pluma para escribir. || **—aromático.** Raíz medicinal del ácoro. || 2. Planta medicinal gramínea, muy parecida al esquenanto.

CALAMOCANO, NA. adj. Se aplica a la persona algo embriagada.

CALAMOCO. m. Canelón, 2.ª acep.

CÁLAMO CURRENTE. (LIT. al correr de la pluma; de *calămus*, pluma, y *currens*, *-entis*, que corre.) loc. adv. 1. fig. De improviso, con rapidez. Se emplea en general hablando de escritos.

CALAMOCHA. f. Ocre amarillo de color muy bajo.

CALAMÓN. m. Ave zancuda, con la cabeza roja, el lomo verde y el vientre violado. Habita a las orillas del mar y se alimenta de peces. || 2. Clavo que se usa para tapizar. || 3. Cada uno de los palos que sostienen la viga del molino de aceite.

CALAMÓN. m. Parte superior de la alcoba de la balanza donde se introduce y sujeta el vástago del garabato de que ésta se cuelga.

CALAMONARSE. r. AR. Corromperse la hierba u otro vegetal.

CALAMORRA. adj. Se aplica a la oveja con lana en la cara. || 2. f. fam. Cabeza, 1.ª acep.

CALAMORRADA. (De *calamorrar*.) f. fam. Cabezada, golpe dado con la cabeza y también movimiento de inclinación de la cabeza al dormirse estando de pie o sentado.

CALAMORRAR. (De *calamorra*.) intr. ant. Darse testaradas unos carneros contra otros.

CALAMORRAZO. (De *calamorra*.) m. fam. Golpe en la cabeza.

CALAMORRO. m. CHILE. Zapato grueso y de forma grosera.

★ **CALANCHÍN.** m. COLOM. Jugador. || 2. COLOM. Ardid en el juego.

★ **CALANDRA.** f. MEC. Calandria, 1.ª acep.

★ **CALANDRA.** f. ZOOL. AMÉR. Calandria, ave de color ceniciento y canto melodioso.

CALANDRACA. f. MAR. Sopa que se hace en los barcos con pedazos de galletas cuando escasean los víveres. || 2. fig. MURC. Conversación molesta.

★ **CALANDRACO.** m. COLOM. y ARGENT. Calandrajo, jirón grande y colgante de un vestido.

CALANDRADO. m. Acción y efecto de calandrar.

CALANDRAJO. (l. *caliendrum*, cariel, colgante.) m. fam. Pedazo colgante de tela desgarrada. || 2. fam. Trapo viejo. || 3. fig. y fam. Persona ridícula, despreciable. || 4. SAL. Suposición.

CALANDRAR. tr. Pasar el papel o la tela por la calandria para satinarlo.

CALANDRIA. (gr. κάλανδρος.) f. ZOOL. Pájaro parecido a la alondra, anida en el suelo y es común en España; su pico es grande y grueso. || 2. GERM. Pregonero. || 3. ZOOL. R. DE LA PLATA. Ave de color ceniciento y canto melodioso. || 4. ZOOL. GUAT. Pájaro conirrostro. || P. e It. calandra; I. lark; F. calandre; A. Kalanderlerche; R. жаворонок.

CALANDRIA. (l. *cylindrum*, y éste del gr. κύλινδρος, cilindro.) f. Máquina para prensar y satinar tela o papel. || 2. Cilindro hueco de madera giratorio empleado para levantar cosas pesadas. || 3. com. fam. Persona que se finge enferma para comer y dormir en el hospital. || 4. MÉJ. Coche de punto de la peor calidad. || 5. MÉJ. Holgazán. || P. calandra; I. calender; F. calandre; A. Kalander, Glanzpresse; It. mangano; R. каландр.

CÁLANIS. m. Cálamo aromático.

CALÁNTICA. (l. *calantĭca*, cofia.) f. Tocado de tela semejante a una mitra, usado en la antigüedad por las mujeres.

CALAÑA. (De un der. del l. *qualis*.) f. Muestra, patrón, forma. || 2. fig. Índole de una persona o cosa.

CALAÑA. f. Abanico muy ordinario, cuyo varillaje es de caña.

CALAÑÉS. (De *Calañas*, en Huelva.) n. p. V. *Sombrero de* CALAÑÉS.

CALAÑÉS, SA. adj. Natural de Ca-

C

lañas (Huelva.) Ú.t.c.s. || **2.** Perteneciente o relativo a este pueblo.

CALAÑO, ÑA. (De *calaña*, 1.er art.) adj. ant. Compañero, semejante.

CÁLAO. m. Ave grande, trepadora, que tiene sobre el pico un apéndice córneo de figura variada. Sus especies viven en Filipinas y en otras islas del Océano Pacífico.

CALAPÉ. m. AMÉR. Tortuga asada en su concha.

* **CALAPITRINCHE.** m. PERÚ. Mequetrefe.

CALAR. (De *cal*, 1.er art.) adj. Calizo. || **2.** m. Lugar en que abunda la piedra caliza.

CALAR. (l. *chalāre*, bajar, descender y éste del gr. χαλάω.) tr. Penetrar un líquido en un cuerpo permeable. || **2.** Atravesar un instrumento, como espada, barrena, etc., otro cuerpo. || **3.** Imitar la labor de la randa o encaje en las telas. || **4.** Agujerear tela, papel, etc., de modo que resulte un dibujo parecido al del encaje. || **5.** Cortar del melón u otras frutas un pedazo. || **6.** Dicho del sombrero, etc., ponérselo. Ú.t.c.r. || **7.** Hablando de las armas como bayonetas, etc., inclinarlas en posición de herir. || **8.** fig. y fam. Tratándose de personas, conocer sus intenciones. || **9.** fig. y fam. Comprender el motivo de una cosa. || **10.** fig. y fam. Introducirse en alguna parte. Ú.m.c.r. || **11.** COLOM. Apabullar. || **12.** MÉJ. Sacar con el calador una muestra del fardo. || **13.** GERM. Meter la mano en la faltriquera para robar. || **14.** MAR. Arriar un objeto resbalando sobre otro. || **15.** MAR. Sumergir en el agua cualquier objeto. || **16.** intr. MAR. Alcanzar un buque en el agua determinada profundidad por la parte más baja de su casco. || **17.** r. Mojarse alguien hasta que el agua penetrando la ropa llegue al cuerpo. || **18.** Abalanzarse las aves sobre su presa. || **19.** GERM. Entrar en una casa para robar. || **20.** R. DE LA PLATA. Mirar atentamente. || **P.** calar; **I.** to soak; **F.** percer, pénetrer; **A.** durchsickern; **It.** inzuppare; **R.** протыкать.

CALASANCIO, CIA. adj. Escolapio.

* **CALATEAR.** tr. PERÚ. Desnudar. Ú.t.c.r.

* **CALATERÍA.** f. PERÚ. Calato, y también reunión de muchachos desnudos.

CÁLATO. (gr. χάλαθος, canastillo.) m. ARQUEOL. Cesto de juncos o mimbres de forma semejante a un cáliz sin el pie. || **2.** ARQ. Tambor del capitel del orden corintio.

CALATO, TA. adj. PERÚ. Desnudo.

CALATRAVA. n. p. V. *Cruz de Calatrava.*

CALATRAVEÑO, ÑA. adj. Natural de Calatrava. Ú.t.c.s. || **2** Perteneciente o relativo a esta antigua fortaleza y villa de La Mancha.

CALATRAVO, VA. adj. Se aplica a los caballeros pertenecientes a la orden militar de Calatrava. Ú.t.c.s.

CALAVERA. (l. *calvaría*, cráneo.) f. Conjunto de los huesos de la cabeza pero despojados de la carne y de la piel. || **2.** Mariposa de cuerpo grueso y de antenas prismáticas. Tiene en el tórax unas manchas cenicientas que forman un dibujo parecido a la calavera. || **3.** m. fig. Hombre de poco juicio. || **4.** MÉJ. Ofrenda que la gente del pueblo pide para el día de los difuntos. || **5.** MÉJ. Farolillo de la parte trasera de los coches. —**incoquis.** fig. y fam. Calavera, 3.ª acep. || **P.** caveira; **I.** skull; **F.** tête de mort; **A.** Hirnschale, Totenkopf; **It.** teschio; **R.** череп.

CALAVERADA. (De *calavera*, 3.ª acep.) f. fam. Acción desconcertada, propia de un calavera, 3.ª acep.

CALAVEREAR. (De *calavera*, 3.ª acep.) intr. fam. Hacer calaveradas.

CALAVERNA. (l. *cadaverina*, t. f. de *-nus*, de cadáver.) f. ant. Calavera, 1.ª acep.

CALAVERNARIO. (De *calaverna*.) m. Osario, 1.er art.

CALAVERO. m. ant. Calavera, 1.ª acep. Ú. en Salamanca.

CALAVERÓN. m. aum. de calavera.

* **CALAZO.** m. GUAT. Encontronazo, choque de una cosa con otra.

CALBOCHE. (De *calibo*.) m. SAL.

Olla de barro con asa y boca como las del cántaro, usada para asar castañas.

CALBOTE. m. SAL. Castaña asada.

CALBOTES. m. pl. ÁL. Judías verdes.

CALCA. (De *calcar*, pisar.) f. GERM. Camino. || **2.** PERÚ. Granero.

CALCADERA. (De *calcar*.) f. ant. Calcañar.

CALCADO. m. Acción de calcar.

CALCADOR. RA. m. y f. Persona que calca. || **2.** m. Instrumento para calcar.

CALCÁNEO. (l. *calcanĕum*.) m. ZOOL. Uno de los huesos del tarso; en el hombre está situado en el talón. || **P.** calcáneo; **I.** calcaneum; **F.** calcanéum; **A.** Fersenbein; **It.** calcagno.

CALCAÑAL. m. Calcañar.

CALCAÑAR. (De *calcaño*.) m. Parte posterior de la planta del pie.

CALCAÑO. (l. *calcanĕum*, talón.) m. Calcañar.

CALCAÑUELO. m. Cierta enfermedad de las abejas.

CALCAR. (l. *calcāre*.) tr. Sacar copia de un dibujo, relieve, etc., al contacto del papel o tela con el original. || **2.** Apretar con el pie. || **3.** fig. Imitar, reproducir fielmente. || **P.** calcar; **I.** to counter-draw; **F.** calquer; **A.** durchzeichnen; **It.** calcare; **R.** калькировать.

CALCÁREO, A. (l. *calcarĭus*.) adj. Que tiene cal. || **P.** calcário; **I.** calcareous; **F.** calcaire; **A.** Kalkhaltig; **It.** calcàreo; calcario; **R.** известковый.

CALCATRIFE. m. GERM. Ganapán.

CALCE. (De *calzar*.) m. Llanta de hierro. || **2.** Porción de hierro que se añade en algunas herramientas o rejas del arado cuando están gastadas. || **3.** Cuña que ensancha el espacio entre dos cuerpos. || **4.** MÉJ. y GUAT. Pie de un documento.

CALCE. (l. *calix, -ĭcis*, tubo de conducción.) m. ant. Cáliz, vaso sagrado. || **2.** ÁL. Cauce.

* **CALCE.** m. fig. y fam. AMÉR. Ocasión.

CALCEATENSE. adj. Natural de Santo Domingo de la Calzada. Ú.t.c.s. || **2.** Perteneciente a esta ciudad de la Rioja.

CALCEDONENSE. adj. Calcedonio.

CALCEDONIA. (De *Calcedonia*, ciudad de Bitinia, de donde procede esta piedra.) f. Ágata muy translúcida, de color azulado o lechoso. || **P.** calcedónia; **I.** chalcedony; **F.** calcédoine; **A.** Chalkedon; **It.** calcedònia; **R.** халцедон.

CALCEDONIO, NIA. adj. Natural de Calcedonia. Ú.t.c.s. || **2.** Perteneciente a esta ciudad de Bitinia.

CÁLCEO. (l. *calcĕus*.) m. ARQUEOL. Calzado alto y cerrado que usaban los romanos.

CALCEOLARIA. (De *calcĕolus*, zapatito.) f. Planta anual escrofulariácea, cuyas flores semejan un zapatito. Es originaria de América Central y se cultiva en los jardines.

CALCÉS. (ital. *calcese*, y éste del l. *carchesium*, gavia.) m. MAR. Parte superior de los palos mayores, comprendida entre la cofa y el tamborete. || **P.** calcês; **I.** masthead; **F.** ton; **A.** Masttopp; **It.** colombiere; **R.** марсель.

CALCETA. (d. de *calza*.) f. Media, 1.ª acep. || **2.** MURC. Embuchado parecido a la butifarra. || **3.** C. RICA. Calceto. || **4.** adj. ARGENT. Se aplica al ave calzada. || **P.** meia; **I.** stocking; **F.** chaussette; **A.** Strumpf; **It.** calza; **R.** чулок.

* **CALCETA.** f. VENEZ. Sabana poco extensa.

CALCETAR. intr. Hacer calceta o media.

CALCETERÍA. f. Oficio de calcetero.

CALCETERO, RA. m. y f. Persona que hace medias o calcetas. || **2.** GERM. El que echa los grillos. || **P.** calcero; **I.** hosier; **F.** chaussetier; **A.** Strumpfmacher; **It.** calzettaio; **R.** чулочник.

CALCETÍN. m. d. de calceta, 1.ª acep. || **2.** Calceta que llega a la mitad de la pantorilla. || **P.** calceta, coturno; **I.** sock; **F.** chaussette; **A.** Socke; **It.** calzino; **R.** носок.

CALCETO. adj. COLOM. Se aplica al pollo calzado. Ú.t.c.s. || **2.** MÉJ. Dícese de la caballería que tiene blancos los miembros hasta la mitad de la caña.

CALCETÓN. m. aum. de calceta,

1.ª acep. || **2.** Media de lienzo para debajo de la bota.

CÁLCICO, CA. adj. QUÍM. Perteneciente o relativo al calcio.

CALCICOSIS. f. MED. Neumoconiosis causada por el polvo de la cal.

CALCÍDICO. (l. *chalcidĭcum*.) m. ARQUEOL. Galería construida generalmente en sentido perpendicular al eje de un edificio.

CALCIFICACIÓN. f. BIOL. Acción o efecto de calcificar o calcificarse.

CALCIFICACIÓN. (De *calcificar*.) f. MED. Transformación de los tejidos y tumores, etc., al depositarse en ellos las sales de cal. || **P.** calcificação; **I.** y **F.** calcification; **A.** Verkalkung; **It.** calcificazione.

CALCIFICAR. (l. *calx, calcis*, cal, y *facĕre*, hacer.) tr. Producir por medios artificiales carbonatos de cal. || **2.** BIOL. Dar a un tejido orgánico propiedades calcáreas. || **3.** r. Modificar en esta forma un tejido orgánico.

CALCILLA. f. AR. Media sin pie, con una trabilla que la sujeta.

CALCILLAS. (De *calza*.) f. pl. Calzas más cortas y estrechas que las ordinarias. || **2.** m. fig. y fam. Hombre tímido. || **3.** fig. y fam. Hombre bajo.

CALCÍMETRO. (De *calcio* y μέτρον, medida.) m. Aparato con el que se determina la cal en las tierras de labor.

CALCINA. (l. *calx, calcis*, cal.) f. Hormigón, mezcla de piedras menudas con cal y arena. || **2.** MED. Preparación del cloruro de calcio y gelatina para combatir las hemorragias.

CALCINABLE. adj. Que puede calcinarse.

CALCINACIÓN. f. Acción y efecto de calcinar. || **P.** calcinação; **I.** y **F.** calcination; **A.** Kalzination; **It.** calcinazione, calcinatura; **R.** кальцинация.

CALCINADO. (De *calcinar*.) adj. V. *Ocre* CALCINADO.

CALCINADOR, RA. adj. Que calcina. Ú.t.c.s.

* **CALCINAGUAS.** f. pl. COLOM. Pantalón de mujer.

CALCINAMIENTO. m. Calcinación.

CALCINAR. (l. *calx, calcis*, cal.) tr. Reducir a cal viva los minerales calcáreos por el fuego. || **2.** QUÍM. Someter al calor minerales de cualquier clase, para que se desprendan las substancias volátiles. || **P.** calcinar; **I.** to calcine; **F.** calciner; **A.** verkalken; **It.** calcinare; **R.** обжигать.

CALCINATORIO. m. Vasija en que se calcina.

CALCINERO. m. Calero, el que reduce los minerales calcáreos a cal viva.

CALCIO. (l. *calx, calcis*, cal.) m. Metal blanco, alterable al aire y al agua que combinado con el oxígeno forma cal. || **P.** cálcio; **I.** y **F.** calcium; **A.** Kalzium; **It.** càlcio; **R.** кальций.

* **CALCITA.** f. MINER. Cal carbonatada natural, es uno de los minerales más abundantes en la naturaleza. || **P.** calcita; **I., F.** e **It.** calcite; **A.** Kalzit, Kalkspat; **R.** известкашпат.

CALCITRAPA. f. Cardo estrellado.

CALCO. (De *calcar*.) m. Copia que se obtiene calcando. || **2.** GERM. Zapato. || **P.** cópia; **I.** tracing; **F.** calque; **A.** Durchzeichnung, Pause; **It.** calco; **R.** калька.

* **CALCOCHA.** f. CHILE. Cometa pequeña con que juegan los niños.

* **CALCOCHO, CHA.** adj. CHILE. Cacarañado. || **2.** CHILE. Medio podrido.

CALCOGRAFÍA. (gr. χαλκός, bronce, cobre, y γράφω, grabar.) f. Arte de estampar con láminas metálicas grabadas. || **2.** Oficina donde se hace dicha estampación. || **P.** calcografia; **I.** chalcography; **F.** calcographie; **A.** Kupferstechkunst; **It.** calcografia; **R.** гравировальное искусство.

CALCOGRAFIAR. tr. Estampar por medio de la calcografía.

CALCOGRÁFICO, CA. adj. Perteneciente a la calcografía.

CALCÓGRAFO. m. El que ejerce el trabajo de la calcografía.

CALCOMANÍA. (fr. *décalcomanie*; de *décalquer*, calcar, y *manie*, manía.) f. Entretenimiento consistente en pasar de un papel a diversas superficies, imágenes coloridas preparadas con trementina. || **2.** Imagen obtenida por este medio. ||

C

3. El papel o cartulina que tiene la figura antes de pasarla. || **P. e I.** decalmonia; **F.** décalcomanie; **A.** Abziehbild; **It.** decalcomania; **R.** переводная картина.

CALCOPIRITA. (gr. χαλκός, cobre, y de *pirita*.) f. MINERAL. Sulfato natural de cobre y hierro, de color amarillo claro.

CALCORREAR. (De *calcorro*.) intr. GERM. Correr, 1.ª acep.

CALCORREO. m. GERM. Acción de calcorrear.

CALCORRO. (De *calcar*.) m. GERM. Zapato.

CALCOTIPIA. (gr. χαλκός, cobre, y τύπος, molde.) f. Procedimiento de grabado en cobre para reproducir en relieve una composición tipográfica de caracteres móviles.

CALCULABLE. adj. Que puede reducirse a cálculo.

CALCULACIÓN. (l. *calculatĭo, -ōnis*.) f. Cálculo, 1.ª acep.

CALCULADAMENTE. adv. Con cálculo.

CALCULADOR, RA. (l. *calculātor*.) adj. Que calcula. Ú.t.c.s. || **2.** Se aplica a la máquina con que se ejecutan mecánicamente operaciones aritméticas.

CALCULAR. (l. *calculāre*.) tr. Hacer cálculos. || **P.** calcular; **I.** to calculate; **F.** calculer; **A.** (aus)rechnen; **It.** calcolare; **R.** считать.

CALCULATORIO, RIA. adj. Que es propio del cálculo.

CALCULISTA. (De *cálculo*.) adj. Proyectista. Ú.t.c.s. || **2.** COLOM. y PERÚ. Previsor y también egoísta. Ú.t.c.s.

CÁLCULO. (l. *calcŭlus*.) m. Cómputo, cuenta que se hace por medio de operaciones aritméticas. || **2.** Conjetura. || **3.** Concreción anormal sólida que se forma en la vejiga de la orina, en la de la bilis, en los riñones y en las glándulas salivares. || **—algebraico.** MAT. El que se hace con le ras que representan las cantidades, aunque también se empleen números. || **—aritmético.** MAT. El que se hace sólo con números y algunos signos convencionales. || **—diferencial.** MAT. Parte de las matemáticas que trata de las diferencias infinitamente pequeñas de las cantidades variables. || **—infinitesimal.** MAT. Conjunto de los cálculos diferencial e integral. || **—integral.** MAT. Parte de las matemáticas que enseña a determinar las cantidades variables conocidas sus diferencias infinitamente pequeñas. || **—prudencial.** El que se hace a bulto, con aproximación. || **P.** cálculo; **I.** calculus; **F.** calcul; **A.** Rechnung; **It.** càlcolo; **R.** вычисление.

CALCULOSO, SA. (l. *calculōsus*.) adj. Perteneciente o relativo al mal de piedra. || **2.** Que padece esta enfermedad. Ú.t.c.s.

CALCHA. (arauc. *calcha*, pelos interiores.) f. CHILE. Cerneja. Ú.m. en pl. || **2.** CHILE. Pelusa que tienen algunas aves en los tarsos. || **3.** CHILE y ARGENT. Conjunto de las ropas de vestir y cama de los trabajadores. || **4.** ARGENT. Piezas del apero de montar.

CALCHACURA. (arauc. *calcha*, y *cura*, pelo o barba de la piedra.) f. CHILE. Liquen semejante al islándico. Aplícase también en medicina.

CALCHAQUÍ. adj. Se dice del indio que vive en el valle Calchaquí de Tucumán y también del que habita al sur del Chaco. Ú.t.c.s.

CALCHÍN. adj. Se aplica al indio de origen guaraní, que habita al norte de Santa Fe. Ú.t.c.s.

CALCHÓN, NA. (De *calcha*.) adj. CHILE. Dícese del ave que tiene calchas. || **2.** CHILE. Se aplica a la caballería que tiene muchas cernejas.

CALCHONA. (De *calchón*.) f. CHILE. Ser fantástico que atemoriza a los caminantes solitarios. || **2.** CHILE. Bruja. || **3.** CHILE. Mujer vieja y fea. || **4.** CHILE. Diligencia, coche.

CALCHUDO, DA. adj. CHILE. Calchón. || **2.** CHILE. Hábil. || **3.** CHILE. Astuto, mañoso.

CALDA. (l. *calda*.) f. Acción y efecto de caldear. || **2.** Acción de introducir combustible en los hornos de fundición para producir aumento de temperatura. || **3.** pl. Baños de aguas minerales calientes. || *Dar*

CALDA, o *una* CALDA, a uno. fr. fig. y fam. Acalorarlo. || *Dar una* CALDA. fr. Recalentar en la fragua el hierro cada vez que pierde por enfriamiento su color rojizo. || **P.** caldeação; **I.** heating; **F.** chauffe; **A.** Heizung, Wärme; **It.** calda; **R.** нагревание.

CALDAICO, CA. (l. *chaldaĭcus*.) adj. Perteneciente a Caldea, región asiática.

CALDARIA. (l. *caldaria*, de *caldus*, caliente.) adj. V. *Ley* CALDARIA.

CALDARIO. (l. *caldarĭum*.) m. Sala donde los antiguos romanos tomaban los de vapor en las casas de baños.

CALDEAMIENTO. m. Acción y efecto de caldear.

CALDEAR. (l. *caldus*, caliente.) tr. Calentar mucho. Ú.t.c.r. || **2.** Hacer ascua el hierro para soldar un trozo con otro o para trabajarlo. Ú.t.c.r. || **P.** caldear; **I.** to heat; **F.** chauffer; **A.** glühen, erhitzen; **It.** scaldare; **R.** накалять.

★ **CALDEAR.** intr. MÉJ. Producir mucho caldo la caña de azúcar cuando se muele.

CALDEÍSMO. m. Modo de hablar propio de la lengua caldea.

CALDÉN. m. BOT. Árbol leguminoso, cuya madera se emplea en carpintería. Prodúcese en la Argentina.

CALDEO. (De *caldear*.) m. Calda. || **2.** ELECTR. Acción de elevar la temperatura del emisor de electrones de una válvula termoiónica.

CALDEO, A. (l. *chaldaeus*, y éste del gr. χαλδαῖος.) adj Natural de Caldea. Ú.t.c.s. || **2.** m. Lengua de los caldeos. || **P.** caldeu; **I.** Chaldean; **F.** chaldéen; **A.** chaldäisch; **It.** caldeo; **R.** халдейский.

CALDERA. (l. *caldarĭa*.) f. Vasija de metal, grande y redonda destinada generalmente para ponerla al fuego. || **2.** Calderada. || **3.** Caja del timbal, de latón o cobre. || **4.** ARGENT. Cafetera, tetera, para hacer el mate. || **5.** BLAS. Figura artificial con las asas que figuran cabezas de serpientes. || **6.** MIN. Parte más baja de un pozo. || **7.** CHILE. Tetera. || **8.** ECUAD. Cráter. || **—de vapor.** Recipiente donde hierve el agua cuyo vapor constituye la fuerza motriz de la máquina. || **—tubular.** La de esta clase que lleva en su interior varios tubos longitudinales por entre los cuales penetran las llamas para aumentar la superficie de calentamiento del agua que los rodea. || *Las* CALDERAS *de Pedro Botero*. expr. fig. y fam. El infierno. || **P.** caldeira; **I.** caldron, boiler; **F.** chaudière; **A.** Kessel; **It.** caldaia; **R.** котёл.

CALDERADA. f. Lo que cabe de una vez en una caldera.

CALDERERÍA. f. Oficio de calderero. || **2.** Tienda y barrio en que se hacen o venden obras de calderero. || **3.** Sección de los talleres de metalurgia donde se cortan, forjan, entraman y unen planchas de hierro o de acero. || 2.ª acep.: **P.** caldeiraria; **I.** coppersmith'shop; **F.** chaudronnerie; **A.** Kesselschmiede; **It.** bottega di calderaio; **R.** ремесло медника.

CALDERERO. m. El que hace o vende obras de calderería.

CALDERETA. f. d. de caldera. || **2.** Calderilla, 1.ª acep. || **3.** Guisado que se hace cociendo el pescado fresco con sal, cebolla y pimiento, y agregándole antes de apartarlo del fuego, aceite y vinagre. || **4.** Guisado que hacen los pastores con carne de cordero o cabrito. || **5.** MAR. Viento terral que corre de la parte del sur en Costa Firme, desde junio o fin de setiembre.

★ **CALDERETERO.** m. MÉJ. y GUAT. Calderero.

CALDERIL. m. SAL. Palo con muescas para colgar el caldero en las cocinas.

CALDERILLA. (d. de *caldera*.) f. Caldera pequeña para el agua bendita. || **2.** Numerario de metal no precioso que tiene limitada por la ley su fuerza liberatoria. || **3.** Arbustillo saxifragáceo, con hojas acorazonadas y lampiñas y bayas rojas, carnosas e insípidas.

CALDERO. (l. *caldarĭum*.) m. Caldera pequeña de fondo casi semiesférico y con asa sujeta a dos argollas. || **2.** Lo que cabe en esta vasija. || *Quién dice a quién: el* CALDERO *a la sartén*. ref. que se aplica en las disputas entre ruines que por tales no tienen nada que perder. || **P.** caldeira

pequena; **I.** kettle, pot; **F.** chaudron; **A.** Kesseichen; **It.** calderotto; **R.** котёлок.

CALDERÓN. m. aum. de caldera. || **2.** Delfín de gran tamaño, de cabeza voluminosa, suele ir en bandadas y se alimenta principalmente de calamares. || **3.** ÁL. Juego de niños parecido al de la tala. || **4.** MÚS. Signo (⌒) que representa la suspensión del movimiento del compás. || **5.** MÚS. Esta suspensión. || **6.** MÚS. Frase o floreo que el cantor o el tañedor ejecuta *ad libitum* durante la suspensión del compás.

★ **CALDERONA.** f. CUBA. Mujer intrusa.

CALDERONIANO, NA. adj. Propio y característico de don Pedro Calderón de la Barca como escritor, o que tiene semejanza con sus dotes.

CALDERUELA. f. d. de caldera. || **2.** Vasija con que los cazadores nocturnos encandilan las perdices.

CALDIBACHE. m. despect. Calducho.

CALDIBALDO. (De *caldo*.) m. Calducho.

CALDILLO. (d. de *caldo*.) m. Salsa de algunos guisados. || **2.** MÉJ. Picadillo de carne con caldo, sazonado con especias. || **3.** CHILE y PERÚ. Caldo con cebolla picada, huevo, pan tostado, etc.

CALDO. (l. *caldus*, caliente.) m. Líquido que resulta de cocer en agua de vianda. || **2.** Aderezo de la ensalada o del gazpacho. || **3.** MÉJ. Jugo o guarapo de la caña. || **4.** MÉJ. Maravilla o flor de muerto. || **5.** AGR. y COM. Cualquiera de los jugos vegetales destinados a la alimentación y directamente extraídos de los frutos. Ú.m. en pl. || **—bordelés.** Líquido que contiene sulfato de cobre en disolución y se utiliza para combatir el mildiu de la vid. || **—de cultivo.** BACTERIOL. Líquido preparado para favorecer la proliferación de determinadas bacterias. || **—esforzado.** El que vigoriza al que está desmayado. || *Al que no quiere* CALDO, *la taza llena*, o *taza y media*, o *tres tazas*. fr. fig. y fam. Se dice cuando a uno se le obliga a padecer o ejecutar con exceso algo que le repugna. || *Amargar el* CALDO. fr. fig. y fam. Dar a uno pesadumbre. || *Dar un* CALDO. fr. fig. CHILE. Atormentar la policía a un reo para que confiese el delito. || *El* CALDO, *en caliente, la injuria, en frío*. ref. que advierte que las ofensas deben recibirse con ánimo sereno y tranquilo. || *Hacer a* uno *el* CALDO *gordo*. fr. fig. y fam. Obrar de modo que aproveche a otro. || *Revolver* CALDOS. fr. fig. y fam. Desenterrar cuentos viejos, para mover disputas. || **P.** caldo; **I.** broth; **F.** bouillon; **A.** (Fleisch)-Brühe; **It.** brodo; **R.** бульон.

CALDOSO, SA. adj. Que tiene mucho caldo.

CALDUCHO. m. despect. Caldo de poca substancia. || **2.** CHILE. Asueto, vacación corta.

CALDUDA. f. CHILE. Empanada caldosa de huevos, pasas, etc.

CALDUDO, DA. adj. Caldoso.

CALE. m. Apabullo, golpe dado con la mano, sin violencia.

CALÉ. m. GERM. Moneda de cobre que valía un cuarto. || **2.** COLOM. y ECUAD. Moneda de cuartillo de real.

CALÉ. (Del *caló*.) AND. Gitano.

CALECER. (l. *calescĕre*.) intr. Ponerse caliente alguna cosa.

CALECERSE. (De *calesa*, 2.º art.) r. SAL. Corromperse la carne; criar calesa.

CALECICO. m. d. de cáliz.

CALEDONIO, NIA. (l. *caledonĭus*.) adj. Natural de Caledonia, antigua región de la Gran Bretaña. Ú.t.c.s. || **2.** Perteneciente o relativo a esta región.

CALEFACCIÓN. (l. *calefactĭo, -ōnis*.) f. Acción y efecto de calentar o calentarse. || **2.** Conjunto de aparatos destinados a calentar un lugar. || **—central.** La procedente de un solo foco y que calienta todo un edificio. || **P.** calefacção; **I.** calefaction. heating; **F.** chauffage, caléfaction; **A.** Heizen, Heizung; **It.** calefazione, riscaldamento; **R.** отопление.

CALEFACTOR. m. El que construye, instala o repara aparatos de calefacción.

CALEFACTORIO. (l. *calefactorĭus*.) m. Lugar que en algunos conventos se destina para calentarse los religiosos.

C

★ CALEFÓN. m. ARGENT. Calentador de baño.

CALEIDOSCOPIO. m. Calidoscopio.

CALEJO. m. SAL. Canto rodado.

★ CALEMBA. f. ZOOL. ECUAD. Pequeño arácnido que se mete bajo la piel.

CALEMBÉ. m. desus. CUBA. Taparrabo.

CALENDA. (l. *kalendae, -arum*, primer día de mes.) f. Lección del martirologio romano con los nombres y hechos de los santos y las fiestas de cada día. ǁ **2**. pl. En el antiguo cómputo romano y en el eclesiástico el primer día de cada mes. ǁ **3**. fam. Tiempo pasado. ǁ *Las* CALENDAS *griegas*. expr. irón. que denota un tiempo que no ha de llegar, porque los griegos no tenían calendas. ǁ **2**.ª acep.: P. calendas; I. calends; F. calendes; A. Kalenden; It. calende; R. календы.

CALENDAR. (De *calenda*.) tr. Poner en las escrituras, cartas, etc., la fecha del día, mes y año.

CALENDARIO. (l. *calendarium*.) m. Sistema de división del tiempo por años, meses y días. ǁ **2**. Almanaque. ǁ **—de flora**. BOT. Tabla de las épocas del año en que florecen ciertas plantas. ǁ **—de pared**. El formado por un taco de tantas hojas como los días, las semanas o los meses del año. ǁ **—gregoriano**. El que cuenta como bisiestos todos los años múltiplos de cuatro, excepto los que terminan siglo y cuyas dos primeras cifras forman un número no divisible por 4. ǁ **—juliano**. El que cuenta como bisiestos todos los años múltiplos de 4, aunque terminen siglo. ǁ **—perpetuo**. El que puede utilizarse siempre, bien por estar fundado en la oportuna distribución de las letras dominicales que señalan los días de la semana o ya por corresponder a un mecanismo ingenioso en que se van cambiando a voluntad los días del mes. ǁ *Hacer* uno CALENDARIOS. fr. fig. y fam. Estar pensativo, discurriendo a solas sin objeto determinado. ǁ **2**. fig. y fam. Hacer cálculos aventurados. ǁ *Parecer* una cosa CALENDARIO *de vicario*. fr. fig. y fam. que se aplica a los deseos, proyectos o discursos del que todo lo encamina a su provecho. ǁ P. calendário; I. calendar; F. calendrier; A. Kalender; It. calendàrio; R. календарь.

CALENDARISTA. com. Persona que hace o compone calendarios.

CALENDATA. (De *calendar*.) f. ant. FOR. AR. Data, 1.ᵉʳ art., 1.ª acep.

CALÉNDULA. (De *caléndula*, nombre científico de la planta.) f. Maravilla, planta compuesta. ǁ P. caléndula; I. y F. calendula; A. Ringelblume; It. calèndula; R. календула.

★ CALENTADO, DA. p.p. de calentar. ǁ **2**. m. ECUAD. y PERÚ. Comida de un día para otro.

CALENTADOR, RA. adj. Que calienta. ǁ **2**. m. Recipiente con lumbre, agua, vapor caliente, etc., que sirve para calentar. ǁ **3**. fig. y fam. Reloj de bolsillo demasiado grande. ǁ **4**. m. GUAT. Gallo maestro. ǁ P. aquecedor; I. heater; F. Basinoire, chauffe-bain, chauffe-fit; A. Wärmer, Heizapparat; It. scaldatore; R. нагреватель.

CALENTAMIENTO. (De *calentar*.) Acción o efecto de calentar o calentarse.) **2**. Enfermedad que padecen las caballerías en las ranillas y el pulmón. ǁ P. aquecimento; I. heating; F. échauffement; A. Erhitzung, Erwärmung; It. scaldamento; R. нагревание.

CALENTANO, NA. (De *caliente*.)dj. AMÉR. Natural de Tierra Caliente. Ú.t. c.s. ǁ **2**. Perteneciente o relativo a este territorio.

CALENTAR. (l. *calĕntāre*.) tr. Comunicar calor a un cuerpo haciendo que se eleve su temperatura. Ú.t.c.r. ǁ **2**. En el juego de la pelota, detenerla un poco en la paleta o en la mano antes de lanzarla. ǁ **3**. fig. Avivar o dar calor a una cosa. ǁ **4**. fig. y fam. Dar golpes. ǁ **5**. r. Hablando de animales, estar rijosos o en celo. ǁ **6**. fig. Enfurecerse en la porfía. ǁ **7**. CHILE. Molestar. ǁ **8**. CHILE y ECUAD. Estudiar mal la lección en un escolar. ǁ **9**. CHILE y VENEZ. Enfadarse. ǁ P. aquecer; I. to heat, to warm; F. chauffer, échauffer; A. erwär-

men, heizen; It. scaldare, riscaldare; R. согревать.

CALENTITO, TA. (d. de *caliente*.) adj. fig. y fam. Reciente, 1.ª acep.

CALENTÓN. m. fam. Acto de calentarse de prisa o fugazmente. Ú.m. en la frase *Darse un* CALENTÓN.

CALENTURA. (De *calentar*.) f. Fiebre, 1.ª acep. ǁ **2**. CUBA. Descomposición del tabaco apilado. ǁ **3**. CUBA. Nombre de una planta silvestre, que crece en la humedad, es emética, y se usa en la cordelería. ǁ **4**. COLOM. Cólera. ǁ **5**. CHILE. Tisis. ǁ **—del león**. Estado de excitación causado en este animal por el celo o por el hambre. ǁ **—de frío**. P. RICO. Tercianas. ǁ CALENTURA *cuartana, a los viejos mata y a los mozos sana*. ref. que advierte que ciertas cosas parecen bien en la juventud, mas no así en edad madura. ǁ CALENTURA *del hogar, sólo dura hasta el umbral*, o CALENTURA *del llar, hasta el umbral*, o *hasta el corral*. ref. que enseña que el calor más útil es el del alimento. ǁ CALENTURA *de pollo por comer gallina*. expr. fig. y fam. que se aplica al que finge enfermedad por no trabajar o porque le cuiden. ǁ CALENTURAS *de mayo, salud para todo el año*. ref. porque el buen tiempo que sigue las cura. ǁ CALENTURAS *otoñales, o muy largas, o mortales*. ref. porque el invierno las agrava. ǁ *Ni* CALENTURA *con frío, ni marido en casa continuo*. ref. que indica que ambas cosas cansan. ǁ P. febre; I. fever; F. fièvre; A. Fieber; It. calentura; R. лихорадка.

★ CALENTUREAR. intr. HOND. Padecer calenturas.

CALENTURIENTO, TA. adj. Se dice del que tiene indicios de calentura. Ú.t. c.s. ǁ **2**. CHILE. Tísico.

CALENTURÓN. m. aum. de calentura, 1.ª acep.

CALENTUROSO, SA. adj. Calenturiento, que tiene indicios de calentura.

CALEÑO, ÑA. adj. Que puede dar o producir cal.

CALEPINO. (De *Ambrosio Calepino*, agustino italiano, autor de un diccionario políglota.) m. fig. Diccionario latino.

CALER. (l. *calēre*, estar caliente.) intr. Importar, convenir.

CALERA. f. Cantera de piedra para hacer cal. ǁ **2**. Horno donde se calcina la piedra caliza. ǁ **3**. MÉJ. Depósito, cobertizo, etc., donde se guarda la cal. ǁ P. pedreira de cal; I. lime-pit; F. carrière à chaux; A. Kalkbruch; It. cava calcinosa; R. каменоломня.

CALERA. (De *cala*.) f. Chalupa que sale a pescar en las calas muy distantes de la costa de Vizcaya y de Guipúzcoa.

CALERÍA. f. Lugar donde se muele y vende la cal.

CALERO, RA. adj. Perteneciente a la cal o que participa de ella. ǁ **2**. m. El que saca la piedra y la calcina en la calera. ǁ **3**. El que vende la cal.

CALÉS. (fr. *calèche*.) m. Calesa, 1.ᵉʳ art.

CALESA. (fr. *calèche*, y éste del checo *kolesa*.) f. Carruaje de cuatro o de dos ruedas con la caja abierta por delante, capota de vaqueta y dos o cuatro asientos. ǁ P. caleça; I. calash; F. calèche; A. Kalesche; It. calesso, calesse; R. шарабан.

CALESA. (l. *caries*, carcoma.) f. SAL. Gusanillo que en verano cría la carne mañida.

CALESERA. f. Chaqueta de adornos a estilo de las que llevan los caleseros andaluces. ǁ **2**. Cante andaluz que solían entonar los caleseros.

CALESERO, RA. adj. Dícese de un doblón, moneda imaginaria. ǁ **2**. m. El que conduce calesas. ǁ *A la* CALESERA. m. adv. Se aplica a los arreos y guarniciones que imitan a las antiguas calesas.

CALESÍN. (d. de *calés*.) m. Carruaje ligero del cual tiraba una sola caballería.

CALESINERO. m. El que alquilaba calesines.

★ CALESITAS. f. pl. ARGENT. Caballitos, tiovivo. Ú.t. en singular.

CALETA. f. d. de cala. Ensenada pequeña. ǁ **2**. AMÉR. Se aplica al barco que va tocando en las calas o caletas. ǁ **3**. VENEZ. Gremio de porteadores de mercancías. ǁ **4**. P. RICO. Calle corta que va hacia

el mar. ǁ CALETA *buena*. CHILE. Lugar seguro para guardar lo robado.

CALETA. (De *cala*, agujero.) m. GERM. Ladrón que hurta por agujero.

★ CALETEAR. intr. CHILE y PERÚ. Hacer escala un barco en todos los puertos de la costa.

CALETERO. m. VENEZ. Trabajador que pertenece a la caleta. ǁ **2**. PERÚ. Caleta, barco que toca en calas y caletas.

CALETERO. m. GERM. Ladrón que va con el caleta.

CALETRE. (l. *character*.) m. fam. Discernimiento, capacidad.

CALEZA. (De *calar*.) f. ant. Penetración.

CALI. m. QUÍM. Álcali.

CÁLIBE. (l. pl. *chal̷̷̷ybes*.) m. Individuo de un pueblo que habitaba cerca del río Termodonte en el Ponto y se ocupaba en beneficiar y labrar el hierro. Ú.m. en pl.

CÁLIBO. (ár. *qālib, qālab*, molde, y éste del gr. καλόπους, horma.) m. ant. Calibre.

CALIBO. (l. *calēre*, estar caliente.) m. AR. Rescoldo, 1.ª acep.

CALIBRACIÓN. f. Acción y efecto de calibrar. ǁ **2**. Fís. Graduación de un instrumento para realizar con él mediciones en unidades determinadas. ǁ P. calibração; I. calibration; F. calibrage; A. Zimentierung; It. calibrazione; R. калибровка.

CALIBRADOR. m. Instrumento para calibrar. ǁ **2**. Tubo cilíndrico de bronce con el que se aprecia el calibre del proyectil. ǁ P. calibrador; I. caliper; F. calibre, calibre-verificateur; A. Büchsenbohrer; It. calibratore, calibro; R. штангенциркуль.

CALIBRAR. tr. Medir el calibre de las armas de fuego o el de otros tubos. ǁ **2**. Dar al alambre, al proyectil o al ánima del arma el calibre que se desea. ǁ P. calibrar; I. to calibrate; F. calibrer; A. kalibrieren; It. calibrare; R. калибровать.

CALIBRE. (De *cálibo*.) m. ART. Diámetro interior de las armas de fuego. ǁ **2**. ART. Por ext., diámetro del proyectil o de un alambre. ǁ **3**. Diámetro interior de muchos objetos huecos. ǁ **4**. fig. Tamaño, clase. ǁ P. calibre; I. calibre, caliber; F. calibre, âme; A. Kaliber, Seelendurchmesser; It. càlibro; R. калибр.

CALICANTO. (De *cal* y *canto*.) m. Mampostería, 1.ª acep.

CALICATA. (De *calar* y *catar*.) f. MIN. Exploración que con labores mineras se hace en un terreno, para saber los minerales que contiene. ǁ P. exploração dum terreno; I. prospect-pit; F. sondage; A. Probegrube; It. sondaggio; R. шурфование.

CÁLICE. (l. *calix, -ícis*.) m. ant. Cáliz.

CALICIFLORA. (De *cáliz* y *flor*.) adj. BOT. Se aplica a la planta cuyos pétalos y estambres parecen insertarse en el cáliz. Ú.t.c.s.

CALICIFORME. (De *cáliz* y *forma*.) adj. BOT. Que tiene forma de cáliz.

CALICILLO. (d. de *cáliz*.) m. BOT. Verticilo de apéndices foliáceos.

CALICÓ. (fr. *calicot*, y éste de *Calicut*, en la India.) m. Tela delgada de algodón.

CALICUD. (De *Calicut*.) f. ant. Tejido delgado de seda.

CALICULADO, DA. adj. BOT. Se aplica a las flores que tienen calículo.

CALICULAR. adj. BOT. Perteneciente o relativo al calículo. ǁ **2**. BOT. En forma de calículo.

CALÍCULO. (l. *calicŭlus*, d. de *calix, -ícis*, cáliz.) m. BOT. Conjunto de brácteas que simula un cáliz alrededor del verdadero cáliz. ǁ P. caliculo; I. calycle; F. calicule; A. Aussenkelch, Hüllkelch; It. caliculo.

CALICUT. (Nombre español antiguo de la ciudad de *Calcuta*.) f. ant. Calicud.

★ CALICHAR. tr. ECUAD. Perforar una vasija para extraer lo que contiene. ǁ **2**. r. ECUAD. Filtrarse el líquido a través de la grieta del recipiente.

CALICHE. (De *cal*.) m. Piedrecilla que se calcina al cocer el barro donde se introdujo por descuido. ǁ **2**. Maca, en los melones y otras frutas. ǁ **3**. Costrilla de cal que suele desprenderse del enlucido de las paredes. ǁ **4**. AND. Raja en una

C vasija. || **5.** Murc. Juego del hito. || **6.** Chile. Nitrato de sosa, salitre de sosa o nitrato cúbico. || **7.** Chile. Calichera. || **8.** Perú. Barrera, montón de tierra que queda después de haber sacado el salitre. || **9.** Colom. Cuarzo, calizo descompuesto. || **10.** Colom. Pedregal. || **11.** Colom. Filón recién descubierto. || **12.** Ecuad. Úlcera, llaga.

CALICHERA. f. Chile. Yacimiento de caliche.

★ **CALICHOSO, SA.** adj. Colom. Pedregoso.

CALIDAD. (l. *qualĭtas, -ātis*.) f. Manera de ser de una persona o cosa. || **2.** Carácter, genio. || **3.** Condición de un contrato. || **4.** Estado de una persona, su naturaleza, su edad, y demás condiciones que se requieren para un cargo. || **5.** Nobleza del linaje. || **6.** fig. Importancia de alguna cosa. || **7.** pl. Prendas del ánimo. || **8.** Condiciones que se ponen en algunos juegos de naipes. || *A* calidad *de que.* m. adv. Con la condición de que. || *Dar o pedir* calidades. fr. En el arriendo de las rentas reales, comunicar relación jurada del estado de las cobranzas y pagos. || *De* calidad. loc. que se aplica a las personas o cosas que gozan de estimación general. || *En* calidad *de.* loc. Con el carácter, la investidura de. || **P.** qualidade; **I.** quality; **F.** qualité; **A.** Qualität, Eigenschaft; **It.** qualità; **R.** качество, свойство.

CALIDAD. (De *cálido.*) f. Calidez.

CALIDEZ. (De *cálido.*) f. Med. Calor, ardor.

CÁLIDO, DA. (l. *calĭdus.*) adj. Que da calor. || **2.** Pint. Se aplica al colorido en que destacan los colores dorados o rojizos. || **P.** cálido; **I.** y **A.** warm, heiss; **F.** chaud; **It.** càlido; **R.** тёплый.

CÁLIDO, DA. (l. *callĭdus; de callēre,* ser diestro.) adj. ant. Astuto.

CALIDONIO, NIA. (l. *calydonĭus.*) adj. Natural de Calidonia. Ú.t.c.s. || **2.** Perteneciente a esta ciudad de Grecia antigua.

★ **CÁLIDOS.** m. pl. Ecuad. Infusiones de ciertas plantas medicinales.

CALIDOSCÓPICO, CA. adj. Perteneciente o relativo al calidoscopio.

CALIDOSCOPIO. (gr. καλός, bello; εἶδος, imagen, y σκοπέω, observar.) m. Tubo ennegrecido interiormente que encierra dos o tres espejos inclinados, y en los cuales se ven las imágenes multiplicadas al ir volteando el tubo. || **P.** caleidoscópio; **I.** kaleidoscope; **F.** kaléidoscope; **A.** Kaleidoskop; **It.** caleidoscopio; **R.** калейдоскоп.

CALIENTAPIÉS. m. Calorífero destinado especialmente a calentar los pies.

CALIENTAPLATOS. m. Caja de hierro, con una lámpara encendida para conservar calientes los platos.

★ **CALIENTAPUESTO.** m. Colom. Persona inquieta.

CALIENTE. (l. *calens, -entis,* p.a. de *calēre,* tener calor.) adj. Que tiene calor. || **2.** fig. Acalorado, vivo en riñas o batallas. || **3.** Pint. Cálido, 1.er art., 2.ª acep. || **4.** Amér., And. y Extr. Se aplica al que está próximo a adivinar una cosa. || **5.** Colom. Valiente. || **6.** m. Colom. Gloriado, ponche de agua caliente, aguardiente y azúcar. || *En* caliente. m. adv. fig. Luego, al instante. || **2.** Tratándose de operaciones quirúrgicas, practicarlas durante la época aguda de la enfermedad. || *Estar* caliente. fr. fig. Estar en celo un animal. || **P.** quente; **I.** warm, hot; **F.** chaud; **A.** warm, heiss; **It.** caldo; **R.** горячий.

CALIFA. (ár. *jalifa,* sucesor, a través del fr. *khalife.*) m. Título de los príncipes sarracenos que ejercían la suprema potestad religiosa y civil en Asia, África y España. || **P.** califa; **I.** calif, caliph, khalif; **F.** calife, khalife; **A.** Kalif; **It.** califfo; **R.** халиф.

CALIFAL. adj. Se aplica a la época en que reinaron los califas.

CALIFATO. m. Dignidad de califa. || **2.** Tiempo de duración del reinado de un califa. || **3.** Territorio al que se extiende el dominio de un califa. || **4.** Periodo histórico que comprende el gobierno de los califas.

CALÍFERO, RA. (l. *calx,* cal, y *ferre,* llevar.) adj. Que contiene cal.

CALIFICABLE. adj. Que se puede calificar.

CALIFICACIÓN. f. Acción y efecto de calificar. || **2.** Chile. Cédula, certificado. || **P.** qualificação; **I.** y **F.** qualification; **A.** Bezeichnung; **It.** qualificazione; **R.** квалификация.

CALIFICADAMENTE. adv. m. Con calificación.

CALIFICADO, DA. adj. Se dice de la persona con autoridad. || **2.** Se aplica a las cosas que tiene todos los requisitos necesarios.

CALIFICADOR, RA. adj. Que califica. Ú.t.c.s. || *—del Santo Oficio.* Teólogo nombrado por el tribunal de la Inquisición para censurar libros y proposiciones.

CALIFICAR. (l. *qualis,* cual, y *facĕre,* hacer.) tr. Apreciar las cualidades de una persona o cosa. || **2.** Expresar este juicio. || **3.** fig. Acreditar una persona o cosa. || **4.** r. fig. Probar uno legalmente su nobleza. || **5.** Chile. Inscribir a uno en los registros electorales en señal de reconocimiento del derecho de votar. Ú.t.c.r. || **P.** qualificar; **I.** to qualify; **F.** qualifier; **A.** beurteilen, qualifizieren; **It.** qualificare; **R.** квалифицировать.

CALIFICATIVO, VA. adj. Que califica. || **2.** Gram. Aplícase al adjetivo que expresa cualidad.

★ **CALIFORNIA.** f. R. de la Plata. Carrera en que toman parte dos o más caballos. || **2.** P. Rico. Moneda de oro de 20 pesos o dólares.

CALIFORNIANO, NA. adj. Californio. Ú.t.c.s. || **2.** Perteneciente o relativo a California.

CALIFÓRNICO, CA. adj. Californiano, 2.ª acep.

★ **CALIFORNIO.** m. Quím. Elemento transuránico descubierto en 1950 al bombardear con partículas alfa de 35 Mev el americio-241 y el curio-242. Su número atómico es el 98 y su peso atómico, 249.

CALIFORNIO, NIA. adj. Natural de California. Ú.t.c.s.

CÁLIGA. (l. *caliga.*) f. Especie de sandalia guarnecida de clavos que usaban los soldados de la Roma antigua.

CALÍGINE. (l. *caligo, -ĭginis.*) f. Niebla, tenebrosidad.

CALIGINIDAD. f. ant. Calígine.

CALIGINOSO, SA. (l. *caliginōsus.*) adj. Denso, nebuloso. || **P.** e **It.** caliginoso; **I.** caliginous; **F.** caligineux; **A.** finster; **R.** туманный, мглистый.

CALIGRAFÍA. (gr. καλλιγραφία, de καλλιγράφος, calígrafo.) f. Arte de escribir con letra correctamente formada. || **P.** caligrafia; **I.** penmanship, calligraphy; **F.** calligraphie; **A.** (Schön)-Schreibekunst; **It.** calligrafia; **R.** каллиграфия.

CALIGRAFIAR. tr. Hacer un escrito con buena letra.

CALIGRÁFICO, CA. adj. Relativo a la caligrafía.

CALÍGRAFO. (gr. καλλιγράφος; de κάλλος, belleza, y γράφω, escribir.) m. El perito en caligrafía. || **P.** calígrafo; **I.** calligraphist, calligrapher; **F.** calligraphe; **A.** Kalligraph; **It.** calligrafo; **R.** каллиграф.

CALILO. (ár. *qalil,* escaso [de entendimiento].) adj. Ar. Tonto, 1.ª acep. Ú.t.c.s.

CALILLA. f. d. de cala, supositorio. || **2.** Guat. y Hond. Persona molesta. || **3.** fam. Amér. Molestia. || **4.** fam. Chile. Calvario, deudas.

★ **CALILLAR.** tr. Méj. Dar calillas, fastidiar.

CALIMA. (De *calina,* infl. por *bruma.*) f. Calina.

CALIMA. (gr. κάλυμμα, red.) f. Mar. Conjunto de corchos enfilados a modo de rosario y que en algunos lugares hace de boya.

CALIMACO. m. Calamaco, tela de lana.

CALIMBA. f. Cuba. El hierro con que se marcan los animales.

CALIMBAR. (De *calimba.*) tr. Cuba. Herrar, marcar con hierro encendido los animales. || **2.** Cuba. Castigar.

CALIMBO. (De *calimba.*) m. fig. Calidad.

★ **CALIMETE.** m. Rep. Domin. Paja para tomar los refrescos.

CALIMOSO, SA. (De *calima,* 2.° art.) adj. Calinoso.

CALIMOTE. (De *calima,* 2.° art.) m. El corcho del medio de los tres que se ponen en el copo de pescar.

CALINA. (l. *caligo, -ĭginis,* obscuridad.) f. Accidente atmosférico que enturbia la atmósfera y suele producirse por vapores de agua.

CALINDA. f. Cuba. Baile de negros licencioso.

★ **CALINGA.** f. Cuba. Calinda.

CALINOSO, SA. adj. Cargado de calina. || **P.** enevoado; **I.** hazy; **F.** brumeux; **A.** nebelig; **It.** nebbioso; **R.** мглистый.

CALÍPEDES. (l. *callipĭdes.*) m. Perico ligero.

CALIPEDIA. (gr. καλλιπαιδία; de κάλλος, belleza, y παῖς, hijo.) f. Arte quimérica de procrear hijos hermosos. || **P.** calipedia; **I.** callipoedia; **F.** callipodie; **A.** Kallipädie; **It.** callipedia.

CALIPÉDICO, CA. adj. Perteneciente a la calipedia.

CALÍPICO. adj. Se aplica al ciclo lunar equivalente a un periodo de 76 años, ideado por el astrónomo griego Calipo para corregir el número áureo.

CALISAYA. (De *Calisaya,* nombre de una colina de Bolivia.) adj. Se dice de una especie de quina muy estimada. Ú.t.c.s.

CALISTENIA. (gr. καλλισθενής, vigoroso.) f. Ejercicio físico para el desarrollo de las fuerzas musculares.

CALITIPIA. (gr. καλός, bello, y τύπος, molde, modelo.) f. Procedimiento para sacar pruebas fotográficas empleando un papel sensible que da imágenes de color.

CÁLIZ. (De *cálice.*) m. Vaso sagrado de oro o plata que sirve en la misa para echar el vino que se ha de consagrar. || **2.** poét. Copa o vaso. || **3.** fig. Con los verbos *beber, apurar,* expresos o sobrentendidos, conjunto de amarguras. || **4.** Bot. Cubierta externa de las flores completas. || *—irregular.* Bot. El que no queda dividido en dos partes simétricas por todos los planos que pasan por el eje de la flor y por la media línea de un sépalo. || *—regular.* Bot. El que queda dividido en dos partes simétricas por cualquier plano que pase por el eje de la flor y por la línea media de un sépalo. || **P.** cálice; **I.** chalice; **F.** e **It.** càlice; **A.** Kelch; **R.** церковная чаша. || 4.ª acep.: **P.** calix; **I.** calyx; **F.** e **It.** càlice; **A.** Blütenkelch; **R.** чашечка, цветка.

CALIZA. f. Roca formada de carbonato de cal. || *—fétida.* La que desprende olor desagradable cuando se la frota con un cuerpo duro. || *—hidráulica.* La que por calcinación da cal hidráulica. || **P.** calcário; **I.** limestone; **F.** pierre à chaux; **A.** Kalkstein; **It.** càlcare; **R.** известняк.

CALIZO, ZA. adj. Se dice del terreno o de la piedra que tiene cal.

CALMA. (l. *cauma,* y éste del gr. καῦμα, bochorno.) f. Estado de la atmósfera cuando no hay viento. || **2.** fig. Suspensión de alguna cosa. || **3.** fig. Paz, tranquilidad. || **4.** fig. y fam. Pachorra. || *—chicha.* Se dice en el mar cuando el aire está en completa quietud. || **2.** fig. y fam. Pereza. || *En* calma. m. adv. Se aplica al mar cuando no levanta olas. || *Gran* calma, *señal de agua.* ref. que puede aplicarse a lo moral. || **P.** e **It.** calma; **I.** calm, calmness; **F.** calme; **A.** Ruhe, Windstille; **R.** безветрие, штиль.

CALMADO, DA. adj. Sal. Sudoroso, fatigado.

CALMANTE. p.a. de calmar. Que calma. || **2.** adj. Med. Se aplica a los medicamentos narcóticos o a los que hacen disminuir un dolor. Ú.t.c.s.m.

CALMAR. (De *calma.*) tr. Sosegar, templar. Ú.t.c.r. || **2.** intr. Estar en calma. || **P.** calmar; **I.** to calm; **F.** calmer, être calme; **A.** stillen; **It.** calmare; **R.** успокаивать.

CALMARÍA. f. ant. Calma, 1.ª acep.

CALMAZO. m. aum. de calma. || **2.** Calma chicha.

CALMERÍA. f. ant. Calma, falta de viento en el mar.

CALMIL. (Del azteca *calli,* casa, y *milli,* sementera.) m. Méj. Tierra sembrada junto a la casa del labrador.

CALMO, MA. (De *calmar*.) adj. Se dice del terreno erial sin árboles ni matas. || **2.** Que está en descanso. || **3.** CHILE. Tranquilo.

CALMOSO, SA. adj. Que está en calma. || **2.** fam. Se aplica a la persona cachazuda. || **3.** MAR. V. *Viento* CALMOSO. || **P.** calmoso; **I.** sluggish; **F.** flegmatique; **A.** still, phlegmatisch; **It.** flemmàtico; **R.** тихий, спокойный.

CALMUCO, CA. adj. Natural de cierto distrito de la Mogolia. Ú.t.c.s. || **2.** Perteneciente a los calmucos.

CALMUDO, DA. adj. Calmoso.

CALNADO. m. ant. Candado, 1.ª acep. Hoy se usa en algunos lugares.

CALO. (De *calar*, 2.º acep.) m. SANT. Profundidad sondeable del agua.

CALO. m. ECUAD. Caña gruesa y larga con agua en el interior.

CALÓ. m. Lenguaje de los gitanos adoptado por cierta gente del pueblo bajo.

CALOBIÓTICA. (gr. καλός, bello, y βίος, vida.) f. Arte de vivir bien. || **2.** Tendencia natural del hombre a una vida ordenada.

CALOCÉFALO, LA. (gr. καλός, bello, y κεφαλή, cabeza.) adj. ZOOL. Que tiene hermosa cabeza.

CALOFILO, LA. (gr. καλός, bello, y φύλλον, hoja.) adj. BOT. Que tiene hermosas hojas.

CALOFRIARSE. r. Sentir calofríos.

CALOFRÍO. m. Escalofrío. Ú.m. en pl. || **P.** calafrio; **I.** shiver, chill; **F.** frisson; **A.** Schüttelfrosst; **It.** brivido; **R.** озноб.

CALOGRAFÍA. f. Caligrafía.

CALOLOGÍA. (gr. καλός, bello, y λόγος, discurso.) f. Estética.

CALOMANCO. m. ant. AR. Calamaco, 1.ª acep.

CALOMEL. m. Calomelanos.

CALOMELANOS. (gr. καλός, bello, y μέλας, -ανος, negro, con alusión a un esclavo negro del químico francés Turquet de Mayerne.) m. pl. FARM. Protocloruro de mercurio sublimado empleado como purgante y antisifilítico. || **P.** calomelanos; **I.** calolomel; **F.** calomel, calomélas; **A.** Kalomel; **It.** calomelano; **R.** каломель.

CALOMNIA. f. ant. Caloña.

CALÓN. m. Palo redondo que sirve para mantener las redes extendidas. || **2.** Pértiga para medir la profundidad de un río, canal o puerto. || **3.** MIN. Vena de hierro cargado de arena en las minas de Vizcaya.

CALONCHE. m. Bebida alcohólica hecha con zumo de tuna brava o colorada y azúcar.

CALONGE. (cat. *canonge*, y éste del l. *canonicus*, canónico.) m. ant. Canónigo.

CALONGÍA. (De *calonge*.) f. ant. Canonjía.

CALONIAR. tr. ant. Caloñar.

CALONNIA. f. ant. Calomnia.

CALOÑA. (l. *calumnia*, calumnia.) f. ant. Calumnia.

CALOÑAR. (l. *calumniāri*, calumniar.) tr. ant. Calumniar.

CALOÑOSAMENTE. adv. ant. Con calumnia.

CALÓPTERO, RA. (gr. καλός, bello, y πτερόν, ala.) adj. ZOOL. Que tiene hermosas alas.

CALOR. (l. *calor*, -oris.) m. FÍS. Fuerza que se manifiesta elevando la temperatura y dilatando los cuerpos, llegando a fundir los sólidos y evaporar los líquidos, comunicándose de unos a otros hasta nivelar su temperatura. || **2.** Sensación que experimenta el cuerpo animal cuando su temperatura es menos elevada que la de otro cualquiera que le transmite la suya. Ú.t. c.f. || **3.** Aumento de temperatura del cuerpo por causas fisiológicas o morbosas. || **4.** fig. Ardimiento, ligereza. || **5.** fig. Buena acogida, favor. || **6.** fig. Lo más fuerte y vivo de una acción. || **—canicular.** fig. El sofocante. || **—del hígado.** Mancha o conjunto de manchas que aparecen en una o ambas mejillas y se achaca a enfermedad del hígado. || **—específico.** FÍS. Cantidad de calor que hay que suministrar a la unidad de masa de una substancia para incrementar su temperatura en un grado. || **—latente.** FÍS. El que sin aumentar la temperatura produce en los cuerpos una

alteración molecular tal como la de los cuerpos sólidos cuando pasan a líquidos y la de éstos al pasar a gas o vapor. || **—de fusión.** Número de calorías necesarias para fundir la unidad de masa de un cuerpo sin que la temperatura se eleve. || **—de neutralización.** QUÍM. Número de calorías que se desprenden al neutralizar totalmente un equivalente gramo de ácido o base. || **—de vaporización.** FÍS. Número de calorías que necesita absorber un cuerpo por unidad de masa, para transformarse en vapor saturado a partir de la temperatura correspondiente al punto de fusión. || **—natural.** El que producen las funciones orgánicas del cuerpo y que es necesario para la vida. || *Ahogarse* uno *de* CALOR. fr. fig. y fam. Estar muy fatigado por excesivo calor. || CALOR, *agua ni hielo nunca se quedan en el cielo.* ref. porque sentimos nosotros sus efectos. También se aplica en sentido moral. || CALOR *de paño jamás hizo daño.* ref. porque sólo conserva el natural. || *Coger* CALOR. fr. Recibir la impresión del calor. || *Dar* CALOR. fr. fig. Fomentar, avivar, ayudar a otro para acelerar alguna cosa. || *Dejarse caer el* CALOR. fr. fig. y fam. Hacer mucho calor. || *Entrar en* CALOR. fr. fig. Empezar a sentirlo el que tenía frío. || *Freirse* uno de CALOR. fr. fig. y fam. Padecer calor excesivo. || *Gastar* uno *el* CALOR *natural* en una cosa. fr. fig. y fam. Poner en ella más atención que se merece. || **2.** fig. y fam. Emplear en ella el mayor estudio. || *Meter en* CALOR. fr. fig. Mover el ánimo eficazmente hacia algún intento. || *Tomar* CALOR 'una cosa. fr. fig. Adelantarse eficazmente. || *Tomar con* CALOR una cosa. fr. fig. Poner diligencia en ejecutarla. || **P.** calor; **I.** heat, hotness; **F.** chaleur; **A.** Wärme; **It.** calore, caldo; **R.** теплота, тепло.

★ **CALORAR.** tr. AMÉR. Dar calor.

CALORÍA. f. FÍS. Unidad de medida térmica equivalente al calor que basta para elevar un solo grado centígrado la temperatura de un litro de agua. || **—grande, caloría-kilogramo** o **kilocaloría.** FÍS. Unidad de calor necesaria para elevar un grado centígrado la temperatura de un kilogramo de agua. || **—gramo** o **pequeña caloría.** FÍS. Unidad de calor equivalente a la cantidad de calor necesaria para elevar un grado centígrado la temperatura de un gramo de agua. || **P.** e **It.** caloria; **I.** calory; **F.** calorie; **A.** Kalorie; **R.** калория.

CALORIAMPERÍMETRO. (De *caloría* y *amperímetro*.) m. ELECTR. Aparato para medir la intensidad de una corriente eléctrica por el método calorimétrico.

CALORICIDAD. f. FISIOL. Propiedad vital por la que los animales conservan casi todos un calor superior al del ambiente.

CALÓRICO. (De *calor*.) m. FÍS. Principio o agente hipotético de los fenómenos del calor. || **—radiante.** FÍS. El que se transmite a distancia sin necesidad de contacto inmediato.

CALORÍDORO. (De *calor*, y el gr. δῶρον, regalo.) m. Aparato usado en tintorería para aprovechar el calor de los baños después de haber agotado los tintes.

CALORÍFERO, RA. (l. *calor*, calor, y *ferre*, llevar.) adj. Que conduce y propaga el calor. || **2.** m. Aparato para calentar las habitaciones. || **—de aire.** El que caliente aire para diversas piezas de la casa. || **—de vapor.** El que tiene una caldera con agua cuyo vapor circula por los tubos de calefacción. || **P.** calorífero; **I.** stove, heater, radiator; **F.** calorifère, poêle; **A.** Heizapparat, Heizofen; **It.** calorifero; **R.** тепло-проводный.

CALORIFICACIÓN. (De *calorífico*.) f. FISIOL. Función del organismo vivo de la que procede el calor de cada individuo. || **P.** calorificação; **I.** y **F.** calorification; **A.** Wärmeerzeugung; **It.** calorificazione

CALORÍFICO, CA. (l. *calorificus*; de *calor*, calor, y *facĕre*, hacer.) adj. Que produce o distribuye calor. || **P.** calorífico; **I.** calorific; **F.** calorifique; **A.** Wärmeerzeugend; **It.** calorifico; **R.** согревающий.

CALORÍFUGO. (De *calor* y *fugĕre*, huir.) adj. Que se opone a la transmisión del calor.

CALORIMETRÍA. (De *calorímetro*.) f. FÍS. Medición del calor específico.

CALORIMÉTRICO, CA. adj. FÍS. Perteneciente o relativo a la calorimetría.

CALORÍMETRO. (l. *calor*, -ŏris, calor, y el gr. μέτρον, medida.) m. FÍS. Instrumento para medir el calor específico de los cuerpos. || **P.** e **It.** calorimetro; **I.** calorimeter; **F.** calorimètre; **A.** Kalorimeter; **R.** калориметр.

CALORIMOTOR. m. FÍS. Aparato para producir calor mediante una corriente eléctrica.

CALORINA. (De *calor*, sobre el modelo de calina.) f. MURC. Calina.

CALOROSAMENTE. adv. Calurosamente.

CALOROSO, SA. adj. Caluroso.

CALOSFRIARSE. (De *calor* y *esfriar*.) r. Calofriarse.

CALOSFRÍO. (De *calosfriarse*.) m. Calofrío. Ú.m. en pl.

CALOSO, SA. (De *calar*.) adj. Se aplica al papel que se cala.

CALOSTRO. (l. *colostra*.) m. Primera leche que da la hembra después de parida. Ú.t. en pl. || **P.** colostro; **I.** colostrum; **F.** calostrum; **A.** erste Milch, Biestmilch; **It.** calostro, colostro; **R.** молозиво.

★ **CALOTE.** m. ARGENT. En lenguaje vulgar, chasco. Se emplea con la frase *Dar* CALOTE. Esquivar el pago de una cuenta.

★ **CALOTEAR.** tr. ARGENT. En lenguaje vulgar, robar, engañar.

CALOTIPIA. f. Calitipia.

CALOTO. m. Metal proveniente de la campana de un pueblo americano así llamado y poseedor, según el vulgo, de ciertas virtudes.

CALOYO. m. Cordero o cabrito recién nacido. || **2.** fig. ÁL. y MURC. Quinto, soldado.

CALPAMULO, LA. adj. MÉJ. Se dice del mestizo de albarazado y negra o de negro y albarazada. Ú.t.c.s.

★ **CALPARA.** f. PERÚ. Zapallo seco.

★ **CALPIÁN.** m. HOND. Guardián.

CALPIXQUE. (Del azt. *calli*, casa, y *pixqui*, guardián.) m. MÉJ. Capataz encargado por los encomendadores del gobierno de los indios y del cobro de los tributos.

CALPUCHERO. (De *calboche*, infl. por *puchero*.) m. SAL. Calboche.

CALPUL. m. GUAT. Reunión, conciliábulo. || **2.** HOND. Montículo que señala los antiguos pueblos de indios aborígenes.

CALQUÍN. (Voz pampa.) m. ARGENT. Variedad mediana del águila que vive en Patagonia.

CALSECO, CA. adj. Curado con cal.

CALTA. (l. *caltha*.) f. Planta anua ranunculácea, de tallos lisos, hojas gruesas y flores terminales, grandes.

CALTRIZAS. f. pl. AR. Angarillas, 1.ª acep.

CALUCHA. f. BOL. Corteza interior del coco, almendra o nuez.

CALUMA. f. PERÚ. Cada una de las gargantas de la Cordillera de los Andes. || **2.** PERÚ. Lugar de indios.

CALUMBARSE. (Como *columpiar*, voz onomatopéyica.) r. AST. y SANT. Zambullirse.

CALUMBO. (De *calumbarse*.) m. AST. y SANT. Acción y efecto de calumbarse.

CALUMBRECERSE. r. ant. Enmohecerse.

CALUMBRIENTO, TA. adj. ant. Mohoso.

CALUMNIA. (l. *calumnia*.) f. Acusación falsa, hecha para causar daño. || **2.** FOR. Imputación falsa de un delito de los que dan lugar a procedimiento de oficio. || CALUMNIA, *que algo queda.* fr. que explica lo difícil que es demostrar la inocencia del calumniado. || **P.** calúnia; **I.** calumny, slander; **F.** calomnie; **A.** Verleumdung; **It.** calunnia; **R.** клевета.

CALUMNIADOR, RA. (l. *calumniātor*.) adj. Que calumnia. Ú.t.c.s.

CALUMNIAR. (l. *calumniāri*.) tr. Atribuir falsa y maliciosamente a uno palabras, actos o intenciones deshonrosas. || **2.** FOR. Imputar falsamente la comisión de un delito de los que dan lugar a procedimiento de oficio, si la imputación se hace fuera del proceso en que se persigue el delito imputado. || **P.** caluniar; **I.** to ca-

C lumniate, to slander; **F.** calomnier; **A.** verleumden; **It.** calunniare; **R.** клеветник.

CALUMNIOSAMENTE. adv. Con calumnia.

CALUMNIOSO, SA. (l. *calumniōsus.*) adj. Que contiene calumnia.

CALUNGO. m. COLOM. Especie de perro de pelo crespo.

CALUNIA. f. ant. Calumnia.

CALUÑA. f. ant. Caloña, pena pecuniaria.

CALURA. f. p. us. Calor.

CALURO. m. AMÉR. CENTRAL. Ave trepadora de plumaje verde y negro en el cuerpo y negro y blanco en las alas y pico delgado.

CALUROSAMENTE. adv. Con calor.

CALUROSO, SA. adj. Que siente o causa calor. || **2.** fig. Vivo, ardiente. || **P.** caloroso; **I.** hot, warm; **F.** chaud, chaleureux; **A.** heiss, hitzig; **It.** caldo, caloroso; **R.** тёплый.

CALUYO, YA. m. BOL. Baile indio, zapateado.

CALVA. (l. *calva.*) f. Parte de la cabeza de la que se ha caído el pelo. || **2.** Parte de una piel u otro tejido que ha perdido el pelo. || **3.** Sitio en los sembrados donde falta la vegetación. || **4.** Juego en el que los jugadores tiran a distancia piedras a la parte superior de un madero sin tocar antes en tierra. || **—de almete.** Parte superior de esta pieza de armadura. || **P.** calva; **I.** bald-head; **F.** tête chauve; **A.** Glatze; **It.** calvizie; **R.** лысина. || **2.ª** acep.: **P.** clareira; **I.** clearage, glade; **F.** clairière; **A.** Lichtung; **It.** radura; **R.** прогалина.

CALVAR. tr. En el juego de la calva dar en la parte superior del madero. || **2.** Engañar a uno.

CALVARIO. (l. *calvarĭum.*) m. Víacrucis. || **2.** fig. y fam. Serie de adversidades y pesadumbres. || **3.** fig. y fam. Conjunto numeroso de deudas especialmente por comprar al fiado que se han apuntado con rayas y cruces. || **P.** calvário; **I.** calvary; **F.** calvaire; **A.** Kalvarienberg; **It.** calvario; **R.** страдания.

CALVATRUENO. (De *calva* y *trueno*.) m. fam. Calva de toda la cabeza. || **2.** fig. y fam. Hombre alocado.

CALVECER. (l. *calvescĕre.*) intr. ant. Encalvecer.

CALVERIZO, ZA. (De *calvero*.) adj. Se dice del terreno con muchos calveros.

CALVERO. (De *calva*.) m. Paraje sin árboles en el interior del bosque. || **P.** clareira; **I.** glade, clearage; **F.** clairière; **A.** Lichtung im Walde; **R.** лужайка.

CALVETA. f. ant. Calvete, estaca.

CALVETE. adj. d. de calvo. Ú.t.c.s.

CALVEZ. (l. *calvities*.) f. Calvicie.

CALVEZA. (l. *calvitĭa*, calvicie.) f. ant. Calvez.

CALVICIE. (l. *calvities*.) f. Falta de pelo en la cabeza.

CALVIJAR. m. Calvero.

CALVINISMO. m. Herejía de Calvino. || **2.** Su secta. || **P.** e **It.** calvinismo; **I.** calvinism; **F.** calvinisme; **A.** Kalvinismus.

CALVINISTA. adj. Perteneciente a la secta de Calvino. Apl. a pers. ú.t.c.s. || **P.** e **It.** calvinista; **I.** calvinist; **F.** calviniste; **A.** Kalvinist.

CALVITAR. m. Calvijar.

CALVO, VA. (l. *calvus.*) adj. Que ha perdido el pelo de la cabeza. Ú.t.c.s. || **2.** Terreno sin vegetación. || **3.** Se aplica a los paños que han perdido el pelo. || CALVO *vendrá que* CALVO *me hará o que* CALVO *vengará.* ref. que alude a la muerte. || **P.** e **It.** calvo; **I.** bald; **F.** chauve; **A.** kahl(köpfig); **R.** плешивый. || **3.ª** acep.: **P.** e **It.** calvo; **F.** chauve; **A.** fadenscheinig; **R.** вытертый.

CALZA. (l. *calx, calcis*, cal.) f. ant. Cal, **1.er** art.

CALZA. (l. *calcěus*, calzado.) f. Prenda de vestir que varía según los tiempos y cubría el muslo, la pierna o la mayor parte de ella. Ú.m. en pl. || **2.** Cinta con que suele señalarse a algunos animales para distinguirlos de otros de la misma especie. || **3.** Cuña con que se calza. || **4.** fam. Media. || **5.** pl. GERM. Grillos de prisión. || **6.** MÉJ. Anillo metálico que se pone en la pata de algún ave de corral para sujetarla a la estaca. || *A* CALZA *corta, agujeta longa, o a corta* CALZA, *agujeta*

larga. ref. que, en lo moral, enseña a suplir con buen ánimo el escaso favor de la suerte. || *Echarle una* CALZA *a uno.* fr. fig. y fam. Notarle para conocerle y guardarse de él. || *En* CALZAS *prietas.* expr. fig. y fam. En aprieto o apuro. Ú. con los verbos *poner*, *verse*, etc. || *En* CALZAS *y jubón.* m. adv. fig. que denota estar las cosas incompletas. || *Si te vas y me dejas, déjame unas* CALZAS *viejas.* ref. Porque con poco se remediará la ausencia. || *Tomar uno* CALZAS, *o las* CALZAS *de Villadiego.* fr. fig. y fam. Ausentarse repentinamente. || **P.** calça; **I.** breeches; **F.** chausses; **A.** (Strumpf-Knie)Hose; **It.** brache; **R.** чулок, гетры. || **3.ª** acep.: **P.** calçadeira; **I.** wedge; **F.** cale; **A.** Keil; **It.** zeppa, bietta; **R.** рожок.

CALZACALZÓN. (De *calza* y *calzón*.) m. Calza más larga que la ordinaria.

CALZADA. (l. *calcĭāta*, vía; de *calx, calcis*, piedra para hacer cal.) f. Camino empedrado y cómodo por su anchura. || **2.** Parte de la calle comprendida entre las dos aceras. || **3.** CUBA. Pretorio, escalinata. || **4.** REP. DOMIN. Acera. || **—romana.** Cualquiera de las grandes vías construidas por Roma de las que hay aún muchos restos en España.

CALZADERA. (De *calzar.*) f. Cuerda delgada de cáñamo para atar y ajustar las abarcas. || **2.** Hierro con que se calza la rueda del carruaje para servir de freno. || *Apretar las* CALZADERAS. fr. fig. y fam. Huir.

CALZADO, DA. (De *calzar.*) adj. Se dice de algunos religiosos porque usan zapatos en contraposición de los descalzos. || **2.** Se aplica a las aves cuyos tarsos están cubiertos de plumas. || **3.** Se aplica al cuadrúpedo cuyas patas tienen su parte inferior de color distinto. || **4.** BLAS. Se aplica al escudo dividido por dos líneas que parten de los ángulos superiores del jefe y se encuentran en la punta. || **5.** m. Todo género de zapato. || **6.** Todo lo que pertenece a cubrir el pie y la pierna. || **7.** GERM. El que lleva grillos. || **8.** pl. p. us. Medias, calcetas y ligas que se pone una persona cuando se viste. || CALZADO *de uno, no lo des a ninguno.* ref. que muestra que no debe uno desprenderse de aquello que más necesita. || *El ruin* CALZADO *sube a los cascos.* ref. Porque produce dolores. || **5.ª** acep.: **P.** calçado; **I.** footwear; **F.** chaussure; **A.** Schuhzeug, Schuhwerk; **It.** calzatura, calzamento; **R.** обувь.

CALZADOR. (De *calzar.*) m. Pieza de pellejo, de metal o asta, de forma acanalada, que sirve para hacer que entre el pie en el calzado. || **2.** ARGENT. Portaplumas, palillero. || **3.** BOL. Lapicero. || *Entrar una cosa con* CALZADOR. fr. fig. y fam. Ser dificultosa o estar forzada. || **P.** calçadeira; **I.** shoe-horn; **F.** chaussepieds; **A.** Schuhlöffel, Stiefelanzieher; **It.** calzatoia, calzatoio; **R.** рожок.

CALZADURA. f. Acción de calzar los zapatos u otra cosa. || **2.** Cada uno de los trozos de madera fuerte que sustituyen a la llanta.

CALZAR. (l. *calceāre*; de *calcěus*, calzado.) tr. Cubrir el pie y algunas veces las piernas con el calzado. Ú.t.c.r. || **2.** tándose de guantes, espuelas, etc., llevarlos puestos. Ú.t.c.r. || **3.** Poner calces. || **4.** Poner una cuña entre el piso y alguna rueda de un carruaje o máquina. || **5.** Admitir las armas de fuego bala de un calibre determinado. || **6.** En la reja del arado poner otra nueva para remplazar a la ya gastada. || **7.** fig. y fam. Tener pocos o muchos alcances. || **8.** GUAT. Aporcar. || **9.** IMPR. Poner con alzas los clisés o grabados a la altura de la letra. || **10.** COLOM. y ECUAD. Empastar la dentadura. || **11.** GUAT. Firmar al pie de un escrito. || **12.** ARGENT. Lograr un empleo. || CALZA *como vistes y viste como* CALZAS. ref. que recomienda se guarde la armonía de unas cosas y otras. || CALZARSE *a alguno.* fr. fig. y fam. Manejarle. || CALZARSE *uno alguna cosa.* fr. fig. y fam. Conseguirla. || **P.** calçar; **I.** to put on shoes; **F.** chausser; **A.** Schuhe anziehen; **It.** calzare; **R.** обувать.

CALZATREPAS. (De *calzar*, y el b. l. *trappa*, trampa.) f. ant. Trampa o cepo.

CALZO. m. Calce. || **2.** MAR. Cada uno de los maderos de forma adecuada que se disponen a bordo para colocar objetos pesados. || **3.** pl. Las extremidades de un caballo o yegua. Se aplican sobre todo cuando son de color diferente al pelo del cuerpo. || **2.ª** acep.: **P.** calço; **I.** skid; **F.** chantier; **A.** Kalbe; **It.** calastra; **R.** башмак.

CALZÓN. m. aum. de calza. || **2.** Prenda de vestir de hombre desde la cintura hasta las rodillas. || **3.** Cuerda con que los pizarreros se sostienen en los tejados ciñéndoselo a los muslos. || **4.** MÉJ. Enfermedad de la caña de azúcar en la cual se secan dos hojitas al pie de la planta. || **5.** CHILE. Calzoncillos. || **6.** AMÉR. MERID. Pantalón de mujer. || **7.** BOL. Guiso de cerdo con picante. || **—bombacho.** El corto y abierto por un lado. Ú.m. en pl. || *A* CALZÓN *quitado.* loc. adv. Descaradamente, sin miramiento ni empacho. Ú. generalmente con el verbo hablar. || *Calzarse*, *o ponerse*, *una mujer los* CALZONES. fr. fig. y fam. Mandar la mujer en la casa. || *En* CALZONES. m. adv. MAR. Se dice de las velas cuando se cargan de brioles, dejando más o menos cazados los puños. || **2.ª** acep.: **P.** calção; **I.** breeches; **F.** culotte, haut de chausses; **A.** Kniehosen; **It.** calzoni, brache; **R.** кальсон.

★ **CALZONARIAS.** f. pl. COLOM. Tirantes para el pantalón. || **2.** COLOM. Pantalón de mujer.

★ **CALZONARIO.** m. COLOM. y PAN. Calzonarias.

CALZONAZOS. (aum. de *calzones*.) m. fig. y fam. Hombre muy flojo y condescendiente.

★ **CALZONCILLO.** m. VENEZ. Especie de loro.

CALZONCILLOS. (d. de *calzones*.) m. pl. Calzones interiores. || **P.** ceroulas; **I.** drawers; **F.** caleçons; **A.** Unterhosen; **It.** mutande; **R.** кальсоны.

★ **CALZONEAR.** intr. MÉJ. Cagar.

CALZONERAS. (De *calzón*.) f. pl. MÉJ. Pantalón abotonado de arriba abajo por ambos costados.

★ **CALZONETA.** f. GUAT. Calzoncillos cortos usados por los hombres para bañarse.

★ **CALZONUDO, DA.** adj. fam. MÉJ. Se aplica a los que llevan el típico traje del país. || **2.** MÉJ. Valiente, intrépido. Ú.t.c.s. || **3.** ARGENT. y PERÚ. Flojo, apocado. Ú.t.c.s.

CALZORRAS. m. fig. y fam. Calzonazos.

CALLA. f. AMÉR. Palo puntiagudo para sacar las plantas con sus raíces y abrir hoyos para sembrar.

CALLACUECE. m. fam. AND. Mátalas callando.

CALLADA. f. Silencio o efecto de callar. || **2.** MAR. Intermisión de la fuerza del viento o de la agitación de las olas. || *Dar una* la CALLADA *por respuesta.* fr. fam. Dejar intencionadamente de contestar. || *De* CALLADA. m. adv. fam. Secretamente.

CALLADA. f. Francachela en la cual se toman solamente callos.

CALLADAMENTE. adv. Con silencio, con secreto.

★ **CALLADITO.** m. AMÉR. Baile popular sin acompañamiento de canto.

CALLADO, DA. (De *callar.*) adj. Silencioso. || **2.** Se dice de lo hecho con reserva. || **P.** calado; **I.** taciturn; **F.** silencieux; **A.** schweigsam; **It.** cheto, taciturno; **R.** тихий.

CALLADOR, RA. adj. ant. Callado.

★ **CALLAHUAYA.** m. BOL. y PERÚ. Vendedor ambulante de medicinas y remedios caseros.

★ **CALLAMBA.** f. COLOM., CHILE y ECUAD. Callampa, seta.

CALLAMIENTO. m. Acción de callar.

CALLAMPA. (quich. *ccallampa*.) f. CHILE. Seta, hongo. || **2.** fig. y fam. CHILE. Sombrero de fieltro. || **3.** CHILE. Oreja grande. || **4.** CHILE. Punta de regadera.

CALLANA. (Voz quichua.) f. AMÉR. Vasija tosca donde los indios americanos tuestan maíz. || **2.** Manchas callosas que se dice tienen los descendientes de negros o zambos en las nalgas. || **3.** Escoria metalífera que puede beneficiarse. || **4.** Crisol para ensayar metales. || **5.** fig. CHILE. Reloj

C

de bolsillo, muy grande. || **6.** CHILE. Tiesto.

CALLANDICO, TO. (De *callando.*) adv. fam. En silencio, con disimulo.

CALLANDO. (De *callar.*) adv. Callandico.

CALLANTAR. (De *callantē.*) tr. Acallar.

CALLANTE. p.a. ant. de callar. Que calla.

CALLANTÍO, A. (De *callante.*) adj. ant. Callando, silencioso.

* **CALLANUDO, DA.** adj. CHILE. Se dice de la persona que tiene callana. || **2.** CHILE. Descarado, insolente.

CALLAO. (Como el gall. port. *callau,* y el fr. *caillou,* de una forma céltica *caliavo,* de *cal,* piedra.) m. Grijo, peladilla de río. || **2.** CAN. Terreno llano y cubierto de cantos rodados.

CALLAPO. (Del aimará *callapu.*) m. MIN. Palo con que se mueve el molinete de las minas. || **2.** CHILE. Madero que en las minas se emplea para apuntalar. || **3.** MIN. CHILE. Grada de escalera en las minas. || **4.** MIN. CHILE. Poste con que se sostienen las cajas de las vetas en las minas. || **5.** PERÚ y BOL. Parihuela, y también especie de balsa propia para salvar los rabiones o rápidos de los ríos. || **6.** BOL. Reunión de dos balsas.

CALLAR. (l. *chalāre,* y éste del gr. χαλά.ω) intr. No hablar, guardar silencio. Ú.t.c.r. || **2.** Cesar de hablar. Ú.t.c.r. || **3.** Cesar de llorar, de gritar, de cantar, de tocar un instrumento, de meter ruido. Ú.t.c.r. || **4.** Abstenerse de decir lo que se sabe o siente. Ú.t.c.r. || **5.** Cesar ciertos animales en sus voces. Ú.t.c.r. || **6.** Dejar de hacer ruido el mar, el viento, etc. Ú.m. en estilo poét. y t.c.r. || **7.** fig. Cesar de sonar un instrumento músico. Ú.t.c.r. || **8.** tr. Tener reservada, no decir una cosa. Ú.t.c.r. || **9.** Omitir, pasar algo en silencio. Ú.t.c.r. || *Al buen* CALLAR *llaman Sancho o Santo.* ref. que recomienda moderación en el hablar. || *Buen* CALLAR *sé pierde.* fr. fam. con que se reprende el hablar indiscreto. || CÁLLATE *y* CALLEMOS, *que sendas nos tenemos.* ref. que denota lo imprudente que es que quien tiene defectos los eche en cara a otro. || CALLA *y cuez.* fr. fig. O sea: *cuece tu pan y* CALLA. Atiende al trabajo útil sin perder el tiempo en bagatelas. || ¡CALLE! interj. fam. con que se denota extrañeza. || CALLE *el que dio y hable el que tomó.* ref. que indica que ha de publicarlo el que ha recibido el favor y no el que lo hace. || *El* CALLAR *y el hablar no caben en un lugar.* ref. que indica que no es posible ser discreto el que es demasiado locuaz. || *Más vale* CALLAR *que mal hablar.* ref. De sentido recto y claro. || *Por eso te* CALLO, *porque me* CALLES. ref. que explica que se callan los desatinos de otro para no ver descubiertos los propios. || *Quien* CALLA *otorga.* ref. que indica que quien no contradice da a entender que aprueba. || **P.** calar; **I.** to be silent; **F.** se taire; **A.** schweigen; **It.** tacere; **R.** молчать.

CALLE. (l. *callis,* senda, camino.) f. Vía pública entre dos filas de casas. || **2.** Pueblo pequeño que depende de otro, como si estuviese dentro de él || **3.** En los juegos de damas y ajedrez, serie de casillas en línea diagonal. || **4.** IMPR. Línea de espacios vertical u oblicua que se forma sin pretenderlo en una composición tipográfica y la afea. || **—de árboles.** Camino entre dos hileras de ellos. || **—de la amargura.** Situación difícil, comúnmente angustiosa. || **—mayor.** En el juego de damas, la fila diagonal que tiene mayor número de casillas según el color sobre el que se juega. || **—pública.** La de uso comunal. || *Abrir* CALLE. fr. fig. y fam. Apartar a la gente que está aglomerada, dejando paso. || *Alborotar la* CALLE. fr. fig. y fam. Inquietar la vecindad. || *Azotar* CALLES. fr. fig. y fam. Andar ocioso de calle en calle. || CALLE *hita.* loc. adv. que se usa cuando se visitan todas las casas de una calle, o todas las calles de un pueblo. || *Coger las* CALLES. fr. Cerrarlas, impidiendo el paso. || *Dejar* a uno *en la* CALLE. fr. fig. y fam. Quitarle el medio con que se mantenía. || *Doblar* uno *la* CALLE. fr. Pasar de una calle a otra contigua. || *Echar* a uno *a la* CALLE. fr. fig. y fam. Despedirle de casa. || *Echar* uno *a,* o *en, la* CALLE alguna cosa. fr. fig. y fam. Publicarla. || *Echar* uno *por la* CALLE *de en medio.* fr. fig. y fam. Atropellarlo todo para conseguir un fin. || *Echarse a la* CALLE. Amotinarse. || *Hacer* CALLE. fr. fig. y fam. Abrir calle. || **2.** fig. y fam. Franquear la salida de alguna cosa. || *Ir* uno *desempedrando las* CALLES. fr. fig. y fam. Correr velozmente por ellas. || *Llevar* o *llevarse a* uno *de* CALLE. fr. fig. y fam. Superarle, dominarle. || **2.** fig. y fam. Dominarle con razones. || *Pasear* uno *la* CALLE a una mujer. fr. fig. y fam. Cortejarla. || *Poner* a uno *en la* CALLE. Dejar a uno en la calle. || *Ponerse* uno *en la* CALLE. fr. Salir de casa. || **2.** Presentarse en público. || *Salí a la* CALLE *y afrentéme, volví a mi casa y remediéme.* ref. que enseña a contentarse con lo que se tiene. || *Ser buena* una cosa *sólo para echarla a la* CALLE. fr. fig. y fam. que denota el desprecio que se hace de ella. || **P.** rua; **I.** street; **F.** rue; **A.** Strasse; **It.** via, calle; **R.** улица.

CALLEAR. (De *calle.*) Cortar o separar en las viñas los sarmientos que atraviesan los entreliños.

CALLECALLE. am. CHILE. Planta irídea, del género libertia. Es medicinal.

CALLECER. (De *callo.*) intr. ant. Encallecer.

CALLEJA. (l. *callĭcŭla,* de *callis,* senda.) f. d. de calle. || **2.** Callejuela. || **3.** GERM. Acto de huir de la justicia.

CALLEJA. n. p. m. *Sépase, o ya se verá, o ya verán quién es* CALLEJA. expr. fam. con que alguno se jacta de su poder. || **2.** Se dice en sentido irónico hablando del poder o habilidad de alguna persona.

CALLEJEAR. (De *calleja,* 1.er art.) intr. Andar frecuentemente y sin necesidad de calle en calle.

CALLEJEO. (De *callejear.*) m. Acción y efecto de callejear.

CALLEJERO, RA. (De *calleja.*) adj. Perteneciente o relativo a la calle. || **2.** Que gusta de callejear. || **3.** m. Lista de las calles de una ciudad populosa que figuran en las guías descriptivas de ella. || **4.** Registro de los domicilios de los suscriptores que usan los repartidores de periódicos.

CALLEJO. m. SANT. Trampa, 1.ª acep.

CALLEJÓN. m. aum. de calleja, 1.er art. || **2.** Paso estrecho y largo entre tapias, casas, etc. || **3.** TAUROM. Espacio existente entre la barrera y la contrabarrera en las plazas de toros. || **4.** P. RICO. Camino ancho y corto. || **5.** PERÚ. Casa de vecindad para gente pobre. || **—sin salida.** fig. y fam. Negocio o conflicto de muy difícil o imposible solución.

CALLEJUELA. f. d. despect. de calleja, 1.er art. || **2.** fig. y fam. Pretexto para no ceder alguna cosa o eludir una dificultad. || *Todo se sabe, hasta lo de la* CALLEJUELA. fr. fig. y fam. que asegura que con el tiempo se sabe todo.

CALLENTAR. tr. ant. Calentar. Usáb. t.c. reflexivo.

CALLERA. (De *callo.*) adj. Dícese de una hierba empleada para ablandar callos. || **2.** f. Mujer que vende callos.

CALLETRE. m. ant. Caletre.

CALLIALTO, TA. (De *callo* y *alto.*) adj. Se aplica al herraje o herradura que tienen los callos más gruesos para suplir el defecto de los cascos de caballería. Ú.t.c.s.

CALLICIDA. (De *callo,* y el l. *-cīda;* de *caedĕre,* matara.) amb. Substancia preparada para extirpar los callos.

CALLISTA. com. Persona que extirpa y cura los callos de los pies.

CALLIZO. m. AR. Callejón, 1.ª acep.

CALLO. (l. *callum.*) m. Dureza que por roce o presión se llega a formar en los pies, manos, etc. || **2.** Cada uno de los extremos de la herradura. || **3.** Cada una de las chapas o herraduras con que se refuerzan las pezuñas de los bueyes de labor. || **4.** CIR. Cicatriz que se forma al unirse los fragmentos de un hueso fracturado. || **5.** pl. Pedazos del estómago de la vaca, ternera o carnero, que se comen guisados. || *Criar, hacer o tener* CALLOS. fr. fig. y fam. Habituarse a los trabajos, a los vicios, etc. || *Dos buenos* CALLOS *me han nacido: el uno en la boca y el otro en el oído.* ref. que aconseja hablar poco y no hacer caso de las impertinencias que se oigan. || **P.** calo; **I.** corn; **F.** cor, cor au pied; **A.** Hühneraugе, Schwiele; **It.** callo; **R.** мозоль. || **4.ª** acep.: **P.** tecido de consolidação; **I.** callus; **F.** calus; **A.** Bindemasse; **It.** callo; **R.** рубец на костях. || **5.ª** acep.: **P.** dobrada; **I.** tripe; **F.** tripes, grasdouble; **A.** Kaldaunen; **It.** trippe; **R.** требуха.

CALLÓN. m. Utensilio para afilar las leznas.

CALLONCA. adj. Se aplica a la castaña o bellota a medio asar. || **2.** Mujer corrida y jamona.

CALLOSAR. (De *calloso.*) intr. ant. Encallecer, 1.ª acep.

CALLOSIDAD. (l. *callosĭtas, -ātis.*) f. Dureza menos profunda que el callo. || **2.** pl. Durezas en algunas úlceras crónicas. || **—isquiástica.** ZOOL. Cada una de las dos que tienen en las nalgas muchos simios catirrinos. Ú.m. en pl. || **P.** calosidade; **I.** callosity; **F.** callosité; **A.** Hornhaut; **It.** callosità; **R.** затвердeлость.

CALLOSO, SA. (l. *callōsus.*) adj. Que tiene callo. || **2.** Relativo a él.

CALLUESO. m. MURC. Insecto que destruye las hortalizas.

CAMA. (l. de San Isidoro, *cama,* por *camba.*) f. Armazón metálico o de madera en que se coloca un colchón para dormir o descansar. || **2.** Esta armazón por sí sola. || **3.** Plaza para un enfermo en el hospital o sanatorio. || **4.** fig. Lugar donde los animales descansan. || **5.** Mullido de paja, helecho, etc., que sirve para que el ganado descanse y forme estiércol. || **6.** fig. Plano del carro o carreta. || **7.** fig. En el melón y otras plantas la parte que está pegada a la tierra mientras están en la mata. || **8.** fig. Porción de vianda que se echa sobre otra en los guisados para que se comuniquen calor. || **9.** MAR. Hoyo que forma en la arena una embarcación varada. || **10.** CHILE. Las ropas propias del lecho. || **—de galgos** o **de podencos.** fig. y fam. La revuelta. || *Media* CAMA. La compuesta solamente de un colchón, una sábana, una manta y una almohada. || **2.** Se usa para explicar que duermen dos en una cama. || *A chica* CAMA, *si queréis remedio echaos en medio.* ref. que aconseja aprovechar las cosas según vienen. || *A mala* CAMA, *colchón de vino.* ref. que advierte que cuando se espera pasar mala noche se procura aliviar este trabajo bebiendo vino. || *Caer* uno *en* CAMA. Enfermar. || CAMA *y condidura, y cebada para la mula.* ref. con que se reprende a los que exigen comodidades donde no las puede haber. || *Échate en tu* CAMA *y piensa en lo de tu casa.* ref. que denota que la noche es buena para tomar consejo. || *En la* CAMA *del can no busques el pan, ni en el hocico de la perra la manteca.* ref. que denota que no hay que buscar el remedio donde no lo hay. || *Hacer* uno CAMA. fr. Estar en ella por necesidad. || *Hacer la* CAMA. fr. Prepararla para acostarse en ella. || *Hacerle* a uno *la* CAMA. fr. fig. Trabajar en secreto para perjudicarle. || *Hagamos esta* CAMA: *hágase, haga, y nadie comenzaba.* ref. que demuestra que lo que es obligación de muchos no se hace. || *La* CAMA, *caliente, y la escudilla, reciente.* ref. que aconseja que se haga pronto lo que se deba hacer. || *La* CAMA *es buena cosa: quien no quiere dormir, reposa.* ref. que indica que no se deben desaprovechar los provechos menores cuando no es posible lograr los mayores. || *La* CAMA *guarda la fama.* ref. que aconseja la reserva en todo aquello cuya divulgación puede perjudicar. || *La* CAMA *y la cárcel son pruebas de amigos.* ref. por el desamparo en que suelen quedarse las personas en la cárcel o en la cama. || *La mala* CAMA *hace la noche larga.* ref. que indica que las desgracias le parecen mayores al que las pasa. || *Ni* CAMA *sin cabezales, ni tintero sin cenales.* ref. que demuestra que las cosas de uso han de tener para mejor provecho todos los complementos. || *No hay tal* CAMA *como la de la enjalma.* ref. que indica que no hay lecho duro para quien tiene gran sueño. || *Quien mala* CAMA *hace, en ella se yace.* ref. que indica que el daño granjeado por propia voluntad deberá soportarse sin queja. || *Saltar* uno *de la* CAMA. fr. fig. y fam. Levantarse de ella con aceleración. ||

C

P. cama; **I.** bed, bedstead; **F.** lit; **A.** Bett; **It.** letto; **R.** кровать, койка.

CAMA. (Del celtolat. *camba*.) f. Cada una de las palancas del freno, a cuyos extremos van sujetas las riendas. Ú.m. en pl. || **2.** En el arado, pieza encorvada en la cual encajan por la parte inferior delantera el dental y la reja y por detrás la esteva; por el otro extremo está afianzada en el timón.

CAMÁ. m. CUBA. Camao.

CAMACERO. m. Árbol solanáceo, que crece en los países tropicales de América y da un fruto parecido a la totuna, aunque más grande.

CAMACHIL. m. Árbol de Filipinas del tamaño de los de Europa.

CAMACHUELO. m. El pájaro llamado también pardillo.

CAMADA. (De *cama*, 1.er art.) f. Todos los hijuelos que pare de una vez la coneja, la loba y otros animales y se hallan juntos en un mismo sitio. || **2.** Serie de cosas numerables, extendidas horizontalmente de modo que puedan colocarse otras sobre ellas. || **3.** fig. y fam. Cuadrilla de ladrones o de pícaros. || **4.** MIN. Piso de ademes en las galerías de las minas.

★ **CAMADONA.** f. COLOM. Aum. de camada.

CAMAFEO. (b. l. *camahutus*.) m. Figura tallada de relieve en ónice u otra piedra dura y preciosa. || **2.** La misma piedra labrada. | **P.** camafeu; **I.** cameo; **F.** camée; **A.** Kamee; **It.** cammèo; **R.** камея.

CAMAGÓN. m. BOT. Árbol de las Filipinas, de la familia de las ebemáceas, de madera rojiza, con vetas y manchas negras.

CAMAGUA. (azt. *camauac*.) adj. C. RICA, EL SALV., HOND. y MÉJ. Se aplica al maíz que empieza a madurar. || **2.** f. CUBA. Árbol silvestre, de madera blanca y fuerte. Su fruto sirve para alimento de algunos animales.

★ **CAMAGÜE.** adj. GUAT. Camagua.

CAMAGÜEYANO, NA. adj. Natural de Camagüey, región y provincia de Cuba. Ú.t.c.s. || **2.** Perteneciente o relativo a este territorio.

CAMAGUIRA. f. CUBA. Árbol silvestre, de buena madera, compacta, dura y de color amarillo veteado, que admite pulimento.

CAMAHUAS. m. pl. ETNOGR. Tribu de salvajes que vivió en las orillas del Ucayali, en el Perú.

★ **CAMAINA.** m. VENEZ. El diablo.

★ **CAMAJÁN.** adj. MÉJ. Astuto.

CAMAL. (l. *camus*, freno, bozal.) m. Cabestro de cáñamo con que se ata la bestia. || **2.** Palo que se pone en las patas traseras del cerdo muerto. || **3.** AR. Rama gruesa. || **4.** PERÚ. Matadero principal. | **P.** cabeçal; **I.** halter; **F.** licou; **A.** Halfter; **It.** cavezza; **R.** недоуздок.

CAMALARA. f. CUBA. Árbol silvestre, de buena madera amarilla verdosa capaz de pulimento.

CAMÁLDULA. (De *Camaldoli*, en Toscana, donde se fundó esta orden.) f. Orden monástica fundada en el siglo XI bajo la regla de San Benito.

CAMALDULENSE. (De *camáldula*.) adj. Perteneciente o relativo a la orden de la Camáldula. Apl. a pers. ú.t.c.s.

CAMALEJA. f. MURC. Ballestrilla del trillo.

CAMALEÓN. (l. *chămaeleon*, y éste del gr. χαμαιλέων; de χαμαι, o sobre la tierra, y λέων, león.) m. Saurio de cuerpo comprimido, lengua contráctil y cola prensil. Se alimenta de insectos apresados con su lengua lanzada y recogida rapidísimamente. Cambia de color según los movimientos de expansión y retracción de ciertas células cutáneas. Es torpe para andar y muy tímido. || **2.** fig. y fam. Persona que muda con facilidad de pareceres, según el interés o las circunstancias. || **3.** BOL. Iguana. || **4.** CUBA. Lagarto verde grande, llamado también chipojo. || **5.** C. RICA. Ave de rapiña, pequeña; suele posarse en las ramas para acechar a sus presas. || **6.** BOL. Danza típica que se baila en tiempo de polca. || **—mineral.** Nombre vulgar del permanganato potásico. || *Como el* CAMALEÓN, *que se muda de colores do se*

pon. ref. que censura el servilismo y la poca constancia en las opiniones. || **P.** camaleão; **I.** chameleon; **F.** caméléon; **A.** Chamäleon; **It.** camaleonte; **R.** хамелеон.

CAMALEÓNICO, CA. adj. fig. Perteneciente o relativo al camaleón, 2.ª acep.

CAMALEOPARDO. n.p.m. ASTRON. Constelación boreal situada en la proximidad del Polo.

CAMALERO. (De *camal*.) m. PERÚ. Matarife. || **2.** PERÚ. Traficante de carnes.

CAMALOTAL. m. Paraje cubierto de camalotes en las orillas de los ríos y pantanos.

CAMALOTE. m. BOT. CUBA y MÉJ. Planta gramínea, que abunda en las orillas de las lagunas y cuyo tallo contiene una medula con la que se hacen flores y figuras para adornar cajas de dulces.

CAMAMA. f. Vulgarismo por embuste, falsedad, burla.

CAMAMBÚ. (Voz guaraní que significa ampolla.) m. AMÉR. Planta silvestre americana solanácea, que da un fruto pequeño y dulce.

CAMAMILA. (l. *chămaemĕlon*, y éste del gr. χαμαίμηλον; de χαμαί, en tierra, y μῆλον, manzana.) f. Camomila.

CAMANANCE. (azt. *camatl*, boca, y *nanzi*.) m. C. RICA. Hoyuelo que se forma a cada lado de la boca en algunas personas cuando se ríen.

CAMANCHACA. f. CHILE y PERÚ. Niebla espesa y baja frecuente en el desierto de Tarapacá.

CAMÁNDULA. f. Camáldula. || **2.** Rosario de uno o tres dieces. || **3.** fig. y fam. Hipocresía, astucia. Ú.m. en la frase: *Tener muchas* CAMÁNDULAS.

CAMANDULEAR. (De *camándula*.) adj. fam. Hipócrita, astuto, bellaco. Ú.t. c.s. || **2.** R. DE LA PLATA. Versátil en política.

CAMANDULENSE. adj. Camaldulense.

CAMANDULERÍA. f. Gazmoñería.

CAMANDULERO, RA. (De *camándula*.) adj. fam. Hipócrita, embustero, astuto, bellaco. Ú.t.c.s.

CAMANONCA. f. Tela antigua para forros.

CAMAO. m. CUBA. Paloma pequeña silvestre, de color pardo. || **2.** BOT. CUBA. Árbol de madera rosada y fruta en baya roja y agridulce.

CÁMARA. (l. *camăra*, y éste del gr. χαμάρα, bóveda, cámara.) f. Sala o pieza principal de una casa. || **2.** Cada uno de los cuerpos colegisladores en los gobiernos representativos. Suelen distinguirse por los nombres de Cámara Alta y Baja. || **3.** Pieza del palacio real en que solamente tienen entrada los gentileshombres y ayudas de cámara, los embajadores y algunas otras personas. || **4.** Cualquiera de los departamentos en los buques de guerra se destina al alojamiento de los generales, jefes y oficiales || **5.** Compartimiento que tiene comunicación con los hornos metalúrgicos para condensar o transformar las substancias volatilizadas. || **6.** Espacio donde se halla la carga en las armas de fuego. || **7.** Anillo tubular de goma que forma parte de los neumáticos. || **8.** Excremento humano. || **—anterior de la boca.** Espacio comprendido desde la abertura de la boca hasta el istmo de las fauces. || **—anterior del ojo.** Espacio comprendido entre la córnea y el iris. || **—apostólica.** Tesoro pontificio. || **2.** Junta que lo administra presidida por el cardenal camarlengo. || **—de combustión.** En los motores de explosión, espacio entre la cabeza del pistón y la culata, donde se produce la ignición de los gases. || **—de gas.** Recinto cerrado herméticamente donde en los campos de concentración se dio muerte colectiva a detenidos y prisioneros. || **—de los comunes.** Asamblea parlamentaria y legislativa en Inglaterra. || **—de los Lores.** Asamblea de nobles que con la Cámara de los Comunes, constituye el Parlamento en Inglaterra. || **—del rey.** Fisco real. || **—doblada.** Aposento con alcoba. || **—fotográfica.** Aparato formado de un objetivo con una cámara obscura en cuyo fondo se coloca una película sensible a los rayos luminosos y en la que queda registrada la imagen de los objetos exteriores. || **—fri-**

gorífica. Especie de armario cuyo interior a la temperatura del hielo sirve para conservar los alimentos. || **—lenta.** Procedimiento consistente en el rodaje acelerado de una película con el fin de que al proyectarla a velocidad normal produzcan las imágenes un efecto de lentitud. || **—lúcida.** Aparato óptico en el que se proyecta la imagen virtual de un objeto exterior en una superficie plana sobre la cual pueden dibujarse el contorno y las líneas de dicha imagen. || **—obscura.** Aparato óptico especie de caja cerrada con un orificio en una de sus caras por donde penetran los rayos luminosos que forman en la cara opuesta la imagen invertida de los objetos exteriores. || **—posterior de la boca.** Espacio comprendido entre el istmo de las fauces y la parte posterior de la faringe. || **—posterior del ojo.** Espacio comprendido entre el iris y el cristalino. || *De* CÁMARA. loc. que se aplica al que en el palacio real tiene determinado cometido. || *Irse uno de* CÁMARAS. fr. Hacer aguas menores, sin querer. || *Padecer* CÁMARAS. fr. Tener flujo en el vientre. || *Tener uno* CÁMARAS *en la lengua.* fr. fig. y fam. Ser hablador indiscreto. | **P.** câmara; **I.** hall, parlour, chamber; **F.** chambre; **A.** Zimmer, Gemach, Stube, Kammer; **It.** càmera; **R.** палата.

CAMARADA. (De *cámara*, por dormir en un mismo aposento.) com. El que acompaña a otro y come y vive con él. || **2.** El que anda en compañía de otros, tratándose con amistad. || **3.** Compañía o junta de camaradas. | **P.** camarada; **I.** comrade; **F.** camarade; **A.** Kamerad; **It.** camerata; **R.** товарищ.

CAMARADERÍA. f. Amistad o relación cordial entre dos camaradas.

CAMARAJE. m. Alquiler de la pieza o cámara donde se guardan los granos.

CAMARANCHÓN. (De *cámara*.) m. despect. Desván de la casa, donde se guardan trastos viejos.

CAMARERA. (De *camarero*.) f. Mujer de más respeto entre las que sirven en las casas principales. || **2.** Criadas que sirven en las fondas, balnearios, etc., y también en los barcos de pasajeros. | **P.** camareira; **I.** waiting-woman; **F.** camériste; **A.** Kammerfrau, Kellnerin; **It.** cameriera; **R.** горничная.

CAMARERÍA. f. Empleo u oficio de camarera.

CAMARERO. (l. *camerārius*, de cámara.) m. Oficial de la cámara del Papa. || **2.** Criado que sirve en las fondas y barcos de pasajeros y sus camarotes y cuida de los aposentos. || **3.** Mozo de café, horchatería u otro establecimiento semejante. || **4.** P. RICO. Delegado de la Cámara de Representantes de la Legislatura insular. || 2.ª y 3.ª aceps.: **P.** camareiro; **I.** waiter; **F.** garçon; **A.** Kellner; Kammerdiener; **It.** cameriere; **R.** официант.

CAMARETA. f. d. de cámara. || **2.** ARGENT., CHILE y PERÚ. Especie de cañoncito de hierro que se dispara en algunas fiestas de indios o de criollos. || **3.** MAR. Cámara de buques pequeños. || **4.** MAR. Local que en los buques de guerra sirve de alojamiento a los guardias marinas.

CAMARETO. m. CUBA. Planta semejante al aje, con el sarmiento morado, y cuyos tubérculos son blancos interiormente y morados al exterior.

★ **CAMARGO.** m. BOT. COLOM. Árbol cuya medula se emplea para diferentes objetos.

★ **CAMARI.** m. ECUAD. Regalo.

CAMARICO. (Voz quichua.) m. Ofrenda que hacían los indios americanos a los sacerdotes y después a los españoles. || **2.** fig. y fam. CHILE. Lugar preferido de una persona. || **3.** fig. y fam. CHILE. Amorío. || **4.** ECUAD. Presente que hacen los indios a la autoridad. || **5.** PERÚ. Primicias que el mayordomo de una hacienda envía a su patrón.

CAMARIENTO, TA. adj. Que padece cámaras. Ú.t.c.s.

CAMARILLA. (d. de *cámara*.) f. Conjunto de palaciegos que influyen en los negocios públicos. || **2.** Grupo de personas familiares o amigos, que subrepticiamente influyen en las decisiones de alguna autoridad o personaje importante.

CAMARILLESCO, CA. adj. despect. Propio de la camarilla.

CAMARÍN. m. d. de cámara. || **2.** Capilla pequeña colocada algo detrás de un altar. || **3.** Pieza en que se guardan las alhajas y vestidos de una imagen. || **4.** Los cuartos donde se visten los actores de teatro. || **5.** Pieza retirada para el despacho de los negocios. || **4.**ª acep. || **P.** camarim; **I.** dressin-room; **F.** loge; **A.** Ankleidezimmer; **It.** camerino; **R.** гардеробная.

CAMARINAS. m. Arbolillo muy común que se cría en Moguer, provincia de Huelva.

CAMARISTA. m. Ministro del Consejo de la Cámara. || **2.** MÉJ. Camarero. || **3.** ARGENT. Miembro de las cámaras judiciales.

★ **CAMARITA.** f. VENEZ. Sombrero hongo.

CAMARLENGO. (germ. *kamerlinc*, camarero.) m. Título de dignidad entre los cardenales de la Santa Iglesia Romana, presidente de la Cámara Apostólica y gobernador temporal de la sede vacante. || **2.** Título de dignidad en la casa real de Aragón, semejante al camarero de Castilla. || **P.** camarlengo; **I.** camerlingo; **F.** camerlingue; **A.** Kardinalkämmerling; **It.** camarlingo, camerlingo.

CÁMARO. (l. *cammărus*, y éste del gr. χάμμαρος.) m. Camarón, **1.**ª acep.

CAMARÓN. (aum. de *cámaro*.) m. ZOOL. Crustáceo decápodo macruro, comestible, con el cefalotórax comprimido lateralmente y las antenas muy largas. || **2.** PERÚ. El que pasa de un partido político a otro que le da más ventajas. || **3.** CHILE. Vehículo para transportar maderas y troncos. || **4.** PERÚ. Billete de diez soles. || **5.** COLOM. y PAN. Ganga. || **6.** COLOM. y PAN. Negocio accidental de poca importancia. || *Al* CAMARÓN *que se duerme se lo lleva la corriente.* ref. con que se estimula la diligencia de una persona. || CAMARÓN *y cangrejo corren parejo.* ref. que compara dos personas o cosas casi iguales. || **P.** camarão; **I.** prawn, shrimp; **F.** crevette; **A.** Krabbe; **It.** gàmbero; **R.** креветка.

★ **CAMARONEAR.** intr. AMÉR. CENTRAL, ECUAD. y PERÚ. Sacar camarones. || **2.** PAN. Andar buscando gangas. || **3.** PERÚ. Pasar de un partido político a otro. Ú.t. en los deportes.

CAMARONERA. f. Mujer que vende camarones. || **2.** Red para pescarlos.

CAMARONERO. m. El que pesca o vende camarones. || **2.** PERÚ. Martín pescador.

CAMAROTE. (De *cámara*.) m. Cualquiera división pequeña de las que hay en los barcos para colocar las camas. || **P.** camarote; **I.** cabin, berth; **F.** cabine; **A.** Koje, Kajüte; **It.** cabina, camerotto; **R.** каюта.

CAMAROTERO. (De *camarote*.) m. AMÉR. Camarero que sirve en los barcos.

CAMARROYA. f. Achicoria silvestre.

CAMARÚ. (Voz guaraní.) m. Árbol del Brasil y otros países de América del Sur. Llámase también roble de Orán. Su corteza, parecida a la de la quina, se emplea como medicamento.

CAMASQUINCE. (De *cama* y *quince*.) com. fam. Persona entremetida.

★ **CAMASTRA.** f. CHILE. Astucia, zorrería.

★ **CAMASTREAR.** tr. CHILE. Hacerse el camastrón.

CAMASTRO. (De *cama*.) m. despect. Lecho pobre y sin aliño.

CAMASTRÓN, NA. m. y f. fam. Persona disimulada que espera la ocasión para hacer o dejar de hacer las cosas según le conviene. Ú.t.c.adj.

CAMASTRONERÍA. f. fam. Cualidad y manera de obrar del camastrón.

★ **CAMATA.** f. ZOOL. VENEZ. Especie de gallina silvestre.

CAMATÓN. m. AR. Haz pequeño de leña.

★ **CAMAYA.** f. VENEZ. Cesta, canasto.

★ **CAMAYO.** m. PERÚ. Caporal.

CAMAZA. f. AMÉR. CENTRAL. Fruta del camacero, especialmente cuando ha sido preparada para la totuma.

CAMBA. (celtolat. *camba*, corva.) f. Cama, **2.**° art., **1.**ª acep. || **2.** AST., SAL.

y SANT. Pina. || **3.** SANT. Faja de prado cuya hierba queda cortada cada vez que el operario va segando con el dalle lo largo o lo ancho de la finca. || **4.** Hilada de hierba segada en cada una de las fajas.

CAMBADO, DA. (De *camba*.) adj. R. DE LA PLATA. Patizambo. || **2.** VENEZ. y CAN. Combado.

CAMBALACHAR. tr. Cambalachear.

CAMBALACHE. (De *cambiar*.) m. fam. Trueque de objetos de poco valor. || **2.** ARGENT. Prendería.

CAMBALACHEAR. (De *cambalache*.) tr. fam. Hacer cambalaches.

CAMBALACHERO, RA. adj. Que cambalachea. Ú.t.c.s. || **2.** ARGENT. Prendero.

CAMBALADA. f. AND. Vaivén del hombre ebrio.

CAMBALEO. m. Compañía antigua de la legua, compuesta ordinariamente de cinco hombres y una mujer que cantaba.

CAMBALUD. (dialect. de *camba*.) m. SAL. Tropezón violento, pero sin caída.

★ **CAMBAMBA.** f. fam. COLOM. Camorra, riña. || **2.** COLOM. Diablura.

★ **CAMBAMBERO, RA.** adj. COLOM. Alocado, aturdido. Ú.t.c.s.

CAMBAR. (celtolat. *camba*.) tr. ARGENT. y VENEZ. Combar, encorvar.

CÁMBARA. (De *cámbaro*.) f. ZOOL. En la región del Cantábrico, centolla.

CAMBARÁ. (Voz guaraní.) m. Árbol de la América del Sur, frondoso, de flor blanca y pequeña. Su corteza se emplea como febrífugo, y la infusión de sus hojas, como cataplasma contra la tos.

CAMBARÍN. (De *cambra*.) m. ÁL. Descansillo, rellano de la escalera.

CÁMBARO. (l. *cammărus*.) m. ZOOL. Crustáceo decápodo, braquiuro, con el caparazón verde, y pinzas en el primer par de patas. Algunas de sus especies son comestibles. || —**mazorgano.** Crustáceo marino, braquiuro, con el último par de patas terminado en paleta natatoria. Es común en el Cantábrico. || —**volador.** Crustáceo marítimo braquiuro, de cuerpo casi discoidal, se encuentra en alta mar en abundancia. En Galicia lo emplean a veces como abono de las tierras.

CAMBERA. (De *camba*.) f. Red pequeña para pescar cámbaros y otros crustáceos.

CAMBERA. (De *camba*.) f. SANT. Camino de carros.

CAMBERO. (De *camba*.) m. AST. Rama de sauce delgada, terminada en un gancho y con la que el pescador ensarta las agallas de los peces que pesca.

CAMBETO, TA. (De *camba*.) adj. VENEZ. Patiestevado.

CAMBIA. f. ant. Cambio, permuta.

CAMBIABLE. adj. Se aplica a lo que se puede cambiar.

CAMBIADA. f. EQUIT. Acción de cambiar. || **2.** MAR. Acción de cambiar la posición del aparejo, el rumbo, etc.

CAMBIADIZO, ZA. (De *cambiar*.) adj. ant. Mudadizo.

CAMBIADOR, RA. adj. Que cambia. || **2.** GERM. El que tiene a cargo una mancebía. || **3.** CHILE y MÉJ. Guardagujas. || **4.** CHILE. Pieza que sirve para mudar en las máquinas la cuerda de la polea fija a la mudable o viceversa.

CAMBIAMIENTO. (De *cambiar*.) m. Variedad.

CAMBIANTE. p.a. de cambiar. Que cambia. || **2.** m. Variedad de colores o visos que hace la luz en algunos cuerpos. Ú.m. en pl. y hablando de algunas telas. || **3.** Cambista, **1.**ª acep.

CAMBIAR. (l. *cambiăre*.) tr. Dar, tomar, o poner una cosa por otra. Ú.t.c. intr. || **2.** Mudar, alterar. Ú.t.c.intr. || **3.** Dar o tomar moneda, billetes o papel moneda de una especie por su equivalente en otra. || **4.** EQUIT. Hacer el galope con pies y manos derechos el caballo que va galopando con el pie y mano izquierdos o al contrario. Ú.t.c.intr. || **5.** MAR. Bracear el aparejo, cuando se navega ciñendo por una banda a fin de orientarlo por la contraria. || **6.** intr. Variar de dirección el viento. Ú.t.c.r. || *Mandarse* CAMBIAR. fam. CHILE y ARGENT. Marcharse. || **P.** cambiar; **I.** to exchange, to change; **F.** changer, échanger; **A.** ändern, wech-

seln; **It.** cambiare, cangiare; **R.** менять, переменять.

CAMBIAVÍA. m. CUBA y MÉJ. Guardagujas. || **2.** CUBA y P. RICO. Chucho, aguja de ferrocarril.

CAMBIAZO. m. aum. de cambio. || **2.** MÉJ. Engaño, estafa. || *Dar el* CAMBIAZO. fr. Cambiar fraudulentamente una cosa por otra.

CAMBIJA. f. Arca de agua elevada sobre las cañerías que la conducen.

CAMBIL. m. VETER. Compuesto de bol de Armenia, que usó como remedio contra la diarrea de los perros.

★ **CAMBIMBORA.** f. COLOM. Azabache.

CAMBÍN. m. Nasa de junco parecida a un sombrero redondo que sirve para cierta clase de pesca.

CAMBIO. (De *cambiar*.) m. Acción y efecto de cambiar. || **2.** Dinero menudo. || **3.** p. us. Cambista. || **4.** COM. Tanto que se abona o se cobra, según los casos, sobre el valor de una letra de cambio. || **5.** COM. Precio de cotización de los valores mercantiles. || **6.** COM. Valor relativo de las monedas de países diferentes. || **7.** FERR. Mecanismo formado por las agujas y otras piezas de las vías férreas que sirve para que las locomotoras, los tranvías, etc., pasen de una a otra vía. || **8.** FOR. Permuta. || **9.** AUTOMOV. Sistema de engranajes que permite ajustar la velocidad del vehículo al régimen de revoluciones del motor. || *Libre* CAMBIO. Sistema económico que franquea o favorece el comercio sobre todo el internacional. || **2.** Régimen aduanero fundado en esta doctrina. || *En* CAMBIO. m. adv. En lugar de, en vez de. || ECON. PO.: P. cambio, cambiamento; **I.** exchange; **F.** échange; **A.** Austausch, Einwechslung; **It.** scambio; **R.** обмен.

CAMBISTA. com. Que cambia, o toma o da moneda de una especie por otra. || **2.** Banquero. || **3.** ARGENT. Guardagujas. || **P.** cambista; **I.** exchanger; **F.** changeur; **A.** (Geld)Wechsler; **It.** scambista; **R.** меняла.

CAMBIZA. (De *camba*.) f. SAL. Trozo de madera encorvado en cuyos extremos van cordeles que se atan al yugo para amontonar la parva, etc.

CAMBIZAR. tr. SAL. Recoger con la cambiza la parva.

CAMBIZO. (De *camba*.) m. SAL. El timón del trillo.

CAMBO. (De *camba*.) m. ÁL. Aposento donde se cuelgan en varales, los chorizos, morcillas, etc., para que se curen.

CAMBOCHO. (De *camba*.) m. ÁL. Nombre de uno de los dos palos con que se juega al calderón.

★ **CAMBOCHO, CHA.** adj. VENEZ. De piernas arqueadas.

CAMBÓN. (De *camba*.) m. AST. Trozo de rueda de la carreta, que sirve de sostén a las cambas y en medio del cual pasa el eje.

CAMBRA. (l. *camĕra*, cámara.) f. ant. Cámara.

CAMBRAY. m. Especie de lienzo blanco y sutil, fabricado en Cambray, ciudad de Francia, de donde tomó nombre.

CAMBRAYADO, DA. (De *Cambray*.) adj. Acambrayado.

CAMBRAYÓN. m. Lienzo parecido al cambray, pero más fino.

CAMBRIANO, NA. (l. *Cambria*, nombre antiguo del país de Gales.) adj. GEOL. Relativo al primero de los cuatro periodos geológicos en que se divide la Era primaria. || **2.** Perteneciente al terreno cambriano, en que se han hallado los fósiles más antiguos. || **3.** Se dice de los antiguos habitantes del país de Gales. Ú.t.c.s. || **4.** Perteneciente a este país o a sus habitantes.

CÁMBRICO, CA. adj. Cambriano. Ú.t.c.s.

CAMBRILLÓN. (fr. *cambrillon*, y éste del picardo *cambre*; del l. *camŭrus*, curvo.) m. Cada una de las suelas estrechas que los zapateros ponen de relleno entre el exterior y la plantilla del calzado para armarlo. Ú.m. en pl.

CAMBRÓN. (l. *camŭrus*, curvo.) m. BOT. Arbusto ramnáceo, de ramas divergentes, y bayas casi redondas.

C

CAMBRONAL. m. Sitio o paraje en que abundan los cambrones.

CAMBRONERA. (De *cambrón*.) f. Arbusto solanáceo con multitud de ramas mimbreñas y bayas rojas elipsoidales. Suele plantarse en los vallados.

CAMBROÑO. (De *cambrón*.) m. Piorno que se cría en algunas sierras de España.

CAMBRÚN. m. COLOM. Cierta clase de tela de lana.

CAMBUCHA. (De *camba*.) m. AST. Pina de la rueda. || 2. f. CHILE. Cometa pequeña y sin palillos, con que juegan los niños.

CAMBUCHO. (De *camba*.) m. CHILE. Cucurucho. || 2. CHILE. Cesta en que se ponen los papeles inútiles y las ropas sucias. || 3. CHILE. Chiribitil, tugurio. || 4. CHILE. Funda o forro de paja que se pone a las botellas. || 5. CHILE. Cometa pequeña y muy sencilla.

★ **CAMBUECA.** adj. URUG. Combado, estevado.

CAMBUÍ. (Voz guaraní.) m. R. DE LA PLATA. Árbol de tronco liso, parecido al guayabo, que da semillas coloradas en racimos. || 2. Fruto de este árbol.

CAMBUJ. (ár. *kanbūš*, velo con que se cubren el rostro las mujeres.) m. Mascarilla. || 2. Capillo de lienzo que ponen prendido a los niños para que tengan derecha la cabeza.

CAMBUJO, JA. (De *camba*.) adj. Morcillo de las caballerías menores. || 2. MÉJ. Se aplica al descendiente de zambaigo y china o de chino y zambaiga. Ú.t.c.s. || 3. MÉJ. Se aplica al ave con plumas y carne negra.

★ **CAMBULERA.** f. COLOM. La cárcel.

CAMBULLÓN. (De *cambio*.) m. PERÚ. Enredo. || 2. CHILE. Cosa hecha por confabulación de algunos, con engaño o malicia para alterar la vida social o política. || 3. COLOM. y MÉJ. Cambalache. || 4. VENEZ. Cierto aire popular.

CAMBUR. m. Planta musácea, semejante al plátano comestible. || —amarillo. El que el fruto de este color y del mismo trabajo que el pigmeo. || —criollo. Variedad de fruto verdoso. || —higo. Variedad de fruto más pequeño que el del titiaro. || —manzano. Especie cuyo fruto tiene un ligero sabor a manzana. || —morado. El de fruto morado o escarlata. || —pigmeo. El de tallo más pequeño y fruto más largo que el del criollo. || —titiaro. Variedad de fruto pequeño. || —topocho. El de fruto semejante a un plátano pequeño.

★ **CAMBUTA.** f. COLOM. Coco, fantasma.

CAMBUTE. m. Planta tropical gramínea, de hojas algo anchas y agudas. || 2. CUBA. Cambutera. || 3. CUBA. Fruto y flor de la cambutera. || 4. En las costas del Pacífico y Costa Rica, caracol grande y comestible.

CAMBUTERA. (De *cambute*.) f. BOT. CUBA. Bejuco silvestre convolvuláceo, cuyas flores de forma de estrella. Es planta trepadora.

CAMBUTO, TA. adj. PERÚ. Pequeño y grueso.

CAMEDRIO. (l. *chamaedrÿs*, -ÿos, y éste del gr. χαμαίδρυς; de χαμαί, de tierra, y δρῦς, encina.) m. Planta labiada, de hojas pequeñas parecidas a las del roble.

CAMEDRIS. m. Camedrio.

CAMEDRITA. m. Vino preparado con la infusión del camedrio.

CAMELADOR, RA. adj. Que camela.

CAMELAR. (De *camelo*.) tr. fam. Galantear. || 2. fam. Seducir, engañando, adulando. || 3. fam. Amar, desear. || 4. MÉJ. Ver, mirar.

CAMELETE. (De *camello*, 2.ª acep.) m. Pieza grande de artillería, que se usó para batir las murallas.

CAMELIA. (De *Camelli*, jesuíta que lo importó a Europa.) f. Arbusto teáceo, originario del Japón y de la China, de flores muy bellas, inodoras. || 2. Flor de este arbusto. || 3. CUBA. Amapola. || 4. CHILE. Tela de lana fina del mismo tejido que el lienzo. || P. y F. camélia; I. camelia; A. Kamel(l)ie; It. camelia; R. камелия.

CAMÉLIDO. (l. *camēlus*.) adj. ZOOL.

Se aplica a los rumiantes artiodáctilos que carecen de cuernos y tienen en la cara inferior del pie una excrecencia callosa que comprende los dos dedos; como el camello, el dromedario. Ú.t.c.s. || 2. m. pl. ZOOL. Familia de estos animales.

CAMELIEO, A. adj. BOT. Teáceo.

CAMELINA. f. BOT. Planta crucífera, con semillas oleaginosas, de las que se saca una clase de aceite.

CAMELO. m. fam. Galanteo. || 2. fam. Chasco. || 3. CUBA. Malva roja y sin olor, más grande que la ordinaria. || 4. Bulo, noticia falsa.

CAMELOTADO, DA. adj. Se aplica al tejido o tela hecha por el estilo del camelote.

CAMELOTE. (gr. καμηλωτή; de κάμλοςη, camello.) m. Tejido fuerte e impermeable, que antes se hacía con pelo de camello y después con el de cabra mezclados con lana y más modernamente con lana sola. || —de aguas. El prensado y lustroso. || —de pelo. El que es muy fino. || P. chamalote; I. camlet; F. camelote; A. Kamelott; It. cammellotto, ciambellotto; R. камлот.

CAMELOTE. m. Planta tropical gramínea, de tallo rastrero, vainas infladas y flores en espiga.

CAMELOTINA. f. Especie de camelote, 1.er art.

CAMELOTÓN. m. Tela bastante parecida al camelote, 1.er art.

CAMELLA. f. Gamella, arco que se forma en cada extremo del yugo.

CAMELLA. (l. *camella*.) f. Gamella, vasija grande.

CAMELLA. f. Hembra del camello. || 2. Camellón, caballón.

CAMELLEJO. m. d. de camello.

CAMELLERÍA. f. Oficio de camellero.

CAMELLERO. m. El que cuida de los camellos.

CAMELLO. (l. *camēlus*, y éste del gr. χάμηλος.) m. ZOOL. Artiodáctilo rumiante, oriundo del Asia Central, más alto que el caballo. Tiene el cuello largo, la cabeza proporcionalmente pequeña y dos gibas en el dorso. || 2. Pieza antigua de artillería gruesa. || 3. MAR. Mecanismo flotante destinado a suspender un buque o una de sus extremidades, disminuyendo su calado. || P. camelo; I. camel; F. chameau; A. Kamel; It. cammello; R. верблюд.

CAMELLÓN. (De *camello*, por la forma.) m. Caballón. || 2. En algunos lugares camelote, tejido fuerte. || 3. MÉJ. Tierra cultivada en las isletas que flotan en la laguna de Méjico. || 4. ARGENT. Callejón entre un cuadro y otro de los viñedos.

CAMELLÓN. (De *camella*, 2.º art.) m. Artesa cuadrilonga para abrevar el ganado vacuno.

CAMENA. (l. *camēna*.) f. poét. Musa, deidad presidida por Apolo.

CAMENAL. (De *camena*.) adj. Perteneciente o relativo a las musas.

CÁMERA. (l. *camĕra*.) f. ant. Cámara.

CAMERA. f. COLOM. Especie de conejo silvestre.

CAMERANO, NA. adj. Se dice del natural de la Sierra de Cameros. Ú.t.c.s. || 2. Perteneciente a ella.

★ **CAMERO.** m. COLOM. Carretera.

CAMERO, RA. adj. Se dice de la cama grande en contraposición a la más estrecha. || 2. Lo relativo a ella. || 3. m. y f. Persona que hace camas, o cosas pertenecientes a ellas. || 4. Persona que alquila camas. || 5. ARGENT. Se aplica a la cama de matrimonio y a lo relativo a ella.

CAMIA. f. BOT. Árbol frutal de Filipinas oxalidáceo, del tamaño de un ciruelo, que da su fruto en el tronco.

CAMIAR. (l. *cambiāre*.) tr. ant. Cambiar.

CAMÍBAR. m. C. RICA y NICAR. Copayero. || 2. C. RICA y NICAR. Bálsamo de copaiba.

CÁMICA. f. CHILE. Declive del techo.

★ **CAMICHI.** m. ZOOL. AMÉR. Ave zancuda de color gris, con una excrecencia delgada, eréctil en la cabeza.

★ **CAMILE.** m. PERÚ. Curandero ambulante.

CAMILO. (l. *camillus*, ministro.) m.

Muchacho que entre los romanos se empleaba en el servicio del culto.

CAMILO. adj. Se aplica al clérigo perteneciente a la congregación fundada en Roma por San Camilo de Lelis para el servicio de los enfermos. Ú.t.c.s.

CAMILUCHO, CHA. adj. AMÉR. Se aplica al indio jornalero del campo. Ú.t.c.s.

CAMILLA. (d. de *cama*.) f. Cama que sirve para estar medio vestido en ella. || 2. Mesa armada con unos bastidores plegadizos y un tablero debajo del cual hay una tarima para brasero. Cubierta con tela sirve para calentarse las personas y también para secar ropa sobre el enrejado que tiene. || 3. Cama estrecha y portátil, ordinariamente cubierta, que se lleva a mano o sobre ruedas y sirve para conducción de enfermos y heridos. || 3.ª acep.: P. camilha; I. litter, stretcher; F. brancard; A. Sänfte; It. barella; R. санитарные носилки.

CAMILLERO. m. Cada uno de los que transportan la camilla. || 2. MIL. Soldado práctico en conducir heridos en camilla y en hacerles algunas curas. || P. litereiro; I. litter-bearer; F. brancardier; A. Sänftenträger; It. portabarella; R. санитар.

CAMINADA. (De *caminar*.) f. ant. Jornada, distancia que se anda en un día.

CAMINADOR, RA. adj. Se aplica al que camina mucho.

★ **CAMINAL.** m. VENEZ. Red de caminos.

CAMINANTE. p.a. de caminar. Que camina. Ú.m.c.s. || 2. m. Mozo de espuela. || 3. Ave de Chile parecida a la alondra, de pico largo y encorvado y cola corta. || CAMINANTE *cansado subirá en asno, si no encuentra caballo*. ref. con que se denota que el que con urgencia necesita algo tomará cualquier remedio que halle a mano. || P. caminhante; I. walker; F. piéton, marcheur; A. Wanderer; It. camminante; R. путник, пешеход.

CAMINAR. (De *camino*.) intr. Ir de viaje. || 2. fig. Seguir su curso las cosas inanimadas. || 3. Andar. || 4. tr. Recorrer. || CAMINAR *derecho*. fr. fig. y fam. Proceder con rectitud. || CAMINAR *al piritu*. VENEZ. Ir a pie. || 3.ª acep.: P. caminhar; I. to walk; F. cheminer, marcher; A. wandern, gehen; It. camminare; R. идти.

CAMINATA. (ital. *camminata*; de *camminare*, caminar.) f. fam. Paseo o recorrido largo y fatigoso. || 2. Viaje que se hace por diversión. || P. caminhata; I. hike; F. marche; A. weiter Spaziergang; It. camminata; R. прогулка.

CAMINEJO. m. d. despect. de camino.

★ **CAMINERA.** f. COLOM. Botella con licor que se lleva de viaje.

CAMINERO, RA. adj. Relativo al camino. || 2. V. Peón, serón caminero.

CAMINÍ. (guaraní, *caá*, hierba, y *mirí*, pequeña, en polvo.) m. Mate, hierba del Paraguay, una de las variedades más estimadas en la República Argentina.

CAMINO. (célt. *camminos*.) m. Tierra hollada por donde se transita habitualmente. || 2. Vía que se construye para transitar. || 3. Viaje. || 4. Cada uno de los viajes del aguador o conductor de otras cosas. || 5. fig. Medio para conseguir alguna cosa. || 6. ARGENT. y PERÚ. Camino de mesa y tira que se pone en los aparadores. || 7. ARGENT. y PERÚ. Tira que se pone en el suelo para andar sobre ella. || 8. ARGENT. Costal para transportar minerales. || —carretero o carretil. Aquel por el que pueden transitar carruajes. || 2. fig. y fam. Camino trillado. || —cubierto. En las obras de fortificación permanente, terraplén de tránsito y vigilancia que rodea y defiende el foso. || —de herradura. El que es estrecho, por el que pueden transitar caballerías pero no carros. || —derecho. fig. Medios conducentes para un fin sin andar en rodeos. || —de sirga. El que a orillas de los ríos y canales sirve para llevar las embarcaciones tirando de ellas desde tierra. || —real. El construido por el Estado, más ancho que los otros. || 2. fig. Medio más fácil y seguro para la consecución de algún fin. || —seronero. CUBA. Vereda por donde puede pasar una caballería con serón abierto. || —trillado o trivial. El que es común y frecuentado. || **2.** fig. Modo común de obrar o discurrir. || **—vecinal.** El construido y conservado por el municipio y suele ser más estrecho que las carreteras. || *Abrir* CAMINO. fr. Facilitar el tránsito de una parte a otra. || **2.** fig. Hallar, facilitar el medio de vencer una dificultad o mejorar de fortuna. || *Al mal* CAMINO, *darle priesa.* ref. que aconseja que los asuntos enojosos deben despacharse pronto. || *Andar* uno *el* CAMINO. fr. fig. Dedicarse al contrabando o al robo en despoblado. || CAMINO *de Roma, ni mula coja ni bolsa floja.* ref. que aconseja no emprender cosas difíciles sin los medios apropiados. || CAMINO *de Santiago, tanto anda el cojo como el sano.* ref. que se dice de los que se unen para ir de romería y todos vienen a llegar a un mismo tiempo aunque no sean de igual robustez. || CAMINO *viejo y sendero nuevo.* ref. que aconseja tomar uno u otro, y no al contrario porque el camino viejo por más sabido es mejor, y el sendero reciente está libre de zarzas y maleza. || *Cuando fueses por* CAMINO, *no digas mal de tu enemigo.* ref. que enseña el cuidado con que se debe hablar de otros por un lugar donde hay mucha gente. || *De* CAMINO. loc. Se dice del traje y demás objetos propios para ir de viaje. || *De un* CAMINO, *dos mandados.* loc. fam. que indica la oportunidad que unas diligencias ofrecen para otras. || *En luengos* CAMINOS *se conocen los amigos.* ref. porque se molestan unos y otros y hay ocasión de poner a prueba la paciencia y la tolerancia. || *Hacer* o *hacerse,* CAMINO. fr. fig. Alcanzar provecho o estima en la profesión que se ejerce. || *Ir cada cual por su* CAMINO. fr. fig. Estar en desacuerdo dos o más personas. || *Ir* uno *su* CAMINO. fr. Seguir el que lleva. || **2.** fig. Ir a su fin sin fijarse en otra cosa. || *Ir* una cosa *fuera de* CAMINO. fr. fig. No estar puesta en razón. || *Ir* uno *fuera de* CAMINO. fr. fig. Proceder erróneamente. || **2.** fig. Obrar sin método. || *Llevar* CAMINO una cosa. fr. fig. Tener fundamento o razón. || **2.** Estar en vías de lograrse. || *Meter* a uno *por* CAMINO. fr. fig. Sacarle del error. || *No llevar* CAMINO una cosa. fr. fig. No ser acertado el discurso. || *Partir el* CAMINO. fr. Elegir un paraje intermedio para reunirse las personas o zanjar una desavenencia con mutuas concesiones. || *Ponerse* uno *en* CAMINO. fr. Emprender viaje. || *Quedarse* uno *a medio* CAMINO. fr. fig. y fam. No acabar lo comenzado. || *Quien malos* CAMINOS *anda, malos abrojos halla.* ref. que declara que las malas acciones tienen malas consecuencias. || *Quien siembra en el* CAMINO *cansa los bueyes y pierde el trigo.* ref. que enseña que trabajan inútilmente los que se sirven de medios inadecuados para conseguir algo. || *Romper un* CAMINO. fr. Abrirlo. || *Salir al* CAMINO. fr. fig. Salir al encuentro. || *Ser* una cosa *fuera de* CAMINO. fr. fig. y fam. Ir una cosa fuera de camino. || *Traer* a uno *al buen* CAMINO. fr. fig. Sacarle del error o de la mala vida. || **P.** caminho; **I.** road, way, path; **F.** chemin, route; **A.** Weg; **It.** cammino, vìa, strada; **R.** дорога. || 5.ª acep.: **P.** meio; **I.** way; **F.** voie; **A.** Mittel; **It.** cammino, vìa; **R.** путь.

CAMIO. m. ant. Cambio.

CAMIÓN. (fr. *camion.*) m. Vehículo de cuatro o más ruedas, usado generalmente para transportar cargas pesadas. || **P.** caminhão; **I.** lorry, truck; **F.** camion; **A.** Lastwagen, Güterwagen; **It.** camione, autocarro; **R.** грузовой автомобиль.

CAMIONAJE. (De *camión.*) m. Servicio de transportes hecho en camión. || **2.** Precio de este servicio.

CAMIONETA. (fr. *camionette,* d. de *camion.*) f. Vehículo automóvil menor que el camión y que sirve para transporte de mercancías.

CAMISA. (l. *camisĭa.*) f. Prenda de vestido interior hecha de lienzo u otra tela. || **2.** Telilla con que están inmediatamente cubiertos algunos frutos. || **3.** Epidermis de los ofidios de que el animal se desprende periódicamente después de formar bajo ella un tejido nuevo que la substituirá. || **4.** En el juego de la rentilla, suerte en que salen en blanco los seis dados. || **5.** Revestimiento interior de un objeto o pieza mecánica. || **6.** Capa de cal, yeso, etc., que se echa en la pared para enlucirla. || **7.** Funda en forma de red, hecha con fibras de metales raros, con la cual se cubre la llama de ciertos aparatos de alumbrado para aumentar la fuerza luminosa. || **8.** Cubierta suelta de papel fuerte con que se protege un libro, y lleva impreso el título de la obra. || **9.** p. us. Menstruo o regla de las mujeres. || **10.** fig. Envoltura de papel de un expediente o legado. || **11.** FORT. Parte de la muralla que solía revestirse con piedras o ladrillos de color claro. || **12.** IMPR. Lienzo que se pone encima del muletón, como forro exterior y más suave del rodillo de imprimir. || **13.** CHILE. Entre los empapeladores, papel ordinario que se coloca debajo del fino para que éste se pegue mejor. || **—alquitranada** o **de fuego.** Pedazo de vela de buque o de tela parecida que, impregnada en una materia inflamable, servía en las guerras para incendiar embarcaciones. || **—de fuerza.** Especie de camisa fuerte abierta por detrás, con mangas cerradas en su extremo, que sirve para sujetar al demente. || CAMISA *con trenzas más es de lo que piensas.* ref. que indica que el mérito de las personas suele conocerse aun por ligeras señales. || CAMISA *y toca negra no sacan al ánima de pena.* ref. que reprende los excesos de luto cuando lo que importa es el alma del difunto. || *Dejar* a uno *en* CAMISA. fr. fig. y fam. Arruinarle. || *En* CAMISA. m. adv. fig. y fam. Recibir sin dote a la esposa. || *Jugar* uno *hasta la* CAMISA. fr. fig. y fam. Tener excesiva afición al juego. || *Más cerca está la* CAMISA *de la carne que el jubón.* ref. que advierte la preferencia que debe darse a los parientes sobre los que no lo son. || *Meterse* uno *en* CAMISA *de once varas.* fr. fig. y fam. Meterse en lo que no le importa. || *No llegarle* a uno *la* CAMISA *al cuerpo.* fr. fig. y fam. Estar lleno de temor por algún riesgo que amenaza. || *Primero es la* CAMISA *que el sayo.* ref. que indica la necesidad de orden en las cosas, empezando por lo primero. || *Pues que la* CAMISA *lo calla, cállelo la saya.* ref. que acredita que en las cosas de honra, si el interesado lo calla, el allegado no debe ser menos discreto. || *Vender* uno *hasta la* CAMISA. fr. fig. y fam. Vender todo lo que tenga. || **P.** camisa; **I.** shirt, chemise, shift; **F.** chemise; **A.** Hemd; **It.** camìcia; **R.** рубашка, сорочка.

CAMISERÍA. (De *camisero.*) f. Tienda donde se venden camisas. || **2.** Taller donde se hacen. || **P.** camisaria; **I.** shirt-shop; **F.** chemiserie; **A.** Hemdenladen; **It.** bottega di camiciaio; **R.** белошвейная мастерская.

CAMISERO, RA. m. y f. Persona que hace o vende camisas.

CAMISETA. f. Camisa corta y con mangas anchas. || **2.** Camisa corta, ajustada y sin cuello, ordinariamente de punto, y que en general se pone sobre la carne. || **3.** BOL. Camisón blanco sin mangas que usan algunos indios. || **4.** ARGENT. Marinera, blusa de los marineros. || **P.** camisola; **I.** undershirt; **F.** chemisette; **A.** Unterhemd; **It.** camicetta; **R.** нижняя рубашка.

* **CAMISILLA.** f. P. RICO y R. DE LA PLATA. Camiseta.

CAMISOLA. (ital. *camisola,* y éste de *camisa,* l. *camisia,* camisa.) f. Camisa fina de hombre de la que se planchan sobre todo los cuellos, puños y pechera. || **2.** CHILE. Jubón. || **3.** R. DE LA PLATA. Blusa. || **P.** camisola; **I.** dicky; **F.** camisole; **A.** Oberhemd; **It.** camiciola; **R.** верхняя сорочка.

CAMISOLÍN. (d. de *camisola.*) m. Pedazo de lienzo planchado, que se pone sobre la camiseta delante del pecho, para excusar la camisola.

CAMISÓN. m. aum. de camisa. || **2.** Camisa larga. || **3.** En algunos lugares, camisa de hombre. || **4.** ANT. y C. RICA. Camisa de mujer. || **5.** COLOM., CHILE y VENEZ. Vestido, traje de mujer, menos cuando es de seda negra. || *Tu* CAMISÓN *no sepa tu intención.* ref. que pondera la conveniencia de la reserva de todos los asuntos.

CAMISOTE. (De *camisa.*) m. Cota de malla con mangas que llegaban hasta las manos. || **P.** cota de malha; **I.** hauberk; **F.** chemise de mailles; **A.** Panzerkemd; **It.** giaco; **R.** панцырь.

CAMITA. adj. Descendiente de Cam. Ú.t.c.s. || **P.** e **It.** camita; **I.** Hamite; **F.** chamite; **A.** Hamiten.

CAMÍTICO, CA. adj. Perteneciente o relativo a los camitas.

CAMOATÍ. m. R. DE LA PLATA. Especie de avispa. || **2.** Panal que fabrica este insecto. || **3.** R. DE LA PLATA y BOL. Reunión de individuos donde reina el desorden.

CAMOCÁN. (ár. *kamujā,* brocado.) m. Brocado usado en Oriente y en España en los siglos medios.

CAMOCHAR. (l. *caput,* cabeza, y *mŭtĭlāre,* mochar.) tr. HOND. Desmochar los árboles y otras plantas.

CAMODAR. (l. *commutāre.*) tr. GERM. Trastrocar.

CAMOMILA. (De *camamila.*) f. Manzanilla, hierba compuesta.

CAMÓN. m. aum. de cama, armazón para descansar y dormir las personas. || **2.** Mirador, balcón. || **3.** CUBA. Pina, cada uno de los trozos de madera que forman en círculo la rueda del carruaje. || **—de vidrios.** Cancel de vidrios que sirve para dividir una pieza.

CAMÓN. m. aum. de cama, palancas del freno de las riendas. || **2.** Cada una de las piezas curvas que componen los dos anillos o cercos de las ruedas hidráulicas. || **3.** ARQ. Armazón de cañas o listones con que se forman las bóvedas que llaman fingidas. || **4.** pl. Maderos gruesos de encina con que se forran las pinas de las ruedas de las carretas y sirven de calce.

CAMONADURA. f. CUBA. Conjunto de camones.

CAMONCILLO. (De *camón,* 1.er art.) m. Taburetillo de estrado.

CAMORRA. (ital. *camorra.*) f. fam. Riña o pendencia. || **2.** Panecillo largo con longaniza. || **P.** rixa; **I.** wrangle; **F.** noise; **A.** Streit, Zänkerei; **It.** rissa; **R.** ссора, драка.

CAMORRERO, RA. adj. Camorrista.

CAMORRISTA. adj. fam. Se dice del que por nada arma camorra. Ú.t.c.s. || **P.** pendenciador; **I.** wrangler; **F.** querelleur; **A.** Zänker; **It.** rissoso; **R.** драчун, задира.

* **CAMORRITA.** m. VENEZ. Camorrista.

CAMOTA. (Como el fr. *cabot,* aum. del l. *caput,* cabeza.) f. fam. BURG. Cabeza dura. || **2.** com. MURC. Persona torpe.

CAMOTAL. m. AMÉR. Terreno plantado de camotes.

CAMOTE. (mejic. *camotli.*) m. AMÉR. Batata. || **2.** AMÉR. Bulbo. || **3.** fig. AMÉR. Enamoramiento. || **4.** fig. AMÉR. Amante, querida. || **5.** fig. MÉJ. Bribón. || **6.** fig. EL SALV. Verdugón, cardenal. || **7.** fig. AMÉR. Mentira. || **8.** fig. ECUAD. y MÉJ. Persona tonta, boba. || **9.** GUAT. Pantorrilla. || **10.** BOL. y ECUAD. Amistad vehemente. || **11.** CUBA. Falta de pago de lo perdido en una apuesta. || *Tomar* uno *un* CAMOTE. fr. fig. y fam. AMÉR. Tomar afecto a una persona. || *Tragar* CAMOTE. fr. fig. y fam. MÉJ. Expresarse con dificultad por no saber o no querer hacerlo claramente.

CAMOTEAR. intr. MÉJ. Andar vagando sin acertar con lo que se busca. || **2.** tr. GUAT. Molestar.

CAMOTERO, RA. adj. MÉJ. Se aplica a las personas que venden camotes. || **2.** ARGENT. y ECUAD. Se aplica a la persona que entabla amistad vehemente en poco tiempo.

CAMOTILLO. m. CHILE y PERÚ. Dulce de camote machacado. || **2.** MÉJ. Madera de color violado, veteada de negro. || **3.** EL SALV., GUAT. y HOND. Cúrcuma. || **4.** C. RICA. Yuquilla.

CAMPA. (De *campo.*) adj. V. *Tierra* CAMPA.

CAMPAGO. (l. *campăgus.*) m. ARQUEOL. Zapato usado por los patricios en la época romana y bizantina.

CAMPAL. adj. desus. Perteneciente al campo. || **2.** MIL. Dícese de la batalla general y decisiva entre dos ejércitos.

CAMPAMENTO. (De *campar.*) m. Acción de campar o acamparse. || **2.** MIL. Lugar en despoblado donde se establecen temporalmente fuerzas del ejército, distribuidas de modo que dejan entre sí fácil

C

tránsito para la vigilancia y rápida formación. ‖ **3.** MIL. Tropa acampada. ‖ **4.** Por ext. instalación eventual de personas que van de camino o que se reúnen para un fin especial. ‖ **2.ª** acep.: **P.** acampamento; **I.** encampment; **F.** camp, campement; **A.** (Feld-, Zelt)Lager; **It.** accampamento; **R.** лагерь.

CAMPAMIENTO. m. Acción y efecto de acampar.

CAMPANA. (l. *campāna*, de *Campania*, en Italia, donde se usó por primera vez.) f. Instrumento de metal en forma de copa invertida que suena herido por el badajo. ‖ **2.** f. fig. Cualquier cosa que tiene forma semejante a una campana abierta y más ancha en la parte inferior. ‖ **3.** fig. Iglesia o parroquia. ‖ **4.** En algunos lugares queda. ‖ **5.** GERM. Saya o basquiña. ‖ **6.** Cualquier superficie curva capaz de vibrar. ‖ **7.** ARGENT. Se llama así al que espía mientras los demás roban. ‖ **8.** ARGENT. Campanero. ‖ **9.** CUBA, P. RICO y ECUAD. Floripondio, arbusto solanáceo. **—de buzo.** Aparato dentro del cual descienden en el agua los buzos y donde se renueva constantemente el aire respirable. ‖ *CAMPANA cascada, nunca sana.* ref. que indica la esterilidad de los esfuerzos dedicados a cosas sin remedio. ‖ *Cual es la* CAMPANA, *tal la badajada.* ref. que enseña que las acciones son más o menos sonadas según la calidad de las personas. ‖ *Echar las* CAMPANAS *a vuelo.* fr. fig. y fam. Dar publicidad con júbilo a alguna cosa. ‖ *No haber oído* uno CAMPANAS. fr. fig. y fam. que denota la falta de conocimiento en las cosas corrientes. ‖ *Oir* uno CAMPANAS *y no saber dónde.* fr. fig. y fam. Entender mal una cosa. ‖ *Picar la* CAMPANA. fr. MAR. Tocarla a bordo para señalar la hora. ‖ **P.** sino; **I.** bell; **F.** cloche; **A.** Glocke; **It.** campana; **R.** колокол.

CAMPANADA. f. Golpe que da el badajo en la campana. ‖ **2.** Sonido que causa. ‖ **3.** fig. Escándalo o noticia ruidosa. ‖ **P.** badalada; **I.** bell stroke; **F.** coup de cloche; **A.** Glockenschlag; **It.** tocco; **R.** колокольный звон.

CAMPANARIO. m. Torre o lugar donde se colocan las campanas. ‖ **2.** SAL. Flor de la piña. ‖ **3.** Una de las partes que forman el telar de mano. ‖ *De* CAMPANARIO. loc. Se aplica al hecho o propósito ruin. ‖ **P.** campanário; **I.** bell-tower, campanile, belfry; **F.** clocher; **A.** Glockenturm; **It.** campanile; **R.** колокольня.

CAMPANEAR. intr. Tocar las campanas con bastante frecuencia. ‖ **2.** REP. DOMIN. Disparar. ‖ **3.** vulg. ARGENT. y COLOM. Mirar, vigilar. ‖ **4.** REP. DOMIN. Echar a correr. ‖ **5.** r. ARGENT. y COLOM. Contonearse.

CAMPANELA. (ital. *campanella*, campanilla.) f. Paso de danza que consiste en dar un salto describiendo al tiempo un círculo con uno de los pies cerca de la punta del otro. ‖ **2.** Sonido de la cuerda de guitarra en medio de un acorde hecho a bastante distancia del puente del instrumento.

CAMPANEO. m. Reiterado toque de campanas. ‖ **2.** fig. y fam. Contoneo.

CAMPANERO. m. El que vacía y funde las campanas. ‖ **2.** El que tiene por oficio tocarlas. ‖ **3.** Pájaro del género de los mirlos que imita el sonido de una campana.

★ **CAMPANERO, RA.** adj. P. RICO. AMÉR. CENTRAL y PERÚ. Novelero, propagador de noticias.

CAMPANETA. f. d. de campana.

CAMPANIFORME. adj. Se aplica a lo que tiene forma de campana.

CAMPANIL. (De *campana*.) adj. Se dice del metal de campanas. ‖ **2.** ÁL. Término municipal. ‖ **3.** AR. Una clase de piedra de sillería.

CAMPANILLA. (d. de *campana*.) f. Campana manuable y de usos más variados que la grande. Se emplea en las iglesias en multitud de ceremonias religiosas; en las reuniones numerosas para llamar la atención, etc. ‖ **2.** Flor cuya corola es de una pieza y de forma de campana. ‖ **3.** Adornos de figura de campana. ‖ **4.** BOT. CUBA. Bejuco. ‖ **5.** IMPR. Letra mal encajada que suele caer haciendo ruido sobre la platina. ‖ *De* CAMPANILLAS, *o de muchas* CAMPANILLAS. expr. f. fig. y fam. Se aplica a la persona de gran autoridad o de circunstancias muy relevantes. ‖ **P.** campainha; **I.** hand-bell; **F.** clochette; **A.** Glöckchen; **It.** campanella; **R.** колокольчик.

CAMPANILLAZO. m. Toque fuerte de la campanilla.

CAMPANILLEAR. intr. Tocar muy a menudo la campanilla.

CAMPANILLEO. m. Sonido frecuente o continuado de la campanilla.

CAMPANILLERO. m. El que toca la campanilla por oficio.

CAMPANILLO. m. ÁL. Cencerro de cobre o bronce, en forma de campana.

CAMPANO. m. Cencerro. ‖ **2.** Esquila, campana pequeña de convento. ‖ **3.** Árbol americano con cuya madera se hacen buques.

CAMPANOLOGÍA. f. Arte del campanólogo.

CAMPANÓLOGO, GA. m. y f. Persona que toca piezas musicales haciendo sonar campanas o vasos de cristal de diversos tamaños.

CAMPANTE. p.a. de campar. Que campa. ‖ **2.** adj. fam. Ufano, satisfecho.

CAMPANUDO, DA. adj. Se dice de lo que tiene semejanza con la figura de la campana. ‖ **2.** Se aplica al vocablo de sonido muy fuerte y lleno y del lenguaje y estilo retumbante. ‖ **3.** m. GERM. Broquel, escudo de defensa.

CAMPÁNULA. f. Farolillo, planta campanulácea.

CAMPANULÁCEO, A. (De *campanula*, nombre de un género de plantas.) adj. BOT. Se aplica a las plantas angiospermas dicotiledóneas, lechosas, con flores de corola gamopétala, fruto capsular con muchas semillas y de albumen carnoso. Ú.t.c.s. ‖ **2.** f. pl. BOT. Familia de estas plantas.

CAMPAÑA. (l. *campaněa*, de *campus*, campo.) f. Campo llano sin montes ni asperezas. ‖ **2.** Conjunto de actos o esfuerzos diversos que se aplica a conseguir el mismo fin. ‖ **3.** fig. Período en que una persona ejerce un cargo o profesión o se dedica a determinadas ocupaciones. ‖ **4.** fig. Cada ejercicio industrial o mercantil que corresponde a uno de los períodos que en él se distinguen. ‖ **5.** BLAS. Pieza de honor que ocupa la parte inferior del escudo hasta la cuarta parte de la altura. ‖ **6.** MAR. Período de operaciones de un buque o escuadra, desde la salida de un puerto hasta su regreso a él. ‖ **7.** MIL. Tiempo que cada año están los ejércitos fuera de cuarteles contra sus enemigos. ‖ **8.** MIL. Duración de determinado servicio militar. ‖ **9.** Campo, terreno extenso fuera de poblado. ‖ *Correr la* CAMPAÑA. fr. MIL. Reconocerla para saber el estado del enemigo y observar sus movimientos. ‖ *Estar, o hallarse en* CAMPAÑA. fr. MIL. Hallarse en operaciones de guerra; en la guerra. ‖ *Salir a* CAMPAÑA, *o a la* CAMPAÑA. fr. MIL. Ir a la guerra. ‖ **P.** campanha; **I.** campaign; **F.** campagne; **A.** Feld, Kriegszug; **It.** campagna; **R.** поле.

CAMPAÑISTA. m. CHILE. Pastor que cuida de los animales en las fincas con campaña.

★ **CAMPAÑISTO.** m. CHILE. Campañista.

CAMPAÑOL. m. Mamífero roedor, parecido al ratón, que vive en galerías subterráneas.

CAMPAR. (De *campo*.) intr. Sobresalir entre otros. ‖ **2.** Acampar.

CAMPARÍN. m. ÁL. Cambarín.

★ **CAMPATEDIJE.** m. fam. MÉJ. Fulano o zutano.

CAMPEADA. (De *campear*.) f. ant. Correría, salida repentina, expedición contra el enemigo en son de algarada. ‖ **2.** CHILE. Acción de campear, recorrer el campo.

CAMPEADOR. (De *campear*.) adj. Se aplicaba al que sobresalía en el campo con acciones señaladas. Se dio este calificativo al Cid Ruy Díaz de Vivar. Usáb. t.c.s.

CAMPEAR. (De *campo*.) intr. Salir a pacer los animales domésticos, o salir de sus cuevas los salvajes. ‖ **2.** Verdear ya las sementeras. ‖ **3.** CHILE y R. DE LA PLATA. Salir al campo en busca de alguna persona o animal o cosa. ‖ **4.** MIL. Estar en campaña. ‖ **5.** MIL. Sacar el ejército a combatir a campo raso. ‖ **6.** MIL. Correr o reconocer con tropas el campo para comprobar si hay o no enemigos en él. ‖ **7.** COLOM. Echárselas de guapo.

CAMPECICO, LLO, TO. ms. ds. de campo.

CAMPECHANA. f. MAR. Enjaretado que llevan algunas embarcaciones menores en la parte exterior de la popa. ‖ **2.** VENEZ. Hamaca. ‖ **3.** VENEZ. Mujer pública.

CAMPECHANAMENTE. adv. De manera campechana.

★ **CAMPECHANERÍA.** f. ARGENT., PERÚ y P. RICO. Campechanía.

CAMPECHANÍA. f. Calidad de campechano.

CAMPECHANO, NA. adj. fam. Franco, dispuesto para cualquier broma o diversión. ‖ **2.** fam. Dadivoso.

★ **CAMPECHANO, NA.** adj. VENEZ. Campesino.

CAMPECHANO, NA. adj. Natural de Campeche. Ú.t.c.s. ‖ **2.** Perteneciente a esta ciudad y estado de Méjico.

CAMPECHE. (De *Campeche*, ciudad de Méjico, en la península de Yucatán.) m. BOT. Árbol leguminoso americano cesalpíneo, cuya madera se emplea en tintorería. ‖ **2.** PERÚ. Vino de ínfima calidad. ‖ **P.** campeche; **I.** logwood, Cameachy-wood; **F.** campeche; **A.** Kampeche, Blauholz; **It.** campeggio; **R.** кампешевое дерево.

CAMPEJAR. intr. ant. Campear, 1.ª acep.

CAMPEO. m. SAL. Sitio donde holgadamente puede campear y extender el ganado.

CAMPEÓN. (germ. *kampia*, vencedor.) m. Héroe famoso en armas. ‖ **2.** El que obtiene la primacía en el campeonato. ‖ **3.** fig. Defensor esforzado de una causa o doctrina. ‖ **P.** campeão; **I.** y **F.** champion; **A.** Kämpe, Champion; **It.** campione; **R.** борец, чемпион.

CAMPEONATO. (De *campeón*.) m. Certamen o contienda en que se disputa el premio en ciertos juegos o deportes. ‖ **2.** Primacía obtenida en las luchas deportivas.

★ **CAMPERA.** f. ARGENT. Prenda de abrigo que llega hasta la cintura donde se ajusta.

CAMPERERO, RA. adj. SAL. Se dice de la persona que tiene a su cargo cuidar de los cerdos en la montanera.

CAMPERÍA. f. SAL. Temporada de montanera en que los cerdos andan al rebusco en la bellota.

CAMPERO, RA. (l. *camparius*, del campo.) adj. Perteneciente o relativo al campo, 1.ª acep. ‖ **2.** Descubierto en el campo y expuesto a todos los vientos. ‖ **3.** Se aplica al ganado cuando duerme en el campo y no se recoge a cubierto. ‖ **4.** AGR. Se aplica a las plantas que tienen las hojas o los tallos tendidos por el suelo u horizontalmente en el aire. ‖ **5.** m. En algunas comunidades, religioso destinado a cuidar de las haciendas del campo. ‖ **6.** SAL. Cerdo que anda de campería. ‖ **7.** AMÉR. Se aplica al animal adiestrado en el paso de ríos, montes, zanjas, etc. ‖ **8.** MÉJ. Se aplica a cierto andar del caballo a manera de trote muy suave. ‖ **9.** R. DE LA PLATA. Se aplica a la persona muy experta en el campo, así como en las operaciones y usos peculiares de las estancias. ‖ **10.** MÉJ. Campesino. ‖ **11.** MÉJ. Se aplica al caballo que avanza mucho o es de tronco muy largo.

★ **CAMPERUSO, SA.** adj. VENEZ. Campesino, rústico, palurdo.

CAMPÉS, SA. (De *campo*.) adj. ant. Silvestre, campestre.

★ **CAMPESINADO.** m. NICAR. Conjunto de campesinos, considerados como clase social.

CAMPESINO, NA. adj. Se aplica a lo que es propio del campo o perteneciente a él. ‖ **2.** Que suele andar en él. Ú.t.c.s. ‖ **3.** Natural de tierra de Campos. Ú.t.c.s. ‖ **4.** Perteneciente a ella. ‖ **5.** m. MÉJ. Geococisto, ave cucúlida, domesticable, que extermina insectos, ratones y reptiles pequeños. ‖ **2.ª** acep.: **P.** camponês; **I.** countryman; **F.** campagnard; **A.** Bauer, Landmann; **It.** campagnuolo, contadino; **R.** сельский, крестьянский.

CAMPESTRE. (l. *campestris*.) adj.

C

Campesino, perteneciente al campo. || **2.** Dícese del halcón que se criaba en el campo entre gallinas. || **3.** m. Baile antiguo de Méjico.

CAMPICHUELO. (d. de *campo*.) m. p. us. ARGENT. Campo pequeño abierto y con hierba.

CAMPILÁN. m. Sable recto con puño de madera y cuya hoja va ensanchándose hacia la punta. Es muy usado por los indígenas de Joló.

CAMPILLO. (d. de *campo*.) m. Campo pequeño.

CAMPIÑA. (De *campo*.) f. Espacio grande de tierra llana labrantía. || *Cerrarse uno de* CAMPIÑA. fr. fig. y fam. Cerrarse a la banda. || **P.** campiña; **I.** campaign, country; **F.** campagne; **A.** Flur, Ackerland; **It.** campagna; **R.** участок незасеянной земли.

CAMPIÑÉS, SA. adj. Natural de Villacarrillo, en la provincia de Jaén. Ú.t.c.s. || **2.** Perteneciente o relativo a esta villa.

CAMPIÓN. m. ant. Campeón.

CAMPIRANO, NA. (De *campo*.) adj. C. RICA. Patán, rústico. || **2.** MÉJ. Campesino. Ú.t.c.s. || **3.** MÉJ. Entendido en las faenas del campo. Ú.t.c.s. || **4.** MÉJ. Diestro en el manejo del caballo y en domar o sujetar otros animales. Ú.t.c.s.

★ **CAMPIRUSO, SA.** adj. AMÉR. CENTRAL. Campesino.

CAMPISTA. m. MIN. AMÉR. Arrendador o partidario de minas. || **2.** HOND. Persona que tiene el oficio de recorrer los bosques o sabanas para ver el ganado de los hatos.

★ **CAMPISTO, TA.** adj. AMÉR., P. RICO y VENEZ. Campesino. Ú.t.c.s.

CAMPIZAL. m. Terreno corto cubierto a trechos de césped.

CAMPO. (l. *campus*.) m. Terreno extenso fuera de poblado. || **2.** Tierra laborable. || **3.** En contraposición a sierra o monte, campiño. || **4.** Sembrados, árboles y demás cultivos. || **5.** Sitio para salir a algún desafío. || **6.** Término, sometido a un ayuntamiento. || **7.** fig. Extensión o espacio real o imaginario en que cabe o por donde se dilata alguna cosa material o inmaterial. || **8.** fig. Parte lisa o de un solo color en telas, papeles, etc., que tienen varios dibujos. || **9.** fig. Espacio sin pintura en un dibujo. || **10.** BLAS. Superficie interior y total de un escudo donde se ponen las participaciones y figuras. || **11.** Fís. Espacio en que se hace perceptible un determinado fenómeno. || **12.** MIL. Lugar ocupado por un ejército. || **13.** MIL. Algunas veces el ejército mismo. || **14.** AMÉR. Terreno comprendido en la concesión de una mina. || **15.** P. RICO. El país, la isla en general, en contraposición a la capital. || **—auditivo.** Fís. Espacio en el que se percibe el sonido producido por un instrumento sonoro. || **—de agramante.** fig. Lugar en que reina la confusión. || **—de aviación.** Aeródromo. || **—de batalla.** MIL. Lugar donde combaten los ejércitos. || **—de concentración.** Recinto en donde por orden de la autoridad se obliga a vivir a cierto número de personas, por razones políticas o sanitarias. || **—de deportes.** Espacio de terreno dedicado a la práctica del deporte. || **—de fuerza.** Fís. Región del espacio dentro de la cual todo cuerpo está solicitado por una determinada fuerza. || **—del honor.** fig. Lugar donde siguiendo ciertas reglas combaten dos o más personas. || **—de punta.** ARGENT. Campo arenisco arcilloso, de pastos fuertes. || **—eléctrico.** ELECTR. Región del espacio en que existe un estado físico capaz de manifestarse por fenómenos eléctricos. || **—electromagnético.** ELECTR. Región del espacio en la que existe un estado físico capaz de manifestarse por fuerzas electromagnéticas. || **—gravitatorio.** Fís. Campo de fuerza cuando se considera actuando en él la fuerza de la gravedad. || **—magnético.** Espacio en que se hace sensible la fuerza magnética proveniente de un imán. || **—magnético terrestre.** ELECTR. Región del espacio alrededor de la Tierra en la que son patentes las fuerzas magnéticas propias de ella. || **—óptico.** Espacio en que están comprendidos todos los puntos visibles a través de un instrumento óptico. || **—ra-**

dioeléctrico. RADIOTEC. Campo electromagnético de alta frecuencia que se forma alrededor de una antena y que se propaga hasta distancias considerables. || **—raso.** El llano y sin árboles ni casas. || **—regadío.** AR. Tierra de cultivo que tiene agua de riego permanente. || **—santo.** Cementerio de los católicos. || **—salero.** ARGENT. El que para su fertilización necesita de sal. || **—visual.** El espacio que abarca la vista estando el ojo inmóvil. || **2.** ASTRON. Espacio que se ve con un anteojo o telescopio. || *A* CAMPO. m. adv. AMÉR. A prado, pastando en el campo. || *A* CAMPO *raso.* m. adv. Al descubierto. || *A* CAMPO *traviesa, o travieso.* m. adv. Dejando el camino y cruzando el campo. || *Al* CAMPO *al señor cómprale cuando le hayas menester, antes no.* ref. que pondera la conveniencia de no tomarse cuidados y peligros sin necesidad. || *Batir el* CAMPO. fr. MIL. Reconocerlo. || *Correr el* CAMPO. fr. Correr la tierra. || *Cuando no lo dan los* CAMPOS, *no lo han santos.* ref. que indica que el escasez no es propicia a la devoción dadivosa. || *Dejar uno el* CAMPO *abierto, desembarazado, expedito, libre, etc.,* fr. fig. Retirarse de un empeño en que hay competidores. || *Descubrir* CAMPO, *o el* CAMPO. fr. MIL. Reconocer la posición del enemigo. || **2.** fig. Sondear, averiguar alguna cosa. || *El* CAMPO *fértil, no descansando, tórnase estéril.* ref. que denota la necesidad del descanso en el trabajo para continuarlo con aprovechamiento. || *Entrar en* CAMPO *con uno.* fr. Pelear con él en desafío. || *Hacer* CAMPO. fr. Desembarazar de gente un lugar. || **2.** Batallar cuerpo a cuerpo en desafío. || *Hacerse uno al* CAMPO. fr. Retirarse al campo, huyendo de algún peligro o para robar o vengarse de sus enemigos. || *Juntar* CAMPO. fr. Reunir un tropa su campamento. || **2.** Dar por terminada una empresa o desistir de ella. || *Marcar el* CAMPO. fr. MIL. Determinar el lugar que ocupará un ejército al acampar. || *Quedar uno en el* CAMPO. fr. fig. Caer muerto en acción de guerra o desafío. || *Reconocer el* CAMPO. fr. Explorarlo. || **2.** fig. Prevenir los inconvenientes de algún negocio. || *Sacar el* CAMPO a uno. fr. fig. Retarle. || *Salir a* CAMPO, *o al* CAMPO. fr. fig. Ir o reñir en desafío. || **P.** e **It.** campo; **I.** country, field; **F.** campagne, champ; **A.** Feld; **R.** поле. || 12.ª acep.: **P.** acampamento; **I.** camp, field; **F.** camp, champ; **A.** Lagerplatz; **It.** campo; **R.** поле боя.

★ **CAMPOFILO.** m. ZOOL. AMÉR. Ave trepadora pícida, de plumaje negro brillante con una faja blanca en los costados que va ensanchándose hasta la cola, pico prolongado, y un penacho en la cabeza.

CAMPORRUTEÑO, ÑA. adj. Natural de Camporrobles (Valencia). Ú.t.c.s. || **2.** Perteneciente o relativo a dicha villa.

CAMPOSANTO. m. Campo santo.

CAMPOSINO, NA. adj. Natural de Villalcampo, en Zamora. Ú.t.c.s. Perteneciente o relativo a dicho pueblo.

★ **CAMPUNO, NA.** adj. REP. DOMIN. Perteneciente o relativo al campo.

CAMPUROSO, SA. adj. SAL. Holgado, espacioso.

CAMPURRIANO, NA. adj. Natural de Campoo. Ú.t.c.s. || **2.** Perteneciente a esta comarca de Santander.

★ **CAMPUSANO, NA.** adj. ARGENT. y PAN. Campesino. Ú.t.c.s.

★ **CAMPUSIO, SIA.** adj. URUG. Campesino.

★ **CAMPUSO, SA.** adj. AMÉR. CENTRAL. Campesino. Ú.t.c.s.

CAMUATÍ. (Voz guaraní.) m. En las barrancas del Panamá, rancho de leñadores y caleros. || **2.** ARGENT. Camoatí.

★ **CAMUCO, m.** VENEZ. Aruco.

CAMUCHA. f. fam. despect. de cama.

CAMUESA. f. Fruto del camueso. || **P.** maçã; **I.** pippin; **F.** calville; **A.** Kantapfe; **It.** carovella.

CAMUESO. Árbol, variedad de manzano cuyo fruto es la camuesa. || **2.** fig. y fam. Hombre necio e ignorante. || **P.** camoesa; **I.** pippin-tree; **F.** calville; **A.** Kantapfelbaum; **It.** carovello; **R.** кальвиль.

CAMULIANO, NA. (azteca *camiliui*.)

adj. HOND. Se aplica a las frutas cuando comienzan a madurar.

CAMUNGO. m. PERÚ. Chajá.

CAMUÑA. (De *comuña*.) f. En algunas partes toda especie de semillas, menos trigo, centeno o cebada.

★ **CAMURI.** m. PERÚ. Anzuelo que cuelga de un flotador mediante una cuerda.

CAMUZA. Gamuza.

CAMUZÓN. m. aum. de camuza.

CAN. (l. *canis*.) m. Perro. || **2.** Pieza pequeña de bronce de la artillería antigua. || **3.** Gatillo, disparador de las armas. || **4.** poét. Can mayor. || **5.** ÁL. y PAL. Cada uno de los golpes que en el juego del peón se dan al trompo que ha perdido. || **6.** ARQ. Cabeza de una viga del techo interior que carga en el muro y sobresale al exterior, sosteniendo la corona de la cornisa. || **7.** ARQ. Modillón. || **—luciente.** ASTRON. Sirio. || **—mayor.** ASTRON. Constelación austral situada debajo y algo al oriente de la de Orión. || **—menor.** ASTRON. Constelación ecuatorial al oriente de Orión y debajo del Cangrejo y de los Gemelos. || *Calar el* CAN. fr. fig. Poner en el disparador la llave del arma de fuego. || CANES *que ladran, ni muerden ni toman caza.* ref. que se aplica al hombre alabancioso y holgazán, que no hace cosa de provecho. || CAN *que mucho ladra, ruin es para casa.* ref. que demuestra lo vano de las fanfarronadas. || CAN *que mucho lame, saca sangre.* ref. que indica que demasiado cariño llega a ser dañoso. || *El* CAN *con rabia, de su dueño traba.* ref. que enseña que el hombre airado maltrata aun a las personas que más quiere. || *El* CAN *de buena raza, siempre ha mientes del pan de la casa.* ref. que enseña que el hombre honrado se acuerda siempre del beneficio recibido. || *El pequeño* CAN *levanta la liebre, y el grande la prende.* ref. que tiende a demostrar que los primeros esfuerzos en algunas empresas suelen tocar al humilde y el provecho a los poderosos. || *Los* CANES *de Zurita, no teniendo a quién morder, uno a otro se mordían.* ref. que indica que los ruines a falta de enemigo se atacan y luchan entre sí mismos. || *No te fíes en* CAN *que ladra ni en gato que miaña.* ref. porque avisan al enemigo. || *¿Quieres que te siga el* CAN? *Dale pan.* ref. que da a entender lo mucho que puede el interés. || 6.ª acep.: **P.** modilhão; **I.** corbel; **F.** corbeau; **A.** Sparrenkopf; **It.** beccatello; **R.** волкодав.

★ **CAN.** m. REP. DOMIN. Tertulia. || **2.** Bataola.

CAN. m. Kan.

CANA. (l. *cāna; de cānus,* blanco.) f. Cabello que se ha tornado blanco. Ú.m. en pl. || *A* CANAS *honradas no hay puertas cerradas.* ref. que enseña el respeto y atención que se debe tener a los ancianos. || CANAS *son, que no lunares, cuando empiezan por los aladares.* ref. que se dice contra los que pretenden disimular lo que todos ven. || CANAS *y armas vencen batallas.* ref. que indica que a los consejos de la experiencia se ha de añadir la fuerza. || *Echar uno una* CANA *al aire.* fr. fig. y fam. Esparcirse, divertirse. || *Peinar uno* CANAS. fr. fig. y fam. Ser anciano. || *Quitar mil* CANAS a uno. fr. fig. y fam. Causarle satisfacción. || **P.** cã; **I.** white hair; **F.** cheveu blanc; **A.** weisses Haar; **It.** capello bianco; **R.** седой волос.

CANA. (l. *canna,* caña.) f. Medida como de dos varas, usada en Cataluña y otras partes. || **2.** CUBA. Especie de guano o palma silvestre. || **—de rey.** Medida agraria usada en Tarragona.

★ **CANA.** f. R. DE LA PLATA, CHILE, PERÚ y COLOM. Cárcel, prisión.

CANABALLA. f. ant. Barca pescadora.

CANABÍNEO, A. (l. *cannábis,* cáñamo.) adj. BOT. Planta dicotiledónea, herbácea, de tallos largos, fruto seco monospermo y semillas sin albumen. Ú.t.c.s.f.

CANACA. (Voz de Oceanía.) m. CHILE. Nombre despectivo que se da al individuo de raza amarilla. || **2.** CHILE. Dueño de un burdel. || **3.** El burdel mismo.

CANÁCEO, A. (l. *canna,* caña.) adj. BOT. Cannáceo.

CANACO, CA. m. y f. Indígena de varias islas de Oceanía.

C · **CANACO, CA.** adj. CHILE y ECUAD. Pálido, amarillo.

CANACUATE. (azteca *canautli*, pato, y *coatl*, culebra.) m. MÉJ. Cierta serpiente acuática de gran tamaño.

CANADÁ. n. p. Empléase en la expresión *Bálsamo del* CANADÁ con que se denomina una resina extraída de una especie de abeto.

CANADIELLA. (b. l. *canadella*, y éste del l. *canna*, caña.) f. Antigua medida para líquidos.

CANADIENSE. adj. Natural del Canadá. Ú.t.c.s. || **2.** Perteneciente a este país de América.

CANADILLO. m. Belcho.

CANADIO. m. Metal perteneciente al grupo del platino y que dado su peso atómico está comprendido entre el platino y el oro. Es inoxidable, dúctil, maleable como la plata y más fusible que ella. Puede tener las mismas aplicaciones que el oro.

CANADO. (ant. *cadnado*, y éste del l. *catenātus*, candado.) m. ant. Candado.

· **CANAGUAY.** adj. COLOM. Dícese del ave que tiene las plumas verdes y doradas. || **2.** COLOM. Aplícase al gallo de cresta negra y plumaje obscuro.

CANAL. (l. *canālis*.) m. Porción de mar relativamente larga y estrecha, que separa dos islas o continentes poniendo en comunicación dos mares, natural o artificialmente. || **2.** amb. Cauce artificial por donde se conduce el agua para darle salida o para diversos usos. || **3.** Parte más profunda y limpia de la entrada de un puerto. || **4.** En el mar, paraje angosto por donde sigue el hilo de la corriente para salir a mayor profundidad y anchura. || **5.** amb. Cualquiera de las vías por donde las aguas o los gases circulan en el seno de la tierra. || **6.** Llanura larga y estrecha entre dos montañas. || **7.** Teja delgada y mucho más combada que las comunes para formar en los tejados los conductos por donde corre el agua. || **8.** Cada uno de estos conductos. || **9.** Cualquier conducto del cuerpo. || **10.** Camellón, artesa para beber el ganado. || **11.** Res muerta y abierta, sin las tripas y demás despojos. || **12.** Cavidad que se forma entre las dos ancas del caballo cuando está muy gordo. || **13.** Peine que usan los tejedores de lienzo. || **14.** Cáñamo que se saca limpio de la primera operación del rastrillo. || **15.** Corte delantero y acanalado de un libro encuadernado, no siendo en rústica. Es la parte opuesta al lomo. || **16.** ARQ. Estría. Ú.t.c.m. || **—torácico.** ZOOL. Uno de los dos conductos colectores de la linfa existentes en el cuerpo de los vertebrados y que en el hombre se extienden desde la tercera vértebra lumbar hasta la vena subclavia izquierda, y al que van los vasos linfáticos de los miembros inferiores del abdomen, del brazo, y lado izquierdo de la cabeza, del cuello y del pecho. || **—de ballesta.** Hueso largo en la cara del tablero de la ballesta. || **—maestra.** En los tejados, la principal que recibe agua de otros menores. || *Abrir en* CANAL. m. adv. Abrir de arriba abajo. || *Correr las* CANALES. fr. Caer el agua por ellas, por haber llovido en abundancia. || **P., I.** y **F.** canal; **A.** Kanal; **It.** canale; **R.** канал.

CANALADO, DA. (De *canal*.) adj. Acanalado, que pasa por paraje estrecho.

CAÑALADOR. (De *canal*.) m. ant. Acanalador.

CANALADURA. (De *canal*.) f. ARQ. Moldura hueca que se hace en línea vertical.

CANALEJA. (l. *canalícula*, canalita.) f. d. de canal. || **2.** Pieza de madera unida a la tolva, por donde pasa el grano a la muela.

CANALERA. f. AR. Canal del tejado. || **2.** AR. Agua que cae por ella cuando llueve.

CANALETA. f. AR. Canaleja, lugar por donde pasa el grano a la muela. || **2.** Pieza de madera en forma de teja de los telares de terciopelos en la cual apoya el pecho el obrero. || **3.** CHILE. Canaleja, diminutivo de canal. || **4.** CHILE. Remo corto de pala ancha.

CANALETE. (De *canal*, por la forma.) m. Remo de pala muy ancha, generalmente postiza y ovalada, con la que se boga sin

escálamo ni chumacera, y sirve al mismo tiempo para gobernar las canoas. Los hay también con dos palas, una a cada extremo. || **2.** MAR. Devanadera para hacer meollar. || **P.** esparelha, remo curto de pá; **I.** paddle; **F.** pagaie; **A.** Löfelruder; **It.** pagaia; **R.** широкое рулевое весло.

· **CANALETEAR.** intr. VENEZ. y COLOM. Remar con el canalete.

CANALETO. m. Mediacaña, moldura cóncava.

CANALÍ. m. CUBA. Remo o paleta hecha de palma cana.

CANALIEGA. f. ant. Canal, tela delgada.

· **CANALISTA.** com. CHILE. Accionista de una sociedad propietaria de un canal.

CANALIZABLE. adj. Que puede ser canalizado.

CANALIZACIÓN. f. Acción y efecto de canalizar. || **P.** canalização; **I.** canalization; **F.** canalisation; **A.** Kanalisierung; **It.** canalizzazione; **R.** канализирование.

CANALIZAR. tr. Abrir canales. || **2.** Regularizar el cauce de un río o arroyo. || **3.** Aprovechar para el riego o navegación las aguas corrientes o estancadas conduciéndolas por medio de canales. || **P.** canalizar; **I.** to canalize; **F.** canaliser; **A.** kanalisieren; **It.** canalizzare; **R.** канализировать.

CANALIZO. m. MAR. Canal estrecho entre islas o bajos.

CANALÓN. (aum. de *canal*.) m. Conducto que recibe y vierte el agua de los tejados. || **2.** Sombrero de paja. || **3.** COLOM. Cangilón. || **P.** algeroz; **I.** spout; **F.** gouttière; **A.** Dachtraufe; **It.** gronda; **R.** водосточный жолоб.

CANALLA. (l. vulg. *canalia*; de *can*, *canis*, perro.) f. ant. Perrería, conjunto de perros. || **2.** fig. y fam. Gente ruin. || **3.** m. fig. y fam. Hombre de malos procederes. || 2.ª acep.: **P.** canalha; **I.** rabble, scoun; dreldom; **F.** canaille; **A.** Gesindel, Pack; **It.** canaglia. || 3.ª acep.: **P.** infame; **I.** scoundrel, villain; **F.** canaille; **A.** Schuft; **It.** canaglia; **R.** негодяй, каналья.

CANALLADA. f. Acción o dicho propios de un canalla.

· **CANALLERÍA.** f. P. RICO y REP. DOMIN. Canallada.

CANALLESCO, CA. adj. Propio de un canalla.

CANANA. (ár. *kinâna*, aljaba.) f. Cinto dispuesto para llevar cartuchos. || **2.** COLOM. Camisa de fuerza. || **3.** AMÉR. CENTRAL. Bocio, papera. || **4.** REP. DOMIN. Jugarreta; broma. || **5.** COLOM. Esposas. || **P.** canana; **I.** cartridge-belt; **F.** ceinture cartouchière; **A.** Patronengürtel; **It.** cartucciera a cinturone; **R.** патронташ.

CANANEO, A. (l. *cananêus*.) adj. Natural de la tierra de Canaán. Ú.t.c.s. || **2.** Perteneciente a este país asiático.

· **CANANERO, RA.** adj. REP. DOMIN. Burlón, molesto.

CANANGA. (Voz malaya.) f. Planta olorosa de Siam, anonácea, usada en perfumería.

CANAPÉ. (fr. *canapé*; éste del l. *conopêum*, y éste del gr. κωνώπιον, cama con mosquitero.) m. Escaño que comúnmente tiene acolchado el asiento y el respaldo. Sirve para sentarse o acostarse.

· **CANARÍ.** m. REP. DOMIN. Vasija de barro.

CANARIA. f. Hembra del canario.

· **CANARICULTURA.** f. Arte de criar canarios.

CANARIENSE. adj. Canario, natural de Canarias. Apl. a pers. ú.t.c.s.

CANARIERA. f. Jaula grande o lugar a propósito para la cría de canarios. || **2.** MÉJ. Enredadera muy vistosa.

CANARIO, RIA. adj. Natural de las islas Canarias. Ú.t.c.s. || **2.** Perteneciente a ellas. || **3.** m. Pájaro originario de las islas Canarias, tiene las alas puntiagudas, pico cónico, plumaje amarillo, verdoso o blanquecino, y un canto armonioso y sostenido. Se reproduce en cautividad y a veces se cruza la hembra del canario con el macho del jilguero. || **4.** Baile antiguo de las islas Canarias. || **5.** Tañido de este baile. || **6.** Cierta embarcación latina que se usa en las islas Canarias y en el Mediterráneo. || **7.** C. RICA Planta de flores amarillas que se produce en terrenos pan-

tanosos. || **8.** BOT. Gayomba. || **9.** R. DE LA PLATA. Se dice del natural de la ciudad o del departamento de Canelones de la República Oriental del Uruguay. Ú.t.c.s. || **10.** CHILE. Se aplica a la persona que da muchas propinas. || **11.** CHILE. Pito, vasija pequeña de barro. || **12.** ARGENT. Billete de Banco de cien pesos. || ¡CANARIO! interj. con que se indica sorpresa, agradable o desagradable. || 3.ª acep.: **P.** canário; **I.** canary-bird; **F.** serin, canari; **A.** Kanarienvogel; **It.** canarino, **R.** канарейка.

· **CANARREO.** m. CUBA. Terreno desigual y escabroso. U. m. en pl. || **2.** CUBA. Canalizo. || **3.** CUBA. Sistema o conjunto de canales.

CANASTA. (De *canasto*, con la term. de *cesta*.) f. Cesto de mimbres, ancho de boca que suele tener dos asas. || **2.** Medida para aceitunas, equivalente a media fanega. || **3.** MAR. Conjunto de vueltas de cabo, con que se tiene aferrada una vela o una bandera y que permite largarlas, con sólo dar un estrechón a la tira que se conserva en la mano. || **4.** URUG. Juego de naipes que participa del bridge y del pinacle y en el cual las cartas tienen determinados valores. || **P.** canastra; **I.** hamper; **F.** manne; **A.** Korb; **It.** canestra; **R.** корзина.

CANASTADA. f. Lo que cabe en una canasta.

CANASTERO, RA. m. y f. Persona que hace o vende canastos. || **2.** CHILE. Vendedor ambulante de frutas y legumbres. || **3.** CHILE. Mozo de las panaderías que traslada el pan en canastos desde el horno hasta el enfriadero. || **4.** CHILE. Ave indígena que fabrica su nido en forma de canasto alargado.

CANASTILLA. (d. de *canasta*.) f. Cestilla de mimbres en que se tienen objetos menudos de uso doméstico. || **2.** Ropa para el niño que ha de nacer. || **3.** VENEZ. Tienda de ropas y otros géneros análogos. || 2.ª acep.: **P.** enxoval para criança; **I.** infant's basket; **F.** layette; **A.** Säuglingswäsche; **It.** camestrino; **R.** приданое для новорождённых.

CANASTILLERO, RA. m. y f. Persona que hace o vende canastillos.

CANASTILLO. (l. *canistěllum*, infl. por *canasto*.) m. Azafate hecho con mimbres. || **2.** CHILE. Tejido pequeño que se fabrica con las hojas de palma que se bendicen el Domingo de Ramos. || **3.** ARGENT., PERÚ y P. RICO Canastillo del niño que va a nacer o ajuar de la novia que va a casarse.

CANASTITA. (d. de *canasta*.) f. ARGENT. Avecita de laguna, más chica que el chorlito.

CANASTO. (De *canastro*.) m. Canasta recogida de boca. || ¡CANASTOS! interj. con que se indica sorpresa.

CANASTRO. (l. *canistrum*, y éste del gr. κάναστρον.) m. En algunas partes, canasto.

· **CANATO.** m. COLOM. Abeja propia de este país americano. || **2.** COLOM. Colmena de estas abejas.

CANAULA. (l. *cannabŭla*, collera.) f. AR. Collar de madera, del que pende la esquila, que se pone al cuello de una res.

· **CANAVAL.** adj. ant. Se dice de cierta variedad de manzana ácida.

· **CANAVALIA.** BOT. Plantas leguminosas tropicales, cuyo fruto se usa para adulterar el café.

CANCAGUA. (Voz mapuche.) f. AMÉR. Arenilla consistente, usada para ladrillos, hornos y braseros, y en las construcciones, como cemento.

CÁNCAMO. (l. *cancāmum*, y éste del gr. κάγκαμον.) m. Substancia conocida de los antiguos y que era, según se cree, resina o goma de Oriente.

CÁNCAMO. m. MAR. pieza de hierro en forma de armella, clavada en la cubierta o costado del buque. || **—de mar.** MAR. Ola gruesa o fuerte golpe de mar.

· **CANCAMO.** m. CUBA. Hombre inepto. || **2.** Mujer fea.

CANCAMURRIA. f. fam. Murria, tristeza.

CANCAMUSA. f. fam. Artificio con que se tira a deslumbrar a alguno para que no entienda el engaño que se le quiere hacer.

· **CANCAMUSO, SA.** adj. CUBA. Enamoradizo, verde, aplicado al hombre que siente apetitos carnales impropio de su edad ya avanzada.

CANCÁN. (fr. *cancan*.) m. Baile descocado que se importó de Francia después de mediar el siglo XIX.

CANCÁN. m. MURC. Molestia, fastidio.

CANCÁN. m. C. RICA. Especie de loro que no aprende a hablar.

CÁNCANA. (b. l. *cancannum*, picota, y éste del gr. χαρχίνος, tenaza.) f. Banquillo raso en que el maestro hacía sentar a los muchachos poniéndolos en vergüenza, como castigo.

CÁNCANA. (ár. 'ankaba, araña.) f. Araña gruesa, de patas cortas y color obscuro.

CÁNCANA. f. Araña gruesa y de patas cortas.

CANCANEADO, DA. adj. C. RICA y SANT. Se aplica a la persona picada de viruelas.

CANCANEAR. intr. fam. Errar, andar sin fin determinado. || **2.** COLOM., C. RICA y MÉJ. Tartajear, tartamudear.

* **CANCANEAR.** intr. R. DE LA PLATA. Bailar el cancán.

CANCANEO. m. fam. COLOM., C. RICA y MÉJ. Tartamudeo, tartajeo.

CANCANILLA. (d. de *cáncana*, 1.er art.) f. ant. Especie de armadijo.

CÁNCANO. (ár. *qampam*, piojo.) m. fam. Piojo, insecto parásito.

CANCANO, NA. adj. SAL. Se aplica a la persona tonta o simplona.

CANCANOSO, SA. adj. MURC. Se aplica a la persona de conversación molesta.

CANCEL. (ant. fr. *cancel*, y éste del l. *cancĕlli*, celosía.) m. Contrapuerta, generalmente de tres hojas ajustadas, las dos laterales a la jamba de una puerta de entrada y cerrado todo por un techo. Evita las corrientes de aire y amortigua los ruidos exteriores. || **2.** MÉJ. Biombo, mampara. || **3.** HOND. Tabique del panderete. || P. briombo; I. windscreen; F. tambour; A. Windschirm; It. tenda; R. тамбур, ширма.

CANCELA. (De *cancel*.) f. Verjilla que se pone en el umbral de algunas casas para reservar el portal o zaguán del libre acceso de la gente. || **2.** Verja, que en muchas casas de Andalucía substituye a la puerta divisoria del portal y el recibimiento o pieza que antecede al patio, de modo que las macetas y adornos se vean desde la calle. || **3.** ARGENT. Se aplica a la puerta de entrada, en los cercos de las estancias, dispuesta de modo que sólo pueda pasar, sin holgura, un hombre a caballo.

CANCELACIÓN. (l. *cancellatĭo, -ōnis*.) f. Acción y efecto de cancelar. || **2.** FOR. Asiento en los libros del Registro de la propiedad, que anula total o parcialmente los efectos de una inscripción o de una anotación preventiva. || P. cancelamento; I. cancellation; F. cancellation, anulation; A. Ausgleichung; It. cancellazione; R. уничтожение, отмена.

CANCELADURA. f. Cancelación.

CANCELAR. (l. *cancellāre*.) tr. Anular, un instrumento público, una inscripción en registro, una nota o una obligación que tenía autoridad o fuerza. || **2.** fig. Borrar de la memoria, derogar. || P. cancelar; I. to cancel, to annul; F. canceller, annuler; A. tilgen, annullieren; It. cancellare; R. уничтожать, отменять.

CANCELARÍA. (De *cancelería*.) f. Tribunal romano, por el que se despachan las gracias apostólicas. || P. chancelaria; I. chancery; F. chancellerie; A. päpstliche, Kanzlei; It. cancelleria; R. папская канцелярия.

CANCELARIATO. m. Dignidad y oficio de cancelario.

CANCELARIO. (l. *cancellarius*.) m. El que en las universidades tenía la autoridad pontificia y regia para dar los grados. || **2.** BOL. Rector de la universidad.

CANCELERÍA. (Del m. or. que *cancellería*.) f. Cancelaría.

CANCELLER. (fr. *canceller*, y éste del l. *cancellārius*, secretario.) m. ant. Canciller, secretario del rey.

CANCELLERÍA. (De *canceller*, canciller.) f. ant. Oficina destinada para registrar y sellar los despachos y provisiones reales.

CANCELLERO. (l. *cancellārius*.) m. ant. Canciller, secretario del rey.

CÁNCER. (l. *cancer*.) m. Tumor maligno, que invade y destruye los tejidos orgánicos animales y es casi siempre incurable. || **2.** ASTRON. Cuarto signo del Zodiaco que el Sol recorre aparentemente al comenzar el verano. || **3.** ASTRON. Constelación zodiacal que en otro tiempo debió de coincidir con el signo de este nombre, pero actualmente, por resultado del movimiento retrógrado de los puntos equinocciales, se halla delante del mismo y un poco hacia el Oriente. —**parafino.** PAT. Tumor maligno que se forma en los que trabajan la parafina. || P. cancro; I. cancer; F. cancer, chancre; A. Krebsleiden; It. cancro; R. рак.

CANCERADO, DA. adj. Que participa del cáncer. || **2.** Atacado de cáncer. || **3.** fig. Dícese del corazón y el alma del hombre corrompido o de aviesa intención.

CANCERAR. (De *cáncer*.) tr. Padecer de cáncer o degenerar en cancerosa alguna úlcera. Ú.t.c.r. || **2.** fig. Consumir, destruir. || **3.** fig. Mortificar, reprender.

CANCERBERO. (De *can*, 1.er art., y *cerbero*.) m. MIT. Perro de tres cabezas que según la leyenda guarda la puerta del infierno. || **2.** fig. Portero o guarda de modales bruscos.

CANCERIFORME. (De *cáncer* y *forma*.) adj. Que tiene forma o aspecto de cáncer.

CANCEROSO, SA. adj. Tocado del cáncer o que participa de su naturaleza. || P. e It. canceroso; I. cancerous; F. cancéreux; A. krebsig; R. поражённый раком.

CANCILIA. (l. *cancĕlli*, celosía.) f. Puerta a manera de verja que cierra los huertos, corrales o jardines.

CANCILLER. (De *canceller*.) m. Empleado auxiliar en las embajadas, legaciones, consulados, etc. || **2.** Magistrado superior en algunos países. || **3.** Funcionario de cierta jerarquía. || **4.** Título que en algunos estados europeos lleva el jefe del gobierno. || P. chanceler; I. chancellor; F. chancelier; A. Kanzler; It. cancelliere; R. канцлер.

CANCILLERA. (De *calce*, 2.º art.) f. SAL. Cuneta de desagüe en las lides de las tierras labrantías.

CANCILLERESCO, CA. adj. Perteneciente o relativo a la cancillería. || **2.** Ajustado al estilo, reglas, etc., de la cancillería.

CANCILLERÍA. f. Oficio de canciller. || **2.** Oficina especial en las embajadas, legaciones, consulados, etc. || **3.** Alto centro diplomático en el que se dirige la política exterior. Ú.m. en pl. || **4.** COLOM. Ministerio de Relaciones Exteriores. —**apostólica.** Oficina romana que registra y expide las disposiciones pontificias y las bulas.

CANCÍN, NA. adj. Se aplica a la res lanar que tiene más de un año y no llega a dos. Ú.t.c.s.f. y m. || **2.** f. VALLAD. Cordera que sin pasar de un año tiene ya cría.

CANCIÓN. (l. *cantĭo, -ōnis*.) f. Composición en verso que se canta, o hecha a propósito para ponerla música. || **2.** Música con que se canta esta composición. || **3.** Composición lírica a la manera italiana dividida en general en estancias largas, todas de igual número de versos endecasílabos y heptasílabos, menos la última que es breve. ||—**de cuna.** Cantar con que se trata de hacer dormir a los niños. ||—**de trilla.** Cantar suave propio de los trilladores. || *Saber una* CANCIÓN *con dos guiaderas.* fr. fig. que alude a los hombres de dos caras. || *Volver uno a la misma* CANCIÓN. fr. fig. y fam. Insistir inoportunamente en alguna cosa. || P. canção; I. song; F. chanson; A. Gesang, Lied; It. canzone; R. песня.

CANCIONERIL. adj. Se dice del estilo propio de las antiguas canciones poéticas.

CANCIONERO. m. Colección de canciones y poesías, por lo común de diversos autores.

* **CANCIONERO, RA.** adj. COLOM. Cantalero. Ú.t.c.s.

CANCIONETA. f. d. de canción.

CANCIONISTA. com. Persona que compone o canta canciones.

* **CANCILLAS.** adj. COLOM. Enclenque.

CANCO. (map. *can*, cántaro, y *co*, agua.) m. CHILE. Especie de olla hecha de greda. || **2.** CHILE. Maceta, vaso para las plantas. || **3.** BOL. Nalga. || **4.** pl. CHILE. Caderas anchas en la mujer.

CANCÓN. (b. l. *cacanus*, y éste del ár. *jāqān*, jefe turco.) m. fam. BU. || *Hacer un* CANCÓN *a uno.* fr. MÉJ. Amenazarle con algo imaginario.

CANCONA. (map. *canque*, posaderas.) adj. CHILE. Se aplica a la mujer que tiene las caderas anchas. Ú.t.c.s.

CANCRO. (l. *cancer, -cri*.) m. Cáncer. || **2.** BOT. Úlcera que se manifiesta por manchas blancas o rosadas en la corteza de los árboles.

CANCROIDE. m. Tumor parecido al cáncer.

CANCROIDEO, A. (De *cancro*, y el gr. εἶδος, forma.) adj. Se dice de lo que tiene aspecto de cáncer o cancro.

* **CANCURA.** f. fam. PERÚ. Ranchería.

CANCHA. (quich. *cancha*, recinto, cercado.) f. Local destinado a juego de pelota, riña de gallos, etc. || **2.** Parte del frontón en que juegan los pelotaris. || **3.** AMÉR. En general terreno llano y desembarazado. || **4.** AMÉR. Corral o espacio grande para depósito de ciertos objetos. || **5.** AMÉR. Hipódromo. || **6.** AMÉR. Paraje en que el cauce de un río es más ancho y libre. || **7.** COLOM. Lo que cobra el dueño de una casa de juego. || **8.** URUG. Senda o camino. || **9.** AMÉR. MERID. Terreno cercado propio para guardar rebaños. || **10.** PERÚ. Depósito provisional de los minerales que se sacan de la mina. || ¡CANCHA! R. DE LA PLATA. Interj. que se emplea para pedir que abran paso. || *A abrir, o dar,* CANCHA *a uno.* fr. fig. ARGENT., C. RICA y CHILE. Concederle alguna ventaja. || *Echar a uno en* CANCHA. fr. fig. CHILE. Denunciarle, hacerle traición. || *Estar uno en su* CANCHA. fr. fig. CHILE y R. DE LA PLATA. Estar en su elemento.

CANCHA. (quich. *camcha*, maíz tostado.) f. Maíz o habas tostadas que se comen en América del Sur. || **2.** PERÚ. Maíz tostado. ||—**blanca.** PERÚ. Rosetas, granos de maíz tostados en forma de flor.

* **CANCHA.** f. COLOM. Sarna. || **2.** Enfermedad cutánea.

* **CANCHA.** f. fig. y fam. ARGENT. Destreza, experiencia. Ú. con el verbo tener. || **2.** pl. URUG. Artimañas.

* **CANCHADA.** adj. ARGENT. Se aplica a la hierba mate destinada a la molienda.

* **CANCHADOR.** m. PERÚ. Mozo de cordel.

CANCHAL. (De *cancho*, 1.er art.) m. Peñasco o sitio de grandes piedras descubiertas. || **2.** SAL. Caudal, abundancia de dinero.

CANCHALAGUA. (Del chileno *cachanlagua*, hierba contra el dolor de costado.) f. Planta anua, genciánacea. Se emplea en medicina. ||—**de Aragón.** Lino purgante.

CANCHAMINA. f. CHILE. Cancha o patio cercado en una mina para recoger el mineral.

CANCHAMINERO. m. CHILE. El que trabaja en la canchamina.

* **CANCHAR.** intr. fam. PERÚ. Ganar, negociar. || **2.** ARGENT. Vistear, jugar de manos. || **3.** CHILE. Canchear, rehuir el trabajo.

* **CANCHARAS.** f. pl. REP. DOMIN. Breñales, malezas.

* **CANCHARRAZO.** m. fam. CUBA y VENEZ. Trago de vino o de licor.

CANCHE. adj. GUAT. Rubio. || **2.** COLOM. Mal sazonado.

* **CANCHEADOR, RA.** adj. AMÉR. MERID. Aficionado a canchear u holgazanear.

* **CANCHEAJE.** m. ARGENT. Cierto derecho que ha de pagar el dueño de la cancha.

CANCHEAR. (De *cancho*, 1.er art.) intr. Trepar o subir por los canchos o por los canchales.

CANCHEAR. (De *cancha*, 1.er art.)

C intr. AMÉR. MERID. Buscar entretenimiento por no trabajar con seriedad.

CANCHELAGUA. f. Cancha agua.

CANCHEO. m. CHILE. Acción y efecto de canchear. || **2.** CHILE. Corte o trabajo, negocio pequeño, que se presenta aisladamente.

CANCHERA. f. SAL. Llaga, herida grande.

CANCHERO, RA. adj. AMÉR. El que tiene o cuida de una cancha. || **2.** ARGENT. Ducho en determinada actividad. || **3.** CHILE. Se aplica al trabajador que se encarga de una cancha. || **4.** CHILE. Se dice del que señala los tantos en el juego. || **5.** CHILE. Se dice del muchacho maletero. || **6.** ARGENT. y CHILE. Se aplica al aficionado a canchear. || **7.** VENEZ. El que cobra la cocina en un garito. || **8.** PERÚ. Clérigo de misa y olla que procura sacar dinero de sus feligreses.

★ **CANCHIBOLA.** f. CHILE. Cancha para el juego de bolas.

★ **CANCHINFLÍN.** m. GUAT. Cohete, buscapiés.

CANCHO. (l. *canthŭlus*, d. de *canthus*, canto.) m. Peñasco grande. || **2.** Canchal. Ú.m. en pl. || **3.** SAL. Borde grueso. || **4.** SAL. Casco de la cebolla o del pimiento.

CANCHO. m. fam. CHILE. Paga que piden algunas personas por el más ligero servicio, sobre todo clérigos y abogados.

★ **CANCHO, CHA.** adj. COLOM. Se aplica al plátano sin madurar.

★ **CANCHÓN.** m. aum. de cancha. || **2.** AMÉR. Coto, dehesa. || **3.** CHILE. Foso en cuyo fondo se cultivan hortalizas para aprovechar la tierra buena debajo de la capa salitrosa.

CANDADO. (l. *catenātus*.) m. Cerradura suelta contenida en una caja de metal, que por medio de armellas asegura puertas, ventanas, etc. || **2.** EXTR. Zarcillo, pendiente. || **3.** fig. y fam. Cláusula de un proyecto de ley, ratificada en ella, que fija o retrotrae su vigencia desde la presentación de tal proyecto. || **4.** pl. Las dos concavidades inmediatas a las ranillas de los pies de las caballerías. || **5.** COLOM. Perilla de la barba. || CANDADO *sin tornillo da la hacienda al vecino*. ref. que pondera la conveniencia de asegurarse uno en los contratos y negocios. || *Echar*, o *poner*, *uno un* CANDADO *a la boca*, o *a los labios*. fr. fig. y fam. Callar o guardar un secreto. || **P.** cadeado; **I.** padlock; **F.** cadenas; **A.** Vorhängeschloss; **It.** lucchetto; **R.** висячий замок.

CANDAJÓN, NA. adj. SAL. Corretero, visitero.

CANDALERA. (De *cándalo*.) VALLAD. Montón de cándalos.

CANDALIZA. f. MAR. Cada uno de los cabos que hacen en los cangrejos oficio de brioles. || **P.** talha; **I.** brail; **F.** cargue, galet; **A.** Geitau; **It.** ghia.

CÁNDALO. (l. *scandŭla*, palo.) m. SAL. Rama deshojada. || **2.** SAL. Panoja desgranada. || **3.** VALLAD. Rama intermedia del pino, preferida como combustible.

CANDALO. m. ant. Variedad del pino.

CANDAMO. m. Antiguo baile rústico.

★ **CANDANGA.** f. CUBA y AMÉR. CENTRAL. El diablo. || **2.** adj. CUBA. Tonto, imbécil.

CÁNDANO. m. SAL. Grumos o posos que dejan los líquidos en el fondo de las vasijas.

CANDAR. (l. *catenāre*, sujetar con cadenas.) tr. Cerrar con llave. || **2.** Por ext. cerrar de cualquier modo. || **P.** fechar com chave; **I.** to lock; **F.** fermer a clef; **A.** schliessen; **It.** chiavare; **R.** запирать.

CÁNDARA. f. AR. Criba.

CANDE. (ár. *qand*, azúcar cristalizado.) adj. Dícese del azúcar que cristaliza por evaporación o por repetidas clarificaciones.

CANDE. (l. *candĭdus*.) adj. AST. Blanco, de color de la nieve.

CANDEAL. (De *cande*, 2.º art.) adj. Pan, trigo candeal. Ú.t.c.s. || **2.** fig. SAL. Se dice de la persona franca, leal. || **3.** ARGENT. Natillas. || **4.** R. DE LA PLATA y CHILE. Bebida a modo de ponche de huevo, leche y coñac.

CANDEDA. f. Candela, 2.ª acep.

CANDELA. (l. *candēla*.) f. Vela para alumbrar. || **2.** Flor del castaño. || **3.** Candelero, utensilio para la vela. || **4.** fam. Lumbre, materia combustible encendida. || **5.** fig. Claro que deja el fiel de la balanza cuando se inclina a lo que se pesa. || **6.** ÁL. Carámbano. || **7.** ÁL. Luciérnaga. || **8.** SAL. Flor de la encina y del alcornoque. || **9.** Fís. Unidad fotométrica internacional basada en la radiación de un cuerpo negro a la temperatura de solidificación del platino. || **10.** f. pl. COLOM. Amoríos. || **11.** CUBA y VENEZ. Fuego, incendio. || *Acabarse la* CANDELA. fr. fig. Terminar en las subastas el tiempo señalado para los remates, que se medía por la duración de una vela encendida. || **2.** fig. y fam. Estar uno próximo a morir. || *A mata* CANDELAS. m. adv. con que se explica la última lectura de la excomunión. || *Arrimar* CANDELA. fr. fig. y fam. Dar palos. || *Como unas* CANDELAS. expr. adv. fig. y fam. Denota lindeza, porque las candelas alegran la noche. || *En* CANDELA. m. adv. MAR. En posición vertical. Se aplica a los palos del buque y cosas semejantes. || *Estar con la* CANDELA *en la mano*. fr. fig. Estar próximo a morir el enfermo. || *Quien pide para* CANDELA, *no se acuesta sin cena*. ref. que se aplica al que teniendo lo indispensable, pide lo superfluo. || *Pegar* CANDELA *a una cosa*. fr. CUBA y VENEZ. Prenderle fuego. || **P.** candeia; **I.** candle; **F.** chandelle; **A.** Kerze; **It.** candela; **R.** свеча.

CANDELABRO. (l. *candelābrum*.) m. Candelero de dos o más brazos que se sustenta sobre su pie o sujeto en la pared. || **2.** Planta cactácea, cuyos frutos se llaman tunas, peladas o chulas. Se cría en la Argentina. || **P.** e It. candelabro; **I.** candelabrum; **F.** candelabre; **A.** Kandelaber, Armleuchter; **R.** канделябр.

CANDELADA. (De *candela*.) f. Hoguera. || **2.** CUBA. Candela. || **3.** COLOM. Época de celo en los peces.

CANDELARIA. (De *candela*.) f. Fiesta que celebra la Iglesia el día de la Purificación de la Virgen y en la que se hace una procesión con candelas. || **2.** Flor de la candelaria o gordolobo. || **3.** Gordolobo. || *Cuando la* CANDELARIA *plora, el invierno es fora; cuando ni plora ni hace viento, el invierno es dentro, y cuando ríe, quiere venire*. ref. antiguo cuyo sentido es bien conocido. || **P.** candelária; **I.** candlemas; **F.** chandeleur; **A.** Lichtmesse; **It.** Candelora, Candelaia; **R.** сретение.

★ **CANDELARIO, RIA.** adj. fam. PERÚ. Tonto. Ú.t.c.s.

★ **CANDELAS.** f. pl. COLOM. Amoríos.

CANDELECHO. (Del m. or. que *cadalecho*.) m. Choza levantada sobre estacas y desde la cual se vigila toda la viña.

CANDELEDANO, NA. adj. Natural de Candeleda (Ávila). Ú.t.c.s. || **2.** Perteneciente y relativo a esta villa.

CANDELEJA. f. CHILE y PERÚ. Arandela, platillo de candelabro.

CANDELEJÓN. adj. COLOM., CHILE y PERÚ. Cándido, inocente.

★ **CANDELEO.** m. COLOM. Candelada.

★ **CANDELERA.** f. COLOM. Mujer ligera.

CANDELERA. f. ant. Candelaria, fiesta de Nuestra Señora. || **2.** BOT. Gordolobo. || *Por la* CANDELERA, *mide tu puchera y guarda tu cibera*. ref. que recomienda el buen orden y economía en los gastos durante el año.

CANDELERAZO. m. Golpe dado con el candelero.

CANDELERÍA. (De *candelero*.) f. ant. Velería.

CANDELERO. (De *candela*.) m. Utensilio que se emplea para tener derecha la vela. || **2.** Velón, lámpara de metal. || **3.** Instrumento para pescar a los peces deslumbrándolos. || **4.** El que hace o vende candelas. || **5.** FORT. Bastidor de madera con sacos terreros que se emplea como defensa contra las balas enemigas. || **6.** MAR. Cualquiera de los puntales verticales que se ponen en diversos lugares de la embarcación para asegurar las cuerdas, etcétera. || **7.** COLOM. Fogonero. || **8.** COLOM. Alcahuete. || **9.** COLOM. Clavícula. || **10.** VENEZ. Especie de hiedra. || **—ciego.** MAR. El que no tiene anillo en la parte

superior. || **—de ojo.** MAR. El que tiene anillo. || *En* CANDELERO. loc. fig. En puesto de gran autoridad. || **P.** castiçal; **I.** candlestick; **F.** chandelier; **A.** Leuchter; **It.** candeliere; **R.** подсвечник.

CANDELETA. f. Candaliza.

CANDELILLA. f. d. de candela. || **2.** Instrumento de goma flexible, o bien de otra substancia no metálica para explorar las vías urinarias. || **3.** Planta euforbiácea que da un jugo lechoso. || **4.** BOT. Amento, espiga de flores del mismo sexo. || **5.** Candela, flor de la encina y del alcornoque. || **6.** CUBA. Costura, hilván. || **7.** C. RICA, CHILE y HOND. Luciérnaga, gusano de luz. || **8.** CHILE y ARGENT. Fuego fatuo. Ú.m. en pl. || **9.** pl. COLOM. Sabañones. || *Hacerle a uno* CANDELILLAS *los ojos*. fr. fig. y fam. Brillarle los ojos por efecto del vino. || *Muchas* CANDELILLAS *hacen un cirio pascual*. expr. proverb. Muchos pocos hacen un mucho. || **P.** candelinha; **I.** y **F.** bougie; **A.** Lichtchen; **It.** candela; **R.** небольшая свечка, катетер.

★ **CANDELITA.** f. VENEZ. Juego de niños parecido al escondite.

CANDELIZO. (De *candela*, 6.ª acep.) m. fam. Carámbano.

CANDELÓN. m. BOT. ANT. y MÉJ. Mangle.

CANDELOR. m. ant. Candelaria, fiesta de Nuestra Señora de la Iglesia Católica.

CANDENCIA. (l. *candentia*.) f. Calidad de candente.

CANDENTE. (l. *candens, -entis*, p.a. de *candēre*, brillar.) adj. Se aplica al cuerpo, generalmente metal, cuando se enrojece o blanquea por la acción del calor. || **P.** e It. candente; **I.** candent, candescent; **F.** chauffé à blanc; **A.** weissglühend; **R.** раскалённый.

CANDI. adj. Cande, azúcar.

CANDIAL. adj. Candeal. || **2.** m. ARGENT. Bebida compuesta de leche, huevo y aguardiente.

CANDIDACIÓN. f. Acción de cristalizarse el azúcar.

CANDIDADO. m. ant. Candidato.

CÁNDIDAMENTE. adv. Sencillamente, con candor.

CANDIDATO, TA. (l. *candidātus*.) m. y f. Persona que pretende alguna dignidad, honor o cargo. || **2.** Persona propuesta o indicada para una dignidad o un cargo, aunque no lo solicite. || **3.** Persona a quien, mediante propuesta autorizada, se reconoce el derecho a intervenir por sí o por apoderado en las operaciones de una elección popular. || **P.** e It. candidato; **I.** candidate; **F.** candidat; **A.** Kandidat; **R.** кандидат.

CANDIDATURA. f. Reunión de candidatos a un empleo. || **2.** Aspiración a cualquier honor, cargo, etc. || **3.** Papeleta en que va escrito o impreso el nombre de uno o varios candidatos. || **4.** Propuesta de persona para una dignidad o cargo. || 3.ª acep. **P.** e It. candidatura; **I.** candidacy; **F.** bulletin; **A.** Stimmzettel; **R.** список кандидатов.

CANDIDEZ. f. Calidad de cándido, 2.ª acep. || **P.** candidez; **I.** candidness; **F.** candeur; **A.** Einfalt; **It.** candidezza; **R.** простота, наивность.

CÁNDIDO, DA. (l. *candĭdus*.) adj. Blanco, del color de la nieve. || **2.** Sin malicia. || **3.** Simple, poco avisado. || 2.ª acep.: **P.** cândido; **I.** candid; **F.** candide; **A.** naïv; **It.** càndido; **R.** наивный.

CANDIEL. m. Manjar que se hace con vino blanco, yemas de huevo, azúcar y algún otro ingrediente.

CANDIL. (ár. *qindĭl*, lámpara colgante.) m. Utensilio para alumbrar formado de dos recipientes, en el superior se ponen el aceite y la torcida y en el inferior una varilla con gancho para colgarlo. || **2.** Punta alta de las cuernas de los venados. || **3.** V. *Sombrero de* CANDIL. || **4.** fig. y fam. Pico del sombrero en el de candil. || **5.** CUBA. Pez teleósteo acantopterigio con grandes escamas que, como los ojos, brillan en la obscuridad; de aquí su nombre. || **6.** MÉJ. Araña, candelero de muchos brazos. || **7.** pl. Planta aristoloquiácea que trepa por los troncos de los árboles. || **8.** Planta parecida al aro del que se diferencia en que tiene una espata amarilla y las hojas veteadas de blanco. || *Adóbame esos* CANDILES. expr. fig. y fam.

con que se señala la contradicción o incoherencia en lo que se oye o dice. || *Arder en un* CANDIL, *o poder arder en un* CANDIL. fr. fig. y fam. con que se pondera la fuerza del candil. || 2. fig. y fam. Se emplea para ponderar la agudeza de las personas y la eficacia de las cosas. || *En balde quemas tu* CANDIL, *obrero ruin*. expr. fig. y fam. que se aplica al operario muy torpe. || *Ni buscado con un* CANDIL. expr. fig. y fam. que se aplica a la persona muy hábil para el desempeño en lo que ha de encomendársele. || *Pescar al* CANDIL. fr. Hacerlo de noche, alucinando a los peces. || **P.** candil; **I.** oil-lamp; **F.** lampe à huile, crasset; **A.** Öllampe; **It.** lume a mano, lucerna; **R.** свѣтильникъ.

CANDILADA. f. fam. Porción de aceite que se ha derramado de un candil.

CANDILAZO. m. Golpe que se da con el candil. || 2. fig. Arrebol crepuscular.

CANDILEJA. (De *candil*.) f. Vaso interior del candil. || 2. Cualquier vaso pequeño en que se pone aceite u otra materia combustible para que ardan las mechas. || 3. Lucérnula. || 4. pl. Línea de luces en el proscenio de un teatro.

CANDILEJO. m. d. de candil, 1.ª acep. || 2. Candileja, lucérnula.

CANDILERA (De *candil*.) f. Mata labiada, de hojas lineales y flores amarillas con el cáliz cubierto de pelos largos.

CANDILERO. m. Murc. Percha de madera con agujeros para colgar candiles.

CANDILETEAR (De *candil*.) intr. Ar. Andar vagando para curiosear lo que ocurre.

CANDILETERO, RA (De *candiletear*.) m. y f. Ar. Persona ociosa y entremetida.

CANDILILLO. (d. de *candil*.) m. Arísaro. Ú.m. en pl.

CANDILÓN. m. aum. de candil. || *Estar con el* CANDILÓN. fr. fig. que se usaba en algunos hospitales para indicar que un enfermo estaba moribundo.

CANDÍN. adj. Sal. Cojo.

CANDINGA. f. Chile. Cansera. || 2. Hond. Enredo, baturrillo. || 3. Méj. Diablo demonio.

CANDIOTA. adj. Natural de Candía. Ú.t.c.s. || 2. Perteneciente a esta isla del Mediterráneo. || 3. f. Cubeto o barril que sirve para llevar o tener licores. || 4. Vasija de barro como de un metro de alto y que sirve para tener vino; tiene una regata en la parte inferior. Se coloca sobre un pie.

CANDIOTE. adj. ant. Candiota. Apl. a pers. ú.t.c.s.

CANDIOTERA. f. Local donde están ordenados los envases en que se 'cría y conserva el vino. || 2. Conjunto de estos vasos.

CANDIOTERO. m. El que hace y vende candiotas.

CANDIRSE. r. Ar. Consumirse, aniquilarse poco a poco una persona o animal.

CANDOMBE. (Voz de la Nigricia.) m. Baile grosero entre los negros de América del Sur. || 2. Casa o lugar donde se ejecuta este baile. || 3. Tambor prolongado en que los negros golpean para acompañar a dicho baile. || 4. R. de la Plata. Inmoralidad política.

★ **CANDOMBEAR.** intr. R. de la Plata. Bailar el candombe. || 2. Proceder con inmoralidad en política.

★ **CANDOMBERO, RA.** adj. R. de la Plata. Se aplica al que procede inmoralmente en política.

CANDONGA. (De *candongo*.) f. fam. Cancamusa. || 2. fam. Chasco o burla que se ocasiona a uno con apodos o chanzas continuadas. || 3. fam. Mula de tiro. || 4. Mar. Vela triangular de algunas embarcaciones latinas para capear el temporal. || 5. pl. Colom. Pendientes, arracadas. || 6. Hond. Lienzo con que se faja el vientre a los niños.

CANDONGO, GA. adj. fam. Zalamero y astuto. Ú.t.c.s. || 2. fam. Que tiene maña para huir del trabajo. Ú.t.c.s.

CANDONGUEAR. tr. fam. Dar a uno vaya o candonga. || 2. intr. fam. Hacerse el tonto para no trabajar.

CANDONGUEO. m. Sal. Acción y efecto de candonguear.

CANDONGUERO, RA. adj. fam. Que suele dar candonga a otros o chasquearlos.

CANDOR. (l. *candor, -ōris*.) m. Suma blancura. || 2. fig. Sinceridad, sencillez y pureza del ánimo.

CANDORGA. f. Sal. Planta parietal de hojas largas y carnosas, que el vulgo femenino emplea supersticiosamente como amuleto.

CANDOROSAMENTE. adv. Con candor.

CANDOROSO, SA. adj. Que tiene candor.

CANDRAY. m. Embarcación pequeña de dos proas, que se usa en el tráfico de algunos puertos.

CANDUCHO, CHA. adj. Sal. Fornido, robusto.

CANDUJO. m. Germ. Candado, cerradura.

★ **CANDUNGO, GA.** adj. Perú. Burlesco, jocoso. || 2. Perú. Tonto, bobalicón. || 3. m. P. Rico. Tubo de hojalata donde se guardan los documentos. || 4. m. Rep. Domin. Cubilete para jugar a los dados.

CANÉ. (De *sacanete*.) m. Juego de azar parecido al monte, usado entre gente baja.

CANEAR. intr. And. Encanecer. || 2. tr. Murc. Calentar al sol alguna cosa.

CANECA. f. Frasco cilíndrico para contener licores. || 2. Argent. Vasija de madera. || 3. Cuba. Botella de barro llena de agua caliente. || 4. Cuba. Medida de capacidad para líquidos, equivalente a 19 litros. || 5. Ecuad. Alcarraza. || 6. Venez. Botella de barro vidriado, para ginebra o cerveza. || 7. Argent. Canasta propia para la recolección de la uva. || 8. Colom. Botella metálica, larga, parecida a las que se emplean para llevar gasolina.

CANECER. (l. *canescĕre*.) intr. ant. Encanecer.

CANECIENTE. (De *canecer*.) adj. ant. Cano.

CANECILLO. m. Arq. Can, cabeza de una viga que carga en el muro y sostiene la corona de la cornisa.

CANECO, CA (De *caneca*.) adj. Bol. Que está ebrio.

CANECO. m. Caneca, frasco vidriado.

CANÉFORA. (l. *canephŏra*, y éste del gr. κανηφόρος.) f. Doncella que en algunas fiestas de la antigüedad pagana llevaba en la cabeza un canastillo con flores, ofrendas, etc. || **P.** canéfora; **I.** canephore; **F.** canéphore; **A.** Kanephore; **It.** canéfora.

CANEFORIAS. (gr. κανηφορία, acción de llevar la canastilla sagrada.) f. pl. Mit. Fiestas griegas en honor a Diana.

CANEICITO. (d. de *Caney*, pueblo de Cuba.) m. Cuba. Diversión popular en la que hay música, rifas, etc. Ú.m. en pl.

CANELA. (port. *canela*, y éste del l. *cannella*, de *canna*, caña.) f. Corteza de las ramas del canelo, quitada la epidermis, de olor muy aromático y sabor agradable. || 2. fig. y fam. Cosa muy fina y exquisita. || 3. Ant. Canelo, árbol lauríneo que produce la canela. || **P.** canela; **I.** cinnamon; **F.** cannelle; **A.** Zim(m)et, Zimtrinde; **It.** cannella; **R.** корица.

★ **CANELA.** f. Amér. Central. Hendidura hecha por la púa de un trompo al arrancar a otro una astilla. || 2. Esta misma astilla.

CANELÁCEO, A. (De *canella*, nombre de un género de plantas.) adj. Bot. Se aplica a las plantas angiospermas dicotiledóneas, leñosas. Ú.t.c.s.f. || 2. f. pl. Bot. Familia de estas plantas.

CANELADA. f. Cetr. Cierta clase de comida que se daba al halcón.

CANELADO, DA. (De *canela*.) adj. Acanelado.

CANELAR. m. Plantío de canelos.

★ **CANELAZO.** m. Ecuad. Infusión de canela con aguardiente.

CANELERO. m. Canelo, árbol que da la canela.

CANELILLA. f. Bot. Árbol euforbiáceo que se cría en Cuba y Méjico.

CANELILLO. m. C. Rica. Canelo, planta laurácea.

CANELINA. f. Quím. Substancia cristalizable contenida en la canela blanca.

CANELITA. f. Geol. Especie de roca metéorica.

CANELO, LA. adj. De color de canela aplicado especialmente a los perros y caballos. || 2. m. Bot. Árbol originario de Ceilán, lauráceo, de tronco liso. La segunda corteza de sus ramas es canela. ||

3. Árbol chileno perteneciente a la familia de las magnoliáceas. Sus ramas están en forma de cruz. || 4. C. Rica. Planta laurácea, de la que se utiliza la madera en ebanistería. || 2.ª acep.: **P.** caneleira; **I.** cinnamon-tree; **F.** cannellier; **A.** Zimtbaum; **It.** cannella; **R.** коричневый, гнедой.

CANELÓN. m. Canalón. || 2. Carámbano largo y puntiagudo que cuelga de los canales de los tejados cuando se hiela el agua procedente de la lluvia o de la fusión de la nieve. || 3. Cada una de ciertas labores tubulares de pasamanería. || 4. Confite largo que tiene dentro una raja de canela o de acitrón. || 5. fam. Extremo de los ramales de las disciplinas. || 6. R. de la Plata. Capororoca. || 7. Méj. Cachada que se dan con un trompo en otro. || 8. Venez. Rizo hecho en el pelo con tenacillas.

★ **CANELÓN.** m. Bot. Argent. y Urug. Canelo.

★ **CANEO.** m. Cuba. Bohío de forma cónica y con una garita sobre él.

CANEQUÍ. m. Caniquí.

CANEQUITA. (d. de *caneca*, 2.ª acep.) f. Cuba. Medida para líquidos de algo más de dos litros.

CANERO. (l. *canārius*, perruno.) m. Ar. Salvado grueso.

★ **CANERO, RA.** adj. Rep. Domin. Bullanguero.

CANESÚ. (fr. *canezou*.) m. Cuerpo de vestido de mujer, corto y sin mangas. || 2. Pieza superior de la camisa o blusa a que se pegan el cuello, las mangas y el resto de la prenda.

CANEY. (Voz taina.) m. Cuba. Recodo de un río. || 2. Cuba. Especie de bohío cónico con garita en su cumbre. || 3. Venez. Choza redonda hecha con cañas y palos. || 4. Cuba. Lometón que conserva vestigios de indios. || 5. Colom. Cobertizo donde se pone a secar el tabaco.

CANEZ. (l. *canities*.) f. ant. Canicie.

CANFÍN. (ingl. *candle fine*.) m. C. Rica. Petróleo.

★ **CANFINA.** f. Guat. Petróleo.

★ **CANFINFLA.** m. Argent. Canfinflero.

★ **CANFINFLERO.** m. Argent. Canfinflero.

★ **CANFINFORA.** f. Venez. Gresca, bullicio.

CANFOR. m. ant. Alcanfor.

CANFORA. f. ant. Canfor.

CANFORAR. (De *canfor*.) tr. ant. Alcanforar.

CANGA. f. And. Yunta de animales excepto la de bueyes. || 2. Sal. Arado dispuesto para una sola caballería. || 3. Instrumento de suplicio usado en China, consistente en un cuadrado o círculo de madera con agujeros en los que se aprisionan el cuello y las muñecas del reo. || 4. Suplicio que se da con dicho instrumento.

CANGA. (De *ganga*, 2.º art.) f. Amér. Central. Mineral de hierro con arcilla.

CANGAGUA. f. Ecuad. Tierra que se usa para hacer adobes. || 2. Ecuad. Tierra árida. || 3. Colom. y Ecuad. Cancagua.

CANGALLA. (De *canga*, 1.er art.) f. Sal. Andrajo, jirón de tela. || 2. com. Colom. Persona o animal enflaquecidos. || 3. Argent. y Colom. Persona cobarde, despreciable. || 4. Bol. Aparejo con albarda para llevar carga las bestias. || 5. Germ. Carreta. || 6. Bol. y Chile. Mineral robado en las minas. Ú.m. en pl.

CANGALLA. (De *canga*, 2.º art.) f. Argent. y Chile. Desperdicios de los minerales.

CANGALLAR. tr. Chile. Robar en las minas metales o piedras metalíferas. || 2. Chile. Defraudar al fisco.

CANGALLERO. m. Chile y Perú. Ladrón de metales o piedras metalíferas de la mina donde trabaja. || 2. Chile. El que compra cangalla robada. || 3. Perú. Vendedor de objetos a bajo precio. || 4. Germ. Carretero, guía del carro.

CANGALLO. (De *canga*, 1.er art.) m. fam. And. Apodo que se da a la persona muy alta o flaca. || 2. Sal. Zancajo, hueso que forma el talón del pie. || 3. Sal. Objeto estropeado. || 4. Germ. Carro.

CANGAR. tr. Ast. Estorbar. || 2. Sal. Quitar la vez para jugar a la pina.

C

C

★ CANGAREJERA. f. COLOM. Manía, tirria.

CANGILÓN. (Tal vez del l. *congĭus*, congio.) m. Vaso grande de barro o metal hecho de varias figuras, generalmente en forma de cántaro, se emplea para medir o tener líquidos. || **2.** Vasija de barro o metal que sirve para sacar agua de los pozos y ríos. || **3.** Cada una de las vasijas de hierro que forman parte de ciertas dragas y extraen del fondo de los puertos, etc., el fango, piedra y arena. || **4.** Cada uno de los pliegues en forma de cañón, hechos con molde en los cuellos escarolados. || **5.** AMÉR. Carril. || **6.** P. RICO. Paso estrecho por donde se despeña el agua. || **7.** COLOM. y CUBA. Bache. || **8.** VENEZ. Zanja del terreno. || **9.** ECUAD. Atolladero. || **10.** COLOM. Tambor, caja. || **11.** pl. PERÚ. Irregularidades de un vestido mal confeccionado. || 2.ª acep.: **P.** canjirão; **I.** bucket; **F.** godet, cruche; **A.** Napf; **It.** secchio; **R.** черпак (на землечерпалке).

CANGRE. m. CUBA y COLOM. Mata o tallo de yuca. || **2.** CUBA. Energía física, vigor.

CANGREJA. (De *cangrejo*, 6.ª acep.) adj. MAR. V. *Vela* CANGREJA. Ú.t.c.s.

★ CANGREJADA. f. ECUAD. Tontería. || **2.** PERÚ. Felonía.

CANGREJAL. m. R. DE LA PLATA. Terreno pantanoso e intransitable por la abundancia de ciertos cangrejillos negruzcos.

★ CANGREJEAR. tr. GUAT. Manosear a una mujer.

CANGREJERA. f. Nido de cangrejos.

CANGREJERO, RA. m. y f. Persona que coge o vende cangrejos. || **2.** Ave zancuda, parecida a la garza, de abdomen y piernas blancas. || **3.** CHILE. Cangrejera. || **4.** GUAT. Carnívoro semejante al perro, que se alimenta de cangrejos. || **5.** irón. CUBA. Nombre que se da a los naturales de Matanzas por la cantidad de cangrejos que hay en dicho lugar.

CANGREJO. (l. *cancrĭcŭlus*, d. de *cancer, cancri*.) m. ZOOL. Cualquiera de los artrópodos crustáceos decápodos. || **2.** ASTRON. Cáncer, constelación zodiacal. || **3.** ASTRON. Nebulosa situada en la constelación del Toro. || **4.** MAR. Verga que tiene en uno de sus extremos una boca semicircular por donde ajusta con el palo del buque. || **5.** REP. DOMIN. Homosexual. || **—de río.** Crustáceo decápodo, con caparazón de color verdoso, que cocido se cambia en rojo. Abunda en bastantes ríos españoles, es comestible y su carne es muy apreciada. || **—moro.** AND. y AMÉR. El de mar, con manchas rojas. || **P.** caranguejo; **I.** crawfish, crayfish; **F.** écrevisse; **A.** Krebs; Flusskrebs; **It.** granchio; **R.** рак.

★ CANGREJO, JA. adj. ECUAD. Tonto, bobo. Ú.t.c.s. || **2.** REP. DOMIN. Raquítico. || **3.** Pícaro, traidor.

CANGREJUELO. m. d. de cangrejo.

CANGRENA. f. Gangrena.

CANGRENARSE. r. Gangrenarse.

★ CANGRINA. f. CHILE. Gangrena. || **2.** CUBA. Carbunco. || **3.** COLOM. Molestia.

CANGRO. (l. *cancer, cancri*, cangrejo.) m. COLOM., GUAT. y MÉJ. Cáncer, tumor, úlcera.

CANGROSO, SA. (De *cangro*.) adj. ant. Que padece de cáncer.

CANGUELO. m. GERM. Miedo.

★ CANGUEREJERA. f. COLOM. Cangarejera.

CANGÜESO. m. ZOOL. Pez marino teleósteo, acantopterigio, de cola redondeada, cabeza ancha. Exuda por toda la piel una materia mucosa.

CANGUIL. m. ECUAD. Maíz pequeño y muy estimado, hay varias especies.

CANGURO. m. Mamífero didelfo, herbívoro, anda a saltos pues tiene las extremidades delanteras más cortas que las posteriores. Vive en rebaños en las praderas de Australia. Hay varias especies, algunas de las cuales viven en los árboles. || **P.** canguru; **I.** kangaroo; **F.** kangourou, kangaroo; **A.** Känguruh; **It.** canguro; **R.** кенгуру.

CANIA. (l. *cania*.) f. Ortiga menor.

CANÍBAL. (De *caríbal*.) adj. Se aplica al salvaje de las Antillas a quien se tenía por antropófago. Ú.t.c.s. || **2.** fig. Se aplica al hombre cruel. Ú.t.c.s. || **3.** ZOOL. Dí-

cese del animal que come carne de otros de su misma especie. || **P.** canibal; **I.** canibal; **F.** e **It.** cannibale; **A.** Kannibale; **R.** каннибал.

CANIBALISMO. m. Antropofagia atribuida a los caníbales. || **2.** fig. Ferocidad propia de los caníbales. || **3.** ZOOL. Costumbre de algunos animales de comer carne de otros de su misma especie.

CANICA. (port. *cana*, caña, y canela.) f. Canela silvestre de la isla de Cuba.

CANICA. (germ. *knicker*, bola de jugar los niños.) f. Juego de niños que se hace con bolitas de barro, vidrio, etc. Ú.m. en pl. || **2.** Cada una de estas bolitas.

CANICIE. (l. *canities*.) f. Color cano del pelo.

CANÍCULA. (l. *canicŭla*.) f. Periodo del año en que son fuertes los calores. || **2.** ASTRON. Sirio, la más brillante de las estrellas, en el Can Mayor. || **3.** ASTRON. Tiempo de la salida heliaca de Sirio, que antiguamente coincidía con la época más calurosa del año, pero que hoy coincide con el final de agosto. || **P.** canícula; **I.** dog-days; **F.** canicule; **A.** Hochsommer; **It.** canicola; **R.** время сильной летней жары.

CANICULAR. (l. *caniculāris*.) adj. Perteneciente o relativo a la canícula. || **2.** m. pl. Días que dura la canícula.

CANICULARIO. (l. *canicula*, perrita.) m. Perrero, encargado en las iglesias de echar fuera los perros.

★ CANÍCULO, LA. CUBA. Necio, mentecato. Ú.t.c.s.

CÁNIDO. (l. *canis*, perro.) adj. ZOOL. Se aplica a los mamíferos carnívoros digitígrados, de uñas no retráctiles con cinco dedos en las patas anteriores y cuatro en las posteriores. Ú.t.c.s. || **2.** m. pl. ZOOL. Familia de estos animales.

CANIJO, JA. (l. *cannicŭla*, de *canna*, caña.) adj. fam. Débil, enfermizo. Ú.t.c.s.

CANIL. (De *can*, 1.er art.) m. Morena o pan de perro. || **2.** AST. Colmillo.

CANILLA. (l. *cannella*, d. de *canna*, caña.) f. Cualquiera de los huesos largos de la pierna o el brazo. || **2.** Cualquiera de los huesos principales del ala del ave. || **3.** Caño pequeño que se pone en la parte inferior de la cuba o tinaja para sacar el líquido. || **4.** Carrete metálico en que se devana la seda o el hilo y que va dentro de la lanzadera en las máquinas de tejer o coser. || **5.** Lista que suelen formar los tejidos por descuido. || **6.** PERÚ. Juego de bolos. || **7.** ARGENT. Grifo, llave colocada en las cañerías. || **8.** AMÉR. Pierna delgada. || **9.** COLOM. Marisabidilla. || **10.** MÉJ. Fuerza física. || *Irse* uno *como una* CANILLA, o *de* CANILLA. fr. fig. y fam. Padecer excesivo flujo de vientre. || **2.** fig. y fam. Hablar sin reflexión. || *Tener* CANILLA. fr. MÉJ. Tener mucha fuerza y consistencia una persona. || 3.ª acep.: **P.** canilha; **I.** tap, reel, faucet; **F.** cannelle robinet; **A.** Pipe (Fass)-Hahn; **It.** canella; **R.** шпулька, катушка.

CANILLA. f. COLOM. Pantorrilla. || **2.** fig. y fam. MÉJ. Fuerza física.

★ CANILLA. m. ARGENT., PERÚ y URUG. Muchacho que vende periódicos.

CANILLA. (De *cano*.) adj. V. *Uva* CANILLA.

CANILLADO, DA. (De *canilla*, 1.er art.) adj. Acanillado.

CANILLERA. (De *canilla*, 1.er art.) f. Espinillera. || **2.** VENEZ. Espolonazo que da en el muslo un gallo de pelea. || **3.** P. RICO. Hemorragia causada por dicho espolonazo. || **4.** COLOM., VENEZ. y PAN. Flojedad que ataca a los ganglios, agotamiento. || **5.** COLOM. y VENEZ. Pánico, terror.

CANILLERO, RA. m. y f. Persona que hace canillas para tejer. || **2.** m. Agujero que se hace en las tinajadas para poner la canilla. || **3.** SAL. Sauquillo.

★ CANILLITA. com. fam. ARGENT., URUG. y PERÚ. Vendedor de periódicos y más especialmente el que se dedica a la venta ambulante.

★ CANILLÓN, NA. adj. ECUAD. Se aplica al niño precozmente desarrollado. || **2.** VENEZ. Zanquilargo.

★ CANILLUDO, DA. adj. AMÉR. Canillón.

CANIME. m. BOT. Árbol de Colombia y Perú, gutífero, del que se obtiene un aceite medicinal.

CANINA. (De *canino*.) f. Excremento del perro. || **2.** COLOM., PERÚ, CUBA y P. RICO. Hambre canina.

CANINAMENTE. adv. Rabiosamente.

CANINERO. (De *canina*.) m. El que recoge la canina para las tenerías.

CANINEZ. (De *canino*.) f. Ansia excesiva de comer.

CANINO, NA. (l. *caninus*, de *canis*, perro.) adj. Relativo al can. || **2.** Se aplica a las propiedades que tienen semejanza con las del perro. || **P.** e **It.** canino; **I.** canine; **F.** canin; **A.** Munds; **R.** собачий.

CANIQUÍ. (Del ár. *kamŷi*, propio del bocado.) m. Tela delgada de algodón que se traía de la India.

★ CANISTÉ. m. BOT. CUBA. Canistel.

CANISTEL. m. BOT. CUBA. Árbol sapotáceo, cuyo fruto, semejante al mango, es comestible. || **2.** CUBA. Fruto de este árbol.

CANISTRO. (l. *canistrum*.) m. ARQUEOL. Cesta de junco que llevaban los antiguos en las fiestas públicas.

CANIVETE. (ant. fr. *canivet*, y éste del ant. nórdico *knifr*, cuchillo.) m. SAL. Navaja en forma de podadera que usa la gente del campo.

CANJE. (De *canjear*.) m. Cambio, trueque. Ú. en la diplomacia, la milicia y el comercio. || **P.** troca; **I.** exchange; **F.** échange; **A.** Wechsel, Austausch; **It.** cambio, cangio; **R.** размен, обмен.

CANJEABLE. adj. Se aplica a lo que se puede cambiar.

CANJEAR. (ital. *cangiare*, y éste del l. *cambiare*.) tr. Hacer canje. Se emplea en la diplomacia, milicia y comercio. || **P.** trocar; **I.** to exchange, to change; **F.** échanger; **A.** austauschen; **It.** scambiare, cambiare; **R.** обменивать.

CANJILÓN, NA. adj. Natural de Canjáyar, en la provincia de Almería. Ú.t.c.s. || **2.** Perteneciente o relativo a esta villa.

CANJURA. f. HOND. Cierto veneno activo como la estricnina.

CANJURO. m. C. RICA. Árbol de cuyo fruto se alimentan los pavones silvestres.

CANMIAR. tr. ant. Cambiar.

CANNABÁCEO, A. (De *cannabis*, nombre de un género de plantas.) adj. BOT. Se aplica a las plantas angiospermas dicotiledóneas, herbáceas, de fruto en aquenio y semillas sin albumen. Ú.t.c.s.f. || **2.** f. pl. BOT. Familia de estas plantas.

CANNÁCEO, A. (De *canna*, nombre de un género de plantas.) adj. BOT. Dícese de plantas angiospermas monocotiledóneas, con flores en racimo, fruto en cápsula con semillas de albumen amiláceo. Ú.t.c.s.f.

CANO, NA. (l. *canus*.) adj. Se aplica al que tiene blanco todo el pelo o parte de él o la barba. || **2.** fig. Anciano. || **3.** fig. y poét. Blanco, de color de nieve. || *No todos los* CANOS *son viejos ni sabios*. ref. que indica que no siempre se adquiere ciencia y prudencia con la edad. || **P.** cano; **I.** hoary; **F.** chenu; **A.** grauhaarig; **It.** canuto; **R.** седой.

CANOA. (caribe *canaua*.) f. Embarcación de remo, muy estrecha, en general de una pieza, sin quilla, sin diferencia entre proa y popa. || **2.** Bote muy ligero que llevan algunos buques. || **3.** CHILE. Canal para conducir el agua. || **4.** CHILE. Vaina grande de los coquitos de la palmera. || **5.** C. RICA y CHILE. Canal del tejado. || **6.** CHILE. Especie de artesa que sirve para dar de comer a los animales. || **7.** COLOM., C. RICA y MÉJ. Cajón que se usa para dar de comer a las bestias. || **P.** e **It.** canoa; **I.** canoe; **F.** pirogue; **A.** Kanoe; **R.** каноэ, челнок.

CANOERO, RA. m. y f. Persona que gobierna la canoa. || **2.** m. MÉJ. y R. DE LA PLATA. El que trajina una canoa o es dueño de ella.

CANON. (l. *canon*, y éste del gr. χανών, regla, modelo.) m. Regla o precepto. || **2.** Decisión tomada en algún concilio de la Iglesia sobre dogma o disciplina. || **3.** Catálogo de libros sagrados y auténticos recibidos por la Iglesia Católica. || **4.** Catálogo o lista. || **5.** Parte de la misa que comienza: *Te igitur* y acaba con el *Pater noster*. || **6.** El libro que usan los obispos en la misa, desde el principio del canon hasta terminar las ablaciones. || **7.** Regla de las proporciones de la figura humana conforme al tipo ideal. || **8.** Prestación pecunaria periódica que grava una concesión gubernativa o un disfrute en el dominio público regulado en minería según el número de hectáreas o pertenencias sean o no explotadas. || **9.** Percepción pecuniaria convenida o estatuida para una unidad métrica que se extraiga de un yacimiento o que sea objeto de otra operación mercantil o industrial. || **10.** For. Lo que paga periódicamente el censatario al censualista. || **11.** Impr. Caracteres gruesos equivalentes al cuerpo de veinticuatro puntos. || **12.** For. Precio del arrendamiento rústico. || **13.** Composición de contrapuntos en que sucesivamente van entrando las voces repitiendo o imitando cada una el canto que se antecede. || **14.** Chile. Alquiler. || *Gran* canon. Impr. Grado de letra de imprenta, la mayor que se usaba. || **P.** cánon; **I.** y **F.** canon; **A.** Kanon; **It.** cànone; **R.** правило, канон.

CANONESA. (De *canonisa*.) f. Mujer que en las abadías flamencas y alemanas vive en comunidad, pero sin hacer votos solemnes ni obligarse a perpetua clausura.

CANONÍA. f. ant. Canonjía, 1.ª acep.

CANÓNICA. (l. *canonica*, t. f. de -*cus*, canónico.) f. Vida conventual de los canónicos según reglas antiguas.

CANONICAL. (De *canónico*.) adj. Perteneciente o relativo al canónigo.

CANÓNICAMENTE. adv. Conforme a lo dispuesto en los sagrados cánones.

CANONICATO. m. Canonjía, 1.ª acep.

CANÓNICO, CA. (l. *canonicus*, regular, conforme a las reglas.) adj. Conforme a los sagrados cánones y demás disposiciones eclesiásticas. || **2.** Se aplica a los libros y epístolas contenidos en el canon de los libros auténticos de la Sagrada Escritura. || **P.** canónico; **I.** canonic, canonical; **F.** canonique; **A.** kanonisch; **It.** canònico; **R.** канонический.

CANÓNIGA. (De *canónigo*.) f. fam. Siesta que se duerme antes de comer.

CANONIGADO. m. ant. Canonicato.

CANÓNIGO. (l. *canonicus*.) m. El que tiene y desempeña una canonjía. || —**doctoral.** Prebendado de oficio. Es el asesor jurídico del cabildo catedral y debe estar graduado en Derecho canónico. || —**lectoral.** Prebendado de oficio. Es el teólogo del cabildo y deberá ser licenciado o doctor en Teología. || —**magistral.** Prebendado de oficio. Es el predicador propio del cabildo. || —**penitenciario.** Prebendado de oficio. Es el confesor propio del cabildo. || —**regular** o **regular.** El perteneciente a cabildo que observa vida conventual, siguiendo generalmente la regla de San Agustín. || **P.** cónego; **I.** canon; **F.** chanoine; **A.** Domherr, Kanonikus; **It.** canònico; **R.** каноник.

★ **CANÓNIGO, GA.** adj. Colom. Irascible.

CANONISA. (l. *canonissa*, y éste del l. *canon*, canon.) f. ant. Canonesa.

CANONISTA. (De *canon*.) m. El que profesa el Derecho canónico o tiene en él especiales conocimientos. || **2.** Estudiante de cánones. || canonista *sin leyes, arador sin bueyes;* canonista *y no legista, no vale una arista.* refs. que dan a entender que para salir consumado en el estudio de los cánones es también necesario el de las leyes civiles.

CANONIZABLE. (De *canonizar*.) adj. Digno de ser canonizado.

CANONIZACIÓN. f. Acción y efecto de canonizar. || **P.** canonização; **I.** y **F.** canonisation; **A.** Heiligsprechung; **It.** canonizzazione.

CANONIZAR. (b. l. *canonizāre*, y éste del gr. κανονίζω.) tr. Declarar solemnemente santo y poner el Papa en el catálogo de ellos a un siervo de Dios ya beatificado. || **2.** fig. Calificar de buena a una persona o cosa aun sin serlo. || **3.** fig. Aprobar y aplaudir alguna cosa. || **P.** canonizar; **I.** to canonise; **F.** canoniser; **A.** kanonisieren, heilig sprechen; **It.** canonizzare; **R.** канонизация.

CANONJE. (prov. *canonge*, y éste del l. *canonicus*, canónico.) m. ant. Canónigo.

CANONJÍA. (De *canonje*.) f. Prebenda del canónigo. || **2.** fig. y fam. Empleo de poco trabajo y mucho beneficio. || —**de penitenciario.** La que pertenece al canónigo penitenciario. || —**doctoral.** La que pertenece al canónigo doctoral. || —**lectoral.** La que pertenece al canónigo lectoral. || —**magistral.** La que pertenece al canónigo magistral. || **P.** canezia; **I.** canonry, canonship; **F.** canonicat, chanoinie; **A.** Pfründe; **It.** canonicato.

CANONJIBLE. adj. ant. Perteneciente al canónigo de la canonjía.

CANOPE. (l. *Canopus*, nombre de una ciudad egipcia.) m. Arqueol. Vaso que se encuentra en las antiguas tumbas de Egipto, destinado a contener las vísceras de los cadáveres momificados.

CANOPO. m. Estrella del hemisferio austral, situada en la constelación del Navío.

CANORCA. f. Val. Cueva, caverna.

CANORO, RA. (l. *canŏrus*.) adj. Se aplica al ave de canto grato y melodioso. || **2.** Grato y melodioso referido a voz de las aves y de las personas, y en sentido figurado de la poesía, etc.

CANOSO, SA. (l. *canōsus*.) adj. Se dice del que tiene muchas canas.

CANOTIÉ. (fr. *canotier*.) m. Sombrero de paja, de copa plana y baja y ala recta.

CANQUÉN. (map. *canqueño*.) m. Chile. Ganso silvestre que los naturalistas denominan *Vernicla chiloensis*. Tiene la cabeza y el cuello cenicientos. La hembra tiene en casi todo el cuerpo fajas negras. En algunos lugares es doméstico.

CANSADAMENTE. adv. Importunamente. || **2.** Experimentando cansancio.

CANSADO, DA. p.p. de cansar. || **2.** adj. Se dice de las cosas que declinan y decaen y se degeneran o enervadas. || **3.** Se aplica a la persona o cosa que produce cansancio. || *A las* cansadas. m. adv. Argent., Perú y P. Rico. A las mil y quinientas, muy tarde.

CANSAMIENTO. m. ant. Cansancio.

CANSANCIO. (De *cansar*.) m. Falta de fuerzas que resulta de haberse fatigado. || **P.** cansaço; **I.** weariness, tiredness; **F.** fatigue, lassitude; **A.** Müdigkeit, Ermattung; **It.** stanchezza; **R.** усталость.

CANSAR. (l. *campsāre*, doblar, volver, y éste del gr. κάμπτω.) tr. Causar cansancio. Ú.t.c.r. || **2.** Quitar fertilidad a la tierra. Ú.t.c.r. || **3.** fig. Enfadar, molestar. Ú.t.c.r. || *Más se* cansa *quien mira, que no quien juega.* ref. con que se indica que el estímulo del vicio es imperioso, a pesar del disgusto que muchas veces produce. || **P.** cansar; **I.** to tire, to weary; **F.** fatiguer, lasser; **A.** ermüden; **It.** stancare; **R.** утомлять.

CANSERA. (De *cansar*.) f. fam. Molestia o enojo causados por la importunación. || **2.** Sal. Cansancio. || **3.** Amér. Tiempo perdido en algún empeño. || *Ser* cansera una cosa. fr. fam. Colom. Ser inútil hablar de una cosa, perder el tiempo en ello. || **P.** canseira; **I.** weariness; **F.** fatigue, ennui; **A.** Belästigung; **It.** seccatura; **R.** навязчивость, вялость.

CANSÍ. m. Entre los indígenas de la isla de Cuba, bohío o choza del cacique en tiempos precolombinos.

CANSINO, NA. (De *cansar*.) adj. Se aplica a la persona o animal que cansados disminuyen su trabajo. || **2.** And. Pesado.

CANSÍO, A. adj. Sal. Cansado, fatigado.

CANSO, SA. (De *cansar*.) adj. Cansado. Tiene uso entre los rústicos de Castilla la Vieja, Aragón y algunos lugares de América.

★ **CANSÓN, NA.** adj. P. Rico y Venez. Se aplica al que se cansa fácilmente.

CANSOSO, SA. (De *cansar*.) adj. ant. Cansado, en el que acusa molestia.

CANSTADIENSE. (De *Camstadt*, ciudad de Alemania.) adj. Geol. Se dice de la época de la historia de la Tierra, en que aparece la llamada raza de Canstadt, por haberse hallado en esta ciudad los primeros restos fósiles de aquella raza.

CANTA. (De *cantar*, 2.° art.) f. Ar. Cantar, canción.

CANTABLE. (l. *cantabĭlis*.) adj. Se aplica a lo que se puede cantar. || **2.** Mús. Que se canta despacio. || **3.** m. Parte que el autor del libreto de una zarzuela escribe en versos, para que puedan ponerse en música. || **4.** Escena de la zarzuela en

que se canta, para diferenciarla de la que se habla. || **5.** Mús. Trozo de música majestuoso y sencillo.

CANTÁBRICO, CA. (l. *cantabrĭcus*.) adj. Perteneciente a Cantabria.

CANTABRIO, BRIA. (l. *cantabrĭus*.) adj. ant. Cántabro. Usáb.t.c.s.

CÁNTABRO, BRA. (l. *cantăber*, -*bri*.) adj. Natural de Cantabria. Ú.t.c.s. || **P.** cântabro; **I.** cantaber, cantabrian; **F.** cantabre; **A.** Kantabiner; **It.** cantabro; **R.** кантабр.

CANTADA. (De *cantar*, 2.° art.) adj. V. *Misa* cantada. || **2.** Cantata. || **3.** Méj. Acción de revelar lo secreto.

CANTADERA. (De *cantar*, 2.° art.) f. ant. Cantadora.

CANTADOR, RA. (De *cantar*, 2.° art.) m. y f. Persona que tiene habilidad para cantar coplas populares. || **2.** El que tiene por oficio cantarlas.

★ **CANTADURA DE MISA.** f. Colom. En Bogotá, misa nueva.

CANTAL. m. Canto de piedra. || **2.** Cantizal.

CANTALEAR. (De *canto*, 1.er art.) intr. Golpear, arrullar las palomas. || **P.** gorjear, rolar; **I.** to coo; **F.** recouier; **A.** girren (Taube); **It.** tubare; **R.** ворковать.

CANTALETA. (De *cantar*, 2.° art.) f. Ruido y confusión de voces e instrumentos para burlarse de alguna persona. || **2.** fig. y fam. Burla, chanza.

★ **CANTALETA.** f. Hond. y Guat. Estribillo. || **2.** Colom. Regaño continuado.

CANTALETEAR. tr. Amér. Repetir las cosas hasta causar fastidio. || **2.** Méj. Dar cantaleta o vaya.

★ **CANTALETERO, RA.** adj. Cuba, Ecuad. y Méj. Burlón, que da cantaleta.

CANTALINOSO, SA. (De *cantal*.) adj. Se dice de la tierra o terreno en que abundan los cantos.

★ **CANTAMISA.** f. Méj. Acto de cantar su primera misa un sacerdote.

★ **CANTAMISANO.** m. Méj. Misacantano.

CANTANTE. p.a. de cantar. Que canta. || **2.** com. Cantor o cantora de profesión. || **P.** e **It.** cantante; **I.** singer; **F.** chanteur, -euse; **A.** Sänger; **R.** певец.

CANTAR. (De *cantar*, 2.° art.) m. Copla o breve composición poética puesta en música para cantarse, o adaptada a alguno de los aires populares. || **2.** Especie de saloma que usan los trabajadores de tierra. || **3.** Cuba. Chisme, bola. || —**de gesta.** Lit. Poema popular en que se celebran los hechos famosos de personajes históricos o legendarios. || —**de los cantares.** Libro canónico del Antiguo Testamento, que bajo una alegoría poética representa el amor recíproco de Dios y el alma justa, y el de Jesucristo y su esposa la Iglesia. || *Ese es otro* cantar. expr. fig. y fam. Eso es distinto. || **P.** canção; **I.** song; **F.** chanson, couplet; **A.** Gesang; **It.** canzone, cantare; **R.** песнь.

CANTAR. (l. *cantāre*, frec. de *cănĕre*.) intr. Formar con la voz sonidos melodiosos y variados. Dícese de las personas, aves, etc. Ú.t.c.tr. || **2.** Producir algunos insectos sonidos estridentes haciendo vibrar ciertas partes de su cuerpo. || **3.** fig. Componer o recitar alguna poesía. Ú.t. c.tr. || **4.** fig. En ciertos juegos de naipes decir el punto o calidades. || **5.** fig. y fam. Rechinar y sonar los ejes de los carruajes cuando se mueven. || **6.** fig. y fam. Sonar las abrazaderas del fusil, ludiendo contra el cañón. || **7.** fig. y fam. Descubrir lo secreto. || **8.** Mar. Avisar, dar noticia de algo. || **9.** Mar. Sonar el pito como señal de mando. || **10.** Mar. Salomar. || **11.** Mús. Ejecutar con un instrumento el canto de una pieza concertante. || **12.** Cuba. Exhalar mal olor. || cantar *uno de plano.* fr. fig. y fam. Confesar todo lo que se sabe. || cantar*las claras.* fr. Hablar, sin pelos en la lengua. || cantar *mal y porfiar.* fr. fam. contra los impertinentes y presumidos que molestan repitiendo lo que no saben hacer. || *Quien mal* canta *mal le suena.* ref. que prueba que cuando ciega el amor propio no conocemos nuestros defectos. || **P.** cantar; **I.** to sing, to chant; **F.** chanter; **A.** singen; **It.** cantare; **R.** петь.

CÁNTARA. (De *cántaro*.) f. Medida de capacidad para líquidos que tiene poco

C

más de dieciséis litros. || **2.** MÉJ. Piporro.

CANTARADA. (De *cántaro*.) f. Cántaro, lo que puede contener él. || **2.** Obsequio de un cántaro de vino que los mozos de un pueblo exigen al forastero para dejarle hablar la primera vez por la reja a una joven.

CANTARAL. m. AR. Cantarera, 1.ª acep.

CANTARELA. f. Nombre de la prima del violín o de la guitarra.

CANTARERA. f. Poyo de fábrica o armazón de madera que sirve para poner los cántaros. || **2.** fig. vulg. Hueco supraclavicular.

CANTARERÍA. (De *cantarero*.) f. Lugar donde se venden cántaros.

CANTARERO. (De *cantarero*.) m. Alfarero.

CANTÁRIDA. (l. *canthăris, -ĭdis*, y éste del gr. κανθαρίς.) f. Insecto coleóptero de color verde brillante que vive en las ramas de los tilos y, sobre todo, en los fresnos. Se emplea en medicina como vejigatorio. || **2.** Ampolla o llaga que ocasionan las cantáridas sobre la piel.

CANTARILLA. (d. de *cántara*.) f. Vasija de barro, sin baño, del tamaño de una jarra ordinaria y con boca redonda. || **2.** COLOM. Rifa.

★ **CANTARILLA.** f. COLOM. Cantinela.

CANTARILLO. m. d. de cántaro. | CANTARILLO *que muchas veces va a la fuente, o deja el asa o la frente.* ref. que advierte que el que frecuenta las ocasiones peligrosas perece en ellas.

CANTARÍN, NA. adj. fam. Aficionado con exceso a cantar. || **2.** m. y f. Cantante, cantor o profesional.

CÁNTARO. (l. *canthărus*, y éste del gr. κάνθαρος.) m. Vasija grande de barro o metal, ancha por la barriga con una o dos asas generalmente. || **2.** Todo el líquido que cabe en un cántaro. || **3.** Medida de vino, de diferente cabida según las regiones. || **4.** Arquilla en que se ponen las bolas o cédulas para los sorteos. || **5.** MÉJ. Piporro. || **6.** AR. Impuesto municipal sobre el vino, aceite o bebidas alcohólicas compuestas, que se percibe al venderse toda o parte de la cosecha. || *A* CÁNTAROS. m. adv. En abundancia, con mucha fuerza. Ú. con los verbos *llover, caer, echar*, etc. || *Entrar* uno *en* CÁNTARO. fr. fig. Entrar con suerte en algún oficio u otro efecto. || *Estar* uno *en* CÁNTARO. fr. fig. Estar propuesto para algún empleo o próximo a conseguirlo. || *Si da el* CÁNTARO *en la piedra o la piedra en el* CÁNTARO, *mal para el* CÁNTARO. ref. que advierte que conviene evitar disputas y contiendas con el que tiene más poder. || P. cántaro; I. pitcher, jug; F. cruche; A. Krug; It. brocca; R. кувшин.

CANTARRANA. (De *cantar*, 2.º art., y *rana*.) f. ÁL. Juguete que consiste en una cáscara de nuez cubierta con un pedacito de pergamino y sujeta por un hilo que girando rápidamente por un palito que se une al otro extremo del hilo, produce un ruido semejante al croar de la rana.

CANTATA. (ital. *cantata*, y éste del l. *cantāta*, t. f. de *-tus*.) f. Composición poética de alguna extensión, escrita para ser cantada.

CANTATRIZ. (l. *cantatrix*.) f. Cantante, cantarina. || P. cantora; I. chantress; F. e It. cantatrice; A. Sängerin; R. певица.

CANTAZO. m. Pedrada dada con un canto. || **2.** P. RICO. Garrotazo. || **3.** COLOM. y P. RICO. Latigazo. || **4.** P. RICO. Trago grande de licor.

CANTE. (De *canto*, 1.er art.) m. AND. Acción y efecto de cantar. || **2.** AND. Cualquier género de canto popular. || **3.** AST. Canción. || —**hondo** o **flamenco.** El andaluz agitanado.

CANTEADO, DA. p.p. de cantear. || **2.** adj. Se dice del ladrillo, piedras, etc., puestos de canto.

CANTEAR. tr. Labrar los cantos de una tabla, piedra u otro material. || **2.** Poner de canto los ladrillos. || **3.** SAL. Apedrear, tirar piedras. || **4.** CHILE. Labrar la piedra de sillería para las construcciones. || **5.** GUAT. Torcer un asunto, ejecutarlo mal.

CANTEL. (cat. *cantell*, y éste del l.

cantherius, palo, percha.) m. MAR. Pedazo de cabo para arrimar la pipería. Ú.m. en pl.

CANTERA. (De *canto*, 2.º art.) f. Sitio de donde se extrae la piedra u otra substancia análoga. || **2.** fig. Talento, ingenio. || **3.** MÉJ. Cantería, porción de piedra labrada. || *Armar, levantar,* o *mover, una* CANTERA. fr. fig. y fam. Causar o agravar una enfermedad. || **2.** fig. y fam. Dar causa a que haya grandes disensiones. || P. canteira; I. quarry; F. carrière; A. Steinbruch; It. carriera, cava; R. каменоломня.

CANTERÍA. (De *cantero*.) f. Arte de labrar las piedras para las construcciones. || **2.** Obra hecha de piedra labrada. || **3.** Porción de piedras labradas.

CANTERIOS. (l. *cantherius*.) m. pl. Vigas que se colocan en sentido transversal para formar el techo de un edificio.

CANTERITO. m. Pedazo pequeño de pan.

CANTERLA. f. AST. Cantesa.

CANTERO. (De *canto*, 2.º art.) m. El que labra las piedras para las construcciones. || **2.** Extremo de algunas cosas duras que se pueden partir con facilidad. || **3.** Trozo de tierra laborable, de ordinario largo y estrecho. || **4.** Parte de heredad que en Salamanca es de cuatro regaderas. || **5.** AMÉR. Cuadro de tierra cultivada de caña. || **6.** AMÉR. Parte de tierra generalmente en cuadro y adornada con flores y césped. || **7.** ARGENT. y CUBA. Cuadro en que se cultivan verduras. || P. canteiro; I. stone-cutter; F. tailleur de pierre; A. Steinmetz; It. tagliapietre, scalpellino; R. каменотёс.

CANTESA. f. AST. Abrazadera de fleje para sujetar las almadreñas cuando se agrietan.

CANTÍA. f. ant. Cuantía, 1.ª acep.

CÁNTICA. (l. *cantĭca*, pl. de *canticum*, cántico.) f. ant. Cantar, copla.

CANTICAR. (l. *cantĭcāre*.) intr. ant. Cantar. Usáb.t.c.tr.

CANTICIO. m. fam. Canto frecuente y molesto.

CÁNTICO. (l. *cantĭcum*.) m. Cada una de las composiciones poéticas de los libros sagrados y los litúrgicos en que arrebatadamente se dan gracias o se tributan alabanzas a Dios. || **2.** En estilo poético se aplica también a ciertas poesías profanas. || P. cantiga; I. canticle; F. cantique; A. Kirchenlied, Lobgesang; It. cântico; R. гимн (религиозный).

CANTIDAD. (l. *quantĭtas, -ātis*.) f. Todo lo que es capaz de aumento y disminución y puede medirse o numerarse. || **2.** Porción grande de alguna cosa. || **3.** Porción indeterminada de dinero. || **4.** PROS. Tiempo que se invierte en la pronunciación de una sílaba. || —**alzada.** La suma total de dinero que se considera suficiente para algún objeto. || —**concurrente.** La necesaria para completar cierta suma. || —**constante.** MAT. La que conserva valor fijo en el desarrollo de un cálculo. || —**continua.** MAT. La que consta de unidades o partes no separadas unas de otras, como la cabida de un depósito, etc. || —**discreta.** MAT. La que consta de unidades o partes separadas unas de otras como los árboles de un bosque, los granos de una espiga, etc. || —**exponencial.** MAT. La que está elevada a una potencia cuyo exponente es desconocido. || —**imaginaria.** MAT. La que por la naturaleza de su definición no puede existir, como la raíz cuadrada de una cantidad negativa o el logaritmo de un número negativo. || —**negativa.** MAT. La que por su naturaleza disminuye el valor de las cantidades a las que se agrega. En los cálculos se le antepone el signo (—) menos. || —**positiva.** MAT. La que agrega o aumenta. Se le antepone el signo (+) más. || —**racional.** MAT. Aquella en cuya expresión no entra radical alguno. || —**real.** MAT. La que realmente puede existir, en oposición a la imaginaria. || —**variable.** MAT. La que no tiene valor constante y determinado. || *Hacer buena una* CANTIDAD. fr. Abonarla. || P. quantidade; I. quantity; F. quantité; A. Menge; It. quantità; R. количество, величина.

CANTIGA [**CÁNTIGA.**] (l. *cantĭca*,

pl. n. de *cantĭcum*.) f. Antigua composición poética destinada al canto.

CANTIL. (De *canto*, 2.º art., 8.ª acep.) m. Sitio que forma escalón en la costa o en el fondo del mar. || **2.** AMÉR. Borde de un despeñadero. || **3.** GUAT. Especie de culebra grande.

CANTILENA. (l. *cantilēna*.) f. Cantar, copla, hecha generalmente para ser cantada. || **2.** fig. y fam. Repetición molesta de alguna cosa. || P., I. e It. cantilena; F. cantilène; A. Kantilene; R. кантилена, песнь.

CANTILLO. (De *canto*, 2.º art.) m. Piedrecilla con que los niños juegan a los cantillos. || **2.** Cantón, esquina. || **3.** AND. Esquina de un edificio.

CANTIMPLA. adj. R. DE LA PLATA. Se aplica a la persona callada y que a veces ríe sin motivos. Ú.t.c.s.

CANTIMPLORA. (cat. *cantimplora*, de *cantar* y *plorar*, como el fr. *chantepleure*.) f. Sifón, tubo para sacar líquidos. || **2.** Vasija de metal que sirve para enfriar el agua. || **3.** Frasco aplanado y revestido de cuero para llevar bebida. || **4.** SAL. Olla grande. || **5.** SAL. Vasija o bota de vino de gran tamaño. || **6.** GUAT. Papera, bocio. || **7.** COLOM. Frasco de la pólvora. || **8.** CHILE. Vasija de metal para el agua de los soldados. || ¡CANTIMPLORA! interj. CUBA y P. RICO. Nada, nada entre dos platos. || P. cantimplora; I. canteen; F. gourde; A. Kürbisflasche, Feldflasche; It. cantimplora; R. сифон, фляжка.

CANTINA. (ital. *cantina*, der. de *canto*, del l. *canthus*, cantón.) f. Sótano donde se guarda el vino para el consumo de la casa. || **2.** Puesto público en que se venden bebidas y comestibles. || **3.** Pieza de la casa en que se tiene el repuesto del agua para beber. || **4.** Caja de madera para llevar la comida. || **5.** pl. Estuche doble con fiambreras y divisiones dispuestas para llevar en los viajes las provisiones diarias. || **6.** Dos bolsas cuadradas de cuero que se colocan junto a la silla de montar y sirven para llevar comida. || **7.** COLOM. Vasija metálica para transportar leche. || **8.** COLOM., PERÚ y P. RICO. Despacho de bebidas y tabaco en un comercio. || **9.** AMÉR. Taberna. || P. adega; I. canteen; F. cantine; A. Schenke, Weinkeller; It. cantina; R. погребок, буфет.

★ **CANTINEAR.** tr. GUAT. y EL SALV. Enamorar.

CANTINELA. f. Cantilena.

CANTINERA. (De *cantinero*.) f. Mujer que sirve bebidas a la tropa. || P. vivandeira; I. y F. vivandière, cantinière; A. Schenkwirtin; It. cantiniera, vivandiera; R. маркитантка.

CANTINERO. (De *cantina*.) m. El que cuida de los licores y bebidas. || **2.** El que tiene cantina. || P. cantineiro; I. canteen-keeper; F. cantinier; A. Schenkwirt; It. cantiniere; R. маркитант.

CANTIÑA. f. fam. Cantar, 1.ª acep. Se llama así generalmente el que usa el vulgo.

★ **CANTÍO.** m. CUBA, P. RICO y PAN. Canto de las aves. || **2.** PAN. y P. RICO. Cantiña, canto.

CANTISTA. adj. Cantor. Ú.t.c.s.

CANTITATIVO, VA. adj. ant. Cuantitativo.

CANTIZAL. m. Terreno donde hay guijarros.

CANTO. (l. *cantus*.) m. Acción y efecto de cantar. || **2.** Arte de cantar. || **3.** Poema corto del género heroico de gran semejanza con cada una de las divisiones del poema épico. || **4.** Se llama también así a otras composiciones de distinto género. || **5.** Composición lírica. || **6.** Cada una de las partes del poema épico. || **7.** MÚS. Parte melódica que da carácter a una pieza de música concertante. || —**ambrosiano.** El introducido por San Ambrosio en la iglesia de Milán. || —**de órgano,** o **figurado.** El que se compone de notas diferentes en forma y duración y se acomoda a distintos compases. || —**gregoriano,** o **llano.** El propio de la liturgia religiosa, cuyos puntos y notas son de igual figura y se miden con el mismo tiempo. || *Al* CANTO *de los gallos.* m. adv. fam. A la media noche. || *En* CANTO *llano.* expr. fig. y fam. Con sencillez y claridad. || **2.** fig. y fam. De manera vulgar. ‖ *Por el* CANTO *se conoce el pájaro.* ref. que expresa que por los hechos se conoce a las personas. ‖ *Ser* CANTO *llano* una cosa. fr. y fam. Ser corriente. ‖ **2.** fig. y fam. No tener adorno. ‖ **3.** fig. y fam. No ser difícil. ‖ **P.** e **It.** canto; **I.** singing, song; **F.** chant; **A.** Sang, Lied; **R.** пение.

CANTO. (l. *canthus*, y éste del gr. κανθός, esquina.) m. Extremidad o lado de cualquier sitio. ‖ **2.** Extremidad, punta, remate de algo. ‖ **3.** Cantón, esquina. ‖ **4.** Lado opuesto al filo del cuchillo. ‖ **5.** Corte opuesto al lomo de un libro. ‖ **6.** Grueso de algo. ‖ **7.** Dimensión menor de una escuadría. ‖ **8.** Trozo de piedra. ‖ **9.** Juego en el que gana el que tira más lejos una piedra. ‖ **10.** AR. Bizcocho bañado en azúcar que dan las cofradías a cada uno de sus individuos el día de la fiesta mayor. ‖ **11.** COLOM. Regazo, falda. ‖ —**pelado**, o **ridado**. Piedra alisada y redondeada por rodar por las aguas. ‖ *Con un* CANTO *a los pechos.* m. adv. fam. Con mucho gusto. ‖ *Darse uno con un* CANTO *en los pechos.* fr. fig. y fam. Darse por contento cuando lo que ocurre es más favorable o menos difícil de lo que podía esperarse. ‖ *De* CANTO. m. adv. De lado. ‖ *Entre tanto, llévate este* CANTO. ref. que censura el hecho de abusar de los criados a la hora del descanso. ‖ **P.** e **It.** canto; **I.** edge point; **A.** Ecke, Kante; **F.** bout, coin; **R.** край, бок.

CANTOLLANISTA. com. Persona perita en el arte del canto llano.

CANTÓN. (De *canto*, 2.º art.) m. Esquina, 1.ª acep. ‖ **2.** Acantonamiento, lugar de tropas acantonadas. ‖ **3.** BLAS. Cada uno de los cuatro ángulos que pueden considerarse en el escudo, y designan el lugar de las piezas. ‖ También en los cruces se llama cantón cada uno de los ángulos que hay entre dos brazos. ‖ **4.** HOND. Parte alta aislada en medio de una llanura. ‖ *Tras cada* CANTÓN, *buen cerrevedijón.* ref. que reprende a los que no conociendo el oficio desperdician gran parte del material con que trabajan.

CANTÓN. (De *Cantón*, ciudad de China.) m. MÉJ. Tela de algodón que imita al casimir y tiene los mismos usos.

CANTONADA. f. ant. AR. Cantón, esquina. ‖ **2.** *Dar* CANTONADA a uno. fig. Dejarle burlado, no haciendo caso de él.

CANTONADO, DA. adj. BLAS. Se aplica a la cruz o sotuer cuando en sus cantones los acompañan otras piezas.

CANTONAL. (De *cantón*, 1.er art., 2.ª acep.) adj. Partidario del cantonalismo. Ú.t.c.s. ‖ **2.** Perteneciente o relativo al cantón o al cantonalismo.

CANTONALISMO. (De *cantonal.*) m. Sistema político que aspira a dividir al Estado en cantones casi independientes. ‖ **2.** fig. Desconcierto político caracterizado por una gran relajación del poder soberano en la nación. ‖ **P.** e **It.** cantonalismo; **I.** cantonalism; **F.** cantonalisme; **A.** Kantonalismus; **R.** кантонализм.

CANTONALISTA. adj. Cantonal, 1.ª acep. Ú.t.c.s.

CANTONAR. (De *cantón*, 1.er art.) tr. Acantonar. Ú.t.c.r.

CANTONEAR. (De *cantón*, 1.er art.) intr. Andar vagando ociosamente de esquina en esquina.

CANTONEARSE. r. fam. Contonearse.

CANTONEO. m. fam. Contoneo.

CANTONERA. (De *cantón*, esquina.) f. Pieza que se pone en la esquina de los libros, muebles y demás como adorno o refuerzo. ‖ **2.** Rinconera, estante. ‖ **3.** Mujer pública que anda de esquina en esquina buscando a los hombres. ‖ **4.** COLOM. Petaca. ‖ **P.** cantoneira; **I.** corner-piece; **F.** cantonnière; **A.** Eckschrank; **It.** cantonata; **R.** металлический наугольник.

CANTONERO, RA. (De *cantón*, esquina.) adj. Que cantonea. ‖ **2.** m. Instrumento con que los encuadernadores doran los cantos de los libros.

CANTOR, RA. (l. *cantor, -ōris.*) adj. Que canta, sobre todo el que lo tiene por oficio. Ú.t.c.s. ‖ **2.** ZOOL. Se aplica a las aves capaces de emitir sonidos melodiosos. ‖ **3.** f. fam. CHILE. Bacín, bacinilla. ‖ **4.** pl. ZOOL. Orden de las aves cantoras. ‖

5. ARGENT. Sencillo y bonito. ‖ *Gran* CANTOR. ZOOL. ARGENT. Nombre que recibe en ciertas regiones a un pájaro de canto melodioso que se alimenta de semillas y hace el nido en parajes ocultos en el suelo. ‖ **P.** cantor; **I.** singer, chanter, chantor; **F.** chanteur; **A.** Sänger; **It.** cantore, cantatore; **R.** певец.

CANTORAL. (De *cantor.*) m. Libro de coro.

CANTORÍA. f. ant. Canturía, ejercicio de cantor.

CANTORRAL. m. Cantizal.

CANTOSO, SA. adj. Se aplica al cantizal.

★ **CANTRAMILLA.** f. ARGENT. Especie de picana.

CANTÚ. m. Planta jardinera del Perú, polemoniácea, su madera y sus hojas tiñen de amarillo.

CANTÚA. f. CUBA. Dulce seco, compuesto de boniato, coco, ajonjolí y azúcar moreno.

CANTUARIENSE. (l. *cantuariĕnsis*, de *Cantuaria*, Cantórbery.) adj. Natural de Cantórbery. Ú.t.c.s. ‖ **2.** Perteneciente a esta ciudad de Inglaterra.

CANTUESO. m. Planta perenne, labiada, semejante al espliego, de flores olorosas, en espiga y que remata en un penacho. ‖ **P.** lavanda; **I.** lavender; **F.** lavande; **A.** welscher Lavendel; **It.** stècade; **R.** лаванда.

★ **CANTUJA.** f. PERÚ. Lenguaje de la gente del hampa.

CANTURÍA. f. Ejercicio de cantar. ‖ **2.** Canto de música. ‖ **3.** Canto monótono. ‖ **4.** MÚS. Modo o aire de cantarse, de las composiciones musicales.

CANTURREAR. intr. fam. Canturriar.

CANTURREO. m. Acción de canturrear.

CANTURRIA. f. AND. y PERÚ. Canturia, canto monótono.

CANTURRIAR. intr. fam. Cantar a media voz.

CANTUSAR. (De *cantar.*) tr. ant. Engatusar. ‖ **2.** intr. AND. y MURC. Canturriar.

CANTUTA. (Voz quichua.) f. AMÉR. MERID. Clavellina, clavel de flores sencillas llamada también flor de los incas.

CANUDO, DA. (l. *canūtus.*) adj. ant. Canoso.

CÁNULA. (l. *cannŭla*, cañita.) f. Caña pequeña. ‖ **2.** Tubo largo que se emplea en las operaciones de cirugía o que forma parte de aparatos físicos o quirúrgicos. ‖ **3.** Tubo terminal, extremo de las jeringas. ‖ **P.** cânula; **I.** cannula; **F.** canule; **A.** Kanüle, Röhrchen; **It.** cànnula; **R.** каниоля.

CANULAR. adj. Se aplica a lo que tiene forma de cánula.

★ **CANUTAR.** tr. CUBA. Dividir en canutos la caña de azúcar.

CANUTE. (cat. *canut*, y éste del l. *cannūtus*, de *canna*, caña.) m. MURC. Canuto, cerbatana. ‖ **2.** MURC. Gusano de seda que enferma después de despertar y muere al poco tiempo.

★ **CANUTERA.** f. PERÚ. Canutero, portaplumas.

CANUTERO. m. Cañutero. ‖ **2.** AMÉR. Mango de la pluma de escribir. ‖ **3.** AMÉR. Estilógrafo.

CANUTILLO. m. Cañutillo.

CANUTO. m. Cañuto. ‖ **2.** Licencia absoluta del soldado. ‖ **3.** ZOOL. Tubo formado por la tierra que se adhiere a los huevos que la langosta y otros ortópteros depositan después de haber introducido verticalmente el abdomen en el suelo. ‖ **4.** AND. Caña pequeña para beber aguardiente. ‖ **5.** AMÉR. CENTRAL y VENEZ. Mango de la pluma de escribir. ‖ **6.** MÉJ. Sorbete de leche, huevo y azúcar, cuajado en moldes que tienen la forma de canuto. ‖ **7.** ARGENT. Envoltura de los huevos de la langosta.

CANUTO. (De *Canut*, famoso pastor protestante.) m. Nombre que se aplica en Chile a los ministros o pastores protestantes.

CAÑA. (l. *canna.*) f. Tallo de las plantas gramíneas, en general hueco y nudoso. ‖ **2.** Planta gramínea, indígena de la Europa Meridional, de tallo leñoso y hueco; se cría en los lugares húmedos. ‖ **3.** Canilla del brazo o de la pierna. ‖ **4.** Tuétano. ‖ **5.** Parte de la bota que cubre la pierna. ‖

6. Parte de la media que cubre desde la pantorrilla hasta el talón. ‖ **7.** Vaso de forma algo cónica que se emplea en Andalucía para beber el vino. ‖ **8.** Medida de vino. ‖ **9.** Medida superficial agraria que equivale a seis codos cuadrados. ‖ **10.** Grieta en la hoja de la espada. ‖ **11.** Parte de la caja del arma portátil de fuego en que descansa el cañón. ‖ **12.** Fuste. ‖ **13.** MIN. Galería de mina. ‖ **14.** COLOM. Cierto baile. ‖ **15.** COLOM. Bravata. ‖ **16.** VENEZ. Trago de licor. ‖ **17.** Bebida alcohólica, destilada de la caña de azúcar. ‖ **18.** COLOM., ECUAD. y VENEZ. Bulo. ‖ —**agria.** BOT. C. RICA. Nombre de varias especies de plantas, cuyo jugo se emplea como diurético en medicina. ‖ —**amarga.** Planta gramínea de la América tropical, de tallos derechos. ‖ —**borde.** Especie de carrizo cuyos tallos alcanzan mayores dimensiones. ‖ —**brava.** C. RICA, HOND., PERÚ y VENEZ. Gramínea silvestre, muy dura, cuyos tallos se emplean para hacer los tejados. ‖ —**danta.** C. RICA. Nombre de una variedad de la palmera. ‖ —**de azúcar.** Planta gramínea, originaria de la India; de tallo leñoso, y lleno de tejido esponjoso, dulce, del que se saca azúcar. ‖ —**de Batavia.** Planta gramínea, de tallo de color violeta, hojas de color verde obscuro y jugo abundante, poco azucarado. ‖ —**del ancla.** MAR. Parte comprendida entre la cruz y el arganeo. ‖ —**del pulmón.** Tráquea. ‖ —**del timón.** MAR. Palanca encajada en la cabeza del timón y con la que se maneja. ‖ —**de pescar.** La que se emplea para pescar; está formada de varios pedazos entre los cuales se colocan los anillos por donde pasa el sedal, en cuyo extremo se ata el anzuelo. ‖ —**de vaca.** Hueso de la pierna de la vaca. ‖ **2.** Tuétano de este hueso. ‖ —**espina.** Especie de bambú, cuyo tallo tiene nudos espinosos y alcanza unos treinta metros de altura. ‖ —**hueca.** BOT. C. RICA y MÉJ. Caña, muy dura. ‖ ¡CAÑAS *vanas*, CAÑAS *vanas; mucho creces y poco granas!* ref. que condena las apariencias del hombre vanidoso y de escaso entendimiento. ‖ *Jugar uno a las* CAÑAS. fr. fig. Acañaverearle. ‖ *Las* CAÑAS *se vuelven lanzas.* fr. proverb. que indica que a veces lo comenzado en broma se torna serio. ‖ *Ser uno brava, buena,* o *linda,* CAÑA *de pescar.* fr. fig. y fam. Ser muy astuto. ‖ **P.** cana; **I.** cane; **F.** canne, tuyau; **A.** Rohr; **It.** canna; **R.** тростник. ‖ 2.ª acep.: **P.** cana, talo; **I.** reed; **F.** canne, roseau; **A.** Blumenrohr; **It.** canna; **R.** тростник. ‖ 12.ª acep.: **P.** fuste da coluna; **I.** shaft; **F.** fût; **A.** Schaft; **It.** fusto; **R.** голение.

★ **CAÑABOTA.** f. ZOOL. CUBA. Pez selacio de aquellos mares.

CAÑACORO. m. Planta herbácea cannácea; su fruto es una cápsula dividida en tres celdas llenas de muchas semillas globosas de las que hacen cuentas de rosario.

CAÑADA. (l. *canna*, caña.) f. Espacio de tierra entre dos alturas poco distantes entre sí. ‖ **2.** Vía para los ganados trashumantes que tendría unas noventa varas de ancho. ‖ **3.** Caña de vaca, tuétano de pierna de vaca. ‖ **4.** SAL. y CUBA. Arroyito o cauce de agua, que aparece seco una parte del año. ‖ **5.** ARGENT. y URUG. Terreno bajo, húmedo, entre montes. ‖ 1.ª acep.: **P.** canhada; **I.** glen, gorge; **F.** gorge; **A.** Hohlweg, Schlucht; **It.** gola; **R.** ущелье.

CAÑADA. (l. *canna*, medida.) f. En Asturias y en algunas partes de Aragón cierta medida de vino.

CAÑADILLA. f. Múrice comestible, común en los mares españoles y que los antiguos empleaban para dar el color de púrpura con el nombre de múrice.

CAÑADO. m. Medida usada en Galicia para los líquidos, equivalente a 37 litros.

★ **CAÑADÓN.** m. ARGENT. y URUG. Cañada grande o parte baja de un terreno donde se estanca el agua. ‖ **2.** CHILE. Valle abundante en pastos, y situado entre colinas.

★ **CAÑADOTE.** m. AMÉR. Grama basta.

CAÑADUZ. (l. *canna*, caña, y *dulcis*, dulce.) f. AND. y COLOM. Caña de azúcar.

CAÑADUZAL. (De *cañaduz.*) m. AND. y COLOM. Cañamelar.

CAÑAFÍSTOLA. f. Cañafístula.

CAÑAFÍSTULA. (De *caña* y *fístula,*

C

tubo, cañón.) f. Árbol papilionáceo, propio de los países intertropicales, de frutos en vainas cilíndricas de color pardo que contienen de trecho en trecho una pulpa negruzca y dulce empleada en medicina. || **2.** Fruto de este árbol.

★ **CAÑAFLOTA.** f. BOT. VENEZ. Cañafístula.

CAÑAHEJA. (De *cañaherla*.) f. Planta umbelífera, de tallo recto, hueco, ramoso. Por incisiones hechas en la base se saca una gomorresina parecida al sagapeno. || **2.** Tallo principal de esta planta después de cortado y seco.

CAÑAHERLA. (l. *canna ferŭla*.) f. Cañaheja.

CAÑAHIERLA. f. ant. Cañaherla.

CAÑAHUA. f. PERÚ. Especie de mijo que sirve para alimento a los indios y con el cual, fermentado, se hace chicha. || **2.** BOL. Quinoa de inferior calidad.

CAÑAHUATAL. m. Terreno plantado de cañahuates.

CAÑAHUATE. m. Árbol que se produce en Colombia, especie de guayaco.

CAÑAHUECA. com. fig. Persona habladora.

CAÑAJELGA. f. Cañaheja.

CAÑAL. (De *caña*.) m. Cañaveral. || **2.** Cerco de cañas que se hace en los ríos para pescar. || **3.** Canal pequeño que se hace al lado de algún río para que entre la pesca y se pueda recoger fácilmente y en abundancia.

CAÑALIEGA. f. Cañal, 2.ª acep.

CÁÑAMA. f. Repartimiento de cierta contribución.

CAÑAMAR. m. Sitio sembrado de cáñamo.

CAÑAMAZO. (l. *cannabācĕus*, de *cannăbum*, cáñamo.) m. Estopa de cáñamo. || **2.** Tela tosca de cáñamo. || **3.** Tela de tejido ralo, dispuesta para bordar en ella con seda o lana de colores. || **4.** La misma tela ya bordada. || **5.** CUBA. Planta silvestre, gramínea, que comen los animales. || **6.** pl. CUBA. Ropa ordinaria para la labor diaria del campo. || **P.** canhamaço; **I.** canvas; **F.** canevas; **A.** Kanevas, Stramin; **It.** filondente; **R.** паклю, канва.

CAÑAMELAR. (De *cañamiel*.) m. Plantío de cañas de azúcar.

CAÑAMEÑO, ÑA. adj. Se aplica a lo que está hecho con hilo de cáñamo.

CAÑAMERO. m. ÁL. Verderón, 1.ᵉʳ art.

CAÑAMERO, RA. adj. Perteneciente o relativo al cáñamo.

CAÑAMIEL. (l. *canna*, caña, y *mel*, miel.) f. Caña melar.

CAÑAMIZA. (De *cáñamo*.) f. Agramiza, caña quebradiza que queda después de agramado el cáñamo.

CÁÑAMO. (l. *cannăbum*.) m. Planta anua, cannabácea, de tallo erguido. Su simiente es el cañamón. Se prepara y cultiva como el lino. || **2.** Filamento textil de esta planta. || **3.** Lienzo de cáñamo. || **4.** Por sinécdoque, suele tomarse por alguna de diversas cosas que se hacen de cáñamo, como la honda, la red, etc. || **5.** AMÉR. Nombre que se da a varias plantas textiles. || **6.** C. RICA, CHILE y HOND. Bramante, cordel delgado. || **P.** cânhamo; **I.** hemp; **F.** chanvre; **A.** Hanf; **It.** cànapa, cànape; **R.** конопля, холст.

CAÑAMÓN. (De *cáñamo*.) m. Simiente del cáñamo, de núcleo blanco, más pequeño que la pimienta; se emplea principalmente para alimentar pájaros. || **P.** semente de cânhamo; **I.** hemp-seed; **F.** chènevis; **A.** Hanfsamen; **It.** canapuccia, canapa; **R.** конопляное семя.

CAÑAMONADO, DA. (De *cañamón*.) adj. AND. Se aplica a las aves que tienen las plumas de color verde como el cañamón.

CAÑAMONCILLO. m. Arena muy fina que se emplea para mezclas en tierras y argamasas.

CAÑAMONERO, RA. m. y f. Persona que vende cañamones.

★ **CAÑANDONGA.** f. CUBA. Aguardiente de caña de mala calidad. || **2.** COLOM. Cosa delgada y larga.

CAÑAR. m. Cañal, cañaveral.

★ **CAÑAR.** intr. ECUAD. Beber licor. || **2.** COLOM. Echar cañas o bravatas.

CAÑAREJA. f. Cañaheja, 1.ª acep.

CAÑARÍ. (De *caña*.) f. SAL. Se aplica a lo que es hueco como una caña.

★ **CAÑARICO.** m. ECUAD. Baile de la gentualla.

CAÑARIEGA. (De *cañar*.) f. SAL. Canal en las pesqueras de los molinos, para repartir el agua e impedir que la arena se acumule.

CAÑARIEGA, GA. adj. Se aplica al pellejo de la res lanar que se muere en las cañadas. || **2.** Aplícase también a los hombres, perros y caballerías que van con los ganados trashumantes.

CAÑARROYA. (De *caña* y *royo*.) f. Parietaria.

CAÑAVERA. f. Carrizo, planta gramínea.

CAÑAVERAL. (De *cañavera*.) m. Sitio poblado de cañas o cañaveras. || **2.** Plantío de cañas. || *Recorrer* uno *los* CAÑAVERALES. fr. fig. y fam. Andar de casa en casa, buscando que le den algo. || **P.** canavial; **I.** cane-brake; **F.** cannaie; **A.** Röhricht; **It.** canneto; **R.** тростниковая заросль.

CAÑAVERAR. tr. ant. Cañaverear.

CAÑAVEREAR. (De *cañavera*.) tr. Acañaverear.

CAÑAVERERÍA. (De *cañaverero*.) f. Paraje donde se vendían cañas.

CAÑAVERERO. (De *cañavera*.) m. El que vendía cañas.

CAÑAZO. m. Golpe dado con una caña. || **2.** AMÉR. Aguardiente de caña. || **3.** CUBA. Herida o golpe que se da el gallo de pelea, o le dan las cañas o piernas. || **4.** CUBA y P. RICO. Trago grande de licor. || *Dar* CAÑAZO a uno. fr. fig. y fam. Dejarle pensativo. || *Darse* CAÑAZO. fr. fig. y fam. CUBA. Engañarse, chasquearse.

CAÑEDO. (l. *cannētum*.) m. Cañaveral.

★ **CAÑENGO, GA.** adj. fam. COLOM. y CUBA. Cañengue. Ú.t.c.s.

★ **CAÑENGUE.** adj. fam. CUBA. Se aplica a la persona flaca. Ú.t.c.s.

CAÑERA. f. Cañero, utensilio en que se llevan las cañas o vasos.

★ **CAÑERA.** f. REP. DOMIN. Cobardía.

CAÑERÍA. f. Conjunto de caños por donde se distribuyen las aguas o el gas. || **P.** tubagem; **I.** water-pipe, pipe; **F.** conduite; **A.** Wasser-Rohr-leitung; **It.** cannonata, tubatura; **R.** система трубопроводов.

CAÑERLA. f. Cañaherla.

CAÑERO. (De *caño*.) m. El que hace cañerías. || **2.** El que las cuida.

CAÑERO. (De *caña*.) adj. MÉJ. Que sirve para los trabajos de la caña. || **2.** AND. Utensilio en forma de doble bandeja con agujeros para poner las cañas o vasos del vino. || **3.** m. EXTR. Pescador de cañas. Ú.t.c.s. || **4.** CUBA. Vendedor de caña dulce. || **5.** HOND. El que tiene hacienda de caña de azúcar y destila aguardiente. || **6.** MÉJ. Lugar en que se deposita la caña en los ingenios.

★ **CAÑERO, RA.** adj. COLOM. y VENEZ. Fanfarrón. || **2.** COLOM., VENEZ. y ECUAD. Embustero. Ú.t.c.s.

CAÑETA. (d. de *caña*.) f. Carrizo, 1.ª acep.

★ **CAÑETE.** m. P. RICO. Ron.

CAÑÍ. m. GERM. Gitano.

CAÑICERAS. f. pl. SAL. Polainas de vaqueta que protegen la pierna hasta el tobillo.

CAÑIFLA. f. C. RICA y HOND. El brazo o pierna flacos o enjutos.

CAÑIHERLA. f. ant. Cañerla.

CAÑIHUECO. (De *caña* y *hueco*.) adj. Trigo cañihueco, redondillo.

CAÑILAVADO, DA. (De *caña* y *lavado*, p.p. de *lavar*.) adj. Se aplica a los caballos y mulas de canillas delgadas.

CAÑILERO. (De *cañerla*.) m. SAL. Saúco.

CAÑILLA. (De *caña*.) f. CHILE. Papelito en que los muchachos envuelven el hilo de las cometas.

CAÑILLERA. f. Canillera, espinillera.

CAÑINQUE. adj. AMÉR. Enclenque.

CAÑIRLA. (De *cañerla*.) m. Caña.

CAÑISTA. com. Persona que hace cañizos. || **2.** m. El que los coloca en las obras.

★ **CAÑITA.** f. P. RICO. Ron muy malo. || **2.** VENEZ. Bebedor de aguardiente.

CAÑIVANO. (De *caña* y *vano*.) adj. Cañihueco.

CAÑIVETE. (De *canivete*, ant. nórdico *knífr*, cuchillo.) m. ant. Cuchillo pequeño.

CAÑIZA. (De *caña*.) adj. Dícese de la madera que tiene veta a lo largo. || **2.** f. Especie de lienzo. || **3.** LEÓN y SAL. Conjunto de cañizos unidos entre sí por medio de pieigas, que sirve para formar corraliza donde se encierran las ovejas en el campo.

CAÑIZAL. m. Cañizar.

CAÑIZAR. (De *caña*.) m. Cañaveral.

CAÑIZO. (l. *cannicius*, de *canna*, caña.) m. Tejido de cañas y bramante que se emplea como camas en la cría del gusano de seda, armazón en los toldos de los carros, etc. || **2.** SAL. Cancilla. || **3.** El timón del trillo. || **P.** caniço; **I.** raddle; **F.** claie de roseaux; **A.** Rohrgeflecht; **It.** canniccio; **R.** плетёнка из прутьев.

CAÑO. (De *caña*.) m. Tubo corto de metal, vidrio o barro, a modo de cañuto. || **2.** Albañal, cloaca. || **3.** En el órgano, conducto de aire que origina el sonido. || **4.** Chorro que sale de un líquido. || **5.** Cueva donde se enfría el agua. || **6.** Subterráneos donde están las cubas en las bodegas. || **7.** Galería de mina. || **8.** AR. Vivar, lugar donde se da la caza menor. || **9.** MAR. Canal angosto de un puerto o bahía. || **10.** MAR. Canalizo. || **11.** VENEZ. Brazo de un río o arroyo. || **12.** COLOM. En el Bajo Chocó. Estero. || **13.** COLOM. En los Llanos, río caudaloso.

CAÑOCAL. adj. MAR. Se aplica a la madera que se abre con facilidad.

CAÑOCAZO. adj. ant. V. *Lino* CAÑONAZO.

CAÑÓN. (aum. de *caño*.) m. Pieza hueca a modo de caña. || **2.** En los vestidos, parte que por sus pliegues o figura imita al cañón. || **3.** Parte hueca de la pluma del ave. || **4.** La pluma del ave cuando empieza a nacer. || **5.** Lo más recio del pelo de la barba. || **6.** Pieza de artillería destinada a lanzar balas. Tiene distintas denominaciones según el uso a que se le destina. || **7.** Cada uno de los hierros redondos que componen la embocadura de los frenos de los caballos. || **8.** Cencerro menor que la zumba. || **9.** Paso estrecho entre dos montañas, por donde corren los ríos. || **10.** GERM. Pícaro sin oficio ni domicilio. || **11.** PERÚ. Camino, lugar por donde se transita. || **12.** COLOM. Tronco de árbol. || **13.** VENEZ. Murga compuesta de flauta, violín, guitarra y cuatro. || **—de chimenea.** Conducto que sirve para dar salida al humo. || **—lanzacabos.** El pequeño que se emplea para disparar un proyectil especial con un cabo delgado unido a uno más grueso por el que pueden salvarse los náufragos. || **—naranjero.** El que calza bala del diámetro de una naranja. || **—obús.** Pieza de artillería muy semejante al cañón ordinario, que se emplea para hacer fuego por elevación con proyectiles huecos. || **—rayado.** El que tiene en el ánima estrías helicoidales para aumentar su alcance. || **P.** canudo; **I.** cannon, gun; **F.** canon; **A.** Kanone, Geschütz; **It.** cannone; **R.** ствол, дуло, пушка.

CAÑONAZO. m. Tiro de cañón o artillería. || **2.** Ruido y destrozo que causa. || **3.** ARGENT., PERÚ y P. RICO. Noticia sorprendente. || **P.** canhonaço; **I.** cannonshot; **F.** coup de canon; **A.** Kanonenschuss; **It.** cannonata; **R.** орудийный выстрел.

CAÑONEAR. (De *cañón*.) tr. Batir a cañonazos. Ú.t.c.rec. || **2.** VENEZ. Agasajar a uno con música a la puerta de su casa. || **P.** canhonear; **I.** to cannonade; **F.** canonner; **A.** beschiessen; **It.** cannoneggiare; **R.** обстреливать.

CAÑONEO. m. Acción y efecto de cañonear. || **P.** canhoneio; **I.** cannonade; **F.** canonnade; **A.** Kanonade; **It.** cannoneggiamento; **R.** канонада.

CAÑONERA. f. Tronera, espacio para poner el cañón en las murallas. || **2.** Espacio en las baterías para colocar la artillería. || **3.** Tienda de campaña para soldados. || **4.** AMÉR. Pistolera. || **5.** MAR. Porta para el servicio de artillería. || **P.** canhoneira; **I.** y **F.** embrasure; **A.** Schiessscharte; **It.** cannoniera; **R.** амбразура.

CAÑONERÍA. f. Conjunto de cañones

de un órgano. || **2.** Conjunto de cañones de artillería.

CAÑONERO, RA. adj. Se aplica a los barcos o lanchas que montan algún cañón. Ú.t.c.s. || **P.** canhoneira; **I.** gunboat; **F.** cannonnière; **A.** Kanonenboot; **It.** cannoniera; **R.** канонерка.

CAÑOTA. (De *caña*.) f. BOT. Carrizo, 1.ª acep.

CAÑUCELA. f. Cañita delgada.

★ **CAÑUDO, DA.** adj. REP. DOMIN. Atrevido, audaz.

CAÑUELA. f. d. de caña. || **2.** Planta anua, gramínea, de un metro de altura, con hojas anchas y puntiagudas. || **3.** CHILE. Cañilla.

CAÑUTAZO. (De *cañuto*.) m. fig. y fam. Soplo.

CAÑUTERÍA. (De *cañuto*.) f. Cañonería, conjunto de caños sonoros de un órgano. || **2.** Labor de oro o plata hecha con cañutillo.

CAÑUTERO. (De *cañuto*.) m. Alfiletero.

CAÑUTILLO. m. Tubito sutil de vidrio que se emplea en los trabajos de pasamanería. || **2.** Hilo de oro o plata para bordar. || **3.** Zurrón u hollejo en que la langosta guarda su simiente. || **4.** BOT. CUBA. Planta silvestre muy común, commelinácea. || *De* CAÑUTILLO. m. adv. Uno de los modos de injertar, que se hace poniendo en contacto con el pie el trocito de rama con las yemas que han de recibir la savia y dar el nuevo árbol.

CAÑUTO. (De *caño*.) m. En las cañas, en los sarmientos y otros tallos semejantes, parte intermedia entre nudo y nudo. || **2.** Cañón de palo, metal, etc., que se emplea para diferentes usos. || **3.** fig. y fam. Soplón. || **4.** AR. Cañutero. || **P.** canudo; **I.** internode; **F.** tuyau, entrenoeud; **A.** Knotenweite; **It.** cannello, internodio; **R.** часть стебля между узлами.

CAO. m. CUBA. Ave carnívora, de plumaje negro y pico corvo, semejante, pero menor que el cuervo. Hay dos especies: CAO *montero* y CAO *pinatero*.

CAOBA. (Voz caribe.) f. Árbol de América, meliáceo, de tronco recto y grueso, fruto capsular, leñoso, de forma y tamaño de un huevo de pava. Su madera es estimada para muebles. || **2.** Madera de este árbol. || **P.** acajú; **I.** mahogany; **F.** acajou; **A.** Mahagoni; **It.** magògano, acagiù; **R.** красное дерево.

CAOBANA. f. Caoba, 1.ª acep.

CAOBILLA. (De *caoba*.) f. BOT. Árbol silvestre de las Antillas de la familia de las euforbiáceas, de madera parecida a la caoba; imita también al cedro por su color amarillento.

★ **CAOBISTA.** m. CUBA. Ebanista que fabrica muebles de caoba.

CAOBO. m. Caoba, árbol meliáceo. || **2.** BOT. COLOM. Árbol bignoniáceo, de flores grandes y rojas, que se cultiva para adorno.

CAOLÍN. (chino *kao*, alto, y *ling*, colina, nombre de los lugares de donde se toma esta arcilla.) m. Arcilla blanca muy pura que se emplea en la fabricación de la porcelana y del papel. Es un silicato de alúmina hidratado. || **P.** caulino; **I.** china-clay, kaolin; **F.** kaolin; **A.** Kaolin, Porzellanerde; **It.** caolino; **R.** каолин.

★ **CAONA.** m. AMÉR. Nombre que daban los habitantes de la isla Española al oro.

CAOS. (l. *chãos*, y éste del gr. χάος, abertura.) m. Estado de confusión en que se hallaban las cosas al momento de su creación, antes que Dios las colocase en orden. || **2.** fig. Confusión, desorden. || **P.** e **It.** caos; **I.** y **F.** chaos; **A.** Chaos, Wirrwarr; **R.** хаос.

CAOSTRA. f. ant. Claustro, galería cerca del patio principal de una iglesia o convento.

CAÓTICO, CA. adj. Perteneciente o relativo al caos. || **P.** caótico; **I.** chaotic; **F.** chaotique; **A.** chaotisch; **It.** caòtico; **R.** хаотический.

CAP. (Voz aragonesa del l. *caput*, cabeza.) m. AR. Cabeza principal.

CAPA. (l. *cappa*, especie de tocado de cabeza.) f. Ropa larga y suelta, sin mangas, que usan los hombres sobre el vestido. Se

hace de paño y otras telas. || **2.** Prenda de uso análogo para la mujer. || **3.** Substancia diversa que se sobrepone en una cosa para cubrirla o bañarla. || **4.** Porción de algunas cosas que están extendidas unas sobre otras. || **5.** Hoja de tabaco que se destina a envolver la tripa, formando un cigarro puro. || **6.** Cubierta con que se preserva de daño una cosa. || **7.** Color de los caballos y otros animales. || **8.** Paca, mamífero roedor. || **9.** fig. Pretexto, con que se encubre un designio. || **10.** fig. Encubridor. || **11.** fig. Caudal, hacienda. || **12.** GERM. Noche. || **13.** BLAS. División del escudo abierto en pabellón desde la mitad del jefe hasta la de los flancos. || **14.** COM. Cantidad que percibe el capitán de una nave y se hace constar en la póliza de fletamento. || **15.** FORT. Especie de revestimiento que se hace con tierra y tepes sobre el talud del parapeto en los trabajos de campaña para disimularlas y dar mayor consistencia a las tierras de que están formadas. || **16.** Estrato, masa de mineral que forma el terreno sedimentario. || **17.** P. RICO. Lazo que en los bailes lleva prendido al pecho un bailador como señal de que él ha pagado los gastos de la fiesta. || **18.** HOND. Zurra. || **—aguadera.** La que se hace de tela impermeable. || **2.** MAR. Trozo de lona embreada que rodea el palo de un buque para impedir la entrada del agua en la fogonadura. || **—de coro.** La que usan las dignidades, canónigos y demás prebendados de las iglesias, catedrales y colegiales para asistir en el coro a los oficios divinos y otros actos. || **2.** Prebendado de alguna iglesia, catedral o colegial. || **—del cielo.** fig. El mismo cielo que cubre todas las cosas. || **—inversora.** ASTRON. Zona media de la envoltura gaseosa del Sol que invierte las rayas espectrales. || **—magna.** La que se ponen los arzobispos y obispos para asistir a los oficios divinos y otros actos capitulares. || **—pigmentaria.** La más profunda de la epidermis formada por una sola capa de células que contienen el pigmento en forma de granulaciones. || **—pluvial.** La que se ponen principalmente los prelados y los prestes en actos de culto divino. || **—rota.** fig. y fam. Persona que se envía disimuladamente para algún negocio de consideración. || **—torera.** La que usan los toreros para su oficio. || **2.** Capa corta y airosa que suele llevar la gente joven, más comúnmente en Andalucía. || *A* CAPA *vieja no le dan oreja.* ref. que expresa que al pobre nadie le atiende. || *Al que veas con* CAPA *de lamparilla por Navidad, no le preguntes cómo le va.* ref. que denota que ir desabrigado en invierno, es indicio de falta de medios. || *Andar* uno *de* CAPA *caída.* fig. y fam. Padecer gran decadencia en sus bienes, fortuna o salud. || CAPA, *calzón y sayo, de un mesmo paño.* ref. que recomienda la uniformidad en cosas y hechos de carácter semejante. || CAPA *negra y cofradía, no puede ser cada día.* ref. que indica que el lujo y las fiestas no han de ser de continuo. || *Debajo de una mala* CAPA *hay, o suele haber, un buen bebedor, o vividor.* ref. que advierte que se suelen encontrar en un sujeto prendas y cualidades que las señales exteriores no prometen. || *De* CAPA *y gorra.* m. adv. y fam. Con traje de llaneza y confianza. || *Defender a* CAPA *y espada* a una persona o cosa. fr. fig. Patrocinarla a todo trance. || *Defender* uno *su* CAPA. fr. fig. y fam. Velar por su derecho. || *Dejar la* CAPA *al toro.* fr. fig. y fam. Perder algo para salvarse de otro peligro mayor. || *Donde perdiste la* CAPA, *ahí la cata.* ref. que aconseja que no debe decaer el ánimo cuando se sufren pérdidas. || *Echa la* CAPA *y bailemos, que buen rey tenemos.* ref. que reprende a los imprevisores. || *Echar* uno *la* CAPA *a uno.* fr. fig. Ocultar sus defectos, ampararle. || *Echar* uno *la* CAPA *a toro.* fr. fam. Intervenir en asunto que interesa a otro para favorecerle. || *El que tiene* CAPA, *escapa.* ref. que indica que huye de los riesgos el que cuenta con los medios necesarios para ello. || *Esperar, estar, o estarse, a la* CAPA. fr. MAR. Disponer las velas de la embarcación de modo que ande poco o nada. || **2.** fig. Guardar reserva, observando y esperando una ocasión favorable para

algún fin. || *Hacer* uno *de su* CAPA *un; sayo.* fr. fig. y fam. Obrar uno según su propio albedrío y con libertad en cosas que a él sólo atañen. || *Hacer* a uno *la* CAPA. fr. fig. y fam. Encubrirle. || *No tener* uno *más que la* CAPA *en el hombro.* fr. fig. y fam. Estar muy pobre. || *Que por allá, que por acá, daca la* CAPA. ref. contra los que intentan disfrazar con pretextos los malos hechos. || *Quitar* a uno *la* CAPA. fr. fig. y fam. Robarle, cobrarle con título de derechos más de lo lícito o justo. || *Ron, ron, tras la* CAPA *te andan.* ref. que manifiesta cómo el que tiene que perder debe vivir prevenido. || *Sacar la* CAPA. fr. En la lidia desviar al toro con la capa pasándosela con limpieza por encima. || *Sacar* uno *la* CAPA, *o su* CAPA. fr. fig. Justificarse o salir bien de algún trance apurado. || *Salir* uno *de* CAPA *de raja.* fr. fig. y fam. Pasar de trabajos y miserias a mejor fortuna. || *So* CAPA. m. adv. fig. Con aspecto falso. || *Tirar* a uno *de la* CAPA. fr. fig. y fam. Advertirle de algún mal. || *Todos son buenos, u honrados, mas mi* CAPA *no parece.* ref. que pondera la dificultad de hallar al autor de un daño cuando son varios los que pudieron causarlo. || *Una buena* CAPA *todo lo tapa.* ref. que indica que una buena apariencia puede encubrir muchas faltas. || **P.** capa; **I.** cloak, mantle, cape, cope; **F.** manteau, mante, cape, chape; **A.** Mantel, Überzug; **It.** mantello, cappa; **R.** плащ.

★ **CAPA.** f. ARGENT. Acción de capar o castrar.

CAPÁ. (Voz americana.) m. Árbol de las Antillas, borragínácea, cuya madera se emplea en la construcción de buques.

CAPACEAR. tr. MURC. Transportar en capazos.

CAPACETA. f. SAL. Capa de hojas anchas, como de parra con que se cubren los cestos, en que se transporta fruta.

CAPACETE. (fr. *cabasset*, de *cabas*, y éste del l. *capax, -ācis*, capaz.) m. Pieza de la armadura que cubría la cabeza. || **2.** CUBA, C. RICA y MÉJ. Pieza de paño que cubría por delante el quitrín o volante para resguardar a los que ocupaban el asiento, del sol o de la lluvia. || **P.** capacete; **I.** helmet; **F.** cabasset, cabacet, cerbelière; **A.** Pickelhaube; **It.** cervelliera; **R.** шишак.

CAPACIDAD. (l. *capacĭtas, -ātis*.) f. Espacio hueco de alguna cosa, suficiente para contener otras. || **2.** Extensión o espacio de algún sitio o local. || **3.** Suficiencia para alguna cosa. || **4.** fig. Talento o disposición para comprender bien las cosas. || **5.** fig. Oportunidad, lugar o medio para ejecutar alguna cosa. || **6.** FOR. Aptitud legal para ser sujeto de derechos y obligaciones, o facultad para realizar actos válidos en derecho. || **—calorífica.** Fís. Es el producto en calorías que resulta de multiplicar la masa del cuerpo en gramos por su calor específico. || **—demográfica.** Potencialidad económica de una región o extensión superficial cualquiera para subvenir al sustento de una población determinada. || **—eléctrica.** Fís. Cantidad de electricidad necesaria para hacer experimentar a un cuerpo un crecimiento de potencial igual a la unidad. || **—térmica.** Fís. Cantidad de calor necesaria para elevar en un grado centígrado la temperatura de un cuerpo. || **P.** capacidade; **I.** capacity; **F.** capacité; **A.** Raum, Umfang; **It.** capacità; **R.** ёмкость. || **3.ª** acep.: **P.** aptidão; **I.** capacity, aptitude; **F.** capacité; **A.** Fähigkeit, Tüchtigkeit; **It.** capacità; **R.** способность.

★ **CAPACIÓN.** f. URUG. Acción de capar.

° **CAPACITACIÓN.** f. Acción y efecto de capacitar.

★ **CAPACITANCIA.** f. ELECTR. Resistencia ofrecida por un condensador a la corriente alterna.

CAPACITAR. tr. Hacer a uno apto para alguna cosa. Ú.t.c.r. || **2.** CHILE. Facultar o comisionar a una persona para hacer algo.

CAPACHA. f. Capacho, media sera de esparto con que se cubren algunos cestos y donde suelen comer los bueyes. || **2.** Esportilla de palma para llevar fruta y otras

C cosas menudas. || **3.** fig. y fam. Orden de San Juan de Dios, cuyos religiosos en un principio recogían en capachas la limosna para los pobres. || **4.** fig. y fam. CHILE, BOL. y ARGENT. Cárcel, encierro, prisión.

CAPACHADA. f. CHILE. Lo que cabe en un capacho o capacha.

★ **CAPACHECA.** f. CHILE. Puesto de los vendedores ambulantes.

CAPACHERO. m. El que se ocupa en portear en capachos alguna mercancía.

★ **CAPACHERO, RA.** adj. VENEZ. Camorrista.

CAPACHO. (De *capazo*.) m. Espuerta de juncos y mimbres que se emplea para llevar fruta. || **2.** Media sera de esparto con que se cubren los cestos de frutas y las seras del carbón y donde suelen comer los bueyes. || **3.** Especie de espuerta de cuero o de estopa muy recia, en que los albañiles llevan la mezcla de cal y de arena desde el montón para la obra. || **4.** Seroncillo de esparto apretado, compuesto de dos piezas redondas cosidas por el canto, donde se echa la aceituna ya molida. || **5.** Planta tropical del género del cañácoro y de fruto comestible. || **6.** fig. y fam. Religioso del orden de San Juan de Dios. || **7.** BOT. VENEZ. Planta cannácea, de raíz comestible y de uso en medicina. Hay dos variaciones: una morada y otra blanca. || **8.** VENEZ. Raíz de esta planta. || **9.** CHILE. Bolsa en que los mineros llevan metal y después del trabajo meten vituallas. || **10.** PERÚ. Bolsillo o alforja. || **11.** BOL. y ARGENT. Sombrero viejo. || **12.** MÚS. VENEZ. Cada una de las chinas que hay dentro de la maraca y también la misma maraca. || **13.** COLOM. Espata de mazorca de maíz. || **14.** ECUAD. Cárcel, prisión. || **15.** COLOM. y P. RICO. Caracatey. || **P.** cabaz; **I.** basket, frail; **F.** cabas; **A.** Obstkorb; **It.** sporta; **R.** плетёная корзинка.

CAPADA. f. fam. Lo que cabe en la punta de la capa, recibiendo sobre los brazos la tela delantera, formando bolsa.

★ **CAPADERO.** m. MÉJ. Fiesta que organizan los rancheros al castrar el ganado.

CAPADILLO. m. ant. Especie de chilindrón o parte de él.

CAPADOCIO, A. adj. Natural de Capadocia. Ú.t.c.s. || **2.** Perteneciente a esta región de Asia.

CAPADOR. m. El que tiene el oficio de capar. || **2.** COLOM. Flauta o caramelillo que se hace con cañas generalmente de carrizo.

CAPADURA. f. Acción y efecto de capar. || **2.** Cicatriz que queda al castrado. || **3.** Hoja de tabaco de calidad inferior, que se emplea para picadura y alguna vez para tripas.

★ **CAPAGATO.** n. CHILE. Chicharra, juguete que produce un sonido parecido al canto de la cigarra.

★ **CAPANGO.** m. BOL. y MÉJ. Bolita de cristal.

CAPAR. (De *capón*, I.er art.) tr. Extirpar o inutilizar los órganos genitales. || **2.** fig. y fam. Disminuir o cercenar. || **3.** CUBA. Cortar el tabaco para que produzca la segunda cosecha. || **4.** MÉJ. Hacer un corte triangular al maguey para que no crezca el bohordo y se forme en el cogollo el aguamiel con que se hace el pulpe. || **5.** CUBA y P. RICO. Podar. || **6.** CUBA. En el juego del monte deducir el banquero la cuarta parte de lo que debía pagar al jugador, cuando éste acierta el primer naipe que se descubre. || **7.** COLOM. Faltar los muchachos a clase. || **8.** BOL. Empezar, encentar. || **P.** capar, castrar; **I.** to geld, to spay; **F.** châtrer, chaponner; **A.** kastrieren, entmannen; **It.** castrare, capponare; **R.** кастрировать.

★ **CAPARACHÓN.** m. CUBA. Caparazón.

CAPARAROCH. m. Ave de rapiña nocturna que vive en América.

CAPARAZÓN. (prov. *capairon*, y éste del l. *cappa*, capa.) m. Cubierta que se pone al caballo que va de la mano para tapar la silla y el aderezo, y también la de cuero con que se preserva de la lluvia a las caballerías de tiro. || **2.** Cubierta que se pone encima de algunas cosas para su defensa. || **3.** Serón que contiene el pienso y se cuelga

de la cabeza de la caballería. || **4.** Esqueleto torácico del ave. || **5.** Cubierta quitinosa incrustada por sales calizas que protege el tórax y a veces todo el dorso de muchos crustáceos. || **6.** ZOOL. Cutícula de los protozoos. || **7.** ZOOL. Coraza que protege el cuerpo de los quelonios. || **P.** caparazão; **I.** caparison, saddle-cover; **F.** caparaçon, housse; **A.** Satteldecke; **It.** coperta, gualdrappa; **R.** попрышка.

CAPARIDÁCEO, A. (l. *cappăris*, nombre de un género de plantas.) adj. BOT. Se aplica a las plantas angiospermas dicotiledóneas, sin látex. Ú.t.c.s. || **2.** f. pl. BOT. Familia de estas plantas.

CAPARÍDEO, A. (l. *cappăris*, alcaparra.) adj. BOT. Caparidáceo.

CAPARINA. f. AST. Mariposa, 1.ª acep.

CAPARRA. (l. *crabrus*, der. regres. de *crabo*, *-ōnis*, tábano.) f. En algunas partes, garrapata. || **2.** fig. y fam. AR. Persona pesada en su conversación.

CAPARRA. (ital. *caparra*.) f. Señal que se da cuando se ajusta una cosa.

CAPARRA. f. AR. Alcaparra.

CAPARRO. m. PERÚ y VENEZ. Mono lanoso de pelo blanco.

CAPARRÓN. (De *caparra*, 3.er art.) m. Botón que sale de la yema de la vid o del árbol. || **2.** ÁL. Alubia más gruesa y corta que la común. || **3.** RIOJA. Judía de vainas sin briznas y de semilla corta y redondeada. || **4.** RIOJA. Fruto o semilla de esta planta.

CAPARRÓS. m. AR. Caparrosa.

CAPARROSA. (fr. *couperose*, y éste del germ. *kupferasche*.) f. Sal compuesta de ácido sulfúrico y cobre o hierro. ||—**azul.** La que tiene cobre. Se emplea en medicina y tintorería. ||—**blanca.** Sulfato de cinc. ||—**roja.** Variedad de la verde, roja o amarilla. ||—**verde.** La que tiene hierro. Se usa en tintorería. || **P.** caparrosa; **I.** copperas; **F.** couperose; **A.** Kupferwasser, Vitriol; **It.** copparosa; **R.** купорос.

★ **CAPARROSA.** f. BOT. ECUAD. Flor de la pita.

CAPASURÍ. m. C. RICA. Venado que tiene los cuernos cubiertos por la piel.

CAPATAZ. (l. *caput*, *-ĭtis*, cabeza.) m. El que gobierna a cierto número de operarios. || **2.** Persona a cuyo cargo está la labranza y administración de las haciendas de campo. || **3.** El encargado de recibir el metal marcado en las caras de moneda. || **4.** CUBA. Persona que tiene alguna empresa, establecimiento, etc., en cuya administración emplea subalternos. ||—**de cultivo.** Persona que auxilia a los ingenieros agrónomos y a los de montes. || **P.** capataz; **I.** foreman; **F.** brigadier, piqueur, chef d'équipe; **A.** Aufseher, Werkmeister; **It.** caposquadra, capoccia; **R.** надсмотрщик.

CAPATAZA. f. Mujer del capataz, 2.ª acep., dedicada a las faenas dadas a su cargo. || **2.** ARGENT. La que cuida a cierto número de operarias.

CAPAZ. (l. *capax*, *-ācis*.) adj. Se aplica a lo que tiene espacio para recibir o contener en sí alguna cosa. || **2.** Grande o espacioso. || **3.** fig. Apto, proporcionado, suficiente para alguna cosa determinada. || **4.** fig. De buen talento, diestro. || **5.** FOR. Apto legalmente para alguna cosa. || **P.** capaz; **I.** capacious; **F.** capace, spacieux; **A.** geräumig, fähig; **It.** capace; **R.** вместительный.

CAPAZA. (De *capazo*, 1.er art.) f. AR. y MURC. Capacho, seroncillo de esparto usado en los molinos de aceite. || **2.** SAL. Capaceta.

CAPAZMENTE. adv. Con capacidad, con anchura.

CAPAZO. (l. *capax*, *-ācis*, capaz.) m. Espuerta grande de esparto o palma.

CAPAZO. m. Golpe que se da con la capa. | *Acabarse*, o *salir a* CAPAZOS. fr. fig. y fam. Parar una reunión en riña.

★ **CAPAZÓN.** f. MÉJ. Acto de capar los animales.

CAPCIÓN. (l. *captio*, *-ōnis*.) f. Captación. || **2.** FOR. Captura.

CAPCIONAR. (De *capción*.) tr. ant. FOR. Capturar.

CAPCIOSAMENTE. adv. Con artificio o engaño.

CAPCIOSIDAD. f. Calidad de capcioso.

CAPCIOSO, SA. (l. *captiōsus*.) adj. Artificioso, engañoso. || **P.** capcioso; **I.** captious; **F.** captieux; **A.** verfänglich, trügerisch; **It.** capzioso, cavilloso; **R.** обманчивый.

CAPDAL. (l. *capĭtālis*, capital.) adj. ant. Cabdal.

CAPEA. f. Acción de capear, 2.ª acep. || **2.** Lidia de becerros o novillos para aficionados.

★ **CAPEADA.** f. CHILE. Acción de capear, entretener a uno con engaños.

CAPEADOR. m. El que capea o roba la capa.

CAPEAR. tr. Despojar a uno de su capa principalmente de noche. || **2.** Hacer suertes con la capa al toro o novillo. || **3.** fig. y fam. Entretener a uno con engaños. || **4.** Eludir con maña un compromiso o trabajo. || **5.** MAR. Mantenerse sin retroceder más de lo inevitable cuando arrecia el viento. || **6.** MAR. Sortear el mal tiempo con adecuadas maniobras. || **7.** P. RICO. Poner una insignia a la persona que debe costear una fiesta. || **8.** COLOM. Llamar con la mano de lejos. || **P.** aguantar um temporal; **I.** to lay to; **F.** capéer, capéyer; **A.** beiliegen; **It.** cap-peggiare; **R.** отнимать плащ.

CAPEJA. f. despect. Capa mala o pequeña.

CAPEL. (cat. *capell*, y éste del l. *cappēllus*, capillo.) m. AR. Capullo del gusano de seda.

CAPELA. (l. *capella*, cabrita.) f. ASTRON. Cabra, estrella de la constelación Cochero.

CAPELÁN. m. Pez salmónido de color verde obscuro por el lomo, con aletas grises orilladas de negro. Se emplea como cebo para la pesca del abadejo.

CAPELARDENTE. (l. *capella*, capilla, y *ardens*, *-entis*, ardiente.) f. ant. Capilla ardiente.

CAPELETE. (De *capuleto*.) m. Individuo de una familia veronesa enemiga de los Montescos.

CAPELINA. f. CIR. Capellina, vendaje en forma de gorra. || **2.** COLOM. y AMÉR. CENTRAL. Gorro o cofia de mujer. || **3.** Pamela, sombrero femenino. || **P. e It.** capellina; **I.** y **F.** capeline; **A.** Helmkappe; **R.** шлем.

CAPELO. (ital. *cappello*, y éste del l. *cappēllus*, sombrero.) m. Cierto derecho que los obispos percibían del estado eclesiástico. || **2.** Sombrero rojo de los cardenales de la Santa Iglesia Romana. || **3.** fig. Dignidad de cardenal. || **4.** BLAS. Timbre del escudo de los prelados y abades. || **5.** AMÉR. Fanal, campana de cristal cerrada por arriba para resguardar del polvo lo que cubre. ||—**de doctor.** AMÉR. Capirote, muceta. | *No lo quiero, no lo quiero, mas échamelo al* CAPELO. ref. Que reprende al que se finge desprendido y luego reclama su derecho. 2.ª acep.: **P.** chapéu de cardeal; **I.** hat; **F.** chapeau; **A.** Kardinalshut; **It.** capello; **R.** сан кардинала.

CAPELLADA. (De *capilla*.) f. Puntera, contrafuerte de cuero que se coloca en la punta de los zapatos. || **2.** Remiendo en la pala de los zapatos rotos. || **3.** AMÉR. Pala, parte superior del calzado.

CAPELLÁN. (prov. *capellán*, y éste del l. *capellānus*, de *capella*, capilla.) m. El que obtiene alguna capellanía. || **2.** Cualquier eclesiástico. || **3.** Sacerdote que dice misa en un oratorio privado y muchas veces vive en la casa. ||—**de altar.** El que canta las misas solemnes en palacio cuando no hay capilla pública. || **2.** Sacerdote destinado para asistir al que celebra. ||—**de coro.** El que es sin prebenda y asiste al coro en los oficios divinos y horas canónicas. ||—**del Ejército y de la Armada.** El que ejerce sus funciones en los ejércitos de tierra y mar. ||—**mayor.** Superior de un cabildo o comunidad de capellanes. ||—**real.** El nombrado por el rey. || *Al buen* CAPELLÁN, *mejor sacristán. A mal* CAPELLÁN, *mal sacristán.* refs. ambos que se toman en mal sentido, censurando el incumplimiento del deber a uno y a otro. || **P.** capelão; **I.** chaplain; **F.** aumônier, chapelain; **A.** Vikar, Kaplan; **It.** cappellano; **R.** капеллан.

CAPELLANÍA. (De *capellán*.) f. Fundación en la que ciertos bienes quedan sujetos al cumplimiento de misas y de otras cargas pías. || 2. fam. COLOM. Antipatía. ||—colativa. La que el ordinario erige en beneficio, reservando para sí la colación. || P. capelania; I. chaplaincy; F. chapellanie; A. Kaplanstelle; It. cappellania; R. капелланство.

CAPELLAR. (l. *cappēlla*, d. de *cappa*, capa.) m. Especie de manto a la morisca que se usó en España.

CAPELLINA. (l. *cappēlla*, d. de *cappa*, capa.) f. Pieza de la armadura que cubría la parte superior de la cabeza. || 2. Capucho con que los rústicos se resguardan del agua y del aire frío. || 3. fig. Soldado de a caballo armado de capellina. || 4. CIR. Vendaje en forma de gorro. || 5. MIN. Mufla de grandes dimensiones para afinar grandes cantidades de plata.

★ **CAPÉDULAS.** f. HOND. Materia que debe ser tratada cuidadosamente.

★ **CAPENSE.** adj. MÉJ. Dícese del alumno externo de un colegio.

CAPEO. m. Acción de robar la capa o de capear al toro. || 2. pl. Capea.

CAPEÓN. m. Novillo que se capea.

CAPERO. (De *capa*.) adj. V. *Tabaco* CAPERO. || 2. m. El que en las iglesias catedrales, colegiales y otras asiste al coro y al altar con capa pluvial, por días o semanas. || 3. Cuelgacapas. || 4. PERÚ. Músico popular.

CAPEROL. m. MAR. Extremo superior de una pieza de construcción y especialmente el de la roda en las embarcaciones menores.

CAPERUCEAR. (De *caperuza*.) tr. Quitarse el sombrero, gorra o caperuza para saludar.

CAPERUCETA. f. d. de caperuza.

CAPERUZA. (b. l. *capero*, y éste del l. *cappa*, capa.) f. Bonete que remata en punta inclinada hacia atrás. || *Dar en* CAPERUZA a uno. fr. fig. y fam. Darle en la cabeza, hacerle daño, o dejarle cortado en la disputa. || *Echar* CAPERUZAS *a la tarasca*, ref. con que se reprende la ambición excesiva o la ingratitud. || P. carapuça; I. hood, chaperon; F. chapéron; A. Kapuze, Käppchen; It. cappuruccio; R. колпак.

CAPERUZADO, DA. adj. BLAS. Capirotado.

CAPERUZÓN. m. aum. de caperuza.

CAPETA. f. d. de capa. || 2. Capa corta y sin esclavina, que no pasa de la rodilla.

CAPETONADA. f. Vómito violento que ataca a los europeos al pasar la zona tórrida.

CAPI. (Voz quichua.) m. AMÉR. MERID. Maíz. || 2. CHILE. Vaina de simiente cuando está tierna. || 3. BOL. Harina blanca de maíz. || 4. CHILE. Convenio que hacen los niños de cederse mutuamente los juguetes y golosinas cuando alcanzan a sorprenderlos en manos del que los tiene.

CAPIA. (Voz quichua que significa *maíz blanco*.) f. ARGENT., COLOM. y PERÚ. Maíz blanco y muy dulce que se emplea para la preparación de golosinas. || 2. ARGENT. y COLOM. Dulce fabricado con harina de capia y azúcar. || 3. BOL. Harina de maíz tostado.

CAPIALZADO. adj. ARQ. Se aplica al arco o dintel más elevado por uno de los frentes para formar el derrame volteado sobre la puerta o ventana.

CAPIALZAR. (De *cap.* [del l. *caput*, cabeza] y *alzar*.) tr. ARQ. Levantar un arco o dintel por uno de sus frentes formando derrame volteado sobre una puerta o ventana.

CAPIALZO. m. ARQ. Pendiente o derrame del intradós de una bóveda.

CAPIATÍ. (guar., *capiú*, pasto, y *ati*, espina, espinoso.) m. ARGENT. Planta cuyas hojas se emplean como remedio en algunas enfermedades de la boca.

CAPICATÍ. (De *capii-cati*, en guaraní, *pasto oloroso*.) m. Planta ciperácea americana con cuya raíz se fabrica un licor muy especial del Paraguay.

CAPICÚA. (cat. *cap*, cabeza, y *cúa*, cola.) m. En el juego de dominó ganarlo con una ficha que puede colocarse en cualquiera de los dos extremos. || 2. Número que es igual leído de izquierda a derecha que de derecha a izquierda.

CAPICHOLA. f. Tejido de seda que forma un cordoncillo a manera de burato.

CAPICHOLADO, DA. adj. Semejante a una capichola.

CAPIDENGUE. (De *capa* y *dengue*.) m. Especie de pañuelo o manto con que se cubrían las mujeres.

CAPIGORRA. (De *capa* y *gorra*.) m. Capigorrón. Ú.t.c.s.

CAPIGORRISTA. adj. fam. Capigorrón. Ú.t.c.s.

CAPIGORRÓN. adj. fam. Ocioso o vagabundo que andaba de capa y gorra. Ú.t.c.s. || 2. Se aplica al que tiene órdenes menores y se mantiene sin pasar a las mayores. Ú.t.c.s.

CAPIGUARA. (guar. *capiguá*.) m. AMÉR. Carpincho.

★ **CAPIHUARA.** m. AMÉR. Capiguara.

CAPILAR. (l. *capillāris*, de *capillus*, cabello.) adj. Perteneciente o relativo al cabello. || 2. Se aplica a los fenómenos producidos por la capilaridad. || 3. fig. Se aplica a los tubos muy angostos, comparables al cabello. || 4. ANAT. Cada uno de los vasos muy finos que enlazan en el organismo la terminación de las arterias con el comienzo de las venas. || P. capilar; I. capillary; F. capillaire; A. haarförmig; It. capillare; R. волосной.

CAPILARIDAD. f. Calidad de capilar. || 2. FÍS. Propiedad de atraer un cuerpo sólido y hacer subir por sus paredes el líquido que las moja, y de repeler, formando a su rededor un hueco, el líquido que no las moja. || P. capilaridade; I. capillarity; F. capillarité; A. Kapillarität; It. capillarità; R. капиллярность.

CAPILARÍMETRO. m. FÍS. Aparato para graduar la pureza de los alcoholes.

CAPILLA. (l. *cappēlla*, d. de *cappa*, capa.) f. Capucha sujeta al cuello de las capas, gabanes, etc. || 2. Edificio contiguo a la iglesia o parte integrante de ella con altar y advocación particular. || 3. Cuerpo o comunidad de capellanes, ministros o dependientes de ella. || 4. Cuerpo de músicos asalariados de alguna iglesia. || 5. En los colegios, junta que hacen los colegiales para tratar de los negocios de su comunidad. || 6. Oratorio, lugar donde se celebra misa en las casas particulares. || 7. fig. y fam. Religioso regular, a diferencia del clérigo secular. || 8. IMPR. Pliego que se entrega suelto durante la impresión de una obra. ||—ardiente. fig. La de la iglesia en que se levanta el túmulo y se celebran honras solemnes por algún difunto. || 2. fig. Oratorio fúnebre provisional donde se celebran las primeras exequias por una persona en la misma casa en que ha fallecido. ||—mayor. Parte principal de la iglesia, en que están el presbiterio y el altar mayor. || *Estar en* CAPILLA, *o en la* CAPILLA. fr. Se aplica al reo desde que se le notifica la sentencia de muerte hasta la ejecución. || 2. fig. y fam. Estar alguno esperando muy cerca el éxito de una pretensión o negocio que le da cuidado. || 2.ª acep.: P. capela; I. chapel; F. chapelle; A. Kapelle; It. cappella; R. часовня.

CAPILLADA. f. Porción que cabe en la capilla o caperuza que se usa en algunas provincias. || 2. Golpe dado con la capilla.

CAPILLEJA. f. d. de capilla.

CAPILLEJO. m. d. de capillo. || 2. Madeja de seda doblada y torcida en disposición de usarla para coser. || 3. PERÚ. Canasto ligero de hojas de palmera.

CAPILLER. m. Capillero. || 2. En algunas partes muñidor de cofradía.

CAPILLERO. m. Encargado de una capilla y de lo perteneciente a ella.

CAPILLETA. f. d. de capilla, 2.ª y 3.ª aceps. || 2. Nicho en figura de capilla.

CAPILLO. (l. *cappēllus*, de *cappa*, capa.) m. Cubierta de lienzo que se pone en la cabeza a los niños de pecho. || 2. Vestidura de tela blanca que se pone en la cabeza de los niños bautizados. || 3. Derecho que cobra la fábrica cuando se usa el capillo de la iglesia. || 4. Capirote, cubierta en la cabeza de las aves de cetrería. || 5. Rocadero envoltura de la rueca. || 6. Red con que se tapan las bocas de los vivares una vez echaron el hurón para que los conejos que salen huyendo caigan en ella. || 7. Manga de lienzo para colar la cera. || 8. Hoja de tabaco que forma la primera tripa de los cigarros puros. || 9. SAL. Engaño. || 10. MAR. Cubierta con que se resguardan de la humedad las bitácoras cuando están forradas de cobre. || 11. MAR. Pedazo de tela con que se recubren los chicotes de los obenques. || 12. AMÉR. MERID. Vasija de barro para derretir el estaño o plomo en las operaciones de amalgama. || 13. PERÚ. Medalla conmemorativa de un bautizo o boda. || 14. PERÚ. Recordatorio impreso. || *Ponte el* CAPILLO, *ruin, que viene abril.* ref. que aconseja a tomar las precauciones debidas para resistir algún daño. || 2.ª acep.: P. capela; I. chrisom; F. chrémeau; A. Taufmützchen; It. capellina da battésimo.

CAPILLUDO, DA. adj. Perteneciente a la capilla o semejante a ella. || 2. Que tiene o usa capilla, 1.ª acep.

CAPÍN. m. BOT. AMÉR. MERID. Planta forrajera gramínea.

CAPINCHO. m. R. DE LA PLATA. Carpincho.

CAPINGO. m. Capa corta y de poco ruedo que se usó en Chile en el siglo XVIII y principios del XIX. || 2. ARGENT. Capa corta y airosa.

CAPIPARDO. m. Hombre artesano, del pueblo.

CAPIRÓN. (l. *cappa*.) m. ant. Cubierta de la cabeza.

★ **CAPIRONA.** f. BOT. PERÚ y VENEZ. Árbol rubiáceo que suelta la corteza en pedazos de gran tamaño.

CAPIROTADA. (De *capirote*.) f. Aderezo hecho con hierbas, huevos, ajos y otros adherentes para rebozar con él otros manjares. || 2. AMÉR. Plato criollo preparado con carne, maíz tostado, queso, mantequilla y especias. || 3. MÉJ. Dulce de pasas, almendras y trozos de biznaga, hervido con miel y colocado en pan tostado.

CAPIROTADO, DA. adj. BLAS. Se aplica a cualquier figura humana o animal con caperuza, especialmente a las aves de caza con el capirote puesto.

CAPIROTAZO. m. Golpe dado generalmente en la cabeza, haciendo resbalar con violencia, sobre la yema del pulgar, el envés de la última falange de otro dedo de la misma mano. || P. piparote; I. fillip; F. chiquenaude, croquignole; A. Schruppchen; Kopfnuss; It. buffetto; R. щелчок.

CAPIROTE. (De *capirón*.) adj. Se aplica a la res vacuna que tiene la cabeza de distinto color que el cuerpo. || 2. m. Capucho antiguo con falda que caía sobre los hombros y a veces llegaba a la cintura. || 3. Muceta con capillo, del color respectivo de cada facultad, que usan los doctores en ciertos actos solemnes. || 4. Cucurucho de cartón, cubierto de tela blanca o de color, que llevaban en la cabeza los disciplinantes en las procesiones de cuaresma. || 5. El que traen cubierto de holandilla negra o de otro color, los que van a las procesiones de semana santa tocando las trompetas o alumbrando. || 6. Caperuza de cuero con que se coloca a las aves de cetrería para que se estén quietas hasta que han de volar. || 7. fam. V. *Tonto de* CAPIROTE. ||—de colmena. Barreño o medio cesto invertido con que se suelen cubrir las colmenas cuando tienen mucha miel. || 2.ª acep.: P. capirote; I. hood; F. chapéron; A. Falkenkappe; It. cappuccio, capperuccio; R. высокая остроконечная шапка.

CAPIROTERA. (De *capirote*.) f. ant. Caperuza.

CAPIROTERO. adj. Se aplica al azor o al halcón acostumbrado al capirote.

CAPIRUCHO. m. fam. Capirote, 2.ª acep.

CAPISAYO. m. Vestidura corta como un capotillo abierto que sirve de capa y sayo. || 2. Vestidura común de los obispos. || 3. COLOM. Camiseta.

CAPISCOL. (b. l. *capischolus*, y éste del l. *caput*, cabeza, y *schola*, escuela.) m. Chantre. || 2. En algunas provincias, sochantre que rige el coro, gobernando el canto llano. || 3. GERM. Gallo, 1.ª acep.

CAPISCOLÍA. f. Dignidad de capiscol.

C

CAPISTRO. (l. *capistrum.*) m. ARQUEOL. Arnés con que los romanos defendían la cabeza de los caballos de batalla.

CAPITÁ. m. AMÉR. MERID. Pajarillo de cuerpo negro y cabeza de color rojo encendido.

CAPITACIÓN. (l. *capitatio, -ōnis.*) f. Repartimiento de tributos y contribuciones por cabezas. ‖ **P.** capitação; **I.** y **F.** capitation; **A.** Kopfsteuer; **It.** capitazione; **R.** поголовная подать.

CAPITAL. (l. *capitālis.*) adj. Tocante o perteneciente a la cabeza. ‖ **2.** Se aplica a los siete pecados o vicios que son origen de otros. ‖ **3.** Se aplica a la población principal y cabeza de un Estado, provincia o distrito. Ú.t.c.s. ‖ **4.** fig. Principal o muy grande. Se aplica sólo a algunas cosas. ‖ **5.** V. *Letra* CAPITAL. Ú.t.c.s. ‖ **6.** m. Hacienda, patrimonio. ‖ **7.** Cantidad de dinero que se presta o se deja a censo sobre varias fincas. ‖ **8.** Caudal que aporta el marido al matrimonio. ‖ **9.** Valor permanente de lo que periódica o accidentalmente rinde u ocasiona rentas o intereses. ‖ **10.** Elemento o factor de la producción formado por la riqueza acumulada que en cualquier aspecto se destina de nuevo a aquélla en unión del trabajo y de los agentes naturales. ‖ **11.** f. FORT. Línea imaginaria que es bisectriz de un ángulo saliente en el trazo de una fortificación. ‖ **—circulante,** o **de rotación.** El que cambia sucesivamente de forma, siendo primeras materias, productos elaborados, numerario, etc. ‖ **—fijo.** El que de forma estable se destina a la producción, como son los edificios o máquinas de una fábrica. ‖ **—líquido.** Residuo del activo, distraído del pasivo de una persona natural o jurídica. ‖ 3.ª acep.: **P.** capital; **I.** capital, chief town; **F.** capitale, chef-lieu; **A.** Hauptstadt; **It.** capitale, capo, capoluogo; **R.** столица. ‖ 10.ª acep.: **P.** caudal, patrimonio; **I.** y **F.** capital; **A.** Kapital; **It.** capitale; **R.** капитал.

CAPITALIDAD. f. Calidad de una población cabeza o capital de partido, de provincia, región o estado.

★ **CAPITALINO, NA.** adj. AMÉR. De la capital.

CAPITALISMO. m. Régimen económico fundado en el predominio del capital como elemento de producción y creador de la riqueza. ‖ **2.** Conjunto de capitales y capitalistas, considerado como entidad económica. ‖ **P.** e **It.** capitalismo; **I.** capitalism; **F.** capitalisme; **A.** Kapitalismus; **R.** капитализм.

CAPITALISTA. (De *capital,* caudal.) adj. Propio del capital o del capitalismo. ‖ **2.** COM. Persona acaudalada en dinero o valores. ‖ **3.** COM. Persona que coopera con su capital a uno o más negocios. ‖ **4.** R. DE LA PLATA. Banquero en las jugadas de quinielas y redoblonas.

CAPITALIZABLE. adj. Que puede capitalizarse.

CAPITALIZACIÓN. f. Acción y efecto de capitalizar.

CAPITALIZAR. tr. Fijar el capital que corresponde a determinado rendimiento o interés. ‖ **2.** Agregar al capital el importe de los intereses devengados, para computar sobre la suma los réditos ulteriores que se denominan interés compuesto.

CAPITALMENTE. adv. Mortalmente, gravemente.

CAPITÁN. (ital. *capitano,* y éste del l. *caput, -ĭtis,* cabeza.) m. Oficial del ejército a quien corresponde el mando de una compañía, escuadrón o batería. ‖ **2.** El que manda un barco mercante de altura. ‖ **3.** Genéricamente, caudillo militar. ‖ **4.** El que es jefe de forajidos. ‖ **5.** fig. y fam. V. *Las cuentas del Gran* CAPITÁN. ‖ **6.** COLOM. Persona elegida para dirigir una fiesta. ‖ **7.** ZOOL. P. RICO. Pez cuya carne se considera venenosa. ‖ **—a guerra.** Autoridad civil habilitada para entender en asuntos de guerra. ‖ **—de bandera.** En la armada, el que manda el buque en que va el general. ‖ **—de corbeta.** Oficial del cuerpo general de la armada, cuya categoría equivale a la de comandante del ejército. ‖ **—de fragata.** Oficial del cuerpo general de la armada, cuya categoría equivale a la de teniente coronel del ejército. ‖ **—de navío.** Oficial del cuerpo general de la armada cuya categoría alcanza a la

de coronel del ejército. ‖ **—de proa.** Marinero encargado de la limpieza del buque, generalmente por castigo. ‖ **—de puerto.** Oficial de la marina de puerto encargado del orden y policía del puerto. ‖ **—general.** Grado supremo de la milicia. ‖ **—pasado.** FILIP. El que había sido gobernador. ‖ CAPITÁN *vencido, ni loado ni bien recibido.* ref. que indica que el desgraciado, aun siendo inocente, no halla disculpa. ‖ **P.** capitão; **I.** captain; **F.** capitaine; **A** Kapitän, Hauptmann; **It.** capitano; **R.** капитан.

CAPITANA. f. Nave en que va embarcado y arbola su insignia el jefe de una escuadra. ‖ **2.** fam. Mujer que es cabeza de una tropa. ‖ **3.** fam. Mujer del capitán.

CAPITANEAR. tr. Mandar la tropa cumpliendo el oficio de capitán. ‖ **2.** fig. Guiar o conducir cualquiera gente, aunque no sea ni armada ni militar. ‖ **P.** capitanean; **I.** to captain; **F.** être à la tête; **A.** fuhren, befehligen; **It.** capitanare, capitaneggiare; **R.** командовать.

CAPITANEJA. f. BOT. C. RICA, MÉJ. y NICAR. Planta perenne compuesta que se emplea en la medicina rural.

CAPITANÍA. f. Empleo de capitán. ‖ **2.** Voz genérica que se empleó hasta el siglo XVI para designar la fuerza militar equivalente al batallón o regimiento modernos. ‖ **3.** Compañía de soldados, con sus oficiales subalternos, mandada por un capitán. ‖ **4.** Derecho que pagan al capitán de un puerto los barcos que fondean en él. ‖ **—de puerto.** Oficina del capitán de puerto. ‖ **—de partido.** CUBA. Empleo de capitán de partido. ‖ **—general.** Cargo que ejercía un capitán general de una región o territorio y territorio de la misma. ‖ **2.** Edificio donde residía el capitán general. ‖ **3.** En América, durante la dominación española, extensa demarcación gobernada con cierta independencia del virreinato a que pertenecía. ‖ **P.** capitania; **I.** captainship; **F.** capitainat; **A.** Hauptmannstelle; **It.** capitanato; **R.** чин капитана.

CAPITEL. (prov. *capitell,* y éste del l. *capitĕllum,* cabecita.) m. ARQ. Parte superior de la columna y de la pilastra que las corona con figura y ornamentación distintas, según el estilo al que corresponde. ‖ **2.** ARQ. Chapitel, remate piramidal de las torres. ‖ **—compuesto.** El que tiene el ábaco chaflanado y decorado, cuarto bocel también decorado, volutas y hojas de acanto. ‖ **—dórico.** En Grecia, el formado por ábaco liso, equino y ánulos. En Roma, el del ábaco moldurado y cuarto bocel en vez de equino. ‖ **—jónico.** El que tiene ábaco moldurado, tambor adornado con volutas y astrágalo. ‖ **—toscano.** El que tiene ábaco liso, cuarto bocel y astrágalo. ‖ **P.** capitel; **I.** capital; **F.** chapiteau; **A.** Säulenknauf; **It.** capitello; **R.** капитель.

CAPÍTOL. (cat. *capitol,* y éste del l. *capitŭlum,* capítulo.) m. ant. Capítulo, división de los libros.

CAPITOLINO, NA. (l. *capitolinus.*) adj. Perteneciente o relativo al Capitolio. ‖ **2.** m. Cabezuela o punta de piedra preciosa usada para adorno de ciertos objetos.

CAPITOLIO. (l. *capitolĭum.*) m. fig. Edificio majestuoso. ‖ **2.** ARQUEOL. Acrópolis. ‖ **P.** capitólio; **I.** capitol; **F.** capitole; **A.** Kapitol; **It.** campidoglio.

CAPITÓN. (l. *capito, -ōnis.*) m. Mújol o cabezudo. ‖ **2.** SAL. Cabezada, golpe en la cabeza. ‖ **3.** SAL. Vuelta, voltereta.

★ **CAPITONÉ.** (fr. *capitonné.*) adj. Galicismo por acolchado.

★ **CAPITONEAR.** tr. ARGENT. Acolchar.

CAPITOSO, SA. (l. *capĭto,* cabezudo.) adj. ant. Caprichudo, terco.

CAPÍTULA. (l. *capitŭla,* capítulos.) f. Lugar de la Sagrada Escritura que se reza en todas las horas del oficio divino después de los salmos y de las antífonas, menos en los maitines.

CAPITULACIÓN. (l. *capitulatio, -ōnis.*) f. Concierto hecho entre dos o más personas sobre algún negocio comúnmente grave. ‖ **2.** Convenio en que se estipula la rendición de un ejército o plaza fortificada. ‖ **3.** pl. Conciertos que se hacen entre sí los futuros esposos. ‖ **4.** Escritura

pública en que constan tales pactos. ‖ **P.** capitulação; **I.** y **F.** capitulation; **A.** Kapitulation, Übergabe; **It.** capitolazione; **R.** капитуляция.

CAPITULADO, DA. (l. *capitulātus.*) adj. Resumido, compendiado. ‖ **2.** m. Disposición capitular, capitulación, concierto que consta de artículos.

CAPITULANTE. p.a. de capitular. Que capitula.

CAPITULAR. adj. Perteneciente o relativo a un cabildo secular o eclesiástico o al capítulo de una orden. ‖ **2.** m. Individuo de alguna comunidad eclesiástica o secular con voto en ella.

CAPITULAR. (De *capítulo.*) intr. Pactar, hacer algún ajuste. ‖ **2.** Entregar una plaza de guerra o un cuerpo de tropas bajo determinadas condiciones. ‖ **3.** Cantar las capítulas de las horas canónicas. ‖ **4.** Disponer, ordenar. ‖ **5.** tr. Hacer a uno capítulos de cargos por delitos en el ejercicio de un empleo.

CAPITULARIO. m. Libro de coro que contiene las capítulas. ‖ **P.** capitulário; **I.** capitularium; **F.** capitulaire; **A.** Kapitular; **It.** capitolario.

CAPITULARMENTE. adv. En forma de capítulo.

★ **CAPITULEAR.** intr. CHILE y PERÚ. Cabildear.

★ **CAPITULEO.** m. CHILE y PERÚ. Cabildeo.

★ **CAPITULERO.** m. PERÚ. Muñidor. ‖ **2.** PERÚ. Hombre de influencia entre el pueblo bajo.

CAPÍTULO. (l. *capitŭlum.*) m. Junta que hacen los religiosos y clérigos seglares en determinado tiempo, conforme a los estatutos de sus órdenes. ‖ **2.** En las órdenes militares, junta de caballeros y demás vocales para los asuntos comunes y también la que se organiza para poner el hábito a algún caballero. ‖ **3.** Cabildo secular. ‖ **4.** Represión grave que se da a un religioso en presencia de la comunidad. ‖ **5.** Cargo que se hace a quien ejerce un empleo. ‖ **6.** División que se hace en los libros y en cualquier otro escrito para la mejor exposición de la materia. ‖ **7.** fig. Determinación. ‖ **—provincial.** En la orden de San Juan, tribunal de apelación, compuesto de cinco vocales. ‖ *Ganar,* o *perder* CAPÍTULO. tr. fig. y fam. Conseguir o no lo que se pretendía entre varios. ‖ *Llamar* o *traer,* a uno a CAPÍTULO. fr. fig. Obligarle a que dé cuenta de su conducta. ‖ **P.** capítulo; **I.** chapter; **F.** chapitre; **A.** Domkapitel, Kapitel; **It.** capitolo; **R.** капитул. ‖ 6.ª acep.: **P.** capítulo; **I.** chapter; **F.** chapitre; **A.** Abschnitt (eines Buches); **It.** capitolo; **R.** глава.

CAPIZANA. f. Pieza de la armadura del caballo que cubría la parte superior del cuello.

CAPNOMANCIA [∼**MANCÍA**]. (gr. καπνός, humo, μαντεία, predicción.) f. Adivinación supersticiosa hecha por medio del humo.

CAPOLADO. (De *capolar.*) m. AR. Picadillo.

CAPOLAR. (l. *capulāre,* cortar.) tr. Despedazar, dividir en trozos. ‖ **2.** AR. Picar la carne para hacer picadillo. ‖ **3.** MURC. Cortar la cabeza a uno.

CAPÓN. (l. *cappo,* por *capo, -ōnis.*) adj. Se aplica al hombre y al animal castrado. Apl. a pers. ú.t.c.s. ‖ **2.** m. Pollo que se castra cuando es pequeño, y se ceba para comerlo. ‖ **3.** Haz de sarmientos. ‖ **4.** MAR. Cadena o cabo grueso firme en la serviola que sirve para sostener suspendida el ancla. ‖ **5.** R. DE LA PLATA. Cordero castrado. ‖ **—de galera.** Especie de gazpacho hecho con bizcocho, aceite, vinagre, ajo, aceitunas, etc. ‖ **—de leche.** El bien cebado en caponera. ‖ *Al* CAPÓN *que se hace gallo, azotallo.* ref. en que advierte que merece castigo el que sin méritos se muestra orgulloso. ‖ *A quien te da el* CAPÓN, *dale la pierna y el alón.* ref. que indica que debemos ser agradecidos. ‖ **P.** capão; **I.** gelding, castrated; **F.** chapon; **A.** Poularde; **It** capone; **R.** кастрат.

CAPÓN. (cat. *cap.* y éste del l. *caput.* cabeza.) m. fam. Golpe dado en la cabeza con el nudillo del dedo del corazón. ‖ URUG. Monte aislado. ‖ **—de ceniza.** fam.

C

Golpe que se da en la cabeza con un trapo atado y lleno de ceniza.

CAPONA. (De *capón*, 1.er art.) adj. Dícese de la llave del gentilhombre de la cámara del rey que es únicamente honoraria. || **2.** f. Divisa militar como la charratera, pero sin cenelones.

CAPONADA. f. ÁL. Fogata que se hace con leña menuda. || **2.** AMÉR. MERID. Conjunto de corderos capones que se colocan separados.

CAPONAR. (De *capón*, 1.er art.) tr. Atar los sarmientos de la vid para que no estorben al labrar la tierra.

★ **CAPONEARSE.** r. COLOM. Abrirse las rosetas de maíz al ser tostadas.

CAPONERA. adj. Se aplica a la yegua que guía a la recua o caballada. Ú.t.c.s. || **2.** f. Jaula en que ponen los capones para cebarlos. || **3.** fig. y fam. Sitio en que alguno halla asistencia o regalo sin coste alguno. || **4.** fig. y fam. Cárcel para presos. Ú. en la fr. *Estar metido en* CAPONERA. || **5.** FORT. Obra de fortificación, especie de galería o casamata colocada en diversos sitios para el flanqueo de un foso o de varios, del cuerpo de una plaza. || **6.** P. RICO. Montón de cosas ocultamente guardadas. || **—doble.** Comunicación desde la plaza a las obras exteriores.

★ **CAPOPOTERA.** f. PERÚ. Terreno con exudaciones petrolíferas.

CAPORAL. (ital. *caporale*, y éste del l. *caput*, cabeza.) adj. ant. Capital o principal. || **2.** m. El que manda a alguna gente. || **3.** El que tiene a su cargo el ganado empleado en la labranza. || **4.** GERM. Gallo, ave gallinácea. || **5.** AMÉR. Capataz de una estancia de ganado. || **6.** MÉJ. Jefe de vaqueros. || **7.** CUBA. Bola de cera pendiente de un hilo largo con que los niños juegan a darse en la cabeza. || **8.** CUBA. Este mismo juego.

★ **CAPORAL.** adj. URUG. Se aplica al tabaco de superior calidad. || **2.** ARGENT. Se aplica a un tabaco de ínfima calidad.

★ **CAPORALAZO.** m. CUBA. Golpe dado con el caporal.

★ **CAPORALEAR.** intr. GUAT. Hacer de caporal.

CAPORALISTA. m. Caporal, 2.ª acep.

CAPOROROCA. (guaraní *caá* y *pororog*, hierba que estalla). m. R. DE LA PLATA. Árbol mirsináceo, de hojas de un color verde obscuro que en el fuego estallan ruidosamente.

CAPOROS. (l. *capori*, -*oros*.) m. pl. Antiguo pueblo de Galicia que se extendía desde los ríos Ulla y Tambre hasta el Padrón.

CAPOTA. (l. *caput*, cabeza.) f. Cabeza de la cardencha. || **2.** Tocado femenino menos elegante que el sombrero, más ceñido a la cabeza. || **3.** Cubierta plegadiza que llevan algunos carruajes. || **4.** ARGENT. Tunda. || **P.** capota; **I.** bonnet; **F.** capote; **A.** Kapotte, **It.** cappellino; **R.** капор. 3.ª acep.: **P.** coberta; **I.** hood; **F.** capote; **A.** Verdeck; **It.** màntice; **R.** складной верх экипажа.

CAPOTA. (De *capote*.) f. Capeta, capa corta y sin esclavina.

° **CAPOTAR.** intr. Volcar un automóvil quedando en posición invertida. || **2.** Caer un aparato de aviación dando con la proa en tierra.

CAPOTAZO. m. Suerte del toreo hecha con el capote para ofuscar o detener el toro.

CAPOTE. (fr. *capot*, y éste der. del l. *cappa*, capa.) m. Capa de abrigo hecha con mangas y menos vuelo que la capa corriente. || **2.** Especie de gabán ceñido al cuerpo usado por los soldados de infantería. || **3.** fig. y fam. Ceño, enojo. || **4.** fig. y fam. Cargazón. || **5.** fig. y fam. Obscuridad que se forma en los montes por acumulación de las nubes. || **6.** ARGENT. Chaqueta gruesa o gabán de marinero. || **7.** CUBA. Cubierta cónica de encerado con que se resguarda el café en los tendales. || **8.** COLOM. La primera capa de tierra que se saca al hacer una excavación cualquiera. || **9.** CHILE y MÉJ. Paliza, tunda. || **—de brega.** Capa de color vivo, en general rojo, usada por los toreros en la lidia. || **—de montar.** Prenda de uniforme que usan las plazas montadas del ejér-

cito. || **—de monte.** Manta de paño con una abertura guarnecida de cuello en el centro para sacar la cabeza. || **—de paseo.** Capa corta de seda con esclavina que los toreros de a pie usan en el desfile de las cuadrillas y al entrar y salir de la plaza. *A, o para, mi* CAPOTE. m. adv. fig. y fam. A mi modo de entender. || *Aunque me veis con este* CAPOTE, *otro tengo allá en el monte.* ref. contra los que presumen de lo que no tienen. || *Dar* CAPOTE. fr. fig. y fam. En algunos juegos de naipes, hacer uno de los jugadores todas las bazas en una mano. || *Dar* CAPOTE a uno. fr. fig. y fam. Dejarle corrido y sin tener que contestar. || **2.** fig. y fam. Dejarle sin comer por llegar tarde. || **3.** CHILE y MÉJ. Engañarle, burlarlo. || *De* CAPOTE. m. adv. MÉJ. Ocultamente. || *Decir* uno *a, o para, su* CAPOTE alguna cosa. fr. fig. Decirla para su sayo. || *Echar un* CAPOTE. fr. fig. y fam. Terciar en una disputa para desviar su curso o evitar un conflicto. || *Llevar* uno CAPOTE. fr. fig. y fam. En algunos juegos de naipes, quedarse un jugador sin hacer baza en una mano. || **P.** y **F.** capote; **I.** coat; **A.** Mantel; **It.** cappoto, gabbano; **R.** шинель.

CAPOTEAR. (De *capote*.) tr. Capear, hacer suertes al toro con la capa. || **2.** Evadir con maña las dificultades y compromisos. || **3.** ARGENT. Mantear, dar una tunda. || **4.** HOND. Usar el mismo vestido todos los días. || **5.** COLOM. Ejercitar los gallos de pelea.

CAPOTEO. m. Acción de capotear, 1.ª acep.

CAPOTERA. (De *capote*.) f. AMÉR. Percha para la ropa. || **2.** VENEZ. Maleta de viaje de lienzo y abierta por los costados.

CAPOTERO, RA. (De *capote*.) adj. Se dice de la aguja más gruesa que usan las costureras. || **2.** m. El que hacía capotes.

CAPOTILLO. (d. de *capote*.) m. Prenda a manera de capa que llegaba hasta la cintura. || **2.** CHILE. Cascabillo.

CAPOTUDO, DA. (De *capote*, 3.ª acep.) adj. fig. y fam. Ceñudo.

CAPPA. f. Kappa.

CAPRARIO, RIA. (l. *caprarius*.) adj. Perteneciente a la cabra.

CAPRICORNIO. (l. *capricornus*, de *capra*, cabra y *cornu*, cuerno.) m. ASTRON. Décimo signo del Zodíaco que el Sol recorre aparentemente al comenzar el invierno. || **2.** ASTRON. Constelación zodiacal que en otro tiempo debió de coincidir con el signo de este nombre y que actualmente se halla un poco hacia Oriente. || **P.** Capricórnio; **I.** Capricorn; **F.** Capricorne; **A.** Steinbock; **It.** Capricorno; **R.** созвездие козерога.

CAPRICHO. (ital. *capriccio*, y éste del l. *caper*, macho cabrío.) m. Idea o propósito que uno forma fuera de las reglas ordinarias y comunes. || **2.** Obra de arte en que el ingeniero o el pintor rompe con cierta gracia la observancia de las reglas. || **3.** Antojo, deseo vehemente. || **P.** capricho; **I.** caprice, whim, fancy; **F.** caprice; **A.** Eigensinn, Laune, Schrulle; **It.** capriccio; **R.** прихоть, каприз.

CAPRICHOSAMENTE. adv. Según el capricho.

CAPRICHOSO, SA. adj. Se dice del que obra por capricho y lo sigue con tenacidad. || **2.** Que se hace por capricho. || **P.** caprichoso; **I.** capricious, whimsical; **F.** capricieux; **A.** eigensinnig; **It.** capriccioso; **R.** капризный.

CAPRICHUDO, DA. (De : *apricho*.) adj. Caprichoso, que obra por capricho.

CAPRIFOLIÁCEO, A. (l. *caprifolium*, madreselva.) adj. BOT. Se aplica a las matas y arbustos angiospermos, de hojas opuestas, cáliz adherente al ovario y semillas con albumen carnoso. Ú.t.c.s.f. || **2.** f. pl. BOT. Familia de estas plantas.

CAPRIFORME. adj. Se dice del excremento humano de forma parecida al de la cabra.

CAPRINO, NA. (l. *caprinus*.) adj. Cabruno.

CAPRÍPEDE. adj. poét. Caprípedo.

CAPRÍPEDO, DA. (l. *capripes*, -*edis*, de *caper*, macho cabrío y *pes*, pie.) adj. De pies de cabra.

★ **CAPSICOL.** m. QUÍM. Esencia ex-

traída del pimiento, olorosa y muy irritante.

CAPSUELDO. m. AR. Beneficio que se concede al que paga por adelantado.

CÁPSULA. (l. *capsula*, d. de *capsa*, caja.) f. Cajita cilíndrica con que se cierran herméticamente las botellas después de llenas. || **2.** Cilindro pequeño y hueco en cuyo fondo hay un fulminante que inflama el mixto al caer el gatillo y comunica el fuego a la carga. || **3.** BOT. Fruto seco, con una o más cavidades que tienen semillas y cuya dehiscencia se efectúa según un plano que es perpendicular al eje del fruto. || **4.** FARM. Envoltura insípida y soluble de ciertos medicamentos desagradables al paladar. || **5.** QUÍM. Vasija de bordes muy bajos; se emplea en particular para evaporar líquidos. || **6.** ASTRONÁUT. Recipiente hermético, generalmente provisto de instrumentos registradores y a veces tripulado, que se lanza al espacio exterior en determinadas operaciones astronáuticas. || **—del cristalino.** ZOOL. La que contiene a éste. || **—sinovial.** ZOOL. Membrana en forma de saco cerrado que tapiza las superficies articulares de los huesos y contiene la sinovia. || **P.** cápsula; **I.** bottle-cap, **F.** capsule; **A.** Kapsel; **It.** càpsula; **R.** капсуль.

CAPSULAR. adj. Perteneciente o semejante a la cápsula.

CAPSULAR. tr. Cerrar definitivamente las botellas.

CAPTACIÓN. f. Acción y efecto de captar. || **2.** ARGENT. Maniobra pérfida para apoderarse de una herencia, legado, etcétera.

CAPTADOR, RA. adj. Que capta. Ú.t.c.s. || **2.** m. Aparato electrónico utilizado para captar las pulsaciones, como en el Sputnik II de la perra «Laika».

CAPTAR. (l. *captare*, frec. de *capere*, coger.) tr. Con voces como *voluntad, estimación*, etc., atraer, conseguir, lograr lo que dichas voces indican. Ú.t.c.r. || **2.** Recoger las aguas convenientemente de los manantiales.

CAPTATORIO, RIA. adj. Que capta.

CAPTENENCIA. (De *captener*.) f. ant. Conservación, amparo.

CAPTENER. (l. *caput*, cabeza, y *tenere*, guardar.) tr. ant. Conservar o proteger.

CAPTIVANTE. p.a. de ant. de captivar. Que captiva.

CAPTIVAR. tr. ant. Cautivar.

CAPTIVERIO. m. ant. Cautiverio.

CAPTIVIDAD. f. ant. Cautividad.

CAPTIVO, VA. (l. *captivus*, cautivo.) adj. ant. Cautivo. Ú.t.c.s.

★ **CAPTOR.** m. CHILE. Aprehensor.

CAPTURA. (l. *captura*, de *capere*, coger.) f. Acción y efecto de capturar. || **P.** captura; **I.** capture, capture; **F.** capture, prise de corps; **A.** Fang, Verhaftung; **It.** cattura; **R.** арест, задержание.

CAPTURAR. (l. *captura*.) tr. Aprehender al que es o se reputa delincuente. || **P.** capturar; **I.** to capture; **F.** capturer; **A.** fangen, verhaften; **It.** catturare; **R.** схватить.

CAPUANA. f. fam. Zurra, vapuleo.

CAPUCETA. f. Diminutivo de capuz o chapuz en algunas comarcas.

CAPUCETE. m. AR. Capuceta, chapuz. || **2.** AR. Acción de arrojarse al agua de cabeza para bañarse.

CAPUCHA. (De *capucho*.) f. Capilla que las mujeres traían en las manteletas, caída sobre la espalda. || **2.** Capucho, pieza que sirve para cubrir la cabeza. || **3.** IMPR. Acento circunflejo. || **4.** ZOOL. Conjunto de plumas que cubre la parte superior de la cabeza de las aves. || **P.** capucha; **I.** capuche, hood; **F.** capuchon, capulet; **A.** Kapuze; **It.** cappuccio; **R.** капюшон.

CAPUCHINA. (De *capucha*.) f. Planta trepadora tropeolácea de flores en forma de capucha y de olor suave y aromático. Es originaria del Perú, se cultiva en los jardines como adorno, y se emplea en las ensaladas. || **2.** Lamparilla portátil de metal con apagador en forma de capucha. || **3.** Dulce de yema cocido al baño de María y generalmente de forma de capucha. || **4.** Cometa de papel sin armadura y con forma de capucha. || **5.** IMPR. Conjunto de chibaletes unidos por la parte posterior.

CAPUCHINO, NA. (De *capucha.*) adj. Se aplica al religioso descalzo de la orden de San Francisco, con un sayal pardo obscuro y un capucho puntiagudo que cae hacia atrás. Ú.t.c.s. || **2.** Se aplica a la religiosa descalza de la orden de San Francisco, que sigue la vida y regla de los religiosos capuchinos. Ú.t.c.s. || **3.** Perteneciente o relativo a la orden de los capuchinos. || **4.** CHILE. Se dice de la fruta muy pequeña. || **5.** m. P. RICO, REP. DOMIN. Volantín o cometa pequeña. || **6.** ARGENT. Café con leche, en lenguaje lunfardo. || *Llover* CAPUCHINOS, o CAPUCHINOS *de bronce.* fr. fig. y fam. Caer la lluvia con gran intensidad. || **P.** capuchinho; **I.** Capuchin; **F.** capucin; **A.** Kapuziner; **It.** cappuccino; **R.** капуцин.

CAPUCHO. (ital. *cappuccio.*) m. Pieza del vestido que sirve para cubrir la cabeza y remata en punta.

CAPUCHÓN. m. aum. de capucha. || **2.** Abrigo como una capucha que usan las damas particularmente por la noche. || **3.** Prenda carcelaria, destinada a estorbar la comunicación entre los presos fuera de las celdas. || **4.** Dominó corto.

* **CAPUJA.** f. BOL. Rebatiña.

* **CAPUJAR.** tr. ARGENT. Tomar una cosa que viene por el aire. || **2.** ARGENT. Decir una cosa anticipándose a otro. || **3.** ARGENT. Arrebatar, quitar una cosa con rapidez.

* **CAPUL.** m. COLOM. Tupé que cae sobre la frente.

CAPULETO. (ital. *Capuletto.*) m. Capelete.

CAPULÍ. (De *capulín.*) m. Árbol de América, rosáceo, da una frutilla de gusto y olor agradables. || **2.** CUBA. Capulina. || **3.** PERÚ. Fruto de una planta solanácea, parecido a la uva que se emplea como condimento. || **4.** AMÉR. Planta solanácea de flores azules. Se emplea como adorno. || **5.** EL SALV. Planta liliácea. || **—cimarrón.** El silvestre que no es comestible.

CAPÚLIDO. (De *cápulo.*) adj. ZOOL. Se aplica a los moluscos gasterópodos, cuya concha se distingue por su forma de bonete cónico y por su ancha abertura. Ú.t.c.s. || **2.** m. pl. ZOOL. Familia de estos animales.

CAPULÍN. (Voz azteca.) m. Capulí.

CAPULINA. f. AMÉR. Cereza que produce el capulí. || **2.** CUBA. Árbol silvestre tiliáceo, de madera dura, fina, amarillenta, de venas parduscas. || **3.** MÉJ. Araña negra muy venenosa. || **4.** MÉJ. Ramera. || **5.** adj. MÉJ. V. *Vida* CAPULINA.

CÁPULO. (l. *capŭlus*, puño de espada.) m. Molusco gasterópodo, de la familia de los capúlidos.

CAPULTAMAL. m. MÉJ. Tamal o torta de capulí.

CAPULLINA. (De *capullo.*) f. SAL. Copa de árbol.

CAPULLO. (l. *capitŭlum*, cabecita.) m. Envoltura de la figura y tamaño de un huevo de paloma, dentro de la cual se halla un gusano de seda para transformarse en crisálida. || **2.** Obra análoga de las larvas de otros insectos. || **3.** Botón de flores, particularmente de la rosa. || **4.** Cascabillo, cúpula de la bellota. || **5.** Manojo de lino cocido, cuyas hebras se anudan por las puntas. || **6.** Tela basta, fabricada con seda de los capullos. || **7.** GUAT. Cápsula del algodón, al reventar en la planta. || **8.** PAN. Envoltura de la mazorca del maíz. || **—ocal.** El formado por dos o más gusanos de seda juntos. || *En* CAPULLO. loc. fam. Se dice de lo que está en los comienzos. || **P.** capulho; **I.** cocoon; **F.** cocon; **A.** Kokon; **It.** bòzzolo; **R.** шелковичный кокон. || 3.ª acep.: **P.** botao da flor; **I.** flower-bud; **F.** bouton; **A.** Blütenknospe; **It.** boccia; **R.** бутон.

CAPUZ. m. Capucho, tela que cubre la cabeza. || **2.** Chapuz, acción de chapuzar.

* **CAPUZA.** f. VENEZ. Flecha.

CAPUZAR. (l. *caput*, cabeza, y *puteāre*, sumergir.) tr. Chapuzar. || **2.** MAR. Cargar y hacer calar un buque de proa.

CAPUZÓN. (De *capuzar.*) m. MURC. Chapuzón.

CAQUÉCTICO, CA. (gr. καχεκτικός.) adj. Relativo a la caquexia. || **2.** Que padece caquexia. Apl. a pers. ú.t.c.s.

CAQUEXIA. (gr. καχεξία, mala constitución, de καχέκτης; de κακός, malo, y ἔχω, estar.) f. BOT. Decoloración de las partes verdes de las plantas por falta de luz. || **2.** MED. Estado de extrema desnutrición producido por las enfermedades consuntivas. || **P.** caquexia; **I.** cachexy; **F.** cachéxie; **A.** Kachexie; **It.** cachessìa; **R.** худосочие.

CAQUI. m. BOT. Árbol ebanáceo, originario del Japón y de la China, del que se cultivan muchas variedades en Europa y América del Sur; su fruto es comestible y dulce y del tamaño de una manzana. || **2.** Fruto de este árbol.

CAQUI. (ingl. *khaki*, y éste del indostánico *khākī*, de color de polvo.) m. Tela de algodón o lana cuyo color varía desde el amarillo de ocre al verde gris. Se emplea para uniformes militares. || **2.** Color de esta tela.

CAQUINO. (l. *cachinnus.*) m. MÉJ. Risa muy ruidosa, carcajada. Ú.m. en pl.

CAR. (b. gr. κάροιον.) m. MAR. Extremo inferior y más grueso de la antena.

CAR. (l. *quāre.*) conj. causal ant. Porque.

CARA. (l. *cara*, y éste del gr. κάρα, cabeza.) f. Parte anterior de la cabeza, desde el principio de la frente hasta la punta de la barba. || **2.** Semblante, representación de algún estado del ánimo en el rostro. || **3.** Base del pan de azúcar. || **4.** Frente de alguna cosa. || **5.** Superficie de alguna cosa. || **6.** Anverso, haz de las monedas considerado como principal por llevar el busto. || **7.** fig. Presencia de alguno. || **8.** AGR. Conjunto de entalladuras contiguas hechas en un árbol. || **9.** GEOM. Cada plano de un ángulo diedro o poliedro. || **10.** Cada una de las superficies que limitan un poliedro. || **11.** adv. Hacia, preposición que determina la dirección del movimiento con respecto al punto de su término. || **12.** PERÚ. Tiña, enfermedad del cuero cabelludo. || **—amarrada.** AMÉR. CENTRAL, COLOM., MÉJ. y CHILE. La cara vendada o entrapajada. || **—con dos haces.** fig. y fam. Persona que habla o actúa de diferente forma en presencia y en ausencia de uno. || **—de acelga.** fig. y fam. Persona de color pálido o verdinegro. || **—de chipaco.** fig. y fam. Persona lánguida y triste y de rostro pálido. || **—de gualda.** fig. y fam. Persona muy pálida. || **—de hereje.** fig. y fam. Catadura fea. || **—de juez,** o **de justo juez.** fig. y fam. Semblante severo. || **—del montón.** AGR. Parte del trigo que en la limpia cae del lado que sopla el viento y es el grano mejor y el más grueso. || **—de pascua.** fig. y fam. La apacible y risueña. || **—de perro.** fig. y fam. Semblante que refleja hostilidad. || **—de pocos amigos.** fig. y fam. La de aspecto desagradable. || **—de rallo.** fig. y fam. La muy picada de viruelas. || **—de vaqueta.** fig. y fam. Semblante muy hostil. || **2.** fig. y fam. Persona que no tiene vergüenza. || **—de viernes.** fig. y fam. Triste. || **—larga.** fig. y fam. La que expresa contrariedad. || **2.** ARGENT., CUBA y PERÚ. Cara de vinagre, persona de rostro adusto. || **—y cruz.** Juego de las chapas. || *Andar a* CARA *descubierta.* fr. fig. Obrar sin disimulo. || *Caérsele* a uno *la* CARA *de vergüenza.* fr. fig. y fam. Sonrojarse. || CARA *a* CARA. m. adv. En presencia de otro descubiertamente. || CARA *a* CARA, *vergüenza se cata.* ref. que denota que en presencia de uno no se le dice lo que se dice a sus espaldas. || **2.** También denota que se niega con dificultad lo que se pide cara a cara. || CARA *de beato y uñas de gato.* ref. contra los hipócritas. || CARA *pone mesa, que no barba o pierna tiesa.* ref. que indica que son más agradables la humildad y buenas maneras que la soberbia. || CARA *sin dientes hace a los muertos vivientes.* ref. que denota irónicamente que el buen alimento, como la carne de gallina, hace recobrar las fuerzas perdidas y en cierto modo da la vida. || *Cruzar la* CARA a uno. fr. Darle en ella una bofetada, un latigazo, etc. *Cual tenéis la* CARA, *tal tengáis la pascua.* ref. Que va contra los mal agestados por efecto de una mala condición. || *Dar en* CARA a uno. fr. fig. Afearle alguna cosa. || *Dar la* CARA. fr. fig. Responder de los propios actos y afrontar las consecuencias. || *Dar* uno *la* CARA *por* otro. fr. fig. y fam. Salir en su defensa. || **2.** fig. y fam. Responder por él. || *Echar a* CARA *o cruz* una cosa. fr. Entregar una decisión al azar tirando al alto una moneda apostando que al caer al suelo quedará en cara o cruz. || *Echar a la* CARA, o *en* CARA, o *en la* CARA, a alguno alguna cosa. fig. Recordarle algún beneficio que se le ha hecho. || *Escupir en la* CARA a uno. fr. fig. y fam. Burlarse de él cara a cara, despreciándole. || *Estar mirando a la* CARA a uno. fr. fig. y fam. Complacerle con sumo esmero. || *Ganar la* CARA. fr. fig. Ir con cuidado a colocarse frente a las reses. || *Guardar* uno *la* CARA. fr. fig. Ocultarse, tratar de pasar desapercibido. || *Hacer a dos* CARAS. fr. fig. Proceder con doblez. || *Hacer* CARA. fr. Resistir. || **2.** fig. y fam. Condescender, dar oídos a lo que se propone. || *Huir la* CARA. fr. fig. Evitar el trato de alguna persona. || *La* CARA *se lo dice.* expr. fig. que denota la conformidad entre las inclinaciones de una persona y su semblante. || *Lavar la* CARA a una cosa. fr. fig. y fam. Limpiarla. || *Mírame esta* CARA, o *la* CARA. expr. fam. con que se le da a entender que desconoce el mérito de quien habla. || *No conocer la* CARA *al miedo, a la necesidad.* fr. fig. y fam. No tener miedo, necesidad, etc. || *No haber visto la* CARA *al enemigo.* fr. fig. con que indica que un soldado no ha tomado parte en ninguna acción de guerra. || *No mirar la* CARA a uno. fr. fig. y fam. Tener enfado con él. || *No saber* uno *dónde tiene la* CARA. fr. fig. y fam. con que denota la incapacidad de uno en su trabajo. || *No volver la* CARA *atrás.* fr. fig. Proseguir con tesón lo comenzado. || *Poner buena,* o *mala,* CARA. fr. fig. Acoger bien o mal a una persona, o una idea o propuesta. || *Por su bella,* o *linda* CARA. m. adv. fig. y fam. con que se tacha de injustificada una pretensión del que no tiene méritos para lograrla. || *Quitar la* CARA. fr. fig. y fam. con que se amenaza a uno que se le castigará fuertemente. || *Sacar* uno *la* CARA. fr. fig. Presentarse como interesado en algún asunto. Se emplea más con negación. || *Salir a la* CARA a uno alguna cosa. fr. fig. y fam. Conocérsele en el semblante. || **2.** fig. y fam. Tener que sentir por haber dicho o hecho algo. || *Saltar a la* CARA. fr. fig. y fam. Responder uno a las reprensiones con ira o descompostura. || **2.** fig. y fam. Ser una cosa cierta. || *Si me quiere, con esta* CARA; *si no, vaya.* ref. que aconseja aceptar a las personas tal y como son. || *Su* CARA *defiende su casa.* fr. fig. y fam. Ponderación de la fealdad de una persona. || *Tener* uno CARA *de corcho.* fr. fig. y fam. Tener poca vergüenza. || *Tener* CARA *para hacer* una cosa. fr. Tener atrevimiento para hacerla. || *Terciar la* CARA a uno. fr. Cruzársela, herírsela, dejándole afrentado. || *Verse las* CARAS. fr. fig. y fam. Avistarse una persona con otra para manifestar el enojo o para reñir. || *Volver a la* CARA una cosa. fr. fig. y fam. No admitirla. || *Volver a la* CARA *las palabras, las injurias,* etcétera, fr. fig. y fam. Corresponder con otras semejantes. || *Volver la* CARA *al enemigo.* fr. fig. Rehacerse los que van huyendo, y pelear con los perseguidores. || **P.** cara, face; **I.** face; **F.** visage, face, figure; **A.** Gesicht, Aussehen; **It.** faccia, viso; **R.** лицо.

CÁRABA. (De *cárabo*, 1.er art.) f. Cierta embarcación usada en Levante.

CARABA. (Del m. or. que *carava.*) f. SAL. Conversación, broma, holgorio.

CARABALÍ. (De *Carabalí*, nombre propio.) adj. Se aplica al negro o negra de esta región africana.

* **CARABAÑUELA.** f. COLOM. Croqueta de carne o pescado rebozada con harina de yuca o de patata.

CARABAO. m. Rumiante parecido al búfalo, pero de color gris azulado, cuernos largos, aplanados y dirigidos hacia atrás. Es la principal bestia de tiro de Filipinas.

CÁRABE. (ár. *kahrabā'*, ámbar amarillo, y éste del persa *kāh*, paja, y *rubā*, que atrae.) m. Ámbar.

CARABEAR. intr. SAL. Descuidarse, distraerse, holgar.

CARABELA. (port. o gall. *caravela*, y éste del l. *carăbus*, una embarcación.)

f. Mar. Antigua embarcación muy ligera, larga y estrecha, con una sola cubierta con tres palos y algunas vergas de cruz en el mayor y en el de proa. ‖ 2. Gal. Cesta muy grande que suelen poner las mujeres en la cabeza para llevar comestibles. ‖ 3. Colom. Mujer que rivaliza con otra. ‖ 4. Ecuad. Alfeñique dulce de pasta de azúcar. ‖ P. caravela; I. caravel; F. caravelle; A. Karavelle; It. caravella; R. каравелла.

CARABELÓN. (De *carabela*.) m. Mar. Carabela pequeña.

CARABERO, RA. adj. Sal. Amigo de holgarse.

CARÁBIDO. (De *cárabo*, 1.er art., 2.ª acep.) adj. Zool. Se aplica a los insectos coleópteros, pentámeros, carnívoros, voraces, beneficiosos para la agricultura porque destruyen muchas orugas y otros animales perjudiciales. ‖ 2. m. pl. Zool. Familia de estos insectos.

CARABINA. (ital. *carabina*.) f. Arma de fuego portátil con las mismas piezas que el fusil, aunque de menor longitud. ‖ 2. fig. y fam. Mujer de edad que acompaña a ciertas señoritas cuando salen a la calle. ‖ 3. Cuba. Las pequeñas cantidades que se ponen a favor de la carta contraria a la cargada, en el juego de monte. ‖ 4. Venez. Trayecto hecho en tranvía sin pagar. ‖ 5. Colom. y Venez. Mezcla de licores. ‖ —rayada. La que tiene estrías en el interior del cañón. ‖ *Ser* una cosa la carabina *de Ambrosio*, o *lo mismo que la* carabina *de Ambrosio*. fr. fam. No servir para nada. ‖ P. e It. carabina; I. carbine; F. carabine; A. Büchse; R. карабин.

* CARABINAR. intr. Cuba. Carabinear.

CARABINAZO. m. Estruendo que se hace al disparar la carabina. ‖ 2. Estrago que hace dicho disparo.

* CARABINEAR. intr. Cuba. En el juego del monte jugar cantidades pequeñas a la carta menos cargada.

CARABINERA. f. Sal. Alondra moñuda.

CARABINERO. m. Soldado que usaba carabina. ‖ 2. Soldado destinado a la persecución del contrabando. ‖ Carabineros *reales.* Cuerpo de caballería que pertenecía a la guardia real. ‖ P. carabineiro; I. carabineer; F. carabinier; A. Zollwächter; It. carabiniere; R. карабинер.

CARABINERO. m. Crustáceo comestible semejante, pero mayor, a la quisquilla.

CARABLANCA. m. Colom. y C. Rica. Mono del género cebus. En Colombia se llama también mico maicero.

CÁRABO. (l. *carabus*, y éste del gr. κάραβος.) m. Embarcación pequeña de vela y remo usada por los moros. ‖ 2. m. Zool. Insecto coleóptero, es el carábido de mayor tamaño. Durante el día vive debajo de las piedras.

CÁRABO. (ár. *garãb*, ave nocturna.) m. Autillo, ave rapaz nocturna.

CÁRABO. (ár. *kalb*, perro.) m. ant. Cierto perro de caza.

CARABRITEAR. (De *cabra*.) intr. Perseguir el macho cabrío montés en celo a la hembra.

CARACA. f. Cuba. Especie de bollo de maíz. ‖ 2. Chile. Especie de carchicán con pedazos de pan.

* CARACABALLA. f. Mar. Pan. Nombre que recibe una embarcación larga y estrecha usada para el cabotaje entre los pueblos próximos.

* CARACABALLO. m. Mar. Pan. Caracaballa.

CARACAL. m. Animal carnicero que habita en los climas cálidos y es temible por su ferocidad.

CARACALLA. (l. *Caracālla*.) f. Prenda de vestir de origen galo, adoptada por los romanos a ejemplo del emperador Caracalla.

CARACARÁ. adj. Se aplica a la tribu de los indios que habitaban en la banda occidental del Panamá y en las islas e inmediaciones de la laguna Iberá. Ú.t.c.s. ‖ 2. Perteneciente o relativo a estos indios.

CARACARÁ. adj. (Voz guaraní, onomatopeya del canto de esta ave.) m. R. de la Plata. Ave de rapiña, falcónida, de color pardo, con las alas y cola blanquecinas y pico y garras fuertes. Se alimenta

de muchas clases de animales vivos y muertos.

CARACAS. m. Cacao procedente de la costa de Caracas, en la América del Sur. ‖ 2. fig. y fam. Méj. Chocolate.

CARACAS. m. pl. Etnogr. Tribu guaraní que en la época de la conquista habitaba en los territorios del Río de la Plata.

CARACATEY. m. Cuba. Ave crepuscular, de color ceniciento salpicado de verde y con una mancha blanca. Se alimenta de mosquitos, que caza en el aire. Algunos, por onomatopeya, le dan el nombre de crequeté, palabra que parece repetir en su canto.

CARACENSE. (De *Caracca*, antigua ciudad española que se supone será la actual Guadalajara.) adj. Guadalajareño. Ú.t.c.s.

CARACOA. (ár. *qarqūra*.) f. Embarcación de remo, que se usa en Filipinas.

CARACOL. (cat. *caragol*, y éste del l. *scarabaeŏlus*, d. de *scarabaeus*.) m. Zool. Cualquiera de los moluscos testáceos de la clase de los gasterópodos. De sus muchas especies unas viven en el mar, otras en aguas dulces y otras son terrestres. Puede sacar parte del cuerpo fuera de la concha y sobre todo la cabeza en la que tiene la cavidad bucal y dos o cuatro tentáculos llamados vulgarmente cuernos donde están los ojos. ‖ 2. Concha de caracol. ‖ 3. Pieza de reloj, cónica con un surco en el cual se enrosca la cuerda. ‖ 4. Rizo de pelo. ‖ 5. Equit. Blusa de lienzo bordada que usan las señoras. ‖ 6. Equit. Cada una de las vueltas que el jinete hace dar al caballo. ‖ 7. Zool. Una de las cavidades que constituyen el laberinto del oído de los vertebrados, que en los mamíferos es un conducto arrollado en espiral y por su forma es semejante a la concha de un caracol. ‖ 8. pl. Variedad del cante andaluz caracterizada por la repetición de la palabra ¡Caracoles! como estribillo. ‖ 9. Méj. Especie de camisón ancho que usan las mujeres para dormir. ‖ 10. Méj. Blusa de lienzo bordada que usan las mujeres. ‖ 11. Méj. Chambra. ‖ 12. Colom. Bata, ropa talar casera. ‖ 13. Méj. Rizo de pelo. ‖ 14. Juego de negros y de muchachos semejante al de los dados y para el que se sirven de caracoles pequeños. ‖ —**chupalandero.** Murc. El que se cría en los árboles y en las hierbas. ‖ —**judío.** El de concha muy blanca pero de cuerpo obscuro. Común en el Mediodía y Levante de España. ‖ —**moro.** De concha blanca pero de boca negra. Vive en las mismas regiones que el anterior. ‖ —**sapenco.** De color verdoso con rayas transversas pardas. Es terrestre y muy apreciado. ‖ —**serrano o de monte.** Blancuzco, con listas negras a lo largo. Es muy estimado. ‖ Caracol *de mayo, candela en mano*. ref. de sentido recto, porque los caracoles son malos en primavera. ‖ *El* caracol, *por quitarse de enojos, por los cuernos dio los ojos*. ref. que suele aplicarse al que se deja lo bueno por lo que no lo es. ‖ *Hacer* caracoles. fr. fig. Dar vueltas a uno y otro lado torciendo el camino. ‖ *No se le da, no importa, no vale, un* caracol, *o dos* caracoles. fr. fig. que demuestra la poca estimación de una cosa. ‖ P. caracol; I. snail; F. limaçon, colimaçon, escargot; A. Schnecke; It. lumaca, chiocciola; R. улитка.

CARACOLA. f. Zool. Concha de un caracol marino de gran tamaño, de forma cónica que puede usarse como trompa o bocina. ‖ 2. Ar. Caracol terrestre de concha blanca. ‖ 3. Ar. Tuerca. ‖ 4. Murc. Planta trepadora de jardín y la flor de ella.

CARACOLADA. f. Guisado de caracoles.

CARACOLEAR. intr. Hacer caracoles el caballo. ‖ P. caracolear, voltear; I. to caracole; F. caracoler; A. sich herumtummeln; It. caracollare; R. делать вольты (о лошади).

CARACOLEJO. m. d. de caracol, 1.ª acep.

CARACOLEO. m. Acción y efecto de caracolear.

CARACOLERO, RA. m. y f. Persona que coge o vende caracoles.

CARACOLETA. f. Ar. Caracol pequeño. ‖ 2. Ar. Niña diminuta, traviesa, despejada.

CARACOLÍ. m. Colom. Anacardo.

CARACOLILLO. m. d. de caracol, 1.ª acep. ‖ 2. Planta de jardín originaria de América Meridional, leguminosa, con tallos volubles, flores enroscadas en figura de espiral, flor de esta planta. Ú.t. en pl. ‖ 4. Cierta clase de café muy estimado de grano más pequeño y redondo que el común. ‖ 5. Cierta clase de caoba que tiene muchas vetas. ‖ 6. pl. Guarnición que solía ponerse al canto de los vestidos. ‖ 7. Argent. Fideo acaracolado. ‖ 8. Bot. Cuba y P. Rico. Árbol silvestre de gran altura cuya madera tiene nudos a modo de caracoles.

* CARACORE. m. Bot. Bol. Variedad del cacto.

* CARACOTE. m. Colom. Adorno excesivo y recargado en la mujer.

CARÁCTER. (l. *character*, y éste del gr. χαρακτήρ; de χαράσσω, grabar.) m. Señal o marca que se imprime, pinta o esculpe en alguna cosa. ‖ 2. Signo de escritura. Ú.m. en pl. ‖ 3. Estilo o forma de los signos de escritura. ‖ 4. Señal o figura mágica. ‖ 5. Marca o hierro con que se distinguen los animales de un rebaño de los de otro. ‖ 6. Rastro que se supone deja en el alma alguna cosa conocida o sentida. ‖ 7. Conjunto de cualidades psíquicas, heredadas o adquiridas que condicionan la conducta de cada individuo humano distinguiéndole de los demás. ‖ 8. Señal espiritual indeleble que imprimen en el alma los sacramentos del bautismo, confirmación y orden. ‖ 9. Índole, condición, conjunto de rasgos con que se da a conocer una cosa diferenciándose de las demás. ‖ 10. Modo de ser peculiar de cada persona por sus cualidades morales. ‖ 11. Cualidades que moralmente diferencian de otro un conjunto de personas o todo un pueblo. ‖ 12. Firmeza, energía de ánimo. ‖ 13. Natural o genio. ‖ 14. Condición de las personas por sus relaciones naturales, dignidades o estados. ‖ 15. En las obras literarias y artísticas, la fuerza y originalidad que las diferencia de lo común. ‖ 16. Modo de decir o estilo. ‖ 17. pl. Letras de imprenta. ‖ —**adquirido.** Cada uno de los rasgos anatómicos o funcionales no heredados sino adquiridos durante la vida. ‖ —**heredado.** Cada uno de los rasgos funcionales o anatómicos que se transmiten de una generación a otra. ‖ —**sexual.** Cada uno de los rasgos anatómicos o funcionales que distinguen el organismo del macho del de la hembra. ‖ *De medio* carácter. loc. fam. Sin cualidades bien definidas. ‖ *Imprimir* carácter. fr. Dar o dotar de ciertas condiciones esenciales y permanentes a una persona y por ext. a una cosa. ‖ P. carácter; I. character; F. caractère; A. Charakter; It. caràttere; R. признак, характер.

CARACTERISMO. (De *carácter*.) m. Carácter, índole, condición.

CARACTERÍSTICA. (De *característico*.) f. Mat. Cifra o cifras que indican la parte entera de un logaritmo. ‖ 2. Gram. Elemento común o un grupo de formas susceptibles de hacerlas parecer como constitutivas de un sistema morfológico. ‖ P. característica; I. characteristic; F. caractéristique; A. Kennzahl; It. caratteristica; R. характеристика.

CARACTERÍSTICAMENTE. adv. Señaladamente.

CARACTERÍSTICO, CA. adj. Perteneciente o relativo al carácter. ‖ 2. Se aplica a la cualidad que da carácter y distingue de sus semejantes a una persona o cosa. Ú.t.c.s.f. ‖ 3. m. y f. Actor y actriz que representa papeles de persona de edad.

CARACTERIZADO, DA. (De *caracterizar*.) adj. Distinguido, autorizado por prendas personales, por categoría social o por oficio público.

CARACTERIZAR. tr. Determinar los atributos peculiares de una persona o cosa. ‖ 2. Autorizar a alguna persona con algún empleo dignidad u honor. ‖ 3. Representar un actor su papel con una expresión semejante al personaje representado. ‖ 4. r. Pintarse la cara y vestirse el actor conforme al tipo del que representa. ‖ P. caracterizar; I. to characterize; F. caractériser; A. charakterisieren; It. caratterizzare; R. характеризовать.

C

CARACTEROLOGÍA. f. Parte de la psicología que estudia el carácter y personalidad del hombre.

★ **CARACTERÓLOGO.** m. Psicólogo especializado en caracterología.

CARACÚ. (Voz guaraní.) m. ARGENT., BOL., CHILE, PAR. y URUG. Hueso con tuétano que se pone en ciertos guisos. || 2. m. ZOOL. R. DE LA PLATA. Cierta casta de ganado vacuno destinado a la producción de carne.

CARACHA. (Voz quichua.) m. Enfermedad de los pacos o llamas y otros animales semejante a la sarna. || 2. PERÚ. Sarna de las personas. || 3. COLOM. Formación minera en que el oro aparece en menas de cuarzo de aspecto negruzco dándole el aspecto de sarna. || ¡CARACHAS! interj. COLOM. y P. RICO. ¡Caramba!

CARACHE. m. Caracha. || ¡CARACHES! interj. P. RICO. ¡Caramba!

CARACHENTO, TA. adj. AMÉR. MERID. Carachoso.

★ **¡CARACHES!** interj. P. RICO. ¡Caramba!

CARACHO, CHA. adj. De color violáceo.

★ **¡CARACHO!** interj. AMÉR. MERID. ¡Caramba!

CARACHOSO, SA. adj. PERÚ. Sarnoso.

CARACHUPA. f. PERÚ. Zarigüeya.

CARADELANTE. (De cara y adelante.) adv. ant. En adelante.

CARADO, DA. (De cara.) adj. Con los adverbios bien o mal, que tiene buena o mala cara.

★ **CARADRIDAS.** f. pl. ZOOL. Familia muy numerosa de aves zancudas.

° **CARADURA** adj. ARGENT. Descarado. || 2. Aplícase a la persona falta de vergüenza y sobrada de audacia y de cinismo. Ú.t.c.s.

★ **¡CARAFITA!** interj. CHILE. ¡Caramba!

CARAGO. m. EL SALV. y HOND. Carao.

CARAGUATÁ. (Voz guaraní.) f. AMÉR. Especie de agave o pita del Río de la Plata y otros lugares de América. Es buena planta textil. || 2. Filamento que da esta planta.

CARAGUAY. m. BOL. Lagarto grande.

CARAIPO. m. Planta de América del Sur.

CARAIRA. f. CUBA. Ave de rapiña diurna, muy voraz, vuela horizontalmente, posee una gran vista. || 2. CUBA. Matraca de madera por el parecido de su ruido con los gritos del ave del mismo nombre.

CARAÍSMO. m. Doctrina de los caraítas.

CARAÍTA. (hebr. qara'î.) adj. Se aplica al individuo de una secta judaica que profesa adhesión al texto de la escritura y rechaza las tradiciones. Ú.t.c.s. || 2. Perteneciente o relativo a los caraítas.

CARAJA. f. MAR. Vela cuadrada que largan en un botalón los pescadores de Veracruz.

CARAJAS. m. pl. ETNOGR. Tribu indígena del Brasil.

CARALLA. m. SAL. Higo de pepita negra.

CARAMA. f. Escarcha.

★ **CARAMA.** f. VENEZ. Cúmulo de palos y broza arrastrados por la corriente de un río y detenidos en un lugar del cauce. || 2. VENEZ. Montón. || 3. VENEZ. Dentadura irregular. || 4. VENEZ. Cornamenta del venado.

CARAMANCHEL. (Por camaranchel, de cámara.) m. Cubierta fija y móvil para cerrar las escotillas de los buques. || 2. Tugurio, desván. || 3. ECUAD. Caja de vendedor ambulante en la que lleva chucherías para vender. || 4. PERÚ. Cobertizo. || 5. CHILE. Puesto público en que se venden licores y alimentos, en general, en las aldeas y afueras de las poblaciones. || 6. ARGENT. Merendero. || 7. COLOM. Tugurio. || 8. VENEZ. Matalotaje.

CARAMANCHELERO, RA. m. y f. Persona que vende en un caramanchel, 2.ª acep.

CARAMANCHÓN. m. Camaranchón.

★ **CARAMANDUCA.** f. PERÚ. Bizcocho pequeño de pasta fina.

CARAMAÑOLA. (fr. carmagnole, y éste de Carmagnola, ciudad del Piamonte.) f. LEÓN. Vasija con tubo para beber. ||

2. ARGENT. y CHILE. Caramayola. || 3. R. DE LA PLATA. Carabañuela, croqueta.

CARAMARAMA. f. BOT. CUBA. Especie de culantrillo que comen las reses caballares y vacunas.

CARAMAYOLA. (De caramañola.) f. CHILE. Vasija de aluminio en forma de cantimplora en la que llevan agua los soldados.

CARAMBA. (De Caramba, n. p.) f. Moña que llevaban las mujeres sobre la cofia, a fines del siglo XVIII.

★ **CARAMBA.** f. MÚS. AMÉR. Instrumento músico de los indios de El Salvador. || 2. ARGENT. Canto popular antiguo semejante a la vidalita.

¡CARAMBA! interj. Con que se denota enfado.

CARAMBANADO, DA. adj. Helado, hecho carámbano.

CARÁMBANO. m. Pedazo de hielo, más o menos puntiagudo y largo. || 2. NICAR. Carao.

★ **CARÁMBANO.** m. ZOOL. CUBA. Piojo muy grande.

CARAMBILLO. m. Caramillo, 3.ª acep.

CARAMBOLA. (fr. carambole.) f. Lance del juego de billar, que se realiza cuando la bola con que se juega toca las otras dos. || 2. En los trucos o billar, juego con tres bolas y sin palos. || 3. Jugada en que a un tiempo se sacan el as y el caballo de copas en el juego del revesino. || 4. fig. fam. Doble resultado que se logra mediante una sola acción. || 5. fig. y fam. Enredo para alucinar a otro. || Por CARAMBOLA. m. adv. fig. y fam. Indirectamente, por rodeos. || ¡CARAMBOLA! interj. ARGENT., CUBA y P. RICO. Caramba. || P. carambola; I. carambole, cannon; F. carambolage; A. Karambolieren; It. càrambola; R. карамболь.

CARAMBOLA. f. Fruto del carambolo que contiene pepitas en cuatro celdillas.

★ **CARAMBOLEADO, DA.** adj. CHILE. Ebrio.

★ **CARAMBOLEAR.** intr. Hacer carambolas. || 2. CHILE. Achisparse. || 3. CHILE. Tambalearse el borracho.

CARAMBOLERO, RA. m. y f. ARGENT. y CHILE. Carambolista.

CARAMBOLÍ. m. CUBA. Flor de color anaranjado muy subido; se produce en ramilletes.

CARAMBOLISTA. com. Persona que juega bien o con frecuencia las carambolas.

CARAMBOLO. (malayo karambil.) m. BOT. Árbol oxalidáceo, indígena de la India y otros países intertropicales; sus flores son rojas y sus bayas amarillas y comestibles.

CARAMEL. m. Variedad de la sardina, propia del Mediterráneo.

CARAMELA. f. ant. Caramillo, flautilla de caña.

★ **CARAMELEAR.** tr. COLOM. Dar largas a un asunto. || 2. P. RICO. Halagar, engatusar.

CARAMELIZAR. tr. Acaramelar. Ú.t. como reflexivo.

CARAMELO. (fr. caramel, y éste del l. canna mellis, caña de miel.) m. Pasta de azúcar hecho almíbar al fuego y endurecido sin cristalizar al enfriarse. || 2. FILIP. Azucarillo. || 3. QUÍM. Masa amorfa, parda, de sabor amargo que se obtiene calentando al azúcar a 215°. || P. caramelo; I. y C. caramel; A. Karamelle; It. caramella; R. карамель.

CARAMENTE. adv. Costosamente. || 2. Rigurosamente.

CARAMERA. f. VENEZ. Dentadura irregular.

★ **CARAMERO.** m. VENEZ. Caramera. || 2. COLOM. Palizada. || 3. VENEZ. Carama, montón de maleza que deja junto a la orilla la corriente de un río.

CARAMIDA. (ár. qaramît, aguja imantada.) f. Imán natural. || 2. QUÍM. Óxido de hierro magnésico.

CARAMIELLO. m. Tocado usado por las mujeres de Asturias y León.

CARAMILLA. (De calamina.) f. Calamina.

CARAMILLAR. m. Terreno lleno de caramillos.

CARAMILLAR. intr. ant. Tocar el caramillo.

CARAMILLERAS. (b. l. cremalleria, y éste del neerl. kram, garfio.) f. pl. SANT. Llares.

CARAMILLO. (l. calamĕllus, cañita.) m. Flautilla de caña, madera o hueso, que produce un sonido muy agudo. || 2. Zampoña, especie de flauta. || 3. Planta del mismo género y usos de la barrilla. || 4. Montón mal hecho. || 5. fig. Chisme, enredo. Ú.m. en las frases: armar o levantar un CARAMILLO. || P. carrasco; I. flageolet, shepherd's flute; F. chalumeau, pipeau, flageolet, galoubet; A. Dudelsackpfeife, Schalmei; It. ciaramella; R. свирель, дудка.

CARAMILLOSO, SA. (De caramillo, 5.ª acep.) adj. fam. Quisquilloso.

CÁRAMO. m. GERM. Vino, 1.ª acep.

CARAMUJO. m. Especie de caracol pequeño que se pega a los fondos de los buques.

CARAMULLO. m. AR. Colmo, porción que excede de la medida justa de una cosa.

CARAMUZAL. (ár. qārib musaṭṭaḥ, barco aplanado.) m. Buque mercante turco de tres palos, con la popa muy elevada.

CARANCHO. (De cara y ancho.) m. BOL. y R. DE LA PLATA. Caracará, ave de rapiña. || 2. PERÚ. Buho, ave nocturna. || Cada CARANCHO a su rancho. loc. R. DE LA PLATA. Cada cual a su puesto, a su casa.

★ **CARANDA.** m. BOT. AMÉR. Caranday.

CARANDAY [CARANDAÍ.] (Voz guaraní que significa fruta redonda.) m. ARGENT. Especie de palmera alta, cuya madera se emplea en construcción; de sus hojas se hacen pantallas y sombreros. Produce una cera excelente.

CARANDERO. m. Palmera pequeña de la isla de Ceilán.

CARANEGRA. adj. ARGENT. Se aplica a la oveja de raza especial por el color de su cara. Ú.t.c.s. || 2. m. COLOM., C. RICA y VENEZ. Especie de mono negro.

CARANGA. f. HOND. Carángano.

CARANGANAL. m. LEÓN. Terreno de poco fondo y de baja calidad.

CARÁNGANO. m. AMÉR. Cáncano. || 2. COLOM. Instrumento que hace la voz de bajo en la música de los negros chacoes. Está formado de un trozo de guadua, con una tira de corteza que se golpea con un palillo.

CARANTAMAULA. f. fam. Careta de cartón de aspecto muy feo. || 2. fig. Persona mal encarada.

★ **CARANTÓN, NA.** adj. CHILE. De cara ancha.

CARANTOÑA. f. fam. Carantamaula. || 2. fig. y fam. Mujer vieja y fea que se compone para disimular la edad. || 3. pl. fam. Halagos para conseguir algo de una persona. || P. carantoña; I. wheedlings; F. cajoleries; A. Schmeichelei; It. moìne; R. заискивание.

CARANTOÑERO, RA. m. y f. fam. Persona que hace carantoñas o halagos.

CARAÑA. (Voz americana.) f. BOT. Resina medicinal de ciertos árboles gutíferos americanos. || 2. C. RICA. Nombre de estos árboles, que tienen poca altura.

★ **CARAÑUELA.** f. CUBA. Trampa en el juego.

★ **CARAÑUELISTA.** com. CUBA. Tramposo en el juego.

CARAO. m. BOT. AMÉR. CENTRAL. Árbol papilionáceo, de frutos con celdillas que contienen una especie de melaza.

CARAOS. (De carauz.) m. ant. Carauz.

CARÁOTA. f. VENEZ. Alubia o judía.

CARAPA. f. Planta meliácea de las Antillas. Los indios sacaban de ella un aceite con el que se teñían el cuerpo. || 2. VENEZ. Grasa de la semilla de la caoba.

★ **CARAPACHA.** f. BOT. COLOM. Corteza de árbol.

CARAPACHAY. m. R. DE LA PLATA. Nombre de los antiguos habitantes del delta del Panamá. || 2. ARGENT. y PAR. Leñador carbonero.

CARAPACHO. m. Caparazón que cubre las tortugas, cangrejos y otros animales. || 2. CUBA. Guisado que se hace en la concha de los mariscos. || 3. pl. ETNOGR. Pueblo indígena del Perú, en el departamento de Huánaco.

CARAPATO. (De *carapa*.) m. Aceite de ricino.

¡CARAPE! interj. Caramba.

CARAPICO. m. Planta rubiácea, de flor pequeña, propia de la Guayana.

★ **CARAPICHO.** m. Bot. Cuba. Planta silvestre de flores de color rosado.

CARAPOPELA. m. Especie de lagarto del Brasil; es muy venenoso.

CARAPUCHO. m. Ast. Capullo, 1.ª acep. || 2. Ast. Sombrero ridículo. || 3. Perú. Planta gramínea cuyas semillas producen delirio.

CARAPULCA. (Voz peruana.) f. Guisado criollo hecho de carne, papa seca y ají.

CARAQUEÑO, ÑA. adj. Natural de Caracas. Ú.t.c.s. || 2. Perteneciente a esta ciudad de Venezuela.

CARAQUILLA. (De *caracol*.) f. Ál. Molusco semejante al caracol, pero menor.

★ **CARARE.** m. Venez. Carate, erupción cutánea.

★ **CARASILÓN, NA.** adj. Perú. Que tiene cara grande.

CARASOL. (De *cara al sol*.) m. Solana.

★ **¡CARASPITA!** interj. fam. Argent. ¡Cáspita!

★ **CARATA.** f. Cuba. Animal parásito de concha calcárea que vive entre palos y piedras y en la concha del carey.

CARATE. m. Especie de sarna. || 2. Zool. Pan. Gallo o gallina gris con manchas negras.

CARATEA. f. Amér. Enfermedad escrofulosa propia de los países cálidos y húmedos de América.

★ **CARATEJO, JA.** adj. Med. Colom. Que padece carate. Ú.t.c.s.

★ **CARATERO, RA.** adj. Med. Amér. Que padece carate.

CARATO. m. Amér. Jagua.

CARATO. m. Venez. Bebida refrescante preparada con arroz o maíz molido o jugo de piña, etc., y aderezada con azúcar blanca, agua y papelón.

★ **CARATOSO, SA.** adj. Med. Colom. Que tiene carate.

CARÁTULA. f. Careta, máscara para el rostro. || 2. fig. Profesión histriónica. || 3. Amér. Portada de un libro. || 4. Méj. Esfera de reloj, muestra. || —**falsa.** Amér. Anteportada de un libro.

CARATULADO, DA. adj. Que tiene el rostro con carátula. || 2. For. Argent. Titulado, hablándose de expedientes o autos.

CARATULERO, RA. m. y f. Persona que hace o vende carátulas o caretas.

CARAÚ. (Voz guaraní, del grito de esta ave.) m. Ave zancuda de color castaño obscuro. Vive en Argentina, solitaria, en los carrizales.

★ **CARAUTA.** f. Colom. Caráota.

CARAUZ. (al. *garaus*, en el sentido de apurar el vaso.) m. ant. Acto de brindar apurando el vaso.

CARAVA. (ár. *qarāba*, propincuidad.) f. Reunión que celebraban los labradores para divertirse los días de fiesta. || *Quien no va a* CARAVA, *no sabe nada*. ref. que advierte que para adquirir experiencia es necesario el trato con los hombres.

CARAVACA. n. p. Que se emplea en la expresión: *Cruz de* CARAVACA, que es una cruz formada por un pie y dos travesaños paralelos.

CARAVANA. (persa arabizado *karawān*, recua.) f. Grupo de gentes que en Asia y en África se unen para hacer un viaje con seguridad. || 2. fig. y fam. Gran número de personas que se reúnen para ir juntas principalmente de campo. || 3. Cuba. Cierta trampa empleada para cazar pájaros en Vuelta de Arriba. || 4. Hond. y Méj. Cortesía, atención. || 5. pl. Argent., Bol. y Chile. Pendientes. || 6. Ecuad. Peripecia. || *Correr o hacer* CARAVANAS *o las* CARAVANAS. fr. En la orden de San Juan, servir los caballeros novicios durante tres años para poder profesar. || 2. fig. y fam. Hacer las diligencias conducentes para lograr alguna pretensión. || *Hacer uno la* CARAVANA. Chile. Cortejar, galantear. || P.caravana; I.caravan; F.caravane; A.Karawane; It.carovana; R.караван.

★ **CARAVANA.** f. Zool. Colom. Alcaraván.

CARAVANERO. m. Conductor de una caravana.

CARAVASAR. (persa *karawān sarāy*, palacio de las caravanas.) m. Posada de Oriente destinada a las caravanas.

★ **CARAVELITA.** f. P. Rico. Ron de la peor calidad.

CARAY. m. Carey.

¡CARAY! interj. ¡Caramba!

CARAYÁ. (Voz guaraní.) m. Argent. y Colom. Mono grande, aullador, de color negro.

CARAYACA. m. Venez. Carayá.

CARBA. f. Sal. Matorral espeso de carbizos. || 2. Sal. Sitio donde sestea el ganado.

CARBALÍ. adj. Carabalí.

CÁRBASO. (l. *carbăsus*.) m. Variedad de lino muy delgado. || 2. fig. Vestidura hecha de este lino. || 3. poét. Lino, vela de la nave.

CARBINOL. (De *carbono* y *ol*, terminación genérica de los alcoholes.) m. Quím. Alcohol metílico.

CARBIZAL. (De *carbizo*.) m. Sal. Carba, matorral de carbizos.

CARBIZO. (De *carba*.) m. Sal. Roble basto de bellota gorda y áspera.

CARBODINAMITA. f. Quím. Materia explosiva derivada de la nitroglicerina.

CARBÓGENO. (De *carbono*, y el gr. γεννάω, engendrar.) m. Polvo con que se prepara el agua de Seltz.

★ **CARBOHIDRASAS.** f. pl. Quím. Enzimas que hidrolizan los hidratos de carbono.

CARBOL. m. Quím. Fenol.

CARBÓLICO. (De *carbol*.) adj. Quím. Fénico.

CARBOLÍNEO. (De *carbón*, y el l. *olěum*, aceite.) m. Substancia líquida, grasa y de color verdoso, que se emplea para hacer impermeable la madera.

★ **CARBOLOY.** m. Quím. Una de las aleaciones más importantes que contiene níquel y cobalto. Es muy dura, por lo que se emplea en la fabricación de herramientas cortantes.

CARBÓN. (l. *carbo*, -ōnis.) m. Materia sólida negra, combustible, que resulta de la destilación o combustión incompleta de la leña o de otros cuerpos orgánicos. || 2. Brasa o ascua después de apagada. || 3. Carboncillo, palillo de carbón para dibujar. || 4. Rep. Domin. Dinero. || —**animal.** El que por calcinación se obtiene de los huesos y se emplea para decolorar algunos líquidos. || —**de arranque.** El que se hace de raíces. || —**de canutillo.** El que se hace de ramas delgadas de algunos árboles. || —**de piedra o mineral.** Substancia fósil, dura, que resulta de la descomposición lenta de la materia leñosa; da más calor que el carbón vegetal. || —**vegetal.** El de leña. || *Echa* CARBÓN *y fuella*, *y llámame a las doce*. ref. que reprende a los que por pereza dejan perderse tiempo y hacienda. || *Ni* CARBÓN *ni leña no los compres cuando hiela*. ref. Porque pesan más que en tiempo seco. || P. carvão; I. coal; F. charbon; A. Kohle; It. carbone; R. уголь.

CARBONADA. f. Cantidad grande de carbón que se echa de una vez en la hornilla. || 2. Carne cocida picada, y después asada en las ascuas o en las parrillas. || 3. Bocado fabricado con leche, huevo y dulce, y frito en manteca. || 4. Argent., Chile y Perú. Guisado nacional, compuesto de carne desmenuzada, rebanadas de choclos, zapallo, papas y arroz.

CARBONADO. m. Diamante negro.

CARBONALLA. f. Mortero o mezcla de arena, arcilla y carbón con el que se construye el suelo de los hornos de reverbero.

CARBONAR. tr. Hacer carbón. Ú.t. como reflexivo.

CARBONARIO, RIA. (Traducción del ital. *carbonaro*, y éste del l. *carbonǎrius*, carbonero.) adj. Se aplica a cada una de las sociedades secretas con fines políticos o revolucionarios. || 2. m. Individuo afiliado a estas sociedades.

CARBONATADO, DA. adj. Min. Se aplica a toda base combinada con el ácido carbónico, formando carbonato.

CARBONATAR. tr. Quím. Convertir en carbonato. Ú.t.c.r.|| P. carbonatar; I. to carbonate; F. carbonater; A. in Karbonat verwandeln; It. carbonatare.

CARBONATO.(De *carbono*).m. Quím. Sal resultante de la combinación del ácido carbónico con un radical simple o compuesto. || P. e It. carbonato; I. y F. carbonate; A.Karbonat; R.карбонат.

★ **CARBONCILLO.** m. Chile. Carbonilla.

CARBONCILLO. (d. de *carbón*.) m. Palillo de madera ligera carbonizado que sirve para dibujar. || 2. Hongo, planta acotiledónea. || 3. Una clase de arena de color negro por acción del sol. || 4. Bot. C. Rica. Árbol mimosáceo, con flores grandes, provistas de largos pelos. Se llama también cabello de ángel. || P. cavãozinho; I. charcoal-pencil; F. fusain; A. Lindenkohle; It. carboncino; R. уголь для рисования.

CARBONEAR. tr. Hacer carbón de leña.

★ **CARBONEAR.** tr. Chile. Incitar.

CARBONEO. m. Acción y efecto de carbonear.

CARBONERA. (De *carbón*.) f. Pila de leña cubierta de arcilla para el carboneo. || 2. Lugar donde se coloca el carbón. || 3. Mujer que vende carbón. || 2. Mina de hulla. || 5. Chile. Parte del ténder en que va el carbón. || 6. Hond. Cierta planta de los jardines. || 7. Mar. Nombre vulgar de la vela de estay mayor. || 2.ª acep.: P. carvoeira; I. coal-house, coal-hole; F. charbonnière; A. Kohlenkammer; It. carbonaia; R. угольный сарай.

CARBONERÍA. f. Puesto donde se vende carbón. || 2. Chile. Instalación destinada a hacer en los campos carbón de leña.

CARBONERICA. f. Ál. Paro carbonero.

CARBONERO. m. Bot. Cuba y P. Rico. Árbol mimosáceo, de madera dura compacta. —**de costa.** Cuba. Aretillo.

CARBONERO, RA. (l. *carbonarius*.) adj. Perteneciente o relativo al carbón. || 2. El que hace o vende carbón. || 3. Chile. El que carbonea. || *Tiznar al* CARBONERO. fr. fig. y fam. Méj. Engañar al que se las da de astuto. || 2.ª acep.: P. carvoeiro; I. charcoal-maker, coal-man; F. charbonnier; A. Kohlenhändler, Köhler; It. carbonaro, carbonaio; R. угольный, угольщик.

CARBONERO. m. Cuba. Árbol de madera dura, compacta, correosa.

CARBÓNICO, CA. adj. Quím. Se aplica a muchas combinaciones o mezclas en que entra el carbono. || 2. Quím. Dícese del ácido que tiene por fórmula CO_3H_2. || 3. Quím. Dícese también de un anhídrido que tiene por fórmula CO_2, llamado también gas carbónico. || P. carbonico; I. carbonic; F. carbonique; A. Kohlensäure; It. carbonico; R. углекислый.

CARBÓNIDOS. m. pl. Quím. Grupo de substancias que comprende mezclas en que entra el carbono puro o combinado.

CARBONÍFERO, RA. (l. *carbo*, -ōnis, carbón, y *ferre*, producir.) adj. Se aplica al terreno que comprende carbón mineral. || 2. Se dice de todo lo relativo al período geológico durante el cual se han formado las masas de carbón de piedra. || P. carbonífero; I. carboniferous; F. carbonifère; A. kohlenhaltig; It. carbonifero; R. угленосный.

CARBONILLA. f. Carbón mineral menudo que suele quedar al mover el grueso. || 2. Coque menudo sobre todo el que se desprende al calentar las locomotoras y otras máquinas y pasa a través de la parrilla del hogar. || 3. R. de la Plata. Carbón vegetal muy menudo que se vende a más bajo precio. || 4. R. de la Plata. Carboncillo para dibujar.

CARBONITA. (De *carbón*.) f. Substancia carbonosa de las hulleras de la Virginia Central; es semejante al coque. || 2. Substancia explosiva, formada por nitroglicerina, sulfuro de benzol, un polvo hecho con aserrín, nitrato de potasio o sodio y carbonato de sodio. Se emplea como la dinamita.

CARBONIZACIÓN. f. Acción y efecto de carbonizar o carbonizarse. || P. carbonização; I. y F. carbonisation; A. Verkohlung; It. carbonizzazione; R. карбонизация.

C

CARBONIZAR. tr. Reducir a carbón un cuerpo orgánico. Ú.t.c.r. || **2.** Quím. Someter las materias orgánicas a un fuego fuerte en recipientes cerrados de modo que únicamente salgan los gases. || P. carbonizar; **I.** to carbonize; **F.** carboniser; **A.** verkohlen; **It.** carbonizzare; **R.** карбонизировать.

CARBONO. (l. *carbo*, *-ōnis*, carbón.) m. Metaloide simple, sólido, insípido, se convierte en vapor a temperaturas elevadísimas sin pasar por el estado líquido. El diamante es carbono casi puro. || P. carbono; **I.** carbon; **F.** carbone; **A.** Kohlenstoff; **It.** carbonio; **R.** углерод.

CARBONOSO, SA. adj. Que tiene carbón. || **2.** Parecido al carbón.

CARBORUNDO. m. Quím. Carburo de silicio que se obtiene en un horno eléctrico calentando arena y coque, con algo de sal. Es casi tan duro como el diamante y se usa mucho para pulir.

★ **CARBOXIHEMOGLOBINA.** f. Quím. Compuesto que se forma por la unión de la hemoglobina con el monóxido de carbono; no es apta para la respiración.

★ **CARBOXILO.** m. Quím. Grupo monovalente, formado por carbono, oxígeno e hidrógeno; está contenido en los ácidos orgánicos.

CARBUNCAL. adj. Perteneciente o relativo al carbunco.

CARBUNCLO. (l. *carbuncŭlus*.) m. Carbúnculo. || **2.** Carbunco. || P. carbunculo; **I.** carbunde; **F.** charbon; **A.** Karbunkel; **It.** carbonchio, carbuncolo; **R.** карбункул.

CARBUNCO. (De *carbunclo*.) m. Enfermedad virulenta y contagiosa, frecuente y mortífera en el ganado lanar, vacuno, y a veces caballar; puede transmitirse al hombre. Está causada por una bacteria específica. || **2.** C. Rica. Cocuyo. || **—sintomático.** Enfermedad virulenta, contagiosa, muy mortífera en los animales jóvenes del ganado vacuno o lanar, no se transmite al hombre. Está causada por una bacteria que no es la del carbunco común. || P. carbúnculo; **I.** carbuncle; **F.** charbon; **A.** Karbunkel; **It.** carbonchio, carbuncolo; **R.** карбункул.

CARBUNCOSIS. f. Med. Infección carbuncosa.

CARBUNCOSO, SA. adj. Carbuncal.

CARBÚNCULA. f. ant. Carbúnculo.

CARBÚNCULO. (l. *carbuncŭlus*.) m. Rubí. Se le dio este nombre suponiendo que lucía como un carbón encendido.

CARBURACIÓN. (De *carburar*.) f. Acto por el cual se combina el carbono y el hierro para producir acero. || **2.** Quím. Acción y efecto de carburar. || **3.** En los motores de explosión, unión íntima de los vapores del combustible líquido con el aire proporcionando la energía necesaria para el funcionamiento del motor. || P. carburação; **I.** y **F.** carburation; **A.** Karburation, Vergasung; **It.** carburazione; **R.** карбюрация.

CARBURADOR. (De *carburar*.) m. Aparato que sirve para carburar. || **2.** Pieza de los automóviles donde se verifica la carburación. || P. carburador; **I.** carburetor; **F.** carburateur; **A.** Karburator, Vergaser; **It.** carburatore; **R.** карбюратор.

CARBURANTE. adj. Quím. Que contiene hidrocarburo. Ú.t.c.s.

CARBURAR. (De *carburo*.) tr. Quím. Mezclar los gases o el aire atmosférico con los carburantes gaseosos o con los vapores de los carburantes líquidos, para hacerlos detonantes o combustibles.

CARBURINA. f. Sulfuro de carbono usado en tintorería y en economía doméstica para quitar las manchas de grasa de los tejidos.

CARBURO. m. Quím. Combinación del carbono con un radical simple. || P. carboneto; **I.** carbide; **F.** carbure; **A.** Karbid; **It.** carburo; **R.** карбид.

CARCA. adj. despect. Carlista. Ú.t.c.s.

CARCA. f. Amér. Olla para cocer la chicha.

★ **CARCA.** f. Amér. Roña, suciedad.

★ **CARCACHA.** f. Méj. Coche viejo y de feo aspecto.

★ **CARCAHUESAL.** m. R. de la Plata. Terreno pantanoso.

CARCAJ. (fr. *carcas*, y éste del greco-latino *tarcasium*, carcaj, infl. por *capsa*.) m. Aljaba. || **2.** Especie de cuja pendiente de un tahalí, en que se mete el extremo del palo de la cruz alta para llevarla en procesión. || **3.** Amér. Funda de cuero para el rifle.

CARCAJADA. (ár. *qahqaha*, risa violenta.) f. Risa impetuosa y ruidosa. || A carcajada tendida. m. adv. Con risa estrepitosa, prolongada. || P. gargalhada forte; **I.** laughter, cachinnation; **F.** éclat de rire; **A.** lautes, Gelächter; **It.** risata, scroscio di risa; **R.** хохот.

★ **CARCAJEAR.** intr. Amér. Reir a carcajadas. Ú.t.c.r.

CARCAMAL. m. fam. Persona decrépita y achacosa. Ú.t.c.adj. || P. carunchoso; **I.** dotard; **F.** barbon; **A.** abgelebter Mensch; **It.** barbogio; **R.** дряхлый старик.

★ **CARCAMÁN.** m. Méj. Juego que consiste en acertar los números de tres dados.

CARCAMÁN, NA. m. y f. Argent. y Perú. Persona de muchas pretensiones y escaso mérito. || **2.** m. Perú y Méj. Carcamal. || **3.** Argent. Italiano, especialmente genovés.

CARCAMÁN. (De *cárcamo*.) m. Mar. Cualquier buque malo y pesado.

CÁRCAMO. (De *cárcavo*.) m. Cárcavo, hueco en que juega el rodezno de los molinos.

CARCAÑAL. m. Calcañar.

CARCAÑO. m. ant. Calcaño.

CARCASA. (fr. *carcasse*, y éste del l. *carchesium*, vaso.) f. Cierta bomba incendiaria. || P. e It. carcassa; **I.** carcass; **F.** carcasse; **A.** Kartasse; **R.** каркас.

CÁRCAVA. (De *cárcavo*.) f. Hoya o zanja grande hecha por una avenida impetuosa de agua. || **2.** Zanja o foso. || **3.** Sepultura para enterrar a los muertos. || 2.ª acep.: P. carcavão; **I.** moat; **F.** fosse; **A.** Graben; **It.** fossa; **R.** ров, могила.

CARCAVAR. (De *cárcava* y *cárcavo*.) tr. ant. Carcavear.

CARCAVEAR. (De *cárcava*.) tr. ant. Fortificar un campo o ciudad, rodeándole con una cárcava.

CARCAVERA. adj. ant. Se decía de la ramera que en las cárcavas cometía sus liviandades. Úsab.t.c.s.

CARCAVINA. f. Cárcava.

CARCAVINAR. (dialect. *carcavina*, hedor de sepultura y éste de *cárcava*.) intr. Sal. Heder las sepulturas.

CÁRCAVO. (l. *caccābus*, olla, infl. por *concavāre*, cavar.) m. Hueco en que juega el rodezno de los molinos.

CARCAVÓN. m. aum. de cárcava. || **2.** Barranco que hacen en las tierras movedizas las avenidas.

CARCAVONERA. (De *carcavón*.) f. Sal. Peñascal.

CARCAVUEZO. (De *cárcavo*.) m. Hoyo profundo en la tierra.

CARCAX. m. Carcaj.

CARCAX. (ár. *jaljāl*.) m. Ajorca.

CARCAZA. f. Carcaj, 1.ª acep.

CÁRCEL. (l. *carcer*, *-ēris*.) f. Casa destinada para la custodia de los presos. || **2.** Unidad de medida para la venta de leñas. || **3.** Ranura por donde corren los tablones de las compuertas. || **4.** Carp. Barra de madera con dos salientes entre los que se colocan dos piezas de madera encoladas para que se peguen. || **5.** Impr. Par de tablas iguales que sujetan el husillo. || *A la cárcel, ni por lumbre.* fr. fig. y fam. que puede extenderse al trato con ciertas personas mal reputadas. || Cárceles y caminos hacen amigos. ref. Que expresa que en ambos lugares se suelen contraer amistades. || P. cárcere; **I.** jail, gaol, prison; **F.** prison; **A.** Gefängnis, Kerker; **It.** carcere, prigione; **R.** тюрьма. || 4.ª acep.: P. gastalho; **I.** clamp; **F.** sergent, serrejoint; **A.** Schraubenzwinge; **It.** sergente; **R.** рама.

CARCELAJE. m. Derecho que pagaban los presos al salir de la cárcel. || **2.** Carcelería, detención forzada de una persona.

CARCELARIO, RIA. (l. *carcerarius*.) adj. Perteneciente o relativo a la cárcel.

CARCELAZO. m. Chile, Ecuad., Perú y P. Rico. Reclusión en la cárcel.

CARCELERA. f. Canto popular andaluz, cuyo tema es la vida de los presidiarios.

CARCELERÍA. f. Detención forzada, aunque no sea en la cárcel. || **2.** Fianza carcelera. || *Guardar carcelería.* fr. No salir el reo del lugar asignado para su retención.

CARCELERO, RA. (l. *carcerarius*.) adj. Carcelario. || **2.** m. y f. Persona que cuida de la cárcel.

CARCERAJE. m. ant. Carcelaje.

CARCERAR. (l. *carcerāre*.) tr. ant. Encarcelar.

CARCINOLOGÍA. (gr. καρκίνος, crustáceo, y λόγος, tratado.) f. Parte de la Zoología que trata de los crustáceos.

CARCINOLÓGICO, CA. adj. Perteneciente o relativo a los crustáceos.

CARCINOMA. (l. *carcinōma*, y éste del gr. καρκίνωμα.) m. Cáncer formado a expensas del tejido epitelial con tendencia a difundirse. || P., I. e It. carcinoma; **F.** carcinome; **A.** Krebsgeschwür.

★ **CARCOCHA.** f. Perú. Carruaje feo y viejo.

CÁRCOLA. f. Listón delgado de madera que se coloca en los telares tendido en el suelo pendiente de una cuerda que va a la viadera. El tejedor lo mueve con el pie haciendo subir y bajar la viadera y que pase tejiendo la lanzadera. || P. premedeiras; **I.** treadle; **F.** pédale marche; **A.** Weberlade; **It.** càlcola; **R.** ножной рычаг.

CARCOMA. (De la raíz *carc*, de donde el gr. καρχίνωμα, carcinoma, y el l. *cancer*, cáncer.) f. Insecto coleóptero cuya larva roe y taladra la madera a veces con un ruido que se percibe. || **2.** Polvo que produce el insecto al roer. || **3.** fig. Cuidado grave que mortifica al que lo padece. || **4.** fig. Persona que va gastando poco a poco la hacienda. || **5.** Germ. Camino. || P. carcoma; **I.** borer, woodworm, wood-tick; **F.** vrillete; **A.** Holzwurm; **It.** tarlo; **R.** червь-древоточец.

CARCOMECER. tr. ant. Carcomer. Úsab.t.c.r.

CARCOMER. tr. Roer la madera la carcoma. || **2.** fig. Consumir poco a poco alguna cosa. Ú.t.c.r. || **3.** r. Llenarse algo de carcoma. || P. carcomer-se; **I.** to be worm-eaten; **F.** se vermouler; **A.** Wurmstichig werden; **It.** intarlare; **R.** точить дерево.

CARCOMIENTO, TA. (De *carcomer*.) adj. ant. fig. Que padece carcoma o consunción.

★ **CARCOMILLA.** f. Cuba. Envidia, carcoma.

★ **CARCOMILLO.** m. P. Rico. Carcoma, envidia.

CARCÓN. m. Correa con argollas en que se afirman las varas de las sillas de manos.

CARCUNDA. adj. despect. Carca, 1.er art. Ú.t.c.s.

★ **CARCHADA.** f. Urug. Pelea, riña.

★ **CARCHAR.** tr. Urug. Robar, hurtar.

★ **CARCHEO.** m. Urug. Acción y efecto de carchar.

★ **CARCHI.** m. Colom. Carne salada.

CARDA. (De *cardar*.) f. Acción y efecto de cardar. || **2.** Cabeza terminal del tallo de la cardencha. Se usa para sacar el pelo de las felpas y paños. || **3.** Instrumento para preparar el hilado de la lana lavada para hilarla con perfección. || **4.** fig. y fam. Amonestación, represión. || **5.** Chile. Fruto de la cardencha. || *Dar una carda.* fr. fig. y fam. Reprender fuertemente. || *Todos somos de la carda.* fr. fig. y despect. Todos somos de la misma clase o condición. || 3.ª acep.: P. carda; **I.** card; **F.** carde; **A.** Karde, Streichmaschine, Krempel; **It.** cardo; **R.** чесальная машина.

CARDADA. f. Porción de lana que se carda de una vez.

CARDADOR, RA. m. y f. Persona que carda la lana. || **2.** m. Miriópodo de cuerpo redondo y liso, que se alimenta de substancias en descomposición, y al ser sorprendido, se arrolla en espiral.

CARDADURA. f. Acción de cardar la lana.

CARDAESTAMBRE. (De *cardar* y *estambre*.) m. ant. Cardador, el que carda lana.

CARDAL. m. Cardizal. Ú.m. en América. || **2.** Bot. Par. Caraguatá.

CARDAMINA. f. Mastuerzo, género

C

de plantas crucíferas, que viven en las regiones templadas y frías de todo el mundo.

CARDAMOMO. (l. *cardamōmum*, y éste del gr. χαρδάμωμον.) m. Planta medicinal, de semillas aromáticas de sabor algo picante. Se dan tres especies, mayor, media y menor. || **I.** cardamom; **F.** cardamome; **It.** cardamomo; **R.** кардамон.

★ **CARDÁN.** m. Dispositivo mecánico, inventado por el italiano Girolamo Cardano, consistente en tres aros giratorios concéntricos, articulados en unos ejes entre sí perpendiculares, que permiten la transmisión perfecta de movimientos y una absoluta estabilidad en lo suspendido de este modo. Suele emplearse como *articulación de* CARDÁN, *suspensión de* CARDÁN y *eje de* CARDÁN.

CARDANCHO. (De *cardo*.) m. RIOJA. Cardillo áspero y grueso no comestible.

CARDAR. (De *cardo*.) tr. Preparar con la carda una materia textil para el hilado. || **2.** Sacar suavemente el pelo a las felpas y paños. || **P.** cardar; **I.** to card; **F.** carder, peigner; **A.** krempeln; **It.** cardare, scardassare; **R.** чесать (шерсть).

CARDARIO. m. ZOOL. Pez selacio ráyido que tiene en la cola aguijones a modo de carda.

CARDELINA. (l. *carduĕlis*.) f. Jilguero.

CARDENAL. (l. *cardinālis*, fundamental.) m. Cada uno de los prelados que componen el Sacro Colegio; son los consejeros del Papa en los asuntos graves de la Iglesia y forman el cónclave en la elección de los nuevos Pontífices. Su distinción es capelo, birreta y vestidos encarnados. || **2.** Pájaro americano muy hermoso, ceniciento, con una faja negra sobre el cuello, sobre su cabeza tiene un alto penacho rojo. Su canto es sonoro y variado. El de Venezuela es menor y tiene el penacho en forma de mitra. || **3.** CHILE. Geranio. || **—de Santiago.** Cada uno de los siete canónigos de la iglesia compostelana, que tienen este título y algunas preeminencias exclusivas. || **—in péctore**, o **in petto.** Eclesiástico elevado a cardenal pero cuya proclamación e institución se reserva el papa hasta el momento oportuno. || **P.** cardeal; **I.** y **F.** cardinal; **A** Kardinal; **It.** cardinale; **R.** кардинал. || **2.ª** acep.: **I.** cardinal-bird; **F.** cardinal; **A.** Kardinalvogel; **It.** cardinale; **R.** кардинал.

CARDENAL. (De *cárdeno*.) m. Equimosis.

CARDENALADGO. m. ant. Cardenalazgo.

CARDENALATO. m. Dignidad de cardenal. || **P.** e **It.** cardinalato; **I.** cardinalate; **F.** cardinalat; **A.** Kardinalswürde; **R.** сан кардинала.

CARDENALAZGO. m. ant. Cardenalato.

CARDENALÍA. f. ant. Cardenalato.

CARDENALICIO, CIA. adj. Perteneciente o relativo al cardenal, **I.**er art., **I.**ª acep.

CARDENCHA. (l. *cardincŭlus*, de *carduus*, cardo.) f. Planta bienal dipsácea, de flores purpúreas cuyos involucros forman cabeza que emplean los pelaires para sacar el pelo a los paños. || **2.** Instrumento para preparar la lana después de limpia. || **P.** cardo-penteador; **I.** teazel; **F.** chardon à foulon, cardère; **A.** Weberdistel; **It.** scardiccione; **R.** волчец, ворсянка.

CARDENCHAL. m. Lugar donde hay cardenchas.

CARDENILLA. (De *cárdeno*.) f. Variedad de uva menuda, tardía y amoratada.

CARDENILLO. (d. de *cárdeno*.) m. QUÍM. Mezcla venenosa de acetatos básicos de cobre, materia verdosa que se forma en los objetos de cobre o sus aleaciones. || **2.** Acetato de cobre empleado en pintura. || **3.** Color verde claro semejante al del acetato de cobre. || **P.** cardenilho; **I.** verdigris; **F.** vert-de-gris; **A.** Grünspan; **It.** verderame; **R.** ярь-медянка.

CÁRDENO, NA. (l. *cardĭnus*, de *carduus*, cardo.) adj. De color amoratado. || **2.** Se aplica al toro de color negro y blanco. || **3.** Se aplica al agua de color opalino. || **P.** cárdeno; **I.** purple; **F.** violet; **A.** violett; **It.** paonazzo; **R.** фиолетовый.

CARDEÑA. f. SAL. Mota o pavesa de la lumbre.

CARDERÍA. f. Taller donde se carda la lana. || **2.** Fábrica de cardas.

CARDERO. m. El que hace cardas.

CARDIACA [CARDÍACA] (De *cardiaco*.) f. Agripalma.

★ **CARDIACALGIA.** f. MED. Dolor del músculo cardíaco localizado en la región precordial. || **2.** Falsa angina al pecho, a la que dio este nombre de cardiacalgia el médico francés Germán Sée.

CARDIÁCEO, A. (gr. χαρδία, corazón.) adj. Que tiene forma de corazón.

CARDIACO, CA [CARDÍACO, CA] (l. *cardiăcus*, y éste del gr. χαρδιαχός, de χαρδία, corazón.) adj. Perteneciente o relativo al corazón. || **2.** Que padece del corazón. Ú.t.c.s. || **P.** cardíaco; **I.** cardiac, **F.** cardiaque; **A.** zum Herz gehörig; **It.** cardiaco; **R.** сердечный.

CARDIAL. adj. ant. Cardiaco.

CARDIALGIA. (gr. χαρδιαλγία, de χαρδιαλγής; de χαρδία, estómago, corazón y ἀλγέω, sufrir, padecer.) f. MED. Dolor agudo que se siente en el cardias y oprime el corazón. || **P.** e **It.** cardialgia; **I.** cardialgy, cardialgia; **F.** cardialgie; **A.** Magendrücken.

CARDIÁLGICO, CA. (gr. χαρδιαλγιχός.) adj. Perteneciente a la cardialgia.

CARDIAS. (gr. χαρδία, estómago.) m. ZOOL. Orificio que comunica el estómago con el esófago en los vertebrados terrestres.

CARDILLAR. m. Sitio en que abundan los cardillos.

CARDILLO. (d. de *cardo*.) m. Planta bienal, compuesta, que crece en los sembrados y barbechos. De sus hojas la penquita se come cocida cuando es tierna.

CARDILLO. m. MÉJ. Escardillo, viso o reflejo del sol producido por un espejo.

CARDIMUELLE. (De *cardo* y *muelle*.) m. ÁL. Cerraja, mecanismo de metal con que se sierran puertas, cajones, etc.

CARDINAL. (l. *cardinālis*.) adj. Principal, fundamental. || **2.** V. *Número, punto, viento, virtud* CARDINAL. || **3.** ASTRON. Se dice de los signos Aries, Cáncer, Libra y Capricornio. Se llaman así porque tienen su principio en los cuatro puntos cardinales del Zodiaco. || **4.** GRAM. Se aplica al adjetivo numeral que expresa el número de personas o cosas de que se trata. || **P., I.,** y **F.** cardinal; **A.** hauptsächlich; **It.** cardinale; **R.** главный, основной.

CARDINAS. f. pl. ARQ. Hojas semejantes a las del cardo, que se emplean como adorno en el estilo ojival.

CARDINCHE. (Como *cardencha*, del l. *cardincŭlus*, de *carduus*, cardo.) m. ÁL. Cardimuelle.

CARDIOGRAFÍA. (gr. χαρδία, corazón, y γράφω, escribir.) f. MED. Estudio y descripción del corazón. || **P.** cardiografía; **I.** cardiography; **F.** cardiographie; **A.** Herzbeschreibung; **It.** cardiografia; **R.** кардиография.

CARDIÓGRAFO. m. Aparato que registra gráficamente la intensidad y ritmo de los movimientos del corazón. || **2.** MED. Persona que estudia las enfermedades del corazón.

CARDIOGRAMA. (gr. χαρδία, corazón, y γράμμα, trazado). f. Trazado que se obtiene con el cardiógrafo.

★ **CARDIOIDE.** f. MAT. Curva de cuarto orden que puede considerarse engendrada por el movimiento de un punto de una circunferencia que rueda exteriormente sobre otra igual a la mitad menor. || **2.** ÓPT. Dícese de un condensador empleado para la iluminación lateral de los objetos que se examinan con el microscopio.

CARDIOLOGÍA. (gr. χαρδία, corazón, y λόγος, discurso.) f. Tratado sobre el corazón y sus funciones y enfermedades.

CARDIÓLOGO. m. Médico especializado en las enfermedades del corazón.

CARDIÓPATA. (gr. χαρδία, corazón, y πάθος, enfermedad.) adj. Se dice de la persona que padece afección cardiaca. Ú.t.c.s.

CARDIOPATÍA. f. Enfermedad del corazón.

CARDÍTICO, CA. adj. Relativo al corazón.

CARDITIS. (gr. χαρδία, corazón, y el sufijo *itis*, inflamación.) f. MED. Inflamación del tejido muscular del corazón. ||

P., F. e **It.** cardite; **I.** carditis; **A.** Herzentzündung.

CARDIZAL. m. Sitio en que abundan los cardos y las hierbas inútiles.

CARDO. (l. *cardus*.) m. Planta anua, compuesta, de hojas grandes y espinosas y pencas que se comen crudas o cocidas después de aporcada la planta para que resulten más blandas y tiernas. || **2.** AMÉR. Caraguatá. || **—borriqueño,** o **borriquero.** El que llega a unos tres metros de altura, de flores purpúreas en cabezuelas terminales. || **—corredor.** Planta anua, umbelífera, de tallo subdividido y flores blancas en cabezuelas. || **—estelado corredor.** Cardo corredor. || **—estrellado.** El de tallo peloso, flores dispuestas en cabezuelas laterales y sentadas, con espinas blancas. || **—huso.** Planta anua, de cuyos tallos hacían husos las mujeres. || **—lechar,** o **lechero.** El de tallo derecho y leñoso, cuya planta está cubierta de un jugo lechoso y blanquecino. || **—mariano.** El de tallos derechos, hojas abrazadoras, escotadas, y flores purpúreas en cabezuelas terminales. || **—santo.** El de tallo cuadrangular, ramoso y velludo. Su zumo es narcótico y purgante, pero de uso peligroso. || **—setero.** Cardo corredor llamado así porque junto a él crecen las setas. || *El* CARDO *que ha de picar, luego nace con espinas*. ref. que alude a los que pronto muestran condición aviesa. || *Más áspero que un* CARDO. expr. fig. y fam. Se aplica a la persona adusta. || *Sacadlo de entre los* CARDOS, *sacároslo hemos de entre las manos*. ref. que alude a los que encomiendan a otros lo difícil y áspero y se guardan lo fácil y beneficioso. || **P.** cardo; **I.** thistle; **F.** chardon; **A.** Distel; **It.** cardo; **R.** чертополох, репейник.

CARDÓN. (De *cardo*.) m. Cardencha, planta dipsácea. || **2.** Acción y efecto de sacar el paño o fieltro. || **3.** Planta bromeliácea cuyo fruto es el chagual. || **4.** ARGENT. Especie de cacto gigante que sirve para setos vivos y como planta forrajera. || **5.** BOL. El de gran tamaño. || **6.** C. RICA, MÉJ. y PERÚ. Planta cáctea de la que existen varias especies. || **7.** PERÚ y VENEZ. Cardo, planta anua. || **2.ª** acep.: **P.** cardação; **I.** carding; **F.** cardage; **A.** Kratzen (des Tuches); **It.** cardatura.

CARDONA. n. p. *Más listo que* CARDONA. expr. fig. y fam. con que se pondera el despejo, trastienda y expedición de alguno.

CARDONA. (De *cardón*.) f. CUBA. Especie de cacto que se cría en la costa.

CARDONAL. m. ARGENT., CHILE y VENEZ. Sitio en que abundan cardones.

CARDONCILLO. (d. de *cardón*.) m. Cardo mariano.

CARDUCHA. f. Carda gruesa de hierro.

CARDUME. m. Cardumen.

CARDUMEN. m. Banco, multitud de peces juntos. || **2.** CHILE. Multitud y abundancia de cosas.

CARDUZA. f. ant. Carda, instrumento con el que se prepara la lana después de limpia.

CARDUZADOR, RA. m. y f. Persona que carduza. || **2.** GERM. El que negocia con la ropa que roban los ladrones.

CARDUZAL. m. Cardizal.

CARDUZAR. (De *carduza*.) tr. Cardar.

CAREA. f. SAL. Acción y efecto de carear, quitar a la cara del pan de azúcar la suciedad del barro de la purga.

★ **CAREADA.** f. PERÚ. Careo, cotejo.

CAREADO, DA. adj. SAL. Se aplica al ganado que está o va de careo. || **2.** MÉJ. Se aplica al gallo de pelea descubierto.

CAREADOR. (De *carear*.) adj. SAL. Se aplica al perro que carea a las ovejas, en oposición al mastín que las defiende. || **2.** m. En Santo Domingo, el que cuida del gallo durante la pelea.

CAREAR. (De *cara*.) tr. Poner a una o varias personas en presencia de otras, con objeto de sacar la verdad de dichos o hechos. || **2.** fig. Cotejar una cosa con otra. || **3.** Dirigir el ganado hacia alguna parte. || **4.** Dar la última mano a la cara del pan de azúcar para limpiarle el barro de la purga. || **5.** SAL. Espantar. || **6.** intr. Dar la faz hacia alguna parte. || **7.** SAL. Pastar el ganado. || **8.** r. Verse las personas

C

para algún negocio. || **9.** Ponerse resueltamente cara a cara dos o más personas a fin de resolver algún asunto desagradable para cualquiera de ellas. || **10.** AMÉR. Poner frente a frente a dos gallos de pelea para ver su modo de combatir. || **11.** P. RICO y PERÚ. Hacer descansar a los gallos en la pelea. || **12.** COLOM. Lisonjear, y también incitar a la pelea. || **P.** comparar; **I.** to confront; **F.** confronter; **A.** gegenüberstellen; **It.** mèttere a confronto; **R.** устраивать очную ставку. || 2.ª acep.: **P.** cotejar; **I.** to confront; **F.** confronter; **A.** konfrontieren; **It.** confrontare; **R.** сравнивать.

CARECER. (l. *carescĕre*, de *carēre*.) intr. Tener falta de alguna cosa. || **2.** URUG. Requerir. || **P.** carecer; **I.** to lack; **F.** manquer; **A.** entbehren, mangeln; **It.** mancare; **R.** недоставать.

CARECIENTE. p.a. de carecer. Que carece.

CARECIMIENTO. (De *carecer*.) m. Carencia.

CAREICILLO. m. CUBA. Arbusto silvestre de hojas ásperas y flores blancas en ramillete.

CAREL. m. MAR. Borde superior de una embarcación pequeña donde se fijan los remos que la mueven.

CARENA. (ital. *carena*, y éste del l. *carīna*, quilla, nave.) f. MAR. Reparo y compostura que se hace en el casco de la nave. || **2.** fig. y fam. Burla y chasco con que se zahiere y reprende. Se usa con los verbos dar, sufrir, llevar, aguantar. || **P.** conserto na quilha do navio; **I.** careening; **F.** carénage; **A.** Zimmerung; **It.** carena; **R.** починка корпуса судна.

CARENA. (De *cuarentena*.) f. ant. Penitencia que se hace durante cuarenta días ayunando a pan y agua.

CARENADURA. f. Acción y efecto de carenar.

CARENAR. (l. *carināre*.) tr. MAR. Reparar el casco de la nave. || CARENAR *de firme*. fr. MAR. Reparar completamente el barco. || **P.** querenar; **I.** to careen; **F.** caréner; **A.** ausbessern, kielholen; **It.** carenare; **R.** килевать судно.

CARENCIA. (l. *carentĭa*.) f. Falta o privación de alguna cosa. || **2.** MED. Falta de determinadas substancias en la ración alimenticia, especialmente vitaminas.

CARENCIAL. adj. MED. Perteneciente o relativo a la carencia, 2.ª acep.

CARENERO. m. MAR. Sitio en que se carenan buques.

CARENÓSTILO. m. Insecto carábido, común en España y en los países meridionales.

CARENOTE. (De *carena*, 1.er art.) m. MAR. Cada uno de los tablones que se aplican a los lados de la quilla de una embarcación, para que se mantenga firme cuando se vara en la playa.

CARENTE. p.a. irreg. de carecer. Careciente.

CAREO. m. Acción y efecto de carear o carearse. || **2.** EXTR. Porción de terreno dividido para la montanera, 1.ª acep. || **3.** SAL. Pasto, hierba. || **4.** SAL. Conversación, charla. || **5.** ECUAD., P. RICO y REP. DOMIN. Descanso de los gallos de pelea, para prepararlos a un nuevo encuentro.

CARERO, RA. adj. fam. Que acostumbra vender caro.

CARESTÍA. (b. l. *carestia*, y éste del l. *carēre*, carecer.) f. Escasez de alguna cosa; por antonomasia, de los víveres. || **2.** Subida de precio de las cosas de uso común. || **P.** e **It.** carestia; **I.** scarcity; **F.** disette; **A.** Mangel; **R.** недостаток (продуктов). || 2.ª acep.: **P.** alta de preços; **I.** dearness; **F.** cherté; **A.** Teuerung; **It.** carezza; **R.** дороговизна.

CARETA. (ital. *caretta*, y éste d. del l. *cara*, cara.) f. Máscara o mascarilla para cubrir la cara. || **2.** Mascarilla de alambres con que los colmeneros preservan la cara de las picaduras de abejas. || **3.** Máscara de red metálica con que se resguardan la cara los que aprenden esgrima. || *Quitarle* a uno *la* CARETA. fr. fig. Desenmascararle. || **P.** careta; **I.** mask; **F.** masque, faux visage; **A.** Maske, Larve; **It.** màschera; **R.** маска.

CARETO, TA. (De *careta*.) adj. Se dice del animal de raza caballar o vacuna que tiene la cara blanca y el resto negro. || **P.** careto; **I.** bald-faced; **F.** masque; **A.** weisskopfig (Tier); **It.** sfacciato.

★ **CARETUDO, DA.** adj. CUBA. Cariduro, cínico.

CAREY. (Como el fr. *caret*, voz de la India.) m. Tortuga de mar, con las extremidades anteriores más largas que las posteriores. Su carne es indigesta, pero sus huevos son un rico manjar. Abunda en las costas de las Indias Orientales y del Golfo de Méjico, donde se pesca. || **2.** Materia córnea que se saca en chapas delgadas de las escamas del Carey; es translúcida, dura, de estructura compacta, y sirve para cajas, peines y otros objetos, y también para incrustaciones o embutidos. || **3.** CUBA. Bejuco de hojas anchas y ásperas que se emplean como lija. || **4.** BOT. CUBA. Arbusto de las costas, ramnáceo, cuya madera durísima tiene el mismo aspecto que el caparazón de la tortuga del mismo nombre. Se emplea en ebanistería y para hacer botones. || **5.** BOT. COLOM. Arbusto liliáceo de hojas anchas y rojizas. || **P.** carei; **I.** hawkbill-turtle; **F.** caret; **A.** Karettschildkröte; **It.** tartaruga nòbile; **R.** морская черепаха.

CAREZA. (De *caro*.) f. p. us. Carestía.

CARGA. f. Acción y efecto de cargar. || **2.** Cosa que hace peso sobre otra. || **3.** Cosa transportada en hombros, a lomo o en un vehículo. || **4.** Unidad de medida para madera, carbón, etc. || **5.** Cierta cantidad de granos que en algunas partes es de cuatro fanegas, en otras de tres. || **6.** Cantidad de pólvora, que se echa en el cañón de un arma de fuego. || **7.** Boquilla del frasco u otra medida de la pólvora que se emplea para cada disparo. || **8.** Cantidad de substancia explosiva que causa la voladura de una mina o barreno. || **9.** fig. Tributo, gravamen. || **10.** fig. Censo, servidumbre u otro gravamen real de la propiedad más comúnmente de la inmueble. || **11.** fig. Obligación aneja a un oficio, empleo o estado. || **12.** fig. y fam. *Burro de* CARGA. Se dice del hombre sobre el que suele caer la mayor parte del trabajo. || **13.** MIL. Embestida o ataque resuelto al enemigo. || **14.** MIL. Evolución de gente armada, para ahuyentar al enemigo. || **15.** VETER. Bizma para las caballerías, compuesta de harina, claras de huevo, ceniza y bol arménico todo ello batido con la sangre del mismo animal. || **16.** CUBA. Medida de peso usada en el transporte de mercancías, variable según el medio de transporte que se emplee. || **—abierta.** MIL. Embestida al arma blanca en formación espaciada. || **—cerrada.** MIL. Embestida al arma blanca en formación compacta. || **2.** fig. y fam. Reprensión áspera. || **—concejil.** Servicio o gravamen exigible a todos los vecinos no exentos por la ley. || **—de caballería.** MIL. Embestida de tropas de esta arma. || **—de profundidad.** Bomba de profundidad o explosivo contra submarinos. || **—de rotura.** En ingeniería, el esfuerzo necesario para romper un material. || **—de tracción.** Parte de la carga que soporta una estación generadora de corriente continua, formada por el sistema de tracción que ella alimenta. || **—eléctrica.** FÍS. Potencia dada por uno o varios transformadores o máquinas eléctricas. || **—eléctrica de un condensador.** El producto de la capacidad del condensador por el potencial del manantial eléctrico. || **—eléctrica específica.** Carga eléctrica, en amperio-conductores, del inducido de una máquina por centímetro de circunferencia. || **—electrónica.** ELECTR. Carga eléctrica del electrón de signo negativo. || **—mayor.** La que suele llevar una acémila. || **—menor.** La que suele llevar un asno. || **—nuclear.** FÍS. Carga eléctrica positiva contenida en el núcleo de un átomo. || **—personal.** Servicio a que están obligadas las personas. || **—real.** Gravamen impuesto sobre bienes inmuebles, quienquiera que sea el poseedor de éstos. || **—útil.** En Aerodinámica, el peso bruto de un avión disminuido en el peso de tara. || *A* CARGA *cerrada*. m. adv. Se aplica a lo que se compra a bulto y sin previo examen. || **2.** fig. Sin reflexión. || **3.** fig. Sin distinguir. || **4.** fig. A un tiempo, de una vez. || *A* CARGAS. m. adv. fig. y fam. Con mucha abundancia. || *Acondillar* uno *con la* CARGA. fr. fig. y fam. No poder cumplir con la obligación de su empleo. || *Echar* uno *la* CARGA a otro. fr. fig. Transferirle lo más pesado de la obligación propia. || *Echar* uno *la* CARGA *de sí*. fr. fig. Eludir un cuidado. || *Echar* uno *las* CARGAS a otro. fr. fig. y fam. Imputarle lo que no ha hecho. || *Echarse* uno *con la* CARGA. fr. fig. y fam. Enfadarse, abandonarlo todo. || *Llevar* uno *la* CARGA. fr. fig. Asumir el cuidado de algo. || *No hay* CARGA *más pesada que la mujer liviana*. ref. y sentido claros. || *¿Por qué* CARGA *de agua?* loc. fig. y fam. ¿Por qué razón? ¿por qué causa? || *Sentarse la* CARGA. fr. fig. Lastimar la carga a la bestia. || **2.** fig. y fam. Hacerse molesta una obligación. || *Ser en* CARGA. fr. Molestar. || *Terciar la* CARGA. fr. Repartirla en fracciones iguales. || *Volver a la* CARGA. fr. fig. Insistir en un empeño. || **P.** carregação; **I.** lading; **F.** chargement, cargaison; **A.** Beladung; **It.** caricamento; **R** груз. || 3.ª acep.: **P.** carregação; **I.** load, weight, burden; **F.** charge, fardeau; **A.** Aufbürdung; **It.** càrico, càrica; **R.** нагрузка. || 13.ª acep.: **P.** investidão, impetuosa; **I.** y **F.** charge; **A.** Angriff; **It.** càrica; **R.** атака.

★ **CARGABURRO.** m. CHILE, Burro, cierto juego de naipes.

CARGADAL. m. AR. Cargazón de tierra y otras substancias en el fondo de los ríos y acequias.

CARGADAS. f. pl. Juego de naipes en el cual el que no hace baza es bolo y pierde, y cuando hacen bazas todos, el que tiene más pierde.

CARGADERA. (De *cargar*.) f. MAR. Cabo con que se facilita la operación de arriar o cerrar las velas volantes y de cuchillo. || **—de puño.** COLOM. Tirantes.

CARGADERO. m. Sitio donde se cargan y descargan las mercancías, y artefactos instalados para estas operaciones. || **2.** ARQ. Dintel.

CARGADILLA. (De *cargar*.) f. fam. Aumento que va teniendo una deuda por la acumulación de intereses. || **2.** COLOM. Tirria, aversión a una persona.

CARGADO, DA. p.p. de cargar. || **2.** adj. Se dice del tiempo o atmósfera bochornosos. || **3.** Se aplica a la oveja próxima a parir y en ciertos lugares a las hembras de otros animales e incluso a las mujeres. || **4.** Fuerte, espeso, concentrado como el café. || **5.** BLAS. Se aplica a las piezas o armas sobre las que se han pintado otras que no sean brisura. || **6.** f. En el juego del monte, la carta en la que se ha puesto más dinero de las dos que forman el albur y el gallo. || **7.** m. DANZA. Movimiento de la danza española que se hace alzando el pie derecho y poniéndolo sobre el otro de manera que lo quite de su asiento, y quede él en su lugar. || **8.** ECUAD. Engatillado, de pescuezo grueso o levantado.

CARGADOR. m. El que embarca mercancías para que sean transportadas. || **2.** El que tiene por oficio conducir cargas. || **3.** El que carga las escopetas de la caza de ojeo. || **4.** Bieldo grande para cargar la paja. || **5.** Pieza que sirve para cargar ciertas armas de fuego. || **6.** ART. Cada uno de los dos sirvientes que introducen la carga en las piezas de artillería. || **7.** CHILE, GUAT., MÉJ. y PERÚ. Mozo de cordel. || **8.** GUAT. Cohete muy ruidoso. || **9.** CHILE. Sarmiento algo recortado en la poda que se deja para que lleve el nuevo fruto. || **10.** pl. COLOM. Tirantes. || 2.ª acep.: **P.** carregador; **I.** porter, docker; **F.** chargeur, arrimeur, fort, portefaix; **A.** Lader; **It.** scaricatore; **R.** грузчик. || 5.ª acep.: **P.** cunhete; **I.** clip, magazine; **F.** chargeoir; **A.** Ladevorrichtung; **It.** caricatore; **R.** магазин обойма.

★ **CARGADORA.** f. VENEZ. Niñera.

★ **CARGALABURRA.** m. PERÚ. Cargaburro.

CARGAMENTO. m. Conjunto de mercaderías que carga una embarcación. || **P.** carregamento; **I.** cargo; **F.** cargaison, charge; **A.** Schiffsladung, Fracht; **It.** caricamento; **R.** груз.

CARGANCIA. (De *cargar*.) f. Sal. Molestia, pesadez.

CARGANTE. p.a. de cargar. Que carga o molesta.

CARGAR. (l. *carricāre*, y éste del l. *carrus*, carro.) tr. Poner peso sobre una persona o bestia. || 2. Poner en un vehículo mercancías para ser transportadas. || 3. Introducir la carga en el cañón de cualquier arma de fuego. || 4. Acopiar algunas cosas. || 5. fig. Usado con algunos adverbios, como *mucho, demasiado*, etc., llenarse, comer o beber destempladamente. || 6. fig. Aumentar, agravar el peso de alguna cosa. || 7. fig. Imponer a las personas o cosas un gravamen, carga u obligación. || 8. fig. Imputar a alguno alguna cosa. || 9. fig. En los juegos de la malilla, y otros, echar sobre la carta jugada otra que la gane. || 10. fig. Aumentar el dinero puesto a una carta en el juego del monte. || 11. fig. y fam. Incomodar, cansar. Ú.t.c.r. || 12. Blas. Pintar sobre una pieza o armas otra u otras que no sean brisura. || 13. Com. Anotar en las cuentas corrientes las partidas que corresponden al debe. || 14. Mar. Recoger los paños de las velas. || 15. Mil. Acometer con fuerza a los enemigos. || 16. Mil. Evolucionar los guardias o gentes de orden público para disparar o rechazar a la multitud. || 17. Veter. Untar las bestias caballares desde la cruz hasta las caderas con su propia sangre extraída, mezclada con otros ingredientes. || 18. intr. Inclinarse alguna cosa hacia alguna parte. || 19. Mantener sobre sí algún peso. || 20. Descansar una cosa sobre otra. || 21. Con la prep. con, tomar. || 22. Llevar los árboles gran cantidad de frutos. || 23. fig. Ir mucha gente a un lugar. || 24. fig. Tener sobre sí alguna obligación. || 25. fig. Con la prep. *sobre*, hacer a uno responsable de culpas. || 26. fig. Junto con la misma prep. *sobre*, instar, importunar a uno para que condescienda con lo que le pide. || 27. Gram. Tratándose de acentuación tener una letra o sílaba más valor prosódico que otras de la misma palabra. || 28. r. Echar el cuerpo hacia alguna parte. || 29. fig. Admitir el cargo de alguna cantidad en las cuentas. || 30. fig. Tratándose del tiempo, el cielo, el horizonte, etc., irse, aglomerando y condensando las nubes. || 31. fig. Con la prep. de, llegar a tener copia o abundancia de ciertas cosas. || 32. Argent. Entre los hombres de campo, llevar uno consigo, de ordinario, una cosa de uso. || 33. Cuba. Cubrir el macho a la hembra particularmente si se trata de ganado caballar. || 34. Chile y Perú. Acometer algún animal. *CARGAR delantero.* fr. fig. y fam. Haber bebido demasiado. || P. carregar; I. to load; F. charger; A. laden, belasten; It. caricare; R. грузить.

CARGAREME. (De la 1.ª pers. del sing. del fut. de indic. de cargar y el pron. me: cargaréme; me cargaré.) m. Documento con que se hace constar el ingreso de alguna cantidad en tesorería.

CARGAZÓN. (De *cargar*.) f. Cargamento. || 2. Pesadez sentida en alguna parte del cuerpo. || 3. Aglomeración de nubes espesas. || 4. Argent. Obra mecánica mal rematada. || 5. Chile. Abundancia de frutos en los árboles y otras plantas. || 2.ª acep.: P. oppressão; I. heaviness; F. pesanteur; A. Beschwerde, Magendruck; It. pesantezza; R. тяжесть.

CARGO. (De *cargar*.) m. Acción de cargar. || 2. Carga o peso. || 3. Cantidad de piedra de mampostería aproximadamente de un tercio de metro cúbico. || 4. Conjunto de capachos llenos de aceitunas molidas que se amontonan sobre la regaifa, para sujetarlos de una vez a la prensa del molino de aceite. || 5. Cantidad de uva ya pisada que se pone de una vez bajo la viga de la prensa. || 6. Unidad de medida de maderas que se usa en Granada. || 7. En las cuentas conjunto de cantidades de que uno debe dar satisfacción. || 8. fig. Dignidad, empleo, oficio. || 9. fig. Obligación de hacer o cumplir bien alguna cosa. || 10. fig. Gobierno, custodia. || 11. fig. Falta que se imputa a uno en su comportamiento. || 12. Sal. Dintel. || 13. Chile. Certificado que al pie de los escritos pone el secretario judicial

para señalar el día o la hora en que fueron presentados. || —concejil. Oficio obligatorio para los vecinos. || —de conciencia. Lo que la grava. || *A CARGO de.* loc. Con que se indica que algo está confiado al cuidado de una persona. || 2. A expensas, a cuenta de. || *Hacer CARGO a uno de alguna cosa.* fr. Imputársela. || *Hacerse uno CARGO de alguna cosa.* fr. Encargarse de ella. || 2. Formar concepto de ella. || 3. Considerar todas sus circunstancias. || *Ser uno en CARGO a otro.* fr. Ser su deudor. || 8.ª acep.: P. cargo; I. office; F. charge; A. Amt, Dienst; It. càrica, càrico; R. нагрузка.

CARGOSEAR. tr. Chile. Importunar, molestar.

★ **CARGOSERÍA.** f. Chile. Acción de una persona cargosa.

★ **CARGOSIDAD.** f. Chile. Cualidad propia del cargoso.

CARGOSO, SA. (De *cargar*.) adj. Pesado, grave. || 2. Molesto. || 3. Argent. y Chile. Cargante. || 4. Argent. y Perú. Gravoso.

CARGUE. m. ant. Acción y efecto de cargar una embarcación.

★ **CARGUERA.** (f. de *carguero*.) f. Venez. Niñera. || 2. pl. Argent. Árganas.

CARGUERÍO. (De *carguero*.) m. ant. Carguío.

CARGUERO, RA. adj. Que lleva carga. || 2. m. Argent. Bestia de carga. || 3. Amér. Mozo de cordel. || 4. Amér. Barco de carga.

CARGUILLERO, RA. adj. Sal. Se dice del que tiene por oficio llevar las cargas de leña para enrojar los hornos.

CARGUÍO. m. Cantidad de géneros u otras cosas que componen la carga. || 2. Carga, peso que se transporta.

CARI. (Del mapuche *cari*, verde.) adj. Amér. Zarzamora. || 2. Chile. Se dice del color verde claro. || 3. Chile. Pimienta de la India. || 4. Argent. Especie de poncho.

CARIA. f. Arq. Fuste o caña de columna.

CARIACEDO, DA. (De *cara y acedo*.) adj. Desapacible, enojado.

CARIACO. (caribe *cariacu*, corza.) m. desus. Cuba. Baile popular parecido a la titundia. || 2. Guay. Bebida fermentada de jarabe de caña, de cazabe y de patatas.

CARIACONTECIDO, DA. (De *cara y acontecido*.) adj. fam. Que muestra pena o sobresalto en el semblante. || 2. Colom. Se aplica al que tiene cara alegre.

CARIACOS. m. pl. Etnogr. Indios caribes de las Antillas en la época del descubrimiento.

CARIACUCHILLADO, DA. adj. Que tiene en la cara alguna cicatriz.

CARIADO, DA. adj. Se aplica a los huesos dañados o podridos.

CARIADURA. f. El daño del hueso cariado.

CARIAGUILEÑO, ÑA. (De *cara y aguileño*.) adj. fam. Que tiene larga la cara, enjutos los carrillos y algo corva la nariz.

CARIALEGRE. adj. Risueño, con risa en el semblante.

CARIALZADO, DA. adj. Se dice del que tiene la cara levantada.

CARIAMPOLLADO, DA. adj. Cariampollar.

CARIAMPOLLAR. (De *cara y ampolla*.) adj. Mofletudo.

CARIANCHO, CHA. adj. fam. Que tiene ancha la cara.

★ **CARIANTÓN.** adj. Chile. Carantón.

CARIAQUITO. (Voz caribe.) m. Arbusto vivaz verbenáceo, propio de lugares cálidos y secos. Tiene flores blancas y fruto dulce. Toda la planta despide un aroma suave.

CARIAR. (l. *cariāre*.) tr. Corroer, producir caries. Ú.m.c.r.

CARIÁTIDE. (l. *caryātis, -ĭdis*, y éste del gr. καρυᾱτις.) f. Arq. Estatua de mujer con traje talar y que sirve de columna. || 2. Arq. Por ext., cualquier figura humana que en un cuerpo arquitectónico sirve de columna. || P. cariátide; I. caryatid; F. cariátide; A. Karyatide; It. cariátide; R. кариатида.

CARÍBAL. (De *caribe*.) adj. Caníbal. Ú.t.c.s.

CARIBE. adj. Se dice del individuo de un pueblo del mismo nombre que en

otro tiempo dominó una parte de las Antillas. Ú.t.c.s. || 2. Perteneciente a este pueblo. || 3. m. Lengua de los caribes. || 4. Pez pequeño y muy voraz que vive en las costas de Venezuela. || 5. fig. Hombre cruel, inhumano. || 6. Rep. Domin. Picante, colérico. || P. caraíba; I. Carib, caribbean; F. caraïbe; A. Karib; It. caraibo; R. караиб.

CARIBELLO. adj. Se dice del toro que tiene la cabeza obscura y la frente con manchas blancas.

★ **CARIBITO.** m. Zool. Colom. y Venez. Palometa, pescado comestible, parecido al jenel.

CARIBLANCA. m. Colom. y C. Rica. Carablanca.

CARIBLANCO. m. C. Rica. Puerco montés más pequeño que el jabalí europeo; vive en manadas en los bosques vírgenes de los países cálidos.

CARIBÚ. m. Zool. Reno salvaje del Canadá cuya carne es comestible.

★ **CARICA.** Bot. Planta papayácea de la América tropical, parecida a la higuera.

★ **CARICA.** adj. Pan. Dícese de la gallina de pescuezo sin plumas.

CARICÁCEO, A. (De *carica*, nombre de un género de plantas.) adj. Bot. Se aplica a los árboles angiospermos dicotiledóneos, con flores de cáliz pequeño y corola gamopétala, y con fruto en baya. Ú.t.c.s.f. || 2. f. pl. Bot. Familia de estas plantas.

CARICARI. (Voz caribe.) m. Halcón brasileño que se alimenta de reptiles, ratones e insectos.

CARICARILLO, LLA. m. y f. Vallad. Cada uno de los hijos de un cónyuge con relación a los del otro, habidos en anteriores matrimonios.

CARICATO. (ital. *caricato*, de *caricare*, cargar y éste del l. *carricāre*.) m. Bajo cantante que en la ópera hace papeles de bufo. || 2. Amér. Caricatura, figura ridícula en que se exageran las facciones de una persona.

CARICATURA. (ital. *caricatura*, der. de *caricare*, y éste del l. *carricāre*, cargar.) f. Figura ridícula en que se deforman las facciones de alguien. || 2. Obra de arte en que por medio de alusiones se ridiculiza una persona o cosa. || P. e It. caricatura; I. caricature, cartoon; F. charge, caricature; A. Karikatur; R. карикатура.

CARICATURAR. tr. Caricaturizar.

CARICATURESCO, CA. adj. Perteneciente o relativo a la caricatura.

CARICATURISTA. com. Dibujante de caricaturas.

CARICATURIZAR. (De *caricatura*.) tr. Representar por medio de caricatura a una persona o cosa.

CARICIA. (De *caro*, amado.) f. Demostración cariñosa, pasando la mano, por el rostro de una persona, el cuerpo de un animal, etc. || 2. Halago, demostración amorosa. || 3. Germ. Cosa que cuesta cara. || P. carícia; I. caress; F. caresse; A. Liebkosung; It. carezza, vezzo; R. ласка.

CARICIOSAMENTE. adv. Haciendo caricias.

CARICIOSO, SA. (De *caricia*.) adj. Cariñoso.

CARICHATO, TA. adj. Chato, que tiene cara aplanada.

★ **CARICHINA.** f. Ecuad. Mujer varonil.

CARIDAD. (l. *cāritas, -ātis*.) f. Una de las tres virtudes teologales, que consiste en amar a Dios sobre todas las cosas y al prójimo como a nosotros mismos. || 2. Virtud cristiana opuesta a la envidia. || 3. Limosna que se da a una persona. || 4. Refresco de vino, pan y queso, u otro refrigerio, que en algunos lugares se da por las cofradías a los que asisten a la fiesta del santo. || 5. Tratamiento usado en ciertas órdenes religiosas de mujeres y en algunas cofradías de varones. || 6. Mar. Quinta ancla de respeto que han solido llevar los navíos en la bodega. || 7. Méj. Comida de los presos. || *La CARIDAD bien ordenada empieza por uno mismo.* ref. que denota lo natural que es pensar en las necesidades propias antes que en las ajenas. || P. caridade; I. charity; F. charits; A. Nächstennliebe; It. carità; R. милосер-

C die. || 3.ª acep.: **P.** esmola; **I.** alms; **F.** charité; **A.** Liebesgabe, Almosen; **It.** carità; **R.** милостыня.

CARIDELANTERO, RA. (De *cara* y *delantero*.) adj. fam. Descarado y entremetido.

CARIDOLIENTE. (De *cara* y *doliente*.) adj. Que manifiesta dolor en el semblante.

CARIDOSO, SA. (De *caridad*.) adj. ant. Caritativo.

★ **CARIDURO, RA.** (De *cara* y *duro*.) adj. fam. CUBA. Cínico.

CARIEDÓN. m. Insecto que roe las nueces.

CARIENTISMO. (l. *charientismos*, y éste del gr. χαριεντισμός, de χαριεντίζομαι, chancear, bromear.) m. RET. Figura que consiste en disfrazar ingeniosa y delicadamente la ironía.

CARIES. (l. *caries*.) f. Úlcera de un hueso. || **2.** Tizón, honguillo. ||—**seca.** Enfermedad de los árboles, que convierte el tejido leñoso en una substancia amarillenta y estoposa. || **P.** cárie; **I.** caries; **F.** e **It.** carie; **A.** Knochenfäule, Karies; **R.** кариес.

★ **CARIFRESCO.** adj. CUBA y P. RICO. Descarado.

CARIFRUNCIDO, DA. adj. fam. Que tiene fruncida la cara.

CARIGORDO, DA. adj. fam. Que tiene la cara gorda.

CARIHARTO, TA. (De *cara* y *harto*.) adj. Carirredondo.

CARILAMPIÑO, ÑA. adj. CHILE y PERÚ. Barbilampiño.

CARILARGO, GA. adj. fam. Se dice del que tiene la cara larga. || **2.** CHILE. Apenado, disgustado.

★ **CARILIMPIEZA.** f. PAN. Descaro.

★ **CARILIMPIO, PIA.** adj. COLOM., PAN., PERÚ y P. RICO. Insolente, descarado.

CARILINDO, DA. adj. De cara linda. Ú.t.c.s.

★ **CARILISO, SA.** adj. COLOM. Descarado.

CARILUCIO, CIA. (De *cara* y *lucio*.) adj. fam. Se dice del que tiene la cara lustrosa.

CARILLA. (d. de *cara*.) f. Careta, mascarilla de alambres para protegerse contra las abejas. || **2.** Plana o página.

CARILLENO, NA. (De *cara* y *lleno*.) adj. fam. Que tiene la cara abultada.

CARILLO, LLA. (d. de *caro*.) adj. Que es amado. || **2.** m. y f. Amante, novio. Ú. en lenguaje rústico y poético.

CARILLÓN. (fr. *carillon*, y éste del ant. *careignon*, del l. *quatternio*, -*ōnis*, grupo de cuatro.) m. Grupo de campanas en una torre que producen un sonido armónico por estar acordadas. || **2.** Juego de tubos o planchas de acero que producen un sonido musical. || **P.** carrilhão; **I., F.** e **It.** carillon; **A.** Glockenspiel; **R.** перезвон колоколов.

CARIMBA. f. CUBA. Calimba.

★ **CARIMBAR.** tr. BOL., PERÚ y P. RICO. Marcar con el carimbo.

CARIMBO. m. BOL. Hierro para marcar las reses.

CARINCHO. m. Guisado americano, a base de patatas, carne, y salsa con ají.

CARINEGRO, GRA. (De *cara* y *negro*.) adj. Se dice del que tiene la cara muy morena.

★ **CARINGA.** f. CUBA. Calinga.

CARININFO, FA. (De *cara* y *ninfa*.) adj. De cara afeminada.

CARIÑANA. f. Toca femenina del siglo XVII.

CARIÑAR. intr. AR. Sentir nostalgia. Ú.t.c.r.

CARIÑENA. m. Vino tinto dulce, así llamado por producirse en la ciudad de su nombre, de la provincia de Zaragoza.

CARIÑO. (gall. o port. *cariño*, y éste del l. *carus*, querido.) m. Inclinación de amor o de afecto. || **2.** fig. Expresión de dicho sentimiento. Ú.m. en pl. || **3.** fig. Esmero en tratar una cosa o ejecutar un trabajo. || **4.** AMÉR. Ademán cariñoso. || **5.** CHILE. Obsequio. || **6.** fig. ARGENT. Saludo, recuerdo. Ú.m. en pl. || **P.** carinho; **I.** fondness; **F.** tendresse; **A.** Wohlwollen, Liebe; **It.** tenerezza; **R.** любовь.

★ **CARIÑOSA.** f. PAN. Sarna, roña.

CARIÑOSAMENTE. adv. Con cariño.

CARIÑOSO, SA. (De *cariño*.) adj. Afectuoso.

CARIO, RIA. adj. Natural de la Caria. Ú.t.c.s. || **2.** Perteneciente a esta región asiática. || **3.** AMÉR. Guaraní.

★ **CARIOCA.** adj. AMÉR. MERID. Natural de Río Janeiro. Ú.t.c.s. || **2.** R. DE LA PLATA. En general, brasileño. Ú.t.c.s. || **3.** f. Danza popular brasileña. || **4.** Baile característico cubano. || **5.** Música de este baile.

CARIOCAR. m. BOT. Árbol de la América tropical, de gran altura, tipo de la familia de las cariocariáceas.

CARIOCARIÁCEO, A. (De *caryocar*, nombre de un género de plantas.) adj. BOT. Se dice de las plantas angiospermas dicotiledóneas, casi siempre leñosas, con frutos drupáceos provistos de una o cuatro semillas que pueden contener materias albuminoideas y grasa, pero nunca fécula. Sus hojas están divididas en tres lóbulos. Ú.t.c.s.f. || **2.** f. pl. BOT. Familia de estas plantas.

CARIOCINESIS. (gr. χάρυον, núcleo, y κίνησις, movimiento.) f. BIOL. Modo de división de una célula madre, caracterizado por una serie de transformaciones o movimientos del núcleo.

CARIOCINÉTICO, CA. (De *cariocinesis*.) adj. BIOL. Perteneciente o relativo a la cariocinesis.

★ **CARIOCO, CA.** adj. COLOM., ECUAD. y PERÚ. Aguarico.

CARIOFILÁCEO, A. (De *cariofileo*.) adj. BOT. Se dice de las hierbas o matas angiospermas dicotiledóneas, de flores regulosas, fruto en cápsula. Ú.t.c.s.f. || **2.** f. pl. BOT. Familia de estas plantas.

CARIOFILEO, A. (l. *caryophyllon*, y éste del gr. καρυόφυλλον, clavo de especia; de κάρυον, nuez, y φύλλον, hoja.) adj. BOT. Cariofiláceo.

CARIOFILINA. (De *cariofileo*.) f. QUÍM. Substancia contenida en gran cantidad en el clavo de las Molucas.

CARIÓPSIDE. (gr. κάρυον, nuez, y ὄψις, vista, aspecto.) f. BOT. Fruto seco o indehiscente a cuya semilla está íntimamente adherido el pericarpio.

CARIOSO, SA. (l. *cariōsus*.) adj. ant. Que tiene caries.

CARIPAREJO, JA. (De *cara* y *parejo*, igual, lo mismo, de un modo que es otro.) adj. fam. Se dice de la persona cuyo semblante no se inmuta por nada.

CARIPELADO. m. COLOM. Especie de mono.

CARIRRAÍDO, DA. (De *cara* y *raído*.) adj. fam. Descarado o sin vergüenza.

CARIRREDONDO, DA. adj. fam. Redondo de cara.

CARISEA. (fr. *cariseau*, y éste del ingl. *kersey*.) f. Tela basta de estopa que se tejía en Inglaterra.

CARISETO. (fr. *cariset*, y éste del ingl. *kersey*.) m. Tela basta de lana.

★ **CARISHINA.** f. AMÉR. Carichina.

CARISIAS. (gr. χαρίσια, de χάρις, la gracia.) f. pl. MIT. Fiestas griegas nocturnas en honor de las Gracias.

CARISMA. (l. *charisma*, y éste del gr. χάρισμα, de χαρίζομαι, agradar, hacer favores.) m. TEOL. Don gratuito que concede Dios a una criatura. || **P.** carisma; **I.** charism; **F.** charisme; **A.** göttliche, Gnadengabe; **It.** carisma.

CARISMÁTICO, CA. adj. Perteneciente o relativo al carisma.

CARISQUIO. m. BOT. Árbol mimosáceo, semejante a la acacia, algunas de sus especies se cultivan en jardines. Su madera es muy apreciada.

CARISTIAS. (l. *charistia*.) f. pl. MIT. Convite familiar que los romanos celebraban el 18 y 20 de febrero, para hacer la paz entre los parientes.

★ **CARITA.** REP. DOMIN. Persona que está de gorra en un lugar.

CARITÁN. m. Colector de la tuba en Filipinas.

CARITATERO. (l. *caritas*, -*ātis*, caridad.) m. AR. Canónigo de la catedral de Zaragoza encargado de repartir las limosnas a los pobres y enfermos que anualmente señalaba en conjunto el cabildo.

CARITATIVAMENTE. adv. Con caridad.

CARITATIVO, VA. (l. *charitatīvus*.) adj. Que ejercita la caridad. || **2.** Perteneciente o relativo a la caridad. || **P.** caritativo; **I.** y **F.** charitable; **A.** barmherzig; **It.** caritatèvole, caritativo; **R.** добрый.

CARITE. m. CUBA. Pez semejante al pez sierra, pero más largo.

CARIUCHO. (Voz quichua.) m. ECUAD. Guiso de carne y patatas con ají.

CARIZ. (De *cara*.) m. Aspecto de la atmósfera. || **2.** fig. y fam. Aspecto que presenta un negocio o reunión de personas. || **P.** cariz; **I.** appearance; **F.** aspect, apparence; **A.** Aussehen, Wetterstand; **It.** aspetto; **R.** вид.

CARLA. f. Tela pintada de las Indias.

CARLÁN. m. El que en Aragón tenía cierta jurisdicción y derechos en un territorio.

CARLANCA. f. Collar ancho y fuerte que preserva a los mastines de las morderduras de los lobos. || **2.** fig. fam. Maula, roña. Ú.m. en pl. || **3.** GERM. Cuello de camisa. || **4.** COLOM. y C. RICA. Grillete. || **5.** ECUAD. Especie de trangallo que se cuelga a los animales de la cabeza para que no entren en los sembrados. || **6.** CHILE y HOND. Molestia que causa una persona machacona. || **7.** HOND. Persona de tal condición.

CARLANCO. m. Ave zancuda del tamaño de un pollo pequeño.

CARLANCÓN, NA. m. y f. Persona astuta que tiene muchas carlancas. Ú.t.c.adj.

CARLANGA. (De *carlanca*.) f. MÉJ. Pingajo.

CARLANÍA. f. Dignidad de carlán. || **2.** Territorio sujeto a él.

CARLEAR. intr. Jadear.

CARLETA. (fr. *carlette*.) f. Lima para desbastar el hierro. || **2.** MINER. Especie de pizarra francesa que procede de Angers.

CARLÍN. (De *Carlos*.) m. Moneda española pequeña del tiempo de Carlos V.

CARLINA. adj. En la expresión *Angélica* CARLINA. Ajonjera. Ú.t.c.s.

CARLINCHO. m. ÁL. Cardo corredor o setero.

CARLINGA. (Como en fr. *carlingue*, del ingl. *carling*.) f. MAR. Hueco en que se encaja la mecha de un árbol u otra pieza semejante. || **2.** Espacio destinado en el interior de los aviones para los pasajeros y la tripulación. || **P.** carlinga; **I.** step; **F.** carlingue; **A.** Mastenspur; **It.** scassa; **R.** гнездо мачты.

CARLISMO. m. Orden de ideas profesadas por los carlistas. || **2.** Partido político de los carlistas.

CARLISTA. adj. Se dice del partidario de don Carlos María Isidro de Borbón y sus descendientes.

CARLITA. f. Nombre que dan los ópticos a las lunetas que se emplean para leer.

CARLÓ. m. Vino tinto que se produce en Sanlúcar de Barrameda e imita al de Benicarló.

CARLÓN. m. AND. Carló.

CARLOS. n. p. ASTRON. V. *Corazón de* CARLOS.

CARLOTA. f. Torta hecha con leche, huevos, azúcar, cola de pescado y vainilla.

CARLOVINGIO, GIA. adj. Carolingio. Ú.t.c.s. || **P.** carlovingiano; **I.** carlovingian; **F.** carlovingien; **A.** Karolinger; **It.** Carlovingio.

CARMAÑOLA. (fr. *carmagnole*.) f. Especie de chaqueta de cuello estrecho. || **2.** Canción francesa revolucionaria de la época del terror.

CARME. (ár. *karm*, viña.) m. GRAN. Carmen, quinta con huerto o jardín.

CARMEL. m. Especie de llantén.

CARMELINA. f. Segunda lana que se saca de la vicuña.

CARMELITA. (Del monte *Carmelo*.) adj. Se dice del religioso de la orden del Carmen. Ú.t.c.s. || **2.** Carmelitano. || **3.** CUBA y CHILE. Se aplica al color pardo. || **4.** f. Flor de la planta capuchina. || **P.** carmelita; **I.** Carmelite. **F.** carme, carmélite; **A.** Karmeliter-mönch; **It.** carmelitano, carmelita; **R.** кармелит.

CARMELITANO, NA. (De *carmelita*.) adj. Perteneciente o relativo a la Orden del Carmen.

CARMEN. m. Orden regular religiosa,

mendicante, fundada por Simón Stock en el siglo XIII. El hábito y escapulario son de color negro o pardo, la capa y manto blancos. Hay también conventos de monjas de esta orden.

CARMEN. (Del m. or. que *carme*.) m. En Granada, quinta con jardín o huerto.

CARMEN. (l. *carmen*.) m. Composición poética.

CARMENADOR, RA. (l. *carminātor, -ōris*.) m. El que carmena. || **2.** Instrumento para carmenar. || **3.** Batidor, peine. || **P.** carmeador; **I.** teaser; **F.** démeloir; **A.** Wollkämmer; **It.** pettine rado.

CARMENADURA. (De *carmenar*.) f. Acción y efecto de carmenar.

CARMENAR. (l. *carmināre*.) tr. Desenredar y limpiar el cabello, la lana o la seda. Ú.t.c.s. || **2.** fig. y fam. Repeler, arrancar el pelo. || **3.** fig. y fam. Quitar a uno dinero o cosas de valor. || **P.** carmear; **I.** to tease; **F.** démêler; **A.** Wolle kämmen; **It.** ravviare, strigare; **R.** чесать, трепать.

CARMENTALES. (l. *carmentalia*.) f. pl. ARQUEOL. Fiestas romanas en honor de la ninfa Carmenta.

CARMENTINA. f. Planta acantácea, usada en medicina como pectoral.

CARMES. m. Quermes, 1.ª acep.

CARMESÍ. (ár. *qirmizī*, rojo, color del quermes.) adj. Se dice del color de grana dado por el quermes animal. Ú.t.c.s. || **2.** m. Polvo de color de la grana quermes. || **3.** Tela de seda roja. || **P.** carmesim; **I.** crimson; **F.** cramoisi; **A.** Karmesin; **It.** cremisi; **R.** красный цвет.

CARMESÍN. adj. ant. Carmesí. Usáb. t.c.s.

CARMESITA. f. MIN. Silicato hidratado de hierro y alúmina.

CÁRMESO. m. ant. Carmesí, 1.ª acep.

CARMÍN. (De *quermes*.) m. Materia de color rojo que se saca principalmente de la cochinilla. || **2.** Este mismo color. || **3.** Rosal silvestre con las flores de este color. || **4.** Flor de esta planta. || —**bajo.** El que se hace con yeso mate y cochinilla. || **2.**ª acep.: **P.** carmin; **I.** carmine; **F.** carmin; **A.** Karmin; **It.** carminio; **R.** кармин.

CARMINANTE. p. a. ant. de carminar. Que carmina.

CARMINAR. (l. *carmināre*, carpar.) tr. ant. Expeler.

CARMINATIVO, VA. (De *carminar*.) adj. MED. Se dice del medicamento que favorece la expulsión de los gases desarrollados en el tubo digestivo. Ú.t.c.s.

CARMÍNEO, A. adj. de carmín. || **2.** De color carmín.

CARMINITA. (De *carmín*.) f. MIN. Arseniato anhidro de hierro y plomo.

CARMINOSO, SA. adj. De color que tira a carmín.

CARNACIÓN. f. BLAS. Color natural y no heráldico, que se da en el escudo a varias partes del cuerpo humano.

CARNADA. f. Cebo para pescar o cazar. || **2.** fig. y fam. Añagaza, artificio para atraer con engaño.

CARNADURA. (De *carne*, 1.er art.) f. Musculatura, abundancia de carnes. || **2.** Encarnadura, disposición que se atribuye a los tejidos del cuerpo para cicatrizar sus lesiones.

★ **CARNAHYBA.** f. BRASIL. Nombre que se da a la carnauba en Bahía.

CARNAJE. m. Tasajo, principalmente cuando la llevan las embarcaciones.

CARNAL. (l. *carnālis*.) adj. Perteneciente a la carne. || **2.** Lujurioso. || **3.** Perteneciente a la lujuria. || **4.** fig. Terrenal que sólo mira las cosas del mundo. || **5.** V. *Hermano, primo, sobrino, tía, tío* CARNAL. || **6.** m. Tiempo del que no es cuaresma. || **P.** carnal; **I.** carnal, fleshly; **F.** charnel; **A.** fleischlich; **It.** carnale; **R.** телесный.

CARNALIDAD. (l. *carnālitas, -ātis*.) f. Vicio y deleite de la carne.

CARNALMENTE. adv. Con carnalidad.

CARNARIO. (l. *carnarium*, de *caro, carnis*, carne.) m. ant. Carnero, lugar donde echan los cuerpos de los muertos.

CARNAUBA. f. AMÉR. Carandaí.

★ **CARNAUBEIRA.** f. BOT. Especie de palmera del Brasil llamada carnauba.

CARNAVAL. (ital. *carnevale*.) m. Los tres días que preceden al Miércoles de Ceniza. || **2.** Fiesta popular que se celebra en dichos días. || **3.** BOT. ARGENT. Cierto árbol leguminoso. || *Ser una cosa un* CARNAVAL. fr. fig. y fam. Se aplica a la reunión ruidosa. || **2.** fig. y despect. Se aplica al conjunto de informalidades y fingimientos que se reprochan en una reunión o en el trato de un negocio. || **P.** y **F.** carnaval; **I.** carnival; **A.** Karneval; **It.** carnevale, carnasciale; **R.** карнавал, масленица.

CARNAVALADA. f. Acción propia de carnaval.

★ **CARNAVALEAR.** intr. ECUAD., PERÚ y P. RICO. Jugar al carnaval.

CARNAVALESCO, CA. adj. Perteneciente o relativo al carnaval.

CARNAVÁLICO, CA. adj. p. us. Carnavalesco.

CARNAZA. f. Cara de las pieles que ha estado en contacto con la carne. || **2.** Carnada, cebo de carne para pescar. || **3.** fam. Abundancia de carnes en una persona. || **4.** fig. COLOM., C. RICA, CHILE, HOND. y MÉJ. El que sufre el daño a que otro le arroja para librarse él. || **P.** carnaz; **I.** flesh side; **F.** chair; **A.** Fleischseite; **It.** carniccio; **R.** мездра.

CARNAZÓN. f. SAL. Inflamación de la herida.

CARNE. (l. *caro, carnis*.) f. Parte blanda y mollar del cuerpo de los animales. || **2.** Por antonomasia, la comestible de la vaca, carnero, etc., principalmente la que se destina a la venta en las carnicerías. || **3.** Alimento formado por la carne del cuerpo de los animales terrestres y aéreos a diferencia de los pescados y mariscos. || **4.** Parte mollar de la fruta. || **5.** Uno de los tres enemigos del alma, que induce a la sensualidad. || **6.** AMÉR. Cerne. || **7.** AMÉR. MERID. Parte más dura del tronco de los árboles. || —**ahogadiza.** La de los animales que han muerto ahogados, empleada como alimento. || —**cediza.** La que empieza a corromperse. || —**con cuero.** ARGENT. Carne asada sin desollar. || —**congelada.** La que se somete a muy baja temperatura para que se conserve mejor. || —**de cañón.** fr. Tropa expuesta inconsideradamente a la muerte. || **2.** fig. y fam. Gente ordinaria, tratada sin miramientos. || —**de Castilla.** CHILE. Carne de oveja. || —**de gallina.** fig. Daño de algunas maderas que se manifiesta por el color blanco amarillento que es principio de podredumbre. || **2.** fig. Espasmo, por frío o miedo, que da a la piel humana apariencia de la piel de gallina. || —**del norte.** CUBA. La de vaca que se trae de los Estados Unidos en barrilitos. || —**de pelo.** La de conejos, liebres, etc., en contraposición a la de pluma. || —**de pluma.** La de aves comestibles. || —**de sábado.** Los extremos, despojos o grosura de los animales que se permitía comer en tal día. || —**mollar.** La magra y sin hueso. || —**momia.** La embalsamada de una persona o animal. || **2.** fam. La parte escogida y sin hueso. || —**nueva.** La que se vende por Pascua de Resurrección, pues es la primera que se come después de la Cuaresma. Ú.m. en pl. || —**salvajina.** La de animales monteses. || —**sin hueso.** fig. y fam. Conveniencia de gran provecho y poco trabajo. || —**valiente.** Tendones en forma de cinta gruesa que enlazan los músculos del cuello de las reses son las agujas. || —**viva.** En una herida o llaga, la sana, en contraposición a la dañada. || CARNES *blancas.* Las comestibles de reses tiernas o aves. || CARNE *a* CARNE, *amor se hace.* ref. que indica que del trato íntimo nace la amistad o el amor. || CARNE, CARNE *cría, y peces, agua fría.* ref. que indica que la carne es el alimento más substancioso. || CARNE *de pluma quita del rostro la arruga.* CARNE *de pluma, siquiera de grúa.* refs. que indican que en general engordan los que comen bien. || CARNE *crece, no puede estar si no mece.* ref. que indica que es propio de niños no estarse quietos. || CARNE *sin hueso no se da sino a don Bueso.* ref. que indica que se trata con más atención a los poderosos. || CARNE *y sangre.* loc. fig. Hermanos

y parientes. || *Cobrar* CARNES. Engordar el flaco. || *La* CARNE *un mes y ella te dejará tres.* ref. que indica que las malas costumbres excitan al pecado más que la propia naturaleza. || *En* CARNES. m. adv. Desnudo. || *En* CARNE *viva.* loc. Se dice de la carne de animal accidentalmente despojada de la piel. || *Hacer* CARNE. fr. fig. Hablando de animales carnívoros, matar. || **2.** fig. y fam. Maltratar a uno. *Hacer* CARNE *y sangre* de una cosa. fr. fig. y fam. Hacer uso de algo ajeno sin pensar devolverlo. || *Hacerse* CARNE. fr. fig. Cebarse en el dolor. || **2.** fig. Maltratar uno su propia carne. || **3.** fig. Encarnarse, tomar realidad. || *La* CARNE *en el techo y la hambre en el pecho.* ref. contra los avaros. || *La* CARNE *sobre el hueso relumbra como espejo.* ref. que denota que la buena salud realza la hermosura. || *Metido en* CARNES. Se aplica a la persona algo gruesa. || *No está la* CARNE *en el garabato por falta de gato.* ref. que indica que muchas veces las mujeres si no se casan es por algún otro motivo, no por falta de novio. || *No ser uno* CARNE *ni pescado.* fr. fig. y fam. Carecer de carácter. || *Poner toda la* CARNE *en el asador.* fr. fig. y fam. Arriesgarlo todo. || *Ser uno de* CARNE *y hueso.* fr. fig. y fam. Sentir igual que todos las molestias de esta vida. || *Temblarle las* CARNES *a uno.* fr. fig. y fam. Tener miedo de alguna cosa. || *Tener uno* CARNE *de perro.* fr. fig. y fam. Ser recio y de buena encarnadura. || *Yo soy la* CARNE *y usted el cuchillo.* expr. fig. que denota sumisión a la voluntad de otro. || **P.** e **It.** carne; **I.** flesh; **F.** chair, viande; **A.** Fleisch; **R.** мясо.

CARNE. f. En el juego de la taba, la parte que ésta tiene algo cóncava, y en figura de S.

º **CARNÉ.** m. Documento, generalmente extendido en cartulina, con fotografía del interesado, cuya personalidad acredita como perteneciente a un cuerpo, sociedad, etcétera.

CARNEADA. f. AMÉR. Acción y efecto de carnear. || **2.** AMÉR. Lugar donde las reses son carneadas.

CARNEAR. (De *carne*, 1.er art.) tr. AMÉR. Matar y descuartizar las reses, para aprovechar su carne. || **2.** MÉJ. Herir con arma blanca. || **3.** fig. CHILE. Engañar a uno perjudicándole en sus intereses.

CÁRNEAS. (gr. κάρνεια, de Κάρνειος, sobrenombre de Apolo.) f. pl. ARQUEOL. Fiestas lacedemonias en honor de Apolo.

CARNECILLA. (d. de *carne*, 1.er art.) f. Carnosidad pequeña en algún lugar del cuerpo.

CÁRNEO, A. (l. *carnĕus*.) adj. ant. Que tiene carne.

CARNERADA. f. Rebaño de carneros.

CARNERAJE. m. Derecho que se paga por los carneros.

CARNERARIO. m. AR. Carnero, lugar donde se echan los difuntos.

CARNEREAMIENTO. (De *carnerear*.) m. Pena que se impone por haber hecho daño con los carneros al entrar en alguna parte.

CARNEREAR. (De *carnero*, 1.er art.) tr. Matar las reses, en pena de haber hecho daño con el ganado. || **2.** ARGENT. Eliminar al que aspiraba a un cargo. || **3.** ARGENT. Hacer el carnero.

CARNERERO. m. Pastor de carneros.

CARNERIL. (De *carnero*, 1.er art.) adj. Dícese de la dehesa en que pastan los carneros.

★ **CARNERITO.** m. ZOOL. URUG. Insecto que emite un sonido parecido al balido de un carnero.

CARNERO. (l. *agnus, carnārius*, de carne.) m. Mamífero rumiante, de cuernos gruesos, lana espesa, blanca, negra o rojiza; es animal doméstico apreciado por su carne y por su lana. || **2.** AR. Piel de carnero curtida. || **3.** ARGENT., BOL. y PERÚ. Llama, mamífero rumiante. || **4.** ARGENT. y CHILE. Persona que no tiene voluntad ni iniciativa. || —**de cinco cuartos.** Especie africana de testuz prominente, lana corta y cola muy gruesa. || —**de la sierra o de la tierra.** ARGENT. Nombre común a la alpaca, vicuña, guanaco y llama. || —**del Cabo.** Ave palmípeda, voraz, mayor que el ganso, con el plumaje parecido al

C

vellón del carnero. Se halla en el Océano Pacífico. || —**de simiente.** El que se guarda para morueco. || —**llano.** fig. El que está castrado. || —**verde.** El guisado con perejil, ajos partidos, rajitas de tocino, pan, yemas de huevo y especies finas. || *A* CARNERO *castrado no le tientes el rabo.* ref. que aconseja no indagar sobre cosas notorias, porque el carnero castrado suele estar más gordo. || *Cada* CARNERO *cuelga de su piezgo.* ref. que se dice de las cosas que están en su debido lugar. || CARNERO, *hijo de oveja, no yerra quien a los suyos semeja.* ref. que denota que los hechos de las personas suelen corresponder con sus antecedentes. || *Harto está el* CARNERO *que anda a testaradas con su compañero.* ref. que se aplica a las personas juguetonas. || *No haber tales* CARNEROS. fr. fig. y fam. No ser cierto lo que se dice. || *Siembra temprano y cría* CARNEROS; *que para venirte uno malo, te vendrán ciento buenos.* ref. que indica la probabilidad de obtener resultados beneficiosos de la cría de carneros y de las siembras tempranas más que de ovejas y de siembras tardías. || *Cantar para el* CARNERO. fr. fig. y fam. BOL. y R. DE LA PLATA. Morir. || *Echarse, o botarse, al* CARNERO. fr. CHILE. Entre los estudiantes, desaplicarse. || **P.** carneiro; **I.** sheep, mutton; **F.** mouton; **A.** Schafbock; **It.** montone; **R.** баран.

CARNERO. (l. *carnārium*, fosa.) m. Lugar donde se echan los cadáveres. || **2.** Osario. || **3.** Sepulcro de familia que solía haber en las iglesias, algo elevado del suelo.

CARNERUNO, NA. adj. Perteneciente al carnero. || **2.** Semejante a él.

CARNESTOLENDAS. (l. *caro, carnis,* carne, y *tollendus,* p. p. de fut. de *tollĕre,* quitar, retirar.) f. pl. Carnaval, los tres días anteriores al Miércoles de Ceniza.

* **CARNET.** m. Galicismo por carné.

* **CARNICERA.** f. Mujer que vende carne. || **2.** CHILE. Fresquera para guardar la carne.

CARNICERÍA. (De *carnicero.*) f. Lugar donde se vende carne al público. || **2.** Destrozo o mortandad de personas. || **3.** ECUAD. Matadero, rastro. || **4.** CHILE. Jaula donde se coloca la carne. || *Hacer* CARNICERÍA. fr. fig. y fam. Causar gran mortandad de gente en una batalla. || *Parecer* CARNICERÍA. fr. fam. con que se denota el gran desorden de muchos que hablan y gritan a la vez. || **P.** carniçaria; **I.** butcher's shop; **F.** boucherie; **A.** Schlächterei; **It.** macelleria; **R.** мясная лавка. || **2.**ª acep.: **P.** carnificina; **I.** butchery; **F.** carnage, boucherie; **A.** Gemetzel; **It.** carnificina, carnaggio; **R.** резня, побоище.

CARNICERO, RA. (De *carniza.*) adj. Se dice del animal que devora a otros. Ú.t.c.s. || **2.** Se dice del coto donde pace el ganado destinado al abastecimiento público. || **3.** fam. Se aplica a la persona que come mucha carne. || **4.** fig. Cruel, inhumano. || **5.** m. y f. Persona que vende carne. || **P.** carniceiro; **I.** carnivorous; **F.** carnassier; **A.** Raubtier; **It.** carnivoro; **R.** хищный. || **5.**ª acep.: **P.** carniceiro; **I.** butcher; **F.** boucher; **A.** Schlächter; **It.** macellaio, beccaio; **R.** мясник.

º **CÁRNICO, CA.** adj. Relativo a la carne de consumo o a base de ella en determinadas industrias de la alimentación.

CARNICOL. (De *carne,* 2.º art., y *culo,* parte más plana de la taba.) m. Pesuño. || **2.** Taba. Ú.m. en pl.

CARNÍCOLES. (l. *carnícŭla,* carnecita.) m. pl. SAL. Ú. en la frase: *Estar en* CARNÍCOLES. Dícese de las aves que están desplumadas.

CARNIFICACIÓN. (l. *caro, carnis,* carne, y *facĕre,* hacer.) f. MED. Alteración morbosa del tejido de algunos órganos, que toma el aspecto del tejido muscular.

CARNIFICARSE. r. Sufrir carnificación algún órgano.

CARNÍFICE. (l. *carnifex, -ĭcis,* carnicero.) m. Nombre del fuego entre los alquimistas.

CARNIFORME. adj. Que tiene aspecto de carne.

CARNINA. f. QUÍM. Principio amargo contenido en el extracto de carne.

CARNIOLA. (De *Carniola,* antigua re-

gión de Austria.) f. MINER. Variedad de la calcedonia, de color rojo amarillento.

CARNIOS. m. pl. ETNOGR. Antiguo pueblo que habitó la Italia septentrional y dio nombre a la Carniola.

CARNISECO, CA. adj. Delgado.

CARNÍVORO, RA. (l. *carnivŏrus;* de *caro, carnis,* carne, y *vorāre,* devorar.) adj. Se aplica al animal que se ceba en la carne cruda de otros animales muertos. Ú.t.c.s. m. || **2.** Se dice del animal que puede alimentarse de carne. || **3.** Se dice también a ciertas plantas droseráceas y afines que se nutren de los insectos que atrapan. || **4.** ZOOL. Se dice de los mamíferos terrestres, unguiculados, de caninos robustos, y molares muy cortantes. Ú.t.c.s. || **5.** m. pl. ZOOL. Orden de estos animales. || **P.** carnívoro; **I.** carnivorous; **F.** carnivore; **A.** Raubtier; **It.** carnivoro; **R.** плотоядный.

CARNIZA. (l. *carniceus, a,* de *caro, carnis,* carne.) f. fam. Desperdicio de la carne que se mata. || **2.** Carne muerta.

CARNOSIDAD. (De *carnoso.*) f. Carne que crece en la llaga. || **2.** Carne irregular que sobresale en alguna parte del cuerpo. || **3.** Gordura extrema. || **P.** carnosidade; **I.** carnosity; **F.** carnosité; **A.** Fleischwucherung; **It.** carnosità; **R.** мясистый нарост.

CARNOSO, SA. (l. *carnōsus.*) adj. De carne. || **2.** Que tiene muchas carnes. || **3.** Se aplica a lo que tiene mucho meollo. || **4.** BOT. Se aplica a los órganos vegetales formados por parénquima blanco.

* **CARNOTITA.** f. QUÍM. Uno de los principales minerales de uranio.

CARNUDO, DA. (De *carne,* 1.er art.) adj. Carnoso, que tiene muchas carnes.

CARNUZ. m. AR. Carroña.

CARNUZA. f. despect. Carne basta, que causa hastío.

CARO, RA. (l. *carus.*) adj. Que excede mucho del valor regular. || **2.** Subido de precio. || **3.** Amado, querido. || **4.** adv. A un precio alto. || *A lo* CARO, *añadir dinero o dejarlo.* ref. que recomienda aceptar lo irremediable del mejor modo posible. || **P.** e **It.** caro; **I.** dear; **F.** cher; **A.** teuer; **R.** дорогой.

CARO. m. CUBA. Comida hecha de huevas de cangrejo y cazabe, y también las mismas huevas.

CAROBA. f. BOT. Nombre de varios árboles americanos, bignoniáceos, de cuyas hojas y cortezas se dice que tienen poder medicinal.

* **CAROCA.** f. Decoración de lienzos y bastidores en que se pintan escenas satíricas o graciosas y se colocan en lugares públicos con ocasión de ciertas fiestas. || **2.** Teatro. Composición bufa. || **3.** fig. y fam. Acción lisonjera y afectada. Ú.m. en pl. || **5.** COLOM. Burla.

CAROCHA. (l. *caries,* carcoma.) f. Carrocha.

CAROCHAR. (De *carocha.*) tr. Carrochar.

CAROLA. (fr. *carole,* y éste del l. *choraules.*) f. Danza antigua acompañada generalmente de canto.

* **CAROLA.** f. CHILE. Carona, pedazo de tela que se coloca sobre el lomo en las caballerías.

* **CAROLENO.** m. MÉJ. Lenguaje usado entre novios.

CAROLINA. f. CUBA. Cuyá.

CAROLINGIO, GIA. adj. Perteneciente o relativo a Carlomagno y su familia y dinastía. Ú.t.c.s.

CAROLINO, NA. adj. Natural de las Carolinas. Ú.t.c.s. || **2.** Perteneciente a estas islas.

CAROLO. (l. *collyra,* pan basto.) m. SAL. Pedazo de pan para la merienda de los jornaleros en algunos lugares.

CÁROLUS. (Por el nombre latino del emperador.) m. Moneda flamenca que se empleó en España en tiempos de Carlos V.

CAROMOMIA. (l. *caro, carnis,* carne, y de *momia.*) f. Carne seca de los cuerpos humanos embalsamados.

CARÓN, NA. adj. CHILE. Se aplica al que tiene la cara grande. || **2.** AMÉR. Caragordo. || **3.** COLOM. Descarado, insolente.

CARONA. (l. *caro, carnis,* carne.) f. Pedazo de tela, puesto entre la albarda y

el sudadero, que sirve para que no se lastimen las caballerías. || **2.** Parte interior de la albarda. || **3.** Parte del lomo sobre la cual cae la carona de la albarda. || **4.** GERM. Camisa. || **5.** R. DE LA PLATA. Pieza grande de suela, que se coloca entre la bajera y el lomillo. || *Blando de* CARONA. loc. Se dice de los animales cuyo pellejo se hiere fácilmente. || **2.** fig. y fam. Flojo. || **3.** fig. y fam. Enamoradizo. || *Corto o largo de* CARONA. loc. Se aplica a la caballería que tiene corta o larga la parte en que se coloca la carona. || *Hacer* la CARONA. fr. fig. y fam. Esquilar a las caballerías la carola.

CARONCHADO, DA. adj. SAL. Se dice de la madera carcomida.

CARONCHARSE. (De *caroncho.*) r. SAL. Carcomerse, podrirse la madera.

CARONCHO. (l. *cariuncula,* d. de *caries,* carcoma.) m. AST. y SAL. Carcoma, 1.ª acep.

CARONCHOSO, SA. adj. SAL. Se dice de la madera carcomida.

* **CARONERÍA.** f. COLOM. Descaro, desfachatez.

CARONJO. m. LEÓN. Caroncho.

CAROÑOSO, SA. (De *carona.*) adj. Se dice de las caballerías que tienen mataduras.

CAROQUERO, RA. adj. Que tiene carocas. Ú.t.c.s.

CAROSIERA. f. Fruto del carosiero.

CAROSIERO. m. Especie de palmera del Brasil de fruto semejante al del manzano.

CAROSIS. (gr. κάρωσις, adormecimiento.) f. MED. Sopor profundo acompañado de completa insensibilidad.

* **CAROSO, SA.** adj. PERÚ. Robio. || **2.** PERÚ. Desteñido. Ú.t.c.s.

* **CAROTENO.** m. QUÍM. Uno de los pigmentos naturales que deben su color al gran número de átomos de carbono. Se encuentra en la zanahoria, asociado con la clorofila en las hojas verdes y también en la sangre y en la leche.

CARÓTIDA. (gr. καρωτίδες, de καρόω, adormecer, amodorrar.) adj. ZOOL. Se dice de cada una de las dos arterias propias, de los vertebrados que por uno y otro lado del cuello llevan la sangre a la cabeza. Ú.m.c.s. || **P.** carótida; **I.** carotid; **F.** carotide; **A.** Karotis; **It.** caròtide; **R.** сонная артерия.

CAROTINA. (l. *carōta,* zanahoria.) f. QUÍM. Hidrocarburo de color rojo anaranjado, existente en la clorofila y en ciertos órganos vegetales como en la raíz de la zanahoria.

* **CAROTINASA.** m. QUÍM. Enzima que en el hígado desdobla el caroteno en vitamina A.

CAROTO. m. Árbol de madera pesada propio de la República del Ecuador.

CAROZO. (l. *carydĭum,* nuez.) m. Raspa de la panoja o espiga del maíz. También se llama garozo y zuro. || **2.** SAL. Hueso de aceituna bien molido con que se ceba a los cerdos. || **3.** AMÉR. Hueso del durazno y otras frutas.

* **CAROZO.** m. VENEZ. Coozo.

CARPA. (visigót. *carpa.*) f. Pez teleósteo fisóstomo, de boca pequeña. Vive muchos años en las aguas dulces y es muy apreciado por su carne. Hay una especie que procede de China, de color rojo y dorado. || **P.** e **It.** carpa; **I.** carp; **F.** carpe; **A.** Karpfen; **R.** карп.

CARPA. (Del m. or. que *grapa;* en fr. *grappe.*) f. Gajo de uvas.

CARPA. (quichua *carppa,* toldo, enramada.) f. AMÉR. MERID. Toldo, tenderete de feria. || **2.** CHILE y PERÚ. Tienda de campaña.

CARPANCHO. m. SANT. Batea redonda hecha de mimbres o de tiras de avellano, para llevar sobre la cabeza hortalizas, pescado, etc.

CARPANEL. (De *zarpanel,* escrito antiguamente *çarpanel,* y perdida la cedilla.) adj. ARQ. Se dice del arco que consta de varias porciones de ciertos círculos tangentes entre sí, trazadas desde diferentes centros.

CARPANTA. f. fam. Hambre violenta. || **2.** SAL. Galbana. || **3.** MÉJ. Pandilla de gente alegre o maleante.

CARPE. (l. *carpĭnus.*) m. BOT. Planta

leñosa betulácea, de flores femeninas y frutos de una sola semilla. || **2.** CUBA. Árbol silvestre, bastante alto, da una madera dura y resistente que se emplea para empalizadas.

CARPEDAL. m. Plantío de carpes.

CARPELAR. adj. BOT. Que se refiere al carpelo.

CARPELO. (gr. καρπός, fruto.) m. BOT. Hoja transformada para formar un pistilo o parte de él.

CARPENTEAR. (l. carpens, -entis, p.a. de carpĕre, arrancar, desgarrar.) tr. ant. Arrejacar.

CARPEÑO, ÑA. adj. Natural de Carpio. Ú.t.c.s. || **2.** Perteneciente a esta villa.

CARPETA. (fr. carpette, y éste del ingl. carpet, tapete.) f. Cubierta de badana o de tela que se coloca sobre las mesas. || **2.** Cartera grande para guardar papeles o escribir sobre ella. || **3.** Cubierta con que se resguardan y ordenan los legajos. || **4.** Manta o cortina, que se ponía en las puertas de las tabernas. || **5.** Factura o redacción detallada de los valores o efectos públicos y comerciales que se presentan al cobro o a la amortización al canje. || **6.** AR. Sobre de carta. || **7.** PERÚ. Pupitre. || **—provisional.** La que se expide mientras no se fabrican las definitivas. || **P.** cobertura de pele para as mesas; **I.** tablecover; **F.** tapis; **A.** Tischdecke; **It.** tappeto; **R.** бювар. || **2.ª** acep.: **P.** coberta; **I.** portfolio, writing-case; **F.** enveloppe; **A.** Aktenmappe; **It.** cartella; **R.** папка для бумаг.

CARPETANO, NA. (l. carpetānus.) adj. Natural del reino de Toledo, antiguamente llamado Carpetania. Ú.t.c.s. || **2.** Perteneciente a él.

CARPETAZO (DAR). (De carpeta.) fr. fig. En las oficinas, dejar sin curso una solicitud o expediente. || **2.** fig. Dar por terminado un asunto o desistir de conseguirlo.

CARPIANO, NA. adj. ZOOL. Perteneciente o relativo al carpo.

CARPIDOR, RA. m. AMÉR. Instrumento empleado para carpir.

CARPINCHO. m. AMÉR. Roedor anfibio que vive en América Meridional, a orillas de los ríos y lagunas; su carne es poco estimada. Se domestica fácilmente.

CARPINTEAR. intr. Trabajar en el oficio de carpintero. || **2.** fam. Hacer trabajo de carpintero por entretenimiento.

CARPINTERA. adj. Dícese de una abeja parecida al abejorro que fabrica su panal en lo hueco de los árboles.

★ **CARPINTEREAR.** intr. CHILE. Carpintear.

CARPINTERÍA. f. Taller donde trabaja el carpintero. || **2.** Oficio de carpintero. || **P.** carpintaria; **I.** joinery, carpenter's workshop; **F.** muneiserie, atelier de charpentier; **A.** Tischlerei; **It.** officina falegnamia; **R.** столярная мастерская.

CARPINTERIL. (De carpintero.) adj. Relativo o perteneciente a la carpintería.

CARPINTERO. (l. carpentarius.) m. El que por oficio trabaja y labra madera. || **2.** Abeja carpintera. || **3.** Pájaro carpintero. || **—de blanco.** El que trabaja en un taller y hace mesas, bancos, etc. || **—de obra de afuera.** El que hace las armazones de madera de los edificios. || **—de ribera.** El que trabaja en obras navales. || **P.** carpinteiro; **I.** carpenter, joiner; **F.** charpentier menuisier; **A.** Tischler, Schreiner; **It.** falegname, carpentiere; **R.** плотник, столяр.

CARPINTESA. f. ZOOL. ZAM. Santateresa.

CARPIR. (l. carpĕre, tirar, arrancar.) tr. p. us. Rasgar, arañar. Ú.t.c.r. || **2.** Dejar a uno pasmado y sin sentido. Ú.t.c.r. || **3.** AMÉR. Limpiar o escardar la tierra con el carpidor, quitando la hierba inútil y perjudicial.

CARPO. (l. carpus, y éste del gr. καρπός.) m. ZOOL. Conjunto de huesos, que forman parte del esqueleto de las extremidades anteriores de los batracios, reptiles y mamíferos. En el hombre constituye el esqueleto de la muñeca. || **P.** e **It.** carpo; **I.** carpus; **F.** carpe; **A.** Handwurzel; **R.** запястье.

CARPOBÁLSAMO. (l. carpobalsămum, y éste del gr. καρποβάλσαμον; de καρπός, fruto, y βάλσαμον, el árbol que

destila el bálsamo.) m. Fruto del árbol que produce el opobálsamo. || **P.** carpobalsamo; **I.** carpobalsam; **F.** carpobalsame; **A.** Balsamkörner; **It.** carpobàlsamo.

CARPÓFAGO, GA. (gr. καρπός, fruto, y φαγεῖν, comer.) Dícese del animal que se alimenta preferentemente de frutos.

CARPOLOGÍA. (gr. καρπός, fruto, y λόγος, tratado.) f. BOT. Parte de la botánica que trata del fruto de las plantas.

CARQUEROL. (cat. carquerol, y éste de cárcola.) m. Cada una de las piezas de los telares de terciopelo, de las que penden unas piezas que se fijan en las cárcolas. Ú.m. en pl.

CARQUESA. (l. carchesĭum, y éste del gr. καρχήσιον, vaso.) f. Horno para templar objetos de vidrio. || **2.** AMÉR. Planta de la familia de las compuestas propia de las Antillas.

CARQUESIA. (l. carchesĭum, y éste del gr. καρχήσιον, vaso.) f. Mata leñosa papilionácea, parecida a la retama. Es medicinal.

★ **CARQUIENTO, TA.** adj. PERÚ. Desaseado, sucio.

CARQUIÑOL. m. AR. Pasta de harina, huevos y almendra machacada.

★ **CARQUIS.** m. MÉJ. Catrín, petimetre.

CARRACA. (ár. harrāqa, nave grande.) f. Antigua nave de transporte inventada por los italianos. || **2.** despect. Barco viejo y tardo en navegar; por ext., cualquier artefacto caduco. || **3.** Lugar en que antiguamente se construían los bajeles. || **P.** carraca; **I.** carrack, carack; **F.** caraque; **A.** Karacke; **It.** caracca; **R.** старое судно.

CARRACA. (Voz onomatopéyica.) f. Instrumento de madera que produce un ruido seco y desapacible, empleado para significar el terremoto al final de las tinieblas en Semana Santa. || **2.** MEC. Rueda dentada y linguete que tienen algunas herramientas para que el movimiento de vaivén del mango actúe sólo en un sentido. || **3.** ZOOL. Pájaro de lindo plumaje de tono azul, bastante abundante en España. || **4.** COLOM. Mandíbula seca de algunos animales. || **P.** matraca; **I.** rattle; **F.** crécelle; **A.** Klapper; **It.** raganella; **R.** трещотка.

CARRACERO, RA. adj. Natural de Alcarraz, pueblo de la provincia de Lérida. Ú.t.c.s. || **2.** Perteneciente o relativo a este pueblo.

CARRACO, CA. (De carraca, 1.er art.) adj. fam. Viejo achacoso. Ú.t.c.s. || **2.** m. ZOOL. COLOM. Aura, especie de buitre. || **3.** C. RICA. Ánade menor que el común, con la cabeza y cuello tornasolados.

CARRACÓN. (De carraca, 1.er art.) m. ant. Buque usado en la Edad Media.

CARRACUCA. n. p. Estar más perdido que CARRACUCA. fr. Con que se da a entender la situación angustiosa de alguien.

★ **CARRACHO.** m. P. RICO. Carruaje pesado y viejo.

CARRADA. (De carro, 1.er art.) f. Carretada, carga que lleva un carro.

CARRAFA. f. SAL. Fruto del algarrobo.

CARRAL. (De carro, 1.er art.) m. Barril o tonel a propósito para acarrear vino.

CARRAL. (célt. o ibér. car, carr, encina.) m. MURC. y SAL. Carraco, 1.ª acep.

★ **CARRALA.** f. CHILE. Acarraladura.

CARRALEJA. f. Insecto coleóptero, heterómero, sin alas posteriores; arrastra el abdomen al andar. Es de la familia de las cantáridas y tiene aplicaciones terapéuticas. Hay en España varias especies de diversos colores.

CARRALEJA. (De cañaheja.) f. ant. Cañaheja.

CARRALERO. m. El que hace carrales.

CARRAMARRO. (De cámbaro.) m. ÁL. Cámbaro.

★ **CARRAMPLA.** f. ECUAD. Pobreza suma.

CARRAMPLÓN. m. COLOM. Instrumento músico rústico que usan los negros. || **2.** COLOM. Rifle o fusil viejo. || **3.** COLOM. Clavo que se pone para dar más consistencia al tacón del calzado.

CARRANCA. f. Carlanca. || **2.** ÁL. Capa de hielo en las charcas, ríos y lagunas.

★ **CARRANCEAR.** tr. MÉJ. Robar.

★ **CARRANCLA.** f. CUBA. Aparato o máquina vieja y de funcionamiento defectuoso. || **2.** Persona torpe y desmañada.

★ **CARRANCLO.** m. REP. DOMIN. Cosa de valor escaso.

★ **CARRANCLÓN, NA.** adj. VENEZ. Viejo achacoso o impedido. || **2.** VENEZ. Fusil de chispa.

★ **CARRANCHIL.** m. COLOM. Sarna.

★ **CARRANCHO.** m. ZOOL. ARGENT. Zopilote, especie de buitre.

★ **CARRANCHOSO, SA.** adj. CUBA. Áspero.

★ **CARRANDANGA.** f. COLOM. Cúmulo, montón.

★ **CARRANDILLA.** f. CHILE. Carrendilla, sarta.

★ **CARRANGANADA.** f. HOND. Multitud de cosas.

CARRANZA. f. Cada una de las puntas de hierro de la carlanca.

CARRAÑA. f. AR. Ira, enojo. || **2.** AR. Persona propensa a la ira.

CARRAÑÓN. adj. AR. Regañón, 1.ª acep. Ú.t.c.s.

CARRAÑOSO. adj. AR. Carrañón. Ú.t.c.s.

CARRAO. m. VENEZ. Ave zancuda y de pico largo. || **2.** pl. CUBA. Zapatos ramplones.

CARRAÓN. m. Especie de trigo de escasa altura, de grano comprimido.

★ **CARRAPLANA.** f. REP. DOMIN. Necedad.

★ **CARRAPLANEAR.** tr. REP. DOMIN. Importunar.

CARRASCA. f. Encina comúnmente pequeña o mata de ella. || **2.** ÁL. Residuo del rastrillado del cáñamo o lino, que se emplea para rellenar muebles. || **3.** AMÉR. Instrumento músico de negros, consistente en un bordón con muescas que se raspa a compás con un palillo.

CARRASCAL. m. Sitio o monte poblado de carrascas. || **2.** CHILE. Pedregal.

CARRASCALEJO. m. d. de carrascal.

CARRASCO. adj. Dícese del pino de tronco torcido y copa clara e irregular. || **2.** m. Carrasca, encina. || **3.** AMÉR. Extensión grande de terreno cubierto de vegetación leñosa.

CARRASCÓN. m. aum. de carrasca.

CARRASCOSO, SA. adj. Se aplica al terreno que abunda en carrascas.

CARRASPADA. f. Bebida compuesta de vino tinto aguado, o del pie de este vino con miel y especias.

CARRASPEAR. (De la onomat. crasp.) intr. Sentir carraspera. || **2.** Montar la garganta.

CARRASPEÑO, ÑA. (De carraspear.) adj. Áspero.

CARRASPEO. (De carraspear.) m. Acción y efecto de carraspear.

CARRASPERA. (De carraspear.) f. fam. Cierta aspereza de la garganta que obliga a toser. || **2.** Acción y efecto de carraspear.

CARRASPINA. f. ÁL. Colmenilla.

CARRASPIQUE. m. Planta de jardín, herbácea, de flores moradas o blancas en corimbos redondos muy apretados.

CARRASPOSA. f. COLOM. Cierta planta de hojas ásperas, de donde le viene el nombre.

CARRASPOSO, SA. (De carraspear.) adj. Se aplica a la persona con carraspera crónica. Ú.t.c.s. || **2.** COLOM. y VENEZ. Áspero al tacto. || **3.** ECUAD. Áspero o acre o picante al gusto o al olfato.

CARRASQUEAR. intr. ÁL. Crujir entre los dientes algo duro, seco y quebradizo.

CARRASQUEÑO, ÑA. adj. Perteneciente a la carrasca. || **2.** Semejante a ella. || **3.** fig. y fam. Áspero y duro.

CARRASQUERA. f. Carrascal, 1.ª acep.

CARRASQUILLA. (De carrasca.) f. ÁL. y AR. Nevadilla.

CARRASQUIZO. m. AR. Arbusto parecido a la carrasca por sus hojas y fruto.

CARRAZA. f. AR. Ristra, 1.ª acep.

CARRAZO. (l. caryon, nuez.) m. AR. Racimillo, principalmente de uvas.

C

CARRAZÓN. m. AR. Romana grande. || 2. AR. Aparato para colocarla.

CARREAR. (De *carro*, 1.er art.) tr. ant. Acarrear, transportar en carros.

CARREDANO, NA. adj. Natural de Villacarriedo, en Santander. Ú.t.c.s. || 2. Perteneciente o relativo a dicha villa.

CARREJAR. (De *carro*, 1.er art.) tr. ant. Carrear.

CARREJO. (De *carro*, 1.er art.) m. Pasillo, pieza larga y estrecha en un edificio.

CARRENDERA. f. SAL. Carrera o carretera.

CARRENDILLA. f. CHILE. Sarta, hilera. || 2. CHILE. Por ext., muchedumbre.

CARREÑA. f. LEÓN. Sarmientos con muchos racimos.

CARRERA. (l. *carrāria*, de *carrus*, carro.) f. Paso rápido del hombre o del animal para ir de un sitio a otro. || 2. Sitio destinado a correr. || 3. Curso de los astros. || 4. Camino real o carretera. || 5. Calle que fue antes camino. || 6. Serie de calles que ha de recorrer la comitiva en procesiones y actos públicos. || 7. Fiesta de parejas o apuestas que se hace a pie o a caballo para probar la ligereza. || 8. Pugna de velocidad entre personas que corren a pie, a caballo o guiando vehículos. || 9. fig. Serie de cosas puestas en hilera. || 10. fig. Línea de puntos que se sueltan en una media o tejido semejante. || 11. fig. Crencha, raya que divide el pelo en dos partes. || 12. fig. Curso que sigue uno en sus acciones. || 13. fig. Duración de la vida humana. || 14. fig. Profesión de las armas, letras, ciencias, etc. || 15. fig. Medio, camino de hacer alguna cosa. || 16. GERM. Calle, camino público entre dos filas de casas. || 17. ARQ. Viga horizontal para sostener otras. || 18. DANZA Y MÚS. Carrerilla. || 19. pl. Concurso hípico para probar la ligereza de los caballos de raza especial. || **—cuadrera.** ARGENT. Carrera de competencia de velocidad entre parejeros. || **—de baquetas.** MIL. Castigo que consistía en correr al reo con la espalda desnuda entre dos filas de soldados que le azotaban. || **—de galgos.** Prueba de selección en la que compiten los galgos en la persecución de las liebres. || *Dar* CARRERA a uno. fr. Costearle los estudios para ejercer alguna facultad. || *De* CARRERA. m. adv. Con facilidad. || 2. Sin reflexión. || *Entrar* uno *por* CARRERA. fr. fig. Salir del error en que uno persistía. || *Estar en* CARRERA. fr. Empezar a servir en alguna profesión. || *Estar en* CARRERA *de salvación.* fr. Tener asegurada la salvación las almas del purgatorio una vez satisfecha la pena. || *No poder hacer* CARRERA *con,* o *de,* alguno. fr. fam. No poder hacerle entrar en razón. || *Partir de* CARRERA. fr. fig. Emprender una cosa sin reflexionar. || *Tomar* CARRERA. fr. Retroceder para avanzar con más velocidad. || **P.** carreira; **I.** run, course, race; **F.** course; **A.** Rennen, voller Lauf; **It.** corsa; **R.** бег, гонка.

* **CARREREADO, DA.** p.p. de carrerear. || 2. adj. MÉJ. Se aplica a las cosas realizadas con apresuramiento.

* **CARREREAR.** tr. MÉJ. Dar prisa. || 2. intr. GUAT. Correr.

* **CARRERERO.** m. CHILE. Aficionado a las carreras de caballos.

CARRERILLA. (d. de *carrera*.) f. En la danza española, dos pasos cortos acelerados hacia adelante inclinándose a uno y otro lado. || 2. MÚS. Subida o bajada generalmente de una octava, pasando ligeramente por los puntos intermedios. || 3. MÚS. Notas que expresan la carrerilla.

CARRERISTA. m. Persona aficionada o concurrente a las carreras. || 2. La que apuesta en ellas. || 3. La que hace carreras de velocípedos, bicicletas, etc.

CARRERO. (De *carro*, 1.er art.) m. Carretero, el que guía las caballerías que llevan los carros. || 2. AST. Huella que queda en el camino al paso de la gente, los animales o los carros. || 3. AST. Estela que deja en el mar una embarcación al navegar.

CARRETA. (De *carro*, 1.er art.) f. Carro largo, angosto, más bajo que el ordinario, tiene en general dos ruedas comúnmente sin herrar. || 2. ECUAD. Ca-

rrete de hilo. || **—de mano.** VENEZ. Carretilla. || **P.** carrão; **I.** cart; **F.** charrette; **A.** Karren, Leiterwagen; **It.** carretta; **R.** повозка, телега.

CARRETADA. f. Carga que lleva una carreta o un carro. || 2. Medida usada en Méjico para la cal. || 3. fig. y fam. Gran cantidad de cualquier especie de cosas. || *A* CARRETADAS. m. adv. fig. y fam. En abundancia. || **P.** carrada; **I.** cart-load; **F.** charretée; **A.** Karrenladung, Fuhre; **It.** carrata, carretatta; **R.** кладь повозки.

CARRETAJE. m. Trato que se hace con las carretas y carros. || **P.** carretagem; **I.** cartage, carriage; **F.** charriage, charroi; **A.** Fuhrwesen, Transport; **It.** carreggio; **R.** возка.

CARRETAL. (De *carreta*.) m. Sillar toscamente desbastado.

CARRETE. (De *carro*, 1.er art.) m. Cilindro en general de madera que sirve para devanar y mantener arrollados en él hilos, alambres, etc. || 2. Rueda en que los pescadores recogen el sedal. || 3. Fís. Cilindro hueco de madera al que se arrolla un hilo metálico cubierto de seda u otra materia aisladora. Se emplea para imantar por medio de la electricidad una barra de hierro dulce colocada en su interior. || *Dar* CARRETE. fr. Ir largando el sedal para que no lo rompa el pez que ha caído en el anzuelo. || *Dar* CARRETE a uno. fr. fig. Entretener con astucia a uno. || **P.** carretel; **I.** spool, bobbin, reel; **F.** bobine, caret; **A.** Spule, Garnrolle; **It.** rocchetto; **R.** катушка.

CARRETEAR. tr. Conducir una cosa en carreta o carro. || 2. Gobernar una carreta o carro. || 3. intr. CUBA. Gritar las cotorras y loros. || 4. r. Inclinar los bueyes el cuerpo con los pies hacia fuera tirando del carruaje. || **P.** carrear; **I.** to cart; **F.** charrier, charroyer; **A.** Wagen führen, etc.; **It.** carreggiare, carrettare; **R.** возить.

CARRETEL. m. EXTR. Carrete de la caña de pescar. || 2. MAR. Carrete grande empleado a bordo para arrollar el cordel de la corredera. || 3. AMÉR. Carrete de hilo.

CARRETELA. (ital. *carrettella*, y éste de *carro*.) f. Coche de cuatro asientos de caja poco profunda y cubierta plegadiza. || 2. CHILE. Ómnibus, diligencia. || **P.** caleche; **I.** calash; **F.** calèche; **A.** Kalesche; **It.** carrettella; **R.** коляска.

* **CARRETELERO.** m. CHILE. Conductor de carretela.

CARRETERA. (De *carreta*.) f. Camino público dispuesto para carros y coches. || 2. SAL. Cobertizo para colocar los carros y aperos de labranza. || **P.** estrada; **I.** road, high-way; **F.** route; **A.** Landstrasse, Fahrbahn; **It.** strada, via; **R.** автострада, шоссе.

CARRETERÍA. f. Conjunto de carretas. || 2. Ejercicio de carretear. || 3. Taller en que se fabrican o reparan las carretas y carros. || 4. Barrio en que abundan dichos talleres.

CARRETERIL. adj. Perteneciente o relativo a los carreteros.

CARRETERO. adj. Se aplica al camino por donde pueden transitar carruajes. || 2. m. El que hace carros y carretas. || 3. El que guía las caballerías o bueyes que tiran de ellas. || 4. GERM. Fullero. || 5. ECUAD. Camino carretero, y también carretera. || *Jurar como un* CARRETERO. fr. fig. y fam. Blasfemar.

CARRETIL. adj. Perteneciente o relativo a la carreta. || 2. Dícese del camino por donde pueden pasar los carros. || 3. Dícese del hierro destinado a llantas de carro.

CARRETILLA. (d. de *carreta*.) f. Carro pequeño de mano de una sola rueda. || 2. Bastidor de madera con tres ruedas por pies para enseñar a los niños a andar. || 3. Buscapiés. || 4. Pintadera. || 5. Utensilio con que se corta en las cocinas la masa de las empanadillas. || 6. ARGENT. y URUG. Carro común de menores dimensiones que la carreta. || 7. ARGENT. y CHILE. Quijada. || 8. ARGENT. Fruto del trébol de carretilla que se enreda entre la lana de las ovejas y con dificultad se separa de ella. || 9. R. DE LA PLATA y URUG. Carro de carga tirado por tres mulas emparejadas. || 10. CHILE. Carreta. || 11. GUAT. Impertinencia. || *De* CARRETILLA. m. adv. fig. y fam. Por cos-

tumbre. || 2. fig. y fam. Tomando bien de memoria lo que se ha leído y estudiado, y diciéndolo de corrida. || **P.** carretilha; **I.** wheel-barrow; **F.** brouette; **A.** Schubkarren; **It.** carriola; **R.** тачка.

CARRETILLADA. f. Lo que cabe en la carretilla.

CARRETILLERO. m. El que conduce una carretilla. || 2. R. DE LA PLATA. Carretero, el que guía el carro.

CARRETILLO. m. Especie de garrucha o polea que tienen los telares de galones.

CARRETÓN. m. Carro pequeño que tiene dos ruedas y puede ser arrastrado por una caballería. Existen también de cuatro ruedas que pueden ser tirados por dos caballos. || 2. Armazón con una rueda donde lleva el afilador las piezas y un barrilito con agua. || 3. Taburete sobre cuatro ruedas pequeñas donde se coloca a los niños que están en mantillas. || 4. ARGENT., MÉJ., PERÚ y P. RICO. Carro grande y con toldo. || 5. HOND. y P. RICO. Carrete de hilo. || 6. COLOM. Trébol. || **—de lámpara.** Garrucha para subir y bajar las lámparas de las iglesias. || **P.** carreta; **I.** dray-cart; **F.** chariot, charette; **A.** Handwagen; **It.** carrettone; **R.** тележка.

* **CARRETÓN, NA.** adj. ECUAD. y REP. DOMIN. Se aplica al que padece ronquera. || 2. adj. PERÚ. Tacaño, regateador.

CARRETONADA. f. Lo que cabe en un carretón.

CARRETONAJE. m. CHILE. Transporte en carretón. || 2. CHILE. Precio de cada transporte.

CARRETONCILLO. m. d. de carretón. Carro muy pequeño. || 2. Especie de trineo usado en algunas montañas nevadas.

CARRETONERO. m. El que conduce el carretón. || 2. COLOM. Trébol.

CARRIC. (Del nombre de *Garrick*, actor inglés.) m. Especie de gabán o levitón usado en el siglo XIX.

CARRICAR. (b. l. *carricāre*, y éste del l. *carrus*, carro.) tr. ant. Acarrear, transportar.

CARRICERA. (De *carrizo*.) f. Planta perenne gramínea, de flores blanquecinas en panoja muy ramosa.

CARRICILLO. m. d. de carrizo. || 2. CUBA. Nombre vulgar de una planta ramosa, de color amarillento; es hierba de pasto. || 3. C. RICA. Gramínea trepadora, común en las breñas.

CARRICOCHE. m. Carro cubierto, cuya caja era como la de un coche. || 2. despect. Coche viejo o feo. || 3. MURC. Carro de basura. || **P.** carro coberto; **I.** wagonette; **F.** carriole; **A.** Rappelkasten; **It.** vetturaccia; **R.** колымага.

CARRICUBA. f. Carro que tiene un depósito para llevar líquidos.

CARRIEGO. (De *carro*, 1.er art.) m. Buitrón, cesto en forma de cono para tomar la pesca. || 2. Cesta para echar en colada las madejas de lino cuando se cura y blanquea.

CARRIEL. m. COLOM., ECUAD. y VENEZ. Garniel, bolsa de arriero. || 2. C. RICA. Bolsa de viaje para papeles y dinero. || 3. C. RICA. Ridículo, bolsa manual de señora.

CARRIL. m. Huella que dejan las ruedas del carruaje. || 2. Surco que deja el arado. || 3. Camino estrecho para sólo un carro. || 4. Cada una de las barras de hierro que en las vías férreas sustentan las locomotoras que ruedan sobre ella. || 5. CHILE y P. RICO. Ferrocarril. || 6. CHILE. Entre jugadores, copo. || 7. CHILE. Entre el vulgo, tren. || **P.** sulco; **I.** rut; **F.** ornière; **A.** Wagenspur; **It.** rotaia, carreggiata; **R.** колея. || 4.ª acep.: **P.** carril; **I.** y **F.** rail; **A.** Schiene; **It.** rotaia; **R.** рельс.

CARRILADA. f. Carril que hacen las ruedas en el camino. || 2. C. RICA. Carrera, 11.ª acep.

CARRILANO. m. CHILE. Operario del ferrocarril. || 2. CHILE. Ladrón.

CARRILERA. f. Carril, huella que dejan los carros. || 2. COLOM. Emparrillado. || 3. CUBA. Apartadero de una vía férrea. || 4. COLOM. Coquera, enfermedad del ganado.

* **CARRILERO.** m. PERÚ. Obrero del ferrocarril.

CARRILETE. m. CIR. Cierto instrumento quirúrgico empleado antiguamente.

CARRILLADA. (De *carrillo*, 1.ª acep.) f. Grasa que tiene el puerco a uno y otro lado de la cara. || 2. Tritón que hace temblar las mandíbulas. Ú.m. en pl. || 3. pl. Extr. Cascos de carnero o vaca.

CARRILLERA. (De *carrillo*.) f. Quijada de ciertos animales. || 2. Cada una de las dos correas que forman el barboquejo del casco.

CARRILLO. (d. de *carro*, 1.er art.) m. Parte carnosa de la cara desde la mejilla hasta lo bajo de la quijada. || CARRILLOS *de monja boba, de trompetero, etc.* loc. fig. y fam. Los muy abultados. || *Comer o masticar uno a dos* CARRILLOS. fr. fig. y fam. Comer con voracidad. || 2. fig. y fam. Tener a un mismo tiempo varios cargos lucrativos. || 3. fig. y fam. Sacar utilidad de dos personas o partidos contrarios sirviendo a uno y a otro. || P. carilho; I. cheek; F. joue; A. Backe, Wange; It. guancia, gota; R. щека.

CARRILLUDO, DA. adj. Que tiene los carrillos abultados.

★ **CARRINDANGA.** f. despect. Argent. Carricoche.

CARRIÑO. (De *carro*, 1.er art.) m. Art. en la milicia antigua, avantrén.

CARRIOLA. (siciliano *carriola*, y éste del l. *carrus*, carro.) f. Cama baja o tarima con ruedas. || 2. Carro pequeño y lujoso con tres ruedas en que se paseaban las personas reales. || P. cama baixa; I. trundle-bed; F. carriole; A. Rollbett; It. carriuola; R. арба.

CARRIONA. (l. *caryon*, nuez.) adj. Ál. Se aplica a la nuez ferreña, muy dura. Ú.t.c.s.

CARRIQUE. m. Carric.

CARRIQUÍ. m. Colom. Pajarillo de canto agradable.

★ **CARRITO.** Cuba. Tranvía. || CARRITO *urbano.* Chile. Tranvía.

CARRIZADA. Mar. Fila de pipas amarradas que se conducen a remolque sobre el agua.

CARRIZAL. m. Lugar lleno de carrizos.

CARRIZO. (l. *caricěus*, de *carex, -ǐcis*.) m. Planta gramínea, de raíz larga rastrera; se cría cerca del agua. Sus panojas se emplean para hacer escobas. || 2. Planta indígena de Venezuela, gramínea. Sus tallos contienen agua dulce y fresca. || 3. Ast. Pajarillo muy común que anida en los vallados. || 4. Guat. Carrete. || 5. Hond. Caña común. || 6. Ecuad. Pierna delgada. || 7. Venez. Mare, especie de gaita. || 8. interj. Colom. Se emplea para expresar sorpresa o admiración. || P. carriço; I. reed; F. roseau à balais; A. Riedgras; It. càrice; R. осока.

CARRO. (l. *carrus*.) m. Carruaje de dos ruedas con la armazón formada de tablas y listones, y con lanza o varas donde se enganchan las bestias de tiro. || 2. Carga de un carro. || 3. Juego del coche, sin la caja. || 4. Osa Mayor. || 5. Amér. Automóvil. || 6. Germ. El juego. || 7. Impr. Aparato formado en un tablero de hierro en que se coloca la forma que se va a imprimir, y que por medio de una cigüeña u otro mecanismo se mueve sobre las bandas de la máquina. || 8. Mec. Pieza de algunas máquinas dotadas de un movimiento de traslación horizontal. || 9. Mil. Tanque de guerra. || 10. Pan., P. Rico y Venez. Carreta. || 11. Cuba. Coche o vagón de ferrocarril. || 12. Cuba. Tranvía. || 13. Venez. Persona inepta.o que no corresponde a su fama. || 14. Venez. Estafa, fraude. || 15. Venez. Pícaro. || **—de asalto.** Tanque grande de mucho poder ofensivo. || **—de oro.** Tela tornasolada, muy fina. || **—de tierra.** Sant. Medida agraria superficial. || **—fuerte.** El de gran resistencia, formado de un tablero y dos ruedas para transportar grandes pesos. || **—triunfal.** Carro grande con asientos, adornado, que se emplea en las procesiones y festejos. || **—o carrito urbano.** Chile. Tranvía. || *Aguantar* CARROS *y carretas.* fr. Soportar pacientemente incomodidades y graves contratiempos y contrariedades. || *Cogerle a* uno *el* CARRO. fr. fig. y fam. Ocurrirle algo que le perjudique. || *Parar uno el* CARRO. fr. fig. y fam. Contenerse o moderarse el que estaba enojado. || *Tirar*

el CARRO. fr. fig. y fam. Caer sólo sobre unos el trabajo que debiera de caer sobre más. || *Untar el* CARRO. fr. fig. y fam. Gratificar a alquien para conseguir lo que se desea. || P. e It. carro; I. cart, wagon, van; F. charrette, chariot; A. Karre, Wagen; R. повозка.

CARRO. m. C. Rica. Árbol que da fruta comestible y se produce en la vertiente del Pacífico.

CARRO, RRA. adj. Ál. Podrido, pasado.

★ **CARROCEAR.** tr. Guat. Pasear a un niño pequeño en un cochecito de los construidos para este fin.

CARROCERÍA. (De *carrocero*.) f. Establecimiento en que se venden o construyen carruajes. || 2. Parte del coche destinada a las personas. || P. fabrica de carruagem; I. carriage-workshop; F. atelier, magasin de carroserie; A. Karosserie; It. officina da carrozzaio; R. экипажная фабрика.

CARROCERO. (De *carroza*.) adj. Perteneciente o relativo a la carroza o a la carrocería. || 2. m. Conductor de carruajes.

CARROCÍN. (d. de *carroza*.) m. Silla volante.

CARROCHA. (De *carocha*.) f. Huevecillos del pulgón o de otros insectos.

CARROCHAR. (De *carrocha*.) intr. Poner los insectos sus huevecillos.

CARROMATERO. m. El que gobierna un carromato.

CARROMATO. m. Carro grande de dos ruedas con un toldo de lienzo y cañas. || P. carromato; I. wagon, van; F. charriot; A. (Last-, Block) wagen; It. carromatto; R. двухколёсная повозка.

CARRÓN. (De *carro*, 1.er art.) m. Cantidad de ladrillos que puede llevar un hombre. || 2. Cuba. Macizo de hierro colado usado en los ingenios.

CARRONADA. (ingl. *carronade*, de *Carron*, ciudad de Escocia.) f. Cañón antiguo de marina. || P. caronada; I. carronade; F. caronade; A. Karonade; It. carronata; R. пушка.

CARROÑA. (de un der. del l. *caro, carnis*, carne.) f. Carne corrompida.

CARROÑAR. (De *carroña*.) tr. Causar roña o infectar con ella al ganado lanar.

CARROÑO, ÑA. (De *carroña*.) adj. Podrido. || 2. Colom. Se aplica al gallo que no sirve para la pelea. || 3. Colom. Miedoso.

★ **CARROSO, SA.** adj. Sospechoso.

CARROZA. (ital. *carrozza*, y éste del l. *carrus*, carro.) f. Coche grande ricamente vestido y adornado. || 2. Por ext., se dice de la que es construida así para las funciones públicas. || 3. Mar. Armazón con toldo que sirve para defender de la intemperie parte de la armazón de góndolas y falúas. || 4. Argent. y Perú. Coche fúnebre. || P. carroça; I. state-coach; F. carrosse; A. Karosse; It. carrozza di gala; R. парадная карета.

CARRUAJE. (prov. ant. *carriatge*, y éste del l. *carrus*, carro.) m. Vehículo de madera o hierro colocado sobre ruedas. || 2. Conjunto de carros, etc., que se prepara para un viaje. || P. carruagem; I. carriage; F. voiture; A. Fuhrwerk; It. vettura, veicolo; R. экипаж.

CARRUAJERO. m. El que conduce un carruaje. || 2. Amér. El que los fabrica.

CARRUATA. f. Especie de pita en Guayana y otros puntos de América. Con ella se hacen cuerdas muy resistentes.

CARRUCA. (l. *carrūcha*.) f. Arqueol. Coche de lujo, introducido en Roma en la época imperial.

CARRUCAR. intr. Sal. Correr la peonza.

CARRUCO. (De *carro*, 1.er art.) m. despect. de carro. || 2. Carro pequeño, cuyas ruedas carecen de rayos. || 3. Porción de tejas que puede llevar un hombre.

CARRUCHA. (De *carro*, 1.er art.) f. Garrucha. || 2. C. Rica, Méj. y Venez. Carrete.

CARRUCHERA. f. Murc. Dirección, guía.

CARRUJADO, DA. adj. Encarrujado. || 2. m. Encarrujado.

CARRUJO. m. Copa de árbol.

★ **CARRUMBA.** f. Cuba. Baile muy movido.

★ **CARRUMIA.** f. Colom. Roña en los pies.

CARRUNA. f. En el Bierzo, camino carretil.

CARRUSEL. (fr. *carrousel*.) m. Cabalgata. || 2. P. Rico y Venez. Tiovivo. || 3. Ejercicios artísticos que suelen ejecutar algunas fuerzas de caballería.

★ **CARRUSIANA.** f. Colom. Ramera.

★ **CARRUZO.** m. Colom. y P. Rico. Canuto de caña.

CARTA. (l. *charta*.) f. Papel escrito y en general cerrado, dirigido a una persona ausente para comunicarle algo. || 2. Despacho expedido por los tribunales superiores. || 3. Cada uno de los naipes de baraja. || 4. Constitución escrita o código fundamental de un Estado y especialmente la otorgada por el soberano. || 5. Mapa, representación de la Tierra o parte de ella en una superficie plana. || **—abierta.** La dirigida a una persona y destinada a la publicidad. || 2. Despacho con carácter de generalidad. || 3. La de crédito y garantía. || **—acordada.** La que contiene represión o advertencia reservada de un tribunal superior a un cuerpo o persona de carácter. || **—blanca.** Nombramiento de un empleo sin el nombre del agraciado. || 2. La que se da a una autoridad para que obre discrecionalmente. || 3. Naipe que no es figura y carece de valor en algunos juegos. || 4. fig. y fam. Facultad que se da a uno para obrar con libertad en un negocio. || **—credencial.** La que acredita a un embajador o ministro. || **—de crédito.** La que previene a uno que dé dinero a una persona por cuenta del que la escribe. || **—de creencia.** La que lleva uno para ser creído en el negocio que va a tratar. || **—de dote.** Escritura pública que indica la aportación de bienes que hace la esposa. || **—de espera.** For. Moratoria que se concede al deudor por un tiempo determinado. || **—de fletamento.** Escritura en que consta el contrato de fletamento. || **—de hermandad.** Título que expide el prelado de una comunidad religiosa a favor del que admite como hermano. || **—de marear.** Mapa en que se describe el mar con sus costas. || **—de naturaleza.** Concesión a un extranjero de la gracia de ser tenido por natural de un país. || **—de pago.** Aquella en que el acreedor confiesa haber recibido lo que se le debía o parte. || **—de pago y lasto.** Instrumento que da a quien cobra de otro que no es principal obligado y cede al pagador la acción para que repita contra el deudor pidiendo reembolso. || **—de porte.** Documento que es título legal del contrato de transporte terrestre. || **—de repudio.** Documento para acreditar el repudio. || **—de Urías.** Medio que se emplea para engañar a otro abusando de su buena fe. || **—de venta.** Escritura pública en que se vende alguna cosa. || **—dotal.** La de dote. || **—falsa.** La que en algunos juegos de naipes no es triunfo y carece de valor. || **—familiar.** La que se escribe a algún pariente o amigo para tratar asuntos de la vida privada. || **—mensajera.** La que se envía a una persona ausente. || **—orden.** La que contiene alguna orden. || 2. For. Comunicación concedida por la autoridad oficial a sus inferiores. || **—pastoral.** Escrito de un prelado a su diócesis. || **—plomada.** Escritura con sello de plomo. || **—puebla.** Diploma en que se contenía el repartimiento de tierras y derechos de los nuevos pobladores que formaban un pueblo. || **—vista.** En el juego de revesino, partido que consiste en poder ver antes la que nos toca para tomarla o dejarla. || **—viva.** fig. Persona que lleva el encargo de decir a otro lo que podía comunicarse por escrito. || *A* CARTA *cabal.* loc. adv. Intachable. || *A* CARTAS, CARTAS; *y a palabras, palabras.* ref. que aconseja comportarse según los demás lo hacen. || *Apartar las* CARTAS. fr. En el correo, para darlas separadamente. || CARTA *canta.* expr. fig. y fam. con que se indica que hay documento para demostrar lo que se dice. || *Echar las* CARTAS. fr. Hacer combinaciones con los naipes fingiendo adivinar. || *Entregar* uno *la* CARTA. fr. fig. y fam. Declarar la intención. || *Hablen* CARTAS *y callen barbas.* ref. que

C advierte que es mejor callar cuando hay otros medios para demostrar lo que se dice. || *Irse uno de la buena* CARTA. fr. fig. y fam. Desprenderse de algún medio favorable para el logro de algún deseo. || *Jugar* uno *a* CARTAS *vistas*. fr. fig. y fam. Obrar a ciencia cierta. || **2.** Proceder francamente. || *No saber* uno *a qué* CARTA *quedarse.* loc. fam. Estar indeciso en la resolución que ha de tomar. || *No ver* CARTA. fr. fig. y fam. Tener malos naipes. || *Perder* uno *con buenas* CARTAS. Perder alguna pretensión teniendo medios o méritos para ella. || *Por* CARTA *de más, o de menos.* fr. fig. y fam. con que se denota el exceso o defecto en lo que se dice. || *Por* CARTA *de más o de menos se pierden los juegos.* ref. que aconseja huir de los extremos viciosos. || *Sacar* CARTAS. Juego de naipes en que se toma uno la baraja, va contando de el as todos los puntos y si casualmente saca el punto que cuenta lo guarda, y las otras cartas las pone otra vez al fin de la baraja. || *Tomar* uno CARTAS *en algún negocio.* fr. fig. y fam. Intervenir en él. || *Venir* uno *con malas* CARTAS. fr. fig. y fam. No tener los medios para conseguir algún fin. || P. carta; I. letter; F. lettre, dépeche; A. Brief; It. lèttera; R. письмо.

CARTABÓN. (ital. *quarto, buono.*) m. Instrumento en forma de triángulo empleado en el dibujo lineal. || **2.** Regla graduada que los zapateros emplean para medir la longitud del pie. || **3.** ARQ. Ángulo que forman las dos vertientes de la armadura del tejado. || **4.** TOPOGR. Prisma octagonal, que se encaja en un bastón y tiene en cada cara una rendija vertical para dirigir visuales que formen entre sí ángulos rectos. || **5.** CHILE, ARGENT. y HOND. Marca o talla para medir a las personas. || *Echar* uno *el* CARTABÓN. fr. fig. y fam. Tomar algunas medidas para lograr alguna cosa. || P. esquada; I. setsquare; F. équerre à dessin; A. Winkelmass; It. quartabono; R. угольник.

★ **CARTACUBITA.** f. CUBA. Cartacuba.
CARTAGENERO, RA. adj. Natural de Cartagena. Ú.t.c.s. || **2.** Perteneciente a esta ciudad.

CARTAGINENSE. (l. *carthaginensis.*) adj. Cartaginés. Apl. a pers. ú.t.c.s.
CARTAGINÉS, SA. adj. Natural de Cartago. Ú.t.c.s. || **2.** Perteneciente a esta antigua ciudad de África. || **3.** Cartagenero. Apl. a pers. ú.t.c.s.
CARTAGINIENSE. adj. Cartaginense. Apl. a pers. ú.t.c.s.

CÁRTAMA. f. Cártamo.
CÁRTAMO. (ár. *qurtum.*) m. Alazor.
★ **CARTÁN.** m. VENEZ. Árbol corpulento de madera de color rojo.
CARTAPACIO. (b. l. *chartapacia,* éste del l. *charta,* carta, y *pax, pacis,* paz.) m. Cuaderno para escribir o tomar apuntes. || **2.** Funda en que los muchachos llevan a la escuela sus libros. || **3.** Conjunto de papeles contenidos en la carpeta. || **4.** MÉJ. y ARGENT. Carta muy abultada. || P. cartapácio; I. note-book; F. cahier; A. Schreibheft; It. scartafaccio; R. тетрадь.

CARTAPEL. (De *carta* y *papel.*) m. Papel que contiene cosas inútiles. || **2.** SAL. Rocadero, envoltura con que en lo alto de la rueca se asegura el copo.
CARTAZO. m. aum. de carta. || **2.** fam. Carta o papel que contiene alguna grave represión o disgusto.
★ **CARTEADERA.** f. ECUAD. Carteo.
CARTEADO, DA. p.p. de cartear. || adj. V. *Juego* CARTEADO. Ú.t.c.s.
★ **CARTEADO, DA.** adj. VENEZ. Hablando del ganado, el de piel con manchas recortadas.
CARTEAR. intr. Jugar las cartas falsas para tantear el juego. || **2.** r. Corresponderse por carta. || **2.**ª acep.: P. cartear-se; I. to correspond; F. correspondre; A. in Briefwechsel stehen; It. carteggiare; R. играть краплёными картами.

CARTEL. (fr. catalán, y éste del ital. *cartello,* d. de *carta.*) m. Papel que se coloca en un lugar público para anunciar o hacer saber alguna cosa. || **2.** Papel encartonado con letras y sílabas que se emplea en las escuelas para enseñar a leer. || **3.** Escrito relativo al canje o rescate de los prisio-

neros o alguna otra proposición del enemigo. || **4.** Red para pescar sardina. || **5.** Pasquín. || **6.** ECON. Convenio entre varias empresas similares para evitar la mutua competencia y regular la producción y los precios. || *Tener* uno CARTEL. fr. fig. Tener buena reputación en el asunto de que se trata. || P. cartaz; I. placard, bill; F. affiche placard; A. Kartell; It. cartello, cartellone; R. афиша, плакат.

CARTELA. (ital. *cartella,* d. de *carta.*) f. Pedazo de cartón, madera, etc., destinado para escribir en él alguna cosa. || **2.** Ménsula de más altura que vuelo. || **3.** Cada uno de los hierros que sostienen los balcones cuando no tienen repisa de albañilería. || **4.** BLAS. Cada una de las piezas que se colocan en la parte superior del escudo. Sirve para cargar otras piezas principales. Se llama también billete. || —**abierta.** BLAS. La que lleva en el medio una especie de agujero redondo o cuadrado de esmalte. || —**acostada.** BLAS. Cartela puesta en sentido contrario al vertical. || P. cartela; I. tablet; F. tablette; A. Merkblatt; It. tàvola; R. карточка, табличка.

CARTELADO, DA. adj. BLAS. Se dice del escudo o pieza heráldica llena de cartelas. Se llama también billetado.
CARTELEAR. tr. ant. Poner carteles infamatorios.
CARTELERA. f. Armazón con superficie adecuada para fijar los carteles o anuncios.
CARTELERO. m. El que pone carteles.
CARTELÓN. m. aum. de cartel, 1.ª acep.
CARTEO. m. Acción y efecto de cartear o cartearse.
CÁRTER. (Del nombre del inventor.) MEC. Pieza de bicicleta destinada a proteger la cadena de transmisión. || **2.** MEC. En los automóviles y otras máquinas conjunto de piezas que protege determinados órganos.
CARTERA. (De *carta.*) f. Especie de estuche o bolsa a modo de librito generalmente de piel para llevar en el bolsillo. || **2.** Estuche de igual forma y mayores dimensiones que la cartera de bolsillo que usan los negociantes y ciertos funcionarios públicos para guardar papeles y documentos. || **3.** Cubierta formada por dos hojas rectangulares unidas por uno de los lados, que sirve para escribir sobre ella o guardar papeles. || **4.** Adorno o tira de tela que cubre la abertura del bolsillo de algunas prendas de vestido. || **5.** fig. Empleo de ministro. || **6.** fig. Ejercicio de funciones propias de cada ministerio. || **7.** COM. Valores o efectos comerciales de curso legal que forman parte del activo de un comerciante, banco o sociedad. || *Tener en* CARTERA una cosa. fr. fig. Tenerla preparada o en estudio para su próxima ejecución. || P. carteira; I. pocket-book; F. portefeuille; A. Brieftasche; It. portafoglio; R. бумажник, портфель.

CARTERÍA. f. Empleo de cartero. || **2.** Oficina inferior de correos donde se recibe y despacha la correspondencia pública.
CARTERISTA. m. Ladrón de carteras de bolsillo.
CARTERO. m. Repartidor de las cartas del correo. || P. carteiro; I. postman, letter-carrier; F. facteur; A. Briefträger; It. postino, portalèttere; R. почтальон.
CARTESIANISMO. m. Sistema filosófico de Cartesio o Descartes y sus discípulos.
CARTESIANO, NA. adj. Partidario del cartesianismo o perteneciente a él. Apl. a pers. ú.t.c.s.
CARTETA. (De *carta.*) f. Parar, 1.er art.
CARTIERO. (l. *quartarius,* cuarta parte.) m. ant. Una de las cuatro partes en que se distribuía el año para algunos fines.
CARTILÁGINE. (l. *cartilago, -inis.*) m. Cartílago.
CARTILAGÍNEO. (l. *cartilagineus.*) adj. ZOOL. Se dice de los peces cuyo neuroesqueleto es cartilaginoso.
CARTILAGINOSO, SA. (l. *cartilaginōsus.*) adj. Relativo a los cartílagos. || **2.** Semejante al cartílago o de tal naturaleza. ||

P. e It. cartilaginoso; I. cartilaginous; F. cartilagineux; A. knorp(e)lig; R. хрящеватый.

CARTÍLAGO. (l. *cartilāgo.*) m. ZOOL. Cualquiera de las piezas formadas por tejido cartilaginoso, que pertenecen al endoesqueleto de los animales vertebrados y constituyen la envoltura de los centros nerviosos de los cefalópodos. || P. cartilago; I. y F. cartilage; A. Knorpel; It. cartilàgine; R. хрящ.

CARTILLA. (d. de *carta.*) f. Cuaderno pequeño con las letras del alfabeto y los primeros rudimentos para aprender a leer. || **2.** Cualquier tratado manual y elemental de algún oficio o arte. || **3.** Testimonio que dan a los ordenados para que conste que lo están. || **4.** Cuaderno donde se apuntan ciertas notas interesantes. || **5.** Añalejo. || *Cantarle,* o *leerle,* a uno *la* CARTILLA. fr. fig. y fam. Reprenderle, advirtiendo lo que debe hacer en algún asunto. || *No estar en la* CARTILLA una cosa. fr. fig. y fam. Ser fuera de lo ordinario. || *No saber* uno *la* CARTILLA. Ignorar los principios de un arte u oficio. || P. cartilha; I. primer, horn-book; F. abécé; A. ABC-Buch, Fibel; It. sillabario; R. азбука, букварь.

CARTILLERO, RA. adj. fam. Se dice de las obras de teatro que se representan con gran frecuencia y de los actores vulgares.
CARTIVANA. f. Tira de papel o tela que se coloca para encuadernar debidamente las hojas sueltas.
CARTOGRAFÍA. (De *cartógrafo.*) f. Arte de trazar cartas geográficas. || **2.** Ciencia que las estudia. || P. e It. cartografia; I. cartography; F. cartographie; A. Kartographie; R. картография.
CARTOGRÁFICO, CA. adj. Perteneciente o relativo a la cartografía.
CARTÓGRAFO. (De *carta* y el gr. γράφω, escribir.) m. Autor de cartas geográficas.
CARTOLAS. (vasc. *cartolac,* jamugas.) f. pl. Artolas. || **2.** ÁL. Adrales hechos de tablas y no de carrizo.
CARTOMANCIA [∼**MANCÍA.**] (De *carta,* 4.ª acep. y el gr. μαντεία, adivinación.) f. Arte vano de adivinar por medio de naipes. || P. cartomancia; I. cartomancy; F. cartomancie; A. Kartenlegen; It. cartomanzia; R. гадание на картах.
CARTOMÁNTICO, CA. adj. Que practica la cartomancia. Ú.t.c.s. || **2.** Perteneciente o relativo a la cartomancia.
CARTOMETRÍA. (De *cartómetro.*) f. Medición de las líneas de las cartas geográficas.
CARTOMÉTRICO, CA. adj. Relativo a la cartometría.
CARTÓMETRO. (De *carta* y el gr. μέτρον, medida.) m. Curvímetro, aparato para medir las líneas trazadas en las cartas geográficas.
CARTÓN. (De *carta,* papel.) m. Conjunto de varias hojas superpuestas de pasta de papel que se adhieren unas a otras por comprensión y se secan después por evaporación. || **2.** Hoja de varios tamaños hecha de pasta de papel, de trapo, etc. || **3.** Adorno que imita las hojas largas de algunas plantas. || **4.** ARQ. Adorno prominente de la clave del arco romano y de los modillones. || **5.** PINT. Dibujo sobre papel ejecutado en el mismo tamaño que ha de tener la obra de pintura, mosaico, etc., para la que servirá de modelo. || —**piedra.** Pasta de cartón o papel, yeso y aceite secante que luego se endurece mucho y con la cual puede hacerse toda clase de figuras. || P. cartão; I. pasteboard, board; F. carton; A. Pappe, Karton; It. cartone; R. картон.
CARTONAJE. m. Obras de cartón.
★ **CARTONÉ (EN).** (fr. *cartonné.*) m. adv. Empleado en la expresión «encuadernado en cartoné», encartonado.
CARTONERA. f. AMÉR. Especie de avispa cuyo nido semeja una caja de cartulina.
CARTONERÍA. f. Fábrica en que se hace el cartón. || **2.** Tienda en que se vende.
CARTONERO, RA. adj. Perteneciente o relativo al cartón. || **2.** m. y f. Persona

que hace o vende cartón u objetos hechos con él.

* **CARTUCHA.** adj. CHILE. Se aplica a la mujer o doncella virgen.

CARTUCHERA. f. Caja, generalmente de cuero y destinada a llevar la dotación individual de cartuchos de guerra o caza. || **2.** Canana. || *Quien manda, manda, y* CARTUCHERA *en el cañón.* expr. fig. y fam. con que se da idea de la obediencia ciega. || **P.** cartucheira; **I.** cartridge-box; **F.** cartouchière giberne; **A.** Patronentasche; **It.** cartucciera, giberna; **R.** патронташ.

CARTUCHO. (ital. *cartoccio*, y éste del l. *charta*, papel.) m. Carga de pólvora y municiones, o de pólvora sola correspondiente a cada tiro de algún arma de fuego. || **2.** Envoltorio cilíndrico de monedas de la misma clase. || **3.** Bolsa hecha de cartulina para dulces, frutas, etc. || **4.** Cucurucho. || **5.** CHILE. Hombre que no ha tenido aún trato carnal. || **6.** Virgo. || **7.** COLOM. y ECUAD. Cala, planta aroidea. || **—de perdigones.** Engañifa consistente de ordinario en entregar con apariencia de un rollo de monedas una cosa de ningún valor. || **2.** fig. Cualquiera otra de que se es víctima por simplicidad. || *Quemar* uno *el último* CARTUCHO. fr. fig. En casos apurados emplear el último recurso. || **P.** cartucho; **I.** cartridge; **F.** cartouche; **A.** Patrone; **It.** cartuccia; **R.** патрон.

* **CARTUCHÓN, NA.** adj. CHILE. Se dice del que finge ignorar algo que conoce.

CARTUJA. (b. l. *Cartusia*, luego *Chartreuse*, lugar del Delfinado.) f. Orden religiosa muy austera, que fundó en 1086 San Bruno. || **2.** Monasterio o convento de esta orden. || **P.** cartuxa; **I.** Carthusian order; **F.** chartreuse; **A.** Karthäuser; **It.** certosa; **R.** картезианский монашеский орден.

CARTUJANO, NA. adj. Perteneciente a la Cartuja. || **2.** Cartujo. Apl. a pers. ú.t.c.s. || **3.** Se dice del caballo o yegua que ofrece señales de raza andaluza.

CARTUJO. adj. Se aplica al religioso de la Cartuja. Ú.t.c.s. || **2.** m. fig. y fam. Hombre taciturno, triste. || **P.** cartuxo; **I.** Carthusian; **F.** chartreux; **A.** Kartäusermönch; **It.** certosano, certosino; **R.** монах-картезианец.

CARTULARIO. (l. *chartularĭum;* de *chartŭla*, escritura pública.) m. En algunos archivos, libro becerro o tumbo. || **2.** Escribano, principalmente el de número de un juzgado o el notario en cuyo oficio se custodian las escrituras de que se habla. || **P.** cartulàrio; **I.** chartulary; **F.** cartulaire; **A.** Urkundenbuch; **It.** cartolare; **R.** письмоводитель.

CARTULINA. (l. *chartŭla*, d. de *charta*, papel.) f. Cartón delgado, generalmente terso, se emplea en diplomas, tarjetas, etc. || **P.** cartolina; **I.** bristol-board; **F.** carton, carte; **A.** feiner Pappdeckel; **It.** cartoncino bristol; **R.** тонкий белый картон.

CARTUSANA. f. Galón de bordes ondulados.

CARUATA. f. BOT. VENEZ. Carruata.

CARUJA. f. LEÓN. Pera inverniza, dura, pero buena para dulce.

CARÚNCULA. (l. *caruncŭla*, d. de *caro*, carne.) f. Especie de carnosidad de color rojo, eréctil, que poseen en la cabeza algunos animales, como el gallo y el pavo. || **—lagrimal.** ZOOL. Grupo pequeño de glándulas en el ángulo interno del ojo, cubierto de una membrana mucosa. || **P.** carúncula; **I.** caruncle; **F.** caroncule; **A.** Karunkel; **It.** carùncola.

CARUNCULADO, DA. adj. Que tiene carúnculas.

CARUNCULAR. adj. Perteneciente o relativo a las carúnculas.

* **CARURA.** f. ECUAD. Carestía.

CARURÚ. (Voz guaraní.) m. BOT. Planta americana amarantácea, que se emplea para hacer lejía.

CARUTO. m. Nombre de una planta, especie de jagua, de la región del Orinoco. || **2.** VENEZ. Árbol de cuya corteza se extrae una especie de azúcar medicinal para los ojos.

* **CARVACROL.** m. QUÍM. Uno de los fenoles más importantes.

CARVAJAL. m. Carvallar.

CARVAJO. (De *carba.*) m. Carvallo.

CARVALLAR. m. Carvalledo.

CARVALLADA. f. Robledal.

CARVALLEDO. m. Robledal.

CARVALLO. (De *carba.*) m. Roble.

CARVAYO. (Tal vez del l. *quercus*, encina, y *robur*, roble.) m. AST. Roble, 1.ª acep.

CARVI. (l. *carĕum* [*carum, carvi*, en Nebrija].) m. FARM. Simiente de la alcaravea.

CAS. f. Apócope de casa. Hoy se emplea únicamente entre gente de pueblo.

CAS. (Voz indígena.) m. Árbol que crece en las costas templadas de Costa Rica, de buena madera, de fruto excesivamente ácido, que se usa para refrescos. || **2.** Este fruto.

CASA. (l. *casa*, choza.) f. Edificio para habitar. || **2.** Piso en que vive un individuo o familia. || **3.** Familia. || **4.** Descendencia o familia que tiene el mismo apellido. || **5.** Establecimiento industrial o comercial. || **6.** Escaque. || **7.** En el juego de tablas reales, cada uno de los semicírculos laterales en que se colocan las piezas. || **8.** Cabaña, espacio dividido por una raya a la cabecera de la mesa de billar desde la cual juega el que tiene la bola. || **9.** FOR. AR. V. *Casamiento en* CASA. || **10.** AMÉR. Cada una de las partes o misterios en que se divide el rosario. || **11.** REP. DOMIN. Árbitro en las casas de juego. || **12.** REP. DOMIN. Dueño o encargado de un garito. || **—abierta.** Domicilio o despacho del que ejerce una profesión, arte, etc. || **2.** Tienda o puerta de calle. || **—a la malicia.** La antiguamente edificada en la corte sólo de piso bajo. || **—celeste.** ASTROL. Cada una de las doce partes en que se considera dividido el cielo por círculos de longitud. || **—consistorial.** Casa de la villa o ciudad donde concurren los capitulares del Ayuntamiento para celebrar sus juntas. Ú.t. en pl. || **2.** Establecimiento en que se cuida a los niños pequeños durante las horas en que trabajan sus madres. || **—de altos.** URUG. Vivienda que se construye sobre otra de planta baja pero conservando ambas entrada y uso independientes. || **—de baños.** Establecimiento de baños para el servicio público. || **—de beneficencia.** Hospital, hospicio. || **—de cabo de armería.** En Navarra, casa solariega del pariente mayor. || **—de cadenas.** PERÚ. Casa que gozaba el derecho de asilo. || **—de calderas.** CUBA. Edificio contiguo al trapiche, donde se hallan las piezas y utensilios necesarios para la fabricación de azúcar. || **—de campo.** La de fuera de poblado. || **—de citas.** Aquella en que se ejerce clandestinamente la alcahuetería. || **—de devoción.** Templo donde se venera una imagen en particular. || **—de Dios.** Templo o iglesia. || **—de dormir.** Aquella en que se da hospedaje para pasar la noche. || **—de empeños.** Aquella en que se presta dinero mediante la entrega de alguna prenda. || **—de esgrimidores.** La desaliñada y sin alhajas. || **—de fieras.** En Madrid, parque zoológico. || **—de ganado.** AST. Casa en el campo para recoger el ganado en la parte baja. || **—de huéspedes.** Aquella en que mediante cierto precio se da comida y aposento. || **—de juego.** La destinada a juegos prohibidos. || **—de labor o labranza.** Aquella en que habitan los labradores y tienen sus aperos. || **—de locos.** El manicomio. || **2.** Aquella en que hay mucho bullicio. || **—de maternidad.** Casa destinada a la asistencia de mujeres parturientas. || **—de moneda.** La dedicada a fundir, fabricar y acuñar moneda. || **—de placer.** La de recreo. || **—de pailas.** CUBA. Casa de calderas. || **—de socorro.** Establecimiento en que se cura con urgencia a los heridos. || **—de tócame Roque.** fig. y fam. Aquella en que hay mucha gente y mucho desorden. || **—de trueno.** fig. y fam. Aquella en que suele faltar buena crianza. || **—de vecindad.** La que contiene muchas viviendas reducidas. || **—de vacas.** Establecimiento en que se tienen vacas para vender leche. || **—fuerte.** La fabricada para habitar en ella con fortalezas para defenderse del enemigo. || **—mortuoria.** Casa donde recientemente ha muerto una persona. || **—paterna.** Domicilio de los padres. || **—profesa.** La de religiosos que viven en comunidad. || **—real.** Personas reales y conjunto de sus familias. || **—robada.** fig. y fam. La que carece del moblaje más preciso. || **—santa.** Por antonomasia, la de Jerusalén en que está el Santo Sepulcro. || **—solar o solariega.** La más antigua y noble de la familia. || *A* CASA *de tu hermano no irás cada verano. A* CASA *de tu tía, mas no cada día.* refs. que aconsejan no abusar de la bondad de los que nos quieren. || *A mal decir no hay* CASA *fuerte.* ref. que indica que cuando entra la desgracia en una casa de nada sirve el dinero. || *Apartar la* CASA. fr. Separarse los que vivían juntos. || *Arderse la* CASA. fr. fig. y fam. Haber en ella alboroto por cuestión de riña. || *Armar una* CASA. fr. Hacer de madera la armazón de ella para reforzarla después. || *Asentar* CASA *uno.* fr. Ponerla de nuevo y de asiento. || *A tuerto o a derecho, nuestra* CASA *hasta el techo.* ref. que indica que el ambicioso emplea todos los medios que se le ofrecen para satisfacer sus fines. || *Cada uno en su* CASA *y Dios en la de todos.* ref. que indica que para evitar riñas conviene que las familias vivan separadas. || *Caérsele* a uno *la* CASA *a cuestas o encima.* fr. fig. y fam. Sobrevenirle un contratiempo. || CASA *de padre, viña de abuelo y olivar de bisabuelo.* ref. que expresa la duración de esas cosas y la conveniencia de usarlas por su orden. || CASA *en cantón y viña en rincón.* ref. que establece la conveniencia de tener casa con vistas a dos calles y viña escondida para que no la esquilmen los viandantes. || CASA *hecha, sepultura abierta.* ref. que se dice con ocasión de morir una persona cuando acababa de construir una casa. || CASA *rañida,* CASA *regida.* ref. que expresa la necesidad de ser severo para el gobierno de una casa. || *Cuando fueres a* CASA *ajena, llama de fuera.* ref. que reprende la mala crianza de los que entran en el interior de una casa o una habitación sin antes llamar. || *Cuando vieres tu* CASA *quemar, llégate a escalentar.* ref. que aconseja paciencia en los males irremediables. || *De buena* CASA, *buena brasa.* ref. que denota que de las casas de los ricos, aun los desperdicios son buenos. || *De su* CASA. m. adv. De propia invención. || *De fuera vendrá, quien de* CASA *nos echará.* ref. que amonesta al que se mete a mandar en casa ajena. || *Deshacerse una* CASA. fr. fig. Venir a menos. || *Echar* uno *la* CASA *por la ventana.* fr. fig. y fam. Gastar mucho en un convite o fiesta. || *En cada* CASA *cuecen habas, y en la nuestra a calderadas.* ref. que denota que en cada parte hay trabajos aun cuando consideremos los nuestros los peores. || *En* CASA *de Gonzalo más puede la gallina que el gallo.* ref. que indica que en algunas partes manda más la mujer que el marido. || *En* CASA *del abad, comer y llevar.* ref. con que se pondera la abundancia que suele haber en las casas de los abades y eclesiásticos ricos. || *En* CASA *del bueno, el ruin cabe el fuego.* ref. que indica que el que es bueno cede el mejor lugar aun al más infeliz. || *En* CASA *del gaitero todos son danzantes.* ref. que indica que así como son las costumbres del padre de familia, suelen comportarse los que están a su cargo. || *En* CASA *del herrero, cuchillo de palo.* ref. que denota que donde hay más facilidad para tener una cosa, suele descubrirse su falta. || *En* CASA *del moro no hables algarabía.* ref. que aconseja callar en lo que pueda ofender al que oye. || *En* CASA *del oficial, asoma el hambre, mas no osa entrar.* ref. que indica que el que tiene un oficio difícilmente pasará hambre. || *En* CASA *del ruin, la mujer es alguacil.* ref. que indica que si el marido es flojo es la mujer la que manda. || *En* CASA *de mujer rica, ella manda y ella grita.* ref. que indica la soberbia que infunde a las mujeres la riqueza. || *En* CASA *llena, presto se guisa la cena.* ref. que indica que donde hay medios abundantes pronto se hacen las cosas. || *Entrar una cosa como por su* CASA. fr. fig. y fam. Venir ancha, holgadamente. || *Estar de* CASA. fr. fig. Estar de llaneza. || *Franquear* uno *la* CASA. fr. Darle pie para que la frecuente. || *Guardar la* CASA. fr. fig. Estarse en casa por necesidad. || *Levantar* uno *la* CASA. fr. fig. Mudar de casa. || *Llovérsele* a uno *la* CASA. fr. fig. y fam. Empezar a venir a menos. || *Mi* CASA *y mi hogar, cien doblas val.* ref. que indica el

C gran aprecio que se hace de la casa propia. || *Mientras en mi* CASA *estoy, rey me soy.* ref. que indica que quien está conforme con su suerte no solicita favores ajenos. || *Misar y rezar y* CASA *guardar.* ref. que indica que no se ha de desatender la obligación por la devoción. || *Ni por* CASA *ni por viña, no tomes mujer jimia.* ref. que indica que por interés no hay que casarse con una mujer casquivana. || *No caber en toda la* CASA. fr. fig. y fam. Estar muy enojado el señor de ella y alborotarse con todos. || *No hará* CASA *con azulejos.* expr. fig. que moteja al dilapidador y holgazán. || *No parar* uno *en* CASA o *en su* CASA. fr. fig. Pasar fuera de ella la mayor parte del tiempo. || *No tener* uno CASA *ni hogar.* fr. fam. Ser sumamente pobre. || **2.** fam. Ser un vagabundo. || *Oler la* CASA *a hombre.* fr. fig. y fam. que indica que alguno quiere hacerse obedecer en la casa sin conseguirlo. || *Poner* CASA. fr. Tomar casa el que antes no la tenía. || *Poner la* CASA a uno. fr. Amueblársela para que pueda habitar en ella. || *Pues la* CASA *se quema, calentémonos a ella* o *calentémonos todos.* ref. que se dice de los que tratan de aprovecharse de los desperdicios propios o ajenos. || *Quémese la* CASA *y no salga humo.* ref. que aconseja la reserva en los asuntos domésticos. || *Ser* uno *muy de* CASA. fr. fam. Tener mucha confianza. || *Tener* uno *la* CASA *como una colmena.* fr. fig. y fam. Tenerla llena y abastecida. || *Toma* CASA *con hogar, y mujer que sepa hilar.* ref. que aconseja que en los matrimonios además de conveniencia se ha de buscar mujer hacendosa. || *Triste está la* CASA *donde la gallina canta y el gallo calla.* ref. que indica que en general no está bien gobernada la casa por la mujer. || *Vivir* uno *una* CASA. fr. Habitar en ella. || *Vos cazáis, otro vos caza, más valiera estar en* CASA. ref. cuya intención satírica se deja adivinar. || **P.** e **It.** casa; **I.** house, home; **F.** maison, logis; **A.** Haus, Wohnung; **R.** дом.

CASABE. m. Cazabe. || **2.** CUBA. Pez del Mar de las Antillas que tiene un palmo de largo, de color amarillento y sin escamas. || **—de bruja.** CUBA. Especie de hongo.

CASABILLO. m. CUBA. Lunar blanco en el rostro y comúnmente cerca de los ojos.

CASACA. (De *casa.*) f. Vestidura ceñida al cuerpo con mangas hasta la muñeca. Hoy se emplea de uniforme. || **2.** fam. Casamiento, contrato entre un hombre y una mujer para vivir maridablemente. || **3.** GUAT. Compañía. || **4.** GUAT. y HOND. Conversación animada en voz baja. || *Volver* uno *la* CASACA. fr. fig. y fam. Dejar el partido que se seguía por el contrario. || **P.** fraque; **I.** coat; **F.** casaque; **A.** Uniformrock; **It.** casacca; **R.** камзол, мундир.

CASACIÓN. f. FOR. Acción de casar o anular. || **2.** FOR. V. *Recurso de* CASACIÓN. || **P.** ab-rogação; **I.** y **F.** cassation; **A.** Aufhebung; **It.** cassazione; **R.** кассация.

CASACÓN. m. aum. de casaca.

CASADA. f. ant. AR. Casal, casa solariega.

CASADERO, RA. adj. Se dice del que está en edad de casarse.

CASADO, DA. p.p. de casar, 3.er art. Ú.t.c.s. || **2.** m. IMPR. Modo de colocar las páginas en la platina para que queden bien numeradas. || **3.** CUBA. adj. Se dice del tabaco en rama que tiene tanta capa como tripa. || CASADO *y arrepentido.* ref. que, además del sentido recto, se extiende a los que hacen algo sin reflexión y se arrepienten cuando no tiene remedio. || *El* CASADO *casa quiere.* ref. que indica la conveniencia de que cada matrimonio viva en su casa.

CASADOR. (De *casar,* 2.º art.) m. ant. FOR. El que anula o inutiliza alguna escritura u otra cosa.

CASAISACO. m. CUBA. Vegetal parásito adherido al tronco de las palmeras, con el que los pájaros hacen sus nidos.

CASAL. (l. *casāle.*) m. Casería, casa de campo. || **2.** Solar o casa solariega. || **3.** ÁL. Solar sin edificar. || **4.** R. DE LA PLATA. Pareja de macho y hembra.

CASALERO, RA. m. y f. ant. Persona que vivía en un casal o casería.

CASALICIO. m. Casa, edificio.

CASAMATA. (Tal vez de *casa* y *mata;* en ital. *casamatta.*) f. FORT. Bóveda muy resistente para instalar piezas de artillería. || **2.** COLOM. Casita ligera. || **P.** casamata; **I.** y **F.** casemate; **A.** Kasematte; **It.** casamatta; **R.** каземат.

CASAMENTAR. (De *casamiento.*) intr. ant. Casar, contraer matrimonio.

CASAMENTERO, RA. (De *casamiento.*) adj. Se dice de los que proponen boda o intervienen en que se lleve a cabo. Ú.t. c.s. || **P.** casamenteiro; **I.** match-maker; **F.** marieur; **A.** Ehestifter; **It.** maritatore; **R.** сват.

CASAMIENTO. m. Acción y efecto de casar o casarse. || **2.** Ceremonia nupcial. || **3.** Contrato solemne entre un hombre y una mujer para vivir maridablemente. || **4.** CUBA. Conjunto de dulces secos de distinta clase. || **—a sobre bienes.** FOR. AR. Sociedad familiar contraída pactando comunidad de bienes un matrimonio con otro sin hijos y haciendo implícitamente herederos a los nuevos cónyuges de los cuales a lo menos uno es pariente. || **—de bragueta.** PERÚ, P. RICO y R. DE LA PLATA. Casamiento por interés entre un pobre y una rica. || **—en casa.** FOR. AR. El autorizado por el cónyuge que muere para que el otro contraiga nuevo matrimonio, y los bienes del que muere queden en poder del que sobrevive y en ellos tengan iguales derechos los hijos de ambos enlaces. || *Esto de mi* CASAMIENTO *es cosa de cuento: cuando más se trata, más se desbarata.* ref. que indica que la demasiada precaución en los asuntos a veces los malogra. || *No perderás por eso el* CASAMIENTO. expr. fig. y fam. que indica que uno no desmerece por hacer algo que él cree impropio. || **P.** casamento; **I.** marriage, wedding; **F.** mariage; **A.** Ehevertrag, Heirat; **It.** accasamento; **R.** брак, свадьба.

CASAMPULGA. f. EL SALV. y HOND. Araña venenosa de patas cortas y abdomen de color rojo.

CASAMURO. m. En la fortificación antigua, muralla ordinaria y sin terraplén.

* **CASANGA.** f. COLOM. Boda.

CASAPUERTA. (De *casa y puerta.*) f. Zaguán.

CASAQUILLA. (d. de *casaca,* 1.ª acep.) f. Casaca muy corta.

CASAQUÍN. m. d. despect. de casaca.

CASAR. m. Conjunto de casas que no forman un pueblo.

CASAR. (l. *cassāre;* de *cassus,* vano, nulo.) tr. FOR. Anular, derogar.

CASAR. (De *casa.*) intr. Contraer matrimonio. Ú.m.c.r. || **2.** tr. Autorizar el párroco u otro sacerdote con su licencia el sacramento del matrimonio. || **3.** fam. Disponer una persona el casamiento de alguien que está bajo su autoridad. || **4.** fig. Poner sobre una carta un jugador y el banquero cantidades iguales. || **5.** fig. Unir una cosa con otra. || **6.** fig. Disponer las cosas de modo que hagan juego o tengan correspondencia entre sí. Ú.t.c.intr. || **7.** CUBA. Pactar, concertar. || **8.** CUBA y P. RICO. Apostar. || **9.** P. RICO y VENEZ. Injertar. || *Antes que te* CASES, *mira lo que haces.* ref. que, además de su significación recta, aconseja meditar los asuntos graves antes de meterse en ellos. || CASARÁS *y amansarás.* fr. fam. con que se ponderan los cuidados inherentes al matrimonio. || CASAR, *qué bien, qué mal.* ref. que denota que el estado natural del hombre y de la mujer es el del matrimonio. || CASAR *y compadrar, cada cual con su igual.* ref. que enseña a mantenerse cada cual en su esfera, sin aspirar a más ni descender a menos. || *El que se* CASA, *por todo pasa.* ref. que pondera los muchos cuidados, obligaciones y vicisitudes de la vida matrimonial. || *No* CASARSE uno *con nadie.* fr. fig. y fam. Conservar la independencia de su opinión. || *Quien mal* CASA, *tarde enviuda.* ref. que indica cuán duraderas parecen las cosas adversas. || **P.** casar; **I.** to marry; **F.** marier; **A.** sich verheiraten; **It.** accasare, sposare, maritare; **R.** венчать, женить.

CASARIEGO, GA. adj. AST. Casero, el que cuida de la economía de una casa.

CASARÓN. m. aum. de casa. || **2.** Caserón, casa grande y destartalada.

CASATENIENTE. m. ant. El que tenía casa en un pueblo y era cabeza de familia.

CASATIENDA. (De *casa* y *tienda.*) f. Tienda junto con la vivienda del mercader.

CASCA. (De *cascar.*) f. Hollejo de la uva después de pisada y exprimida. || **2.** Corteza de algunos árboles con que se curten las pieles. || **3.** Rosca de mazapán, cidra y bañada con azúcar. || **4.** Cáscara. || **5.** TOL. Aguapié, vino muy bajo.

CASCABEL. (prov. y cat. *cascabel,* y éste del l. *cascabĕllus,* d. de *cascăbus* por *caccăbus,* puchero.) Bola hueca de metal en general del tamaño de una avellana o de una nuez. Lleva dentro un pedacito de latón o hierro, y al moverlo, suena. || **2.** Remate posterior de algunos cañones de artillería. || **3.** V. *Culebra, serpiente de* CASCABEL. || **4.** ARGENT. Conjunto de varias argollas que los camperos solían colocar en la argolla del lazo y que sonaban al chocar unas con otras. || *De* CASCABEL *gordo.* loc. fig. y fam. Se dice de las obras literarias o artísticas, vanas y aparentes. || *Echar el* CASCABEL. fr. fig. fam. Soltar algo en una conversación para ver qué efecto produce. || *Echar* uno *el* CASCABEL *a otro.* fr. fig. y fam. Excusarse de algo gravoso para que la culpa caiga en otro. || *Poner el* CASCABEL *al gato.* fr. fig. y fam. Arrojarse a alguna acción muy difícil. Se emplea principalmente en forma interrogativa. || *Ser* uno *un* CASCABEL. fr. fig. y fam. Ser de poco juicio. || *Tener* uno CASCABEL. fr. fig. y fam. Tener alguna preocupación. || **P.** cascavel; **I.** hawk-bell; **F.** grelot; **A.** Schelle; **It.** bùbbolo, sonaglio; **R.** бубенчик.

CASCABELA. f. C. RICA. Serpiente de cascabel.

CASCABELADA. f. Fiesta ruidosa y lugareña que se hacía con los pretales de cascabeles. || **2.** fig. y fam. Dicho o hecho de poco juicio.

CASCABELEAR. (De *cascabel.*) tr. fig. y fam. Alborotar a uno con esperanzas lisonjeras para que realice algo. || **2.** intr. fig. y fam. Comportarse con poco juicio. || **3.** ARGENT. Sonar los cascabeles. || **4.** ARGENT., COLOM. y PERÚ. Hacer ruido semejante al cascabeleo. || **5.** fig. CHILE. Refunfuñar.

CASCABELEO. m. Ruido de cascabeles o voces que los imitan.

CASCABELERO, RA. (De *cascabel.*) adj. fam. y fig. Se dice de la persona de poco juicio. Ú.t.c.s. || **2.** m. Sonajero.

CASCABELILLO. (d. de *cascabel.*) m. Variedad de ciruela pequeña, de sabor dulce, que suelta fácilmente el hueso, y que se reduce a pasa bajo la acción del sol y del aire.

CASCABILLO. (l. *cascabĕllus,* d. de *cascăbus* por *caccăbus,* puchero.) m. Cascabel, 1.ª acep. || **2.** Cascarilla en que se contiene el grano de trigo o cebada. || **3.** Cúpula de la bellota. || 2.ª acep.: **P.** cascabulho; **I.** chaff; **F.** bale, bauffe; **A.** Kornhülse; **It.** pula; **R.** шелуха. || 3.ª acep.: **P.** cascabulho; **I.** cup; **F.** godet; **A.** Eichelnäpfchen; **It.** cùpola; **R.** чашечка жолудя.

CASCABULLO. m. SAL. Cascabillo, 2.ª acep.

CASCACIRUELAS. (De *cascar* y *ciruelas.*) com. fig. y fam. Persona inútil y despreciable. || *Hacer lo que* CASCACIRUELAS. fr. fig. y fam. Afanarse por nada o sin resultado equivalente al trabajo.

CASCADO, DA. p.p. de cascar. || **2.** adj. fig. Se dice de la voz sin fuerza ni sonoridad. || **3.** fig. y fam. Se aplica a la cosa o persona gastada. || **4.** f. Caída de agua desde cierta altura.

CASCADURA. f. Acción y efecto de cascar o cascarse. || **P.** quebradura; **I.** cracking, crack; **F.** cassure, felure; **A.** Zerbrechen; **It.** crepatura; **R.** разбивание.

CASCAJAL. m. Cascajar, 1.ª acep.

CASCAJAR. m. Paraje donde hay cascajo. || **2.** Vertedero de la casca de la uva fuera del lagar. || **P.** cascalheira; **I.** gravelly place; **F.** lieu caillouteux, gravier; **A.** Kiesgrube; **It.** ghiareto; **R.** место, покрытое гравием.

* **CASCAJE.** m. MÉJ. Conjunto de barriles.

* **CASCAJENTO, TA.** adj. CHILE. Cascajoso.

C

CASCAJERA. f. Cascajar, 1.ª acep.

★ **CASCAJERO.** m. Colom. Cascajal. || 2. Colom. Mina explotada, pero que aún contiene oro.

CASCAJO. (De *cascar*.) m. Guijo, fragmentos de piedra. || 2. Conjunto de frutas de cáscara seca que se suelen comer por navidades. || 3. fam. Vasija rota. Aplícase también a los trastos viejos. || 4. P. Rico y Rep. Domin. Dinero. || *Estar uno hecho un* cascajo. fr. fig. y fam. Estar decrépito. || **P.** cascalho; **I.** axel; **F.** gravier; **A.** Kies, Steinschlag; **It.** ghiaia; **R.** гравий.

CASCAJOSO, SA. adj. Abundante en guijo.

CASCAJUELO, LA. adj. Natural de Villalmanzo, pueblo de la provincia de Burgos. || 2. Perteneciente o relativo a dicha villa.

CASCALBO. (De *casca* y *albo*.) adj. V. *Pino, trigo* cascalbo.

CASCALOTE. m. Bot. Méj. Árbol americano, mimosáceo, de fruto abundante en tanino y se emplea para curtir y también en medicina como astringente.

CASCALLEJA. f. Ál. Grosella silvestre.

CASCAMAJAR. (De *cascar* y *majar*.) tr. Quebrantar una cosa, machacándola.

CASCAMIENTO. (De *cascar*.) m. Cascadura.

CASCANTE. p.a. de cascar. Que casca.

CASCANUECES. (De *cascar* y *nuez*.) m. Instrumento para cascar nueces. || 2. Zool. Cierto pájaro conirrostro, fringílido. || 3. fig. y fam. Trincapiñones. || **P.** quebra-nozes; **I.** nut-cracker; **F.** casse-noix, casse-noisette; **A.** Nussknacker; **It.** schiaccianoci; **R.** щипцы для орехов. || 2.ª acep.: **P.** quebra-nozes; **I.** nut-cracker; **F.** casse-noix; **A.** Tannenhäher; **It.** nocciolaia, nocifrago; **R.** кедровка.

CASCAPIÑONES. (De *cascar* y *piñón*.) m. El que saca los piñones de las piñas calientes y monda la almendra. || 2. Tenaza para cascar piñones.

CASCAR. (l. *quassicāre*, de *quassāre*, golpear.) tr. Quebrantar o hender una cosa quebradiza. Ú.t.c.r. || 2. fam. Dar golpes con la mano o con otra cosa. || 3. fig. y fam. Quebrantar la salud. Ú.t.c.r. || 4. fam. Charlar. Ú.m.c.intr. || 5. fam. Ar. y Amér. Dedicarse con preferencia a una cosa. || 6. intr. Chile. Reanudar una cosa interrumpida. || **P.** quebrar; **I.** to crack; **F.** fêler, casser; **A.** zerbrechen, aufknacken; **It.** crepare, spaccare; **R.** разбивать.

CÁSCARA. (De *cascar*.) f. Corteza o cubierta exterior de los huevos, de varias frutas y de otras cosas. || 2. Corteza de los árboles. || 3. Murc. Capullo que se extrae del gusano de seda muerto para hacer el fidaluz. || 4. Murc. Pimiento desecado al aire libre. || —**sagrada.** Bot. Corteza de una planta leñosa, ramnácea, que vive en América septentrional. Se utiliza en medicina por sus propiedades tónicas y laxantes. || ¡Cáscaras! interj. fam. que denota admiración o sorpresa. || *Ser uno de o de la* cáscara *amarga.* fr. fig. y fam. Ser travieso y valentón. || 2. fr. fig. y fam. Ser persona de ideas muy avanzadas. || **P.** casca; **I.** shell, peel, rind; **F.** coque, coquille, écorche, ècale; **A.** Schale, Hülse; **It.** guscio, scorza, buccia; **R.** скорлупа. || 2.ª acep.: **P.** casca; **I.** bark; **F.** coque; **A.** Rinde; **It.** scorza; **R.** кора.

CASCARADA. (De *cascar*.) f. Germ. Pendencia.

★ **CASCARAÑA.** f. Cuba. Cacaraña.

★ **CASCARAÑADO, DA.** adj. Cuba y P. Rico. Picado de viruelas. || 2. Chile. Atacado de peste.

★ **CASCARAZO.** m. Colom. Latigazo. || 2. Colom. y P. Rico. Puñetazo. || 3. P. Rico. Trago grande de licor.

★ **CASCAREAR.** tr. Colom., Hond. y P. Rico. Cascar. || 2. intr. Guat. Estar en la indigencia. || 3. Méj. Salir en busca de negocios.

CASCARELA. f. Cuatrillo.

★ **CASCARETE.** m. P. Rico. Persona o cosa vieja e inútil.

CASCARILLA. (d. de *cáscara*.) f. Corteza de un árbol euforbiáceo de América, amarga, medicinal; quemada despide un olor parecido al almizcle. || 2. Quina delgada y más comúnmente la que se llama

de Loja. || 3. Laminilla de metal muy delgada que se emplea para revestir algunos objetos. || 4. Blanquete hecho con cáscaras de huevo. || 5. Cáscara de cacao tostada, con cuya infusión se hace una bebida que se toma caliente. || 6. Méj. Piel de las semillas de cacao.

CASCARILLAL. m. Perú. Lugar poblado de cascarillos o árboles silvestres de quina.

CASCARILLERO, RA. m. y f. Persona que recoge o vende cascarilla. || 2. m. Cascarillo.

CASCARILLINA. f. Quím. Principio amargo de la corteza del cascarillo.

CASCARILLO. m. Amér. Arbusto que produce la quina o cascarilla.

★ **CASCARITA.** com. Rep. Domin. Persona de escaso talento.

CASCARÓN. m. aum. de cáscara. || 2. Cáscara de huevo de cualquier ave y más particularmente la rota por el pollo al salir. || 3. En el juego de la cascarela, lance de ir a robar con espada y basto. || 4. Urug. Árbol parecido al alcornoque. || 5. Arq. Bóveda cuya superficie es la cuarta parte de una esfera. || 6. Guat., Méj. y P. Rico. El de huevo que en Carnaval se suele usar como proyectil. || 7. Colom. Cáscara de mazorca de maíz. || 8. Colom. Matalón, rocín. || —**de nuez.** fam. Embarcación muy pequeña para el uso a que se destina. || *Aún no ha salido del* cascarón, *y ya tiene espolón.* ref. contra los jóvenes que careciendo de experiencia pretenden parecer hombres. Con frecuencia hoy sólo se usa la primera parte del refrán completándola según viene al propósito. || 2.ª acep.: **P.** cosca de ovo; **I.** egg-shell; **F.** coque, d'œuf; **A.** (Eier)schale; **It.** guscio dell'uovo; **R.** скорлупа.

★ **CASCARONEAR.** tr. Guat. Tirarse mutuamente cascarones los días de carnaval.

CASCARRABIAS. (De *cascar* y *rabia*.) com. fam. Persona que fácilmente se enfada. || **P.** pessoa culerica; **I.** testy; **F.** regeur; **A.** Reizbarer Mensch; **It.** stizzoso; **R.** заносчивый человек.

★ **CASCARRAÑADO, DA.** adj. Venez. Picado de viruelas.

★ **CASCARRAÑOSO, SA.** adj. Venez. Picado de viruelas.

CASCARRIA. f. Cazcarria.

CASCARRINA. f. Ál. Granizo, agua congelada que cae con violencia de las nubes.

CASCARRINADA. f. Ál. Granizada, cantidad de granizo que cae de una vez.

CASCARRINAR. intr. Ál. Granizar, caer granizo.

CASCARROJAS. m. pl. Insectos o gusanos que se crían en los buques.

CASCARRÓN, NA. (De *cascar*.) adj. fam. Bronco, áspero y desapacible. || 2. Mar. Se dice del ventarrón que obliga a tomar rizos a las gavias. Ú.m.c.s.

CASCARUDO, DA. adj. Se dice de lo que tiene la cáscara gruesa.

CASCARUJA. f. Murc. Cascajo, conjunto de frutas de cáscara seca.

CASCARULETA. f. Cuchareta, especie de trigo. || 2. fam. Ruido que se hace con los dientes dando golpes con la mano en la barbilla.

CASCÁS. m. Chile. Insecto coleóptero, con sus mandíbulas en forma de gancho.

CASCATREGUAS. (De *cascar* y *tregua*.) m. ant. El que quebranta las treguas.

CASCO. (De *cascar*.) m. Cráneo. || 2. Cada uno de los pedazos de vasija o vaso que se rompe. || 3. Cada una de las capas de la cebolla. || 4. Copa del sombrero. || 5. Pieza de la armadura que defiende la cabeza. || 6. Armazón de la silla de montar. || 7. Tonel, pipa o botella que sirve para tener líquido. || 8. Mar. Cuerpo de la nave, con abstracción del aparejo y las máquinas. || 9. Embarcación filipina de fondo plano. || 10. Cada uno del pie o de la mano en las bestias caballares. || 11. Casquete, empegado de pez y otros ingredientes que ponen a los tiñosos en la cabeza. || 12. Blas. Pieza que imita al casco de la armadura y sirve para timbrar el escudo. Se llama igualmente yelmo, celada y morrión. || 13. Chile. Suelo de una propiedad rústica aparte de los edificios y

plantaciones. || 14. pl. Cabeza de carnero o vaca sin sesos ni lengua. || 15. fam. Cabeza. || 16. Cuba y P. Rico. Ramera. || —**atronado.** Veter. El de la caballería que se ha dado algún zapatazo. || —**de burro.** El Salv. Especie de molusco. || —**de casa.** Lo material del edificio sin adornos. || —**de mantilla.** Su tela, aparte de la guarnición y el velo. || —**de mula.** Guat. Especie de tortuga. || —**de población.** Conjunto de edificios hasta donde empieza el radio de la población misma. || *A bajar el* casco. fr. Veter. Cortar mucho el casco de las caballerías. || *Alegre o barrenado de* cascos. loc. fam. Se dice de poco juicio. || *Cortar a* casco. fr. Podar haciendo el corte raso y limpio. || *Meter a uno en los* cascos *alguna cosa.* fr. fig. y fam. Metérsela en la cabeza. || *Parecerse los* cascos *a la olla.* fr. fig. y fam. Se dice de los que heredan las malas costumbres de los padres. || *Quitarle o raerle a uno del* casco *alguna cosa.* fr. fig. y fam. Disuadirle de algún propósito. || *Romper a uno los* cascos. fr. Romperle la cabeza. || 2. fig. y fam. Molestarle con discursos impertinentes. || *Romperse uno los* cascos. fr. fig. y fam. Fatigarse con el estudio o averiguando alguna cosa. || *Sentar uno los* cascos. fr. fig. y fam. Hacerse juicioso y de buena conducta el que era irreflexivo y turbulento. || *Tener uno* cascos *de calabaza o los* cascos *a la jineta, o malos* cascos. frs. figs. y fams. Tener poco asiento o reflexión. || 5.ª acep.: **P.** capacete; **I.** helm, casque, helmet; **F.** casque; **A.** Helm, Sturmhaube; **It.** elmo, casco; **R.** каска. || 8.ª acep.: **P.** casco; **I.** hull, shell, carcass; **F.** coque; **A.** Schiffsgerippe; **It.** scato, casco; **R.** корпус. || 10.ª acep.: **P.** unha de gado cavalar; **I.** hoof; **F.** sabot, corne; **A.** Pferschuf; **It.** unghia, unghione; **R.** копыто.

CASCOL. m. Resina de un árbol de la Guayana que sirve para hacer lacre negro.

CASCOLITRO. m. Planta graminácea de la América del Sur.

★ **CASCORVO, VA.** adj. Colom. Cazcorvo.

CASCOTE. (De *casco*.) m. Fragmento de alguna fábrica derribada o arruinada. || 2. Conjunto de escombros que se emplean en las obras nuevas. || 3. Argent. Hombre viejo, principalmente el solterón. || 2.ª acep.: **P.** cascalho; **I.** rubbish; **F.** gravats, gravois; **A.** Schutt; **It.** calcinacci; **R.** щебень.

★ **CASCOTEAR.** tr. Argent. y Urug. Tirar con cascotes. || 2. Colom. Rellenar con ladrillo o piedra la pared de bajareque.

CASCUDO, DA. adj. Se dice de los animales que tienen mucho casco en los pies.

CASCUÉ. m. Especie de sollo del río Nilo.

CASCÚN. adj. ant. Apócope de cascuno.

★ **CASCUNDEAR.** tr. Amér. Central. Zurrar, azotar.

CASCUNO, NA. (l. *quisque unus.*) adj. ant. Cada uno.

CASEACIÓN. (l. *casěus*, queso.) f. Acción de cuajarse o endurecerse la leche.

★ **CASEASA.** f. Quím. Fermento que convierte la caseína en peptona.

CASEICO, CA. adj. Quím. Caseoso. || 2. Se aplica al ácido que produce la descomposición del queso.

CASEIFICACIÓN. f. Acción y efecto de caseificar.

CASEIFICAR. (De *caseína*, y éste del l. *facěre*.) tr. Transformar en caseína. || 2. Separar o precipitar la caseína de la leche.

CASEÍNA. (l. *casěus*, queso.) f. Quím. Substancia albuminoidea de la leche que con la manteca forma el queso. || **P.** caseina; **I.** casein, caseine; **F.** caséine; **A.** Kasein; **It.** caseina; **R.** казеин.

CÁSEO, A. (l. *casěus*, queso.) adj. Caseoso. || 2. f. Cuajada.

CASEOSO, SA. (l. *casěus*, queso.) adj. Perteneciente o relativo al queso. || 2. Semejante a él. || **P.** caseoso; **I.** caseous; **F.** caséeux; **A.** käsig; **It.** caseoso; **R.** сырный.

CASERA. (De *casa*.) f. Ar. Ama o mujer de gobierno que sirve a un solo. || 2. Cuba. Ama de casa. || 3. Hond. Manceba, concubina.

C

CASERAMENTE. adv. Con llaneza, sin ceremonia.

CASERÍA. f. Casa aislada en el campo, con edificios dependientes y fincas rústicas unidas o cercanas a ella. ‖ **2.** Gobierno de la casa propio de la mujer. ‖ **3.** CHILE. Costumbre de una persona de comprar en una tienda determinada. ‖ **4.** AMÉR. Parroquia de una tienda. ‖ P. casaria; I. farm-house; F. caserne; A. Meierhof; It. casa colònica; R. хутор.

CASERILLO. m. Especie de lienzo casero.

CASERÍO. m. Conjunto de casas. ‖ **2.** Casería, casa de campo aislada.

★ **CASERITA.** f. CUBA. Ama de casa.

CASERNA. (prov. cazerna, y éste del l. quaterna, de cuatro.) f. CUEN. Casa a orilla de un camino, generalmente dedicada a parador. ‖ **2.** FORT. Bóveda, a prueba de bomba que se construye debajo de los baluartes. ‖ **2.ª** acep.: P. abóbada reforçada; I. casern; F. caserne; A. bombenfestes Gewölbe; It. caserna; R. блиндаж.

CASERO, RA. adj. Que se hace o cría o pertenece a la casa. ‖ **2.** Que se hace en las casas entre personas de confianza, sin cumplimiento. ‖ **3.** Se dice del remedio casero, que se hace sin acudir a la farmacia. ‖ **4.** fam. Se dice de la persona que permanece mucho en su casa y cuida mucho de su gobierno. ‖ **5.** m. y f. Dueño de alguna casa que alquila a otro. ‖ **6.** Administrador de ella. ‖ **7.** Persona que cuida y vive en una casa en la ausencia de su dueño. ‖ **8.** Inquilino que habita en una casa pagando por ello. ‖ **9.** Arrendatario agrícola de tierras que forman un lugar o casería. ‖ **10.** CHILE y PERÚ. Parroquiano. ‖ **11.** ARGENT. Hornero, pájaro que hace sus nidos en forma de horno. ‖ Estar muy CASERA una mujer. fr. fam. Estar en su traje ordinario. ‖ P. caseiro; I. home-bred, home-made; F. fermier; A. häuslich; It. casalingo; R. домашный.

CASERÓN. m. aum. de casa. ‖ **2.** Casa muy grande y desarreglada.

CASETA. (De casa.) f. Casa pequeña que sólo tiene un piso. ‖ **2.** En los balnearios, garita para desnudarse los bañistas. ‖ **3.** AMÉR. Casilla, albergue, para un peón caminero, guardia, etc. ‖ **—de derrota.** MAR. Cámara o habitación sobre cubierta en que se guardan los mapas y derroteros.

CASETO. m. SAL. y otras provincias del Norte. Caseta, casa pequeña y de ligera construcción.

CASETÓN. (De casa.) m. ARQ. Artesón, adorno cuadrado o poligonal de los techos. ‖ P. artezão; I. y F. caisson; A. Felderdecke; It. cassettone.

★ **CASHACO, CA.** adj. PERÚ. Se aplica al que tiene el cabello grueso e hirsuto.

CASI. (l. quasi.) adv. Cerca de, por poco, aproximadamente. ‖ **2.** Construyese a veces con la conjunción que. ‖ P. quase; I. almost; F. presque, quasi; A. beinahe, fast; It. quasi; R. почти.

CASIA. (l. casia, y éste del gr. κασία.) f. BOT. Arbusto de la India, papilionáceo, de ramas espinosas, flores amarillas, semillas duras y negras.

CASICONTRATO. m. FOR. Cuasicontrato.

CASIDA. (ár. qaşīda, composición poética.) f. Composición poética arábiga y también persa, monorrima, de asuntos variados, de número indeterminado de versos.

CASIDULINA. f. ZOOL. Foraminífero microscópico, cuyo caparazón posee dos series paralelas de celdas.

CASILLA. (d. de casa.) f. Casa o albergue pequeño y aislado, del guarda de un campo, paso a nivel, etc. ‖ **2.** Despacho de billetes en los teatros de algunas ciudades. ‖ **3.** Casa, cada uno de los cuadros del tablero de ajedrez. ‖ **4.** Cada una de las divisiones del papel de rayado vertical o en cuadrículas en que se anotan ciertos datos. ‖ **5.** Cada uno de los senos o divisiones del casillero. ‖ **6.** Cada uno de los compartimientos en que se divide el casillero. ‖ **7.** Cada uno de los compartimientos de las cajas, estanterías, etc. ‖ **8.** CUBA. Trampa. ‖ **9.** ARGENT. Caseta de las playas. ‖ **10.** CUBA. Vagón alto y cerrado de ferrocarril. ‖

11. BOL., CHILE y PERÚ. Apartado de correos. ‖ **—postal.** AMÉR. Apartado de correos. ‖ Sacar a uno de sus CASILLAS. fr. fig. y fam. Alterar su medio de vida. ‖ Salir uno de sus CASILLAS. Excederse, generalmente por ira. ‖ **5.ª** acep.: P. compartiments; I. pigeon-hole; F. case; A. Fach; It. casella; R. клетка.

CASILLER. m. En palacio, mozo encargado de limpiar los vasos inmundos.

CASILLERO. (De casilla.) m. Mueble con varias divisiones para tener colocados papeles u objetos. ‖ **2.** CUBA. El encargado de custodiar en los trenes el vagón de equipajes.

CASIMBA. f. CUBA y PERÚ. Cacimba excavada en el lecho de los ríos, en general de poca profundidad. ‖ **2.** ARGENT., PERÚ, CUBA y VENEZ. Vasija que recoge el agua llovediza o de una fuente. ‖ **3.** ARGENT., CUBA, PERÚ y VENEZ. Cavidad del tronco de un árbol en que se deposita el agua de la lluvia. ‖ **4.** COLOM. Caseta.

CASIMIR. (Del n. p. Kašmír, Cachemira, Estado del Indostán.) m. Tela muy fina, en general negra y fabricada con lana merina y en punto de tafetán. Los hay también de lana y seda, y de lana y algodón.

CASIMIRA. (De casimir.) f. Casimir.

★ **CASIMIRO, RA.** adj. irón. CHILE. Se aplica al bizco y también al tuerto.

CASIMODO. m. ant. Cuasimodo.

CASIMPULGA. f. NICAR. Casampulga.

★ **CASÍN.** ARGENT. Juego de billar semejante al chapó.

CASINA. f. Especie de té.

CASINETA. (fr. cassinette.) f. Tejido delgado de lana, que se empleaba como forro en Argentina. ‖ **2.** Casinete.

CASINETE. m. ARGENT., CHILE y HOND. Cierta tela pero que el casimir. ‖ **2.** ECUAD. y VENEZ. Pañete barato.

CASINITA. f. MINERAL. Feldespato de barita.

CASINO. (ital. casino, casa de campo.) m. Casa de recreo situada en general fuera de poblado. ‖ **2.** Sociedad de hombres que se unen en una casa para esparcirse, y en la que se entra pagando una cuota de ingreso y otra mensual. ‖ **3.** Club, sociedad de recreo. ‖ **4.** Asociación análoga formada por los seguidores de un partido político o por hombres de una misma clase. ‖ **5.** Edificio en que se reúne dicha sociedad. ‖ **4.ª** acep.: P. clube; I. club; F. cercle, casino; A. Kasino, It. circolo, casino; R. казино.

★ **CASINO.** m. ARGENT. Casín, juego de billar parecido al chapó.

CASIO. (Médico y alquimista del siglo XVII, descubridor del precipitado de oro que lleva su nombre.) n. p. V. Púrpura de CASIO.

CASIOPEA. (l. Cassiopēa, y éste del gr. Κασσιέπεια.) f. ASTRON. Constelación boreal muy notable, que dista del polo poco más o menos lo que la Osa Mayor por el lado opuesto.

★ **CASIOPEO.** m. QUÍM. Lutecio, elemento químico cuyo número atómico es el 71 y el peso atómico 174,99.

CASIOPIRI. m. Arbusto que se cría en toda la India y que se cultiva en los jardines europeos por su hermosura y fragancia.

CASIS. (l. cassis, casco.) f. Planta parecida al grosellero, pero de fruto negro. ‖ **2.** m. ZOOL. Molusco gasterópodo, con una sola branquia, concha en espiral y con un ápice provisto de un opérculo que cierra la abertura de la concha cuando el molusco se introduce en ella.

★ **CASITA.** f. CHILE. Retrete.

CASITÉRIDOS. (l. cassitěrum, y éste del gr. κασσίτερος, estaño.) m. pl. Grupo de elementos que comprende el estaño, antimonio, cinc y cadmio.

CASITERITA. (l. cassitěrum, y éste del gr. κασσίτερος, estaño.) f. Bióxido de estaño, mineral de color pardo, y brillo diamantino, mena principal del estaño ‖ P., I. y F. cassiterite; A. Zinndioxyd.

CASMODIA. (gr. χασμωδία, bostezo frecuente.) f. MED. Enfermedad que consiste en bostezar constantemente por afección espasmódica.

CASO. (l. casus.) m. Suceso, acontecimiento. ‖ **2.** Casualidad. ‖ **3.** Lance, ocasión. ‖ **4.** Especie o asunto de que se trata o que se propone para pedir a alguno su dictamen. ‖ **5.** GRAM. Oficio que hacen en la oración o relación que tienen las partes declinables. En el latín se indica por la variación de la terminación y en castellano por análoga alteración de las desinencias en el pronombre personal y por medio de preposiciones en el mismo pronombre y en los demás voces declinables o también únicamente por el enlace de una de estas voces con otras. Los casos son seis: nominativo, genitivo, dativo, acusativo, vocativo y ablativo. ‖ **—apretado.** El de difícil solución. ‖ **—clínico.** Manifestación de una enfermedad en un individuo determinado. ‖ **—de conciencia.** Dudoso en materia moral. ‖ **—de honra.** Lance en que está empeñada la reputación personal. ‖ **—de menos valer.** Acción que causa a uno deshonor. ‖ **—fortuito.** Suceso dañoso en general, surgido inesperadamente. ‖ **2.** FOR. Hecho no imputado a la voluntad del obligado, que impide y excusa el cumplimiento de obligaciones. ‖ **—oblicuo.** GRAM. Cada uno de los de la declinación excepto el nominativo y el vocativo. ‖ **—recto.** GRAM. El nominativo y el vocativo. ‖ **—reservado.** Culpa grave que sólo puede absolver el superior o quien tenga su licencia. ‖ Al CASO repentino, el consejo de la mujer y al pensado, el del más barbado. ref. que indica que es aceptable el consejo de la mujer en los casos prontos, pero en los difíciles debe buscarse al de persona experimentada. ‖ Caer uno en mal CASO. fr. fam. Incurrir en mala nota. ‖ De CASO pensado. m. adv. Deliberadamente. ‖ Demos CASO. expr. Supongamos tal cosa. ‖ En CASO de que. m. adv. Si sucede tal o cual cosa. ‖ En todo CASO. loc. adv. Como quiera que sea. ‖ Estar uno en el CASO. fr. fam. Estar enterado del asunto. ‖ Hablar al CASO. fr. Hablar con oportunidad y acierto. ‖ **2.** fam. Convenir para algún asunto. ‖ Hacer CASO de uno o de una cosa. fr. fig. y fam. Tener consideración de alguna cosa. ‖ Hacer CASO omiso. Prescindir de alguna cosa. ‖ Poner CASO o por CASO. fr. Dar por supuesta alguna cosa. ‖ Por el mismo CASO. m. adv. Por igual motivo o razón. ‖ Prestar el CASO. fr. FOR. Responder una de las contingencias fortuitas. ‖ Ser CASO negado. fr. fam. Ser casi imposible que suceda una cosa. ‖ Ser CASO perdido. fr. fam. No tener remedio. ‖ Vamos al CASO. expr. fam. que se emplea para que prescindiendo de lo inútil se trate de lo principal. ‖ P. e It. caso; I. case; F. cas; A. Ereignis; R. событие. ‖ **4.ª** acep.: P. e It. caso; I. case; F. cas; A. Frage, Geschäft; R. дело. ‖ **5.ª** acep.: P. e It. caso; I. case; F. cas; A. Kasus; R. падеж.

CASO, SA. (l. cassus, vano.) adj. ant. FOR. Nulo, falto de valor legal.

CASÓN, NA. m. y f. aum. de casa. ‖ **2.** f. SANT. Casa señorial antigua.

CASORIO. m. fam. Casamiento hecho con poco juicio, sin lucimiento.

CASPA. f. Escamilla parecida al salvado, que se forma en la raíz de los pelos, en la cabeza. ‖ **2.** La que forman las herpes o queda de las llagas después de sanas. ‖ **3.** SAL. Musgo de la corteza de algunos árboles. ‖ **4.** MINERAL. Óxido y pátina que se desprende del cobre antes de fundirlo. ‖ P. caspa; I. dandruff; F. pellicules, crasse de la tête; A. (Haar)-Schuppen; It. forfora; R. перхоть.

★ **CASPALETEAR.** intr. COLOM. Rabiar, desesperar.

CASPERA. f. Lendrera.

★ **CASPETE.** m. COLOM. Sancocho.

CASPIA. f. AST. Orujo de la manzana.

CASPICIAS. f. pl. fam. Resto, sobra sin valor.

★ **CASPIENTO, TA.** adj. ARGENT. Casposo.

CASPIO, PIA. (l. caspius.) adj. Se dice del individuo de un antiguo pueblo de Hircania. Ú.t.c.s. y en pl. ‖ **2.** Perteneciente a este pueblo. ‖ P. caspio; I. Caspian; F. caspien; A. kaspisch; It. caspio; R. каспийский.

CASPIROLETA. f. AMÉR. Bebida compuesta de leche caliente, huevos, canela, aguardiente, azúcar y algún otro elemento. ‖ **2**. COLOM. Mantecado. ‖ **3**. Yema mejida. ‖ **4**. CUBA. Cafiroleta.

¡CÁSPITA! interj. con que se denota extrañeza o admiración.

CASPOLINO, NA. adj. Natural de Caspe. Ú.t.c.s. ‖ **2**. Perteneciente a esta villa.

CASPOSO, SA. adj. Lleno de caspa.

★ **CASQUEAR.** tr. COLOM. Partir una naranja o fruta parecida en gajos. ‖ **2**. intr. VENEZ. Piafar el caballo.

CASQUERÍA. f. Tienda de casquero.

CASQUERO. (De *casco*.) m. Tripicallero. ‖ **2**. Lugar donde se cascan los piñones del pino doncel.

CASQUETADA. (De *casquete*.) f. p. us. Calaverada.

CASQUETAZO. (De *casquete*.) m. Cabezazo.

CASQUETE. (De *casco*.) m. Pieza de a armadura que cubría el casco de la cabeza. ‖ **2**. Cubierta de tela, cuero, etc., que se ajusta al casco de la cabeza. ‖ **3**. Empegado de pez y otros ingredientes que se pone en la cabeza para curar a los tiñosos. ‖ **4**. Media peluca que cubre una parte de la cabeza. ‖ **5**. Cariel, cerco de cabellera postiza. ‖**esférico**. GEOM. Parte de la superficie esférica, que separa un plano al cortar a una esfera. ‖ *A* CASQUETE *quitado*. loc. adv. fam. Libremente, sin miramientos. ‖ **2**.ª acep.: **P**. barrete; **I**. skull-cap; **F**. calotte; **A**. Kappe, Helm; **It**. calotta, berretta; **R**. шапочка.

CASQUIACOPADO, DA. adj. Se aplica al caballo o yegua que tiene el casco a manera de copa.

CASQUIBLANDO, DA. adj. Se aplica al caballo o yegua de cascos blandos.

CASQUIDERRAMADO, DA. (De *casco* y *derramado*.) adj. Se dice del caballo o yegua que tiene el casco ancho de palma.

CASQUIJO. (De *casco*.) m. Multitud de piedra menuda con que se hace hormigón y grava. ‖ **P**. cascalho; **I**. rubble; **F**. gravier; **A**. Kies, Schotter; **It**. ghiaia; **R**. гравий.

CASQUILUCIO, CIA. (De *casco* y *lucio*.) adj. Casquivano.

CASQUILLA. (De *casco*.) f. Entre colmeneros, cubierta de las celdas donde se crían las reinas. ‖ **2**. pl. Cápsulas pequeñas de plata que sirven a los plateros para graduar el peso de los ensayes en la balanza de precisión.

CASQUILLO. (d. de *casco*.) m. Anillo o abrazadera de metal que sirve para reforzar la extremidad de una pieza de madera. ‖ **2**. Hierro de saeta o flecha. ‖ **3**. Parte metálica del cartucho de cartón. ‖ **4**. Cartucho metálico vacío. ‖ **5**. AMÉR. CENTRAL. Herraduras de caballos. ‖ **6**. HOND. Forro de tafilete o cuero que se pone en los sombreros. ‖ **7**. C. RICA. Portaplumas. ‖ **8**. CUBA. Cobardía. ‖ **P**. casquilho; **I**. ferrule, socket; **F**. virole frette; **A**. Pfeilspitze; **It**. ghiera; **R**. букса, кольцо.

CASQUIMULEÑO, ÑA. adj. Se dice del caballo o yegua con los cascos pequeños como los de las mulas.

★ **CASQUÍN.** m. AMÉR. CENTRAL. Coscorrón.

★ **CASQUINEAR.** tr. AMÉR. CENTRAL. Dar coscorrones.

CASQUIÑÓN. m. MURC. Caramelo con almendra o avellana.

CASQUITE. adj. VENEZ. Agriado, se aplica a la bebida llamada carato. ‖ **2**. Por ext., dícese de la persona de mal carácter.

CASQUIVANO, NA. (De *casco* y *vano*.) adj. fam. Alegre de cascos. ‖ **P**. estabanado; **I**. giddy; **F**. écervelé; **A**. unüberlegt; **It**. sventato; **R**. легкомысленный, ветреный.

CASTA. (l. *casta*, f. de *castus*, puro.) f. Generación o linaje. Se aplica también a los irracionales. ‖ **2**. Parte de los habitantes de un país que forma raza aparte. ‖ **3**. V. *Perro de* CASTA. ‖ **4**. fig. Especie o calidad de una cosa. ‖ **5**. MÉJ. Entre impresores, moldes o letras de una misma clase. ‖ *Cruzar las* CASTAS. fr. Mezclar diversas familias de animales para mejorar la raza. ‖ *De* CASTA *le viene al galgo el ser rabilargo*. ref. que da a entender que los hijos suelen tener las costumbres de los padres. ‖ **P**. e **It**. casta; **I**. y **F**. caste; **A**. Geschlecht; **R**. род, поколение.

★ **CASTADO, DA.** adj. P. RICO. Valiente.

CASTÁLIDAS. (l. *Castalĭdes*, por el nombre de la fuente de Castalia, consagrada a ellas.) f. pl. Las musas.

CASTALIO, LIA. (l. *castalĭum*.) adj. Perteneciente a la fuente Castalia. ‖ **2**. Perteneciente a las musas.

CASTAMENTE. adv. Con castidad.

CASTAÑA. (l. *castanĕa*.) f. Fruto del castaño, del tamaño de la nuez, y cubierta con una cáscara correosa. ‖ **2**. Vasija o frasco de forma semejante a la castaña. Se emplea para contener líquidos. ‖ **3**. Especie de moño que se hacen las mujeres. ‖ **4**. CUBA. Pieza que sirve de chuamacera a la maza mayor en los ingenios. ‖ **5**. MÉJ. Barril pequeño. ‖**pilonga**. La que se ha secado al humo y se guarda todo el año. ‖**regoldana**. La que da el castaño silvestre. ‖ *Temprana es la* CASTAÑA *que por mayo regaña*. ref. alusivo a que fuera de su oportunidad no son buenas las cosas. ‖ **P**. castanha; **I**. chestnut; **F**. châtaigne, marron; **A**. Kastanie; **It**. castagna, marrone; **R**. каштан.

CASTAÑAL. m. Castañar.

CASTAÑAR. m. Sitio poblado de castaños. ‖ **P**. castanhal; **I**. chestnut-grove; **F**. châtaigneraie; **A**. Kastanienpflanzung; **It**. castagneto; **R**. каштановая роща.

CASTAÑEDA. (De *castaño*.) f. Castañar.

CASTAÑEDO. (l. *castanētum*.) m. AST. Castañar.

CASTAÑERA. f. AST. Castañar.

CASTAÑERO, RA. m. y f. Persona que vende castañas. ‖ **2**. m. ZOOL. Cierta ave palmípeda.

CASTAÑETA. (De *castaña*, por la semejanza de su forma.) f. Castañuela, 1.ª acep. ‖ **2**. Sonido que resulta al juntar la yema del dedo de en medio con la del pulgar y hacerla resbalar con fuerza y rapidez. ‖ **3**. V. *Guarnición de* CASTAÑETA. ‖ **4**. Pez chileno, de tono azul apizarrado al dorso y plateado por el vientre. ‖ **5**. ÁL. Reyezuelo, pájaro común en Europa. ‖ **6**. Moña, lazo grande de cintas negras que se ponen los toreros en la parte posterior de la cabeza.

CASTAÑETADA. f. Castañetazo.

CASTAÑETAZO. m. Golpe que se da con las castañuelas o con los dedos. ‖ **2**. Estallido que da la castaña cuando revienta en el fuego. ‖ **3**. Chasquido de las coyunturas de los huesos al hacer algún movimiento violento. ‖ **3**.ª acep.: **P**. estalido nas junturas dos ossos; **I**. cracking; **F**. craquement; **A**. Knacken der Knochen; **It**. scricchiolamento; **R**. щёлканье пальцами.

CASTAÑETE. adj. d. de *castaño*. ‖ **2**. se aplica al ajo que tiene el color rojo las túnicas de los bulbos.

CASTAÑETEADO. m. Son de las castañuelas.

CASTAÑETEAR. tr. Tocar las castañuelas. ‖ **2**. intr. Sonarle a uno los dientes. ‖ **3**. Sonarle a uno las choquezuelas de las rodillas cuando anda. ‖ **4**. Producir el macho de la perdiz unos sonidos sueltos a manera de chasquidos. ‖ **2**.ª acep.: **P**. bater os dentes; **I**. to clatter the teeth; **F**. clasquer des dents; **A**. mit den Zähnen klappern; **It**. ballare i denti; **R**. щёлкать кастаньетами.

CASTAÑETEO. m. Acción de castañetear.

CASTAÑO, ÑA. adj. Se aplica al color de la cáscara de castaña. Ú.t.c.s. ‖ **2**. Que tiene este color. ‖ **3**. m. Árbol cupulífero, de copa ancha y redonda, tronco grueso y fruto a manera de zurrones espinosos que encierran la castaña. ‖ **4**. Madera de este árbol. ‖**de Indias**. Árbol hipocastanáceo, de madera blanda y amarillenta, y fruto con semillas. Es planta de adorno. ‖**regoldano**. El silvestre o no injerto, que da castañas regoldanas. ‖ *Pasar de* CASTAÑO *obscuro una cosa*. fr. fig. y fam. Ser demasiado grave o enojosa. ‖ **P**. castanho; **I**. chestnut; **F**. châtain, marron; **A**. kastanienbraun; **It**. castagno, marrone; **R**. каштановый (о цвете). ‖ **3**.ª acep.: **P**. castanheiro; **I**. chestnut; **F**. chataignier; **A**. Kastanienbaum; **It**. castagno; **R**. каштан.

CASTAÑOLA. (cat. *castanyola*, y éste d. de *castaña*.) f. ZOOL. Pez grande, teleósteo, acantopterigio, con el hocico romo, el cuerpo más elevado en la parte anterior que en la posterior, escamas blandas cubriendo las aletas; es comestible.

CASTAÑUELA. (d. de *castaña*.) f. Instrumento músico de percusión, de madera dura o de marfil, compuesto de dos mitades cóncavas, unidas por un cordón que las sujeta a la vez a los dedos del que las hace repicar. En general se emplean una en cada mano para acompañamiento en algunos bailes populares. ‖ **2**. Planta ciperácea, delgada, se cría en la Andalucía Baja en lugares pantanosos. ‖ **3**. CHILE. Tarreña. ‖ *Estar uno como unas* CASTAÑUELAS. fr. fig. y fam. Estar alegre. ‖ **P**. castanhola; **I**. castanet; **F**. castagnette; **A**. Kastagnette; **It**. castagnetta; **R**. кастаньета.

CASTAÑUELO, LA. adj. d. de castaño. Se dice del color de las yeguas y caballos.

CASTEL. m. ant. Castillo.

CASTELLÁN. m. Castellano, alcaide. Ú. sólo en la orden de San Juan, en Aragón hablando del castellán de Amposta.

CASTELLANA. f. Señora de un castillo. ‖ **2**. Mujer del castellano. ‖ **3**. Copla de cuatro versos de romance octosílabo.

CASTELLANAMENTE. adv. Según las costumbres castellanas.

CASTELLANÍA. (De *castellano*.) f. Territorio o jurisdicción independiente, con leyes particulares con jurisdicción separada para el gobierno de su capital y de su distrito.

CASTELLANISMO. m. Dicho a modo de hablar propio de alguna parte de Castilla.

CASTELLANIZAR. tr. Dar forma castellana a un vocablo de otro idioma.

CASTELLANO, NA. (l. *castellānus*.) adj. Natural de Castilla. Ú.t.c.s. ‖ **2**. Perteneciente a esta región de España. ‖ **3**. V. *Horno*, *mulo*, *paso*, *rosal* CASTELLANO. ‖ **4**. V. *Lanza* CASTELLANA. ‖ **5**. CHILE. Se dice de la gallina de color ceniciento obscuro, con pintas rojizas por haber sido de esta clase las primeras que llevaron allí los españoles y eran procedentes de Castilla. ‖ **6**. m. Idioma castellano o sea lengua nacional de España. ‖ **7**. Nombre que se dio vulgarmente a ciertas monedas de oro castellanas de la Edad Media. ‖ **8**. Cincuentava parte del marco de oro. ‖ **9**. Lanza en la acep. de hombre de armas. ‖ **10**. Señor del castillo. ‖ **11**. Alcaide o gobernador del castillo. ‖ **12**. ÁL. Viento del sur. ‖ *A la* CASTELLANA. adv. Al uso de Castilla. ‖ CASTELLANO *viejo*, *ajo con pescado abadejo*. ref. que indica ser frugal la comida de los hijos de Castilla. ‖ **P**. castelhano; **I**. castilian; **F**. castillan; **A**. Kastilianer; **It**. castigliano; **R**. кастилец. ‖ **6**.ª acep.: **P**. castelhano; **I**. castellan; **F**. châtelain; **A**. Schlossherr; **It**. castellano; **R**. владелец замка, копейщик.

CASTELLAR. (ant. *castiello*.) m. Todabuena.

CASTELLERÍA. f. ant. Castillería, derecho que se pagaba al pasar por el territorio de los castillos.

CASTELLERO. (l. *castellarĭus*.) m. ant. Castellano.

CASTELLONENSE. adj. Natural de Castellón de la Plana. Ú.t.c.s. ‖ **2**. Perteneciente a esta ciudad.

CASTICIDAD. f. Calidad de castizo.

CASTICISMO. m. Amor a lo castizo, en el idioma, costumbres, etc.

CASTICISTA. com. Puritano en el uso del idioma.

CASTIDAD. (l. *castĭtas*, -*ātis*.) f. Virtud que se opone a los afectos carnales. ‖**conyugal**. La que se guardan mutuamente los casados. ‖ **P**. castidade; **I**. chastity; **F**. chasteté; **A**. Keuschheit; **It**. castità; **R**. целомудрие.

CASTIGACIÓN. (l. *castigatio*, -*ōnis*.) f. Castigo.

CASTIGADAMENTE. adv. ant. Correctamente.

CASTIGADERA. (De *castigar*.) f. Entre arrieros, correa para atar el badajo del cencerro.

CASTIGADOR, RA. (l. *castigător*.) adj. Se dice del que castiga. Ú.t.c.s. ‖

C

2. fig. y fam. Joven que jactanciosamente pretende enamorar a personas del otro sexo. Ú.t.c.s.

CASTIGAMENTO [~MIENTO]. m. ant. Castigo.

CASTIGAR. (l. *castigāre.*) tr. Ejecutar algún castigo en un culpado. || **2.** Mortificar. || **3.** Escarmentar, corregir al que ha errado. || **4.** fig. Hablando de obras o escritos, corregirlos. || **5.** fig. Hablando de gastos, aminorarlos. || **6.** fig. Enamorar por pasatiempo o jactancia. || **7.** Méj. Apretar una cuerda, un tornillo, etc. || *Quien a uno* CASTIGA *a ciento hostiga.* ref. que advierte lo provechoso que es el castigo de los delitos para escarmentar. || P. castigar; I. to chastise, to punish; F. châtier, punir; A. strafen, kasteien; It. castigare, punire; R. наказывать, карать. || 4.ª acep.: P. corrigir; I. to chasten; F. châtier; A. verbessern; It. castigare; R. исправлять.

CASTIGO. (De *castigar.*) m. Pena que se da al que comete una falta o delito. || **2.** fig. Hablando de obras o escritos, corrección. || —**ejemplar.** El grave y extraordinario para que sirva de mayor escarmiento. || *Más vale el* CASTIGO *que el vestido.* ref. que indica la necesidad de la educación y enseñanza aun antes de otras cosas necesarias. || *No te enseñas del* CASTIGO *que no te da tu enemigo.* ref. que aconseja no enfadarse con las enseñanzas que nos dan los que no nos aborrecen. || *Ser de* CASTIGO *una cosa.* fr. fig. Ser penosa. || P. castigo; I. chastisement, punishment; F. chatiment, punition; A. Strafe; It. castigo, punizione; R. наказание, кара.

CASTILA. (De *Castilla.*) adj. Filip. Español. Apl. a pers. ú.t.c.s. || **2.** m. Idioma español.

CASTILLA. f. Cuba. Tela de lana con mucho pelo que se usa para abrigo. || *Ancha* CASTILLA. expr. fam. con que se alienta uno a sí mismo o anima a otros para obrar libremente. || *En* CASTILLA *el caballo lleva la silla.* ref. Denota que en los reinos de Castilla el hijo sigue la nobleza de su padre, aunque la madre sea plebeya.

CASTILLA. (De *Castilla,* de donde procedía esta tela.) f. Chile. Bayetón, cierta tela de pelo.

CASTILLADO, DA. adj. Blas. Se dice del escudo o pieza llena de castillos y al bordado cargado de ellos.

CASTILLAJE. m. Castillería, derecho que se pagaba al atravesar el terreno de los castillos.

CASTILLEJO. m. d. de castillo. || **2.** Carretón pequeño para que los niños aprendan a andar. || **3.** Andamio para levantar pesos considerables, más generalmente en la construcción de edificios. || **4.** Juego infantil en el que se tiran nueces sobre un montoncito de cuatro de ellas. Gana el que tira el castillejo. || **5.** Una de las partes del telar de mano. || **6.** Méj. Cada una de las dos armazones verticales de hierro colocadas a ambos lados del molino de cañas y en las que descansan los ejes de los cilindros moledores. || 3.ª acep.: P. castelejo; I. scaffolding; F. échafaudage, châtelet; A. Baugerüst; It. castello; R. маленький замок, детская тележка.

CASTILLERÍA. (De *castillero.*) f. Derecho que se pagaba por atravesar el territorio de un castillo.

CASTILLERO. (De *castillo.*) m. ant. Castellano, alcaide o gobernador de un castillo.

CASTILLETE. m. d. de castillo.

CASTILLO. (De *castiello.*) m. Lugar fuerte, cercado de fosos, murallas y otras fortificaciones. || **2.** Maestril. || **3.** Máquina de madera que en la guerra usaban los antiguos puesta sobre los elefantes. || **4.** Cabida de un carro desde la escalera hasta lo alto de los varales. || **5.** Blas. Figura que representa una o más torres unidas por cortinas. El castillo es la pieza principal del escudo de España. || **6.** Mar. Parte de la cubierta alta o principal del buque, comprendida entre el palo trinquete y la proa. || **7.** Mar. Cubierta parcial que tienen algunos buques a la altura de la borda. || **8.** Argent. Carreta sin toldo usada por los campesinos. || **9.** Ecuad. Armazón de carrizos propia para poner frutas, etc. || **10.** Chile. Pila o rimero de

maderos o tablas puestos unos sobre otros, para que se sequen. || —**de fuego.** Armazón vestida de varios fuegos artificiales que se emplea en algunos regocijos públicos. || —**de popa.** Mar. Se llamaba antes así a la toldilla. || *Buen* CASTILLO *es el de Peñafiel, si no tuviese a ojo el de Curiel.* ref. que demuestra no confiarse uno demasiado en las propias fuerzas si se tiene rivales. || CASTILLOS *en el aire.* Ilusiones lisonjeras con poco o ningún fundamento. Ú. con los verbos *hacer, forjar,* etc. || *Hacer uno* CASTILLOS *de naipes.* fr. fig. y fam. Confiar en el logro de una cosa, contando sólo con medios débiles e ineficaces. || P. castelo; I. castle; F. forteresse, château fort; A. Schloss; It. castello; R. крепость, замок. || 6.ª acep.: P. castelo; I. forecastle; F. gaillard d'avant; A. Kastell; It. castello di prora; R. бак, носовая часть палубы.

CASTILLUELO. m. d. de castillo.

CASTIMONIA. (l. *castimonĭa.*) f. ant. Castidad.

CASTINA. (al. *kalkstein;* de *kalk,* cal, y *stein,* piedra.) f. Fundente calcáreo que se emplea cuando el mineral que se trata de fundir contiene mucha arcilla.

CASTIZAMENTE. adv. De manera castiza.

CASTIZO, ZA. (l. *casticĕus,* de *castus,* casto.) adj. De buen origen y casta. || **2.** Se dice del lenguaje puro y sin mezcla de voces extrañas. || **3.** Muy prolífico. || **4.** Méj. Cuarterón, nacido en América de mestizo y española o de español y mestiza. Ú.t.c.s. || **5.** Cuba y P. Rico. Se dice del gallo de padre inglés y madre indígena. Ú.t.c.s.m. || **6.** Colom. Se aplica al animal macho muy fecundo. Ú.m.c.s.m. || P. castiço; I. pure-blooded; F. de race; A. reinrassig; It. di buona razza; R. породистый. || 2.ª acep.: P. vernáculo; I. pure; F. pur; A. echt, rein; It. pretto; R. чистый, правильный (о языке, стиле).

CASTO, TA. (l. *castus.*) adj. Puro, honesto. || **2.** fig. Se aplica a las cosas que conservan la pureza con que se criaron y alejan toda idea de sensualidad en quien las contempla. || *Ya que no seas* CASTO, *sé cauto.* ref. que indica que ya que se tenga algún defecto procure disimularlo para no escandalizar. || P. casto; I. y F. chaste; A. keusch und züchtig; It. casto; R. целомудренный.

CASTOR. (l. *castor.*) m. Mamífero roedor de cuerpo grueso, patas cortas y pies con cinco dedos palmeados. Vive mucho en el agua, se alimenta de hojas, cortezas y raíces de árboles. Construye sus viviendas a orillas de los ríos. Su piel se emplea en peletería más que nada, y para extraerle el castóreo. Vive en Asia y América septentrional y norte de Europa. || **2.** Pelo de este animal. || **3.** Cierta tela de lana que tiene gran semejanza con la piel del castor. || **4.** Paño de fieltro hecho con piel de castor. || **5.** Méj. Enaguas. || P. y F. castor; I. beaver; A. Biber; It. castoro; R. бобр.

CÁSTOR. (Héroe mitológico, hermano de *Pólux.*) m. Astron. Una de las estrellas principales de la constelación de los Gemelos. || **2.** Astron. Géminis. || —**y Pólux.** Fuego de Santelmo. || P., I. y F. Castor; A. Kastor; It. Càstore; R. Кастор.

CASTORA. f. And. y Extr. Sombrero de copa alta.

CASTORCILLO. (d. de *castor.*) m. Tela de lana, tejida como la estameña, con pelo como el paño.

CASTOREÑO. (De *castor.*) adj. V. *Sombrero* CASTOREÑO. Ú.t.c.s.

CASTÓREO. (l. *castorĕum.*) m. Zool. Substancia crasa, untuosa, de olor desagradable y fuerte, y aspecto resinoso, segregada por las glándulas abdominales del castor. Se emplea como antiespasmódico.

CASTORINA. f. Especie de tejido semejante a la tela del castor. || **2.** Quím. Materia grasa contenida en el castóreo.

CASTORIO. m. ant. Castóreo.

CASTRA. f. Acción de castrar. || **2.** Tiempo en que se hace dicha operación.

CASTRACIÓN. (l. *castratio, -ōnis.*) f. Acción y efecto de castrar. || P. castração; I. castration, gelding; F. castration; A. Entmannung, Kastrierung; It. castrazione; R. кастрация.

CASTRADERA. (l. *castratorĭa,* propia para castrar.) f. Instrumento de hierro que se emplea para castrar colmenas.

CASTRADO. p.p. de castrar. || **2.** adj. Que ha sido castrado. Ú.t.c.s.

CASTRADOR. (l. *castrātor.*) m. El que castra. || **2.** Castrapuercas. || P. castrador; I. gelder; F. châtreur; A. Verschneider; It. castratore.

CASTRADURA. (l. *castratūra.*) f. Castración. || **2.** Capadura, herida o cicatriz producida al castrar.

CASTRAMETACIÓN. (l. *castra,* campamento, y *metatĭo, -ōnis,* medición, limitación.) f. Arte de ordenar los campamentos militares. || P. castrameteção; I. castrametation; F. castramétation; A. Lagerkunst; It. castrametazione; R. лагерное устройство.

CASTRAPUERCAS. (De *castrar* y *puerca.*) m. Silbato que usan los capadores para anunciarse.

CASTRAPUERCOS. m. Castrapuercas.

CASTRAR. (l. *castrāre.*) tr. Extirpar los órganos de la generación. || **2.** Secar o enjugar las llagas. Ú.t.c.r. || **3.** Podar. || **4.** Quitar a las colmenas panales con miel dejando lo suficiente para que las abejas se puedan mantener y hacer nueva miel. || **5.** Arrancar las matas sobrantes al maíz. || **6.** fig. Debilitar, apocar. || P. capar; I. to castrate; F. châtrer; A. entmannen, kastrieren, verschneiden; It. castrare; R. кастрировать. || 4.ª acep.: P. crestar; I. to geld; F. châtrer, tailler; A. zeideln; It. castrare; R. вырезывать (соты).

CASTRAZÓN. (l. *castratio, -ōnis.*) f. Acción y efecto de castrar colmenas. || **2.** Tiempo de castrarlas.

CASTRENSE. (l. *castrensis,* perteneciente al campamento.) adj. Se aplica a algunas cosas pertenecientes o relativas al ejército y al estado o profesión militar. || **2.** For. Aplícase a los bienes que el hijo de familia adquiría por la milicia. || **3.** For. V. *Peculio* CASTRENSE. || **4.** For. V. *Peculio cuasi* CASTRENSE.

CASTREÑO, ÑA. adj. Natural de Castrojeriz, de Castro-Urdiales o de Castro del Río. Ú.t.c.s. || **2.** Perteneciente o relativo a dichos pueblos.

CASTRO. (l. *castrum.*) m. Juego que usan los muchachos dirigiendo unas piedrecitas por rayas a modo de un ejército acampado. || **2.** Ast. Altura donde hay vestigios de antiguas fortificaciones. || **3.** Ast. y Sant. Peñasco que sale de la costa hacia el mar o que sobresale aislado en éste y próximo a aquélla.

CASTRO. (De *castrar.*) m. Castrazón.

CASTRÓN. m. Macho cabrío castrado. || **2.** Cuba. Puerco grande castrado.

★ **CASTRUERA.** f. Colom. Instrumento músico campestre.

CASTUGA. f. Amér. Cierto insecto lepidóptero.

CÁSTULA. (l. *castŭla.*) f. Indum. Túnica larga que usaban las mujeres romanas.

★ **CASTUZO, ZA.** adj. P. Rico. Valiente, temerario.

CASUAL. (l. *casuālis.*) adj. Que sucede por casualidad. || **2.** For. Se dice de la condición que no depende de la voluntad del hombre. || **3.** For. Ar. Se dice de las firmas o decretos judiciales para impedir atentados. || P. e I. casual; F. casuel, fortuit; A. zufällig; It. casuale; R. случайный.

CASUALIDAD. (De *casual.*) f. Combinación de circunstancias que no se pueden evitar. || **2.** *De* CASUALIDAD. m. adv. Amér. Por casualidad. || P. casualidade; I. chance, casuality; F. hasard, casualité; A. Zufall; It. casualità, caso; R. случайность.

CASUALISMO. (De *casual.*) m. Teoría que funda en el acaso el origen de todos los acontecimientos.

CASUALISTA. com. Persona que profesa el casualismo.

★ **CASUALIZAR.** intr. Guat. Acaecer algo casualmente.

CASUALMENTE. adv. Por casualidad. || P. por acaso; I. casually, by chance; F. par hasard; A. zufällig; It. casualmente, a caso; R. случайно.

CASUÁRIDA. (De *casuario*.) adj. ZooL. Se aplica al ave corredora que tiene tres dedos en el pie, y el pico comprimido. Ú.t.c.s.f. ‖ 2. f. pl. ZooL. Familia de estos animales.

CASUARINA. (De *casuario*, por la semejanza de las hojas con las plumas de esta ave.) f. Árbol casuarináceo, que vive en Australia, Java, Madagascar y Nueva Holanda. Sus ramas producen al viento un ruido un tanto musical.

CASUARINÁCEO, A. (De *casuarina*, nombre de un género de plantas.) adj. BoT. Se aplica a ciertas plantas angiospermas dicotiledóneas, leñosas, que viven en Australia e islas del Océano Pacífico y por muchos de sus caracteres se asemejan a las gimnospermas. Tienen flores unisexuales sin perianto o con pirianto. Las masculinas tienen un solo estambre. La polinización se verifica por medio del viento. Ú.t.c.s.f. ‖ 2. pl. f. BoT. Familia de estas plantas.

CASUARIO. (malayo *casuguaris*.) m. ZooL. Ave corredora casuárida, menor que el avestruz, de color negro o gris y tan poco sueltas las barbas de las plumas que el animal parece cubierto de crines. Hay una especie en las islas del Océano Índico con una protuberancia ósea en la cabeza.

CASUCA. f. de. casa. ‖ 2. despect. Casucha.

CASUCHA. f. despect. Casa pequeña y mal construida.

CASUCHO. m. despect. Casucha.

CASUISMO. m. Doctrina casuística.

CASUISTA. (l. *casus*, caso.) adj. Se dice del autor que expone casos prácticos de teología moral. Ú.t.c.s. ‖ 2. Por ext. se aplica también al que expone casos prácticos propios de las ciencias morales o jurídicas. Ú.t.c.s. ‖ P. casuísta; I. casuist; F. casuiste; A. Kasuist; It. casista; R. казуист.

CASUÍSTICA. (De *casuista*.) f. Parte de la teología moral que trata de los casos de conciencia. ‖ 2. Consideración de los diversos casos particulares que pueden preverse en una materia. ‖ P. casuística; I. casuistry; F. casuistique; A. Kasuistik; It. casistica; R. казуистика.

CASUÍSTICO, CA. adj. Perteneciente o relativo al casuista o a la casuística. ‖ 2. Se aplica a las disposiciones legales que rigen casos especiales y no tienen aplicación genérica.

CASULLA. (l. *casubla*, capa con capucha.) f. Vestidura sagrada que se coloca el sacerdote sobre las demás para la celebración del santo sacrificio de la misa. ‖ 2. HOND. Grano de arroz con cáscara entre otros descascarillados. ‖ P. casula; I. y F. chasuble; A. Messgewand; It. pianeta; R. облачение священника.

CASULLERO. m. El que hace casullas y otros ornamentos para el culto divino.

★ **CASUMBA.** f. COLOM. Casucha.

★ **CASUNGUEAR.** tr. PERÚ. Azotar, zurrar.

★ **CASUPO.** m. VENEZ. Funda de paja para proteger las botellas.

CASUS BELLI. expr. lat. Caso o motivo de guerra.

★ **CASUSA.** f. C. RICA. Ron.

CATA. f. Acción de catar. ‖ 2. Porción de alguna cosa que se prueba. ‖ 3. COLOM. y MÉJ. Calicata. ‖ 4. COLOM. Casa oculta. ‖ 5. COLOM. Hucha, colección de cosas ocultas. ‖ 6. PERÚ. Manta. ‖ *Dar* CATA. fr. fam. Catar, mirar o advertir. ‖ 2. Catear, buscar. ‖ *Darse* CATA de una cosa. fr. Percatarse de ella. ‖ P. catamente; I. taste; F. dégustation, essai; A. Kosten, Weinprobe; It. assaggio; R. дегустация, проба.

CATA. f. ARGENT. Acción de catear. ‖ 2. ARGENT. y CHILE. desus. Cotorra. ‖ 3. BoL. Catita. ‖ 4. CUBA. Catey. ‖ 5. MÉJ. Catarinita.

CATA. (gr. κατά.) prep. insep. cuyo significado primitivo es el de hacia abajo.

CATABEJAS. m. Paro carbonero.

CATABÓLICO, CA. adj. BIOL. Perteneciente o relativo al catabolismo.

CATABOLISMO. (gr. κατά, abajo, y βάλλω, echar.) m. BIOL. Fase del metabolismo en que predominan las reacciones químicas que originan la desintegración

de las materias que constituyen el protoplasma.

CATABRE. m. COLOM. Vasija de calabaza en que se lleva el grano para sembrar. ‖ 2. VENEZ. Canasto, cesto, etc.

CATABRO. m. COLOM. Catabre.

★ **CATABRÓN.** m. COLOM. Cesto para la ropa.

CATACALDOS. (De *cata* y *caldo*.) com. fig. y fam. Persona que empieza muchas cosas sin fijarse en ninguna. ‖ 2. Persona entremetida.

CATACLISMO. (l. *cataclysmus*, y éste del gr. κατακλυσμός, inundación.) m. Trastorno de enormes proporciones en el globo terráqueo, causado por el agua. ‖ 2. fig. gran trastorno en el orden tanto social como político. ‖ P. cataclismo; I. cataclysm; F. cataclysme; A. Katastrophe; It. cataclisma; R. потоп, катаклизм.

CATACRESIS. (l. *catachrēsis*, y éste del gr. κατάχρησις, de καταχράω, abusar.) f. RET. Tropo consistente en dar a la palabra sentido traslaticio para designar alguna cosa que no tiene nombre especial.

CATACUMBAS. (l. *catacumba*, y éste del gr. κατά, debajo, y κύμβη, hueco, cavidad.) f. pl. Subterráneos en que los primeros cristianos, principalmente en Roma, enterraban sus muertos y celebraban los actos del culto. ‖ P. catacumbas; I. catacombs; F. catacombes; A. Katakomben; It. catacombe; R. катакомбы.

CATACHÍN. m. ÁL. Pinzón.

CATADIÓPTRICO, CA. (gr. κατά, hacia abajo, y διοπτρικός, dióptrico.) adj. ÓPT. Se aplica al aparato formado de espejos y lentes.

CATADOR. m. El que cata. ‖ 2. p. us. Catavinos, el que por oficio prueba vinos. ‖ P. provador; I. taster; F. dégustateur; A. Weinprober, Koster; It. assaggiatore.

CATADURA. f. Acción y efecto de catar. ‖ 2. Gesto o semblante. Ú. en general con los calificativos *mala*, *buena*, etc. ‖ 2.ª acep.: P. gesto, semblante; I. look; F. mine; A. Aussehen, Gesichtsausdruck; It. cera, ciera; R. вид.

✓ **CATAFALCO.** (ital. *catafalco*, y éste del l. *captāre*, catar, mirar, y el germ. *balko*, tablado.) m. Túmulo adornado con magnificencia que se coloca en el templo para exequias solemnes. ‖ P. catafalco; I. y F. catafalque; A. Katafalk; It. catafalco; R. катафалк.

★ **CATAFUSA.** f. HOND. Especie de zurrón.

★ **CATAGMA.** (gr. κάταγμα.) f. CIR. Fractura.

★ **CATAJARRIA.** f. VENEZ. Catajarría.

★ **CATAJARRÍA.** f. VENEZ. Sarta, serie, retahíla.

CATALÁN, NA. adj. Natural de Cataluña. Ú.t.c.s. ‖ 2. Perteneciente a esta región española. ‖ 3. Se aplica al gorro que tiene la forma de una manga cerrada, usado en Cataluña. ‖ 4. Lengua romance vernácula hablada en Cataluña y en algunos otros territorios que formaron parte de los dominios de la antigua Corona de Aragón. ‖ 5. ECUAD. Especie de gorro que cubre la cara y el pescuezo. ‖ 6. MÉJ. Alcohol, aguardiente catalán. ‖ P. catalão; I. Catalan; F. catalan; A. Katalane; It. catalano; R. каталонец.

CATALANIDAD. f. Calidad o carácter de lo que es catalán.

CATALANISMO. (De *catalán*.) m. Partido político regional y defensor de que Cataluña tenga autonomía más o menos extensa. ‖ 2. Doctrina de dicho partido. ‖ 3. Expresión o giro propio de la lengua usada en Cataluña.

CATALANISTA. adj. Perteneciente o relativo al catalanismo. ‖ 2. com. Partidario del catalanismo.

CATALÁUNICO, CA. (l. *catalaunicus*.) adj. Perteneciente o relativo a la antigua Catalaunia. Se dice también de los campos en que Atila fue derrotado.

CATALDO. m. MAR. Vela triangular que los bombos, quechemarines y lugres largan como arrastradera.

CATALÉCTICO. (l. *catalecticus*, y éste del gr. καταληκτικός de καταλήγω, hacer cesar.) adj. Se aplica al verso griego o latino que concluye con un pie incompleto. Ú.t.c.s.

CATALECTO. (l. *catalectus*.) adj. Cataléctico.

CATALEJO. (De *catar*, ver, y *lejos*.) m. Anteojo de larga vista.

CATALEPSIA. (l. *catalepsis*, y éste del gr. κατάληψις, de καταλαμβάνω, coger, sorprender.) f. MED. Accidente nervioso repentino, de índole histérica, que inmoviliza el cuerpo en cualquier posición en que se le ponga, quedando en suspenso las sensaciones. ‖ P. catalepsia; I. catalepsy; F. catalepsie; A. Starrsucht; It. catalessia; R. каталепсия.

CATALÉPTICO, CA. (l. *catalepticus*, y éste del gr. καταληπτικός.) adj. Perteneciente o relativo a la catalepsia. ‖ 2. Atacado de catalepsia. Ú.t.c.s. ‖ P. cataléptico; I. cataleptic; F. cataleptique; A. starrsüchtig; It. catalèttico; R. каталептический.

CATALICÓN. m. FARM. Catolicón.

CATALICORES. m. ÁL. Pipeta muy larga para tomar pruebas de un líquido dentro del envase.

CATALINA. adj. Se aplica a la rueda de dientes agudos y oblicuos que mueve el volante de ciertos relojes.

CATALINETA. f. CUBA. Pez amarillo con fajas obscuras, cola ahorquillada y ásperas escamas. Se cría en el mar de las Antillas.

CATÁLISIS. (gr. κατάλυσις, disolución, acabamiento.) f. QUÍM. Transformación química que motivan los cuerpos que al finalizar la reacción aparecen inalterados. ‖ P. catálise; I. catalysis; F. catalyse; A. Katalyse; It. catàlisi; R. катализ.

CATALÍTICO, CA. adj. QUÍM. Relativo a la catálisis. ‖ P. catalítico; I. catalytic; F. catalytique; A. katalytisch; It. catalítico; R. каталитический.

CATALIZADOR. (De *catálisis*.) m. QUÍM. Cuerpo que puede producir la transformación catalítica.

CATALNICA. f. fam. Cotorra.

CATALOGACIÓN. f. Acción y efecto de catalogar.

CATALOGADOR, RA. adj. Que cataloga. ‖ 2. m. y f. Persona que forma catálogos.

CATALOGAR. tr. Registrar ordenadamente libros, manuscritos, etc., formando catálogo. ‖ P. catalogar; I. to catalogue; F. cataloguer; A. katalogisieren; It. catalogare; R. каталогизировать.

CATÁLOGO. (l. *catalŏgus*, y éste del gr. κατάλογος, lista, registro.) m. Lista o inventario de personas o cosas colocadas en orden. ‖ P. catálogo; I. y F. catalogue; A. Katalog; It. catàlogo; R. каталог.

CATALPA. f. Árbol de adorno, bognoniáceo, de hojas en verticilo, y el fruto en vainas largas. Es originario de la Carolina (América).

CATALUFA. f. Tejido de lana afelpado, con diversidad de dibujos y colores. Con él se hacen alfombras. ‖ 2. CUBA. Catalineta.

CATALUJA. f. CUBA. Catalineta.

CATAMARQUEÑO, ÑA. adj. Natural de Catamarca, en Argentina. Ú.t.c.s. ‖ 2. Perteneciente o relativo a esta provincia.

CATAMENIAL. (gr. καταμήνιος, mensual.) adj. Se dice de lo que se relaciona con la función menstrual.

CATAMIENTO. (De *catar*, 2.ª acep.) m. ant. Observancia.

★ **CATAMITA.** f. COLOM. Zalamería, lisonja.

CATÁN. (ár. *qaṭ' ā'*, cortante, dicho de una espada.) m. Especie de alfanje que empleaban los indios y otros pueblos de Oriente.

CATANA. f. Catán. ‖ 2. ARGENT. y CHILE. Sable, especialmente el largo que empleaban los policías. Es voz despectiva. ‖ 3. CUBA. Cosa pesada y deforme. ‖ 4. VENEZ. Loro verde y azul. ‖ 5. URUG. Machete corto. ‖ 6. PERÚ. Golpe.

★ **CATANAZO.** m. CHILE. Golpe dado con la catana.

★ **CATANEAR.** tr. CHILE. Golpear con la catana.

CATANGA. (quich. *acatanca*.) f. ARGENT. Escarabajo, insecto coleóptero. ‖ 2. CHILE. Escarabajo pelotero de color verde. ‖ 3. COLOM. Nasa, canasta para pescar. ‖ 4. BoL. Carrito para frutas tirado por un caballo. ‖ 5. R. DE LA PLATA y BoL.

C

Carruaje destartalado. || 6. R. DE LA PLATA. Catana, machete.

★ **CATANGO.** m. ARGENT. Especie de carreta.

CATANTE. p.a. de catar. Que cata o mira.

CATAPLASMA. (l. *cataplasma*, y éste del gr. κατάπλασμα.) f. Tópico blando, que se emplea en medicina y más particularmente como calmante o emoliente. || **2.** fig. Persona importuna y molesta. || **P.** e **It.** cataplasma; **I.** cataplasm; **F.** cataplasme; **A.** (Brei)Umschlag; **R.** припарка.

CATAPLEXIA. (l. *cataplexis*, y éste del gr. κατάπληξσω, pasmar.) f. PAT. Especie de asombro que se manifiesta sobre todo en los ojos. || **2.** Embotamiento súbito de la sensibilidad en alguna parte del cuerpo. || **3.** VETER. Catalepsia de los animales. || **P.** cataplescia; **I.** cataplexy; **F.** cataplexie; **A.** Kataplexie; **It.** cataplessia.

¡**CATAPLUM!.** interj. ¡Pum!

CATAPULTA. (l. *catapulta*.) f. Máquina militar antigua para arrojar saetas o piedras. || **P.** e **It.** catapulta; **I.** catapult; **F.** catapulte; **A.** Katapulte; **R.** катапульта.

CATAR. (l. *captāre*, coger, buscar.) tr. Probar una cosa para apreciar su sabor. || **2.** Ver, registrar. || **3.** Castrar, quitar la piel a las colmenas. || **4.** Mirar, perseguir un fin, inquirir. || *El que adelante no* CATA, *atrás se halla.* ref. que indica la previsión en todos los actos de la vida. || **P.** catar; **I.** to taste; **A.** goûter, déguster, tâte; **A.** kosten; **It.** assaggiare; **R.** дегустировать.

★ **CATARA.** f. VENEZ. Zumo de la yuca cocido, amargo y puesto picante.

CATARAÑA. (l. *cataracta*.) f. Ave zancuda, variedad de garza, de cuerpo blanco, y los ojos, pico y pies de color verde o rojizo. Vive en el mediodía de Europa y Norte de África. || **2.** Lagarto de las Antillas.

CATARATA. (l. *cataracta* y éste del gr. καταράκτης, de καταρρήγνυμι, caer con fuerza, despeñarse.) f. Cascada o salto grande de agua. || **2.** Opacidad del cristalino del ojo o su cápsula o del humor existente entre ambos, originando la ceguera. || **3.** pl. Las nubes al descargar copiosamente la lluvia. || *Batir la* CATARATA. fr. CIR. Hacerla bajar a la parte inferior de la cámara posterior del globo del ojo. || *Extraer la* CATARATA. fr. CIR. Sacar el cristalino por una abertura que se hace en la córnea transparente. || *Tener uno* CATARATAS. fr. fig. y fam. Estar ofuscado por pasión o ignorancia. || **P.** catarata; **I.** cataract, fall; **F.** cataracte; **A.** Wasserfall; **It.** cateratta; **R.** водопад. || **2.ª** acep.: **P.** catarata; **I.** cataract; **F.** cataracte; **A.** grauer Star; **It.** cateratta; **R.** катаракта.

★ **CATARINAS.** f. pl. MÉJ. Espuelas.

CATARINITA. f. ZOOL. MÉJ. Catalnica, especie de cotorra. || **2.** MÉJ. Coleóptero pequeño y de color rojo.

CÁTAROS. (gr. καθαρός, puro.) m. pl. Nombre común de varias sectas heréticas que pedían una extraordinaria sencillez en las costumbres como principal culto religioso. || **P.** cátar; **I.** Cathari; **F.** cathares; **A.** Katharer; **It.** càtari; **R.** катарос.

CATARRAL. adj. Perteneciente o relativo al catarro. || **P.** catarral; **I.** y **A.** catarrhal; **A.** katarrhalisch; **It.** catarrale; **R.** катаральный.

★ **CATARREAR.** intr. CHILE. y ECUAD. Fastidiar.

CATARRIBERA. (De *catar*, ver, examinar, y *ribera*.) m. CETR. Sirviente de a caballo que seguía a los halcones para tomarlos cuando bajaban con la presa.

CATARRINO. m. Catirrino.

CATARRO. (l. *catarrhus*, y éste del gr. κατάρροος, de καταρρέω, afluir.) m. Flujo procedente de las membranas mucosas. || **2.** Inflamación crónica o aguda de dichas membranas, aumentando la secreción de moco. || *Al* CATARRO, *con el jarro.* ref. que aconseja beber mucho vino como remedio contra el constipado. || **2.ª** acep.: **P.** e **It.** catarro; **I.** catarrh; **F.** catarrhe; **A.** Katarrh; **R.** катар.

CATARROSO, SA. adj. Que padece frecuentemente del catarro. Ú.t.c.s.

CATARRUFÍN. m. MURC. Mata que abunda en los eriales; tiene flores blancas

y sus hojas despiden un olor desagradable al frotarlas.

CATARSIS. (gr. κάθαρσις.) f. Purificación de las pasiones del ánimo por medio de las emociones que provoca la contemplación de las obras de arte y más especialmente la tragedia. || **2.** MED. Expulsión espontánea o provocada de substancias perjudiciales al cuerpo. || **3.** Por ext., eliminación de los recuerdos que perturban la conciencia o el equilibrio nervioso.

CATÁRTICO, CA. (gr. καθαρτικός, de καθαίρω, purificar, purgar.) adj. MED. Se dice de los medicamentos purgantes. || **P.** catártico; **I.** cathartic; **F.** cathartique; **A.** abführend; **It.** catàrtico.

CATASALSAS. com. fig. y fam. Catacaldos.

CATASCOPIO. (l. *catascopĭum*, y éste del verbo gr. κατασκοπέω, espiar.) m. ARQUEOL. Nave muy ligera con la que antiguamente se transmitían noticias o se hacían descubiertas en tiempo de guerra.

CATASTA. (l. *catasta*.) f. ant. Potro para dar tormento descoyuntando al paciente.

CATÁSTASIS. (gr. κατάστασις, constitución, temperamento.) f. RET. Punto culminante en el asunto de un drama, tragedia o poema épico.

CATASTRAL. adj. Perteneciente o relativo al catastro.

CATASTRO. (ital. *catastro*, y éste del l. *capitastrum*, de *caput*, *-itis*, cabeza.) m. Contribución real que pagaban nobles y plebeyos y que se imponía sobre las rentas fijas y posesiones que daban frutos anuales. || **2.** Censo y padrón estadístico de las fincas rústicas y urbanas. || **P.** cadastro; **I.** cadaster; **F.** cadastre; **A.** Kataster; **It.** catasto; **R.** кадастр.

CATÁSTROFE. (l. *catastrŏphe*, y éste del gr. καταστροφή, de καταστρέφω, abatir, destruir.) f. Última parte del poema dramático con el desenlace generalmente doloroso. || **2.** Por ext., desenlace desgraciado de otros poemas. || **3.** fig. Suceso infausto que altera el orden de las cosas. || **P.** catástrofe; **I.** y **F.** catastrophe; **A.** Katastrophe; **It.** catàstrofe; **R.** катастрофа.

° **CATASTRÓFICO, CA.** adj. Relativo a una catástrofe. || **2.** Que tiene consecuencias de catástrofe o reviste caracteres de tal.

CATATA. f. CUBA. Mate amarillo grande. || **2.** CUBA. Semilla grande y aplastada de ciertas plantas.

CATATÁN. m. fam. CHILE. Castigo, pena para el que comete una falta.

CATATAR. tr. AMÉR. Fascinar, hechizar.

CATATÉ. adj. CUBA. Se aplica a la persona fatua, despreciable. Ú.t.c.s.

CATATIPIA. (De la combinación de *catálisis* y *tipo*.) f. Procedimiento fotográfico para obtener pruebas por medio de la catálisis.

★ **CATATUMBA.** f. COLOM. Cierto encaje labrado a mano. || **2.** MÉJ. Voltereta.

CATAUBAS. m. pl. ETNOGR. Tribu indígena ya extinguida, de la América del Norte.

★ **CATAURE.** m. CUBA y VENEZ. Catauro.

CATAURO. m. ANT. Especie de cesto hecho de yaguas de palma real y muy usado para transportar frutas, carne, etc.

CATAVIENTO. (De *catar* y *viento*.) m. MAR. Hilo como de medio metro de largo, que lleva ensartadas varias ruedecitas de corcho circuidas de plumas, y que puesto en una asta manual, se coloca en la borda de barlovento para que flotando en el aire, indique la dirección aproximada del viento. || **P.** cata-vento; **I.** dog-vane; **F.** penon, girouette; **A.** Windfahne; **It.** mostravento; **R.** колдунчик.

CATAVINO. (De *catar* y *vino*.) m. Jarrillo o taza destinada para dar a probar el vino de las cubas o tinajas. || **2.** MANCHA. Agujerito en la parte superior de la tinaja para probar el vino. || **3.** AR. Pipeta con que se saca vino de una tinaja o cuba para probarlo. || **P.** caneca; **I.** tasting cup; **F.** tâte-vin; **A.** Stechheber; **It.** provetta; **R.** пипетка для дегустирования.

CATAVINOS. (De *catar* y *vino*.) m. El que tiene por oficio catar los vinos para informar sobre su calidad. || **2.** fig. y fam.

Borracho que anda de taberna en taberna.

★ **CATAZUMBA.** f. MÉJ. Balumba.

CATE. m. P so común que se empleaba en Filipinas, igual a la libra castellana.

CATE. .m. A D. Golpe, bofetada. || *Dar* CATE. fr. fig. y fam. Catear, suspender a un alumno en lo exámenes.

CATEADA. f. fam. CHILE. Acción y efecto de catear.

CATEADOR. m. MIN. AMÉR. El que hace catas para hallar min rales. || **2.** MIN. Martillo de punta y mazo que emplean los mineros para romper los minerales que se han de estudiar. || **3.** CHILE y MÉJ. El que explota terrenos buscando minas. Ú.t.c.adj.

CATEAR. (De *cata*, I.er acep.) tr. Catar, buscar. || **2.** Buscar, espiar. || **3.** fig. y fam. Suspender a un alumno en los exámenes. || **4.** ARGENT., CHILE y PERÚ. Reconocer los terrenos buscando alguna veta mineral. || **5.** AMÉR. Allanar la cosa de alguno.

CATECISMO. (l. *catechismus*, y éste del gr. κατηχισμός, de κατηχέω, instruir.) m. Libro que contiene la explicación de la doctrina cristiana en forma de preguntas y respuestas. || **2.** Sucinta exposición de alguna ciencia o arte en forma de preguntas y respuestas. || **P.** catecismo; **I.** catechism; **F.** catéchisme; **A.** Katechismus; **It.** catechismo; **R.** катехизис.

CATECÚ. m. Cato, substancia medicinal. || **P.** cato; **I.** catechu; **F.** cachow, catechu; **A.** Katechu; **It.** cato, cacciù.

CATECUMENADO. m. Tiempo durante el cual se preparaba el catecúmeno para recibir el bautismo.

CATECUMENIA. (gr. κατηχουμενεία.) f. ant. Galería alta u otro lugar de las iglesias reservado antiguamente para la colocación de los catecúmenos.

CATECÚMENO, NA. (l. *catechumĕnus*, y éste del gr. κατηχούμενος, el que se instruye.) m. y f. Persona que se está instruyendo en la doctrina y misterios de la fe católica para recibir el bautismo. || **P.** catecúmeno; **I.** catechumen; **F.** catéchumène; **A.** Katechumenner; **It.** catecùmeno.

CÁTEDRA. (l. *cathedra*, y éste del gr. καθέδρα, asiento; de κατά, en, y ἕδρα, silla.) f. Asiento elevado, desde donde el maestro explica lección a los discípulos. || **2.** Aula, sala donde se enseña un arte o facultad. || **3.** Especie de púlpito desde donde enseñan los profesores las ciencias a sus alumnos. || **4.** fig. Ejercicio y trabajo del catedrático. || **5.** fig. Materia que enseña un catedrático. || **6.** fig. Dignidad pontificia o episcopal. || **—del Espíritu Santo.** Púlpito. || **—de San Pedro.** Dignidad de Sumo Pontífice. || *Pasear uno la* CÁTEDRA. fr. fig. Asistir a ella cuando en ni van los discípulos. || *Poder uno poner* CÁTEDRA. fr. fig. Dominar un arte o ciencia. || *Poner* CÁTEDRA uno. fr. fig. Hablar en tono magistral. || **P.** cátedra, cadeira; **I.** cathedra, chair; **F.** chaire; **A.** Katheder, Lehrstuhl; **It.** càttedra; **R.** кафедра.

CATEDRAL. adj. De *cátedra*.) adj. Se aplica a la iglesia principal de una diócesis donde asienta su sede el obispo. Ú.t.c.s. || **P.** catedral; **I.** cathedral; **F.** cathédral; **A.** Kathedrale, Hauptkirche, Dom, Münster; **It.** cattedrale, duomo; **R.** собор.

CATEDRALICIO, CIA. adj. Perteneciente o relativo a una catedral.

CATEDRALIDAD. f. Dignidad de ser catedral una iglesia.

CATEDRAR. intr. ant. Conseguir cátedra.

CATEDRÁTICA. f. Mujer que desempeña una cátedra. || **2.** fam. Mujer del catedrático.

CATEDRÁTICO. (l. *cathedraticus*.) m. El que tiene cátedra para dar enseñanza en ella. || **2.** Cierto derecho que se pagaba al prelado eclesiástico. || **3.** ARGENT. El que es entendido en materias de carreras de caballos. || **4.** ARGENT. Dictado irónico que se aplica al que intenta enseñar algo con altisonancia. || **5.** CUBA. Dictado irónico que se aplica al negro que habla con afectación. || **P.** catedrático; **I.** professor; **F.** professeur; **A.** Professor; **It.** cattedràtico; **R.** ординарный профессор.

CATEDRILLA. (d. de *cátedra*.) f. Cátedra servida generalmente por bachilleres que aspiraban a la licenciatura.

CATEGOREMA. (l. *categorēma*, y

éste del gr. κατηγόρημα, de κατηγορέω, afirmar algo de alguna persona o cosa.) f. Lóg. Cualidad por la que se clasifica a un objeto en una u otra categoría. || **P., I. e It.** categorema; **F.** catégorème; **A.** Klassenbegriff; **R.** категорена.

CATEGORÍA. (l. *categoría* y éste del gr. κατηγορία, de κατηγορέω se atribuye a un objeto.) f. Fil. En la lógica aristotélica, cada una de las diez nociones abstractas y generales que siguen: substancia, cantidad, calidad, acción, pasión, lugar, tiempo, relación, situación y hábito. || **2.** Fil. En la crítica de Kant, cada una de las formas del entendimiento que son: modalidad, cualidad, relación y cantidad. || **3.** Fil. Cada uno de los conceptos puros o nociones a priori con valor trascendental, lógico y ontológico en el sistema panteístico. || **4.** Cada uno de los grados de una carrera o profesión. || **5.** fig. Condición social de una persona con respecto a otras. || **6.** fig. Uno de los diferentes elementos de clasificación que suelen emplearse en las ciencias. || *De* CATEGORÍA. loc. Se aplica a las personas de elevada posición. || **P. e It.** categoria; **I.** category; **F.** catégori; **A.** Kategorie; **R.** категория. || **5.**ª acep.: **P.** clase; **I.** category; **F.** catégorie; **A.** Rang; **It.** categoria; **R.** пложение, чин.

CATEGÓRICAMENTE. adv. Decisivamente, negando o afirmando claramente una cosa.

CATEGÓRICO, CA. (l. *categoricus*, y éste del gr. κατηγορικός.) adj. Se aplica al discurso o proposición en que se niega o afirma algo de modo explícito y absoluto. || **P.** categórico; **I.** categorical; **F.** tégorique; **A.** kategorisch; **It.** categórico; **R.** категорический, решительный.

CATEGORISMO. m. Sistema de categorías.

CATELA. (l. *catella*, d. de *catena*, cadena.) f. Arqueol. Cadenilla que ponían los romanos en las alhajas, y que aún se usa.

CATENARIA. (l. *catenaria*, propia de la cadena.) adj. Se dice de la curva que forma una cadena o cosa semejante suspendida entre dos puntos no situados en la misma vertical. Ú.t.c.s. || **P.** catenária; **I.** catenary; **F.** chaînette; **A.** Kettenlinie; **It.** catenaria.

CATENULAR. (l. *catenula*, cadenilla.) adj. Que tiene forma de cadena.

CATEO. m. ant. Acción y efecto de catear. Ú. en América.

CATEQUESIS. (l. *catechĕsis*, y éste del gr. κατήχησις.) f. Catequismo.

CATEQUISMO. (Del m. or. que *catecismo*.) m. Ejercicio de instruir en cosas pertenecientes a la religión. || **2.** Arte de enseñar mediante preguntas y respuestas. **P.** catequismo; **I.** catechism; **F.** catéchisme; **A.** Katechese; **It.** catechismo; **R.** наставление в вере.

CATEQUISTA. (l. *catechista*, y éste del gr. κατηχιστής.) com. Persona que enseña a los catecúmenos. || **2.** La que ejerce el catequismo. || **P.** catequista; **I.** catechist; **F.** catéchiste; **A.** Katechet; **It.** catechista.

CATEQUÍSTICO, CA. adj. Perteneciente o relativo al catecismo. || **2.** Dícese de lo que, como el catecismo, está expuesto en forma de preguntas y respuestas.

CATEQUIZADOR, RA. (De *catequizar*.) m. y f. Persona que intenta que otra persona ejecute o consienta lo que antes rechazaba.

CATEQUIZANTE. p.a. de catequizar. Que catequiza.

CATEQUIZAR. (l. *catechizāre*, y éste del gr. κατηχίζω, instruir.) tr. Instruir en la fe católica. || **2.** Persuadir a uno para que haga o consienta en algo que detestaba. || **P.** catequizar; **I.** to catechise; **F.** catéchiser; **A.** katechisieren; **It.** catechizzare; **R.** наставлять в вере.

CATERAMBA. f. Coloquíntida de Egipto.

CATERESIS. (gr. καθαίρεσις, que destruye.) f. Med. Extenuación independiente de toda evacuación artificial.

CATERÉTICO, CA. (gr. καθαιρετικός, que destruye.) adj. Cir. Se dice de la substancia que caracteriza superficialmente los tejidos.

CATERVA. (l. *caterva*.) f. Multitud de personas o cosas consideradas en grupo, pero sin orden, o de escasa importancia. || **P. e It.** caterva; **I.** crowd; **F.** foule, caterve; **A.** Haufe; **R.** ватага, толпа.

CATERVARIOS. (l. *catervarius*, caterva.) m. pl. Gladiadores romanos que luchaban en grupos.

CATETE. m. Chile. Nombre que el vulgo da al demonio. || **2.** Chile. Puches hechos con caldo de cerdo.

CATÉTER. (l. *cathĕter*, y éste del gr. καθετήρ, de καθίημι, introducir.) m. Cir. Tienta, instrumento de cirugía. || **2.** Cir. Algalia, una especie de tienta encorvada. || **3.** Cir. Sonda que se introduce por la uretra o por cualquier otro conducto para explorarlo o dilatarlo.

CATETERISMO. (l. *catheterismus*, y éste del gr. καθετηρισμός.) m. Cir. Acto quirúrgico o exploratorio que consiste en introducir un catéter o algalia en un conducto. || **P. e It.** cateterismo; **I.** catheterism; **F.** cathétérisme; **A.** Katheterisieren.

CATETO. (l. *cathetus*, y éste del gr. κάθετος, perpendicular; de καθίημι, tirar de arriba abajo.) m. Geom. Cada uno de los lados que forman el ángulo recto del triángulo rectángulo. || **P. e It.** cateto; **I.** cathetus; **F.** cathète; **A.** Kathete; **R.** катетер.

CATETO. m. Palurdo, pueblerino.

CATETÓMETRO. (gr. κάθετος, cateto, y μέτρον, medida.) m. Fís. Instrumento con el que se miden con exactitud pequeñas longitudes verticales. || **P.** catetómetro; **I.** cathetometer; **F.** cathetomètre; **A.** Kathetometer; **It.** catetòmetro.

CATEY. m. Cuba. Perico, bonito papagayo. || **2.** Ant. Especie de palmera.

CATEYA. (l. *cateia*, voz de origen celta.) f. Arma arrojadiza de punta acerada, con una correa en el otro extremo. Era común en los pueblos de la antigüedad.

CATIBÍA. f. Cuba. Raíz de la yuca, rallada y prensada, habiendo exprimido el anaiboa. Con ella se hace una panatela. || **2.** Rep. Domin. y Venez. Residuo de la harina en yuca.

CATIBO. m. Cuba. Pez de forma de anguila, negro y amarillo. Se cría en ciertos ríos y alcanza casi el metro de largo. || **2.** Cuba. Persona rústica.

CATIFA. f. ant. Alcatifa, tapete o alfombra fina.

CATIGUA. m. Árbol meliáceo, propio de la provincia de Corrientes, en Argentina.

★ CATIL. adj. Perú. Se aplica al algodón de color rojo obscuro.

CATILINARIA. adj. Se dice de las oraciones de Cicerón contra Catilina. Ú.m.c.s. || **2.** f. fig. Escrito o discurso vehemente contra alguna persona. || **P.** catilinária; **I.** Catilinarian; **F.** catilinaire; **A.** Brandrede; **It.** catilinaria.

★ CATIMBADO. m. Amér. Catimbao.

CATIMBAO. m. Chile y Perú. Máscara que sale en la procesión del Corpus. || **2.** Chile. Persona vestida ridículamente. || **3.** Chile. Payaso. || **4.** Perú. Persona baja y gruesa.

CATIMÍA. m. ant. Vena mineral de la que se saca oro y plata.

CATÍN. m. Crisol en que se refina el cobre para obtener rosetas.

CATINGA. (Voz guaraní.) f. Amér. Olor desagradable e intenso de algunos animales y plantas. || **2.** Amér. Olor que producen los negros al transpirar. || **3.** Bosques de Brasil formados de árboles de hojas caducas. || **4.** Argent. Olor desagradable de la transpiración de los sobacos. || **5.** Argent. Suciedad que se adhiere a una cosa. || **6.** Bol. Nervio de la cola de algunos animales. || **7.** Chile. Nombre que dan los marinos a los soldados de tierra.

★ CATINGO, GA. adj. Bol. Atildado, meticuloso.

CATINGOSO, SA. adj. Argent. Se dice de lo que tiene catinga o mal olor.

CATINGUDO, DA. adj. Catingoso. Ú. en sentido despectivo o familiar.

CATINO. (l. *catinus*.) Min. Especie de hornilla para recoger los metales derretidos según iban saliendo del fuego.

CATIÓN. m. Fís. Elemento electropositivo de una molécula que se dirige al cátodo en la electrólisis.

★ CATIRA. f. Bot. Venez. Especie de yuca amarga.

CATIRE. (fr. *cataire*.) adj. Amér. Se dice del individuo rubio, especialmente del que tiene el cabello rojizo y ojos amarillentos o verdosos, de ordinario hijo de blanco y mulata o viceversa.

CATIRRINO. (gr. κατά, hacia abajo, y ρίς, nariz.) adj. Zool. Se aplica a los simios que tienen las fosas nasales separadas por un tejido cartilaginoso, tan estrecho que quedan hacia abajo las ventanas de la nariz. Ú.t.c.s. || **2.** m. pl. Zool. Grupo de estos animales; viven en Asia y África.

★ CATIRRUCIO, CIA. adj. Venez. Catire.

CATITA. (d. de *Catalina*.) f. Argent. y Bol. Especie de loro, de color verde claro con remos azules. Puede aprender varias palabras, anda en bandadas y come granos, particularmente de maíz.

CATITE. m. Piloncillo que se hace en los ingenios con el azúcar más depurado. || **2.** Especie de sombrero de copa. || **3.** Golpe dado con escasa fuerza. || **4.** Méj. Especie de tela de seda. || **5.** *Dar* CATITE a uno. fr. fam. Darle de golpes.

CATITEAR. intr. Argent. Moverse la cabeza de los ancianos. || **2.** fig. Argent. Tener poco dinero. || **3.** Argent. Enredar una cometa con otra. || **4.** Nicar. Hacer catiteos.

★ CATITEO. m. Nicar. Costura a mano con puntadas en línea quebrada o en punta de flecha.

★ CATIVA. f. Pan. Semilla de cativo. || **2.** Bot. Amér. Árbol papilionáceo, leguminoso, de semillas comestibles y del que se saca un bálsamo semejante al de copaiba.

CATIVAR. tr. ant. Cautivar.

CATIVÍ. f. Hond. Especie de herpe que origina manchas moradas en todo el cuerpo.

CATIVO, VA. adj. ant. Cautivo, prisionero de guerra.

CATIVO. (l. *captivus*, cautivo.) m. C. Rica. Árbol colosal papilionáceo, que vive en las llanuras cenagosas del litoral del Atlántico. Sus flores son blancas y tan abundantes que cubren el suelo alrededor del árbol. La resina que mana del tronco se emplea en la curación de las llagas. || **2.** Zool. Cuba. Culebra inofensiva de tono aceitunado por encima con manchas negras en los costados. || **3.** fig. y fam. Cuba. Persona rústica y pazguata.

★ CATIZUMBA. f. Guat. y Hond. Multitud.

CATO. m. Substancia medicinal concreta y astringente que se extrae de los frutos verdes y de la parte central de una especie de acacia.

CATO. m. Bol. Medida agraria que equivale a 40 varas de cuadro.

CATOCHE. m. fam. Méj. Mal humor.

CATÓDICO, CA. adj. Fís. Perteneciente al cátodo. || **2.** Fís. Dícese de los fenómenos que se manifiestan en el cátodo de los tubos de rayos X, Crookes, etc., y muy especialmente los rayos que se ponen de manifiesto en las ampollas y válvulas de vidrio que contienen gases muy rarificados.

CÁTODO. (gr. κάθοδος, camino descendente.) m. Fís. Polo negativo de un generador de electricidad o de una batería eléctrica. || **P.** cátodo; **I.** y **F.** cathode; **A.** Kathode; **It.** càtodo; **R.** катод.

CATODONTE. (gr. κατά, debajo, y οδούς, οδοντος, diente.) m. Zool. Cachalote.

CATÓLICAMENTE. adv. Conforme a la doctrina católica.

CATOLICIDAD. f. Universalidad de la doctrina católica.

CATOLICÍSIMO, MA. adj. sup. de católico.

CATOLICISMO. (De *católico*.) m. Comunidad y gremio universal de los que viven en la religión católica. || **2.** Creencia de la Iglesia Católica. || **P.** catolicismo; **I.** Catholicism; **F.** catholicisme; **A.** Katholizismus; **It.** cattolicismo; **R.** католицизм.

CATÓLICO, CA. (l. *catholicus*, y éste del gr. καθολικός, universal.) adj. Universal, que es común a todos, y se le ha

C dado por tanto este nombre a la Santa Iglesia Romana. || **2.** Verdadero, cierto, de fe divina. || **3.** Que profesa la religión católica. Apl. a pers. ú.t.c.s. || **4.** Renombre que de antiguo tienen los reyes de España y que especialmente es aplicado a don Fernando V y doña Isabel I. || **5.** fig. y fam. Sano y perfecto. Ú. por lo común con la frase *No estar* uno *muy* CATÓLICO. || **P.** católico; **I.** catholic; **F.** catholique; **A.** katholisch; **It.** cattólico; **R.** католический.

CATOLICÓN. (gr. καθολικόν [ἴαμα], universal [remedio].) m. FARM. Diacatolicón.

* **CATOLIQUÍSIMO, MA.** adj. ARGENT. Catolicísimo.

CATOLIZAR. tr. Convertir a la fe católica, propagarla. || **P.** catolizar; **I.** to catholicize; **F.** catholiser; **A.** katholisieren; **It.** cattolizare; **R.** обращать в католическую веру.

CATÓN. (Por alusión a *Marco Porcio Catón,* célebre por lo austero de sus costumbres.) m. fig. Censor severo.

CATÓN. (De *Dionisio Catón,* gramático latino.) m. Libro con períodos cortos y graduados para enseñar la lectura a los principiantes.

CATONIANO, NA. adj. Se dice de las virtudes de Catón y sus imitadores.

CATONISMO. m. Tendencia a imitar las virtudes de Catón.

CATONIZAR. (De *Catón.*) intr. Censurar con rigor, a la manera de Catón.

CATÓPTRICA. (gr. κατοπτρική, t.f. de -κός, catóptrico.) f. Parte de la óptica que estudia las propiedades de la luz refleja. || **P.** catóptrica; **I.** catoptrics; **F.** catoptrique; **A.** Katoptrik; **It.** catòttrica; **R.** четырнадцать.

CATÓPTRICO, CA. (gr. κατοπτρικός, de κάτοπτρον, espejo.) adj. Perteneciente o relativo a la catóptrica. || **2.** Se aplica a los aparatos que muestran los objetos por medio de la luz refleja.

CATOPTROMANCIA [~MANCÍA]. (gr. κάτοπτρον, espejo, y μαντεία, adivinación.) f. Arte supuesto mediante el cual se pretende adivinar por medio del espejo. || **P.** catoptromancia; **I.** catoptromancy; **F.** catroptomancie; **A.** Spiegelwahrsagerei; **It.** catottromanzia.

CATOPTROSCOPIA. (gr. κάτοπτρον, espejo, y σκοπέω, examinar.) f. MED. Reconocimiento del cuerpo humano mediante aparatos catóptricos.

CATOQUITA. (gr. κάτοχος, que retiene.) f. MINERAL. Piedra bituminosa de la isla de Córcega que parece poseer la propiedad de atraer y retener la mano al contacto con ella.

CATORCE. (l. *quattuordĕcim.*) adj. Diez más cuatro. || **2.** Decimocuarto. Apl. al día correspondiente del mes, ú.t.c.s. || **3.** m. Conjunto de signos para representar el número catorce. || **P.** catorze; **I.** fourteen; **F.** quatorze; **A.** vierzehn; **It.** quattórdici; **R.** четырнадцать.

CATORCÉN. adj. AR. Se aplica al madero de rollo de 14 varas de longitud y 10 a 13 dedos de diámetro. Ú.m.c.s.

CATORCENA. f. Conjunto de catorce unidades.

CATORCENO, NA. (De *catorce.*) adj. Decimocuarto. || **2.** Paño cuya urdimbre tiene 14 centenares de hilos. || **3.** Que tiene catorce años.

* **CATORRAZO.** m. MÉJ. Golpe.

CATORRO. m. MÉJ. Golpe que se da al encuentro violento de dos cuerpos.

* **CATORRO.** m. COLOM. Cuarto, vivienda.

CATORZAL. adj. Se aplica a la pieza de madera de hilo de 14 pies de longitud y escuadría de 8 pulgadas de tabla por 6 de canto. Ú.m.c.s.

CATORZAVO, VA. (De *catorce* y *avo.*) adj. Se aplica a cada una de las 14 partes iguales en que se divide un todo. Ú.t.c.s.m. || **2.** catorze avos; **I.** fourteenth; **F.** quatorzième; **A.** Vierzehntel; **It.** quattordicèsimo; **R.** четырнадцатый.

CATOS. (l. *Catti, -os.*) m. pl. Antiguo pueblo germano que vivió en las tierras que actualmente integran los ducados de Hesse y Nassau y el territorio de Westfalia.

* **CATOTA.** f. MÉJ. Canica, bolita.

CATOTAL. m. BRASIL y MÉJ. Especie de verderón.

CATRACA. f. ZOOL. MÉJ. Ave parecida al faisán.

* **CATRACHO.** m. fest. AMÉR. CENTRAL. Natural de Honduras. Ú.t.c.s.

CATRE. (De *cuatro,* por alusión a los cuatro pies que tiene.) m. Cama ligera para un solo durmiente. || **2.** ARGENT. Baisa. || **—de tijera.** La que posee lecho de tela o cuerdas entrelazadas, armazón con dos largueros y pies cruzados en aspa. || **—de viento.** PERÚ y VENEZ. Catre de tijera. || **P.** catre; **I.** cot; **F.** couchette, chalit, pliant; **A.** Feldbett; **It.** lettuccio, branda; **R.** кровать.

CATRECILLO. (d. de *catre.*) m. Silla pequeña de tijera.

CATRICOFRE. m. Cofre en el que se guarda la cama, y que tiene unos bastidores que hacen de catre.

* **CATRÍN.** m. MÉJ. Petimetre.

* **CATRINA.** f. MÉJ. Medida de pulque que equivale poco más o menos a un litro.

* **CATRINEAR.** intr. GUAT. Estar pendiente de la moda, presumir de elegante.

CATRINTRE. m. CHILE. Queso fabricado con leche desnatada. || **2.** CHILE. Pobre mal vestido. || **3.** adj. CHILE. Soso.

* **CATRINTRO.** adj. CHILE. Catrintre. || **2.** fig. y fam. CHILE. Pobre mal vestido.

* **CATRIVOLIADO, DA.** adj. PAN. Experto, ducho.

* **CATUÁN.** adj. REP. DOMIN. Holgazán. Ú.t.c.s.

* **CATUCHE.** m. BOT. AMÉR. Chirimoya.

* **CATUFO.** m. COLOM. Canuto, tubo.

CATURRA. f. CHILE. Cotorra o loro pequeño.

* **CATURRO.** m. CHILE. Catita.

* **CATUTO.** m. CHILE. Pan hecho de trigo machacado y cocido, al que se da forma cilíndrica.

CATZO. m. ECUAD. Especie de abejorro del que hay algunas variedades.

CAUBA. f. Arbolillo espinoso de la Argentina que se emplea para adorno y cuya madera se usa en ebanistería.

CAUCA. m. COLOM. y ECUAD. Hierba forrajera sembrada en los potreros cercados, para alimento de las bestias. || **2.** BOL. Bizcocho de harina de trigo.

* **CAÚCA.** f. BOL. Cauca, bizcocho.

* **CAUCARA.** f. ECUAD. Malaya, carne de costillas.

* **CAUCARSE.** r. CHILE. Hallarse enfermiza una persona de edad madura. || **2.** Enranciarse los manjares.

CAUCÁSEO, A. (l. *caucasĕus.*) adj. Perteneciente a la cordillera del Cáucaso.

CAUCASIANO, NA. adj. Cáucaso.

CAUCÁSICO, CA. adj. Dícese de la raza blanca o indoeuropea por suponerse que es oriunda del Cáucaso. || **P.** caucásico; **I.** Caucasic; **F.** caucasien, caucasique; **A.** kaukasisch; **It.** caucàsico; **R.** кавказский.

* **CAUCAU.** m. PERÚ. Picante o guiso de callos con verduras y patatas.

CAUCE. (l. *calix, -ĭcis,* tubo de conducción.) m. Lecho de los ríos y arroyos. || **2.** Acequia o conducto por donde corren las aguas para riegos y otros usos. || **P.** álveo; **I.** bed; **F.** lit; **A.** Flussbett; **It.** àlveo, letto; **R.** русло.

CAUCEL. (azteca *quauh-ocelotl,* tigre de árbol.) m. C. RICA y HOND. Gato montés o tigrillo americano, inofensivo, que vive a orilla de los ríos en los árboles. Su piel, manchada como la del jaguar, es hermosa.

CAUCENSE. (De *Cauca.*) adj. Natural de Coca. Ú.t.c.s. || **2.** Perteneciente a esta villa.

CAUCERA. (De *cauce.*) f. ant. Cacacera, canal para el agua.

CAUCIÓN. (l. *cautĭo, -ōnis.*) f. Prevención, cautela. || **2.** FOR. Seguridad personal de que se cumplirá lo pactado, mandado o prometido. || **3.** FOR. Garantía judicial hecha efectiva a metálico o en valores por el litigante en determinados procedimientos judiciales, a fin de responder de las responsabilidades y daños que se ventilan. || **—de conducta.** FOR. Pena que con el destierro obliga a presentar fiador de no ejecutar el obligado un determinado mal dentro de cierto plazo. || **—de indemnidad.** FOR. La que se otorga para dejar

a otro libre de obligación. || **—juratoria.** FOR. La que se abona con juramento. || **2.** FOR. Obligación que hacía el pobre que no tenía fiador para salir de la cárcel jurando volver a ella cuando se le indicase. || **P.** caución; **I.** caution; **F.** précaution; **A.** Vorsicht; **It.** cauzione; **R.** поручительство. || **3.ª** acep.: **P.** garantia; **I.** bail, security; **F.** caution; **A.** Bürgschaft; **It.** cauzione; **R.** залог.

CAUCIONAR. tr. FOR. Dar caución. || **2.** FOR. Precaver cualquier daño.

CAUCIONERO. m. ant. El que hace la fianza y da caución.

CAUCOS. (l. *Cauci, -os.*) m. pl. Antiguo pueblo del nordeste de Germania.

CAUCHA. f. CHILE. Especie de cardo, que se usa como antídoto de la picadura de la araña venenosa.

CAUCHAL. m. Lugar donde hay plantas de caucho.

* **CAUCHAR.** intr. ECUAD. Trabajar en el caucho. Ú.t.c.tr.

CAUCHAU. m. CHILE. Fruto de la luma semejante a la murtilla. Los indios se embriagaban con la bebida hecha con esta fruta.

CAUCHERA. f. Planta de la que se extrae el caucho. || **2.** COLOM. y VENEZ. Honda de madera con hebras de caucho.

CAUCHERO. m. El que busca o trabaja el caucho.

CAUCHIL. (Voz mozárabe del l. *calicĕllus,* de *calix, -ĭcis,* cauce.) m. GRAN. Arca de agua.

CAUCHO. (Voz americana que significa impermeable.) m. Goma elástica, substancia que se halla en los jugos leñosos de ciertas plantas. Se consigue haciendo incisiones en el tronco hasta el leño y recogiendo el látex en hoyos practicados en el suelo al pie del árbol. En estado de pureza es una substancia sólida, incolora, inodora, insípida, blanda, flexible y menos pesada que el agua. Se emplea en la fabricación de neumáticos y cubiertas para automóviles, suelas para el calzado, discos de gramófono, etc. || **2.** COLOM. Manta impermeable. || **3.** AMÉR. Llanta de goma o neumático de automóvil. || **4** AMÉR. Zapatón de goma, chancló. || **—endurecido.** QUÍM. El vulcanizado con un 30 a 60 % de azufre sometido a la elevada temperatura para endurecerse. || **—sintético.** QUÍM. IND. Cualquier substancia artificial semejante al caucho que substituye a éste en algunas aplicaciones. || **P.** goma elástica; **I.** caoutchouc, India-rubber; **F.** caoutchouc; **A.** Kautschuk; **It.** gomma elàstica, caucciù; **R.** каучук.

* **CAUCHO.** m. P. RICO. Canapé, sofá.

CAUCHOTINA. f. QUÍM. Compuesto de caucho usado para dar impermeabilidad y flexibilidad a las pieles.

CAUDA. (l. *cauda,* cola.) f. Falda o cola de la capa consistorial.

CAUDADO, DA. (l. *caudātus,* con cola.) adj. BLAS. Dícese de la cometa o estrella heráldicos que tienen cola o una punta más larga que las otras y el esmalte diferente. || **P.** e **It.** caudato; **I.** caudate; **F.** caudé; **A.** geschwänzt.

CAUDAL. (l. *capītalis,* capital.) adj. Caudaloso, de mucha agua. || **2.** ZOOL. Se aplica a un águila de gran tamaño. || **3.** m. Bienes de cualquier género, particularmente dinero. || **4.** Cantidad de agua que corre o mana. || **5.** fig. Abundancia de cosas que no sean dinero o hacienda. || *A chico* CAUDAL, *mala ganancia.* ref. que indica que los fines corresponden a los medios. || *Echar* CAUDAL en alguna cosa. fr. Gastarlo en ella. || *Hacer* CAUDAL *de* una persona o cosa. fr. fig. Tenerle en aprecio haciendo gran caso de ella. || *Redondear* uno *el,* o *su* CAUDAL. fr. Completarlo. || *Tras poco* CAUDAL, *mala ventura.* ref. que indica que tras una desgracia a veces viene otra mayor. || **3.ª** acep.: **P.** abundância; **I.** wealth; **F.** richesse, bien; **A.** Vermögen; **It.** beni, danaro; **R.** имущество, состояние. || **4.ª** acep.: **P.** volume de água; **I.** flow, discharge; **F.** dèbit; **A.** Wassermenge; **It.** portata d'acqua; **R.** количество. || **5.ª** acep.: **P.** caudal; **I.** plenty; **F.** abondance; **A.** Vorrat; **It.** copia; **R.** изобилие.

CAUDAL. (l. *cauda,* cola.) adj. Perteneciente o relativo a la cola.

CAUDALEJO. m. d. de caudal.

CAUDALOSAMENTE. adv. Con gran abundancia.

CAUDALOSO, SA. (De *caudal*, 1.er art.) adj. De mucha agua. || 2. Acaudalado, que tiene caudal, riquezas.

CAUDATARIO. (b. l. *caudatarius*, y éste del l. *cauda*, cola.) m. Eclesiástico doméstico del obispo o arzobispo a quien lleva alzada la cauda. || **P.** caudatário; **I.** train-bearer; **F.** caudataire; **A.** Schleppenträger; **It.** caudatario.

CAUDATO, TA. (l. *cauda*, cola.) adj. Se aplica al soneto con estrambote. || 2. BLAS. Caudado.

CAUDATRÉMULA. (l. *cauda tremula*, cola temblona.) f. Aguzanieves.

CAUDILLAJE. m. Mando o gobierno de un caudillo. || 2. AMÉR. Caciquismo. || 3. ARGENT. y CHILE. Conjunto o sucesión de caudillos. || 4. ARGENT. Época de su predominio histórico.

CAUDILLISMO. m. Sistema de caudillaje político fundado en el prestigio de un caudillo.

CAUDILLO. (De *cabdillo*.) m. El que como cabeza manda la gente de guerra. || 2. El que dirige algún gremio, cuerpo o comunidad. || 3. ARGENT. Cacique, persona que ejerce en los pueblos gran autoridad política y administrativa. || 4. AMÉR. Caucho. || **P.** caudilho; **I.** chieftain, commander; **F.** chef; **A.** Anführer; **It.** capo; **R.** предводитель. || 2.ª acep.: **P.** chefe; **i.** head, leader; **F.** chef; **A.** Oberhaupt; Vorsteher; **It.** capo; **R.** вожак.

CAUDIMANO [CAUDÍMANO]. (l. *cauda* y *manus*.) adj. ZOOL. Se aplica al animal de cola prensil de la que se sirve como instrumento de trabajo.

CAUDINO, NA. (l. *caudinus*.) adj. Natural de Caudio. Ú.t.c.s. || 2. Perteneciente a esta antigua ciudad samnita.

CAUDÓN. (l. *capito -onis*, cabezudo.) m. Alcaudón.

CAUJAZO. m. BOT. Planta americana borraginácea. Su madera pardusca se emplea para construcciones civiles y dura muchos años.

CAUJE. m. ECUAD. Árbol de fruta del tamaño de una toronja, con corteza dura y lisa, y carne delicada. Es gelatinosa, se toma en cuchara. Es sabrosa y semejante al caqui del Japón.

CAULA. f. CHILE y HOND. Treta, engaño. || 2. AMÉR. CENTRAL. Cábala, cálculo supersticioso, negociación secreta. || *Cazar* CAULAS. fr. GUAT. Observar con malicia los actos ajenos.

CAULESCENTE. (l. *caulescens, -entis*, de *caulescere*, crecer en tallo.) adj. BOT. Se dice de la planta cuyo tallo se diferencia con facilidad de la raíz porque está más desarrollado.

CAULÍCOLO. m. ARQ. Caulículo.

CAULÍCULO. (l. *cauliculus*, d. de *caulis*, tallo.) m. ARQ. Cada uno de los vástagos que nacen de lo interior de las hojas que adornan el capitel corintio. || **P.** caulículo; **I.** cauliculus; **F.** caulicole; **A.** Blattstengel; **It.** caulicolo.

CAULÍFERO, RA. (l. *caulis*, tallo y *ferre*, llevar.) adj. BOT. Se aplica a las plantas cuyas flores crecen en el tallo.

CAULIFORME. adj. De forma de tallo.

CAULINAR. (l. *caulis*, tallo.) adj. BOT. Perteneciente o relativo al tallo.

★ **CAULISTA.** m. CHILE. Cablista.

★ **CAULISTO, TA.** adj. GUAT. Se dice del que espía los actos ajenos.

CÁULOTE. (azt. *quauhxiotl*, herpe de árbol.) m. HOND. Árbol malváceo de hoja y fruto semejantes al del moral.

★ **CAUNCHA.** f. COLOM. Maíz molido, tostado y endulzado.

CAUÑO. m. Chajá.

CAUQUE. m. CHILE. Pejerrey grande. || 2. fig. CHILE. Persona lista. || 3. irón. CHILE. Persona desaliñada y torpe.

CAUQUÉN. m. CHILE. Canquén.

CAURI. (Voz de Bengala.) m. Molusco gasterópodo que abunda en las costas de Oriente. Su concha blanda sirve de moneda en la India y costas africanas.

CAURIENSE. (l. *cauriensis*.) adj. Natural de Caurio, hoy Coria. Ú.t.c.s. || 2. Perteneciente a esta antigua ciudad.

CAURO. (l. *caurus*.) m. Noroeste, viento que sopla entre el Norte y el Oeste.

CAUSA. (l. *causa*.) f. Lo que se considera como origen o fundamento de algo. || 2. Motivo o razón para obrar. || 3. Empresa o doctrina en que se toma partido. || 4. Litigio. || 5. FOR. Proceso criminal que se instruye de oficio o a instancia de parte. || —**eficiente.** FIL. Primer principio productivo del efecto, o la que hace o por quien se realiza algo. || —**final.** FIL. Fin con que o porque se hace alguna cosa. || —**formal.** La que hace que algún ser sea lo que es. || —**impulsiva.** FIL. Razón que nos inclina a hacer alguna cosa. || —**instrumental.** La que sirve de instrumento. || —**lucrativa.** FOR. Título dimanado de la liberalidad, por oposición al conmutativo u oneroso. || —**onerosa.** FOR. La que implica conmutación de prestaciones. || —**primera.** FIL. La que con independencia absoluta produce el efecto, y así únicamente Dios es causa primera. || —**pública.** Utilidad y bien común. || —**segunda.** FIL. La que produce su efecto con dependencia de la primera. || CAUSAS *mayores.* En el Derecho canónico las que son reservadas a la Sede Apostólica. || *Acriminar la* CAUSA. fr. FOR. Agravar el delito. || *Arrastrar la* CAUSA. fr. FOR. Avocar un tribunal la causa que pendía de otro. || *Conocer de una* CAUSA. fr. FOR. Ser juez de ella. || *Dar la* CAUSA *por conclusa.* fr. FOR. Darla por terminada y a punto de sentenciarla. || *Formar o hacer* CAUSA *común con otro.* fr. Aunarse a una persona para un mismo fin. || *Hacer uno la* CAUSA *de otro.* fr. Favorecerla. || *Quita la* CAUSA, *quitaráse el pecado.* ref. que aconseja buscar el remedio de los males en su origen. || **P.** causa; **I.** y **F.** cause; **A.** Ursache; **It.** causa, cagione; **R.** причина, основание. || 2.ª acep.: **P.** motivo; **I.** cause; **F.** motif; **A.** Grund; **It.** causa, cagione; **R.** повод.

CAUSA. (quichua, *causay*, el sustento de la vida.) f. fam. PERÚ. Puré de papas con lechuga, queso, aceitunas, choclo y ají. || 2. f. fam. CHILE. Comida ligera menos abundante que el causeo.

CAUSADOR, RA. adj. Que causa. Ú.t.c.s.

CAUSAHABIENTE. m. FOR. Persona que ha sucedido o se ha subrogado por cualquier título el derecho de otra.

CAUSAL. (l. *causalis*.) adj. GRAM. Se aplica a la conjunción que precede a la oración en que explica lo expuesto en la precedente. || 2. f. Razón o motivo de alguna cosa.

CAUSALIDAD. (De *causal*.) f. Causa, origen, principio. || 2. FIL. Ley en virtud de la cual se producen efectos. || **P.** causalidade; **I.** causality; **F.** causalité; **A.** Kausalität, Ursächlichkeit; **It.** casualità; **R.** причинность.

CAUSANTE. p.a. de causar. Que causa. Ú.t.c.s. || 2. FOR. Persona de quien proviene el derecho que tiene alguno. || 3. MÉJ. Pagador de algún derecho al erario.

CAUSAR. (l. *causare*.) tr. Producir la causa su efecto. || 2. Ser causa y motivo de que suceda algo. Ú.t.c.r. || 3. Por ext., ser ocasión o darla para que una cosa suceda. Ú.t.c.r. || 4. AR. Hacer causa o proceso. || **P.** causar; **I.** to cause; **F.** causer; **A.** verursachen; **It.** cagionare, causare; **R.** причинять.

CAUSATIVO, VA. (l. *causativus*.) adj. Que es causa u origen de alguna cosa.

CAUSEAR. intr. CHILE. Merendar. || 2. CHILE. Comer fiambres a deshora. || 3. tr. fig. CHILE. Vencer fácilmente a alguien. || 4. CHILE. Comer, en general.

CAUSEO. (Del m. or. que *causa*, 2.º art.) m. CHILE. Comida que se hace a deshora en general con fiambres o cosas secas. || 2. PERÚ. Causa, comida ligera.

CAUSETA. (l. *capsa*, caja.) f. CHILE. Cierta hierba que crece entre el trigo.

CAUSÍA. (l. *causia*, del gr. καυσία.) f. INDUM. Sombrero de fieltro y alas anchas usado por los griegos y romanos antiguos.

CAUSÍDICA. f. ARQ. Crucero de iglesia.

CAUSÍDICO, CA. (l. *causidicus*; de *causa*, causa, y *dicere*, decir.) adj. FOR. Perteneciente a causas o pleitos. || 2. Abogado. || **P.** causídico; **I.** forensic; **F.** pro-

cessif; **A.** gerichtlich; **It.** processuale; **R.** процессуальный.

CAUSÓN. (l. *causon, -onis*, y éste del gr. καῦσος, ardor.) m. Calentura fuerte que dura algunas horas y no tiene malas consecuencias.

CÁUSTICAMENTE. adv. De una manera acre, mordiente.

CAUSTICAR. (De *cáustico*.) tr. Dar causticidad a alguna cosa.

CAUSTICIDAD. f. Calidad de cáustico. || 2. fig. Malignidad en lo que se escribe o dice, mordacidad. || **P.** causticidade; **I.** causticity; **F.** causticité; **A.** Atzkraft, Bissigkeit; **It.** causticità; **R.** едкость.

CÁUSTICO, CA. (l. *causticus*, y éste del gr. καυστικός, de καίω, quemar.) adj. Dícese de lo que quema y desorganiza los tejidos animales. || 2. fig. Mordaz. || 3. CIR. Se dice del medicamento que desorganiza los tejidos como si los quemase. Ú.t.c.s.m. || 4. m. Vejigatorio. || 2.ª acep.: **P.** mordaz; **I.** caustic; **F.** mordant; **A.** beissend, spöttisch; **It.** cáustico; **R.** едкий, колкий. || 3.ª acep.: **P.** cáustico; **I.** caustic; **F.** caustique; **A.** kaustisch, ätzend; **It.** càustico; **R.** жгучий, каустик.

CAUSUELO. m. NICAR. Caucel.

CAUTAMENTE. adv. Con precaución.

CAUTELA. (l. *cautela*, de *cautus*, cauto.) f. Reserva y precaución con que se procede. || 2. Astucia para engañar. || *Absolver a* CAUTELA. fr. Se dice en el juicio eclesiástico cuando se le absuelve a uno en la duda de si ha incurrido o no en la excomunión. || *Buena* CAUTELA *iguala buen consejo.* ref. que recomienda prevenirse a tiempo de los daños que puedan llegar. || **P.** e **It.** cautela; **I.** caution; **F.** précaution, cautèle; **A.** Vorsicht; **R.** осторожность.

CAUTELAR. (De *cautela*.) tr. Prevenir. || 2. r. Recelarse. || 2.ª acep.: **P.** acautelar; **I.** to be cautious; **F.** se prémunir; **A.** vorbeugen, verhüten; **It.** cautelarsi; **R.** предупреждать.

CAUTELOSAMENTE. adv. Con cautela.

CAUTELOSO, SA. adj. Que obra con cautela. || 2. fig. Se aplica asimismo a las acciones y a las cosas.

CAUTERIO. (l. *cauterium*, y éste del gr. καυτήριον.) m. Cauterización. || 2. fig. Lo que corrige con eficacia algún mal. || 3. CIR. Medio empleado para convertir los tejidos en una escara. || —**actual.** CIR. El consistente en una vara metálica con un mango en un extremo y diversamente conformada en el otro, que se aplica candente para la formación de una escara. || —**potencial.** CIR. El que obra más o menos lentamente por sus propiedades químicas. || 3.ª acep.: **P.** cautério; **I.** cautery; **F.** cautère; **A.** Ätzwunde; **It.** càuterio; **R.** прижигание.

CAUTERIZACIÓN f. Acción y efecto de cauterizar.

CAUTERIZADOR, RA. adj. Que cauteriza. Ú.t.c.s.

CAUTERIZANTE. p.a. de cauterizar. Que cauteriza.

CAUTERIZAR. (l. *cauterizare*.) tr. CIR. Restañar la sangre, castrar las heridas y curar otras enfermedades con el cauterio. || 2. fig. Corregir con aspereza algún vicio. || 3. fig. Tildar con alguna nota. || **P.** cauterizar; **I.** to cauterize; **F.** cautériser; **A.** ausbrennen; **It.** cauterizzare; **R.** прижигать.

★ **CAUTIL.** m. CHILE. Cautín.

CAUTÍN. m. Aparato para soldar el estaño.

CAUTIVADOR, RA. adj. Se dice del que cautiva.

CAUTIVAR. (l. *captivare*.) tr. Aprisionar durante la guerra al enemigo. || 2. fig. Atraer, ganar. || 3. fig. Ejercer gran influencia en el ánimo por medio de un atractivo físico o moral. || 4. intr. Ser hecho cautivo. || **P.** cativar; **I.** to capture; **I.** captiver; **A.** gefangennehmen; **It.** cattivare; **R.** арестовать. || 3.ª acep.: **P.** atrair; **I.** to captivate; **F.** captiver; **A.** gewinnen; **It.** cattivare; **R.** пленять.

CAUTIVERIO. (De *cautivo*.) m. Estado del prisionero de guerra privado de libertad. || **P.** cativeiro; **I.** captivity; **F.** captivité; **A.** Gefangenschaft; **It.** cattività; **R.** плен.

C

C

CAUTIVIDAD. (l. *captivĭtas, -ātis.*) f. Cautiverio.

CAUTIVO, VA. (l. *captīvus.*) adj. Aprisionado en la guerra. Se aplica particularmente a los cristianos apresados por los infieles. Ú.t.c.s. || **P.** cativo; **I.** captive; **F.** captif; **A.** gefangen; **It.** cattivo; **R.** пленный.

CAUTO, TA. (l. *cautus,* p.p. de *cavēre,* precaver.) adj. Se dice del que obra con precaución. || **P.** e **It.** cauto; **I.** cautious; **F.** avisé; **A.** vorsichtig; **R.** осторожный.

CAUZA. (l. *capsa,* caja.) f. Murc. Cajilla de esparto donde se incuba la simiente del gusano de seda.

CAVA. (De *cavar.*) f. Acción de cavar, y en particular la labor que se hace cavando las viñas. || **P.** acto de cavar; **I.** digging; **F.** houement, béchage; **A.** Behacken der Weinberge; **It.** cavatura, vangatura; **R.** рытьё.

CAVA. (l. *cava,* zanja, cueva.) f. En palacio, oficina donde se cuidaba del agua y del vino que bebían las personas reales. || **2.** Foso, excavación profunda.

CAVACOTE. (De *cavar* y *coto.*) m. Montoncillo de tierra hecho con la azada para que sirva de mojón o señal.

CAVADA. (De *cavar.*) f. ant. Hoyo.

CAVADIZA. adj. Se aplica a la tierra separada al cavar.

CAVADO, DA. (l. *cavātus.*) adj. ant. Cóncavo, de superficie más deprimida en el centro que en los bordes.

CAVADOR. (l. *cavātor.*) m. El que tiene por oficio cavar la tierra. || **P.** cavador; **I.** digger, hoer; **F.** bécheur; **A.** Gräber, Umgräber; **It.** vangatore; **R.** землекоп.

CAVADURA. (l. *cavatūra.*) f. Acción y efecto de cavar.

CAVALILLO. m. Agr. Reguera entre dos fincas.

CAVÁN. m. Medida filipina de capacidad para áridos, igual a 75 litros.

CAVANILLERO, RA. m. y f. Sal. Persona que tiene las piernas largas y delgadas.

CAVAR. (l. *cavāre.*) tr. Mover y levantar la tierra con la azada u otro instrumento parecido. || **2.** intr. Ahondar. || **3.** fig. Pensar profundamente en alguna cosa. || **P.** cavar; **I.** to dig; **F.** bécher; **A.** graben; **It.** cavare, vangare, zappare; **R.** рыть, копать.

CAVARIA. f. Ave americana que defiende de las aves de rapiña a las demás.

CAVARIL. m. Sal. Cavador, el que cava la tierra.

CAVAROS. (l. *Cavares.*) m. pl. Antiguo pueblo de la Galia céltica.

CAVATINA. (ital. *cavatina,* der. de *cavata,* y éste del l. *cavāre,* cavar.) f. Mús. Aria de cortas dimensiones que a veces consta de dos partes.

CAVAZÓN. f. Acción de cavar las tierras. || **P.** cava; **I.** digging; **F.** houement, béchage; **A.** Umgraben; **It.** cavatura, vengatura; **R.** рытьё.

CÁVEA. (l. *cavea.*) f. Arqueol. Jaula romana para aves y otros animales. || **2.** Arqueol. Cada una de las dos zonas en que estaba dividida la gradería de los circos y teatros romanos.

CAVEDIO. (l. *cavaedium.*) m. Arqueol. En la antigua Roma, patio de la casa.

CAVERNA. (l. *caverna.*) f. Concavidad profunda entre las rocas. || **2.** Germ. Casa para habitar. || **3.** Med. Hueco que resulta en ciertos tejidos orgánicos después de evacuar la materia tuberculosa o el pus, y en algunas úlceras, cuando ha habido pérdida de substancia. || **P.** e **It.** caverna; **I.** cavern, cave; **F.** caverne; **A.** Höhle; **R.** пещера. || **3.ª** acep.: **P.** cavidad patológica; **I.** cavity; **F.** caverne; **A.** Kaverne; **It.** caverna; **R.** каверна.

CAVERNARIO, RIA. adj. Propio de las cavernas o con caracteres de ella.

CAVERNÍCOLA. adj. Habitante de las cavernas. Ú.t.c.s. || **2.** despect. fig. y fam. Retrógrado. || **P.** cavernícola; **I.** cavernicolous; **F.** cavernicole; **A.** Höhlenbewohner; **It.** cavernicola; **R.** пещерный житель.

CAVERNIDAD. f. Cavernosidad.

CAVERNOSIDAD. f. Oquedad, cueva. Ú.m. en pl.

CAVERNOSO, SA. (l. *cavernōsus.*) adj. Perteneciente o semejante a la caverna

o a sus cualidades. || **2.** Se aplica especialmente a la voz, a la tos, a cualquier sonido sordo. || **3.** Que tiene muchas cavernas. || **2.ª** acep.: **P.** e **It.** cavernoso; **I.** cavernous; **F.** caverneux; **A.** hohl, p. ej. (Husten); **R.** пещерный.

CAVERO. m. Ál. Obrero dedicado a abrir zanjas de desagüe en las tierras labrantías.

CAVETO. (ital. *cavetto,* y éste del l. *cavus,* hueco.) m. Arq. Moldura cóncava cuyo perfil es un cuarto de círculo.

CAVÍ. m. Raíz seca y guisada de la oca del Perú.

CAVIA. (l. *cavĕa.*) f. Especie de excavación.

CAVIA. m. Conejillo de Indias.

CAVIAL. (De *caviar.*) m. Caviar.

CAVIAR. (turco *jāwiyār.*) m. Manjar que consiste en huevas de esturión frescas y salpresas. Proviene principalmente de Rusia. || **P.** y **F.** caviar; **I.** caviare, caviar; **A.** Kaviar; **It.** caviale; **R.** икра.

CAVICORNIO. adj. Zool. Dícese de los rumiantes bóvidos porque tienen huecos los cuernos. Ú.t.c.s.pl.

CAVIDAD. (l. *cavĭtas, -ātis.*) f. Espacio hueco en un cuerpo cualquiera. || **P.** cavidade; **I.** cavity; **F.** cavité; **A.** Höhlung; **It.** cavità; **R.** выемка.

CAVILACIÓN. (l. *cavillatĭo, -ōnis.*) f. Acción y efecto de cavilar. || **2.** Cavilosidad.

CAVILAR. (l. *cavillāre.*) tr. Fijar tenazmente el pensamiento en una cosa con demasiada sutileza. || **P.** cavilar; **I.** to muse; **F.** fixer sa pensée; **A.** nachsinnen; **It.** cavillare; **R.** мудрствовать.

CAVILOSAMENTE. adv. Con cavilación.

★ **CAVILOSEAR.** intr. P. Rico. Cavilar. || **2.** Forjarse ilusiones.

★ **CAVILOSERÍA.** f. Colom. Cavilosidad.

CAVILOSIDAD. (De *caviloso.*) f. Aprensión infundada, juicio sin meditación.

CAVILOSO, SA. (l. *cavillōsus.*) adj. Se dice del que por sobrada suspicacia y desconfianza se preocupa con alguna idea, dándole demasiada importancia y deduciendo consecuencias infundadas. || **2.** Amér. Central. Chismoso. || **3.** Colom. Quisquilloso.

CAVÍO. (De *cavar.*) m. Sal. Cava, acción de cavar.

★ **CAVITIS.** f. Med. Inflamación de la vena cava.

CAVO, VA. (l. *cavus.*) adj. ant. Cóncavo. || **2.** Zool. Se dice de cada una de las dos venas mayores del cuerpo que van a parar a la aurícula derecha del corazón. Ú.t.c.s.

CAY. m. Argent. Mono capuchino.

★ **CAYA.** f. Bol. Fécula de la planta llamada oca. || **2.** Perú. Coca helada y desecada.

CAYÁ. m. Cargo o dignidad personal en Argel, inferior al agá.

★ **CAYABO.** m. Cuba. Cayajabo.

CAYADA. (l. *caia,* garrote.) f. Cayado, palo que usan generalmente los pastores.

CAYADILLA. (De *cayada.*) f. Instrumento que emplean los forjadores para amontonar el carbón en el centro del hogar.

CAYADO. (l. *caia,* garrote.) m. Palo o bastón arqueado en la parte superior que emplean los pastores. || **2.** Báculo pastoral de los obispos. || **—de la aorta.** Arco que describe dicha arteria al poco de nacer en el ventrículo izquierdo, para bajar al tórax y al abdomen. || **P.** bordão de pastor; **I.** crook; **F.** houlette; **A.** Hirtenstab; **It.** rocco; **R.** посох.

CAYAJABO. m. Bot. Cuba. Semilla dura de color rojo obscuro, de una planta papilionácea. || **2.** Cuba. Mate amarillo.

CAYAMA. f. Cuba. Ave zancuda acuática, que fabrica su nido en la copa de los árboles.

CAYÁN. m. Tapanco.

CAYANA. f. Callana, budare.

CAYANCO. m. Hond. Cataplasmas de hierbas calientes.

★ **CAYAPA.** f. Venez. Conjunto de personas unidas para atacar a una sola.

CAYAPEAR. intr. Venez. Reunirse varios para atacar a uno.

★ **CAYAPERO.** m. Venez. Individuo de la cayapa o pandilla.

CAYAPONA. f. Planta americana cucurbitácea, de cuyo fruto se saca un enérgico purgante.

CAYAPOS. m. pl. Etnogr. Pueblo de indígenas del Brasil, en el Goyas meridional.

CAYARÍ. m. Cuba. Cangrejo pequeño que vive en los agujeros de los terrenos húmedos o a orillas de los ríos.

★ **CAYASCHAR.** intr. Argent. Rebuscar y recoger el cayascho.

★ **CAYASCHI.** m. Argent. Cayascho.

★ **CAYASCHIR.** intr. Argent. Cayaschar.

★ **CAYASCHO.** m. Argent. Redrojos y restos de racimos que quedan en una viña al terminar de vendimiarla.

CAYAYA. f. Bot. Cuba. Arbusto silvestre borragináceo, de fruto parecido a la pimienta. || **2.** Guat. Especie de chachalaca.

★ **CAYCOBÉ.** m. Bot. Cuba. Caicobé.

CAYENTE. (l. *cadens, -entis.*) p.a. de caer. Que cae.

CAYEPUTI. (malayo *kāyu puti,* árbol blanco.) m. Árbol de la India Oriental y de Oceanía, mirtáceo, de tronco negro y ramos blancos, con flores en espiga y fruto con muchas semillas. Por destilación de sus hojas se extrae un aceite aromático, empleado como medicina.

★ **CAYERIO.** m. Cuba. Conjunto de cayos.

CAYETÉS. m. pl. Etnogr. Nombre de una de las naciones de América del Sur que existía en la época del descubrimiento.

CAYO. (Bajo al. *kaye,* médano.) m. Cualquiera de las islas rasas, arenosas, cubiertas en gran parte de mangle. Son numerosas en el Mar de las Antillas y en el Golfo de Méjico. || **P.** cachopo; **I.** key, cay; **F.** caye; **A.** Dohle, Klippe; **It.** caio; **R.** островок.

CAYOTA. f. Ast. y Argent. Cayote.

CAYOTE. m. Chayote. || **2.** Se aplica a la cidra cuyo fruto es tan fibroso que cocido parece una cabellera enmarañada. || **3.** Zool. Coyote.

★ **CAYUBRO, BRA.** adj. Colom. Rubio, rojo, rojizo. || **2.** Colom. Quisquilloso, enojadizo.

★ **CAYUCA.** f. am. Cuba. Cabeza o parte superior del cuerpo humano o anterior del de los animales.

CAYUCO. m. Embarcación india de una pieza, sin quilla, con el fondo plano. Se gobierna con el canalete.

CAYUCO, CA. m. y f. Cuba. Persona de cabeza grande. || **2.** Cuba. Torpe, rudo.

CAYUELA. f. Ál. y Sant. Roca caliza, azulada. Abunda en fósiles del Periodo Cretácico.

CAYUMBO. m. Cuba. Especie de junco que se cría en las ciénagas y en los ríos.

CAYUTANA. f. Bot. Planta rutácea, propia de Filipinas.

CAZ. (l. *calix, -ĭcis,* conducto de agua.) m. Canal para conducir el agua a donde ha de ser aprovechada. || **P.** abertal; **I.** waterchannel; **F.** bief, biez; **A.** Mühlgerinne; **It.** canale; **R.** канал.

CAZA. (De *cazar.*) f. Acción de cazar. || **2.** Animales que han sido o pueden ser objeto de caza. || **3.** m. Aviac. Avión militar de gran velocidad y potencia de fuego para interceptar y perseguir a los bombarderos. || **—mayor.** La de jabalíes, lobos, etc. || **—menor.** La de liebres, conejos, etc. || *Andar a* caza *de una cosa* fr. fig. y fam. Solicitarla, procurarla. || *Andar uno a* caza *de gangas.* fr. fig. y fam. Procurar conseguir ventajas con poco trabajo o a poca costa. || *Dar* caza. fr. Perseguir a un animal para cogerlo o matarlo. || **2.** fig. Poner todo el afán en conseguir o comprender una cosa. || **3.** Mar. Perseguir una embarcación a otra. || *El que sigue la* caza, *ése la mata.* ref. que indica que consigue el fin que pretende el que pone los medios necesarios. || *Espantar la* caza. fr. fig. y fam. Precipitar un negocio por anticipar los medios o emplear los innecesarios. || *Levantar uno la* caza. fr. fig. y fam. Llamar la atención sobre un asunto dando ocasión para que participe otro en él. || *Ponerse en* caza. fr. Mar. Maniobrar una nave para huir de otra. || *Uno levanta la* CAZA *y otro mata.* ref. que indica que los afortunados consiguen a veces el fruto de los trabajos y fatigas de otros. || **P.** caça; **I.** hunting, fowling; **F.** chasse; **A.** Jagd; **I.** caccia; **R.** oxota. || 2.ª acep.: **P.** caçada; **I.** game; **F.** gibier; **A.** Wild(bret); **It.** selvaggina, caccigione; **R.** дичь.

CAZA. (De *Gaza*.) f. Lienzo delgado usado antiguamente, semejante a la gasa.

CAZABE. (haitiano *cazabi*, pan de yuca.) m. Torta que se hace en algunas partes de América con la harina de la raíz de la mandioca. || 2. ZOOL. Casabe, pez del Mar de las Antillas. || 2.ª acep.: **P.** cassabe; **I.** et. cassava; **F.** cassave; **A.** Kassava; **R.** касаво.

★ **CAZABRAZA.** f. MAR. Verga de algunos buques que atraviesa el coronamiento de popa para que sus penoles substituyan a los arbotantes.

CAZACLAVOS. m. Especie de tenaza para arrancar clavos.

CAZADERO. m. Sitio en que se caza o propio para cazar. || **P.** lugar proprio para caçar; **I.** chase, hunting-ground; **F.** chasse, varenne; **A.** Jagdrevier, Jadgehege; **It.** luogo di caccia; **R.** район, отведённый для охоты.

CAZADOR, RA. adj. Que caza por oficio o diversión. Ú.t.c.s. || 2. Se dice de los animales que persiguen y cazan a otros. || 3. fig. y fam. Se aplica al que gana a otro llevándole a su partido. || 4. m. Soldado que hace el servicio de tropas ligeras. ||—**de alforja.** El que no mata la caza con escopeta, sino con perros, lazos, etc. ||—**furtivo.** El que caza en terreno vedado sin autorización del dueño. || *Al mejor* CAZADOR *se le va la liebre.* fr. fig. que expresa que el más hábil en una materia puede errar por olvido o equivocación. || **P.** caçador; **I.** hunter, huntsman; **F.** chasseur; **A.** Jäger; **It.** cacciatore; **R.** охотник.

CAZADORA. f. Especie de americana.

CAZADORA. f. C. RICA. Avecilla muy vivaz de bello plumaje, gorjea agradablemente, come insectos y emigra en su época. || 2. ZOOL. COLOM. Especie de serpiente de gran tamaño.

★ **CAZADORA.** f. AMÉR. CENTRAL. Camioneta.

CAZAGUATE. m. MÉJ. Planta parecida a la pasionaria.

CAZALLERO, RA. adj. Natural de Cazalla. Ú.t.c.s. || 2. Perteneciente a esta villa.

CAZAR. (l. *captiāre*, de *captāre*, coger.) tr. Buscar y perseguir las aves, fieras y otras muchas clases de animales para cogerlos o matarlos. || 2. fig. y fam. Conseguir con destreza algo que no se esperaba. || 3. fig. y fam. Cautivar la voluntad de alguno con halagos o engaños. || 4. fig. y fam. Sorprender a uno en algo que deseaba ocultar. || 5. MAR. Poner tirante la escota hasta colocar el puño de la vela cerca de la borda. || CAZAR uno *largo o muy largo.* fr. fig. y fam. Ser muy sagaz. || **P.** caçar; **I.** to hunt, to chasse, to fowl; **F.** chasser; **A.** jagen; **It.** cacciare; **R.** охотиться.

CAZARETE. m. Una de las piezas del boliche o de la jábega.

CAZARRA. f. ÁL. Pesebre hecho del tronco de un árbol para dar en el campo pienso al ganado, sobre todo al lanar.

CAZARRICA. (d. de *cazarra*.) f. ÁL. Artesilla para la comida de las aves de corral.

CAZARRO. m. ÁL. Tronco de árbol ahuecado en forma de canal por donde se desaloja agua sobrante.

CAZATA. f. Cacería, partida de caza.

CAZATORPEDERO. m. MAR. Buque de guerra pequeño, rápido, que persigue a los torpederos del enemigo. || **P.** contratorpedeiro; **I.** destroyer; **F.** contretorpilleur; **A.** Torpedozerstörer; **It.** cacciatorpediniere; **R.** истребитель эсминцев.

CAZCALEAR. intr. fam. Andar de un lado a otro sin hacer nada.

CAZCARRIA. f. Lodo que se seca en la parte de la ropa que va cerca del suelo. Ú.m. en pl. || 2. R. DE LA PLATA. Excremento del ganado ovejuno.

CAZCARRIENTO, TA. adj. fam. Que tiene muchas cazcarrias.

CAZCORVO, VA. (De *casco corvo*.) adj. Se dice de la caballería de patas corvas.

CAZO. (ár. *qas'a*, escudilla grande.) m. Vasija metálica en general semiesférica y con mango largo. || 2. Vasija de metal con un mango en forma de recodo y un gancho en el extremo; se emplea para sacar agua de las tinajas. || 3. Vasija metálica donde los carpinteros calientan la cola. || 4. Recazo, parte del cuchillo opuesta al filo. || *Dijo el* CAZO *a la caldera: quítate allá, tiznera.* ref. Indica que entre dos seres igualmente ruines nada tienen que echarse en cara. || **P.** caço; **I.** ladle, pan; **F.** casse, cassotte; **A.** Leimpfanne; **It.** cazza, raiolo; **R.** ковш.

CAZOLADA. f. Cantidad de comida que entra en una cazuela.

CAZOLEJA. f. d. de cazuela. || 2. Cazoleta, pieza de la llave de las armas de chispa.

CAZOLERO. (De *cazuela*.) adj. Cominero. Ú.t.c.s.

CAZOLETA. f. d. de cazuela. || 2. Pieza de la llave de las armas de chispa, inmediata al oído del cañón. || 3. Pieza de acero, redonda, que se coloca en el boquel para cubrir la empuñadura. || 4. Pieza de hierro u otro metal colocada bajo el puño de la espada y del sable, para resguardar la mano. || 5. Especie de perfume. || 6. Receptáculo pequeño de algunos objetos como el depósito del tabaco en la pipa. || 2.ª acep.: **P.** caçoleta; **I.** pan; **F.** bassinet; **A.** Zündpfanne; **It.** scodellino; **R.** кастрюлька. 4.ª acep.: **P.** copos de espada; **I.** basket hitt; **F.** coquille; **A.** Stichblatt; **It.** guardamano; **R.** гарда.

CAZOLETEAR. intr. Cucharetear, meterse sin necesidad en negocios ajenos.

CAZOLETERO. adj. Cazolero. Ú.t.c.s.

CAZOLÓN. m. aum. de cazuela.

CAZÓN. (De *cazar*.) m. ZOOL. Pez selacio, escuálido, de cuerpo esbelto semejante al marrajo, pero con la aleta sin quillas longitudinales en su raíz. Sus dientes son agudos y cortantes.

CAZÓN. (fr. *casson*.) m. ant. Azúcar moreno.

CAZONAL. (De *cazón,* 1.er art.) m. Conjunto de arreos y aparejos que se emplean en la pesca de cazones. || 2. Red que se cala al fondo del agua para pescar cazones y otros peces grandes. || 3. fig. y fam. Negocio difícil, sin salida.

CAZONETE. m. MAR. Muletilla cilíndrica de madera que se coloca en un cabo para pasarla por una gaza.

CAZORRÍA. (De *cazurro*.) f. ant. Dicho indecoroso o malsonante.

CAZUDO, DA. (De *cazo*.) adj. Que tiene mucho recazo o lo tiene pesado.

CAZUELA. (De *cazo*.) f. Vasija más ancha que honda, generalmente redonda y de barro que sirve para guisar y otros usos. || 2. Guisado que se hace en ella. || 3. Lugar del teatro al que únicamente asistían mujeres. || 4. Galería alta o paraíso en los teatros. || 5. fig. Cazolada. 6. IMPR. Componedor ancho que puede contener varias líneas. || 7. CHILE. Guisado alimenticio de carne, choclo, gallina, ají y legumbres. || 8. P. RICO. Dulce de batata con leche de coco, azúcar y canela. || 9. CUBA. Juego de cantillos. ||—**carnicera.** La que es capaz para guisar mucha carne. ||—**mojí** o **mojina.** Torta cuajada, hecha en cazuela, con queso, pan rallado, berenjenas, miel, etc. || **P.** caçarola; **I.** earthen pan; **F.** casserole en terre, terrine; **A.** Kasserolle, Tiegel; **It.** tegame; **R.** кастрюля.

★ **CAZUELEJA.** f. C. RICA. Especie de bandeja de hojalata donde se coloca la masa del pan para meterla en el horno. || 2. MÉJ. Vasija con mechas y combustible para alumbrar.

★ **CAZUELERO, RA.** adj. CUBA. Cazolero.

★ **CAZUELITA.** m. BOT. VENEZ. Árbol papilionáceo de madera sólida.

CAZUMBRAR. (De *cazumbre*.) tr. Juntar con cazumbre las duelas y tablas de las cubas de vino.

CAZUMBRE. m. Cordel de estopa poco torcida que sirve para unir las tablas y duelas de las cubas de vino. || 2. AST. Savia de los árboles y zumo de las frutas.

CAZUMBRÓN. m. Oficial que cazumbra.

★ **CAZUNGUEAR.** tr. CUBA. Casunguear.

CAZURRÍA. f. Calidad de cazurro.

CAZURRO, RRA. (ár. *qaḏūr*, insociable, sucio.) adj. fam. Se aplica al que es de muy pocas palabras. Ú.t.c.s.

CAZUZ. (ár. *qissūs*, y éste del gr. κισσός, hiedra.) m. Hiedra.

CAZUZO, ZA. adj. CHILE. Hambriento.

CE. f. Nombre de la letra *c*. || CE *por* CE, CE *por* CE. m. adv. fig. y fam. Circunstancialmente. || *Por* CE *o por* be. loc. adv. fig. y fam. De un modo u otro.

¡CE! (l. *ecce*, he aquí, mira.) interj. con que se pide atención una persona.

CEA. f. Cía, hueso de la cadera.

CEAJO, JA. m. y f. AR. Chivo o cordero que no llega a primal.

CEANOTO. (gr. κεάνωθος.) m. Planta rámnea, americana y oceánica, cuya especie más importante es la llamada té de Jersey. La emplean los indios contra la sífilis y disentería.

CEARINA. f. Pomada blanca, excipiente de otras, que se prepara con cera, ceresina y parafina líquida.

CEÁTICA. f. Ciática, neuralgia del nervio ciático.

CEBA. (De *cebar*.) f. Alimentación esmerada y abundante del ganado para que engorde. || 2. fig. Acción de alimentar los hornos con combustible. || 3. SANT. Hierba seca acopiada para el invierno. || 4. CHILE. Arregosto. || 5. AMÉR. Cebo de escopeta. || 6. AMÉR. Porción de pólvora envuelta en papel con que los niños juegan con sus armas de juguete. || 7. CUBA. Ganado destinado para ser cebado. || **P.** ceva; **I.** fattening; **F.** engraissement; **A.** Mästung; **It.** ingrassamento; **R.** откармливание.

CEBADA. (l. *cibāta*, t. f. del p.p. de *cibāre*, cebar.) f. Planta anua, graminea, parecida al trigo, de semilla ventruda, cuyo casquillo termina en arista larga. Sirve de alimento a diversos animales y tiene otros diversos usos. || 2. Conjunto de granos de esta planta. ||—**ladilla.** Especie de cebada con la espiga con dos órdenes de granos chatos y pesados. ||—**perlada.** La mondada y redondeada a máquina. || CEBADA *granada, a ocho días segada.* ref. que indica cuándo debe segarse la cebada. || *Dar* CEBADA. fr. Echar pienso a las caballerías. || *La* CEBADA *en lodo, y el trigo en polvo.* ref. que indica el tiempo y las condiciones del suelo en que han de sembrarse dichos cereales. || **P.** cevada; **I.** barley; **F.** orge; **A.** (gemeine) Gerste; **It.** orzo; **R.** ячмень.

CEBADAL. m. Terreno con cebada.

CEBADAR. tr. Dar cebada a las bestias.

CEBADAZO, ZA. adj. Perteneciente a la cebada.

CEBADERA. f. Morral que sirve de pesebre para dar la cebada al ganado. || 2. Arca en que posaderos y mayorales ponen la cebada de las caballerías. || 3. PAN. Mochila, particularmente la que contiene tabaco y pipa.

CEBADERA. (De *cebar*.) f. MAR. Vela que se envergaba fuera del buque. || 2. MIN. Caja de palastro sin tapa y sin uno de los costados. Se emplea para meter la carga en el horno.

CEBADERÍA. f. ant. Lugar donde se vende cebada.

CEBADERO. m. El que vende cebada. || 2. Mozo que da cebada a las caballerías. || 3. Caballería que va delante en las cabañas del ganado mular, a la que siguen otras.

CEBADERO. Lugar destinado a cebar animales. || 2. Sitio en que se acostumbra echar el cebo a la caza. || 3. Pintura de aves domésticas que están comiendo. || 4. MIN. Abertura para meter mineral en el horno.

CEBADILLA. (d. de *cebada*.) f. Especie de cebada que crece espontánea en las paredes y caminos. || 2. BOT. Fruto de una planta mejicana del mismo género que el eléboro blanco; es una cápsula con la forma color y tamaño de tres granos de cebada juntos. El polvo de su semilla se emplea para matar insectos. || 3. Raíz del eléboro blanco cuyo polvo tiene los mismos usos. || **P.** cevadilha; **I.** cevadilla; **F.** cévadille; **A.** Zebadilla; **It.** cevadiglia.

C

CEBADO, DA. p.p. de cebar. ‖ **2.** adj. AMÉR. Se dice de la fiera que es más temible por haber probado la carne humana.

CEBADOR, RA. adj. Se dice del que ceba. ‖ **2.** m. Frasquito para la pólvora de cebar armas de fuego.

CEBADURA. f. Acción y efecto de cebar o cebarse. ‖ **2.** ARGENT. Cantidad de hierba mate que se pone en la vasija llamada también mate para tomarla en infusión.

CEBAR. (l. *cibāre*.) tr. Dar o echar cebo a los animales para engordarlos. ‖ **2.** fig. Alimentar, fomentar. ‖ **3.** fig. Poner en las armas, proyectiles huecos, barrenos, etc., el cebo para inflamarlos. ‖ **4.** fig. Poner cebo al cohete u otro artificio de pólvora. ‖ **5.** fig. Hablando de máquinas y aparatos, ponerlos en condiciones de funcionar. ‖ **6.** fig. Tocar la aguja magnética a un imán para darle o renovarle la fuerza. ‖ **7.** fig. Fomentar una pasión o afecto. Ú.t.c.r. ‖ **8.** intr. fig. Penetrar, agarrarse una cosa a otra. Ú.t.c.r. ‖ **9.** r. fig. Entregarse con eficacia a una cosa. ‖ **10.** fig. Encarnizarse. ‖ **11.** AMÉR. Hablando de té o café, servirlo. ‖ **12.** Preparar el mate para servirlo. ‖ **13.** C. RICA y MÉJ. Fallar. ‖ **P.** cevar; **I.** to fatten; **F.** engraisser, oppâter; **A.** mästen; **It.** cibare; **R.** кормить.

CEBELLINA. (ruso *sobolj*, marta.) adj. Especie de marta menor que la común y de piel muy estimada. Ú.t.c.s.

CEBERA. (l. *cibāria*, t. f. de -rius.) f. ant. Cibera.

CEBERO. (l. *cibārius*, de cebo.) m. MURC. Capazo en que se echa el grano para pienso.

CEBICHE. m. PERÚ. Guisado común de pescado con ají.

CEBIL. m. BOT. Árbol leguminoso que vive en el Río de la Plata, alto y corpulento. Su madera se emplea en construcciones, y sus hojas las come el ganado en años de escasez. Su corteza es un enérgico curtiente.

CEBIPIRO. m. BOT. Árbol del Brasil, papilionáceo, a cuya corteza se atribuyen virtudes medicinales.

CEBIQUE. m. SAL. Cebo que dan las aves a sus hijuelos.

CEBO. (l. *cibus*.) m. Comida que se da a los animales para engordarlos para atraerlos. ‖ **2.** fig. Porción de materia explosiva que se pone en las armas de fuego para que, al inflamarse, originen la explosión. ‖ **3.** Objeto utilizado en la caza y pesca para atraer a los animales. ‖ **4.** fig. Fomento o pábulo que se da a un afecto o pasión. ‖ CEBO *de anzuelo o carne de buitrera.* fr. fig. y fam. Se aplica para comparar cosas engañosas. ‖ CEBO *haya en el palomar que palomas no faltarán.* ref. que indica lo atractivo del interés. ‖ **P.** cevo; **I.** food, fodder; **F.** pâture; **A.** Futter, Nahrung; **It.** cibo, pasto; **R.** корм. ‖ **2.ª** acep.: **P.** incentivo; **I.** priming; **F.** amorce; **A.** Funkenzünder; **It.** polverino; **R.** капсюль-детонатор. ‖ **3.ª** acep.: **P.** cevo; **I.** bait; **F.** appat, amorce; **A.** Köde; **It.** esca; **R.** приманка.

CEBO. (l. *cepus*, y éste del gr. κῆπος.) m. Cefo.

CEBOLLA. (l. *caepŭlla*.) f. Planta hortense liliácea, de hojas fistuladas, flores de color blanco verdoso, y raíz fibrosa que nace de un bulbo esferoidal formado de capas tiernas y jugosas de olor fuerte y sabor más o menos picante. ‖ **2.** Bulbo de esta planta. ‖ **3.** Bulbo. ‖ **4.** fig. Corazón del madero o pieza de madera acebolladas. ‖ **5.** fig. Parte redonda del velón, donde se echa el aceite. ‖ **6.** fig. Pieza esférica de plomo o cinc con agujeros pequeños, que se coloca en las cañerías para retener la broza. ‖ **7.** GUAT. y HOND. Mando, autoridad. ‖ **—albarrana.** Planta perenne, medicinal, liliácea, con un bulbo semejante al de la cebolla común con los cascos interiores más gruesos y amargos. ‖ **P.** cebola; **I.** onion; **F.** oignon; **A.** Zwiebel; **It.** cipolla; **R.** лук.

CEBOLLADA. f. Guiso con cebolla como principal ingrediente.

CEBOLLANA. f. Planta semejante a la cebolla de tallo cilíndrico, con uno o varios bulbos pequeños, de sabor dulce, y hojas jugosas que se comen en ensalada.

CEBOLLAR. m. Sitio sembrado de cebollas. ‖ **P.** cebolal; **I.** onion-bed; **F.** oignonière; **A.** Zwiebelfeld; **It.** cipollaio; **R.** поле, засеянное луком.

CEBOLLERO, RA. adj. Perteneciente o relativo a la cebolla. ‖ **2.** m. y f. Persona que vende cebollas.

CEBOLLETA. f. Planta parecida a la cebolla con el bulbo pequeño y hojas comestibles. ‖ **2.** Cebolla común que pasado el invierno se vuelve a plantar y se come tierna antes de florecer. ‖ **3.** CUBA. Especie de juncia de tubérculos semejantes a las chufas valencianas, pero menores.

* **CEBOLLÍN.** m. BOT. CUBA. Cebolleta.

CEBOLLINO. m. Sementero de cebollas, cuando pueden ser transplantadas. ‖ **2.** Simiente de cebolla. ‖ *Escardar* CEBOLLINOS. fr. fig. y fam. No hacer nada de provecho. Se emplea en sentido despectivo con los verbos *enviar, ir, estar,* etc., y sobre todo para echar a uno en hora mala.

* **CEBOLLITA.** f. dim. de cebolla. ‖ **2.** CHILE. Cierto juego de niños. ‖ *Estar dura la* CEBOLLITA. fr. fig. y fam. CHILE. No ceder en una resolución.

CEBOLLÓN. m. aum. de cebolla. ‖ **2.** Variedad de la cebolla menos picante y acre que la común.

* **CEBOLLÓN, NA.** m. y f. CHILE y R. DE LA PLATA. Solterón, solterona. Ú.t.c.adj.

CEBOLLUDO, DA. adj. Se aplica a las plantas que son de cebolla o nacen de ella.

CEBÓN, NA. (De *cebar*.) adj. Se dice del animal cebado. Ú.t.c.s. ‖ **2.** m. Puerco. ‖ **P.** cevão; **I.** fatted, fat; **F.** engraissé, gras; **A.** Mastvieh; **It.** ingrassato; **R.** откормленный.

CEBORRINCHA. f. Cebolla cáustica y silvestre.

* **CEBORUCO.** m. MÉJ. y P. RICO. Seboruco.

* **CEBOSO, SA.** adj. VENEZ. Enamoradizo.

CEBRA. (ant. *cebro, ecebro,* del l. *equĭtěrus* [*equus ferus*], caballo salvaje.) f. Animal solípedo del África austral, semejante al asno, de pelo blanco con listas pardas o negras. Tiene la viveza del caballo. ‖ **P., I.** e **It.** zebra; **F.** zèbre; **A.** Zebra; **R.** зебра.

CEBRADO, DA. (De *cebra*.) adj. Se dice del caballo o yegua que posee manchas negras transversales, generalmente en los antebrazos, piernas, etc. Por ext., se aplica a otros animales. ‖ **P.** zebrado; **I.** zebrý; **F.** zébré; **A.** zebraartig; **It.** zebrato; **R.** полосатый как зебра.

CEBRATANA. f. Cerbatana.

CEBRERO. (De *cebra*.) m. ant. Sitio quebrado preferido por las cabras monteses. ‖ Ú.m. en pl.

CEBRIÓN. m. Insecto coleóptero de cuerpo prolongado y élitros blandos.

CEBRUNO, NA. adj. Cervuno, de piel semejante a la del ciervo.

CEBTÍ. (ár. *sabtí*, relat. a *Sabta,* Ceuta.) adj. ant. Ceutí. Apl. a pers. usáb.t.c.s.

CEBÚ. m. Variedad del toro común que tiene una giba adiposa sobre el lomo. Vive doméstico en la India y en África. Utilízase como bestia de carga. Su carne es buena, así como la leche que da la hembra. ‖ **2.** Variedad del mono llamado carayá.

CEBUANO, NA. adj. Natural de Cebú. Ú.t.c.s. ‖ **2.** Perteneciente a esta isla del archipiélago filipino. ‖ **3.** Lengua cebuana.

* **CEBUCÁN.** m. VENEZ. Sebucán.

CEBURRO. adj. Se aplica al trigo candeal.

CECA. (ár. *sikka,* cuño o troquel de moneda, lugar en que se acuña.) f. Casa en que se labra moneda. ‖ **2.** En Marruecos, moneda. ‖ **P.** casa onde se cunha moeda; **I.** mint; **F.** hôtel des monnaies; **A.** Münzprägestätte; **It.** zecca; **R.** монетный двор.

CECA. f. *De* CECA *en* MECA, *De la* CECA *a la* MECA. locs. figs. y fams. De una parte a otra parte.

CECAL. (l. *caecus,* ciego.) adj. Perteneciente o relativo al intestino ciego.

CECEANTE. p.a. de cecear. Que cecea. ‖ **2.** adj. Se dice del que da a la *s* el sonido de *c.*

CECEAR. intr. Pronunciar la *s* como la *c* por vicio o por defecto del organismo. ‖ **2.** tr. Decir *ce, ce* para llamar a alguno.

CECEO. m. Acción y efecto de cecear.

CECEOSO, SA. adj. Que pronuncia la *s* como *c.* Ú.t.c.s.

* **CECEPACLE.** m. BOT. MÉJ. Planta medicinal, empleada contra la disentería.

CECESMIL. (azt. *cecelic,* tierno, y *milli,* campo cultivado.) m. HOND. Plantío de maíz temprano.

CECÍ. m. CUBA. Sesí, pez semejante al pargo.

CECIAL. (l. *siccialis,* de *siccus,* seco.) m. Merluza u otro pescado semejante, seco y curado al aire. Ú.t.c.adj.

CECIDIA. f. Agalla, excrecencia producida en vegetales por parásitos.

CECINA. (b. l. *siccina,* cosa seca, y éste del l. *siccus,* seco.) f. Carne salada, seca al aire, al sol o al humo. ‖ **2.** p. us. ARGENT. Tira de carne delgada, seca y sin sal. ‖ **P.** chacina; **I.** jerk, dry meat; **F.** viande séche; **A.** Rauchfleisch; **It.** carne secca; **R.** копчёное мясо.

CECINAR. (De *cecina*.) tr. Acecinar.

CECIÓN. (l. *accesio, -ōnis* entrada.) f. ant. Cición.

CECOGRAFÍA. f. Escritura y modo de escribir propia de los ciegos. ‖ **P.** e **It.** cecografia; **I.** cecography; **F.** cécographie; **A.** Blindenschrift.

CECÓGRAFO. m. Aparato con el que escriben los ciegos.

CÉCUBO. (l. *caecŭbum*.) m. Vino célebre de la Roma antigua que procedía de un pago del mismo nombre en Campania.

CECHERO. (De *acechar*.) m. Acechador, el que acecha en la caza.

CEDA. (l. *saeta*.) f. Cerda, pelo de la cola y crin de algunos animales.

CEDA. f. Zeda.

CEDACEAR. intr. Disminuir u obscurecerse la vista.

CEDACERÍA. (De *cedacero*.) f. Lugar donde se hacen cedazos. ‖ **2.** Tienda donde se vende. ‖ **P.** tenda de penieros; **I.** sieve maker's workshop; **F.** tamiserie; **A.** Siebmacherei; **It.** bottega da stacciaio; **R.** производство решёт, сит.

CEDACERO. m. El que tiene por oficio hacer cedazos. ‖ **P.** peneiro; **I.** sieve-maker; **F.** tamisier, boisselier; **A.** Siebmacher; **It.** stacciaio, vagliaio.

CEDACILLO. (d. de *cedazo*.) m. Planta anua, gramínea, semejante a la tembladera, pero con las espiguillas acorazonadas y violáceas.

CEDACITO. m. d. de cedazo. ‖ CEDACITO *nuevo, tres días en estaca.* ref. que indica que a veces se cuidan más las cosas por su novedad que por su valor. ‖ **2.** fig. Indica asimismo lo poco que suele durar el entusiasmo con que de ordinario se empieza el desempeño de un nuevo cargo.

CEDAZO. (l. *saetācĕum,* cribo de seda.) m. Instrumento formado por un aro y una tela de malla más o menos clara para separar las porciones más sutiles de las más gruesas de algunas cosas, como la harina, etc. ‖ **2.** Cierta red para pescar. ‖ **—eléctrico.** Aparato para separar la harina del salvado y otras partes ligeras que atrae la electricidad convenientemente aplicada. ‖ **P.** peneira; **I.** sieve, strainer; **F.** tamis; **A.** Sieb; **It.** staccio; **R.** решето, сито.

CEDAZUELO. m. d. de cedazo.

CEDENTE. (l. *cedens, -entis*.) p.a. de ceder. Que cede. ‖ **P.** e **It.** cedente; **I.** assigner; **F.** cédant; **A.** Ueberlasser, cedent; **R.** уступчивый.

CEDER. (l. *cedĕre*.) tr. Dar, pasar a otro una acción o derecho. ‖ **2.** intr. Rendirse, sujetarse. ‖ **3.** Ser o resultar una cosa en bien o en mal, para alguien. ‖ **4.** Hablando de ciertas cosas, como el viento, el calor, etc., disminuir. ‖ **5.** Disminuir o cesar la resistencia de algo. ‖ **6.** Ser inferior una persona a otra con la cual se compara. Ú.m. en frases negativas. ‖ **7.** PERÚ, P. RICO y R. DE LA PLATA. Consentir. ‖ **1.ª** acep.: **P.** ceder; **I.** to abate; **F.** cèder; **A.** nachlassen; **It.** scemare; **R.** ослабёлать. ‖ **5.ª** acep.: **P.** diminuir; **I.** to cede; **F.** céder; **A.** beigeben; **It.** cèdere; **R.** перестать.

CEDICIO, CIA. (De *ceder*.) adj. ant. Lacio.

CEDILLA. (d. de *ceda*.) f. Letra de la antigua escritura española que es una *c* con una virgulilla debajo (ç), y expresaba un sonido semejante al de la *z*. || **2.** Esta misma virgulilla.

CEDIZO, ZA. (De *ceder*.) adj. Se aplica a algunas cosas de comer cuando empiezan a corromperse.

CEDO. (l. *cito*, pronto.) adv. ant. Luego, al instante. Se usa aún en el norte de España.

CEDOARIA. (ár. *zadwār*.) f. Raíz medicinal, redonda, de sabor acre, aromática, es del género de la cúrcuma. || **amarilla.** Raíz de propiedades análogas a la anterior procedente de una planta de la India Oriental, del género del jengibre.

CEDRA. f. ant. Cítara.

CEDRAS. f. pl. Alforjas en que los pastores llevan el avío.

CEDRELEÓN. (gr. κέδρος, cedro, y ἔλαιον, aceite.) m. Aceite de cedro especie de resina usada antiguamente.

CEDRENO. m. Quím. Parte líquida de la esencia del cedro.

CEDRERO. (De *cedra*.) m. ant. Citarista.

CEDRIA. (l. *cedria*, y éste del gr. κεδρίς.) f. Goma o resina que destila el cedro.

CÉDRIDE. (l. *cedris*, *-idis*, y éste del gr. κεδρίς.) f. Fruto del cedro, semejante a una piña pequeña, de escamas apretadas.

★ **CEDRILLO.** m. Bot. Amér. Árbol meliáceo, que se cría en el Chaco. Su madera es fina.

CEDRINO, NA. (l. *cedrinus*.) adj. Perteneciente al cedro.

CEDRITO. m. Bebida preparada con resina del cedro y vino dulce.

CEDRO. (l. *cedrus*, y éste del gr. κέδρος.) m. Árbol abietáceo, de tronco grueso, hojas persistentes casi punzantes; su fruto es el cédride, y su madera es aromática y más clara que la del caobo. Vive más de dos mil años. || **2.** Madera de este árbol. || **amargo** o **blanco.** C. Rica. Una clase de las más estimadas por su madera olorosa y duradera. || **de la India.** El de ramas inclinadas y hojas no punzantes. Se utiliza como adorno. || **de Misiones.** Argent. Especie de cedro que forma grandes bosques en las vertientes del Paraná y Uruguay. Su madera es fina. Sus clases numerosas se diferencian poco. || **dulce.** C. Rica. Uno muy gigantesco de madera menos estimada aunque de bella apariencia. || **P.** e **It.** cedro; **I.** cedar tree; **F.** cèdre; **A.** Zeder; **R.** кедр.

CEDRÓLEO. m. Quím. Aceite esencial que se extrae del cedro.

CEDRÓN. m. Planta verbenácea, medicinal, originaria del Perú, aunque también se cría en Chile y Argentina. || **2.** Planta de Costa Rica, Nicaragua y Honduras, cuyas semillas se emplean contra las calenturas y el veneno de las serpientes.

CÉDULA. (l. *schedula*, d. de *schēda*, hoja de papel.) f. Pedazo de papel o pergamino escrito o para escribir en él alguna cosa. || **2.** Documento en que se reconoce una obligación o deuda. || **ante díem.** Papel firmado comúnmente por el secretario de alguna comunidad dando cita para el día siguiente e indicando el asunto que se ha de tratar. || **de comunión.** La que se da a las parroquias en tiempo del cumplimiento pascual para que conste. || **en blanco.** La que va firmada y se da a alguno con derecho a llenarla según lo desee. || **personal.** Documento de identidad que se usó en España. || **real.** Despacho del rey, expedido por un tribunal superior en que se concede una merced o se toma alguna providencia. || *Dar* cédula *de vida*. fr. fig. y fam. que se dice de los que se precian de guapos, porque creen hacer gracia en no quitar la vida. || **P.** cédula; **I.** bill, ticket, schedule; **F.** cédule, billet, fiche; **A.** Zettel, Schein; **It.** scheda, cédula; **R.** записка, удостоверение, этикетка.

CEDULAJE. m. Derecho que se pagaba por el despacho de cédulas reales.

CEDULAR. (De *cédula*.) tr. p. us. Publicar una cosa por medio de carteles puestos en las paredes.

CEDULARIO. m. Colección de cédulas reales.

CEDULÓN. m. fam. aum. de cédula. || **2.** Edicto o anuncio colocado en lugares públicos. || **3.** fig. Pasquín.

CEFALALGIA. (l. *cephalalgía*, y éste del gr. κεφαλαλγία.) f. Med. Dolor de cabeza. || **P.** e **It.** cefalalgia, cephalalgy; **F.** céphalalgie; **A.** Kopfschmerz; **R.** головная боль.

CEFALÁLGICO, CA. adj. Pat. Relativo a la cefalalgia.

CEFALEA. (l. *caphalaea*, y éste del gr. κεφαλαία, de κεφαλή, cabeza.) f. Med. Cefalalgia violenta y tenaz, a veces grave, que afecta ordinariamente a un lado de la cabeza.

CEFÁLICO, CA. (l. *cephalĭcus*, y éste del gr. κεφαλικός.) adj. Zool. Perteneciente a la cabeza. || **2.** Dícese del índice representado por el cociente de dividir la longitud craneana por el producto de la anchura del cráneo por 100. || **3.** Dícese del medicamento que hace desaparecer el dolor de cabeza. || **P.** cefálico; **I.** cephalic; **F.** céphalique; **A.** Kopf-, Haup-(en comp.); **It.** cefálico; **R.** головной.

CEFALITIS. (gr. κεφαλή, cabeza, y el sufijo *-itis*, inflamación.) f. Med. Inflamación de la cabeza.

CÉFALO. (l. *cephālus*, y éste del gr. κέφαλος.) m. Róbalo.

★ **CEFALÓGRAFO.** m. Instrumento con el que, aplicado a la cabeza, se fija sobre un papel los contornos de ella.

CEFALÓPODO. (gr. κεφαλή, cabeza, y πούς, ποδός, pie.) adj. Zool. Se aplica a los moluscos que poseen el manto en forma de saco con una abertura por donde sale la cabeza, que está rodeada de unos tentáculos a propósito para la natación y con ventosas. Generalmente no tienen concha y segregan un líquido negruzco con que enturbian el agua para ocultarse de la vista de sus enemigos. Ú.t.c.r. || **2.** m. pl. Zool. Clase de estos animales. || **P.** cefalópodo; **I.** cephalopod; **F.** céphalopodel; **A.** Kopffüssler; **It.** cefalòpodo; **R.** головоногие.

CEFALORRAQUÍDEO. (gr. κεφαλή, cabeza, y *raquídeo*.) adj. Zool. Se aplica al sistema nervioso cerebroespinal porque éste se encuentra en la cabeza y en la columna vertebral. Se aplica también al líquido incoloro y transparente, en el que se encuentran sumergidos los centros nerviosos de los vertebrados, y que llena también los ventrículos del encéfalo protegiendo aquellos órganos. || **P.** cefaloraquidiano; **I.** cephalo-rachidian; **F.** céphalo-lora-chidien; **A.** Hirnwasser; **It.** cefalo-rachidiano.

★ **CEFALOSCOPIA.** f. Inspección del cerebro y del cráneo.

CEFALOTÓRAX. (gr. κεφαλή, cabeza, y θώραξ, pecho.) m. Zool. Parte del cuerpo de los crustáceos y arácnidos formada por la unión de la cabeza y el tórax.

★ **CEFALOTRIPSIA.** f. Cir. Operación en que se oprime la cabeza del feto cuando no se le puede extraer del seno materno.

CEFEA. f. Sal. Comida que buscan los cerdos hozando en la tierra.

CEFEAR. intr. Sal. Hozar.

CEFEIDA. (De *Cefeo*, constelación boreal.) f. Astron. Se aplica a la estrella variable cuyo período tiene relación con el brillo absoluto, por lo que se calcula su distancia comparando ese brillo con el aparente.

CEFEO. (l. *Cephēus*, y éste del gr. Κηφεύς.) m. Astron. Constelación boreal poco importante, situada cerca de la Osa Mayor.

CÉFIRO. (l. *zephȳrus*, y éste del gr. ζέφυρος.) m. Viento poniente. || **2.** poét. Cualquier viento suave y apacible. || **3.** Tela de algodón casi transparente y de colores variados. || **4.** Rep. Domin. Déficit. || **P.** zéfiro; **I.** zephyr; **F.** zéphyr, zéphirl; **A.** Zephyr; Westwind; **It.** zèffiro; **R.** зефир.

CEFO. (l. *cēphus*, y éste del gr. κῆφος, mono de cola larga.) m. Mamífero cuadrumano, originario de Nubia, de cuerpo rojo y nariz blanca.

CEFRADO, DA. adj. Extr. Cansado, agotado, especialmente por efecto de haber corrido.

CEGADOR, RA. (De *cegar*, deslumbrar.) adj. Que ciega o deslumbra.

CEGAJEAR. (Del m. or. que *cegajo*.) f. ant. Dolencia de los ojos.

CEGAJEZ. (Del m. or. que *cegajo*.) f. ant. Dolencia de los ojos.

CEGAJO, JA. (l. *caecacŭlus*, d. de *caecus*, ciego.) m. adj. Se aplica al cordero o chivo que no llega a primal. Ú.t.c.s.

CEGAJOSO, SA. (De *cegar*.) adj. Se dice del que tiene llorosos y cargados los ojos. Ú.t.c.s. || **P.** remeloso; **I.** blear-eyed; **F.** chassieux; **A.** triefäugig; **It.** cisposo; **R.** слезящимися глазами.

CEGAMA. com. Ál. Cegato.

CEGAMIENTO. (De *cegar*.) m. ant. Ceguedad.

CEGAR. (l. *caecāre*.) intr. Perder enteramente la vista. || **2.** tr. Quitar la vista a alguien. || **3.** fig. Ofuscar el entendimiento, extinguir la luz de la razón, como suelen hacer los afectos y pasiones desordenadas. Ú.t.c.intr. || **4.** fig. Cerrar, macizar alguna cosa antes hueca. || **5.** fig. Tratándose de conductos y pasos estrechos, embarazar con broza u otros estorbos el paso por ellos. || **P.** cegar; **I.** to become blind; **F.** perdre la vue; **A.** erblinden; **It.** accecar; **R.** слепнуть. || **2.ª** acep.: **P.** cegar; **I.** to blind; **F.** aveugler; **A.** blind machen; **It.** accecare; **R.** ослеплять.

CEGARRA. (De *ciego*.) adj. fam. Cegato. Ú.t.c.s.

CEGARRITA. (d. de *cegarra*.) adj. fam. Se aplica a la persona que por debilidad de la vista la recoge mucho para poder ver. Ú.t.c.s.

CEGATERO, RA. (ár. *saqqāt*, revendedor.) m. y f. ant. Regatón, persona que vende por menor los comestibles comprados juntamente.

CEGATO, TA. (l. *caecātus*, cegado.) adj. fam. Corto de vista, o de vista escasa. Ú.t.c.s.

° **CEGATÓN.** m. Amér. Cegato.

CEGATOSO, SA. adj. Cegajoso. Ú.t.c.s.

CEGESIMAL. adj. Se aplica al sistema métrico cuyas medidas fundamentales son el centímetro, el gramo y el segundo.

CEGRÍ. (ár. *tagrī*, fronterizo.) m. Individuo de una familia del reino musulmán de Granada.

★ **CEGUA.** fam. Amér. Central. Cigua.

CEGUECILLO, LLA. adj. d. de ciego. Ú.t.c.s.

CEGUEDAD. (De *ciego*.) f. Total privación de la vista. || **2.** fig. Alucinación que ofusca la razón. || **P.** cegueira, ceguidade; **I.** blindness; **F.** cécité, aveuglement; **A.** Blindheit; **It.** cecità; **R.** слепота.

CEGUERA. (De *ciego*.) f. Ceguedad. || **2.** Especie de oftalmía que deja al enfermo ciego. || **3.** Cuba. Enfermedad del ganado vacuno, por la cual se ponen los ojos blancos. || **azul.** Pat. Discromatopsia en que no se distingue el color azul. || **diurna.** Pat. Nictalopia. || **literal.** Pat. Ceguera verbal o abolición de la facultad de leer las letras del alfabeto. || **psíquica** o **mental.** Abolición de la función visual por lesiones del centro psíquico de la visión. || **P.** cegueira; **I.** blindness; **F.** cécité aveuglement; **A.** Blindheit; **It.** cecità; **R.** ослеплением.

CEGUEZUELO, LA. adj. d. de ciego. Ú.t.c.s.

CEIBA. (Voz haitiana.) f. Bot. Árbol americano bombacáceo, de tronco grueso, frutos cónicos que contienen seis semillas pequeñas envueltas en una especie de algodón. || **2.** Alga con figura de cinta que se cría en el océano.

CEIBAL. m. Lugar con ceibas o ceibos.

CEIBO. m. Bot. Árbol americano, papilionáceo, notable por sus flores de cinco pétalos rojos, que nacen antes que las hojas. Su fruto es peludo, y con semillas ovoides.

CEIBÓN. m. Cuba. Especie de ceiba, de frutos comestibles y flores blancas.

CEILÁN. n. p. V. *Jacinto de* Ceilán.

CEÍNA. (gr. ζέα, espelta.) f. Quím. Substancia extraída del maíz.

CEISATITA. f. Mineral. Variedad de ópalo.

CEJA. (l. *cilia*, pl. n. de *cilium*, ceja.) f. Parte prominente y curvilínea cubierta de pelo sobre la cuenca del ojo. || **2.** Pelo

C

que la cubre. || **3.** fig. Parte que sobresale en algunas cosas. || **4.** fig. Banda de nubes que suele haber sobre la cumbre de los montes. || **5.** fig. Parte superior o cumbre del monte o sierra. || **6.** CUBA. Camino estrecho o vereda en una faja de bosque. || **7.** BOL. y R. DE LA PLATA. Sección de un bosque cortado por un camino. || **8.** MÚS. Listón que poseen los instrumentos de cuerda entre el clavijero y el mástil, para apoyo y separación de las cuerdas. || **9.** PERÚ. Región entre la sierra y la costa. || **10.** BOL. y PERÚ. Lugar donde empieza la parte oriental de los bosques. || **11.** BOL. Mancha que resulta de lavar, para determinar su riqueza, el polvo de un mineral. || *Arquear las* CEJAS. fr. fam. Levantarlas en forma de arco. || *Dar a uno entre* CEJA *y* CEJA. fr. fig. y fam. Decirle algo que sienta mucho. || *Hasta las* CEJAS. m. adv. fig. y fam. Al extremo. || *Quemarse uno las* CEJAS. fr. fig. y fam. Estudiar mucho. || *Tener a uno entre* CEJAS, *o entre* CEJA *y* CEJA. fr. fig. y fam. Mirarle con reparo. || *Tener uno entre* CEJAS *y* CEJA *alguna cosa.* fr. fig. y fam. Fijarse en un pensamiento o propósito. || **P.** supercilio; **I.** eye-brow, brow; **F.** sourcil; **A.** Augenbraue; **It.** sopracciglio, ciglio; **R.** бровь.

★ ¡CEJA! ARGENT. interj. empleada para que los bueyes cejen o retrocedan.

CEJADERO. m. En los carruajes, tirante que se asegura en la retranca de la guarnición para hacerlos cejar o retroceder.

CEJADOR. m. Cejadero.

CEJAR. (l. *cēssāre*, retirarse.) intr. Retroceder, ciar. || **2.** Andar hacia atrás las caballerías que llevan un carruaje. || **3.** fig. Aflojar o ceder un negocio. || **P.** recuar; **I.** to recede; **F.** reculer; **A.** zurückweichen; **It.** retrocèdere, cèdere. || **3.ª** acep.| **P.** afrouxar; **I.** to slacken; **F.** reculer; **A.** nachlassen; **It.** cèdere; **R.** отступить.

CEJE. m. MURC. Planta con que se curan las erupciones.

CEJIJUNTO, TA. (De *ceja* y *junto*.) adj. Que tiene las cejas muy pobladas y de modo que llegan a juntarse.

CEJILLA. f. MÚS. Ceja, abrazadera de la guitarra. || **P.** braçadeira da guitarra; **I.** bridge; **F.** sillat de guitare; **A.** Saitenbrett der Gitarre; **It.** capotasto.

CEJO. (l. *cilium*, ceja.) m. Niebla que se levanta después de salir el sol, sobre los ríos y arroyos. || **2.** MURC. Corte vertical y profundo de una montaña.

CEJO. m. Atadura de esparto para sujetar los manojos de una planta.

CEJUDO, DA. adj. Se dice del que tiene muchas cejas.

CEJUELA. f. d. de ceja. || **2.** MÚS. Pieza suelta que sujeta el mástil de la guitarra mediante la abrazadera a otro medio y sirve para elevar por igual la entonación del instrumento.

CEJUNTO, TA. adj. Cejijunto.

CELA. (l. *cĕlla*, dormitorio, hueco.) f. ant. Celda.

CELADA. (l. [*cassis*], *caelata*, [yelmo] cincelado.) f. Pieza de la armadura con que se defendía la cabeza. || **2.** Parte de la llave de ballesta que se arrima a la quijera. || **P.** celada; **I.** sallet; **F.** salade; **A.** Sturmhaube; **It.** celata; **R.** шлем, латник.

CELADA. (De *celar,* 2.º art.) f. Emboscada de gente oculta y armada, para asaltar al enemigo de improviso. || **2.** Engaño dispuesto con disimulo. || *A* CELADA *de bellacos, más vale por los pies que por las manos.* ref. que indica que es preferible huir que rechazar por la fuerza las añagazas traicioneras. || *A quien has descubierto* CELADA, *de ése te guarda.* ref. que indica lo peligroso de descubrir un secreto, pues muchas veces aquel a quien se confía se aprovecha de él en contra de quien se lo dijo. || **1.ª** acep.| **P.** celada; **I.** ambuscade; **F.** embûche; **A.** Hinterhalt; **It.** celata, imboscata; **R.** засада.

CELADAMENTE. adv. ant. Encubiertamente.

CELADOR, RA. (l. *celātor*.) adj. Que cela. || **2.** m. y f. Persona que por encargo de la autoridad ejerce vigilancia. || **3.** ARGENT. Auxiliar que desempeña funciones subalternas, especialmente de mantener el orden en centros de enseñanza. || **4.** URUG. Polizonte. || **P.** zelador; **I.** over-

seer, inspector; **F.** surveillant, inspecteur; **A.** Aufseher; **It.** inspettore, sorvegliante; **R.** надзиратель.

CELADURÍA. f. Oficina o despacho del celador.

CELAJE. (De *cielo*.) m. Aspecto que presenta el cielo cuando hay nubes tenues y de varios matices. Ú.m. en pl. || **2.** Claraboya o ventana, o la parte superior de ella. || **3.** fig. Presagio anuncio de lo que se espera o desea. || **4.** MAR. Conjunto de nubes. || **5.** PERÚ y P. RICO. Espectro, sombra. || *Como un* CELAJE. m. adv. CHILE. Rápidamente.

CELAJERÍA. (De *celaje*.) f. MAR. Celaje, conjunto de nubes.

CELAMBRE. f. Celos.

CELÁN. m. Especie de arenque.

CELANDÉS, SA. adj. Zelandés. Apl. a pers. ú.t.c.s.

★ **CELANE.** m. QUÍM. Acetato de celulosa. Es muy resistente y se emplea en la fabricación de impermeables.

CELANTE. p.a. ant. de celar. Que cela. || **2.** adj. Se aplica al religioso franciscano que observa rígidamente la regla de no poseer bienes.

CELAR. (l. *zelāre*, emular.) tr. Procurar con particular cuidado la observancia de las leyes, encargos, etc. || **2.** Observar las acciones y movimientos de una persona por recelar de ella. || **3.** Vigilar para que los inferiores cumplan con su deber. || **4.** Atender con esmero a la observación de la persona amada por tener celos de ella. || **P.** zelar; **I.** to be zealous **F.** veiller, montrer du zèle; **A.** überwachen; **It.** zelare; **R.** соблюдать, следить.

CELAR. (l. *celāre*.) tr. Encubrir, ocultar. Ú.t.c.r.

CELAR. (l. *caelāre*.) tr. Grabar en láminas para sacar estampas. || **2.** Cortar con cincel o buril la piedra o madera para esculpir en ellos.

CELASTRÁCEO, A. (De *celastrus,* nombre de un género de plantas y éste del gr. κήλαστρος, cambrón.) adj. BOT. Se aplica a los árboles y arbustos angiospermos dicotiledóneos de hojas opuestas, fruto seco y semillas con arillo. Ú.t.c.s.f. || **2.** f. pl. BOT. Familia de estas plantas.

CELASTRÍNEO, A. adj. BOT. Celastráceo.

CELASTRO. (gr. κήλαστρος, cambrón.) m. BOT. Arbusto celastráceo del que se conocen varias especies que viven en América Septentrional y en África.

CELDA. (l. *cĕllŭla* o de *cella,* cela.) f. Aposento destinado al religioso o religiosa de un convento. || **2.** Aposento individual en colegios y lugares semejantes. || **3.** Cada uno de los aposentos de los presos. || **4.** Celdilla de las abejas. || **P.** cela; **I.** cell; **F.** cellule; **A.** Klosterzelle; **It.** cella; **R.** келья, камера.

CELDILLA. (d. de *celda*.) f. Cada una de las casillas de que se componen los panales de las abejas, avispas, etc. || **2.** fig. Nicho, hueco en la pared. || **3.** Célula, pequeña celda. || **4.** BOT. Cada uno de los huecos que ocupan las simientes en la caja o cajilla.

CELDRANA. f. MURC. Variedad de aceituna gorda.

CELE. m. C. RICA. Celeque.

CELEBÉRRIMO, MA. (l. *celeberrimus.*) adj. sup. de Célebre.

CELEBRACIÓN. (l. *celebratio, -ōnis.*) f. Acción de celebrar. || **2.** Aplauso.

CELEBRADOR, RA. (l. *celebrātor.*) adj. Que celebra alguna cosa.

CELEBRANTE. p.a. de celebrar. Que celebra. || **2.** m. Sacerdote que celebra o está preparándose para celebrar misa. || **P.** e **It.** celebrante; **I.** celebrant; **F.** célébrant; **A.** Zelebrant.

CELEBRAR. (l. *celebrāre.*) tr. Alabar, aplaudir a una persona o cosa. || **2.** Reverenciar, venerar solemnemente con culto público los misterios religiosos y la memoria de los santos. || **3.** Hacer solemnemente alguna junta, función, etc. || **4.** Decir misa. Ú.t.c.intr. || **5.** CUBA. Enamorar. Ú.t.c.r. || **2.ª** acep.| **P.** celebrar; **I.** to celebrate; **F.** célébrer; **A.** feiern; **It.** celebrare; **R.** служить обедню.

CÉLEBRE. (l. *celĕber, -bris.*) adj. Famoso, que tiene fama. || **2.** Chistoso.

CÉLEBREMENTE. adv. Con celebridad.

CELEBRERO. (De *celebrar.*) m. ant. Clérigo que iba a los entierros.

CELEBRIDAD. (l. *celebrĭtas, -ātis.*) f. Fama de una persona o cosa. || **2.** Conjunto de festejos con que se celebra una fiesta. || **3.** Persona famosa. || **P.** celebridade; **I.** celebrity; **F.** célébrité; **A.** Berühmheit, Zelebrität; **It.** celebrità; **R.** слава, известность.

CELEBRO. m. Cerebro.

CELEDÓN. adj. Verdeceledón.

CELEMÍ. (ár. *ṯumnī,* relativo a la octava parte, o sea el tomín.) m. ant. Celemín.

CELEMÍN. (De *celemí.*) m. Medida de capacidad para áridos que tiene cuatro cuartillos. || **2.** Porción de grano o cosa análoga que llena el celemín.

CELEMINADA. (De *celemín.*) f. Celemín. || **2.** Cantidad de granos o cosa parecida que hace la medida de un celemín.

CELEMINEAR. intr. SAL. Andar de un sitio para otro.

CELEMINERO. (De *celemín.*) m. Mozo de paja y cebada.

CELENTÉREO. (gr. κοῖλος, hueco, y ἔντερον, intestino.) adj. ZOOL. Se aplica al animal de simetría radiada cuyo cuerpo contiene una sola cavidad, la digestiva, que comunica por un único orificio con el exterior. Forma uno de los grupos en que se divide el reino animal. Ú.t.c.s. || **2.** m. pl. ZOOL. Grupo que forman estos animales.

CELEQUE. (Del azteca *celic.*) adj. EL SALV. y HOND. Se aplica a las frutas tiernas o en leche.

CELERA. f. Celos. Ú.m. en plural.

CELERADO, DA. (l. *scelerātus,* de *scelus,* maldad.) adj. ant. Malvado, perverso.

CELERAMIENTO. (De *celerar.*) m. ant. Aceleramiento.

CELERAR. (l. *celerāre.*) tr. ant. Acelerar.

CELERARIO, RIA. adj. ant. Celerado.

CÉLERE. (l. *celer, -ĕris.*) adj. Pronto. || **2.** m. Individuo del orden ecuestre de los primeros tiempos de Roma. || **3.** f. pl. MIT. Las horas.

CELERIDAD. (l. *celerĭtas, -ātis.*) f. Velocidad, prontitud. || **P.** celeridade; **I.** celerity; **F.** célérité; **A.** Schnelligkeit; **It.** celerità; **R.** быстрота, скорость.

CELERIZO. m. ant. Cellerizo.

CELESCOPIO. (gr. κοῖλος, hueco, y σκοπέω, examinar.) m. FÍS. Aparato con el que se iluminan las cavidades de un ser orgánico.

CELESTA. f. MÚS. Instrumento con teclas que produce el sonido golpeando láminas de acero con los macillos.

CELESTE. (l. *caelestis.*) adj. Perteneciente al cielo. || **2.** Se aplica al color azul pálido. Ú.t.c.s. || **3.** Se aplica a un registro del órgano que da sonidos suaves. Ú.t.c.s. || **4.** Perteneciente a este registro. || **P.** e **It.** celeste; **I.** heavenly; **F.** céleste; **A.** himmlisch; **R.** небесный, лазурный.

CELESTIAL. (De *celeste.*) Perteneciente al cielo o mansión eterna de los bienaventurados. || **2.** fig. Delicioso, perfecto. || **3.** irón. Bobo. || **4.** fig. V. *Música* CELESTIAL. || **P., I.** y **F.** celestial; **A.** göttlich, himmlisch; **It.** celestiale; **R.** небесный, божественный.

CELESTIALMENTE. adv. Por virtud o disposición del cielo. || **2.** fig. Perfecta, agradablemente.

CELESTINA. (Por alusión al personaje de la tragicomedia *Calixto y Melibea*.) f. fig. Alcahueta.

CELESTINA. (De *celeste.*) f. MINERAL. Sulfato de estronciana, azulado, insoluble en los ácidos. Da a la llama un vivo color rojo carmesí. Se presenta en cristales rómbicos.

CELESTINA. f. Avecilla canora de Tucumán (Argentina), con alas verdes y azuladas y el resto amarillo.

CELESTINESCO, CA. (De *celestina,* 1.er art.) adj. Propio o perteneciente a la celestina.

CELESTINO, NA. adj. Se aplica al religioso de la orden de los eremitas fundada por el Papa Celestino V. Ú.t.c.s. || **2.** Perteneciente o relativo a esta orden.

CELESTRE. (De *celeste*, por su color.) m. Baño que se daba a los paños.

★ **CELEÚSTICA.** f. Arte de transmitir órdenes mediante toques militares.

CELFO. m. Cefo.

CELIA. (Voz primitiva de la lengua española.) f. Bebida de los españoles antiguos que se hacía a modo de la chicha o cerveza.

CELIACA. (l. *coeliăca*, t. f. de *-cus*, celiaco.) f. MED. Diarrea blanquecina.

CELIACO, CA. [CELÍACO, CA]. (l. *coeliăcus*, y éste del gr. κοιλιακός, de κοιλία, vientre.) adj. ZOOL. Perteneciente o relativo al vientre o a los intestinos. || 2. MED. Enfermo de celiaca. Ú.t.c.s.|| 3. MED. Perteneciente a esta enfermedad. || 4. Se dice de la arteria que lleva la sangre al vientre. Ú.t.c.s. || **P.** celíaco; **I.** coeliac; **F.** cœliaque; **A.** Bauch-(en comp.); **It.** celiaco.

CELIBATO. (l. *caelibātus*.) m. Soltería. || 3. fam. Hombre célibre. || **P.** e **It.** celibato; **I.** celibacy; **F.** célibat; **A.** Zölibat, Ehelosigkeit; **It.** безбрачие.

CÉLIBE. (l. *caelebs, -ĭbis.*) adj. Se aplica al que no se ha casado. Ú.t.c.s. || **P.** célibe; **I.** celibate; **F.** célibataire; **A.** unverheiratet; **It.** cèlibe; **R.** холостяк.

CÉLICO, CA. (l. *caelicus*, celeste.) adj. poét. Celeste, perteneciente al cielo. || 2. poét. Celestial, delicioso.

CELÍCOLA. (l. *caelum*, cielo, y *colĕre*, habitar.) m. Habitante del cielo.

CELIDONATO. m. QUÍM. Sal que resulta combinando el ácido celidónico con una base.

CELIDONIA. (l. *chelidonia*, y éste del gr. χελιδόνιον, d. de χελιδών, golondrina, porque antes se creía que esta ave la usaba para dar vista a sus polluelos.) f. Hierba papaverácea, de tallo ramoso, hojas verdes por encima y amarillentas por debajo. Por cualquier parte que se la corte da un jugo amarillo que se ha empleado en medicina sobre todo contra las verrugas. || **—menor.** Hierba ranunculácea, venenosa, empleada en medicina.

CELIDÓNICO, CA. adj. QUÍM. Se aplica a un ácido contenido en la celidonia, combinando la cal y con ácidos orgánicos.

CELIDUEÑA. f. ant. Celidonia.

CELINDA. f. Jeringuilla.

CELINDRATE. (cat. *celindrat*, de *celindre*, cilantro.) m. Guisado hecho con cilantro.

CELO. (l. *zelus*, y éste del gr. ζῆλος.) m. Impulso íntimo que anima a las buenas obras. || 2. Amor extremado y eficaz a la gloria de Dios y al bien de las almas. || 3. Por ext. cuidado del bien de las personas y cosas. || 4. Recelo de que cualquier bien que uno goce, pueda llegar a otro. || 5. Apetito de la generación en los irracionales. || 6. fig. Sospecha, recelo de que la persona amada haya mudado de cariño amando a otro. || *Dar* CELOS. fr. Dar una persona motivo para que otra los sienta. || *Pedir* CELOS. fr. Hacer cargo a la persona amada de haber puesto el cariño en otra. || **P.** e **It.** zelo; **I.** zeal; **F.** zèle; **A.** Eifer; **R.** усердие. || 4.ª acep.: **P.** zelo; **I.** jealousy; **F.** jalousie; **A.** Eifersucht; **It.** gelosia; **R.** рвение. || 5.ª acep.: **P.** cío; **I.** heat, rut; **F.** chaleur, rut; **A.** Brunst; **It.** frega, caldo; **R.** течка.

★ **CELOBIOSA.** f. QUÍM. Disacárido análogo a la maltosa que se forma en la hidrólisis de la celulosa.

CELOFÁN. (fr. *cellophane*, de *cell*, abrev. de celulosa, y *phane*, del gr. φαίνω, mostrar.) m. Tejido delgado, flexible, a manera de papel transparente, hecho de viscosa solidificada, se emplea sobre todo para envolver objetos y preservarlos de la humedad.

★ **CELÓFANO.** m. QUÍM. Celofán, papel transparente usado en el comercio para envolver comestibles y diversos objetos.

CELOIDINA. f. Preparación de los papeles fotográficos para hacerlos sensibles a la luz.

CELOSA. f. BOT. CUBA. Arbusto espinoso, verbenáceo, de madera amarilla con vetas suaves, dura, pesada y compacta.

CELOSAMENTE. adv. Con celo.

CELOSÍA. (De *celoso*.) f. Enrejado que se coloca en las ventanas para que desde dentro se vea sin ser vistos. || 2. Por ext., enrejado semejante a la celosía. || 3. Celotipia. || **P.** e **It.** gelosia; **I.** lattice; **F.** jalousie; **A.** Fenster-Gitter, Jalousie; **R.** жалюзи.

CELOSO, SA. (l. *zelōsus*.) adj. Se dice del que tiene celo o celos. || 2. Receloso. || 3. MAR. Se dice de la embarcación que aguanta poca vela por falta de estabilidad. || 4. CHILE y ARGENT. Se aplica al arma de fuego que se dispara con mucha facilidad y a la balanza y trampa, etc., que funciona al menor movimiento. || **P.** zeloso; **I.** jealous; **F.** jaloux; **A.** eifersüchtig; **It.** geloso; **R.** ревнивый.

★ **CELOTEX.** m. Material aislante del sonido, calor, humedad y electricidad. Es resistente, elástico y ligero. Está formado principalmente por celulosa y algunas resinas sintéticas y otras substancias.

CELOTIPIA. (l. *zelotypía*, y éste del gr. ζηλοτυπία, de ζηλότυπος, celoso.) f. Pasión de los celos. || **P.** celotipia; **I.** zelotypia; **F.** zélotipie; **A.** Eifersucht; **It.** zelotipia; **R.** ревность.

CELSITUD. (l. *celsitūdo*, de *celsus*, elevado.) f. Elevación, grandeza de una persona o cosa.

CELTA. (l. *celta*.) adj. Se dice del individuo de una nación que se estableció en parte de la antigua Galia, de las Islas Británicas y también de España. Ú.t.c.s. || 2. Perteneciente a dicha nación. || 3.·m. Idioma de los celtas. || **P.** e **It.** celta; **I.** Celt, Kelt; **F.** celte; **A.** Kelte; **R.** кельт.

CELTIBÉRICO, CA. (l. *celtiberĭcus*.) adj. Celtíbero, natural de la antigua Celtiberia. || 2. Perteneciente a la Celtiberia, territorio de la España Tarraconense.

CELTIBERIO, RIA. (l. *celtiberĭus*.) adj. Celtibérico. Apl. a pers. ú.t.c.s.

CELTÍBERO, RA. [CELTIBERO, RA] adj. Natural de la antigua Celtiberia. Ú.t.c.s. || 2. Celtibérico, perteneciente a la antigua Celtiberia. || **P.** celtibero; **I.** Celtiberian; **F.** celtibère; **A.** Keltiberer; **It.** celtibèro; **R.** кельтибер.

CÉLTICO, CA. (l. *celtĭcus*.) adj. Perteneciente a los celtas. || **P.** céltico; **I.** Celtic; **F.** celtique; **A.** keltisch; **It.** cèltico; **R.** кельтский.

CELTÍDEO, A. (l. *celtis*, almez.) adj. BOT. Se aplica a los árboles o arbustos ulmáceos, con hojas alternas, generalmente de tres nervios, y con fruto en drupa carnosa con una sola semilla. Ú.t.c.s. || 2. f. pl. BOT. Familia de estas plantas.

CELTISMO. (De *celta*.) m. Doctrina que supone que en la lengua céltica está el origen de la mayoría de las modernas. || 2. Tendencia de algunos arqueólogos a reputar célticos los monumentos megalíticos. || 3. Amor a todo lo relativo al pueblo celta.

CELTISTA. com. Persona que estudia la lengua y literatura célticas.

CELTOHISPÁNICO, CA. adj. Se dice de los restos de la cultura céltica en España.

CELTOHISPANO, NA. adj. Celtohispánico.

CELTOLATINO, NA. adj. Se aplica a las palabras célticas incorporadas al latín.

CELTRE. m. ant. Acetre.

CÉLULA. (l. *cellŭla*, d. de *cella*, hueco.) f. Pequeña celda o seno. || 2. BIOL. Cada uno de los dos elementos generalmente microscópicos, formados por protoplasma y con vida propia, y que según los conceptos de la teoría celular son las unidades morfológicas y fisiológicas que componen el cuerpo de las plantas y de los animales. || **—de Kerr.** FÍS. Aparato modulador de la luz que tiene fundamento en el giro del plano de polarización de la luz polarizada cuando ésta atraviesa un campo eléctrico. || **—fotoeléctrica.** FÍS. Dispositivo con el que se aprovechan las propiedades de ciertos cuerpos que son conductores de la electricidad o emiten electrones cuando les da la luz natural o ultravioleta. Este dispositivo transforma estas variaciones luminosas en corriente eléctrica. Tiene una función semejante a la que tiene el micrófono con respecto al sonido. || **—pigmentaria.** La que tiene glándulas de pigmento. || **—plasmática.** BIOL. Cada una de las que existen en varias membranas mucosas y frecuentemente en estado patológico. El núcleo posee gran cantidad de cromatina, que se dispone característicamente y se tiñe con los colores básicos. || CÉLULAS *antipodas.* ANAT. Grupo de cuatro células en el embrión primitivo. || 2.ª acep.: **P.** célula; **I.** cell; **F.** cellule **A.** (Gewebe)-Zelle; **It.** cèllula; **R.** клетка.

CELULADO, DA. adj. Provisto de células o dispuesto en forma de ellas.

CELULAR. (De *célula*.) adj. Perteneciente o relativo a las células. || 2. FOR. Se aplica a la cárcel donde los presos están incomunicados. || **P.** celular; **I.** cellular; **F.** cellulaire; **A.** zellular; **It.** cellulare; **R.** клеточный.

CELULARIO, RIA. adj. Se dice de lo formado de muchas células o celdillas.

CELULITA. (De *célula*.) f. Especie de pasta que se emplea en la industria; se obtiene al machacar la fibra leñosa, mezclándola substancias minerales, cera y caucho.

CELULOIDE. (l. *cellŭla*, hueco, y el gr. εἶδος, forma.) m. Substancia fabricada de pólvora de algodón y alcanfor. Es un cuerpo sólido. Empléase en la industria, para imitar el marfil, la concha, etc. || **P.** celulóide; **I.** celluloid; **F.** celluloïd, celluloide; **A.** Zelluloid; **It.** celluloide; **R.** целлулоид.

CELULOSA. (l. *cellŭla*, hueco.) f. QUÍM. Cuerpo sólido insoluble en el agua, el alcohol y el éter. Forma generalmente la membrana envolvente de las células vegetales. En ácidos minerales mediante ebullición se descompone en hidratos de carbono más sencillos. Con el ácido nítrico da un compuesto fulminante análogo a la nitroglicerina. Compone, casi completo, el papel sin cola. || **—coloide.** QUÍM. Materia gelatinosa obtenida tratando la celulosa con ácido sulfúrico de 1,53 de densidad eliminando después el ácido y lavando la masa que resulta con agua y alcohol. || **—nítrica.** QUÍM. La que sirve para formar el colodión. || **P.** celulose; **I.** y **F.** cellulose; **A.** Zellulose; **It.** cellulosa; **R.** целлюлоза.

CELLA. f. ARQ. Espacio interior de los templos griegos y romanos comprendido entre el pronaos y el pórtico.

CELLAR. (l. *circulāris*.) adj. Se dice del hierro forjado en barras de cinco centímetros de largo y uno de grueso.

CELLENCA. f. Mujer pública.

CELLENCO, CA. (l. *senicŭlus*, d. de *senex*, viejo.) adj. fam. Se aplica a la persona que se maneja con dificultad.

CELLERIZO. m. ant. Cillerizo.

CELLERO. (l. *cellarĭus*.) m. ant. Cillero.

CELLISCA. f. Temporal de agua y nieve menuda, impelidas fuertemente por el viento.

CELLISQUEAR. intr. Caer agua y nieve impelidas por fuerte viento.

CELLO. (l. *cingŭlum*, ceñidor.) Aro para sujetar las duelas de los pipotes, cubas, etc.

★ **CEMA.** f. CHILE. Acemita.

CEMBO. m. LEÓN. Cada uno de los caballones de los bordes de los ríos, arroyos, acequias, senderos y caminos.

CEMBRIO. m. LEÓN. Parte superior de una montaña, batida por el viento que ofrece paso fácil en tiempo de nieve.

CEMENTACIÓN. f. Acción y efecto de cementar.

CEMENTAR. (De *cemento*.) tr. Calentar una pieza de metal en contacto con otra en polvo o pasta. || 2. MIN. Meter barras de hierro en disoluciones de sales de cobre para que se precipite este metal. || **P.** cementar; **I.** to cement; **F.** cémenter; **A.** zementieren; **It.** cementare; **R.** цементовать.

CEMENTERIAL. adj. Perteneciente al cementerio.

CEMENTERIO. (l. *coemeterĭum* y éste del gr. κοιμητήριον.) m. Terreno destinado a enterrar cadáveres. || **P.** cemitério; **I.** cemetery, burying-ground; **F.** cimetière; **A.** Friedhof; **It.** cimitero, camposanto; **R.** кладбище.

★ **CEMENTITA.** f. QUÍM. Compuesto formado por carbono disuelto en hierro fundido; es duro y frágil.

C

C

CEMENTO. (l. *cementum*, usado en la Vulgata por argamasa.) m. Cal muy hidráulica. || **2.** Materia para cementar una pieza de metal. || **3.** Masa mineral que une los fragmentos que forman las rocas. || **4.** Zool. Tejido óseo que cubre la raíz de los dientes de los vertebrados. || **5.** Quím. Materia para unir entre sí los cuerpos sólidos. || **—armado.** Hormigón armado. || **—de Portland.** Cemento hidráulico llamado así por su color, después de seco, semejante al de la piedra de las canteras inglesas de Portland. || **—hidráulico.** Materia pulverulenta obtenida por la calcinación de una mezcla de cal apagada y arcilla. Se endurece por la acción del agua. || **—real.** Pasta formada por cuatro partes de arcilla seca, una de caparrosa y otra de sal marina. || **—termoplástico.** Quím. Cemento de propiedades adhesivas, flexible, impermeable al agua, y resistente a la acción de las grasas. Está formado por acetato de celulosa y resina sintética. || **P. e It.** cemento; **I.** cement; **F.** ciment; **A.** Zement; **R.** цемент.

CEMENTOSO, SA. adj. Se dice de lo que tiene cualidades de cemento.

★ **CEMITA.** f. Amér. Acemita.

★ **CEMPASÚCHIL.** m. Bot. Méj. Clavel de las Indias.

CEMPOAL. m. Méj. Clavel de las Indias.

★ **CEMPOALJOCHITL.** m. Bot. Méj. Flor amarilla de la maravilla.

CENA. (l. *coena*.) f. Comida que se toma por la noche. || **2.** Acción de cenar. || **3.** Por antonom., última cena de Nuestro Señor Jesucristo con sus apóstoles. || **4.** V. *Jueves* de la cena. || *Acuéstate sin cena y amanecerás sin deuda.* ref. que reprende a los que gastan aun de lo que no les pertenece. || *La* cena *y la guerra comiénzala, que ella se atea.* ref. que advierte el peligro de comenzar ciertas cosas que pueden ser malas, ya que ellas solas se acrecientan luego. || **P.** ceia; **I.** supper; **F.** souper; **A.** Abendessen; **It.** cena; **R.** ужин. || **3.ª** acep.: **P.** Cena; **I.** Lord's Supper; **F.** Cène; **A.** Abendmahl Christi; **It.** Cena Domini; **R.** тайная вечеря.

CENA. (Por *ecena*, del l. *scaena*, escena.) f. ant. Escena.

CENAAOSCURAS. (De *cenar* y *a oscuras*.) com. fig. y fam. Persona huraña. || **2.** fig. y fam. Persona que por tacaña se priva aun de lo preciso.

CENÁCULO. (l. *cenaculum*, cenador.) m. Sala en que Cristo Nuestro Señor celebró la última cena. || **2.** fig. Reunión poco numerosa de quienes sienten la misma idea, más ordinariamente de artistas y literatos. || **P.** cenáculo; **I.** cenacle; **F.** cénacle; **A.** Abendmahlssaal; **It.** cenáculo.

CENACHO. (ár. *şannāý*, capacho del molino de aceite.) m. Espuerta de esparto o palma, con dos asas, que se emplea para llevar carne, pescado, hortalizas, etc. || **2.** P. Rico. Camastro. || **P.** alcota; **I.** basket. **F.** cabas; **A.** Handkorb; **It.** sporta; **R.** корзина.

★ **CENADA.** f. Méj. Acción de cenar.

CENADERO. (l. *cenatorium*, cenador.) m. Sitio destinado para cenar. || **2.** Cenador en los jardines.

CENADO, DA. (l. *cenatus*, cenado.) adj. Se aplica al que ha cenado.

CENADOR, RA. (De *cenar*, 2.º art.) adj. Se dice del que cena. Ú.t.c.s. || **2.** Que cena excesivamente. Ú.t.c.s. || **3.** m. Espacio en general redondo, situado en los jardines, vestido de plantas trepadoras, parras, etc. || **4.** Cada una de las galerías de las plantas bajas de algunas casas de Granada, y cuyo techo sirve de piso a otra galería alta. || **3.ª** acep.: **P.** caramanchão; **I.** arbour, bower; **F.** berceau, tonnelle; **A.** Gartenlaube; **It.** pergoletta; **R.** ужинающий, беседка.

CENADURÍA. (De *cenador.*) f. Méj. Fonda en que se sirven comidas por la noche.

CENAGAL. (Del ant. *cenagar*, del l. *coenicāre*, de *coenum*, cieno.) m. Lugar lleno de cieno. || **2.** fig. y fam. Negocio de difícil salida. Ú. con los verbos *meter, salir,* etc. || **P.** cenagal; **I.** quagmire, marsh; **F.** bourbier; **A.** Sumpfloch; **It.** fangaio; **R.** трясина, топь.

CENAGOSO, SA. (l. *coenicōsus*, de *coenum*, cieno.) adj. Lleno de cieno. || **P.** cenoso; **I.** miry, muddy; **F.** bourbeux; **A.** schlammig, kotig; **It.** fangoso, motoso; **R.** топкий.

CENAL. m. Mar. Aparejo de los faluchos que sirve para cargar la vela por alto.

CENANCLE. m. Méj. Mazorca del maíz.

CENAR. m. ant. Cena, comida que se toma por la noche.

CENAR. (l. *coenāre*.) intr. Tomar la cena. || **2.** tr. Comer en la cena tal o cual cosa. || **P.** cear; **I.** to sup; **F.** souper; **A.** zu Abend essen; **It.** cenare; **R.** ужинать.

CENATA. (De *cena*, 1.er art.) f. Colom. y Cuba. Cena alegre y abundante entre amigos.

CENCA. f. Perú. Cresta de las aves.

CENCAPA. f. Perú. Jáquima de la llama o del carnero.

CENCELLADA. f. Sal. Rocío, escarcha.

CENCEÑO, ÑA. (l. *sincerus*, puro, con cambio de sufijo.) adj. Delgado, enjuto. Se aplica a personas, animales y plantas. || **P.** espalgado; **I.** lean; **F.** maigre; **A.** schlank; **It.** magro; **R.** худой.

CENCERRA. f. Cencerro.

CENCERRADA. f. fam. Ruido desapacible producido con cencerros o cosas semejantes para burlarse de los viudos en la primera noche de su nuevo matrimonio. || **P.** chocalhada; **I.** shivaree; **F.** charivari; **A.** Katzenmusik; **It.** chiassata; **R.** кошачий концерт.

CENCERRADO, DA. adj. ant. Encerrado.

CENCERREAR. intr. Tocar insistentemente cencerros. || **2.** Tocar destempladamente un instrumento, en particular la guitarra. || **3.** fig. y fam. Hacer ruido desagradable con aldabas y cerrojos, puertas y ventanas flojas, etc.

CENCERREO. m. Acción y efecto de cencerrear.

CENCERRIL. adj. ant. Perteneciente al cencerro.

CENCERRILLAS. f. pl. Ál. Colleras con campanillas o cencerros para caballerías.

CENCERRIÓN. m. ant. Cerrión.

CENCERRO. (Del vasc. *cincerria*.) m. Campana pequeña y cilíndrica, fabricada de hierro o cobre, que se cuelga al pescuezo de las reses. || **—zumbón.** El que se pone al animal que sirve de guía, y para que suene más suele ponérsele un sobrecerco alrededor de la boca. || *A* cencerros tapados. m. adv. Rellenando con alguna cosa, como hierba, los cencerros de las reses para que no suenen. || **2.** fig. y fam. Callada y cautelosamente. || **P.** chocalho; **I.** bell; **F.** sonnaille; **A.** Viehglocke; **It.** campano, squilla; **R.** колокольчик.

CENCERRÓN. m. Redrojo, racimo pequeño de uvas que queda en la vid después de la vendimia.

CENCIDO, DA. (De *sencido.*) adj. Dícese de la hierba o terreno no hollados.

CENCÍO. adj. Sal. Dícese del terreno fértil. || **2.** m. Sal. Frescor de la ribera.

CENCIVERA. f. Ar. Cierta clase de uva temprana y menuda.

CENCO. m. Cierto reptil ofidio que vive en América.

CENCUATE. m. Méj. Culebra venenosa y muy pintada.

CENCHA. (l. *cingula*, pl. n. de *cingulum*, ceñidor.) f. Traviesa para fijar los pies de las camas, sillones, etc.

CENDAL. (Del prov. *sendal.* y éste del l. *sindon, -onis*, con cambio de sufijo.) m. Tela de seda o lino delgada y trasparente. || **2.** Barbas de la pluma. || **3.** Mar. Embarcación moruna muy larga, ordinariamente armada en guerra. || **3.** pl. Algodones que se ponen en los tinteros. || **4.** Colom. Jirones. || **P.** y **F.** cendal; **I.** sendal; **A.** Krepp; **It.** zendale, zendado; **R.** сендаль.

CENDALÍ. adj. Perteneciente o relativo al cendal.

CÉNDEA. f. En Navarra, congregación de los pueblos que forman un ayuntamiento.

CENDOLILLA. (De *cendal.*) f. Moza de escaso juicio.

CENDRA. (De *cendrar.*) f. Pasta de ceniza de huesos, con que se hacen las copelas para afinar el oro y la plata. || *Ser* uno *una* cendra o *vivo como una* cendra. fr. fig. y fam. Tener mucha viveza.

CENDRADA. (De *cendrar.*) f. Cendra. || **2.** Asiento de ceniza que se coloca en la plaza del horno para afinar la plata.

CENDRADILLA. (d. de *cendra.*) f. Min. Horno pequeño para afinar metales ricos.

CENDRADO, DA. (De *cendrar.*) adj. Acendrado, puro, sin defecto.

CENDRAR. (l. *cinerāre*, hacer ceniza.) tr. Acendrar.

CENDRAZO. (De *cendra.*) m. Parte de la copela que se arranca con los pallones antes de pesarlos.

CENEFA. (ár. *şanita*, borde o fimbria del vestido.) f. Lista sobrepuesta o tejida en los bordes de vestidos, cortinas, etc. || **2.** En las casullas, lista de en medio que suele ser de color diferente. || **3.** Dibujo de ornamentación a lo largo de los muros, pavimentos, techos, etc. Suele consistir en la repetición de unos mismos elementos decorativos. || **4.** Mar. Madero grueso que rodea una cofa o en el que se apoya su armazón. || **5.** Mar. Cada uno de los cantos del armazón de los tambores en las ruedas de un vapor. || **6.** Mar. Tira de lona colgante de las relinchas del toldo para evitar que entre el sol por el costado. || **P.** sanefa; **I.** border; **F.** bordure; **A.** Borte; **It.** orlo; **R.** кайма.

★ **CENEGOSO, SA.** adj. Amér. Central y Ecuad. Cenagoso.

CENEJA. f. Murc. Tejido de esparto, ceñidor.

CENEQUE. m. Germ. Panecillo.

CENERO. (l. *sincērus*, intacto.) m. Ar. Terreno no pacido.

CENESTESIA. (gr. κοινός, común, y αἴσθησις, sensación.) f. Fil. Sensación general de la existencia del propio cuerpo, independiente de los sentidos, resultante de las sensaciones de los diferentes órganos sobre todo de los torácicos y abdominales.

CENESTÉSICO, CA. adj. Perteneciente o relativo a la cenestesia.

★ **CENESTILLO.** m. P. Rico. Canastillo, cestillo.

CENETE. (Del berber. *Zanāta*, tribu de dicho nombre.) adj. Se aplica al individuo de la tribu berberisca de Zenete del África Septentrional. Ú.m.c.s. y en pl. || **2.** Perteneciente a esta tribu.

CENHEGÍ. (Del berber. *şinhāýi*, de la tribu de los *Sinhāýa*.) adj. Se dice del individuo de la tribu berberisca de Sanhaga de cuyo seno salieron los almorávides. Ú.m.c.s. y en pl. || **2.** Perteneciente a dicha tribu.

CENÍ. (ár. *şinī*, perteneciente o relativo a la China.) m. Especie de latón o de azófar muy fino.

CENIA. (Del m. or. que *aceña*, sin el art. *al.*) f. Azuda o máquina simple para elevar el agua y regar terrenos, usada en Valencia. || **2.** En Marruecos, noria para elevar el agua de los pozos. || **3.** En Marruecos, jardín regado con dicho artefacto.

CENICENSE. adj. Natural de Cenia, en Tarragona. Ú.t.c.s. || **2.** Perteneciente o relativo a dicha villa.

CENICERENSE. adj. Natural de Cenicero, villa de la provincia de Logroño. Ú.t.c.s. || **2.** Perteneciente o relativo a esta villa.

CENICERO. m. Espacio que hay debajo de la rejilla del hogar para que en él se meta la ceniza. || **2.** Sitio donde se coloca la ceniza. || **3.** Vasija donde el fumador va dejando la ceniza del cigarro. || **P.** cinzeiro; **I.** ash-pan, ash-pit; **F.** cendrier; **A.** Aschenbecher; **It.** ceneraio; **R.** зольный ящик.

CENÍCERO. m. Amér. Merid. Cenízaro.

CENICIENTA. f. Persona o cosa injustamente postergada o despreciada.

CENICIENTO, TA. adj. Que tiene color de la ceniza. || **P.** cinzento; **I.** ashy. ashy-gray; **F.** cendré, cendreux; **A.** asch-

C

grau; **It.** cenerognolo, cinerizio; **R.** пепельный (о цвете).

CENICILLA. (d. de *ceniza*.) f. Oídio.

CENISMO. (gr. κοινισμός.) m. Mezcla de dialectos.

CENIT. (Del m. or. que *acimut*, por error de transcripción de los copistas.) m. ASTRON. Punto del hemisferio celeste superior al horizonte que corresponde verticalmente a un lugar de la Tierra. || **P.** zénite; **I.** zenith; **F.** zénith; **A.** Zenit; **It.** zenit; **R.** зенит.

CENITAL. adj. Perteneciente o relativo al cenit.

CENIZA. (l. *cinĭsea*, de *cĭnis*.) f. Polvo de color gris claro que queda después de la combustión completa, y está integrado en general de sales alcalinas y térreas, sílice y óxidos metálicos. || **2.** PINT. Cernada, mezcla de ceniza y cola con que se imprimen los lienzos que se han de pintar. || **3.** Cenicilla. || **4.** fig. Reliquias o residuos de un cadáver. Ú.m. en pl. || —**azul** o **cenizas azules.** Carbonato de cobre artificial mezclado ordinariamente con cal y óxido de cobre. || —**verde** o **cenizas verdes.** Mezcla de sulfatos de cobre con cierta combinación arsenical. || *Hacer* CENIZA *o* CENIZAS *una cosa.* fig. y fam. Destruirla, disiparla por completo. || *Huir de las* CENIZAS *y caer en las brasas.* ref. que indica que a veces al salir de un mal caemos en otro mayor. || *Tomar una la* CENIZA *en la frente.* fr. fig. y fam. Vencerle, superándole en algo o convenciéndole en alguna disputa. || *Reducir a* CENIZAS *una cosa.* fr. fig. Destruirla, reduciéndola a partes muy pequeñas. || *Tomar uno la* CENIZA. fr. Recibirla en la frente de las manos del sacerdote el primer día de cuaresma. || **P.** cinza; **I.** ash,ashes; **F.** cendre; **A.** Asche; **It.** cènere; **R.** зола, пепел.

CENIZAL. m. Cenicero.

CENÍZARO. m. BOT. C. RICA. Árbol mimosáceo, de copa ancha, con flores rosadas o rojas según la variedad; su fruta sirve de alimento al ganado. Su madera es fina y dura.

CENIZO, ZA. adj. Ceniciento, de color de la ceniza. || **2.** m. BOT. Planta silvestre, quenopodiácea, de hojas verdes por encima y cenicientas por el envés. || **3.** BOT. Cenicilla. || **4.** fam. Aguafiestas.

CENIZOSO, SA. adj. Que tiene ceniza. || **2.** Cubierto de ceniza. || **3.** Ceniciento, de color de ceniza.

CENOBIAL. adj. Perteneciente al cenobio.

CENOBIO. (l. *coenobĭum*, y éste del gr. κοινόβιον, de κοινός, común, y βίος, vida.) m. Monasterio. || **P.** cenóbio; **I.** cenoby, coenobium; **F.** cénobie; **A.** Zönobitenhaus; **It.** cenobio; **R.** монастырь.

CENOBITA. (l. *coenobīta*. com. Persona que profesa la vida monástica. || **P.** e **It.** cenobita; **I.** cénobite; **F.** cénobite; **A.** Zönobit, Klosterbruder; **R.** монах.

CENOBÍTICO, CA. adj. Perteneciente al cenobita.

CENOBITISMO. m. Método de vida de los cenobitas. || **2.** Cosa peculiar en ellos. || **P.** e **It.** cenobitismo; **I.** cenobitism; **F.** cenobitisme; **A.** Mönchsleben; **R.** монашеский образ жизни.

★ **CENOGÉNESIS.** f. BIOL. Producción de caracteres nuevos en los seres orgánicos. || **2.** BIOL. Modificación de los descendientes con relación a los ascendientes. || **3.** BIOL. Ciclo de evolución de los mamíferos, desde su nacimiento a la plenitud de su desarrollo. || **P.** cenogénesis; **I.** caenogenesis; **F.** cénogenèse; **A.** Könogenese; **It.** cenogénesi.

CENOJIL. (ant. *xenojil* y éste der. del l. *genŭcŭlum*, rodilla.) m. Liga para asegurar las medias.

★ **CENOLOGÍA.** f. Fís. Parte de la Física que estudia el vacío y los medios de producirlo. || **P.** cenologia; **I.** cenology; **F.** cénologie; **A.** Könologie; **It.** cenologia.

CENOPEGIAS. (l. *scenopegia* y éste del gr. σκηνοπηγία, de σκηνή, rienda, y πήγνυμι, fijar.) f. pl. Fiesta de los tabernáculos.

CENOSO, SA. (l. *coenōsus*.) adj. ant. Cenagoso.

CENOTAFIO. (l. *cenotaphĭum*, y éste del gr. κενοτάφιον, de κενός, vacío, y τάφος, sepulcro.) m. Monumento funerario sin el cadáver de aquel a quien se ha dedicado. || **P.** cenotáfio; **I.** cenotaph; **F.** cénotaphe; **A.** Kenotaph; **It.** cenotafio; **R.** пустой погребальный монумент.

CENOTE. m. Depósito de agua que se halla en algunas cavernas de Méjico y otras partes de América. Generalmente a gran profundidad. || **2.** MÉJ. Gruta donde vuelve a la superficie un río subterráneo.

CENOZOICO, CA. (gr. καινός, nuevo, y ζῶον, animal.) adj. GEOL. Se dice de los terrenos que forman la parte superior de las tres en que se divide la corteza terrestre.

CENSAL. (De *censo*.) adj. Perteneciente o relativo al censo. || **2.** Censo, contrato por el cual se sujeta un inmueble al pago de una pensión anual.

CENSALERO. m. MURC. Censatario.

CENSALISTA. com. AR. Censualista.

CENSAR. intr. C. RICA. Hacer el censo de los habitantes de un lugar.

CENSATARIO. m. El obligado a pagar los réditos de un censo. || **P.** censatario; **I.** rent-payer; **F.** censitaire; **A.** Zinspächter, Zinsmann; **It.** censuario; **R.** выплачивающий ренту.

CENSIDO, DA. adj. FOR. Gravado con censo.

CENSO. (l. *census*.) m. Padrón que los censores romanos hacían de las personas y haciendas. || **2.** Padrón o lista de la población o riqueza de una nación o pueblo. || **3.** Contribución que se pagaba por cabeza entre los antiguos romanos. || **4.** Tributo anual que pagaban algunas iglesias a su prelado por razón de superioridad u otras causas. || **5.** FOR. Contrato por el cual sujeta un inmueble al pago de una pensión anual. || **6.** Registro general de ciudadanos con derecho de sufragio activo. || —**consignativo.** Aquel por el que se recibe alguna cantidad que se ha de pagar por pensión anual asegurando dicha cantidad con bienes raíces. || —**mixto.** El impuesto sobre una finca quedando igualmente obligada la persona, de forma que aun pereciendo la finca pueda reclamarse la pensión. || —**perpetuo.** Imposición sobre bienes raíces, por la cual el comprador paga al vendedor cierta pensión cada año, contrayendo además la obligación de no enajenar la casa o heredad que con esta carga ha comprado sin dar cuenta anteriormente al señor del censo, para que la tome, si quiere, por el tanto que otro diere, o perciba la veintena parte de todo el precio en que se ajustare. || —**reservativo.** Aquel por el cual se da un edificio o heredad con pacto de pagar el adquirente al enajenante cierta pensión cada año. || *Cargar* CENSO. fr. Imponerlo sobre alguna cosa, hacienda, etc. || *Constituir un* CENSO. fr. Recibir o entregar un capital gravando fincas determinadas con las consiguientes obligaciones. || **2.** Trasladar el dominio útil, o el directo y el útil de ellas, pactando pagar el que recibe el capital o las fincas, el rédito anual según las normas determinadas por las leyes. || *Fundar un* CENSO. fr. fig. Establecer una renta hipotecaria algunos bienes que ordinariamente son raíces. || *Ser uno u una cosa un* CENSO *perpetuo.* fr. fig. y fam. Ocasionar gastos continuos. || **P.** e **It.** censo; **I.** census; **F.** cens; **A.** Zensus; **R.** ценз. || **3.** acep.: **P.** e **It.** censo; **I.** census; **F.** cens; **A.** Zins; **R.** рента. || **5.** acep.: **P.** contrato; **I.** rental; **F.** contrat de rente; **A.** Zinskontrakt; **It.** censo; **R.** арендная плата.

★ **CENSONTE.** m. ZOOL. AMÉR. Sinsonte.

★ **CENSONTLE.** m. ZOOL. AMÉR. Vocablo de origen azteca para designar al sinsonte.

CENSOR. (l. *censor*.) m. Magistrado de la república romana que formaba el censo de la ciudad, velaba sobre las costumbres y castigaba a los viciosos. || **2.** El que de orden de la autoridad competente examina obras literarias y emite sobre ellas su dictamen. || **3.** El que interviene las comunicaciones telegráficas, telefónicas y demás noticias destinadas a la publicidad. || **4.** En las academias y otras corporaciones, individuo que vela por el cumplimiento de los estatutos, acuerdos, etc. || **5.** El que murmura de las acciones o cualidades de los demás. || **P.** e **I.** censor; **F.** censeur; **A.** Zensor; **It.** censore; **R.** цензор.

CENSORINO, NA. (De *censor.*) adj. Censorio.

CENSORIO, RIA. (l. *censorius*.) adj. Relativo al censor o a la censura.

CENSUAL. (l. *censuālis*.) adj. Perteneciente al censo.

CENSUALISTA. com. Persona que tiene a su favor un censo o el derecho a recibir sus réditos.

CENSUAR. (l. *census*, censo.) tr. ant. Acensuar.

CENSUARIO. (l. *censuarĭus*.) m. Censatario.

CENSURA. (l. *censūra*.) f. Entre los antiguos romanos, oficio y dignidad de censor. || **2.** Dictamen y juicio acerca de una obra o escrito. || **3.** Nota, corrección o reprobación de alguna cosa. || **4.** Murmuración. || **5.** Pena eclesiástica del fuero externo, impuesta con arreglo a los cánones. || **6.** Intervención que ejerce el censor gubernativo en las comunicaciones de carácter público, teléfonos, etc. || *Previa* CENSURA. Examen y aprobación que hace la autoridad gubernativa de ciertos escritos antes de darse a la imprenta. || **2.ª** acep.: **P.** e **It.** censura; **I.** criticism, censure; **F.** censure; **A.** Kritik. || **3.ª** acep.: **P.** e **It.** censura; **I.** y **F.** censure; **A.** Tadel. || **4.ª** acep.: **P.** murmuração; **I.** y **F.** censure; **A.** Verleumdung; **It.** censura; **R.** критика.

CENSURABLE. adj. Digno de censura.

CENSURADOR, RA. adj. Se dice del que censura. Ú.t.c.s.

CENSURANTE. p.a. de censurar. Que censura.

CENSURAR. (De *censura*.) tr. Formar juicio de una persona o cosa. || **2.** Corregir o reprobar por mala una cosa. || **3.** Murmurar. || **2.ª** acep.: **P.** censurar; **I.** to censure; **F.** censurer; **A.** tadeln; **It.** censurare; **R.** порицать.

CENSURISTA. com. Persona inclinada a censurar a los demás.

CENTALLA. (De *centella*.) f. Chispa que salta al encender el carbón de madera.

CENTAURA. (De *centaurĕa*.) f. Planta perenne, compuesta de flores de color pardo purpúreo, con cáliz de cabecilla escamosa. || —**menor.** Planta gencianácea, de hojas radicales, lisas y flores en ramillete, de forma de embudo partido en cinco pétalos.

CENTAUREA. (l. *centaurĕa*.) f. Centaura.

CENTAURINA. (De *centauro.*) f. QUÍM. Substancia que se halla en ciertas plantas amargas y que se extrae del cardo bendito y del cardo estrellado.

CENTAURO. (l. *centaurus*, y éste del gr. κένταυρος.) m. Monstruo imaginado por los antiguos, mitad hombre y mitad caballo. || **2.** ASTRON. Constelación extensa del hemisferio austral, compuesta de estrellas muy brillantes, situada cerca y al occidente del Lobo y debajo de Virgo. || **P.** e **It.** centauro; **I.** centaur; **F.** centaure; **A.** Centaur; **R.** кентавр.

★ **CENTAVERÍA.** f. ECUAD. Corral para animales.

CENTAVO, VA. (De *ciento* y *avo.*) adj. Centésimo, se aplica a cada una de las cien partes iguales en que se divide un todo. Ú.t.c.s.m. || **2.** m. Moneda americana de bronce, níquel o cobre, equivalente a un céntimo de peso.

CENTELLA. (d. l. *scintĭlla*.) f. Rayo de poca intensidad. || **2.** Chispa de fuego que salta del pedernal al golpearlo. || **3.** fig. Reliquia de algún vivo efecto del ánimo, de alguna discordia o de otras cosas semejantes. || **4.** AR. Enfermedad del trigo que seca la espiga antes de granar. || **5.** SAL. Hierba venenosa que se cría en los hondonales. || **6.** CHILE. Ranúnculo. || **7.** GERM. Espada. || **P.** centelha; **I.** sparkle, lightning; **A.** Blitzstrahl; **It.** fòlgore, saetta; **R.** молния. || **2.ª** acep.: **P.** chispa; **I.** spark; **F.** étincelle; **A.** Funke(n); **It.** scintilla; **R.** искра.

CENTELLADOR, RA. adj. Que centellea.

CENTELLANTE. p.a. de centellar. Que centellea.

CENTELLAR. (l. *scintillāre*.) intr. Centellear.

C

* CENTELLAZO. m. P. Rico. Golpe contundente.

CENTELLEANTE. p.a. de centellear. Que centellea.

CENTELLEAR. (De *centella*.) intr. Despedir rayos de luz, trémulos, de intensidad y color variables. || **P.** cintilar; **I.** to sparkle, to scintillate; **F.** étinceler; **A.** funkeln; **It.** scintillare; **R.** искриться.

CENTELLEO. m. Acción y efecto de centellear. || **P.** cintilação; **I.** sparkling, scintillation; **F.** scintillation; **A.** Funkeln; **It.** scintillamento; **R.** сверкание.

* CENTELLERO. m. Chile. Centillero.

CENTELLÓN. m. aum. de centella, 1.ª acep.

CENTÉN. (De *centeno*, 2.º art.) m. Moneda española de oro que valía cien reales.

CENTENA. (l. *centēna*.) f. Arit. Conjunto de cien unidades. || **2.** Arit. Unidad numeral de tercer orden. || **P.** centena; **I.** hundred; **F.** centaine; **A.** Hunderter; **It.** centinaio; **R.** сотня.

CENTENA. f. ant. Caña del centeno.

CENTENADA. (De *centeno*, 2.º art.) f. Cantidad como de ciento.

CENTENAL. m. Centenar, 1.er art.

CENTENAL. m. Sitio sembrado con centeno.

CENTENAL. m. Ar. Atador de una madeja.

CENTENAR. m. Centena, conjunto de cien unidades. || **2.** Centenario, cada cien años. || *A* centenares. adv. con que se indica el gran número de algunas cosas.

CENTENAR. m. Centenal, 2.º art.

CENTENARIO, RIA. (l. *centenarius*.) adj. Perteneciente a la centena. || **2.** Se dice del que tiene cien años de edad poco más o menos. Ú.t.c.s. || **3.** m. Tiempo de cien años. || **4.** Fiesta que se celebra cada cien años. || **5.** Día en que se cumplen una o más centenas de años del nacimiento o muerte de alguna persona ilustre o hecho famoso. || **6.** Fiestas con tal motivo. **2.**ª acep.: **P.** e **It.** centenario; **I.** centenarian; **F.** centenaire; **A.** hundertjähriger Mensch; **R.** столетие.

CENTENAZA. (De *centeno*, 1.er art.) adj. Se dice de la paja de centeno. Ú.t.c.s.

CENTENERO, RA. adj. Se aplica al terreno en que se da bien el centeno.

CENTENILLA. f. Género de plantas primuláceas de América que comprende varias especies.

CENTENO. (l. *centēnum*, sobrentendiéndose *hordeum*, de *centum*, ciento.) m. Planta anua, gramínea, semejante al trigo, de espiga larga de las que se desprenden fácilmente los granos, de figura oblonga, con un cascabillo áspero. || **2.** Conjunto de granos de esta planta que se emplea en los mismos usos que el trigo. || **P.** centeio; **I.** rye; **F.** seigle; **A.** Roggen; **It.** segale; **R.** рожь.

CENTENO, NA. (l. *centenus*.) adj. Centésimo, que en orden sigue al nonagésimo noveno.

CENTENOSO, SA. adj. Mezclado con mucho centeno.

CENTESIMAL. (De *centésimo*.) adj. Se aplica a cada uno de los números del uno al noventa y nueve inclusive. || **P.** e **I.** centesimal; **F.** centésimal; **A.** hundertteilig; **It.** centesimale; **R.** сотый (о части).

CENTÉSIMO, MA. (l. *centesimus*.) adj. Que sigue inmediatamente en orden al o a lo nonagésimo nono. || **2.** Se aplica a cada una de las cien partes iguales en que se divide un todo. Ú.t.c.s.m. y f. || **P.** centésimo; **I.** hundredth; **F.** centième; **A.** Hundertste(r); **It.** centèsimo; **R.** сотый.

CENTI. (*centum*, ciento.) Voz que tiene uso como prefijo de vocablos compuestos, con el significado de cien o de centésima parte.

CENTIÁREA. f. Medida de superficie equivalente a la centésima parte del área, es igual a un metro cuadrado. || **P.**, **I.** y **F.** centiare; **A.** Zentiar; **It.** centiara; **R.** сотая часть ара.

* CENTIBAR. m. Fís. Centésima parte del bar, unidad de presión atmosférica.

CENTÍGRADO, DA. (l. *centum*, ciento, y *gradus*, grado.) adj. Que tiene la escala dividida en cien grados. || **P.** centígrado; **I.** y **F.** centigrade; **A.** hundertgradig; **It.** centigrado; **R.** стоградусный.

CENTIGRAMO. m. Peso que equivale a la centésima parte del gramo. || **P.** centigrama; **I.** y **F.** centrigramme; **A.** Zentigram; **It.** centigrammo; **R.** сантиграмм.

CENTILACIÓN. (l. *scintillatio*, *-ōnis*.) f. ant. Centelleo.

CENTILITRO. m. Medida de capacidad equivalente a la centésima parte del litro. || **P.** e **It.** centilitro; **I.** centiliter, centilitre; **F.** centilitre; **A.** Zentiliter; **R.** сантилитр.

CENTILOQUIO. (l. *centum*, ciento, y *eloquium*, habla, discurso.) m. Obra que consta de cien partes, documentos o tratados.

CENTILLERO. m. Candelabro empleado en la exposición del Santísimo.

CENTIMANO [CENTÍMANO]. (l. *centimănus*, de *centum*, ciento y *manus*, mano.) adj. Que tiene cien manos. Se aplica a Briareo y a otros gigantes que según la mitología tenían cien manos. Ú.t.c.s.

CENTÍMETRO. m. Medida de longitud que es la centésima parte del metro. || **2.** Fís. Unidad electrostática de capacidad, en el sistema cegesimal. Equivale a la capacidad de una esfera de un centímetro de radio. ||—**cuadrado.** Medida de superficie de un cuadrado de un centímetro de lado. ||—**cúbico.** Medida de volumen que corresponde a un cubo de un centímetro de lado. || **P.** centímetro; **I.** centimetre, centimeter; **F.** centimètre; **A.** Zentimeter; **It.** centimetro; **R.** сантиметр.

CÉNTIMO, MA. (fr. *centime*, con cambio de acento por *décimo*.) adj. Centésimo; se aplica a cada una de las cien partes iguales en que se divide un todo. || **2.** Moneda real o imaginaria que vale la centésima parte de la unidad monetaria. || **P.** centimo; **I.** y **F.** centime; **A.** Centim; **It.** centèsimo; **R.** сентимо.

CENTINELA. (ital. *sentinela*.) amb. Mil. Soldado que vela guardando un puesto señalado. || **2.** fig. Persona que está en observación de alguna cosa. || **3.** f. Bol. Malecón, desembarcadero de tablas. ||—**de vista.** La que se pone para no perder de vista al preso. ||—**perdida.** Mil. La que se envía para observar mejor al enemigo estando expuesto a perderse. || *Estar de* centinela. fr. Mil. Estar el soldado guardando algún puesto. || **P.** sentinela; **I.** sentry, sentinel; **F.** sentinelle; **A.** Schildwache; **It.** sentinella; **R.** часовой.

CENTINODIA. (l. *centinodia*, de *centum*, ciento, y *nodus*, nudo.) f. Planta poligonácea, de tallos cilíndricos, tendidos sobre tierra. Su semilla muy pequeña es apetecida por las aves y tiene propiedades medicinales. || **2.** Planta poligonácea, de tallo recto, articulaciones muy abultadas y flores en espiga terminal de color verde o rosa.

CENTIPLICADO, DA. (l. *centum*, ciento, y *plicātus*, doblado.) adj. Que está centuplicado.

CENTIPONDIO. (De *centum*, ciento, y *pondus*, peso.) m. Quintal.

CENTOLA. f. Centolla.

CENTOLLA. (l. *centocŭla*, de cien ojos, por los tubérculos del carapacho.) f. Crustáceo decápodo marino, braquiuro, de caparazón casi redondo, cubierto de pelo y tubérculos ganchudos y con cinco pares de patas vellosas y largas. Vive entre piedras y su carne es muy apreciada.

CENTOLLO. m. Centolla.

CENTÓN. (l. *cento*, *-ōnis*.) m. Manta fabricada con piececitas de paño o tela de diversos colores. || **2.** fig. Obra literaria en verso o prosa compuesta total o casi totalmente de sentencias o expresiones ajenas.

CENTONAR. (De *centón*.) tr. Amontonar cosas o sus trozos sin orden. || **2.** fig. Componer obras literarias con retazos de otras.

CENTRADO, DA. (l. *centrātus*.) adj. Se aplica al instrumento matemático o a la pieza de una máquina con el centro en el lugar que debe ocupar.

CENTRAL. (l. *centrālis*.) adj. Perteneciente al centro. || **2.** Que se halla en el centro. || **3.** Oficina en que están reunidos o centralizados varios servicios públicos de la misma clase. || **4.** Casa o establecimiento principal de empresas particulares. || **5.** Oficina donde se produce la

energía eléctrica o se transforman las corrientes. || **6.** Fís. Centro donde se reúnen todas las líneas de una red eléctrica y donde se produce o distribuye el fluido preciso para servirlas. || **7.** Dícese de la calefacción procedente de un solo foco y que sirve para todo un edificio. || **8.** m. Cuba y Perú. Ingenio de azúcar muy importante. ||—**hidroeléctrica.** Edificio donde está emplazada la maquinaria capaz de transformar la energía originada por un salto o corriente de agua en energía eléctrica. ||—**telefónica.** Casa en que se comunican las líneas de un sistema general telefónico y en que se pueden poner en contacto los diferentes hilos por medio de conmutaciones u otros procedimientos estableciendo comunicación entre los que lo deseen. Actualmente la selección de las líneas y la conexión de los respectivos conductores se efectúa automáticamente. || **P.**, **I.** y **F.** central; **A.** zentral; **It.** centrale; **R.** центральный.

CENTRALISMO. m. Doctrina de los centralistas. || **2.** Polít. Reunión de todos los resortes y elementos de gobierno en manos del poder central. || **P.** e **It.** centralismo; **I.** centralism; **F.** centralisme; **A.** Zentralismus; **R.** централизм.

CENTRALISTA. (De *central*.) adj. Partidario de la centralización política administrativa. Apl. a pers. ú.t.c.s. || **2.** com. Cuba. Persona que posee una central azucarera. || **P.** e **It.** centralista; **I.** centralist; **F.** centraliste; **A.** Zentralist; **R.** централист.

CENTRALIZACIÓN. f. Acción y efecto de centralizar o centralizarse.

CENTRALIZADOR, RA. adj. Que centraliza.

CENTRALIZAR. (De *central*.) tr. Reunir varios objetos en un centro único o hacerlos depender de un poder central. Ú.t.c.r. || **2.** Asumir el poder público facultades dadas a organismos locales. || **P.** centralizar; **I.** to centralize; **F.** centraliser; **A.** zentralisieren; **It.** centralizzare; **R.** централизовать.

CENTRAR. (De *centro*.) tr. Determinar el punto centro de un volumen o superficie. || **2.** Colocar dos cosas coincidiendo los centros. || **3.** Entre cazadores, atrapar en el centro de la munición la pieza sobre la que se dispara. || **4.** Hacer reunir en un lugar los proyectiles de una arma de fuego, los rayos de un foco luminoso, etc. || **5.** Carp. y Cerraj. Colocar el objeto que ha de tornearse de forma que las puntas del torno determinen el eje de rotación. || **P.** centrar; **I.** to center; **F.** centrer; **A.** zentrieren; **It.** centrare; **R.** центровать.

CENTRARCO. (gr. κέντρον, aguijón.) m. Zool. Amér. Pez teleósteo acantopterigio, que tiene espinas en las aletas.

CENTRICAL. (De *céntrico*.) adj. ant. Central.

CÉNTRICO, CA. (De *centro*.) adj. Central.

* CENTRÍFUGA. f. Amér. Máquina para elaborar azúcar.

CENTRIFUGADOR, RA. adj. Dícese del aparato o máquina en que mediante la fuerza centrífuga se sacan ciertas substancias o se separan los componentes de una mezcla según sus distintas densidades. Ú.t.c.s. || **2.** f. Máquina para la fabricación de azúcar y otras substancias. || **3.** adj. Dícese de un aparato o máquina que se emplea en laboratorios químicos para reunir en el fondo de un líquido las materias que éste lleva en suspensión. Ú.t.c.s.f.

CENTRÍFUGO, GA. (l. *centum*, centro y *fugĕre*, huir.) adj. Mec. Que se aleja del centro. || **2.** Mec. Dícese de la bomba en que la aspiración y elevación del agua se realiza mediante una rueda que gira rápidamente en una caja cilíndrica. || **3.** Se aplica a la fuerza mediante la cual un cuerpo tiende a alejarse de la curva que sigue al moverse y a marchar por la tangente. || **P.** centrífugo; **I.** centrifugal; **F.** centrifuge; **A.** zentrifugal; **It.** centrifugo; **R.** центробежный.

CENTRINA. (gr. κέντρον, aguijón.) f. Zool. Pez selacio escuálido, que vive en el Mediterráneo y en el Atlántico. Sus aletas dorsales, de las que la primera es mayor, están cruzadas por una gran espina situada en el espesor de la aleta.

CENTRÍPETO, TA. (l. *centrum,* centro, y *petĕre,* ir, dirigir.) adj. MEC. Que atrae o impele hacia el centro. || **2.** MEC. Se aplica a la fuerza mediante la cual un cuerpo tiende a acercarse al centro sobre el cual se mueve. || **P.** centrípeto; **I.** centripetal; **F.** centripète; **A.** zentripetal; **It.** centripeto; **R.** центростремительный.

CENTRIS. m. Insecto himenóptero de la América Meridional.

CENTRISCO. (gr. κεντρίσκος.) m. ZOOL. Trompetero, pez acantopterigio, fistulárido que vive en el Mediterráneo.

CENTRO. (l. *centrum,* y éste del gr. κέντρον, aguijón.) m. GEOM. Punto en lo interior del círculo, del que equidistan todos los de la circunferencia. || **2.** GEOM. El punto interior de la esfera del que equidistan todos los de la superficie esférica. || **3.** GEOM. En los polígonos y poliedros, punto en el que todas las diagonales que por él pasan quedan divididas en dos partes iguales. || **4.** GEOM. En las líneas y superficies curvas, punto de intersección de los diámetros. || **5.** Lo más distante de la superficie exterior de algo. || **6.** Lugar donde se reúnen los miembros de una sociedad o corporación. || **7.** Ministerio, dirección general o cualquier dependencia de la administración del Estado. || **8.** Traje de bayeta que llevan las mestizas e indias ecuatorianas. || **9.** fig. Fin a que se aspira. || **10.** fig. Lugar más concurrido de una población. || **11.** FISIOL. Ganglio o plexo del que emanan varios nervios que presiden una función. || **12.** POLÍT. Nombre de la doctrina que se sitúa entre las izquierdas y las derechas. || **13.** CUBA. Saya de raso u otra tela de color que se trasluce por el vestido sobrepuesto. || **14.** CUBA. Asiento, parte céntrica del corral donde se coloca la primera casa de la hacienda. || **15.** HOND. y MÉJ. Chaleco. || **16.** ESGR. Punto en que está la fuerza del cuerpo. || **17.** BOL. Alfombra pequeña. || **18.** COLOM. Fondo, extensión interior de un edificio. || **—de distribución.** ELECTR. Punto de unión de una arteria o feeder con una red de distribución. || **2.** ELECTR. Panel que tiene el borne de un conductor principal y los de varios conductores secundarios correspondientes a ramificaciones del primero. || **—de gravedad.** FÍS. Punto de aplicación de la resultante de todas las acciones de la gravedad sobre las moléculas de un cuerpo. || **—de homotecia.** GEOM. Punto de encuentro de las rectas que unen puntos homólogos de dos figuras homotéticas. || **—de la batalla.** MIL. Parte del ejército que se halla en medio de las dos alas. || **—de mesa.** Vasija de porcelana, cristal o metal, utilizada para colocar las flores en las mesas de comedor. || **—de presión.** FÍS. Hablando de un líquido en equilibrio, es el punto de aplicación de la resultante de las presiones que ejerce dicho líquido sobre una pared lateral plana. || **—de semejanza.** GEOM. Hablando de dos figuras directamente semejantes, es el punto que uniéndolo a otros dos cualesquiera de una de las figuras y a los homólogos de la otra, se obtienen dos triángulos directamente semejantes. || **—de simetría.** GEOM. Punto por el que pasan todas las rectas que unen puntos homólogos de dos figuras simétricas y divide en dos partes iguales los segmentos que unen dichos puntos. || **—de vectores paralelos.** FÍS. Punto por el que pasa constantemente el vector resultante de otros varios paralelos, aun cuando cambien la dirección común pero conservando sus magnitudes, los mismos puntos de aplicación y los mismos sentidos relativos. || **—óptico.** FÍS. Hablando de una lente, es el punto que goza de la propiedad de que los rayos luminosos que pasan por él no sufren desviación. Se halla situado sobre el eje de la lente. || **—permanente de semejanza.** GEOM. Centro común de semejanza de dos figuras, inscrita y circunscrita cuando la inscrita varía de posición y magnitud pero permanece semejante a sí misma. || CENTROS *isógonos.* GEOM. Puntos de encuentro de los círculos de Torricelli de un triángulo. || CENTROS *nerviosos.* ANAT. y FISIOL. Partes del sistema nervioso general que reciben las impresiones de la periferia y transmiten las excitaciones motrices a los diversos órganos del cuerpo. || *Estar uno en su* CENTRO. fr. fig. Hallarse bien y contento en un empleo o lugar. || **P.** e **It.** centro; **I.** center, centre; **F.** centre; **A.** Mitte, Zentrum; **R.** центр.

CENTROAMERICANO, NA. adj. Natural de Centroamérica. Ú.t.c.s. || **2.** Perteneciente a esta parte de América.

CENTROBÁRICO, CA. (gr. κέντρον, aguijón, y βάρος, pesadez.) adj. MEC. Perteneciente o relativo al centro de gravedad.

° **CENTROEUROPEO, A.** adj. Dícese de cada uno de los países situados en la Europa Central. || **2.** Perteneciente o relativo a dichos países.

CENTUNVIRAL. (l. *centumvirālis.*) adj. Perteneciente o relativo a los centunviros.

CENTUNVIRATO. (l. *centumvirātus.*) m. Consejo de centunviros.

CENTUNVIRO. (l. *centumvir.*) m. Cada uno de los cien ciudadanos que en la Roma antigua asistían al pretor urbano para los asuntos civiles de importancia.

CENTUPLICAR. (l. *centuplicāre;* de *centum,* ciento, y *plicāre,* doblar.) tr. Hacer cien veces mayor una cosa. || **2.** ARIT. Multiplicar por ciento una cantidad. || **P.** centuplicar; **I.** to centuplicate; **F.** centupler; **A.** verhundertfachen; **It.** centuplicare; **R.** умножать на сто.

CÉNTUPLO, PLA. (l. *centŭplus.*) adj. ARIT. Se dice al producto de multiplicar por cien una cantidad cualquiera. Ú.t.c.s. m. || **P.** centuplo; **I.** y **F.** centuple; **A.** hundertfach; **It.** cèntuplo; **R.** стократный.

CENTURIA. (l. *centurĭa.*) f. Número de cien años, siglo. || **2.** Compañía de cien hombres de la milicia romana. || **P.** centúria; **I.** century; **F.** siècle; **A.** Jahrhundert; **It.** sècolo, centuria. || **2.ª** acep.: **P.** centúria; **I.** century; **F.** centurie; **A.** Zenturie; **It.** centuria; **R.** центурия.

CENTURIÓN. (l. *centurĭo, -ōnis.*) m. Jefe de una centuria de la micilia romana. || **P.** centurião; **I.** y **F.** centurion; **A.** Zenturio; **It.** centurione; **R.** центурион.

CENTURIONAZGO. m. Empleo de centurión.

CENZALINO, NA. adj. Perteneciente al cénzalo.

CÉNZALO. m. Mosquito, insecto díptero cuyo sonido es semejante al de una trompetilla.

CENZAYA. (vasc. *sein,* niño, y *zai,* guarda.) f. ÁL. Cinzaya.

CENZAYO. (De *cenzaya.*) m. ÁL. Marido de la que ha sido niñera o cenzaya.

CENZONTE. (azt. *centzontli,* cuatrocientas veces.) m. HOND. y MÉJ. Sinsonte.

* **CENZONTLE.** (azt. *centzontli,* cuatrocientas veces.) m. ZOOL. AMÉR. CENTRAL y MÉJ. Sinsonte.

CEÑAR. tr. AR. Guiñar, hacer señas.

CEÑIDERAS. (De *ceñir.*) f. pl. Prenda de algunos obreros y trabajadores del campo para evitar el deterioro de los pantalones.

CEÑIDERO. (De *ceñir.*) m. ant. Ceñidor.

CEÑIDO, DA. p.p. de ceñir. || **2.** adj. fig. Moderado en sus gastos. || **3.** Se dice de los insectos que tienen marcada la separación entre el tórax y el abdomen.

CEÑIDOR. m. Faja o correa para ceñir el cuerpo por la cintura. || **P.** cingidoiro; **I.** girdle; **F.** ceinture; **A.** Gürtel; **It.** cintura; **R.** пояс.

CEÑIDURA. f. Acción y efecto de ceñir.

CEÑIGLO. m. Cenizo, planta de hojas semejantes a la hiedra.

CEÑIR. (l. *cingĕre.*) tr. Rodear, ajustar la cintura, el vestido, etc. || **2.** Cercar o rodear una cosa con otra. || **3.** fig. Abreviar una cosa. || **4.** MAR. Navegar de bolina. || **5.** r. fig. Moderar los gastos, las palabras, etc. || **6.** fig. Amoldarse, concretarse a una ocupación. || **P.** cingir; **I.** to gird, to girdle; **F.** ceindre; **A.** gürten; **It.** cingere; **R.** опоясывать. || **3.ª** acep.: **P.** abreviar; **I.** to shorten; **F.** abréger, ceindre; **A.** abkürzen; **It** serrare; **R.** сокращать.

CEÑO. (l. *cingŭlum,* ceñidor.) m. Cerco o aro que ciñe algo. || **2.** VETER. Especie de cerco elevado que se hace sobre la tapa del casco en las caballerías.

CEÑO. (gr. σχύνιον, sobrecejo.) Señal de enfado que se hace con el rostro arrugando la frente, dejando caer el sobrecejo. || **2.** fig. Aspecto amenazador que toman ciertas cosas. || **1.ª** acep.: **P.** cenho; **I.** frown; **F.** froncement de sourcils; **A.** Stirnrunzeln; **It.** cipiglio; **R.** нахмуривание.

CEÑOSO, SA. (De *ceño,* 1.er art.) adj. VETER. Que tiene ceño o cerco en la tapa del casco.

CEÑOSO, SA. (De *ceño,* 2.° art.) adj. Ceñudo.

CEÑUDO, DA. (De *ceño,* 2.° art.) adj. Que tiene ceño o sobrecejo. || **P.** cenhoso; **I.** frowning; **F.** sourcilleux; **A.** Sorgenvoll; **It.** cipiglioso; **R.** хмурый.

CEO. (l. *zeus.*) m. Gallo, pez acantopterigio, escómbrido, de cuerpo lateralmente comprimido.

CEOÁN. m. MÉJ. Ave parecida al tordo, aunque mayor.

CEPA. (De *cepo,* 1.er art.) f. Parte del tronco de cualquier árbol o planta que está dentro de la tierra y unida a las raíces. || **2.** Tronco de la vid, del cual brotan los sarmientos, y por ext., toda la planta. || **3.** Raíz o principio de algunas cosas, como las astas y colas de los animales. || **4.** fig. Núcleo de un nublado. || **5.** fig. Tronco u origen de una familia o linaje. || **6.** HOND. Conjunto de varias plantas que tienen una misma raíz. || **7.** MÉJ. Foso, hoyo generalmente grande. || **8.** ARQ. En los arcos y puentes, parte del machón desde que sale de la tierra hasta la imposta. || **9.** BOT. ARGENT. Cadillo, planta compuesta || **—virgen.** Planta sarmentosa, parecida a la vida. || *A* CEPA *revuelta.* m. adv. Se dice del viñedo viejo cuyas cepas no conservan la alineación primitiva. || *De buena* CEPA. fr. fig. De calidad reconocida por buena. || **P.** cepa; **I.** stub, stump; **F.** souche; **A.** Baumstrunk; **It.** ceppo; **R.** корневище. || **2.ª** acep.: **P.** tronco da videira; **I.** vine-stock; **F.** cep; **A.** Rebstock; **It.** ceppo della vite; **R.** виноградная лоза.

CEPADGO. m. Lo que pagaba el preso al que le ponía en el cepo.

CEPEDA. f. Lugar en que abundan los arbustos y matas de cuyas cepas se hace carbón.

CEPEJÓN. (De *cepa.*) m. Raíz gruesa que arranca del tronco del árbol.

CEPELLÓN. (De *cepa.*) m. AGR. Pella de tierra que se deja adherida a las raíces de los vegetales para trasplantarlos.

CEPERA. (De *cepa.*) f. Cepeda. || **2.** SAL. Inflamación de las pezuñas del ganado cabrío.

CEPILLADURA. (De *cepillar.*) f. Acepilladura.

CEPILLAR. (De *cepillo.*) tr. Acepillar. || **2.** CHILE. Adular, lisonjear.

* **CEPILLERA.** f. ARGENT. Sitio del tocador destinado a guardar los cepillos de dientes.

CEPILLO. (d. de *cepo.*) m. Cepo. CEPILLO *del Santísimo.* || **2.** Instrumento de carpintería formado por un prisma cuadrangular de madera dura que lleva embutido, en una abertura transversal y sujeto por una cuña, un hierro acerado con filo, el cual sobresale un poco para ludir la madera que se quiere labrar. || **3.** Instrumento hecho de manojitos de cerda, o cosa semejante, sobre una plancha de madera, hueso, etc., y que sirve para quitar el polvo a la ropa, para menesteres de aseo personal y otros usos de limpieza. || **—bocel.** Cepillo con canales y hierros semicirculares con el que los carpinteros y tallistas hacen medias cañas en la madera. || **2.ª** acep.: **P.** cepilho; **I.** plane; **F.** rabot; **A.** Hobel; **It.** pialla; **R.** рубанок. || **3.ª** acep.: **P.** cepilho; **I.** brush; **F.** brosse; **A.** Bürste; **It.** spazzola; **R.** щётка

CEPITA. (l. *cēpa,* cebolla.) f. MIN. Especie de ágata formada de conchas o capas concéntricas como una cebolla.

CEPO. (l. *cĭppus.*) m. Gajo o rama de árbol. || **2.** Madero grueso y de más de medio metro de alto, en que se fijan y asientan el yunque, tornillo y otros instrumentos de los herreros, cerrajeros, etc. || **3.** Instrumento hecho de dos maderos gruesos, que unidos, forman en el medio unos agujeros redondos, en los cuales se aseguraba la garganta o la pierna del reo, juntando los maderos. || **4.** Instrumento para devanar la seda antes de torcerla. || **5.** Trampa de madera o de

C

metal para cazar lobos u otros animales. ||
6. Arquilla o caja, con su cerradura y una
abertura capaz para que pase de canto
una moneda; se coloca en las iglesias y
otros lugares para recoger limosnas. ||
7. Instrumento de madera con que se
amarra la pieza de artillería en el carro. ||
8. Utensilio compuesto de una o dos varillas de madera o metal, que sirve para sujetar los periódicos y revistas sin doblarlos, en cafés, hoteles y otros locales de
pública lectura. || **9.** ARQ. Conjunto de dos
vigas entre las cuales se sujetan piezas de
madera, como los pilotes de una cimenta-
ción. ||—**colombiano.** ARGENT., HOND. y
URUG. Castigo militar que se ejecutaba
oprimiendo al reo entre dos fusiles, o
con uno solo, atándolo con las correas
de un soldado. ||—**de campaña.** CO-
LOM. Cepo colombiano. ||—**del ancla.**
MAR. Pieza de madera o hierro, que se
adapta a la caña del ancla cerca del arganeo, en sentido perpendicular a ella
y al plano de los brazos, y sirve para que
alguna de las uñas penetre y agarre en
el fondo. || *Afeita un* CEPO *y parecerá un*
mancebo. ref. que acredita ser el adorno
o aseo parte a encubrir defectos. || CEPOS
quedos. expr. fig. y fam. de que se usa
para decir a alguno que se esté quieto, o
para cortar una conversación que dis-
gusta. || **P.** cepo; **I.** bough; **F.** branche;
A. Ast, Zweig; **I.** ramo; **R.** сук. || 3.ª acep.:
I. stocks; **F.** cep de prisonnier; **A.** Opfer-
stock; **It.** ceppo; **R.** колодка. || 6.ª acep.:
I. trap; **F.** traquenard, piège; **A.** Falle,
Schlinge; **It.** tràppola; **R.** иноходь. ||
MAR.: **I.** anchor-stock; **F.** jas; **A.** Anker-
stock; **It.** ceppo; **R.** шток.

CEPO. (l. *cephus.*) m. Cefo.

CEPOLA. f. ZOOL. Pez teleósteo del
suborden de los fisóstomos. Tiene largas
aletas. Vive en el Mediterráneo y en el
Atlántico. Se conocen varias especies del
mismo.

CEPÓN. m. aum. de cepa.

★ **CEPOROS.** m. pl. Caporos.

CEPORRO. m. Cepa vieja que se
arranca para la lumbre. || **2.** fig. Hombre
rudo.

CEPOTE. m. MIL. Pieza de hierro
del fusil que aseguraba el arco del guarda-
monte.

CEPRÉN. m. AR. Palanca.

★ **CEPRENAR.** (de *ceprén.*) int. AR. Levantar con ceprén.

CEPTÍ. adj. Ceutí.

CEQUETA. f. MURC. Acequia estrecha.

CEQUÍ. (ár. *sikkí,* relativo a la ceca,
moneda de oro.) m. Moneda antigua de
oro, de valor de unas diez pesetas, acuñada en varios estados de Europa, y que,
admitida en el comercio de África, recibió allí este nombre.

CEQUIA. f. Acequia.

CEQUIAJE. m. Acequiaje. Contribución anual por algún canal o acequia.

CEQUIÓN. (aum. de *cequia.*) m.
MURC. Caz de un molino u otro artefacto
hidráulico. || **2.** CHILE. Canal o acequia
grande.

CERA. (l. *cēra.*) f. Substancia sólida,
amarillenta, que segregan las abejas y
otros insectos, para formar las celdillas
de los panales. Blanquea por la acción
del sol. Se emplea para hacer velas, cirios,
y para otros fines. || **2.** Conjunto de velas
o hachas de cera, que sirven en alguna
función. || **3.** V. *Arbol de la* CERA. || **4.** V.
Color, librillo de CERA. || **5.** BOT. Substancia
que producen algunas plantas, muy pare-
cida a la cera elaborada por los insectos. ||
6. ZOOL. Membrana que rodea la base del
pico de algunas aves, como las rapaces,
gallinas y palomas. || **7.** pl. Conjunto de
las casillas de cera que fabrican las abejas
en las colmenas. ||—**aleda.** Primera cera
con que las abejas untan por dentro la
colmena. ||—**amarilla.** La que tiene el
color natural, separada de la miel, derre-
tida y colada. ||—**blanca.** La que se
ha blanqueado puesta al sol. ||—**de los**
oídos. ZOOL. Substancia crasa, segregada
por ciertas glándulas existentes en el
conducto auditivo externo. ||—**de palma.**
ZOOL. Substancia dura y porosa, semejante
a la cera, que se extrae del tronco de al-
gunas palmas sudamericanas. ||—**toral.**
Cera por curar, aún amarilla. ||—**vana.**

La de los panales sin miel. ||—**vegetal.**
HOND. La que se extrae de las semillas del
arbusto llamado pimientilla. ||—**vieja.** La
de los cabos que quedan de velas o cirios. ||
—**virgen.** La que no está aún melada. ||
2. La que está en el panal y sin labrarse. ||
Cuando es demasiada la CERA, *quema la*
iglesia. ref. que condena el exceso aun
en las cosas en que suele haber abundan-
cia. || *Hacer de uno* CERA *y pabilo.* fr. fig.
con que se explica la facilidad con que
uno reduce a otro a que haga lo que se
quiere. || *No hay más* CERA *que la que arde.*
exp. fig. y fam. con que se nota que
uno no tiene más que lo que se ve de
aquella especie de que se trata. || *No*
quedar a uno CERA *en el cirio.* fr. fig. y
fam. Haber consumido todos sus bienes. ||
Ser uno hecho de CERA. fr. fig. y fam. Ser
de genio blando y dócil. || **P.** cera; **I.** wax;
F. cire; **A.** Wachs; **It.** cera; **R.** воск.

CERACATE. f. MIN. Especie de ágata
de color de cera.

CERACIÓN. (De *cera.*) f. QUÍM. Operación de fundir metales.

CERAFOLIO. (l. *chaerefolíum* y éste
del gr. χαιρέφυλλον, hoja elegante; de
χαίρω, alegrar, y φύλλον, hoja.) m. Perifollo. Planta umbelífera.

CERAGALLO. m. BOT. C. RICA.
Planta perenne herbácea, lobeliácea, con
tallo ramoso y flores rojas y amarillas.

★ **CERAMBÍCIDO, DA.** (De *cerambix.*)
adj. ZOOL. Dícese de insectos coleópteros,
fitófagos, también llamados longicornios.
Entre sus numerosas especies se encuentran
los cerambix y la macuba.

★ **CERAMIA.** f. BOT. Género de algas
marinas que se encuentran en todos los
mares.

CERÁMICA. (gr. κεραμική, t. f. de
-κός, cerámico.) f. Arte de fabricar vasijas y otros objetos de barro, loza y por-
celana, de todas clases y calidades. ||
2. Conocimiento científico de los mismos
objetos desde el punto de vista técnico y
arqueológico. || **P.** e **It.** ceràmica; **I.** ce-
ramics; **F.** céramique; **A.** Keramik, Töp-
ferkunst; **R.** производство керамики,
керамика.

CERÁMICO, CA. (gr. κεραμικός, de
κέραμος, arcilla.) adj. Perteneciente o relativo a la cerámica.

CERAMISTA. com. Persona que fa-
brica objetos de cerámica. || **P.** ceramista;
I. ceramist; **F.** ceramiste; **A.** Keramiker;
It. ceramista; **R.** гончар.

CERAMITA. (l. *ceramites.*) f. Especie
de piedra preciosa. || **2.** Ladrillo de resis-
tencia superior a la del granito. || **P.**
ceramita; **I.** ceramite; **F.** ceramite; **A.**
Keramit; **It.** ceramita. **R.** драгоценный
камень.

CERAPEZ. f. Cerote, mezcla de cera
y pez.

★ **CERARGIRA.** f. MIN. Cerargirita.

★ **CERARGIRITA.** f. MINERAL. Cloruro
de plata que generalmente se presenta en
costras de color gris verdoso o azulado,
con brillo diamantino y consistencia córnea. Funde con facilidad. Insoluble en los
ácidos. Esta excelente mena de plata se
encuentra en algunas partes de América.
En España ha sido hallada en varios
puntos.

★ **CERASINA.** f. Principio que en unión
de la arabina se encuentra en la goma de
algunos frutales.

CERASIOTE. (l. *cerasum,* cereza.)
m. FARM. Purgante que contiene jugo de
cerezas.

CERASITA. f. MINERAL. Silicato de
alúmina y magnesia.

CERASTA, TAS, TE, TES. (l. *ce-*
rasta, y éste del griego, κεράστης, de
κέρας, cuerno.) f. Víbora de más de seis
decímetros de larga y con manchas de
color pardo rojizo, tiene una especie de
cuernecillos encima de los ojos. Es muy
venenosa. Críase en los arenales de África.

CERÁSTIDE. m. Lepidóptero nocturno europeo.

★ **CERASTIO.** m. BOT. Género de plantas herbáceas que crecen en todas las regiones.

CERATE. m. Pesa usada antiguamente
en España.

CERATIAS. (l. *ceratias,* del gr. κερα-
τίας.) m. ASTRON. Cometa de dos colas.

★ **CERATITES.** m. pl. PALEONT. Moluscos cuyas conchas se encuentran en terrenos del terciario.

CERATO. (l. *cerātum.*) m. FARM. Composición que tiene por base una mezcla
de cera y aceite. Se diferencia del un-
güento en no contener resinas. ||—**de ga-**
leno. Cerato simple con agua de rosas.
||—**de Saturno.** Cerato de Galeno, al
que se añade subacetato de plomo lí-
quido. ||—**simple.** El que sólo tiene
aceite y cera. || **P.** ceroto; **I.** cerate; **F.** cé-
rat; **A.** Wachssalbe; **It.** cerotto; **R.**
восковая мазь.

★ **CERATOCÉFALO.** m. BOT. Planta
ranunculácea que crece en Europa.

★ **CERATOCELE.** m. CIR. Estafiloma.

★ **CERATOCONO.** m. PAT. Estafiloma
epitelial pelúcido.

★ **CERATÓFIDO.** m. GEOL. Roca por-
fírica.

CERATOFILÁCEAS. f. pl. BOT. Familia de plantas dicotiledóneas que viven
en el seno de aguas dulces.

★ **CERATOGLOSO, SA.** adj. ANAT.
Aplícase al músculo que se inserta al hioides y al tabique medio de la lengua.

★ **CERATOIDEO, A.** adj. Que tiene
forma de cuerno.

★ **CERATOPTERÍDEAS.** f. pl. BOT.
Grupo de helechos de la familia de los
parqueriáceos. Su tipo es el género cera-
tópteros.

★ **CERATOSAURIO, RO.** m. PALEONT.
Reptil dinosaurio, terópodo.

★ **CERATOTOMÍA.** f. CIR. Sección de
la córnea transparente del ojo.

★ **CERATOTOMO.** m. CIR. Aparato para batir la catarata.

CERAUNIA. (l. *ceraunia,* del gr.
κεραυνός, rayo.) f. Piedra de rayo.

★ **CERAUNIO.** m. ASTRON. Mancha pequeña en el hemisferio boreal del planeta
Marte.

★ **CERAUNITA.** f. Ceraunia.

★ **CERAUNÓFONO.** m. METEOR. Receptor de radio, especial para captar está-
ticos atmosféricos, usado conjuntamente
con el radiogoniómetro para localizar
tempestades lejanas.

★ **CERAUNOGRAFÍA.** f. Parte de la
Meteorología que estudia el rayo y las descargas eléctricas atmosféricas.

★ **CERAUNÓGRAFO.** m. METEOR. Aparato con el que se obtienen, sobre un cilindro empapelado, gráficas permanentes
de las tempestades eléctricas, que ocurren
alrededor del punto de observación.

★ **CERAUNOLOGÍA.** f. METEOR. Rama
de la Meteorología que trata del rayo
y sus efectos y de las tempestades eléctricas atmosféricas.

CERAUNOMANCIA [~MANCÍA].
(gr. κεραυνός, rayo, y μαντεία, adivinación.) f. Adivinación por medio de las
tempestades.

★ **CERAUNOMÁNTICO, CA.** adj. Per-
teneciente o relativo a la ceraunomancia. ||
2. com. Persona que practica la ceraunomancia.

CERAUNÓMETRO. (gr. κεραυνός,
rayo, y μέτρον, medida.) m. Fís. Aparato
para medir la intensidad de los relámpagos.

★ **CERAUNOSCOPIA.** f. Ceraunomancia.

★ **CERAUNOSCÓPICO, CA.** adj. Perteneciente a la ceraunomancia.

★ **CERAUNOSCOPIÓN.** m. Máquina
en forma de torre, desde donde Júpiter
arrojaba los rayos, usada en el teatro
griego. || **2.** Máquina teatral que imita el
ruido del trueno.

CERBAS. m. Árbol muy corpulento
de la India.

CERBATANA. (ár. *zarbaṭāna,* canuto
para tirar a los pájaros.) f. Cañuto en que
se introducen bodoques u otras cosas,
para hacerlas salir impetuosamente des-
pués de una de sus extremidades. || **2.** Ins-
trumento hecho de carrizo, parecido en
su forma al anterior, y que con flechas
usan algunos indios de América para
cazar. || **3.** Trompetilla para los sordos. ||
4. Culebrina o pieza de artillería, de muy
poco calibre, usada antiguamente. || *Ha-*
blar uno por CERBATANA. fr. fig. y fam.
Manifestar por medio de otro lo que no se
quiere decir por sí mismo. || **P.** zarabatana;

I. sarbacand, blow-gun; **F.** sarbacane; **A.** Blasrohr; **It.** cerbottana; **R.** духовое ружьѣ.

CERBELO. m. ant. Cerebelo.

★ **CERBERINA.** f. QUÍM. Principio venenoso contenido en el jugo del arbusto llamado cerbero.

CERBERO. (l. Cerbĕrus, gr. Κέρβερος.) m. Cancerbero. || **2.** Arbusto pequeño del que hay variedades, algunas con cierto jugo venenoso.

CERBILLERA. f. Capacete.

CERBILLO. (l. cerebellum.) m. ant. Cerebro.

★ **CERBOLITA.** f. MINERAL. Sulfato magnésico-amónico hidratado.

CERCA. f. Vallado o tapia que se pone alrededor de cualquier sitio, para resguardarlo o dividirlo. || **2.** ant. Cerco de una ciudad. || **3.** MIL. Formación de infantería parecida al cuadro moderno, o sea, dando cara al enemigo por los cuatro flancos, dejando vacío el centro. ||—**nacedera.** AMÉR. CENTRAL. Seto vivo. || **P.** cerca; **I.** fence; **F.** clôture, enclos; **A.** Einzäumung, Gehege; **It.** chiusa, cinta; **R.** забор, ограда.

CERCA. (l. circa.) adv. Próxima o inmediatamente. Si antecede a nombre o pronombre a que se refiera, necesita la preposición de. Ven CERCA de mí; están CERCA de la casa. || **2.** Con la misma preposición designa la residencia de un ministro o embajador en determinada capital extranjera. Embajador CERCA de la Casa Blanca; CERCA de la Santa Sede. || **3.** m. pl. PINT. Objetos situados en el primer término de un cuadro. || CERCA de. m. adv. Poco menos de. Han marchado CERCA de mil soldados. || ACERCA de. || De CERCA. m. adv. A corta distancia. || Tener buen, o mal, CERCA. fr. fam. Parecer bien o mal, mirado desde cerca. || **P.** cerca; **I.** near, closely; **F.** prés, auprés; **A.** nahe; **It.** vicino, preso, circa; **R.** близко, около.

CERCADO. (De cercar.) m. Cualquier sitio vallado o tapiado. || **2.** Cerca, 1.er art., 1.ª acep. || **3.** PERÚ. División territorial que comprende la capital de un Estado o provincia y los pueblos que de aquélla dependen. || **P.** cercado; **I.** enclosure; **F.** enclos; **A.** (Ein, Um) Zäumung; **It.** chiuso; **R.** огороженный участок.

CERCADOR, RA. adj. Que cerca. Ú.t.c.s. || **2.** m. Hierro adelgazado, pero sin corte, del que se sirven los cinceladores para dibujar cualquier contorno en piezas de chapa delgada sin cortarla, rehundiendo la huella que hace, y presentándola en relieve por la parte opuesta.

CERCADURA. f. ant. Cerca, 1.er art., 1.ª acep.

CERCAMIENTO. m. ant. Acción y efecto de cercar.

CERCANAMENTE. adv. A poca distancia.

CERCANDANZA. (De cercas, 2.º art. y andanza.) f. ant. Acción de andar cercas o aproximarse a alguna cosa.

CERCANÍA. f. Calidad de cercano. || **2.** Contorno. || **2.ª** acep.: **P.** cercanías; **I.** outskirt; **F.** voisinage; **A.** Nachbarschaft, Umgebung; **It.** vicinanza; **R.** подступы.

CERCANIDAD. f. ant. Cercanía.

CERCANO, NA. adj. Próximo, inmediato. || **I.** near, close by; **F.** proche, prochain; **A.** nahe; **It.** vicino; **R.** близкий.

CERCAR. (l. circāre, rodear.) tr. Rodear un sitio con vallado, dejándolo cerrado, resguardado y dividido de otros. || **2.** Poner sitio a una ciudad, plaza o fortaleza. || **3.** Rodear mucha gente a una persona o cosa. || **2.ª** acep.: **P.** cercar; **I.** to invest; **F.** assiéger, investir; **A.** umzäunen; **It.** investire, assediare; **R.** осаждать.

CERCEAR. (De cierzo.) intr. LEÓN. Soplar con fuerza el viento cierzo, sobre todo cuando le acompaña llovizna.

CERCÉN. (l. circen, -inis, círculo.) adv. Cercén.

CERCÉN. (De cercen.) adv. A CERCÉN. || A CERCÉN. m. adv. Enteramente y en redondo.

CERCENADAMENTE. adv. m. Con cercenadura.

CERCENADOR, RA. adj. Que cercena. Ú.t.c.s.

CERCENADURA. f. Acción y efecto de cercenar. || **2.** Parte o porción que se quita de la cosa cercenada.

CERCENAMIENTO. m. Cercenadura.

CERCENAR. (l. circināre.) tr. Cortar las extremidades de alguna cosa. || **2.** Disminuir o acortar. CERCENAR la comida, el trabajo. || **P.** cercear; **I.** to retrench, to clip; **F.** rogner, retrancher; **A.** verkürzen; **It.** raffilare, scapezzare; **R.** обрезывать.

CÉRCENE. (l. circen-ĭnis, círculo.) adv. m. SAL. Cercén. || A CÉRCENE. m. adv. SAL. A cércen.

CÉRCENO, NA. (l. circĭnus, círculo.) adj. SAL. Cortado de un solo golpe; a cercén.

CERCERA. (De cierzo.) f. AR. Viento cierzo muy fuerte y seguido.

CERCETA. (l. cercedŭla, por querquedŭla, con cambio de sufijo.) f. ZOOL. Ave palmípeda, del tamaño de una paloma, cola corta, pico grueso y ancho, parda, cenicienta, salpicada de lunares más obscuros. || **2.** f. pl. Pitoncitos blancos que nacen al ciervo en la frente. || **P.** cerceta; **I.** teal; **F.** sarcelle; **A.** Knäkente; **It.** alzavola; **R.** чирок.

CERCILLO. (l. circĕllus, circulito.) m. desus. Zarcillo, pendiente de las orejas. || **2.** SAL. Corte que, como señal se hace al ganado en una oreja, de manera que le quede colgando parte de ella a modo de zarzillo. ||—**de vid.** AGR. Tijereta, 2.ª acep.

CERCIORAR. (l. certiorāre, de certior, sabedor.) tr. Asegurar a alguno la verdad de una cosa. Ú.t.c.r. || **P.** assegurar; **I.** to assure, to ascertain; **F.** assurer; **A.** Vergewissern; **It.** accertare; **R.** уверять.

★ **CERCIS.** f. BOT. Género de plantas leguminosas de la subfamilia de las cesalpinieas.

CERCO. (l. circus, círculo.) m. Lo que ciñe o rodea. || **2.** Aro de cuba, de rueda o de otros objetos. || **3.** Asedio que pone un ejército, rodeando una ciudad para combatirla. || **4.** Corrillo. || **5.** Giro o movimiento circular. || **6.** Figura supersticiosa que trazan en el suelo los hechiceros y nigrománticos para invocar dentro de ella a los demonios. || **7.** Halo. || **8.** Marco. || **9.** CHILE. Cercado. || **10.** HOND. Seto vivo. || **11.** GERM. Vuelta, ruedo. || **12.** GERM. Mancebía. || Alzar el CERCO. fr. Apartarse, desistir del sitio o asedio de una plaza. || CERCO de sol, moja pastor; CERCO de luna, pastor enjuga. ref. meteorológico de claro sentido. || **P.** cerco; **I.** hoop; **F.** tour, cercle; **A.** Kreis; **It.** cerchio; **R.** круг. || **3.ª** acep.: **P.** cérco; **I.** investment, siege; **F.** siège; **A.** Belagerung; **It.** assedio; **R.** вырваться из окружения.

★ **CERCOLABINOS.** m. pl. ZOOL. Mamíferos roedores de la familia de los histrícidos, propia de América. Entre ellos el cercolabo es típico.

★ **CERCOLEPTES.** m. ZOOL. Género de mamíferos carniceros, úrsidos. Sólo comprende una especie, el cachumbí. Vive en Brasil y Méjico.

★ **CERCOPINOS.** m. pl. ZOOL. Insectos hemípteros, hemópteros, de la familia de los cicadélidos. Es típico el Cercopis o Cércopo.

★ **CERCOPITÉCIDOS.** m. ZOOL. Familia de monos catirrinos. Viven en África, cerca del hombre.

CERCOPITECO. (gr. κέρκος, rabo y πίθηκος, mono.) m. Mono catirrino de África.

CÉRCOPO. (l. cercŏpis.) m. Insecto hemíptero. Tiene dos alas coriáceas y otras dos membranosas. Su cabeza es alongada.

★ **CERCOSIS.** f. Prolongación excesiva del clítoris.

CERCOTE. m. Red para cercar los peces.

★ **CERCURO.** m. ARQUEOL. Nave inventada por los chipriotas.

CERCHA. (De cercho, l. circŭlus.) f. Cimbra, 1.ª acep. || **2.** CUBA. Cada una de las varas curvas que sostienen y dan forma a las capotas de los quitrines. || **3.** CUBA. Cada una de las varillas que sostienen el mosquitero de la cama. || **4.** ARQ. Regla delgada y flexible, que sirve para medir

superficies cóncavas o convexas. || **5.** ARQ. Patrón de contorno curvo, sacado de una tabla, que se aplica de canto en un sillar para labrar en él una superficie cóncava o convexa. || **6.** CARP. Cada una de las piezas de tabla aserradas que forman segmentos de círculo, con los cuales, encoladas unas con otras, se forma el aro de una mesa redonda, un arco o cosa semejante. || **7.** MAR. Círculo de madera que forma la rueda del timón, en el que se afirman las cabillas.

CERCHAR. (l. circŭlāre, rodear, enconvar.) tr. AGR. Tratándose de las vides, acodar.

CERCHEARSE. (De cercha.) r. AR. y MURC. Doblarse las vigas que sustentan algún peso.

CERCHÓN. m. ARQ. Cimbra.

CERDA. (l. setŭla, d. de seta, seda.) f. Pelo grueso, duro y largo que tienen las caballerías en la cola y en la cima del cuello. También se llama así el pelo corto y recio del jabalí, el puerco, etc. || **2.** V. Ganado de CERDA. || **3.** Hembra del cerdo. || **4.** Tumor carbuncoso que se le forma al cerdo en las partes laterales del cuello. || **5.** Alar o lazo hecho de cerda para cazar perdices. Ú.m. en pl. || **6.** Mies segada. || **7.** Manojo pequeño de lino sin rastrillar. || **8.** GERM. Cuchillo. || **P.** cerdas; **I.** korsehair; **F.** crin; **A.** Rosshaare; **It.** crine; **R.** конский волос. || **3.ª** acep.: **P.** cerda; **I.** sow; **F.** truie; **A.** Sau; **It.** scrofa, troia; **R.** свинья (самка).

CERDAMEN. m. Manojo de cerdas atadas y dispuestas para hacer brochas, cepillos, etc.

CERDEAR. (De cerdo, por el andar de este animal.) intr. Flaquear de los brazuelos el animal. Dícese de los toros cuando están heridos de muerte, y de los caballos cuando padecen debilidad en los brazuelos. || **2.** Sonar mal las cuerdas de un instrumento. || **3.** fig. y fam. Resistirse a hacer algo, o andar buscando excusas para no hacerlo.

★ **CERDEAR.** ARGENT. Cortar la cerda a un caballo.

★ **CERDEAR.** tr. VENEZ. Estafa. || **2.** intr. COLOM. Tomar parte en un negocio.

CERDO. (cerda, 1.ª acep.) m. Mamífero paquidermo doméstico, que tiene unos siete decímetros de alto por un metro aproximadamente de largo, cabeza grande, orejas caídas, jeta casi cilíndrica, con la cual hoza la tierra y las inmundicias; cuerpo muy grueso, con cerdas fuertes y ralas, patas cortas, pies con cuatro dedos, los del medio envueltos por la uña, y rudimentales los de los lados, y cola corta y delgada. Se cría y ceba para aprovechar su carne y grasa, abundantes y muy sabrosas. || **2.** Puerco. || **3.** V. Queso de CERDO. ||—**de muerte.** El que ha pasado de un año y está ya en disposición de poderlo matar. ||—**de vida.** El que aún no reúne las condiciones de la acep. anterior. ||—**marino.** Marsopa. || **P.** porco; **I.** swine, pig; **F.** cochon, porc; **A.** Schwein; **It.** porco, maiale; **R.** боров.

CERDOSO, SA. adj. Que cría y tiene muchas cerdas. || **2.** Parecido a ellas por su aspereza.

CERDUDO, DA. adj. Cerdoso. || **2.** Hombre que tiene pelo fuerte y abundante en el pecho.

CEREAL. (l. cereālis.) adj. Perteneciente a la diosa Ceres. || **2.** Fiestas que se hacían en honor de esta diosa. Ú.t.c.s. y en pl. || **3.** Aplícase a las plantas gramíneas que dan frutos farináceos, o a estos mismos frutos; como el trigo, centeno y cebada. Ú.t.c.s.m. y f. || **3.ª** acep.: **P.** e **I.** cereal; **F.** céréale; **A.** Getreide; **It.** cereale; **R.** зерновой.

★ **CEREALICULTURA.** f. Cultivo de los cereales. || **2.** Arte que enseña este cultivo.

CEREALINA. f. QUÍM. Fermento nitrogenado contenido en el salvado, que goza de las propiedades de sacarificar el almidón y alterar el gluten.

CEREALISTA. adj. Relativo a la producción y al comercio de cereales.

CEREBELO. (l. cerebellum.) m. ZOOL. Uno de los centros nerviosos constitu-

C tivos del encéfalo que ocupa la parte inferior de la cavidad craneana. ‖ P. cerebelo; I. cerebellum; F. cervelet; A. Kleinhirn. It. cervelletto; R. мозжечок.

★ CEREBELOESPINAL. adj. Relativo al cerebelo y a la medula espinal.

★ CEREBRACIÓN. f. Conjunto de todos los actos y procesos de la actividad total del cerebro, sea consciente o inconsciente.

CEREBRAL. adj. Perteneciente o relativo al cerebro. ‖ *Circunvolución* CEREBRAL. Cada uno de los relieves que se observan en la superficie exterior del cerebro. ‖ P. e I. cerebral; F. cérébral; A. Gehirn (en comp.); It. cerebrale; R. мозговой.

★ CEREBRALIDAD. f. Calidad cerebral. ‖ 2. fig. Fuerza intelectual.

★ CEREBRAR. intr. Trabajar con el cerebro, pensar.

★ CEREBRASTENIA. f. PAT. Neurosis cerebral.

★ CEREBRATO. m. QUÍM. Sal formada por la cerebrina en solución alcohólica y un óxido alcalino.

★ CEREBRÁTULO. m. ZOOL. Género de gusanos piatelmintos, vemertinos.

★ CEREBRIA. f. PAT. Manía.

★ CEREBRICO. m. QUÍM. Ácido del cerebro.

★ CEREBRIFORME. adj. ANAT. Que tiene el aspecto físico de la substancia del cerebro.

CEREBRINA. f. FARM. Medicamento antineurálgico, compuesto de antipirina, cafeína y cocaína.

★ CEREBRINO, NA. adj. Cerebral.

★ CEREBRITIS. f. MED. Encefalitis.

CEREBRO. (l. *cerebrum*.) m. ZOOL. Uno de los centros nerviosos constitutivos del encéfalo, que en el hombre y en muchos mamíferos está situado encima y delante del cerebelo. Es el centro de todo el sistema nervioso y sede de la inteligencia. ‖ 2. Cabeza, en 2.ª y 9.ª aceps. ‖ —electrónico. Máquinas de calcular que actúan por medios electromagnéticos. ‖ P. cerebro; I. cerebrum; F. cerveau; A. Grosshirn, Gehirn; It. cerebro, cervello; R. мозг.

CEREBROESPINAL. adj. ZOOL. Relativo al cerebro y espina dorsal. Aplícase al sistema constituido por los centros nerviosos de los vertebrados y el líquido cefalorraquídeo. ‖ I. cerebro-spinal; F. cérébro-spinal; It. cerebro-spinale; R. мозго-позвоночный столб.

★ CEREBROMALACIA. f. MED. Reblandecimiento cerebral.

★ CEREBROSA. f. BIOQUÍM. Galactosa obtenida de cerebrósidos, que son una serie de compuestos lipoides que contienen nitrógeno, pero no fósforo, que existen en el cerebro y en los nervios.

★ CEREBROSIS. f. MED. Enfermedad del cerebro.

CERECEDA. (De *cereza*.) f. Cerezal, 1.ª acep. ‖ 2. GERM. Cadena en que iban aprisionados los presidiarios y galeotes.

CERECILLA. f. Guindilla, 2.ª acep. ‖ 2. V. *Pimiento de* CERECILLA.

CEREMONIA. (l. *caeremonia*.) f. Acto exterior regulado por ley, estatuto o costumbre, para dar culto a las cosas divinas, o reverencia y honor a las profanas. ‖ 2. Ademán afectado, en obsequio de una persona o cosa. ‖ V. *Maestro de* CEREMONIAS. ‖ 3. V. *Traje, vestido de* CEREMONIA. *De* CEREMONIA. m. adv. con que se denota que se hace una cosa con todo el aparato y solemnidad que le corresponde. ‖ 2. *Por* CEREMONIA. ‖ *Guardar* CEREMONIA. fr. Observar compostura exterior y las formalidades acostumbradas. Ú. frecuentemente en los tribunales y comunidades. ‖ *Por* CEREMONIA. m. adv. con que se denota que uno hace alguna cosa tan sólo por cumplir con ellos. ‖ P. cerimonial; I. ceremony; F. cérémonie; A. Feierlichkeit, Zeremonie; It. cerimonia; R. церемония, обряд.

★ CEREMONIAL. (l. *caeremoniālis*.) adj. Relativo al uso de las ceremonias. ‖ 2. m. Conjunto de formalidades para los actos públicos o solemnes. ‖ 3. Libro o cartel donde están escritas las ceremonias que se deben observar en ciertos actos públicos. ‖ 2.ª acep.: P. cerimonial; I.

ceremonial; F. cérémoniel; A. zeremoniell; It. ceremoniale; R. церемониальный.

CEREMONIALMENTE. adv. m. Ceremoniosamente.

CEREMONIÁTICAMENTE. adv. Con arreglo a las ceremonias.

CEREMONIÁTICO, CA. adj. Ceremonioso.

CEREMONIERO. m. Ceremonioso, 2.ª acep.

CEREMONIOSAMENTE. adv. Con ceremonia.

CEREMONIOSO, SA. (l. *caeremoniōsus*.) adj. Que observa con puntualidad las ceremonias. ‖ 2. Que gusta de ceremonias y cumplimientos exagerados. Dícese también ceremoniático y ceremoniero. ‖ P. e It. cerimonioso; I. ceremonious; F. cérémonieux; A. zeremoniös; R. церемонный.

CEREÑO, ÑA. (De *cera*.) adj. De color de cera. Aplícase a los perros.

CEREÑO, ÑA. adj. AR. Fuerte, duro, resistente.

★ CÉREO, A. (l. *cerĕus*.) adj. De cera. ‖ I. cereous, waxy; F. cireux; A. wachsern; It. cèreo; R. восковой.

★ CÉREO. m. BOT. Plantas cactáceas, de largos y asurcados tallos. Sus bellas flores se abren al obscurecer.

★ CEREOLITA. f. MINERAL. Variedad de serpentina, con brillo céreo. Se encuentra en Silesia.

★ CEREOPSIS. m. ZOOL. Aves palmípedas, de la familia de las anséridas.

CERERÍA. (De *cerero*.) f. Casa donde se trabaja o vende la cera. ‖ 2. Oficio o pieza de la casa real, donde se guardaba y repartía la cera. ‖ P. fábrica de cera; I. wax shop; F. magasin de cerier; A. Wachsladen; It. cereia; R. фабрика восковых свечей.

★ CERERITA. f. Cerita, mineral de aspecto parecido a la cera. Está formado por la combinación de varios silicatos.

CERERO. (l. *cerarīus*.) m. El que labra o vende la cera. ‖ —mayor. Persona que en la casa real tenía a su cargo el oficio de la cerería. ‖ *Al que ha de morir a obscuras, poco le importa ser* CERERO. ref. que muestra lo inútiles que son los bienes al que no puede aprovecharlos. ‖ P. cerero; I. wax-chandler; F. cirier; A. Wachshändler; It. ceraiulo; R. подсвечник.

CERES. (De *Ceres*, diosa de la agricultura entre los romanos.) m. Asteroide n.º 1 de la serie.

CERESINA. (De *cerezo*.) adj. Goma ceresina, la que se saca del cerezo. Ú.t.c.s.

★ CERETA. f. P. RICO. Cerote, miedo.

CEREVISINA. f. Levadura de la cerveza; se usa como medicina.

CEREZA. (l. *cerasĕa*, por *cerasa*, pl. n. de *cerāsum*, del gr. κέρασος, cerezo.) f. Fruto del cerezo. Es una drupa con rabillo largo, casi redonda, de unos dos centímetros de diámetro, de surco lateral, piel lisa de color encarnado, y pulpa muy jugosa, dulce y comestible. ‖ 2. Color rojo obscuro que ofrecen algunos minerales. ‖ 3. Grado de incandescencia de algunos metales, que toman un color rojo vivo, llamado rojo cereza. ‖ 4. BOT. C. RICA. Fruta empalagosa y muy diferente de la europea, producida por un árbol muy frondoso de la familia de las malpigiáceas, que se cultiva en los jardines. —mollar. Cereza, 1.ª acep. ‖ —póntica. Guinda, 1.er art. ‖ CEREZAS y hadas malas, toman pocas, y llevan hartas o sartas; o *pensáis tomar pocas y viénense hartas*. ref. que denota que las unas traen o llevan consigo otras. ‖ P. cereja; I. cherry; F. cerise; A. Kirsche; It. ciliegia; R. черешня.

CEREZAL. m. Sitio poblado de cerezos. ‖ 2. AST. y SAL. Cerezo, 1.ª acep.

CEREZO. (l. *cerasĕus*, por *cerāsus*, y éste del gr. κέρασος.) m. Árbol frutal de la familia de las rosáceas, de unos cinco metros de altura, tronco liso y ramoso, copa abierta, hojas ásperas lanceoladas, flores blancas. Su fruto es la cereza. Su madera, de color castaño claro, se emplea en ebanistería. ‖ 2. Madera de este árbol. ‖ 3. V. *Laurel* CEREZO. ‖ 4. AMÉR. Chaparro, 2.ª acep.

★ CERHOMILITA. f. MINERAL. Hidrosi-

licato natural de boro, hierro y cal; variedad de la hiomilita.

CERIBALLO. m. SAL. Rastro, vestigio.

CERIBÓN. (l. *cedĕre*, ceder, y *bona*, bienes.) m. ant. Cesión de bienes.

★ CÉRICO, CA. adj. QUÍM. Ácido resultante de la oxidación de la cerina.

★ CERIDINA. f. QUÍM. Alcaloide sólido de color blanco amarillento.

CÉRIDO. m. QUÍM. Nombre genérico de los cuerpos simples, cuyo tipo es el cerio.

CERÍFERO, RA. (De *cera* y l. *ferre*, llevar.) adj. Que produce o da cera.

CERÍFICA. (l. *cera*, cera, y *facĕre*, hacer.) adj. Dícese de la pintura hecha con cera de varios colores.

★ CERIFICACIÓN. f. Modificación paulatina producida en algunas células vegetales a medida que van incrustándose en ellas substancias cerosas.

★ CERIFICADOR. m. Aparato para cerificar. ‖ P. cerificador; I. cerificator; F. cérificateur; A. Wachsreiniger; It. cerificatore.

★ CERIFICAR. tr. Purificar la cera.

CERIFLOR. (De *cera* y *flor*.) f. Planta borraginácea. Se supone vulgarmente que de la flor de esta planta sacan la cera con preferencia las abejas. ‖ 2. Flor de la misma planta. ‖ I. honeywort; F. mélinet; A. Wachsblume; It. cerinta; R. центифолия.

★ CERILE, LO. m. ZOOL. Género de aves trepadoras, alcedínidas, cuyas costumbres son semejantes a las del martín pescador.

CERILLA. (De *cera*.) f. Vela de cera, otros delgada, varía de tamaño, se arrolla en distintas figuras, más frecuentemente en la de librillo. Sirve para luz manual y otros variados usos. ‖ 2. Fósforo. Trozo de cerilla, madera o cartón, con cabeza de fósforo y otro cuerpo oxidante, que sirve para encender luz. ‖ 3. Masilla de cera compuesta con otros ingredientes, de que usaban las mujeres para afeites. ‖ 4. Cera de los oídos. ‖ P. pavio, fósforo de cera; I. wax match, taper; F. allumette, rat de cave; A. Wachskerzchen, Streichholz; It. cerino, candeletta; R. спичка.

CERILLERA. f. Fosforera. Mujer que vende cerillas.

CERILLERO. m. Fosforera. ‖ 2. El que vende cerillas.

CERILLO. m. Cerilla, 1.ª acep. ‖ 2. AND. Cerilla, fósforo. Ú.t. en Cuba y Méjico. ‖ 3. BOT. CUBA. Árbol silvestre de la familia de las rubiáceas, hasta de 8 m de alta. Su madera es muy estimada en carpintería por sus vetas; se usa también para hacer bastones. ‖ 4. C. RICA. Planta gutífera de los países cálidos. Mana de su corteza una goma amarilla, que al cuajarse parece cera, que los indios utilizaban para calafatear sus canoas. ‖ 5. NICAR. Cerito.

CERINA. f. Especie de cera que se extrae del alcornoque. ‖ 2. MINERAL. Ortita. Silicato de cerio. ‖ 3. QUÍM. Substancia que se obtiene de la cera blanca.

CERIO. (De *Ceres*, n. p.) m. MINERAL. Metal de color pardo rojizo. Se oxida en el agua hirviendo. Emplése en medicina.

CERIOLARIO. (l. *ceriolarium*.) m. ARQUEOL. Candelabro para velas de cera, usado por los romanos.

CERIONDO, DA. (l. *serotīnus*, tardío.) adj. SAL. Aplícase a los cereales que empiezan a sazonarse, tomando color amarillo.

CERITA. (De *cerio*.) f. Mineral formado por la combinación de los silicatos de cerio, lantano y didimio. Se encuentra en masas amorfas con lustre como de cera en el génesis del norte de Europa.

★ CERÍTIDOS. m. pl. ZOOL. Familia de moluscos gasterópodos posobranquios. Son en general, caracoles de pequeño tamaño. Su tipo principal es el Ceritio.

★ CERITIO. m. ZOOL. y PALEONT. Género de moluscos gasterópodos cerítidos. Hay más de cien especies.

CERITO. m. C. RICA. Arbusto de la costa cuyas flores blancas parecen de cera.

CERMEÑA. f. Fruto del cermeño, que es una pera pequeña, muy aromática y sabrosa. Madura al fin de primavera.

C

CERMEÑAL. m. ant. Cermeño.

CERMEÑO. m. Especie de peral, con las hojas acorazonadas, vellosas por el envés, y cuyo fruto es la cermeña. || **2.** Hombre tosco, sucio, necio. Ú.t.c.adj.

CERNA. (l. *circinus*, círculo.) f. GAL. Parte interior y más dura de los árboles maderables.

CERNADA. (De un der. del l. *cinis*, *cinĕris*, ceniza.) f. Parte no disuelta de la ceniza que queda en el cernadero después de echada la lejía sobre la ropa. || **2.** PINT. Aparejo de ceniza y cola para imprimir los lienzos que han de pintarse, especialmente al temple. || **3.** VETER. Cataplasma de ceniza y otros ingredientes que se aplica a las caballerías lastimadas. || **P.** barrela; **I.** leached ashes; **F.** charrée; **A.** Laugenasche; **It.** cenerata, ceneraccio; **R.** щелочная зола.

CERNADERO. (De *cernada*.) m. Lienzo gordo que se pone en el coladero sobre toda la ropa, para que, echando sobre él la lejía, pase a la ropa sólo el agua con las sales que lleve en disolución y se detenga en él la cernada. || **2.** Lienzo de hilo, o de hilo y seda, de que se hacían las valonas. || **I.** leach-linen; **F.** cendrier, charrier; **A.** Laugentuch; **It.** ceneracciolo; **R.** мешочек со щёлоком (для стирки).

CERNAJA. f. SAL. Especie de fleco, terminado en borlitas, que se pone a los bueyes en el testud para espantar las moscas. Ú.m. en pl.

CERNE. (l. *circen-ĭnis*, círculo.) adj. Se dice de lo que es sólido y fuerte, especialmente las maderas. || **2.** m. Parte más dura y sana del tronco de los árboles, que se prefiere para las artes y construcciones de importancia.

CERNEAR. tr. SAL. Mover con violencia alguna cosa.

CERNEDERA. f. Marco de madera del tamaño de la artesa, sobre el cual se pone uno o dos cedazos para cerner con más facilidad la harina que cae dentro de la artesa. Ú.m. en pl.

CERNEDERO. m. Lienzo que se pone por delante la persona que cierne la harina, para no harinarse la ropa. || **2.** Lugar destinado para cerner la harina.

CERNEDOR, RA. m. y f. Persona que cierne. || **2.** m. Torno para cerner la harina.

CERNEJA. (l. *crinicŭlus*, d. de *crinis*, cabello, crin.) f. Mechón de pelo que tienen las caballerías detrás del menudillo, de longitud, espesor y finura diferente según las razas. Ú. por lo común en pl.

CERNEJUDO, DA. adj. Que tiene muchas cernejas.

CERNER. (l. *cĕrnĕre*, separar.) tr. Separar con el cedazo la harina del salvado, o cualquiera otra materia pulverienta, de modo que lo más grueso quede sobre la tela, y lo sutil caiga al sitio destinado para recogerlo. || **2.** Atalayar, observar. || **3.** fig. Depurar, afinar los pensamientos y las acciones. || **4.** tr. Hablando de la vid, olivo, trigo y otras plantas, estar fecundándose la flor. || **5.** Llover suave y menudo. || **6.** Andar o menearse moviendo el cuerpo a uno y otro lado, como quien cierne. || **7.** Mover las aves sus alas, manteniéndose en el aire sin apartarse del sitio en que están. || **8.** fig. Amenazar de cerca algún mal. || **P.** peneirar; **I.** to bolt; **F.** bluter; **A.** (durch)sieben; **It.** abburatare, cernere; **R.** просеивать. || **5.ª** acep.: **P.** chuviscar; **I.** to drizzle, to mizzle; **F.** bruiner; **A.** sanft regnen; **It.** piovigginare; **R.** моросить (о дожде).

CERNERA. f. MURC. Caballete para mover el cedazo de la artesa.

CERNÍCALO. m. Ave de rapiña, común en España de unos 4 dm de largo, con cabeza abultada, pico y uñas negros y fuertes, plumaje rojizo más obscuro por la espalda que por el pecho y manchado de negro. || **2.** fig. y fam. Hombre ignorante y rudo. Ú.t.c.adj. || **3.** GERM. Mantode mujer. | *Coger*, o *pillar*, uno *un* CERNÍCALO. fr. fig. y fam. Embriagarse. | **P.** francelho; **I.** kestrel; windhover; **F.** crécerelle; **A.** Turmfalke; **It.** acertello; **R.** пустельга.

CERNIDERO. m. SAL. Cernedero.

CERNIDILLO. (d. de *cernido*.) m.

Lluvia muy menuda. || **2.** fig. Modo de andar menudo y contoneándose.

CERNIDO. m. Acción de cerner. || **2.** Cosa cernida, principalmente harina para hacer el pan.

* **CERNIDOR.** m. AMÉR. Cerdenor, cedazo, tamiz, aranda, criba. || **2.** AMÉR. Cernedro, especie de delantal.

* **CERNIDOR, RA.** adj. ECUAD. Mentiroso. Ú.t.c.s.

CERNIDURA. f. Cernido, 1.ª acep. || **2.** pl. Lo que queda después de cernida la harina.

CERNINA. f. AST. Trampa en el juego.

CERNIR. tr. Cerner. Conj. como discernir. || **2.** ECUAD. Mentir.

CERNO. (l. *circĭnus*, círculo.) m. AST. Cerne, 2.ª acep. || **2.** Corazón de algunas maderas duras como el roble. || **3.** AMÉR. Nudo, parte del tronco de un árbol por donde salen las ramas.

* **CERNÓFORO.** m. En la antigüedad clásica, portador de cernos o vasos sagrados para los sacrificios.

* **CERNULACIÓN.** f. MED. Tos violenta y persistente causada por algún cuerpo extraño que se introduce en la laringe.

CERO. (ár. *ṣifr*, vacío o exento de cantidad o de número.) m. ARIT. Signo sin valor propio que en la numeración arábiga ocupa los lugares donde no haya de haber cifra significativa. Colocado a la derecha de un número entero decuplica su valor; pero a la izquierda, en nada lo modifica. || **2.** Fís. En las diversas escalas de los termómetros, manómetros y otros aparatos semejantes, punto desde el cual se cuentan los grados y otras fracciones de medida. || —**absoluto.** Fís. Lugar de la escala termométrica, que corresponde aproximadamente a 273 °C por debajo del cero normal. | *Ser* uno CERO, o *un* CERO, *a la izquierda*. fr. fig. y fam. Ser inútil, o no valer para nada. || **P.** e **It.** zero; **I.** cipher, zero; **F.** zéro; **A.** Null; **R.** нуль.

CEROFERARIO. (l. *ceroferarĭus*, de *cera*, cera, y *ferre*, llevar.) m. Acólito que lleva el cirial en la iglesia y procesiones.

* **CEROFOLLO.** m. BOT. Perifollo.

* **CEROGRAFÍA.** f. Procedimiento de grabado en el que se cubre de cera la parte de la plancha metálica que no ha de ser mordida por los ácidos.

CERÓGRAFO. (gr. χηρογράφος, que pinta al encausto.) m. ARQUEOL. Anillo con que los romanos sellaban en cera los cofres y armarios. || **2.** Grabador por el método cerográfico.

* **CEROÍDEO, A.** adj. Que tiene aspecto de cera. || **2.** MINERAL. Escamoso.

CEROLEÍNA. (l. *cera*, y *olĕum*, aceite.) f. QUÍM. Una de las tres substancias que constituyen la cera de las abejas.

* **CEROLITA.** f. MINERAL. Cereolita.

CEROLLO, LLA. (l. *serucŭlus*, d. de *serus*, tardío.) adj. Aplícase a las mieses que al tiempo de segarlas están algo verdes y correosas.

CEROMA. (l. *cerōma*, del gr. χήρωμα.) f. ARQUEOL. Ungüento cuyo principal ingrediente era la cera, con lo que se frotaban los miembros los atletas antes de empezar la lucha.

CEROMANCIA [~**MANCÍA**]. (gr. χηρός, cera, y μαντεία, adivinación.) f. Arte vano de adivinar, que consiste en ir echando gotas de cera derretida en una vasija llena de agua, para hacer cómputos o deducciones según las figuras que se forman.

CEROMÁTICO, CA. (l. *ceromaticus*, untado con ceroma.) adj. FARM. Medicamento en que entran aceite y cera.

CEROMIEL. m. MED. Mezcla de una parte de cera y dos de miel, que antiguamente se empleaba en la cura de las úlceras y heridas.

* **CEROMILITA.** f. MINERAL. Silicoborato de hierro y calcio y algunas cantidades de cerio.

CERÓN. m. Residuo, escoria o heces de los panales de la cera.

CERONERO. adj. El que se dedica a comprar cerones. Ú.t.c.s.

* **CEROPEZ.** f. FARM. Cerapez.

* **CERÓPICO, CA.** adj. QUÍM. Dícese de un ácido que se obtiene de las agujas de los pinos silvestres.

CEROPLÁSTICA. (gr. χηροπλαστική

f. de χηροπλαστικός, arte de cerero.) f. Arte de modelar la cera. || **P.** e **It.** ceroplàstica; **I.** ceroplastics; **F.** céroplastique; **A.** Wachsbildnerei; **R.** лепка из воска.

CERORRINCO. (gr. χέρας,-ατος, cuerno, y ρύγχος, pico.) m. Ave de rapiña parecida al halcón, que vive en América.

* **CEROSÍA.** f. QUÍM. Substancia que se obtiene de la corteza de la caña de azúcar.

* **CEROSO, SA.** adj. Que tiene cera o se parece a ella. || **2.** MÉJ. Huevo pasado por agua, que se cuece sin endurecerse del todo. || **3.** QUÍM. Dícese de las combinaciones del cerio. || **4.** QUÍM. Óxido de cerio. Tiene aspecto de polvo gris azulado. || **P.** ceroso; **I.** waxy; **F.** cireux; **A.** waschsartig; **It.** ceroso; **R.** восковой.

* **CEROSOCÉRICO, CA.** adj. QUÍM. Dícese del compuesto de óxido ceroso y óxido cérico.

* **CEROSTROTÓN.** m. Taracea hecha con menudos pedazos de cuerno incrustados en madera.

CEROTE. (De *cera*.) m. Mezcla de pez y cera, que usan los zapateros para encerar los hilos con que cosen los calzados. Se hace también de pez y aceite. || **2.** fig. y fam. Miedo, 1.ª acep. || **P.** cerol; **I.** shomaker's wax; **F.** poix de cordonier; **A.** Schusterpech; **It.** pece da calzolai; **R.** сапожный вар.

CEROTEAR. tr. Dar cerote los zapateros a los hilos con que se cosen los calzados. || **2.** intr. CHILE. Gotear la cera de las velas encendidas.

* **CEROTENO.** m. QUÍM. Hidrocarburo que se extrae de la cera de China.

CEROTERO. (De *cerote*.) m. Pedazo de fieltro con que los pirotécnicos untan de pez los cohetes.

CEROTICO. m. d. de cerote, 1.ª acep. | CEROTICO *de pez no me engañaréis otra vez*. ref. que alude a los escarmentados de los engaños hechos con disimulo y apariencia modesta.

* **CERÓTICO, CA.** adj. QUÍM. Dícese de un ácido que se encuentra libre en la cera de las abejas.

* **CEROTINA.** f. QUÍM. Nombre del alcohol cerótico.

* **CEROTINONA.** f. QUÍM. Acetona extraída de la cerotina.

CEROTO. (l. *cerōtum*, y éste del gr. χηρωτόν.) m. FARM. Cerato.

* **CEROXILO.** m. BOT. Género de palmera arecínea, que vive en América y del que se extrae la cera de palma.

CERPA. f. AR. Cantidad de lana que una persona puede coger con los dedos.

CERQUILLO. (d. de *cerco*.) m. Círculo o corona formada de cabellos en la cabeza de los religiosos de algunas órdenes. || **2.** Vira, tira de suela con que los zapateros sujetan la plantilla a la pala. || **3.** AR. Flequillo que llevan las mujeres sobre la frente. Ú.t. en América.

* **CERQUININGA.** adv. fam. REP. DOMIN. Cerca, cerquita.

CERQUITA. adv. Muy cerca, a poca distancia.

CERRA. (fr. *serre*, garra; éste del b. l. *serra*, cerrojo, y éste del l. *sera*, cerradura.) f. Germ. Mano, 1.ª acep.

CERRACATÍN, NA. m. y f. Tacaño, miserable.

CERRADA. f. Parte de la piel del animal que corresponde al cerro o lomo.

CERRADA. f. ant. Acción y efecto de cerrar.

CERRADAMENTE. adv. ant. Implícitamente.

CERRADERA. f. Cerradero, 2.ª acep.|| *Echar* uno *la* CERRADURA. fr. fig. y fam. Negarse del todo a lo que se le pide, sin querer oír razones.

CERRADERO, RA. adj. Lugar que se cierra o instrumento con que se ha de cerrar alguna cosa. Ú.t.c.s.m. y f. || **2.** Parte de la cerradura en la cual penetra el pestillo. Se pone en el marco o en la otra hoja de la puerta que se ha de cerrar. || **3.** Agujero que se hace en algunos marcos con el mismo fin. || **4.** Cordones con que se cierran y abren las bolsas y bolsillos. || **2.ª** acep.: **I.** bolt staple; **F.** gâche; **A.** Riegelhaspen; **It.** boncinello; **R.** паз дверного замка.

CERRADIZO, ZA. adj. Que se puede cerrar.

C

CERRADO, DA. (De *cerrar*.) adj. V. *Arca, barba, behetría, carga, descarga, escala, espejuela, loba, mar, octava, sílaba, vocal* CERRADA. || **2.** V. *Cólico, millar, monte, testamento* CERRADO. || **3.** fig. Incomprensible, inculto y obscuro. || **4.** fig. Se dice del cielo o de la atmósfera cuando se presentan muy cargados de nubes. || **5.** fig. y fam. Persona muy callada, y disimulada o torpe de entendimiento. CERRADO *de mollera*. || **6.** Cercado, huerta con valla y tapia.

CERRADOR, RA. adj. Que cierra. Ú.t.c.s. || **2.** m. Cualquier cosa con que se cierra otra.

CERRADURA. (De *cerrar*.) f. Cerramiento, 1.ª acep. || **2.** Mecanismo de metal que se fija en puertas y tapas de muebles, y sirve para cerrarlos, por uno o más pestillos que se hacen jugar con la llave. || —**de golpe** o **de golpe y porrazo.** La que por tener pestillo de muelle, se cierra automáticamente y sin llave. || —**de loba.** Aquella en que los dientes de las guardas son semejantes a los del lobo. || —**de molinillo.** La que tiene movible y giratorio el caño por donde entra la tija de la llave. || *No hay* CERRADURA *donde el oro no la ganzúa.* ref. que advierte lo mucho que puede el interés. || 1.ª acep.: **P.** cerradura; **I.** lock; **F.** serrure; **A.** Schloss; **It.** serame, serratura, toppa; **R.** запирание.

CERRADURÍA. (De *cerrador*.) f. ant. Cerramiento, 1.ª acep.

CERRAJA. (l. *seraculum*, de *serare*, cerrar.) f. Cerradura, 2.ª acep.

CERRAJA. (l. *serralia*.) f. Hierba amarga que se cría en las huertas y se usa en medicina como aperitivo. Pertenece a la familia de las compuestas, de seis a ocho centímetros de altura, tallo hueco y ramoso, hojas lampiñas, jugosas, oblongas y con dientecillos espinosos en el margen y flores amarillas en corimbos terminales. || **2.** V. *Agua de* CERRAJAS.

CERRAJE. (persa *serāy*, serrallo, palacio.) m. ant. Serrallo, 1.ª acep.

CERRAJEAR. intr. Ejercer el oficio de cerrajero.

CERRAJERÍA. f. Oficio de cerrajero. || **2.** Tienda, taller o calle, donde se fabrican o venden cerraduras y otros instrumentos de hierro. || **P.** serralharia; **I.** locksmith's art; **F.** sérrurerie; **A.** Schlosserei; **It.** arte del magnano; **R.** слесарная.

CERRAJERILLO. m. ÁL. Reyezuelo, pájaro de plumaje vistoso.

CERRAJERO. (De *cerraja*, 1.er art.) m. Maestro u oficial que hace cerraduras, llaves, candados, cerrojos, etc. || **Ál.** Calandria, alondra. || **P.** serralheiro; **I.** locksmith; **F.** serrurier; **A.** Schlosser; **It.** magnano; **R.** слесарь.

CERRAJÓN. m. Cerro alto y escarpado.

CERRALLE. (l. *seraculum*, cierre.) m. Cerco, lo que ciñe o circunda.

CERRALLE. (persa *serāy*, serrallo, palacio.) m. ant. Cerraje.

CERRAMIENTO. m. Acción y efecto de cerrar. || **2.** Cosa que cierra o tapa cualquier abertura, conducto o paso. || **3.** Cercado y coto. || **4.** Entre albañiles, división que se hace con tabique, y no con pared gruesa, en una pieza o estancia. || **5.** ARQ. Lo que cierra y termina el edificio por la parte superior.

CERRAR. (l. *serrare*, de *serare*.) tr. Asegurar con cerradura, pasador, pestillo, tranca u otro instrumento, una puerta, ventana, tapa, etc., para evitar que se abra. || **2.** Encajar en su marco la hoja u hojas de una puerta, balcón, etc., para impedir el paso del aire o de la luz. CERRAR *una ventana.* || **3.** Hacer que el interior de un recinto quede incomunicado con el espacio exterior. CERRAR *una habitación.* || **4.** Juntar los párpados, labios o dientes de arriba con los de abajo. || **5.** Juntar los extremos libres de dos miembros del cuerpo, o dos partes de una cosa articulada por el otro extremo. CERRAR *las piernas, una navaja*, etc. || **6.** Tratándose de libros, cuadernos, etc., juntar todas sus hojas de manera que no se puedan ver las páginas interiores. || **7.** Tratándose de los cajones de un mueble, de los cuales se haya tirado hacia fuera, sin sacarlos del todo, volver a meterlos en

su hueco. || **8.** Estorbar o impedir el tránsito por un paso. || **9.** Cercar, vallar, rodear, acordonar. || **10.** Tapar aberturas. Ú.t.c.r. || **11.** Poner el émbolo de un grifo, espita, etc., de manera que impida la salida o libre circulación del fluido contenido en el recipiente o conducto en que se hallan colocados dichos instrumentos. Ú.t.c.r. || **12.** Formar la clave de arcos o bóvedas. || **13.** Completar un perfil o figura uniendo el final del trazado con el principio. CERRAR *una circunferencia.* || **14.** Cicatrizar heridas o llagas. Ú.t.c.r. || **15.** Encoger o plegar lo que estaba extendido, y apretarlo. CERRAR *la mano, un paraguas.* || **16.** Apiñar, unir estrechamente. Ú.t.c.r. CERRAR *el escuadrón.* || **17.** Pegar o lacrar sobres, paquetes, etc., de modo que no sea posible ver lo que contiene ni abrirlos sin despegarlos o romperlos. || **18.** fig. Concluir ciertas cosas. CERRAR *la discusión.* || **19.** fig. Declarar fenecido el plazo de admisión en certámenes, concursos, suscripciones, etc. || **20.** fig. Poner fin a las tareas o negocios propios de cada uno de ellos, en establecimientos políticos, administrativos, científicos, artísticos, comerciales o industriales: CERRAR *el balance, la exposición.* || **21.** Dar por concertados y firmes ajustes, tratos o contratos. || **22.** fig. Cesar en el ejercicio de una profesión en el local donde la practica. CERRAR *la consulta, el bufete.* || **23.** Ir en último lugar de la hilera o columna de gente que camina. CERRAR *el desfile.* || **24.** Encerrar. Ú.t.c.r. || **25.** intr. Cerrarse o poderse cerrar una cosa. *Esta caja, puerta, armario,* CIERRA *bien o* CIERRA *mal.* || **26.** En el juego del dominó, poner una ficha que impida seguir colocando las demás que aún tengan los jugadores. || **27.** Igualarse todos sus dientes en las caballerías, lo que se verifica a la edad de los siete años. || **28.** Llegar la noche a su plenitud. Ú.t.c.r. CERRAR *la noche.* || **29.** fig. Seguido de la preposición con: trabar batalla, embestir, acometer. CERRAR *con el enemigo.* || **30.** r. Juntarse unos con otros los pétalos de las flores sobre el botón o capullo. || **31.** Encapotarse, o cargarse de nubes o vapores que producen obscuridad, el cielo, la atmósfera, el horizonte, etc. || **32.** fig. Mantenerse firme en un propósito. || CERRAR *en falso.* fr. Echar la llave, o cerrojo, o falleba, de modo que no cebando en el cerradero abra sin dificultad alguna. || CERRARSE *en falso.* fr. Se dice de la herida que no está bien curada, aunque en lo exterior aparenta estarlo. || ¡CIERRA *España!* HIST. Grito de guerra de las antiguas milicias españolas. || **P.** cerrar, fechar; **I.** to close; **F.** fermer; **A.** schliessen; **It.** chiùdere, serrare; **R.** закрывать.

CERRAS. (De *cerro*.) f. pl. LEÓN. Fleco de ciertas prendas de vestir. *Una falda de* CERRAS.

CERRATEÑO, ÑA. adj. Natural de la comarca de Cerrato (Palencia). || **2.** Relativo a la misma.

CERRAZÓN. (De *cerrar*.) f. Obscuridad grande que suele preceder a las tempestades, cubriéndose el cielo de nubes muy negras. || **2.** Incapacidad de comprender algo por ignorancia o prejuicio.

CERRAZÓN. (De *cerro*.) f. Cerrajón. || **2.** COLOM. Contrafuerte de una cordillera.

CERREBOJAR. (De *rebojo*.) tr. SAL. Espigar, rebuscar, así granos como uvas, almendras, etc.

CERREJÓN. m. Cerro pequeño.

CERRERO. (De *cerrero*.) f. fig. Soltura, desenfreno de costumbres.

CERRERO, RA. (De *cerro*.) adj. Que anda libre de cerro en cerro. || **2.** Cerril, que no está domado. || **3.** AMÉR. Persona inculta, brusca. || **4.** VENEZ. Que no está dulce.

CERRETA. f. MAR. Brazal, madero de los barcos.

CERRETANO, NA. (l. *ceretānus*.) adj. Natural de Cerdaña. Ú.t.c.s. || **2.** Perteneciente a esta región de la España tarraconense.

CERREVEDIJÓN. (De *cerro* y *vedija*.) m. Vedija grande.

CERRICA. f. AST. Ave diminuta, de color rubio y amoratado.

CERRIL. (De *cerro*, 3.ª acep.) adj. Terreno áspero y escabroso. || **2.** Aplícase al ganado vacuno, caballar o mular no domado. || **3.** *Puente* CERRIL, por donde sólo pueden pasar las caballerías una tras otra. || **4.** fig. y fam. Grosero, tosco. || 2.ª acep.: **P.** indómito; **I.** untamed; **F.** sauvage; **A.** wild, ungezähmt; **It.** selvàtico; **R.** шероховатый, неровный. || 4.ª acep.: **P.** tosco; **I.** coarse; **F.** rustre; **A.** ungebildet; **It.** zòtico; **R.** дикий.

★ **CERRILERO.** m. AND. Mozo que guarda los potros.

★ **CERRILIDAD.** f. Calidad de cerril.

CERRILMENTE. adv. De manera cerril. || **2.** A secas, con laconismo descortés.

CERRILLA. f. Instrumento para cerrillar la moneda.

★ **CERRILLADA.** f. AMÉR. MERID. Cordillera de cerros de poca altura.

CERRILLAR. tr. Poner el cordoncillo a las piezas de moneda.

CERRILLO. (d. de *cerro*.) m. Grama del norte. || **2.** pl. Hierros en que está grabado el cordoncillo para cerrillar.

CERRIÓN. m. Canelón, carámbano, largo y puntiagudo.

CERRISTOPA. f. SAL. Camisa dominguera o de fiesta, cuya parte delantera y superior es hecha de cerro y el faldón de estopa.

CERRO. (l. *cirrus*, copo.) m. Cuello o pescuezo del animal. || **2.** Espinazo o lomo. || **3.** Elevación de tierra aislada y de menor altura que el monte o la montaña. || **4.** Manojo de lino o cáñamo después de rastrillado y limpio. || *Echar* uno *por esos* CERROS. fr. fig. y fam. Echar por esos trigos. || *En* CERRO. m. adv. En pelo. || *Por los* CERROS *de Úbeda.* loc. fig. y fam. Por sitio muy remoto y fuera de camino. Se da a entender que lo que se dice es incongruente. Úsase con el adverbio de comparación *como*, y con los verbos *echar, ir*, etc. || 3.ª acep.: **P.** colina; **I.** kill; **F.** colline; **A.** Hügel; **It.** poggio; **R.** холм, гора.

CERROJAZO. (De *cerrojo*.) m. Acción de echar el cerrojo recia y bruscamente. Se usa con más frecuencia en el verbo *dar*. || **2.** fig. Clausura inesperada de una reunión. *Dar el* CERROJAZO *a la Asamblea.*

★ **CERROJEO.** m. PERÚ. Repetición de idas y venidas con aparente actividad, pero sin finalidad práctica verdadera.

CERROJILLO, TO. (d. de *cerrojo*.) m. Herreruelo, pájaro cuyo canto se asemeja al sonido del martillo del herrero.

CERROJO. (l. *veruculum*, barra de hierro, d. de *veru*, el asador.) m. Barreta cilíndrica de hierro, con manija, por la común en la forma de T, que está sostenida horizontalmente por dos armellas, y entrando en otra o en un agujero dispuesto al efecto, cierra y ajusta la puerta o ventana con el marco, o una con otra las hojas, si la puerta es de dos. || **P.** ferrolho; **I.** bolt; **F.** verrou; **A.** (Schluss)-Riegel; **It.** catenaccio, chiavistello; **R.** задвижка, засов.

CERRÓN. (De *cerro*, 4.ª acep.) m. Lienzo basto que se fabrica en Galicia.

CERRÓN. (De *cerrar*.) m. GERM. Llave o cerrojo.

CERROTINO. m. ant. Cerro que se saca del cáñamo o del lino al rastrillarlos.

CERRUMA. (l. *cirrus*, copo.) f. VETER. Cuartilla, parte que media entre el menudillo y la corona del casco de una caballería.

CERTA. f. GERM. Camisa.

CERTAMEN. (l. *certāmen*.) m. ant. Desafío, duelo, pelea entre dos o más personas. || **2.** fig. Función literaria en que se argumenta o disputa sobre algún asunto poético. || **3.** fig. Concurso abierto por las academias u otras corporaciones, para estimular con premios el cultivo de las ciencias y artes. || 3.ª acep.: **P.** certame; **I.** competition; **F.** concours; **A.** Konkurs; **It.** concorso. **R.** конкурс, состязание.

CERTANEDAD. (De *certano*.) f. ant. Certeza.

CERTANO, NA. adj. ant. Cierto.

CERTENEJA. f. MÉJ. Pantano pequeño, pero profundo.

CERTERAMENTE. adv. De un modo certero.

CERTERÍA. (De *certero*.) f. p. us. Acierto, tino y destreza en tirar.

CERTERO, RA. (De *cierto*.) adj. Diestro y seguro en tirar. || **2.** Seguro, acertado. || **3.** Cierto, sabedor, bien informado. || *No es bien* CERTERO *quien carga delantero*. ref. que declara la torpeza del que se da a la bebida. || **2.**ª acep.: **P.** convicção, segurança; **I.** sure; **F.** sûr; **A.** sicher; **It.** sicuro; **R.** достоверный.

CERTEZA. (De *cierto*.) f. Conocimiento claro y seguro de alguna cosa. || **P.** certeza; **I.** certitude, certainly; **F.** certitude; **A.** Gewissheit, Sicherheit; **It.** certezza; **R.** уверенность.

★ **CERTIA.** f. ZOOL. Género de pájaros tenuirrostros, algunas de cuyas especies viven en Europa; son insectívoros y habitan lugares poblados de árboles.

CERTIDUMBRE. (l. *certitúdo, -ínis*.) f. Certeza. || **2.** ant. Seguro, obligación de cumplir alguna cosa.

CERTIFICABLE. adj. Que puede o debe certificarse.

CERTIFICACIÓN. f. Acción y efecto de certificar. || **2.** Instrumento en que se asegura la verdad de un hecho.

CERTIFICADAMENTE. adv. ant. Cierta o seguramente.

CERTIFICADO, DA. p.p. de certificar. || **2.** adj. Dícese de la carta o paquete que se certifica. Ú.t.c.s. || **3.** m. Certificación, documento en que se asegura la verdad de un hecho. || **4.** Título provisional de deuda pública, sociedad anónima, etc., que se canjea luego por el definitivo. || **5.** ARGENT. Documento de propiedad de un caballo expedido por la autoridad competente.

CERTIFICADOR, RA. adj. Que certifica. Ú.t.c.s.

CERTIFICAR. (l. *certificāre; de certus*, cierto, y *facĕre*, hacer.) tr. Asegurar, afirmar, dar por cierta alguna cosa. Ú.t.c.r. || **2.** Tratándose de cartas o paquetes que se han de remitir por el correo, obtener mediante pago, un certificado o resguardo con el que se puede acreditar haberlos remitido. || **3.** FOR. Hacer cierta una cosa por medio de instrumento público. || **4.** intr. ant. Fijar, señalar con certeza o seguridad. || **5.** r. Cerciorarse. || **P.** certificar; **I.** to certify; **F.** certifier, assurer; **A.** versichern; **It.** certificare; **R.** удостоверять.

CERTIFICATORIA. f. ant. Certificación, instrumento en que se asegura la verdad de un hecho.

CERTIFICATORIO, RIA. adj. Que certifica.

CERTINIDAD. f. Certeza.

★ **CERTIÓLIDOS.** m. pl. ZOOL. Cierta familia de pájaros tenuirrostros americanos.

CERTÍSIMO, MA. adj. sup. de cierto.

CERTITUD. (l. *certitúdo*.) f. Certeza.

CERUCA. (l. *siliqua*.) f. ÁL. Vaina de legumbre.

★ **CERULEINA.** f. QUÍM. Materia colorante verde. || **2.** QUÍM. Azuleno.

CERÚLEO, A. (l. *caerulĕus*.) adj. Aplícase al color azul del cielo despejado, o de la alta mar o de los grandes lagos. || **P.** e **It.** cerúleo; **I.** cerulean, ceruleous; **F.** ceruléen, azuré; **A.** himmelblau; **R.** небесноголубой.

★ **CERULEÓN.** m. FARM. Cereleón.

CERULINA. f. QUÍM. Azul de añil soluble.

★ **CERULINSULFÚRICO, CA.** adj. Quím. Sulfindigótico.

★ **CERULIÑOL.** m. QUÍM. Éter metílico. Líquido oleoso de sabor aromático ardiente.

★ **CERULIÑONA.** f. QUÍM. Substancia que se halla en los productos de la destilación de la leña.

CERUMA. f. VETER. Cerruma.

CERUMEN. (De *cera*.) m. Cera de los oídos. || **P.** e **It.** cerume; **I.** cerumen; **F.** cérumen; **A.** Ohrenschmalz; **R.** ушная сера.

★ **CERUMENIOSO, SA.** adj. Relativo al cerumen.

CERUSA. (l. *cerussa*.) f. QUÍM. Carbonato de plomo.

CERUSITA. f. QUÍM. Cerusa, carbonato de plomo.

CERVAL. adj. Cervuno, perteneciente o relativo al ciervo. || **2.** Dícese de un gato americano cuya piel se usa en manguitería. || **3.** Aplícase al miedo extraordinario.

CERVANTESCO, CA. adj. Cervantino. || **P.** e **It.** cervantesco; **I.** Cervantic; **F.** cervantesque; **A.** Im Style des Cervantes; **R.** сервантесовский.

CERVÁNTICO, CA. adj. Cervantino.

CERVANTINO, NA. adj. Propio y característico de Cervantes como escritor, o que tiene semejanza con cualquiera de las dotes o cualidades por las que se distinguen sus producciones.

CERVANTISMO. m. Influencia de las obras de Miguel de Cervantes en la literatura general. || **2.** Giro o locución cervantina.

CERVANTISTA. adj. Dedicado con especialidad al estudio de las obras de Cervantes y cosas que le pertenecen. Apl. a pers. ú.t.c.s.

★ **CERVANTITA.** f. MINERAL. Tetróxido natural de antimonio.

CERVANTÓFILO, LA. (De *Cervantes*, y el gr. φίλος, amigo.) adj. Devoto de Cervantes. || **2.** Aficionado a coleccionar ediciones de las obras de Cervantes. Ú.t.c.s.

CERVARIENSE. adj. Natural de la ciudad de Cervera (Lérida.) Ú.t.c.s. || **2.** Perteneciente a dicha ciudad.

CERVARIO, RIA. (l. *cervarius*.) adj. Cerval, cervuno, perteneciente al ciervo.

CERVATICA. f. ZOOL. Langostón.

CERVATILLO. (De *cervato*.) m. Almizclero, animal rumiante.

CERVATO. m. Ciervo menor de seis meses.

CERVECEO. m. Fermentación de la cerveza.

CERVECERÍA. (De *cervecero*.) f. Fábrica de cerveza. || **2.** Tienda donde se vende. || **P.** cervejaria; **I.** brewery, beerhouse; **F.** brasserie; **A.** Brauerei; **It.** birraria; **R.** пивная.

CERVECERO, RA. m. y f. Persona que hace cerveza. || **2.** Persona que tiene cervecería.

★ **CERVECO.** m. ZOOL. Ciervo de gran alzada que vive en Chile.

CERVERANO, NA. adj. Natural de Cervera. Ú.t.c.s. || **2.** Perteneciente a la villa de Cervera de Río Alhama (Logroño), y Cervera de Pisuerga (Palencia).

CERVEZA. (celtolatino *cerevísia*.) f. Bebida hecha con granos germinados de cebada u otros cereales fermentados en agua y aromatizados con lúpulo, boj, casia, etc. || —**doble.** Cerveza muy concentrada. || **P.** cerveja; **I.** beer; **F.** bière; **A.** Bier; **It.** birra; **R.** пиво.

CERVICABRA. (De *ciervo* y *cabra*.) f. ZOOL. Especie de antílope de la India, tipo del género, notable por sus cuernos divergentes, retorcidos y largos.

CERVICAL. (l. *cervicālis*.) adj. Perteneciente o relativo a la cerviz. *Vértebra* CERVICAL. || **P.**, **I.** y **F.** cervical; **A.** Genick (en comp.); **It.** cervicale; **R.** затылочный, шейный.

★ **CERVICOAURICULAR.** adj. ANAT. Aplícase al músculo que va desde la oreja a la nuca.

★ **CERVICOESCAPULAR.** adj. ANAT. Aplícase al músculo que se inserta por una parte en la nuca y por otra en el omoplato.

★ **CERVICOFACIAL.** adj. Perteneciente al cuello y a la cara.

★ **CERVICOMASTOIDEO, A.** adj. ANAT. Dícese del músculo que se extiende desde la nuca hasta la apófisis mastoidea.

★ **CERVICOSUBESCAPULAR.** adj. ANAT. Aplícase al músculo que se extiende desde el omoplato hasta la nuca.

★ **CERVICULAR.** (l. *cervicŭla*, d. de *cervix*, cerviz.) adj. Cervical.

CÉRVIDO. (l. *cervus*, ciervo.) adj. ZOOL. Dícese de mamíferos artiodáctilos rumiantes, cuyos machos tienen cuernos ramificados que caen y se renuevan periódicamente; como el ciervo y el reno. Ú.t.c.s. || **2.** m. pl. Familia de estos animales. || **2.**ª acep. **P.** cervídes; **I.** Cervidae; **F.** cervidés; **A.** Hirsche; **It.** cèrvidi; **R.** олений.

CERVIGÓN. m. Cerviguillo.

CERVIGUDO, DA. adj. De cerviz

CERVAL. adj. Cervuno, perteneciente... abultada y gruesa. || **2.** fig. Porfiado, terco, testarudo.

CERVIGUILLO. m. Parte exterior de la cerviz, cuando es gruesa y abultada. || **P.** cachaço; **I.** nape; **F.** nuque; **A.** Genick, Nacken; **It.** collòttola; **R.** жирный затылок.

CERVINO, NA. (l. *cervīnus*.) adj. Perteneciente al ciervo.

CERVIZ. (l. *cervix, -ícis*.) f. ZOOL. Parte dorsal del cuello, que en el hombre y la mayoría de los mamíferos, consta de siete vértebras, de varios músculos y de la piel. Con el atlas, que es la primera de dichas vértebras se articula al cráneo. || *Bajar o doblar* uno *la* CERVIZ. fr. fig. Humillarse, deponiendo el orgullo y la altivez. || *Levantar* uno *la* CERVIZ. fr. fig. Engreírse, ensoberbecerse. || *Ser* uno *de dura* CERVIZ. fr. fig. Ser indómito. || **P.** cerviz; **I.** cervix; **F.** nuque; **A.** Nacken; **It.** cervice; **R.** затылок.

CERVUNO, NA. (l. *cervínus*.) adj. Perteneciente al ciervo. || **2.** Parecido a él. || **3.** Dícese del caballo o yegua cuyo color y ojos son parecidos a los del ciervo. || **4.** *Jara* CERVUNA. BOT. Dícese de una jara que tiene las flores sin mancha en la base de los pétalos.

CESACIÓN. (l. *cessatio, -ŏnis*.) f. Acción y efecto de cesar. || *—a divinis*. Suspensión canónica de los divinos oficios en una iglesia violada. || **P.** cessação; **I.** y **F.** cessation; **A.** Aufhören, Wegfall; **It.** cessazione; **R.** прекращение.

★ **CESALPINEAS.** f. pl. BOT. Llamadas también cesalpinieas y cesalpiniaceas. Subfamilia de plantas leguminosas papilionáceas, compuestas de árboles y arbustos, y algunas veces por plantas herbáceas.

CESAMIENTO. (De *cesar*.) m. Cesación.

CESANTE. p.a. de cesar. Que cesa. || **2.** adj. Dícese del empleado del Gobierno a quien se priva de su empleo, dejándole, en algunos casos, parte del sueldo. Ú.t.c.s. || **2.**ª acep.: **P.** cesante; **I.** put out of place; **F.** en disponibilité; **A.** stellenlos (Beamter); **It.** en disponibilità; **R.** уволенный.

CESANTÍA. f. Estado de cesantes. || **2.** Paga que, según las leyes, disfruta el empleado cesante en quien concurren ciertas circunstancias. || **3.** Correctivo por el que se priva al empleado de su destino, sin que le incapacite para volver a desempeñarlo. || **P.** cessação; **I.** displacement; **F.** disponibilité; **A.** Stellenlosigkeit; **It.** disponibilità; **R.** увольнение.

CÉSAR. (l. *Caesar*.) m. Sobrenombre de la familia romana Julia, que como título de dignidad llevaron juntamente con el de Augusto, los emperadores romanos, y el cual fue también distintivo especial de las personas designadas para suceder en el imperio. || **2.** Emperador, título de dignidad dado al jefe supremo del antiguo imperio romano. || *O* CÉSAR *o nada*. expr. fig. con la que se pondera la extremada ambición de algunas personas.

CESAR. (l. *cessāre*.) intr. Suspenderse o acabarse una cosa. || **2.** Dejar de desempeñar algún empleo o cargo. || **3.** Dejar de hacer lo que se está haciendo. CESAR *de correr*; CESAR *en su empleo*. || **P.** cessar; **I.** to cease; **F.** cesser; **A.** aufhören; **It.** cessare; **R.** кончаться, прекращаться.

CESARAUGUSTANO, NA. adj. Natural de la antigua Cesaraugusta, hoy Zaragoza. Ú.t.c.s. || **2.** Perteneciente a esta ciudad.

CESÁREO, A. (l. *caesarĕus*.) adj. Perteneciente al imperio o a la majestad imperial. || **2.** Se dice del derecho que regula las relaciones privadas de los ciudadanos entre sí. || **3.** CIR. Dícese de la operación que consiste en abrir el vientre de la madre para extraer de su seno la criatura o feto que no puede ser naturalmente expelido. || **P.** cesareo; **I.** Caesarean; **F.** cesarien; **A.** Cäsarisch; **It.** cesàreo. || **3.**ª acep.: **P.** cesareo; **I.** Caesarean; **F.** cesarien; **A.** Kaiserschnitt; **It.** cesàreo; **R.** кесарево сечение.

CESARIANO, NA. (l. *caesariānus*.) adj. Perteneciente a Julio César. || **2.** Partidario de este emperador. Ú.t.c.s. || **3.** Perteneciente al César.

CESARIENSE. (l. *caesariensis*.) adj. Natural de Cesarea. Ú.t.c.s. || **2.** Pertene-

C ciente a cualquiera de las antiguas ciudades de este nombre.

CESARINO, NA. (l. *caesarinus*.) adj. ant. Cesariano.

CESARISMO. (De *César*.) m. Sistema de gobierno en el cual una sola persona asume y ejerce todos los poderes públicos, y designa sucesor personal. || **P.** e **It.** cesarismo; **I.** cesarism; **F.** césarisme; **A.** Cäsarentum; **R.** цезаризм.

CESARISTA. m. Partidario o servidor del cesarismo.

CESE. (impers. del verbo *cesar*.) m. Nota que se pone en la nómina o título de los que gozan sueldo del Estado, o documento que se expide para que desde aquel día cese el pago de la asignación que tenía algún individuo.

CESENÉS, SA. adj. Natural de Cesena. Ú.t.c.s. || **2.** Perteneciente a esta ciudad de Italia.

CESIBLE. (l. *cessus*, p.p. de *cedĕre*, ceder.) adj. FOR. Que se puede ceder o dar a otro.

CESIO. (l. *caesius*, azul.) m. Metal alcalino muy parecido al potasio, cuyos compuestos producen dos rayas azules en el espectroscopio y se hallan en varias aguas minerales. || **P.** césio; **I.** coesium; **F.** coesium, césium; **A.** Zäsium, **It.** cesio; **R.** цезий.

CESIÓN. (l. *cessio*, *-ōnis*.) f. Renuncia de alguna cosa, posesión, acción o derecho, que una persona hace a favor de otra. || **—de bienes.** FOR. Dejación que los deudores hacen de sus bienes, cuando no pueden pagar prontamente a sus acreedores, para que éstos cobren sus créditos según sean reconocidos y graduados por disposición del juez. || **P.** cessão; **I.** y **F.** cession; **A.** Überlassung; **It.** cessione; **R.** уступка.

CESIÓN. (l. *accesio*, *-ōnis*, entrada.) f. ant. Ciclón.

CESIONARIO, RIA. m. y f. Persona en cuyo favor se hace alguna cesión. || **P.** cessionário; **I.** cessionary; **F.** cessionnaire; **A.** Uebernehmer; **It.** cessionario; **R.** человек, которому передаются права.

CESIONISTA. com. Persona que hace cesión de bienes.

CESO. (l. *cessus*, cedido.) m. ant. Cesión, renuncia de una cosa que hace una persona en favor de otra.

CESOLFAÚT. (De la letra *c*, y de las notas musicales *sol*, *fa*, *ut*.) m. En la música antigua, indicación del tono que principia en el primer grado de la escala diatónica de *do*, y se desarrolla según los preceptos del canto llano o del canto figurado.

CESONARIO, RIA. m. y f. Cesionario, ria.

CÉSPED. (De *céspede*.) m. Hierba menuda y tupida que cubre el suelo. || **2.** Tepe. || **3.** Corteza que se forma en el corte por donde han sido podados los sarmientos. || **—inglés.** BOT. Ballico. || **P.** céspede; **I.** turf, sod; **F.** gazon; **A.** Rasen; **It.** cespo; **R.** дёрн, газон.

CÉSPEDE. (l. *caespes*, *-ĭtis*.) m. Césped.

CESPEDERA. f. Prado de donde se sacan céspedes.

CESPITAR. (l. *cespitāre*, tropezar.) intr. Titubear, vacilar.

CESPITOSO, SA. (l. *caespes*, *-ĭtis*, césped.) adj. BOT. Que crece en forma de matas espesas.

CESTA. (l. *cĭsta*.) f. Utensilio que se hace tejiendo con mimbres, juncos, cañas, varillas de madera flexible u otras materias análogas un recipiente, por lo común redondo, que sirve para recoger o llevar ropas, frutas y otros múltiples objetos. || *De eso que poco cuesta lléname la* CESTA. ref. que en sentido irónico reprende las excesivas exigencias de algunos. || *Llevar la* CESTA. fr. fig. y fam. Alcahuetear. || **P.** cesta; **I.** hamper, basket; **F.** corbeille, panier; **A.** Korb; **It.** cesta, paniera; **R.** корзина.

CESTA. f. Especie de pala de tiras de madera de castaño entretejidas, cóncava y en figura de uña que, sujeta a la mano, sirve para jugar a la pelota.

CESTADA. f. Lo que puede caber en una cesta.

CESTAÑO. (De *cesta*.) m. RIOJA. Canastilla, cestilla.

CESTERÍA. (De *cestero*.) f. Sitio o paraje donde se hacen cestos o cestas. || **2.** Tienda donde se venden. || **3.** Arte del cestero.

CESTERO, RA. m. y f. Persona que hace o vende cestos o cestas. || **P.** cesteiro; **I.** basket-maker; **F.** vannier; **A.** Korbmacher; **It.** cestaio; **R.** корзинщик.

CESTIARIO. (l. *caestiarĭus*, luchador de cesto.) m. Gladiador que combatía armado con el cesto.

★ **CÉSTIDOS.** m. pl. ZOOL. Familia de celenterios marinos que tienen forma de cinta.

★ **CESTILLO.** m. dim. de cesto. || **2.** P. RICO. Sereta.

CESTO. (De *cesta*, con la terminación de *canasto*.) m. Cesta grande y más alta que ancha, hecha por lo común de mimbre o sauce sin pulir. || **—de los papeles.** Recipiente que se coloca en oficinas, despachos y otros lugares para echar en él los papeles inútiles. || *Estar uno hecho un* CESTO. fr. fig. y fam. Estar poseído del sueño o de la embriaguez. || *Quien hace un* CESTO *hará ciento.* ref. que advierte que quien hace una cosa puede hacer otras muchas de la misma especie. Suele añadirse: *Si le dan mimbre y tiempo*; es decir, si tiene ocasiones y lugar. Tómase por lo común en mala parte. || *Ser uno un* CESTO. fr. fig. y fam. Ser ignorante, rudo e incapaz. || **P.** cesta grande; **I.** basket, maund; **F.** panier; **A.** grosser-Korb; **It.** cesto, paniere; **R.** большая корзина.

★ **CESTO.** m. ZOOL. Género de celenterios a cuyas especies pertenece el llamado cinturón de Venus.

CESTO. (l. *caestus*.) m. Armadura de la mano, usada en el pugilato por los antiguos atletas, que consistía en correas guarnecidas con puntas de metal. || **P.** e **It.** cesto; **I.** cestus; **F.** ceste; **A.** Kampfhandschuh.

★ **CESTOCAUSIS.** f. MED. Aplicación terapéutica de un tubo que contiene vapor sobrecalentado.

★ **CESTOCAUTERIO.** m. MED. Utensilio propio para practicar la cestocausis.

CESTODO. (l. *cestus*.) adj. ZOOL. Dícese de gusanos platelmintos de cuerpo largo y aplanado semejante a una cinta y dividido en segmentos. Carecen de aparato digestivo y viven dentro de otros animales, adheridos a sus paredes, absorbiendo por su piel líquidos nutritivos del cuerpo del huésped; como la solitaria. Ú.t.c.s. || **2.** m. pl. ZOOL. Orden de estos animales.

CESTÓN. (aum. de *cesto*.) m. Gavión, especie de cesta de grandes dimensiones rellena de tierra o piedra, que sirve en fortificación para defenderse de los tiros del enemigo. || **2.** Cesto grande de mimbres. || **3.** COLOM. Montón.

CESTONADA. f. MIL. Fortificación hecha con cestones.

★ **CESTRACIO.** m. ZOOL. Género de peces plagióstomos del suborden de los escualos. Es tipo de la familia de los cestraciónidos, a los cuales da nombre.

CESTRO. (l. *sistrum*, instrumento músico, del gr. σεῖστρον.) m. ant. Sistro.

★ **CESTRO.** m. BOT. Género de plantas solanáceas, arbustos propios de las regiones tropicales americanas, algunas de cuyas especies exhalan un olor desagradable, vinoso y aun fétido. Algunos se emplean contra la fiebre, las flores de otros en cocimientos contra la tiña, y sus frutos para la obtención de tinta de color violáceo.

★ **CESTROFENDONA.** Especie de jabalina que usaron los persas y los griegos.

CESURA. (l. *caesūra*, de *caedĕre*, cortar.) f. En la poesía moderna, corte o pausa que se hace en el verso después de cada uno de los acentos métricos reguladores de su armonía. || **2.** En la poesía griega y latina, sílaba con la que termina una palabra, después de haber formado un pie, y sirve para empezar otro. || **P.** e **It.** cesura; **I.** caesure; **F.** césure; **A.** Zäsur; **R.** цезура.

CETA. f. Zeta.

CETÁCEO. (l. *cetus*, y éste del gr. κῆτος.) adj. ZOOL. Dícese de mamíferos pisciformes, marinos, algunos de gran tamaño, como la ballena y el delfín.

Ú.t.c.s.m. || **2.** m. pl. ZOOL. Orden de estos animales. || **P.** cetáceo; **I.** cetaceaous; **F.** cetacés; **A.** Waltiere; **It.** cetàceo; **R.** китообразный.

CETÁREA. f. Cetaria.

CETARIA. (l. *cetaría*.) f. Estanque en comunicación con el mar donde se conservan vivos langostas y crustáceos destinados al consumo.

CETARINA. f. Producto medicinal extraído del liquen de Islandia.

CETARIO. (l. *cetaría*.) m. Sitio en que la ballena y otros animales marinos vivíparos suelen fijarse para parir y criar sus hijuelos.

★ **CETENA.** f. QUÍM. Compuesto del grupo carbonilo unido a un carbono no saturado.

★ **CETENO.** m. QUÍM. Hidrocarburo homólogo del etileno.

★ **CETERAQUE.** m. BOT. Helecho de abundantes hojas, llamado también doradilla.

CÉTICO, CA. (l. *cetus*, cetáceo.) adj. Dícese de un ácido extraído de la cetina.

CETIL. m. Moneda portuguesa, corriente en Castilla en el siglo XVI, y cuyo valor era la tercera parte de una blanca.

★ **CETILAMINA.** f. QUÍM. Cuerpo que resulta de la acción del amoníaco sobre el yoduro de cetilo.

CETILATO. m. QUÍM. Sal formada por el ácido cetílico y una base.

★ **CETILBENCENO.** m. QUÍM. Cuerpo que resulta de la acción del sodio sobre el yoduro de cetilo mezclado con el benceno yodado.

★ **CETILIDA.** f. QUÍM. Substancia derivada de la cerebrina.

CETILO. (l. *cetus*, cetáceo, y el gr. χηλός.) m. QUÍM. Hidrocarburo que contiene el radical alcohol propio de este cuerpo y demás compuestos de la serie del mismo.

★ **CETILSULFÚRICO, CA.** adj. QUÍM. Dícese de un ácido que se forma por la acción del ácido sulfúrico sobre el alcohol cetílico.

CETINA. (l. *cetus*, cetáceo.) f. Esperma de ballena.

CETÍS. (ár. *sabtí*.) m. Moneda antigua portuguesa, que tuvo curso en Galicia y valía la sexta parte de un maravedí de plata.

★ **CETOBRIGENSE.** adj. Natural de la antigua Cetóbriga, hoy Setúbal, ciudad de Portugal. Ú.t.c.s. || **2.** Perteneciente a esta ciudad.

★ **CETODÓNTIDOS.** m. pl. ZOOL. Grupo de cetáceos carnívoros.

★ **CETONA.** f. QUÍM. Función química que se obtiene oxidando alcoholes secundarios. Son generalmente líquidos volátiles de olor aromático.

CETONIA. f. ZOOL. Insecto coleóptero pentámero, con reflejos metálicos, que frecuenta las flores. Su larva vive en las colmenas y se alimenta de miel.

★ **CETONINOS.** m. pl. ZOOL. Grupo de insectos coleópteros.

CETRA. (l. *cetra*.) f. Escudo de cuero que usaron antiguamente los españoles en lugar de adarga o de broquel.

★ **CETRARIA.** f. BOT. Género de líquenes parecidos a arbustos, cuya principal especie es el liquen de Islandia.

★ **CETRARINA.** f. QUÍM. Substancia amarga que se encuentra en algunos líquenes.

CETRE. m. ant. Acetre. || **2.** SAL. Sacristán segundo o acólito que lleva el acetre.

CETRERÍA. (De *cetrero*.) f. Arte de criar, domesticar, enseñar y curar los pájaros de rapiña empleados en la caza de volatería. || **2.** Caza de aves con halcones y otros pájaros. || **P.** cetraria; **I.** falconry, hawking; **F.** fauconnerie; **A.** Falknerei, Beizjagd; **It.** falconeria; **R.** соколиная охота.

CETRERO. m. Ministro que sirve con capa y cetro en las funciones de iglesia.

CETRERO. (De *cetro*.) m. El que ejercía la cetrería, cazando con halcones, azores y otros pájaros.

CETRINIDAD. f. ant. Color cetrino.

CETRINO, NA. (l. *citrus*, cidra.) adj. Aplícase al color amarillo verdoso. || **2.**

Compuesto con cidra o que participa de sus cualidades. ‖ **3.** fig. Melancólico y adusto.

CETRO. (l. *sceptrum*, y éste del gr. σκῆπτρον.) m. Vara de oro u otra materia preciosa, labrado con primor, de que usan solamente emperadores y reyes por insignia de su dignidad. ‖ **2.** Vara larga de plata, o cubierta de ella, de que usan en la iglesia los prebendados o los capellanes que acompañan al preste en el coro y en el altar. ‖ **3.** Vara de plata, o de madera dorada, plateada o pintada, de que usan en los actos públicos propios, las congregaciones y cofradías, llevándolas sus mayordomos o diputados. ‖ **4.** Vara o percha de la alcándara. ‖ **5.** fig. Reinado de un príncipe. ‖ **6.** fig. Dignidad de tal. ‖ *Empuñar* uno *el* CETRO. fr. fig. Empezar a reinar. ‖ **P.** ceptro; **I.** y **F.** sceptre; **A.** Zepter; **It.** scettro; **R.** скипетр, посох.

★ **CEU.** m. BOT. CHILE. Cierto arbusto cuyas hojas se utilizan por sus cualidades curtientes.

CEUGMA. f. GRAM. Zeugma.

★ **CEUNERITA.** f. MINERAL. Arseniato doble de uranio y cobre.

CEUTÍ. (ár. *sabtí*.) adj. Natural de Ceuta. Ú.t.c.s. ‖ **2.** Perteneciente a esta ciudad. ‖ **3.** Especie de limón muy oloroso. *Limón* CEUTÍ. ‖ **4.** m. Moneda antigua de Ceuta, también llamada ceutil.

★ **CEVENENSE.** adj. En el estudio de los tiempos prehistóricos llamáse así la primera época de la edad de bronce.

★ **C.G.S.** FÍS. Siglas del sistema llamado cegesimal, usado en física, cuyas unidades de medida son el centímetro, el gramo y el segundo.

CÍA. (l. *scias*, y éste del gr. ἰσχιάς.) f. Hueso de la cadera. ‖ **2.** AR. Silo. ‖ **P.** iliaco; **I.** hip-bone; **F.** os de la hanche; **A.** Hüftbein; **It.** scio; **R.** бедренная кость.

CIABOGA. (De *ciar* y *bogar*.) f. MAR. Vuelta que se da en redondo a una embarcación de remos bogando los de una banda y ciando los de la otra. ‖ **2.** Por analogía, hacer igual maniobra un buque de vapor, sirviéndose del timón y la máquina. ‖ *Hacer* CIABOGA. fr. fig. Hacer remolino algunas personas para huir o para otro fin.

★ **CIAESCURRE.** m. MAR. Ciaboga o maniobra que hacen algunas embarcaciones para dar la vuelta.

★ **CIAMELIDA.** f. QUÍM. Cuerpo amorfo en que se transforma el ácido cianúrico.

★ **CIAMETINA.** f. QUÍM. Substancia resultante de la acción del cianuro de acetilo sobre el cianato de potasio.

★ **CIAMIDOS.** m. pl. ZOOL. Familia de crustáceos malacostráceos, que comprende el género ciamo.

★ **CIAMO.** m. ZOOL. Género de crustáceos que viven parásitos sobre la piel de algunos cetáceos.

★ **CIANAMIDA.** f. QUÍM. Cuerpo que resulta de la reacción del cloruro de cianógeno sobre una disolución etérea del amoníaco.

CIANATO. m. QUÍM. Sal resultante de la composición del ácido ciánico con una base o con un radical alcohólico.

CIANEA. (gr. κύανος, azul.) f. Mineral lazulita. ‖ **2.** BOT. Género de plantas campanuláceas. ‖ **3.** ZOOL. Género de acalefos cianeidos, o las medusas mayores y más vistosas conocidas.

★ **CIANELÁGICO, CA.** adj. QUÍM. Aplícase a un ácido que se obtiene al calentar ácido sulfúrico con ácido elágico, y se usa como materia colorante.

★ **CIANEMIA.** f. MED. Coloración azul de la sangre.

★ **CIANETINA.** f. QUÍM. Triamina monoácida.

★ **CIANHIDRATO.** m. QUÍM. Cianuro.

CIANHÍDRICO. (gr. κύανος, azul, y ὕδωρ, agua.) adj. QUÍM. Ácido cianhídrico. Se emplea como desinfectante.

★ **CIANHIDRINA.** f. QUÍM. Cualquiera de los compuestos que resultan de la unión de un aldehído con ácido cianhídrico.

CIANÍ. (ár. *zayãni* o *ziyãni*, perteneciente o relativo a *Abū Zayãn*, rey de Tremecén.) m. Moneda de oro de baja

ley, usada entre los moros de África, y que valía cien aspros, o sea poco más de seis pesetas.

CIÁNICO, CA. adj. QUÍM. Dícese de un ácido resultante de la oxidación e hidratación del cianógeno.

★ **CIANILINA.** f. QUÍM. Combinación de la anilina con el cianógeno.

★ **CIANINA.** f. QUÍM. Materia colorante azul.

CIANITA. (gr. κύανος, azul.) f. Turmalina de color azul o silicato natural de alúmina.

★ **CIANOCITA.** f. ZOOL. Género de pájaros córvidos, que viven en América del Norte.

★ **CIANOCROITA.** f. MINERAL. Sulfato de cobre y potasio hallado en las lavas del Vesubio.

★ **CIANODERMIA.** f. PAT. Coloración anormal, entre azulada y cárdena, de la piel.

★ **CIANOFÉRRICO, CA.** adj. QUÍM. Aplícase al ácido que resulta al combinar ácido cianhídrico con cianuro de hierro.

★ **CIANOFERRITA.** f. MINERAL. Pisanita.

★ **CIANOFERRO.** m. QUÍM. Combinación del hierro y del cianoférrico.

★ **CIANOFERRURO.** m. QUÍM. Combinación del ácido cianógeno con un óxido.

★ **CIANOFÍCEO, A.** adj. BOT. Dícese de las algas que tienen un color verde azulado. Ú.t.c.s.

★ **CIANOFILA.** f. BOT. Materia colorante azul que se halla en algunos vegetales, y en la que algunos botánicos ven el principio de la clorofila.

★ **CIANOFLICTENA.** f. PAT. Flictena de color azul.

★ **CIANOFÓSFORO.** m. QUÍM. Substancia explosiva que resulta de la acción del fósforo sobre el cianuro de mercurio.

CIANÓGENO. (gr. κύανος, azul, y γεννάω, engendrar.) m. QUÍM. Gas incoloro, de olor penetrante, y compuesto de ázoe y carbono. Sigue las leyes de los cuerpos simples en la mayor parte de sus combinaciones y entra en la composición del azul de Prusia.

★ **CIANÓGINEO, A.** adj. BOT. Aplícase a las plantas cuyos pistilos son azules.

★ **CIANOGRAFÍA.** (gr. κύανος, azul, y γραφω, describir.) f. Copia de dibujos, planos, etc., utilizando el aparato llamado cianógrafo.

★ **CIANÓGRAFO.** m. Aparato que, utilizando papel sensible al ferroprusiato, sirve para sacar copias de planos, dibujos, etc.

★ **CIANOLITA.** f. MINERAL. Silicato hidratado de cal.

★ **CIANÓMETRO.** m. FÍS. Aparato para apreciar los diversos grados y matices del color azul.

★ **CIANOPATÍA.** f. PAT. Cianosis.

★ **CIANOPOTÁSICO, CA.** adj. QUÍM. Compuesto de cianógeno y potasa.

★ **CIANOSADO, DA.** adj. PAT. Que sufre cianosis.

CIANOSIS. (gr. κυάνωσις.) f. MED. Coloración azul y alguna vez negruzca o lívida de la piel, procedente de la mezcla de la sangre arterial con la venosa, de la alteración de la sangre, como en el cólera morbo, o de su estancación en los vasos capilares. Acentuada en las extremidades. Hematosis insuficiente que se observa principalmente en las afecciones cardiacas. ‖ **P.** cianose; **I.** cyanosis; **F.** cyanose; **A.** Zyanose, Blausucht; **It.** cianosi; **R.** цианоз.

CIANÓTICO, CA. adj. MED. Perteneciente o relativo a la cianosis. ‖ **2.** Que la padece.

★ **CIANURIA.** f. MED. Emisión de orina coloreada de azul.

★ **CIANÚRICO, CA.** adj. MED. Perteneciente o relativo a la cianuria.

★ **CIANÚRICO, CA.** adj. QUÍM. Dícese del tercer ácido de los que forman la serie de oxidación e hidratación del cianógeno.

CIANURO. m. QUÍM. Sal resultante de la combinación del cianógeno con un radical simple o compuesto. ‖ **P.** cianeto; **I.** cyanide; **F.** cyanure; **A.** Zyanid; **It.** cianuro; **R.** цианистая соль.

CIAR. intr. Andar hacia atrás, retroceder. ‖ **2.** MAR. Remar hacia atrás. ‖ **3.** fig. Aflojar en un negocio, cesando en él, sin pasar adelante. ‖ **P.** ciar; **I.** to back up, to retrograde; **F.** scier; **A.** streichen; **It.** sciare; **R.** отступать.

★ **CIATAXÓNIDOS.** m. pl. PALEONT. Celenterios que vivieron en la Era paleozoica.

★ **CIATEA.** f. BOT. Género de helechos propios de las regiones tropicales.

★ **CIATEÁCEAS.** f. pl. BOT. Familia de helechos arbóreos de tronco leñoso.

CIÁTICA. (l. *sciatica*, t. f. de -*cus*, ciático.) f. Neuralgia del nervio ciático. ‖ **P.** ciática; **I.** sciatica; **F.** sciatique; **A.** Hüftweh; **It.** sciàtica; **R.** ишиас, воспаление седалищного нерва.

CIÁTICA. f. PERÚ. Arbusto de hojas largas y estrechas como cintas, y flor semejante a la campanilla, pero de un hermoso color de oro que gotea, al ser cortada del tallo, un líquido blanco y venenoso como lo es la simiente, especie de nuez vómica.

CIÁTICO, CA. (l. *sciatïcus*, de *scïas*, cía.) adj. Perteneciente a la cadera. ‖ **2.** Nervio ciático. Ú.t.c.s. ‖ **P.** ciático; **I.** sciatic; **F.** sciatique; **A.** Hüft- (en comp.); **It.** sciatico; **R.** седалищный нерв.

★ **CIÁTIDE.** f. Vaso pequeño de uso entre los antiguos griegos.

★ **CIATIFORME.** adj. Que tiene forma de copa.

CIATO. (l. *cyathus*, copa.) m. ARQUEOL. Vaso usado por los romanos para trasegar los líquidos.

★ **CIATOCÁLIZ.** m. BOT. Árbol anonáceo de Ceilán.

★ **CIATROCRINO.** m. PALEONT. Género de equinodermos fósiles del Silúrico superior.

CIBAJE. m. BOT. AMÉR. Una variedad de pino.

CIBAL. (l. *cibus*, alimento.) Dícese de lo relativo a la alimentación.

★ **CIBAQUE.** m. GUAT. Medula fibrosa de una especie de espadaña, usada como cuerda o lía.

CIBARCOS. (l. *Cibarci*, -*cos*.) m. pl. Pueblo antiguo que habitaba la costa norte de Galicia.

CIBARIO, RIA. `(l. *cibarïus*, de *cibus*, comida.) adj. Aplícase a las leyes romanas que regulaban las comidas y convites del pueblo.

CIBDADANO, NA. adj. ant. Ciudadano.

CIBELEO, A. (l. *cybelëus*.) adj. poét. Relativo a la diosa Cibeles.

CIBELES. (l. *Cybèle*, y éste del gr. Κυβέλη.) f. ASTRON. La Tierra, planeta que habitamos. ‖ **P.** Cibeles; **I.** y **A.** Cybele; **F.** Cybéle; **It.** Cibele; **R.** Сибелес.

CIBELINA. (fr. *zibeline*, y éste del ruso соболь, marta.) adj. Cebellina.

CIBERA. (l. *cibaria*, trigo, alimento.) adj. Que sirve para cebar. ‖ **2.** V. *Agua* CIBERA. ‖ **3.** f. Trigo como se ceba la rueda del molino. ‖ **4.** Toda simiente para alimento y cebo. ‖ **5.** Residuos que dejan los frutos exprimidos. ‖ **6.** EXTR. Tolva, caja del grano que ha de ser molido. ‖ **P.** bagaço; **I.** bagasse, oil cake; **F.** marc; **A.** Träber, Trester; **It.** spremitura; **R.** зерно, жмыхи.

CIBERNÉTICA. (gr. κυβερνητική [τέχνη].) f. MED. Ciencia que estudia el funcionamiento de las conexiones nerviosas en los seres vivos. ‖ **2.** ELECTR. Arte de construir y manejar aparatos y máquinas que mediante procedimientos electrónicos efectúan automáticamente cálculos complicados y otras operaciones similares.

★ **CIBERNÉTICO, CA.** adj. Relativo a la cibernética.

CIBERUELA. f. d. de cibera.

CIBI. m. CUBA. Nombre común de una clase de peces marítimos de regular tamaño y comestibles, aunque algunas especies suelen producir la ciguatera.

CIBIACA. f. Parihuela.

CIBICA. (ár. *sabika*, lingote.) f. Barra de hierro dulce, que se embute como refuerzo en la parte superior de la manga de los ejes de madera de los carruajes. ‖ **2.** MAR. Grapa con que se sujeta una pieza a otra.

C

CIBICÓN. m. aum. de cibica. || **2.** Barra como la cibica, pero más gruesa, para reforzar la parte inferior de la manga de los ejes de madera de los carruajes.

★ **CIBÍSTICA.** (gr. κυβιστάω, dar volteretas.) f. Parte de la gimnasia que enseña a saltar.

CIBO. (l. *cibus*.) m. ant. Cebo, 1.er art., 1.ª acep.

CÍBOLA. f. Hembra del cíbolo.

CÍBOLO. m. Bisonte.

CIBORIO. (l. *ciboria*, copa hecha con el fruto del nenúfar.) m. ARQUEOL. Copa para beber, usada entre los antiguos griegos y romanos. || **2.** Baldaquino que corona un altar o tabernáculo en las iglesias románicas. || P. cibório; I. ciborium; F. ciboire; A. Ziborium; It. ciborio.

CIBUCÁN. m. AMÉR. Espuerta o serón tejido con la filástica de corteza de árboles. || **2.** CUBA. Sebucán.

CIBUÍ. m. PERÚ. Cedro.

CICA. (ár. *ziqq*, odre.) f. GERM. Bolsa, saquito para llevar dinero.

CICA. f. BOT. Género de plantas que comprende árboles y arbustos parecidos en su aspecto a las palmeras.

★ **CICABA.** f. ZOOL. Ave nocturna de rapiña.

★ **CICADA.** f. ZOOL. Género de insectos hemípteros entre los que se encuentra la cigarra.

★ **CICADÁCEO, A.** adj. BOT. Dícese de plantas fanerógamas gimnospermas, vivaces o leñosas, muy afines a las coníferas.

★ **CICADÉLIDOS.** (l. *cicâda*, cigarra.) m. pl. ZOOL. Insectos hemípteros, entre los que se encuentran las afróforas, los cércopos y otros.

CICÁDEO, A. adj. Semejante a la cigarra.

CICÁDIDO. (l. *cicâda*, cigarra.) adj. ZOOL. Dícese de insectos hemípteros, del suborden de los hemípteros, como la cigarra. Ú.t.c.s. || **2.** Orden de estos animales.

CICALAR. tr. ant. Acicalar.

CICARAZATE. m. GERM. Cicatero, ladrón de bolsas.

CICATEAR. intr. fam. Hacer cicaterías.

CICATERÍA. (De cicatero.) f. Calidad de cicatero. Ruindad, miseria, mezquindad, tacañería. || P. mesquinhez; I. niggardliness; F. lésinerie; A. Knauserei; It. lesineria; R. скаредность.

CICATERO, RA. (Quizá de *cica*.) adj. Ruin, miserable. Ú.t.c.s. || **2.** m. GERM. Ladrón que hurta bolsas.

CICATERUELO, LA. adj. d. de cicatero. Ú.t.c.s.

CICATRICERA. (De cicatriz.) f. Mujer que en los antiguos ejércitos curaba a los heridos.

CICATRIZ. (l. *cicatrix*.) f. Señal que queda en los tejidos orgánicos después de curada una herida o llaga. || **2.** fig. Impresión que queda en el ánimo por algún sentimiento pasado. || P. cicatriz; I., F. e It. cicatrice; A. Narbe, Wundmal; R. шрам.

CICATRIZACIÓN. f. Acción y efecto de cicatrizar o cicatrizarse.

CICATRIZAL. adj. Perteneciente o relativo a la cicatriz.

CICATRIZAMIENTO. m. ant. Cicatrización.

CICATRIZANTE. p.a. de cicatrizar. Que cicatriza. Ú.t.c.s.

CICATRIZAR. (De cicatriz.) tr. Completar la curación de las llagas y heridas. Ú.t.c.intr. y r. || **2.** ARGENT. Borrar, disipar una impresión dolorosa. || P. cicatrizar; I. to cicatrize; F. cicatriser; A. vernarben zu heilen; It. cicatrizzare; R. заживить.

CICATRIZATIVO, VA. adj. Que tiene virtud de cicatrizar.

CICCA. f. BOT. Arbusto euforbiáceo, cuyas semillas son purgantes, y sus hojas se usan contra los dolores reumáticos.

★ **CICER.** (l. *cicer*, garbanzo.) m. Género de plantas leguminosas, herbáceas, anuales o vivaces, entre las que se encuentra el garbanzo.

CÍCERA. (l. *cicêra*.) f. Especie de garbanzo, cicércula o almorta.

CICÉRCULA. (l. *cicercŭla*, d. de *cicer*, garbanzo.) f. Almorta, especie de garbanzo menudo, desigual y anguloso.

CICERCHA. f. Cicércula.

CÍCERO. (l. *Cicěro*, Cicerón, por ser del cuerpo 12 ó lectura los tipos de una de las primeras ediciones de sus obras.) m. IMPR. Lectura, letra de imprenta de un grado más que la de entredós y de un grado menos que la atanasia. || **2.** IMPR. Unidad de medida tipográfica, que tiene doce puntos y equivale a poco más de 4,50 mm. || P. cícero. I. pica; F. cicèro; A. Cicero; It. cicero; R. цицеро.

CICERÓN. (Por alusión al famoso orador romano.) m. fig. Hombre muy elocuente.

CICERONE. (ingl. *Cicerone*, Cicerón, por alusión a la facundia de estos guías.) m. Persona que enseña las curiosidades de una localidad, edificio, etc.

CICERONIANO, NA. (l. *ciceroniânus*.) adj. Propio y característico de Cicerón como orador o literato, o que tiene semejanza con cualquiera de las dotes y calidades por que se distinguen sus obras. || **2.** Imitador de Cicerón. Ú.t.c.s.

CICIAL. (l. *siccialis*, de *siccus*, seco.) m. ant. Cecial.

CICIMATE. (De *cimatl*.) m. MÉJ. Especie de hierba cana medicinal.

CICINDELA. (l. *cicindela*, especie de linterna.) f. ZOOL. Coleóptero pentámero, zoófago, cuya larva vive en agujeros que hace en el suelo y en los cuales aguarda a su presa para devorarla.

CICINDÉLIDO. (De *cicindela*.) adj. ZOOL. Dícese de los coleópteros del tipo de la cicindela, que tienen colores variados con brillo metálico. Ú.t.c.s. || **2.** m. pl. ZOOL. Familia de estos animales.

★ **CICINOBOLO.** m. BOT. Hongo parásito.

CICIÓN. (De *cección*.) f. ant. Calentura intermitente que entra con frío. || **2.** TOL. Terciana.

★ **CICLA.** f. ZOOL. Género de moluscos lamelibranquios.

CICLADA. (l. *cyclas*, -ădis, y éste del gr. κυκλάς, de κύκλος, círculo.) f. Vestidura larga y redonda de que usaron antiguamente las mujeres.

★ **CICLAMEN.** m. BOT. Género de plantas primuláceas vivaces.

★ **CICLAMINA.** f. QUÍM. Alcaloide que se obtiene de los tubérculos del ciclamino.

CICLAMINO. (l. *cyclamīnum*.) m. BOT. Pamporcino.

CICLAMOR. m. Árbol papilionáceo, muy común en España. Se cultiva como planta de adorno. De tronco y ramas tortuosos, hojas acorazonadas y flores de color carmesí en racimos abundantes. || P. ciclamor; I. Judas tree; F. arbre de Judée; A. Sykomore; It. àlbero di Giuda; R. сикомор, иудино дерево.

★ **CICLAMOSA.** f. QUÍM. Substancia azucarada de las rizomas del ciclamino.

CICLÁN. adj. Que tiene un solo testículo. Ú.t.c.s. || **2.** m. Borrego o primal cuyos testículos están en el vientre y no salen al exterior.

★ **CICLANO.** (De *ciclo*.) m. QUÍM. Hidrocarburo saturado en cadena cerrada.

★ **CICLANTÁCEO, A.** adj. BOT. Dícese de plantas monocotiledóneas, de tallo leñoso, fruta en forma de baya y cada uno con numerosas semillas. Ú.t.c.s.f. || **2.** pl. BOT. Familia de estas plantas.

CICLAR. tr. Bruñir y abrillantar las piedras preciosas.

CICLATÓN. (ár. *siqlâṭūn*, y éste del l. *cyclas*, -ădis, ciclada.) m. Vestidura de lujo usada en la Edad Media. Tenía la forma de túnica y a veces de manto. || **2.** Tela de seda y oro con la que se hacían dichas vestiduras.

CÍCLICO, CA. (l. *cyclĭcus*, y éste del gr. κυκλικός.) adj. Perteneciente o relativo al ciclo. || **2.** Aplícase al poeta que refiere en alguna obra todos los casos de un ciclo, o la la misma poesía épica que abarca y comprende el ciclo todo. || **3.** Aplícase a la enseñanza o instrucción gradual y de carácter enciclopédico. || **4.** MED. Dícese de las enfermedades de ciclo definido o de evolución regular y curso casi constante. || **5.** QUÍM. Dícese de la serie de hidrocarburos de cadena cerrada, llamada también serie aromática. || P. cíclico; I. cyclical; F. cyclique; A. zyklisch; It. ciclico; R. циклический.

★ **CÍCLIDA.** f. GEOM. Cualquiera de las superficies de cuarto orden.

CICLISMO. (Del m. or. que *ciclista*.) m. Deporte de los aficionados a la bicicleta o al velocípedo. || **2.** MED. Exagerada convexidad dorsal de la columna vertebral. || P. e It. ciclismo; I. cyclism; F. cyclisme; A. Radfahrsport; R. велосипедный спорт.

CICLISTA. (gr. κύκλος, rueda.) com. Persona que anda o sabe andar en bicicleta. || **2.** Persona que practica el ciclismo. || P. e It. ciclista; I. cyclis; F. cycliste; A. Radfahrer; R. велосипедист.

★ **CICLITIS.** f. CIR. Inflamación del cuerpo ciliar.

CICLO. (l. *cyclus*, y éste del gr. κύκλος, círculo.) m. Período de tiempo, que acabado, se vuelve a contar de nuevo. || **2.** Serie de fases por que pasa un fenómeno físico periódico hasta que se reproduce una fase anterior. || **3.** Conjunto de tradiciones épicas concernientes a determinado período de tiempo, a un grupo de sucesos o a un personaje heroico. *El* CICLO *homérico. El* CICLO *cidiano.* || **4.** BOT. Cada una de las espiras que forman alrededor del tallo los puntos de inserción de las hojas. || **5.** ASTRON. Período en que un astro efectúa una revolución completa. || **6.** En los planes de enseñanza, cada uno de los periodos de tiempo en que se estudian determinadas materias. || **7.** Serie de enseñanzas, conferencias, etc., acerca de determinada materia. || **8.** DEP. Nombre genérico de los aparatos de locomoción velocipédica (bicicleta, triciclo, etc.). || **9.** ELECTR. En radiocomunicación se emplea como sinónimo de período. || —**decemnovenal, decemnovenario** o **lunar.** CRONOL. Período de 19 años, en que los novilunios y las demás fases de la Luna, vuelven a suceder en los mismos días del año, con diferencia de hora y media aproximadamente. || **2.** CRONOL. Número de años en que el de una fecha excede al de ciclos lunares justos, contados desde el año anterior al de la Era cristiana. —**pascual.** CRONOL. Período de 532 años, producto de los ciclos lunar y solar, en el cual se creyó que caerían los días de Pascua y demás fiestas movibles en iguales días del año. —**solar.** CRONOL. Período de 28 años en el cual, en el calendario juliano, volvían los días de la semana a caer en los mismos días del mes. || P. e It. ciclo; I. y F. cycle; A. Zyklus; R. цикл, период.

★ **CICLOBRANQUIOS.** m. pl. ZOOL. Grupo de moluscos gasterópodos que tienen las branquias en círculo.

★ **CICLO-CLEPE.** m. TOP. Aparato para efectuar operaciones topográficas de precisión.

★ **CICLODIATOMÍA.** f. Cálculo de la dirección de los proyectiles.

CICLÓGRAFO. m. Aparato que sirve para trazar grandes circunferencias.

★ **CICLOHEXANO.** m. QUÍM. Nafteno.

CICLOIDAL. adj. Perteneciente o relativo al cicloide.

CICLOIDE. (gr. κυκλοειδής; de κύκλος, círculo, y εἶδος, forma.) f. GEOM. Curva plana descrita por un punto de la circunferencia cuando ésta rueda sobre una línea recta. || P. cicloide; I. cycloid; F. cycloïde; A. Zykloïde; It. cicloide; R. циклоида.

CICLOIDEO, A. adj. Cicloidal.

★ **CICLOLITES.** m. PALEONT. Género de celentéreos fósiles propios del Cretáceo.

★ **CICLÓMETRO.** m. MAT. Instrumento para medir círculos. || **2.** MEC. Aparato para medir la velocidad de rotación.

★ **CICLOMORFOSIS.** f. Variabilidad de los caracteres morfológicos de algunas especies que siguen un proceso cíclico al pasar de unas generaciones a otras hasta llegar a la reaparición de las formas primeras o iniciales.

CICLÓN. (gr. κυκλῶν, p.a. de pres. de κυκλόω, remolinar.) m. Huracán, viento impetuoso y giratorio, muy temible. P. e It. ciclone; I. y F. cyclone; A. Zyklon; R. циклон.

★ **CICLÓN.** adj. COLOM. Ciclán.

CICLONAL. adj. Relativo o perteneciente a los ciclones. || **2.** De forma de ciclón.

CICLÓNICO, CA. adj. Perteneciente o relativo al ciclón.

★ **CICLONITA.** f. Explosivo muy potente usado en la fabricación de bombas.

★ **CICLONÓMETRO.** m. Fís. Anemómetro destinado a medir la fuerza o intensidad de los ciclones.

CÍCLOPE [CICLOPE]. (l. *cyclops*, *-ōpis*, y éste del gr. κύκλωψ; de κύκλος, círculo, y ώψ, ojo.) m. Cada uno de los gigantes que, según la Mitología griega, eran hijos del Cielo y de la Tierra, y de los cuales se decía que tenían sólo un ojo en medio de la frente. Se les suponía ocupados en fabricar rayos para Júpiter en la fragua de Vulcano, bajo el monte Etna. || **2.** Zool. Género de crustáceos copépodos, de la familia de los ciclópidos. Tienen un ojo impar. || **P.** cíclope; **I.** Cyclops; **F.** cyclope; **A.** Zyklop; **It.** ciclope; **R.** циклоп.

★ **CICLOPEDESTRISMO.** m. Dep. Forma de ciclismo en que se combina la carrera en bicicleta y a pie, haciendo el corredor unos trayectos sobre su máquina y otros llevándola a cuestas.

★ **CICLOPENTANO.** m. Quím. Ciclano, que se encuentra en el petróleo del Cáucaso.

★ **CICLOPENTANONA.** m. Quím. Producto que resulta de la destilación fraccionada del espíritu de la madera.

CICLÓPEO. (l. *cyclopěus*.) adj. Perteneciente o relativo a los cíclopes. || **2.** Aplícase a ciertas construcciones antiquísimas que se distinguen por lo enorme de las piedras que entran en ellas, por lo común sin argamasas. || **3.** Gigantesco, excesivo o muy sobresaliente en su línea. || **P.** ciclópeo; **I.** cyclopean; **F.** cyclopéen; **A.** zyklopisch; **It.** ciclópeo; **R.** циклопический.

CICLÓPICO, CA. adj. Ciclópeo.

★ **CICLÓPIDOS.** m. pl. Zool. Crustáceos de agua dulce.

CICLORAMA. (gr. κύκλος, círculo, y όραμα, vista.) m. Panorama, vista pintada en un gran cilindro hueco, en cuyo centro hay una plataforma circular para el espectador.

★ **CICLOSCOPIO.** m. Mec. Aparato para medir en un momento dado y con gran precisión la velocidad de rotación de un eje o máquina cualquiera.

CICLOSTILO. (gr. κύκλος, círculo, y στῦλος, columna.) m. Aparato que sirve para copiar muchas veces un escrito o dibujo por medio de una tinta especial sobre una plancha gelatinosa.

CICLOSTOMA. (gr. κύκλος, círculo, y στόμα, boca.) m. Zool. Molusco gasterópodo pulmonado, muy común en España, terrestre y de pequeño tamaño, la abertura de cuya concha es circular.

★ **CICLOSTÓMIDOS.** m. pl. Zool. Moluscos de concha cónica.

CICLÓSTOMO. (gr. κύκλος, círculo, y στόμα, boca.) adj. Zool. Dícese de peces de cuerpo largo y cilíndrico, como la lamprea. || **2.** m. pl. Zool. Orden de estos animales.

CICLOTIMIA. (gr. κύκλος, círculo, y θυμός, ánimo.) f. Psicosis maníaco-depresiva, con oscilaciones más o menos regulares de humor y que no requieren la reclusión.

CICLOTÍMICO, CA. adj. Med. Perteneciente o relativo a la ciclotimia. || **2.** Dícese de la persona que la padece. Ú.t.c.s.

★ **CICLOTOMÍA.** (gr. κύκλος, círculo, y τομή, amputación.) f. Cir. Extracción de la catarata.

★ **CICLÓTOMO.** (gr. κύκλος, círculo, y τεμνω, cortar.) m. Cir. Instrumento empleado en la ciclotomía.

★ **CICLOTOSAURO.** m. Paleont. Género de anfibios fósiles.

CICLOTRÓN. m. Electr. Aparato que actúa por fuerzas electromagnéticas sobre elementos desprendidos de un átomo, haciéndoles recorrer determinada órbita con movimientos acelerados hasta imprimirles una enorme velocidad con el fin de que sirvan de proyectiles para bombardear otros átomos.

★ **CICNIA.** f. Bot. Género de plantas rosáceas, propias del Himalaya.

★ **CICNIO.** m. Bot. Género de plantas escrofuliaráceas, propias del África del Sur y Arabia.

CICOLETA. (De *cieca*, *cequia*.) f. Ar. Acequia muy pequeña.

★ **CICÓNIDAS.** f. pl. Zool. Familia de aves zancudas.

CICONINOS. m. pl. Zool. Aves del orden de las zancudas, entre las que se cuentan la cigüeña, el marabú y otras.

★ **CICORINA.** f. Quím. Substancia que se obtiene de las flores secas de la achicoria silvestre.

★ **CICOTE.** m. Cuba. Suciedad de los pies.

★ **CICOTERA.** f. Cuba. Mal olor y falta de limpieza de los pies.

★ **CICOTUDO, DA.** adj. Cuba. Persona con cicote en los pies.

★ **CICRO.** m. Zool. Género de coleópteros que viven en las montañas debajo de las piedras y de los troncos de los árboles caídos.

CICUTA. (l. *cicūta*.) f. Planta umbelífera. De unos 2 m de altura, tallo rollizo, estriado, hueco, manchado de color purpúreo en la base y muy ramoso en lo alto; hojas blandas, fétidas, verdinegras, triangulares; flores blancas, pequeñas y semilla negruzca, menuda. El zumo de esta hierba, cocido hasta la consistencia de miel dura, es venenoso y se usa interiormente, en corta cantidad, como medicina muy activa. Se llama, vulgarmente, cicuta *mayor*. || **—menor.** Planta umbelífera, semejante al perejil, pero de hojas más obscuras y de olor desagradable. Es hierba muy venenosa. || **—acuática** o **virosa.** Planta umbelífera, de hojas grandes y raíz muy gruesa. Toda ella despide olor fétido y es muy venenosa, especialmente la raíz, que tiene un jugo lechoso que al contacto del aire se vuelve rojizo. || **P.** e **It.** cicuta; **I.** hemlock; **F.** ciguë; **A.** Schierling; **R.** цикута.

★ **CICUTENO.** m. Quím. Producto obtenido de la raíz de la cicuta.

CICUTINA. f. Quím. Alcaloide contenido en la cicuta, que se presenta como un aceite amarillento y es muy venenoso.

★ **CICUTOXINA.** f. Quím. Principio activo de la cicuta.

CID. (Por alusión al *Cid Campeador*.) m. fig. Hombre fuerte y muy valeroso.

★ **CIDARIA.** f. Tiara que usaron los reyes persas.

CIDIANO, NA. adj. Perteneciente o relativo al Cid.

CIDRA. (l. *citra*, pl. n. de *-um*.) f. Fruto del cidro, semejante al limón, y comúnmente mayor, oblongo y algunas veces esférico; la corteza es gorda, carnosa, con aceite volátil, de olor muy desagradable, y el centro, pequeño y ácido. Su corteza, semilla y zumo se usan en Medicina como los del limón. || **—cayote.** Planta cucurbitácea, variedad de sandía, cuyo fruto es de corteza lisa y verde con manchas blanquecinas y amarillentas. Su carne es jugosa, blanca, y tan fibrosa, que después de cocida se asemeja a una cabellera enredada, de la cual se hace el dulce llamado cabello de ángel. || **2.** Fruto de esta planta. || **P.** cidra; **I.** citron; **F.** cédrat; **A.** echte Zitrone; **It.** cedro; **R.** цитрон, цедрат.

★ **CIDRACAYOTE.** m. Méj. y Amér. Central. Cidra cayote.

CIDRADA. f. Conserva hecha de cidra.

CIDRAL. m. Sitio poblado de cidros.|| **2.** Cidro.

★ **CIDRATO.** m. Bot. Azamboa.

CIDRAYOTA. f. Chile. Chayotera.

CIDRERA. f. Cidro.

CIDRIA. f. Cedria.

CIDRO. (l. *citrus*.) m. Árbol rutáceo, con tronco liso o ramoso; hojas permanentes, duras y agudas, verdes y lustrosas por encima, rojizas por el envés, y flores encarnadas, olorosas. Su fruto es la cidra. || **P.** cidreira; **I.** citron-tree; **F.** cédratier; **A.** Zitronatbaum; **It.** cedro, cedrato; **R.** цедр.

CIDRONELA. (De *cidra*, por el olor de la planta.) f. Toronjil.

CIEGAMENTE. adv. Con ceguedad.

CIEGAYERNOS. m. fig. y fam. Cosa de poco valor y mucha apariencia.

CIEGO, GA. (l. *caecus*.) adj. Privado de la vista. Ú.t.c.s. || **2.** V. *Copla*, *oración*, *palo*, *relación*, *romance* de ciego. || **3.** V. *Arco*, *cocuyo*, *lazo*, *nudo*, *paquete* ciega. || **4.** V. *Gallina*, *morcilla*, *obediencia*, *olla*, *piedra* ciega. || **5.** Poseído con vehemencia de alguna pasión. Ciego *de soberbia*. || **6.** Ofuscado, alucinado. || **7.** fig. Aplícase al pan o queso que no tiene ojos. || **8.** Dícese de cualquier conducto lleno de tierra o broza, de modo que no se puede usar. || **9.** V. *Candelero* ciego. || **10.** m. *Intestino* ciego, entre el íleon y el colon. || **11.** Ecuad. Pez de los ríos de este país. || **12.** Cuba. Dícese del terreno montuoso completamente cubierto de árboles. || **13.** Cuba. Hacienda, casería. || **14.** Amér. Merid. En ciertos juegos de naipes, no tener triunfo o cartas de valor un jugador. || *A* ciegas. m. adv. Ciegamente. || *Cuando guían los* ciegos *guay de los que van tras ellos*. ref. que muestra los perjuicios que una mala dirección suele causar en la vida.|| *No rezar uno con qué hacer cantar, o rezar a un* ciego. fr. fig. y fam. Ser muy pobre.|| **P.** cego; **I.** blind; **F.** aveugle; **A.** blind; **It.** cieco; **R.** слепой.

CIEGUECICO, CA, LLO, LLA, TO, TA. adj. dim. de ciego. Ú.t.c.s.

CIEGUEZUELO, LA. adj. d. de ciego. Ú.t.c.s.

★ **CIELAZO.** m. Cuba. Golpe que el gallo de pelea da con el espolón en la garganta de su rival.

CIELITO. (d. de *cielo*.) m. Argent. Baile y tonada de los gauchos, que se hace entre muchas parejas asidas de las manos, quedando una pareja en el centro del corro.

CIELO. (l. *caelum*.) m. Esfera aparente, azul y diáfana que rodea a la tierra, y en la cual parece que se mueven los astros. || **2.** Atmósfera terrestre. Cielo *despejado*. || **3.** Clima o temple. Cielo *sano*. || **4.** Mansión en que los ángeles, los santos y los bienaventurados, gozan de la presencia de Dios. Ú.t. en pl. || **5.** Reino de los Cielos. || **6.** V. *Árbol*, *arco*, *capa*, *tocino* de cielo. || **7.** fig. Dios o su Providencia. Ú.t. en pl.: *¡Válgame el* cielo! || **8.** fig. Parte superior que cubre alguna cosa. *El cielo de la habitación*. || **9.** Argent. y Urug. Cielito. || **10.** R. de la Plata. Figura del baile pericón. || **11.** Mar. Dase este nombre a diversas clases de arte de pesca. || **—borreguero.** cielo aborregado. || **—de la boca.** El paladar. || **—raso.** En el interior de los edificios, techo de superficie plana y lisa. || **—viejo.** Mar. Color azul visible a través de los rompimientos del celaje durante los malos tiempos. || *Medio* cielo. Astron. Meridiano superior, esto es, parte del círculo meridiano que está sobre el horizonte. || *A* cielo *abierto*. m. adv. Sin techo ni cobertura alguna. || *A* cielo *descubierto*. m. adv. Al descubierto. || *Al que al* cielo *escupe a la cara le cae*. ref. que enseña lo expuesta que es a duro escarmiento la excesiva arrogancia. || *Bajado del* cielo. expr. fig. y fam. Prodigioso, excelente, y cabal en todo. || *Despejarse el* cielo. fr. Desencapotarse de nubes. || *Cerrarse el* cielo. fr. Encapotarse de nubes. || *Clamar al* cielo *una cosa*. fr. Ser tan evidentemente injusta que no puede ser vista o considerada sin sentir indignación. || *Estar hecho un* cielo. fr. fig. y fam. Estar muy iluminado y adornado. || *Ganar uno el* cielo. fr. fig. Conseguir el cielo o la bienaventuranza con virtudes y buenas obras. || *Irse uno al* cielo *calzado y vestido*. fr. fig. y fam. Ganar el cielo sin pasar por el purgatorio. || *Juntársele a uno el* cielo *con la tierra*. loc. fam. Verse impensadamente en un trance grave y peligroso. || *Llovido del* cielo. loc. fig. y fam. que denota la oportunidad con que llega una persona u ocurre alguna cosa donde o cuando más convenía. || *Mover uno* cielo *y tierra*. fr. fig. y fam. Hacer con suma diligencia todas las gestiones posibles para conseguir algo. || *Nublarse el* cielo *a uno*. fr. fig. Entristecerse y acongojarse demasiado. || *Poner en el* cielo *a una persona o cosa*. fr. fig. Ponderarla muchísimo. || *Venirse el* cielo *abajo*. fr. fig. y fam. Desatarse una tempestad o lluvia grande. || **2.** fig. y fam. Suceder un alboroto o ruido extraordinario. || *Ver uno el* cielo *abierto*. fr. fig. y fam. Presentársele

C

coyuntura favorable para salir de un apuro o conseguir lo que deseaba. || *Volar al* CIELO. fr. fig. Separarse del cuerpo el alma bienaventurada. || **P.** céu; **I.** sky, heaven; **F.** ciel; **A.** Himmel; **It.** cielo; **R.** небо, небосвод.

CIELLA. (l. *cella*, granero.) f. ant. Cilla.

CIEMPIÉS. m. ZOOL. Miriápodo de cuerpo prolongado y estrecho, con un par de patas en cada uno de los 21 anillos en que tiene dividido el cuerpo; dos antenas, cuatro ojos, y en la boca mandibulillas córneas y ganchudas que, al morder el animal, sueltan un veneno activo. Vive oculto entre las piedras y en parajes húmedos. Se conocen varias especies. || **2.** fig. y fam. Obra o trabajo desatinado, o incoherente.

CIEN. adj. Apócope de ciento. Precede siempre al substantivo. CIEN *pesetas*.

CIÉNAGA. (ant. *cenagar;* del l. *coenĭcāre*, de *coenum*, cieno.) f. Lugar lleno de cieno, o pantanoso. || **P.** lameiro; **I.** marsh, swamp; **F.** marécage; **A.** Moor; **It.** palude, maremma; **R.** трясина.

CIÉNAGO. m. ant. Cieno. || **2.** ant. Cenagal, ciénaga.

CIENCIA. (l. *scientia*, de *sciens*, instruido, ciente.) f. Conocimiento cierto de las cosas por sus principios y causas. || **2.** Cuerpo de doctrina metódicamente formado y ordenado, que constituye un ramo particular del humano saber. || **3.** fig. Saber o erudición. *Hombre de* CIENCIA. || **4.** fig. Habilidad, maestría, conjunto de conocimientos en cualquiera cosa. *La* CIENCIA *del jugador.* *Gaya* CIENCIA. Arte de la poesía. || **Ciencias exactas.** Las que sólo admiten principios, consecuencias y hechos rigurosamente demostrables. || **2.** Por antonom., matemáticas. || **—naturales.** Las que tienen por objeto el conocimiento de las leyes y propiedades de los cuerpos. || **—físico-matemáticas.** Las que estudian la Naturaleza desde el punto de vista de los movimientos. || **—físico-naturales.** Las que estudian la Naturaleza desde el punto de vista de las fuerzas. || **—morales.** Las relativas a la ética y a la filosofía. || *A,* o *de* CIENCIA *cierta.* m. adv. Con toda seguridad. Ú. por lo común con el verbo *saber.* || *A* CIENCIA *y paciencia.* m. adv. Con noticia, permiso o tolerancia de alguno. || **P.** ciència; **I.** y **F.** science; **A.** Wissenschaft; **It.** scienza; **R.** знание, наука.

★ CIENEGAL. m. C. RICA y P. RICO. Cenagal.

★ CIÉNEGO. m. ARGENT. y ECUAD. Ciénaga.

CIENMILÉSIMO, MA. adj. Dícese de cada una de las 100.000 partes iguales en que se divide un todo. Ú.t.c.s.

CIENMILÍMETRO. m. Centésima parte del milímetro.

CIENMILMILLONÉSIMO, MA. adj. Dícese de cada una de las cien mil millones de partes iguales en que se divide un todo. Ú.t.c.s.

CIENMILLONÉSIMO, MA. adj. Dícese de cada una de las cien millones de partes iguales en que se divide un todo. Ú.t.c.s.

CIENO. (l. *coenum*, con la vocal de *stercus.*) m. Lodo blando que forma depósito en ríos, y sobre todo en lagunas o en sitios bajos y húmedos, donde hay agua estancada. || **P.** ceno; **I.** slime; **F.** boue, curure; **A.** Schlamm; **It.** melma; **R.** тина, грязь.

CIENOSO, SA. adj. Cenagoso.

CIENSAYOS. m. Pájaro fabuloso, del que se decía que debajo de su plumaje, de colores diversos, tenía un vello muy espeso.

CIENTANAL. (De *ciento* y *anal.*) adj. ant. De cien años. Decíase sólo de cosas.

CIENTE. (l. *scientis*, p.a. de *scīre*, saber.) adj. ant. Esciente, sabio, docto.

CIENTEMENTE. adv. ant. Escientemente, sabiamente, a ciencia cierta.

CIENTEÑAL. adj. ant. Cientanal.

CIENTÍFICAMENTE. adv. Según los preceptos de una ciencia o arte.

CIENTIFICISMO. m. Tendencia a dar excesivo valor a las nociones científicas o pretendidas científicas.

CIENTÍFICO, CA. (l. *scientĭficus;* de *scentĭa*, ciencia, y *facĕre*, hacer.) adj. Que

posee alguna ciencia o ciencias. Ú.t.c.s. || **2.** Perteneciente a ellas. || **P.** científico; **I.** scientific; **F.** scientifique; **A.** wissenschaftlich; **It.** scientifico; **R.** научный.

CIENTO. (l. *centum*.) adj. Diez veces diez. || **2.** Centésimo. *Año* CIENTO. || **3.** m. Signo o signos con que se representa el número CIENTO. || **4.** Centena. *Un* CIENTO *de sacos.* || **5.** V. *Consejo de* CIENTO. || **6.** V. *Doblón de a* CIENTO. || **7.** pl. Tributo que llegó hasta el cuatro por ciento de las cosas que se vendían y pagaban alcabala. || **8.** Juego de naipes en que gana quien hace antes cien puntos. || **P.** e **It.** cento; **I.** hundred; **F.** cent; **A.** hundert; **R.** сто, сотня.

CIENTOEMBOCA. m. AND. Mostachón muy pequeño, del tamaño y forma del fruto del altramuz.

★ CIENTOENRAMA. f. BOT. Corazoncillo.

CIENTOPIÉS. m. Ciempiés, miriápodo venenoso.

CIERNA. (De *cerner.*) f. Antera de la flor del trigo, de la vid y otras plantas.

CIERNE. (De *cerner.*) m. Acción de cerner o fecundarse la flor de algunas plantas. || **En** CIERNE m. adv. En flor. || *Estar en* CIERNES *una cosa.* fr. fig. Estar muy a sus principios, faltarle mucho para su perfección.

CIERRE. m. Acción y efecto de cerrar o cerrarse. *El* CIERRE *de un libro.* || **2.** Lo que sirve para cerrar. || **3.** Clausura temporal de tiendas y otros establecimientos mercantiles, concertadas comúnmente por sus dueños. || **4.** Broche, pasador, gancho, u otra cosa análoga, que sirve para cerrar. **5.** ART. MIL. Pieza que sirve para obturar la recámara en las armas de fuego modernas, después de haber sido colocado el proyectil en ella. **—metálico.** Cortina metálica arrollable que cierra y defiende la puerta de los establecimientos donde se coloca. || **—de cremallera.** El que suele usarse en las prendas de vestir, bolsos, carteras, etc. || **P.** fecho; **I.** closing, shutting; **F.** fermeture, clôture; **A.** Schliessen; **It.** chiusura; **R.** закрытие.

CIERRO. m. Cierre, acción de cerrar. || **2.** CHILE. Cerca, tapia o vallado. || **3.** CHILE. Sobre, por lo común de papel, en que se incluye la carta, tarjeta, etc. || **4.** SANT. Cerrado, cercado, sitio acotado. || **5.** *de cristales.* AND. Mirador, balcón cerrado de cristales.

CIERTA (LA). (De *cierto.*) f. GERM. La muerte.

CIERTAMENTE. adv. Con certeza, sin género de dudas.

CIERTÍSIMO, MA. adj. fam. Certísimo.

CIERTO, TA. (l. *certus.*) adj. Conocido como verdadero, seguro, indubitable. || **2.** Se usa algunas veces en sentido indeterminado. CIERTO *momento.* CIERTA *persona.* Cuando se usa en este sentido, precede a los substantivos, pero sin artículo porque si se pone, determina el sentido *Es* CIERTO *el momento. Es* CIERTA *la persona.* || **3.** Hablando de los perros, se dice de aquellos que dan señas ciertas de la caza. || **4.** Sabedor, seguro de la verdad de algún hecho. || **5.** ant. Certero. || **6.** GERM. Fullero. || **7.** adv. Ciertamente. || *Al* CIERTO. *De* CIERTO. ms. advs. Ciertamente. || *Dejar lo* CIERTO *por lo dudoso.* fr. fig. Abandonar lo seguro por adquirir lo que suele no lograrse. || *En* CIERTO. m. adv. ant. De cierto. || *No por* CIERTO. loc. adv. No, ciertamente; no, en verdad. || *Por* CIERTO. m. adv. Ciertamente. || *Sí, por* CIERTO. loc. adv. Ciertamente. || **P.** e **It.** certo; **I.** y **F.** certain; **A.** gewiss; **R.** верный, истинный.

CIERVA. (l. *cerva.*) f. Hembra del ciervo; es casi de su mismo tamaño y figura, pero no tiene cuernos.

CIERVO. (l. *cervus.*) m. Animal mamífero rumiante, del tamaño del asno. Esbelto, de pelo áspero, corto y pardo rojizo en verano y gris en invierno; más claro por el vientre; patas largas y cola muy corta. El macho tiene cuernos estriados y ramosos, que pierde y renueva todos los años, aumentando con el tiempo el número de puntas, que llega a diez en cada asta. Es indomesticable. || **—volante.** Insecto coleóptero de color negro, con

cuatro alas y las mandíbulas lustrosas, ahorquilladas y ramosas, como los cuernos del CIERVO. Es parecido al escarabajo. || **P.** e **It.** cervo; **I.** stag; **F.** cerf; **A.** Hirsch; **R.** олень.

CIERZAS. f. pl. Vástagos o renuevos de la vid.

CIERZO. (l. *cercius*, por *circius*.) m. Viento septentrional más o menos inclinado a Levante o a Poniente, según la situación geográfica de la región en que sopla.

CIFAC. (ár. *ṣifāq*, abdomen.) m. ant. Cifaque.

CIFAQUE. m. ant. Peritoneo.

CIFELA. (pl. gr. κύφελλα, nubes.) m. Hongo que crece y vive entre el musgo de los tejados.

★ CIFELIO. m. Género de líquenes caliciáceos, que viven sobre la corteza de diversos árboles coníferos.

★ CIFOITA. f. MINERAL. Variedad de serpentina de color blanco amarillento.

CIFOSIS. (gr. κύφος, convexo.) f. MED. Encorvadura defectuosa de la espina dorsal, de convexidad posterior.

CIFRA. (ár. *ṣifr*, nombre del cero, aplicado luego a los demás números.) f. Número, cada uno de los signos con que representamos el cero y los nueve primeros números. || **2.** Escritura en que se usan signos, guarismos, o letras convencionales, y que sólo puede comprenderse conociendo la clave. || **3.** Enlace de dos o más letras generalmente las iniciales de nombres y apellidos, que como abreviatura se emplea en sellos, marcas, etc. || **4.** Abreviatura, representación convenida y abreviada de ciertas palabras, y una misma palabra así representada. || **5.** Modo vulgar de escribir música por números. || **6.** fig. Suma y compendio, emblema. || **7.** GERM. Astucia. || *En* CIFRA. m. adv. fig. Obscura y misteriosamente. || **2.** fig. Con brevedad, en compendio. || **P.** y **It.** cifra; **I.** figure; **F.** chiffre; **A.** Ziffer, Zahl; **R.** цифра, число.

CIFRADAMENTE. adv. En cifra; resumidamente, en abreviatura.

CIFRADO, DA. p.p. de cifrar. || **2.** adj. Dícese del mensaje que se transmite utilizando signos de valor convencional, distintos de la escritura corriente, o los de esta misma escritura con valor convencional. || **3.** Dícese del bajo cuando sobre las notas de su parte musical se escriben números y signos que determinan la armonización correspondiente. || **P.** cifrado; **I.** ciphered; **F.** chiffré; **A.** chiffriert; **It.** cifrato; **R.** шифрованный.

CIFRAR. tr. Escribir en cifra. || **2.** fig. Compendiar, reducir muchas cosas a una, o un discurso a pocas palabras. Ú.t.c.r. || **3.** fig. Seguido de la prep. *en*, tener puesta en alguien o en algo, con esperanza, un sentimiento. CIFRAR *el triunfo en la suerte.* || **2.ª** acep.: **P.** cifrar, compendiar; **I.** to abridge; **F.** chiffrer; **A.** abkürzen; **It.** compendiar; **R.** излагать вкратце.

CIGALA. f. ZOOL. Crustáceo marino, de color claro y caparazón duro, semejante al cangrejo de río. Es comestible y los hay de gran tamaño.

CIGALA. (fr. *cigale.*) f. MAR. Forro, generalmente de piola, que se pone al arganeo de anclotes y rezones.

CIGALLO. m. MAR. Cigala, 2.º art.

CIGARRA. (l. *cicăda.*) f. ZOOL. Insecto hemíptero del suborden de los homópteros. En la base de su abdomen, de forma cónica, tienen los machos un aparato con el cual producen un ruido estridente y monótono. Después de adultos sólo viven un verano. || **2.** GERM. Bolsa, saquito para llevar dinero. || **—de mar.** Crustáceo decápodo, marino, semejante a la langosta de mar. Común en el Mediterráneo. || **P** cigarra; **I.** cicada, harvest-fly; **F.** cigale; **A.** Zikade; **It.** cicala; **R.** цикада.

CIGARRAL. (De *cigarra.*) m. En Toledo, huerta cercada fuera de la ciudad, con árboles frutales y casa para recreo.

CIGARRALERO, RA. m. y f. Persona que habita en un cigarral o cuida de él.

CIGARRERA. f. Mujer que hace o vende cigarros. || **2.** Caja o mueblecillo en que se tienen a la vista cigarros puros. ||

3. Petaca para llevar cigarros o tabaco. || **4.** CUBA. Pitillera.

CIGARRERÍA. f. AMÉR. Tienda en que se venden cigarros. || **2.** CUBA. Fábrica de cigarros.

CIGARRERO. m. El que hace o vende cigarros.

CIGARRILLO. (d. de *cigarro*.) m. Cigarro pequeño, de picadura envuelta en un papel de fumar. || P. cigarro; I. y F. cigarette; A. Zigarette; It. sigaretta; R. сигарета.

CIGARRO. (maya *siqar*.) m. Rollo de hojas de tabaco, que se enciende por un extremo y se chupa o fuma por el opuesto. || **2.** AMÉR. Cigarrillo. || **3.** ZOOL. ECUAD. Libélula o caballito del diablo. ||—**de papel.** Cigarrillo. ||—**puro.** Cigarro. || P. charuto; I. cigar; F. cigare; A. Zigarre; It. sigaro; R. сигара.

CIGARRÓN. m. aum. de cigarra. || **2.** ZOOL. Saltamontes, especie de langosta. || **3.** GERM. Bolsa grande.

★ **CIGENA.** f. ZOOL. Género de insectos lepidópteros.

CIGOFILÁCEO, A. (De *zygophyllum*, nombre científico de la morsana, y éste del gr. ζυγός, yugo, y φύλλον, hoja, porque tiene las hojas compuestas de dos hojuelas pareadas.) adj. BOT. Dícese de plantas leñosas, rara vez herbáceas, angiospermas dicotiledóneas, que tiene hojas compuestas; flores actinomorfas; fruto en cápsula, en drupa o baya; semillas con albumen córneo o sin albumen; como el abrojo y el guayacán. Ú.t.c.s.f. || **2.** f. pl. BOT. Familia de estas plantas.

CIGOFÍLEO, A. adj. BOT. Cigofiláceo.

★ **CIGOMA.** (gr. ζύγωμα, atadura, armazón, y ζεύνυμι, juntar.) m. ANAT. Hueso malar o pómulo.

CIGOMÁTICO, CA. (De ζύγωμα, -ατος, pómulo.) adj. ZOOL. Perteneciente o relativo a la mejilla o al pómulo. *Arco* CIGOMÁTICO.

★ **CIGOMICETOS.** m. pl. BOT. Hongos de talo unicelular y reproducción sexual.

CIGOMORFA. (gr. ζύγός, que une, y μορφή, forma.) adj. BOT. Dícese de la flor en la que solamente uno de los planos que pasan por su eje la divide en dos partes simétricas; como la del garbanzo. || **2.** adj. BOT. Dícese de los apéndices florales semejantes, unidos entre sí, ya sea normal, ya teratológicamente.

CIGOÑAL. (De *cigüeña*, por imitación.) m. Pértiga enejada sobre un pie en horquilla, y dispuesta de modo que, atando una vasija a un extremo y tirando del otro, puede sacarse agua de pozos someros. || **2.** FORT. Viga que sirve para mover la báscula de un puente levadizo, y de la cual pende la cadena que lo levanta. || P. cegonha; I. well sweep; F. bascule pour puiser de l'eau; A. Brunnenschwengel; It. mazzacavallo; R. журавл (колодезный).

CIGOÑINO. (l. *ciconinus*, con la ñ de *cigüeña*.) m. Pollo de la cigüeña.

CIGOÑUELA. (De *cigüeña*.) f. Ave del orden de las zancudas, menor que la cigüeña, de plumaje blanco, algo sonrosado por el pecho y abdomen.

★ **CIGOSPORO.** m. BIOL. Espora formado por la unión de dos gametos.

CIGOTO. m. BIOL. Huevo, individuo resultante de la unión de dos gametos. || **2.** Coccidio fecundado en que se desarrollan los esporos de los proteosomas.

CIGUA. (Voz americana.) f. Árbol de las Antillas, lauráceo, con tronco maderable, que se utiliza para la industria. || **2.** ZOOL. CUBA. Especie de caracol de mar. || **3.** HOND. Ser fantástico de los cuentos y leyendas populares.

★ **CIGUANABA.** f. EL SALV. Bruja, ser fantástico.

★ **CIGUANEA.** f. MAR. CUBA. Marisma, terreno pantanoso que inundan las aguas del mar.

CIGUAPA. (Voz americana.) f. CUBA. Ave de rapiña nocturna, menor que la lechuza y menor que ella. || **2.** BOT. C. RICA y CUBA. Árbol sapotáceo, que produce una especie de zapotillos de carne color de yema de huevo y semilla semejante a la del mamey. || **3.** REP. DOMIN. Ninfa, o sirena.

★ **CIGUAPACLE.** m. BOT. MÉJ. Ciguapate.

CIGUAPATE. (azteca *cihuapatli*, remedio femenino.) f. BOT. HOND. Planta umbelífera, aromática, que crece a orillas de los ríos.

CIGUARAYA. f. BOT. CUBA. Planta meliácea, que se usa en medicina y en la industria. De hojas opuestas, ovales, coriáceas, flores axilares en racimos y cápsulas coriáceas.

CIGUATARSE. r. Aciguatarse, contraer ciguatera.

CIGUATERA. f. Enfermedad de ciertos peces y crustáceos del golfo de Méjico, perniciosa para quien los come. || **2.** Intoxicación producida por la ingestión de peces venenosos.

CIGUATO, TA. adj. Que padece ciguatera. Ú.t.c.s.

CIGÜEÑA. (l. *ciconia*.) f. ZOOL. Ave del orden de las zancudas. Es ave de paso, anida en las torres y árboles elevados, y se alimenta de sabandijas. || **2.** Género de aves zancudas ciconídeas, entre cuyas especies se encuentra la cigüeña citada. || **3.** Hierro de la campana donde se ata la cuerda con que se toca. || **4.** Codo que tienen los tornos y otros instrumentos y máquinas en la prolongación del eje, por cuyo medio se les da con la mano movimiento rotatorio. || **5.** GUAT. y HOND. Especie de organillo mecánico. || **6.** CUBA. Vagoneta de ferrocarril, para transportar materiales. || **7.** IMPR. Pieza de la prensa de algunas máquinas que pone en movimiento todo el mecanismo. || *Pintar la* CIGÜEÑA. fr. fig. y fam. Pintarla, presumir de autoridad, elegancia, distinción, etc. || P. cegonha; I. storck; F. cicogne; A. Storch; It. cicogna; R. аист. || 4.ª acep.: P. manivela; I. winch, crank; F. manivelle à main; A. Kurbel; It. manovella; R. рукоятка.

CIGÜEÑAL. m. Cigoñal. || **2.** MEC. Doble codo en el eje de ciertas máquinas, motores de explosión, etc.

CIGÜEÑO. m. p. us. Macho de la cigüeña. || **2.** prov. Hombre delgado y de piernas largas. Ú. sólo en sentido jocoso.

CIGÜEÑUELA. f. Cigüeña, manubrio de torno o de otra máquina. || **2.** Ave del orden de las zancudas, más pequeña que la cigüeña; vive cerca de las lagunas y los pantanos y abunda en las proximidades del estrecho de Gibraltar.

CIGÜETE. adj. Dícese de una uva blanca parecida al albillo. Ú.t.c.s.

★ **CIGULINA.** f. MINERAL. Mineral resultante de la mezcla de limonita y cuprita.

CIGUÑUELA. f. ant. d. de cigüeña.

★ **CIHUEPACLE.** m. BOT. MÉJ. Planta graminea medicinal.

CIJA. (l. *sedilia*, pl. n. de *sedile*, asiento.) f. Cuadra para encerrar el ganado lanar durante el mal tiempo. || **2.** Pajar. || **3.** AR. Prisión estrecha o calabozo. || **4.** AR. Cilla, granero.

★ **CIJO.** m. CHILE. Cisco, carbón muy menudo.

★ **CIJUTA.** m. BOT. CHILE. Cicuta.

CILAMPA. (quinch, *tzirapa*, llovizna.) f. C. RICA y EL SALV. Llovizna, lluvia menuda. || **2.** PAN. Frío de la madrugada y ambiente fantasma.

CILANCO. m. Charco que deja un río en la orilla al retirar sus aguas, o en el fondo cuando se ha secado.

CILANTRO. (l. *coriandrum*.) m. Hierba de la familia de las umbelíferas, aromática y de virtud estomacal. || P. coentro; I. coriander; F. coriandre; A. Koriander; It. coriandolo; R. кориандр.

CILIADO, DA. (De *cilio*.) adj. BIOL. Dícese de la célula o microorganismo que tiene cilios, apéndices o pestañas. Algunas son parásitas. || **2.** ZOOL. Subclase de infusorios cuyo cuerpo está cubierto de un revestimiento de numerosísimos cilios o pestañas vibrátiles. Nadan con gran velocidad o se arrastran sobre el fondo o sobre los objetos sumergidos. Los cilios están colocados sobre el cuerpo ordenadamente, por lo común en forma paralela. Se reproducen por división y viven tanto en las aguas dulces como en las saladas.

CILIAR. (l. *cilium*, ceja.) adj. ZOOL. Perteneciente o relativo a las cejas o a los cilios.

CILICIO. (l. *cilicium*.) m. Saco o vestidura áspera de que usaban los penitentes para mortificar el cuerpo. || **2.** Faja de cerdas o de cadenillas de hierro con puntas, ceñida al cuerpo junto a la carne, que para mortificación usan algunas personas. || P. cilício; I. y F. cilice; A. Busshemd; It. cilicio, cilizio; R. власяница.

★ **CILÍFERO, RA.** (l. *cilium*, pestaña, y *fero*, llevar.) adj. Ciliado.

CILINDRADO, DA. p.p. de cilindrar. || **2.** m. Acción y efecto de cilindrar. || P. cilindrado; I. rolling; F. cylindrage; A. Walzen; It. cilindratura.

CILINDRAR. tr. Comprimir con el cilindro o rodillo. || P. cilindrar; I. to roll, to calender; F. cylindrer; A. (an)walzen; It. cilindrare; R. придавать цилиндрическую форму.

CILÍNDRICO, CA. (De *cilindro*.) adj. GEOM. Perteneciente o relativo al cilindro. || **2.** De forma de cilindro. || **3.** Dícese de la superficie curva engendrada por una línea recta que se mueve apoyada en una curva y quedando siempre paralela a una misma dirección. || P. cilindrico; I. cylindrical; F. cylindrique; A. zylindrisch, walzenförmig; It. cilindrico; R. цилиндрический.

★ **CILINDRÍMETRO.** m. Instrumento para fabricar con precisión y exactitud los pivotes para las ruedas de los relojes.

★ **CILINDRITA.** f. MINERAL. Mineral compuesto de azufre, plomo, estaño y antimonio.

CILINDRO. (l. *cylindrus*, y éste del gr. κύλινδρος, de κυλίνδω, arrollar, revolver.) m. GEOM. Sólido limitado por una superficie cilíndrica cerrada y dos planos que forman sus bases. || **2.** GEOM. Por anton., el recto y circular. || **3.** IMPR. Pieza de la máquina, que girando sobre el molde, o sobre el papel si ella tiene los moldes, hace la impresión. || **4.** IMPR. Pieza que por su movimiento de rotación bate y toma la tinta de los rodillos han de bañar el molde. || **5.** MEC. Tubo en que se mueve el émbolo de una máquina. || **6.** RELOJ. Tambor de la máquina del reloj, sobre el cual se enrosca la cuerda. || **7.** ARGENT. fam. Chistera, sombrero de copa. || **8.** MÉJ. Organillo. || **9.** HOND. Entre el vulgo, revólver. ||—**central.** BOT. Parte interior del tallo o de la raíz de las plantas fanerógamas, formada principalmente por la medula y por haces de vasos leñosos y cribosos. ||—**circular.** GEOM. El de bases circulares. ||—**compresor.** Rodillo, rulo para allanar y apisonar el firme de las carreteras. ||—**eje.** ZOOL. Neurita. ||—**oblicuo.** GEOM. El de bases oblicuas a las generatrices de la superficie cilíndrica. ||—**recto.** GEOM. El de bases perpendiculares a las generatrices de la superficie cilíndrica. ||—**truncado.** GEOM. El terminado por dos planos no paralelos. || P. e It. cilindro; I. cylinder; F. cylindre; A. Zylinder, Walze, Rolle; R. цилиндр.

★ **CILINDROAXIL.** (De *cilindro*, y el l. *axis*, eje.) adj. Relativo a un cilindroeje.

★ **CILINDROEJE.** m. HISTOL. Axon, prolongación de una célula nerviosa, larga y de contorno liso que da ramas colaterales en ángulo recto.

★ **CILINDRÓGRAFO.** m. FÍS. Aparato fotográfico que da la perspectiva cilíndrica.

★ **CILINDROIDE.** m. MAT. Superficie engendrada por una recta al moverse apoyándose en dos curvas y siguiendo paralelamente a su plano.

★ **CILINDROMA.** f. PAT. Epitelioma.

★ **CILINDRURIA.** f. PAT. Existencia en la orina de cilindros renales.

CILIO. (l. *cilium*, ceja.) m. BIOL. Filamento protoplasmático delgado y permanente, que emerge del cuerpo de los protozoos ciliados y de algunas otras células. Mediante sus movimientos se efectúa la locomoción de las células en un medio líquido. Es más corto que el flagelo.

★ **CILIOESPINAL.** adj. ANAT. Dícese del sitio de donde emergen, en la región cervical de la medula, los filetes del simpático que van al iris.

★ **CILIOLA.** f. BOT. Cada uno de los pelos pequeños en el peristoma de los musgos.

CILIX. m. ARQUEOL. Cilice.

C

* **CILOSIS.** f. Pat. Temblor del párpado superior.

* **CILOSISMO.** m. Cilosis.

CILLA. (De *cilla*.) f. Casa o cámara donde se recogían los granos. || **2.** Renta decimal, o del diezmo.

CILLAZGO. m. Derecho que pagaban los partícipes en los diezmos, para que estuviesen recogidos y guardados en la cilla los granos y demás frutos decimales.

CILLERERO. (l. *cellararius*, de *cilla*, despensa.) m. En algunas órdenes monacales, mayordomo del monasterio.

CILLERÍA. f. Cargo que desempeñaban el cillerero o la cilleriza.

CILLERIZA. (De *cillero*.) f. En los conventos de religiosas de la Orden de Alcántara, monja que tiene la mayordomía del convento.

CILLERIZO. m. Cillero. Encargado de guardar los frutos decimales en la cilla.

CILLERO. (l. *cellarius*.) m. El que tenía a su cargo la guarda de los frutos decimales en la cilla, dar cuenta de ellos y entregarlos. || **2.** Cilla, granero de frutos decimales. || **3.** Bodega, despensa o sitio seguro para guardar algunas cosas.

* **CILLUERBEDA.** f. Según el *Dicc. Enciclop. Hisp. Amer.*, especie de embutido.

CIMA. (l. *cyma*, y éste del gr. κῦμα, lo que se hincha, ola.) f. La parte más alta de los montes. || **2.** La parte superior de los árboles. || **3.** Tallo del cardo y de otras verduras. || **4.** fig. Fin o complemento de alguna obra o cosa. || **5.** Bot. Inflorescencia cuyo eje tiene una flor en su extremo. || *Dar* CIMA *a una cosa*. fr. fig. Concluirla o acabarla felizmente. || *Mirar una cosa por* CIMA. fr. fig. Mirarla ligeramente sin enterarse de ella a fondo. || *Por* CIMA. m. adv. En lo más alto. || **2.** Por encima. || **P.** cima; **I.** summit; **F.** cime; **A.** Gipfel; **It.** cima; **R.** вершина, верхушка. || 4.ª acep.: **P.** cume; **I.** completion; **F.** parachèvement; **A.** Vollendung; **It.** compimento; **R.** завершение.

CIMACIO. (l. *cymatium*, y éste del gr. κυμάτιον, d. de κῦμα, onda.) m. Arq. Gola, moldura sinuosa en forma de S. || **P.** cimacio; **I.** cymatium; **F.** cymaise; **A.** Kranzleite; **It.** cimasa.

* **CIMACIÓN.** m. Bot. Fructificación de los líquenes.

CIMAR. (De *cima*.) tr. ant. Recortar una cosa por encima.

CIMARRA (HACER). fr. fam. Argent. y Chile. Hacer novillos.

CIMARRÓN, NA. (De *cima*.) adj. Amér. Dícese del esclavo o del animal doméstico que huye al campo y se hace montaraz. Apl. a pers. ú.t.c.s. || **2.** Amér. Aplícase a la planta silvestre de cuyo nombre o especie hay otra cultivada. || **3.** V. *Capulí* CIMARRÓN. || **4.** Argent. Dícese del mate amargo. || **5.** Mar. fig. Dícese del marinero indolente y poco trabajador.

CIMARRONADA. f. Amér. Manada de animales cimarrones.

* **CIMARRONEAR.** intr. Argent. Tomar mate cimarrón o sea negro y sin azúcar.

* **CIMARRONERA.** f. Venez. Cimarronada.

* **CIMASA.** f. Quím. Enzima preparada con jugo de levadura exento de células, que agregándole un fosfato orgánico hace fermentar la glucosa.

CIMATE. m. Méj. Planta cuyas raíces se usan como condimento en ciertos guisados.

* **CIMATINA.** f. Mineral. Mineral parecido al amianto.

CIMBA. (l. *cymba*.) f. Bol. Trenza que usaban algunos negros. || **2.** Arqueol. Barquilla cuyos extremos formaban curva hacia arriba. La empleaban los romanos en los ríos.

CIMBADO. m. Bol. Látigo trenzado, chicote.

CIMBALARIA. (De *címbalo*, por la forma de la flor.) f. Hierba de la familia de las escrofulariáceas, que se cría en las peñas y murallas. Hojas parecidas a las de la hiedra. Se usa en jardinería como adorno de las paredes o en vasos colgantes.

CIMBALERO. m. Mús. Tañedor de címbalo.

CIMBALILLO. (d. de *címbalo*.) m. Campana pequeña. Comúnmente se llama

---

así la que en las iglesias se toca después de las campanas grandes para entrar en el coro.

CIMBALISTA. m. Cimbalero.

CÍMBALO. (l. *cymbălum*, y éste del gr. κύμβαλον.) m. Campana pequeña. || **2.** Arqueol. Instrumento pequeño muy parecido a los platillos, de que se servían los griegos y romanos en algunas de sus ceremonias religiosas. || **P.** sineta; **I.** cymbalum, cymbal; **F.** cymbale; **A.** Zimbel; **It.** cimbalo; **R.** маленький колокол.

CIMBANILLO. m. Cimbalillo.

CÍMBARA. (ár. *zabbāra*, hocino, podadera.) f. Rozón.

CIMBEL. (De *cimbellum*, d. vulgar del l. *cymbălum*, címbalo.) m. Cordel que se ata a la punta del cimillo en que pone el ave que sirve de señuelo para cazar otras. || **2.** Ave o figura de ella que se emplea con dicho fin.

* **CIMBIO.** m. Arqueol. Vaso usado como salero en la antigüedad.

CIMBOGA. f. Bot. Acimboga o azamboa.

* **CIMBORIO.** m. Arq. Cimborrio.

CIMBORNIO, NIA. adj. Venez. Cimborro, tonto, imbécil.

CIMBORRIO. (l. *ciborĭum*, y éste del gr. κιβώριον, el fruto del nenúfar, copa de forma semejante a la de este fruto.) m. Arq. Cuerpo cilíndrico que sirve de base a la cúpula y descansa inmediatamente sobre los arcos torales. || **2.** La misma cúpula. || **P.** zimbório; **I.** lantern-dome; **F.** lanterne; **A.** Kuppelgewölbe; **It.** cùpola; **R.** купол.

* **CIMBORRO, RRA.** adj. Venez. Tonto, imbécil.

CIMBRA. f. Arq. Armazón que sostiene el peso de un arco o de otra construcción, destinada a salvar un vano, en tanto no está en condiciones de sostenerse por sí misma. || **2.** Curvatura de la superficie interior de un arco o bóveda. || **3.** Mar. Curvatura que se obliga a tomar a una tabla, para colocarla y clavarla en su lugar en el forro de un casco. || *Plena* CIMBRA. La que forma un semicírculo. || **P.** cimbre; **I.** centering; **F.** cintre; **A.** Bogenstütze; **It.** centina; **R.** кружало.

CIMBRADO, DA. p.p. de cimbrar. || **2.** m. Paso de baile que se hace doblando rápidamente el cuerpo por la cintura.

CIMBRAR. tr. Mover una vara larga u otra cosa flexible, asiéndola por un extremo y vibrándola. Ú.t.c.r. || **2.** fig. y fam. Dar a uno con una vara o palo, de modo que le haga doblar el cuerpo. || **3.** Arq. Colocar las cimbras en una obra.

CIMBRE. (De *cimbrar*.) m. Galería subterránea.

CIMBREANTE. adj. Flexible, que se cimbra fácilmente.

CIMBREAR. tr. Cimbrar. Ú.t.c.r.

CIMBREÑO, ÑA. adj. Aplícase a la vara que se cimbra. || **2.** fig. Dícese también de la persona delgada que mueve el talle con soltura y facilidad.

CIMBREO. m. Acción y efecto de cimbrar o cimbrarse.

CIMBRIA. f. Filete, moldura en forma de listón. || **2.** Arq. Cimbra, armazón de madera usada para construir arcos y bóvedas.

CÍMBRICO, CA. (l. *cimbrĭcus*.) adj. Perteneciente a los cimbros.

CIMBRO. m. Gal. Cumbre. || **2.** Bot. Especie de pino.

* **CIMBRO, BRA.** (l. *cimber, -bri*.) adj. Dícese del individuo de un pueblo que habitó antiguamente en Jutlandia. En el siglo VII, unidos a los teutones, en lo que hoy se llama Estiria, derrotaron a los romanos. Ú.m.c.s. y en pl. || **2.** m. Lengua de los cimbros, uno de los dialectos del celta.

CIMBRÓN. m. Ecuad. Punzada, dolor lancinante.

CIMBRONAZO. m. Cintarazo. || **2.** Colom. y C. Rica. Estremecimiento nervioso muy fuerte. || **3.** Venez. Terremoto.

* **CIMBULIA.** f. Zool. Género de moluscos cuya concha tiene forma de barquilla. También recibe el nombre de cimbula. Constituye el tipo de los cimbúlidos.

* **CIMBÚLIDOS.** m. Zool. Familia de moluscos pterópodos, del orden de los tecosomas.

---

* **CIMELIARCA.** m. Custodio de los relicarios y tesoros de una iglesia en el imperio de Constantinopla.

* **CIMENO.** m. Quím. Uno de los hidrocarburos bencénicos que se encuentra en el aceite esencial del eucalipto, tomillo, comino y otras plantas.

CIMENTACIÓN. f. Acción y efecto de cimentar.

CIMENTADO, DA. p.p. de cimentar. || **2.** m. Afinamiento del oro pasándolo por el cimiento real.

CIMENTADOR, RA. adj. Que cimenta. Ú.t.c.s.

CIMENTAL. (De *cimiento*.) adj. ant. Fundamental, principal.

CIMENTAR. tr. Echar o poner los cimientos a un edificio o fábrica. || **2.** Afinar el oro por cimiento real. || **3.** Fundar, edificar. || **4.** Establecer, instituir los principios de algunas cosas espirituales; como virtudes, ciencias, etc. || **P.** cimentar; **I.** to found; **F.** fonder; **A.** gründen, fundamentieren; **It.** fondamentare; **R.** обосновывать.

CIMENTERA. f. ant. Arte de cimentar las edificaciones.

CIMENTERIO. m. Cementerio.

CIMENTO. m. Cemento.

CIMERA. (De *cima*.) f. Parte superior del morrión, que se solía adornar con plumas y otras cosas. || **2.** Blas. Cualquier adorno sobre la cima del yelmo o celada, como una cabeza de ciervo, una torre, etc. || **P.** elmo; **I.** crest; **F.** cimier; **A.** Helmstutz; **It.** cimiero; **R.** гребень шлема, шишака.

CIMERIO, RIA. (l. *cimmerĭus*.) adj. Dícese del individuo de un pueblo que moró largo tiempo en la orilla meridional del mar Azof, y que según algunos, dio nombre a Crimea. Ú.m.c.s. y en pl. || **2.** Perteneciente a este pueblo o región.

CIMERO, RA. (De *cima*.) adj. Lo que está en la parte superior y remata alguna cosa elevada.

CIMICARIA. f. Bot. Yezgo.

* **CIMICIDA.** adj. Eficaz contra las chinches. Ú.t.c.m.

* **CIMIDINA.** f. Quím. m. Cuerpo isómero de la cimilamina.

CIMIENTO. (l. *caementum*.) m. Parte del edificio que está debajo de tierra y sobre la que estriba la fábrica. Ú.m. en pl. || **2.** Terreno sobre el que descansa el mismo edificio. || **3.** fig. Principio y raíz de alguna cosa. —**real.** Composición de vinagre, sal común y polvo de ladrillo, que se empleó para afinar el oro al fuego. || **P.** alicerce; **I.** foundation; **F.** fondement; **A.** Grundmauer, Grundlage; **It.** fondamento; **R.** фундамент, основание.

* **CIMILAMINA.** f. Quím. Producto nitrogenado derivado del amoniaco que contiene el cimilo o radical del alcohol cimílico o cumínico.

CIMILLO. (l. vulgar *cimbellum*, d. del l. *cymbălum*.) m. Vara larga y flexible que se ata por un extremo a la rama de un árbol y por el medio a otra, y en el otro extremo se pone sujeta una ave, que sirve de señuelo. Átase un cimbel a dicha vara, y tirando de él el cazador desde un lugar oculto, al movimiento del ave acuden otras, y entonces las tira.

CIMITARRA. (ár. *šimšara*, espada.) f. Especie de sable usado por turcos y persas. || **P.** cimitarra; **I.** scimitar; **F.** cimiterre; **A.** Krummsäb; **It.** scimitarra; **R.** кривая сабля, ятаган.

* **CIMO.** m. Zimo.

CIMOFANA. (gr. κῦμα, ola, y φαίνω, resplandecer.) f. Aluminato de glucina, de color verde amarillento, usado como piedra preciosa.

* **CIMOFENOL.** m. Quím. Timol.

CIMÓGENO, NA. (gr. ξύμη, fermento, y γεννάω, producir.) adj. Dícese de las bacterias que originan fermentaciones. || **2.** Quím. Producto gaseoso, inflamable, compuesto principalmente por butano normal, que se usa para producir bajas temperaturas.

* **CIMOGRAFÍA.** f. Radiol. Procedimiento para registrar los movimientos de los bordes de ciertos órganos. || **2.** Fotografía obtenida por este procedimiento.

* **CIMÓGRAFO.** m. Instrumento para medir y registrar gráficamente las variaciones de la presión sanguínea en las arterias.

C

★ **CIMOL.** m. Quím. Cimeno.
★ **CIMOLIA.** f. Cimolea.
★ **CIMOLITA.** f. Mineral. Arcilla de un color blanco grisáceo o rojizo.
★ **CIMOLOGÍA.** f. Zimología.
★ **CIMÓMETRO.** m. Fís. Aparato para determinar la frecuencia de las corrientes alternas.
★ **CIMOPOLIA.** f. Bot. Alga filamentosa de la familia de los políperos, crece en el mar de las Antillas, y forma las cimopoliáceas.
CIMORRA. f. ant. Veter. Especie de catarro nasal de las caballerías.
CIMORRO. (Del m. or. que *cimborrio*.) m. p. us. Torre de las iglesias.
★ **CIMOSIS.** f. Zimosis.
★ **CIMOTECNIA.** f. Zimotecnia.
★ **CIMÓTICO, CA.** adj. Zimótico.
★ **CIMOTOE.** m. Zool. Género de crustáceos de caparazón relativamente blando.
CIMPA. f. Perú. Crizneja, trenza.
CINA. f. Ecuad. Cierta especie de planta gramínea.
★ **CINABARITA.** f. Mineral. Cinabrio.
★ **CINABRINO, NA.** adj. Parecido al cinabrio.
CINABRIO. (l. *cinnăbăris*, y éste del gr. κιννάβαρι.) m. Mineral compuesto de azufre y mercurio, muy pesado y de color rojo obscuro. Del cinabrio se extrae por calcinación y sublimación el mercurio o azogue. || **2.** Bermellón. || **P.** cinábrio; **I.** cinnabar; **F.** cinabre; **A.** Zinnober; **It.** cinabro. || **R.** киноварь.
CINACINA. f. Bot. Argent. Árbol espinoso, de la familia de las papilionáceas, de hoja estrecha y menuda, y flor olorosa amarilla y roja. Es de poca altura y se emplea en setos vivos. La semilla es medicinal.
★ **CINAMATO.** m. Quím. Sal del ácido cinámico.
★ **CINAMEINA.** f. Quím. Substancia que se obtiene del bálsamo del Perú.
★ **CINAMENO.** m. Quím. Hidrocarburo que se obtiene destilando el ácido cinámico con cal.
CINÁMICO, CA. (l. *cinnămum*, canela.) adj. Quím. Perteneciente o relativo a la canela. || **2.** Quím. Ácido cinámico.
★ **CINAMO.** m. poét. Canela.
★ **CINAMODENDRO.** m. Bot. Género de plantas canaláceas, cuya substancia parecida a la del canelo, pero de sabor amargo, es estimulante, aromática y digestiva.
★ **CINAMOL.** m. Quím. Estirol.
★ **CINAMOMINO.** m. Farm. Especie de ungüento.
CINAMOMO. (l. *cinnamŏmum*.) m. Árbol exótico y de adorno, de la familia de las meliáceas. Es agradable el olor de sus flores, que en racimos axilares y, de color violeta tienen cápsulas del tamaño de garbanzos, que sirven para cuentas de rosarios. Su madera es dura y aromática. || **2.** Substancia aromática, que según unos, es la mirra, y para otros, es la canela. || **3.** Filip. Alheña y su flor. || **4.** Género de plantas lauráceas, entre las que se encuentra el canelo. || **P.** cinamomo; **I.** cinnamon; **F.** cinnamome; **A.** Zimmetbaum; Zedrach; **It.** cinnamomo; **R.** коричное дерево.
★ **CINAMÓN.** m. Zool. Ave trepadora.
★ **CINANCIA.** f. Pat. Cinanquia.
★ **CINANCOL.** m. Quím. Substancia cristalizable extraída del látex de algunas plantas.
★ **CINANILIDA.** f. Quím. Derivado de la cinamida.
★ **CINAPINA.** f. Quím. Alcaloide venenoso procedente del cinapio.
★ **CINAPIO.** m. Bot. Cicuta menor.
★ **CINAQUE.** m. Hond. Ejote, vaina de frijol.
★ **CINARA.** f. Bot. Género de plantas compuestas, entre las que se encuentra la alcachofa.
★ **CINAREAS.** f. pl. Bot. Cinaroideas.
★ **CINÁRICO, CA.** adj. Dícese del extracto obtenido de la alcachofa.
★ **CINAROIDEO, A.** adj. Semejante a la alcachofa. || **2.** f. pl. Bot. Grupo de plantas de la familia de las compuestas, entre las que se hallan la alcachofa y los cardos.
CINARRA. f. Ar. Nieve grumosa en forma de gragea.

★ **CINARRODÓN.** m. Bot. Fruto constituido por varios aquenios dentro de un receptáculo carnoso.
CINC. (l. *zink*.) m. Metal de color blanco azulado y brillo intenso, bastante blando y de estructura laminosa. Se funde a poco más de 400 °C, es quebradizo a la temperatura ordinaria y expuesto al aire húmedo, se oxida. La película formada cubre la parte interior y la protege. No se encuentra puro en la naturaleza y tiene muchas aplicaciones. Su símbolo es Zn. Peso atómico 65, 38, Número atómico 30. || **2.** V. *Flores de* cinc. || **P.** e It. zinco; **I.** y **F.** zinc; **A.** Zink; **R.** цинк.
CINCA. f. En el juego de los bolos, falta reglamentaria.
★ **CINCALUMINITA.** f. Mineral. Sulfato natural de cinc y aluminio.
★ **CINCANA.** f. Colom. Peseta columnaria.
★ **CINCATO.** m. Quím. Sal formada por hidrato cíncico con una base.
★ **CINCAZURITA.** f. Mineral. Variedad cincífera.
CINCEL. (b. l. *scisellum*, y éste del l. *scindĕre*, hender.) m. Herramienta de 20 a 30 cm de largo, con boca acerada y recta de doble bisel, que sirve para labrar a golpe de martillo piedras y metales. || **P.** cinzel; **I.** chisel; **F.** cisau; **A.** Meissel; **It.** cesello, scarpello; **R.** резец, зубило.
CINCELADO, DA. p.p. de cincelar.
CINCELADOR. m. El que cincela.
CINCELADURA. f. Acción y efecto de cincelar.
★ **CINCELADURA.** Obra de cinceladura.
CINCELAR. tr. Labrar, grabar con cincel en piedras o metales. || **P.** cinzelar; **I.** to chisel; **F.** ciseler; **A.** meisseln, ziselieren; **It.** cesellare; **R.** резать (по металлу), гравировать.
★ **CINCELERÍA.** f. Lugar donde se cincela.
★ **CINC-ETILO.** m. Quím. Líquido incoloro, de olor penetrante, que es un compuesto que resulta al reaccionar el yoduro de sodio con una aleación de cinc y sodio.
★ **CÍNCICO, CA.** adj. Quím. Que contiene cinc. || **2.** Dícese de un óxido de cinc y también de las sales de este metal.
★ **CINCITA.** f. Mineral. Óxido natural de cinc. A veces se produce artificialmente.
★ **CINCLIDÓTEAS.** f. pl. Bot. Familia de musgos, que forman extensos céspedes de color verde negruzco.
★ **CINCLIDOTO.** m. Bot. Género de musgos que viven sobre piedra o sobre madera. Da nombre a las cinclidóteas.
★ **CINCLISIS.** f. Movimiento precipitado del pecho.
★ **CINCLO.** m. Zool. Género de pájaros dentirrostros al que pertenecen los mirlos.
CINCO. (l. *quinque*.) adj. Cuatro y uno. || **2.** Quinto, 1.ª acep. || *Número* CINCO, *año* CINCO. Aplicado a los días del mes. Ú.t.c.s. *El* CINCO *de junio.* || **3.** m. Cifra con que se representa el número cinco. || **4.** En el juego de bolos, en algunas partes, el que ponen delante de los otros, al cual en otras le dan distintos nombres según su valor. || **5.** Naipe que representa cinco señales. *El* CINCO *de bastos.* || **6.** Guitarrilla venezolana de cinco cuerdas. || **7.** C. Rica y Chile. Moneda de plata de valor de cinco centavos. || **8.** fam. Méj. Trasero, posaderas. || CINCO *primeras.* expr. que se usa en varios juegos de naipes para indicar que se han hecho las cinco primeras bazas, calidad que, si no se ha pactado en contrario, se paga. || **9.** *Esos* CINCO. fr. fig. y fam. La mano. Ú. principalmente con los verbos *venir, dar, tomar, chocar,* y en frases como éstas: *Dame esos* CINCO; *Choquemos los* CINCO. || **P.** cinco; **I.** five; **F.** cinq; **A.** fünf; **It.** cinque; **R.** пять.
CINCOAÑAL. adj. ant. De cinco años.
★ **CINCOCENTISTA.** adj. Dícese del artista o literato del siglo XVI. Se usa más especialmente aplicado a los grandes renacentistas italianos.
★ **CINCOCEROTINA.** f. Quím. Principio inmediato contenido en las quinas.
CINCOENRAMA. (De *cinco, en,* y *rama.*) f. Hierba de las rosáceas. Hojas compuestas de cinco hojuelas aovadas y dentadas, flores solitarias, amarillas y raíz

delgada y de color pardo rojizo, que se usa en medicina.
CINCOGRABADO. m. Grabado en cinc hecho en una pila por medio de un mordiente.
CINCOGRAFÍA. (De *cinc,* y el gr. γράφω, dibujar.) f. Arte de grabar o dibujar en una plancha de cinc preparada al efecto.
★ **CINCOLITES.** m. Méj. Cesta en que se guarda el maíz.
★ **CINCOLOIPÓNICO, CA.** adj. Dícese del ácido que resulta de la oxidación de la cinconina.
CINCOLLAGAS. m. Bot. Cuba. Planta silvestre parecida al ajonjolí, pero con la flor en ramilletes, rematando en cinco conchitas manchadas de color de sangre.
CINCOMESINO, NA. adj. De cinco meses.
★ **CINCONA.** f. Quina. || **2.** Bot. Género de plantas rubiáceas de fruto capsular, propias de América Central y Meridional.
★ **CINCONAMINA.** f. Quím. Alcaloide existente en la corteza de algunas plantas rubiáceas.
★ **CINCONEAS.** f. pl. Bot. Plantas rubiáceas entre las que se encuentra la cincona.
CINCONEGRITOS. m. Bot. C. Rica y Nicar. Arbustillo de las verbenáceas, con hojas aromáticas y flores que forman manojillos en las axilas de las hojas y que al abrirse son amarillas, aunque luego se vuelven rojas.
★ **CINCONETINA.** f. Quím. Substancia amorfa roja y de sabor amargo, que se obtiene de la cinconina.
★ **CINCONICINA.** f. Quím. Alcaloide obtenido de la cinconina.
★ **CINCÓNICO, CA.** adj. Quím. Ácido derivado del ácido cincomerónico.
★ **CINCONIDINA.** f. Quím. Alcaloide existente en las quinas.
★ **CINCONINA.** f. Quím. Alcaloide que se encuentra en la quina. Es una substancia muy parecida a la quinina y de aplicaciones análogas.
★ **CINCONISA.** f. Mineral. Hidrocincita.
★ **CINCONISMO.** m. Intoxicación producida por las sales de quinina.
★ **CINCOSITA.** f. Mineral. Sulfato natural de cinc.
★ **CINCOTECINA.** f. Quím. Alcaloide isómero de la cincotina.
★ **CINCOTENICINA.** f. Quím. Cuerpo isómero de la cincotenina.
★ **CINCOTENIDINA.** f. Quím. Cuerpo isómero de la cincotenina.
CINCUENTA. (l. *quinquaginta.*) adj. Cinco veces diez. || **2.** Quincuagésimo, que sigue en orden al cuadragésimo nono. *Número* CINCUENTA. || **3.** Signo o signos con que se representa el número cincuenta. || **P.** cinquenta; **I.** fifty; **F.** cinquante; **A.** fünfzig; **It.** cinquanta; **R.** пятьдесят.
CINCUENTENA. f. ant. Mujer de cincuenta años.
CINCUENTAÑAL. adj. ant. De cincuenta años.
CINCUENTAVO, VA. adj. Dícese de cada una de las cincuenta partes iguales en que se divide un todo. Ú.t.c.s.
CINCUENTÉN. adj. En el Pirineo aragonés y catalán, pieza de madera de hilo, de 50 palmos de longitud, con una escuadría de tres palmos de tabla por dos de canto. Ú.t.c.s.m.
CINCUENTENA. f. Conjunto de 50 unidades homogéneas. || **2.** p. us. Cada una de las 50 partes iguales en que se divide un todo.
CINCUENTENARIO. m. Conmemoración del día en que se cumplen cincuenta años de algún suceso. || **2.** Tiempo de cincuenta años.
CINCUENTENO, NA. (De *cincuenta.*) adj. Quincuagésimo.
CINCUENTÍN. m. Moneda de plata de gran módulo y valor de 50 reales de plata, que se acuñó en Segovia en los reinados de Felipe III, Felipe IV y Carlos II.
CINCUENTÓN, NA. adj. Dícese de la persona que tiene cincuenta años cumplidos. Ú.t.c.s.

C

CINCUESMA. (De *quincuagésima.*) f. ant. Día de la pascua del Espíritu Santo.

CINCHA. (l. *cingŭla*, pl. n. de *cingŭlum*, ceñidor.) f. Faja de cáñamo, lana, cerda, cuero o esparto, con que se asegura la silla o albarda de la cabalgadura, ya por detrás de los codillos o ya por debajo de la barriga, apretándola con una o más hebillas. || **2.** C. RICA. Machete que usa la policía para dar de plano. || **3.** MÉJ., PERÚ y C. RICA. De mal grado. || **4.** ARGENT. Trampa en los juegos de azar. || **5.** COLOM. Cuando el color de los blancos tiene algo de negro o de indio. || **—de brida.** La que consta de tres fajas de cáñamo y se asegura a la silla con contrafuertes y hebillas. || **—de jineta.** La que consta de tres fajas de cáñamo largas que, pasando por encima de la silla de jineta, la sujetan al cuerpo del caballo. || **—maestra.** La que consta de una sola faja y, pasando por encima del caparazón, sujeta al caballo toda la montura. || *Ir o venir uno rompiendo* CINCHAS. fr. fig. y fam. Correr con celeridad en coche o a caballo. || **P.** cilha; **I.** girth; **F.** sangle; **A.** Gurt; **It.** cinghia; **R.** подпруга.

★ CINCHADA. f. ARGENT. Cinchadura. || **2.** ARGENT. Juego consistente en tirar en sentido contrario dos caballos unidos por un lazo. || **3.** ARGENT. Juego en el que dos grupos de personas tiran opuestamente de una soga.

★ CINCHADO, DA. adj. COLOM. Mulato.

CINCHADURA. f. Acción de cinchar.

CINCHAR. m. ant. Cinchera. 1.ª acep.

CINCHAR. tr. Asegurar la silla o albarda apretando las cinchas. || **2.** Asegurar con cinchos o aros. || **3.** intr. ARGENT. Trabajar rudamente, vivir penosamente. || **4.** CHILE y ARGENT. Arrastrar a caballo una cosa apegualando en la cincha.

CINCHAZO. m. C. RICA y HOND. Cintarazo, cimbronazo.

CINCHERA. f. Parte del cuerpo de las caballerías en que se pone la cincha. || **2.** VÉTER. Enfermedad que padecen las caballerías en la parte en que se le cincha, que suele ser detrás de los codillos, por las costillas verdaderas.

CINCHO. (l. *cingŭlum*, ceñidor.) m. Faja ancha de cuero o de otra materia, con que se suele ceñir y abrigar el estómago. || **2.** Aro de hierro con que se aseguran o refuerzan barriles, ruedas, etc. || **3.** Pleita de esparto que forma el contorno de la encella o molde de los quesos. || **4.** MÉJ. Cincha, 1.ª acep. || **5.** BOL. Claro o arbolada en una montaña. || **6.** ARQ. Porción de arco saliente en el intradós de una bóveda en crucería. || **7.** VÉTER. Ceño, cerco elevado en la tapa del casco de las caballerías.

CINCHÓN. m. R. DE LA PLATA. Cincha angosta con una argolla en un extremo, que hace oficio de sobrecincha. || **2.** ECUAD. Aro que sujeta las duelas de las cubas. || **3.** COLOM. Sobrecarga de una caballería.

CINCHUELA. f. d. de cincha. || **2.** Lista o faja angosta.

CINCHUELO. m. Faja estrecha y de adorno que se pone a las caballerías.

CINE. m. fam. Cinematógrafo. || **—documental.** Hecho con fines didácticos. || **—sonoro.** Aquel en que a la vez se habla, canta, etc.

CINEASTA. m. Actor o actriz de cine. || **2.** Aficionado a la técnica del cine.

★ CINEBENO. m. QUÍM. Hidrocarburo isómero, de la esencia de trementina.

★ CINE-CLUB. m. Asociación que tiene por objeto dar a sus miembros una cultura cinematográfica, mediante sesiones privadas donde se proyectan y discuten películas de cine.

★ CINECOMEDIA. f. Cinemacomedia.

★ CINEDO. m. Bailarín.

★ CINEDÓLOGO. m. Mimo, bufón.

★ CINEDRAMA. m. Cinemadrama.

★ CINEDROMO. m. Canódromo.

★ CINEFACCIÓN. (l. *cinis*, ceniza, y *facio*, *factĭonis*, de *facĕre*, hacer.) Reducción a cenizas.

★ CINEFILO, LA. adj. Aficionado al cine. Ú.t.c.s.

★ CINEFOBIA. f. Cinofobia.

★ CINEFÓNICO, CA. adj. Perteneciente o relativo a cinéfono.

★ CINÉFONO. m. Cinemáfono.

★ CINEFOTO. m. Cámara cinematográfica, que permite obtener a intervalos iguales, relativamente espaciados, fotografías de un objeto a fin de analizarlo mecánicamente.

CINEGÉTICA. (l. *cynegetĭca*, t. f. de *-cus*, y éste del gr. κυνηγετικός, cinegético.) f. Arte de la caza. || **P.** cinegética; **I.** cynegetics; **F.** cinégétique; **A.** Jagdkunst; **It.** cinegética; **R.** охота.

CINEGÉTICO, CA. adj. Perteneciente o relativo a la cinegética.

★ CINEGRAFÍA. f. Síncopa de cinematografía.

★ CINEÍSTA. com. Cineasta. || **2.** Persona aficionada al cine.

★ CINELOGÍA. f. Cinesiología.

★ CINEMA. m. fam. p. us. Apócope de cinematógrafo.

★ CINEMÁFONO. m. Cinematógrafo sonoro, hablado.

★ CINEMAGRAFÍA. f. Síncopa de cinematografía.

★ CINEMAGRAFIAR. tr. Síncopa de cinematografiar.

★ CINEMANÍA. f. Manía hacia la cinematografía.

★ CINEMANÍACO. adj. Que padece cinemanía. Ú.t.c.s.

★ CINEMARRADIOGRAFÍA. f. Cinerradiografía.

★ CINEMARRADIOGRAFIAR. tr. Cinerradiografiar.

★ CINEMATECA. f. Mueble o local destinado para guardar películas cinematográficas. || **2.** Colección de estas películas.

CINEMÁTICA. (gr. κίνημα, -ατος, movimiento.) f. Parte de la mecánica, que estudia el movimiento puro, en sus condiciones de espacio y tiempo, prescindiendo de la idea de fuerza. || **P.** cynematica; **I.** kinematics; **F.** cinématique; **A.** Kinematik; **It.** cinemàtica; **R.** кинематика.

CINEMATOGRAFÍA. (De *cinematógrafo.*) f. Arte de representar imágenes en movimiento por medio del cinematógrafo.

★ CINEMATOGRAFIAR. tr. Reproducir por medio del cinematógrafo alguna escena.

CINEMATOGRÁFICO, CA. adj. Perteneciente o relativo al cinematógrafo o a la cinematografía. || **2.** V. *Cinta* CINEMATOGRÁFICA. || **P.** cinematográfico; **I.** cinematographic; **F.** cinématographique; **A.** kinematographisch; **It.** cinematogràfico; **R.** кинематографический

★ CINEMATOGRAFISTA. com. Operador u operadora cinematográfico. || **2.** Persona que tiene a su cargo, en explotación, un local para cine.

CINEMATÓGRAFO. (gr. κίνημα, -ατος, movimiento, y γράφω, grabar, dibujar.) m. Aparato óptico, en el cual, haciendo pasar rápidamente muchas escenas cinematográficas que representan otros tantos momentos consecutivos de una acción determinada, se produce la ilusión de un cuadro cuyas figuras se mueven. || **2.** Lugar público en que se exhiben películas cinematográficas. || **—sonoro.** El que reproduce el sonido al mismo tiempo que el movimiento. || **P.** cinematograph; **I.** cinematograph; **F.** cinématographe; **A.** kinematograph; **It.** cinematògrafo; **R.** кинематограф.

★ CINEMATOLOGÍA. f. Filmología.

★ CINEMATOLÓGICO, CA. adj. Perteneciente o relativo a la cinematología.

★ CINEMATÓLOGO, GA. m. y f. Persona versada en cinematología.

★ CINEMISTA. com. Cineísta.

★ CINEMÓGRAFO. m. Aparato para marcar la velocidad de los trenes y sus entradas y salidas en las estaciones.

★ CINEMÓMETRO. m. Aparato indicador de la velocidad del movimiento.

★ CINÉNICO, CA. adj. QUÍM. Cineólico.

★ CINEOL. m. QUÍM. Cuerpo líquido que se encuentra en la esencia del eucalipto y otras plantas.

★ CINEOLATO. m. QUÍM. Sal del ácido cineólico.

★ CINEÓLICO, CA. adj. QUÍM. Dícese de un ácido del cineol.

CINERACIÓN. f. Incineración.

★ CINERAMA. f. Cinorama.

CINERARIA. (l. *cinerarĭus*, *-a*, *-um*, de ceniza.) f. BOT. Género de planta compuesta, cuya especie principal es la cineraria común, bienal, muy varia y de duración prolongada. Muy estimada como planta de adorno para habitaciones.

CINERARIO, RIA. (l. *cinerarĭus.*) adj. Cinéreo. || **2.** Destinado a contener la ceniza de los cadáveres. *Ataúd* CINERARIO. || 2.ª acep.: **P.** cineràrio; **I.** cinerary; **F.** cinéraire; **A.** Aschenkrug; **It.** cinerario; **R.** предназначенный для пепла.

CINÉREO, A. (l. *cinerĕus.*) adj. Ceniciento, de color de ceniza, gris. || **2.** V. *Luz* CINÉREA.

★ CINERÍCEO, A. adj. ant. Cinericio.

CINERICIO, CIA. (l. *cinericĭus.*) adj. De ceniza.

★ CINERIFORME. (l. *cinis*, *cinĕris*, ceniza, y *de forma.*) adj. Parecido a la ceniza.

★ CINERITAS. f. pl. Cenizas de varios colores arrojadas por el cráter de algún volcán.

★ CINERRADIOGRAFÍA. f. MED. Radiografía recogida en una película cinematográfica para observar los movimientos de algún órgano del cuerpo humano y ser base para un diagnóstico.

★ CINES. m. pl. ANT. y VENEZ. Plural de cinc.

★ CINESALGIA. f. PAT. Dolor vivo que se produce cuando un músculo se contrae.

★ CINESCOPIA. f. Medición de la refracción ocular.

★ CINESCÓPICO, CA. adj. Perteneciente o relativo a la cinescopia.

★ CINESCOPIO. m. Tubo catódico de los receptores de televisión.

★ CINESIA. (gr. κίνησις, movimiento.) f. Gimnasia médica. || **2.** MED. Trastorno debido al movimiento, especialmente el mareo en los viajes.

★ CINESIALGIA. f. Cinesalgia.

★ CINESIATRÍA. f. MED. Cinesiterapia.

★ CINESIESTESIÓMETRO. m. Instrumento destinado a medir el sentido muscular.

★ CINESIOLOGÍA. f. Ciencia del movimiento gimnástico en sus relaciones con la terapéutica, la higiene y la educación.

★ CINESÍMETRO. m. Cinesímetro.

★ CINESITERAPIA. f. MED. Curación de las aberraciones o anomalías de los movimientos naturales, por los movimientos activos o pasivos debidamente regulados.

★ CINESTESIA. (gr. κίνησις, movimiento, y αἴσθησις, sensación.) f. Sentido que nos permite percibir el movimiento muscular, el peso y la presión de los miembros de nuestro propio cuerpo.

★ CINESTÉSICO, CA. adj. Perteneciente o relativo a la cinestesia.

★ CINESTESIÓMETRO. m. Cinesiestesiómetro.

★ CINESTÉTICO, CA. adj. Cinestésico.

★ CINETÉCNICA. f. Cinetecnia.

★ CINÉTICA. (gr. κινητική, t. f. de κινητικός, relativo al movimiento.) Fís. Parte de la dinámica que estudia el movimiento. || **I.** kinetics; **F.** cinétique; **A.** Kinetic; **It.** cinètica; **R.** кинетическая энергия.

CINÉTICO, CA. (gr. κίνησις, movimiento.) adj. Fís. Perteneciente o relativo al movimiento. || **2.** Aplícase a todos los fenómenos que tienen por base el movimiento.

★ CINETOPLASMA. m. BIOL. Conjunto de gránulos de la célula nerviosa.

★ CINETOSCOPIO. Fís. Aparato precursor del cinematógrafo.

CINGALÉS, SA. adj. Natural de Ceilán. Ú.t.c.s. || **2.** Perteneciente o relativo a esta isla del océano Índico.

CÍNGARO, RA. (ital. *zingaro.*) adj. Gitano. Ú.t.c.s.

CINGIBERÁCEO, A. (De *zingiber*, nombre de un género de plantas.) adj. BOT. Dícese de plantas angiospermas monocotiledóneas, herbáceas; como el gengibre y el amomo. Ú.t.c.s.f. || **2.** f. pl. BOT. Familia de estas plantas.

CINGIR. (l. *cingĕre.*) tr. ant. Ceñir.

★ CINGLA. f. GEOGR. Relieve que tiene aspecto de cordillera por un lado y desciende en planos escalonados por el otro.

CINGLADO, DA. p.p. de cinglar. || **2.** m. METAL. Depuración de las masas metálicas por medio del fuego, de toda materia extraña, antes de proceder a la preparación u obtención definitiva del metal.

* CINGLADOR, RA. adj. Aparato para cinglar lós metales. Ú.m.c.s.

CINGLAR. (De *singlar*.) tr. Hacer andar un bote, canoa, etc., con un solo remo puesto a popa.

CINGLAR. (prov. y cat. *cinglar*, y éste del l. *cingŭlare*, ceñir.) tr. METAL. Forjar el hierro para limpiarlo de escorias.

CINGLETA. f. Cuerda con un corcho en una punta, que el jabegote lía al cabo de la jábega para tirar de él.

* CINGUE. m. CHILE. Cinc.

CÍNGULO. (l. *cingŭlum*, de *cingĕre*, ceñir.) m. Cordón o cinta de seda o de lino, con una borla a cada extremo, que sirve para ceñirse el sacerdote el alba cuando se reviste. || 2. Cordón que usaban por insignia los soldados.

CÍNICAMENTE. adv. Con cinismo.

CÍNICO, CA. (l. *cynĭcus*, y éste del gr. κυνικός; de κύων, κυνός, perro.) adj. Aplícase al filósofo de cierta escuela fundada por Antístenes, y es Diógenes su más señalado representante. Ú.t.c.s. || 2. Perteneciente a esta escuela. || 3. Impúdico, procaz, desvergonzado. || 4. Desaseado. 5. MED. Dícese de espasmo consistente en la contracción convulsiva de los músculos caninos. || P. cínico; I. cynic, cynical; F. cynique; A. Zynisch; It. cinico; R. циник.

CÍNIFE. (l. *cinĭfes*, y éste del gr. κνίψ, mosquito, de κνίξω, picar.) m. ZOOL. Mosquito, insecto díptero chupador. || 2. ZOOL. Género de insectos heminópteros cinípedos.

* CINILAMINA. f. QUÍM. Monoamina primaria.

* CINÍPEDOS o **CINÍPIDOS.** m. pl. ZOOL. Familia de insectos heminópteros, de tamaño pequeño. Su género tipo es el cínife.

CINISMO. (l. *cynismus*, y éste del gr. κυνισμός.) m. Doctrina de los filósofos cínicos. || 2. Desvergüenza en defender o practicar acciones o doctrinas vituperables. || 3. Afectación de desaseo y grosería. || 4. Impudencia, obscenidad descarada. || P. cinismo; I. cynicism; F. cynisme; A. Zynismus; It. cinismo; R. цинизм.

* CINITRANISIDINA. f. QUÍM. Derivado de la cinamida.

* CINOCEFÁLIDOS. m. pl. ZOOL. Monos catirrinos de África que tienen cierto parecido con los perros, principalmente en la cabeza y el hocico.

CINOCÉFALO. (l. *cynocephălus*, y éste del gr. κυνοκέφαλος; de κύων, κυνός, perro, y κεφαλή, cabeza.) m. Mamífero cuadrumano de África, de unos 7 dm de largo, cabeza redonda, hocico semejante al del perro dogo, cara redondeada de vello blanquecino, manos negras, lomo pardo-verdoso y gris el resto del cuerpo, cola larga y callosidades isquiáticas.

* CINODINA. f. QUÍM. Substancia incristalizable que se extrae de la raíz de la planta conocida en botánica como cinodón dactylón.

* CINODÓN. m. BOT. Género de plantas gramíneas, vivaces, que viven en los arenales.

* CINODONTE. m. PALEONT. Género de mamíferos carniceros intermedio entre el perro y el gato de aigalia, que vivieron en la época terciaria eocena.

CINÓGENO. m. Cinemógeno.

CINOGLOSA. (l. *cynoglossos*, y éste del gr. κυνόγλωσσος, de κύων, κυνός, perro, y γλῶσσα, lengua.) f. Hierba de la familia de las borragináceas. Planta de mal olor. La corteza de su raíz se emplea en medicina como pectoral.

* CINOGLOSINA. f. QUÍM. Alcaloide contenido en la cinoglosa.

* CINOGNATO. m. PALEONT. Género de reptiles de gran tamaño, cuyos restos se han encontrado en los terrenos triásicos de la Unión Sudafricana.

* CINOGRAFÍA. f. Estudio y descripción del perro.

* CINOMIS. m. ZOOL. Género de mamíferos roedores, de los esciúridos, parecidos a las marmotas. Sus especies son propias de América.

* CINOMORFO, FA. adv. Parecido al perro. || 2. adj. m. Monos del grupo de los cinomorfos. || 3. m. pl. Monos del grupo de los catirrinos de aspecto de perro.

* CINOMORIEAS. f. pl. BOT. Plantas balanoforáceas, muy ricas en almidón.

* CINOMORIO. m. BOT. Género de plantas balanoforáceas, de las cinomorieas, a las que da nombre como género tipo.

* CINOPLASMA. m. BIOL. Protoplasma funcional de la célula.

* CINÓPODO. m. ZOOL. Mangosta.

CINOSURA. (l. *cynosūra*, y éste del gr. κυνόσουρα; de κύνος, de perro, y οὐρά, cola.) f. ASTRON. Osa Menor.

* CINOSURO, RA. (gr. κύων; κυνός, perro y οὐράς, cola.) adj.Z OOL. Dícese del animal con una cola semejante a la del perro.

CINQUÉN. (De *cinqueno*.) m. Moneda antigua castellana que valía medio cornado, o cinco maravedís.

CINQUENA. f. ant. Conjunto de cinco unidades.

* CINQUENO, NA. (De *cinco*.) adj. ant. Quinto, 1.ª y 2.ª acep.

CINQUEÑO. m. Juego del hombre entre cinco.

* CINQUEÑO, ÑA. adj. CUBA. Gallo o gallina que tiene cinco dedos.

CINQUERO. m. Trabajador en cinc.

CINQUILLO. m. Cinqueño. || 2. Conjunto en una joya, de cinco piedras preciosas.

CINQUINA. (De *cinco*.) f. Quinterna, quina.

CINQUINO. m. Moneda portuguesa que corría en España en el siglo XVI y valía cinco maravedís.

CINTA. (l. *cincta*, f. de *cinctus*, cinto.) f. Tejido largo y estrecho, de seda, hilo u otra cosa parecida, y de uno o más colores, que sirve para atar, ceñir o adornar. 2. Por ext., tira de papel, talco, celuloide u otra materia semejante. || 3. Red de cáñamo fuerte para pescar atunes. || 4. Hilera de baldosas de un pavimento, paralela a las paredes y arrimada a ellas. || 5. Planta perenne de adorno, de la familia de las gramíneas, con hojas listadas de blanco y verde y flores de color blanco y violeta. || 6. ant. Cintura. Parte más estrecha del cuerpo humano, por encima de las caderas. || 7. CUBA. Listoncito plano de madera, que cubre y disimula las junturas de las tablas en cierta clase de tejados. || 8. GUAT. Puñal grande del campesino. || 9. ARQ. Filete, miembro de moldura a modo de lista estrecha. || 10. ARQ. Adorno a manera de tira estrecha que se pliega y repliega en diferentes formas. || 11. BLAS. Divisa, faja que tiene la tercera parte de su anchura normal. || 12. MAR. Maderos que van por fuera del costado del buque, desde proa a popa y encima de la tablazón. || 13. TOPOGR. Tira dividida en metros y centímetros, que sirve para medir distancias cortas. || 14. VETER. Corona del casco de las caballerías. || 15. ZOOL. Especie de pez. || —aislante. La impregnada en una solución adhesiva de caucho, que se emplea para cubrir los empalmes de los conductores eléctricos. || —cinematográfica. Película en que están impresas las imágenes. || —manchega. Pineda, especie de cinta de hilo y estambre. || —métrica. Cinta metálica o de tejido, dividida en metros y sus divisores de 1 a 50 m de larga. Empléase para medir calles, edificios, campos, etc. || —azul. Galardón que se da al caballo vencedor de las carreras de Empson (Inglaterra). || —azul de los océanos. Distinción que se concede al navío de vapor que lleva a cabo con mayor rapidez, la travesía del Atlántico, entre los puertos de Cherburgo (Francia) y de Nueva York (EE. UU.). || *En* CINTA. m. adv En sujeción o cuidado. || *En* CINTA. Dícese de la mujer preñada. || P. cinta, fita; I. ribbon, tape; F. ruban, faveur; A. Band, Gürtel; It. nastro; R. лента, пояс.

CINTADERO. m. Parte del tablero, donde se aseguraba la cuerda de la ballesta.

* CINTADO, DA. p.p. de cintar. || 2. ARQ. Que tiene cintas.

CINTAGORDA. f. Red de cáñamo, de hilos fuertes y gruesos, que ciñe y abraza la primera con que se detienen los atunes, para, con esta seguridad, sacarlos a tierra.

CINTAJO. m. despect. de cinta.

CINTAR. tr. ARQ. Poner cintas o fajas

imitadas, como adorno, en las construcciones.

CINTARAZO. (De *cinta*.) m. Golpe que se da de plano con la espada.

CINTAREAR. tr. fam. Dar cintarazos.

* CINTARRÓN. m. COLOM. Cinta muy grande.

CINTEADO, DA. adj. Guarnecido o adornado de cintas o de otra cosa que imita su figura.

* CINTEAR. tr. REP. DOMIN. Partir o dividir una res que se ha sacrificado en trozos largos y estrechos.

* CINTEL. m. ARQ. Cintra. || 2. Cintrel.

CINTERÍA. f. Conjunto de cintas. || 2. Trato y comercio de ellas. || 3. Tienda en que se venden.

CINTERO, RA. m. y f. Persona que hace o vende cintas. || 2. Ceñidor que usaban las aldeanas, adornado y tachonado. || 3. Soga o maroma que se ciñe a alguna cosa; como a los cuernos de un toro, etc. || 4. AR. Braguero, aparato o vendaje para contener las hernias.

CINTETA. f. Red que se usa en las costas del Mediterráneo para pescar.

* CINTIA. f. ZOOL. Género de animales tunicados.

CINTILAR. (Del m. or. que *centellar*.) tr. Brillar, centellear.

CINTILLO. (d. de *cinto*.) m. Cordoncillo de seda, labrado con flores a trechos y otras labores hechas de la misma materia. Se usaban en los sombreros para ceñir la copa. También se hacían de cerdas, plata, oro y pedrería. || 2. Sortija pequeña de oro o plata, guarnecida de piedras preciosas. || 3. CHILE. Cinta angosta para el cabello. || 4. P. RICO. Encintado de una acera. || P. cinteiro; I. hatband; F. bourdalou, cordon; A. Hutschnur; It. cordoncino; R. шнурок.

CINTO, TA. (l. *cinctus*, de *cingĕre*, ceñir.) p.p. irreg. de ceñir. || 2. m. Faja de cuero, estambre, seda u otros materiales, que se usa para ceñir y ajustar la cintura con una sola vuelta, y se aprieta con hebillas o broche. || 3. Cintura, talle. || 4. ARGENT. Tuna o higuera chumba pequeña y colorada. || —de onzas. El que ha solido llevarse interiormente lleno de onzas de oro. || 2.ª acep.|| P. cinteiro; I. belt, girdle; F. ceinture; A. Gürtel; It. cinto, cintola; R. пояс.

* CINTÓN. m. Traca de tablones más fuertes que los demás del forro en las embarcaciones pequeñas.

CINTRA. (De *cintrar*, del l. *cincturāre*, de *cinctūra*, cintura.) f. ARQ. Curvatura de una bóveda o de un arco.

CINTRADO, DA. (Como el fr. *cintrer*, del l. *cincturāre*, de *cinctūra*.) adj. ARQ. Encorvado en forma de cintra.

CINTREL. (ant. fr. *cintrel*, de *cintrer*, del l. *cinctūra*, cintura.) m. ALBAÑ. y CANT. Cuerda o regla que, fija por un extremo de un arco o bóveda, señala en las distintas direcciones que se le da, la oblicuidad de las hiladas de la fábrica.

CINTRONIGUERO, RA. adj. Natural de Cintruénigo, villa de Navarra. || 2. Perteneciente o relativo a esta villa.

CINTURA. (l. *cinctūra*.) f. Parte más estrecha del cuerpo humano, por encima de las caderas. || 2. Cinta o pretinilla con que las damas solían apretar la cintura para hacerla más delgada. || 3. ARQ. Parte superior de la campana de una chimenea, donde empieza el cañón. || 4. MAR. Ligadura que se da a las jarcias o cabos contra sus respectivos palos. || 5. m. fest. CUBA. Tenorio, conquistador. || *Meter* a uno *en* CINTURA. fr. fig. y fam. Sujetarle, hacerle entrar en razón. || P. cintura; I. waist; F. taille; A. Lendenteil, Taille; It. cintola, cintura; R. пояс.

CINTURICA, LLA, TA. (d. de *cintura*.) f. Cíntura, 2.ª acep.

CINTURÓN. m. aum. de cintura. || 2. Cinto de que pende la espada o el sable. || 3. Cinta, correa o cordón que se usa sobre el vestido para ajustarlo al cuerpo. || 4. fig. Serie de cosas que circuyen o rodean a otra: CINTURÓN *de tropas*. || —de castidad. Instrumento bárbaro que en la Edad Media se usaba para garantizar la fidelidad material de la mujer. || —de Orión. ASTRON. Las tres brillantes estrellas alineadas oblicuamente en

C el centro de la constelación de Orión. ||
—de Venus. Zool. Nombre vulgar de una
hidromedusa del género de los cestos, pro-
pia del Mediterráneo. || 3.ª acep.: P. cin-
tura; I. sword-belt, girdle; F. ceinturon,
ceinture; A. Gurt; It. cinturino, cinturone,
cintura; R. портупея, пояс.

★ CINÚRICO, CA. adj. Quím. Dícese de
un ácido que se halla en la orina del perro.

CINZAYA. (éuscaro *seinsain* o *seintzai,*
de *sein,* niño, y *sain* o *tzai,* guarda.) f.
Burg. y Ál. Niñera, la que cuida de los
niños.

CINZOLÍN. adj. De color de violeta
rojizo. Ú.t.c.s.

★ CIÑOBE. m. Amér. Especie de calabaza.

CIÑUELA. f. Murc. Variedad de la
granada, algo más agria que la albar.

★ CIÑUELERO. m. Bol. y R. de la
Plata. Buey que sirve de guía.

★ CIÑUELO. m. R. de la Plata. Ciñuelero.

★ CIONA. f. Zool. Género de animales
tunicados, ascidiáceos.

★ CIONITIS. f. Pat. Inflamación de la
úvula.

★ CIONOTOMÍA. f. Cir. Sección de la
úvula.

★ CIONÓTOMO. m. Cir. Instrumento
adecuado para practicar la escisión de la
úvula.

★ CIPA. f. Venez. Barro, lodo, fango.

CIPARISO. (l. *cyparissus,* y éste del
gr. κυπάρισσος.) m. poét. Ciprés.

CIPAYO. (persa *sipāhī, spahi,* caballero
turco.) m. Soldado indio al servicio de una
potencia extranjera. || 2. Soldado turco de
caballería. || 3. Soldado de un cuerpo de
caballería francés en Argelia. || 4. Cuba
y P. Rico. Nombre despectivo que se
daba en la época colonial al indígena que
prestaba servicio en el Ejército español.

CIPE. (azteca *tziptl.*) adj. C. Rica,
Salv. y Hond. Dícese del niño encanijado
durante la lactancia. || 2. m. El Salv. Re-
sina. || 3. Hond. Tamal de maíz que aún
no está endurecido. || 4. C. Rica. Duende,
que según cree el vulgo, se alimenta de
ceniza.

CIPERA. (l. *cippus.*) f. Arq. Asiento
que se hace sobre los tirantes para el pie
del árbol de una linterna.

CIPERÁCEO, A. (l. *cyperos,* y éste
del gr. κύπειρος, juncia.) adj. Bot. Dícese
de plantas angiospermas, monocotiledóneas, herbáceas, anuales o perennes, como
la juncia, la castañuela y el papiro. Ú.t.c.s. ||
2. f. pl. Bot. Familia de estas plantas.

★ CIPÉREO, A. adj. Bot. Ciperáceo.

CIPERINO, NA. adj. Bot. Ciperáceo. ||
2. f. pl. Bot. Subtribu de plantas ciperáceas.

★ CIPERO. (l. *cyperos.*) m. Bot. Juncia. ||
2. Género de plantas ciperáceas que crecen
en lugares muy húmedos y se las llama jun-
cias, entre las cuales se halla la chufa. ||
3. Venez. Poso, heces.

CIPIÓN. (l. *scipio, -ōnis,* y éste del
gr. σκίπων, de σκίπτομαι, apoyar.) m. ant.
Báculo.

★ CIPIPA. f. Fécula de la mandioca.

★ CIPITILLO. m. El Salv. Duendecillo
que come ceniza.

★ CIPIZAFE. m. fam. Zipizape.

★ CIPIZAPOTE. m. fam. y fest. Zapote.

CIPO. (l. *cippus.*) m. Pilastra o trozo
de columna erigido en memoria de alguna
persona difunta. || 2. Poste en los caminos
para indicar la dirección o la distancia. ||
3. Hito, mojón. || 4. Colom. Trozo grande
de una cosa. || 5. adj. Ecuad. Sipo, ñaruso,
picado de viruela. || P. cipo; I. cippus;
F. cippe; A. Gedenkstein; It. cippo; R.
надгробная колонна.

★ CIPÓ. (Voz guaraní.) m. Amér. Isipó.

CIPOLINO, NA. adj. Dícese de un
mármol micáceo. Ú.t.c.s.

★ CIPOREMA. f. Bot. Árbol del Brasil.

★ CIPOTAZO. m. Colom. y Venez. Golpe fuerte y violento.

CIPOTE. (De *cipo.*) adj. Colom. Zon-
zo, bobo. || 2. Guat. Rechoncho, obeso. ||
3. El Salv. y Hond. Chiquillo, pilluelo,
muchacho. || 4. Venez. Grande, abultado,
disforme. || 5. m. And. Palillo de tambor.
Ú.m. en pl. || 6. Venez. Bagatela, cosa

fútil y de poco valor. || 7. Venez. Lugar
muy distante.

CIPRÉS. (prov. *cyprés,* y éste del gr.
κυπάρισσος.) m. Árbol de la familia de las
cupresáceas. Su madera es rojiza y olorosa
y pasa por ser incorruptible. || 2. Madera
de cualquiera de las especies de este árbol. ||
3. Méj. Altar mayor de un templo cuando
está aislado y tiene otros cuatro altares en
sus frentes. || 4. V. *Agalla, nuez, piña de
ciprés.* || **—de Levante.** Bot. El de ramas
abiertas. || P. cipreste; I. cypress; F. cy-
prés; A. Zypresse; It. cipresso; R. кипарис.

CIPRESAL. m. Sitio poblado de ci-
preses.

CIPRESILLO. m. Abrótano hembra.

CIPRESINO, NA. (l. *cypressīnus.*) adj.
Perteneciente al ciprés. || 2. Hecho o sa-
cado de él. || 3. Parecido al ciprés en alguna
de sus cualidades.

★ CIPRIDINA. f. Zool. Género de crustáceos cipridínicos de concha elíptica.

★ CIPRIDINENSE. adj. Geol. Aplícase
a una formación que se encuentra en el piso
superior del terreno devónico. Ú.t.c.s.

★ CIPRIDÍNIDOS. m. pl. Zool. Crustáceos marinos de concha escotada.

★ CÍPRIDO. m. Zool. Cipride.

★ CIPRIDOLOGÍA. f. Pat. Tratado de
las enfermedades venéreas.

★ CIPRIFOBIA. (gr. Κύπρις, ιδος, Venus, por su culto en Chipre, y φόβος, temor.) f. Temor morboso al acto del coito.

★ CIPRINA. (l. *cyprīna,* term. f. de *cypri-
nus,* de cobre.) f. Mineral. Variedad cu-
prífera de idocrasa. || 2. Zool. y Paleont.
Género de moluscos cipínidos.

★ CIPRÍNIDOS. (gr. κυπρῖνος, carpa, y
εῖδος, forma.) m. pl. Zool. Familia de pe-
ces fisóstomos. Su tipo es la carpa. || 2.
Zool. y Paleont. Familia de moluscos
lamelibranquios.

★ CIPRINO. (l. *cyprīnus,* carpa.) m. Zool.
Género de peces ciprínidos, como la carpa.

CIPRINO, NA. adj. Cipresino.

CIPRINO, NA. adj. Cipriо.

★ CIPRINODÓNTIDOS. m. pl. Zool.
Familia de peces fisóstomos, del grupo de
los abdominales.

★ CIPRINOIDE. adj. Parecido al ciprino
o de su naturaleza.

CIPRIO, PRIA. (l. *cyprius.*) adj. Chipriota. Aplíc. a pers. ú.t.c.s.

CIPRIOTA. com. Chipriota.

★ CIPRUSITA. f. Mineral. Variedad de
aluminita, de color amarillo, que se halla
en Chipre.

★ CIPSÉLIDAS. f. pl. Zool. Cipsélidos.

★ CIPSÉLIDOS. m. pl. Zool. Pájaros
fisirrostros como el vencejo.

★ CIPSELO. (l. *cypsēlus,* vencejo.) m.
Zool. Género de aves cipsélidas, de pico
pequeño, boca ancha, alas largas. A este
género pertenece el vencejo.

★ CIPTONISMO. m. (gr. κύπτω, encorvar, inclinarse.) Antiguo suplicio que obli-
gaba al reo a permanecer encorvado.

★ CIPURA. f. Bot. Género de plantas
ericáceas propias de las regiones tropicales
americanas.

CIQUIRIBAILE. (De *cigarra,* bolsa, y
baile, ladrón.) m. Germ. Ladrón, persona
que hurta o roba.

CIQUIRICATA. f. fam. Ademán o
demostración con que se intenta lisonjear
a alguno.

CIQUITROQUE. m. Pisto, fritada de
pimientos, tomates, etc.

★ CIRBASIO. m. Bot. Género de plantas
caparidáceas.

CIRCA. f. Chile. Acción de circar. ||
2. Perforación hecha en las minas de carbón para facilitar la extracción del mineral.

★ CIRCAETO. m. Zool. Ave rapaz, parecida al águila.

★ CIRCAR. tr. Mineral. Abrir un descalce en el costado de un filón en una explotación minera.

CIRCASIANO, NA. adj. Natural de
Circasia. Ú.t.c.s. || 2. Perteneciente a esta
región de la Rusia europea.

CIRCE. (De *Circe,* nombre propio.) f.
Mujer astuta y engañosa.

CIRCENSE. (l. *circensis.*) adj. Aplícase
a los juegos o espectáculos que hacían los
romanos en el circo.

★ CIRCINADO, DA. (l. *circinātus,* p.p.
de *circināre,* redondear, disponer en circu-

lo.) adj. Bot. Dispuesto circularmente o
en anillo, o bien arrollado en espiral.

CIRCO. (l. *circus.*) m. Lugar destinado
entre los romanos para algunos espectáculos, especialmente para las carreras de
carros y caballos. Por lo común de figura
de paralelogramo prolongado redondeado
en uno de sus extremos, con gradas alre-
dedor. || 2. Edificio o local con gradería
para espectadores, que tiene en medio un
espacio circular, donde se ejercitan los
ejercicios ecuestres y gimnásticos, se exhi-
ben animales domésticos y salvajes amaes-
trados, y se practican juegos malabares. ||
3. Asientos puestos en cierto orden para
los que van de oficio o convidados a asistir
a alguna función. || 4. fig. Conjunto de las
personas que ocupan estos asientos. || 5.
Conjunto de personas y animales que tra-
bajan en un circo. || 6. Cerco, figura su-
persticiosa. || 2.ª acep.: P. e It. circo;
I. circus; F. cirque; A. Zirkus; R. цирк.

CIRCÓN. (ár. *zarqūn,* cerusa roja, minio, y éste del persa *āzargūn,* color de
fuego, o de *zargūn,* color de oro.) m.
Silicato de circonio más o menos transparente, incoloro o amarillento rojizo, que
difícilmente produce raya en el cuarzo y
posee en alto grado la doble refracción.
Hállase en la India. Se usa como piedra
preciosa con el nombre de jacinto.

CIRCONA. f. Quím. Óxido de circonio,
de color blanco, insípido, incoloro, insoluble en el agua y cuando se le calienta en
ciertas condiciones, despide una luz blanca
muy intensa.

★ CIRCONIA. f. Quím. Dióxido de circonio que se emplea como material refrac-
tario por su elevado punto de fusión, su
escasa conductividad térmica, su bajo coeficiente de dilatación y su gran resistencia
a los agentes químicos.

CIRCONIO. (De *circón.*) m. Mineral.
Metal muy raro que se presenta en polvo
coherente y negro, mal conductor de la
electricidad y susceptible de adquirir, por
frotación, brillo y color gris obscuro. Arde
sin producir llama y es inodoro. Es cuerpo
simple. Su símbolo es Zr. Peso atómico,
91,92. Su número atómico, el 40.

★ CIRCONITA. f. Mineral. Variedad
grisácea o pardusca del circón.

CIRCUICIÓN. (l. *circuitio, -ōnis.*) f.
Acción y efecto de circuir.

CIRCUIR. (l. *circuīre.*) tr. Rodear,
cercar. || P. circuitar; I. to surround; F. en-
tourer; A. umgeben, umkreisen; It. cir-
cuire; R. окружать.

CIRCUITO. (l. *circuītus.*) m. Terreno
comprendido dentro de un perímetro cual-
quiera. || 2. Bojeo o contorno. || 3. Fís.
Conjunto de conductores que recorre una
corriente eléctrica, y en el cual hay generalmente intercalados aparatos producto-
res o consumidores de esta corriente. ||
—abierto. Electr. Aquel en el que hay
una interrupción que impide o debilita el
paso de la corriente. || **—cerrado.** Electr.
El que impide el paso de la corriente. ||
—fantasma. V. *Fantasmatización.* || **—lo-
cal.** El formado por oposición al principal,
por generadores locales en una estación. ||
—magnético. Parte de un aparato electromagnético, por donde fluye, en trayecto
cerrado, la inducción eléctrica. Es por lo
común, de hierro. || **—oscilante.** El de
pequeña resistencia, que permite que se
produzcan oscilaciones eléctricas. || **—pri-
mario.** Aquel en que se encuentra la bo-
bina primaria de un transformador. ||
—principal. El formado por conductores
de enlace entre estaciones. || **—secunda-
rio.** El que recibe la corriente del primario. || *Corto* circuito. El que ofrece una
resistencia pequeñísima, y en especial el
que se produce accidentalmente por contacto entre los conductores y suele deter-
minar una descarga. || P. e It. circuito;
I. y F. circuit; A. Umfang, Umkreis;
R. электрический, контур.

CIRCULACIÓN. (l. *circulatio, -ōnis.*)
f. Acción de circular. || 2. Ordenación del
tránsito por las vías urbanas. || 3. Econ.
Movimiento total y ordenado de los productos, moneda, signos de crédito, y en
general, de la riqueza. || 4. Parte de la
Economía Política que estudia estos hechos
o fenómenos. || 5. Quím. Operación para
tratar por medio del fuego una substancia

que desprenda vapores y hacer que éstos se condensen en otro matraz y vuelvan a la masa de donde se desprendieron. || **—de la sangre.** Función fisiológica propia de la mayoría de los animales metazoos, la cual consiste en que la sangre sale del corazón por las arterias, se distribuye por todo el cuerpo para proporcionar a las células las substancias que necesitan para vivir, y vuelve al corazón por las venas. Ésta se llama completa. Si la sangre venosa no pasa toda al órgano de la respiración, es incompleta. En los animales inferiores ofrece algunas diferencias. || **P.** circulação; **I.** y **F.** circulation; **A.** Umlauf; **It.** circolazione; **R.** циркуляция.

CIRCULANTE. p.a. de circular. Que circula. || **2.** adj. Dícese de la biblioteca cuyos volúmenes pueden ser prestados a los lectores en determinadas condiciones. || **3.** Dícese de la suma o cantidad de dinero que en moneda acuñada y billetes de banco circula en un país. Ú.t.c.s.m.

CIRCULAR. (l. *circulāris*.) adj. Perteneciente o relativo al círculo. || **2.** De figura de círculo. || **3.** V. *Billete* CIRCULAR. || **4.** GEOM. Aplícase al cono y al cilindro de base circular. || **5.** f. Orden que una autoridad superior dirige a sus subalternos. || **6.** Cada una de las cartas o avisos iguales, dirigidos a diversas personas para darles conocimiento de alguna cosa, o advertirles algo. || **7.** MÉJ. y PERÚ. Dícese del ejercicio de las cuarenta horas porque circula de iglesia en iglesia. Ú.t.c.s. || **P.** e **I.** circular; **F.** circulaire; **A.** kreisförmig; **It.** circoare; **R.** круглый.

CIRCULAR. (l. *circulāre*, de *circŭlus*, círculo.) intr. Andar o moverse en derredor. *Los peatones* CIRCULAN *por la acera.* || **2.** Ir y venir. || **3.** Pasar las cosas de una persona a otra. *Hacer* CIRCULAR *el periódico entre los amigos.* || **4.** Partir de un centro órdenes, instrucciones, etc., verbales o escritas, dirigidas a varias personas en iguales términos. Ú.t.c.tr. por dirigir uno estas órdenes, instrucciones, etc. || **5.** Salir alguna cosa por una vía y volver por otra al punto de partida. *La sangre* CIRCULA *por las arterias y las venas.* || **6.** Com. Pasar los valores de una a otra persona mediante cambio, o trueque. || **P.** circular; **I.** to circulate; **F.** circuler; **A.** kreisen, umlaufen; **It.** circolare; **R.** циркулировать.

CIRCULARMENTE. adv. En círculo.

CIRCULATORIO, RIA. (l. *circulatorius*.) adj. Perteneciente o relativo a la circulación.

CÍRCULO. (l. *circŭlus*, d. de *circus*, cerco.) m. GEOM. Área o superficie plana contenida dentro de la circunferencia. || **2.** Vulgarmente, también recibe el nombre de circunferencia. || **3.** Circuito, distrito, corro. || **4.** Cerco, figura supersticiosa que trazan los hechiceros y nigrománticos. || **5.** Antiguo recinto formado por menhires puestos de trecho en trecho. || **6.** Casino, sociedad de recreo, y edificio en que se halla instalado. || **7.** Reunión de intelectuales en que uno o más profesores presiden y se discuten y defienden tesis y conclusiones. || **8.** ARGENT. y PERÚ. Reunión de personas. Partido o facción. || **9.** LITURG. Semicírculo que forman los canónigos al pie del trono del obispo cuando oficia de medio pontifical para rezar juntos determinadas oraciones. || **—acimutal.** MAR. Instrumento náutico portátil con el que se enfilan los objetos exteriores para conocer el rumbo, por la combinación de las indicaciones del instrumento con las de la brújula. || **—bisector.** GEOM. Círculo de semejanza. || **—de curvatura.** GEOM. Círculo osculador. || **—de declinación.** ASTRON. Círculo graduado de los instrumentos ecuatoriales que sirven para medir la declinación del astro observado. || **—de iluminación.** ASTRON. El que separa el hemisferio iluminado del hemisferio obscuro de la luna o en otro astro. || **—de reflexión.** Instrumento matemático, usado en astronomía náutica generalmente, y sirve para medir ángulos en cualquier plano, repitiéndolos. || **—horario.** ASTRON. Círculo graduado de los instrumentos ecuatoriales que sirve para medir la ascensión recta del astro observado. || **—magnético.** Parte de un instrumento o máquina electromag-

nético, generalmente de hierro, por donde fluye, en trayecto cerrado, la inducción magnética. || **—mamario.** ZOOL. Areola, cerco que rodea al pezón de la teta, y es de distinto color que el resto de ella. || **—máximo.** GEOM. El que tiene por centro el de la esfera y la divide en dos partes iguales o hemisferios. || **—menor.** GEOM. El formado por cualquier plano que corta la esfera sin pasar por el centro. || **—meridiano.** ASTRON. Anteojo montado sobre un eje en el plano meridiano y solidario con uno o varios círculos graduados, por el cual se observa y determina la culminación de los astros. || **—mural.** ASTRON. Círculo graduado de considerable diámetro, con un anteojo en su centro, colocado verticalmente y en el plano meridiano. || **—ocular.** ÓPT. En un anteojo, la imagen del objetivo dada por el ocular. || **—polar.** ASTRON. Cada uno de los dos círculos menores que se consideran en la esfera celeste paralelos al ecuador y que pasan por los polos de la Eclíptica. El del hemisferio boreal se llama ártico, y el del austral antártico. || **2.** GEOGR. Cada uno de los dos círculos menores que se consideran en el globo terrestre en correspondencia con los correlativos de la esfera celeste, y reciben los mismos nombres. || **—repetidor.** Instrumento matemático, empleado principalmente en la geodesia, que sirve para medir ángulos en cualquier plano, repitiéndolos. || **—vicioso.** Vicio del discurso que se comete cuando dos cosas se explican una por otra recíprocamente, y ambas quedan sin explicación; como si se dijese: El calor es lo contrario del frío, y el frío es lo contrario del calor. || **P.** círculo; **I.** circle; **F.** cercle; **A.** Kreis, Zirkel; **It.** circolo, cerchio; **R.** круг.

★ CIRCUMAMBIENTE. adj. Fís. Que gira alrededor, que circuye.

CIRCUMCIRCA. adv. l. que en sentido familiar suele emplearse en castellano significando alrededor de, sobre poco más o menos.

CIRCUMPOLAR. adj. Que está alrededor del polo.

CIRCUN. (l. *circum*.) prep. insep. que significa alrededor como CIRCUN*dar*, CIRCUN*navegar*.

★ CIRCUNCELIONES. m. pl. Herejes alemanes del siglo XIII que negaban toda autoridad espiritual.

★ CIRCUNCENTRO. m. GEOM. Punto donde se encuentran las mediatrices de los tres lados de un triángulo.

CIRCUNCIDANTE. p.a. de circuncidar. Que circuncida.

CIRCUNCIDAR. (l. *circumcidĕre*; de *circum*, alrededor, y *caedĕre*, cortar.) tr. Cortar circularmente una porción del prepucio. || **2.** fig. Cercenar, quitar o moderar alguna cosa. || **P.** circuncidar; **I.** to circumcise; **F.** circoncire; **A.** beschneiden; **It.** circoncidere; **R.** обрезывать.

CIRCUNCISIÓN. (l. *circumcisio*, *-ōnis*.) f. Acción y efecto de circuncidar. || **2.** Por excelencia la de Nuestro Señor Jesucristo. || **3.** Fiesta con que anualmente celebra la Iglesia este misterio, el día 1.º de enero. || **P.** circumcisão; **I.** circumcision; **F.** circoncision; **A.** Beschneidung; **It.** circoncisione; **R.** обрезание.

CIRCUNCISO. (l. *circumcisus*.) p.p. irreg. de circuncidar. Ú.t.c.s. || **2.** fig. Judío, moro. || **3.** m. pl. Herejes lombardos del siglo XII. V. *Pasagianos.*

CIRCUNDANTE. p.a. de circundar. Que circunda, cerca o rodea.

CIRCUNDAR. (l. *circumdāre*.) tr. Cercar, rodear. || **P.** circundar; **I.** to surround; **F.** entourer; **A.** umringen., umgeben; **It.** circondare; **R.** окружать.

CIRCUNFERENCIA. (l. *circumferentia*, de *circumfero*, *-ēntis*, que va alrededor.) f. GEOM. Curva plana, cerrada, cuyos puntos son equidistantes de otro, situado en el mismo plano, que se llama centro. || **2.** Contorno de una superficie. || **P.** cunferência; **I.** circumference; **F.** circonférence; **A.** Kreis(umfang); **It.** circonferenza; **R.** окружность.

CIRCUNFERENCIAL. adj. Perteneciente o relativo a la circunferencia.

CIRCUNFERENCIALMENTE. adv. En, o según la circunferencia.

CIRCUNFERENTE. (l. *circumferens*, *-ēntis*.) adj. Que circunscribe.

CIRCUNFERIR. (l. *circumfĕro*, *-ris*, *erre*.) tr. Circunscribir, limitar.

CIRCUNFLEJO. (l. *circumflexus*.) adj. Acento circunflejo. || **2.** ANAT. Se dice de ciertos nervios, venas y arterias a causa de su dirección. || **P.** circunflexo; **I.** circumflex; **F.** circonflexe; **A.** Zirkumflex; **It.** circonflesso.

★ CIRCUNFUSA. (l. *circumfusa*, pl. neutro de *circumfusus*, circunfuso.) f. MED. Primera clase de las cosas que forman la materia de la higiene, que obra habitualmente sobre el individuo por su influencia exterior.

CIRCUNFUSO, SA. (l. *circumfusus*, de *circum*, en torno, y *fusus*, derramado.) adj. Difundido o extendido en derredor.

★ CIRCUNLACIÓN. f. LITURG. Ceremonia religiosa griega y romana para purificar personas o cosas, que consideraban contaminadas.

CIRCUNLOCUCIÓN. (l. *circumlocutio*, *-ōnis*.) f. RET. Figura que consiste en explicar por medio de un rodeo de palabras algo que hubiera podido decirse con menos, pero no tan bella, enérgica o hábilmente.

CIRCUNLOQUIO. (l. *circumloquium*; de *circum*, alrededor, y *loqui*, hablar.) m. Rodeo de palabras para dar a entender algo que hubiera podido expresarse más brevemente.

★ CIRCUNMERIDIANO, NA. (De *circum* y *meridiano*.) adj. MAR. Próxima a un meridiano dado.

CIRCUNNAVEGACIÓN. f. Acción y efecto de circunnavegar. || **P.** circum-navegação; **I.** circumnavigation; **F.** circumnavigation; **A.** (Welt)Umseg(e)lung; **It.** circumnavigazione; **R.** кругосветное плавание.

CIRCUNNAVEGANTE. p.a. de circunnavegar. Que circunnavega. Ú.t.c.s. || **2.** m. Persona que ha dado o da la vuelta al mundo.

CIRCUNNAVEGAR. (l. *circumnavigāre*.) tr. Navegar alrededor. || **2.** Dar un buque la vuelta al mundo.

★ CIRCUNOCULAR. (De *circum* y *ocular*.) adj. Que está situado o sucede alrededor del ojo.

★ CIRCUNRENAL. (De *circum* y *renal*.) adj. Situado o que sucede alrededor del riñón.

★ CIRCUNSCRIBIBLE. adj. GEOM. Dícese de los polígonos que se pueden circunscribir al círculo.

CIRCUNSCRIBIR. (l. *circumscribĕre*.) tr. Reducir a ciertos límites alguna cosa. || **2.** GEOM. Formar una figura de modo que quede otra dentro de ella, tocando a todas las líneas o superficies que la limitan, o teniendo en ellas todos sus vértices. || **3.** Ceñirse. || **P.** circumscrever; **I.** to circumscribe; **F.** circonscrire; **A.** umgrenzen; **It.** circoscrivere, circonscrivere; **R.** ограничивать.

CIRCUNSCRIPCIÓN. (l. *circumscriptio*, *-ōnis*.) f. Acción y efecto de circunscribir. || **2.** División administrativa, militar, electoral o eclesiástica de un territorio.

CIRCUNSCRIPTO, TA. p.p. irreg. Circunscrito.

CIRCUNSCRITO, TA. (l. *circumscriptus*.) p.p. irreg. de circunscribir. || **2.** adj. GEOM. Aplícase a la figura que circunscribe otra.

CIRCUNSOLAR. adj. Que rodea al sol.

CIRCUNSPECCIÓN. (l. *circunspectio*, *-ōnis*.) f. Atención, cordura, prudencia. || **2.** Seriedad, decoro y gravedad en acciones y palabras. || **P.** circunspecção; **I.** circumspection, countenance; **F.** circonspection, tenue; **A.** Vorsicht; **It.** circonspezione; **R.** осмотрительность, осторожность.

CIRCUNSPECTO, TA. adj. Cuerdo, prudente. || **2.** Serio, grave, respetable.

CIRCUNSTANCIA. (l. *circumstantia*.) f. Accidente de tiempo, lugar, modo, etc., que está unido a la substancia de algún hecho o dicho. || **2.** Calidad o requisito. || **—agravante, atenuante y eximente.** FOR. Motivos legales para recargar, disminuir o privar al reo de pena o responsabilidad, respectivamente. || **—de circunstancias.** loc. que se aplica a lo que de

C algún modo está influido por una situación ocasional. ‖ **P.** circunstância; **I.** circumstance; **F.** circonstance; **A.** Umstand; **It.** circostanza; **R.** обстоятельство.

CIRCUNSTANCIADAMENTE. adv. Con toda menudencia, sin omitir ninguna circunstancia o particularidad.

CIRCUNSTANCIADO, DA. adj. Que se explica circunstancialmente.

CIRCUNSTANCIAL. adj. Que implica alguna circunstancia.

CIRCUNSTANTE. (l. *circumstans, -antis*, p.a. de *circumstāre*, estar alrededor.) adj. Que está alrededor. ‖ 2. Dícese de los que están presentes, asisten o concurren. Ú.t.c.s.

CIRCUNVALACIÓN. f. Acción de circunvalar. ‖ 2. Cerco, cordón o línea de defensa. ‖ **P.** circunvalação; **I.** circunvallation; **F.** circonvallation; **A.** Umwallung; **It.** circonvallazione; **R.** циркумваляционная линия.

CIRCUNVALAR. (l. *circumvallāre*.) tr. Cercar, ceñir, rodear una ciudad, fortaleza, etc.

★ **CIRCUNVASCULAR.** adj. Que ocurre alrededor de los vasos.

CIRCUNVECINO, NA. adj. Cercano, próximo, contiguo. ‖ **P.** circunvizinho; **I.** near-about; **F.** circonvoisin; **A.** benachbart; **It.** circonvicino, circonvicino; **R.** соседний.

CIRCUNVENIR. (l. *circumvenīre*; de *circum*, alrededor, y *venīre*, venir.) tr. ant. Estrechar u oprimir con artificio engañoso.

CIRCUNVOLAR. (l. *circumvolāre*.) tr. Volar alrededor.

CIRCUNVOLUCIÓN. (l. *circum*, en derredor, y *volutio, -ōnis*, vuelta.) f. Vuelta o rodeo de alguna cosa. ‖ **—cerebral.** Cada uno de los relieves que se observa en la superficie exterior del cerebro, separados unos de otros por unos surcos llamados anfractuosidades. ‖ **P.** circunvalação; **I.** circumvolution; **F.** circonvolution; **A.** Umdrehung; **It.** circonvoluzione; **R.** вращение.

CIRCUNYACENTE. adj. Circunstante.

★ **CIRENA.** f. ZOOL. y PALEONT. Género de moluscos lamelibranquios, cirénidos. Se conocen especies vivientes y fósiles del eoceno.

CIRENAICO, CA. (l. *cyrenaïcus*.) adj. Natural de Cirene. Ú.t.c.s. ‖ 2. Perteneciente a esta ciudad de Cirenaica, región de África antigua. ‖ 3. Escuela filosófica fundada por Aristipo, discípulo de Sócrates. Ú.t.c.s. ‖ 4. Perteneciente a esta escuela. ‖ 5. Secta de herejes del siglo II cristiano, que entre otras cosas negaba la eficacia del rezo.

CIRENEO, A. (l. *cyrenaeus*.) adj. Cirenaico. Apl. a pers. ú.t.c.s.

★ **CIRÉNIDOS.** m. pl. ZOOL. y PALEONT. Ciclácidos.

CIRIAL. (De *cirio*.) m. Cada uno de los candeleros altos, sin pie, que llevan los acólitos en algunas funciones de iglesia. ‖ **P.** cirial; **I.** processional candle-holder; **F.** chandelier processionel; **A.** Altarleuchter; **It.** vite; **R.** канделябр.

CIRIGALLO, LLA. m. y f. Persona que pasa el tiempo yendo y viniendo, sin hacer cosa de provecho.

CIRIGAÑA. f. AND. Adulación, lisonja o zalamería. ‖ 2. AND. Chasco. ‖ 3. AND. Friolera, cosa de poca importancia.

★ **CIRILÁCEAS.** f. pl. BOT. Familia de plantas dicotiledóneas, cuyas especies son arbustos americanos. El cirilo, como género tipo, les da nombre.

★ **CIRÍLICO, CA.** adj. FILOL. Alfabeto eslavo atribuido a San Cirilo de Salónica, y que hoy siguen usando los eslavos orientales.

★ **CIRIMBA.** f. GUAT. Panza, barriga abultada.

CIRINEO. (Por alusión a *Simón Cirineo*, que ayudó a Jesús a llevar la cruz en el camino del Calvario.) m. fig. y fam. Persona que ayuda a otra en algún empleo o trabajo.

CIRINEO, A. adj. Cirineo.

CIRIO. (l. *cereus*, de cera.) m. Vela de cera de un pabilo, larga y gruesa. ‖ 2. CUBA. Árbol anonáceo, guabico. ‖ **—pascual.** El más grueso, al cual se le clavan cinco piñas de incienso en forma de cruz.

Se bendice el sábado santo, y arde en la iglesia durante la misa y vísperas en ciertas solemnidades, hasta el día de la Ascensión, en que se apaga, acabado el evangelio. ‖ **P.** círio; **I.** taper; **F.** cierge; **A.** Wachskerze; **It.** cero; **R.** большая восковая свеча.

★ **CIRIRI.** m. COLOM. Especie de gavilán muy atrevido.

CIROLERO. m. BOT. Ciruelo, árbol frutal rosáceo.

★ **CIRQUERO, RA.** m. y f. MÉJ. Gimnasta, acróbata, volatinero.

CIRRÍPEDO. (l. *cirrus*, cirro, rizo, y *pes, pedis*, pie.) adj. ZOOL. Cirrópodo.

★ **CIRRITIDOS.** m. pl. ZOOL. Familia de peces acantópteros, que viven en el océano Índico, y el Pacífico. El cirrito, como género tipo, les da nombre.

CIRRO. (De *escirro*.) m. Tumor duro, sin dolor continuo y de naturaleza particular, el cual se forma en diferentes partes del cuerpo.

CIRRO. (l. *cirrus*, rizo, sortijilla de pelo.) m. BOT. Zarcillo de las plantas trepadoras. ‖ 2. METEOR. Nube blanca y ligera, en forma de barbas de pluma o filamentos de lana cardada, que se presenta en las regiones superiores de la atmósfera. ‖ 3. Cada una de las patas de los crustáceos cirrópodos.

★ **CIRROLITA.** f. MINERAL. Fosfato natural de hierro y calcio.

★ **CIRRONOSIS.** (gr. χιρρός, amarillo, y νόσος, enfermedad.) f. PAT. Dolencia que se caracteriza por el color amarillento que toman la pleura y el peritoneo.

CIRRÓPODO. (l. *cirrus*, cirro, y gr. πούς, ποδός, pie.) adj. ZOOL. Dícese de crustáceos marinos, hermafroditas. Sus larvas son libres y nadadoras. En estado adulto viven fijos sobre objetos sumergidos a los cuales se adhieren por medio de un pedúnculo por lo común. Entre su caparazón calcáreo pueden sacar los cirros, como el percebe. Algunas especies son parasitarias. Ú.t.c.s. ‖ 2. m. pl. ZOOL. Orden de estos animales.

CIRROSIS. (gr. σχιρρός, duro.) f. MED. Enfermedad caracterizada por una lesión en las vísceras, especialmente en el hígado, y consiste en la induración de los elementos conjuntivos y atrofia de los demás. El hígado se presenta granuloso, duro y amarillento. ‖ **P.** cirrose; **I.** cirrhosis; **F.** cirrhose; **A.** Leberverhärtung; **It.** cirrosi; **R.** цирроз.

CIRROSO, SA. adj. Que tiene cirros.

★ **CIRROTÉUTIDOS.** (De *cirroteütio*.) m. pl. ZOOL. Familia de moluscos cefalópodos dibranquios, del suborden de los octópodos. Les da nombre su género tipo, el cirroteutio.

CIRRÓTICO, CA. adj. Perteneciente o relativo a la cirrosis.

★ **CIRRUS.** m. METEOR. Cirros.

★ **CIRSIO.** m. BOT. Especie de plantas compuestas espinosas, parecidas a los cardos, que se propagan con rapidez y dañan los cultivos.

★ **CIRSOCELE.** m. PAT. Tumor formado por varices, llamado comúnmente varicocele.

★ **CIRSOFTALMÍA.** f. PAT. Oftalmía caracterizada por la dilatación de los vasos sanguíneos.

★ **CIRSOTOMÍA.** (gr. χιρρός, varice, y τομή, corte.) f. CIR. Operación para extirpar las varices.

★ **CIRTANTEMA.** f. BOT. Planta gesnerácea de la América Central.

★ **CIRTOCERAS.** m. BOT. Género de plantas asclepiadáceas. ‖ 2. PALEONT. Género de moluscos cefalópodos, fósiles nautiloideos, del silúrico.

★ **CIRTOLITA.** f. MINERAL. Variedad de circón hidratado.

★ **CIRTOSIS.** m. PAT. Raquitismo.

CIRUELA. (l. *cereola*, que tiene color de cera.) f. BOT. Fruto del ciruelo. Es una drupa, variable de forma, color y tamaño, según el árbol de donde procesa. La semilla es amarga. ‖ **—amacena.** Ciruela damascena. ‖ **—claudia.** Ciruela redonda, de color verde claro, muy jugosa y dulce. ‖ **—damascena.** De color morado y figura oval. ‖ **—de América.** Fruto del jobito. Fruto del icaco. ‖ **—de corazoncillo.** De color verde y forma de corazón. ‖ **—de**

fraile. De figura oblonga, con la carne adherida al hueso y menos dulce que las demás. ‖ **—de Génova.** Grande y de color negro. ‖ **—de Malabar.** Jambosa, fruto del jambosero. ‖ **—de pernigón.** De color negro, muy jugosa y sabrosa. ‖ **—de yema.** Aovada, de color amarillento, de buen sabor. ‖ **—imperial, cascabelillo.** Gorda y basta. ‖ **—pasa.** Que se ha secado al aire o entre paja, para conservarla. ‖ **—regañada.** Que se abre hasta descubrir el hueso. ‖ **—verdal.** De color verde aunque esté madura. ‖ **—zaragocí.** Amarilla, originaria de Zaragoza. ‖ **P.** ameixa; **I.** plum, prune; **F.** prune; **A.** Pflaume; **It.** susina, prugna; **R.** слива.

CIRUELILLO. (d. de *ciruelo*.) m. BOT. ARGENT. y CHILE. Árbol de las familias de las proteáceas, de madera muy fina, cuyas flores son de un color rojo escarlata.

CIRUELO. m. BOT. Árbol frutal de la familia de las rosáceas, cuyo fruto es la ciruela. ‖ 2. fig. y fam. Hombre muy necio e incapaz. Ú.t.c.adj. ‖ **P.** ameixoeira; **I.** plum-tree; **F.** prunier; **A.** Pflaumenbaum; **It.** susino, prugno; **R.** слива (дерево).

CIRUGÍA. (l. *chirurgia*, y éste del gr. χειρουργία; de χειρουργός, cirujano, de χείρ, mano, y έργον, obra.) f. Parte de la medicina, que tiene por objeto curar las enfermedades por medio de operaciones hechas con la mano o con instrumentos. ‖ **—animal.** Referente a las operaciones de animales. ‖ **—conservadora.** La que procura la conservación de los órganos afectados, antes que su excisión. ‖ **—cosmética.** La que se practica para embellecer el cuerpo humano, especialmente el rostro. ‖ **—dental.** Propia del dentista. ‖ **—menor** o **ministrante.** La que comprende ciertas operaciones secundarias que no suele practicar el médico. ‖ **—plástica.** Que tiene por objeto restaurar o modificar partes del cuerpo, generalmente por trasplante de tejidos. También se llama CIRUGÍA *estética*. ‖ **P.** cirurgia; **I.** surgery; **F.** chirurgie; **A.** Chirurgie, Wundarzneikunst; **It.** chirurgia; **R.** хирургия.

★ **CIRUJA.** com. ARGENT. Persona que busca y recoge desperdicios que pueden ser aprovechados por la industria.

★ **CIRUJAL.** adj. Aplícase a una variedad de olivo abundante en España.

CIRUJANO, NA. (gr. χείρ -ουργός, operador manual.) m. y f. El que profesa o ejerce la cirugía. ‖ 2. ZOOL. AMÉR. MERID. Pez que tiene una espina cortante a cada lado de la cola. ‖ **—romancista.** Dícese del que no sabía latín. ‖ **P.** cirurgião; **I.** surgeon; **F.** chirurgien; **A.** Chirurg, Wundarzt; **It.** chirurgo; **R.** хирург.

CIS. (l. *cis*.) prep. insep. De la parte o del lado de acá, respecto del lugar, o del tiempo. CISmontano; CISisabelina. ‖ 2. adj. QUÍM. Forma o estructura de los compuestos químicos que contienen dos átomos de carbono mutuamente unidos por dos valencias y las cuatro restantes satisfechas por cuatro radicales, dos a dos iguales y unidos entre sí. ‖ 3. m. ZOOL. Género de insectos coleópteros clavicornios.

CISALPINO, NA. (l. *cisalpīnus*, de *cis*, y *alpīnus*, de los Alpes.) adj. Situado entre los Alpes y Roma.

★ **CISAMPELO.** m. BOT. Género de plantas menispermáceas. Son arbustos sarmentosos.

CISANDINO, NA. adj. Del lado de acá de los Andes.

CISCA. (l. *sessca*.) f. Carrizo.

★ **CISCA.** (De *ciscar*.) tr. MÉJ. Entre el vulgo, color que la vergüenza hace subir al rostro. También, vergüenza, empacho y enojo.

CISCAR. tr. fam. Ensuciar alguna cosa. ‖ 2. r. Soltarse o evacuarse el vientre. ‖ 3. CUBA y MÉJ. Llamar la atención a uno. Especialmente en el juego, llamar la atención a uno para distraerle y que le salga mal un lance. ‖ 4. MÉJ. Molestar, enfadar, enojar. ‖ 5. CUBA y MÉJ. Entre el vulgo, avergonzarse. Ú.t.c.tr. ‖ **P.** sujar; **I.** to dirty, to besmear; **F.** souiller; **A.** beschmutzen; **It.** insudiciare, lordare; **R.** грязнить.

CISCO. m. Carbón vegetal menudo. ‖

2. fig. y fam. Bullicio, alboroto, reyerta. || *Hacer* CISCO *a una persona o cosa.* fr. fig. y fam. Reducirla a la nada, hacerla trizas. || **P.** cisco; **I.** coaldust, culm; **F.** charbonnille, menu charbon; **A.** Kohlenstaub; **It.** carbonella; **R.** угольная пыль.

CISCÓN. (aum. de *cisco*.) m. Restos que quedan en los hornos de carbón apagados.

★ CISCÓN, NA. (De *cisca*, rubor, vergüenza.) adj. MÉJ. Muy vergonzante. También, aficionado a hacer que uno se cisque, pique o enoje.

★ CISIO. m. ARQUEOL. Carro de dos ruedas que usaron los romanos para carreras y viajes rápidos.

CISIÓN. (l. *caesio*, -*ōnis*.) f. Cisura o incisión. || **2.** AMÉR. Escisión; división o separación de bandos.

CISÍPEDO. (l. *caesus*, cortado, y *pes*, *pedis*, pie.) adj. Que tiene el pie dividido en dedos.

CISMA. (l. *schisma*, y éste del gr. σχίσμα, escisión, separación.) amb. División o separación entre dos individuos de un cuerpo o comunidad. || **2.** Discordia, desavenencia. || **3.** COLOM. Dengue, remilgo. || **4.** ARGENT. Preocupación. || **5.** COLOM. Chisme, cuento, hablilla. || **P.** cisma, schisma; **I.** schism; **F.** schisme; **A.** Schisma, Kirchenspaltung; **It.** scisma; **R.** схизма, раскол.

CISMAR. tr. SAL. Meter discordia, sembrar cizaña. || **2.** intr. R. DE LA PLATA. Sismar, cavilar.

CISMÁTICAMENTE. adv. De manera cismática.

CISMÁTICO, CA. (l. *schismaticus*, y éste del gr. σχισματικός.) adj. Que se aparta de su legítima cabeza. Apl. a pers. ú.t.c.s. || **2.** Aplícase a quien siembra la discordia. Ú.t.c.s. || **3.** COLOM. Melindroso. También chismoso, cuentero. || **P.** cismático; **I.** schismatic; **F.** schismatique; **A.** schismatisch; **It.** scismàtico; **R.** схизматик.

CISMONTANO, NA. (l. *cismontānus*, de *cis*, y *montānus*, de monte o montaña.) adj. Situado en la parte de acá de los montes, respecto al lugar desde donde se considera.

CISNE. (ant. fr. *cisne*, y éste del l. *cycinus*, por *cygnus*, del gr. κύκνος.) m. Ave palmípeda, muy hermosa. Originaria de los países fríos, sirve de adorno en los jardines de Europa. Su piel, curtida con el plumón, se usa en peletería. || **2.** Ave palmípeda congénere con la anterior, pero de plumaje negro, aunque de forma igual. Originario de Australia, ya está naturalizada en Europa. || **3.** ARGENT. Borla de plumas blancas propia para empolvar el cutis. || **4.** ASTRON. Hermosa constelación de la Vía Láctea situada en el Hemisferio Boreal. || **5.** fig. Poeta o músico excelente. || **6.** GERM. Ramera. || **P.** císne; **I.** swan; **F.** cygne; **A.** Schwan; **It.** cigno; **R.** лебедь.

CISNERIENSE. adj. Natural de la villa palentina de Cisneros. || **2.** Perteneciente o relativo a esta villa.

★ CISNA, NA. adj. VENEZ. Caballo de color pardusco.

CISORIA. (l. *cisorim*, de *caesus*, p.p. de *caedĕre*, cortar.) adj. Dícese del arte de trinchar.

CISPADANO, NA. adj. Situado entre Roma y el río Po.

CISQUERA. f. Lugar donde se almacena el cisco. || **2.** CUBA. Vergüenza, sofocón, bochorno.

CISQUERO. m. El que hace cisco o lo vende. || **2.** Muñequilla hecha de lienzo, apretada y atada con un hilo, dentro del cual se pone carbón molido, y sirve para pasarla por encima de los dibujos, a fin de trasparsarlos a otra superficie. || **2.ª** acep.: **P.** saquinho; **I.** pounce-bag; **F.** ponce; **A.** Bausch; **It.** spolverizzo.

CISTÁCEO, A. (De *cistus*, nombre de un género de plantas.) adj. BOT. Dícese de matas o arbustos angiospermos dicotiledóneos, como la jara. Ú.t.c.s. || **2.** f. pl. BOT. Familia de estas plantas.

★ CISTANASTROFIA. (gr. κύστις, vejiga, y ἀνα-στροφή, inversión.) f. PAT. Inversión de la vejiga.

★ CISTECTASIA. f. PAT. Dilatación anormal de la vejiga por tener gran cantidad de orina.

★ CISTECTOMÍA. f. CIR. Escisión de una parte de la vejiga.

★ CISTEÍNA. f. QUÍM. Compuesto obtenido de la cistina de los cálculos urinarios.

CISTEL. m. Cister.

★ CISTEPATOLITIASIS. f. PAT. Conjunto de trastornos producidos por la existencia de cálculos biliarios.

CISTER. (De *Cistercĭum*, nombre latino de *Citeaux* [Francia], donde se retiró San Roberto con alguno de sus religiosos.) m. Orden religiosa de la regla de San Benito, fundada por San Roberto en el siglo XI, y que debió su mayor florecimiento a San Bernardo. También recibe el nombre de Cistel esta Orden.

CISTERCIENSE. adj. Perteneciente a la orden del Cister. || **P.** cisterciense; **I.** Cistercian; **F.** cistercien; **A.** Zisterzienser; **It.** cistercense.

CISTERNA. (l. *cisterna*.) f. Depósito subterráneo donde se recoge y conserva el agua llovediza o la que se lleva de algún río o manantial. Por analogía, grandes depósitos para recoger, conservar y transportar líquidos. || **2.** ANAT. Espacio linfático. || **3.** MAR. En los buques de vapor, tanque o depósito de agua dulce que sirve para alimentar las calderas. || **P.** e **It.** cisterna; **I.** cistern; **F.** citerne; **A.** Zisterne; **R.** цистерна.

★ CISTICECTOMÍA. f. CIR. Recesión del conducto cístico. También se llama cisticoectomía.

CISTICERCO. (gr. κύστις, vejiga, y κέρκος, cola.) m. ZOOL. Larva de tenia, que vive encerrada en un quiste vesicular, en el tejido conjuntivo subcutáneo o en un músculo de algunos mamíferos, especialmente del cerdo o de la vaca, y que después de haber pasado al intestino de algún hombre que ha comido la carne de este animal, se desarrolla adquiriendo la forma de solitaria adulta.

CISTICERCOSIS. f. MED. Enfermedad causada por la presencia de muchos cisticercos en los órganos de un animal o del hombre.

CÍSTICO. (gr. κύστις, vejiga.) adj. ZOOL. Dícese del conducto que desde la vesícula biliar va a unirse al conducto hepático. || **P.** cistico; **I.** cystic; **F.** cystique; **A.** Gallenblasengang; **It.** cistico.

★ CISTÍCOLA. m. ZOOL. Género de pájaros dentirrostros que se distinguen por la perfección con que fabrican sus nidos.

★ CISTÍCULA. f. MED. Vejiga de la hiel.

★ CÍSTIDE. f. BOT. Célula que tiene su origen en el parénquima del himenio de los hongos.

★ CISTIDOTOMO. m. CIR. Cistótomo. || **2.** CIR. Instrumento que se emplea en la operación de la catarata para abrir la cápsula del cristalino.

★ CISTIFLOGIA. f. PAT. Flogosis de la vejiga.

★ CISTIFORME. adj. Que tiene forma de quiste o vejiga.

★ CISTIGNATINOS. m. pl. ZOOL. Anfibios anuros caracterizados por tener libres las pulgares de las extremidades posteriores. El género tipo que les da nombre es el de los cignatos.

★ CISTINA. f. QUÍM. Materia blanca, cristalina, insípida, existente en algunos cálculos urinarios y biliares.

★ CISTINEMIA. f. PAT. Presencia de cistina en la sangre.

CISTÍNEO, A. (l. *cistus*, jara.) adj. BOT. Cistáceo.

★ CISTIPATÍA. f. PAT. Cualquiera afección de la vejiga.

CISTITIS. (gr. κύστις, vejiga, y el sufijo, *itis*, inflamación.) f. MED. Inflamación de la vejiga. || **P.** y **F.** cystite; **I.** cystitis; **A.** Cystitis, Blasenentzündung; **It.** cistite; **R.** воспаление мочевого пузыря.

★ CISTO. m. BOT. Nombre científico de la jara.

★ CISTOCELE. f. PAT. Hernia de la vejiga. || **P.** e **It.** cistocele; **I.** cystocele; **F.** cystocèle; **A.** Harnblasenbruch; **R.** грыжа мочевого пузыря.

★ CISTOCOPO. m. CIR. Instrumento o aparato para percibir el choque de un catéter o sonda con los cálculos que pueda encontrar en la vejiga.

★ CISTOEPITELIOMA. m. PAT. Epitelioma cístico al nivel del ovario.

★ CISTOESPASMO. m. MED. Contracción espasmódica de la vejiga de la orina.

★ CISTOFLAGELADOS. m. pl. ZOOL. Orden de protozoos de la clase de los flagelados.

★ CISTOGRAFÍA. f. Radiografía de la vejiga.

★ CISTOHEMATOMA. m. MED. Producción quística metática.

CISTOHEMIA. f. PAT. Aflujo de sangre o congestión de la vejiga.

★ CISTOIDEOS. m. pl. PALEONT. Equinodermos fósiles que vivían fijos en el fondo del mar.

★ CISTOLIPOMA. m. Lipoma enquistado.

★ CISTOLITO. m. BOT. Concreción de carbonato de cal en las células epidérmicas de muchos vegetales.

★ CISTOMA. m. PAT. Quiste.

★ CISTONEURALGIA. f. MED. Neuralgia de la vejiga.

★ CISTORRADIOGRAFIA. f. Radiografía de la vejiga.

★ CISTORRAFÍA. f. MED. Sutura hecha para cerrar una herida de la vejiga.

★ CISTOSARCOMA. m. PAT. Sarcoma con cavidades quísticas.

★ CISTOSCOPIA. f. CIR. Inspección del interior de la vejiga de la orina por medio del cistoscopio.

° CISTOSCOPIO. m. CIR. Instrumento o aparato especial de iluminación para la exploración de la vejiga de la orina. || **P.** cistoscopio; **I.** y **F.** cystoscope; **A.** Cystoskop; **It.** cistoscopio; **R.** цистоскоп.

★ CISTOSOMA. m. ZOOL. Género de insectos hemípteros australianos.

★ CISTOSPASMO. m. PAT. Espasmo de la vejiga.

★ CISTOSTOMÍA. f. CIR. Operación para disponer una abertura de carácter permanente en la vejiga de la orina.

CISTOTOMÍA. (gr. κύστις, vejiga, y τομή, incisión.) f. CIR. Incisión de la vejiga para operar en el interior de este órgano.

★ CISTÓTOMO. m. CIR. Instrumento para seccionar la vejiga.

★ CISTOURETRITIS. f. PAT. Inflamación de la vejiga y de la uretra.

CISURA. (l. *caesūra*.) f. Rotura o abertura sutil que se hace en cualquier cosa. || **2.** Herida que hace el sangrador en la vena. || **3.** ANAT. Cada uno de los surcos que hienden el cerebro. || **P.** císura; **I.** y **F.** scissure; **A.** Schnitt; **It.** scissura; **R.** paspes.

CITA. (De *citar*.) f. Señalamiento de día, hora y lugar, hecho por dos o más personas. || **2.** Nota de ley, doctrina o autoridad, o de otro cualquier instrumento que se alega para prueba de lo que se dice o refiere. || **3.** IMPR. Llamada relativa al texto, que se suele poner al pie de la plana. || **P.** citação; **I.** appointment; **F.** rendez-vous; **A.** Stelldichein, Rendezvous; **It.** appuntamento, convegno; **R.** свидание. || **2.ª** acep.: **P.** entrevista; **I.** quotation, citation; **F.** citation; **A.** Anführung; **It.** citazione; **R.** цитата.

CITACIÓN. (l. *citatĭo*, -*ōnis*.) f. Acción de citar. || —**de evicción.** FOR. La que se hace al vendedor por ser llegado el caso de la evicción. || —**de remate.** FOR. La que en juicio ejecutivo se hace al deudor emplazándole para que pueda oponerse a la ejecución. || **P.** citação; **I.** summons, citation; **F.** citation, mandat; **A.** Zitation, Vorladung; **It.** citazione; **R.** вызов в суд.

CITADOR, RA. adj. Que cita. Ú.t.c.s.

CITANO, NA. (l. *scitanus*, de *scitus*, sabido.) m. y f. fam. Zutano.

CITAR. (l. *citāre*.) tr. Avisarle a uno señalándole día, hora y lugar para tratar de algún negocio. || **2.** Referir, anotar o sacar a la margen o al pie de un escrito los autores, textos o lugares que se alegan en comprobación de lo que se dice o escribe. || **3.** En las corridas de toros, provocar a la fiera para que embista o acuda. || **4.** FOR. Notificar, hacer saber a una persona el emplazamiento o llamamiento del juez. || **2.ª** acep.: **P.** citar; **I.** to quote; **F.** citer; **A.** zitieren; **It.** citare; **R.** вызывать в суд. || **4.ª** acep.: **P.** citar; **I.** to sum-

C

mon, to cite; **F.** citer; **A.** gerichtlich vor-
laden; **It.** citare; **R.** цитировать.

CÍTARA. (l. *cithăra*, y éste del gr.
κιθάρα.) f. Instrumento músico antiguo,
semejante a la lira, pero con caja de resonancia de madera. Hoy tiene forma trapezoidal y el número de cuerdas varía de
20 a 30. Se toca con púa. || **P.** cítara; **I.** zi-
ther; **F.** cithare; **A.** Zither; **It.** cetra, cètera;
R. цитра.

CÍTARA. (ár. *sitāra*, velo, muro, empalizada.) f. Pared con sólo el grueso del
ancho del ladrillo común. || **2.** Tropas que
formaban en los flancos del cuerpo principal combatiente.

CITAREDO. (l. *citharoedus*, y éste del
gr. κιθαρωδός; de κιθάρα, cítara, y ἀοιδός, cantor.) m. Citarista.

CITARILLA. f. d. de cítara. || **—sar-
dinel.** ARQ. Paredilla divisoria hecha de
ladrillos puestos alternativamente de plano
y de canto u oblicuamente, dejando espacios que quedan vacíos o se rellenan.

CITARISTA. (l. *citharista*.) com. Persona que profesa o ejerce el arte de tocar
la cítara.

CITARIZAR. (l. *citharizāre*, y éste del
gr. κιθαρίζω) intr. ant. Tocar o tañer la
cítara.

CITARÓN. aum. de cítara. m. Zócalo
de albañilería sobre el cual se pone un
entramado de madera.

* **CITASIS.** f. MED. Substancia del suero
de la sangre que tiene poder bactericida.
* **CITATORIO, RIA.** (l. *citatorĭus*.) adj.
FOR. Dícese del mandamiento con que se
cita a alguno para que comparezca ante
el juez. Ú.t.c.s.f.
* **CITEMIA.** f. PAT. Presencia de elementos celulares anormales en la sangre.
* **CITEMÓLISIS.** (gr. κύτος, célula,
λύσις, sangre, y αἷμα, disolución.) Destrucción de glóbulos rojos de la sangre.

CITÉREO. (l. *cytherēus*.) adj. poét.
Relativo a Venus, adorada en la isla de
Chipre o Citeres.

CITERIOR. (l. *citerior*.) adj. Situado
de la parte de acá, o aquende, en contraposición a lo que está de la parte de allá
o allende, denominada ulterior. Los romanos llamaron España CITERIOR a la
Tarraconense, y ulterior a la Lusitania y
a la Bética.

* **CÍTIDOS.** m. pl. ZOOL. Familia de
peces teleósteos acantopterigios.
* **CITÍNEAS.** f. pl. BOT. Tribu de plantas que viven parásitas en las raíces de
otras plantas.
* **CITISINA.** f. Principio amargo del
citiso.
* **CITISISMO.** m. Intoxicación producida por el citiso.

CÍTISO. (l. *cytĭsus*.) m. Codeso, planta
leguminosa de flores amarillas. || **2.** BOT.
Género de plantas leguminosas papilionáceas, matas o arbustos de flores solitarias o en racimos terminales.

* **CITISPÓREAS.** f. pl. Grupo de hongos que se desarrollan sobre la corteza y
las hojas de los árboles.

¡**CITO!** ant. Voz para llamar a los perros.
* **CITOBIOLOGÍA.** f. Parte de la biología que estudia la vida de las células.
* **CITOBOTÁNICA.** f. BIOL. Estudio de
las células vegetales.
* **CITOFAGIA.** f. MED. Destrucción de
unas células por otras.
* **CITÓFAGO, GA.** adj. MED. Que consume células.
* **CITOGENÉTICA.** f. Estudio de los
fundamentos de la herencia.
* **CITOGENIA.** (gr. κύτος, célula, y
γενεά, generación.) f. Regeneración o formación de las células.
* **CITOGRAFÍA.** (l. *cito*, pronto y
gr. γράφω, escribir.) f. Procedimiento para
imprimir con rapidez.
* **CITOIDE.** m. Glóbulo blanco o leucocito.

CÍTOLA. (l. *cithăra*.) f. Tablita de madera, pendiente de una cuerda sobre la
piedra del molino harinero, para que la
tolva vaya despidiendo la cibera, y para
conocer que se para el molino. || **P.** citola;
I. mill-clapper; **F.** claquet, cliquet; **A.**
Mülhklapper; **It.** bàttola.

CITOLERO, RA. (De *cítola*.) m. y f.
ant. Citarista.

* **CITOLISINA.** f. MED. Substancia o
anticuerpo que produce la citolisis.
* **CITOLISIS.** f. MED. Destrucción de
las células.
* **CITOLOGÍA.** f. Tratado de las células.
* **CITOMITOMA.** m. EMBRIOL. Filamento de la parte sólida del protoplasma
celular.
* **CITOMORFOLOGÍA.** f. BIOL. Estudio de la morfología de las células.

CITOPLASMA. (gr. κύτος, cubierta,
y de *plasma*.) m. BOT. y ZOOL. Parte del
protoplasma que en la célula rodea al
núcleo.

* **CITOQUÍMICA.** f. Química celular.
* **CÍTORA.** (l. *cithăra*, cítara.) f. MURC.
Especie de arpón con cuatro o seis púas,
para pinchar los peces que se ocultan
entre la arena al cerrar el bol.

CITORIA. f. ant. Citación.

* **CITOSCOPIA.** f. Citodiagnóstico.
* **CITOSTOMA.** m. BIOL. Abertura u
orificio a modo de boca por donde entran
en los animales unicelulares las partículas
alimenticias.

CITOTE. m. fam. Citación o intimación para que uno ejecute o cumpla algo.
* **CITOTERAPIA.** f. MED. Tratamiento
terapéutico basado en el empleo de las
citotoxinas.
* **CITOTOXINA.** f. Anticuerpo o toxina
elaborada artificialmente que ejerce una
acción específica contra determinadas células.
* **CITOTRÓPICO, CA.** adj. MED. Dícese del virus que sólo puede vivir en la célula en que aparece.

CITRA. (l. *citra*.) adv. ant. Del lado de
acá. || **2.** pre. insep. Cis.
* **CITRACONILO.** m. QUÍM. Radical
del ácido citracónico.
* **CITRAL.** m. QUÍM. Substancia que se
encuentra en las esencias de naranja, limón
y otras.
* **CITRAMALATO.** m. QUÍM. Sal del
ácido citramálico.
* **CITRAMÁLICO, CA.** adj. Dícese de
un ácido homólogo del málico.
* **CITRAMIDA.** f. QUÍM. Cuerpo que
resulta de tratar el éter cítrico por una mezcla de amoniaco con alcohol.

CITRAMONTANO, NA. (l. *citra*, del
lado de acá, y *montānus*, del monte.) adj.
Cismontano, situado aquende los montes.

CITRATO. (l. *citrātus*; de *citrus*, limón.) m. QUÍM. Sal formada por la com-
binación del ácido cítrico con una base. ||
P. e **It.** citrato; **I.** y **F.** citrate; **A.** zitron-
saures Salz; **R.** цитрат, лимоннокислая
соль.

CÍTRICO, CA. (l. *citrus*, limón.) adj.
Perteneciente o relativo al limón. || **2.** Ácido
CÍTRICO. Ácido que se encuentra en bas-
tante cantidad en el jugo de los limones,
naranjas, frambuesas y otros frutos ácidos.
Se emplea para preparar limonadas, en
tintorería, medicina y otros usos. || **P.** e
It. cítrico; **I.** citric; **F.** citrique (acide)
A. Zitronensäure; **R.** лимонный.

* **CITRICULTURA.** f. Cultivo de las
plantas auranciáceas como el cidro, limonero, naranjo, etc.

CITRINA. f. QUÍM. Aceite esencial del
limón.
* **CITRINA.** (De *citrino*.) f. MINERAL. Variedad amarilla de cristal de roca.
* **CITRINO, NA.** adj. Dícese de lo que
tiene color de limón.
* **CITRO.** m. BOT. Género de plantas
auranciáceas como el cidro, el naranjo, el,
limonero y otras.

CITRÓN. (l. *citrus*.) m. Limón.
* **CITRONATO.** m. Corteza verde de
una especie de limonero.
* **CITROTARTÁRICO, CA.** adj. QUÍM.
Dícese de un ácido homólogo del tartárico.
* **CÍTULA.** f. EMBRIOL. Óvulo impreg-
nado.

CIUDAD. (l. *civĭtas*, *-ātis*.) f. Población,
comúnmente grande, que antiguamente
gozaba de mayores preeminencias que las
villas. || **2.** Conjunto de calles y edificios
que componen la ciudad. || **3.** Ayunta-
miento o cabildo de cualquiera ciudad. ||
4. Diputados o procuradores en Cortes
que representan una ciudad. || **5.** En Dere-
cho Canónico, sede episcopal, capital de
diócesis. || **—abierta.** En la guerra, la que
no constituye objetivo militar, o se de-

clara que no va a ser defendida. || **—fran-
ca.** Que goza de franquicia arancelaria
territorial en relación con el área adua-
nera. || **—lineal.** La que ocupa una faja
de terreno de varios kilómetros de longitud y de poca anchura, con una sola
avenida central y varias calles transversales que van a dar al campo. Con preferencia se dice de la ciudad fundada al
este de Madrid por don Arturo Soria,
inventor de este sistema de urbanización. ||
—universitaria. Conjunto de edificios,
generalmente acotados, que se destinan
a la enseñanza superior, preferentemente
a la que es propia de las universidades. ||
P. cidade; **I.** town; **F.** cité; **A.** Stadt;
It. città; **R.** город.

CIUDADANÍA. f. Calidad y derecho
de ciudadano. || **I.** citizenship; **F.** citadi-
nage, bourgeoisie, citoyenneté; **A.** Bür-
gerrecht, Bürgersschaft; **It.** cittadinanza;
R. гражданство.

CIUDADANO, NA. adj. Natural y
vecino de una ciudad. Ú.t.c.s. || **2.** Perte-
neciente a la ciudad o a los ciudadanos. ||
3. m. El habitante de las ciudades antiguas
y estados modernos como sujeto de derechos políticos que interviene, ejercitán-
dolos, en el gobierno de aquélla. || **4.** El
que en el pueblo de su domicilio tenía un
estado medio entre el del caballero y el
del oficial mecánico. || **5.** Hombre bueno,
individuo perteneciente al estado llano. ||
P. cidadão; **I.** citizen; **F.** citadin; **A.** Stad-
tbewohner; **It.** cittadino; **R.** гражданин.

CIUDADELA. (ital. vulgar *civitatella*,
d. del clásico *civĭtas*, *-ātis*.) f. Recinto de
fortificación permanente en el interior de
una plaza que sirve para dominarla o de
último refugio a su guarnición. || **2.** CUBA.
Edificio con muchas habitaciones interiores pequeñas e independientes, que se
arrienda a personas o familias pobres, con
un patio común. || **P.** cidadela; **I.** citadel;
F. citadelle; **A.** Zitadelle; **It.** cittadella;
R. цитадель.

CIUDAD-REALEÑO, ÑA. adj. Na-
tural de Ciudad Real. Ú.t.c.s. || **2.** Pertene-
ciente a dicha ciudad.
* **CIÚTICO, CA.** adj. CHILE y BOL. Cursi, ridículo, de mal gusto.

CIVETA. (De *civeto*.) f. ZOOL. Uno
de los nombres del gato de algalia. ||
P. gato d'algalia; **I.** civet-cat; **F.** civette;
A. Zibetkatze; **It.** zibetto.

CIVETO. (ár. *zabāda*, almizcle, algalia.) m. Algalia, substancia aromática que
se extrae de la bolsa del gato de algalia.
* **CÍVICA.** f. MAR. Grapón o escarpia con
que se asegura la zapata o tablón en la cara
inferior de la quilla.

CÍVICO, CA. (l. *civĭcus*, de *civis*, ciudadano.) adj. Civil, ciudadano, pertene-
ciente o relativo a la ciudad. || **2.** Patrió-
tico. || **3.** Doméstico, perteneciente o rela-
tivo a la casa. || **4.** Perteneciente o relativo
al civismo. || **5.** Aplícase al valor del fun-
cionario público que a todo trance cumple
con los deberes de su cargo, sin arredrarle
amenazas ni peligros. || **6.** AMÉR. Guardia
cívico. || **7.** ARGENT. Vaso de cerveza de
un cuarto de litro aproximadamente. ||
P. cívico; **I.** civic; **F.** civique; **A.** bürger-
lich; **It.** civico; **R.** гражданский.

CIVIL. (l. *civīlis*.) adj. Ciudadano, per-
teneciente o relativo a la ciudad. || **2.** So-
ciable, urbano, cortés, atento. || **3.** *Año*
CIVIL. El de 365 días o 366 si es bisiesto. ||
4. *Arquitectura* CIVIL. La que se refiere
a edificios para civiles. || **5.** *Corona* CIVIL.
Aplícase a la corona de ramas de encina
con que era recompensado el ciudadano
romano que había salvado la vida a otro
en una acción de guerra. || **6.** *Derecho*
CIVIL. Dícese del que regula las relaciones
privadas de los ciudadanos entre sí. ||
7. *Día* CIVIL. El de 24 horas que comienza
a medianoche y acaba a las 24 horas. ||
8. *Fiscal* CIVIL. Dícese del que corre a
cargo de las representaciones legales de
la ley civil. || **9.** *Guardia* CIVIL. Aplícase
a la guardia dedicada a perseguir a los
malhechores y a mantener la seguridad
en los caminos y el orden en las poblacio-
nes. || **10.** *Guerra* CIVIL. Dícese de la guerra
que sostienen entre sí los habitantes de
un mismo pueblo o nación. || **11.** *Ingeniero*
CIVIL. Aplícase a los ingenieros que dedican su actividad a obras civiles, en

contraposición a los militares. || **12.** *Inter-dicción* CIVIL. Dícese de la que priva de derechos civiles, como pena accesoria que somete a tutela a la persona a quien se le impone. || **13.** *Matrimonio* CIVIL. Se dice del que se contrae según la ley civil, sin la intervención del párroco. || **14.** *Obligación* CIVIL. Aquella cuyo cumplimiento es exigible legalmente. || **15.** *Registro* CIVIL. Dícese del registro en que se hacen constar por autoridad competente, nacimientos, matrimonios, defunciones y demás hechos relativos al estado civil de las personas. || **16.** *Sanidad* CIVIL. Dícese en contraposición a la militar. || **17.** Dícese de quien no es militar. || **18.** FOR. Perteneciente a las relaciones o intereses privados y demás cuestiones de derecho, entre ciudadanos. || **19.** Dícese de la potestad laica en oposición a la eclesiástica o militar. || **20.** *Muerte* CIVIL. Dícese de la muerte a efectos de derecho determinada por las leyes. || **21.** *Pleito* CIVIL. Aplícase al sostenido dentro de la jurisdicción civil. || **22.** *Posesión* CI-VIL. Aplícase a la posesión de las cosas con carácter y efectos legales prescritos por la ley civil. || **P.**, **I.** y **F.** civil; **A.** zivil; **It.** civile; **R.** гражданский.

CIVILIDAD. (l. *civilitas, -ātis.*) f. Sociabilidad, urbanidad.

* **CIVILISMO.** m. AMÉR. Doctrina política que defiende que el gobierno de la nación debe estar encomendado a personas civiles y no a militares.

CIVILISTA. adj. Dícese del abogado que preferentemente defiende asuntos civiles. Ú.t.c.s. || **2.** m. Persona que profesa el Derecho civil, o tiene especial conocimiento de él. Ú.t.c.s. || **3.** AMÉR. Partidario del gobierno civil y enemigo del militarismo.

CIVILIZACIÓN. f. Acción y efecto de civilizar o civilizarse. || **2.** Conjunto de ideas, ciencias, artes y costumbres que forman y caracterizan el estado social de un pueblo o una raza. || **2.ª** acep.: **P.** civilização; **I.** y **F.** civilisation; **A.** Kultur, Gesittung; **It.** civilizzazione; **R.** цивилизация, культурность.

CIVILIZADOR, RA. adj. Que civiliza. Ú.t.c.s.

CIVILIZAR. (De *civil.*) tr. Sacar del estado salvaje a pueblos o personas. Ú.t.c.r. || **2.** Educar, ilustrar. Ú.t.c.r. || **P.** civilizar; **I.** to civilize; **F.** civiliser; **A.** zivilisieren; **It.** incivilire, civilizzare; **R.** просвещать, цивилизовать.

CIVILMENTE. adv. Con civilidad y cortesía. || **2.** FOR. Conforme o con arreglo al derecho civil.

CIVISMO. m. Celo por las instituciones o intereses de la patria. || **P.** e **It.** civismo; **I.** civism; **F.** civisme; **A.** Bürgersinn; **R.** патриотизм, гражданственность.

CIZALLA. (fr. *cisailles.*) f. Instrumento, a modo de tijeras grandes, con el cual se cortan en frío las planchas de metal. En algunos modelos alguna de las hojas es fija. Ú.m. en pl. || **2.** Especie de guillotina que sirve para cortar cartones en pequeñas cantidades y a tamaño reducido. || **3.** Cortadura o fragmento de cualquier metal. || **4.** En las casas de moneda, residuo de los rieles de que se ha cortado la moneda. || **P.** cisalha; **I.** plate-shears; **F.** cisaille; **A.** Blechschere; **It.** cesoia; **R.** ножницы для резки металла.

CIZALLAR. tr. Cortar con la cizalla.

CIZALLAS. f. pl. Cizalla.

CIZAÑA. (l. *zizania*, y éste del gr. ζιζάνια, pl. de ζιζάνιον.) f. Planta anual de la familia de las gramíneas. Se crían espontáneas en los sembrados de trigo y cebada y la harina de su semilla es venenosa, produciendo vértigos. || **2.** fig. Vicio que se mezcla entre las buenas acciones o costumbres. || **3.** fig. Cualquier cosa que hace daño a otra, maleándola o echándola a perder. || **4.** fig. Disensión o enemistad. Se usa más con los verbos *meter* y *sembrar*. || **P.** cisalha; **I.** darnel; **F.** ivraie; **A.** Unkraut; **It.** zizzania, loglio; **R.** куколь, сорняк.

CIZAÑADOR, RA. adj. Que cizaña. Ú.t.c.s.

CIZAÑAR. tr. Sembrar o meter cizaña. También se dice cizañear.

CIZAÑEAR. tr. Cizañar.

CIZAÑERO, RA. (De *cizaña*, 4.ª acep.)

---

adj. Que tiene el hábito de cizañar. Ú.t.c.s.

CLAC. (fr. *claque.*) m. Sombrero de copa alta, que por medio de muelles puede plegarse con el fin de llevarlo sin molestia en la mano o debajo del brazo, en saraos o tertulias. || **2.** Sombrero de tres picos, cuyas partes laterales se juntan, y que se puede llevar fácilmente debajo del brazo. || **P.** claque; **I.** opera-hat; **F.** claque, gibus; **A.** Klapphut; **It.** gibus; **R.** складной цилиндр (шляпа).

CLACO. (De *tlaco.*) m. MÉJ. Moneda antigua de cobre, equivalente a unos tres céntimos de peseta. || **2.** GUAT. y MÉJ. Cosa de poco valor.

CLACOPACLE. (De *tlacotl*, vara, y *plati*, medicina.) m. BOT. MÉJ. Aristoloquia, planta que crece en Méjico.

CLACOTA. f. MÉJ. Tumorcillo o divieso.

* **CLACUACHE.** m. MÉJ. Cluacuachi, zarigüeya.

* **CLACUACHI.** m. MÉJ. Zarigüeya.

CLACHIQUE. m. MÉJ. Pulque dulce obtenido por fermentación incompleta de la aguamiel del maguey.

* **CLADIOSPORADO, DA.** adj. BOT. Dícese de ciertos hongos que tienen ramificados los filamentos esporíferos.

* **CLADNITA.** f. MINERAL. Variedad de esteatita hallada en los meteoritos.

CLADÓCERO. (gr. κλάδος, rama, y κέρας, -ατος, cuerno.) adj. ZOOL. Dícese de unos crustáceos de pequeño tamaño, provistos de caparazón bivalvo.

* **CLADÓCEROS.** m. pl. ZOOL. Crustáceos pequeños de agua dulce, de cuerpo comprimido y con cuatro o seis pares de patas.

CLADODIO. (l. moder. *cladodium*, y éste del gr. κλάδος, rama.) m. BOT. Rama que substituye a las hojas, desempeñando las funciones de éstas, y tomando a veces forma foliácea, como en el brusco.

* **CLADONEMA.** m. ZOOL. Género de pólipos pertenecientes a la clase de las hidromedusas.

* **CLADONIA.** f. BOT. Cierto género de líquenes.

* **CLADORRIZO, ZA.** adj. BOT. De raíces ramosas.

* **CLADOSTEFEAS.** f. pl. BOT. Grupo de algas feofíceas ectocarpeas cuyo género tipo es el cladosteo.

* **CLADÓTRIX.** m. Género de bacterias que tienen forma de filamentos ramificados.

* **CLALISA.** f. MÉJ. Gente baja y ruin.

CLAMAR. (l. *clamāre.*) tr. ant. Llamar. || **2.** Quejarse, dar voces lastimeras, pedir auxilio, justicia, etc. || **3.** En sentido figurado, dícese de las cosas inanimadas que manifiestan tener necesidad de algo. *Tal hecho* CLAMA *justicia.* || **4.** Emitir la palabra con vehemencia o de manera grave o solemne. || **P.** clamar; **I.** to outcry; **F.** clamer; **A.** schreien, flehen; **It.** chiamare; **R.** кричать, взывать.

CLÁMIDE. (l. *chlamys, -ydis*, y éste del gr. χλαμύς.) f. Capa corta y ligera que usaron los griegos y los romanos, para montar a caballo. || **P.** clâmide; **I.** chlamys; **F.** chlamyde; **A.** Klamys; **It.** clàmide; **R.** плащ.

* **CLAMIDEO, A.** adj. BOT. Que tiene perianto

* **CLAMIDOBLÁSTEO, A.** adj. BOT. Aplícase a algunas semillas que están contenidas en una especie de saquito.

* **CLAMIDÓDERA.** f. ZOOL. Género de pájaros dentirrostros.

* **CLAMIDOSAURIO.** m. ZOOL. Reptil australiano, con unas expansiones dérmicas, a manera de collar, que suele vivir en la copa de los árboles.

* **CLAMIDOSPORO.** m. BOT. Órgano reproductor de los hongos.

CLAMO. m. GERM. Diente de la boca. || **2.** GERM. Enfermedad, dolencia.

CLAMOR. (l. *clamor, -ōris.*) m. Grito o voz que se profiere con vigor y esfuerzo. || **2.** Voz lastimosa que indica aflicción o pasión de ánimo. || **3.** Toque de campanas por los difuntos. || **4.** Voz o fama pública. || **5.** AR. Barranco o arroyo formado por la lluvia violenta. || **P.** clamor; **I.** clamour; **F.** clameur; **A.** Geschrei; **It.** clamore; **R.** крик, вопль.

CLAMOREADA. (De *clamorear.*) f. Clamor, 1.ª y 2.ª aceps.

CLAMOREAR. (De *clamor.*) tr. Rogar, suplicar con quejas y lamentos. || **2.** intr. Tocar a muerto. || **P.** clamar; **I.** to cry; **F.** implorer en criant; **A.** jammern; **It.** gridare; **R.** просить, умолять.

CLAMOREO. m. Clamor continuado. || **2.** fam. Ruego importuno y repetido.

CLAMOROSO, SA. (De *clamor.*) adj. Dícese del rumor lastimoso que resulta de las voces o quejas de mucha gente reunida. || **2.** Vociglero.

CLAMOSIDAD. f. Calidad de clamoso, porque clama, vocea, grita.

CLAMOSO, SA. (l. *clamōsus.*) adj. Que clama o grita.

CLAN. (celt. *clann*, hijo.) m. Nombre que en Escocia designaba tribu o familia, y que por extensión se aplica a otras formas de agrupación humana.

* **CLANCUINO.** m. MÉJ. Persona a la que faltan los dientes.

* **CLANCHICOL.** m. MÉJ. Cosa de poco valor.

CLANDESTINAMENTE. adv. De manera clandestina.

CLANDESTINIDAD. f. Calidad de clandestino.

CLANDESTINO, NA. (l. *clandestinus;* de *clam*, en secreto, encubiertamente.) adj. Secreto, oculto. Aplícase generalmente a lo que se hace o se dice secretamente por temor a la ley o para eludirla. || **2.** *Matrimonio* CLANDESTINO. Se dice del matrimonio celebrado sin la presencia del párroco ni testigos. || **3.** Dícese del impreso sin pie de imprenta, o que lo lleva imaginario o falso, o que se publica sin los requisitos legales. || **4.** *Posesión* CLANDESTINA. Que se posee al margen de las prescripciones legales. || **P.** e **It.** clandestino; **I.** clandestine; **F.** clandestin; **A.** heimlich; **R.** тайный, подпольный.

CLANGA. (l. *clanga.*) f. ZOOL. Planga, especie de águila.

CLANGOR. (l. *clanglor, -ōris.*) m. poét. Sonido de la trompeta o del clarín. || **2.** Grito agudo o resonante de algunos animales. || **P.** e **I.** clangor; **F.** clangueur; **A.** (Trompeten) Geschmetter; **It.** clangore; **R.** звук трубы или рожка.

* **CLANGOROSO, SA.** adj. MED. Aplícase a la voz aguda a consecuencia de algunas afecciones de la laringe.

* **CLÁNGULA.** f. ZOOL. Ave palmípeda propia de las regiones próximas al Polo Norte.

CLAPA. f. AR. Peladura o calva de un terreno por no haber nacido o haber muerto las semillas. || **2.** MÉJ. Ricino.

* **CLAPO.** m. MÉJ. Cáscara de la nuez.

CLAQUE. (fr. *claque*, y éste de la onomat. *clac.*) f. fig. y fam. Conjunto de los alabarderos de un teatro. || **2.** Se da también este nombre a los aduladores de un poderoso.

* **CLAQUETA.** f. Instrumento de madera que sirve para marcar el principio de cada toma de imagen y sonido a efectos de sincronización, en cinematografía.

CLARA. (De *claro.*) f. Materia blanquecina, líquida y transparente, albuminoidea, que rodea la yema del huevo de las aves. || **2.** En los paños, parte que se trasluce, por deficiencia del tejido. || **3.** Parte de la cabeza, en la que por ser muy ralo el pelo, queda descubierto el casco o piel. || **4.** fam. Suspensión corta de la lluvia. || **5.** MAR. Distancia entre dos cuadernas adyacentes. || **6.** CHILE. Clarisa, religiosa de Santa Clara.

CLARABOYA. (fr. *claire-voie*, y éste del l. *clara via.*) f. Ventana abierta, sin puertas y sin cristales que se abre en el techo de una casa o en lo alto de una pared para que entre luz. || **P.** clarabóia; **I.** sky-light; **F.** claire-voie; **A.** Oberlicht, Dachfenster; **It.** lucernario; **R.** слуховое окно.

CLARAMENTE. adv. Con claridad, de manera clara.

CLARAR. (l. *clarāre.*) tr. Aclarar.

CLAREA. (De *claro.*) f. Bebida que se hace con vino claro, azúcar o miel, canela y otras cosas aromáticas. || **2.** GERM. Día.

CLAREAR. (De *claro.*) tr. Dar claridad. || **2.** GERM. Alumbrar, dar a luz. || **3.** intr. Amanecer. || **4.** Irse disipando el nublado. || **5.** r. Transparentarse. || **6.** fig.

C

y fam. Descubrir uno involuntariamente sus planes, intenciones o propósitos. || 7. MÉJ. Atravesar una bala de parte a parte cualquier cuerpo. || 3.ª acep.: P. clarear; I. to glimmer; F. poindre l aube; A. tagen; anbrechen; It. albeggiare; R. светать, проясняться.

CLARECER. (l. *clarescĕre*.) intr. Amanecer.

CLARENS. m. Coche de cuatro asientos con capota, de cuatro ruedas.

CLAREO. m. Acción de aclarar un monte, quitando árboles o matas.

CLARETE. (De *claro*.) adj. Dícese de una especie de vino tinto algo claro. Ú.t.c.s.

★ **CLARETIANO, NA**. adj. Dícese del religioso de la Congregación de Misioneros Hijos del Inmaculado Corazón de María, que fundó San Antonio María Claret. Ú.t.c.s.

CLAREZA. f. Claridad.

★ **CLARIAS**. m. ZOOL. Género de peces fisóstomos parecidos a la anguila.

★ **CLARICORDIO**. m. MÚS. Monacordio.

CLARIDAD. (l. *clarĭtas, -ātis*.) f. Calidad de claro. || 2. Efecto causado por la luz al iluminar algo. || 3. Transparencia. || 4. Distinción con que por medio de los sentidos, especialmente de la vista y del oído, percibimos las sensaciones, y por medio de la inteligencia, las ideas. || 5. Una de las cuatro dotes de los cuerpos gloriosos, que consiste en el resplandor y luz que en sí tienen. || 6. fig. Palabra o frase con que se dice a uno franca y resueltamente algo desagradable. Ú.m. en pl. || 7. Buena opinión y fama que resulta del nombre y de los hechos de alguna persona. || —de la vista o de los ojos. Limpieza o perspicacia que tienen para ver. || —de un anteojo. ÓPT. La relación entre la cantidad de luz de la imagen retiniana de un objeto que se mira con un anteojo y la de la imagen vista directamente. || P. claridade; I. clearness, brightness; F. clarté; A. Klarheit; It. chiarezza, chiairitá, chiarore; R. ясность.

★ **CLARIDOSO, SA**. adj. MÉJ. Dícese del que acostumbra a hablar con claridad y sin rodeos.

CLARIFICACIÓN. (l. *clarificatio, -ōnis*.) f. Acción de clarificar. || P. clarificação; I. y F. clarification; A. Klärung, Läuterung; It. chiarificazione; R. очищение.

CLARIFICADORA. f. CUBA. Vasija cuadrilonga que se usa para clarificar el guarapo del azúcar.

CLARIFICAR. (l. *clarificāre*; de *clarus*, claro, y *facĕre*, hacer.) tr. Iluminar, alumbrar. || 2. Aclarar alguna cosa. || 3. Poner claro, limpio, y purgar de heces lo que estaba denso, turbio o espeso. Comúnmente se dice de los licores y del azúcar, para hacer almíbar. || 3.ª acep.: P. clarificar; I. to clarify; F. clarifier; A. aufklären, abklären; It. chiarificare; R. очищать.

CLARIFICATIVO, VA. adj. Que tiene virtud de clarificar, o sirve para ello.

CLARÍFICO, CA. (l. *clarifĭcus*.) adj. Resplandeciente.

★ **CLARIINOS**. m. pl. ZOOL. Peces fisóstomos con una especie de escudo ancho en la cabeza.

CLARILLA. (d. de *clara*.) f. AND. Lejía que se saca de la ceniza para lavar la ropa blanca.

CLARIMENTE. (De *claro*.) m. Agua compuesta que usaban como afeite las mujeres para lavarse el rostro. || 2. PINT. Baño con que se limpia y realza el colorido de un cuadro.

CLARIMENTO. m. Color claro y vivo de cualquier pintura. Ú.m. en pl.

CLARÍN. (De *claro*.) m. Instrumento músico de viento, de metal, semejante a la trompeta, pero más pequeño y de sonido más agudo. || 2. Registro de órgano, compuesto de tubos de estaño con lengüeta, cuyos sonidos son una octava más agudos que los del registro análogo llamado trompeta. || 3. El que ejerce o profesa el arte de tocar el clarín. || 4. Tela de hilo muy delgada y clara. || 5. CHILE. Guisante de olor. || 6. CHILE. sinsonte. || 7. claridad. || —de la selva. MÉJ. Nombre con que se designa al sinsonte o a alguna

de sus variedades, que es un pájaro americano del tamaño del tordo y de agradable canto. || P. clarim; I. clarion, bugle; F. clairon, trompette; A. Trompete, Klarin; It. chiarina, clarino; R. рожок, горнист.

CLARINADA. (De *clarín*.) f. fam. Toque de clarín. || 2. fig. Dicho intempestivo o desentonado, inoportuno.

CLARINADO, DA. (Traducción del fr. *clariné*, de *clarine*, esquila o cencerro de las bestias.) adj. BLAS. Aplícase a los animales que llevan campanillas o cencerros, como las vacas, carneros y camellos.

CLARINERO. m. Clarín, músico que toca este instrumento.

CLARINETE. (d. de *clarín*.) m. Instrumento músico de viento, compuesto de una boquilla de lengüeta, un tubo de madera con agujeros y llaves, y un pabellón de clarín. Alcanza cerca de cuatro octavas, y se usa mucho en orquestas y bandas militares. || 2. El que toca el clarinete. || P. clarinete; I. clarinet, clarionet; F. clarinette; A. Klarinette; It. clarinetto; R. кларнет.

CLARINETISTA. m. Clarinete, músico que toca este instrumento.

CLARIÓN. (fr. *craion*, de *craie*, del l. *creta*, infl. por *claro*.) m. Pasta hecha de yeso, mate y greda, que se usa como lápiz para dibujar y escribir en los lienzos imprimados y pizarras y encerados de las escuelas. || 2. Enrejado de alambre que sirve a los sombrereros para recoger el pelo fino que se escapa cuando se golpea sobre el cañizo. || 3. Claridad que suele verse por alguna parte entre la cerrazón.

CLARIONCILLO. (d. de *clarión*.) m. Pasta blanca en figura de barra que sirve para pintar al pastel.

CLARIOSA. (De *clara*.) f. GERM. Agua.

★ **CLARIOSA, SA**. adj. CUBA. Claridoso, que dice las cosas claras y sin rebozo.

CLARISA. adj. Dícese de la religiosa que pertenece a la segunda Orden de San Francisco, fundada por Santa Clara en el siglo XIII. Ú.t.c.s.

★ **CLARITA**. f. MINERAL. Variedad de enargita o sulfuro de cobre arsenical, de color negro.

CLARIVIDENCIA. f. Facultad de comprender y discernir claramente las cosas. || 2. Perspicacia, penetración. || 3. Fís. Transparencia de la atmósfera. || 4. En América se dice también clarovidencia. || P. clarividência; I. clear-sightedness; F. clairvoyance; A. Hellseherei; It. chiaroveggenza; R. проницательность.

CLARIVIDENTE. adj. Dícese del que posee clarividencia. || 2. En América, dícese también clarovidente.

CLARO, RA. (l. *clarus*.) adj. Bañado de luz. || 2. Que se distingue bien. || 3. Limpio, puro, desembarazado. *Conducta* CLARA. *Postura* CLARA. || 4. Transparente y terso, como el agua, el cristal, etc. || 5. Se aplica a las cosas líquidas mezcladas con algunos ingredientes, que no están espesas, como el chocolate. || 6. Más ensanchado, o con más intermedios que lo regular. *Trigal* CLARO. || 7. Dícese del color no muy cargado de tinte. *Verde* CLARO. || 8. Inteligible, fácil de comprender. *Doctrina* CLARA. *Lenguaje* CLARO. || 9. Evidente, manifiesto. *Pecho* CLARO. || 10. Expresado con lisura, sin rebozo, con libertad. || 11. Aplícase a la persona que se expresa de este modo. || 12. Hablando de toros, se dice del que no tiene resabios y acomete francamente. || 13. Se dice del tiempo, día, noche, etc., en que está el cielo despejado y sin nubes. || 14. En los tejidos, ralo. || 15. V. *Cámara* CLARA. || 16. V. *Intervalo* CLARO. || 17. V. *Miel de* CLAROS. || 18. fig. Perspicaz, agudo. || 19. fig. Ilustre, insigne, famoso. || 20. PINT. Luz que baña alguna parte del cuadro. || 21. VETER. Se dice del caballo que andando abre bien las manos, de modo que no pueden rozarse ni cruzarse. || 22. m. Abertura a modo de claraboya, por donde entra luz. || 23. Espacio que media de palabra a palabra en lo escrito. || 24. Tiempo durante el cual se interrumpe una disertación. || 25. Espacio o intermedio que hay entre algunas cosas. || 26. GERM. Clarea, tiempo del día en que el sol está sobre el horizonte. || 27. ARQ. Luz, ventana o tronera por donde penetra la luz a un edificio. Ú.m. en pl. || 28. MAR. Dícese del

cabo, estacha, cadena o maniobra que no está enredada. || 29. COLOM. Caldo de la mazmorra. || 30. PERÚ. Cierta bebida muy transparente y espumosa. || 31. VENEZ. Aguardiente de caña. || 32. CUBA. Dulce de guayaba. || 33. CUBA, P. RICO y MÉJ. La espuma más clara que se produce en la meladora donde se ha purificado el guarapo, y también las caladeras que reciben este líquido en los trapiches. || 34. adv. Claramente. || —de luna. Momento corto en que la Luna se muestra en noche obscura con toda claridad. || —obscuro o claro y obscuro. PINT. Clarobscuro. || *A la* CLARA, *o a las* CLARAS. m. adv. Manifiesta, públicamente. || ¡CLARO!, o ¡CLARO *está*! expr. de que se usa para dar por cierto o asegurar lo que se dice. || *De* CLARO *en* CLARO. m adv. Manifiestamente, con toda claridad. || 2. De un extremo a otro, de principio a fin. || P. claro; I. clear, bright; F. clair; A. hell, klar; It. chiaro; R. светлый.

★ **CLARÓN**. m. MÚS. Cierto registro del órgano.

CLAROR. (l. *claror*.) m. Resplandor o claridad.

★ **CLAROS**. m. pl. Primera espuma que por el hervor se derrama fuera de la pila donde se depura el guarapo.

CLAROSCURO. (De *claro* y *obscuro*.) m. PINT. Conveniente distribución de la luz y de las sombras en un cuadro. || 2. PINT. Diseño o dibujo que no tiene más que un color sobre la superficie en que se pinta. || 3. CALIGR. Aspecto que ofrecen las escrituras mediante la combinación de los trazos gruesos, medianos y finos de las letras. || 4. MÚS. Grata ordenación de los pianos y de los fuertes en una composición musical. || P. claro-escuro; I. clare-obscure; F. clair-obscur; A. helldunkel; It. chiaroscuro; R. светотень.

CLARUCHO, CHA. adj. despect. Aplícase a la substancia desleída en cantidad excesiva de un líquido.

CLASCAL. (De *tlascal*.) m. MÉJ. Tortilla de maíz.

CLASE. (l. *classis*.) f. Orden o número de personas del mismo grado, calidad u oficio. *La* CLASE *médica*. || 2. Orden en que, con arreglo a determinadas condiciones o calidades, se consideran comprendidas ciertas personas o cosas. || 3. En las universidades y escuelas cada división de alumnos que asisten a sus diferentes aulas. || 4. Aula, cátedra. || 5. Lección que da el maestro a los discípulos cada día. || 6. En los establecimientos de enseñanza, cada una de las asignaturas a que se destina separadamente determinado tiempo. || 7. BOT. y ZOOL. Grupo taxonómico que comprende determinados órdenes de plantas o de animales con muchos caracteres comunes. CLASE *de los mamíferos, de las angiospermas*. || 8. pl. MIL. Nombre genérico de los individuos de tropa que forman los escalones intermedios entre el oficial y el soldado raso. || —media. La que se halla entre los nobles y ricas y la de los que viven de jornal o salario. || —de etiqueta. Parte de la servidumbre palatina. || —pasivas. Denominación oficial que comprende a los cesantes, jubilados, retirados, inválidos y exclaustrados que disfrutan algún haber pasivo, y por extensión, las viudas y huérfanos que gozan pensión en virtud de los servicios que prestaron sus maridos o padres. || P., F. e It. classe; I. class; A. Gattung, Klasse; R. класс.

★ **CLASIARIOS**. m. pl. Soldados de la antigua Roma que correspondían a la actual infantería de marina.

CLÁSICAMENTE. adv. De modo clásico.

CLASICISMO. (De *clásico*.) m. Sistema literario o artístico fundado en la imitación de los modelos, de la antigüedad griega y romana. Dícese en oposición a romanticismo. || P. e It. classicismo; I. classicism; F. classicisme; A. Klassizismus; R. классицизм.

CLASICISTA. adj. Dícese del partidario del clasicismo.

CLÁSICO, CA. (l. *classicus*.) adj. Dícese del autor o de la obra que se tiene por modelo digno de imitación en cualquier literatura o arte. Apl. a pers. ú.t.c.s. ||

2. Principal o notable en algún concepto. || **3.** Perteneciente a la literatura o al arte de la antigüedad griega y romana, y a los que en los tiempos modernos les han imitado. Dícese en oposición a lo romántico. Apl. a pers. ú.t.c.s. || **4.** Partidario del clasicismo. Ú.t.c.s. || **5.** LITURG. Aplícase a la fiesta doble de primera o de segunda clase. || **P.** e **It.** clàssic; **I.** classic; **F.** classique; **A.** klassisch; **R.** классический, классик.

★ **CLASIFICABLE.** adj. Que se puede clasificar.

CLASIFICACIÓN. f. Acción y efecto de clasificar. || **2.** Calificación. || **P.** clasificación; **I.** y **F.** classification; **A.** Klassefikation; **It.** classeficazione; **R.** классификация.

CLASIFICADOR, RA. adj. Que clasifica. Ú.t.c.s. || **2.** m. Mueble de despacho con varios cajoncitos para guardar separadamente y con orden los papeles.

CLASIFICAR. (b. l. *classificăre*, y éste del l. *classis*, clase, y *facĕre*, hacer.) tr. Ordenar o disponer por clases. || **2.** Calificar. || **P.** classificar; **I.** to class, to classify; **F.** classifier, classer; **A.** einteilen; **It.** classificare, classare; **R.** классифицировать.

★ **CLASISMO.** m. Doctrina social que estudia la organización de la sociedad tomando como fundamento la separación de clases.

★ **CLASTOMANÍA.** f. MED. Tendencia morbosa a romperlo todo.

★ **CLATOLE.** m. MÉJ. Plática reservada y prolija.

★ **CLATOLEAR.** intr. MÉJ. Sostener clatole con alguien.

★ **CLATRULINA.** f. ZOOL. Género de protozoos de aguas dulces, provistos de concha con pedúnculo tubular.

★ **CLATURELINOS.** m. ZOOL. Género de moluscos gasterópodos.

CLAUCA. (l. *clavica*, de *clavis*, llave.) f. GERM. Ganzúa, alambre en forma de garfio para abrir las cerraduras.

CLAUDIA. (De la reina *Claudia*, mujer de Francisco I de Francia.) adj. V. *Ciruela* CLAUDIA.

CLAUDICACIÓN. (l. *claudicatĭo*, -ōnis.) f. Acción y efecto de claudicar.

CLAUDICANTE. p.a. de claudicar.

CLAUDICAR. (l. *claudicăre*, de *claudus*, cojo.) intr. Cojear. || **2.** fig. Proceder torcidamente. || **3.** fig. Faltarle a alguna cosa algún requisito.

CLAUQUILLADOR. (De *clauquillar*.) m. ant. AR. El que en la aduana sellaba los cajones de mercaderías.

CLAUQUILLAR. (De *clauca*.) tr. ant. AR. Sellar en la aduana los cajones de las mercaderías.

★ **CLAUSENIA.** f. BOT. Género de plantas rutáceas, propias de regiones tropicales; son árboles y arbustos con flores en panojas.

CLAUSTRA. (l. *claustra*, pl. de *claustrum*.) f. Claustro. || **2.** Vida de inobservancia de la disciplina religiosa. || **3.** ARQ. Celosía practicada en una losa de piedra o de barro cocido, de suerte que el colado forma dibujos que armonizan con el estilo del edificio.

CLAUSTRAL. (l. *claustrālis*.) adj. Perteneciente o relativo al claustro. *Vida* CLAUSTRAL. || **2.** Dícese de ciertas órdenes religiosas y de sus individuos. *Los dominios* CLAUSTRALES. Apl. a pers. ú.t.c.s. || Véase *Bóveda* CLAUSTRAL. || **P.** claustral; **I.** cloistral, claustral; **F.** claustral; **A.** klösterlich; **It.** claustrale; **R.** монастырский.

★ **CLAUSTRALITA.** f. MINERAL. Seleniuro natural de plomo.

★ **CLAUSTRALITELA.** f. ZOOL. Araña que teje su tela formando celdillas de forma oval.

CLAUSTRAR. (De *claustro*.) tr. ant. Cerrar, rodear.

CLAUSTRERO. (l. *claustrarĭus*, de *claustrum*, claustro.) adj. ant. Decíase del que hacía vida claustral. Usáb.t.c.s.

CLAUSTRILLO. (d. de *claustro*.) m. Salón de algunas universidades en que se celebraban ciertos actos académicos de segundo orden.

CLAUSTRO. (l. *claustrum*, de *claudĕre*, cerrar.) m. Galería que cierra el patio principal de una iglesia o convento. || **2.** Junta formada por el Rector, consiliarios, doctores y maestros graduados, en las universidades. || **3.** fig. Estado monástico. || **4.** ANAT. Capa delgada de substancia gris, compuesta principalmente de células fusiformes, situada fuera de la cápsula externa del cerebro, que la separa de la substancia blanca de la ínsula. || **—de licencias.** Junta de la facultad de Teología o de la de Medicina, en que, atendidos los méritos, se prescribía el orden con que los bachilleres formados en dichas facultades habían de obtener el grado de licenciado para ascender al de doctor. || **—de profesores.** Conjunto de catedráticos de algún centro oficial de enseñanza. || **—materno.** Matriz. || **P.** claustro; **I.** cloister; **F.** cloître; **A.** Kreuzgang, Klostergang, Kloster; **It.** chiostro; **R.** крытая галерея (в монастыре).

CLAUSTROFOBIA. (l. *claustrum*, encierro, y el gr. φόβος, temor.) f. MED. Sensación morbosa de angustia producida por la permanencia en lugares cerrados.

CLÁUSULA. (l. *clausŭla*, de *clausus*, cerrado.) f. FOR. Cada una de las disposiciones de un contrato, tratado, testamentos o cualquiera otro documento análogo, público o particular. || **2.** GRAM. y RET. Conjunto de palabras que por sí solas forman sentido cabal. || **—ad cautélam.** FOR. La que para favorecer la libertad de revocar un testamento, exige que en otro posterior se empleen determinados vocablos, frases o signos. || **—compuesta.** GRAM. y RET. La que consta de dos o más proposiciones. || **—penal.** FOR. Estipulación en las obligaciones de una sanción, generalmente pecuniaria, que substituye, salvo pacto en contrario, a las indemnizaciones por incumplimiento o retardo. || **—resolutoria.** FOR. La que previene o motiva la ineficacia del título o acto en que va contenida. || **—simple.** GRAM. y RET. La que consta de una sola proposición. || **P.** cláusula; **I.** y **F.** clause; **A.** Klausel; **It.** clausola; **R.** предложение, пункт, оговорка.

CLAUSULADO, DA. (De *clausular*.) adj. Cortado, que se distingue por la brevedad de las cláusulas o periodos. Dícese del estilo. || **2.** m. Conjunto de cláusulas de un escrito.

CLAUSULAR. tr. Cerrar o terminar el período; poner fin a lo que se estaba diciendo.

CLAUSURA. (l. *clausūra*.) f. En los conventos de religiosos, recinto interior donde no pueden entrar mujeres; y en los de religiosas, aquellos donde no pueden entrar los hombres ni las mujeres. || **2.** Obligación que tienen las personas religiosas de no salir de cierto recinto y prohibición a los seglares de entrar en él. || **3.** Vida religiosa o en CLAUSURA. || **4.** Acto solemne con que se terminan o suspenden las deliberaciones de un congreso, un tribunal, cursillo, etc. || **5.** Cierre de un establecimiento. || **P.** claussura; **I.** cloister, sanctum; **F.** cloture; **A.** Klausur; **It.** clausura, chiusura; **R.** обет затворничества.

CLAUSURAR. (De *clausura*.) tr. Cerrar, poner fin a las tareas de una corporación, a los negocios de un establecimiento.

CLAVA. (l. *clava*.) f. Palo toscamente labrado, como de un metro de largo, que va aumentando de diámetro desde la empuñadura hasta el extremo opuesto. || **2.** MAR. Abertura superior y a lo largo del trancanil de ambas bandas de la cubierta de proa en algunas embarcaciones de poco porte, para dar salida al agua que embarcan. || **3.** MÚS. Palos de madera cilíndricos usados como instrumentos de percusión golpeando uno contra otro para acompañar una rumba. || **4.** ZOOL. Género de pólipos de la clase de las hidromedusas, que da nombre a la familia de los clávidos, de la cual es tipo. || **P.** e **It.** clava; **I.** club; **F.** massue; **A.** Kolben, Keule; **R.** дубина.

★ **CLAVACINA.** f. BIOQUÍM. Substancia antibiótica muy eficaz contra ciertas bacterias.

CLAVADIZO, ZA. adj. Dícese de las puertas, ventanas y muebles adornados con clavos de bronce o hierro, o hierro bañado con estaño.

CLAVADO, DA. adj. Guarnecido o armado con clavos. || **2.** Fijo, puntual. || **3.** Pintiparado. || **4.** fig. y fam. Adecuado, proporcionado.

CLAVADURA. f. Herida que se hace a las caballerías cuando se les introduce en los pies o manos un clavo que penetra hasta la carne. || **2.** CHILE. Acción de clavar una cosa puntiaguda.

CLAVAL. adj. ZOOL. Dícese de la articulación de dos huesos entrando el uno en el otro a modo de clavo.

CLAVAR. (l. *clavāre*, de *clavus*, clavo.) tr. Introducir un clavo u otra cosa aguda, a fuerza de golpes, en un cuerpo. || **2.** Asegurar con clavos una cosa en otra. || **3.** Introducir una cosa puntiaguda. Ú.t.c.r. *Me* CLAVÉ *una punta*. || **4.** Entre plateros, sentar o engastar las piedras en el oro o la plata. || **5.** Hablando de caballerías, causarles una clavadura. || **6.** Hablando de cañones, inutilizarlos, introduciendo en el oído un clavo de acero a golpe de mazo. || **7.** Fijar, parar, poner. CLAVÓ *los ojos en él.* || **8.** fig. y fam. Engañar a uno perjudicándole. Ú.t.c.r. || **9.** r. MAR. Quedarse agarrada en el fondo la embarcación que varó. || **10.** PERÚ. Introducirse o colarse en un lugar sin ser llamado. || CLAVÁRSELA. AMÉR. CENTRAL. fr. fam. Embriagarse, emborracharse. || **P.** cravar; **I.** to stick; **F.** clouer; **A.** (ver-zu-)nageln; **It.** inchiodare; **R.** вбивать гвозди.

★ **CLAVARIÁCEOS.** m. pl. BOT. Familia de hongos heminomicetos que se desarrollan sobre vegetales muertos.

CLAVARIO, RIA. m. y f. Clavero, llavero. Caballero guardián, en algunas órdenes militares.

★ **CLAVATÉLIDOS.** m. pl. ZOOL. Ciertos pólipos pertenecientes a la clase de las hidromedusas.

★ **CLAVATELLA.** m. ZOOL. Grupo de celenteros pertenecientes a la clase de las hidromedusas.

CLAVAZÓN. f. Conjunto de clavos puestos en alguna cosa, o preparados para ponerlos. || **P.** cravação; **I.** nails; **F.** clous; **A.** Beschlagnägel; **It.** chiodame, chiodería.

CLAVE. (l. *clavis*, llave.) m. Clavicordio, especie de piano antiguo. || **2.** f. Explicación de los signos convenidos para escribir en cifra, o de otro modo distinto del usual. || **3.** Nota o explicación que necesitan algunos libros o escritos para la inteligencia de su composición artificiosa. || **4.** Noticia o idea por la cual se hace comprensible algo que era enigmático. || **5.** ARQ. Piedra con que se cierra el arco o bóveda. || **6.** MÚS. Signo que se pone al principio del pentágrama para determinar el nombre de las notas. || **7.** CUBA. Instrumento músico consistente en dos palillos con los que se lleva el compás y se suele acompañar a la guitarra golpeándolos uno con otro. || *De* CLAVE. loc. Dícese de las obras literarias en que los personajes fingidos encubren otros reales. *Drama de* CLAVE. || *Echar la* CLAVE. fr. fig. Concluir o finalizar un negocio o discurso. || **2.ª** acep.: **P.** chave; **I.** key, clavis; **F.** clef; **A.** Code; **It.** chiave; **R.** код. || **5.ª** acep.: **P.** chave; **I.** keystone; **F.** clausoir; **A.** Schlussstein; **It.** chiave. || **6.ª** acep.: **P.** clave musical; **I.** y **F.** clef; **A.** Musikschlüssel; **It.** chiave; **R.** ключ.

CLAVECÍMBANO. m. ant. Clavicímbalo.

★ **CLAVECÍN.** m. Instrumento músico de teclado, a manera de piano.

CLAVEL. (cat. *clavell*, y éste del l. *clavĕllus*, clavillo.) m. Planta de la familia de las cariofiláceas, de olor muy agradable. Se cultiva por lo hermoso de sus flores, que se hacen dobles y adquieren colores muy diversos. || **2.** Flor de esta planta. || **—coronado.** Clavellina de pluma. || **—de China.** En Cuba, clavel de hojas más anchas que el común, pero de flores más pequeñas. || **—del aire.** R. DE LA PLATA. Planta parásita de la selva. || **—de las Indias.** Planta herbácea, de la familia de las compuestas. Se cultiva como planta de adorno. || **P.** craveiro, cravo; **I.** pink, carnation; **F.** œillet; **A.** Nelke; **It.** garófano; **R.** гвоздика.

★ **CLAVELINA.** f. AR. Clavellina. || **2.** CHILE. Clavellina de pluma. || **3.** f. ZOOL. Género de ascidias sencillas.

CLAVELITO. (d. de *clavel*.) m. Espe-

C

cie de clavel, pero de tallos, hojas y flores más pequeñas que despiden aroma suave por la tarde y por la noche, y tienen pétalos blancos o de color de rosa, divididos en lacinias pinatíficas. ‖ **2.** Flor de esta planta.

CLAVELÓN. (aum. de *clavel.*) m. Planta herbácea, de la familia de las compuestas. De flores amarillas y fétidas. Críase en Méjico; es muy común en los jardines y su fruto y raíz son purgantes.

CLAVELLINA. (cat. *clavellina,* y éste del l. *clavĕllus,* clavillo.) f. Clavel (la planta), principalmente el de flores sencillas. ‖ **2.** Planta parecida al clavel común, pero de tallo, hojas y flores más pequeños. ‖ **3.** ART. Tapón de estopa que sirve para impedir el polvo entre por el oído del cañón. ‖ **4.** MAR. Figura que hace el remate de los pernos sobre el anillo. ‖ **5.** CUBA. Nombre que se da a varias plantas. ‖ **6.** BOT. AMÉR. MERID. Guacamaya, espantalobos, arbusto leguminoso. ‖ **7.** AMÉR. MERID. Jalapa. ‖ —**de pluma.** BOT. Clavel de tallos tendidos al principio, erguidos después, hojas largas, y flores blancas y rojas. ‖ **2.** Flor de esta planta.

* **CLAVENA.** f. BOT. Planta cinárea de Canarias.

CLAVEQUE. (De *Clebecq,* población de Bélgica.) m. Cristal de roca, en cantos rodados, que se talla imitando el diamante.

CLAVERA. f. Agujero o molde en que se forman las cabezas de los clavos. ‖ **2.** Agujero por donde se introduce el clavo. ‖ **3.** Mojonera, sitio donde se ponen los mojones. Ú. en Extremadura y otras partes. ‖ **P.** craveira; **I.** heading-tool; **F.** cloutier; **A.** Nagelloch, Nagelform; **It.** chiodaia; **R.** отверстие для гвоздя.

CLAVERÍA. f. Dignidad de clavero en las órdenes militares. ‖ **2.** MÉJ. Oficina que en las catedrales entiende en la recaudación y distribución de las rentas del cabildo.

CLAVERO. m. Árbol tropical, de la familia de las mirtáceas. Su fruto es una drupa como las cerezas, con almendra negra, aromática y gomosa. Los capullos de sus flores son los clavos de especia.

CLAVERO, RA. (l. *clavarius.*) m. y f. Llavero, persona encargada de las llaves. ‖ **2.** En algunas órdenes militares, caballero con dignidad a cuyo cargo estaba la custodia y defensa de su principal castillo o convento. ‖ **3.** MÉJ. Clavijero, percha.

CLAVETA. (De *clavo.*) f. Estaquilla o clavo de madera.

CLAVETE. m. d. de clavo. ‖ **2.** MÚS. La pluma o plumilla con que se tañe la bandurria.

CLAVETEAR. (De *clavete.*) tr. Guarnecer o adornar con clavos de oro, plata, u otro metal, alguna cosa. ‖ **2.** Herretear, poner herretes. ‖ **3.** Tratándose de negocios, expedientes, etc., disponerlos y terminarlos de la manera más segura y completa. ‖ **P.** cravejar; **I.** to stud; **F.** clouter; **A.** benageln beschlagen; **It.** imbullettare; **R.** обивать гвоздями.

* **CLAVIARPA.** f. MÚS. Clavilira.
○ **CLAVICEMBALISTA.** com. Músico que toca el clavicémbalo.
○ **CLAVICÉMBALO.** m. Instrumento musical precursor del piano.
* **CLAVICILINDRO.** m. MÚS. Cierto instrumento músico de teclado.

CLAVICÍMBALO. (De *clave* y *címbalo.*) m. ant. Clavicordio.

CLAVICÍMBANO. m. Clavicordio.
* **CLAVICITERIO.** m. MÚS. Clavicordio pequeño.

CLAVICORDIO. (l. *clavis,* llave, y *chorda,* cuerda.) m. Antiguo instrumento músico de cuerdas de alambre y con teclado, en su forma total semejante al piano de cola. Hace sonar las cuerdas hiriéndolas con puntas de pluma o con lengüetas de cobre y no como en los pianos que se hace con macillos. ‖ **P.** clavicórdio; **I.** clavichord; **F.** clavicorde; **A.** Klavichord, Spinett; **It.** clavicordio; **R.** клавикорды.

* **CLAVICOTOMÍA.** f. CIR. Incisión de la clavícula.

CLAVÍCULA. (l. *clavicŭla.*) f. ZOOL. Cada uno de los dos huesos situados trans-

versalmente y con alguna oblicuidad en uno y otro lado de la parte superior del pecho, y articulados por dentro con el esternón y por fuera con el acromión del omóplato. No existe o es rudimentaria en los mamíferos acleidos. ‖ **2.** Instrumento de que se valían los nigrománticos para sus operaciones mágicas. ‖ **P.** clavicula; **I.** cavicle; **F.** clavicule; **A.** Schlüsselbein; **It.** clavícola; **R.** ключица.

CLAVICULADO, DA. adj. Que tiene clavículas.

CLAVICULAR. adj. Perteneciente a la clavícula.

* **CLAVIDUROS.** m. pl. ZOOL. Familia de hidromedusas tubulares con envoltura quitinosa.

* **CLAVIGÉRIDOS.** m. pl. ZOOL. Familia de insectos coleópteros, pentámeros.

* **CLAVÍGERO.** m. ZOOL. Género de insectos coleópteros que viven en simbiosis con las hormigas.

* **CLAVÍGRAFO.** m. MÚS. Instrumento que permite la reproducción automática de cualquier composición musical cuando se le aplica a un piano o a otro instrumento similar.

CLAVIJA. f. Pedazo de cualquier materia apropiada, de forma cilíndrica o ligeramente cónica que se encaja en un taladro hecho al efecto en una pieza sólida. Se coloca en los agujeros correspondientes para sujetar o hacer señales. Muy usado en los instrumentos músicos con astil para asegurar y arrollar las cuerdas. ‖ **2.** En electricidad, vástago para establecer conexiones de corriente. ‖ **3.** CHILE. Pezonera de los carruajes. ‖ —**maestra.** Barra de hierro, en forma de clavo grueso y redondo que se usa en los coches para sujetar el carro sobre el juego delantero y facilitar sus movimientos. ‖ *Apretarle* a uno las CLAVIJAS. fr. fig. y fam. Estrecharle en un discurso o argumento, respecto de su conducta, para compelerle, sujetarle o reducirle. ‖ **P.** cavilja; **I.** peg, pin, nog; **F.** cheville, fiche, goujon; **A.** Bolzen, Zapfen; **It.** caviccha, caviglia, spina; **R.** штифт, шпилька.

CLAVIJERA. (De *clavijero.*) f. AR. Abertura hecha en las tapias de los huertos para que entre el agua.

CLAVIJERO. (l. *clavicularius.*) m. Pieza maciza, larga y angosta, de madera, hierro o de otra materia en que están hincadas las clavijas de los instrumentos músicos que los llevan. ‖ **2.** Percha, pieza con colgadores. ‖ **3.** AGR. Parte del timón del arado en el cual están los agujeros para poner la clavija. ‖ **4.** MÉJ. Espetera.

* **CLAVILIRA.** f. MÚS. Instrumento músico de teclado, cuerdas y pedales.

CLAVILLO, TO. (d. de *clavo.*) m. Pasador que sujeta las varillas de un abanico o las dos hojas de una tijera. ‖ **2.** Clavo, especie del clavero. ‖ **3.** Cada una de las puntas de hierro colocadas en el puente y en el secreto del piano, para dar dirección a las cuerdas. ‖ **P.** cravinho; **I.** rivet; **F.** clavette; **A.** Stiftchen; **It.** perno; **R.** штифт.

CLAVIÓRGANO. m. MÚS. Instrumento músico de cuerdas y cañones o flautas, mixto de clave y órgano, muy armonioso.

* **CLAVIPECTORAL.** adj. Perteneciente o relativo a la clavícula y al tórax.

CLAVO. (l. *clavus.*) m. Pieza de hierro larga y delgada, con cabeza y punta, que sirve para fijarla en alguna parte, o para asegurar una cosa a otra. Muy varia de forma y tamaño. ‖ **2.** Callo duro y de figura piramidal, que se cría regularmente sobre los dedos de los pies. ‖ **3.** Lechino, porción de hilas que se introducen en la herida, para que no se cierre. ‖ **4.** Capullo seco de la flor del clavero. Tiene figura de clavo, de color pardo obscuro, muy aromático y agradable, y sabor acre y picante. Es muy medicinal y se usa como especia en varios condimentos. ‖ **5.** Timón de navío. ‖ **6.** Jaqueca. ‖ **7.** Daño o perjuicio que uno recibe. ‖ **8.** Dolor agudo, o grave cuidado o pena que acongoja al corazón. ‖ **9.** Tejido muerto que se desprende del divieso. ‖ **10.** Tumor que sale a las caballerías en la cuartilla, entre pelo y casco. ‖ **11.** Impresión que sale con

una huella excesiva. ‖ **12.** fig. y fam. CHILE y ARGENT. Artículo de comercio que no se vende. ‖ **13.** VÉNEZ. Acedía, indisposición por haberse acedado el alimento. ‖ **14.** fig. y fam. CHILE. Molestia, gravamen, daño. ‖ **15.** COLOM. Negocio desfavorable. Y también chasco, decepción. ‖ **16.** BOL. Bolsón de mineral de plata. ‖ **17.** HOND. y MÉJ. Parte de una veta de mineral, muy rica en metales, y también porción de metal nativo. ‖ **18.** VÉNEZ. Moneda de medio bolívar. ‖ **19.** COLOM. Moneda de un peso. ‖ —**baladí.** El de herrar, de menor tamaño que el hechizo que se usa en la herradura hechiza. ‖ —**bellote.** Bellote. ‖ —**bellotillo.** El que tiene unos quince centímetros. ‖ —**calamón.** Calamón. ‖ —**chanflón.** El que estaba labrado toscamente. ‖ —**chillón.** Chillón. ‖ —**de a cuarto.** El de unos centímetros de largo. ‖ —**de ala de mosca.** Parecido al de chilla, con la cabeza aplanada lateralmente para poder embutirla en la madera. ‖ — **de a ochavo.** El que mide unos siete centímetros. ‖ —**de chilla.** Clavo de hierro, de seis centímetros de largo y espiga delgada y piramidal, que se emplea generalmente para afirmar la tablazón de los techos. ‖ —**de gota de sebo.** El de cabeza semiesférica. ‖ —**de media chilla.** El de unos 3 cm de largo ‖ —**de pie.** El que no pasa de 20 cm de largo. ‖ —**de rosca.** Tornillo. ‖ —**de roseta.** De adorno, cuya cabeza tiene forma de rosa. ‖ —**de tercia.** El que tiene algo menos de 30 cm de largo. ‖ —**estaca o estaquilla** Estaca. ‖ —**hechizo.** El que se usa en la herradura hechiza. ‖ —**jemal.** Clavo bellote. ‖ —**pasado.** VETER. Tumor que pasa de un lado a otro. ‖ —**romano.** El de adorno, con cabeza grande de latón labrado, que se atornilla en la extremidad de aquél, después de clavado. ‖ —**tabaque.** Tabaque, 2.° art. ‖ —**tablero.** Especie de clavo a propósito para clavar tablas. ‖ —**tachuela.** Tachuela, 1.er art. ‖ —**trabal.** El que sirve para unir o clavar las vigas o trabes. ‖ *Agarrarse* uno a, o de, *un* CLAVO *ardiendo.* fr. fig. y fam. Valerse de cualquier recurso o medio, por difícil o arriesgado que sea, para salvarse de un peligro, evitar un mal que amenaza, o conseguir cualquiera otra cosa. ‖ *Clavará* un CLAVO *con la cabeza.* expr. fig. y fam. que se dice del muy testarudo o tenaz en sus opiniones. ‖ *Dar un paso en el* CLAVO. fr. fig. y fam. Acertar en lo que se dice o hace, especialmente en casos dudosos. ‖ *Dar una en el* CLAVO, *y ciento en la herradura.* fr. fig. y fam. Acertar por casualidad, equivocarse a menudo. ‖ *Hacer* CLAVO. fr. En albañilería, unirse y trabarse sólidamente los materiales de construcción. ‖ *No importar un* CLAVO *una cosa.* fr. fig. y fam. Merecer poco aprecio. ‖ *Por un* CLAVO *se pierde una herradura.* expr. proverb. con que se advierte que de descuidos pequeños pueden originarse males grandes. ‖ *Remachar* uno *el* CLAVO. fr. fig. y fam. Añadir a un error otro mayor, al querer enmendar el desacierto. ‖ **2.** Añadir uno o más argumentos en pro de una aserción ya acreditada por anteriores razones. ‖ *Un* CLAVO *saca otro* CLAVO. expr. proverb. con que se da a entender que a veces un mal o un cuidado hace olvidar o no sentir otro que antes molestaba. ‖ *Tener* uno *un* CLAVO *en el corazón.* fr. fig. y fam. que se usa para expresar que se tiene un dolor o una pena que atormenta. ‖ **P.** prego; **I.** nail; **F.** clou; **A.** Nagel; **It.** chiodo; **R.** гвоздь. ‖ 4.ª acep.: **P.** cravo-da-india; **I.** clove; **F.** clou de girofle, girofle; **A.** Gewürznelke; **It.** garòfano; **R.** гвоздика. ‖ VETER.: **P.** cravo; **I.** hob-nail; **F.** clou, clou de rue; **A.** Hufnagel; **It.** chiodo; **R.** гвоздь.

* **CLÁVULA.** f. ZOOL. Cada una de las púas finas que en zonas especiales de su cuerpo tienen algunos equinodermos.

* **CLAVULADOS.** m. pl. BOT. Tribu de hongos himenomicetos comestibles.

* **CLAXON.** m. Bocina eléctrica usada en los automóviles.

* **CLAYITA.** f. MINERAL. Sulfuro natural de plomo.

CLAZOL. (De *tla,* cosa, y *zolli,* viejo.) m. MÉJ. Bagazo de la caña, estiércol.

* **CLEARING.** m. COM. Procedimiento,

en las relaciones de comercio internacional, que tiene como fin exclusivo la protección coercitiva de la producción nacional, regulado mediante tratados y convenios entre los Estados el intercambio de productos y eliminando en los mismos, como signo de pago, la moneda. Es un procedimiento de compensación internacional.

★ **CLEBORNIENSE**. adj. GEOL. Dícese de un piso geológico de Alabama (Estados Unidos). Ú.t.c.s.

CLEDA. (celt. *cleta*, armazón de palos.) f. ant. MIL. Mantelete que resguardaba de los tiros del enemigo.

★ **CLEIDECOSTAL**. adj. ANAT. Perteneciente a la clavícula y a las costillas.

★ **CLEIDOESCAPULAR**. adj. ANAT. Perteneciente o relativo a la clavícula y a la escápula u omóplato.

★ **CLEIDOMASTOIDEO, A**. adj. ANAT. Perteneciente a la clavícula y a la apófixis mastoides.

★ **CLEISTÓGAMO, MA**. adj. BOT. Dícese de las flores que se fecundan con su propio polen, y de las plantas que tienen estas flores.

CLEMÁTIDE. (l. *clemātis*, -*ĭdis*, y éste del gr. κλημᾰτίς.) f. Planta medicinal, de la familia de las ranunculáceas, de flores blancas, cuyas hojas se emplean en medicina contra la sarna.

CLEMENCIA. (l. *clementia*.) f. Virtud que modera el rigor de la justicia. || P. clemència; F. clemency; A. clémence; A. Milde, Gnade; It. clemenza; R. милосердие.

CLEMENTE. (l. *clemens*, -*entis*.) adj. Que tiene clemencia. || P. e It. clemente; I. clement; F. clément; A. gnädig; R. милосердный, милостивый.

CLEMENTEMENTE. adv. Con clemencia.

CLEMENTINA. f. Cada una de las constituciones del papa Clemente V, y que componen la colección de derecho canónico publicada por el papa Juan XXII el año de 1317. || 2. pl. Esta colección.

★ **CLÉMIDO**. m. ZOOL. Género de reptiles quelonios.

★ **CLEMOLE**. m. MÉJ. Salsa de ají.

★ **CLENÁCEAS**. f. pl. BOT. Familia de plantas arbustivas dicotiledóneas y hermafroditas de Madagascar.

★ **CLENIINOS**. m. pl. ZOOL. Insectos coleópteros que viven debajo de las piedras que se encuentran en las orjllas de los ríos y charcas.

CLEPSIDRA. (l. *clepsўdra*, y éste del gr. κλεψύδρα; de κλέπτω, despojar, y ὕδωρ, agua.) f. Reloj de agua. || P. clépsidra; I. clepsydra; F. clepsydre; A. Wasseruhr; It. clessidra; R. водяные часы.

★ **CLEPSINA**. f. ZOOL. Género de gusanos parecidos a las sanguijuelas.

★ **CLEPTÓGRAFO**. m. Cerradura que delata la presencia de ladrones haciendo sonar un timbre de alarma al intentar forzarla.

CLEPTOMANÍA. (gr. κλέπτω, quitar, y μανία, manía.) f. Propensión morbosa al hurto. También se llama clepsimania. || P. e It. cleptomania; F. cleptomanie; A. Kleptomanie; It. cletomania; R. клептомания.

★ **CLEPTOMANIACO, CA**. [∼MANÍACO, CA]. adj. Cleptómano.

CLEPTÓMANO, NA. adj. Dícese de la persona que padece cleptomanía. Ú.t.c.s.

CLERECÍA. f. Conjunto de personas eclesiásticas que componen el clero. || 2. Número de clérigos que concurren con sobrepellices a una función de iglesia. || 3. Oficio u ocupación de clérigos. || 4. V. *Mester de* CLERECÍA.

★ **CLERÉN**. m. REP. DOMIN. Aguardiente de caña.

CLERICAL. (l. *claricālis*.) adj. Perteneciente al clérigo: *Hábito*, *estado* CLERICAL. || 2. Partidario del clericalismo. || P. clérical; I. clerical; F. clérical; A. klerikal; It. clericale; R. духовный, клерикальный.

CLERICALISMO. m. Nombre que suele darse a la influencia excesiva del clero en los asuntos políticos. || P. e It. clericalismo; I. clericalism; F. cléricalisme; A. Klerikalismus; R. клерикализм.

CLERICALMENTE. adv. Como corresponde al estado clerical.

CLERICATO. (l. *clericātus*.) m. Estado y honor del clérigo. || **—de cámara**. Empleo honorífico en el palacio del Papa.

CLERICATURA. f. Estado clerical.

★ **CLERICÓ**. m. ARGENT. Bebida preparada con vino clarete, gaseosa, azúcar y trozos de fruta.

★ **CLÉRIDOS**. m. pl. ZOOL. Insectos coleópteros, pentámeros de cuerpo peludo y antenas dentadas.

CLERIGALLA. f. despect. Calificativo aplicado a los malos clérigos.

CLÉRIGO. (l. *clericus*, y éste del gr. κληρικός.) m. El que ha recibido las órdenes sagradas. || 2. El que tiene la primera tonsura. Se llama clérigo de Corona. || 3. En la Edad Media, hombre letrado y de estudios escolásticos, aunque no tuviese orden alguna, en oposición al indocto y especialmente al que no sabía latín. Por ext. el sabio en general aunque fuese pagano. || 4. REP. DOMIN. Monaguillo. || **—de cámara**. El que obtiene un clericato de cámara. || **—de corona**. El que sólo tiene la primera tonsura. || **—de menores**. El que sólo tiene órdenes menores o alguna de ellas. || **—de misa**. Presbítero o sacerdote. || **—de misa y olla**. fr. fig. y fam. Eclesiástico de cortos estudios y escasa autoridad. || **—pobre de la Madre de Dios**. Escolapio, clérigo regular de la orden de las Escuelas Pías. || **Clérigos menores**. Orden de clérigos regulares fundada en 1588, en Nápoles, por Juan Agustín Adorno, caballero genovés, y San Francisco Caracciolo. || P. clérigo; It. clergyman, clerk, cleric; F. clerc; A. Priester, Geistlicher; It. clèrico, chièrico; R. священник.

CLERIGUICIA. f. despect. de clérigo. Séquito de clérigos, con sobrepelliz, que asisten a una función de iglesia.

CLERIZÓN. (fr. *clergeon*, de *clergé*, y éste del l. *clericatus*.) m. En algunas catedrales, mozo de coro o monacillo.

CLERIZONTE. m. El que usaba de hábitos clericales sin estar ordenado. || 2. Clérigo mal vestido o de malos modales.

CLERO. (l. *clerus*, y éste del gr. κλῆρος.) m. Conjunto de los clérigos, así de órdenes mayores como menores, incluso los de primera tonsura. || 2. Clase sacerdotal en la Iglesia católica. || **—regular**. El que se liga con los tres votos religiosos de pobreza, obediencia y castidad. || **—secular**. El que no hace dichos votos, que se llaman solemnes. || P. e It. clero; I. clergy; F. clergé; A. Geistlichkeit, Klerus; R. духовенство.

CLEROFOBIA. (gr. κλῆρος, y φόβος, horror.) Odio manifiesto al clero.

CLERÓFOBO, BA. adj. Dícese de la persona que manifiesta clerofobia. Ú.t.c.s.

★ **CLERÓN**. m. Insecto típico de la familia de los cléridos.

★ **CLETRITA**. f. BOT. Madera fósil.

CLEUASMO. (l. *chleuasmos*, y éste del gr. χλευασμός, sarcasmo.) m. RET. Figura que se comete cuando el que habla atribuye a otro sus buenas acciones o cualidades, o cuando se atribuye a sí mismo las malas de otro.

★ **CLEVEITA**. f. MINERAL. Uranato con algo de torio, hallado en los feldespatos de Garta (Noruega).

CLÍBANO. (l. *clibănus*, horno de campaña.) m. ant. Horno portátil. || 2. MIL. Especie de coraza que usaban los soldados persas.

CLICA. f. ZOOL. Molusco lamelibranquio marino dimiario. Es comestible. Común en las costas españolas.

★ **CLIDONÓGRAFO**. m. ELECTR. Aparato destinado a apreciar gráficamente las características de las ondas que tienen su origen en una línea de conducción eléctrica.

★ **CLIDORREXIA**. f. Fractura de las dos clavículas del feto al ser expulsado.

★ **CLIDOTOMÍA**. f. CIR. Operación de cortar una o ambas clavículas del feto para que pueda ser expulsado.

CLIENTE. (l. *cliens*, -*entis*.) com. Persona que está bajo la protección o tutela de otra. || 2. Respecto del que ejerce alguna profesión, persona que utiliza sus servicios. || 3. Por ext., parroquiano. || P. e

It. cliente; I. y F. client; A. Klient Kunde; R. клиент.

CLIENTELA. (l. *clientēla*.) f. Protección, amparo con que los poderosos patrocinan a los que se acogen a ellos. || 2. Conjunto de los clientes de alguna persona. || 2.ª acep.: P. clientela; I. cliente; F. clientele, clientage; A. Kundschaft; It. clientela; R. клиентура.

CLIMA. (l. *clima*, y éste del gr. κλίμα.) m. Condiciones atmosféricas que caracterizan a una región. || 2. Temperatura particular y demás condiciones atmosféricas y telúricas de cada país. || 3. País, región. || 4. fig. Ambiente, circunstancia. || 5. Medida superficial agraria que constaba de 60 pies de lado, o sea unos 290 metros cuadrados. || 6. GEOGR. Espacio del globo terráqueo, comprendido entre dos paralelos, en los cuales la duración del día mayor del año se diferencia en determinada cantidad. Los antiguos dividieron el mundo por ellos conocido en siete climas de a media hora; y los modernos han adoptado 24 climas de a media hora entre el Ecuador y cada uno de los círculos polares, y seis de a mes desde dichos círculos hasta el polo respectivo. || P. e It. clima; I. climate; F. climat; A. Klima; R. климат.

CLIMATÉRICO, CA. (l. *climactericus*, y éste del gr. κλιμακτηρικός, de κλιμακτήρ, escalón.) adj. Año climatérico, dícese del séptimo o noveno año de la vida humana, y sus múltiplos, que se han considerado como críticos y peligrosos, especialmente el sexagésimo tercero, llamados el *Gran* CLIMATÉRICO. || 2. Relativo a cualquiera de los períodos de la vida considerados como críticos, especialmente el de la declinación sexual. || 3. Dícese del tiempo peligroso por alguna circunstancia. || 4. CHILE. Climático, inconstante, variable. || *Estar* uno CLIMATÉRICO. fr. fig. y fam. Estar de mal temple. || P. climatérico; I. climateric, climaterical; F. climatérique; A. Klimaterium; It. climatèrico; R. климактерический.

CLIMATERIO. (gr. κλιμακτήρ, escalón.) adj. Dícese del período de la vida que sigue a la extinción de la función genital.

CLIMÁTICO, CA. adj. Perteneciente o relativo al clima. || 2. Inconstante, variable.

CLIMATOLOGÍA. (gr. κλίμα, -ατος, clima, y λόγος, tratado, doctrina.) f. Tratado de los climas. || P. climatología; I. climatology; F. climatologie; A. Klimatologie; It. climatologia; R. климатология.

CLIMATOLÓGICO, CA. adj. Perteneciente o relativo a la climatología. || 2. Perteneciente o relativo a las condiciones de cada clima.

★ **CLIMATOTERAPIA**. f. MED. Estudio de las condiciones climáticas de un país, con fines terapéuticos. || 2. Tratamiento de ciertas enfermedades por el cambio de clima, para aliviarlas y curarlas, y aun prevenirlas. || P. climatoterapia; I. climatotherapy; F. climatothérapie; A. Klimatotherapie; It. climatoterapia; R. климатотерапия.

CLÍMAX. (l. *climax*, y éste del gr. κλῖμαξ, escala.) m. RET. Gradación, figura consistente en presentar una serie de pensamientos en escala ascendente o descendente de modo que cada uno exprese algo más o algo menos que el anterior. || 2. m. Momento culminante de un poema o acción dramática.

★ **CLIMENA**. f. BOT. Planta parecida al tártago. || 2. ZOOL. Género de gusanos anélidos.

★ **CLIMENIA**. f. PALEONT. Género de moluscos cuyos restos fósiles se encuentran en el devónico.

CLIN. f. Crin.

★ **CLINANTO**. m. BOT. Receptáculo común de las flores de algunas plantas.

★ **CLINCH**. (Voz inglesa.) m. En el boxeo, posición cuerpo a cuerpo.

★ **CLINEJA**. f. VENEZ. Trenza de cabellos. || 2. CUBA y P. RICO. Soga.

CLÍNICA. (gr. κλινική, t. f. de -κός, clínico.) f. Parte práctica de la enseñanza de la medicina. || 2. Departamento de los hospitales destinados a dar estas enseñanzas. || 3. Hospital privado, más común-

C

mente quirúrgico, regido por uno o varios médicos. || **P.** clínica; **I.** clinic; **F.** clinique; **A.** Klinik; **It.** clinica; **R.** клиника.

CLÍNICO, CA. (l. *clinicus*, y éste del gr. κλινικός, de κλίνη, lecho.) adj. Perteneciente a la clínica. Ú.t.c.s. || **P.** e **It.** clínico; **I.** clinic; **F.** clinique; **A.** klinisch; **R.** клинический.

⋆ **CLINIDIO.** m. Bot. Célula productora de esporas por generación sucesiva.

⋆ **CLINO.** m. Zool. Género de peces acantopterigios, de cuerpo muy comprimido.

⋆ **CLINOCEFALIA.** f. Anat. Aplanamiento congénito de la bóveda craneana.

⋆ **CLINOCLASITA.** f. Mineral. Arseniato de cobre hidratado.

⋆ **CLINOCLORO.** m. Mineral. Silicato de aluminio y magnesio con cierta cantidad de hierro.

⋆ **CLINOCROCITA.** f. Mineral. Sulfato hidratado de hierro, aluminio y potasio.

⋆ **CLINODO.** m. Bot. Porción de receptáculo de algunos hongos.

⋆ **CLINOEDRITA.** f. Mineral. Silicato de calcio y cinc.

⋆ **CLINOFEÍTA.** f. Mineral. Sulfato hidratado de hierro, aluminio y potasio.

⋆ **CLINOGRAFÍA.** f. Representación gráfica de las variaciones de la temperatura de un enfermo y de otras manifestaciones patológicas.

⋆ **CLINOHUMITA.** f. Mineral. Silicato hidratado de magnesio con cierta cantidad de flúor.

⋆ **CLINOMANÍA.** f. Inclinación exagerada a permanecer en el lecho.

CLINÓMETRO. m. Especie de nivel que sirve para indicar los movimientos transversales o de balanceo del avión alrededor de su eje longitudinal. || **2.** Mar. Instrumento que sirve para medir la amplitud de la eslora de un buque. || **3.** Mar. Instrumento que sirve para determinar la diferencia de calado de la proa a la popa de un buque. || **4.** Med. Instrumento propio para medir un ángulo de desviación, como la torsión de los ojos cuando miran un punto fijo, y que sirve para apreciar el grado de parálisis de los músculos oculares. || **5.** Fís. Especie de nivel. || **P.** clinómetro; **I.** clinometer; **F.** clinomètre; **A.** Neigungsmesser; **It.** clinòmetro; **R.** клинометр.

CLINOPODIO. (l. *clinopodion*, y éste del gr. κλινοπόδιον; de κλίνη, lecho, y πούς, ποδός, pie.) m. Hierba de la familia de las labiadas. Ligeramente aromáticas, acompañadas de brácteas cerdosas.

⋆ **CLINORRÓMBICO, CA.** adj. Mineral. Dícese del prisma oblicuo de base rombal.

⋆ **CLINOTERAPIA.** f. Tratamiento médico del cual lo fundamental es la permanencia del enfermo en cama.

⋆ **CLINOZOISITA.** f. Mineral. Silicato de aluminio y calcio de color rosado.

⋆ **CLIÓNIDOS.** m. pl. Zool. Familia de moluscos de cuerpo desnudo y un pie de grandes expansiones que a la vez sirven de aletas.

⋆ **CLIP.** (Voz inglesa.) m. Pequeño sujetapapeles de alambre niquelado entre cuyas dos ramas puede quedar sujeto un corto número de papeles.

⋆ **CLIPEASTROIDES.** m. pl. Zool. Orden de equinodermos entre los que se encuentran los erizos de mar.

CLÍPEO. (l. *clypěus*.) m. Arqueol. Escudo de forma circular y abombada que usaron los antiguos. || **P.** clípeo; **I.** y **F.** clypeus, clipeus; **A.** Clypeus; **It.** clipeo; **R.** щит.

CLÍPER. (ingl. *clipper*.) m. Buque de vela, fino, ligero y de mucho aguante. || **2.** Nombre dado a los aviones comerciales de líneas regulares transoceánicas.

CLISADO, DA. m. Impr. Acción y efecto de clisar. || **2.** Arte de clisar.

⋆ **CLISADURA.** f. Chile. Acción y efecto de clisarse.

⋆ **CLISAGRA.** f. Gota en la articulación del esternón y la clavícula.

CLISAR. (De *clisé*.) tr. Impr. Reproducir con planchas de metal la composición de imprenta, recogida en relieve, de que previamente se ha sacado un molde. || **P.** estereotipar; **I.** to stereotype; **F.** clicher;

A.klischieren, abklatschen; **It.** stereotipare; **R.** клишировать.

⋆ **CLISARSE.** r. Chile. Agrietarse o quebrarse el vidrio, la madera, etc. || **2.** Chile. Herirse en la cara.

CLISÉ. (fr. *cliché*.) m. Impr. Plancha clisada, o estereotipada, especialmente la que representa algún grabado. || **P.** y **F.** cliché; **I.** cliché, stereotype; **A.** Klischee, Abklatsch; **It.** cliché, stereotipo; **R.** клише.

⋆ **CLISÍMETRO.** m. Aparato de nivelación usado en topografía.

⋆ **CLISOBOMBA.** m. Aparato usado para irrigaciones, que suministra un chorro constante.

CLISOS. m. pl. Germ. Los ojos.

CLISTEL. m. Clister, lavativa.

CLISTELERA. f. Mujer que echaba ayudas o clisteles.

CLISTER. (l. *clyster*, y éste del gr. κλυστήρ, de κλύζω, lavar.) m. Ayuda, lavativa.

CLISTERIZAR. tr. Administrar el clister.

⋆ **CLITELO.** m. Grupo de anillos que en algunos gusanos anélidos, como la lombriz de tierra, segregan una especie de mucosidad en que el animal envuelve sus huevos.

⋆ **CLITOCIBINA.** f. Principio de gran poder bactericida que existe en algunas clases de hongos.

⋆ **CLITÓGRAFO.** m. Aparato que se usa en Topografía para apreciar las diferencias de nivel entre distintos puntos y la distancia que hay entre ellos. || **P.** clitografo; **I.** clitograph; **F.** clitographe; **A.** Klitograph; **It.** clitògrafo; **R.** клитограф.

CLITÓMETRO. (gr. κλίτος, inclinación, y μέτρον, medida.) m. Topogr. Instrumento que se emplea en la medición de las pendientes de terreno.

CLÍTORIS. (gr. κλειτορίς, de κλείω, cerrar.) m. Cuerpecillo carnoso eréctil, que sobresale en la parte más elevada de la vulva. || **P.,** **I.** y **F.** clítoris; **A.** Klitoris, Kitzler; **It.** clitòride; **R.** клитор.

⋆ **CLITORISMIA.** f. Pat. Excesivo tamaño del clítoris.

⋆ **CLITORISMO.** m. Ninfomanía.

⋆ **CLITORITOMÍA.** f. Cir. Amputación del clítoris.

⋆ **CLITOROMANÍA.** f. Med. Ninfomanía.

⋆ **CLIVAL.** adj. Anat. Perteneciente o relativo al clivo.

⋆ **CLIVIA.** f. Bot. Género de plantas de adorno de muy bellas flores agrupadas en umbelas.

CLIVO. (l. *clivus*, inclinación.) m. Anat. Cara posterior de la lámina que limita por detrás la silla turca.

CLIVOSO, SA. (l. *clivōsus*, de *clivus*, cuesta.) adj. poét. Que está en cuesta.

CLO. Onomatopeya con que se representa la voz propia de la gallina clueca.

CLOACA. (l. *cloăca*.) f. Conducto por donde van las aguas sucias e inmundicias. || **2.** Zool. Porción final, ensanchada y dilatable, del intestino de las aves y otros animales, en la cual desembocan los conductos genitales y urinarios, y el tubo digestivo en muchos vertebrados. || **P.** e **It.** cloaca; **I.** sewer; **F.** égoût; **A.** Kloake, Schleusse; **R.** сток по нечистот, клоака.

⋆ **CLOANTINA.** f. Mineral. Arseniuro de níquel cristalizado, generalmente de color blanco.

° **CLOASMA.** f. Med. Aparición, generalmente en la cara, de manchas de color pardusco o amarillo obscuro y de contornos irregulares. En la mujer suele ser síntoma de embarazo.

CLOCAR. intr. Cloquear. Hacer clo, clo, la gallina clueca.

⋆ **CLOCLI.** m. Zool. Ave insectívora que abunda en Colombia.

CLOCHEL. (fr. *clocher*, de *cloche*, campana.) m. ant. Campanario, torre donde están las campanas.

⋆ **CLODEÍNA.** Substancia líquida aglutinante que se emplea para cerrar los pozos de las minas.

⋆ **CLOE.** m. Zool. Género de insectos ortópteros en los que las alas posteriores se han atrofiado por completo.

⋆ **CLOEIA.** m. Zool. Género de gusanos anillados, de cuerpo blando y cilíndrico.

⋆ **CLÓNICO, CA.** adj. Agitado, irregular. Aplícase especialmente a los movimientos convulsivos.

⋆ **CLONISMO.** m. Pat. Especie de enfermedad convulsiva.

⋆ **CLONOCÁRPIDOS.** m. pl. Bot. Grupo de vegetales entre los que se encuentran algunas familias de musgos.

⋆ **CLONÓGRAFO.** m. Aparato para registrar los movimientos espasmódicos.

CLONQUI. m. Chile. Planta muy común parecida a la arzolla.

CLOQUE. (fr. *croc*, y éste del nórdico *krókr*, garfio.) m. Bichero. || **2.** Hierro corvo, en forma de garfio, que sirve para enganchar los atunes en las almadrabas. También, unido a una vara, lo usan los marineros para asir o atraer una embarcación.

CLOQUEAR. intr. Hacer clo, clo, la gallina clueca. || **P.** cacarejar; **I.** to cackle, to cluck; **F.** glousser; **A.** glucken; **It.** chiocciare; **R.** кудахтать.

CLOQUEAR. tr. Asir al atún con el cloque en las almadrabas, para sacarlo a tierra.

CLOQUEO. (De *cloquear*, 1.er art.) m. Cacareo sordo de la gallina clueca.

CLOQUERA. (De *clocar*.) f. Estado de las gallinas y otras aves, que las incita a permanecer sobre sus huevos para incubarlos.

CLOQUERO. m. El que maneja el cloque.

⋆ **CLORACETAL.** m. Quím. Compuesto de cloro y alcohol de 80 grados.

⋆ **CLORACETENO.** m. Quím. Substancia resultante de la acción del oxicloruro sobre el aldehído.

⋆ **CLORACÉTICO, CA.** adj. Quím. Dícese del ácido derivado del acético.

⋆ **CLORACETOL.** m. Quím. Producto de la reacción del pentacloruro de fósforo sobre la acetona.

⋆ **CLORACIÓN.** f. Quím. Método de purificación del agua por medio del cloro.

CLORAL. m. Quím. Líquido producido por la acción del cloro sobre el alcohol anhídrido, y que con el agua forma un hidrato sólido. Ú. en medicina como anestésico.

⋆ **CLORALDEHÍDO.** m. Quím. Cloral.

⋆ **CLORÁLICO, CA.** adj. Producido por la acción del cloral.

⋆ **CLORALOILO.** m. Quím. Cuerpo resultante de la acción del cloro sobre el jugo del áloe.

⋆ **CLORALUMINITA.** f. Mineral. Cloruro hidratado de aluminio.

⋆ **CLORAMIAL.** m. Quím. Substancia producida al reaccionar el cloro con el alcohol amílico.

⋆ **CLORAMINA.** f. Quím. Materia colorante del grupo de las aminas bencénicas.

⋆ **CLORANEMIA.** f. Clorosis.

⋆ **CLORANFENICOL.** m. Quím. y Terap. Cloromicetina sintética.

⋆ **CLORANODINA.** f. Farm. Calmante constituido por cloroformo y morfina.

⋆ **CLORANTO.** m. Bot. Grupo de hierbas y arbustos, de raíz y flores aromáticas que crecen en el Asia tropical.

⋆ **CLORAPATITA.** f. Mineral. Fosfato cálcico asociado con cloro.

⋆ **CLORARSINA.** f. Quím. Cloruro de cacodilo, líquido muy tóxico.

CLORATO. m. Quím. Sal formada por la combinación del ácido clórico con una base. || **P.** clorato; **I.** y **F.** chlorate; **A.** Chlorat; **It.** clorato; **R.** R. хлорат.

⋆ **CLOREMIA.** f. Clorosis.

⋆ **CLORENQUIMA.** m. Bot. Substancia abundante en los órganos verdes de los vegetales.

⋆ **CLORETANO.** m. Quím. Cloruro de etilo.

CLORHIDRATO. m. Quím. Sal formada por la combinación del ácido clorhídrico con una base.

CLORHÍDRICO, CA. (De *cloro* y el gr. ὕδωρ, agua.) adj. Quím. Perteneciente o relativo a la combinaciones del cloro y del hidrógeno. || **2.** Quím. Dícese de un ácido que se obtiene combinando a la luz difusa, el cloro con el hidrógeno. A la luz del Sol se combinan con explosión. También se obtiene descomponiendo el cloruro sódico o sal común, por el ácido sulfúrico. Es gas incoloro, de olor picante, insoluble en el agua y que al aire emite humos. Muy aplicado en la industria. Se llama también ácido muriático, y vulgarmente se le conoce con el nombre genérico de sulfamán. ‖ **P.** cloridrico; **I.** hydrochloric; **F.** chlorhydrique; **A.** Chlorwasserstoff; **It.** cloridrico; **R.** хлористоводородный.

* **CLORHIDRINA.** f. Quím. Derivado clorhídrico de la glicerina. ‖ —**sulfúrica.** Substancia utilizada por los ejércitos en la guerra para producir nieblas artificiales.

CLÓRICO, CA. adj. Quím. Perteneciente o relativo al cloro. ‖ **2.** Dícese del ácido formado por la combinación del cloro, del oxígeno y del hidrógeno. El ácido clórico sólo se conoce en forma de sal y no en estado libre.

* **CLORIDEAS.** f. pl. Bot. Familia de plantas gramíneas, de flores en espiga o en racimo.

* **CLÓRIDO.** m. Quím. Cualquier cuerpo resultante de la combinación del cloro con otros menos electronegativos que él.

* **CLORILO.** m. Quím. Paradiclorobenzol.

* **CLORIÓN.** m. Zool. Cierto insecto hemíptero abundante en gran parte de Asia y África.

CLORITA. (gr. χλωρός, verde.) f. Mineral de color verdoso y brillo anacarado, compuesto de un silicato y un aluminato hidratados de magnesia y óxido de hierro.

CLORÍTICO, CA. adj. Geol. Dícese de ciertas rocas en cuya composición entra la clorita.

* **CLORITO.** m. Quím. Sal que resulta de la combinación del ácido cloroso con una base.

* **CLORITOCITA.** f. Mineral. Pizarra clorítica.

* **CLORITOIDE.** m. Mineral. Otrelita.

CLORO. (gr. χλωρός, de color verde amarillento.) m. Metaloide gaseoso de color verde amarillento, olor fuerte y sofocante, y sabor cáustico. Tiene mucha afinidad con el hidrógeno, por lo cual descompone la mayor parte de las substancias orgánicas, propiedad que le hace útil para blanquear materias vegetales y como desinfectante. En la I Guerra Mundial (1914-19), fue empleado como gas de combate. ‖ **P.** e **It.** cloro; **I.** chlorine; **F.** chlore; **A.** Chlor; **R.** хлор.

* **CLOROACETOFENONA.** f. Quím. Compuesto de propiedades lacrimógenas.

* **CLOROANEMIA.** f. Clorosis.

* **CLOROARSENIATO.** m. Quím. Sal doble formada por un clorato y un arseniato.

* **CLOROBENCENO.** m. Quím. Líquido incoloro, resultante de la acción del cloruro de hierro sobre el benceno.

* **CLOROBROMURO.** m. Quím. Combinación de cloro con un bromuro.

* **CLOROCALCITA.** f. Mineral. Cloruro de calcio, potasio y sodio.

* **CLOROCARBONATO.** m. Quím. Sal del ácido clorocarbónico.

* **CLOROCIANAMINA.** f. Quím. Cuerpo resultante de la acción del amoníaco sobre el cloruro de cianógeno sólido.

* **CLOROCITO.** m. Quím. Glóbulo rojo de la sangre que ha perdido en parte la materia colorante.

* **CLOROCODEÍNA.** f. Quím. Derivado clorado de la codeína.

* **CLORODINOS.** m. pl. Zool. Grupo de crustáceos, caracterizados por tener unas pinzas que adoptan la forma cóncava de cuchara.

* **CLOROFANA.** f. Mineral. Variedad de fluorita, de color verde y propiedad fluorescente.

* **CLOROFEITA.** f. Mineral. Silicato hidratado de hierro con algo de magnesio y de cal.

* **CLOROFENOL.** m. Quím. Compuesto derivado del fenol, de propiedades antisépticas.

* **CLOROFÍCEO, A.** adj. Bot. Dícese de las algas verdes. Ú.t.c.s.f. ‖ **2.** f. pl. Bot. Orden de estas algas.

* **CLOROFIDO.** m. Geol. Roca de color verde usada para pavimentos.

CLOROFILA. (gr. χλωρός, verde, y φύλλον, hoja.) f. Bot. Pigmento que existe en muchas células del tallo de las algas, y del tallo y las hojas de las briofitas, pteridofitas y fanerógamas, al cual deben estas plantas su color verde característico. Compuesto de cuatro substancias, que cuando están aisladas tienen color verde, azul verdoso, rojo anaranjado y amarillo respectivamente. Absorbe ciertas radiaciones de la luz solar, que proporcionan al vegetal la energía necesaria para elaborar, por síntesis, productos orgánicos indispensables para el desarrollo de sus actividades vitales. ‖ **P.** clorofila; **I.** chlorophyll; **F.** chlorophille; **A.** Blattgrün; **It.** clorofilla; **R.** хлорофилл.

* **CLORÓFILAS.** f. pl. Bot. Grupo de plantas criptógamas que comprende numerosos órdenes.

* **CLOROFILASA.** Enzima contenido en las partes verdes de los vegetales.

CLOROFÍLICO, CA. adj. Perteneciente o relativo a la clorofila.

* **CLOROFILITA.** f. Mineral. Variedad alterada de cordierita.

CLOROFILO, LA. adj. Bot. De hojas verdes o amarillentas.

* **CLOROFITAS.** f. pl. Bot. Grupo de criptógamas que comprende las algas, los musgos y los helechos.

* **CLOROFORMAR.** tr. Chile. Cloroformizar.

CLOROFÓRMICO, CA. adj. Perteneciente o relativo al cloroformo y a los efectos de su acción sobre el organismo.

CLOROFORMIZACIÓN. f. Med. Acción y efecto de cloroformizar.

CLOROFORMIZAR. tr. Med. Aplicar, según arte, el cloroformo para producir la anestesia. ‖ **P.** cloroformizar; **I.** to chloroformize; **F.** chloroformiser; **A.** chloroformieren; **It.** cloroformizzare; **R.** хлороформировать.

CLOROFORMO. (De cloro y formo, abreviación de fórmico.) m. Quím. Cuerpo constituido en la proporción de un átomo de carbono, por uno de hidrógeno y tres de cloro. Es líquido, incoloro, de olor agradable parecido al de la camuesa, y de sabor azucarado y picante, y se emplea en medicina como poderoso anestésico. ‖ **P.** clorofórmico; **I.** chloroform; **F.** chloroforme; **A.** Chloroform; **It.** cloroformio; **R.** хлороформ.

* **CLOROGONIDIO.** m. Bot. Espora de conidio verde.

* **CLOROLÁCTICO, CA.** adj. Quím. Calificativo de un ácido, que se obtiene por la acción del ácido clorhídrico sobre el ácido glicérico.

* **CLOROLEUCEMIA.** f. Med. Leucemia aguda acompañada de cloromas.

* **CLOROLEUCITO.** m. Bot. Leucito impregnado de clorofila.

* **CLOROMA.** m. Pat. Tumor de color verdoso en la superficie de los huesos planos. Es enfermedad propia de la infancia.

* **CLOROMAGNESITA.** f. Mineral. Cloruro hidratado de magnesio, de color amarillento.

* **CLOROMELANITA.** f. Mineral. Silicato de aluminio y sodio.

* **CLOROMETILO.** m. Quím. Monoclorometano.

* **CLOROMETRÍA.** f. Quím. Conjunto de métodos de análisis volumétricos para determinar la cantidad de cloro que se desprende de una reacción o que hay en una solución.

* **CLOROMICETINA.** f. Bioquím. y Terap. Producto antibiótico, muy eficaz contra ciertas enfermedades, especialmente contra el tifus. Llámase también cloromicetín.

* **CLORONITROSO, SA.** adj. Quím. Dícese de un ácido conocido con el nombre de cloruro de nitrilo.

* **CLORÓPALO.** m. Mineral. Silicato hidratado de hierro de color verde.

* **CLOROPLASTO.** m. Biol. Corpúsculo de clorofila de las plantas y células animales.

* **CLOROSILICATO.** m. Mineral. y Quím. Cuerpo compuesto de un clorato y de un silicato.

CLOROSIS. (gr. χλωρός, de color verde pálido.) f. Med. Enfermedad de las jóvenes, caracterizada por anemia con palidez verdosa, trastornos menstruales, opilación y otros síntomas nerviosos y digestivos. Suele curarse con el hierro. ‖ **P.** clorose; **I.** chlorosis; **F.** chlorose; **A.** Bleichsucht; **It.** clorosi; **R.** хлороз.

* **CLOROSO, SA.** adj. Quím. Aplícase al ácido que se forma disolviendo en agua el gas anhidro cloroso.

* **CLOROSPERMEAS.** f. pl. Bot. Grupo de algas que tienen los esporos verdes.

CLORÓTICO, CA. adj. Perteneciente o relativo a la clorosis. ‖ **2.** Dícese de la mujer que la padece. U.t.c.s.

* **CLOROTILO.** m. Mineral. Arseniato de cobre básico e hidratado.

* **CLOROTIONITA.** f. Mineral. Mineral compuesto de sulfato potásico y cloruro de cobre.

* **CLOROVAPORIZACIÓN.** f. Agr. Transpiración de los vegetales bajo el influjo de la luz.

* **CLOROXILINA.** f. Quím. Alcaloide contenido en la corteza del cloroxilo.

* **CLOROXILO.** m. Bot. Árbol rutáceo, de madera verdosa. Vive en la India y da una resina que tiene allí las mismas aplicaciones que la del pino en Europa.

* **CLOROXILONINA.** f. Quím. Alcaloide contenido en la madera del cloroxilo.

* **CLORURACIÓN.** f. Med. Dosis de cloruro de sodio superior a la normal. ‖ **2.** Med. Cantidad de cloruro de sodio en los líquidos del organismo.

CLORURAR. tr. Transformar una substancia en cloruro. Y también combinarla con él.

* **CLORUREMIA.** f. Med. Exceso de cloruros en la sangre.

* **CLORURIA.** f. Med. Eliminación de cloruros por la orina.

CLORURO. m. Quím. Combinación del cloro con un metal o alguno de ciertos metaloides. ‖ —**de cal.** Producto químico que resulta de la absorción del cloro por la cal apagada, y que sirve para desinfectar y para blanquear el papel y las telas. ‖ —**de sodio** o **sódico.** Sal común. ‖ **P.** cloreto; **I.** chloride; **F.** chlorure; **A.** Chlorür, Chlorid; **It.** cloruro; **R.** хлорный металл.

CLOTA. f. Ar. Hoya que se hace para plantar un árbol o arbusto.

* **CLOWN.** m. Payaso de circo.

CLUB. (ingl. club.) m. Junta de individuos de una sociedad política, a veces clandestina. ‖ **2.** Sociedad de recreo. ‖ **P.** clube; **I.** club; **F.** club, cercle; **A.** Klub; **It.** club, círcolo; **R.** клуб.

* **CLUBIÓN** o **CLUBIONA.** m. o f. Zool. Género de arañas.

CLUBISTA. m. Socio de un club o círculo.

* **CLUCAS.** adj. C. Rica. Zambo o patizambo.

* **CLUDEN.** m. Arqueol. Espada de que se servían los actores romanos en el teatro.

CLUECO, CA. (De cloquear.) adj. Aplícase a la gallina y a otras aves, cuando se echan sobre los huevos para empollarlos. Ú.t.c.s. ‖ **2.** fig. y fam. Dícese de la persona muy débil y casi impedida por la vejez. ‖ **P.** choca; **I.** broody; **F.** couveuse (poule); **A.** Glucke, Gluckhenne; **It.** chioccia (gallina); **R.** наседка.

* **CLUEQUERA.** f. vulg. Cloquera. ‖ **2.** Ecuad. Cobardía.

* **CLUNÁCULO.** m. Arqueol. Puñal para degollar las víctimas en la antigua Roma.

CLUNIACENSE. (l. cluniacensis, de Cluniacum, Cluni.) adj. Perteneciente al monasterio o congregación de Cluni, que es de San Benito, en Borgoña (Francia). Apl. a pers. ú.t.c.s.

CLUNIENSE. adj. Natural de Clunia, hoy Coruña del Conde. ‖ **2.** Perteneciente a esta ciudad de los arévacos.

* **CLUPEIDOS.** m. pl. Zool. Peces fisóstomos entre los que pueden citarse los arenques, las sardinas, las anchoas y los sábalos.

* **CLUSIA.** f. Bot. Género de plantas americanas cuyo látex es gomorresinoso.

* **CLUTALITA.** f. Mineral. Silicato hidratado de aluminio, sodio y calcio.

* **CN.** Quím. Fórmula del radical cianógeno. Suele representarse por CY.

* **CNÉMIDA.** f. Arqueol. Polaina de cuero o de metal que usaron los antiguos griegos. También recibe el nombre de cnémide.

CNEORÁCEO, A. (De cneorum, nombre de un género de plantas.) adj. Dícese

C de un género de plantas angiospermas dicotiledóneas, afines a las cigofiláceas, como el olivillo, que forman la familia de las cneoráceas o cneóreas, a las que da nombre su tipo, el cneoro. Ú.t.c.s.f. || 2. f. pl. BOT. Familia de estas plantas.

★ **CNICINA**. f. QUÍM. Substancia neutra, amarga que existe en varias plantas, como el cardo estrellado y otras.

★ **CNIDARIOS**. m. pl. ZOOL. Animales celenterios acuáticos, entre los que se encuentran los pólipos y las medusas.

★ **CNIDOBLASTO**. m. Órgano urticante que poseen las medusas y los pólipos.

★ **CNIDOSIS**. f. PAT. Urticaria.

CO. prep. insep. equivalente a *con*, y que indica unión o compañía: *co*autor, *co*heredero, *co*lindante.

★ **CO**. QUÍM. Símbolo del cobalto.

COA. f. Palo aguzado y endurecido al fuego, de que se valían los indios americanos para labrar la tierra. || **2**. Instrumento de agricultura que se usaba en Méjico en lugar de la azada. || **3**. ZOOL. MÉJ. y GUAT. Nombre del curucú, ave trepadora. || **4**. CHILE. Jerga hablada por los ladrones y presidiarios. || **5**. Medida griega para líquidos, usada por los áticos, equivalente a 12 cotilas, o cerca de 3,25 l.

COACCIÓN. (l. *coactio, -ōnis*.) f. Fuerza o violencia que se hace a una persona para obligarla a que diga o haga alguna cosa. || **2**. FOR. Empleo habitual de fuerza legítima que acompaña al derecho para hacer exigible sus obligaciones y eficaces sus preceptos. || **P**. coacção; **I**. coaction, coertion; **F**. coaction, coercition; **A**. Zwang; **It**. coazione; **R**. принуждение.

COACCIONAR. tr. Ejercer coacción.

COACERVACIÓN. f. Acción y efecto dé coacervar.

COACERVAR. (l. *coacervāre*.) tr. Juntar, reunir, amontonar. || **P**. amontoar; **I**. to amass; **F**. entasser; **A**. anhäufen; **It**. coacervare; **R**. собирать, умножать.

COACREEDOR, RA. m. y f. Acreedor con otro u otros.

COACTIVO, VA. (l. *coactus*, impulso, violencia.) adj. Que tiene fuerza de apremiar u obligar.

COACUSADO, DA. adj. FOR. Acusado en juicio con otro u otros.

COADJUTOR, RA. (l. *coadiūtor*, de *co*, por *cum*, con, y *adiūtor*, ayudador.) m. y f. Persona que acompaña y ayuda a otra en alguna cosa. || **2**. El que en virtud de bulas pontificias, tenía la futura sucesión de alguna prebenda eclesiástica y la servía por el propietario. || **3**. Eclesiástico que tiene título y disfruta dotación para ayudar al cura párroco en la cura de almas. || **4**. Entre los regulares de la Compañía de Jesús, el que no hace la profesión solemne; llámanse COADJUTORES espirituales a los sacerdotes, y temporales a los que no lo han de ser. || **P**. coadjutor; **I**. coadjutor, assistant; **F**. (co)adjuteur; **A**. Kaplan, Gehilfe; **It**. coadiutore; **R**. помощник.

COADJUTORÍA. f. Empleo o cargo de coadjutor. || **2**. Facultad que por bulas apostólicas se concedía para servir una dignidad o prebenda eclesiástica en vida del propietario, con derecho de suceder en ella después de su muerte.

COADMINISTRADOR. m. El que en vida de un obispo propietario ejerce ciertas funciones de éste con las facultades necesarias.

★ **COADQUIRIR**. tr. FOR. Adquirir juntamente con otro o con otros.

COADQUISICIÓN. f. Adquisición en común entre dos o más personas.

COADUNACIÓN. (l. *coadunatio, -ōnis*.) f. Acción y efecto de coadunar. También se dice coadunamiento.

COADUNAMIENTO. (De *coadunar*.) m. Coadunación.

★ **COADUNAR**. (l. *coadunāre*, de *cum*, con, y *adunāre*, reunir). tr. Unir, mezclar e incorporar unas cosas con otras. Ú.t.c.r. || **P**. coadunar; **I**. to coadunate; **F**. mêler; **A**. vereinigen, beimischen; **It**. coadunare; **R**. соединять, смешивать.

COADYUDADOR, RA. m. y f. ant. Coadyuvador, ra.

COADYUTOR. m. Coadjutor.

COADYUTORIO, RIA. adj. Que ayuda o auxilia.

COADYUVADOR, RA. m. y f. Persona que coadyuva.

COADYUVANTE. p.a. de coadyuvar. Que coadyuva. Apl. a pers. ú.t.c.s. || **2**. com. FOR. En lo contencioso administrativo, parte que, juntamente con el fiscal, sostiene la resolución de la administración demandada.

COADYUVAR. (l. *co*, por *cum*, con, y *adiuvāre*, ayudar.) tr. Contribuir, asistir o ayudar a la consecución de alguna cosa. || **P**. coadjuvar; **I**. to co-operate; **F**. coopérer; **A**. mithelfen; **It**. coadiuvare; **R**. помогать, содействовать.

COAGENTE. (De *co* y *agente*.) m. El que coopera a algún fin.

★ **COAGLUTINACIÓN**. f. MED. Propiedad que tiene el suero de algunos enfermos de aglutinar los microbios.

COAGULABLE. adj. Que puede coagularse.

COAGULACIÓN. (l. *coagulatio, -ōnis*.) f. Acción de coagular o coagularse. || **P**. coagulação; **I**. y **F**. coagulation; **A**. Gerinnung; **It**. coagulazione; **R**. свёртывание, коагуляция.

COAGULADOR, RA. adj. Que coagula.

COAGULANTE. p.a. de coagular. Que coagula.

COAGULAR. (l. *coagulāre*.) tr. Cuajar, solidificar lo líquido, como la leche, la sangre, etc. Ú.t.c.r. || **P**. coagular; **I**. to coagulate; **F**. coaguler; **A**. gerinnen; **It**. coagulare; **R**. свёртывать.

COÁGULO. (l. *coagŭlum*.) m. Coagulación de la sangre. || **2**. Grumo extraído de un líquido coagulado. || **3**. Masa coagulada. || **P**. coágulo; **I**. y **F**. coagulum; **A**. Gerinnsel; **It**. coàgulo; **R**. сгусток крови.

COAGULOSO, SA. adj. Que se coagula o está coagulado.

★ **COAHUILTECAS**. m. pl. Antiguos habitantes de algunas regiones de Méjico.

COAIRÓN. (De *cuairón*.) m. HUESCA. Pieza de madera de sierra, de 10 a 15 palmos de longitud y cuya escuadría es variable. || **2**. ZAR. Pieza de madera, de 6, 7 u 8 pies de longitud, con escuadría de 6, 7 u 8 dedos de tabla por 4, 5 ó 6 dedos de canto.

COAITA. f. ZOOL. Mono araña. Especie de mono araña, platirrino, de la familia de los cébidos, del género atele. Se domestica con facilidad. Vive en América del Sur.

★ **COALA**. m. ZOOL. Koala. Nombre de un mamífero marsupial frugívoro.

★ **COALESCENCIA**. f. METEOR. Unión de dos gotas de agua en una sola, o de dos masas de aire húmedo para formar una sola. || **2**. MED. Unión o soldadura de dos partes que estaban separadas.

COALICIÓN. (l. *coalĭtum*, supino de *coalesco*, reunirse, juntarse.) f. Confederación, liga, unión. || **P**. coalizão; **I**. coalition; **A**. Bündnis, Koalition; **It**. coalizione; **R**. коалиция, союз.

COALICIONISTA. m. Miembro de una coalición o partidario de ella.

★ **COÁLTAR**. m. Alquitrán. || **2**. QUÍM. Brea de hulla con que se prepara un desinfectante empleado en medicina.

COALLA. (l. *cuacŭla*, codorniz.) f. Nombre dado a la chocha, y antiguamente a la codorniz.

COAMANTE. (De *co* y *amante*.) adj. ant. Compañera o compañero en el amor.

★ **COANA** o **COANO**. m. ANAT. Cavidad en forma de embudo. || **—del cerebro**. Infundíbulo del cerebro. || **—de la nariz**. Cada uno de los orificios posteriores de las fosas nasales.

★ **COANOCITO**. m. ZOOL. Cada una de las células microscópicas flageladas que mantienen la circulación del agua en los espongiarios.

★ **COANOFLAGELADOS**. m. pl. ZOOL. Protozoos infusorios flagelados que viven asociados formando colonias en el seno de las aguas.

COAPÓSTOL. m. El que es apóstol juntamente con otro.

COAPTACIÓN. (l. *coaptatio, -ōnis*.) f. Acción y efecto de coaptar. || **2**. Acción de colocar en sus relaciones naturales los fragmentos de un hueso fracturado. ||

3. CIR. Acción de restituir en su sitio un hueso dislocado.

COAPTAR. tr. ant. Proporcionar, adecuar, ajustar, adaptar, hacer de modo que dos cosas convengan entre sí.

COARCHO. m. Cabo fijo por un extremo en la almadraba y por el otro en una ancla que sostiene la red del cobarcho.

COARRENDADOR, RA. (De *co* y *arrendar*.) m. y f. Persona que juntamente con otra arrienda una cosa.

COARTACIÓN. (l. *coarctatio, -ōnis*.) f. Acción y efecto de coartar. || **2**. Precisión de ordenarse dentro de cierto término, por obligar a ello el beneficio eclesiástico que se ha obtenido.

COARTADA. (De *coartar*.) tr. FOR. Circunstancia de haberse encontrado el presunto reo ausente del paraje en que se cometió el delito, al mismo tiempo y hora en que se supone haberse cometido.

COARTADO, DA. (l. *coarctātus*) p.p. de coartar. || **2**. adj. Aplícabase al esclavo o esclava que mediante pacto con el dueño había de rescatarse en condiciones determinadas. Ú.t.c.s.

COARTADOR, RA. adj. Que coarta. Ú.t.c.s.

COARTAR. (l. *coarctāre*; de *co*, por *cum*, con, y *arctāre*, estrechar.) tr. Limitar, restringir, no conceder enteramente alguna cosa. COARTAR *la libertad*. || **P**. coarctar; **I**. to restrain; **F**. restreindre; **A**. einschränken; **It**. coartare; **R**. ограничивать.

★ **COASO**. m. ZOOL. AMÉR. Especie de corzo americano.

★ **COASPITA**. f. MINERAL. Ágata verdosa, con brillo de oro.

COATE, TA. (mejic. *cóatl*.) adj. MÉJ. Cuate, gemelo, igual, semejante.

COATÍ. m. ZOOL. Cuatí, mamífero carnicero plantígrado.

COAUTOR, RA. m. y f. Autor o autora con otro u otros. || **P**. co-auctor; **I**. coauthor; **F**. coauteur; **A**. Mitarbeiter; **It**. coautore; **R**. соавтор.

★ **COAXIAL**. adj. Dícese de los cuerpos o figuras que tienen un eje común.

★ **COB**. m. ZOOL. Pez del río San Lorenzo (Estados Unidos).

COBA. f. fam. Embuste gracioso. || **2**. Halago o adulación fingidos. || *Dar* COBA. fr. Emplear con insistencia estos halagos y embustes. || **3**. Broma, guasa. || **4**. CHILE. Nombre dado a una de las capas del nitrato de sosa.

COBA. (ant. *cobar*, y éste del l. *cubāre*.) f. GERM. Gallina, hembra del gallo. || **2**. GERM. Moneda de a real.

COBA. (ár. *qubba*, bóveda, cúpula.) f. En Marruecos, tienda de campaña que usa el sultán en sus expediciones. || **2**. En Marruecos, cúpula o edificio que termina en cúpula. || **3**. En Marruecos, edificio donde se guarda la tumba de un santón.

★ **COBALTAJE**. m. Aplicación de láminas delgadas de cobalto para cubrir la superficie de otros metales.

★ **COBALTATO**. m. QUÍM. Sal formada por la combinación del ácido cobáltico con una base.

COBÁLTICO, CA. adj. Perteneciente o relativo al cobalto. || **2**. QUÍM. Dícese de un ácido, compuesto oxidado del cobalto.

★ **COBÁLTIDOS**. adj. pl. MINERAL. Grupo de minerales formado por el cobalto y sus derivados.

COBALTINA. f. MINERAL. Sulfoarseniuro de cobalto, cristalizado. Casi siempre contiene algo de hierro o níquel. Se llama también cobaltita y cobalto gris.

COBALTO. (al. *kobalt*.) m. Metal de color blanco rojizo, duro y tan difícil de fundir como el hierro. Combinado con el oxígeno, forma la base azul de muchas pinturas y esmaltes. Su símbolo es Co. || **P**. e **It**. cobalto; **I**. y **F**. cobalt; **A**. Kobalt; **R**. кобальт.

★ **COBALTOCRE**. m. MINERAL. Arseniato hidratado de cobalto.

★ **COBALTOMENITA**. f. MINERAL. Selenito natural de cobalto.

★ **COBAMBA**. f. BOT. Planta escrofularínea de Filipinas.

COBARBA. f. GERM. Ballesta, arma para disparar flechas.

COBARCHO. m. Una de las partes de la almadraba, o red de corcho para pescar atunes.

COBARDE. (fr. *couard*, del ant. *coue*, y éste el l. *cauda*, cola.) adj. Pusilánime, sin valor ni espíritu. Ú.t.c.s. || 2. Hecho con cobardía. || 3. fig. Aplícase a la vista delicada y de poca claridad y alcance. || 4. HOND. Dícese de la tierra poco productiva. || P. cobarde; I. coward, dastard; F. lâche, couard, poltron. A. feige; It. codardo, vile; R. трусливый.

COBARDEAR. intr. Tener o mostrar cobardía.

COBARDEMENTE. adv. Con cobardía.

COBARDÍA. (De *cobarde*.) f. Falta de ánimo y valor; pusilanimidad, miedo. || I. cowardice; F. lâcheté, poltronnerie, couardise; A. Feigheit; It. codadía, viltà; R. трусость.

★ **COBAYA.** f. ZOOL. BRASIL. Conejillo de Indias.

COBAYO. m. ZOOL. COLOM. y ARGENT. Cobaya, conejillo de Indias.

COBEA. f. BOT. Planta bignoniácea trepadora, originaria de América, que se cultiva en los jardines como adorno. || 2. BOT. Género de plantas polemoniáceas, trepadoras de hojas pinadas. Crecen en las regiones tropicales de América.

COBEJERA. (De *cobijera*.) f. ant. Alcahueta.

COBERTERA. (l. *coopertorium*, de *coopértus*, cubierto.) f. Pieza llana de metal o de barro, de forma generalmente circular, y con una asa o botón en medio, que sirve para tapar las ollas, etc. || 2. ant. Cubierta de alguna cosa. || 3. fig. Alcahueta. || 4. TOL. Nenúfar. || 5. ECUAD. Garniel, bolsa, especie de burjaca. || 6. Cada una de las plumas que cubren la base de la cola de las aves.

COBERTERAZA. f. aum. de cobertera, 1.ª acep.

COBERTERO. (l. *coopertorium*.) m. ant. Cubierta o tapa.

COBERTIZO. (ant. *cobierto*.) m. Tejado que sale fuera de la pared y sirve para guarecerse de la lluvia. || 2. Sitio cubierto ligera o rústicamente para resguardar de la intemperie hombres, animales o efectos. || P. coberto; I. shed-roof; F. auvent; A. Vordach, Schuppen; It. tettoia; R. навес.

COBERTOR. m. ant. Cubierta, tapadera. || 2. Colcha. || 3. Manta o cobertura de abrigo para la cama.

COBERTURA. f. Cubierta, cosa que cubre. || 2. Ceremonia por la cual los grandes de España tomaban posesión de su dignidad poniéndose el sombrero delante del rey. || 3. Acción de cubrir cualquiera responsabilidad, riesgo o perjuicio. || 4. Cantidad de metales preciosos o divisas extranjeras con que el banco nacional de un Estado garantiza la moneda fiduciaria. || 5. ant. fig. Encubrimiento, ficción.

COBEZ. m. Ave de rapiña de la familia de los halcones.

COBIJA. (l. *cubilia*, pl. n. de *cubíle*, aposento.) f. Teja que se pone con la parte cóncava hacia abajo abrazando sus lados dos canales del tejado. || 2. Mantilla corta de que usan las mujeres en algunas provincias para abrigar la cabeza. || 3. Cada una de las plumas pequeñas que cubren el arranque de las penas del ave. || 4. Cubierta, cosa que cubre. || 5. MÉJ. y VENEZ. Manta, ropa suelta de abrigo. || 6. AMÉR. Ropa de cama. || 7. CUBA. Acción de cobijar. || 8. CUBA, P. RICO y REP. DOMIN. Techo de casa rústica, hecha comúnmente de guano. || 9. REP. DOMIN. Cuero del ganado vacuno. || 10. MINERAL. Nombre de las losas de piedra que forman el cielo de las galerías de las minas. || *Irse a la* COBIJA. fr. VENEZ. Arremeter audazmente. || P. telha curva; I. imbrex; F. fâitière; A. Schindel; It. tègolo; R. черепица.

★ **COBIJA.** adj. AMÉR. CENTRAL. Cobarde, pusilánime.

COBIJADOR, RA. adj. Que cobija. Ú.t.c.s.

COBIJADURA. (De *cobijar*.) f. ant. Cobijamiento. || 2. ant. Cubierta, 1.ª acep.

COBIJAMIENTO. m. Acción y efecto de cobijar o cobijarse.

COBIJAR. (De *cobija*.) tr. Cubrir, o

tapar. Ú.t.c.r. || 2. fig. Albergar, dar albergue u hospedaje. Ú.t.c.r. || 3. CUBA. Techar una casa con palma, guano, yagua o cosa semejante. || 2.ª acep.: P. cobijar; I. to shelter; F. abriter, mettre à l'abri; A. schützen; It. albergare; R. покрывать, давать убежище.

COBIJERA. (l. *cubicularia*.) f. ant. Moza de cámara, que desempeñaba los oficios domésticos y era después de la doncella. || 2. VENEZ. Mujer provocativa y audaz.

COBIJO. (l. *cúbiculum*, dormitorio.) m. Cobijamiento. || 2. Hospedaje en que el posadero no da de comer, sino solamente el albergue. || 3. ECUAD. Cobija, manta o cama.

COBIJÓN. (De *cobija*.) m. COLOM. Cuero o piel grande con que se cubre la carga de las caballerías.

COBIL. (l. *cúbile*, aposento.) m. ant. Escondite o rincón.

★ **COBIO, A.** m. y f. CUBA. Amigo, confidente.

COBISTA. com. fam. Adulador. Ú.t.c. adj.

COBLA. f. Copla. Una de las composiciones poéticas de la poesía trovadoresca. || 2. En Cataluña, conjunto de músicos, generalmente once, que se dedican a tocar sardanas.

★ **COBLENCIENSE.** adj. Natural de Coblenza. Ú.t.c.s. || 2. Perteneciente o relativo a esta ciudad de Alemania. || 3. GEOL. Aplícase a uno de los pisos del sistema devónico.

COBO. m. ZOOL. CUBA. Nombre de un testáceo univalvo o caracol, que tiene interiormente un precioso color rosado nacarado. Es el mayor de las Antillas. || 2. C. RICA. Frazada. || 3. COLOM. Vestido de abrigo para niño.

COBRA. (l. *copúla*.) f. Coyunda para uncir bueyes. || 2. Cierto número de yeguas enlazadas, y amaestradas para la trilla. || 3. Moneda brasileña equivalente a 20 reis.

COBRA. (l. *colúbra*, culebra.) f. ZOOL. Serpiente de anteojos, vulgarmente llamada de la naja o naya. || 2. Veneno de este reptil.

COBRA. (De *cobrar*.) f. CAZA. Acción de buscar el perro la pieza muerta o herida, hasta traerla al cazador.

COBRABLE. adj. Cobradero.

★ **COBRACAPELO.** m. ZOOL. Serpiente venenosa, especie de cobra.

COBRADERO, RA. adj. Cobrable, que se ha de cobrar o puede cobrarse.

COBRADO, DA. p.p. de cobrar. || 2. adj. ant. Bueno, cabal.

COBRADOR, RA. (De *cobrar*.) adj. Dícese del perro que trae la pieza al cazador. || 2. m. El que tiene a su cargo cobrar caudales u otras cosas. || *El mal* COBRADOR *hace mal pagador*. ref. que reprende a los que se descuidan en lo que les importa, ocasionando que no les atiendan aún en lo que les es debido. || 2.ª acep.: P. cobrador; I. collector; F. percepteur; A. Einnehmer; It. collettore; R. сборщик.

COBRAMIENTO. (De *cobrar*.) m. ant. Recuperación, recobro.

COBRANZA. f. Acción y efecto de cobrar. || 2. Exacción o recolección de caudales o fruto. || 3. Acción de cobrar las piezas que se matan cazando.

COBRAR. (Análisis de *recobrar*, del l. *recúperäre*.) tr. Percibir uno la cantidad que otro le debe. || 2. Recuperar, volver a poseer lo perdido. || 3. Tratándose de ciertos efectos o movimientos de ánimo, tomar o sentir. COBRAR *estimación a Jesús.* COBRAR *miedo a los viajes.* || 4. Tratándose de cuerdas, sogas, etc., tirar de ellas e irlas recogiendo. || 5. Adquirir. COBRAR *prestigio*. || 6. Recoger las reses y piezas que se han herido o muerto en la caza. || 7. ant. intr. Reparar, enmendar. || 8. r. Recuperarse, volver en sí, recuperar el conocimiento. || P. cobrar; I. to recover, to collect; F. percevoir, recouvrer, toucher; A. einnehmen, einkassieren; It. riscuòtere; R. собирать, получать.

COBRATORIO, RIA. adj. Perteneciente a la cobranza.

COBRE. (l. *cyprum*.) m. Metal de color rojo pardo, brillante, maleable y

dúctil, el más tenaz después del hierro, más pesado que el níquel y más duro que el oro y la plata, a los cuales comunica consistencia en la moneda y otras aleaciones. Se encuentra nativo, y también con el oxígeno, plata, hierro, etc. Aleado con el estaño forma el bronce; con el cinc, el latón, etc. Es cuerpo simple y su símbolo es Cu. || 2. Batería de cocina de este metal. || 3. MÚS. Conjunto de los instrumentos metálicos de viento de una orquesta. || —**quemado**. Sulfato de cobre. || —**verde**. Malaquita. || 2. ARGENT. y CHILE. Moneda de uno o dos centavos. || 3. CUBA. Conjunto de todas las piezas de COBRE que se usan en los ingenios para la fabricación del azúcar. || *Batir uno el* COBRE. fr. fig. y fam. Tratar un negocio con mucha viveza y empeño. || COBRE *gana* COBRE, *que no huesos del hombre*. ref. que enseña que para aumentar el caudal, sirve más tener dinero con que comerciar o tratar, que el trabajo personal. || P. cobre; I. copper; F. cuivre; A. Kupfer; It. rame; R. медь.

COBRE. (De *cobra*.) m. Atado de dos cecidales. || 2. ant. Recua o reata de bestias. || 3. ant. Horca de ajos o cebollas.

COBREÑO, ÑA. (l. *cuprínus*.) adj. De cobre.

COBRIZO, ZA. adj. Aplícase al mineral que contiene cobre. || 2. Parecido a cobre en el color.

COBRO. (De *cobrar*.) m. Cobranza. || —**de lo indebido**. FOR. Cuasicontrato que obliga a la devolución de pagos hechos por error o sin causa. || *Poner* COBRO *en una cosa*. fr. Hacer diligencias para cobrarla. || 2. Poner cuidado, tener precaución y cautela. || *Poner en* COBRO *una cosa*. fr. Colocarla en paraje donde esté segura. || *Ponerse uno en* COBRO. fr. Acogerse, refugiarse adonde pueda estar con seguridad.

★ **COBURGIA.** f. BOT. Planta narcísea del Perú.

★ **COBURGO, GA.** adj. CUBA. Dícese de quien se casa por interés.

COCA. (aimará *kkoka*.) f. Arbusto del Perú, de la familia de las eritroxiláceas, con hojas alternas, aovadas, enteras, de estípulas auxiliares y flores blanquecinas. Se cultiva en América del Sur, especialmente en Perú y Bolivia, donde el cocimiento de las hojas se toma como el té o el café. De tales, se obtiene la cocaína. Antiguamente fueron objeto de muchas supersticiones, y los indios gustan de mascarlas para calmar la sensación de hambre y de sed y disminuir la fatiga. Activan las secreciones salival, intestinal y renal, y actúan como anestésico de la mucosa bucal y estomacal. || 2. Hoja de este arbusto.

COCA. (l. *coccus*, del gr. κόκκος, baya.) f. Baya pequeña y redonda, fruto. || —**de Levante**. BOT. Arbusto tropical de la familia de las menispermáceas. || 2. Fruto venenoso de la anamirta, planta menispermácea de la India. Suele usarse para matar los peces. || —**de Polonia**. BOT. Vellosilla. || —**etilénica**. QUÍM. Substancia pulverulenta que se emplea en Medicina como anestésico local débil.

COCA. (De *coco*, fantasma.) f. En Galicia y otras partes, tarasca que sacan el día del Corpus. || 2. VENEZ. Coco, fantasma imaginario. También se dice de una cigarra grande cuyo canto es estridente.

COCA. (l. *concha*, concha.) f. Una embarcación de los tiempos medievales. || 2. Cada una de las dos porciones en que suelen dividir el cabello las mujeres, sujetándolo por detrás de las orejas. || 3. fam. La cabeza. || 4. fam. Golpe, que, cerrado el puño, se da con los nudillos en la cabeza de uno. || 5. Cachada, golpe dado con el hierro de un trompo sobre la cabeza de otro trompo. || 6. MAR. Vuelta que toma un cabo, por vicio de torsión. || 7. CHILE. La nuez del nogal. || 8. COLOM. Cáscara de huevo, o fruta. También se dice del juego del boliche. || *De* COCA. m. adv. MÉJ. De balde.

COCA. (germ. *koka*, torta.) f. AR., BALEAR. y VAL. Torta de harina, aceite, azúcar, huevos, etc.

C

★ **COCÁCEO, A.** (De *coco*.) adj. Relativo a los cocos o microorganismos esferoidales, o perteneciente al grupo de los mismos. U.t.c.s.f. ‖ **2.** pl. f. BACTERIOL. Grupo taxonómico que agrupa a los cocos.

COCACHO. adj. PERÚ. Se dice de los fríjoles que se endurecen al cocer. ‖ **2.** m. ARGENT., ECUAD. y PERÚ. Coscorrón, golpe con los nudillos en la cabeza.

COCADA. f. Dulce compuesto principalmente de la medula rallada del coco. ‖ **2.** BOL. y COLOM. Especie de turrón. ‖ **3.** PERÚ. Mascadura de una mezcla de coca y cal. También se dice de la provisión de hojas de coca. ‖ **4.** AMÉR. Cantidad de coca que los indios mascan cada vez. ‖ **5.** fam. Losange o rombo, en América.

COCADOR, RA. adj. fam. Que coca, que hace cocos. Ú.t.c.s.

COCADRIZ. (b. l. *cocatrix*, y éste del l. *crocodīlus*.) f. ant. Cocodrilo.

COCAÍNA. f. Alcaloide de la coca del Perú, que se usa mucho en medicina como anestésico de las membranas mucosas, y en inyección hipodérmica como anestésico local. ‖ **P.** e It. cocaina; **I.** cocaine; **F.** cocaïne; **A.** Kokain; **R.** кокаин.
★ **COCAINISMO.** m. Enfermedad debida al abuso de la cocaína.
★ **COCAINIZAR.** tr. Anestesiar por medio de la cocaína.
★ **COCAINOMANÍA.** f. MED. Hábito morboso de abusar de la cocaína.
★ **COCAINÓMANO, NA.** adj. Que padece cocainomanía. U.t.c.s.
★ **COCAÍSMO.** m. AMÉR. MERID. Afición excesiva a mascar coca.

COCAL. m. BOL. y PERÚ. Sitio donde se crían o cultivan los árboles que producen la coca. ‖ **2.** El mismo árbol que produce la coca. ‖ **3.** CUBA y VENEZ. Cocotal. ‖ **4.** GUAT. Cocotero.

COCAMAS. m. pl. ETNOG. Tribu indígena del Perú, en el distrito de Omaguas.
★ **COCAMILLAS.** m. pl. Una de las tribus indígenas del Perú.
★ **COCAMINA.** f. QUÍM. Substancia amorfa y soluble que se extrae de las hojas de coca.

COCÁN. m. PERÚ. Pechuga de ave, guisada.

COCAR. tr. fam. Hacer cocos o muecas, burlarse. ‖ **2.** fam. Adular, lisonjear, halagar.

COCARAR. tr. Proveer y abastecer de coca americana.

COCAVÍ. m. AMÉR. MERID. Provisión de coca y en general de víveres que llevan los que viajan a caballo.
★ **COCAZO.** m. AMÉR. Coscorrón. ‖ **2.** ARGENT. Cabezazo.
★ **COCCÍDIDOS.** m. pl. ZOOL. Esporozoos parásitos de cuerpo esferoidal.

COCCIDIO. adj. ZOOL. Dícese de los protozoos esporozoos, que casi siempre viven parásitos dentro de células, especialmente epiteliales, de muchos animales, donde permanecen hasta el momento de la reproducción, saliendo entonces los individuos hijos, para instalarse en nuevas células. Muchos son patógenos. Originan coccidiosis, especialmente en los conejos, aves, y ganado lanar, y generalmente producen proliferación y obstrucción de los productos biliares. ‖ **2.** BIOL. Quiste o cigoto en que se desarrollan los bastones germinales o esporas de los proteosomas. Ú.t.c.s.m. ‖ **2.** m. pl. ZOOL. Familia de estos animales.

CÓCCIDO. (l. *coccīnum*, grana.) adj. ZOOL. Dícese de insectos hemípteros, parásitos de vegetales, que tienen un gran dimorfismo sexual, siendo alados los machos y ápteras las hembras. Algunos producen substancias útiles como la grana quermes de la coscoja, la cochinilla del nopal, la goma laca, la goma de la China, etc. ‖ **2.** m. pl. ZOOL. Familia de estos animales.

COCCÍGEO, A. adj. Relativo al cóccix.

COCCINÉLIDO. adj. ZOOL. Dícese de los insectos coleópteros, de pequeño tamaño y cuerpo hemisférico, cuyos élitros, lisos y de colores vivos, tienen varios puntos negros como la mariquita. En su mayor parte se alimentan de pulgones y cochinillas por lo que son muy útiles a la agricultura. Ú.t.c.s. ‖ **2.** m. pl. ZOOL. Familia de estos animales.

COCCÍNEO, A. (l. *coccīnĕus*, de *coccĭnum*, grana.) adj. Purpúreo, de color de púrpura.

COCCIÓN. (l. *coctĭo, -ōnis*.) f. Acción o efecto de cocer o cocerse. ‖ **P.** cocção; **I.** coction; **F.** cuisson; **A.** Kochen; **It.** cozione; **R.** варка, отваривание.

CÓCCIX. (l. *coccyx*, y éste del gr. κόκκυξ.) m. ZOOL. Hueso propio de los vertebrados que carecen de cola, formado por la unión de las últimas vértebras y articulado por su base con el hueso sacro.

COCE. (l. *calx, calcis*, talón.) f. ant. Coz.

COCEADOR, RA. (De *cocear*.) adj. Dícese del animal que tira muchas coces, o que tiene el resabio de tirarlas.

COCEADURA. f. Acción y efecto de cocear.

COCEAMIENTO. m. Coceadura.

COCEAR. intr. Dar o tirar coces. ‖ **2.** fig. y fam. Resistir, repugnar, negarse a toda avenencia o acuerdo. ‖ **3.** tr. fig. y fam. ARGENT. Maliciar, sospechar, recelar. ‖ **P.** escoicear; **I.** to kick; **F.** ruer, régimber; **A.** ausschlagen(Pferd); **It.** scalciare, calcitrare; **R.** брыкаться.

COCEDERA. (De *cocer*.) f. ant. Cocinera.

COCEDERO, RA. adj. Fácil de cocer. ‖ **2.** Pieza o lugar en que se cuece una cosa, y especialmente el vino.

COCEDIZO, ZA. adj. Cocedero, fácil de cocer.

COCEDOR. m. Maestro u operario que en ciertas industrias se ocupa en la cocción o concentración de un producto. ‖ **2.** Cocedero, pieza o lugar en que se cuece una cosa.

CÓCEDRA. f. ant. Cólcedra.

COCEDRÓN. aum. de cócedra.

COCEDURA. (De *cocer*.) f. Cocción.
★ **COCEOLITA.** f. MINERAL. Mineral formado por silicatos dobles anhidros.

COCER. (l. *coquĕre*.) tr. Hacer que un manjar crudo llegue a estar en disposición de poderse comer, manteniéndolo dentro de un líquido en ebullición. ‖ **2.** Tratándose del pan, cerámica, etc., someterlos a la acción del calor en el horno, para que pierdan humedad y adquieran determinadas propiedades. ‖ **3.** Someter alguna cosa a la acción del fuego en un líquido para que comunique a éste ciertas propiedades. ‖ **4.** Digerir la comida en los manjares en el estómago. ‖ **5.** ant. fig. Pensar, estudiar o meditar alguna cosa. ‖ **6.** CIR. Madurar, empezar a supurar. ‖ **7.** intr. Hervir un líquido, ya por la acción de fuego, ya por fermentación. COCER *la leche. El vino se está* COCIENDO. ‖ **8.** En-riar. ‖ **9.** r. fig. Padecer intensamente y por largo tiempo un dolor o incomodidad. ‖ *Duro de* COCER *y peor de comer.* expr. proverb. que da a entender que las cosas que por su naturaleza son aviesas y malignas, dificultosamente las reduce a razón el tiempo y la disciplina. ‖ *Quien* CUECE *y amasa de todo pasa.* ref. con que se denota que en todos los cargos y oficios se padecen ciertas incomodidades inevitables. ‖ **P.** cozer; **I.** to boil, to cook; **F.** cuire, bouillir; **A.** kochen; **It.** cuòcere; **R.** варить, кипятить.
★ **COCERO, RA.** (De *coz*.) adj. ant. Coceador.

COCIDO. m. BOT. Órgano de multiplicación propio de algunas algas.

COCIDO, DA. p.p. de cocer. ‖ **2.** adj. Aplícase a la seda que, cocida en agua alcalina, ha perdido su goma o barniz natural.
★ **COCIDURA.** f. CHILE. Cocedura.

COCIENTE. (De *cuociente*.) m. ALG. y ARIT. Resultado que se obtiene dividiendo una cantidad por otra, y el cual expresa cuántas veces está contenido el divisor en el dividendo. Puede obtenerse exacto o inexacto, y éste puede serlo por defecto y por exceso. ‖ **P.** quociente; **I.** y **F.** quotient; **A.** Teilzahl, Quotient; **It.** quoziente; **R.** частное (число).
★ **COCÍGIDOS.** m. pl. ZOOL. Grupo de aves trepadoras que viven en las arboledas y bosques americanos.

COCIMIENTO. (De *cocer*.) m. Cocción. ‖ **2.** Líquido cocido con hierbas u otras substancias medicinales, que hace para beber y otros usos. ‖ **3.** Entre tintoreros, baño con diversos ingredientes, que sirve sólo para preparar y abrir los poros de la lana, a fin de que reciba mejor el tinte. ‖ **4.** ant. Escozor o picazón en alguna parte del cuerpo. ‖ **2.ª** acep.: **P.** cozimento; **I.** decoction; **F.** décoction; **A.** Auskochung; **It.** decotto, cocitura; **R.** варка, отвар.

COCINA. (l. *coquīna*, de *coquĕre*, cocer.) f. Pieza o sitio de la casa en el cual se guisa la comida. ‖ **2.** Conjunto de muebles, enseres y utensilios, como hornillos eléctricos, de gas, etc., que se colocan en esta pieza de la casa. ‖ **3.** Potaje de legumbres y semillas. ‖ **4.** Caldo, líquido alimenticio. ‖ **5.** fig. Arte de guisar. ‖ **6.** Cocinilla, chimenea para calentarse. ‖ **7.** ARGENT., CHILE y PERÚ. Comisión o retribución ilícita. ‖ —de boca. En palacio, aquella en la que solamente se hacía la comida para el rey y personajes reales. ‖ —de campaña. Cada una de las cocinas portátiles de un ejército en campaña. ‖ —económica. Aparato de hierro en el cual la circulación de la llama y el humo del fogón comunica el calor a varios compartimientos y economiza así combustible. ‖ **P.** cozinha; **I.** kitchen; **F.** cuisine; **A.** Küche; **It.** cucina; **R.** кухня.

COCINAR. (l. *coquinare*.) tr. Guisar, aderezar las viandas. Ú.t.c.intr. ‖ **2.** intr. fam. Meterse uno en cosas que no le tocan. ‖ **3.** COLOM. Cocer. ‖ **P.** cozinhar; **I.** to cook; **F.** cuisiner; **A.** kochen, die Küche besorgen; **It.** cucinare; **R.** стряпать.
★ **COCINELA.** f. ZOOL. Género de insectos coleópteros entre los que se encuentra la llamada mariquita.

COCINERÍA. (De *cocinero*.) f. ant. Manera de guisar. ‖ **2.** CHILE y PERÚ. Figón.

COCINERO, RA. (l. *coquinarius*.) m. y f. Persona que tiene por oficio guisar y aderezar las viandas. ‖ *Haber sido* uno COCINERO *antes que fraile.* fr. proverb. que denota ser garantía de acierto en quien manda una cosa el haberla practicado por sí mismo. ‖ **P.** cozinheiro; **I.** cook; **F.** cuisinier, -ère, queu; **A.** Koch; **It.** cuoco, -ca; **R.** повар.

COCINILLA. (De *cocina*.) m. fam. El que se entremete en cosas, especialmente domésticas, que no son de su incumbencia.

COCINILLA, TA. (d. de *cocina*.) f. Aparato, por lo común de hojalata, con lamparilla de alcohol, que sirve para calentar agua y hacer cocimientos y otros usos análogos. ‖ **2.** En algunas partes, chimenea para calentarse.
★ **COCINITA.** f. MINERAL. Especie de yoduro mercúrico.
★ **COCÍSTIDOS.** m. pl. ZOOL. Grupo de aves trepadoras.

CÓCLEA. (l. *cochlĕa*, caracol, y éste del gr. κοχλίας.) f. Rosca de Arquímedes, aparato para elevar agua. ‖ **2.** ANAT. Parte u órgano en forma de espiral o de hélice. ‖ **3.** ANAT. Caracol, cavidad cónica del oído interno.

COCLEAR. (l. *cochlĕa*, caracol.) adj. BOT. En forma de espiral.

COCLEAR. m. Unidad de peso equivalente a medio dracma.

COCLEARIA. (l. *cochlearĭa*, pl. de -*āre*, cuchara.) f. Hierba medicinal de la familia de las crucíferas. Sus hojas tienen forma de cuchara. Crecen en lugares húmedos. Tienen propiedades antiescorbúticas, diuréticas y depurativas. ‖ **2.** Género de plantas crucíferas. ‖ **P.** cocleária; **I.** cochlearia; **F.** cochléaria; **A.** Löffelkraut; **It.** cclearia.
★ **COCLEARINA.** f. QUÍM. Substancia cristalina procedente de la coclearia.
★ **COCLI.** m. ZOOL. COLOM. Ave insectívora de gran tamaño. ‖ **2.** COLOM. Cierta serpiente que tiene la piel negra y amarilla.
★ **COCLIOCARPO, PA.** adj. BOT. Que tiene frutos en espiral.
★ **COCLIOPODIO.** m. ZOOL. Género de protozoarios rizópodos amiboideos que viven en las aguas dulces.

COCO. (Voz aimará.) m. Árbol de América, de la familia de las palmas. Suele producir al año dos o tres veces su fruto, que es de la forma y tamaño de un melón regular. Tiene una pulpa blanca y gustosa, y un líquido refrigerante. Tiene de dos cortezas; con la primera se hacen cuerdas y tejidos bastos; con la segunda, tazas, vasos y otros utensilios; de la carne se hacen dulces y se saca aceite; y del tronco del árbol una bebida alcohólica. || **2.** Fruto de este árbol. || **3.** Segunda cáscara de este fruto. || **4.** Semilla de dicha palmera. || **5.** Género de plantas palmáceas, cocíneas. || **6.** AMÉR. Vasija hecha ·con la cáscara de la semilla del coco. || **7.** ECUAD. La virginidad de la mujer. (Es vulgarismo). || **8.** despect. ANT., COLOM., PERÚ y ARGENT. Cabeza hueca, vacía. || **9.** AMÉR. Coca, coscorrón. || **10.** COLOM. y ECUAD. Sombrero hongo. || **11.** CUBA. Moneda de plata que vale un peso. || **12.** CUBA y P. RICO. En lenguaje jergal, el dólar. || **13.** ARGENT. Geoda. || *Estar* uno *tocado del* COCO. En Cuba, estar loco.- 2.ª acep.: **P.** côco; **I.** coconut, cocoanut; **F.** coco; **A.** Kokosnuss; **It.** noce di cocco, cocco; **R.** кокосовый орех.

COCO. (l. *coccum*, y éste del gr. κόκκος, grano.) m. ZOOL. Gorgojo, gusanillo que suele criarse en ciertos frutos y semillas. || **2.** Insecto coleóptero, del suborden de los tetrámeros, cuyas larvas viven dentro de las semillas de lentejas y guisantes. || **3.** MICROBIOL. Microorganismo o bacteria de forma más o menos esférica; como el gonococo, estreptococo, etc.

COCO. (De *coca*, fruto.) m. Cada una de las cuentecillas que vienen de las Indias, de color obscuro con unos agujeritos, de las cuales se hacen rosarios. || **—de Levante.** Coca de Levante.

COCO. m. Tela de percal muy ligera y barata.

COCO. m. Fantasma que se figura para meter miedo a los niños. || **2.** fam. Gesto, mueca. || **3.** MÉJ. Pupa, daño. || **4.** ZOOL. CUBA. Nombre que se da a una ave zancuda, de las que existen de varios colores. || *Hacer* COCOS. fr. fam. Halagar a uno con gestos o ademanes para persuadirle a hacer alguna cosa. || **2.** fam. Hacer ciertas señas o expresiones los que están enamorados, para manifestarse su cariño. || *Parecer o ser* uno *un* COCO. fr. fig. y fam. Ser muy feo.- fr. fig.: **P.** coco; **I.** goblin, bogy; **F.** croque-mitaine; **A.** Wauwan, Popanz; **It.** babau; **R.** бука.

COCÓ. m. CUBA. Tierra blanquecina que emplean los albañiles para las obras de mampostería y suelos de hormigón. || **2.** CUBA. Nansú.

★ **COCOBACILAR.** adj. Perteneciente o relativo al cocobacilo, o semejante a él.

★ **COCOBACILO.** m. BACT. Bacilo de forma redonda.

★ **COCOBACTERIA.** f. MICROBIOL. Bacteria de forma redonda.

COCOBÁLSAMO. m. BOT. Fruto del árbol que produce el bálsamo de la Mesa.

★ **COCOBOLA.** f. BOT. Árbol que crece en Costa Rica. Llega a alcanzar enormes dimensiones y produce unos frutos de gran tamaño.

★ **COCOBOLEAR.** tr. COLOM. Ahorcar.

COCOBOLO. m. Árbol de América, de la familia de las poligonáceas, de frutos parecidos a la guinda. Su madera es encarnada, muy preciosa, dura y pesada. || **2.** Madera de este árbol.

★ **COCOCIPSELO.** f. BOT. Planta rubiácea trepadora, propia de las regiones tropicales de América.

° **COCOCHA.** f. Protuberancia carnosa en la base de la merluza y el bacalao.

★ **COCODRÍLIDOS.** m. pl. Familia de reptiles a la que pertenece el cocodrilo.

COCODRILO. (De *crocodilo*.) m. ZOOL. Reptil del orden de los emidosaurios, de cuatro o cinco metros de largo, cubierto de escamas durísimas. Vive en los grandes ríos de las regiones intertropicales, nada y corre con mucha rapidez y es temible por su voracidad. || **2.** Fís. Aparato de alarma para detener un tren en marcha. || V. *Lágrimas de* COCODRILO. || **P.** crocodilo;

I. y **F.** crocodile; **A.** Krokodil; **It.** coccodrillo; **R.** крокодил.

★ **COCODRILURO.** m. ZOOL. Reptil saurio de la América del Sur.

★ **COCOFÍCEAS.** f. pl. BOT. Orden de algas unicelulares.

★ **COCOHITE.** m. BOT. MÉJ. Árbol que suministra una madera de gran dureza.

★ **COCOINEAS.** f. pl. BOT. Palmeras de fruto en drupa con una sola semilla.

COCOL. m. MÉJ. Nombre vulgar que se da en Méjico al rombo o losange. || **2.** MÉJ. Pan que tiene figura de rombo. || **3.** MÉJ. Bucle, tirabuzón, rizo del cabello.

COCOLERA. f. MÉJ. Especie de tórtola.

COCOLERO. (De *cocol*.) m. MÉJ. Panadero que sólo hace o vende cocoles.

COCOLÍA. f. MÉJ. Ojeriza, antipatía.

COCOLICHE. m. ARGENT. Jerga híbrida y grotesca que hablan ciertos inmigrantes italianos, mezclando su habla con el español. || **2.** ARGENT. Italiano que habla de este modo. || **3.** ARGENT. Personaje fantástico que en las pantomimas criollas representa al italiano acriollado. || **4.** PERÚ. Muñeco de celuloide que representa un niño desnudo, a modo de Cupido.

COCOLISTE. m. MÉJ. Nombre dado a cualquier enfermedad epidémica, y en especial al tabardillo.

★ **COCOLITA.** f. MINERAL. Silicato doble de cal y magnesia.

★ **COCOLMECA.** f. MÉJ. Planta cuyo tallo es utilizado para hacer bastones.

★ **COCOLO, LA.** m. y f. ANT. Negro o negra que habita en las islas del mar Caribe bajo el dominio inglés.

★ **COCOLOBA.** f. BOT. Género de plantas, árboles y arbustos, propias de las regiones tropicales de América.

★ **COCOLÓN.** m. ECUAD. y PERÚ. Maíz tostado que queda pegado al fondo de la olla. || **2.** ECUAD. Hijo menor de una familia.

★ **COCOMACACO.** m. joc. ant. Bastón grueso.

★ **COCOMARICOPAS.** m. pl. ETNOGR. Tribu indígena de la América del Norte, en Arizona.

★ **COCOMBRO.** m. REP. DOMIN. Cohombro.

★ **COCÓN, NA.** adj. AR. Aplícase a las frutas y semillas vanas.

★ **CÓCONA.** f. ant. CUBA. Galardón, propina, gratificación. || **2.** MÉJ. Pavipolla.

★ **COCONETE.** adj. fam. MÉJ. Chiquito, pequeñito. || **2.** REP. DOMIN. Bienmesabe.

★ **COCONOTA.** f. MÉJ. aum. de cócona, pavipollo. || **2.** fig. Mujer fatua.

★ **COCONUCITA.** f. MINERAL. Carbonato cálcico, variedad de aragonito.

CÓCORA. com. fam. Persona molesta e impertinente en demasía. Ú.t.c.adj. || **2.** COLOM. Rabia, cólera. || **3.** CUBA, P. RICO y COLOM. Incomodidad, molestia. || **4.** PERÚ. Ojeriza. || **5.** REP. DOMIN. Miedo.

★ **COCOREAR.** tr. MÉJ. Molestar.

★ **COCORIACO.** m. REP. DOMIN. Careo.

★ **COCORÍCAMO.** m. CUBA. Brujería. || **2.** fig. y fam. CUBA. Dificultad, trabajo. Ú. con el verbo *tener*.

★ **COCORINO, NA.** adj. MÉJ. Molesto, importuno.

★ **COCORIOCO.** m. CUBA. Fealdad extrema.

★ **COCORISMO.** m. MÉJ. Molestia, inconveniencia.

★ **COCOROCO, CA.** adj. CHILE. Descarado, altanero.

★ **COCOROCÓ.** m. CHILE y ARGENT. Quiquiriquí.

★ **COCOROTA.** f. COLOM. Especie de peine.

★ **COCOROTE.** m. COLOM. Copa de un árbol. || **2.** COLOM. Coco, fantasma.

★ **COCOROTINA.** f. CUBA. Coronilla, parte superior de la cabeza.

★ **COCORRÓN.** m. COLOM. Dulce hecho con harina, coco y panela. || **2.** COLOM. y VENEZ. Coscorrón. || **3.** P. RICO. Mazorca pequeña de maíz. || **4.** P. RICO. Cierto árbol que alcanza gran altura y cuya madera es muy dura.

★ **COCORRONA.** adj. REP. DOMIN. Dícese de la guayaba en ciernes.

COCOSO, SA. adj. Dícese de las

rutas y semillas dañadas del coco o gusanillo.

COCOTA. (De *cocote*.) f. ant. Cogotera, pelo rizado que caía sobre el cogote. || **2.** AR. Cabeza, y especialmente la coronilla.

COCOTAL. m. Sitio poblado de cocoteros.

★ **COCOTAZO.** m. AR. y AMÉR. Golpe en la cabeza. || **2.** CUBA. Trago de licor.

COCOTE. (De *cota*, cabeza.) m. Cogote.

★ **COCOTERA.** f. COLOM. Especie de peine.

COCOTERO. m. BOT. Coco, palma americana. || **P.** coqueiro; **I.** coconut tree, coconut palm; **F.** cocotier; **A.** Kokospalme; **It.** cocco; **R.** кокосовая пальма.

COCOTRIZ. (De *cocadriz*.) f. ant. Cocodrilo.

★ **COCOTUDO, DA.** adj. CUBA. Testarudo, cabezón.

★ **COCOTZÍN.** m. ZOOL. Ave del orden de las palomas.

★ **COCOYÉ.** m. CUBA. Baile de negros de origen haitiano.

★ **COCOYOL.** m. MÉJ. Coyol.

★ **CÓCTEL.** (ingl. *cocktail*.) m. Bebida espirituosa, hecha generalmente a base de whisky y sazonada con varios ingredientes.

★ **COCTELERA.** f. Vasija para elaborar el cóctel; especie de probeta con tapa movible y una espiga para batir los ingredientes.

★ **COCTO.** m. Papera frecuente en los habitantes de la cordillera de los Andes.

★ **COCUAL.** m. ZOOL. Ardilla americana de gran tamaño.

★ **COCUCHE.** adj. MÉJ. Desplumado, pelado.

COCUI. m. VENEZ. Pita, cocuy.

★ **COCUISA.** f. MÉJ. y VENEZ. Cocuiza.

COCUIZA. f. MÉJ. y VENEZ. Cuerda muy resistente que se hace con fibra del cocuí.

★ **COCULA.** f. BOT. Planta cuyo fruto es una drupa con las semillas en forma de media luna; es propia de países cálidos.

★ **COCULINA.** f. QUÍM. Alcaloide de gran toxicidad que se extrae de la cocula.

COCUMA. f. PERÚ. Mazorca de maíz asada.

COCUY. Cocuyo. || **2.** BOT. AMÉR. Agave o pita, henequén.

COCUYO. m. Insecto coleóptero de la América tropical, que de noche despide una luz bastante viva. || **2.** BOT. CUBA. Árbol silvestre, sapotáceo. De madera muy dura, que se emplea en construcciones. || **—ciego.** ZOOL. CUBA. Variedad menor del insecto cocuyo, de color negro y sin fosforescencia. || **—de sabana.** BOT. CUBA. Árbol menor que el cocuyo común, pero más resistente, propio de las sabanas.

COCHA. (quich. *kocha*, laguna.) f. Estanque que se separa del lavadero principal de los metales, por medio de una compuerta. || **2.** Cochiquera, cochitril. || **3.** PERÚ. Espacio grande, llano y despejado; pampa, cancha, era. || **4.** ECUAD. Laguna, charco, pantano.

★ **COCHADA.** f. COLOM. Cochura. || **2.** CHILE. La cantidad de agua que por turno corresponde a cada regante.

★ **COCHADA.** f. AMÉR. MERID. Totalidad de viajeros y equipajes que lleva un coche.

COCHAMA. m. COLOM. Pez grueso del río Magdalena.

COCHAMBRE. (De *cocho*, puerco.) amb. fam. Suciedad, cosa puerca, grasienta y de mal olor. || **P.** sujidade; **I.** stinker; **F.** saleté; **A.** Schnutz; **It.** lordura. **R.** нечистоты, зловоние.

COCHAMBRERÍA. f. fam. Conjunto de cosas que tienen cochambre.

COCHAMBRERO, RA. adj. fam. Cochambroso. U.t.c.s.

★ **COCHAMBRIENTO, TA.** adj. PERÚ. Cochambroso.

COCHAMBROSO, SA. adj. fam. Lleno de cochambre. Ú.t.c.s.

★ **COCHANO.** m. VENEZ. Pepita de oro nativo.

★ **COCHAR.** tr. P. RICO. Conducir el ganado vacuno, animándole con grandes voces. || **2.** intr. GUAT. Negociar con cochos o cerdos.

COCHARRO. (l. *cochleăre*, medida de

C

capacidad.) m. Vaso o taza de madera, y más comúnmente de piedra.

COCHASTRO. (despect. de *cocho*, puerco.) m. Jabalí pequeño de leche.

COCHAYUYO. (quich. *kocha*, laguna, y *yuyu*, hortaliza.) m. BOT. CHILE y PERÚ. Alga marina fucácea. Es comestible.

COCHE. (magiar *kocsi*, carruaje.) m. Carruaje de cuatro ruedas, con asientos. || —**de camino.** El destinado para viajes. || —**de plaza o de punto.** El matriculado y numerado con destino al servicio público por alquiler y que tiene un punto fijo de parada en plaza o calle. || —**fúnebre.** El construido *ad hoc* para la conducción de cadáveres al cementerio. || —**tumbón.** Coche con cubierta de tumba. || —**celular.** El propio para conducir delincuentes. || —**de trompa.** CHILE. El que tiene algo bajo y prolongado el pescante. || —**de comercio o de posta.** CHILE. El de plaza o de punto. || —**de sitio.** MÉJ. Coche de punto. || —**parado.** fig. Balcón o mirador en sitio público y pasajero. || —**volante** o **volador.** Auto-avión. || *Caminar o ir uno en el* COCHE *de San Francisco.* fr. y fam. Caminar o ir, a pie. || P. coche, carro; I. coach, carriage; F. voiture, carrosse; A. Kutsche, Droschke, Wagen; It. cocchio, carrozza, vettura; R. экипаж.

COCHE. (De la voz *cochi*, con que se llama al cerdo.) m. Cochino, puerco, cerdo. || **2.** Cochí. || *Andar a* COCHE *acá, cinchado.* fr. fig. y fam. Empeñarse trabajosamente en hacer cumplir bien a quienes rehuyen hacerlo.

COCHEAR. intr. Gobernar, guiar los caballos o mulas que tiran del coche. || **2.** Andar con frecuencia en coche. Ú.t.c.r.

° COCHE-CAMA. m. Vagón de ferrocarril cuyos compartimientos sirven para dormir a los pasajeros.

★ COCHECITO, LLO. (De *coche*.) m. Cuna montada sobre ruedas dispuestas para sacar de casa a los niños pequeños. || **2.** Sillón montado sobre ruedas, propio para inválidos.

★ COCHECHE. m. HOND. Hombre afeminado.

COCHERA. adj. Dícese de la puerta por donde pueden pasar carruajes. || **2.** f. Lugar donde se encierran los coches. || **3.** Mujer del cochero. || **4.** Establecimiento donde se alquilan los coches. || 2.ª acep.: P. cocheira; I. coach-house; F. remise; A. Wagenschuppen Wagenhalle; It. rimessa; R. каретный сарай.

★ COCHERADA. f. MÉJ. Grosería, brutalidad.

★ COCHERÍA. f. CHILE y ARGENT. Cochera, establecimiento donde se guardan y donde se alquilan coches.

COCHERIL. adj. fam. Propio de los coches y de los cocheros.

COCHERO. m. El que tiene por oficio gobernar las caballerías que tiran del coche. || **2.** ASTRON. Auriga, constelación boreal situada en plena Vía Láctea. || —**de punto o simón.** El que guía el coche de punto o simón. || P. cocheiro; I. coachman; F. cocher; A. Kutscher; It. cocchiere, vetturino; R. извозчик.

COCHERO, RA. (De *cocho*, cocer.) adj. Que fácilmente se cuece.

COCHERÓN. m. aum. de cochera. Lugar espacioso donde se encierran coches.

★ COCHERÓN, NA. adj. CHILE. Percherón.

COCHEVIRA. (De *cocho*, puerco, y el l. *butyrum*, manteca.) f. Manteca de puerco.

COCHEVÍS. (fr. *cochevis*.) f. Cogujada, especie de alondra.

COCHI. Voz con que, pronunciada repetidamente, se llama a los cerdos en varias provincias españolas y en Chile.

COCHIFRITO. (De *cocho*, cocido, y *frito*.) m. Guisado de cabrito o cordero medio cocido y después frito y bien condimentado. Es muy usado entre pastores y ganaderos.

COCHIGATO. m. Ave zancuda, propia de Méjico. De cabeza y cuello negros, con un collar rojo, vientre verde y pico largo y robusto.

COCHILLO. m. ant. Cuchillo.

COCHINA. f. Hembra del cochino o cerdo. || P. porca; I. sow; F. truie; A.

Muttersau; It. scrofa; R. боров, свинья.

COCHINADA. (De *cochino*.) f. fig. y fam. Cochinería.

COCHINAMENTE. adv. m. Suciamente, con desaseo. || **2.** fig. y fam. Con bajeza.

COCHINATA. (De *cochino*.) f. MAR. Cada uno de los maderos de la parte inferior de la armadura de popa. || **2.** CUBA. Cerda joven.

★ COCHINEAR. intr. fam. Meterse en faenas o lugares sucios.

COCHINERÍA. (De *cochino*.) fr. fig. y fam. Porquería, suciedad. || **2.** fig. y fam. Acción indecorosa, baja, grosera.

COCHINERO, RA. adj. Dícese de ciertos frutos que, por ser de inferior calidad dentro de su clase, se dan a los cochinos. *Patatas* COCHINERAS. || **2.** Se aplica al trote corto y apresurado.

COCHINILLA. (d. de *cochina*, por la forma del animal.) f. ZOOL. Crustáceo isópodo terrestre. Se cría en parajes húmedos. Cuando se le toca se hace una bola. || —**de humedad.** Nombre que se da a cualquier especie de isópodo terrestre.

COCHINILLA. (l. *coccinus*, escarlata, grana.) f. Insecto hemíptero, originario de Méjico, del tamaño de una chinche. Vive sobre el nopal y, reducido a polvo, se empleaba mucho y se usa todavía para dar color de grana a la seda y otras cosas. Hay varias especies. || **2.** Materia colorante obtenida de dicho puesto. || P. cochenilha; I. cochineal; F. cochenille; A. Kellerassel, Koschenille; It. cocciniglia; R. кошениль.

COCHINILLO. (d. de *cochino*.) m. Lechón, cerdo de leche.

COCHINITO DE SAN ANTÓN. m. AND. Mariquita, insecto coleóptero.

COCHINO, NA. (De *cocho*, cochino.) m. y f. Cerdo. || **2.** Cerdo cebado que se destina a la matanza. || **3.** fig. y fam. Persona muy sucia y desaseada. Ú.t.c.adj. || **4.** fig. y fam. Persona cicatera, tacaña o miserable. || **5.** CUBA. Pez teleósteo del suborden de los plectognatos. || —**arará.** CUBA. El marcado de rayas. || —**corralero.** CUBA. De monte. || —**criollo** o **enano.** CUBA. El de mayor volumen que el común, con patas cortas y orejas grandes. || —**chino.** El que carece de cerdas. || —**de monte.** El de patas largas, cabeza erizadas, arisco y ágil. || —**montés.** Jabalí.

COCHÍO, A. (l. *coctivus*, de *coctus*, cocho, cocido.) adj. ant. Cochero, fácil de cocer.

COCHIQUERA. f. fam. Cochitril, pocilga, zaquizamí.

COCHITE HERVITE. (De *cocho*, cocido, y *hervido*.) loc. fam. que se usa para indicar que se hace o se ha hecho alguna cosa con celeridad y atropellamiento. || **2.** m. fam. El que muestra en sus acciones sobrada viveza y aturdimiento.

COCHITRIL. (De *cocho*, cocer.) m. fam. Pocilga. || **2.** fig. y fam. Habitación estrecha y desaseada.

COCHIZO. m. MIN. Parte más rica de una mina. || **2.** PERÚ. La plata roja sulfurosa antimoniada impura.

COCHIZO, ZA. adj. ant. Cochío.

COCHO, CHA. (l. *coctus*.) p.p. irreg. de cocer. || **2.** COLOM. Crudo, no cocido. || **3.** CHILE. Nombre que se da al ulpo caliente. || **4.** CHILE. Mazamorra hecha con harina tostada.

COCHO, CHA. (De *coch*, *goch*, voz con que se llama al cerdo.) m. y f. AST. y GAL. Cochino, puerco, cerdo, y también persona sucia y desaseada. || **2.** m. ZOOL. de papagayo.

★ COCHÓN. (fr. *cochón*, cerdo, cochino.) m. HOND. Hombre afeminado.

COCHORRO. m. ZOOL. Abejorro.

★ COCHOSO, SA. adj. ECUAD. Sucio, cochino.

COCHURA. (l. *coctura*.) f. Cocción. || **2.** Masa de pan amasada para cocer. || **3.** Calcinación en los hornos de Almadén de una carga de mineral de azogue. || P. cozedura; I. baking; F. cuite; A. Backen; It. cotta; R. отвар, тесто.

COCHURERO. (De *cochura*.) m. MIN. Operario que cuida del fuego en los hornos de destilación del azogue en Almadén.

★ COCHURRA. (De *cocho*, cocido.) f. CUBA. Dulce de guayaba.

★ COCHUSO. m. CHILE. Plata sulfúrica.

CODA. (l. *cōda*.) f. ant. AR. Cola, rabo.

CODA. (ital. *coda*, cola.) f. MÚS. Adición brillante al período final de una pieza de música. || **2.** MÚS. Repetición final de una pieza bailable.

CODA. (De *codo*.) f. CARP. Pequeño prisma triangular de madera, que para asegurar la unión de dos tablas se encola en el ángulo entrante que ella forma.

CODADA. (De *codo*.) f. ant. Codazo, golpe dado con el codo.

CODADURA. (De *acodadura*.) f. Parte del sarmiento tendida en el suelo, de donde se levanta la vid. || P. mergulhão de la vid; I. vinelayer; F. marcotte de vigne; A. Absenker; It. propággine, margotta; R. отводок, побег (лозы).

CODAL. (l. *cubitālis*, de *cubĭtus*, codo.) adj. Que consta de un codo. || **2.** Que tiene medida o figura de codo. || **3.** Dícese del palo de la medida de un codo, que se colgaba al cuello en señal de penitencia pública. || **4.** m. Pieza de la armadura antigua, que cubría y defendía el codo. || **5.** Vela o hacheta de cera, del tamaño de un codo. || **6.** Mugrón de la vid. || **7.** ARQ. Aguja, barra que sirve para mantener paralelos los tableros de un tapial. || **8.** ARQ. Madero atravesado horizontalmente entre las dos jambas de un vano, o entre las dos paredes de una excavación, para evitar que se muevan. || **9.** CARP. Cada uno de los dos palos o listones con que se asegura la hoja de la sierra. || **10.** CARP. Cada una de las dos reglas que se colocan transversalmente en las cabezas de un madero para desalabear sus caras. || **11.** CARP. Cada uno de los dos brazos de un nivel de albañil. || **12.** MIN. Arco de ladrillo que se apoya en el mineral por sus extremos, construido provisionalmente para contrarrestar la presión de los hastiales. || 8.ª acep.: P. madeiro horizontal; I. cross-prop, shore; F. étresillon; A. Strebe, Spreize; It. puntellino; R. налокотник.

★ CODAMINA. f. QUÍM. Uno de los alcaloides del opio.

★ CODAMPULI. m. BOT. Árbol de Madagascar, de fruto astringente.

CODASTE. (De *coda*, cola, rabo.) m. MAR. Madero en vertical, que limita la parte posterior del buque y sostiene el timón y la armazón de la popa. En las embarcaciones de hierro forma una sola pieza con la quilla. || P. cadaste; I. stern post; F. étambot; A. Hintersteven; It. ruota di poppa; R. ахтерштевень.

CODAZO. m. Golpe dado con el codo.

★ CODEADOR, RA. adj. CHILE, ECUAD. y PERÚ. Pedigüeño. || **2.** Individuo que en los arsenales mide y codea la madera.

CODEAR. intr. Mover los codos, o dar golpes con ellos frecuentemente. || **2.** MAR. Tomar las dimensiones de la madera, para cubicarla después. || **3.** CHILE, PERÚ y ECUAD. Pedir con insistencia hasta conseguir lo que se desea. || **4.** r. fig. Tratarse de igual a igual una persona con otra.

CODECILDO. m. ant. Codecillo.

CODECILLAR. intr. ant. Codicilar.

CODECILLO. m. ant. Codicillo.

CODEÍNA. (gr. κώδεια, cabeza de adormidera.) f. Alcaloide que se extrae del opio y se emplea como calmante. Dotado de propiedades narcóticas muy enérgicas. || P. e It. codeina; I. codeine; F. codéine; A. Kodeïn; R. кодеин.

CODELINCUENCIA. (De *co* y *delincuencia*.) f. Relación entre codelincuentes.

CODELINCUENTE. (De *co* y *delincuente*.) adj. Dícese de la persona que delinque en compañía de otra u otras. U.t.c.s.

CODENA. (Como el fr. *couenne*, del l. *cutinna*, por *cutina*, de *cutio*, y *pellejo*.) f. p. us. En la fabricación de paños, grado de resistencia del tejido.

CODEO. (De *codo*.) m. Acción y efecto de codear o codearse. || **2.** CHILE. Camarada, compañero. || **3.** AMÉR. Socaliña, sablazo.

CODEO. m. Acción y efecto de codear, 3.ª acep.

CODERA. f. Sarna que sale en el

C

codo. || **2.** Pieza de adorno que se pone en los codos de los chaquetones o marselleses. || **3.** Pieza o remiendo que se echa a las mangas de las chaquetas y prendas semejantes en la parte que cubre el codo. || **4.** AR. La última porción de un cauce de riego. || **5.** Cabo grueso con que se amarra la embarcación. || 5.ª acep.: **P.** amarra; **I.** stern-fast, spring; **F.** croupière, embossure; **A.** Hintertau; **It.** poppese, imbozzatura; **R.** заплата на локте.

CODERO, RA. (De *codo*.) adj. AR. Dícese del terreno que recibe el riego al final del ador. || **2.** m. AR. Usuario del agua de riego para dicha tierra.

CODESERA. f. Terreno poblado de codesos.

CODESO. (gr. κύτσος.) m. Mata de la familia de las papilonáceas.

★ **CODETILINA.** f. Éter etílico de la morfina.

CODEUDOR, RA. m. y f. Persona que con otra o con otras participa de una deuda.

★ **CODEX.** (Voz latina.) m. Códice. || **2.** Libro manuscrito antiguo.

CODEZMERO. (De *co* y *dezmero*.) m. Recibidor de diezmos y partícipe de ellos.

★ **CODIÁCEAS.** f. pl. BOT. Familia de algas clorofíceas, que viven en los mares cálidos.

CÓDICE. (l. *codex, -ĭcis*.) m. Libro manuscrito de cierta antigüedad y de importancia histórica o literaria. || **2.** LITURG. Parte del misal y del breviario que contiene los oficios concedidos a una diócesis o corporación particularmente. || **P.** códex; **I.** codex; **F.** livre manuscrit ancien; **A.** Kodex; **It.** còdice; **R.** старинная рукопись, кодекс.

CODICIA. (l. *cŭpidĭtia*, de *cupidĭtas, -ātis*.) f. Apetito desordenado de riquezas. || **2.** fig. Deseo vehemente de algunas cosas buenas. || **3.** ant. Apetito sensual. || *La* CODICIA *rompe el saco*. ref. que enseña que muchas veces se frustra el logro de una ganancia moderada por el ansia de aspirar a otra exorbitante. || *Por* CODICIA *del florín no te cases con ruin*. ref. que aconseja que nadie se deje llevar de sólo el interés para casarse. || **P.** cobiça; **I.** covetousness, cupidity; **F.** cupidité, convoitise; **A.** Habsucht, Habgier; **It.** cupidigia, cupidità; **R.** алчность, жадность.

CODICIABLE. (De *codiciar*.) adj. Apetecible, codiciado.

CODICIADOR, RA. adj. Que codicia. U.t.c.s.

CODICIANTE. p.a. de codiciar. Que codicia.

CODICIAR. (De *codicia*.) tr. Desear con ansia las riquezas u otras cosas. || **P.** cubiçar; **I.** to covet; **F.** convoiter; **A.** begehren, gelüsten; **It.** concupire, agognare, bramare; **R.** страстно желать.

CODICILAR. (l. *codicillāris*.) adj. Perteneciente al codicilo.

CODICILAR. intr. ant. Hacer codicilo.

CODICILIO. m. ant. Codicilo.

CODICILO. (l. *codicillus*, de *codex*, *código*.) m. Instrumento en que, antes de ser promulgado el Código civil, podían y solían hacer con menos solemnidades, disposiciones de última voluntad. || **P.** codicilo; **I.** codicil; **F.** codicille; **A.** Kodizill; **It.** codicillo.

CODICILLO. m. ant. Codicilo.

CODICIOSAMENTE. adv. Con codicia.

CODICIOSO, SA. adj. Que tiene codicia. Ú.t.c.s. || **2.** fig. y fam. Laborioso. || *Juntáronse el* CODICIOSO *y el tramposo*. expr. fig. y fam. que se dice de las personas que en sus ajustes y tratos procuran engañarse. || **P.** cobiçoso; **I.** covetous; **F.** avide, cupide; **A.** habsüchtig, gierig; **It.** cùpido; **R.** жадный.

★ **CODIEAS.** f. pl. BOT. Grupo de algas codiáceas marinas, de contextura esponjosa y color verde.

CODIFICACIÓN. f. Acción y efecto de codificar.

CODIFICADOR, RA. adj. Que codifica.

CODIFICAR. (l. *codex*, código, y *facĕre*, hacer.) tr. Hacer o formar un cuerpo de leyes, metódico y sistemático. || **P.** codificar; **I.** to codify; **F.** codifier; **A.** kodi-

fizieren; **It.** codificare; **R.** кодифицировать.

CÓDIGO. (l. *codĭcus*, de *codex, -ĭcis*, códice.) m. Cuerpo de leyes dispuestas según un plan metódico y sistemático. || **2.** Recopilación de las leyes o estatutos de un país. || **3.** Por autonom., el de Justiniano. || **4.** ant. Códice, libro manuscrito antiguo. || **5.** fig. Conjunto de reglas o preceptos sobre cualquier materia. || **6.** Conjunto de letras, números o palabras, de valor y significado convencional, distinto del que tienen, o de otros signos, ya gráficos o acústicos, también de valor convencional, que se utilizan para la redacción o composición de un mensaje. || —**civil.** El que contiene lo estatuido sobre régimen jurídico, aplicable a personas, bienes, modos de adquirir la propiedad, obligaciones y contratos. || —**de comercio.** El que reúne cuanto jurídicamente concierne a los comerciantes y sus contratos, el comercio marítimo, la suspensión de pagos, la quiebra y la prescripción. || —**de señales.** MAR. Vocabulario convencional, que consiste en una combinación de banderas, faroles o destellos luminosos, que usan los buques para comunicarse entre sí o con los semáforos. || —**fundamental.** Constitución o ley principal de un Estado. || —**penal.** El que reúne lo estatuido sobre faltas y delitos, personas responsables de ellos y penas en que respectivamente incurren. || **P.** código; **I.** y **F.** code; **A.** Kodex, Gesetzbuch; **It.** còdice; **R.** свод законов, кодекс.

CODILLERA. f. VETER. Tumor que padecen las caballerías en el codillo, por la comprensión del callo interno de la herradura a consecuencia de la costumbre de acostarse como las vacas.

CODILLO. (d. de *codo*.) m. En los animales cuadrúpedos, coyuntura del brazo próxima al pecho. || **2.** Parte comprendida desde esta coyuntura hasta la rodilla. || **3.** Parte de la rama que queda unida al tronco por el nudo cuando aquélla se corta. || **4.** Entre cazadores, parte de la res, que está debajo del brazuelo izquierdo. || **5.** Codo, trozo de tubo que forma ángulo. || **6.** En el juego del tresillo y otros lance de perder el que ha entrado, por hacer más bazas que él cualquiera de los otros jugadores. || **7.** Estribo en que apoya los pies el jinete. || **8.** MAR. Cada uno de los extremos de la quilla, desde los cuales arrancan la roda y el codaste. || **9.** CHILE. Enfermedad que padecen los animales en el paraje donde se les cincha. || CODILLO *y moquillo*. expr. fam. que en el juego de tresillo vale sacar o ganar la apuesta, después de haber dado codillo. || *Jugársela* uno *de* CODILLO *a otro*. fr. fig. y fam. Usar de alguna astucia o engaño a fin de lograr para sí lo que otro solicitaba. || *Tirar a* uno *al* CODILLO. fr. fig. y fam. Procurar destruirle, haciéndole el daño posible.

CODÍN. (De *codo*.) m. SAL. Manga estrecha del jubón.

CODINA. f. SAL. Especie de ensalada que se hace con castañas cocidas.

★ **CODIO.** m. BOT. Género de algas marinas de fronde de contextura esponjosa.

★ **CODITO, TA.** adj. MÉJ. Tacaño, mezquino.

CODO. (l. *cubĭtus*.) m. Parte posterior y prominente de la articulación del brazo con el antebrazo. || **2.** Codillo de los cuadrúpedos. || **3.** Trozo de tubo, doblado en ángulo o en arco, que se emplea para hacer variar la dirección recta de una tubería. || **4.** Medida lineal, que se tomó de la distancia que media desde el codo a la extremidad de la mano. || —**común.** Codo geométrico. || —**de rey o de ribera.** Codo real. || —**de ribera, cúbico.** Medida de capacidad, equivalente a 329 dm³. || —**geométrico.** Medida de media vara, equivalente a 418 mm. || —**geométrico cúbico.** Medida de capacidad equivalente a 173 dm³. || —**perfecto.** Codo de rey. || —**real.** El de 33 dedos, equivalente a 574 mm. || *Alzar, levantar* o *empinar* uno *de* CODO o *el* CODO. fr. fig. y fam. Beber mucho vino u otros licores. || *Apretar* uno *el* CODO. fr. fam. Se dice del que asiste a un moribundo próximo a expirar. || CODO *con* CODO. loc. adv. Hablando de personas, denota que están unas junto a otras, físi-

camente o cooperando estrechamente en una misma empresa. || *Comerse* uno *los* CODOS *de hambre*. fr. fig. y fam. Padecer gran necesidad o miseria. || *Dar* uno *de* CODO o *del* CODO. fr. fam. Avisar al que está cercano y advertirle de algo tocándole recatadamente con el codo. || **2.** fig. y fam. Despreciar o rechazar a personas o cosas. || *Del* CODO *a la mano*. expr. fig. con que se pondera la estatura pequeña de alguno. || *Hablar* uno *por los* CODOS. fr. fig. y fam. Hablar demasiado. || *Meterse* o *estar metido* uno *hasta los* CODOS *en alguna cosa*. fr. fig. y fam. Estar muy interesado en ella. || **P.** cotovelo **I.** elbow; **F.** coude; **A.** Ellbogen; **It.** gomito, cùbito; **R.** локоть; || 3.ª acep.: **P.** angulo; **I.** knee, bend; **F.** coude; **A.** Knierohr; **It.** gòmito; **R.** изгиб.

★ **CODO.** com. GUAT. y MÉJ. Persona avara y tacaña.

★ **CODOCO.** m. ZOOL. Concha bivalva y muy hermosa.

★ **CODOCO.** m. GUAT. Manco.

★ **CODOCOPIO.** m. BOT. Arbusto santaláceo con flores hermafroditas, que vive en Chile.

★ **CODOL.** m. QUÍM. Retinol.

CODÓN. (De *coda*, 1.er art.) m. Bolsa de cuero que, atada a la grupa, sirve para cubrir la cola del caballo, cuando haya barro.

CODÓN. (l. *cos, cotis*, piedra.) m. BURG. Guijarro, canto rodado.

CODOÑATE. (cat. *codonyat*, de *codony, codonya*, del l. *cotonĕum, cotonĕa*, membrillo.) m. Dulce de membrillo.

CODORNIZ. (l. *coturnix, -ĭcis*.) f. ZOOL. Ave del orden de las gallináceas. Es común en España de donde emigra a África en otoño. Es menor que la perdiz. Su carne es muy estimada. || **P.** codorniz; **I.** quail; **F.** caille; **A.** Wachtel; **It.** guaglia; **R.** перепел.

CODORNO. m. SAL. Rescaño de pan; cantero.

CODORRO, RRA. adj. SAL. Dícese de la persona terca. Ú.t.c.s.

CODUJO. (der. regres. de *codujón*.) m. AR. Muchacho. || **2.** fam. AR. Persona de poca estatura. ||

CODUJÓN. (De *cogujón*, infl. por *codo*.) m. AR. Cogujón.

★ **COECUACIÓN.** f. MAT. Igualdad de términos.

COEDUCACIÓN. (l. *co*, por *cum*, y *educatio, -ōnis*.) f. Educación que se da juntamente a personas de ambos sexos. || **P.** coeducação; **I.** co-education; **F.** coéducation; **A.** Miterziehung; **It.** coeducazione; **R.** совместное обучение.

COEFICENCIA. f. Acción de dos o más causas para producir un efecto.

COEFICIENTE. adj. Que juntamente con otra cosa produce un efecto. || **2.** m. ÁLG. Número o factor que, escrito a la izquierda de un monomio, hace oficio de multiplicador. Cuando el COEFICIENTE se refiere a todo un binomio o polinomio, enciérrase éste dentro de un paréntesis. || **3.** Factor o valor determinado, muy vario, según se refiera a matemáticas o física. || **P.** coeficiente; **I.** y **F.** coefficient; **A.** Koeffizient; **It.** coefficiente; **R.** коэффициент.

★ **COEL.** m. ZOOL. Ave trepadora de pico algo encorvado y comprimido que vive en los bosques y es parecida al cuclillo.

COENDÚ. m. ZOOL. AMÉR. Mamífero roedor, parecido al puerco espín, pero con cola larga.

★ **COENZIMA.** m. QUÍM. Una de las partes que parecen constituir las enzimas. Es un compuesto orgánico más sencillo que la otra parte proteínica. Ni una ni otra de estas dos fracciones son activas por sí, sino únicamente al unirse.

COEPÍSCOPO. (l. *coepiscŏpus*; de *co*, por *cum*, con, y *episcŏpus*, obispo.) m. Obispo contemporáneo de otro en una misma provincia eclesiástica.

COERCER. (l. *coercĕre*.) tr. Contener, sujetar.

COERCIBLE. adj. Que puede ser coercido.

COERCIÓN. (l. *coercio, -ōnis*.) f. FOR. Acción de coercer. || **P.** coerção; **I.** coercion; **F.** coercition, coertion; **A.** Zwang; **It.** coercizione; **R.** принуждение.

COERCITIVO, VA. (l. *coercĭtum*, su-

C

pino de *coercěre*, contener.) adj. Dícese de lo que coerce. || **P.** e **It.** coercitivo; **I.** coercive; **F.** coercitif; **A.** koerzitiv; **R.** принудительный.

COETÁNEO, A. (l. *coaetaněus*, de *co*, por *cum*, con, y *aetas*, edad.) adj. Aplícase a las personas y algunas cosas que viven o coinciden en una misma edad o tiempo. Ú.t.c.s. || **P.** coetáneo; **I.** coetaneous; **F.** contemporain; **A.** zeitgenössisch; **It.** coetáneo; **R.** современный.

COETERNIDAD. f. Calidad de coeterno.

COETERNO, NA. (l. *coaeternus*, de *co*, por, *cum*, con, y *aeternus*, eterno.) adj. En teología se usa para denotar que las tres personas divinas son igualmente eternas.

COEVO, VA. (l. *coaevus*, de *co*, por, *cum*, con, y *aevum*, edad, siglo.) adj. Dícese de las cosas que existieron en un mismo tiempo. Apl. a pers. ú.t.c.s.

COEXISTENCIA. f. Existencia de una cosa a la vez que otra u otras. || **P.** coexistència; **I.** coexistence; **F.** coexistence; **A.** Mitdasein, Koexistenz; **It.** coesistenza; **R.** сосуществование.

COEXISTENTE. p.a. de coexistir. Que coexiste.

COEXISTIR. intr. Existir una persona o cosa a la vez que otra. || **P.** coexistir; **I.** to coexit; **F.** coexister; **A.** gleichzeitig bestehen; **It.** coesistere; **R.** сосуществовать.

COEXTENDERSE. r. Extenderse a la vez que otro.

COFA. (ár. *quffa*, canasto.) f. MAR. Meseta colocada horizontalmente en el cuello de un palo para afirmar la obencadura de la gavia, facilitar la maniobra de las velas altas, y para hacer fuego desde allí en los combates. || **P.** cesto da gávea; **I.** top; **F.** hune; **A.** Mastkorb; **It.** coffa; **R.** марс.

★ **COFÁN, NA.** adj. Aplícase al indio americano perteneciente a un grupo, ya muy reducido, que habita al norte del Ecuador.

★ **COFEÁCEAS.** f. pl. BOT. Grupo de plantas rubiáceas, al cual pertenece el cafeto.

★ **COFEMIA.** f. MED. Sordera verbal, imposibilidad de comprender el lenguaje hablado.

★ **COFERDAM.** m. Substancia fibrosa del fruto del cocotero que se emplea en uno de los sistemas de protección de los buques de guerra para amortiguar la fuerza explosiva de los torpedos.

★ **COFFEA.** f. BOT. Género de plantas rubiáceas, entre cuyas especies se encuentra el cafeto.

COFIA. (ant. alto al. *kupphja*.) f. Red de seda o hilo que se ajusta a la cabeza con una cinta pasada por su jareta, para recoger el pelo. || **2.** Gorra, generalmente de encajes, que usan las mujeres para abrigarse y adornar la cabeza. || **3.** Pieza de la armadura antigua que se atornillaba a la calva del casco. || **4.** Cubierta membranosa que envuelve algunas semillas. || **P.** coifa de rede; **I.** hair-net; **F.** coiffe; **A.** Haarnetz; **It.** cuffia; **R.** чепчик. || 2.ª acep.: **P.** touca; **I.** coif, cap; **F.** coiffe; **A.** Haube; **It.** cuffia; **R.** сетка для волос.

COFIADOR. m. FOR. Fiador con otro.

COFIEZUELA. f. d. de cofia.

COFÍN. (De *cofino*.) m. Cesto o canasto de esparto, mimbres o madera, para llevar frutas u otras cosas. || **P.** cesto de vime; **I.** crate; **F.** panier, coffin, bourriche; **A.** Tragkorb; **It.** panierino, corbello; **R.** корзина.

COFINA. f. ant. Cofín.

COFINO. (l. *cophīnus*, y éste del gr. χόφινος.) m. ant. Cofín.

★ **CÓFOSIS.** f. MED. Sordera completa.

COFRADA. (De *cofrade*.) f. p. us. La que pertenece a una cofradía.

COFRADE. (l. *cum*, con, y *frater*, hermano.) com. Persona que pertenece a una cofradía. **—de pala.** GERM. Ayudante de ladrones. || **P.** confrade; **I.** brother, guild-brother; **F.** confrère; **A.** Amts-Mitbruder; **It.** confratello; **R.** член братства, общества.

COFRADERO. (De *cofrade*.) m. ant. Muñidor, avisador de cofradía.

COFRADÍA. (De *cofrade*.) f. Congregación o hermandad piadosa de personas devotas, debidamente autorizada. || **2.** Asociación de gentes para un fin determinado.|| **3.** ant. Vecindario, unión de personas o pueblos entre sí para participar de ciertos privilegios. || **4.** GERM. Muchedumbre de gente. || **5.** GERM. Junta de ladrones o rufianes. || **6.** GERM. Malla o cota. || *Ni fía ni porfía, ni entres en* COFRADÍA. ref. que denota cuántos disgustos pueden ocasionar estas cosas. || **P.** confraria; **I.** confraternity, brotherhood; **F.** confrérie; **A.** (Laien-)Bruderschaft; **It.** confraternità; **R.** братство.

COFRE. (fr. *coffre*, y éste del l. *cophǐnus*.) m. Mueble parecido al arca, cubierto interiormente de tela u otro material, y forrado de tela o papel. Generalmente su tapa es convexa. Se usa principalmente para guardar ropa. || **2.** ARGENT. y COLOM. Joyero, caja o estuche para guardar las joyas. || **3.** ZOOL. Pez teleósteo, del suborden de los plectognatos, propios de la zona tórrida, de cuerpo poliédrico y recubierto de placas óseas. || **4.** IMPR. Cuadro formado por cuatro listones de madera, que en las antiguas máquinas de imprimir abrazaba y sujetaba la piedra en que se echaba el molde en la prensa. || **P.** baú; **I.** trunk, chest; **F.** coffre; **A.** Koffer; **It.** còfano, forziere; **R.** сундук.

COFREAR. (l. *cum*, con, y *fricāre*.) tr. ant. Estregar, refregar.

COFRERO. m. El que tiene por oficio hacer cofres y venderlos.

COFTO, TA. adj. Copto, cristiano de Egipto. || **2.** Lo relativo a los mismos.

COGECHA. (l. *collecta*, t. f. de *-tus*, cogecho.) f. ant. Cosecha. De uso en las provincias de Soria y Burgos.

COGECHO, CHA. (l. *collectus*, p.p. de *colligěre*, recoger.) adj. ant. Recogido.

COGEDERA. f. Varilla de madera o de hierro con que se coge el esparto. || **2.** Caja pequeña, ancha de boca, que sirve a los colmeneros para recoger el enjambre cuando está parado en sitio oportuno. || **3.** Palo largo terminado por varios hierros corvos, que sirve para recoger del árbol la fruta. || **4.** COLOM. Jáquima, ronzal.

COGEDERO, RA. adj. Que está en disposición de cogerse. || **2.** m. Mango o parte por donde se coge una cosa.

COGEDIZO. adj. Que fácilmente se puede coger.

COGEDOR, RA. adj. Que coge. Ú.t. c.s. || **2.** Cajón con mango para recoger la basura. || **3.** Ruedo de esparto para el mismo uso. || **4.** Utensilio de metal, que sirve en las cocinas para coger el carbón o la ceniza. || **5.** ant. Recaudador de rentas reales. || **6.** ECUAD. Agente improvisado del Gobierno, encargado de apresar a todo el que pueda servir como soldado. || **7.** ECUAD. Trago de licor. || 2.ª acep.: **P.** barril do lixe; **I.** dustpan; **F.** cueilloir; **A.** Mistkorb; **It.** pattumiera; **R.** совок для мусора.

COGEDURA. f. Acción de coger.

COGER. (l. *collǐgěre*.) tr. Asir, agarrar o tomar. Ú.t.c.s. COGERSE *un pellizco*. || **2.** Recibir en sí alguna cosa. || **3.** Recoger o juntar algunas cosas. COGER *la uva*. || **4.** Ocupar cierto espacio. *El cuadro* COGE *toda la pared*. || **5.** Tener capacidad o hueco para contener cierta cantidad de cosas. *La cuba* COGE *mil litros de vino*. || **6.** Hallar, encontrar. *Me* COGIERON *dormido*. || **7.** Descubrir un engaño, un secreto o sorprender a uno en un descuido. || **8.** Sobrevenir, sorprender. *Me* COGIÓ *la tormenta*. || **9.** Unido a otro verbo por la conj. *y*, resolverse o determinarse a la acción significada por éste. || **10.** Alcanzar. || **11.** Herir o enganchar el toro a una persona con los cuernos. || **12.** Cubrir el macho a la hembra. || **13.** intr. Caber: *Esto no* COGE *aquí*. || **14.** r. REP. DOMIN. Incurrir en falta o delito. || **15.** P. RICO y REP. DOMIN. Acostumbrarse, habituarse. || **16.** rec. P. RICO. Llevarse, congeniar dos o más personas: *Yo me* COJO *con Pablo*. || *Aquí te* COJO, *aquí te mato*. expr. fig. y fam. que se usa para significar que alguno quiere aprovechar la ocasión que se le presenta favorable a sus intentos. || COGER *a uno de nuevo una cosa*. fr. No tener noticia o antecedentes de lo que se oye o se ve, sorprendiendo la novedad. || ¡COGITE! expr. familiar con que se significa que a alguno se le ha obligado con maña a que confiese lo que quería negar. || **P.** agarrar; **I.** to catch, to hold; **F.** saisir, prendre; **A.** ergreifen; **It.** cogliere, pigliari; **R.** брать, хватать.

COGERMANO, NA. (l. *cum*, con, y *germanus*, hermano.) m. y f. ant. Cohermano, na.

COGIDA. (De *coger*.) f. fam. Cosecha de frutos. || **2.** fam. Actos de esquilmarlos. || **3.** fam. Acto de coger el toro a un torero de oficio o de afición.

COGIDO, DA. p.p. de coger. || **2.** adj. ant. Junto, unido. || **3.** m. Pliegue que se hace en las ropas.

COGIENDA. (l. *colligenda*, pl. n. de *-dus*.) f. ant. Cosecha. Ú. hoy en Colombia.

COGIMIENTO. (De *coger*.) m. ant. Cogedura.

★ **COGIOCA.** f. P. RICO. Negociación en secreto para conseguir algo. || **2.** CUBA. Afán de ganancia, de lucro.

★ **COGIOQUERO, RA.** adj. Astuto, tramposo, artero.

COGITABUNDO, DA. (l. *cogitabundus*.) adj. Muy pensativo.

COGITACIÓN. (l. *cogitatio*, *-ōnis*.) f. Acción y efecto de cogitar.

COGITAR. (l. *cogitāre*.) tr. ant. Reflexionar o meditar.

COGITATIVO, VA. (De *cogitar*.) adj. Que tiene facultad de pensar.

COGNACIÓN. (l. *cognatǐo*, *-ōnis*.) f. Parentesco de consanguinidad por la línea femenina entre los descendientes de un tronco común. || **2.** Por ext. cualquier parentesco. || **P.** cognação; **I.** y **F.** cognation; **A.** Verwandtschaft; **It.** cognazione; **R.** родня.

COGNADO, DA. (l. *cognātus*; de *cum*, con, y *gnatus*, nacido.) adj. GRAM. Semejante, parecido. || **2.** m. y f. Pariente por cognación.

COGNATICIO, CIA. (l. *cognātus*, cognado.) adj. Perteneciente al parentesco de cognación.

COGNICIÓN. (l. *cognitǐo*, *-ōnis*.) f. Conocimiento.

COGNOCER. (l. *cognoscěre*.) tr. ant. Conocer.

COGNOMBRE. (l. *cognōmen*, *-ǐnis*.) m. ant. Sobrenombre o apellido.

COGNOMENTO. (l. *cognomentum*.) m. Renombre que adquiere una persona por causa de sus virtudes o defectos, o un pueblo por notables circunstancias o hechos. *Alejandro* MAGNO. *Felipe el* HERMOSO. *La* HEROICA *España*.

COGNOMINAR. (l. *cognomināre*, de *cognōmen*, sobrenombre.) tr. ant. Llamar a uno por el sobrenombre o apellido. || **P.** cognominar; **I.** to cognominate; **F.** donner un surnom; **A.** benennen; **It.** cognominare; **R.** называть.

COGNOSCIBLE. (l. *cognoscibǐlis*.) adj. Conocible.

COGNOSCITIVO, VA. (l. *cognoscěre*, conocer.) adj. Dícese de lo que es capaz de conocer. || **P.** e **It.** cognoscitivo; **I.** cognoscitive; **F.** cognitif; **A.** erkenntnisfähig; **R.** познавательный.

COGOLMAR. (l. inus *concumulāre;* de *cum*, con, y *cumulāre*, colmar.) tr. ant. Colmar, llenar demasiado un recipiente.

COGOLLA. (l. *cǔcǔlla*, capucha.) f. ant. Cogulla.

★ **COGOLLAR.** intr. COLOM. Acogollar las plantas.

COGOLLERO. m. CUBA. Gusano que vive en el cogollo del tabaco y destruye la hoja. Es de color blanco, con vetas obscuras y cabeza dura.

COGOLLO. (l. *cǔcǔllus*, capucho.) m. Lo interior y más apretado de la lechuga, berza y otras hortalizas. || **2.** Brote que arrojan los árboles y otras plantas. || **3.** Parte alta de la copa del pino, que se corta y deseca al aprovechar el árbol para madera. || **4.** CHILE. Cumplido, alabanza o requiebro en verso, que se canta en honor de una persona al fin de las tonadas. || **5.** CHILE. Frases complementarias de un discurso destinadas a llenar algún vacío del mismo. || **6.** COLOM. Parte superficial del mineral de una mina. || **7.** CUBA y MÉJ. Por antonomasia, el de la caña de azúcar. || **8.** ZOOL. ARGENT. Chicharra grande de iguales costumbres que la común, pero de canto breve y seco. || **P.** repolho; **I.** heart; **F.** coeur; **A.** Herz (vom Gemüse); **It.** grùmolo; **R.** кочан, сердцевина.

COGOMBRADURA. f. ant. Acogombradura.

COGOMBRILLO. m. Cohombrillo.

COGOMBRO. (l. *cŭcŭmis, -mĕriz*.) m. Cohombro.

COGÓN. m. Planta de la familia de las gramíneas, propia de los países cálidos cuyas cañas sirven en Filipinas para techar las casas en el campo.

COGONAL. m. Sitio abundante en cogones.

COGORZA. f. vulg. Borrachera, curda, papalina.

COGOTAZO. m. Golpe dado en el cogote con la mano abierta.

COGOTE. (De *cocote*.) m. Parte superior y posterior del cuello. || **2.** Penacho que se colocaba en la parte del morrión que corresponde al COGOTE. || *Ser uno tieso de* COGOTE. fr. fig. y fam. Ser presuntuoso o altanero. || **P.** cogote; **I.** nape; **F.** nuque; **A.** Genick, Hinterhaupt; **It.** nuca, collòttola; **R.** затылок.

COGOTERA. (De *cogote*.) f. Trozo de tela que, sujeto en la parte posterior de algunas prendas que cubren la cabeza, sirve para resguardar la nuca del sol o de la lluvia. || **2.** Sombrero que los cocheros ponen a las bestias de tiro cuando han de sufrir un sol muy ardiente. || **3.** CHILE. Pieza de tela o género acolchado o relleno que se pone en el cogote de los bueyes para que no se lastimen con el yugo. || **4.** ARGENT. Correa que rodea el cogote de una bestia. || **5.** ARGENT. Parte carnosa del cogote de las reses.

COGOTILLO. m. d. de cogote. || **2.** En los coches, arco de hierro detrás de la chapa de herrajes del fuste delantero.

COGOTUDO, DA. adj. Dícese de la persona de grueso cogote. || **2.** Dícese de quien es muy altivo y orgulloso. || **3.** CUBA. Dícese de quien tiene mucho carácter o poder. Ú.t.c.s. || **4.** ARGENT. y PERÚ. Ricacho de pueblo. Ú.t.c.s. || **5.** m. AMÉR. Plebeyo enriquecido.

COGUCHO. m. Azúcar de inferior calidad que se saca de los ingenios.

COGÜELMO. m. SAL. Colmo, jugo, substancia.

COGÜERZO. (l. *confŏrtiăre*, de *fŏrtia*, de *fŏrtis*.) m. ant. Confuerzo, banquete fúnebre.

CÓGUIL. (arauc. *coghull*.) m. CHILE. Fruto comestible del boquí.

COGUILERA. f. CHILE. Boquí.

COGUJADA. (l. *coculliata*, de *cŭcŭllio*, capucha.) f. ZOOL. Pájaro de la familia de las aláudidas, muy semejante a la alondra. Es muy andadora y anida en los sembrados. || **P.** cotovia; **I.** crested lark; **F.** alouette huppée, cochevis; **A.** Haubenlerche; **It.** cappellaccia; **R.** хохлатый жаворонок.

COGUJÓN. (l. *cŭcŭllio, -ōnis*, capucha.) m. Cualquiera de las puntas que forman los colchones, almohadas, serones, etc.

COGUJONERO, RA. adj. De figura de cogujón. *Cesta* COGUJONERA.

★ **COGULL.** Planta tropical de sarmientos leñosos.

COGULLA. (l. *cŭcŭlla*, capuz, cogulla.) f. Hábito o ropa exterior que visten varios religiosos monacales. || **2.** Capilla o capucha del hábito de los monjes. || **P.** cogula; **I.** cowl; **F.** froc; **A.** Habit, Mönchskappe; **It.** cocolla, cuculla; **R.** монашеская ряса с капюшоном.

COGULLADA. (De *cogulla*.) f. Papada del puerco.

COHABITACIÓN. (l. *cohabitatio, -ōnis*.) f. Acción de cohabitar.

COHABITAR. (l. *cohabităre*; de *cum*, con, y *habitāre*, habitar.) tr. Habitar juntamente con otro u otros. || **2.** Hacer vida marital el hombre y la mujer. || **P.** coabitar; **I.** to cohabit; **F.** cohabiter; **A.** beiwohnen; **It.** coabitare; **R.** жить вместе.

COHECHA. f. AGR. Acción y efecto de cohechar, o alzar el barbecho.

COHECHADOR, RA. adj. Que cohecha, soborna o fuerza la voluntad de alguien. U.t.c.s.

COHECHAMIENTO. (De *cohechar*.) m. ant. Cohecho, soborno.

COHECHAR. (l. *confectăre*, arreglar,

preparar, de *confectus*.) tr. Sobornar, corromper con dádivas al juez o a otro funcionario público, para que, contra justicia o derecho, haga o deje de hacer lo que se le pide. || **2.** AGR. Alzar el barbecho para sembrar la tierra. || **3.** ant. Obligar, hacer violencia. || **4.** intr. ant. Dejarse cohechar, sobornar. || **P.** subornar; **I.** to bribe; **F.** suborner; **A.** bestechen; **It.** subornare, corròmpere; **R.** подкупать.

COHECHAZÓN. f. ant. AGR. Cohecha, acción de alzar el barbecho.

COHECHO. (De *cohechar*.) m. Acción y efecto de cohechar, sobornar. || **2.** AGR. Tiempo de cohechar la tierra. || *Nι hagas* COHECHO *ni pierdas derecho*. ref. que advierte que no debe uno tomar lo que no le toca, ni perder lo que le pertenece. || **P.** suborno; **I.** bribery; **F.** corruption; **A.** Bestechung; **It.** subornazione, corruzione; **R.** подкуп.

COHEN. (hebr. *kohen*, sacerdote; ár. *kahin*, adivino.) m. y f. Adivino, hechicero. || **2.** Alcahuete, proxeneta.

★ **COHENITA.** f. MINERAL. Carburo de hierro muy impuro.

COHEREDAR. tr. Heredar juntamente con otro u otros.

COHEREDERO, RA. m. y f. Heredero juntamente con otros u otros. || **P.** co herdeiro, -ra; **I.** coheir, coinheritor; **F.** cohéritier; **A.** Miterbe; **It.** coerede; **R.** сонаследник.

COHERENCIA. (l. *cohaerentia*.) f. Unión de unas cosas con otras. || **2.** Fís. Cohesión, unión íntima entre las moléculas de un cuerpo. || **P.** coerência; **I.** coherence; **F.** cohérence; **A.** Kohärenz; **It.** coerenze; **R.** связь.

COHERENTE. (l. *cohaerens, -entis*, p.a. de *cohaerêre*, estar unido.) adj. Que tiene coherencia.

COHERMANO, NA. (De *cogermano*.) m. y f. Primo hermano. || **2.** ant. Medio hermano. || **3.** ant. Hermanastro. || **4.** ant. Cofrade.

COHESIÓN. (l. *cohaesum*, supino de *cohaerêre*, estar unido.) f. Acción y efecto de adherirse las cosas entre sí o la materia de que están formadas. || **2.** Enlace, unión, conexión. || **3.** Fís. Unión íntima entre las moléculas de un cuerpo, y fuerza atractiva que mantiene esta unión. || **P.** coesão; **I.** cohesion; **F.** cohésion; **A.** Kohäsion, Zusammenhang; **It.** coesione; **R.** связь, сцепление.

COHESIVO, VA. adj. Que produce cohesión.

COHESOR. m. Fís. Detector que se usaba en los primeros años de la telegrafía sin hilos. Era un tubo de substancias dieléctricas lleno de limaduras metálicas entre dos electrodos. || **P.** cohesor; **I.** e **F.** cohérer; **F.** cohéreur; **A.** Fritter; **R.** детектор.

COHETAZO. (aum. de *cohete*.) m. desus. Barreno con que se vuela algo.

COHETE. (cat. *coet*, y éste del l. *coda, cauda*, cola.) m. Tubo de materia diversa, cargado de pólvora y otros explosivos, y reforzado con muchas vueltas de hilo empegado, que, sujeto al extremo de una vara delgada que le sirve de contrapeso, se lanza a lo alto dándole fuego por la parte inferior. || **2.** Artificio de uno o más cuerpos que se mueve por propulsión a chorro. || **3.** fig. y fam. Ventosidad más o menos ruidosa expelida del vientre por el ano. || **4.** MÉJ. Barreno con que se vuela algo. || **—chispero.** m. El que arroja muchas chispas. || **—de guerra** o **a la Congreve.** ART. Proyectil empleado contra la caballería, y que tenía el tubo de hierro y la cola de madera. || **—tronador.** m. El que da muchos truenos o ruidos. || *Al* COHETE. m. adv. fam. ARGENT., BOL. y URUG. Inútilmente, sin objeto; inoportunamente. || **P.** foguete; **I.** rocket; **F.** fusée; **A.** Rakete; **It.** razzo; **R.** ракета.

★ **COHETEAR.** tr. MÉJ. Barrenar una roca.

COHETERA. f. Mujer del cohetero.

★ **COHETERÍA.** f. Conjunto de cohetes. || **2.** Taller de pirotécnico. || **3.** Técnica de la construcción de cohetes, en especial los de gran alcance y difíciles objetivos.

COHETERO. m. El que hace cohetes y otros artículos de pirotecnia.

★ **COHETÓN.** m. MÉJ. Copa de licor

que se bebe en compañía de unos amigos.

★ **COHIBENCIA.** f. Fís. Propiedad de algunos cuerpos de ser cohibentes.

★ **COHIBENTE.** adj. Fís. Aplícase a los cuerpos que son malos conductores de la electricidad.

COHIBICIÓN. (l. *cohibitio, -ōnis*.) f. Acción y efecto de cohibir.

COHIBIR. (l. *cohibêre*, de *cum*, con, y *habêre*, tener.) tr. Refrenar, reprimir, contener. || **P.** coibir; **I.** to cohibit; **F.** réprimer; **A.** hemmen, einschüchtern; **It.** reprimere, frenare; **R.** обуздывать, сдерживать.

COHÍTA. (l. *conficta*, p.p. de *configêre*; de *cum*, juntamente y *figêre*, fijar.) f. ant. Porción de cosas contiguas, y principalmente manzanas de casas.

COHOBACIÓN. f. QUÍM. Acción y efecto de cohobar.

COHOBAR. (b. l. *cohobare*, y éste del l. *cooptăre*, elegir.) tr. QUÍM. Destilar repetidas veces una misma substancia.

COHOBO. m. Piel del ciervo. || **2.** ECUAD. y PERÚ. Ciervo.

COHOL. m. ant. Alcohol.

COHOLLO. m. Cogollo.

COHOMBRAL. m. Sitio sembrado de cohombros.

COHOMBRILLO. m. d. de cohombro. || **—amargo.** Planta medicinal, de la familia de las cucurbitáceas. Su jugo es muy amargo. La raíz y el fruto son purgantes. || **2.** Fruto de esta planta.

COHOMBRO. (De *cogombro*.) m. Planta hortense, variedad de pepino, cuyo fruto es largo y torcido. || **2.** Fruto de esta planta. || **3.** Churro, masa de buñuelo frita y cortada en trozos. || **—de mar.** ZOOL. Equinodermo, de la clase de los holotúridos, unisexual. Se contrae tan violentamente cuando se le molesta, que a veces arroja las vísceras por la boca, las cuales regenera después fácilmente. || **P.** cogombro; **I.** cucumber; **F.** concombre; **A.** Kukumer, Gurke; **It.** cetriolo, cocòmero; **R.** огурец.

COHONDER. (l. *confundêre*.) tr. ant. Confundir. || **2.** ant. Manchar, corromper, vituperar.

COHONDIMIENTO. m. ant. Acción y efecto de cohonder.

COHONESTADOR, RA. adj. Que cohonesta.

COHONESTAR. (l. *cohonestăre*.) tr. Dar semejanza o visos de buena a una acción reprobable.

COHORTAR. (l. *cohortăre*, de *co*, por *cum*, con, y *hortăre*, animar.) tr. ant. Conhortar, animar.

COHORTE. (l. *cohors, -ōrtis*.) f. Unidad táctica del ejército romano, de infantería, compuesta de unas cinco centurias, 500 hombres, la décima parte de una legión. || **2.** fig. Conjunto, número, serie. COHORTE *de triunfos*. || **P.** e **It.** coorte; **F.** cohorte; **I.** cohort; **A.** Kohorte; **R.** когорта.

★ **COI.** m. CUBA. Canasto colgado del techo. || **2.** COLOM., CUBA y P. RICO. Cuna tosca que se pone pendiente del techo.

COICIÓN. (l. *coitio, -ōnis*; de *coitum*, de *coîre*, juntarse, reunirse.) f. ant. Junta o conjunción.

★ **COICO, CA.** adj. CHILE. Corcovado, jorobado.

COICOY. m. CHILE. Sapo pequeño, que recibe este nombre por su grito particular, en que parece repetir la sílaba coy. Tiene en las espaldas cuatro protuberancias, como ojos, por lo que se le llama también sapo de cuatro ojos.

COIDAR. (l. *cōgităre*, pensar.) tr. ant. Cuidar.

COIDO. (De *coidar*.) m. ant. Cuidado, atención, diligencia, esmero.

COIDOSO, SA. (De *coido*.) adj. ant. Cuidadoso.

★ **COIGÜE.** m. BOT. Árbol de la familia de las batuláceas que crece en la región andina de Chile.

COIHUE. m. ARGENT. Variedad de jara pequeña propia de los Andes Patagónicos.

COIHUÉ. (Voz araucana.) m. PERÚ. Árbol de la familia de las fagáceas. Muy alta y de madera parecida a la del roble aunque algo inferior.

★ **COILERO, RA.** adj. CHILE. Mentiroso embustero.

C

C

COILLAZO. m. ant. Nav. Collazo.

COIMA. (ár. *quwaima*, muchacha.) f. Manceba, concubina.

COIMA. (ár. *quwaima*, d. de *qîma*, precio.) f. Gaje del gariteo, por el cuidado de prevenir lo necesario para las mesas de juego. || **2.** Argent. y Chile. Gratificación, dádiva con que se soborna a un empleado o persona influyente.

COIMBRICENSE. adj. Conimbricense.

COIME. (ár. *qâ' im*, el que se encarga de algo.) m. El que cuida del garito y presta con usura a los jugadores. || **2.** Mozo de billar. || **3.** Germ. Señor de casa, cabeza de familia.

★ **COIMEAR.** intr. Argent. y Chile. Recibir coima o dádiva, con la que uno se deja sobornar.

★ **COIMEAR.** intr. Argent. y Chile. Recibir coima o retribución ilícita.

COIMERO. (De *coima*, 2.º art.) m. Coime, 1.ª acep.

COINCIDENCIA. f. Acción y efecto de coincidir. || P. coincidência; I. coincidence; F. coïncidence; A. Zusammentreffen, Uebereinstimmung; It. coincidenza; R. совпадение.

COINCIDENTE. p.a. de coincidir. Que coincide.

COINCIDIR. (l. *co*, por *cum*, con, e *incidĕre*, caer en, acaecer.) intr. Convenir una cosa con otra, ser conforme con ella. || **2.** Ocurrir dos o más cosas a un mismo tiempo; convenir en el modo, ocasión u otra circunstancia. || **3.** Ajustarse una cosa con otra, confundirse con ella. || **4.** Concurrir simultáneamente dos o más personas a un mismo lugar. || P. coincidir; I. to coincide; F. coïncider; A. übereinstimmen; It. coincidere; R. совпадать.

COINQUILINO, NA. m. y f. Inquilino con otro.

COINQUINAR. (l. *coinquinăre*, manchar.) tr. Manchar, ensuciar. || **2.** r. Mancharse, mancillarse.

COINTERESADO, DA. adj. Interesado juntamente con otro u otros en un todo del cual han de participar. Ú.t.c.s.

★ **COIPA.** f. Argent. Una tierra de la cordillera de los Andes que contiene sales potásicas.

COIPO. (arauc. *coipu*.) m. Zool. Chile y Argent. Nombre que se da a un mamífero roedor anfibio, parecido al castor.

COIRÓN. m. Bol., Chile y Perú. Planta gramínea de hojas duras y punzantes, que se usa para techar las barracas de los campos, principalmente.

COIRONAL. m. Terreno en que abunda el coirón.

COITAR. (l. *cogităre*.) tr. ant. Cuitar, apretar, estrechar, afligir. || **2.** r. ant. Apresurarse.

COITIVO, VA. adj. ant. Perteneciente al coito.

COITO. (l. *coïtus*.) m. Ayuntamiento carnal del hombre con la mujer. Cópula, unión sexual.

★ **COITOFOBIA.** f. Temor morboso al coito.

COITOSO, SA. (De *coitar*.) adj. ant. Cuitoso, apresurado, precipitado.

COJA. (l. *coxa*, anca.) f. ant. Corva de la pierna. || **2.** fig. y fam. Mujer de mala vida.

COJAL. (De *coja*.) m. Pellejo que los cardadores se ponen en la rodilla para cardar.

★ **COJANCO, CA.** adj. Cuba. Aplícase al que cojea un poco.

★ **COJATAL.** m. Cuba. Terreno en que abunda el cojate.

COJATE. m. Bot. Cuba. Planta silvestre de la familia de las cingiberáceas. La leche de las vacas que lo comen es de color rojo obscuro y es perjudicial a la salud.

COJATILLO. m. Cuba. Especie de jengibre silvestre.

COJEAR. (De *cojo*.) intr. Andar inclinando el cuerpo más a un lado que a otro, por no poder sentar con regularidad e igualdad ambos pies. || **2.** Moverse los muebles con patas por tener alguna más o menos largas que las demás, o por la desigualdad del piso. || **3.** fig. y fam. Faltar a la rectitud en algunas ocasiones. || **4.** fig. y fam. Tener algún vicio o defecto. ||

El que no cojea, *renquea*, ref. con que se da a entender que nadie es perfecto. || P. mancar; I. to limp; F. boiter; A. hinken; It. zoppicare; R. хромать.

COJEDAD. (De *cojo*.) f. ant. Cojera.

COJERA. (De *cojo*.) f. Defecto que impide andar con regularidad. || *En* cojera *de perro y en lágrimas de mujer, no hay que creer*. ref. que aconseja desconfiar de aspavientos o exageradas lamentaciones. || P. coxeadura; I. limp, halt; F. clochement, boiterie; A. Hinken; It. zoppàggine, zoppicamento; R. хромота.

COJEZ. (De *cojo*.) f. ant. Cojera.

COJIJO. (l. *culicŭlus*, d. de *culex*, mosquito.) m. Sabandija, bicho. || **2.** Desazón o queja que proviene de causas ligeras.

COJIJOSO, SA. (De *cojijo*.) adj. Que se queja o resiente por causa ligera.

COJÍN. (fr. *coussin*, y éste del l. *cŭlcitīnus*, de *cŭlcita*, colcha.) m. Almohadón que sirve para sentarse, arrodillarse o apoyarse. || **2.** Mar. Defensas que se ponen para que no rocen determinados cabos en las vergas y las bordas. || P. coxim; I. cushion; F. coussin; A. Kissen; It. cuscino, carello; R. диванная подушка.

COJINETE. m. d. de cojín. || **2.** Almohadilla de costurero. || **3.** Pieza de hierro con que se sujetan los carriles a las traviesas del ferrocarril. || **4.** Pieza movible de acero, con limas o cortes en uno de sus cantos, que sirve en las terrajas para labrar la espiral del tornillo. || **5.** Impr. Cada una de las piezas de metal que sujetan el cilindro. || **6.** Mec. Pieza o conjunto de piezas en que se apoya y gira cualquier eje de maquinaria. || **7.** Colom. y Venez. Alforjas, cantinas. || 6.ª acep.: P. peça-giratória; I. pillow; F. coussinet; A. Lager; It. cuscinetto; R. подшипник.

★ **COJINILLO.** m. Argent. Manta pequeña o montura que se acomoda al lomo de la caballería.

COJINÚA. f. Cuba. Pez de carne muy apreciada. También se le llama cojinuda.

★ **COJITA.** f. Venez. Conserva de coco y papelón o meladura ya cuajada.

COJITRANCO, CA. (De *cojo*, y *tranco*, salto.) adj. despec. Dícese del cojo travieso que anda inquieto de una parte a otra. Ú.t.c.s.

★ **COJITRE.** m. Bot. P. Rico. Planta medicinal, cuyas hojas por la cara son verdes y por el envés, moradas.

COJO, JA. (l. *coxus*, de *coxa*, anca.) adj. Aplícase a la persona o animal que cojea. Ú.t.c.s. || **2.** Dícese de la persona o animal a quien falta una pierna o un pie, o tiene perdido el uso de cualquiera de estos miembros. Ú.t.c.s. || **3.** Aplícase al pie o pierna enfermo, de donde proviene el andar así. || **4.** fig. Dícese también de algunas cosas inanimadas, como del banco, silla o mesa cuando balancean de un lado a otro, y hasta de cosas inmateriales: *Argumento* cojo. || *No ser uno* cojo *ni manco*. fr. fig. y fam. Ser muy inteligente y experimentado en lo que trata. || P. coxo; I. halt, lame; F. boiteux, -euse; A. hinkend, lahm; It. zoppo, azzopato; R. хромой.

COJOBO. m. Cuba. Jabí, árbol americano.

COJOLITE. m. Méj. Especie de faisán.

COJUDO, DA. (l. *cōleum*, testículo.) adj. Dícese del animal no castrado.

COJUELO, LA. adj. d. de cojo. Ú.t.c.s.

COK. m. Coque.

COL. (l. *caulis*.) f. Planta hortense, de la familia de las crucíferas. Se cultivan muchas variedades, todas comestibles. De hojas anchas, pencas gruesas, flores en panoja y semillas muy menudas. || *Entre* col *y* col *lechuga*, ref. que advierte que para que no fastidien algunas cosas, se necesita variarlas. || P. couve; I. cabbage; F. chou; A. Kohl; It. càvolo; R. капуста.

COLA. (l. *caudŭla*, d. de *cauda*, cola.) f. Extremidad posterior del cuerpo y de la columna vertebral de algunos animales. || **2.** Conjunto de plumas fuertes y más o menos largas que tienen las aves en la rabadilla. || **3.** Porción que en algunas ropas talares se prolonga por la parte posterior y se lleva comúnmente arrastrando. || **4.** Extremidad del paño, que es

la contrapuesta a la punta en que está la muestra. || **5.** Punta o extremidad posterior de alguna cosa, por oposición a cabeza o principio. || **6.** Apéndice luminoso que suelen tener los cometas. || **7.** Apéndice prolongado que se une a alguna cosa. || **8.** Hilera de personas que esperan vez. || **9.** Entre los antiguos estudiantes, voz de oprobio, en oposición de la aclamación o vítor. || **10.** Arq. Entrega del sillar. || **11.** Fort. Parte posterior de una explanada, trinchera o cualquier obra de fortificación. || **12.** Gola, lado de entrada en una obra saliente de la misma clase. || **13.** Mús. Detención en la última sílaba en lo que se canta. || **14.** Chile. Persona que por cualquier motivo sigue constantemente a otra. || **15.** Guat. Agente de policía secreta que cuida de una persona. || **16.** Venez. Sinecura. || **17.** Chile. Cócix. **—de caballo.** Bot. Planta de la clase de las iquisetinas, cuyo tallo termina en una especie de ramillete de hojas filiformes a modo de una cola de caballo. **—de dragón.** Astron. Parte extrema de la constelación de este nombre. || **—del León.** Denébola, estrella importante de la constelación del León. **—de zorra.** Bot. Planta gramínea de raíz articulada, hojas planas y flores en tirso cilíndrico, propia de Europa. || **—de golondrina.** Fort. Obra destacada cuyos lados se abren hacia el campo. || **2.** Bot. Planta alismácea, que crece en los lugares cubiertos de agua y se cultiva como ornamental. **—de milano o de pato.** Espiga de ensamblaje, en forma de trapecio, y también adorno arquitectónico de esta forma. **—de mono.** Chile. Bebida compuesta de aguardiente, café y leche. || **—de pucho.** Chile. Colilla. || **—de seda.** Quím. Sericina. || **—de zorro.** Chile. En muchos colegios, disciplina. || *A la* cola. m. adv. fig. y fam. Detrás, en la parte posterior. || *Apearse* uno *por la* cola. fr. fig. y fam. Responder o decir algún disparate o despropósito. || *Hacer* uno cola. fr. fig. y fam. Esperar la vez haciendo o formando hilera con otras personas. || *Llevar la* cola. Ocupar el último lugar, especialmente en exámenes. || *Tener* o *traer* cola. fr. fig. y fam. Tener o traer consecuencias graves. || P. cauda; I. tail; F. queue; A. Schwanz; It. coda; R. хвост. || 3.ª acep.: P. cola; I. tail; F. traîne; A. Schleppe; It. coda; R. шлейф.

COLA. (l. *cŏlla*, y éste del gr. κόλλα, encolar.) f. Pasta translúcida y pegajosa, que se hace generalmente cociendo raeduras y retazos de pieles, y que disuelta después en agua caliente, sirve para pegar. || **—de boca.** Masa hecha de cola de pescado y cola de retal, que, azucarada y aromatizada, se emplea en forma de pastilla para pegar papel, mojándola con la saliva. || **—de pescado.** Gelatina casi pura que se hace con la vejiga de los esturiones. || **—de retal.** La que se hace con las recortaduras del baldés, y sirve para preparar los colores al temple y aparejar los lienzos y piezas del dorado bruñido. || P. grude; I. glue; F. colle; A. Leim; It. colla; R. клей.

COLA. f. Bot. Semilla de un árbol ecuatorial, de la familia de las esterculiáceas, que por contener teína y teobromina se utiliza en medicina como excitante de las funciones digestivas y nerviosas. También se llama nuez de cola. || P. cola; I. kola tree; F. kola; A. Kolanuss; It. cola, kola; R. кола.

★ **COLABISMO.** m. Zool. Insecto tetámero americano.

COLABORACIÓN. f. Acción y efecto de colaborar.

° **COLABORACIONISMO.** m. Pol. Participación activa en un régimen político que gobierna una nación contra la voluntad de la mayoría de los ciudadanos que lo consideran nefasto y opresor.

° **COLABORACIONISTA.** com. Persona que colabora con el gobierno o régimen político considerado nefasto o reprobable por la mayoría de los ciudadanos.

COLABORADOR, RA. (De *colaborar*.) m. y f. Compañero en la formación de alguna obra, especialmente literaria. || **2.** Persona que escribe habitualmente en un periódico, sin pertenecer a la plantilla

de redactores. || **P.** colaborador; **I.** colla-
borator; **F.** collaborateur; **A.** Mitarbeiter;
It. collaboratore; **R.** сотрудник.

COLABORAR. (l. *collaborāre*, de
cum, con, y *laborāre*, trabajar.) intr. Trabajar con otra u otras personas, especial-
mente en obras de ingenio. || **P.** colaborar;
I. to collaborate; **F.** collaborer; **A.** mitar-
beiten, mitwirken; **It.** collaborare; **R.** со-
трудничать.

★ **COLACIO.** m. Zool. Infusorio que se
halla en el cuerpo de algunos animalillos
acuáticos.

COLACIÓN. (l. *collatio*, *-ōnis*; de
collātum, supino de *conferre*, comparar,
conferir.) f. Acto de colar o conferir canónicamente un beneficio eclesiástico, o el
de conferir un grado de universidad. ||
2. Cotejo que se hace de una cosa con
otra. || **3.** Conversación que tenían los
antiguos monjes sobre cosas espirituales. ||
4. Territorio o parte del vecindario que
pertenece a cada parroquia en particular. ||
5. Refacción que se acostumbra tomar
por la noche en los días de ayuno. || **6.** Por-
ción de cascajo, dulces, frutas u otras cosas
de comer, que se da a los criados en el día
de Nochebuena. || **7.** Refacción de dulces,
pastas, y a veces fiambres, con que se
obsequia a un huésped o se celebra algún
suceso. || **8.** Chile. Gragea. || **9.** Chile,
Méj. y Ecuad. Confite o bombón. ||
10. Méj. Mezcla de confites diversos. ||
11. Colom. Bizcocho. ||**—de bienes.**
For. Manifestación que al partir una herencia se hace de los bienes que un heredero forzoso recibió gratuitamente del
causante en vida de éste, para que sean
contados en la computación de legítimas
y mejoras. || *Sacar* uno *a* colación *a una
persona o cosa.* fr. fig. y fam. Hacer men-
ción de ellas. || *Traer a* colación. fr.
fig. y fam. Aducir pruebas o razones en
abono de una causa. || **2.** fig. y fam. Mez-
clar especies inoportunas en un discurso
o conversación. || 3.ª acep.: **P.** colação;
I. y **F.** collation; **A.** Kollation; **It.** cola-
zione; **R.** присуждение научной степени.

COLACIONAR. (De *colación*.) tr. Co-
tejar, confrontar. || **2.** Incluir algo en la
colación de bienes, traerlo a colación y
partición, en términos forenses. || **3.** Ha-
cer la colación de un beneficio eclesiástico, o conferirlo.

COLACTÁNEO, A. (l. *collactănĕus*,
de *cum*, con, y *lactāre*, mamar.) m. y f.
Hermano de leche.

★ **COLACHI.** m. Méj. Comida preparada con calabaza, maíz y queso.

COLADA. f. Acción y efecto de colar,
de pasar un líquido por un colador o ceda-
zo. || **2.** Tómase especialmente por la
acción de colar la ropa. || **3.** Lejía en que
se cuela la ropa. || **4.** Ropa colada. ||
5. Terreno al que puede entrar el ganado
después de levantadas las cosechas. ||
6. Paso o garganta entre montañas difíciles
de cruzar por su angostura y mal suelo. ||
7. Metal. Sangría que se hace en los altos
hornos para que salga el hierro fundido. ||
8. Colom. Especie de arroz con leche. ||
9. Ecuad. Mazmorra, manjar de harina
de maíz con azúcar o miel. || **10.** Colom.
Puches, gachas, o poleadas. || *Salir* una
cosa *en la* colada. fr. fig. y fam. Descubrir-
se lo que ya había pasado y estaba olvi-
dado y oculto. || 2.ª acep.: **P.** coada; **I.**
buck; **F.** lessive, blanchissage; **A.** Aufwa-
schen, Laugenwasser; **It.** bucato; **R.** проце-
живание.

COLADA. (Por alusión a una de las
espadas del Cid.) f. fig. Buena espada.

COLADERA. f. Cedacillo para lico-
res. || **2.** Méj. Sumidero con agujeros.

COLADERO. m. Manga, cedazo, paño,
cesto o vasija en que se cuela un líquido.
|| **2.** Camino o paso estrecho. || **3.** Mineral.
Boquete que se deja en el entrepiso de una
mina, para echar por él los minerales, al
piso general inferior y desde allí, sacarlos
afuera. || **P.** filtro; **I.** strainer, colander;
F. couloir, couloire, passoire; **A.** Sieb,
Seiher; **It.** colatoio, colabrodo; **R.** ситечко.

COLADIZO, ZA. adj. Que penetra o
se cuela fácilmente por donde quiera.

COLADO, DA. p.p. de colar. || **2.** adj.
Aplícase al hierro que sale fundido de los
altos hornos, y dícese también del aire

que corre encallejonado o por alguna
abertura.

COLADOR. (De *colar*, conferir beneficios.) m. El que confiere o da la colación
de los beneficios eclesiásticos o los grados
universitarios.

COLADOR. (De *colar*, lavar la ropa
con lejía, colar un líquido.) m. Coladero,
utensilio para colar líquidos. || **2.** Cubeto
con agujeros en el fondo, el cual se llena
de ceniza, y echándole agua para que pase
por ella, sale hecha lejía.

COLADORA. (De *colador*, para colar
líquidos.) f. La que hace coladas. || **2.**
Aparato mecánico para hacer colada.

COLADURA. f. Acción y efecto de
colar líquidos. || **2.** fig. y fam. Acción de
colarse, de decir inconveniencias. || **3.** fam.
Amor ciego. || **4.** Méj. Residuo que queda
en el cedazo después de colar la masa de
que se hace el atole.

★ **COLÁGENA.** (gr. κόλλα, cola, y
γεννάω, engendrar.) f. Quím. Substancia
albuminoidea que existe en el tejido conjuntivo, en los cartílagos y los huesos,
y que se transforma en gelatina por efecto
de la cocción.

★ **COLÁGENO.** m. Una de las proteínas
albuminoides que se encuentran en el tejido
conjuntivo, óseo y cartilaginoso.

COLAGOGO, GA. (gr. χολή, bilis, y
ἄγω, mover.) adj. Farm. Se dice de los
purgantes que se emplean especialmente
contra la acumulación de bilis.

★ **COLAGÓN.** m. Méj. Conducto o canal.

COLAINA. (l. *coriago*, *-ĭnis*, enfermedad del cuero.) f. Acebolladura, desunión
de dos capas contiguas en la madera.

COLAIRE. (De *colar*, y *aire*.) m. And.
Lugar por donde pasa el aire colado.

★ **COLALATO.** m. Quím. Sal resultante
de combinar el ácido cálico con una base.

★ **COLALEMIA.** f. Med. Existencia en
la sangre de ácidos biliares.

COLAMBRE. f. Corambre. || **2.** Méj.
Odre.

COLANA. f. fam. Trago, trinquis.

COLANDERO, RA. m. y f. Rioja.
Persona que por oficio se dedica a colar
la ropa.

★ **COLANGIOTOMÍA.** f. Cir. Operación que se practica para extraer algún
cálculo que obstruye el conducto biliario.

★ **COLANGITIS.** f. Med. Angiocolitis.

COLANILLA. f. Pasadorcillo con que
se cierran y aseguran puertas y ventanas.

COLANTE. p.a. ant. de colar. Que
cuela.

COLAÑA. (l. *colŭmna*.) f. Tabique de
poca altura que sirve de antepecho en las
escaleras o de división en los graneros. ||
2. Defecto de algunas maderas de roble,
consistente en una hendidura circular,
por donde se desprende el corazón del
árbol de casi toda la madera de su circun-
ferencia. || **3.** Murc. Pieza de madera, de
4 m de largo con una escuadría de 15 cm
de tabla por 10 de canto.

COLAPEZ. (De *cola*, pasta gelatinosa
para pegar, y *pez*.) f. Cola de pescado.

COLAPISCIS. (De *cola*, y el l. *piscis*,
pez.) f. Colapez, cola de pescado.

COLAPSO. (l. *collăpsus*, p.p. de
collăbi, caer, arruinarse.) m. Med. Pos-
tración repentina de las fuerzas vitales,
determinada por la debilidad de la influencia precisa de los centros nerviosos.
|| **2.** fig. Decadencia, declinación, descenso,
principio de ruina. || **P.** colapso; **I.** co-
llapse; **F.** collapsus, affaissement; **A.** Kol-
laps, Zusammenbruch; **It.** collasso, collapso;
R. коллапс.

★ **COLAPSOTERAPIA.** f. Med. Operación consistente en comprimir el pulmón
para evacuar su contenido aproximando
las paredes de las cavernas.

★ **COLAPTO.** m. Zool. Género de aves
trepadoras americanas.

COLAR. (b. l. *collāre*, conferir, y éste
del l. *collātum*, conferido.) tr. Hablando
de beneficios eclesiásticos, conferirlos ca-
nónicamente. || **2.** Conferir un grado uni-
versitario.

COLAR. (l. *colāre*.) tr. Pasar un líquido
por manga, cedazo, o paño. || **2.** Blanquear
la ropa después de lavada, metiéndola
en lejía caliente. || **3.** intr. Pasar por sitio
estrecho. || **4.** fam. Beber vino. || **5.** fam.

Pasar una cosa en virtud de engaño o
artificio. || **6.** r. fam. Introducirse o es-
condidas o sin permiso en alguna parte. ||
7. fig. y fam. Decir inconveniencias o
embustes. || **8.** Cuba. En el juego del
burro, declarar el que lo dice que juega
aquella mano. || *No* colar *una cosa.* fr.
fam. No ser creída.

★ **COLARGOL.** m. Forma alotrópica de
la plata empleada en medicina.

★ **COLARIO, RIA.** adj. Zool. Dícese de
las plumas que forman una especie de co-
llar alrededor del cuello de algunas aves. ||
2. m. Faja que rodea el cuello de algunos
cuadrúpedos. || **3.** Conchas en forma de
espiral.

★ **COLASTINÉS.** m. pl. Etnog. Tribu
de indios que en la época de la conquista
habitaban la región del Río de la Plata.

COLATERAL. (l. *collaterālis*.) adj.
Que está a los lados de la parte principal
de una cosa; como los altares de un templo
respecto de la nave central. || **2.** Dícese
del pariente que no lo es por línea recta.
Ú.t.c.s. || **P.** colateral; **I.** collateral; **F.** colla-
téral; **A.** seitlich; **It.** collaterale; **R.** боко-
вой.

★ **COLATITUD.** f. Top. Complemento
de la latitud de un lugar.

COLATIVO, VA. (l. *collativus*.) adj.
Aplícase a los beneficios eclesiásticos y
a todo lo que no se puede disfrutar sin
colación canónica.

COLATIVO, VA. (l. *colātum*, supino
de *colāre*, colar.) adj. Dícese de lo que
tiene virtud de colar y limpiar.

★ **COLATO.** m. Quím. Sal resultante de
la combinación del ácido cólico con una
base.

COLAUDAR. (l. *collaudāre*, de *cum*,
con, y *laudāre*, alabar.) tr. ant. Alabar,
elogiar.

COLAYO. m. Pimpido, pez selacio parecido a la mielga.

★ **COLAZO.** m. Chile. Sacudida que dan
algunos animales con la cola.

★ **COLBINGITA.** f. Mineral. Cosirita.

★ **COLCA.** f. Perú. Granero de una
granja.

CÓLCEDRA. (l. *cŭlcĭta*, colcha.) f.
ant. Colchón de lana o pluma. || **2.** ant.
Colcha.

COLCEDRÓN. m. aum. de cólcedra.

COLCÓTAR. (ár. *qulqutar*, caprorsa,
tal vez corrupción del gr. χαλκάνθη.) m.
Quím. Color rojo que se emplea en pintura, formado por el peróxido de hierro
pulverizado.

COLCHA. (l. *cŭlcĭta*.) f. Cobertura de
cama que sirve de adorno y abrigo. ||
2. Mar. Se llama así el torcido de filásticas, cordones y cabos alrededor de su
propio eje, simultáneamente con el torcido de estos elementos alrededor de un
eje común a todos ellos. || **P.** colcha;
I. counterpane, coverlet; **F.** courtepointe,
couverture, couvrelit; **A.** Bettdecke; **It.**
coltre, coltrone; **R.** покрывало.

COLCHADO, DA. p.p. de colchar. ||
2. adj. Se dice de la prenda o presea hecha
de tela y rellena a modo de almohadilla. ||
3. Chile. Colchadura.

COLCHADURA. f. Acción y efecto
de colchar. || **2.** Mar. Colcha, torcido de
cabos.

COLCHAR. (De *colcha*.) tr. Acolchar,
1.er art. || **2.** r. Chile. Reñir con alguien.

COLCHAR. tr. Mar. Corchar.

COLCHERO, RA. m. y f. Persona
que tenía por oficio hacer colchas y venderlas.

COLCHÓN. (De *colcha*.) m. Especie
de saco cuadrilongo, lleno de lana, pluma,
u otra cosa filamentosa o elástica, acondi-
cionado para dormir sobre él. ||**—de
muelle.** Armadura de madera o hierro
con muelles o resortes sobre el cual se
pone el colchón ordinario. ||**—de tela
metálica.** El de tela elástica de alambre
que se mantiene tirante por medio de
unos rollizos de madera puestos en los
pies y en la cabecera del mismo colchón. ||
—de viento. El de tela impermeable,
henchido de aire. || **P.** colchão; **I.** mattress;
F. matelas; **A.** Matratze; **It.** materasso,
còltrice; **R.** матрац.

COLCHONERA. adj. Aplícase a la
aguja grande y gruesa usada por los col-
choneros.

C

COLCHONERÍA. f. Lanería.|| **2.** Tienda en que se hacen o venden colchones y objetos semejantes.

COLCHONERO, RA. m. y f. Persona que tiene por oficio hacer o vender colchones.

COLCHONETA. (De *colchón.*) f. Cojín largo y delgado que se pone encima del asiento de un sofá o de otro mueble parecido. || **2.** Colchón delgado.

COLE. m. fam. SANT. Chapuzón, acción de echarse de cabeza al agua.

COLEADA. f. Sacudida o movimiento de la cola de los peces y otros animales. || **2.** VENEZ. Acto de derribar una res tirándola de la cola. || **3.** CHILE. Movimiento despreciativo que hacen las mujeres borneando o sacudiendo la cola del vestido. || **4.** MAR. Cambio brusco y momentáneo de la dirección del viento, volviendo luego a la que llevaba.

★ **COLEADERO.** m. MÉJ. Diversión consistente en colear reses.

★ **COLEADO, DA.** adj. CHILE. Suspenso en un examen. || **2.** CHILE. Derrotado en una elección.

COLEADOR. adj. Que colea; se aplica a ciertos animales, como el león, etc. || **2.** m. VENEZ. El que en las corridas de toros y en los hatos tira de la cola de una res para derribarla en la carrera. || **3.** P. RICO. El gallero que colea o prepara los gallos para la pelea. || **4.** ARGENT. El que quiere beber a costa ajena.

COLEADURA. f. Acción de colear.

COLEAR. intr. Mover con frecuencia la cola. || **2.** tr. En las corridas de toros, sujetar la res por la cola. || **3.** MÉJ. Derribar el jinete al toro que huye, sujetándole la cola bajo la pierna derecha contra la silla. || **4.** VENEZ. Tirar, corriendo a pie o a caballo, de la cola de una res para derribarla. || **5.** P. RICO. Preparar los gallos de pelea. || **6.** CHILE. Frustrar a alguno un intento o pretensión, reprobar. || **7.** GUAT. Seguir a una persona. || **8.** COLOM. y VENEZ. Incomodar, hostigar, perseguir. || **9.** REP. DOMIN. Cortejar, enamorar. || **10.** intr. ARGENT. y P. RICO. Moverse a un lado y a otro los últimos vagones de un tren en marcha. || **11.** AMÉR. CENTRAL. Frisar, rayar en una edad. || **12.** tr. VENEZ. Patinar un carruaje. || **13.** MAR. Moverse con vibración notable la parte de popa de un buque. || *Todavía* COLEA. expr. fig. y fam. con que se indica no haberse concluído todavía un negocio, o no ser conocidas aún todas sus consecuencias.

COLECCIÓN. (l. *collectio, -ōnis.*) f. Conjunto de cosas, por lo común de una misma clase. COLECCIÓN *de sellos, monedas,* etc. || **P.** colecção; **I.** y **F.** collection; **A.** Sammlung; **It.** collezione; **R.** коллекция.

COLECCIONADOR, RA. m. y f. Persona que colecciona.

COLECCIONAR. tr. Formar colección. COLECCIONAR *sellos.* || **P.** coleccionar; **I.** to collect; **F.** collectionner; **A.** sammeln, ansammeln; **It.** collezionare; **R.** коллекционировать.

COLECCIONISTA. com. Coleccionador, ra.

★ **COLECISTO.** m. ANAT. Vesícula biliar.

★ **COLECROÍNA.** f. BIOQUÍM. Materia verde de la bilis.

COLECTA. (l. *collecta.*) f. Repartimiento de una contribución o tributo, que se cobra por vecindario. || **2.** Recaudación de los donativos voluntarios, especialmente si es con objeto piadoso o caritativo. || **3.** Cualquiera de las oraciones de la misa. || **4.** Congregación de fieles para celebrar el santo sacrificio de la misa, en los primeros siglos del cristianismo. || **2.ª** acep.: **P.** colecta; **I.** collection; **F.** collecte; **A.** Kollekte; **It.** colletta; **R.** сбор податей.

COLECTACIÓN. f. Acción y efecto de colectar.

★ **COLECTADOR, RA.** m. y f. CHILE. Colector, recaudador.

COLECTÁNEA. (l. *collectanĕa.*) f. ant. Colección.

COLECTAR. (De *colecta.*) tr. Recaudar, cobrar.

COLECTICIO, CIA. (l. *collectitius.*) adj. Aplícase al cuerpo de tropa compuesto de gente nueva, sin disciplina y reclutada al azar. || **2.** Dícese del tomo formado por obras sueltas y antes esparcidas.

COLECTIVAMENTE. adv. En común, conjuntamente.

★ **COLECTIVERO, RA.** m. y f. ARGENT. Persona que conduce un ómnibus pequeño, llamado también colectivo.

COLECTIVIDAD. (De *colectivo.*) f. Conjunto de personas reunidas o concertadas para un fin. || **P.** colectividade; **I.** collectivity; **F.** collectivité; **A.** Gesamtheit; **It.** collettività; **R.** коллектив.

COLECTIVISMO. m. Doctrina que tiende a suprimir la propiedad particular, transferirla a la colectividad y confiar al Estado la distribución de la renta.

COLECTIVISTA. adj. Perteneciente o relativo al colectivismo. || **2.** Partidario de dicho sistema. Ú.t.c.s.

★ **COLECTIVIZACIÓN.** f. Acción y efecto de colectivizar.

COLECTIVIZAR. tr. Transformar evolutiva o coactivamente lo individual en colectivo.

COLECTIVO, VA. (l. *collectīvus.*) adj. Perteneciente o relativo a cualquier agrupación de individuos. || **2.** Que tiene virtud de reunir. || **3.** GRAM. Dícese del nombre que expresa en singular la reunión de individuos o cosas de la misma especie. v. gr. ejército, equipo. || **4.** ARGENT. Autobús, generalmente pequeño y a cargo de una persona, que es conductora y cobradora a la vez. Ú.t.c.adj.

★ **COLECTOMÍA.** f. CIR. Resección parcial del colon.

COLECTOR. (l. *collector.*) adj. Que recoge. || **2.** m. El que hace alguna colección. || **3.** Recaudador. || **4.** Eclesiástico encargado de recibir y distribuir las limosnas de las misas. || **5.** Caño o canal para recoger las aguas. || **6.** Conducto subterráneo en el cual vierten las alcantarillas sus aguas. || **7.** ELECTR. Anillo de cobre al que se aplican las escobillas para comunicar el inducido con el circuito exterior. || **—de espolios.** El encargado de recoger, de entre los bienes que dejaban los obispos, aquellos que les pertenecían por razón de su dignidad, para emplearlos en limosnas y obras pías. || **P.** colector; **I.** collector; **F.** collecteur; **A.** Sammler; **It.** collettore; **R.** сборщик, собиратель.

COLECTURÍA. (De *colector.*) f. Ministerio de recaudar algunas rentas. || **2.** Oficina donde se reciben las rentas. || **3.** Oficio de colector de las limosnas de las misas.

★ **COLEDOCITIS.** f. PAT. Inflamación del conducto colédoco.

★ **COLÉDOCO, CA.** (gr. χολή, bilis, y δέχεσθαι, recibir.) adj. Que contiene bilis. || **2.** m. ANAT. Canal del hígado que remata en el duodeno.

COLEGA. (l. *collēga.*) m. Compañero en un colegio, iglesia, corporación o ejercicio. || **P.** colega; **I.** colleague; **F.** collègue; **A.** Kollege; **It.** collega; **R.** коллега.

COLEGATARIO, RIA. (l. *collegatarius.*) m. Aquel a quien se le ha legado una cosa juntamente con otro u otros.

COLEGIACIÓN. f. Acción y efecto de colegiarse.

COLEGIADAMENTE. adv. En forma de colegio o comunidad.

COLEGIADO, DA. p.p. de colegiarse.|| **2.** adj. Dícese del individuo que pertenece a una corporación que forma colegio. || **3.** También se aplica al cuerpo constituído en colegio. *Agentes comerciales* COLEGIADOS. || **4.** Dícese del tribunal formado con tres o más personas por contraposición al tribunal unipersonal.

COLEGIAL. (l. *collegiālis.*) adj. Perteneciente al colegio. || **2.** Aplícase a la iglesia que no siendo catedral se compone de dignidades y canónigos seculares. También se dice colegiata. Ú.t.c.s. || **3.** El que tiene beca o plaza en un colegio. || **4.** El que asiste a cualquier colegio particular. || **5.** fig. y fam. Mancebo inexperto y tímido. || **6.** MÉJ. El que monta mal a caballo. || **7.** CHILE. Pájaro que vive a las orillas de los ríos y lagunas. || **P.** colegial; **I.** collegian; **F.** collégien; **A.** kollegial(isch); **It.** collegiale; **R.** ученик, стипендиат.

COLEGIALA. f. Alumna que tiene plaza en un colegio o asiste a él.

COLEGIALMENTE. adv. Colegiadamente.

COLEGIARSE. r. Reunirse en colegio los individuos de una misma profesión o clase.

COLEGIATA. (l. *collegiăta,* t. f. de *-tus,* perteneciente a un colegio.) f. Iglesia colegial, la que no siendo catedral tiene dignidades y canónigos regulares. || **P.** colegiada; **I.** collegiate; **F.** église collégiale; **A.** Stiftskirche; **It.** collegiata; **R.** соборная церковь.

COLEGIATURA. f. Beca o plaza de colegial. || **2.** Pensión que paga el alumno interno en un colegio.

COLEGIO. (l. *collegium,* de *colligĕre,* reunir.) m. Comunidad de personas que viven en una casa destinada a la enseñanza, bajo el gobierno de ciertos superiores. || **2.** Casas o edificio del colegio. || **3.** Establecimiento docente dedicado a la primera o segunda enseñanza. || **4.** Casa o convento de regulares destinado para estudios. || **5.** Sociedad o corporación de hombres de la misma dignidad o profesión. COLEGIO *de Arquitectos, Veterinarios.* || **—apostólico.** El de los Apóstoles. || **—de cardenales.** El de los cardenales de la Iglesia católica. || **—electoral.** Reunión de electores comprendidos legalmente en un grupo para ejercer su derecho de voto. || **2.** Sitio donde se reúnen. || **—mayor.** Comunidad de jóvenes seculares que viven bajo ciertas reglas y estudian en diversas Facultades universitarias. || **—menor.** Comunidad de jóvenes que viven bajo determinadas reglas y estudian carreras no universitarias. || **P.** colegio; **I.** college; **F.** collège; **A.** Kollegium; **It.** collegio; **R.** коллегия, закрытое учебное заведение.

COLEGIR. (l. *colligĕre;* de *cum,* con, y *legĕre,* coger.) tr. Juntar las cosas sueltas. || **2.** Inferir, deducir una cosa de otra.

COLEGISLADOR, RA. (De *co* y *legislador.*) adj. Dícese del cuerpo que concurre con otro para la formación de las leyes.

★ **COLEICO, CA.** adj. QUÍM. Aplícase a un ácido que se encuentra en la bilis del hombre y de algunos animales.

★ **COLEÍNA.** f. QUÍM. Substancia obtenida de la bilis.

★ **COLELITIASIS.** f. PAT. Formación de cálculos biliares.

★ **COLELITO.** m. PAT. Cálculo biliar.

★ **COLEMA.** f. BOT. Género de líquenes que se caracterizan por la consistencia gelatinosa de sus talos.

★ **COLEMANITA.** f. MINERAL. Borato de calcio hidratado de color lácteo.

★ **COLEMBA.** f. ZOOL. ECUAD. Ave canora domesticable, de pequeño tamaño.

★ **COLEMESIS.** f. PAT. Vómito de bilis.

COLEMIA. (gr. χολή, bilis, y αἷμα, sangre.) MED. Presencia de bilis en la sangre y estado morboso consiguiente.

★ **COLEMIMETRÍA.** f. Apreciación de la cantidad de pigmento biliar existente en el suero de la sangre.

COLENDO. (l. *colendus,* venerable.) adj. Dícese del día festivo, especialmente por canonistas y teólogos.

COLEO. m. Coleadura. || **2.** BOT. Género de plantas labiadas, hierbas o arbustos aromáticos. Es muy ornamental.

★ **COLEOCELE.** f. PAT. Hernia vaginal.

COLEÓPTERO, RA. (gr. κολεόπτερος; de κολεός, estuche, y πτέρον, ala.) adj. ZOOL. Dícese de insectos que tienen la boca dispuesta para masticar, caparazón consistente y dos élitros córneos que cubren dos alas membranosas cuando el animal no vuela, como el escarabajo. Ú.t.c.s. || **2.** m. pl. ZOOL. Orden de estos insectos. || **2.ª** acep.: **P.** coleóptero; **I.** Coleoptera; **F.** coléoptères; **A.** Käfer; **It.** coleòtteri; **R.** жесткокрылые.

★ **COLEORRIZA.** f. BOT. Vaina envolvente del extremo de las radículas de algunas plantas.

★ **COLEPERITONEO.** m. MED. Derrame de bilis en el peritoneo.

★ **COLEPIRA.** f. PAT. Fiebre biliosa.

★ **COLEPOYESIS.** f. Secreción de la bilis.

COLERA. f. Adorno de la cola del caballo.

CÓLERA. (l. *cholĕra,* y éste del gr. χολέρα, de χολή, bilis.) f. Bilis. || **2.** fig.

Ira, enfado. || **3**. m. Enfermedad infecciosa y epidémica, originaria de la India, caracterizada por vómitos, deposiciones alvinas, acuosas, de abundantes calambres, supresión de la orina y postración general, llámasele cólera morbo, o asiático. || **—de las gallinas**. Enfermedad de las gallinas y otras aves, epidémica, breve en su curso, y que ocasiona gran mortandad. || **—nostras**. Gastroenteritis aguda con diarrea, calambres y vómitos. || **—infantil**. Enteritis coleriforme; diarrea de los niños frecuente y grave. || *Cortar la* CÓLERA. fig. Cortar la bilis. || **2**. fig. y fam. Tomar un refrigerio entre dos comidas. || *Cortar la* CÓLERA *a uno*. fr. fig. y fam. Amansarle. || *Descargar la* CÓLERA *en uno*. fr. fig. Descargar la ira en uno. || *Montar uno en* CÓLERA. fr. Airarse, encolerizarse. || **2.ª** y **3.ª** aceps.: **P**. colera, bilis; **I**. wrath, cholera; **F**. colère, choléra; **A**. (Jäh)Zorn, Cholera; **It**.còllera, colera; **R**.холера, гнев, раздражение.

CÓLERA. f. Tela blanca de algodón, engomada.

COLÉRICO, CA. (l. *cholericus*, y éste del gr. χολερικός.) adj. Perteneciente a la cólera o que participa de ella. *Actitud* COLÉRICA. || **2**. Perteneciente o relativo al cólera. *Síntoma* COLÉRICO. || **3**. Atacado de cólera. Ú.t.c.s. || **4**. Que fácilmente se deja llevar de la cólera, irascible.

COLERIFORME. adj. MED. Aplícase a las enfermedades que tienen algunos síntomas parecidos a los del cólera.

COLERINA. f. Enfermedad parecida al cólera, pero menos grave. || **2**. Enfermedad de índole catarral y alguna vez epidémica, en la cual se observa una diarrea coleriforme. || **3**. Diarrea que anuncia en muchos casos la próxima aparición del cólera epidémico.

COLERIZAR. tr. p. us. Irritar, poner colérico. Ú.m.c.r.

COLERO. adj. BLAS. Aplícase al león que esconde la cola. || **2**. m. AMÉR. Ayudante de capataz en algunas minas. || **3**. fam. CHILE. Sombrero de copa.

★ **COLERRAGIA**. f. PAT. Flujo bilioso.

★ **COLESTEATOMA**. m. MED. Tumor de tejido adiposo con una substancia intermedia formada por estearina y colesterina.

COLESTERINA. (gr. χολή, bilis, y στερεός, sólido.) f. Substancia grasa que existe normalmente en la sangre y en otros humores y se encuentra cristalizada en los cálculos biliares. También existe en la yema del huevo. || **P**. colesterina; **I**. cholesterin; **F**. cholestérine; **A**. Cholesterin; **It**. colesterina; **R**.колестерин.

° **COLESTEROL**. m. Colesterina.

★ **COLESTOL**. m. QUÍM. Substancia que se forma tratando la corteza de quina por el alcohol.

COLETA. (d. de *cola*.) f. Mechón que en la parte posterior de la cabeza solían dejarse como adorno los que se cortaban el cabello. || **2**. Cabello envuelto desde el cogote en una cinta en forma de cola, que caía sobre la espalda. || **3**. Crehuela, crea ordinaria que se usaba para forros. || **4**. fig. y fam. Adición breve a lo escrito o hablado, para hacer alguna salvedad. || **5**. CUBA. Cañamazo. || **6**. MÉJ. Mahón. || *Media* COLETA. La más corta que la ordinaria. || *Cortarse la* COLETA. fr. fig. Dejar su oficio el torero. || **2**. Apartarse uno de alguna afición o dejar una costumbre. || **P**. coleta; **I**. pigtail; **F**. petite queue; **A**. Zepf; **It**. coda di capelli; **R**. коса.

COLETAZO. m. Golpe dado con la cola.

COLETERO. m. El que tenía por oficio hacer o vender coletos.

COLETILLA. (d. de *coleta*.) f. Coleta, mechón de pelo. || **2**. Crea usada para forros. || **3**. Adición breve que se pone en lo escrito o hablado. || **4**. CUBA. Tela del color de la coleta, pero de un tejido más fino y tupido.

COLETILLO. (d. de *coleto*.) m. Corpiño sin mangas, que usan las serranas de Castilla.

COLETO. (ital. *colletto*, y éste del l. *collum*, cuello.) m. Vestidura hecha de piel, por lo común de ante, con mangas o sin ellas, que cubre el cuerpo ciñéndolo hasta la cintura. || **2**. fig. y fam. Cuerpo del hombre. || **3**. fig. y fam. Interior de una persona. *Dije para mí* COLETO. || **4**. COLOM. y VENEZ. Desvergüenza, descaro. || **5**. CHILE. Capirotazo, papirote. || *Echarse una cosa al* COLETO. fr. fig. y fam. Comérsela o bebérsela. || **2.ª** fig. y fam. Leer desde el principio hasta el fin un libro o escrito.

COLETÓN. m. VENEZ. Tela basta de estopa; harpillera. || **2**. adj. VENEZ. Dícese de la persona ruin y despreciable.

★ **COLETUDO, DA**. adj. COLOM. Descarado, descomedido, insolente.

COLETUY. m. Nombre vulgar de varias especies leñosas de plantas leguminosas que abundan en España.

COLGADERO, RA. adj. A propósito para colgarse o guardarse: *Uvas* COLGADERAS. || **2**. m. Garfio, escarpia u otro instrumento, que sirve para colgar de él alguna cosa. || **3**. Asa o anillo que entra en el garfio o escarpia. || **2.ª** acep.: **P**. colgadero; **I**. hanger; **F**. crochet, suspensoir; **A**. Hänge, Wandhaken; **It**. attaccatoio, appicágnolo; **R**. подвешиваемый.

COLGADIZO, ZA. adj. Dícese de algunas cosas que sólo tienen uso estando colgadas. || **2**. m. Tejadillo saliente de una pared y sostenido solamente con tornapuntas, que sirve para resguardarse del agua y del sol. || **3**. CUBA. Casa baja o cobertizo cuyo techo tiene una sola vertiente.

COLGADO, DA. (De *colgar*.) adj. fig. y fam. Dícese de la persona burlada o frustrada en sus esperanzas o deseos. Ú. con los verbos *dejar*, *quedar*, etc. || **2**. Contingente, incierto.

COLGADOR. m. IMPR. Tabla que se usaba para colgar en las cuerdas los pliegos recién impresos. || **2**. VENEZ. Colgadero, percha.

COLGADURA. (De *colgar*.) f. Conjunto de tapices o telas con que se adornan las paredes, los balcones, etc. || **2**. Cortinajes, cenefa, etc., que adornan una puerta, el hueco del balcón, una cama, etc. || **—de cama**. Cortinas y cielo de la cama, que le sirven de adorno. || **P**. tapecería; **I**. hanging, drapery; **F**. tenture, tapis; **A**. Tapetenbehang; **It**. parato; **R**. стенные ковры, драпри.

COLGAJO. m. Cualquier trapo o cosa despreciable que cuelga. || **2**. Racimo de uvas o porción de frutas que se cuelgan para conservarlas. || **3**. CIR. Porción de piel sana que en las operaciones quirúrgicas se reserva para cubrir la herida.

COLGAMIENTO. m. Acción y efecto de colgar.

★ **COLGANDEJEAR**. tr. COLOM. Colgar, suspender.

★ **COLGANDEJO**. m. COLOM. Colgajo.

COLGANDERO, RA. adj. Colgante.

COLGANTE. p.a. de colgar. Que cuelga. || **2**. Dícese del puente sostenido por cables o por cadenas de hierro. || **3**. m. Pinjante, joya de adorno. || **4**. P. RICO. Leontina y también pendiente con adorno colgante. || **5**. ARQ. Festón, adorno que forma ondas o guirnaldas.

COLGAR. (l. *cóllŏcāre*, colocar.) tr. Suspender, poner una cosa pendiente de otra, sin que llegue al suelo. || **2**. Entapizar, adornar con tapices o telas. || **3**. fig. y fam. Ahorcar. || **4**. Regalar o presentar a uno una alhaja en celebridad del día de su santo o de su nacimiento. Se dice así porque se echaba al cuello, a la persona obsequiada, una cadena de oro o una joya pendiente de una cinta. || **5**. fig. Imputar, achacar. || **6**. intr. Estar una cosa en el aire pendiente o asida de otra, como las campanas, etc. || **7**. fig. Depender de la voluntad o dictamen de otro. || **P**. colgar; **I**. to hang; **F**. suspendre, accrocher; **A**. hängen; **It**. appiccare, attaccare; **R**. вешать.

★ **COLIA**. f. ZOOL. Género de insectos lepidópteros, entre los que se cuentan bellas mariposas de los países templados.

★ **COLIAMARILLO**. m. ZOOL. AMÉR. Diostedé.

COLIBACILO. (gr. κῶλον, colon, y *bacilo*.) m. Bacilo que se halla normalmente en el intestino del hombre y de algunos animales, y que puede adquirir virulencia morbosa y producir septicemia.

COLIBACILOSIS. f. MED. Septicemia producida por el colibacilo.

★ **COLIBLANCA**. f. ZOOL. Especie de águila americana.

COLIBRÍ. (Voz caribe.) m. ZOOL. Pájaro americano, insectívoro, de tamaño muy pequeño y pico largo y débil. De la familia de las troquílidas. Hay varias especies. || **2**. ZOOL. Pájaro mosca. COLIBRÍ *de matices brillantes y muy vistosos*. || **P.**, **I**. y **F**. colibri; **A**. Kolibri; **It**. colibrì; **R**. колибри.

CÓLICA. f. Cólico pasajero motivado por indigestión y caracterizado por vómito y evacuaciones de vientre, que resuelven espontáneamente la dolencia. || **P**. cólica; **I**. colic; **F**. colique; **A**. leichte Kolik; **It**. còlica; **R**. колики.

COLICANO, NA. adj. Dícese del animal que tiene en la cola canas o cerdas blancas.

CÓLICO, CA. (l. *colicus*, y éste del gr. κωλικός; de κῶλον, miembro, colon.) adj. Perteneciente al intestino colon. *Dolor* CÓLICO. || **2**. m. Acceso doloroso, localizado en los intestinos y caracterizado por violentos retortijones, ansiedad, sudores y vómitos. Se llama bilioso cuando se presenta con abundancia la bilis. || **—cerrado**. Aquel en que el estreñimiento es pertinaz y aumenta la gravedad de la dolencia. || **—hepático**. El que afecta al paso de las concreciones anómalas contenidas en la vejiga de la hiel para salir al intestino. || **—miserere**. Oclusión intestinal aguda, por causas diferentes, que determina un estado gravísimo, cuyo síntoma más característico es el vómito de los excrementos. || **—nefrítico** o **renal**. Acceso de dolor violentísimo, determinado por el paso de las concreciones anormales formadas en el riñón por los uréteres, hasta desembocar en la vejiga de la orina. || **—seco**. Al endémico, propio de los países cálidos. || **—de arena**. VETER. Dolores abdominales internos que atacan a algunos animales, a consecuencia de haber comido arena o tierra. || **P**. cólico; **I**. colic; **F**. colique; **A**. Kolik; **It**. còlico; **R**. колики.

★ **CÓLICO, CA**. adj. QUÍM. Dícese de un ácido que se encuentra en la bilis de los herbívoros.

COLICOLI. (Voz mapuche.) m. CHILE. Especie de tábano, de color pardo, muy común y molesto.

COLICUACIÓN. f. Acción y efecto de colicuar o colicuarse. || **2**. MED. Enflaquecimiento rápido a consecuencia de evacuaciones abundantes. || **P**. coliquação; **I**. y **F**. colliquation; **A**. Schmelzen; **It**. colliquazione; **R**. похудание.

COLICUANTE. p.a. de colicuar. Que colicua.

COLICUAR. (l. *colliquāre*.) tr. Derretir, desleír o hacer líquidas a la vez dos o más substancias sólidas o crasas. Ú.t.c.r.

COLICUATIVO, VA. (De *colicuar*.) adj. MED. Aplícase a varios flujos que producen con rapidez el enflaquecimiento: *Sudor* COLICUATIVO.

COLICUECER. (l. *colliquescĕre*; de *cum*, con, y *liquescĕre*, liquidarse.) tr. Colicuar.

★ **COLICULO**. m. MED. Pequeña elevación.

COLICHE. m. fam. Baile o fiesta, a la que, sin ser formalmente convidado, pueden acudir los amigos de quien la da.

★ **COLIDIO**. m. ZOOL. Género de insectos coleópteros pentámeros.

COLIDIR. (l. *collidĕre*; de *cum*, con, y *laedĕre*, dañar.) tr. ant. Ludir.

COLIFLOR. (De *col* y *flor*.) f. Variedad de col que al entallecerse echa una pella que forma cabezuelas o grumitos blancos. Se come cocida y condimentada en forma muy varia. || **P**. couve-flor; **I**. cauliflower; **F**. chou-fleur; **A**. Blumenkohl; **It**. cavolfiore, cávolo di Malta; **R**. цветная капуста.

COLIGACIÓN. (l. *colligatio*, -ōnis.) f. Acción y efecto de coligarse. || **2**. Unión, trabazón o enlace de unas cosas con otras. || **P**. coligação; **I**. y **F**. colligation; **A**. Verbindung; **It**. collegazione; **R**. единение.

COLIGADO, DA. (l. *colligātus*.) adj. Unido o confederado con otro u otros. Ú.t.c.s. || **P**. coligado, confederado; **I**. leaguer, confederate; **F**. allié, confédéré; **A**. verbündet, Bundesbruder; **It**. collegato; **R**. объединённый.

C

COLIGADURA. (De *coligarse*.) f. Coligación.

* **COLIGALLERO**. m. AMÉR. CENTRAL. Minero que roba oro en pequeñas cantidades. || 2. AMÉR. CENTRAL. El revendedor del mineral así robado.

COLIGAMIENTO. m. Coligadura.

COLIGARSE. (l. *colligāre*; de *cum*, con, y *ligāre*, atar.) r. Unirse, confederarse unos con otros para algún fin. U.t.c.tr. alguna vez. || P. coligar-se; I. to colleague, to confederate; F. se coaliser, se liguer; A. sich verbünden; It. collegarsi; R. заключать союз.

* **COLIGRUESO, SA**. ARGENT. Marsupial de pelo rojo, algo gris en el lomo. Es común en algunas regiones de la Argentina.

COLIGUACHO. (arauc. *collihuacho*.) m. CHILE. Moscardón negro, especie de tábano. || 2. adj. jocoso. CHILE. Muy grande. *Se armó un boche* COLIGUACHO.

* **COLIGUAY**. m. Colliguay.

COLIGÜE. (mapuch. *culiu*.) m. ARGENT. y CHILE. Planta gramínea, de hoja perenne, muy ramosa y trepadora, y de madera muy dura.

* **COLIHEMIA**. f. MED. Enfermedad producida por la mezcla de la bilis con la sangre.

* **COLIHUACHO, CHA**. adj. CHILE. De color pardo obscuro. || 2. fam. CHILE. Muy grande.

COLILARGA. f. ZOOL. CHILE. Pájaro insectívoro de vario color, y que tiene en la cola dos plumas más largas que todo el cuerpo.

* **COLILARGO**. m. ZOOL. Cierto roedor americano de cola muy larga.

COLILLA. (d. de *cola*.) f. Resto del cigarro, que se tira. || 2. Tira ancha que llevaban los antiguos mantos de mujer por detrás, desde la cintura hasta el borde del vestido.

COLILLERO, RA. m. y f. Persona que recoge las colillas que tiran los fumadores.

COLIMACIÓN. (b. l. *collimāre*, por *collineāre*, alinear.) f. FÍS. Acción de dar a la vista una dirección determinada, en ciertos aparatos ópticos.

COLIMADOR. m. FÍS. Parte del espectroscopio donde se reconcentra la luz para su observación. || 2. FÍS. Parte de un anteojo astronómico dispuesta para asegurar la colimación.

COLIMBO. (l. *columbus*, nombre científico del animal.) m. Ave palmípeda, cuya posición es casi vertical por tener las patas muy atrás. Vive en las costas de países fríos y se alimenta de peces y otros animales marítimos. || P. colim; I. grebe; F. colymbe; A. Seehan, Eistaucher; It. strólaga, tuffoloce.

COLÍN, NA. adj. Dícese del caballo o yegua que tiene poca cola. || 2. m. ZOOL. MÉJ. Ave gallinácea tetraónida, muy parecida a la codorniz.

* **COLÍN**. m. CUBA y REP. DOMIN. Machete.

COLINA. (l. *colina*, por *collina*, t. f. de *collinus*, del collado.) f. Elevación natural de terreno, menor que una montaña. || P. colina; I. hill; F. colline; A. Hügel; It. collina; R. холм.

COLINA. (De *col*.) f. Simiente de coles y berzas. || 2. Colino, semillero de coles.

COLINA. (gr. χολή, bilis.) f. QUÍM. Substancia básica existente en la bilis de muchos animales, en las yemas de huevos, en las semillas de algodón, etc. Se llama también neurina.

COLINABO. m. Berza de hojas sueltas, sin repollar.

* **COLINCHO, CHA**. adj. ARGENT. y ECUAD. Rabón, rabicorto.

COLINDANTE. (De *co* y *lindante*.) adj. Dícese de los campos o edificios contiguos entre sí. || 2. FOR. Aplícase también a los propietarios de dichas fincas. || 3. También se dice de los municipios y de los municipios que son limítrofes unos de otros. || P. confinante; I. contiguous, adjacent; F. limitrophe; A. angrenzend; It. confinante; R. пограничный.

COLINDAR. intr. Lindar entre sí dos o más fincas.

COLINETA. (De *colina*.) f. Ramillete, plato de dulces que forman un conjunto elevado y vistoso. || 2. VENEZ. Dulce de huevo y almendra.

COLINO. (De *col*.) m. Colina, semillero de coles. || 2. m. Plantío de coles.

* **COLINO**. m. AMÉR. Plátano pequeño.

COLINO, NA. adj. AND. Colín, dícese del caballo o yegua de poca cola.

* **COLIO**. m. ZOOL. Género de pájaros conirrostros africanos, de pico corto y grueso y plumaje gris.

COLIPAVO, VA. (De *cola* y *pava*.) adj. Dícese de cierta clase de palomas que tienen la cola más ancha que las demás.

* **COLIQUIDADOR**. m. Liquidador de quiebra juntamente con otro u otros.

COLIRIO. (l. *collyrium*, y éste del gr. κολλύριον.) m. Medicamento compuesto de una o más substancias disueltas o diluidas en algún licor, o sutilmente pulverizadas y mezcladas, que se emplea en las enfermedades de los ojos. || 2. COLOM. Lavativa pequeña. || P. colírio; I. collyrium; F. collyre; A. Augensalbe; It. collirio.

* **COLIRITA**. f. MINERAL. Silicato hidratado de aluminio.

* **COLIRRÁBANO**. m. Cierta planta forrajera.

COLIRROJO. m. ZOOL. Pájaro de la misma familia que el tordo, muscicápido, especie de fenicuro, que se alimenta de insectos.

* **COLIS**. m. BOT. Árbol que crece en Filipinas y cuya madera se emplea en la construcción de algunas naves.

COLISA. (fr. *coulisse*, corredera, der. de *couler*, y éste del l. *colāre*, colar.) f. MAR. Plataforma giratoria horizontalmente, sobre la cual se coloca la cureña, sin ruedas, de un cañón de artillería. || 2. MAR. El mismo cañón montado de ese modo. || 3. CHILE. Pan de forma cuadrangular, de miga suave y en hojas como la allulla. || 4. CHILE. Fardo pequeño y también sombrero de paja.

COLISEO. (l. *colossēus*, y éste del gr. κολοσσιαῖος, colosal.) m. Teatro destinado a las representaciones de tragedias y comedias. Trae su origen del anfiteatro Flavio, de Roma. || 2. PERÚ. Cancha o gallera. || P. coliseu; I. colosseum, coliseum; F. colisée; A. Koliseum; It. coliseo, colosseo.

* **COLISEPSIS**. f. MED. Infección producida por el colibacilo.

COLISIÓN. (l. *collisio*, -ŏnis, de *collidĕre*, chocar, rozar.) f. Choque de dos cuerpos. || 2. Rozadura o herida hecha a consecuencia de rozarse una cosa con otra. || 3. fig. Oposición y pugna de ideas, o intereses, o de las personas que los representan y defienden. || P. colisão; I. y F. collision; A. Zusammenstoss; It. collisione; R. столкновение.

* **COLITEAR**. tr. GUAT. Seguir a una persona.

COLITEJA. adj. Dícese de las palomas cuya cola tiene forma de teja árabe.

COLITIGANTE. com. Persona que litiga en unión con otra.

COLITIS. f. MED. Inflamación del intestino colon. || P., F. e It. colite; I. colitis; A. Dickdarmentzündung; R. колит.

* **COLITOSPÓREO, A**. adj. BOT. Aplícase a ciertos hongos cuyos esporos se separan al llegar a la madurez.

* **COLITOXEMIA**. f. MED. Envenenamiento de la sangre causada por la infección con el colibacilo.

* **COLIURIA**. f. MED. Presencia del colibacilo en la orina.

COLIZA. f. MAR. Colisa.

COLMADAMENTE. adv. Con mucha abundancia.

COLMADO, DA. p.p. de colmar. || 2. adj. Abundante, copioso, completo. || 3. m. Figón o bodegón en que se sirven comidas especiales, especialmente mariscos. || 4. En algunas partes, tienda de comestibles.

COLMADURA. (De *colmar*.) f. ant. Colmo, término, complemento.

COLMAR. (l. *cumulāre*, amontonar.) tr. Llenar una medida o recipiente de modo que lo que se echa en él exceda su capacidad y rebase sus bordes. || 2. Llenar las trojes. || 3. fig. Dar con abundancia. || 4. fig. Satisfacer plenamente deseos. || P. colmar; I. to brim; F. combler; A. über-

füllen; It. colmare; R. наполнять до краёв.

COLMENA. (l. *columena*, de *columella*, infl. por *columna*.) f. Especie de vaso, de material y forma muy diversa, donde las abejas habitan y fabrican sus panales. || —**rinconera**. La que tiene la obra sesgada. || —**yacente**. La que está tendida a lo largo. || —**fijista**. La que tiene los panales fijos a las paredes, y hay que sacarlos cortándolos. || P. colmeia; I. skep, hive; F. ruche; A. Bienenkorb; It. arnia; R. улей.

COLMENAR. m. Lugar donde están las colmenas. || P. colmeal; I. apiary; F. rucher; A. Bienenstand; It. arniaio; R. пчельник, пасека.

COLMENERO, RA. adj. Dícese del oso que roba las colmenas para comerse la miel. || 2. m. y f. Persona que tiene colmenas o cuida de ellas. || 3. HOND. y CUBA. Dícese del caballo que despapa. || 2.ª acep.: P. colmeeiro; I. beekeeper; F. apiculteur; A. Bienenzüchter; It. apiaio; R. пчеловод, пасечник.

COLMENILLA. (d. de *colmena*.) f. Hongo de sombrerete aovado, carnoso y comestible.

COLMILLADA. f. Colmillazo.

COLMILLAR. (l. *columellāris*.) adj. Perteneciente a los colmillos, o dientes caninos.

COLMILLAZO. m. Golpe dado o herida hecha con el colmillo.

COLMILLEJO. m. d. de colmillo.

COLMILLO. (l. *columēllus*, de *columella*, columnita.) m. Diente agudo y fuerte, colocado uno de cada lado, entre el último incisivo y el primer molar, en los mamíferos. || 2. Cada uno de los dos dientes incisivos prolongados en forma de cuerno, que tienen los elefantes en la mandíbula superior. || *Enseñar* uno los COLMILLOS. fr. fig. y fam. Manifestar fortaleza, hacerse temer o respetar. || *Escupir* uno *por el* COLMILLO. fr. fig. y fam. Sobreponerse a todo respeto y consideración. || *Tener* uno *el* COLMILLO *retorcido*. fr. fig. y fam. Ser astuto y sagaz por la edad y experiencia, y difícil de engañar. || P. colmilho; I. canine-tooth; F. dent canine; A. Eckzahn; It. canino; R. клык, глазной зуб.

COLMILLUDO, DA. adj. Que tiene grandes colmillos. || 2. fig. Sagaz, astuto, difícil de engañar.

COLMO. (l. *cúmulus*, montón.) m. Porción que sobra de la justa medida de grano, harina o cosas semejantes, y sobresale en el vaso en que se mide, formando montón. || 2. Complemento o término de alguna cosa. || *A* COLMO. m. adv. Colmadamente. || *Llegar una cosa a* COLMO. fr. fig. y fam. Llegar a lo sumo, o a su última perfección. Ú.m. con negación. || *Ser el* COLMO. fr. fig. y fam. No tener enmienda. || 2.ª acep.: P. cúmulo; I. completion; F. comble; A. Übermass; It. colmo; R. верх, предел.

COLMO. (l. *culmus*, paja de centeno.) m. Paja, generalmente de centeno, que se usa para cubrir cabañas. || 2. Techo de paja.

COLMO, MA. (De *colmar*.) adj. Suele decirse de lo que está colmado o tiene colmo o exceso.

* **COLO**. m. CHILE. Mogote, barniz.

* **COLO**. m. CHILE. Mogate.

COLOBO. m. ZOOL. Género de mono catirrino de los semnopitécidos, propio de África, que carecen de pulgar en los miembros anteriores. || 2. AMÉR. Mono catirrino de cuerpo delgado, cola muy larga, espesa crin sobre el lomo y de color negro, excepto la cara que es blanca. || 3. Especie de túnica, sin manga o con poca manga, hecha de lino, que usaron los romanos, y que se convirtió en la dalmática usada por los obispos.

* **COLOBRÍ**. m. ARGENT. Colibrí.

COLOCACIÓN. (l. *collocatio*, -ōnis.) f. Acción o efecto de colocar o colocarse. || 2. Situación, colocación de una cosa respecto del lugar que ocupa. || 3. Empleo, destino, acomodo. || P. colocação, emprego; I. location, employment; F. placement, place, emploi; A. Stellung, Anstellung; It. collocazione, impiego; R. установка, должность.

* COLOCADO, DA. adj. Dícese del competidor en las carreras de caballos que ocupa al final un puesto inmediato al ganador. Ú.t.c.s.

COLOCAR. (l. *collocāre*.) tr. Poner a una persona o cosa en su debido lugar. Ú.t.c.r. || 2. Acomodar a uno poniéndole en algún estado o empleo. Ú.t.c.r. || P. colocar; I. to place, to put; F. placer; A. (an-, auf-, ein-, hin-)stellen; It. collocare; R. помещать, располагать.

COLOCASIA. (l. *colocasia*, y éste del gr. χολοχασία.) f. BOT. Hierba de la familia de las aráceas, originaria de la India. La raíz carnosa y las hojas se usan como alimento.

* COLOCLISIS. f. MED. Irrigación del colon.

COLOCOLO. (Voz mapuche.) m. CHILE. Especie de gato montés, que se alimenta de aves. || 2. CHILE. Ratoncillo que emite el sonido col, col, col. || 3. CHILE. Monstruo fantástico al que el vulgo atribuye forma de pez o de lagarto.

* COLOCOLOSTOMÍA. f. CIR. Anastomosis entre las asas del intestino grueso, lograda por una intervención quirúrgica.

COLOCUTOR, RA. (l. *collocutor*.) m. y f. Persona que habla con otra. || 2. Cada una de las que toman parte en una conversación. || P. e I. collocutor; F. colloquteur; A. Mitredender; It. collocutore; R. собеседник.

COLOCHO. (azt. *colotl*, alacrán.) m. C. RICA. Viruta. || 2. C. RICA. Tirabuzón, rizo. || 3. EL SALV. y GUAT. Favor o servicio.

* COLOCHO, CHA. adj. GUAT. Que tiene el pelo rizado.

COLODIÓN. (gr. χολλώδης, pegajoso.) m. Disolución en éter de la celulosa nítrica. Se emplea como aglutinante en cirugía y para la preparación de placas fotográficas. || P. colódio; I. y F. collodion; A. Kollodium; It. collodio; R. коллодий.

COLODRA. f. Vasija de madera en forma de barreño, de que usan los pastores para ordeñar las cabras, ovejas y vacas. || 2. Vaso de madera, como una herrada, en que se tiene el vino que se ha de ir midiendo y vendiendo por menor. || 3. Cuerna, vasija de cuerno. || 4. PAL. y SAL. Estuche de madera con agua que lleva el segador a la cintura sujeto con una correa, para colocar la pizarra con que a menudo afila el dalle. || *Ser uno una* COLODRA. fr. fig. y fam. Beber mucho vino, ser gran bebedor.

COLODRAZGO. m. Derecho que se pagaba de la venta del vino, acaso por probarlo, o por medirlo.

COLODRILLO. (De *colodra*.) m. Parte posterior de la cabeza.

COLODRO. (Del m. or. que *colodra*.) m. ant. Especie de calzado de palo, zueco o almadreña.

* COLOENTERITIS. f. MED. Inflamación del colon y del intestino delgado a la vez.

* COLÓFANA. f. MINERAL. Fosfato hidratado de calcio.

* COLOFENO. m. QUÍM. Hidrocarburo polímero de la esencia de trementina.

COLOFÓN. (l. *colóphon*, *-ōnis*, y éste del gr. χολοφών, término, fin.) m. IMPR. Anotación al final de los libros, que expresa el nombre del impresor y el lugar y fecha de la impresión. || 2. Palabras que a modo de comentario de un texto se coloca después de éste. || P. cólofon; I. colophon; F. colofon; A. Schlussvermerk; It. colofone; R. выходные данные.

COLOFONIA. (l. *colophonia*, y éste del gr. χολοφωνία, supliendo resina; de Κολοφών, Colofón, ciudad de la Jonia asiática.) f. Resina sólida, translúcida, pardusca o amarillenta, e inflamable, quebradiza e insípida, residuo de la destilación de la trementina. Se emplea en farmacia para preparar emplastos y sirve también para frotar las cerdas de los arcos con que se tocan varios instrumentos de cuerda, y en general para fabricar barnices, jabones y como replicar en la soldadura de metales. Se disuelve en éter y en alcohol. || P. colofónia; I. colophony; F. colophane, colophone; A. Geigenharz; It. colofonia; R. канифоль.

COLOFONITA. (De *colofonia*.) f. MI-

NERAL. Granate de color verde claro o amarillento rojizo.

* COLOFONONA. f. QUÍM. Producto de la destilación seca de la colofonia.

* GOLÓFORO. m. ZOOL. Apéndice que en la base del abdomen tienen los insectos del grupo de los colémbolos.

COLOGÜINA. f. GUAT. Una variedad de gallina.

COLOIDAL. adj. QUÍM. Perteneciente o relativo a los coloides, o de su naturaleza.

COLOIDE. (gr. χόλλα, cola, y εἶδος, forma.) adj. QUÍM. Dícese del cuerpo que al disgregarse en un líquido aparece como disuelto por la extrema pequeñez de sus partículas en que se divide, pero que no lo está porque si tiene que atravesar ciertas láminas porosas no se difunde con su disolvente. Ú.t.c.s. || 2. Que tiene la apariencia de la cola o de la goma. || P. colóide; I. colloid; F. colloïde; A. Kolloid; It. colloide; R. коллоид.

COLOIDEO, A. adj. QUÍM. Coloidal. || 2. Glutinoso, parecido a la liga o a la cola.

* COLOIDINA. f. QUÍM. Materia nitrogenada semejante a la de la quinina.

* COLOIDOMA. f. PAT. Tumor abundante en substancia coloide.

* COLOMBIA. f. BOT. Cierta planta liliácea americana.

COLOMBIANISMO. m. Vocablo, giro o modo de hablar propio de los colombianos.

COLOMBIANO, NA. adj. Natural de Colombia. Ú.t.c.s. || 2. Perteneciente a este país.

* COLOMBICULTURA. f. Industria de la cría de palomas.

* COLOMBINA. f. CUBA. Catre con bastidor de alambre.

COLOMBINO, NA. (ital. *Colombo*.) adj. Perteneciente a Cristóbal Colón o a su familia. *Museo* COLOMBINO.

COLOMBO. m. BOT. Planta de las menispermáceas, originaria de países tropicales, cuya raíz, amarga y de color amarillento, se emplea en medicina como astringente.

COLOMBÓFILO, LA. (l. *columba*, paloma.) m. y f. Aficionado a las palomas o que se dedica a la cría de ellas. || P. palomero; I. columbophile; F. colombophile; A. Taubenzüchter; It. colombòfilo; R. любитель голубей.

COLOMBROÑO. (De *con* y *nombre*.) m. ant. Tocayo.

COLOMÍN, NA. adj. Natural de Santa Coloma de Queralt (Tarragona). Ú.t.c.s. || 2. Perteneciente o relativo a esta villa.

COLON. (l. *colon*, y éste del gr. χῶλον, miembro.) m. ZOOL. Porción del intestino grueso de los mamíferos, que principia donde concluye el ciego y acaba donde comienza el recto. || 2. ant. Cólico. || 3. GRAM. Parte o miembro principal del período. || 4. GRAM. Puntuación con que se distinguen estos miembros; en castellano y otras lenguas es el punto y coma o los dos puntos. || —imperfecto. Aquel cuyo sentido pende de otro miembro del período. || —perfecto. El que por sí hace sentido. || P., I. e It. colon; F. cólon; A. Dickdarm; R. ободочная кишка.

COLÓN. (Por llevar grabada una efigie de *Cristóbal Colón*.) m. Moneda de plata de Costa Rica y El Salvador. La de oro vale dos colones.

COLONATO. m. Sistema de explotación de las tierras por medio de colonos o arrendatarios de las tierras.

COLONCHE. m. MÉJ. Bebida embriagadora que se hace con el zumo de la tuna cardona o colorada y azúcar.

* COLONEMA. f. PAT. Tejido con degeneración coloide de algunos tumores.

COLONIA. (l. *colonia*, de *colōnus*, labrador.) f. Conjunto de personas que van de un lugar a otro para poblarlo o cultivarlo, o para habitar en él. || 2. Territorio donde se establece esta gente. || 3. Territorio fuera de la nación que lo hizo suyo, y ordinariamente regido por leyes especiales. || 4. Agrupación de células o de animales pequeños y aun microscópicos, que viven juntos en gran número. || 5. Cinta de seda, lisa, de los dedos de ancho poco más o menos. Cuando es más estrecha se llama *media* COLONIA. || 6. P. RICO y

REP. DOMIN. Finca o hacienda de caña refaccionada o sostenida por una central. || 7. MÉJ. Ensanche, barrio nuevo de la capital. || —escolar. Institución higiénico-pedagógica preventiva, encargada de la instalación, atención y custodia de un grupo de niños durante una temporada en un paraje generalmente montañoso o marítimo. || —penal. Lugar a donde se confinan algunos condenados por la Justicia, para que bajo vigilancia se entreguen a cierta clase de trabajos, especialmente agrícolas. || 2.ª acep.: P. colónia; I. colony; F. colonie; A. Kolonie; It. colonia; R. поселение, колония.

COLONIA. (De *Colonia*.) f. Agua de Colonia. || 2. BOT. CUBA. Planta ornamental de las cigeberáceas, que se cultiva en jardines para formar macizos. Florece varias veces al año, y sus flores, de bello aspecto, despiden un olor agradable, semejante al del agua de Colonia, de la que tomó el nombre.

COLONIAJE. m. AMÉR. Nombre que algunos dan al período histórico en que algunas Repúblicas americanas formaron parte de España. || 2. AMÉR. Sistema de gobierno establecido por España en sus colonias de América. || 3. fig. AMÉR. Servidumbre, esclavitud.

COLONIAL. adj. Perteneciente a la colonia. || 2. COM. Ultramarino, traído de allende el océano. Suele aplicarse a los géneros comestibles. || P., I. y F. colonial; A. kolonial; It. coloniale; R. колониальный.

° COLONIALISMO. m. Tendencia de un estado a mantener un territorio bajo régimen colonial.

° COLONIALISTA. adj. Partidario de la tendencia política de un país a tener sometido uno o más territorios en régimen colonial.

* COLÓNICO, CA. adj. Biliar.

COLONIZACIÓN. f. Acción y efecto de colonizar. || P. colonização; I. colonization; F. colonisation; A. Kolonisierung, Kolonisation; It. colonizzazione; R. колонизация.

COLONIZADOR, RA. adj. Que coloniza. Apl. a pers. ú.t.c.s.

COLONIZAR. tr. Formar o establecer colonias. || 2. Fijar en un terreno la morada de sus cultivadores. || 3. Transformar económica y socialmente extensos terrenos antes incultos o abandonados a causa del absentismo. || P. colonizar; I. to colonize; F. coloniser; A. kolonisieren; It. colonizzare; R. колонизировать.

COLONO. (l. *colōnus*, de *colēre*, cultivar.) m. El que habita en una colonia. || 2. Labrador que cultiva y labra una tierra por arrendamiento y vive en ella. || 3. P. RICO y REP. DOMIN. Dueño de una colonia o finca de caña, dependiente de un central azucarero. || 4. CUBA. Comerciante que vende por menor y cuenta con la protección de un gran almacén. || P. e It. colono; I. colonist, farmer; F. fermier; A. Pflanzer, Farmer; R. колонист, поселенец.

* COLONO, NA. adj. CUBA. Aplícase al caballo que tiene el pelo amarillento, y blanca la crin. Ú.t.c.s.

COLOÑO. (l. *colum*, cesto de la cebada.) m. BURG. Cesto.

COLOÑO. (l. *columna*.) m. SANT. Haz de leña o de otra cosa que puede ser llevado por una persona.

* COLOPE. m. ZOOL. Insecto coleóptero de América.

* COLOPEXIA. f. CIR. Fijación del colon a la pared abdominal.

COLOQUIAL. adj. Perteneciente o relativo al coloquio. || 2. FILOL. Dícese del lenguaje propio de la conversación, a diferencia del escrito o literario.

COLOQUÍNTIDA. (l. *colocynthis*, *-idis* [vulgar *coloquintis*], y éste del gr. χολοχυνθίς.) f. Planta cucurbitácea, con tallos rastreros y pelosos, y frutos de corteza lisa, de la forma, color y tamaño de la naranja y muy amargos. Se emplean en medicina como purgantes. || 2. Fruto de esta planta. || P. coloquíntida; I. colocynth, coloquíntida; F. coΠoquinte; A. Koloquinte; It. colloquíntida; R. колоквинт, горькаятыква.

C

* COLOQUINTINA. f. Quím. Materia que mediante el alcohol, se obtiene del extracto acuoso del fruto de la coloquíntida.

COLOQUIO. (l. *colloquĭum*, de *collŏqui*, conversar, conferenciar.) m. Conferencia o plática entre dos o más personas. || **2.** Género de composición literaria, prosaica o poética, en forma de diálogo. || **3.** Méj. Fiesta cantada en honor del nacimiento de Cristo. || **4.** Colom. Comedia o sainete que se representa en las plazas públicas. || **P.** colóquio; **I.** colloquy; **F.** entretien, colloque; **A.** Gespräch, Zwiegespräch; **It.** colloquio; **R.** беседа, разговор.

COLOR. (l. *color*.) m. Impresión que los rayos de luz reflejados en un cuerpo producen en el sensorio común por medio de la retina del ojo. El color negro resulta de la ausencia de toda impresión luminosa. Algunos colores toman nombre de los objetos o substancias que los presentan naturalmente. color *de cielo*. color *de rosa*. Ú.t.c.f. || **2.** Substancia preparada para pintar. || **3.** Materia colorante que usan algunas personas para pintarse el rostro. || **4.** Colorido, disposición y grado de intensidad de los diversos colores de una pintura. || **5.** fig. Pretexto, motivo, razón aparente para hacer algo. || **6.** fig. Carácter peculiar, cualidad característica. || **7.** Blas. Cada uno de los colores heráldicos: azur, gules, sable, sinople y púrpura. || **8.** f. Chile. Grasa derretida y preparada especialmente para condimentar los guisos. || *—de cera*. El amarillento. || *—del espectro solar*, *del iris* o *elemental*. Fís. Cada uno de los siete rayos en que se descompone la luz blanca del sol. || *—quebrado*. El que ha perdido la viveza. || colores *complementarios*. Los colores puros, que reunidos por ciertos procedimientos, dan el color blanco. || *—local*. Facultad atribuida al arte en sus diversas manifestaciones, de ofrecer viva sensación de tiempos y lugares. || colores *litúrgicos*. Los seis que se usan en la iglesia, según la solemnidad. || colores *nacionales*. Los que cada nación usa como distinto. || colores *primarios*. Se llaman así el rojo, azul y amarillo. Combinándolos en proporción determinada puede obtenerse cualquier otro color. || *Dar* color. Pintar. || *De* color. expr. Refiriéndose a vestidos, el que no es negro. Refiriéndose a personas, el que no es de raza blanca. || *Distinguir uno de* colores. fr. fig. y fam. Tener la suficiente discreción para no confundir las cosas ni las personas. Ú.m. como negación. || *Mudar uno de* color. fr. fam. Mudar de semblante, demudarse. || *Pintar una cosa con negros* colores. fr. fig. Considerarla desfavorablemente. || *Ponerse uno de mil* colores. fr. fig. y fam. Cambiar el color del semblante, ya por vergüenza, ya por cólera reprimida. || *Robar el* color. fr. fig. Deslucir o hacer decaer el color natural. || *Sacarle a uno los* colores *a la cara*. fr. fig. Avergonzarle. || *Salirle a uno los* colores. fr. fig. Ponerse colorado de vergüenza. || *Tomar* color. fr. Comenzar a madurar los frutos. También se dice en sentido metafórico de otras cosas. || *Un* color *se le iba y otro se le venía*. loc. fam. que se usa para denotar la turbación de ánimo que uno padece cuando se halla agitado de varios afectos. || *Ver las cosas de* color *de rosa*. fr. fig. y fam. Verlas, considerarlas de un modo optimista. || **P.** côr; **I.** colour; **F.** couleur; **A.** Farbe; **It.** colore; **R.** цвет.

COLORACIÓN. (De *colorar*.) f. Acción y efecto de colorar. || P. coloração; **I.** colouration, colouring; **F.** coloration, coloris; **A.** Färbung; **It.** colorazione; **R.** крашение, покраска.

COLORADAMENTE. adv. ant. Con color o pretexto.

COLORADILLA. f. C. Rica y Hond. Garrapatilla de color rojizo.

* COLORADITO. m. Méj. Monaguillo.

COLORADO, DA. (l. *colorātus*, de *colorāre*, colorar.) adj. Que tiene color. || **2.** Que por naturaleza o arte tiene color más o menos rojo; como la sangre arterial. || **3.** fig. Impuro, deshonesto. Aplícase a escritos, conversaciones, etc. || **4.** fig. Suele decirse de aquello que está fundado

en algún motivo aparentemente justo y razonable. || **5.** Argent. Dícese del caballo, o yegua, o res vacuna, de pelo bermejo claro. Ú.t.c.s. || **6.** Urug. Dícese del partido político contrario del partido blanco. || **7.** Perteneciente o relativo a este partido. Apl. a pers. ú.t.c.s. || **8.** Méj. y Perú. Nombre dado en las minas al hidrato de carbono que contiene plata nativa o cloruro de plata. || **9.** fig. Cuba. Nombre que se da a la escarlatina. || *Ponerse uno en sus* coloradas. fr. y fam. Chile. Hacerse respetar, mantenerse firme. || *Más vale ponerse una vez* colorado *que ciento amarillo*. loc. fam. que aconseja arrostrar con resolución las situaciones difíciles, para no tener que arrepentirse después durante mucho tiempo. || **P.** corado; **I.** coloured; **F.** coloré; **A.** farbig; **It.** colorato; **R.** красный, крашеный.

* COLORADOITA. f. Mineral. Telururo natural de mercurio.

* COLORADOS. adj. pl. Pol. Urug. Perteneciente al partido político liberal o colorado, en oposición a los blancos o conservadores.

COLORAMIENTO. m. ant. Acción y efecto de colorarse.

COLORANTE. p.a. de colorar. Que colora. || **2.** Dícese de substancias colorantes que se usan en tintorería para teñir los tejidos. Ú.t.c.s.m. y pl.m.

COLORAR. (l. *colorāre*.) tr. Dar de color o teñir alguna cosa. || **2.** Encenderse, ponerse colorado. || **P.** colorir; **I.** to colour; **F.** colorer, colorier; **A.** färben; **It.** colorare; **R.** красить.

COLORATIVO, VA. adj. Dícese de lo que tiene virtud de dar color, o teñir.

COLOREAR. tr. Dar color, teñir de color. || **2.** fig. Dar, pretextar algún motivo o razón aparente para hacer alguna cosa poco justa. || **3.** fig. Cohonestarla después de hecha. || **4.** intr. Mostrar una cosa el color que en sí tiene. || **5.** Tirar a colorado. Ú.t.c.r. || **6.** Tomar algunos frutos, como la cereza, el tomate, el pimiento, etc., el color encarnado de su madurez.

* COLORERA. f. Vasija en que se guarda la color, 8.ª acep.

COLORETE. (De *color*.) m. Arrebol, color con que se pintan las mujeres.

COLORIDO. m. Disposición y grado de intensidad de los diversos colores de una pintura. || **2.** fig. Color, pretexto, motivo aparentemente racional para hacer algo. || **3.** Carácter animado y pintoresco que presenta una escena, un espectáculo, un país. || **P.** colorido; **I.** colouring; **F.** coloris; **A.** Kolorit; **It.** colorito; **R.** колорит.

COLORIDOR, RA. (De *colorir*.) adj. p. us. Pint. Colorista, que usa bien los colores. Ú.t.c.s.

* COLORÍGRADO. m. Fís. Aparato para determinar el grado de coloración de los cuerpos.

COLORIMETRÍA. (De *colorímetro*.) f. Quím. Procedimiento de análisis químico fundado en la intensidad de color de las disoluciones.

COLORÍMETRO. (De *color*, y el gr. μέτρον, medida.) m. Instrumento que sirve para la colorimetría.

COLORÍN. (De *color*.) m. Zool. Jilguero. || **2.** Color vivo y chillón. Ú.m. en pl. || **3.** vulg. Sarampión. || **4.** Méj. Semilla del zompantle, y también la misma planta. || colorín *colorado, este cuento se ha acabado*. fr. fam. tomada del estribillo final de los cuentos infantiles, que también se aplica para indicar el término o final de alguna narración hablada o escrita.

* COLORÍN, NA. adj. Chile. Dícese de la persona que tiene el pelo rubio que tira a rojo. Ú.t.c.s.

* COLORINCHE. (Despect. de *color*.) adj. Argent. y Urug. Dícese de la mala combinación de colores en un cuadro o vestido. Ú.t.c.s.

COLORIR. tr. Dar color a la obra pictórica. || **2.** Colorear, pretextar algún motivo aparente para hacer algo, o cohonestar una cosa después de hecha. || **3.** Tener o tomar color una cosa naturalmente.

COLORISMO. m. En pintura, tendencia de algunos artistas a dar exagerada preferencia al color sobre el dibujo. || **2.** En literatura, propensión a recargar el estilo con calificativos vigorosos o redun-

dantes y a veces muy impropios. || **3.** Brillo, elegancia del estilo.

COLORISTA. adj. Pint. Dícese del pintor que usa bien los colores. Ú.t.c.s. || **2.** fig. Lit. Dícese del escritor que emplea con frecuencia calificativos vigorosos y otros medios de expresión para dar relieve, a veces excesivo, a su lenguaje y estilo. || **P.** e It. colorista; **I.** colourist; **F.** coloriste; **A.** Kolorist; **R.** колорист.

* COLORRECTOSTOMÍA. f. Cir. Anastomosis quirúrgica entre el colon y el recto.

COLOSAL. adj. Perteneciente o relativo al coloso. || **2.** fig. De estatura mayor que la natural. || **3.** fig. Bonísimo, extraordinario. || **P.** y F. colossal; **I.** colossal, huge, gigantic; **A.** riesenhaft; **It.** colossale; **R.** колоссальный.

COLOSENSE. (l. *colossensis*.) adj. Natural de Colosas. Ú.t.c.s. || **2.** Perteneciente a esta ciudad de Frigia (Asia Menor).

* COLOSIS. f. Pat. Enfermedad biliosa.

COLOSO. (l. *colossus*, y éste del gr. κολοσσός.) m. Estatua de una magnitud que excede mucho a la natural. || **2.** fig. Persona o cosa que por sus cualidades sobresale muchísimo entre las demás. || **P.** e It. colosso; **I.** colossus; **F.** colosse; **A.** Koloss; **R.** колосс.

COLOTE. (mejic. *colotli*, troje.) m. Méj. Canasto. || **2.** Méj. Troje para conservar el maíz.

* COLOTIFOIDEO, A. adj. Pat. Aplícase a la fiebre tifoidea con lesiones en el intestino delgado y ulceración del colon. Ú.t.c.s.f.

* COLOTIPIA. f. Reproducción de dibujos por medio de clisés de goma bicromatada.

* COLOTUBERCULOSIS. f. Med. Tuberculosis del colon.

COLPA. f. Colcótar que como magistra se emplea para beneficiar la plata en algunos procedimientos de amalgamación. || **2.** Chile. Corpa, metal en piedra; trozo de mineral puro. || **3.** Chile y Perú. Sosa común, que se emplea para preparar la mazamorra.

COLPAR. (De *colpe*.) tr. ant. Herir.

COLPE. (l. *colăphus*, y éste del gr. κόλαφος.) m. ant. Golpe.

COLQUICÁCEO, A. (l. *colchĭcum*, nombre de un género de plantas.) adj. Bot. Dícese de hierbas de la familia de las liliáceas, perennes, con frutos casi siempre capsulares, y semillas en gran número con albumen carnoso o duro, como el cólquico. Ú.t.c.s.f.

* COLQUICEÍNA. f. Quím. Substancia neutra cristalizable que se encuentra en las semillas del cólquido.

* COLQUICINA. f. Quím. Principio activo del cólquico.

CÓLQUICO. (l. *colchĭcum*, y éste del gr. κολχικόν, de Κολχις, Cólquida.) m. Bot. Hierba liliácea, de frutos capsulares de la forma y tamaño de la nuez. Su raíz, semejante a la del tulipán, está envuelta en una túnica negra; es amarga y se emplea en medicina contra la hidropesía y el reúma. || **P.** lirio verde; **I.** colchicum, meadow-saffron; **F.** colchique; **A.** Zeitlose; **It.** cólchico; **R.** κολχικум.

* COLTRAO. (arauc. *coltrrau*.) m. Chile. Renacuajo.

COLÚBRIDO. (l. *colubra*, culebra.) Zool. Individuo de la familia de reptiles ofidios, de que es tipo la culebra común. Carecen de aparato venenoso. Ú.m. en pl.

* COLUBRINA. f. Bot. Género de plantas poligonáceas. || **2.** Género de plantas ramnáceas, arbustos propios de las regiones tropicales.

COLUDIR. (l. *colludĕre*.) intr. ant. Ludir, rozar una cosa con otra. || **2.** r. For. Pactar en daño de tercero.

COLUDO, DA. adj. Chile. Rabudo, animal que tiene la cola larga. || **2.** f. Chile. Dícese de la persona que lleva las vestiduras tan largas, que las arrastra. || **3.** Méj. Aplícase a quien se olvida de cerrar la puerta que abre para entrar o salir. || **4.** fig. Argent. y Urug. Inoportuno.

* COLUMBAR. m. Arqueol. Cepo, que como instrumento de castigo, usaban los romanos con los esclavos.

COLUMBARIO. (l. *columbarĭum*.) m. Arqueol. Conjunto de nichos, en los cementerios antiguos romanos, donde colocaban las urnas cinerarias. ||

★ **COLUMBEAR.** tr. Chile y Ecuad. Columpiar. Ú.t.c.r.

COLUMBETA. (De *columbar*, voz onomatopéyica, como *columpio*.) f. Voltereta que sobre la cabeza dan los muchachos en sus juegos.

★ **COLÚMBIDAS.** f. pl. Zool. Familia de aves, pertenecientes al orden de las palomas.

COLUMBINO, NA. (l. *columbīnus*, de *columba*, paloma.) adj. Perteneciente a la paloma o semejante a ella. Aplícase más comúnmente al candor y sencillez de ánimo. || 2. Dícese del color amoratado de algunos granates. || **P.** columbino; **I.** dove-like; **F.** colombin; **A.** taubenartig; **It.** colombino; **R.** голубиный.

★ **COLUMBIO.** m. Mineral. Niobio.

★ **COLUMBIOS.** m. pl. Etnog. Pueblo indígena del norte de América.

★ **COLUMBITA.** f. Mineral. Mineral que contiene niobio, llamado antes columbio. Los yacimientos más importantes se encuentran en el Brasil y en el Congo.

COLUMBÓN. (De *columbar*, voz onomatopéyica, como *columpio*.) m. León. Columpio formado por un madero a cuyos extremos, que están al aire, cabalgan dos o más muchachos.

COLUMBRAR. (l. *collumināre*, de *cum*, con, y *lumen*, lumbre.) tr. Divisar, ver desde lejos una cosa sin distinguirla bien. || 2. fig. Rastrear o conjeturar por indicios una cosa. || **P.** lobrigar; **I.** to see afar off; **F.** apercevoir; **A.** mutmassen, ahnen; **It.** scòrgere; **R.** смутно различать.

COLUMBRES. (De *columbrar*.) m. pl. Germ. Los ojos.

COLUMBRETE. m. Mar. Mogote poco elevado que hay en medio del mar. Algunos ofrecen abrigo o fondeadero.

COLUMBRÓN. (De *columbrar*.) m. Germ. Lo que alcanza una mirada.

COLUMELAR. (l. *columellāris*, de *columella*, columnilla.) adj. Dícese de los cuatro dientes caninos denominados colmillos. Ú.t.c.s.

COLUMNA. (l. *columna*.) f. Pilar o apoyo que suele ser cilíndrico y sirve de sostén o de adorno en edificios y muebles. Según su estilo, forma, situación, etc., hay diversas clases. || 2. Serie o pila de cosas colocadas unas sobre otras. || 3. En impresos o manuscritos, cualquiera de las partes en que suelen dividirse las planas por medio de un blanco o línea que las separa de arriba abajo. || 4. Forma más o menos cilíndrica que toman algunos fluidos, en su movimiento ascensional. columna de humo. || 5. fig. Persona o cosa que sirve de apoyo o protección. || 6. Fís. Porción de fluido contenido en un cilíndrido vertical. || 7. Mar. Cada una de las líneas o filas de buques en que se divide una escuadra numerosa para operar. || 8. Mil. Masa de tropas dispuestas en formación de poco frente y mucho fondo. || —blindada. La de infantería con numerosos tanques o carros de asalto. || *Quinta* columna. Conjunto de los partidarios de una causa nacional o política, organizados o comprometidos para servirla activamente y que, en ocasión de guerra se hallan dentro del territorio enemigo. || —adosada. La que está pegada a un muro u otro cuerpo de la edificación. || —aislada. Arq. La que está sin arrimar a los muros ni a otra parte del edificio. || —ática. Arq. Pilar aislado, de base cuadrada. || —barométrica. Forma que en alguna clase de barómetros toma el líquido contenido en el tubo de vidrio para señalar la presión del aire. || —compuesta. Arq. La perteneciente al orden compuesto. Sus proporciones son las de la corintia y su capitel tiene las hojas de acanto del corintio con las volutas del jónico en lugar de cauliculos. || —corintia. Arq. La perteneciente al orden corintio. Su capitel está adornado con hojas de acanto y caulículos. || —cuadrada. Arq. Columna ática. || —dórica. Arq. La perteneciente al orden dórico. Su capitel se compone de un ábaco con un equino u un cuarto bocel. || —embebida. Arq. La que parece que introduce en otro cuerpo parte de su fuste. || —estriada. Aquella cuyo fuste está adornado con

canales o estrías. || —fajada. La que tiene el fuste formado por piedras o trozos labrados y rústicos alternativamente, y también la que presenta fajas o anillos salientes. || —fasciculada. La que tiene el fuste formado por varias columnillas delgadas. || —gótica. Arq. La perteneciente al estilo ojival. Consiste en un haz de columnillas. || —jónica. Arq. La perteneciente al orden jónico. Su capitel está adornado con volutas. || —ojival. La perteneciente al estilo ojival, es cilíndrica, delgada, y de mucha altura. || —románica. La perteneciente al estilo románico. Es de poca altura, con capitel de ábaco, grueso, y tambor ricamente historiado, fuste liso y basa característica. || —rostrada o rostral. Arq. La que tiene el fuste adornado, con rostros o espolones de nave. || —salomónica. Arq. La que tiene el fuste contorneado en espiral. || —termométrica. Disposición que tiene el líquido encerrado en el tubo de vidrio del termómetro. || —toscana. Arq. La perteneciente al orden toscano. Su fuste es liso con mucho éntasis, capitel de molduras y basa ática, simplificada. || —vertebral. Espinazo. || **P.** columna; **I.** column; **F.** colonne; **A.** Säule; **It.** colonna; **R.** колонна, столб.

COLUMNARIO, RIA. (l. *columnarius*, de *columna*, columna.) adj. Dícese de la moneda de plata acuñada en América durante el siglo XVIII, en cuyo reverso figuran dos columnas coronadas.

COLUMNATA. (l. *columnāta*, pl. de *-tum*.) f. Serie de columnas que sostienen o adornan un edificio. || **P.** colunata; **I.** F. colonnade; **A.** Kollonade; **It.** colonnata; **R.** колоннада.

★ **COLUMNÍFERAS.** f. pl. Bot. Orden de plantas dicotiledóneas, generalmente leñosas.

COLUMPIAR. (Como *columbón*, voz onomatopéyica.) tr. Impeler al que está puesto en un columpio. Ú.t.c.r. || 2. r. fig. y fam. Mover el cuerpo de un lado a otro cuando se anda, o por afectación o por costumbre. || **P.** balançar; **I.** to swing, to waddle; **F.** balancer; **A.** schaukeln; **It.** dondolarsi; **R.** качать.

COLUMPIO. m. Cuerda fija sujeta por ambos extremos a un punto elevado, y en cuyo centro puede sentarse una persona y mecerse. || 2. Chile. Mecedora, balancín. || 3. Guat. Balancín. || **P.** retouça; **I.** swing; **F.** balançoire, escarpolette; **A.** Schaukel; **It.** dòndolo, altalena; **R.** качели.

COLUNA. f. p. us. Columna.

★ **COLUNIA.** f. Venez. Pandilla de pícaros.

★ **COLURIA.** f. Pat. Existencia en la orina de substancias colorantes y sales biliares.

★ **COLURIÓN.** m. Zool. Pájaro dentirrostro de los córvidos.

COLURO. (l. *colūrus*, y éste del gr. κόλουρος, que tiene cortada la cola; de κόλος, truncado, y οὐρά, cola.) m. Astron. Cada uno de los dos círculos máximos de la esfera celeste, los cuales pasan por los polos del mundo y cortan a la Eclíptica, el uno en los puntos equinociales, y se llama coluro de los equinoccios, y el otro en los solsticiales, y se llama coluro de los solsticios.

COLUSIÓN. (l. *collusio, -ōnis*.) f. For. Acción y efecto de coludir, connivencia, confabulación. || **P.** colusão; **I.** y **F.** collusion; **A.** Kollusion; **It.** collusione; **R.** соглашение.

COLUSOR. (l. *collūsor, -ōris*.) m. For. El que comete colusión, que procede con fraude.

COLUSORIO, RIA. adj. For. Que tiene carácter de colusión, o la produce.

★ **COLUTEA.** f. Bot. Género de plantas leguminosas papilionáceas.

COLUTORIO. (l. *collūtum*, sup. de *colluěre*, lavar.) m. Farm. Enjuagatorio medicinal, gargarismo. || **P.** colutório; **I.** collutory; **F.** collutoire; **A.** Mundwasser; **It.** collutorio; **R.** полоскание.

COLUVIE. (l. *colluvies*.) f. Gavilla de pícaros o gente perdida. || 2. fig. Sentina, lodazal, lugar de perdición.

COLZA. (al. *kohlsaat*.) f. Especie de col silvestre, que se cultiva con el fin de extraer de sus semillas aceite muy emplea-

do en el norte de Europa para la condimentación y el alumbrado. || 2. Planta híbrida resultante del cruzamiento de la col y el nabo, cuyas semillas se usan como las de la especie anterior. || **P., I., F.** e **It.** colza; **A.** Rübsen; **R.** дикая капуста, сурепица.

COLLA. (l. *cŏllum*, cuello.) f. Gorjal, pieza de la armadura que defendía el cuello.

COLLA. (l. *copŭla*, enlace.) f. Arte de pesca compuesto por determinado número de nasas colocadas en fila cuando se calan. || 2. Traílla, un par de perros atraillados. || 3. And. Cuadrilla de jornaleros de los puertos.

COLLA. f. Temporal que en los mares de Filipinas sopla generalmente del SO con fuerza varia y alternativas de chubascos violentos, recalmones y fuertes lluvias. || 2. Mar. Última estopa que se embute en las costuras. || 3. Mar. Canal o canales de una barrena. || 4. Paño con dobleces que en algunas partes llevan las mujeres indias americanas en la cabeza.

COLLA. adj. Argent. y Bol. Dícese del habitante de las mesetas andinas. Ú.t.c.s. || 2. Argent. Mezquino, avaro. || 3. Amér. Merid. fig. y fam. Miserable, pobre.

COLLACIÓN. f. p. us. Colación, refacción que se suele tomar en los días de ayuno.

COLLADA. f. Collado, depresión suave de una sierra o cordillera. || 2. Mar. Duración del viento de una misma dirección.

COLLADÍA. (De *collada*.) f. Conjunto de collados.

COLLADIELLO. (d. de *collada*.) m. p. us. Collado.

COLLADO. (l. *collis, -is*, colina, altura.) m. Tierra que se levanta como cerro, menos elevada que el monte. || 2. Depresión suave por donde se puede pasar fácilmente de un lado a otro de una sierra. || **P.** colada; **I.** hill, hillock; **F.** monticule; **A.** Hügel; **It.** colle, poggio; **R.** холм.

COLLALBA. f. Mazo de madera con el cual los jardineros desmenuzan los terrones.

★ **COLLALBA.** m. Zool. Pájaro dentirrostro de los túrdidos.

COLLAR. (l. *collāre*, de *cŏllum*, cuello.) m. Adorno femenil que rodea al cuello. || 2. Insignias de algunas dignidades, magistraturas y órdenes militares. || 3. Aro de hierro u otro metal, puesto y asegurado al cuello de los malhechores, por castigo, de los esclavos, como signo de su servidumbre. || 4. Aro, por lo común de cuero, que se ciñe al pescuezo de los animales domésticos, para adorno, sujeción o defensa. || 5. Faja de plumas que ciertas aves tienen alrededor del cuello, y que se distinguen por su color. || 6. Blas. Ornamento del escudo que lo circuye, llevando pendientes de la punta la condecoración correspondiente. || 7. Mec. Anillo que abraza cualquiera pieza circular de una máquina para sujetarla sin impedirle girar. || 8. Mar. La gaza de los extremos superior e inferior de un estay mayor. || 9. Chile. Horcate. || 10. Cuba y Méj. Collera, arreo. || **P.** colar; **I.** necklace; **F.** collier; **A.** Halsband; **It.** collana, monile; **R.** ожерелье, колье.

COLLAREJA. (De *collar*.) f. Colom. Especie de paloma silvestre de color azul, muy estimada por su carne. || 2. C. Rica y Méj. Comadreja, mamífero carnicero.

COLLAREJO. m. d. de collar. || 2. adj. Colom. Dícese del ave que tiene una especie de collar de diferente color del resto del plumaje.

COLLARÍN. m. d. de collar. || 2. Alzacuellos de los eclesiásticos. || 3. Sobrecuello angosto que se pone en algunas casacas. || 4. Reborde que rodea el orificio de una espoleta de las bombas y sirve para facilitar su manejo. || 5. Arq. Collarino.

COLLARINO. (ital. *collarino*.) m. Arq. Parte inferior del capitel, anillo que remata el fuste de la columna y sobre el cual descansa el capitel.

★ **COLLAS.** m. pl. Etnog. Indios que viven en algunas comarcas de la República Argentina.

COLLAZO, ZA. (l. *collactěus*.) m. y f. Hermano de leche. || 2. Compañero de servicio en una casa y criado o criada. ||

C

3. Palo con que se recogen las gavillas y se cargan en el carro. Ú.m. en Andalucía.

COLLAZO. (De *cuello*.) m. Pescozón.

★ **COLLE.** adj. Dícese de una casta de perros de ganado originaria de Escocia, altos, elegantes, fuertes e inteligentísimos. Se suelen criar como perros de lujo.

COLLEJA. (l. *cauliculus*, de *caulis*, tallo.) f. Bot. Hierba cariofilácea. Es muy común en los sembrados y parajes incultos y se come en algunas partes como verdura. || **P.** alface de cordeiro; **I.** campion; **F.** pisenlit; **A.** Leinkraut, Klebnelke; **It.** macerone; **R.** дикий салат.

COLLEJAS. (De *cuello*.) f. pl. Nervios delgados del cuello de los carneros.

COLLEJO. m. ant. Colegio.

COLLER. tr. ant. Coger.

COLLERA. (De *cuello*.) f. Collar de cuero o lona acolchado que se pone a las bestias de labor y tiro. || **2.** fig. Cadena de presidiarios. || **3.** And. Pareja de ciertos animales, como pavos, pollos, etc. || **4.** Argent. Collar de cuero para acollarar un animal con otro y también cada uno de los animales acollarados. || **5.** Chile y Argent. Yunta de animales. || **6.** Chile, Argent. y Urug. Gemelos de camisa, y en general, par de cosas. || **7.** P. Rico y Urug. Tira o correa. || **—de yeguas.** Cobra de trilla. || **P.** coleira; **I.** horse-collar; **F.** collier; **A.** Kummet; **It.** collare, collana; **R.** хомут.

★ **COLLERAZO.** m. P. Rico. Golpe dado con una collera.

★ **COLLERÍN.** m. Chile. Alzacuellos de los eclesiásticos. || **2.** Chile. Sobrecuello estrecho que tienen algunas casacas.

COLLERÓN. m. aum. de collera. || **2.** Collera de lujo, fuerte y ligera, que se usa para los caballos de los coches.

COLLETA. (l. *caulis*.) f. Rioja. Berza pequeña.

COLLIGUAY. (Voz araucana.) m. Bot. Chile. Arbusto euforbiáceo, cuya leña, al quemarse, huele a olor agradable. El jugo de su raíz es tan venenoso que los indios enherbolaban con él sus flechas. Es tipo de las coliguayas.

★ **COLLIR.** tr. Perú. Asar algún manjar envolviéndolo previamente en un paño o papel mojado.

★ **COLLO, LLA.** adj. fam. Chile. Vencido, prisionero.

COLLÓN, NA. (ital. *coglione*, tonto, majadero.) adj. fam. Cobarde, pusilánime, medroso.

COLLANADA. f. fam. Acción propia de collón.

★ **COLLONCO, CA.** adj. Chile. Rabón, sin cola.

COLLONERÍA. (De *collón*.) f. fam. Cobardía, miedo.

★ **COLLOTA.** f. Perú. Mano de almirez.

COM. (De *con*, cuya *n* se muda en *m* delante de *b* o *p*.) prep. insep. Con (denotando reunión, cooperación o agregación). com*batiente*.

COMA. (l. *comma*, y éste del gr. κόμμα, corte, parte de un período.) f. Signo ortográfico (,) que sirve para indicar la división de las frases o miembros más cortos de la oración o del período, y que también se emplea en aritmética para separar los enteros de las fracciones decimales. || **2.** Ménsula en la parte inferior de los asientos movibles de las sillas de coro; levantados los cuales, forma un asiento supletorio para que descanse la persona, cuando el rezo o la ceremonia exige que permanezca de pie. || **3.** Mús. Parte en que se considera dividido el tono y que corresponde a la diferencia entre uno mayor y otro menor. || **4.** Mús. Cada una de las cinco partes del tono. || *Sin faltar una* coma. expr. adv. fig. y fam. que se usa para ponderar la puntualidad con que alguno ha dicho una relación de palabra. || **P.** vírcula, comma; **I.** comma, virgule; **F.** virgule; **A.** Komma; **It.** virgola, coma; **R.** запятая.

COMA. (l. *coma*, y éste del gr. κόμη, cabellera.) f. ant. Crin. || **2.** Ópt. Fenómeno por el cual se forman una pantalla figuras parecidas a las colas de los cometas, cuando sobre ellas se recogen los rayos luminosos que han atravesado varias lentes.

COMA. (gr. κῶμα, sopor.) m. Med. Sopor más o menos profundo, dependiente de ciertas enfermedades, como congestión

o hemorragia cerebral, y que en muchas ocasiones es precursor de la muerte. || **P.**, **I.**, **F.** e **It.** coma; **A.** Schlafsucht, Bewusstlosigkeit; **R.** кома, коматозное состояние.

COMADRAZGO. (De *comadre*.) m. Parentesco espiritual que contraían la madre de la criatura y la madrina de ésta.

COMADRE. (l. *commater, -tris;* de *cum*, juntamente, y *mater*, madre.) f. Partera, matrona, mujer que asiste a la parturienta. || **2.** Nombre que se dan recíprocamente la madre y la madrina de una criatura; y por ext. el padre y el padrino llaman también comadre a la madrina. || **3.** fam. Alcahueta, celestina, zurcidora de voluntades. || **4.** fam. Vecina y amiga con quien tiene otra mujer más trato y confianza que con las demás. || *Riñen las* comadres *y dícense las verdades.* ref. que significa que muchas veces en el calor de la riña se suelen descubrir las faltas ocultas. || **P.** comadre; **I.** godmother; **F.** mère; **A.** Gevatterin; **It.** comare; **R.** кума, повивальная бабка.

COMADREAR. (De *comadre*.) intr. fam. Chismear, murmurar, en especial las mujeres.

COMADREJA. (De *comadre*.) f. Mamífero carnicero nocturno. Es muy vivo y ligero; mata los ratones, topos y otros animales pequeños, y es muy perjudicial, pues se come los huevos de las aves y hasta las crías. || **2.** Germ. Ladrón, comúnmente muchacho, de quien se valen otros para robar en alguna casa. || **P.** doninha; **I.** weasel; **F.** belette; **A.** Wiesel; **It.** dònnola; **R.** ласка.

COMADREO. m. fam. Acción y efecto de comadrear.

COMADRERÍA. f. fam. Chismes y cuentos propios de comadrero o comadrera.

COMADRERO, RA. (De *comadre*.) adj. Dícese de la persona holgazana y chismosa que anda buscando conversaciones. Ú.t.c.s.

COMADRÓN. (De *comadre*.) m. Cirujano que asiste a la mujer en el acto del parto. || **P.** medico parteiro; **I.** y **F.** accoucheur; **A.** Geburtshelfer; **It.** ostètrico; **R.** акушер.

COMADRONA. f. Comadre, mujer que asiste a la parturienta. || **P.** parteira; **I.** midwife; **F.** sage-femme; **A.** Hebamme; **It.** ostètrica; **R.** акушерка.

COMAL. (mejic. *comatli*.) m. Disco de barro muy delgado y con bordes, que se usa en Méjico para cocer las tortillas de maíz.

★ **COMALEAR.** Hond. Hacer limpieza en torno al tronco de una planta.

COMALECERSE. r. ant. Marchitarse o dañarse.

COMALIA. (De *comalecerse*.) f. Veter. Enfermedad de los animales, particularmente del ganado lanar y consiste en una hidropesía general.

COMALIDO, DA. (De *comalia*.) adj. Enfermizo, que goza de poca salud, que enferma con frecuencia.

COMANCHE. adj. Dícese del indio que vivía en tribus en Tejas y Nuevo Méjico. Ú.t.c.s. || **2.** Lo perteneciente a estas tribus. || **3.** Lengua usada por ellas.

COMANDAMIENTO. (De *comandar*.) m. ant. Mando. || **2.** ant. Mandamiento y precepto, orden.

COMANDANCIA. f. Empleo de comandante. || **2.** Provincia o comarca que está sujeta en lo militar a un comandante. || **3.** Edificio o departamento donde están instaladas las oficinas del comandante. || **—de marina.** Subdivisión de un departamento marítimo.

COMANDANTA. f. fam. Mujer del comandante. || **2.** Mar. Nave en que iba el comandante o jefe de una escuadra o de parte de ella.

COMANDANTE. (De *comandar*.) m. Jefe militar de categoría comprendida entre la de capitán y teniente coronel. || **2.** Militar que ejerce el mando en ocasiones determinadas aunque no tenga el empleo jerárquico de comandante. Así, se dice: comandante *de un destacamento*. || **3.** For. Persona que en unión de otra u otras, en virtud de contrato consensual de mandato, confía al mandatario la gestión o el

desempeño de alguna cosa. || **P.** comandante; **I.** major; **F.** commandant; **A.** Kommandeur, **It.** maggiore; **R.** комендант.

COMANDAR. (ital. *comandare*, y éste del l. *commendare*.) tr. Mandar un ejército, una plaza, una flota, un destacamento, etc. || **P.** commandar; **I.** to command; **F.** commander; **A.** kommandieren, befehligen; **It.** comandare; **R.** командовать.

★ **COMANDATARIO, RIA.** m. y f. For. El que en unión con otro u otros acepta del mandante el cuidado o gestión de un asunto.

COMANDITA. (fr. *commandite*, y éste del ital. *accomandita*, de l. *commendare*, encomendar.) f. Com. Sociedad en comandita, en la cual unas personas ponen el capital y otras le manejan. || *En* comandita. m. adv. Com. En sociedad comanditaria. || **P.** comandita; **I.** silent partnership, commandite; **F.** commandite; **A.** Kommandite; **It.** accomandita; **R.** товарищество на вере.

COMANDITAR. tr. Aportar los fondos necesarios para una empresa comercial o industrial, sin contraer obligaciones mercantiles.

COMANDITARIO, RIA. adj. Perteneciente a la comandita. Ú.t.c.s. || **2.** Aplícase a la sociedad en que unas personas aportan el capital y otras lo manejan.

COMANDO. m. Mil. Mando militar. || **2.** Gobierno, dirección de un buque, de un avión, etc. || **3.** Palanca o palancas, o conjunto de aparatos que sirven para el comando. || **4.** Pequeño grupo de tropas de choque destinadas a hostigar al adversario o a efectuar incursiones en campo enemigo, retirándose rápidamente una vez cumplida su misión. || **5.** Por ext. se da este nombre a los que toman parte en esas expediciones. || **P.** commando; **I.** command; **F.** commandement; **A.** Kommando, Oberbefehl; **It.** comando; **R.** командование.

COMARCA. (De *con*, y *marca*, provincia.) f. División de territorio que comprende varias poblaciones y suele ostentar nombre propio. || **2.** En Portugal y Brasil, partido judicial. || **3.** Antigua división administrativa de los Estados pontificios. || **P.** comarca; **I.** country, district; **F.** pays, contrée; **A.** Gegend, Landschaft; **It.** paese, distretto; **R.** округ, край.

COMARCAL. adj. Perteneciente o relativo a la comarca.

COMARCANO, NA. (De *comarca*.) adj. Cercano, inmediato. Dícese de poblaciones, tierras, etc., cercanos entre sí.

COMARCANTE. p.a. de comarcar. Que comarca.

COMARCAR. (De *comarca*.) intr. Confinar entre sí, pueblos o heredades. || **2.** tr. Plantar los árboles en líneas rectas a distancias iguales, de modo que formen calles en todas las direcciones.

COMATOSO, SA. (gr. κῶμα, -ατος, coma, sopor.) adj. Med. Perteneciente o relativo al coma o sopor morboso.

COMBA. (l. *cumba*, y éste del gr. κύμβη, cosa cóncava.) f. Inflexión que toman algunos cuerpos sólidos cuando se encorvan, como maderos, barras, etc. || **2.** Juego de niños que consiste en saltar por encima de una cuerda que se hace pasar por debajo de los pies y sobre la cabeza del que salta. || **3.** Esta misma cuerda. || **4.** Germ. Tumba, sepulcro. || **5.** Perú y Ecuad. Combo, mazo. || *Hacer* combas. fr. fam. Columpiar el cuerpo al andar. || **P.** curva; **I.** bend; **F.** courbure, cambrure; **A.** Krümmung; **It.** incurvamento; **R.** изгиб, искривление, прыгалка (детская игрушка).

COMBADA. (De *combar*.) f. Germ. Teja, para cubrir las techumbres.

COMBADURA. f. Efecto de combarse. || **2.** ant. Bóveda, techo de fábrica arqueado.

COMBAR. (De *comba*.) tr. Torcer, encorvar una cosa. Ú.t.c.r. || **2.** intr. Chile. Trabajar con combo o mazo. || **P.** curvar; **I.** to bend; **F.** courber; **A.** krümmen, biegen; **It.** incurvare; **R.** сгибать, искривлять.

COMBATE. (De *combatir*.) m. Pelea, batalla entre personas o animales. || **2.** fig. Lucha o batalla interior del ánimo. combate *de pasiones.* || **3.** fig. Contradicción, pugna. || **4.** MÉJ. Ayuda recíproca en el trabajo entre los habitantes de un lugar. || *Fuera de* COMBATE. loc. que se aplica al que ha sido vencido de manera que le impide continuar la lucha. Ú.m. con los verbos *estar, quedar, dejar,* etc. || **P.** combate; **I.** combat, fight; **F.** combat; **A.** Kampf, Gefecht; **It.** combattimento; **R.** бой, сражение.

COMBATIBLE. adj. Que puede ser combatido o conquistado.

COMBATIDOR. m. El que combate.

COMBATIENTE. p.a. de combatir. Que combate. || **2.** m. Cada uno de los soldados que componen un ejército. || **3.** ZOOL. Ave zancuda, de la familia de las escolopácidas. || **P.** combatente; **I.** y **F.** combatant; **A.** Kämpfer, Krieger; **It.** combattente; **R.** боец, воин.

COMBATIMIENTO. m. ant. Combate.

COMBATIR. (l. *combuttuĕre.*) intr. Pelear. Ú.t.c.r. || **2.** tr. Acometer, embestir. || **3.** fig. Tratándose de algunas cosas inanimadas, como las olas del mar, los vientos, etc., batir, acometer. || **4.** fig. Contradecir, impugnar. || **5.** fig. Dicho de los afectos y pasiones del ánimo; agitarlo. || **P.** combater; **I.** to combat, to fight; **F.** combattre; **A.** bekämpfen; **It.** combàttere; **R.** биться, сражаться.

COMBATIVIDAD. f. Inclinación natural a la lucha.

COMBENEFICIADO. m. Beneficiado a la vez que otro u otros en una misma iglesia.

COMBÉS. (cat. *combes,* y en port. *convés.*) m. Espacio descubierto, ámbito. || **2.** MAR. Parte de la cubierta superior del buque comprendida entre el palo mayor y el castillo de proa.

COMBINABLE. adj. Que se puede combinar.

COMBINACIÓN. (l. *combinatio, -ōnis.*) f. Acción y efecto de combinar o combinarse. || **2.** Unión de dos cosas en un mismo sujeto. || **3.** En los diccionarios, conjunto de vocablos que empiezan con unas mismas letras y van colocados por orden alfabético; v. gr. los que empiezan por *ab,* por *ba,* etc. || **4.** Prenda de vestir interior que usan las mujeres. || **5.** ÁLG. Cada uno de los grupos que se pueden formar con cierto número de elementos reuniéndolos de dos en dos, de tres en tres, etc., de modo que cada grupo se diferencie de los demás por lo menos en un elemento. || **6.** QUÍM. Unión de cuerpos en la debida proporción atómica, que produce un compuesto de nuevas propiedades. También se dice de este mismo compuesto. || **P.** combinação; **I.** combination; **F.** combinaison, combination; **A.** Zusammenstellung; **It.** combinazione; **R.** комбинация, сочетание.

COMBINADO, DA. p.p. de combinar. || **2.** adj. Aliado, coligado. || **3.** m. neol. Cóctel. || **4.** m. En Rusia, agrupación de una misma región económica, de empresas industriales afines en su técnica.

★ **COMBINADOR.** adj. Que combina. || **2.** m. Conmutador.

COMBINAR. (l. *combināre;* de *cum,* con, y *bini,* de dos en dos.) tr. Unir cosas diversas, de manera que formen un compuesto o agregado. || **2.** Unir, juntar escuadras o ejércitos. || **3.** fig. Concertar, concordar. || **4.** QUÍM. Unir o juntar cuerpos en proporciones atómicas determinadas, para formar un compuesto, cuyas propiedades son distintas que las de sus componentes. Ú.t.c.r. || **5.** AMÉR. Ponerse de acuerdo dos o más personas para realizar algún negocio. || **P.** combinar; **I.** to combine; **F.** combiner; **A.** zusammenstellen; **It.** combinare; **R.** комбинировать, сочетать.

★ **COMBINATORIA.** f. MAT. Parte de las matemáticas que tiene por objeto el estudio de las agrupaciones que pueden efectuarse con varios elementos dados.

COMBINATORIO, RIA. adj. Aplícase al arte de combinar.

COMBLEZA. (De *comblezo.*) f. Manceba del hombre casado. || **P.** e **It.** concubina; **I.** y **F.** concubine; **A.** Kebsweib; **R.** любовница женатого человека.

COMBLEZADO. (De *combleza.*) adj.

ant. Se decía del casado cuya mujer estaba amancebada con otro.

COMBLEZO. (l. *cum,* con, y *pellex, -ícis,* manceba.) m. El que estaba amancebado con mujer casada.

COMBLUEZO. m. ant. Enemigo, contrario, rival.

COMBO, BA. (De *comba.*) adj. Dícese de lo que está combado. || **2.** m. Tronco o piedra grande sobre que se asientan las cubas en las bodegas. || **3.** CHILE. Entre mineros, almadana. || **4.** CHILE. Entre herreros, mazo. || **5.** CHILE. Puñetazo, trompada. || **P.** curvado; **I.** bent, crooked, warped; **F.** courbe, cambré; **A.** verbogen; **It.** curvo; **R.** согнутый.

COMBOSO, SA. adj. Combado, corvo, encorvado.

COMBRETÁCEO, A. (l. *combretum,* nombre genérico de varios árboles exóticos.) adj. BOT. Dícese de árboles o arbustos angiospermos dicotiledóneos, con flores reunidas en espiga, y con frutos secos en forma de nuez. Ú.t.c.s.f. || **2.** f. pl. BOT. Familia de estas plantas, propias de los países tropicales.

COMBRUEZO. m. ant. Comblezo.

COMBURENTE. (l. *combūrens, -entis,* p.a. de *combūrĕre,* quemar, abrasar.) adj. Fís. Que hace entrar en combustión o la activa. Ú.t.c.s.m.

COMBUSTIBILIDAD. f. Calidad de combustible.

COMBUSTIBLE. (De *combusto.*) adj. Que puede arder. || **2.** Que arde con facilidad. || **3.** m. Leña, carbón, gas, etc., que se usa para alimentar el fuego. || **4.** Dícese de toda substancia que al arder desprende calor. || **5.** Dícese del alimento que sirve de combustible en el organismo animal. || **P.** combustível; **I.** y **F.** combustible; **A.** Brennmaterial; **It.** combustibile; **R.** горючий.

COMBUSTIÓN. (l. *combustio, -ōnis.*) f. Acción o efecto de arder o quemar. || **2.** QUÍM. Combinación de un cuerpo combustible con otro comburente. || **3.** MEC. y RADIOTÉC. Ignición. || —**espontánea.** Fís. La que se produce naturalmente en ciertas substancias sin la aplicación previa de un cuerpo inflamado. || **2.** MED. La que se produce en las partes grasas del cuerpo humano por el uso continuado y excesivo de las bebidas alcohólicas. || **P.** combustão; **I.** y **F.** combustion; **A.** Verbrennung; **It.** combustione; **R.** сгорание, сжигание.

COMBUSTO, TA. (l. *combustus,* p.p. de *combūrĕre,* quemar enteramente.) adj. Dícese de lo que está abrasado. || **P.** queimado; **I.** burnt; **F.** brûlé; **A.** verbrannt; **It.** combusto, bruciato; **R.** сгоревший, сожжённый.

★ **COMEAR.** tr. Poner comas en los escritos y hacer las pausas correspondientes al hablar o leer en voz alta.

★ **COMEBOLAS.** m. COLOM. fig. Azotacalles, vago. || **2.** CUBA. Bobalicón.

★ **COMEDERA.** f. ARGENT. Recipiente donde se echa la comida a algunos animales domésticos.

COMEDERO, RA. adj. Que se puede comer. || **2.** m. Recipiente donde se echa la comida a los animales. || **3.** CUBA, habitación donde se come. || **4.** CUBA y MÉJ. Querencia, sitio adonde acude con frecuencia una persona. || **5.** CUBA. Casa de citas. || *Limpiarle* a uno el COMEDERO. fr. fig. y fam. Quitarle el empleo o cargo que le proporciona el sustento. || **P.** comestível; **I.** edible, eatable; **F.** mangeable; **A.** essbar; **It.** mangereccio; **R.** съеобный. || **2.**ª acep.: **P.** comedouro; **I.** manger, feeding trough; **F.** mangeoire; **A.** Viehkrippe; **It.** mangiatoia, greppia; **R.** кормушка.

COMEDIA. (l. *comoedia,* y éste del gr. κωμῳδία, canto del festín [de donde nació la comedia]; de κῶμος, festín y ᾠδή, canto.) f. Poema dramático de enredo y desenlace festivo o placentero. Suele tener por objeto corregir las costumbres, pintando los errores, vicios o extravagancia de los hombres. || **2.** Poema dramático de cualquier género que sea. || **3.** Género cómico. || **4.** fig. Suceso de la vida real capaz de interesar o de mover a risa. || **5.** fig. Farsa o fingimiento. || —**de capa y espada.** En el teatro es-

pañol del siglo XVII, las de costumbres caballerescas de aquel tiempo. || —**de carácter.** Aquella cuyo fin principal es la pintura del carácter de las personas. || —**de costumbres.** La que tiene por motivo actos comunes de la vida social ordinaria. || —**de enredo.** Aquella cuyo mérito consiste principalmente en lo ingenioso y complicado de la trama. || —**de figurón.** En el teatro español del siglo XVII, aquella en cuyo protagonista se pinta algún carácter o vicio ridículo y extravagante. || —**de magia.** Aquella en que se emplean muchas tramoyas para lograr efectos sorprendentes, como vuelos, transformaciones, apariciones y desapariciones. || —**heroica.** Aquella en que intervienen altos personajes o príncipes. || —**togada.** La comedia latina, de argumento romano, y también la de personajes de condición humilde. || *Alta* COMEDIA. La de costumbres urbanas contemporáneas, cuya acción se desenvuelve en ambientes aristocráticos o de alta burguesía. || *Hacer* uno *la* COMEDIA. fr. fig. y fam. Aparentar para algún fin lo que en realidad no siente. || **P.** comédia; **I.** comedy; **F.** comédie; **A.** Komödie, Lustpiel; **It.** commedia; **R.** комедия.

COMEDIANTE, TA. (De *comedia.*) m. y f. Actor y actriz. || **2.** fig. y fam. Persona que para algún fin aparenta lo que no siente en realidad.

COMEDIAR. (De *comedio.*) tr. Promediar, igualar o repartir algo en dos partes iguales.

COMEDICIÓN. (De *comedir.*) f. ant. Pensamiento, meditación.

COMÉDICO, CA. (l. *comoedĭcus,* y éste del gr. κωμῳδικός.) adj. ant. Cómico.

COMEDIDAMENTE. adv. Con comedimiento.

COMEDIDO, DA. (De *comedir,* moderarse.) adj. Cortés, prudente, moderado. || **P.** comedido, discreto; **I.** civil, polite, moderate; **F.** modéré; **A.** höflich, artig; **It.** civile; misurato; **R.** учтивый, скромный.

COMEDIMIENTO. (De *comedir.*) m. Cortesía, moderación, urbanidad. || **2.** ARGENT. Acción de comedirse, de ofrecerse para algo. || **P.** comedimento; **I.** civility, moderation; **F.** politesse, mesure; **A.** Höflichkeit; **It.** civiltà, moderazione; **R.** учтивость, вежливость.

COMEDIO. (De *co,* por *con,* y *medio.*) m. Centro o medio de un reino, sitio o paraje. || **2.** Intermedio o espacio de tiempo que media entre dos épocas o tiempos señalados.

COMEDIÓGRAFO, FA. m. Escritor de comedias. O por ext., el que escribe dramas.

COMEDIÓN. m. despec. aum. de comedia.

COMEDIR. (l. *commetiri;* de *cum,* con, y *metiri,* medir.) tr. ant. Pensar o tomar las medidas para algunas cosas. Ú. r. Arreglarse, moderarse, contenerse. || **3.** Ofrecerse o disponerse para alguna cosa. || **4.** AMÉR. MERID. Anticiparse a hacer algún servicio o cortesía sin que se pida. || **5.** ECUAD. Entremeterse.

COMEDO. (l. *comoedus,* y éste del gr. κωμῳδός; de κῶμος, festín y ἀοιδός, cantor.) m. ant. Comediante.

COMEDÓN. m. Grano sebáceo con un puntito negro que se forma en la piel del rostro y sale exprimiéndole entre los dedos.

COMEDOR, RA. adj. Que come mucho. || **2.** m. Pieza destinada en las casas para comer. || **3.** Conjunto de los muebles propios del aposento del mismo nombre. || **4.** Establecimiento destinado para servir comidas a personas determinadas y a veces al público. || **2.**ª acep.: **P.** sala de jantar; **I.** dining-room; **F.** salle à manger; **A.** Speisesaal; **It.** sala da pranzo, refettorio; **R.** столовая.

★ **COMEDURA.** (De *comer.*) f. P. RICO. Porción de alimento que se da al ganado cada vez.

★ **COMEFRÍO.** m. COLOM. Chulo, rufián.

★ **COMEGENTE.** com. P. RICO y ECUAD. Tragaldabas.

COMEJÉN. m. ZOOL. Insecto del orden de los arquípteros, de color blanco, que

C vive en los sitios húmedos de los países cálidos. Hace sus nidos en los árboles y penetra, para roerlas en toda clase de substancias, especialmente en la madera, cuero, lienzo y papel. En América se denomina hormiga blanca y, en Filipinas, anay.

COMEJENERA. f. Sitio donde se cría el comején. ‖ **2.** fig. y fam. VENEZ. Madriguera o guarida de gente de mal vivir.

★ **COMELATA.** f. joc. CUBA y P. RICO. Comilona.

★ **COMELONA.** f. joc. P. RICO y REP. DOMIN. Comilona.

COMENDABLE. (l. *commendabílis.*) adj. ant. Recomendable.

COMENDACIÓN. (l. *commendatio, -ōnis.*) f. ant. Encargo o encomienda. ‖ **2.** ant. Alabanza, encomio o recomendación.

COMENDADERO. (l. *commendatarius.*) m. ant. Comendero.

COMENDADOR. (l. *commendātor,* de *commendāre,* recomendar, confiar.) m. Caballero que tiene encomienda en alguna de las órdenes militares o de caballeros. ‖ **2.** El que en las órdenes de distinción tiene dignidad superior a la de caballero e inferior a la de gran cruz. ‖ **3.** Prelado de algunas casas de religiosos; como de la Merced y de San Antonio Abad. ‖ **—de bola.** GERM. Ladrón que anda de feria en feria. ‖ **—mayor.** Dignidad en algunas órdenes militares inmediatamente inferior a la de maestre. ‖ **P.** comendador; **I.** commander; **F.** commander; **A.** Komtur; **It.** commendatore; **R.** командор.

COMENDADORA. (De *comendador.*) f. Superiora o prelada de dos conventos de las órdenes militares, o de religiosas de la Merced. ‖ **2.** Religiosa de ciertos conventos de las antiguas órdenes militares.

COMENDADORÍA. (De *comendador.*) f. ant. Encomienda, dignidad dotada de renta, que se daba a algunos caballeros de las órdenes militares, y lugar, territorio y rentas de tal dignidad.

COMENDAMIENTO. (De *comendar.*) m. ant. Encomienda, encargo, comisión. ‖ **2.** ant. Mandamiento, orden o precepto.

COMENDAR. (l. *commendāre;* de *cum,* con, y *mandāre,* mandar.) tr. ant. Recomendar, encomendar, encargar.

COMENDATARIO. (l. *commendatarius.*) m. Eclesiástico secular que goza en encomienda un beneficio regular.

COMENDATICIO, CIA. (l. *commendatitius.*) adj. Aplícase a la carta o despacho de recomendación que dan algunos prelados.

COMENDATORIO, RIA. (l. *commendatorius.*) adj. Dícese de los papeles y cartas de recomendación.

COMENDERO. (De *comienda.*) m. Persona a quien se daba en encomienda un lugar, o tenía en ellos algún derecho concedido por los reyes, con obligación de prestar juramento de homenaje.

COMENSAL. (l. *cum,* con, y *mensa,* mesa.) com. Persona que vive a la mesa y expensas de otra, en cuya casa habita como familiar o dependiente. ‖ **2.** Cada una de las personas que comen en una misma mesa. ‖ **3.** Organismo que vive sobre otro o dentro de él, pero no como parásito. Ú.t.c.adj. ‖ **P.** comensal; **I.** y **F.** commensal; **A.** Tischgenosse; **It.** commensale; **R.** сотрапезник.

COMENSALÍA. (De *comensal.*) f. Compañía de casa y mesa.

COMENTACIÓN. (l. *commentatio, -ōnis.*) f. ant. Comento.

COMENTADOR, RA. (l. *commentātor.*) m. y f. Persona que comenta. ‖ **2.** Persona inventadora de ficciones. ‖ **P.** commentador; **I.** commentator; **F.** commentateur; **A.** Erklärer; **It.** commentatore; **R.** комментатор.

COMENTAR. (l. *commentāre.*) tr. Explanar, explicar el contenido de un escrito, para que se entienda fácilmente. ‖ **2.** fam. Hacer comentarios. ‖ **P.** comentar; **I.** to comment; **F.** commenter; **A.** auslegen; **It.** commentare; **R.** комментировать, толковать.

COMENTARIO. (l. *commentarium.*) m. Escrito que sirve de explicación y comento de una obra, para que se entienda

más fácilmente. ‖ **2.** pl. Título que se da a algunas historias escritas en estilo conciso. ‖ **3.** fam. Conversación sostenida sobre personas o sucesos de la vida ordinaria, por lo común con algo de murmuración. ‖ **P.** comentário; **I.** comment; **F.** commentaire; **A.** Komentar; **It.** commento, comento; **R.** комментовать, толковать.

COMENTARISTA. com. Persona que escribe comentarios.

COMENTO. (l. *commentum.*) m. Acción y efecto de comentar. ‖ **2.** Comentario, escrito. ‖ **3.** Embuste, mentira.

COMENZADERO, RA. adj. ant. Que ha de comenzar o dar principio.

COMENZADOR. m. ant. El que comienza o da principio a una cosa.

COMENZAMIENTO. m. ant. Comienzo, principio.

COMENZANTE. p.a. de comenzar. Que comienza. Ú.t.c.s.

COMENZAR. (l. *cum,* con, e *initiāre,* empezar.) tr. Empezar, dar principio a una cosa. ‖ **2.** intr. Empezar, tener una cosa principio. *Ahora* COMIENZA *el discurso.* COMIENZA *y no acaba.* expr. fig. y fam. con que se denota que uno se detiene o alarga demasiado en algún discurso, o que por mucho que se dilate, siempre le queda qué decir. ‖ **P.** começar; **I.** to begin; **F.** commencer; **A.** anfangen; **It.** cominciare, incominciare; **R.** начинать.

COMER. (De *comer,* tomar alimentos.) m. Comida, alimento.

COMER. (l. *comeděre;* de *cum,* con, y *eděre,* comer.) intr. Masticar y desmenuzar el alimento en la boca y pasarlo al estómago. Ú.t.c.tr. ‖ **2.** Tomar alimento. ‖ **3.** Tomar la comida principal del día. ‖ **4.** fig. Hablar confusamente y sin pronunciar alguna sílaba; omitir en la escritura palabras o letras. ‖ **5.** fam. Disfrutar alguna renta. ‖ **6.** fig. Gastar, desbaratar la hacienda. ‖ **7.** fig. Sentir comezón física o moral. ‖ **8.** fig. Gastar, corroer, consumir. *El agua* COME *la piedra.* ‖ **9.** fig. En el juego del ajedrez y en el de las damas, ganar una pieza al contrario. ‖ **10.** fig. Hablando del color, ponerlo la luz desvaído. ‖ COMERSE *una cosa a otra.* fr. fig. y fam. con que se denota que una cosa anula o hace desmerecer a otra. ‖ COMERSE *unos a otros.* fr. fig. con que se pondera la discordia que hay entre algunas personas. ‖ COMER *vivo.* fr. fig. con que, agregando un pronombre personal, se explica el gran enojo que se tiene contra alguno, o el deseo de la venganza. ‖ **2.** fig. Se usa para explicar la molestia que causan algunas cosas o animales que pican. ‖ COMER *y callar.* expr. de que se usa para dar a entender que al que está a expensas de otro le conviene obedecer y no replicar. ‖ *Sin* COMERLO *ni beberlo.* loc. fig. y fam. Sin haber tenido parte en la causa o motivo del daño o provecho que se sigue. ‖ **P.** comer; **I.** to eat; **F.** manger; **A.** essen; **It.** mangiare; **R.** кушать. ‖ 3.ª acep.: **P.** jantar; **I.** to dine; **F.** diner; **A.** zu Mittag essen; **It.** desinare; **R.** обедать.

COMERCIABLE. adj. Aplícase a los géneros con que se puede comerciar. ‖ **2.** fig. Dícese de la persona sociable, afable y dulce en su trato.

COMERCIAL. adj. Perteneciente al comercio o tráfico de géneros o mercaderías, y también al trato y comunicación de las personas y de los pueblos. ‖ **P.** comercial; **I.** commercial, mercantile; **F.** commercial; **A.** kaufmännisch; **It.** commerciale; **R.** коммерческий, торговый.

★ **COMERCIALISTA.** adj. ARGENT. Versado en Derecho mercantil. Ú.t.c.s.

COMERCIANTE. p.a. de comerciar. Que comercia. Ú.t.c.s. ‖ **2.** com. Persona a quien son aplicables las leyes mercantiles. ‖ **P.** comerciante; **I.** merchant, trader; **F.** commerçant; **A.** Kaufmann; **It.** commerciante, mercante; **R.** торговец, коммерсант.

COMERCIAR. (De *comercio.*) intr. Negociar comprando y vendiendo o permutando géneros. ‖ **2.** fig. Tener trato y comunicación unas personas con otras. ‖ **P.** comerciar; **I.** to trade, to traffic; **F.** commercer; **A.** handeln; **It.** commerciare, trafficare; **R.** торговать.

COMERCIO. (l. *commercium;* de *cum,* con, y *merx,* mercancía.) m. Acción de

comerciar. ‖ **2.** Trato y comunicación de las personas y de los pueblos. ‖ **3.** En algunas poblaciones, lugar o paraje que por abundar en él las tiendas, suele ser muy concurrido. ‖ **4.** Tienda, almacén, establecimiento comercial. ‖ **5.** fig. La clase de los comerciantes. ‖ **6.** fig. Trato secreto, casi siempre ilícito, entre hombre y mujer. ‖ **7.** Nombre de dos juegos de naipes. ‖ **—de cabotaje.** Tráfico marítimo que se hace directamente entre puertos de un mismo país. ‖ **P.** comércio; **I.** trade, commerce; **F.** commerce; **A.** Handel; **It.** commercio; **R.** торговля.

★ **COMES.** m. ZOOL. CHILE. Especie de molusco lamelibranquio.

COMESTIBLE. (l. *comestibilis.*) adj. Que se puede comer. ‖ **2.** m. Todo género de mantenimiento. Ú.m. en pl. ‖ **P.** comestível; **I.** eatable; **F.** comestible; **A.** essbar; **It.** commestibile; **R.** съедобный.

COMETA. (l. *cometa,* y éste del gr. κομήτης, de κόμη, cabellera.) m. ASTRON. Astro generalmente formado por un núcleo poco denso y una atmósfera luminosa que le precede, le envuelve o le sigue. ‖ **2.** f. Armazón plana de papel y caña, que los muchachos hacen volar al aire sujetándolo con un largo bramante o cordel. ‖ **3.** GERM. Saeta, dardo, venablo. ‖ **4.** CHILE. Persona que aparece muy de tarde en tarde en un lugar. ‖ **—periódico.** ASTRON. El que pertenece al sistema solar, y de órbita perfectamente calculada. ‖ **P.** e **It.** cometa; **I.** comet; **F.** comète; **A.** Komet; **R.** комета. ‖ 2.ª acep.: **P.** papagaio de papel; **I.** kite; **F.** cerf volant; **A.** Papierdrache; **It.** cervo volante; **R.** бумажный змей.

COMETARIO, RIA. adj. ASTRON. Perteneciente o relativo a los cometas. Ú.t.c.s.

COMETEDOR, RA. adj. Que comete alguna acción, generalmente mala, como traición, pecado, delito. Ú.t.c.s.

COMETER. (l. *committěre;* de *cum,* con, y *mittěre,* enviar.) tr. Dar uno sus veces a otro, poniendo a su cargo algún negocio. ‖ **2.** Hablando de yerros, culpas o faltas, incurrir en ellas. ‖ **3.** Hablando de figuras retóricas o gramaticales, usarlas. ‖ **4.** COM. Dar comisión mercantil. ‖ **P.** commeter, encarregar; **I.** to commit; **F.** commettre; **A.** begehen, verüben; **It.** commèttere; **R.** поручать, совершать.

COMETIDA. (De *cometer.*) f. ant. Acometida.

COMETIDO. (De *cometer.*) m. Comisión, encargo. ‖ **2.** Por ext., incumbencia, obligación moral. ‖ **P.** cometido, comissão; **I.** commission, charge; **F.** commission; **A.** Auftrag; **It.** incàrico, commissione; **R.** поручение, задача.

COMETIENTE. p.a. ant. de cometer. Que comete.

COMETIMIENTO. (De *cometer.*) m. ant. Acometimiento.

COMETOLOGÍA. f. ASTRON. Tratado de los cometas.

★ **COMETÓN.** m. Cometa de grandes dimensiones que hacen y elevan por los aires los muchachos.

COMEZÓN. (l. *comestio, -ōnis,* de *comestus,* comido.) f. Picazón que se padece en alguna parte del cuerpo o en todo él. ‖ **2.** fig. Desazón interior que ocasiona el apetito de alguna cosa mientras no se logra. ‖ **P.** comichão, prurido; **I.** itch; **F.** démangeaison; **A.** Hautjucken; **It.** pizzicore; **R.** зуд.

COMIBLE. adj. fam. Aplícase a las cosas de comer que no son enteramente desagradables al paladar.

CÓMICAMENTE. adv. De una manera cómica, chistosamente, a estilo de cómicos.

COMICASTRO. m. Mal cómico.

COMICIAL. (l. *comiciālis.*) adj. Perteneciente o relativo a los comicios.

COMICIDAD. f. Calidad de cómico, capaz de divertir o de excitar la risa.

COMICIOS. (l. *comitium.*) m. pl. Junta que tenían los romanos para tratar de los negocios públicos. ‖ **2.** Reuniones y actos electorales. ‖ **P.** comicios; **I.** comitia; **F.** comices; **A.** Komitium; **It.** comizi; **R.** заседание.

CÓMICO, CA. (l. *comicus,* y éste del gr. κωμικός.) adj. Perteneciente o relativo a la comedia. ‖ **2.** Decíase del que escribía comedias. Hoy sólo se aplica al que las representa. Ú.t.c.s. || **3.** Aplícase al actor que representa papeles jocosos. || **4.** Capaz de divertir o de excitar la risa. || **5.** m. y f. Comediante, comedianta. || **—de la legua.** El que anda representando en poblaciones pequeñas. || P. cómico; I. comic; F. comique; A. komisch; It. còmico; R. комический, комик.

COMICHEAR. tr. AR. Comiscar.

COMIDA. (De *comer*.) f. Alimento. || **2.** Alimento, especialmente el cotidiano, y de éste el principal del día. || **3.** Acción de comer. || **4.** AMÉR. Cena. || *Cambiar la* COMIDA. fr. Vomitar, devolver. || *Reposar uno la* COMIDA. fr. Descansar después de haber comido. || P. comida; I. meal; F. nourriture; A. Speise; It. cibaria. || **2.ª** acep.: P. jantar; I. dinner; F. diner; A. Mittagessen; It. pranzo; R. обед. || **3.ª** acep.: P. comer; I. eating; F. manger; A. essen; It. mangiamento; R. еда.

★ **COMIDERO, RA.** m. y f. AMÉR. CENTRAL. Persona que prepara y sirve comidas.

COMIDILLA. (d. de *comida*.) f. fig. y fam. Gusto, complacencia especial que uno tiene en cosas de su inclinación. *El cine es su* COMIDILLA. || **2.** fig. y fam. Tema preferido en alguna murmuración o conservación de carácter satírico. *Lo que ha hecho fulano es la* COMIDILLA *de la vecindad.*

COMIDO, DA. adj. Dícese del que ha comido. || COMIDO *por servido.* expr. que da a entender el corto producto de un oficio o empleo. || COMIDO *y bebido.* expr. fam. Mantenido.

COMIENDA. (De *comendar*.) f. ant. Encomienda, comisión, encargo.

COMIENTE. p.a. ant. de comer. Que come.

COMIENZO. (De *comenzar*.) m. Principio, origen y raíz de una cosa. || *A, o de,* COMIENZO. m. adv. ant. Desde el principio. || P. começo; origem; I. beginning; F. commencement; A. Anfang, Beginn; It. cominciamento; R. начало.

COMIGO. pron. pers. ant. Conmigo.

COMILITÓN. m. Comilitón.

COMILITONA. (De *comilona*.) f. fam. Comilona.

COMILÓN, NA. adj. fam. Que come mucho o desordenadamente. Ú.t.c.s. || P. comilão, glotão; I. glutton; F. glouton; A. Vielfrass; It. mangione; R. прожорливый.

COMILONA. (De *comilón*.) f. fam. Comida, cena o merienda en que hay mucha abundancia y diversidad de manjares.

COMILLA. f. d. de coma. || **2.** pl. Signo ortográfico («») que se pone al principio y al fin de las frases incluidas como citas o ejemplos y a veces al principio de todos los renglones que estas frases ocupan, y también suele usarse en el mismo oficio que el guión en los diálogos, en los índices y en otros escritos semejantes. || P. aspas; I. quotation-mark; F. guillemet; A. Gänsefüsschen, Anführungszeichen; It. virgolette; R. кавычки.

COMINEAR. (De *comino*.) intr. Entremeterse el hombre en menudencias propias de mujeres.

COMINERÍA. f. Minuciosidad exagerada. U.m. en pl.

COMINERO. (De *cominear*.) adj. fam. Que cominea. Ú.t.c.s. || P. comineiro; I. cotquean; F. tatillon; A. tändelnd; It. ciaccino; R. мелочный человек.

COMINILLO. (d. de *comino*.) m. Joyo, cizaña. || **2.** fig. y fam. CHILE. Escozor, recelo, escrúpulo, reconcomio. || **3.** fam. CHILE y ARGENT. Vacilación, inquietud.

COMINO. (l. *cuminum*, y éste del gr. κύμινον.) m. Hierba de la familia de las umbelíferas, de olor aromático y sabor acre, las cuales se usan en medicina y para condimento. || **2.** Semilla de estas plantas. || **—rústico.** Nombre que suele darse al laserpicio. || *No montar, o no valer una cosa un* COMINO. fr. fig. y fam. de que se usa para despreciarla o ponderar su poco valor. || P. cominho; I. y F. cumin; A. Kümmel; It. comino, loglio; R. тмин.

COMIQUEAR. intr. Representar comedias caseras. || **2.** Hacer de cómico.

COMIQUERÍA. f. fam. Conjunto o reunión de cómicos.

★ **COMIR.** m. PERÚ. Color verde.

COMISAR. tr. Declarar que una cosa ha caído en comiso.

COMISARIA. f. fam. Mujer del comisario.

COMISARÍA. f. Empleo del comisario. || **2.** Oficina del comisario. || **—de cruzada.** Tribunal que substituyó al Consejo de Cruzada. || P. commissariado; I. commissaryship; F. commissariat; A. Polizeiwache, Kommisariat; It. commissariato; R. комиссариат.

COMISARIATO. m. Comisaría.

COMISARIO. (b. l. *commissarius*, y éste del l. *commissus*, p.p. de *committĕre*, cometer.) m. Persona a quien va dirigida o dedicada una cosa. || **2.** El que tiene poder o facultad de otro para ejecutar alguna orden o entender en algún negocio. || **3.** V. *Testamento por* COMISARIO. || **4.** MIL. V. *Revista de* COMISARIO. || **5.** CUBA., VENEZ. y MÉJ. Inspector de la policía. || **6.** P. RICO. Alcalde de barrio. || **—de entradas.** En algunos hospitales, empleado que anota los enfermos que entran y los que salen. || **—de guerra.** MIL. Jefe de administración militar, cuya categoría equivale a la de teniente coronel si es de primera y a la de comandante si lo es de segunda. || **—de la inquisición** o **del Santo Oficio.** Cualquiera de los ministros sacerdotes que este tribunal tenía en cada uno de los pueblos más importantes del reino. || **—general.** MIL. Funcionario que desde el siglo XVI, y a las inmediatas órdenes del general y su lugarteniente disponía y vigilaba todos los servicios de abastecimiento, pago o alojamiento de las tropas de infantería o de caballería, asumiendo a veces, como tercer jefe, la totalidad del mando militar. || **2.** En la orden de San Francisco, religioso que tiene el mando y gobierno de las provincias cismontanas. || **—general de cruzada.** Persona eclesiástica que por facultad pontificia tiene a su cargo los negocios correspondientes a la de la Santa Cruzada. || **—General de Indias.** En la orden de San Francisco, religioso a cuyo cargo estaba el gobierno de sus provincias en Indias. || **—General de Jerusalén** o **Tierra Santa.** Religioso condecorado de la orden de San Francisco, que residía en la corte, por nombramiento del Rey, para lo tocante a caudales de los conventos y hospicios que la misma orden tiene en los Santos Lugares, y lo demás de esta obra pía. || *Alto* COMISARIO. El que era Delegado general del Gobierno cerca del Jalifa de Marruecos para ejercer el protectorado en la zona marroquí que estaba sometida a España. || **—de a bordo.** MAR. Persona que tiene a su cargo la dirección administrativa de un buque y todo lo concerniente al pasaje y carga. || **—del pueblo.** En Rusia soviética. Delegado con poder ejecutivo; miembro del Gobierno que tiene a su cargo una comisaría o departamento. || **—de policía.** Funcionario de la policía que tiene a su cargo una sección urbana y depende del jefe central. || **—político.** Persona de probada adhesión a un partido político de extrema izquierda, cuya misión es instruir a las masas en su ideología, y en caso de guerra obligar con discursos de propaganda o por la violencia, a defender el terreno a los soldados de su sector. || **2.ª** acep.: P. commissário, delegado; I. commissary, deputy; F. commissaire; A. Kommissar; It. commissario; R. комиссар.

COMISCAR. tr. Comer a menudo de varias cosas en cortas cantidades.

COMISIÓN. (l. *commissio, -ōnis*.) f. Acción de cometer. || **2.** Orden y facultad que una persona da por escrito a otra para que ejecute algún encargo o entienda en algún negocio. || **3.** Encargo que una persona da a otra para que haga alguna cosa. || **4.** Conjunto de personas encargadas por una corporación o autoridad para entender en algún asunto. || **5.** CHILE. Combate de dos cometas o volantines entre sí o de varias contra una, especialmente cuando ésta es más grande. || **6.** MÉJ. Especie de guardia civil. || **7.** V. *Pecado de* COMISIÓN. || **8.** FOR. V. *Carta de* COMISIÓN. || **—mercantil.** COM. Mandato conferido al comisionista, sea o no dependiente del que le apodera. || **2.** COM. Retribución de

esta clase de mandato. || **—rogatoria.** FOR. Comunicación entre tribunales de distintos países para la práctica de diligencias judiciales. || **2.ª** acep.: P. comissão, incumbência, encargo; I. y F. commission; A. Auftrag; It. commissione; R. поручение. || **4.ª** acep.: P. commissão; I. commission, committee; F. commission, comité; A. Ausschuss; It. commissione, comitato; R. комиссия.

COMISIONADO, DA. (De *comisionar*.) adj. Encargado de una comisión. Ú.t.c.s. || **2.** m. CUBA. Alguacil o ministro de justicia. || **3.** ARGENT. Persona delegada para asumir interinamente el cargo de intendente municipal o consejero escolar. || **—de apremio.** El encargado por la Hacienda de ejecutar los apremios. || P. comissionado; I. commissioner; F. commissaire; A. Bevollmächtigter; It. commissario, commissionato; R. уполномоченный.

COMISIONAR. (De *comisión*.) tr. Dar comisión a una o más personas para entender en algún negocio o encargo. || P. commissionar; I. to commission, to commit; F. commissioner; A. bevollmächtigen; It. commèttere; R. давать поручение.

COMISIONARIO. (De *comisionar*.) m. ant. Comisionado.

COMISIONISTA. com. COM. Persona que se emplea en desempeñar comisiones mercantiles. || P. comissionista; I. commission agent; F. commissionnaire; A. Agent; It. commissionario; R. торговый уполномоченный.

COMISO. (l. *commissum*, confiscación.) m. FOR. Pena de perdimiento de la cosa, en que incurre el que comercia en géneros prohibidos. || **2.** FOR. Pérdida del que contraviene a algún contrato en que se estipuló esta pena. || **3.** FOR. Cosa decomisada o caída en comiso convencional. || **4.** FOR. Pena accesoria de privación o pérdida de los instrumentos o efectos del delito. || **5.** FOR. En la enfiteusis, derecho del dueño directo para recuperar la finca por falta reiterada del pago de la pensión u otros abusos graves del enfiteuta. || P. comisso; I. y F. confiscation; A. Einziehung, Beschlagnahme; It. sequestro, confiscazione; R. наложение ареста на имущество.

COMISORIO, RIA. (l. *commissorius*.) adj. FOR. Obligatorio o válido por determinado tiempo, o aplazado para cierto día. Ú.m. en las expresiones *pacto* COMISORIO y *pacto o ley* COMISORIA.

COMISTIÓN. f. Conmistión.

COMISTRAJO. (l. *conmisto*.) m. fam. Mezcla irregular y extravagante de manjares.

COMISURA. (l. *commisūra*, de *committĕre*, juntar, unir.) f. ZOOL. Punto de unión de ciertas partes similares del cuerpo; como los labios y los párpados. || **2.** ZOOL. Sutura de los huesos del cráneo por medio de dientecillos a manera de sierra.

COMITAL. (De *cómite*.) adj. Condal.

CÓMITE. (l. *comes, -itis*; de *cum*, con, e *ire*, ir.) m. ant. Conde.

COMITÉ. (fr. *comité*, y éste del ingl. *committee*, y éste del l. *committĕre*, delegar.) m. Comisión, junta de varias personas delegadas por otras para examinar o resolver algún asunto. || **2.** AMÉR. Centro cívico o político.

★ **COMITECO.** m. MÉJ. Cierta bebida que con facilidad produce embriaguez.

COMITENTE. (l. *committens, -entis*, p.a. de *committĕre*, cometer.) p.a. de cometer. Que comete. Ú.t.c.s. || P. comitente; I. constituent; F. commettant; A. Auftraggeber; It. committente; R. доверитель.

COMITIVA. (l. *comitiva*, de *comes, -itis*, el que acompaña.) f. Acompañamiento, séquito. || **2.** Reunión de personas que van juntas a alguna parte. || P. e It. comitiva; I. retinue, suite; F. suite; A. Gefolge, Zug; R. свита.

CÓMITRE. (l. *comes, -itis*, ministro, subalterno.) m. MAR. Persona que en las galeras vigilaba y dirigía la boga y maniobras, e imponía los castigos de remeros y forzados. || **2.** Capitán de mar bajo las órdenes del almirante, que mandaba la gente de su navío.

COMIZA. (l. *coma*, y éste del gr. κόμη,

C

barba.) f. Zool. Especie de barbo, mayor que el común, fisóstomo.

★ **COMIZÓFITO**. (gr. κόμη, cabellera, ξῶον, animal, y φυτόν, planta.) m. Bot. Grupo de plantas cuya flor tiene corola con estambres.

COMMELINÁCEO, A. (De *commelina*, nombre de un género de plantas.) adj. Bot. Dícese de las plantas angiospermas monocotiledóneas, herbáceas, de flores hermafroditas y fruto en cápsula; como el canutillo. Ú.t.c.s.f. || **2**. f. pl. Bot. Familia de estas plantas.

COMO. m. ant. Burla, chasco. *Dar como a un como*.

COMO. (De *cuomo*.) adv. De qué modo o manera; o del modo o a la manera que. *No sé cómo responder*; ¿cómo está el tiempo? *Hazlo como debes*. || **2**. Denota a veces idea de encarecimiento en buen o mal sentido. *¡Cómo nieva! ¡cómo juega a la pelota! ¡cómo lloraba el ladrón!* || **3**. En sentido comparativo denota idea de equivalencia, semejanza o igualdad, y significa generalmente al modo o manera que, o a modo o manera de. *Es blanco como la leche; se quedó como tonto*. En este sentido corresponde a menudo con *así, tal, tan y tanto*. || **4**. Según. *El amor de Dios, dice San Agustín*, etc. || **5**. En calidad de. *Interviene en el juicio como fiscal*. || **6**. Por qué motivo, causa o razón; en fuerza o en virtud de qué. *No sé cómo te aguanto*. ¿cómo no viniste ayer? || **7**. Así que. como *llegamos al teatro, empezó la función.* || **8**. A fin de que, o de modo que. *Ordeno a mi secretario que escriba* cómo *por falta de información no queden sin trabajo los obreros sin trabajo.* || **9**. Empléase como conjunción copulativa, equivaliendo a *que*. *Sabrás* como *he hecho tu encargo.* || **10**. Hace también oficio de conjunción condicional, equivaliendo a *si*. como *no cambies, enfermarás pronto.* || **11**. Toma también carácter de conjunción causal. como *fui pronto, volví en seguida.* En esta acepción suele preceder a la conjunción *que*. *Si lo sabré*, como que *fui testigo.* || **12**. En ciertas construcciones, esta palabra y un verbo en subjuntivo equivalen al gerundio del mismo verbo. como *sea la vida del hombre milicia sobre la tierra, menester es vivir armados*; lo cual equivale a decir: siendo la vida del hombre, etc. || **13**. Úsase a veces con carácter de substantivo, precedido del artículo *el*: *El cómo y el cuándo.* || ¡cómo! interj. con que se denota extrañeza o enfado. || ¿cómo así? expr. de extrañeza o admiración que se emplea para pedir explicación de una cosa que no se esperaba o no parecía natural. || ¿cómo no? expr. que equivale a ¿cómo podría ser de otro modo? *Le escribiré; y ¿cómo no? si se lo prometí.* || **P**. como; **I**. like; **F**. comme; **A**. wie, sowie; **It**. come, siccome; **R**. как, каким образом. || interr.: **P**. como?; **I**. how?; **F**. comment?; **A**. wie?; **R**. как?, что?

CÓMODA. (fr. *commode*, y éste del l. *commŏdus*, cómodo.) f. Mueble en forma de caja, con tablero de mesa y cajones que ocupan todo el frente. || **P**. cómoda; **I**. commode, chest of drawers; **F**. commode; **A**. Kommode; **It**. canterano, cassettone; **R**. комод.

COMODABLE. (l. *commodāre*, prestar.) adj. For. Aplícase a las cosas que se pueden prestar.

CÓMODAMENTE. adv. Con comodidad. || **2**. Oportuna, convenientemente, fácil, fructuosamente.

COMODANTE. (l. *commŏdans, -antis*.) com. For. Persona que da una cosa en comodato.

COMODATARIO. (l. *commodatarius*.) m. For. El que toma prestada una cosa mueble no fungible con la obligación de restituirla.

COMODATO. (l. *commodātum*, préstamo.) m. For. Contrato por el que se da o recibe alguna cosa para servirse de ella con obligación de devolverla. || **P**. comodato; **I**. commodate, loan; **F**. commodat; **A**. zinsloses Darlehen; **It**. comodato; **R**. бесроцентная ссуда.

COMODIDAD. (l. *commoditas, -ātis*.) f. Calidad de cómodo. || **2**. Conveniencia, bienestar, abundancia de las cosas necesarias para vivir con desahogo. || **3**. Buena

disposición de las cosas para el uso que se ha de hacer con ellas. *La clase tiene muchas* comodidades. || **4**. Ventaja, oportunidad. || **5**. Utilidad, interés. || **P**. comodidade; **I**. comfort; **F**. commodité; **A**. Wohlstand; **It**. comodità; **R**. удобство, комфорт.

★ **COMODIDOSO, SA**. adj. C. Rica. Comodón, regalón.

COMODÍN. (De *cómodo*.) m. En algunos juegos de naipes, carta que se puede aplicar a cualquier suerte favorable. || **2**. fig. Por ext., lo que se hace servir para fines diversos, según conviene al que lo usa. || **3**. fig. Pretexto habitual y poco justificado.

★ **COMODINO, NA**. adj. Méj. Comodón, regalón.

COMODISTA. adj. Comodón.

CÓMODO, DA. (l. *commŏdus*; de *cum*, con, y *modus*, medida.) adj. Conveniente, oportuno, acomodado, fácil, proporcionado. || **2**. m. p. us. Utilidad, provecho, conveniente. || **P**. cómodo; **I**. comfortable; **F**. commode; **A**. bequem; **It**. còmodo; **R**. удобный, выгодный.

COMODÓN, NA. (De *cómodo*.) adj. fam. Dícese del que es amante de la comodidad y el regalo.

COMODORO. (ingl. *commodore*, y éste del fr. *commandeur*.) m. Mar. Nombre del oficial que en algunas marinas extranjeras manda más de tres buques. || **2**. Mar. Grado de oficial general de la Marina de guerra de algunos países, substituido hoy por el de contraalmirante. || **3**. Mar. Capitán inspector en las flotas mercantes de algunos países. || **4**. Aviac. Mil. Argent. Oficial de aviación equivalente al grado de coronel. || **P**. comodoro; **I**. y **F**. commodore; **A**. Kommodore, Vizeadmiral; **It**. commodoro; **R**. коммодор, вицеадмирал.

COMOQUIERA. adv. De cualquier manera.

COMPACIDAD. f. Compactibilidad.

COMPACIENTE. (l. *compatiens, -entis*, el que padece con otro.) adj. ant. Que se compadece.

COMPACTAR. tr. Colom. y Chile. Hacer compacta una cosa.

○ **COMPACTACIÓN**. f. Acción y efecto de compactar, hacer compacto algo.

COMPACTIBILIDAD. f. Calidad de compacto.

COMPACTO, TA. (l. *compactus*, p.p. de *compingĕre*, unir, juntar.) adj. Dícese de los cuerpos de textura apretada y poco porosa. || **2**. Impr. Dícese de la impresión que en poco espacio tiene mucha lectura. || **3**. m. Impr. Tipo ordinario muy chupado. || **P**. compacto; **I**. compact, dense; **F**. compact; **A**. dicht; **It**. compatto; **R**. плотный, компактный.

COMPADECER. (b. l. *compatescere*, y éste del l. *compati*; de *cum*, con, y *pati*, padecer.) tr. Compartir la desgracia ajena, sentirse, dolerse de ella. || **2**. Inspirar a una persona lástima o pena la desgracia de otra. Ú.t.c.r. || **3**. r. Venir bien una cosa con otra, componerse bien, convenir con ella. || **4**. Conformarse o unirse. || **P**. compadecer; **I**. to condole, to pity; **F**. compatir; **A**. bemitleiden, bedauern; **It**. compatire; **R**. сочувствовать.

★ **COMPADRADA**. f. Argent. y Urug. Hecho o dicho propio de compadre o compadrito.

COMPADRADGO. (De *compadre*.) m. ant. Compadrazgo.

COMPADRADO. m. ant. Compadrazgo.

COMPADRAJE. (De *compadre*.) m. Unión o concierto de varias personas para alabarse o ayudarse mutuamente. Tómase en mala parte. || **2**. Argent. Conjunto o reunión de compadres o compadritos.

COMPADRAR. intr. Contraer compadrazgo. || **2**. Hacerse compadre o amigo.

COMPADRAZGO. (De *compradadgo*.) m. Afinidad que contrae con los padres de una criatura el padrino que la saca de pila o asiste a la confirmación. || **2**. Compadraje. || **P**. compadrazgo; **I**. compaternity; **F**. compérage; **A**. Gevatterschaft; **It**. comparàtico; **R**. кумовство.

COMPADRE. (l. *compăter, -tris*; de *cum*, con y *pater*, padre.) m. Llámanse así

recíprocamente el que ha sacado de pila a una criatura y el padre de ella, y por ext., también dan al padrino nombre de compadre la madre y la madrina del bautizado. || **2**. Con respecto a los padres del confirmado, el padrino en la confirmación. || **3**. En Andalucía y en algunas otras partes, se suele llamar así a los amigos y conocidos y aun a los que por casualidad se juntan en posadas o caminos, etc. || **4**. Protector, bienhechor. || **5**. Amér. Compadrito. || **P**. compadre; **I**. godfather; **F**. compère; **A**. Gevatter; **It**. compare; **R**. кум.

★ **COMPADREAR**. (De *compadre*.) Argent. y Urug. Proceder como compadre o compadrito. || **2**. Argent. y Urug. Alardear, presumir.

COMPADRERÍA. f. Lo que pasa o se contrata entre compadres, amigos o camaradas.

★ **COMPADRITO**. m. Argent. Individuo achulado. Ú.t.c. adj.

★ **COMPADRÓN**. (aum. de *compadre*.) m. Argent. Compadre, compadrito.

COMPAGAMIENTO. m. ant. Compage.

COMPAGE. (l. *compāges*.) f. ant. Enlace o trabazón de una cosa con otra.

COMPAGINACIÓN. (l. *compaginatio, -ōnis*.) f. Acción y efecto de compaginar o compaginarse.

COMPAGINADOR. m. El que compagina.

COMPAGINAR. (l. *compagināre*, de *compāges*, unión, trabazón.) tr. Poner en buen orden cosas que tienen alguna relación mutua. Ú.t.c.r. || **2**. Impr. Ajustar, ordenar los trozos de galerada para imprimir. || **3**. r. fig. Corresponder o conformarse bien una cosa con otra. || **P**. compaginar; **I**. to compaginate; **F**. arranger; **A**. zusammenfügen; **It**. compaginare; **R**. приводить в порядок.

COMPANAGE. (De *con*, y *pan*, en b. l. *companagium*.) m. Comida fiambre que se toma con pan, y a veces se reduce a queso o cebolla.

★ **COMPANGA**. f. despec. Cuba. Compañera.

COMPANGO. (l. *companĭcus*, de *cum*, y *panis*.) m. Companage. || *Estar a* compango. fr. Recibir el criado de labor su manutención en dinero, y en trigo la ración de pan que le corresponde percibir según contrato.

COMPANIERO, RA. m. y f. ant. Compañero, ra.

COMPAÑA. (l. *compania*, de *cum*, y *panis*.) f. Compañía. *Adiós, Juan y la* compaña.

COMPAÑERÍA. (De *compañero*.) f. ant. Burdel, casa pública de mujeres mundanas, y también lugar donde se falta al decoro.

COMPAÑERISMO. m. Vínculo que existe entre compañeros. || **2**. Armonía y buena correspondencia entre ellos. || **P**. companheirismo; **I**. companionship; **F**. camaraderie, compagnonnage; **A**. Kameradschaftlichkeit, Kollegalität, Gönnerschaft; **It**. cameratismo; **R**. дружба.

COMPAÑERO, RA. (De *compaña*.) m. y f. Persona que se acompaña de otra para algún fin. || **2**. Cada uno de los individuos de una comunidad, corporación, colegio, etc., respecto de los demás. || **3**. Cualquiera de los jugadores que en un juego se unen o ayudan contra los demás. || **4**. Persona que corre una misma suerte con otra. || **5**. Camarada, amigo. || **6**. fig. Hablando de cosas inanimadas, la que hace juego o tiene correspondencia con otra u otras. || **6**. Mar. Navegando en conserva, uno cualquiera de los buques que siguen la misma derrota. || **7**. Mar. En la marina mercante, calificativo que se da al marino veterano, inteligente y práctico en el oficio. Es clase superior en la marinería. || **P**. companheiro; **I**. fellow, companion; **F**. compagnon; **A**. Kamerad, Kompagnon; **It**. compagno; **R**. товарищ.

COMPAÑÍA. (De *compaño*.) f. Efecto de acompañar. || **2**. Persona o personas que acompañan a alguien. || **3**. Sociedad o junta de personas unidas para un fin; como las que forman los comerciantes e industriales,

C

para explotar un negocio; las de los actores para representar en un teatro, etc. || **4.** COM. Sociedad de hombres de negocio. || **5.** MIL. Unidad táctica que forma parte de un batallón y está mandada por un capitán. || **—anónima.** La sociedad mercantil formada por acciones, sin tomar nombre de ninguno de sus individuos, y está regida por administradores. || **—comanditaria** o **en comandita.** La sociedad mercantil en que unas personas aportan el capital y otras le manejan. || **—limitada.** De responsabilidad limitada a sus aportaciones económicas. || **—regular colectiva.** La que lleva el nombre de los socios, todos los cuales tienen proporcionalmente los mismos derechos y responsabilidad. || **—del ahorcado.** MÉJ. La que se hace a una persona sin hablarle ni procurar distraerle. || **2.** fig. y fam. Persona, que saliendo con otra, la deja cuando le parece. || **—de versos.** La de declamación en los teatros. || **—de la legua.** La de cómicos de la legua, que va de pueblo en pueblo. || **—de Jesús.** Orden religiosa fundada por San Ignacio de Loyola. || COMPAÑÍA *de dos,* COMPAÑÍA *de Dios.* ref. que explica que se avienen más bien dos que muchos en un negocio. || *La* COMPAÑÍA *de la alpargata, que en el camino se desata.* AR. ref. que se aplica al que deja y desampara a los demás cuando se necesita de su asistencia. || *La* COMPAÑÍA *del ahorcado: ir con él y dejarle colgado.* ref. que se aplica al que debiendo acompañar o auxiliar a otro, le deja cuando le parece. || *La* COMPAÑÍA *para honor, antes con tu igual que con tu mayor.* ref. que enseña que la mejor compañía es la de nuestros iguales. || **P.** companhia; **I.** company; **F.** compagnie; **A.** Gesellschaft; **It.** compagnia; **R.** общество, компания.

COMPAÑO. (l. *companius;* de *cum,* y *panis.*) m. ant. Compañero.

COMPAÑÓN. (l. *companio, -ōnis,* de *cum,* y *panis.*) m. Testículo. || **—de perro.** BOT. Planta orquídea, hierba vivaz, con flores en espiga, blancas y olorosas.

COMPAÑUELA. f. d. ant. de compaña, familia o servidumbre.

COMPARABLE. (l. *comparabilis.*) adj. Que puede o merece compararse con otra persona o cosa.

COMPARACIÓN. (l. *comparatio, -ōnis.*) f. Acción y efecto de comparar. || **2.** RET. Símil, figura que consiste en comparar dos cosas para dar idea viva y eficaz de una de ellas. || *Correr la* COMPARACIÓN. fr. Haber la igualdad y proporción correspondiente entre las cosas que se comparan. || **P.** comparação; **I.** comparison; **F.** comparaison; **A.** Vergleichung, Vergleich; **It.** comparazione; **R.** сравнение.

COMPARADO, DA. p.p. de comparar. || **2.** Aplícase a la Gramática que estudia dos o más idiomas comparándoles entre sí.

COMPARADOR. (De *comparar.*) m. Fís. Instrumento que sirve para señalar las menores diferencias entre las longitudes de dos reglas. || **2.** ASTRON. Estereocomparador.

COMPARANZA. f. Comparación, acción de comparar.

COMPARAR. (l. *comparāre.*) tr. Fijar la atención en dos o más objetos para descubrir sus relaciones o estimar sus diferencias o semejanza. || **2.** Cotejar. || **P.** comparar; **I.** to compare; **F.** comparer; **A.** vergleichen; **It.** comparare; **R.** сравнивать.

COMPARATIVAMENTE. adv. Con comparación.

COMPARATIVO, VA. (l. *comparatīvus.*) adj. Dícese de lo que compara o sirve para hacer comparación de una cosa con otra. *Juicio* COMPARATIVO. || **2.** Dícese del adjetivo que denota comparación, y también de la conjunción que tiene igual significado. || **P.** e **It.** comparativo; **F.** comparatif; **A.** komparativ; **R.** сравнительный.

COMPARECENCIA. f. FOR. Acto de comparecer personalmente, por medio de representante o por escrito, ante el juez o un superior. || **2.** FOR. Acto y trámite que, en juicio de menor cuantía y en algunos procedimientos especiales, equivale a la vista.

COMPARECER. (De *con* y *parecer.*) intr. FOR. Presentarse alguien personalmente o por poder para un acto formal, en virtud de citación o intimación que se le ha hecho, o para mostrarse parte en un asunto. || **P.** comparecer; **I.** to appear; **F.** comparaître; **A.** sich einfinden, erscheinen; **It.** comparire; **R.** являться.

COMPARECIENTE. com. FOR. Persona que comparece ante el juez.

★ COMPARECIMIENTO. m. CHILE. Comparecencia.

★ COMPARENCIA. f. ARGENT. y CHILE. Comparecencia.

COMPARENDO. (l. *comparendus,* p.p. de fut. de *comparēre,* comparecer.) m. FOR. Despacho en que se manda comparecer a una persona. || **2.** CHILE. Entre el vulgo, comparición. || **3.** CHILE. Entrevista o conferencia más o menos reñida que tiene una persona con otra. || **4.** FOR. ARGENT. Audiencia.

COMPARICIÓN. f. FOR. Comparecencia. || **2.** FOR. Auto del juez o superior, mandando a alguno comparecer.

COMPARSA. (ital. *comparsa,* der. de *comparire,* y éste del l. *comparēre,* comparecer.) f. Acompañamiento, gente que en el teatro sale a escena y no habla. || **2.** Conjunto de personas que en los días de carnaval o en regocijos públicos van revestidos con trajes de una misma clase. COMPARSA *de estudiantes.* || **3.** com. Persona que forma parte del acompañamiento en el teatro. || **P.** comparsaria; **I.** stage-figurant; **F.** figurant; **A.** Gefolge; **It.** comparsa; **R.** статисты.

COMPARSERÍA. f. Conjunto de comparsas que participan en las representaciones teatrales.

COMPARTE. (l. *compars, -artis.*) com. FOR. Persona que es parte con otra en algún negocio civil o criminal.

COMPARTIDOR, RA. m. y f. Persona que comparte en unión con otra u otras.

★ COMPARTIMENTO. m. AMÉR. Compartimiento.

COMPARTIMIENTO. m. Acción y efecto de compartir. || **2.** Cada una de las partes que resultan de compartir un todo. || **3.** Departamento de un vehículo, caja, etc. || **—estanco.** MAR. En los buques, departamento comprendido entre dos mamparos, absolutamente independientes, para conseguir que el barco flote aunque por averías se haya averiado alguno de ellos.

COMPARTIR. (l. *compartiri.*) tr. Repartir, dividir, distribuir las cosas en partes. || **2.** Participar uno en alguna cosa. || **P.** compartir; **I.** to compart; **F.** partager; **A.** einteilen; **It.** compartire; **R.** возмещение.

★ COMPARTO. m. COLOM. Tributo, contribución.

COMPÁS. (De *compasar.*) m. Instrumento compuesto por dos piernas articuladas unidas en su extremidad superior por un eje o clavillos para que pueda abrirse o cerrarse. Sirve para trazar curvas regulares y tomar distancias. || **2.** Territorio o distrito señalado a un monasterio o casa de religión, y en contorno a la misma casa o monasterio. || **3.** En alguna parte, atrio y lonjas de los conventos e iglesias. || **4.** Resortes de metal que abriéndose o plegándose sirven para levantar o bajar la capota de los coches. || **5.** Tamaño. || **6.** fig. Regla o medida de algunas cosas; como de la vida, de las acciones, etc. *Es la medida y* COMPÁS *de todas las virtudes.* || **7.** ASTRON. Constelación situada al lado del Triángulo austral. || **8.** ESGR. Movimiento que hace el cuerpo cuando deja un lugar para ocupar otro. || **9.** MAR. y MÚS. Brújula. || **10.** MÚS. Cada uno de los periodos de tiempo iguales en que se marca el ritmo de una fase musical. || **11.** MÚS. Movimiento de la mano con que se marca cada uno de estos periodos. || **12.** MÚS. Ritmo o cadencia de una pieza musical. || **13.** MÚS. Espacio del pentagrama en que se escriben todas las notas correspondientes a un compás y se limita por cada lado con una raya vertical. || **—binario.** MÚS. El de un número par de tiempos. || **—de calibres.** El que tiene las piernas encorvadas con las puntas hacia afuera, para medir el diámetro interior de los tubos y otras piezas huecas. ||

—de cuadrante. El que tiene en una de las piernas un arco que pasa por un hueco de la otra, y que con un tornillo de presión puede mantenerse en la abertura que se quiera. || **—de espera.** MÚS. Silencio que dura todo el tiempo de un COMPÁS. || **2.** fig. Detención de un asunto por corto tiempo. || **—de espesores** o **de gruesos.** El de piernas encorvadas con las puntas hacia dentro, para medir espesores o gruesos. || **—de pinzas.** El que en una de sus puntas lleva lápiz o tiralíneas. || **—de proporción.** El que tiene el eje o clavillo movible en una ranura abierta a lo largo de las piernas, que terminan en punta por sus dos extremidades; y de este modo resulta por un lado comprendida una dimensión proporcionada a la abertura que se ha tomado con el otro. || **—de vara.** Regla con una punta fija en uno de sus extremos y otra movible a lo largo de ella, y sirve para trazar curvas de gran diámetro. || *Ir uno con el* COMPÁS *en la mano.* fr. fig. Proceder con regla y medida. || *Llevar uno el* COMPÁS. fr. Gobernar una orquesta o capilla de música. || *Salir uno de* COMPÁS. fr. fig. Proceder sin arreglo a sus obligaciones. || *Perder el* COMPÁS. fr. Equivocarse y llevar mal el ritmo el que lleva el COMPÁS. || **P.** e **It.** compasso; **I.** calipers, compasses; **F.** compas; **A.** Kompass, Zirkel; **R.** циркуль.

COMPASADAMENTE. adv. Con arreglo o con medida.

COMPASADO, DA. p.p. de compasar. || **2.** adj. Arreglado, moderado, cuerdo.

COMPASAR. (l. *cum,* con, y *passus,* paso.) tr. Medir con el compás. || **2.** fig. Arreglar, medir, proporcionar las cosas de modo que ni sobren ni falten. COMPASAR *el juego, el tiempo.* || **3.** MÚS. Dividir en tiempos iguales las composiciones, formando líneas perpendiculares que cortan el pentagrama. || **P.** compassar; **I.** to compass, to measure; **F.** abzirkeln; **It.** compassare; **R.** измерять циркулем.

COMPASIBLE. (l. *compassibilis.*) adj. Digno de compasión. || **2.** Compasivo, que se compadece fácilmente.

COMPASILLO. m. MÚS. Compás menor, que tiene la duración de cuatro negras y se señala con una C al principio de la composición, después de la clave.

COMPASIÓN. (l. *compassio, -ōnis.*) f. Sentimiento de ternura y lástima que se tiene de los males ajenos. || **P.** compaixão; **I.** pity; **F.** compassion, commiseration; **A.** Mitleid; **It.** compassione, compatimento; **R.** сострадание, сочувствие.

COMPASIONADO, DA. (De *con* y *pasión.*) adj. Apasionado.

COMPASIVAMENTE. adv. Con compasión.

COMPASIVO, VA. adj. Que tiene compasión. || **2.** Que fácilmente se mueve a compasión. || **3.** Por ext., se dice también de las pasiones y afectos del ánimo. || **P.** e **It.** compassivo; **I.** compassionate, merciful; **F.** compatissant; **A.** mitleidig; **R.** сострадательный.

COMPATERNIDAD. (De *con* y *paternidad.*) f. Compadrazgo, parentesco espiritual entre los padres de una criatura y el padrino de ésta.

COMPATÍA. (l. *compati,* sentir, padecer con otro, por analogía con *simpatía.*) f. ant. Simpatía.

COMPATIBILIDAD. f. Calidad de compatible. || **P.** compatibilidade; **I.** compatibility; **F.** compatibilité; **A.** Vereinbarkeit; **It.** compatibilità; **R.** совместимость.

COMPATIBLE. (b. l. *compatibilis,* y éste del l. *compāti,* compadecerse.) adj. Que tiene aptitud o proporción para unirse o concurrir en un mismo lugar o sujeto. || **P.** compativel; **I.** y **F.** compatible; **A.** vereinbar; **It.** compatibile; **R.** совместимый.

COMPATRICIO, CIA. (De *con* y *patricio.*) m. y f. Compatriota.

COMPATRIOTA. (l. *compatriōta;* de *cum,* con, y *patria,* patria.) com. Persona de la misma patria que otra. || **P.** patriota; **I.** compatriot, countryman; **F.** compatriote; **A.** Landsmann; **It.** compatriotta; **R.** соотечественник.

COMPATRIOTO. m. ant. Compatriota.

COMPATRÓN. m. Compatrono.

C

COMPATRONATO. m. Derecho y facultades de compatronato.

COMPATRONO, NA. (l. *compatrōnus.*) m. y f. Patrono juntamente con otro u otros.

* **COMPELACIÓN.** (l. *compellatĭo, -ōnis,* acción de dirigir la palabra a alguno.) f. For. Interrogatorio basado sobre hechos y artículos. || **2.** Ret. Apóstrofe.

COMPELER. (l. *compellĕre;* de *cum,* con, y *pellĕre,* arrojar.) tr. Obligar a uno, con fuerza o con autoridad, a que haga lo que no quiere hacer. || **P.** compelir; **I.** to compel; **F.** contraindre; **A.** zwingen, nötigen; **It.** costringere; **R.** принуждать, заставлять.

COMPELIR. tr. ant. Compeler.

COMPENDIADOR, RA. adj. Que compendia o resume. Ú.t.c.s.

COMPENDIAR. (l. *compendiāre.*) tr. Reducir a compendio algo. || **2.** Contener en sí, resumir. || **3.** fig. Ser representación, emblema o resumen expresivo de alguna cosa. || **P.** compendiar; **I.** to epitomize; **F.** abréger; **A.** abkürzen; **It.** compendiare; **R.** сокращать, конспектировать.

COMPENDIARIAMENTE. adv. Compendiosamente.

COMPENDIO. (l. *compendĭum.*) m. Breve y sumaria exposición, oral o escrita, de lo más substancial de una materia ya expuesta latamente. || *En* COMPENDIO. m. adv. Con la precisión y brevedad propia del compendio. || **P.** compêndio; **I.** compendium; **F.** abrégé, compendium; **A.** Übersicht, Auszug, Kompendium; **It.** compendio; **R.** извлечение.

COMPENDIOSAMENTE. adv. En compendio, en resumen.

COMPENDIOSO, SA. (l. *compendĭōsus.*) adj. Que está o se escribe, o dice en compendio; abreviado, resumido.

COMPENDISTA. com. Autor de algún compendio. || **2.** Compendiador, compendiadora.

COMPENDIZAR. tr. Compendiar, resumir.

COMPENETRACIÓN. f. Acción y efecto de compenetrarse.

* **COMPENETRAR.** tr. Amér. Penetrar, comprender bien una cosa. Ú.t.c. intr. y c.r.

COMPENETRARSE. rec. Penetrar las partículas de una substancia entre las de otra, o recíprocamente. || **2.** fig. Identificarse las personas en ideas y sentimientos.

COMPENSABLE. adj. Que se puede compensar.

COMPENSACIÓN. (l. *compensatĭo, -ōnis.*) f. Acción y efecto de compensar. || **2.** Indemnización en dinero o en especie, que el causante de heridas o de muerte entrega al propio herido o a los herederos del difunto. || **3.** Com. Entre banqueros, intercambio de documentos de crédito y débitos, con liquidación periódica. || **4.** For. Modo de extinguir obligaciones vencidas entre personas que son recíprocamente acreedoras y deudoras, dando por pagadas las deudas de cada uno en cuantía igual a la de sus créditos, que se dan por cobrados en otro tanto. || **5.** Fís. Acto de oponer una reacción adecuada a una acción acústica, magnética o eléctrica para conseguir su mutua anulación. || **6.** Ret. Figura de pensamiento consistente en poner en parangón las semejanzas o diferencias que existen entre dos personas o cosas; como entre dos hombres ilustres. || **7.** Mar. Operación que consiste en corregir los desvíos de la aguja náutica motivados por otros materiales magnéticos próximos que ejercen sobre ella influencias perturbadoras. || **8.** Arq. Disposición que suele darse a los peldaños de las escaleras en partes rectas y en partes curvas. || **P.** compensação; **I.** y **F.** compensation; **A.** Ersatz, Entschädigung; **It.** compensamento, compensazione; **R.** компенсация, возмещение.

COMPENSADOR, RA. (De *compensar.*) adj. Que compensa. Ú.t.c.s. || **2.** m. Péndulo de reloj cuya longitud se mantiene constante a pesar de los cambios de temperatura ambiente, porque su varilla está reemplazada por un armazón de barritas de metales diversamente dilatables, combinadas de modo que la longitud no varíe. || **2.** Acúst. Aparato que

---

aumenta la longitud del tubo en los instrumentos musicales de metal modificando el sonido. || **3.** Fís. Aparato y órgano que tiene por objeto mantener el equilibrio en un circuito eléctrico o magnético, provocando en él una reacción de sentido contrario al de una acción determinada. || **4.** Mar. Aparato que sirve para neutralizar en las agujas náuticas el efecto que produce el hierro que hay en los buques. || **2.ª** acep.: **P.** compensador; **I.** compensator; **F.** compensateur; **A.** Ausgleichungspendel; **It.** compensatore; **R.** компенсатор, регулятор.

COMPENSAR. (l. *compensāre;* de *cum,* con, y *pensāre,* pesar.) tr. Igualar en opuesto sentido el efecto de una cosa con el de otra. COMPENSAR *las pérdidas con las ganancias.* Ú.t.c.r. y c.intr. || **2.** Dar alguna cosa o hacer algún beneficio en resarcimiento del daño, perjuicio o disgusto que se ha causado. Ú.t.c.r. || COMPENSARSE uno *a sí mismo.* fr. Resarcirse personalmente del daño o perjuicio recibido de otro. || **P.** compensar; **I.** to compensate; **F.** compenser; **A.** ersetzen, ausgleichen; **It.** compensare; **R.** компенсировать, возмещать.

COMPENSATIVO, VA. adj. Compensatorio. || **2.** m. Chile. Compensación, que compensa.

COMPENSATORIO, RIA. adj. Que compensa o iguala.

COMPETENCIA. (l. *competentĭa.*) f. Disputa o contienda entre dos o más sujetos sobre alguna cosa. || **2.** Rivalidad. || **3.** Incumbencia. || **4.** Aptitud, idoneidad. || **5.** Facultad que tiene un juez o tribunal de conocer privativamente de un pleito o causa criminal. || *A* COMPETENCIA. m. adv. A porfía. || **P.** competência; **I.** competition, contest; **F.** concurrence; **A.** Konkurrenz; **It.** competenza; **R.** состязание, конкуренция.

COMPETENTE. (l. *compĕtens, -entis.*) adj. Bastante, debido, proporcionado, oportuno, adecuado. || **2.** Dícese de la persona a quien compete o incumbe alguna cosa. || **3.** Apto, idóneo. || **4.** m. En la primitiva Iglesia, catecúmeno ya instruido para su admisión al bautismo. || **P.** e **It.** competente; **I.** competent; **F.** compétent, apte; **A.** zuständig, massgebend; **R.** соответствующий.

COMPETENTEMENTE. adv. Proporcionadamente, adecuadamente. || **2.** Con legítima facultad o aptitud.

COMPETER. (l. *competĕre,* concordar, corresponder.) intr. Pertenecer, tocar o incumbir a uno alguna cosa. || **P.** competer; **I.** to belong, to concern; **F.** compéter; **A.** zukommen; **It.** competere; **R.** подлежать, причитаься.

* **COMPETICIÓN.** (l. *competitĭo, -ōnis.*) f. Competencia. || **2.** Acción y efecto de competir, y más propiamente hablando de deportes.

COMPETIDOR, RA. (l. *competitor.*) adj. Que compite. Ú.t.c.s. || **P.** competidor; **I.** competitor; **F.** concurrent; **A.** Konkurrent; **It.** competitore; **R.** соперник, конкурент.

COMPETIR. (l. *competĕre;* de *cum,* con, y *petĕre,* demandar.) intr. Contender dos o más personas entre sí, aspirando unas y otras con empeño a una misma cosa. Ú.t.c.rec. || **2.** Igualar una persona o cosa a otra en determinadas cualidades y propiedades. || **P.** competir; **I.** to compete; **F.** concourir, concurrencer; **A.** konkurrieren; **It.** competere, gareggiare; **R.** соперничать.

COMPIADARSE. (De *con* y *piedad.*) r. ant. Compadecerse, apiadarse.

COMPILACIÓN. (l. *compilatĭo, -ōnis.*) f. Colección de varias noticias, leyes o materias. || **2.** Acción de compilar. || **P.** compilação; **I.** y **F.** compilation; **A.** Sammelwerk; **It.** compilazione; **R.** компиляция.

COMPILADOR, RA. (l. *compilātor.*) adj. Que compila. Ú.t.c.s. || **P.** compilador; **I.** compiler, compilator; **F.** compilateur; **A.** Sammler; **It.** compilatore; **R.** компилятор.

COMPILAR. (l. *compilāre.*) tr. Allegar o reunir, en un solo cuerpo de obra, partes, extractos o materias de otros varios libros o documentos. || **P.** compilar; **I.** to compile; **F.** compiler; **A.** zusammenschreiben; **It.** compilare; **R.** компилировать.

COMPILATORIO, RIA. adj. Perteneciente o relativo a la compilación.

COMPINCHE. (De *con* y *pinche.*) com. fam. Amigo, camarada, compañero. || **P.** camarada, amigo; **I.** bosom-friend, comrade; **F.** camarade; **A.** Genosse, Kumpan; **It.** compare, camerata; **R.** друг, приятель.

COMPITALES. (l. *compitāles* [*ludi*].) f. pl. Fiestas que los romanos hacían a sus lares COMPITALES, o sea, los protectores de las encrucijadas.

* **CÓMPITE.** adj. Venez. Cómplice. || **2.** Colom. Competente.

* **COMPITURA.** (De *cómpite.*) f. Venez. Complicidad.

COMPLACEDERO, RA. (De *complacer.*) adj. Complaciente.

COMPLACEDOR, RA. adj. Que complace. Ú.t.c.s.

COMPLACENCIA. (De *complacer.*) f. Satisfacción, placer y contento que resulta de alguna cosa, o que se experimenta al hacer algo. || **P.** complacência; **I.** pleasure, complacency; **F.** complaisance; **A.** Wohlgefallen; **It.** compiacenza; **R.** удовлетворение, удовольствие.

COMPLACER. (l. *complacēre;* de *cum,* con, y *placēre,* agradar.) tr. Acceder uno a lo que otro desea y puede serle útil o agradable. || **2.** r. Alegrarse y tener satisfacción en alguna cosa. || **P.** comprazer; **I.** to please; **F.** donner satisfaction; **A.** befriedigen; **It.** compiacere; **R.** удовлетворять.

COMPLACIENTE. p.a. de complacer. Que complace o se complace. || **2.** adj. Propenso a complacer. || **P.** complacente; **I.** pleasing; **F.** complaisant; **A.** gefällig; **It.** compaciente; **R.** любезный.

COMPLACIMIENTO. m. Complacencia.

COMPLANAR. (l. *complanāre,* allanar perfectamente.) tr. ant. Aclarar o explicar con claridad.

COMPLAÑIR. (De *con* y *plañir.*) intr. ant. Llorar, compadecerse. Usáb.t.c.r.

COMPLEJIDAD. f. Calidad de complejo.

COMPLEJO, JA. (l. *complexus,* p.p. de *complecti,* enlazar.) adj. Dícese de lo que se compone de elementos diversos. || **2.** Anat. Dícese de cualquiera de dos músculos pares de la región cervical, extensores de la cabeza, y se distinguen con los nombres de músculo COMPLEJO mayor, y músculo COMPLEJO menor. || **3.** Arit. Dícese del número compuesto de varios concretos de distintas especies pero del mismo género. || **4.** Mat. Dícese de la cantidad imaginaria. || **5.** m. Conjunto, unión de varias cosas. || **6.** Psicol. Combinación de ideas, tendencias y emociones que permanecen en la subconsciencia, pero que influyen en la personalidad del sujeto y a veces determinan su conducta. || **P.** complexo; **I.** complex; **F.** complexe; **A.** zusammengesetzt, komplex; **It.** complexo; **R.** сложный.

° **COMPLEJO.** m. Conjunto de establecimientos de industrias básicas bajo dirección técnica y administración común.

COMPLEMENTAR. tr. Dar complemento a una cosa, darla término, perfección.

COMPLEMENTARIO, RIA. adj. Que sirve para completar o perfeccionar alguna cosa. || **2.** Geom. Ángulo que sumado con otro completa un recto. || **3.** Geom. Arco que, sumado con otro, completa un cuadrante. || **4.** Fís. Dícese de los colores que mezclados dos a dos en proporciones determinadas, producen la sensación especial de la luz blanca. || **P.** complementar; **I.** complementary; **F.** complémentaire; **A.** ergänzend; **It.** complementare, complementorio; **R.** дополняющий.

COMPLEMENTO. (l. *complementum.*) m. Cosa, cualidad o circunstancia que se añade a otra cosa para hacerla íntegra o perfecta. || **2.** Integridad, plenitud a que llega alguna cosa. || **3.** Perfección, colmo de alguna cosa. || **4.** Geom. Ángulo que sumado con otro completa un recto. || **5.** Geom. Arco, que sumado con otro, completa un cuadrante. || **6.** Gram. Palabra o frase en que recae o a que se aplica la acción del verbo. —**directo.** Gram. El que recibe la acción del verbo directamente, mediando o no preposición, v. gr.:

Juan salvó *a Pedro.* Dante escribió *La Divina Comedia.* Se distingue por la circunstancia de poder trocarse en nominativo o sujeto de la oración pasiva, como se ve en tales ejemplos: *Pedro* fue salvado por Juan. *La Divina Comedia* fue escrita por Dante. || **—indirecto.** Gram. El que no puede experimentar el cambio en nominativo y expresa el objeto final de la acción del verbo, recibiéndola con preposición indirectamente. v. gr.: Pío XII predicó la paz *a los hombres.* || **—circunstancial.** Que denota cualquier circunstancia, v. gr.: Cogí flores del jardín *por la mañana.* || **P.** e **It.** complemento; **I.** complement; **F.** complément; **A.** Ergänzung; **R.** дополнение.

COMPLETAMENTE. adv. Cumplidamente, sin que nada falte.

COMPLETAR. (De *completo.*) tr. Integrar, hacer cabal una cosa. || **2.** Hacerla perfecta en su clase. || **3.** r. Hond. Hurtar para completar el gasto. || **P.** completar; **I.** to complete; **F.** compléter; **A.** ergänzen; **It.** completare; **R.** завершать.

COMPLETAS. (De *completo.*) f. pl. Última parte del oficio divino, con que se terminan las horas canónicas del día. || **P.** completas; **I.** compline, complin; **F.** complies; **A.** Komplete; **It.** compieta.

COMPLETIVAMENTE. adv. De un modo que completa.

COMPLETIVO, VA. (l. *completīvus.*) adj. Dícese de lo que completa y llena. || **2.** Gram. Dícese de la proposición subordinada que suministra a la principal un complemento necesario.

COMPLETO, TA. (l. *complētus*, p.p. de *complēre*, terminar, completar.) adj. Lleno, cabal. || **2.** Acabado, perfecto. || **3.** m. Argent. Refrigerio compuesto de café con leche, pan y manteca. || **4.** P. Rico y Colom. Resto de una deuda. || **P.** completo; **I.** complete; **F.** complet; **A.** völlig, besetzt; **It.** completo, compiuto; **R.** полный, целый.

COMPLETORIO, RIA. (l. *completorĭus.*) adj. ant. Perteneciente o relativo a la hora de completas. || **2.** m. ant. Completas, horas canónicas.

COMPLEXIDAD. f. Complejidad.

COMPLEXIÓN. (l. *complexĭo, -ōnis.*) f. Fisiol. Constitución física del individuo. || **2.** Ret. Figura consistente en empezar con un mismo vocablo y en acabar igualmente con uno mismo, diverso del otro, dos o más cláusulas o miembros del periodo. || **P.** compleição; **I.** bodily constitution, complexion; **F.** complexion; **A.** Leibesbeschaffenheit; **It.** complessione; **R.** телосложение.

COMPLEXIONADO, DA. adj. Con los adverbios *bien* o *mal*, de buena o mala complexión, o constitución.

COMPLEXIONAL. adj. Perteneciente a la complexión.

COMPLEXO, XA. adj. Complejo. Ú.t.c.s. || **2.** Anat. Dícese de uno de los músculos más importantes de la cabeza. || **P.** complexo; **I.** complex; **F.** complexe; **A.** verwickelt; **It.** complesso; **R.** комплекс.

COMPLICACIÓN. (l. *complicatĭo, -ōnis*, plegadura.) f. Concurrencia y encuentro de cosas diversas. || **P.** complicação; **I.** y **F.** complication; **A.** Verwicklung; **It.** complicazione; **R.** осложнение.

COMPLICADO, DA. p.p. de complicar. || **2.** adj. Enmarañado, de difícil comprensión. || **3.** Compuesto de gran número de piezas. || **4.** Dícese de la persona cuyo carácter y conducta no son fáciles de entender.

COMPLICAR. (l. *complicāre;* de *cum*, con, y *plicāre*, plegar, doblar.) tr. Mezclar, unir cosas entre sí, diversas. || **2.** fig. Enredar, dificultar. Ú.t.c.r. || **3.** Confundirse, embrollarse, enmarañarse. || **4.** r. Agregarse a una enfermedad otra o un accidente que viene a agravarla. || **P.** complicar; **I.** to complicate; **F.** compliquer; **A.** verwickeln; **It.** complicare; **R.** осложнять.

CÓMPLICE. (l. *complex, -ĭcis.*) com. For. Participante o asociado en crimen o culpa imputable a dos o más personas. || **2.** For. Persona que sin ser autora de un delito coopera a su perpetración por actos anteriores o simultáneos que no sean indispensables. || **P.** cúmplice; **I.** y **F.** complice; **A.** Mitschuldiger; **It.** còmplice; **R.** сообщник.

COMPLICIDAD. f. Calidad de cómplice.

COMPLIDO, DA. adj. ant. Cumplido.

COMPLIDURA. (De *complido.*) f. ant. Calidad o medida conveniente.

COMPLIMIENTO. (l. *complementum.*) m. ant. Fin, perfección. || **2.** ant. Surtimiento, provisión.

COMPLIXIÓN. f. ant. Complexión.

COMPLOT. (fr. *complot*, y éste del l. *complicĭtus*, plegado, envuelto.) m. Confabulación entre dos o más personas contra otra u otras. || **2.** fam. Trama, intriga, conspiración. || **P.** complot, conjuração; **I.** y **F.** complot; **A.** Komplott, Anschlag; **It.** complotto; **R.** заговор.

COMPLUTENSE. (l. *complutensis*, de *Complūtum*, Alcalá de Henares.) adj. Natural de Alcalá de Henares. Ú.t.c.s. || **2.** Perteneciente a esta ciudad.

COMPLUVIO. (l. *compluvium.*) m. Arqueol. Abertura cuadrada o rectangular de la techumbre de la casa romana, para dar luz y recoger las aguas pluviales.

COMPÓN. (fr. *compon*, de *compondre*, y éste del l. *componĕre*, componer.) m. Blas. Cada uno de los cuadrados de esmalte alternado que cubren el fondo de cualquier figura o mueble del escudo.

COMPONADO, DA. adj. Blas. Dícese de toda figura o pieza formada por cuadraditos de esmaltes alternados.

COMPONEDOR, RA. m. y f. Persona que compone. || **2.** Chile. Algebrista, persona que restituye a su lugar los huesos dislocados; ensalmador. || **3.** Impr. Listón de material diverso, donde el cajista va poniendo una a una las letras o caracteres que han de componer un renglón. || **4.** For. *Amigable* componedor. Árbitro elegido por dos o más litigantes para que decida el litigio. Puede ser en cada compromiso uno o varios, siempre en número impar. || *Muchos* componedores, *descomponen la novia.* ref. que denota que en las cosas de ingenio y gusto no conviene que intervengan muchas personas. || 3.ª acep.: **P.** componedor; **I.** stick; **F.** compositeur; **A.** Winkelhaken; **It.** compositoio; **R.** наборная верстатка. || 4.ª acep.: **P.** árbitro, medaineiro; **I.** arbitrator; **F.** arbitre; **A.** Schiedsrichter; **It.** àrbitro; **R.** арбитр.

COMPONENDA. (l. *componenda*, t. f. del p. f. pasivo de *componĕre*, arreglar.) f. Cantidad que se paga en la dataría por algunas bulas y licencias cuyos derechos no tienen tasa fija. || **2.** Arreglo o transacción censurable o inmoral. || **3.** fam. Acción de componer, hacer algún arreglo amistoso sobre algún asunto, para cortar algún daño que se teme, acallando por cualquier medio al que puede causar perjuicio.

COMPONENTE. p.a. de componer. Que compone o entra en la composición de un todo. Ú.t.c.s.m.

COMPONER. (l. *componĕre;* de *cum*, con, y *ponĕre*, poner.) tr. Formar de varias cosas una, juntándolas y colocándolas con cierto modo y orden. || **2.** Hacer de las partes un todo. Ú.t.c.r. || **3.** Preparar una bebida con diversos ingredientes. || **4.** Llegar a determinado número o cifra una cantidad. || **5.** Ordenar, reparar lo desordenado, descompuesto o roto. || **6.** Adornar una cosa. componer *la casa.* || **7.** Ataviar y engalanar a una persona. Ú.t.c.r. || **8.** Ajustar y concordar; poner en paz a los enemistados, y concertar a los discordes. Ú.t.c.r. || **9.** Cortar algún daño que se teme. || **10.** Moderar, corregir, arreglar. || **11.** Tratándose de obras, científicas, literarias y algunas artísticas, hacerlas, producirlas. componer *un drama, una ópera.* || **12.** fam. Reforzar, restaurar, restablecer. || **13.** Impr. Formar las palabras, líneas y planas, juntando las letras o caracteres. || **14.** Mat. Reemplazar en una proporción cada antecedente por la suma del mismo con su consecuente. || **15.** intr. Hacer versos. || **16.** Producir obras musicales. || **17.** Urug. y Argent. Preparar un caballo para correr una carrera, o un gallo para la pelea. || **18.** Colom. Hechizar, embrujar. || **19.** Chile, Méj. y Perú. Castrar. || **20.** Chile. Ensalmar. || componérselas. fr. fam. Ingeniarse para salir de un apuro o lograr algún fin. || **P.** compor; **I.** to compose; **F.** composer; **A.** zusammensetzen; **It.** comporre, compònere; **R.** составлять. || 2.ª acep.: **P.** reparar; **I.** to mend; **F.** raccommoder; **A.** ausbessern; **It.** racconciare; **R.** улаживать.

C

COMPONIBLE. (De *componer.*) adj. Dícese de cualquier cosa que se puede conciliar o concordar con otra.

COMPONIMIENTO. (De *componer.*) m. ant. Modo con que está ordenada o arreglada una cosa. || **2.** ant. Composición, calidad o temple. || **3.** Modestia, compostura, recato.

*** COMPONTE.** m. Cuba y P. Rico. Castigo corporal impuesto arbitrariamente por agentes de la autoridad.

COMPORTA. (De *comportar*, llevar.) f. Canasta, más ancha por arriba que por abajo, propia para transportar las uvas en la vendimia. || **2.** Perú. Molde para solidificar el azufre refinado.

COMPORTABLE. (De *comportar.*) adj. Soportable, tolerable, llevadero.

COMPORTAMIENTO. (De *comportar.*) m. Conducta, modo de gobernar su vida y dirigir sus actos una persona. || **P.** e **It.** comportamento; **I.** comportment; **F.** conduite, comportement; **A.** Betragen; **R.** поведение.

COMPORTANTE. p.a. de comportar. Que comporta.

COMPORTAR. (l. *comportāre;* de *cum*, con, y *portāre*, llevar.) tr. Llevar juntamente con otro alguna cosa. || **2.** fig. Sufrir, tolerar. || **3.** r. Portarse, conducirse. || **4.** Amér. Acarrear, traer consigo, llevar en sí, ser motivo o causa de algo. || **5.** intr. Colom. Proceder, ser conforme a derecho, razón, práctica o conveniencia. || 2.ª acep.: **P.** comportar; **I.** to comport; **F.** comporter; **A.** ertragen; **It.** comportare; **R.** содержать, выносить.

COMPORTE. (De *comportar*, proceder.) m. Proceder, modo de portarse. || **2.** Aire o manejo del cuerpo. || **3.** Germ. Mesonero, dueño de un mesón.

COMPORTERÍA. f. Arte u oficio del comportero. || **2.** Taller del comportero.

COMPORTERO. m. El que hace o vende comportas.

COMPOSIBLE. (fr. *composer*, y éste cruce de *componere* y *pausare*, calmar.) adj. ant. Componible.

COMPOSICIÓN. (l. *compositĭo, -ōnis.*) Acción y efecto de componer. || **2.** Ajuste, convenio entre dos o más personas. || **3.** Compostura, en sentido de modestia, mesura, circunspección. || **4.** Obra científica, literaria o musical. || **5.** Oración que el maestro de gramática dicta en romance al discípulo para que la traduzca en la lengua que aprende. || **6.** V. *Bula de* composición. || **7.** For. Arreglo, generalmente con indemnización, que permitía el derecho antiguo sobre las consecuencias de un delito, entre el delincuente y la víctima o los familiares de ésta. || **8.** Gram. Procedimiento para la formación de palabras por la agregación de afijos. || **9.** Impr. Conjunto de líneas, galeradas y páginas antes de la imposición. || **10.** Mús. Parte de la música que enseña la formación del canto y del acompañamiento. || **11.** Pint. y Esc. Arte de agrupar las figuras y accesorios para conseguir el mayor efecto de conjunto de lo que se haya de representar. || **—de aposento o de casa.** Servicio que hacía al rey cualquier dueño de casa en Madrid para libertarla de huésped de aposento, mediante el pago de una cantidad ya previamente ajustada ya cargando sobre ella alguna pensión anual. || *Hacer* uno composición *de lugar.* fr. fig. Meditar todas las circunstancias de un negocio para adoptar el plan más conveniente para la dirección más acertada del mismo. || **—de fuerzas.** Fís. Operación que consiste en hallar la resultante de fuerzas dadas. || **P.** composição; **I.** y **F.** composition; **A.** Zusammensetzung; **It.** composizione; **R.** составление. || 4.ª acep.: **P.** circunspecção; **I.** y **F.** composition; **A.** Dichtung, Tonsetzkunst; **It.** composizione, componimento; **R.** сочинение, произведение.

COMPÓSITA. (l. *composĭta*, compuesta.) adj. ant. Arq. Decíase de la columna llamada hoy compuesta.

COMPOSITIVO, VA. (l. *compositīvus.*)

C adj. GRAM. Aplícase a las preposiciones o partículas con que se forman voces compuestas. CON*discípulo*. ENTRE*cortado*.

COMPOSITOR, RA. (l. *compositor*.) adj. Que compone. Ú.t.c.s. || **2.** Que hace composiciones musicales. Ú.t.c.s. || **3.** m. AMÉR. El que compone o prepara un caballo para la carrera o un gallo para la pelea. || **4.** CHILE. Componedor, algebrista. || **P.** compositor; **I.** composer; **F.** compositeur; **A.** Komponist. **It.** compositore, componitore; **R.** композитор.

COMPOSTA. (l. *composta*, síncopa de *composíta*, compuesta.) f. ant. Composición.

COMPOSTELA. n. p. V. *Jacinto de* COMPOSTELA, con que se designa el cuarzo cristalizado de color rojo obscuro.

COMPOSTELANO, NA. adj. Natural de Compostela, hoy Santiago de Compostela. Ú.t.c.s. || **2.** Perteneciente a esta ciudad.

COMPOSTURA. (l. *compositūra*.) f. Construcción y hechura de un todo que consta de varias partes. || **2.** Reparo de una cosa descompuesta, maltratada o rota. || **3.** Aseo, adorno, aliño de una persona o cosa. || **4.** Mezcla o preparación con que se adultera o falsifica algo. || **5.** Ajuste, convenio. || **6.** Modestia, mesura, circunspección. || **7.** R. DE LA PLATA. Acción y efecto de componer o preparar caballos o gallos. || **2.**ª acep.: **P.**compostura;**I.** mending; **F.** raccommodage; **A.** Ausbesserung; **It.** racconciamento, raccomodatura; **R.** починка. || **6.**ª acep.: **P.** compostura; **I.** composure; **F.** retenue; **A.** Anstand, Sittsamkeit; **It.** compostezza; **R.** скромность.

COMPOTA. (fr. *compote*, y éste del l. *composíta*, compuesta.) f. Dulce de fruta cocida con agua y azúcar. También suele llevar vino y canela o vainilla.

COMPOTERA. f. Vasija comúnmente de cristal, en que se sirven las compotas, o dulce de almíbar.

COMPRA. f. Acción y efecto de comprar. || **2.** Conjunto de los comestibles que se compran para el gasto diario de las casas. || **3.** Cualquier objeto comprado. || **P.** compra; **I.** purchase; **F.** achat; **A.** Kauf, Einkauf; **It.** còmpera, compra; **R.** покупка.

COMPRABLE. adj. Que puede comprarse.

COMPRACHILLA. f. GUAT. Género de pájaro conirrostro, parecido al mirlo.

COMPRADA. f. ant. Compra, acción de comprar.

COMPRADERO, RA. adj. Comprable.

COMPRADILLO. m. Comprado, juego de naipes.

COMPRADIZO, ZA. adj. Comprable.

COMPRADO. m. Juego de naipes que se juega entre cuatro, con ocho naipes cada uno, y el resto de naipes de la baraja se subasta y adjudican al mejor postor. || **2.** p.p. de comprar.

COMPRADOR, RA. adj. Que compra. Ú.t.c.s. || **2.** m. desus. Criado destinado a comprar diariamente los comestibles para el sustento de una casa o familia. || **P.** comprador; **I.** purchaser, buyer; **F.** acheteur; **A.** Käufer; **It.** compratore; **R.** покупатель.

COMPRANTE. p.a. de comprar. Que compra. Ú.t.c.s.

COMPRAR. (l. *comparāre*, cotejar, adquirir.) tr. Adquirir algo por dinero. || **2.** Sobornar, corromper. || **P.** comprar; **I.** to buy, to purchase; **F.** acheter; **A.** kaufen; **It.** comprare, comperare; **R.** покупать.

COMPRAVENTA. (De *compra* y *venta*.) f. FOR. Contrato de compraventa. || **P.** compra e venda; **I.** buying and sale; **F.** achat et vente; **A.** Kauf und Verkauf; **It.** compravendita; **R.** купля-продажа.

CÓMPREDA. (De *compra*, ajustado o vendida.) f. ant. Compra. Hoy conserva algún uso en la Mancha y Andalucía.

COMPREHENDER. (l. *comprehendēre*; de *cum*, con y *prehendēre*, coger.) tr. ant. Comprender.

COMPREHENSIBLE. (l. *comprehensibĭlis*.) adj. ant. Comprensible.

COMPREHENSIÓN. (l. *comprehensĭo*, -ōnis) f. ant. Comprensión.

COMPREHENSIVO, VA. (l. *comprehensívus*.) adj. Comprensivo.

COMPREHENSOR, RA. adj. ant. Comprensor.

COMPREMIMIENTO. m. ant. Compresión, acción de comprimir.

COMPRENDEDOR, RA. adj. Que comprende.

COMPRENDER. (De *comprehender*.) tr. Abrazar, rodear por todas partes una cosa. || **2.** Contener, incluir en sí alguna cosa. Ú.t.c.r. || **3.** Entender, penetrar, alcanzar. || **P.** cingir; **I.** to embrace; **F.** entourer; **A.** erfassen, umschliessen; **It.** comprèndere; **R.** содержать. || **3.**ª acep.: **P.** compreender; **I.** to comprehend; **F.** comprendre; **A.** verstehen; **It.** comprèndere; **R.** понимать.

COMPRENDIENTE. p.a. de comprender. Que comprende.

COMPRENSIBILIDAD. f. Calidad de comprensible.

COMPRENSIBLE. (De *comprehensible*.) adj. Que se puede comprender.

COMPRENSIÓN. (De *comprehensión*.) f. Acción de comprender. || **2.** Facultad, capacidad o perspicacia para entender y penetrar las cosas. || **3.** LÓG. Conjunto de cualidades que integran una idea. || **P.** compreensão; **I.** comprehension; **F.** compréhension; **A.** Auffassung, Verständnis; **It.** comprensione; **R.** понимание.

COMPRENSIVO, VA. (De *comprehensivo*.) adj. Que tiene facultad o capacidad de comprender o entender una cosa. || **2.** Que contiene, comprende o incluye. || **3.** Tolerante.

COMPRENSO, SA. (l. *comprehensus*.) p.p. irreg. de comprender.

COMPRENSOR, RA. (De *comprenso*.) adj. Que comprende, alcanza o abraza alguna cosa. Ú.t.c.s. || **2.** TEOL. Dícese del que goza la eterna bienaventuranza. Ú.t.c.s.

COMPRERO, RA. adj. AR. Comprador. Ú.t.c.s.m.

COMPRESA. (l. *compressa*, comprimida.) f. Lienzo fino o gasa, que con fines terapéuticos, como cohibir hemorragias, cubrir heridas, aplicar calor o frío, etc., se aplica debajo de la venda. || **P.** compresa; **I.** compress; **F.** compresse; **A.** Kompresse; **It.** compressa; **R.** компресс.

COMPRESAMENTE. adv. ant. En compendio.

COMPRESBÍTERO. (l. *compresbýter*, -ĕri.) m. Compañero de otro en el acto de recibir el orden del presbiterado.

COMPRESIBILIDAD. f. Calidad de compresible.

COMPRESIBLE. (De *compreso*.) adj. Que se puede comprimir o reducir a menor volumen.

COMPRESIÓN. (l. *compressĭo*, -ōnis.) f. Acción y efecto de comprimir. || **2.** GRAM. Sinéresis. || **P.** compressão; **I.** y **F.** compression; **A.** Druck; **It.** compressione; **R.** сжимание.

COMPRESIVO, VA. (De *compreso*.) adj. Dícese de lo que comprime.

COMPRESO, SA. (l. *compressus*.) p.p. irreg. de comprimir. || **2.** CHILE. Nombre que suele darse a las pastillas.

COMPRESOR, RA. (l. *compressor*, -ōris.) adj. Que comprime. Ú.t.c.s. || **2.** Dícese del cilindro o rodillo muy pesado, que se emplea para allanar o consolidar un terreno. || **3.** MEC. Máquina que sirve para reducir el volumen de un gas aumentando la presión que sobre él se ejerce.

COMPRIMARIO, RIA. (De *con* y *primario*.) m. y f. MÚS. Cantante del teatro que hace los segundos papeles. Ú.t.c.s.

COMPRIMENTE. p.a. de comprimir. Que comprime.

COMPRIMIBLE. (De *comprimir*.) adj. Compresible.

COMPRIMIDO, DA. p.p. de comprimir. || **2.** m. FARM. Pastilla pequeña que se obtiene por compresión de sus ingredientes previamente reducidos a polvo. || **3.** Dícese del azúcar refinado, comprimido en forma de cortadillo. || **4.** adj. Aplastado.

COMPRIMIR. (l. *comprimĕre*; de *cum*, con, y *premĕre*, apretar.) tr. Oprimir, estrechar, apretar, reducir a menor volumen. Ú.t.c.r. || **2.** Reprimir y contener. Ú.t.c.r. || **P.** comprimir; **I.** to compress; **F.** comprimer; **A.** zusammenpressen; **It.** comprìmere; **R.** сжимать.

COMPROBABLE. adj. Que se puede comprobar.

COMPROBACIÓN. (l. *comprobatĭo*, -ōnis.) f. Acción y efecto de comprobar. || **P.** comprovação; **I.** verification; **F.** vérification, constatation; **A.** Bestätigung, Nachweis;**It.**comprovazione; **R.**проверка.

* **COMPROBADOR, RA.** adj. Que comprueba. Dícese de diversos aparatos que sirven para comprobar algo. || **P.** comprovador; **I.** tester; **F.** essayeur; **A.** Prüfer; **It.** saggiatore; **R.** доказатель.

COMPROBANTE. p.a. de comprobar. Que comprueba. Ú.t.c.s.

COMPROBAR. (l. *comprobāre*; de *cum*, con, y *probāre*, aprobar.) tr. Verificar, confirmar una cosa, comprobándola con otra, o demostrándola acreditando su certeza. || **P.** comprovar; **I.** to verify; **F.** vérifier; **A.** bestätigen, prüfen; **It.** comprovare; **R.** удостоверять.

COMPROBATORIO, RIA. adj. Que comprueba.

COMPROFESOR, RA. (De *con* y *profesor*.) m. y f. Persona que ejerce la misma profesión que otra.

COMPROMETEDOR, RA. adj. Que compromete a alguien exponiéndole a algún riesgo.

COMPROMETER. (l. *compromittĕre*; de *cum*, con, y *promittĕre*, prometer.) tr. Poner de común acuerdo en manos de un tercero la determinación de la diferencia, pleito, etc., sobre que se contiende. Ú.t.c.r. || **2.** Exponer a alguno, ponerle a riesgo en una acción o caso aventurado. Ú.t.c.r. || **3.** Constituir a alguno en una obligación; hacerle responsable de alguna cosa. Ú.m.c.r. || **4.** r. Contraer compromiso matrimonial. || **5.** rec. CHILE. Tener relaciones sexuales hombre y mujer antes del matrimonio. || **P.** comprometer; **I.** to compromise, to engage; **F.** compromettre; **A.** verpflichten, kompromittieren; **It.** compròmettere; **R.** компрометировать.

COMPROMETIENTE. p.a. ant. de comprometer. Que compromete.

COMPROMETIMIENTO. m. Acción y efecto de comprometer.

COMPROMISARIO. (l. *compromissarius*.) adj. Aplícase a las personas en quien otras delegan para que concierte, resuelva o efectúe alguna cosa. Ú.t.c.s. || **2.** m. Representante de los electores primarios para votar en las elecciones de segundo o ulterior grado.

COMPROMISIÓN. (b. l. *compromissĭo*, -ōnis, y éste del l. *compromissum*, compromiso.) f. ant. Comprometimiento.

COMPROMISO. (l. *compromissum*.) m. Delegación que para proveer ciertos cargos eclesiásticos o civiles hacen los electores en uno o más de ellos a fin de que designen el que haya de ser nombrado. || **2.** Convenio entre litigantes, por el cual comprometen su litigio en jueces árbitros o amigables componedores. || **3.** Escritura o instrumento en que las partes otorgan este convenio. || **4.** Obligación contraída, palabra dada, fe empeñada. || **5.** Dificultad, embarazo, empeño. || **6.** CHILE. Relación sexual de hombre con mujer antes del matrimonio. || **7.** ARGENT. Esponsales. || **8.** pl. MÉJ. Rizos ensortijados que se dejan las mujeres en el cabello. || *Estar*, o *poner* en COMPROMISO. fr. *Estar*, o poner en duda una cosa que antes era clara y segura. || **4.**ª acep.: **P.** compromisso;**I.** bond;**F.** compromis; **A.** Kompromiss; **It.** impegno; **R.** компромисс. **5.**ª acep.: **P.** dificuldade; **I.** jeopardy; **F.** embarras; **A.** Verlegenheit; **It.** impiccio; **R.** затруднительное положение.

COMPROMISORIO, RIA. adj. Perteneciente o relativo al compromiso.

COMPROVINCIAL. (l. *comprovinciālis*.) adj. Dícese del obispo contemporáneo de otros en una misma provincia eclesiástica.

COMPROVINCIANO, NA. m. y f. Persona de la misma provincia que otra.

COMPRUEBA. f. IMPR. Prueba ya corregida, que sirve para ver si en las nuevas pruebas se han hecho las correcciones indicadas.

COMPTO. (De *cómputo*.) m. ant. Cuenta. || V. *Cámara de* COMPTOS.

COMPUERTA. (De *con* y *puerta*.) f. Media puerta, que a modo de antepecho, resguarda la entrada de algunas casas. || **2.** Puerta que en los canales, presas, etc., se alza o se baja para dejar correr las aguas o para detenerlas, y se mueve sobre carriles o correderas. || **3.** Trozo de tela sobrepuesto, en que los comendadores de las órdenes militares traían la cruz al pecho. || 1.ª y 2.ª aceps.: **P.** comporta; **I.** sluice, floodgate; **F.** vanne; **A.** Halbtür, Schleusentor; **It.** cateratta; **R.** калитка, водоспуск.

COMPUESTA. (De *compuesto*.) f. GERM. Cautela de los ladrones cuando parecen con diferentes vestidos delante de la persona a quien han robado. || 2. AMÉR. Conjunto de renglones o líneas de letras que caben en el componedor. Ú. en Chile.

COMPUESTAMENTE. adv. Con compostura. || **2.** Ordenadamente.

COMPUESTO, TA. (l. *compositus*, p.p. de *componĕre*, componer.) p.p. irreg. de componer. || **2.** adj. Mesurado, circunspecto. || **3.** ARIT. Aplícase al número que se expresa con dos o más guarismos o cifras. || **4.** BOT. Dícese de plantas angiospermas, dicotiledóneas, hierbas, arbustos y algunos árboles, de hojas sencillas, flores reunidas en cabezuelas sobre un receptáculo común; como la dalia, el ajenjo, la alcachofa y el cardo. Ú.t.c.s.f. || **5.** BOT. Dícese de la flor que contiene muchas florecillas monopétalas en un receptáculo común. || **6.** BOT. Dícese de la hoja dividida en hijuelas, como la de la acacia blanca. || **7.** COM. Dícese del interés de un capital al que se van acumulando los réditos para que produzcan otros. || **8.** GRAM. Dícese de la voz formada por composición de dos o más voces simples. || **9.** Dícese del tiempo verbal que se conjuga con el participio pasado y un tiempo del verbo auxiliar haber. || **10.** QUÍM. Aplícase al cuerpo que se compone de otros de distinta naturaleza. Ú.t.c.s. || **11.** ZOOL. Dícese de las ascidias que viven reunidas en numerosos grupos envueltos por una envoltura paleal común, constituyendo colonias de consistencia blanda, colores vivos, esponjosos, adherentes a los cuerpos extraños, a los cuales recubren a veces con una especie de corteza. || **12.** Agregado de varias cosas que componen un todo. || **13.** f. pl. BOT. Familia de las plantas compuestas, de especies variadísimas, desde menudas hierbas hasta arbustos leñosos y bejucos; entre ellas se encuentra el girasol, la margarita, la dalia, la lechuga, la manzanilla, el cardo. || **14.** ZOOL. Orden de las ascidias compuestas. || **P.** complexo, composto; **I.** compound; **F.** composé; **A.** zusammengesetzt; **It.** composto; **R.** сложный.

COMPULSA. (De *compulsar*.) f. Acción y efecto de compulsar. || **2.** FOR. Copia o traslado de una escritura, instrumento o autos, sacado judicialmente y cotejado con su original.

COMPULSACIÓN. f. Acción de compulsar.

COMPULSAR. (l. *compulsāre*; de *cum*, con, y *pulsāre*, pulsar, tocar.) tr. Examinar dos o más documentos, cotejándolos o comparándolos entre sí. || **2.** ant. Compeler. || **3.** FOR. Sacar compulsas. || **P.** compulsar; **I.** to collate; **F.** collationer; **A.** nachprüfen; **It.** collazionare; **R.** засвидетельствовать.

COMPULSIÓN. (l. *compulsĭo*, *-ōnis*.) f. FOR. Apremio y fuerza que, por mandato de autoridad, se hace a uno, compeliéndole a que ejecute alguna cosa.

COMPULSIVO, VA. (De *compulso*.) adj. Que tiene virtud de compeler.

COMPULSO, SA. (l. *compulsus*.) p.p. irreg. de compeler.

COMPULSORIO, RIA. adj. FOR. Aplícase al mandato o provisión que da el juez para compulsar un instrumento o proceso. Ú.t.c.s.m. y f.

COMPUNCIÓN. (l. *compunctĭo*, *-ōnis*.) f. Sentimiento o dolor de haber cometido un pecado. || **2.** Sentimiento que causa el dolor ajeno. || **P.** compunção; **I.** compunction; **F.** componction; **A.** Zerknirschung (des Herzens); **It.** compunzione; **R.** сокрушение.

COMPUNGIDO, DA. p.p. de compungir. || **2.** adj. Atribulado, dolorido.

COMPUNGIMIENTO. (De *compungir*.) m. ant. Compunción.

COMPUNGIR. (l. *compungĕre*; de

cum, con, y *pungĕre*, punzar.) tr. Mover a compunción. || **2.** r. Contristarse o dolerse uno de alguna culpa o pecado propio, o de la aflicción ajena. || 2.ª acep.: **P.** compungir; **I.** to feel compunction; **F.** se désoler; **A.** innige Reue fühlen; **It.** compungersi; **R.** сочувствовать.

COMPUNGIVO, VA. (De *compungir*.) adj. Dícese de algunas cosas que punzan o pican.

COMPURGACIÓN. (l. *compurgatĭo*, *-ōnis*.) f. FOR. Purgación, acto de purgarse y desvanecerse los indicios que resultan contra una persona acusada de haber delinquido.

COMPURGADOR. (De *compurgar*.) m. FOR. En la purgación canónica cualquiera de los que en ella prestaban juramento manifestando creer que el acusado había jurado con verdad ser inocente.

COMPURGAR. (l. *compurgāre*; de *cum*, con, y *purgāre*, purificar.) tr. FOR. Pasar por la prueba de la compurgación el acusado, para acreditar por este medio su inocencia.

COMPUTABLE. adj. Que se puede computar.

COMPUTACIÓN. (l. *computatĭo*, *-ōnis*.) f. Cómputo.

COMPUTAR. (l. *computāre*; de *cum*, con, y *putāre*, pensar.) tr. Contar o calcular una cosa por números. Dícese principalmente de los años, tiempos y edades. || **P.** Contar en cuenta. || **P.** computar; **I.** to compute; **F.** computer; **A.** ausrechnen; **It.** computare; **R.** исчислять.

COMPUTISTA. (l. *computista*.) com. Persona que computa.

CÓMPUTO. (l. *compŭtus*.) m. Cuenta o cálculo. **—eclesiástico.** Conjunto de cálculos necesarios para determinar el día de la Pascua de Resurrección y demás fiestas movibles. || **P.** cômputo; **I.** computation; **F.** comput; **A.** Berechnung; **It.** cômputo; **R.** подсчёт.

COMTO, TA. (l. *comptus*.) adj. p. us. Se dice del lenguaje, estilo o manera afectados por exceso de lima.

* **COMUCHO.** m. CHILE. Grupo, montón, multitud.

COMULACIÓN. (l. *cumulatĭo*, *-ōnis*.) f. Acumulación.

COMULGANTE. p.a. de comulgar. Que comulga. Ú.t.c.s. || **2.** adj. Dícese del que tiene edad para comulgar.

COMULGAR. (l. *communicāre*, comulgar.) tr. Dar la sagrada comunión. || **2.** intr. Recibirla. Úsáb.t.c.r. || **3.** fig. Coincidir en ideas o sentimientos con otra persona. || 2.ª acep.: **P.** comulgar; **I.** to commune; **F.** communier; **A.** kommunizieren; **It.** comunicare; **R.** причащать.

COMULGATORIO. (l. *communicatorĭus*.) m. Barandilla de las iglesias que se arrodillan los fieles que comulgan; y en los conventos de religiosas la ventanilla por donde se les da la comunión.

COMÚN. (l. *commūnis*.) Dícese de lo que no siendo privativamente de ninguno, pertenece o se extiende a varios. *Intereses* COMUNES. || **2.** Corriente, recibido y admitido de todos o de la mayor parte. *Comentario* COMÚN. || **3.** Ordinario, vulgar, frecuente y muy sabido. || **4.** Bajo, de inferior clase y despreciable. || **5.** GRAM. Dícese del nombre que conviene a todos los individuos de la misma especie. Y también al género de algunos nombres que se refieren a personas y que tienen una misma terminación para el masculino y para el femenino. || **6.** m. Comunidad, generalidad de personas. || **7.** Todo el pueblo de una provincia o municipio. || **8.** Retrete, excusado. || **9.** MÉJ. Asentaderas, nalgas. || **10.** REP. DOMIN. Municipio. || *El* COMÚN *de las gentes.* expr. La mayor parte de las gentes. || *En* COMÚN. m. adv. que denota que se goza o posee una cosa por muchos, sin que pertenezca a ninguno en particular. || **2.** Juntos todos los individuos de un cuerpo; para todos generalmente. || *Por lo* COMÚN. m. adv. Comúnmente. || *Quien sirve al* COMÚN, *sirve a ningún.* ref. que manifiesta que los servicios hechos a corporaciones o pueblos suelen ser por lo regular poco agradecidos. || **P.** comum; **I.** common; **F.** commun; **A.** gemein, gewöhnlich; **It.** comune; **R.** общий. || 7.ª acep.: **P.** comunidade; **I.** com-

munity; **F.** communauté; **A.** Gemeinde; **It.** comune; **R.** совместный.

COMUNA. (De *común*.) f. CHILE y ARGENT. Municipio, ayuntamiento, concejo. (Es galicismo.) || **2.** MURC. Acequia principal de donde se sacan los brazales.

COMUNAL. (l. *communālis*.) adj. Común, que pertenece a varios. || **2.** Perteneciente o relativo al municipio. (Es galicismo.) || **3.** AMÉR. Perteneciente o relativo a la comuna, a toda la población de una provincia, municipio o lugar.

COMUNALEZA. (De *comunal*.) f. ant. Medianía y regularidad entre los extremos de lo mucho y lo poco. || **2.** ant. Comunicación, trato o correspondencia entre personas. || **3.** ant. Comunidad de pastos y aprovechamientos.

COMUNALÍA. (De *comunal*.) f. ant. Medianía.

COMUNALMENTE. adv. En común. || **2.** ant. Comúnmente.

COMUNAMENTE. adv. ant. Comúnmente.

COMUNERO, RA. adj. Popular, agradable para con todos. || **2.** Perteneciente a las Comunidades de Castilla. || **3.** m. El que tiene parte indivisa con otro u otros en un inmueble, un derecho o en otra cosa. || **4.** El que seguía el partido de las comunidades de Castilla. || **5.** pl. Pueblos que tienen comunidad de pastos. || **6.** AMÉR. Nombre que se dio a los filibusteros en las Antillas. || **7.** COLOM. Nombre que se dio a los primeros partidarios de la independencia de aquel territorio.

COMUNICABILIDAD. f. Calidad de comunicable.

COMUNICABLE. (l. *communicabĭlis*.) adj. Que se puede comunicar o es digno de comunicarse. || **2.** Sociable, tratable, humano.

COMUNICACIÓN. (l. *communicatĭo*, *-ōnis*.) f. Acción y efecto de comunicar o comunicarse. || **2.** Trato, correspondencia entre dos o más personas. || **3.** Unión que se establece entre ciertas cosas mediante pasos, escaleras, vías, canales, y otros recursos. || **4.** Cada uno de esos medios de unión. || **5.** Papel escrito en que se comunica alguna cosa oficialmente. || **6.** RET. Figura que consiste en consultar la persona que habla el parecer de aquella o aquellas a quienes se dirige, amigas o contrarias, manifestándose convencida de que no puede ser distinto del suyo propio. || **7.** pl. Correos, telégrafos, teléfonos, etc. || **P.** comunicação; **I.** y **F.** communication; **A.** Verbindung, Mitteilung; **It.** comunicazione; **R.** сообщение.

COMUNICADO, DA. p.p. de comunicar. || **2.** m. Escrito que, en causa propia y firmado por una o más personas, se dirige a uno o varios periódicos para que lo publiquen, tanto con carácter particular como oficial. || **3.** MÉJ. Encargo que un testador deja a su albacea.

COMUNICANTE. p.a. de comunicar. Que comunica. Ú.t.c.s.

COMUNICAR. (l. *communicāre*.) tr. Hacer a otro partícipe de lo que uno tiene. || **2.** Descubrir, manifestar, hacer saber a uno alguna cosa. || **3.** Conversar, tratar con alguno de palabra o por escrito. Ú.t.c.r. || **4.** Consultar, conferir con otros un asunto, tomando su parecer. || **5.** r. Tratándose de cosas inanimadas, tener correspondencia o paso con otras. || **6.** MÉJ. y PERÚ. Levantar la incomunicación a un preso. || **P.** comunicar; **I.** to communicate; **F.** communiquer; **A.** mitteilen; **It.** comunicare; **R.** сообщать.

COMUNICATIVO, VA. (l. *communicatīvus*.) adj. Que tiene aptitud o inclinación o propensión natural a comunicar a otro lo que posee. || **2.** Dícese también de ciertas cualidades. *Carácter* COMUNICATIVO. || **3.** Fácil y accesible al trato de los demás.

COMUNICATORIAS. (l. *communicatorĭus*.) adj. pl. Dícese de las letras o cartas que daban los prelados, llamadas también testimoniales.

COMUNIDAD. (l. *communitas*, *-ātis*.) f. Calidad de común o general. || **2.** Común de algún pueblo, provincia o reino. || **3.** Congregación de personas que viven unidas bajo ciertas constituciones y reglas; como los conventos, colegios, etc. || **4.** Co-

C

mún de los vecinos de una ciudad o villa realengas de cualquiera de los antiguos reinos de España, dirigido y representado por su concejo. || **5.** pl. Levantamientos populares, principalmente los de Castilla en tiempos de Carlos I. || **6.** Sala en que se reúnen los individuos de una COMUNIDAD religiosa para los actos en común. || *De* COMUNIDAD. m. adv. En común, con acuerdo general o de la mayoría. || 3.ª acep.: **P.** comunidade; **I.** community; **F.** communauté; **A.** Gemeinschaft; **It.** comunità; **R.** общность.

COMUNIÓN. (l. *communio, -ōnis.*) f. Participación en lo común. || **2.** Trato familiar, comunicación de una persona con otras. || **3.** En la Santa Iglesia Católica acto de recibir los fieles la Eucaristía. || **4.** Santísimo Sacramento del altar. *Dar la* COMUNIÓN. || **5.** Congregación de personas que profesan la misma fe religiosa. || **6.** Partido político. || **—de la Iglesia o de los Santos.** Participación que los fieles tienen y gozan de los bienes espirituales, mutuamente entre sí, como partes y miembros de un mismo cuerpo. || *Primera* COMUNIÓN. Ceremonia religiosa, solemne, en que se administra por primera vez la comunión a los niños. || 3.ª acep.: **P.** comunhão; **I.** y **F.** communion; **A.** Kommunion; **It.** comunione; **R.** община, причастие.

COMUNISMO. (De *común.*) m. Sistema por el cual se quiere abolir el derecho de propiedad privada y establecer la comunidad de bienes. || **P.** e **It.** comunismo; **I.** communism; **F.** communisme; **A.** Kommunismus; **R.** коммунизм.

COMUNISTA. adj. Perteneciente o relativo al comunismo. || **2.** Partidario de este sistema. Ú.t.c.s.

COMÚNMENTE. adv. De uso, acuerdo o consentimiento común. || **2.** Frecuentemente, generalmente, por lo común.

COMUÑA. (l. *communia,* pl. n. de *commūnis,* común.) f. Trigo mezclado con centeno. || **2.** AST. Aparcería, principalmente de ganados.

COMUÑA. f. Camuñas.

CON. (l. *cŭm.*) prep. que significa el medio, modo o instrumento que sirve para hacer alguna cosa. || **2.** Antepuesta al infinitivo, equivale a gerundio. CON *hablar, se evitó ir a la cárcel.* || **3.** En ciertas locuciones, a pesar de. CON *ser tan bueno le han castigado.* || **4.** Juntamente y en compañía. || **5.** prep. insep. que expresa reunión, cooperación o agregación. CON-*fluir,* CON*venir,* CON*vecino.* || CON *que.* conj. condic. CON tal que. || **P.** com; **I.** with; **F.** avec; **A.** mit; **It.** con; **R.** c, вместе.

CONACHO. m. MIN. PERÚ. Mortero de piedra que se usaba para triturar los minerales que tenían oro o plata nativos.

★ **CONAMBAYA.** f. BOT. Especie de helecho del Brasil.

CONATO. (l. *conātus,* esfuerzo.) m. Empeño y esfuerzo en la ejecución de una cosa. || **2.** Propensión, tendencia, propósito. || **3.** FOR. Acto y delito que se empezó y no llegó a consumarse. CONATO *de asesinato.* || **P.** esforço; **I.** exertion; **F.** effort; **A.** Anstrengung; **It.** conato; **R.** старание. || 3.ª acep.: **P.** conato; **I.** attempt; **F.** tentative; **A.** Versuch; **It.** conato; **R.** намерение, попытка.

★ **CONAZA.** f. Bambú de Panamá.

CONCA. (dialect. *conca,* y éste del l. *cŏncha,* concha.) f. Concha, caracol. || **2.** GERM. Escudilla, vasija semiesférica para la sopa y el caldo.

CONCADENAR. (l. *concatenāre.*) tr. fig. Unir o enlazar unas especies con otras. || **P.** concatenar; **I.** to concatenate; **F.** enchaîner; **A.** verketten; **It.** concatenare; **R.** соединять.

★ **CONCAIRAMINA.** f. QUÍM. Alcaloide isómero de la cairamina.

CONCAMBIO. m. Canje.

★ **CONCAMERACIÓN.** (l. *concameratio, -ōnis.* acción de arquear o abovedar.) f. Fís. Curvatura del cuerpo que vibra, comprendida entre los nodos.

CONCANÓNIGO. m. Canónigo al mismo tiempo que otro, en una misma iglesia, o cabildo.

CONCATEDRALIDAD. (De *con* y *catedralidad.*) f. Calidad que constituye a una iglesia en dignidad de catedral, pero unida con otra y con un solo capítulo para las dos; como la Seo y el Pilar de Zaragoza. || **2.** Hermandad entre dos catedrales, cuyos canónigos, como sucede en Zaragoza y Santiago de Compostela, tienen asiento en el coro de la catedral a que, en realidad, no pertenecen.

CONCATENACIÓN. (l. *concatenatio, -ōnis.*) f. Acción y efecto de concatenar. || **2.** RET. Figura que se comete empleando al principio de dos o más cláusulas del período la última voz de la cláusula inmediatamente anterior. || **P.** concatenação; **I.** concatenation; **F.** enchaînement; **A.** Verkettung; **It.** concatenazione, concatenamento; **R.** сцепление.

CONCATENAMIENTO. (De *concatenar.*) m. ant. Concatenación, acción de concatenar.

CONCATENAR. tr. fig. Concadenar.

CONCAUSA. f. Cosa que, juntamente con otra, es causa de algún efecto.

CÓNCAVA. (l. *concăva.*) f. Concavidad, parte o sitio cóncavo.

★ **CONCAVACIÓN.** (l. *concavatio, -ōnis,* concavidad.) f. MED. Joroba en el pecho.

CONCAVADO, DA. (l. *concavātus.*) adj. ant. Cóncavo.

CONCAVIDAD. (l. *concavĭtas, -ātis.*) f. Calidad de cóncavo. || **2.** Parte o sitio cóncavo. || **P.** concavidade; **I.** concavity; **F.** concavité; **A.** Hohlrundung; **It.** concavità; **R.** вогнутость.

CÓNCAVO, VA. (l. *concăvus;* de *cum,* con, y *cavus,* hueco.) adj. Que tiene, respecto del que mira, la superficie más deprimida en el centro que por las orillas. || **2.** Concavidad, parte o lugar cóncavo. || **3.** MIN. Ensanche alrededor del brocal de los pozos interiores de las minas, para colocar y desembarazar cómodamente los tornos. || **P.** côncavo; **I.** y **F.** concave; **A.** konkav; **It.** còncavo; **R.** вогнутый.

★ **CONCAVOCONVEXO.** adj. Que tiene una cara cóncava y otra convexa.

CONCEBIBLE. adj. Que se puede concebir o idear.

CONCEBIMIENTO. (De *concebir.*) m. Concepción, acción de concebir.

CONCEBIR. (l. *concipĕre.*) intr. Quedar preñada la hembra. Ú.t.c.tr. || **2.** fig. Formar idea, hacer concepto de una cosa, comprenderla. Ú.t.c.tr. || **3.** tr. fig. Comenzar a sentir alguna pasión o afecto. || **4.** Redactar, expresar. || **P.** conceber; **I.** to conceive; **F.** concevoir; **A.** schwanger werden, begreifen; **It.** concepire; **R.** зачать.

CONCEDENTE. p.a. de conceder. Que concede.

CONCEDER. (l. *concedĕre.*) tr. Dar, otorgar, hacer merced y gracia de una cosa. || **2.** Asentir, convenir en lo que uno dice o afirma. || **P.** conceder; **I.** to concede, to grant; **F.** concéder; **A.** bewilligen; **It.** concèdere; **R.** предоставлять. || 2.ª acep.: **P.** assentir; **I.** to grant; **F.** accorder; **A.** gewähren; **It.** concedere; **R.** соглашаться с чем-л.

CONCEJAL. m. Miembro de un concejo o ayuntamiento. || **P.** conselheiro; **I.** councilman; **F.** conseiller municipal; **A.** Stadtrat; **It.** consigliere comunale; **R.** член городского совета.

CONCEJALA. f. Mujer del concejal. || **2.** Mujer que desempeña el cargo de concejal en un ayuntamiento.

CONCEJALÍA. f. Oficio o cargo de concejal.

CONCEJERAMENTE. adv. Públicamente, sin recato. || **2.** ant. Judicialmente, ante el juez.

CONCEJERO, RA. adj. Público.

CONCEJIL. adj. Perteneciente al concejo. || **2.** Común a los vecinos de un pueblo. Ú.t.c.s. || **3.** Dícese de los bienes del concejo. || **4.** Aplícase al cargo de concejal. || **5.** Dícese de la gente que era enviada a la guerra por un concejo. Ú.t.c.s. || **6.** En algunas partes, expósito. || **7.** ECUAD. Empleo sin recompensas.

CONCEJO. (l. *concilium.*) m. Ayuntamiento, corporación municipal, casa consistorial, y también junta o sesión del Ayuntamiento. || **2.** Uno de los nombres que se dan al municipio. || **3.** Sesión celebrada por los miembros de un concejo. || **4.** En algunas partes, concejil, expósito. || **5.** En Galicia, Asturias y montañas de León, distrito municipal. || **—abierto.** El que se celebra en público convocando a todos los vecinos. || **—de la mesta.** Junta que los pastores y dueños de ganados tenían anualmente para tratar de los negocios concernientes a sus ganados. Usaba el título de Honrado. || **—deliberante.** En algunas partes de América, una rama del gobierno municipal, especie de legislatura con atribuciones limitadas y jurisdicción sobre el municipio.

CONCELLER. (cat. *conseller,* y éste del l. *consiliarĭus,* consejero.) m. Miembro o vocal del concejo municipal en Cataluña y Aragón.

CONCELLO. m. ant. Concejo.

CONCENTO. (l. *concentus.*) m. Canto acordado y armonioso de diversas voces. || **P.** concento; **I.** concent; **F.** accord, concentus; **A.** Wohlklang; **It.** concento; **R.** хор.

CONCENTRABILIDAD. f. Calidad de concentrable.

CONCENTRABLE. adj. Que puede concentrarse o ser concentrado.

CONCENTRACIÓN. f. Acción y efecto de concentrar o concentrarse.

CONCENTRADO, DA. p.p. de concentrar. || **2.** adj. Internado en el centro de una cosa. || **3.** Aplícase a los reactivos que contienen un mínimo de agua o de otro solvente; opuesto a diluido. || **P.** concentrado; **I.** concentrated; **F.** concentré; **A.** konzentriert; **It.** concentrato; **R.** концентрат.

CONCENTRADOR, RA. adj. Que concentra. Ú.t.c.s. || **P.** concentrador; **I.** concentrator; **F.** concentrateur; **A.** Verstärker; **It.** concentratore.

CONCENTRAR. (De *con* y *centro.*) tr. fig. Reunir en un centro o punto lo que estaba separado. Ú.t.c.r. || **2.** QUÍM. Aumentar la proporción entre la materia disuelta y el líquido de una disolución. Ú.t.c.r. || **3.** r. Reconcentrarse, abstraerse, ensimismarse. || **P.** concentrar; **I.** to concentre, to concentrate; **F.** concentrer; **A.** zusammendrängen; **It.** concentrare; **R.** концентрировать.

CONCÉNTRICO, CA. adj. GEOM. Dícese de las figuras y de los sólidos que tienen un mismo centro. || **P.** concêntrico; **I.** concentric; **F.** concentrique; **A.** konzentrisch; **It.** concèntrico; **R.** концентрический.

CONCENTUOSO, SA. adj. Armonioso.

CONCEPCIÓN. (l. *conceptio, -ōnis.*) f. Acción y efecto de concebir. || **2.** Por excelencia, la de la Virgen Madre de Dios. || **3.** Fiesta con que anualmente celebra la Iglesia el Dogma de la Inmaculada CONCEPCIÓN de la Virgen, el día 8 de diciembre. || **P.** conceição; **I.** y **F.** conception; **A.** Empfängnis; **It.** concezione; **R.** зачатие.

CONCEPCIONISTA. adj. Dícese de la religiosa que pertenece a la tercera orden franciscana, llamada de la Inmaculada Concepción. Ú.t.c.s.f.

★ **CONCEPTÁCULO.** (l. *conceptacŭlum.*) m. BOT. Órgano cóncavo que contiene los órganos de la reproducción en muchas plantas criptógamas.

CONCEPTEAR. intr. Usar o decir frecuentemente conceptos agudos o ingeniosos.

CONCEPTIBLE. (De *concepto.*) adj. Que se puede concebir o imaginar. || **2.** Conceptuoso.

CONCEPTISMO. m. Secta, doctrina literaria o estilo de los conceptistas.

CONCEPTISTA. (De *concepto.*) adj. Aplícase a la persona que abusa del estilo conceptuoso, o emplea conceptos alambicados. Ú.m.c.s.

CONCEPTIVO, VA. adj. Que puede concebir. || **P.** conceptivo; **I.** conceptive; **F.** conceptif; **A.** empfägnisfähig; **It.** concettivo; **R.** изобретательный.

CONCEPTO, TA. (l. *conceptus.*) adj. ant. Conceptuoso. || **2.** m. Idea que concibe o forma el entendimiento. || **3.** Pensamiento expresado con palabras. || **4.** Sentencia, agudeza, dicho ingenioso. || **5.** Opinión, juicio. || **6.** Crédito en que se tiene a una persona o cosa. || **7.** Aspecto, calidad, título. || **8.** R. DE LA PLATA. Utilidad o beneficio que uno obtiene, o gasto que hace. *Formar* uno CONCEPTO. fr. Determinar una cosa en la mente después de examinadas las circunstancias que en ella concurren. ‖ **P.** conceito; **I.** y **F.** concept; **A.** Begriff, Idee, Gedanke: **It.** concetto; **R.** концепция.

CONCEPTUAL. (l. *conceptus*.) adj. Perteneciente o relativo al concepto.

CONCEPTUALISMO. (De *conceptual*.) m. Sistema filosófico que defiende la realidad y legítimo valor de las nociones universales y abstractas, en cuanto son conceptos de la mente, aunque no les conceda existencia positiva y separada fuera de ella. Es un medio entre el realismo y el nominalismo. ‖ **P.** conceptualismo; **I.** conceptualism; **F.** conceptualisme; **A.** Konzeptualismus; **It.** concettualismo; **R.** концептуализм.

CONCEPTUALISTA. adj. Perteneciente al conceptualismo. ‖ **2.** Partidario de este sistema. Ú.t.c.s.

CONCEPTUAR. (l. *conceptus*.) tr. Formar concepto de una cosa.

CONCEPTUOSAMENTE. adv. Sentenciosa, aguda, ingeniosamente; de manera conceptuosa.

CONCEPTUOSIDAD. f. Calidad de conceptuoso.

CONCEPTUOSO, SA. (l. *conceptus*.) adj. Sentencioso, agudo, lleno de conceptos. Dícese de las personas y de las cosas. *Escritor, estilo* CONCEPTUOSO. ‖ **P.** conceituoso; **I.** witty; **F.** sentencieux; **A.** sinnreich; **It.** concetoso; **R.** остроумный.

CONCERCANO, NA. adj. Próximo, limitante, alrededor.

CONCERNENCIA. (De *concernir*.) f. Respecto o relación.

CONCERNIENTE. p.a. de concernir. Que concierne. ‖ **P.** e **It.** concernente; **I.** concerning; **F.** concernant; **A.** bezüglich auf, betreffend; **R.** относительный.

CONCERNIR. (l. *concernĕre*.) intr. Atañer, tocar, pertenecer.

CONCERTACIÓN. (l. *concertatio*, *-ōnis*.) f. ant. Contienda, disputa, debate.

CONCERTADAMENTE. adv. Con orden y concierto.

CONCERTADO, DA. p.p. de concertar. ‖ **2.** adj. Compuesto, arreglado. ‖ **3.** m. y f. C. RICA y VENEZ. Criado o criada. ‖ **4.** VENEZ. Persona de malas costumbres a quien la autoridad obliga a hacer algún servicio personal sin remuneración. ‖ **5.** CUBA. Mozo de labranza.

CONCERTADOR, RA. (l. *concertātor*.) adj. Que concierta. Ú.t.c.s. ‖ **—de privilegios.** El que tenía a su cargo la expedición de las confirmaciones de los privilegios reales.

★ **CONCERTAJE.** (De *concertar*.) m. ECUAD. Contrato de trabajo.

CONCERTANTE. p.a. de concertar. Que concierta.

CONCERTANTE. (ital. *concertante*.) adj. Mús. Dícese de la pieza compuesta de varias voces entre las cuales se distribuye el canto. Ú.t.c.s.m.

CONCERTAR. (l. *concertāre*.) tr. Componer, ordenar, las partes de una cosa o varias cosas. ‖ **2.** Ajustar, tratar del precio de algo. ‖ **3.** Pactar, tratar un negocio. Ú.t.c.r. ‖ **4.** Traer a identidad de fines o propósitos cosas diversas o intenciones diferentes. Ú.t.c.r. ‖ **5.** Acordar entre sí voces o instrumentos musicales. ‖ **6.** Cotejar una cosa con otra. ‖ **7.** MONT. Recorrer y explorar el monte para preparar y disponer la caza. ‖ **8.** intr. Concordar entre sí una cosa con otra. ‖ **9.** GRAM. Concordar en los accidentes gramaticales dos o más palabras variables. Ú.t.c.tr. ‖ **10.** VENEZ. Ajustarse un criado a servir a un amo. ‖ **3.ª** acep.: **P.** concertar; **I.** to concert; **F.** concerter; **A.** anordnen; **It.** concertare; **R.** договариваться. ‖ **9.ª** acep.: **P.** concertar; **I.** to concord; **F.** concorder; **A.** übereinstimmen; **It.** concertare; **R.** улаживать.

CONCERTINA. f. Mús. Acordeón de figura exagonal u octogonal; de fuelle muy largo y teclado cantante en ambas cubiertas o caras.

CONCERTINO. (ital. *concertino*, de *concerto*, concierto.) m. Mús. Violinista primero de una orquesta encargado de la ejecución de los solos.

CONCERTISTA. com. Músico que toma parte en la ejecución de un concierto en calidad de solista. ‖ **2.** Persona que di-

rige un concierto o toma parte en él. ‖ **3.** Profesor músico que sobresale en la ejecución de un instrumento y suele dedicarse a dar conciertos. ‖ **P.** e **It.** concertista; **I.** concertist; **F.** concertiste; **A.** Virtuose; **R.** концертант.

CONCESIBLE. adj. Que puede ser concedido.

CONCESIÓN. (l. *concessĭo*, *-ōnis*.) f. Acción y efecto de conceder. ‖ **2.** Otorgamiento gubernativo a favor de particulares o empresas, para la explotación, aprovechamiento o disfrute de servicios públicos o privados. ‖ **3.** COM. Autorización que una persona jurídica da a otra u otras para explotar un servicio, un derecho, etc. ‖ **4.** RET. Figura consistente en admitir como buena el orador alguna objeción real o supuesta, dando a entender que, aun así, él tiene razón. ‖ **—internacional.** Territorio que el gobierno de un país concede a otra potencia extranjera, con derecho de extraterritorialidad. ‖ **2.ª** acep.: **P.** concessão; **I.** y **F.** concession; **A.** Bewilligung, Erlaubnis, Konzession; **It.** concessione; **R.** концессия.

CONCESIONARIO. m. FOR. Persona a quien se hace o transfiere una concesión. ‖ **P.** concessionário; **I.** concessionary; **F.** concessionnaire; **A.** Unternehmer; **It.** concessionario; **R.** концессионер.

CONCESIVO, VA. adj. Que se concede o puede concederse.

CONCESO, SA. (l. *concessus*.) p.p. ant. de conceder.

CONCETO. m. ant. Concepto.

CONCEYO. m. ant. Concilio. ‖ **2.** ant. Concejo.

CONCIA. (l. *conscia*, t. f. de *-ius*, sabido.) f. Parte vedada de un monte.

CONCIBIMIENTO. m. ant. Concebimiento.

CONCIENCIA. (l. *conscientĭa*.) f. Propiedad del espíritu humano de reconocerse en sus atributos esenciales y en todas las modificaciones que en sí mismo experimenta. ‖ **2.** Conocimiento íntimo del bien y del mal. ‖ **3.** Conocimiento exacto y reflexivo de las cosas. ‖ **—errónea.** TEOL. La que con ignorancia juzga lo verdadero como falso, teniendo lo bueno por malo o lo malo por bueno. ‖ *A* CONCIENCIA. m. adv. Dícese de las obras hechas con solidez y sin fraude ni engaño. ‖ *Descargar* uno *la* CONCIENCIA. fr. fig. Satisfacer las obligaciones de justicia. ‖ *En* CONCIENCIA. m. adv. Hecho de conformidad con ella. ‖ *Manchar* uno *la* CONCIENCIA. fr. fig. Manchar el alma. ‖ **P.** consciência; **I.** y **F.** conscience; **A.** Gewissen, Bewusstsein; **It.** coscienza; **R.** совесть.

CONCIENZUDAMENTE. adv. A conciencia, de modo concienzudo.

CONCIENZUDO, DA. adj. Dícese del que es de recta conciencia. ‖ **2.** Aplícase a lo que se hace según ella. ‖ **3.** Dícese de la persona que estudia o hace las cosas con mucha atención o detenimiento. ‖ **P.** consciencioso; **I.** conscientous; **F.** consciencieux; **A.** gewissenhaft; **It.** coscienzoso; **R.** добросовестный.

CONCIERTO. (De *concertar*.) m. Buen orden y disposición de las cosas. ‖ **2.** Convenio entre dos o más personas o entidades sobre alguna cosa. ‖ **3.** Función de música, en que se ejecutan composiciones sueltas. ‖ **4.** Composición de música de varios instrumentos, en que uno desempeña la parte principal. CONCIERTO *de piano*. ‖ **5.** MONT. Acción de concertar. ‖ **—económico.** Convenio entre la Hacienda y los contribuyentes que reemplaza las normas generales de tributación con otros medios de cobranza. ‖ *De* CONCIERTO, m. adv. De común acuerdo. ‖ *Más vale mal* CONCIERTO *que buen pleito*. ref. que recomienda la transigencia y la concordia. ‖ **2.ª** acep.: **P.** concerto; **I.** agreement; **F.** arrangement; **A.** Anordnung; **It.** accordo; **R.** соглашение. ‖ **3.ª** acep.: **P.** função musical; **I.** y **F.** concert; **A.** Konzert; **It.** concerto; **R.** концерт.

★ **CONCIERTO, TA.** m. y f. ECUAD. El que está sometido a concertaje o contrato de trabajo. ‖ **2.** C. RICA. Empleo, colocación.

CONCILIABLE. adj. Que puede conciliarse, componerse o ser compatible con alguna cosa.

CONCILIÁBULO. (l. *conciliabŭlum*.) m. Concilio no convocado por autoridad legítima. ‖ **2.** fig. Junta para tratar de cosa que es o se presume ilícita. ‖ **3.** Conversación reservada entre dos o más personas. ‖ **P.** conciliábulo; **I.** conciliabulum; **F.** conciliabule; **A.** Winkenkonzil; **It.** conciliàbolo; **R.** тайное сборище.

CONCILIACIÓN. (l. *conciliatio*, *-ōnis*.) f. Acción y efecto de conciliar. ‖ **2.** Conveniencia o semejanza de una cosa con otra. ‖ **3.** Favor o protección que uno se granjea. ‖ **P.** conciliação; **I.** y **F.** conciliation; **A.** Versöhnung; **It.** conciliazione; **R.** примирение. ‖ **2.ª** acep.: **P.** conveniência; **I.** affinity; **F.** accommodement; **A.** Übereinstimmung; **It.** concordanza; **R.** соответствие.

CONCILIADOR, RA. (l. *conciliātor*.) adj. Que concilia o es propenso a conciliar o conciliarse.

CONCILIAR. adj. Perteneciente a los concilios. *Decreto* CONCILIAR. ‖ **2.** Dícese del seminario donde se educan los jóvenes para el estado eclesiástico. ‖ **3.** Persona que asiste a un concilio.

CONCILIAR. (l. *conciliāre*.) tr. Componer y ajustar los ánimos de los que estaban opuestos entre sí. ‖ **2.** Conformar dos o más proposiciones o doctrinas al parecer contrarias. ‖ **3.** Granjear o ganar los ánimos y la benevolencia. Alguna vez se dice también del odio o aborrecimiento. Ú.m.c.r. ‖ **4.** fig. Armonizar. ‖ **P.** conciliar; **I.** to conciliate; **F.** concilier; **A.** (ver-)einigen; **It.** conciliare; **R.** примирять.

CONCILIATIVO, VA. adj. Dícese de lo que concilia. Ú.t.c.s.m.

CONCILIATORIO, RIA. adj. Lo que puede conciliar o se dirige a este fin.

CONCILIO. (l. *concilium*.) m. Junta o congreso para tratar alguna cosa. ‖ **2.** Colección de los decretos de un concilio. ‖ **3.** Junta o congreso de los obispos y otros eclesiásticos de la Iglesia Católica para deliberar y decidir sobre las materias de dogma y de disciplina. ‖ **—Ecuménico** o **general.** Junta de los obispos de todos los estados y reinos de la cristiandad, convocados legítimamente. ‖ **—nacional.** La de los arzobispos y obispos de una nación. ‖ **—provincial.** La del metropolitano y sus sufragáneos. ‖ CONCILIOS *Apostólicos*. Los celebrados por los apóstoles entre sí o con otras personas y obispos. ‖ **P.** e **It.** concilio; **I.** council; **F.** concile; **A.** Kirchenversammlung, Konzil; **R.** церковный собор.

CONCINIDAD. (l. *concinnĭtas*, *-ātis*.) f. p. us. Calidad de concino.

CONCINO, NA. (l. *concinnus*.) adj. p. us. Bien ordenado y compuesto, armonioso, elegante. Aplícase al lenguaje.

CONCIÓN. (l. *concio*, *-ōnis*, discurso.) f. p. us. Sermón, discurso evangélico.

CONCIONADOR, RA. (l. *contionator*, *-ōris*, discursante.) m. y f. Persona que predica o razona en público.

CONCIONANTE. (l. *contionans*, *-antis*, discursante.) m. p.us. Predicador, orador sagrado.

CONCIONAR. (l. *contionari*, discursear.) intr. des. Hablar en público, predicar.

CONCISAMENTE. adv. De modo conciso, con verdad.

CONCISIÓN. (l. *concisĭo*, *-ōnis*.) f. Brevedad en el modo de expresar los conceptos. ‖ **P.** concisão; **I.** conciseness; **F.** concision; **A.** Kürze (der Schreibart); **It.** concisione; **R.** краткость.

CONCISO, SA. (l. *concisus*.) adj. Que tiene concisión.

CONCITACIÓN. (l. *concitatio*, *-ōnis*.) f. Acción y efecto de concitar.

CONCITADOR, RA. (l. *concitātor*.) adj. Que concita. Ú.t.c.s.

CONCITAR. (l. *concitāre*, intens. de *conciĕre*, mover, excitar.) tr. Conmover, instigar a uno contra otro, o excitar inquietudes. ‖ **P.** concitar; **I.** to excite; **F.** inciter; **A.** aufregen; **It.** concitare; **R.** подстрекать.

CONCITATIVO, VA. adj. Dícese de lo que concita.

CONCIUDADANO, NA. m. y f. Cada uno de los ciudadanos de una misma ciudad, respecto de los demás. ‖ **2.** Por ext., cada uno de los naturales de una misma

C

nación respecto de los demás. || **P**. concidadão; **I**. fellow-citizen, townsman; **F**. concitoyen; **A**. Mitbürger; **It**. concittadino; **R**. согражданин.

★ **CONCLAPACHE**. com. MÉJ. Compinche.

CONCLAVE [CÓNCLAVE]. (l. *conclâve*, lo que se cierra con llave; de *cum*, con, y *clavis*, llave.) m. Lugar en donde los cardenales se juntan y se encierran para elegir sumo pontífice. || **2**. La misma junta de los cardenales. || **3**. fig. Junta de gentes para tratar algún asunto. || **P.**, **I.**, **F. e It**. conclave; **A**. Konklave; **R**. конклав, собрание.

CONCLAVISTA. m. Familiar o criado que entra en el conclave para asistir o servir a los cardenales.

CONCLUIR. (l. *concludêre*; de *cum*, con, y *claudêre*, cerrar.) tr. Acabar o finalizar una cosa. Ú.t.c.r. || **2**. Determinar sobre lo que se ha tratado. Ú.t.c.r. || **3**. Inferir, deducir una verdad de otras que se admiten. || **4**. Convencer a uno con la razón, de modo que no tenga que responder. Ú.t.c.intr. || **5**. Rematar minuciosamente una obra. Ú. especialmente en las Bellas Artes. || **6**. ESGR. Ganarle la espada al contrario por el puño o guarnición, de suerte que no pueda usar de ella. || **7**. FOR. Poner fin a los alegatos en defensa de los derechos de una parte. || **P**. concluir; **I**. to finish; **F**. conclure; **A**. (ab)schliessen; **It**. conclùdere, conchiùdere; **R**. заканчивать. || **3.ª** acep.: **P**. deduzir; **I**. to conclude; **F**. inférer; **A**. folgern; **It**. conclùdere, conchiùdere; **R**. делать вывод.

CONCLUSIÓN. (l. *conclusio*, -*ōnis*.) f. Acción y efecto de concluir o concluirse. || **2**. Fin y terminación de una cosa. || **3**. Resolución que se ha tomado sobre una materia después de haberla ventilado. || **4**. Aserto o proposición que se defiende en las escuelas. Ú.m. en pl. || **5**. DIAL. Proposición que se pretende probar y que se deduce de las premisas. || **6**. FOR. Cada una de las afirmaciones numeradas contenidas en el escrito de calificación penal. Ú.m. en pl. || **7**. FOR. Escrito de conclusión o de conclusiones. ━**alternativa**. FOR. En el escrito de calificación, la que se ofrece como subsidiaria de otra principal. || ━**definitiva**. FOR. La que, modificada o ratificada, sostienen las partes después de la prueba en el juicio oral. Ú.m. en pl. || ━**provisional**. FOR. La que precede a la práctica de la prueba en el juicio oral. || *En* CONCLUSIÓN. m. adv. En suma, por último, finalmente. || **P**. conclusão; **I**. y **F**. conclusion; **A**. Beendigung, Folgerung; **It**. conclusione; **R**. завершение.

CONCLUSIVO, VA. (l. *conclusivus*.) adj. Dícese de lo que concluye o finaliza una cosa, o sirve para terminarla o concluirla.

CONCLUSO, SA. (l. *conclûsus*.) p.p. irreg. de concluir. || **2**. adj. ant. Incluido o contenido. || **3**. FOR. Se dice del juicio que está para sentencia. | *Dar por* CONCLUSO. fr. FOR. Dar la causa por conclusa, dejándola lista para sentencia.

CONCLUYENTE. p.a. de concluir. Que concluye o convence; terminante.

CONCLUYENTEMENTE. adv. De un modo concluyente.

★ **CONCOCCIÓN**. (l. *concoctio*, -*ōnis*.) f. FISIOL. Digestión de los alimentos en el estómago.

CONCOFRADE. m. Cofrade juntamente con otro.

★ **CONCOHÉLIX**. m. ANAT. Músculo rudimentario del cuerpo humano que va desde la concha del pabellón al hélix o repliegue de la oreja.

CONCOIDE. adj. Concoideo. || **2**. f. GEOM. Curva que en su prolongación se aproxima constantemente a una recta sin tocarla nunca.

CONCOIDEO, A. (gr. κογχοειδής; de κόγχη, concha, y εἶδος, forma.) adj. Semejante a la concha. Aplícase a la fractura de los cuerpos sólidos que resulta en formas curvas, a manera de conchas, como sucede en el pedernal y en el lacre.

CONCOLEGA. (De *con* y *colega*.) m. El que es del mismo colegio que otro.

CONCOMERSE. (De *con* y *comer*.) r. fam. Mover los hombros y espaldas para estregarse por causa de alguna comezón,

o por burla y jocosidad. || **2**. fig. Sentir comezón interior; consumirse de impaciencia, pesar u otro sentimiento.

CONCOMIMIENTO. m. fam. Acción de concomerse.

CONCOMIO. m. fam. Concomimiento.

CONCOMITANCIA. (b. l. *concomitantia*, y éste del l. *concomitans*, -*antis*.) f. Acción y efecto de concomitar. || **P**. concomitância; **I**. concomitancy; **F**. concomitance; **A**. Begleitung; **It**. concomitanza; **R**. нераздельно.

CONCOMITANTE. p.a. de concomitar. Que acompaña a otra cosa u obra con ella.

CONCOMITAR. (l. *concomitâre*.) tr. Acompañar una cosa a otra, u obrar juntamente con ella.

CONCÓN. (Voz mapuche.) m. CHILE. Autillo, ave nocturna semejante al mochuelo. || **2**. CHILE. Viento terral en la costa sudamericana del Pacífico. || **3**. BOT. Planta de Guinea que, molida y mezclada con aceite, se usa para matar las niguas. || **4**. REP. DOMIN. Cocolón, residuo que queda pegado a la olla.

★ **CONCONETE**. adj. MÉJ. Achaparrado, rechoncho.

CONCORDABLE. (l. *concordabilis*.) adj. Que se puede concordar con otra cosa.

CONCORDABLEMENTE. adv. Con arreglo a otra cosa, de conformidad con ella.

CONCORDACIÓN. (l. *concordatio*, -*ōnis*.) f. Coordinación, combinación o conciliación de algunas cosas.

CONCORDADOR, RA. adj. Que concuerda, apacigua y modera. Ú.t.c.s.

CONCORDANCIA. (b. l. *concordantia*, y éste del l. *concordans*, -*antis* concordante.) f. Correspondencia o conformidad de una cosa con otra. || **2**. GRAM. Conformidad de accidentes entre dos o más palabras variables. || **3**. MÚS. Justa proporción que guardan entre sí las voces que suenan juntas. || **4**. pl. Índice alfabético de todas las palabras de un libro, con todas las citas de los lugares en que se hallan. || ━**vizcaína** o *a la vizcaína*. La que cambia los géneros de los substantivos. || **2.ª** acep.: **P**. concordância; **I**. y **F**. concordance; **A**. Übereinstimmung; **It**. concordanza; **R**. соответствие.

CONCORDANTE. (l. *concordans*, -*antis*.) p.a. de concordar. Que concuerda.

CONCORDANZA. f. ant. Concordancia. || **2**. ant. Concordia.

CONCORDAR. (l. *concordâre*.) tr. Poner de acuerdo lo que no lo está. || **2**. intr. Convenir una cosa con otra. *La copia del documento* CONCUERDA *con el original*. || **3**. GRAM. Formar concordancia. Ú.t.c.tr. || **P**. concordar; **I**. to accord; **F**. accorder; **A**. einigen, übereinkommen; **It**. concordare; **R**. согласовывать.

CONCORDATA. f. Concordato.

CONCORDATARIO, RIA. adj. Perteneciente o relativo al concordato. || **2**. Aplícase a la nación o estado que celebra un concordato.

CONCORDATIVO, VA. adj. Que pone de acuerdo.

CONCORDATO. (l. *concordâtum*, de *concordâre*, convenirse.) m. Tratado o convenio sobre asuntos eclesiásticos, que el gobierno de un Estado hace con la Santa Sede. || **P**. concordata; **I**. y **F**. concordat; **A**. Konkordat; **It**. concordato; **R**. конкордат.

CONCORDE. (l. *concors*, -*ordis*.) adj. Conforme, uniforme, de un mismo sentir y parecer.

CONCORDEMENTE. adv. Conformemente, de acuerdo.

CONCORDIA. (l. *concordia*.) f. Conformidad, unión. || **2**. Convenio entre personas que contienden o litigan. || **3**. Instrumento jurídico autorizado en debida forma, en el cual se contiene lo tratado y convenido entre las partes. || **4**. Unión, sortija compuesta de dos enlazadas entre sí. | *De* CONCORDIA. m. adv. De común acuerdo y consentimiento. || **P**. concórdia; **I**. concord; **F**. concorde; **A**. Eintracht, Übereinstimmung; **It**. concordia; **R**. согласие.

CONCORPÓREO, A. (De *con* y *corpóreo*.) adj. TEOL. Dícese del que,

comulgando dignamente se hace un mismo cuerpo con Cristo.

CONCORVADO, DA. adj. des. Corcovado.

CONCOVADO, DA. adj. ant. Encovado.

CONCREADO, DA. adj. TEOL. Dícese de las cualidades que existen en el hombre desde su creación.

CONCRECIÓN. (l. *concretio*, -*ōnis*.) f. Acumulación de varias partículas que se unen para formar masas. || **P**. concreção; **I**. concretion; **F**. concrétion; **A**. Zusammenwachsen, Sinterung; **It**. concrezione; **R**. сращение.

CONCRECIONAR. tr. Formar concreciones. Ú.t.c.r. || **P**. croncrecionar; **I**. to concrete; **F**. concrétionner; **A**. sintern; **It**. concretare; **R**. сращивать.

CONCRESCENCIA. f. BOT. Crecimiento simultáneo de varios órganos de un vegetal, tan cercanos, que se confunden en una sola masa.

CONCRETAMENTE. adv. De un modo concreto.

CONCRETAR. (De *concreto*.) tr. Combinar, concordar cosas. || **2**. Reducir a lo más esencial y seguro aquello de que se habla o escribe. || **3**. r. Reducirse, limitarse a tratar de un solo asunto. || **4**. Espesar, solidificar. Ú.t.c.r. || **2.ª** acep.: **P**. concretizar; **I**. to concrete; **F**. concrétiser, concréter; **A**. beschränken; **It**. concretare; **R**. конкретизировать.

CONCRETO, TA. (l. *concrētus*.) adj. Dícese de cualquier objeto considerado en sí mismo, con exclusión de cuanto pueda serle extraño o accesorio. || **2**. Determinado, limitado, especificado. || **3**. Que tiene realidad material, que cae bajo los sentidos. || **4**. Dícese de los términos que designan objetos o seres y no cualidades o modos de ser. || **5**. Dícese del cuerpo que pasa por sí mismo del estado líquido al sólido. || **6**. ARIT. Aplícase al número que expresa cantidad de especie determinada. || **7**. m. Concreción. || **8**. CHILE y ARGENT. Hormigón armado. || *En* CONCRETO. m. adv. En conclusión, resumiendo. || **P. e It**. concreto; **I**. concrete; **F**. concret; **A**. konkret; **R**. конкретный.

★ **CONCUASANTE**. (l. *conquassans*, -*antis*, p.a. de *conquassâre*, agitar.) adj. PAT. Dícese de los dolores del parto mientras dura la expulsión del feto.

CONCUASAR. (l. *conquasâre*.) tr. ant. Quebrantar, estrellar, hacer pedazos. || **2**. ant. FOR. Casar, anular.

CONCUBINA. (l. *concubîna*.) f. Manceba o mujer que vive y cohabita con un hombre, como si éste fuera su marido. || **P. e It**. concubina; **I**. y **F**. concubine; **A**. Beischläferin; **R**. наложница.

CONCUBINARIO. m. El que tiene concubina.

CONCUBINATO. (l. *concubinātus*.) m. Comunicación y trato de un hombre con su concubina. || **P. e It**. concubinato; **I**. concubinage; **F**. concubinat, concubinage; **A**. Konkubinat; **R**. конкубинат.

CONCUBIO. (l. *concubium*.) m. ant. Hora de la noche en que suelen recogerse las gentes a dormir.

CONCÚBITO. (l. *concubîtus*.) m. Ayuntamiento, coito, cópula carnal.

CONCUERDA (POR). (De *concordar*.) m. adv. con que se significa que la copia de un escrito está conforme al original.

CONCUERDE. adj. ant. Concorde.

CONCULCACIÓN. (l. *conculcatio*, -*ōnis*.) f. Acción y efecto de conculcar.

CONCULCADOR, RA. adj. Que conculca.

CONCULCAR. (l. *conculcâre*.) tr. Hollar, pisotear, infringir, vulnerar. || **2**. p. us. Oprimir. || **P**. conculcar; **I**. to trample; **F**. fouler, conculquer; **A**. mit den Füssen treten; **It**. conculcare; **R**. нарушать (закон).

CONCUNA. f. COLOM. Especie de paloma torcaz.

CONCUÑADO, DA. (De *con* y *cuñado*.) m. y f. Cónyuge de una persona respecto del cónyuge de otra persona hermana de aquélla. || **2**. Hermano o hermana de una de dos personas unidas en matrimonio respecto de las hermanas o hermanos de la otra.

★ **CONCUÑO, ÑA.** m. y f. CUBA y MÉJ. Concuñado.

CONCUPISCENCIA. (l. *concupiscentia*.) f. Apetito y deseo de los bienes terrenos. Tómase, por lo común en mala parte. ‖ **2.** Apetito desordenado de placeres deshonestos. ‖ **P.** concupiscência; **I.** y **F.** concupiscence; **A.** Lüsternheit; **It.** concupiscenza; **R.** вожделение.

CONCUPISCENTE. (l. *concupiscens, -entis*.) adj. Dominado por la concupiscencia.

CONCUPISCIBLE. (l. *concupiscibilis*.) adj. Deseable. ‖ **2.** Dícese de la tendencia de la voluntad hacia el bien sensible. ‖ **3.** Dícese del apetito sensitivo que hace desear lo que conviene a la conservación y comodidad del individuo o de la especie.

CONCURRENCIA. (b. l. *concurrentia*, y éste el l. *concurrens, -entis*, concurrente.) f. Junta de varias personas en un lugar. ‖ **2.** Acaecimiento de varios sucesos o cosas en un mismo tiempo. ‖ **3.** Asistencia, ayuda, influjo. ‖ **P.** concorrência; **I.** assembly; **F.** concours, assistance; **A.** Konkurrenz; **It.** adunanza; **R.** конкуренция.

CONCURRENTE. (l. *concurrens, -entis*.) p.a. de concurrir. Que concurre. Ú.t.c.s. ‖ **2.** adj. Dícese de la cantidad que se debe completar con pagos o aportaciones sucesivas. ‖ **3.** f. Epacta.

★ **CONCURRIDO, DA.** adj. Dícese del sitio o lugar donde concurre mucha gente.

CONCURRIENTE. p.a. ant. Concurrente.

CONCURRIR. (l. *concurrĕre; de cum*, con, y *currĕre*, correr.) intr. Juntarse en un mismo lugar o tiempo diferentes personas, sucesos o cosas. ‖ **2.** Contribuir con una cantidad para determinado fin. ‖ **3.** Convenir con otro en el parecer o dictamen. ‖ **4.** Tomar parte en un concurso. ‖ **P.** concorrer; **I.** to concur; **F.** s'assembler, concourir; **A.** zusammenkommen, konkurrieren; **It.** concòrrere; **R.** сходиться.

CONCURSADO, DA. p.p. de concursar. ‖ **2.** m. Deudor declarado legalmente en concurso de acreedores.

° **CONCURSANTE.** com. Persona que concursa, que toma parte en un concurso.

CONCURSAR. (De *concurso*.) tr. FOR. Declarar el estado de insolvencia, transitoria o definitiva, de una persona que tiene diversos acreedores. ‖ **2.** Concurrir, tomar parte en un concurso.

CONCURSO. (l. *concursus*.) m. Muchedumbre de gente reunida en un lugar. ‖ **2.** Reunión simultánea de sucesos, circunstancias o cosas diferentes. ‖ **3.** Asistencia o ayuda para una cosa. ‖ **4.** Oposición por medio de ejercicios científicos, artísticos o literarios, o alegando méritos, para aspirar a prebendas, cátedras, premios, etc. ‖ **5.** Llamamiento a los que quieren encargarse de ejecutar una obra o prestar un servicio bajo determinadas condiciones, a fin de elegir la propuesta más ventajosa. ‖ **—de acreedores.** FOR. Juicio universal para aplicar los haberes de un deudor no comerciante al pago de sus acreedores. ‖ **P.** concurso; **I.** concourse; **F.** concours; **A.** Wettbewerb; **It.** concorso; **R.** стечение народа.

CONCUSIÓN. (l. *concussio, -ōnis*.) f. Conmoción violenta, sacudimiento. ‖ **2.** Exacción arbitraria hecha por un funcionario público en provecho propio.

CONCUSIONARIO, RIA. adj. Que comete concusión. Ú.t.c.s.

CONCHA. (l. *conchyla*.) f. ZOOL. Cubierta o caparazón que protege el cuerpo de los moluscos y que puede constar de una sola pieza o valva en los caracoles, de dos, como en las almejas, o de ocho, como en los quitones. Por ext., se aplica este nombre al caparazón de las tortugas, etc. ‖ **2.** Ostra. ‖ **3.** Carey, materia córnea que se saca de la tortuga que lleva dicho nombre. ‖ **4.** fig. Cualquier cosa en forma de concha. ‖ **5.** Mueble en forma de concha, que se coloca en los teatros para ocultar al apuntador. ‖ **6.** Seno, a veces poco profundo, pero muy cerrado, en la costa del mar. ‖ **7.** Solera, muela fija en los molinos. ‖ **8.** ANAT. Cavidad de la cara externa del pabellón de la oreja. ‖ **9.** ANAT. Cornete de las fosas nasales. ‖

10. BLAS. Venera, insignia. ‖ **11.** GERM. Rodela. ‖ **12.** AMÉR. Adorno arquitectónico que imita la concha marina. ‖ **13.** VENEZ. Cáscara, corteza. ‖ **14.** GUAT. Cáscara del huevo. ‖ **15.** ARGENT., MÉJ. y P. RICO. El órgano sexual femenino. ‖ **16.** CUBA. Parte exterior de la caja del volante. ‖ **17.** COLOM. y CUBA. Pachorra, flema. ‖ **18.** P. RICO, COLOM. y PERÚ. Descaro. ‖ **—de peregrino.** Venera que solían traer cosida en la esclavina los peregrinos que volvían de Santiago. ‖ **—de perla.** Madreperla. ‖ *Meterse* uno *en su* CONCHA. fr. fig. Retraerse, negarse a tratar con la gente. ‖ *Tener* uno *más* CONCHAS *que un galápago*, o *muchas* CONCHAS. fr. fig. y fam. Ser muy reservado y astuto. ‖ **P.** concha; **I.** shell, conch; **F.** coquille; **A.** Schale, Muschel; **It.** conchiglia, nicchio; **R.** раковина.

★ **CONCHABADO, DA.** m. y f. Sirviente, criado o criada.

CONCHABAMIENTO. m. Conchabanza.

CONCHABANZA. f. Acomodamiento conveniente de una persona en alguna parte. ‖ **2.** fam. Acción y efecto de conchabarse.

CONCHABAR. tr. Unir, asociar. ‖ **2.** Mezclar la clase inferior de la lana con la superior o mediana, después de esquilada. ‖ **3.** AMÉR. MERID. Asalariar, contratar a alguno para un servicio de orden interior, generalmente doméstico. Ú.t.c.r. ‖ **4.** r. fam. Unirse dos o más personas entre sí para algún fin. Tómase por lo común, en mala parte. ‖ **5.** CHILE y ECUAD. Vender, comprar o cambiar cosas de poco valor. ‖ **6.** GERM. Seducir, sobornar. Ú.t. en América, especialmente en el Ecuador. ‖ 4.ª acep.: **P.** conchavar; **I.** to plot; **F.** se liguer; **A.** vereinigen, sich verabreden; **It.** collegarsi; **R.** соединять.

★ **CONCHABEAR.** tr. CHILE. Comprar, vender o permutar una cosa.

★ **CONCHABERO.** m. COLOM. Destajista.

CONCHABO. (De *conchabar*.) m. ARGENT., CHILE y PERÚ. Acción y efecto de conchabar, o conchabarse, asociarse o confabularse. ‖ **2.** ARGENT. Trabajo y también contrato de servicio, generalmente doméstico. ‖ **3.** CHILE. Compra, venta o cambio de cosas de poco valor.

CONCHADO, DA. adj. Dícese del animal que está provisto de conchas.

CONCHAL. adj. Aplícase a la seda de calidad superior, que se hila de los capullos escogidos. ‖ *Seda medio* CONCHAL. Es seda de calidad inferior, cuyo peso específico es la mitad del de la conchal.

★ **CONCHAR.** tr. Apurar hasta las heces una bebida. ‖ **2.** REP. DOMIN. Entre chóferes conducir un vehículo de servicio público.

CONCHERO. m. Depósito prehistórico de conchas y otros restos de moluscos y peces que servían de alimento a los hombres de aquellas edades.

CONCHESTA. (l. *congesta*.) f. AR. Masa de nieve amontonada en los ventisqueros.

CONCHÍFERO, RA. (De *concha* y el l. *fero*, llevar.) adj. GEOL. Se aplica al terreno secundario que se caracteriza por la abundancia de conchas de moluscos. ‖ **2.** BOT. Que se asemeja a una concha.

CONCHIL. (De *concha*.) adj. ant. Conchado. ‖ **2.** m. Molusco marino gasterópodo, de gran tamaño y cuya concha, áspera y rugosa, segrega un licor, que como la púrpura, fue usado por los antiguos en tintorería.

★ **CONCHITA.** f. Concreción parecida a la concha de un marisco. ‖ **2.** CUBA y P. RICO. Especie de bejuco. ‖ **3.** Ondas que adornan el borde de algunas telas.

CONCHO, CHA. adj. ECUAD. Del color de las heces de la chicha o de la cerveza. *Un caballo* CONCHO. ‖ **2.** m. ECUAD. Túnica de la espiga de maíz.

CONCHO. m. AST. y LEÓN. Corteza exterior de la nuez verde. ‖ **2.** AMÉR. Poso o sedimento en un líquido. ‖ **3.** AMÉR. Restos de una comida. ‖ **4.** fig. y fam. AMÉR. Final de una cosa. ‖ **5.** CHILE y PERÚ. El hijo menor, el último hijo de un

matrimonio. ‖ **6.** C. RICA. Campesino del país. ‖ **7.** REP. DOMIN. Automóvil del servicio público.

★ **CONCHOLINA.** f. ZOOL. Substancia orgánica que unida al carbonato calizo forma las conchas de los moluscos.

CONCHOSO, SA. adj. ant. Conchudo. ‖ **2.** CHILE y ECUAD. Lleno de concho o poso.

★ **CONCHUCHARSE.** r. CUBA. Confabularse.

CONCHUDO, DA. adj. Dícese del animal cubierto de conchas. ‖ **2.** fig. y fam. Astuto, cauteloso, sagaz. ‖ **3.** P. RICO. Terco, testarudo, temerario. ‖ **4.** COLOM. y REP. DOMIN. Pachorrudo, cachazudo. ‖ **4.** MÉJ., ECUAD. y PERÚ. Sinvergüenza, desfachatado.

CONCHUELA. f. d. de concha. ‖ **2.** Fondo del mar cubierto de conchas rotas. ‖ **3.** PERÚ. Concha desmenuzada que se da a los gallos. ‖ **4.** ZOOL. Insecto hemíptero, especie de chinche de color verde brillante, que causa grave perjuicio a la agricultura en el oeste de los Estados Unidos.

CONDADO. (l. *comitātus*, cortejo, acompañamiento.) m. Dignidad honorífica de conde. ‖ **2.** Territorio o lugar a que se refiere el título nobiliario de conde y sobre el cual éste ejercía antiguamente señorío. ‖ **P.** earldom; **I.** earldom, county-ship; **F.** comté; **A.** Grafschaft; **It.** contea; **R.** графство.

CONDADURA. f. fam. Condado, título o dignidad de conde. Ú. sólo en el ref. *Conde y* CONDADURA, *y cebada para la mula*, con que se zahiere a quien pide gollerías.

CONDAL. adj. Perteneciente al conde o a su dignidad. ‖ **P.** condal; **I.** earl's; **F.** comtal; **A.** gräflich; **It.** comitale; **R.** графский.

★ **CONDAMÍNEA.** f. BOT. Género de plantas rubiáceas que son árboles y arbustos de grandes hojas, que crecen más abundantemente en Bolivia y en el Perú.

CONDE. (l. *cŏmes, -ĭtis*, en posición proclítica.) m. Uno de los títulos nobiliarios de que los soberanos hacen merced a ciertas personas. ‖ **2.** El que en Andalucía manda las cuadrillas de gente que trabaja a destajo. ‖ **3.** Caudillo que elegían los gitanos para que los gobernase. ‖ **4.** Entre los godos españoles, dignidad con cargo y funciones muy diversos. ‖ **5.** Gobernador de una comarca o territorio en los primeros siglos de la Edad Media. CONDE *de Lara*. ‖ **—de Barcelona.** Título que tenía el rey de España, en recuerdo de los antiguos soberanos de Cataluña, de quienes desciende. ‖ **—de Castilla.** En la Edad Media, hasta el Rey Don Fernando I, soberano independiente en gran parte de Castilla la Vieja. ‖ **P.** conde; **I.** earl; **F.** comte; **A.** Graf; **It.** conte; **R.** граф.

CONDECABO. (De *con* y *de cabo*.) adv. ant. Otra vez.

CONDECENTE. (l. *condĕcens, -entis*, p.a. de *condecĕre*, convenir, estar bien.) adj. Conveniente o correspondiente.

CONDECIR. intr. Convenir, concertar o guardar armonía una cosa con otra.

CONDECORACIÓN. f. Acción y efecto de condecorar. ‖ **2.** Cruz, venera u otra insignia semejante de honor y distinción. ‖ 2.ª acep.: **P.** condecoração; **I.** decoration, badge; **F.** décoration; **A.** Ordenszeichen; **It.** decorazione; **R.** орден.

CONDECORAR. (l. *condecorāre; de cum*, con, y *decorāre*, adornar, realzar.) tr. Ilustrar a uno, darle honores o condecoraciones. ‖ **P.** condecorar; **I.** to decorate; **F.** décorer; **A.** auszeichnen (mit einem Orden); **It.** decorare; **R.** награждать орденом.

CONDENA. (De *condenar*.) f. Testimonio que da de la sentencia el escribano del juzgado, para que conste al reo que lleva el reo sentenciado. ‖ **2.** Extensión y grado de la pena. ‖ **3.** Sentencia, en que se impone la pena. *El penado sufre su* CONDENA. ‖ **—condicional.** FOR. Beneficio que se concede a los que delinquen por primera vez, supeditando el cumplimiento de penas menos graves a la nueva delincuencia dentro de cierto plazo. ‖ 3.ª acep.: **P.** certidão; **I.** condemnation;

C

F. condamnation; A. Verurteilung; It. condanna; R. приговор.

CONDENABLE. (l. *condemnabĭlis*.) adj. Digno de ser condenado.

CONDENACIÓN. (l. *condemnatio, -ōnis*.) f. Acción y efecto de condenar o condenarse. || P. condenação; I. y F. condemnation, damnation; A. Verdammung; It. condannagione, dannazione; R. осуждение.

CONDENADO, DA. p.p. de condenar. Ú.t.c.s. || **2.** adj. Réprobo. Ú.t.c.s. || **3.** fig. Endemoniado, perverso, nocivo. || **4.** CHILE. Sagaz, astuto. Ú.t.c.s. ||3.ª acep.: P. endemoninhado, réprobo; I. damned; F. damné; A. Verdammte(r); It. dannato; R. проклятый.

CONDENADOR, RA. (l. *condemnātor*.) adj. Que condena o censura. Ú.t.c.s.

CONDENAR. (l. *condemnāre*; de *cum*, con, y *damnāre*, dañar.) tr. Pronunciar el juez o tribunal sentencia, imponiendo al reo la pena correspondiente. || **2.** Reprobar una doctrina u opinión, declarándola perniciosa. || **3.** Desaprobar una cosa. || **4.** Incomunicar una habitación teniéndola siempre cerrada. || **5.** Tapiar puertas, ventanas, pasadizos, etc. || **6.** r. Culparse a sí mismo. || **7.** Incurrir en la pena eterna. || P. condenar; I. to condemn, to damn; F. condamner; A. verdammen, verurteilen; It. condannare; R. приговаривать.

CONDENATORIO, RIA. (b. l. *condemnatorius*, y éste del l. *condemnātor*, condenador.) adj. Que contiene condena o puede motivarla. || 2. FOR. Dícese del pronunciamiento judicial que condena.

CONDENSA. (l. *condensa*, t. f. de -*sus*, denso, espeso, apretado.) f. ant. Lugar o cámara donde se guarda alguna cosa; como la despensa, el guardarropa, etc.

CONDENSABILIDAD. f. Propiedad de condensarse que tienen algunos cuerpos.

CONDENSABLE. adj. Que puede condensarse.

CONDENSACIÓN. (l. *condensatio, -ōnis*.) f. Acción y efecto de condensar o condensarse. || P. condensação; I. y F. condensation; A. Verdichtung, Kondensation; It. condensazione; R. сгущение.

CONDENSADOR, RA. adj. Que condensa. || **2.** m. Fís. Aparato para reducir los gases a menor volumen. || **3.** MEC. Recipiente que tienen algunas máquinas de vapor para que éste se liquide en él por la acción del agua fría. || —**de fuerzas.** MEC. Acumulador de la fuerza viva sobrante de las máquinas. || —**eléctrico.** Fís. Aparato para acumular electricidad. || 2.ª acep.: P. condensador; I. condenser; F. condensateur; A. Verdichter, Kondensator; It. condensatore; R. конденсатор.

CONDENSANTE. p.a. de condensar. Que condensa.

CONDENSAR. (l. *condensāre*; de *cum*, con, y *densus*, denso.) tr. Reducir una cosa a menor volumen. Ú.t.c.r. || **2.** fig. Reducir a menor extensión un escrito o discurso sin quitarle nada de lo esencial. || P. condensar; I. to condense, to condensate; F. condenser; A. verdichten, eindicken; It. condensare; R. сгущать.

CONDENSATIVO, VA. adj. Dícese de lo que tiene virtud de condensar.

CONDENSO, SA. p.p. irreg. de condensar. Condensado.

CONDESA. (l. *comitissa*, de *comes*, -*itis*, conde.) f. Mujer del conde, o la que por sí heredó u obtuvo un condado. || **2.** Título que se daba a la mujer destinada para asistir o acompañar a una gran señora. || P. condessa; I. countess; F. comtesse; A. Gräfin; It. contessa; R. графиня.

CONDESA. (De *condesar*.) f. ant. Junta, muchedumbre.

CONDESADO. ant. Condado.

CONDESAR. (l. *condēnsāre*, condensar.) tr. Ahorrar, economizar.

CONDESCENDENCIA. f. Acción y efecto de condescender. || P. condescendência; I. condescendence; F. condescendance; A. Herablassung, Willfährigkeit; It. condescenzione; R. снисходительность.

CONDESCENDER. (l. *condescendĕre*.) intr. Acomodarse por bondad al gusto y voluntad de otro. || P. condescender; I. to condescend; F. condescendre; A. nachgeben; It. condiscèndere; R. снисходить.

CONDESCENDIENTE. p.a. de con-

descender. Que condesciende. || **2.** adj. Pronto, dispuesto a condescender.

CONDESIJO. (De *condesar*.) m. ant. Depósito.

CONDESIL. (De *condesa*.) adj. fest. Condal.

CONDESTABLE. (l. *comes stabŭli*, conde de la caballeriza.) m. El que en lo antiguo obtenía y ejercía el cargo de primera autoridad en la milicia. || **2.** MAR. El que hace veces de sargento en las brigadas de artillería de marina. ||—**de Castilla.** El que ejercía ese cargo hasta que pasó a ser título honorífico vinculado. || P. condestável; I. constable; F. connétable; A. Konstabler; It. conestàbile; R. коннетабль.

CONDESTABLESA. f. Mujer del condestable.

CONDESTABLÍA. f. Dignidad de condestable.

CONDEXAR. tr. ant. Condesar.

CONDICIÓN. (l. *conditio*, -ōnis.) f. Índole, naturaleza o propiedad de las cosas. || **2.** Natural o carácter de los hombres. || **3.** Estado, situación especial en que se halla una persona. || **4.** Calidad del nacimiento o estado de los hombres: como de noble, plebeyo, etc. || **5.** Suele usarse por sólo la calidad de noble. *Es hombre de* CONDICIÓN. || **6.** Constitución primitiva y fundamental de un pueblo. || **7.** Calidad o circunstancia con que se hace o promete una cosa. || **8.** Acontecimiento incierto o ignorado que influye en la perfección o resolución de ciertos actos jurídicos o sus consecuencias. || **9.** pl. Aptitud y disposición. || —**callada.** Tácita.|| —**casual.** La que se hace depender de una causa. || —**necesaria.** FOR. La que es preciso que intervenga para la validez de un contrato, acto o derecho. || —**potestativa.** Aquella cuyo cumplimiento depende de la voluntad del interesado. || —**resolutoria.** FOR. Cláusula resolutoria. || —**sine qua non.** Aquella sin la cual no se hará una cosa o se tendrá por no hecha. || —**suspensiva.** FOR. Aquella cuyo cumplimiento es necesario para la eficacia del acto o derecho a que afecta. || —**tácita.** FOR. La que aunque expresamente no se ponga, virtualmente se entiende puesta. *De* CONDICIÓN. m. adv. De manera, de suerte. || *Mudar de* CONDICIÓN *a par de muerte.* fr. fig. Que es casi imposible cambiar uno su carácter y hábitos. || *Cambiar de* CONDICIÓN. fr. Cambiar de modo de ser, o de estado social. || *Tener uno* CONDICIÓN. fr. Ser de genio áspero y fuerte. || P. condição; I. y F. condition; A. Bedingung; It. condizione; R. свойство.

CONDICIONADO, DA. adj. || **2.** Condicional, que incluye condición.

CONDICIONAL. (l. *condicionālis*.) adj. Que incluye y lleva consigo una condición o requisito. || **2.** GRAM. Dícese de la conjunción que denota condición. || **3.** GRAM. Dícese de la proposición subordinada que expresa condición. || **4.** FOR. Aplícase a la condena y a la libertad condicional. || P. condicional; I. conditional; F. conditionnel; A. bedingend; It. condizionale; R. условный.

CONDICIONALMENTE. adv. Con condición.

CONDICIONAMIENTO. m. Acción y efecto de condicionar las materias textiles.

CONDICIONAR. (De *condición*.) intr. Convenir una cosa con otra. || **2.** tr. Hacer depender alguna cosa de alguna condición. || **3.** En la industria textil, determinar para fines comerciales las condiciones de ciertas fibras.

CONDIDO. m. ant. Cundido.

CONDIDOR. (l. *condĭtor*.) m. ant. Fundador.

CONDIDURA. (De *condir*.) f. ant. Aderezo de la comida.

CONDIGNAMENTE. adv. De manera condigna.

CONDIGNO, NA. (l. *condignus*.) adj. Dícese de lo que corresponde a otra cosa o se sigue naturalmente de ella: como el premio a la virtud o la pena al delito. || P. condigno; I. condign; F. condigne; A. angemessen; It. condegno; R. coобразный.

CÓNDILO. (l. *condȳlus*, y éste del gr. κόνδυλος.) m. ZOOL. Eminencia articulada de un hueso.

★ **CONDILOMA.** m. PAT. Tumor o verruga de forma parecida a la de una fresa, más frecuente en el ano y en la vulva.

★ **CONDILURO.** m. ZOOL. Género de mamíferos insectívoros, parecidos al topo que viven en América.

CONDIMENTACIÓN. f. Acción y efecto de condimentar.

CONDIMENTAR. (De *condimento*.) tr. Sazonar los manjares, aderezarlos. || P. condimentar; I. to condiment, to season; F. assaisonner; A. würzen, zubereiten; It. condire; R. приправлять.

CONDIMENTO. (l. *condimentum*.) m. Lo que sirve para sazonar la comida y darle buen sabor. || P. e It. condimento; I. y F. condiment; A. Zubereitung, Würze; R. приправа.

CONDIR. (l. *condĕre*.) tr. ant. Establecer, fundar.

CONDIR. (l. *condīre*.) tr. ant. Condimentar.

CONDISCÍPULO, LA. (l. *condiscipŭlus*.) m. y f. Persona que estudia o ha estudiado con otra u otras bajo la dirección de un mismo maestro o maestra. || P. condiscípulo; I. school-fellow; F. condisciple; A. Mitschüler; It. condiscèpolo; R. соученик.

CONDISTINGUIR. tr. ant. Distinguir, conocer la diferencia que hay entre dos o más cosas.

★ **CONDITORIO.** m. Sarcófago romano antiguo.

CONDOLECERSE. (l. *condolescĕre*.) r. Condolerse.

CONDOLENCIA. (De *condolerse*.) f. Participación en el pesar ajeno. || **2.** Pésame.

CONDOLER. (l. *condolēre*.) tr. ant. Compadecer. || **2.** r. Compadecerse, lastimarse de lo que otro siente o padece. || 2.ª acep.: P. compadecer-se; I. to condole; F. compatir; A. Mitleid fühlen; It. condolersi; R. сочувствовать.

CONDOMINIO. m. FOR. Dominio de una cosa que pertenece en común a dos o más personas. || **2.** POL. Poder o soberanía ejercida, a la vez, por dos naciones sobre una colonia o país protegido. || P. condomínio; I. y F. condominium; A. Mitbesitz; It. condominio; R. совладение.

CONDÓMINO. (l. *cum*, con, y *dominus*, señor.) com. FOR. Condueño.

★ **CONDÓN.** m. Funda de goma elástica usada en el acto del coito para evitar el contagio de enfermedades venéreas.

CONDONACIÓN. (l. *condonatio, -ōnis*.) f. Acción y efecto de condonar.

CONDONANTE. p.a. de condonar. Que condona. Ú.t.c.s.

CONDONAR. (l. *condonāre*.) tr. Perdonar o remitir una pena de muerte o una deuda. || P. remir; I. to condone; F. faire grâce; A. erlassen, verzeihen; It. condonare; R. снижать срок наказания.

★ **CONDONATORIO, RIA.** adj. Dícese de la sentencia por la que se condona una pena.

★ **CONDONGUEARSE.** r. COLOM. y P. RICO. Contonearse.

CÓNDOR. (quich. *cúntur*.) m. Ave rapaz diurna de la misma familia que el buitre. Habita en los Andes y es la mayor de las aves que vuela. || **2.** Moneda de oro del Ecuador y Chile. || **3.** Moneda de oro colombiana equivalente a diez pesos colombianos. || P., I., F. e It. condor; A. Kondor; R. кондор.

★ **CONDORÍ.** BOT. AMÉR. MERID. Coral, arbusto leguminoso.

CONDOTIERO. (ital. *condottiere*, y éste de *condotta*, ajuste, del l. *conductus*, conducido.) m. Nombre del general o jefe de soldados mercenarios italianos, luego aplicado a los de otros países. || **2.** Soldado mercenario.

CONDRILA. (l. *chondrilla*, y éste del gr. χονδρίλη.) f. Hierba de la familia de las compuestas. Es comestible y de su raíz se saca liga. Se usa en medicina.

CONDRÍN. m. Peso para metales preciosos que se usa en Filipinas, décima parte del más, y equivalente a 37 centigramos y 6 miligramos.

* **CONDRINA.** f. Quím. Proteína del cartílago parecida a la gelatina.
* **CONDRIOMA.** m. Biol. Conjunto de los condrisomas de una célula.
* **CONDRISOMA.** m. Biol. Granulaciones o filamentos que se forman en el protoplasma de la célula.

CONDRITIS. (gr. χόνδρος, cartílago.) f. Pat. Inflamación del cartílago.

* **CONDROARSENITA.** f. Mineral. Arseniato de manganeso hidratado, con pequeñas cantidades de magnesia y cal.
* **CONDROBLASTO.** m. Célula cartilaginosa.
* **CONDROCELE.** m. Pat. Tumor formado por el cartílago.
* **CONDRODITA.** f. Mineral. Silicato anhidro de magnesio y hierro, con algo de flúor.

CONDROGRAFÍA. (gr. χόνδρος, cartílago, y γράφω, describir.) f. Zool. Parte de la anatomía que trata de la descripción de los cartílagos.

CONDROGRÁFICO, CA. adj. Zool. Perteneciente o relativo a la condrografía.
* **CONDROITO.** m. Pat. Cálculo mucoso.

CONDROLOGÍA. (gr. χόνδρος, cartílago, y λόγος, tratado.) f. Zool. Parte de la organología, que trata de los cartílagos en todos sus aspectos.

CONDROMA. (gr. χόνδρος, cartílago.) m. Tumor producido a expensas del tejido cartilaginoso.

* **CONDROPTERIGIO, GIA.** adj. Zool. Aplícase a los peces que tienen el esqueleto cartilaginoso y no óseo. || 2. Dícese de una subclase de estos peces.
* **CONDROSINDESMO.** m. Anat. Unión de los huesos por medio de un cartílago.
* **CONDROSIS.** f. Formación de los cartílagos.
* **CONDRÓTOMO.** m. Cir. Instrumento para practicar la condrotomía o disección de los cartílagos.

CONDUCCIÓN. (l. conductio, -ōnis.) f. Acción y efecto de conducir, llevar o guiar alguna cosa. || 2. Ajuste o concierto hecho por precio o salario. || 3. Conjunto de conductos dispuestos para el paso de algún fluido. || P. condução; I. y F. conduction; A. Führung; It. conduzione; R. перевозка.

CONDUCENCIA. f. Conducción.
CONDUCENTE. (l. conducens, -entis.) p.a. de conducir. Que conduce.
CONDUCIDOR, RA. (De conducir.) adj. ant. Conductor. Ú.t.c.s.
CONDUCIENTE. p.a. ant. de conducir. Que conduce.

CONDUCIR. (l. conducĕre; de cum, con, y ducĕre, llevar.) tr. Llevar, transportar de una parte a otra. || 2. Guiar o dirigir hacia un lugar. || 3. Guiar un vehículo automóvil. || 4. Guiar o dirigir un negocio. || 5. intr. Convenir para algún fin. || 6. r. Comportarse, proceder de ésta o la otra manera. || P. conduzir; I. to conduct; F. conduire; A. führen, leiten; It. condurre; R. перевозить.

CONDUCTA. (l. conducta, conducida, guiada.) f. Conducción. || 2. Gobierno, mando, guía, dirección. || 3. Porte o manera con que los hombres gobiernan su vida y dirigen sus acciones. || 4. Iguala que se hace con el médico para que asista a los enfermos. || 5. Remuneración que se le da. || 6. Comisión para reclutar y conducir gente de guerra. || 7. Mil. Gente nueva reclutada que los oficiales llevaban a los regimientos. || P. conduta; I. conduct, behaviour; F. conduite; A. Betragen, Lebenswandel; It. condotta; R. поведение.

* **CONDUCTANCIA.** f. Fís. Poder conductor de la electricidad cuando las tensiones son diferentes. Su valor es el inverso de la resistencia. Su unidad de medida es el mho, recíproca del ohm u ohmio.

CONDUCTERO. m. El que tiene a su cargo llevar una conducta. || 2. ant. Conductor, el que conduce o guía.

CONDUCTIBILIDAD. (De conductible.) f. Fís. Propiedad natural de los cuerpos, que consiste en conducir el calor o la electricidad. || P. condutibilidade; I. conductibility; F. conductibilité; A. Leit-

fähigkeit, Leitungsvermögen; It. conduttibilità; R. проводимость.

CONDUCTIBLE. (l. conductus, conducido.) adj. Que puede ser conducido.
CONDUCTICIO. (l. conductus, conducido.) adj. For. Perteneciente o relativo al canon o precio del arrendamiento.
CONDUCTIVIDAD. f. Calidad de conductivo.
CONDUCTIVO, VA. (De conducto.) adj. Dícese de lo que tiene virtud de conducir.

CONDUCTO. (l. conductus, conducido.) m. Canal que sirve para dar paso y salida a diferentes materias. || 2. Cada uno de los tubos o canales, que en los cuerpos organizados sirven a las funciones fisiológicas. || 3. fig. Persona por quien se dirige un negocio o por quien se tiene noticia de alguna cosa. || P. conduto; I. conduit, gutter; F. conduite, conduit; A. Röhre, Leitung; It. condotto; R. проток, канал.

* **CONDUCTÓMETRO.** m. Electr. Aparato para medir la conductancia de un circuito.

CONDUCTOR, RA. (l. conductor.) adj. Que conduce. Ú.t.c.s. || 2. Fís. Aplícase a los cuerpos según que conducen mal o bien el calor y la electricidad, malos o buenos conductores. Ú.t.c.s. || 2. m. y f. Ant., Méj., Guat., Colom., Perú y Chile. Persona que cobra el importe de los pasajes en un vehículo público. || P. condutor; I. conductor; F. conducteur; A. Leiter; It. conduttore; R. проводник.

CONDUCHO. (l. conductus, p.p. de conducĕre, conducir.) m. Comestible que podían pedir los señores a sus vasallos, como tributo, en los tiempos feudales. || 2. Comida, bastimento.

CONDUEÑO. (De con y dueño.) com. Compañero de otro en el dominio o señoría de alguna cosa.

CONDUERMA. f. Venez. Modorra, sueño muy pesado. || 2. Venez. Requisito, regodeo. || 3. Cuba. Cachaza, flema, pachorra. || 4. Méj. Molestia incesante. || 5. Méj. Persona enfadosa y molesta.

CONDUMIO. (De condir, condimentar.) m. fam. Cualquier guiso que se come con pan. || 2. Méj. Cierto turrón.

CONDUPLICACIÓN. (l. conduplicatio, -ōnis.) f. Ret. Figura que se comete repitiendo al principio de una cláusula o miembro del período la última palabra del miembro o cláusula inmediatamente anterior.

* **CONDURANGINA.** f. Quím. Glucósido tóxico del condurango.

CONDURANGO. m. Bot. Planta sarmentosa de las asclepiadáceas, que viven en el Ecuador y en Colombia. Se usan en medicina.

CONDURAR. tr. Extr. Hacer durar una cosa o economizarla.

CONDUTA. f. ant. Conducta. || 2. ant. Instrucción que se daba por escrito a los que iban a desempeñar cargo gubernativo.

CONDUTAL. m. Albañ. Canal por donde se vacían de las casas las aguas pluviales.

CONDUTERO. m. ant. Conductero.
CONECTADOR. m. Aparato o medio que se emplea para conectar.

CONECTAR. (l. connectĕre; de cum, con, y nectĕre, unir, enlazar.) tr. Mec. Combinar con el movimiento de una máquina el de un aparato dependiente de ella. || 2. Poner en contacto, unir. || 3. Electr. Unir dos o más aparatos o circuitos eléctricos mediante un conductor. || 4. r. Méj. Reunirse. || P. comunicar; I. to connect; F. coupler; A. anschliessen; It. connètere; R. включать.

CONECTIVO, VA. adj. Que une, ligando partes de un mismo aparato o sistema. || 2. m. Bot. Cuerpo que une las celdas de las anteras biloculares.

* **CONECTOR.** m. Fís. Condensador de una estación intermedia en los dos extremos de un alambre telegráfico.

CONEJA. f. Hembra del conejo. || Ser una una coneja. fr. fig. y fam. Parir a menudo.

CONEJAL. m. Conejar.
CONEJAR. (l. cunicularis, de cuniculus, conejo.) m. Sitio destinado para criar

conejos. || P. coelheira; I. rabbit-warren, rabbitry; F. clapier, lapinière; A. Kaninchengehege; It. conigliera; R. крольчатник.

* **CONEJEAR.** intr. Guat. Cazar conejos. || 2. Guat. Observar espiando.

CONEJERA. f. Madriguera donde se crían conejos. || 2. Conejar. || 3. fig. Cueva estrecha y larga, semejante a las que hacen los conejos para sus madrigueras. || 4. fig. y fam. Casa donde se suele juntar mucha gente de mal vivir. || 5. fig. y fam. Sótano, cueva o lugar estrecho donde se recogen muchas personas. || P. coelheira; I. rabbit-burrow: F. terrier, trou de lapin; A. Kaninchenbau; It. conigliera; R. кроличья нора.

CONEJERO, RA. (l. cunicularius, de cuniculus, conejo.) adj. Que caza conejos. Aplícase comúnmente al perro que sirve para este fin. || 2. m. y f. Persona que cría o vende conejos.

CONEJILLO. m. d. de conejo. || —de indias. Mamífero del orden de los roedores, parecido al conejo pero más pequeño, con orejas cortas, cola casi nula. Se usa mucho en experimentos de medicina y bacteriología. || 2.ª acep.: P. coelhinho; I. cavy; F. cobaye, cochon d'Inde; A. Meerschweinchen; It. porcellino d'India; R. морская свинка.

* **CONEJITO.** m. Bot. Planta escrofulariácea, también llamada dragón.

CONEJO. (l. cuniculus.) m. Mamífero del orden de los roedores, de pelo espeso, ordinariamente gris, orejas largas, patas posteriores más largas que las anteriores. Vive en madrigueras, se domestican fácilmente, su carne es comestible, y su pelo se emplea para fieltros y otras manufacturas. || 2. Nombre que suele darse a ciertos roedores, como el cobaya. || 3. Zool. Cuba. Pez de rara figura. || 4. Guat. Detective. || —albar. Conejo blanco. || P. coelho; I. rabbit; F. lapin; A. Kanin-(chen); It. coniglio; R. кролик.

* **CONEJO, JA.** adj. Amér. Central. Dícese del manjar soso, sin suficiente sal o azúcar.

CONEJUELO. m. d. de conejo.
CONEJUNO, NA. adj. Perteneciente al conejo. || 2. Semejante a él. || 3. f. Pelo de conejo.

* **CONESINA.** f. Quím. Alcaloide tóxico que se obtiene de las semillas y de la corteza de un árbol de la India llamado conessi. Es substancia amarga, de efectos paralizantes y aplicaciones medicinales.

CONEXIDAD. (De conexo.) f. ant. Conexión. || 2. pl. Derechos y cosas anejas a otra principal.

CONEXIÓN. (l. connexio, -ōnis.) f. Enlace, concatenación de una cosa con otra. || 2. pl. Amistades, mancomunidad de ideas o de intereses. || P. conexão; I. connection; F. connexion; A. Verbindung, Anschluss; It. connessione; R. связь.

CONEXIONARSE. r. Contraer conexiones.

CONEXIVO, VA. (l. connexivus.) adj. Lo que puede unir o juntar una cosa con otra.

CONEXO, XA. (l. connexus, p.p. de connectĕre, unir.) adj. La cosa que está enlazada o relacionada con otra. || 2. For. Los delitos que por su relación deben ser objeto de un mismo proceso.

CONFABULACIÓN. (l. confabulatio, -ōnis.) f. Acción y efecto de confabular o confabularse. Tómase por lo común en mala parte.

CONFABULADOR, RA. (l. confabulātor.) m. y f. Cada una de las personas que tratan entre sí algún asunto, principalmente con cautela.

CONFABULAR. (l. confabulāri; de cum, con, y fabulāri, hablar.) intr. Conferir, tratar una cosa entre dos o más personas. || 2. r. Ponerse de acuerdo dos o más personas sobre un negocio en que no son ellas solas las interesadas. Tómase, por lo común, en mala parte. || P. confabular; I. to confabulate, to confab; F. s'entretenir de; A. Verhandeln; It. confabulare; R. обсуждать; || 2.ª acep.: P. tramar; I. to scheme; F. conférer; A. sich verschwören; It. concertarsi; R. замышлять.

CONFACCIÓN. f. ant. Confección.
CONFACCIONAR. tr. ant. Confeccionar.

C

C

CONFALÓN. m. Bandera, estandarte, pendón. ‖ **P.** pendão; **I.** y **F.** gonfalon; **A.** Fahne; **It.** gonfalone; **R.** знамя.

CONFALONIER. (ital. *gonfaloniere*, de *gonfalone*, confalón.) m. Confaloniero.

CONFALONIERO. m. El que lleva el confalón.

CONFARRACIÓN. f. ant. Confarreación.

CONFARREACIÓN. (l. *canfarreatio*, *-õnis*.) f. Uno de los tres modos, reservado a los patricios, que tenían los antiguos romanos de contraer matrimonio, mediante el cual la mujer entraba en comunidad de bienes con el marido, y los hijos gozaban de ciertos privilegios.

CONFECCIÓN. (l. *confectio*, *-õnis*.) f. Acción y efecto de confeccionar. ‖ **2.** FARM. Medicamento de consistencia blanda, compuesto de varias substancias pulverizadas con cierta cantidad de jarabe o miel. ‖ **P.** confecção; **I.** elaboration; **F.** confection; **A.** Konfektion; **It.** confezione; **R.** изготовление.

CONFECCIONADOR, RA. adj. Que confecciona. Ú.t.c.s.

CONFECCIONAR. (De *confección*.) tr. Hacer, componer, tratándose de obras materiales. ‖ **2.** FARM. Preparar según arte los medicamentos. ‖ **P.** confeccionar; **I.** to elaborate; **F.** confectionner; **A.** verfertigen, konfektionieren; **It.** confezionare; **R.** изготовлять.

* **CONFECCIONISTA.** com. ARGENT. El que se dedica a confeccionar vestidos en serie con arreglo a un modelo.

CONFECTOR. (l. *confector*, de *conficĕre*, hacer, acabar, matar.) m. Gladiador.

CONFEDERACIÓN. (l. *confoederatio*, *-õnis*.) f. Alianza o pacto entre algunas personas, y más comúnmente entre naciones o estados. ‖ **2.** Conjunto de personas o de estados confederados. ‖ **P.** confederação; **I.** confederation; **F.** confédération; **A.** Bündnis; **It.** confederazione; **R.** конфедерация.

CONFEDERADO, DA. p.p. de confederar. ‖ **2.** adj. Que entra o está en una confederación. Ú.t.c.s. ‖ **P.** confederado; **I.** confederate; **F.** confédéré; **A.** Verbündeter; **It.** confederato; **R.** союзный.

CONFEDERANZA. (De *confederar*.) f. ant. Confederación.

CONFEDERAR. (l. *confoederāre*.) tr. Hacer alianza, unión o pacto entre varios. Ú.m.c.r. ‖ **P.** confederar; **I.** to confederate; **F.** confédérer; **A.** verbünden; **It.** confederare; **R.** объединять в союз.

CONFEDERATIVO, VA. adj. Federativo.

CONFERECER. tr. ant. Conferir o dar una cosa.

CONFERENCIA. (l. *conferentia*, de *conferre*, juntar, comunicar.) f. Plática entre dos o más personas para tratar de algún punto o negocio. ‖ **2.** En algunas universidades o estudios, lección que llevan los estudiantes cada día. ‖ **3.** Disertación en público sobre algún punto doctrinal. ‖ **4.** Junta que celebra la Sociedad de San Vicente de Paúl, para tratar de las necesidades de los pobres a quienes visita. ‖ **5.** Reunión de representantes de gobiernos o estados para tratar asuntos internacionales. ‖ **6.** Comunicación telefónica interurbana. ‖ **P.** conferência; **I.** conference; **F.** conférence; **A.** Konferenz; **It.** conferenza; **R.** конференция.

CONFERENCIANTE. (De *conferenciar*.) com. Persona que diserta en público sobre algún punto doctrinal.

CONFERENCIAR. (De *conferencia*.) intr. Platicar una o varias personas con otra u otras para tratar de algún punto o negocio. ‖ **P.** conferenciar; **I.** to confer; **F.** conférer; **A.** sich besprechen; **It.** conferire; **R.** обсуждать.

CONFERENCISTA. com. Conferenciante.

CONFERIR. (l. *conferre; de cum*, con, y *ferre*, llevar.) tr. Conceder, asignar a uno dignidad, empleo o derechos. ‖ **2.** Tratar y examinar entre varias personas algún punto o negocio. ‖ **3.** Cotejar y comparar una cosa con otra. ‖ **4.** intr. Conferenciar. ‖ **P.** conferir; **I.** to confer; **F.** conférer; **A.** beraten; **It.** conferire; **R.** присваивать.

* **CONFERVA.** f. BOT. Cierto género de algas parásitas.

CONFESA. (De *confeso*.) f. Viuda que entraba a ser monja.

CONFESABLE. adj. Que puede confesarse.

CONFESADO, DA. (De *confesar*.) m. y f. fam. Hijo, o hija, de confesión.

CONFESANTE. p.a. de confesar. Que confiesa. ‖ **2.** FOR. Que confiesa en juicio. Ú.t.c.s.

CONFESAR. (De *confeso*.) tr. Manifestar uno sus hechos o sentimientos. ‖ **2.** Declarar uno, obligado por la fuerza de la razón o por otro motivo, lo que sin ello no reconocería ni declararía. ‖ **3.** Declarar el penitente al confesor en el sacramento de la penitencia los pecados que ha cometido. Ú.t.c.r. ‖ **4.** Oir el confesor al penitente. ‖ **5.** FOR. Declarar el reo o el litigante ante el juez. ‖ **P.** confessar; **I.** to confess, to avow; **F.** confesser, avouer; **A.** bekennen; **It.** confessare; **R.** признавать, исповедовать.

CONFESIÓN. (l. *confessio*, *-õnis*.) f. Declaración que uno hace de lo que sabe, espontáneamente o preguntado por otro. ‖ **2.** Declaración al confesor de los pecados que uno ha cometido. ‖ **3.** FOR. Declaración del litigante o del reo en el juicio. ‖ **4.** Credo religioso y conjunto de personas que lo profesan. ‖—**auricular.** La sacramental. ‖—**general.** La que hace de los pecados de toda la vida pasada, o de una gran parte de ella. ‖ **2.** Fórmula y oración que tiene dispuesta la Iglesia para prepararse los fieles a recibir algunos sacramentos. ‖ *Demediar*, o *dimidiar*, uno *la* CONFESIÓN. fr. En el lenguaje de los moralistas se dice así cuando, por impotencia física o moral, y con las condiciones que señalan los autores, el penitente no manifiesta todos sus pecados al confesor, pudiendo ser válida aquélla. ‖ *Oir de* CONFESIÓN. fr. Ejercer el ministerio de confesor. ‖ **P.** confissão; **I.** confession; **F.** aveu, confession; **A.** Bekenntnis; **It.** confessione; **R.** признание, исповедь.

CONFESIONAL. adj. Perteneciente a una confesión religiosa. Ú.t.c.s.

CONFESIONALIDAD. f. Calidad de confesional.

CONFESIONARIO. (De *confesión*.) m. Confesonario. ‖ **2.** Tratado en que se dan reglas para saber confesar y confesarse.

CONFESIONISTA. adj. Que profesa la confesión de Augsburgo, declaración luterana de fe, propuesta al emperador Carlos V. Apl. a pers. ú.t.c.s.

CONFESO, SA. (l. *confessus*, p.p. de *confitēri*, confesar.) adj. Dícese del que ha confesado su delito o culpa. ‖ **2.** Apl. al judío convertido. Ú.t.c.s. ‖ **3.** m. Monje lego, donado. ‖ *Tener por* CONFESO *a uno.* fr. FOR. Hacer el juez la declaración de haber tácitamente confesado un litigante. ‖ **P.** e **It.** confesso; **I.** self-confessed; **F.** avoué; **A.** geständig; **R.** сознавшийся.

CONFESONARIO. (De *confesionario*.) m. Mueble dentro del cual se coloca el sacerdote para oir las confesiones sacramentales en las iglesias. ‖ **P.** confessionário; **I.** y **F.** confessional; **A.** Beichtstuhl; **It.** confessionale; **R.** исповедальня.

CONFESOR. (l. *confessor*.) m. Cristiano que profesa públicamente la fe de Jesucristo, y por ella está pronto a dar la vida. En este sentido llama la Iglesia confesores a ciertos santos. ‖ **2.** Sacerdote que, con licencia del ordinario, confiesa a los penitentes. ‖—**de manga ancha.** fig. y fam. El que es fácil en la absolución a los penitentes. ‖ **P.** e **I.** confessor; **F.** confesseur; **A.** Glaubenzeuge; **It.** confessore. ‖ **2.ª** acep.: **P.** e **I.** confessor; **F.** confesseur; **A.** Beichtvater; **It.** confessore; **R.** духовник.

CONFESORIO. (De *confesor*.) m. Confesonario.

CONFESURÍA. f. Cargo de confesor.

CONFETI. (ital. *confetti*, pl. de *confetto* y éste del l. *confectus*, elaborado.) m. Pedacitos de papel de varios colores, recortados en varias formas, que se arrojan las personas unas a otras en los días de carnaval.

CONFIABLE. adj. Aplícase a la persona en quien se puede confiar.

CONFIADAMENTE. adv. Con seguridad y confianza.

CONFIADO, DA. (De *confiar*.) adj. Crédulo, imprevisor. ‖ **2.** Presumido, satisfecho de sí mismo.

CONFIADOR. m. FOR. Cofiador.

CONFIADOR, RA. adj. ant. Confiado, 1.ª acep.

CONFIANTE. p.a. ant. de confiar. Que confía o tiene confianza.

CONFIANZA. (De *confiar*.) f. Esperanza firme que se tiene de una persona o cosa. ‖ **2.** Ánimo y vigor para obrar. ‖ **3.** Presunción y vana opinión de sí mismo. ‖ **4.** Pacto o convenio hecho ocultamente entre dos o más personas, particularmente si son tratantes o del comercio. ‖ **5.** Familiaridad en el trato. ‖ **6.** V. *Abuso de* CONFIANZA. ‖ *De* CONFIANZA. loc. Dícese de la persona con quien se tiene trato íntimo o familiar. ‖ **2.** Dícese de la persona en quien se puede confiar. ‖ **3.** Dícese de las cosas que poseen las cualidades recomendables para el fin a que se destinan. ‖ *En* CONFIANZA. m. adv. Confiadamente. ‖ **P.** confiança; **I.** confidence, trust; **F.** confiance; **A.** Vertrauen; **It.** confidanza, fiducia; **R.** доверие. ‖ **5.ª** acep.: **P.** familiaridade; **I.** intimacy; **F.** confiance; **A.** Vertrautlichkeit; **It.** confidanza; **R.** близость.

CONFIANZUDO, DA. adj. Confiado, 1.ª acep. ‖ **2.** Propenso a usar de familiaridad en el trato.

CONFIAR. (l. *confidāre*, por *confidēre*.) intr. Esperar con firmeza y seguridad. ‖ **2.** tr. Poner el cuidado de uno algún negocio u otra cosa. ‖ **3.** Depositar en uno, sin más seguridad que la buena fe, la hacienda, el secreto u otra cualquier cosa. Ú.t.c.r. ‖ **4.** Dar esperanza a uno de que conseguirá lo que desea. ‖ **P.** confiar; **I.** to hope; **F.** espérer; **A.** vertrauen auf; **It.** sperare; **R.** верить. ‖ **4.ª** acep.: **P.** confiar; **I.** to trust, to confide in; **F.** se confier en; **A.** anvertrauen; **It.** confidare; **R.** надеяться.

CONFICIENTE. (l. *conficiens*, *-entis*, p.a. de *conficĕre*, hacer.) adj. ant. Que obra o hace.

CONFICIÓN. f. ant. Confección.

CONFICIONAR. tr. ant. Confeccionar.

CONFIDENCIA. (l. *confidentia*.) f. Confianza. ‖ **2.** Revelación secreta, noticia reservada. ‖ **P.** confidência; **I.** y **F.** confidence; **A.** Konfidenz; **It.** confidenza; **R.** доверие.

CONFIDENCIAL. (De *confidencia*.) adj. Que se hace o se dice en confianza entre dos o más personas. Carta confidencial. ‖ **P.** confidencial; **I.** confidential; **F.** confidentiel; **A.** vertraulich; **It.** confidenziale; **R.** конфиденциальный.

CONFIDENCIALMENTE. adv. De manera confidencial.

CONFIDENTE, TA. (l. *confidens*, *-entis*, p.a. de *confidēre*, confiar.) adj. Fiel, seguro de confianza. ‖ **2.** Canapé de dos asientos. ‖ **3.** m. y f. Persona a quien otro fía sus secretos o le encarga la ejecución de cosas reservadas. ‖ **4.** Persona que sirve de espía, y trae noticias de lo que pasa en el campo enemigo o entre gentes sospechosas.

CONFIDENTEMENTE. adv. Confidencialmente. ‖ **2.** Con fidelidad.

CONFIESA. (De *confesar*.) f. ant. Confesión.

CONFIESO, SA. adj. ant. FOR. Confeso, 1.ª acep.

CONFIGURACIÓN. (l. *configuratio*, *-õnis*.) f. Disposición de las partes que componen un cuerpo y le dan su peculiar figura. ‖ **P.** configuração; **I.** y **F.** configuration; **A.** Gestaltung; **It.** configurazione; **R.** конфигурация.

CONFIGURAR. (l. *configurāre*.) tr. Dar determinada figura a una cosa. Ú.t.c.r. ‖ **P.** configurar; **I.** to configurate, to configure; **F.** configurer; **A.** gestalten; **It.** configurare; **R.** придавать форму.

CONFÍN. (l. *confinis*.) adj. Confinante. ‖ **2.** m. Término o raya que divide las poblaciones, provincias o reinos, y señala los límites de cada uno. ‖ **3.** Último término o a que alcanza la vista. ‖ **P.** confim; **I.** confine, border; **F.** confin; **A.** Grenze; **It.** confine; **R.** предел.

CONFINACIÓN. f. Confinamiento. ‖ **P.** confinamento; **I.** banishment; **F.** relégation; **A.** Landesverweisung; **It.** confinamento; **R.** ссылка.

CONFINADO, DA. p.p. de confinar. ‖

2. adj. Desterrado. || **3.** m. FOR. El que sufre la pena de confinamiento.

CONFINAMIENTO. f. Acción y efecto de confinar. || **2.** FOR. Pena que consiste en relegar al condenado a cierto lugar seguro para que viva bajo la vigilancia de las autoridades.

CONFINANTE. p.a. de confinar. Que confina, 1.ª acep.

CONFINAR. (De *confín*.) intr. Lindar, estar contiguo a otro territorio, mar, etc. || **2.** tr. Desterrar a uno, señalándole un paraje determinado de donde no puede salir en cierto tiempo. || P. confinar; I. to confine; F. confiner; A. angrenzen; It. confinare; R. граничить. || 2.ª acep.: P. desterrar; I. to banish; F. reléguer, exiler; A. verbannen; It. confinare; R. высылать.

CONFINGIR. (l. *confingĕre;* de *cum*, con, y *fingĕre*, formar, componer.) tr. Incorporar o mezclar una o más cosas con un líquido, hasta formar una masa.

CONFINIDAD. f. Proximidad, inmediación, contigüidad.

CONFIRMACIÓN. (l. *confirmatĭo, -ōnis*.) f. Acción y efecto de confirmar. || **2.** Nueva prueba de la verdad y certeza en un suceso, dictamen u otra cosa. || **3.** Uno de los siete sacramentos de la Iglesia. || **4.** RET. Parte principal del discurso en que se aducen los argumentos para demostrar la proposición. || P. confirmação; I. y F. confirmation; A. Bestätigung; It. confermazione; R. подтверждение. || 3.ª acep.: P. confirmação; I. confirmation, chrism; F. confirmation; A. Konfirmation, Firmung; It. crèsima, confermazione; R. конфирмация.

CONFIRMADAMENTE. adv. Con firmeza, seguridad y aprobación.

CONFIRMADOR, RA. (l. *confirmātor*.) adj. Que confirma. Ú.t.c.s.

CONFIRMAMIENTO. m. ant. Confirmación, 1.ª acep.

CONFIRMANDO, DA. m. y f. Persona que va a recibir al sacramento de la confirmación.

CONFIRMANTE. p.a. de confirmar. Que confirma. Ú.t.c.s.

CONFIRMAR. (l. *confirmāre*.) tr. Corroborar la verdad, certeza o probabilidad de una cosa. || **2.** Revalidar lo ya aprobado. || **3.** Dar a una persona o cosa mayor firmeza o seguridad. Ú.t.c.r. || **4.** Administrar el santo sacramento de la confirmación. || **5.** FOR. En los contratos o actos jurídicos con vicio subsanable de nulidad, remediar este defecto. || P. confirmar; I. to confirm; F. confirmer; A. bekräftigen, bestätigen; It. confermare; R. подтверждать.

CONFIRMATIVO, VA. (l. *confirmatīvus*.) adj. Confirmatorio.

CONFIRMATORIO, RIA. adj. Aplícase al auto o sentencia por el que se confirma otro auto o sentencia dada anteriormente.

CONFISCABLE. adj. Que se puede confiscar.

CONFISCACIÓN. (l. *confiscatĭo, -ōnis*.) f. Acción y efecto de confiscar. || P. confiscação; I. y F. confiscation; A. Beschlagnahmung; It. confisca; R. конфискация.

CONFISCADO, DA. adj. fam. AND. y VENEZ. Maldito, condenado, travieso.

CONFISCAR. (l. *confiscāre;* de *cum*, con, y *fiscus*, el fisco.) tr. Privar a uno de sus bienes y aplicarlos al fisco. || P. confiscar; I. to confiscate; F. confisquer; A. gerichtlich einziehen; It. confiscare; R. конфисковатв.

CONFITADO, DA. p.p. de confitar. || **2.** adj. Confiado, esperanzado.

CONFITAR. (De *confite*.) tr. Cubrir con baño de azúcar las frutas o semillas preparadas para este fin. || **2.** Cocer las frutas en almíbar. || **3.** fig. Endulzar, suavizar. || 2.ª acep.: P. confeitar; I. to candy; F. confire; A. kandieren; It. candire; R. варить варенье.

CONFITE. (fr. *confit*, y éste del l. *confectus*, elaborado.) m. Pasta hecha de azúcar y algún otro ingrediente, ordinariamente en forma de bolillas de varios tamaños. Ú.m. en pl. || *Morder en un* CONFITE. fr. fig. y fam. Comer en un mismo plato. || P. confeito; I. candy, comfit; F. dragée, bonbon; A. Konfekt, Zuckerwerk; It. confetto; R. конфета.

CONFITENTE. (l. *confitens, -entis,* que confiesa.) adj. Confeso, 1.ª acep.

CONFITEOR. m. Palabra latina con que empieza la oración que se dice en la misa y en la confesión. || **2.** fig. Confesión paladina de alguna falta o error.

CONFITERA. f. Vasija o caja donde se ponen los confites.

CONFITERÍA. f. Casa u oficina donde los confiteros hacen los dulces. || **2.** Tienda donde los venden. || P. confeitaria; I. confectionery; F. confiserie, confiturerie; A. Zuckerbäckerei, Konditorei; It. confettureria; R. кондитерская.

CONFITERO, RA. (De *confite*.) adj. V. *Calabaza* CONFITERA. || **2.** m. y f. Persona que tiene por oficio hacer o vender todo género de dulces y confituras. || **3.** m. Vaso donde se servían antiguamente los dulces. || P. confeiteiro; I. confectioner; F. confiseur, confiturier; A. Zuckerbäcker; It. confetturiere; R. кондитер.

CONFITICO, LLO, TO. (d. de *confite*.) m. Labor menuda que tienen algunas colchas, parecida a los confites pequeños.

CONFITURA. (l. *confectūra,* hechura, preparación.) f. Fruta u otra cosa confitada. || P. doce coberto; I. confiture, sweetmeat, confection; F. confiture, confiserie; A. Eingemachtes, Konfitüre; It. confettura, candito; R. кондитерские изделия.

CONFITURERÍA. f. ant. Confitería.

CONFITURERO, RA. m. y f. ant. Confitero, confitera.

CONFLACIÓN. (l. *conflatĭo, -ōnis*.) f. Fundición, 1.ª acep.

CONFLAGRACIÓN. (l. *conflagratĭo, -ōnis*.) f. Incendio, 1.ª acep. || **2.** fig. Perturbación repentina y violenta de pueblos o naciones. || 2.ª acep.: P. conflagração; I. y F. conflagration; A. Weltkrieg; It. conflagrazione; R. война.

CONFLAGRAR. (l. *conflagrāre,* inflamar.) tr. Inflamar, incendiar, quemar alguna cosa.

CONFLÁTIL. (l. *conflatĭlis*.) adj. Que se puede fundir.

CONFLICTO. (l. *conflictus*.) m. Lo más recio de un combate. || **2.** Punto en que aparece incierto el resultado de la pelea. || **3.** fig. Combate y angustia del ánimo. || **4.** fig. Apuro, situación desgraciada y de difícil salida. || P. conflito; I. conflict; F. choc, mêlée; A. Konflikt; It. conflitto; R. конфликт. || 3.ª acep.: P. conflito; I. conflict; F. conflit; A. Zusammenstoss; It. conflitto; R. борьба.

CONFLUENCIA. (l. *confluentĭa*.) f. Acción de confluir. || **2.** Paraje donde confluyen los ríos o los caminos. || 2.ª acep.: P. confluência; I. y F. confluence; A. Zusammenfluss; It. confluenza; R. слияние.

CONFLUENTE. (l. *confluĕns, -entis*.) p.a. de confluir. Que confluye. || **2.** adj. MED. V. *Viruelas* CONFLUENTES. || **3.** m. Confluencia, 2.ª acep.

CONFLUIR. (l. *confluĕre;* de *cum*, con, y *fluĕre*, fluir.) intr. Juntarse dos o más ríos u otras corrientes de agua en un mismo paraje. || **2.** fig. Juntarse en un punto dos o más caminos. || **3.** fig. Concurrir en un sitio mucha gente que viene de diversas partes. || P. confluir, afluir; I. to join; to assemble; F. confluer, réunir; A. zuströmen; zusammenfliessen; It. confluire; R. стекаться.

CONFORMACIÓN. (l. *conformatĭo, -ōnis*.) f. Colocación, distribución de las partes que forman una cosa.

CONFORMADOR. (De *conformar*.) m. Aparato con que los sombreros toman la medida y configuración en la cabeza. || P. conformador; I. conformator; F. conformateur; A. Hutform; It. conformatore; R. болванка.

CONFORMAR. (l. *conformāre*.) tr. Ajustar, concordar una cosa con otra. Ú.t.c.intr. y c.r. || **2.** intr. Convenir una persona con otra; ser de su misma opinión. Ú.m.c.r. || **3.** r. Reducirse, sujetarse uno voluntariamente a hacer o sufrir una cosa por la cual siente alguna repugnancia. || P. conformar; I. to conform; F. conformer; A. Übereinstimmen; It. conformare; R. согласовывать.

CONFORME. (l. *conformis*.) adj. Igual, proporcionado, correspondiente. || **2.** Acorde de con otro en un mismo dictamen. || **3.** Resignado y paciente en las adversida-

des. || **4.** m. Asentimiento que se pone al pie de un escrito. || **5.** adv. Que denota relaciones de conformidad y equivale más comúnmente con arreglo a, a tenor de. Conforme a derecho. || **6.** Según y conforme. || 2.ª acep.: P. e It. conforme; I. consistent with; F. d'accord; A. einig übereinstimmend; R. согласный.

CONFORMEMENTE. adv. Con unión y conformidad.

CONFORMIDAD. (l. *conformĭtas, -ātis*.) f. Semejanza entre dos personas. || **2.** Igualdad, correspondencia de una cosa con otra. || **3.** Unión y buena correspondencia entre dos o más personas. || **4.** Simetría y debida proporción entre las partes que componen un todo. || **5.** Adhesión íntima y total de una persona a otra. || **6.** Tolerancia y sufrimiento en las adversidades. || *De* CONFORMIDAD. m. adv. Conformemente. || *En esta o en tal,* CONFORMIDAD. expr. adv. En este supuesto, bajo esta condición. || 3.ª acep.: P. conformidade; I. agreement; F. conformité; A. Gleichheit, Einheitlichkeit; It. conformità; R. соответствие.

★ CONFORMISMO. m. Partido religioso predominante hoy en Inglaterra.

CONFORMISTA. adj. Dícese del que en Inglaterra está conforme con la religión oficial del Estado. Ú.t.c.s.

CONFORTABLE. adj. Que conforta, o consuela. || **2.** Se aplica a lo que produce comodidad.

CONFORTABLEMENTE. adv. De modo confortable.

CONFORTACIÓN. f. Acción y efecto de confortar o confortarse.

CONFORTADOR, RA. adj. Que conforta. Ú.t.c.s.

CONFORTAMIENTO. m. Confortación.

CONFORTANTE. p.a. de confortar. Que conforta. Ú.t.c.s. || **2.** m. Mitón.

CONFORTAR. (l. *confortāre;* de *cum*, con, y *fortis*, fuerte). tr. Dar vigor, espíritu y fuerza. Ú.t.c.r. || **2.** Animar, consolar al afligido. Ú.t.c.r. || P. confortar; I. to comfort; F. conforter; A. stärken, trösten; It. confortare; R. ободрять.

CONFORTATIVO, VA. adj. Dícese de lo que tiene virtud de confortar. Ú.t.c.s.m.

CONFORTE. (De *confortar*.) m. Confortación. || **2.** Confortativo.

CONFORTO. m. ant. Conforte.

CONFRACCIÓN. (l. *confractĭo, -ōnis*.) f. Rompimiento, acción de quebrar.

CONFRADE. m. p. us. Cofrade.

CONFRADÍA. f. ant. Cofradía.

CONFRAGOSO, SA. (l. *confragōsus*.) adj. ant. Fragoso.

CONFRATERNAR. (l. *cum*, con, y *fraternus*, fraterno.) intr. Hermanarse una persona con otra.

CONFRATERNIDAD. (De *con* y *fraternidad*.) f. Hermandad, 1.ª y 2.ª aceps.

★ CONFRATERNIZAR. (De *con* y *fraternizar*.) tr. CHILE y ARGENT. Fraternizar.

CONFRICACIÓN. (l. *confricatĭo, -ōnis*.) f. Acción y efecto de confricar.

CONFRICAR. (l. *confricāre;* de *cum*, con, y *fricāre*, frotar.) tr. Estregar.

CONFRONTACIÓN. (De *confrontar*.) f. Careo entre dos o más personas. || **2.** Cotejo de una cosa con otra. || **3.** Simpatía, conformidad natural entre personas o cosas. || **4.** Acción de confrontar, 2.ª y 4.ª aceps.

CONFRONTANTE. p.a. de confrontar. Que confronta.

CONFRONTAR. (l. *cum*, con, y *frons, frontis*, la frente.) tr. Carear una persona con otra. || **2.** Cotejar una cosa con otra, y especialmente escritos. || **3.** intr. Confinar. || **4.** Estar o ponerse una persona o cosa frente a otra. Ú.t.c.r. || **5.** fig. Congeniar una persona con otra. Ú.t.c.r. || 2.ª acep.: P. confrontar; I. to confront; F. confronter; A. vergleichen; It. confrontare; R. сопоставлять.

CONFUCIANISMO. (De *Confucio*.) m. Secta moral y política de los confucianos, profesada por chinos y japoneses.

CONFUCIANO, NA. adj. Perteneciente a la doctrina del filósofo chino Confucio. Ú.t.c.s.

C

CONFUCIONISMO. m. Confucianismo.

CONFUCIONISTA. adj. Confuciano. Ú.t.c.s.

CONFUERZO. (l. *confórtium*, de *confortăre*, confortar.) m. ant. Confortación.

CONFUGIO. (l. *confugĭum*.) m. ant. Refugio, 1.ª acep.

CONFUIR. (l. *confugĕre*.) intr. ant Huir con otro u otros.

CONFULGENCIA. f. Brillo simultáneo. Confulgencia de muchas estrellas.

CONFUNDIBLE. adj. Lo que puede confundirse o ser confundido.

CONFUNDIENTE. p.a. ant. de confundir. Que confunde.

CONFUNDIMIENTO. m. Acción y efecto de confundirse o perturbarse una persona.

CONFUNDIR. (l. *confundĕre*.) tr. Mezclar dos o más cosas diversas de modo que las partes de las unas se incorporen con las de las otras. Ú.t.c.r. || 2. Barajar confusamente diferentes cosas que estaban ordenadas. || 3. Equivocar, desordenar una cosa. Ú.t.c.r. || 4. fig. Convencer o concluir a uno en la disputa. || 5. fig. Humillar, avergonzar. Ú.t.c.r. || 6. fig. Turbar a uno de manera que no acierte a explicarse. Ú.t.c.r. || P. confundir; I. to confound, to confuse; F. confondre; A. vermischen; It. confondere; R. смешивать. || 3.ª acep.: P. perturbar; I. to confound; F. terrasser; A. verwechseln; It. confòndere; R. спутывать.

CONFUSAMENTE. adv. Con desorden, con confusión.

CONFUSIÓN. (l. *confusĭo, -ōnis*.) f. Acción y efecto de confundir, 1.ª y 2.ª aceps. || 2. Falta de orden, de concierto y de claridad. || 3. fig. Perplejidad, turbación de ánimo. || 4. fig. Abatimiento, humillación. || 5. fig. Afrenta, ignominia. || 6. Germ. Calabozo o cárcel. || 7. Germ. Venta, 3.ª acep. || 8. For. Modo de extinguirse las obligaciones por reunirse en un mismo sujeto el crédito y la deuda. || P. confusão; I. y F. confusion; A. Unordnung, Gewirr; It. confusione; R. путаница.

CONFUSIONISMO. m. Confusión y obscuridad en las ideas o en el lenguaje, producida por lo común deliberadamente.

CONFUSIONISTA. adj. Perteneciente o relativo al confusionismo. || 2. com. Persona que lo practica.

CONFUSO, SA. (l. *confūsus*.) p.p. irreg. de confundir. || 2. adj. Mezclado, revuelto, desconcertado. || 3. Obscuro, dudoso. || 4. Difícil de distinguir. || 5. fig. Turbado, temeroso. || P. e It. confuso; I. confused; F. confus; A. verwirrt, beschämt; R. запутанный, неясный.

CONFUTACIÓN. (l. *confutatĭo, -ōnis*.) f. Acción y efecto de confutar. || P. confutação; I. confutation; F. réfutation; A. Widerlegung; It. confutazione; R. опровержение.

CONFUTADOR, RA. adj. Confutatorio. Ú.t.c.s.

CONFUTAR. (l. *confutăre*; de *cum*, con, y *futăre*, argüir.) tr. Impugnar de modo convincente la opinión contraria. || P. confutar; I. to confute; F. réfuter; A. widerlegen; It. confutare; R. опровергать.

CONFUTATORIO, RIA. adj. Que confuta.

CONGA. f. Cuba. Hutía mayor que la rata que tiene unos cuarenta centímetros de largo, y color ceniciento o rojizo.

CONGA. f. Danza popular de Cuba, de origen africano. || 2. Música con que se acompaña este baile.

CONGELABLE. adj. Que se puede congelar.

CONGELACIÓN. (l. *congelatĭo, -ōnis*.) f. Acción y efecto de congelar o congelarse.

CONGELADOR. m. Vasija para congelar.

CONGELAMIENTO. m. Congelación.

CONGELANTE. p.a. de congelar. Que congela.

CONGELAR. (l. *congelăre*.) tr. Helar un líquido. Ú.m.c.r. || 2. fig. Econ. Inmovilizar un gobierno fondos o créditos particulares prohibiendo toda clase de operaciones con ellos. || P. congelar; I. to

congeal; F. congéler; A. vereisen, gefrieren; It. congelare; R. замораживать.

CONGELATIVO, VA. adj. Que tiene virtud de congelar.

CONGÉNERE. (l. *congĕner, -ĕris*.) adj. Del mismo género, de un mismo origen o de la propia generación. Ú.t.c.s. || P. congénere; I. congeneric, congener; F. congénère; A. gleichartig; It. congènere; R. однородный.

CONGENIAL. adj. De igual genio.

CONGENIAR. (De *con* y *genio*.) intr. Tener dos o más personas genio, carácter o inclinaciones que concuerdan fácilmente. || P. congeniar; I. to be congenial, to sympathise; F. sympathiser; A. harmonieren, übereinstimmen; It. andare a genio; R. иметь одинаковый характер.

CONGÉNITO, TA. (l. *congenĭtus*; de *cum*, y *genĭtus*, engendrado.) adj. Que se engendra juntamente con otra cosa. || 2. Connatural y como nacido con uno.

CONGERIE. (l. *congerĭes*.) f. Cúmulo o montón de cosas.

CONGESTIÓN. (l. *congestĭo, -ōnis*.) f. Acumulación excesiva de sangre en alguna parte del cuerpo. || 2. fig. Aglomeración anormal de mercancías, vehículos u otras cosas, que producen perturbación. || P. congestão; I. y F. congestion; A. Blutandrang; It. congestione; R. гиперемия.

CONGESTIONAR. tr. Producir congestión en una parte del cuerpo. || 2. r. Acumularse más o menos rápidamente la sangre en una parte del cuerpo. || P. congestionar; I. to congest; F. congestionner; A. sich anhäufen (das Blut); It. congestionare; R. приливать.

CONGESTIVO, VA. adj. Med. Perteneciente a la congestión.

CONGIARIO. (l. *congiarĭum*.) m. Don que en algunas ocasiones solían distribuir al pueblo los emperadores romanos.

CONGIO. (l. *congĭus*.) m. Medida antigua para líquidos, octava parte del ánfora romana, y equivalente a unos tres litros.

CONGLOBACIÓN. (l. *conglobatĭo, -ōnis*.) f. Acción y efecto de conglobar o conglobarse. || 2. fig. Unión y mezcla de cosas no materiales; como de afectos, palabras, etc.

CONGLOBAR. (l. *conglobăre*.) tr. Juntar cosas de modo que formen globo o montón. Ú.t.c.r. || P. conglobar; I. to conglobe; F. conglober; A. zusammenballen; It. conglobare; R. собирать в комок.

CONGLOMERACIÓN. (l. *conglomeratĭo, -ōnis*.) f. Acción y efecto de conglomerar o conglomerarse.

CONGLOMERADO, DA. (l. *conglomerātus*.) p.p. de conglomerar. Ú.t.c.s.m. || 2. adj. Bot. V. *Flores* CONGLOMERADAS. || 3. m. Efecto de conglomerarse. || P. conglomerado; I. conglomerate; F. conglomérat; A. zusammengehäuft; Konglomerat; It. conglomerato; R. конгломерат.

CONGLOMERAR. (l. *conglomerăre*.) tr. Aglomerar. || 2. r. Agruparse fragmentos o corpúsculos de una misma o diversas substancias con tal coherencia, que resulte una masa compacta.

CONGLORIAR. tr. ant. Llenar de gloria.

* **CONGLUTINA.** f. Quím. Caseína que se obtiene de las almendras dulces y amargas y también de las semillas del altramuz.

CONGLUTINACIÓN. (l. *conglutinatĭo, -ōnis*.) f. Acción y efecto de conglutinar o conglutinarse.

CONGLUTINANTE. p.a. de conglutinar. Que conglutina. Ú.t.c.s.m.

CONGLUTINAR. (l. *conglutinăre*.) tr. Unir, pegar una cosa con otra. || 2. r. Reunirse y ligarse entre sí fragmentos, glóbulos o corpúsculos por medio de substancias viscosas de modo que resulte un cuerpo compacto. || P. conglutinar; I. to conglutinate; F. conglutiner; A. zusammenkleben; It. conglutinare; R. соединять.

CONGLUTINATIVO, VA. adj. Que tiene virtud de conglutinar. Ú.t.c.s.m.

CONGLUTINOSO, SA. adj. (l. *conglutinōsus*.) adj. Que tiene virtud de pegar.

CONGO, GA. adj. Congoleño. Apl. a pers. ú.t.c.s. || 2. Perú. Rechoncho.

CONGO. m. Cuba y Méj. Cada uno de los huesos mayores de las piernas pos-

teriores del cerdo. || 2. Cuba. Antiguo baile popular en parejas. || 3. Hond. Pez acantopterigio. || 4. C. Rica y El Salv. Mono aullador.

CONGOJA. (dialect. del l. *coangŭstia*, angustia.) f. Desmayo, angustia y aflicción del ánimo. || P. desmaio; I. agony, anguish; F. angoisse; A. Kummer, Angst; It. angoscia; R. тоска, печаль.

CONGOJAR. (De *congoja*.) tr. Acongojar. Ú.t.c.r.

CONGOJO. (De *congojar*.) m. ant. Ansia, anhelo.

CONGOJOSAMENTE. adv. Con angustia y congoja.

CONGOJOSO, SA. adj. Que causa u ocasiona congoja. || 2. Angustiado, afligido.

CONGOLA. f. Colom. Pipa de fumar.

CONGOLEÑO, ÑA. adj. Natural del Congo. Ú.t.c.s. || 2. Perteneciente a esta región de África.

* **CÓNGOLO.** m. Colom. Güira, y vasija hecha de su fruto.

* **CÓNGOLO.** m. Colom. Árbol tropical de la familia de las bignoniáceas, también llamado güira. || 2. Colom. Vasija hecha del fruto de este árbol.

CONGOLONA. f. C. Rica. Gallina silvestre, mayor que la perdiz y de carne muy estimada.

CONGONA. (quich. *concona*.) f. Chile. Hierba glabra, piperácea y originaria del Perú; con hojas verticiladas y flores en espigas terminales.

CONGOROCHO. m. Venez. Especie de ciempiés que se halla en terrenos húmedos.

CONGOSTO. (l. *coangustus*, angosto.) m. Desfiladero entre montañas.

CONGRACIADOR, RA. adj. Que procura congraciarse.

CONGRACIAMIENTO. m. Acción y efecto de congraciar o congraciarse.

CONGRACIAR. (De *con* y *gracia*.) tr. Conseguir la benevolencia o el afecto de uno. Ú.m.c.r. || P. congraçar; I. to ingratiate; F. gagner la bienveillance; A. sich beliebt machen, schmeicheln; It. ingraziarsi; R. угождать.

CONGRATULACIÓN. (l. *congratulatĭo, -ōnis*.) f. Acción y efecto de congratular o congratularse.

CONGRATULAR. (l. *congratulāri*.) tr. Manifestar alegría y satisfacción a la persona a quien ha acaecido un suceso feliz. Ú.t.c.r. || P. congratular; I. to congratulate; F. féliciter, congratuler; A. gratulieren, beglückwünschen; It. congratulare; R. поздравлять.

CONGRATULATORIO, RIA. adj. Que denota o supone congratulación.

CONGREGACIÓN. (l. *congregatĭo, -ōnis*.) f. Junta para tratar de uno o más negocios. || 2. Reunión de muchos monasterios de una misma orden bajo la dirección de un superior general. || 3. Cofradía, 1.ª acep. || 4. Cuerpo o comunidad de sacerdotes seculares. || 5. En la corte romana, cualquiera de las juntas compuestas de cardenales, prelados y otras personas, para el despacho de varios asuntos. || 6. En algunas órdenes regulares, capítulo, 1.ª acep. || —de los fieles. Iglesia católica universal. || P. congregação; I. congregation; F. congrégation; A. Versammlung, kirlicher Verein; It. congregazione; R. конгрегация.

CONGREGANTE, TA. (l. *congrĕgans, -antis*, p.a. de *congregăre*, congregar.) m. y f. Individuo de una congregación.

CONGREGAR. (l. *congregăre*.) tr. Juntar, reunir. Ú.t.c.r. || P. congregar; I. to congregate; F. assembler; A. versammeln; It. congregare; R. соединять.

CONGRESISTA. com. Miembro de un congreso científico, económico, etc.

CONGRESO. (l. *congressus*; de *congrĕdi*, caminar juntamente, reunirse.) m. Junta de varias personas para deliberar sobre algún negocio. || 2. Ayuntamiento, 5.ª acep. || 3. Edificio donde los diputados a Cortes celebran sus sesiones. || 4. En algunos países, asamblea nacional. || —de los diputados. Con arreglo a la Constitución española y a la de algunas repúblicas americanas, cuerpo legislativo compuesto de personas nombradas directamente por los electores y que forman las Cortes. || **P. e It.** congresso; **I.** congress; **F.** congrès; **A.** Kongress; **R.** конгресс, съезд.

CONGREVE. n. p. ARIT. V. *Cohete a la* CONGREVE.

CONGRIO. (l. *conger, -gri.*) m. Pez teleósteo, fisóstomo, de uno a dos metros de largo y carne blanca y comestible. || **P.** congro; **I.** conger-eel; **F.** congre, anguille de mer; **A.** Meeraal; **It.** congro, gongro; **R.** угорь.

CONGRUA. (l. *congrйa, de congrйus,* congruo.) f. Renta que debe tener, con arreglo a las sinodales de cada diócesis, el que se ha de ordenar in sacris.

CONGRUAMENTE. adv. Congruentemente.

CONGRUENCIA. (l. *congruentia, de* congrйens, congruente.) f. Conveniencia, oportunidad. || **2.** FOR. Conformidad de extensión, concepto y alcance entre el fallo y las pretensiones de las partes formuladas en el juicio. || **3.** MAT. Expresión algébrica que manifiesta la igualdad de los restos de las divisiones de dos números congruentes por su módulo. || **P.** congruencia; **I.** y **F.** congruence; **A.** Kongruenz; Übereinstimmung; **It.** congruenza; **R.** соответствие.

CONGRUENTE. (l. *congrйens, -entis,* p.a. de *congrйere,* convenir.) adj. Conveniente, oportuno. || **2.** ÁLG. Cantidad que dividida por otra da un residuo determinado que se llama módulo. || **3.** MAT. V. *Números* CONGRUENTES.

CONGRUENTEMENTE. adv. De manera congruente.

CONGRUIDAD. (l. *congrйitas, -ātis.*) f. Congruencia, 1.ª acep.

CONGRUISMO. m. TEOL. Doctrina de los congruistas.

CONGRUISTA. m. TEOL. El que sostiene que la gracia es eficaz por su congruencia.

CONGRUO, GRUA. (l. *congrйus.*) adj. Congruente. || **2.** V. *Porción* CONGRUA. || **3.** TEOL. V. *Mérito de* CONGRUO. || **P. e It.** congruo; **I.** congruons; **F.** congru; **A.** passend; **R.** сходный.

CONGUITO. m. AMÉR. Ají.

CONHORTAMIENTO. m. ant. Conhorte.

CONHORTAR. (l. *confortāre,* confortar.) tr. ant. Confortar, 2.ª acep. Úsáb. t.c.r. || **2.** Consolar.

CONHORTE. m. Acción y efecto de conhortar.

* **CONIANDRA.** f. BOT. Género de plantas cucurbitáceas que crecen en el extremo meridional de África.

* **CONICALCITA.** f. MINERAL. Arseniato hidratado doble de cobre y calcio.

CONICIDAD. f. GEOM. Calidad de cónico. || **2.** Forma o figura cónica.

CÓNICO, CA. (gr. κωνικός, de κῶνος, cono.) adj. GEOM. Perteneciente al cono. || **2.** GEOM. V. *Pirámide, proyección, sección, superficie* CÓNICA. || **3.** De forma de cono. *Techo* CÓNICO; *bala* CÓNICA. || **P.** cónico; **I.** conic, conical; **F.** conique; **A.** kegelförmig, konisch; **It.** cònico; **R.** конический.

* **CONICRITA.** f. MINERAL. Silicato hidratado de aluminio y magnesio.

* **CÓNIDOS.** m. pl. ZOOL. Moluscos gasterópodos de concha cónica.

CONIECHA. (l. *coniĕcta,* echada.) f. ant. Recolección o recaudación.

CONIFERINA. f. QUÍM. Glucósido que se encuentra en las hojas de algunas coníferas y en la raíz de la ecorzonera. Tiene aplicaciones medicinales.

CONÍFERO, RA. (l. *conifer, -ĕri;* de *conus,* cono, y *ferre,* llevar.) adj. BOT. Dícese de árboles y arbustos gimnospermos, de hojas persistentes, aciculares y en forma de escamas, fruto en cono, y ramas que presentan un contorno cónico, como el ciprés. Ú.t.c.s.f. || **2.** f. pl. BOT. Clase de estas plantas.

CONIFORME. (l. *conus,* cono, y *forma,* figura.) adj. GEOM. Cónico, 3.ª acep.

* **CONIÍNA.** f. Alcaloide del grupo de la piridina que se encuentra en la cicuta a la que comunica sus propiedades tóxicas.

* **CONIISMO.** m. Intoxicación producida por la cicuta.

* **CONILITA.** f. MINERAL. Cuerpo consti-

tuido por carbonato de cal juntamente con óxido de hierro, magnesia y agua.

CONIMBRICENSE. (l. *conimbricensis,* de *Conimbrica,* Coimbra.) adj. Natural de Coimbra. Ú.t.c.s. || **2.** Perteneciente a esta ciudad de Portugal.

* **CONIO.** m. BOT. Género de plantas umbelíferas de flores blancas, en el que está incluida la cicuta.

* **CONIOSIS.** f. Enfermedad producida por respirar polvo.

CONIRROSTRO. (l. *conus,* cono, y *rostrum,* pico.) adj. ZOOL. Dícese del pájaro granívoro que tiene el pico grueso, fuerte y cónico, como el gorrión y la alondra. Ú.t.c.s. || **2.** m. pl. ZOOL. Suborden de estos pájaros.

* **CONISCOPIO.** m. FÍS. Aparato que sirve para apreciar el grado de pureza del aire.

* **CONISTONITA.** f. MINERAL. Oxalato de cal hidratado.

CONIVALVO, VA. (l. *conus,* cono, y *valva,* hoja de puerta.) adj. ZOOL. De concha cónica.

* **CÓNIVOS.** m. pl. ETNOG. Tribu de indios salvajes, que viven en las márgenes del río Ucayali en el Perú.

CONIZA. (l. *conyza,* y éste del gr. κόνυζα.) f. Hierba medicinal de la familia de las compuestas, con tallo de 8 a 9 decímetros de altura, muy ramoso en la parte superior, hojas lanceoladas agudas y flores en umbela, amarillas y con cáliz de escamas desiguales. || **2.** Zaragatona.

CONJETURA. (l. *coniectūra.*) f. Juicio probable que se forma de las cosas o acaecimientos por las señales que se ven u observan. || **P.** conjectura; **I.** y **F.** conjecture; **A.** Mutmassung, Vermutung; **It.** congettura; **R.** предположение.

CONJETURABLE. adj. Que se puede conjeturar.

CONJETURADOR, RA. adj. Que conjetura.

CONJETURAL. (l. *coniecturālis.*) adj. Fundado en conjeturas.

CONJETURALMENTE. adv. Por conjeturas.

CONJETURAR. (l. *coniecturāre.*) tr. Formar juicio probable de una cosa por indicios y observaciones. || **P.** conjeturar; **I.** to conjecture; **F.** conjecturer; **A.** mutmassen, vermuten; **It.** congetturare; **R.** предполагать.

CONJUEZ. (l. *coniūdex, -ĭcis.*) m. Juez juntamente con otro en un mismo negocio.

CONJUGABLE. adj. Que puede conjugarse.

* **CONJUGÁCEAS.** f. pl. BOT. Algas clorofíceas que se desarrollan en aguas dulces estancadas.

CONJUGACIÓN. (l. *coniugatio, -ōnis.*) f. ant. Cotejo, comparación de una cosa con otra. || **2.** BIOL. Fusión en uno de los núcleos de las células reproductoras de los seres vivos. || **3.** GRAM. Acción y efecto de conjugar. || **4.** GRAM. Serie ordenada de todas las voces con que el verbo expresa sus diferentes modos, tiempos, números y personas. || **P.** conjunção; **I.** conjugation; **F.** conjugaison; **A.** Konjugation; **It.** coniugazione; **R.** спряжение.

CONJUGADO, DA. p.p. de conjugar. || **2.** MAT. Aplícase a las líneas o a las cantidades que están enlazadas por alguna ley o relación determinada. *Valores* CONJUGADOS *de una función.* || **3.** GEOM. V. *Diámetro* CONJUGADO. || **4.** GEOM. V. *Hipérbolas* CONJUGADAS.

CONJUGAL. adj. ant. Conyugal.

CONJUGALMENTE. adv. ant. Conyugalmente.

CONJUGAR. (l. *coniugāre.*) tr. GRAM. Poner o decir en serie ordenada las palabras de varia inflexión con que en el verbo se denotan sus diferentes modos, tiempos, números y personas. || **P.** conjugar; **I.** to conjugate; **F.** conjuguer; **A.** abwandeln; **It.** coniugare; **R.** спрягать.

CONJUNCIÓN. (l. *coniunctĭo, -ōnis.*) f. Junta, unión. || **2.** ASTROL. Aspecto de dos astros que ocupan una misma casa celeste. || **3.** ASTRON. Situación relativa de dos o más planetas u otros cuerpos celestes, cuando tienen la misma longitud. || **4.** GRAM. Parte invariable de la oración, que denota la relación que existe entre dos oraciones o entre miembros o vocablos

de una de ellas. —**adversativa.** GRAM. La que como *pero,* denota oposición o diferencia entre la frase que preceda y la que sigue. || —**causal.** GRAM. La que, como *porque,* precede a la oración en que se motiva lo manifestado anteriormente. || —**comparativa.** GRAM. La que denota idea de comparación; p. ej.: *como.* || —**compuesta.** GRAM. Modo conjuntivo. || —**condicional.** GRAM. La que, como *con tal que,* denota condición o necesidad de que se verifique alguna circunstancia. || —**continuativa.** GRAM. La que implica o denota idea de continuación; v. gr.: *Digo,* PUES, *que te engañas.* || —**copulativa.** GRAM. La que, como *y, que,* etcétera, junta y enlaza simplemente una cosa con otra. || —**distributiva.** GRAM. La disyuntiva cuando se reitera aplicada a términos diversos: *Tomando* ORA *la espada,* ORA *la pluma.* || —**disyuntiva.** GRAM. La que, como *o,* denota separación, diferencia o alternativa entre dos o más personas, cosas o ideas. || —**dubitativa.** GRAM. La que como *si* implica o denota duda. || —**final.** GRAM. La que, como *a fin de que,* denota el fin u objeto de lo manifestado anteriormente. || —**ilativa.** GRAM. La que como *conque,* enuncia una ilación o consecuencia de lo anteriormente manifestado. || **P.** conjunção; **I.** conjunction; **F.** conjonction; **A.** Verbindung; **It.** cogiunzione; **R.** союз.

CONJUNTAMENTE. adv. Juntamente, 1.ª acep.

CONJUNTAR. (l. *coniunctāre.*) tr. ant. Juntar. Usáb.t.c.r.

CONJUNTIVA. (l. *coniunctīva* t. f. de *-vus,* conjuntivo.) f. Membrana mucosa muy fina que tapiza interiormente los párpados de los vertebrados y se extiende a la parte anterior del globo del ojo, reduciéndose al pasar sobre la córnea a una tenue capa epitelial. || **P.** conjuntiva; **I.** conjunctiva; **F.** conjonctive; **A.** Bindehaut; **It.** congiuntiva; **R.** соединительная оболочка глаза.

CONJUNTIVAL. adj. Perteneciente o relativo a la conjuntiva.

CONJUNTIVITIS. f. MED. Inflamación de la conjuntiva.

CONJUNTIVO, VA. (l. *coniunctivus,* de *coniunctus,* conjunto.) adj. Que junta o une una cosa con otra. || **2.** GRAM. Perteneciente o relativo a la conjunción. || **3.** GRAM. V. *Modo* CONJUNTIVO. || **4.** ZOOL. V. *Tejido* CONJUNTIVO.

CONJUNTO, TA. (l. *coniunctus,* de *coniungĕre,* unir, juntar.) adj. Unido o contiguo a otra cosa. || **2.** Mezclado con otra cosa diversa. || **3.** fig. Aliado. Unido a otro por el vínculo de parentesco o de amistad. || **4.** m. Agregado de varias cosas. || **5.** La totalidad de una cosa atender a sus partes. || **5.**ª acep.: **P.** conjunto; **I.** the whole; **F.** ensemble; **A.** das Ganze, die Gesamtheit; **It.** complesso; **R.** совокупность.

CONJUNTURA. (De *con* y *juntura.*) f. ant. Conjunción, 1.ª acep. || **2.** ant. Coyuntura, 2.ª acep.

CONJURA. (De *conjurar.*) f. Conjuración, 1.ª acep. || **P.** conjuração; **I.** plot; **F.** conjure; **A.** Beschwörung, Verschwörung; **It.** congiura; **R.** заговор.

CONJURACIÓN. (l. *coniuratio, -ōnis.*) f. Concierto o acuerdo hecho contra el Estado, el príncipe u otra autoridad.

CONJURADO, DA. (l. *coniurātus.*) adj. Que entra en una conjuración. Ú.t.c.s. || **P.** conjurado; **I.** conjurator; **F.** conjuré; **A.** Verschworener; **It.** congiurato; **R.** заговорщик.

CONJURADOR. m. El que conjura. || **P.** conjurado; **I.** conjurer; **F.** conjureur; conjurateur; **A.** Beschwörer; **It.** congiuratore.

CONJURAMENTAR. (De *con* y *juramentar.*) tr. Tomar juramento a otro. || **2.** r. Juramentarse.

CONJURANTE. p.a. de conjurar. Que conjura. Ú.t.c.s.

CONJURAR. (l. *coniurāre.*) intr. Ligarse con otro mediante juramento, para algún fin. Ú.t.c.r. || **2.** fig. Conspirar, uniéndose muchas personas o cosas contra uno, para hacerle daño o perderle. || **3.** tr. Juramentar, 1.ª acep. || **4.** Decir el que tiene potestad para ello los exorcismos

C

dispuestos por la Iglesia. ‖ **5.** Rogar encarecidamente. ‖ **6.** fig. Impedir, evitar, alejar un daño o peligro. ‖ **P.** conjurar; **I.** to plot; **F.** conjurer; **A.** beschwören; **It.** congiurare; **R.** составлять заговор.

CONJURO. m. Acción y efecto de conjurar, 4.ª acep. ‖ **2.** Imprecación hecha con palabras e invocaciones supersticiosas. ‖ **3.** Ruego encarecido.

CONLOAR. tr. ant. Loar con otro u otros.

CONLLEVADOR, RA. adj. Que conlleva. Ú.t.c.s.

CONLLEVAR. tr. Ayudar a uno a llevar los trabajos. ‖ **2.** Sufrirle el genio y las impertinencias. ‖ **3.** Ejercitar la paciencia en los casos adversos.

CONMEMORABLE. adj. Digno de conmemoración.

CONMEMORACIÓN. (l. *commemoratio, -ōnis*.) f. Memoria o recuerdo que se hace de una persona o cosa. ‖ **2.** En el oficio eclesiástico, memoria que se hace de un santo, feria, vigilia o infraoctava en las vísperas, laudes y misa, cuando el rezo del día es de otro santo o festividad mayor. ‖ —**de los difuntos.** Sufragio que anualmente celebra la Iglesia el día dos de noviembre por las ánimas de los fieles difuntos que están en el purgatorio. ‖ **P.** comemoração; **I.** commemoration; **F.** commemoration, commémoraison; **A.** Gedächtnissfeier, Andenken; **It.** commemorazione; **R.** чествование.

CONMEMORAR. (l. *commemorāre*.) tr. Hacer memoria o conmemoración. ‖ **P.** comemorar; **I.** to commemorate; **F.** commémorer; **A.** feierlich gedenken; **It.** commemorare; **R.** поминать, чествовать.

CONMEMORATIVO, VA. (De *conmemorar*.) adj. Que recuerda a una persona o cosa, o hace conmemoración de ella. Monumento conmemorativo; inscripción conmemorativa.

CONMEMORATORIO, RIA. adj. Conmemorativo.

CONMENSAL. com. p. us. Comensal.

CONMENSALÍA. f. p. us. Comensalía.

CONMENSURABILIDAD. f. Calidad de conmensurable.

CONMENSURABLE. (l. *commensurabilis*.) adj. Sujeto a medida o valuación. ‖ **2.** MAT. Aplícase a cualquier cantidad que tenga con otra una medida común. ‖ **P.** comensurável; **I.** y **F.** commensurable; **A.** abmessbar; **It.** commensuràbile; **R.** соизмеримый.

CONMENSURACIÓN. (l. *commensuratio, -ōnis*.) f. Medida, igualdad o proporción que tiene una cosa con otra.

CONMENSURAR. (l. *commensurāre*.) tr. Medir con igualdad o debida proporción. ‖ **P.** comensurar; **I.** to commensurate; **F.** mesurer également; **A.** gegeneinander abmessen; **It.** commensurare; **R.** соизмерять.

CONMENSURATIVO, VA. adj. Que sirve para medir o conmensurar.

CONMIGO. (l. *cum*, con, y *mecum*, conmigo.) ablat. de sing. del pron. pers. de 1.ª pers. del gén. m. y f.

CONMILITÓN. (l. *commilīto, -ōnis*; de *cum*, con, y *militāre*, militar.) m. Soldado compañero de otro en la guerra. ‖ **P.** companheiro de armas; **I.** feilow-soldier; **F.** compagnon d'armes; **A.** Waffenbruder; **It.** commilitone; **R.** соратник.

CONMINACIÓN. (l. *comminatio, -ōnis*.) f. Acción y efecto de conminar. ‖ **2.** RET. Figura que consiste en amenazar con males terribles a personas o a cosas personificadas. ‖ **P.** cominação; **I.** y **F.** commination; **A.** Androhung, Bedrohung; **It.** comminazione; **R.** запугивание.

CONMINADOR, RA. adj. Que conmina o amenaza.

CONMINAR. (l. *comminari*; de *cum*, con, y *mināri*, amenazar.) tr. Amenazar, 1.ª acep. ‖ **2.** Amenazar, el que tiene potestad, a quien está obligado a obedecer, con penas o castigos temporales o espirituales. ‖ **3.** FOR. Intimar la autoridad un mandato, bajo apercibimiento de corrección o pena determinada. ‖ **P.** cominar; **I.** to comminate; **F.** comminer; **A.** bedrohen, drohen; **It.** comminare; **R.** угрожать.

CONMINATIVO, VA. Que conmina o tiene la calidad de conminar.

CONMINATORIO, RIA. adj. Aplícase al mandamiento que incluye amenaza de alguna pena, y al juramento con que se conmina a alguna persona. Ú.t.c.s.

CONMINUTA. (l. *comminūta*, rota en pequeños pedazos.) adj. CIR. V. *fractura* CONMINUTA.

CONMISERACIÓN. (l. *commiseratio, -ōnis*.) f. Compasión que uno tiene del mal de otro. ‖ **P.** comiseração; **I.** commiseration; **F.** comisération; **A.** Mitleid, Erbarmen; **It.** commiserazione; **R.** сожаление.

CONMISTIÓN. (l. *commistio, -ōnis*.) f. Mezcla de cosas diversas.

CONMISTO, TA. (l. *commistus*, p.p. de *commiscēre*, mezclar cosas diversas.) adj. Mezclado o unido con otra persona o cosa. Conmisto.

CONMISTURA. (l. *commistūra*.) f. Conmistión.

CONMIXTIÓN. (l. *commixtio, -ōnis*.) f. Conmistión.

CONMIXTO, TA. (l. *commixtus*.) adj. Conmisto.

CONMOCIÓN. (l. *commotio, -ōnis*.) f. Movimiento o perturbación violenta del ánimo o del cuerpo. ‖ **2.** Tumulto, levantamiento de un reino, provincia o pueblo. ‖ **3.** Movimiento sísmico muy perceptible. ‖ —**cerebral.** Estado de aturdimiento o de pérdida del conocimiento, producido por un golpe en la cabeza, por una descarga eléctrica o por los efectos de una violenta explosión. ‖ **P.** comoção; **I.** y **F.** commotion; **A.** Erschütterung, heftige Gemütsbewegung; **It.** commozione; **R.** сотрясение.

CONMONITORIO. (l. *commonitorium*.) m. Memoria o relación por escrito de algunas cosas o noticias. ‖ **2.** FOR. Carta acordada en que se avisaba su obligación a un juez subalterno.

CONMORACIÓN. (l. *commoratio, -ōnis*.) f. RET. Expolición.

CONMOVEDOR, RA. adj. Que conmueve.

CONMOVER. (l. *commovēre*.) tr. Perturbar, alterar, mover fuertemente. Ú.t.c.r. ‖ **2.** Enternecer, 2.ª acep. ‖ **P.** comover; **I.** to commove, to shake; **F.** émouvoir, toucher; **A.** bewegen; erschüttern; **It.** commuòvere; **R.** волновать.

CONMOVIMIENTO. (De *conmover*.) m. ant. Conmoción.

★ CONMUTA. f. CHILE, ECUAD. y PERÚ. Conmutación.

CONMUTABILIDAD. f. Calidad de conmutable.

CONMUTABLE. (l. *commutabilis*.) adj. Que se puede conmutar.

CONMUTACIÓN. (l. *commutatio, -ōnis*.) f. Trueque, cambio o permuta que se hace de una cosa por otra. ‖ **2.** RET. Retruécano, 3.ª acep. ‖ —**de pena.** FOR. Indulto parcial que altera la naturaleza del castigo en favor del reo.

CONMUTADOR, RA. adj. Que conmuta. ‖ **2.** m. Fís. Pieza de los aparatos eléctricos que sirve para que una corriente cambie de conductor. ‖ **P.** comutador; **I.** commutator; **F.** commutateur; **A.** Stromwender; **It.** commutatore; **R.** коммутатор.

CONMUTAR. (l. *commutāre*.) tr. Trocar, permutar una cosa por otra. ‖ **P.** comutar; **I.** to commute; **F.** commuer; **A.** verwandeln; **It.** commutare; **R.** изменять.

CONMUTATIVO, VA. adj. V. *Justicia* CONMUTATIVA.

CONMUTATRIZ. f. ELECTR. Aparato que sirve para convertir la corriente alterna en continua, o viceversa.

★ CONNATO, TA. adj. Nacido al mismo tiempo o a la vez que otro.

CONNATURAL. (l. *connaturālis*.) adj. Propio o conforme a la naturaleza del ser viviente.

CONNATURALIZACIÓN. f. Acción y efecto de connaturalizarse.

CONNATURALIZAR. tr. Hacer connatural.

CONNATURALIZARSE. (De *connatural*.) r. Acostumbrarse uno a aquellas cosas a que antes no estaba acostumbrado; como al trabajo, al clima, a los alimentos, etc.

CONNATURALMENTE. adv. Natu-

ralmente; del modo propio a la naturaleza de la cosa de que se habla.

CONNIVENCIA. (l. *conniventia*.) f. Disimulo o tolerancia en el superior acerca de las transgresiones que cometen sus súbditos contra las reglas o las leyes bajo las cuales viven. ‖ **2.** Acción de confabularse. ‖ **P.** conivência; **I.** connivance; **F.** connivence; **A.** Einverständnis; **It.** conivenza; **R.** попустительство.

CONNIVENTE. adj. BOT. Dícese de las hojas u otras partes de una planta que tienden a aproximarse. ‖ **2.** Que forma connivencia.

CONNOMBRAR. tr. ant. Nombrar, 1.ª acep.

CONNOMBRE. m. ant. Cognombre.

CONNOSCO. (l. *nōscŭm*, por *nōbīscŭm*.) ablat. ant. de pl. del pron. pers. de 1.ª pers. en gén. m. y f.

CONNOTACIÓN. f. Acción y efecto de connotar. ‖ **2.** Parentesco en grado remoto.

CONNOTADO, DA. p.p. de connotar. ‖ **2.** m. Connotación, 2.ª acep.

CONNOTANTE. p.a. de connotar. Que connota.

CONNOTAR. (De *con* y *notar*.) tr. Hacer relaciones. ‖ **2.** GRAM. Significar la palabra dos ideas: una accesoria y otra principal.

CONNOTATIVO, VA. adj. GRAM. Dícese de lo que connota.

CONNOVICIO, CIA. m. y f. Novicio o novicia a un mismo tiempo con otro u otra en un instituto religioso.

CONNUBIAL. (l. *connubiālis*.) adj. p. us. Perteneciente o relativo al connubio.

CONNUBIO. (l. *connubium*.) m. poet. Matrimonio, 1.ª y 2.ª aceps.

CONNUMERAR. (l. *connumerāre*.) tr. Contar una cosa o hacer mención de ella entre otras.

CONNUSCO. (De *connosco*.) pron. pers. ant. Connosco.

CONO. (l. *conus*, y éste del gr. κῶνος.) m. BOT. Fruto de las coníferas. ‖ **2.** GEOM. Volumen limitado por una superficie cónica, cuya directriz es una circunferencia y por un plano que forma su base. ‖ **3.** Montaña o agrupación de lavas, cenizas y otras materias, de forma cónica. ‖ **4.** ZOOL. Prolongación conoidea de figura semejante a la de una botella, de cada una de ciertas células de la retina de los vertebrados, que está situada en la llamada capa de los conos y bastoncillos y recibe las impresiones luminosas de color. ‖ —**circular.** GEOM. El de base circular. ‖ —**de luz.** Fís. Haz de rayos luminosos limitado por una superficie cónica, generalmente circular. ‖ —**de sombra.** Fís. Espacio ocupado por la sombra que proyecta un cuerpo, generalmente esférico. ‖ —**oblicuo.** GEOM. El de base oblicua a su eje. ‖ —**recto.** GEOM. El de base perpendicular a su eje. ‖ —**truncado.** GEOM. Parte de cono comprendida entre la base y otro plano que corta la superficie cónica. ‖ **P.** e **I.** cone; **F.** cône; **A.** (Kreis)Kegel, Zapfen; **It.** cono; **R.** конус.

CONOCEDOR, RA. (De *conocer*.) adj. Avezado por práctica o estudio a penetrar y discernir la naturaleza y propiedades de una cosa. Ú.t.c.s. ‖ **2.** m. AND. Mayoral de las vacadas o toradas. ‖ **P.** conhecedor; **I.** connoisseur; **F.** connaisseur; **A.** Kenner; **It.** conoscitore; **R.** знаток.

CONOCENCIA. (l. *cognoscentia*.) f. ant. Conocimiento. Hoy conserva uso entre la gente vulgar. ‖ **2.** FOR. Llamábase así la confesión que en juicio hacía el reo o el demandado.

CONOCER. (l. *cognoscĕre*.) tr. Averiguar por el ejercicio de las facultades intelectuales la naturaleza, cualidades y relaciones de las cosas. ‖ **2.** Entender, advertir, echar de ver. ‖ **3.** Percibir el objeto como distinto de todo lo que no es él. ‖ **4.** Tener trato y comunicación con alguno. Ú.t.c.r. ‖ **5.** Presumir o conjeturar lo que puede suceder. ‖ **6.** Entender en un asunto con facultad legítima para ello. ‖ **7.** Reconocer, confesar. ‖ **8.** fig. Tener el hombre acto carnal con la mujer. ‖ **9.** r. Juzgar justamente de sí propio. *No* CONOCER *a uno sino para servirle*, ref. fam. de cortesía, que suele usarse al referirse a una persona desconocida. ‖ *Quien* no te CONOCE que te compre, ref. que denota haberse conocido el engaño o malicia de alguno. || **P.** conhecer; **I.** to know, to cognize; **F.** connaître; **A.** kennen; **It.** conòscere; **R.** знать.

CONOCIBLE. (l. cognoscibĭlis.) adj. Que se puede conocer, o es capaz de ser conocido.

CONOCIDAMENTE. adv. Claramente, de modo que se conoce y echa de ver.

CONOCIDO, DA. (De conocer.) adj. Distinguido, acreditado. || **2.** fig. V. Pan mal CONOCIDO. || **3.** m. y f. Persona con quien se tiene trato o comunicación, pero no amistad.

CONOCIENTE. p.a. de conocer. Que conoce.

CONOCIMIENTO. m. Acción y efecto de conocer. || **2.** Entendimiento, inteligencia, razón natural. || **3.** Conocido, da, 3.ª acep. || **4.** Sentido, 3.ª acep. || **5.** COM. Documento en que el capitán de un buque mercante declara tener embarcadas en él ciertas mercaderías que entregará a la persona y en el puerto designados por el remitente. || **6.** COM. Documento o firma que se exige o se da para identificar la persona del que pretende cobrar una letra de cambio, cheque, etc., cuando el pagador no le conoce. || **7.** pl. Noción, ciencia, sabiduría. || Venir en CONOCIMIENTO de una cosa. fr. Llegar a enterarse de ella. || **P.** conhecimento; **I.** knowledge, cognition, understanding; **F.** connaissance; **A.** Kenntnis; **It.** cognizione, conoscimento; **R.** знание.

CONOIDAL. adj. GEOM. Perteneciente al conoide.

CONOIDE. (gr. κωνοειδής; de κῶνος, cono, y εἶδος, forma.) m. GEOM. Sólido limitado por una superficie curva con punta o vértice a semejanza del cono. || **2.** GEOM. Superficie engrendrada por una recta que se mueve apoyándose en una curva y en otra recta y conservándose paralela a un plano. || **3.** GEOM. Cualquiera de las superficies curvas que están cerradas por una parte y se prolongan indefinidamente por la opuesta; como el paraboloide de resolución.

CONOIDEO, A. adj. Que tiene figura cónica. Se aplica comúnmente a cierta especie de conchas.

CONOPEO. (gr. κωνωπεῖον, colgadura de cama.) m. Velo en forma de pabellón para cubrir por fuera el sagrario en que se reserva la Eucaristía.

CONOPIAL. (l. conopěum, y éste del gr. κωνωπεῖον, mosquitero, colgadura de cama.) adj. ARQ. V. Arco CONOPIAL.

★ **CONÓPIDOS.** m. pl. ZOOL. Familia de insectos dípteros, de aspecto parecido a las avispas, que viven sobre flores.

★ **CONOPODIO.** m. BOT. Género de plantas umbelíferas que tienen un tubérculo subterráneo comestible.

CONOSCENCIA. (l. cognoscentia.) f. ant. Agradecimiento, reconocimiento.

★ **CONOSCOPIO.** m. FÍS. Instrumento para la observación de rayos luminosos convergentes.

CONOTO. (Voz caribe.) m. VENEZ. Especie de gorrión, pero de mayor tamaño.

★ **CONOZQUI.** m. ZOOL. Pájaro de Méjico.

CONQUE. (De con y que.) conj. ilat. con la cual se enuncia una consecuencia natural de lo que acaba de decirse. || **2.** Ú. después de punto final, ya refiriéndose a lo que se tiene sabido o sólo para apoyar la frase o cláusula que sigue. CONQUE ¿está usted de enhorabuena? || **3.** m. fam. Condición, 7.ª acep.

CONQUENSE. adj. Natural de Cuenca. Ú.t.c.s. || **2.** Perteneciente a esta ciudad.

CONQUERIDOR, RA. (De conquerir.) adj. ant. Conquistador. Usáb t.c.s.

CONQUERIR. (l. conquirĕre, buscar con diligencia, reunir.) tr. ant. Conquistar.

CONQUESTA. f. ant. Conquista.

CONQUIFORME. (l. concha, concha, y forma, figura.) adj. De figura de concha.

★ **CONQUILÍFERO, RA.** adj. HIST. NAT. Conchífero.

CONQUILIOLOGÍA. (gr. κογχύλιον, conchita, y λόγος, tratado.) f. Parte de la zoología, que trata del estudio de los

moluscos, y principalmente de las conchas que cubren a muchos de ellos.

CONQUILIÓLOGO, GA. m. y f. Naturalista perito en conquiliología.

CONQUISO, SA. (l. conquīsus, por conquīsĭtus, buscado.) p.p. irreg. ant. de conquerir.

CONQUISTA. (De conquistar.) f. Acción y efecto de conquistar. || **2.** V. Caballero de CONQUISTA. || **3.** Cosa conquistada. || **4.** FOR. En el derecho civil de Navarra, gananciales diferentes de los castellanos en la distribución y susceptibles de continuarse entre el cónyuge sobreviviente y los herederos del premuerto. Ú.m. en pl. || **P. e It.** conquista; **I.** conquest; **F.** conquête; **A.** Eroberung; **R.** завоевание.

CONQUISTABLE. adj. Que se puede conquistar o ganar. || **2.** fig. Fácil de obtener, asequible.

CONQUISTADOR, RA. adj. Que conquista. Ú.t.c.s. || **P.** conquistador; **I.** conqueror; **F.** conquérant; **A.** Eroberer; **It.** conquistatore; **R.** завоеватель.

CONQUISTAR. (l. conquisĭtāre, de conquĭsĭtum, ganado.) tr. Adquirir o ganar a fuerza de armas un Estado, una plaza, provincia o reino. || **2.** fig. Ganar la voluntad de una persona, o traerla a su partido. || **P.** conquistar; **I.** to conquer; **F.** conquérir; **A.** erobern; **It.** conquistare; **R.** завоёвывать.

CONREAR. (l. conredare, y éste del germ. raton, redan, proveer, arreglar.) tr. Preparar o adobar una cosa mediante cierta manipulación apropiada para perfeccionarla.

CONREGNANTE. adj. ant. Que corre-ina.

CONREINAR. intr. Reinar con otro en un mismo reino. || **P.** co-reinar; **I.** to co-reign; **F.** corégner; **A.** mitregieren; **It.** conregnare.

CONREO. m. Acción y efecto de conrear.

CONSABIDO, DA. (De con y sabido, p.p. de saber.) Aplícase a la persona o cosa de que ya se ha tratado anteriormente, y así no es menester nombrarla.

CONSABIDOR, RA. (De con y sabedor.) adj. Que juntamente con otro sabe alguna cosa. Ú.t.c.s.

CONSABURENSE. adj. Natural de Consuegra. Ú.t.c.s. || **2.** Perteneciente a esta villa de la provincia de Toledo.

CONSACRAR. tr. ant. Consagrar.

CONSAGRABLE. adj. Que puede consagrarse.

CONSAGRACIÓN. (l. consecratĭo, -ōnis.) f. Acción y efecto de consagrar o consagrarse. || **P.** consagração; **I.** consecration; **F.** consécration; **A.** Weihe; **It.** consacrazione; **R.** посвящение.

★ **CONSAGRADO, DA.** adj. Renombrado, afamado.

CONSAGRAMIENTO. (De consagrar.) m. ant. Consagración.

CONSAGRANTE. p.a. de consagrar. Que consagra. Ú.t.c.s.

CONSAGRAR. (l. consăcrāre, de consěcrāre, inf. por sacrare.) tr. Hacer sagrada a una persona o cosa. || **2.** Pronunciar con intención el sacerdote las palabras de la consagración de la debida materia. || **3.** Deificar los romanos a sus emperadores o concederles la apoteosis. || **4.** Ofrecer a Dios por culto o voto una persona o cosa. Ú.t.c.r. || **5.** fig. Erigir un monumento, estatua, etc., para perpetuar la memoria de una persona o suceso. || **6.** fig. Dedicar con suma eficacia y ardor una cosa a determinado fin. Consagrar la vida a las misiones. Ú.t.c.r. Consagrarse al estudio. **7.** fig. Destinar una palabra a determinada significación. **P.** consagrar; **I.** to consecrate; **F.** consacrer, sacrer; **A.** weihen; **It.** consacrare; **R.** освящать. || **6.**ª acep.: **P.** consagrar; **I.** to devote; **F.** consacrer; **A.** widmen; **It.** consacrare; **R.** посвящать.

CONSANGUÍNEO, A. (l. consanguinĕus.) adj. Dícese de la persona que tiene parentesco de consanguinidad con otra. Ú.t.c.s. || **2.** Referido a hermanos, se dice de los que no lo son de doble vínculo, sino de padre solamente. || **P.** consanguíneo; **I.** consanguine; **F.** consanguin; **A.** blutsverwandt; **It.** consanguineo; **R.** единокровный.

CONSANGUINIDAD. (l. consangui-

nĭtas, -ātis.) f. Unión, por parentesco natural de varias personas que descienden de un mismo tronco. || **P.** consanguinidade; **I.** consanguinity; **F.** consanguinité; **A.** Blutsverwandtschaft; **It.** consanguineità; **R.** кровное родство.

CONSCIENTE. (l. consciens, -entis, p.a. de conscire, saber perfectamente.) adj. Que siente, piensa y obra con cabal conocimiento y plena posesión de sí mismo. || **P.** consciente; **I.** conscious; **F.** conscient; **A.** bewusst; **It.** co(n)sciente; **R.** сознательный.

CONSCIENTEMENTE. adv. De manera consciente.

° **CONSCRIPCIÓN.** f. AMÉR. Reclutamiento.

° **CONSCRIPTO.** m. AMÉR. Recluta.

CONSCRIPTO. (l. conscrĭptus.) adj. V. Padre CONSCRIPTO.

CONSECRACIÓN. (l. consecratĭo, -ōnis.) f. ant. Consagración.

CONSECRANTE. p.a. ant. de consecrar.

CONSECRAR. (l. consecrāre.) tr. ant. Consagrar.

CONSECTARIO, RIA. (l. consectarĭus, consiguiente.) adj. Consiguiente y anejo a otra cosa. || **2.** m. Corolario.

CONSECUCIÓN. (l. consecutĭo, -ōnis.) f. Acción y efecto de conseguir. || **P.** consecução; **I.** attainment; **F.** obtention; **A.** Erlangung; **It.** conseguimento; **R.** достижение.

CONSECUENCIA. (l. consequentia.) f. Proposición que se deduce de otra o de otras. || **2.** Hecho o acontecimiento que se sigue o resulta de otro. || **3.** Correspondencia lógica entre la conducta de un individuo y los principios que profesa. || **4.** LÓG. Ilación, 3.ª acep. || A CONSECUENCIA. loc. Por efecto, como resultado de. || En CONSECUENCIA. expr. adv. que se usa para denotar que alguna cosa que se hace o ha de hacer es conforme a lo dicho, mandado o acordado anteriormente. || Por CONSECUENCIA. m. adv. con que se da a entender que una cosa se sigue o infiere de otra. || Tener CONSECUENCIAS una cosa. fr. Tener o traer resultas un hecho o suceso. || Traer a CONSECUENCIA una cosa. fr. Ponerla a consideración. || Traer CONSECUENCIAS una cosa. fr. Tener consecuencia. || Traer en CONSECUENCIA una cosa. fr. Alegarla por ejemplar de otra. || **P.** consequência; **I.** consequence; **F.** conséquence; **A.** Folge, Folgerung; **It.** conseguenza; **R.** вывод.

CONSECUENTE. (l. consĕquens, -entis, p.a. de consĕqui, seguir.) adj. Que sigue en orden respecto de una cosa. || **2.** Dícese de la persona cuya conducta guarda correspondencia lógica con los principios que profesa. || **3.** m. Proposición que se deduce de otra que se llama antecedente. || **4.** ÁLG. y ARIT. Segundo término de una razón, ya sea por diferencia, ya por cociente, a distinción del primero que se llama antecedente. || **5.** GRAM. Segundo de los términos de la relación gramatical. || **P.** consequente; **I.** consequent; **F.** conséquent; **A.** schluss(ge)recht, sich selbstgetreu; **It.** conseguente; **R.** последовательный.

CONSECUENTEMENTE. adv. Consiguientemente.

CONSECUTIVAMENTE. adv. Inmediatamente después, por su orden. || **2.** Uno después de otro. || **P. e It.** consecutivamente; **I.** consecutively; **F.** consécutivement; **A.** aufeinanderfolgend; **R.** один за другим.

CONSECUTIVO, VA. (l. consecutus p.p. de consĕqui, ir detrás de uno.) adj. Que se sigue a otra cosa inmediatamente

CONSEGRAR. (De consecrar.) tr. ant. Consagrar.

CONSEGUIMIENTO. (De conseguir.) m. Consecución.

CONSEGUIR. (l. consĕqui.) tr. Alcanzar, lograr lo que se pretende. || **P.** conseguir; **I.** to attain, to obtain; **F.** atteindre; **A.** erlangen, erreichen; **It.** conseguire; **R.** добывать.

CONSEJA. (l. consilĭa, pl. de consilĭum, consejo.) f. Cuento, fábula, de sabor antiguo. || **2.** Conciliábulo, 2.ª acep. || En CONSEJAS, las paredes han orejas. ref. Las paredes oyen. || **P.** conto; **I.** tale, story;

C F. conte; **A.** Märchen, Fabel; **It.** fiaba; **R.** сказка, басня.

CONSEJABLE. adj. ant. Capaz de recibir consejos.

CONSEJADOR. (l. *consiliător*.) m. ant. Aconsejador.

CONSEJADRIZ. (l. *consiliātrix*.) f. ant. Consejera.

CONSEJAR. (l. *consiliāre*, de *consilium*, consejo.) tr. ant. Aconsejar. Úsáb. t.c.r.

CONSEJERA. f. fam. Mujer del consejero.

CONSEJERAMENTE. adv. ant. Con destreza y maña.

CONSEJERO, RA. (l. *consiliārius*.) m. y f. Persona que aconseja o sirve para aconsejar. || **2.** Persona que tiene plaza en algún Consejo. || **3.** m. Magistrado o ministro que tenía plaza en alguno de los antiguos Consejos. || **4.** Individuo de alguno de los actuales Consejos. || **5.** fig. Lo que sirve de advertencia para la conducta de la vida. || **P.** conselheiro; **I.** counsellor, adviser, counsel; **F.** conseiller, conseilleur; **A.** Ratgeber, Berater; **It.** consigliere; **R.** советник.

CONSEJO. (l. *consilium*.) m. Dictamen que se da o toma para hacer o no hacer una cosa. || **2.** Tribunal supremo que se componía de diferentes ministros, con un presidente o gobernador, para los negocios de gobierno y la administración de la justicia. CONSEJO *de Castilla, de Hacienda*. || **3.** Corporación consultiva encargada de informar al gobierno sobre determinada materia o ramo de la administración pública. || **4.** Cuerpo administrativo y consultivo en las sociedades o compañías particulares. Suele llamarse CONSEJO *de administración*. || **5.** Casa o sitio donde se juntan los consejeros. || **6.** V. *Fiesta de* CONSEJO. || **7.** V. *Tabla del* CONSEJO. || **8.** Acuerdo, 2.ª acep. || **9.** GERM. Rufián astuto. || **—de Ciento.** Corporación municipal antigua de la ciudad de Barcelona. || **—de disciplina.** El que se constituye en los centros docentes oficiales y en ciertas carreras, para proponer las sanciones reglamentarias. || **—de Estado.** Alto cuerpo consultivo que entiende en los negocios más graves e importantes del Estado. || **—de familia.** FOR. Reunión de personas que intervienen por la ley en la tutela de un menor o un incapacitado. || **—de guerra.** Tribunal compuesto de generales, jefes u oficiales, que, con asistencia de un asesor del cuerpo jurídico, entiende en las causas de la jurisdicción militar. || **—de Instrucción Pública.** El que entiende en lo relativo a la enseñanza. || **—de la Inquisición.** Tribunal supremo de las causas sobre delitos contra la fe y sus conexos. || **2.** Reunión de los ministros para tratar de los negocios de Estado. || **—económico y social de las Naciones Unidas.** Órgano permanente responsable ante la Asamblea General de las funciones internacionales relativas a la economía, cultura, educación, higiene, etc. || *Dar el* CONSEJO *y el vencejo*. ref. que previene que al consejo se ha de añadir el socorro material. || *Entrar en* CONSEJO. fr. Consultar, conferir y determinar lo que se debe hacer. || *Tomar* CONSEJO *de uno*. fr. Consultar con él lo que se debe ejecutar o seguir en algún caso dudoso. || **P.** conselho; **I.** advice, counsel; **F.** conseil; **A.** Rat; **It.** consiglio; **R.** совет. || **3.**ª acep.: **P.** corporação consultiva; **I.** council; **F.** conseil; **A.** Ratsversammlung; **It.** consiglio; **R.** совет.

CONSEJUELA. f. ant. d. de conseja.

CONSENCIENTE. (l. *consentiens, -entis*.) p.a. ant. de consentir. Que consiente alguna cosa mala.

CONSENSO. (l. *consensus*.) m. Asenso, consentimiento, y más particularmente el de todas las personas que componen una corporación.

CONSENSUAL. (De *consenso*.) adj. FOR. V. *Contrato* CONSENSUAL.

CONSENTIDO, DA. p.p. de consentir. || **2.** adj. Dícese del marido que sufre la infidelidad de su mujer. || **3.** Aplícase a la persona mimada con exceso.

CONSENTIDOR, RA. adj. Que consiente que se haga una cosa, debiendo y pudiendo estorbarla. Ú.t.c.s.

CONSENTIMIENTO. m. Acción y efecto de consentir. || **2.** FOR. Conformidad de voluntades entre los contratantes. || *Por* CONSENTIMIENTO. m. adv. MED. Por la correspondencia y conexión que en el cuerpo humano tienen unas partes con otras. || **P.** e **It.** consentimento; **I.** consent, assent; **F.** consentiment; **A.** Einwilligung; **R.** разрешение.

CONSENTIR. (l. *consentire*; de *cum*, con, y *sentire*, sentir.) tr. Permitir una cosa o condescender en que se haga. Ú.t.c. intr. || **2.** Creer, tener por cierta una cosa. || **3.** Ser compatible, admitir. || **4.** Mimar a los hijos, ser indulgente con los niños o los inferiores. || **5.** Hacer sentimiento, ceder, aflojarse las piezas que componen un mueble u otra construcción. || **6.** FOR. Otorgar, obligarse. || **7.** r. Cascarse o principiar a romperse una cosa. *El buque se* CONSINTIÓ *al varar*. || **P.** y **F.** consentir; **I.** to consent; **A.** gestatten, bewilligen; **It.** consentire; **R.** разрешать.

CONSERJE. (fr. *concierge*, y éste del l. *consěrviens*, de *servire*.) m. El que tiene a su cuidado la custodia, limpieza y llave de un palacio o establecimiento público. || **P.** porteiro; **I.** warden; **F.** concierge; **A.** Hauswart, Pedell; **It.** custode; **R.** швейцар.

CONSERJERÍA. f. Oficio y empleo de conserje. || **2.** Habitación que el conserje ocupa en el edificio que está a su cuidado.

CONSERVA. f. Carne, pescado, legumbre, fruta, etc., que, en virtud de cierta preparación y a veces envasadas herméticamente, se conserva comestible durante mucho tiempo. Suele llamársele CONSERVAS *alimenticias*. || **2.** MAR. Compañía que se hacen varias embarcaciones navegando juntas para auxiliarse o defenderse, y más comúnmente cuando alguna o algunas de guerra van escoltando a las mercantes. De las de guerra se dice que dan conserva o llevan en su conserva a las otras; de las mercantes, que van o navegan en conserva o en la conserva. || **—trojezada.** La que se hace en pedazos muy menudos, como la de calabaza. || **P.** conserva; **I.** y **F.** conserve; **A.** Konserve, Dauerware; **It.** conserva; **R.** консервы.

CONSERVACIÓN. (l. *conservatio, -ōnis*.) Acción y efecto de conservar o conservarse. || **P.** conservação; **I.** y **F.** conservation; **A.** Erhaltung, Bewahrung; **It.** conservazione; **R.** сохранение.

CONSERVADOR, RA. (l. *conservātor*.) adj. Que conserva. Ú.t.c.s. || **2.** V. *Juez* CONSERVADOR. Ú.t.c.s. || **3.** Que profesa las doctrinas políticas que toman en gran consideración la continuidad del espíritu nacional. Apl. a pers. ú.t.c.s. || **4.** m. En algunas dependencias, el que cuida de sus efectos e intereses. || **P.** conservador; **I.** conservative, conservator; **F.** conservateur; **A.** Konservator, Bewahrer; **It.** conservatore; **R.** консервативный.

CONSERVADURÍA. f. Empleo y oficio de juez conservador, que en la orden de S. Juan era dignidad. || **2.** Cargo de conservador en algunas dependencias públicas. || **3.** Oficina del mismo.

CONSERVADURISMO. m. Doctrina política del partido conservador español.

CONSERVANTE. p.a. de conservar. Que conserva.

CONSERVAR. (l. *conservāre*; de *cum*, con y *servāre*, guardar.) r. Mantener una cosa o cuidar de su permanencia. Ú.t.c.r. || **2.** Hablando de costumbres, virtudes y cosas semejantes, continuar la práctica de ellas. || **3.** Guardar con cuidado una cosa. || **4.** Hacer conservas. || **P.** conservar; **I.** to conserve, to preserve; **F.** conserver; **A.** halten, bewahren; **It.** conservare; **R.** консервировать. || **3.**ª acep.: **P.** conservar; **I.** to preserve; **F.** conserver; **A.** konservieren; **It.** conservare; **R.** беречь.

CONSERVATIVO, VA. (l. *conservativus*.) adj. Dícese de lo que conserva una cosa.

CONSERVATORÍA. f. Jurisdicción y conocimiento privativo que tenía un juez conservador sobre los que gozaban determinado fuero.

CONSERVATORIO, RIA. (l. *conservatorius*.) adj. Que contiene y conserva alguna o algunas cosas. || **2.** m. Establecimiento oficial, por lo común, en el que se dan enseñanzas de música, declamación y otras artes conexas. || **P.** conservatório; **I.** conservatory; **F.** conservatoire; **A.** Konservatorium; **It.** conservatorio; **R.** консерватория.

★ **CONSERVERA.** f. MÉJ. Dulcera.

CONSERVERÍA. (De *conservero*.) f. Arte de hacer conservas.

CONSERVERO, RA. adj. Dícese de lo perteneciente o relativo a la conservería. *Industria* CONSERVERA. || **2.** m. y f. Persona que tiene por oficio hacer conservas o que sabe hacerlas.

CONSEYO. m. ant. Consejo.

CONSIDERABILÍSIMO, MA. adj. sup. de considerable.

CONSIDERABLE. (l. de *considerar*.) adj. Digno de consideración. || **2.** Grande, cuantioso.

CONSIDERABLEMENTE. adv. Con notable abundancia o cuantía.

CONSIDERACIÓN. (l. *consideratio, -ōnis*.) f. Acción y efecto de considerar. || **2.** En los libros espirituales, asunto o materia sobre que se ha de meditar. || **3.** Urbanidad, respeto. || *En* CONSIDERACIÓN. m. adv. En atención. || *Fijar* uno *la* CONSIDERACIÓN *en alguna cosa*. fr. fig. Reflexionarla con atención y madurez. || *Ser de* CONSIDERACIÓN *una cosa*. fr. Ser de importancia. || *Tomar en* CONSIDERACIÓN *una cosa*. fr. Considerarla digna de atención. || **2.** Declarar una asamblea que una proposición merece ser discutida. || **P.** consideração; **I.** consideration; **F.** considération; **A.** Betrachtung; **It.** considerazione; **R.** внимание. || **3.**ª acep.: **P.** urbanidade; **I.** respect; **F.** considération; **A.** Hochachtung; **It.** considerazione; **R.** рассмотрение.

CONSIDERADAMENTE. adv. Con consideración.

CONSIDERADO, DA. p.p. de considerar. || **2.** adj. Acostumbrado a obrar con reflexión. || **3.** Que recibe de los demás muestras repetidas de atención y respeto.

CONSIDERADOR, RA. (l. *considerator*.) adj. Que considera. Ú.t.c.s.

CONSIDERANDO. (ger. de *considerar*.) m. Cada una de las razones esenciales que preceden y sirven de apoyo a un fallo o dictamen y empiezan con dicha palabra.

CONSIDERANTE. p.a. de considerar. Que considera.

CONSIDERAR. (l. *considerāre*.) tr. Pensar una cosa con atención. || **2.** Tratar a una persona con urbanidad o respeto. || **3.** Juzgar, estimar. Ú.t.c.r. || **P.** considerar; **I.** to consider; **F.** considérer; **A.** betrachten, bedenken; **It.** considerare; **R.** обдумывать.

CONSIDERATIVO, VA. adj. Dícese de lo que considera.

CONSIERVO. (l. *conservus*.) m. Siervo o esclavo, juntamente con otro u otros, de un mismo señor.

° **CONSIGNA.** f. Local en las estaciones ferroviarias para depositar maletas y otros bultos.

CONSIGNA. (De *consignar*.) f. MIL. Órdenes que se dan al que manda un puesto y las que éste manda observar al centinela. || **P.** ordem; **I.** watchword; **F.** consigne; **A.** Befehl; **It.** consegna; **R.** инструкция.

CONSIGNACIÓN. (l. *consignatio, -ōnis*.) f. Acción y efecto de consignar. || **P.** consignação; **I.** y **F.** consignation; **A.** Anweisung; **It.** consegnazione, consegna; **R.** консигнация.

CONSIGNADOR. m. COM. El que consigna sus mercancías o naves a la disposición de un corresponsal suyo.

CONSIGNAR. (l. *consignāre*; de *cum*, con, y *signāre*, señalar.) tr. Señalar y destinar el rédito de una finca o efecto para el pago de una cantidad o renta que se debe o se constituye. || **2.** Designar la tesorería o pagaduría que ha de cubrir obligaciones determinadas. || **3.** Destinar un paraje o sitio para poner o colocar en él una cosa. || **4.** Entregar por vía de depósito, poner en depósito una cosa. || **5.** Tratándose de opiniones, votos, doctrinas, etc., asentar por escrito cualquiera de estas cosas. || **6.** COM. Enviar las mercaderías a manos de un corresponsal. || **7.** FOR. Depositar judicialmente la cantidad reclamada para evitar el embargo, aun con reserva de

C

negar o discutir la deuda. || **P.** consignar; **I.** to assign; **F.** assigner; **A.** anweisen; **It.** consegnare, assegnare. || 6.ª acep.: **P.** consignar; **I.** to consign; **F.** consigner; **A.** konsignieren; **It.** consegnare; **R.** консигнировать.

CONSIGNATARIO. m. El que recibe en depósito, por auto judicial, el dinero que otro consigna. || 2. Acreedor que administra, por convenio de su deudor, la finca que éste le ha consignado, hasta que se extinga la deuda. || 3. Com. Aquel para quien va destinado un buque, un cargamento o una partida de mercaderías. || 4. Com. Persona que en los puertos de mar representa al armador de un buque para entender en los asuntos administrativos que se relacionan con su carga y pasaje: || **P.** consignatario; **I.** consignee; **F.** consignataire; **A.** Konsignatär; Empfänger; **It.** consegnatario; **R.** консигнатор.

CONSIGNATIVO. (De *consignar*.) adj. V. *Censo* CONSIGNATIVO.

CONSIGO. (l. *cum*, con, y *secum*, consigo.) Ablat. de sing. y pl. de la forma reflexiva se, sí, del pron. pers. de 3.ª pers. del gén. m. y f.

CONSIGUIENTE. (l. *consěquens, -entis*, p.a. de *consěqui*, seguir.) adj. Que depende o se deduce de otra cosa. || 2. m. DIAL. Consecuencia, 1.ª acep. || *Por* CONSIGUIENTE, *o por el* CONSIGUIENTE. m. conjun. ilat. Por consecuencia, en fuerza o virtud de lo antecedente. || *Proceder uno* CONSIGUIENTE. fr. Obrar según las ideas o principios adoptados de antemano. || **P.** consiguiente; **I.** consequent; **F.** conséquent; **A.** sich ergebend aus; **It.** conseguente; **R.** вытекающий.

CONSIGUIENTEMENTE. adv. Por consecuencia.

CONSILIARIO, RIA. (l. *consiliarius*.) m. y f. Consejero, ra, 1.ª acep. || 2. En varias corporaciones y sociedades, persona elegida para asistir con su consejo al superior que las gobierna, o tomar parte con él en ciertas decisiones.

CONSILIATIVO, VA. (l. *consiliātus*, p.p. de *consiliāri*, aconsejar.) adj. ant. Dícese de lo que aconseja o sirve de consejo.

CONSINTIENTE. p.a. de consentir. Que consiente.

CONSISTENCIA. (l. *consistens, -entis*, consistente.) f. Duración, estabilidad, solidez. || 2. Trabazón, coherencia entre las partículas de una masa. || **P.** consistência; **I.** consistence; **F.** consistance; **A.** Festigkeit, Bestand; **It.** consistenza; **R.** плотность.

CONSISTENTE. (l. *consistens, -entis*.) p.a. de consistir. Que consiste. || 2. adj. Que tiene consistencia.

CONSISTIR. (l. *consistěre; de cum*, con, y *sistěre*, detenerse.) intr. Estribar, estar fundada una cosa en otra. || 2. Ser efecto de una causa. || 3. Estar y criarse una cosa encerrada en otra. || **P.** consistir; **I.** to consist; **F.** consister; **A.** bestehen in; **It.** consistere; **R.** состоять из чего-л.

CONSISTORIAL. adj. Perteneciente al consistorio. Ú.t.c.s. || 2. Aplícase a la dignidad que se proclama en el consistorio del Papa. || 3. V. *Beneficio, capa, casa, prelado* CONSISTORIAL.

CONSISTORIALMENTE. adv. En consistorio, o por el consistorio del Papa y cardenales de la Santa Iglesia Romana.

CONSISTORIO. (l. *consistorium*.) m. Consejo que tenían los emperadores romanos para tratar los negocios más importantes. || 2. Junta o consejo que celebra el Papa con asistencia de los cardenales de la Santa Iglesia Romana. || 3. En algunas ciudades y villas principales de España, ayuntamiento o cabildo secular. || 4. Casa o sitio en donde se juntan los consistoriales o capitulares para celebrar consistorio. || —divino. fig. Tribunal o trono de Dios. || —público. El que celebra el Papa, revestido de los ornamentos pontificales y ocupando el solio, para recibir a los príncipes, o en otros actos de gran solemnidad. || —secreto. El que celebraba el Papa en su palacio para consultar los asuntos del gobierno de la Iglesia y para proclamar los obispos y otros prelados. || **P.** consistório; **I.** con-

sistory; **F.** consistoire; **A.** Konsistorium; **It.** concistorio; **R.** консистория.

CONSOCIO, CIA. (l. *consociùs*.) m. y f. Socio con respecto a otro u otros.

CONSOGRAR. intr. ant. Consuegrar.

CONSOLA. (fr. *console*.) f. Mesa hecha para estar arrimada a la pared, comúnmente sin cajones y con un segundo tablero inmediato al suelo, destinada de ordinario a sostener reloj, candelabros u otros adornos. || **P.** consola; **I.** console table; **F.** console; **A.** Konsole; **It.** consolle; **R.** консоль.

CONSOLABLE. (l. *consolabilis*.) adj. Capaz de consuelo y alivio.

CONSOLABLEMENTE. adv. Con consuelo.

CONSOLACIÓN. (l. *consolatio, -ōnis*.) f. Acción y efecto de consolar o consolarse. || 2. En algunos juegos carteados tanto que paga a los demás jugadores el que entra solo y pierde. || **P.** consolação; **I.** y **F.** consolation; **A.** Trost; **It.** consolazione; **R.** утешение.

CONSOLADOR, RA. (l. *consolātor*.) adj. Que consuela. Ú.t.c.s.

CONSOLANTE. p.a. de consolar. Que consuela.

CONSOLAR. (l. *consolāre*.) tr. Aliviar la pena o aflicción de uno. Ú.t.c.r. || **P.** consolar; **I.** to console; **F.** consoler; **A.** trösten; **It.** consolare; **R.** утешать.

CONSOLATIVO, VA. (l. *consolatīvus*.) adj. Consolador.

CONSOLATORIO, RIA. (l. *consolatorius*.) adj. Consolador.

CONSOLDAMIENTO. (De *consoldar*.) m. ant. Consolidación.

CONSOLDAR. (l. *consolidāre*, dar fuerza.) tr. ant. Consolidar.

CONSÓLIDA. (l. *consolida*.) f. Consuelda. || —real. Espuela de caballero.

CONSOLIDACIÓN. (l. *consolidatio, -ōnis*.) f. Acción y efecto de consolidar o consolidarse.

CONSOLIDADO, DA. p.p. de consolidar. || 2. adj. V. *Deuda* CONSOLIDADA. || **P.** consolidado; **I.** consolidated; **F.** consolidé; **A.** befestigt; **It.** consolidato; **R.** упрочнённый.

CONSOLIDAR. (l. *consolidāre*.) tr. Dar firmeza y solidez a una cosa. || 2. Liquidar una deuda flotante para convertirla en fija o perpetua. || 3. fig. Volver a juntar lo que antes se había roto, de modo que quede firme. || 4. fig. Asegurar del todo una cosa; como la amistad, etc. || 5. r. For. Reunirse en un sujeto atributos de un dominio antes disgregado. || **P.** consolidar; **I.** to consolidate; **F.** consolider; **A.** sichern, konsolidieren; **It.** consolidare; **R.** упрочивать.

CONSOLIDATIVO, VA. adj. Dícese de lo que tiene virtud de consolidar.

º **CONSOMÉ.** (fr. *consommé*.) Caldo concentrado de carne, volatería o caza.

CONSONAMIENTO. (De *consonar*.) m. ant. Sonido de una voz.

CONSONANCIA. (l. *consonantia*.) f. Mús. Cualidad de aquellos sonidos que, oídos simultáneamente, producen efecto agradable. || 2. Identidad de sonido en la terminación de dos palabras, desde la vocal acentuada. Constituye la rima perfecta. || 3. Uso inmotivado, o no requerido por la rima, de voces consonantes muy próximas unas de otras. || 4. fig. Relación de igualdad o conformidad que tienen algunas entre sí. || **P.** consonância; **I.** y **F.** consonance; **A.** Einklang; **It.** consonanza; **R.** созвучие.

CONSONANTE. (l. *consŏnans, -antis*, p.a. de *consonāre*, estar en armonía.) adj. Dícese de cualquiera voz con respecto a otra de la misma consonancia. Ú.t.c.s.m. || 2. V. *Letra* CONSONANTE. Ú.t.c.s.f. || 3. V. *U* CONSONANTE. || 4. fig. Que tiene relación de igualdad o conformidad con otra cosa, de la cual es correspondiente y correlativa. || 5. Mús. Que forma consonancia. Ú.t.c.s. || **P.** e **It.** consonante; **I.** consonant, consonantal; **F.** consonant; **A.** Konsonant; **R.** созвучный.

CONSONANTEMENTE. adv. Con consonancia.

CONSONÁNTICO, CA. adj. Perteneciente o relativo a la consonancia y a las consonantes.

CONSONANTISMO. m. Sistema consonántico de una lengua.

CONSONAR. (l. *consonāre; de cum*, con, y *sonāre*, sonar.) intr. Mús. Formar consonancia. || 2. Aconsonantar, 1.ª acep. || 3. fig. Tener algunas cosas igualdad, conformidad o relación entre sí. || **P.** consonar; **I.** to consonate; **F.** consoner; **A.** zusammenstimmen; **It.** consonare; **R.** гармонировать.

CÓNSONE. adj. fig. Cónsono, 1.ª acep. || 2. Mús. Consono, 2,ª acep. || 3. Mús. Acorde, 3.ª acep.

CÓNSONO, NA. (l. *consŏnus*.) adj. fig. Consonante, 4.ª acep. || 2. Mús. Consonante, 5.ª acep.

CONSORCIO. (l. *consortium*.) m. Participación y comunión de una misma suerte con uno o varios. || 2. Unión o compañía de los que viven juntos. || 3. For. Ar. Condominio entre hermanos. || **P.** consórcio; **I.** consortium, partnership; **F.** consortium; **A.** Gemeinschaft; **It.** consorzio; **R.** товарищество, концерн.

CONSORTE. (l. *consors, -ortis; de cum*, con, y *sors*, suerte.) com. Persona que es partícipe y compañera con otra u otras en la misma suerte. || 2. Marido respecto de la mujer, y mujer respecto del marido. || 3. pl. For. Los que litigan unidos, formando una sola parte en el pleito. || 4. For. Los que juntamente son responsables de un delito. || **P.** e **It.** consorte; **I.** consort; **F.** conjoint, consort; **A.** (Ehe)Gatte; **R.** супруг.

CONSPICUO, CUA. (l. *conspicŭus*.) adj. Ilustre, visible, sobresaliente. || **P.** conspícuo; **I.** conspicuous; **F.** illustre; **A.** hervorragend; **It.** cospicuo; **R.** выдающийся.

CONSPIRACIÓN. (l. *conspiratio, -ōnis*.) f. Acción de conspirar, 2.ª y 3.ª aceps. || **P.** conspiração; **I.** conspiracy; **F.** conspiration; **A.** Verschwörung; **It.** cospirazione; **R.** конспирация.

CONSPIRADO. (l. *conspirātus*.) m. Conspirador.

CONSPIRADOR, RA. m. y f. Persona que conspira.

CONSPIRAR. (l. *conspirāre*.) intr. Unirse algunos contra su superior o soberano. || 2. Unirse contra un particular para hacerle daño. || 3. fig. Concurrir varias cosas a un mismo fin. || **P.** conspirar; **I.** to conspire; **F.** conspirer; **A.** konspirieren, etwas gemeinsam bezwecken; **It.** cospirare; **R.** составлять заговор.

CONSTABLE. (l. *constabilis*.) adj. ant. Constante, 2.ª acep.

CONSTANCIA. (l. *constantia*.) f. Firmeza y perseverancia del ánimo en las resoluciones y en los propósitos. || 2. Certeza, exactitud de algún hecho o dicho. || **P.** constância; **I.** constancy; **F.** constance; **A.** Beständigkeit; **It.** constanza; **R.** постоянство.

CONSTANCIA. (De *constar*.) f. Acción y efecto de hacer constar alguna cosa de manera fehaciente.

CONSTANCIENSE. adj. Natural de Constanza. Ú.t.c.s. || 2. Perteneciente a esta ciudad alemana.

★ **CONSTANTAN.** m. Quím. Aleación de cobre y níquel, 60 % del primero y 40 % del segundo. Es utilizado en la fabricación de resistividades eléctricas y pares termoeléctricos.

CONSTANTE. (l. *constans, -antis*.) p.a. de constar. Que consta, 1.ª y 2.ª aceps. || 2. adj. Que tiene constancia. || 3. Dicho de las cosas, persistente, durable. || 4. Mat. V. *Cantidad* CONSTANTE. Ú.t.c.s.

CONSTANTEMENTE. adv. Con constancia. || 2. Con notoria certeza; cierta e indudablemente.

CONSTANTINOPLA. n. p. V. *Ramillete de* CONSTANTINOPLA.

CONSTANTINOPOLITANO, NA. (l. *constantinopolitānus*, de *Constantinopŏlis*, Constantinopla.) adj. Natural de Constantinopla. Ú.t.c.s. || 2. Perteneciente a esta ciudad de la Turquía europea.

CONSTAR. (l. *constāre; de cum*, con, y *stāre*, estar en pie.) intr. Ser cierta y manifiesta una cosa. || 2. Tener un todo determinadas partes. || 3. Tratándose de versos tener la medida y acentuación correspondientes a los de su clase. || **P.** constar; **I.** to be certain; **F.** constater, être

C

certain; **A.** gewiss sein; **It.** constare; **R.** ябствовать.

CONSTELACIÓN. (l. *constellātĭo, -ōnis.*) f. Conjunto de varias estrellas fijas contenidas en una figura cuyo nombre se le ha dado para distinguirlo de otros. || **2.** Clima o temple. || **P.** constelação; **I.** y **F.** constellation; **A.** Gestirn, Sternbild; **It.** costellazione; **R.** созвездие.

CONSTERNACIÓN. (l. *consternatĭo, -ōnis.*) f. Acción y efecto de consternar o consternarse. || **P.** consternação; **I.** y **F.** consternation; **A.** Bestürztheit; **It.** consternazione; **R.** подавленность.

CONSTERNAR. (l. *consternāre.*) tr. Conturbar mucho y abatir el ánimo. Ú.m.c.r. || **P.** consternar; **I.** to consternate; **F.** consterner; **A.** bestürzen; **It.** costernare; **R.** приводить в уныние.

CONSTIPACIÓN. (l. *constipatĭo, -ōnis.*) f. Constipado. || **—de vientre.** MED. Estreñimiento. || **P.** prisão de ventre; **I.** y **F.** constipation; **A.** Verstopfung; **It.** costipazione, stitichezza; **R.** запор, насморк.

CONSTIPADO, DA. p.p. de constipar. || **2.** m. Catarro. || **3.** Resfriado, 1.ª acep.

CONSTIPAR. (l. *constipāre,* constreñir.) tr. Cerrar y apretar los poros, impidiendo la transpiración. || **2.** r. Acatarrarse, resfriarse. || **2.**ª acep.: **P.** constipar; **I.** to catch cold; **F.** enrhumer; **A.** sich erkälten, den Schnupfen bekommen; **It.** infreddarsi; **R.** простудить.

CONSTIPATIVO, VA. adj. ant. Que produce constipación.

CONSTITUCIÓN. (l. *constitutĭo, -ōnis.*) f. Acción y efecto de constituir. || **2.** Esencia y calidades de una cosa que la diferencian de las demás. || **3.** Forma o sistema de gobierno que tiene cada Estado. || **4.** Ley fundamental de la organización de un Estado. || **5.** Estado actual y circunstancias en que se hallan algunos reinos, cuerpos o familias. || **6.** Cada una de las ordenanzas o estatutos con que se gobierna una corporación. || **7.** FISIOL. Naturaleza y relación de los sistemas y aparatos orgánicos, cuyas funciones determinan el grado de fuerza y vitalidad de cada individuo. || **8.** FOR. En el derecho romano, ley que establecía el príncipe. || **—apostólica.** Decisión o mandato solemne del Sumo Pontífice, cuya observancia comprende a toda la Iglesia católica o a varias órdenes, cuerpos o clases de los fieles. || **—atmosférica.** Condición de la atmósfera considerada con relación a su influjo en los seres vivos. || **—del mundo.** Su creación. || **2.** Conjunto de leyes por que se rige. || **—pontificia.** Bula, 3.ª acep. || CONSTITUCIONES *Apostólicas.* Cierta colección de reglas eclesiásticas atribuidas a los apóstoles. || **P.** constituição; **I.** y **F.** constitution; **A.** Verfassung; **It.** costituzione; **R.** конституция.

CONSTITUCIONAL. adj. Perteneciente a la Constitución de un Estado. || **2.** Adicto a ella. Ú.t.c.s. || **3.** Propio de la constitución de un individuo o perteneciente a ella.

CONSTITUCIONALIDAD. f. Calidad de constitucional, 1.ª acep.

★ CONSTITUCIONALISMO. m. Adhesión a la constitución política de un Estado. || **2.** Estimación y defensa del sistema representativo.

CONSTITUCIONALMENTE. adv. Conforme a lo dispuesto por la Constitución.

CONSTITUIDOR, RA. adj. Que establece o constituye. Ú.t.c.s.

CONSTITUIR. (l. *constituĕre;* de *cum,* con, y *statuĕre,* establecer.) tr. Formar, componer. || **2.** Con la prep. *en* y los nombres *apuro, obligación* y otros análogos, poner, 6.ª acep. || **3.** Hacer que una cosa sea de cierta calidad o condición. || **4.** Establecer, ordenar. Ú.t.c.r. || **5.** r. Seguido de una de las preposiciones *en* y *por,* asumir obligación: *Se* CONSTITUYÓ *en fiador.* || **P.** constituir; **I.** to constitute; **F.** constituer; **A.** bilden, konstituiren; **It.** constituire; **R.** учреждать.

CONSTITUTIVO, VA. (l. *constitutīvus.*) adj. Dícese de lo que constituye una cosa en el ser de tal y la distingue de otras. Ú.t.c.s.m.

CONSTITUTO, TA. (l. *constitūtus.*) p.p. irreg. ant. de constituir.

CONSTITUYENTE. p.a. de constituir. Que constituye, 4.ª acep. || **2.** adj. Dícese de las Cortes convocadas para reformar la Constitución del Estado. Ú.t.c.s. y más en plural.

CONSTREÑIDAMENTE. adv. Con constreñimiento.

CONSTREÑIMIENTO. (De *constreñir.*) m. Apremio y compulsión que hace uno a otro para que ejecute alguna cosa.

CONSTREÑIR. (l. *constringĕre.*) tr. Obligar, compeler por fuerza a uno a que haga alguna cosa. || **2.** MED. Apretar y cerrar, como oprimiendo. || **P.** constranger; **I.** to constrain; **F.** contraindre; **A.** zwingen; **It.** costringere; **R.** принуждать.

CONSTRICCIÓN. (l. *constrictĭo, -ōnis.*) f. Encogimiento, 1.ª acep.

CONSTRICTIVO, VA. (l. *constrictīvus.*) adj. Que tiene virtud de constreñir.

CONSTRICTOR, RA. adj. Que produce constricción. || **2.** MED. Dícese del medicamento que se emplea para constreñir. Ú.t.c.s.m.

CONSTRICTURA. (l. *constrictūra.*) f. ant. Cerramiento o estrechura.

CONSTRINGENTE. adj. Que constriñe o aprieta.

CONSTRINGIR. (l. *constringĕre.*) tr. ant. Constreñir.

CONSTRIÑIMIENTO. m. ant. Constreñimiento.

CONSTRIÑIR. tr. ant. Constreñir.

CONSTRUCCIÓN. (l. *constructĭo, -ōnis.*) f. Acción y efecto de construir. || **2.** Arte de construir. || **3.** Tratándose de edificios, obra construida. || **4.** GRAM. Ordenamiento y disposición a que se han de someter las palabras para expresar con ellas todo linaje de conceptos. || **5.** GRAM. V. *figura* de CONSTRUCCIÓN. || **P.** construção; **I.** y **F.** construction; **A.** Bau, Konstruktion; **It.** costruzione; **R.** строительство. || **4.**ª acep.: **P.** construção; **I.** y **F.** construction; **A.** Satzstellung; **It.** costruzione; **R.** конструкция.

CONSTRUCTIVO, VA. adj. Dícese de lo que construye o sirve para construir, por oposición a lo que destruye.

CONSTRUCTOR, RA. (l. *constructor.*) adj. Que construye. Ú.t.c.s. || **P.** constructor; **I.** constructor, builder; **F.** constructeur; **A.** Baumeister; **It.** costruttore; **R.** строитель.

CONSTRUIR. (l. *construĕre;* de *cum,* con, y *struĕre,* acumular, amontonar.) tr. Fabricar, edificar y hacer de nuevo una cosa; como casa, puente, navío, máquina, etc. || **2.** GRAM. Ordenar las palabras, o unirlas entre sí con arreglo a las leyes de la construcción gramatical. || **P.** construir; **I.** to construct, to build up; **F.** construire, bâtir; **A.** bauen, konstruiren; **It.** costruire; **R.** строить.

CONSTUPRADOR. (l. *constuprātor.*) adj. ant. Estuprador. Ú.t.c.s.

CONSTUPRAR. (l. *constuprāre;* de *cum,* con, y *stuprāre,* estuprar.) tr. ant. Estuprar.

CONSUBSTANCIACIÓN. f. Presencia de Jesucristo en la Eucaristía, en sentido luterano; es decir, conservando el pan y el vino su propia substancia y no una mera apariencia.

CONSUBSTANCIAL. (l. *consubstantiālis.*) adj. Que es de la misma substancia, individua naturaleza y esencia con otro.

CONSUBSTANCIALIDAD. (l. *consubstantialĭtas, -ātis.*) f. Calidad de consubstancial.

CONSUEGRAR. intr. Hacerse un padre o una madre consuegro o consuegra de otro padre o madre.

CONSUEGRO, GRA. (l. *consocer, -ĕri.*) m. y f. Padre o madre de una de dos personas unidas en matrimonio, respecto del padre o la madre de la otra.

CONSUELDA. (l. *consōlida.*) f. Hierba borraginácea vellosa con tallo de 6 a 8 dm de altura. || **—menor.** Hierba labiada con tallo de 2 a 3 cm de altura. || **—real.** Espuela de caballero. || **—roja.** Tormentilla. || **P.** consolda; **I.** comfrey; **F.** consoude, consolide; **A.** Schwarzwurzel; **It.** consòlida; **R.** живокость, шпорник.

CONSUELO. (De *consolar.*) m. Des-

canso y alivio de la pena, molestia o fatiga que aflige y oprime el ánimo. || **2.** Gozo, alegría. || *Sin* CONSUELO. expr. adv. fig. y fam. Sin medida ni tasa. || **P.** consolo; **I.** consolation, comfort; **F.** consolation; **A.** Trost, Freude; **It.** consolazione; **R.** утешение.

CONSUETA. (l. *consuēta,* t. f. de *-tus,* consueto.) m. En algunas partes, apuntador, 2.ª acep. || **2.** f. AR. Añalejo. || **3.** pl. Conmemoraciones comunes que se dicen ciertos días en el oficio divino al fin de las laudes y vísperas. || **4.** Reglas consuetudinarias por que se rigen un cabildo o capítulo eclesiástico. Ú.t. en sing., hablando de cada una de dichas reglas y del conjunto de ellas.

CONSUETO, TA. (l. *consuētus,* p.p. de *consuescĕre,* acostumbrar.) adj. ant. Decíase de lo acostumbrado.

CONSUETUD. (l. *consuetūdo.*) f. ant. Costumbre.

CONSUETUDINARIO, RIA. (l. *consuetudinarĭus.*) adj. Dícese de lo que es de costumbre. || **2.** V. *Derecho* CONSUETUDINARIO. || **3.** TEOL. Aplícase a la persona que tiene costumbre de cometer alguna culpa.

CÓNSUL. m. (l. *consul.*) m. Cada uno de los dos magistrados que tenían en la República romana la suprema autoridad, la cual duraba solamente un año. || **2.** Cada uno de los jueces que componían el consulado, 3.ª acep. || **3.** Persona autorizada en puerto u otra población de un Estado extranjero para proteger las personas e intereses de los individuos de la nación que lo nombra. || **—general.** Jefe del servicio consular de su nación en el país en que reside. || **P.** cônsul; **I.** y **F.** consul; **A.** Konsul; **It.** cònsole; **R.** консул.

CÓNSULA. f. Mujer del cónsul.

CONSULADO. (l. *consulātus.*) m. Dignidad de cónsul romano. || **2.** Tiempo que duraba esta dignidad. || **3.** Tribunal compuesto de prior y cónsules, que conocía y juzgaba de los negocios y causas de los comerciantes. || **4.** Cargo de cónsul de una potencia. || **5.** Territorio o distrito en que un cónsul ejerce su autoridad. || **6.** Casa u oficina en que despacha el cónsul. || **P.** consulado; **I.** consulate, consulship; **F.** consulat; **A.** Konsulat; **It.** consolato; **R.** консульство.

CONSULAJE. m. ant. Consulado, 1.ª acep.

CONSULAR. (l. *consulāris.*) adj. Perteneciente a la dignidad de cónsul romano. *Provincia, familia* CONSULAR. || **2.** Dícese de la jurisdicción que ejerce el cónsul.

CONSULAZGO. m. ant. Consulado, 1.ª y 2.ª aceps.

CONSULESA. f. fam. Mujer del cónsul.

CONSULTA. f. Acción y efecto de consultar. || **2.** Parecer o dictamen que por escrito o de palabra se pide o se da. || **3.** Conferencia entre abogados, médicos u otras personas para resolver alguna cosa. || **4.** Dictamen que los consejos, tribunales u otros cuerpos daban por escrito al rey, sobre un asunto que requería su real resolución. || **5.** V. *Caja de* CONSULTA. || *Subir la* CONSULTA. fr. Llevarla los ministros o secretarios para el despacho. || **P.** consulta; **I.** y **F.** consultation; **A.** Gutachten, Beratung; **It.** consulta, consultazione; **R.** консультация, совет.

CONSULTABLE. adj. Digno de consultarse o preguntarse.

CONSULTACIÓN. (l. *consultatĭo, -ōnis.*) f. Consulta, 3.ª acep.

CONSULTANTE. p.a. de consultar. Que consulta. Ú.t.c.s. || **2.** adj. V. *Ministro* CONSULTANTE.

CONSULTAR. (l. *consultāre,* intens. de *consulĕre,* considerar, deliberar.) tr. Conferir, tratar y discurrir con una o varias personas sobre lo que se debe hacer en un negocio. || **2.** Pedir parecer, dictamen o consejo. || **3.** Dar los consejos, tribunales u otros cuerpos, al rey a otra autoridad, 4.ª acep. de CONSULTA. || **4.** Someter una duda, caso o asunto a la consideración de otra persona. || **P.** consultar; **I.** to consult, to advise; **F.** consulter, délibérer; **A.** um Rat fragen; konsultiren; **It.** consultare; **R.** советовать.

CONSULTIVO, VA. adj. Aplícase a

C

las materias que los consejos o tribunales deben consultar con el Jefe del Estado. || **2.** Se dice de las juntas o corporaciones establecidas para ser oídas y consultadas por los que gobiernan. || **3.** V. *Voto* CONSULTIVO.

CONSULTO, TA. (l. *consultus.*) adj. ant. Sabio, docto.

CONSULTOR, RA. (l. *consultor.*) adj. Que da su parecer, consultado sobre algún asunto. Ú.t.c.s. || **2.** Consultante. Ú.t.c.s. || **3.** Cada uno de los individuos no investidos con la dignidad cardenalicia que con voz y voto forman parte de algunas congregaciones de la curia romana. || —**del Santo Oficio.** Ministro del tribunal de la Inquisición, que en lo antiguo asistía a las vistas y daba su parecer antes que el ordinario. || **P.** consultor; **I.** consultor, adviser; **F.** consultour; **A.** Ratgeber; **It.** consultore, consulente; **R.** советник.

CONSULTORIO. (l. *consultorius.*) m. Establecimiento privado donde se despachan informes o consultas sobre materias técnicas. || **2.** Establecimiento particular fundado por uno o varios profesores de medicina para que las personas poco pudientes acudan a él a consultar acerca de sus dolencias.

CONSUMACIÓN. (l. *consummatio, -ōnis.*) f. Acción y efecto de consumar. || **2.** Extinción, acabamiento total. || *La* CONSUMACIÓN *de los siglos.* El fin del mundo.

CONSUMADAMENTE. adv. Entera o perfectamente.

CONSUMADO, DA. (l. *consummātus.*) p.p. de consumar. || **2.** adj. Perfecto en su línea. || **3.** m. Caldo que se hace de ternera, pollo y otras carnes, sacando toda la substancia de ellas. || **P.** consumado; **I.** consummate; **F.** consommé; **A.** vollendet; **It.** compiuto, consumato; **R.** завершённый.

CONSUMADOR, RA. (l. *consummātor.*) adj. Que consuma. Ú.t.c.s.

CONSUMAR. (l. *consummāre; de cum,* con, y *summa,* suma, total.) tr. Llevar a cabo totalmente una cosa. Consumar la redención del género humano. || **2.** FOR. Dar cumplimiento a un contrato o a otro acto jurídico que ya era perfecto. || **P.** consumar; **I.** to consummate; **F.** consommer; **A.** vollenden, vollbringen; **It.** compiere; **R.** завершить.

CONSUMATIVO, VA. adj. Que consuma o perfecciona. Ú. hablando del sacramento de la Eucaristía, el cual es perfección y complemento de los demás.

CONSUMERO. (De *consumo,* 3.ª acep.) m. despect. Encargado de vigilar y perseguir a los matuteros.

CONSUMIBLE. adj. Que puede consumirse.

CONSUMICIÓN. (De *consumir.*) f. Consunción, 1.ª acep. || **2.** Consumo, 1.ª acep.

CONSUMIDO, DA. p.p. de consumir. || **2.** adj. fig. y fam. Muy flaco, extenuado. || **3.** fig. y fam. Que suele afligirse y apurarse con poco motivo. || **2.ª** acep.: **P.** consumido, muito magro; **I.** exhausted; **F.** consumé; **A.** abgezehrt; **It.** consumato; **R.** истощённый.

CONSUMIDOR, RA. adj. Que consume. Ú.t.c.s. || **P.** consumidor; **I.** consumer; **F.** consommateur; **A.** Konsument, Verzehrer; **It.** consumatore; **R.** потребитель.

CONSUMIENTE. p.a. ant. de consumir. Que consume.

CONSUMIMIENTO. m. Consunción, 1.ª acep.

CONSUMIR. (l. *consumĕre.*) tr. Destruir, extinguir. Ú.t.c.r. || **2.** Gastar comestibles u otros géneros. || **3.** Recibir o tomar el sacerdote en la misa el cuerpo y sangre de Nuestro Señor Jesucristo, bajo las especies de pan y vino. Ú.t.c.r.intr. || **4.** fig. y fam. Desazonar, afligir. Ú.t.c.r. || **P.** consumir; **I.** to consume; **F.** consumer; **A.** konsumieren, verzehren; **It.** consumare; **R.** истощать.

CONSUMITIVO, VA. adj. ant. Consuntivo.

CONSUMO. (De *consumir.*) m. Gasto de aquellas cosas que con el uso se extinguen o destruyen. || **2.** pl. Impuesto municipal sobre los comestibles y otros géneros

que se introducen en una población para venderlos o consumirlos en la misma. || **P.** e **It.** consumo; **I.** consumption; **F.** consommation; **A.** Verbrauch, Umsatz; **R.** потребление.

CONSUNA (DE). m. adv. ant De consuno.

CONSUNCIÓN. (l. *consumptio, -ōnis.*) f. Acción y efecto de consumir o consumirse. || **2.** Extenuación, enflaquecimiento. || **P.** consumpção; **I.** consumption, waste; **F.** consomption; **A.** Abzehrumg; **It.** consunzione; **R.** истощение.

CONSUNO (DE). (De *con, so,* 3.er art., y *uno.*) m. adv. Juntamente, de común acuerdo.

CONSUNTIVO, VA. (De *consunto.*) adj. Que tiene virtud de consumir.

CONSUNTO, TA. (l. *consumptus.*) p.p. irreg. de consumir.

CONSUSTANCIAL. adj. TEOL. Consubstancial.

CONSUSTANCIALIDAD. f. TEOL. Consubstancialidad.

CONTA. (port. *conta,* cuenta.) f. ant. Cuenta, 1.ª acep.

CONTABILIDAD. (De *contable.*) f. Aptitud de las cosas para poder reducirlas a cuenta o cálculo. || **2.** Sistema adoptado para llevar la cuenta y razón en las oficinas públicas y particulares. || **2.ª** acep.: **P.** contabilidade; **I.** accounting, bookkeeping; **F.** comptabilité; **A.** Buchführung; **It.** contabilità, computisteria; **R.** счетоводство.

CONTABILIZAR. tr. Apuntar una partida o cantidad en los libros de cuentas.

CONTABLE. (l. *computabilis.*) adj. Que puede ser contado.

CONTACTO. (l. *contactus.*) m. Acción y efecto de tocarse dos o más cosas. || **P.** contacto; **I.** y **F.** contact; **A.** Kontakt, Berührung; **It.** contatto; **R.** соприкосновение.

CONTADERO, RA. adj. Que se puede o se ha de contar. || **2.** m. Pasadizo estrecho dispuesto de manera que puedan entrar o salir personas o animales tan sólo de uno en uno. || *Entrar o salir, por* CONTADERO. fr. fig. y fam. Entrar o salir, por paraje tan estrecho, que solamente se puede pasar por él uno a uno.

CONTADO, DA. p.p. de contar. || **2.** adj. Raro, 3.ª acep. || **3.** Determinado, señalado. || *Al* CONTADO. m. adv. Con dinero contante. *De* CONTADO. m. adv. Al instante, inmediatamente, al punto. || *Por de* CONTADO. m. adv. Por supuesto, de seguro.

CONTADOR, RA. (De *contar.*) adj. Que cuenta. Ú.t.c.s. || **2.** V. *Tablero* CONTADOR. || **3.** m. El que tiene por empleo, oficio o profesión llevar la cuenta y razón de la entrada y salida de caudales. || **4.** Persona nombrada por juez competente, o por las mismas partes, para liquidar una cuenta. || **5.** Mesa de madera que suelen tener los cambistas y mercaderes para contar en sus casas el dinero. || **6.** Especie de escritorio o papelera, con varias gavetas, sin puertecillas ni adornos de remates. || **7.** Aparato que sirve para llevar cuenta del número de revoluciones de una rueda o movimientos de otra pieza de una máquina. || **8.** Aparato destinado a medir el volumen de agua o de gas que pasa por una cañería, y la cantidad de electricidad que recorre un circuito en un tiempo determinado. || **4.ª** acep.: **P.** contador; **I.** accountant; **F.** comptable; **A.**Rechnungsführer; **It.**ragioniere, computista; **R.** счетовод. || TECNOL.: **8.ª** acep.: **I.** counter; **F.** compteur; **A.** Zähler; **It.** contatore; **R.** счётчик.

CONTADURÍA. (De *contador.*) f. Oficio de contador. || **2.** Oficina donde se lleva la cuenta y razón de los caudales o gastos de una institución, administración, etc. || **3.** Casa o pieza en donde se halla establecida. || **4.** Administración de un espectáculo público en donde se expenden los billetes con anticipación y sobreprecio. || —**de ejército.** Oficina donde se lleva la cuenta y razón de todo lo que cuesta el personal del ejército y de los demás gastos del ramo de la guerra. || —**de provincia.** Oficina donde se lleva la cuenta y razón de las contribuciones de cada pueblo y de los productos de las

rentas públicas, en la provincia en donde se halla establecida.

CONTAGIAR. (De *contagio.*) tr. Comunicar o pegar a otro u otros una enfermedad contagiosa. Ú.t.c.r. || **2.** fig. Pervertir con el mal ejemplo. Ú.t.c.r. || **P.** contagiar; **I.** to infect; **F.** contagier; **A.** anstecken; **It.** contagiare; **R.** заражать.

CONTAGIO. (l. *contagĭum.*) m. Transmisión, por contacto inmediato o mediato, de una enfermedad específica. || **2.** Germen conocido o supuesto de una enfermedad contagiosa. || **3.** La misma enfermedad contagiosa. || **4.** fig. Perversión que resulta del mal ejemplo o de la mala doctrina. || **P.** contágio; **I.** y **F.** contagion; **A.** Ansteckung, Seuche; **It.** contagio; **R.** заражение.

CONTAGIÓN. (l. *contagĭo, -ōnis.*) f. p. us. Contagio.

CONTAGIOSIDAD. f. Calidad de contagioso.

CONTAGIOSO, SA. (l. *contagiōsus.*) adj. Aplícase a las enfermedades que se pegan y comunican por contagio. || **2.** Que tiene mal que se pega. || **3.** fig. Dícese de los vicios y costumbres que se pegan o comunican con el trato.

★ **CONTAINER.** (Voz inglesa.) m. Recipiente para dejar caer, con paracaídas desde un avión, armas, alimentos, etc. || **2.** Por extensión, recipiente que contiene aparatos científicos, lanzado al espacio por medio de cohetes, como los satélites artificiales.

CONTAL. m. Sartal de piedras o cuentas para contar.

CONTAMINACIÓN. (l. *contaminatio, -ōnis.*) f. Acción y efecto de contaminar o contaminarse. || —**nuclear.** Fís. Estado de una substancia enturbiada por una impureza radiactiva y que emite una radiación nociva.

CONTAMINADOR, RA. (l. *contaminātor.*) adj. Que contamina.

CONTAMINAR. (l. *contaminăre.*) tr. Penetrar la inmundicia en un cuerpo, causando en él manchas y mal olor. Ú.t.c.r. || **2.** Contagiar, inficionar. Ú.t.c.r. || **3.** fig. Viciar o alterar un texto. || **4.** fig. Pervertir, mancillar la pureza de la fe o de las costumbres. Ú.t.c.r. || **5.** fig. Hablando de la ley de Dios, quebrantarla. || **P.** contaminar; **I.** to contaminate; **F.** contaminer, souiller; **A.** verderben, beflecken; **It.** contaminare; **R.** заражать.

CONTANTE. (De *contar.*) p.a. ant. de contar. Que cuenta.

CONTANTE. (fr. *comptant,* y éste del ant. *contant,* del l. *contente,* infl. el primero por *compter.*) adj. Aplícase al dinero efectivo. Dícese también contante y sonante.

CONTAR. (l. *cōmpŭtāre.*) tr. Numerar o computar las cosas considerándolas como unidades homogéneas. || **2.** Referir un suceso, sea verdadero o fabuloso. || **3.** Poner o meter en cuenta. || **4.** Poner a uno en el número, clase u opinión que le corresponde. || **5.** intr. Hacer, formar cuentas según reglas de aritmética. || *Antes de* CONTAR, *escribe; y antes de firmar, recibe.* ref. que aconseja las precauciones usuales al dar y recibir dinero. || CONTAR *con uno.* fr. Hacer memoria de él. CONTÓ *con ellos para el convite.* || CONTAR *uno con una persona o cosa para algún fin.* fr. Confiar o tener por cierto que servirá para el logro de lo que se desea. CONTAR *uno por hecha una cosa.* fr. fam. Estimar, dar tanto valor al deseo o promesa de hacerla, como si realmente se hubiera ejecutado. || **P.** contar; **I.** to count, to reckon; **F.** compter; **A.** zählen; **It.** contare; **R.** считать. || **2.ª** acep.: **P.** narrar; **I.** to tell; **F.** raconter, conter; **A.** erzählen; **It.** contare, raccontare; **R.** рассказывать.

CONTARIO. (De *cuenta.*) m. Contero.

CONTECER. (l. *contingĕre;* en vulgar *contingescĕre.*) intr. ant. Acontecer.

CONTEJIDO, DA. (De *con* y *tejido.*) adj. ant. Decíase de lo que estaba tejido.

CONTEMPERANTE. p.a. de contemperar. Que contempera.

CONTEMPERAR. (l. *contemperāre.*) tr. Atemperar.

CONTEMPLACIÓN. (l. *contemplatĭo, -ōnis.*) f. Acción de contemplar.

CONTEMPLADOR, RA. (l. *contem-*

C

plātor.) adj. Que contempla. Ú.t.c.s. || 2. Contemplativo.

CONTEMPLAR. (l. *contemplāre.*) tr. Examinar y considerar con atención y aplicación una cosa, ya espiritual, ya material. || 2. Considerar, juzgar. || 3. Complacer a una persona, ser condescendiente con ella. || 4. TEOL. Ocuparse el alma con intensión en pensar en Dios y considerar sus divinos atributos o los misterios de la religión. || P. contemplar; I. to contemplate; F. contempler; A. beschauen, betrachten; It. contemplare; R. созерцать.

CONTEMPLATIVAMENTE. adv. Con contemplación.

CONTEMPLATIVO, VA. (l. *contemplativus.*) adj. Perteneciente a la contemplación. || 2. Que contempla. || 3. Que acostumbra meditar intensamente. || 4. Que acostumbra complacer a otros por bondad o por cálculo. || 5. TEOL. Muy dado a la contemplación de las cosas divinas.

CONTEMPLATORIO, RIA. (l. *templatorius.*) adj. ant. Decíase del sitio o paraje a propósito para contemplar o mirar con atención.

CONTEMPORANEIDAD. (De *contemporáneo.*) f. Calidad de contemporáneo.

CONTEMPORÁNEO, A. (l. *contemporaneus.*) adj. Existente al mismo tiempo que otra persona o cosa. Ú.t.c.s. || P. contemporâneo; I. contemporaneous, contemporary; F. contemporain; A. gleichzeitig; It. contemporàneo; R. современный.

CONTEMPORIZACIÓN. f. Acción y efecto de contemporizar.

CONTEMPORIZADOR, RA. adj. Que contemporiza. Ú.t.c.s.

CONTEMPORIZAR. (De *con* y *temporizar.*) intr. Acomodarse uno al gusto ajeno por algún respeto o fin particular. || P. contemporizar; I. to comply; F. s'accomoder, temporiser; A. zaudern; It. barcamenare; R. приноравливаться.

CONTEMPTIBLE. (l. *contemptibilis.*) adj. ant. Contenible.

CONTENCIÓN. (De *contener.*) f. Acción y efecto de contener, 2.ª acep. *Un muro de* CONTENCIÓN.

CONTENCIÓN. (l. *contentio*, de *contendĕre*, disputar.) f. Contienda, emulación. || 2. FOR. Litigio trabado entre partes.

CONTENCIOSO, SA. (l. *contentiosus.*) adj. Dícese del que por costumbre disputa o contradice todo lo que otros afirman. || 2. V. *Administración, vía* CONTENCIOSA. || 3. FOR. Aplícase a las materias sobre que se contiende en juicios, o a la forma en que se litiga. || 4. FOR. Dícese de los asuntos sometidos al fallo de los tribunales en forma de litigio, en contraposición a los actos gubernativos y a los de jurisdicción voluntaria. || 5. FOR. V. *Juicio* CONTENCIOSO. || 6. FOR. V. *Recurso* CONTENCIOSO *administrativo.*

CONTENDEDOR. (De *contender.*) m. El que contiende.

CONTENDER. (l. *contendĕre.*) intr. Lidiar, pelear, batallar. || 2. fig. Disputar, 1.ª y 2.ª aceps.

CONTENDIENTE. p.a. de contender. Que contiende. Ú.t.c.s.

CONTENDOR. (De *contender.*) m. Contendedor.

CONTENEDOR, RA. adj. Que contiene.

CONTENENCIA. (De *contener.*) f. Parada o suspensión que hacen a veces en el aire algunas aves, especialmente las de rapiña. || 2. DANZA. Paso de lado en el cual parece que se contiene o detiene el que danza.

CONTENENCIA. (De *contender.*) f. ant. Contienda.

CONTENENTE. m. ant. Continente, 4.ª acep.

CONTENER. (l. *continēre.*) tr. Llevar o encerrar dentro de sí una cosa a otra. Ú.t.c.r. || 2. Reprimir o suspender el movimiento o impulso de un cuerpo. Ú.t.c.r. || 3. fig. Reprimir o moderar una pasión. Ú.t.c.r. || *Como en ello se* CONTIENE. expr. fig. y fam. con que se afirma que una cosa es puntualmente como se dice. || P. conter; ter dentro; I. to contain, to hold; F. contenir; A. verhalten, enthalten; It. contenere; R. содержать.

CONTENIDO, DA. p.p. de contener. ||

2. adj. fig. Que se conduce con moderación o templanza. || 3. m. Lo que se contiene dentro de una cosa.

CONTENIENTE. p.a. de contener. Que contiene.

CONTENTA. (De *contentar.*) f. Agasajo o regalo con que se satisfacen los deseos de uno. || 2. COM. Endoso. || 3. MAR. Certificado de solvencia que se da a los oficiales de cargo de los buques, al cesar en su cometido. || 4. AMÉR. Calificación laudatoria de fin de estudios.

CONTENTACIÓN. (De *contentar.*) f. ant. Contento, 3.ª acep.

CONTENTADIZO, ZA. adj. Se dice de la persona que fácilmente se allana a admitir lo que se le da, dice o propone. || 2. Junto con los adverbios *bien* o *mal*, aplícase a la persona que es fácil, o difícil, de contentar. Más frecuentemente se dice mal contentadizo.

★ **CONTENTADO, DA.** p.p. de contentar. || 2. m. y f. PERÚ. Alumno o alumna, a quien se ha otorgado una contenta o calificación laudatoria.

CONTENTAMIENTO. (De *contentar.*) m. Contento, 3.ª acep.

CONTENTAR. (l. *contentāre.*) tr. Satisfacer el gusto o las aspiraciones de uno; darle contento. || 2. COM. Endosar, 1.er art., 1.ª acep. || 3. r. Darse por contento, quedar contento. || *Ser* uno *de buen, o mal* CONTENTAR. fr. fam. Tener facilidad o dificultad en contentarse. || P. contentar; I. to content, to gratify; F. contenter; A. befriedigen; It. contentare; R. удовлетворять.

CONTENTEZA. f. ant. Contento, 3.ª acep.

CONTENTIBLE. (De *contemptible.*) adj. Despreciable, de ninguna estimación.

CONTENTIVO, VA. (De *contento*, contenido.) adj. Dícese de lo que contiene. || 2. CIR. La pieza de apósito que sirve para contener otras.

CONTENTO, TA. (l. *contentus*, p.p. de *continēre*, contener, reprimir.) adj. Alegre, satisfecho. || 2. m. Alegría, satisfacción. || 3. FOR. Carta de pago que sacaba el deudor ejecutado de su acreedor en el término de las veinticuatro horas desde que se hizo la traba y ejecución, para libertarse de pagar la décima. || 4. pl. GERM. Dinero o moneda corriente. || *A* CONTENTO. m. adv. A satisfacción. || *Ser* uno *de buen, o mal,* CONTENTO. fr. fam. Ser uno de buen o mal contentar. || 2.ª acep.: P. contente; I. content, mirth; F. contentement; A. Zufriedenheit; It. contento; R. довольство.

★ **CONTENTONA.** f. REP. DOMIN. Mujer coqueta y liviana.

CONTENTOR. (l. *contentus*, p.p. de *contendĕre*, contender.) m. ant. Contendedor, contendor.

★ **CONTENTURA.** f. fam. y fest. ANT. y PAN. Contento, alegría.

CONTERA. (De *cuento*, regatón.) f. Pieza comúnmente de metal que se pone en el extremo opuesto al puño del bastón, paraguas, vaina de la espada, etc. || 2. Cascabel, 2.ª acep. || 3. Estribillo, 1.ª acep. || 4. Conjunto de los tres versos con que se da remate a la sextina, 1.ª acep. || *Por* CONTERA. m. adv. fig. y fam. Por remate, por final. || *Temblarle* a uno *la* CONTERA. fr. fig. y fam. Sentir gran temor. || 2.ª acep.: P. conteira; I. ferrule, chape; F. bout, bouterolle; A. (Stock—)Zwinge; It. gorbia, calzuolo, puntale; R. наконечник.

CONTÉRMINO, NA. (l. *conterminus.*) adj. Aplícase al pueblo o territorio confinante con otro.

CONTERO. (De *cuenta.*) m. ARQ. Moldura en forma de cuentas como de rosario, puestas en una misma dirección.

CONTERRÁNEO, A. (l. *conterraneus.*) adj. Natural de la misma tierra que otro. Ú.t.c.s.

CONTERTULIANO, NA. m. y f. Contertulio, lia.

CONTERTULIO, LIA. m. y f. fam. Persona que concurre con otras a una tertulia.

CONTESTABLE. (De *contestar.*) adj. Que se puede impugnar, o a que se puede dar respuesta.

CONTESTACIÓN. (l. *contestatio, -ōnis.*) f. Acción y efecto de contestar. ||

2. Alteración o disputa. || **—a la demanda** FOR. Escrito en que el demandado opone excepciones o defensas a la acción del demandante. || P. contestação; I. answer; F. réponse; A. Beantwortung, Antwort; It. contestazione; R. ответ.

CONTESTANO, NA. adj. Natural de la Contestania. Ú.t.c.s. || 2. Perteneciente a esta región de la España Tarraconense.

CONTESTAR. (l. *contestāri*; de *cum*, con, y *testāri*, atestiguar.) tr. Responder a lo que se pregunta, se habla o se escribe. || 2. Declarar y atestiguar uno lo mismo que otros han dicho, conformándose en todo con ellos. || 3. Comprobar o confirmar. || 4. intr. Convenir o conformarse una cosa con otra. || P. contestar; I. to answer, to reply; F. répondre; A. (be)antworten; It. rispòndere; R. отвечать.

CONTESTE. (l. *cum*, con, y *testis*, testigo.) adj. Dícese del testigo que declara lo mismo que ha declarado otro, sin discrepar en nada.

★ **CONTESTÓN, NA.** adj. COLOM. Respondón.

CONTEXTO. (l. *contextus.*) m. Orden de composición o tejido de ciertas obras. || 2. Por ext. enredo, maraña o unión de cosas que se enlazan y entretejen. || 3. fig. Serie del discurso, tejido de la narración, hilo de la historia. || 3.ª acep.: P. contexto; I. context, contexture; F. contexte; A. Kontext, Zusammenhang; It. contesto; R. контекст.

CONTEXTUAR. tr. Acreditar con textos.

CONTEXTURA. (De *contexto.*) f. Disposición y unión respectiva de las partes que juntas componen un todo. || 2. Contexto. || 3. fig. Configuración corporal del hombre, que indica su complexión y algunas calidades interiores.

CONTEZUELO. m. Cuentecillo.

CONTÍA. f. ant. Cuantía. || 2. V. *Caballero* de CONTÍA.

CONTICINIO. (l. *conticinium.*) m. Hora de la noche, en que todo está en silencio.

CONTIENDA. (De *contender.*) f. Pelea, disputa, altercación con armas o con razones. || *En* CONTIENDA, *ponte rienda.* ref. que recomienda la moderación y serenidad en toda discusión o disputa. || P. contenda, peleja; I. contest, dispute; F. contention, quérelle; A. Streit, Kampf; It. contendimento, altercazione; R. спор, перебранка.

CONTIGNACIÓN. (l. *contignatio, -ōnis.*) f. ARQ. Disposición y trabazón de vigas y cuartones con que se forman los pisos y techos de cada cuarto o alto de la casa.

CONTIGO. (l. *cum*, con, y *tecum*, contigo.) ablat. de sing. del pron. pers. de 2.ª pers. en gén. m. y f.

CONTIGUAMENTE. adv. Con contigüidad, con inmediación de tiempo o lugar.

CONTIGÜIDAD. (l. *contiguĭtas, -ātis.*) f. Inmediación de una cosa a otra.

CONTIGUO, GUA. (l. *contiguus.*) adj. Que está tocando a otra cosa. || P. contíguo; I. contiguous; F. contigu; A. anstossend; It. contiguo; R. смежный.

CONTINAMENTE. adv. ant. Continuamente.

CONTINENCIA. (l. *continentia.*) f. Virtud que modera y refrena las pasiones y afectos de ánimo. || 2. Abstinencia de los deleites carnales. || 3. Acción de contener. || 4. Especie de graciosa cortesía en el arte de la danza. || **—de la causa.** FOR. Unidad que debe haber en todo juicio siendo una la acción principal, uno el juez, y una las personas que lo sigan hasta la sentencia. || P. continência; I. continency, self-command; F. continence; A. Keuschheit, Mässigkeit; It. continenza; R. воздержание.

CONTINENTAL. adj. Perteneciente a los países de un continente. || 2. m. Escritorio público con servicio de mensajerías. || 3. Carta o aviso emanado de él y conducido por uno de sus empleados.

CONTINENTE. (l. *continens, -entis.*) p.a. de contener. Que contiene. || 2. adj. Dícese de la persona que posee o practica la virtud de la continencia. || 3. m. Cosa que contiene en sí a otra. || 4. Aire del semblante y actitud y compostura del cuerpo. || 5. GEOGR. y GEOL. Cada una de las grandes extensiones de tierra separadas por los océanos. || P. e It. continente; I. y F. continent; A. Kontinent, Erdteil; R. континент, материк.

CONTINENTEMENTE. adv. Con continencia.

CONTINGENCIA. (l. *contingentía*.) f. Posibilidad de que una cosa suceda o no suceda. || 2. Cosa que puede suceder o no suceder. || 3. Riesgo. || P. contingência; I. contigency; F. contingence; A. Zufäl.igkeit; It. contingenza; R. возможность.

CONTINGENTE. (l. *contíngens, -entis*, p.a. de *contingĕre*, tocar, suceder.) adj. Que puede suceder o no suceder. || 2. m. Contingencia, 2.ª acep. || 3. Parte que cada uno paga o pone cuando son muchos los que contribuyen a un mismo fin. || 4. Cuota que se señala a un país o a un industrial para la importación, exportación o producción de determinadas mercancías. || —provincial. Cantidad que anualmente consignan los ayuntamientos en sus presupuestos, a favor de las diputaciones provinciales.

CONTINGENTEMENTE. adv. Casualmente, por acaso.

CONTINGIBLE. (l. *contingĕre*, acontecer, suceder.) adj. Posible, que puede suceder.

CONTINGIBLEMENTE. adv. m. ant. Contingentemente.

CONTINO, NA. adj. ant. Continuo. || 2. m. ant. Continuo. || 3. adv. m. ant. Continuo.

CONTINUACIÓN. (l. *continuatio, -ōnis*.) f. Acción y efecto de continuar. || P. continuação; I. y F. continuation; A. Fortsetzung; It. continuazione; R. продолжение.

CONTINUADAMENTE. adv. Continuamente.

CONTINUADO, DA. p.p. de continuar. || 2. adj. RET. V. *Metáfora* CONTINUADA.

CONTINUADOR, RA. adj. Que prosigue y continúa una cosa empezada por otro. Ú.t.c.s.

CONTINUAMENTE. adv. Sin intermisión.

CONTINUAMIENTO. (De *continuar*.) m. ant. Continuación.

CONTINUAR. (l. *continuāre*.) tr. Proseguir uno lo comenzado. || 2. intr. Durar, permanecer. || 3. r. Seguir, extenderse. || P. continuar; I. to continue; F. continuer; A. fortsetzen; It. continuare; R. продолжать.

CONTINUATIVO, VA. (l. *continuatīvus*.) adj. Que implica o denota idea de continuación. || 2. GRAM. V. *Conjunción* CONTINUATIVA.

CONTINUIDAD. (l. *continuĭtas, -ātis*.) f. Unión natural que tienen entre sí las partes del continuo. || 2. V. *Solución de* CONTINUIDAD. || P. continuidade; I. continuity; F. continuité; A. Zusammenhang; It. continuità; R. непрерывность.

CONTINUO, NUA. (l. *continŭus*.) adj. Que dura, obra, se extiende sin interrupción. || 2. Aplícase a las cosas que tienen unión entre sí. || 3. Perseverante en ejercer algún acto. || 4. V. *Movimiento, papel* CONTINUO. || 5. Fís. Dícese de la fuerza electromotriz que actúa constantemente en el mismo sentido. || 6. Fís. Dícese de la corriente eléctrica unidireccional constante. || 7. ÁLG. V. *Fracción* CONTINUA. || 8. MAT. V. *Cantidad, proporción* CONTINUA. || 9. MÚS. V. *Bajo* CONTINUO. || 10. m. Todo compuesto de partes unidas entre sí. || *A la* CONTINUA. m. adv. Continuadamente. || *De* CONTINUO. m. adv. Continuamente. || P. contínuo; I. continuous, uninterrupted; F. continu, continuel; A. ununterbrochen, fortwährend; It. continuo; R. постоянный.

CONTIOSO, SA. (De *contía*.) adj. ant. Cuantioso.

CONTONEARSE. r. Hacer al andar movimientos afectados con los hombros y caderas. || P. bambalear-se; I. to strut; F. se dandiner; A. sich in den Hüften wiegen; It. dondolarsi; R. ходить враскачку.

CONTONEO. m. Acción de contonearse.

* **CONTONGUEARSE.** r. CUBA. Contonearse.

CONTORCERSE. (l. *contorquēre*, revolver, estremecer.) r. Sufrir o afectar contorsiones.

CONTORCIÓN. (l. *contortĭo, -ōnis*.) f. Retorcimiento. || 2. Contorsión.

CONTORNADO, DA. p.p. de contornar. || 2. adj. BLAS. Dícese de los animales o de las cabezas de ellos vueltas a la siniestra del escudo.

CONTORNAR. tr. Contornear.

CONTORNEAR. tr. Dar vueltas alrededor o en contorno de un paraje o sitio. || 2. PINT. Perfilar, hacer los contornos o perfiles de una figura.

CONTORNEO. m. Acción y efecto de contornear.

CONTORNO. (De *con* y *torno*.) m. Territorio o conjunto de parajes de que está rodeado un lugar o una población. Ú.m. en pl. || 2. Conjunto de las líneas que limitan una figura o composición. || 3. NUMISM. Canto de la moneda o medalla. || *En* CONTORNO. m. adv. Alrededor, 1.ª acep. 2.ª acep.: P. e It. contorno; I. contour, outline; F. contour; A. Umgebung, Umriss; R. контур.

CONTORSIÓN. (l. *contorsĭo, -ōnis*.) f. Actitud forzada, movimiento irregular y convulsivo que procede, ya de un dolor repentino, ya de otra causa física o moral. || 2. Ademán grotesco, gesticulación ridícula, propia de histriones o juglares. || P. contorção; I. contortion, twist; F. contorsion; A. Verdrehung, Verrenkung; It. contorsione; R. судорога.

CONTORSIONISTA. com. Persona que ejecuta contorsiones difíciles en los circos.

* **CONTÓRTEAS.** f. pl. BOT. Plantas dicotiledóneas de corola gamopétala y prefloración contorneada.

CONTRA. (l. *contra*.) prep. con que se denota la oposición o contrariedad de una cosa con otra. Tiene uso como prefijo en voces compuestas. CONTRAveneno. || 2. Enfrente. *Se puso un mojón* CONTRA *oriente*. || 3. Hacia, 1.ª acep. || 4. m. Concepto opuesto, contrario a otro. Ú. precedido del artículo *el* y en contraposición a *pro*. *Defender el pro y el* CONTRA. || 5. MÚS. Pedal del órgano. || 6. pl. MÚS. Bajos más profundos en algunos órganos. || 7. f. fam. Dificultad, inconveniente. || 8. ESGR. Parada que consiste en un movimiento circular rapidísimo de la espada, que así recorre todas las líneas de una parada general. || *En* CONTRA. m. adv. En oposición de una cosa. || *Engañar la* CONTRA. ESGR. Engañar dicha parada siguiendo el mismo movimiento de la espada y concluyendo con un pase. || *Hacer a una* CONTRA. fr. fam. Oponerse a lo que quiere o le importa. || *Hacer la* CONTRA. *Ir a la* CONTRA. frs. En ciertos juegos como el tresillo, ser principal contrario del hombre. || *Llevar a uno la* CONTRA. fr. fam. Oponerse a lo que dice o intenta. || P. contra; I. against, across; F. contre; A. gegen, wider; It. contro, contra; R. против.

* **CONTRAAFIANZAR.** tr. FOR. Garantizar con hipoteca de tierras las obligaciones de otro.

* **CONTRAALISIOS.** m. pl. Vientos opuestos a los alisios.

CONTRAALMIRANTE. m. Oficial general de la Armada, inmediatamente inferior al vicealmirante.

CONTRAAMURA. f. MAR. Aparejo o cabo grueso que, en malos tiempos, se da en ayuda de la amura de las velas mayores.

* **CONTRAANTENA.** f. RADIOTÉC. Contrantena.

CONTRAAPROCHES. (De *contra* y *aproches*.) m. pl. FORT. Trinchera que los sitiados hacen desde el camino cubierto, para descubrir y deshacer los trabajos de los sitiadores.

CONTRAARMADURA. f. ARQ. Segunda vertiente que se da a un tejado cuando los pares están demasiado inclinados, poniendo contrapares que vuelen más.

CONTRAARMIÑOS. m. pl. BLAS. Figura del escudo en que los armiños tienen cambiados los esmaltes, siendo sable el campo y de plata las motitas.

CONTRAATACAR. tr. Efectuar un contraataque. Ú.t.c.intr.

CONTRAATAGUÍA. f. Segunda ataguía que se pone detrás de la principal para reforzarla e impedir mejor las filtraciones.

CONTRAATAQUE. m. MIL. Reacción ofensiva contra el avance del enemigo. || 2. pl. FORT. Líneas fortificadas que oponen los sitiados a los ataques de los sitiadores.

CONTRAAVISO. m. Aviso contrario a otro anterior.

* **CONTRABAJA.** f. Uno de los registros del órgano.

CONTRABAJETE. m. Composición musical para voz de bajo profundo.

CONTRABAJO. (ital. *contrabbasso*.) m. Instrumento de cuerda y de arco de forma parecida a la del violín, pero de tamaño mucho mayor. || 2. Persona que ejerce el arte de tocar este instrumento. || 3. MÚS. Voz más grave y profunda que la del bajo ordinario. || 4. MÚS. Persona que tiene esta voz. || P. contrabaixo; I. contrabass, double-bass; F. contrebasse; A. Kontrabass, Bassgeige; It. contrabbasso; R. контрабас.

CONTRABAJÓN. m. MÚS. Instrumento de viento que suena una octava más grave que el bajón.

CONTRABAJONISTA. m. MÚS. Instrumentista que toda el contrabajón.

CONTRABALANCEAR. (De *contra* y *balancear*.) tr. Operar con la balanza hasta lograr el equilibrio de los dos platillos. || 2. fig. Compensar, contrapesar.

CONTRABALANZA. (De *contra* y *balanza*.) f. Contrapeso, 1.ª acep. || 2. fig. Contraposición.

CONTRABANDADO. adj. BLAS. Se dice del escudo bandado y partido, cortado, en que las bandas de cada parte llevan opuestos los esmaltes para indicar las referidas divisiones.

CONTRABANDEAR. intr. Ejercitar el contrabando.

CONTRABANDISTA. adj. Que practica el contrabando. Apl. a pers. ú.t.c.s. || 2. m. El que se dedica a la defraudación de la renta de aduanas.

CONTRABANDO. (De *contra* y *bando*, edicto, ley.) m. Comercio o producción de géneros prohibidos por las leyes a los productores y mercaderes particulares. || 2. Mercaderías o géneros prohibidos. || 3. Acción o intento de fabricar o introducir fraudulentamente dichos géneros o exportarlos, estando prohibido. || 4. fig. Lo que es o tiene apariencia de ilícito, aunque no lo sea. || 5. fig. Cosa que se hace contra el uso ordinario. || —de guerra. Armas, municiones, víveres y otras cosas cuyo tráfico prohiben los beligerantes. || P. contrabando; I. contraband, sumuggling; F. contrebande; A. Schmuggel; It. contrabbando; R. контрабанда.

* **CONTRABARRADO, DA.** adj. BLAS. Dícese del escudo que tiene barras contrapuestas.

CONTRABARRERA. f. Segunda fila de asientos en los tendidos de las plazas de toros.

CONTRABASA. (De *contra* y *basa*.) f. ARQ. Pedestal, 1.ª acep.

CONTRABATERÍA. f. MIL. Batería que se pone en contra de otra del enemigo.

CONTRABATIR. (De *contra* y *batir*.) tr. MIL. Tirar contra las baterías.

CONTRABLOQUEO. m. MAR. En la guerra moderna, conjunto de operaciones destinadas a restar eficacia al bloqueo enemigo o a destruir las armas que para mantenerlo se emplean.

CONTRABOLINA. f. MAR. Segunda bolina que se da en ayuda de la primera.

* **CONTRABRACEAR.** intr. MAR. Bracear unas vergas en sentido opuesto al de otras.

CONTRABRANQUE. (De *contra* y *branque*.) m. MAR. Contrarroda.

CONTRABRAZA. f. MAR. Cabo que se emplea en ayuda de la braza.

CONTRACAJA. f. IMPR. Caja perdida.

CONTRACAMBIO. m. Trueque o compensación. Ú.m. en el m. adv. *en* CONTRACAMBIO. || 2. COM. Importe del

C segundo cambio que se origina al recambiar una letra.

CONTRACANAL. m. Canal que se deriva de otro principal para desagüe o para otros fines.

CONTRACANDELA. (De *contra* y *candela*.) f. CUBA. Fuego que se da de intento en un cañaveral o cuartón de potrero, en caso de incendio, para que cuando llegue éste allí no se propague por falta de combustible.

CONTRACARRIL. m. Carril auxiliar puesto al lado del ordinario para facilitar el cambio o cruce de vías.

CONTRACARTA. f. Contraescritura.

CONTRACCIÓN. (l. *contractio, -ōnis*.) f. Acción y efecto de contraer o contraerse. || **2.** GRAM. Metaplasmo que consiste en hacer una sola palabra de dos, de las cuales la primera acaba y la segunda empieza en vocal, suprimiendo una de estas vocales; v. gr. *del* por *de el*. || **3.** GRAM. Sinéresis. || **—de la vena fluida.** Fís. Disminución de diámetro que experimenta un chorro de líquido o de gas al salir por un orificio del recipiente que lo contenía. || P. contração; I. contraction, constriction; F. contraction; A. Zusammenziehung; Verengung; It. contrazione; R. сжатие.

CONTRACEBADERA. f. MAR. Sobrecebadera.

CONTRACÉDULA. f. Cédula con que se revoca otra anterior.

CONTRACIFRA. f. Clave, 2.ª acep.

CONTRACLAVE. f. ARQ. Cada una de las dovelas inmediatas a la clave de un arco o bóveda.

CONTRACODASTE. m. MAR. Pieza de igual figura que el codaste y empernada a él por su parte interior para reforzarlo.

CONTRACORRIENTE. f. METEOR. Revesa o corriente derivada y de dirección opuesta a la de la principal de que procede.

CONTRACOSTA. f. Costa de una isla o península, opuesta a la que encuentran primero los que navegan a ellas por los rumbos acostumbrados.

CONTRACTACIÓN. f. ant. Contratación.

CONTRACTAR. tr. ant. Contratar.

CONTRACTIBILIDAD. f. Contractilidad, 2.ª acep.

CONTRÁCTIL. (De *contracto*.) adj. Capaz de contraerse con facilidad.

CONTRACTILIDAD. f. Calidad de contráctil. || **2.** Facultad de contraerse que poseen ciertas partes de cuerpos organizados. || P. contractilidade; I. contractility; F. contractilité; A. Zusammenziehbarkeit; It. contrattilità; R. способность сокращаться.

CONTRACTIVO, VA. adj. Que contrae.

CONTRACTO, TA. (l. *contractus*.) p.p. irreg. de contraer.

CONTRACTUAL. (l. *contractus*, contrato.) adj. Procedente del contrato o derivado de él.

CONTRACUARTELADO, DA. adj. BLAS. Que tiene cuarteles contrapuestos en metal o color.

★ CONTRACULEBRA. f. BOT. PERÚ y VENEZ. Planta medicinal apocinácea. || **2.** Planta verbenácea usada como contraveneno.

★ CONTRACURVA. f. Curva que sigue a otra en una vía de comunicación, pero en sentido opuesto.

CONTRADA. (b. l. *contrata*, región que se extiende delante de uno, y éste del l. *contra*, enfrente.) f. ant. Paraje, sitio, lugar.

CONTRADANZA. f. Baile de figuras, que ejecutan muchas parejas a un tiempo. || P. contradança; I. country-dance; F. contredanse; A. Kontertanz; It. contraddanza; R. контраданс.

CONTRADECIDOR, RA. adj. ant. Contradictor. Usáb.t.c.s.

CONTRADECIMIENTO. m. ant. Contradicción.

CONTRADECIR. (l. *contradicĕre*.) tr. Decir uno lo contrario de lo que otro afirma, o negar lo que da por cierto. Ú.t.c.r. || P. contradizer; I. to contradict, to gainsay; F. contredire; A. widersprechen; It. contraddire; R. противоречить.

★ CONTRADECLARACIÓN. f. Declaración contraria a otra precedente.

★ CONTRADENUNCIA. f. FOR. Denuncia contraria a otra anterior.

CONTRADICCIÓN. (l. *contradictio, -ōnis*.) f. Acción y efecto de contradecir o contradecirse. || **2.** Afirmación y negación que se oponen una a otra y recíprocamente se destruyen. || **3.** Oposición, contrariedad. || **4.** V. *Espíritu* de CONTRADICCIÓN. || **5.** FIL. V. *Principio* de CONTRADICCIÓN. || **Envolver,** o **implicar** CONTRADICCIÓN. fr. Contener una proposición o aserción de cosas contradictorias. || P. contradição; I. y F. contradiction; A. Widerspruch; It. contraddizione; R. противоречие.

CONTRADICENTE. (l. *contradicens, -entis*.) p.a. ant. de contradecir. Que contradice.

CONTRADICTOR, RA. (l. *contradictor*.) adj. Que contradice. Ú.t.c.s.

CONTRADICTORIA. (l. *contradictoria*, t. f. de *-rius*, contradictorio.) f. LÓG. Cualquiera de dos proposiciones, de las cuales una afirma lo que la otra niega, y no pueden ser a un mismo tiempo verdaderas ni a un mismo tiempo falsas.

CONTRADICTORIAMENTE. adv. Con contradicción.

CONTRADICTORIO, RIA. (l. *contradictorius*.) adj. Que tiene contradicción con otra cosa. || **2.** FOR. V. *Procedimiento* CONTRADICTORIO.

CONTRADICHO, CHA. (l. *contradictus*.) p.p. irreg. de contradecir.

CONTRADIQUE. m. Segundo dique, construido cerca del primero para detener las aguas e impedir las inundaciones.

CONTRADIZA. f. MAR. Segunda driza que se da en ayuda de la principal.

CONTRADIZO, ZA. adj. ant. Encontradizo.

CONTRADURMENTE. m. MAR. Contradurmiente.

CONTRADURMIENTE. m. MAR. Tablón unido al durmiente y que lo refuerza por la parte inferior.

★ CONTRAELECTROMOTRIZ. adj. Fís. Dícese de la fuerza electromotriz opuesta a la ordinaria de un generador.

CONTRAEMBOSCADA. f. Emboscada que se hace contra otra.

CONTRAEMBOZO. m. Cada una de las dos tiras de color diferente o de distinta tela que el embozo, y que cosidas a éste se colocan en la parte interior de la capa.

★ CONTRAENDOSAR. tr. COM. Dar en pago una letra de cambio al endosante de la misma.

CONTRAENVITE. m. En algunos juegos, envite en falso.

CONTRAER. (l. *contrahĕre*; de *cum*, con, y *trahĕre*, traer.) tr. Estrechar, juntar una cosa con otra. || **2.** Aplicar a un caso o a una proposición particular proposiciones o máximas generales. || **3.** Tratándose de costumbres, vicios, resabios, deudas, obligaciones, etc., adquirirlos. || **4.** fig. Reducir el discurso a una idea, a un solo punto. Ú.t.c.r. || **5.** r. Encogerse un nervio, un músculo u otra cosa. || P. contrair; I. to contract, to reduce; F. contracter, resserrer; A. zusammenziehen; It. contrarre, restringere; R. сжимать. || **3.ª** acep.: P. adquirir; I. to contract; F. contracter; A. (eine Krankheit) zuziehen; It. contrarre; R. перенимать.

CONTRAESCARPA. f. FORT. Pared en talud del foso enfrente de la escarpa.

CONTRAESCOTA. f. MAR. Cabo que se da en ayuda de la escota.

CONTRAESCOTÍN. m. MAR. Cabo que se da en ayuda del escotín.

CONTRAESCRITURA. f. Instrumento otorgado para protestar o anular otro anterior.

★ CONTRAESMALTAR. tr. ART. y OF. Dar, en relojería, el segundo esmalte por la cara posterior de los cuadrantes.

★ CONTRAESPALDERA. f. Enrejado o seto vivo puesto delante de una espaldera.

★ CONTRAESPIONAJE. m. Servicio secreto organizado por la policía militar para contrarrestar y perseguir el espionaje enemigo.

CONTRAESTAY. m. MAR. Cabo

grueso que ayuda al estay a sostener el palo, llamándolo hacia proa.

CONTRAFACCIÓN. (l. *contrafactio, -ōnis*; de *contra*, contra, y *facĕre*, hacer.) f. ant. Infracción, quebrantamiento.

CONTRAFACER. (l. *contra*, enfrente, contra, y *facĕre*, hacer.) tr. ant. Contrahacer.

CONTRAFAJADO, DA. adj. BLAS. Que tiene fajas contrapuestas en los metales y colores; esto es, siendo la mitad de la faja de distinto metal o color que la otra mitad.

CONTRAFALLAR. tr. En algunos juegos de naipes, poner un triunfo superior al que se había jugado el que falló antes.

CONTRAFALLO. m. Acción y efecto de contrafallar.

★ CONTRAFAZ. f. Reverso de toda cara.

CONTRAFECHO, CHA. p.p. irreg. ant. de contrafacer.

CONTRAFIGURA. f. Persona o maniquí con aspecto muy parecido al de uno de los personajes de un espectáculo teatral, que a los ojos del público aparenta ser este mismo personaje.

CONTRAFILO. m. Filo que se suele sacar algunas veces a las armas blancas de un solo corte, por la parte opuesta a éste y en el extremo inmediato a la punta.

CONTRAFIRMA. f. FOR. AR. Recurso que oponía a la firma la parte contra quien se había dado ésta. || **2.** FOR. AR. Despacho que expedía el tribunal al que se valía de tal recurso.

CONTRAFIRMANTE. p.a. de contrafirmar. Que contrafirma. || **2.** com. FOR. AR. Parte que tiene contrafirma.

CONTRAFIRMAR. tr. FOR. AR. Ganar contrafirma.

★ CONTRAFISURA. f. CIR. Contrafractura.

CONTRAFLORADO, DA. adj. BLAS. Que tiene flores contrapuestas en el color y metal, estando opuestas las bases.

CONTRAFOQUE. m. MAR. Foque, más pequeño y de lona más gruesa que el principal, que orienta más adentro que él.

★ CONTRAFORJAR. tr. Endurecer un hierro golpeándolo alternativamente en la parte plana y en el canto.

CONTRAFOSO. m. En los teatros, segundo foso, practicado debajo del primero. || **2.** FORT. Foso que se suele hacer alrededor de la explanada de una plaza, paralelo a la contraescarpa.

★ CONTRAFUEGO. m. Incendio provocado para producir gases no comburentes que contribuyan a extinguir o aminorar otro incendio de bosque, monte, etc.

CONTRAFUERO. m. Quebrantamiento, infracción de fuero.

CONTRAFUERTE. m. Correa clavada a los fustes de la silla y donde se afianza la cincha. || **2.** Pieza de cuero con que se refuerza el calzado, por la parte del talón. || **3.** ARQ. Machón saliente en el paramento de un muro, para fortalecerlo. || **4.** FORT. Fuerte que se hace enfrente de otro. || **3.ª** acep.: P. contraforte, botaréu; I. buttress; F. contrefort; A. Strebmauer, Strebepfeiler; It. contrafforte; R. контрфорс.

CONTRAFUGA. f. MÚS. Especie de fuga, en la cual la imitación del tema se ejecuta en sentido inverso.

CONTRAGOLPE. m. MED. Efecto producido por un golpe en sitio distinto del que sufre la contusión.

CONTRAGUARDIA. f. FORT. Obra exterior compuesta de dos caras que forman ángulo, edificada delante de los baluartes para cubrir sus frentes.

CONTRAGUERRILLA. f. Tropa ligera organizada para operar contra las guerrillas.

CONTRAGUÍA. f. En el tiro par, mula que va delante y a la izquierda.

★ CONTRAGUIÑAR. intr. MAR. Volver al rumbo el buque después de la guiñada.

CONTRAHACEDOR, RA. adj. Que contrahace. Ú.t.c.s.

CONTRAHACER. (De *contrafacer*.) tr. Hacer una cosa tan parecida a otra, que con dificultad se distingan. Tomado en mala parte equivale a falsificar las cosas con propósito interesado. || **2.** fig.

Imitar, remedar. || **3.** r. Fingirse. || **P.** contrafazer; **I.** to counterfeit; **F.** contrefaire; **A.** nachmachen; **It.** contraffare; **R.** подделывать.

CONTRAHACIMIENTO. m. ant. Acción y efecto de contrahacer.

CONTRAHAZ. f. Revés o parte opuesta a la haz en las ropas o cosas semejantes.

CONTRAHECHO, CHA. p.p. irreg. de contrahacer. || **2.** adj. Que tiene torcido o corcovado el cuerpo. Ú.t.c.s.

CONTRAHECHURA. f. Imitación fraudulenta de alguna cosa.

★ **CONTRAHERRAR.** tr. ARGENT. Contramarcar el ganado.

CONTRAHIERBA. (De *contra* y *hierba*, en la acep. de veneno.) f. BOT. Planta de la América Meridional, de la familia de las moráceas, con tallo nudoso, de 5 a 6 decímetros de altura, flores pequeñas y amarillas, de olor aromático, usada en medicina como contraveneno. || **2.** fig. Contraveneno.

★ **CONTRAHIERRA.** tr. ARGENT. Contramarca o marca segunda que anula la primera.

CONTRAHILERA. f. ARQ. Hilera que sirve de resguardo y defensa de otra u otras.

CONTRAHILO (A) adv. Hablando de las telas, en dirección opuesta al hilo.

★ **CONTRAHINCHA.** com. En los deportes, el que siente una exaltada animadversión contra un bando o equipo, y contrarresta, en lo posible, las manifestaciones de adhesión de los hinchas.

★ **CONTRAHOJA.** f. Cara de un sillar opuesta al asiento que tenía en la cantera.

CONTRAHORTE. (l. *contra*, contra, y *fortis*, fuerte.) m. ant. Contrafuerte, 2.ª acep.

CONTRAHUELLA. f. Plano vertical del escalón o peldaño.

★ **CONTRAÍDO, DA.** adj. CHILE y PERÚ. Dícese de quien se aplica asidua y cuidadosamente al estudio de un asunto.

CONTRAINDICACIÓN. f. MED. Acción y efecto de contraindicar. || **P.** contraindicação; **I.** contraindication; **F.** contreindication; **A.** Gegenanzeichen; **It.** controindicazione; **R.** противопоказание.

CONTRAINDICANTE. m. MED. Síntoma que contradice la indicación del remedio que parecía conveniente.

CONTRAINDICAR. tr. MED. Disuadir de la utilidad de un remedio que por otra parte parece conveniente.

CONTRAIR. (l. *contraĭre*; de *contra*, al contrario, e *ire*, ir.) tr. ant. Oponerse, ir en contra.

CONTRAJUDÍA. f. En el juego del monte, naipe contrario al llamado judía.

CONTRALAR. tr. ant. Contrallar.

CONTRALECHO (A) m. adv. ARQ. Con las capas de estratificación perpendiculares al plano de hilada. Aplícase a los sillares así sentados en obra.

★ **CONTRALIBRAR.** tr. COM. Girar para el pago del mismo librador y contra un tercero.

CONTRALIDAD. f. ant. Contralla.

CONTRALIZO. m. Cada una de las varillas del telar que sirven para mover los lizos.

CONTRALMIRANTE. m. Contraalmirante.

CONTRALOR. (fr. *contrôleur*, de *contrôle*, y éste de *contre*, del l. *contra* y *rôle*, del l. *rotŭlus*, lista.) m. Oficio honorífico de la casa real, según la etiqueta de la de Borgoña, equivalente a lo que, según la de Castilla, llamaban veedor. || **2.** En el cuerpo de artillería y en los hospitales del Ejército, el que interviene en la cuenta y razón de los caudales y efectos. || **3.** AMÉR. Funcionario encargado de examinar la contabilidad oficial.

CONTRALOREAR. Poner el contralor su aprobación, o refrendar los despachos de su oficio.

CONTRALTO. m. MÚS. Voz media entre la de tiple y la de tenor. || **2.** com. MÚS. Persona que tiene esta voz. || **P., I., F.** e It. contralto; **F.** contralto; **A.** Altstimme; **R.** контральто.

CONTRALUZ. f. Vista o aspecto de las cosas desde el lado opuesto a la luz.

CONTRALLA. (l. *contraria*, t. f. de

-*rĭus*, contrario.) f. ant. Contradicción, oposición.

CONTRALLACIÓN. f. ant. Contralla.

★ **CONTRALLADO, DA.** adj. P. RICO. Muy travieso, de la piel del diablo.

CONTRALLADOR, RA. adj. ant. Contrariador. Usáb. t.c.s.

CONTRALLAR. (l. *contrariăre*.) tr. ant. Contrariar, contradecir.

CONTRALLO, LLA. (l. *contrarĭus*.) adj. ant. Contrario, opuesto.

★ **CONTRAMAESTRA.** f. MAR. Vela del mastelero mayor.

CONTRAMAESTRE. m. En algunas fábricas, veedor o vigilante de los demás oficiales y obreros. || **2.** Jefe de uno o más talleres o tajos de obra. || **3.** MAR. Oficial de mar que dirige la marinería, bajo las órdenes del oficial de guerra. || —**de muralla.** MAR. Censor injusto e indocto de la gente y faenas marineras, abundante en los muelles. || **P.** contramestre; **I.** foreman, overseer; **F.** contremaître; **A.** Werkführer; **It.** contromaestro; **R.** мастер, боцман.

CONTRAMALLA. f. Claro de media tercia o más que abraza la red estrecha para que pueda formarse la bolsa donde se detiene el pescado. || **2.** Red para pescar hecha de mallas anchas y fuertes, la cual, puesta detrás de otra red de mallas más estrechas y cordel más delgado, recibe y detiene el pescado que entra en sus mallas enredado en la red pequeña.

CONTRAMALLADURA. f. Contramalla.

CONTRAMALLAR. tr. Hacer contramallas.

CONTRAMANDAR. tr. Ordenar lo contrario de lo mandado anteriormente.

CONTRAMANDATO. m. Mandato contrario a otro ya dado. || **2.** Contraorden.

CONTRAMANGAS. f. pl. Adorno antiguo de tafetán o cambray para cubrir las mangas de la camisa, que usaban hombres y mujeres.

CONTRAMANO (A) m. adv. En dirección contraria a la corriente o a la prescrita por la autoridad.

CONTRAMARCA. f. Segunda marca que se pone en fardos y otras cosas para distinguirlos de los que no llevan más que la primera. || **2.** Derecho de cobrar un impuesto, poniendo su señal en las mercaderías que ya lo pagaron. || **3.** Este mismo impuesto. || **4.** Marca con que se resella una moneda o medalla anteriormente acuñada. || **5.** V. *Carta, patente de* CONTRAMARCA. || **P.** contramarca; **I.** countermark; **F.** contremarque; **A.** Gegenzeichen; **It.** contrammarca; **R.** контрамарка.

CONTRAMARCAR. tr. Poner contramarca.

CONTRAMARCO. m. CARP. Segundo marco que se clava en el cerco o marco que está fijo en la pared, para poner en él las puertas vidrieras.

CONTRAMARCHA. f. Retroceso que se hace del camino que se lleva. || **2.** MAR. Cambio sucesivo de rumbo, en un mismo punto, de todos los buques de una línea. || **3.** MIL. Evolución con que una tropa vuelve el frente donde tenía la espalda. || **P.** contramarcha; **I.** countermarch; **F.** contremarche; **A.** Gegenmarsch; **It.** contrammarcia; **R.** контрмарш.

CONTRAMARCHAR. intr. MIL. Hacer contramarcha.

CONTRAMAREA. f. Marea contraria a otra.

★ **CONTRAMATAR.** tr. AMÉR. Dar un golpe muy fuerte a alguien. || **2.** MÉJ., AMÉR. CENTRAL, COLOM., ECUAD. y PERÚ. Dejar a uno malparado de un golpe. Ú.t.c.r. || **3.** r. MÉJ. Arrepentirse.

CONTRAMESANA. f. MAR. Árbol pequeño que en algunos buques está entre la popa y el palo mesana.

CONTRAMINA. f. MIL. Mina que se hace debajo de la de los contrarios. || **2.** MIN. Comunicación de dos o más minas, por donde se logra limpiarlas, extraer los desmontes y sacar los minerales.

★ **CONTRAMINADOR, RA.** adj. Que contramina. Ú.t.c.s.

CONTRAMINAR. tr. MIL. Hacer minas para encontrar las de los enemigos e inutilizarlas. || **2.** fig. Averiguar lo que

uno quiere hacer, para que no consiga su intento.

CONTRAMUELLE. m. Muelle, generalmente opuesto a otro principal.

CONTRAMURALLA. f. FORT. Falsabraga.

CONTRAMURO. m. FORT. Contramuralla.

CONTRANATURAL. adj. Contrario al orden de la naturaleza.

CONTRANOTA. f. FOR. Resolución o propuesta razonada de autoridad administrativa, separándose del informe del inferior.

★ **CONTRANTENA.** f. RADIOTEC. Conjunto de conductores aislados del suelo utilizados en substitución de la conexión directa con tierra.

CONTRAOFENSIVA. f. MIL. Ofensiva que se emprende para contrarrestar la del enemigo, haciéndole pasar a la defensiva.

★ **CONTRAONDA.** f. RADIOTEC. Onda que algunas veces emite la antena de una estación a causa de las oscilaciones que puede experimentar durante los períodos de manipulación.

CONTRAORDEN. f. Orden con que se revoca otra que antes se ha dado. || **P.** contra-orden; **I.** countermand; **F.** contrordre, contremandement; **A.** Gegenbefehl; **It.** contròrdine; **R.** контрприказ.

CONTRAPALADO, DA. (De *contra* y *palado*.) adj. BLAS. Que tiene palos contrapuestos en color y metal con oposición de bases.

CONTRAPALANQUÍN. m. MAR. Segundo palanquín que se da en ayuda del principal.

CONTRAPAR. (*Contra* y *par*.) m. ARQ. Cabrio, 1.ª acep.

★ **CONTRAPARTE.** f. ART. y OF. En las taraceas la parte carente de dibujos. || **2.** FOR. Parte contraria en un litigio.

CONTRAPARTIDA. (De *contra* y *partida*.) f. Asiento que se hace para corregir algún error o equivocación, cometido en la contabilidad por partida doble. || **2.** Asiento que figura en el haber y tiene su compensación en el debe o viceversa.

CONTRAPÁS. (De *contra* y *paso*.) m. DANZA. Cierta figura o paseo en la contradanza.

CONTRAPASAMIENTO. m. Acción y efecto de contrapasar.

CONTRAPASAR. intr. Pasarse al bando contrario. || **2.** BLAS. Estar dos figuras de animales en actitud de pasar encontradas.

CONTRAPASO. m. Paso que se da a la parte opuesta del que se ha dado antes. || **2.** MÚS. Segundo paso que cantan unas voces cuando otras cantan el primero.

CONTRAPEAR. tr. CARP. Aplicar unas piezas de madera contra otras de manera que sus fibras estén cruzadas.

CONTRAPECHAR. tr. En los torneos y justas, hacer un jinete que su caballo dé con los pechos en los del que monta su contrario.

CONTRAPELEAR. intr. ant. Defenderse peleando.

CONTRAPELO (A). m. adv. Contra la inclinación o dirección natural del pelo. || **2.** fig. y fam. Contra el curso o modo natural de una cosa cualquiera; violentamente.

★ **CONTRAPENDIENTE.** f. Pendiente contrapuesta a otra.

★ **CONTRAPERFILAR.** tr. CARP. Entallar dos piezas de madera de forma que las molduras en relieve que tiene una de ellas llenen justamente los huecos dispuestos en la otra.

CONTRAPESAR. tr. Servir de contrapeso. || **2.** fig. Igualar, compensar, subsanar una cosa con otra.

CONTRAPESO. m. Peso que se pone a la parte contraria de otro para que queden iguales o en equilibrio. || **2.** Añadidura que se echa para completar el peso de carne, pescado, etc. || **3.** Balancín, 4.ª acep. || **4.** fig. Lo que se considera y estima suficiente para equilibrar o moderar una cosa. || **P.** contrapeso; **I.** counter-poise, counter-weight; **F.** contrepoids; **A.** Gegengewicht; **It.** contrappeso; **R.** противовес.

C

C

CONTRAPESTE. m. Remedio oportuno contra la peste.

CONTRAPILASTRA. f. Arq. Resalto que se hace en el paramento de un muro a uno y otro lado de una pilastra o media columna unida a él. || 2. Carp. Mediacaña de madera que se pone al borde de la hoja de una puerta o ventana para impedir el paso del aire.

★ **CONTRAPÓLIZA.** f. Póliza que anula otra.

CONTRAPONEDOR, RA. adj. Que contrapone. Ú.t.c.s.

CONTRAPONER. (l. *contraponĕre*.) tr. Comparar o cotejar una cosa con otra contraria o diversa. || 2. Oponer. Ú.t.c.s.

CONTRAPOSICIÓN. (l. *contrapositĭo, -ōnis*.) f. Acción y efecto de contraponer o contraponerse. || P. contraposição; I. y F. contraposition; A. Gegensatz; It. contrapposizione; R. противопоставление.

CONTRAPOTENZADO, DA. adj. Blas. Que tiene potenzas encontradas en los metales o en el color.

CONTRAPOZO. (De *contra* y *pozo*.) m. Fort. Hornillo o fogata que el minador establece contra la galería del enemigo.

★ **CONTRAPRESIÓN.** f. Presión contraria a otra.

CONTRAPRINCIPIO. m. Aserción contraria a un principio reconocido por tal.

★ **CONTRAPROBAR.** tr. Art. y Of. Obtener la contraprueba de un dibujo.

CONTRAPRODUCENTE. (l. *contra*, al contrario, y *producentem*, acus. de *prodūcens*, producente.) adj. Dícese del dicho o acto cuyos efectos son opuestos a la intención con que se profiere o ejecuta.

CONTRAPRODUCÉNTEM. (loc. lat. desus.) Contraproducente.

CONTRAPROPOSICIÓN. f. Proposición con que se contesta o se impugna otra ya formulada sobre determinada materia.

★ **CONTRAPROTESTA.** f. Protesta que se opone a otra.

★ **CONTRAPROTESTO.** m. Com. Declaración de no pagar una letra de cambio por haber satisfecho su importe con anticipación.

CONTRAPROYECTO. m. Proyecto diferente de otro determinado. || P. contraprojecto; I. counter-project; F. contreprojet; A. Gegenprojekt; It. controprogetto; R. контрапроект.

CONTRAPRUEBA. f. Impr. Segunda prueba que sacan los impresores o estampadores.

CONTRAPUERTA. f. Portón, 2.ª acep. || 2. Puerta situada inmediatamente detrás de otra. || 3. Fort. Antepuerta, 2.ª acep.

CONTRAPUESTO, TA. (l. *contrapositus*.) p.p. irreg. de contraponer.

CONTRAPUGNAR. (De *contra* y *pugnar*.) tr. ant. Lidiar, combatir una cosa con otra.

CONTRAPUNTA. f. Mec. Pieza del torno opuesta al cabezal, al que puede acercarse más o menos según el largo de la pieza que se tornea.

CONTRAPUNTANTE. m. Mús. El que canta de contrapunto.

CONTRAPUNTARSE. r. Contrapuntearse, 4.ª acep. de contrapuntear.

CONTRAPUNTEAR. tr. Mús. Cantar de contrapunto. || 2. fig. Decir una persona a otra palabras picantes. Ú.m.c.r. || 3. r. fig. Picarse o resentirse entre sí dos o más personas.

★ **CONTRAPUNTEO.** m. Acción de contrapuntear o contrapuntearse. || 2. Cuba, P. Rico y Perú. Disputa.

CONTRAPUNTISTA. m. Mús. Compositor que practica el contrapunto con cierta preferencia o con mucha pericia.

CONTRAPUNTO. (b. l. [*cantus*] *trapunctus*.) m. Mús. Concordancia armoniosa de voces contrapuestas. || P. contraponto; I. counterpoint; F. contrepoint; A. Kontrapunkt; It. contrappunto; R. контрапункт.

★ **CONTRAPUNTURA.** f. Cir. Punción que se hace después de otra y en el lado opuesto al de la primera.

CONTRAPUNZAR. tr. Remachar con el contrapunzón.

CONTRAPUNZÓN. m. Botador de que se sirven algunos artesanos para remachar la pieza en paraje donde no puede entrar el martillo. || 2. Instrumento como hembra o matriz de punzón, que sirve a los abridores y grabadores para hacer los punzones mismos de que se usa en el grabado de sellos y monedas.

★ **CONTRAQUERELLA.** f. For. Queja que el querellado opone al querellante.

CONTRAQUILLA. f. Mar. Pieza que cubre toda la quilla por la parte interior de la nave.

CONTRAREA. f. ant. Contradicción.

CONTRARÍA. (De *contrariar*.) f. ant. Contrarea.

CONTRARIADOR, RA. adj. ant. Que contraría. Ú.t.c.s.

CONTRARIAMENTE. adv. En contrario.

CONTRARIAR. (De *contrario*.) tr. Contradecir los propósitos de los demás. || P. contrariar; I. to contradict, to oppose; F. contrarier; A. widersprechen, entgegenstellen; It. contrariare; R. противоречить.

CONTRARIEDAD. f. ant. Contrariedad.

CONTRARIEDAD. (l. *contriĕtas, -ātis*.) f. Oposición que tiene una cosa con otra. || 2. Accidente que impide o retarda el logro de un deseo. || P. contrariedade; I. contrariety; F. contrarieté; A. Widerwärtigkeit, Ärger; It. contrarietà; R. препятствие.

CONTRARIO, RIA. (l. *contrarĭus*.) adj. Opuesto o repugnante a una cosa. Ú.t.c.s.f. || 2. fig. Que daña o perjudica. || 3. m. y f. Persona que tiene enemistad con otra. || 4. Persona que sigue pleito o pretensión con otra. || 5. Persona que lucha, contiende o está en oposición con otra. || 6. m. Impedimento, contradicción. || *Al* CONTRARIO. adv. Al revés, de un modo opuesto. || *De lo* CONTRARIO. fr. En caso contrario. || *En* CONTRARIO. adv. En contra. || *Llevar a* uno *la* CONTRARIA. fr. fam. Llevar la contra. || *Por el, o lo* CONTRARIO. adv. Al contrario. || P. contrário; I. contrary; F. contraire; A. entgegengesetzt, widrig; It. contrario; R. противоположный, противный.

CONTRARIOSO, SA. adj. ant. Contrario, 1.ª acep.

CONTRARRAYA. f. Grab. Cada una de las rayas que cruzan a otras.

★ **CONTRARRAYAR.** tr. Art. y Of. Atravesar un grabado con contrarrayas.

CONTRARREFORMA. f. Movimiento religioso, intelectual y político destinado a combatir los efectos de la reforma luterana.

CONTRARREGISTRO. m. Revisión y comprobación de los adeudos hechos en una primera línea fiscal.

CONTRARREGUERA. (De *contra* y *reguera*.) f. Regadera o canal oblicuo hecho en las tierras de regadío para que las aguas no arrastren la labor y se distribuyan por igual en los surcos o eras.

CONTRARRÉPLICA. f. Contestación dada a una réplica. || 2. Dúplica.

CONTRARRESTAR. (l. *contra*, contra, y *restāre*, resistir.) tr. Resistir, hacer frente u oposición. || 2. Volver la pelota desde la parte del saque.

CONTRARRESTO. m. Acción y efecto de contrarrestar. || 2. Persona que se destina, en el juego de la pelota, para volverla al saque.

CONTRARREVOLUCIÓN. f. Revolución en sentido contrario de otra próximamente anterior.

★ **CONTRARREVOLUCIONARIO, RIA.** adj. Partidario de una contrarrevolución. Ú.t.c.s.

CONTRARRODA. f. Mar. Pieza de igual figura que la roda y empernada a ella por su parte interior.

CONTRARRONDA. f. Mil. Segunda ronda que se hace para asegurarse más de la vigilancia en los puestos.

CONTRARROTURA. f. Veter. Emplasto o parche confortativo que se pega sobre la piel para curar la rotura, luxación o relajación de alguna parte blanda del organismo.

★ **CONTRASALIDA.** f. Mil. Oposición por parte de los sitiadores a una salida desesperada de los sitiados.

CONTRASALVA. f. Descarga de artillería en contestación al saludo hecho de igual modo.

CONTRASEGURO. m. Contrato en que el asegurador se obliga, si se cumplen determinadas condiciones, a reintegrar al contratante las primas o cuotas satisfechas.

CONTRASELLAR. r. Poner un contrasello.

CONTRASELLO. m. Sello más pequeño con que se marcaba el principal para dificultar las falsificaciones. || 2. El grabado o señal que dejaba el mismo sello.

CONTRASENTIDO. m. Inteligencia contraria al sentido natural de las palabras o expresiones. || 2. Deducción opuesta a lo que arrojan de sí los antecedentes. || P. contra-senso; I. counter-sens; F. contresens; A. Sinnwidrigkeit, Unsinn; It. controsenso; R. противоположный смысл.

CONTRASEÑA. f. Seña reservada que se dan unas personas a otras para entenderse entre sí. || 2. Contramarca, 1.ª acep. || 3. Mil. Señal o palabra que se da para conocerse unos a otros y no tenerse por enemigos en la confusión o en la obscuridad. También se da a los centinelas para que no dejen pasar al que no la diere. || 4. Mil. Palabra reservada que se da en la orden del día, y sirve para el recibo de las rondas y para su reconocimiento. || —*de salida*. En los teatros circos, etc., tarjeta o papelito que se da a los espectadores que quieren salir durante la función para que vuelvan a entrar. || P. contra-senha; I. counter-mark; F. contremarque; A. Kontermarke, Gegenzeichen; It. contrassegno; R. условный знак.

CONTRASEÑO. m. ant. Contraseña.

★ **CONTRASOL.** m. Vasija donde se cultivan en los invernaderos algunas plantas a las cuales perjudica la luz del sol.

CONTRASTA. f. ant. Contraste u oposición.

CONTRASTABLE. adj. Que se puede contrastar.

CONTRASTANTE. p.a. de contrastar. Que contrasta, 1.ª acep.

CONTRASTAR. (l. *contrastāre*; de *contra*, enfrente, y *stāre*, mantenerse.) tr. Resistir, hacer frente. || 2. Comprobar y fijar la ley, peso y valor de las monedas o de otros objetos de oro o plata, y sellar estos últimos. || 3. Tratándose de pesas y medidas, comprobar su exactitud por ministerio público y acreditarlo sellándolas. || 4. intr. Mostrar notable diferencia, o condiciones opuestas, dos cosas, cuando se comparan una con otra. || P. contrastar; I. to contrast; F. contraster; A. widerstehen; It. contrastare; R. противостоять кому-л.

CONTRASTE. m. Acción y efecto de contrastar. || 2. Oposición o diferencia notable que existe entre personas o cosas. || 3. El que ejercía el oficio público de contrastar. || 4. Oficina donde se contrasta. || 5. Almotacén, 1.ª y 2.ª aceps. || 6. Peso público de la seda cruda. || 7. fig. Contienda o combate entre personas o cosas. || 8. Germ. Perseguidor. || 9. Mar. Cambio repentino de un viento por otro contrario. || P. constrastação; I. contrast; F. contraste; A. Kontrast; It. contrasto; R. контраст. || 3.ª acep.: P. avaliador; I. assayer; F. vérificateur; A. Gleicher; It. marcatore; R. пробирный мастер.

CONTRASTO. m. ant. Opositor, contrario.

CONTRATA. f. Instrumento, escritura o simple obligación firmada con que las partes aseguran los contratos que han hecho. || 2. El mismo contrato, ajuste o convenio. || 3. Contrato que se hace con el gobierno, con una corporación o con un particular para ejecutar una obra material o prestar un servicio por precio determinado. || 4. Entre actores y cantantes, ajuste, ocupación. || P. contrata; I. contract; F. contrat; A. Vertragsurkunde; It. contratto; R. договор, контракт.

CONTRATACIÓN. f. Acción y efecto de contratar. || 2. Comercio y trato de géneros vendibles. || 3. V. *Casa de* CONTRATACIÓN *de las Indias*.

CONTRATAMIENTO. m. ant. Acción y efecto de contratar.

C

CONTRATANTE. p.a. de contratar. Que contrata.

CONTRATAR. (l. *contractăre*.) tr. Pactar, convenir, hacer contratos o contratas. || **2.** Ajustar, 9.ª acep. || **P.** contratar; **I.** to contract, to trade; **F.** contracter; **A.** engagieren: ausbedingen; **It.** contrattare; **R.** контрактовать.

CONTRATELA. f. MONT. Cerca de lienzos u otra manera de valla con que se estrechaba el espacio cerrado por la tela ya para la caza o para fiestas y lides.

CONTRATIEMPO. m. Accidente perjudicial y por lo común inesperado. || **2.** pl. EQUIT. Movimientos desordenados que hace el caballo. || *A* CONTRATIEMPO. adv. MÚS. Empléase cuando la duración de una nota se extiende a dos tiempos del compás, no comprendiendo sino una parte del primero. || **P.** contratiempo; **I.** disappointement; **F.** contretemps; **A.** Missgeschick; **It.** contrattempo; **R.** помеха.

★ **CONTRATIRO.** m. MIN. AMÉR. Pozo auxiliar abierto para la ventilación y para la bajada.

CONTRATISTA. COM. Persona que por contrata ejecuta una obra material o está encargada de un servicio para el gobierno, para una corporación o para un particular.

CONTRATO. (l. *contractus*.) m. Pacto o convenio entre partes que se obligan sobre materia o cosa determinada, y a cuyo cumplimiento pueden ser compelidas. || **2.** GERM. Carnicería, 1.ª acep. || **—a la gruesa.** COM. Contrato por el que una persona presta a otra cierta cantidad sobre objetos expuestos a riesgos marítimos, con la condición de perderla si éstos se pierden o de que, llegando a buen puerto, se le devuelva la suma con un premio convenido. **—aleatorio.** FOR. Contrato cuya materia es un hecho fortuito o eventual. || **2.** FOR. El que se hace a riesgo y ventura renunciando los contratantes a las consecuencias legales del caso fortuito. || **—a riesgo marítimo.** COM. Contrato a la gruesa. || **—bilateral.** FOR. Aquel en que se conmutan prestaciones recíprocas entre los otorgantes. || **—de arrendamiento.** FOR. Contrato de locación y conducción. || **2.** FOR. Aquel por el cual una persona se obliga a ejecutar una obra o prestar un servicio a otro mediante cierto precio. || **—de cambio.** COM. Aquel en cuya virtud se recibe de uno cierta cantidad de dinero para ponerlo a disposición o a la orden del que lo entrega, en pueblo distinto, a cuyo efecto se le da letra o libranza. || **—de compraventa** o **de compra y venta.** FOR. Convención mutua en virtud de la cual se obliga al vendedor a entregar la cosa que vende, y el comprador el precio convenido. || **—de locación y conducción.** FOR. Convención mutua en virtud de la cual se obliga al dueño de una cosa, mueble o inmueble, a conceder a otro el uso y disfrute de ella por tiempo determinado, mediante cierto precio o servicio. || **—de retrovendendo.** FOR. Convención accesoria al contrato de compra y venta, por la cual se obliga al comprador a devolver al vendedor la cosa vendida, mediante recobro del precio que dio por ella. || **—enfitéutico.** FOR. El conmutativo, por el cual el dueño de un inmueble cede el dominio útil, reservándose el directo. || **—innominado.** FOR. El que sin adaptarse a los que tienen nombre en la ley, celebran las partes usando la libertad de pactar. || **—perfecto.** Aquel que tiene todos los requisitos para su plena eficacia jurídica. || **—real.** FOR. Aquel que para el nacimiento de las obligaciones requiere, además del consentimiento, la entrega de cosas. || **—sinalagmático.** FOR. Contrato bilateral. || *Casi* CONTRATO. FOR. Cuasicontrato. || **P.** contrato; **I.** contract; **F.** contrat; **A.** Vertrag, Kontrakt; **It.** contratto; **R.** договор.

CONTRATORPEDERO. m. Cazatorpedero. || **P.** contratorpedeiro; **I.** destroyer; **F.** contretorpilleur; **A.** Torpedobootzerstörer; **It.** cacciatorpediniere; **R.** контрамнноносец.

CONTRATRETA. f. Ardid de que se usa para desbaratar e inutilizar una treta o engaño.

CONTRATRINCHERA. f. FORT. Contraaproches.

CONTRAVALACIÓN. f. FORT. Acción y efecto de contravalar.

CONTRAVALAR. (l. *contra*, enfrente, y *vallăre*, fortificar.) tr. FORT. Construir por el frente del ejército que sitia una plaza una línea fortificada, que llaman de contravalación.

CONTRAVAPOR. m. FÍS. Corriente de vapor que obra en sentido opuesto a la que de ordinario mueve una máquina. Se usa con el verbo *dar*.

CONTRAVENCIÓN. f. Acción y efecto de contravenir.

CONTRAVENENO. m. Medicamento para contrarrestar los efectos del veneno. || **2.** fig. Precaución tomada para evitar un perjuicio. || **P.** contraveneno; **I.** antidote, counter-poison; **F.** contrepoison; **A.** Gegengift; **It.** contravveleno; **R.** противоядие.

CONTRAVENIDOR, RA. adj. ant. Contraventor. Usáb.t.c.s.

CONTRAVENIENTE. p.a. ant. de contravenir. Que contraviene.

CONTRAVENIMIENTO. (De *contravenir*.) m. ant. Contravención.

CONTRAVENIR. (l. *contravenire*.) tr. Obrar en contra de lo que está mandado. || **P.** contravir; **I.** to contravene, to transgress; **F.** contrevenir; **A.** zuwiderhandeln; **It.** contravenire; **R.** нарушать.

CONTRAVENTA. f. ant. Retroventa.

CONTRAVENTANA. f. Puerta que interiormente cierra sobre la vidriera. || **2.** Puerta de madera que en los países fríos se pone en la parte de afuera para mayor resguardo de las ventanas y vidrieras.

CONTRAVENTOR, RA. (l. *contraventum*, supino de *contravenĭre*, contravenir.) adj. Que contraviene. Ú.t.c.s.

CONTRAVENTURA. f. Desdicha, infortunio.

CONTRAVERADO, DA. adj. BLAS. Que tiene contraveros.

CONTRAVEROS. m. pl. BLAS. Veros dispuestos de modo que estén unidos dos a dos por su base.

CONTRAVIDRIERA. f. Segunda vidriera, que sirve para mayor abrigo.

CONTRAVOLUTA. f. ARQ. Voluta que duplica la principal.

CONTRAY. m. Especie de paño fino que se labraba en Courtrai de Flandes.

CONTRAYENTE. p.a. de contraer. Que contrae. Se aplica casi únicamente a la persona que contrae matrimonio. Ú.t.c.s.

CONTRECTO, TA. adj. ant. Contrecho, 1.ª acep.

CONTRECHO, CHA. (l. *contractus*, p.p. de *contrahĕre*, contraer, encoger.) adj. Baldado, tullido.

CONTREMECER. (l. *contremiscĕre*.) intr. ant. Temblar. Usáb.t.c.r.

★ **CONTRETE.** m. ARQ. NAV. Puntal que sostiene una pieza horizontal. || **2.** CUBA. Travesaño que en los ingenios de azúcar asegura la armazón superior del trapiche.

★ **CONTRI.** m. CHILE. Molleja de las aves. || **2.** fig. CHILE. Lo más íntimo de una cosa. || *Hasta el* CONTRI. expr. fig. y fam. Hasta lo más íntimo.

CONTRIBUCIÓN. (l. *contributĭo*, *-ōnis*.) f. Acción y efecto de contribuir. || **2.** Cuota o cantidad que se paga para algún fin, y principalmente la que se impone para las cargas del Estado. || **—de guerra.** Exacción extraordinaria que los ejércitos beligerantes imponen a las poblaciones que ocupan. || **—de sangre.** Servicio militar. || **—directa.** La que pesa sobre personas, bienes o usos determinados. || **—indirecta.** La que grava determinados actos de producción, comercio o consumo. || **—territorial.** La que ha de tributar la riqueza rústica. || **—urbana.** La que se impone a la propiedad inmueble en centros de población. || *Poner a* CONTRIBUCIÓN. loc. fig. Recurrir a cualesquiera medios que pueden cooperar a la consecución de un fin. || **P.** contribuição; **I.** contribution, tax; **F.** contribution, taxe; **A.** Beitrag, Steuer; **It.** contribuzione, tassa; **R.** налог.

CONTRIBUIDOR, RA. adj. Que con-

tribuye. Ú.t.c.s. || **2.** m. GERM. El que da algo.

CONTRIBUIR. (l. *contribuĕre*; de *cum*, con, y *tribuĕre*, dar.) tr. Dar o pagar cada uno la cuota que le cabe por un impuesto o repartimiento. Ú.m.c.intr. || **2.** Concurrir voluntariamente con una cantidad para determinado fin. || **3.** fig. Ayudar y concurrir con otros al logro de algún fin. || **4.** ant. Atribuir, 1.ª acep. || **3.ª** acep.: **P.** contribuir; **I.** to contribute; **F.** contribuer; **A.** helfen, beitragen; **It.** contribuire; **R.** содействовать.

CONTRIBULADO, DA. (l. *contribulătus*.) adj. Que padece tribulación.

CONTRIBUTARIO, RIA. m. y f. Tributario o contribuyente con otras personas a la paga de un tributo.

CONTRIBUTIVO, VA. adj. Perteneciente o relativo a las contribuciones y otros impuestos.

CONTRIBUYENTE. p.a. de contribuir. Que contribuye. Ú.t.c.s. y más para designar al que paga contribución al Estado.

CONTRICIÓN. (l. *contritĭo*, *-ōnis*.) f. Dolor y pesar de haber ofendido a Dios por ser quien es y porque se le debe amar sobre todas las cosas. || **2.** V. *Acto de* CONTRICIÓN. || **P.** contrição; **I.** contriteness, contrition; **F.** contrition; **A.** Zerknirschung; **It.** contrizione; **R.** раскаяние.

CONTRÍN. m. Peso usado en Filipinas, equivalente a 39 centigramos.

CONTRINCANTE. (De *con* y *trinca*.) m. Cada uno de los que forman parte de una misma trinca en las oposiciones. || **2.** El que pretende una cosa en competencia con otro u otros. || **P.** contendor; **I.** competitor; **F.** concurrent; **A.** Widerpart; **It.** contendente; **R.** соискатель.

CONTRISTAR. (l. *contristăre*.) tr. Afligir, entristecer. Ú.t.c.r. || **P.** contristar; **I.** to sadden; **F.** contrister; **A.** betrüben, bekümmern; **It.** contristare; **R.** огорчать.

CONTRITO, TA. (l. *contrītus*.) adj. Que siente contrición.

° **CONTROL.** m. Acción y efecto de controlar. || **2.** Fiscalización, intervención, inspección. || **3.** Autoridad, gobierno, mando, predominio. || **4.** Procedimiento por el cual se fijan o modifican a voluntad las condiciones de funcionamiento de un aparato. || **—biológico.** BIOL. Ataque realizado contra los organismos nocivos, especialmente insectos, interfiriendo en su ajuste ecológico. || **—automático.** V. *Autorregulación.* || **—remoto.** Accionamiento eléctrico de aparatos o motores desde cierta distancia por medio de interruptores. || **P.** control; **I.** control; **F.** contrôle; **A.** Überwachung; **It.** controllo; **R.** контроль.

° **CONTROLAR.** tr. Comprobar, verificar inspeccionar, revisar. || **2.** Mandar, dominar, dirigir.

CONTROVERSIA. (l. *controversĭa*.) f. Discusión larga y reiterada entre dos o más personas. Especialmente se aplica a las cuestiones de religión. || *Sin* CONTROVERSIA. loc. adv. Sin duda. || **P.** controvérsia; **I.** controversy; **F.** controverse; **A.** Polemik; Streit; **It.** controversia; **R.** полемика.

CONTROVERSISTA. m. El que escribe o trata sobre puntos de controversia.

CONTROVERSO, SA. (l. *controversus*.) p.p. irreg. ant. de controvertir.

CONTROVERTIBLE. adj. Que se puede controvertir.

CONTROVERTIR. (l. inus. *controvertĕre*; de *contra*, contra, y *vertĕre*, volver.) intr. Discutir extensa y detenidamente sobre una materia. Ú.t.c.tr. || **P.** controverter; **I.** to convert; **F.** controverser; **A.** erörtern, (be)streiten; **It.** controvèrtere; **R.** спорить.

CONTUBERNAL. (l. *contubernālis*.) m. ant. El que vive con otro en un mismo alojamiento.

CONTUBERNIO. (l. *contubernĭum*.) m. Habitación con otra persona. || **2.** Cohabitación ilícita. || **3.** fig. Alianza o liga vituperable.

CONTUMACE. (l. *contŭmax*, *-ācis*.) adj. ant. Contumaz.

CONTUMACIA. (l. *contumacĭa*.) f. Tenacidad y dureza en mantener un error. || **2.** FOR. Rebeldía, 3.ª acep. ||

C

P. contumácia; **I.** contumacy; **F.** contumace; **A.** Hartnäckigkeit; **It.** contumacia; **R.** упрямство.

CONTUMAZ. (De *contumace*.) adj. Rebelde, porfiado y tenaz en mantener un error. || **2.** Aplícase a ciertas materias que se estiman propias para retener y propagar los gérmenes de un contagio. || **3.** For. Rebelde, 3.ª acep. Ú.t.c.s.

CONTUMAZMENTE. adv. Tenazmente, con porfía y contumacia.

CONTUMELIA. (l. *contumelĭa*.) f. Injuria u ofensa dicha a una persona en su cara. || **P.** contumelia; **I.** contumely; **F.** affront, outrage; **A.** Schimpf; **It.** contumelia, oltraggio; **R.** посрамление.

CONTUMELIOSO, SA. (l. *contumeliōsus*.) adj. Afrentoso, ofensivo. || **2.** Que dice contumelias.

★ **CONTUMERIA.** f. C. Rica. Subterfugio, evasiva, rodeo.

★ **CONTUMERIOSO, SA.** adj. Hond. Dengoso, melindroso.

CONTUNDENCIA. f. Calidad de contundente, 2.ª acep.

CONTUNDENTE. (l. *contundens, -entis*, p.a. de *contundĕre*, contundir.) adj. Aplícase al instrumento y acto que producen contusión. || **2.** fig. Que produce grande impresión en el ánimo, conveniéndolo. *Argumento* CONTUNDENTE. 2.ª acep.: **P.** contundente; **I.** clinching; **F.** accablant; **A.** erdrückend; **It.** schiacciante; **R.** неоспоримый довод.

CONTUNDIR. (l. *contundĕre*.) tr. Magullar, golpear. Ú.t.c.r.

CONTURBACIÓN. (l. *conturbatĭo, -ōnis*.) f. Inquietud, turbación.

CONTURBADO, DA. p.p. de conturbar. || **2.** adj. Revuelto, intranquilo.

CONTURBADOR, RA. (l. *conturbātor*.) adj. Que conturba. Ú.t.c.s.

CONTURBAMIENTO. m. ant. Conturbación.

CONTURBAR. (l. *conturbāre*.) tr. Alterar, turbar, inquietar. Ú.t.c.r. || **2.** fig. Intranquilizar, alterar el ánimo. Ú.t.c.r.

CONTURBATIVO, VA. adj. Dícese de lo que conturba.

CONTUSIÓN. (l. *contusĭo, -ōnis*.) f. Daño que recibe alguna parte del cuerpo por golpe que no causa herida exterior. || **P.** contusão; **I.** contusion, bruise; **F.** contusion; **A.** Quetschung; **It.** contusione; **R.** контузия, ушиб.

CONTUSO, SA. (l. *contūsus*.) adj. Que ha recibido contusión. Ú.t.c.s.

CONTUTOR. m. El que ejercía la tutela juntamente con otro.

CONUCO. (Voz americana.) m. Parcela de tierra que concedían en Cuba los dueños a sus esclavos para que éstos la cultivasen por su cuenta. Hoy se llama así a una estancia pequeña.

★ **CONULARIA.** f. Paleont. Género de moluscos cuya concha tiene forma de pirámide cuadrangular.

★ **CONURO.** m. Zool. Género de aves prensoras americanas, llamadas vulgarmente periquitos.

CONUSCO. (l. *cŭm* y *nōscum*, por *nōbīscum*.) pron. pers. ant. Connusco.

CONVALAMARINA. f. Quím. Glucósido amargo que se obtiene haciendo hervir en agua las hojas de la convalaria (*Convallaria majalis*). Se usa en medicina como diurético y tónico.

★ **CONVALARIA.** f. Bot. Género de plantas liliáceas de hojas lanceoladas, al que pertenece el llamado lirio de los valles.

★ **CONVALARINA.** f. Quím. Substancia amarga obtenida de las hojas de la convalaria.

CONVALECENCIA. (l. *convalescentĭa*.) f. Acción y efecto de convalecer. || **2.** Estado de convaleciente. || **3.** Casa u hospital destinado para convalecer los enfermos. || **P.** convalescênça; **I.** y **F.** convalescence; **A.** Genesung; **It.** convalescenza; **R.** выздоровление.

CONVALECER. (l. *convalescĕre*.) intr. Recobrar las fuerzas perdidas por enfermedad. || **2.** fig. Salir una persona o una colectividad del estado de postración o peligro en que se encuentran.

CONVALECIENTE. (l. *convalescens, -entis*.) p.a. de convalecer. Que convalece. Ú.t.c.s.

CONVALECIMIENTO. m. ant. Convalecencia.

CONVALIDACIÓN. f. Acción y efecto de convalidar.

CONVALIDAD. f. ant. Convalidación.

CONVALIDAR. (l. *convalidāre*.) tr. Confirmar, 2.ª acep.

★ **CONVECCIÓN.** f. Fís. Forma de propagación del calor en los fluidos por las corrientes que se establecen en el interior y que transportan las moléculas de las regiones calientes a las frías.

CONVECINO, NA. adj. Cercano, próximo, inmediato. || **2.** Que tiene vecindad con otro en un mismo pueblo.

CONVELERSE. (l. *convellĕre*; de *cum*, con, y *vellĕre*, arrancar.) r. Med. Moverse y agitarse preternatural y alternadamente con contracción y estiramiento de uno o varios miembros o músculos del cuerpo.

CONVENCEDOR, RA. adj. Que convence. Ú.t.c.s.

CONVENCER. (l. *convincĕre*.) tr. Precisar a uno con razones a que mude de dictamen o abandone el que seguía. Ú.t.c.r. || **2.** Probarle una cosa de manera que racionalmente no la pueda negar. Ú.t.c.r. || **P.** convencer; **I.** to convince; **F.** convaincre; **A.** überzeugen; **It.** convincere; **R.** убеждать.

CONVENCIMIENTO. m. Acción y efecto de convencer o convencerse.

CONVENCIÓN. (l. *conventĭo, -ōnis*.) f. Ajuste y concierto entre dos o más personas o entidades. || **2.** Conveniencia, conformidad. || **3.** Asamblea de los representantes de un país, que asume todos los poderes. || —**Cultural Europea.** La que estableció el Consejo de Europa para la coordinación cultural entre los estados europeos. España se adhirió en 1957. || **P.** convenção; **I.** y **F.** convention; **A.** Vertrag, Konvention; **It.** convenzione; **R.** конвенция.

CONVENCIONAL. (l. *conventionālis*.) adj. Perteneciente al convenio o pacto. || **2.** V. *Privilegio* CONVENCIONAL. || **3.** Que resulta o establece en virtud de precedentes o de costumbres. || **4.** For. V. *Retracto* CONVENCIONAL. || **5.** m. Individuo de una convención. || **P.** convencional; **I.** conventional; **F.** conventionnel; **A.** vertragsmässig; **It.** convenzionale; **R.** условный.

CONVENCIONALISMO. m. Conjunto de opiniones o procedimientos basados en ideas falsas que, por comodidad o conveniencia social, se tienen como verdaderas.

CONVENCIONALMENTE. adv. Por convención.

CONVENENCIA. f. ant. Conveniencia, 1.ª y 3.ª aceps.

CONVENIALMENTE. adv. ant. Convenientemente.

CONVENIBLE. adj. Dócil o que se conviene fácilmente con los demás. || **2.** Tratándose del precio, razonable, moderado. || **3.** V. *Condición* CONVENIBLE. || **4.** Conveniente.

CONVENIDO, DA. p.p. de convenir. || **2.** adv. Que expresa conformidad o consentimiento.

CONVENIENCIA. (l. *convenientĭa*.) f. Correlación y conformidad entre dos cosas distintas. || **2.** Utilidad. || **3.** Ajuste y convenio. || **4.** Acomodo de una persona para servir en una casa. *He hallado* CONVENIENCIA. || **5.** Comodidad. || **6.** Haberes, rentas, bienes. 2.ª acep.: **P.** conveniência; **I.** convenience; **F.** convenance; **A.** Zweckmässigkeit; **It.** convenienza; **R.** польза.

CONVENIENTE. (l. *conveniens, -entis*.) adj. Útil, oportuno. || **2.** Conforme, concorde. || **3.** Decente, proporcional.

CONVENIENTEMENTE. adv. Útil, adecuada y oportunamente.

CONVENIO. m. Ajuste, convención. || **P.** convénio; **I.** convention, agreement; **F.** convention, accord; **A.** Uebereinkunft; **It.** convenzione; **R.** соглашение.

CONVENIR. (l. *convenīre*.) intr. Ser de un mismo parecer y dictamen. || **2.** Acudir o juntarse varias personas en un mismo lugar. || **3.** Corresponder, pertenecer. || **4.** Importar, ser a propósito, ser conveniente. || **5.** r. Ajustarse, componerse, concordarse. || **6.** For. Coincidir dos o más voluntades causando obligación. || **CONVIENE** *a saber*. expr. Es a saber. || **P.** convir; **I.** to agree; **F.** convenir; **A.** übereinkommen; **It.** convenire; **R.** соглашаться. || **4.** acep.: **P.** convir; **I.** to suit; **F.** convenir; **A.** sich geziemen; **It.** convenire; **R.** быть полезным.

CONVENTÍCULO. m. Conventillo.

CONVENTÍCULA. f. Conventículo.

CONVENTÍCULO. (l. *conventicŭlum*.) m. Junta ilícita y clandestina de algunas personas.

★ **CONVENTILLERO, RA.** adj. Argent. Perteneciente o relativo a un conventillo o casa de vecindad. || **2.** Argent. Aplícase al que vive en un conventillo. || **3.** Argent. Chismoso.

CONVENTILLO. m. Casa de vecindad.

CONVENTO. (l. *conventus*, congregación.) m. Casa o monasterio en que viven los religiosos o religiosas bajo las reglas de su instituto. || **2.** Comunidad de religiosos o religiosas que habitan en una misma casa. || —**jurídico.** Cualquiera de los tribunales a donde, en tiempo de los romanos, acudían los pueblos de la provincia con sus pleitos. || **P.** e **It.** convento; **I.** convent, nunnery; **F.** couvent; **A.** Kloster; **R.** монастырь, обитель.

CONVENTUAL. (l. *conventuālis*.) adj. Perteneciente al convento. || **2.** V. *Iglesia, misa* CONVENTUAL. || **3.** m. Religioso que reside en un convento. || **4.** Religioso franciscano cuya orden posee rentas. || **5.** En algunas religiones, predicador de la casa.

CONVENTUALIDAD. f. Habitación o morada de las personas religiosas que viven en un mismo convento. || **2.** Asignación de un religioso a un convento determinado.

CONVENTUALMENTE. adv. En comunidad.

CONVERGENCIA. (l. *convergens, -entis*, convergente.) f. Acción y efecto de convergir. || **P.** convergência; **I.** y **F.** convergence; **A.** Zusammenneigung; **It.** convergenza; **R.** совпадение.

CONVERGENTE. (l. *convergens, -entis*.) p.a. de convergir. Que converge.

CONVERGER. (l. *convergĕre*.) intr. Convergir.

CONVERGIR. (l. *convergĕre*.) intr. Dirigirse dos o más líneas a unirse en un punto. || **2.** fig. Concurrir al mismo fin los dictámenes, opiniones o ideas de dos o más personas.

CONVERSA. f. fam. Conversación, palique.

CONVERSABLE. adj. Tratable, sociable.

CONVERSACIÓN. (l. *conversatĭo, -ōnis*.) f. Acción y efecto de hablar familiarmente una o varias personas con otra u otras. || **2.** Concurrencia o compañía. || **3.** Comunicación y trato carnal; amancebamiento. || **4.** V. *Casa de* CONVERSACIÓN. || *Dar* CONVERSACIÓN. loc. Entretener a una persona hablando con ella. || *Dejar caer una cosa en la* CONVERSACIÓN. fr. fig. y fam. Decirla afectando descuido. || *Sacar uno la* CONVERSACIÓN. fr. Tocar algún punto para que se hable de él. || *Trabar* CONVERSACIÓN. fr. Empezar o dar principio a la plática. || **P.** conversação; **I.** conversation, talk, converse; **F.** conversation, propos, entretien; **A.** Gespräch, Unterhaltung; **It.** conversazione; **R.** разговор, беседа.

CONVERSADOR, RA. adj. Dícese de la persona que sabe hacer amena e interesante la conversación. Ú.t.c.s.

CONVERSAMIENTO. m. ant. Conversación.

CONVERSANTE. p.a. ant. de conversar. Que conversa.

CONVERSAR. (l. *conversāre*; de *cum*, con, y *versāre*, dar vueltas.) intr. Hablar una o varias personas con otra u otras. || **2.** Vivir, habitar en compañía de otros. || **3.** Tratar, comunicar y tener amistad unas personas con otras. || **4.** Mil. Hacer conversión. || **P.** conversar; **I.** to converse; **F.** conversar, causer, s'entretenir; **A.** reden, sich unterhalten; **It.** conversare; **R.** беседовать.

CONVERSATIVO, VA. adj. ant. Conversable.

C

CONVERSIÓN. (l. *conversĭo, -ōnis.*) f. Acción y efecto de convertir o convertirse. || **2.** Mutación de una cosa en otra. || **3.** Mudanza de mala vida a buena. || **4.** ESGR. y MIL. V. *Cuarto de* CONVERSIÓN. || **5.** MIL. Mutación del frente, de una fila, girando sobre uno de sus extremos. || **6.** RET. Figura que se comete empleando una misma palabra al fin de dos o más cláusulas o miembros del período. || **P.** conversão; **I.** y **F.** conversion; **A.** Veränderung, Verwandlung; **It.** conversione; **R.** превращение.

CONVERSIVO, VA. (l. *conversīvus.*) adj. Que tiene virtud de convertir una cosa en otra.

CONVERSO, SA. (l. *conversus.*) p.p. irreg. de convertir. || **2.** adj. Dícese de los moros y judíos convertidos al cristianismo. Ú.t.c.s.m. || **3.** m. En algunas órdenes religiosas, lego, 4.ª acep.

CONVERTIBILIDAD. f. Calidad de convertible.

CONVERTIBLE. (l. *convertibĭlis.*) adj. Que puede convertirse.

CONVERTIDOR. m. Aparato ideado en 1859 por el ingeniero inglés Bessemer, para convertir la fundición de hierro en acero. Es una gran caldera giratoria de palastro revestida interiormente de arcilla refractaria.

CONVERTIENTE. p.a. ant. de convertir. Que convierte.

CONVERTIMIENTO. m. ant. Conversión.

CONVERTIR. (l. *convertĕre.*) tr. Mudar o volver una cosa en otra. Ú.t.c.r. || **2.** Reducir a la verdadera religión al que va errado, o traerle a la práctica de las buenas costumbres. Ú.t.c.r. || **3.** r. DIAL. Substituirse una palabra o proposición por otra de igual significación. || **P.** converter; **I.** to convert; **F.** convertir; **A.** umwandeln; **It.** convertire; **R.** превращать.

CONVEXIDAD. (l. *convexĭtas, -ātis.*) f. Calidad de convexo. || **2.** Parte o sitio convexo.

CONVEXO, XA. (l. *convēxus.*) adj. Que tiene, respecto del que mira, la superficie más prominente en el medio y que decrece hacia los bordes o extremos. || **P.** convexo; **I.** convex; **F.** convexe; **A.** konvex, gewölbt; **It.** convesso; **R.** выпуклый.

★ CONVEXOCÓNCAVO, VA. adj. Concavoconvexo.

CONVICCIÓN. (l. *convictĭo, -ōnis.*) f. Convencimiento.

★ CONVICINA. f. QUÍM. Alcaloide que se encuentra en las arvejas y en las habas.

CONVICIO. (l. *convicĭum.*) m. ant. Injuria, afrenta, improperio.

CONVICTO, TA. (l. *convictus,* de *convincĕre,* convencer.) p.p. irreg. de convencer. || **2.** adj. FOR. Dícese del reo a quien legalmente se ha probado su delito, aunque no lo haya confesado.

CONVICTOR. (l. *convictor.*) m. En algunas partes, el que vive en algún seminario o colegio sin ser del número de la comunidad.

CONVICTORIO. (De *convictor.*) m. En los colegios de jesuitas departamento donde viven los educandos.

CONVIDADA. f. fam. Convite que se hace generalmente entre la gente del pueblo.

CONVIDADO, DA. p.p. de convidar. || **2.** m. y f. Persona que recibe un convite. || *Como el* CONVIDADO *de piedra.* loc. adv. fig. Como una estatua, mudo, quieto y grave, aludiendo a la del comendador de Calatrava en *El Burlador de Sevilla,* comedia de Tirso de Molina. || **P.** convidado; **I.** invited, guest; **F.** invité, convié, convive; **A.** Eingeladene(r), Tischgast; **It.** invitato, convitato; **R.** гость.

CONVIDADOR, RA. adj. Que convida. Ú.t.c.s.

CONVIDANTE. p.a. de convidar. Que convida.

CONVIDAR. (l. *convitāre,* por *invitāre,* cambiada la prep. *in* en *con* por influencia de *convivĭum,* convite.) tr. Rogar una persona a otra que le acompañe a comer o alguna función. || **2.** fig. Mover, incitar. || **3.** r. Ofrecerse voluntariamente para alguna cosa. | CONVIDAR a uno *con alguna cosa.* fr. Ofrecérsela. || **P.** convidar;

I. to invite, to treat; **F.** inviter, convier; **A.** einladen; **It.** convitare, invitare; **R.** приглашать.

CONVINCENTE. (l. *convincens, -entis.*) adj. Que convence.

CONVINCENTEMENTE. adv. De manera convincente.

CONVITE. (prov. y cat. *convit* y éste del l. *convictus.*) m. Acción y efecto de convidar. || **2.** Función y especialmente comida o banquete a que es uno convidado. || **P.** convite; **I.** y **F.** invitation; **A.** Einladung, Gastmahl; **It.** invito, convito; **R.** приглашение.

CONVIVAL. (l. *convivālis.*) adj. Perteneciente o relativo al convite.

CONVIVENCIA. f. Acción de convivir.

CONVIVIENTE. (l. *convivens, -entis.*) p.a. de convivir. Que convive. || **2.** com. Cada uno de aquellos con quienes comúnmente se vive.

CONVIVIO. (l. *convivĭum.*) m. ant. Convite.

CONVIVIR. intr. Vivir en compañía de otro u otros, cohabitar.

CONVOCACIÓN. (l. *convocatĭo, -ōnis.*) f. Acción de convocar.

CONVOCADERO, RA. adj. ant. Que se ha de convocar.

CONVOCADOR, RA. adj. Que convoca. Ú.t.c.s.

CONVOCAR. (l. *convocāre.*) tr. Citar, llamar a varias personas para que concurran al lugar o acto determinado. || **2.** Aclamar, 1.ª acep. || **P.** convocar; **I.** to convoke; **F.** convoquer; **A.** zusammen(be)rufen; **It.** convocare; **R.** созывать.

CONVOCATORIA. f. Anuncio o escrito con que se convoca.

CONVOCATORIO, RIA. adj. Dícese de lo que se convoca.

CONVOLAR. (l. *convolāre.*) intr. ant. Volar, 3.ª acep.

★ CONVOLUTA. f. ZOOL. Género de gusanos platelmintos de cuerpo ancho y aplanado.

CONVOLVULÁCEO, A. (l. *convolvŭlus,* nombre genérico de la enredadera.) adj. BOT. Dícese de árboles, matas o hierbas angiospermos dicotiledóneos, que tienen hojas alternas, corola en forma de tubo o campana, con cinco pliegues, y semillas con albumen mucilaginoso; como las batatas. Ú.t.c.s. || **2.** f. pl. BOT. Familia de estas plantas.

CONVÓLVULO. (l. *convolvŭlus,* de *convolvĕre,* arrollar.) m. Oruga muy dañina, de unos dos centímetros de largo, color verde amarillento en el cuerpo y cabeza parda brillante; vive a expensas de los frutos y hojas de la vid. || **2.** Enredadera, 2.ª acep.

CONVOY. (fr. *convoi,* de *convoyer,* y éste del l. *convīāre,* de *via.*) m. Escolta o guardia que se destina para llevar con seguridad y resguardo alguna cosa por mar o por tierra. || **2.** Conjunto de los buques o carruajes, efectos o pertrechos escoltados. || **3.** Taller, 2.º art. || **4.** fig. y fam. Séquito o acompañamiento. || **P.** comboio; **I.** convoy; **F.** convoi; **A.** Gefolge, Konvoi; **It.** convoglio; **R.** конвой.

CONVOYANTE. p.a. de convoyar. Que convoya.

CONVOYAR. (fr. *convoyer,* y éste del l. *convīāre,* de *via.*) tr. Escoltar lo que se conduce de una parte a otra, para que vaya resguardado. || **P.** comboiar; **I.** to convoy; **F.** convoyer; **A.** geleiten; **It.** convogliare; **R.** конвоировать.

★ CONVULSAR. intr. VETER. Encoge los nervios. Ú.t.c.r.

CONVULSIÓN. (l. *convulsĭo, -ōnis.*) f. Movimiento y agitación preternatural y alternada de contracción y estiramiento de uno o más miembros o músculos del cuerpo. || **2.** fig. Agitación violenta de agrupaciones políticas o sociales, que trastorna la normalidad de la vida colectiva. || **3.** GEOL. Sacudida de la tierra o del mar por efecto de los terremotos. || **P.** convulsão; **I.** y **F.** convulsion; **A.** Zuckung, Krampf; **It.** convulsione; **R.** конвульсия.

CONVULSIONANTE. p.a. de convulsionar. Que convulsiona. || **2.** Dícese de la terapéutica que se propone la curación o alivio de determinadas enfermedades, principalmente mentales, mediante el

empleo de drogas o métodos físicos que producen convulsiones en el enfermo.

CONVULSIONAR. tr. MED. Producir convulsiones.

CONVULSIONARIO, RIA. adj. Que padece convulsiones.

CONVULSIVO, VA. adj. Perteneciente a la convulsión. Movimientos convulsivos. || **2.** V. *Tos* CONVULSIVA.

CONVULSO, SA. (l. *convulsus.*) adj. Atacado de convulsiones. || **2.** fig. Dícese del que se halla muy excitado.

CONVUSCO. (l. *cum vōscŭm,* por *vōbiscŭm.*) ablat. ant. de pl. del pron. pers. de 2.ª pers. en gén. m. y f. Con vos o con vosotros.

CONYECTOR. (l. *coniector.*) m. ant. El que conjetura.

CONYECTURA. f. ant. Conjetura.

CONYÚDICE. (l. *coniŭdex, -dĭcis.*) m. Conjuez.

CONYUGADO, DA. (l. *coniŭgātus,* unido, ligado.) adj. ant. Casado, 1.ª acep.

CONYUGAL. (l. *coniugālis.*) adj. Perteneciente a los cónyuges. || **2.** V. *Castidad,* sociedad CONYUGAL.

CONYUGALMENTE. adv. Con unión conyugal.

CÓNYUGE. (l. *conius, -ŭgis.*) com. Consorte, 2.ª acep. Ú.m. en pl. || **P.** cônjuge; **I.** consort; **F.** conjoint; **A.** Ehefrau, Ehegatte; **It.** còniuge; **R.** супруг, супруга.

CONYUGICIDA. com. Cónyuge que mata al otro cónyuge.

CONYUGICIDIO. m. Muerte causada por uno de los cónyuges al otro.

★ CONYUNGO. m. Fórmula del matrimonio.

CONYUNTO, TA. adj. ant. Conjunto.

COÑAC. m. Aguardiente de graduación alcohólica muy elevada, obtenido por la destilación de vinos flojos y añejado en toneles de roble.

COÑETE. adj. CHILE. Tacaño, cicatero.

★ COÑUDO, DA. adj. ECUAD. Coñete, tacaño.

COONA. f. Planta venenosa con cuyo jugo enherbolaban sus flechas los indios. || **2.** Hoja de dicha planta.

COOPERACIÓN. (l. *cooperatĭo, -ōnis.*) f. Acción y efecto de cooperar.

COOPERADOR, RA. (l. *cooperātor.*) adj. Que coopera. Ú.t.c.s.

COOPERANTE. p.a. de cooperar. Que coopera.

COOPERAR. (l. *cooperāri;* de *cum,* con, y *operāri,* trabajar.) intr. Obrar juntamente con otro u otros para un mismo fin. || **P.** cooperar; **I.** to co-operate; **F.** coopérer; **A.** mit-, zusammenwirken; **It.** cooperare; **R.** сотрудничать.

COOPERARIO. (l. *cooperarĭus.*) m. El que coopera.

COOPERATIVISMO. m. Tendencia o doctrina favorable a la cooperación en el orden económico y social.

COOPERATIVISTA. adj. Perteneciente o relativo a la cooperación. || **2.** Partidario del cooperativismo. Ú.t.c.s.

COOPERATIVO, VA. (l. *cooperatīvus*) adj. Dícese de lo que coopera o puede cooperar a alguna cosa. || **2.** f. Sociedad cooperativa.

COOPOSITOR, RA. m. y f. Persona que con otra u otras concurre a las oposiciones a una prebenda, cátedra, etc.

COORDENADO, DA. adj. GEOM. Aplícase a las líneas que sirven para determinar la posición de un punto, y a los ejes o planos a que se refieren aquellas líneas. Ú.m.c.s.f. || **2.** V. *Eje, plano* COORDENADO. || COORDENADA *cartesiana.* GEOM. Cada una de las rectas que son paralelas a cada uno de los dos ejes de referencia, trazados sobre un plano, o a alguna de las intersecciones de tres planos, con respecto a los cuales se determina la posición de un punto del espacio por las longitudes de dichas rectas, contadas desde los ejes o planos no paralelos a ellas. || —esférica. La que se emplea para fijar la posición de un astro en la esfera celeste. || —polar. GEOM. Cada una de las que determinan la posición de un punto cualquiera sobre un plano, y son: la longitud del radio vector comprendida entre el punto y el polo, y el ángulo formado por dicho radio con la línea recta

C llamada eje polar. || **—geográficas.** Las que se emplean para fijar la posición de un lugar en la superficie de la Tierra y son la longitud y la latitud. || P. coordenado; I. coordinate; F. coordonnée; A. Koordinate; It. coordinato; R. координата.

COORDINACIÓN. (l. *coordinatio, -ōnis.*) f. Acción y efecto de coordinar.

★ **COORDINADAS.** f. pl. Geom. Abscisas y ordenadas de una curva.

COORDINADO, DA. p.p. de coordinar. || 2. adj. Geom. Coordenado.

COORDINADOR, RA. adj. Que coordina. Ú.t.c.s.

COORDINAMIENTO. m. Coordinación.

COORDINANTE. p.a. de coordinar. Que coordina.

COORDINAR. (l. *co*, por *cum*, con, y *ordināre*, ordenar.) tr. Disponer cosas metódicamente. || P. coordenar; I. to coordinate; F. coordonner; A. koordinieren, zusammenordnen; It. coordinare; R. координировать.

COORDINARIAMENTE. adj. m. Con método y coordinación.

COORDINATIVO, VA. adj. Que puede de coordinar.

COPA. (l. *cūppa*.) f. Vaso con pie para beber. || 2. Todo el líquido que cabe en una copa. COPA de vino. || 3. Conjunto de ramas y hojas que forma la parte superior de un árbol. || 4. Parte hueca del sombrero, en que entra la cabeza. || 5. Cada una de las cartas del palo de copas en los naipes. || 6. Premio que se concede en algunos certámenes deportivos. || 7. Cabezas del bocado del freno. || COPA *del horno.* Bóveda que lo cubre. ||**—graduada.** La que tiene ciertas señales para medir la cantidad de líquido que contiene. || *Apurar* uno *la* COPA *del dolor, de la desgracia,* etc. fr. fig. Llegar al extremo del dolor, de la calamidad e infortunio. || *Irse* uno *de* COPAS. fr. fig. y fam. Ventosear.|| P. copa; I. cup, glass; F. coupe; A. Trinkglas, Pokal, Becher; It. bicchiere, coppa; R. бокал.

COPADA. (De *copo,* 1.er art.) f. Cogujada.

COPADO, DA. adj. Que tiene copa. Dícese comúnmente de los árboles.

COPADOR. m. Mazo de madera o martillo de boca redondeada, que sirve para encorvar las chapas de hierro, cobre, latón, etc. || P. maço de latoeiro; I. emboss-hammer; F. emboutissoir; A. Nagelkopfeisen, Rundhammer; It. stozzo; R. деревянный молот.

COPAIBA. (guaraní *copauba.*) f. Copayero. || 2. Bálsamo de la copaiba.

★ **COPAIFERA.** f. Bot. Género de plantas leguminosas que son árboles de hojas peripinadas.

COPAÍNA. f. Quím. Principio que se obtiene de la copaiba.

★ **COPAJIRA.** f. Bol. Copaquira.

COPAL. adj. Aplícase a una resina casi incolora, muy dura y sin olor ni sabor, que se emplea en barnices duros de buena calidad. Ú.t.c.s.m.

COPALILLO. m. Bot. Cuba. Árbol silvestre de la familia de las sapindáceas, que da muy buena madera, amarillenta con vetas rojizas, dura y compacta. || 2. Hond. Curbaril.

★ **COPALINA.** f. Quím. Substancia incolora existente en el copal.

COPANETE. m. ant. d. de cópano.

CÓPANO. (l. *caupŭlus,* barquichuelo.) m. Especie de barco pequeño usado antiguamente.

★ **COPANTE.** m. Hond. Pasadera para atravesar un arroyo o riachuelo.

COPAQUIRA. f. Chile y Perú. Caparrosa o vitriolo azul.

COPAR. (fr. *couper,* de *coup,* golpe.) tr. Hacer en los juegos de azar una puesta equivalente a todo el dinero con que responde la banca. || 2. fig. Conseguir en una elección todos los puestos. || 3. Mil. Sorprender o cortar la retirada a una fuerza militar, haciéndola prisionera.

COPARTICIPACIÓN. f. Acción de participar a la vez con otro en alguna cosa.

COPARTÍCIPE. com. Persona que tiene participación con otra en alguna cosa.

COPAYERO. m. Árbol papilionáceo, propio de la América Meridional, de 15 a 20 metros de altura, copa poco poblada, hojas alternas compuestas de un número par de hojuelas ovaladas, enteras y lustrosas, y flores blancas de cuatro pétalos, en espigas axilares.

COPE. m. Parte más espesa de la red de pescar.

COPÉ. m. Especie de nafta o betún natural de algunas regiones americanas, que se mezclaba con alquitrán.

COPEAR. intr. Vender por copas las bebidas. || 2. Tomar copas.

★ **COPEC.** m. Moneda rusa equivalente a la centésima parte del rublo.

COPEISILLO. (De *copey.*) m. Amér. Árbol de la familia de las gutíferas, del mismo género que el copey, pero más pequeño.

★ **COPEL.** m. Bot. Árbol gutífero americano de flores y hojas muy olorosas, y del que se obtiene una gomorresina de aplicaciones industriales.

COPELA. (l. *cupella,* d. de *cupa,* cuba, copa.) f. Vaso de figura de cono truncado, hecho con cenizas de huesos calcinados, y donde se ensayan y purifican los minerales de oro o plata. || 2. Plaza hecha en los hornos de copela con arcilla apisonada. || 3. V. *Horno, oro de* COPELA. || P. copela; I. cupel; F. coupelle; A. Schmelztiegel, Kapelle; It. coppella; R. капеля.

COPELACIÓN. f. Acción y efecto de copelar.

COPELAR. tr. Fundir minerales o metales en copela para ensayos, o en hornos de copela para operaciones metalúrgicas. || P. copelar; I. to cupel; F. coupeller; A. kapellieren; It. coppellare; R. капелировать.

COPELLÁN. m. ant. Copela.

COPEO. m. Acción y efecto de copear.

★ **COPÉPODOS.** m. pl. Zool. Gran grupo de crustáceos que constituyen un orden de los entomostráceos.

COPERA. f. Sitio donde se guardan o ponen las copas.

★ **COPERASINA.** f. Mineral. Sulfato doble e hidratado de cobre y hierro.

COPERNICANO, NA. adj. Perteneciente o relativo a Copérnico. || 2. Conforme al sistema de Copérnico. || 3. Partidario de este sistema. Ú.t.c.s.

COPERO. m. El que tenía por oficio traer la copa y dar de beber a su señor. || 2. Mueble para contener las copas en que se sirven licores. || **—mayor de la reina o del rey.** Dignatario que servía a los antiguos reyes la copa en las comidas solemnes. || P. copeiro; I. cub-bearer; F. échanson, bouteiller; A. Mundschenk; It. coppiere; R. виночерпий.

COPETA. f. d. de copa. || 2. Ar. El as de copas.

COPETE. m. d. de copo. || 2. Pelo que se trae levantado sobre la frente. || 3. Moño o penacho de plumas que tienen algunas aves en lo alto de la cabeza. || 4. Mechón de crin que cae al caballo sobre la frente. || 5. Adorno que suele ponerse en la parte superior de los espejos, sillones y otros muebles. || 6. Parte superior de la pala del zapato, que sale por encima de la hebilla. || 7. En los sorbetes y bebidas heladas, colmo que tienen los vasos. || 8. Cima, cumbre. || 9. fig. Atrevimiento, altanería. || *De alto* COPETE. loc. Dícese de la gente linajuda, principalmente de las damas. || 2.ª acep.: P. topete; I. forelock; F. toupet; A. Shopf, Stirnhaar; It. ciuffo; R. хохол.

° **COPETÍN.** m. Amér. Trago de licor. || 2. Aperitivo.

COPETÓN. m. Colom. Gorrión mofiudo.

° **COPETÓN.** m. Amér. Curda, achispado.

★ **COPETONA.** f. Méj. Mujer elegante.

COPETUDA. f. Alondra. || 2. Cuba. Flor de la maravilla.

COPETUDO, DA. adj. Que tiene copete. || 2. fig. y fam. Que hace vanidad de su nacimiento o de otras circunstancias que le distinguen.

COPEY. m. Amér. Central. Árbol de la familia de las gutíferas, muy alto y de hermoso ramaje, hojas dobles y carnosas, flores inodoras amarillas y rojas y fruto esférico, pequeño y venenoso.

COPIA. (l. *copia.*) f. Abundancia de una cosa. || 2. Reproducción de un escrito. || 3. En los tratados de sintaxis, lista de nombres y verbos, con los casos que rigen. || 4. Escrito o papel de música, en que puntualmente se pone el contenido de otro. || 5. Obra de pintura, de escultura o de otro género, que se ejecuta procurando reproducir la obra original con entera igualdad. || 6. Imitación servil del estilo o de las obras de escritores o artistas. || 8. Imitación de una persona. *José es una* COPIA *de Antonio.* || 9. Retrato. || **—intermedio.** f. Equivalente en castellano de la llamada copia «lavender» del proceso cinematográfico. P. abundância; I. copiousness; F. abondance; A. Menge, Fülle; It. copia; R. полнота. || 2.ª acep.: P. cópia; I. copy; F. copie; A. Abschrift, Kopie; It. copia; R. копия.

COPIADOR, RA. adj. Que copia. Ú.t.c.s. || 2. V. *Libro* COPIADOR. Ú.t.c.s.

COPIANTE. p.a. de copiar. Que copia. || 2. com. Persona que se dedica a copiar escritos ajenos.

★ **COPIAPITA.** f. Mineral. Sulfuro hidratado de hierro de color amarillo nacarado.

COPIAR. tr. Escribir en una parte lo que está escrito en otra. || 2. Escribir lo que dice otro en un discurso seguido. || 3. Sacar copia de una obra de pintura o escultura. || 4. Imitar la naturaleza en las obras de pintura y escultura. || 5. Imitar servilmente el estilo o las obras de escritores o artistas. || 6. Remedar a una persona. || 7. fig. poét. Hacer descripción o pintura de una cosa. || P. copiar; I. to copy; F. copier; A. abschreiben, kopieren; It. copiare; R. копировать.

★ **COPIATITA.** f. Mineral. Sulfato hidratado de peróxido de hierro.

COPIBA. f. ant. Copaiba.

COPIHUE. (mapuche *copiu*.) m. Bot. Planta de tallo voluble, de la familia de las liliáceas, que da una flor roja y hermosa, a veces blanca, y una baya parecida al ají antes de madurar. Es planta de adorno.

COPILACIÓN. f. ant. Compilación.

COPILADOR, RA. adj. Compilador. Ú.t.c.s.

COPILAR. tr. Compilar.

COPILLA. f. Chofeta.

COPÍN. m. Ast. Medida de capacidad para áridos, variable según las regiones.

COPINA. f. Méj. Piel copinada o sacada entera.

COPINAR. tr. Méj. Desollar animales sacando entera la piel.

COPINO. m. ant. Copa o vaso pequeño. || 2. Copín.

COPINOL. m. Guat. Curbaril o anime.

COPIÓN. m. aum. despect. de copia. || 2. Copia mala de un cuadro, o de una estatua.

COPIOSAMENTE. adv. De manera copiosa.

COPIOSIDAD. (l. *copiosĭtas, -ātis.*) f. Abundancia, copia excesiva de una cosa.

COPIOSO, SA. (l. *copiōsus.*) adj. Abundante, numeroso, cuantioso. || P. e It. copioso; I. copious; F. copieux; A. kopiös, reichlich; R. обильный.

COPISTA. com. Copiante, 2.ª acep.

COPLA. (l. *copŭla,* unión, enlace.) f. Combinación métrica de estrofa. || 2. Composición poética que consta de una cuarteta de romance, de una seguidilla o de otras combinaciones breves; comúnmente se usa en las canciones populares. || 3. Pareja, 1.ª acep. || 4. pl. fam. Versos. || COPLA *de arte mayor.* La que se compone de ocho versos de 12 sílabas cada uno, de los cuales riman entre sí el primero, cuarto, quinto y octavo; el segundo y tercero, y el sexto y séptimo. ||**—de pie quebrado.** Combinación métrica en que alterna el verso corto de este nombre con otros más largos. || COPLAS *de Calaínos.* fig. y fam. Especies remotas e inoportunas. ||**—de ciego.** fig. y fam. Coplas ramplonas. ||**—de repente.** Dicho expresado sin reflexión suficiente. || *Andar en* COPLAS. fr. fig. y fam. con que se denota que es ya muy pública y notoria una cosa. Comúnmente se dice de las que van contra la estimación y fama de alguno. || *Dársele a*

C

uno de una cosa lo mismo que de las COPLAS de Calaínos, o de don Gaiferos, o de la Zarabanda. fr. fam. Hacer de ella poco caso y aprecio. ‖ P. copla; I. couplet; F. couplet, strophe; A. Vers, Lied; It. strofa; R. куплет.

COPLEADOR. m. ant. Coplero, 2.ª acep.

COPLEAR. intr. Hacer, decir o cantar coplas.

COPLERÍA. f. Conjunto de coplas.

COPLERO, RA. m. y f. Persona que vende coplas. ‖ 2. fig. Mal poeta.

COPLISTA. com. Coplero, ra, 2.ª acep.

COPLÓN, NA. m. aum. de copla. ‖ 2. despect. Mala composición poética. Ú.m. en pl.

COPO. m. Mechón o porción de cáñamo, lana, lino, algodón u otra materia que está en disposición de hilarse. ‖ 2. Cada una de las pequeñas porciones de nieve que caen cuando nieva. ‖ 3. Grumo o coágulo. ‖ P. copo; I. cop, coppin; F. quenouille, quenouillée; A. Spinnrocken; It. batùffolo, conocchia; R. пряжа, снежинка.

COPO. m. Acción y efecto de copar. ‖ 2. Bolsa de red con que terminan varios artes de pesca. ‖ 3. Pesca hecha con uno de estos artes.

★ **COPOLIMERIZACIÓN.** f. Quím. Polimerización conjunta de dos cuerpos distintos no saturados.

COPÓN. m. aum. de copa. ‖ 2. Por antonom., copa grande de metal con baño de oro por dentro, en la que se guarda el Santísimo Sacramento. ‖ P. cibório; I. ciborium; F. ciboire; A. Messkelch, Ziborium; It. ciborio; R. дарохранительница.

COPOSESIÓN. f. Posesión con otro u otros.

COPOSESOR, RA. m. y f. Persona que posee con otra u otras.

★ **COPOSIS.** f. Med. Debilidad general en las funciones del organismo.

COPOSO, SA. adj. Copado.

COPRA. f. Medula del coco de la palma.

★ **CÓPRIDOS**. m. pl. Zool. Insectos coleópteros que excavan sus galerías bajo los excrementos de algunos mamíferos, y cuyas hembras ponen sus huevos en pelotas hechas del mismo excremento.

★ **COPRINOS**. m. pl. Bot. Hongos agaricáceos que tienen sombrerillo blanco y esporos negros.

COPRÓFAGO, GA. (gr. κόπρος, excremento, y φαγεῖν, comer.) adj. Dícese de algunos animales que se alimentan de excrementos. Ú.t.c.s.

★ **COPRÓFILO.** m. Zool. Género de insectos coleópteros pentámeros de color negro.

★ **COPROLALIA.** f. Med. Repetición insistente de palabras groseras y obscenas que se observa en algunas enfermedades mentales.

COPROLITO. (gr. κόπρος, excremento, y λίθος, piedra.) m. Excremento fósil. ‖ 2. Cálculos intestinales formados de materia excrementicia endurecida.

COPROPIETARIO, RIA. adj. Que tiene dominio de una cosa juntamente con otro u otros. Ú.t.c.s. ‖ P. co-proprietário; I. coproprietor, joint-owner; F. copropriétaire; A. Miteigentümer; It. comproprietario; R. совладелец.

★ **COPRORREA.** f. Pat. Diarrea.

CÓPTICO, CA. adj. Copto, perteneciente o relativo a los coptos.

★ **CÓPTIDA.** f. Bot. Género de plantas rununculáceas de las regiones árticas.

COPTO, TA. (gr. Αἴγυπτος, Egipto.) adj. Cristiano de Egipto. En su mayoría son eutiquianos, pero los hay católicos de rito especial. Ú.t.c.s. ‖ 2. Perteneciente o relativo a los coptos. ‖ 3. m. Idioma antiguo de los egipcios, que se conserva en la liturgia propia del rito copto. ‖ P. e It. copto; I. Copt; F. copte; A. Kopte; R. копты.

COPUCHA. f. Chile. Vejiga para varios usos domésticos. ‖ Hacer COPUCHAS. fr. Chile. Inflar los carrillos.

COPUDO, DA. adj. Que tiene mucha copa.

CÓPULA. (l. copúla.) f. Atadura, liga-

mento de una cosa con otra. ‖ 2. Acción de copularse. ‖ 3. Lóg. Término que une el predicado con el sujeto. ‖ P. cópula; I. copula; F. liaison; A. Band, Verknüpfung; It. còpula; R. соединение.

CÓPULA. f. Arq. Cúpula, bóveda semiesférica.

COPULAR. (l. copulăre.) tr. ant. Juntar o unir una cosa con otra. ‖ 2. r. Unirse o juntarse carnalmente.

COPULATIVAMENTE. adv. Juntamente.

COPULATIVO, VA. (l. copulativus.) adj. Que ata, liga y junta una cosa con otra. ‖ 2. Gram. V. Conjunción COPULATIVA.

COQUE. (ingl. Coke.) m. Substancia carbonosa, sólida, ligera, gris y lustrosa, que resulta de la calcinación de la hulla. ‖ P. coque; I. y F. coke; A. Koks; It. coke; R. кокс.

COQUERA. f. Cabeza del tronco.

COQUERA. f. Oquedad pequeña en la masa de una piedra.

COQUERA. f. Especie de cajón para tener el coque cerca de la chimenea.

★ **COQUERA.** f. Colom. Enfermedad del ganado, producida por un hongo.

★ **COQUERA, RA.** adj. Amér. Que gusta de mascar coca. ‖ 2. Bol. y Perú. Que cultiva la coca o negocia con ella. ‖ 3. Rep. Domin. Entre jugadores, mal pagador. Ú.t.c.s.

COQUETA. (fr. coquette, de coq, gallo.) adj. Dícese de la mujer que por vanidad procura agradar a muchos hombres. Ú.t.c. s. ‖ P. coqueta; I. flirt, coquette; F. coquette; A. Kokette; It. civetta; R. кокетка.

COQUETA. f. Ar. Palmetazo. ‖ 2. Ar. Panecillo de cierta hechura.

COQUETEAR. intr. Tratar de agradar por mera vanidad con medios estudiados. ‖ 2. Procurar agradar a muchos a un tiempo. ‖ P. coquetear; I. to coquet, to flirt; F. coqueter; A. kokettieren, flirten; It. civettare; R. кокетничать.

COQUETEO. m. Coquetería.

COQUETERÍA. f. Acción y efecto de coquetear. ‖ 2. Estudiada afectación en los modales y adornos. ‖ P. coquetismo; I. coquetry; F. coquetterie; A. Koketterie; It. civetteria; R. кокетство.

COQUETISMO. m. Coquetería.

COQUETO. adj. Coquetón.

COQUETÓN, NA. (De coquetta.) adj. fam. Gracioso, atractivo, agradable. ‖ 2. Dícese del hombre que procura agradar a muchas mujeres. Ú.t.c.s.

COQUÍ. m. Cuba. Insecto de lugares pantanosos que produce un monótono y continuo chirrido.

COQUILLO. m. Cuba. Tela de algodón blanco y fino que se usó para vestidos.

★ **COQUIMBO.** m. Bol. y Hond. Liberal en política. ‖ 2. Urug. Mulato.

COQUINA. (l. concha, concha.) f. Molusco acéfalo, con valvas finas, ovales, muy aplastadas, y de color gris blanquecino con manchas rojizas. Abunda en las costas gaditanas y su carne es comestible.

COQUINARIO, RIA. (l. coquinarĭus.) adj. ant. Perteneciente a la cocina. ‖ —del rey. Dignatario que cuidaba de lo que debían comer los reyes.

COQUINERO, RA. m. y f. And. Persona que coge o vende coquinas.

COQUINO. m. Bot. Árbol de madera laborable y fruto comestible.

★ **COQUISECO, CA.** adj. P. Rico. Dícese del coco que no tiene agua. ‖ 2. m. fig. y fam. P. Rico. Muchacho torpe.

★ **COQUISMOLIS.** m. Cuba. Dulce hecho de huevo y coco.

COQUITO. m. Ademán o gesto para hacer reír al niño.

COQUITO. (mejic. cuculi, tórtola.) m. Zool. Ave mejicana, parecida a la tórtola, de plumaje de color pardo con diversos visos, garganta rojiza, una faja negra en el borde del ala, pico negro y pies rojos. Su arrullo asemeja al canto del cuclillo.

COQUITO. m. Chile y Ecuad. Fruto de una especie de palma, del tamaño de una ciruela.

COR. (l. cor.) m. ant. Corazón. ‖ De cor. m. adv. ant. De corazón, de memoria.

COR. m. ant. Coro, conjunto de personas que cantan.

CORA. (ár. kūra, y éste del gr. χώρα,

territorio.) f. División territorial poco extensa entre los árabes.

CORA. f. Perú. Hierbecilla perjudicial que crece en los plantíos.

CORACÁN. m. Planta anua tropical, gramínea, de tallo erguido y comprimido, hojas planas, flores en espigas que se encorvan hacia dentro, y semillas con cubierta membranosa.

CORÁCEO, A. adj. Coriáceo.

CORACERO. m. Soldado de caballería armado de coraza. ‖ 2. fig. y fam. Cigarro puro de tabaco muy fuerte y de mala calidad. ‖ P. couraceiro; I. y F. cuirassier; A. Kürassier; It. corazziere; R. корасир.

★ **CORÁCIDOS.** m. pl. Zool. Pájaros levirrostros que se distinguen por su plumaje vistoso de vivos y variados colores.

CORACINA. f. Coraza pequeña y ligera formada por lanzas superpuestas y sujetas a una tela fuerte.

CORACOIDES. (gr. κορακοειδής, de κόραξ, -ακος, cuervo, y εἶδος, forma.) adj. Zool. Dícese de la apófisis del omóplato, encorvada en forma de pico de cuervo en la parte más prominente del hombro. Ú.t.c.s.

CORACHA. (l. coriacĕa, de cuero.) f. Saco de cuero que sirve para conducir tabaco, cacao y otros géneros de América.

CORACHÍN. m. d. de coracha.

CORADA. (l. coratum, de cor, corazón.) f. Corazonada, asadura de una res. ‖ 2. Ast. Asadura, hígado y bofes.

CORADELA. f. ant. Corada.

CORAJE. (l. coratĭcum, de cor, corazón.) m. Impetuosa decisión y esfuerzo del ánimo; valor. ‖ 2. Irritación, ira. ‖ P. coragem; I. y F. courage; A. Mut, Tapferkeit; It. coraggio; R. смелость.

CORAJINA. f. fam. Arrebato de ira.

CORAJOSAMENTE. adv. ant. Con coraje, valerosamente.

CORAJOSO, SA. adj. Enojado, irritado.

CORAJUDO, DA. adj. Colérico, irascible.

CORAL. (l. corallĭum, del gr. κοράλλιον.) m. Zool. Celentéreo antozoo, octocoralario, que vive en colonias cuyos individuos están unidos entre sí por un polipero calcáreo y ramificado de color rojo o rosado. ‖ 2. Zool. Polipero del coral. Se emplea en joyería. ‖ 3. f. Coralillo. ‖ 4. m. Cuba. Arbusto leguminoso de hojuelas alternas, ovales y obtusas, y flores pequeñas en espiga. De su semilla se hacen sartas para collares. ‖ 5. pl. Sartas de cuentas de coral. ‖ 6. Carúnculas rojas del cuello y cabeza del pavo. ‖ Fino como un CORAL, o más fino que un CORAL. expr. fig. Astuto, sagaz. ‖ P. e I. coral; F. corail; A. Koralle; It. corallo; R. коралл.

CORAL. adj. Perteneciente al coro. ‖ 2. V. Curva CORAL. ‖ 3. Mús. Composición vocal armonizada a cuatro voces, de ritmo lento y solemne, de carácter religioso. ‖ 4. Composición instrumental análoga a este canto. ‖ 5. f. Masa coral. ‖ P. coral; I. y F. choral; A. Choral; It. corale; R. хорал.

CORAL. (De cor, 1.er art.) adj. V. Gota CORAL.

CORALARIO. m. Zool. Antozoo.

CORALERO, RA. m. y f. Persona que trabaja en corales o trafica con ellos. ‖ P. coraeiro; I. coralist; F. corailleur; A. Korallenhändler; It. corallaio.

CORALÍFERO, RA. adj. Que tiene corales. Se aplica al fondo del mar, a las rocas, islas, etc.

CORALÍGENO, NA. adj. Que produce coral.

CORALILLO. m. Serpiente de unos siete decímetros de largo, muy delgada y con anillos rojos, amarillos y negros alternativamente. Es propia de la América Meridional y muy venenosa.

CORALINA. (De coral, 1.er art.) f. Zool. Coral. 1.er art., 1.ª acep. ‖ 2. Bot. Alga ramosa articulada, compuesta de tallos parecidos a los de ciertos musgos, de color rojizo, gelatinosa y cubierta por lo común con una costra de caliza blanca. Vive adherida a las rocas submarinas. ‖ 3. Toda producción marina parecida al coral. ‖ 2.ª acep.: P. coralina; I. y F. coralline; A. Korallenmoos; It. corallina.

C

* CORALÍNEAS. f. pl. Bot. Familia de algas florídeas.

CORALINO, NA. adj. De coral o parecido a él.

CORALITO. m. Colom. Planta así llamada por el color rojo de su fruto.

CORAMBRE. (l. *coriamen*, *-ínis*, de *corium*, cuero.) f. Conjunto de cueros o pellejos de algunos animales y con particularidad de toro, vaca, buey o macho cabrío. || **2.** Cuero, odre. || *Alzar* CORAMBRE. fr. Sacarla de las tinas los curtidores y ponerla a secar.

CORAMBRERO. m. El que trata y comercia en corambre.

CÓRAM PÓPULO. loc. l. En público.

CORÁN. m. Alcorán.

CORANA. f. Hoz que usan algunos indios de América.

* CORANCHO. m. Perú. Caracho.

CORÁNICO, CA. adj. Alcoránico.

CORANVOBIS. (l. *coram*, delante, cara a cara, y *vobis*, de vosotros.) m. fam. Aspecto de la persona, en especial la gruesa y corpulenta, que afecta gravedad.

CORAR. tr. Amér. Labrar chacras de indios.

CORAS. m. Cuadrumano, especie de cinocéfalo.

CORASÍ. m. Cuba. Mosquito de cabeza rojiza cuya picadura es dañina.

CORAZA. (l. *coriacěa*, t. f. de *-ěus*, coriáceo.) f. Armadura de hierro o acero, compuesta de peto y espaldar. || **2.** Mar. Blindaje del buque. || **3.** Zool. Cubierta dura que protege el cuerpo de los reptiles quelonios. Está formada por la yuxtaposición de placas dérmicas. || **P.** couraça; **I.** cuirass; **F.** cuirasse; **A.** Kürass; **It.** corazza; **R.** броня.

CORAZNADA. (De *corazonada*, asadura.) f. Interior o corazón del pino. || **2.** Guisado o fritada de corazones.

CORAZÓN. (l. *cor*.) m. Zool. Órgano de naturaleza muscular, impulsor de la circulación de la sangre, que existe, aunque con caracteres morfológicos muy variados, en el cuerpo de los vertebrados, procordados, moluscos, artrópodos y algunos gusanos. El del hombre está situado en la cavidad del pecho hacia su parte media y algo a la izquierda. Tiene aproximadamente el volumen de un puño, y en su interior hay cuatro cavidades: dos superiores, llamadas aurículas, y dos inferiores, llamadas ventrículos. || **2.** V. *Dedo del* CORAZÓN. || **3.** fig. Ánimo, valor. || **4.** fig. Voluntad, amor. || **5.** fig. Centro de una cosa. || **6.** fig. Interior de una cosa inanimada. || **7.** Blas. Punto central del escudo. || **—de Carlos.** Astron. Estrella principal de la constelación de los Lebreles. || **—del León.** Astron. Régulo, estrella de primera magnitud. || *Abrir el* CORAZÓN a uno. fr. fig. Ensancharle el ánimo, quitarle el temor. || *Abrir uno su* CORAZÓN. fr. fig. Abrir su pecho. || *A donde el* CORAZÓN *se inclina, el pie camina.* ref. que indica el anhelo e insistencia con que instintivamente frecuentamos los lugares en que está nuestro afecto. || *Anunciarle a uno* el CORAZÓN *una cosa.* fr. Hacérsela presentir. || *Arrancársele a uno* el CORAZÓN. fr. fig. Arrancársele el alma. || *Atravesar* el CORAZÓN. fr. fig. Mover a lástima. || *Blando de* CORAZÓN. expr. fig. Que de todo se compadece. || *Buen* CORAZÓN *quebranta mala ventura.* ref. que exhorta a no descaecer en los infortunios, porque con el ánimo se hacen más tolerables. || *Clavarle, o clavársele,* a uno en el CORAZÓN *alguna cosa.* fr. Causarle grande sentimiento. || *Con el* CORAZÓN *en la mano.* loc. adv. fig. Con toda franqueza y sinceridad. || CORAZÓN *apasionado no quiere ser aconsejado.* ref. que muestra lo difícil que es admitir consejo el que está poseído de algún afecto vehemente. || *Cubrírsele* a uno el CORAZÓN. fr. fig. Entristecerse mucho. || *Darle, o decirle,* a uno el CORAZÓN *una cosa.* fr. Anunciársela el corazón. || *Declarar* uno *su* CORAZÓN. fr. Manifestar reservadamente la intención que tiene, o el dolor o afán que padece. || *De* CORAZÓN. m. adv. Con verdad y afecto. || *Dilatar* el CORAZÓN. fig. Dilatar el ánimo. || *El* CORAZÓN *no es traidor.* expr. que denota el presentimiento que se suele tener de los sucesos futuros. || *Encogérsele* a uno el CORAZÓN. fr. fig. Es-

trecharse de ánimo. || *Ensanchar el* CORAZÓN. fr. fig. Dilatar el corazón. || *Helársele* a uno el CORAZÓN. fr. fig. Quedarse atónito o pasmado, a causa de un susto o mala noticia. || *Herir el* CORAZÓN *sin romper el jubón.* fr. fig. Ofender con astucia y disimulo. || *Llevar* uno el CORAZÓN *en la mano, o en las manos.* fr. fig. y fam. Ser franco y sincero. || *Meterse* uno *en el* CORAZÓN *a otro.* fr. fig. y fam. Manifestarle con alguna ponderación el cariño y amor que le tiene. || *No caberle* a uno el CORAZÓN *en el pecho.* fr. fig. Estar muy sobresaltado e inquieto. || **2.** fig. Ser magnánimo, alentado. || *No tener* uno CORAZÓN. fr. fig. Ser insensible. || **2.** fig. No tener alma. || *No tener uno* CORAZÓN *para decir, hacer, presenciar,* etc., *una cosa.* fr. No tener valor para ello. || *Partir* una cosa el CORAZÓN. fr. fig. Partir el alma. || *Partírsele* a uno el CORAZÓN. fr. fig. Partir el alma. || *Poner una cosa en* el CORAZÓN *de uno.* fr. fig. Inspirarle, moverle a ella. || *Quebrar* una cosa el CORAZÓN. fr. fig. Partirle el corazón. || *Salirle* a uno *del* CORAZÓN *una cosa.* fr. fig. Hacerla o decirla con toda verdad, sin disimulo. || *Si el* CORAZÓN *fuera de acero, no le venciera el dinero.* ref. que da a entender la dificultad que hay de resistir a las tentaciones de la codicia. || *Tener* uno el CORAZÓN *en la mano.* fr. fig. fam. Llevar el corazón en la mano. || *Tener* uno *mucho* CORAZÓN. fr. fig. Tener nobleza y ardor en los sentimientos. || **2.** fig. Tener mucho valor. || *Tocarle* a uno *en el* CORAZÓN. fr. fig. Mover su ánimo para el bien. || **P.** coração; **I.** heart; **F.** coeur; **A.** Herz; **It.** cuore; **R.** сердце.

CORAZONADA. (De *corazón*.) f. Impulso espontáneo con que uno se mueve a ejecutar alguna cosa arriesgada y difícil. || **2.** Presentimiento. || **3.** fam. Asadura de una res.

CORAZONCILLO. (d. de *corazón*.) m. Hierba medicinal de la familia de las gutíferas, con tallo ramoso, hojas pequeñas, flores amarillas en manojos y frutos capsulares. || **2.** V. *Ciruela de* CORAZONCILLO.

CORAZONISTA. adj. Relativo al corazón. *Apostolado* CORAZONISTA.

CORBACHADA. f. Golpe dado con el corbacho.

CORBACHO. (ár. *qurbáy*.) m. Vergajo con que el cómitre castigaba a los forzados.

CORBATA. (fr. *cravate*.) f. Trozo de tela en forma de tira, que como adorno o como abrigo se pone alrededor del cuello, dejando caer las puntas hasta el pecho, o haciendo con ella lazos de varias formas. || **2.** Banda o cinta que se ata en las banderas y estandartes al acabar el asta y antes de la moharra. || **3.** Insignia propia de las encomiendas de ciertas órdenes civiles. || **4.** En el juego de carambolas, lance que consiste en que la bola del que juega pase como ciñendo la contraria, sin tocarla entre ella y dos bandas que forman ángulo. || **5.** En el teatro, parte del proscenio comprendida entre la batería y la línea en que está la concha del apuntador. || **6.** m. Ministro de capa y espada. || **7.** El que no sigue la carrera eclesiástica ni la de la toga. || **P.** gravata; **I.** necktie, cravat; **F.** cravate; **A.** Krawatte, Halsbinde; **It.** cravatta; **R.** галстук.

* CORBATEAR. tr. Colom. Picar un gallo a otro en la parte anterior del cuello.

CORBATERÍA. f. Tienda donde se venden corbatas.

CORBATERO, RA. m. y f. Persona que hace o vende corbatas.

CORBATÍN. Corbata corta que sólo da una vuelta al cuello y se ajusta por detrás con un broche, por delante con un lazo. || **2.** Corbata de suela, con una sola vuelta al cuello y ajustada por detrás con hebillas, que se ha usado, principalmente por los soldados. || *Irse o salirse, por* el CORBATÍN. fr. fig. y fam. Se dice de la persona muy flaca y de cuello largo.

CORBATO. (De *corvo*.) m. Baño frío en que se sumerge el serpentín del alambique.

CORBE. (l. *corbis*, canasto.) m. Medida antigua por cestas o canastos.

* CORBELA. f. Bot. Alga marina.

CORBETA. (fr. *corvette*.) f. Embarcación de guerra, más pequeña que la

fragata. || **P.** corveta; **I.** y **F.** corvette; **A.** Korvette; **It.** corvetta; **R.** корвет.

CORBILLO. (l. *corbella*, cestillo.) m. Ar. Espuerta de mimbres.

CORBONA. (De *corbe*.) f. Cesta o canasto.

CORCA. f. Ar. y Murc. Carcoma.

CORCARSE. r. Ar. y Murc. Carcomerse.

CORCEL. (b. l. *corserius*, y éste del l. *cursus*, carrera.) m. Caballo ligero, de mucha alzada, que servía para los torneos y batallas. || **P.** corcel; **I.** charger; **F.** coursier; **A.** Streitross; **It.** corsiere, destriero; **R.** скаковой конь.

CORCÉS, SA. adj. ant. Corso, de Córcega. Apl. a pers. usáb. t.c.s.

CORCESCA. (De *Córcega*, de donde se trajo esta arma.) f. Partesana de hierro largo, con dos orejetas puntiagudas.

CORCINO. m. Corzo pequeño.

CORCOLÉN. m. Bot. Chile. Arbusto siempre verde, parecido al aromo por sus flores.

CORCONERA. f. Ánade de color negruzco que abunda en las costas del mar Cantábrico.

CORCOVA. (De *concorvar*.) f. Corvadura anómala de la columna vertebral, o del pecho, o de ambos a la vez. || **P.** corcova; **I.** hump, hunch; **F.** bosse; **A.** Höcker, Buckel; **It.** gobba; **R.** ropб.

CORCOVADO, DA. p.p. de corcovar. || **2.** adj. Que tiene una o más corcovas. Ú.t.c.s.

CORCOVAR. (l. *concurvāre*.) tr. Encorvar o hacer que una cosa tenga corcova.

CORCOVEAR. intr. Dar corcovos.

CORCOVETA. f. d. de corcova. || **2.** com. fig. y fam. Persona corcovada.

CORCOVO. (De *corcovar*.) m. Salto que dan algunos animales encorvando el lomo. || **2.** fig. y fam. Torcimiento o falta de rectitud.

CORCUSIDO, DA. p.p. de corcusir. || **2.** m. fam. Costura de puntadas mal hechas. || **3.** fam. Zurcido mal formado.

CORCUSIR. (De *con* y *cusir*.) tr. fam. Tapar a fuerza de puntadas mal hechas los agujeros de la ropa.

CORCHA. f. Corcho en disposición de labrarse. || **2.** Corcho, corchera y colmena.

CORCHA. f. Mar. Acción y efecto de corchar.

CORCHAPÍN. m. Escorchapín.

CORCHAR. (De *colchar*.) tr. Mar. Unir las filásticas de un cordón o los cordones de un cabo, torciéndolos uno sobre otro.

CORCHE. (l. *cortex*, *-ícis*.) m. Alcorque, chanclo con suela de corcho.

CORCHEA. (fr. *croche*, torcido.) f. Mús. Figura o nota musical cuyo valor es la octava parte del compasillo. || **P.** colcheia; **I.** quaver; **F.** croche; **A.** Achtelnote; **It.** croma; **R.** восьмая.

CORCHERA. f. Cubeta hecha de corcho o de madera con nieve para enfriar las bebidas. || **2.** V. *Garrafa* CORCHERA.

CORCHERO, RA. adj. Perteneciente o relativo al corcho. *Industria* CORCHERA.

CORCHERO. m. El obrero que se emplea en descorchar los alcornoques.

CORCHETA. f. Hembra en que entra el macho de un corchete.

CORCHETADA. f. Germ. Cuadrilla de corchetes o alguaciles.

CORCHETE. (fr. *crochet*, ganchillo.) Broche compuesto de macho y hembra que sirve para abrochar alguna cosa. || **2.** Macho del corchete. || **3.** Pieza de madera, con unos dientes de hierro usado por los carpinteros para sujetar el madero que han de labrar. || **4.** Signo de estas figuras ([) con que se encierran guarismos, palabras o renglones en un escrito. || **5.** Parte final de una dicción o período que, por no caber en el renglón, se pone encima o debajo de él, y suele ir precedida de un corchete. || **6.** fig. Ministro inferior de justicia encargado de prender a los delincuentes. || **P.** colchete; **I.** hook; **F.** agrafe; **A.** Haken, Agraffe; **It.** uncinello; **R.** крючок.

CORCHETESCA. f. Germ. Corchetada.

CORCHO. (l. *cortex*, *-ícis*, corteza, corcho.) m. Bot. Tejido vegetal consti-

C

tuido por células en las que la celulosa de su membrana ha sufrido una transformación quedando convertido en suberina. Forma la corteza del alcornoque. || **2.** Corchea, cubeta. || **3.** Colmena de abejas. || **4.** Tapón que se hace de corcho para las botellas, cántaros, etc. || **5.** Caja de corcho para conducir ciertos géneros comestibles. || **6.** Tabla de corcho que se pone delante de las camas o mesas para abrigo, o de las chimeneas para impedir que prendan las chispas. || **7.** Corche. || **—bornizo.** El de la primera pela de los alcornoques. || **—segundero.** El de la segunda pela. || **—virgen.** Corcho bornizo. || *Andar* uno *con el corcho sobre el agua.* fr. fig. y fam. Estar siempre dispuesto a dejarse llevar de la voluntad ajena. || *Flotar,* o *sobrenadar, como el* CORCHO *en el agua.* fr. fig. y fam. Salir bien parado de los cambios de fortuna. || **P.** corcho; **I.** cork; **F.** liège; **A.** Kork; **It.** sùghero; **R.** пробка.

★ **CORCHO, CHA.** adj. CHILE. Acorchado, de aspecto de corcho.

¡CÓRCHOLIS! interj. ¡Caramba!

CORCHOSO, SA. adj. Semejante al corcho en la apariencia o condición.

CORCHOTAPONERO, RA. adj. Relativo a la industria de los tapones de corcho.

CORDA (ESTAR A LA). (cat. *corda,* cuerda.) fr. MAR. Estar a la capa.

CORDADO. adj. BLAS. Dícese del instrumento músico o del arco cuyas cuerdas son de distinto esmalte. || **2.** ZOOL. Dícese de los metazoos que tienen notocordio durante toda su vida o en determinadas fases de su desarrollo. || **3.** m. pl. ZOOL. Tipo de estos animales, que comprende los vertebrados y otros seres afines.

★ **CORDAITÁCEAS.** f. pl. BOT. y PALEONT. Familia de plantas gimnospermas fósiles.

★ **CORDAITAS.** f. pl. BOT. y PALEONT. Grupo de plantas fósiles de la familia de las cordaitáceas, abundantes en el Período Carbonífero.

CORDAJE. (De *cuerda.*) m. MAR. Jarcia de una embarcación. || **P.** cordage; **I.** y **F.** cordage; **A.** Takelwerk; **It.** cordame; **R.** такелаж.

CORDAL. m. Pieza colocada en la parte inferior de la tapa de los instrumentos de cuerda, y que sirve para atar ésta por el cabo opuesto al que se sujeta en las clavijas. || **2.** AST. Cordillera pequeña.

CORDAL. (De *cuerdo.*) adj. V. *Muela* CORDAL. Ú.t.c.s.

CORDATO, TA. (l. *cordātus.*) adj. Juicioso, prudente.

CORDEL. (cat. *cordell,* y éste del l. *chorda,* cuerda.) m. Cuerda delgada. || **2.** Literatura, mozo, pliegos de cordel. || **3.** Distancia de cinco pasos. || **4.** Vía pastoril para los ganados trashumantes. || **5.** Medida agraria usada en la isla de Cuba, equivalente a 414 centiáreas. Es también medida lineal equivalente a 20 metros, 352 milímetros. || **—de látigo.** Cordel más grueso que el bramante. || **—de merinas.** Servidumbre establecida en algunas fincas para el paso del ganado trashumante. || *A* CORDEL. m. adv. Tratándose de edificios, arboledas, caminos, etc., en línea recta. || **2.** fig. y fam. Repentinamente y sin ser visto ni esperado. || **3.** fig. y fam. A traición. || *Apretar* los CORDELES a uno. fr. fig. y fam. Estrecharle con violencia para que haga o diga lo que no quiere. || *Dar* CORDEL. fr. fig. AR. Agravar la contrariedad de uno insistiendo en aquello mismo que la causa. || **P.** cordel; **I.** cord, rope; **F.** ficelle, corde; **A.** Schnur, Bindfaden; **It.** cordino, corda, funicella; **R.** бечёвка.

CORDELADO, DA. adj. Dícese de cierta cinta que imita al cordel.

CORDELAR. tr. Acordelar.

CORDELAZO. m. Golpe dado con cordel.

CORDELEJO. m. d. de cordel. || **2.** fig. Chasco, zumba o cantaleta. Ú.m. en la fr. *Dar* CORDELEJO.

CORDELERÍA. Oficio de cordelero. || **2.** Sitio donde se hacen cordeles. || **3.** Tienda donde se venden. || **4.** Cordería. || **5.** MAR. Cordaje. || **P.** cordoaria; **I.** ropery,

rope yard; **F.** corderie; **A.** Seilerwaren; **It.** corderia; **R.** канатная мастерская.

CORDELERO, RA. m. y f. Persona que tiene por oficio hacer o vender cordeles y otras cosas de cáñamo. || **P.** cordoeiro; **I.** roper; **F.** cordier; **A.** Seiler; **It.** funaiolo; **R.** канатчик.

CORDELLATE. (De *cordel.*) m. Tejido basto de lana, cuya trama forma cordoncillo.

CORDERA. (De *cordero.*) f. Hija de la oveja, que no pasa de un año. || **2.** fig. Mujer mansa y humilde.

CORDERAJE. m. CHILE. Borregada.

CORDERÍA. f. Conjunto de cuerdas.

CORDERILLA. f. d. de cordera. CORDERILLA *mega mama a su madre y a la ajena.* ref. que enseña que con apacibilidad y agrado se vencen las dificultades y se logra lo que se desea.

CORDERILLO. (d. de *cordero.*) m. Piel de cordero adobada con su lana.

CORDERINA. f. Piel de cordero.

CORDERINO, NA. adj. Perteneciente al cordero.

CORDERO. (l. *chordus,* tardío en nacer.) m. Hijo de la oveja, que no pasa de un año. || **2.** Piel de este animal adobada. || **3.** fig. Hombre manso, dócil y humilde. || **4.** Nuestro Señor Jesucristo. || **—de Dios.** fig. Cordero, 4.ª acep. || **—de so cesto.** El lechal, así llamado porque lo meten debajo de un cesto para que no salga a pacer. || **—endoblado.** El que se cría mamando de dos ovejas. || **—mueso.** El que nace con las orejas muy pequeñas. || **—pascual.** El que con determinado ritual comían los hebreos para celebrar su pascua. || **—recental.** El que no ha pastado todavía. || **—rencoso.** El que tiene una criadilla dentro y otra fuera. || *Divino* CORDERO. fig. Cordero de Dios. || *El* CORDERO *manso mama a su madre y a cualquiera: el bravo, ni a la suya ni a la ajena.* ref. en que se da a entender que los que son de condición apacible se hacen lugar en todas partes; y al contrario los de genio áspero y fuerte, aun de los suyos son aborrecidos. || *Tan presto se va el* CORDERO *como el carnero.* ref. que enseña que no hay que fiarse de la juventud, porque tan presto puede morir el mozo como el viejo. || **P.** cordeiro; **I.** lamb; **F.** agneau; **A.** Lamm; **It.** agnello; **R.** барашек.

CORDERUELA. f. d. de cordera.

CORDERUELO. m. d. de cordero.

CORDERUNA. f. Corderina.

CORDETA. (l. *chorda,* cuerda.) f. MURC. Trenza de esparto para atar los zarzos que se usan en la cría de la seda.

CORDEZUELA. f. d. de cuerda.

★ **CORDIA.** m. BOT. Género de plantas borragináceas, árboles o arbustos de hojas alternas y flores, en cimas.

CORDIACO, CA. [~DÍACO, CA]. (l. *cordiăcus.*) adj. Cardíaco.

CORDIAL. (l. *cor, cordis,* corazón, esfuerzo, ánimo.) adj. Que tiene virtud para fortalecer el corazón. || **2.** Afectuoso, de corazón. || **3.** V. *Dedo* CORDIAL. || **4.** V. *Flores* CORDIALES. || **5.** m. Bebida que se da a los enfermos, compuesta para confortarlos. || **P.,** **I.** y **F.** cordial; **A.** herzstärkend, herzlich; **It.** cordiale; **R.** сердечный.

CORDIALIDAD. (De *cordial.*) f. Calidad de cordial, 2.ª acep. || **2.** Franqueza, sinceridad.

CORDIALMENTE. adv. Afectuosamente, de corazón.

★ **CORDIERITA.** f. MINERAL. Silicato natural de aluminio, magnesio y hierro.

CORDIFORME. (l. *cor, cordis,* corazón, y gr. *forma,* figura.) adj. Acorazonado.

CORDILA. (l. *cordўla,* y éste del gr. κορδύλη.) f. Atún recién nacido.

★ **CORDILITA.** f. MINERAL. Fluocarbonato de cerio, bario y lantano.

CORDILO. (gr. κορδύλος.) m. Reptil saurio africano, de unos dos decímetros de largo, de color lívido, negruzco, con la cola corta y el cuerpo cubierto de escamas. || **2.** ZOOL. Animal conocido por los antiguos y que parece ser la larva o renacuajo de una salamandra.

CORDILLA. (De *cuerda.*) f. Trenza de tripas de carnero, que se da a comer a los gatos.

CORDILLERA. (De *cordel.*) f. Serie

de montañas enlazadas entre sí. || **P.** cordilheira; **I.** mountain-range; **F.** chaîne de montagnes; **A.** Gebirgskette; **It.** cordigliera; **R.** горная цепь.

CORDILLERANO, NA. adj. Perteneciente o relativo a la cordillera y especialmente de los Andes. Ú.m. en América. || **2.** V. *Perdiz* CORDILLERANA.

★ **CORDIO.** m. ZOOL. Conjunto de los dientes inferiores del borde de las conchas bivalvas.

CORDITA. (De *cuerda.*) f. Pólvora sin humo compuesta de nitroglicerina y algodón pólvora que se mezclan con acetona, y forma una pasta en forma de cuerda.

★ **CORDITIS.** f. PAT. Inflamación de las cuerdas vocales.

CÓRDOBA. m. NICAR. Unidad monetaria equivalente al peso.

CORDOBÁN. (De *Córdoba,* ciudad de fama en la preparación de estas pieles.) m. Piel curtida de macho cabrío o de cabra. || **2.** BOT. CUBA. Árbol silvestre de la familia de las melastomatáceas, de unos cuatro metros de altura, que produce una semilla que sirve de alimento a las aves. || **P.** cordovão; **I.** cordovan, cordwain; **F.** cordouan; **A.** Saffian; **It.** cordovano; **R.** сафьян.

CORDOBANA (ANDAR A LA). (De *cordobán.*) fr. fam. Andar en cueros.

CORDOBANERO. m. Fabricante de cordobanes.

CORDOBÉS, SA. adj. Natural de Córdoba. Ú.t.c.s. || **2.** Perteneciente a esta ciudad.

CORDOJO. (l. *cordolĭum,* dolor de corazón.) ant. Congoja, aflicción grande.

CORDOJOSO, SA. (De *cordojo.*) adj. ant. Muy afligido, acongojado.

CORDOMÉTRICA. (gr. χορδή, cuerda, y μέτρον, medida.) adj. GEOM. V. *Línea* CORDOMÉTRICA.

★ **CORDÓMETRO.** m. ACÚS. Aparato para medir el diámetro de las cuerdas que se emplean en los instrumentos musicales.

CORDÓN. m. Cuerda por lo común redonda, de seda, lino, u otra materia filiforme. || **2.** Cuerda con que se ciñen el hábito los religiosos de algunas órdenes. || **3.** Conjunto de puestos de tropa colocados de distancia en distancia para cortar la comunicación de un territorio con otros. || **4.** ARQ. Bocel, moldura cilíndrica. || **5.** VETER. Raya o faja blanca que algunos caballos tienen en la cara, desde la frente hasta la nariz. || **6.** pl. Divisa que los militares de cierto empleo y destino llevan colgando del hombro derecho, y es un cordón cuyas puntas cuelgan iguales y rematan en dos herretes o borlas. || **7.** MAR. Los que forman en filástica, según el grueso que ha de tener el cabo que se ha de fabricar. || CORDÓN *umbilical.* ZOOL. Conjunto de vasos que unen a la placenta de la madre con el vientre del feto, para que éste se nutra hasta la época del nacimiento. || **P.** cordão; **I.** cord, string; **F.** cordon, lacet; **A.** Schnur, Litze; **It.** cordone; **R.** шнур.

º **CORDÓN.** m. AMÉR. Bordillo.

CORDONAZO. m. Golpe dado con un cordón. || **—de San Francisco.** Entre marineros, borrasca hacia el equinoccio de otoño.

CORDONCILLO. (d. de *cordón.*) m. Cada una de las listas o rayas angostas y algo abultadas que forma el tejido en algunas telas. || **2.** Cierta labor que se hace en el canto de las monedas para que no las falsifiquen fácilmente ni las cercenen. || **3.** Resalto pequeño que señala la juntura de las partes de algunos frutos, como la nuez, y de otras cosas.

CORDONERÍA. f. Conjunto de objetos que fabrica el cordonero. || **2.** Oficio de cordonero. || **3.** Obrador donde se hacen cordones. || **4.** Tienda donde se venden. || **P.** serigaria; **I.** lace maker's work; **F.** passementerie; **A.** Posamantierwaren; **It.** passamaneria; **R.** басонная.

CORDONERO, RA. m. y f. Persona que tiene por oficio hacer o vender cordones. || **2.** m. MAR. El que hace jarcia. || **P.** cordoeiro; **I.** lace maker; **F.** passementier; **A.** Posamentier; **It.** cordonaio, passamantiere; **R.** басонщик.

C

CORDUBENSE. (Del ant. *Cordŭba.*) adj. Cordobés.

CORDULA. f. Cordilo.

CORDURA. (De *cuerdo*.) f. Prudencia, buen seso, juicio. || *No templa* CORDURA *lo que destempla ventura.* ref. que expresa no ser bastante el buen seso para ordenar lo que la varia fortuna desordena.

COREA. (l. *chorēa*, y éste del gr. χορεία.) f. Antigua danza griega que por lo común se acompañaba con canto. || **2.** Enfermedad crónica o aguda del sistema nervioso central, que ataca principalmente a los niños. || 2.ª acep. || **P.** coreia; **I.** chorea; **F.** chorée; **A.** Veitstanz; **It.** corea; **R.** танец.

★ **COREADO, DA.** adj. Méj. Aplícase a toda composición musical en cuya ejecución interviene el coro.

COREANO, NA. adj. Perteneciente o relativo a Corea. || **2.** Natural de este país de Asia. Ú.t.c.s.

COREAR. tr. Componer música para ser cantada con acompañamiento de coros. || **2.** Acompañar o embellecer con coros una composición musical. || **3.** fig. Asentir varias personas sumisamente al parecer ajeno.

CORECICO, LLO. m. Corezuelo.

★ **CORECORE.** m. Bot. Chile. Especie de geranio.

COREGA. (gr. χορηγός, jefe del coro.) m. Ciudadano que costeaba la enseñanza y vestido de los coros de música y baile en los concursos dramáticos de Grecia.

COREGO. m. Corega.

★ **CORÉGONO.** m. Zool. Género de peces fisóstomos, de la familia de los salmónidos, de cuerpo comprimido lateralmente. Viven en aguas dulces y en las próximas a las costas de las regiones templadas. Son comestibles.

★ **COREIDOS.** m. pl. Zool. Insectos hemípteros entre los que se encuentran las chinches terrestres.

COREO. (l. *chorēus*, y éste del gr. χορεῖος, de χορός, coro.) m. Pie de la poesía griega y latina, compuesto de una sílaba larga y otra breve.

COREO. (De *corear*.) m. Enlace de los coros en la música.

COREOGRAFÍA. (De *coreógrafo*.) f. Arte de componer bailes. || **2.** Arte de representar en el papel un baile por medio de signos, como se representa un canto por medio de notas. || **3.** En general arte de la danza. || **P.** coreografía; **I.** choreography; **F.** chorégraphie; **A.** Choreographie; **It.** coreografia; **R.** хореография.

COREOGRÁFICO, CA. adj. Perteneciente o relativo a la coreografía.

COREÓGRAFO. (gr. χορεία, baile, y γράφω, trazar.) m. Compositor de bailes.

★ **COREOMETRÍA.** f. Medición de la pupila.

COREPÍSCOPO. (l. *chorepiscŏpus*, y éste del gr. χωρεπίσκοπος; de χώρα, campo, y ἐπίσκοπος, obispo.) m. Prelado a quien se investía alguna vez del carácter episcopal, pero que no ejercía más jurisdicción que la delegada del prelado propio.

★ **CORESCOPIA.** f. Examen o inspección de la pupila.

★ **CORESCOPIO.** m. Instrumento para practicar la corescopia.

CORETE. m. Círculo de cuero que los guarnicioneros ponen debajo de las cabezas de los clavos, o para tapar los remaches de los mismos. || **2.** Pint. Muñequilla de cabritilla con que se frota la encarnación de las esculturas para darle pulimento.

COREZUELO. m. d. de cuero. || **2.** Cochinillo. || **3.** Pellejo del cochinillo asado.

CORI. (l. *coris*, y éste del gr. κόρις.) m. Corazoncillo.

CORÍ. (Voz americana.) m. Curial.

★ **CORÍ.** m. Perú. Oro.

CORIA. n. p. V. *Bobo de* CORIA.

CORIÁCEO, A. (De *coriaria*, nombre de un género de plantas.) adj. Bot. Dícese de plantas angiospermas dicotiledóneas, leñosas o herbáceas, con hojas opuestas o verticiladas, flores pentámeras, regulares, hermafroditas solitarias o en racimos, fruto indehiscente, y semillas con albumen córneo. Ú.c.s.f. || **2.** f. pl. Bot. Familia de estas plantas.

CORIÁCEO, A. (l. *coriacĕus*, de *corium*,

cuero.) adj. Perteneciente al cuero. || **2.** Parecido a él.

CORIÁMBICO, CA. (l. *choriambicus*.) adj. V. *Verso* CORIÁMBICO. Ú.t.c.s. || **2.** Aplícase a la composición poética escrita en estos versos.

CORIAMBO. (l. *choriambus*, y éste del gr. χορίαμβος.) m. Pie de la poesía griega y latina, compuesto de un coreo y un yambo, o sea de dos sílabas breves entre dos largas.

★ **CORIAMIRTINA.** f. Quím. Substancia muy tóxica existente en las hojas del mirto.

CORIANA. f. Colom. Cobertor o manta.

CORIANDRO. (l. *coriandrum*, y éste del gr. κορίαννον.) m. ant. Culantro.

★ **CORIANDROL.** m. Quím. Substancia que se encuentra en la esencia de cilantro y en la de nuez moscada.

CORIANO, NA. adj. Natural de Coria. Ú.t.c.s. || **2.** Perteneciente a la villa o a la ciudad de este nombre.

★ **CORIARIA.** f. Bot. Género de plantas coráricas, de hojas opuestas, flores hermafroditas o polígamas agrupadas en racimos y frutos venenosos por contener coriarina.

★ **CORIARINA.** f. Quím. Substancia cristalizada que se obtiene de las hojas de coriaria.

CORIBANTE. (l. *corybantes, -tum*, y éste del gr. κορύβας.) m. Sacerdote de Cibeles, que danzaba con movimientos descompuestos al son de ciertos instrumentos.

★ **CORIDALINA.** f. Quím. Alcaloide que se obtiene del zumo de la raíz fresca del corídalo.

★ **CORÍDALO.** m. Bot. Planta herbácea, papaverácea fumariea propia de las regiones templadas.

★ **CORIFA.** m. Bot. Género de palmeras que viven en Asia.

CORIFEO. (l. *coryphaeus*, y éste del gr. κορυφαῖος, jefe.) m. El que guiaba el coro en las tragedias antiguas griegas y romanas. || **2.** fig. El que es seguido de otros en una opinión, secta o partido. || **P.** corifeu; **I.** coryphaeus; **F.** coryphée; **A.** Koryphäe; **It.** corifeo; **R.** корифей.

★ **CORIFÍNEAS.** f. pl. Bot. Palmeras de gran altura, propias de regiones ecuatoriales.

CORILÁCEO, A. (l. *corylus*, avellana.) adj. Bot. Dícese de árboles y arbustos de la familia de las betuláceas, de hojas sencillas, flores en amentos y fruto indehiscente con semilla sin albumen; como el avellano. Ú.t.c.s.f. || **2.** f. pl. Bot. Familia de estas plantas.

★ **CORILIS.** m. Zool. Grupo de aves prensoras al que pertenecen los papagayos.

★ **CORILO.** m. Bot. Género de plantas coriláceas, que son arbustos de hojas grandes, flores monoicas y fruto con pericarpio leñoso, entre los que se puede citar el avellano.

CORIMBO. (l. *corymbus*, y éste del gr. κόρυμβος, cima, extremidad.) m. Bot. Inflorescencia en la que los pedúnculos florales nacen en distintos puntos del eje de aquélla y termina aproximadamente a la misma altura.

CORINDÓN. (sánscr. *kuruvinda*.) m. La piedra preciosa más dura después del diamante, consistente en alúmina cristalizada. Se presenta en diversos colores y formas.

★ **CORINO, NA.** adj. P. Rico. Patinuerto.

CORÍNTICO, CA. adj. Corintio, perteneciente o relativo a Corinto.

CORINTIO, TIA. (l. *corinthius*.) adj. Natural de Corinto. Ú.t.c.s. || **2.** Perteneciente a esta ciudad de Grecia. || **3.** Arq. V. *Columna* CORINTIA. || **4.** Arq. V. *Orden* CORINTIO.

CORINTO. n. p. V. *Parra, pasa de* CORINTO.

CORION. (l. *corĭum*, y éste del gr. χόριον.) m. Zool. Envoltura del embrión de los reptiles, aves y mamíferos, situada por fuera del amnios y separada de éste por una cavidad.

★ **CORIPÉTALO, LA.** adj. Bot. Que tiene separados los pétalos.

★ **CORIS.** m. Bot. Género de plantas primuláceas, de fruto capsular.

CORISANTO. m. Chile. Planta orquídea.

★ **CORISCO, CA.** adj. Venez. Furibundo, rabioso.

★ **CORISÉPALO, LA.** adj. Bot. Que tiene separados los sépalos.

CORISTA. m. Religioso que asiste con frecuencia o es destinado al coro. || **2.** com. Persona que en óperas u otras funciones musicales canta formando parte del coro. || 2.ª acep. || **P.** e **It.** corista; **I.** chorister, chorist; **F.** choriste; **A.** Chorsänger; **R.** хорист.

★ **CORÍSTIDOS.** m. pl. Zool. Crustáceos melacrostáceos, de caparazón ancho y antenas muy largas.

CORITO, TA. (l. *corium*, piel.) adj. Desnudo o en cueros. || **2.** fig. Encogido y pusilánime. || **3.** m. Nombre que se ha dado a los montañeses y asturianos. || **4.** Obrero que lleva en hombros los pellejos de mosto o vino desde el lagar a las cubas.

CORIZA. (De *cuero*.) f. En Asturias y otras partes, abarca.

CORIZA. (l. *coryza*, y éste del gr. κόρυζα.) f. Romadizo. || **P.** coriza; **I.** y **F.** coryza; **A.** chronischer, Schnupfen; **It.** corizza; **R.** насморк.

CORLA. f. Pint. Transflor.

CORLADOR, RA. m. y f. Persona que tiene por oficio corlar.

CORLADURA. (De *corlar*.) f. Cierto barniz que, dado sobre una pieza plateada y bruñida, la hace parecer dorada.

CORLAR. (l. *colorāre*.) tr. Dar corladura.

CORLEADOR, RA. m. y f. Corlador, ra.

CORLEAR. tr. Corlar.

CORMA. (gr. κορμός, tronco.) f. Especie de cepo compuesto de dos pedazos de madera, que se adaptan al pie del hombre o del animal para impedir que ande libremente. || **2.** fig. Molestia o gravamen que embaraza para obrar con libertad. || **P.** cepo; **I.** stocks; **F.** entrave; **A.** Block, Hemmnis; **It.** pastoia; **R.** колодка.

CORMANO, NA. m. y f. ant. Cohermano, na.

CORMIERA. m. Bot. Arbolillo pomáceo silvestre, muy abundante en España.

CORMORÁN. (fr. *cormoran*, del ant. fr. *corp marene*, cuervo marino.) m. Zool. Cuervo marino. || **P.** sorveira; **I.** cormorant, shag; **F.** cormoran; **A.** Kormoran; **It.** cormorano; **R.** корморан.

CORNAC. m. Cornaca.

CORNACA. (sánscr. *karnikin*, elefante.) m. Hombre que en la India y otras regiones de Asia doma, guía y cuida los elefantes.

CORNÁCEO, A. (De *cornus*, nombre de un género de plantas.) adj. Bot. Dícese de árboles y arbustos, rara vez hierbas perennes, angiospermos dicotiledóneos, con hojas sencillas y opuestas, reunidas en cabezuela, umbela o corimbo, y fruto en forma de drupa abayada, con una a cuatro semillas. Ú.t.c.s.f. || **2.** f. pl. Bot. Familia de estas plantas.

CORNADA. f. Golpe dado por un animal con la punta del cuerno. || **2.** Esgr. Cierta estocada que se tira poniéndose en el plano inferior para herir hacia arriba elevando algo la punta de la espada. || CORNADA *de ansarón, uñarada de león.* ref. que se aplica a los escritores para denotar cuán perjudicial es cualquier yerro o falta de legalidad en su oficio. Alúdese a la pluma de ánsar que solían usar para escribir. || *No morir uno de* CORNADA *de burro.* fr. fig. y fam. Rehuir cualquier peligro, por leve o imaginario que sea. Ú. por lo común el verbo en tiempo futuro. || **P.** cornada; **I.** horn-thrust; **F.** coup de corne; **A.** Hornstoss; **It.** cornata; **R.** удар рогом.

CORNADILLO. m. *Emplear*, o *poner* uno su CORNADILLO. fr. fig. y fam. Contribuir al logro de un fin.

CORNADO. (De *coronado*.) m. Moneda antigua de cobre con una cuarta parte de plata, que tenía grabada una corona, y corrió desde tiempo del rey D. Sancho IV de Castilla hasta los Reyes Católicos. || *No valer un* CORNADO. fr. fig. y fam. Ser inútil, o de poco valor.

CORNADURA. f. Cornamenta.

CORNAL. (De *cuerno*.) m. Coyunda, 1.ª acep.

CORNALINA. (fr. *cornaline*, del l. *cornus*, el árbol cornejo.) f. Ágata de color de sangre o rojiza.

CORNALÓN. adj. Dícese del toro que tiene muy grandes los cuernos.

CORNAMENTA. f. Cuernos de algunos cuadrúpedos como el toro, vaca y otros.

CORNAMUSA. (l. *cornu musae*.) f. Trompeta larga de metal, que en el medio de su longitud hace una rosca muy grande, y tiene muy ancho el pabellón. || 2. Instrumento rústico compuesto de un odre y varios cañutos donde se produce el sonido. || 3. MAR. Pieza de metal o madera que, encorvada en sus extremos y fija por su punto medio, sirve para amarrar los cabos. || P. e It. cornamusa; I. y F. cornemuse; A. Waldhorn; R. волынка.

CORNATILLO. m. Variedad de aceituna de más de dos centímetros de largo y encorvada.

CÓRNEA. (l. *cornĕa*, dura como el cuerno.) f. ZOOL. Membrana dura y transparente, situada en la parte anterior del globo del ojo de los vertebrados y cefalópodos decápodos, engastada en la abertura anterior de la esclerótica. A través de ella se ve el iris. || —**opaca.** ZOOL. Esclerótica. || —**transparente.** ZOOL. Córnea. || P. córnea; I. cornea; F. cornée; A. Hornhaut; It. còrnea; R. роговица.

CORNEADO, DA. p.p. de cornear. || 2. adj. ant. Que tiene puntas.

CORNEADOR, RA. (De *cornear*.) adj. Acorneador.

CORNEAR. (De *cuerno*.) tr. Acornear.

CORNECICO, LLO, TO. m. d. de cuerno.

CORNEJA. (l. *cornícŭla*, de *cornix*, *-icis*.) f. ZOOL. Especie de cuervo de 45 a 50 centímetros de longitud y un metro o algo más de envergadura, con plumaje completamente negro y de brillo metálico en el cuello y dorso. Tiene el pico un poco encorvado en la mandíbula superior. Vive en el oeste y sur de Europa y en algunas regiones de Asia. || 2. Ave rapaz nocturna semejante al buho, pero mucho más pequeña que éste, con plumaje de color castaño ceniciento y en la cabeza dos plumas en forma de cuernecillos. Abunda en España y emigra al África en invierno. || Dijo la CORNEJA al cuervo; *quítate allá, negro; y el cuervo a la* CORNEJA: *quitaos vos allá, negra*. ref. que da a entender que muchos echan en cara a otros las mismas faltas que ellos tienen. || P. gralha; I. crow; F. corneille; A. Rabenkrähe; It. cornacchia; R. ворона.

CORNEJAL. (De *cornejo*, del l. *corniculus*, de *cornus*.) m. Terreno o sitio poblado de cornejos.

CORNEJAL. (De *cornejo*, del l. *corniculum*, de *cornu*.) m. Cornijal.

CORNEJO. (l. *corniculus*, d. de *cornus*, el árbol cornejo.) m. Arbusto muy ramoso de la familia de las cornáceas, de tres a cuatro metros de altura, con ramas de corteza roja en invierno, hojas opuestas, enteras y aovadas, flores blancas en cima, y por fruto drupas redondas, carnosas y de color negro con pintas encarnadas.

CORNELINA. (ant. fr. *corneline*, del l. *cornus*, el árbol cornejo.) f. Cornalina.

CÓRNEO, A. (l. *cornĕus*, de *cornu*.) adj. De cuerno, o de consistencia parecida a él. || 2. V. *Plata* CÓRNEA.

CÓRNEO, A. (l. *cornĕus*, de *cornus*.) adj. BOT. Cornáceo.

CORNERINA. (De *cornelina*.) f. Cornalina.

CORNERO. (De *cuerno*.) m. ant. Cada una de las dos entradas que tienen las personas en la cabeza sobre las sienes. || —**de pan.** En algunas partes, cantero de pan.

★ **CORNERUPINA.** f. MINERAL. Silicato de aluminio y magnesio que se encuentra en Groenlandia.

CORNETA. (De *cuerno*.) f. Instrumento músico de viento, semejante al clarín, aunque mayor y de sonidos más graves. || 2. Cuerno de que usan los porqueros para llamar al ganado de cerda. || 3. Bandera pequeña terminada en dos farpas y con una escotadura angular en medio de

ellas. Su significación ha variado según los tiempos. || 4. Antigua compañía de soldados de a caballo. || 5. MIL. Especie de clarín usado para dar los toques reglamentarios a las tropas de infantería. || 6. m. El que ejerce o profesa el arte de tocar la corneta. || 7. Oficial que llevaba la corneta o estandarte de los dragones. || —**acústica.** Trompetilla de los sordos. || —**de llaves.** Instrumento músico de viento, para banda y orquesta. || —**de monte.** Trompa de caza. || —**de órdenes.** Soldado que sigue al jefe para dar los toques de mando. || —**de posta.** Trompa pequeña que tocan los postillones en algunas partes para avisar. || P. corneta; I. bugle; F. cornet, clairon; A. Horn, Kornett; It. cornetta; R. корнет.

CORNETE. m. d. de cuerno. || 2. ZOOL. Cada una de las pequeñas láminas óseas y de figura abarquillada situadas en el interior de las fosas nasales.

CORNETILLA. (d. de *corneta*.) f. Pimiento de cornetilla.

CORNETÍN. m. d. de corneta. || 2. Instrumento músico de metal, que tiene casi la misma extensión que el clarín. || 3. El que ejerce o profesa el arte de tocar este instrumento. || P. cornetim; I. cornet; F. cornet a piston; A. Klapphorn; It. cornetto; R. горнист.

★ **CORNETO, TA.** adj. GUAT. y EL SALV. Patizambo. || 2. VENEZ. Tronzo. || 3. MÉJ. y VENEZ. Cornigacho. || 4. ARGENT. y CHILE. Dícese de la res vacuna a la que falta un cuerno.

CORNEZUELO. m. d. de cuerno. || 2. Cornatillo. || 3. BOT. Hongo pequeño que vive parásito en los ovarios de las flores del centeno y los destruye, transformándose después su micelio en un cuerpo alargado y algo encorvado, que cae al suelo en otoño y germina en la primavera siguiente. Si llega a mezclarse con la harina es muy perjudicial a la salud de quien lo come. Se usa como medicamento. || 4. Instrumento hecho con una punta de cuerno de ciervo, y usado por los albéitares en las operaciones quirúrgicas. || 5. Cornicabra, variedad de aceituna puntiaguda.

CORNIABIERTO, TA. adj. Aplícase al toro o a la vaca que tiene los cuernos muy abiertos.

CORNIAL. (l. *cornu*, cuerno.) adj. Dispuesto en figura de cuerno.

CORNIAPRETADO, DA. (De *cuerno* y *apretado*.) adj. Aplícase al toro o a la vaca que tiene los cuernos recogidos.

CORNICABRA. (De *cuerno* y *cabra*.) f. Terebinto. || 2. Variedad de aceituna larga y puntiaguda. || 3. Higuera silvestre. || 4. Mata de la familia de las asclepiadáceas, derecha, ramosa, de hojas oblongas y opuestas, flores blanquecinas, y fruto puntiagudo y algo encorvado. Florece en verano y se encuentra en Canarias, en África, y en las costas del levante español.

CORNIFORME. (l. *cornu*, cuerno, y *forma*, figura.) adj. De figura de cuerno. || 2. ASTRON. V. *Corneta* CORNIFORME.

CORNIGACHO, CHA. (De *cuerno* y *gacho*.) adj. Aplícase al toro o vaca que tiene los cuernos inclinados hacia abajo.

CORNÍGERO, RA. (l. *corniger*, *-ĕri*; de *cornu*, cuerno, y *gerĕre*, llevar.) adj. poét. Que tiene cuernos.

CORNIJA. f. ARQ. Cornisa. || 2. ARQ. Parte superior del cornijón.

CORNIJAL. (l. *cornu*, punta.) m. Punta, ángulo o esquina del colchón, edificio, etc. || 2. Lienzo con que se enjuga los dedos el sacerdote al tiempo del lavatorio en la misa.

CORNIJAMENTO. m. ARQ. Cornisamento.

CORNIJAMIENTO. m. ARQ. Cornijamento.

CORNIJÓN. (De *cornija*.) m. Cornijamento.

CORNIJÓN. (l. *corniculum*, cuerno y esquina.) m. Esquinazo que forma la casa en la calle.

CORNIL. m. Cornal.

★ **CORNINA.** f. QUÍM. Substancia amarga que se obtiene del arbusto llamado cornejo.

CORNIOLA. (l. *cornĕŏla*, de *cornus*, el árbol cornejo.) f. Cornalina.

CORNISA. (l. *cornice*, y éste del l. *corōnis*, *-idis*, coronamiento.) f. ARQ. Coronamiento compuesto de molduras, o cuerpo voladizo con molduras, que sirve de remate a otro. || 2. ARQ. Parte superior del cornisamento de un pedestal, edificio o habitación. || P. cornija; I. e It. cornice; F. corniche; A. Karnies; R. карниз.

CORNISAMENTO. m. ARQ. Conjunto de molduras que coronan un edificio o un orden de arquitectura.

CORNISAMIENTO. m. ARQ. Cornisamento.

CORNISÓN. m. Cornijón, 1.er art.

CORNIVELETO, TA. adj. Dícese del toro o la vaca cuyos cuernos son poco curvos, altos y derechos.

CORNIZO. (l. *cornicĕus*, de *cornus*, el árbol cornejo.) m. Cornejo.

CORNO. (l. *cornus*.) m. Cornejo.

CORNUCOPIA. (l. *cornucopia*; de *cornu*, cuerno, y *copia*, abundancia.) f. Cierto vaso de hechura y figura de cuerno, rebosando frutas y flores, con que los gentiles significaban la abundancia. Usáb. en lo antiguo c. m. || 2. Espejo de marco tallado y dorado, que suele tener en la parte inferior uno o más brazos para poner bujías. || P. cornucópia; I. e It. cornucopia; F. corne d'abondance; A. Füllhorn; R. por изобилия.

CORNUDILLA. (l. *cornūta*, pez; de *cornu*, cuerno.) Pez martillo.

CORNUDO, DA. (l. *cornūtus*.) adj. Que tiene cuernos. || 2. fig. Dícese del marido cuya mujer le ha faltado a la fidelidad conyugal. Ú.t.c.s. || *El* CORNUDO *es el postrero que lo sabe*. ref. de que se usa cuando una persona ignora lo que le importa saber antes que nadie. || *Tras* CORNUDO, *apaleado, y mándanle bailar*. ref. con que se reprende la injusticia de los que quieren que quien recibe un mal tratamiento quede sin disgusto. || *Tras* CORNUDO, *apaleado*. expr. fig. y fam. Sobre cuernos, penitencia. || P. cornudo; I. horned; F. cornu, cornard; A. gehörnt; It. cornuto; R. рогатый.

CORNÚPETA. (l. *cornupĕta*; de *cornu*, cuerno, y *petĕre*, acometer.) adj. poét. y NUMISM. Dícese del animal que está en actitud de acometer con los cuernos. Ú.t.c.s.

★ **CORNÚPETO.** m. fam. Toro de lidia.

CORNUTO. (l. *cornūtus*, cornudo.) adj. LOG. V. *Argumento*, *silogismo* CORNUTO.

CORO. (l. *chorus*, y éste del gr. χορός.) m. Conjunto de personas reunidas para cantar o celebrar alguna cosa. || 2. Conjunto de actores o actrices que, mientras se representaba la principal acción de la tragedia griega o romana, estaban en silencio; pero en los intervalos explicaban con el canto sus afectos, nacidos de lo que se había representado. Algunas veces hablaba también el coro en las mismas escenas, por boca del corifeo. || 3. Cada una de las partes de la tragedia antigua o moderna puestas en boca del conjunto de personas a que se da este mismo nombre. || 4. Unión o conjunto de tres o cuatro voces. || 5. Conjunto de personas que en una ópera u otra función musical cantan simultáneamente una pieza concertada. || 6. Esta misma pieza musical. || 7. Composición poética que le sirve de letra. || 8. Conjunto de eclesiásticos, religiosos o religiosas congregados en el templo para cantar o rezar los divinos oficios. || 9. Rezo y canto de las horas canónicas, asistencia a ellas y tiempo que duran. || 10. Cada una de las dos bandas derecha e izquierda, en que se divide el coro para cantar alternadamente. || 11. Paraje del templo donde se junta el clero para cantar los oficios divinos. || 12. Sitio o lugar de los conventos de monjas en que se reúnen para asistir a los oficios y demás prácticas devotas. || 13. Cierto número de espíritus angélicos que componen una orden. *Los* COROS *son nueve*. || *A* CORO. m. adv. Cantando o diciendo varias personas simultáneamente una misma cosa. || *Hablar a* CORO. fr. y fam. Hablar alternativamente, sin interrumpirse unos a otros. || *Hacer* CORO. fr. fig. Unirse a otros en sus opiniones. || *Rezar a* COROS. fr. fig. y fam. Rezar alternativamente, empezando unos y respon-

C

diendo otros. || **P**. coro; **I**. choir; **F**. chœur; **A**. Chor; **It**. coro; **R**. xop.

CORO. (l. *caurus*.) m. Cauro, viento noroeste. Ú. sólo en poesía.

CORO. (l. *corus*, y éste del hebr. *kōr*.) m. Medida de áridos entre los hebreos, que aproximadamente equivale a treinta y tres decalitros.

CORO (DE). (l. *cor*, ánimo.) m. adv. De memoria. Ú. regularmente con los verbos *decir*, *saber* o *tomar*.

★ **COROADOS**. m. pl. ETNOGR. Individuos de varias tribus indígenas del Brasil, así llamados por la forma especial de su peinado.

★ **COROCA**. f. CHILE. Manía, extravagancia.

COROCHA. f. Vestidura antigua a manera de casaca larga y hueca.

COROCHA. f. ZOOL. Larva del escarabajuelo, de color negro verdoso, que vive sobre la vid y devora los pámpanos.

★ **COROFIO**. m. ZOOL. Género de crustáceos malacostráceos.

COROGRAFÍA. (l. *chorographĭa*, y éste del gr. χωρογραφία.) f. Descripción de un país o de una región. || **P**. corografia; **I**. chorography; **F**. chorographie; **A**. Landesbeschreibung; **It**. corografia; **R**. хорография.

COROGRÁFICAMENTE. adv. m. Según las reglas de la coreografía.

COROGRÁFICO, CA. (gr. χωρογραφιχός.) adj. Perteneciente a la corografía.

CORÓGRAFO. (gr. χωρογράφος, de χώρα, comarca, país, y γράφω, describir.) m. El que entiende o escribe de corografía.

COROIDEO, A. (De *coroides*.) adj. ZOOL. Aplícase a ciertos membranas muy vasculares y a lo pertenecientes a ellas.

COROIDES. (gr. χοριοειδής; de χόριον, cuero, y εἶδος, forma.) f. ZOOL. Membrana delgada, de color pardo, situada entre la esclerótica y la retina de los ojos de los vertebrados.

★ **COROIDITIS**. f. PAT. Inflamación de la coroides.

★ **COROISOTERMA**. f. METEOR. Curva representativa de la distribución de la temperatura en el espacio.

★ **COROJITO**. m. CUBA. fig. y fam. Persona cachigorda. || **2**. Animal rechoncho.

COROJO. m. Árbol americano de la familia de las palmas, cuyos frutos son del tamaño de un huevo de paloma.

COROLA. (l. *corolla*, coronilla.) f. BOT. Segundo verticilo de las flores completas, situado entre el cáliz y los órganos sexuales, y que tiene por lo común bellos colores. || **—actinomorfa**. Corola regular. || **—cigomorfa**. Corola irregular. || **—irregular**. La que no queda dividida en dos partes simétricas. || **—regular**. La que puede quedar dividida en dos partes simétricas. || **P**. corola; **I**. e **It**. corolla; **F**. corolle; **A**. Blumenkrone; **R**. венчик.

COROLARIO. (l. *corollarĭum*; de *corolla*, coronilla.) m. Proposición que no necesita prueba particular por deducirse fácilmente de lo demostrado antes. || **P**. corolário; **I**. corollary; **F**. corollaire; **A**. Folgesatz; **It**. corollario; **R**. следствие.

★ **COROLÍFERO, RA**. adj. Que tiene corola.

COROLIFLORA. (De *corola* y *flor*.) adj. BOT. Dícese de la planta que tiene los estambres soldados con la corola. Ú.t.c.s.

★ **COROLINO, NA**. adj. BOT. Aplícase a los pelos situados en los pétalos.

COROLLA. (l. *corolla*.) f. ant. Corona pequeña.

★ **COROMANÍA**. f. PAT. Locura danzante.

CORONA. (l. *corōna*.) f. Cerco de ramas o flores naturales o imitadas, o de metal precioso, con que se ciñe la cabeza, como simple adorno o símbolo de dignidad. || **2**. Aureola, 1.ª acep. || **3**. Coronilla, 1.er art., 1.ª acep. || **4**. Tonsura de figura redonda que se hace a los eclesiásticos en la cabeza, rapándoles el pelo. || **5**. Moneda española antigua de oro, que tenía grabada una corona y corrió desde Juan II de Castilla, hasta fines del siglo XVII. || **6**. Moneda inglesa de plata, cuarta parte de la libra esterlina. || **7**. Moneda portuguesa de

oro, equivalente a 10.000 reis. || **8**. Moneda alemana de oro, que valía 10 marcos. || **9**. Moneda de plata, de Suecia, Noruega y Dinamarca. || **10**. Rosario de siete dieces que se reza a la Virgen. || **11**. Halo. || **12**. fig. Dignidad real. || **13**. fig. Reino o monarquía. || **14**. fig. Honor, esplendor, galardón. || **15**. fig. La cima de una colina o de otra altura aislada. || **16**. ARQ. Una de las partes de que se compone la cornisa, la cual está debajo del cimacio. || **17**. AUTOMOV. En algunos vehículos, rueda dentada que engrana en ángulo recto con un piñón colocado en el extremo del árbol de transmisión y comunica el movimiento a las ruedas. || **18**. FORT. Obra avanzada, cuya traza consta de un baluarte en el centro y de dos cortinas y dos medios baluartes a los lados. || **19**. GEOM. Porción de plano comprendida entre dos circunferencias concéntricas. || **20**. MAR. Cabo grueso, fijo por el seno en la extremidad superior del palo. || **21**. ZOOL. Parte de los dientes de los vertebrados que sobresalen de la encía. || **—austral**. ASTRON. Constelación del hemisferio meridional de la Vía Láctea, debajo del Sagitario. || **—boreal**. ASTRON. Pequeña constelación septentrional entre Hércules y Bootes. || **—cívica** o **civil**. La de ramas de encina, con que se recompensaba al ciudadano romano que había salvado la vida a otro en una acción de guerra. || **de barón**. BLAS. La de oro esmaltada y ceñida por un brazalete doble o por un hilo de perlas. || **—de conde**. BLAS. La de oro, que remata en 18 perlas. || **—de duque**. BLAS. Corona ducal. || **—de hierro**. La que usaban los emperadores de Alemania cuando se coronaban como reyes de los longobardos. || **—de infante**. BLAS. La que es como la real, salvo que no tiene diademas. || **—del casco**. VETER. En las cabalgaduras, extremo de la piel del pie que circunda el nacimiento del casco. || **—de marqués**. BLAS. La de oro, como cuatro florones y cuatro ramos. || **—de ovación**. Corona oval. || **—de rayos**. Corona radial. || **—de rey**. Hierba medicinal globulariácea, con hojas lanceoladas, el tallo casi leñoso y flores amarillas, irregulares, dispuestas en forma de corona. || **—de vizconde**. BLAS. La de oro guarnecido sólo de cuatro perlas. || **—ducal**. BLAS. La de oro, sin diademas y con el círculo engastado de pedrería y perlas. || **—gramínea**. Corona obsidional. || **—imperial**. Planta de adorno de la familia de las liliáceas, con hojas enteras y estrechas, y flores azafranadas dispuestas en círculo. || **2**. BLAS. La de oro con muchas perlas, ocho flores y un bonete de escarlata, abierta por en medio donde está colocado un globo central terminado en una cruz de oro. || **—mural**. La que se daba al soldado que escalaba primero el muro. || **2**. La que remata el escudo de muchas poblaciones. || **3**. La que figura la parte superior de una torre almenada. || **—naval**. La que se daba al soldado que saltaba primero armado en la nave enemiga. || **—obsidional**. La que se daba al que hacía levantar el sitio de una ciudad. || **—olímpica**. La de ramas de olivo, que se daba a los vencedores en los juegos olímpicos. || **—oval**. La de arrayán, que llevaba puesta el general en el acto de la ovación. || **—radiada, radial** o **radiada**. La que se ponía en la cabeza de los dioses. || **—real**. Corona de rey, 1.ª acep. || **2**. BLAS. La de oro y pedrería con ocho florones. || **—rostrada, rostral** o **rostrata**. Corona naval. || **—solar**. ASTRON. Aureola alrededor del Sol durante los eclipses totales. || **—triunfal**. La que se daba al general cuando entraba triunfante en Roma. || **—valar** o **vallar**. Corona castrense. || *Ceñir o ceñirse uno la* CORONA. fr. Empezar a reinar. || *Llamarse uno a la* CORONA. fr. FOR. Declinar la jurisdicción del juez secular, por haber reasumido el que la declina la corona y hábito clerical. || *Reasumir uno la* CORONA. fr. FOR. Volver a presentarse con la corona y hábitos clericales que había dejado. || **P**. coroa; **I**. wreath, garland, crown; **F**. couronne; **A**. Krone; **It**. corona, serto; **R**. венок, корона.

CORONACIÓN. (l. *coronatĭo*, *-ōnis*.) f. Acto de coronar o coronarse un sobe-

rano. || **2**. Coronamiento, 2.ª y 3.ª aceps.

CORONADO, DA. p.p. de coronar. || **2**. adj. V. *Clavel*, *halcón* CORONADO. || **3**. V. *Testa* CORONADA. || **4**. m. Clérigo tonsurado que goza del fuero de la Iglesia.

CORONADOR, RA. adj. Que corona. Ú.t.c.s.

CORONAL. (l. *coronālis*.) adj. ZOOL. V. *Hueso* CORONAL. Ú.t.c.s. || **2**. ZOOL. Perteneciente a este hueso.

CORONAMENTO. m. Coronamiento.

CORONAMIENTO. (De *coronar*.) m. ant. Coronación, 1.ª acep. || **2**. fig. Fin de una obra. || **3**. ARQ. Adorno que se pone en la parte superior del edificio. || **4**. MAR. La parte de borda que corresponde a la popa del buque.

CORONAR. (l. *coronāre*.) tr. Poner la corona en la cabeza de los emperadores y reyes cuando entran a reinar. Ú.t.c.r. || **2**. En el juego de las damas, poner un peón sobre otro cuando éste llega a ser dama. || **3**. fig. Perfeccionar, completar una obra. || **4**. fig. Poner o ponerse personas o cosas en la parte superior de una fortaleza, eminencia, etc. || **5**. r. Dejar ver el feto la cabeza en el momento del parto. || **P**. coroar; **I**. to crown; **F**. couronner; **A**. krönen; kränzen; **It**. incoronare, coronare; **R**. короновать, увенчать.

CORONARIA. (De *coronario*.) f. Rueda de los relojes que manda la aguja de los segundos.

CORONARIO, RIA. (l. *coronarĭus*, en forma de corona.) adj. Perteneciente a la corona. || **2**. V. *Arteria*, *betónica*, *vena* CORONARIA. || **3**. V. *Oro* CORONARIO. || **4**. BOT. De figura de corona.

CORONDA. adj. Se dijo del indio de ciertas tribus que habitaban las orillas e islas del Paraná. Usáb.t.c.s.

CORONDA. m. R. DE LA PLATA. Árbol de hoja menuda y fruto en forma de espigas, con semillas semejantes a las habas.

CORONDEL. (cat. y prov. *corondell*, y éste del l. *cylindrus*, gr. *cylindros*, del gr. *cilindro*.) m. IMPR. Regleta o listón, de madera o metal, que ponen los impresores en el molde, para dividir la plana en columnas. || **2**. pl. Rayas verticales transparentes en el papel de tina.

CORONEJA. f. MURC. Coxcojilla.

CORONEL. (fr. *colonel*, coronel, y éste del ital. *colonnello*; de *colonna*, columna.) m. Jefe militar que manda un regimiento. || **2**. V. *Teniente* CORONEL. || **P**. coronel; **I**. y **F**. colonel; **A**. Oberst; **It**. colonnello; **R**. полковник.

CORONEL. (ant. fr. *coroner*; de *corona*.) m. Cimacio o moldura que termina un miembro arquitectónico. || **2**. BLAS. Corona heráldica.

CORONELA. adj. Aplícase a la compañía, bandera, etc., que pertenecían al coronel. || **2**. f. fam. Mujer del coronel.

CORONELÍA. f. Empleo de coronel. || **2**. desus. MIL. Regimiento, cuerpo de tropas mandadas por un coronel.

★ **CORONELINOS**. m. pl. ZOOL. Grupo de reptiles del orden de los ofidios.

CORÓNICA. f. ant. Crónica.

CORÓNIDE. f. Fin, coronamiento de una cosa.

CORONILLA. (d. de *corona*.) f. Parte más eminente de la cabeza. || **2**. V. *Injerto de* CORONILLA. || **—real**. Corona real, 1.ª acep. || *Andar o bailar de* CORONILLA. fr. fig. y fam. Hacer una cosa con suma diligencia. || *Dar de* CORONILLA. fr. fam. Dar con la cabeza en el suelo. || *Estar uno hasta la* CORONILLA. fr. fig. y fam. Estar uno cansado y harto de pretensiones y exigencias. || **P**. cocuruto; **I**. skullcap; **F**. sinciput, bregma; **A**. Kopfwirbel; **It**. sincipite; **R**. темя, голова, макушка.

CORONILLA. f. URUG. Árbol de la familia de las ramnáceas, que se cría a orillas de los arroyos. || **2**. ARGENT. Coronillo.

CORONILLO. m. ARGENT. Árbol de la familia de las ramnáceas, de unos 5 m de altura, de copa redondeada y follaje denso, inflorescencia axilar; fruto trilocular. Su madera se utiliza para carbón.

CORONIO. m. Substancia revelada por el espectroscopio en la corona solar y desconocida hasta el presente en la Tierra.

CORONISTA. m. ant. Cronista.

CORONIZAR. tr. ant. Coronar.

C

* **CORONÓGRAFO**. m. Astron. Instrumento para estudiar la corona solar. || 2. Astron. Aparato con el que puede observarse las protuberancias solares.

* **CORONOIDES**. adj. Anat. Dícese de varias apófosis cuya su forma se asemejan al pico de una corneja.

CORONTA. (quich. *ccoronta*.) f. Amér. Merid. Zuro o carozo.

* **CORÓNULA**. f. Zool. Género de crustáceos que viven parásitos sobre las ballenas.

COROSOL. m. Nombre de una variedad de anona.

COROTA. f. Bol. Cresta de gallo.

COROTOS. m. pl. Amér. Trastos, trebejos.

* **COROTÚ**. m. Bol., Colom. y Venez. Cierto árbol leguminoso llamado también timbó.

COROZA. (De *caperuza*.) f. Capirote de papel engrudado, de figura cónica que se ponía por castigo en la cabeza de ciertos delincuentes. || 2. Capa de junco o de paja que usan los labradores en Galicia como defensa contra la lluvia.

COROZO. m. Corojo.

CORPA. f. Min. Trozo de mineral en bruto.

CORPACHÓN. m. fam. Corpanchón.

CORPANCHÓN. m. fam. aum. de cuerpo. || 2. Cuerpo de ave despojado de las pechugas y piernas.

CORPAZO. m. fam. aum. de cuerpo.

CORPECICO, LLO, TO. m. d. de cuerpo. || 2. Almilla o jubón sin mangas ni faldillas.

CORPEZUELO. m. d. de cuerpo.

CORPIÑEJO. m. d. de corpiño.

CORPIÑO. m. d. de cuerpo. || 2. Jubón sin mangas. || P. corpinho; I. doublet, waist; F. corpin; A. Leibchen, Mieder; It. corpetto; R. тельце, лиф.

CORPORACIÓN. (l. *corporatio*, -*ōnis*.) f. Cuerpo, comunidad, generalmente de interés público.

CORPORAL. (l. *corporālis*.) adj. Perteneciente al cuerpo. || 2. V. *Institución* corporal. || 3. m. Lienzo que se extiende en el altar, encima del ara, para poner sobre él la hostia y el cáliz; suelen ser dos. Ú. m. en pl. || P. e I. corporal; F. corporel; A. körperlich, leiblich; It. corporale; R. телесный.

CORPORALIDAD. (l. *corporalītas*, -*ātis*.) f. Calidad de corporal. || 2. Cosa corporal.

CORPORALMENTE. adv. m. Con el cuerpo.

CORPORATIVAMENTE. adv. En corporación o formando cuerpo.

* **CORPORATIVISMO**. m. Sistema político, económico y social del Estado, fundado en la reglamentación jurídica del trabajo, en la creación de organismos encargados de aplicarla y en la organización de grupos profesionales únicos y obligatorios.

CORPORATIVO, VA. (l. *corporativus*.) adj. Perteneciente o relativo a una corporación. || P. e It. corporativo; I. corporative; F. corporatif; A. körperschaftlich; R. корпоративный.

CORPOREIDAD. f. Calidad de corpóreo.

CORPÓREO, A. (l. *corporĕus*.) adj. Que tiene cuerpo. || 2. Corporal, 1.ª acep.

CORPORIENTO, TA. (l. *corpulentus*.) adj. ant. Corpulento.

CORPORIFICAR. tr. Dar cuerpo a una idea o cosa no material. Ú.t.c.r.

* **CORPOZOARIO, A**. adj. Zool. Dícese de los animales cuyos órganos de nutrición se hallan en su estado completo de desarrollo. || 2. m. pl. Zool. Animales de sistema nervioso y sanguíneo simples, cuyos órganos de nutrición son idénticos a los del hombre.

CORPS. (fr. *corps*, cuerpo.) m. Voz introducida en España para nombrar algunos empleos, destinados al servicio del rey.

CORPUDO, DA. adj. Corpulento.

CORPULENCIA. (l. *corpulentia*.) f. Grandeza y magnitud de un cuerpo natural o artificial.

CORPULENTO, TA. (l. *corpulentus*.) adj. Que tiene mucho cuerpo.

CORPUS. (l. *corpus*, cuerpo.) m. Jueves, sexagésimo día después del domingo

de Pascua de Resurrección, en el cual celebra la Iglesia la festividad de la institución de la Eucaristía. || P. Festa do Corpo de Deus; I. Corpus Christi; F. Fête Dieu, Corpus Christi; A. Fronleichnamsfest; It. Corpus Dòmini.

CORPUSCULAR. adj. Que tiene corpúsculos. || 2. Aplícase al sistema filosófico que admite por materia elemental los corpúsculos.

CORPUSCULISTA. m. Filósofo que sigue el sistema corpuscular.

CORPÚSCULO. (l. *corpuscŭlum*, d. de *corpus*, cuerpo.) m. Cuerpo muy pequeño, célula, molécula, etc. || P. corpúsculo; I. corpuscle; F. corpuscule; A. Körperchen; It. corpùscolo; R. молекула.

* **CORPUS DELICTI**. loc. lat. Cuerpo del delito.

CORRA. f. León. Aro o anillo de metal.

CORRAL. (De *corro*.) m. Sitio cerrado y descubierto, en las casas o en el campo. || 2. Cercado que se hace en los ríos o en la costa del mar, para encerrar la pesca y cogerla. || 3. Casa, patio o teatro donde se representaban las comedias: dióse este nombre porque antiguamente estaba descubierto. || 4. En la cordillera Penibética, circo o anfiteatro de montañas que contienen nieves perpetuas. || 5. And. Corral de vecindad. ||—**de madera**. Almacén donde se guarda y vende la madera. ||—**de vacas**. fig. y fam. Paraje destartalado y sucio. ||—**de vecindad**. And. Casa de vecindad. || *En* corral. m. adv. Germ. Acorralado, cercado. || *Hacer* corrales. fr. fig. y fam. Faltar el estudiante ciertos días a las aulas. || *Oir cantar, sin saber en qué* corral. fr. fig. Oir campanas y no saber dónde. || P. curral; I. yard; F. cour; A. (Vieh)Hof; It. corte; R. загон.

* **CORRALEJA**. f. Venez. Corraliza. || 2. Colom. Valla.

CORRALERA. (De *corral*.) f. Canción andaluza que ordinariamente se baila en los corrales de vecindad. || 2. And. Mujer desvergonzada o desenvuelta.

CORRALERO, RA. adj. Perteneciente o relativo a corral. || 2. m. y f. Persona que tiene corral donde seca y amontona el estiércol para venderlo después.

* **CORRALILLO**. m. Cuba. Granja destinada a la cría de cerdos.

CORRALIZA. f. Corral, 1.ª acep.

* **CORRALÓN**. m. Argent. Corral grande donde se guardan bestias, carruajes, etc. || 2. Amér. Barracón. || 3. Perú. Solar cercado.

* **CORRANDA**. f. Danza antigua y copla popular que la acompaña.

CORREA. (l. *corrigia*.) f. Tira de cuero. || 2. Flexibilidad y extensión de que es capaz una cosa correosa. || 3. Arq. Cada uno de los maderos que se colocan horizontalmente sobre los pares de los cuchillos de una armadura para asegurar los contrapares. || 4. pl. Tiras delgadas de cuero sujetas a un mango, que sirven para sacudir el polvo. || *Tener uno* correa. fr. fig. y fam. Sufrir chanzas o zumbas sin mostrar enojo. || 2. fig. y fam. Tener fuerza y resistencia para el trabajo corporal. || P. correia; I. thong; F. courroie, lanière, sangle; A. Riemen, Lederstreifen; It. correggia; R. ремень.

CORREAJE. m. Conjunto de correas que hay en una cosa. || P. correagem; I. belting; F. buffleterie; A. Riemenwerk; It. correggiame; R. сбруя.

CORREAL. (De *correa*.) m. Piel de venado, macho, etc., curtida y de color encendido, de que se usa para vestidos. || *Coser de* correal, *o labrar de* correal. fr. Coser el guarnicionero con correas delgadas.

CORREAR. (De *conrear*.) tr. Conrear las telas, lanas, etc.

CORREAZO. m. Golpe dado con una correa.

CORRECCIÓN. (l. *correctio*, -*ōnis*.) f. Acción y efecto de corregir. || 2. Calidad de correcto. || 3. Represión de un delito o falta. || 4. Alteración o cambio que se hace en las obras escritas o de otro género, para quitarles defectos o errores, o para darles mayor protección. || 5. Ret. Figura que se comete cuando, después de dicha una palabra o cláusula, se dice otra para

corregir lo precedente y explicar mejor el concepto. ||—**disciplinaria**. Castigo leve que el superior impone por faltas de algún subordinado. ||—**fraterna** o **fraternal**. Reconvención con que privadamente se advierte y corrige al prójimo. ||—**gregoriana**. La decretada en el calendario en 1582 por el papa Gregorio XIII. || P. correcção; I. y F. correction; A. Verbesserung, Korrektion; It. correzione; R. исправление.

CORRECCIONAL. adj. Dícese de lo que conduce a la corrección. || 2. V. *Pena* correccional. || 3. Establecimiento penitenciario destinado al cumplimiento de las penas de prisión y de presidio correccional.

CORRECCIONALISMO. m. Sistema penal que tiende a modificar con la educación, la propensión a la delincuencia.

CORRECCIONALISTA. adj. Dícese del partidario del correccionalismo.

CORRECCIONALMENTE. adv. Con pena o procedimiento correccional.

CORRECTAMENTE. adv. De un modo correcto.

CORRECTIVO, VA. (De *correcto*.) adj. Dícese del medicamento que tiene virtud de corregir. Ú.t.c.s.m. || 2. Por ext., se aplica a todo lo que corrige, atenúa o subsana. Ú.t.c.s.m. || P. correctivo; I. corrective; F. correctif; A. verbessernd; It. correttivo; R. исправительный.

CORRECTO, TA. (l. *correctus*.) p.p. irreg. de corregir. || 2. adj. Libre de errores o defectos, de acuerdo con las reglas.

CORRECTOR, RA. (l. *corrector*.) adj. Que corrige. Ú.t.c.s. || 2. m. El encargado por el gobierno de cotejar los libros que se imprimían. || 3. Superior o prelado en los conventos de religiosos de San Francisco de Paula. || 4. Impr. El encargado de corregir las pruebas. || P. e I. corrector; F. correcteur; A. Verbesserer, Korrektor; It. correttore; R. корректор.

CORRECHAMENTE. adv. ant. Correctamente.

CORRECHO, CHA. (l. *correctus*.) adj. León. Recto, firme, correcto.

CORREDENTOR, RA. adj. Redentor juntamente con otro u otros. Ú.t.c.s.

CORREDERA. f. Ranura o carril por donde resbala otra pieza que se le adapta en ciertas máquinas o artefactos. || 2. Sitio o lugar destinado para correr caballos. || 3. Postiguillo de celosía que corre de una parte a otra para abrir o cerrar. || 4. Muela superior del molino que es la que se mueve para moler el grano. || 5. Cucaracha, insecto ortóptero. || 6. Nombre que suele darse a algunas calles que fueron corredoras de caballos. || 7. fig. y fam. Alcahueta, 1.ª acep. || 8. Art. Explanada constituida por dos o tres largueros paralelos sobre la que se montan y juegan las cureñas de algunas piezas de artillería. || 9. Mar. Cordel dividido en partes iguales, sujeto por uno de sus extremos a un carretel, y atado por el otro a una barquilla para medir lo que anda la nave. || 10. Mec. Pieza que en las máquinas abre y cierra alternativamente los agujeros por donde entra y sale el vapor de los cilindros. || *De* corredera. loc. Dícese de las puertas y ventanas que en lugar de abrirse girando sobre goznes lo hacen deslizándose vertical o lateralmente por carriles o herraduras.

CORREDERO, RA. adj. ant. Corredor, 1.ª acep. || 2. m. Paraje apropiado para el acoso y derribo de las reses vacunas.

CORREDIZO, ZA. adj. Que se desata o se corre con facilidad.

CORREDOR, RA. adj. Que corre mucho. Ú.t.c.s. || 2. Cardo corredor y cardo estelado corredor. || 3. Zool. Aplícase a las aves de gran tamaño, de esternón de figura de escudo y sin quilla, y alas muy cortas que no les sirven para volar: como el avestruz. Ú.t.c.s. || 4. m. El que por oficio interviene en almonedas, compras y ventas de cualquier género de cosas. || 5. Soldado que se enviaba para descubrir y observar al enemigo y el campo. || 6. Soldado que salía con otros a hacer correrías en tierra de enemigos. || 7. m. Pasillo, 1.ª acep. || 8. Cada una de las galerías que corren alrededor del patio de algunas casas. || 9. Germ. Ladrón que concierta un hurto. || 10. Fort. Camino

C cubierto. ‖ **11.** f. pl. Zool. Orden de las aves corredoras. ‖ **—de cambios.** El que solicita letras para otras partes o dinero prestado, y ajusta los cambios de interés. ‖ **—de comercio.** Funcionario cuyo oficio es intervenir, con carácter de notario, si está colegiado, en la negociación de letra, u otros valores endosables, en los contratos de compraventa de efectos comerciales y en los de seguros. ‖ **—de lonja.** Corredor de mercaderías. ‖ **—del peso.** El que asiste al peso público para solicitar la venta de los géneros comestibles. ‖ **—de mercaderías.** El que asiste a los mercaderes para despacharles sus géneros, solicitando personas que los compren. ‖ **—de oreja.** Corredor de cambios. ‖ **2.** fig. y fam. El chismoso que lleva y trae cuentos de una parte a otra. ‖ **3.** fig. y fam. Alcahuete, 1.ª acep. ‖ **—intérprete de buques.** For. Agente colegiado y con fe pública, que interviene en los actos del comercio marítimo. ‖ **4.ª** acep.: **P.** corredor de comércio; **I.** broker, commission agent; **F.** courtier, commissionnaire; **A.** Makler, Agent; **It.** sensale; **R.** бегун, маклер.

CORREDORÍA. f. ant. Correduría.

CORREDURA. (De *correr*.) f. Lo que rebosa en la bebida de los líquidos.

CORREDURÍA. f. Oficio o ejercicio de corredor. ‖ **2.** Corretaje, 1.ª acep. ‖ **3.** For. Achaque, multa.

CORREERÍA. (De *correero*.) f. Oficio de hacer correas. ‖ **2.** Sitio donde se hacen o se venden.

CORREERO, RA. m. y f. Persona que tiene por oficio hacer o vender correas. ‖ **P.** correeiro; **I.** currier; **F.** corroyeur; **A.** Riemer; **It.** correggiaio; **R.** шорник.

CORREGENCIA. f. Empleo de corregente.

CORREGENTE. adj. Que tiene o ejerce la regencia juntamente con otro. Ú.t. como substantivo.

CORREGIBILIDAD. (De *corregible*.) f. Docilidad con que una persona se presta a la corrección.

CORREGIBLE. (De *corregir*.) adj. Capaz de corrección.

CORREGIDOR, RA. adj. Que corrige. ‖ **2.** m. Magistrado que en su territorio ejercía la jurisdicción real con mero y mixto imperio, y conocía de las causas contenciosas y gubernativas, y del castigo de los delitos. ‖ **3.** Alcalde que nombraba libremente el rey en algunas poblaciones importantes para presidir el ayuntamiento. ‖ **2.ª** acep.: **P.** corregedor; **I.** corregidor; **F.** corrégidor; **A.** Landvogt; **It.** correggitore; **R.** ский; коррехидор.

CORREGIDORA. f. Mujer del corregidor.

CORREGIMIENTO. (De *corregir*.) m. Empleo u oficio del corregidor. ‖ **2.** Territorio de su jurisdicción. ‖ **3.** Oficina del corregidor.

CORREGIR. (l. *corrigĕre*.) tr. Enmendar lo errado. ‖ **2.** Advertir, reprender. ‖ **3.** fig. Disminuir moderar la actividad de una cosa. ‖ **P.** corrigir.; **I.** to correct; **F.** corriger; **A.** (nach-, ver-)bessern; **It.** corrèggere; **R.** исправлять.

CORREGÜELA; f. Correhuela. ‖ **2.** Corregüela de *buen cuero, de ruin mozo hace bueno.* ref. que recomienda el castigo como medio educativo.

CORREHUELA. f. d. de correa. ‖ **2.** Centinodia, 1.ª acep. ‖ **3.** Mata convolvulácea, de tallos largos y rastreros que se enroscan en los objetos que encuentran; hojas alternas acorazonadas; flores acampanadas, blancas o rosadas, y raíz con jugo lechoso. ‖ **4.** Juego que se hace con una correa con las dos puntas cosidas.

CORREINADO. (De *con* y *reinado*.) m. Gobierno simultáneo de dos reyes en una nación.

CORREINANTE. adj. Que reina juntamente con otro.

CORREJEL. (De *correa*.) adj. V. *Suela* correjel. ‖ **2.** m. Cuero grueso consistente y flexible.

CORRELACIÓN. f. Analogía o relación recíproca entre dos o más cosas. ‖ **P.** correlação; **I.** correlation; **F.** corrélation; **A.** wechselseitiges verhältniss; **It.** correlazione; **R.** соотношение.

CORRELATIVAMENTE. adv. Con relación a otra cosa.

CORRELATIVO, VA. adj. Aplícase a personas o cosas que tienen entre sí correlación o sucesión inmediata.

CORRELATO, TA. (l. *cum*, con, y *relātus*, p.p. de *referre*, referir.) adj. ant. Correlativo.

CORRELIGIONARIO, RIA. adj. Que profesa la misma religión que otro. Ú.t. c.s. ‖ **2.** Por ext., dícese del que tiene la misma opinión política que otro. Ú.t.c.s. ‖ **P.** correligionário; **I.** coreligionist; **F.** correligionnaire; **A.** Glaubens-Parteigenosse; **It.** correligionario; **R.** единоверец.

★ **CORRELÓN, NA.** adj. Amér. Que corre mucho. ‖ **2.** Méj. y Colom. Cobarde, que huye.

CORRENCIA. (De *correr*.) f. fam. Desconcierto, diarrea, flujo de vientre. ‖ **2.** fig y fam. Vergüenza, empacho.

CORRENDILLA. f. fam. Acción de ir o pasar corriendo un corto trecho.

★ **CORRENTADA.** f. Amér. Merid. Corriente fuerte de un río o arroyo.

CORRENTÍA. f. fam. Correncia, 1.ª acep. ‖ **2.** Ar. Inundación artificial que se hace después de haber segado para pudrir el rastrojo y que sirva de abono a la tierra.

CORRENTIAR. tr. Ar. Hacer correntías en los campos.

CORRENTINO, NA. adj. Natural de Corrientes. Ú.t.c.s. ‖ **2.** Perteneciente a dicha ciudad de la República Argentina. ‖ **3.** m. Bol. Cierto baile popular.

CORRENTÍO. adj. Corriente, 1.ª acep. Se dice de las cosas líquidas. ‖ **2.** fig. y fam. Ligero, suelto, desembarazado.

CORRENTÓN, NA. adj. Amigo de corretear, o de andar de calle en calle, o de casa en casa. ‖ **2.** Muy introducido, festivo y chancero.

CORRENTOSO, SA. adj. Amér. Dícese de los cursos de agua de corriente muy rápida.

CORREO. (prov. *corrieu*, y éste del l. *cŭrrĕre*, correr.) m. El que tiene por oficio llevar o traer la correspondencia de un lugar a otro. ‖ **2.** Servicio público que tiene por objeto el transporte de la correspondencia oficial y privada. Ú.t. en pl. ‖ **3.** Casa, sitio o lugar donde se recibe y se da la correspondencia. ‖ **4.** Conjunto de cartas o pliegos de cualquier clase que se despachan o reciben. ‖ **5.** Tren correo. ‖ **6.** V. *Lista de* CORREOS. ‖ **7.** Germ. Ladrón que va a dar aviso de alguna cosa. ‖ **—de gabinete.** El que lleva rápidamente correspondencia oficial al extranjero. ‖ **—de malas nuevas.** fig. y fam. Persona que se complace en anticipar malas noticias. ‖ **P.** correio; **I.** post, mail, courier letter-carrier; **F.** courrier; **A.** Kurier, Eilbote; **It.** corriere; **R.** почтальон.

CORREO. (De *co* y *reo*.) m. For. Responsable con otro u otros en un delito.

CORREÓN. m. aum. de correa. ‖ **2.** Sopanda del carruaje.

CORREOSO, SA. (De *correa*.) adj. Que fácilmente se doblega y extiende sin romperse. ‖ **2.** fig. Dícese del pan y otros alimentos cuando se mastican con dificultad.

CORRER. (l. *cŭrrĕre*.) intr. Caminar con velocidad. ‖ **2.** Moverse progresivamente de una parte a otra los fluidos y líquidos. ‖ **3.** Tratándose de los vientos, soplar. ‖ **4.** Hablando de los ríos, ir por tales o cuales partes. ‖ **5.** Ir, pasar, extenderse de una parte a otra. ‖ **6.** Tratándose del tiempo, transcurrir. ‖ **7.** Dicho de pagas, sueldos o salarios, ir devengándose. ‖ **8.** No haber detención ni dificultad en su pago. ‖ **9.** Partir de ligero a poner en ejecución alguna cosa. ‖ **10.** Recurrir, acogerse a la protección de alguno. ‖ **11.** Pasar un negocio por la oficina correspondiente. ‖ **12.** Estar admitida o recibida una cosa. ‖ **13.** Pasar, valer una cosa durante el año o tiempo de que se trata. ‖ **14.** Seguido de una expresión que indique precio, valer, costar. ‖ **15.** Mar. Navegar en popa o a un largo, con poca o ninguna vela. ‖ **16.** tr. Tratándose de la balanza, hacer que se incline y caiga uno de los platillos por haberle puesto más peso que al otro. ‖ **17.** Sacar a carrera abierta la cabalgadura. ‖ **18.** Perseguir, acosar. ‖ **19.** Lidiar

toros. ‖ **20.** Hacer que una cosa pase o se deslice de un lado a otro. CORRE *esa mesa.* Ú.t.c.r. ‖ **21.** Echar el cerrojo, la llave, etc. ‖ **22.** Hablando de velos, cortinas, etc., echarlos o tenderlos, cuando están recogidos; y recogerlos cuando están tendidos. ‖ **23.** Desatar el nudo o lazada de una cinta u otra cosa que hace lazo. ‖ **24.** Estar expuesto a ciertas contingencias, pasar por ellas. CORRER *peligros, aventuras.* ‖ **25.** Recorrer de una parte a otra. ‖ **26.** Recorrer en son de guerra el territorio enemigo. ‖ **27.** Arrendar, sacar a pública subasta. ‖ **28.** fam. Arrebatar, llevarse alguna cosa. ‖ **29.** fig. Avergonzar y confundir. Ú.t.c.r. ‖ **30.** r. Hacerse a derecha o izquierda los que están en línea. ‖ **31.** Deslizarse una cosa con demasiada facilidad. ‖ **32.** Tratándose de velas, bujías, etcétera, derretirse con exceso, haciendo canal. ‖ **33.** fam. Excederse. ‖ **34.** fam. Ofrecer por una cosa más de lo debido. ‖ *A más* CORRER, *o a todo* CORRER. m. adv. Yendo con la mayor velocidad posible. ‖ *A todo turbio, o a turbio* CORRER. m. adv. fig. Por mal que vayan las cosas. ‖ CORRER *a uno alguna cosa.* fr. Corresponder, incumbir. ‖ CORRER *uno con alguna cosa.* fr. Encargarse de ella. ‖ CORRER *con uno.* fr. fig. Tener trato y buena correspondencia con él. ‖ CORRERLA. expr. fam. Andar en lances peligrosos o ilícitos, especialmente si es a deshora de la noche. ‖ CORRER *por uno alguna cosa.* fr. Correr uno con alguna cosa. ‖ *El que menos* CORRE, *vuela.* fr. proverb. que da a entender el disimulo con que obra alguno, afectando descuido. ‖ **P.** correr; **I.** to run, to race, to speed; **F.** courir; **A.** laufen, rennen; **It.** còrrere; **R.** бегать, бежать.

CORRERÍA. (De *correr*.) f. Hostilidad que hace la gente de guerra, talando y saqueando el país. ‖ **2.** Viaje a varios puntos, volviendo a aquel en que se tiene la residencia. ‖ **P.** correria; **I.** inroad, raid; **F.** incursion; **A.** Streifzug; **It.** scorreria; **R.** набег.

CORRESPONDENCIA. f. Acción y efecto de corresponder o corresponderse. ‖ **2.** Trato que tienen entre sí los comerciantes sobre sus negocios. ‖ **3.** Correo, conjunto de cartas, etc. ‖ **4.** fig. Significado que una palabra o frase tiene en otro idioma distinto. ‖ **P.** correspondência; **I.** correspondence; **F.** correspondance; **A.** Korrespondenz, Entsprechung; **It.** corrispondenza; **R.** соответствие.

CORRESPONDER. (De *con* y *responder*.) intr. Pagar con igualdad afectos, beneficios o agasajos. Ú.t.c.r. ‖ **2.** Tocar o pertenecer. ‖ **3.** Tener proporción una cosa con otra. Ú.t.c.r. ‖ **4.** r. Comunicarse por escrito una persona con otra. ‖ **5.** Atenderse y amarse recíprocamente. ‖ **P.** corresponder; **I.** to correspond; **F.** correspondre; **A.** vergelten, entsprechen; **It.** corrispondere; **R.** соответствовать.

CORRESPONDIENTE. (De *corresponder*.) adj. Proporcionado, oportuno. ‖ **2.** Que tiene correspondencia con una persona o corporación. Ú.t.c.s. ‖ **3.** Geom. V. *Ángulos* CORRESPONDIENTES.

CORRESPONDIENTEMENTE. adv. Con correspondencia.

CORRESPONSAL. adj. Correspondiente, 2.ª acep. Ú. más entre comerciantes y periodistas, y muy frecuentemente c. s. ‖ **P.** correspondente; **I.** correspondent; **F.** correspondant; **A.** Berichterstatter, Korrespondent; **It.** corrispondente; **R.** корреспондент.

CORRESPONSALÍA. f. Cargo de corresponsal de un periódico.

CORRESPONSIÓN. (De *con* y *responsión*.) f. ant. Correspondencia o proporción de una cosa con otra.

CORRETAJE. m. Gestión del corredor en los ajustes y ventas. ‖ **2.** Premio o estipendio que logra el corredor por su servicio. ‖ **P.** corretagem; **I.** commission, brokerage; **F.** courtage; **A.** Maklergeschäft; **It.** senseria; **R.** маклерство.

CORRETEADA. f. Chile. Acción y efecto de correr, correteo.

CORRETEAR. intr. fam. Andar de calle en calle o de casa en casa. ‖ **2.** fam. Correr en varias direcciones dentro del limitado espacio y sin más fin que el de entretenerse.

CORRETEO. m. Acción y efecto de corretear.

CORRETERO. adj. fam. Que corretea. Ú.t.c.s.

CORRETORA. (De *correctora*.) f. En algunas comunidades, religiosa que tiene por oficio regir el coro en orden al canto.

CORREVEDILE. (De *correveidile*.) m. Correveidile.

CORREVEIDILE. (De *corre*, *ve* y *díle*.) com. fig. y fam. Persona que lleva y trae cuentos y chismes. || **2.** fig. y fam. Alcahuete, 1.ª acep.

CORREVERÁS. (De *corre* y *verás*.) m. Juguete para niños, que se mueve por un resorte oculto.

CORREYUELA. f. ant. Correhuela.

CORRIDA. (De *correr*.) f. Carrera, 1.ª acep. || **2.** Canto popular andaluz llamado también playeras. Ú.m. en pl. || **—del tiempo.** fam. Celeridad con que pasa el tiempo. || **—de toros.** Fiesta que consiste en lidiar cierto número de toros en una plaza cerrada. || CORRIDA *de caballo*, *y parada de borrico*. ref. Con que se zahiere al que empieza una cosa con garbo y luego desfallece. || De CORRIDA. m. adv. Con presteza. || TAUROM. P. tourada; I. Stierkampf; F. course de taureaux; A. Stierkampf; It. corsa di tori; R. бой, быков.

CORRIDAMENTE. adv. Corrientemente.

CORRIDO, DA. p.p. de correr. || **2.** adj. Que excede un poco del peso o de la medida que se trata. || **3.** V. *Letra*, *secansa* CORRIDA. || **4.** fig. Avergonzado, confundido. || **5.** fam. Aplícase a la persona de mundo, experimentada y astuta. || **6.** m. Cobertizo hecho a lo largo de las paredes de los corrales. || **7.** AND. Romance cantado. || **8.** AMÉR. Cualquier romance o composición octosilábica con variedad de asonancias. || **9.** Hablando de algunas partes de un edificio, continuo, seguido. || CORRIDO *de la costa*. Romance que se acompaña con la guitarra al son del fandango. || De CORRIDO. m. adv. De corrida.

CORRIENTE. p.a. de correr. Que corre. || **2.** adj. Dícese de la semana, del mes, del año o del siglo actual. || **3.** Dícese de la moneda de curso legal. || **4.** Cierto, sabido, admitido comúnmente. || **5.** Que no tiene impedimento para su uso y efecto. || **6.** Admitido o autorizado por el uso común o por la costumbre. || **7.** V. *Chazas* CORRIENTES. || **8.** Aplicado al estilo, fluido y suelto. || **9.** f. Movimiento progresivo de las aguas del río o del mar. || **10.** Estas mismas aguas en movimiento. || **11.** fig. Curso que llevan algunas cosas. || **12.** adv. con que se muestra conformidad. || **—alterna.** Fís. Aquella cuya intensidad es variable y cambia de sentido al pasar la intensidad por cero. || **—astática.** Fís. La producida por agujas imantadas de modo que no pueda ser influida por la acción magnética de la Tierra. || **—difásica.** ELECTR. Corriente alterna de dos fases. || **—continua.** Fís. La que fluye siempre en la misma dirección con intensidad generalmente variable. || **—convectiva.** ELECTR. La producida a través de un dieléctrico, pasando por convección las cargas de un conductor a otro. || **—eléctrica.** Fís. Movimiento de la electricidad a lo largo de un conductor. || *Al* CORRIENTE. m. adv. Sin atraso, con exactitud. || *Andar* CORRIENTE. fr. Estar corriente. || CORRIENTE *y moliente*. expr. fig. y fam. que se aplica a las cosas llanas, usuales y cumplidas. || *Dejarse llevar de la* CORRIENTE. fr. fig. Conformarse con la opinión de los demás, aunque se conozca que no es la más acertada. || *Estar al* CORRIENTE *de una cosa*. fr. Estar enterado de ella. || *Ir contra la* CORRIENTE. fr. fig. Navegar contra la corriente. || *Irse con*, *o tras la* CORRIENTE. fr. fig. Seguir la opinión de los demás sin examinarla. || *Navegar contra* CORRIENTE. fr. fig. Pugnar contra el común sentir o la costumbre, o esforzarse por lograr una cosa, luchando con grandes dificultades. || *Poner a uno al* CORRIENTE *de una cosa*. fr. Enterarle de ella. || *Tomar la* CORRIENTE *desde la fuente*. ref. que aconseja buscar el origen de las cosas para su mejor utilidad. || 9.ª acep.

CORRIENTE. P. e It. corrente; I. stream; F. courant; A. Strom; R. текучий.

CORRIENTEMENTE. adv. De manera corriente u ordinaria. || **2.** Llanamente, sin dificultad.

CORRIGENDO, DA. (l. *corrigendus*, que ha de corregirse.) adj. Que sufre pena o corrección en algún establecimiento destinado al efecto. Ú.t.c.s.

CORRILLERO, RA. adj. Dícese del aficionado a andar de corrillo en corrillo.

CORRILLO. m. Corro donde se juntan algunos a discutir y hablar, separados de lo restante del concurso. En pl. tómase por lo común en mala parte. || P. corrilho; I. ring, group; F. cercle; A. Plauderzirkel; It. capannello, crocchio; R. небольшой круг.

CORRIMIENTO. m. Acción y efecto de correr o correrse. || **2.** Fluxión de humores en alguna parte del cuerpo. || **3.** fig. Vergüenza, empacho, rubor. || **5.** AGR. Accidente que padece la vid en la época de la florescencia cuando, a causa del viento o de la lluvia se imposibilita o entorpece la fecundación.

CORRIVACIÓN. (l. *corrivatio*, *-ōnis*.) f. Obra de conducir los arroyuelos y juntarlos en alguna parte.

CORRIVERÁS. m. AST. Correverás.

CORRO. (De *correr*.) m. Cerco que forma la gente para hablar, para solazarse, etc. || **2.** Espacio que incluye. || **3.** Espacio circular o casi circular. || **4.** Juego de niñas que forman un círculo, cogidas de las manos y cantan dando vueltas en derredor. || *Bailo bien*, *y echáisme del* CORRO. ref. que advierte que, por lo regular, los que deben ser más atendidos son despreciados del vulgo. || *Escupir en* CORRO. fr. fig. Introducirse en la conversación. || *Hacer* CORRO *aparte*. fr. fig. y fam. Formar o seguir otro partido. || P. corro; I. ring, circle; F. cercle, assemblée; A. Kreis, Versammlung; It. capannello, circolo; R. кружок.

CORROBORACIÓN. (l. *corroboratio-ōnis*.) f. Acción y efecto de corroborar o corroborarse.

CORROBORANTE. p.a. de corroborar. Que corrobora. || **2.** adj. Dícese del medicamento que tiene virtud de corroborar. Ú.t.c.s.m.

CORROBORAR. (l. *corroborāre*; de *cum*, con y *roborāre*, fortificar.) tr. Vivificar, y dar mayores fuerzas al débil. Ú.t.c.r. || **2.** fig. Dar mayor fuerza a la razón, o al argumento con nuevos raciocinios o datos. Ú.t.c.r. || P. corroborar; I. to corroborate; F. corroborer; A. bekräftigen, (be)stärken; It. corroborare; R. укреплять.

CORROBORATIVO, VA. adj. Que corrobora o confirma.

CORROBRA. (De *corroborar*.) f. Robra, alboroque.

CORROER. (l. *corrodĕre*.) tr. Desgastar lentamente una cosa. Ú.t.c.r. || **2.** fig. Sentir los efectos de una gran pena o del remordimiento hasta hacerse visibles en el semblante o arruinar la salud. || P. corroer; I. to corrode; F. corroder; A. abzehren; It. corrodere; R. разъедать.

CORROMPEDOR, RA. adj. Corruptor. Ú.t.c.s.

CORROMPER. (l. *corrumpĕre*.) tr. Alterar y trastrocar la forma de alguna cosa. Ú.t.c.r. || **2.** Echar a perder, podrir. Ú.t.c.r. || **3.** Sobornar al juez, o a cualquiera persona. Ú.t.c.r. || **4.** fig. Pervertir o seducir a una mujer. || **5.** fig. Estragar, viciar. Ú.t.c.r. || **6.** fig. y fam. Incomodar, irritar. || **7.** intr. Oler mal. || P. corromper; I. to corrupt; F. corrompre; A. verderben; It. corròmpere; R. портить.

CORROMPIBLE. (De *corromper*.) adj. ant. Corruptible.

CORROMPIDAMENTE. adv. m. Errada y viciadamente.

CORROMPIENTE. p.a. ant. de corromper. Que corrompe.

CORROMPIMIENTO. (De *corromper*.) m. ant. Corrupción.

★ CORRONCHA. f. HOND. Concha de algunos animales.

CORRONCHO. m. COLOM. Cierto pez pequeño de río.

★ CORRONCHOCHO. m. GUAT. Cierta planta verbenácea.

★ CORRONCHOSO, SA. adj. COLOM., C. RICA y HOND. Áspero, rudo. || **2.** AMÉR. CENTRAL y VENEZ. Escamoso.

★ CORRONGO, GA. adj. C. RICA y CUBA. Bonito, simpático.

★ CORRONGUERA. f. C. RICA y CUBA. Gracia, simpatía.

CORROSAL. (Voz de los criollos de las Antillas.) Anona, arbolillo anonáceo y su fruto.

CORROSCA. f. COLOM. Sombrero de paja gruesa, de alas anchas, usado por los campesinos de ambos sexos, especialmente en los climas cálidos.

CORROSIBLE. (l. *corrōsum*, sup. de *corrodĕre*, corroer.) adj. Que puede ser corroído.

CORROSIÓN. (l. *corrōsum*, sup. de *corrodĕre*, corroer.) f. Acción y efecto de corroer o corroerse.

CORROSIVO, VA. (l. *corrosivus*.) adj. Dícese de lo que corroe. || **2.** QUÍM. V. *Sublimado* CORROSIVO. || P. e It. corrosivo; I. corrosive; F. corrosif; A. korrosiv; R. разъедающий.

CORROYENTE. p.a. de corroer. Que corroe.

★ CORROYERA. f. Arbusto de fruto drupáceo que tiene mucho tanino y se emplea como curtiente.

CORRUCO. m. MÁL. Pasta de harina y almendra tostada al horno.

★ CORRUDA. f. BOT. Espárrago silvestre.

CORRUGACIÓN. (l. *corrugātum*, sup. de *corrugāre*, arrugarse.) f. Contracción o encogimiento.

CORRUGAR. (l. *corrugāre*.) tr. ant. Arrugar.

CORRUGO. (l. *corrūgus*.) m. ant. Acequia hecha para tomar agua de un río.

CORRULLA. f. MAR. Corulla, pañol.

CORRUMPENTE. (l. *corrumpens*, *-entis*, p.a. de *corrumpĕre*, corromper.) adj. Que corrompe. || **2.** fig. y fam. Fastidioso, díscolo.

CORRUPCIÓN. (l. *corruptio*, *-ōnis*.) f. Acción y efecto de corromper o corromperse. || **2.** Alteración o vicio en un libro o escrito. || **3.** fig. Vicio producido en las cosas no materiales. || P. corrupção; I. y F. corruption; A. Verderben; It. corruzione; R. порча, коррупция.

CORRUPTAMENTE. m. Corrompidamente.

CORRUPTELA. (l. *corruptēla*.) f. Corrupción. || **2.** Mala costumbre o abuso, especialmente en los introducidos contra la ley.

CORRUPTIBILIDAD. (l. *corruptibilitas*, *-ātis*.) f. Calidad de corruptible.

CORRUPTIBLE. (l. *corruptibilis*.) adj. Que puede corromperse.

CORRUPTIVO, VA. (l. *corruptivus*.) adj. Dícese de lo que corrompe o puede corromper.

CORRUPTO, TA. (l. *corruptus*.) p.p. irreg. de corromper.

CORRUPTOR, RA. (l. *corruptor*.) adj. Que corrompe. Ú.t.c.s.

CORRUSCO. m. fam. Mendrugo, 1.ª acep.

CORSA. (De *corso*.) f. ant. MAR. Viaje de mar, que se puede hacer en un día. || **2.** CAN. Narria, rastra.

CORSARIAMENTE. adv. A lo corsario, a modo de corsario.

CORSARIO, RIA. (De *corso*, 1.er art.) adj. Dícese del que manda una embarcación armada en corso, con patente de su gobierno. Ú.m.c.s. || **2.** Aplícase a la embarcación armada en corso. || **3.** m. Pirata.

CORSÉ. (fr. *corset*. dim. de *corps*, y éste del l. *corpus*, *-ōris*, cuerpo.) m. Cotilla interior usada por las mujeres para ajustarse el cuerpo. || P. corpete; I. corset, stays; F. corset; A. Korsett, Schnürleibchen; It. busto, corsetto; R. корсет.

CORSEAR. intr. MAR. Ir a corso.

CORSETERÍA. f. Fábrica de corsés. || **2.** Tienda donde se venden.

CORSETERO, RA. m. y f. Persona que tiene por oficio hacer corsés, o venderlos. || P. espartilheiro; I. corsetier; F.

C

corsetière; **A.** Miedermacher; **It.** bustaio; **R.** корсетщик.

★ **CORSIA.** f. MAR. Sitio donde se coloca el cañón de crujía en las lanchas cañoneras.

★ **CORSITA.** f. GEOL. Roca eruptiva que es una variedad de la diorita.

CORSO. (l. *cŭrsus*, carrera.) m. MAR. Campaña que hacen por el mar los buques mercantes con patente de su gobierno para perseguir a los piratas o a las embarcaciones enemigas. Ú.m. en las frases *ir o salir, a* CORSO; *venir de* CORSO, etc.

CORSO, SA. (l. *corsus*.) adj. Natural de Córcega. Ú.t.c.s. || **2.** Perteneciente a esta isla del Mediterráneo.

CORTA. f. Acción de cortar árboles, arbustos y otras plantas en los bosques. Dícese también de los cañaverales. || **P.** corta de árvores; **I.** felling of wood, cutting; **F.** abatage; **A.** Fällen, Gehau; **It.** taglio; **R.** рубка леса.

CORTABOLSAS. (De *cortar* y *bolsa*.) com. Ladrón, ratero.

CORTACALLOS. m. Cuchillo especial que usan los callistas para su oficio.

CORTACIGARROS. m. Cortapuros.

CORTACIRCUITOS. m. ELECTR. Aparato que automáticamente interrumpe la corriente eléctrica cuando es excesiva o peligrosa.

CORTACORRIENTE. m. Interruptor de corriente eléctrica.

CORTADA. (De *cortar*.) f. ant. Cortamiento.

CORTADERA. (De *cortar*.) f. Cuña de acero sujeta a un mango, que sirve para cortar a golpe de martillo las barras de hierro candente. || **2.** Instrumento para cortar los panales. || **3.** AMÉR. Planta ciperácea de hojas alternas, largas, angostas y aplanadas, cuyos bordes cortan como una navaja; flores rojizas y baya amarilla. || **4.** ARGENT. Mata gramínea, propia de terrenos llanos y húmedos.

CORTADILLO, LLA. adj. Dícese de la moneda cortada y que no tiene figura circular. || **2.** m. Vaso pequeño para beber, tan ancho de arriba como de abajo. || **3.** Medida casera para líquidos. || **4.** V. *Azúcar de* CORTADILLO. || **5.** GERM. Cierta trampa de que usan en el juego de naipes los fulleros. || *Echar* CORTADILLO. fr. fig. y fam. Hablar con afectación. || **2.** fig. y fam. Beber vasos de vino.

CORTADO, DA. p.p. de cortar. || **2.** adj. Ajustado, proporcionado. || **3.** Aplícase al estilo del escritor que expresa los conceptos en cláusulas breves y sueltas. || **4.** BLAS. Aplícase a las figuras cuya mitad superior es de un esmalte y la inferior de otro. || **5.** BLAS. V. *Escudo* CORTADO. || **6.** m. Taza o vaso de café con algo de leche. || **7.** MÁL. Copa pequeña de aguardiente. || **8.** DANZA. Cabriola que se hace en el baile con salto violento. || **2.ª** acep.: **P.** cortado; **I.** fit to; **F.** juste; **A.** bündig; **It.** aggiustato; **R.** соразмерный.

CORTADOR, RA. adj. Que corta. || **2.** m. Carnicero, vendedor de carne. || **3.** El que tenía por oficio trinchar las viandas en la mesa del rey. || **4.** Diente incisivo. || **5.** El que en las sastrerías, zapaterías, talleres de costura corta los trajes o las piezas de cada objeto que en ellos se fabrica. || **P.** cortador; **I.** cutter; **F.** tailleur; **A.** Zuschneider; **It.** tagliatore; **R.** мясник, закройщик.

CORTADURA. (De *cortar*.) f. División hecha en un cuerpo continuo por instrumento cortante. || **2.** Abertura o paso entre dos montañas. || **3.** Recortado. || **4.** FORT. Parapeto con cañoneras y merlones y algunas veces con foso, que se hace en los baluartes grandes desde un ángulo de la espalda al otro, y en las golas de los pequeños. || **5.** FORT. Obra que se hace en los pasos estrechos, para defenderlos. || **6.** MIN. Ensanche en el encuentro de las galerías con el pozo principal. || **7.** pl. Recorte, desperdicios de algo que se ha cortado. || **P.** cortadura; **I.** cutting; **F.** coupure; **A.** Schnitt; **It.** tagliatura; **R.** разрезывание.

★ **CORTAFIERRO.** m. ARGENT. Cortahierro.

CORTAFRÍO. m. Cincel fuerte para cortar hierro frío a golpes de martillo. || **P.** corta-frio; **I.** cold-chisel; **F.** burin; **A.** Hartmeissel; **It.** tagliaferro; **R.** зубило.

CORTAFUEGO. (De *cortar* y *fuego*.) m. AGR. Vereda ancha que se deja en los sembrados y montes para que no se propaguen los incendios. || **2.** ARQ. Pared toda de fábrica, sin madera alguna, y de un grueso competente, que se eleva hasta más arriba del caballete, con el fin de que si hay fuego en un lado, no se comunique al otro.

CORTALÁPICES. m. Instrumento que sirve para aguzar los lápices.

★ **CORTAMALLA.** f. AGR. Corte alternativo en los sarmientos de la vid.

CORTAMENTE. adv. Limitadamente; con cortedad.

CORTAMIENTO. (De *cortar*.) m. ant. Corte, acción de cortar.

CORTANTE. p.a. de cortar. Que corta. || **2.** m. Cortador, 2.ª acep.

CORTAO. (fr. *corteau*.) m. Cierta antigua máquina de guerra.

CORTAPAPELES. m. Plegadera.

CORTAPICOS. m. ZOOL. Insecto ortóptero de cuerpo estrecho, de color negro, cabeza rojiza, élitros cortos, y a veces sin alas ni élitros, y abdomen terminado por dos piezas móviles, que forman una especie de alicates. Es muy dañoso para las plantas.

CORTAPICOS Y CALLARES. loc. fam. de que se usa para avisar a los niños que no sean parleros.

CORTAPIÉS. m. fam. Tajo o cuchillada que se tira a las piernas.

CORTAPISA. f. Guarnición de diferente tela que se ponía en ciertas prendas de vestir. || **2.** fig. Adorno y gracia con que se dice una cosa. || **3.** fig. Condición o restricción con que se concede o se posee una cosa.

CORTAPLUMAS. m. Navaja pequeña con que se cortaban las plumas de ave, y que actualmente tiene otros usos. || **P.** canivete; **I.** penknife; **F.** canif; **A.** Federmesser; **It.** tagliapenne, coltello da tasca; **R.** перочинный нож.

★ **CORTAPRUEBAS.** m. Cuchilla para cortar las pruebas fotográficas.

CORTAPUROS. m. Utensilio que sirve para cortar la punta de los cigarros puros.

CORTAR. (l. *cŭrtare*.) tr. Dividir o tajar algo con algún instrumento, como cuchillo, tijeras, etc. || **2.** Tratándose de la pluma de ave para escribir, darle en la extremidad del cañón los tajos convenientes. || **3.** Dar con las tijeras u otro instrumento la forma conveniente a las diferentes piezas de tela o de cuero de que se ha de componer una prenda de vestir o calzar. || **4.** Hender un fluido o líquido. || **5.** Separar o dividir una cosa en dos porciones. || **6.** En el juego de naipes, alzar parte de ellos. || **7.** Tratándose de un idioma, y con los adverbios bien o mal, pronunciarla con exactitud, o al contrario. || **8.** Tratándose del verso, y con los adverbios bien o mal, recitarlo como lo pide su puntuación y sentido, o al contrario. || **9.** Refiriéndose al aire o al frío, ser éstos penetrantes y sutiles. Ú.t.c.r. || **10.** Detener o impedir el curso de las cosas. || **11.** Dejar de decir algo, o señalar lo que no ha de decirse, en un discurso, comedia, etcétera. || **12.** Castrar las colmenas. || **13.** Recortar. || **14.** fig. Interrumpir una conversación o plática. || **15.** fig. Decidir en un negocio. || **16.** Grabar, esculpir en hueco o en relieve. || **17.** MIL. Dividir una parte del ejército enemigo dejándola incomunicada. || **18.** r. Faltar a uno palabras por causa de la turbación. || **19.** Tratándose de la leche, separarse la parte mantecosa de la serosa. Ú.t.c.tr. || **20.** Tratándose de salsas, separarse los ingredientes que debían quedar trabados. || **21.** Abrirse una tela o un vestido por los dobleces. || **22.** ARGENT. y P. RICO. Cruzar el campo desviándose del camino. || **23.** ARGENT. Agregar a un líquido una pequeña cantidad de otro. || **24.** CHILE. Adelantar un caballo a otro en la carrera. || **25.** ARGENT. Murmurar. || **26.** CHILE. Escaparse. || COR-TAR *de vestir*. fr. Hacer vestidos. || **2.** fig. y fam. Murmurar. || **P.** cortar; **I.** to cut; **F.** couper, tailler; **A.** schneiden; **It.** tagliare; **R.** резать.

★ **CORTARRAÍCES.** m. Instrumento para cortar en pedazos las raíces y tu-

bérculos para alimentar al ganado. || **P.** máquina para cortar as raizes; **I.** root-hewer; **F.** coupe-racines; **A.** Wurzelschneidemaschine; **It.** spaccaradici.

CORTAVIENTO. m. Aparato delantero de un vehículo, que sirve para cortar el viento. || **P.** corta-vento; **I.** wind-shield; **F.** coupe-vent; **A.** Windschutz; **It.** tagliavento.

CORTE. (De *cortar*.) m. Filo del instrumento con que se corta y taja. || **2.** Acción y efecto de cortar. || **3.** Tratándose de la pluma de ave para escribir, acción y efecto de cortarla. || **4.** Arte y acción de cortar las diferentes piezas que requiere la hechura de un vestido, un calzado u otras cosas. || **5.** Cantidad de tela o cuero necesaria y bastante para hacer un vestido, un pantalón, un calzado, etc. || **6.** Oficina en que se cortan prendas de vestuario para la tropa. || **7.** Corta. || **8.** fig. Medio que se toma para cortar diferencias y poner de acuerdo a los que están discordes. || **9.** ARQ. Sección de una fábrica. || **10.** ENCUAD. Superficie que forman los cantos de un libro. || —**de cuentas.** || Terminación que, sin anuencia del acreedor da a las cuentas el que resulta alcanzado. || **P.** corte; **I.** edge; **F.** tranchant; **A.** Schärfe, Messerschneide; **It.** taglio; **R.** лезвие.

CORTE. (l. *cors*, *cŏrtis*, o *cohors*, *cohŏrtis*, cohorte.) f. Población donde habitualmente reside el soberano en las monarquías. || **2.** Conjunto de todas las personas que componen la familia y comitiva del rey. || **3.** por ext. séquito o acompañamiento. || **4.** Conjunto de personas que concurrían a los besamanos de palacio los días de gala. || **5.** Con el calificativo celestial, el cielo. || **6.** Chancillería o sus estrados. || **7.** Corral, establo. || **8.** AST. Piso bajo de las casas de ganado, donde éste se alberga. || **9.** AMÉR. Tribunal de justicia. || **10.** pl. Junta general que los antiguos reinos españoles celebraban las personas autorizadas para intervenir en los negocios graves del Estado. En época moderna se ha dado este nombre a las Cámaras legislativas. || **11.** V. *Procurador en* CORTES. || —**constituyentes.** Las que tienen poder y mandato para dictar o reformar la constitución. || —**ordinarias.** Las que no tienen poder constituyente. || CORTE *o cortijo*. fr. fam. que significa la conveniencia de vivir en población muy grande o en casa aislada en el campo. || *Hacer la* CORTE. fr. Concurrir a palacio o a la casa de un superior en muestra de obsequioso respeto. || **2.** Cortejar, galantear. || **P.** residência real; **I.** court; **F.** cour; **A.** Hofstaat; **It.** corte; **R.** двор.

CORTEDAD. (De *corto*.) f. Pequeñez y poca extensión de una cosa. || **2.** fig. Falta o escasez de talento, de valor, de instrucción, etc. || **3.** fig. Encogimiento, poquedad de ánimo.

CORTEGA. f. Ortega.

CORTEJADOR, RA. adj. Cortejante. Ú.t.c.s.

CORTEJANTE. p.a. de cortejar. Que corteja.

CORTEJAR. (De *cortejo*.) tr. Acompañar a uno, contribuyendo a lo que sea de su agrado. || **2.** Galantear, requebrar a una mujer.

CORTEJO. (ital. *corteggio*, y éste del l. *cohors*, *cohŏrtis*, cohorte.) m. Acción y efecto de cortejar. || **2.** Personas que forman el acompañamiento en una ceremonia. || **3.** Fineza, agasajo, regalo. || **4.** fam. Persona que tiene relaciones amorosas con otra, y especialmente si éstas son ilícitas.

★ **CORTEÑA.** f. IMPR. Hoja en blanco en ciertos impresos.

★ **CORTERA.** f. CHILE. Cortesana, ramera.

CORTÉS. adj. Atento, comedido, afable. || *No quita lo* CORTÉS *a lo valiente.* expr. fam. con que se da a entender que son compatibles la educación y el respeto con la energía para defender cada cual sus convicciones o derechos.

CORTESANAMENTE. adv. Con cortesanía.

CORTESANAZO, ZA. (aum. de *cortesano*, (1.ª acep.) adj. Afectadamente cortés.

CORTESANÍA. (De *cortesano*.) Atención, agrado, comedimiento.

CORTESANO, NA. (ital. *cortigiano*, y éste del l. *cohors, cohŏrtis*, cohorte.) adj. Perteneciente a la corte. || **2.** V. *Dama* cortesana. Ú.t.c.s. || **3.** Cortés. || **4.** m. Palaciego que servía al rey en la corte. || **P.** cortesão; **I.** courtier; **F.** courtisan; **A.** Höfling; **It.** cortigiano; **R.** придворный.

CORTESÍA. (De *cortés.*) f. Demostración o acto con que se manifiesta la atención, respeto o afecto que tiene una persona a otra. || **2.** En las cartas, expresiones de urbanidad que se ponen antes de la firma. || **3.** Cortesanía. || **4.** Regalo, 1.ª acep. || **5.** En el giro, días que se concedían al que había de pagar una letra, después del vencimiento. || **6.** Gracia o merced. || **7.** Tratamiento, título. || **8.** IMPR. Hoja, página o parte de ella que se deja en blanco entre dos capítulos o al principio de ellos. || *Estragar la* CORTESÍA. fr. que se dice del que, no contento con los beneficios recibidos de una persona a todas horas la molesta con nuevas instancias. || **P.** cortesia; **I.** courteousness; **F.** politesse, courtoisie, civilité; **A.** Kompliment, Zuvorkommenheit; **It.** cortesia; **R.** вежливость.

CORTÉSMENTE. Adv. Con atención, con cortesanía.

★ **CORTEZ.** m. BOT. AMÉR. Árbol bignoniáceo mejicano, cuya madera se utiliza en ebanistería.

CORTEZA. (l. *cortĭcea*, t. f. de -*ĕus.*) f. BOT. Parte externa de las raíces y tallos de las plantas fanerógamas. || **2.** Parte exterior y dura de algunas frutas y otras cosas. || **3.** fig. Exterioridad de una cosa no material. || **4.** fig. Rusticidad, falta de crianza en una persona. || **5.** pl. GERM. Guantes. || CORTEZA *peruviana.* Quina. || *Injertar de* CORTEZA. fr. Unir al pie una cortecilla de la planta que se quiere injertar, con tal que lleve una o más yemas verdes. || **P.** córtex; **I.** bark, peel, rind; **F.** écorce, croûte; **A.** Rinde, Schale; **It.** buccia, scorza, crosta; **R.** кора.

CORTEZA. f. Ortega, especie de ave.

CORTEZÓN. m. aum. de corteza, 1.er art.

CORTEZUDO, DA. adj. Que tiene mucha corteza. || **2.** fig. Dícese de la persona rústica.

CORTEZUELA. f. d. de corteza, 1.er art.

★ **CORTICADO, DA.** adj. BOT. Que tiene corteza.

CORTICAL. adj. Relativo o perteneciente a la corteza.

★ **CORTICOSO, SA.** adj. Dícese de ciertas frutas que tienen interiormente una corteza coriácea como la naranja.

★ **CORTICOSTERONA.** f. BIOQUÍM. Hormona incolora y cristalina extraída de la capa externa de la glándula suprarrenal.

CORTIJADA. f. Conjunto de habitaciones fijas levantadas por los labradores o dueños de un cortijo. || **2.** Conjunto de varios cortijos.

CORTIJERO, RA. m. y f. Persona que cuida de un cortijo y vive en él. || **2.** m. Capataz de un cortijo.

CORTIJO. (De *corte.*) m. Posesión de tierra y casa de labor. || **2.** GERM. Mancebía, 1.ª acep. || *Alborotar el* CORTIJO. fr. fig. y fam. Turbar, con palabras o acciones una concurrencia de gente. || **2.** fig. y fam. Animar a la gente para que concurra a un festejo. || **P.** herdade; **I.** farmhouse; **F.** ferme, métairie; **A.** Hofgut, Meierhof; **It.** fattoria; **R.** ферма.

CORTIL. (l. *cortile*, de *cors*, corral.) m. Corral, 1.ª acep.

CORTINA. (l. *cortina.*) f. Paño grande con que se cubren y adornan las puertas, ventanas, camas y otras cosas. || **2.** En la etiqueta y ceremonial de la real capilla, dosel en que estaba la silla o sitial del rey. || **3.** Lo que encubre y oculta algo. || **4.** fig. y fam. En las tabernas, residuo de vino que dejan en los vasos los bebedores. || **5.** FORT. Lienzo de muralla que está entre dos baluartes. || —*de humo.* MAR. y MIL. Masa densa de humo, que se produce artificialmente para ocultarse del enemigo. || —*de muelle.* Muro de sostenimiento a lo largo de un río o del mar. || *Correr la* CORTINA. fr. fig. Descubrir lo oculto. || **2.** fig. Pasar en silencio u ocultar alguna cosa. || *Dormir*

a CORTINAS *verdes.* fr. fig. y fam. Dormir en el campo. || **P.** cortina; **I.** curtain; **F.** rideau, courtine, portière; **A.** Vorhang, Gardine; **It.** tenda, cortina, portiera; **R.** занавес.

CORTINADO, DA. adj. ant. Que tiene cortinas.

CORTINAJE. m. Conjunto o juego de cortinas. || **P.** cortinado; **I.** drapery; **F.** draperie; **A.** Draperie; **It.** cortinaggio; **R.** драпировки.

CORTINAL. (De *cortina.*) m. Pedazo de tierra cercado, inmediato a pueblo o casas de campo que ordinariamente se siembra todos los años.

★ **CORTINAS.** f. pl. BIOQUÍM. Hormonas contenidas en las glándulas suprarrenales.

CORTINILLA. (d. de *cortina.*) f. Cortina pequeña que se coloca en la parte interior de los cristales de balcones, ventanas, etc., para resguardarse del sol o impedir la vista desde fuera.

★ **CORTINÓN.** m. aum. de cortina.

★ **CORTISONA.** f. BIOQUÍM. Hormona aislada de la corteza suprarrenal. Obtenida por síntesis es un valioso remedio contra el artritismo y las fiebres reumáticas.

★ **CORTITO, TA.** adj. dim. de corto. || **2.** adv. CHILE. Suavemente.

CORTO, TA. (l. *cŭrtus.*) adj. Dícese de las cosas que no tienen la extensión que les corresponde, y de las que son pequeñas en comparación con otras de su misma especie. || **2.** De poca duración, estimación o entidad. || **3.** Escaso o defectuoso. || **4.** Que no alcanza al punto de su destino. || **5.** V. CORTO *circuito.* || **6.** fig. Tímido encogido. || **7.** fig. De escaso talento. || **8.** fig. Falto de palabras. || *A la* CORTA *o a la larga.* m. adv. Más tarde o más temprano; al fin y al cabo. || **P.** curto; **I.** short; **F.** court; **A.** kurz; **It.** corto; **R.** короткий.

CORTÓN. (De *cortar.*) m. Insecto ortóptero semejante al grillo, pero bastante mayor, de color pardo leonado por encima, amarillo rojizo por debajo. Vive en los jardines y huertas, y es muy dañino a las plantas. También se llama grillo real y alacrán cebollero.

CORÚA. (Voz cubana.) f. CUBA. Ave palmípeda, especie de cuervo marino. Tiene el pico recto y comprimido en la punta; color negro verdoso con algunas rayas blancas sobre el cuello y patas negras.

CORUJA. f. Curuja. || CORUJA *de secano, agua en la mano.* ref. que indica que la lechuza, aun en tiempo seco anuncia con su voz el agua.

CORULLA. f. MAR. Pañol de las jarcias en las galeras.

CORUNDO. m. Corindón.

CORUÑA. f. Lienzo que tomó su nombre de la ciudad en que se fabrica.

CORUÑÉS, SA. adj. Natural de La Coruña. Ú.t.c.s. || **2.** Perteneciente a esta ciudad.

CORUPÁN. m. BOT. Una especie de árbol leguminoso.

★ **CORUSCACIÓN.** f. FÍS. Resplandor de un meteoro. || QUÍM. Fulguración.

CORUSCANTE. p.a. poét. de coruscar. Que corusca.

CORUSCAR. (l. *coruscāre.*) intr. poét. Brillar.

CORUSCO, CA. (l. *coruscus*, resplandeciente.) adj. poet. Coruscante.

CORVA. (l. *cŭrva*, t. f. de -*vus.*) f. Parte de la pierna, opuesta a la rodilla, por donde se dobla y encorva. || **2.** GERM. Ballesta, arma para disparar flechas. || **3.** CETR. Aguadera, 1.ª acep. || **4.** VETER. Tumor que se forma en la cara interna del corvejón en las caballerías. || **P.** curva; **I.** ham, hock; **F.** jarret; **A.** Kniekehle; **It.** pòplite; **R.** подколенок.

CORVADO, DA. p.p. de corvar. || adj. GERM. Muerto.

CORVADURA. (l. *curvatūra.*) f. Parte por donde se tuerce, dobla o encorva una cosa. || **2.** Curvatura. || **3.** ARQ. Parte curva o arqueada del arco o de la bóveda.

CORVAL. (De *corva.*) m. LEÓN. Correa con que se sujetan las abarcas a las piernas.

CORVAR. (l. *curvāre.*) tr. ant. Encorvar.

CORVATO. m. Pollo del cuervo.

CORVAZA. (De *corva.*) f. VETER. Tumor que se forma en la parte inferior del corvejón en las caballerías.

CORVECITO. m. d. de cuervo.

CORVEDAD. (l. *curvĭtas, -ātis.*) f. ant. Curvidad.

CORVEJÓN. (De *corvo.*) m. VETER. Articulación situada entre la parte inferior de la pierna y superior de la caña, y a la cual se deben los principales movimientos de flexión y extensión de las extremidades posteriores de los cuadrúpedos. || **P.** curvejão; **I.** hock, gambrel; **F.** jarret d'animal; **A.** Kniebeuge; **It.** garetto; **R.** подколенок.

CORVEJÓN. (l. *corvus*, cuervo.) m. Cuervo marino.

CORVEJOS. (De *corvo.*) m. pl. VETER. Corvejón, 1.er art.

CORVEÑO, ÑA. adj. Natural de Cuerva, villa de la provincia de Toledo. Ú.t.c.s. || **2.** Perteneciente o relativo a dicha villa.

CORVETA. (De *corva.*) f. Movimiento que se enseña al caballo, obligándole a ir sobre las patas traseras y las delanteras en el aire.

CORVETEAR. intr. Hacer corvetas el caballo.

CÓRVIDO. (l. *corvus, -vi,* cuervo.) adj. ZOOL. Dícese de unos pájaros dentirrostros, bastante grandes, con pico largo y fuerte, y son necrófagos; como el cuervo. || **2.** m. pl. ZOOL. Familia de estos animales.

CORVILLO. adj. fam. Aplícase al miércoles de ceniza.

CORVINA. (De *corvino*, por el color.) f. ZOOL. Pez teleósteo marino, acantopterigio, de unos cinco decímetros de largo, color pardo con manchas, cabeza obtusa, boca con muchos dientes y aleta anal con espinas muy fuertes. Abunda en el Mediterráneo y es comestible muy apreciado.

★ **CORVINA.** f. CHILE. Sierra más ancha en la parte media que en los extremos y con dientes triscados.

CORVINERA. f. Red para pescar corvinas.

CORVINO, NA. (l. *corvīnus.*) adj. Perteneciente al cuervo o parecido a él.

CORVO, VA. (l. *cŭrvus.*) adj. Arqueado o combado. || **2.** m. Garfio.

CORVO. (l. *cŏrvus.*) m. Corvina.

★ **CORVO.** m. Vino de Italia de aroma y sabor delicados.

CORZA. f. Hembra del corzo.

CORZO. m. (l. vulg., *curtius*, y éste del l. *curtus*, corto.) m. ZOOL. Mamífero rumiante, de los cérvidos, algo mayor que la cabra, rabón y de color gris rojizo; tiene las cuernas pequeñas y ahorquilladas, hacia la punta. || **P.** corço; **I.** roe, roe-deer; **F.** chevreuil; **A.** Reh, Rehbock; **It.** capriolo; **R.** косуля.

CORZUELO. (l. *corticĕolus*, de *corticĕus*, de corteza.) m. Porción de granos de trigo con la cascarilla que se separa de los demás cuando se abelda.

COSA. (l. *causa.*) f. Todo lo que tiene entidad, ya sea corporal o espiritual, natural o artificial, real o abstracta. || **2.** En oraciones negativas, nada. || **3.** FOR. En contraposición a persona. || **4.** FOR. El objeto material, en oposición a los derechos creados sobre él y a las prestaciones personales. || **5.** FOR. Bien. || —*de entidad.* Cosa de substancia, de valor. || —*del otro jueves.* fig. y fam. Hecho extravagante. || **2.** fig. y fam. Lo que ha mucho tiempo que pasó. || —*de oir.* expr. Cosa digna de ser oída o que llama la atención. || —*de ver.* expr. Cosa digna de ser vista o que llama la atención. || —*dura.* fig. Cosa intolerable. || —*juzgada.* Se dice de cualquier cosa que se da por resuelta. || **2.** FOR. Excepción que se alega cuando en un nuevo pleito se reproduce la cuestión ya resuelta anteriormente. || —*no vista, o nunca vista.* fig. y fam. Cosa muy extraña. || —*perdida.* loc. con que se da a entender que una persona es incorregible. || —*rara.* expr. Con que suele manifestarse la admiración que causa alguna cosa. || *Quisicosa.* || *Brava* COSA. irón. Cosa necia. || *Fuerte* COSA. fam. Cosa molesta. || *Poquita* COSA. fam. Dícese de la persona débil de cuerpo o de ánimo. || COSAS *de alguno.* expr. fam. para explicar

C

o disimular las rarezas de alguna persona, que ya no causan extrañeza por ser frecuentes en ella. ‖ COSAS de viento. fig. y fam. Las inútiles, de poca substancia. ‖ *A* COSA *hech2*. m. adv. con éxito seguro. ‖ *Como quien hace otra* COSA, *o tal* COSA *no hace*. loc. adv. fam. Con que se denota que uno ejecuta algo con disimulo. ‖ *Como quien no quiere la* COSA. loc. adv. fig. y fam. Con disimulo. ‖ *Como si tal* COSA. fr. fig. y fam. Como si no hubiera pasado nada. ‖ COSA *con* COSA. loc. que, precedida de ciertos verbos con negación, denota falta de orden. ‖ COSA *cumplida, sólo en la otra vida*. ref. con que se explica lo mucho que dejan que desear las mayores felicidades mundanas. ‖ COSA *de*. m. adv. fam. *cerca de :* COSA *de ocho días tardará*. ‖ COSA *hallada no es hurtada*. ref. que además de su significación recta, tiende a disculpar al que se prevale de la ocasión para sus fines. ‖ COSA *mala nunca muere*. ref. con que se da a entender el sentimiento que se tiene de ver perecer las cosas buenas y permanecer las malas. Aplícase comúnmente a personas y animales. ‖ *Dejarlo como* COSA *perdida*. fr. fam. No hacer caso de la persona o cosa a que no se puede poner enmienda o remedio. ‖ *El que no duda, no sabe* COSA *alguna*. ref. que enseña cuánto perjudican a la averiguación de la verdad la facilidad en creer y la precipitación y falta de examen. ‖ *Las* COSAS *de palacio van despacio*. fr. fig. y fam. con que se alude a la lentitud con que se lleva un asunto. ‖ *Manda y descuida: no se hará* COSA *ninguna*. ref. que advierte cuán necesaria es la vigilancia en los que mandan, para que se cumpla lo mandado. ‖ *Ni* COSA *que lo valga*. loc. que se emplea para incluir en una negación no solamente lo expresado, sino también todo lo análogo. ‖ *No hacer* COSA *a derechas*. fr. No hacer nada con acierto. ‖ *No hay* COSA *más barata que la que se compra*. fr. proverb. con que se significa que no pocas veces los regalos resultan más costosos que lo que se adquiere por dinero. ‖ *No ponérsele* a uno COSA *por delante*. fr. fig. Atropellar por todo. ‖ *No quedarle* a uno *otra* COSA. fr. fam. con que se asegura que lo que se dice es cierto. ‖ *No sea* COSA *de*. fr. que indica prevención. ‖ *No ser* COSA *de*. fr. No ser conveniente aquello de que se hace referencia. ‖ *No ser una* COSA *del otro jueves*. fig. y fam. Hecho o dicho insignificante y vulgar. ‖ *No ser* COSA *del otro mundo*. fr. fig. con que se afirma que la cosa de que se trata no es nada extraña. ‖ *No tener* uno COSA *suya*. fr. fig. Ser muy desprendido y liberal. ‖ *Oir, ver y callar, recias* COSAS *son de obrar*. ref. que expresa la gran dificultad que cuesta observarlas. ‖ *Otra* COSA *es con guitarra*. expr. fam. con que se reprende al que se gloría de hacer una cosa que se cree prudentemente no la haría si llegase ocasión de ejecutarla. ‖ *Pasado en* COSA *juzgada*. loc. FOR. Pasado en autoridad de cosa juzgada. ‖ *Quedarle* a uno *otra* COSA *en el cuerpo o en el estómago*. fr. fig. y fam. Decir disimuladamente lo contrario de lo que se siente. ‖ *Ser algo* COSA *de uno*. fr. Ser de su aprecio, estimación, interés, etc. ‖ *Tres* COSAS *demando si Dios me las diere: la tela, el telar y la que la teje*. ref. que reprende a los ambiciosos que con nada se contentan. ‖ P. coisa o cousa; I. thing; F. chose; A. Sache, Ding; It. cosã; R. вещь, предмет.

COSACO, CA. adj. Dícese del habitante de varios distritos de Rusia. Ú.t.c.s. ‖ **2.** m. Soldado ruso de tropa ligera. ‖ P. cossaco; I. Cossack; F. cosaque; A. Kosak; It. cosacco; R. казак.

* **COSACOSA.** f. ECUAD. Cierta planta textil.

* **COSALITA.** f. MINERAL. Sulfuro de bismuto y plomo argentífero que se encuentra en Méjico.

COSARIO, RIA. (De *corsario*.) adj. Perteneciente al cosario. ‖ **2.** Cursado, frecuentado. ‖ **3.** m. Ordinario, trajinero. ‖ **4.** Cazador de oficio.

COSACHO. m. ARGENT. y CHILE. Cacho, coscorrón.

COSCARANA. (De *cuscurro*.) f. AR. Torta muy delgada y seca que cruje al mascarla.

COSCARRÓN. m. P. RICO. Árbol de madera muy compacta y dura.

COSCARSE. (l. *coxicare*, de *coxa*, cadera.) f. fam. Concomerse.

COSCOJA. (De *coscojo*.) f. Árbol achaparrado semejante a la encina, en el que vive el quermes que produce el coscojo. ‖ **2.** Hoja seca de la carrasca o encina. ‖ **3.** Chapa de hierro arrollada en forma de cañuto, que se coloca en los travesaños de bocados y de hebillas, para que pueda correr con facilidad el correaje.

COSCOJAL. m. Sitio poblado de coscojas, 1.ª acep.

COSCOJAR. m. Coscojal.

COSCOJERO, RA. adj. R. DE LA PLATA. Dícese de la caballería que agita mucho los coscojos del freno.

COSCOJITA. f. Coxcojita.

COSCOJO. (l. *cusculium*.) m. Agalla producida por el quermes en la coscoja. ‖ **2.** pl. Piezas de hierro a modo de cuentas, que asidas al bocado de los frenos de brida, forman los sabores.

COSCOLINA. f. MÉJ. Mujer de malas costumbres.

* **COSCOLINO, NA.** adj. MÉJ. Arisco, inquieto.

COSCOMATE. (azt. *cuezcomtl*.) m. MÉJ. Troje cerrado hecho con barro y zacate, para conservar el maíz.

COSCÓN, NA. adj. fam. Socarrón, hábil para lograr lo que le acomoda. Ú.t.c.s.

COSCOROBA. (Voz onomatopéyica.) f. ARGENT. y CHILE. Ave, especie de cisne, de cuello corto, cola blanca y pequeña.

COSCORRÓN. (De *cosque*.) m. Golpe en la cabeza, que no saca sangre y duele. ‖ P. coscorrão; I. bump on the head; F. coup sur la tête; A. Kopfnuss; It. colpo nella testa; R. ушибъ головы.

COSCORRONERA. f. Chichonera.

COSECANTE. f. TRIG. Secante del complemento de un ángulo o de un arco.

COSECHA. (Del ant. *cogecha*, y éste del l. *collecta*, p.p. de *colligĕre*, recoger.) f. Conjunto de frutos que se recogen de la tierra. ‖ **2.** Temporada en que se recogen los frutos. ‖ **3.** Ocupación de recoger los frutos de la tierra. ‖ **4.** fig. Conjunto de cosas no materiales. ‖ *Ser una cosa de la* COSECHA *de uno*. fr. fig. y fam. Ser de su propia invención. ‖ *Tras poca* COSECHA, *ruin trigo*. fr. fig. y fam. Que un daño suele producir otros. ‖ P. colheita; I. crop, harvest; F. récolte, moisson; A. Lese, Ernte; It. raccolta; R. урожай.

* **COSECHADORA.** f. Máquina agrícola que es a un tiempo segadora y trilladora.

COSECHAR. intr. Hacer la cosecha. Ú.t.c.tr. ‖ P. colher; I. to crop, to harvest; F. récolter, moissonner; A. ernten; It. raccogliere; R. собирать урожай.

COSECHERO, RA. m. y f. Persona que tiene cosecha.

COSEDIZO, ZA. adj. ant. Que se puede coser.

COSEDURA. (De *coser*.) f. Costura.

* **COSEÍNA.** Quím. Principio amargo que se obtiene de las flores de couso.

COSELETE. (l. *corpus*, cuerpo.) m. Coraza ligera, generalmente de cuero, que usaron ciertos soldados de infantería. ‖ **2.** Soldado que llevaba coselete y pica o alabarda. ‖ **3.** ZOOL. Tórax de los insectos cuando las tres piezas que lo componen están fuertemente unidas entre sí. ‖ P. corselete; I. corselet; F. corselet, corset; A. Rüstung; It. corsaletto; R. нагрудные латы.

COSENO. m. TRIG. Seno del complemento de un ángulo o de un arco. ‖ **—verso.** TRIG. Seno verso del complemento de un ángulo o de un arco.

COSER. (l. *consuĕre*.) tr. Unir con hilo, generalmente enhebrado en la aguja, dos o más pedazos de tela, cuero u otra cosa. ‖ **2.** Hacer labores de aguja. ‖ **3.** fig. Unir una cosa con otra, de suerte que queden muy juntas. ‖ COSERSE uno *con*, *o contra*, *alguna cosa*. fr. fig. y fam. Unirse estrechamente con ella. ‖ COSER *y cantar*. fr. fig. y fam. con que se denota que aquello que se ha de hacer no ofrece dificultad ninguna. ‖ P. coser; I. to sew; F. coudre; A. zunähen; zusammennähen; It. cucire; R. шить.

COSERA. f. RIOJA. Porción de tierra que se riega con el agua de una tanda. ‖ **2.** SOR. Surco que se hace con el arado al comienzo de cada año para marcar la separación de dos fincas rústicas.

COSETADA. (De *coso*.) f. Paso acelerado.

COSETANO, NA. (l. *cosetānus*.) adj. Natural de Cosetania. Ú.t.c.s. ‖ **2.** Perteneciente a esta región de la España tarraconense.

COSETEAR. (De *coso*.) intr. ant. Justar, lidiar.

COSIBLE. adj. Que puede coserse.

CÓSICO. (De *cosa*, raíz o número que se ha de elevar a una potencia.) adj. ARIT. Dícese del número que es potencia exacta de otro.

COSICOSA. (De la loc. *cosa* y *cosa*.) f. Quisicosa.

COSIDO, DA. p.p. de coser. ‖ **2.** m. Acción y efecto de coser. ‖ **3.** Calidad de la costura. ‖ **—de la cama.** Sábana de encima, mantas y colcha, que algunas veces se hilvanan juntas para que no se separen. ‖ **2.ª** acep.: P. cosido; I. sewing; F. couture; A. Nähen; It. cucito; R. шитьѣ.

COSIDURA. (De *coser*.) f. MAR. Tratándose de cabos, especie de ligada.

COSMÉTICO, CA. (gr. κοσμητικός, de κοσμέω, adornar, componer.) adj. Dícese de lo que pertenece la preparación, y uso de los cosméticos. ‖ **2.** Dícese de las confecciones hechas para hermosear la tez o el pelo. Ú.t.c.s. ‖ P. cosmético; I. cosmetic; F. cosmétique; A. Kosmetik; It. cosmético; R. косметика.

CÓSMICO, CA. (l. *cosmĭcus*, y éste del gr. κοσμικός, de κόσμος, mundo.) adj. Perteneciente al cosmos. ‖ **2.** ASTRON. Aplícase al orto u ocaso de un astro, que coincide con la salida del Sol. ‖ P. cósmico; I. cosmic; F. cosmique; A. kosmisch; It. còsmico; R. космический.

* **COSMODROMO [COSMÓDROMO].** (gr. κόσμος, mundo, y δρόμος, carrera.) Pista de lanzamiento y aterrizaje para las naves cósmicas o espaciales.

COSMOGONÍA. (gr. κοσμογονία; κόσμος, mundo, y γίγνομαι, ser, producirse.) f. Ciencia o sistema de la formación del universo. ‖ P. cosmogonia; I. cosmogony; F. cosmogonie; A. Kosmogonie; It. cosmogonia; R. космогония.

COSMOGÓNICO, CA. adj. Perteneciente a la cosmogonía.

COSMOGRAFÍA. (l. *cosmographĭa*, y éste del gr. κοσμογραφία; de κόσμος, mundo, y γράφω, describir.) f. Descripción astronómica del mundo. ‖ P. cosmografia; I. cosmography; F. cosmographie; A. Weltbeschreibung; It. cosmografia; R. космография.

COSMOGRÁFICO, CA. adj. Perteneciente o relativo a la cosmografía.

COSMÓGRAFO. (l. *cosmogrăphus*, y éste del gr. κοσμογράφος.) m. El que profesa la cosmografía o tiene en ella especiales conocimientos. ‖ P. cosmografo; I. cosmographer; F. cosmographe; A. Weltbeschreiber; It. cosmògrafo; R. космограф.

COSMOLOGÍA. gr. κόσμος, mundo y λόγος, teoría.) f. Conocimiento filosófico de las leyes generales que rigen el mundo físico. ‖ P. cosmologia; I. cosmology; F. cosmologie; A. Kosmologie, Weltlehre; It. cosmologia; R. космология.

COSMOLÓGICO, CA. (gr. κοσμολογικός.) adj. Perteneciente o relativo a la cosmología.

COSMÓLOGO. m. El que profesa la cosmología o tiene en ella especiales conocimientos. ‖ P. cosmologo; I. cosmologist; F. cosmologue, cosmologiste; A. Kosmolog; It. cosmologo.

* **COSMONAUTA.** com. Persona que en un satélite artificial, cápsula o nave espacial realiza un viaje por el espacio exterior a la atmósfera de la Tierra.

* **COSMONÁUTICA.** f. Navegación por el espacio exterior a la atmósfera terrestre ‖ **2.** Moderna ciencia que estudia los métodos y medios adecuados para efectuar dicha navegación por el espacio exterior.

* **COSMONAVE.** f. Ingenio destinado

al vuelo por el espacio exterior a la atmósfera terrestre.

COSMOPOLITA. (gr. κοσμοπολίτης, de κόσμος, mundo, y πολίτης, ciudadano.) adj. Dícese de la persona que considera a todo el mundo como patria suya. Ú.t. c.s. || **2.** Dícese de lo que es común a todos los países o a los más de ellos. || **3.** Aplícase a los seres o especies animales y vegetales aclimatados a todos los países. El hombre es cosmopolita; **P.** e **It.** cosmopolita; **I.** cosmopolitan; **F.** cosmolpolite; **A.** Weltbürger; **R.** космополит.

COSMOPOLITISMO. m. Doctrina y género de vida de los cosmopolitas.

COSMORAMA. (gr. κόσμος, mundo y ὅραμα, vista.) m. Artificio óptico que sirve para ver aumentados los objetos mediante una cámara obscura. || **2.** Sitio donde por recreo se ven representados de este modo pueblos, edificios, etc.

COSMOS. (l. *cosmos*, y éste del gr. κόσμος.) m. Mundo, universo.

★ **COSMOSCOPIO.** m. Fís. Aparato para proyectar los cuerpos, opacos y transparentes, sin pantallas especiales.

★ **COSMOTRÓN.** Acelerador que genera protones con una energía próxima a los 3.000 Mev.

COSO. (l. *cŭrsus*, carrera.) m. Plaza, sitio o lugar cercado, donde se corren y lidian toros y se ejecutan otras fiestas públicas. || **2.** Calle principal en algunas poblaciones. || **P.** praça de touros; **I.** bull-ring; **F.** arène pour les courses; **A.** Stierplatz; **It.** circo; **R.** стойло для быков перед выпуском их на арену.

COSO. (l. *cossus*.) m. Carcoma, insecto que roe la madera.

COSPE. m. Cada uno de los cortes de hacha o azuela que se hace a trechos en una pieza gruesa de madera, para facilitar el desgaste de ella.

COSPEL. (l. *cuspellus*, de *cuspis-ĭdis*, cúspide.) m. Disco de metal dispuesto para recibir la acuñación en la fabricación de las monedas.

COSPILLO. m. Ar. Orujo de la aceituna después de molida y prensada.

COSQUE. (De *cascar*.) m. fam. Coscorrón.

COSQUILLAR. tr. Cosquillear.

COSQUILLAS. f. pl. Sensación que se experimenta en algunas partes del cuerpo al ser ligeramente tocadas por otra persona, y consisten en cierta conmoción desagradable que provoca involuntariamente a risa. || *Buscarle* a uno las COSQUILLAS. fr. fig. y fam. Emplear, para impacientarle, los medios que al efecto se consideran más a propósito. || *Hacerle* a uno COSQUILLAS *una cosa*. fr. fig. y fam. Excitarle el deseo o la curiosidad. || **2.** fig. y fam. Hacerle temer o recelar un mal o daño. || *No sufrir, o tener malas*, COSQUILLAS. fr. fig. y fam. Ser poco sufrido. || **P.** cócegas; **I.** tickling; **F.** chatouillement; **A.** Kitzeln; **It.** sollètico; **R.** щекотание.

COSQUILLEAR. tr. Hacer cosquillas.

COSQUILLEJAS. f. pl. d. de cosquillas.

COSQUILLEO. m. Sensación que producen las cosquillas u otra semejante a ella.

COSQUILLOSO, SA. adj. Que siente mucho las cosquillas. || **2.** fig. Que se ofende con poco motivo.

COSTA. (De *costar*.) f. Cantidad que se paga por una cosa. || **2.** Gasto de manutención del trabajador cuando se añade al salario. || **3.** pl. Gastos judiciales. || *A* COSTA *de*. m. adv. con que se explica el trabajo, fatiga o dispendio que cuesta alguna cosa. || *A toda* COSTA. m. adv. Sin limitación en gastos o en trabajo. || *Salir o ser*, uno *condenado en* COSTAS. fr. fig. Cargar con todo lo perjudicial de un negocio. || **3.ª** acep.: **P.** custo; **I.** charge; **F.** dépens; **A.** Spesen; **It.** spesse; **R.** цена.

COSTA. (l. *costa*.) f. Orilla del mar y tierra que está cerca de ella. || **2.** Instrumento de madera dura que usan los zapateros para alisar y bruñir los cantos de la suela. || *Andar* COSTA *a* COSTA. fr. MAR. Ir, o navegar, costa a costa. || *Barajar la* COSTA. fr. MAR. Navegar cerca de la costa o paralelamente a ella. || *Dar a la* COSTA. fr. MAR. Impeler el viento una embarcación contra la costa. || **P.** costa; **I.** coast; **F.** côté, rivage; **A.** Küste; **It.** costiera; **R.** побережье.

COSTADO. (l. *costātus*, que tiene costillas.) m. Cada una de las dos partes laterales del cuerpo humano que están entre pecho, espalda, sobacos y vacíos. || **2.** Lado derecho o izquierdo de un ejército. || **3.** Lado. || **4.** MAR. Cada uno de los dos lados del casco de un buque, denominados, el derecho, estribor, y el izquierdo, babor. || **5.** pl. En la genealogía, líneas de los abuelos paternos y maternos de una persona. || *Dar el* COSTADO. fr. MAR. Presentar el buque en el combate todo el lado para la descarga de la artillería. || **2.** MAR. Descubrir el buque uno de los lados hasta la quilla, para carenarlo y limpiarlo. || **3.ª** acep.: **P.** costado; **I.** side; **F.** côté; **A.** Seite; **It.** costato; **R.** бок.

COSTAL. (l. *costa*, costilla.) adj. Perteneciente a las costillas. || **2.** m. Saco grande de tela ordinaria, en que comúnmente se transportan granos, semillas, etc. || **3.** Cada uno de los listones de madera que sirven para mantener las fronteras de los tapiales en posición vertical. || *El* COSTAL *de los pecados*. fig. y fam. El cuerpo humano. || *Estar* uno *hecho un* COSTAL *de huesos*. fr. fig. y fam. Estar muy flaco. || *No parecer* COSTAL *de paja*. fr. fig. y fam. Parecer bien a una persona otra de diferente sexo. || *No ser* uno COSTAL. fr. fig. y fam. No poder decirlo todo de una vez. || *Vaciar* uno *el* COSTAL. fr. fig. y fam. Explicar algún sentimiento, diciendo todo lo que tenía callado. || **2.** fig. y fam. Manifestar abiertamente lo que se tenía secreto. || **2.ª** acep.: **P.** fardo; **I.** sack; **F.** sac; **A.** Sack; **It.** sacco; **R.** мешок.

COSTALADA. (De *costal*.) f. Golpe que uno da al caer de espaldas o de costado.

COSTALAZO. m. Costalada.

★ **COSTALEARSE.** r. CHILE. Darse una costalada. || **2.** fig. CHILE. Llevarse uno un chasco.

COSTALEJO. m. d. de costal.

COSTALERO. (De *costal*.) m. AND. Esportillero o mozo de cordel. || **2.** AND. Cada uno de los que llevan a hombros los pasos de las procesiones.

COSTANA. f. Calle en cuesta o pendiente. || **2.** Costilla, cuaderna de la embarcación. || **3.** LEÓN. Adral.

COSTANERA. (De *costa*, 2.º art.) f. Cuesta, 1.er art., 1.ª acep. || **2.** pl. Vigas menores o cuartones, que cargan sobre la viga principal.

COSTANERO, RA. adj. Que está en cuesta. || **2.** Perteneciente a la costa.

COSTANILLA. f. d. de costana. || **2.** En algunas poblaciones, calle corta de mayor declive que las cercanas.

COSTAR. (l. *constāre*.) intr. Ser comprada una cosa por determinado precio. || **2.** fig. Causar u ocasionar una cosa, cuidado, desvelo, perjuicio, etc. || COSTARLE a uno *caro, o cara una cosa*. fr. fig. y fam. Resultarle de su ejecución mucho perjuicio. || **P.** custar; **I.** to cost; **F.** coûter; **A.** kosten; **It.** costare; **R.** стоить.

COSTARRICENSE. adj. Costarriqueño. Apl. a pers. ú.t.c.s.

COSTARRIQUEÑISMO. m. Vocablo, giro o locución propios de los costarriqueños.

COSTARRIQUEÑO, ÑA. adj. Natural de Costa Rica. Ú.t.c.s. || **2.** Perteneciente a esta república de América.

COSTE. m. Costa, lo que cuesta una cosa. || *A* COSTE *y costas*. m. adv. Por el precio y gastos que tiene una cosa; sin ganancia ninguna.

★ **COSTEADO, DA.** adj. R. DE LA PLATA. Dícese en las estancias o haciendas de campo del ganado destinado al engorde.

COSTEAR. tr. Hacer el gasto o la costa. Ú.t.c.r. || **2.** r. Producir una cosa lo suficiente para cubrir los gastos que ocasiona. || **P.** custear; **I.** to defray; **F.** defrayer, payer la dépense; **A.** die Kosten bestreiten; **It.** spesare; **R.** оплачивать.

COSTEAR. tr. Ir navegando sin perder de vista la costa. || **P.** costear; **I.** to coast; **F.** côtoyer; **A.** entlang der Küste fahren; **It.** costeggiare; **R.** плавать вдоль берега.

COSTECILLA. f. ant. d. de cuesta.

COSTELACIÓN. p. ant. Constelación.

COSTEÑO, ÑA. adj. Costanero.

★ **COSTEO.** m. PERÚ. Burla a costa de alguien.

★ **COSTEO.** m. ARGENT. Acción de costear el ganado.

COSTERA. (De *costa*, 2.º art.) f. Lado o costado de un fardo u otra cosa semejante. || **2.** Cada una de las dos manos de papel quebrado que completan por encima y debajo las resmas de papel de tina. || **3.** Cuesta, terreno pendiente. || **4.** Costa, orilla del mar. || **5.** MAR. Tiempo que dura la pesca de los salmones y la de otros peces.

COSTERO, RA. (De *costa*, 2.º art.) adj. Costanero, relativo a la costa. || **2.** V. *Papel* COSTERO. || **3.** m. Cada una de las dos piezas más inmediatas a la corteza, que salen al aserrar un tronco, en el sentido de su longitud. || **4.** AND. Obrero encargado de ir a buscar al pueblo los comestibles cuando los trabajadores comen por su cuenta. || **5.** MIN. Cada uno de los muros que forman los costados de un horno alto. || **6.** MIN. Hastial de un criadero. || **P.** costeiro; **I.** coaster; **F.** cabotier; **A.** Küsten- (en comp.); **It.** costiere; **R.** береговой.

COSTEZUELA. f. d. de cuesta.

COSTIL. (l. *costa*, costilla.) adj. Se dice de lo que pertenece a las costillas. Lomo costil.

COSTILLA. (l. *costa*.) f. Cada uno de los huesos largos y encorvados que nacen del espinazo y vienen hacia el pecho. || **2.** fig. Cosa de figura de costilla. || **3.** fig. y fam. Caudal, riqueza. || **4.** fig. y fam. Mujer propia. || **5.** ARQ. Cada uno de los listones que se colocan horizontalmente sobre los cuchillos de una cimbra para enlazarlos y recibir las dovelas. || **6.** BOT. Línea o pliegue saliente en la superficie de frutos u hojas. || **7.** MAR. Cuaderna de una embarcación. || **8.** pl. fam. Espalda, 1.ª acep. || **—falsa.** La que no está apoyada en el esternón. || **—flotante.** La que tiene su extremo libre sin alcanzar al esternón. || **—verdadera.** La que está apoyada en el esternón. || *Medirle* a uno *las* COSTILLAS. fr. fig. y fam. Darle de palos. || *Pasearle* a uno *las* COSTILLAS. fr. Pisotearle. || **P.** costela; **I.** rib; **F.** côte; **A.** Rippe; **It.** còstola, costa; **R.** ребро.

COSTILLAJE. m. fam. Costillar.

COSTILLAR. m. Conjunto de costillas. || **2.** Parte del cuerpo en la cual están.

COSTILLER. m. Oficial palatino que acompañaba al rey cuando iba a su capilla, visitaba alguna iglesia o salía de viaje.

COSTILLUDO, DA. (De *costilla*.) adj. fam. Fornido y ancho de espaldas.

COSTINO, NA. adj. Perteneciente al costo, hierba cingiberácea medicinal.

COSTINO, NA. (De *costa*.) adj. CHILE. Costanero, perteneciente a la costa. Dícese especialmente de animales y personas.

★ **COSTINO, NA.** adj. CHILE y R. DE LA PLATA. Costanero, perteneciente a la costa.

COSTO. m. Costa, lo que cuesta una cosa. || **2.** AND. Ración de trigo, aceite, sal y vinagre que mensualmente se da en los cortijos a guardas, vaqueros, yegüerizos y porqueros. || *A* COSTO *y costas*. m. adv. A coste y costas.

COSTO. (l. *costus*, y éste del gr. κόστος.) m. Hierba vivaz, de la zona tropical, y de la familia de las compuestas. El tallo es ramoso, las hojas alternas y divididas en gajos festoneados, las flores amarillas, y la raíz casi cilíndrica. || **2.** Esta misma raíz. || **—hortense.** Hierba de Santa María.

COSTOMATE. m. MÉJ. Capulí.

COSTÓN. (De *cuesta*.) m. MURC. Malecón a orillas de un río.

COSTOSAMENTE. adv. Muy caro, a mucho precio y costa.

COSTOSO, SA. adj. Que cuesta mucho. || **2.** fig. Que acarrea daño o sentimiento.

COSTRA. (l. *crŭsta*.) f. Cubierta o corteza exterior que se endurece sobre una cosa húmeda o blanda. || **2.** Postilla de llaga. || **3.** Rebanada o pedazo de bizcocho que se daba en las galeras para el mantenimiento de la gente. || **4.** Moco, pabilo de una vela. || **—de azúcar.** En los ingenios de azúcar, cierta porción que sale más dura o queda pegada en la caldera. || **—láctea.** MED. Usagre, erupción pustulosa con costras. || **P.** e **It.** crosta; **I.** crust; **F.** cróute; **A.** Kruste; **R.** корка.

COSTRADA. f. Especie de empanada cubierta con una costra de azúcar, huevos y pan. || **2.** Murc. Tapia jaharrada con lechadas de cal.

COSTREÑIMIENTO. m. ant. Constreñimiento.

COSTREÑIR. (l. *constrĭngĕre*, apretar.) tr. ant. Constreñir.

COSTRIBACIÓN. f. ant. Acción y efecto de costribar.

COSTRIBAR. (De *con* y *estribar*.) tr. ant. Constipar, estreñir.

COSTRIBO. (De *costribar*.) m. ant. Apoyo, arrimo.

COSTRINGIMIENTO. m. ant. Acción y efecto de costringir.

COSTRINGIR. tr. ant. Constringir.

COSTRIÑENTE. p.a. ant. de costriñir. Que costriñe.

COSTRIÑIR. tr. ant. Constriñir.

COSTROSO, SA. adj. Que tiene costras.

COSTRUIMIENTO. (De *construir*.) m. ant. Construcción, acción de construir.

COSTRUIR. tr. ant. Construir.

COSTUMADO, DA. (De *costumnado*, p.p. de *costumnar*.) adj. ant. Acostumbrado a alguna cosa.

COSTUMBRAR. (De *costumnar*.) tr. ant. Acostumbrar. Usáb.t.c.r.

COSTUMBRE. (De *costumne*.) f. Hábito adquirido por la repetición de actos de la misma especie. || **2.** Práctica muy usada y recibida que ha adquirido fuerza de precepto. || **3.** V. *Signo por* costumbre. || **4.** Lo que por genio o propensión se hace más comúnmente. || **5.** Menstruo o regla de las mujeres. || **6.** pl. Conjunto de cualidades o inclinaciones y de usos que forman el carácter distintivo de una nación o persona. || costumbre *contra ley.* For. La que se opone a ella, y sin embargo en algunas épocas y legislaciones se ha considerado eficaz. || —**fuera de ley.** For. La que se establece en materia o aspectos no previstos por las leyes. || —**holgazana.** For. Práctica que duró en Córdoba hasta principios del siglo xviii, según la cual, la mujer casada no participaba de los bienes gananciales. || —**según ley.** For. La que corrobora y desenvuelve los preceptos de ella. || *A la mala* costumbre, *quebrarle la pierna.* fr. proverb. que enseña que no se debe seguir un abuso con pretexto de que es costumbre. || costumbre *buena o* costumbre *mala, el villano quiere que vala.* ref. que denota lo poderosas que son en el pueblo las costumbres muy arraigadas. || *La* costumbre *es otra, o segunda naturaleza.* fr. proverb. con que se pondera la fuerza de la costumbre. || *La* costumbre *hace ley.* fr. proverb. que da a entender la fuerza que tienen los usos y estilo. || **P.** costume; **I.** custom, habit; **F.** habitude, coutume; **A.** Gebrauch, Sitte; **It.** costume, àbito, assuefazione; **R.** привычка.

COSTUMBRISMO. m. En las obras literarias, pintura de las costumbres típicas de un país o región.

COSTUMBRISTA. adj. Perteneciente o relativo al costumbrismo. || **2.** com. Autor que cultiva el costumbrismo.

COSTUMNAR. (De *costumne*.) tr. ant. Costumbrar.

COSTUMNE. (l. *consuetŭdo, -ĭnis*, cambiado por el vulgo en *consuetumen, -ĭnis*.) f. ant. Costumbre.

COSTURA. (l. *consutŭra*, el arte de coser.) f. Acción y efecto de coser. || **2.** Toda labor que está cosiéndose. || **3.** Serie de puntadas que une dos piezas cosidas, y, por extensión, unión hecha con clavos o roblones. || **4.** Mar. Línea de separación entre dos tablones puestos en contacto y que se calafatea para impedir que entre el agua. || *Meter* a uno *en* costura. fig. y fam. Meterle en cintura. || *Saber de toda* costura. fr. fig. y fam. Tener conocimiento del mundo y obrar con toda sagacidad y aun con bellaquería. || *Sentar las* costuras. fr. entre sastres, aplanchar con fuerza las costuras para dejarlas muy planas. || *Sentar* a uno *las* costuras. fr. fig. y fam. Sentarle la mano. || **P.** costura **I.** sewing, seam; **F.** couture; **A.** Naht,

Näharbeit; **It.** cucitura, costura; **R.** шитьё.

* **COSTURAR.** tr. Bol., C. Rica y Hond. Hacer costura.

COSTURERA. (De *costura*.) f. Mujer que tiene por oficio coser ropa blanca. || **2.** La que cose de sastrería. || **P.** costureira; **I.** seamstress; **F.** lingère, couturière; **A.** Näherin; **It.** cucitrice; **R.** портниха.

COSTURERO. m. Mesita con cajón y almohadilla, de que se sirven las mujeres para la costura. || **2.** Cuarto de costura.

COSTURÓN. m. aum. de costura. || **2.** despect. Costura grosera. || **3.** fig. Cicatriz muy visible de una herida o llaga.

* **COSUBA.** f. Cuba. Película que cubre el grano de maíz.

COTA. (germ. *kotta*; en ant. alto, al. *chozza*, cubierta, manto.) f. Arma defensiva del cuerpo, usada antiguamente. || **2.** Vestidura que llevaban los reyes de armas en las funciones públicas, sobre la cual están bordados los escudos reales. || **3.** Mil. Fortaleza de los indígenas filipinos, formada por troncos de árboles, tierra y piedras. || **4.** Mont. Piel callosa que cubre la espaldilla y costillares del jabalí. || Chile. Roquete con mangas cortas. || **6.** P. Rico. Camisa. || **7.** Hond. Tortita de cera negra. || **P.** cota; **I.** coat; **F.** cotte; **A.** Panzerhemd; **It.** cotta; **R.** отметка высоты.

COTA. (l. *quota*, t. f. de *quotus*, cuantos: V. *coto*, 2.° art.) f. Cuota, 1.ª acep. || **2.** Topogr. Número que en los planos topográficos indica la altura de un punto. || **3.** Topogr. Esta misma altura.

* **COTAITA.** f. Mineral. Silicato doble de aluminio y potasio.

COTANA. f. Agujero cuadrado que se hace con el escoplo en la madera para encajar allí otro madero. || **2.** Escoplo o formón con que se abre dicho agujero.

COTANGENTE. f. Trig. Tangente del complemento de un ángulo o de un arco.

COTANZA. (De *Coutances*, ciudad de Francia de donde procede esta tela.) f. Cierta clase de lienzo entrefino.

COTAR. (De *cota*, 2.° art.) tr. p. us. Acotar, poner cotas en los planos topográficos.

COTARDÍA. (fr. *cotte hardie*, del germ. *kotta*, manto, y *hardjan*, endurecer.) f. Especie de jubón forrado, común a los dos sexos, usado en España durante la Edad Media.

COTARRA. f. Cotarro, ladera de un barranco.

COTARRERA. f. fig. y fam. Mujer que anda de cotarro en cotarro. || **2.** Germ. Mujer baja y común.

COTARRERO. (De *cotarro*.) m. Germ. Hospitalero, encargado de un cotarro, hospital o asilo.

COTARRO. (despect. de *coto*, 1.er art.) m. Asilo o albergue nocturno para pobres y vagabundos. || **2.** Ladera de un barranco. || *Alborotar el* cotarro. fr. fig. y fam. Alborotar el cortijo. || *Andar de* cotarro *en* cotarro. fr. fig. y fam. Gastar el tiempo en visitas inútiles.

COTEAR. (De *coto*, 1.er art.) tr. ant. Acotar, poner acotaciones a un escrito.

* **COTEJA.** adj. Amér. Que hace pareja con otro, con igualdad de condiciones para pelear con él. Más frecuentemente se dice de los gallos de pelea.

COTEJABLE. adj. Que se puede cotejar.

COTEJAMIENTO. m. ant. Cotejo.

COTEJAR. (De *cota*, 2.° art.) tr. Confrontar una cosa con otra u otras; compararlas teniéndolas a la vista. || **P.** cotejar; **I.** to confront; **F.** comparer, confronter; **A.** vergleichen; **It.** confrontare; **R.** сопоставлять.

COTEJO. m. Acción y efecto de cotejar. || —**de letras.** For. Prueba pericial que se practica cuando no se reconoce o niega la autenticidad de un documento privado presentado en juicio. || **P.** cotejo; **I.** confrontation; **F.** comparaison, confrontation; **A.** Vergleichung, Gegenüberstellung; **It.** confrontazione; **R.** сопоставление.

* **COTENSE.** m. Chile. Tela burda de cáñamo.

* **COTENSIA.** f. Bol. y Argent. Cotense.

COTERA. f. Cotero.

COTERO. (De *cota*, 2.° art.) m. Sant. Cerro bajo, pero de pendiente rápida.

COTERRÁNEO, A. adj. Conterráneo.

COTÍ. (fr. *coutil*; en ant. fr. *colte* y éste del l. *culcĭta*, colchón.) m. Cutí.

COTIDIANAMENTE. adv. Diariamente.

COTIDIANO, NA. (l. *quotidiānus*, de *quotidie*, diariamente.) adj. Diario. || **P.** e **It.** quotidiano; **I.** daily, quotidian; **F.** quotidien; **A.** täglich; **R.** ежедневный.

* **CÓTIDOS.** m. pl. Zool. Familia de peces acantopterigios.

COTILA. f. Cavidad de un hueso en que entra la cabeza de otro.

COTILEDÓN. (l. *cotylĕdon*, y éste del gr. κοτυληδών, de κοτύλη, cavidad en forma de vaso.) m. Bot. Forma con que aparece la primera hoja en el embrión de las plantas fanerógamas. || **P.** cotiledône; **I.** cotyledon; **F.** cotylédon; **A.** Kotyledon; Samenblättchen; **It.** cotiledone; **R.** котиледон.

COTILEDÓNEO, A. adj. Bot. Perteneciente o relativo al cotiledón. || **2.** Bot. Dícese de las plantas cuyo embrión contiene uno o más cotiledones. Ú.t.c.s.f. || **3.** f. pl. Bot. Uno de los grandes grupos del reino vegetal.

COTILLA. (d. de *cota*, 1.er art.) f. Ajustador de que usaban las mujeres, formado de lienzo o seda y de ballenas. || **2.** fig. Mujer chismosa y parlanchina.

COTILLEAR. intr. fam. Chismorrear.

COTILLERO, RA. m. y f. Persona que hacía o vendía cotillas. || **2.** fig. Persona amiga de chismes y cuentos.

COTILLO. (De *cutir*, golpear.) m. Parte del martillo y otras herramientas que sirven para golpear.

COTILLÓN. (fr. *cotillon*, aum. de *cotte* y éste del germ. *kotta*, túnica.) m. Danza con figuras en compás de vals, que suele ejecutarse al fin de los bailes de sociedad.

COTÍN. (De *cutir*.) m. Golpe que el jugador que resta da a la pelota al volverla de revés alto al que saca.

COTINGA. m. Amér. Género de pájaros dentirrostros, de buen tamaño y de plumaje muy variado y vistoso.

* **COTÍNGIDOS.** m. pl. Zool. Familia de pájaros dentirrostros americanos de hermoso plumaje.

* **COTIQUEAR.** intr. Cuba. Charlar como una cotorra.

COTIZA. (fr. *cotice*.) f. Blas. Banda disminuida a la tercera parte de la anchura ordinaria.

COTIZA. f. Especie de sandalia que usa la gente rústica en Venezuela. || *Ponerse uno las* cotizas. fr. fig. y fam. Venez. Ponerse en cobro.

COTIZABLE. adj. Que puede cotizarse.

COTIZACIÓN. f. Acción y efecto de cotizar.|| **P.** cotização; **I.** quotation; **F.** côte, cours; **A.** Börsennotierung; **It.** quotazione; **R.** оценка.

COTIZADO, DA. (De *cotiza*, 1.er art.) adj. Blas. Dícese del campo o del escudo lleno de cotizas estrechas de colores alternados.

COTIZAR. (fr. *cotiser*, y éste del l. *quota*, cota, 2.° art.) tr. Com. Publicar en alta voz en la bolsa el precio de los títulos de la deuda del Estado, o de las acciones mercantiles u otros valores que tienen curso público. || **P.** cotar; **I.** to quote; **F.** coter; **A.** notieren; **It.** quotare, fissare il prezzo; **R.** оценивать.

COTO. (l. *cautus*, defendido.) m. Terreno acotado. || **2.** Mojón que se pone para señalar la división de los términos o de las heredades. || **3.** En algunas partes, población en territorio de señorío. || **4.** Término, límite. || **5.** Germ. Hospital y también el cementerio de la iglesia. || —**redondo.** Conjunto de las fincas rústicas comprendidas dentro de un perímetro y pertenecientes a un mismo dueño. || **2.ª** acep.; **P.** marco divisório; **I.** landmark; **F.** borne; **A.** Grenzstein; **It.** tèrmine; **R.** отгороженный участок.

COTO. (l. *quotus*.) m. Postura, tasa. ||

2. Convención que suelen hacer entre sí los mercaderes, de no vender sino a determinado precio algunas cosas. || **3.** Partida de billar en que uno de los jugadores ha de ganar tres mesas antes que el otro.

COTO. (l. *cŭbitus*.) m. Medida lineal de medio palmo. || **2.** V. *Tabla de* COTO.

COTO. (l. mod. *cottus*, y éste del gr. κόττος.) m. Pez teleósteo, acantopterigio pequeño de cabeza aplastada, boca y ojos grandes, aletas espinosas, de las cuales la dorsal llega hasta la cola, y cuerpo de color fusco. Vive en los ríos y es comestible.

COTO. m. AMÉR. MERID. Bocio o papera.

COTÓ. m. AR. Cotón 1.er art.

COTOBELO. (l. *cŭbitus*, codo y el l. *tŭbĕllus*, tobillo.) m. Abertura en la vuelta de la cama del freno.

COTOFLE. m. ant. Cotofe.

COTOFRE. m. ant. Medida de capacidad para líquidos que hacía próximamente medio litro.

COTOMONO. m. ZOOL. PERÚ. Mono aullador de cola prensil, que vive en América del Sur.

COTÓN. (ár. *quṭun*, algodón.) m. Tela de algodón estampada de varios colores.

COTÓN. (De *cota*, 1.er art.) m. GERM. Jubón. || **—colorado.** GERM. Castigo de azotes. || **—doble.** GERM. Jubón fuerte con malla.

COTONA. f. AMÉR. Camiseta fuerte de algodón, u otra materia, según los países. || **2.** MÉJ. Chaqueta de gamuza. || **3.** CHILE. Especie de jubón sin mangas usado por las mujeres. || **4.** P. RICO. Camisa larga de dormir que usan los niños.

COTONADA. (De *cotón*, 1.er art.) f. Tela de algodón, con fondo liso o listado y flores de varios colores.

COTONCILLO. (d. de *cotón*, 1.er art.) m. Pelotilla o botoncillo de badana y borra, con que remata el tiento de que usan los pintores.

COTONÍA. (ár. *quṭuniyya*, tela de algodón.) f. Tela blanca de algodón labrada comúnmente de cordoncillo.

COTORRA. f. Papagayo pequeño. || **2.** Urraca, 1.ª acep. || **3.** ZOOL. Ave americana del orden de las prensoras, parecida al papagayo, de alas y cola largas y puntiagudas, y colores varios, predominantemente el verde. || **4.** fig. y fam. Persona habladora. || **P.** periquito; **I.** perroquet; **F.** perruche; **A.** Mönchssittich; **It.** parrocchetto; **R.** сорока.

COTORREAR. intr. Hablar con exceso. || **P.** tagarelar; **I.** to prate, to tattle; **F.** babiller; **A.** schwatzen; **It.** cornacchiare; **R.** много болтать.

COTORREO. (De *cotorra*.) m. fig. y fam. Conversación bulliciosa de mujeres habladoras.

COTORRERA. f. Hembra del papagayo. || **2.** fig. y fam. Cotorra, 4.ª acep.

★ **COTORRITA.** f. ZOOL. CUBA. Mariquita, insecto coleóptero beneficioso para la agricultura. || **2.** ARGENT. Insecto muy pequeño, de color verde, cuyo aspecto recuerda a la cotorra.

COTORRÓN, NA. (De *cotorra*.) adj. Dícese del hombre o de la mujer viejos que presumen de jóvenes.

COTRAL. adj. Cutral. Ú.t.c.s.

COTROFE. m. ant. Vaso para beber.

COTÚA. f. VENEZ. Mergo.

COTUDO, DA. adj. Peludo, algodonado. || **2.** AMÉR. Que tiene coto o bocio.

COTUFA. f. Tubérculo de la raíz de la aguaturma. Se come cocido. || **2.** Golosina, gollería. || **3.** Chufa, 1.ª acep. || *Pedir* COTUFAS *en el golfo*. fr. fig. y fam. Pedir cosas imposibles.

★ **COTUNTO.** m. CUBA. Sijú.

COTURNO. (l. *cothurnus*, y éste del gr. κόθορνος.) m. Calzado griego y romano que cubría el pie y la pierna hasta la pantorrilla, sujetándose por el frente con un cordón. || **2.** Calzado de suela de corcho sumamente gruesa, que para aparecer más altos, usaban en las tragedias los actores antiguos. || *Calzar el* COTURNO. fr. fig. Usar estilo alto y sublime, especialmente en la poesía. || *De alto* COTURNO. loc. fig. De categoría elevada. || **P. e It.** coturno; **I.** cothurn; **F.** cothurne; **A.** Kothurn.

COTUZA. f. EL SALV. y GUAT. Agutí.

COULOMB. m. Fís. Nombre del columbio, en la nomenclatura internacional.

COVACHA. f. Cueva pequeña.

COVACHUELA. f. d. de covacha. || **2.** fam. Cualquiera de las secretarías que hoy se llaman ministerios. Dióseles este nombre porque estaban instaladas en los sótanos del antiguo palacio real. || **3.** fam. Algunas otras oficinas públicas. || **4.** Tiendecillas que había en los sótanos de algunas iglesias y otros edificios antiguos.

COVACHUELISTA. m. fam. Oficial de alguna de las covachuelas u oficinas públicas.

COVACHUELO. m. fam. Covachuelista.

COVADERA. f. CHILE y PERÚ. Espacio de tierra de donde se extrae guano.

★ **COVALENCIA.** f. QUÍM. Tipo de enlace en que los átomos quedan enlazados mediante pares de electrones comunes.

COVALONGA. f. Planta laurácea, que crece en los montes de Venezuela. Sus semillas, muy amargas, se emplean como sucedáneo de la quinina.

COVANILLA. f. Covanillo.

COVANILLO. m. d. de cuévano.

★ **COVELINA.** f. MINERAL. Bisulfuro natural de cobre.

COVEZUELA. f. d. de cueva.

COXA. (l. *coxa*.) f. ZOOL. Cadera. || **2.** Primer artejo de la pata de un insecto. || **—valga.** MED. Deformación del cuello del fémur. || **—vara.** MED. Incurvación hacia atrás del cuello del mismo hueso.

COXAL. (l. *coxa*, cadera.) adj. Perteneciente o relativo a la cadera.

COXALGIA. (l. *coxa*, cadera, y del gr. ἄλγος, dolor, sufrimiento.) f. Artritis muy dolorosa en la cadera, generalmente de origen tuberculoso. || **P.** coxalgia; **I.** coxalgia, coxalgy; **F.** coxalgie; **A.** Hüftweh; **It.** coxalgia, coxalgia.

COXÁLGICO. adj. Perteneciente a la coxalgia. || **2.** Que padece coxalgia.

COXCOJILLA, TA. (De *coxcox*.) f. Juego de muchachos, consistente en andar a la pata coja y dar con el pie a una piedrecita haciéndola pasar entre ciertas rayas formadas en el suelo. || *A* COXCOJITA. m. adv. A coxcox.

COXCOX, A. (l. *coxus coxus*, cojo, cojo.) m. adv. ant. A la pata coja.

COXIS. m. ZOOL. Cóccix.

COXQUEAR. (De *coxcox*.) intr. ant. Cojear.

COY. m. MAR. Trozo de lona en forma de rectángulo que, colgado sirve de cama a bordo.

COYA. f. Mujer del emperador o princesa, entre los antiguos peruanos.

COYÁN. m. CHILE. Especie de haya.

COYOCHO. m. CHILE. Nabo. || **2.** CHILE. Raíz del rábano grande.

COYOL. (azt. *coyolli*.) m. AMÉR. CENTRAL y MÉJ. Palmera de mediana altura, con espinas largas. De su tronco se extrae una bebida agradable que fermenta rápidamente. Produce una fruta de pulpa amarillenta y cuesco durísimo y negro del que se hacen dijes y cuentas de rosario, botones, etc. || **2.** Fruto de este árbol.

COYOLAR. m. GUAT y MÉJ. Coyol.

COYOLEO. m. AMÉR. Especie de codorniz.

★ **COYOLSÚCHIL.** m. BOT. Planta amarilídacea de Méjico.

COYOTE. (mejic. *coyotl*, adive.) m. Especie de lobo que se cría en Méjico y otros países de América, de color gris amarillento.

★ **COYOTEAR.** intr. MÉJ. Hacer operaciones mercantiles en breve tiempo y de beneficio inmediato.

★ **COYOTERA.** f. MÉJ. Reunión de coyotes. || **2.** MÉJ. Coyotero, trampa para cazar coyotes. || **3.** fig. MÉJ. Gritería, barullo.

COYOTERO, RA. adj. AMÉR. Dícese del perro amaestrado para perseguir a los coyotes. Ú.t.c.s. || **2.** m. AMÉR. Trampa de coyotes.

COYUNDA. (l. *coiungŭla*.) f. Correa fuerte y ancha, o soga de cáñamo, con que se uncen los bueyes al yugo. || **2.** Correa para atar las abarcas. || **3.** fig. Unión conyugal. || **4.** fig. Sujeción o dominio. || **P.** soga; **I.** yoke-strap; **F.** lien du joug;

A. Jochriemen; **It.** giogale; **R.** ремень ярма.

COYUNDADO, DA. adj. ant. Atado con coyunda.

COYUNTERO. m. Acoyuntero.

COYUNTURA. (l. *cum*, con, y *iunctūra*, unión.) f. Articulación movible de un hueso con otro. || **2.** fig. Oportunidad para alguna cosa. || *Hablar* uno *por las* COYUNTURAS. fr. fig. y fam. Hablar por los codos. || **P.** conjuntura, junta; **I.** conjuncture; **F.** conjoncture; **A.** Gelenk; **It.** congiuntura; **R.** конъюнктура.

COYUYO. m. ARGENT. Cigarra grande.

COZ. (l. *calx, calcis*, talón.) f. Sacudimiento violento que hacen las bestias con alguna de las patas. || **2.** Golpe que dan con este movimiento. || **3.** Golpe que da una persona moviendo el pie con violencia hacia atrás. || **4.** Retroceso del arma de fuego al dispararla. || **5.** Retroceso del agua cuando al encontrar obstáculo en su curso, vuelve atrás. || **6.** Culata de arma de fuego. || **7.** fig. y fam. Acción o palabra injuriosa. || **8.** fig. Parte inferior o más gruesa de un madero. || **9.** MAR. Extremo inferior de los masteleros. || *Dar* COCES *contra el aguijón*. fr. fig. y fam. Obstinarse en resistirse a fuerza superior. || *Disparar* COCES. fr. fig. y fam. Tirar coces. || *La* COZ *de la yegua no hace mal al potro*. ref. que significa que las represiones o castigos de quien los da por amor, no hacen mal, sino bien. || *Mandar* a COCES. fr. fig. y fam. Mandar con aspereza. || *Soltar* uno *una* COZ. fr. fig. y fam. Contestar inoportuna o desabridamente. || *Tirar* COCES. fr. fig. y fam. Ser obstinado y rebelde. || **P.** coice; **I.** kick; **F.** ruade; **A.** Fusstritt, Ausschlagen; **It.** calcio; **R.** лягание.

COZCUCHO. (ár. *kuskus*, sémola.) m. ant. Alcuzcuz.

COZOLMEGA. f. BOT. MÉJ. Planta liliácea, del mismo género que la zarzaparrilla.

CRABRÓN. (l. *crabro* -ŏnis, tábamo.) m. Avispón, especie de avispa mayor que la común.

★ **CRABRÓNIDOS.** m. pl. ZOOL. Insectos himenópteros cuyas hembras depositan los huevos en tierra o en los troncos de los árboles.

★ **CRAC.** m. COM. Quiebra, bancarrota.

★ **CRACA.** f. BOT. Género de plantas leguminosas papilionáceas, propias de las regiones tropicales americanas.

★ **CRÁCIDAS.** (De *crax*.) f. pl. ZOOL. Familia de aves gallináceas, muy abundantes en América del Sur.

CRACOVIANO, NA. adj. Natural de Cracovia. Ú.t.c.s. || **2.** Perteneciente a esta ciudad de Polonia. || **3.** f. Baile originario de dicho país muy usado en España a mediados del siglo XIX.

CRAMPONADO, DA. adj. BLAS. Aplícase a aquellas piezas que tienen una media potenza o un gancho en sus extremos.

CRAN. (l. *crena*, muesca.) m. IMPR. Muesca de cada letra de imprenta para colocarla en el componedor, y conocer si ha quedado en la posición conveniente.

CRANEAL. adj. Perteneciente o relativo al cráneo. || **2.** V. *Bóveda* CRANEAL.

CRANEANO, NA. (De *cráneo*.) adj. Craneal.

CRÁNEO. (b. l. *cranium*, y éste del gr. κρανίον.) m. ZOOL. Caja ósea en que está contenido el encéfalo. || *Secársele* a uno, o *tener seco*, el CRÁNEO. fr. fig. y fam. Volverse o estar loco. || **P.** crânio; **I.** cranium, skull; **F.** crâne; **A.** Schädel; **It.** cranio; **R.** череп.

CRANEOLOGÍA. (gr. κρανίον, cráneo, y λόγος, teoría.) f. Estudio del cráneo.

★ **CRANEOMETRÍA.** f. Medida del cráneo.

CRANEOPATÍA. f. MED. Enfermedad del cráneo.

CRANEOSCOPIA. (gr. κρανίον, cráneo y σκοπέω, mirar.) f. Arte que presume conocer las facultades intelectuales y afectivas por la inspección del cráneo.

★ **CRANGÓN.** m. ZOOL. Género de crustáceos malacostráceos, cuyo primer par de patas es más grueso que el segundo.

CRANIANO, NA. adj. Craneal.

★ **CRANQUIA.** f. ZOOL. Género de mo-

C luscos cefalópodos dibranquios de cabeza muy pequeña y ojos saltones.

CRÁPULA. (l. *crapŭla*, y éste del gr. κραιπάλη.) f. Embriaguez o borrachera. || **2.** fig. Disipación, libertinaje. || **P.** embriaguez; **I.** crapulence; **F.** crapule; **A.** Schwelgerei; **It.** cràpula; **R.** жульё.

CRAPULOSO, SA. (l. *crapulōsus*.) adj. Dado a la crápula. Ú.t.c.s.

° **CRAQUEAR.** tr. Romper las moléculas del petróleo para obtener otros hidrocarburos más ligeros, como la gasolina.

CRAQUELENQUE. (fr. *craquelin*, y éste del neerl. *krakeline*, galleta.) m. ant. Especie de panecillo.

° **CRAQUEO.** (ingl. *cracking*.) m. Procedimiento seguido en las refinerías para romper las complejas moléculas del petróleo y obtener otros hidrocarburos más ligeros y de fórmula molecular más simple, como la gasolina.

CRAS. (l. *cras*.) adv. ant. Mañana.

CRASAMENTE. adv. fig. Con suma ignorancia.

★ **CRASATELA.** f. Zool. y Paleont. Género de moluscos crasatélidos de conchas ovales y gruesas.

CRASCITAR. (De *croscitar*.) intr. Graznar el cuervo. || **P.** crocitar; **I.** to caw, to croak; **F.** croasser; **A.** krächzen; **It.** gracchiare, crocidare; **R.** каркать.

CRASEDAD. (l. *crassĭtas, -ātis*.) f. ant. Crasitud.

CRASEZA. f. ant. Crasicia.

★ **CRASICAULO, LA.** adj. Bot. Dícese de las plantas que tienen el tallo grueso y carnoso.

CRASICIA. f. ant. Crasicie.

CRASICIE. (l. *crassĭties*.) f. ant. Grosura, 1.ª acep.

CRASIENTO, TA. (De *craso*.) adj. Grasiento.

★ **CRASIFOLIADO, DA.** adj. Bot. Dícese de las plantas de hojas gruesas y carnosas.

★ **CRASIS.** f. Gram. Contracción. || **2.** Med. Mezcla exacta de las partes que constituyen los líquidos del organismo.

CRASITUD. (l. *crassitūdo*.) f. Gordura, 1.ª acep.

CRASO, SA. (l. *crassus*.) adj. Grueso, gordo o espeso. || **2.** fig. Unido con los substantivos error, ignorancia, y otros semejantes, indisculpable. || **3.** m. Crasitud. || **P.** e **It.** crasso; **I.** crass, fat; **F.** crasse; **A.** krass, fett; **R.** тучный.

CRASULÁCEO, A. (l. *crassus*, craso.) adj. Bot. Dícese de hierbas y arbustos angiospermos dicotiledóneos, con hojas carnosas, flores en cima y por frutos folículos dehiscentes con semillas de albumen carnoso. Ú.t.c.s.f. || **2.** f. pl. Bot. Familia de estas plantas.

★ **CRATEGINA.** f. Quím. Principio amargo que se obtiene de la corteza del espino albar.

CRÁTER. (l. *crater*, y éste del gr. κρατήρ.) m. Boca por donde los volcanes arrojan humo, ceniza, lava y otras materias según los casos. || **2.** Astron. Copa, constelación austral. || **P.** cratera; **I.** crater; **F.** cratère; **A.** Krater; **It.** cratere; **R.** кратер.

CRÁTERA. (l. *cratēra*, y éste del gr. κρατήρ.) f. Arqueol. Vasija grande y ancha usada en Grecia y Roma, donde se mezclaba el vino con agua antes de servirlo en copas. || **P.** cratera; **I.** crater; **F.** cratère; **A.** Krater; **It.** cratere; **R.** кратер.

CRATERIFORME. adj. Que tiene forma de cráter.

CRATÍCULA. (l. *cratícŭla*, reja pequeña.) f. Ventanita por donde se da la comunión a las monjas. || **2.** Fís. Aparato usado en espectroscopia, dispersor de la luz, consistente en una superficie pulida con numerosas y finísimas rayas equidistantes. || **P.** e **I.** craticula; **F.** craticule; **A.** Gitter; **It.** graticola; **R.** ноздря.

★ **CRAUROSIS.** f. Pat. Atrofia de los órganos genitales externos en la mujer.

★ **CRAX.** m. Zool. Género de aves gallináceas, cuya especie más característica vive en las regiones ecuatoriales de América.

CRAZA. f. Crisol en que se funden el oro y la plata para amonedarlos.

CRAZADA. f. Plata cendrada y dispuesta para ligarla.

CREA. (fr. *crée*.) f. Cierto lienzo entrefino que se usaba mucho para sábanas, camisas, forros, etc.

CREABLE. (l. *creabĭlis*.) adj. Que puede ser creado.

CREACIÓN. (l. *creatio, -ōnis*.) f. Acto de criar o sacar Dios una cosa de la nada. || **2.** Mundo, 1.ª acep. || **3.** Acción de instituir nuevos cargos o dignidades. || **4.** fig. Obra artística o literaria relevante. || **P.** criação; **I.** creation; **F.** création; **A.** Schöpfung, Erschaffung; **It.** creatione; **R.** создание.

CREACIONISMO. m. Fil. Doctrina filosófica opuesta al evolucionismo, que afirma que las especies de seres vivos fueron creadas por Dios y no provienen por evolución unas de otras. || **2.** Teol. Doctrina según la cual Dios crea directa y expresamente el alma de cada uno de los hombres. || **3.** Doctrina poética que proclama la autonomía del poema que no ha de imitar a la naturaleza en sus apariencias, sino en sus leyes biológicas y constitución orgánica.

CREADOR, RA. (l. *creātor*.) adj. Dícese propiamente de Dios, que sacó todas las cosas de la nada. Ú.m.c.s. || **2.** fig. Que crea una obra literaria, artística, etc.

CREAMIENTO. (De *crear*.) m. ant. Reparación o renovación.

CREAR. (l. *creāre*.) tr. Criar, sacar algo de nada, lo cual es propio exclusivamente de Dios. || **2.** fig. Instituir un nuevo empleo o dignidad. || **3.** fig. Tratándose de dignidades muy elevadas, hacer por elección o nombramiento, a una persona lo que antes no era. || **4.** fig. Establecer, fundar, introducir por vez primera una cosa. Crear una industria, un género literario, un sistema filosófico, etc. || **P.** criar; **I.** to create; **F.** créer; **A.** schaffen, erschaffen; **It.** creare; **R.** создавать, творить.

CREATIVO, VA. adj. ant. Capaz de crear alguna cosa.

CREATURA. f. ant. Criatura.

CRÉBOL. (cat. *crèvol*, y éste del l. *acrĭfŏlon*, del gr. κριφύλλον, acebo.) m. Ar. Acebo.

CRECAL. (fr. *créquier*, ciruelo, de *crèque*, ciruela, y éste del neerl. *kriek*.) m. Blas. Pieza heráldica en forma de candelabro de siete o más brazos.

CRECEDERO, RA. adj. Que está en aptitud de crecer. || **2.** Aplícase al vestido que se hace a un niño de modo que le pueda servir aunque crezca.

CRECENCIA. (l. *crescentĭa*.) f. ant. Aumento.

CRECENTAR. (l. *crescens, -entis*, p.a. de *crescĕre*, aumentar.) tr. ant. Acrecentar.

CRECER. (l. *crescĕre*.) intr. Tomar aumento natural los seres orgánicos. Hablando de personas, se dice principalmente de la estatura. || **2.** Recibir aumento una cosa por agregación de nueva materia. || **3.** Adquirir aumento algunas cosas. Crecer el tumulto. || **4.** Hablando de la Luna, aumentar la parte iluminada del lado visible. || **5.** Hablando de la moneda, aumentar su valor. || **6.** r. Tomar uno mayor autoridad, importancia o atrevimiento. || **P.** crescer; **I.** to grow; **F.** croître, grandir; **A.** wachsen, gedeihen; **It.** crèscere; **R.** расти.

CRECES. (De *crecer*.) f. pl. Aumento aparente de volumen que adquiere el trigo, y otras cosas, al traspalarlo de una parte a otra. || **2.** Tanto más por fanega que se ha de volver por el trigo que se recibió en préstamo. || **3.** Señales que indican disposición de crecer. || **4.** fig. Aumento, ventaja, exceso en algo. || Con creces. m. adv. Amplia, colmadamente.

CRECIDA. (De *crecer*.) f. Aumento del caudal de los ríos y arroyos por las muchas lluvias o por la fusión de las nieves. || **P.** crescida; **I.** freshet; **F.** crue; **A.** Hochflut, Steigen; **It.** piena, cresciuta; **R.** прибыль.

CRECIDAMENTE. adv. m. Con aumento o ventaja.

CRECIDO, DA. p.p. de crecer. || **2.** adj. fig. Grande o numeroso. || **3.** m. pl. Puntos que se aumentan en algunas partes de la calceta y otras labores análogas.

CRECIENTE. p.a. de crecer. Que crece. || **2.** adj. Astron. V. *Cuarto, luna* creciente. || **3.** m. Blas. Figura heráldica que representa una luna con las puntas hacia arriba. || **4.** Mar. Aguas de creciente, flujo del mar. || **5.** f. Crecida. || **6.** Com. —**de la Luna.** Intervalo que media entre el novilunio y el plenilunio. || —**del mar.** Subida del agua del mar por efecto de la marea. || **2.**ª acep.: **P.** e **It.** crescente; **I.** crescent; **F.** croissant; **A.** Halbmond; **R.** молодой месяц.

CRECIMIENTO. m. Acción y efecto de crecer. || **2.** Aumento del valor intrínseco de la moneda. || **P.** crescimento; **I.** growth; **F.** croissance; **A.** Wachstum; **It.** crescenza; **R.** прибавление.

CREDENCIA. (b. l. *credentĭa*, y éste del l. *credens, -entis*, creyente.) f. Mesa o repisa inmediata al altar, donde se tiene a mano lo necesario para la celebración de los divinos oficios. || **2.** Aparador en que se ponían los frascos con el vino y el agua que había de servirse al rey. || **P.** credência; **I.** credence; **F.** crédence; **A.** Kredenztisch; **It.** credenza; **R.** креденца.

CREDENCIAL. (De *credencia*.) adj. Que acredita. || **2.** f. Carta credencial. Ú.m. en pl. || **3.** Documento que sirve para que un empleado se dé posesión de su plaza. || **2.**ª acep.: **P.** credencial; **I.** credential; **F.** Lettre de creance; **A.** Beglaubigungsschreiben; **It.** credenziale; **R.** верительный.

CREDENCIERO. m. El que tenía a su cuidado la credencia, y solía hacer la salva antes de que bebiera su señor.

CREDIBILIDAD. (l. *credibĭlis*, creíble.) f. Calidad de creíble. || **P.** credibilidade; **I.** credibility, credibleness; **F.** crédibilité; **A.** Glaubwürdigkeit; **It.** credibilità; **R.** вероятность.

CREDITICIO, CIA. adj. Perteneciente al crédito público o privado.

CRÉDITO. (l. *credĭtum*.) m. Asenso. || **2.** Derecho que uno tiene a recibir de otro alguna cosa. || **3.** Apoyo, abono, comprobación. || **4.** Reputación, autoridad. || **5.** Carta de crédito. || **6.** Com. Opinión que goza una persona de que satisfará puntualmente los compromisos que contraiga. || —**abierto.** Letra abierta. || —**público.** Concepto que merece cualquier Estado en orden a su legalidad. || *Abrir un* crédito *a uno*. fr. Com. Autorizarle por medio de documento para que pueda recibir de otro cierta cantidad. || *Dar a* crédito. fr. Prestar dinero sin otra seguridad que la del crédito del que lo recibe. || *Dar* crédito. fr. Creer. || *Sentar, o tener sentado*, uno el crédito. fr. Afirmarse en la buena fama. || **2.**ª acep.: **P.** crédito; **I.** credit; **F.** crédit; **A.** Kredit; **It.** crèdito; **R.** долг, кредит.

★ **CREDNERITA.** f. Mineral. Óxido de manganeso y cobre que se encuentra formando masas grises o de color obscuro.

CREDO. (l. *credo*, creo, primera palabra del símbolo.) m. Símbolo de la fe, ordenado por los apóstoles. || **2.** fig. Conjunto de doctrinas comunes a una colectividad. || *En un* credo. m. adv. fig. y fam. En breve espacio de tiempo. || **P.**, **F.** e **It.** credo; **I.** creed; **A.** Kredo; **R.** кредо.

CRÉDULAMENTE. adv. m. Con credulidad.

CREDULIDAD. (l. *credulĭtas, -ātis*.) f. Calidad de crédulo.

CRÉDULO, LA. (l. *credŭlus*.) adj. Que cree fácilmente. || **P.** crédulo; **I.** credulous; **F.** crédule; **A.** leichtgläubig; **It.** crèdulo; **R.** легковерный.

CREEDERAS. (De *creedero*.) f. pl. fam. Demasiada facilidad en creer.

CREEDERO, RA. (l. *creditarĭus*, de *credĕre*, confiar.) adj. Creíble, verosímil.

CREEDOR, RA. (l. *creditor*.) adj. Crédulo.

CREENCIA. (b. l. *credentĭa*, y éste del l. *credens, -entis*. p.a. de *credĕre*, creer.) f. Firme asentimiento y conformidad con alguna cosa. || **2.** Completo crédito que se presta a un hecho o noticia. || **3.** Religión, secta. || **P.** crença; **I.** belief; **F.** croyance; **A.** Glaube; **It.** credenza; **R.** вера.

CREENDERO. (l. *credendus*, p.p. de futuro de *credĕre*, acreditar, dar crédito.) adj. ant. Recomendado, favorecido.

CREER. (l. *credĕre*.) tr. Tener por cierta una cosa que el entendimiento no alcanza. || **2.** Dar firme asenso a las verdades reveladas por Dios y propuestas por la Iglesia. || **3.** Sospechar una cosa o estar persuadido de ella. || **4.** Tener una cosa por probable. Ú.t.c.r. || CREER O CREERSE uno *de ligero*. fr. Dar crédito a las cosas sin fundamento. || CREERSE *de uno*. fr. Darle crédito. || ¡*Ya*, o *yo lo* CREO! expr. fam. Es evidente. || **P.** crer; **I.** to believe; **F.** croire; **A.** glauben; **It.** crèdere; **R.** верить.

CREHUELA. f. Crea ordinaria que se usaba para forros.

CREÍBLE. (l. *credibilis*.) adj. Que puede o merece ser creído. || **P.** crível; **I.** credible, believable; **F.** croyable; **A.** glaublich; **It.** credibile; **R.** правдоподобный.

CREÍBLEMENTE. adv. Probablemente.

CREMA. (l. *cramum*, nata.) f. Substancia crasa de la leche. || **2.** Nata de la leche. || **3.** Natillas espesas tostadas por encima. || **4.** P. RICO y PERÚ. Dulce de maicena. || **5.** Dícese del color parecido al de la crema. || **P.** creme; **I.** cream; **F.** crème; **A.** Creme; **It.** crema; **R.** крем.

CREMA. (l. *chrisma*.) f. Confección cosmética para suavizar el cutis.

CREMA. (gr. τρῆμα.) f. GRAM. Diéresis, signo ortográfico.

CREMACIÓN. (l. *crematio*, *-ōnis*.) f. Acción de quemar. || **P.** cremação; **I.** cremation; **F.** crémation; **A.** Kremation; **It.** cremazione; **R.** кремация.

CREMALLERA. (fr. *crémaillère*, y éste del neerl. *kram*, garfio.) f. Barra dentada que engrana con un piñón y convierte un movimiento circular en rectilíneo o viceversa. || **2.** Cierre metálico y flexible que se aplica a una abertura longitudinal en prendas de vestir, bolsos, etc. || **P.** cremalheira; **I.** toothed bar; **F.** crémaillère; **A.** Zahnstange; **It.** cremagliera; **R.** молния.

CREMATÍSTICA. (gr. χρηματιστική, t. f. de -κός, de χρηματίζομαι, traficar, enriquecerse.) f. Economía política.

CREMATÍSTICO, CA. adj. Perteneciente o relativo a la crematística.

CREMATORIO, RIA. (l. *crematus*, quemado.) adj. Relativo a la cremación. || **2.** m. Horno crematorio, destinado a la cremación de cadáveres y materias deletéreas. || **2.ª** acep.: **P.** crematório; **I.** crematory, crematorium; **F.** crématoire; **A.** Leichenverbrennungsofen, Krematorium; **It.** crematoio; **R.** крематорий.

CREMENTO. (l. *crementum*.) m. Incremento, 1.ª acep.

CREMESÍN. adj. ant. Cremesino.

CREMESINO, NA. adj. ant. Carmesí, 1.ª acep.

CREMÓMETRO. (De *crema*, y el gr. μέτρον, medida.) m. Instrumento que sirve para medir la cantidad de manteca contenida en la leche.

CREMONÉS, SA. adj. Natural de Cremona. Ú.t.c.s. || **2.** Perteneciente a esta ciudad italiana.

CRÉMOR. (l. *cremor*, nata.) m. QUÍM. Tartrato ácido de potasa, usado como purgante en medicina y como mordente en tintorería. || **—tártaro.** QUÍM. Crémor. || **P.** cremor tártaro; **I.** cremor; **F.** crèmor; **A.** Weinstein; **It.** cremore; **R.** винный камень.

CREMOSO, SA. adj. De la naturaleza o aspecto de la crema. || **2.** Que tiene mucha crema.

CRENCHA. (l. *crenae*, rajas, hendiduras.) f. Raya que divide el cabello en dos partes. || **2.** Cada una de estas dos partes. || **P.** risca dos cabelos; **I.** parting; **F.** bandeaux; **A.** Haarscheitel; **It.** spartizione, scriminiatura, divisa; **R.** пробор.

CRENCHE. f. ant. Crencha.

★ **CRENE.** adj. Dícese del indio brasileño de ciertos estados de Amazonas.

★ **CREOSOL.** m. QUÍM. Fenol contenido en la creosota.

CREOSOTA. (gr. κρέας, carne, y σώζω, conservar, preservar.) f. QUÍM. Substancia líquida oleaginosa, incolora, de sabor urente y cáustico. Se emplea en medicina y para diversos usos. || **P.** creosoto; **I.** creosote; **F.** créosote; **A.** Kreosot; **It.** creosoto; **R.** креозот.

CREOSOTADO, DA. p.p. de creosotar. || **2.** adj. Que contiene creosota.

CREOSOTAR. tr. Impregnar de creosota las maderas para que no se pudran.

★ **CREOTOXINA.** f. Cada uno de los venenos básicos que los microorganismos producen en la carne.

★ **CREPIS.** BOT. Género de plantas de la familia de las compuestas.

CREPITACIÓN. (l. *crepitatio*, *-ōnis*.) f. Acción y efecto de crepitar. || **2.** MED. Ruido que producen al rozar entre sí los extremos de un hueso fracturado, y a veces el aire al penetrar en los pulmones.

CREPITANTE. (l. *crepitans*, *-antis*.) p.a. de crepitar. Que crepita.

CREPITAR. (l. *crepitāre*.) intr. Producir ruido semejante a los chasquidos de la leña que arde.

CREPÓN. m. AR. Rabadilla de las aves.

CREPUSCULAR. adj. Perteneciente al crepúsculo. || **2.** Dícese del estado de ánimo intermedio entre la conciencia y la inconsciencia. || **3.** ZOOL. Dícese de los animales que buscan su alimento durante el crepúsculo.

CREPUSCULINO, NA. adj. Crepuscular.

CREPÚSCULO. (l. *crepuscŭlum*.) m. Claridad de amanecer hasta que sale el sol, y la que queda al anochecer desde que aquél se pone hasta cerrar la noche. || **2.** Tiempo que dura esta claridad. || **P.** crepúsculo; **I.** crepuscle, twilight; **F.** crépuscule; **A.** Dämmerung, Zwielicht; **It.** crepuscolo; **R.** сумерки.

CREQUETÉ. m. CUBA. Caracatey.

CRESA. (De *queresa*.) f. Huevos que pone la reina de las abejas. || **2.** Larva de ciertos dípteros. || **3.** Montones de huevecillos que ponen las moscas sobre las carnes.

★ **CRESCENDO.** m. MÚS. Aumento gradual del sonido.

★ **CRESILO.** m. QUÍM. Hidrocarburo, radical del cresilol.

CRESO. (Por alusión a *Creso*, riquísimo rey de Lidia.) m. fig. El que posee grandes riquezas.

★ **CRESOFORMO.** m. QUÍM. y TERAP. Substancia líquida oleosa de propiedades antisépticas.

★ **CRESOL.** m. QUÍM. Fenol obtenido de la lava de hulla.

CRESPA. (De *crespar*.) f. ant. Melena o cabellera.

CRESPAR. (l. *crispāre*.) tr. ant. Encrespar o rizar. Ú.t.c.r.

CRESPILLA. f. Cagarria.

CRESPILLO. m. HOND. Clemátide.

CRESPÍN. (De *crespo*.) m. Cierto adorno mujeril antiguo.

★ **CRESPÍN.** m. ZOOL. Ave cuculida que vive en algunas regiones de América meridional.

CRESPINA. (De *crespa*, melena.) f. Cofia o redecilla que usaban las mujeres para recoger el pelo.

CRESPO, PA. (l. *crispus*.) adj. Ensortijado o rizado. Se dice del cabello que naturalmente forma rizos. || **2.** Dícese de las hojas de algunas plantas, cuando están retorcidas. || **3.** V. *Uva* CRESPA. || **4.** fig. Aplícase al estilo artificioso y obscuro. || **5.** fig. Irritado. || **6.** fig. Rizo. 3.ª acep. || **P. e It.** crespo; **I.** crisp, frizzy; **F.** crépu, crêpe; **A.** kraus; **R.** вьющийся.

CRESPÓN. (De *crespo*.) m. Gasa en que la urdimbre está más retorcida que la trama.

CRESTA. (l. *crista*.) f. Carnosidad roja que tienen sobre la cabeza algunas aves. || **2.** Copete, penacho de plumas. || **3.** Protuberancia pequeña que ofrecen algunos animales, aunque no sea carnosa, ni de pluma. || **4.** fig. Cumbre peñascosa de una montaña. || **5.** Cima de una ola coronada de espuma. || **—de gallo.** BOT. Gallocresta. || **—de la explanada.** FORT. Extremidad más alta de la explanada, que viene a ser el parapeto del camino cubierto. || *Alzar*, o *levantar* uno la CRESTA. fr. fig. Mostrar soberbia. || *Dar en la* CRESTA a uno. fr. fig. y fam. Chafarle, mortificarle. || **P.** crista; **I.** crest, comb; **F.** crête; **A.** Kamm

(des Hahnes, etc.); **It.** cresta; **R.** гребень.

CRESTADO, DA. (l. *crístātus*.) adj. Que tiene cresta.

CRESTERÍA. (De *cresta*.) f. ARQ. Adorno de labores caladas muy usado en el estilo ojival, colocado en las partes altas de los edificios. || **2.** FORT. Conjunto de las obras superiores de defensa. || **3.** FORT. Almenaje de las antiguas fortificaciones.

CRESTOMATÍA. (gr. χρηστομάθεια, de χρηστομαθής: de χρηστός, útil, bueno, y μανθάνω, aprender.) f. Colección de escritos selectos para la enseñanza.

CRESTÓN. m. aum. de cresta. || **2.** Parte de la celada, en figura de cresta y en la cual se ponen las plumas. || **3.** MIN. Parte superior de un filón o de una masa de rocas, que sobresale en la superficie del terreno.

★ **CRESTÓN, NA.** adj. CHILE y MÉJ. Crestudo. || **2.** fig. CHILE y MÉJ. Tonto. || **3.** fig. COLOM. Dícese del muchacho enamoradizo.

CRESTUDO, DA. adj. Que tiene mucha cresta.

CRETA. (l. *creta*, greda.) f. Carbonato de cal terroso.

CRETÁCEO, A. (l. *cretācĕus*, gredoso.) adj. GEOL. Dícese del terreno inmediatamente posterior al Jurásico. || **2.** GEOL. Perteneciente a este terreno. || **P.** cretaceo, gredoso; **I.** cretaceous; **F.** crétacé; **A.** kreidig; **It.** cretàceo; **R.** меловой.

CRETENSE. (l. *cretensis*.) adj. Natural de Creta. Ú.t.c.s. || **2.** Perteneciente a esta isla del Mediterráneo.

CRÉTICO, CA. (l. *cretícus*.) adj. Cretense. || **2.** m. Anfímacro.

CRETINISMO. (De *cretino*.) m. Enfermedad consistente en una detención del desarrollo físico y mental y comúnmente acompañada de deformaciones. || **P. e It.** cretinismo; **I.** cretinism; **F.** crétinisme; **A.** Kretinismus; **R.** кретинизм.

CRETINO, NA. (fr. *crétin*, y éste del l. *christiānus*, cristiano.) adj. Que padece cretinismo. Ú.t.c.s. || **2.** fig. Estúpido, necio. Ú.t.c.s. || **P. e It.** cretino; **I.** cretin; **F.** crétin; **A.** Kretin(e); **R.** кретин.

CRETONA. (fr. *cretonne*, de *Creton*, el primer fabricante de esta tela.) f. Tela comúnmente de algodón, blanca o estampada. || **P.** cretone; **I.** cretonne; **F.** cretonne; **A.** Kretonne; **It.** crètonne; **R.** кретон.

★ **CREX.** m. ZOOL. Género de aves zancudas al que pertenece la polla de agua.

CREYENTE. p.a. de creer. Que cree. Ú.t.c.s. || **P.** crente; **I.** believer; **F.** croyant; **A.** Gläubiger; **It.** credente; **R.** верующий.

CREYER. tr. ant. Creer.

CREZNEJA. f. Crizneja.

CRÍA. (De *criar*.) f. Acción y efecto de criar a los hombres, o a los animales. || **2.** Niño o animal mientras se está criando. || **3.** Conjunto de hijos de los animales tenidos en un parto o en un nido. || **P.** criação; **I.** nurture, breeding, rearing; **F.** nourrissage, élevage; **A.** Zucht; **It.** allevamento, nutritura; **R.** разведение. || **3.ª** acep.: **P.** animal novo; **I.** brood; **F.** portée, couvée; **A.** Junges, Brut; **It.** covata; **R.** птенец.

CRIACIÓN. (l. *creatio*, *-ōnis*.) f. ant. Cría de animales.

CRIADA. (De *criado*, sirviente.) f. fig. Moza, pala con que golpean la ropa las lavanderas.

CRIADERO, RA. adj. Fecundo en criar. || **2.** m. Lugar destinado a la cría de árboles. || **3.** Lugar destinado a la cría de los animales. || **4.** MIN. Lugar abundante en algún mineral útil. || **2.ª** acep.: **P.** viveiro; **I.** nursery; **F.** pépinière; **A.** Pflanzschule; **It.** vivaio; **R.** рассадник.

CRIADILLA. f. Testículo. || **2.** Patata, 2.ª acep. || **—de mar.** Pólipo de figura globosa. || **—de tierra.** Hongo carnoso, de buen olor, figura redondeada. Se cría bajo tierra, y su guisado es muy sabroso. Ú.m. en plural.

CRIADO, DA. (De *criar*.) adj. Con los adverbios *bien* o *mal*, dícese de la persona de buena o mala crianza. || **2.** m. y f. Sirviente doméstico. || *Salirle* a uno la CRIADA *respondona*. fr. fig. y fam. Verse increpado por la misma persona a quien creía tener supeditada. || **2.ª** acep.: **P.** criado; **I.** servant, maid; **F.** domestique, servante; **A.** Diener; **It.** servo, serva; **R.** слуга.

C

CRIADOR, RA. (l. creātor, de creāre, criar.) adj. Que nutre y alimenta. || 2. Atributo que se da sólo a Dios, como hacedor de todas las cosas que sacó de la nada. Ú.t.c.s. || 3. fig. Se dice de una tierra respecto de las cosas de que abunda. || 4. m. y f. Persona que tiene a su cargo criar animales. || 5. Vinicultor, ra. || 6. f. Nodriza. || 2.ª acep.: P. Criador; I. Creator; F. Le Créateur; A. Schöpfer; It. Creatore; R. вог, Создатель.

CRIADUELO, LA. m. y f. d. de criado, da.

CRIAMIENTO, (De criar.) m. Renovación de alguna cosa.

CRIANDERA. (De criar.) f. AMÉR. Nodriza.

CRIANTE. p.a. ant. de criar. Que cría.

CRIANZA. f. Acción y efecto de criar. Particularmente se llama así la que se recibe de las madres o nodrizas mientras dura la lactancia. || 2. Urbanidad. || 3. CHILE. Conjunto de animales nacidos en una hacienda. || Dar CRIANZA a uno. fr. Criarle. || 2.ª acep.: P. urbanidad; I. breeding; F. élevage; A. Erziehung; It. creanza; R. воспитание.

CRIAR. (l. creāre.) tr. Producir algo de nada; dar ser a lo que antes no lo tenía, lo que es propio únicamente de Dios. || 2. Producir, 1.ª acep. Ú.t.c.r. || 3. Nutrir y alimentar la madre o la nodriza al niño. || 4. Cuidar y cebar animales. || 5. Educar y dirigir. || 6. Crear, 2.ª y 3.ª aceps. || 7. Producir, cuidar y alimentar un animal a sus hijuelos. || 8. Someter un vino, después de la fermentación, a ciertas operaciones. || 9. Formar un expediente o negocio y entender en él desde sus comienzos. || 10. fig. Dar ocasión y motivo para alguna cosa. || 11. GERM. Tener, asir. || El CRIAR, arruga, y el parir alucia. ref. que denota que la mujer que cría suele desmejorarse, y la que pare se pone de mejor aspecto. || Estar uno CRIADO. fr. fig. y fam. Poder cuidarse, sin otro que le ayude. || P. instituir; I. to create; F. créer; A. erschaffen; It. creare; R. порождать. || 3.ª acep.: P. criar; I. to nurse, to suckle; F. allaiter nourrir; A. säugen; It. allattare; R. воспитывать.

CRIATURA. (l. creatūra,) f. Toda cosa criada. || 2. Niño de poco tiempo. || 3. Feto antes de nacer. || 4. fig. Hechura, persona que debe su cargo a otra. || —abortiva. FOR. La que no tiene la condición legal de nacida. || Ser uno una CRIATURA. fr. fig. y fam. Ser de muy poca edad. || 2. fig. y fam. Tener maneras y gustos de niño. || P. criatura; I. creature; F. créature; A. Geschöpf, Kreatur; It. creatura; R. создание.

CRIAZÓN. (l. creatio, -ōnis.) f. ant. Familia, 1.ª y 2.ª aceps.

CRIBA. (De cribo.) f. Cuero ordenadamente agujereado y fijo en un aro de madera, usado para cribar. También las hay metálicas. || 2. Cualquiera de los aparatos mecánicos que se emplean en agricultura para cribar semillas, o en minería para lavar y limpiar los minerales. || 3. BOT. Cualquiera de los tabiques membranosos, situados en el interior de los vasos cribosos de las plantas. || Está una cosa como una CRIBA, o hecha una CRIBA. fig. y fam. Estar llena de agujeros. || P. crivo; I. sieve; F. crible; A. Sieb; It. crivello; R. решето.

CRIBADO, DA. p.p. de cribar. || 2. adj. Dícese del carbón mineral escogido cuyos trozos han de tener un tamaño reglamentario. || 3. m. Acción y efecto de cribar.

CRIBADOR, RA. adj. Que criba. Ú.t.c.s.

CRIBAR. (l. cribrāre.) tr. Limpiar el trigo u otra semilla, por medio de la criba. || 2. Pasar una semilla, u otra materia por la criba para separar las partes menudas de las gruesas. || P. crivar; I. to sift; F. cribler; A. durchsieben; It. crivellare; R. просеивать.

CRIBAS! (¡VOTO A), expr. ¡Voto a Cristo!

CRIBELO. (l. cribĕllum, d. de cribrum, cribo.) m. ZOOL. Órgano que tienen muchas arañas en el abdomen, provisto de glándulas.

* **CRIBERO, RA.** m. y f. Persona que hace o vende cribas.

CRIBETE. m. Especie de camastro.
CRIBO. (l. cribrum.) m. Criba.
CRIBOSO. (De criba.) adj. BOT. Aplícase a los vasos que tienen cribas y sirven para coıducir la savia descendente de los vegetale ;.

CRIC. m. Gato, máquina para levantar pesos. || 2. Instrumento para examinar el alma de los cañones.

CRICA. f. Partes pudendas de la mujer.
CRICOIDES. adj. MED. Dícese del cartílago anular inferior de la laringe de los mamíferos. Ú.t.c.s.m.

CRICQUET. (ingl. cricket.) m. Juego de pelota empleando paletas de madera.

CRIDA. (Dɔ cridar.) f. ant. Pregón, 1.ª acep.

CRIDAR. (l. quiritāre, gritar.) intr. ant. Gritar.

CRIMEN. (l. crimen.) m. Delito grave. || 2. V. Sala del CRIMEN. ||—de lesa majestad. Delito de lesa majestad. || P. delito grave; I. y F. crime; A. Verbrechen; It. crimine; R. преступление.

CRIMINACIÓN. (l. criminatio, -ōnis.) f. Acción y efecto de criminar.

CRIMINAL. (l. criminālis.) adj. Perteneciente al crimen o que de él toma origen. || 2. Dícese de las leyes, institutos o acciones que persiguen y castigan los crímenes. || 3. Que ha cometido o procurado cometer un crimen. Ú.t.c.s. || P. e I. criminal; F. criminel, scélérat; A. Verbrecher; It. criminale; R. преступник.

CRIMINALIDAD. (De criminal.) f. Calidad o circunstancia que hace que una acción sea criminosa. || 2. Cómputo de los crímenes cometidos en un territorio o tiempo determinados. || P. criminali ade; I. criminality; F. criminalité; A. Kriminalität; It. c iminalità; R. преступность.

CRIMINALISTA. adj. Aplícase al abogado que profesa preferentemente el derecho penal y está en él muy versado. Ú.t.c.s. || 2. Dícese del escribano que actúa en el enjuiciamiento criminal. || P. e It. criminalista; I. criminalist; F. criminaliste; A. Kriminalist; R. криминалист.

CRIMINALMENTE. adv. m. Por la vía criminal. || 2. Con criminalidad.

* **CRIMINALOIDE.** (De criminal, y el gr. εἶδος, forma, aspecto.) adj. Perteneciente al tipo físico criminal.

CRIMINAR. (l. crimināre.) tr. Acriminar. || 2. fig. Censurar.

CRIMINOLOGÍA. (l. crimen, -ĭnis, crimen, y el gr. λόγος, tratado.) f. Tratado acerca del delito, sus causas y su represión. || P. criminologia; I. criminology; F. criminologie; A. Verbrechertumslehre; It. criminologia; R. криминология.

CRIMINOLÓGICO, CA. adj. Perteneciente o relativo a la criminología.

CRIMINOSAMENTE. adv. ant. Criminalmente.

CRIMINOSO, SA. (l. crimonōsus.) adj. Criminal. || 2. m. y f. Delincuente o reo.

CRIMNO. (gr. κρίμνον.) m. Harina gruesa de espelta y de trigo.

CRIN. (l. crinis.) f. Conjunto de cerdas que tienen algunos animales en la parte superior del cuello. Ú.m. en pl. ||—vegetal. Filamentos flexibles que se obtienen de las hojas del esparto enriado, y de las frondas de ciertas algas y musgos, y se emplean en tapicería. || Hacer las CRINES. fr. Recortar a los caballos las crines. || P. crina; I. mane; F. crinière, crin; A. Kammhaar, Rosshaar; It. criniera, crino, chioma; R. грива.

CRINADO, DA. (l. crinātus.) adj. poét. Que tiene largo el cabello.

CRINAR. (De crin.) tr. Peinar, 1.er art., 1.ª y 2.ª aceps.

* **CRINEJA.** f. VENEZ. Crizneja.
CRINERA. f. Parte del cuello de las caballerías donde nace la crin.

CRINITO, TA. (l. crinītus.) adj. p. us. Crinado. || 2. ASTRON. Aplícase al cometa cuya cabellera se divide en varios ramales.

* **CRINOLINA.** f. Tela de cerdas entretejidas que se usa para entretelas de solapas. || 2. AMÉR. Miriñaque. || 3. PERÚ. Atril.

CRÍO. (De criar.) m. fam. Niño o niña que se está criando. || P. criança de peito; I. baby, babe; F. bébé; A. Schoss-

kind; It. bambino, bàmbolo; R. грудной ребёнок.

* **CRIÓFILO, LA.** adj. BIOL. Dícese especialmente de las bacterias que se desarrollan mejor en temperaturas inferiores a 10 °C.

* **CRIÓFORO.** m. FÍS. Aparato con que se demuestra el frío que produce la evaporación.

* **CRIOHIDRÁTICO, CA.** adj. FÍS. Dícese del punto de congelación o temperatura mínima a que puede existir en estado líquido la disolución de una substancia.

CRIOJA. (De criar.) f. GERM. Carne, 1.er art., 1.ª acep.

CRIOJERO. (De crioja.) m. GERM. Carnicero, 1.ª acep.

* **CRIOLITA.** f. MINERAL. Fluoruro de aluminio y sodio.

° **CRIOLLISMO.** m. Exaltación de lo criollo en sus diferentes manifestaciones, costumbres, cualidades, arte, etc.

CRIOLLO, LLA. (De criar.) adj. Dícese del hijo de padres europeos, nacido en otra parte del mundo. Ú.t.c.s. || 2. Aplícase al negro nacido en América. Ú.t.c.s. || 3. Dícese de los americanos descendientes de europeos. Ú.t.c.s. || 4. Dícese de las cosas o costumbres propias de los países americanos. || P. crioilo; I. creole; F. créole; A. Kreole; It. crèolo; R. креол.

* **CRIÓMETRO.** m. FÍS. Termómetro especial para temperaturas muy bajas.

* **CRIOSCOPÍA.** f. FÍS. Estudio de los cuerpos disueltos, sobre la base del punto de congelación de las disoluciones.

° **CRIOTERAPIA.** f. MED. Método curativo basado en la utilización de bajas temperaturas.

CRIPTA. (l. crypta, y éste el gr. κρύπτη, de κρύπτω, esconder, cubrir.) f. Lugar subterráneo donde se enterraba a los muertos. || 2. Piso subterráneo en una iglesia destinada al culto. || 3. BOT. Oquedad en un parénquima. || P. cripta; I. crypt; F. crypte; A. Krypta; It. critta; R. склеп.

CRIPTOANÁLISIS. (gr. κρυπτός, oculto, y análisis.) m. Arte de descifrar criptogramas.

* **CRIPTOBRANQUIOS.** m. pl. ZOOL. Género de anfibios urodelos, que parecen salamandras de gran tamaño.

CRIPTÓGAMO, MA. (gr. κρυπτός, oculto, y γάμος, casamiento.) adj. BOT. Dícese del vegetal que carece de flores. Ú.t.c.s.f. || 2. BOT. Acotiledóneo. || 3. f. pl. BOT. Grupo de las plantas desprovistas de flores.

CRIPTOGRAFÍA. (gr. κρυπτός, oculto, y γράφω, escribir.) f. Arte de escribir con clave secreta o de un modo enigmático. || P. criptografia; I. cryptography; F. cryptographie; A. Chiffrierkunst; It. crittografia; R. криптография.

CRIPTOGRÁFICO, CA. adj. Perteneciente o relativo a la criptografía.

CRIPTOGRAMA. m. Documento cifrado.

* **CRIPTOLOGÍA.** (gr. κρυπτός, oculto y λόγος, tratado.) f. Tratado sobre los escritos secretos y cifrados.

CRIPTÓN. m. QUÍM. Uno de los gases componentes del aire.

* **CRIPTONEMIÁCEAS.** f. pl. BOT. Algas florídeas inarticuladas.

* **CRIPTÓNIX.** m. ZOOL. Género de aves gallináceas que viven en regiones tropicales. El macho luce sobre su cabeza un gran penacho de plumas.

° **CRIPTORQUIDIA.** f. FISIOL. Defecto en la posición de los testículos que se hallan, el uno o los dos, fuera del escroto por no haber descendido del abdomen.

* **CRIPTOSCOPIO.** m. FÍS. Aparato para estudiar el grado de permeabilidad de los distintos cuerpos a los rayos X.

* **CRIPTÚRIDAS.** f. pl. ZOOL. Aves gallináceas americanas de pequeño tamaño.

* **CRIQUE.** m. FORT. Zanja que se puede inundar para defender un recinto. || 2. HOND. Riachuelo.

CRIS. m. Arma blanca, usada en Filipinas. Suele tener la hoja de forma serpenteada.

CRISÁLIDA. (l. chrysallis, -ĭdis, y éste del gr. χρυσαλλίς, de χρυσός, oro.) f. ZOOL. Ninfa de los insectos lepidópteros. || P. crisálida; I. chrysalis, pupa; F. chrysa-

C

lide; **A**. Schmetterlingspuppe; **It**. crisàlide; **R**. куколка.
★ **CRISAMINA**. f. Quím. Materia colorante que resulta de la copulación de la bencidina diazoada con el ácido silicílico, y es muy empleada en el estampado sobre algodón.
CRISANTEMA. f. Crisantemo.
CRISANTEMO. (l. *chrysanthĕmum*, y éste del gr. χρυσάνθεμον; de χρυσός, oro, y ἄνθεμον, flor; flor de oro.) m. Planta perenne de la familia de las compuestas, de tallos anuales, casi leñosos, hojas alternas, aovadas, con hendiduras muy profundas, blanquecinas por el envés, y flores abundantes de colores variados. Procede de la China y se cultiva en los jardines, donde florece durante el otoño. || **2**. Flora de esta planta. || **P**. crisântemo; **I**. chrysanthemum; **F**. chrysantème; **A**. Goldblume, Winteraster; **It**. crisantemo; **R**. хризантема.
★ **CRISANTROPAICO, CA**. adj. Quím. Dícese de un ácido que se encuentra en la belladona y en otras plantas solanáceas.
★ **CRISÍNICO, CA**. adj. Quím. Dícese de un ácido que se extrae de las yemas del álamo.
CRISIS. (l. *crisis*, y éste del gr. χρίσις.) f. Cambio considerable en una enfermedad, por el que mejora o se agrava el enfermo. || **2**. Por ext., momento decisivo de un negocio importante. || **3**. Juicio sobre una cosa después de examinada cuidadosamente. || —**ministerial**. Situación de un Ministerio cuando uno o varios de sus individuos han presentado la dimisión de sus cargos. || **P**. y **F**. crise; **I**. crisis; **A**. Krise, Wendepunkt; **It**. crisi; **R**. кризис.
CRISMA. (l. *chrisma*, y éste del gr. χρίσμα; de χρίω, ungir.) amb. Aceite y bálsamo mezclados que consagran los obispos el Jueves Santo para ungir a los que reciben los sacramentos del bautismo, confirmación y orden. || *Romper la* CRISMA a uno. fr. fig. y fam. Descalabrar, herir a uno en la cabeza. || **P**. crisma; **I**. chrism; **F**. chrème; **A**. Chrisma, Salböl; **It**. crisma; **R**. елей, миро.
CRISMAR. (De *crisma*.) m. ant. Administrar el sacramento del bautismo o el de la confirmación.
CRISMERA. f. Vaso en que se guarda el crisma.
CRISMÓN. (gr. χρίω, ungir.) m. Lábaro, monograma de Cristo.
CRISNEJA. f. Crizneja.
CRISOBALANÁCEO, A. (De *chrysobalanus*, nombre de un género de plantas.) adj. Bot. Dícese de plantas leñosas angiospermas, dicotiledóneas, siempre verdes, propias de los países tropicales, especialmente en América meridional. Sus frutos, en drupa, son comestibles. Son muy parecidas a las rosáceas. Ú.t.c.s.f. || **2**. f. pl. Bot. Familia de estas plantas.
CRISOBERILO. (l. *chrysoberyllus*, y éste del gr. χρυσοβήρυλλός; de χρυσός, oro, y βήρυλλος, berilo.) m. Piedra preciosa de color verde amarillento, con visos opalinos.
CRISOCOLA. (gr. χρυσός, oro, y κόλλα, cola.) f. Arqueol. Substancia que los antiguos usaban para soldar el oro.
★ **CRISOFÁNICO, CA**. adj. Quím. Dícese de un ácido que se encuentra en el ruibarbo, en las hojas del sen y en ciertos líquenes.
★ **CRISÓFILO**. m. Bot. Género de plantas sapotáceas, árboles de hojas esparcidas sin estípulas y flores pequeñas de color amarillento. La mayoría de sus especies crecen en la América tropical.
★ **CRISOIDINA**. f. Quím. Materia colorante utilizada para los tejidos de algodón.
CRISOL. (b. l. *crucibolus*, vaso de cuatro picos que vienen a formar una cruz.) m. Vaso más ancho de arriba que de abajo, que se hace de barro refractario, porcelana, hierro, platino, etc., y se emplea para fundir alguna materia a temperatura muy elevada. || **2**. Cavidad en la parte inferior de los hornos para recibir el metal fundido. || **P**. crisol; **I**. crucible; **F**. creuset; **A**. Schmelztiegel; **It**. crogiolo; **R**. горнило.
CRISOLADA. f. Porción de metal derretido que cabe dentro del crisol.

CRISOLAR. (De *crisol*.) tr. Acrisolar, depurar metales en crisol.
★ **CRISOLITA**. f. Mineral. Peridoto. || **2**. Nombre dado a diversos minerales y piedras preciosas. || —**celiánica**. Variedad de turmalina verde amarillenta. || —**de Bohemia**. Moldavita. || —**de España**. Fosfato de cal de color verde. || —**del Brasil**. Cimofana. || —**del Cabo**. Cromoclorita. || —**del Vesubio**. Idocasa. || —**de los volcanes**. Olivino, peridoto. || —**de Sajonia**. Variedad de topacio. || —**oriental**. Variedad de corindón de color amarillo.
CRISÓLITO. (l. *chrysolithus*, y éste del gr. χρυσόλιθος; de χρυσός, oro, y λίθος, piedra.) m. Geol. Silicato de hierro y magnesio, de color verdoso. || —**de los volcanes**. Silicato de magnesia, de color aceitunado, rojo o negro. || —**oriental**. El topacius de los antiguos; piedra preciosa; es un silicato de alúmina, de color amarillo verdoso.
CRISOMÉLIDO. adj. Zool. Dícese de insectos coleópteros, tetrámeros, con el cuerpo ovalado, antenas cortas, alas y hélitros. || **2**. m. pl. Zool. Familia de estos insectos.
CRISOPACIO. m. Crisoprasa.
CRISOPEYA. (gr. χρυσός, oro, y ποιέω, hacer.) f. Arte que pretendía transmutar los metales en otro.
CRISOPRASA. (l. *chrysoprāsus*, y éste del gr. χρυσόπρασος; de χρυσός, oro, y πράσον, puerro.) f. Ágata de color verde manzana.
★ **CRISORRETINA**. f. Quím. Resina contenida en las hojas del sen.
★ **CRISOTILO**. m. Mineral. Silicato hidratado de magnesio, de estructura fibrosa, color amarillo o verdoso y consistencia algodonosa. Tiene muchas aplicaciones industriales.
★ **CRISOTIS**. m. Zool. Género de aves, prensoras, de la familia de los psitácidos, de cabeza amarilla, la frente azul y con algunas plumas rojas en las alas. A estas aves se les llama comúnmente loros.
CRISPADURA. f. Crispatura.
CRISPAMIENTO. m. Crispatura.
CRISPAR. (l. *crispāre*.) tr. Causar contracción repentina y pasajera en el tejido muscular. Ú.t.c.r. || **P**. crispar; **I**. to contract suddenly; **F**. crisper; **A**. kräuseln; **It**. increspare; **R**. стягивать.
CRISPATURA. (l. *crispātus*, encrespado, erizado.) f. Efecto de crispar o crisparse.
CRISPIR. tr. Salpicar de pintura la obra para imitar el pórfido u otra piedra de grano.
CRISTA. (l. *crista*, cresta.) f. Blas. Crestón de la celada. || **2**. Ecuad. Cresta.
CRISTAL. (l. *crystāllus*, y éste del gr. κρύσταλλος.) m. Mineral. Cualquier cuerpo sólido que tiene forma poliédrica. || **2**. Vidrio muy transparente que resulta de la mezcla y fusión de arena silícea con potasa y minio. || **3**. Tela de lana muy delgada y con algo de lustre. || **4**. fig. Espejo, 1.ª acep. || **5**. fig. poét. Agua, 1.ª acep. || —**de roca**. Cuarzo cristalizado, incoloro y transparente. || —**hilado**. Cristal o vidrio fundido y estirado en forma de hilos. || —**tártaro**. Tártaro purificado y cristalizado. || 2.ª acep.: **P**. y **F**. cristal; **I**. crystal; **A**. Kristall; **It**. cristallo; **R**. стекло.
CRISTALERA. f. Armario con cristales. || **2**. Aparador. || **3**. Puerta de cristales.
CRISTALERÍA. f. Establecimiento donde se fabrican o venden objetos de cristal. || **2**. Conjunto de estos mismos objetos. || **P**. cristalaria; **I**. glass-store; **F**. cristallerie; **A**. Glasfabrik; **It**. cristalleria; **R**. хрустальный завод.
CRISTALINO, NA. (l. *crystallīnus*.) adj. De cristal. || **2**. Parecido al cristal. || **3**. m. Zool. Cuerpo de forma lenticular situado detrás de la pupila del ojo de los vertebrados y de los cefalópodos. || **P**. cristalino; **I**. crystalline; **F**. cristallin; **A**. krystallinisch; **It**. cristallino; **R**. хрустальный завод.
CRISTALIZABLE. adj. Que se puede cristalizar.
CRISTALIZACIÓN. f. Acción y efecto de cristalizar o cristalizarse. || **2**. Cosa cristalizada. || **P**. cristalização; **I**. crystallisa-

tion; **F**. cristallisation; **A**. Kristallisation; **It**. cristallizzazione; **R**. кристаллизация.
★ **CRISTALIZADOR**. m. Recipiente usado en los laboratorios para la cristalización de disoluciones.
CRISTALIZAR. (De *cristal*.) intr. Tomar ciertas substancias la forma cristalina. Ú.t.c.r. || **2**. fig. Tomar forma clara y precisa las ideas, sentimientos o deseos de alguien. || **3**. tr. Hacer tomar a ciertas substancias la forma cristalina. || **P**. cristalizar; **I**. to crystallize; **F**. cristalliser; **A**. kristallisieren; **It**. cristallizzare; **R**. кристаллизовать.
★ **CRISTAL-LUMINISCENCIA**. f. Fís. Luminiscencia que se observa en la obscuridad, en forma de pequeños destellos, al efectuarse la cristalización de ciertas substancias.
★ **CR. STALOELÉCTRICO, CA**. adj. Crist. log. Dícese del fenómeno eléctrico producido por el calor en algunos cristales.
★ **CRISTALOFÍSICA**. f. Cristalog. Estudio de las propiedades físicas de los cuerpos cristalinos.
★ **CRISTALOGENIA**. f. Tratado de la formación de los cristales.
CRISTALOGRAFÍA. (gr. κρύσταλλος, cristal, y γράφω, describir.) f. Mineral. Estudio y descripción de las formas que toman los cuerpos al cristalizar. || **P**. cristalografia; **I**. crystallography; **F**. cristallographie; **A**. Kristallkunde; **It**. cristallografia; **R**. кристаллография.
CRISTALOGRÁFICO, CA. adj. Perteneciente a la cristalografía.
CRISTALOIDE. (gr. κρύσταλλος, cristal, y εἶδος, forma.) m. Substancia que, en disolución, atraviesa las láminas porosas que no dejan pasar a las coloides.
CRISTALOIDEO, A. adj. Perteneciente o relativo a los cristaloides.
★ **CRISTALOMETRÍA**. f. Cristalog. Medida de los cristales por sus ángulos, lados y ejes.
★ **CRISTALOTOMÍA**. f. Cristalog. Operación de dividir los cristales separándolos por sus planos de unión.
CRISTEL. m. Clíster.
CRISTIANAMENTE. adv. Con cristiandad.
CRISTIANAR. (De *cristiano*.) tr. fam. Bautizar, 1.ª acep.
CRISTIANDAD. (l. *christianĭtas*, -ātis.) f. Conjunto de todos los fieles cristianos. || **2**. Observancia de la ley de Cristo. || **3**. En países de gentiles, porción de fieles de que cuida cada misionero. || **P**. cristiandade; **I**. Christendom; **F**. chrétienté; **A**. Christenheit; **It**. cristianità; **R**. христианство.
CRISTIANEGO, GA. adj. ant. Perteneciente al cristiano.
CRISTIANESCO, CA. adj. Dícese de las casas moriscas, cuando imitan a las que usan los cristianos.
CRISTIANIEGO, GA. adj. ant. Cristianego.
CRISTIANÍSIMO, MA. (sup. de *cristiano*.) adj. Aplícase como renombre a los reyes de Francia.
CRISTIANISMO. (l. *christianismus*, y éste del gr. χριστιανισμός.) m. Religión cristiana. || **2**. Gremio de los fieles cristianos. || **3**. Bautizo. || **P**. cristianismo; **I**. Christianism; **F**. chrétienté, christianisme; **A**. Christentum; **It**. cristianèsimo; **R**. христианство.
★ **CRISTIANITA**. f. Mineral. Silicato hidratado de aluminio, calcio y potasio.
CRISTIANIZACIÓN. f. Acción y efecto de cristianizar.
CRISTIANIZAR. (l. *christianizāre*, y éste del gr. χριστιανιζω.) tr. Conformar algo con el dogma o con el rito cristiano. Ú.t.c.r. || **P**. cristianizar; **I**. to Christianize; **F**. christianiser; **A**. verchristlichen; **It**. cristianizzare; **R**. обращать в христианство.
CRISTIANO, NA. (l. *christiānus*, y éste del gr. χριστιανός.) adj. Perteneciente a la religión de Cristo y arreglado a ella. || **2**. Que profesa la fe de Cristo, que recibió en el bautismo. Ú.t.c.s. || **3**. fig. y fam. Aplícase al vino aguado. || **4**. m. Hermano o prójimo. || **5**. fam. Persona o alma viviente. || —**nuevo**. El que se convierte a la religión cristiana y se bautiza siendo adulto. || —**viejo**. El que desciende de cristianos sin mezcla conocida de moro, judío o gentil. || *Hablar uno en*

C

CRISTIANO. fr. fig. y fam. Expresarse en términos llanos y fácilmente comprensibles. ‖ **P.** cristão; **I.** Christian; **F.** chrétien; **A.** Christ; **It.** cristiano; **R.** христианин.

CRISTINO, NA. adj. Partidario de doña Isabel II, bajo la regencia de su madre doña María Cristina de Borbón.

CRISTO. (l. *Christus*, y éste del gr. χριστός, ungido.) m. El Hijo de Dios hecho hombre. ‖ **2.** Crucifijo. ‖ **3.** V. *Túnica de* CRISTO. ‖ **4.** CRONOL. V. *Era de* CRISTO. ‖ *A mal* CRISTO, *mucha sangre.* fr. proverb. Aplíc se a la obra literaria o artística falta d mérito, y en que, para llamar la atención se emplea abusivamente alguno de aquellos medios que están más al alcance del vulgo. ‖ *Como a un Santo* CRISTO *un par de pistolas.* expr. adv. fam. con que se pondera lo inadecuado o impropio de una cosa respecto de otra. ‖ *Donde* CRISTO *dio las tres voces.* expr. adv. fig. y fam. En lugar muy distante o extraviado. ‖ *Ni* CRISTO *que lo fundó.* fr. con que se niega con énfasis la veracidad de una aseveración o la existencia de una cosa. ‖ *Ni por un* CRISTO. loc. fam. con que se expresa la gran repugnancia en condescender con alguna cosa. ‖ *Poner a uno como un* CRISTO. fr. fig. y fam. Maltratarlo o herirlo con mucho rigor. ‖ *Voto a* CRISTO. expr. de ira, juramento o amenaza. ‖ **P.** Cristo; **I.** y **F.** Christ; **A.** Christus; **It.** Cristo; **R.** Христос.

★ CRISTOBALITA. f. MINERAL. Anhídrido silícico que se presenta en forma de pequeños cristales blancos y translúcidos.

★ CRISTOFITA. f. MINERAL. Variedad de blenda negra, brillante.

CRISTOFUÉ. (Porque al cantar parece que dice las palabras *Cristo fue.*) m. Pájaro algo mayor que la alondra de color entre amarillo y verde, que abunda en Venezuela.

CRISTOLOGÍA. (gr. χριστός, ungido, y λόγος, tratado.) f. Tratado de lo referente a Cristo.

CRISTUS. (l. *Christus*, Cristo.) m. Cruz que en la cartilla precede al abecedario. ‖ **2.** Este mismo abecedario. ‖ *Estar uno en el* CRISTUS. fr. fig. Estar en los mismos principios de un arte o ciencia. ‖ *No saber uno el* CRISTUS. fr. fig. Ser muy ignorante.

CRISUELA. (De *crisuelo*.) f. Cazoleta del candil, colocada debajo de la car.dileja para recoger el aceite que cae.

CRISUELO. (De *crisol*.) m. ant. Candil, 1.ª acep.

CRITERIO. (gr. κριτήριον; de κρίνω, juzgar.) m. Norma p ra conocer la verdad. ‖ **2.** Discernimiento. ‖ **P.** crité io; **I.** criterion; **F.** critérium; **A.** Krite ium; **It.** criterio; **R.** критерий.

CRÍTICA. (gr. κριτική, t. f. d. -κός, crítico.) f. Arte de juzgar de la bondad, verdad y belleza de las cosas. ‖ **2.** Cualquier juicio sobre una obra literaria o artística. ‖ **3.** Censura de las acciones de alguien. ‖ **4.** Conjunto de opiniones expuestas sobre cualquier asunto. ‖ **5.** Murmuración. ‖ **P.** crítica; **I.** criticism; **F.** critique; **A.** Kri ik; **It.** critica; **R.** критика.

CRITICABLE. adj. Que se puede criticar.

CRITICADOR, RA. adj. Que critica, censura o es propenso a ello. Ú.t.c.s.

CRÍTICAMENTE. adv. Con sentido crítico.

CRITICAR. (De *crítica*.) tr. Juzgar de las cosas, fundándose en los principios de la ciencia o en las reglas del arte. ‖ **2.** Censurar las acciones o conducta de alguno. ‖ **2.** acep.: **P.** criticar; **I.** to criticise; **F.** critiquer; **A.** tadeln, kritisieren; **It.** criticare; **R.** критиковать.

CRITICASTRO. (De *crítico*.) m. despectivo. El que sin fundamento ni doctrina censura y satiriza las obras de ingenio.

CRITICISMO. (De *crítica*.) m. Método de investigación según el cual a todo trabajo científico debe preceder el examen de la posibilidad del conocimiento de lo que se busca. ‖ **2.** Sistema filosófico de Kant.

CRÍTICO, CA. (l. *criticus*, y éste del gr. κριτικός.) adj. Perteneciente a la crítica. ‖ **2.** Dícese del día en que se produce la crisis de una enfermedad o de un negocio. ‖ **3.** Hablando del tiempo, el momento más oportuno. ‖ **4.** MED. Perteneciente a la crisis. ‖ **5.** m. El que juzga según las reglas de la crítica. ‖ **6.** fam. El que habla con afectación. ‖ **P.** crítico; **I.** c itical; **F.** critique; **A.** kritisch; **It.** critico; **R.** критик.

CRITICÓN, NA. (De *crítico*.) adj. fam. Que todo lo censura sin perdonar las más ligeras faltas. Ú.t.c.s.

CRITIQUIZAR. (De *criticar*.) tr. fam. Abusar de la crítica.

CRIZNEJA. (l. *crinis*, crin.) f. Trenza de cabellos. ‖ **2.** Soga de esparto u otra materia semejante.

CROAJAR. (l. *crocire*; en fr. *croasser*.) intr. ant. Crascitar.

CROAR. (Voz imitativa.) intr. Cantar la r na.

CROATA. adj. Natural de Croacia. Ú.t.c.s. ‖ **2.** Perteneciente a esta nación europea.

CROCANTE. (fr. *croquant*, piñonate.) m. Guirl che.

★ CROCIDOLITA. f. MINERAL. Silicato de hierro, magnesio y calcio que contiene sodio y manganeso.

★ CROCINA. f. QUÍM. Pigmento o materia colorante del azafrán.

CROCINO, NA. (l. *crocinus*.) adj. De croco o azafrán.

CROCITAR. (l. *crocitāre*, frec. de *crocire*, croajar.) intr. Crascitar.

CROCO. (l. *crocus*, y éste del gr. κρόκος.) m. Azafrán.

★ CROCODILIADOS. m. pl. ZOOL. Grupo de reptiles que forma el segundo orden de los hidrosaurios.

CROCODILO. (l. *crocodilus*, y éste del gr. κροκόδειλος.) m. Cocodrilo, 1.ª acep.

★ CROCOISA. (gr. κροκόεις, -έσσα, del color de azafrán.) f. MINERAL. Cromato de plomo, uno de los minerales de los que se obtiene el cromo.

★ CROCUTA. f. ZOOL. Género de mamíferos carniceros al que pertenece la hiena manchada africana.

CROCHEL. (fr. *clocher*, y éste del *cloche*, campana.) m. ant. Torre de un edificio.

° CROL. (ingl. *crawl*.) m. Manera de nadar, caracterizada, entre otras cosas, porque el nadador sólo saca la cabeza del agua para respirar y avanza con el cuerpo de costado moviendo alternativamente los brazos.

★ CROMADO, DA. p.p. de cromar. ‖ **2.** adj. Que contiene cromo. ‖ **3.** m. Acción y efecto de cromar.

CROMAR. tr. Dar un baño de cromo a los objetos metálicos para hacerlos inoxidables.

★ CROMÁTICA. (gr. χρωματικός, propio del color.) f. FÍS. Parte de la óptica que estudia los colores.

CROMÁTICO, CA. (l. *chromaticus*, y éste del gr. χρωματικός.) adj. MÚS. Aplícase al sistema músico que procede por semitonos. ‖ **2.** Perteneciente o relativo al color. ‖ **3.** MÚS. V. *Semitono* CROMÁTICO. ‖ **4.** ÓPT. Dícese del cristal o del instrumento óptico que presenta al observador los objetos contorneados con los colores del arco iris. ‖ **P.** cromático; **I.** chro matic; **F.** chromatique; **A.** chromatis h; **It.** cromàtico; **R.** хроматический.

CROMATINA. (gr. χρῶμα, color.) f. BIOL. Substancia albuminoidea fosforada, llamada también cromoplasma; posee una gran afinidad por los colores básicos y se presenta en forma de gránulos, filamentos, etc., en el núcleo de las células.

CROMATISMO. (gr. χρωματισμός, de χρωματίζω, colorar.) m. MÚS. y ÓPT. Calidad de cromático.

★ CROMATO. m. QUÍM. Sal que resulta de la combinación del ácido crómico con una base. ‖ **P.** cromato; **I.** y **F.** chromate; **A.** chromsaures Salz; **It.** cromato; **R.** хромат.

★ CROMATÓFORO. m. BIOL. Célula existente en la piel de algunos animales que lleva pigmentos que pueden ser de diferentes coloraciones.

★ CROMATOLOGÍA. f. FÍS. Estudio de los colores.

★ CRÓMICO, CA. adj. QUÍM. Dícese de un anhídrido de cromo. ‖ **2.** QUÍM. Dícese del ácido que se forma disolviendo en el agua el anhídrido crómico. ‖ **P.** cromico; **I.** chromic; **F.** chromique; **A.** chromisch; **It.** cromico; **R.** хромовой.

★ CROMISMO. m. BOT. Fenómeno consistente en adquirir los vegetales, por medio del cultivo, cierta coloración.

★ CROMITA. f. MINERAL. Cromito de hierro que se presenta crist lizado en octaedros y más frecuentemente en masas compactas, neg as, con brillo metálico.

★ CROMLECH. m. Cronlech.

CROMO. (gr. χρῶμα, color.) m. Metal blanco g is, quebradizo, que raya el vidrio. Es capaz de hermoso pulimento e infusible al fuego de forja. ‖ **2.** Cromolitografía, estampa cromolitográfica. ‖ **P.** cromio; **I.** chromium, chrome; **F.** chrome; **A.** Chrom; **It.** cromo; **R.** хром.

★ CROMOCIANINA. f. QUÍM. Cada una de las diversas materias colorantes que tiñen de color azul, verde o violeta, según el mordiente empleado.

★ CROMOCLORITA. f. MINERAL. Hidrosilicato natural de alúmina y magnesia.

★ CROMOCRE. m. MINERAL. Ocre de cromo.

★ CROMÓFORO, RA. adj. QUÍM. Se dice de ciertos grupos de átomos que al formar una molécula orgánica originan un compuesto cromógeno. Ú.t.c.s.m. ‖ **2.** m. ZOOL. Cada uno de los glóbulos coloreados que guarnecen el cuerpo de los cefalópodos.

CROMÓGENO, NA. (gr. χρῶμα, color, y γεννάω, engendrar.) adj. Dícese de las bacterias que producen materias colorantes.

CROMOLITOGRAFÍA. (gr. χρῶμα, color, y de *litografía*.) f. Arte de litografiar con varios colores. ‖ **2.** Estampa obtenida por medio de este arte.

CROMOLITOGRAFIAR. tr. Ejercer el arte de la cromolitografía.

CROMOLITOGRÁFICO, CA. adj. Perteneciente a la cromolitografía.

CROMOLITÓGRAFO. m. El que ejerce el arte de la cromolitografía.

★ CROMOMETRÍA. f. Método de medida de la intensidad de la coloración de los cuerpos.

★ CROMOPROTEÍNAS. f. pl. QUÍM. Proteínas unidas a una substancia coloreada.

CROMOSFERA. (gr. χρῶμα, color, y *esfera*.) f. ASTRON. Zona superior de la envoltura gaseosa del Sol, constituida principalmente por hidrógeno inflamado.

CROMOSOMA. (gr. χρῶμα, color, y σῶμα, cuerpo.) m. BIOL. Cada uno de ciertos corpúsculos, casi siempre en forma de filamentos, en que se divide la cromatina del núcleo de las células y son visibles únicamente durante la mitosis.

CROMOTIPIA. f. Impresión en colores. ‖ **2.** Cromotipografía, obra realizada según el procedimiento cromotipográfico.

CROMOTIPOGRAFÍA. f. Arte de imprimir en colores. ‖ **2.** Obra hecha por este procedimiento.

CROMOTIPOGRÁFICO, CA. adj. Relativo a la cromotipografía.

CRÓNICA. (l. *chronica*, y éste del gr. χρονικά [βιβλία], libros en que se refieren los sucesos por orden del tiempo.) f. Historia en que se observa el orden de los tiempos. ‖ **2.** Artículo periodístico sobre temas de actualidad. ‖ **P.** crónica; **I.** chronicle; **F.** chronique; **A.** Chronik, Zeitgeschichte; **It.** crònaca; **R.** хроника.

CRÓNICAMENTE. adv. De un modo crónico.

CRONICIDAD. (De *crónica*.) f. Calidad de crónico.

CRONICISMO. m. MED. Larga duración de una dolencia. ‖ **2.** MED. Estado crónico de un enfermo.

CRÓNICO, CA. (l. *chronicus*, y éste del gr. χρονικός, de χρόνος, tiempo.) adj. Aplícase a la enfermedad o dolencia larga o habitual. ‖ **2.** Dícese también de ciertos vicios inveterados. ‖ **3.** Que viene de tiempo atrás. ‖ **4.** m. Crónica. ‖ **P.** crónico; **I.** chronic; **F.** chronique; **A.** schleichend, chronisch; **It.** crònico; **R.** хронический.

CRONICÓN. (De *crónica*.) m. Breve narración histórica en que se sigue el orden cronológico.

★ CRONIÓMETRO. (gr. χρόνος, tiempo, ὖω, llovre, y μέτρον, medida.) m. Fís.

Aparato con que se mide la cantidad de lluvia en un tiempo dado.

CRONISTA. com. Autor de una crónica, o el que tiene por oficio escribirlas. || **2.** Empleo de cronista. || **P.** e **It.** cronista; **I.** chronicler; **F.** chroniqueur; **A.** Chronist; **R.** летописец.

CRONÍSTICO, CA. adj. Perteneciente o relativo a la crónica o al cronista.

CRÓNLECH. (fr. *cromlech*, y éste del b. bret. *kroumlech;* de *kroumn,* corona, y *lech,* piedra sagrada.) m. Monumento megalítico formado por una serie de piedras o menhires que cercan un corto espacio de terreno llano, siguiendo una línea elíptica o circular.

★ **CRONOANEMOISOTERMA.** f. Meteor. Cualquiera de las líneas trazadas para expresar iguales diferencias de temperatura en las 24 horas del día en función del viento.

★ **CRONOFOTOGRAFÍA.** f. Fís. Fotografía, o serie de fotografías de un objeto que se mueve tomadas con el fin de demostrar las fases sucesivas del movimiento. || **2.** Método de análisis del movimiento por medio de la fotografía.

CRONOGRAFÍA. (l. *chronographia,* y éste del gr. χρονογραφία, de χρονογράφος, cronógrafo.) f. Cronología.

CRONÓGRAFO. (l. *chronográphus,* y éste del gr. χρονογράφος; de χρόνος, tiempo, y γράφω, escribir.) m. El que profesa la cronografía o es versado en ella. || **2.** Aparato que sirve para medir con exactitud tiempos sumamente pequeños, por medio de la electricidad. Aplícase principalmente para determinar la velocidad de la luz y de los proyectiles. || **P.** cronógrafo; **I.** chronographer; **F.** chronologue; **A.** Chronograph; **It.** cronógrafo; **R.** хронограф.

★ **CRONOISOTERMA.** f. Meteor. Curva representativa de la marcha de la temperatura en un lugar y tiempo determinados.

CRONOLOGÍA. (gr. χρονολογία, de χρονολόγος, cronólogo.) f. Ciencia que tiene por objeto determinar el orden y fechas de los sucesos históricos. || **2.** Serie de personas o sucesos históricos por orden de fechas. || **3.** Modo de computar los tiempos. || **P.** cronologia. **I.** chronology; **F.** chronologie; **A.** Zeitfolge, Chronologie; **It.** cronologia; **R.** хронология.

CRONOLÓGICAMENTE. adv. Por el orden de los tiempos.

CRONOLÓGICO, CA. (gr. χρονολογικός.) adj. Perteneciente a la cronología.

CRONOLOGISTA. m. Cronólogo.

CRONÓLOGO. (gr. χρονολόγος; de χρόνος, tiempo, y λόγος, tratado.) m. El que profesa la cronología o es versado en ella.

★ **CRONOMETRADOR, RA.** m. y f. Dep. Persona designada para determinar por medio del cronómetro el tiempo empleado en una carrera, vuelo, etc.

º **CRONOMETRAJE.** m. Dep. Operación de medir con el cronómetro el tiempo que dura una acción.

CRONOMETRAR. tr. Medir con el cronómetro.

CRONOMETRÍA. f. Medida exacta del tiempo. || **P.** cronometria; **I.** chronometry; **F.** chronométrie; **A.** Zeitmessung; **It.** cronometria; **R.** хронометрия.

CRONOMÉTRICO, CA. adj. Perteneciente o relativo a la cronometría o al cronómetro.

CRONÓMETRO. (gr. χρόνος, tiempo, y μέτρον, medida.) m. Reloj de muelle y volante especiales y de fabricación esmerada, para conseguir la mayor regularidad del movimiento. || **P.** cronómetro; **I.** chronometer; **F.** chronomètre; **A.** Zeitmesser; Stoppuhr; **It.** cronòmetro; **R.** хронометр.

CRONOSCOPIO. m. Fís. Aparato para medir el tiempo apreciando muy pequeños intervalos, hasta milésimas de segundo.

★ **CROOCOCÁCEAS.** f. pl. Bot. Gran familia de algas que comprende las formas más sencillas de la escala vegetal.

★ **CROOQUESITAS.** f. Mineral. Seleniuro de cobre, combinado o mezclado con seleniuro de plata, que contiene algo de talio.

★ **CROQUET.** m. Juego que consiste en impulsar con un mazo bolas de madera, para hacerlas pasar bajo unos aros.

CROQUETA. (fr. *croquette,* der. de *croquer,* y éste de la onomat. *croc.*) f. Fritura que se hace en pequeños trozos y de forma comúnmente ovalada con carne muy picada mezclada con leche y otros ingredientes, y rebozada con huevo y harina o pan rallado.

CROQUIS. (fr. *croquis,* y éste del germ. *krok,* ganchillo.) m. Diseño ligero de un terreno hecho a ojo y sin valerse de instrumentos. || **2.** Pint. Dibujo ligero, tanteo. || **P.** esboço; **I.** y **F.** croquis; **A.** Skizze; **It.** schizzo; **R.** эскиз.

CROSCITAR. (De *crocitar.*) intr. Crascitar.

★ **CROTÁLIDOS.** m. pl. Zool. Familia de reptiles del orden de los ofidios, cuyo tipo es el crótalo.

CRÓTALO. (l. *crotálum,* y éste del gr. κρόταλον.) m. Instrumento músico de percusión usado antiguamente y semejante a la castañuela. || **2.** Serpiente venenosa de América, que tiene en el extremo de la cola unos anillos óseos, los cuales, al moverse, producen cierto ruido particular; denomínase también serpiente de cascabel. || **3.** poét. Castañuela, 1.ª acep. || **P.** e **It.** cròtalo; **I.** crotalum; **F.** crotale; **A.** Rassel; **R.** кастаньеты.

★ **CROTÓFAGA.** f. Zool. Género de aves trepadoras, de pico comprimido y tan largo como la cabeza. Viven en las regiones templadas y cálidas de América.

★ **CROTOFAGINOS.** m. pl. Zool. Tribu de aves trepadoras de la familia de los cucúlidos. Se asemejan mucho a los tucanes.

CROTÓN. (gr. κρότων, ricino.) m. Bot. Ricino.

★ **CROTONA.** f. Bot. Hongo parásito sobre el tronco de los árboles. || **2.** Cir. Tumor fungoso del periostio.

CROTONIATA. (l. *crotoniāta.*) adj. Natural de Crotona. Ú.t.c.s. || **2.** Perteneciente a esta antigua ciudad de Italia.

★ **CROTÓNICO, CA.** adj. Quím. Dícese de un ácido extraído del aceite procedente de la semilla del piñón de la India. || **2.** Quím. Dícese de un aldehído que se obtiene calentando con poca agua aldehído acético y cloruro de cinc.

★ **CROTONÍLICO, CA.** adj. Quím. Dícese de un alcohol que se obtiene del aldehído crotónico.

★ **CROTONITRILO.** m. Quím. Substancia contenida en la esencia de la mostaza impura.

CROTORAR. (De *crótalo.*) intr. Producir la cigüeña el ruido peculiar de su pico.

CROZA. (germ. *krukkia,* cayado.) f. ant. Báculo pastoral o episcopal.

CRÚAMENTE. adv. ant. Cruelmente.

CRUCE. m. Acción de cruzar o atravesar y de cruzarse o pasar por un punto dos personas o cosas que se mueven en distinta dirección. || **2.** Punto donde se cortan dos líneas.

★ **CRUCEIRO.** m. Bot. Planta que crece en el Brasil y que posee propiedades febrífugas.

CRUCEÑO, ÑA. adj. Natural de alguno de los pueblos que en España y en América llevan el nombre de Cruz o Cruces. Ú.t.c.s. || **2.** Perteneciente o relativo a dichos pueblos.

CRUCERA. (De *cruz.*) f. Nacimiento de las agujas de las caballerías.

CRUCERÍA. (De *crucero.*) f. Sistema constructivo del estilo gótico, en el cual la bóveda se logra mediante el cruce de arcos diagonales.

CRUCERO. (De *cruz.*) adj. Arq. Dícese del arco de la bóveda que va en ángulo al opuesto. || **2.** m. El que lleva la cruz en las procesiones y otras funciones sagradas. || **3.** Encrucijada, cruce de dos caminos. || **4.** Espacio en que se cruzan la nave mayor de una iglesia y la transversal. || **5.** Astron. Cruz próxima al Polo Sur. || **6.** Carp. Vigueta, madero de sierra. || **7.** Impr. Línea por donde se ha doblado el pliego de papel al ponerlo en resmas. || **8.** Impr. Listón de hierro que en la imposición sirve para dividir la forma en dos partes. || **9.** Mar. Determinada extensión

de mar en que cruzan uno o más buques. || **10.** Mar. Buque o conjunto de buques destinados a cruzar. || **11.** Mar. Maniobra de cruzar. || **12.** Mar. Buque de guerra de gran velocidad. || **13.** Mineral. Dirección de los planos paralelos, por donde los minerales y las rocas suelen separarse o exfoliarse más fácilmente. || **4.ª** acep.: **P.** cruzeiro; **I.** transept; **F.** croisée, transept; **A.** Kreuzbogen; **It.** crociera; **R.** перекрёсток. || **12.ª** acep.: **P.** cruzador; **I.** cruiser; **F.** croiseur; **A.** Kreuzer; **It.** incrociatore; **R.** крейсер.

CRUCETA. f. Cada una de las cruces que resultan de la intersección de dos series de líneas paralelas. Ú. comúnmente tratándose de enrejados o de labores de aguja. || **2.** Mar. Meseta que en la cabeza de los masteleros sirve de cofa.

CRUCIAL. (l. *crux, crucis,* cruz.) adj. En forma de cruz. || **2.** fig. Dícese del momento o trance crítico; decisivo.

CRUCIATA. (De *cruz.*) f. Especie de genciana con flores azules y hojas dispuestas en cruz.

CRUCIFERARIO. (De *crucífero.*) m. Crucero, 2.ª acep.

CRUCÍFERO, RA. (l. *crucifer;* de *crux, crucis,* cruz, y *ferre,* llevar.) adj. poét. Que lleva o tiene la insignia de la cruz. || **2.** Bot. Aplícase a las plantas angiospermas dicotiledóneas que tienen hojas alternas, corola cruciforme, estambres de glándulas verdosas en su base y semillas sin albumen. Ú.t.c.s. || **3.** m. Cruciferario. || **4.** Religioso de la extinguida orden de Santa Cruz. || **5.** f. pl. Bot. Familia de las plantas crucíferas.

CRUCIFICADO, DA. p.p. de crucificar. || *El* Crucificado. Por antonom., Jesucristo.

CRUCIFICAR. (l. *crucificāre;* de *crux, crucis,* cruz, y *figĕre,* fijar.) tr. Clavar en una cruz a una persona. || **2.** fig. y fam. Sacrificar, molestar mucho. || **P.** crucificar; **I.** to crucify; **F.** crucifier; **A.** kreuzigen; **It.** crocifiggere; **R.** распинать.

CRUCIFIJO. (l. *crucifixus,* crucificado.) m. Efigie de Cristo crucificado. || **P.** crucifixo; **I.** y **F.** crucifix; **A.** Kruzifix; **It.** crocifisso; **R.** распятие.

CRUCIFIXIÓN. (l. *crucifixĭo, -ōnis.*) f. Acción y efecto de crucificar. || **P.** crucifixão; **I.** y **F.** crucifixion; **A.** Kreuzigung; crocifissione; **R.** распятие.

CRUCIFIXOR. (l. *crucifixor.*) m. El que crucifica.

★ **CRUCIFLORAS.** f. pl. Bot. Grupo de plantas dialipétalas que comprende varias familias, como las crucíferas, las papaveráceas y otras.

CRUCIFORME. (l. *crux, crucis,* cruz, y *forma,* figura.) adj. De forma de cruz.

CRUCÍGERO, RA. (l. *crux, crucis,* cruz, y *gerĕre,* llevar.) adj. poét. Crucífero, 1.ª acep.

CRUCIGRAMA. (De *cruz,* y el gr. γράμμα, texto, letra.) m. Acertijo que se propone como pasatiempo, consistente en llenar los huecos de un dibujo con letras, de manera que horizontal y verticalmente formen determinadas palabras cuyo significado se sugiere. || **2.** Este mismo dibujo.

CRUCIJADA. f. ant. Encrucijada, 1.ª acep.

CRUCILLO. (De *cruz.*) m. Juego de los alfileres.

CRUDAMENTE. adv. Con aspereza, dureza y rigor.

CRUDELÍSIMO, MA. (l. *crudelissĭmus.*) adj. Muy cruel.

CRUDEZA. (De *crudo.*) f. Calidad de algunas cosas que no tienen la suavidad necesaria. || **2.** fig. Rigor o aspereza. || **3.** fig. y fam. Valentía y guapeza afectadas. || **4.** pl. Alimentos mal digeridos y detenidos en el estómago. || **P.** crueza; **I.** crudity, rawness; **F.** crudité; **A.** Roheit; **It.** crudezza; **R.** грубость, недозрелость.

CRUDILLO. m. Tela áspera y dura, usada para entretelas.

CRUDÍO, DIA. (De *crudo.*) adj. ant. fig. Bronco o áspero.

CRUDO, DA. (l. *crūdus.*) adj. Dícese de los comestibles que no están cocidos. || **2.** Aplícase a la fruta que no está madura. || **3.** Dícese de algunos alimentos que son de difícil digestión. || **4.** Aplícase al agua que lleva en disolución mucho yeso. || **5.**

Aplícase a algunas cosas cuando no están preparadas o curadas. || **6.** Dícese del color parecido al de la seda cruda. || **7.** fig. Áspero, despiadado. || **8.** fig. Dícese del tiempo muy frío. || **9.** fig. y fam. V. *Punto* CRUDO. || **10.** fig. y fam. Valentón. || **11.** CIR. Dícese vulgarmente de los tumores aún no maduros. || *En* CRUDO. loc. adv. fig. Crudamente, sin miramientos. || **P.** y **F.** cru; **I.** crude, raw; **A.** ungekocht, roh; **It.** crudo; **R.** сырой.

CRUEL. (l. *crudēlis.*) adj. Que goza haciendo mal a un ser vivo. || **2.** Que se complace en los padecimientos ajenos. || **3.** fig. Insufrible, excesivo. || **4.** fig. Sangriento, violento. || **P.**, **I.** y **F.** cruel; **A.** grausam; **It.** crudele; **R.** жестокий.

CRUELDAD. (l. *crudelĭtas, -ātis.*) f. Inhumanidad, fiereza de ánimo, impiedad. || **2.** Acción cruel. || **P.** crueldade; **I.** cruelity, mercilessness; **F.** cruauté; **A.** Grausamkeit; **It.** crudeltà; **R.** жестокость.

CRUELEZA. (De *cruel.*) f. ant. Crueldad.

CRUELMENTE. adv. Con crueldad.

CRUENTACIÓN. (l. *cruentatĭo, -ōnis.*) f. ant. Acción y efecto de cruentar.

CRUENTAMENTE. adv. Con derramamiento de sangre.

CRUENTAR. (l. *cruentāre.*) tr. ant. Ensangrentar. Usáb.t.c.r.

CRUENTIDAD. (De *cruento.*) f. ant. Crueldad.

CRUENTO, TA (l. *cruentus;* de *cruor,* sangre.) adj. Sangriento. || **P.** e **It.** cruento; **I.** bloody; **F.** sanglant; **A.** blutig; **R.** кровавый.

CRUEZA. (De *crúo.*) f. ant. Crueldad.

CRUJÍA. (ital. *corsía,* de *corsiva,* t. f. de *-vo,* y éste del l. *cursus,* curso.) f. Pasillo largo en un edificio que da acceso a las piezas situadas a ambos lados. || **2.** Sala larga de un hospital con camas a uno y otro costado. || **3.** Paso cerrado con verjas desde el coro al presbiterio en algunas catedrales. || **4.** ARQ. Espacio comprendido entre dos muros de carga. || **5.** MAR. Espacio de popa a proa en medio de la cubierta. || **6.** MAR. Pasamano junto a la borda. || **—de piezas.** Fila de piezas seguidas.

CRUJIDERO, RA. adj. Que cruje.

CRUJIDO. m. Acción y efecto de crujir. || **2.** Palo que tienen las hojas de espada en el sentido de su longitud. || **P.** rangido; **I.** crack; **F.** craquement; **A.** Krachen; **It.** scricchiolìo; **R.** треск.

CRUJIENTE. p.a. de crujir. Que cruje.

CRUJIR. (germ. *krostjan.*) intr. Hacer cierto ruido algunos cuerpos cuando luden unos con otros o se rompen. || **P.** ranger; **I.** to crackle; **F.** craquer; **A.** krachen; **It.** scricchiolare; **R.** хрустеть.

CRÚO, A. (l. *crūdus.*) adj. ant. Crudo, 5.ª acep.

CRÚOR. (l. *cruor.*) m. En la medicina antigua, principio colorante de la sangre, que hoy se llama hemoglobina. || **2.** Coágulo sanguíneo. || **3.** poét. Sangre, 1.ª acep.

CRUÓRICO, CA. adj. Perteneciente o relativo al crúor.

CRUP. (fr. *croup,* por el sonido de la tos.) m. Garrotillo, 1.ª acep.

CRUPAL. adj. Perteneciente o relativo al crup.

CRURAL. (l. *crurālis.*) adj. Perteneciente o relativo al muslo.

CRUSTÁCEO, A. (l. *crusta,* costra, corteza.) adj. Que tiene costra. || **2.** ZOOL. Aplícase a los animales artrópodos de respiración branquial, con dos pares de antenas, cubiertos generalmente de un caparazón duro y flexible. Ú.t.c.s. || **3.** m. pl. ZOOL. Clase de estos animales. || 2.ª acep.: **P.** crustáceo; **I.** crustaceous; **F.** crustacé; **A.** Krustentiere; **It.** crostàceo; **R.** ракообразный.

CRUSTOSO, SA. (l. *crustōsus.*) adj. ant. Costroso.

CRÚSTULA. (l. *crustŭla,* d. de *crusia,* corteza.) f. Cortezuela.

CRUZ. (l. *crux, crucis.*) f. Figura formada de dos líneas que se cortan perpendicularmente. || **2.** Patíbulo formado por un madero hincado verticalmente y atravesado en su parte superior por otro más corto, en los cuales se clavaban las manos y pies de los condenados a este suplicio. || **3.** Imagen o figura de este antiguo suplicio. || **4.** Señal del cristiano, por haber muerto en ella nuestro divino Redentor Jesucristo. || **5.** Distintivo de muchas órdenes religiosas, militares y civiles. || **6.** Reverso de las monedas. || **7.** La parte más alta del lomo de algunos animales, donde se cruzan los huesos de las extremidades anteriores con el espinazo. || **8.** Parte del árbol en que termina el tronco y empiezan las ramas. || **9.** Trenza, 1.ª acep. || **10.** En los escritos colocada antes de un nombre de persona, indica que ha muerto. || **11.** fig. Carga o trabajo. || **12.** GERM. Camino. || **13.** ASTRON. Constelación próxima al círculo polar antártico. || **14.** BLAS. Pieza de honor que se forma con el palo y la faja. || **15.** MAR. Punto medio de la verga. || **16.** MAR. Unión de la caña del ancla con los brazos. || **17.** MIN. Pared que divide la plaza de los hornos de reverbero españoles. || **18.** pl. En las tahonas, los cuatro palos que abrazan el eje y afirman la corona de la rueda principal. || **—ancorada.** BLAS. Aquella a modo de áncora. || **—de Alcántara.** La de Calatrava, que tiene en el escudete del crucero un peral de color verde. || **—de Borgoña.** Aspa de San Andrés, 1.ª acep. || **—de Calatrava.** La de color rojo y brazos iguales terminados en flores de lis. || **—de Caravaca.** Cruz patriarcal. || **—decusata.** La de figura de aspa, 1.ª acep. || **—de Jerusalén.** La griega ensanchada por sus cuatro extremidades. || **2.** BOT. Planta perenne cariofilácea, con tallos herbáceos, hojas lanceoladas, vellosas y dentadas, y flores de color escarlata. || **—del matrimonio.** Carga de los deberes matrimoniales. || **—de Malta.** Trozo cuadrado de lienzo con un corte diagonal en cada uno de los ángulos. || **—de Montesa.** Cruz sencilla de color rojo y brazos iguales. || **—de San Andrés.** Aspa, 1.ª acep. || **2.** CARP. Figura formada por dos maderos cruzados oblicuamente en forma de aspa. || **—de San Antonio.** La que tiene una anilla en lugar del brazo superior. || **—de Santiago.** La de color rojo en forma de espada. || **—flordelisada.** BLAS. Aquella cuyos brazos terminan en flores de lis. || **—gamada.** La que tiene los cuatro brazos acodados. || **—geométrica.** Ballestilla para medir la altura de los astros. || **—griega.** La que se compone de un palo y un travesaño iguales que se cortan en sus puntos medios. || **—latina.** Aquella cuyo travesaño divide el palo en partes desiguales. || **—patriarcal.** La que tiene dos travesaños paralelos y desiguales. || **—potenzada.** La que lleva pequeños travesaños en sus cuatro extremidades. || **—recrucetada.** BLAS. Aquella cuyos brazos forman otras tantas cruces. || **—sencilla.** La de categoría inferior en las condecoraciones que suelen tener los tres grados. || *Gran* CRUZ. La de mayor categoría. || **2.** Dignidad superior que en las referidas órdenes representa la gran cruz. || *A* CRUZ *y escuadra.* m. adv. CARP. Sistema de ensamblaje de maderas formando casetones y lacerías. || *Adelante con la* CRUZ. loc. fig. y fam. Adelante con los faroles. || *Andar con las* CRUCES *a cuestas.* fr. Hacer rogativas. || *¡Cata la* CRUZ! exclam. de asombro y miedo supersticiosos. || CRUZ *y raya.* expr. fig. y fam. con que se suele expresar el firme propósito de no intervenir de nuevo en un asunto. || *De la* CRUZ *a la fecha.* m. adv. fig. Desde el principio hasta el fin. || *Detrás de la* CRUZ *está el diablo.* ref. que advierte el peligro de que las obras se vicien por la vanidad con que se las haga. || **2.** Aplícase también a los hipócritas. || *En* CRUZ. m. adv. Con los brazos extendidos horizontalmente. || **2.** BLAS. Dícese de la división del escudo con dos líneas, la una vertical y la otra horizontal. || *Entre la* CRUZ *y el agua bendita.* m. adv. fig. y fam. En peligro inminente. || *Estar* uno *por esta* CRUZ *de Dios.* (Díc. haciéndose una cruz en la boca.) fr. fam. No haber comido. || *Hacerle* a uno *la* CRUZ. fr. fig. y fam. con que se da a entender que queremos librarnos de él. || *Hacerse* uno CRUCES. fr. fig. y fam. Demostrar admiración por alguna cosa. || **2.** fig. y fam. Estar por esta CRUZ de Dios. || *Hacerse* uno *la* CRUZ. fr. fig. y fam. Hacerse cruces, 1.ª acep. || *La* CRUZ *en los pechos y el diablo en los hechos.* ref. con que se reprende a los hipócritas. || *Llevar* uno *la* CRUZ *en los pechos.* fr. Ser caballero de alguna orden militar o civil. || *Por ésta,* o *por éstas, que son* CRUCES. Especie de juramento en son de amenaza al mismo tiempo que se hace una cruz con los dedos pulgar e índice. || *Quedarse* uno *en* CRUZ *y en cuadro.* fr. fig. y fam. Venir a ser muy pobre. || *Quitar* CRUCES *de un pajar.* fr. fig. y fam. con que se significa la dificultad de un negocio. || *Tener* uno *la* CRUZ *en los pechos.* fr. Llevar la cruz en los pechos. || *Tomar* CRUZ. fr. MAR. Cruzarse dos cables cuando el buque que está amarrado a ellos cambia de posición. || **P.** cruz; **I.** cross; **F.** croix; **A.** Kreuz; **It.** croce; **R.** крест.

CRUZA. f. CHILE. Bina.

CRUZADA. (De *cruz,* por la insignia de ella que llevaban los soldados en el pecho.) f. Expedición militar contra los infieles, que publicaba el Papa concediendo indulgencias a los que a ella concurriesen. || **2.** Tropa que iba a la expedición. || **3.** Concesión de indulgencias otorgadas por el Papa a quienes mantenían tropas contra los musulmanes. || **4.** Consejo de Cruzada. || **5.** Encrucijada, 1.ª acep. || **6.** fig. Campaña. || **P.** cruzada; **I.** crusade; **F.** croisade; **A.** Kreuzzug; **It.** crociata; **R.** крестовый поход.

CRUZADO, DA. p.p. de cruzar. || **2.** Dícese del que se alista para alguna cruzada. Ú.t.c.s. || **3.** Dícese del caballero que trae la cruz de una orden militar. Ú.t.c.s. || **4.** Dícese del animal nacido de padres de distintas castas. || **5.** BLAS. Se dice de las piezas que llevan cruz sobrepuesta. || **6.** m. Moneda antigua de Castilla. || **7.** Moneda de plata de Portugal. || **8.** Postura en la guitarra que se hace pisando las cuerdas primera y tercera en el segundo traste, y la segunda en el tercero. || **9.** GERM. Camino. || **10.** DANZA. Mudanza que hacen los que bailan, formando una cruz. || 2.ª acep.: **P.** cruzado; **I.** crusader; **F.** croisé; **A.** Kreuzritter; **It.** crociato; **R.** крестоносный.

CRUZADOR, RA. adj. ant. Que cruza o atraviesa de una parte a otra.

* **CRUZAMEN.** m. MAR. Longitud de las vergas en los barcos de cruz.

CRUZAMIENTO. m. Acción y efecto de cruzar, 3.ª y 5.ª aceps. || **2.** Cruce. || **P.** cruzamento; **I.** cross; **F.** croisement; **A.** Kreuzung; **It.** incrociamento; **R.** скрещивание.

CRUZAR. (De *cruz.*) tr. Atravesar una cosa sobre otra en forma de cruz. || **2.** Atravesar un camino, calle, etc., pasando de una parte a otra. || **3.** Investir a una persona con la cruz y el hábito de alguna de las órdenes militares. Usado c.r., recibir esta investidura. || **4.** Arar segunda vez la tierra con surcos perpendiculares a los primeros. || **5.** Dar machos de distinta procedencia a las hembras de los animales para mejorar las castas. || **6.** MAR. Navegar en todas direcciones dentro de un espacio determinado para proteger el comercio, esperar a su paso a los enemigos, etc. || **7.** r. Alistarse en una cruzada. || **8.** Pasar por un punto dos personas o cosas en dirección opuesta. || **9.** Hablando de negocios, expedientes, etc., aglomerarse, estorbándose unos a otros. || **10.** Atravesar, interponerse una cosa ante otra. || **11.** GEOM. Pasar una línea a cierta distancia de otra sin cortarla ni serle paralela. || **12.** VETER. Andar el animal cruzando las patas. || **P.** cruzar; **I.** to cross; **F.** croiser; **A.** kreuzen; **It.** incrociare; **R.** скрещивать.

* **CRUZEIRO.** (Voz portuguesa.) m. Unidad monetaria del Brasil.

CU. f. Nombre de la letra *q.*

CU. m. Templo de los antiguos mejicanos.

CUABA. (Voz cubana.) f. BOT. CUBA. Árbol silvestre de la familia de las rutáceas, con hojuelas de tres en tres, brillantes por encima y flores de cuatro pétalos oblongos.

* **CUABAL.** m. CUBA. Manchón de tierra estéril, donde existen manantiales de aguas termales. || **2.** CUBA. Lugar abundante en cuabas. || **3.** AMÉR. Piedra compuesta de arena, cobre, azufre, etc.

★ CUACAR. tr. Colom. y Chile. Cuajar, agradar, cuadrar.

★ CUÁCARA. f. Chile. Blusa o chaqueta ordinaria usada por los hombres del pueblo. || **2.** Chile. Por ext., blusa o chaqueta, aunque de buena clase, pero vieja. || **3.** fam. Colom. Levita.

CUACO. m. Harina de la raíz de la yuca. || **2.** And. Persona ruda e ignorante.

CUADERNA. (l. *quaterna*, de *quatuor*, cuatro.) f. Doble pareja en el juego de tablas. || **2.** Ar. Cuarta parte de alguna cosa. || **3.** Mar. Cada una de las piezas curvas que forman como las costillas del casco de un buque. || **4.** Mar. Conjunto de estas piezas. || **5.** V. cuaderna, vía. || **—de armar.** Mar. Cada una de las principales que para definir las formas generales del costado del buque, se colocan convenientemente separados. || **—maestra.** Mar. La que se coloca en el punto de mayor anchura del casco. || **3.**ª acep.: **I.** frame, timber; **F.** couple; **A.** Spant; **It.** costa, quinto; **R.** шпангоут.

CUADERNAL. (De *cuaderna*.) m. Mar. Conjunto de dos o tres poleas paralelamente colocadas dentro de una misma armadura.

CUADERNARIO, RIA. adj. ant. Cuaternario.

CUADERNILLO. (d. de *cuaderno*.) m. Conjunto de cinco pliegos de papel. || **2.** Añalejo.

CUADERNO. (l. *quaterni*, de *quatuor*, cuatro.) m. Conjunto de algunos pliegos de papel, doblados y cosidos en forma de libro. || **2.** Libro pequeño en que se escribe algunas noticias, instrucciones, etc. || **3.** Madero de 30 palmos de largo, y con una escuadría de 17 dedos de tabla por 16 de canto. || **4.** fam. Baraja de naipes. || **5.** Impr. Compuesto de cuatro pliegos metidos uno dentro de otro. || **—de bitácora.** Mar. Libro en que se apuntan los datos y accidentes de la navegación. || **—de Cortes.** Extracto oficial de los acuerdos tomados en cada reunión de ellas. || **2.**ª acep.: **P.** caderno, caderneta; **I.** writing-book; **F.** cahier, brochure; **A.** Heft; **It.** quaderno; **R.** тетрадь.

CUADO, DA. adj. Dícese de un pueblo, de la antigua Germania, de origen suevo. || **2.** Perteneciente a este pueblo.

CUADRA. (l. *quadra*, cuadro, figura cuadrada.) f. Sala espaciosa. || **2.** Caballeriza, 1.ª acep. || **3.** Conjunto de caballos, generalmente de carreras. || **4.** Sala de un cuartel, hospital o prisión, en que duermen muchos. || **5.** Cuarta parte de una milla. || **6.** Grupa. || **7.** Amér. Manzana de casas. || **8.** Amér. Distancia entre los ángulos de un mismo lado de dicha manzana. || **9.** Mar. Anchura del buque en la cuarta parte de su longitud. || **10.** Mar. V. *Viento a la* cuadra. || *Navegar a la* cuadra. fr. Mar. Navegar con viento a la cuadra. || P. quadra; **I.** hall, large room; **F.** salle, écurie; **A.** Halle, Stall; **It.** camerone; **R.** приёмный зал.

◦CUADRADA. f. Mús. Breve, figura o nota que vale dos compases mayores.

CUADRADAMENTE. adv. Cabalmente.

CUADRADILLO. m. Cuadrado, regla prismática de sección cuadrada. || **2.** Barra de hierro de poco grosor y sección cuadrada. || **3.** Azúcar de pilón, cortado en piececitas cuadradas.

CUADRADO, DA. (l. *cuadrātus*.) adj. Aplícase a la figura plana limitada por cuatro líneas rectas iguales, y cuyos ángulos son rectos. Ú.t.c.s.m. || **2.** Por ext., dícese del cuerpo prismático de sección cuadrada. || **3.** V. *Kilómetro, metro* cuadrado. || **4.** fig. Perfecto, cabal. || **5.** Álg. y Arit. V. *Raíz* cuadrada. || **6.** Arq. V. *Columna* cuadrada. || **7.** m. Regla prismática de sección cuadrada. || **8.** Troquel. || **9.** Adorno que se pone en las medias y sube desde el tobillo hasta la pantorrilla. || **10.** Germ. Bolsa del dinero. || **11.** Germ. Puñal. || **12.** Álg. y Arit. Producto que resulta de multiplicar un número por sí mismo. || **13.** Impr. Pieza de metal del cuerpo de las letras, que es de la misma altura de los espacios y sirve para llenar las líneas cortas. || **—de las refracciones.** Geom. Instrumento que sirve para delinear los relojes solares, y contiene el valor de los ángulos de la refracción, correspondientes a los ángulos de la incidencia. || **—geométrico.** Geom. Instrumento para medir alturas y distancias. || **—mágico.** Disposición de ciertos números colocados en cuadro de tal manera que por cualquier fila den una misma suma. || *De* cuadrado. m. adv. fig. Perfectamente. || **2.** Esgr. Expresa la postura de estar de frente al contrario, con los pies iguales a los dos lados. || **3.** Pint. Se usa para denotar que una figura pintada se mira frente a frente. || *Dejar* a uno *de* cuadrado. fr. fig. Descubrir su intención; herirle por donde más lo siente. || *Mover de* cuadrado. Arq. Dícese del arco o de la bóveda cuya primera dovela o hilada de dovelas se asienta sobre una superficie horizontal. || *Poner* a uno *de* cuadrado. fr. fig. Dejarle de cuadrado. || P. quadrado; **I.** square, quadrate; **F.** carré; **A.** viereckig; **It.** quadrato, quadro; **R.** квадратный. || **12.**ª acep.: **P.** quadrado; **I.** square; **F.** carré; **A.** Quadrat; **It.** quadrato; **R.** квадрат.

CUADRADURA. f. ant. Cuadratura.

CUADRAGENARIO, RIA. (l. *quadragenarius*.) adj. De cuarenta años. Ú.t.c.s. || **P.** quadragenário; **I.** quadragenarian; **F.** quadragénaire; **A.** vierzigjährig; **It.** quadragenario; **R.** сорокалетний.

CUADRAGÉSIMA. (l. *quadragesima dies*.) f. Cuaresma.

CUADRAGESIMAL. (l. *quadragesimālis*.) adj. Perteneciente a la cuaresma. || **2.** V. *Voto* cuadragesimal.

CUADRAGÉSIMO, MA. (l. *quadragesimus*.) adj. Que sigue inmediatamente al o a lo trigésimo nono. || **2.** Dícese de cada una de las cuarenta partes iguales en que se divide un todo. Ú.t.c.s. || **P.** quadragésimo; **I.** fortieth; **F.** quarantième; **A.** vierzigste(r); **It.** quadragésimo, quarantèsimo; **R.** сороковой.

CUADRAL. (De *cuadro*.) m. Arq. Madero que atraviesa oblicuamente de una carrera a otra en los ángulos entrantes.

CUADRANGULADO, DA. (l. *quadrangulātus*.) adj. ant. Cuadrangular.

CUADRANGULAR. (De *cuadrángulo*.) adj. Que tiene o forma cuatro ángulos.

CUADRÁNGULO, LA. (l. *quadrangulus*.) adj. Que tiene cuatro ángulos. Ú.m.c.s.m.

CUADRANTAL. (l. *quadrantālis*.) adj. Trigón. V. *Triángulo* cuadrantal. || **2.** m. Medida de líquidos que usaban los romanos.

CUADRANTE. (l. *quadrans*, -antis.) p.a. de cuadrar. Que cuadra. || **2.** m. Moneda romana de cobre. || **3.** Tabla que se pone en las parroquias para señalar el orden de las misas de un día. || **4.** Cuadral. || **5.** Astrol. Cada una de las cuatro porciones en que la media esfera del cielo superior al horizonte queda dividida por el meridiano y el primer vertical. || **6.** Astron. Instrumento compuesto de un cuarto de círculo graduado, con pínulas o anteojos, para medir ángulos. || **7.** For. Cuarta parte del as o del todo de una herencia. || **8.** Geom. Cuarta parte del círculo comprendida por dos radios perpendiculares entre sí. || **9.** Gnom. Reloj solar trazado en un plano. || **10.** Mar. Cada una de las cuatro partes en que se consideran divididos el horizonte y la rosa náutica. || **—de reducción.** Mar. Figura geométrica trazada en un cartón que sirve para resolver gráficamente los problemas relativos a la línea del rumbo. || **—de reflexión.** Instrumento parecido al sextante, pero cuyo sector abraza la cuarta parte de la circunferencia. || **—hiemal.** Astrol. El cuarto del tema celeste. || **—melancólico.** Astrol. Cuadrante occidental. || **—meridiano.** Astrol. El segundo del tema celeste. || **—occidental.** Astrol. El tercero del tema celeste. || **—oriental.** Astrol. El primero del tema celeste. || **—pueril.** Astrol. Cuadrante vernal. || **—senil.** Astrol. Cuadrante oriental. || **—viril.** Astrol. Cuadrante occidental. || *Hasta el último* cuadrante. m. adv. Que explica la exactitud y rigor con que se obliga a uno a pagar lo que debe. || **9.**ª acep.: **P.** it. quadrante; **I.** sun-dial; **F.** quadrant; **A.** Sonnenuhr; **R.** квадрант.

CUADRANURA. (fr. *cadranure*, de cadran, y éste del l. *quadrans-antis*, cuadrante.) f. Pata de gallina.

CUADRAR. (l. *quadrāre*.) tr. Dar a una cosa figura de cuadro y más propiamente de cuadrado. || **2.** Álg. y Arit. Elevar un monomio, un polinomio o un número a la segunda potencia. || **3.** Carp. Trabajar los maderos en cuadro. || **4.** Geom. Determinar un cuadrado equivalente en superficie a una figura dada. || **5.** Pint. Cuadricular, formar cuadrícula. || **6.** intr. Conformarse una cosa con otra. || **7.** Agradar una cosa o convenir con el intento o deseo. || **8.** r. Pararse una persona con los pies en escuadra. || **9.** Equit. Pararse el caballo, quedando con los cuatro remos en firme. || **10.** fig. y fam. Mostrar de pronto una persona al tratar con otra, inusitada gravedad. || **11.** Chile. Suscribirse con una importante cantidad de dinero, o darla de hecho. || **P.** quadrar; **I.** to square; **F.** carrer; **A.** quadrieren; **It.** quadrare; **R.** делать квадратным. || **7.**ª acep.: **P.** agradar; **I.** to please; **F.** convenir; **A.** gefallen; **It.** piacere; **R.** согласовываться.

CUADRATÍN. m. Impr. Cuadrado, 13.ª acep.

CUADRATURA. (l. *quadratūra*.) f. Acción y efecto de cuadrar una figura. || **2.** Astron. Situación relativa de dos cuerpos celestes, que distan entre sí uno o tres cuartos de círculo. || *La* cuadratura *del círculo.* expr. fam. con que se indica la imposibilidad de una cosa. || **P. e It.** quadratura; **I.** y **F.** quadrature; **A.** Quadratur; **R.** квадратура.

★ CUADRERO, RA. adj. Argent. Dícese del caballo muy corredor.

CUADRETE. m. d. de cuadro.

CUADRI. Voz que sólo tiene uso como prefijo con la significación de cuatro.

★ CUADRIBÁSICO, CA. adj. Quím. Dícese del ácido cuyas moléculas tienen cuatro átomos de hidrógeno que son reemplazables por radicales metálicos.

CUADRICENAL. (l. *quater*, cuatro veces, y *decennālis*, decenal.) adj. Que se hace cada cuarenta años.

★ CUADRICICLO. m. Velocípedo de cuatro ruedas.

CUADRÍCULA. (De *cuadro*.) f. Conjunto de los cuadrados que resulta de cortarse perpendicularmente dos series de rectas paralelas. || **P.** quadrícula; **I.** check, network; **F.** graticule, carreau; **A.** Zeichenetz; **It.** graticola; **R.** разбивка на квадраты.

CUADRICULAR. adj. Perteneciente a la cuadrícula.

CUADRICULAR. tr. Trazar líneas que formen cuadrícula. || **P.** quadricular; **I.** to check, to graticulate; **F.** quadriller, graticuler; **A.** gittern, karrieren; **It.** graticolare; **R.** разбивать на квадраты.

★ CUADRIDIMENSIONAL. adj. Fís. Relativo a la cuarta dimensión. || **2.** Fís. Perteneciente o relativo a cuatro dimensiones.

CUADRIENAL. (l. *quadriennālis*.) adj. Que se repite cada cuadrienio. || **2.** Que dura un cuadrienio. || **P.** quadrienal; **I.** quadrennial; **F.** quatriennal; **A.** vierjährig; **It.** quadriennale; **R.** четырёхгодичный.

CUADRIENIO. (l. *quadriennium*.) m. Tiempo de cuatro años. || **—legal.** For. El que sigue inmediatamente a la mayor edad del menor o a la cesación de la incapacidad del que la ha sufrido o a la ausencia; período durante el cual pueden ejercitarse varios derechos.

★ CUADRIFLORO, RA. adj. Bot. Que tiene cuatro flores.

★ CUADRIFOLIADO, DA. adj. Bot. Que está formado por cuatro hojas.

CUADRIFOLIO, LIA. adj. Que tiene cuatro hojas.

CUADRIFORME. (l. *quadriformis*.) adj. Que tiene cuatro formas o cuatro caras. || **2.** De figura de cuadro.

★ CUADRIFRONTE. adj. Que tiene cuatro caras mirando cada una hacia lado distinto.

CUADRIGA. (l. *quadriga*.) f. Tiro de cuatro caballos enganchados de frente. || **2.** Carro tirado por cuatro caballos de frente. Fue usado en la antigüedad para las carreras del circo y en los triunfos.

CUADRIGATO. (l. *quadrigātus*.) m

C

Moneda antigua romana de plata, que representa en el reverso una cuadriga.

CUADRIGUERO. m. El que conduce la cuadriga.

CUADRIL. (Por *cadril*, de *cadera*.) m. Hueso que sale de la cía, de entre las dos últimas costillas, y sirve para formar el anca. || 2. Anca. || 3. Cadera, 1.ª acep.

CUADRILÁTERO, RA. (l. *quadrilatĕrus*.) adj. GEOM. Que tiene cuatro lados. || 2. m. GEOM. Polígono de cuatro lados. || P. e It. quadrilatero; I. quadrilateral; F. quadrilatère; A. Viereck; R. четырёхсторонний.

CUADRILITERAL. (l. *quatŭor*, cuatro, y *littera*, letra.) adj. Cuadrilítero.

CUADRILÍTERO, RA. adj. De cuatro letras.

★ **CUADRILOBULADO, DA.** adj. ZOOL. y BOT. Que tiene cuatro lóbulos.

CUADRILÓN, NA. adj. Anquiseco.

CUADRILONGO, GA. (l. *quadrum*, cuadro, y *longus*, largo.) adj. Rectangular, perteneciente al rectángulo. || 2. m. Rectángulo, 2.ª acep. || 3. MIL. Formación de un cuerpo de infantería en figura de cuadrilongo.

CUADRILLA. (De *cuadro*.) f. Reunión de personas para ciertos fines. CUADRILLA *de toreros*. || 2. Cada una de las compañías, distinguida de las demás por sus colores y divisas en ciertas fiestas públicas. || 3. Cualquiera de las cuatro partes de que se componía el Consejo de la Mesta. || 4. Grupo armado de la Santa Hermandad, para perseguir a los malhechores en despoblado. || 5. Baile de salón, que se ejecuta entre cuatro personas cruzadas. || *En* CUADRILLA. m. adv. FOR. Concurriendo más de tres malhechores armados a la comisión de un delito. Generalmente se considera circunstancia agravante. || P. quadrilha; I. troop, quadrille; F. bande, troupe; A. Haufen, Leute; It. brigata, banda; R. шайка.

★ **CUADRILLAR.** intr. AMÉR. Ejecutar el baile llamado cuadrilla, 5.ª acep. || 2. ARGENT. Operar o actuar en cuadrilla.

CUADRILLAZO. m. CHILE. Ataque de varias personas contra una.

★ **CUADRILLEAR.** intr. ARGENT. Sentarse la carga sobre los cuadriles o ancas de la caballería.

CUADRILLERO. m. Cabo de una cuadrilla. || 2. Individuo de una cuadrilla, 4.ª acep. || 3. Guardia de policía rural en Filipinas.

CUADRILLO. (d. de *cuadro*.) m. Arma arrojadiza, especie de saeta de madera tostada y cuadrangular.

CUADRIMESTRE. adj. Cuatrimestre. Ú.t.c.s.

★ **CUADRIMOTOR, RA.** adj. Que tiene cuatro motores. *Avión* CUADRIMOTOR. Ú.t.c.s.

CUADRINGENTÉSIMO, MA. (l. *quadringentesimus*.) adj. Que sigue inmediatamente en orden al o a lo tricentésimo nonagésimo nono. || 2. Dícese de cada una de las cuatrocientas partes iguales en que se divide un todo. Ú.t.c.s.

CUADRINIETO, TA. m. y f. Cuarto nieto o cuarta nieta.

CUADRINOMIO. m. Expresión algebraica que consta de cuatro términos.

★ **CUADRIPÉTALO, LA.** adj. BOT. De cuatro pétalos. || 2. f. pl. Cruciferas.

CUÁDRIPLE. (De *cuádruple*, infl. por *triple*.) adj. ant. Cuádruple.

CUADRIPLICADO, DA. Forma con que suele usarse el p.p. de cuadruplicar.

CUADRIPLICAR. (De *cuadruplicar*, infl. por *triplicar*.) tr. Cuadriplicar.

CUADRISÍLABO, BA. adj. Cuatrisílabo. Ú.t.c.s.

★ **CUADRIVALVO, VA.** adj. BOT. Que tiene cuatro valvas.

CUADRIVIO. (l. *quadrivĭum*.) m. Lugar o paraje donde concurren cuatro sendas o caminos. || 2. En la Edad Media, conjunto de las cuatro artes matemáticas: aritmética, música, geometría y astrología o astronomía.

CUADRIVISTA. m. Persona versada en las cuatro artes del cuadrivio.

CUADRIYUGO. (l. *quadriiŭgus*.) m. Carro de cuatro caballos.

CUADRO, DRA. (l. *quadrus*.) adj.

Cuadrado, 1.ª acep. Ú.t.c.s.m. || 2. MAR. V. *Vela* CUADRA. || 3. m. Rectángulo, 2.ª acep. || 4. Lienzo, lámina, etc., de pintura. || 5. Marco, cerco de alguna cosa. || 6. En los jardines, parte de tierra labrada regularmente en cuadro y adornada con varias labores de flores y hierbas. || 7. Cada una de las partes en que se dividen los actos de ciertos poemas dramáticos modernos. || 8. En el poema dramático y otros espectáculos teatrales, agrupación de personajes que durante algunos momentos permanecen en determinada actitud a vista del público. || 9. Descripción, por escrito o de palabra, de un espectáculo o suceso, de manera muy viva y animada. || 10. Conjunto de nombres, cifras u otros datos presentados gráficamente, de manera que se advierta la relación existente entre ellos. || 11. fig. Espectáculo de la naturaleza, o agrupación de personas o cosas, que se ofrece a la vista y es capaz de mover el ánimo. || 12. GERM. Puñal. || 13. ASTROL. Cuadrado, posición de un astro distante de otro un cuadrante de círculo. || 14. IMPR. Tabla de madera o metálica del tamaño y figura de medio o de un pliego de papel, que pendiente del husillo de la prensa, servía para apretar el pliego, a fin de que recibiera la tinta que estaba en la superficie del molde. || 15. MIL. Conjunto de los jefes, oficiales, sargentos y cabos de un batallón o regimiento. || 16. MIL. Formación de la infantería en figura de cuadrilátero, dando frente por sus cuatro caras al enemigo. || 17. pl. GERM. Los dados. || **—de distribución.** Conjunto de aparatos de una central eléctrica para establecer comunicaciones entre los generadores y los receptores. || 2. En telefonía, conjunto de aparatos de una central para establecer o interrumpir, cuando sea necesario, las comunicaciones de unos abonados con otros. || **—vivo.** Representación de una obra de arte o una escena por personas que permanecen inmóviles. Ú.m. en pl. || *En* CUADRO. m. adv. En forma o a modo de cuadrado. || *Estar*, o *quedarse, en* CUADRO. fr. fig. Haber perdido uno toda su familia o todos sus bienes de fortuna. || 2. fig. MIL. Estar, o quedarse un cuerpo sin tropa, conservando sus jefes, oficiales, sargentos y cabos. || *Tocar* a uno el CUADRO. fr. fig. y fam. Tentarle, o tocarle el bulto. || P. e It. quadro; I. square; F. carré; A. Quadrat; R. квадрат. || 4.ª acep.: P. painel; I. picture, painting; F. tableau; A. Gemälde; It. quadro; R. картина, холст.

CUADROPEA. f. Cuatropea.

CUADRUMANO, NA. [**CUADRÚMANO, NA**]. (l. *quadrumānus*.) adj. ZOOL. Dícese de los animales mamíferos en cuyas extremidades, tanto torácicas como abdominales, el dedo pulgar es oponible a los otros dedos. Ú.t.c.s. || P. quadrúmano; I. quadrumanous; F. quadrumane; A. Vierhänder; It. quadrùmane.

CUADRUPEDAL. (De *cuadrúpedo*.) adj. De cuatro pies, o perteneciente a ellos.

CUADRUPEDANTE. (l. *quadrupĕdans*, *-antis*.) adj. poét. Cuadrúpedo.

CUADRÚPEDE. (l. *quadrŭpes*, *-ĕdis*.) adj. Cuadrúpedo.

CUADRÚPEDO. (l. *quadrŭpēdus*.) adj. Aplícase al animal de cuatro pies. Ú.t.c.s. || 2. ASTRON. Se dice de los signos Aries, Tauro, Leo, Sagitario y Capricornio. || P. cuadrúpede; I. quadruped, quatrupedal; F. quadrupède; A. Vierfüssler, quadruped (e); It. quadrùpede; R. четвероногий.

CUÁDRUPLE. (l. *quadrŭplex*.) adj. Que contiene un número cuatro veces exactamente. || 2. Dícese de la serie de cuatro cosas iguales o semejantes. || P. quádruplo; I. y F. quadruple; A. vierfach; It. quàdruplo, quadrùplice; R. четверной.

CUADRUPLICACIÓN. (l. *cuadruplicatĭo*, *-ōnis*.) f. Multiplicación por cuatro.

CUADRUPLICAR. (l. *quadruplicāre*.) tr. Hacer cuádruple una cosa; multiplicar por cuatro una cantidad. || P. quadruplicar; I. to quadruplicate; F. quadrupler; A. vervierfachen; It. quadruplicare; R. учетверять.

CUÁDRUPLO, PLA. (l. *quadrŭplux*.) adj. Cuádruple. Ú.t.c.s.m.

CUAIMA. (Voz chaima.) f. Serpiente muy ágil y venenosa, negra por el lomo y blanquecina por el vientre. Abunda en Venezuela. || 2. fig. y fam. VENEZ. Persona muy lista, peligrosa y cruel.

CUAIRÓN. (l. *quadro*, *-ōnis*, de *quadrum*, cuadro.) m. HUESCA y ZAR. Coairón.

CUAJADA. (De *cuajar*.) f. Parte caseosa y grasa de la leche, que por la acción del calor o de un cuajo se separa, formando la masa con que se hace queso o requesón, dejando el suero en su estado líquido. || 2. Requesón. || **—en len.** AND. Cierta trabazón que se hace con la leche, muy delicada y suave. || 2.ª acep.: P. requeijão; I. curd; F. caillé, fromage blanc; A. Quark, Rahmkäse; It. ricotta; R. творог.

CUAJADERA. f. Mujer que antiguamente vendía cuajada por las calles.

CUAJADILLO. (De *cuajado*, p.p. de *cuajar*.) m. Labor espesa y menuda que se hace en los tejidos de seda.

CUAJADO, DA. p.p. de cuajar. || 2. adj. fig. y fam. Inmóvil y como paralizado por el asombro. || 3. fig. y fam. Dícese del que está o se ha quedado dormido. || 4. m. Vianda que se hace de carne picada, hierbas, o frutas, etc., con huevos y azúcar.

CUAJADURA. f. Acción y efecto de cuajar o cuajarse.

CUAJALECHE. (De *cuajar* y *leche*.) m. Amor de hortelano, planta parecida al galio.

CUAJAMIENTO. (De *cuajar*, 2.º art.) m. Coagulación.

CUAJANÍ. (Voz cubana.) m. CUBA. Árbol de la familia de las rosáceas, de madera muy resistente. Produce semillas venenosas y, por incisión, se extrae de él una especie de goma parecida a la arábiga.

CUAJANICILLO. m. CUBA. Especie menor del cuajaní.

CUAJAR. (De *cuajo*.) m. Última de las cuatro cavidades en que se divide el estómago de los rumiantes.

CUAJAR. (l. *coagulāre*.) tr. Unir y trabar las partes de un líquido, para convertirlo en sólido. Ú.t.c.r. || 2. fig. Poner muchos adornos a una cosa. || 3. intr. fig. y fam. Efectuarse una cosa. Ú.t.c.r. || 4. fig. y fam. Agradar, gustar. *Antonio no me* CUAJA. || 5. r. fig. y fam. Agruparse, poblarse. *Se* CUAJÓ *de personas la plaza.* || P. coalhar; I. to curdle; F. cailler, cailleboter, figer; A. gerinnen machen, verdicken; It. rapprèndere; R. створаживать, сгущать.

CUAJARÁ. m. CUBA. Árbol silvestre cuya madera se emplea en la construcción.

CUAJARÓN. m. Porción de sangre o de otro líquido que se ha cuajado. || P. e It. coalho; I. clot, grume, gore; F. cail lot; A. Klumpen; R. сгусток.

CUAJICOTE. m. MÉJ. Especie de abejón que hace su vivienda en el tronco de los árboles.

CUAJILOTE. m. MÉJ. Especie de bignoniácea, de fruto comestible.

CUAJIOTE. m. AMÉR. CENTRAL. Planta que produce una goma medicinal.

CUAJO. (l. *coagŭlum*.) m. QUÍM. Fermento que existe principalmente en la mucosa del estómago de los mamíferos en el período de la lactancia y sirve para coagular la caseína de la leche. || 2. Efecto de cuajar. || 3. Substancia con que se cuaja un líquido. || 4. Cuajar, 1.er art. || 5. fig. y fam. Calma, pachorra. *De* CUAJO. m. adv. De raíz, sacando enteramente una cosa del lugar en que estaba arraigada. Se usa generalmente con el verbo *arrancar*. || *Ensanchar el* CUAJO. fr. fig. y fam. con que se exhorta a sufrir con paciencia las adversidades. || *Tener* uno *buen* CUAJO o CUAJO, o *mucho* CUAJO. fr. fig. y fam. Ser muy paciencudo o pesado. || *Volverse el* CUAJO. fr. Arrojar el niño por la boca la leche que mamó. || 2. fig. P. coalhadura; I. coagulation; F. caillebotte; A. Gerinnsel; It. quaglio; R. свёртывание.

CUAKERISMO. m. Cuaquerismo.

CUÁKERO, RA. (ingl. *quaker*, tembloroso.) m. y f. Cuáquero, ra.

CUAL. (l. *qualis*.) pron. relat. que con esta sola forma conviene en sing. a los géneros m., s. y n. y que en pl. hace CUALES. || 2. Constrúyese con el artículo determinado en todas sus formas. || 3. Se

C

emplea con acento en frases de sentido dubitativo o interrogativo. *Ignoro* CUÁL *será el resultado de tantos trabajos;* ¿CUÁL *de los trajes de Pedro te parece mejor?* || **4.** Denota a veces idea de semejanza. || **5.** Contraponiéndose a tal, denota esta misma idea. || **6.** Se emplea como pronombre indeterminado cuando, repetido de una manera disyuntiva, designa personas o cosas sin nombrarlas ni determinarlas. *Todos contribuyeron,* CUÁL *más,* CUÁL *menos, al éxito de la obra.* En este caso toma también esta voz acentuación prosódica y ortográfica. || **7.** adv. Así como, de igual modo que. || **8.** En sentido ponderativo equivale a de qué modo. ¡CUAL *se verían los infelices en aquellas islas!* || CUAL O CUAL. expr. equivalente a *Tal* CUAL. || **P.** qual; **I.** which; **F.** quel, quelle; **A.** welcher; wer; **It.** quale; **R.** который, какой.

CUALESQUIER. pron. indet. pl. de cualquier.

CUALESQUIERA. pron. indet. pl. de cualquiera.

CUALIDAD. (l. *qualĭtas, -ātis.*) f. Cada uno de los caracteres, naturales o adquiridos, que distinguen a las personas o cosas. || **2.** Calidad. || **P.** qualidade; **I.** quality; **F.** qualité; **A.** Eigenschaft, Qualität; **It.** qualità; **R.** качество.

CUALIFICAR. tr. Atribuir o apreciar cualidades.

CUALITATIVO, VA. (l. *qualitatīvus.*) adj. Que denota cualidad. || **2.** QUÍM. Aplícase al análisis que determina la naturaleza de los elementos de un cuerpo.

CUALQUE. (l. *qualis quid.*) pron. indet. p. us. Alguno, cualquier, cualquiera.

CUALQUIER. pron. indet. Cualquiera. Sólo se emplea antepuesto al nombre.

CUALQUIERA. (De *cual* y *quiera,* 3.ª pers. de sing. del pres. de subj. de *querer*.) pron. indet. Una persona indeterminada, alguno. Se antepone y se pospone al nombre y al verbo. *Ser* UN *un* CUALQUIERA. fr. Ser persona poco importante. || **P.** qualquer; **I.** any, anyone, whoever; **F.** quelconque, quel que ce soit; **A.** jemand, jeder; **It.** qualunque, qualsivoglia; **R.** кто-нибудь, любой.

CUAMAÑO, ÑA. (l. *quam magnus,* cuan grande.) adj. ant. que, como correlativo de tamaño, compara las dimensiones o el grandor de las cosas.

CUAN. (l. *quam.*) adv. Que se usa para encarecer la significación del adjetivo, el participio y el adverbio, precediéndoles siempre. *No puedes comprender* CUÁN *desgraciado soy.* || **2.** Como correlativo de tan, empléase en sentido comparativo, denotando igualdad. *El castigo será tan grande* CUAN *grande fue la culpa.* || **P.** quão, quanto; **I.** how, as; **F.** combien, comme que; **A.** wie viel, sehr; **It.** quanto; **R.** как, сколь.

★ CUAN. m. COLOM. Tomiza, cuerda de esparto. || **2.** HOND. Ave gallinácea de Méjico, llamada también chachalaca.

CUANDO. (l. *quando*.) adv. En el tiempo, en el punto, en la ocasión en que. *España estaba en poder de los árabes* CUANDO *Pelayo se prestó a reconquistarla.* || **2.** En sentido interrogativo y también refiriéndose al verbo anteriormente expresado, equivale a en qué tiempo. *Vendrás, pero* ¿CUÁNDO? || **3.** En caso de que, o si. CUANDO *es irrealizable el proyecto, ¿a qué intentarlo?* || **4.** Se usa como conj. advers. Con la significación de aunque. *No faltaría a la verdad,* CUANDO *le fuera en ello la vida.* || **5.** Toma también carácter de conj. continuativa, equivaliendo a puesto que. || **6.** Empléase también como conj. distrib., equivaliendo a unas veces y otras veces. *Siempre está enfadado,* CUÁNDO *con motivo,* CUÁNDO *sin él.* || **7.** A veces se usa con carácter de substantivo, precedido del artículo el. *El cómo y el* CUÁNDO. || CUANDO *más.* m. adv. A lo más. || CUANDO *menos.* m. adv. A lo menos. || CUANDO *mucho.* m. adv. Cuando más. || CUANDO *no.* expr. De otra suerte, en caso contrario. || CUANDO *quier.* m. adv. Cuando quiera. || ¿*De* CUÁNDO *acá?* expr. de extrañeza con que se significa que algo está o sucede fuera de lo acostumbrado. || *De* CUANDO *en* CUANDO. m. adv. Algunas veces, de tiempo en tiempo. || **P.** quando; **I.** when; **F.** quand, lorsque, comme; **A.** wann, wenn, als; **It.** quando, allorchè; **R.** когда.

★ CUANDÚ. m. ZOOL. AMÉR. Mamífero roedor, al que también se llama coendú.

CUANLOTE. m. MÉJ. Caulote.

CUANTÍA. (De *cuanto*.) f. Cantidad. || **2.** Suma de cualidades o circunstancias que enaltecen a una persona o la distinguen de las demás. || **3.** FOR. Valor de la materia litigiosa. || *De mayor* CUANTÍA. fr. fig. Dícese de la persona o cosa de importancia. || *De menor* CUANTÍA. fr. fig. Dícese de persona o cosa de poca importancia.

CUANTIAR. (De *cuantía*.) tr. Apreciar las haciendas, tasar. || **P.** taxar; **I.** to estimate, to app ize; **F.** évaluer, taxer; **A.** schätzen; **It.** tassare, valutare; **R.** оценивать.

CUÁNTICO, CA. adj. Fís. Perteneciente o relativo a los cuantos o quanta. || **2.** Dícese de la teoría formulada por el físico alemán Max Planck, según la cual la emisión y absorción de energía no se efectúan en procesos continuos, sino por intervalos a cada uno de los cuales corresponde la emisión o absorción de una unidad elemental de energía.

CUANTIDAD. (l. *quantĭtas, -ātis,* cantidad.) f. Cantidad. Úsase mucho de esta voz en especial entre los matemáticos.

CUANTIMÁS. adv. vulg. Contracción de *cuanto y más.*

CUANTIOSAMENTE. adv. En cantidad grande.

CUANTIOSO, SA. (De *cuantía*.) Grande en cantidad o número. || **P.** quantioso; **I.** copious, numerous, **F.** considérable, nombreux; **A.** zahlereich, reichlich; **It.** copioso, numeroso; **R.** многочисленный.

CUANTITATIVO, VA. (l. *quantum,* cantidad.) adj. Perteneciente o relativo a la cantidad. || **2.** QUÍM. Que investiga la cantidad de cada elemento de un cuerpo. || **P.** quantitativo; **I.** quantitative; **F.** quantitatif; **A.** quantitativ; **It.** quantitativo; **R.** количественный.

CUANTO, TA. (l. *quantus.*) adj. Que incluye cantidad indeterminada. Es correlativo de tanto. || **2.** expr. enfática con que se pondera la grandeza, número, etc., de una cosa. ¡CUÁNTA magnificencia! || **3.** Todo lo que. *Le regaló* CUANTO *tenía.* || **4.** Fís. Con arreglo a la teoría cuántica, unidad elemental de energía. || **5.** adv. *En* CUANTO. || **6.** adv. En qué grado hasta qué punto, qué cantidad. *Dile* CUÁNTO *siento no complacerle,* ¿CUÁNTO *vale ese cuadro?* || **7.** Antepuesto a otros adverbios o correspondiéndose con tanto, empléase en sentido comparativo significando equivalencia o igualdad. CUANTO *mayor sea el merecimiento, mayor debe ser el regalo.* || **8.** Empleado con verbos que expresan tiempo, denota duración indeterminada o larga duración. ¿CUÁNTO *duró el sermón?* || CUANTO *a.* m. adv. En cuanto a. || CUANTO *antes.* m. adv. Lo más pronto posible. || CUANTO *más.* m. adv. y conjunt. con que se contrapone a lo que ya se ha dicho lo que se va a decir, denotando idea de encarecimiento o ponderación. *Se rompen las amistades antiguas,* CUANTO *más las recientes.* || CUANTO *más antes.* m. adv. Cuanto antes. || CUANTO *más.* m. adv. y conjunt. con que se denota haber una cosa otra mayor, razón que la que ya se ha indicado. || CUANTO *y más.* m. adv. Cuanto más. || *En* CUANTO. m. adv. Mientras. || **2.** Al punto que, tan luego como. *En* CUANTO *amanezca iré a buscarte.* || *En* CUANTO *a.* m. adv. Por lo que toca o corresponde a. || *Por* CUANTO. m. adv. que se usa como causal para notar la razón que se va a dar de alguna cosa. || *Por* CUÁNTO. expr. con que se da a entender que lo que uno ejecuta o dice es conforme con su genio o condición. *¡Por* CUÁNTO *dejaría José de ir a la comedia!* || **P.** quanto; **I.** all (that), as, the more; **F.** que, combien; **A.** wieviel?, alles was; **It.** quanto, al piú; **R.** сколько, какого.

★ CUANTOS (TEORÍA DE LOS). Fís. Teoría según la cual en la emisión o absorción de energía por los átomos o moléculas, el proceso no es continuo, sino que se efectúa por unidades discretas llamadas cuantos.

★ CUAPACTOL. m. ZOOL. Ave cuclida trepadora propia de América Central y de Méjico.

CUAQUERISMO. m. Secta de los cuáqueros.

CUÁQUERO, RA. (De *cuákero.*) m. y f. Individuo de una secta religiosa unitaria, nacida en Inglaterra a mediados del siglo XVII. || **P.** quáquer; **I.** Quaker; **F.** quaquer; **A.** Quäker; **It.** quàcchero; **R.** квакер.

CUARANGO. (Voz quichua.) m. Árbol del Perú, de la familia de las rubiáceas con tronco liso y corteza de color pardo amarillento, hojas casi redondas y dentadas, flores grandes y rojizas y fruto seco capsular. Es una especie de quino muy apreciado por su corteza.

★ CUARCÍFERO, RA. (De *cuarzo,* y l. *ferre,* llevar.) adj. MINERAL. Que contiene cuarzo.

★ CUARCINA. f. MINERAL. Sílice anhidra birrefringente.

CUARCITA. (De *cuarzo.*) f. Roca formada por cuarzo; de color blanco lechoso, gris o rojiza si está teñida por el óxido de hierro, de estructura granulosa o compacta.

CUARENTA. (l. *quadragĭnta.*) adj. Cuatro veces diez. || **2.** Cuadragésimo. *Número* CUARENTA; *año* CUARENTA. || **3.** m. Conjunto de signos con que se representa el número cuarenta. || *Las* CUARENTA. Números de puntos que cuenta en el tute el que reúne el caballo y el rey del palo que es triunfo. || *Acusar* o *cantar* a uno *las* CUARENTA. fr. fig. y fam. Decirle con resolución y desenfado lo que se piensa aun cuando le moleste. || *Cortar* a uno *el* CUARENTA. fr. fig. y fam. CHILE. Frustrar a uno sus planes. || **P.** quarenta; **I.** forty; **F.** quarante; **A.** vierzig; **It.** quaranta; **R.** сорок.

★ CUARENTANO, NA. adj. COLOM. Aplícase a algunos frutos que se dan a los cuarenta días, poco más o menos, de la siembra.

CUARENTAVO, VA. (De *cuarenta* y *avo.*) adj. Cuadragésimo, cuadragésima parte de un todo. Ú.t.c.s.m.

CUARENTÉN. adj. Aplícase a la pieza de madera de hilo de cuarenta palmos de longitud, con una escuadría de tres palmos de tabla por dos de canto. Ú.m.c.s. Es marco usado en Cataluña y Huesca.

CUARENTENA. f. Conjunto de 40 unidades. || **2.** Tiempo de 40 días, meses o años. || **3.** Cuaresma. || **4.** Espacio de tiempo que están en el lazareto, o privados de comunicación, los que viven de lugares infectos o sospechosos de epidemia. || **5.** fig. y fam. Suspensión del asenso a una noticia o hecho, por algún tiempo, para asegurarse de su certidumbre. Ú. con los verbos *pasar, poner,* etc. || **4.ª** acep.: **P.** quarentena; **I.** quarantine; **F.** quarantaine; **A.** Quarantäne; **It.** quarantena; **R.** карантин.

CUARENTENAL. (De *cuarentena.*) adj. Perteneciente al número 40.

CUARENTENO, NA. (De *cuarenta.*) adj. Peine del telar que tiene cuatro mil hilos.

CUARENTÓN, NA. adj. Dícese de la persona que tiene 40 años cumplidos. Ú.t.c.s.

CUARESMA. (l. *quadragesĭma.*) f. Tiempo de cuarenta y seis días que precede a la festividad de la Resurrección de Nuestro Señor Jesucristo, y en el cual la Iglesia preceptúa que se ayune ciertos días en memoria de los que ayunó el Señor en el desierto. || **2.** Conjunto de sermones para las dominicas y ferias de cuaresma. || **3.** Libro que contiene los de un autor. || **P.** quaresma; **I.** Lent; **F.** carême; **A.** Fastenzeit; **It.** quarèsima; **R.** великий пост.

CUARESMAL. (l. *quadragesimālis.*) adj. Perteneciente a la cuaresma.

CUARESMAR. intr. ant. Observar cuaresma.

CUARESMARIO. m. Cuaresma.

★ CUARESMERO, RA. adj. CHILE. Dícese de la persona que ayuna o que se abstiene de licores durante toda la cuaresma. || **2.** CHILE. Dícese de la fruta que madura durante la cuaresma y del mismo árbol que la produce.

CUARTA. (l. *quarta.*) f. Cada una de las cuatro partes iguales en que se divide un todo. || **2.** Palmo. || **3.** En el juego de los cientos, las cuatro cartas que se siguen en orden de un mismo palo: cuando em-

C

pieza desde el as se llama mayor; la del rey se llama cuarta real, y las demás se denominan por la carta primera en orden. || **4.** Pieza de madera de hilo, de 11 a 25 pies de longitud, con una escuadría de 9 pulgadas en cada una de sus dimensiones. Es marco usado en Burgos y Valladolid. || **5.** Cuartera. || **6.** Ast. y Gal. Medida de capacidad para áridos, cuarta parte de un ferrado. || **7.** And. Mula de guía en los coches. || **8.** Méj. Látigo corto para las caballerías. || **9.** Méj. Disciplina. || **10.** Méj. Látigo corto para caballerías. || **11.** Astron. Cuadrante, especialmente en el Zodíaco y Eclíptica. || **12.** Mar. Cada una de las 32 partes en que está dividida la rosa náutica. || **13.** Mil. Sección formada por la cuarta parte de una compañía de infantería a las órdenes de un oficial o de un sargento. || **14.** Mús. Intervalo entre una nota y la cuarta anterior o posterior de la escala, compuesto de dos tonos y un semitono mayor. || **—falcidia.** For. Derecho que tenía el heredero instituido de deducir para sí la cuarta parte de los bienes de la herencia cuando está desmedidamente gravada con mandas o legados. || **—funeral.** Derecho que tiene la parroquia a una parte de todos los emolumentos del funeral y misas de un feligrés suyo, celebrados en otra iglesia. || **—marital.** Porción de bienes que el derecho foral catalán reconoce a la viuda honesta y pobre, al morir su marido, en la herencia de éste. || **—proporcional.** Mat. Cada uno de los términos de una proporción con respecto a los otros tres. || *De* cuartas. expr. Dícese de las caballerías enganchadas inmediatamente delante de las del tronco, cuando llevan en el tiro otra u otras por delante. || *De sobre* cuartas. expr. Dícese de las caballerías que preceden inmediatamente a las de cuartas, cuando el tiro se compone de siete u ocho. || **P.** quarta; **I.** fourth, quarter; **F.** quart; **A.** Viertel; **It.** quarto, quarta; **R.** четверть.

CUARTAGO. (De *cuarto.*) m. Caballo de mediano cuerpo. || **2.** Jaca.

CUARTAL. (De *cuarto.*) m. Pan que tiene la cuarta parte de una hogaza o de otro pan. || **2.** Medida agraria, usada en la provincia de Zaragoza, equivalente a 2 áreas y 384 miliáreas. || **3.** Medida de capacidad para áridos, cuarta parte de la fanega de Aragón, equivalente a 5 litros y 6 decilitros. || **4.** Duodécima parte de la cuartera, que se divide en cuatro picotines. || **5.** P. Rico. Dineral.

CUARTAMENTE. adv. ant. En cuarto lugar.

CUARTÁN. (De *cuarto.*) m. Medida de capacidad para áridos, usada en la provincia de Gerona, equivalente a 18 litros y 8 centilitros. || **2.** Medida para aceite, usada en la provincia de Barcelona, equivalente a 4 litros y 15 centilitros.

CUARTANA. (l. *quartāna.*) f. Calentura, casi siempre de origen palúdico, con accesos de cuatro en cuatro días. || **—doble.** La que repite dos días con uno de intervalo. || **P.** quartã; **I.** quartan; **F.** fièvre quarte ou quartane; **A.** viertägiges Fieber; **It.** quartana; **R.** четырёхдневная лихорадка.

CUARTANAL. adj. Perteneciente a la cuartana.

CUARTANARIO, RIA. (l. *quartanarius.*) adj. Que padece cuartanas. Ú.t.c.s. || **2.** Cuartanal.

CUARTAR. tr. Agr. Dar la cuarta vuelta de arado a las tierras que se han de sembrar de cereales.

CUARTAZO. Méj. Golpe dado con la cuarta.

CUARTAZOS. (aum. de *cuartos.*) m. fig. y fam. Hombre excesivamente corpulento, flojo o desaliñado.

CUARTEADOR, RA. adj. Que cuartea. Ú.t.c.s. || **2.** m. Argent. Encuarte, yunta de refuerzo.

CUARTEAR. tr. Partir o dividir una cosa en cuartas partes. || **2.** Por ext., dividir en más o menos partes. || **3.** Descuartizar. || **4.** Entrar a cumplir el número de cuatro para jugar algún juego. || **5.** En las cuestas y malos pasos de los caminos, dirigir los carruajes de derecha a izquierda, y viceversa, en vez de seguir la línea recta. || **6.** Méj. Azotar repetidas veces con la cuarta o látigo. || **7.** intr. Taurom. Hacer el torero un movimiento en curva, al ir a poner banderillas. Ú.t.c.s. || **8.** r. Agrietarse una pared, un techo, etc. || 8.ª acep.: **P.** rachar-se; **I.** to rift, to crack; **F.** se fendre; **A.** Risse bekommen; **It.** fendersi, spaccarsi; **R.** трескаться.

CUARTEL. (fr. *quartier*, der. de *quart*, y éste del l. *quartus.*) m. Cuarta, 1.ª acep. || **2.** Distrito en que se suelen dividir las ciudades grandes para el mejor gobierno económico y civil. || **3.** Cuadro de jardín. || **4.** Cuarteto, composición poética. || **5.** Porción de un terreno acotado. || **6.** fig. y fam. Casa o habitación de cualquiera. || **7.** Blas. Cualquiera de las divisiones o subdivisiones de un escudo. || **8.** Blas. Cada una de las cuatro partes de un escudo dividido en cruz. || **9.** Mar. Armazón de tablas con que se cierran las bocas de las escotillas, escotillones, etc. || **10.** Mil. Cada uno de los puestos o sitios en que se reparte y acuartela el ejército cuando está en campaña. || **11.** Mil. Alojamiento que se señala en los lugares a las tropas al retirarse de campaña. || **12.** Mil. Edificio destinado para alojamiento de la tropa. || **13.** Mil. Buen trato que los vencedores ofrecen a los vencidos, cuando éstos se entregan rindiendo las armas. Extiéndese también fuera de la milicia a la piedad con el que cede en cualquier materia. Ú.m. con el verbo *dar. Dar*, o *no dar*, cuartel. || **—de la salud.** fam. Paraje defendido del riesgo, donde se refugian los soldados que no quieren arriesgarse. || **2.** fig. y fam. Lugar donde se pone en salvo el que quiere evitar un lance. || **—general.** Población o campamento donde se establece con su estado mayor el jefe de un ejército o de una división. || **—real.** Mil. El cuartel general cuando se hallaba en él el rey. || *Franco* cuartel. Blas. Primer cuartel del escudo, o cantón diestro del jefe, un poco menor que el verdadero cuartel. || *Estar de* cuartel. fr. Mil. Se dice de los oficiales de graduación, cuando están sin destino y disfrutan menos sueldo, que también se llama de cuartel. || 12.ª acep.: **P.** quartel; **I.** casern, barrack; **F.** caserne; **A.** Kaserne; **It.** quartiere, caserma; **R.** казарма.

CUARTELADA. f. Comisión de jefes y oficiales de ejército en el cuartel que se vigilan unos a otros para evitar un pronunciamiento. || **2.** Pronunciamiento militar.

CUARTELADO, DA. p.p. de cuartelar. || **2.** m. Escudo acuartelado.

CUARTELAR. tr. Blas. Dividir el escudo en los cuarteles que ha de tener. || **P.** quartear; **I.** to quarter; **F.** écarteler; **A.** vierteilen; **It.** squartare.

CUARTELAZO. Amér. Cuartelada.

CUARTELERO, RA. (De *cuartel.*) adj. Perteneciente o relativo al cuartel. Ú.t.c.s. || **2.** Mar. Marinero especialmente destinado a cuidar de los equipajes. || **3.** Mil. Soldado encargado del aseo y seguridad del dormitorio de su compañía.

CUARTELILLO. Lugar o edificio en que se aloja una sección de tropa.

CUARTEO. m. Acción de cuartear o de cuartearse. || **2.** Esguince o rápido movimiento del cuerpo hacia uno u otro lado, para evitar un golpe o un choque. || *Al* cuarteo. m. adv. Taurom. Cuarteando.

CUARTERA. (l. *quartarius.*) f. Medida para áridos, usada en Cataluña, equivalente a unos 70 litros, aproximadamente. || **2.** Medida agraria de Cataluña, equivalente a algo más de 36 áreas. || **3.** Madero de dimensiones varias, por lo común de 15 pies de longitud y ocho pulgadas en cuadro, de sección.

CUARTERADA. (De *cuartera.*) f. Medida agraria, usada en las islas Baleares, equivalente a 7.103 metros cuadrados.

* **CUARTERÍA.** f. Cuba y Chile. Conjunto de los cuartos o habitaciones de una casa. || **2.** En las haciendas de campo, conjunto de aposentos que ocupan los peones.

CUARTERO, RA. m. y f. And. Persona a quien se encarga la fieldad y cobranza de las rentas de granos de los cortijos, que suele ser la cuarta parte de la que se paga al dueño de la tierra.

CUARTEROLA. f. Barril que hace la cuarta parte de un tonel. || **2.** Medida para líquidos, que hace la cuarta parte de la bota. || **3.** Chile. Arma de fuego menor que la tercerola, usada por los soldados de caballería.

CUARTERÓN, NA. (fr. *quarteron*, der. de *quart*, y éste del l. *quartus.*) adj. Nacido en América de mestizo y española, o de español y mestiza. Así llamado por tener un cuarto de indios y tres de español. Ú.t.c.s. || **2.** m. Cuarta, 1.ª acep. || **3.** Cuarta parte de un libra. || **4.** Postigo alto de las ventanas. || **5.** Cada uno de los cuadros que hay entre los peinazos de las puertas y ventanas. || **6.** Ar. y Val. Cuarta parte de una arroba.

CUARTETA. (ital. *quartetta*, der. de *quarto*, y éste del l. *quartus.*) f. Redondilla. || **2.** Combinación métrica que consta de cuatro versos octosílabos, de los cuales asonantan el segundo y el último. || **3.** Otra estrofa cualquiera de cuatro versos. || **P.** redondilla; **I.** quartet; **F.** quatrain; **A.** vierzei.ige Stanze; **It.** quartina; **R.** четверостишие.

CUARTETE. (fr. *quartette*, y éste del ital. *quartetto.*) m. Cuarteto.

CUARTETO. (ital. *quartetto*, der. de *quarto*, y éste del l. *quartus.*) m. Combinación métrica de cuatro versos endecasílabos o de arte mayor, que conciertan en consonantes o asonantes. Cuando son aconsonantados pueden rimar el primero con el tercero y el segundo con el cuarto, o el primero con el último y el segundo con el tercero. || **2.** Mús. Composición para cantarse a cuatro voces diferentes, o para tocarse por cuatro instrumentos distintos entre sí. || **3.** Mús. El conjunto de estas cuatro voces o instrumentos. || 2.ª y 3.ª aceps.: **P.** quarteto; **I.** quartet; **F.** quatour, quartetto; **A.** Quartett; **It.** quartetto; **R.** квартет.

CUARTILLA. (d. de *cuarta.*) f. Medida de capacidad para áridos, cuarta parte de una fanega, que equivale a 1.387 centilitros. || **2.** Medida de capacidad para líquidos, cuarta parte de la cántara. || **3.** Cuarta parte de una arroba. || **4.** Cuarta parte de un pliego de papel. || **5.** En las caballerías, parte que media entre los menudillos y la corona del casco. || **6.** Chile. Medida para áridos, cuarta parte de un celemín. || **7.** Rep. Domin. Moneda de ínfimo valor. || 4.ª acep.: **P.** quarto de papel; **I.** sheet; **F.** feuillet; **A.** Quartblatt; **It.** quartella, fo glietto; **R.** четвертушка листа.

* **CUARTILLERA.** f. Chile. Medida para áridos, equivalente a dos litros.

° **CUARTILLERO.** m. Encargado de recoger y llevar a la redacción de un periódico las cuartillas de los originales.

CUARTILLO. (d. de *cuarto.*) m. Medida de capacidad para áridos, cuarta parte de un celemín, equivalente a 1.156 mililitros. || **2.** Medida de líquidos, cuarta parte de una azumbre, equivalente a 504 mililitros. || *Andar a tres menos* cuartillo. fr. fig. y fam. Estar alcanzado de medios. || **2.** fig. y fam. Reñir. || *Ir de* cuartillo. fr. Ir en un negocio a pérdidas y ganancias con otros. || 2.ª acep.: **P.** quartilho; **I.** pint; **F.** chope; **A.** Schoppen; **It.** mezzetta; **R.** квартильо.

CUARTILLUDO, DA. adj. Aplícase a la caballería larga de cuartillas.

* **CUARTIZA.** f. Méj. Zurra, tunda.

CUARTIZO. m. Cuartón, 1.ª acep.

CUARTO, TA. (l. *quartus.*) adj. Que sigue inmediatamente en orden al o a lo tercero. || **2.** Se dice de cada una de las cuatro partes iguales en que se divide un todo. Ú.t.c.s.m. || **3.** La cuarta parte de una hora. || **4.** Cada una de las cuatro partes en que se considera dividido el cuerpo de los cuadrúpedos y aves. || **5.** Cada una de las cuatro hojas de que se compone un vestido. || **6.** Mil. Cada uno de los cuatro grupos en que suele dividirse la fuerza de las guardias para repartir el servicio. || **7.** Cada una de las cuatro líneas de abuelos paternos y maternos. || **8.** Habitación. cuarto *de estar.* || **9.** Servidumbre del rey, de un individuo de la familia real o del jefe del Estado. *Jefe del* cuarto *militar del rey.* || **10.** fig. Dinero. || **11.** Tiempo que un soldado está de centinela. || **—de**

C

Banderas. Sala de los cuarteles en que se custodian las banderas. ‖ **—de Luna.** Cuarta parte del tiempo que media desde una conjunción a otra de la Luna con el Sol, especialmente la segunda llamada CUARTO *creciente* y la cuarta, CUARTO *menguante.* ‖ *Cuatro* CUARTOS. fig. y fam. Poco dinero. ‖ *De tres al* CUARTO. expr. De poco valor. ‖ *En* CUARTO. expr. Dícese del libro, folleto, etc., cuya longitud y latitud son iguales a las de la cuarta parte de una hoja de papel de marca ordinaria. ‖ *No tener uno un* CUARTO. fr. fig. y fam. Estar muy falto de dinero. ‖ *Tener uno* CUARTOS, *o cuatro* CUARTOS. fr. fig. y fam. Tener dinero. ‖ **P.** e **It.** quarto; **I.** fourth, quarter; **F.** quart, quatrième; **A.** viert, vierte(r) **R.** четвёртый.

CUARTODECIMANO, NA. (l. *cuartodecimānus,* de *quartus,* cuarto, y *decimānus,* décimo.) adj. Aplícase al hereje que fijaba la Pascua en la luna de marzo, aunque no cayese en domingo. Ú.t.c.s.

CUARTOGÉNITO, TA. (l. *quartus,* cuarto, y *genitus,* engendrado.) adj. Nacido en cuarto lugar. Ú.t.c.s.

CUARTÓN. (De *cuarto.*) m. Madero que resulta de aserrar longitudinalmente en cruz una pieza enteriza. ‖ **2.** Madero. ‖ **3.** Pieza de tierra de labor, por lo común de figura cuadrangular. ‖ **4.** Cierta medida de líquidos. ‖ **5.** CUBA. Corral. ‖ **6.** CUBA. Fracción de territorio de un partido o cargo de un pedáneo. **—de pertigueño.** HUELVA. Madero serradizo, con escuadría de la cuarta parte de un pertigueño.

CUARTUCHO. m. despect. Vivienda o cuarto malo y pequeño.

CUARZO. (al. *quarz.*) Mineral formado por la sílice, brillo vítreo, incoloro, estando puro, y de color que varía según las substancias con que está mezclado. Es tan duro, que raya al acero. Sólo lo ataca y disuelve el ácido fluorhídrico. ‖ **—ahumado.** El de color negruzco, como si estuviese manchado de humo. ‖ **—hialino.** Cristal de roca. ‖ **P.** quartzo; **I.** y **F.** quartz; **A.** Quarz, **It.** quarzo; **R.** кварц.

CUARZOSO, SA. adj. Que tiene cuarzo.

★ **CUASCLE.** m. MÉJ. Manta que se echa al caballo.

CUASI. adv. Casi.

CUASIA. f. BOT. Planta de la familia de las simarubáceas, notable por el sabor amargo de su corteza y raíz, que se emplea en medicina.

CUASICONTRATO. (De *cuasi* y *contrato.*) m. FOR. Hecho lícito del cual, por equidad, derivan nexos jurídicos.

CUASIDELITO. m. FOR. Acción dañosa para otro, ejecutada sin ánimo de hacer mal, o de la que, siendo ajena, debe uno responder por algún motivo.

CUASIMODO. (De las palabras latinas *Quasi modo,* con que empieza el introito de la misa de este domingo.) m. *Domingo de* CUASIMODO.

★ **CUASINA.** f. QUÍM. Principio tónico, inodoro y amargo de la cuasia.

CUASIUSUFRUCTO. m. El derecho usufructuario sobre cosa fungible.

CUATE, TA. (De *coate.*) adj. MÉJ. Gemelo. Ú.t.c.s. ‖ **2.** MÉJ. Igual o semejante.

★ **CUATEPÍN.** m. MÉJ. Sopapo, bofetada, pescozón.

CUATEQUIL. m. MÉJ. Maíz.

CUATERNA. (l. *quaterna,* t. f. de *-nus,* cuaterno.) f. Suerte en el juego de la lotería cuando se han sacado cuatro números de una de las combinaciones que lleva el jugador.

CUATERNARIO, RIA. (l. *quaternarĭus.*) adj. Que consta de cuatro unidades, números o elementos. Ú.t.c.s.m. ‖ **2.** GEOL. Dícese del terreno sedimentario más moderno, en el que aparecen los primeros vestigios de la especie humana. Ú.t.c.s. ‖ **3.** GEOL. Perteneciente a este terreno.‖ 3.ª acep.: **P.** quaternário; **I.** quaternary; **F.** quaternaire; **A.** Quartär; **It.** quaternario; **R.** четвертичный.

CUATERNIDAD. (l. *quaternĭtas,-ātis.*) f. Conjunto de cuatro personas o cosas.

CUATERNO, NA. (l. *quaternus.*) adj. Que consta de cuatro números.

CUATEZÓN, NA. (mejic. *çuatezón,* motilón.) adj. MÉJ. Dícese del animal que debiendo tener cuernos por su especie, carece de ellos.

CUATI. (Voz guaraní.) m. ARGENT., COLOM. y R. DE LA PLATA. Mamífero carnicero plantígrado, de cabeza alargada y hocico estrecho con nariz muy saliente y puntiaguda, orejas cortas y redondeadas y pelaje largo y tupido. Trepa con facilidad a los árboles.

CUATORCENO, NA. adj. ant. Catorceno.

CUATORVIRATO. (l. *quattuorvirātus.*) m. Dignidad de cuatorviro.

CUATORVIRO. (l. *quattuorvir, -iri.*) m. Cada uno de los cuatro magistrados romanos que en municipios o en colonias presidían el gobierno de la ciudad, elegidos de entre los decuriones.

CUATRALBO, BA. (De *cuatro* y *albo.*) adj. Que tiene blancos los cuatro pies. ‖ **2.** m. Jefe o cabo de cuatro galeras.

CUATRAÑAL. (De *cuatro* y *añal.*) adj. ant. Cuatrienal.

CUATRATUO, TUA. adj. Cuarterón.

CUATREGA. f. ant. Cuadriga.

CUATREÑO, ÑA. adj. Dícese del novillo o novilla que tiene cuatro años y no ha cumplido cinco.

CUATRERO. (De *cuatro,* aludiendo a los pies de las bestias.) adj. Dícese del ladrón de bestias. Ú.t.c.s.

CUATRI. Voz que sólo tiene uso como prefijo de vocablos compuestos, con la significación de cuatro. CUATRI*motor.*

★ **CUATRIBORLEADO, DA.** (De *cuatro* y *borla.*) adj. P. RICO y VENEZ. Dícese de la persona que se distingue por su erudición. Ú.t.c.s. ‖ **2.** P. RICO. Magnífico, estupendo, excelente.

CUATRIDIAL. (De *cuatro* y *día.*) adj. ant. Cuatriduano.

CUATRIDUANO, NA. (l. *quatriduānus,* de *quatridŭum,* espacio de cuatro días.) adj. De cuatro días.

CUATRIENAL. adj. Cuadrienal.

CUATRIENIO. m. Cuadrienio.

CUATRILLO. m. Juego de naipes semejante al tresillo, que se juega entre cuatro personas.

CUATRILLÓN. m. Un millón de trillones que se expresa por la unidad seguida de 24 ceros.

CUATRIMESTRAL. adj. Que sucede o se repite cada cuatrimestre. ‖ **2.** Que dura un cuatrimestre.

CUATRIMESTRE. (l. *cuadrimestris.*) adj. Que dura cuatro meses. ‖ **2.** m. Espacio de cuatro meses.

CUATRIMOTOR. m. Avión provisto de cuatro motores.

CUATRÍN. (De *cuatro.*) m. Antigua moneda española de escaso valor.

CUATRINCA. (De *cuatro,* sobre el modelo de trinca.) f. Junta de cuatro personas o cosas. Ú.m. hablando de oposiciones a prebendas, cátedras, etc. ‖ **2.** En el juego de la báciga, junta de cuatro cartas semejantes.

CUATRISÍLABO, BA. (De *cuatro* y *sílaba.*) adj. De cuatro sílabas. Ú.t.c.s.

CUATRO. (l. *quattuor.*) adj. Tres y uno. ‖ **2.** Cuarto. Año cuatro. Apl. a los días del mes, ú.t.c.s.; *El* CUATRO *de agosto.* ‖ **3.** m. Signo o cifra con que se representa el número cuatro. ‖ **4.** Naipe que tiene cuatro señales. *El* CUATRO *de copas.* ‖ **5.** En el juego de la chirinola, bolillo que se pone separado de los otros nueve. ‖ **6.** En el de la rayuela, cuadro que se forma en medio. ‖ **7.** El que tiene la voz o voto de cuatro personas. ‖ **8.** Composición que se canta a cuatro voces. ‖ **9.** Forma indefinida de una pequeña cantidad. *Sólo han caído* CUATRO *gotas.* ‖ **10.** Guitarrilla venezolana de cuatro cuerdas. ‖ **11.** GERM. Caballo. ‖ **12.** Moneda de plata chilena que vale cincuenta centavos. ‖ **13.** C. RICA. Moneda de plata de medio peso. ‖ **14.** MÉJ. Engaño, trampa. ‖ **15.** fig. MÉJ. Disparate. **—de menor.** GERM. Asno. ‖ *Más de* CUATRO. expr. fig. y fam. Muchos, o número considerable de personas. ‖ **P.** quatro; **I.** four; **F.** quatre; **A.** vier; **It.** quattro; **R.** четыре.

CUATROCENTISTA. adj. Dícese de lo que se refiere o pertenece al siglo XV.

CUATROCIENTOS, TAS. adj. Cuatro veces ciento. ‖ **2.** Cuadrigentésimo. *Número* CUATROCIENTOS; *año* CUATROCIENTOS. ‖ **3.** m. Conjunto de signos con que se representa el número cuatrocientos. ‖ **P.** quatrocentos; **I.** four hundreds; **F.** quatrocents; **A.** vierhundert; **It.** quattrocento; **R.** четыреста.

CUATRODIAL. adj. ant. Cuatridial.

CUATRODOBLAR. (De *cuatro* y *doblar.*) tr. Aumentar una cosa hasta el cuádruplo.

CUATROPEA. (l. *quattŭor, pedĭa.*) f. Derecho de alcabala por la venta de caballerías en los mercados. ‖ **2.** Bestia de cuatro pies. ‖ **3.** Lugar de una feria donde se venden ganados.

CUATROPEADO. (De *cuatro* y *pie.*) m. Danza. Movimiento en la danza, consistente en levantar la pierna izquierda y dejarla caer, cruzar la otra encima con aceleración, sacar la que primero se sentó y dar con ella un paso adelante.

CUATROPEO. (De *cuatropea.*) m. GERM. Cuartago.

CUATROTANTO. (De *cuatro* y *tanto.*) m. Cuádruplo o una cantidad cuadruplicada.

CUBA. (l. *cūpa.*) f. Recipiente de madera que sirve para contener aceite, vino, etc. Se compone de duelas unidas y aseguradas por aros de hierro, madera, etc., y los extremos cerrados con tablas. También se hace modernamente de chapa metálica. ‖ **2.** fig. Todo el líquido que cabe en una cuba. ‖ **3.** fig. y fam. Persona que tiene gran vientre. ‖ **4.** fig. y fam. Persona que bebe mucho vino. ‖ **5.** METAL. Parte del hueco interior de un horno alto comprendida entre el vientre y el tragante. ‖ **6.** COLOM. El hermano o hijo menor. ‖ **—de atiestos.** SAL. Cuba que contiene el mosto para rellenar las otras cubas, luego que ha cesado la fermentación. ‖ *Cada* CUBA *huele al vino que tiene.* ref. que explica que por las acciones exteriores se suelen conocer las cualidades internas de las personas. ‖ *Calar las* CUBAS. fr. Medirlas con una vara o regla, para saber la cantidad que contienen. ‖ *Estar uno hecho una* CUBA. fr. fig. y fam. Estar hecho un cuero. ‖ **P.** cuba; **I.** barrel; **F.** tonneau; **A.** Fass; **It.** botte; **R.** бочка.

CUBANICÚ. m. BOT. CUBA. Planta eritroxilácea silvestre, cuyas hojas secas y pulverizadas se emplean para curar heridas.

★ **CUBANISMO.** m. Modismo usado especialmente en Cuba.

★ **CUBANITA.** f. MINERAL. Sulfuro doble natural de hierro y cobre.

CUBANO, NA. adj. Natural de Cuba. Ú.t.c.s. ‖ **2.** Perteneciente a esta República.

CUBEBA. (ár. *kubāba,* especie de pimienta de la India.) f. Arbusto trepador originario de Java, de hojas lisas, ovaladas y brillantes con fruto parecido a la pimienta, pero menos acre. ‖ **2.** Fruto de este arbusto.

★ **CUBEBINA.** f. QUÍM. Substancia contenida en la cubeba.

CUBERA. f. ZOOL. CUBA. Pez de la misma familia que la perca, de un metro escaso de largo, de color blanquecino por el vientre y aceitunado por el lomo; cola ahorquillada, y ojos con cerco amarillo.

CUBERÍA. f. Arte u oficio del cubero. ‖ **2.** Taller o tienda del cubero.

CUBERO. m. El que hace o vende cubas.

CUBERO, RA. adj. REP. DOMIN. Engañador.

CUBERTURA. f. Cobertura.

CUBETA. f. d. de cuba. ‖ **2.** Herrada con asa hecha de tablas endebles. ‖ **3.** Cuba manual que usan los aguadores. ‖ **4.** Fís. Depósito de mercurio, en la parte inferior del barómetro. ‖ **5.** Parte inferior del arpa, donde están colocados los resortes de los pedales. ‖ **6.** Recipiente rectangular, muy usado en operaciones químicas y especialmente a las fotográficas. ‖ **P.** celha; **I.** tub, keg; **F.** cuvette; **A.** Fässchen; **It.** botticella; **R.** бочонок, бадья.

CUBETO. m. d. de cubo. ‖ **2.** Vasija de madera, más pequeña que la cubeta. ‖ *Todo saldrá del* CUBETO. fr. fig. y fam. con que se suele consolar al que ha tenido

C

pérdidas en un negocio, esperando que con el tiempo se resarcirá de ellas.

CÚBICA. f. Tela de lana, más fina que la estameña y más gruesa que el alequín.

CUBICACIÓN. f. Acción y efecto de cubicar.

CUBICAR. (De *cúbico*.) tr. ÁLG. y ARIT. Elevar un monomio, un polinomio o un número al cubo o tercera potencia. || 2. GEOM. Medir el volumen de un cuerpo o la capacidad de un hueco, para apreciarlos en unidades cúbicas. || P. cubicar; I. to cube; F. cuber; A. eichen; kubieren; It. cubare; R. возводить в куб.

CÚBICO, CA. (l. *cubicus*, y éste del gr. κυβικός.) adj. ÁLG. y ARIT. V. *Raíz cúbica*. || 2. GEOM. Perteneciente al cubo. || 3. De figura de cubo geométrico.

CUBICULARIO. (l. *cubicularius*.) m. Camarero de príncipes o de grandes señores.

CUBÍCULO. (l. *cubiculum*.) m. Aposento, alcoba.

★ **CUBICHE.** com. joc. ANT. Cubano. Ú.t.c.s.

CUBICHETE. m. ART. Pieza de metal y de forma adecuada, con que se cubrían el oído y la llave de las piezas de artillería. || 2. MAR. Tablado en forma de caballete con que se impide la entrada del agua en el combés, cuando el buque da de quilla.

CUBIERTA. (De *cubierto*.) f. Lo que se pone encima de una cosa para taparla o resguardarla. || 2. Sobre. || 3. Forro de papel del libro en rústica. || 4. Banda de caucho vulcanizado que protege exteriormente la cámara de los neumáticos y es la que sufre el roce con el suelo. || 5. fig. Pretexto, simulación. || 6. GERM. Saya. || 7. ARQ. Parte exterior de la techumbre de un edificio. || 8. MAR. Cada uno de los suelos que dividen las estancias del navío o embarcación y en especial el primero que está a la intemperie. || P. coberta; I. covering, cover; F. couverture; A. Decke, Hülle; It. coperta, copertina; R. покрышка, покров.

CUBIERTAMENTE. adv. A escondidas.

CUBIERTO, TA. (l. *coopertus*.) p.p. irreg. de cubrir. || 2. adj. Dícese del vino de color obscuro. || 3. V. *Torre cubierta*. || 4. m. Servicio de mesa que se pone a cada uno de los que han de comer. || 5. Juego compuesto de cuchara, tenedor y cuchillo. || 6. Plato o bandeja con una servilleta encima, en que se sirve el pan, los bizcochos, etc., en los refrescos. || 7. Conjunto de viandas que se ponen a un mismo tiempo en la mesa. || 8. Comida para una persona que se sirve en las fondas por precio determinado. CUBIERTO *de ochenta pesetas*. || 9. Techumbre de una casa u otro paraje. || 4.ª acep.: P. coberto; I. cover; F. couvert; A. Tischbesteck, Tafelgerät; It. posato; R. прикрытый.

CUBIJADERA. (De *cubijar*.) f. ant. Cobejera.

CUBIJAR. tr. Cobijar. Ú.t.c.r.

CUBIL. (l. *cubile*.) m. Sitio donde los animales, especialmente las fieras, se recogen para dormir. || 2. Cauce de las aguas corrientes.

CUBILAR. m. Cubil. || 2. Majada.

CUBILAR. (De *cubil*.) intr. Majadear.

★ **CUBILEO.** m. PERÚ. Cubileteo, trampa, engaño.

CUBILETE. (De *gubilete*, infl. por *cuba*.) m. Vaso de cobre u hojalata, más ancho por la boca que por el fondo, de que usan como molde los cocineros y pasteleros. || 2. Vaso de igual figura y materia, del cual se valen los que hacen juegos de manos. || 3. Vaso de vidrio, plata u otra materia, más ancho por la boca que por el suelo, que en lo antiguo servía para beber. || 4. Vianda de carne picada, que se guisa dentro del cubilete. || 5. Pastel de figura de cubilete, lleno de carne picada y otras cosas. || 6. Vaso angosto y hondo, algo más ancho por la boca que por el suelo, ordinariamente hecho de cuerno o de cuero, y sirve para los juegos de dados. || 7. CHILE, PERÚ y R. DE LA PLATA. Intriga, ardid, especialmente políticos. || 8. fig. y fam. COLOM. y VENEZ.

Sombrero de copa. || P. covilhete; I. goblet; F. gobelet; A. Becher; It. bussolotto; R. кубок.

CUBILETEAR. intr. Manejar los cubiletes. || 2. fig. Valerse de artificios para lograr un propósito. || 3. CHILE, PERÚ y R. DE LA PLATA. Intrigar, especialmente en política.

CUBILETEO. m. Acción de cubiletear.

CUBILETERO. m. Jugador de cubiletes. || 2. Cubilete. || 3. CHILE, PERÚ y R. DE LA PLATA. Intrigante, maquinador.

° **CUBILOTE.** m. Horno en que se refunde el hierro colado para echarlo en los moldes. || P. forno; I. capela; F. cubilot, fourneau a manche; A. Kuppelofen; It. cubilotto, forme a cupola; R. вагранка.

CUBILLA. f. Cubillo.

CUBILLO. (d. de *cubo*.) m. ZOOL. Carraleja. || 2. Vasija para mantener fría el agua. || 3. Aposento pequeño que había a cada lado de la embocadura en los teatros de Madrid, debajo de los palcos principales.

° **CUBISMO.** m. Escuela moderna pictórica y escultórica en que se emplean preferentemente formas cúbicas o angulosas; en los cuadros los objetos aparecen a la vez de frente y de perfil. || P. cubismo; I. cubism; F. cubisme; A. Kubismus; It. cubismo; R. кубизм.

CUBISTA. adj. Se dice del que practica el cubismo. Ú.t.c.s.

CUBITAL. (l. *cubitalis*.) adj. Perteneciente o relativo al codo. || 2. Que tiene un codo de longitud. || P. y F. cubital; I. cubital, ulnar; A. Ellbogen- (en comp.) It. cubilotto; R. вагранка.

CÚBITO. (l. *cubitus*.) m. ZOOL. Hueso el más grueso y largo de los dos que forman el antebrazo. || P. cúbito; I. ulna; F. cubitus; A. Ellbogenbein, Elle; It. cùbito; R. локтевая кость.

CUBO. (De *cuba*.) m. Vaso o recipiente por lo común de figura de cono truncado, con asa en la circunferencia mayor, que es la de encima, y fondo en la menor. || 2. Pieza central en que se encajan los rayos de las ruedas de los carruajes. || 3. Cilindro hueco en que se remata por abajo la bayoneta para adaptarla al fusil. || 4. Cilindro hueco en que se remata por abajo de la lanza y en el cual se introduce el asta. || 5. Mechero. || 6. Estanque que se hace en los molinos para reunir el agua en mayor cantidad. || 7. Pieza que tienen algunos relojes de bolsillo, en la cual se arrolla la cuerda. || 8. FORT. Torreón circular de las fortalezas antiguas. || 9. ARGENT. Taza con agua colocada sobre la mesa para lavarse los dedos. || 10. ECUAD. Especie de avispa. || 11. REP. DOMIN. Engaño. || P. cubo; I. bucket, pail; F. seau; A. Eimer; It. secchia, buglíolo; R. ведро, бадья.

· **CUBO.** (l. *cubus*, y éste del gr. κύβος.) m. ÁLG. y ARIT. Tercera potencia de un monomio, polinomio o número, producto de tomar estas cantidades tres veces por factores. || 2. ARQ. Adorno saliente de figura cúbica en los techos artesonados. || 3. GEOM. Sólido regular limitado por seis cuadros iguales. || P. e It. cubo; I. y F. cube; A. Kubus, Hexaëder; R. куб.

★ **CUBOCUBO.** m. MAT. Novena potencia de un número.

★ **CUBODODECAEDRO.** m. CRISTALOG. Cristal que participa de la forma del cubo y del dodecaedro.

★ **CUBOICOSAEDRO.** m. CRISTALOG. Cristal que participa de la forma del cubo y del icosaedro.

CUBOIDES. (gr. κύβος, cubo, y εἶδος, forma.) adj. ZOOL. Dícese del hueso del tarso en el borde extremo del pie. Ú.t.c.s.

CUBRECADENA. m. Envoltura que resguarda la cadena de las bicicletas.

CUBRECAMA. m. Sobrecama.

CUBRECORSÉ. m. Prenda de vestir que usaban las mujeres inmediatamente encima del corsé.

CUBRENUCA. f. MIL. Cogotera. || 2. MIL. Parte inferior del casco, que protegía la nuca.

CUBREOBJETO. m. Lámina delgada de cristal, con que se cubren las preparaciones microscópicas para su conservación y examen.

CUBREPÁN. (De *cubrir* y *pan*.) m. Hierro en forma de escuadra y con mango

de madera, de que se sirven los pastores para cubrir con fuego la torta y para descubrirla.

CUBRICIÓN. f. Acción y efecto de cubrir el animal macho a la hembra.

CUBRIENTE. p.a. de cubrir. Que cubre.

CUBRIMIENTO. m. Acción y efecto de cubrir. || 2. Lo que sirve para cubrir.

CUBRIR. (l. *cooperire*.) tr. Ocultar y tapar una cosa con otra. Ú.t.c.r. || 2. Tapar completa o incompletamente la superficie de una cosa. Ú.t.c.r. || 3. fig. Ocultar o disimular una cosa. || 4. fig. Juntarse el macho con la hembra para fecundarla. || 5. ARQ. Poner el techo a un edificio. || 6. MIL. Defender un puesto impidiendo que sea atacado impunemente por el enemigo. || 7. r. Ponerse el sombrero, la gorra, etc. || 8. fig. Pagar o satisfacer una deuda, gastos, etc. || 9. fig. Cautelarse de cualquiera responsabilidad, riesgo o perjuicio. || 10. FORT. Defender con reparos los sitiados de los ataques del sitiador. || 11. VETER. Se dice de las caballerías que al tiempo de andar, cruzan algo las manos o los pies. || 12. DEP. Recorrer un trayecto. || 13. Entre bolsistas, convertir en operación efectiva la operación hecha en descubierto. || *Quien te* CUBRE, *te descubre*. ref. que explica que los mismos atavíos y riquezas descubren la falta de mérito de quien hace ostentación de ellos sin merecerlos. || P. cobrir; I. to cover; F. couvrir; A. (be-, ver-, über)decken; It. coprire; R. покрывать.

★ **CUBUJÓN.** m. P. RICO. Chiribitil. || 2. Callejón de extramuros.

CUCA. f. Chufa. || 2. Cuco. || 3. fam. Mujer enviciada en el juego. || 4. CHILE. Ave zancuda semejante a la garza europea, pero más grande. Se caracteriza por su grito desapacible y su vuelo torpe. || 5. CHILE. Hogaza. || 6. PERÚ y VENEZ. Torta. || 7. P. RICO. Dulce hecho de harina, huevo y azúcar. || 8. pl. Nueces, avellanas y otros frutos y golosinas análogos. || CUCA *y matacán*. Juego de naipes en que la cuca es el dos de espadas y el matacán el dos de bastos. || *Mala* CUCA. fig. y fam. Persona maliciosa y de mal trato.

★ **CUCALAMBÉ.** m. P. RICO y VENEZ. Cierto baile de negros.

★ **CUCALÓN.** m. CHILE. Corresponsal de un periódico que sigue a un ejército en campaña. || 2. CHILE. Intruso en profesión para la que no tiene la preparación debida. Ú.t.c. adj. || 3. CHILE. Curioso.

★ **CUCAMBA.** f. PERÚ. Mujer pequeña, gorda y desgarbada. || 2. COLOM. Adminículo de mojigangas carnavalescas. || 3. Cierta antigua fiesta popular, propia del día del Corpus. || 4. adj. HOND. Cobarde.

★ **CUCAMBÉ.** m. COLOM. y VENEZ. Juego del escondite.

CUCAMONAS. (De *cucar* y *mona*.) f. pl. fam. Carantoñas.

CUCAÑA. (ital. *cuccagna*, y éste del l. *coquère*, cocer, por los comestibles cocidos que se ponían en ellas.) f. Palo largo, untado de jabón o de grasa, por el cual se ha de trepar, si se hinca verticalmente en el suelo, o andar, si se coloca horizontalmente a cierta distancia de la superficie del agua, para alcanzar como premio un objeto colocado a su extremidad. || 2. Diversión de ver trepar o avanzar por dicho palo. || 3. fig. y fam. Lo que se consigue con poco trabajo o a costa ajena. || P. cocanha; I. climbing mast; F. cocagne; A. Klettermast; It. cuccagna; R. мачта с призами.

CUCAÑERO, RA. (De *cucaña*.) adj. fig. y fam. Que tiene maña para lograr las cosas con poco trabajo o a costa ajena. Ú.t.c.s.

CUCAR. (De *cuco*.) tr. Guiñar. || 2. Hacer burla, mofar. || 3. Entre cazadores, avisarse unos a otros de la proximidad de una pieza. || 4. intr. Salir corriendo el ganado cuando le pica el tábano.

CUCARACHA. (De *cuco*, insecto.) f. Cochinilla de humedad. || 2. Insecto ortóptero, nocturno y corredor, de cuerpo deprimido, de color negro por encima y rojizo por debajo, alas y élitros rudimentarios en la hembra, y el abdomen terminado por dos puntas articuladas. Se esconde en los sitios húmedos y obscuros, devora toda clase de comestibles y los inficiona con su mal olor. || **3**. Insecto del mismo género que el anterior, con el cuerpo rojizo, élitros un poco más largos que el cuerpo y alas plegadas en abanico. Se cría en América y abunda en los barcos transatlánticos poco cuidados. || **4**. Tabaco de cucaracha. || 2.ª acep.: **P.** barata; **I.** cockroach; **F.** cafard, blatte; **A.** Schwabe, Kakerlak, **It.** blatta, scarafaggio; **R.** таракан.

CUCARACHERA. f. Aparato para atrapar cucarachas.

CUCARACHERO. (De *cucaracha*.) adj. V. *Tabaco* CUCARACHERO.

CUCARDA. (fr. *cocarde*, der. de *coq*, gallo.) f. Escarapela. || **2**. Cada una de las dos piezas de adorno que van a ambos lados de las frontaleras de la brida. || **3**. Martillo de boca ancha y cubierta de puntas de diamante con que los canteros rematan ciertas obras de sillería.

★ **CUCARREAR**. intr. CHILE y R. DE LA PLATA. Bailar mal el trompo moviéndose irregularmente.

CUCARRO. adj. Apodo que daban los muchachos a otros que iban vestidos de fraile. || **2**. Decíase del fraile aseglarado.

★ **CUCARRÓN**. m. COLOM. Escarabajo.

CUCAYO. m. BOL. y ECUAD. Provisiones de boca que se llevan en viaje.

★ **CUCERANITA**. f. MINERAL. Cierto silicato de alúmina.

CUCIOSO, SA. adj. ant. Acucioso.

CUCLILLAS (EN). (De *clueco*.) m. adv. Con que se explica la postura de doblar el cuerpo de manera que las asentaderas se aproximen al suelo o descansen en los calcañares.

CUCLILLO. (d. del l. *cŭcŭlĕllus*, d. de *cŭcŭlus*.) m. Ave trepadora, algo menor que una tórtola, con plumaje de color de ceniza, azulado por encima, más claro y con rayas pardas por el pecho y abdomen, cola negra con pintas blancas y alas pardas. La hembra pone sus huevos en los nidos de otras aves. || **2**. fig. Marido de la adúltera. || *Por voz cantó el* CUCLILLO. ref. que se aplica al tercero que saca provecho de la riña de otros dos. || **P.** cuco; **I.** cuckoo; **F.** coucou; **A.** Kuckuck, **It.** cùculo; **R.** кукушка.

CUCO. m. Coco. || **P.** polido; **I.** cunning; **F.** roublard; **A.** Schlau; **It.** furbo, scaltro; **R.** шулер.

CUCO, CA. (l. *cucus*.) adj. fig. y fam. Pulido, mono. || **2**. fig. y fam. Taimado y astuto, que ante todo procura su medro o comodidad. Ú.t.c.s. || **3**. m. Oruga o larva de cierta mariposa nocturna: tiene los costados vellosos y con pintas blancas, tres articulaciones amarillentas junto a la cabeza y las demás pardas, y una faja más clara y rojiza en el lomo. || **4**. Cuclillo. **5**. Malcontento. || **6**. fam. Tahur. || ¡CUCO! expr. de que usa en el juego del cuco o malcontento el que tiene el rey, para no trocar. || —**moñón**. Cuco real. || —**real**. Ave trepadora parecido al cuclillo, que suele poner sus huevos en los nidos de las urracas. || 2.ª acep.: **P.** astuto; **I.** cunning; **F.** croquemitaine; **A.** schlau; **It.** furbo, scaltro; **R.** хитрый.

CUCÚ. (Voz onomatopéyica.) m. Canto del cuclillo.

CUCUBÁ. m. CUBA. Ave nocturna parecida a la lechuza, que vive en el hueco de los árboles y cuyo grito se parece al ladrido del perro.

★ **CUCUBALO**. m. BOT. Planta cariofilea de los bosques de la Europa central.

★ **CUCUFATO, TA**. adj. PERÚ y BOL. Santurrón, mojigato. Ú.t.c.s.

CUCUIZA. f. AMÉR. Hilo obtenido de la pita.

CUCULÍ. (Voz onomatopéyica.) m. CHILE y PERÚ. Especie de paloma silvestre parecida a la doméstica, pero más esbelta, de color ceniza y con una faja de azul muy vivo alrededor de cada ojo.

★ **CUCULIA**. f. ZOOL. Género de insectos lepidópteros nocturnos, de la familia de los cuculiados.

★ **CUCÚLIDOS**. m. pl. ZOOL. Aves trepadoras, de pico comprimido, algo arqueado, alas bastante largas, tarsos robustos y cola larga. Entre sus especies se encuentran el cuclillo, la crotófaga y el centropo.

★ **CUCULINOS**. m. pl. Insectos himenópteros ápidos que ponen los huevos en las colmenas.

CUCULLA. (l. *cucŭlla*, capuz.) f. Prenda de vestir antigua que se ponía sobre la cabeza. || **2**. Cogulla. || **P.** cogula; **I.** culla; **F.** cuculle; **A.** Kapuze; **It.** cucullo, cocolla; **R.** ряса с капюшоном.

★ **CUCUMIS**. m. BOT. Plantas cucurbitáceas, tendidas, algunas trepadoras, de tallos ásperos y flores amarillas. Son propias de los países cálidos. Entre sus especies se encuentran el melón y el pepino.

CUCÚRBITA. (l. *cucurbĭta*, calabaza.) f. Retorta.

CUCURBITÁCEO, A. (l. *cucurbĭta*, calabaza.) adj. BOT. Aplícase a plantas angiospermas dicotiledóneas de tallo sarmentoso, comúnmente áspero, hojas sencillas y alternas, flores unisexuales de cinco sépalos y cinco estambres, fruto carnoso y semilla sin albumen; como la calabaza, el melón, etc. Ú.t.c.s. || 2.ª acep.: **P.** cucurbitáceas; **I.** Cucurbitacea; **F.** cucurbitacées; **A.** Kürbisgewächse; **It.** cucurbitàcee; **R.** бахчевой.

★ **CUCURUCÚ**. m. ZOOL. Reptil ofidio muy venenoso, de América Meridional. **2**. P. RICO., REP. DOMIN. y PERÚ. Quiquiriquí, voz imitativa del canto del gallo.

CUCURUCHO. (ital. dialect. *cucuruccio*, del l. *cucŭllus*.) m. Papel arrollado en forma cónica. Sirve para contener confites u otras cosas menudas, o para capirotes. || **P.** cartucho de papel; **I.** y **F.** cornet; **A.** Papiertüte; **It.** cartoccio; **R.** бумажный пакетик.

★ **CUCUSQUE**. adj. fam. El SALV. Sucio, desharrapado.

CUCUY. m. Cucuyo.

★ **CUCÚYIDOS**. m. pl. ZOOL. Familia de insectos coleópteros pentámeros, cuyo tipo es el género cucuyo. Viven bajo la corteza de los árboles.

CUCUYO. m. Cocuyo.

★ **CUCHA**. f. PERÚ. Cocha, laguna. || **2**. R. DE LA PLATA. Cubil, casilla del perro. || **3**. BOL. Llama que ha cumplido un año.

★ **CUCHALELA**. f. fam. COLOM. Zanguanga, enfermedad que se finge para no trabajar.

CUCHAR. f. Cuchara. || **2**. Cierto tributo o derecho que se pagaba sobre los granos. || —**herra**. Cuchara de hierro.

CUCHAR. (l. *cultāre*, abonar, cultivar.) tr. AST. Abonar las tierras con cucho.

CUCHARA. f. Instrumento, de madera o metal, compuesto de un mango y una palita cóncava, de forma oval, que sirve para comer. || **2**. Cualquier utensilio de forma semejante a la cuchara, como los usados en fundición, excavación, astilleros, etc. || **3**. Vasija redonda, de hierro o cobre, con un pico en un lado y un mango largo en el otro, usada para sacar el líquido de una tinaja. || **4**. MAR. Achicador. || *Meter uno su* CUCHARA. fig. Introducirse inoportunamente en la conversación de otros o en asuntos que no le incumben. || **P.** colher; **I.** spoon, table-spoon; **F.** cuiller; **A.** Esslöffel, Greifer, Ausgusslöffel; **It.** cucchiaio; **R.** ложка.

CUCHARADA. f. Porción que cabe en una cuchara. || *Meter uno su* CUCHARADA. fr. fig. y fam. Meter uno su cuchara. || **2**. fig. y fam. Cucharetear. || **P.** colherada; **I.** spoon-full; **F.** cuillerée; **A.** ein Löffelvoll; **It.** cucchiaiata; **R.** содержимое ложки.

CUCHARAL. m. Bolsa hecha de una piel de cabrito, usada por los pastores para guardar las cucharas.

★ **CUCHARAZO**. m. Golpe de cuchara.

CUCHAREAR. tr. Sacar con cuchara. || **2**. intr. Cucharetear.

CUCHARERO, RA. m. y f. Persona que hace o vende cucharas. || **2**. m. Cucharetero.

CUCHARETA. f. d. de cuchara. || **2**. Especie de trigo de Andalucía, con las espigas algo vellosas, casi tan anchas como largas y aristas laterales. Ú.t.c.adj. || **3**. Inflamación del hígado, en el ganado lanar. || **4**. AR. Renacuajo. || **5**. ZOOL. Ave zancuda de hermoso plumaje, blanco en el animal joven y rosado en el adulto, con pico en forma de espátula y pies amarillentos.

CUCHARETEAR. (De *cuchareta*.) intr. fam. Meter y sacar la cuchara en la olla para revolver lo que hay en ella. || **2**. fig. y fam. Meterse o mezclarse sin necesidad en los asuntos ajenos.

CUCHARETERO, RA. m. y f. Persona que hace o vende cucharas de palo. || **2**. m. Listón de tela fuerte o de madera con agujeros, para colocar las cucharas en la cocina. || **3**. fam. Fleco de las enaguas.

CUCHARILLA. f. d. de cuchara. || **2**. Enfermedad del hígado en los cerdos. || **3**. Varilla de hierro con una de las puntas aplanada y doblada en ángulo recto, para sacar el polvo del fondo de los barrenos. || **P.** colherinha; **I.** teaspoon; **F.** cuiller à café; **A.** Löffelchen; **It.** cucchia(r)ino; **R.** ложка.

CUCHARÓN. m. aum. de cuchara. || **2**. Cacillo de metal o de loza, con mango, o cuchara grande, para repartir ciertos manjares en la mesa. || *Despacharse uno con el* CUCHARÓN. fr. fig. y fam. Adjudicarse a sí propio la mayor o mejor parte en cualquiera distribución. || *Tener uno el* CUCHARÓN *por el mango*. fr. fig. y fam. Tener la sarten por el mango. || **P.** colherão; **I.** spoon; **F.** louche, cuiller; **A.** Schöpflöffel; **It.** cucchiaione; **R.** разливательная ложка.

CUCHARRENA. f. SEG. y SOR. Rasera.

CUCHARRO. m. MAR. Pedazo de tablón cortado irregularmente, que sirve para entablar algunos lugares de la embarcación, como en la popa, proa, etc.

★ **CUCHE**. m. EL SALV. Puerco, cerdo. || **2**. GUAT. Saíno.

CUCHÉ. (fr. *couché*, de *coucher*, y éste del l. *collocāre*, colocar.) adj. Dícese del papel barnizado y muy satinado.

CUCHÍ. m. PERÚ. Cochino.

CUCHICHIAR. (De *cuchichiar*.) intr. Hablar en voz baja o al oído a uno, para que los demás no se enteren. || **P.** cochichar; **I.** to whisper; **F.** chuchoter; **It.** bisbigliare, pissipissare; **R.** шептаться.

CUCHICHEO. (De *cuchichear*.) m. Acción y efecto de cuchichear.

CUCHICHIAR. (De la voz de la perdiz, *cuchichí*.) intr. Cantar la perdiz de modo que parece repetir las sílabas de cuchichí.

CUCHILLA. (De *cuchillo*.) f. Instrumento compuesto de una hoja muy ancha de hierro acerado, de un solo corte, con mango para manejarlo. || **2**. Archa. || **3**. Instrumento de hierro acerado, de varias formas, usado en diversas partes para cortar. || **4**. Hoja de cualquier arma blanca de corte. || **5**. Hoja de afeitar. || **6**. fig. Montaña escarpada en forma de cuchilla. **7**. fig. poét. Espada. || **P.** cutela; **I.** cleaver, chopper, knife; **F.** couperet, couteau, coutelas; **A.** Hackmesser; **It.** coltella; **R.** большой нож, резак, лезвие.

CUCHILLADA. f. Golpe de cuchillo, espada u otra arma cortante. || **2**. Herida que resulta de este golpe. || **3**. pl. Aberturas que se hacían en los vestidos para que ellas se viese otra tela de distinto color u otra prenda. || **4**. fig. Pendencia o riña. || CUCHILLADA *de cien reales*. fig. Cuchillada grande. Dio origen a esta locución el uso bárbaro de concertar con los malhechores ciertas clases de heridas que habían de dar. || *Dar* CUCHILLADA. fr. fig. y fam. En competencias de teatros o de sus artistas, obtener alguno de ellos la preferencia del público. || *Sanan* CUCHILLADAS, *y no malas palabras*. ref. que enseña que a veces es menor mal el de herir que el de desacreditar. || **P.** facada, cutilada; **I.** slash, stab; **F.** coup de couteau; **A.** Schnitt, Hieb; **It.** coltellata; **R.** удар ножом.

CUCHILLAR. adj. Perteneciente al cuchillo o parecido a él.

CUCHILLAR. (l. *cultellāre*, de *cultellus*, cuchillo.) tr. ant. Acuchillar.

CUCHILLEJA. f. d. de cuchilla.

CUCHILLEJO. m. d. de cuchillo.

CUCHILLERÍA. f. Oficio de cuchillero. || **2**. Taller en donde se hacen cuchillos. || **3**. Tienda donde se venden. || **4**. Calle o barrio donde estaban las tiendas de los cuchilleros. || **P.** cutelaría; **I.** cutlery;

C

F. coutellerie; **A.** Messerschmiedekunst; **It.** coltelleria; **R.** мастерская по производству ножей.

CUCHILLERO. (l. *cultellārius.*) adj. m. El que hace o vende cuchillos. || **2.** Abrazadera. || **3.** ARQ. Abrazadera de hierro que en el extremo inferior del pendolón sujeta la viga tirante o traversa de las armaduras.

CUCHILLO. (l. *cultellus.*) m. Instrumento formado por una hoja de acero de un solo corte, con mango de metal, madera, etc. || **2.** Añadidura triangular que se hace a un vestido para darle mayor vuelo. *Falda con* CUCHILLO *de raso.* || **3.** Cada una de las dos piezas triangulares que a ambos lados de la media empalman la caña con el pie. || **4.** Derecho de gobernar, castigar y poner en ejecución las leyes. || **5.** ARQ. Conjunto de piezas de madera o hierro, que, colocado verticalmente sobre apoyos, sostiene la cubierta de un edificio o el piso de un puente. || **6.** Cada una de las seis plumas del ala del halcón junto a la principal, llamada tijera; la primera de aquéllas se llama cuchillo maestro. || **7.** Cada uno de los colmillos inferiores del jabalí. —**bayoneta.** El que reemplaza la antigua bayoneta en algunas armas de fuego. || —**de armadura.** ARQ. El triángulo que forman dos pares y un tirante con sus demás piezas. —**de monte.** El grande usado por los cazadores. || *Pasar a* CUCHILLO. fr. Dar muerte. || **P.** faca; **I.** knife; **F.** couteau; **A.** Messer; **It.** coltello; **R.** нож.

CUCHILLÓN. m. aum. de cuchillo. Usado en la frase. *Ser el dueño del* CUCHILLÓN. || **2.** CHILE. Doladera.

CUCHIPANDA. f. fam. Comida que toman juntas y con alegría varias personas.

CUCHITRIL. m. Cochitril.

CUCHO. (l. *cŭltus*, abono.) m. AST. Abono hecho con estiércol y materias vegetales en estado de descomposición.

CUCHO. m. CHILE. Nombre familiar del gato, especialmente para llamarlo.

CUCHO (A). (l. *coxa*, cadera, como *cuja*.) m. adv. SANT. Manera de llevar a los niños, sentados sobre los hombros de una persona, cuyo cuello ciñen ellos para no caer.

★ **CUCHO, CHA.** adj. MÉJ. Desnarigado. || **2.** m. COLOM. Rincón. || **3.** ECUAD. y PERÚ. Esquina. || **4.** AMÉR. CENTRAL. Corcovado. || **5.** COLOM. Desván.

CUCHUCO. m. COLOM. Sopa de cebada con carne de cerdo.

CUCHUCHEAR. intr. Cuchichear. || **2.** fig. y fam. Decir o llevar chismes.

CUCHUFLETA. (De *chufleta*.) f. fam. Dicho de zumba o chanza.

CUCHUFLETERO, RA. adj. Dícese de la persona que cuenta cuchufletas.

CUCHUGO. m. AMÉR. Cada una de las dos cajas de cuero que suelen llevarse en el arzón de la silla de montar. Ú.m. en pl.

★ **CUCHUMBI.** m. ZOOL. Mamífero carnicero de la familia de los úrsidos.

CUDICIA. f. ant. Codicia.

CUDRIA. (l. *chorda*, cuerda.) f. Soguilla de esparto crudo en forma de trenza, con que se ensogan los serones y espuertas.

★ **CUDÚ.** m. ZOOL. Mamífero rumiante de la familia de los cavicornios. Es un hermoso antílope africano, algo parecido al ciervo.

CUECA. f. CHILE. Zamacueca. || **2.** CHILE. Baile popular y muy practicado hoy entre las gentes distinguidas.

★ **CUEIJÚ.** m. BOT. Árbol grande y copudo, originario de la India, de cuyos frutos, del tamaño de avellanas, se obtiene una materia grasa, para fabricar velas o bujías para el alumbrado.

CUEITA. (De *coitar*.) f. ant. Cuita.

CUÉLEBRE. (l. *colŭber*, culebra.) m. AST. Dragón, animal fabuloso.

CUELGA. f. Conjunto de uvas, de peras, manzanas u otras frutas que se cuelgan para conservarlas durante el invierno. || **2.** fam. Regalo que se da a uno en el día de su cumpleaños.

CUELGACAPAS. m. Mueble para colgar la capa y otras prendas de vestir.

CUELMO. (l. *cŭlmus*, caña.) m. Tea.

CUELMO. m. LEÓN. Colmo.

CUELLICORTO, TA. adj. Que tiene corto el cuello.

CUELLIDEGOLLADO, DA. adj. ant. Que llevaba el vestido muy escotado. || **2.** ant. Decíase de ese mismo vestido.

CUELLIERGUIDO, DA. adj. Tieso y levantado de cuello.

CUELLILARGO, GA. adj. Largo de cuello.

CUELLO. (l. *cŏllum.*) m. ZOOL. Parte del cuerpo de las aves y vertebrados cuadrúpedos que une la cabeza con el tronco. || **2.** Tallo que arroja cada cabeza de ajos, cebolla, etc. || **3.** Parte superior y más angosta de una vasija. || **4.** Tira de una tela en la parte superior de los vestidos, para cubrir más o menos el pescuezo. || **5.** Alzacuello. || **6.** Adorno suelto o abrigo de tela, encaje, piel, etc., que se pone alrededor del pescuezo. || **7.** La parte más estrecha y delgada de un cuerpo, especialmente si es redondo. || **8.** En los molinos de aceite, parte de la viga más inmediata a la tenaza. || **9.** ant. Garganta del pie. —**acanalado,** —**alechugado,** —**apanalado.** Adorno antiguo de lienzo, sobrepuesto al cabezón de la camisa y encañonado con molde. || —**blando.** El de camisa no almidonado. || —**de foque.** Foque. || —**de pajarita.** El de camisa, postizo y almidonado, con las puntas dobladas hacia afuera. || —**duro.** El de camisa almidonado. || —**escarolado.** Cuello acanalado. || *Levantar uno el* CUELLO. fr. fig. y fam. Levantar cabeza. || **P.** pescoço; **I.** neck; **F.** cou, col; **A.** Hals; **It.** collo; **R.** шея.

CUEMO. (De *cuomo.*) adv. ant. Como.

CUENCA. (l. *cŏncha*.) f. Hortera o escudilla de madera, usada por peregrinos, mendigos, etc. || **2.** Cavidad en que está cada uno de los ojos. || **3.** Territorio rodeado de alturas. || **4.** Territorio cuyas aguas afluyen todas a un mismo río, lago o mar. || **4.ª** acep.: **P.** bacia dum rio; **I.** basin; **F.** bassin; **A.** Flussgebiet, Becken; **It.** bacino; **R.** бассейн.

CUENCA. m. p. V. *Pino de* CUENCA.

CUENCANO, NA. adj. Natural de Cuenca (Ecuador). Ú.t.c.s. || **2.** Perteneciente a esta ciudad del Ecuador.

CUENCO. (De *cuenca*.) m. Vaso de barro, hondo y ancho, y sin borde o labio. || **2.** Concavidad. || **3.** AR. Cuezo para colar. || **4.** AR. Canasta de colar.

CUENDA. f. Cierto cordoncillo que recoge y divide la madeja para que no se enmarañe. || **2.** COLOM. Cable superior del chinchorro de pescar. || *Por la* CUENDA *se devana la madeja.* ref. que muestra que las cosas deben hacerse del modo más fácil y mejor.

CUENDE. (l. *cŏmes*, -*ĭtis* en posición tónica.) m. ant. Conde.

CUENTA. f. Acción y efecto de contar, cálculo. || **2.** Estado de las sumas para cobrar o pagar. || **3.** Registro regular de transacciones pecuniarias, de haberes y créditos. || **4.** fig. Exposición de razones, motivos, etc., de una cosa. *Pedir* CUENTA. || **5.** Cuidado, incumbencia, cargo, obligación. || **6.** Consideración. || **7.** Cualquier bolilla ensartada o taladrada para serlo, como las del rosario. || **8.** Cierto número de hilos que deben tener los tejidos según sus calidades. || —**corriente.** Aquella en que se asientan las partidas del debe y el haber de una persona o entidad. Puede corresponder a un contrato, a una imposición en metálico en un Banco o a una apertura de crédito. || *Abrir* CUENTA. Iniciarla. || *A* CUENTA, *o a buena* CUENTA. m. adv. Como parte de una cantidad que ha de pagarse. || *Ajustar* CUENTAS. Poner en claro lo que se ha de pagar o cobrar. || **2.** fig. Dícese en son de amenaza. || *Caer uno en la* CUENTA *de una cosa.* Llegar a comprenderla o parar mientes en ella. || *Cerrar la* CUENTA. Saldarla, concluirla. || *Con* CUENTA *y razón.* fig. Puntualidad. || *¡*CUENTA *con lo que dices!* ¡Cuidado en el hablar! || *Dar* CUENTA *de una cosa.* fig. Dar fin de ella, destruyéndola o malgastándola. || *Dar uno buena o mala* CUENTA *de una persona.* Corresponder bien o mal a la confianza que de él han hecho. || *De* CUENTA. Dícese de las personas de importancia. *De* CUENTA *y riesgo de una persona.* Bajo su responsabilidad. || *Echar* CUENTAS. Calcular, sobre poco más o menos, el importe o gasto de una cosa. ||

En resumidas CUENTAS. En conclusión o con brevedad. || *Las* CUENTAS *del Gran Capitán.* fig. Las exhorbitantes formadas sin la debida justificación. || *Perder la* CUENTA *de una cosa.* fig. No acordarse de ella a causa de su antigüedad, o no poderla reducir a número por su complicación. || *Tener en* CUENTA. Tener presente considerar. || **P.** conta; **I.** count, reckoning; **F.** compte; **A.** Rechnung; **It.** conto; **R.** счёт.

CUENTA. f. ant. Cuento, pie derecho o puntal.

CUENTACACAO. f. HOND. Araña común, algo venenosa, que deja, al pasar por la piel de las personas, un salpullido.

CUENTACORRENTISTA. com. Persona que tiene cuenta corriente en un establecimiento bancario.

★ **CUENTACHILES.** m. fam. Hombre cominero.

CUENTADANTE. adj. Dícese del que da o ha dado cuenta de fondos que ha manejado, a quien puede exigírsela y censurarla. Ú.t.c.s.

CUENTAGOTAS. m. Utensilio de cristal y goma, dispuesto para verter un líquido gota a gota. || **P.** conta-gotas; **I.** dropper; **F.** comptegouttes; **A.** Tropfenzähler; **It.** contagocce; **R.** капельница.

CUENTAHILOS. m. Especie de microscopio que sirve para contar el número de hilos que entran en parte determinada de un tejido.

CUENTAKILÓMETROS. m. MEC. Aparato registrador de los kilómetros recorridos por un vehículo automóvil mediante un mecanismo conectado con las ruedas. Suele llevar un indicador de la velocidad a que marcha el vehículo.

CUENTAPASOS. m. Podómetro.

★ **CUENTERETE.** m. AMÉR. CENTRAL. Cuento, mentira.

CUENTERO, RA. adj. Cuentista. Ú.t.c.s.

CUENTEZUELA. f. d. de cuenta.

CUENTISTA. adj. fam. Que tiene la mala costumbre de llevar chismes de una parte a otra. Ú.t.c.s. || **2.** com. Persona que narra o escribe cuentos.

CUENTO. (l. *cŏmpŭtus*, cuenta.) m. Relación de un suceso. || **2.** Relación, de palabra o por escrito, de un suceso falso o inventado. || **3.** Fábula o conseja que se cuenta para entretener a los niños. || **4.** Cómputo. *El* CUENTO *de los años.* || **5.** fam. Chisme o enredo contado a una persona para ponerla mal con otra. || **6.** fam. Disgusto, desazón. || **7.** GUAT. Menudencia comprada en el mercado. || **8.** ARIT. Millón. || —**de cuentos.** ARIT. Un millón de millones, billón. || **2.** fig. Relación o noticia difícil de explicar, por hallarse enredada con / otras. || —**de horno.** Hablilla de que se hace conversación entre el vulgo. || —**de viejas.** fig. Noticia o relación que se cree falsa o fabulosa. Alúdese a los consejos que las mujeres ancianas cuentan a los muchachos. || —**largo.** fig. Asunto de que hay mucho que decir. *El* CUENTO *de nunca acabar.* fig. y fam. Asunto o negocio que se dilata sin que se le vea el fin. || *A* CUENTO. m. adv. Al caso, al propósito. || CUENTO *de socarro, parece bueno y / es malo.* ref. que censura al que por modo indirecto suele ofender en todo lo que habla. || *Dejarse de* CUENTOS. fr. fig. y fam. Omitir los rodeos e ir a lo substancial. || *Estar uno en el* CUENTO. fr. Estar bien informado. || *No querer uno* CUENTOS *con serranos.* fr. fig. y fam. No querer reñir con gente de malas cualidades. || *Quitarse de* CUENTOS. fr. Atender sólo a lo esencial y más importante de una cosa. || *Traer a* CUENTO. fr. Mezclar en una conversación especies, acaso remotas, con oportunidad o sin ella, o con especial interés. || *Va de* CUENTO. expr. fam. que sirve para dar principio a la narración de una conseja, anécdota, etc. || *Venir a* CUENTO una cosa. fr. fam. Venir al caso. || **2.** fam. Ser útil o conveniente por algún concepto. || *Venirle a uno con* CUENTOS. fr. fam. Contarle cosas que no le importan o que no quiere saber. || **P.** conto, narração; **I.** tale; **F.** conte; **A.** Erzählung, Märchen; **It.** racconto, novella, conto; **R.** рассказ, сказка.

CUENTO. (l. *contus*, y éste del gr.

κοντός.) m. Contera de la pica, el bastón, la lanza, etc. ‖ **2.** Puntal para sostener alguna cosa. ‖ **3.** CETR. Parte exterior por donde se dobla el ala de las aves.

CUENTÓN, NA. adj. fam. Cuentista, 1.ª acep. Ú.t.c.s.

* **CUEPI.** m. BOT. Árbol rosáceo de la Guayana.

CUER. (l. *cor.*) m. ant. Cor, corazón.

CUERA. (De *cuero.*) f. Especie de jaquetilla de piel, que se usó sobre el jubón. ‖ **—de ámbar.** La perfumada con ámbar. ‖ **—de armar.** La que se ponía debajo del arnés.

CUERAZO. m. ECUAD. Latigazo.

CUERDA. (l. *chorda*, y éste del gr. χορδή.) f. Conjunto de hilos de cáñamo, lino, esparto, etc., que, torcidos, forman un solo cuerpo largo, cilíndrico y flexible. ‖ **2.** Conjunto de penados atados juntos. ‖ **3.** GEOM. Segmento de recta que une los extremos de un arco o curva. ‖ **4.** Línea de arranque de una bóveda o arco. ‖ **5.** MÚS. Hilo hecho con una tira retorcida de tripa de carnero, a veces envuelta por alambre en hélice, que, estando tenso y por vibración, produce los sonidos en ciertos instrumentos músicos. ‖ **6.** Cada una de las cuatro voces fundamentales de tiple, contralto, tenor y bajo. ‖ **7.** Parte propulsora del mecanismo de un reloj. Antiguamente, cadenilla arrollada en un cilindro y que por el extremo libre sostenía una pesa. ‖ **8.** Cordel, cuerda delgada. ‖ **9.** Medida agraria de algunas provincias de extensión aproximada a una fanega de sembradura. ‖ **10.** f. pl. Tendones del cuerpo humano. ‖ **—de tripa.** La constituida por tripas de carnero. ‖ **—dorsal.** Notocordio. ‖ **—falsa.** MÚS. La que es disonante y no se puede ajustar ni templar con las demás del instrumento. ‖ **—floja.** Alambre con poca tensión sobre el cual hacen sus ejercicios los volatineros. ‖ **—seca.** Procedimiento usado por los ceramistas medievales, consistente en la estampación de combinaciones de lacerías en las piezas, especialmente en los azulejos. ‖ **—sin fin.** Maroma cuyos extremos están empalmados. ‖ **—cuerdas vocales.** ANAT. Repliegues musculares que en número de cuatro, dos superiores y dos inferiores, se encuentran en la laringe. Las inferiores, al ser puestas en vibración por el aire emitido por los pulmones, producen el sonido de la voz; las superiores lo refuerzan. ‖ *Aflojar* o *apretar la* CUERDA. fig. Disminuir o aumentar el vigor de la ley, la disciplina, etc. ‖ *Dar* CUERDA *a un negocio.* fig. Darle largas. ‖ *Dar* CUERDA a uno. fig. Halagar su pasión o su gusto incitándole a perdurar en ella. ‖ *Estar,* o *tener la* CUERDA *tirante.* Llevar las cosas con rigor. ‖ *Estirar* uno *las* CUERDAS. Pasearse o ponerse en pie. ‖ **P.** corda; **I.** cord, rope; **F.** corde; **A.** Strang, Seil; **It.** fune, corda; **R.** верёвка, канат.

CUERDAMENTE. adv. Con cordura, prudente, sabiamente. ‖ **P.** cordatamente; **I.** wisely; **F.** sagement; **A.** weislich; klüglich; **It.** assennatamente; **R.** благоразумно.

CUERDEZUELA. f. Cordezuela.

CUERDO, DA. (l. *cor, cordis,* corazón, ánimo.) adj. Que está en su juicio. Ú.t.c.s. ‖ **2.** Prudente, que reflexiona antes de determinar. Ú.t.c.s. ‖ *El* CUERDO *no ata el saber a estaca.* ref. que enseña que el hombre sabio y prudente no se deja llevar a ciegas de la opinión de los demás. ‖ *Mátenme* CUERDOS, *y no me den vida necios.* ref. que pondera cuán enfadoso es tratar con necios. ‖ **P.** cordo; **I.** wise; **F.** sage; **A.** klug; **It.** assennato; **R.** разумный.

CUEREADA. (De *cuero.*) f. AMÉR. MERID. Temporada en que se obtienen los cueros secos, principalmente del ganado vacuno, desde matar y desollar las reses hasta entregarlas al comercio.

CUEREAR. tr. AMÉR. MERID. Ocuparse de las faenas de la cuereada. ‖ **2.** ECUAD. Azotar.

* **CUERERA.** f. CHILE. Pobreza extrema, indigencia. ‖ *Estar en la* CUERERA. fr. CHILE. Estar muy flaco, en los puros cueros.

CUEREZUELO. m. Corezuelo.

° **CUERIZA.** (De *cuero,* látigo.) f. fam. AMÉR. Azotaina.

CUERNA. f. Vaso rústico hecho con un cuerno de res vacuna. ‖ **2.** Cuerno macizo, que algunos animales, como el ciervo, mudan todos los años. ‖ **3.** Cornamenta. ‖ **4.** Trompa de hechura semejante a un cuerno bovino, para comunicarse entre sí gentes del campo, como guardas, etc.

CUÉRNAGO. (De *cuérrago,* infl. por *cuerno.*) m. Cuérrago.

* **CUERNECILLO.** m. BOT. Planta leguminosa parecida a la acacia. ‖ **2.** BOT. Planta leguminosa que es una hierba de flores amarillas, propia de las regiones mediterráneas.

CUERNEZUELO. m. d. de cuerno. ‖ **2.** VETER. Cornezuelo, instrumento de albéitar.

CUERNO. (l. *cŏrnu.*) m. Cada una de las dos prolongaciones óseas del frontal, cubiertas por una capa epidérmica o un estuche córneo, propia de los rumiantes cérvidos y bóvidos. ‖ **2.** Prolongación ósea que, en número de una o dos, tienen los rinocerontes en la línea media de la nariz. ‖ **3.** Antena de los insectos. ‖ **4.** MÚS. Instrumento de viento, de forma corva, generalmente de cuerno, que tiene el sonido como de trompa. ‖ **5.** Materia que forma el estuche córneo de los cuernos de los bovinos, de la cual se fabrican objetos diversos. ‖ **6.** Ala de un ejército o de una escuadra. ‖ **7.** Cada una de las extremidades de algunas cosas que rematan en punta y tienen algún parecido con los cuernos. *Los* CUERNOS *de la Luna.* ‖ **—de Amón.** Amonita. ‖ **—de la abundancia.** Cornucopia. ‖ **—de caza.** Instrumento usado en la montería para llamar a los cazadores. ‖ **—inglés.** Instrumento musical de madera, de sonido melodioso. ‖ *En los* CUERNOS *del toro.* m. adv. fig. En un inminente peligro. ‖ *Saber a* CUERNO *quemado.* fig. Hacer una cosa desagradable impresión en el ánimo. ‖ **P.** e **It.** corno; **I.** horn; **F.** corne; **A.** Horn; **R.** рог.

CUERO. (l. *corium.*) m. Pellejo que cubre la carne de los animales. ‖ **2.** El mismo pellejo despues de curtido y preparado para los diferentes usos de la industria. ‖ **3.** Odre. ‖ **—cabelludo.** Piel en donde nace el cabello. ‖ **—exterior.** ZOOL. Cutícula. ‖ **—interior.** ZOOL. Cutis. ‖ *Acudid al* CUERO *con el albayalde, que los años no se van en balde.* ref. que satiriza a las mujeres que procuran disimular su edad, encubriendo con afeites las arrugas y otros defectos de la cara. ‖ *Dejar* a uno *en* CUEROS. fr. Dejar a uno sin camisa. ‖ *Del* CUERO *salen las correas.* fr. fig. y fam. que denota que de lo principal sale lo accesorio. ‖ *En* CUEROS, o *en* CUEROS *vivos.* m. adv. Desnudo, sin vestido alguno. ‖ *Entre* CUERO *y carne.* m. adv. Debajo de la piel. ‖ **2.** fig. Íntima, connaturalmente. ‖ *Estar* uno *hecho* un CUERO. fr. fig. y fam. Estar borracho. ‖ *Poner* uno CUERO y *correas en una cosa.* fr. fig. y fam. Hacer algún oficio por otra persona y pagar además el costo que tiene. ‖ **2.ª** acep.: **P.** coiro; **I.** leather, pelt; **F.** cuir; **A.** Leder; **It.** cuoio; **R.** кожа.

CUERPO. (l. *corpus.*) m. Substancia material. *Los* CUERPOS *químicos.* ‖ **2.** Porción limitada de materia, objeto. *Un* CUERPO *celeste.* ‖ **3.** En el hombre y en los animales, conjunto de las partes materiales que componen el organismo. ‖ **4.** El tronco, a diferencia de la cabeza y las extremidades. ‖ **5.** Cadáver. ‖ **6.** Parte de un vestido que cubre desde los hombros hasta la cintura. ‖ **7.** Grueso de los tejidos, papel, chapas, etc. ‖ **8.** Grandor o tamaño. ‖ **9.** Espesura de un líquido. ‖ **10.** Parte central o principal de una cosa. ‖ **11.** En los libros, lo que en ellos se dice con excepción del título, índices y preliminares. ‖ **12.** Volumen. ‖ **13.** Cada una de las partes que pueden ser independientes cuando se las considera unidas a otra principal, como: *un armario de dos* CUERPOS. ‖ **14.** Conjunto de personas que forman una comunidad, ejercen una misma profesión, etc. ‖ **15.** ARQ. Parte de una fábrica desde el basamento hasta una cornisa. ‖ **16.** DER. Colección de leyes civiles o canónicas. ‖ **17.** GEOM. Figura de tres dimensiones. ‖ **18.** IMPR. Tamaño de los caracteres de cada fundición. ‖ **19.** MIL. Cierto número de soldados con sus respectivos oficiales. Dícese de las tropas auxiliares del ejército, como: CUERPO *de Intendencia.* ‖ **—calloso.** ANAT. Masa arqueada de substancia blanca, en el fondo de la fisura longitudinal del cerebro. ‖ **—compuesto.** QUÍM. El que está formado por dos o más elementos. ‖ **—de baile.** Conjunto de bailarines que actúan en un espectáculo. ‖ **—de bomba.** Cilindro, dentro del cual juega el émbolo de la bomba hidráulica. ‖ **—de doctrina.** Conjunto de principios y sistema de un autor. ‖ **—de ejército.** MIL. Unidad formada por dos o más divisiones. ‖ **—de guardia.** MIL. Conjunto de soldados destinados a hacer la guardia. ‖ Lugar donde descansan los que de ellos no están de centinela. ‖ **—de iglesia.** ARQ. Espacio de ella, sin incluir el crucero, la capilla mayor ni las colaterales. ‖ **—del delito.** DER. Persona o cosa sobre la que recae la acción delictiva. ‖ **—diplomático.** Conjunto de los embajadores, plenipotenciarios, encargados de negocios, acreditados cerca de un determinado gobierno. ‖ **—facultativo.** Conjunto de funcionarios estatales que poseen determinados conocimientos técnicos. ‖ **—glorioso.** TEOL. El de los bienaventurados, después de la resurrección. ‖ **2.** fig. y fam. El que pasa largo tiempo sin experimentar necesidades materiales. ‖ **—muerto.** MAR. Boya fondeada con gran seguridad, con un argollón para que a él se amarren los buques. ‖ **—negro.** FÍS. El que absorbe todas las radiaciones sin reflejar ninguna. No tiene existencia real, aunque el carbono y el tungsteno se le aproximan. ‖ **—simple.** QUÍM. El que está formado por un solo elemento. ‖ **—sin alma.** fig. Persona que no tiene viveza ni actividad. ‖ **—volante.** MIL. Unidad que se separa del grueso del ejército para determinados fines. ‖ *A* CUERPO o *en* CUERPO. m. adv. Sin gabán o abrigo exterior. ‖ *A* CUERPO *de rey.* Con toda comodidad y regalo. ‖ CUERPO *a* CUERPO. A brazo partido. ‖ *En* CUERPO *y alma.* De un modo completo. ‖ *Hacer del* CUERPO. fr. fam. Exonerar el vientre. ‖ **P.** e **It.** corpo; **I.** body; **F.** corps; **A.** Körper; **R.** плоть. ‖ 3.ª acep.: **P.** e **It.** corpo; **I.** body; **F.** corps; **A.** Leib; **R.** тело.

* **CUERUDO, DA.** adj. COLOM. Lerdo. Dícese de las bestias de labor y especialmente de las caballerías. ‖ **2.** AMÉR. Que tiene la piel muy gruesa y dura. ‖ **3.** AMÉR. Fastidioso y poco delicado. ‖ **4.** CUBA y P. RICO. Descarado, desvergonzado. ‖ **5.** MÉJ. Guardia civil.

CUÉRRAGO. (l. *cŏrrūgus,* cauce.) m. Cauce.

CUERRIA. (De *corro.*) f. AST. Cercado pequeño y circular, de piedra seca, de un metro de alto, donde se echan las castañas recién cogidas para que acaben de madurar y puedan separarse más fácilmente del erizo.

CUERVA. (De *cuervo.*) f. Graja.

CUERVO. (l. *cŏrvus.*) m. Pájaro carnívoro, mayor que la paloma, de plumaje negro con visos pavonados, pico cónico, grueso y más largo que la cabeza, alas de 1 m de envergadura y cola de contorno redondeado. ‖ **2.** ASTRON. Pequeña constelación austral, muy cerca y al oriente del Cráter. ‖ **—marino.** Ave palmípeda del tamaño de un ganso, con plumaje de color gris obscuro, collar blanco, cabeza, cuello y alas negras, piernas muy cortas y pico largo, aplastado y con punta doblada. Nada y vuela muy bien, habita en las costas. ‖ **—merendero.** Grajo. ‖ *Cría* CUERVOS, *y te sacarán los ojos.* ref. que explica que los ingratos devuelven mal por bien. ‖ *Cual el* CUERVO, *tal su huevo.* ref. que denota que de ordinario los hijos suelen ser como sus padres. ‖ *No poder ser el* CUERVO *más negro que las alas.* fr. fig. y fam. No haber que temer mayor mal, por haber sucedido lo peor que podía acontecer. ‖ *Venir el* CUERVO. fr. fig. y fam. Recibir uno algún socorro, particularmente si es repetido, aludiendo al que alimentaba a San Pablo el Ermitaño. ‖ **P.** e **It.** corvo; **I.** raven, crow; **F.** corbeau; **A.** Rabe; **R.** ворон.

CUESA. f. ant. Cueza.

CUESCO. m. Hueso de la fruta, como el de la guinda. ‖ **2.** En los molinos de aceite, piedra redonda en que la viga aprieta los capachos. ‖ **3.** fam. Pedo rui-

C doso. ‖ **4.** GERM. Azote, golpe. ‖ **5.** MÉJ. Masa redondeada de mineral de gran tamaño. ‖ **6.** MINERAL. En Riotinto, escoria procedente de los hornos de manga. ‖ **7.** MÉJ. Pescozón. ‖ **P.** caroço; **I.** stone; **F.** noyau; **A.** Fruchtkern; **It.** nocciolo; **R.** плодовая косточка.

★ CUESCOMATE. m. MÉJ. Especie de tinaja grande para guardar semillas.

CUESLO. (l. *consolāri*, consolar.) m. ant. Consuelo.

CUESTA. (l. *cŏsta*, costilla, costado.) f. Terreno en pendiente. ‖ *A* CUESTAS. m. adv. Sobre los hombros o las espaldas. ‖ **2.** fig. A su cargo, sobre sí. ‖ *Hacérsele a* uno CUESTA *arriba una cosa.* fr. fig. Sentirla mucho, hacerla con repugnancia y gran trabajo. ‖ *Ir* CUESTA *abajo.* fr. fig. Decaer, declinar una cosa o persona hacia su fin. ‖ *La* CUESTA *de enero.* loc. nominal con que se designan los días de dificultades económicas en el mes de enero como consecuencia de los gastos extraordinarios durante las fiestas de Navidad. ‖ *Lo mismo es a* CUESTAS *que al hombro.* ref. que da a entender que, como se haga una cosa, importa poco que se haga de un modo o de otro. ‖ *Llevar* a uno *a* CUESTAS. fr. fig. y fam. Cargarse con las obligaciones o necesidades de otro. ‖ *Tomar* uno *a* CUESTAS *una cosa.* fr. fig. y fam. Encargarse de su gobierno y dirección. ‖ *Tú, que no puedes, llévame a* CUESTAS. fr. fam. de que suele usarse cuando se pide auxilio a una persona que tiene tanta o más necesidad que él. ‖ **P.** costa; **I.** slope; **F.** côte; **A.** Bergabhang; **It.** costa, pendice; **R.** склон горы, подъём.

CUESTA. (l. *quaestus*, negociación, cuestación.) f. Cuestación.

CUESTACIÓN. (l. *quœstus*, p.p. de *quaerĕre*, buscar, pedir.) f. Demanda de limosnas para un objeto piadoso o benéfico.

CUESTAS. (De *costar*.) f. pl. ant. Coste.

CUESTEZUELA. f. d. de cuesta.

CUESTIÓN. (l. *quaestio, -ōnis*.) f. Pregunta que se hace para averiguar la verdad de una cosa controvertiéndola. ‖ **2.** Gresca. ‖ **3.** Punto o materia discutibles. ‖ **4.** Oposición de términos lógicos sobre un mismo tema, que exige detenido estudio para resolver con acierto. ‖ **5.** FOR. Cuestión de tormento. ‖ **6.** MAT. Problema. ‖ **—batallona.** fam. La muy reñida de mucha importancia. ‖ **—candente.** La que acalora los ánimos. ‖ **—de competencia.** FOR. Desacuerdo entre jueces y otras autoridades acerca de la facultad para entender en un asunto. ‖ **—de confianza.** La cuestión que para comprobarla plantean los gobiernos al jefe del Estado y con más frecuencia al Parlamento, haciendo depender su continuación en el poder de un acuerdo determinado del primero o de la votación de la cámara. ‖ **—de gabinete.** La que afecta o puede afectar a la existencia o continuación de un ministerio. ‖ **2.** fig. La de mucha importancia para cualquiera. ‖ **—determinada.** MAT. Aquella que tiene una solución solamente, o un determinado número de soluciones. ‖ **—de tormento.** FOR. Averiguación de la verdad, que se practicaba dando tormento al presunto culpable inconfeso. ‖ **—diminuta** o **indeterminada.** MAT. La que puede tener infinitas soluciones. ‖ **—prejudicial.** FOR. Dícese de la que, siendo supuesto de un fallo, corresponde a jurisdicción distinta de la que ha de dictarlo. Se aplica más en lo penal. ‖ **—previa.** La que corresponde a competencia administrativa y debe influir necesariamente en un fallo penal. ‖ *Agitarse una* CUESTIÓN. fr. Tratarse con valor o viveza. ‖ *Desatar la* CUESTIÓN. fr. Desatar el argumento. ‖ **P.** questão; **I.** y **F.** question; **A.** Frage; **It.** questione; **R.** вопрос. ‖ **2.ª** acep.: **P.** pendência; **I.** quarrel; **F.** querelle, rixe; **A.** Streit; **It.** rissa; **R.** спор.

CUESTIONABLE. (De *cuestionar*.) adj. Dudoso, problemático.

CUESTIONAR. (l. *quaestionāre*.) tr. Controvertir un punto dudoso, proponiendo las razones de una y otra parte. ‖ **P.** questionar; **I.** to question; **F.** mettre

en question; **A.** bestreiten; **It.** questionare; **R.** обсуждать.

CUESTIONARIO. (l. *quaestionārius*.) m. Libro que trata de cuestiones o que sólo tiene cuestiones. ‖ **2.** Lista de cuestiones que se proponen con cualquier fin.

CUESTO. m. Cerro.

CUESTOR. (l. *quaestor*.) m. Antiguo magistrado romano encargado de la administración del erario público y que en la ciudad y en los ejércitos tenía funciones de carácter fiscal principalmente. ‖ **2.** El que demanda o pide limosna para el prójimo o para llevar a cabo una obra benéfica. ‖ **P.** e **I.** questor; **F.** questeur; **A.** Quästor; **It.** questore; **R.** квестор.

CUESTUARIO, RIA. (l. *quaestuarius*.) adj. Cuestuoso.

CUESTUOSO, SA. (l. *quaestuōsus*.) adj. Dícese de lo que trae o adquiere ganancia, interés o logro.

CUESTURA. (l. *quaestūra*.) f. Dignidad o empleo de cuestor romano.

CUÉTANO. m. EL SALV. Oruga de cierta clase de mariposas.

CUETE. m. MÉJ. Lonja de carne que se saca del muslo de la res. ‖ **2.** MÉJ. Pistola o revólver. ‖ **3.** MÉJ. Borrachera. ‖ **4.** adj. MÉJ. Borracho.

★ CUETEAR. tr. GUAT. Tirotear con la pistola llamada cuete. ‖ **2.** intr. COLOM. Morir. ‖ **3.** r. COLOM. Reventar.

CUETO. (De *coto*.) m. Sitio alto y defendido. ‖ **2.** Colina de forma cónica, aislada, y por lo común peñascosa.

CUEVA. (l. *cova*.) f. Cavidad subterránea, ya natural, ya construida artificialmente. ‖ **2.** Sótano. ‖ **—de ladrones.** fig. Casa donde se acoge gente de mal vivir. ‖ *Cae en la* CUEVA *el que a otro lleva a ella.* ref. que indica que a veces el engañador es víctima de su malicia. ‖ **P.** cova; **I.** cave, cellar; **F.** caverne, grotte; **A.** Höhle, Grotte; **It.** caverna, grotta; **R.** пещера.

CUÉVANO. (l. *cophĭnus*, y éste del gr. κόφινος.) m. Cesto grande y hondo, poco más ancho de arriba que de abajo, de mimbres, que sirve para llevar la uva en tiempo de la vendimia, y para otros usos. ‖ **2.** Cesto más pequeño que llevan las pasiegas a la espalda, para lo cual tiene dos asas con que se sujeta a los hombros. Lo usan para transportar géneros y para llevar a sus hijos pequeños. ‖ **P.** cesto vindimo; **I.** basket, hamper; **F.** panier; **A.** Winzerkorb; **It.** corba, cesta; **R.** большая корзина.

CUEVERO. m. Que tiene por oficio hacer cuevas.

CUEXCA. f. GERM. Casa.

CUEZA. f. Cuezo.

CUEZO. m. Artesilla de madera, en que amasan el yeso los albañiles. ‖ *Meter* uno *el* CUEZO. fr. fig. y fam. Introducirse indiscreta e imprudentemente en alguna conversación o negocio. ‖ **P.** cocho; **I.** plaster-tray; **F.** auge à plâtre; **A.** Mörteltrog; **It.** trôgolo dal gesso; **R.** творило.

CÚFICO, CA. (ár. *Kūfa*, n. p. de una ciudad sobre el brazo occidental del Éufrates.) adj. Aplícase a ciertos caracteres de la escritura arábiga antigua. ‖ **P.** cúfico; **I.** Cufic; **F.** coufique; **A.** kufisch; **It.** cùfico.

★ CUFIFO, FA. adj. CHILE. Ebrio, chispo.

CUGUJADA. f. Cogujada.

CUGUJÓN. m. ant. Coguijón.

CUGULLA. f. Cogulla.

★ CÚI. (Voz quichua.) m. ZOOL. PERÚ y CHILE. Cuy, conejillo de Indias. ‖ **2.** AMÉR. Coendú.

★ CUIBAS. m. pl. Indios que viven en las márgenes del Orinoco.

★ CUICA. f. ECUAD. Lombriz. ‖ **2.** fig. y fam. ECUAD. Persona muy delgada.

CUICACOCHE. f. Ave canora de Méjico, algo menor que el tordo. Tiene las plumas del pecho y del vientre amarillas, y las demás grises o negras.

CUICO, CA. adj. Voz con que en diversos puntos de América se designa a los naturales de otras regiones.

CUIDA. f. En los colegios, colegiala encargada de cuidar de otra de tierna edad.

CUIDADO. (l. *cogitatus*, el pensamien-

to.) m. Solicitud y atención para hacer bien alguna cosa. ‖ **2.** Dependencia o negocio que está a cargo de uno. ‖ **3.** Recelo, temor. ‖ **4.** Seguido de la prep. *con* y un nombre significativo de persona, denota enfado contra ella. ¡CUIDADO *con el chiquillo!* Suele ir esta expresión acompañada de otra que aclare el concepto. ‖ *Correr* una cosa *al* CUIDADO *de uno.* fr. Estar obligado a responder de ella. ‖ ¡CUIDADO! interj. Que se emplea en son de amenaza o para advertir la proximidad de un peligro o la contingencia de caer en error. ‖ CUIDADO *ajeno cuelga de.* ref. que denota la indiferencia con que se suele mirar lo ajeno. ‖ ¡CUIDADO *conmigo!* expr. fam. con que se amenaza a uno. ‖ CUIDADO *me llamo.* expr. fam. de que se usa para amenazar a uno, especialmente a los muchachos. ‖ *De* CUIDADO. m. adv. Cauteloso, peligroso. ‖ *Estar* uno *de* CUIDADO. fr. fam. Estar gravemente enfermo. ‖ *Salir de su* CUIDADO *una mujer.* fr. fig. Parir. ‖ **P.** cuidado; **I.** care, heedfulness; **F.** soin, attention; **A.** Pflege, Füsorge; **It.** cura; **R.** внимание, забота.

CUIDADOR, RA. adj. Que cuida Ú.t.c.s. ‖ **2.** Nimiamente solícito y cuidadoso.

CUIDADOSAMENTE. adv. Con cuidado y solicitud.

CUIDADOSO, SA. (De *cuidado*.) adj. Solícito y diligente en ejecutar con exactitud alguna cosa. ‖ **2.** Atento, vigilante. ‖ **P.** cuidadoso; **I.** careful, heedful; **F.** soigneux; **A.** sorgfältig; **It.** accurato, premuroso; **R.** старательный.

CUIDANTE. p.a. de cuidar. Que cuida.

CUIDAR. (l. *cogitāre*, pensar.) tr. Poner diligencia y solicitud en la ejecución de una cosa. ‖ **2.** Asistir, guardar, conservar. ‖ **3.** Seguido de la prep. de, ú.t.c.intr. Cuidar de la hacienda. ‖ **4.** Discurrir, pensar. ‖ **5.** r. Mirar uno por su salud, darse buena vida. ‖ **6.** Seguido de la prep. de, vivir con advertencia respecto de una cosa. *No se* CUIDAN *de lo que digan.* ‖ **P.** cuidar; **I.** to care; **F.** soigner, avoir soin; **A.** achthaben auf, pflegen; **It.** curare; **R.** заботиться.

CUIDO. m. Acción de cuidar. Aplícase principalmente a cosas materiales. El cuido de la tierra.

CUIDOSAMENTE. adv. ant. Cuidadosamente.

CUIDOSO, SA. adj. Cuidadoso.

CUIJA. f. MÉJ. Lagartija pequeña y muy delgada. ‖ **2.** fig. MÉJ. Mujer flaca y fea.

★ CUIJE. m. MÉJ. Cuiji. ‖ **2.** EL SALV. Persona que ayuda a otra, o intercede por ella. ‖ **3.** HOND. Bribón, tunante. ‖ **4.** HOND. Amante. ‖ **5.** GUAT. Espía.

CUIN, NA. m. y f. AND. Conejillo de Indias.

CUINO. (De *cochino*.) m. Cerdo.

CUITA. (De *cuitar*.) f. Trabajo, aflicción, desventura. ‖ CUITA *hace mercado, que no rico abastado.* ref. que muestra cómo al vendedor aprovecha más la parroquia de necesitados que la de ricos. ‖ **P.** aflição; **I.** grief, sorrow; **F.** chagrin; **A.** Sorge, Kummer; **It.** affanno, travaglio; **R.** несчастье, неналь.

CUITADAMENTE. adv. Con cuita.

CUITADEZ. (De *cuitado*.) f. ant. Propensión a tener muchas cuitas.

CUITADO, DA. (De *cuitar*.) adj. Afligido, desventurado. ‖ **2.** fig. Apocado, de poca resolución y ánimo. ‖ **P.** coitado; **I.** sorrowful, wretched; **F.** chagrin, malheureux; **A.** bekümmert; **It.** travagliato; **R.** печальный, робкий.

CUITAMIENTO. (De *cuitar*.) m. Apocamiento, poco ánimo.

CUITAR. (l. *cogitāre*.) tr. ant. Acuitar. Usáb.t.c.intr. y c.r.

CUITOSO, SA. (De *cuita*.) adj. ant. Urgente, apresurado.

CUJA. (l. *coxa*, cadera.) f. Bolsa de cuero asida a la silla del caballo, para meter el cuento de la lanza o bandera. ‖ **2.** Anillo de hierro sujeto al estribo derecho, en el que los soldados lanceros colocan el cuento de su arma para llevarla con más facilidad. ‖ **3.** Armadura de la cama. ‖ **P.** saco de coiro; **I.** lancebucket; **F.** porte-lance; **A.** Ledertasche

C

der Lanze; **It.** calzuolo, bocciolo; **R.** обёртка тюка.

CUJARA. f. ant. Cuchara.

★ **CUJAZO.** m. AMÉR. Golpe dado con un cuje.

CUJE. (Voz cubana.) f. Vara horizontal que se coloca sobre otras dos verticales, para colgar las mancuernas en la recolección del tabaco.

★ **CUJEAR.** tr. CUBA. Azotar. || **2.** fig. CUBA. Castigar, reprender, deprimir con repetición de golpes. || **3.** COLOM. Azuzar.

CUJÍ. m. VENEZ. Aromo.

★ **CUJINILLOS.** m. pl. HOND. Especie de alforjas.

CUJISAL. m. VENEZ. Terreno o sitio poblado de cujíes.

CUJÓN. m. Cogujón.

CULADA. f. Golpe dado con las asentaderas. || **P.** cuada; **I.** buttock-stroke; **F.** cassecul; **A.** Fall auf den Hintern; **It.** culata; **R.** удар задом.

CULANTRILLO. (d. de *culantro*.) m. BOT. Hierba de la clase de las filicíneas, con hojas divididas en lóbulos a manera de hojuelas redondeadas, con pedúnculos delgados, negruzcos y lustrosos. Se cría en los sitios húmedos. Suele usarse su infusión como medicamento pectoral y emenagogo.

CULANTRO. (Del m. or. que *coriandro*.) m. Cilantro. || *Bueno es el* CULANTRO, *pero no tanto*. ref. que recomienda no insistir demasiado ni alargar un discurso excesivamente.

CULAS. f. pl. fam. En el juego de argolla, bocas.

CULATA. f. Anca. || **2.** Parte posterior de la caja de la escopeta, pistola o fusil, que sirve para asir y afianzar estas armas al hacerla puntería y disparar. || **3.** Parte de una arma de fuego que cierra el cañón por el extremo opuesto a la boca. || **4.** fig. Parte posterior o más retirada de una cosa. || **5.** MEC. Pieza metálica que se ajusta al bloque de los motores de explosión y cierra el cuerpo de los cilindros. || *Dar de* CULATA. fr. Apartar un poco el coche, levantando a mano el juego trasero sin mover el delantero. || 2.ª acep.: **P.** culata; **I.** buttstock; **F.** crosse, culasse; **A.** Gewehrkolben, Kruppe; **It.** calcio; **R.** приклад.

CULATAZO. m. Golpe dado con la culata de una arma. || **2.** Coz que da el fusil, la escopeta, etc., al tiempo de disparar. || 2.ª acep.: **P.** coronhaço; **I.** recoil, kick; **F.** recul, repoussement; **A.** Kolbenstoss; **It.** rinculo; **R.** удар прикладом.

CULCUSIDO. m. fam. Corcusido.

CULEBRA. m. (*colúbra*.) f. Reptil ofidio, sin pies, de cuerpo próximamente cilíndrico y muy largo respecto de su grueso; cabeza aplanada, boca grande y piel escamosa y pintada simétricamente con colores diversos. Hay muchas especies diversas en tamaño, coloración y costumbres. || **2.** Serpentín del alambique. || **3.** Canal muy tortuosa que hace en el corcho la larva de un insecto coleóptero que vive en los alcornocales. || **4.** fig. y fam. Chasco que se da a uno, novatada. || **5.** fig. y fam. Desorden, alboroto promovido por no pocos en medio de una reunión pacífica. || **6.** GERM. Taleguillo largo y angosto en que suelen llevar el dinero los caminantes. || **7.** GERM. Lima. || **8.** ASTRON. Constelación celeste hacia el polo antártico. || **9.** MAR. Cabo delgado con que se aferran las velas menudas y se amadrina cabo y palos, dándoles vueltas en espiral. || **—ciega.** Anfisbena. || **—de cascabel.** Crótalo. || *Hacer* CULEBRA. fr. Culebrear. || *Liársele a uno la* CULEBRA. fr. fig. y fam. Verse en grave conflicto inesperadamente. || *Saber uno más que las* CULEBRAS. fr. fig. y fam. Ser muy sagaz para su provecho. || **P.** cobra; **I.** snake; **F.** couleuvre; **A.** Schlange, Natter; **It.** colubro; **R.** змея.

CULEBRAZO. m. Culebra, novatada.

CULEBREAR. (De *culebra*.) intr. Andar haciendo eses. || **P.** serpear; **I.** to wriggle; **F.** ramper; **A.** schlängeln; **It.** serpeggiare, andare a biscia; **R.** извиваться.

CULEBREO. m. Acción y efecto de culebrear.

CULEBRERA. (De *culebra*.) f. Águila culebrera.

CULEBRILLA. (d. de *culebra*.) f. Enfermedad cutánea, a modo de herpe, que se extiende formando líneas onduladas. Es propia de los países tropicales. || **2.** Dragontea. || **3.** Cierta hendidura que queda en los cañones de los fusiles y otras armas de fuego cuando el hierro no está bien trabajado. || **4.** Anfisbena. || **—de agua.** ZOOL. Especie de culebra pequeña. Vive en sitios húmedos y puede nadar merced a las rápidas ondulaciones de su cuerpo.

CULEBRINA. (De *culebra*.) f. Antigua pieza de artillería larga y de poco calibre. Las había de cuatro especies: culebrina, media culebrina, cuarto de culebrina o sacre, y octava de culebrina o falconete. || **2.** Meteoro eléctrico y luminoso con apariencia de línea ondulada.

CULEBRO. m. ant. Culebra, 1.ª acep.

CULEBRÓN. m. aum. de culebra. || **2.** fig. y fam. Hombre muy astuto y solapado. || **3.** fig y fam. Mujer intrigante y de mala reputación.

CULÉN. (Voz mapuche.) m. Albahaquilla de Chile.

CULERA. (De *culo*.) f. Señal que en las mantillas de los niños dejan las manchas excrementicias. || **2.** Remiendo en los pantalones sobre la parte que cubre las asentaderas.

CULERO, RA. (De *culo*.) adj. Perezoso, que siempre se queda rezagado. || **2.** m. Especie de bolsa de lienzo que se pone a los niños en la parte posterior, para su limpieza. || **3.** Granillo en la rabadilla de una res. || **4.** CHILE. y R. DE LA PLATA. Pieza de cuero que para evitar los efectos del roce durante el trabajo se aplican los campesinos por la parte exterior de los muslos. || **5.** ARGENT. y CHILE. Pieza del traje de los mineros que cubre el vientre. || **6.** ARGENT. Cinta ancho con muchos bolsillos. || **P.** preguiçoso; **I.** slothfull; **F.** paresseux; **A.** Faulenzer; **It.** fannullone; **R.** медлительный, ленивый.

CULI. (ingl. *coolie*, y éste de *qūli*, voz indostánica.) m. En la India, China y otros países de Oriente, trabajador o criado indígena.

CULÍCIDO. (l. *culex*, mosquito.) adj. ZOOL. Dícese de insectos dípteros, nematóceros, que tienen una proboscide con cuatro o más cerdas fuertes, con las cuales las hembras perforan la piel del hombre y los animales y chupan la sangre de que se alimentan. Los machos viven de jugos vegetales. Sus larvas son acuáticas. || **2.** m. pl. ZOOL. Familia de estos animales.

CULINARIO, RIA. (l. *culinarius*, de *culina*, cocina.) adj. Perteneciente o relativo a la cocina. || **P.** culinário; **I.** culinary; **F.** culinaire; **A.** kulinarisch; **It.** culinario, cucinario; **R.** кулинарный.

CULINEGRO, GRA. adj. fam. De culo negro.

CULITO. m. d. de culo. || *Quien no castiga* CULITO *no castiga* culazo. ref. que enseña que los padres no cuidan de corregir las faltas de sus hijos cuando son pequeños, tampoco enmendarán sus defectos cuando son mayores.

CULMINACIÓN. f. Acción y efecto de culminar. || **2.** ASTRON. Momento en que un astro ocupa el punto más alto a que puede llegar sobre el horizonte.

CULMINANTE. (l. *culminans, -antis*, p.a. de *culmināre*, levantar, elevar.) adj. Aplícase a lo más elevado de un monte, edificio, etc. || **2.** fig. Superior, sobresaliente. || **3.** ASTRON. Dícese del punto más alto en que puede hallarse un astro sobre el horizonte. || **P.** e **It.** culminante; **I.** y **F.** culminant; **A.** hervorragend, überragend; **R.** высший.

CULMINAR. (l. *culmināre*, levantar, elevaŕ.) intr. Llegar una cosa a la posición más elevada que puede tener. || **2.** ASTRON. Pasar un astro por el meridiano superior del observador. || **P.** culminar; **I.** to culminate; **F.** culminer; **A.** kulminieren; **It.** culminare; **R.** кульминировать.

CULO. (l. *cūlus*.) m. Parte inferoposterior del tronco o asentaderas de los racionales. || **2.** Ancas del animal. || **3.** Ano. || **4.** fig. Extremidad inferior o posterior de una cosa. CULO *del vaso*. || En el juego

de la taba, parte más plana, opuesta a la carne. || **5.** fig. y fam. Escasa porción d líquido que queda en el fondo de un vaso. || **—de mal asiento.** fig. y fam. Persona inquieta que no está a gusto en ninguna parte. || **—de pollo.** fig. Punto mal cosido en la media o tela, de modo que abulta. || **—de vaso.** fig. y fam. Piedra falsa que imita alguna de las preciosas. || *A* CULO *pajarero.* m. adv. Con las nalgas desnudas. Úsase principalmente con los verbos *azotar* y *pegar.* || *Dar uno con el* CULO, o de CULO, *en las goteras.* fr. fig. y fam. Quedarse pobre por haber disipado en poco tiempo todo el caudal. || *Que lo pague el* CULO *del fraile.* fr. fig. y fam. con que se da a entender que a uno le echan cargas o culpas ajenas. || *Quien mucho se baja, el* CULO *enseña.* ref. que advierte que la sumisión y humildad no han de degenerar en bajeza. || *Quítósele el* CULO *al cesto y acabóse el parentesco.* ref. que enseña que, faltando el motivo del interés, suele cesar la amistad. || **P.** cu; **I.** buttock, breech; **F.** cul; **A.** Hintere, Podex; **It.** culo; **R.** зад, круп.

★ **CULOMBÍMETRO.** m. FÍS. Aparato que sirve para registrar la cantidad de electricidad que pasa en un intervalo de tiempo por un circuito eléctrico de potencia constante.

CULOMBIO. (De *coulomb*.) m. Unidad. de masa eléctrica equivalente a la cantidad de electricidad, que pasando por una disolución de plata, es capaz de separar de ella un miligramo y 118 milésimas de este metal.

CULÓN, NA. (De *culo*.) adj. Que tiene muy abultadas las posaderas. || **2.** m. fig. y fam. Soldado inválido.

CULOTE. (De *culo*.) m. ART. Macizo de hierro que algunos proyectiles tienen en el sitio opuesto a la boca de la espoleta, con diversos fines. || **2.** Restos de fundición que quedan en el fondo del crisol.

CULPA. (l. *culpa*.) f. Falta más o menos grave cometida a sabiendas y voluntariamente. || **—jurídica.** La que da motivo para exigir legalmente alguna responsabilidad. || **—lata.** Aquella en que incurre el que descuida por completo un asunto del que está encargado. || **—leve.** La del que no empleó algunos medios y diligencias que emplearía un hombre cuidadoso y exacto. || **—levísima.** Aquella en que suele incurrir cualquiera, aun siendo cuidadoso, en sus mismos negocios. || **—teológica.** Pecado o transgresión voluntaria de la ley de Dios. || *Absolver a* CULPA *y pena.* fr. Absolver plenariamente, como en los jubileos. || *La* CULPA *no tiene quien hace lo que debe.* ref. que enseña que el que cumple con su obligación no es responsable de las resultas. || *Echar la* CULPA *a uno.* fr. Atribuirle una falta o delito. || *Echar una* CULPA *a otro.* fr. Disculparse de la falta o delito de que le acusan, imputándolo a otro. || *La* CULPA *del asno echarla a la albarda.* ref. que se aplica a las personas que para disculpar sus yerros y defectos los atribuyen a quienes no han tenido parte en ellos. || *Por* CULPA *de la bestia mataron al obispo.* ref. que advierte que a veces paga uno culpas ajenas. || *Tener uno la* CULPA *de una cosa.* fr. Haber sido causa de que suceda. || **P.** culpa; **I.** fault, offence; **F.** faute, tort; **A.** Schuld, Sünde; **It.** colpa, fallo; **R.** вина.

CULPABILIDAD. (De *culpable*.) f. Calidad de culpable.

CULPABILÍSIMO, MA. adj. sup. de culpable.

CULPABLE. (l. *culpabilis*.) adj. Aplícase a aquel a quien se puede echar o echa la culpa. Ú.t.c.s. || **2.** Dícese también de las acciones y de las cosas inanimadas. || **3.** FOR. Delincuente responsable de un delito. || **P.** culpável; **I.** culpable, blamable; **F.** coupable; **A.** schuldig; **It.** colpàbile; **R.** виновный.

CULPABLEMENTE. adv. Con culpa; de modo que deba imputarse a culpa.

CULPACIÓN. (l. *culpatio, ōnis*.) f. Acción de culpar o culparse.

CULPADAMENTE. adv. Con culpa.

CULPADO, DA. p.p. de culpar. || **2.** adj. Que ha cometido culpa. Ú.t.c.s.

C

CULPANTE. adj. ant. Culpable.

CULPAR. (l. *culpāre*.) tr. Atribuir la culpa. Ú.t.c.r. || **P.** culpar; **I.** to inculpate, to impeach; **F.** inculper; **A.** beschuldigen; **It.** incolpare; **R.** обвинять.

CULPEO. (mapuche, *culpeu*.) m. CHILE. Especie de zorra más grande que la común europea, de color más obscuro y menos pelosa.

CULPOSO, SA. (De *culpa*.) adj. Dícese del acto u omisión imprudente o negligente que origina responsabilidades.

CULTALATINIPARLA. (De las palabras *culto*, *latín* y *parlar*, burlescamente latinizadas.) f. fest. Lenguaje afectado y rebuscado de los cultiparlistas.

CULTAMENTE. adv. Con cultura. || **2.** fig. Con afectación.

CULTEDAD. f. fest. Calidad de culterano o culto.

CULTERANISMO. m. Sistema de los culteranos o cultos, que consiste en no expresar con naturalidad y sencillez los conceptos, sino falsa y amaneradamente, con metáforas violentas, giros rebuscados hipérboles extremadas, latinismos y estilo obscuro y afectado. || **P.** culteranismo; **I.** cultism; **F.** cultisme; **A.** Kulteranismus; **It.** culteranismo; **R.** культеранизм.

CULTERANO, NA. (De *cultere*.) adj. Dícese de lo que adolece de los vicios del culteranismo, y del que incurre en ellos. Apl. a pers. ú.m.c.s.

CULTERÍA. (De *cultero*.) f. fest. Cultedad.

CULTERO, RA. (De *culto*.) adj. fest. Culterano. Ú.m.c.s.

CULTIELLO. (arag. *cultiello*, y éste del l. *cultĕllus*, cuchillo.) m. ant. Cuchillo.

CULTIPARLAR. (De *culto* y *parlar*.) intr. Hablar como los culteranos o cultos.

CULTIPARLISTA. (De *cultiparlar*.) adj. Que habla incurriendo en los vicios del culteranismo. Ú.m.c.s.

CULTIPICAÑO, ÑA. adj. fest. Culto, en el mal sentido de esta palabra, y picaresco conjuntamente.

CULTISMO. m. Culteranismo. || **2.** Palabra culta o erudita.

CULTIVABLE. adj. Que se puede cultivar.

CULTIVACIÓN. (De *cultivar*.) f. Cultivo o cultura.

CULTIVADOR, RA. adj. Que cultiva. Ú.t.c.s.

CULTIVAR. (De *cultivo*.) tr. Dar a la tierra y a las plantas las labores necesarias para que fructifiquen. || **2.** fig. Hablando del conocimiento, o de la amistad, poner los medios necesarios para mantenerlos y aumentarlos. || **3.** fig. Con las palabras *talento*, *ingenio*, *memoria*, etc., desenvolver, ejercitar estas facultades y potencias. || **4.** fig. Con las voces artes, ciencias, lenguas, etc., ejercitarse en ellas. || **5.** MED. Sembrar y hacer que se produzcan en medios apropiados, microbios o sus gérmenes. || **P.** cultivar; **I.** to cultivate, to till, to farm; **F.** cultiver; **A.** anbauen; **It.** coltivare; **R.** обрабатывать.

CULTIVO. (De *culto*.) m. Acción y efecto de cultivar. || **—extensivo.** El que abarca gran extensión de tierras poco cultivadas, de las que deja parte en barbecho. || **—intensivo.** El que prescinde de barbechos y con labores más esmeradas, abonos y riegos consigue gran rendimiento. || **P.** cultivo; **I.** farming, culture; **F.** culture; **A.** Anbau; **It.** coltivazione, coltura; **R.** обработка, разведение.

CULTO, TA. (l. *cultus*.) adj. Dícese de las tierras y plantas cultivadas. || **2.** fig. Dotado de las calidades que provienen de la cultura y educación. || **3.** fig. Culterano. || **4.** m. Reverente y amoroso homenaje que el hombre tributa a Dios o a sus santos. || **5.** Conjunto de actos y ceremonias con que el hombre tributa este homenaje. || **6.** Honor que se tributa en las falsas religiones a ciertas cosas tenidas por divinas. || **7.** Por ext., admiración afectuosa de que son objeto algunas cosas. *Rendir* CULTO *a la hermosura*. || **8.** Cultivo. || **9.** adv. Con cultura de estilo. || **—de dulía.** El que se da a los ángeles y santos. || **—de hiperdulía.** El que se da a la Santísima Virgen por su eminente dignidad de Madre de Dios, superior al que se da a los santos y a los ángeles. || **—de latría.**

El que se da a Dios en reconocimiento de su grandeza. || **—externo.** El que consiste en demostraciones exteriores, como sacrificios, procesiones, etc. || **—indebido.** El que es supersticioso y contrario a los preceptos de la Iglesia. || **—interno.** El que tributamos en lo interior de nuestros corazones, con actos de fe, esperanza y caridad. || **—superfluo.** El que se da por medio de cosas vanas o dirigiéndolo a otros fines que los aprobados por la Iglesia. || **—supersticioso.** El que se da a quien no se debe dar o se le tributa indebidamente aunque lo merezca. || **4.ª** acep.: **P.** e **It.** culto; **I.** worship; **F.** culte; **A.** Kultus; **R.** культ.

CULTOR, RA. (l. *cultor*.) adj. ant. Cultivador. Ú.t.c.s. || **2.** Que adora o venera alguna cosa. Ú.t.c.s.

CULTOSO, SA. adj. ant. Culto.

CULTUAL. adj. Cultual.

CULTURA. (l. *cultūra*.) f. Cultivo. || **2.** ant. Culto. || **3.** fig. Resultado o efecto de cultivar los conocimientos humanos y de afinarse y desarrollarse por medio del ejercicio las facultades intelectuales del hombre. || **P.** cultura; **I.** y **F.** culture; **A.** Kultur; **It.** coltura; **R.** культура.

CULTURAL. adj. Perteneciente o relativo a la cultura.

CULTURAR. (De *cultūra*.) tr. Cultivar.

CULLE. m. CHILE y PERÚ. Hierba oxalídea, cuyo zumo se usa como bebida refrescante.

CULLIDOR. (l. *colligĕre*, coger.) m. ant. Cobrador, recaudador.

* **CUMA.** f. HOND. Machete corto.

* **CUMA.** f. AMÉR. MERID. Madrina de boda, bautizo, etc. || **2.** AMÉR. MERID. Comadre de vecindad.

CUMANAGOTO, TA. adj. Natural de Cumaná. Ú.t.c.s. || **2.** Perteneciente a esta antigua provincia de Venezuela. || **3.** m. Dialecto caribe de los cumanagotos.

CUMANÉS, SA. adj. VENEZ. Natural de Cumaná, Venezuela. Ú.t.c.s.

CUMANO, NA. (l. *cumānus*.) adj. Natural de Cumas. Ú.t.c.s. || **2.** Perteneciente a esta ciudad de la Italia antigua.

* **CUMARINA.** f. QUÍM. Componente aromático del heno recién segado.

CUMARÚ. (Voz guaraní.) m. BOT. AMÉR. CENTRAL. Árbol gigantesco de la familia de las papilionáceas, de madera laborable. Su fruto es una almendra grande que se utiliza en perfumería y de la que se obtiene también una bebida embriagadora.

CUMBA. f. HOND. Jícara grande o calabaza de boca ancha.

* **CUMBAMBÓN, NA.** adj. Que tiene la barba más saliente de lo normal.

* **CUMBANCHAR.** intr. CUBA. Correr juergas.

CUMBARÍ. adj. ARGENT. Dícese de un ají o pimiento muy rojo y picante.

CUMBÉ. m. Cierto baile de negros. || **2.** Son de este baile.

* **CUMBES.** m. pl. Indígenas que viven en la proximidad de Bata, capital de la Guinea continental española.

CUMBO. m. HOND. Calabaza de boca angosta o calabaza vinatera. || **2.** EL SALV. Calabaza de boca cuadrada.

CUMBRE. (l. *culmen*, -*inis*.) f. Cima o parte superior de un monte. || **2.** fig. La mayor elevación de una cosa o último grado a que puede llegar. || **P.** cume; **I.** summit; **F.** sommet; **A.** Gipfel, Berggipfel; **It.** sommità; **R.** вершина горы.

CUMBRERA. (De *cumbre*.) f. Hilera. || **2.** Pieza de madera de seis o más metros de longitud y con una escuadría de 25 centímetros de tabla por 22 y medio de canto. Es marco usado en Cádiz y en Canarias. || **3.** Dintel. || **4.** Caballete del tejado. || **5.** Cumbre, 1.ª acep.

CÚMEL. m. Bebida alcohólica alemana y rusa, muy dulce, que tiene por base el comino.

* **CUMENO.** m. QUÍM. Uno de los hidrocarburos aromáticos.

* **CUMERO.** m. BOT. Cuma. Árbol apocináceo americano.

* **CUMIA.** f. Fruto del cumeno. || **2.** Resina de este mismo árbol.

CUMICHE. m. AMÉR. CENTRAL. El más joven de los hijos de una familia.

* **CUMILENO.** m. QUÍM. Radical del

aldehído que contiene hidrógeno y carbono.

CUMÍNICO. adj. Dícese del ácido que se obtiene del comino.

* **CUMINOINA.** f. QUÍM. Producto resultante del aldehído cúmico con cianuro de potasio, agua y alcohol.

CUMINOL. m. QUÍM. Aceite esencial que se extrae del comino.

* **CUMPA.** m. AMÉR. MERID. Padrino. || **2.** Compadre, amigo o compañero.

CÚMPLASE. (3.ª pers. del sing. del imper. de *cumplir*.) m. Decreto que se ponía en el título de los funcionarios públicos para que pudiesen tomar posesión del cargo o destino que se les había conferido. || **2.** Fórmula que ponen los presidentes de algunas repúblicas americanas al pie de las leyes cuando se publican.

CUMPLEAÑOS. m. Aniversario del nacimiento de una persona. || **P.** aniversário natalicio; **I.** birthday; **F.** anniversaire de naissance; **A.** Geburtstag; **It.** compleanno; **R.** день рождения.

CUMPLIDAMENTE. adv. Entera, cabalmente.

CUMPLIDERO, RA. (De *cumplido*.) adj. Dícese de los plazos que se han de cumplir a cierto tiempo. || **2.** Que conviene o importa para algo.

CUMPLIDO, DA. p.p. de cumplir. || **2.** adj. Completo, cumplido señor, victoria cumplida. || **3.** Hablando de ciertas cosas, largo o abundante; pantalón cumplido. || **4.** Exacto en todos los cumplimientos, atenciones y muestras de urbanidad. || **5.** m. Acción obsequiosa o muestra de urbanidad. || **5.ª** acep.: **P.** amabilidade; **I.** compliment; **F.** compliment, politesse; **A.** Kompliment; **It.** compliment; **R.** комплимент.

CUMPLIDOR, RA. adj. Que cumple o da cumplimiento. Ú.t.c.s.

CUMPLIMENTAR. (De *cumplimiento*.) tr. Dar parabién, o hacer visita de cumplimiento a uno con motivo de algún acaecimiento feliz o desgraciado. || **2.** FOR. Poner en ejecución los despachos u órdenes superiores. || **P.** cumprimentar; **I.** to compliment; **F.** complimenter; **A.** begrüssen; **It.** complimentare; **R.** поздравлять.

CUMPLIMENTERO, RA. adj. fam. Que hace demasiados cumplimientos. Ú.t.c.s.

CUMPLIMIENTO. (De *cumplir*.) m. Acción y efecto de cumplir o cumplirse. || **2.** Cumplido. || **3.** Oferta que se hace por urbanidad o ceremonia. || **4.** Perfección en el modo de obrar o de hacer alguna cosa. || **5.** Complemento. || *De*, o *por*, CUMPLIMIENTO. m. adv. De, o por, pura ceremonia o urbanidad.

CUMPLIR. (l. *complēre*.) tr. Ejecutar, llevar a efecto. Cumplir un deber, un encargo, una promesa. || **2.** Remediar a uno y preverle de lo que le falta. || **3.** Dicho de la edad. Alcanzar la que indica el número cabal de años o meses. || **4.** intr. Hacer uno aquello que debe o a que está obligado. CUMPLIR con Dios; CUMPLIÓ como debía. || **5.** Terminar uno en la milicia el tiempo de servicio. || **6.** Ser el tiempo o día en que termina una obligación o plazo. Ú.t.c.r. || **7.** Convenir, importar. || **8.** r. Verificarse, realizarse. || CUMPLA *yo y tiren ellos*. fr. proverb. que significa que cada uno debe cumplir con su obligación, sin reparar en respetos ajenos. || **2.** Denota igualmente que uno hace alguna cosa por cumplir. || CUMPLE *con todos y fía de pocos*. ref. que aconseja que, sin ofender a nadie, se atienda a la propia conveniencia. || CUMPLIR con uno. fr. Satisfacer la obligación de cortesía que se tiene para con él. || CUMPLIR con todos. fr. Hacer a cada uno el obsequio que le corresponde. || CUMPLIR *uno por otro*. fr. Hacer una expresión o cumplido en nombre de otro. CUMPLA *usted por mí*. || *Por* CUMPLIR. loc. adv. Por mera cortesía o solamente por no caer en falta. || **P.** cumprir; **I.** to accomplish, to fulfill; **F.** accomplir, remplir; **A.** ausführen, vollenden; **It.** compiere, aseguire; **R.** исполнить.

CUMQUIBUS. (l. *cum quibus*, con los cuales.) f. fam. Dinero.

CUMULACIÓN. (l. *cumulatio*, -*ōnis*.) f. ant. Acción y efecto de cumular.

CUMULADOR, RA. (De *cumular*.) adj. Acumulador.

CUMULAR. (l. *cumulāre*.) tr. Acumular.

CUMULATIVAMENTE. adv. m. For. Acumulativamente.

CÚMULO. (l. *cumŭlus*.) m. Montón, junta de muchas cosas puestas unas sobre otras. ‖ **2.** fig. Unión o suma de muchas cosas, aunque no sean materiales, como de negocios, de tareas, de razones, etc. ‖ **3.** Meteor. Conjunto de nubes propias del verano, que tiene apariencia de montañas nevadas con bordes brillantes. ‖ —**estelar.** Astron. Agrupación, muy espesa a la vista, de estrellas de magnitud aparentemente pequeñísima. ‖ P. cúmulo; I. heap, cumulus; F. amas, entassement; A. Haufe, Menge; It. cùmulo; R. куча, нагромождение.

★ **CUMULONIMBO.** m. Meteor. Nube con las características conjuntas del cúmulo y del nimbo.

CUMUNALMENTE. adv. ant. En común, sin partición.

CUNA. (l. *cŭna*.) f. Camita para niño, con bordes altos y dispuesta para poderla mecer. ‖ **2.** En algunas partes, inclusa. ‖ **3.** Puente rústico formado por dos maromas paralelas y listones de madera atravesados sobre ellas. ‖ **4.** fig. Patria o lugar del nacimiento de alguno. ‖ **5.** fig. Estirpe, familia o linaje. *De ilustre* CUNA. ‖ **6.** fig. Origen o principio de una cosa. ‖ **7.** fig. Espacio comprendido entre los cuernos de una res bovina. ‖ **8.** Mar. Basada. ‖ *Conocer* a uno *desde su* CUNA. fr. fig. Conocerle desde muy niño. ‖ *Lo que se aprende en la* CUNA, *siempre dura.* ref. que expresa cuán fijos quedan los primeros conocimientos y hábitos adquiridos. ‖ P. berço; I. cradle; F. berceau; A. Wiege; It. culla, cuna; R. колыбель, люлька.

CUNAGUARO. m. Venez. Animal carnicero muy feroz, de cerca de un metro de largo y piel roja con manchas sobre el lomo y los costados.

CUNAR. (De *cuna*.) tr. Cunear.

★ **CUNCOS.** m. pl. Etnog. Indios que pueblan algunos valles de la provincia chilena de Valdivia.

CUNCUNA. f. Colom. Paloma silvestre. ‖ **2.** Chile. Oruga.

★ **CUNCHO.** m. Colom. Posos, heces.

★ **CUNDA.** m. fam. Perú Persona alegre y bromista.

CUNDEAMOR. m. Cundiamor.

CUNDIAMOR. m. Cuba y Venez. Planta cucurbitácea trepadora, de flores parecidas al jazmín y frutos amarillos.

CUNDIDO, DA. p.p. de cundir. ‖ **2.** m. Aceite, vinagre y sal que se da a los pastores. ‖ **3.** En algunas partes lo que se da a los muchachos para que coman el pan: como miel, queso, etc.

CUNDIENTE. p.a. ant. de cundir. Que cunde.

CUNDIR. (got. *kundjan*, de *kunds*, generación.) tr. ant. Ocupar, llenar. ‖ **2.** intr. Extenderse hacia todas partes una cosa. Dícese comúnmente de los líquidos, y en especial del aceite. ‖ **3.** Propagarse o multiplicarse una cosa. ‖ **4.** Dar mucho de sí una cosa. ‖ **5.** fig. Hablando de cosas inmateriales, extenderse, propagarse. ‖ **6.** fig. Hablando de trabajos materiales o intelectuales, adelantar, progresar. ‖ **2.ª** acep.: P. estender-se; I. to spread; F. se répandre; A. sich ausbreiten; It. spargersi, spandersi; R. распространяться.

CUNDIR. (l. *condĭre*.) tr. Sal. Condir.

CUNEAR. tr. Acunar. ‖ **2.** r. fig. y fam. Moverse a derecha e izquierda, como la cuna cuando la mecen.

★ **CUNEGUARAS.** m. pl. Cierta tribu de indios venezolanos.

CUNEIFORME. (l. *cunĕus*, cuña, y *forma*, figura.) adj. De figura de cuña. Aplícase con más frecuencia a ciertos caracteres de forma de cuña o de clavo que algunos pueblos de Asia usaron antiguamente en la escritura, como los asirios y los caldeos. ‖ **2.** Bot. Dícese de ciertas partes de la planta que tienen esta figura. ‖ **3.** Zool. V. *Hueso* CUNEIFORME. Ú.t.c.s. ‖ P. e It. cuneiforme; I. cuneiform; F. cunéiforme; A. kuneiform; R. клинообразный.

CÚNEO. (l. *cunĕus*.) m. Cada uno de

los espacios comprendidos entre los vomitorios de los teatros o anfiteatros antiguos. ‖ **2.** Mil. Formación triangular de un cuerpo de tropa que acometía a otro por el vértice para romperlo o dividirlo.

CUNEO. m. Acción y efecto de cunear o cunearse.

CUNERA. f. Mujer que en palacio tenía por oficio mecer la cuna de los infantes.

CUNERO, RA. (De *cuna*.) adj. En algunas partes, expósito. Ú.t.c.s. ‖ **2.** fig. Dícese del toro que se corre o lidia en la plaza, sin saberse o designarse la ganadería a que pertenece. ‖ **3.** fig. Aplícase al candidato o diputado a Cortes extraño al distrito y patrocinado por el Gobierno.

CUNETA. (De *cuna*.) f. Zanja de desagüe que se hace en medio de los fosos secos de las fortificaciones. ‖ **2.** Zanja en cada uno de los lados de un camino, para recibir las aguas llovedizas. ‖ P. valeta; I. drain; F. rigole, fossé, cunette; A. Abzugsgraben, Rinne; It. cunetta; R. канава.

CUNICULTOR, RA. adj. Persona que practica la cunicultura. Ú.t.c.s.

CUNICULTURA. (l. *cunĭcŭlus*, conejo y *cultura*, cultivo, cría.) f. Arte de criar conejos para aprovechar su carne y sus productos.

★ **CUNILA.** f. Bot. Género de plantas labiadas americanas que son arbustos de hojas pequeñas y flores en cabezuela.

CUNTIR. (l. *contĭgĕre*, por *contingĕre*, suceder.) intr. ant. Acontecer, ocurrir.

CUÑA. (De *cuño*.) f. Pieza de madera o metal terminada en ángulo diedro muy agudo que sirve para hender cuerpos sólidos, para ajustar, o apretar uno con otro, para calzarlos o para llenar alguna raja. ‖ **2.** Cualquier objeto que se emplea para estos mismos fines. ‖ **3.** Piedra de empedrar labrada en forma de pirámide truncada. ‖ **4.** fig. Palanca. ‖ **5.** Zool. Cada uno de los huesos cuneiformes que forman parte del tarso de los mamíferos. ‖ **6.** Cuba, Rep. Domin. y Amér. Central. Automóvil de dos asientos. ‖ **7.** Amér. Persona influyente. ‖ *Donde no valen* CUÑAS, *aprovechan uñas.* ref. con que se nota que la fuerza se logran con maña. ‖ *No hay peor* CUÑA *que la de la misma madera*, o *del mismo palo.* ref. que expresa que, muchas veces el peor enemigo es el de la misma familia o profesión o el que antes fue amigo. ‖ *Ser buena* CUÑA. fr. fig. y fam. Dícese en sentido irónico de la persona gruesa que se mete en lugar estrecho, molestando a las demás. ‖ P. cunha; I. wedge; F. coin; A. Keil; It. cùneo, zeppa; R. клин.

CUÑADADGO. m. ant. Cuñadío.

CUÑADERÍA. (De *cuñado*.) f. ant. Compadrazgo.

CUÑADERÍO. m. ant. Cuñadío.

CUÑADEZ. f. ant. Cuñadío.

CUÑADÍA. (De *cuñado*.) f. Afinidad.

CUÑADÍO. m. ant. Cuñadía.

CUÑADO, DA. (l. *cognātus*.) m. y f. Hermano o hermana del marido respecto de la mujer, y hermano o hermana de la mujer respecto del marido. ‖ P. cunhado; I. brother-in-law, sister-in-law; F. beaufrère, belle-soeur; A. Schwager, Schwägerin; It. cognato, cognata; R. шурин, золовка.

CUÑAL. adj. ant. Sellado con cuño.

CUÑAR. (l. *cuneāre*, de *cunĕus*, cuño.) tr. Acuñar.

CUÑETE. m. Cubete o barril pequeño para líquido. ‖ **2.** Barril pequeño y basto que se emplea para envasar aceitunas y otras cosas preparadas, para que se conserven largo tiempo.

CUÑO. (l. *cunĕus*, cuña.) m. Troquel, generalmente de acero, con que se sellan las monedas y las medallas. ‖ **2.** Impresión o señal que deja este sello. ‖ **3.** Mil. Cúneo. ‖ P. troquel; I. y F. coin; A. Münzstempel, Gepräge; It. conio, punzone; R. штампи.

CUOCIENTE. (l. *quotiens*, *-entis*, de *quot*, cuantos.) m. Álg. y Arit. Cociente. ‖ P. quociente; I. y F. quotient; It. quoziente; R. частное.

CUODLIBETAL. adj. Cuodlibético.

CUODLIBÉTICO, CA. adj. Perte-

neciente al cuodlibeto, o que participa de su índole.

CUODLIBETO. (b. l. *quodlibetum*, y éste del l. *quodlibet*, lo que agrada, lo que se quiere.) m. Discusión sobre un punto científico elegido libremente por el disertante. ‖ **2.** Uno de los ejercicios de las antiguas universidades, en que disertaba el graduando sobre materia por él elegida. ‖ **3.** Dicho mordaz, agudo a veces, trivial e insulso las más, con el fin de entretener.

CUOMO. (l. *quŏmŏdo*.) adv. ant. Como.

CUOTA. (l. *quota*, t. f. de *-tus*, cuanto.) f. Parte o porción que se fija o determina. ‖ **2.** Cantidad asignada a cada contribuyente en el reparto o lista cobratoria. ‖ **3.** Pago en metálico mediante el cual se permite a las reclutas gozar de ciertas ventajas y reducción del tiempo en el servicio militar. ‖ —**vidual.** For. Nombre de la legítima usufructuaria del cónyuge superviviente. ‖ P., I. e It. quota; F. quote-part; A. Quote; R. доля, пай.

CUOTALITIS. f. Pacto de cuotalitis.

CUOTIDIANO, NA. (l. *quottidiānus*, diario.) adj. Cotidiano.

CUPANA. f. Venez. Árbol pequeño, de la familia de las sapindáceas, con cuyo fruto hacen los indios tortas alimenticias y una bebida estomacal.

CUPÉ. (fr. *coupé*, y éste del l. *cŭppa*, copa.) m. Berlina. ‖ **2.** En las antiguas diligencias, compartimiento situado delante de la baca. ‖ P. berlinga; I. y F. coupé; A. Halbkutsche; It. carrozzino; R. купе.

CUPIDO. (Por alusión al dios del amor, hijo de Venus.) m. fig. Hombre enamoradizo y galanteador. ‖ P. e It. Cupido; I. Cupid; F. Cupidon; A. Kupido, Liebesgott; R. Женолюб.

CUPILCA. f. Chile. Mazamorra suelta, preparada con harina tostada de trigo, mezclada con chacolí o chicha de uvas o de manzanas.

CUPITEL (TIRAR DE). fr. En el juego de bochas, arrojar por alto la bola para que, al caer, dé a otra contraria y la aparte.

★ **CUPLÉ.** (fr. *couplet*.) m. Cancioncilla de letra entre frívola y picaresca que se cantaba en los locales de espectáculos.

CUPO. (De *caber*.) m. Cuota, parte asignada a un pueblo en cualquiera impuesto, empréstito o servicio. ‖ P. capitação, quota; I. contingent, rate; F. contingent, cote; A. Steuranteil; It. contingente, quota; R. налогообложение.

CUPÓN. (fr. *coupon*, corte, y éste de *coup*, golpe, del l. *colăphus*, golpe.) m. Com. Cada una de las partes de un documento de la deuda pública o de una sociedad de crédito, que periódicamente se van cortando para presentarlas al cobro de los intereses vencidos. ‖ CUPONES *en rama.* Los que están ya cortados de los títulos respectivos, y se negocian o agencian por separado. ‖ P. cupón; I. y F. coupon; A. Kupon(bogen); It. tagliando, cèdola; R. купон.

★ **CUPREÍNA.** f. Quím. Alcaloide que se obtiene a partir de la quinina y que tiene un alto poder bactericida.

CUPRESÁCEO, A. adj. Bot. Dícese de plantas fanerógamas gimnospermas, arbustivas o arbóreas y muy ramificadas, con hojas persistentes durante varios años, lineales o escamosas, flores unisexuales monoicas o dioicas; fruto en gálbula, y semillas con dos o más cotiledones que en muchos casos tienen dos aletas laterales. Ú.t.c.s.f. ‖ **2.** f. pl. Bot. Familia de estas plantas.

CUPRESINO, NA. (l. *cupressinus*.) adj. poét. Perteneciente al ciprés. ‖ **2.** De madera de ciprés.

CÚPRICO, CA. (l. *cuprum*, cobre.) adj. Quím. Dícese de los compuestos de cobre en los que este metal es divalente. ‖ P. cúprico; I. cupric; F. cuprique; A. kupfern; It. cùprico; R. медный.

CUPRÍFERO, RA. (l. *cuprum*, cobre y *ferre*, llevar.) adj. Que tiene venas de cobre, o que contiene cobre. *Mineral* CUPRÍFERO.

★ **CUPRIFICAR.** tr. Quím. Dar a un cuerpo las propiedades del cobre.

★ **CUPRITA.** f. Mineral. Óxido natural de cobre que se presenta en cristales cú-

C bicos u octaédricos, translúcidos y con brillo diamantino, o en masas compactas o terrosas, siempre de color rojo.

CUPRONÍQUEL. (l. *cuprum*, cobre, y el al. *nickel*, metal de este nombre.) m. Moneda española que valía veinticinco céntimos de peseta.

CUPROSO, SA. (l. *cuprum*, cobre.) adj. Quím. Aplícase a los compuestos de cobre en los que este metal es monovalente, como el óxido cuproso.

★ **CUPROTIPIA**. (l. *cuprum*, cobre, y τύπος, modelo.) Grabado en cobre.

★ **CUPUCHA**. f. Chile. Vejiga de animal sacrificado inflada de aire. || **2**. Chile. Jeringa para lavativas. || **3**. Chile. Nadadera.

CÚPULA. (l. *cupula*, d. de *cupa*, cuba.) f. Arq. Bóveda en forma de una media esfera u otra aproximada, con que suele cubrirse todo el edificio o parte de él. || 2. Bot. Involucro a manera de copa, foliáceo, escamoso o leñoso, que cubre más o menos el fruto de algunas plantas como la encina, el avellano y el castaño. || 3. Mar. Torre de hierro, redonda, cubierta y giratoria, que tienen algunos buques blindados, dentro de la cual llevan uno o más cañones de grueso calibre. || P. cúpula; I. cupola, dome; F. coupole, dôme; A. Kuppel; It. cùpola, duomo; R. купол.

CUPULÍFERO, RA. (l. *cupula*, d. de *cupa*, copa, y *ferre*, llevar.) adj. Bot. Fagáceo.

CUPULINO. m. Arq. Cuerpo superior a veces a modo de linterna, que se añade a la cúpula.

CUQUEAR. tr. Cuba. Azuzar.

CUQUERA. (De *cuco*.) f. Ar. Gusanera.

CUQUERÍA. (De *cuco*.) f. Cualidad de cuco. || **2**. Taimería.

CUQUERO. m. Pícaro, astuto.

CUQUILLO. (d. de *cuco*.) m. Cuclillo. || *Cantó el* CUQUILLO, *y descubrió su nido*. ref. que muestra cómo las indiscreciones perjudican al que incurre en ellas.

CURA. (l. *cura*, cuidado, solicitud.) m. Sacerdote católico encargado, en virtud de su oficio, de la instrucción y cuidado espiritual de una feligresía. || **2**. fam. Cualquier sacerdote católico. || **3**. f. Curación. || **4**. Curativa. || **5**. fam. Chile. Borrachera, embriaguez. || *Este* CURA. fig. y fam. Yo, la persona que habla. || —**de almas**. Cargo que tiene el párroco de cuidar, instruir y administrar los sacramentos a sus feligreses. || —**ecónomo**. Sacerdote destinado en una parroquia por el prelado para que haga las funciones del párroco. || —**párroco**. Cura, 1.ª acep. || —**propio**. Párroco en propiedad de una feligresía. || *Alargar la* CURA. fr. fig. Prolongar sin necesidad un negocio, cuando se sigue de esto alguna utilidad para el que lo alarga. || *No se acuerda el* CURA *de cuando fue sacristán*. ref. que reprende al que, habiendo sido elevado a un empleo se engríe y reprende con rigor los defectos que él cometía. || *No tener* CURA. fr. fig. y fam. Ser incorregible. || *Ponerse* uno *en* CURA. fr. Empezar la cura de un achaque o enfermedad crónica. || *Tener* CURA. fr. Poder curarse. || P. cura; I. parish priest, parson; F. curé; A. Priester; It. prete; R. священник.

CURABLE. (l. *curabilis*.) adj. Que se puede curar. || P. curável; I. curable, healable; F. guérisable, curable; A. heilbar; It. curàbile; R. излечимый.

CURACA. (Voz quichua.) m. Amér. Merid. Cacique, potentado o gobernador.

CURACIÓN. (l. *curatio, -ōnis*.) f. Acción y efecto de curar o curarse.

CURADGO. m. ant. Curato.

CURADILLO. (De *curado*.) m. Bacalao.

CURADO, DA. p.p. de curar. || 2. adj. Aplícase al beneficio eclesiástico que tiene obligación de cura de almas. || 3. fig. Endurecido, seco, fortalecido o curtido.

CURADOR, RA. (l. *curātor*.) adj. Que tiene cuidado de alguna cosa. Ú.t.c.s. || **2**. Que cura. Ú.t.c.s. || **3**. m. y f. Persona elegida para cuidar de los bienes y negocios del menor, o del incapacitado. || **4**. Persona que cura alguna cosa; como lienzos, pescados, carnes, etc. || —**ad bona**. For. Persona nombrada para cuidar y administrar los bienes de un incapacitado.

—**ad lítem**. For. Persona nombrada por el juez para representar a un menor y defender sus derechos. || 3.ª acep.: P. curador; I. curator; F. curateur; A. Pfleger, Fürsorger; It. curatore; R. попечитель.

CURADORÍA. (De *curador*.) f. ant. Curaduría.

CURADURÍA. f. Cargo de curador de un menor. || —**ejemplar**. La que se daba para los incapacitados por causa de demencia. || P. curadoria; I. curatorship, guardianship; F. curatelle; A. Vormundschaft, Kuratel; It. curatela; R. опекунство.

CURAGUA. f. Amér. Merid. Maíz de grano muy duro y hojas dentadas.

CURALLE. (De *curar*.) m. Cetr. Pelotilla de plumas blandas, de lienzo usado o de algodón mojada en líquido purgante que los cazadores dan a sus halcones, para que limpien el papo.

CURAMAGÜEY. m. Bot. Cuba. Planta asclepiadácea de tallo voluble, tallo y pedúnculos peludos y flores grandes. Sus partes leñosas hechas polvo son muy venenosas; pero las hojas las come sin peligro el ganado vacuno.

CURAMIENTO. (De *curar*.) m. ant. Curación.

CURANDERÍA. f. Arte y práctica de los curanderos.

CURANDERIL. adj. fam. Perteneciente o relativo al curandero y a sus procedimientos.

CURANDERISMO. m. Intrusión de los curanderos en el ejercicio de la medicina.

CURANDERO, RA. (l. *curandus*, p.p. de fut. de *curāre*, cuidar, curar.) m. y f. Persona que hace de médico sin serlo. || P. curandeiro; I. quack, medicaster; F. guérisseur, empirique; A. Quacksalber, Kurpfuscher; It. empirico; R. знахарь.

CURANTO. m. Chile. Guiso hecho con mariscos, carne y legumbres, cocido todo ello sobre piedras muy calientes.

CURAR. (l. *curāre*, cuidar.) intr. Sanar. Ú.t.c.r. || **2**. Con la prep. *de*, cuidar de, poner cuidado. Ú.t.c.r. || **3**. tr. Aplicar al enfermo los remedios correspondientes a su enfermedad. Ú.t.c.r. || **4**. Disponer o costear lo necesario para la curación de un enfermo. || **5**. Hablando de las carnes y pescados, prepararlos por medio de la sal, el humo, etc., para que, perdiendo la humedad, se conserven por mucho tiempo. || **6**. Curtir y preparar las pieles. || **7**. Dicho de las maderas, tenerlas cortadas mucho tiempo antes de usar de ellas. || **8**. Hablando de hilos y lienzos, beneficiarlos para que se blanqueen. || **9**. Secar o preparar convenientemente una cosa para su conservación. || **10**. fig. Sanar las dolencias o pasiones del alma. || **11**. fig. Remediar un mal. || **12**. r. fam. Chile. Embriagarse, emborracharse. || *Como te* CURAS, *duras*. ref. que enseña cuánto vale el cuidarse para prolongar la vida. || P. curar; I. to heal, to cure; F. guérir; A. heilen; It. guarire; R. выздоравливать.

CURARE. (Voz americana.) m. Substancia negra, resinosa y amarga, que los indios de la América Meridional extraen de la raíz del maracure, mezclándola con jugos mucilaginosos, y con la que emponzoñan sus armas de caza y de guerra. Es muy activo, pero sólo inficiona la economía animal cuando se inocula en la sangre.

CURASAO. (De Curazao, una de las Antillas menores.) m. Licor fabricado con corteza de naranja y otros ingredientes.

★ **CURATARI**. (Voz americana.) m. Bot. Árbol de las Guayanas, de la familia de las lecitidáceas, de cuya madera hacen correas los naturales que también se sirven de ella para construcciones.

CURATELA. (l. *curatoria*, con cambio de sufijo por analogía con *tutela*.) f. Curaduría.

CURATIVA. f. Método curativo.

CURATIVO, VA. adj. Dícese de lo que sirve para curar. || P. e It. curativo; I. curative, curatory; F. curatif; A. heilend; R. целебный.

CURATO. (l. *curātus*, de *curāre*, cuidar.) m. Cargo espiritual del cura de almas. || **2**. Parroquia. || 2.ª acep.: P. curato;

It. curato, piovanato; R. сан священника.

CURAZAO. m. Curasao.

CURAZGO. m. ant. Curato.

° **CURAZOLEÑO, ÑA**. adj. Natural de Curazao.

CÚRBANA. (Voz cubana.) f. Bot. Cuba. Arbusto silvestre de la familia de las caneláceas, que se cría en terrenos pedregosos y del cual se obtiene una especie de canela de inferior calidad. Tiene muchas ramas, con hojas oblongas, lucientes por encima, flores rosadas, y por fruto una baya oval que come el ganado.

CURBARIL. (Voz americana.) m. Bot. Árbol de la familia de las papilionáceas, propio de la América tropical, con copa espesa, tronco rugoso, hojas divididas en hojuelas ovales, flores en ramillete de color amarillo, fruto en vaina con varias semillas, y madera dura y rojiza, apreciada en ebanistería. De este árbol se obtiene la resina anime, que es amarillenta, plástica, fragante, y se usa en medicina contra las enfermedades reumáticas.

★ **CURCO, CA**. adj. Amér., Ecuad. y Chile. Curcuncho. Ú.t.c.s.

★ **CURCUCHO, CHA**. adj. Guat. Jorobado.

★ **CURCULIÓNIDOS**. m. pl. Zool. Insectos coleópteros, muchas de cuyas especies son perjudiciales a la agricultura.

★ **CURCULIONINOS**. Insectos coleópteros, cuya especie principal es el gorgojo común.

CÚRCUMA. (ár. *kúrcum*, azafrán de la India.) f. Bot. Planta vivaz monocotiledónea, procedente de la India, cuya raíz se parece al jengibre, huele como él y es algo amarga. || **2**. Substancia resinosa y amarilla que se extrae de esta raíz. Toma color rojo sanguíneo por la acción de los álcalis, y sirve de reactivo en química. Úsase en tintorería para teñir de amarillo.

★ **CURCUMINA**. f. Quím. Materia de coloración amarilla que se extrae del rizoma de la cúrcuma.

★ **CURCUMOL**. m. Quím. Aceite esencial del rizoma de la cúrcuma.

★ **CURCUNCHO, CHA**. adj. Chile. Jorobado. Ú.t.c.s. || **2**. Perú. Estúpido, tonto. || **3**. Ecuad. Molesto, fastidiado.

CURCUSÍ. m. Bol. Especie de cocuyo menos luminoso.

CURCUSILLA. (De *corcusir*.) f. Rabadilla.

CURDA. f. fam. Borrachera. || **2**. m. fam. Borracho.

CURDO, DA. (ár. *kurd*, nombre gentilicio de un pueblo de Asia.) adj. Natural del Curdistán. Ú.t.c.s. || **2**. Perteneciente a esta región de la Turquía asiática.

CUREÑA. (De *curueña*.) f. Armazón compuesto de dos gualderas fuertemente unidas, colocadas sobre ruedas o sobre correderas, y en la cual se monta el cañón de artillería. || **2**. En las fábricas de fusiles, pieza de nogal en basto, trazada para hacer la caja de un fusil. || **3**. Palo de la ballesta. || *A* CUREÑA *rasa*. m. adv. Fort. Sin parapeto o defensa que cubra la batería. || **2**. fig. y fam. Sin defensa, cubierta o abrigo. || P. carreta do canhão; I. gun carriage; F. crapaud; A. Lafette; It. cassa, affusto; R. лафет.

CUREÑAJE. m. Conjunto de cureñas de un parque o de un ejército.

CURESCA. f. Barra inútil que se queda en los palmares después de cardado el paño.

CURETUÍ. m. R. de la Plata. Pajarillo común, de color blanco y negro y de figura agraciada.

CURÍ (guaraní *curii*.) m. Bot. Amér. Merid. Árbol gimnospermo de la clase de las coníferas, resinoso, de tronco recto y elevado, con ramas que salen horizontalmente y luego se encorvan hacia arriba; de hojas cortas, recias y punzantes. Produce una piña grande, con piñones como castañas, que son comestibles, principalmente cocidos.

★ **CURÍ**. m. Colom. Conejillo de Indias. || **2**. Colom. Mujer fecunda.

CURIA. (l. *curia*.) f. Tribunal donde se trata de los negocios contenciosos. || **2**. Conjunto de abogados, escribanos, procuradores y empleados en la administración de justicia. || **3**. Cuidado, esmero,

4. Una de las divisiones del antiguo pueblo romano. ‖ **—romana.** Conjunto de las congregaciones y tribunales que existen en el Vaticano para el gobierno de la Iglesia católica. ‖ **P.** cúria; **I.** curia, court; **F.** cour; **A.** Gerichtshof, Kurie; **It.** curia, foro; **R.** судебная палата.

CURIAL. (l. *curiālis*.) adj. Perteneciente a la curia, y especialmente a la romana. ‖ **2. m.** El que tiene correspondencia en Roma para hacer traer las bulas y rescriptos pontificios. ‖ **3.** El que tiene empleo u oficio en la curia romana. ‖ **4.** Empleado subalterno de los tribunales de justicia, o que activa en ellos el despacho de los negocios ajenos.

CURIALESCO, CA. (De *curial*.) adj. Propio o peculiar de la curia. Suele tomarse en mal sentido. Sutileza curialesca.

CURIALIDAD. (De *curial*, cortesano.) f. ant. Cortesanía o buena crianza.

CURIANA. f. Cucaracha.

CURIAR. (l. *curāre*.) tr. ant. Cuidar. guardar, pastorear.

CURIARA. (caribe *culiala*.) fr. Embarcación de vela y remo, usada por los indios de la América Meridional, menor que la canoa, aunque más larga y más ligera.

⁎ **CURIBANO.** m. Bot. Colom. Cierta planta de raíz aromática y medicinal.

CURIBAY. m. R. de la Plata. Cierta especie de pino, de fruto muy purgante, pero cuyos efectos se neutralizan bebiendo vino o agua caliente.

⁎ **CURICACA.** f. Zool. Ave zancuda de la Guayana.

CURICHE. m. Bot. Pantano o laguna. ‖ **2.** Chile. Persona de color obscuro o negro.

⁎ **CURIE.** m. Unidad de medida de la radiactividad o cantidad de cualquier elemento radiactivo que produce el mismo número de desintegraciones que un gramo de radio, lo que es igual a $3,7 \cdot 10^{10}$ desintegraciones por segundo.

CURIEL. m. Zool. Cuba. Conejillo de Indias.

⁎ **CURIO.** m. Zool. Cierto insecto coleóptero de la Florida.

CURIOSAMENTE. adv. Con curiosidad. ‖ **2.** Con aseo o limpieza. ‖ **3.** Cuidadosamente.

CURIOSEAR. (De *curioso*.) intr. Ocuparse en averiguar lo que otros hacen o dicen. ‖ **2.** Procurar, sin necesidad y a veces con impertinencia, enterarse de alguna cosa. ‖ **3.** Fisgonear. Ú.t.c.r.

CURIOSIDAD. (l. *curiosĭtas, -ātis*.) f. Deseo de saber y averiguar alguna cosa. ‖ **2.** Vicio que nos lleva a inquirir lo que no debiera importarnos. ‖ **3.** Aseo, limpieza. ‖ **4.** Cuidado de hacer una cosa con esmero. ‖ **5.** Cosa curiosa o primorosa. ‖ **P.** curiosidade; **I.** curiosity; **F.** curiosité; **A.** Neugierde; **It.** curiosità; **R.** любопытство.

CURIOSO, SA. (l. *curiōsus*.) adj. Que tiene curiosidad. Ú.t.c.s. ‖ **2.** Que excita curiosidad. ‖ **3.** Limpio y aseado. ‖ **4.** Que trata una cosa con particular esmero o diligencia. ‖ **5.** Amér. Curandero. ‖ **P.** e **It.** curioso; **I.** curious; **F.** curieux; **A.** neugierig; **R.** любопытный.

CURIQUINGUE. m. Ecuad. Ave que se asemeja al buitre por su rostro desnudo. Era el ave sagrada de los incas.

CURIYÚ. m. desus. R. de la Plata. Canacuate, serpiente que tiene hasta siete metros de largo, del grueso de una persona y de color negro con pintas rojas.

CURLANDÉS, SA. adj. Natural de Curlandia. Ú.t.c.s. ‖ **2.** Perteneciente a este territorio de la república de Letonia.

⁎ **CURRAR.** tr. Germ. Engañar, timar.

CURRICÁN. m. Aparejo de pesca de un solo anzuelo, que suele largarse por la popa de los buques cuando navegan, para la pesca del atún, el bonito, la caballa y otras especies semejantes.

CURRINCHE. m. Entre periodistas, principiante, gacetillero.

CURRO, RRA. adj. fam. Majo. ‖ **2. m.** Ast. y León. Pato.

CURRUCA. (l. *currūca*.) f. Pájaro canoro, insectívoro, de diez a doce centímetros de largo, con plumaje pardo por encima y blanco por debajo, cabeza negruzca y pico recto y delgado. Su nido

es el que escoge con preferencia el cuco para poner sus huevos.

CURRUCA. f. Ar. Jauría.

CURRUTACO, CA. (De *curro*.) adj. fam. Muy afectado en el uso riguroso de las modas. Ú.t.c.s. ‖ **P.** casquilho; **I.** dudish; **F.** muscadin; **A.** Stutzer, Gigerl; **It.** damerino; **R.** франт, щёголь.

CURSADO, DA. p.p. de cursar. ‖ **2.** adj. Acostumbrado, versado en alguna cosa.

CURSANTE. p.a. de cursar. Que cursa. Ú.t.c.s.

CURSAR. (l. *cursāre*, correr, andar con frecuencia.) tr. Frecuentar un paraje o hacer con frecuencia alguna cosa. ‖ **2.** Estudiar una materia, asistiendo a las clases en una universidad u otro establecimiento de enseñanza. ‖ **3.** Dar curso a una solicitud, instancia, expediente, etc., o enviarlos al tribunal o autoridad a que deben ir.

CURSARIO, RIA. (l. *cursus*, carrera.) adj. ant. Corsario. Apl. a pers. usáb.t.c.s.

CURSERÍA. f. Acto o cosa cursi. ‖ **2.** fam. Conjunto o reunión de cursis.

CURSI. adj. fam. Dícese de la persona que presume de fina y elegante sin serlo. Ú.t.c.s. ‖ **2.** fam. Dícese de lo que, con apariencia de elegancia o riqueza, es ridículo y de mal gusto.

CURSILERÍA. f. Cursería.

CURSILÓN, NA. adj. fam. aum. de cursi. Ú.t.c.s.

CURSILLISTA. con. Persona que interviene en un cursillo.

CURSILLO. (d. de *corso*.) m. En las universidades, curso de poca duración dedicado a algún estudio especial después de acabado el regular. ‖ **2.** Curso breve para completar la preparación y probar la aptitud y capacidad de los alumnos que se van a dedicar a la enseñanza primaria o secundaria. ‖ **3.** Breve serie de conferencias acerca de una materia.

CURSIVO, VA. (De *curso*.) adj. Véase *Letra* cursiva. Ú.t.c.s.m. y f. ‖ **P.** cursivo; **I.** cursive, italics; **F.** cursif, italique; **A.** kursiv; **It.** corsivo; **R.** курсив.

CURSO. (l. *cursus*.) m. Dirección o carrera. ‖ **2.** En las universidades y escuelas públicas y centros docentes en general, tiempo señalado en cada año para asistir a oír las lecciones. ‖ **3.** Tiempo que se empleaba en estudiar una facultad en las universidades y escuelas públicas. ‖ **4.** Colección de los tratados principales donde se desarrolla una materia. Curso de Matemáticas. ‖ **5.** Serie de informes, consultas, etc., que precede a la resolución de un expediente. Dar curso a una solicitud; seguir su curso al proceso. ‖ **6.** Despeño, diarrea. Ú.m. en pl. ‖ **7.** Serie o continuación. El curso de los sucesos. ‖ **8.** Circulación, difusión entre las gentes. ‖ **—forzoso.** Obligación impuesta por el gobierno de aceptar con fuerza liberatoria de pago monedas sin valor intrínseco apreciable, títulos del Estado, billetes de banco. ‖ **2.ª** acep.: **P.** curso; **I.** course; **F.** cours; **A.** Kurs, Lehrgang; **It.** corso; **R.** курс, учебный год.

CURSÓMETRO. m. Aparato para medir la velocidad de los trenes de ferrocarril.

CURSOR. (l. *cursor*, corredor.) m. ant. Correo. ‖ **2.** Mec. Pieza pequeña que se desliza a lo largo de otra mayor en algunos aparatos. ‖ **—de procesiones.** Uno de los oficiales eclesiásticos destinado a cuidar del orden que ha de observarse en las procesiones.

CURTACIÓN. (l. *curtātum*, supino de *curtāre*, acortar.) f. Astron. Acortamiento.

CURTIDO, DA. p.p. de curtir. ‖ **2. m.** Cuero curtido. Ú.m.en pl. ‖ **3.** Casca, corteza curtiente de la encina o del alcornoque. ‖ **4.** Colom. Encurtidos. ‖ **5. m.** Serie de operaciones para curtir las pieles. ‖ **P.** curtido; **I.** dressing; **F.** tannage; **A.** Gerbung; **It.** conciamento; **R.** дублёный.

CURTIDOR. m. El que tiene por oficio curtir pieles. ‖ **P.** curtidor; **I.** tanner; **F.** tanneur; **A.** Gerber; **It.** conciatore, ceiaio; **R.** дубильщик, кожевник.

CURTIDURA. f. ant. Curtimiento.

CURTIDURÍA. (De *curtidor*.) f. Sitio o taller donde se curten y trabajan las pieles.

° **CURTIEMBRE.** f. Amér. Tenería, curtiduría.

CURTIENTE. adj. Aplícase a la substancia que sirve para curtir. Ú.t.c.s.m.

CURTIMIENTO. m. Acción y efecto de curtir o curtirse.

CURTIR. (l. *conterĕre*, machacar.) tr. Adobar, aderezar las pieles. ‖ **2.** fig. Endurecer o tostar el sol o el aire el cutis de las personas que andan a la intemperie. Ú.m.c.r. ‖ **3.** fig. Acostumbrar a uno a la vida dura y a las inclemencias del tiempo. fr. fig. y fam. Estar acostumbrado a ella o diestro en hacerla. ‖ **P.** curtir; **I.** to tan; **F.** tanner, corroyer; **A.** gerben; **It.** conciare; **R.** выделывать.

CURTO, TA. (l. *curtus*.) adj. Ar. Corto. ‖ **2.** Ar. Rabón.

CURÚ. m. Zool. Perú. Larva de la polilla.

CURUBO. m. Colom. Especie de enredadera.

CURUCA. f. Curuja.

CURUCÚ. m. Amér. Central. Ave trepadora que se distingue por el hermoso color de su plumaje sedoso y por lo largo de su cola.

⁎ **CURUCUCU.** m. Pat. Dolencia que produce la mordedura de una culebra de América del Sur.

⁎ **CURUCUTEAR.** intr. Venez. Cambiar de sitio los muebles de una casa. ‖ **2.** Colom. y Venez. Registrar.

CURUEÑA. (l. *currus*, carro.) f. ant. Cureña.

CURUGUÁ. (Voz guaraní.) m. Amér. Merid. Enredadera que da un fruto amarillo y negro semejante a la calabaza, de unos 30 centímetros de largo, y de olor muy agradable que comunica a los objetos que se ponen en su cáscara que sirve de vasija.

⁎ **CURUGUAY.** (Voz guaraní.) m. Bot. Cierta enredadera cuyas flores son de color azul.

CURUJA. f. Lechuza.

CURUJEY. m. Bot. Cuba. Planta de la familia de las bromeliáceas, epifita, que vive parásita sobre las ceibas, tiene hojas cortantes y punzantes, a manera de espada. ‖ **2.** Cuba. Parásito, persona que sin trabajar vive a costa ajena.

CURUL. (l. *curūlis*.) adj. V. *Edil*, *silla* CURUL.

⁎ **CURUMA.** f. Hond. Sal gema que lame el ganado.

⁎ **CURUNCO, CA.** adj. Guat. y El Salv. Pelirrubio.

⁎ **CURUNDA.** f. Ecuad. Zuro, corazón o raspa de la mazorca del maíz después de quitados los granos.

CURUPAY. m. Bot. R. de la Plata. Árbol de la familia de las mimosáceas, de buena madera, cuya corteza se utiliza como curtiente porque contiene mucho tanino.

CURURO. m. Chile. Especie de rata campestre, muy dañina y de color negro.

CURURÚ. m. Zool. Batracio del orden de los anuros, propio de América tropical, con los dedos libres en las extremidades torácicas y palmeadas en las abdominales. La hembra de este animal lleva los huevos sobre el dorso, donde permanecen, en alvéolos formados por hipertrofia de la piel, hasta alcanzar su completo desarrollo. ‖ **2.** Bot. Planta de la Guayana, cuyo fruto fue empleado por los indios para envenenar sus flechas.

CURVA. (l. *curva*, t. f. de *-vus*, curvo.) f. Geom. Línea curva. ‖ **2.** Representación gráfica de las fases sucesivas de un fenómeno por medio de una línea cuyos puntos van indicando valores variables. Curva de temperatura. ‖ **3.** Mar. Pieza fuerte de madera, que se aparta de la figura recta y sirve para asegurar dos maderos ligados en ángulo. ‖ **4.** Mat. V. *Grado de una* CURVA. ‖ **—bicular.** Mat. Curva de cuarto orden que puede suponerse envolvente de una circunferencia móvil. ‖ **—binomia.** Mat. Cualquiera de las curvas que quedan determinadas por una ecuación de la forma $x^m \pm y^m = am$. ‖ **—coral.** Mar. La que se emperna interiormente a la quilla y al codaste para consolidar su unión. ‖ **—de absorción.** Fís. Representación gráfica de la variación de la inten-

C

sidad de una radiación cuando ésta atraviesa un medio absorbente en función del número atómico del elemento que absorbe, o de la longitud de onda. || —**de luz.** ASTRON. Gráfica de la variación del brillo de una estrella variable. || —**de nivel.** TOPOGR. Línea que resulta de la intersección del terreno con un plano horizontal. Empléase en los dibujos para figurar el relieve del terreno. || —**hodógrafa.** MEC. La que define la ley que rige la variación de la velocidad de un punto móvil. || —**logarítmica.** GEOM. La que tiene abscisas en progresión aritmética y ordenadas en progresión geométrica. || —**isobáricas.** METEOR. Las trazadas sobre mapas para indicar los puntos de igual presión barométrica. || —**isotérmicas.** Las trazadas sobre un mapa para indicar los puntos que tienen igual temperatura en un momento dado. || —**magnéticas.** Las que unen sobre un mapa los puntos en que se observa una misma variación en la aguja imantada. || **P. e** It. curva; **I.** curve; **F.** courbe; **A.** Kurve; **R.** кривая линия.

CURVADO, DA. p.p. de curvar. || **2.** adj. Que tiene forma curva.

CURVAR. tr. Encorvar. Ú.t.c.r.

CURVATÓN. m. MAR. Curva pequeña.

CURVATURA. (l. *curvatŭra*.) f. Desvío de la dirección recta.

CURVIDAD. (l. *curvĭtas*, *-ātis*.) f. Curvatura.

CURVILÍNEO, A. (l. *curvilinĕus*.) adj. GEOM. Que se compone de líneas curvas. || **2.** GEOM. Que se dirige en línea curva. || **3.** Dícese del ángulo formado por líneas curvas. || **P.** curvilíneo; **I.** curvilinear; **F.** curviligne; **A.** krummlining; **It.** curvilineo; **R.** криволинейный.

CURVÍMETRO. (l. *curvus*, corvo, y el gr. μέτρον, medida.) m. Instrumento para medir con facilidad las líneas de un plano, especialmente las curvas.

CURVO, VA. (l. *curvus*.) adj. Que constantemente se va apartando de la dirección recta sin formar ángulos. Ú.t.c.s. || **2.** GEOM. V. *Línea, superficie* CURVA. || **3.** Amér. Combado. || **4.** COLOM. Estevado, patituerto. || **5.** P. RICO. Zurdo. || **P. e It.** curvo; **I.** curved, curvate; **F.** courbe; **A.** krumm, gebogen; **R.** кривой.

★ **CUSCA.** f. COLOM. Borrachera. || **2.** MÉJ. Mujer pública. || **3.** HOND. Joroba.

CUSCO. (De *cus*, repetida, con que se llama al perro.) m. AMÉR. Cuzco.

CUSCUNGO. m. ECUAD. Especie de búho.

CUSCURRO. (De *corrusco*.) m. Cantero de pan, pequeño y muy cocido.

CUSCUTA. (ár. *kušûṭä*, especie de planta parásita.) f. Planta parásita convolvulácea de tallos filiformes, rojizos o amarillentos, sin hojas, con flores sonrosadas y simiente redonda. Vive sobre el cáñamo, la alfalfa y otras plantas que necesitan mucha agua. || **P.** cuscuta; **I.** dodder; **F.** cuscute; **A.** Klebe; **It.** cùscuta; **R.** повилика.

★ **CUSERANITA.** f. MINERAL. Silicato de aluminio, calcio, magnesio, potasio y sodio.

CUSIR. (l. *consuěre*, coser, infl. por *sarcīre*, zurcir.) tr. fam. Corcusir.

CUSITA. adj. Descendiente de Cus, hijo de Cam y nieto de Noé. || **2.** Aplícase a las naciones que procedentes de la Bactriana, ocupaban algunas regiones de Asia y África y dominaron en Susiana y Caldea.

CUSMA. f. PERÚ. Camisa que usan los indios que viven en las selvas.

★ **CUSOTOXINA.** f. QUÍM. Substancia pulverulenta, de color amarillo, extraída del cuso y brayera. Constituye un veneno muscular potente.

CUSPA. f. VENEZ. Arbusto semejante a la palmera y cuya corteza se emplea como la quina.

★ **CUSPE.** m. CHILE. Trompa hueca

zumbadora, que hacen bailar los niños. || **2.** fam. CHILE. Persona muy chica y bulliciosa. || **3.** ZOOL. PERÚ. Agutí.

★ **CUSPI.** m. COLOM. Cuspe. || **2.** ZOOL. PERÚ. Agutí.

CÚSPIDE. (l. *cuspis*, *-ĭdis*, punta, extremo.) f. Cumbre puntiaguda de los montes. || **2.** Remate superior de alguna cosa, que forma punta. || **3.** GEOM. Punto donde concurren los vértices de todos los triángulos que forman las caras de la pirámide, o las generatrices del cono. || **P.** cúspide; **I.** summit, peak; **F.** sommet; **A.** Gipfel, Zinne; **It.** cima, vèrtice; **R.** верхушка, пик.

★ **CUSPIDINA.** f. MINERAL. Silicato de calcio que contiene flúor.

★ **CUSTA.** f. BOT. Planta esterculiácea, especie de cacao silvestre que crece en Centroamérica.

CUSTODIA. (l. *custodĭa*.) f. Acción y efecto de custodiar. || **2.** Persona o escolta encargada de custodiar a un preso. || **3.** Pieza de oro, plata u otro metal, en que se expone el Santísimo Sacramento a la veneración de los fieles. || **4.** En la orden de San Francisco, agregado de algunos conventos que no bastan para formar provincia. || **P.** custódia; **I.** custody, safekeeping; **F.** garde; **A.** Wache; **It.** custodia; **R.** стража, охрана. || **3.ᵃ** acep.: **P.** custódia; **I.** ostensorium, monstrance, custodia; **F.** ostensoir, monstrance, custode; **A.** Monstranz; **It.** ostensorio; **R.** дарохранительница.

CUSTODIAR. (l. *custodiāre*.) tr. Guardar con cuidado y vigilancia.

CUSTODIO. (l. *custos*, *-ōdis*.) adj. Dícese del ángel de la guarda. || **2.** m. El que custodia. || **3.** En la orden de San Francisco, superior de una custodia. || **2.ᵃ** acep.: **P.** custódio; **I.** custodian, watchman, custos; **F.** gardien, custode; **A.** Wächter; **It.** custode; **R.** хранитель.

CUSUBÉ. (Voz taina.) m. CUBA. Dulce seco, de almidón de yuca, con agua, azúcar y a veces huevos, de que forman bollitos.

★ **CUSUCO.** m. ZOOL. EL SALV. Armadillo. || COLOM. Zambomba.

CUSUMBE. m. ECUAD. Coatí.

CUSUMBO. m. COLOM. Coatí.

CUSUSA. f. AMÉR. CENTRAL. Aguardiente de caña.

CUTACHA. f. HOND. Cuchillo largo y recto.

CUTAMA. f. CHILE. Saco lleno de cosas menudas. || **2.** CHILE. Persona torpe y pesada.

CUTÁNEO, A. adj. Perteneciente al cutis. || **P.** cutáneo; **I.** cutaneous; **F.** cutané; **A.** Haut- (en comp.); **It.** cutàneo; **R.** кожный.

★ **CUTARA.** f. CUBA. Chancleta.

★ **CUTARAZO.** m. CUBA. Chancletazo.

CUTARRA. f. HOND. Zapato alto hasta la caña de la pierna y con orejuelas.

CÚTER. (ingl. *cutter*.) m. Embarcación con velas al tercio, una mesana en un palo chico colocado hacia popa, y varios foques.

CUTETE. m. GUAT. Género de reptiles iguánidos.

CUTÍ. (l. *cŭlcĭta*, colcha.) m. Tela de lienzo rayado o con dibujos, usada comúnmente para cubiertas de colchones.

CUTIANO, NA. (l. *quottidiānus*.) adj. ant. Diario, continuo. Ú. en Aragón. || **2.** adv. Diariamente. || *De* CUTIANO. loc. adv. De continuo.

CUTÍCULA. (l. *cutĭcŭla*.) f. Película. || **2.** ZOOL. Epidermis. || **3.** ZOOL. Membrana formada por unas substancias que segrega el protoplasma, las cuales, acumulándose en la periferia de la célula, forman una cubierta protectora de ésta. || **4.** ZOOL. Capa externa de las tres que forman la concha de los moluscos y que da a aquélla la coloración característica de las diversas especies.

CUTICULAR. (l. *cuticulāris*.) adj. Perteneciente a la cutícula.

CUTIDERO. (De *cutir*.) m. Batidero.

★ **CUTINA.** f. QUÍM. Celulosa compuesta que tiene naturaleza grasa.

CUTIO. (l. *quœtidio*.) adv. Continuamente, seguidamente. || *De* CUTIO. loc. adv. De continuo.

CUTIR. (l. *cuttěre*, por análisis de los compuestos *percutěre*, etc., con la *tt* de *battuěre*.) tr. Golpear una cosa con otra. || **P.** combater; **I.** to knock; **F.** frapper, heurter; **A.** zerquetschen, zerstosseun; **It.** bàttere; **R.** ударять.

CUTIS. (l. *cutis*.) m. Piel que cubre el cuerpo humano. Se dice principalmente del rostro. Ú.t.c.f. || **2.** ZOOL. Dermis. || **P.** cútis; **I.** cutis; **F.** peau; **A.** Oberhaut, Gesichtshaut; **It.** cute; **R.** кожа (человека).

CUTO, TA. adj. EL SALV. Manco, o falto de un miembro.

★ **CUTOSA.** f. QUÍM. Substancia neutra que se halla en la corteza de los vegetales.

★ **CUTOSO, SA.** adj. VENEZ. Sarnoso.

CUTRAL. (l. *culter*, *-tri*, cuchillo.) adj. Dícese del buey cansado y viejo, y de la vaca que ha dejado de parir, destinados ya a la carnicería. Ú.t.c.s.

CUTRE. adj. Tacaño, ruin. Ú.t.c.s.

★ **CUTRE.** f. CHILE. Piojillo de las aves. || **2.** COLOM. Suciedad, roña.

CUTUSA. f. COLOM. Especie de tórtola.

CUY. (quichua *cui*.) m. AMÉR. MERID. Conejillo de Indias.

CUYÁ. (Voz cubana.) m. BOT. CUBA. Árbol de la familia de las sapotáceas, de unos nueve metros de altura, madera dura, elástica y casi incorruptible. Son sus flores menudas y olorosas que chupan las abejas y elaboran con ellas excelente miel.

★ **CUYABRA.** f. COLOM. Vasija de calabaza o güira.

CUYAMEL. m. HOND. Pez acantopterigio que vive en los ríos, de carne muy estimada.

CUYANO, NA. adj. Natural de la provincia de Cuyo, en la República Argentina. Ú.t.c.s. || **2.** Perteneciente a esta provincia. || **3.** fam. CHILE. Dícese de los naturales de la República Argentina. Ú.t.c.s.

CUYO, YA. (l. *cuius*.) pron. relat. Con terminaciones distintas para los géneros masculino y femenino, y con ambos números, singular y plural. *De quien.* Este pronombre, además de relativo, tiene el carácter de posesivo y concierta, no con el poseedor, sino con la persona o cosa poseída. Precede inmediatamente al nombre, y sólo puede anteponerse al verbo ser. ¿CÚYA *es esta mesa?* Nunca lleva artículo. || **2.** m. fam. Galán o amante de una mujer. || **P.** cujo, de quem, de que; **I.** whose, of which, of whom; **F.** de qui, duquel; **A.** dessen, deren; **It.** cui, di cui, di chi?; **R.** чей.

★ **CUYUCO.** m. PERÚ. Negro guardaespaldas.

CUYUJÍ. m. CUBA. Especie de pedernal.

¡**CUZ!** interj. Con que se llama a los perros. Ú. generalmente repetida.

CUZA. (De *cuz*.) f. AST. y LEÓN. Perra pequeña.

CUZCO. (De *cuz*.) m. Perro pequeño, gozque.

★ **CUZCO, CA.** adj. HOND. Jorobado. Ú.t.c.s. || **2.** MÉJ. Goloso. || **3.** MÉJ. Entrometido. Ú.t.c.s.

CUZCUZ. m. Alcuzcuz.

CUZMA. (Voz quichua.) f. Sayo de lana, sin cuello ni mangas, que cubre hasta los muslos, usado en algunas partes de América por los indios de las montañas.

CUZO. (De *cuz*.) m. AST. y LEÓN. Perro pequeño.

CZAR. m. Zar.

CZAREVITZ. m. Zarevitz.

CZARIANO, NA. adj. Zariano.

CZARINA. f. Zarina.

CH

CH. f. Cuarta letra del abecedario español y tercera de las consonantes. Su nombre es CHE. Es doble por su figura y sencilla por su sonido, e indivisible en la escritura. Se pronuncia con articulación predorsal, prepalatal, fricativa sorda.

CHA. m. Nombre genérico que dan los chinos al té, por lo cual sigue usándose en Filipinas y en algunos países hispanoamericanos.

CHABACANADA. f. Chabacanería.

CHABACANAMENTE. adv. m. Con chabacanería.

CHABACANERÍA. (De *chabacano*.) f. Falta de arte, gusto y mérito apreciable. || **2.** Dicho insubstancial y bajo.

* **CHABACANO** m. Bot. Méj. Árbol parecido al albaricoquero.

CHABACANO, NA. adj. Grosero y de mal gusto. || P. grosseiro; I. awkward, clumsy; F. goguenard; A. geschmacklos; It. grossolano, ciabattone; R. грубый, пошлый.

* **CHABASIA.** f. Mineral. Silicato hidratado de aluminio, calcio, sodio y potasio. Se encuentra en Irlanda, en el Tirol y en Almadén.

CHABELA. f. Bol. Bebida preparada mezclando vino y chicha.

* **CHABELÓN.** m. fam. Hombre afeminado y cobarde. Ú.t.c.adj.

CHABISQUE. m. Ar. Lodo, fango.

CHABOLA. (l. *caveòla*, jaula.) f. Choza, generalmente construida en el campo.

CHACA. f. Chile. Cierto marisco comestible.

* **CHACA.** f. Arqueol. Cualquiera de ciertas construcciones en la altiplanicie boliviana. || **2.** Bol. Puente o arco. || **3.** Perú. Cierto arbolillo de madera muy dura.

* **CHACACO.** m. Bot. Planta rununculácea aromática.

CHACAL. (ár.-persa-turco *ŷāqāl*.) m. Zool. Mamífero carnívoro cánido, de un tamaño medio entre el lobo y la zorra. Se parece al primero en la forma y el color, y a la segunda en la disposición de la cola. Vive en las regiones templadas de Asia y África; se alimenta de carne muerta. || P. y F. chacal; I. jackal; A. Schakal; It. sciacallo; R. шакал.

CHACALÍN. m. Camarón.

* **CHACAMEL.** m. Zool. Ave palmípeda de Méjico, parecida al ánsar.

CHACANA. f. Ecuad. Camilla, parihuela.

CHACANEAR. tr. Chile. Espolear fuertemente a la cabalgadura.

* **CHACANTANA.** f. Méj. Riña, alboroto.

CHÁCARA. f. Amér. Chacra.

CHACARERO, RA. (De *chácara*.) adj. Amér. Dícese del hombre o mujer que trabaja en el campo. Ú.t.c.s.

CHACARONA. f. Zool. Pez teleósteo, acantopterigio, de la familia del dentón, de tamaño menor que éste y con los ojos algo mayores. Vive en los mares del sur de España. || **2.** Can. Pescado curado.

CHACARRACHACA. (Voz onomatopéyica.) f. fam. Ruido molesto de algazara o disputa.

CHACATE. m. Bot. Méj. Especie de planta poligalácea.

* **CHACAY.** m. Bot. Amér. Arbusto ramnáceo, propio de la América Meridional. De la madera, muy dura, se obtiene un extracto alcohólico usado contra la fiebre intermitente.

CHACINA. f. Cecina. || **2.** Carne de puerco adobada de la que se suelen hacer chorizos y otros embutidos.

CHACINERÍA. f. Tienda en que se vende chacina.

CHACINERO, RA. m. y f. Persona que hace o vende chacina.

* **CHACLA.** f. Perú. Caña muy fuerte.

CHACO. m. Montería con ojeo, que hacían antiguamente los indios de la América del Sur.

* **CHACO.** m. Bot. Plantación, granja.

CHACÓ. (húngaro *csáko*.) m. Morrión propio de la caballería ligera, aplicado después a tropas de otras armas. || P. barretina; I. shako; F. shako, chaco; A. Tschako, Csáko; It. sciacco; R. кивер.

CHACOLÍ. (vasc. *txacolin*.) m. Vino ligero y algo agrio propio de las provincias vascongadas y Santander. También se hace en Chile.

CHACOLOTEAR. (Voz onomatopéyica.) intr. Hacer ruido la herradura por estar floja. || P. chocalhar; I. to clatter; F. locher; A. klappern; It. crocchiare; R. дребезжать.

CHACOLOTEO. m. Acción y efecto de chacolotear.

CHACÓN. (Voz imitativa del grito del animal.) m. Reptil de más de 30 centímetros de largo, parecido a la salamanquesa, que se cría en Filipinas.

CHACONA. f. Baile de los siglos XVI y XVII, que se ejecutaba con acompañamiento de castañuelas y de coplas. || **2.** Música de este baile. || **3.** Letra para esta música.

CHACONADA. (fr. *jaconas*.) f. Tela fina de algodón, de vivos colores, usada por las mujeres desde mediados del siglo XIX.

CHACONERO, RA. adj. Que escribía chaconas. Ú.t.c.s. || **2.** Que las bailaba. Ú.t.c.s.

CHACOTA. f. Bulla y alegría mezclada de chanzas y carcajadas. || *Echar*, o *tomar a* CHACOTA una persona o cosa. fr. fam. Burlarse de ella, no darle importancia. || P. chacota; I. mirth; F. joie bruyante; A. Scherz, Belustigung; It. chiassata; R. шумное веселье.

CHACOTEAR. (De *chacota*.) intr. Burlarse, chancearse con voces y risas.

CHACOTEO. m. Acción y efecto de chacotear.

CHACOTERO, RA. adj. fam. Que usa de chacota. Ú.t.c.s.

* **CHACOTÓN, NA.** adj. Burlón, chancero.

CHACRA. (Voz quichua.) f. Amér. Alquería o granja.

* **CHACRA.** f. Chile. Daño o lesión que la espuela, aguijada o cosa similar hace en la piel de los animales.

* **CHACTA.** f. Ecuad. Entre los indios de esta república, casa, pueblo, aldea.

CHACUACO. (Voz americana.) m. Mineral. Horno de manga para fundir minerales de plata.

* **CHACURÚ.** (Voz guaraní.) m. Zool. Ave trepadora, parecida al martín pescador.

CHACHA. (Aféresis de *muchacha*.) f. fam. Niñera.

CHACHA. (Voz mejicana.) f. Guat. Chachalaca.

* **CHACHACASTE.** m. Amér. Central. Aguardiente.

CHACHACOMA. f. Chile. Planta de los Andes, de flores amarillas y de uso en la medicina casera.

CHACHAL. m. Perú. Lápiz plomo.

CHACHALACA. (Voz mejicana.) f. Méj. Especie de gallina de color pardo por el lomo y alas, blanco el vientre y las patas, cola larga y de plumas amarillentas. Es de carne delicada y sabrosa. || **2.** fig. Méj. Persona locuaz. Ú.t.c.adj.

CHÁCHARA. (Voz imitativa.) f. fam. Abundancia de palabras inútiles. || **2.** Conversación frívola. || **3.** pl. Baratijas, cachivaches.

CHACHAREAR. (De *cháchara*.) intr. fam. Parlar.

CHACHARERO, RA. (De *cháchara*.) adj. fam. Charlatán. Ú.t.c.s.

CHACHARÓN, NA. adj. fam. Muy chacharero. Ú.t.c.s.

CHACHO, CHA. (Aféresis de *muchacho*.) m. y f. fam. Muchacho, cha. Es voz de cariño. || **2.** m. Puesta que se hace en el juego del hombre.

* **CHAFADURA.** f. Acción y efecto de chafar o aplastar.

CHAFALDETE. (l. *catafalícum*, tablado.) m. Mar. Cabo que sirve para cargar los puños de gavias y juanetes.

CHAFALDITA. m. fam. Pulla ligera e inofensiva.

CHAFALDITERO, RA. adj. fam. Propenso a decir chafalditas. Ú.t.c.s.

CHAFALMEJAS. (De *chafar* y *almejas*.) com. fam. Pintamonas.

CHAFALONÍA. f. Objetos inservibles de plata u oro, para fundir.

* **CHAFALOTE.** m. Ecuad., Chile y R. de la Plata. Chafarote. || **2.** Bol. Caballo pesado.

* **CHAFALOTE, TA.** adj. Argent. Poco cortés en el trato y poco fino de modales.

CHAFALLADA. f. fam. And. Escuela de párvulos.

CHAFALLAR. (De *chafallo*.) tr. fam. Hacer o remendar una cosa sin arte ni aseo. || P. atamancar; I. to botch; F. saloper, bousiller; A. verpfuschen; It. acciabattare; R. делать кое-как.

CHAFALLO. m. fam. Remiendo mal echado.

CHAFALLÓN, NA. adj. fam. Que chafalla. Ú.t.c.s. || **2.** Chapucero. Ú.t.c.s.

CHAFANDÍN. m. Persona vanidosa y de poco seso.

CHAFAR. (De la onomat. *chaf*.) tr. Aplastar lo que está erguido como las hierbas, plantas, etc. Ú.t.c.r. || **2.** Arrugar y deslucir la ropa. || **3.** fig. y fam. Deslucir a uno en una conversación o reunión,

CH cortándole y dejándole sin tener qué responder. || **P.** esmagar; **I.** to flatten; **F.** écraser; **A.** zerdrücken; **It.** ammaccare, schiacciare; **R.** раздавливать.

CHAFARIZ. (ár. *ṣahārīǵ*, cisternas, estanques.) m. En las fuentes monumentales, parte elevada donde están puestos los caños para la salida del agua.

* **CHAFAROTA.** f. HOND. Muchacha indolente y floja.

CHAFAROTAZO. m. Golpe dado con chafarote.

CHAFAROTE. (aum. del ár. *ṣafra* o *ṣifra*, cuchillo, navaja.) m. Alfanje corto y ancho, con punta muy larga y ordinariamente corva. || **2.** fig. y fam. Sable o espada ancha o muy larga.

CHAFARRAÑO. m. CAN. Galleta de maíz.

CHAFARRINADA. (De *chafarrinar*.) f. Borrón o mancha que desluce una cosa.

CHAFARRINAR. tr. Deslucir una cosa con manchas o borrones. || **P.** borrar; **I.** to blot; **F.** barbouiller, tacher; **A.** (ver) klecksen; **It.** macchiare; **R.** пачкать.

CHAFARRINÓN. m. Chafarrinada. || *Echar uno un* CHAFARRINÓN. fr. fig. y fam. Hacer algo indigno o chabacano. || **2.** fig. y fam. Poner nota en el linaje ajeno.

CHAFLÁN. (fr. *chanfrein*, y éste de *chanfraindre*, del l. *canthus*, esquina, y *frangěre*, romper.) m. Cara, comúnmente larga y estrecha, que resulta de cortar por un plano una esquina o ángulo diedro de un sólido. || **2.** Plano largo y estrecho que une dos paramentos o superficies planas, que forma ángulo. || **P.** chanfro; **I.** chamfer; **F.** chanfrein, biseau; **A.** Schrägkante; **It.** smusso; **R.** стёсанный, фаска.

CHAFLANAR. tr. Achaflanar.

CHAGOLLA. f. MÉJ. Moneda falsa o muy gastada.

CHAGORRA. f. MÉJ. Mujer de clase baja.

CHAGRA. m. Campesino de la República del Ecuador.

* **CHAGRÉN.** m. Zapa, piel labrada formando granos, empleada en la encuadernación.

CHAGUAL. (quich. *chahuar*, estopa.) m. ARGENT., CHILE y PERÚ. Planta bromeliácea, de tronco escamoso y flores verdosas. Su madera se emplea para suavizadores de navajas de afeitar. || **2.** CHILE. Fruto del cardón.

CHAGUALA. f. Pendiente que los indios llevaban en la nariz. || **2.** COLOM. Zapato viejo. || **3.** COLOM. Chirlo. || **4.** MÉJ. Chancleta.

CHAGUALÓN. m. COLOM. Árbol del incienso.

CHAGUAR. m. AMÉR. Caraguatá.

CHAGUARAMA. f. AMÉR. CENTRAL. Árbol, especie de palma gigantesca, de hojas como plumas, delgadas y ondeadas en la punta, y fruto farináceo, dulce y nutritivo.

CHAGUARAMO. m. Chaguarama.

* **CHAGUARAZO.** m. R. DE LA PLATA. Latigazo. || **2.** fig. R. DE LA PLATA. Insulto, palabra provocativa.

CHAGUARZO. m. SAL. Mata pequeña, como el tomillo, inodora y de color violáceo.

CHAGÜÍ. m. ECUAD. Pajarito que abunda en el litoral, parecido al gorrión en España.

CHÁHUAR. adj. ECUAD. Se dice de la caballería de color bayo. Ú.t.c.s. || **2.** m. AMÉR. Cháguar.

CHAHUISTLE. (Voz mejicana.) f. BOT. Roya.

CHAI. f. GERM. Niña. || **2.** GERM. Ramera.

CHAIMA. adj. Se aplica al indio de una tribu que habita al noroeste de Venezuela. Ú.t.c.s. || **2.** m. Dialecto caribe de los chaimas.

* **CHAINA.** f. MÚS. Flauta mejicana que tiene cinco agujeros.

CHAIRA. (ár. *ṣafira*, cuchilla de zapatero.) f. Cuchilla de zapatero para cortar la suela. || **2.** Cilindro de acero usado por carniceros y otros para avivar el filo de sus cuchillas. || **3.** Cilindro de acero con mango, para sacar rebaba a las cuchillas de raspar de los carpinteros.

CHAJÁ. (Voz onomatopéyica.) m. ARGENT. y R. DE LA PLATA. Ave zancuda de color gris claro, cuello largo, plumas altas en la cabeza y dos púas en la parte anterior de sus alas. Anda erguida y con lentitud, y lanza un fuerte grito. Es domesticable.

CHAJAL. m. ECUAD. Indio que estaba al servicio del cura en las parroquias. || **2.** ECUAD. Criado.

CHAJUÁN. m. COLOM. Bochorno, calor.

CHAL. (ár. *ṣāl*, velo.) m. Paño de seda o lana, más largo que ancho, y que las mujeres llevan sobre los hombros, como abrigo o adorno. || **P.** xaile; **I.** shawl; **F.** châle; **A.** Schal, Umschlagtuch; **It.** scialle; **R.** шаль.

CHALA. (Voz quichua.) f. PERÚ. Espata del maíz cuando está verde.

CHALACO, CA. adj. PERÚ. Natural del Callao. Ú.t.c.s.

CHALADO, DA. p.p. de chalar. || **2.** adj. fam. AND. Alelado, falto de juicio. Ú. ordinariamente con el verbo *estar*. || **3.** fam. Muy enamorado.

CHALALA. f. CHILE. Sandalia grosera que usan los indios.

CHALÁN, NA. (ár. *ǵallāb*, mercader de esclavos.) adj. Que trata de compras y ventas, especialmente de caballos u otras bestias, para lo que tiene una maña y una persuasiva especiales. Ú.t.c.s. || **2.** m. PERÚ. Picador. || **P.** chalante; **I.** horse-dealer; **F.** maquignon, faiseu; **A.** Pferdehändler; **It.** cozzone; **R.** продувной (о торговце).

CHALANA. (ár. *ṣalandī*, y éste del gr. χελάνδιον, barco para transportar mercancías.) f. Embarcación menor, de fondo plano, proa aguda y popa cuadrada, utilizada para transportes en parajes de poco fondo.

CHALANEAR. tr. Tratar los negocios con maña y persuasiva propias de chalanes. || **2.** PERÚ. Adiestrar caballos.

CHALANEO. m. Acción y efecto de chalanear.

CHALANERÍA. f. Astucia de que se valen los chalanes para vender y comprar.

CHALANESCO, CA. adj. despect. Propio de chalanes.

CHALAR. tr. Enloquecer, alelar. Ú.t. c.r. || **2.** Enamorar. Ú.t.c.r.

CHALATE. m. MÉJ. Caballejo matalón.

* **¡CHALAY!** ARGENT. interj. con que se expresa el gusto sentido al percibir un olor agradable.

CHALAZA. f. Cada uno de los dos filamentos que sostienen la yema del huevo en medio de la clara.

CHALCHAL. m. BOT. R. DE LA PLATA. Árbol abietáceo, cuyas piñas contienen unos piñones menudos.

CHALCHIHUITE. m. MÉJ. Especie de esmeralda basta. || **2.** EL SALV. y GUAT. Cachivache, baratija.

* **CHALCHUDO, DA.** adj. CHILE. Papudo. || **2.** CHILE. Dícese del perro al que le cuelga el labio.

CHALÉ. (De *chalet*.) m. Casa de madera y tabique a estilo suizo. || **2.** Casa de recreo de no grandes dimensiones.

CHALECO. (ár. *ǵalīka*, alteración del turco *yalak*, nombre de un vestido.) m. Prenda de vestir, sin mangas, que llega hasta la cintura cubriendo el pecho y la espalda y se lleva encima de la camisa. || **2.** Jaleco. || **P.** colete; **I.** waistcoat; **F.** gilet; **A.** Weste, Wams; **It.** panciotto; **R.** шилет.

CHALEQUERO, RA. m. y f. Persona que tiene por oficio hacer chalecos.

CHALET. (fr. de Suiza, *chalet*, y éste d. de la voz prelatina *cala*, cabaña.) m. Chalé.

CHALINA. (De *chal*.) f. Corbata de caídas largas y de varias formas. || **2.** AMÉR. Chal estrecho que usan las mujeres. || **P.** gravata; **I.** scarf; **F.** cravate large; **A.** feines Halstuch; **It.** sciarpa; **R.** кашне.

CHALÓN. m. URUG. Manto o mantón negro.

CHALONA. f. BOL. Carne de oveja, salada y seca al sol. || **2.** PERÚ. Carne de carnero acecinada.

CHALOTE. (fr. *échalote*, y éste del l. *ascalonia* [*caepa*]; de *Ascalón*, ciudad de Fenicia, de donde procede esta planta.) m. Planta perenne liliácea, con tallo de 3 a 4 dm de altura; hojas finas, aleznadas y

largas; flores moradas y muchos bulbos, agregados como en el ajo común. Ú.t.c.adj. Ajo chalote.

CHALUPA. (fr. *chaloupe*, y éste del neerl. *sloep*.) f. Embarcación pequeña, ordinariamente con cubierta y dos palos para velas. || **2.** Lancha. || **3.** Canoa apenas para dos personas y sirve para navegar entre los chinambas de Méjico. || **4.** MÉJ. Torta de maíz, pequeña y con algún condimento por encima. || **P.** chalupa; **I.** shallop; **F.** chaloupe; **A.** Schaluppe; **It** saluppa; **R.** шлюпка.

* **CHALLA.** f. CHILE. Juego o burla propia de los días de carnaval. || **2.** PERÚ. Hoja seca del maíz. || **3.** CHILE. Vasija de madera donde se lavan arenas auríferas. || **4.** PERÚ. Joya cualquiera de adorno personal.

CHALLULLA. f. PERÚ. Cierto pez de río sin escamas.

CHAMA. (De *chamar*.) f. Entre chamarileros y gente vulgar, cambio.

CHÁMACO. m. AMÉR. CENTRAL y MÉJ. Niño, muchacho.

CHAMADA. (l. *flammāta*, encendida.) f. Chamarasca. || **2.** AND. Sucesión de acontecimientos adversos.

CHAMAGOSO, SA. (mejic. *chamahuac*, cosa basta, burda.) adj. MÉJ. Mugriento, astroso. || **2.** MÉJ. Mal pergeñado. || **3.** MÉJ. Dicho de cosas, bajo, vulgar y deslucido. || **P.** inmundo; **I.** greasy, dirty; **F.** crasseux; **A.** schmutzig, gemein; **It.** unto, sguaiato; **R.** засаленный.

CHAMAGUA. f. MÉJ. Camagua.

CHAMAL. m. ARGENT. y CHILE. Paño que usan los indios araucanos para cubrirse. || **2.** CHILE. Manta de las indias en la misma región.

CHAMANTO. m. CHILE. Manto de lana fina con muchas listas de colores que usan los campesinos.

CHAMAR. (l. *cambiare*.) tr. Entre chamarileros y gente vulgar, cambiar.

CHÁMARA. f. Chamarasca.

CHAMARASCA. (l. *flamma*, llama.) f. Leña menuda, hojas y palillos delgados, que al quemarse, hacen mucha llama sin consistencia ni duración. || **2.** Esta misma llama. || **P.** chamiço; **I.** lop, brushwood; **F.** broutille; **A.** Reisigholz; **It.** stipa; **R.** хворост.

CHAMARILEAR. tr. Chamar.

CHAMARILEO. m. Acción y efecto de chamarilear.

CHAMARILERO, RA. (De *chamar*.) m. y f. Persona que se dedica a comprar y vender objetos de lance y trastos viejos.

CHAMARILLERO, RA. m. y f. Chamarilero. || **2.** m. Tahur.

CHAMARILLÓN, NA. adj. Que juega mal a los naipes. Ú.t.c.s.

CHAMARIZ. (ár. *sămăriz* o *samris*, pajarillo.) m. Pajarillo algo más pequeño que el jilguero, de plumaje verdoso por encima, amarillento por el pecho y abdomen. || **P.** chamariz; **I.** serin, serin finch; **F.** verdier, loriot; **A.** Girlitz; **It.** rigògolo; **R.** канарейка.

CHAMARÓN. (aum. de *chamariz*.) m. Pájaro pequeño de pico cónico, negro por la parte alta, blanco por el pecho y el vientre, y de cola muy larga.

CHAMARRA. (De *zamarra*.) f. Vestidura de paño burdo, parecido a la zamarra.

* **CHAMARREAR.** tr. HOND. Estrujar a una persona. || **2.** Molestar, enfadar. || **3.** AMÉR. CENTRAL. Engañar.

* **CHAMARRERO.** m. VENEZ. Curandero campestre.

CHAMARRETA. (De *chamarra*.) f. Casaquilla que no ajusta al cuerpo, y llega poco más abajo de la cintura, abierta por delante, y con mangas.

CHAMARRO. m. HOND. y MÉJ. Zamarro, prenda rústica de vestir.

CHAMBA. f. fam. Chiripa.

CHAMBADO. m. ARGENT. Cuerna, vaso rústico.

CHAMBARIL. (ant. fr. *chambo*, mod. *jambe*, y éste del gr. καμπή, curvo.) m. SAL. Zancajo.

* **CHAMBEAR.** tr. ECUAD. Cerrar con césped una presa o portillo. || **2.** COLOM. Abrir champas o zanjas. || **3.** COLOM. Cortar, afeitar. || **4.** MÉJ. Cambiar, trocar. || **5.** intr. COLOM. y ECUAD. Andar por entre

CH

las chambas. || **6.** Méj. Ocuparse en alguna chamba o negocio.

CHAMBELÁN. m. Camarlengo, gentilhombre de cámara. || **P.** camarista do rei; **I.** chamberlain; **F.** chambellan; **A.** Kammerherr; **It.** ciambellano; **R.** камерреп.

CHAMBERGA. f. And. Cinta de seda muy angosta.

CHAMBERGO, GA. adj. Aplícase a cierto regimiento creado en Madrid durante la menor edad de Carlos II para su guardia. || **2.** V. *Sombrero* chambergo.

CHAMBERGUILLA. f. And. Chamberga.

* **CHAMBERÍ.** adj. fam. Perú. Dícese de la persona amiga de ostentación. Ú.t.c.s.

CHAMBILLA. f. Arq. Cerco de piedra en que se afirma una reja de hierro.

CHAMBO. (gall. *chambar*, y éste del fr. ant. *chambier*, del l. *cambiare*.) m. Méj. Cambio de granos y semillas por otros artículos.

* **CHAMBÓN, NA.** adj. fam. Poco hábil para el juego y por extensión para cualquier actividad. Ú.t.c.s. || **2.** fam. Que logra algo por pura casualidad.

CHAMBONADA. f. fam. Desacierto propio del chambón, 1.er art. || **2.** fam. Ventaja obtenida por chiripa.

* **CHAMBONEAR.** Amér. Hacer chambonadas.

CHAMBOROTE. adj. Ecuad. Aplícase al pimiento blanco. || **2.** fig. Ecuad. Se dice de la persona de nariz larga.

CHAMBRA. (fr. *chambre*, y éste del l. *camĕra*, cámara, habitación, por ser prenda de uso doméstico.) f. Vestidura corta, a modo de blusa, que usan las mujeres sobre la camisa. || **P.** roupão de mulher; **I.** matinee, sack; **F.** camisole, peignoir; **A.** Bettjacke; **It.** giubetto; **R.** пеньюар.

CHAMBRANA. (ant. fr. *chambrande*, y éste del l. *camĕra*, cámara.) f. Arq. Adorno de piedra o madera, que se pone alrededor de las puertas, ventanas, etc.

* **CHAMBRANA.** f. Venez. Algazara. || **2.** Colom. Pendencia.

CHAMBRE. m. Mál. Pillastre.

* **CHAMBURGO.** m. Colom. Remanso, charco.

CHAMBURO. m. Bot. Árbol caricáceo de la América Meridional, con grandes hojas. Produce una baya comestible.

* **CHAMELICO.** m. fam. Trasto. || **2.** Chile. Vestido viejo. Ú.m. en pl. || **3.** Garambainas, adornos superfluos. || *Liar los* chamelicos. fr. fig. y fam. Chile. Liar o recoger los bártulos.

CHAMELOTE. (ant. fr. *chamelot*, del gr. καμηλωτή, de camello.) m. Camelote.

CHAMELOTÓN. m. Chamelote ordinario y grosero.

CHAMERLUCO. m. Vestido de que usaban las mujeres con una especie de collarín.

CHAMICADO, DA. adj. Chile y Perú. Dícese de la persona taciturna, y también a la que está perturbada por la embriaguez.

CHAMICERA. (de *chamizo*.) f. Parte de monte que, por haberse quemado, tiene leña ennegrecida y sin hojas.

CHAMICERO, RA. adj. Perteneciente al chamizo o parecido a él.

CHAMICO. m. Bot. Amér. Merid. y Cuba. Arbusto silvestre solanáceo, de follaje sombrío, hojas grandes dentadas, flores blancas o moradas y fruto erizado de púas, de olor nauseabundo y sabor amargo.

CHAMIZA. (De *chamizo*.) f. Hierba silvestre y medicinal, gramínea, que nace en tierras frescas y aguanosas. Su vástago, de 1 a 2 m de alto y 5 ó 6 mm de grueso, es fofo y de mucha hebra. || **2.** Leña menuda que sirve para los hornos.

CHAMIZO. m. Árbol medio quemado o chamuscado. || **2.** Leño medio quemado. || **3.** Choza cubierta de chamiza. || **4.** fig. y fam. Tugurio de gente de mal vivir.

* **CHAMOISITA.** f. Mineral. Silicato hidratado de hierro y aluminio, de color gris verdoso o negro azulado, que se utiliza como mineral de hierro.

CHAMORRA. f. fam. Cabeza trasquilada.

CHAMORRAR. (De *chamorro*.) tr. ant. Esquilar o trasquilar.

CHAMORRO, RRA. adj. Que tiene la cabeza esquilada. Ú.t.c.s.

CHAMPA. f. Chile. Raigambre, tepe, cepellón.

CHAMPÁN. (Voz malaya, del chino *san pan*, tres tablas.) m. Embarcación grande, de fondo plano, que se emplea en China, Japón y alguna parte de la América Meridional para la navegación fluvial.

CHAMPÁN. m. fam. Champaña.

* **CHAMPANERA.** f. Méj. Yunta con que un peón trabaja en una hacienda.

CHAMPAÑA. (fr. *Champagne*, comarca francesa.) m. Vino blanco espumoso, originario de Francia.

° **CHAMPAÑAZO.** m. Chile. Fiesta de sociedad en que se bebe champaña.

CHAMPAR. tr. fam. Decir a uno algo desagradable o echarle en cara un beneficio.

* **CHAMPAR.** tr. Argent. Champear. || **2.** r. Bol. Zambullirse en el agua. || **3.** Bol. Meter algo en el bolsillo con suma rapidez.

CHAMPEAR. tr. Chile y Ecuad. Tapar con césped o tepes una presa o un portillo.

° **CHAMPIÑÓN.** m. Hongo agaricáceo comestible.

CHAMPOLA. f. Cuba. Refresco hecho con pulpa de guanábana, azúcar y agua o hielo.

CHAMPÚ. (ingl. *shampoo*.) m. Jugo de la corteza interna del quillay, árbol de Chile, disuelto en agua, que se usa para lavar la cabeza.

CHAMPUDO, DA. (De *champa*.) adj. Chile. Chascón.

* **CHAMPURRADO.** m. Méj. Bebida preparada con harina de maíz y leche. || **2.** Méj. Mezcla de licores. || **3.** Cuba. Bebida preparada con agua, ciruelas cocidas, azúcar y clavo. || **4.** Méj. Mezcla de cosas heterogéneas y en desorden.

CHAMPURRAR. tr. fam. Chapurrar.

* **CHAMPURREADO, DA.** p.p. de champurrear. || **2.** adj. fig. y fam. Chile. Hecho a la ligera, mal terminado.

* **CHAMPURRIA.** f. Venez. Mezcla de licores.

CHAMPUZ. m. Ecuad. y Perú. Gachas de harina de maíz o de maíz cocido, azúcar y zumo de naranjilla.

* **CHAMUCO, CA.** m. Méj. Pan de huevo. || **2.** El diablo.

CHAMUCHINA. f. Cosa de poco valor. || **2.** Amér. Populacho. || **3.** Méj. Chamusquina, camorra. || **4.** Reunión de gente menuda. || **5.** Bol. Pequeñez, simpleza.

* **CHAMUSCA.** f. Ecuad. Prudencia.

CHAMUSCADO, DA. p.p. de chamuscar. || **2.** adj. fig. y fam. Algo tocado de un vicio o pasión.

CHAMUSCAR. (l. *semiusticāre*, de *semiustus*, medio quemado.) tr. Quemar una cosa por la parte exterior. Ú.t.c.r. || **P.** chamuscar; **I.** to scorch, to singe; **F.** flamber, roussir; **A.** versengen, anbrennen; **It.** abbruciacchiare, arsicciare; **R.** опалять.

CHAMUSCO. (De *chamuscar*.) m. Chamusquina.

CHAMUSQUINA. f. Acción y efecto de chamuscar o chamuscarse. || **2.** fig. y fam. Camorra. || *Oler a* chamusquina. fr. fig. y fam. con que se da a entender el temor de que una disputa venga a parar en riña o pendencia. || **2.** fig. y fam. Se decía de los discursos peligrosos en materia de fe. || **P.** chamusco; **I.** scorching; **F.** flambée, roussissure; **A.** Sengen; **It.** arsicciatura; **R.** опаливание.

CHAN. m. El Salv. y Guat. Chía.

CHANADA. f. fam. Chasco, superchería. || **P.** chasco; **I.** trick, deceit; **F.** supercherie, mystification; **A.** Possen; **It.** minchionatura, corbellatura; **R.** проделка.

CHANCA. (ár. *ŷanka*, chinela, pantufla.) f. Chancla. || **2.** Sal. Zueco.

CHANCA. f. And. Depósito para curar boquerones, caballas y otros peces para ponerlos en conserva. || **2.** Pequeña industria de salazón de pescado.

CHANCACA. (mejic. *chancaco*, blanquizco.) f. Amér. Azúcar mascabado en panes prismáticos. || **2.** Ecuad. Pasta de maíz o trigo tostado y molido con miel.

CHANCADORA. f. Chile. Trituradora.

CHANCAQUITA. f. Amér. Pastilla de chancaca mezclada con nueces, coco, etc.

CHANCAR. pr. Chile. Triturar.

CHANCEAR. intr. Usar de chanzas. Ú.m.c.r. || **P.** cacoar; **I.** to jest, to joke; **F.** plaisanter, badiner; **A.** scherzen; **It.** scherzare, cianciare; **R.** шутить.

CHANCELER. m. ant. Chanceller.

CHANCELLAR. tr. ant. Cancelar.

CHANCELLER. (l. *cancellarius*, secretario.) m. ant. Canciller.

CHANCERO, RA. adj. Que acostumbra a usar chanzas. || **2.** m. Germ. Ladrón que usa de chanzas para hurtar. || **P.** chanceiro; **I.** merry, joker; **F.** railleur, plaisant; **A.** Spassvogel; **It.** faceto, cianciatore; **R.** шутливый.

CHANCILLER. (De *chanceller*.) m. Canciller.

CHANCILLERÍA. (De *chanciller*.) f. Tribunal superior de justicia donde, además de los pleitos que en él se introducían, se conocía, por apelación, de todas las causas de los jueces de las provincias que estaban dentro de su territorio. || **2.** Derechos que se pagaban al canciller por su oficio. || **3.** ant. Cancillería.

CHANCLA. (De *chanca*.) f. Zapato viejo con el talón caído y aplastado por el uso. || **2.** Chancleta. || *En* chancla. m. adv. En chancleta.

CHANCLETA. (d. de *chancla*.) f. Chinela sin talón, o chinela o zapato con el talón doblado, para usarlo en casa. || **2.** com. fig. y fam. Persona inepta. || *En* chancleta. m. adv. Sin llevar calzado el talón del zapato. || **P.** chinela sem tacão; **I.** slipper; **F.** savate, pantoufle; **A.** Pantoffel; **It.** pianella; **R.** домашняя туфля.

CHANCLETEAR. intr. Andar en chancletas.

CHANCLETEO. m. Golpeteo de las chancletas al andar con ellas.

CHANCLO. (De *chanca*.) m. Especie de sandalia de madera o suela gruesa, que se pone debajo del calzado para preservarse de la humedad y del lodo. || **2.** Zapato grande de goma u otra materia elástica, en que se mete el pie calzado. || **3.** Parte inferior de algunos calzados, en forma de chanclo. || **P.** galocha; **I.** patten, clog; **F.** galoche, socque; **A.** Galosche, Holzschuh; **It.** zòccolo; **R.** деревянный башмак, галоша.

CHANCO. (De *chanca*.) m. ant. Chapín.

CHANCRO. (fr. *chancre*, y éste del l. *cancer, -cri*, cancro.) m. Úlcera contagiosa de origen venéreo o sifilítico. || **P.** úlcera contagiosa venérea; **I.** y **F.** chancre; **A.** Schanker; **It.** taruolo; **R.** шанкр.

CHANCUCO. m. Colom. El tabaco de contrabando.

CHANCUZA. (De *chanza*.) f. ant. Embuste, mentira, engaño.

CHANCHA. f. Amér. Hembra del chancho, o cerdo.

* **CHANCHA.** f. Chile. Carreta pequeña. || **2.** Chile. Bicicleta. || **3.** despect. Colom. Boca.

* **CHANCHADA.** f. Amér. Grosería. || **2.** Amér. Suciedad.

* **CHANCHAR.** tr. Bol. Sacar precipitadamente a alguien de un lugar.

CHÁNCHARRAS MÁNCHARRAS. f. pl. fam. Rodeos o pretextos para dejar de hacer una cosa. || *No me vengas con* cháncharras máncharras.

* **CHANCHARRETA.** f. Perú. Calzado roto y viejo.

* **CHANCHARRIENTO, TA.** adj. Colom. Andrajoso, harapiento.

CHANCHERÍA. f. Amér. Carnicería donde se vende carne de chancho y embuchados.

* **CHANCHERO, RA.** adj. Amér. Carnicero que vende carne de cerdo. Ú.t.c.s. || **2.** m. Amér. Porquerizo. || **3.** El que se dedica a la compra y venta de cerdos. || **4.** El que los cría.

CHANCHO, CHA. adj. Amér. Puerco, sucio. || **2.** m. Amér. Cerdo.

CHANCHULLERO, RA. adj. Que gusta de andar en chanchullos. Ú.t.c.s.

CHANCHULLO. (De *chancha*.) m. fam. Manejo ilícito para conseguir un fin que suele ser el lucro. || **P.** negócio ilícito; **I.** graft, racket; **F.** intrigue; **It.** raggiro, truffa; **R.** мошенничество.

CH

★ CHANDE. f. Colom. Sarna.

CHANELA. (l. *planella*, plana.) f. ant. Chinela.

CHANELAR. tr. Germ. Entender.

CHANFAINA. f. Guisado hecho de bofes o livianos picados. || 2. And. Guiso de carne, morcilla o asadura de cerdo, en una salsa espesa de variados ingredientes. || 3. And. Esta salsa. || 4. Germ. Rufianesca. || **P.** chanfana; **I.** fricasee of lungs; **F.** fricassée de mou; **A.** Lungenragout; **It.** fricasseo di pasto; **R.** кушанье из рубленых лёгких.

CHANFLA. f. Ar. Chapucería.

★ CHANFLE. m. Méj. Chaflán. || 2. Méj. Jugador inhábil. || 3. R. de la Plata. Agente de policía.

CHANFLÓN, NA. adj. Tosco, grosero. || 2. m. Moneda antigua de dos cuartos. || **P.** tosco; **I.** coarse; **F.** malotru; **A.** plump; **It.** rozzo; **R.** неотёсанный.

CHANGA. f. fam. Trato, trueque o negocio de poca importancia. Ú.m. con el verbo *hacer*. || 2. Amér. Merid. Ocupación y servicio que presta el changador.

CHANGADOR. m. Amér. Merid. Mozo de cordel.

CHANGALLO, LLA. adj. Can. Perezoso.

CHANGARRA. f. Sal. Gencerro.

CHANGLE. m. Chile. Planta parásita, especie de hongo comestible que crece en algunos árboles.

★ CHANGO, GA. adj. fig. Chile. Torpe, pesado, machacón. Ú.t.c.s. || 2. Méj. Listo, astuto. || 3. P. Rico. Changuero, bromista. || 4. m. y f. P. Rico. Persona de poco juicio y afectada en sus maneras. || 5. m. Cuba y Venez. Machango. || 6. P. Rico. Persona que gesticula como el chango. || 7. Argent. Muchacho que sirve en una casa. || 8. En Méjico y entre los camperos de la República Argentina, niño, muchacho. || 9. Pan. Bollo de maíz nuevo. || *Ponerse* chango. Méj. Avivarse, despertar, sacudir la pereza. || 2. Méj. Tomar precauciones.

★ CHANGUEADOR, RA. adj. Cuba, Colom. y P. Rico. Bromista.

★ CHANGUEO. m. Colom., Cuba y P. Rico. Chanza, broma.

CHANGUÍ. m. fam. Chasco, engaño, vaya. Ú.m. con el verbo *dar*. || 2. Cuba. Cierto baile antiguo de gente baja.

CHANO, CHANO. m. adv. fam. Lentamente, paso a paso.

CHANQUEAR. intr. ant. Andar en chancos.

CHANQUETE. m. Pez pequeño comestible, que se semejante a la cría del boquerón por su tamaño y aspecto.

CHANTADO, DA. (De *chantar*.) m. Gal. Cerca o vallado hecho de chantos.

CHANTAJE. (fr. *chantage*, de *chanter*, y éste del l. *cantare*, cantar.) m. Amenaza de pública difamación o daño hecha con el fin de obtener de aquel a quien se amenaza, dinero u otro provecho. || **P.** chantagem; **I.** blackmail; **F.** chantage; **A.** Erpressung; **It.** ricatto; **R.** шантаж.

CHANTAJISTA. com. Persona que ejercita habitualmente el chantaje.

CHANTAR. (gall. *chantar*, y éste del l. *plantare*, plantar.) tr. Vestir o poner. || 2. Clavar, hincar. || 3. fam. Decir a uno una cosa cara a cara sin reparo. || 4. Gal. Poner chantos en una heredad.

° **CHANTILLÍ.** m. Crema hecha de nata batida que se emplea mucho en pastelería.

CHANTILLÓN. (l. *scandere*, escalar.) m. Escantillón.

CHANTO. (De *chantar*.) m. En el noroeste de España, tronco, rama o piedra larga que se hinca de punta en el suelo. || 2. Gal. Piedra plana usada para formar vallados y pavimentos.

CHANTRE. (fr. *chantre*, y éste del l. *cantor*, cantor.) m. Dignidad de las iglesias catedrales, encargada en lo antiguo del gobierno del canto en el coro. || **P.** y **F.** chantre; **I.** cantor; **A.** Vorsänger; **It.** cantore; **R.** кантор.

CHANTRÍA. f. Dignidad de chantre.

★ CHANVARES. m. pl. Castañuelas de mayor tamaño que las comunes, usadas para acompañar el baile.

CHANZA. (ital. *ciancia*.) f. Dicho festivo y gracioso. || 2. Hecho burlesco para recrear el ánimo. || 3. Germ. Chanzaina. ||

Hablar uno *de* chanzas. fr. Hablar de burlas. || **P.** dito burlesco; **I.** joke, jest, fun; **F.** plaisanterie, blague, facétie; **A.** Spass, Scherz; **It.** scherzo, facezia; **R.** острое словцо, шутка.

CHANZAINA. (De *chanza*.) f. Germ. Sutileza o astucia.

CHANZONETA. (fr. *chansonnette*, y éste del l. *cantio, -ōnis*, canción.) f. Copla o composición en verso ligera y festiva, que se cantaba comúnmente en Navidad o festividades religiosas.

CHANZONETA. f. fam. Chanza.

CHANZONETERO. m. El que componía chanzonetas.

★ CHAÑACA. f. Chile. Sarna. || 2. fig. Chile. Descrédito o mala fama. || *Hacer* chañaca. fr. Chile. Moler en el plato con la cuchara los porotos guisados. || *Hacer* chañaca una cosa. fr. fam. Chile. Despedazarla ajándola.

CHAÑAR. (Voz quichua.) m. Bot. Amér. Merid. Árbol papilionáceo, espinoso, de corteza amarilla y legumbres dulces y comestibles. || 2. Fruto de este árbol.

★ CHAÑAR. tr. Chile. Arrebatar, robar. || 2. Chile. Destrozar.

★ CHAÑARCILLITA. f. Mineral. Mineral formado por una combinación no oxigenada del arsénico y del antimonio con la plata.

CHAÑO. m. Chile. Frazada de lana burda, con fleco y listas de color rojo. Empléase como manta, colchón o sudadero.

CHAOLA. (fr. *geôle*, y éste del l. *caveóla*, jaula.) f. Chabola.

CHAPA. (De la raíz indoeuropea *clap-*, en gr. πλαχ-, por metátesis.) f. Hoja de metal, madera u otra materia. || 2. Mancha roja que se ponían artificialmente las mujeres en el rostro. || 3. Entre zapateros, pedazo de piel, con que se aseguran las últimas puntadas en los extremos o en las uniones de unas piezas con otras. || 4. Chapeta. || 5. Caracol terrestre de gran tamaño, con la concha deprimida a manera de chapa. Es común en Valencia. || 6. fig. y fam. Seso, formalidad. || 7. Chile. Cerradura. || 8. pl. Juego que consiste en tirar por alto dos monedas iguales: si al caer al suelo quedan ambas con la cara hacia arriba, el que las ha tirado gana a todos y sigue tirando; en caso contrario, paga todas las puestas y deja de tirar; y si resulta cara y cruz, ni pierde ni gana. || **P.** chapa; **I.** sheet; **F.** plaque; **A.** Platte, Blech; **It.** piastra; **R.** лист (металла).

CHAPADAMENTE. adv. ant. Perfectamente.

CHAPADO, DA. p.p. de chapar. || 2. adj. Chapeado. || 3. ant. Decíase de la persona de chapa. || 4. fig. Hermoso, gallardo. || **—a la antigua.** expr. fig. Se dice de la persona muy pegada a las costumbres de sus mayores.

CHAPALEAR. (Voz onomatopéyica.) intr. Chapotear. || 2. Chacolotear.

CHAPALEO. m. Acción y efecto de chapalear.

CHAPALETA. (De *chapa*.) f. Válvula de la bomba de sacar agua.

CHAPALETEO. (De *chapalear*.) m. Rumor de las aguas al chocar con la orilla. || 2. Ruido de la lluvia al caer.

CHAPAPOTE. (Voz caribe.) m. Asfalto que se halla en las Antillas.

CHAPAR. (De *chapa*.) tr. Chapear. || 2. fig. Asentar, encajar.

CHAPARRA. (vasc. *txaparra*, mata.) f. Coscoja. || 2. Chaparro. || 3. Coche antiguo de caja ancha y poco elevada.

CHAPARRADA. f. Chaparrón.

CHAPARRAL. m. Sitio poblado de chaparros.

CHAPARRAZO. (Como *chaparrón*.) m. Hond. Chaparrón.

CHAPARREAR. intr. Llover reciamente.

CHAPARRERAS. f. pl. Especie de zahones de piel adobada que se usan en Méjico.

CHAPARRETE. f. And. Chaparro.

CHAPARRO. (vasc. *txaparro*.) m. Mata de encina o roble, de muchas ramas y poca altura. || 2. Arbusto malpigiáceo de la América Central, con hojas opuestas, muy enteras y pecioladas, flores en racimos terminales y fruto redondo. De sus ramas

se hacen bastones. || 3. fig. Persona rechoncha. Ú.t.c.adj. || **P.** chaparreiro; **I.** oakshrub; **F.** chêneau, yeuse; **A.** Eichensträuch; **It.** querciolo; **R.** дубовая роща.

CHAPARRÓN. (De la onomat. *chap*, del golpe.) m. Lluvia recia de corta duración. || **P.** aguacero forte; **I.** shower; **F.** averse; **A.** Regenguss; **It.** rovescio; **R.** ливень.

★ CHAPARRUDO. m. Zool. Torillo, pez de la familia de los blémidos.

CHAPARRUDO, DA. adj. León. Achaparrado.

CHAPATAL. (De la onomat. *chap*.) m. Lodazal o ciénaga.

★ CHAPATEAR. intr. Guat. Chapotear.

CHAPE. m. Colom. y Chile. Trenza de pelo. || 2. Chile. Ciertas clases de moluscos.

CHAPEADO, DA. p.p. de chapear. || 2. adj. Que está cubierto con chapas.

CHAPEAR. tr. Cubrir o adornar con chapas. || 2. Cuba. Limpiar la tierra de malezas con el machete. || 3. Chacolotear. || 4. r. Chile. Medrar, mejorar de situación económica. || **P.** chapear; **I.** to veneer; **F.** plaquer; **A.** plattieren, beschlagen; **It.** impiallacciare; **R.** фурнировать.

★ CHAPECÁN. m. Amér. Coleta, trenza. || 2. Chile. Sarta.

CHAPECAR. tr. Chile. Trenzar.

CHAPEL. m. ant. Chapín pequeño.

CHAPELETE. (De *chapelo*.) m. ant. Ar. Especie de sombrero o bonete.

CHAPELO. (fr. *chapeau*, ant. *chapel*, y éste del l. *cappellus*, capillo.) m. ant. Sombrero.

CHAPEO. (fr. *chapeau*, y éste del l. *cappellus*, capillo.) m. Sombrero.

★ CHAPEO. m. Cuba. Acción de limpiar la tierra de malas hierbas con el machete.

CHAPERA. (De *chapa*.) f. Albañ. Plano inclinado hecho con maderas unidos por medio de travesaños que se usa en las obras en sustitución de escaleras.

CHAPERÍA. f. Adorno hecho de muchas chapas.

CHAPERÓN. (l. *cappa*, capa.) m. Chapirón. || 2. Arq. Alero de madera para apoyar en él los canalones. || 3. Arq. V. *Alero* de chaperón. || **P.** chaperón; **I.** hood, chaperon; **F.** chaperon; **A.** Kopfbinde; **It.** cappuccio, capperuccio; **R.** навес.

CHAPERONADO, DA. (De *chaperón*.) adj. Blas. Capirotado.

CHAPESCAR. intr. Germ. Huir.

CHAPETA. f. d. de chapa. || 2. Mancha de color encendido en las mejillas.

CHAPETÓN. (aum. de *chapeta*.) m. Méj. Rodaja de plata con que se adornan los armeses de montar.

CHAPETÓN. m. Chaparrón, aguacero. || 2. Chapetonada. || *Pasar el* chapetón. fr. fig. y fam. Pasar el peligro o el contratiempo.

CHAPETÓN, NA. adj. Amér. En algunas partes se dice del europeo recién llegado. Ú.t.c.s.

CHAPETONADA. (De *chapetón*.) f. Primera enfermedad que padecían los españoles al llegar a América. || 2. fig. Ecuad. Novatada, noviciado.

CHAPICO. m. Chile. Arbusto solanáceo, siempre verde, con hojas espinosas.

CHAPÍN. (De la onomat. *chap*.) m. Chanclo de corcho, forrado de cordobán. || 2. Pez parecido al cofre, que vive en los mares tropicales. || **—de la reina.** Servicio pecuniario que hacía al reino de Castilla cuando se casaban los reyes.

° **CHAPÍN, NA.** adj. Escaro, patituerto.

CHAPINAZO. m. Golpe dado con un chapín.

CHAPINERÍA. f. Oficio de chapinero. || 2. Sitio donde se hacían chapines. || 3. Tienda donde se vendían.

CHAPINERO. m. El que por oficio hacía o vendía chapines.

CHAPINETE. m. Madero de los entramados en ciertas obras de albañilería.

CHAPIRO. m. Que se emplea únicamente en las expresiones de enojo. ¡*Por vida del* chápiro!

CHAPIRÓN. m. ant. Capirote.

CHAPIROTE. (fr. ant. *chaperot*, y éste del l. *cappellus*, capillo.) m. ant. Capirote.

CHAPISCA. f. Amér. En algunos países, tapisca.

CH

CHAPITEL. (fr. ant. *chapitel*, y éste del l. *capitellum*, de *caput*, *-ĭtis*, cabeza.) m. Remate de las torres de figura piramidal. || **2**. Capitel. || **3**. Cono hueco de ágata u otra substancia dura, que sirve para que la aguja imanada se apoye y gire sobre el extremo del estilete. || **4**. GERM. Cabeza. || **P**. capitel; **I**. spire; **F**. chapiteau; **A**. Turmspitze; **It**. guglia; **R**. шпиль башни, капитель.

CHAPLE. (fr. *chaple;* de *chapler*, tallar, cortar.) adj. Dícese del buril que tiene la punta en figura de escoplo.

★ **CHAPO.** m. ECUAD. Chapuna, especie de gachas de harina de cebada tostada con caldo.

★ **CHAPO, PA.** adj. MÉJ. Chaparro, rechoncho.

CHAPÓ. (fr. *chapeau*, y éste del l. *cappellus*, capillo.) m. Partida de billar en mesa grande o de troneras, que se juega entre cuatro. || *Hacer* CHAPÓ. fr. Ganar la partida derribando con una o más bolas los cinco palos del centro de la mesa.

CHAPODAR. (l. *subputāre*, podar ligeramente.) tr. Cortar ramas de los árboles, aclarándolos. || **2**. fig. Cercenar. || **P**. chapodar; **I**. to lop; **F**. élaguer, émonder; **A**. lichten; **It**. dibruscare, rimondare; **R**. обрезывать ветви.

CHAPODO. m. Trozo de rama que se chapoda.

CHAPOLA. f. COLOM. Mariposa.

CHAPÓN. m. Borrón grande de tinta.

CHAPONA. (Tal vez de *capona*, por lo corto de su falda.) f. Chambra. || URUG. Americana, chaqueta.

CHAPOPOTE. m. MÉJ. Chapapote.

CHAPOTE. m. Especie de cera negra que mascan los americanos para limpiar los dientes.

CHAPOTEAR. (Voz onomatopéyica.) tr. Humedecer repetidas veces una cosa con esponja o paño empapado en agua, sin estregarla. || **2**. intr. Sonar el agua batida por los pies o las manos. || **2.ª** acep.: **P**. chapinhar; **I**. to dabble; **F**. barboter; **A**. anfeuchten; **It**. diguazzare; **R**. увлажнять.

CHAPOTEO. m. Acción y efecto de chapotear.

CHAPUCEAR. (De *chapuz*.) tr. Frangollar. || **2**. fam. Chafallar.

CHAPUCERAMENTE. adv. Con chapucería.

CHAPUCERÍA. (De *chapucero*.) f. Tosquedad. || **2**. Obra hecha sin arte ni pulidez. || **3**. En algunas partes, embuste.

CHAPUCERO, RA. (De *chapuz*.) adj. Hecho tosca y groseramente. || **2**. Dícese de la persona que trabaja de este modo. Ú.t.c.s. || **3**. En algunas partes, embustero. Ú.t.c.s. || **4**. m. Herrero que fabrica clavos, trébedes y otras cosas bastas de hierro. || **5**. Vendedor de hierro viejo.

CHAPUL. m. COLOM. Libélula.

CHAPULÍN. m. AMÉR. Langosta, cigarrón.

CHAPURRADO. (De *chapurrar*.) m. CUBA. Bebida compuesta de ciruelas cocidas con agua, azúcar y clavo. || **2**. Cualquier mezcla de licores con agua.

CHAPURRAR. (Voz imitativa.) tr. Hablar con imperfección y con dificultad un idioma. || **2**. fam. Mezclar un licor con otro. || **P**. algaraviar; **I**. to jabber; **F**. baragouiner, écorcher; **A**. Kanderwelsch reden; **It**. storpiare; **R**. говорить на ломаном языке.

CHAPURREAR. tr. Chapurrar. Ú.t. c.intr.

CHAPUZ. (De *chapuzar*.) m. Acción de chapuzar. || *Dar* CHAPUZ. fr. Chapuzar. || **P**. mergulho; **I**. ducking; **F**. plongeon; **A**. Untertauchung; **It**. tuffata; **R**. ныряние.

CHAPUZ. (l. *capputiare*, de *cappa*.) m. Obra de poca importancia. || **2**. Chapucería. || **3**. MAR. Cualquiera de las piezas que se agregan exteriormente para suplir alguna falta y completar su redondez en un palo.

CHAPUZA. (ant. fr. *chapuis*.) f. Chapuz, 2.º art., 1.ª y 2.ª aceps.

CHAPUZAR. (l. *subputeāre*, sumergir, de *puteus*, pozo.) tr. Meter a uno de cabeza en el agua. Ú.t.c.intr. y c.r. || **P**. mergulhar; **I**. to duck; **F**. plonger; **A**. untertauchen; **It**. tuffare; **R**. нырять.

CHAPUZÓN. m. Acción y efecto de chapuzar o chapuzarse.

CHAQUÉ. (fr. *jaquette*, y éste del ant. *jaque*, del cast. *jaque*, del ár. *šakka*, malla.) m. Prenda exterior de hombre a modo de chaqueta, que desde la cintura se abre hacia atrás formando dos faldones.

º **CHAQUEÑO, ÑA.** adj. Natural del Chaco o de la provincia argentina de igual nombre. Ú.t.c.s. || **2**. Relativo a esta región y provincia.

CHAQUETA. (De *jaqueta*.) f. Prenda exterior de vestir, con mangas y sin faldones, que se ajusta al cuerpo y pasa poco de la cintura. || **P**. jaqueta; **I**. jacket, sack-coat; **F**. veste, veston; **A**. Jacke; **It**. giacchetta; **R**. жакет, куртка.

CHAQUETE. (fr. *jaquet*.) m. Juego parecido al de damas, en que se empieza poniendo peones en todas las casillas, y se gana haciéndolos pasar, con arreglo a ciertas condiciones, por delante del lado contrario. || **P**. gamão; **I**. backgammon; **F**. jacquet, traitrac; **A**. Tricktrack; **It**. tavoda reale; **R**. игра в шашки.

º **CHAQUETEAR.** intr. MÉJ. Mudar de opinión, pasarse de un partido a otro, volver la casaca. || **2**. CUBA. Escapar, huir.

★ **CHAQUETERO, RA.** m. y f. Persona dedicada a hacer chaquetas. || **2**. El que muda de partido con facilidad.

CHAQUETILLA. f. dim. de chaqueta. || **2**. Chaqueta, generalmente más corta que la ordinaria y con adornos. ||—**torera.** La que usan los toreros en el traje de lidia y, por ext., prenda de corte semejante en otros trajes de hombre o de mujer.

CHAQUETÓN. m. aum. de chaqueta. || **2**. Prenda exterior de más abrigo y más larga que la chaqueta.

CHAQUIRA. f. Grano de aljófar, abalorio o vidrio muy menudo, que los españoles vendían a los indios del Perú.

CHARABAN. (fr. *char-à-bancs;* de *char*, carro, y *banc*, banco.) m. Coche descubierto, con dos o más filas de asientos.

CHARADA. (fr. *charade*.) f. Acertijo resultante de formar con las sílabas de una palabra, combinándolas de diversas formas, otras palabras. Ligeras explicaciones ayudan a formarlas así como la principal, que se llama todo. || **P**. charada; **I**. y **F**. charade; **A**. Silbenrätsel; **It**. sciarada; **R**. шарада.

CHARADA. (De la onomat. *char*.) f. AR. Llamarada.

CHARAL. (Voz americana.) m. ZOOL. Pez teleósteo, fisóstomo, muy comprimido, pequeño, lleno de espinas y de color plateado, que se cría en las lagunas del estado de Michoacán, en Méjico. Curado al sol, es artículo de comercio bastante importante. || *Estar* uno *hecho un* CHARAL. fr. fig. y fam. MÉJ. Estar muy flaco.

CHARAMBITA. f. BURG., PAL. y VALLAD. Dulzaina.

CHARAMITA. f. Charambita.

CHARAMUSCA. f. GAL. Chispa que salta del fuego de leña. || **2**. pl. CAN. y AMÉR. Leña menuda con que se enciende fuego en el campo.

CHARAMUSCA. f. MÉJ. Confitura en forma de tirabuzón.

CHARANGA. f. Música militar que consta sólo de instrumentos de metal. || **P**. charanga; **I**. brass band; **F**. fanfare; **A**. Militärmusik; **It**. fanfara; **R**. военный духовой оркестр.

CHARANGO. m. Especie de bandurria pequeña, de cinco cuerdas y sonidos muy agudos, que usan los indios del Perú.

CHARANGUERO, RA. adj. Chapucero. Ú.t.c.s. || **2**. En los puertos andaluces, buhonero. || **3**. Barco usado en Andalucía para el tráfico de unos puertos con otros.

CHARAPA. f. PERÚ. Tortuga pequeña y comestible.

CHARAPE. (Variante de *jarabe* y *jarope*.) m. MÉJ. Bebida fermentada preparada con pulque, panocha, miel, clavo y canela.

CHARATA. f. ARGENT. Ave gallinácea, especie de pavo salvaje.

CHARCA. (ár. *ṭaraqa*, lugar de agua estancada.) f. Depósito grande considerable de agua, detenida en el terreno. || **P**. açude; **I**. pond; **F**. mare; **A**. grosse Lache; **It**. pozzanghera; **R**. большая лужа.

CHARCAL. m. Sitio en que abundan los charcos.

CHARCAS. m. pl. ETNOGR. Indios de la América Meridional que estaban sometidos al imperio de los Incas.

CHARCO. (De *charca*.) m. Agua detenida en un hoyo o cavidad de la tierra. || *Pasar* uno *el* CHARCO. fr. fig. y fam. Pasar el mar.

CHARCÓN, NA. adj. ARGENT. y BOL. Dícese de la persona flaca o enjuta. Aplícase también a ciertos animales.

CHARLA. (De *charlar*.) f. fam. Acción de charlar. || **2**. Cagaaceite. || **3**. Género literario consistente en una disertación libre de carácter familiar y ameno. || **P**. charla; **I**. prattle, chitchat; **F**. bavardage, caquetage; **A**. Geschwätz; **It**. ciarla; **R**. болтовня.

CHARLADOR, RA. (De *charlar*.) adj. fam. Charlatán. Ú.t.c.s.

CHARLADURÍA. f. Charla indiscreta.

CHARLANTE. p.a. fam. de charlar. Que charla.

CHARLAR. (De la onomat. *char*, infl. por *parlar*.) intr. fam. Hablar mucho, sin substancia o fuera de propósito. || **2**. fam. Conversar, platicar sólo por pasatiempo. || **P**. palrar; **I**. to chat, to tattle; **F**. bavarder, caqueter; **A**. schwatzen; **It**. ciarlare, cicalare; **R**. болтать.

CHARLATÁN, NA. (ital. *ciarlatano*.) adj. Que habla mucho y sin substancia. Ú.t.c.s. || **2**. Hablador indiscreto. Ú.t.c.s. || **3**. Embaidor. Dícese especialmente de curanderos y proyectistas. Ú.t.c.s. || **P**. charlatão; **I**. prater, tattler; **F**. bavardeur, bavard; **A**. Schwätzer; **It**. chiacchierone, ciarlatano, ciarlatore; **R**. болтливый, болтун.

CHARLATANEAR. (De *charlatán*.) intr. Charlar.

CHARLATANERÍA. f. Locuacidad. || **2**. Calidad de charlatán.

CHARLATANISMO. (De *charlatán*.) m. Charlatanería, especialmente si es habitual en una persona o común a varias.

CHARLEAR. (De *charlar*.) intr. Croar.

★ **CHARLISTA.** (De *charlar*.) com. Persona que cultiva la charla como género literario.

CHARLÓN, NA. (De *charlar*.) adj. ECUAD. Charlatán, hablador. Ú.t.c.s.

CHARLOTEAR. intr. Charlar.

CHARLOTEO. m. Charla.

CHARNECA. f. Lentisco.

CHARNECAL. m. Sitio poblado de charnecas.

CHARNEL. m. GERM. Moneda de dos maravedís.

CHARNELA. (l. *cardinaria;* de *cardo*, *-inis*, el quicio.) f. Bisagra. || **2**. Gozne. || **3**. ZOOL. Articulación de las dos piezas de una concha bivalva.

CHARNETA. (De *charnela*, con cambio de sufijo.) f. fam. Charnela.

CHARNIEGOS. m. pl. GERM. Grillo.

CHARO. (ital. *chiaro*, y éste del l. *clarus*, claro.) m. GERM. Cielo.

CHAROL. (chino *zat liao*.) m. Barniz muy lustroso y permanente, que se adhiere perfectamente a la superficie del cuerpo conservando su brillo. || **2**. Cuero con este barniz. || *Darse* CHAROL. fr. fam. Alabarse, darse importancia. || **P**. charão; **I**. japan; **F**. vernis; **A**. Lack; **It**. vernice; **R**. лак.

CHAROLADO, DA. p.p. de charolar. || **2**. adj. Lustroso.

CHAROLAR. tr. Barnizar con charol. || **P**. charoar; **I**. to japan, to varnish; **F**. vernir, vernisser; **A**. lackieren; **It**. inverniciare; **R**. лакировать.

CHAROLISTA. m. El que tiene por oficio dorar o charolar.

CHARPA. (fr. *écharpe*, y éste del germ. *scharpe*, banda.) f. Tahalí con un pedazo de cuero hacia la cintura para colgar armas de fuego. || **2**. MED. Cabestrillo.

CHARQUE. m. ARGENT. y MÉJ. Charqui.

CHARQUEAR. tr. AMÉR. Hacer charqui.

CHARQUECILLO. m. PERÚ. Congrio salado y seco.

CHARQUETAL. m. Charcal.

CHARQUI. m. AMÉR. MERID. Tasajo.

CHARQUICÁN. m. AMÉR. Guiso hecho con charqui, ají, patatas, judías y otros ingredientes.

CH

CHARRA. f. HOND. Sombrero común, bajo de copa y ancho de ala.

★ **CHARRA.** f. ECUAD. Sarna.

CHARRADA. f. Dicho o hecho propio de un charro. || **2.** Baile propio de los charros. || **3.** fig. y fam. Obra o adorno sobrecargado o de mal gusto.

CHARRAMENTE. adv. Con charrada.

CHARRÁN. (ár. *šarrāni*, malvado.) adj. Pillo, tunante. Díjose primeramente de los esportilleros malagueños vendedores de pescado. Ú.t.c.s.

CHARRANADA. f. Acción propia del charrán. || P. velhacada; I. roguery, knavery; F. friponnerie; A. Landstreicherie; It. farfanteria, bricconata; R. плутовство

CHARRANEAR. intr. Hacer vida de charrán o conducirse como tal.

CHARRANERÍA. f. Condición de charrán.

CHARRASCA. (Voz imitativa). f. fam. y fest. Arma arrastradiza, como el sable. || **2.** fam. Navaja de muelles.

CHARRASCO. m. fam. y fest. Charrasca.

CHARRERÍA. f. Charrada.

CHARRETE. (fr. *charrette*; d. de *char*, y éste del l. *carrus*, carro.) f. Coche de dos ruedas y dos o cuatro asientos.

CHARRETERA. (fr. *jarretiére*, liga, y éste del célt. *garra*, pierna.) f. Divisa militar de oro, plata, seda, etc., en forma de pala, sujeta al hombro y de la cual pende un fleco. || **2.** Jarretera. || **3.** Hebilla de jarretera. || **4.** fig. y fam. Albardilla. || P. charlatería; I. epaulet; F. épaulette; A. Achselband; It. spallina; R. эполет.

CHARRIOTE. (l. *carrus*, carro.) m. ant. Carro.

CHARRO. m. MÉJ. Jinete o caballista con traje especial compuesto de chaqueta con bordados, pantalón ajustado, camisa blanca y sombrero de ala ancha y copa alta y cónica. Ú.t.c.adj. *Vestido* CHARRO.

CHARRO, RRA. adj. Aldeano de tierra de Salamanca. Ú.t.c.s. || **2.** fig. Basto y rústico. Ú.t.c.s. || **3.** fig. y fam. Aplícase a algunas cosas recargadas de adornos o de mal gusto.

CHARRÚA. m. Individuo de alguna de las tribus que habitaban la costa septentrional del Río de la Plata.

CHARRÚA. (fr. *charrue*, arado.) f. AND. Arado compuesto. || **2.** MAR. Embarcación pequeña que servía para remolcar otras mayores.

CHARTREUSE. (Voz francesa.) f. Licor fabricado por los cartujos de Tarragona.

★ **CHAS.** (Voz onomatopéyica.) m. Ruido que hace una cosa al romperse. || *Al* CHAS, CHAS. m. adv. MÉJ. Dinero contante.

CHASCA. f. Leña menuda que procede de la limpia de los árboles o arbustos. || **2.** Ramaje colocado sobre la leña dispuesta para hacer carbón. || **3.** AMÉR. MERID. Cabello enmarañado.

★ **CHASCADA.** f. HOND. Propina, gratificación.

CHASCAR. (De la onomat. *chasc.*) intr. Producir una especie de chasquido al separar súbitamente la lengua del paladar. || **2.** Triturar algún manjar quebradizo. || **3.** Engullir. Ú.t.c.tr. || **4.** Dar chasquidos.

CHASCARRILLO. (De *chasco.*) m. fam. Anécdota ligera y picante, cuentecillo agudo o frase graciosa o de sentido equívoco. || P. anedota; I. joke; F. historiette; A. Schwank; It. tarzelletta; R. остроумный анекдот.

CHASCARRO. m. Chascarrillo.

CHASCÁS. (pol. *czapcka*.) m. Morrión con cimera plana y cuadrada, de origen polaco y después usado en los regimientos de lanceros en toda Europa. || P. morrião; I. shapka; F. chapska; A. Tschapka; It. sciapsca; R. кивер.

CHASCO. m. Burla o engaño que se hace a alguno. || **2.** fig. Decepción causada por un suceso contrario a lo que se esperaba. || P. engano; I. trick, joke; F. tour; A. Possen; It. baia, scherzo; R. проделка.

CHASCÓN, NA. adj. CHILE. Enmarañado, enredado.

CHASCONEAR. tr. CHILE. Enredar, enmarañar. || **2.** CHILE. Repelar.

CHASIS. (l. *capsa*, caja.) m. Armazón, caja del coche. || **2.** FOTOGR. Bastidor.

CHASPONAZO. m. Señal que deja la bala en un cuerpo duro al pasar rozándolo. || P. chasponazo; I. abrasion; F. efleurement; A. Streifen einer Kugel; It. raschiatura; R. царапина от пули.

CHASQUEADOR, RA. adj. Que chasquea. Ú.t.c.s.

CHASQUEAR. tr. Dar chasco o zumba. || **2.** Faltar a lo prometido. || **3.** intr. Frustrar un hecho adverso las esperanzas de alguno. || **4.** Dar chasquidos. || P. chasquear; I. to trick, to joke; F. jouer un tour, mystifier; A. anführen; It. uccellare; R. обманывать.

★ **CHASQUEO.** m. MED. Examen médico completo, aun sin aquejar síntomas, es decir, un examen de salud dirigido a descubrir cualquier tara que pudiera existir.

CHASQUI. (Voz quichua.) m. PERÚ. Indio que sirve de correo.

CHASQUIDO. (De *chascar.*) m. Sonido o estallido que se hace con el látigo al sacudirlo en el aire. || **2.** Ruido seco que produce al romperse o desgajarse alguna cosa. || P. estalo; I. crack; F. claquement; A. Knistern; It. schiocco; R. щёлканье, треск.

CHATA. (De *chato.*) f. Bacín plano, con borde entrante y mango hueco para vaciarle por él. Ú. como orinal de cama para los enfermos. || **2.** Chalana.

★ **CHATAMITA.** f. MINERAL. Arseniuro natural de níquel.

CHATARRA. f. Escoria que deja el mineral de hierro. || **2.** Hierro viejo.

CHATARRERO, RA. m. y f. Persona que se dedica a coger o a vender hierro viejo.

CHATASCA. f. R. DE LA PLATA. Charquicán.

CHATEAR. tr. AND. Hacer con la azada en los terrenos llanos una pileta mayor que la serpia, para extirpar las hierbas y recoger las aguas.

CHATEDAD. f. Calidad de chato.

CHATO, TA. (b. l. *platus*, aplanado, y éste del gr. πλατύς.) adj. Que tiene la nariz como aplastada. Ú.t.c.s. || **2.** Dícese también de la nariz que tiene esta figura. || **3.** Aplícase a algunas cosas que se hacen con menor relieve que el que suelen tener las de su especie. || **4.** m. fig. y fam. En las tabernas vaso bajo y ancho de vino. || P. chato; I. flat-nosed; F. camard, camus; A. stumpfnasig; It. camuso; R. курносый.

CHATÓN. (fr. *chaton*, y éste del germ. *kaston*, caja.) m. Piedra preciosa gruesa, engastada en una alhaja.

CHATÓN. m. ant. Tachón, 2.º art.

CHATONADO. (De *chatón*.) m. GERM. Tachonado.

CHATRE. adj. ECUAD. Ricamente acicalado.

CHATRIA. m. Individuo de la India perteneciente a la segunda casta.

º **CHATUNGO, GA.** (De *chato.*) adj. fam. Chato.

★ **¡CHAU!** interj. fam. ARGENT. ¡Adiós!

CHAUCHA. f. CHILE. Moneda chica de plata o níquel. || **2.** ARGENT. Judía verde. || **3.** CHILE. Moneda de plata de baja ley. || **4.** CHILE. Patata temprana o menuda que se deja para simiente.

CHAUCHE. (De *enchauchar*, y éste del ant. b. l. dialect. *enchauser*, del l. *encaustiare*, de *encaustum*.) m. Pintura encarnada hecha con minio.

CHAUCHERA. f. CHILE. Portamonedas.

★ **CHAUCHERO, RA.** m. y f. CHILE. Persona que presta servicios que se pagan con una chaucha. || **2.** CHILE. Persona que en juegos, apuestas, gastos, no pasa de una chaucha. || **3.** m. CHILE. Cochero de servicio público, que vive ganando chauchas. || **4.** CHILE. Cobrador de última clase.

CHAÚL. (ingl. *shawl*, pañuelo grande.) m. Tela de seda de la China, comúnmente azul.

★ **CHAUNA.** f. ZOOL. Chajá, ave zancuda que vive en las regiones pantanosas de América del Sur. || **2.** ZOOL. Género de aves zancudas cuya especie más conocida es el chajá.

CHAUZ. (turco *ŷâwiš*, macero.) m. Portero de estrados, alguacil, entre los árabes.

CHAVAL, LA. adj. Entre la gente del pueblo, muchacho, cha. Ú.m.c.s.

★ **CHAVALO, LA.** m. y f. VENEZ. y AMÉR. CENTRAL. Chaval callejero.

★ **CHAVALONGO.** m. CHILE. Fiebre tifoidea, tabardillo, tifus, insolación y otras enfermedades parecidas. || **2.** CHILE y ARGENT. Modorra, pesadez de cabeza. || **3.** ZOOL. CHILE. Cierto insecto coleóptero de olor nauseabundo.

★ **CHAVAR.** tr. P. RICO. Molestar. || **2.** r. P. RICO. Hastiarse, fastidiarse.

CHAVARÍ m. ant. Especie de lienzo.

CHAVASCA. f. Chasca.

CHAVEA. m. fam. Rapazuelo, muchacho.

CHAVETA. (l. *clavis*, llave.) f. Clavo hendido que, introducido por el agujero de un hierro o madero, se remacha separando las dos mitades de su punta. || **2.** Clavija que se pone en el agujero de una barra para impedir que se salgan las piezas que la barra sujeta. || *Perder* uno *la* CHAVETA. fr. fig. y fam. Perder el juicio, volverse loco. || P. chaveta; I. key, gib; F. clavette; A. Keil; It. chiavetta; R. кнопка, скрепка.

CHAVÓ. m. GERM. Chaval.

CHAVOLA. f. Chabola.

CHAYA. f. CHILE. Burlas y juegos de los días de carnaval.

★ **CHAYE.** m. EL SALV. y GUAT. Trozo cortante de vidrio.

CHAYO. (Voz cubana.) m. BOT. CUBA. Arbusto euforbiáceo, de un metro de altura, tallo recto o ramoso; hojas alternas dentadas; florecillas de cinco pétalos blanquecinos y fruto como el cardo espinoso.

CHAYOTE. (mejic. *chaiotl.*) m. Fruto de la chayotera; es de forma de pera, de corteza rugosa y asurcada; carne parecida a la del pepino y con una sola pepita muy grande por semilla. || **2.** Chayotera.

CHAYOTERA. f. Planta trepadora americana, cucurbitácea. Sus flores tienen cinco pétalos amarillos y el cáliz acampanado. Su fruto es el chayote.

CHAZA. f. Suerte del juego de pelota en que ésta vuelve contrarrestada y se para o la detienen antes de llegar al saque. || **2.** Señal que se pone donde paró la pelota. || **3.** MAR. Espacio que media entre dos portas de una batería. || CHAZAS *corrientes.* Cierta condición que se suele poner por ventaja en el juego de la pelota. || *Hacer* CHAZAS. fr. EQUIT. Mantenerse el caballo levantado sobre el cuarto trasero, adelantando terreno a saltitos.

CHAZADOR. (De *chazar*.) m. El jugador que detiene las pelotas. || **2.** El que no juega, pero cuida de señalar el sitio de la chaza.

CHAZAR. (fr. *chasser*, y éste del l. *captiare*, cazar.) tr. Detener la pelota antes que llegue a la raya señalada para ganar. || **2.** Señalar el sitio donde está la chaza.

CHAZO. m. CAN. Pedazo, remiendo.

★ **CHAZO.** m. VENEZ. Parada instantánea de la cabalgadura por voluntad y maniobra del jinete.

★ **CHAZO, ZA.** m. y f. ECUAD. Campesino, campesina.

CHE. f. Nombre de la letra CH.

★ **¡CHE!** interj. fam. VAL. y ARGENT. Se usa para llamar la atención de una persona a quien se tutea. || **2.** HOND. Sirve para manifestar que se desecha algo.

CHECA. (De *che* y *ka*, nombre de las letras iniciales de la denominación rusa.) f. Comité de policía secreta en la Rusia soviética. || **2.** Organismo semejante que ha funcionado en otros países. || **3.** Local en que actuaban estos organismos.

CHECO, CA. adj. Bohemio de raza eslava. Ú.t.c.s. || **2.** Propio o perteneciente a él. || **3.** m. Lengua de los checos.

CHECOSLOVACO, CA. adj. Natural de Checoslovaquia. || **2.** Perteneciente a esta nación europea.

º **CHÉCHERES.** m. pl. COLOM. Baratijas, trebejos, cachivaches.

CHEIRA. f. Chaira.

CHEJE. m. EL SALV. y HOND. Eslabón de una cadena.

★ **CHELE.** adj. AMÉR. CENTRAL. Pelirrubio. || **2.** AMÉR. CENTRAL. Extranjero no español. Ú.t.c.s. || **3.** m. AMÉR CENTRAL. Legaña.

CH

CHELEUTITA. f. MINERAL. Arseniuro natural de cobalto.

CHELÍN. (ingl. *shilling.*) m. Moneda inglesa de plata, equivalente a la vigésima parte de la libra esterlina. ‖ **P.** chellim; **I.** shilling; **F.** schelling, shelling; **A.** Schilling; **It.** scellino; **R.** шиллинг.

★ **CHENCA.** f. AMÉR. CENTRAL. Colilla de cigarro.

CHENCHA. adj. MÉJ. Holgazán.

★ **CHENQUE.** m. ZOOL. CHILE. Flamenco, ave palmípeda.

★ **CHENQUEAR.** intr. GUAT. Cojear.

CHEPA. (arag. *chep.* y éste del l. *gibbus*, jorobado.) f. fam. Corcoba, joroba. ‖ **P.** giba; **I.** hump; **F.** bosse; **A.** Buckel; **It.** gobba; **R.** горб.

★ **CHEPE.** m. HOND. Libro de consulta. ‖ **2.** MÉJ. Marimacho.

CHEPICA. f. CHILE. Grama.

CHEPO. m. GERM. Pecho.

CHEQUE. (ingl. *check*, y éste del ár. *šakk*.) m. Documento en forma de mandato de pago, para retirar una persona, por sí o por tercero, todos o parte de los fondos que tiene disponibles en poder de otra. ‖

—**cruzado.** El expedido al portador, y en el anverso del cual escribe cruzado, quien lo libra o lo posee, el nombre de un banquero o una sociedad, que será el único perceptor legítimo del importe. ‖ **P.** cheque; **I.** cheque, check; **F.** chèque; **A.** Scheck; **It.** chèque, assegno; **R.** чек.

★ **CHEQUEAR.** tr. C. RICA y P. RICO. Expedir cheques, letras u órdenes de pago. ‖ **2.** COLOM. Anotar, registrar. ‖ **3.** C. RICA, CUBA y P. RICO. Cotejar. ‖ **4.** P. RICO. Fiscalizar. ‖ **5.** CUBA. Espiar a uno. ‖ **6.** P. RICO, AMÉR. CENTRAL y COLOM. Facturar un equipaje.

CHEQUÉN. (arauc. *chequeñ*.) m. CHILE. Especie de arrayán, de hojas elípticas.

CHERCÁN. (mapuche *chedcañ*.) m. CHILE. Pajarillo semejante al ruiseñor, pero de canto mucho menos dulce.

CHERCHA. f. HOND. Chacota. ‖ **2.** VENEZ. Burla, zumba.

CHERCHAR. intr. Burlar, bromear.

CHERICLES. m. ECUAD. Ave trepadora, especie de loro de la América tropical.

CHERINOL. m. GERM. Caporal de la rufianesca o ladronesca.

CHERINOLA. (De *cherinol*.) f. GERM. Junta de ladrones o rufianes.

CHERNA. (l. *acĕrna, acĕrnia.*) f. Mero.

★ **CHERNO.** m. ZOOL. CUBA. Cierto pez acantopterigio de gran tamaño. Es bastante estimado por su carne.

★ **CHEROQUI.** adj. Dícese del individuo de una tribu de indios norteamericanos. Ú.t.c.s. ‖ **2.** Perteneciente o relativo a estos indios. ‖ **3.** m. Lenguaje de los cheroquis.

CHERRIADO. m. ant. Chirrido.

CHERRIADOR, RA. adj. ant. Chirriador.

CHERRIAR. (Voz onomatopéyica.) intr. ant. Chirriar.

CHERRIDO. m. ant. Chirrido.

CHERRIÓN. m. ant. Chirrión.

CHERVA. (ár. *jirwaʿ*, ricino.) f. Ricino.

CHESO, SA. adj. Natural de Hecho. Ú.t c.s. ‖ **2.** Perteneciente a este valle de la provincia de Huesca.

CHÉSTER. (Del condado de *Chéster*.) m. Queso inglés semejante al manchego.

CHEURÓN. (fr. *chevron*, de *chèvre*, cabra.) m. BLAS. Cabrío.

CHEUTO, TA. adj. CHILE. Dícese de la persona que tiene el labio partido o deformado.

CHEVIOT. (Voz inglesa.) m. Lana del cordero de Escocia.

CHÍA. f. Manto negro y corto, de bayeta, que se usó en los lutos. ‖ **2.** Parte de una vestidura llamada beca, hecha de paño fino con una rosca que se ponía en la cabeza, de la cual bajaban dos faldones.

CHÍA. (mejic. *chía*.) f. Semilla de una especie de salvia. Con ella se prepara un refresco muy usado en Méjico. Molida, produce un aceite secante.

★ **CHIAN.** m. HOND. Chía.

CHIAPA. n. p. De una ciudad mejicana, empleado en la denominación *Pimienta de* CHIAPA que se da a la malagueta.

CHIAR. (Voz onomatopéyica) intr. ant. Piar.

CHIBALETE. (fr. *chevalet*, d. de *cheval*, caballo) m. IMPR. Armazón de madera donde se colocan las cajas para componer.

CHIBCHA. adj. Dícese del individuo de un pueblo que habitó el territorio de Bogotá. Ú.t.c.s. ‖ **2.** Perteneciente a este pueblo. ‖ **3.** m. Idioma de los chibchas.

CHIBERA. f. MÉJ. Látigo que usan los cocheros.

CHIBOLO, LA. m. y f. ECUAD. Cuerpo redondo y pequeño; chichón.

CHIBORRA. f. Botarga que con una vejiga hinchada colgada de un palo pega a los muchachos y en ciertas fiestas va delante de los danzantes.

CHIBUQUÍ. (turco *ŷibûq*.) m. Pipa de tubo largo y recto, que usan los turcos para fumar.

CHICA. f. Cierto baile de negros. ‖ **2.** Botella pequeña. ‖ **3.** MÉJ. Moneda de plata de tres centavos.

CHICADA. (De *chico*.) f. Rebaño de corderos enfermizos y tardíos que necesitan de más cuidado y apartan los pastores del resto del ganado. ‖ **2.** Niñada.

CHICALÉ. m. AMÉR. CENTRAL. Pájaro muy lindo por los colores de su plumaje.

CHICALOTE. (mejic. *chicalotl*.) m. Argemone.

★ **CHICANA.** f. AMÉR. Sofistería.

CHICARRERO, RA. m. y f. ant. Zapatillero, ra.

CHICARRÓN, NA. adj. fam. Dícese de la persona de corta edad muy crecida o desarrollada. Ú.t.c.s.

CHICLÁN. adj. AND. Ciclán.

CHICLANERO, RA. adj. Natural de Chiclana. Ú.t.c.s. ‖ **2.** Perteneciente a esta villa.

CHICLE. (mejic. *tzictli*.) m. MÉJ. Gomorresina que fluye del tronco del chicozapote. Es masticatorio.

CHICLEAR. intr. MÉJ. Mascar chicle.

CHICO, CA. (l. *ciccum*, cosa de poquísimo valor.) adj. Pequeño o de poco tamaño. ‖ **2.** Niño. Ú.t.c.s. ‖ **3.** Muchacho. Ú.t.c.s. ‖ **4.** m. y f. En trato de confianza, persona de corta edad. Empléase familiarmente con calificativos encomiásticos para significar que la persona de que se trata es recomendable. ‖ **5.** m. En lenguaje vulgar, medida de capacidad para el vino, igual a 168 mililitros. ‖ CHICO *con grande*. expr. de que se usa cuando se trata de ajustar, vender o despachar cosas desiguales en tamaño o calidad. ‖ **2.** fig. Sin excluir cosa alguna. ‖ **P.** pequeno; **I.** little, small, minute; **F.** petit, menu; **A.** klein, jung; **It.** piccolo; **R.** маленький, мальчик.

★ **CHICOCO, CA.** m. y f. CHILE. Enano, na.

CHICOLEAR. intr. fam. Decir chicoleos.

CHICOLEO. (l. *iocalĭus*, festivo, de *iocus*, juego.) m. fam. Dicho o donaire de que se usa con las mujeres por galantería.

★ **CHICORA.** f. ZOOL. COLOM. Aura o buitre americano. ‖ **2.** VENEZ. Utensilio agrícola, a modo de zapapico.

CHICORIA. (l. *cichorĭum*, y éste del gr. χιχόρεια.) f. Achicoria.

CHICORIÁCEO, A. adj. BOT. Perteneciente a la achicoria.

★ **CHICORINA.** f. QUÍM. Glucósido que se encuentra en las flores de la achicoria.

CHICORRO. m. fam. Chicote.

CHICORROTICO, CA, LLO, LLA, TO, TA. adj. fam. d. de chico.

CHICORROTÍN, NA. adj. fam. d. de chico. ‖ **2.** fam. Chiquirritín. Ú.t.c.s.

CHICOTAZO. m. Golpe dado con el chicote. ‖ **3.ª** acep.

CHICOTE, TA. (De *chico*.) m. y f. fam. Muchacho robusto y bien formado. Ú. para denotar cariño. ‖ **2.** m. fig. y fam. Cigarro puro. ‖ **3.** AMÉR. Látigo. ‖ **4.** MAR. Extremo de una cuerda, o pedazo pequeño separado de ella.

CHICOTEAR. tr. AMÉR. Dar chicotazos.

CHICOZAPOTE. (De *chico* y el mejic. *tzapotl*.) m. Zapote.

CHICUELO, LA. adj. d. de chico. Ú.t.c.s.

CHICURA. f. BOT. MÉJ. Guaco.

CHICHA. (Voz caribe.) f. fam. Hablando con niños, carne comestible. ‖ *Tener pocas* CHICHAS. fr. fig. y fam. Tener pocas carnes o pocas fuerzas.

CHICHA. f. Bebida alcohólica resultante de la fermentación del maíz en agua azucarada, usada en algunos países de América. ‖ **2.** CHILE. La obtenida de la fermentación del zumo de la uva o de la manzana. ‖ *De* CHICHA *y nabo*. loc. fig. y fam. De poca importancia, despreciable. ‖ *No ser* uno o una cosa *ni* CHICHA *ni limonada*. fr. fig. y fam. No valer para nada.

CHICHA. adj. Calma chicha, aplícase a la calma completa del mar y del aire.

CHÍCHARO. (l. *cicĕra*, tito.) m. BOT. Guisante, garbanzo, judía.

CHICHARRA. f. Cigarra. ‖ **2.** Juguete que usan los niños que consiste en un cañuto corto, con un pergamino estirado, en uno de sus extremos y un hilo con que hacen un ruido parecido al canto de la cigarra. ‖ **3.** fig. y fam. Persona muy habladora. ‖ *Cantar la* CHICHARRA. fr. fig. y fam. Hacer gran calor. ‖ *Hablar* uno *como una* CHICHARRA. fr. fig. y fam. Ser muy hablador. ‖ **3.ª** acep.: **P.** falador; **I.** babbler; **F.** babillard, pie; **A.** Schwätzer; **It.** cicalone; **R.** цикада, трещотка.

CHICHARRAR. (Voz onomatopéyica.) tr. Achicharrar.

★ **CHICHARREAR.** intr. Cantar la chicharra. ‖ **2.** CHILE. Tocar un instrumento músico desafinadamente.

CHICHARRERO, RA. m. y f. Persona que hace o vende chicharras. ‖ **2.** m. fig. y fam. Sitio o paraje muy caluroso.

★ **CHICHARRIENTO, TA.** adj. CHILE. Persona molesta con su locuacidad. ‖ **2.** CHILE. Instrumento músico que tiene sonido desapacible o áspero.

CHICHARRO. m. Chicharrón. ‖ **2.** Jurel.

CHICHARRÓN. (De *chicharrar*.) m. Residuo de las pellas del cerdo, después de derretida la manteca y residuo del sebo de otros animales. ‖ **2.** fig. Carne u otra vianda requemada. ‖ **3.** fig. y fam. Persona muy tostada por el sol.

CHICHARRÓN. m. BOT. CUBA. Árbol silvestre combretáceo, de madera dura. Su altura es de unos 11 metros y tiene hojas alternas, ovaladas, de color gríseo; flores pequeñas en espigas y fruto comprimido.

★ **CHICHE.** m. MÉJ. y GUAT. Pecho, mama de la nodriza. ‖ **2.** MÉJ. La misma nodriza.

CHICHEAR. intr. Sisear. Ú.t.c.r.

CHICHEME. m. PAN. y AMÉR. CENTRAL. Refresco preparado con leche, maíz cocido y azúcar.

CHICHEO. m. Acción y efecto de chichear. Ú.m. en plural.

CHICHERÍA. f. Tienda donde en América se vende chicha.

★ **CHICHERO, RA.** adj. AMÉR. Dícese del recipiente donde se guarda la bebida llamada chicha. ‖ **2.** AMÉR. El que fabrica dicha bebida. ‖ **3.** Establecimiento donde se vende chicha.

★ **CHICHI.** m. ZOOL. CUBA. Cierto insecto con pintas blancas, que produce un chillido y cuya picada es muy molesta. ‖ **2.** fam. MÉJ. y GUAT. Chiche, pecho. ‖ **3.** fam. MÉJ. y GUAT. Nodriza.

CHICHICASTE. m. AMÉR. CENTRAL. Arbusto silvestre, espinoso, de tallo fibroso que se usa para cordelería. Tiene hojas grandes, alternas, dentadas; flores amarillas y por fruto una baya blanca.

CHICHICUILOTE. m. MÉJ. Ave zancuda, de color gris, pico largo y delgado. Es comestible y domesticable.

CHICHILASA. f. MÉJ. Hormiga de color rojo, pequeña, pero muy maligna. ‖ **2.** fig. MÉJ. Mujer hermosa, pero arisca.

CHICHILO. m. BOL. Especie de tití, mono de color amarillento.

CHICHIMECA. adj. Dícese del individuo de una antigua tribu mejicana. Ú.m.c.s. y en pl. ‖ **2.** Dícese de los indios que habitaban al poniente y norte de Méjico. Ú.m.c.s. y en pl. ‖ **3.** Perteneciente a los chichimecas.

CHICHIMECA, CA. adj. Chichimeca. Apl. a pers. ú.t.c.s.

★ **CHICHINA.** f. AMÉR. MERID. Montón de arena de río en que se piensa encontrar pepitas de oro. ‖ **2.** HOND. Excremento.

★ **CHICHINAR.** tr. MÉJ. Quemar, chamuscar.

★ **CHICHIRIMICO.** m. ECUAD. Cierto

CH

juego de muchachos. || *Hacer* CHICHIRIMICO. fr. fig. y fam. PERÚ. Burlarse de alguien. || 2. fig. y fam. Derrochar una fortuna.

CHICHIRIMOCHE. m. Voz usada como equivalente a mucho en el ref. *A la noche,* CHICHIRIMOCHE, *y a la mañana, chichirinada,* con que se moteja a los inconstantes.

CHICHIRINADA. f. Voz de capricho, equivalente a nada. V. *Chichirimoche.*

CHICHISBEO. (ital. *cicisbeo.*) m. Obsequio continuado de un hombre a una mujer. || 2. Este mismo hombre.

CHICHITO. m. d. de chicho. Ú.m. en plural.

CHICHITO. m. fam. Niño pequeño. || 2. fam. despect. Criollo, hispanoamericano.

CHICHO. m. fam. Rizo pequeño de cabello que cae sobre la frente.

CHICHOLO. m. R. DE LA PLATA. Dulce envuelto en chala.

CHICHÓN. (l. *abscessǐo, -ōnis,* de *abscessus,* tumor.) m. Bulto de resultas de un golpe en el cuero de la cabeza. || P. galo; I. bruise; F. bosse; A. Kopfbeule; It. bernoccolo; R. шишка.

★ **CHICHÓN, NA.** adj. AMÉR. Gracioso, bonito. || 2. HOND. Fácil. || 3. ARGENT. Bromista. || 4. GUAT. Aplícase a la mujer de pechos muy desarrollados.

CHICHONERA. (De *chichón.*) f. Gorro dispuesto para preservar a los niños de golpes en la cabeza. || P. gorro para preservar às crianças; I. tumbling-cap for children; F. bourrelet; A. Fallmütze; It. cèrcine; R. детская шапочка.

CHICHOTA. f. Pizca. Ú. en algunas partes sólo en la fr. *Sin faltar* CHICHOTA; sin faltar ni el más mínimo requisito.

CHICHURRO. m. Caldo que resulta de cocer las morcillas al hacerlas.

CHIFLA. f. Acción y efecto de chiflar. || 2. Especie de silbato. || P. sǐlvo; I. whistling; F. sifflerie, sifflement; A. Pfeifen; It. fischiamento, fischiata; R. свист.

CHIFLA. (ár. *šǐfra,* cuchilla.) f. Cuchilla ancha y casi cuadrada, de corte curvo y mango colocado en el dorso, para raspar y adelgazar las pieles los guanteros y los encuadernadores.

CHIFLADERA. f. Chifla.

CHIFLADO, DA. p.p. de chiflar. || 2. adj. fam. Dícese de la persona que tiene algo perturbada la razón. Ú.t.c.s.

★ **CHIFLADOR, RA.** adj. Que chifla. Ú.t.c.s. || 2. m. CHILE. Cachucho, ave moñuda.

CHIFLADURA. f. Acción y efecto de chiflar o chiflarse. || I. silliness, crankines; F. tocade, manie; A. Verrücktheit; It. pazzia, mania; R. свист, прихоть.

CHIFLAR. (l. *sifǐlāre.*) intr. Silbar con la chifla o con la boca. || 2. tr. Mofar, hacer burla en público. Ú.t.c.r. || 3. fam. Beber mucho y con presteza vino o licores. || 4. r. fam. Perder uno la energía de las facultades mentales. || 5. fam. Tener sorbido el seso por una persona o cosa. CHIFLÁRSELAS. AMÉR. CENTRAL. Morirse. P. apitar; I. to whistle; F. siffler; A. pfeifen; It. fischiare; R. свистеть.

CHIFLAR. tr. Adelgazar y raspar con la chifla las badanas y pieles finas.

CHIFLATO. m. (ital. *sifilātus,* por *sibilātus,* silbo.) m. Silbato.

CHIFLE. (De *chiflar.*) m. Chiflo. || 2. Silbato o reclamo para cazar aves. || 3. Frasco de cuerno para cebar las piezas de artillería. || 2.ª acep.: P. assobio, silvo, apito; I. decoy-call; F. appeau; A. Lockpfeife; It. zufoletto, fischietto; R. приманная дудка.

★ **CHIFLETA.** f. HOND. Broma satírica, burla.

CHIFLETE. m. Chiflo.

CHIFLIDO. m. Sonido del chiflo. || 2. Silbo que lo imita.

CHIFLO. (l. *sifǐlum,* silbo.) m. Chifla.

CHIFLÓN. (De *chiflar.*) m. AMÉR. Viento colado o corriente muy sutil de aire. || 2. MÉJ. Canal por donde sale el agua con fuerza. || 3. MÉJ. Derrumbe de piedra suelta en el interior de las minas. || 4. AMÉR. CENTRAL. Cascada de agua. || 5. CHILE y ARGENT. Corriente impetuosa.

★ **CHIFURNIA.** f. EL SALV. Paraje barrancoso. || 2. GUAT. y EL SALV. Paraje lejano.

CHIGRE. m. AST. Tienda donde se vende sidra por menor.

CHIGRERO. m. AST. Dueño de un chigre. || 2. ECUAD. Comerciante que lleva géneros de la sierra al litoral.

CHIGUA. f. CHILE. Especie de serón hecho con cuerdas o corteza de árboles, y con la boca de madera.

★ **CHIGUATO, TA.** adj. EL SALV. Cobarde.

CHIGÜIL. m. ECUAD. Masa de maíz, manteca, huevos y queso, envuelta en chala y cocida al vapor.

★ **CHIGÜIN.** m. HOND. y EL SALV. Muchacho pequeño, enclenque y desmedrado.

CHIGÜIRO. m. VENEZ. Carpincho.

CHIHUAHUA. m. ECUAD. Figura humana hecha de cañas y papelón y llena de pólvora, que se quema en algunas fiestas.

CHILABA. (ár. *ẏallāba,* esclavina.) f. Pieza de vestir, con capucha, que usan los moros.

CHILACAYOTE. m. Cidra cayote.

CHILACOA. f. COLOM. Especie de chochaperdiz muy abundante.

CHILANCO. m. Cilanco.

CHILAQUIL. m. MÉJ. Tortilla de maíz, en caldo y salsa de chile.

CHILAQUILA. f. GUAT. Tortillas de maíz con relleno de queso, hierbas y chile.

CHILAR. m. Sitio poblado de chiles.

CHILATE. m. AMÉR. CENTRAL. Bebida común hecha con chile, maíz tostado y cacao.

CHILATOLE. m. MÉJ. Guiso de maíz entero, chile y carne de cerdo.

CHILCA. (Voz quichua.) f. AMÉR. MERID. Arbolillo muy frondoso y balsámico, de hoja estrecha y flor amarilla. || 2. GUAT. Chirca.

CHILCO. (mapuche *chilico.*) m. CHILE. Fucsia silvestre.

CHILCHOTE. m. MÉJ. Una especie de ají.

CHILE. (mejic. *chilli,* pimienta.) m. Ají.

CHILENISMO. m. Vocablo, giro o modo de hablar propio de los chilenos.

CHILENO, NA. adj. Natural de Chile. Ú.t.c.s. || 2. Perteneciente a este país.

CHILEÑO, ÑA. adj. Chileno. Apl. a pers. ú.t.c.s.

CHILERO. m. despect. MÉJ. Tendero de comestibles.

★ **CHILIHUEQUE.** m. ZOOL. Llama o carnero de Arauco.

★ **CHILILLO.** m. GUAT. Látigo, azote. || 2. EL SALV. Manopla, guante.

★ **CHILINDRA.** f. CHILE. Moneda de veinte centavos.

CHILINDRINA. f. fam. Cosa de poca importancia. || 2. fam. Anécdota ligera, equívoco picante, chiste. || 3. fam. Chafaldita. || P. bagatela; I. trifle; F. vétille; A. Mätzchen; It. bazzècola, inezia; R. пустяк.

CHILINDRINERO, RA. adj. fam. Que cuenta o gasta chilindrinas. Ú.t.c.s.

CHILINDRÓN. m. Juego de naipes parecido al juego de la cometa. || 2. HOND. Chirca.

★ **CHILINGUEAR.** tr. COLOM. Columpiar, mecer.

CHILMOTE. m. MÉJ. Salsa o guisado de chile con tomate u otra legumbre.

CHILOSTRA. f. AND. Cabeza, cerebro.

CHILOTE. m. MÉJ. Bebida hecha con pulque y chile.

CHILOTE, TA. adj. Natural de Chiloé. Ú.t.c.s. || 2. Perteneciente o relativo a esta provincia chilena. || 3. CHILE. Dícese del caballo de poca alzada.

CHILPE. m. ECUAD. Tira de hoja del agave o cabuya. || 2. ECUAD. Hoja seca de maíz. || 3. CHILE. Andrajo.

★ **CHILPOSO, SA.** adj. CHILE. Andrajoso. || 2. PERÚ. Desgreñado.

CHILTIPIQUÍN. (mejic. *chilli,* pimiento, y *tecpín,* pulga.) m. Ají.

CHILTOTE. m. GUAT. Cierto pájaro dentirrostro, emigrante y originario de la América del Sur.

CHILTUCA. f. EL SALV. Casampulga.

★ **CHILÚ.** m. ZOOL. Mamífero roedor esciúrido, muy parecido a la ardilla.

CHILLA. (De *chillar.*) f. Instrumento

que emplean los cazadores para imitar el chillido de la zorra, la liebre, el conejo, etc.

CHILLA. (Aféresis de *cuchilla.*) f. Tabla delgada de ínfima calidad. || 2. ECUAD. Cada una de las dos planchas lisas o bruñidas, del tamaño del libro, entre las cuales se pone el libro ya dorado en la prensa. Ú.m. en plural. || P. tijolo, ripa; I. lath; F. latte; A. Schindel; It. panconcello, assicella; R. лисица.

CHILLA. (Voz mapuche.) f. CHILE. Especie de zorra de menor tamaño que la europea.

CHILLADO. m. Techo compuesto de alfajías o listones de madera y de tablas de chilla. || 2. EXTR. Cielo raso hecho con tablas, cañizo, etc., y guarnecido con yeso o cal. || P. tecto de ripas; I. lathing; F. lattis; A. Schindeldach; It. pancon cellatura; R. гонтовая крыша.

CHILLADOR, RA. adj. Que chilla. Ú.t.c.s.

CHILLAR. (l. *sibǐlāre.*) intr. Dar chillidos. || 2. Imitar con la chilla el chillido de los animales de caza. || 3. Chirriar. || 4. fig. PINT. Hablando de colores, destacarse con demasiada viveza o estar mal combinados. || P. guinchar; I. to shriek, to screech; F. pousser des cris aigus, glapir; A. kreischen; It. stridere, strillare; R. визжать, кричать.

CHILLERA. f. MAR. Barra de hierro doblada en ángulo recto por ambos extremos, que sirve para sujetar contra la amurada o las brazolas, ciertas cosas, como balas de cañón, etc., y que no se muevan con los balances del buque.

CHILLERÍA. f. Conjunto de chillidos descompasados. || 2. Represión áspera y prolija.

CHILLIDO. (De *chillar.*) m. Sonido inarticulado de la voz, agudo y desapacible. || P. chio; I. shriek, scream; F. cri perçant, glapissement; A. Gekreisch; It. strido, strillo; R. пронзительный крик.

CHILLO. m. Chilla.

CHILLÓN. m. Clavo para tablas de chilla. **—real.** Clavo mayor que el chillón ordinario.

CHILLÓN, NA. adj. fam. Que chilla mucho. Ú.t.c.s. || 2. Dícese de todo sonido agudo y desagradable. || 3. fig. Aplícase a los colores vivos o mal combinados.

CHIMACHIMA. m. ARGENT. Chimango.

CHIMANGO. (Voz onomatopéyica.) m. ARGENT. y R. DE LA PLATA. Ave de rapiña que abunda mucho en la región del Plata.

★ **CHIMAR.** tr. AMÉR. CENTRAL. Desollar. Ú.t.c.r. || 2. Deteriorar la superficie de una cosa. || 3. MÉJ. Molestar. || 4. r. HOND. Lastimarse.

★ **CHIMBA.** f. CHILE. y PERÚ. Orilla de un río opuesta a aquella en que se está. || 2. CHILE. El barrio menos importante de los dos en que un río divide a una población. || 3. PERÚ. Vado. || 4. COLOM. y ECUAD. Trenza de pelo.

CHIMBADOR. m. PERÚ. Indígena perito en atravesar ríos.

★ **CHIMBADOR.** m. PERÚ. Caballo sobre el que se vadea un río. || 2. PERÚ. Jinete que vadea un río montado en un caballo. || 3. PERÚ. Mozo de cuerda.

★ **CHIMBERO, RA.** adj. CHILE. Habitante del barrio de una población llamado chimba. || 2. CHILE. Ordinario, vulgar, plebeyo.

CHIMBO, BA. adj. AMÉR. Dícese de una especie de dulce hecho con huevos, almendras y almíbar. Ú.t.c.s.

CHIMENEA. (fr. *cheminée,* der. del l. *camǐnus,* y éste del gr. χάμινος, horno, de χαίω, quemar.) f. Conducto para dar salida al humo. || 2. Hogar o fogón para guisar o calentarse, con su cañón o conducto para la salida del humo. || 3. Chimenea francesa. || 4. Conducto vertical por donde suben y bajan los contrapesos para las maniobras de la maquinaria en los teatros. || 5. MINERAL. Excavación estrecha o hundimiento abierto en el cielo de una labor de minas. **—francesa.** La que se hace sólo para calentarse, con marco y repisa para colocar relojes u objetos de adorno. || *Caerle a uno una cosa por la* CHIMENEA. fr. fig. y fam. Lograrla inesperadamente y sin trabajo alguno. || P. cha-

CH

miné; **I.** chimney; **F.** cheminée; **A.** Kamin; **It.** camino, fumaiuolo; **R.** дымоход, камин.

★ **CHIMILA.** adj. Dícese del individuo de una tribu salvaje de Sierra Nevada de Santa Marta, en Colombia. Ú.t.c.s.

CHIMINANGO. m. COLOM. Cierta clase de árbol de gran corpulencia.

CHIMÓ. m. Pasta de extracto de tabaco cocido y sal de urao, que mascan unos indios venezolanos.

CHIMOJO. (Voz taina.) m. CUBA. Medicamento antiespasmódico preparado con tabaco, cáscara de plátano, salvia y otros ingredientes.

CHIMPANCÉ. (Voz del Congo.) m. Mono antropomorfo, más bajo que el hombre, de brazos largos, cabeza grande, barba y cejas prominentes, nariz aplastada y el cuerpo cubierto de pelo de color pardo negruzco. Habita en el centro de África. Se domestica fácilmente. || **P.** y **F.** chimpanzé; **I.** chimpanzee; **A.** Schimpanse; **It.** scimpanzè; **R.** шимпанзе.

CHINA. f. Piedra pequeña, comúnmente redondeada. || **2.** Suerte que echan los muchachos metiendo en el puño una piedrecita. || **3.** fig. y fam. Dinero. || *Echar* CHINA. fig. y fam. Contar las veces que uno bebe en la taberna. || *Poner* CHINAS a uno. fr. fig. y fam. Suscitar dificultades. || *Tocarle* a uno *la* CHINA. fr. fig. Tocarle la suerte. || *Tropezar* uno *en una* CHINA. fr. fig. y fam. Detenerse en cosas de poca importancia. || **P.** seisco; **I.** pebble; **F.** caillou; **A.** Kieselstein; **It.** ciòttolo; **R.** камешек.

CHINA. f. Raíz medicinal de una hierba del mismo nombre, especie de zarzaparrilla que se cría en América y en la China. || **2.** Porcelana. || **3.** Tejido de seda o lienzo procedente de China, o labrado a su imitación. || *Media* CHINA. Tejido de seda o lienzo más ordinario que la china.

CHINA. com. fig. V. CHINO. 1.er art.

CHINA. (Voz quichua.) f. AMÉR. CENTRAL y MERID. India o mestiza que se dedica al servicio doméstico.

CHINACA. f. MÉJ. Pobretería, gente miserable.

CHINAMA. f. GUAT. Choza, cobertizo de cañas y ramas.

CHINAMPA. (mejic. *chinamitl*, seto o cerca de cañas.) f. Terreno poco extenso en las lagunas vecinas a la ciudad de Méjico.

CHINAMPERO, RA. adj. Cultivador de chinampas. Ú.t.c.s. || **2.** Que se cultiva en ellas.

CHINANTA. f. Peso común que se usa en Filipinas, igual a seis kilogramos y trescientos veintiséis gramos.

CHINAPO. m. MÉJ. Obsidiana.

CHINAR. intr. ant. Rechinar. || **2.** tr. Embutir con chinas los revoques de mampostería.

CHINARRO. m. Piedra algo mayor que una china.

CHINATA. f. CUBA. Cantillo.

CHINATEADO. (De *china*, 1.er art.) m. METAL. Capa de piedras menudas sobre el mineral grueso para hacer la carga de los hornos de destilación del azogue de Almadén.

CHINAZO. m. aum. de china. || **2.** Golpe dado con una china.

★ **CHINCAPINO.** m. BOT. AMÉR. Arbusto castaneáceo de la América del Norte, que produce unas castañas pequeñas y de gusto fino.

CHINCOL. m. AMÉR. MERID. Pajarillo común muy semejante al gorrión europeo, pero de canto agradable.

CHINCUAL. m. MÉJ. Sarampión.

★ **CHINCHAL.** m. Taberna, cafetín de ínfima categoría. || **2.** CUBA. y MÉJ. Tenducha.

CHINCHAR. tr. fam. Molestar, fastidiar. || **2.** Matar.

CHINCHARRAZO. m. fam. Cintarazo.

CHINCHARRERO. m. Sitio donde hay muchas chinches. || **2.** Barco pequeño de pesca usado en América.

CHINCHE. (l. *cimex*, *-ĭcis*.) f. Insecto hemíptero, de color rojo obscuro, cuerpo muy aplastado, casi elíptico, de cuatro a cinco milímetros de largo. Es nocturno,

fétido y sumamente incómodo, pues chupa la sangre humana taladrando la piel. || **2.** Clavito metálico de cabeza circular y chata y punta acerada, usado para asegurar el papel de dibujo al tablero y para otros fines parecidos. || **2.** com. fig. y fam. Persona chinchosa. Ú.t.c.adj. || *Caer*, o *morir como* CHINCHES. fr. fig. y fam. Haber gran mortandad. || *No haber más* CHINCHES *que la manta llena.* fr. fig. y fam. Haber grande abundancia de cosas molestas y perjudiciales. || *Tener uno de* CHINCHES *la sangre.* fr. fig. y fam. Ser sumamente molesto. || **P.** chinche; **I.** bed bug; **F.** punaise; **A.** Bettwanze; **It.** cimice; **R.** клоп.

CHINCHEL. m. CHILE. Taberna muy ordinaria. || **2.** CHILE. Caramanchel.

CHINCHEMOLLE. m. CHILE. Insecto sin alas que habita bajo las piedras. Despide un olor nauseabundo.

CHINCHERO. m. Tejido de mimbres o listones de madera agujereados, que se ponía alrededor de las camas para recoger las chinches.

★ **CHINCHIBÍ.** m. CHILE. Bebida preparada con jengibre. || **2.** PERÚ Chicha aromatizada con distintas substancias o aderezos, como nuez moscada, canela, etc.

CHINCHILLA. f. Mamífero roedor, de la América Meridional, poco mayor que la ardilla, con pelaje gris, más claro por el vientre que por el lomo, y de una finura y suavidad extraordinaria. Su piel es muy estimada. || **2.** Piel de este animal. || **P.** chinchilla; **I.** chinchilla; **F.** chinchille; **A.** Hasenmaus, Chilikatze; **It.** cinciglia; **R.** шиншилла.

CHINCHIMÉN. m. CHILE. Especie de nutria de mar, de unos 30 centímetros de largo sin la cola.

CHINCHÍN. m. BOT. CHILE. Arbusto poligaláceo. Siempre verde, de hojas mellizas y flores amarillas en espigas. Hay varias especies.

★ **CHINCHINEAR.** tr. AMÉR. CENTRAL. Acariciar, mimar.

CHINCHINTOR. m. HOND. Víbora muy venenosa.

CHINCHÓN. m. ant. Chichón.

CHINCHONA. (De *Chinchón*, n. p.) f. QUÍM. Quina.

★ **CHINCHORRAZO.** m. AMÉR. MERID. Cintarazo. || **2.** REP. DOMIN. Trago de licor.

★ **CHINCHORREAR.** intr. Traer y llevar chismes.

CHINCHORRERÍA. (De *chinchorrero*.) f. fig. y fam. Impertinencia, pesadez. || **2.** fig. y fam. Chisme, cuento.

CHINCHORRERO, RA. (De *chinche*.) adj. fig. y fam. Que se emplea impertinentemente en chismes y cuentos.

CHINCHORRO. m. Red semejante a la jábega, aunque menor. || **2.** Embarcación de remos, muy chica. || **3.** Hamaca ligera tejida de cordeles. || **P.** chinchorro; **I.** drag-net; **F.** filet; **A.** Zugnetz; **It.** stràscino; **R.** невод.

CHINCHOSO, SA. (De *chinche*.) adj. fig. y fam. Dícese de la persona molesta y pesada.

CHINDA. com. Persona que vende despojos de reses.

CHINÉ. adj. Se dice de cierta clase de telas rameadas o de varios colores.

CHINEAR. (De *china*.) tr. AMÉR. CENTRAL. Llevar en brazos o a cuestas.

CHINELA. (De *chanela*.) f. Calzado a modo de zapato, sin talón, de suela ligera, para usarse dentro de casa. || **2.** Especie de chapín que en tiempo de lodos usaron las mujeres sobre el calzado. || **P.** chinela; **I.** slipper; **F.** mule, pantoufle; **A.** Pantoffel; **It.** pianella, zòccolo; **R.** туфля без задника.

CHINELAZO. m. Golpe dado con la chinela.

CHINELÓN. m. aum. de chinela. || **2.** Especie de zapato que se usa en Venezuela, con orejas, más alto que la chinela.

CHINERO. m. Armario en que se guardan piezas de china o de porcelana, cristal, etc.

CHINESCO, CA. adj. Chino. || **2.** Parecido a las cosas de la China. || **3.** V. *Sombras* CHINESCAS. || **4.** m. Instrumento músico, propio de bandas militares, com-

puesto de una armadura metálica, con campanillas y cascabeles. Ú.m. en pl. || *A la* CHINESCA. m. adv. Según el uso o el gusto de China.

CHINGA. f. AMÉR. Mofeta, mamífero. || **2.** C. RICA. Colilla. || **3.** C. RICA. Barato. || **4.** HOND. Chunga. || **5.** VENEZ. Chispa, borrachera.

★ **CHINGADERA.** f. CHILE. Calabaza que entre la gente muy pobre sirve de orinal. || **2.** MÉJ. Fruslería.

CHINGANA. f. AMÉR. Taberna en que suele haber canto y baile.

CHINGAR. tr. fam. Beber con frecuencia vino o licores. || **2.** C. RICA. Cortar el rabo a un animal. || **3.** EL SALV. Importunar, molestar. || **4.** r. Embriagarse. || **5.** CHILE. Fracasar, frustrarse algo.

CHINGO, GA. adj. Vulgarismo por pequeño, diminuto. || **2.** C. RICA. Dícese del animal rabón. || **3.** VENEZ. Chato. Ú.t.c.s.

CHINGOLO. m. R. DE LA PLATA. Chincol.

CHINGUE. m. CHILE. Mofeta, mamífero.

CHINGUEAR. intr. HOND. Bromear. || **2.** C. RICA. Cobrar el barato.

CHINGUERO. m. C. RICA. Garitero.

★ **CHINGUIÑA.** f. MÉJ. Legaña.

CHINGUIRITO. m. CUBA y MÉJ. Aguardiente de caña, de calidad inferior.

CHINO, NA. adj. Natural de la China. Ú.t.c.s. || **2.** Perteneciente a este país. || **3.** V. *Cochino, melón, perro* CHINO. || **4.** V. *Naranja* CHINA. || **5.** m. Idioma de los chinos. || *Engañar* a uno *como a un* CHINO. expr. fam. de que se usa hablando de persona muy crédula. || **P.** chinés; **I.** Chinese; **F.** chinois; **A.** Chinese, chinesisch; **It.** cinese; **R.** метис.

CHINO, NA. (mejic. *chinoa*, tostado, por alusión al color de la piel.) adj. AMÉR. Dícese del descendiente de india y zambo o de indio y zamba. Ú.t.c.s. || **2.** CUBA. Dícese del descendiente de negro y mulata o de mulato y negra. Ú.t.c.s. || **3.** m. AMÉR. MERID. Criado. || **4.** AMÉR. MERID. Calificativo cariñoso.

★ **CHINONGA.** f. URUG. Mozuela.

★ **CHINUCOS.** m. pl. ETNOG. Ciertos indios norteamericanos, cuyos restos viven hoy en el Estado de Oregón.

CHIPA. f. COLOM. Cesto de paja, empleado para recoger frutas y legumbres.

CHIPÁ. m. R. DE LA PLATA. Torta de maíz o mandioca.

CHIPACO. m. ARGENT. Torta de acemite.

★ **CHIPAYA.** adj. ETNOG. Dícese del individuo de una tribu de indios bolivianos. Ú.t.c.s. || **2.** Perteneciente a estos indios. || **3.** m. Lenguaje de los mismos.

CHIPÉ. f. En caló, verdad, bondad. || *De* CHIPÉ. loc. fam. De órdago.

CHIPÉN. f. En caló, chipé.

★ **CHIPIAR.** tr. GUAT. Molestar.

★ **CHIPICHAPE.** m. fam. Zipizape. || **2.** Golpe.

CHIPICHIPI. (Voz imitativa.) m. MÉJ. Llovizna.

★ **CHIPIL.** m. MÉJ. Niño llorón.

CHIPILE. m. BOT. MÉJ. Planta herbácea, vivaz, con hojas que son comestibles después de cocidas.

CHIPILO. m. BOL. Rodajas de plátano fritas que se llevan como provisión de viaje.

★ **CHIPIÓN.** m. AMÉR. CENTRAL. Represión, reprimenda.

CHIPIRÓN. (d. del l. *sepia*, jibia.) m. En las costas del Cantábrico, calamar.

CHIPOJO. m. CUBA. Camaleón.

CHIPOLO. m. COLOM., ECUAD. y PERÚ. Juego de naipes semejante al tresillo.

CHIPOTE. m. AMÉR. CENTRAL. Manotada.

CHIPRIOTA. adj. Natural de Chipre. Ú.t.c.s. || **2.** Perteneciente a esta isla. || **P.** chipriota; **I.** Cypriot; **F.** chypriote; **A.** Zypriot; **It.** cipriotta; **R.** киприот.

CHIPRIOTE. adj. Chipriota. Apl. a pers. ú.t.c.s.

CHIQUEADORES. m. pl. Rodajas de carey usadas como adorno por las mujeres antiguamente en Méjico. || **2.** MÉJ. Rodajas de papel, untadas de sebo u otra

CH

substancia, que pegadas a las sienes se usan como remedio casero contra el dolor de cabeza.

CHIQUEAR. tr. CUBA y MÉJ. Mimar, acariciar con exceso, especialmente de palabra o por escrito.

CHIQUEO. m. CUBA y MÉJ. Mimo, halago.

CHIQUERO. (De *cochiquera*.) m. Zahúrda donde se recogen de noche los puercos. || 2. Toril. || 3. EXTR. Choza pequeña donde se recogen de noche los cabritos. || P. pocilga; I. sty; F. porcherie; A. Schweinebucht; It. porcile; R. загон.

CHIQUICHANCA. m. AND. Zagal o hatero.

CHIQUICHAQUE. (Voz imitativa.) m. Aserrador de piezas gruesas de madera. || 2. El ruido que se hace con las quijadas al mascar fuertemente.

CHIQUIGÜITE. m. GUAT. y MÉJ. Canasta de mimbres, bejuco o carrizo sin asas.

CHIQUILICUATRO. m. fam. Chisgarabís.

CHIQUILLADA. f. Acción propia de chiquillos.

CHIQUILLERÍA. f. fam. Concurrencia de chiquillos.

CHIQUILLO, LLA. (d. de *chico*.) adj. Chico. Ú.t.c.s.

★ **CHIQUIMOLE.** m. fig. MÉJ. Hombre cizañero.

CHIQUIRÍN. m. GUAT. Insecto semejante a la cigarra, pero de canto más agudo y fuerte.

CHIQUIRRITICO, CA, LLO, LLA, TO, TA. adj. fam. d. de chico.

CHIQUIRRITÍN, NA. adj. fam. d. de chiquitín. || 2. fam. Dícese del niño o niña que no ha salido de la infancia. Ú.t.c.s.

CHIQUITÍN, NA. adj. fam. d. de chiquito. || 2. fam. Chiquirritín. Ú.t.c.s.

CHIQUITO, TA. adj. d. de chico. Apl. a pers. ú.t.c.s. || 2. fig. y fam. V. *Muerte* CHIQUITA. || *Andarse* uno en CHIQUITAS. fr. fam. Usar de subterfugios o rodeos para esquivar una medida o una obligación. Ú. por lo común con negación.|| *Hacerse* uno el CHIQUITO. fr. fig. y fam. Disimular lo que sabe o puede.

CHIRA. f. C. RICA. Espata de plátano. || 2. COLOM. Jirón. || 3. EL SALV. Llaga.

★ **CHIRAJO.** m. AMÉR. CENTRAL. Trasto, trebejo. || 2. AMÉR. CENTRAL. Andrajo, harapo. Ú.m. en plural.

CHIRAPA. f. BOL. Andrajo. || 2. PERÚ. Lluvia con sol.

CHIRCA. (Voz americana.) f. AMÉR. CENTRAL y MERID. Árbol euforbiáceo, de regular tamaño, madera dura, hoja áspera, flores amarillas, acampanadas y fruto como almendra.

CHIRCAL. m. Terreno poblado de chircas. || 2. COLOM. Tejar.

CHIRCATE. m. COLOM. Saya de tela tosca.

★ **CHIREL.** m. VENEZ. Flor cuajada del cacao. || 2. Capullo del cafeto.

CHIRIBICO. m. CUBA. Pez pequeño, de figura elíptica, color morado, boca y ojos muy pequeños.

CHIRIBITA. f. Chispa. Ú.m. en pl. || 2. CUBA. Pez acantopterigio, propio de los mares de las Antillas. Hay varias especies. || 3. pl. fam. Partículas o motas que, vagando en el interior de los ojos, ofuscan la vista. || 4. Margarita. || *Hacer* CHIRIBITAS *los ojos*. fr. fig. y fam. Ver, durante un tiempo corto, como una multitud de chispas movibles delante de los ojos.

CHIRIBITAL. m. COLOM. Erial.

CHIRIBITIL. (De *chivitil*.) m. Desván o escondrijo bajo y estrecho. || 2. fam. Cuarto muy pequeño. || P. desvão I. hut; F. galetas; A. Dachkammer; It. topaia; R. чердак.

CHIRICATANA. f. ECUAD. Poncho de tela basta.

CHIRICAYA. f. HOND. Dulce de leche y huevos.

★ **CHIRICLES.** m. ZOOL. Papagayo del tamaño de un gorrión, que vive en el Brasil.

CHIRIGAITA. f. MURC. Cidra cayote.

CHIRIGOTA. f. fam. Cuchufleta.

CHIRIGOTERO, RA. adj. Que dice chirigotas.

CHIRIGUARE. m. VENEZ. Ave de rapiña muy voraz.

CHIRIGÜE. (Voz araucana.) m. CHILE. Avecilla común, de color de aceituna por encima, alas negras, garganta, pecho y abdomen amarillos.

CHIRIMBOLO. m. fam. Utensilio, vasija o cosa análoga. Ú.m. en plural.

CHIRIMÍA. (l. *calamellus*, caramillo.) f. Instrumento músico de viento, de madera, a modo de clarinete, con diez agujeros y boquilla con lengüeta de caña. || 2. m. El que ejerce o profesa el arte de tocar este instrumento.

★ **CHIRIMOTA.** f. CHILE. Mechón de crin que cae al caballo sobre la frente. || 2. CHILE. Lana enredada.

CHIRIMOYA. f. Fruto del chirimoyo. Es una baya verdosa con pepitas negras y pulpa blanca de sabor muy agradable.

CHIRIMOYO. (Voz americana.) m. Árbol de la familia de las anonáceas, originario de la América Central, de tronco ramoso, hojas elípticas y puntiagudas, y flores fragantes. Su fruto es la chirimoya. || P. chirimoyo; I. cherimoyer; F. chérimolier, corossolier; A. Flaschenbaum; It. cherimolio.

CHIRINGO. m. MÉJ. Fragmento o pedazo menudo de una cosa.

CHIRINOLA. f. Juego de muchachos que se parece al de los bolos. || 2. fig. Cosa de poco momento, friolera. || 3. fam. AND. Cabeza. || 4. Reyerta. || 5. Discusión acalorada. || 6. Conversación larga y animada. || *Estar de* CHIRINOLA. fr. fig. y fam. Estar de buen humor.

CHIRIPA. f. En el juego de billar, suerte favorable que se gana por casualidad. || 2. fig. y fam. Casualidad favorable. || I. good luck; F. bonne chance; A. Glücksfall; It. scazzata; R. счастливый случай.

CHIRIPÁ. m. ARGENT. Prenda semejante al chamal, usada por los gauchos criollos.

CHIRIPEAR. tr. Ganar tantos por chiripa en el juego de billar.

CHIRIPERO. (De *chiripa*.) m. El que en el juego de billar gana más por acaso que por jugar bien. || 2. El que obtiene algo por casualidad favorable.

CHIRIVÍA. (ár. *ŷiriwiyyā*, biznaga.) f. Planta umbelífera, con tallo acanalado de 9 a 12 centímetros de alto, flores pequeñas y amarillas, semillas de dos en dos, y raíz fusiforme, carnosa y comestible. || 2. Aguzanieves. || P. chirivia; I. parsnip; F. panais; A. Pastinake; It. pastinaca.

CHIRIVÍN. m. EXTR. Pájaro pequeño.

CHIRIVISCO. m. GUAT. Zarzal seco.

CHIRLA. f. Molusco de la familia de las almejas, pero de menor tamaño.

CHIRLADA. f. GERM. Garrotazo.

CHIRLADOR, RA. adj. fam. Que chirla o vocea recia y desentonadamente.

CHIRLAR. (l. *zinzilāre*, voz onomatopéyica.) intr. fam. Hablar atropelladamente y metiendo ruido. || 2. GERM. Hablar.

CHIRLATA. f. MAR. Trozo de madera que completa otro pedazo que resulta corto o defectuoso. || 2. Timba de ínfima especie.

CHIRLATAR. tr. MAR. Poner chirlatas.

CHIRLAZO. m. Chirlo.

CHIRLE. adj. fam. Insípido, insubstancial. || 2. m. Sirle. || P. insípido; I. insipid; F. fade; A. geistlos; It. scipito; R. невкусный.

CHIRLEAR. intr. ECUAD. Cantar los pájaros al amanecer.

CHIRLERÍA. f. Charla, habladuría.

CHIRLERÍN. m. GERM. Ladronzuelo.

CHIRLIDO. m. SAL. Chillido.

CHIRLO. m. Herida prolongada en la cara, como una cuchillada. || 2. Señal o cicatriz que queda después de curada. || 3. GERM. Golpe.

CHIRLOMIRLO. m. Cosa de poco alimento. || 2. Estribillo de cierto juego infantil. || 3. SAL. Tordo.

CHIRLÓN. (De *chirlar*.) m. GERM. Charlatán.

CHIRMOL. m. ECUAD. Plato de chile o pimiento, tomate, cebolla y otros condimentos.

CHIROLA. f. ARGENT. Peseta boliviana

o chilena. || 2. CHILE. Moneda chaucha o de 20 centavos.

CHIRONA. f. fam. Cárcel. Ú. con la prep. *en* y sin artículo en las frs. *meter*, o *estar*, en CHIRONA.

CHIROTE. m. ECUAD. y PERÚ. Especie de pardillo, de canto agradable. Se domestica pronto. || 2. fig. PERÚ. Persona ruda o de cortos alcances. || 3. fig. C. RICA. Grande, hermoso.

CHIRPIA. (l. *scirpea*, de juncos.) f. ÁL. Plantío de árboles, antes del trasplante. || 2. fig. ÁL. Conjunto de muchachos de la calle.

CHIRPIAL. m. ÁL. Chirpia.

CHIRRACA. f. C. RICA. Árbol que produce una resina que se usa como incienso. || 2. C. RICA. Esta resina.

CHIRREAR. intr. AND. Chirriar.

★ **CHIRRIA.** f. COLOM. Diversión ruidosa, jaleo. || 2. NICAR. Tirria, ojeriza.

CHIRRIADERO, RA. adj. Chirriador.

CHIRRIADO, DA. p.p. de chirriar. || 2. m. ant. Chirrido.

CHIRRIADOR, RA. adj. Que chirría.

CHIRRIAR. (Voz imitativa.) intr. Dar sonido agudo una substancia al penetrarla un calor intenso; como al freír. || 2. Ludir con ruido el cubo de las ruedas del carro contra los topes del eje por falta de grasa. || 3. Chillar los pájaros que cantan sin armonía. || 4. fig. y fam. Cantar desentonadamente. || P. chiar; I. to chirp; F. grincer; A. zischen, knarren; It. stridere, cigolare; R. трещать, скрипеть.

CHIRRICHOTE. adj. MANCHA. Necio, presumido. Ú.t.c.s.

CHIRRIDO. (De *chirriar*.) m. Sonido agudo y desagradable de algunos animales; como el grillo, la chicharra, etc. || 2. Cualquier sonido agudo, continuado y desagradable.

CHIRRIÓN. m. Carro fuerte de dos ruedas y eje móvil, que chirría mucho. || 2. AMÉR. Látigo de cuero.

CHIRRIONERO. m. El que conduce el chirrión.

★ **CHIRRISCO, CA.** adj. VENEZ. y AMÉR. CENTRAL. Pequeñito. || 2. adj. fam. AMÉR. De poco juicio. || 3. MÉJ. Enamoradizo, galanteador.

CHIRRISQUEAR. (Voz onomatopéyica.) intr. PAL. Carraspear.

CHIRULA. (vasc. *txirula*, flauta.) f. Flautilla que se usa en las Provincias Vascongadas.

CHIRULÍ. m. VENEZ. Avecilla de canto dulce en que parece repetir las sílabas de su nombre.

CHIRULIO. m. HOND. Guiso hecho con huevos batidos, maíz, chile, achiote y sal.

CHIRUMBA. f. SAL. y VALLAD. Tala.

CHIRUMBELA. f. Churumbela.

CHIRUMEN. m. fam. Caletre.

CHIRUSA. [CHIRUZA.] f. AMÉR. Moza del pueblo de escasa instrucción.

CHIS. m. En lenguaje infantil, orina. Ú.m. en la frase *Hacer* CHIS.

¡CHIS! (De *¡chist!*) interj. Chitón. Suele acompañarse del gesto de poner el dedo índice sobre los labios.

CHISA. f. COLOM. Larva de un género de escarabajos.

CHISCARRA. f. MIN. Roca caliza poco coherente y muy frágil.

CHISCÓN. m. Tabuco.

CHISCHÁS. m. Ruido entre las espadas al chocar unas con otras en la lucha.

¡CHIS, CHIS! interj. ¡Ce!

★ **CHISCHIS.** m. COLOM., HOND., PAN. y P. RICO. Llovizna. || 2. P. RICO. Pizca.

CHISGARABÍS. m. fam. Mequetrefe, zascandil.

CHISGUETE. (Voz imitativa.) m. fam. Trago de vino. Ú. comúnmente en la frase *Echar un* CHISGUETE. || 2. fam. Chorrillo de un líquido cualquiera que sale con violencia.

CHISLAMA. f. En caló, muchacha.

CHISMA. (l. *schisma*.) f. Chisme.

CHISMAR. (De *chisma*.) tr. Chismear. Usáb.t.c.intr.

CHISME. (De *chismar*.) m. Noticia verdadera o falsa con que se pretende indisponer a una persona con otra o se murmura de alguna. || **—de vecindad.** fig. y fam. El que versa sobre cosas de poca importancia. || P. intriga; I. tale; F.

CH

cancan; **A.** Klatscherei; **It.** pettegolezzo; **R.** сплетни, злословие.

CHISME. (ár. *ŷizm*, parte de un todo que se ha roto o rajado.) m. fam. Baratija o trasto pequeño.

CHISMEAR. intr. Traer y llevar chismes. ‖ **P.** mexericar; **I.** to tattle; **F.** cancaner; **A.** klatschen; **It.** chacchierare; **R.** сплетничать.

CHISMERÍA. (De *chismero*.) f. Chisme.

CHISMERO, RA. adj. Chismoso. Ú.t. como substantivo.

CHISMOGRAFÍA. (De *chisme*, y el gr. γράφω, describir.) f. fam. Ocupación de chismear. ‖ **2.** fam. Relación de los chismes y cuentos que corren.

CHISMORREAR. intr. fam. Chismear.

CHISMORREO. m. fam. Acción y efecto de chismorrear.

CHISMOSO, SA. adj. Que chismea o es dado a chismear. Ú.t.c.s.

CHISMOTEO. m. Acción y hábito de chismear.

CHISPA. f. Partícula pequeña encendida que salta de donde hay fuego. ‖ **2.** Diamante muy pequeño. ‖ **3.** Gota de lluvia menuda y escasa. ‖ **4.** Partícula pequeña de cualquier cosa. ‖ **5.** fig. Penetración, viveza de ingenio. ‖ **6.** fam. Borrachera. ‖ **7.** pl. GERM. Chismes. ‖ **—eléctrica.** Luz viva producida por la descarga eléctrica entre dos cuerpos. ‖ ¡CHISPAS! interj. ‖ *Dar* CHISPAS *una persona.* Mostrarse inteligente y eficaz. ‖ *Echar* uno CHISPAS. fr. fig. y fam. Dar muestras de enojo y furor. ‖ *Ser* uno *una* CHISPA. fr. fig. y fam. Ser muy vivo y despierto. ‖ **P.** chispa; **I.** spark; **F.** étincelle; **A.** Funke(n); **It.** scintilla; **R.** искра.

CHISPAR. (De *chispa*.) tr. GERM. Chismear.

CHISPAZO. m. Acción de saltar la chispa del fuego. ‖ **2.** Daño que hace. ‖ **3.** fig. Suceso aislado y de poca importancia que precede o sigue como señal a otros de mayor importancia. Ú.m. en pl. ‖ **4.** fig. y fam. Chisme que uno lleva a otro. ‖ **P.** faisca; **I.** spark, scintitillation; **F.** étincellement; **A.** Funkensprühen; **It.** scintilla, fandonia; **R.** искрение.

★ **CHISPEADO, DA.** p.p. de chispear. ‖ **2.** adj. CHILE. Achispado, ebrio.

CHISPEANTE. p.a. de chispear. Que chispea. ‖ **2.** adj. fig. Dícese del escrito o discurso rico en destellos de ingenio y agudeza.

CHISPEAR. intr. Echar chispas. ‖ **2.** Relucir o brillar mucho. ‖ **3.** Llover cuando sólo caen unas pocas gotas pequeñas. ‖ **2.**ª acep.: **P.** chispar; **I.** to sparkle; **F.** étinceler; **A.** funkeln; **It.** scintillare; **R.** искриться.

CHISPERO. (De *chispa*.) adj. Cohete que echa muchas chispas. ‖ **2.** m. Chapucero. ‖ **3.** Herrero de grueso. ‖ **4.** fig. y fam. Hombre del barrio de Maravillas de Madrid.

CHISPO, PA. (De *chispa*.) adj. fam. Achispado, bebido. ‖ **2.** m. fam. Chisguete.

CHISPOLETO, TA. adj. Listo, vivaracho.

CHISPORROTEAR. intr. fam. Despedir chispas con ruido y reiteradamente. ‖ **P.** crepitar; **I.** to spark, to crepitate; **F.** crépiter; **A.** knistern; **It.** scopiettare; **R.** искриться.

CHISPORROTEO. m. fam. Acción de chisporrotear.

CHISPOSO, SA. adj. Aplícase a la materia combustible que echa muchas chispas al quemarse.

CHISQUE. m. Apócope de chisquero.

CHISQUERO. m. Esquero. ‖ **2.** m. Encendedor de bolsillo.

¡**CHIST!** (**I.** *st*, que significa lo mismo.) interj. ¡Chis!

CHISTAR. (De ¡*chist*!) intr. Prorrumpir en alguna voz o hacer ademán de hablar. Ú.m. con neg. ‖ *Sin* CHISTAR *ni mistar.* expr. adv. fam. Sin decir una palabra.

CHISTE. (**l.** *scitum*, dicho agudo, de *scire*, saber.) m. Dicho agudo y gracioso. ‖ **2.** Suceso gracioso y festivo. ‖ **3.** Burla o chanza. ‖ *Caer* uno *en el* CHISTE. fr. fig. y fam. Advertir el fin con que disimuladamente se dice o hace una cosa. ‖ *Dar* uno *en el* CHISTE. fr. fig. y fam. Acertar una cosa. ‖ **P.** gracejo; **I.** wit; **F.** bon mot;

A. Witz; **It.** arguzia; **R.** шутка, острота.

CHISTERA. (**l.** *cista*, cesta.) f. Cestilla angosta por la boca y ancha por abajo, en que los pescadores echan los peces. ‖ **2.** Cesta. ‖ **3.** fig. y fam. Sombrero de copa alta. ‖ **3.**ª acep.: **P.** cartola; **I.** silk hat; **F.** tube; **A.** Zylinderhut; **It.** capello a cilindro; **R.** цилиндр (шляпа).

CHISTOSAMENTE. adv. De manera chistosa.

CHISTOSO, SA. adj. Que usa de chistes. ‖ **2.** Dícese de cualquier lance o suceso que tiene chiste.

° **CHISTU.** m. Flautilla de tres orificios que se toca con la mano izquierda, mientras con la derecha se hace sonar un tamboril pendiente del brazo del chistulari. Es propio del país vasco.

° **CHISTULARI.** m. El que tiene por oficio tocar el chistu.

CHITA. (De *chito*.) f. Astrágalo. ‖ **2.** Juego que consiste en poner derecha una chita o taba y tirar a ella con tejos. ‖ **3.** MÉJ. Redecilla. ‖ *A la* CHITA *callando.* m. adv. fam. Chiticalando. ‖ *Dar en la* CHITA. fr. fig. y fam. Dar en el hito. ‖ *No dársele* a uno *dos* CHITAS *de una cosa.* fr. fig. y fam. No dársele un bledo de ella. ‖ *Tirar* uno *a dos* CHITAS. fr. fig. y fam. Hacer a dos partes, poner la mira en dos cosas.

CHITAR. (De la onomat. *chist*.) intr. Chistar.

★ **CHITAR.** tr. P. RICO. Llamar con la interjección ¡*chit*! ‖ **2.** COLOM. y CHILE. Detener a una bestia con la misma interjección.

CHITE. m. COLOM. Arbusto de cuya madera se obtiene carboncillo para dibujar.

¡**CHITE!** (Del m. or. que ¡*chist*!) interj. ant. Chito.

CHITICALLA. (De *chito*, interj., y *callar*.) com. fam. Persona que calla y no revela lo que ve. ‖ **2.** Cosa o suceso que se procura tener oculto.

CHITICALLANDO. (De *chito*, interj., y *callando*.) adv. fam. Con mucho silencio, sin que se oigan las pisadas. ‖ **2.** fig. y fam. Sin escándalo ni ruido, para conseguir lo que se intenta. ‖ *A la* CHITICALLANDO. m. adv. fam. Chiticallando.

CHITO. m. Pieza sobre la que se pone el dinero en el juego del chito. ‖ **2.** Chita. ‖ *Irse* uno *a* CHITOS. fr. fig. y fam. Andarse vagando y en pasatiempos.

¡**CHITO!** (De la onomat. *chit*.) interj. fam. usada para imponer silencio.

¡**CHITÓN!** m. Quitón.

¡**CHITÓN!** interj. fam. ¡Chito! Empléase para indicar la conveniencia de guardar silencio para precaverse de un peligro.

CHIVA. f. AMÉR. CENTRAL. Manta, colcha. ‖ **2.** VENEZ. Red para llevar legumbres y verduras. ‖ **3.** AMÉR. Perilla, barba.

CHIVAL. m. ant. Hato de chivos.

CHIVAR. (De *gibar*.) tr. LEÓN y AMÉR. Fastidiar, molestar, engañar. Ú.t.c.r.

CHIVARRAS. f. pl. MÉJ. Calzones de cuero peludo de chivo.

CHIVARRO, RRA. m. y f. El chivo o chiva desde uno a los dos años de edad.

CHIVARSE. r. AND. Decir algo que perjudica a otro.

CHIVATA. f. AND. Porra que traen los pastores.

★ **CHIVATAZO.** m. Soplo, delación.

CHIVATEADO, DA. adj. CHILE. Ligero en la marcha. ‖ **2.** CHILE. Aplícase al pago al contado.

CHIVATEAR. intr. CHILE. Gritar como lo hacían los araucanos cuando acometían. ‖ **2.** ECUAD. y ARGENT. Retozar con gran bulla y algazara. ‖ **3.** VENEZ. Imponerse uno en el ánimo de los demás por su talento o habilidad. ‖ **4.** tr. VENEZ. Engañar, embaucar. ‖ **5.** r. CUBA. Asustarse.

CHIVATO. m. Chivo que pasa de seis meses y no llega al año.

CHIVATO, TA. m. y f. En caló, soplón.

CHIVAZA. f. COLOM. Junco pequeño que produce un bulbo que se usa como perfume por el pueblo.

CHIVETERO. m. Aprisco donde se encierran los chivos.

★ **CHIVIATITA.** f. MINERAL. Sulfuro de bismuto y plomo que suele contener como asociado el cobre.

CHIVICOYO. m. MÉJ. Ave gallinácea de caza y de carne estimada.

CHIVILLO. m. PERÚ. Especie de estornino, de color negro con visos de azul, aterciopelados, de canto agradable.

CHIVITAL. m. Chivitil.

CHIVITIL. m. ant. Chivetero.

CHIVO. (ár. *ŷibb*, pozo, como aljibe, de *al-ŷibb*.) m. Poza donde se recogen las heces del aceite.

CHIVO, VA. (al. *sibbe*, cordero.) m. y f. Cría de la cabra, desde que deja de mamar hasta que llega a la edad de procrear. ‖ **2.** COLOM., ARGENT. y ECUAD. Macho cabrío. ‖ **3.** ECUAD. y GUAT. Muchacho travieso. ‖ **4.** COLOM. Moneda de níquel de dos centavos. ‖ **5.** MÉJ. Haber del soldado. ‖ **6.** MÉJ. Salario de un día de trabajo. ‖ **7.** ANT. Chanchullo. ‖ **8.** CUBA. Rodillazo, golpe. ‖ **9.** COLOM. Rabieta. ‖ **—emisario.** Cabeza de turco, persona a quien se cargan culpas ajenas.

CHIZA. f. COLOM. Cierto gusano que ataca la papa.

¡**CHO!** interj. ¡So!

CHOBA. f. SANT. Bola, embuste.

CHOCA. f. CETR. Cebadura que se daba al azor, dejándole pasar la noche con la perdiz que voló.

CHOCADOR, RA. adj. Que choca. Ú.t.c.s.

CHOCALLERO, RA. (port. *chocallo*, cencerro, y éste de la onomat. *clocca*, campana.) adj. CAN. Hablador, chismoso.

CHOCALLO. (l. *iocalius*, festivo; de *iocus*, juego.) m. ant. Zarcillo.

CHOCANTE. (De *chocar*.) p.a. de chocar. Que choca.

CHOCANTE. (l. *iocari*, bromear.) adj. Gracioso, chocarrero. ‖ **2.** Fastidioso, empalagoso.

CHOCAR. (De la onomat. *choc*.) intr. Encontrarse violentamente una cosa con otra. ‖ **2.** fig. Pelear, combatir. ‖ **3.** fig. Enojar a uno por genio o por costumbre. ‖ **4.** Causar extrañeza o enfado. ‖ **P.** chocar; **I.** to shock; **F.** choquer; **A.** anstossen; **It.** urtare; **R.** сталкиваться.

CHOCARREAR. intr. Decir chocarrerías. Ú.t.c.r.

CHOCARRERÍA. (De *chocarrero*.) f. Chiste grosero.

CHOCARRERO, RA. (l. *iocarius*, jocoso; de *iocus*, juego.) adj. Que tiene chocarrerías. ‖ **2.** Que acostumbra a decir chocarrerías. Ú.t.c.s. ‖ **P.** chocarrero; **I.** scurrilous; **F.** goguenard, turlupin; **A.** Skurrilität; **It.** burattinesco; **R.** пошляк.

CHOCARRESCO, CA. adj. ant. Chocarrero.

CHOCLAR. (De *choclo*.) intr. En el juego de la argolla, introducir de golpe la bola por las barras.

★ **CHOCLEAR.** intr. COLOM. y PAN. Granar el maíz. ‖ **2.** PERÚ. Brotar varias plantitas del tubérculo sembrado.

CHOCLO. (l. *socculus*.) m. Chanclo.

CHOCLO. (quichua *choccllo*.) m. AMÉR. MERID. Mazorca tierna del maíz. ‖ **2.** Humita.

CHOCLÓN, NA. adj. Entremetido. ‖ **2.** m. Acción de choclar. ‖ **3.** CHILE. Lugar en que se reúnen durante el período electoral los partidarios de un candidato a un cargo político.

CHOCO. m. Jibia pequeña.

CHOCO. adj. BOL. De color rojo obscuro. ‖ **2.** COLOM. Dícese de la persona de tez muy morena. ‖ **3.** CHILE. Rabón. ‖ **4.** Dícese del que le falta una pierna o una oreja. ‖ **5.** GUAT. y HOND. Tuerto. ‖ **6.** m. BOL. Sombrero de copa. ‖ **7.** CHILE. Tuerto. ‖ **8.** PERÚ. Caparro. ‖ **9.** AMÉR. MERID. Perro de aguas.

CHOCOLATE. (mejic. *chocolatl*; de *choco*, cacao, y *latl*, agua.) m. Pasta hecha con cacao y azúcar molidos, a la que suele añadirse canela o vainilla. ‖ **2.** Bebida preparada con esta pasta desleída y hervida en agua o en leche. ‖ **3.** CUBA. Negocio ilícito. ‖ *El* CHOCOLATE *del loro.* loc. fam. Ahorro insignificante en relación con la economía que se necesita. ‖ **P.** e **I.** chocolate; **F.** chocolat; **A.** Schokolade; **It.** cioccolata; **R.** шоколад.

CHOCOLATERA. f. Vasija que sirve para hacer chocolate.

CHOCOLATERÍA. f. Casa donde se fabrica y se vende chocolate. ‖ **2.** Casa donde se sirve chocolate al público.

CH

CHOCOLATERO, RA. adj. Muy aficionado a tomar chocolate. Ú.t.c.s. || **2.** m. y f. Persona que por oficio elabora o vende chocolate. || **3.** m. AND. Chocolatera.

CHÓCOLO. m. COLOM. Choclo. || **2.** Hoyuelo, juego de muchachos.

CHOCOYO. m. GUAT. Herreruelo, pájaro. || **2.** HOND. Chócolo.

CHOCHA. (De la onomat. *choch.*) f. Ave zancuda, menor que la perdiz, común en España durante el invierno, de pico largo y recto y plumaje de color gris rojizo con manchas negras. Vive en terrenos sombríos y su carne es muy sabrosa. || —**de mar.** Centrisco. || P. galinhola; **I.** snipe; **F.** bécasse; **A.** Schnepfe; **It.** beccaccia, accegia; **R.** бекас.

CHOCHAPERDIZ. f. Chocha.

CHOCHEAR. (De *chocho.*) intr. Tener debilitadas por la edad las facultades mentales. || **2.** fig. y fam. Extremar el cariño y afición a personas o cosas a extremos exagerados. || **P.** caducar; **I.** to dote; **F.** radoter; **A.** faseln, kindisch werden; **It.** rimbambire; **R.** страдать старческим слабоумием.

CHOCHERA. f. Chochez.

CHOCHEZ. f. Calidad de chocho. || **2.** Dicho o hecho de persona que chochea.

CHOCHO. m. Altramuz. || **2.** Canelón. || **3.** pl. Cualquiera cosa de dulce, que se da a los niños para que callen.

CHOCHO, CHA. (l. *stultus*, tonto.) adj. Que chochea. || **2.** fig. y fam. Lelo de puro cariño.

CHOCHOCOL. m. MÉJ. Tinaja.

CHOFE. m. Bofe. Ú.m. en pl.

CHÓFER. [CHOFER]. (fr. *chauffeur*, del verbo *chauffer*, del l. *calefacère*, calentar.) m. Mecánico conductor de un automóvil.

CHOFETA. (fr. *chauffette*; de *chauffer*, calentar.) f. Braserillo manual que servía para encender el cigarro.

CHOFISTA. m. Estudiante pobre que se mantenía con chofes, por ser alimento barato.

★ CHOJÍN. m. GUAT. Guiso de carne de cerdo, con chile, rábanos, hierbabuena, etc.

CHOLA. f. fam. Cholla.

★ CHOLA. f. ARGENT., BOL., C. RICA, CHILE, ECUAD. y PERÚ. Mujer plebeya.

CHOLGUA. f. CHILE. Mejillón.

CHOLO, LA. adj. AMÉR. Dícese del indio civilizado. Ú.t.c.s. || **2.** AMÉR. Mestizo de europeo e india. Ú.t.c.s.

CHOLOQUE. m. BOT. Árbol sapindáceo, que crece en la zona cálida de América y cuyos frutos se emplean como jabón. || **2.** Fruto de este árbol.

CHOLLA. f. fam. Cabeza.

★ CHOLLAR. tr. AMÉR. CENTRAL. Desollar, lastimar. || **2.** fig. Reprender, mortificar.

★ CHOLLUDO, DA. adj. AMÉR. CENTRAL y COLOM. Holgazán, haragán.

★ CHOMITE. m. MÉJ. Falda sin costura y de lana de las indias || **2.** MÉJ. Cierta tela de lana burda, y ropa hecha con ella.

CHONGO. m. MÉJ. Moño de pelo. || **2.** GUAT. Rizo de pelo. || **3.** MÉJ. Chanza, broma.

★ CHONGO, GA. adj. CHILE. Dícese de la persona a quien le falta un brazo, una mano o un dedo. || **2.** C. RICA. Choco, mutilado de los dedos. || **3.** VENEZ. Dícese del gallo o de la gallina grande || **4.** m. CHILE. Muñón, tocón. || **5.** CHILE. Vaso ordinario de vidrio. || **6.** CHILE. Golpe dado con el chongo. || **7.** CHILE. Cuchillo malo. || **8.** P. RICO y REP. DOMIN. Caballo malo.

CHONGUEARSE. r. MÉJ. Vulgarismo por chunguearse.

★ CHONO, NA. adj ETNOGR. Dícese del individuo de una tribu de indios chilenos que viven en la parte más meridional del país. Ú.t.c.s. || **2.** Relativo a estos indios. || **3.** m. Lenguaje de los chonos.

CHONTA. (quich. *chunta*.) f. AMÉR. CENTRAL y PERÚ. Árbol, variedad de la palma-espinosa, de cuya madera, dura y de hermoso color, se fabrican bastones y otros objetos de adorno.

CHONTADURO. m. ECUAD. Especie de palma, de fruto comestible.

CHONTAL. adj. AMÉR. Dícese de una tribu de la América Central, de costumbres muy groseras. Ú.t.c.s. || **2.** AMÉR. Dícese de la persona rústica e inculta. Ú.t.c.s.

CHOPA. (gall. *choupa*, y éste del l. *clupea*.) f. ZOOL. Pez teleósteo, marino, parecido a la dorada, de color gris metálico con muchas manchas obscuras.

CHOPA. f. MAR. Cobertizo en la popa, junto al asta de la bandera.

CHOPAL. m. Chopera.

CHOPALERA. f. Chopera.

★ CHOPAZO. m. CHILE. Golpe dado con el chopo. || **2.** CHILE y PERÚ. Por ext., puñetazo, trompada. || **3.** PAN. Golpe fuerte en el juego.

CHOPE. m. CHILE. Palo con un extremo plano para sacar de la tierra los bulbos, raíces, etc. || **2.** CHILE. Raño, garfio de hierro.

CHOPEAR. intr. CHILE. Trabajar con el chope.

CHOPERA. f. Sitio poblado de chopos. || P. logar plantado de choupos; **I.** poplar grove; **F.** lieu planté de peupliers; **A.** Pappelwald; **It.** pioppaia; **R.** роща из чёрного тополя.

CHOPO. (l. *pópulus*, álamo.) m. Nombre de varias especies de álamos. || P. choupo; **I.** black poplar; **F.** peuplier noir; **A.** Pappel; **It.** pioppo; **R.** чёрный тополь.

CHOPO. (ital. *schioppo*, y éste del l. *stloppus*, bufido.) m. fam. Fusil.

CHOQUE. (De *chocar*.) m. Encuentro violento de una cosa con otra. || **2.** fig. Contienda, disputa, riña. || **3.** MIL. Reencuentro, combate o pelea de corta duración. || P. choque; **I.** shock, impact; **F.** choc, heurt; **A.** Anstoss, Aufprall, Zusammenstoss; **It.** urto; **R.** удар, толчок.

CHOQUE. (ingl. *shock*.) m. MED. Estado de profunda depresión nerviosa y circulatoria, que se produce después de intensas conmociones. || P. choque; **I.** shock, encounter; **F.** choc, heurt; **A.** Gegenstoss, Zusammenstoss; **It.** urto; **R.** удар, толчок.

CHOQUEZUELA. (d. de *chueca*.) f. Rótula.

CHORATO. m. SAL. Cría de la vaca.

CHORCHA. (l. *scolopax*, y éste del gr. σκολόπαξ.) f. Chocha.

CHORDÓN. m. Churdón.

★ CHOREAR. CHILE. Refunfuñar. || **2.** Pescar mejillones. || **3.** COLOM. y PERÚ. Robar.

CHORICERA. f. Máquina para hacer chorizos.

CHORICERÍA. (De *choricero*.) f. Tienda de chorizos.

CHORICERO, RA. m. y f. Persona que hace o vende chorizos. || **2.** fig. y fest. Extremeño.

CHORIZO. (l. *salsicium*.) m. Pedazo corto de tripa lleno de carne, comúnmente de cerdo, picada y adobada, y curado al humo. || **2.** Contrapeso. || —**de sábado.** Sabadeño. || P. chouriço; **I.** sausage; **F.** saucisse; **A.** Wurst; **It.** salsicciotto; **R.** колбаса.

CHORLA. (Voz onomatopéyica.) f. ZOOL. Ave parecida a la ganga, pero de mayor tamaño.

CHORLITO. (De *chorla*.) m. Ave zancuda, de pico recto, largo y delgado, patas finas y negruzcas, plumaje de color verde muy obscuro con manchas doradas por el dorso y pecho. Vive en España durante el invierno y anida a las orillas de los ríos. || **2.** Ave zancuda, algo mayor que la anterior, con patas y pico largos, de color pardo, plumaje gris con rayas pardas. Es propia de las regiones frías de España. || **3.** Ave zancuda, poco menor que la anterior, con pico y patas de color negro rojizo y plumaje leonado. || *Cabeza de* CHORLITO. fig. y fam. Persona de poco juicio. || P. tarambola; **I.** plover; **F.** courlis; **A.** Regenpfeifer; **It.** piviere, chiurlo; **R.** кулик.

CHORLO. (al. *schörl*.) m. MINERAL. Turmalina. || **2.** Silicato natural de alúmina, de color azul celeste. Hállase en algunas rocas gneísicas y micáceas.

CHORO. m. AND. Ratero, ladronzuelo.

CHORO. m. CHILE. Mejillón.

CHOROTE. m. COLOM. Chocolatera de loza sin vidriar. || **2.** CUBA. Toda bebida espesa. || **3.** VENEZ. Especie de chocolate con el cacao cocido en agua y endulzado con papelón.

CHOROY. m. CHILE. Especie de papagayo.

CHORRA. f. SAL. Trozo de tierra que queda sin arar por haber un peñasco u otro obstáculo. || **2.** SAL. Este mismo obstáculo.

CHORRADA. (De *chorrar*.) f. Porción de líquido que se suele agregar de gracia después de dar la medida.

CHORRAR. (De la onomat. *chorr.*) intr. ant. Chorrear.

CHORREADO, DA. p.p. de chorrear. || **2.** adj. Dícese de la res vacuna que tiene el pelo con rayas verticales obscuras. || **3.** AMÉR. Sucio, manchado.

CHORREADURA. f. Chorreo. || **2.** Mancha que deja un líquido al caer chorreando.

CHORREAR. (De *chorro*.) intr. Caer un líquido formando chorro. || **2.** Salir el líquido lentamente. || **3.** fig. y fam. Ir concurriendo poco a poco algunas cosas. || P. gotejar; **I.** to drip; **F.** jaillier, ruisseler; **A.** triefen; **It.** stillare; **R.** струиься.

CHORREL. m. GERM. Hijo, chiquillo.

CHORREO. m. Acción y efecto de chorrear.

CHORRERA. (De *chorro*.) f. Sitio por donde cae una corta porción de algún líquido y señal que deja. || **2.** Trecho corto de río en pendiente en que el agua corre con mucha velocidad. || **3.** Guarnición de encaje en la pechera de la camisola. || **4.** Adorno de que pendía la venera que se ponían los caballeros del hábito en días de gala.

CHORRETADA. (De *chorro*.) f. fam. Golpe o chorro de un líquido que sale de improviso. || **2.** Chorrada. || *Hablar a* CHORRETADAS fr. fig. y fam. Hablar atropelladamente.

CHORRILLO. (d. de *chorro*.) m. fig. y fam. Acción continua de recibir o gastar una cosa. || *Irse uno por el* CHORRILLO. fr. fig. y fam. Seguir la corriente o costumbre. || *Sembrar a* CHORRILLO. fr. AGR. Echar seguido el grano en el surco abierto. || *Tomar uno el* CHORRILLO *de hacer una cosa*. fr. fig. y fam. Acostumbrarse a ella.

CHORRO. (Voz onomatopéyica.) m. Golpe de un líquido que sale por una parte estrecha con alguna fuerza. || Por ext., caída sucesiva de cosas iguales y menudas. || —**de voz.** Plenitud de la voz. || *A* CHORROS. m. adv. fig. En algunas cosas, con abundancia. || *Soltar el* CHORRO. fr. fig. y fam. Reír a carcajadas. || P. chorro; **I.** jet, spurt; **F.** jet; **A.** (Wasser)Strahl; **It.** getto; **R.** струя.

CHORROBORRO. m. fig. y despect. Aluvión.

CHORRÓN. m. Cáñamo que se saca limpio de la primera rastrillada.

CHORTAL. (De *corro*.) m. Lagunilla formada por un manantial que brota en el fondo de ella.

CHOSPAR. intr. BURG. Chozpar.

CHOTACABRAS. (De *chotar* y *cabra*.) f. ZOOL. Pájaro fisirrostro, de unos 25 cm de largo, pico pequeño, una algo corvo en la punta, plumaje gris con manchas y rayas negras. Es crepuscular y gusta mucho de los insectos que se crían en los rediles. || **2.** Ave semejante a la anterior de la que se distingue por tener un collar rojizo bien señalado. || P. noutibó; **I.** goatsucker, nightjar; **F.** engoulevent, tettechèvre; **A.** Nachtschwalbe; **It.** caprimulgo, nottolone; **R.** козодой.

CHOTAR. (l. *suctāre*, mamar.) tr. ant. Mamar el choto.

CHOTE. m. CUBA. Chayote.

CHOTEAR. (De *choto*.) intr. AR. Retozar, dar muestras de alegría. || **2.** r. vulg. Pitorrearse.

CHOTEO. m. vulg. Burla, pitorreo.

CHOTIS. (húng. *schottisch*.) m. Baile por parejas, como la mazurca, pero más lento.

CHOTO, TA. (De *chotar*.) m. y f. Cría de la cabra mientras mama. || **2.** En algunas partes, ternero.

★ CHOTOY. m. ZOOL. Pájaro fisirrostro que vive en algunas regiones de América del Sur; tiene una cola muy larga.

CHOTUNO, NA. (De *choto*.) adj. Aplícase al ganado cabrío mientras está mamando. || **2.** Dícese del cordero flaco y enfermizo. || *Oler a* CHOTUNO. fr. Despedir cierto mal olor.

CHOVA. f. Especie de cuervo de plumaje negro y visos verdosos o encarnados, pico amarillo o rojizo y pies de este último color. || **2.** Corneja.

CHOZ. (Voz onomatopéyica.) f. Golpe, novedad, extrañeza. Ú. con los verbos *dar* o *hacer.*

CHOZA. (ár. *juṣṣa,* cabaña de cañas.) f. Cabaña formada de estacas y cubierta de ramas o paja. || **2.** Cabaña. || **P.** choça; **I.** cabin, cottage; **F.** cabane, chaumière; **A.** Strohhütte; **It.** capanna; **R.** хижина.

★ **CHOZCHORITO.** m. ZOOL. AMÉR. Rata de gran tamaño que vive en las regiones andinas.

CHOZNO, NA. m. y f. Cuarto nieto, o sea hijo del tataranieto.

CHOZO. m. Choza pequeña.

CHOZPAR. intr. Brincar alegremente los corderos, cabritos y otros animales.

CHOZPO. m. Brinco que da un animal cuando chozpa.

CHOZPÓN, NA. adj. Que chozpa mucho.

CHOZUELA. f. d. de choza.

CHUBASCO. (gall. port. *chuvia,* y éste del l. *pluvia,* lluvia.) m. Chaparrón o aguacero con mucho viento. || **2.** fig. Contratiempo transitorio, pero que malogra algún designio. || **3.** MAR. Nubarrón obscuro que suele presentarse en el horizonte repentinamente, empujado por un viento fuerte. || **P.** aguaceiro; **I.** squall; **F.** averse; **A.** Regenschauer, Platzregen; **It.** acquazzone; **R.** ливень.

CHUBASQUERÍA. f. MAR. Aglomeración de chubascos en el horizonte.

CHUBASQUERO. m. Impermeable.

CHUBAZO. (gall. port. *chuvia,* y éste del l. *pluvia,* lluvia.) m. ant. Chubasco.

CHUCA. (ár. *šuqqa,* hendidura.) f. Uno de los cuatro lados de la taba, que tiene un hoyo.

CHUCALLO. m. ant. Chocallo.

CHUCÁN, NA. adj. GUAT. Bufón, chocarrero.

CHUCANEAR. intr. GUAT. Bufonear, bromear.

CHUCAO. (Voz mapuche.) m. CHILE. Pájaro de plumaje pardo que habita en lo más espeso de los bosques.

CHÚCARO, RA. (quich. *chucru,* duro.) adj. AMÉR. Arisco, bravío. Dícese principalmente del ganado vacuno, del caballar y mular aún no desbravado.

CHUCERO. m. Soldado armado de chuzo. || **2.** GERM. Ladrón.

★ **CHUCO, CA.** adj. AMÉR. CENTRAL, ECUAD. MÉJ. y PERÚ. Se aplica al pescado que empieza a descomponerse.

CHUCUA. f. COLOM. Lodazal, pantano.

★ **CHUCULA.** f. PERÚ. Vasija o recipiente hecha de la corteza de la calabaza. || **2.** ECUAD. Alimento preparado con leche en la que se bate plátano cocido, agregando también especias, esencias y queso. || **3.** COLOM. Barro muy acuoso.

CHUCURU. m. ECUAD. Animal parecido a la comadreja.

CHUCUTO, TA. adj. VENEZ. Rabón.

CHUCHA. (De *chucho.*) f. fam. Perra. || ¡CHUCHA! interj. Usada para espantar a este animal.

CHUCHANGO. m. CAN. Caracol de tierra.

CHUCHAZO. m. CUBA y VENEZ. Latigazo dado con el chucho.

CHUCHE. m. GERM. Cara.

CHUCHEAR. (Voz imitativa.) intr. Cuchichear. || **2.** Atrapar caza menor valiéndose de señuelos, lazos, redes u otros aparejos.

CHUCHERÍA. (De *chocho.*) f. Cosa de poca importancia, pero fina y delicada. || **2.** Alimento corto, ligero y apetitoso. || **P.** bagatela; **I.** gewgaw; **F.** bagatelle, bibelot; **A.** Nippsachen; **It.** ninnolo, gingillo; **R.** безделушка.

CHUCHERÍA. (De *chuchero.*) f. Acción de chuchear.

CHUCHERO, RA. (De *chuchear.*) adj. Que chuchea.

CHUCHO. (De la onomat. *chuch.*) m. fam. Perro. || **2.** ARGENT. Escalofrío. || **3.** ARGENT. Fiebre palúdica intermitente. || **4.**

CUBA y VENEZ. Látigo. || ¡CHUCHO! interjección. Usada para espantar al perro.

CHUCHO. (mapuche *chuchu.*) m. CHILE. Ave pequeña de rapiña, diurna y nocturna, y cuyo graznido se toma vulgarmente como de mal agüero.

CHUCHO. m. AMÉR. MERID. Pez pequeño como el arenque, de carne muy estimada. || **2.** CUBA. Aguja, pincho. || **3.** CUBA. Obispo, pez.

CHUCHOCA. f. AMÉR. MERID. Especie de maíz cocido y seco, que se usa como condimento.

CHUCHUMECO. m. despect. Hombre ruin. || **2.** MÉJ. Chichimeco.

CHUECA. (l. *soccus,* zueco.) f. Tocón. || **2.** Hueso redondeado o parte de él que encaja en el hueco de otro. || **3.** Bolita pequeña para jugar a la chueca. || **4.** Juego entre dos bandos cada uno de los cuales procura evitar que la chueca, impelida por los contrarios, pase la raya. || **5.** fig. y fam. Burla o chasco. || **6.** GERM. Hombro. || **2.ª** acep.: **P.** apófisi de osso; **I.** y **F.** condyle; **A.** Gelenkknochen; **It.** còndilo; **R.** пень.

CHUECO, CA. adj. AMÉR. Estevado, patituerto.

CHUELA. (Por *achuela,* del l. *asciola,* azuela.) f. CHILE. Destral.

CHUETA. (d. del mallorq. *jueu,* judío.) com. En las Islas Baleares, descendiente de judíos conversos.

CHUFA. (l. *cyphi,* perfume de juncia.) f. Tubérculo que a modo de nudos, de 1 cm de largo, tienen las raíces de una especie de juncia. Son amarillentos por fuera, blancos por dentro, de sabor dulce y agradable. || *Echar* CHUFAS. fr. fam. Echar bravatas. || **P.** tubérculo da junca; **I.** chufa; **F.** châtaigne de terre; **A.** Erdmandel; **It.** zìzzola; **R.** земляной миндаль.

CHUFAR. (De *chufa,* burla.) intr. Hacer escarnio de una cosa.

CHUFEAR. intr. ant. Chufar.

CHUFERÍA. (De *chufero.*) f. Casa donde hacen o venden horchata de chufas.

CHUFERO, RA. m. y f. Persona que vende chufas.

CHUFETA. f. Chofeta.

CHUFETA. (De *chufa.*) f. fam. Chufleta.

CHUFLA. f. Cuchufleta.

CHUFLAR. intr. AR. Silbar.

CHUFLETA. (De *chufeta.*) f. fam. Cuchufleta.

CHUFLETEAR. intr. fam. Decir chufletas.

CHUFLETERO, RA. adj. fam. Que chufletea. Ú.t.c.s.

CHUFLIDO. m. AR. Silbido.

CHULA. f. Fruto del candelabro, planta cástea.

CHULADA. (De *chulo.*) f. Acción indecorosa, propia de gente de mala crianza. || **2.** Dicho o hecho gracioso y con desenfado.

CHULAMO, MA. (De *chulo.*) m. y f. GERM. Muchacho.

CHULAPO, PA. m. y f. Chulo.

CHULÉ. m. En caló, peso duro.

CHULEAR. (De *chulo.*) tr. Zumbar o burlar a uno con gracia y chiste. Ú.t.c.r.

CHULERÍA. (De *chulo.*) f. Cierto aire o gracia en las palabras o ademanes. || **2.** Conjunto o reunión de chulos.

CHULESCO, CA. adj. Perteneciente o relativo a los chulos.

CHULETA. (valenc. *chulleta,* d. de *chulla,* costilla.) f. Costilla con carne de ternera, carnero o puerco. || **2.** fig. Pieza irregular añadida a alguna obra de manos para rellenar un hueco. || **3.** fig. y fam. Bofetada. || **4.** Entre estudiantes, papelito con apuntes que se lleva oculto para usarlo disimuladamente en los exámenes. || **5.** Pieza delgada de madera que usan los carpinteros para tapar grietas en los muebles. || **6.** pl. fig. Patillas.|| **P.** costoleta; **I.** cutlet; **F.** côtelette; **A.** Kotelett; **It.** braciola; **R.** отбивная котлета.

CHULO, LA. (ár. *šul,* ágil, dispuesto; criado ladino.) adj. Que hace y dice las cosas con chulada. Ú.t.c.s. || **2.** Chulesco. || **3.** m. y f. Individuo del pueblo bajo de Madrid, que se distingue por cierta afectación y guapeza en el modo de vestir y conducirse. || **4.** GERM. Chulamo. || **5.** El que ayuda al encierro de las reses mayores en el matadero. || **6.** El que en las

fiestas de toros asiste a los lidiadores dándoles las banderillas, etc. || **7.** Rufián.

CHULLA. (l. [*caro*] *sülla,* carne de cerdo.) f. AR. Lonja de carne.

CHULLO, LLA. adj. ECUAD. Dícese del objeto que usándose en número par, se queda solo.

CHUMACERA. (port. *chumaceira,* de *chumazo,* y éste del l. *plumacem,* de pluma.) f. Pieza en que descansa y gira cualquier eje de maquinaria. || **2.** MAR. Tablita que se pone sobre el borde de la lancha u otra embarcación de remo, y en cuyo medio está el tolete. || **3.** MAR. Rebajo semicircular practicado en la falca de los botes en substitución del tolete para que el remo dé el juego el remo.

CHUMBE. (Voz quichua.) m. COLOM. y PERÚ. Faja con que se ciñe a la cintura el tipoy.

CHUMBERA. (De *chumbo.*) f. Higuera chumba.

CHUMBO, BA. adj. V. *Higo* CHUMBO. || **2.** V. *Higuera* CHUMBA.

★ **CHUMBURÚ.** m. BOT. Planta papayácea, especie de papayo, de frutos comestibles, grandes y sabrosos. Crece en el Perú y Ecuador.

CHUMPIPE. m. GUAT. Pavo.

CHUNA. f. ZOOL. Chuña.

CHUNCHO. m. PERÚ. Individuo de una tribu de indios bárbaros. Ú.m. en pl. || **2.** PERÚ. Caléndula.

CHUNGA. (De *zumba.*) f. fam. Burla festiva. Ú.m. en la frase *Estar de* CHUNGA. || *Tomar a* o *en* CHUNGA *una cosa.* fr. fam. Echar o tomar a chacota.

CHUNGUEARSE. (De *chunga.*) r. fam. Burlarse festivamente.

CHUÑA. f. ZOOL. Ave sudamericana, del mismo orden que las grullas, con cola larga y plumaje grisáceo; en el arranque del pico lleva una serie de plumas finas en abanico. || **2.** CHILE. Arrebatiña.

CHUÑO. (quichua *ch' uñu,* patata helada y seca al sol.) m. AMÉR. MERID. Fécula de la patata.

CHUPA. (Del m. or. que *aljuba.*) f. Parte del vestido que cubría el tronco del cuerpo, con cuatro faldillas de la cintura abajo. || *Poner a uno como* CHUPA *de dómine.* fr. fig. y fam. Ponerle como un trapo. || **P.** chupa; **I.** waistcoat; **F.** justaucorps; **A.** Wams; **It.** giubba; **R.** полукафтан.

CHUPA. f. Medida de capacidad para líquidos que se usa en Filipinas, igual a 37 cl y 5 ml. || **2.** Medida de capacidad para áridos que se usa en Filipinas, de 37 centilitros.

CHUPACIRIOS. m. despect. Beato.

CHUPADA. f. Acción de chupar.

CHUPADERITO. m.· d. de chupadero. || *Andarse con o en* CHUPADERITOS. fr. fig. y fam. para denotar que en las cosas arduas no se deben usar medios leves.

CHUPADERO, RA. adj. Dícese de lo que chupa. || **2.** m. Chupador.

CHUPADO, DA. p.p. de chupar. || **2.** adj. fig. y fam. Muy flaco y extenuado.

CHUPADOR, RA. adj. Que chupa. Ú.t.c.s. || **2.** m. Pieza redondeada de marfil, pasta, etc., que se da a chupar a los niños en la época de la primera dentición para que refresquen la boca.

CHUPADORCITO. m. d. de chupador. || *Andarse con o en* CHUPADORCITOS. fr. fig. y fam. Andarse con o en chupaderitos.

CHUPADURA. f. Acción y efecto de chupar.

CHUPAFLOR. m. Especie de colibrí propio de Venezuela.

CHUPALANDERO. (De *chupar.*) adj. MURC. Dícese del caracol que se cría en los árboles y en las hierbas.

CHUPALLA. f. CHILE. Planta bromileácea, de las hojas en forma de roseta y cuyo jugo se emplea en medicina casera. || **2.** CHILE. Sombrero hecho con tirillas de las hojas de esta planta.

CHUPAMIRTO. m. MÉJ. Colibrí.

CHUPAR. (De la onomat. *chup.*) tr. Atraer con los labios el jugo o la substancia de una cosa. Ú.t.c.intr. || **2.** Embeber en sí los vegetales el agua. || **3.** fig. y fam. Absorber. || **4.** fig. y fam. Ir consumiendo la hacienda de otro con pretextos y engaños. || **5.** r. Irse enflaqueciendo o desme-

CH

drando. || **P.** chupar; **I.** to suck; **F.** sucer; **A.** (auf-, aus-, ein)saugen; **It.** succhiare; **R.** сосать.

CHUPATINTAS. m. despect. Oficinista de poca categoría.

CHUPATIVO, VA. adj. Dícese de lo que tiene virtud de chupar.

CHUPE. (De *chupar*.) m. CHILE y PERÚ. Guisado muy común, semejante a la cazuela chilena; se prepara con papas en caldo, carne o pescado, mariscos, queso, leche, huevos, ají, tomate, etc.

CHUPETA. f. d. de chupa.

CHUPETA. (d. de *chopa*.) f. MAR. Pequeña cámara que tienen a popa, en la cubierta principal algunos buques.

CHUPETE. (De *chupar*.) m. Pieza de goma elástica en forma de pezón que se pone en el biberón. || **2.** Chupador. || *De* CHUPETE. loc. fam. De rechupete.

CHUPETEAR. tr. Chupar poco y repetidamente. Ú.t.c.intr.

CHUPETEO. m. Acción de chupetear.

CHUPETÍN. (d. de *chupeta*.) m. Especie de justillo o ajustador con faldillas.

CHUPETÓN. m. Acción y efecto de chupar con fuerza.

CHUPÍN. m. Chupa corta.

CHUPINAZO. m. Disparo hecho con una especie de mortero en los fuegos artificiales, cuya carga son candelillas.

CHUPÓN, NA. (De *chupar*.) adj. fig. y fam. Que chupa. || **2.** Que saca dinero con astucia y engaño. Ú.t.c.s. || **3.** m. Vástago o brote que chupa a los árboles la savia y les mengua el fruto. || **4.** Pluma de ave, con cañón no consolidado que suele tener sangre si se arranca. || **5.** Fís. Émbolo de las bombas de desagüe. || 3.ª acep.: **P.** gomeliera; **I.** stem; **F.** larron; **A.** Schmarotzerzweig; **It.** succhione; **R.** паразит (о растении).

CHUPÓPTERO. m. fam. Persona que no presta ningún servicio efectivo y sin embargo cobra uno o más sueldos.

CHUQUIRAGUA. f. AMÉR. Planta compuesta que se cría en los Andes, de propiedades medicinales.

CHUQUISA. f. CHILE y PERÚ. Mujer de vida alegre.

CHURANA. f. AMÉR. MERID. Aljaba que usan los indios.

CHURCO. m. CHILE. Planta oxalídea gigantesca, propia de este país.

CHURCHA. f. Nombre que daban los indígenas de Tierra Firme a la zarigüeya.

CHURDÓN. m. Frambueso. || **2.** Frambuesa. || **3.** Jarabe o pasta de frambuesa y azúcar que, desleídos en agua, se usan como refrescante.

CHURLA. f. Churlo.

CHURLO. m. Saco de lienzo de pita cubierto con otro de cuero para transportar canela u otras cosas sin que pierdan su virtud.

CHURO. m. ECUAD. Rizo de pelo. || **2.** ECUAD. Caracol.

CHURRA. f. Ortega.

CHURRASCO. m. AMÉR. Carne asada a la brasa. || **P.** churrasco; **I.** roast-beef; **F.** viande grillée; **A.** auf Kohlen geröstetes Fleisch; **It.** carne arrostita; **R.** мясо, поджеренное на углях.

CHURRE. m. fam. Pringue sucia y espesa. || **2.** fig. y fam. Lo que se parece a ella.

CHURRERÍA. f. Lugar en donde se hacen y venden churros.

CHURRERO, RA. m. y f. Persona que hace o vende churros.

CHURRETADA. f. Churrete grande. || **2.** Cantidad de churretes.

CHURRETE. (de *churre*.) m. Mancha que ensucia la cara u otra parte del cuerpo.

CHURRETOSO, SA. adj. Lleno de churretes.

CHURRIANA. f. vulg. Ramera.

CHURRIBURRI. m. fam. Zurriburri.

CHURRIENTO, TA. adj. Que tiene churre.

CHURRIGUERESCO, CA. adj. ARQ. Dícese del gusto introducido en la arquitectura española por Churriguera, Ribera y sus seguidores a principios del siglo XVIII. || **2.** fig. Charro.

CHURRIGUERISMO. (De *Churriguera*. V. *churrigueresco*.) m. Sistema de sobrecargar de adornos las obras de arquitectura. || **2.** Exceso de ornamentación en las obras de arquitectura española del siglo XVIII.

CHURRIGUERISTA. m. Arquitecto que sigue la tendencia del churriguerismo.

CHURRILLERO, RA. adj. ant. Churrullero. Usáb.t.c.s.

CHURRO. m. Masa dulce hecha con harina de trigo y azúcar, larga y asurcada, que después de frita, se corta en trozos.

CHURRO, RRA. adj. Dícese del carnero o de la oveja cuya lana es más basta y larga que la de la raza merina. Ú.t.c.s. || **2.** Dícese de esta lana. || **3.** fam. Chapuza, cosa mal hecha. || **4.** m. y f. SAL. Añojo, ja. || **5.** f. SAL. Cárcel.

CHURRULLERO, RA. adj. Charlatán.

CHURRUPEAR. (De *chupar*.) int. ant. Beber vino en poca cantidad y repetidamente, saboreándole.

CHURRUSCANTE. p.a. de churruscar.

CHURRUSCAR. (De *churrusco*.) tr. Asar o tostar demasiado una cosa. Ú.m.c.r.

CHURRUSCO. m. Pedazo de pan demasiado tostado.

CHURUMBEL. m. En caló, niño.

CHURUMBELA. (Del m. or. que *caramillo*.) Instrumento de viento, semejante a la chirimía. || **2.** Bombilla que se usa para tomar el mate.

CHURUMEN. m. fam. Chirumen.

CHURUMO. (De *churumen*.) m. fam. Jugo o substancia. || *Poco* CHURUMO. expr. fam. de que se usa para dar a entender que hay poca substancia, poco entendimiento, poco dinero, etc.

¡CHUS! (Voz con que se llama al perro.) interj. ¡Tus!

CHUSCADA. f. Dicho o hecho del chusco.

CHUSCAMENTE. adv. m. Con gracia y picardía.

CHUSCO, CA. adj. Que tiene gracia, donaire y picardía. Ú.t.c.s. || **2.** m. Pedazo de pan o panecillo. || **P.** gracioso; **I.** droll, pleasant; **F.** drôle; **A.** Spasshaft; **It.** spiritoso.

CHUSMA. (ital. *ciurma*, canalla.) f. Conjunto de galeotes que servían en las galeras reales. || **2.** Gente soez. || **3.** AMÉR. Tratándose de indios salvajes que viven en comunidad, conjunto de los que por su sexo o edad no sirven para la guerra. || **4.** GERM. Muchedumbre de gente. || 2.ª acep.: **P.** chusma; **I.** rabble; **F.** chiourme; **A.** Pöbel, Mob; **It.** ciurma, canaglia; **R.** сброд.

CHUSMAJE. m. AMÉR. Chusma.

CHUSPA. (quichua *chchuspa*.) f. AMÉR. MERID. Bolsa, morral.

CHUSQUE. m. COLOM. Especie de bambú, planta gramínea de mucha altura.

CHUSQUEL. m. GERM. Perro.

CHUVA. f. PERÚ. Especie de mono, propio de la América Meridional.

CHUZA. f. MÉJ. Lance en el juego del bolinche y en el de billar, consistente en derribar todos los palos de una vez y con sólo una bola. || **2.** p. us. Chuzo.

CHUZAR. tr. COLOM. Punzar, pinchar, herir.

CHUZAZO. m. Golpe dado con el chuzo.

CHUZNIETO, TA. m. y f. ECUAD. Chozno.

CHUZO. (De *suizo*.) m. Palo armado con un pincho de hierro. || **2.** CUBA. Látigo hecho de vergajo o cuero retorcido. || *Caer, llover o nevar* CHUZOS. fr. fig. Caer granizo, llover o nevar con mucha fuerza o ímpetu. || *Echar* CHUZOS. fr. fig. y fam. Echar bravatas. || **P.** chuço; **I.** pike; **F.** épieu; **A.** Spiess, Fangeisen; **It.** picca; **R.** копьё.

CHUZÓN. (De *chusco*.) m. Zuizón.

CHUZÓN, NA. (De *chuzo*.) adj. Astuto, difícil de engañar. Ú.t.c.s. || **2.** Que tiene gracia para burlarse de otros en la conversación. Ú.t.c.s.

CHUZONADA. f. Bufonada.

CHUZONERÍA. (De *chuzón*.) f. Burleta.

D

D. f. Quinta letra del abecedario español y cuarta de sus consonantes. Su nombre es DE. || **2.** Sexta letra de la numeración romana, que tiene el valor de quinientos. Los latinos escribían una I con una C vuelta al revés, las cuales, con el tiempo, se juntaron y formaron la D. || **3.** Fís. Una de las rayas del espectro solar; situada entre el anaranjado y el amarillo. || **4.** Mús. Inhicación del tomo *re*. || **5.** Símbolo del deuterio.

DABITIS. m. Fil. Voz mnemotécnica que expresa el modo legítimo de la cuarta figura silogística en el cual la premisa mayor es universal afirmativa, y la menor y las conclusiones particulares también afirmativas.

DABLE. (De *dar*.) adj. Hacedero, posible.

DACA. (contracc. de *da*, imper., de *dar*, y el adv. *acá*.) Da, o dame, acá. || *Andar al toma y* DACA. fr. Andar en dares y tomares.

DACÁ. (contracc. de *de acá*.) adv. ant. De acá, o del lado de acá.

DA CAPO. (loc. ital. *desde la cabeza*.) loc. adv. Mús. Se emplea para señalar en música la repetición de un pasaje.

* **DACILO**. m. Zool. Insecto pentámero coleóptero, de color negro, que se encuentra en los sembrados.

DACIO. (l. *datio*, acto de dar.) m. desus. Tributo o imposición sobre alguna cosa.

DACIO, CIA. (l. *dacius*.) adj. Natural de Dacia. Ú.t.c.s. || **2.** Perteneciente a este país de Europa antigua.

DACIÓN. (l. *datio*, -*ōnis*.) f. For. Acción y efecto de dar. || **—en pago.** For. Cesión en pago de una cosa distinta de la señalada en la obligación.

* **DACO.** m. Zool. Género de insectos dípteros, de la familia de los múscidos, de cabeza redondeada, antenas cortas y abdomen ovalado. Entre sus especies se encuentra la mosca del olivo.

° **DACRIOCISTITIS.** f. Med. Inflamación del dacriocisto o saco lagrimal, en especial la de carácter agudo y purulento acompañada de hinchazón dolorosa.

* **DACRIOIDEO, A.** adj. Bot. Parecido a una lágrima. Aplícase a las simientes.

DACTILADO, DA. (l. *dactýlus*.) adj. Que tiene figura semejante a la de un dedo.

DACTILAR. adj. Digital.

DACTÍLICO, CA. (l. *dactylĭcus*, y éste del gr. δαχτυλιχός; de δάχτυλος, dedo.) adj. V. *Verso* DACTÍLICO. || **2.** Aplícase a la composición escrita en versos de esta clase.

* **DACTILIFORME.** adj. Arq. De forma de palmera.

* **DACTILIOGRAFÍA.** f. Descripción de los anillos y de las piedras preciosas grabadas.

DACTILIOLOGÍA. (gr. δάχτυλος, anillo, y λόγος, tratado.) f. Parte de la arqueología, que estudia los anillos y piedras preciosas grabadas.

DACTILIÓN. m. desus. Mús. Aparato que se colocaba en el teclado de los pianos para dar agilidad y seguridad a los dedos del principiante.

DÁCTILO. (l. *dactýlus*, y éste del gr. δάχτυλος, dedo.) m. Pie de la poesía griega y latina, compuesto de tres sílabas la primera, larga, y las otras dos, breves. || **P.** dáctilo; **I.** dactyl; **F.** dactyle; **A.** Daktylus; **It.** dàttilo; **R.** дактиль.

DACTILOGRAFÍA. (gr. δάχτυλος, dedo, y γράφω, escribir.) f. Mecanografía.

DACTILOGRÁFICO, CA. adj. Mecanográfico.

DACTILÓGRAFO, FA. m. y f. Mecanógrafo, fa. || **2.** Persona que enseña, estudia o trata de dactilografía. || **3.** m. Máquina para escribir; instrumento que consta de varias teclas que representan las cifras y las letras, las cuales se accionan moviendo los dedos de ambas manos sobre ellas. || **4.** Instrumento de teclado, destinado a hacer percibir a los ciegos sordomudos, por medio del tacto, los signos representativos de la palabra.

* **DACTILOGRAMA.** f. Impresión digital.

DACTILOLOGÍA. (gr. δάχτυλος, dedo y λόγος, discurso.) f. Arte de hablar con los dedos o con el abecedario manual.

DACTILOSCOPIA. (gr. δάχτυλος, dedo, y σχοπέω, observar.) f. Sistema de identificación mediante la comparación de impresiones digitales.

DACTILOSCÓPICO, CA. adj. Perteneciente o relativo a la dactiloscopia.

DADERO, RA. (l. *datarius*.) adj. ant. Que es de dar, o se ha de dar. || **2.** ant. Dadivoso.

DÁDIVA. (l. *datīva*, t. f. de -*vus*, dativo.) f. Cosa que se da graciosamente. || *Acometer con* DÁDIVA. fr. fig. Acometer con dinero. || DÁDIVAS *quebrantan peñas*. ref. con que se da a entender que con los dones se suelen vencer las mayores repugnancias. || **P.** dádiva; **I.** gift, present; **F.** don, présent; **A.** Gabe, Geschenk; **It.** dono; **R.** дар.

DADIVADO, DA. (De *dadivar*.) adj. p. us. Sobornado, cohechado.

DADIVAR. tr. Regalar, hacer dádivas.

DADIVOSAMENTE. adv. Liberalmente; con generosidad en el modo de dar.

DADIVOSIDAD. f. Calidad de dadivoso.

DADIVOSO, SA. adj. Generoso, propenso a hacer dádivas. Ú.t.c.s. || **P.** dadivoso; **I.** liberal, bountiful; **F.** généreux; **A.** freigebig; **It.** liberale; **R.** щедрый.

DADO. (l. *datum*, don, pieza de juego.) m. Pieza cúbica en cuyas caras hay señalados puntos desde uno hasta seis y que sirve para varios juegos de azar. || **2.** Pieza cúbica de metal u otra materia que sirve en las máquinas para apoyar tornillos, ejes, etc. || **3.** En las banderas, paralelogramo de distinto color que su fondo. || **4.** Arq. Neto, pedestal de la columna. || **5.** Art. Pedacito prismático de hierro que se introducía en la antigua carga de metralla. || **6.** Mar. Travesaño que refuerza los eslabones de las cadenas. || **—falso.** El que tiene más peso por un lado que por otro, cayendo repetidas veces del mismo lado. || *Cargar los* DADOS. fr. Hacerlos falsos introduciendo un poco de plomo en un lado de ellos. || *Correr el* DADO.

fr. fig. y fam. Tener suerte favorable. || *Dar, o echar* DADO *falso*. fr. fig. y fam. Engañar. || *Estar* una cosa *como un* DADO. fr. fig. Estar bien ajustada. || *Lo mejor de los* DADOS *es no jugarlos*. ref. que enseña que lo más prudente es evitar las ocasiones y los riesgos. || **P.** e **It.** dado; **I.** die; **F.** dé; **A.** Spielwürfel, Würfel; **R.** кость (игральная).

DADO, DA. (l. *datus*.) p.p. de dar. || **2.** adj. Concedido, supuesto. || DADO *que*. m. conj. Siempre que, en la inteligencia de que. || DADO *y no concedido*. loc. usada para denotar que se deja pasar una proposición, sea verdadera o falsa, porque no interesa para la cuestión de que se trata.

DADOR, RA. (l. *dator*.) adj. Que da. Ú.t.c.s. || **2.** m. Portador de una carta de un sujeto a otro. || **3.** Com. El que libra la letra de cambio. || **P.** dador; **I.** giver, donor; **F.** donneur; **A.** Geber; **It.** datore; **R.** податель.

DAGA. (l. *daca*, t. f. de *dacus*, de Dacia.) f. Arma blanca, de hoja corta parecida a la espada. Solía tener dos cortes, pero también había de uno, de tres y de cuatro. || **P.** Rico. Chachete. || *Llegar a las* DAGAS. fr. fig. y fam. Llegar un negocio al lance de mayor aprieto. || **P.** adaga; **I.** dagger; **F.** dague; **A.** Dolch; **It.** daga; **R.** кинжал.

DAGA. (ár. *ṭâqa*, hilada, capa.) f. Cada una de las tongas de ladrillos que se cuecen de una vez en el horno.

DAGAME. m. Bot. Cuba. Árbol rubiáceo con tronco elevado y liso. Sus frutos son apetecidos por el ganado y su madera es usada en la construcción.

DAGÓN. m. aum. de daga, 1.er art.

DAGUERROTIPAR. tr. Fijar las imágenes por medio del daguerrotipo.

DAGUERROTIPIA. f. Daguerrotipo, 1.ª acep.

DAGUERROTIPO. (De *Daguerre*, nombre de su inventor, y de *tipo*.) m. Arte de fijar en planchas metálicas preparadas al efecto, las imágenes que se forman en la cámara obscura. || **2.** Aparato para este fin. || **3.** Retrato o vista obtenida por medio del daguerrotipo.

DAGUILLA. (d. de *daga*, 1.er art.) f. And. Palillo de hacer media.

DAGUILLA. m. Bot. Cuba. Árbol timeleáceo, notable por la forma de las hojas que semejan un encaje. Su madera se emplea en ebanistería y su corteza en cordelería. || **2.** C. Rica. Hoja del izote.

DAHIR. (ár. *zahīr*, proclamar.) m. Carta abierta con órdenes del sultán, en Marruecos. || **2.** En la que fue zona del protectorado español de Marruecos, se llamó así al decreto del Jalifa promulgado por el alto comisario.

DAIFA. (ár. *ḍaifa*, huéspeda, señora, manceba.) f. Manceba.

DAIMIEL. n. p. V. *Panizo de* DAIMIEL.

DAIMIO. (Voz japonesa.) Señor feudal en el antiguo régimen japonés.

DAJAO. (Voz cubana.) m. Cuba. Pez de río, muy común y de buena carne.

DALA. (fr. dale, y éste del neerl. *daal*, tubo.) f. Mar. Canal por donde la bomba de desagüe vierte el agua al mar.

D

DALAGA. f. Filip. Mujer soltera, doncella y joven.

★ **DALE.** m. Cuba. Cierto juego de muchachos.

DALGO (HACER MUCHO). (contracc. de *de algo*.) fr. ant. Hacer bien, tratar con agasajo y regalo.

DALIA. (Por haber sido dedicado a *Dahl*, botánico sueco que de Méjico la trajo a Europa en 1789.) f. Planta compuesta de flores de botón central amarillo y corola grande, con muchos pétalos y variada coloración. ‖ **2.** Flor de esta planta. ‖ P. dália; I. y F. dahlia; A. Dahlie; It. dalia; R. далия.

★ **DALIA.** (ár. *dalia*.) f. En Marruecos, viña.

DALIND. (l. de *ad ille inde*.) adv. ant. De allá.

DÁLMATA. (l *dalmăta*.) adj. Natural de Dalmacia. Ú.t.c.s. ‖ **2.** Perteneciente a esta región adriática.

DALMÁTICA. (l. *dalmatica*.) f. Túnica blanca adornada de púrpura, usada en la época imperial romana. ‖ **2.** Túnica abierta por todos los lados, usada por los reyes de armas y los maceros. ‖ **3.** Vestidura sagrada que se pone encima del alba; es propia del diácono. ‖ P. dalmática; I. dalmatie; F. dalmatique; A. Dalmatika; It. dalmática; R. туника.

DALMÁTICO, CA. (l. *dalmatĭcus*.) adj. Dálmata, 2.ª acep. ‖ **2.** m. Lengua muerta que se habló en las costas de Dalmacia.

★ **DALOIDE.** (gr. δαλός, tizón, de δαίω, quemar, y εἶδος, forma.) adj. Geol. Dícese de una clase de hulla que tiene la apariencia de carbón medio encendido.

DALTONIANO, NA. adj. Dícese del que padece de daltonismo. Ú.t.c.s. ‖ **2.** Perteneciente o relativo a esta enfermedad.

DALTONISMO. (De *Dalton*, físico inglés del s. XVIII, que padecía esta enfermedad.) m. Defecto de la vista que consiste en no percibir determinados colores o de confundir algunos entre sí. ‖ P. daltonismo; I. color blindness, daltonism; F. daltonisme; A. Farbenblindheit; It. daltonismo; R. дальтондазм.

DALLA. f. En algunas comarcas, dalle.

DALLÁ. (contracc. de *de allá*.) adv. ant. De allá, o del otro lado de allá, o al otro lado.

DALLADOR. m. El que dalla.

DALLAR. tr. Segar la hierba con el dalle. ‖ P. gadanhar; I. to mow; F. faucher; A. mähen; It. falciare; R. косить.

DALLE. (prov. y cat. *dall*, y éste del l. *daculus* [culter], de *dacus*, de la Dacia.) m. Guadaña.

DALLÉN. (contracc. de *de allén*.) adv. ant. Del otro lado de allá, o del lado de allá, o del otro lado.

DAMA. (fr. *dame*, y éste del l. *domĭna*.) f. Mujer noble o de calidad distinguida. ‖ **2.** Mujer noble a la que se consagraba un caballero. ‖ **3.** Cada una de las señoras que acompañaban y servían a la reina o a las princesas. ‖ **4.** Actriz que hace los papeles principales. ‖ **5.** Manceba. ‖ **6.** En el juego de damas, peón coronado. ‖ **7.** En el juego de ajedrez, pieza que tiene los movimientos combinados de la torre y del alfil. ‖ **8.** Testigo, hito de tierra. ‖ **9.** V. *Ciruela* de Dama. ‖ **10.** V. *Portería*, *portero* de Dama. ‖ **11.** pl. Juego que se ejecuta en un tablero de 64 escaques, con 24 piezas, si es española, y en uno de 100 escaques y con 40 piezas si es polonesa. ‖ Dama *cortesana*. Ramera. ‖ **—de honor**. Señora de honor. ‖ **—de noche**. Planta solanácea, de flores blancas muy olorosas durante la noche. ‖ **—joven**. Actriz que hace los papeles de soltera o de casada muy joven. ‖ *Segunda, tercera, cuarta* Dama. Actrices que hacen papeles secundarios, salvo los de graciosa y característica. ‖ **—secreta.** La que en juego de Damas se da de ventaja al que juega menos. ‖ *Las* Damas *al desdén, parecen bien*. ref. que reprende el demasiado esmero en el adorno de las mujeres. ‖ *Ser una mujer muy* Dama. Ser muy fina en el aspecto exterior o en los modales. ‖ *Soplar* una *la* Dama *a otro*. fr. En el juego de damas, suprimir al contrario en pena de su omisión, cuando pudiendo comer pieza contraria, no lo hace. ‖ **2.** fig. y fam. Casarse

u obtener la correspondencia amorosa de la mujer pretendida de otro u ofrecida a él. ‖ P. dama; I. lady; F. dame; A. Frau, Dame; It. dama, signora; R. дама.

DAMA. (al. *damm*, dique.) f. Metal. Losa que cierra el crisol de un horno por la parte delantera.

DAMA. (l. *dama*.) f. Gamo.

DAMACENO, NA. adj. Damasceno.

DAMAJAGUA. m. Ecuad. Árbol corpulento cuya corteza interior utilizan los indios para vestido y para esteras de cama. Bien preparado se parece a un paño tupido.

DAMAJUANA. (ár. *damaŷāna*, bombona.) f. Bombona.

★ **DAMASANA.** f. Cuba, Méj., Perú, Colom. y Ecuad. Damajuana.

DAMASCENO, NA. adj. Damasceno, 1.ª acep.) adj. Adamascado.

DAMASCENO, NA. (l. *damascēnus*.) adj. Natural de Damasco. Ú.t.c.s. ‖ **2.** Perteneciente a esta ciudad de Asia. ‖ **3.** V. *Ciruela* damascena. Ú.t.c.s.

DAMASCO. (De *Damasco*, ciudad Siria, de donde procede.) m. Tela de seda con dibujos obtenidos por oposición de ligamentos. ‖ **2.** Árbol, variedad del albaricoquero. ‖ **3.** Fruto de este árbol. ‖ P. e It. damasco; I. damask; F. damas; A. Damast; R. камка.

DAMASINA. (fr. *damassin*, de *Damas*, Damasco.) f. Tejido parecido al damasco, pero de menos cuerpo.

DAMASONIO. (l. *damasonĭum*, y éste del gr. δαμασώνιον.) m. Azúmbar, planta alismácea.

DAMASQUILLO. (d. de *damasco*.) Cierto tejido de lana o seda parecido al damasco en la labor. ‖ **2.** And. Albaricoque, 1.ª acep.

DAMASQUINA. f. Planta compuesta originaria de Méjico, de flores de color purpúreo mezclado con amarillo, y de olor desagradable. Se cultiva en los jardines.

DAMASQUINADO. (De *damasquino*.) m. Ataujía o embutido de metales finos sobre hierro o acero, de antiquísimo origen y especialmente practicado por los árabes.

DAMASQUINAR. tr. Hacer labores de ataujía en armas y otros objetos de hierro o acero.

DAMASQUINO, NA. (De *Damasco*, ciudad de Siria.) adj. Damasceno, 2.ª acep. Aplícase comúnmente a las armas blancas de fino temple y hermosas aguas. ‖ **2.** Dícese de la ropa u otro objeto hecho con la tela llamada damasco. ‖ *A la* damasquina. m. adv. A estilo o moda de Damasco.

DAMERÍA. (De *dama*.) Melindre, delicadeza, aire desdeñoso. ‖ **2.** fig. Reparo, escrupulosidad. ‖ P. damice; I. prudery; F. mignardise; A. Ziererei; It. smanceria; R. жеманство.

★ **DAMIANA.** f. Bot. Amér. Género de plantas bixáceas, compuestas, cuyas hojas se usan como tónicas, diuréticas y afrodisíacas. ‖ **2.** Extracto de las hojas y tallo de estas plantas.

DAMIENTO. (De *dar*.) m. ant. Dádiva.

DAMIL. adj. ant. Perteneciente a las damas o propicio a ellas.

DAMISELA. (fr. *demoiselle*, y éste del l. *dominicella*, d. de *domina*, señora.) f. Señorita, en sentido apreciativo, cariñoso y a veces irónico. ‖ **2.** Dama cortesana.

DAMNABLE. (l. *damnabĭlis*.) adj. ant. Digno de condenar.

DAMNACIÓN. (l. *damnatĭo, -ōnis*.) f. Condenación.

DAMNADO, DA. (l. *damnātus*.) adj. ant. Condenado, 2.ª acep. Úsáb.t.c.s.

DAMNAR. (l. *damnăre*.) tr. ant. Condenar, perjudicar. Úsáb.t.c.r.

DAMNIFICADOR, RA. adj. Que damnifica. Ú.t.c.s.

DAMNIFICAR. (l. *damnificăre*; de *damnum*, daño y *facĕre*.) tr. Causar daño. ‖ P. danificar; I. to damage; F. endommager; A. schädigen; It. danneggiare; R. повреждать.

DANCAIRE. m. Germ. El que juega por otro y con dinero de él.

DANCE. (De *danzar*.) m. Ar. Danza de espadas. ‖ **2.** Ar. Composición poética que se recita en este baile.

DANCHADO, DA. (fr. *denché, danché*,

del l. *denticatus*, der. de *dens, dentis*, diente.) adj. Blas. Dentado, 2.ª acep.

★ **DANDI.** m. Neol. Lechugino, petrimetre.

DANÉS, SA. (l. *Dania*, Dinamarca.) adj. Dinamarqués. Apl. a pers. ú.t.c.s. ‖ **2.** V. *Perro* danés. ‖ **3.** m. Lengua que se habla en Dinamarca.

DANGO. m. Planco.

DÁNICO, CA. adj. Dinamarqués, perteneciente o relativo a Dinamarca.

DANTA. f. Anta, rumiante parecido al ciervo. ‖ **2.** Tapir. ‖ **3.** V. *Caña* danta.

DANTE. (ár. *lamt*.) m. Ante, anta y también búbalo.

DANTE. (l. *dans, dantis*.) p.a. de dar. Que da.

DANTELLADO, DA. (fr. *dentelé*, de *dentelle*, d. de *dent*, del l. *dens, dentis*, diente.) adj. Blas. Dentellado.

DANTESCO, CA. adj. Propio y característico de Dante. ‖ **2.** Parecido a cualquiera de sus dotes o cualidades. Se aplica casi exclusivamente en el sentido de terrorífico. ‖ **3.** Que inspira terror.

DANTISMO. m. Inclinación o preferencia que se concede a las obras de Dante. ‖ **2.** Influjo que este autor ejerce sobre algún otro.

DANTISTA. adj. Dícese del que con especialidad se dedica al estudio de Dante y sus obras.

DANTO. m. Amér. Central. Pájaro de plumaje negro, azulado, pecho rojizo sin plumas. Tiene un penacho cuyo contorno semeja la trompa del tapir. Vive en las selvas obscuras y su voz parece un mugido débil.

DANUBIANO, NA. adj. Dícese de los territorios situados a orillas del Danubio, río de Europa Central. ‖ **2.** Perteneciente o relativo a estos territorios, o al río Danubio.

DANZA. (De *danzar*.) f. Baile, acción de bailar, y serie de mudanzas que hacen los que bailan. ‖ **2.** Conjunto de danzantes que ejecutan un baile. ‖ **3.** Habanera. ‖ **4.** fig. y fam. Negocio sucio o de mala ley; chanchullo. ‖ **—de arcos**. Arcada, conjunto de arcos. ‖ **—de cintas**. Aquella en que los danzantes cruzan y descruzan las cintas pendientes de un palo mientras bailan a su alrededor, formando de este modo diversas figuras. ‖ **—de espadas**. Aquella que se ejecuta llevando espadas en la mano y golpeando con ellas a compás de la música del baile. ‖ **2.** fig. y fam. Pendencia o riña. ‖ **—hablada**. Danza con palabras. ‖ **—prima**. Antiguo baile español, que los asturianos y gallegos cultivan todavía, consistente en una rueda formada entre muchos, enlazadas las manos y girando alrededor, mientras uno canta y los demás corean el estribillo. ‖ *Baja* danza. Alemanda. ‖ **—macabra**. Representación alegórica de una ronda infernal de personas de todas las condiciones sociales, dirigida por la Muerte, alusiva al común destino humano. ‖ *Buena va la* danza, *y da el granizo en la albarda*. ref. que se dice cuando uno se está divirtiendo sin advertir el daño que se sigue. ‖ *Meterse en* danza *de espadas*. fr. fig. y fam. Mezclarse en pendencia. ‖ P. dança; I. dance; F. danse; A. Tanz; It. danza; R. танец.

DANZADO, DA. p.p. de danzar. ‖ **2.** m. Danza, baile y también conjunto de bailadores.

DANZADOR, RA. adj. Que danza. Ú.t.c.s.

DANZANTE, TA. m. y f. Persona que danza en procesiones y bailes públicos. ‖ **2.** fig. Persona activa, que cuida su negocio. ‖ **3.** fig. y fam. Persona ligera de juicio, petulante, entrometida.

DANZAR. (ant. alto al. *danson*, extender.) tr. Bailar, 1.ª acep. ‖ **2.** intr. Moverse una cosa bullendo y saltando. ‖ **3.** fig. y fam. Intervenir o entrometerse en un negocio. ‖ P. dançar; I. to dance; F. danser; A. tanzen; It. danzare; R. танцевать.

DANZARÍN, NA. m. y f. Persona que danza con destreza. ‖ **2.** fig. y fam. Danzante, 3.ª acep. Ú.t.c.adj.

DANZÓN. (aum. de *danza*.) m. Baile cubano, semejante a la habanera. ‖ **2.** Música de este baile.

DAÑABLE. (l. *damnabĭlis*.) adj. Perjudicial, gravoso. ‖ **2.** Digno de ser condenado.

DAÑACIÓN. (l. *damnatĭo, -ōnis.*) f. ant. Adición y efecto de dañar.

DAÑADO, DA. (l. *damnātus.*) adj. Malo, perverso. || **2.** Condenado, réprobo. || **3.** Dícese de la fruta y de algún otro comestible cuando están corroídos por un insecto. || **4.** CAN. Leproso. || **P.** danado, mau; **I.** wicked, bad; **F.** méchant, pervers; **A.** ramponiert, tückisch; **It.** guasto, perverso; **R.** ириносящий.

DAÑADOR, RA. (l. *damnātor.*) adj. Que daña. Ú.t.c.s.

DAÑAMIENTO. (De *dañar.*) m. ant. Daño.

DAÑAR. (l. *damnāre,* condenar.) tr. Causar daño o perjuicio. Ú.t.c.r. || **2.** Maltratar o echar a perder alguna cosa. Ú.t.c.r.|| **P.** danar; **I.** to hurt, to damage; **F.** nuire; **A.** schädigen, schaden; **It.** danneggiare; **R.** вредить.

* **DAÑERO, RA.** (De *daño.*) m. y f. Persona a la que se atribuye el poder de hacer brujerías, mal de ojo, etc.

* **DAÑINEAR.** (De *dañino.*) intr. Causar daño en los sembrados, mieses, etc., los animales domésticos. || **2.** tr. CHILE. Dañar.

DAÑINO, NA. adj. Que daña o hace perjuicio. Dícese generalmente de algunos animales.

DAÑO. (l. *damnum.*) m. Efecto de dañar o dañarse. || **2.** V. *Pena de* DAÑO. || **—emergente.** FOR. Detrimento o destrucción de los bienes, a diferencia del lucro cesante. || *A* DAÑO *de uno.* m. adv. A su cuenta y riesgo. || *En* DAÑO *de una persona o cosa.* m. adv. En perjuicio suyo. || *Poco* DAÑO *espanta, y mucho amansa.* ref. que enseña que los contratiempos, cuando son fuertes, enseñan y corrigen. || *Sin* DAÑO *de barras.* loc. adv. fig. Sin daño o peligro propio o ajeno. || **P.** dano, prejuízo; **I.** damage; **F.** dommage, dégat; **A.** Schaden, Nachteil; **It.** danno; **R.** вред.

DAÑOSAMENTE. adv. Con daño o peligro.

DAÑOSO, SA. (l. *damnōsus.*) adj. Que daña.

DAQUÉN. (contracc. de *de aquén.*) adv. ant. De aquende, de la parte de acá.

DAQUÍ. (contracc. de *de aquí.*) adv. ant. De aquí.

DAR. (l. *dare.*) tr. Donar. || **2.** Entregar. || **3.** Proponer, indicar. DAR *asunto para una comedia.* || **4.** Conferir, proveer en alguno un empleo u oficio. *Se le* DIO *el oficio de magistrado.* || **5.** Ordenar, aplicar. DAR *consuelo, un consejo.* || **6.** Conceder, otorgar. DAR *permiso.* || **7.** Convenir en una proposición. || **8.** Suponer, considerar. *Los* DOY *por supuesto.* || **9.** Producir. *Los valores mobiliarios* DAN *buena renta anual.* || **10.** Sujetar, someter uno alguna cosa a la obediencia de otro. || **11.** Declarar, tener o tratar. DAR *por zanjado el asunto.* || **12.** En el juego de naipes, repartir las cartas a los jugadores. || **13.** Untar o bañar alguna cosa. DAR *una mano de pintura, de barniz.* || **14.** Soltar una cosa, desprenderse de ella. DAR *el hueso;* DAR *el ombligo.* || **15.** Tratándose de enhorabuenas, pésames, etc., comunicarlos, hacerlos saber. || **16.** Junto con algunos substantivos, hacer, practicar, ejecutar la acción que éstos significan. DAR *abrazos,* por abrazar; DAR *un paseo,* por pasear, etc. || **17.** Con voces expresivas de golpes o de daño causado en alguna parte del cuerpo o con instrumentos o armas de cualquier clase, ejecutar la acción significada por estas voces. DAR *de golpes, de tiros, de palos.* || **18.** Con algunos substantivos, causar, ocasionar, mover. DAR *gusto, gana.* || **19.** Sonar en reloj las horas. *Han* DADO *las tres.* || **20.** Se junta con varias partículas que explican el modo como se trasfiere el dominio. DAR *de balde.* || **21.** Declarar, descubrir. DAR *el texto;* DAR *conocimiento.* || **22.** En el juego de pelota y otros, declarar por buena o por mala una jugada. || **23.** Tratándose de bailes, banquetes, etc., obsequiar con ellos una o varias personas a otras. || **24.** intr. Importar, valer. *Lo mismo* DA. || **25.** Junto a algunos nombres y verbos, seguidos de la preposición *en,* empeñarse en ejecutar una cosa. DIO *en locura.* || **26.** Sobrevenir una cosa y empezar a sentirla física o moralmente. DAR *un dolor, un frío.* || **27.** Junto con algunas voces, atinar, acertar. DAR *en el punto preciso.* || **28.** Junto con la partícula *de,* y algunos substantivos, caer del modo que éstos indican. DIO *de bruces en el suelo.* || **29.** Con la misma partícula *de* y con los verbos *almorzar, comer,* etc., servir o costear a uno el almuerzo, la comida, etc. || **30.** Estar situada una cosa, mirar hacia esta o la otra parte. *La ventana* DA *al patio.* || **31.** fig. Caer, incurrir. DAR *en lo cierto.* || **32.** fig. Presagiar, anunciar. *Me* DA *que va a llover hoy.* || **33.** r. Entregarse, ceder en la resistencia que hacía. DARSE *preso.* || **34.** Suceder, existir, determinar alguna cosa. *Se* DA *la circunstancia de que...* || **35.** Tratándose de frutos de la tierra, producirlos. *Este año se han* DADO *bien las fresas.* || **36.** Seguido de la prep. *a* y de un nombre o un verbo en infinitivo, entregarse con ahinco o por vicio a lo que este nombre signifique. DARSE *a la mala vida.* DARSE *a la investigación científica.* || **37.** Con los infinitivos de los verbos *creer, imaginar* y otros análogos, ejecutar la acción significada por ellos. DARSE *a creer,* por *creer.* || **38.** Seguido de la prep. *por,* juzgarse o considerarse en algún estado, o en peligro. *Se* DIO *por muerto, por atrapado.* || **39.** Entre cazadores, pararse de cansadas las aves que van volando, o caer la caza en algún sitio o lugar. || *A* DAR, *que van* DANDO. fr. fam. Dar, que van dando. || *Ahí me las* DEN *todas.* expr. fam. con que denotamos que nada nos importan determinadas desgracias. || *A mal* DAR. loc. Por malo que sea el resultado de una cosa; por contraria que se muestre la fortuna. || *A quien* DAN, *no escoge.* ref. que ádvierte que el que recibe un beneficio, debe mostrarse satisfecho, sin poner faltas a lo que recibe. || ¡DALE! interj. fam. De que se usa para reprobar con enfado la obstinación o terquedad. Ú.t. repetida. || ¡DALE *que* DALE, o *que le* DAS, o *que le* DARÁS! exprs. fams. Que tienen la misma significación pero más esforzada, que la sola interj. ¡DALE! || DALE *que te pego.* loc. fam. ¡DALE! || DAME *donde me siente, que yo haré donde me acueste.* ref. que dice de los entrometidos, que con poco motivo que se les dé, se toman más licencia que la que corresponde. || DAR *abajo.* fr. Precipitarse, dejarse caer. || DAR *a conocer* una cosa. fr. Manifestarla con dichos y hechos. || DAR *a entender* una cosa. fr. Explicarla de modo que la comprenda bien el que no la percibía. || **2.** Insinuarla sin decirla con claridad. || DAR *algo.* fr. Maleficiar. || DAR uno *algo bueno* por alguna cosa. fr. fam. DAR una mano por ella. || DAR *bien.* fr. En el juego, tener buena suerte. || DAR *con* una persona o cosa. fr. Encontrarla. || DAR uno *consigo,* o *con otro* en una parte. fr. Ir o hacer ir, a parar, a caer, o hacer caer, en ella. DI *con él en tierra.* DI *conmigo en Lisboa.* || DAR una cosa *de comer* a uno. fr. Proporcionarle el necesario sustento un empleo, oficio, etc. || DAR *de mano.* fr. Cesar en el trabajo. || DAR *de sí.* fr. Extenderse, ensancharse. Dícese más propiamente de las telas y pieles. || **2.** fig. Producir inconvenientes o utilidades las personas o las cosas. || DAR uno *en blando.* fr. fig. No hallar resistencia para conseguir lo que se solicita o pretende. || DAR uno *en duro.* fr. fig. Hallar dificultad o repugnancia para el logro de lo que se pretende. || DAR *en ello.* fr. Caer en la cuenta. || DAR a uno *en qué entender.* fr. Darle molestias o ponerle en apuro. || DAR a uno en *qué merecer.* fr. DARLE pesadumbre y desazones. || DAR a uno *en qué pensar.* fr. DARLE motivo para sospechar que hay en una cosa algo más de lo que se manifiesta. || DAR *en vacío* o *en vago.* fr. fig. No lograr el fin que se pretendía en una acción o dicho. || DARLA *de.* fr. fam. Echarla de. || DAR *mal.* fr. En el juego, tener mala suerte o poco juego. || DAR a uno *mascada* una cosa. fr. fig. y fam. Dársela explicada, de suerte que le cueste poco trabajo hacerla o entenderla. || DAR uno algo *por bien empleado.* fr. Conformarse gustosamente con una cosa, desagradable, por las ventajas que le reporta. || DAR *por concluida* una cosa. fr. Considerarla o tenerla por acabada. || DAR *por concluso.* fr. FOR. Dar la causa por conclusa. || DAR por *hecha* una cosa. fr. Darla por concluida. || DAR *que decir.* fr. Ofrecer ocasión a murmuración o censura. || DAR *que hablar.* fr. Ocupar la atención pública por algún tiempo. || **2.** DAR *que decir.* || DAR *que hacer.* fr. Causar molestia o perjuicio. || DAR *que pensar* una cosa. fr. Dar en qué pensar. || DAR *que sentir.* fr. Causar pesadumbre o perjuicio. || DAR, *que van dando.* fr. fam. con que se da a entender que se vuelve golpe por golpe, ofensa por ofensa, etc. || DARSE uno *a buenas.* fr. Cesar en la oposición o resistencia que hacía a una cosa. || DARSE uno *a conocer.* fr. Hacer saber quién es. || DARSE uno *a entender.* fr. Explicarse por señas o en lengua extraña, en términos de ser comprendido. || DÁRSELA a uno. fr. Pegársela. || DÁRSELAS de. Atribuirse a sí mismo cualidades que no se suelen poseer, por lo menos en el grado que se quiere dar a entender. || DÁRSELE a uno *algo, mucho, poco,* etc., de una cosa. fr. fam. Importarle algo, mucho, poco, etc. || DARSE *por buenos.* fr. Hacer las paces los que habían reñido por una cosa. || DARSE uno *por entendido.* fr. Manifestar con señales o palabras que está en el hecho de alguna cosa. || **2.** Corresponder a una atención con las gracias o recompensas que se acostumbran. || **3.** Responder al caso, satisfaciendo a lo que se pregunta o habla. || DARSE uno *por sentido.* fr. Sentirse o formar queja contra otro por un agravio. || DARSE uno *por vencido.* fr. Ceder, reconocer que erraba en algún asunto. || **2.** fam. Dícese cuando uno no atina ni responde a la pregunta obscura que se le ha hecho. || DAR *sobre* uno. fr. Acometerlo con furia. || DAR *tras* uno. fr. fam. Perseguirle, acosarle con gritería o con furia. || DAR *y tomar.* fr. fig. Discurrir, altercar. *En esto hay mucho que* DAR *y tomar.* || **2.** EQUIT. Aflojar y tirar alternativamente de las riendas para refrescar la boca del caballo. || *De donde* DIERE. expr. fig. y fam. Usada para denotar que se obra o habla a bulto, sin reflexión. || *Donde las* DAN *las toman.* ref. que enseña que al que hace daño, se le suele pagar en la misma moneda. || *El* DAR *quebranta peñas.* Dádivas quebrantan peñas. || *El* DAR *y tener, seso ha menester.* ref. con que se DA a entender cuánta prudencia se necesita para que el liberal no toque en pródigo ni el económico, en avaro. || *Quien* DA, *bien vende, si no es ruin el que prende.* El que regala, bien vende, si el que recibe lo entiende. || **P.** dar, conceder, outorgar; **I.** to give; **F.** donner; **A.** (ab-, be-, her-, hin-, weg)geben; **It.** dare; **R.** давать.

DARAPTÍ. FIL. Voz mnemotécnica que designa el silogismo en que las premisas son universales afirmativas, y la conclusión particular afirmativa.

DARDABASÍ. m. Ave de rapiña, especie de cernícalo, no domesticable. Se sustenta de carne y de sabandijas del campo.

DARDADA. f. ant. Golpe dado con el dardo.

DARDANIO, NIA. (l. *dardanĭus.*) adj. Perteneciente a Dardania o Troya.

DÁRDANO, NA. (l. *dardănus.*) adj. Troyano. Apl. a pers. ú.t.c.s.

DARDO. (germ. *darod.*) m. Arma arrojadiza semejante a una lanza pequeña y delgada. || **2.** Albur, pez fisóstomo. || **3.** fig. Dicho satírico o agresivo y molesto. || **4.** Motivo de ornamentación en figura de punta de flecha que separa dos óvulos consecutivos. || **P.** e **It.** dardo; **I.** dart; **F.** dard; **A.** Wurfspiess; **R.** дротик.

DARES Y TOMARES. (De *dar* y *tomar,* substantivos en pl.) loc. fam. Cantidades dadas y recibidas. || **2.** fig. y fam. Contestaciones, debates, altercaciones y réplicas entre dos o más personas. Ú. generalmente con los verbos *andar, haber* y *tener.*

DARGA. f. ant. Adarga.

DARICO. m. Moneda persa de oro, que hizo acuñar Darío.

DÁRSENA. (ár. *dār-al-ṣinā'a,* casa de fabricación, taller.) f. Parte resguardada artificialmente en aguas navegables, dispuestas para la carga y descarga de embarcaciones. || **P.** bacia, doca; **I.** dock, berth; **F.** darce, arrière port; **A.** Dock,

D

D

Binnenhafen; **It**. dàrsena; **R**. внутренняя гавань.

DARVINIANO, NA. adj. Perteneciente o relativo al darvinismo.

DARVINISMO. m. Teoría biológica del naturalista Charles Robert Darwin, que explica el origen de las especies vivientes por la transformación de unas en otras en virtud de una selección debida a la lucha por la existencia.

DARVINISTA. adj. Darviniano. || **2.** com. Partidiario del darvinismo.

★ **DASIMETRÍA.** (gr. δασύς, espeso, y μέτρον, medida.) f. Fís. Determinación de la densidad del aire a diferentes alturas de la atmósfera.

★ **DASÍMETRO.** m. Fís. Aparato para medir la densidad de un gas.

★ **DASIPODO.** (gr. δασύς, denso, velloso, y πούς, ποδός, pie.) adj. Zool. Dícese de los animales que tienen vello en las patas.

DASOCRACIA. (gr. δάσος, bosque y κράτος, poder, fuerza.) f. Parte de la dasonomía, que trata de la ordenación de los montes, a fin de obtener la mayor renta anual y constante, dentro de la especie, método y turno de beneficio que se hayan adoptado.

DASOCRÁTICO, CA. adj. Perteneciente o relativo a la dasocracia.

DASONOMÍA. (gr. δάσος, bosque y νόμος, ley.) f. Ciencia que trata de la conservación, cultivo y aprovechamiento de los montes.

DASONÓMICO, CA. adj. Perteneciente o relativo a la dasonomía.

★ **DASÓTICA.** f. Parte de la dasonomía que estudia los métodos de conservación de los montes y su arbolado.

DATA. (l. data, dada.) f. En un escrito, inscripción, etc., indicación del lugar y tiempo en que se ha escrito o ejecutado. || **2.** Partida o partidas que componen el descargo de lo recibido. || **3.** Orificio de salida en un depósito de agua. || *Larga* DATA. Tiempo antiguo o remoto. || *De buena,* o *mala* DATA. m. adv. Con los verbos, *estar, ir, quedar* y *otros*, irse mejorando o arruinando una cosa. || *Estar uno de mala* DATA. fr. fig. y fam. Estar de mal humor. || **P**. data, época; **I**. y **F**. date; **A**. Datum; **It**. data; **R**. дата.

DATA. (fr. *datie*, dátil, y éste del prov. *datil*, del l. *dactylus*, dátil.) f. V. *Ciruela* de DATA.

DATAR. tr. Poner la data. || **2.** Anotar en las cuentas partidas de data; abonar o acreditar. Ú.t.c.r. || **3.** intr. Existir desde un momento dado. *Nuestra enemistad* DATA *del mes pasado.* || **P**. data; **I**. to date; **F**. dater; **A**. datieren; **It**. datare; **R**. датировать.

DATARÍA. (De *datario*.) f. Tribunal de la curia romana por donde se despachan las provisiones de beneficios que no son consistoriales, las dispensas matrimoniales, de edad, y otras, las facultades para enajenación de bienes eclesiásticos y provisiones de oficios vendibles de la misma curia.

DATARIO. (De *data*, permiso.) m. Prelado que preside y gobierna la datería.

★ **DATERO.** m. CHILE y ARGENT. Persona que posee datos de los caballos que van a participar en las carreras y los facilita a quienes juegan en las apuestas.

DÁTIL. (prov. y cat. *datil*, y éste del l. *dactylus*, del gr. δάκτυλος.) m. Fruto de la palmera. Es de pequeño tamaño, oblongo, amarillento, de carne blanquecina y hueso casi cilíndrico, muy duro y con un surco a lo largo. || **2.** pl. fam. En algunas comarcas, los dedos. || *DÁTIL de mar.* Zool. Molusco lamelibranquio, litófago, comestible. Se aloja en las cavidades que él mismo hace perforando las rocas. Tiene forma semejante al dátil. || **P**. dátil; **I**. date; **F**. datte; **A**. Dattel; **It**. dàttero; **R**. финик.

DATILADO, DA. adj. De color de dátil maduro o parecido a él.

DATILERA. (De *dátil*.) adj. Aplícase a la palmera que da fruto. Ú.t.c.s.

DATISMO. (gr. δατισμός de Δάτις, nombre propio.) m. RET. Manera de hablar, acumulando sinónimos.

DATIVO, VA. (l. *dativus*.) adj. FOR. V. *Tutela* DATIVA. || **2.** FOR. V. *Albacea*,

---

tutor DATIVO. || **3.** m. GRAM. Caso de declinación en que se pone la palabra que expresa el objeto no inmediato de la acción del verbo. Equivale al complemento indirecto, que en español suele ser expresado con las preposiciones *a* o *para*. || **P**. e **It**. dativo; **I**. dative; **F**. datif; **A**. Dativ; **R**. дательный падеж.

DATO. (l. *datum*, lo que se da.) m. Antecedente necesario para llegar al conocimiento de una cosa o para deducir las consecuencias de un hecho. || **2.** Documento, fundamento. || P. indicación, dado; **I**. datum; **F**. donné; **A**. Angabe, Unterlage; **It**. dato; **R**. данные.

DATO. m. Título de alta dignidad en algunos países de Oriente.

DATURA. (l. mod. *datura*, nombre del estramonio.) f. BOT. Nombre botánico de un género de plantas al que pertenece el estramonio.

DATURINA. f. Alcaloide extraído del estramonio, y que constituye el principio activo de esta planta.

★ **DAUCINA.** f. QUÍM. Alcaloide contenido en las hojas de las zanahorias. Es líquido incoloro y muy soluble en el agua y en el alcohol.

DAUCO. (l. *daucus*, y éste del gr. δαῦκος.) m. Biznaga, planta umbelífera. || **2.** Zanahoria silvestre.

DAUDÁ. (arauc. *daldal*.) f. CHILE. Contrahierba, 1.ᵃ acep.

DAVALAR. intr. MAR. Devalar.

DAVID. n.p. V. *Lágrimas de* DAVID.

DAVÍDICO, CA. (l. *davidicus*.) adj. Perteneciente a David o a su poesía y estilo.

DAZA. (ár. *daqsa*, especie de mijo.) f. Zahína, planta gramínea.

★ **DDT.** QUÍM. Abreviatura de diclorodifeniltricloroetano que es una substancia de gran poder insecticida.

DE. f. Nombre de la letra D.

DE. (l. *de*.) prep. Denota posesión o pertenencia. *La huerta* DE *mi tía.* || **2.** Explica el modo de hacer varias cosas, de suceder otras, etc. *Comió* DE *pie; rezó* DE *rodillas; dibujo* DE *pluma.* || **3.** Manifiesta de dónde son, vienen o salen las personas o cosas. *Salgo* DE *casa. El anillo es* DE *Badajoz.* || **4.** Sirve para denotar la materia de que está hecha una cosa. *El vaso* DE *oro; el traje* DE *lana.* || **5.** Demuestra lo contenido en una cosa. *Un vaso* DE *vino; una taza* DE *té.* || **6.** Indica también el asunto o materia de que se trata. *Libro* DE *matemáticas.* || **7.** Sirve para determinar o fijar con mayor viveza la aplicación de un nombre apelativo. *La ciudad* DE *Sevilla; el mes* DE *enero.* || **8.** desde, 1.ᵃ acep. || **9.** Algunas veces se usa para regir infinitivos. *Es hora* DE *comer.* || **10.** Con ciertos nombres sirve para determinar el tiempo en que sucede una cosa. *Muy* DE *mañana;* DE *noche.* || **11.** Se emplea también para esforzar un calificativo. *El bueno* DE *Enrique; la astuta* DE *la zorra.* || **12.** Algunas veces es nota de ilación. DE *aquello se deduce.* || **13.** Precedido del numeral *uno, una*, denota la rápida ejecución de alguna cosa. DE *un salto traspasó la verja;* DE *un golpe derribó a la fiera.* || **14.** Colócase entre distintas partes de la oración con expresiones de lástima, queja o amenaza. *¡Pobres* DE *los desamparados!* || **15.** Con, 1.ᵃ acep. *Lo hizo* DE *intento,* 1.ᵃ acep. || **16.** Para. *Recado* DE *afeitar.* || **17.** Por, 1.ᵃ acep. *Lo hice* DE *miedo.* || **18.** Tiene uso como prefijo de vocablos compuestos. DE*cantar,* DE*clinación,* DE*mostrar,* etc. || DE *ti a mí,* DE *uno a mí,* etc., locs. advs. fams. Entre los dos o para entre los dos. || **P**. y **F**. de; **I**. of, from; **A**. von aus, bei, vor, wegen, über, an, auf, für, zu; **It**. di; **R**. от, из. с, в, для.

DEA. (l. *dea*.) f. poét. Diosa.

★ **DEACINCO.** (De *de, a*, y *cinco*.) m. GUAT. Moneda que vale cinco centavos de quetzal.

DEAL. (De *dea*.) adj. ant. Perteneciente a los dosies.

DEAMBULAR. (l. *deambulāre*.) intr. Andar, caminar sin dirección determinada de un lado para otro; pasear.

DEAMBULATORIO. (l. *deambulatōrium*, galería.) m. ARQ. Nave, o naves, que rodean la capilla mayor de una iglesia, y que constituye una especie de prolonga-

---

ción de las naves laterales, que concurren terminando en ábside.

DEÁN. (fr. *doyen*, y éste del l. *decānus*, decano.) m. El que preside el cabildo después del prelado. || **2.** En la antigua Universidad de Alcalá, graduado más antiguo de cada facultad. || **P**. deão; **I**. dean; **F**. doyen; **A**. Dekan; **It**. decano; **R**. декан.

DEANATO. m. Dignidad de deán.

DEANAZGO. m. Deanato.

DEBAJERO. m. ECUAD. Refajo. || **2.** CHILE. Piel adobada y arreglada de manera especial que se pone para blandura debajo de la enjalma de la caballería. || **3.** pl. CHILE. Ropa interior.

DEBAJO. (De *de* y *bajo*.) adj. En lugar o puesto inferior. Cuando antecede a un nombre o palabra equivalente, pide la preposición *de*. DEBAJO *de techado.* || **2.** fig. Con sumisión o sujeción a personas o cosas. Pide también la prep. *de* precediendo a un nombre. En estas locuciones se emplea hoy más frecuentemente el adverbio *bajo* con omisión de la preposición *de*. || **P**. debaixo, sob; **I**. under, below; **F**. dessous, sous; **A**. unter, unten; **It**. sotto; **R**. внизу, под.

DEBANDAR. (De *de* y *bando*, 2.º art.) tr. ant. Desunir, separar, esparcir.

DEBATE. (De *debatir*.) m. Controversia sobre una cosa entre dos o más personas. || **2.** Contienda, lucha, combate. || **P**. e **I**. debate; **F**. débat; **A**. Debatte, Verhandlung; **It**. dibattimento; **R**. спор, прения.

DEBATIR. (De *de* y *batir*.) tr. Altercar, discutir, contender sobre una cosa. || **2.** Combatir, guerrear por una cosa. || **P**. debater; **I**. to debate; **F**. débattre; **A**. debattieren, besprechen; **It**. dibàttere; **R**. спорить.

DEBDA. (l. *debĭta*, pl. *debĭtum*, débito.) f. ant. Deuda.

DEBDO. (l. *debĭtum*, débito.) m. ant. Debda.

DEBE. (3.ᵃ pers. del sing. del pres. indicat. del verbo deber.) m. COM. En contabilidad, parte de la cuenta corriente en la que se cargan todas las sumas de la persona a quien se debe. || **P**. deve; **I**. debit; **F**. doit; **A**. Debet; **It**. dare; **R**. дебет.

DEBELACIÓN. (l. *debellatio, -ōnis*.) f. Acción y efecto de debelar.

DEBELADOR, RA. (l. *debellātor*.) adj. Que debela. Ú.t.c.s.

DEBELAR. (l. *debellāre*.) tr. Rendir a fuerza de armas al enemigo. || **P**. debelar, vencer; **I**. to conquer; **F**. débeller; **A**. unterwerfen überwinden; **It**. debellare.

DEBER. (infinit. del verbo *deber*.) m. Aquello a que está obligado el hombre por los preceptos religiosos o morales o por las leyes positivas. || **2.** Deuda. || *Hacer* uno *su* DEBER. fr. Cumplir con su obligación. || **2.** Desempeñar el oficio o ministerio de que está encargado. || **P**. dever; **I**. duty; **F**. devoir; **A**. Pflicht; **It**. dovere; **R**. обязанность, долг.

DEBER. (l. *debēre*.) tr. Estar obligado a algo por la ley moral o por necesidad física o lógica. || **2.** Por ext., sentirse obligado a mostrar gratitud, respeto, etc., DEBEMOS *darle gracias.* || **3.** Tener obligación de satisfacer una cantidad. || **4.** Tener por causa, ser consecuencia de. Ú.t.c.r. *La falta de pastos se* DEBE *a la sequía.* || **5.** Se usa con la partícula *de*, para denotar que quizá ha sucedido, sucede o sucederá una cosa. DEBE *de hacer calor;* DEBIERON *de salir a beber.* || DEBO *no rompe panza.* expr. fig. y fam. con que se refiere a aquella a quien no se le da nada tener deudas. || *No* DEBER *nada una cosa a otra.* fr. fig. y fam. No ser la una inferior a la otra. || *Quien* DEBE *y paga, no* DEBE *nada.* ref. que suele usarse cuando se paga una deuda o se cumple una obligación. || **P**. dever; **I**. to owe; **F**. devoir; **A**. schulden; **It**. dovere; **R**. долг.

DEBIDAMENTE. adv. Justamente, cumplidamente.

DEBIDO, DA. p.p. de deber. || *Como es* DEBIDO. fr. Como corresponde o es lícito.

DEBIDOR. (l. *debĭtor*.) m. ant. Deudor, 1.ᵃ acep.

DEBIENTE. p.a. de deber. Que debe.

DÉBIL. (l. *debĭlis*.) adj. Deficiente en

fuerza física o resistencia. Ú.t.c.s. || **2.** fig. Que por flaqueza de ánimo, cede indebidamente ante la resistencia o el afecto. Ú.t.c.s. || **3.** fig. Carente de fuerza, vigor o eficiencia en carácter, acción o expresión. || P. dèbil; I. feeble, weak; F. débile, faible; A. schwach; It. dèbole; R. слабый.

DEBILIDAD. (l. *debilĭtas, -ātis.*) f. Decaimiento, falta de vigor o fuerza física. || **2.** fig. Carencia de energía o vigor en las cualidades o resoluciones del ánimo. || **3.** Afecto, cariño, inclinación incontenible. || **—mental.** Trastorno que se caracteriza por el desarrollo tardío o insuficiente de la inteligencia. || P. debilidad; I.debility; F. débilité; faiblesse; A. Schwäche, Kraftlosigkeit; It. debolezza; R. слабость.

DEBILITACIÓN. (l. *debilitatio, -ōnis.*) f. Acción y efecto de debilitar o debilitarse. || **2.** Debilidad.

DEBILITADAMENTE. adv. Débilmente.

DEBILITANTE. p.a. de debilitar. Que debilita. Ú.t.c.s.

DEBILITAR. (l. *debilitāre.*) tr. Disminuir la fuerza, el vigor, o el poder de una persona o cosa. || P. debilitar; I. to enfeeble, to weaken; F. débiliter, affaiblir; A. entkräften, schwächen; It. debilitare; R. ослаблять.

DÉBILMENTE. adv. Con debilidad.

★ **DEBITAR.** (fr. *débiter.*) tr. AMÉR. Adeudar, cargar en cuenta.

DÉBITO. (l. *debitum,* p.p. de *debēre,* deber.) m. Deuda. || **2.** Débito conyugal. || **—conyugal.** Recíproca obligación de los cónyuges para la procreación.

DEBLA. f. Cante popular andaluz melancólico y con copla de cuatro versos. Está ya en desuso.

DEBLE. (l. *debĭlis,* débil.) adj. ant. Endeble.

DEBÓ. m. Instrumento que usan los pellejeros para adobar las pieles.

DEBROCAR. intr. ant. Enfermar. || **2.** tr. LEÓN y SAL. Inclinar o ladear una vasija u otra cosa.

★ **DEBUT.** (Voz francesa.) m. Estreno.

★ **DEBUTAR.** (De *debut.*) intr. Presentarse por primera vez ante el público.

DECA. (gr. δέκα, diez.) Prefijo con la significación de diez.

DÉCADA. (l. *decăda,* y éste del gr. δεκάς, decena.) f. Serie de diez. || **2.** Período de diez días. || **3.** Período de diez años. *La tercera* DÉCADA *de este siglo.* || **4.** Conjunto de diez hombres en el ejército griego. || **5.** División compuesta de diez libros o diez capítulos en una obra histórica. || **6.** Historia de diez personajes. *La* DÉCADA *de Césares,* etc. || P. década; I. decade; F. décade; A. Dekade; It. deca; R. декада.

DECADENCIA. (De *decadente.*) f. Declinación, menoscabo, principio de debilidad o ruina, tanto en el orden material como en el espiritual. DECADENCIA *de las costumbres, de las artes,* etc. || P. decadência; I. decline, failing; F. décadence; A. Verfall; It. decadenza; R. упадок.

DECADENTE. p.a. de decaer. Que decae. || **2.** adj. Decaído.

DECADENTISMO. m. Escuela literaria caracterizada por el pesimismo y escepticismo de sus temas, el abuso de la alegoría y el símbolo y la propensión a un refinamiento exagerado.

DECADENTISTA. adj. Se dice del partidario del decadentismo. Ú.t.c.s.

DECAEDRO. m. GEOM. Sólido que tiene diez caras. || P. e It. decaedro; I. decahedron; F. décaèdre; A. Dekaeder; R. десятигранник.

DECAEMENTO. m. ant. Decaimiento.

DECAER. (l. *decadĕre,* por *decidĕre,* caer.) intr. Pasar gradualmente una persona o cosa de un estado de perfección o prosperidad a un estado de imperfección, de disolución o de adversidad. || **2.** Debilitarse. || **3.** MAR. Separarse la embarcación de su rumbo, arrastrada por el viento, la marejada o la corriente. || P. decair; I. to decline, to languish; F. déchoir; A. verfallen, absinken; It. decadere; R. падать.

DECÁGONO, NA. (l. *decagōnus,* y éste del gr. δεκάγωνος; de δέκα, diez, y γῶνος, ángulo.) adj. GEOM. Aplícase al polígono de diez lados. Ú.m.c.s.m.

DECAGRAMO. (De *deca* y *gramo.*) m. Peso de 10 gramos.

DECAÍBLE. (De *decaer.*) adj. ant. Perecedero.

DECAÍDO, DA. p.p. de decaer. || **2.** adj. Que se halla en decadencia.

DECAIMIENTO. (De *decaer.*) m. ant. Descaecimiento.

DECAIMIENTO. (De *decaer.*) m. Decadencia. || **2.** Abatimiento, desaliento.

° **DECALCIFICACIÓN.** f. MED. Disminución anormal de las sales calcáreas en los huesos y otros tejidos.

★ **DECALCO.** m. Acción de calcar un dibujo.

DECALITRO. (De *deca* y *litro.*) Medida de capacidad, que tiene 10 litros.

DECÁLOGO. m. (l. *decalŏgus,* y éste, del gr. δεκάλογος; de δέκα, diez, y λόγος, palabra.) m. Los diez mandamientos de la ley de Dios, dados por el Señor a Moisés en el Monte Sinaí, ley fundamental de la nación hebrea y también de la doctrina cristiana.

DECALVACIÓN. (l. *decalvatĭo, -ōnis.*) f. Acción y efecto de decalvar.

DECALVAR. (l. *decalvāre.*) tr. Rasurar a una persona todo el cabello, generalmente en pena de un delito; lo cual se tenía por ignominiosa según las leyes y costumbres de los visigodos.

DECÁMETRO. (De *deca* y *metro.*) m. Medida de longitud, que tiene 10 metros.

DECAMPAR. (De *de,* priv. y *campo.*) intr. Levantar el campo un ejército.

DECANATO. m. Dignidad de decano. || **2.** Deanato. || **3.** Despacho destinado oficialmente al decano para el desempeño de su cargo.

DECANÍA. (l. *decanĭa;* de *decānus,* decano.) f. Finca o iglesia rural propiedad de un monasterio.

DECANO. (l. *decānus.*) m. y f. El más antiguo de una comunidad, cuerpo, junta, etc. || **2.** En una corporación o una facultad universitaria, el que es elegido o designado para presidirla. || P. e It. decano; I. senior; F. doyen; A. Dekan; R. декан.

DECANTACIÓN. f. Acción y efecto de decantar un líquido.

DECANTAR. (l. *decantāre;* de *de,* intens., y *cantāre,* cantar.) tr. Propalar, ponderar, engrandecer.

DECANTAR. (De *de,* y *canto,* ángulo.) tr. Inclinar suavemente una vasija sobre otra para que caiga el líquido contenido en la primera sin que salga el poso. || P. decantar; I. to decant; F. décanter; A. abklären, abgiessen; It. decantare; R. сливать.

DECAPITACIÓN. (l. *decapitatio, -ōnis*) f. Acción y efecto de decapitar.

DECAPITAR. (l. *decapitāre;* de *de,* priv., y *caput, -ĭtis,* cabeza.) tr. Cortar la cabeza. || P. decapitar; I. to behead; F. décapiter; A. enthaupten; It. decapitare; R. обезглавливать.

DECÁPODO. (gr. δέκα, diez, y πούς, ποδός, pie.) adj. ZOOL. Dícese de los crustáceos que, como el cangrejo de río y la langosta, tienen diez patas. Ú.t.c.s. || **2.** m. pl. ZOOL. Orden de estos animales. || **3.** adj. ZOOL. Dícese de los cefalópodos dibranquiales que, como el calamar, tienen diez tentáculos. Ú.t.c.s. || **4.** m. pl. ZOOL. Orden de estos animales.

DECÁREA. (De *deca* y *área.*) f. Medida de superficie que tiene 10 áreas.

DECASÍLABO, BA. (l. *decasyllăbus,* y éste del gr. δεκασύλλαβος; de δέκα, diez, y συλλαβή, sílaba.) adj. De diez sílabas. *Verso* DECASÍLABO. Ú.t.c.s. || P. decassílabo; I. decasyllabic; F. décasyllabe; A. zehnsilbig; It. decasillabo.

★ **DECATLÓN.** m. Conjunto de diez pruebas atléticas que se disputan en los juegos deportivos modernos.

DECEBIMIENTO. m. ant. Acción y efecto de decebir.

DECEBIR. (l. *decipĕre.*) tr. ant. Engañar.

DECEMBRIO. m. ant. Diciembre.

DECEMNOVENAL. (l. *decemnovenālis;* de *decem,* diez; *novem,* nueve, y *annus,*

año.) adj. CRONOL. V. *Ciclo* DECEMNOVENAL.

DECEMNOVENARIO. adj. Decemnovenal.

DECENA. (l. *decēna,* neutro de *decēni,* de diez en diez.) f. Conjunto de diez unidades. || **2.** MÚS. Octava de tercera. || P. dezena; I. ten; F. dizaine; A. Zehn, Zehner; It. decina; R. десяток.

DECENAL. (l. *decennālis;* de *decem,* diez, y *annus,* año.) adj. Que sucede o se repite cada decenio. || **2.** Que dura un decenio.

DECENAR. (De *decena.*) m. Cuadrilla de diez.

DECENARIO, RIA. (De *decena.*) adj. Perteneciente o relativo al número diez. || **2.** m. Decenio. || **3.** Sarta de diez cuentas pequeñas.

DECENCIA. (l. *decentĭa.*) f. Respeto exterior a las buenas costumbres o a las conveniencias sociales. || **2.** Dignidad en los actos o en las palabras, conforme al estado o calidad de la persona. || **3.** Recato, honestidad, modestia. || P. decência; I. decency; F. décence; A. Anstand, Schicklichkeit; It. decenza; R. приличие.

DECENDENCIA. f. ant. Descendencia.

DECENDER. (l. *descendĕre,* descender.) intr. ant. Descender.

DECENDIDA. (De *decender.*) f. ant. Descenso o caída. || **2.** ant. Bajada.

DECENDIENTE. p.a. ant. Descendiente.

DECENDIMIENTO. m. ant. Descendimiento.

DECENIO. (l. *decennĭum.*) m. Período de diez años.

DECENO, NA. (l. *decēnus.*) adj. Décimo, 1.ª acep.

DECENSO. (l. *descensus.*) m. ant. Catarro o reúma.

DECENTAR. (De *de* y *encentar.*) tr. Empezar a cortar o gastar de una cosa. || **2.** fig. Empezar a hacer perder lo que se había conservado sano. DECENTAR *la salud.* || **3.** r. Ulcerarse una parte del cuerpo por estar echado mucho tiempo de un mismo lado de la cama. || P. encetar; I. to broach; F. entamer; A. Anreissen; It. intaccare; R. начинать расходвить.

DECENTE. (l. *decens, -entis,* p.a. de *decēre,* parecer bien, ser decoroso.) adj. Que manifiesta o tiene decencia. || **2.** Moderadamente confortable o satisfactorio. || **3.** Bien portado. || P. e It. decente; I. decent; F. décent; A. anständig, dezent; It. прилично.

DECENTEMENTE. adv. Con honestidad, modestia o moderación. || **2.** Con la compostura y dignidad correspondientes a la calidad o estado de la persona o cosa. || **3.** Irón. Con algún exceso.

DECENVIR. m. Decenviro.

DECENVIRAL. (l. *decemvirālis.*) adj. Perteneciente o relativo a los decenviros.

DECENVIRATO. (l. *decemvirātus.*) m. Empleo y dignidad de decenviro. || **2.** Tiempo que duraba este empleo.

DECENVIRO. (l. *decemvir, -īri.*) m. En la Roma antigua, cada uno de los miembros de una comisión de diez personas nombrada legalmente, especialmente cada uno de los diez magistrados a quienes los romanos encargaron la redacción de la Ley de las Doce Tablas. || **2.** Cualquiera de los magistrados menores que entre los antiguos romanos servían de consejeros a los pretores.

DECEPAR. tr. ant. Descepar, arrancar de raíz.

DECEPCIÓN. (l. *deceptĭo, -ōnis.*) f. Engaño, 1.ª acep. || **2.** Pesar causado por un desengaño. || **3.** Desilusión, desengaño. || P. decepção; I. deception; F. déception; A. (Ent)Täuschung, Betrug; It. decezione; R. разочарование.

° **DECEPCIONAR.** tr. Desilusionar, chasquear.

DECEPTORIO, RIA. (l. *deceptorĭus.*) adj. ant. Engañoso.

DECERCAR. tr. ant. Descercar.

DECERNIR. (l. *decernĕre.*) tr. ant. Discernir.

DECERRUMBAR. tr. ant. Derrumbar.

DECESIÓN. (l. *decessĭo, -ōnis.*) f. ant. Precedencia en tiempo.

D

DECESO. (l. *decessus*.) m. ant. Muerte natural o civil.

DECESOR, RA. (l. *decessor*.) m. y f. ant. Predecesor.

DECI. (apóc. de *décimo*.) Prefijo latino que denota la décima parte.

DECIÁREA. f. Medida de superficie que tiene la décima parte de un área.

** **DECIATINA.** f. Medida agraria rusa equivalente a unos 5 ó 6 metros cuadrados.

DECIBEL. m. Fís. Nombre del decibelio en la nomenclatura internacional.

DECIBELIO. m. Fís. Unidad sonora equivalente a la décima parte del bel. La intensidad de un sonido en decibeles es igual a diez veces el logaritmo decimal de la relación existente entre su energía y la de la onda de igual frecuencia y mínima intensidad perceptible.

DECIBLE. (l. *decibilis*.) adj. Que se puede decir o explicar.

DECIDERO, RA. adj. Que se puede decir sin reparo ni inconveniente.

DECIDIDAMENTE. adv. Con decisión, resueltamente.

** **DECIDIDO, DA.** p.p. de decidir. || 2. adj. Resuelto, audaz. || **P.** decidido, resolvido; **I.** decided; **F.** décidé; **A.** entschieden, entschlossen, resolut; **It.** deciso, risoluto; **R.** решительный.

DECIDIR. (l. *decidĕre*, cortar, resolver.) tr. Cortar la dificultad, formar juicio definitivo sobre un asunto, controversia, etc. || 2. Mover a uno la voluntad a fin de que tome una determinación. Ú.t.c.r. || **P.** decidir; **I.** to decide; **F.** décider; **A.** entscheiden; **It.** decidere; **R.** решать.

DECIDOR, RA. (De *decir*, 2.° art.) adj. Que dice. || 2. Que habla con facilidad y gracia. Ú.t.c.s. || 2.ª acep.: **P.** dizedor; **I.** good sayer; **F.** beau diseur; **A.** Witzbold; **It.** freddurista; **R.** разговорчивый.

DECIEMBRE. (l. *december*, -*bris*; de *decem*, diez.) m. ant. Diciembre. Ú.t.c.s.

DECIENTE. p.a. ant. Diciente.

DECIENTE. (l. *decidens*, -*entis*, p.a. de *decidĕre*, caer.) adj. ant. Que cae o muere. Usáb.t.c.s.

DECIGRAMO. (De *deci* y *gramo*.) m. Peso que es la décima parte de 1 gramo. || **P.** decigrama; **I.** decigramme; **F.** décigramme; **A.** Dezigramm; **It.** decigrammo; **R.** дециграмм.

DECILITRO. (De *deci* y *litro*.) m. Medida de capacidad, que tiene la décima parte de un litro. || **P.** decilitro; **I.** decilitre; **F.** décilitre; **A.** Deziliter; **It.** decilitro; **R.** децилитр.

DÉCIMA. (l. *décima*.) f. Cada una de las diez partes iguales en que se divide un todo. || 2. Diezmo. || 3. Combinación métrica de diez versos octosílabos (riman generalmente el primero, cuarto y quinto; el segundo y el tercero; el sexto, séptimo y décimo, y el octavo y noveno). Se llama también espinela. || 4. Moneda de cobre antigua. || 5. Décima parte de un grado del termómetro clínico.

DECIMACUARTA. adj. Decimocuarta.

DECIMAL. (l. *decimālis*.) adj. Aplícase a cada una de las diez partes iguales en que se divide un todo. || 2. Perteneciente al décimo. || 3. Dícese del sistema métrico de pesas y medidas cuyas unidades son múltiplos o divisores de diez con respecto a la principal de cada clase. || 4. Arit. Dícese del sistema de numeración cuya base es diez. || 5. Arit. V. *Fracción, numeración, quebrado* DECIMAL.

DECIMANONA. adj. Decimonona.

DECIMANOVENA. (De *décimo* y *novena*.) f. Uno de los registros de trompetería del órgano.

DECIMAOCTAVA. adj. Decimoctava.

DECIMAQUINTA. adj. Decimoquinta.

DECIMAR. (l. *decimāre*.) tr. ant. Diezmar.

DECIMASÉPTIMA. adj. Decimoséptima.

DECIMASEXTA. adj. Decimosexta.

DECIMATERCERA. adj. Decimotercera.

DECIMATERCIA. adj. Decimotercia.

DECÍMETRO. (De *deci* y *metro*.) m. Medida de longitud que tiene la décima parte de un metro. || —**cuadrado.** Medi-

da de superficie de un decímetro de lado. || —**cúbico.** Medida de volumen representada por un cubo cuya arista es de un decímetro. || **P.** decímetro; **I.** decimeter; **F.** décimètre; **A.** Dezimeter; **It.** decimetro; **R.** дециметр.

** **DECIMINO.** m. Mús. Instrumento musical más pequeño y más agudo que el flautín.

DÉCIMO, MA. (l. *decimus*.) adj. Que ocupa el último lugar en una serie ordenada de diez. || 2. Dícese de cada una de las diez partes iguales en que se divide un todo. Ú.t.c.s.m. || 3. m. Décima parte del billete de lotería. || 4. Moneda de plata de Colombia, Méjico y el Ecuador, equivalente a media peseta.

DECIMOCTAVO, VA. (De *décimo* y *octavo*.) adj. Que sigue inmediatamente en orden al o a lo decimoséptimo.

DECIMOCUARTO, TA. (De *décimo* y *cuarto*.) adj. Que sigue inmediatamente en orden al o a lo decimotercio.

DECIMONONO, NA. (De *décimo* y *nono*.) adj. Que sigue inmediatamente en orden al o a lo decimoctavo.

DECIMONOVENO, NA. (De *décimo* y *noveno*.) adj. Decimonono.

DECIMOQUINTO, TA. (De *décimo* y *quinto*.) adj. Que sigue inmediatamente en orden al o a lo decimocuarto.

DECIMOSÉPTIMO, MA. (De *décimo* y *séptimo*.) adj. Que sigue inmediatamente en orden al o a lo decimosexto.

DECIMOSEXTO, TA. (De *décimo* y *sexto*.) adj. Que sigue inmediatamente en orden al o a lo decimoquinto.

DECIMOTERCERO, RA. (De *décimo* y *tercero*.) adj. Decimotercio.

DECIMOTERCIO, CIA. (De *décimo* y *tercio*.) adj. Que sigue inmediatamente en orden al o a lo decimosegundo o duodécimo.

DECIOCHENO, NA. adj. Dieciocheno. Ú.t.c.s.

DECIR. (infinit. del verbo *decir*.) m. Dicho, 2.ª acep. || 2. Dicho notable por la sentencia, por la oportunidad, etc. Ú.m.c.pl. || —**de las gentes.** Dicho de las gentes. || *En un* DECIR, *o vamos a* DECIR, *o voy a* DECIR. exprs. fams. Como si dijéramos.

DECIR. (Del l. *dicĕre*.) tr. Manifestar con palabras el pensamiento. Ú.t.c.r. || 2. Asegurar, sostener, opinar. || 3. Nombrar o llamar. || 4. fig. Denotar una cosa o dar muestra de ello. *El semblante de Juan* DICE *su mal genio; su vestido* DICE *su pobreza.* || 5. fig. Aplícase a los libros, por las especies que en ellos se contienen. *La Escritura* DICE; *la Historia de Mariana* DICE. || 6. fig. Con los advs. *bien, mal* u otros semejantes, ser o no favorable la suerte. Ú. hablando del juego, del año, de la cosecha y de otras cosas. || 7. fig. Con los advs. *bien o mal,* convenir, armonizar una cosa con otra, o al contrario. *El verde* DICE *mal a una morena; este traje me* DICE *bien.* || 8. ant. Pedir, rogar. || 9. ant. Trovar, versificar. || 10. ant. Mont. Latir el perro. || *Como* DIJO *el otro.* fr. fig. y fam. con que se apoya, con autoridad del vulgo, una cosa que se da como evidente. || *Como quien* DICE. expr. fam. Como si dijéramos. || *Como quien no* DICE *nada.* expr. con que se denota que es cosa de consideración lo que se ha dicho o va a decirse. || 2. También indica no ser cosa fácil o baladí aquello de que se trata, aun muy difícil o importante. || *Como si* DIJÉRAMOS. expr. fam. que se usa para explicar, y también para suavizar, lo que se ha afirmado. || DECIR *bien.* fr. Hablar con verdad, o explicarse con gracia y facilidad. || DECIR *a uno cuántas son cinco.* fr. fig. y fam. Amenazarle con alguna represión o castigo. || 2. fig. y fam. Tratarle mal. || 3. fig. y fam. DECIRLE su sentir o algunas claridades. || DECIR *de repente.* fr. Improvisar una cosa. || DECIR *de una hasta ciento.* fr. fig. y fam. Decir muchas claridades o desvergüenzas. || DECIR *uno para sí.* fr. Razonar consigo mismo. || DECIR *por.* fr. Hablar sin fundamento. || DECIRSE. loc. fam. que se usa en varios juegos de naipes, y significa que los jugadores descubren el punto que tienen. || DECIR *y hacer.* fr. fig. Ejecutar una cosa con mucha ligereza y prontitud. || ¡DIGO!

exclam. de sorpresa, asombro, etc. || ¿DIGO *algo?* expr. fam. con que se llama la atención de los oyentes o se pondera la importancia de lo que se habla. || ¡DIGO, DIGO! Voces que se usan para llamar la atención de una persona o parar al que va a hacer una cosa. || DIME *con quién andas, te* DIRÉ *quién eres.* ref. que advierte lo mucho que influyen en las costumbres las buenas o malas compañías. || DIZQUE. expr. fam. Dicen que. || *El qué* DIRÁN. expr. El respeto a la opinión pública. || *Ello* DIRÁ. expr. fam. que se emplea para dar a entender que más adelante se conocerá el resultado de una cosa o lo que haya de cierto en ella. || *Es* DECIR. expr. Esto es. || *Ni que* DECIR *tiene.* loc. con que se da a entender que algo es evidente o sabido de todos. || *No* DECIR *uno malo ni bueno.* fr. No contestar. || *No* DECIR *su sentir; no* DECIR *nada sobre un asunto.* || 3. Usar de culpable silencio y tolerancia. || *No* DIGAMOS. expr. fam. con que se dan a entender que no es completamente exacto o seguro lo que se afirma, pero le falta poco para serlo. || *No* DIGO *nada.* expr. con que enfáticamente se permite o concede una proposición, como que no hace al caso en el principal asunto, para pasar a otra cosa; o se omite voluntariamente lo que se pudiera DECIR, por deberse suponer; lo que suele usarse comparando dos sujetos o dos cosas, y, habiendo ponderado la una, se omite con esta frase lo que se pudiera DECIR de la otra. || *Por mejor* DECIR. expr. que sirve para corregir lo que se ha dicho, ampliando, restringiendo o aclarando la enunciación. || *Que* DIGAMOS. expr. con que se afirma y pondera aquello mismo que se DICE con negación en el primer elemento de las frases de que forma parte. *No es ambicioso, que* DIGAMOS; *no llueve, que* DIGAMOS. || *Quien* DICE *de mí, a sí.* ref. que aconseja no arrojarse a murmurar, porque tenemos faltas. || *Quien* DICE *lo que no debe, o quiere, oye lo que no quiere.* ref. que reprende la libertad en el hablar sin reflexión, y enseña que las palabras han de ser medidas, para que no origen respuesta que sea sensible o injuriosa al que la motiva. || *Quien mal* DICE, *peor oye.* ref. Quien dice lo que no quiere, oye lo que no quiere. || ¡*Tú, que tal* DIJISTE! expr. fam. con que se significa la pronta conmoción que ocasiona una cosa dicha por otro. || **P.** dizer; **I.** to say; **F.** dire; **A.** sagen; **It.** dire; **R.** говорить, сказать.

DECISECENO, NA. adj. ant. Dieciseiseno.

DECISIÓN. (l. *decisĭo,* -*ōnis*.) f. Decisión, determinación que se toma o se da en una cosa dudosa. || 2. Firmeza de carácter. || —**de Rota.** Sentencia que da el tribunal de la Sacra Rota. || **P.** decisão; **I.** decision; **F.** décision; **A.** Entscheidung; **It.** decisione; **R.** решение.

DECISIVAMENTE. adv. Determinadamente, con decisión.

DECISIVO, VA. (l. *decīsus,* decidido.) adj. Dícese de lo que decide o resuelve. *Ley* DECISIVA. || 2. V. *Voto* DECISIVO.

DECISORIO. (l. *decīssus,* p.p. de *decidĕre,* decidir.) adj. For. V. *Juramento* DECISORIO.

DECLAMACIÓN. (l. *declamatĭo,* -*ōnis*.) f. Acción de declamar. || 2. Oración, discurso que sirve de ejercicio retórico. || 3. Por ext., oración o discurso. || 4. Discurso vehemente y agresivo. || 5. Arte de representar en el teatro.

DECLAMADOR, RA. (l. *declamātor*.) adj. Que declama. Ú.t.c.s.

DECLAMAR. (l. *declamāre*.) intr. Hablar en público. || 2. Hablar con el fin de ejercitarse en las reglas de la retórica. || 3. Hablar con demasiado calor o vehemencia, y particularmente hacer alguna invectiva con aspereza. || 4. Recitar la prosa o el verso con la entonación, los ademanes y el gesto conveniente. Ú.t.c.tr. || **P.** declamar; **I.** to declaim; **F.** déclamer, réciter; **A.** deklamieren, vortragen; **It.** declamare; **R.** декламировать.

DECLAMATORIO, RIA. (l. *declamatorius*.) adj. Dícese del estilo o del tono enfático o exagerado.

DECLARABLE. adj. Que puede ser declarado.

DECLARACIÓN. (l. *declaratĭo, -ōnis.*) f. Acción y efecto de declarar o declararse. || **2.** Manifestación o explicación de lo que otro u otros dudan o ignoran. || **3.** Manifestación del ánimo o de la intención. || **4.** For. Deposición que bajo juramento, hace el testigo o perito en una causa, o del reo sin juramento. || P. declaração; I. declaration; F. déclaration; A. Äusserung, Erklärung; It. dichiarazione; R. объявление, заявление.

DECLARADAMENTE. adv. Manifiestamente, con claridad.

DECLARADO, DA. p.p. de declarar. || **2.** adj. ant. Aplicábase a la persona que hablaba con demasiada claridad.

DECLARADOR, RA. (l. *declarātor.*) adj. Que declara o expone. Ú.t.c.s.

DECLARAMIENTO. (De *declarar.*) m. ant. Declaración.

DECLARANTE. p.a. de declarar. Que declara. || **2.** m. y f. For. Persona que declara ante el juez.

DECLARAR. (l. *declarāre.*) tr. Manifestar o explicar lo que está oculto o no se entiende bien. || **2.** For. Determinar, decidir los juzgadores. || **3.** intr. For. Manifestar los testigos o el reo ante el juez lo que saben acerca de lo que se les pregunta o expone. || **4.** r. Manifestar el ánimo, la intención o el afecto. || **5.** Manifestarse una cosa o empezar a advertirse su acción. || **6.** Mar. Hablando del viento, fijarse en dirección, carácter o intensidad. || declararse *uno a otro.* fr. Hacer confianza de él; descubrirle una cosa oculta y reservada. || **7.** Cuba. Darse por vencido, fracasar. || P. declarar; I. to declare, to expound; F. déclarer, déposer; A. erklären; It. dichiarare; R. объявлять, заявлять.

DECLARATIVO, VA. (l. *declaratīvus.*) adj. Dícese de lo que declara o explica de una manera perceptible una cosa que de suyo es o no está clara. || **2.** V. *Juicio* DECLARATIVO.

DECLARATORIO, RIA. adj. Dícese de lo que declara lo que no se sabía. || **2.** For. Dícese del pronunciamiento que define un derecho sin contener mandamiento ejecutivo.

DECLARO. (De *declarar.*) m. ant. Declaración.

DECLINABLE. (l. *declinabĭlis.*) adj. Gram. Aplícase a cada una de las partes de la oración que se declinan (artículo, nombre, adjetivo, pronombre y participio cuando se usa como adjetivo).

DECLINACIÓN. (l. *declinatĭo, -ōnis.*) f. Caída, descenso o declivio. || **2.** fig. Decadencia o menoscabo. || **3.** Astron. Distancia angular de un astro al ecuador celeste. || **4.** Gram. Acción y efecto de declinar. || **5.** Gram. Serie ordenada de los casos gramaticales. || **6.** Gram. Modelo de declinación incluido en la gramática. || **7.** Gnom. y Topogr. Ángulo que forma un plano vertical, o una alineación, con el meridiano del lugar que se considere. || **—de la aguja** o **magnética.** Ángulo que forma la aguja imantada con el meridiano del lugar. || *No saber uno las* DECLINACIONES. fr. fig. y fam. Ser sumamente ignorante. || P. declinação; I. declination; F. déclinaison; A. Wortbeugung; It. declinazione; R. склон, склонение.

★ **DECLINADOR.** m. Geom. Aparato para determinar la inclinación del plano del cuadrante.

DECLINANTE. p.a. de declinar. Que declina. || **2.** adj. Gnom. Aplícase al plano o pared que tiene declinación.

DECLINAR. (l. *declināre.*) intr. Separarse o desviarse de una dirección determinada. || **2.** fig. Decaer, menguar una persona o cosa en sus condiciones o cualidades. || **3.** fig. Caminar o aproximarse una cosa a su fin. || **4.** fig. Ir cambiando de naturaleza o de costumbre hasta tocar en el extremo contrario. || **5.** tr. Rehusar, no admitir o renunciar. || **6.** Gram. Poner las palabras declinables en los casos gramaticales. || P. declinar; I. to decline; F. décliner; A. abändern, deklinieren; It. declinare; R. отклонять.

DECLINATORIA. f. For. Petición en que se declina el fuero. || **2.** Petición que se hace a un juez para que se abstenga

de conocer un asunto y lo remita al juez competente; es una de las excepciones dilatorias.

DECLINATORIO. (De *declinar.*) m. Brújula con caja rectangular, cuyos lados mayores son paralelos al diámetro que va desde 0° a 180° en el círculo que recorre la flechilla. Aplicando uno de aquellos lados a cualquier línea horizontal, la aguja señala su declinación.

★ **DECLINÓGRAFO.** m. Astron. Aparato que registra automáticamente las diferencias de declinación de los astros.

★ **DECLINÓMETRO.** m. Fís. Aparato que sirve para medir la declinación magnética absoluta.

DECLIVE. (l. *declīvis.*) m. Pendiente, cuesta o inclinación del terreno o de la superficie de otra cosa. || P. declive; I. declivity, F. penchant; A. Abhang; It. declivio; R. склон.

DECLIVIDAD. (l. *declivitas, -ātis.*) f. Declive.

DECLIVIO. m. Declive.

DECOCCIÓN. (l. *decoctio, -ōnis.*) f. Acción y efecto de cocer en agua substancias vegetales o animales. || **2.** Producto líquido que se obtiene por medio de esta operación. || P. decocção; I. decoction; F. décoction; A. Abkochung; It. decozione; R. отваривание.

DECOLACIÓN. (l. *decollatĭo, -ōnis.*) f. ant. Degollación.

DECOLGAR. intr. ant. Colgar.

DECOLORACIÓN. (l. *decoloratĭo, -ōnis.*) f. Acción y efecto de decolorar o decolorarse.

★ **DECOLORANTE.** adj. Descolorante. Ú.t.c.s.

DECOLORAR. tr. Descolorar. Ú.t.c.r.

DECOMISAR. tr. Comisar.

DECOMISO. m. Comiso.

DECOR. (l. *decor.*) m. ant. Adorno, decencia.

DECORACIÓN. (l. *decoratĭo, -ōnis.*) f. Acción y efecto de decorar, 1.er art. || **2.** Cosa que decora. || **3.** Conjunto de lienzos pintados y objetos con que se figura la escena en una representación teatral o cinematográfica. || **4.** Actividad artística encaminada a adornar objetos o edificios externa o internamente y obra que esta actividad crea. || P. decoração; I. decoration, ornament; F. décoration, ornement; A. Ausschmückung, Dekoration; It. decorazione; R. декорирование, украшение.

DECORADO. f. Acción y efecto de decorar, 2.º art.

DECORADO, DA. p.p. de decorar. || **2.** m. Decoración, 1.er art.

DECORADOR. m. Decoración, 2.º art.

DECORADOR. m. El que decora, 1.er art., 1.ª acep.

DECORAR. (l. *decorāre.*) tr. Adornar, hermosear una cosa o sitio. || **2.** Condecorar. Ú.m. en poesía. || P. decorar, adornar; I. to adorn; F. décorer; A. auszieren, ausschmücken; It. decorare; R. декорировать.

DECORAR. tr. Aprender de coro o de memoria. || **2.** Recitar de memoria. || **3.** Silabear.

DECORATIVO, VA. (l. *decoratus,* decorado.) adj. Perteneciente o relativo a la decoración, 1.er art. *Figuras* DECORATIVAS.

DECORO. (l. *decōrum.*) m. Honor, respeto, reverencia, que se debe a una persona. || **2.** Circunspección, gravedad. || **3.** Pureza, honestidad, recato. || **4.** Honra, estimación. || **5.** Arq. Parte de la arquitectura que enseña a dar a los edificios el aspecto y propiedad que les corresponde según sus destinos respectivos. || *Guardar el* DECORO. fr. Comportarse uno con arreglo a su condición social. || *Guardar el* DECORO *uno a una cosa.* fr. Corresponder con actos o palabras a su estimación o merecimiento. || 4.ª acep: P. decoro, honra; I. honour; F. honneur; A. Anstand; It. decoro; R. честь.

DECORO, RA. (l. *decōrus.*) adj. ant. Decoroso.

DECOROSAMENTE. adv. Con decoro.

DECOROSO, SA. (l. *decorōsus.*) adj. Dícese de la persona que tiene decoro y pudor. || **2.** Aplícase también a las cosas

en que hay o se manifieste decoro: *vida* DECOROSA.

DECORRERSE. (l. *decurrĕre,* descender, bajar corriendo.) r. ant. Escurrirse, deslizarse.

DECORRIMIENTO. (De *decorrerse.*) m. ant. Corriente o curso de las aguas.

DECRECER. (l. *decrescĕre.*) intr. Menguar, disminuir. || P. decrescer; I. to decrease; F. décroître; A. abnehmen; It. decrèscere; R. уменьшаться.

DECRECIENTE. p.a. de decrecer. Que decrece.

DECRECIMIENTO. m. Disminución, 1.ª acep.

DECREMENTO. (l. *decrementum.*) m. Disminución, 1.ª acep.

DECREPITACIÓN. f. Acción y efecto de decrepitar.

DECREPITANTE. p.a. de decrepitar. Que decrepita.

DECREPITAR. intr. Crepitar por la acción del fuego.

DECRÉPITO, TA. (l. *decrepĭtus.*) adj. Dícese de la edad muy avanzada y de la persona que tiene muy menguadas sus potencias. || **2.** adj. fig. Dícese de las cosas que han llegado a su última decadencia. || P. decrépito; I. decrepit; F. décrépit; A. vergreist, altersschwach; It. decrèpito; R. дряхлый.

DECREPITUD. (De *decrépito.*) f. Suma vejez. || **2.** Chochez, 1.ª acep. || **3.** fig. Decadencia extrema de las cosas. || P. decrepitude; I. decrepitude, decrepitness; F. décrépitude; A. Altersschwäche; It. decrepitezza; R. дряхлость.

DECRESCENDO. (Del italiano.) adv. Mús. Debilitación gradual de la intensidad del sonido. || **2.** m. Mús. Pasaje de una composición musical que se ejecuta de esta manera.

DECRETACIÓN. (De *decretar.*) f. ant. Determinación o establecimiento.

DECRETAL. (l. *decretālis.*) adj. Perteneciente a las decretales. || **2.** f. Epístola en la cual el Papa contesta a una consulta particular y que sirve de regla para todos los casos particulares semejantes. || **3.** pl. Libro en que están recopiladas las epístolas o decisiones pontificias.

DECRETALISTA. m. Expositor o intérprete de las decretales.

DECRETAR. (De *decreto.*) tr. Ordenar por decreto el Jefe del Estado o su Gobierno, o un tribunal o juez, sobre materias de la respectiva competencia. || **2.** Indicar marginalmente el curso o respuesta que se ha de dar a un escrito. || P. decretar; I. to decree; F. décréter; A. verordnen, dekretieren; It. decretare; R. постановлять.

DECRETERO. m. Lista de reos que se solía dar en los tribunales a los jueces para que se fueran apuntando lo que se decretaba acerca de cada reo. || **2.** Lista o colección de decretos.

DECRETISTA. m. Expositor del Decreto de Graciano.

DECRETO. (l. *decrētum.*) m. Decisión tomada por la autoridad competente en materia de su incumbencia, y que se hace pública en las formas prescritas. || **2.** Constitución o establecimiento que ordena o forma el Papa consultando a los cardenales. || **—de Graciano.** Libro de Derecho canónico recopilado por Graciano. || **3.** Acción y efecto de decretar, 2.ª acep. || **—de abono.** El que se expedía a los tesoreros generales para que se admitiesen en data en sus cuentas las partidas satisfechas en virtud de orden del rey. || **—de urgencia.** El que con carácter de ley, se dicta en los casos que por aquel motivo lo autoriza la Constitución. || **—legislativo.** Disposición de carácter legislativo que, sin ser sometido al órgano adecuado, se promulga por el poder ejecutivo, en virtud de alguna excepción circunstancial, o permanente, previamente determinada. || **—marginal.** Resolución, que al margen de un oficio o memorial, pone el jefe competente. || P. e It. decreto; I. decree; F. décret; A. Erlass; Dekret; R. приказ, декрет.

DECRETORIO. (l. *decretorĭus.*) adj. Med. V. *Día* DECRETORIO.

★ **DÉCTICO.** m. Género de insectos ortópteros locústidos, muy saltadores, cuyas especies son saltamontes robustos.

D

DECÚBITO. (l. *decubĭtus*, p.p. de *decumbĕre*, acostarse.) m. Posición del cuerpo tendido sobre un plano horizontal. Puede ser lateral, prono o supino, según que el cuerpo esté echado de costado, sobre el vientre o sobre la espalda.

DECUMBENTE. (l. *decumbens, -entis*, recostado.) adj. Se dice del que yace en la cama o la guarda por enfermedad.

DECUPLAR. (l. *decuplāre*.) tr. Decuplicar.

DECUPLICAR. tr. Hacer décupla una cosa. || 2. Multiplicar por 10 una cantidad.

DÉCUPLO, PLA. (l. *decŭplus*.) adj. Que contiene un número diez veces exactamente. || P. décuplo; I. decuple; F. décuple; A. zehnfach; It. dècuplo; R. десятеричный.

DECURIA. (l. *decurĭa*.) f. Cada una de las diez porciones en que se dividía la antigua curia romana. || 2. En la antigua milicia romana, escuadra de diez soldados gobernada por un cabo. || 3. En los estudios de gramática, junta de diez estudiantes, a veces menos, que estaba señalada para dar sus lecciones al decurión.

DECURIATO. (l. *decuriātus*.) m. Estudiante que en las clases de gramática estaba asignado a una decuria, o a un decurión para que le tomase la lección.

DECURIÓN. (l. *decurio, -ōnis*.) m. Jefe de una decuria. || 2. En las colonias y municipios romanos, individuo de la corporación semejante al senado que los gobernaba. || 3. En los estudios gramaticales, estudiante a quien, por más hábil, se daba el encargo de tomar lecciones a otros, hasta el número de diez. || **-de decuriones.** Estudiante destinado a tomar la lección a los DECURIONES.

DECURIONATO. m. Dignidad de decurión. || 2. Cuerpo de los decuriones.

DECURRENTE. adj. Dícese de la hoja cuyo limbo se extiende a lo largo del peciolo y hasta el tallo, formando una especie de ala.

DECURSAS. (l. *decursas*, acus. pl. f. de *decurrĕre*, correr.) f. pl. For. Réditos caídos de los censos.

DECURSO. (l. *decursus*, corrida, corriente.) m. Sucesión o continuación del tiempo. || P. decurso; I. course; F. cours; A. Verlauf der Zeit; It. decorso; R. течение (времени).

DECUSADO, DA. adj. Bot. Decuso.

DECUSATA. adj. V. *Cruz* DECUSATA.

DECUSO, SA. adj. Bot. Se dice de las hojas dispuestas en forma de cruz.

DECHADO, DA. (l. *dictātum*, precepto, enseñanza.) m. Muestra o modelo que se tiene presente para imitar. || 2. Labor que las niñas ejecutan en lienzo, imitando la muestra. || 3. Ejemplo, modelo: DECHADO *de virtudes*. || P. exemplar, modelo; I. paragon, model; F. modèle; A. Muster, Vorbild; It. modello; R. образец.

DEDADA. f. Porción que con el dedo se toma de una cosa. *Una* DEDADA *de miel.* || **-de miel.** fig. y fam. Lo que se hace para mantener a uno en sus esperanzas.

DEDAL. (l. *digitāle*; de *digĭtus*, dedo.) m. Utensilio de metal, hueso, etc., cilíndrico, hueco, con la superficie llena de hoyuelos y generalmente cerrado por un casquete esférico, que sirve para proteger la punta del dedo que empuja la aguja, cuando se cose. || 2. Dedil, funda para el dedo. || *Cuando segares, no vayas sin* DEDALES. ref. que aconseja tomar precauciones adecuadas en cualquier empresa. || P. dedal; I. thimble; F. dé; A. Fingerhut; It. ditale; R. напёрсток.

★ DEDALEAR. intr. Amér. Andar de negocios.

DEDALERA. (De *dedal*, por la forma de la corola, que la imita.) f. Digital.

DÉDALO. (Por alusión a *Dédalo*, personaje mitológico a quien se atribuye la construcción del laberinto de Creta.) m. fig. Laberinto, 1.ª y 2.ª aceps.

DEDEO. m. Mús. Agilidad y destreza en los dedos al tocar un instrumento. || 2. Mús. Indicación de los dedos que han de usarse para ejecutar un pasaje.

DEDICACIÓN. (l. *dedicatĭo, -ōnis*.) f. Acción y efecto de dedicar, 1.ª acep. || 2. Fiesta que se celebra en el acto de consagración de un altar, templo, etc. Es más

solemne que la bendición y suele hacerla el obispo. || 3. Inscripción de la dedicación de un edificio.

DEDICANTE. p.a. de dedicar. Que dedica.

DEDICAR. (l. *dedicāre*.) tr. Poner una cosa bajo la advocación de Dios o de los santos, consagrándola al culto. || 2. Por ext., consagrar una cosa a personajes eminentes, representaciones, hechos gloriosos, etc. || 3. Poner una obra bajo la protección de alguno y, en general, dirigir a una persona por modo de obsequio un objeto y, principalmente, una obra de entendimiento. || 4. r. Emplear, destinar, aplicar. || P. dedicar; I. to consecrate; F. dédier; A. widmen; It. dedicare; R. посвящать.

DEDICATIVO, VA. adj. Dedicatorio.

DEDICATORIA. (De *dedicatorio*.) f. Carta o nota dirigida a la persona a quien se dedica una obra. || P. dedicatória; I. dedication; F. dédicace; A. Windmung; It. dedicatoria; R. посвящение.

DEDICATORIO, RIA. (De *dedicar*.) adj. Que tiene o supone dedicación.

DEDICIÓN. (l. *deditĭo, -ōnis*.) f. Acción y efecto de rendirse un pueblo o ciudad a la fe y poder de la antigua Roma, a discreción y sin condiciones.

DEDIGNAR. (l. *dedignāri*.) tr. Desdeñar, despreciar, desestimar. Ú.t.c.r.

DEDIL. (De *dedo*.) m. Cada una de las fundas de cuero o de otra materia, que se pone en los dedos para protegerlos en ciertos trabajos.

DEDILLO. m. d. de dedo. || *Al* DEDILLO. m. adv. fig. y fam. Perfectamente. Ú.m. con los verbos *saber, conocer* y *tener*.

DEDO. (l. *digĭtus*.) m. Cada una de las divisiones en que terminan las extremidades de los vertebrados, salvo los peces, y especialmente cada uno de los cinco miembros en que termina la mano y el pie del hombre. || 2. Medida de longitud, duodécima parte del palmo, que escasamente equivale a 18 mm. || 3. Medida de 10 nudillos, que se usa para llevar con cuenta la labor de la media o calceta. || 4. Porción de una cosa. *Del ancho de un* DEDO. || **-anular.** El cuarto de la mano. Llamóse así porque en él se ponían los anillos, y aún los llevan en él hoy los prelados. || **-auricular.** El quinto y más pequeño de la mano. Llámase así porque algunos se limpiaban con él los oídos. || **-cordial, de en medio** o **corazón.** El tercero de la mano y el más largo de los cinco. || **-gordo.** Dedo pulgar. || **-índice.** El segundo de la mano. Llamado así porque regularmente sirve para señalar. || **-médico.** Dedo anular. || **-meñique.** Dedo auricular. || **-mostrador.** Dedo índice. || **-pulgar.** El primero y más grueso de la mano y del pie. || **-saludador.** Dedo índice. || *El* DEDO *de Dios.* fig. La omnipotencia divina mostrada en algún suceso extraordinario. || *A dos* DEDOS *de.* loc. fig. y fam. Muy cerca de, o a punto de. || *Alzar uno el* DEDO. fr. fig. y fam. Levantarlo en señal de dar palabra o asegurar el cumplimiento de alguna cosa. || *Antojársele a uno los* DEDOS *huéspedes.* fr. fig. y fam. Ser excesivamente receloso y suspicaz. || *Atar uno bien su* DEDO. fr. fig. y fam. Saber tomar las precauciones convenientes para sus intereses o beneficios. || *Comerse uno los* DEDOS *por alguna cosa.* fr. Comerse las manos tras ella. Gustar mucho de ella. || *Contar por los* DEDOS. fr. Hacer una cuenta señalando la numeración por los dedos. || *Chuparse uno los* DEDOS. fr. fig. y fam. Comer, decir, hacer u oir una cosa con mucho gusto. || *Dar uno un* DEDO *de la mano por alguna cosa.* fr. fig. y fam. Dar una mano por ella. || *Derribar con un* DEDO. fr. fig. y fam. con que se denota la endeblez de alguna cosa. || *Dos* DEDOS *de.* loc. fig. y fam. A dos dedos de. || *Ganar uno a* DEDOS *una cosa.* fr. fig. con que se da a entender el trabajo y la dificultad que le cuesta conseguirla. || *Levantar uno el* DEDO. fr. fig. y fam. Alzar el dedo. || *Los* DEDOS *de la mano no son iguales.* fr. proverb. con que se da a entender que hay diferencia en los estados y personas. || *Mamarse uno el* dedo. fr. fig. y fam. Hacerse el simple; fingirse falto de capacidad para comprender una cosa. || *Medir a* DEDOS. fr. fig. Examinar una cosa con mucho detenimiento. || *Meter a*

uno *el* DEDO *en la boca.* fr. fig. y fam. con que se asegura que una persona no es tonta como se presumía. || *Meter* a uno los DEDOS. fr. fig. Inquirir con sagacidad y destreza lo que sabe o intenta y hacer que lo cuente sin advertir la astucia con que se le pregunta. || *Meter* a uno los DEDOS *por los ojos.* fr. fig. y fam. Pretender que crea lo contrario de lo que sabe con certeza. || *Morderse* uno los DEDOS. fr. fig. y fam. Irritarse por no poder tomar venganza o satisfacción de algún agravio. || *Ni un* DEDO *hace mano, ni una golondrina verano.* ref. Una golondrina no hace verano. || *No mamarse* uno *el* DEDO. fr. fig. y fam. No dejarse engañar. || *No tener* uno *dos* DEDOS *de frente.* fr. Ser de poco entendimiento. || *Poner* uno *el* DEDO *en la llaga.* fr. fig. Conocer y señalar el verdadero origen del mal, el punto difícil de una cuestión, aquello que más afecta a la persona de que se habla. || *Poner* a uno *los cinco* DEDOS *en la cara.* fr. Darle una bofetada. || *Ponerse* uno *el* DEDO *en la boca.* fr. fig. Callar porque así convenga o deba ser. || *Señalar* uno *con el* DEDO. fr. fig. Notarle por alguna circunstancia o motivo particular. Ú. por lo común en mala parte. || *Ser* uno *el* DEDO *malo.* fr. fig. y fam. Achacarle todo lo malo que acontece. || *Tener uno sus cinco* DEDOS *en la mano.* fr. fig. y fam. No ceder a otro en valor o fuerza. || *Tener uno malos* DEDOS *para organista.* fr. fig. y fam. No ser a propósito para el destino a que quiere dedicarse o en que está empleado. || P. dedo; I. finger; F. doigt; A. Finger; It. dito; R. палец.

DEDOLAR. (l. *dedolāre*, cepillar, pulir.) tr. Cir. Cortar oblicuamente alguna parte del cuerpo.

DEDUCCIÓN. (l. *deductĭo, -ōnis*.) f. Acción y efecto de deducir. || 2. Derivación, 2.ª acep. || 3. Fil. Forma de razonamiento que consiste en partir de un principio general conocido para llegar a un principio particular desconocido. || 4. Mús. En el canto llano, serie de notas que ascienden o descienden diatónicamente o de tono en tono sucesivo.

DEDUCIENTE. p.a. de deducir. Que deduce.

DEDUCIR. (l. *deducĕre*.) tr. Sacar consecuencias de un principio, proposición o supuesto. || 2. Inferir una cosa de otra. || 3. Rebajar alguna partida de una cantidad. || 4. For. Alegar, presentar las partes sus defensas o derechos. || P. deduzir; I. to deduce; F. déduire; A. deduzieren, ableiten; It. dedurre; R. выводить.

DEDUCTIVO, VA. (l. *deductīvus*.) adj. Que obra o procede por deducción.

DEESA. (De *dea*.) f. ant. Diosa.

DEFÁCILE. (De *de*, y el l. *facile*, fácilmente.) adv. ant. Fácilmente.

DEFACTO. (De *de*, y el l. *factus*, hecho.) adv. De hecho.

DEFALCAR. tr. Desfalcar.

DEFALICIDO, DA. adj. ant. Defallicido.

DEFALLECIDO, DA. (De *de* y *fallecido*, p.p. de *fallecer*.) adj. ant. Falto, arruinado, necesitado.

DEFALLECIMIENTO. m. ant. Desfallecimiento.

DEFALLICIDO, DA. adj. ant. Defallecido.

DEFAMAR. (l. *defamāre*.) tr. ant. Infamar.

★ DEFASAJE. (De *de* y *fase*.) m. Electr. Diferencia de fase entre dos fenómenos alternativos de igual frecuencia.

DEFECACIÓN. (l. *defaecatĭo, -ōnis*.) f. Acción y efecto de defecar.

DEFECADOR, RA. adj. Que sirve para defecar, 1.ª acep.

DEFECAR. (l. *defaecāre*; de *de*, prov., y *faex, faecis*, hez.) tr. Quitar las heces o impurezas. || 2. intr. Expeler los excrementos. || P. defecar; I. to defecate; F. déféquer; A. abklären; It. defecare; R. испражняться.

DEFECCIÓN. (l. *defectĭo, -ōnis*.) f. Acción de separarse con deslealtad uno o más individuos de la causa o de la parcialidad a la que pertenecían. || P. defecção; I. defection; F. défection; A. Abfall; It. defezzione; R. измена.

DEFECTIBILIDAD. f. Calidad de defectible.

DEFECTIBLE. (De *defecto*.) adj. Dícese de lo que puede faltar.

DEFECTIVO, VA. (l. *defectívus*.) adj. Defectuoso. || 2. GRAM. V. *Verbo* DEFECTIVO. Ú.t.c.s.

DEFECTO. (l. *defectus*.) m. Carencia de las cualidades propias de una cosa. || 2. Imperfección natural o moral. || 3. m. pl. IMPR. Pliegos que sobran o faltan en el número completo de la tirada. || P. defeito; I. defect, failing; F. défaut, manque; A. Fehler. Mangel; It. difetto; R. недостаток.

DEFECTUOSAMENTE. adv. Con defecto.

DEFECTUOSO, SA. (l. *defectus*, defecto.) adj. Imperfecto, falto. || P. defeituoso; I. defectious, defective; F. défectueux; A. fehlerhaft; It. difettoso; R. недостаточный.

DEFEDACIÓN. (l. *de*, de, y *foedatio*, -*ōnis*, la acción de afear.) f. ant. Fealdad.

DEFEMINADO, DA. (l. *de* y *feminātus*, de *femina*, hembra.) adj. ant. Afeminado.

DEFENDEDERO, RA. adj. Defendible.

DEFENDEDOR, RA. (De *defender*.) adj. Defensor. Ú.t.c.s. || 2. m. ant. Abogado.

DEFENDER. (l. *defendĕre*.) tr. Sostener a alguna persona o cosa contra un ataque o lo que pueda dañar. || 2. Proteger a alguna persona o cosa para evitarle molestia o daño. || 3. tr. Sostener la inocencia de alguno especialmente en juicio. || 4. Mantener una afirmación cualquiera contra el dictamen ajeno. || 5. Vedar, prohibir. || 6. Embarazar. || P. defender, amparar; I. to defend; F. défendre; A. verteidigen; It. difèndere; R. защищать.

DEFENDIBLE. adj. Dícese de lo que se puede defender.

DEFENDIDO, DA. p.p. de defender. || 2. adj. Dícese de la persona a quien defiende un abogado. Ú.t.c.s.

DEFENDIENTE. p.a. ant. de defender. Que defiende.

DEFENDIMIENTO. (De *defender*.) m. ant. Defensa, 1.ª acep. || 2. ant. Acción y efecto de defender.

DEFENECER. (De *de* y *fenecer*.) tr. AR. Dar el finiquito a una cuenta.

DEFENECIMIENTO. (De *defenecer*.) m. AR. Ajuste o finiquito de cuentas.

★ **DEFENESTRACIÓN.** f. Acción de arrojar a alguien por la ventana o balcón.

DEFENSA. (l. *defensa*.) f. Acción y efecto de defender o defenderse. || 2. Arma o cosa cualquiera con que uno se defiende de un peligro; por analogía, los cuernos del toro, los colmillos del elefante, etc. || 3. Amparo, protección, socorro. || 4. Obra de fortificación que sirve para defender una plaza o campamento. DEFENSAS *de una posición*. || 5. FOR. Conjunto de razones alegadas en juicio para defender al acusado. || 6. FOR. Abogado defensor. || 7. pl. MAR. Pedazos de cable viejo, rollo de esparto, zoquete de madera o cosa semejante, que se cuelga del costado de la embarcación para que éste no se lastime durante las faenas de meter efectos a bordo o sacarlos, o en las atracadas a muelles, embarcaciones, etc. || 8. MED. Conjunto de medios por los cuales el organismo resiste la acción de los diversos agentes físicos, químicos o vivientes que tienden a destruirlo. ||—**pasiva.** Nombre que recibe el conjunto de medidas destinadas a proteger a la población civil contra los bombardeos y a limitar los efectos de éstos. || *Legítima* DEFENSA. FOR. La que es necesaria para repeler la agresión injusta inminente, dirigida contra el que se defiende o contra terceros. Es circunstancia eximente de responsabilidad criminal. || P. defensa; I. defence; F. défense; A. Verteidigung; It. difesa; R. защита.

DEFENSABLE. (l. *defensabilis*.) adj. ant. Defendible.

DEFENSAR. (l. *defensāre*, intens. de *defendĕre*.) tr. ant. Defender.

DEFENSATRIZ. (l. *defensātrix*.) adj. ant. Defensora. Ú.t.c.s.

DEFENSIBLE. (l. *defensibilis*.) adj. ant. Defendible.

DEFENSIÓN. (l. *defensio*, -*ōnis*.) f.

Resguardo, defensa. || 2. ant. Amparo, protección.

DEFENSIVA. (De *defensivo*.) f. Situación o estado del que sólo trata de defenderse. || *Estar o ponerse a la* DEFENSIVA. fr. Ponerse en estado de defenderse, sin querer acometer al enemigo.

DEFENSIVO, VA. (De *defensa*.) adj. Que sirve para defender y especialmente para resistir un ataque. *Alianza* DEFENSIVA. || 2. V. *Arma* DEFENSIVA. || 3. m. Defensa, resguardo, preservativo. || 4. Paño que, empapado en un líquido, se aplica a alguna parte enferma del cuerpo.

DEFENSOR, RA. (l. *defensor*, -*ōris*.) adj. Que defiende o protege. Ú.t.c.s. || 2. m. FOR. Persona que en juicio está encargada de la defensa del acusado. ||—**de menores.** FOR. Persona designada por el juez para representar y amparar a los sometidos a patria potestad cuando éstos tienen intereses incompatibles con los de sus padres. || P. defensor; I. defender; F. défenseur; A. Verteidiger; It. difensore; R. защитник.

DEFENSORÍA. f. FOR. Ministerio o ejercicio de defensor.

DEFENSORIO. (l. *defensorius*.) m. Manifiesto, escrito apologético en defensa o satisfacción de una persona o cosa.

DEFERENCIA. (l. *deférens*, -*entis*, deferente.) f. Adhesión al dictamen o proceder ajeno, por respeto o por excesiva moderación. || 2. fig. Muestra de respeto o cortesía. || P. deferência; I. deference; F. déférence; A. Nachgiebigkeit; It. deferenza; R. учтивость.

DEFERENTE. (l. *deférens*, -*entis*, p.a. de *deferre*, conceder.) adj. Que defiere al dictamen ajeno, sin querer sostener el suyo. || 2. fig. Respetuoso, cortés. || 3. V. *Conducto* DEFERENTE.

DEFERIDO, DA. adj. FOR. Dícese del juramento que una parte exige a otra, obligándose a pasar por lo que ésta jure.

DEFERIR. (l. *deferre*, conceder, dar noticia.) intr. Adherirse al dictamen de uno, por respeto o cortesía. || 2. tr. Comunicar, delegar parte de la jurisdicción o poder.

★ **DEFERVESCENCIA.** f. PAT. Descenso brusco de la fiebre en algunas enfermedades.

DEFESA. (l. *defensa*, defendida, protegida.) f. ant. Dehesa.

DEFESAR. (l. *defensāre*.) tr. ant. Dehesar.

DEFESO, SA. (l. *defensus*, defendido.) adj. ant. Vedado o prohibido.

DEFIANZA. (De *de*, priv., y *fianza*.) f. ant. Desconfianza.

DEFIAR. (De *de* y *fiar*.) intr. ant. Desconfiar.

DEFICIENCIA. (l. *deficientĭa*.) f. Defecto o imperfección. || P. deficiência; I. deficiency; F. manque; A. Fehlerhaftigkeit; It. deficienza; R. недостаток.

DEFICIENTE. (l. *deficiens*, -*entis*, p.a. de *deficĕre*, faltar.) adj. Falto o incompleto. || 2. ARIT. V. *Número* DEFICIENTE.

DÉFICIT. (l. *deficit*, 3.ª pers. sing. del pres. de indic. de *deficĕre*, faltar.) m. Lo que falta a las ganancias, en el comercio, para que se equilibren con los gastos, para que el crédito sea igual al débito, o para que la cantidad de una mercancía sea igual al consumo. || P. défice, déficit; I. deficit, shortage; F. déficit, découvert; A. Defizit; Manko; It. deficit, manco; R. дефицит.

DEFINIBLE. adj. Que se puede definir.

DEFINICIÓN. (l. *definitio*, -*ōnis*.) f. Acción y efecto de definir. || 2. Proposición o fórmula por medio de la cual se define. || 3. Decisión de una duda o contienda por la autoridad legítima. || 4. Declaración de cada uno de los vocablos, modos y frases que contiene un diccionario. || 5. ASTRON. Poder resolutivo o separador de un telescopio que determina la nitidez y bondad de las imágenes. || 6. pl. Conjunto de estatutos y ordenanzas de las órdenes militares, excepto la de Santiago. || P. definição; I. definition; F. définition; A. Definition, Erklärung; It. definizione; R. определение.

DEFINIDO, DA. p.p. de definir. || 2. m. La cosa sobre que versa toda definición.

DEFINIDOR, RA. (l. *definĭtor*.) adj. Que define o determina. Ú.t.c.s. || 2. m. Cada uno de los religiosos que forman el definitorio. ||—**general.** El que asiste al general de la orden en el gobierno de toda ella. ||—**provincial.** El que sólo asiste en una provincia.

DEFINIR. (l. *definīre*.) tr. Fijar con claridad, exactitud y precisión la significación de una palabra o la naturaleza de una cosa. || 2. Decidir, determinar, resolver una cosa dudosa. || 3. PINT. Concluir una obra hasta en los menores detalles. || 4. tr. Decidir por autoridad legítima un punto dudoso del dogma, de disciplina, etc. || P. definir, determinar; I. to define; F. définir; A. definieren, erklären; It. definire; R. определять.

DEFINITIVAMENTE. adv. Decisivamente, resolutivamente.

DEFINITIVO, VA. (l. *definitīvus*.) adj. Dícese de lo que se decide, concluye o resuelve. || 2. FOR. V. *Auto* DEFINITIVO. || 3. FOR. V. *Sentencia* DEFINITIVA. Ú.t.c.s. || *En* DEFINITIVA. m. adv. Definitivamente.

DEFINITORIO. (De *definir*.) m. En algunas órdenes religiosas, cuerpo que componen para regirla, los definidores generales o provinciales, presididos por el general o provincial de la orden. || 2. Pieza destinada para las juntas que celebra este cuerpo.

DEFLACIÓN. f. Reducción del volumen de la circulación monetaria y fiduciaria; es el concepto opuesto a inflación.

DEFLAGRACIÓN. (l. *deflagratio*, -*ōnis*.) f. Acción y efecto de deflagrar. || P. deflagração; I. deflagration; F. déflagration; A. Verpuffung; It. deflagrazione; R. вспышка.

DEFLAGRADOR, RA. adj. Que deflagra. || 2. m. Fís. Aparato eléctrico que sirve para dar fuego a los barrenos.

DEFLAGRAR. (l. *deflagrāre*.) intr. Arder una substancia súbitamente con llama y sin explosión.

DEFLAQUECIMIENTO. m. ant. Enflaquecimiento.

★ **DEFLECTOR.** m. Fís. y MAR. Dispositivo que sirve para hacer variar la desviación de un haz de rayos catódicos. Se aplica igualmente esta denominación a ciertos aparatos que sirven para hacer variar el desvío que ejerce la masa de hierro de a bordo sobre la aguja magnética.

★ **DEFLEGMACIÓN.** f. MED. Expectoración. || 2. QUÍM. Acción y efecto de deflegmar.

DEFLEGMAR. (De *de* y *flegmar*.) tr. QUÍM. Separar la parte acuosa en los líquidos espirituosos.

★ **DEFLEXIÓN.** f. Fís. Desviación. || 2. Posición de la cabeza del feto invertida hacia atrás, hasta tocar el dorso. || 3. Operación para que la cabeza del feto quede en su dirección normal.

DEFLUJO. (l. *defluxus*.) m. ant. Fluxión abundante. || 2. ASTRON. Movimiento de la Luna cuando se aparta de un planeta del que dista 12°, y se aproxima a otro.

DEFOIR. tr. ant. Defuir.

DEFOLIACIÓN. (De *foliación*.) f. Caída prematura de las hojas de los árboles y plantas, producida por enfermedad o influjo atmosférico.

DEFONDONAR. (De *de* y *fondón*.) tr. ant. Desfondar.

DEFORMACIÓN. (l. *deformatio*, -*ōnis*) f. Acción y efecto de deformar o deformarse. || 2. MEC. Variación de la forma y dimensiones de un cuerpo producido por un esfuerzo aplicado al mismo. || P. deformação; I. deformation; F. déformation; A. Entstellung; It. deformazione; R. деформация.

DEFORMADOR, RA. adj. Que deforma. Ú.t.c.s.

DEFORMAR. (l. *deformāre*.) tr. Hacer deforme una cosa. Ú.t.c.r.

DEFORMATORIO, RIA. adj. Dícese de lo que deforma o sirve para deformar.

DEFORME. (l. *deformis*; de *de*, priv., y *forma*, forma.) adj. Desproporcionado o irregular en la forma.

DEFORMEMENTE. adv. De manera deforme.

DEFORMIDAD. (l. *deformĭtas*, -*ātis*.) f. Calidad de deforme. || 2. Cosa deforme. || 3. fig. Error grosero. || P. deformidade; I.

D

deformity; **F.** difformité; **A.** Difformität, Missgestalt; **It.** deformità; **R.** уродство.

DEFRAUDACIÓN. (l. *defraudatĭo, -ōnis.*) f. Acción y efecto de defraudar.

DEFRAUDADOR, RA. (l. *defraudātor.*) adj. Que defrauda. Ú.t.c.s.

DEFRAUDAR. (l. *defraudāre.*) tr. Privar a uno con dolo o engaño de lo que le toca de derecho: derecho al usufructo. || **2.** Eludir o burlar el pago de los impuestos o contribuciones. || **3.** fig. Frustrar, malograr alguna cosa en que se confiaba. || **4.** fig. Turbar, quitar, embarazar. || **P.** defraudar; **I.** to defraud; **F.** frauder; **A.** betrügen; **It.** defraudare; **R.** обманывать.

DEFUERA. (l. *de,* instens., y *fōras,* fuera.) adv. Exteriormente o por la parte exterior. || *Por* DEFUERA. adv. Defuera.

DEFUIR. (l. *defugĕre.*) tr. ant. Huir, evitar.

DEFUNCIÓN. (l. *defunctĭo, -ōnis.*) f. Muerte, fallecimiento. || **2.** ant. Funeral, exequias. || **P.** defunção; **I.** decease; **F.** décès; **A.** Ableben; **It.** morte; **R.** кончина, смерть.

DEFUNTO, TA. (l. *defunctus.*) adj. ant. Difunto. Usáb.t.c.s.

DEGANO. (l. *decānus,* jefe.) m. ant. Administrador de una hacienda del campo.

DEGAÑA. (l. *decania;* de *decānus,* decano.) f. ant. Decania.

DEGAÑERO. (De *degaña.*) m. ant. Granjero, administrador de una granja.

DEGASTAR. tr. ant. Devastar.

DEGENERACIÓN. (l. *degeneratĭo. -ōnis.*) f. Decaimiento o declinación. || **2.** MED. Alteración de la estructura de una parte del organismo.

DEGENERADO, DA. p.p. de degenerar. || **2.** adj. Que muestra degeneración, 1.ª acep. Apl. a pers. ú.t.c.s.

DEGENERANTE. p.a. de degenerar. Que degenera. || **2.** adj. ARQ. V. *Arco* DEGENERANTE.

DEGENERAR. (l. *degenerāre.*) intr. Decaer de las cualidades de su especie, de su linaje. || **2.** Decaer, desdecir una persona o cosa de su primitiva calidad o estado. || **3.** Pasar de una condición o estado a otro contrario o peor. || **4.** PINT. Desfigurarse una cosa hasta el punto de parecer otra. || **P.** degenerar; **I.** to degenerate; **F.** dégénérer; **A.** entarten; **It.** degenerare; **R.** вырождаться.

DEGENERATIVO, VA. adj. Que causa o produce degeneración. || **2.** V. *Atrofia* DEGENERATIVA.

DEGESTIR. (l. *digestum,* supino de *digerĕre,* digerir.) tr. ant. Digerir.

DEGLUCIÓN. (l. *deglutĭo, -ōnis.*) f. Acción y efecto de deglutir.

* **DEGLUTICIÓN.** (l. *deglutināre,* despegar, desprender.) f. sing. Fenómeno lingüístico por el cual una palabra se escinde en dos o más elementos.

DEGLUTIR. (l. *deglutīre.*) intr. Tragar los alimentos. Ú.t.c.r. || **P.** deglutir; **I.** to swallow; **F.** avaler; **A.** schlucken; **It.** deglutire; **R.** глотать.

DEGOLLACIÓN. (l. *decollatio, -ōnis.*) f. Acción y efecto de degollar.

DEGOLLADERO. m. Parte del cuello unida al gaznate por donde se degüella al animal. || **2.** Sitio destinado para degollar las reses. || **3.** Patíbulo para degollar a un delincuente. || **4.** Tablón o viga robusta que separaba en los teatros la luneta del patio, dejando un espacio vacío para los que estaban de pie. || **5.** Degollado. || *Llevar* a uno *al* DEGOLLADERO. fr. fig. y fam. Ponerle en gravísimo riesgo.

DEGOLLADO. (De *degollar.*) m. Degolladura, 2.ª acep.

DEGOLLADOR, RA. adj. Que degüella. Ú.t.c.s. || **2.** m. Alcaudón.

DEGOLLADURA. (De *degollar.*) f. Herida hecha en la garganta o el cuello. || **2.** Escote o sesgo que se hace en las cotillas, jubones, etc. || **3.** ALBAÑ. Llaga, junta entre los ladrillos de una hilada.

DEGOLLAMIENTO. (De *degollar.*) m. ant. Degollación.

DEGOLLANTE. p.a. de degollar. Que degüella. || **2.** adj. fig. y fam. Presumido o necio. Ú.t.c.s.

DEGOLLAR. (l. *decollāre;* de *de,* priv., y *collum,* cuello.) tr. Cortar la garganta o el cuello a una persona o animal. || **2.** Escotar o sesgar el cuello de las vestiduras. || **3.** fig. Destruir, arruinar. || **4.** Representar mal los actores una obra dramática. || **5.** fig. Matar el espada al toro con estocadas mal dirigidas. || **6.** fig. y fam. Ser o hacerse en extremo antipática o desagradable una persona a otra. || **7.** MAR. Rasgar una vela con la faca en momento de peligro. || **P.** degolar; **I.** to behead; **F.** décapiter, égorger; **A.** enthaupten; **It.** scannare; **R.** обезглавливать, убивать.

DEGOLLINA. (De *degollar.*) f. fam. Matanza, mortandad.

DEGRADACIÓN. (l. *degradatio, -ōnis*) f. Acción y efecto de degradar o degradarse. || **2.** Humillación, bajeza. || **3.** PINT. Disminución del tamaño de las figuras de un cuadro, con arreglo a las leyes de la perspectiva. || **—actual.** FOR. degradación real. || **—canónica.** Pena máxima que comprende la deposición y la privación perpetua del fuero y de las señales exteriores del carácter clerical, aunque se conserve el carácter de la ordenación que es indeleble. || **—de color.** PINT. Declinación o moderación de tinta que se observa en los términos que se consideran más o menos remotos. || **—de la luz.** PINT. Templanza de los claros en aquellas cosas que están más distantes. || **—real.** FOR. La que se ejecuta con las solemnidades prevenidas por derecho o por ceremonia introducida. || **—verbal.** FOR. La que se declara por juez competente, sin llegar a ejecutarse. || **—cívica.** Privación a perpetuidad de los derechos cívicos o políticos. || **P.** degradação; **I.** degradation; **F.** dégradation; **A.** Absetzung, Degradierung; **It.** degradazione; **R.** упадок, деградация.

DEGRADADO, DA. p.p. de degradar. || **2.** adj. GEOM. V. *Ortografía* DEGRADADA.

DEGRADANTE. adj. Dícese de lo que degrada o rebaja.

DEGRADAR. (l. *degradāre;* de *de,* priv., y *gradus,* grado.) tr. Deponer a una persona de las dignidades, honores, etc., que tiene. || **2.** Humillar, rebajar, envilecer. Ú.t.c.r. || **3.** PINT. Disminuir gradualmente el tamaño y viveza del color de las figuras para producir la impresión de la distancia.

DEGREDO. m. ant. Decreto.

* **DEGÚ.** m. ZOOL. Roedor, propio de Chile, algo semejante a la rata.

DEGÜELLA. (De *degollar.*) f. ant. Degollación. || **2.** Pena que se imponía por entrar el ganado en los cotos.

DEGÜELLO. m. Acción de degollar. || **2.** Parte más delgada del dardo o instrumento semejante. || *Entrar a* DEGÜELLO. fr. MIL. Asaltar una población sin dar cuartel. || *Llevarle* a uno *al* DEGÜELLO. fr. fig. y fam. Llevarle al degolladero. || *Pasar a* DEGÜELLO. fr. Degollar, 1.ª acep. || *Tirar a* DEGÜELLO. fr. fig. y fam. Procurar con el mayor ahinco perder o perjudicar a alguno. || *Tocar a* DEGÜELLO. fr. MIL. Dar la señal de ataque en el arma de caballería. || **P.** degolação; **I.** decollation; **F.** égorgement; **A.** Enthauptung; **It.** decapitazione; **R.** обезглавливание.

DEGUNO, NA. adj. ant. Ninguno.

DEGUSTACIÓN. (l. *degustatĭo, -ōnis.*) f. Acción de gustar o catar los alimentos y algunos líquidos. || **P.** degustação; **I.** tasting; **F.** dégustation; **A.** Kostprobe, Kosten; **It.** degustazione; **R.** проба.

DEHENDER. (l. *defindĕre.*) tr. ant. Hender.

DEHENDIMIENTO. m. ant. Acción y efecto de dehender.

DEHESA. (l. *defensa,* acotada.) f. Tierra generalmente acotada y por lo común destinada a pastos. || **—boyal, carneril, potril,** etc., según se destine a pastos de ganado vacuno, carneros, potros, etc. || **P.** devesa; **I.** pasture; **F.** pâtis, pâturage; **A.** Weideplatz; **It.** pàscolo; **R.** пастбище.

DEHESAR. (De *dehesa.*) tr. Adhesar.

DEHESERO. m. Guarda de una dehesa.

* **DEHIDROANDROSTERONA.** f. BIOQUÍM. Hormona masculina o andrógena, aislada de la orina del hombre.

* **DEHIDROGENASA.** m. BIOQUÍM. Enzima hidrolítico que provoca oxidaciones por eliminación de hidrógeno.

DEHISCENCIA. (l. *dehiscens, -entis,* dehisciente.) f. BOT. Acción de abrirse naturalmente el pericarpio de ciertos frutos o las anteras de una flor, para dar salida a la semilla o al polen. || **2.** FISIOL. Rotura determinada y regular que se opera en órganos cerrados, en ciertas épocas.

DEHISCENTE. (l. *dehiscens, -entis,* p.a. de *dehiscĕre,* abrirse.) adj. Dícese del fruto cuyo pericarpio se abre naturalmente para que salga la semilla.

DEHORTAR. (l. *dehortāri.*) tr. ant. Disuadir o desaconsejar.

DEICIDA. (l. *deicida;* de *Deus,* Dios, y *caedĕre,* hacer.) adj. Dícese de los que dieron muerte a Jesucristo o contribuyeron a ello. || **2.** fig. Sacrilegio.

DEICIDIO. (De *deicida.*) m. Crimen del deicida. || **P.** deicídio; **I.** deicide; **F.** déicide; **A.** Gottesmord; **It.** deicidio; **R.** святотатство.

DEIDAD. (l. *deĭtas, -ātis.*) f. Ser divino o esencia divina. || **2.** Cada uno de los falsos dioses de los gentiles o idólatras. || **P.** deidade; **I.** deity; **F.** divinité; **A.** Gottheit; **It.** deità; **R.** божество.

DEIFICACIÓN. (l. *deificatĭo, -ōnis.*) f. Acción y efecto de deificar o deificarse.

DEIFICAR. (l. *deificāre;* de *Deus,* Dios, y *facĕre,* hacer.) tr. Divinizar, 1.ª acep. || **2.** Divinizar una cosa por medio de la participación de la gracia. || **3.** fig. Ensalzar excesivamente a una persona. || **4.** r. En la teología mística, unirse el alma íntimamente con Dios en el éxtasis y transformarse en él por participación, no de esencia sino de gracia. || **P.** deificar; **I.** to deify; **F.** déifier; **A.** vergöttern; **It.** deificare; **R.** обожествлять.

DEÍFICO, CA. (l. *deifĭcus.*) adj. Perteneciente a Dios.

DEIFORME. (l. *Deus,* Dios, y *forma,* forma.) adj. poét. Que se parece en la forma a las deidades.

* **DEIMA.** m. ZOOL. Género de equinodermos cuyas especies que habitan en las profundidades marinas se caracterizan por tener la piel rígida y veinte tentáculos retráctiles.

DEÍPARA. (l. *deipăra;* de *Deus,* Dios, y *parĕre,* dar a luz.) adj. Título que se da exclusivamente a la Santísima Virgen, por ser madre de Dios.

DEÍSMO. (l. *Deus,* Dios.) m. Doctrina teológica que afirma la existencia de un Dios personal, creador del universo y primera causa del mundo, pero niega la providencia divina y la religión revelada y no admite el culto externo. || **P.** deismo; **I.** deism; **F.** déisme; **A.** Deismus, Vernuftglaube; **It.** deismo; **R.** деизм.

DEÍSTA. (l. *Deus, Dei,* Dios.) adj. Que profesa el deísmo. Apl. a pers. ú.t.c.s.

DEITANO, NA. adj. Natural de Deitania. Ú.t.c.s. || **2.** Perteneciente a esta región de la España Tarraconense, comprendida en su mayor parte en la actual provincia de Murcia.

DEJA. (De *dejar.*) f. Parte que queda y sobresale entre dos muescas o cortaduras.

DEJACIÓN. f. Acción y efecto de dejar. || **2.** FOR. Cesión, desistimiento, abandono de bienes, acciones, etc.

DEJADA. f. Dejación, acción de dejar.

DEJADERO, RA. adj. Que se ha de dejar. *Los bienes terrenales son* DEJADEROS.

DEJADEZ. (De *dejado.*) f. Pereza, negligencia, abandono de sí mismo o de sus propias cosas. || **P.** desleixo; **I.** slovenliness; **F.** négligence; **A.** Vernachlässigung; **It.** trascuratezza; **R.** небрежность.

DEJADO, DA. p.p. de dejar. || **2.** adj. Flojo y negligente, que no cuida de su conveniencia o de su aseo. || **3.** Caído de ánimo, por melancolía o enfermedad.

DEJADOR. m. El que deja.

DEJAMIENTO. (De *dejar.*) m. Dejación. || **2.** Flojedad, descuido. || **3.** Decaimiento de fuerzas o flojedad de ánimo. || **4.** Desasimiento, desapego de una cosa.

DEJAR. (De *lejar,* infl. por *dar.*) tr. Soltar una cosa; retirarse o apartarse de ella. || **2.** Omitir. DEJÓ *de hacer lo previsto.* || **3.** Consentir, permitir, no impedir. || **4.** Valer, producir ganancias. *Esta venta me ha* DEJADO *cien pesetas.* || **5.** Desamparar, abandonar. || **6.** Encargar, encomendar. DEJÓ *la casa al cuidado de Pedro.* || **7.** Faltar, ausentarse. || **8.** Disponer u ordenar uno alguna cosa al ausentarse. || **9.** Como verbo auxiliar unido a algunos participios pasivos,

D

explica una prevención acerca de lo que el participio significa. DEJAR *escrito*. || **10.** Como verbo auxiliar unido a algunos infinitivos, indica el modo especial de suceder o ejecutarse lo que significa el verbo que se une, y entonces se usa regularmente. DEJARSE *querer*. || **11.** No inquietar, perturbar ni molestar. DÉJAME *vivir*. || **12.** Nombrar, designar. || **13.** Dar una cosa a otro el que se ausenta o hace testamento. || **14.** Faltar al cariño o estimación de una persona. || **15.** Cesar, no proseguir lo empezado. Ú.t.c.r. || **16.** r. Descuidarse de sí mismo; olvidar su conveniencia o aseo. || **17.** Entregarse, darse a una cosa. || **18.** Abandonarse, caer de ánimo por abatimiento o pereza. || **19.** Abandonarse, entregarse. || **20.** intr. CHILE y MÉJ. Tocar las últimas campanadas después del último repique que llama a misa o a otra función religiosa. || DEJADLE, o DÉJALE *correr, que él parará*. expr. fig. y fam. que indica la conveniencia de dejarle seguir a uno en su empeño hasta que la experiencia le desengañe. || DEJAR *airoso* a uno. fr. Hacer que salga o quede airoso. || DEJAR *aparte*. fr. Omitir parte de un discurso por pasar a otro más urgente. || DEJAR *a todos iguales*. fr. Hacer que todos pierdan por igual lo que disputaban o pretendían. || DEJAR *atrás* a uno. fr. fig. Adelantársele, aventajarle. || DEJAR *caer*. fr. Soltar de repente lo que se tenía asido. || DEJAR *correr* una cosa. fr. fig. Permitirla o disimularla. || DEJARSE *pedir*. fr. Pedir, como la cosa más natural y corriente, un precio a todas luces excesivo. || DEJAR *feo* a uno. fr. fig. y fam. Desairarle, abochornarle. || DEJAR *fresco* a uno. fr. fig. y fam. Dejarle burlado. || DEJARLA a una *el tren*. fr. fig. y fam. CHILE. Quedarse soltera una mujer. || DEJARLO *caer*. fr. fig. y fam. con que se explica la facilidad que en sus partos tienen algunas mujeres. || DEJAR *molido* a uno. fr. fig. y fam. Haberle fatigado excesivamente. || DEJARSE uno *caer*. fr. fig. Soltar una especie, con intención, pero con disimulo. || **2.** fig. y fam. Insinuar una cosa como al descuido. || **3.** fig. y fam. Presentarse inesperadamente. || DEJARSE *caer*. fr. fig. y fam. Hablando del sol, del calor, etc., obrar estas cosas con demasiada eficacia. || DEJAR a uno *seco*. fr. fig. y fam. Dejarle muerto en el acto. || DEJARSE uno *decir*. fr. Soltársele en la conversación alguna especie que no le convenía manifestar. || **2.** Decir cosa que ofrezca duda o que no pueda decirse sin grave inconveniente. || DEJARSE uno *llevar de* una cosa. fr. Deponer el dictamen propio por seguir el ajeno. || DEJARSE uno *rogar*. Demorar la concesión de lo que se le pide para que parezca mayor la gracia concedida. || DEJARSE uno *vencer*. fr. Ceder y conformarse con el dictamen de otro. || DEJARSE *ver*. fr. Descubrirse. || **2.** Concurrir a una casa o reunión. || DEJAR uno *temblando* alguna cosa. fr. fig. y fam. Comerse o beberse la mayor parte de lo que contenía un plato o una vasija. || DEJAR a uno *bizco*. Cautivar su ánimo la contemplación de una persona o cosa extraordinaria por su hermosura u otra cualidad eminente. || *No* DEJARSE uno *ensillar*. fr. fig. y fam. No dejarse dominar. || *No* DEJAR *verde ni seco*. fr. fig. Destruirlo todo. || P. deixar; I. to leave; F. laisser; A. lassen, (aus-, be-, übrig-, los-, da-, fort-, ver)lassen; It. lasciare; R. оставлять.

DEJARRETADERA. (De *dejarretar*.) f. ant. Desjarretadera.

DEJARRETAR. (De *de* y *jarrete*.) tr. ant. Desjarretar.

DEJATIVO, VA. (De *dejar*.) adj. Perezoso, flojo.

★ **DEJAZÓN.** f. ARGENT. Descuido, negligencia, abandono.

★ **DEJE.** m. pop. Dejo, acento regional.

DEJEMPLAR. (De *de*, priv., y *ejemplo*.) tr. ant. Difamar, deshonrar.

DEJILLO. (d. de *dejo*.) m. Dejo, acento regional y también gusto que queda de la comida o bebida.

DEJO. (De *dejar*.) m. Dejación, 1.ª acep. || **2.** Fin, paradero de una cosa. || **3.** Modo particular de acentuar los finales de las palabras algunas personas. || **4.** Acen-

to peculiar del habla de determinada región. || **5.** Inflexión descendente con que termina cada período de emisión de voz en el habla o en el canto. || **6.** Gusto que queda de la comida o bebida. || **7.** Dejamiento, flojedad. || **8.** Placer o disgusto que queda después de una acción.

DEJUGAR. (De *de*, priv., y *jugo*.) tr. ant. Quitar el jugo.

DE JURE. loc. adv. l. De Derecho.

DEL. Contracc. de la prep. *de* y el art. *el*. *La vida* DEL *hombre, por la vida de el hombre*.

DÉL. Contracc. ant. de la prep. *de* y el pron. *él*. De él.

DELACIÓN. (l. *delatio, -ōnis*.) f. Acción y efecto de delatar. || **2.** Acusación, denuncia.

DELADO. (l. *delātus*, acusado.) m. ant. Bandido, forajido.

DELANT. adv. ant. Delante.

DELANTAL. (De *delante*.) m. Prenda de vestir de varias formas que, atada a la cintura, usan las mujeres para cubrir la delantera de la falda, y por analogía, el que usan algunos artesanos. || **2.** Mandil, 1.ª acep. || P. avental; I. apron; F. tablier; A. Schürze; It. grembiale; R. фартук.

DELANTE. (De *denante*.) adv. Con prioridad de lugar, en la parte anterior o en un sitio donde da la cara de una persona o cosa. || **2.** Enfrente. || **3.** adv. A la vista, en presencia.

DELANTEALTAR. (De *delante* y *altar*.) m. ant. Frontal del altar.

DELANTERA. (De *delantero*.) f. Parte anterior de una cosa. || **2.** En las plazas de toros, teatros, cines, etc., primera fila de cierta clase de asientos. || **3.** Cuarto delantero de una prenda de vestir. || **4.** Frontera de una ciudad, casa, etc. || **5.** Espacio que uno se adelanta a otro en el camino. || **6.** Canal, corte de un libro. || **7.** En algunos deportes, la línea de jugadores más adelantada en el campo de juego. || **8.** pl. Zahones. || *Coger o tomar*, a uno *la* DELANTERA. fr. fam. Adelantársele. || **2.** fig. y fam. Aventajársele. || **3.** fig. y fam. Anticipársele en una solicitud, empresa, etc. || P. dilanteiro; I. fore-part; F. le devant; A. Vorderteil; It. il davanti; R. передняя часть.

DELANTERO, RA. (De *delante*.) adj. Que está o va delante. || **2.** V. *Cuarto* DELANTERO. || **3.** m. Postillón que domina las caballerías delanteras. || **4.** En algunos deportes, el que juega en primera fila.

DELASOLRÉ. (De la letra *d*, y de las notas musicales, *la, sol, re*.) m. En la música antigua, indicación del tono que principia en el segundo grado de la escala diatónida de *do*, y se desarrolla según los preceptos del canto llano y del canto figurado.

DELATABLE. adj. Digno de ser delatado.

DELATANTE. p.a. de delatar. Que delata.

DELATAR. (l. *delātus*, acusado, denunciado.) tr. Revelar a la autoridad un delito, designando el autor y sin ser parte obligada del juicio el que delata. || **2.** Descubrir, revelar una cosa. || **3.** r. Dar a conocer la intención involuntariamente. || P. delatar; I. to delate; F. dénoncer; A. angeben; It. denunziare; R. выдавать, доносить.

DELATE. (De *delatar*.) m. ant. Delado.

DELATOR, RA. (l. *delātor*.) adj. Denunciador, acusador. Ú.t.c.s.

DELAXAR. (l. *delassāre*.) tr. ant. Cansar o fatigar.

DELE. (l. *dele*, 2.ª pers. sing. del imper. de *delēre*, borrar, destruir.) m. IMPR. Signo con que el corrector indica al margen de las pruebas que ha de efectuarse una supresión.

DELEBLE. adj. Que puede borrarse o se borra fácilmente.

DELECTABLE. (l. *delectabilis*.) adj. ant. Deleitable.

DELECTABLEMENTE. adv. ant. Deleitablemente.

DELECTACIÓN. (l. *delectatio, -ōnis*.) f. Deleitación. || **—morbosa.** Complacencia deliberada en un objeto o pensamiento prohibido, sin ánimo de ponerlo por obra. || P. deleitação; I. delectation; F. délectation; A. Ergötzung; It. dilettazione; R. наслаждение.

DELECTAMIENTO. (De *delectar*.) m. ant. Deleitamiento.

DELECTAR. (l. *delectāre*.) tr. ant. Deleitar. Usáb.t.c.r.

DELECTO. (l. *delectus*.) m. ant. Orden, elección, discernimiento.

DELEGACIÓN. (l. *delegatio, -ōnis*.) f. Acción y efecto de delegar. || **2.** Cargo de delegado. || **3.** Oficina del delegado. || **4.** Conjunto o reunión de delegados.

DELEGADO, DA. (l. *delegātus*.) adj. Dícese de la persona en que se delega una facultad o jurisdicción. Ú.t.c.s. || **2.** V. *Juez* DELEGADO. || **3.** V. *Jurisdicción* DELEGADA.

DELEGANTE. p.a. de delegar. Que delega.

DELEGAR. (l. *delegāre*.) tr. Dar una persona a otra la facultad o poder que aquélla tiene para que haga sus veces. || **2.** Transferir el poder o autoridad de uno a otra persona. || P. delegar; I. to delegate; F. déléguer; A. übertragen, delegieren; It. delegare; R. уполномочивать.

DELEGATORIO, RIA. adj. Que delega o encierra alguna delegación.

DELEITABILÍSIMO, MA. adj. sup. Deleitable.

DELEITABLE. (l. *delectable*.) adj. Deleitoso.

DELEITABLEMENTE. adv. Deleitosamente.

DELEITACIÓN. (De *delectación*.) f. Deleite.

DELEITAMIENTO. (De *deleitar*.) m. Deleitamiento.

DELEITANTE. p.a. de deleitar. Que deleita.

DELEITAR. (prov. *deleitar*, y éste del l. *delectāri*.) tr. Producir deleite. Ú.t.c.r.

DELEITE. (De *deleitar*.) m. Placer del ánimo. || **2.** Placer sensual. || P. deleite; I. pleasure; F. délice; A. Hochgenuss; Wonne; It. diletto; R. наслаждение.

DELEITOSAMENTE. adv. Con deleite o de modo que acuse deleite.

DELEITOSO, SA. adj. Que causa deleite.

DELEJAR. (De *de* y *lejar*.) tr. ant. Renunciar o donar.

DELETÉREO, A. (gr. δηλητήριος, de δηλητήρ, destructor.) adj. Mortífero, venenoso.

DELETO, TA. (l. *delētus*, p.p. de *delēre*, borar, destruir.) adj. ant. Quitado o borrado.

DELETREADO, DA. (De *deletrear*.) adj. ant. Publicado o divulgado.

DELETREADOR, RA. adj. Que deletrea. Ú.t.c.s.

DELETREAR. (De *de* y *letra*.) intr. Pronunciar separadamente las letras de cada sílaba, cada una de las sílabas de la palabra y después la palabra entera. || **2.** Adivinar, interpretar lo obscuro y difícil de entender. || P. soletrar; I. to spell; F. épeler; A. buchstabieren; It. compitare; R. читать по складам.

DELETREO. m. Acción de deletrear. || **2.** Procedimiento para enseñar a leer deletreando.

DELEZNABLE. (De *deleznarse*.) adj. Que se rompe o deshace fácilmente. || **2.** Que se desliza y resbala muy fácilmente. || **3.** fig. Poco durable, inconsistente.

DELEZNADERO, RA. adj. ant. Deleznable.

DELEZNADIZO, ZA. (De *deleznarse*.) adj. ant. Resbaladizo, escurridizo.

DELEZNAMIENTO. m. ant. Acción y efecto de deleznarse.

DELEZNANTE. p.a. ant. de deleznarse. Que se delezna.

DELEZNARSE. (De *de* y *lezne*.) r. Deslizarse, resbalarse.

DÉLFICO, CA. (l. *delphicus*.) adj. Perteneciente a Delfos o al oráculo de Apolo en Delfos.

DELFÍN. (De *delphin*, y éste del gr. δελφίν.) m. ZOOL. Mamífero cetáceo odontoceto, de dos a tres metros de longitud, de color gris obscuro por encima y blanquecino por debajo, con el hocico prolongado en forma de pico, con dientes cónicos. Es comestible. || **2.** ASTRON. Pequeña constelación boreal situada cerca y al oriente del Águila. || **—pasmado.** BLAS. El que tiene la boca abierta y sin lengua. || P. del-

D

fim; I. dolphin; **F.** dauphin; **A.** Delphin, tümmler; **It.** delfino; **R.** дельфин.

DELFÍN. (fr. *dauphin*.) m. Título que se daba al primogénito del rey de Francia.

DELFINA. f. Mujer del Delfín de Francia.

★ **DELFINERA.** f. MAR. Arpón usado para pescar delfines.

DELGA. f. ELECTR. Cada una de las chapitas o varillas conductoras que, aisladas unas de otras, forman el colector de una dínamo.

DELGACERO, RA. (De *delgazar*.) adj. ant. Delgado.

DELGADAMENTE. adv. Delicadamente. || **2.** fig. Aguda, ingeniosa, discretamente.

DELGADEZ. f. Calidad de delgado.

DELGADEZA. f. ant. Delgadez.

DELGADO, DA. (l. *delicātus*.) adj. Flaco, de pocas carnes. || **2.** Tenue, de poco espesor. || **3.** V. *Intestino* DELGADO. || **4.** Delicado, suave. || **5.** V. *Agua* DELGADA. || **6.** fig. Dícese del terreno de poca substancia, endeble o de poca profundidad laborable. || **7.** fig. Agudo, ingenioso. || **8.** MAR. Cada una de las partes de los extremos de la popa y proa. || **9.** pl. Partes inferiores del vientre de los cuadrúpedos, hacia las ijadas. || **10.** Faldas de las reses muertas. || **P.** delgado, fraco; **I.** lean, slender; **F.** mince; **A.** dünn, fein, schlank; **It.** delicato; **R.** тонкий.

DELGADUCHO, CHA. adj. Algo delgado.

DELGAZAMIENTO. (De *delgazar*.) m. ant. Adelgazamiento.

DELGAZAR. (l. *delicatiare*, de *delicātus*, delgado.) tr. ant. Adelgazar.

DELIBERACIÓN. (l. *deliberatĭo, -ōnis*.) f. Acción y efecto de deliberar, 1.er art.

DELIBERACIÓN. f. ant. Liberación, acción de poner en libertad y también, quitanza.

DELIBERADAMENTE. adv. Con deliberación o premeditación.

DELIBERADO, DA. p.p. de deliberar. || **2.** adj. Voluntario, intencionado, de propósito.

DELIBERADOR, RA. (De *deliberar*, 2.º art.) adj. ant. Liberador. Usáb.t.c.s.

DELIBERAMIENTO. (De *deliberar*, 2.º art.) m. ant. Deliberación, 2.º art.

DELIBERANTE. p.a. de deliberar. Que delibera, 1.er art.

DELIBERAR. (l. *deliberāre*.) intr. Examinar atentamente el pro y el contra de una decisión. || **2.** tr. Resolver una cosa con premeditación. || **P.** deliberar; **I.** to deliberate; **F.** délibérer; **A.** beraten; **It.** deliberar; **R.** рассуждать.

DELIBERAR. (De *de* y *liberar*.) tr. ant. Liberar.

DELIBERATIVO, VA. adj. Perteneciente a la deliberación, 1.er art.

DELIBRACIÓN. f. ant. Deliberación, 2.º art.

DELIBRAMIENTO. m. ant. Delibramiento.

DELIBRANZA. f. ant. Delibración.

DELIBRAR. tr. ant. Deliberar, 2.º art.

DELIBRAR. (l. *deliberāre*, resolver, decidir.) tr. ant. Acabar, concluir. || **2.** ant. Romper a hablar.

DELICADAMENTE. adv. Con delicadeza.

DELICADEZ. (De *delicado*.) f. Debilidad, falta de vigor. || **2.** Flojedad, indolencia. || **3.** Delicadeza. || **4.** Escrupulosidad de genio que se ofende con poco.

DELICADEZA. (De *delicadez*.) f. Finura. || **2.** Atención y exquisito miramiento con las personas o cosas. || **3.** Ternura, suavidad. || **4.** Escrupulosidad. || **P.** delicadeza; **I.** delicacy; **F.** délicatesse; **A.** Zartgefühl, Taktgefühl; **It.** delicatezza; **R.** деликатность.

DELICADO, DA. (l. *delicātus*.) adj. Fino, atento, suave. || **2.** Débil, flaco, enfermizo. || **3.** Quebradizo, fácil de deteriorarse. || **4.** Sabroso, regalado, gustoso. || **5.** Difícil, expuesto a contingencias. *Negocio* DELICADO. || **6.** Primoroso, fino, exquisito. || **7.** Bien parecido. *Rostro* DELICADO. || **8.** Sutil, agudo, ingenioso. || **9.** Suspicaz, fácil de resentirse o enojarse. || **10.** Difícil de contentar. || **11.** Que procede con escrupulosidad o miramiento.

DELICADUCHO, CHA. (De *delicado*.) adj. Dícese de la persona que se halla débil y enfermiza.

DELICADURA. (De *delicado*.) f. ant. Delicadeza.

DELICAMIENTO. m. ant. Delicadeza, delicia.

DELICIA. (l. *delicĭa*.) f. Placer muy intenso del ánimo. || **2.** Placer sensual muy vivo. || **3.** Aquello que causa deleite. || **P.** delícia; **I.** delihtg; **F.** délice; **A.** Lust, Vergnügen; **It.** delizia; **R.** удовольствие.

DELICIARSE. (l. *deliciāri*.) r. ant. Deleitarse.

DELICIO. (l. *delicĭum*.) m. ant. Delicia, diversión.

DELICIOSAMENTE. adv. Con delicia, de modo delicioso.

DELICIOSO, SA. (l. *deliciōsus*.) adj. Capaz de causar delicia; muy agradable o ameno.

DELICTIVO, VA. (l. *delictum*, delito.) adj. Perteneciente o relativo al delito. || **2.** Que implica delito.

DELICTO. (l. *delictum*.) m. ant. Delito.

DELICTUOSO, SA. adj. Delictivo.

DELICUESCENCIA. (l. *deliquiscens, -entis*, p.a. de *deliquescĕre*, liquidarse.) f. Calidad de delicuescente.

DELICUESCENTE. (l. *deliquescens, -entis*, p.a. de *deliquescĕre*, liquidarse.) adj. Que tiene la propiedad de absorber la humedad del aire y disolverse en ella.

★ **DELIGACIÓN.** f. CIR. Arte de construir vendajes y apósitos y de aplicarlos convenientemente.

° **DELIMITACIÓN.** f. Acción de delimitar.

° **DELIMITAR.** (l. *delimitāre*.) tr. Fijar límites, deslindar. || **2.** fig. Aclarar, depurar.

DELINCUENCIA. (l. *delinquentia*.) f. Calidad de delincuente. || **2.** Efecto de delinquir. || **3.** Conjunto de delitos en función estadística.

DELINCUENTE. (l. *delinquens, -entis*.) p.a. de delinquir. Que delinque. Ú.t.c.s. || **2.** m. Sujeto activo del delito. || **P.** e **It.** delinquente; **I.** delinquent; **F.** délinquant; **A.** Missetäter; **R.** преступник.

DELINEACIÓN. (l. *delineatĭo, -ōnis*.) f. Acción y efecto de delinear.

DELINEADOR, RA. adj. Que se ejercita en delinear. Ú.t.c.s.

DELINEAMENTO. m. Delineamiento. Delineación.

DELINEAMIENTO. (De *delinear*.) m. Delineación.

DELINEANTE. p.a. de delinear. Que delinea. || **2.** m. El que tiene por oficio trazar planos.

DELINEAR. (l. *delineāre*.) tr. Trazar las líneas de una figura. || **P.** delinear; **I.** to delineate; **F.** délinéer; **A.** skizzieren; **It.** delineare; **R.** чертить.

DELINQUIMIENTO. m. Acción y efecto de delinquir.

DELINQUIR. (l. *delinquĕre*.) intr. Cometer delito. || **P.** delinquir; **I.** to commit a crime; **F.** délinquer; **A.** verbrechen; **It.** delinquere; **R.** совершать преступление.

DELINTAR. tr. ant. Ceder o traspasar.

DELINTERAR. tr. ant. Delinear.

DELIÑAR (l. *delineāre*; de *de* y *linĕa*, línea.) tr. ant. Aliñar, componer, aderezar.

DELIO, LIA. (l. *delius*.) adj. Natural de Delfos. Ú.t.c.s. || **2.** Perteneciente a esta isla del Archipiélago.

DELIQUIO. (l. *deliquĭum*.) m. Desmayo, desfallecimiento. || **P.** delíquio; **I.** fainting; **F.** défaillance; **A.** Ohnmacht; **It.** deliquio; **R.** обморок.

DELIRAMENTO. (l. *deliramentum*.) m. ant. Delirio.

DELIRANTE. p.a. de delirar. Que delira.

DELIRAR. (l. *delirāre*.) intr. Desvariar, tener perturbada la razón por una enfermedad o pasión violenta. || **2.** fig. Decir o hacer disparates. || **P.** delirar, tresvariar; **I.** to be delirious; **F.** délirer; **A.** phantasieren; **It.** delirare, spropositare; **R.** бредить.

DELIRIO. (l. *delirĭum*.) m. Acción y efecto de delirar. || **2.** Estado de excitación violenta que se deja de obedecer a la razón. || **3.** fig. Despropósito, disparate. || **—de grandezas.** El que produce la convicción delusoria y patológica de poseer grandes riquezas, poder extraordina-

rio, etc. || **—de transformación.** Perversión de la cenestesia, en la cual el enfermo se cree transformado en otra persona, animal u objeto. || **—traumático.** Consecutivo a un traumatismo. || **P.** delirio; **I.** delirium; **F.** délire; **A.** Wahsinn; **It.** delirio; **R.** бред.

DELIRIUM TREMENS. m. MED. Enfermedad debida al abuso de las bebidas alcohólicas; se manifiesta por delirio acompañado de temblores.

DELITESCENCIA.(l. *delitescĕre*, ocultarse.) f. MED. Desaparición de alguna afección local. || **2.** QUÍM. Pérdida o eliminación del agua en partículas menudas que experimenta un cuerpo al cristalizarse.

DELITO. (De *delicto*.) m. Culpa, crimen, violación de la ley. || **2.** FOR. Cuerpo, figura o, del DELITO. || **3.** FOR. Acción u omisión voluntaria castigada por la ley con pena grave. || **—común.** El que sin ser político está penado en el código ordinario. || **—consumado.** El que con plena ejecución produce un resultado punible. || **—de lesa majestad.** El que se comete contra la vida del monarca, del inmediato sucesor o del regente. || **—especial.** El que está castigado por leyes distintas del código penal común. || **—flagrante.** Aquel en cuya comisión se sorprende al reo. || **—frustrado.** Aquel en que, realizados todos los actos necesarios, no se logra el fin, contra la voluntad del culpable. || **—in fraganti.** FOR. DELITO *flagrante*. || **—notorio.** El que se comete ante el juez, o en presencia de todo el pueblo, o en otra forma que conste públicamente. || **—político.** El que atenta a la seguridad del Estado o a los poderes o autoridades del mismo. || **P.** delito, culpa; **I.** delict; **F.** délit; **A.** Delikt, Vergehen; **It.** delitto; **R.** преступление.

DELONGAR. (De *de*, y el l. *longus*, largo.) tr. ant. Alargar, prolongar.

DELTA. (gr. δέλτα, Δ.) f. Cuarta letra del alfabeto griego que corresponde a nuestra *d*. || **2.** m. Depósito que forman los materiales arrastrados por un río en su desembocadura, cuando vierte sus aguas en una costa afectada por un movimiento de elevación o carente de corrientes que los arrastren mar adentro. || **—místico.** Triángulo rodeado de rayos en el cual se dibuja un ojo o las letras hebraicas que componen el nombre de Jehová.

★ **DELTOEDRO.** m. Cristal que tiene doce caras triangulares.

DELTOIDES. (gr. δέλτα, Δ, y εἶδος, forma.) adj. De figura de delta mayúscula. || **2.** ZOOL. Dícese del músculo triangular situado en el hombro, que sirve para levantar el brazo. Ú.t.c.s.m.

DELUDIR. (l. *delūdĕre*, engañar.) tr. Engañar, burlar.

DELUSIVO, VA. (l. *delūsum*, de *delūdĕre*, engañar.) adj. Delusorio.

DELUSOR, RA. (l. *delūsŏr, -ōris*, burlador.) adj. Engañador. Ú.t.c.s.

DELUSORIAMENTE. adv. Con engaño o artificio.

DELUSORIO, RIA. (l. *delūsōrius*.) adj. Engañoso.

DELLA, LLO. Contracc. de ella y de ello. || DELLO y DELLO. expr. fam. con que se significa la mezcla de cosas opuestas entre sí.

★ **DEMACIO.** m. BOT. Género de hongos que crecen en las partes secas de plantas.

DEMACRACIÓN. (De *demacrarse*.) f. Pérdida de carnes que el hombre y los animales experimentan por falta de nutrición, por enfermedades, etc.

DEMACRADO, DA. adj. Que muestra demacración.

DEMACRARSE. (De *de*, y el l. *macrāre*, enflaquecer.) r. Perder carnes, enflaquecer por causa física o moral. || **P.** extenuar-se; **I.** to get thing; **F.** maigrir, dépérir; **A.** abmagern, abhagern; **It.** dimagrire; **R.** исхудать.

DEMAGOGIA. (gr. δημαγωγία, de δημαγωγός, demagogo.) f. Dominación tiránica de la plebe. || **P.** demagogia; **I.** demagogy; **F.** démagogie; **A.** Demagogie; **It.** demagogia; **R.** дамагогия.

DEMAGÓGICO, CA. (gr. δημαγωγικός.) adj. Perteneciente a la demagogia o al demagogo.

DEMAGOGO, GA. (gr. δημαγωγός,

de δῆμος, pueblo, y ἄγω, conducir.) m. y f. Jefe de una facción popular. || **2.** Agitador turbulento del pueblo. || **3.** El que es partidario de la demagogia o practica la demagogia.

DEMANDA. (De *demandar*.) f. Solicitud, petición. || **2.** Limosna que se pide para una obra pía. || **3.** Tablilla o imagen con que se pide esta limosna. || **4.** Persona que la pide. || **5.** Pregunta. || **6.** Busca, acción de buscar. || **7.** Empresa o intento. || **8.** Empeño o defensa. || **9.** COM. Pedido de mercancías. || **10.** FOR. Petición que un litigante sustenta en el juicio. || **11.** FOR. Escrito que se presenta al juez para que resuelva sobre un derecho que se reclama. || **12.** FOR. V. *Absolución de la* DEMANDA. || **13.** FOR. V. *Contención, contestación a la* DEMANDA. || DEMANDAS *y respuestas.* Alteraciones y disputas que ocurren en un asunto. || *Contestar* uno *a la* DEMANDA. fr. FOR. Trabar el juicio impugnando las peticiones del acto. || *Ir en* DEMANDA *de* una persona o cosa. fr. Ir en busca de ella. || *Salir* uno *a la* DEMANDA. fr. FOR. Mostrarse parte en un pleito. || **2.** fig. Hacer oposición a otro o defender alguna cosa. || **P.** demanda; **I.** demand, request; **F.** demande; **A.** Bitte (Nach-, An)frage; **It.** dimanda; **R.** просьба.

DEMANDABLE. (De *demandar*.) adj. ant. Apetecible, digno de ser buscado.

DEMANDADERO, RA. (De *demandar*.) m. y f. Persona destinada para hacer mandados de las monjas fuera del convento, o de los presos fuera de la cárcel. || **2.** Persona que hace los mandados de una casa sin vivir en ella.

DEMANDADO, DA. (De *demandar*.) m. y f. FOR. Persona a quien se pide una cosa en juicio.

DEMANDADOR, RA. adj. Que demanda o pide. Ú.t.c.s. || **2.** m. y f. Persona que pide limosna con una demanda. || **3.** FOR. Demandante, 2.ª acep.

DEMANDANTE. p.a. de demandar. Que demanda. Ú.t.c.s. || **2.** com. FOR. Persona que demanda o pide una cosa en juicio.

DEMANDANZA. (De *demandar*.) f. ant. Demanda, acción o derecho.

DEMANDAR. (l. *demandāre*, confiar, encomendar.) tr. Pedir, rogar. || **2.** Apetecer, desear. || **3.** Preguntar. || **4.** FOR. Entablar demanda. || *Bien* DEMANDA *quien bien sirve.* ref. que enseña la conveniencia de agradar con servicios a la persona de quien se desea algún favor.

DEMANIAL. (l. *demanāre*, manar, brotar.) adj. ant. Que dimana o se deriva de una cosa, o corresponde a ella.

DEMARCACIÓN. (De *demarcar*.) f. Acción y efecto de demarcar. || **2.** Terreno demarcado. || **3.** Señalamiento de límites o términos. Los mismos límites o confines. || **P.** demarcação; **I.** demarcation; **F.** démarcation; **A.** Abgrenzung; **It.** demarcazione; **R.** демаркация.

DEMARCADOR, RA. adj. Que demarca. Ú.t.c.s.

DEMARCAR. (De *de* y *marcar*.) tr. Señalar los límites de un país o terreno. Aplícase especialmente a las concesiones mineras. || **2.** MAR. Marcar, señalar el rumbo por medio de la brújula.

DEMARRARSE. (De *de* y *marrar*.) r. ant. Extraviarse, descarriarse.

DEMÁS. (l. *magis*.) adj. Precedido de los artículos *lo, la, los las,* lo otro, la otra, los otros, o los restantes, las otras. En plural se usa muchas veces sin artículo. *Pedro y* DEMÁS *amigos.* También se dice solamente *y* DEMÁS. || **2.** adv. Además. || *Por* DEMÁS. m. adv. En vano inútilmente. || **3.** En demasía. || *Por lo* DEMÁS. m. adv. Por lo que hace relación a otras consideraciones. || **P.** demais; **I.** the rest, the others; **F.** autre; **A.** ander, übrig; **It.** altro, altri, altre; **R.** остальнье.

DEMASÍA. (De *demás*, demasiado.) f. Exceso. || **2.** Atrevimiento. || **3.** Insolencia, descortesía, desafuero. || **4.** Maldad, delito. || **5.** MIN. Terreno comprendido entre varias minas y que no llega a constituir una pertenencia. || *En* DEMASÍA. m. adv. Excesivamente. || **P.** demasia; **I.** excess; **F.** excès; **A.** Übermass; **It.** eccesso; **R.** излишек.

DEMASIADAMENTE. adv. Demasiado.

DEMASIADO, DA. (De *demasía*.) adj. Que es en demasía. || **2.** adv. En demasía.

DEMASIARSE. (De *demasía*.) r. Excederse, desmandarse.

DEMEDIAR. (De *de* y *mediar*.) tr. Partir, dividir en mitades. || **2.** tr. Cumplir la mitad del tiempo, edad o carrera que se ha de vivir, andar, etc. || **3.** Usar o gastar una cosa haciéndola perder la mitad de su valor.

DEMENCIA. (l. *dementía*.) f. Locura, trastorno de la razón. || **2.** MED. Debilitación más o menos progresiva de las facultades intelectuales, morales y afectivas. || **P.** demência; **I.** dementia, madness; **F.** démence; **A.** Wahnsinn; **It.** demenza; **R.** безумие.

DEMENCIAL. adj. Perteneciente o relativo a la demencia.

DEMENTAR. (l. *dementāre*.) tr. Hacer perder el juicio. Ú.m.c.r.

DEMENTAR. (De *de* y *mente*.) tr. ant. Mencionar, recordar.

DEMENTE. (l. *demens,-entis; de de,* priv., y *mens,* entendimiento, juicio.) adj. Loco, falto de juicio. Ú.t.c.s. || **2.** MED. Que padece demencia, 2.ª acep.

DEMERGIDO, DA. (l. *demergĕre,* sumergir, sepultar.) adj. Abatido, hundido.

★ DEMERITAR. tr. P. RICO, AMÉR. CENTRAL, COLOM. y PERÚ. Menoscabar, desmerecer, rebajar. Ú.t.c.s.

DEMÉRITO. (De *de,* priv., y *mérito.*) Falta de mérito. || **2.** Acción, circunstancia o cualidad por la cual se desmerece.

DEMERITORIO, RIA. (De *demérito.*) adj. Que desmerece.

DEMIAS. (Metát. de *medias.*) f. pl. GERM. Medias.

DEMIENTRA. (De *demientre.*) adv. ant. Mientras.

DEMIENTRE. (l. *dŭm,* mientras,' e *interim,* entretanto, por medio del ant. *domientre.*) adv. ant. Demientra.

DEMIENTRES. (De *demientte.*) adv. ant. Demientra.

DEMIGAR. (De *de* y *miga.*) tr. ant. Disipar, esparcir.

DEMISIÓN. (l. *demissīo, -ōnis.*) f. Sumisión, abatimiento.

DEMITIR. (l. *demittĕre.*) tr. ant. Dimitir.

DEMIURGO. (gr. δημιουργός, creador.) m. FIL. Dios creador y ordenador de mundo, en la filosofía de los platónicos y alejandrinos. || **2.** FIL. Alma universal, principio activo del mundo, según los gnósticos.

DEMOCRACIA. (gr. δημοκρατία; de δῆμος, pueblo, y κράτος, autoridad.) f. Forma de Estado en la cual, básicamente, los poderes políticos residen en el pueblo, organizado en cuerpo de ciudadanos, que lo ejerce, bien directamente, bien a través de sus representantes. || **2.** Predominio del pueblo en el gobierno político de un Estado. || **P.** democracia; **I.** democracy; **F.** démocratie; **A.** Demokratie; **It.** democrazia; **R.** демократия.

DEMÓCRATA. adj. Partidario de la democracia. Ú.t.c.s.

DEMOCRÁTICAMENTE. adv. De modo democrático.

DEMOCRÁTICO, CA. (gr. δημοκρατικός.) adj. Perteneciente o relativo a la democracia.

DEMOCRATIZACIÓN. f. Acción y efecto de democratizar.

DEMOCRATIZAR. (gr. δημοκρατίζω.) tr. Hacer demócratas a las personas o democráticas a las cosas. Ú.t.c.r.

★ DEMODULACIÓN. (De *de,* priv., y *modulación.*) f. RADIOTEC. Detección.

DEMOGRAFÍA. (gr. δῆμος, pueblo, y γράφω, describir.) f. Parte de la estadística, que estudia la población de un país, región o ciudad, según sus profesiones, edades, etcétera. || **P.** demografia; **I.** demography, **F.** démographie; **A.** Demographie; **It.** demografia; **R.** демография.

DEMOGRÁFICO, CA. adj. Perteneciente o relativo a la demografía.

DEMOLEDOR, RA. adj. Que demuele. Ú.t.c.s.

DEMOLER. (l. *demolīre.*) tr. Deshacer, derribar, arruinar. || **2.** CUBA. Hablándose de haciendas o fincas rústicas, poner fin al objeto de un establecimiento, o abandonarlo, cambiándolo o transformándolo en

otro. || **P.** demolir; **I.** to demolish; **F.** démolir; **A.** niederreissen; **It.** demolire; **R.** разрушать.

DEMOLICIÓN. (l. *demolitīo, -ōnis.*) f. Acción y efecto de demoler.

DEMONCHE. m. fam. Demonio, 1.ª acep.

DEMONIACO, CA [**~NÍACO, CA.**] (l. *daemoniăcus,* y éste del gr. δαιμονιακός.) adj. Perteneciente o relativo al demonio. **2.** Endemoniado, poseído del demonio. Ú.t.c.s.

DEMONIADO, DA. (De *demonio.*) adj. ant. Endemoniado, poseído del demonio.

DEMONIAL. (De *demonio.*) adj. ant. Demoníaco, 1.ª acep.

DEMONIO. (l. *daemonium,* y éste del gr. δαιμόνιον.) m. Diablo. || **2.** Genio o ser sobrenatural, entre los paganos. || *¡Cómo* DEMONIOS! loc. ¡Qué diablos! || ¡DEMONIO! o ¡DEMONIOS! interj. fam. ¡Diablo! || *Estudiar* uno *con el* DEMONIO. fr. fig. y fam. Dar muestras de gran ingenio y agudeza para lo malo, o de gran travesura. || *Llevarse* a uno *el* DEMONIO, *o los* DEMONIOS, *o todos los* DEMONIOS. Ponerse uno como un demonio. || *¡Qué* DEMONIO! loc. ¡Qué diablos! || *Ser* uno *el* DEMONIO, *o el mismo* DEMONIO, *o el mismísimo, o un* DEMONIO. fr. fig. y fam. Ser demasiado perverso, travieso o hábil. || *Tener* uno *el* DEMONIO, *o los* DEMONIOS, *en el cuerpo.* fr. fig. y fam. Ser excesivamente inquieto o travieso. || **P.** demónio, diabo; **I.** demon; **F.** démon; **A.** Teufel, Dämon; **It.** demonio; **R.** демон.

DEMONIOMANÍA. (De *demonio* y *manía.*) f. Demonomanía.

DEMONÓLATRA. com. Persona que practica la demonolatría.

DEMONOLATRÍA. f. (gr. δαίμων, demonio, y λατρεία, adoración.) Adoración de los demonios.

DEMONOLOGÍA. (gr. δαίμων, y λόγος, tratado.) f. Estudio sobre la naturaleza y cualidades de los demonios.

DEMONOMANCIA [**~MANCÍA.**] (gr. δαίμων, y μαντεία, adivinación.) f. Arte supersticioso de adivinar lo por venir mediante la inspiración de los demonios.

DEMONOMANÍA. (gr. δαιμονομανία.) f. Manía que padece el que se cree poseído del demonio.

DEMONSTRABLE. adj. ant. Demostrable.

DEMONSTRACIÓN. f. ant. Demostración.

DEMONSTRADOR, RA. adj. ant. Que demuestra. Usáb. t.c.s.

DEMONSTRAMIENTO. m. ant. Demostración.

DEMONSTRAR. tr. ant. Demostrar.

DEMONTRE. m. fam. Demonio, 1.ª acep. || **2.** ¡DEMONTRE! interj. fam. ¡Demonio!

DEMOÑEJO. m. d. de demonio.

DEMOÑUELO. m. d. de demonio.

DEMORA. (De *demorar.*) f. Tardanza, dilación. || **2.** MAR. Dirección de un objeto, con relación a la de otro. || **3.** DER. Tardanza en el cumplimiento de una obligación desde que es exigible. || **P.** demora; **I.** delay; **F.** retard; **A.** Verzug; **It.** ritardo; **R.** промедление.

DEMORANZA. f. an. Demora, 1.ª acep.

DEMORAR. (l. *demorāri.*) tr. Retardar. || **2.** intr. Detenerse o hacer mansión en un sitio. || **3.** MAR. Corresponder un objeto a una dirección determinada respecto al paraje desde donde se observa.

DEMOROSO, SA. adj. CHILE. Moroso, lento, tardío. Apl. a pers. ú.t.c.s.

DEMOSOFÍA. (gr. δῆμος, pueblo, y σοφία, sabiduría.) f. Folklore.

DEMÓSTENES. (Por alusión al orador, príncipe de la elocuencia griega.) m. fig. Hombre muy elocuente.

DEMOSTINO, NA. adj. Propio y característico del orador Demóstenes, o parecido a cualquiera de sus dotes o cualidades.

DEMOSTRABLE. (l. *demonstrabĭlis.*) adj. Que se puede demostrar.

DEMOSTRABLEMENTE. adv. De un modo demostrable.

DEMOSTRACIÓN. (l. *demonstratĭo, -ōnis.*) f. Acción y efecto de demostrar. || **2.** Señalamiento, manifestación. || **3.** Com-

D

probación de un principio o teoría con un ejemplo o hecho cierto. || **4.** Fin y término del procedimiento deductivo. || **P.** demonstração; **I.** demonstration; **F.** démonstration; **A.** Beweis; **It.** dimostrazione; **R.** доказательство.

DEMOSTRADOR, RA. (l. *demonstrātor.*) adj. Que demuestra. Ú.t.c.s.

DEMOSTRAMIENTO. (De *demostrar.*) m. ant. Demostración, 2.ª acep.

DEMOSTRANZA. (De *demostrar.*) f. ant. Muestra, alarde o revista.

DEMOSTRAR. (l. *demonstrāre.*) tr. Manifestar, declarar. || **2.** Probar alguna cosa sirviéndose de cualquier género de demostración. || **3.** Enseñar. || **4.** Lóg. Hacer ver que una verdad particular está comprendida en otra universal cierta. || **5.** Manifestar alguna cosa con evidencia o con muestras inequívocas. || **P.** demonstrar, manifestar; **I.** to demonstrate, prove; **F.** démontrer, justifier; **A.** demonstrieren, nachweisen; **It.** (di)mostrare, provare; **R.** доказать.

DEMOSTRATIVAMENTE. adv. Clara, ciertamente.

DEMOSTRATIVO, VA. (l. *demonstrativus.*) adj. Dícese de lo que demuestra. || **2.** Gram. Pronombre demostrativo. Ú.t.c.s.

DEMÓTICO, CA. (gr. δημοτικός, popular; de δῆμος, pueblo.) adj. Dícese de un género de escritura, simplificación de la hierática, empleada en Egipto desde el siglo VI a. de J.C., especialmente en los actos privados.

DEMUDACIÓN. (l. *demutatio, -ōnis.*) f. Acción o efecto de demudar o demudarse.

DEMUDAMIENTO. (De *demudar.*) m. Demudación.

DEMUDAR. (l. *demutāre.*) tr. Mudar, variar, alterar. || **2.** Disfrazar, desfigurar. || **3.** r. Cambiarse repentinamente el color, el gesto o la expresión del semblante. || **4.** Alterarse, inmutarse.

DEMUESA. f. ant. Demuestra.

DEMUESTRA. (De *demostrar.*) f. ant. Señal, demostración o ademán.

DEMULCENTE. (l. *demulcens, -entis,* p.p. de *demulcēre,* halagar, acariciar.) adj. Med. Emoliente. Ú.t.c.s.m.

DEMULCIENTE. adj. ant. Med. Demulcente.

DEMULCIR. (l. *demulcēre.*) tr. ant. Halagar, recrear.

DENANTE. (l. *in,* ante.) adv. ant. Denantes.

DENANTES. (De *denante,* con la *s* de *detrás.*) ant. adv. Antes.

DENARIO, RIA. (l. *denarius,* de *deni,* de diez en diez.) adj. Que se refiere al número 10 ó lo contiene. || **2.** m. Moneda antigua romana de plata, equivalente a 10 ases o a 4 sestercios. || **3.** Antigua moneda romana de oro, equivalente a 100 sestercios. || **P.** denário; **I.** denary; **F.** dénaire; **A.** zur Zahl zehn gehörig; **It.** denario; **R.** десятка.

DENDE. (l. *deinde,* después.) adv. de uso antiguo y hoy vulgar. Desde; de allí; de él o de ella; desde allí.

DENDRIFORME. adj. De figura de árbol.

DENDRITA. (gr. δενδρίτης, de δένδρον, árbol.) f. Concreción mineral arborescente que suele presentarse en las fisuras y juntas de las rocas. || **2.** Árbol fósil. || **3.** Biol. Prolongación protoplásmica ramificada de una célula nerviosa.

DENDRÍTICO, CA. adj. De figura de dendrita.

* **DENDROCRONOLOGÍA** f. Determinación de las fechas de ciertos terrenos a intervalos de tiempo en el pasado por el estudio comparativo de la secuencia de anillos de crecimiento en los árboles.

DENDROGRAFÍA. (gr. δένδρον, árbol, y γράφω, describir.) f. Tratado de los árboles.

DENDROGRÁFICO, CA. adj. Perteneciente o relativo a la dendrografía.

DENDROIDE. adj. Dendroideo.

DENDROIDEO. adj. Arborescente.

DENDRÓMETRO. (gr. δένδρον, árbol, μέτρον, medida.) m. Instrumento que sirve para medir las dimensiones de los árboles en pie.

DENDROTRÁQUEA. (gr. δένδρον, árbol, y *tráquea.*) m. Zool. Cada uno de los conductos ramificados por los que penetra en el cuerpo de los insectos miriápodos y algunos arácnidos el aire para su respiración.

DENEB. (ár. *ḍanab-[al-dayāya],* cola [de gallina].) f. Astron. Estrella de primera magnitud en la constelación del Cisne.

DENÉBOLA. f. Astron. Estrella importante de la constelación del León. Es de segunda magnitud.

DENEGACIÓN. (l. *denegatio, -ōnis.*) f. Acción y efecto de denegar. || **—de auxilio.** For. Delito que se comete desobedeciendo injustificadamente un requerimiento de la autoridad o eludiendo sin excusa legal una función o un cargo público || **P.** denegação; **I.** denial, denegation; **F.** dénégation, refus; **A.** Verweigerung, Ablehnung; **It.** dinegazione, rifiuto; **R.** несогласие.

DENEGAMIENTO. (De *denegar.*) m. ant. Denegación.

DENEGAR. (l. *denegāre.*) tr. No conceder lo que se pide o solicita.

DENEGATORIO, RIA. adj. Que incluye denegación.

DENEGRECER. (De *de* y *negrecer.*) tr. Ennegrecer. Ú.t.c.r.

DENEGRIDO, DA. p.p. de denegrir. || **2.** adj. De color que tira a negro.

DENEGRIR. (l. de *de* y *nigrĕre,* ponerse negro.) tr. Denegrecer, 1.ª acep. Ú.t.c.r.

DENGOSO, SA. (De *dengue,* 1.er art.) adj. Melindroso.

DENGUE. m. Melindre mujeril consistente en afectar males y disgustos de lo que más se desea. || **2.** Esclavina de paño que llevaban las mujeres cruzada sobre el pecho. || **3.** Enfermedad epidémica caracterizada por fiebre, dolores en los miembros y un exantema seguido de descamación.

DENGUE. m. Chile. Planta herbácea, ramosa, de hojas opuestas, ovaladas y carnosas, y flores inodoras que se marchitan al menor contacto. || **2.** Chile. Flor de esta planta.

DENGUEAR. intr. Hacer dengues, 1.er art., 1.ª acep. || **2.** r. Colom. Contonearse.

DENGUERO, RA. (De *dengue,* 1.er art.) adj. Dengoso.

* **DENIER.** m. Unidad de medida de finura de una fibra textil.

DENIGRACIÓN. (l. *denigratio, -ōnis,* acción de ennegrecer.) f. Acción y efecto de denigrar.

DENIGRANTE. p.a. de denigrar. Que denigra. Ú.t.c.s.

DENIGRAR. (l. *denigrāre,* poner negro; manchar.) tr. Hablar mal de una persona o cosa para destruir su buena fama u opinión. || **2.** Injuriar, ultrajar. || **P.** deslustrar, ofender; **I.** to denigrate; **F.** dénigrer; **A.** anschwärzen, verleumden; **It.** denigrare; **R.** позорить.

DENIGRATIVAMENTE. adv. De un modo denigrativo.

DENIGRATIVO, VA. adj. Dícese de lo que denigra. *Palabra, acción* DENIGRATIVA.

DENODADAMENTE. adv. Con denuedo.

DENODADO, DA. (l. *denotātus,* famoso.) adj. Intrépido, esforzado, atrevido. || **P.** denodado; **I.** fearless; **F.** hardi; **A.** furchtlos, mutig; **It.** ardito; **R.** смелый.

DENODARSE. (l. *denotāre,* señalar.) r. ant. Atreverse, esforzarse.

DENOMINACIÓN. (l. *denominatio, -ōnis.*) f. Nombre, o renombre con que se distinguen las personas o las cosas.

DENOMINADAMENTE. adv. Distintamente, señaladamente.

DENOMINADO. (De *denominar.*) adj. Arit. V. *Número* DENOMINADO.

DENOMINADOR, RA. (l. *denominātor.*) adj. Que denomina. Ú.t.c.s. || **2.** m. Mat. En un quebrado, guarismo escrito debajo del numerador y separado de éste por una raya horizontal, que indica las partes iguales en que se considera dividida la unidad. || **—común.** El que lo es de varias fracciones a la vez. || **2.ª** acep.: **P.** denominador; **I.** denominator; **F.** dénominateur; **A.** Nenner; **It.** denominatore; **R.** обозначающий.

DENOMINAR. (l. *denomināre.*) tr. Nombrar o distinguir con un nombre o

renombre particular una persona o cosa.

DENOMINATIVO, VA. (l. *denominativus.*) adj. Que implica o denota denominación. || **2.** Gram. Dícese de la palabra y en especial del verbo, derivados de un nombre, como *torear,* de *toro.*

DENOSTABLE. (De *denostar.*) adj. ant. Vituperable.

DENOSTADA. (De *denostar.*) f. ant. Injuria, afrenta.

DENOSTADAMENTE. adv. Con denuesto.

DENOSTADOR, RA. (De *denostar.*) adj. Que injuria o agravia de palabra. Ú.t.c.s.

DENOSTAMIENTO. (De *denostar.*) m. ant. Denuesto.

DENOSTAR. (l. *dehonestāre,* deshonrar.) tr. Injuriar gravemente, infamar de palabra.

DENOSTOSAMENTE. adv. Denostadamente.

DENOSTOSO, SA. adj. Que implica injuria o afrenta.

DENOTACIÓN. (l. *denotatio, -ōnis.*) f. Acción y efecto de denotar.

DENOTAR. (l. *denotāre.*) tr. Indicar, anunciar.

DENOTATIVO, VA. adj. Dícese de lo que denota.

DENSAMENTE. adv. Con densidad.

DENSAR. (l. *densāre,* de *densus,* espeso.) tr. ant. Coagular, espesar, engrosar lo líquido.

DENSIDAD. (l. *densitas, -ātis.*) f. Calidad de denso. || **2.** fig. Obscuridad, confusión. || **3.** Fís. Relación entre la masa y el volumen de un cuerpo; o entre la masa de un cuerpo y la de un volumen igual de otro tomado como tipo. La densidad varía con la temperatura y los gases con la temperatura y la presión. || **4.** Téc. Ind. Cantidad de hilos o pasadas que tiene un tejido por unidad de superficie. || **—de corriente.** Electr. Intensidad de corriente por unidad de superficie transversal de un conductor. || **—de población.** Número de habitantes por unidad de superficie. || **P.** densidade; **I.** density; **F.** densité; **A.** Dichte, Dichtigkeit; **It.** densità; **R.** плотность.

DENSIFICAR. tr. Hacer densa una cosa. Ú.t.c.r.

DENSÍMETRO. (De *denso* y el gr. μέτρον, medida.) m. Areómetro graduado para la determinación de densidades.

DENSO, SA. (l. *densus.*) adj. Compacto, que contiene mucha materia en poco espacio. || **2.** Craso, espeso. || **3.** fig. Apiñado, apretado, unido, cerrado. || **4.** Obscuro, confuso. || **P.** e **It.** denso; **I.** dense; **F.** dense, épais; **A.** dicht; **R.** плотный.

DENSUNO. adv. ant. de consuno.

* **DENTADA.** f. Chile. Dentellada.

DENTADO, DA. (l. *dentātus.*) adj. Que tiene dientes o puntas parecidas a ellos. || **2.** Blas. Se dice del escudo cuyas particiones o piezas están guarnecidas de puntas como dientes de sierra, y también del animal que muestra sus dientes de esmalte distinto que el cuerpo. || **3.** Bot. V. *Hoja* DENTADA.

DENTADURA. f. Conjunto de dientes, muelas y colmillos que tiene en la boca una persona o animal. || **P.** dentadura; **I.** set of teeth; **F.** denture; **A.** Gebiss; **It.** dentatura; **R.** зубы.

DENTAL. (l. *dentāle.*) m. Palo donde se encaja la reja del arado. || **2.** Cada una de las piedras o hierros del trillo, que sirven para cortar la paja.

DENTAL. (l. *dentālis.*) adj. Perteneciente o relativo a los dientes. || **2.** Fon. Dícese de los sonidos consonantes articulados con la punta o el predorso de la lengua aplicada a los dientes incisivos superiores y de las letras que los representan.

DENTAR. tr. Poner o formar dientes a una cosa. DENTAR *una sierra, una rueda,* etc. || **2.** intr. Endentecer.

DENTARIO, RIA. (l. *dentarius.*) adj Dentral, 2.º art., 1.ª acep.

DENTECER. (l. *dens, dentis,* diente.) intr. ant. Endentecer.

DENTECILLO. m. d. de diente.

DENTEJÓN. (De *diente.*) m. Yugo con que se uncen los bueyes a la carreta.

DENTELLADA. (De *dentellar.*) f. Acción de mover la quijada con alguna fuerza

D

sin mascar cosa alguna. || **2.** Herida que dejan los dientes en la parte donde muerden. || *A* DENTELLADAS. m. adv. Con los dientes. Ú. con los verbos *morder, herir, romper*, etc. || *Dar, o sacudir*, uno DENTELLADAS a otro. fr. fig. y fam. Darle malas razones o respuestas agrias. || **P.** dentada; **I.** bîte; **F.** dentée, morsure; **A.** Biss; **It.** dentata; **R.** лязг зубóв.

DENTELLADO, DA. p.p. de dentellar. || **2.** adj. Que tiene dientes. || **3.** Parecido a ellos. || **4.** Herido a dentelladas. || **5.** BLAS. Pieza rodeada de dientes menudos separados por espacios circulares.

DENTELLAR. (dialect. *dentellar*, y éste del l. *denticŭlus*, d. de *dens, dentis*.) intr. Batir los dientes unos contra otros con celeridad, como cuando se tiembla mucho.

DENTELLEAR. (De *dentellar*.) tr. Mordiscar, clavar los dientes.

DENTELLÓN. (De *dentellar*.) m. Diente grande que se suele echar en las cerraduras maestras. || **2.** ARQ. Denticulo. || **3.** ARQ. Parte de la adaraja que está entre dos vacíos.

DENTERA. f. Sensación desagradable experimentada en los dientes y encías al comer ciertas cosas, oír ciertos ruidos o tocar determinados cuerpos. || **2.** fig. y fam. Envidia, pesar del bien ajeno. || **3.** fig. y fam. Ansia o deseo vehemente.

DENTEZUELO. m. d. de diente.

DENTICINA. f. Medicamento destinado a facilitar la dentición en los niños.

DENTICIÓN. (l. *dentitio, -ōnis.*) f. Acción y efecto de endentecer. || **2.** Tiempo en que se echa la dentadura. || **3.** ZOOL. Clase y número de dientes que caracteriza a un animal mamífero, según la especie a que pertenece. || **—primera o de leche.** La que empieza a aparecer en el hombre entre el sexto y el décimo mes después del nacimiento. || **—segunda o permanente.** La que aparece en substitución de la primera, más otros doce dientes. || **—completa.** ZOOL. La del animal que tiene las tres clases de dientes, incisivos, caninos y molares. Es incompleta si le falta alguna de ellas. || **P.** dentição; **I.** dentition; teething; **F.** dentition; **A.** Dentition, Zahnen; **It.** dentizione; **R.** ирорезывание, зубóв.

DENTICONEJUNO, NA. adj. Dícese de la caballería con dientes pequeños, blancos e iguales que, por desgastarse poco, no permiten apreciar la edad del animal.

DENTICULACIÓN. f. ZOOL. Conjunto de dientecillos que ofrecen algunos órganos de ciertos animales, y cuya disposición puede ser característica de la especie.

DENTICULADO, DA. adj. Que tiene dentículos.

DENTICULAR. (De *dentículo*.) adj. De figura de dientes.

DENTÍCULO. (l. *denticŭlus*, dientecillo.) m. ARQ. Cada uno de los adornos en forma de paralelepípedo rectángulo que se colocan alineados en la parte superior del friso del orden jónico, y en otros miembros arquitectónicos. || **2.** HIST. NAT. Cualquier órgano o parte de él en figura de diente pequeño.

★ **DENTÍFONO.** m. FÍS. Instrumento que sirve para facilitar la audición en los casos de sordera producida por lesión del oído medio.

DENTÍFRICO, CA. (l. *dens, dentis,* diente, y *fricăre,* frotar.) adj. Dícese de las substancias que sirven para limpiar los dientes. || **P.** dentífrico; **I.** y **F.** dentifrice; **A.** Zahnpulver, Zahnpasta; **It.** dentifricio; **R.** зубная паста.

DENTINA. f. Marfil de los dientes.

★ **DENTINA.** f. PAN. Hedentina, hedor.

DENTIRROSTRO. (l. *dens, dentis,* diente, y *rostrum,* pico.) adj. ZOOL. Grupo de aves del orden de los pájaros que tienen a cada lado del pico una punta y una escotadura que se corresponden. || **2.** m. pl. ZOOL. Suborden de estas aves.

DENTISTA. adj. Dícese del que por profesión o estudio se dedica a la odontología y prótesis dental. *Cirujano* DENTISTA. U.m.c.s. || **P.** e **It.** dentista; **I.** dentist; **F.** dentiste; **A.** Zahnarzt, Dentist; **R.** зубнóй врач.

DENTIVANO, NA. (De *diente* y *vano*.)

adj. Dícese de la caballería que tiene los dientes muy largos, anchos y ralos.

DENTÓN, NA. adj. fam. Dentudo. Ú.t.c.s. || **2.** m. ZOOL. Pez teleósteo marino, del suborden de los acantopterigios, comestible, de unos 8 dm de largo; cabeza, ojos y boca grandes; dientes cónicos y cuerpo comprimido de color azulado por el lomo; aletas rojizas y cola ahorquillada. || **3.** pl. GERM. Las tenazas.

DENTORNO. (Contracc. de *de torno.*) adv. ant. Del rededor.

DENTRAMBOS, BAS. Contrac. de *de entrambos* y de *de entrambas.*

★ **DENTRERA.** (De *dentro.*) COLOM. Doncella; criada.

DENTRO. (l. *deíntro.*) adv. A o en la parte interior de un espacio o término real o imaginario. DENTRO *de una caja, de un mes, del alma.* Puede llevar antepuestas las prep. *hacia, de y por,* y pospuesta la prep. *en,* significando DENTRO *de,* DENTRO *en su pecho.* || *A* DENTRO. m. adv. Adentro. || DENTRO *o fuera.* expr. fig. y fam. con que se excita a uno a tomar una resolución. || *Por de* DENTRO. m. adv. Por dentro. || **P.** e **It.** dentro; **I.** in, inside; **F.** dedans; **A.** inwendig, innen; **R.** вну́три.

★ **DENTRODERA.** f. COLOM. Criada, sirvienta, moza de servicio.

DENTROTRAER. (De *dentro* y *traer.*) tr. ant. Meter, introducir.

DENTUDO, DA. adj. Que tiene dientes desproporcionados. Ú.t.c.s.

DENUDACIÓN. (l. *denudatio, -ōnis.*) f. HIST. NAT. Acción y efecto de denudar o denudarse. || **2.** Desprendimiento de la corteza u hojas de los árboles. || **3.** GEOL. Desprendimiento o desaparición de la parte más externa de la corteza terrestre a causa de la erosión. || **4.** MED. Desprendimiento de la cubierta epitelial de una superficie o de la capa perióstica de los huesos.

DENUDAR. (l. *denudăre.*) tr. HIST. NAT. Desnudar, despojar. Ú.t.c.r.

DENUEDO. (De *denodarse.*) m. Brío, esfuerzo, valor, intrepidez. || **P.** denodo; **I.** bravery; **F.** hardiesse; **A.** Tapferkeit; **It.** intrepidità; **R.** отвага.

DENUESTO. (De *denostar.*) m. Injuria grave, de palabra o por escrito.

DENUNCIA. f. Acción y efecto de denunciar. || **2.** FOR. Notificación a la autoridad competente de una violación de la ley penal perseguible de oficio. || **3.** Documento en que consta dicha noticia. || **—falsa.** FOR. Imputación falsa de un delito punible de oficio, hecha ante funcionario que tenga obligación de perseguirlo.

DENUNCIABLE. adj. Que se puede denunciar.

DENUNCIACIÓN. (l. *denuntiatio, -ōnis.*) f. Denuncia, 1.ª acep.

DENUNCIADOR, RA. (l. *denuntiător.*) adj. Que denuncia. Ú.t.c.s. || **2.** m. y f. Denunciante, 2.ª acep.

DENUNCIANTE. p.a. de denunciar. Que denuncia. || **2.** com. FOR. El que hace una denuncia, 2.ª y 3.ª acep.

DENUNCIAR. (l. *denuntiăre.*) tr. Noticiar, avisar. || **2.** Pronosticar. || **3.** Promulgar solemnemente. || **4.** Participar oficialmente el estado ilegal, irregular o inconveniente de una cosa. || **5.** V. DENUNCIAR *una mina.* || **6.** fig. Delatar. || **7.** FOR. Dar a la autoridad parte o noticia de un daño hecho. || **P.** denunciar; **I.** to denounce; **F.** dénoncer; **A.** anzeigen; **It.** denunciare; **R.** объявлять, доносить.

DENUNCIATORIO, RIA. adj. Perteneciente a la denuncia.

DENUNCIO. m. MIN. Acción de denunciar una mina.

DEÑAR. (l. *dignăre.*) tr. ant. Tener por digno. || **2.** r. Dignarse.

DEODARA. (indostánico *deodar*.) adj. V. *Cedro* DEODARA.

DEO GRACIAS. (l. *Deo gratias,* gracias a Dios.) expr. de que suele usarse para saludar al entrar en una casa. || **2.** m. fig. y fam. Semblante y además devoto y sumiso con que uno se presenta para ganar la estimación y confianza del que puede favorecerle.

DEONTOLOGÍA. (gr. δέον,-οντος, el deber, y λóγος, tratado.) f. Ciencia o tratado de los deberes.

DEO VOLENTE. (lit. *queriendo Dios.*) expr. l. fam. Dios mediante.

DEPARADOR, RA. adj. Que depara. Ú.t.c.s.

DEPARAR. (l. *de,* de, y *parăre,* preparar.) tr. Suministrar, proporcionar, conceder una cosa. || **2.** Poner delante, presentar.

DEPARTAMENTO. (fr. *département,* der. de *départir,* de *de,* y *partir.*) m. Cada una de las partes en que se divide un territorio, un edificio, un vehículo, una caja, etcétera. || **2.** Ministerio o ramo de la administración pública. || **3.** Distrito a que se extiende la jurisdicción o mando de un capitán general de la marina. || **P.** departamento; **I** department; **F.** département; **A.** Departement; **It.** dipartimento; **R.** департамент.

DEPARTIDAMENTE. adv. ant. Distintamente, separadamente y a cada uno en particular.

DEPARTIDOR, RA. adj. Que departe. Ú.t.c.s.

DEPARTIMIENTO. (De *departir.*) m. ant. División, separación.

DEPARTIR. (l. *departíre,* de *de,* y *partíre.*) intr. Hablar, conversar. || **P.** departir; **I.** to talk; **F.** causer; **A.** plaudern; **It.** ragionare; **R.** беседовать.

DEPAUPERACIÓN. (De *depauperar.*) f. Acción y efecto de depauperar. || **2.** MED. Debilitación del organismo. || **P.** depauperación; **I.** depauperization; **F.** appauvrissement; **A.** Verarmung; **It.** depauperazione; **R.** обнищание, обеление.

DEPAUPERAR. (l. *depauperăre.*) tr. Empobrecer. || **2.** MED. Debilitar, extenuar. Ú.t.c.r.

DEPENDENCIA. (l. *dependens, -entis,* dependiente.) f. Subordinación, reconocimiento de mayor poder o autoridad. || **2.** Oficina pública o privada, dependiente de otra superior. || **3.** Relación de parentesco o amistad. || **4.** Negocio, encargo. || **5.** Conjunto de dependientes. || **6.** pl. Cosas accesorias de otra principal. || **P.** dependencia; **I.** dependency; **F.** dépendance; **A.** Abhängigkeit; **It.** dipendenza; **R.** зависимость.

DEPENDENTE. (l. *dependens, -entis.*) p.a. ant. dependiente.

DEPENDER. (l. *dependĕre.*) intr. Estar condicionada una cosa por otra, estar conexa con otra cosa o seguirse a ella. || **2.** Estar subordinada una cosa a otra de la que forma parte. || **3.** Estar una persona bajo el dominio o autoridad de otra. || **4.** Necesitar una persona de la protección de otra. || **P.** depender; **I.** to depend; **F.** dépendre; **A.** abhängig sein; **It.** dipèndere; **R.** зависеть.

DEPENDIENTE. p.a. de depender. Que depende. || **2.** m. El que sirve a uno o es subalterno de una autoridad. || **3.** acep.: **P.** dependente; **I.** clerk; **F.** employé; **A.** Angestellter; **It.** dipendente; **R.** зависимый.

DEPILACIÓN. f. MED. Acción y efecto de depilar o depilarse. || **P.** depilação; **I.** depilation; **F.** dépilation; **A.** Enthaarung; **It.** depilazione; **R.** удаление волос.

DEPILAR. (l. *depilăre,* de *de,* priv., y *pilus,* pelo.) tr. MED. Quitar el pelo o vello de una parte del cuerpo. Ú.t.c.r.

DEPILATORIO, RIA. (l. *depilātus,* p.p. de *depilăre,* pelar.) adj. Que sirve para depilar. Ú.t.c.s.m. || **P.** depilatório; **I.** depilatory; **F.** dépilatoire; **A.** Enthaarungsmittel; **It.** depilatorio; **R.** средство для удаления волос.

DEPLORABLE. (l. *deplorabĭlis.*) adj. Lamentable, infeliz; casi sin remedio.

DEPLORABLEMENTE. adv. Lastimosa, miserablemente.

DEPLORAR. (l. *deplorăre.*) tr. Sentir viva y profundamente un suceso. || **P.** deplorar; **I.** to deplore; **F.** déplorer; **A.** bejammern, beklagen; **It.** deplorare; **R.** сожалеть.

DEPONENTE. (l. *depōnens, -entis.*) p.a. de deponer. Que depone. || **2.** adj. GRAM. Dícese del verbo latino que con significación de activo se conjuga por la voz pasiva.

DEPONER. (l. *deponĕre.*) tr. Dejar, separar, de sí. || **2.** Privar a una persona de su empleo, retirarle sus honores, dignidades, etc. || **3.** Afirmar, atestiguar. || **4.** Bajar o quitar una cosa del lugar en que está. || **5.** FOR. Declarar ante una autoridad judicial. || **6.** intr. Evacuar el vientre. || **7.** MÉJ.,

D

GUAT. y HOND. Vomitar. || **P.** depor, deixar; **I.** to depose, to lay down; **F.** déposer; **A.** absetzen, deponieren; **It.** deporre; **R.** отрешать.

DEPOPULACIÓN. (l. *depopulatio, -ōnis.*) f. ant. Despoblación.

DEPOPULADOR, RA. (l. *depopulātor.*) adj. Que hace estragos en campos y poblados. Ú.t.c.s.

DEPORTACIÓN. (l. *deportatío, -ōnis.*) f. Acción y efecto de deportar. || **P.** deportação; **I.** deportation; **F.** déportation; **A.** Deportation; **It.** deportazione; **R.** изгнание.

DEPORTAR. (l. *deportāre.*) tr. Transportar a un condenado a un lugar lejano, generalmente ultramarino. || **P.** deportar; **I.** to banish; **F.** déporter; **A.** deportieren; **It.** deportare; **R.** ссылать.

DEPORTE. (ant. *deportar,* divertirse.) m. Recreación, pasatiempo, generalmente al aire libre. || **2.** Juego o ejercicio en que se hace prueba de agilidad, destreza, fuerza y que aprovecha al cuerpo y al espíritu. || **P.** desporto; **I., F.** e **It.** sport; **A.** Sport; **R.** спорт.

DEPORTISMO. m. Afición a los deportes o ejercicio de ellos.

DEPORTISTA. com. Persona aficionada a los deportes o entendida en ellos. Ú.t.c.adj.

º **DEPORTIVIDAD.** f. Calidad de deportivo. || **2.** Observancia correcta de las reglas del juego, unida a un cierto espíritu de generosidad y nobleza por parte de los jugadores.

DEPORTIVO, VA. adj. Perteneciente o relativo al deporte.

DEPORTOSO, SA. (De *deporte.*) adj. Divertido, alegre, festivo.

DEPÓS. (De la prep. l. *de,* y el adv. *post,* después.) adv. ant. Después.

DEPOSANTE. p.a. ant. de deposar. Que deposa.

DEPOSAR. (De *de,* priv., y *posar.*) tr. ant. Deponer, declarar jurídicamente.

DEPOSICIÓN. (l. *depositio, -ōnis.*) f. Exposición o declaración de una cosa. || **2.** FOR. Declaración hecha verbalmente ante el juez o tribunal. || **3.** Evacuación de vientre. || **—eclesiástica.** Privación a perpetuidad de oficio y beneficio, con retención del canon y fuero. || **P.** declaração; **I.** declaration, assertion; **F.** affirmation; déclaration; **A.** Aussage; **It.** deposizione; **R.** объяснение.

DEPOSITADOR, RA. adj. Que deposita. Ú.t.c.s.

DEPOSITANTE. p.a. de depositar. Que deposita.

DEPOSITAR. (De *depósito.*) tr. Poner bienes o valores bajo la custodia de una persona abonada. || **2.** Confiar a uno una cosa sobre su palabra. || **3.** Poner el juez a una persona en lugar donde libremente pueda manifestar su voluntad. || **4.** Encerrar, contener. || **5.** Colocar interinamente un cadáver en un lugar hasta que se le dé sepultura. || **6.** Colocar algo en un sitio determinado por algún tiempo. || **7.** Sedimentar, hacer poso un líquido. || **8.** fig. Confiar a alguno una cosa, como la fama, la opinión, etc. || **9.** r. Caer en el fondo de un líquido una materia que esté en suspensión. || **P.** depositar; **I.** to deposit, to entrust; **F.** déposer; **A.** (hinter-, nieder-), legen; **It.** depositare; **R.** вкладывать.

DEPOSITARÍA. (De *depositar.*) f. Lugar donde se hacen los depósitos. || **2.** Tesorería u oficina del depositario, **4.ª** acep. || **3.** Cargo de depositario. || **—general.** Oficio o empleo público que había en algunas ciudades o villas para custodiar bienes.

DEPOSITARIO, RIA. (l. *depositaríus.*) adj. Perteneciente al depósito. || **2.** fig. Que contiene o encierra una cosa. || **3.** m. y f. Persona en quien se deposita una cosa. || **4.** m. El que tiene a su cargo los caudales de una depositaría. || **5.** Tesorero de una dependencia pública. || **3.ª** acep.: **P.** depositário; **I.** depositary; **F.** dépositaire; **A.** Verwahrer; **It.** depositario; **R.** хранитель.

DEPÓSITO. (l. *deposĭtum.*) m. Acción y efecto de depositar. || **2.** Cosa depositada. || **3.** Lugar donde se deposita. || **4.** MIL. Organismo adscrito a una zona de reclutamiento en el cual quedan concen-

trados todos los que no pueden ir inmediatamente al servicio activo. || **—de reserva territorial.** MIL. Aquel del cual dependen las clases e individuos de tropa que han prestado servicio activo y se hallan todavía sujetos a nuevo llamamiento. || **5.** MÉJ. Reserva del Santísimo Sacramento. || **6.** MAR. Reunión preventiva de la marinería en los arsenales establecidos al efecto. || **7.** MED. Aglomeración de humores en cualquier parte del cuerpo. || **8.** MÚS. Cañón que en los grandes órganos sirve de comunicación a los demás cañones. || **9.** FOR. Derecho real por el que una persona (depositante) entrega a otra (depositario) una cosa mueble para que ésta la conserve y devuelva a voluntad del primero. || **—de agua.** Edificio o receptáculo para contener y almacenar cierta cantidad de agua. || **—de cadáveres.** El destinado a los fallecidos de muerte violenta o sospechosa. || **—de cereales.** El que tiene por objeto conservar los cereales evitando su alteración. || **—franco.** Conjunto de mercancías importadas, que pueden permanecer libres de derechos de Aduana en puerto habilitado al efecto, hasta su reexportación. || **—indistinto** El que se constituye a nombre de dos o más personas o entidades. || **—irregular.** FOR. Aquel en que se autoriza al depositario para utilizar la cosa depositada. || **—miserable,** o **necesario.** FOR. El constituido por obligación legal o a causa de apuro o desgracia. || **3.ª** acep.: **P.** depósito; **I.** depot; **F.** dépôt; **A.** Lager, Depot; **It.** depósito; **R.** склад, хранилище.

DEPRAVACIÓN. (l. *depravatío, -ōnis.*) f. Acción y efecto de depravar o depravarse. || **P.** depravação; **I.** depravation; **F.** dépravation; **A.** Verderbtheit; **It.** depravazione; **R.** развращение.

DEPRAVADAMENTE. adv. Malvadamente, con malicia.

DEPRAVADO, DA. (l. *depravātus.*) p.p. de depravar. || **2.** adj. Demasiadamente viciado en las costumbres. Ú.t.c.s.

DEPRAVADOR, RA. (l. *depravātor.*) adj. Que deprava. Ú.t.c.s.

DEPRAVAR. (l. *depravāre.*) tr. Viciar, adulterar, corromper. Se dice principalmente de las cosas inmateriales.

DEPRECACIÓN. (l. *deprecatío, -ōnis.*) f. Ruego, súplica, petición. || **2.** RET. Figura que consiste en dirigir un ruego o súplica ferviente. || **P.** deprecação; **I.** deprecation; **F.** déprécation, supplication; **A.** Abbitte; **It.** deprecazione; **R.** мольба.

DEPRECANTE. p.a. de deprecar. Que depreca. Ú.t.c.s.

DEPRECAR. (l. *deprecāri,* rogar.) tr. Rogar, pedir con eficacia o instancia.

DEPRECATIVO, VA. (l. *deprecatīvus.*) adj. Perteneciente a la deprecación. || **2.** GRAM. V. *Modo* DEPRECATIVO. Ú.t.c.s.

DEPRECATORIO, RIA. (l. *deprecatorius.*) adj. Deprecativo.

DEPRECES. (De *de* y *preces,* pl. de *prez.*) m. pl. ant. Derechos pagados por una cosa.

DEPRECIACIÓN. (De *depreciar.*) f. Disminución del valor o precio de una cosa, ya con relación al que antes tenía, ya comparándola con otras de su clase. || **—de la moneda.** Se produce siempre que el mercado se ve invadido por una cantidad de moneda superior a la necesaria para las transacciones. || **P.** depreciação; **I.** depreciation; **F.** dépréciation; **A.** Entwertung; **It.** deprezzamento; **R.** обесценение.

DEPRECIAR. (l. *depretiāre,* menospreciar.) tr. Disminuir o rebajar el valor o precio de una cosa.

DEPREDACIÓN. (l. *depraedatío, -ōnis.*) f. Pillaje, robo con violencia. || **2.** Malversación o exacción injusta por abuso de autoridad o de confianza.

DEPREDADOR. (l. *depraedātor.*) adj. El que depreda. Ú.t.c.s.

DEPREDAR. (l. *depraedāre.*) tr. Robar, saquear con violencia y destrozo. || **P.** depredar; **I.** to depredate; **F.** dépréder; **A.** plündern; **It.** depredare; **R.** грабить.

DEPREHENDER. (l. *deprehendēre.*) tr. ant. Aprehender.

DEPREHENSO, SA. (l. *deprehensus.*) p.p. irreg. ant. de deprehender.

DEPRENDADOR, RA. (l. *deprendēre,* apoderarse de.) adj. ant. Ladrón, **1.ª** acep. Usáb.t.c.s.

DEPRENDER. tr. p.us. Deprehender.

DEPRESIÓN. (l. *depressĭo, -ōnis.*) f. Acción y efecto de deprimir o deprimirse. || **2.** Concavidad de alguna extensión en un terreno o en otra superficie. || **3.** Decaimiento del ánimo o de la voluntad. || **4.** METEOR. Región de la atmósfera donde la presión es inferior a la de sus alrededores y que tiende a la producción de ciclones. || **—barométrica.** Descenso de la columna indicadora de la pesantez del aire en el barómetro. || **—de horizonte.** MAR. Ángulo formado en el ojo del observador por las líneas horizontal y tangente a la superficie del mar. || **P.** depressão; **I.** depression; **F.** dépression; **A.** Niederdrückung; **It.** depressione, abbassamento; **R.** депрессия.

DEPRESIVO, VA. (l. *depressum,* supino de *deprimĕre* deprimir.) adj. Dícese de lo que deprime el ánimo.

DEPRESOR, RA. (l. *depressor.*) adj. Que deprime o humilla. Ú.t.c.s. || **2.** MED. Instrumento para deprimir o apartar, como el que se aplica a la base de la lengua para dejar libre la cavidad faríngea.

DEPRETERICIÓN. f. ant. FOR. Preterición, omisión del que tiene herederos forzosos y no los menciona en su testamento.

DEPRIMENTE. p.a. de deprimir. Que deprime. || **2.** adj. Depresivo.

★ **DEPRIMIDO, DA.** adj. MED. Dícese del pulso muy débil.

DEPRIMIR. (l. *deprimĕre.*) tr. Reducir el volumen de un cuerpo por medio de la presión. || **2.** Hundir alguna parte del cuerpo. || **3.** fig. Humillar, rebajar a una persona o cosa negándole las prendas o cualidades que tiene. || **4.** r. Disminuir el volumen de un cuerpo o cambiar de forma por virtud de un hundimiento. || **5.** Aparecer baja una superficie o línea con referencia a las inmediatas. || **P.** deprimir; **I.** to depress, to depreciate; **F.** déprimer; **A.** niederdrücken; **It.** deprimere; **R.** сжимать.

DEPRISA. adv. De prisa.

DE PROFUNDIS. m. Salmo penitencial que empieza con dichas palabras latinas, que significan en lo profundo.

DEPUESTO, TA. (l. *deposĭtus.*) p.p. irreg. de deponer.

DEPURACIÓN. f. Acción y efecto de depurar o depurarse. || **P.** depuração; **I.** depuration; **F.** dépuration; **A.** Läuterung; **It.** depurazione; **R.** очищение.

DEPURADOR, RA. adj. Que depura. Ú.t.c.s.

DEPURAR. (l. *depurāre;* de *de,* y *purus,* puro.) tr. Quitar las impurezas de una cosa. || **2.** fig. Acrisolar la conducta de alguno. || **P.** depurar; **I.** to depurate; **F.** dépurer; **A.** reinigen, läutern; **It.** depurare; **R.** очищать.

DEPURATIVO, VA. (De *depurar.*) adj. MED. Dícese del medicamento que depura los humores, especialmente la sangre.

DEPURATORIO, RIA. adj. Que sirve para depurar o purificar.

DEPUTADOR. RA. ant. Diputador. Usáb.t.c.s.

DEPUTAR. (l. *deputāre.*) tr. Diputar.

DEQUE. (De *de* y *que.*) adv. fam. Después que, luego que.

DERECERA. (De *derezar.*) f. Derechera.

DERECHA. (l. *directa,* t. f. de *directus,* directo.) f. Mano derecha. || **2.** Hablando de colectividades políticas, la más moderada y amiga de la tradición. || ¡DERECHA! Voz de mando militar para ordenar al soldado que vuelva hacia la mano derecha.

DERECHAMENTE. adv. En derechura. || **2.** fig. Con prudencia, destreza y justicia. || **3.** fig. A las claras.

DERECHERA. f. Vía o senda derecha, a distinción de la que toma rodeo.

DERECHERO, RA. (De *derecho.*) adj. Justo, recto. || **2.** m. Oficial destinado a los tribunales y otras oficinas públicas a cobrar derechos.

DERECHEZ. f. ant. Derecheza.

DERECHEZA. (De *derecho.*) f. ant. Derechura, calidad de derecho, rectitud.

DERECHISTA. com. Persona amiga de la tradición y de las costumbres establecidas, sobre todo en política y en otras instituciones sociales.

DERECHITO. adv. fam. Derecho, derechamente.

DERECHO, CHA. (l. *directus*, directo.) p.p. irreg. ant. de dirigir. || **2.** adj. Recto, igual, sin torcerse. || **3.** V. *Mano* DERECHA. || **4.** Que cae o mira hacia la mano derecha o está al lado de ella. || **5.** Aplícase a lo que está a mano DERECHA de la vaguada de un río mirándolo hacia donde corre el agua. || **6.** Justo, fundado, razonable. || **7.** COLOM., VENEZ., AMÉR. CENTRAL. Feliz, dichoso, afortunado. || **8.** fig. V. *Camino* DERECHO. || **9.** ARQ. V. *Pie* DERECHO. || **10.** m. Facultad natural del hombre para hacer legítimamente lo que conduce a los fines de su vida. || **11.** adv. Derechamente, 1.ª acep. || **12.** Facultad de hacer o exigir todo aquello que la ley o la autoridad establece en nuestro favor, o que el dueño de una cosa nos permite de ella. || **13.** Consecuencias naturales del estado de una persona, o sus relaciones con respecto a otras. || **14.** Acción que se tiene sobre una persona o cosa. || **15.** Justicia, razón. || **16.** Conjunto de principios, preceptos o reglas a que están sometidas las relaciones humanas en toda sociedad civil. || **17.** Exención, franquicia. || **18.** Facultad que abraza el estudio del derecho en sus diferentes órdenes. || **19.** Sendero, camino. || **20.** Lado de una tela, papel, etc., en el cual, por ser el que ha de verse, aparecen la labor y el color con la perfección conveniente. || **21.** FOR. Véase *Condición imposible, ficción, información de* DERECHO. || **22.** FOR. V. *Información, papel en* DERECHO. || **23.** FOR. Véase *Presunción de* DERECHO. || **24.** pl. Tanto que se paga, con arreglo a arancel, por la introducción de una mercancía o por otro hecho designado por la ley. || **25.** Cantidades que se cobran en ciertas profesiones. || DERECHO *administrativo*. Conjunto de normas reguladoras de la actividad de la Administración Pública, ya en su funcionamiento, ya en sus relaciones con los ciudadanos. || **—adquirido.** El creado al amparo de una legislación y que merece respeto de las posteriores. Ú.m. en pl. || **—canónico.** Conjunto de normas doctrinales y de disposiciones estatuidas por las autoridades de la Iglesia, que atañen al orden jerárquico de estas autoridades y a sus relaciones con los fieles católicos en cuanto corresponde al fuero externo. || **—cesáreo.** Derecho civil. || **—civil.** El que regula las relaciones privadas de los ciudadanos entre sí. || **2.** Por antom. DERECHO romano. || **—común.** Derecho civil. || **—consuetudinario.** El introducido por la costumbre. || **—criminal.** Derecho penal. || **—de acrecer.** Derecho de uno o varios coherederos a la porción o parte de la herencia que otro u otros renuncian o no pueden adquirir. || **-de asilo.** Privilegio de asilo, 1.er art., 1.ª acep. || **—de autor.** El que la ley reconoce al autor de una obra para participar en los beneficios que produzca la publicación, ejecución o reproducción de la misma. || **2.** pl. Cantidad que se cobra por este concepto. || **—de avería.** En el comercio de varios países ultramarinos, cierto repartimiento o gabela impuesto sobre los mercaderes o las mercaderías. || **—de bandera.** Impuesto que pagan las mercaderías por ser transportadas en los buques. || **—de deliberar.** Beneficio de deliberar. || **—de ejecución.** Derecho de autor que corresponde a los ejecutantes o intérpretes de obras musicales o literarias. || **—de entrada.** El que se paga por ciertos géneros cuando se introducen en un puerto o aduana. Ú.m. en pl. || **—de fábrica.** Cantidad que se satisface al erario o fábrica de una parroquia, colegiata, catedral, etc. || **—de gentes.** Derecho natural que los romanos admitían entre todos los hombres, a diferencia del que era peculiar de sus ciudadanos. || **2.** Derecho internacional. || **—de pataleo.** fig. y fam. Desahogo o quejas inútiles del que ha sido contrariado en su derecho o aspiraciones. || **—de patronato.** Privilegios y facultades del patrono, principalmente el de poder presentar personas hábiles para los beneficios y capellanías vacantes. || **—de regalía.** El que paga el tabaco elaborado al ser introducido en España. || **—diferencial de bandera.** Diferencia de derechos que se pagan porteando las mercancías en buques de unas u otras naciones. || **—divino.** El que procede directamente de Dios, o por ley natural, o por medio de la revelación. || **—eclesiástico.** Derecho canónico. || **—escrito.** Ley escrita y promulgada, a diferencia de la establecida por tradición o costumbre. || **—internacional.** Conjunto de normas que regulan las relaciones entre los Estados, **internacional** o **público** y las de los hombres entre sí, **internacional** o **privado.** || **—mercantil.** Normas que abarcan y regulan las relaciones surgidas de los actos de comercio. || **—municipal.** El que regula el régimen de los concejos o municipios, como corporaciones y en relación con los vecindarios respectivos. || **—natural.** Primeros principios de lo justo y de lo injusto, inspirados por la naturaleza y que como ideal trata de realizar el derecho positivo. || **—no escrito.** Derecho consuetudinario. || **—parroquial.** Jurisdicción que corresponde al párroco en las cosas espirituales de sus feligreses. || **—penal.** Conjunto de normas tipificadoras de los delitos con sus distintas sanciones. || **—personal.** El que relaciona entre sí los sujetos y no está atribuido a las personas sobre las cosas. || **—político.** El que regula el orden y funcionamiento de los poderes del Estado y sus relaciones con los ciudadanos. || **—pontificio.** Derecho canónico. || **—positivo.** El establecido por leyes, bien sean divinas, bien humanas. Se usa en contraposición al derecho natural. || **—procesal.** El relativo a los procedimientos civiles y criminales. || **—público.** El que tiene por objeto regular el orden general del Estado y sus relaciones, ya con los súbditos, ya con los demás Estados. || **—real.** FOR. El que tienen las personas sobre las cosas. || DERECHO *de fábrica*. Rentas o derechos que se cobran en las iglesias por ciertos actos, bautizos, entierros y otros y sirven para repararlas o para costear los actos del culto. || **—parroquiales.** Retribuciones sujetas a arancel que corresponden a cada iglesia parroquial o a los que en ella sirven. || **—reales.** Impuesto que grava las transmisiones de bienes y otros actos civiles. || *A* DERECHAS. m. adv. con que se explica que una cosa se hace con rectitud. || *A las* DERECHAS. m. adv. que explica que una persona procede bien y rectamente. || *Al* DERECHO. m. adv. A derechas. || *Cada uno alega el* DERECHO *de su dedo*. ref. que denota la inclinación que todos tenemos a defender lo que nos pertenece o acomoda. || *Conforme a* DERECHO. m. adv. FOR. Con rectitud y justicia. || *De* DERECHO. m. adv. Con arreglo a derecho. || **2.** También se contrapone a *de hecho*, para indicar lo que es legítimo en comparación con lo que existe meramente, pero con abstracción de esta cualidad. || DERECHO *apurado, tuerto ha tornado*. ref. que condena el rigor y enseña que la justicia se debe templar con la prudencia. || *Estar* uno *a* DERECHO. fr. FOR. Comparecer por sí o por su procurador en juicio, con obligación de pasar por lo que sentencie el juez. || *Ir por* derecho. fr. fig. Proceder rectamente, en derechura. || *No pierdas* DERECHO *ni tomes cohecho*. ref. Ni hagas cohecho ni pierdas derecho. || *Perder* uno *de su* DERECHO. fr. Ceder, transigir, por bien de paz. || *Según* DERECHO. m. adv. FOR. Conforme a derecho. || *Tirar por* DERECHO. fr. FOR. Valerse de la acción que le compete para el efecto que le convenga. || **2.** Por ext., ejercer su libertad lícitamente en cualquier línea. || **P.** direito; **I.** right; **F.** droit; **A.** recht, Recht; **It.** diritto; **R.** прямой.

DERECHORA. f. ant. Derechura.

DERECHORERO, RA. adj. ant. Derechurero.

DERECHUELO. (De *derecho*, recto.) m. Una de las primeras costuras que las maestras de coser enseñaban a las niñas.

DERECHURA. (De *derecho*.) f. Calidad de derecho. || **2.** C. RICA y PERÚ. Buena suerte. || *En* DERECHURA. m. adv. Por el camino recto. || **2.** Sin detenerse ni pararse. || **P.** direitura; **I.** rightness, rectitude; **F.** droiture; **A.** Geradheit; **It.** dirittura, rettùdine; **R.** прямота.

DERECHUREREAMENTE. adv. ant. Recta o derechamente.

DERECHURERO, RA. (De *derechura*.) adj. ant. Exacto, justificado. || **2.** ant. Legítimo o según derecho.

DERECHURÍA. (De *derechuro*.) f. ant. Derecho, justicia.

DERECHURO, RA. (De *derecho*.) adj. ant. Justo, legítimo.

DEREZAR. (l. *directiāre*, de *directus*, derecho.) tr. ant. Encaminar.

DERIVA. (De *derivar*.) f. MAR. Desvío de la nave de su verdadero rumbo a causa del viento, corrientes, etc. || **2.** Ángulo que con el plano longitudinal forma la dirección en que se mueve un barco, cuando la fuerza propulsora que lo acciona no está en el mismo plano. || **3.** ART. Distancia que hay que correr a uno de los lados del plano de tiro el ocular del alza en una pieza rayada, para que resulte corregida en la puntería la derivación del proyectil. || *Ir a la* DERIVA. MAR. Se dice del buque sin gobierno, a merced de los elementos y por ext. de cualquier objeto sin rumbo determinado. || **P.** devio do rumo; **I.** deviation, drift; **F.** dérive; **A.** Abtrieb; **It.** deriva; **R.** дрейф, снос.

DERIVACIÓN. (l. *derivatio, -ōnis*.) f. Descendencia, deducción. || **2.** Acción de sacar o separar una parte del todo, o de su origen o principio. || **3.** ELECTR. Pérdida de fluido que se produce en una línea eléctrica por varias causas y principalmente por la acción de la humedad ambiente. || **4.** GRAM. Acción o procedimiento para derivar las palabras. || **5.** RET. Figura que consiste en emplear en una cláusula dos o más voces de un mismo radical. || **—regresiva.** GRAM. La inversa, por acortamiento de la palabra, para formar un supuesto primitivo; como legislar, de legislador. || **—magnética.** La que se produce en el circuito magnético, guarda sentido análogo a la derivación ordinaria en circuito de una corriente eléctrica. || **P.** derivação; **I.** derivation; **F.** dérivation; **A.** Ableitung, Derivation; **It.** derivazione; **R.** отвод, вывод.

DERIVADA. f. MAT. Hablando de funciones matemáticas, límite hacia el cual tiende la razón entre el incremento de la función y el correspondiente a la variable cuando este último tiende a cero.

DERIVADO, DA. (l. *derivātus*.) adj. GRAM. Aplícase al vocablo formado por derivación. Ú.t.c.s.m. || **2.** QUÍM. Dícese del producto que se obtiene de otro. Ú.t.c.s.m.

DERIVAR. (l. *derivāre*.) intr. Traer su origen de alguna cosa. || **2.** MAR. Abatir, separarse la nave de su rumbo. || **3.** tr. Encaminar, conducir una cosa de una parte a otra. || **4.** Traer una palabra de cierta raíz. || **5.** MAT. Hallar la derivada de una función analítica. || **P.** derivar; **I.** to be derived; **F.** dériver; **A.** ableiten, herleiten; **It.** derivare; **R.** происходить.

DERIVATIVO, VA. (l. *derivatīvus*.) adj. GRAM. Que implica o denota derivación. Aplícase a la palabra que se origina de otra. || **2.** MED. Dícese del medicamento que llama a un punto los humores acumulados en otro.

DERIVO. (De *derivar*.) m. Origen, procedencia.

DERMALGIA. (gr. δέρμα, -ατος, piel, y ἄλγος, dolor.) f. Dolor nervioso de la piel.

* **DERMANISO.** m. Género de insectos aracnoideos, acáridos, cuyas especies son parásitas de las aves y de éstas pasan al hombre, al que le causan violento escozor y tumefacción.

DERMATITIS. (gr. δέρμα, -ατος, piel.) f. MED. Inflamación de la piel.

DERMATOESQUELETO. (gr. δέρμα, -ατος, piel, y esqueleto.) m. ZOOL. Tegumento endurecido y rígido que recubre exteriormente el cuerpo de los artrópodos y otros invertebrados.

* **DERMATÓFILOS.** (gr. δέρμα, piel, y φίλος, amigo.) m. pl. ZOOL. Acáridos microscópicos que viven preferentemente en los folículos capilares de la piel humana.

* **DERMATÓLISIS.** f. MED. Hipertrofia y relajación de la piel, por las que se forman en ella pliegues colgantes, sobre todo en los párpados y en el abdomen.

DERMATOLOGÍA. (gr. δέρμα, -ατος, piel, y λόγος, tratado.) f. Tratado de las enfermedades de la piel. || **P.** dermatologia; **I.** dermatology; **F.** dermatologie; **A.**

D

Hautkunde, Dermatologie; **It**. dermatologia; **R**. дерматология.

DERMATOLÓGICO, CA. adj. Perteneciente o relativo a la dermatología.

DERMATÓLOGO. (De *dermatología*.) m. Médico especialista en las enfermedades de la piel.

DERMATOSIS. (gr. δέρμα, -ατος, piel.) f. Enfermedad de la piel, que se manifiesta por costras, manchas, granos, etc.

* **DERMATOZOO**. m. Animal parásito de la piel.

DERMESTO. m. ZOOL. Insecto coleóptero que se cría en las despensas y en donde hay restos de animales. Es muy dañino para las pieles.

DÉRMICO, CA. adj. ZOOL. Perteneciente o relativo a la dermis o piel.

DERMIS. (De *epidermis*.) f. Capa de tejido conjuntivo situado debajo de la epidermis y que, con ésta, forma la piel.

DERMITIS. f. m. MED. Dermatitis.

* **DERMOGRAFISMO**. m. MED. Fenómeno constituido por un reflejo vascular que se manifiesta al pasar sobre la piel una punta roma. Se produce la raya o línea dermográfica, primero blanca y después roja, de importancia para el diagnóstico.

DEROGACIÓN. (l. *derogatio, -ōnis*.) f. Anulación, abolición. || **2**. Disminución, deterioración.

DEROGADOR, RA. adj. Que deroga. Ú.t.c.s.

DEROGAR. (l. *derogāre*.) tr. Anular o modificar una ley o precepto. || **2**. Destruir, reformar. || **P**. derrogar; **I**. to derogate, to abolish; **F**. déroger; **A**. abschaffen; **It**. derogare; **R**. отменять.

DEROGATORIO, RIA. (l. *derogatorius*.) adj. FOR. Que deroga. *Cláusula* DEROGATORIA.

DERRABADURA. (De *derrabar*.) f. Herida que se hace al animal al cortarle o arrancarle la cola.

DERRABAR. (De *de*, priv., y *rabo*.) tr. Cortar, quitar, arrancar la cola a un animal.

DERRAIGAMIENTO. m. ant. Acción y efecto de derraigar.

DERRAIGAR. (De *de*, priv., y *raigar*.) tr. ant. Desarraigar.

DERRAMA. (De *derramar*.) f. Repartimiento de un gasto eventual, especialmente de una contribución. || **2**. Contribución temporal y extraordinaria.

DERRAMADAMENTE. adv. fig. Profusamente, con liberalidad. || **2**. fig. Con desarreglo, estragadamente.

DERRAMADERO. (De *derramar*.) m. Vertedero.

DERRAMADO, DA. (De *derramar*.) adj. fig. Pródigo, derrochador.

DERRAMADOR, RA. adj. Que derrama. Ú.t.c.s.

DERRAMADURA. (De *derramar*.) f. ant. Derramamiento.

DERRAMAMIENTO. m. Acción y efecto de derramar o derramarse. || **2**. Dispersión, esparcimiento de un pueblo o de una familia.

DERRAMAPLACERES. m. Derramasolaces.

DERRAMAR. (l. *derramāre*, de *ramus*, ramo.) tr. Verter, esparcir cosas líquidas o menudas. Ú.t.c.r. || **2**. Repartir, distribuir entre los vecinos los impuestos o pechos. || **3**. fig. Publicar, divulgar, extender una noticia. || **4**. r. Esparcirse, desmandarse por varias partes con desorden y confusión. || **5**. Desembocar una corriente de agua. || **P**. derramar; **I**. to spill, to spread; **F**. verser, répandre; **A**. vergiessen, auschütten; **It**. spàrgere; **R**. проливать.

DERRAMASOLACES. (De *derramar* y *solaz*.) com. Aguafiestas.

DERRAME. (De *derramar*.) m. Derramamiento. || **2**. Porción de un líquido o de un árido que se desperdicia al medirlo o que se sale y pierde del recipiente que lo contiene. || **3**. Corte oblicuo en el muro de una puerta o ventana para que sus hojas se puedan abrir más. || **4**. Declive de la tierra en que corre o puede correr el agua. || **5**. Subdivisión de una cañada o valle en salidas más angostas. || **6**. FORT. Plano inferior en las cañoneras y aspilleras. || **7**. MAR. Corriente de aire que se escapa por las relingas de una vela hinchada por el

viento. || **8**. MED. Salida normal al exterior, o acumulación anormal en una cavidad, de un líquido orgánico. || **9**. CHILE. pl. Aguas sobrantes de un predio, que por inclinación natural del terreno vierten en otro inferior. || **P**. derramamiento; **I**. outpouring; **F**. épanchement; **A**. Erguss, Auslaufen; **It**. spargimento; **R**. проливание, пролитие.

DERRAMO. m. Derrame, 3.ª acep.

DERRANCADAMENTE. adv. ant. Arrebatadamente.

DERRANCAR. (De *de* y *rancar*.) intr. ant. Arremeter, acometer, pelear, atacar repentinamente y con ímpetu.

DERRANCHADAMENTE. adv. ant. Desordenadamente.

DERRANCHADO, DA. (De *derranchar*.) adj. ant. Descompuesto, desordenado, desmandado.

DERRANCHAR. (fr. *déranger*, de *ranger*, y éste del germ. *hring*, círculo.) intr. ant. Descomponerse, desordenarse.

* **DERRAPAR**. (fr. *déraper*.) intr. MÉJ. Patinar un carruaje.

DERRASPADO. (De *de*, priv., y *raspa*.) adj. Desraspado.

DERREDOR. (De *de* y *redor*.) m. Circuito o contorno de una cosa. || **2**. *Al, o en*, DERREDOR. m. adv. En circuito, en contorno.

DERRELICTO, TA. (l. *derelictus*.) p.p. irreg. de derrenlinquir. || **2**. m. MAR. Buque u objeto abandonado en el mar.

DERRENEGAR. (De *de* y *renegar*.) intr. fam. Aborrecer, detestar de una persona o cosa.

DERRENGADA. f. Mancha. Cierta mudanza que se hace en el baile.

DERRENGADURA. f. Lesión que queda en el cuerpo derrengado.

DERRENGAR. (De *de*, priv., y l. *renes*, los riñones, los lomos.) tr. Descaderar, lastimar gravemente los lomos o el espinazo de una persona o de un animal. || **2**. Torcer, inclinar a un lado más que a otro. Ú.t.c.s.r. || **3**. AST. Derribar la fruta de un árbol tirando un palo. || **P**. derrengar; **I**. to break the back; **F**. éreinter; **A**. die Hüften verrenken; **It**. slombare; **R**. вывихнуть.

DERRENGO. (De *derrengar*.) m. AST. Palo con que se derriba la fruta, tirándole a los árboles que la tienen.

DERRENIEGO. m. fam. Reniego.

DERRENLINQUIR. (l. *derelinquĕre*.) tr. Abandonar, desamparar.

DERRERÍA (A LA). (cat. *darrería*, de *darrer*, postrero, y éste del l. *de* y *retro*, atrás.) m. adv. ant. A la postre, al fin y al cabo.

DERRETIDO, DA. p.p. de derretir. || **2**. adj. fig. Amartelado, enamorado. || **3**. m. Hormigón, mezcla de piedra y mortero de cal y arena.

DERRETIMENTO. m. Acción y efecto de derretir. || **2**. fig. Afecto vehemente, amor intenso.

DERRETIR. (l. *deterĕre*, gastar, usar.) tr. Liquidar, disolver, por medio del calor una cosa sólida, congelada o pastosa. Ú.t.c.r. || **2**. fig. Consumir, gastar, disipar la hacienda, el dinero, etc. || **3**. fam. Trocar la moneda. || **4**. r. fig. Enardecerse con el amor divino o profano. || **5**. fig. y fam. Deshacerse, estar lleno de impaciencia o inquietud. || **P**. derretir; **I**. to melt; **F**. fondre; **A**. schmelzen; **It**. fòndere; **R**. растапливать.

DERRIBADO, DA. p.p. de derribar. || **2**. adj. Dícese de las ancas de una caballería cuando por el extremo son algo más bajas de lo regular.

DERRIBADOR. m. El que derriba reses vacunas.

DERRIBAMIENTO. m. ant. Derribo.

DERRIBANTE. p.a. ant. de derribar. Que derriba.

DERRIBAR. (l. *deripĕre*, de *ripa*, orilla.) tr. Demoler, echar a tierra muros o cualesquiera edificios. || **2**. Tirar contra la tierra; hacer dar en el suelo a una persona, animal o cosa. || **3**. Trastornar, echar a rodar lo que está levantado. || **4**. Tratándose de toros o vacas, hacerlos caer al suelo empujados por la garrocha del jinete. || **5**. Postrar, abatir, humillar. || **6**. fig. Hacer perder a una persona la privanza, cargo o estimación adquiridas. || **7**. fig. Sujetar, abatir los afectos desordenados del áni-

mo. || **8**. EQUIT. Hacer que el caballo ponga los pies lo más cerca posible de las manos para que baje las ancas. || **9**. r. Tirarse a tierra, dejarse caer. || **P**. derribar, arruinar; **I**. to throw down; **F**. démolir, abattre; **A**. abreissen, umstürzen; **It**. abbàttere; **R**. разрушать.

DERRIBO. m. Acción y efecto de derribar, 1.ª acep. derribar. || **2**. Conjunto de materiales que se sacan de la demolición. || **3**. Paraje donde se derriba. || **P**. derribamiento; **I**. demolition; **F**. démolition; **A**. Zerstörung; **It**. demolizione; **R**. разрушение.

DERRISCAR. (De *de*, priv., y *risco*.) tr. ant. Limpiar, desmontar, desembarazar.

* **DERRISCO**. m. CUBA. Barranco profundo.

DERRISIÓN. (l. *derisio, -ōnis*.) f. ant. Irrisión, escarnio.

DERROCADERO. (De *derrocar*.) m. Sitio de muchas rocas, de donde hay peligro de caer y precipitarse.

DERROCAMIENTO. m. Acción y efecto de derrocar.

DERROCAR. tr. Despeñar, precipitar desde una peña o roca. || **2**. fig. Echar por tierra, arruinar un edificio. || **3**. fig. Derribar a uno del estado o fortuna que tiene. || **4**. fig. Enervar, precipitar una cosa espiritual o intelectual. || 4.ª acep.: **P**. abater; **I**. to overthrow; **F**. renverser, abattre; **A**. niederwerfen, zu nichte machen; **It**. rovesciare; **R**. низвергать.

DERROCHADOR, RA. adj. Que derrocha o malbarata el caudal. Ú.t.c.s.

DERROCHAR. (fr. *derrocher*, der. de *roche*, y éste del prel. *rocca*, roca.) tr. Malgastar, destruir, destrozar, los bienes. || **P**. dissipar; **I**. to dissipate; **F**. dissiper, gaspiller; **A**. verschwenden; **It**. dissipare; **R**. расточать.

DERROCHE. m. Acción y efecto de derrochar, 1.ª acep.

DERROMPER. (l. *dirumpĕre*.) tr. ant. Romper, quebrantar, violentar.

DERRONCHAR. tr. ant. Combatir, pelear.

DERROSTRARSE. (De *de*, priv., y *rostro*.) r. fig. Deshacerse el rostro, maltratarse la cara.

DERROTA. (l. *dirupta*, t. f. de *diruptus*, roto.) f. Camino, vereda o senda de tierra. || **2**. Alzamiento del coto, o permiso para que entren los ganados en las heredades después de recogidos los frutos. || **3**. MIL. Vencimiento completo de un ejército seguido en general de fuga desordenada. *Seguir la* DERROTA. fr. MIL. Seguir el alcance. || 3.ª acep.: **P**. derrota; **I**. rout; **F**. déroute; **A**. Niederlage; **It**. rotta; **R**. поражение.

DERROTADO, DA. p.p. de derrotar. || **2**. adj. Que anda con vestidos deteriorados o raídos.

DERROTAR. (De *derrota*.) tr. Vencer y hacer huir al ejército contrario. || **2**. Romper, destrozar muebles, vestidos, etc. || **3**. Disipar la hacienda. || **4**. Destruir, arruinar a uno en su salud o bienes.

DERROTE. (De *derrotar*.) m. TAUROM. Cornada que da el toro levantando la cabeza.

DERROTERO. (De *derrotar*.) m. Camino, rumbo.) m. MAR. Línea señalada en la carta de marear, para gobierno de los pilotos en los viajes. || **2**. MAR. Dirección que se da por escrito para un viaje de mar. || **3**. MAR. Libro que contiene estos caminos. || **4**. Derrota, 3.ª acep. || **5**. fig. Camino tomado para llegar al fin propuesto. || **P**. derroteiro; **I**. ship's course; **F**. route, rumb; **A**. Kurs, Weg; **It**. rotta, rombo; **R**. лоция.

DERROTISMO. m. Tendencia a propagar el desaliento en el país propio con noticias o ideas pesimistas acerca del resultado de una guerra o de cualquier empresa.

DERROTISTA. adj. Dícese de la persona que practica el derrotismo. Ú.t.c.s.

DERRUBIAR. (l. *derupāre*, de *rupes*, roca.) tr. Robar lentamente una corriente de agua la tierra de las riberas.

DERRUBIO. (De *derrubiar*.) m. Acción y efecto de derrubiar. || **2**. Tierra que se cae o se desmorona por esta causa.

DERRUIR. (l. *deruĕre*.) tr. Derribar, destruir, arruinar un edificio.

DERRUMBADERO. (De *derrumbar*.) m. Despeñadero, precipicio. || **2.** fig. Despeñadero, riesgo.

DERRUMBAMIENTO. m. Acción y efecto de derrumbar o derrumbarse. || **P.** derrumbamiento; **I.** crumbling; **F.** éboulement; **A.** Sturz, Einsturz; **It.** frana; **R.** разрушение.

DERRUMBAR. (l. *derupāre*, de *rupes*, roca.) tr. Precipitar, despeñar. Ú.t.c.r.

DERRUMBE. (De *derrumbar*.) m. Derrumbadero, 1.ª acep. || **2.** MIN. Derrumbamiento.

DERRUMBIADERO. (De *derrumbiar*.) m. ant. Derrumbadero.

DERRUMBIAR. tr. ant. Derrumbar. Usáb.t.c.r.

DERRUMBO. m. Derrumbadero, 1.ª acep.

DERVICHE. (ár. *darwiš*, religioso mendicante.) m. Especie de monje entre los mahometanos. || **P.** dervis, dervixe; **I.** dervish; **F.** derviche; **A.** Derwisch; **It.** derviscio; **R.** дервиш.

DES. (l. *dis*.) prep. insep. que denota negación o inversión del significado del vocablo simple, como DES*confiar*, DES*hacer*; privación, como DES*abrigo*; exceso o demasía, como en DES*lenguado*; fuera de, como en DES*camino*; a veces no implica negación, sino afirmación, como en DES*pavorir*.

DES. Contrac. ant. de de ese.

DES. (De las preposiciones latinas *de* y *ex*.) prop. ant. Apócope de desde.

DESABARRANCAR. (De *des*, 1.er art., y *abarrancar*.) tr. Sacar de un barranco barrizal o pantano, lo que está atascado. || **2.** fig. Sacar a uno de una dificultad.

DESABASTECER. tr. Desproveer o impedir que lleguen a una persona o a un pueblo los bastimentos necesarios.

DESABATIR. tr. ant. Descontar, rebajar.

DESABEJAR. tr. Quitar o sacar las abejas del vaso o colmena en que se hallan.

DESABIDO, DA. (De *des*, 1.er art., y *sabido*.) adj. ant. Ignorante.

★ **DESABITAR.** tr. MAR. Deshacer la botadura.

★ **DESABOCAR.** intr. MAR. Navegar hacia el mar saliendo de una rada.

DESABOLLADOR. m. Instrumento que usan los hojalateros para quitar las abolladuras.

DESABOLLAR. tr. Quitar a las piezas y vasijas de metal las abolladuras hechas por golpes.

DESABONARSE. r. Retirar uno su abono de un teatro, una fonda, etc.

DESABONO. m. Acción y efecto de desabonarse. || **2.** Perjuicio que se hace a uno hablando mal de él.

DESABOR. (De *des*, 1.er art., y *sabor*.) m. Insipidez, desabrimiento en el paladar o en la cosa que se come o bebe.

DESABORADO, DA. (De *desaborar*.) adj. ant. Desabrido, áspero de gusto.

DESABORAR. (De *desabor*.) tr. ant. Quitar el sabor a una cosa; ponerla desabrida o de mal gusto.

DESABORDARSE. r. MAR. Separarse una embarcación después de haber abordado a otra.

DESABORIDO, DA. (De *desabor*.) adj. Sin sabor. || **2.** Sin substancia. || **3.** fig. y fam. Aplícase a la persona de carácter indiferente o sosa.

DESABOTONAR. tr. Desasir los botones de una prenda de vestir. || **2.** intr. fig. Abrirse las flores, saliendo sus hojas de los botones o capullos.

DESABRIDAMENTE. adv. Con desabrimiento.

DESABRIDO, DA. (De *desaborido*.) p.p. de desabrir. || **2.** adj. Dícese de la fruta u otro manjar que carece de sazón. || **3.** Dícese del tiempo destemplado, desigual. || **4.** Dícese de la escopeta y demás armas de fuego que son fuertes y duras al disparar, de manera que dan coz o golpe al tirador. || **5.** fig. Áspero y desapacible en el trato. || **2.ª** acep.: **P.** sem sabor; **I.** insipid; **F.** insipide, fade; **A.** geschmacklos; **It.** scipito; **R.** безвкусный.

DESABRIGADAMENTE. adv. Sin abrigo.

DESABRIGADO, DA. p.p. de des-

abrigar. || **2.** fig. Desamparado, sin favor ni apoyo.

DESABRIGAR. tr. Descubrir, desarropar, quitar el abrigo. Ú.t.c.r.

DESABRIGO. m. Acción y efecto de desabrigar o desabrigarse. || **2.** fig. Abandono, desamparo.

DESABRIMIENTO. m. Falta de sazón. || **2.** fig. Desazón interior. || **3.** Aspereza en el trato. || **P.** insipidez; **I.** insipidness; **F.** fadeur; **A.** Fadheit; **It.** scipitezza; **R.** пресность.

DESABRIR. (Por *desaborir*, de sabor.) tr. Dar gusto malo a un manjar. || **2.** fig. Disgustar, desazonar el ánimo de uno. Ú.t.c.r.

DESABROCHAR. tr. Desasir los broches, corchetes, botones, etc., de una prenda de vestir. || **2.** fig. Abrir, descubrir una cosa. || **3.** fig. Confiar un secreto, suceso o sentimiento. || **P.** desabotoar; **I.** to unbutton; **F.** déboutonner; **A.** aufknöpfen; **It.** sbottonare; **R.** отстёгивать.

DESACALORARSE. r. Aliviarse uno del calor que padece.

DESACATADAMENTE. adv. Con desacato.

DESACATADOR, RA. adj. Que desacata o se desacata. Ú.t.c.s.

DESACATAMIENTO. (De *desacatar*.) m. Desacato.

DESACATAR. (De *des*, 1.er art., y *acatar*.) tr. Faltar a la reverencia o respeto que se debe a uno. Ú.t.c.r.

DESACATO. (De *desacatar*.) m. Irreverencia para con las cosas sagradas. || **2.** Falta de respeto a los superiores. || **3.** FOR. Delito que se comete calumniando, injuriando, insultando o amenazando a un ministro o a una autoridad en ejercicio de sus funciones y con ocasión de ellas. || **P.** desacato; **I.** irreverence; **A.** Nichtachtung; **F.** irrévérence; **It.** irriverenza; **R.** неуважение.

DESACEDAR. tr. Quitar la acedía.

DESACEITADO, DA. p.p. de desaceitar. || **2.** adj. Dícese de lo que está sin aceite debiendo tenerlo, o no tiene el que necesita.

DESACEITAR. tr. Quitar el aceite a los tejidos y otras cosas de lana.

DESACERAR. tr. Quitar o gastar la parte de acero que tiene una herramienta. Ú.t.c.r.

DESACERBAR. (De *des*, 1.er art., y *acerbo*.) tr. Templar, endulzar, quitar lo áspero y agrio de una cosa.

DESACERTADAMENTE. adv. Con desacierto.

DESACERTADO, DA. p.p. de desacertar. || **2.** adj. Que yerra u obra sin acierto.

DESACERTAR. (De *des*, 1.er art., y *acertar*.) intr. No tener acierto, errar.

★ **DESACIDULAR.** (De *des*, 1.er art., y *acidular*.) tr. Quitar la acidez a una bebida.

DESACIERTO. m. Acción y efecto de desacertar. || **2.** Dicho o hecho desacertado. || **P.** desacerto; **I.** mistake; **F.** erreur, méprise; **A.** Missverständnis, Irrtum; **It.** sbaglio; **R.** опрометчивость.

DESACOBARDAR. tr. Alentar, quitar la cobardía o el miedo.

DESACOLLAR. (De *des*, 1.er art., y *acollar*.) tr. RIOJA. Cavar las cepas alrededor, dejándoles un hoyo en que se detenga el agua.

★ **DESACOLLARAR.** (De *des*, 1.er art., y *acollarar*.) tr. fig. AMÉR. Separar, desunir, apartar.

DESACOMODADAMENTE. adv. Sin acomodo.

DESACOMODADO, DA. p.p. de desacomodar. || **2.** adj. Dícese de la persona que no tiene medios para mantener su estado. || **3.** Dícese del criado que está sin acomodo. || **4.** Que causa incomodidad.

DESACOMODAMIENTO. (De *desacomodar*.) m. Incomodidad, desconveniencia.

DESACOMODAR. (De *des*, 1.er art., y *acomodar*.) tr. Privar de la comodidad. || **2.** Quitar la conveniencia, empleo u ocupación. Ú.t.c.r.

DESACOMODO. m. Acción y efecto de desacomodar o desacomodarse.

DESACOMPAÑAMIENTO. m. Acción y efecto de desacompañarse.

DESACOMPAÑAR. tr. Excusar, dejar la compañía de uno.

★ **DESACOMPASADO, DA.** adj. CHILE. Descompasado.

★ **DESACONDICIONAR.** tr. Desordenar las cosas.

DESACONSEJADAMENTE. adv. Sin Consejo o cordura.

DESACONSEJADO, DA. (De *desaconsejar*.) adj. Que obra sin consejo ni prudencia. Ú.t.c.s.

DESACONSEJAR. (De *des*, 1.er art., y *aconsejar*.) tr. Disuadir, persuadir a uno lo contrario de lo que tiene meditado o resuelto. || **P.** desaconselhar; **I.** to dissuade; **F.** dissuader; **A.** abraten; **It.** disconsigliare; **R.** отсоветовать.

DESACOPLAMIENTO. m. Acción y efecto de desacoplar.

DESACOPLAR. tr. Separar lo que estaba acoplado.

DESACORDADAMENTE. adv. Sin acuerdo.

DESACORDADO, DA. p.p. de desacordar. || **2.** adj. PINT. Dícese de la obra cuyas partes desentonan por razón de la composición o del colorido.

DESACORDAMIENTO. (De *desacordar*.) m. ant. Desacuerdo.

DESACORDANTE. p.a. de desacordar. Que desacuerda.

DESACORDANZA. f. ant. Desacuerdo o discordancia.

DESACORDAR. tr. Destemplar un instrumento músico o templarlo de modo que esté más alto o más bajo que el que da el tono. || **2.** Cantar con voz destemplada o fuera de tono con la de los demás. || **3.** r. Olvidarse, perder la memoria de las cosas.

DESACORDE. (De *desacordar*.) adj. Dícese de lo que no iguala o no concuerda con otra cosa y propiamente de los instrumentos músicos desafinados o de distinto tono.

DESACORRALAR. tr. Sacar el ganado de los corrales o cercados. || **2.** TAUROM. Sacar los toreros al toro al campo raso o en medio de la plaza haciéndole dejar el sitio donde se resguarda.

DESACOSTUMBRADAMENTE. adv. Sin costumbre, fuera de lo regular.

DESACOSTUMBRADO, DA. p.p. de desacostumbrar. || **2.** adj. Fuera del uso y orden común.

DESACOSTUMBRAR. (De *des*, 1.er art., y *acostumbrar*.) tr. Hacer perder o dejar el uso o costumbre que uno tiene. Ú.t.c.r. || **P.** desacostumar; **I.** to disaccustom; **F.** désaccoutumer; **A.** entwöhnen; **It.** divezzare; **R.** отучать.

DESACOTADO, DA. p.p. de desacotar, 1.er art. || **2.** m. ant. Desacoto.

DESACOTAR. (De *des*, 1.er art., y *acotar*, 1.er art.) tr. Levantar, quitar el coto, 1.er art.

DESACOTAR. (De *des*, 1.er art., y *acotar*, 2.° art.) tr. Apartarse del concierto o cosa que se está tratando. || **2.** Entre muchachos, levantar o suspender las leyes o condiciones que ponen en los juegos. || **3.** Rechazar, no admitir, no querer una cosa.

★ **DESACOTEJAR.** (De *des*, 1.er art., y *acotejar*.) tr. CUBA. Desarreglar, desordenar.

DESACOTO. m. Acción y efecto de desacotar, 1.er art.

DESACREDITADO, DA. p.p. de desacreditar. || **2.** adj. Que ha perdido la buena opinión de que gozaba.

DESACREDITADOR, RA. adj. Que desacredita. Ú.t.c.s.

DESACREDITAR. (De *des*, 1.er art., y *acreditar*.) tr. Disminuir el crédito o reputación de una persona o el valor o estimación de una cosa. || **P.** desacreditar; **I.** to discredit; **F.** discréditer; **A.** in Misskredit bringen; **It.** discreditare; **R.** дискредитировать.

★ **DESACUARTELAR.** (De *des*, 1.er art., y *acuartelar*.) tr. MIL. Sacar la tropa de los cuarteles.

DESACUERDO. m. Discordia o disconformidad en los dictámenes o acciones. || **2.** Error, desacierto. || **3.** Olvido de una cosa. || **4.** Enajenación, privación del

D

sentido por un accidente o aturdimiento. || **P.** desacordo; **I.** discord; **F.** désaccord, discordance; **A.** Meinungsverschiedenheit; **It.** disaccordo; **R.** несогласие.

* **DESACHIGUAR**. tr. CHILE. Hacer desaparecer el pandeo de una pared. || **2.** CHILE. Hacer desaparecer el alabeo o encorvamiento de una madera dejándola plana.

DESADEREZAR. tr. Desaliñar. Ú.t.c.r.

DESADEUDAR. tr. Desempeñar a uno, liberarle de sus deudas. Ú.t.c.r.

DESADORAR. tr. Dejar de adorar, negar la adoración.

DESADORMECER. tr. Despertar, espabilar a uno. || **2.** fig. Desentumecer un miembro. Ú.t.c.r.

DESADORNAR. tr. Quitar el adorno o compostura.

DESADORNO. m. Falta de adorno o compostura.

DESADVERTIDAMENTE. adv. Inadvertidamente.

DESADVERTIDO, DA. p.p. de desadvertir. || **2.** adj. Inadvertido.

DESADVERTIMIENTO. (De desadvertir.) m. Inadvertencia.

DESADVERTIR. tr. No advertir, no reparar en una cosa.

DESAFAMACIÓN. (De desafamar.) f. ant. Disfamación.

DESAFAMAR. tr. ant. Disfamar.

DESAFEAR. tr. Quitar o disminuir la fealdad. || **2.** ant. Afear.

DESAFECCIÓN. f. Desafecto, 3.ª acep.

DESAFECTO, TA. adj. Que no tiene estima por una cosa o muestra por ella desvío. || **2.** Opuesto, contrario. || **3.** m. Malquerencia.

DESAFEITAR. tr. ant. Desordenar, desasear. || **2.** ant. fig. Manchar, afear.

DESAFERRAR. tr. Desistir, soltar lo que está aferrado. || **2.** fig. Sacar a uno del dictamen que tenazmente defiende. || **3.** tr. MAR. Levantar las áncoras para navegar.

DESAFIACIÓN. (De desafiar.) f. ant. Desafío.

DESAFIADERO. m. Sitio retirado donde se tenían los desafíos.

DESAFIADOR, RA. adj. Que desafía. Ú.t.c.s.

DESAFIAMIENTO. (De desafiar.) m. ant. Desafío.

DESAFIANZA. (De desafiar.) f. ant. Desafío.

DESAFIAR. (De des, 1.er art., y afiar.) tr. Retar, provocar a uno a singular combate, contienda o discusión. || **2.** Contender, competir con uno en cosas que requieran fuerza, agilidad o destreza. || **3.** fig. Competir, oponerse a una cosa. || **P.** desafiar; **I.** to defy, to challenge; **F.** défier, braver; **A.** herausfordern; **It.** sfidare; **R.** бросать вызов.

DESAFICIÓN. f. Falta de afición, desafecto.

DESAFICIONAR. tr. Quitar, hacer perder el amor o la afición a una cosa. Ú.t.c.r.

DESAFIJACIÓN. f. ant. Acción y efecto de desafijar, 2.º art.

DESAFIJAR. tr. (De des, 1.er art., y a y fijo, 1.er art.) tr. ant. Negar el padre la filiación a un hijo.

DESAFIJAR. (De des, 1.er art., y afijar.) tr. ant. Desfijar.

DESAFILAR. tr. Embotar el filo de un arma o herramienta.

DESAFINACIÓN. f. Acción y efecto de desafinar o desafinarse.

DESAFINADAMENTE. adv. Desviándose de la perfecta entonación.

DESAFINAR. intr. MÚS. Apartarse la voz o el instrumento de la debida entonación. || **2.** fig. y fam. Decir en una conversación cosa indiscreta o inoportuna. || **3.** tr. Tocar o cantar sin afinación. || **P.** desafinar; **I.** to untune; **F.** désaccorder; **A.** verstimmen; **It.** stonare; **R.** фальшивить.

DESAFÍO. m. Acción y efecto de desafiar. || **2.** Rivalidad, competencia. || Reñir un DESAFÍO. fr. ant. Reñir en un desafío. || **P.** desafio; **I.** challenge; **F.** défi; **A.** Herausforderung; **It.** sfida; **R.** вызов.

DESAFIUCIAR. (De des, 1.er art., y afuciar.) tr. ant. Desahuciar.

DESAFIUZAR. tr. ant. Desafiuciar.

DESAFORADAMENTE. adv. Desordenadamente, con exceso. || **2.** Con desafuero y osadía.

DESAFORADO, DA. p.p. de desaforar. || **2.** Que obra sin ley ni fuero, atropellando todo. || **3.** Que es o se expide contra ley o privilegio. || **4.** fig. Grande con exceso, desmedido.

DESAFORAR. (De des, 1.er art., y aforar.) tr. Quebrantar las leyes. || **2.** Privar a uno del fuero o exención que goza por causa justificada. || **3.** r. Descomponerse, atreverse.

DESAFORRAR. (De des, 1.er art., y aforrar.) tr. Quitar el forro.

DESAFORTUNADO, DA. adj. Sin fortuna.

DESAFUCIAMIENTO. m. ant. Acción y efecto de desafuciar.

DESAFUCIAR. (De des, 1.er art., y afuciar.) tr. ant. Desahuciar.

DESAFUERO. m. Acto violento contra la ley. || **2.** Por ext., acción contraria a las buenas costumbres o a los consejos razonables.

DESAGARRAR. tr. fam. Soltar, dejar libre lo que está preso y agarrado.

DESAGOTAR. tr. ant. Desaguar o agotar.

DESAGRACIADO, DA. p.p. de desagraciar. || **2.** adj. Sin gracia.

DESAGRACIAR. tr. Quitar la gracia, afear.

DESAGRADABLE. adj. Que desagrada.

DESAGRADABLEMENTE. adv. Con desagrado.

* **DESAGRADADO, DA**. adj. ARGENT. Disgustado.

DESAGRADAR. (De des, 1.er art., y agradar.) intr. Disgustar, causar desagrado. Ú.t.c.r. || **P.** desagradar, desgostar; **I.** to displease; **F.** déplaire; **A.** missfallen; **It.** dispiacere; **R.** раздражать.

DESAGRADECER. tr. No corresponder debidamente al beneficio recibido. || **2.** Desconocer el beneficio, que se recibe.

DESAGRADECIDAMENTE. adv. Con desagradecimiento.

DESAGRADECIDO, DA. p.p. de agradecer. || **2.** adj. Que desagradece. Ú.t.c.s. || De DESAGRADECIDOS está el infierno lleno. ref. con que se vitupera la ingratitud.

DESAGRADECIMIENTO. m. Acción y efecto de desagradecer.

DESAGRADO. (De desagradar.) m. Disgusto, descontento. || **2.** Expresión de disgusto en el trato o en el semblante.

DESAGRAVIAMIENTO. m. ant. Desagravio.

DESAGRAVIAR. tr. Reparar el agravio hecho a uno. || **2.** Compensar el perjuicio causado a uno. Ú.t.c.r.

DESAGRAVIO. m. Acción y efecto de desagraviar. || **P.** desagravo; **I.** relief, redress; **F.** dédommagement; **A.** Entschädigung; **It.** riparazione, risarcimento; **R.** удовлетворение.

DESAGREGACIÓN. f. Acción y efecto de desagregar o desagregarse.

DESAGREGAR. tr. Separar, apartar una cosa de otra.

* **DESAGRIAR**. (De des, 1.er art., y agriar.) tr. Desacidificar. || **2.** fig. Dulcificar, ablandar el carácter de alguno. || **3.** fig. Desenfadar.

DESAGUADERO. (De desaguar.) m. Conducto o canal de desagüe. || **2.** fig. Motivo que ocasiona continuo gasto. || **P.** desaguadoiro; **I.** outlet; **F.** dégorgeoir, égoût; **A.** Abzugskanal; **It.** fogna; **R.** сточная труба.

DESAGUADOR. (De desaguar.) m. Desaguadero, 1.ª acep.

DESAGUAR. tr. Extraer, echar el agua de un sitio o lugar. || **2.** fig. Disipar, consumir. || **3.** intr. Entrar o desembocar los ríos en el mar. || **4.** r. Exonerarse por vómito o evacuación de vientre, o por ambas vías. || **5.** CHILE. Lavar una cosa una o más veces; desjugar, deszumar.

DESAGUAZAR. (De des, 1.er art., y aguazar.) tr. Quitar el agua de alguna parte.

DESAGÜE. m. Acción y efecto de desaguar o desaguarse. || **2.** Desaguadero, 1.ª acep.

DESAGUISADAMENTE. adv. ant.

De manera inconveniente, sin razón ni justicia.

DESAGUISADO, DA. (De des, 1.er art., y aguisado.) adj. Hecho contra la ley o la razón. || **2.** m. Agravio, denuesto o acción descomedida.

DESAHERROJAR. tr. Quitar los hierros al que está aherrojado. Ú.t.c.r.

DESAHIJAR. tr. Apartar en el ganado las crías de las madres. || **2.** r. Enjambrar mucho las abejas, empobreciendo la colmena.

DESAHITARSE. r. Quitarse el ahíto, curarse una indigestión o embarazo de estómago.

DESAHOGADAMENTE. adv. Con desahogo. || **2.** Con descoco, con demasiada libertad o desenvoltura.

DESAHOGADO, DA. p.p. de desahogar. || **2.** adj. Descarado, descocado. || **3.** Dícese del sitio en que no hay demasiada reunión de personas o cosas. || **4.** Dícese del que vive con desahogo. Ú. por lo común con el verbo estar. || **5.** MAR. Aplícase al barco que navega con desembarazo, sin riesgos de mala mar.

DESAHOGAMIENTO. m. ant. Desahogo.

DESAHOGAR. (De des, 1.er art., y ahogar.) tr. Dilatar el ánimo a uno; aliviarle en sus trabajos, aflicciones, etc. || **2.** Aliviarle el ánimo de la pasión, fatiga o cuidado que le oprime. Ú.t.c.r. || **3.** r. Recobrarse del calor o la fatiga. || **4.** Desempeñarse, salir del ahogo de las deudas contraídas. || **5.** Decir una persona a otra el sentimiento o queja que tiene de ella. || **6.** Hacer confidencias una persona a otra. || **P.** desafogar; **I.** to ease; **F.** soulager; **A.** sich erleichtern; **It.** alleggerire; **R.** облегчать.

DESAHOGO. (De desahogar.) m. Alivio de la pena, trabajo o aflicción. || **2.** Ensanche, dilatación, esparcimiento. || **3.** Desembarazo, libertad. || Vivir uno con DESAHOGO. fr. fig. y fam. Tener suficientes recursos para pasarlo con comodidad y sin empeños.

DESAHUCIADAMENTE. adv. Sin esperanza.

DESAHUCIAR. (De desafuciar.) tr. Quitar a uno la esperanza de conseguir lo que desea. || **2.** tr. Considerar el médico al enfermo sin esperanza de salvación. || **3.** Despedir, expulsar al inquilino o arrendatario del dueño de la finca. || **3.ª** acep.: **P.** despejar um inquilino; **I.** to dispossess, to oust; **F.** donner congé à un locataire; **A.** kündigen (Pacht-, Miete); **It.** disdire la locazione; **R.** отказывать.

DESAHUCIO. m. Acción y efecto de desahuciar, 3.ª acep.

DESAHUMADO, DA. p.p. de desahumar. || **2.** adj. fig. Dícese del licor que ha perdido fuerza por evaporación de parte de la substancia.

DESAHUMAR. (De des, 1.er art., y ahumar.) tr. Apartar, quitar el humo de una cosa o lugar.

DESAINADURA. (De desainar.) f. VETER. Enfermedad que padecen las caballerías, especialmente cuando están muy gordas, que determina el adelgazamiento o pérdida de grasa.

DESAINAR. (De saín.) tr. Quitar el saín a un animal. Ú.t.c.r. || **2.** CETR. Debilitar el azor cuando está en muda, cercenándole la comida y purgándole hasta que pase la enfermedad.

DESAIRADAMENTE. adv. Sin aire ni garbo.

DESAIRADO, DA. p.p. de desairar. || **2.** adj. Que carece de garbo y donaire. || **3.** fig. Dícese del que no queda airoso en lo que pretende.

DESAIRAR. (De des, 1.er art., y aire.) tr. Desatender a una persona o desestimar una cosa. || **P.** desairar; **I.** to disregard; **F.** dédaigner; **A.** verschmähen; **It.** sdegnare; **R.** пренебрегать.

DESAIRE. m. Falta de garbo o de gentileza. || **2.** Acción y efecto de desairar.

DESAISLARSE. (De des, 1.er art., y aislado.) r. Dejar de estar aislado; salir del aislamiento.

DESAJACARSE. (De des, 1.er art., y el ant. asacar, imputar.) r. ant. Excusarse, eximirse.

DESAJUNTAR. (De des, 1.er art., y

D

ajuntar.) tr. ant. Apartar, desunir, desdoblar.

DESAJUSTAR. (De *des*, 1.er art., y *ajustar*.) tr. Desconcertar cosas que estaban ajustadas. || **2.** r. Deconvenirse, apartarse del ajuste o concierto hecho o próximo a hacerse.

DESAJUSTE. m. Acción y efecto de desajustar o desajustarse.

DESALABANZA. f. Acción y efecto de desalabar. || **2.** Vituperio, menosprecio.

DESALABAR. (De *des*, 1.er art., y *alabar*.) tr. Vituperar, poner faltas o tachas.

DESALABEAR. (De *des*, 1.er art., y *alabear*.) tr. CARP. Quitar el alabeo a una pieza de madera. || **2.** CARP. Labrar una cara de una pieza de madera de modo que quede perfectamente plana.

DESALABEO. m. Acción y efecto de desalabear.

DESALADAMENTE. adv. fig. Con suma aceleración. || **2.** fig. Con vehemente anhelo.

DESALADO, DA. p.p. de desalar, 3.er art. || **2.** adj. Ansioso, acelerado.

DESALAGAR. (De *des*, 1.er art., y *alagar*, y éste de *lago*.) tr. Desecar, desencharcar.

DESALAR. tr. Quitar la sal a una cosa; como al pescado salado.

DESALAR. (De *ala*.) tr. Quitar las alas.

DESALAR. (De *exhalare*, anhelar.) intr. fig. Andar o correr con suma aceleración. || **2.** fig. Sentir vehemente anhelo por conseguir alguna cosa.

DESALBARDAR. tr. Desenalbardar.

DESALENTADAMENTE. adv. Con desaliento.

DESALENTADOR, RA. adj. Que causa desaliento.

DESALENTAR. tr. Hacer dificultoso el aliento de uno por fatiga o cansancio. || **2.** fig. Quitar el ánimo, acobardar a uno. Ú.t.c.r. || 2.ª acep.: **P.** desalentar; **I.** to discourage; **F.** décourager; **A.** entmutigen; **It.** scoraggiare; **R.** обескураживать.

DESALFOMBRAR. tr. Quitar o levantar las alfombras.

DESALFORJAR. tr. Sacar de las alforjas alguna cosa. || **2.** r. fig. y fam. Desabrocharse, aflojar la ropa, para desahogarse del calor o del cansancio.

DESALHAJAR. tr. Quitar de una habitación las alhajas o muebles.

DESALIENTO. (De *desalentar*.) m. Descaecimiento del ánimo, falta de vigor o de esfuerzo. || **P.** desaliento; **I.** faintness; **F.** défaillance; **A.** Mutlosigkeit; **It.** scoramento; **R.** уныние.

DESALINEACIÓN. f. Acción y efecto de desalinear o desalinearse.

DESALINEAR. (De *des*, 1.er art., y *alinear*.) tr. Hacer perder la línea recta. Ú.t.c.r.

DESALIÑADAMENTE. adv. Con desaliño.

DESALIÑADO, DA. p.p. de desaliñar. || **2.** adj. Que adolece de desaliño.

DESALIÑAR. tr. Descomponer, ajar el avío, atavío o compostura.

DESALIÑO. m. Desaseo, falta de aliño, descompostura. || **2.** fig. Negligencia, omisión. || **3.** pl. Adorno de que usaban las mujeres, a manera de arracadas. || **P.** desaliño; **I.** slovenliness; **F.** négligé; **A.** Nachlässigkeit; **It.** noncuranza; **R.** неряшливость.

★ **DESALISAR.** tr. En las fábricas de papel, escoger pliego por pliego.

DESALIVAR. intr. Arrojar saliva con abundancia. Ú.t.c.r.

DESALMADAMENTE. adv. Sin conciencia. || **2.** Sin humanidad.

DESALMADO, DA. p.p. de desalmar. || **2.** adj. Falto de conciencia. || **3.** Cruel, inhumano. || 3.ª acep.: **P.** desalmado, malvado; **I.** soulless, inhuman; **F.** inhumain, sans cœur; **A.** gewissenlos, herzlos; **It.** inumano, empio; **R.** бессердечный, злодей.

DESALMAMIENTO. (De *desalmar*, 3.ª acep.) m. Abandono de la conciencia. || **2.** Inhumanidad, perversidad.

DESALMAR. (De *des*, 1.er art., y *alma*.) tr. fig. Quitar la fuerza y virtud de una cosa. || **2.** Desasosegar. Ú.t.c.r. || **3.** r. fig. Desalar, 3.er art.

DESALMENADO, DA. p.p. de desalmenar. || **2.** adj. Falto de almenas.

DESALMENAR. tr. Quitar o destruir las almenas.

DESALMIDONAR. tr. Quitar a la ropa el almidón que se le había dado.

DESALOJAMIENTO. m. Acción y efecto de desalojar.

DESALOJAR. (De *des*, 1.er art., y *alojar*.) tr. Sacar o hacer salir de un lugar a una persona o cosa. || **2.** intr. Dejar voluntariamente el alojamiento. || **3.** Abandonar un puesto o un lugar. || **4.** Desplazar. || **P.** desalojar; **I.** to remove; **F.** déloger; **A.** ausziehen, räumen; **It.** sloggiare; **R.** выселять.

DESALOJO. m. Desalojamiento.

DESALQUILAR. tr. Dejar o hacer dejar una habitación o cosa que se tenía alquilada. || **2.** r. Quedar sin inquilinos una vivienda u otro local.

DESALTERAR. (De *des*, 1.er art., y *alterar*.) tr. Quitar la alteración, sosegar, apaciguar.

DESALUMBRADAMENTE. adv. Erradamente, con ofuscamiento.

DESALUMBRADO, DA. adj. Deslumbrado, ofuscado, por la demasiada luz. || **2.** fig. Que ha perdido el tino y procede sin acierto.

DESALUMBRAMIENTO. m. Ceguedad, falta de tino o de acierto en las cosas.

DESAMABLE. (De *des*, 1.er art., y *amable*.) adj. Indigno de ser amado.

DESAMADOR, RA. adj. Que desama. Ú.t.c.s.

DESAMAR. tr. Dejar de amar, abandonar el cariño o la afición que se tenía. || **2.** Aborrecer, querer mal.

DESAMARRAR. tr. Quitar las amarras. Ú.t.c.r. || **2.** fig. Desasir, apartar. || **3.** MAR. Dejar a un buque sobre una sola ancla o amarra. || 3.ª acep.: **P.** levantar ferro; **I.** to unmoor; **F.** désamarrer; **A.** lösen, losmachen; **It.** disormeggiare; **R.** отвязивать.

DESAMARTELAR. tr. Desenamorar. Ú.t.c.r.

DESAMASADO, DA. adj. Deshecho, desunido.

★ **DESAMELGAR.** (De *des*, 1.er art., y *amelgar*.) tr. AGR. Variar la faja o amelga de un terreno. || **2.** AGR. Variar el orden del cultivo.

DESAMIGADO, DA. (De *desamigo*.) adj. Separado de la amistad de uno.

DESAMIGO. m. ant. Enemigo.

DESAMISTAD. f. ant. Enemistad.

DESAMISTARSE. (De *des*, 1.er art., y *amistar*.) r. Enemistarse, perder o dejar la amistad de uno.

DESAMOBLAR. tr. Desamueblar.

DESAMOLDAR. (De *des*, 1.er art., y *amoldar*.) tr. Hacer perder a una cosa la figura que tomó del molde. || **2.** fig. Descomponer la proporción de una cosa, desfigurarla.

DESAMOR. m. Falta de amor o de amistad. || **2.** Enemistad, aborrecimiento. || **3.** Desafección. || **P.** desamor; **I.** disaffection; **F.** inimitié; **A.** Lieblosigkeit; **It.** disamore; **R.** нелюбовь, вражда.

DESAMORADAMENTE. adv. Sin amor ni cariño; con esquivez.

DESAMORADO, DA. p.p. de desamorar. || **2.** adj. Que no tiene amor o no lo manifiesta.

DESAMORAR. tr. Hacer perder el amor. Ú.t.c.r.

DESAMOROSO, SA. adj. Que no tiene amor o agrado.

DESAMORRAR. (De *des*, 1.er art., y *amorrar*.) tr. fam. Hacer que uno levante la cabeza o que, dejando el silencio en que estaba, responda y converse con los que están presentes.

DESAMORTIZABLE. adj. Que puede o debe desamortizarse.

DESAMORTIZACIÓN. f. Acción y efecto de desamortizar.

DESAMORTIZADOR, RA. adj. Que desamortiza. Ú.t.c.s.

DESAMORTIZAR. tr. Dejar libres los bienes amortizados. || **2.** Poner en estado de venta los bienes de manos muertas. || **3.** DER. Transformar la propiedad fija en propiedad libre y circulante, por disposiciones legales.

DESAMOTINARSE. (De *des*, 1.er

art., y *amotinarse*.) r. Apartarse del motín principiado.

DESAMPARADAMENTE. adv. Sin amparo.

DESAMPARADO, DA. p.p. de desamparar. || **2.** adj. Privado de abrigo, protección o defensa.

DESAMPARADOR, RA. adj. Que desampara. Ú.t.c.s.

DESAMPARAMIENTO. m. ant. desamparo.

DESAMPARAR. tr. Abandonar, dejar sin amparo ni favor a la persona o cosa que lo pide o necesita. || **2.** Ausentarse, abandonar un lugar o sitio. || **3.** FOR. Dejar o abandonar una cosa, con renuncia de todo derecho sobre ella. || **P.** desamparar; **I.** to forsake; **F.** abandonner; **A.** verlassen; **It.** abbandonare; **R.** лишать защиты.

DESAMPARO. m. Acción y efecto de desamparar.

DESAMUEBLAR. tr. Dejar sin muebles un edificio o parte de él.

DESAMURAR. tr. Levantar o soltar las amuras de las velas.

DESANCLAR. (De *des*, 1.er art., y *anclar*.) tr. MAR. Desancorar.

DESANCORAR. (De *des*, 1.er art., y *ancorar*.) tr. MAR. Levantar las áncoras con que está aferrada una embarcación.

DESANDAR. tr. Retroceder, volver atrás en el camino ya andado.

DESANDRAJADO, DA. (De *des*, 1.er art., y *andrajo*.) adj. Andrajoso, desastrado.

DESANGRAMIENTO. m. Acción y efecto de desangrar o desangrarse.

DESANGRAR. tr. Sacar la sangre a una persona o a un animal en gran cantidad. || **2.** fig. Agotar o desaguar un estanque, lago, etc. || **3.** fig. Empobrecer a uno disipándole la hacienda insensiblemente. || **4.** r. Perder mucha sangre o perderla toda. || **P.** dessangrar; **I.** to bleed; **F.** saigner; **A.** verbluten; **It.** dissanguare; **R.** обескровливать.

★ **DESANGRE.** m. COLOM. Desangramiento.

DESANIDAR. intr. Dejar el nido las aves ya crecidas. || **2.** r. fig. Echar de un lugar a los que acostumbran a guarecerse o esconderse en él.

DESANIMADAMENTE. adv. Sin ánimo, sin aliento.

º **DESANIMADO, DA.** adj. Dícese de la función, baile, reunión, etc., a la que acudió menos gente de la que se esperaba.

DESANIMAR. tr. Desalentar, acobardar. Ú.t.c.r. || **P.** desanimar; **I.** to discourage; **F.** décourager; **A.** entmutigen; **It.** desanimare; **R.** упадок духа.

DESÁNIMO. (De *desanimar*.) m. Desaliento, falta de ánimo.

DESANUBLAR. tr. fig. Despejar, aclarar. Ú.t.c.r.

DESANUDADURA. f. Acción y efecto de desanudar.

DESANUDAR. tr. Deshacer o desatar el nudo. || **2.** fig. Aclarar lo que está enredado.

DESAÑUDADURA. f. Desanudadura.

DESAÑUDAR. (De *des*, 1.er art., y *añudar*.) tr. Desanudar.

DESAOJADERA. (De *desaojar*.) f. Mujer a quien supersticiosamente se le atribuía gracia para curar el aojo.

DESAOJAR. (De *des*, 1.er art., y *aojar*, 1.er art.) tr. Curar el aojo.

DESAPACIBILIDAD. f. Calidad de desapacible.

DESAPACIBLE. adj. Que causa disgusto o enfado, o es desagradable a los sentidos. || **P.** desaprazível; **I.** unpleasant; **F.** déplaisant; **A.** barsch, unwirsch; **It.** dispiacèvole; **R.** неспокойный.

DESAPACIBLEMENTE. adv. Desagradablemente.

DESAPADRINAR. tr. fig. Desaprobar.

DESAPAÑAR. tr. Descomponer, desataviar.

DESAPAREAR. tr. Separar una de dos cosas que hacían par.

DESAPARECER. tr. Ocultar, quitar de delante con presteza una cosa. || **2.** intr. Ocultarse de la vista de uno con prontitud. || **P.** desaparecer; **I.** to disappear; **F.** disparaître; **A.** verschwinden, entschwinden; **It.** disparire; **R.** исчезать.

D

DESAPARECIMIENTO. (De *desaparecer*.) m. Desaparición.

DESAPAREJAR. tr. Quitar el aparejo a una caballería. Ú.t.c.r. ǁ **2.** MAR. Quitar o destruir en todo o en parte el aparejo de una embarcación.

DESAPARICIÓN. f. Acción y efecto de desaparecer o desaparecerse.

DESAPARROQUIAR. (De *des*, 1.er art., y *aparroquiar*.) tr. Separar a uno de su parroquia. Ú.m.c.r. ǁ **2.** Apartar, quitar los parroquianos a las tiendas. Ú.m.c.r.

DESAPASIONADAMENTE. adv. Sin pasión ni interés alguno.

DESAPASIONADO, DA. p.p. de desapasionar. ǁ **2.** adj. Falto de pasión, imparcial.

DESAPASIONAR. tr. Quitar la pasión que se tiene a una persona o cosa. Ú.t.c.r.

DESAPEGAR. tr. Despegar, 1.ª acep. ǁ **2.** r. fig. Apartarse, desprenderse del afecto o afición a una persona o cosa.

DESAPEGO. (De *desapegar*.) m. fig. Falta de afición o interés, alejamiento, desvío.

DESAPERCEBIDAMENTE. adv. ant. Desapercibidamente.

DESAPERCEBIDO, DA. adj. ant. Desapercibido.

DESAPERCEBIMIENTO. m. ant. Desapercibimiento.

DESAPERCIBIDAMENTE. adv. Sin prevención ni apercibimiento.

DESAPERCIBIDO, DA. adj. Desprevenido, desprovisto de lo necesario.

DESAPERCIBIMIENTO. m. Desprevención, falta de apresto de lo necesario.

DESAPERCIBO. (De *des*, 1.er art., y *apercibo*.) m. ant. Desapercibimiento.

DESAPESTAR. tr. Desinfectar a una persona o cosa contaminada con la peste.

DESAPIADADAMENTE. adv. Despiadadamente.

DESAPIADADO, DA. adj. Despiadado.

DESAPIOLAR. (De *des*, 1.er art., y *apiolar*.) tr. Quitar el lazo o atadura con que los cazadores atan las piernas de la caza menor y los picos de las aves para colgarlas después de muertas.

DESAPLACIBLE. (De *des*, 1.er art., y *aplacible*.) adj. Desagradable.

DESAPLICACIÓN. f. Falta de aplicación, ociosidad.

DESAPLICADAMENTE. adv. Sin aplicación.

DESAPLICADO, DA. adj. Que no se aplica. Ú.t.c.s.

DESAPLICAR. tr. Quitar o hacer perder la aplicación, 2.ª acep. Ú.t.c.r.

DESAPLOMAR. tr. ALBAÑ. Desplomar, 1.ª acep. Ú.m.c.r.

DESAPODERADAMENTE. adv. Precipitadamente, con vehemencia.

DESAPODERADO, DA. p.p. de desapoderar. ǁ **2.** adj. Precipitado, que no puede contenerse. ǁ **3.** fig. Furioso, violento, desenfrenado.

DESAPODERAMIENTO. m. Acción y efecto de desapoderar o desapoderarse. ǁ **2.** Desenfreno, libertad excesiva.

DESAPODERAR. tr. Desposeer, despojar a uno de lo que tenía o de aquello de que se había apoderado. Ú.t.c.r. ǁ **2.** Quitar a uno el poder para el desempeño de su cargo.

DESAPOLILLAR. tr. Quitar la polilla. ǁ **2.** r. fig. Salir de casa cuando se ha pasado mucho tiempo sin salir de ella.

★ **DESAPONZAR.** tr. CHILE. Sacar a un clérigo del aponzamiento.

DESAPORCAR. tr. Quitar la tierra con que están aporcadas las plantas.

DESAPOSENTAR. tr. Echar de la habitación, privar del aposentamiento al que lo tenía. ǁ **2.** fig. Apartar, echar de sí.

DESAPOSESIONAR. (De *des*, 1.er art., y *aposesionar*.) tr. Desposeer, privar de la posesión.

DESAPOSTURA. f. ant. Falta de garbo, de disposición o gentileza. ǁ **2.** ant. Desaliño o desaseo. ǁ **3.** ant. Indecencia.

DESAPOYAR. tr. Quitar el apoyo con que se sostiene una casa.

DESAPRECIAR. tr. Desestimar, no hacer el uso de una cosa el aprecio que merece.

DESAPRENDER. tr. Olvidar lo que se había aprendido.

DESAPRENSAR. tr. Quitar el lustre o aguas que las telas y otras cosas adquieren en la prensa. ǁ **2.** fig. Librar una cosa de una apretura.

DESAPRENSIÓN. f. Falta de aprensión, 4.ª acep.

DESAPRENSIVO, VA. adj. Que tiene desaprensión.

DESAPRETAR. tr. Aflojar lo que está apretado. Ú.t.c.r. ǁ **2.** fig. Sacar a uno del aprieto en que se halla.

DESAPRIR. intr. ant. Apartarse, separarse.

DESAPRISIONAR. tr. Quitar las prisiones a uno o sacarle de la prisión.

DESAPROBACIÓN. f. Acción y efecto de desaprobar.

DESAPROBAR. tr. Reprobar, no asentir a una cosa.

DESAPROPIACIÓN. f. Desapropiamiento.

DESAPROPIAMIENTO. m. Acción y efecto de desapropiarse. ǁ **P.** desapropriação; **I.** alienation; **F.** désappropriation; **A.** Entausserung; **It.** disapropiamento; **R.** лишение, собственность.

DESAPROPIARSE (De *des*, 1.er art., y *apropiarse*.) r. Desposeerse uno del dominio sobre lo propio.

DESAPROPIO. m. Desapropiamiento.

DESAPROVECHADAMENTE adv. Con desaprovechamiento.

DESAPROVECHADO, DA. p.p. de desaprovechar. ǁ **2.** adj. Dícese del que pudiendo adelantar en algo, no lo hace. ǁ **3.** Que no produce lo que debería.

DESAPROVECHAMIENTO. (De *desaprovechar*.) m. Atraso en lo bueno; desperdicio o desmedro en las conveniencias.

DESAPROVECHAR. tr. No aprovechar una cosa, emplearla mal. ǁ **2.** intr. Perder lo que se había adelantado. ǁ **P.** desaproveitar; **I.** to waste; to misspend; **F.** négliger; **A.** versäumen; **It.** trascurare; **R.** использовать, уиускатв.

DESAPROVECHOSO, SA. (De *desaprovechar*.) adj. ant. Perjudicial, dañoso.

DESAPTEZA. (De *des*, 1.er art., y *apteza*.) f. ant. Insuficiencia, falta de aptitud.

DESAPTO, TA. adj. ant. Que no es apto o a propósito para una cosa.

DESAPUESTO, TA. adj. ant. De mala disposición y presencia. ǁ **2.** adv. ant. Descompuesto.

DESAPUNTALAR. (De *des*, 1.er art., y *apuntalar*.)

DESAPUNTAR. tr. Quitar las puntadas a lo cosido con ellas. ǁ **2.** Hacer perder la puntería. ǁ **3.** En las iglesias catedrales, colegiatas, etc., borrar los apuntes hechos por las faltas de asistencia de sus individuos al coro.

DESAQUELLARSE. r. fam. Descorazonarse, desalentarse, abatirse, ponerse fuera de sí.

DESARBOLAR. tr. MAR. Destruir, tronchar o derribar los árboles o palos de la embarcación. ǁ **2.** ANT. y PERÚ. Destartalar.

DESARBOLO. m. MAR. Acción y efecto de desarbolar.

DESARENAR. tr. Quitar la arena de una parte.

DESARENO. m. Acción y efecto de desarenar.

DESARMADO, DA. adj. Desprovisto de armas.

DESARMADOR. (De *desarmar*.) m. Disparador, pieza para disparar las armas de fuego.

DESARMADURA. (De *desarmar*.) m. Desarme.

DESARMAMIENTO. (De *desarmar*.) m. Desarme.

DESARMAR. tr. Quitar o hacer entregar a una persona, a un cuerpo o a una plaza las armas que tiene. ǁ **2.** Desceñir a una persona las armas que lleva. Ú.t.c.r. ǁ **3.** Descomponer un artefacto separando las piezas de que se compone. ǁ **4.** Licenciar las fuerzas de tierra o mar. ǁ **5.** Hacer dar en vago un golpe a un animal de asta. ǁ **6.** fig. Templar, minorar, desarmar. ǁ **7.** ESGR. Quitar el arma del adversario por un movimiento diestro de la propia. ǁ **8.** MAR. Quitar al buque la artillería y el aparejo y amarrar el casco a la dársena. ǁ

P. desarmar; **I.** to disarm; **F.** désarmer; **A.** entwaffnen; **It.** disarmare; **R.** обезоруживать.

DESARME. m. Acción y efecto de desarmar o desarmarse. ǁ **2.** Dícese especialmente de la reducción de armamento que se propugna para evitar la guerra. ǁ **P.** desarmamento; **I.** disarming; **F.** désarmement; **A.** Entwaffnung, Abrüstung; **It.** disarmo; **R.** разоружение.

DESARRAIGAMIENTO. (De *desarraigar*.) m. ant. Desarraigo.

DESARRAIGAR. tr. Arrancar de raíz un árbol o una planta. ǁ **2.** Echar, desterrar a uno de donde vive. ǁ **3.** Extinguir, extirpar una pasión, una costumbre, etc. ǁ **4.** tr. Apartar del todo a uno de una cosa. ǁ **P.** desarraigar; **I.** to root up; **F.** déraciner; **A.** entwurzeln; **It.** sradicare; **R.** искоренять.

DESARRAIGO. m. Acción y efecto de desarraigar, o desarraigarse.

★ **DESARRAJAR.** tr. CHILE. Destrozar.

DESARRANCARSE. (De *des*, 1.er art., y *arrancar*.) r. Desertar, separarse de un cuerpo o asociación de individuos.

DESARRAPADO, DA. adj. Desharrapado.

DESARREBOZADAMENTE. adv. Sin rebozo; clara y abiertamente.

DESARREBOZAR. tr. Quitar el rebozo. Ú.t.c.r. ǁ **2.** fig. Descubrir, poner patente. Ú.t.c.r.

DESARREBUJAR. (De *des*, 1.er art., y *arrebujar*.) tr. Desenvolver o desenmarañar lo que está revuelto. ǁ **2.** fig. Explicar o poner en claro lo que está confuso. ǁ **3.** r. Desenvolver la ropa en que está uno arrebujado.

DESARREGLADAMENTE. adv. Con desarreglo.

DESARREGLADO, DA. p.p. de desarreglar. ǁ **2.** adj. Que se excede en el uso de la comida, bebida u otras cosas.

DESARREGLAR. tr. Trastornar, desordenar, sacar de regla. Ú.t.c.r.

DESARREGLO. (De *desarreglar*.) m. Falta de regla, desorden.

DESARRENDAR. (De *des*, 1.er art., y *arrendar*, 2.º art.) tr. Quitar la rienda al caballo. Ú.t.c.r.

DESARRENDAR. tr. Dejar o hacer dejar una finca que se tenía arrendada.

DESARREVOLVER. tr. Desenvolver, desembarazar. Ú.t.c.r.

DESARRIMAR. tr. Separar una cosa de aquello a que está arrimada. ǁ **2.** fig. Disuadir, apartar a uno de su opinión.

DESARRIMO. (De *desarrimar*.) m. Falta de apoyo o de arrimo.

DESARROLLABLE. adj. Que puede desarrollarse. ǁ **2.** GEOM. V. *Superficie* DESARROLLABLE.

DESARROLLAR. tr. Descoger lo que está arrollado, deshacer un rollo. ǁ **2.** fig. Acrecentar, dar incremento del orden físico, intelectual o moral. Ú.t.c.r. ǁ **3.** fig. Explicar una teoría, llevarla de deducción en deducción hasta las últimas consecuencias. ǁ **4.** MAT. Efectuar las operaciones necesarias para cambiar la forma de una expresión analítica.

DESARROLLO. m. Acción y efecto de desarrollar o desarrollarse. ǁ **P.** desenrolamento; **I.** development; **F.** développement, déroulement; **A.** Entfaltung; **It.** sviluppo; **R.** развёртывать.

DESARROPAR. tr. Quitar o apartar la ropa. Ú.t.c.r.

DESARRUGADURA. f. Acción y efecto de desarrugar o desarrugarse.

DESARRUGAR. tr. Estirar, quitar las arrugas. Ú.t.c.r.

DESARRUMAR. (De *des*, 1.er art., y *arrumar*.) tr. MAR. Deshacer la estiba o remover y desocupar la carga ya estibada.

DESARTICULACIÓN. f. Acción y efecto de desarticular o desarticularse.

DESARTICULAR. tr. Separar dos o más huesos articulados entre sí. Ú.t.c.r. ǁ **2.** fig. Separar las piezas de una máquina o artefacto.

DESARTILLAR. tr. Quitar la artillería a un buque o fortaleza.

DESARZONAR. tr. Hacer que el jinete salga violentamente de la silla.

DESASADO, DA. adj. Que tiene rotas o quitadas las asas. ǁ **2.** GERM. Sin orejas.

DESASEADAMENTE. adv. Sin aseo.

DESASEADO, DA. p.p. de desasear. || **2.** adj. Falto de aseo.

DESASEAR. tr. Quitar el aseo, limpieza y compostura.

DESASEGURAR. tr. Hacer perder la seguridad a una cosa. || **2.** Cancelar un contrato de seguro.

DESASENTAR. tr. Remover, quitar una cosa de su lugar o asiento. || **2.** intr. fig. Desagradar, no sentar bien una cosa. || **3.** r. Levantarse del asiento.

DESASEO. m. Falta de aseo.

DESASIMIENTO. m. Acción y efecto de desasir o desasirse. || **2.** fig. Desprendimiento, desinterés.

DESASIMILACIÓN. (De *des*, 1.er art., y *asimilación*.) f. BIOL. Catabolismo.

DESASIR. tr. Soltar, desprender lo asido. Ú.t.c.r. || **2.** r. fig. Desprenderse, desapropiarse de una cosa. || **P.** desasier; **I.** to loosen; **F.** dégager; **A.** lösen, aufhaken; **It.** rilasciare; **R.** отпускать.

DESASISTENCIA f. Falta de asistencia.

DESASISTIR. (De *des*, 1.er art., y *asistir*.) tr. Desacompañar, desamparar.

DESASNAR. (De *des*, 1.er art., y *asno*.) tr. fig. y fam. tr. Quitar la rudeza a una persona por medio de la enseñanza. Ú.t.c.r.

DESASOCIABLE. adj. Insociable.

DESASOCIAR. tr. Disolver una asociación.

DESASOSEGADAMENTE. adv. Con desasosiego.

DESASOSEGAR. tr. Privar de sosiego. Ú.t.c.r.

DESASOSIEGO. (De *desasosegar*.) m. Falta de sosiego.

DESASTRADAMENTE. adv. Desgraciadamente, con desastre, con desaliño.

DESASTRADO, DA. (De *desastre*.) adj. Infausto, infeliz. || **2.** Dícese de la persona rota y desaseada.

DESASTRE. (I. *dis* y *astrum*, astro, hado.) m. Desgracia grande, suceso infeliz y lamentable. || **P.** desastre; **I.** disaster; **F.** désastre; **A.** Unheil, Unfall; **It.** disastro; **R.** бедствие.

DESASTROSAMENTE. adv. De modo desastroso.

DESASTROSO, SA. adj. Desastrado, 1.ª acep.

DESATACAR. tr. Desatar una cosa soltando las agujetas, botones, etc., que le atacan. Ú.t.c.r. || **2.** Sacar los tacos de los barrenos o armas de fuego. || **3.** r. Desabrocharse los calzones o pantalones. || **4.** Méj. Soltar el atacador o engallador a los animales de tiro para que puedan bajar la cabeza y descansar.

DESATADAMENTE. adv. Libremente, sin orden.

DESATADOR, RA. adj. Que desata. Ú.t.c.s.

DESATADURA. f. Acción y efecto de desatar o desatarse.

DESATALENTADO, DA. (De *des*, 1.er art., *a*, y *talento*.) adj. Desconcertado, fuera de tino.

DESATAMIENTO. m. ant. Desatadura.

DESATANCAR. tr. Limpiar un conducto obstruido. || **2.** r. Desatascarse.

DESATAPADURA. (De *desatapar*.) f. ant. Destapadura.

DESATAPAR. (De *des*, 1.er art., y *atapar*.) tr. ant. Destapar.

DESATAR. tr. Soltar lo que está atado con vínculos materiales o morales. || **2.** fig. Desleir, liquidar, derretir. || **3.** fig. Deshacer, aclarar. || **4.** r. fig. Excederse en hablar. || **5.** fig. Proceder desordenadamente. || **6.** fig. Perder el encogimiento, temor o extrañeza. || **7.** fig. Desencadenar. || **P.** desatar, desamarrar; **I.** to untie; **F.** dénouer; **A.** (auf)lösen, losbinden; **It.** sciògliere; **R.** развязывать.

DESATASCAR. tr. Sacar del atascadero. || **2.** Desatancar, 1.ª acep. || **3.** fig. Sacar a uno de la dificultad en que se halla y de la que no puede salir por sí mismo.

DESATAVIAR. tr. Quitar los atavíos.

DESATAVÍO. (De *desataviar*.) m. Desaliño, descompostura del traje.

DESATE. m. Acción y efecto de desatar u obrar desatadamente. || **2.** Acción y efecto de desatarse o perder la timidez. —**de vientre.** Soltura de vientre, flujo.

DESATEMPLARSE. r. ant. Destemplarse, desarreglarse.

DESATENCIÓN. f. Falta de atención, distracción. || **2.** Descortesía, falta de urbanidad o respeto.

DESATENDER. tr. No prestar atención a lo que se dice o hace. || **2.** No hacer caso o aprecio de una persona o cosa. || **3.** No corresponder, no asistir con lo que es debido. || **P.** desatender; **I.** to be heedless; **F.** dédaigner; **A.** übersehen, nichtbeachten; **It.** negligere; **R.** необращать, обозревать.

DESATENTADAMENTE. adv. Con desatiento, sin tino.

DESATENTADO, DA. p.p. de desatentar. || **2.** adj. Que obra o habla sin tino ni concierto. || **3.** Excesivo, riguroso, desordenado.

DESATENTAMENTE. adv. Con desatención, descortésmente.

DESATENTAMIENTO. (De *desatentar*.) m. ant. Desatiento.

DESATENTAR. tr. Turbar el sentido o hacer perder el tiento. Ú.t.c.r.

DESATENTO, TA. adj. Dícese del que no pone en una cosa la atención debida. || **2.** Descortés, falto de urbanidad. Ú.t.c.s.

DESATERRAR. tr. AMÉR. Escombrar, 1.ª acep. || **2.** AMÉR. Quitar la tierra que obstruye algo.

DESATESAR. (De *des*, 1.er art., y *atesar*.) adj. ant. Flojo, 1.ª acep.

DESATESORAR. tr. Sacar o gastar lo atesorado.

DESATIBAR. (De *des*, 1.er art., y *atibar*.) tr. MIN. Desatorar, quitar escombros.

DESATIENDO. (De *desatentar*.) m. Falta de tiento o de tacto. || **2.** Desasosiego, inquietud, perturbación del ánimo.

DESATIERRE. (De *des*, 1.er art., y *aterrar*, 5.ª acep.) m. AMÉR. Escombrera. || **2.** AMÉR. Acción de desaterrar.

DESATINADAMENTE. adv. Inconsideradamente, con desatino. || **2.** Desmedidamente, con exceso.

DESATINADO, DA. p.p. de desatinar. || **2.** Desarreglado, sin tino. || **3.** Dícese del que habla o procede sin juicio ni razón. Ú.t.c.s.

DESATINAR. tr. Hacer perder el tino, desatentar. || **2.** intr. Dícese del que habla o procede sin juicio ni razón.

DESATINO. (De *desatinar*.) m. Falta de tino, tiento o acierto. || **2.** Locura, despropósito o error. || **P.** desatino; **I.** extravagance, bévue; **A.** Unsicherheit; **It.** sbaglio; **R.** сумасбродство.

DESATOLONDRAR. tr. Hacer volver en sí al que está atolondrado o privado de sentido.

DESATOLLAR. tr. Sacar o librar del atolladero. Ú.t.c.r.

DESATONTARSE. (De *des*, 1.er art., y *atontar*.) r. Salir uno del atontamiento en que estaba.

DESATORAR. tr. MAR. Desarrumar. || **2.** MIN. Quitar los escombros que atoran u obstruyen una excavación.

DESATORNILLADOR. m. Destornillador. Ú.m. en América.

DESATORNILLAR. tr. Destornillar, 1.ª acep.

DESATRACAR. tr. MAR. Separar una embarcación de aquello a que está arrimada. || **2.** intr. MAR. Separarse la nave de la costa cuando su proximidad ofrece algún peligro.

DESATRAER. (De *des*, 1.er art., y *atraer*.) tr. Apartar, separar una cosa de otra.

DESATRAILLAR. (De *des*, 1.er art., y *atraillar*.) tr. Quitar la traílla. Dícese comúnmente de los perros.

DESATRAMPAR. (De *des*, 1.er art., y *atrampar*.) tr. Limpiar o desembarazar de cualquier impedimento un cañón o conducto.

DESATRANCAR. tr. Quitar a la puerta la tranca. || **2.** Desatrampar.

DESATRAVESAR. tr. ant. Quitar lo que estaba atravesado.

DESATUFARSE. (De *des*, 1.er art., y *atufar*.) r. Libertarse del tufo subido a la cabeza o encerrado en una habitación. || **2.** fig. Perder o deponer el enojo o enfado.

DESATURDIR. (De *des*, 1.er art., y *aturdir*.) tr. Quitar a uno el aturdimiento. Ú.t.c.r.

DESAUTORIDAD. f. Falta de autoridad, de respeto o de representación.

DESAUTORIZACIÓN. f. Acción y efecto de desautorizar.

DESAUTORIZADAMENTE. adv. Sin autoridad o crédito.

DESAUTORIZADO, DA. p.p. de desautorizar. || **2.** adj. Falto de autoridad, de crédito o de importancia.

DESAUTORIZAR. tr. Quitar a una persona o cosa, autoridad, poder, crédito o estimación. Ú.t.c.r. || **P.** desautorizar; **I.** to disauthorize; **F.** désautoriser, discréditer; **A.** herabwürdigen; **It.** disautorare, screditare; **R.** лишать авторитета.

DESAVAHADO, DA. (De *desavahar*.) adj. Dícese del lugar descubierto, libre de nieblas, vahos o vapores.

DESAVAHAMIENTO. m. Acción y efecto de desavahar o desavaharse.

DESAVAHAR. (De *des*, 1.er art., y *avahar*.) tr. Desarropar, para que exhale el vaho y se temple. || **2.** Dejar enfriar una cosa hasta que no eche vaho. || **3.** Orear. || **4.** r. fig. Esparcirse, deshogarse.

DESAVECINDADO, DA. p.p. de desavecindar. || **2.** adj. Aplícase a la casa o lugar desierto o desamparado de vecinos.

DESAVECINDARSE. r. Ausentarse de un lugar, mudando a otro el domicilio.

DESAVENENCIA. (De *des*, 1.er art., y *avenencia*.) f. Oposición, discordia, contrariedad.

DESAVENIDO, DA. p.p. de desavenir. || **2.** adj. Dícese del que está discorde o no conforme con otro. || **P.** desavindo, desconforme; **I.** discordant; **F.** désaccordé; **A.** uneinig; **It.** discorde; **R.** несотласный.

DESAVENIMIENTO. (De *desavenir*.) m. ant. Desavenencia.

DESAVENIR. tr. Desconcertar, desconvenir. Ú.t.c.r.

DESAVENTAJADAMENTE. adv. Sin ventaja.

DESAVENTAJADO, DA. adj. Inferior y poco ventajoso.

DESAVENTURA. (De *des*, 1.er art., y *aventura*.) f. Desventura.

DESAVENTURADAMENTE. adv. ant. Desventuradamente.

DESAVENTURADO, DA. (De *desaventura*.) adj. ant. Desventurado.

DESAVEZAR. (De *des*, 1.er art., y *avezar*.) tr. ant. Desacostumbrar. Usáb. t.c.r.

DESAVIAR. tr. Apartar a uno del camino que debe seguir. || **2.** Quitar o no dar el avío necesario para una cosa. Ú.t.c.r.

DESAVÍO. m. Acción y efecto de desaviar o desaviarse. || **2.** Desorden, desaliño, incomodidad.

DESAVISADO, DA. (De *desavisar*.) adj. Inadvertido, ignorante. Ú.t.c.s.

DESAVISAR. tr. Dar aviso contrario al que se había dado.

DESAYUDAR. tr. Impedir o embarazar lo que puede servir a uno de auxilio o ayuda. Ú.m.c.r.

DESAYUNARSE. (De *des*, 1.er art., y *ayunar*.) r. Tomar el desayuno. || **2.** fig. Tener la primera noticia de un suceso o especie. *Ahora me* DESAYUNO *de tu pena*.

DESAYUNO. m. Primer alimento ligero que se toma por la mañana. || **2.** Acción de desayunarse. || **P.** desjejum; **I.** breakfast; **F.** déjeuner; **A.** (Erstes)Frühstück; **It.** colazione; **R.** завтрак.

DESAYUNTAMIENTO. m. ant. Acción y efecto de desayuntar.

DESAYUNTAR. tr. ant. Desunir, separar, apartar.

DESAZOGAR. tr. Quitar el azogue a una cosa.

DESAZÓN. f. Desabrimiento, insipidez. || **2.** f. Alta desazón y tempero en las tierras que se cultivan. || **3.** fig. Disgusto, pesadumbre. || **4.** Molestia o inquietud. || **5.** Picazón, 1.ª acep. || **4.ª acep.: P.** insipidez; **I.** discomfort; **F.** malaise; **A.** Missbehagen; **It.** incomodo; **R.** безвкусность, беспокойство.

DESAZONADO, DA. p.p. de desazonar. || **2.** adj. Dícese de la tierra que no está en sazón. || **3.** fig. Indispuesto, figurado.

DESAZONAR. tr. Quitar la sazón o el sabor a un manjar. || **2.** fig. Disgustar,

D

desabrir el ánimo. Ú.t.c.r. ǁ **3**. r. fig. Sentirse indispuesto en la salud.

★ **DESBABADERO**. m. VENEZ. Depósito donde se echa el cacao para que por un desagüe vaya saliendo la baba o jugo viscoso que destila.

DESBABAR. intr. Purgar, expeler las babas. Ú.t.c.r. ǁ **2**. tr. Hacer que el caracol suelte su baba.

DESBAGAR. tr. Sacar de la baga la linaza. Ú.t.c.r.

★ **DESBALAGAR**. tr. Desaguar, descargar. ǁ **2**. HOND. Desbaratar, derrochar.

DESBALLESTAR. tr. ant. Desarmar la ballesta.

★ **DESBAMBARSE**. r. MÉJ. Destejerse una tela.

DESBANCAR. tr. Despejar, desembarazar un sitio de los bancos que lo ocupan. ǁ **2**. En el juego de la banca y otros análogos, ganar al banquero todo el fondo que puso. ǁ **3**. fig. Hacer perder a uno la amistad o el cariño de otra persona, ganándola para sí. ǁ **2**.ª acep.: **P**. desbancar; **I**. to break the bank; **F**. débanquer; **A**. die Bank sprengen; **It**. sbancare; **R**. сорвать банк.

DESBANDADA. f. Acción y efecto de desbandarse. ǁ *A la* DESBANDADA. m. adv. Confusamente y sin orden; en dispersión. ǁ **P**. desbandada; **I**. disbanding; **F**. débandade; **A**. Auflösung, Unordnung; **It**. sbandata; **R**. беспорядочное бегство.

DESBANDARSE. (De *des*, 1.er art., y *bando*, 2.º art.) r. Desparramarse, huir en desorden. ǁ **2**. Apartarse de la compañía de otros. ǁ **3**. Desertar. ǁ **4**. MIL. Dispersarse los soldados, abandonando sus banderas.

DESBAÑADO. (De *des*, 1.er art., y *bañado*.) adj. CETR. Dícese del azor que no se ha bañado cuando lo hacen volar.

DESBARAHUSTAR. tr. Desbarajustar.

DESBARAHUSTE. m. Desbarajuste.

DESBARAJUSTAR. (De *des*, 1.er art., y *barajustar*.) tr. Desordenar, 1.ª acep.

DESBARAJUSTE. (De *desbarajustar*.) m. Desorden, 1.ª acep.

DESBARATADAMENTE. adv. Con desbarate.

DESBARATADO, DA. p.p. de desbaratar. ǁ **2**. adj. fig. y fam. De mala vida, conducta o gobierno. Ú.t.c.s.

DESBARATADOR, RA. adj. Que desbarata. Ú.t.c.s.

DESBARATAMIENTO. (De *desbaratar*.) m. Descomposición, desconcierto.

DESBARATANTE. p.a. de desbaratar. Que desbarata.

DESBARATAR. (De *des*, 1.er art., y *baratar*.) tr. Deshacer o arruinar una cosa. ǁ **2**. Disipar, malgastar los bienes. ǁ **3**. fig. Hablando de cosas inmateriales, impedir, estorbar. ǁ **4**. MIL. Desordenar, poner en confusión a los contrarios. ǁ **5**. intr. Disparatar. ǁ **6**. r. fig. Descomponerse, hablar u obrar fuera de razón. ǁ **P**. desfazer; **I**. to destroy; **F**. détruire; **A**. zerstören; **It**. scialacquare; **R**. расстраивать.

DESBARATE. m. Acción y efecto de desbaratar. ǁ **2**. Repetición muy frecuente de cámaras o cursos. —*de vientre*. Repetición muy frecuente de deposiciones. ǁ *Al* DESBARATE. m. adv. Casi de balde.

DESBARATO. m. Desbarate, 1.ª acep.

DESBARAUSTAR. (De *des*, 1.er art., y *baraustar*.) tr. ant. Desbarajustar.

DESBARBADO, DA. adj. Que carece de barba. Ú. a veces en sentido despectivo.

DESBARBAR. tr. Quitar las barbas de una cosa, especialmente las raíces muy delgadas de las plantas. ǁ **2**. fam. Afeitar la barba de uno. Ú.t.c.r.

DESBARBILLAR. (De *des*, 1.er art., y *barbilla*, d. de *barba*.) tr. AGR. Desbarbar, cortar las raíces que arrojan los troncos de las vides nuevas, para darles más vigor.

DESBARDAR. tr. Quitar la barda a una tapia.

DESBARRADA. (De *desbarrar*.) f. ant. Desorden con alboroto.

★ **DESBARRANCADERO**. m. AMÉR. Precipicio, despeñadero.

★ **DESBARRANCAR**. tr. CHILE. Despeñar por un barranco. Ú.t.c.r. ǁ **2**. fig. Conseguir que uno ceda en una resolución firmemente tomada.

DESBARRAR. (ant. *desbarar*, dis-paratar, y éste del l. *divarāre*, resbalar.) intr. Deslizarse, escurrirse. ǁ **2**. Tirar con la barra a cuanto alcance la fuerza, sin cuidarse de hacer tiro. ǁ **3**. fig. Discurrir fuera de razón; errar en lo que se dice o hace.

DESBARRETAR. tr. Quitar las barretas a lo que está fortificado con ellas.

DESBARRIGADO, DA. p.p. de desbarrigar. ǁ **2**. adj. Que tiene poca barriga.

DESBARRIGAR. tr. fam. Romper o herir el vientre o barriga. ǁ **2**. intr. CUBA. Parir.

DESBARRO. m. Acción y efecto de desbarrar.

DESBASTADOR. m. Herramienta que sirve para desbastar.

DESBASTADURA. f. Efecto de desbastar.

DESBASTAR. tr. Quitar las partes más bastas de una cosa que se haya de labrar. ǁ **2**. Gastar, disminuir, debilitar. ǁ **3**. fig. Quitar la tosquedad, educar, afinar a las personas incultas. ǁ **P**. desbastar; **I**. to rough down; **F**. dégrossir; **A**. abrauhen, abschleifen; **It**. sgrossare; **R**. обтёсывать.

DESBASTE. m. Acción y efecto de desbastar. ǁ **2**. Estado de un material destinado a labrarse, despojado de las partes más bastas.

DESBASTECIDO, DA. (De *des*, 1.er art., y *bastecido*.) adj. Sin bastimentos.

DESBAUTIZARSE. (De *des*, 1.er art., y *bautizar*.) r. fig. y fam. Deshacerse, irritarse, impacientarse mucho.

DESBAZADERO. m. Sitio o paraje húmedo, y por tanto resbaladizo.

DESBEBER. intr. fam. Orinar, 1.ª acep.

DESBECERRAR. tr. Destetar los becerros o separarlos de su madre.

DESBINZAR. tr. MURC. Quitarle al pimiento seco la binza para molerlo. ǁ **2**. CHILE. Cortar la binza a los animales al castrarlos.

DESBLANQUECIDO, DA. (De *des*, 1.er art., y *blanquecer*.) adj. Blanquecido.

DESBLANQUIÑADO, DA. adj. Desblanquecido.

DESBLOQUEAR. tr. COM. Levantar el bloqueo de una cantidad o crédito.

DESBLOQUEO. m. COM. Acción y efecto de desbloquear.

DESBOCADAMENTE. adv. Desenfrenadamente, desvergonzadamente.

DESBOCADO, DA. p.p. de desbocar. ǁ **2**. adj. Dícese de la pieza de artillería de boca más ancha que lo restante del ánima. ǁ **3**. Dícese del instrumento que tiene gastada o mellada la boca. ǁ **4**. fig. y fam. Acostumbrado a decir palabras indecentes y ofensivas. Ú.t.c.s.

DESBOCAMIENTO. m. Acción y efecto de desbocar o desbocarse.

DESBOCAR. tr. Quitar o romper la boca a una cosa. ǁ **2**. intr. Desembocar, 3.ª acep. ǁ **3**. r. Hacerse una caballería insensible a la acción del freno y dispararse. ǁ **4**. fig. Desvergonzarse, prorrumpir en denuestos.

DESBONETARSE. f. fam. Quitarse el bonete de la cabeza.

DESBOQUILLAR. tr. Quitar o romper la boquilla.

DESBORDAMIENTO. m. Acción y efecto de desbordar o desbordarse.

DESBORDANTE. p.a. de desbordar. Que desborda o se desborda. ǁ **2**. adj. Que sale de sus límites o de la medida.

DESBORDAR. intr. Salir de los bordes, derramarse. ǁ **2**. r. Desmandarse las pasiones o los vicios. ǁ **P**. desbordar; **I**. to overflow; **F**. déborder; **A**. ueberfliessen; **It**. traboccare; **R**. выходить из берегов.

DESBORNIZAR. tr. Arrancar el corcho virgen o bornizo de los alcornoques.

DESBORONAR. tr. Desmoronar. Ú.t.c.r.

DESBORRADORA. f. Obrera que en algunas fábricas de paños quita la borra o los nudos que quedan después de tejida la lana.

DESBORRAR. tr. Quitar la borra o los nudos a los paños. ǁ **2**. MURC. Deschuponar.

DESBOTONAR. tr. CUBA. Quitar los botones y la guía a la planta del tabaco para impedir su crecimiento y para que ganen en tamaño las hojas.

DESBRAGADO, DA. adj. fam. Sin bragas. ǁ **2**. fig. y despect. Descamisado, desharrapado. Ú.t.c.s.

DESBRAGAR. tr. AND. Cavar alrededor de la cepa una pileta de unos 20 cm de profundidad, para quitar las raíces superficiales y recoger los brotes para injertos.

DESBRAGUETADO. adj. fam. Que trae desbotonada o mal ajustada la bragueta.

DESBRAVADOR. m. El que tiene por oficio desbravar potros cerriles.

DESBRAVAR. (De *des*, 1.er art., y *bravo*.) tr. Amansar el ganado cerril. ǁ **2**. intr. Perder o deponer parte de la braveza. ǁ **3**. fig. Aplacar la cólera; romperse el ímpetu de la corriente. Ú.t.c.r. ǁ **4**. Perder los licores la fuerza. Ú.t.c.r.

★ **DESBRAVEAR**. (De *des*, 1.er art., y *bravear*.) tr. Echar bravatas con acrecentado ardor. ǁ **2**. fig. Soplar más intensamente el huracán, revolverse la atmósfera con turbonadas.

DESBRAVECER. (De *des*, 1.er art., y *bravo*.) intr. Desbravar, 2.ª, 3.ª y 4.ª aceps. Ú.t.c.r.

DESBRAZARSE. r. Extender violentamente los brazos, hacer fuerza con ellos.

DESBREVARSE. (De *desbravar*.) r. Perder alguna cosa la fuerza y actividad que tenía. Dícese regularmente del vino cuando se va echando a perder.

DESBRIDAMIENTO. m. CIR. Acción y efecto de desbridar.

DESBRIDAR. (De *des*, 1.er art., y *brida*.) tr. CIR. Dividir con instrumento cortante los tejidos fibrosos que, produciendo estrangulación, pueden originar la gangrena. ǁ **2**. Separar las bridas o filamentos que atraviesan una llaga y estorban la libre salida del pus.

DESBRIZNAR. tr. Reducir a briznas, desmenuzar una cosa. ǁ **2**. Sacar los estambres a la flor del azafrán. ǁ **3**. Quitar la brizna a las legumbres.

DESBROCE. m. Desbrozo.

★ **DESBROTAR**. (De *des*, 1.er art., y *brote*.) tr. Desbarbillar, despampanar. ǁ **2**. CHILE. Despimpollar.

★ **DESBROTE**. m. CHILE. Acción y efecto de desbrotar. ǁ **2**. CHILE. Conjunto de vástagos que se podan o arrancan de la vid.

DESBROZAR. tr. Quitar la broza, desembarazar, limpiar.

DESBROZO. m. Acción y efecto de desbrozar. ǁ **2**. Cantidad de broza acumulada en alguna parte.

DESBRUAR. tr. En el obraje de paños, quitar al tejido la grasa para meterlo en el batán.

DESBRUJAR. tr. Desmoronar.

DESBUCHAR. (De *des*, 1.er art., y *buche*, 1.er art.) tr. Desembuchar. ǁ **2**. Desainar. ǁ **3**. CETR. Bajar y aliviar el buche de las aves de rapiña.

DESBULLA. f. Despojo que queda de la ostra desbullada.

DESBULLADOR. m. Tenedor para ostras.

DESBULLAR. (l. *defollāre*, de *follis*, fuelle, envoltura.) tr. Quitar la cáscara o envoltura de algunas cosas. ǁ **2**. Abrir las ostras para sacar su contenido.

DESCABAL. adj. No cabal.

DESCABALAMIENTO. m. Acción y efecto de descabalar o descabalarse.

DESCABALAR. tr. Dejar descabal una cosa con pérdida de alguna de sus partes esenciales. Ú.t.c.r.

DESCABALGADURA. f. Acción y efecto de descabalgar, 1.ª acep.

DESCABALGAR. intr. Desmontar, bajar de una caballería en que se iba montado. ǁ **2**. tr. ART. Desmontar de la cureña un cañón, o imposibilitarse el uso de éste por destrucción de la cureña. Dícese también de otras máquinas de guerra. Ú.t.c.r.

DESCABELLADAMENTE. adv. fig. Sin orden ni concierto.

DESCABELLADO, DA. p.p. de descabellar. ǁ **2**. adj. fig. Dícese de lo que va fuera de orden, concierto o razón.

DESCABELLADURA. f. ant. Acción y efecto de descabellar, 1.ª acep.

DESCABELLAMIENTO. (De *descabellar*.) m. fig. Despropósito.

DESCABELLAR. (De *des*, 1.er art., y

cabello.) tr. Despeinar, desgreñar. || **2.** tr. TAUROM. Matar instantáneamente al toro, hiriéndole en la cerviz con la punta del estoque.

DESCABELLO. m. Acción y efecto de descabellar, 2.ª acep.

DESCABEÑARSE. r. ant. Descabellarse.

DESCABESTRAR. tr. Desencabestrar.

DESCABEZADAMENTE. adv. fig. Descabelladamente.

DESCABEZADO, DA. p.p. de descabezar. || **2.** adj. fig. Que va fuera de la razón. Ú.t.c.s.

DESCABEZAMIENTO. m. Acción y efecto de descabezar o descabezarse.

DESCABEZAR. tr. Quitar o cortar la cabeza a una persona o animal. || **2.** Deshacer el encabezado que han hecho en un pueblo. || **3.** fig. Cortar la parte superior o las puntas de los árboles, maderas, etcétera. || **4.** fig. y fam. Empezar a vencer la dificultad o un embarazo que se encuentra en alguna cosa. || **5.** MIL. Poner las primeras hileras de un batallón, regimiento, etcétera, en la dirección necesaria para una marcha de flanco. || **6.** Rebasar o vencer un obstáculo la cabeza de la columna. || **7.** intr. Terminar una tierra de labor en otra, ir a unirse con ella. || **8.** r. fig. y fam. Descalabazarse. || **9.** AGR. Desgranarse las espigas de las mieses. || **—el sueño.** fig. Adormilarse un poco. || **P.** descabeçar; **I.** to behead; **F.** décapiter; **A.** köpfen, enthaupten; **It.** decapitare; **R.** обезглавливать.

DESCABILDADAMENTE. adv. ant. Descabezadamente.

DESCABRITAR. tr. Destetar los cabritos.

DESCABULLIRSE. r. Escabullirse. || **2.** fig. Huir de una dificultad con sutileza. || **3.** Eludir la fuerza de las razones contrarias.

DESCACILAR. tr. ant. Descafilar.

★ **DESCACHALANDRADO, DA.** adj. COLOM. Ajado, descompuesto.

★ **DESCACHALANDRAMIENTO.** m. Abandono, descuido.

★ **DESCACHAR.** tr. CHILE. Desatar. || **2.** COLOM. Quitar la parte más elevada de una cosa.

★ **DESCACHARADO, DA.** adj. HOND. Andrajoso, harapiento, astroso.

★ **DESCACHARRAR.** tr. P. RICO. Romper un cacharro. || **2.** P. RICO. Romper una cosa.

DESCACHAZAR. f. CUBA. Quitar la cachaza del guarapo en su paila respectiva.

DESCADERAR. tr. Hacer a uno daño grave en las caderas. Ú.t.c.r.

DESCADILLADOR, RA. m. y f. Persona que descadilla.

DESCADILLAR. tr. Quitar a la lana los cadillos, pajillas o motas.

DESCAECER. (De *des*, 1.er art., y *caecer*.) intr. Ir a menos, perder poco a poco la salud, el crédito, el caudal, etc.

DESCAECIMIENTO. (De *descaecer*.) m. Flaqueza, debilidad, falta de fuerzas.

DESCAER. intr. Decaer.

DESCAFILAR. tr. Limpiar y alisar los ladrillos o baldosas procedentes de un derribo para utilizarlos de nuevo.

DESCAIMIENTO. m. Decaimiento.

DESCALABAZARSE. (De *des*, 1.er art., y *calabaza*.) r. fig. y fam. Calentarse la cabeza en averiguar una cosa sin lograrlo.

DESCALABRADO, DA. p.p. de descalabrar. Ú.t.c.s. || **2.** fig. Que ha salido mal de una pendencia o en un negocio. Ú.t.c.s. || *Ser* uno el DESCALABRADO *y ponerse otro la venda.* fr. fig. y fam. que se emplea para zaherir a quien se queja o͞ lamenta, no siendo él, sino otro, el ofendido o lastimado.

DESCALABRADURA. (De *descalabrar*.) f. Herida recibida en la cabeza. || **2.** Cicatriz que queda de esta herida.

DESCALABRAR. (De *des*, 1.er art., y *calavera*.) tr. Herir a uno en la cabeza. Ú.t.c.r. || **2.** Por ext., herir o maltratar en otra parte del cuerpo. || **3.** fig. Causar daño o perjuicio. || DESCALÁBRAME *con eso.* Expresión con que se da a entender irónicamente a uno que no hará lo que dice o promete.

DESCALABRO. (De *descalabrar*.) m.

Contratiempo, infortunio, daño o pérdida. || **P.** descalabro; **I.** blow; **F.** échec; **A.** Schaden; **It.** scàpito.

DESCALANDRAJAR. (De *des*, 1.er art., y *calandrajo*.) tr. Desgarrar una cosa de tela haciéndola andrajos.

DESCALCADOR. m. MAR. Instrumento de calafate para descalcar.

DESCALCAR. tr. MAR. Sacar las estopas viejas de la costura de un buque.

DESCALCE. (De *descalzar*.) m. Socava.

DESCALCEZ. f. Calidad de descalzo. || **2.** Condición de ciertas órdenes religiosas, cuyos miembros, por su instituto, deben llevar los pies desnudos.

DESCALCIFICACIÓN. f. MED. Pérdida de las sales de cal del organismo o de una parte de él.

★ **DESCALENTARSE.** r. CUBA. Enfermar de los cascos las caballerías por haber caminado durante mucho tiempo por terreno seco.

DESCALICHARSE. (De *caliche*, 2.ª acep.) AND. Desconcharse y deteriorarse las paredes por desprendimiento de las capas de cal del enlucido.

DESCALIFICAR. tr. Desacreditar, desautorizar o incapacitar.

DESCALIMAR. intr. ant. MAR. Levantarse o disiparse la calima.

DESCALOSTRADO, DA. adj. Dícese del niño que ha pasado ya los días del calostro.

DESCALZADERO. m. AND. Puertecilla del palomar, por donde se cogen las palomas en red puesta para cazarlas.

DESCALZAR. (l. *discalceāre*.) tr. Quitar el calzado. || **2.** Quitar uno o más calzos a una cosa. || **3.** Socavar. || **4.** r. Perder las caballerías una o más herraduras. || **5.** fig. Pasar un fraile calzado a descalzo. || **P.** descalçar; **I.** to unshoe; **F.** déchausser; **A.** die Schuhe ausziehen; **It.** scalzare; **R.** разувать кого-л.

DESCALZO, ZA. p.p. irreg. de descalzar. || **2.** adj. Que trae desnudas las piernas o los pies, o aquéllas y éstos. || **3.** Dícese del fraile o de la monja que profesa descalcez. Ú.t.c.s. || **4.** fig. Desnudo, falto de alguna cosa inmaterial.

DESCALLADOR. (De *des*, 1.er art., y *callo*.) m. ant. Herrador.

DESCAMACIÓN. (De *des*, 1.er art., y *escama*.) f. MED. Desprendimiento de la epidermis seca en forma de laminillas en el curso o al final de una afección cutánea o de una enfermedad eruptiva.

DESCAMAR. (l. *desquamare*.) tr. Escamar, 1.ª acep. || **2.** r. Caerse la piel en forma de escamillas.

DESCAMBIAR. tr. Destrocar.

DESCAMINADAMENTE. adv. Fuera de camino, sin acierto.

DESCAMINADO, DA. p.p. de descaminar.

DESCAMINAR. tr. Sacar o apartar a uno del camino que debe seguir o hacer de modo que yerre. Ú.t.c.r. || **2.** fig. Apartar a uno de un buen propósito, inducirle a que haga lo que no es justo ni conveniente. Ú.t.c.r. || **P.** desencaminar; **I.** to mislead; **F.** égarer; **A.** irreführen; **It.** traviare; **R.** сбивать с пути.

DESCAMINO. m. Acción y efecto de descaminar o descaminarse. || **2.** Cosa que se quiere introducir de contrabando. || **3.** fig. Desatino, despropósito.

DESCAMISADO, DA. adj. fam. Sin camisa. || **2.** fig. y despect. Muy pobre, desharrapado. Ú.t.c.s.

★ **DESCAMISAR.** tr. Entre fundidores, retirar el molde de la camisa. || **2.** CHILE. Tratándose de brevas, higos, etc., mondar, pelar.

DESCAMPADO, DA. (De *descampar*.) adj. Dícese del terreno descubierto y desembarazado. Ú.t.c.s. || *En* DESCAMPADO. m. adv. A campo raso, a cielo descubierto, en sitio o paraje libre de embarazos.

DESCAMPAR. tr. Escampar.

DESCANSADAMENTE. adv. Sin trabajo, sin fatiga, quieta y reposadamente.

DESCANSADERO. m. Sitio o lugar donde se descansa o se puede descansar.

DESCANSADO, DA. p.p. de descansar. || **2.** adj. Dícese de lo que trae en sí una satisfacción que equivale al descanso.

DESCANSAR. (De *des*, 1.er art., y

cansar.) intr. Cesar en el trabajo, reposar para reponer fuerzas. || **2.** fig. Tener algún alivio en los cuidados; dar los males alguna tregua. || **3.** Desahogarse, tener alivio o consuelo comunicando a una persona de confianza los males o trabajos. || **4.** Dormir, yacer en el sepulcro. || **5.** fig. Estar en la confianza de los oficios o favor de otro. || **6.** Estar una cosa asentada o apoyada sobre otra. || **7.** Dejar sin cultivo uno o más años la tierra de labor. || **8.** tr. Aliviar a uno en el trabajo, ayudarle en él. || **9.** Asentar o apoyar una cosa sobre otra. DESCANSE *la cabeza sobre la almohada.* || DESCANSAR, *y tornar a beber.* ref. con que se nota al que con tenacidad sostiene una opinión y, aunque alguna vez cese o calle, vuelve a la porfía. || **P.** descansar; **I.** to rest; **F.** reposer; **A.** rasten, ausruhen; **It.** riposare; **R.** отдыхать.

DESCANSILLO. (d. de *descanso*.) m. Meseta en que terminan los tramos de una escalera.

DESCANSO. (De *descansar*.) m. Cesación o pausa en el trabajo o fatiga. || **2.** Causa de alivio en la fatiga y en los cuidados físicos y morales. || **3.** V. *Día de* DESCANSO. || **4.** Descansillo. || **5.** Asiento sobre el que se apoya una cosa. || **6.** Pieza de metal donde descansa el eje de las ruedas en muchas máquinas. || **7.** CHILE. Retrete, lugar común, excusado. || **8.** Pie alto de madera, generalmente triangular y con un hoyo en el centro, para que descanse en él el cirial en las funciones de iglesia. || **P.** descanso; **I.** rest; **F.** repos; **A.** Ruhe, Pause; **It.** riposo; **R.** отдых.

DESCANTAR. tr. Limpiar de los cantos o piedras.

DESCANTEAR. tr. Quitar los cantos, ángulos o esquinas.

DESCANTERAR. tr. Quitar el cantero o canteros. Dícese más comúnmente del pan.

DESCANTILLAR. (De *des*, 1.er art., y *cantillo*, d. de *canto*.) tr. Romper o quebrar las aristas o cantos de una cosa. || **2.** fig Desfalcar, rebajar algo de una cantidad.

DESCANTILLÓN. m. Escantillón.

DESCANTONAR. (De *des*, 1.er art., y *cantón*.) tr. Descantillar.

DESCAÑAR. tr. Romper la caña a las mieses u otras plantas.

DESCAÑONAR. tr. Quitar los cañones a las aves. || **2.** Afeitar a contrapelo para cortar más de raíz las barbas. || **3.** fig. y fam. Pelar o quitar con engaño o con violencia los bienes de otro. || **4.** fig. y fam. Ganar a uno todo el dinero en el juego.

DESCAPERUZAR. tr. Quitar la cabeza de la caperuza. Ú.t.c.r.

DESCAPERUZO. m. Acción y efecto de descaperuzar o descaperuzarse.

DESCAPILLAR. tr. Quitar la capilla. Ú.t.c.r.

DESCAPIROTAR. tr. Quitar el capirote. Ú.t.c.r.

DESCAPOTAR tr. En los coches que tienen capota, plegarla o bajarla.

★ **DESCAPULLAR.** tr. Replegar el prepucio para dejar descubierto el bálano. || **2.** PAN. Quitar los capullos al maíz.

DESCARADAMENTE. adv. Con descaro, con osadía.

DESCARADO, DA. (De *descararse*.) adj. Que habla u obra con desvergüenza, sin pudor ni respeto. || **P.** descarado, desavergonzado; **I.** impudent, barefaced; **F.** effronté, impudent; **A.** frech, impertinent; **It.** impudente, spudorato; **R.** бесстыльный, наялый.

DESCARAMIENTO. (De *descararse*.) m. Descaro.

DESCARARSE. (De *des*, 1.er art., y *cara*.) r. Dejar de contenerse en hacer o decir lo que el respeto humano, la prudencia, el pudor, etc., privan de hacer o decir.

DESCARBONATAR. tr. Quitar el ácido carbónico.

DESCARBURACIÓN. m. Acción y efecto de descarburar; operación de separar los carburos de hierro el carbono que entra en su composición.

DESCARBURAR. tr. Sacar el carbono que se contiene en algún cuerpo.

DESCARCAÑALAR. tr. Arrollar la

15

D

parte del zapato que cubre el carcañal. Ú.t.c.r.

DESCARGA. f. Acción y efecto de descargar. || **2.** ARQ. Aligeramiento de un cuerpo de construcción, cuando tiene peso excesivo. || **—cerrada.** MIL. Fuego que se hace de una vez por uno o más batallones, compañías, etc. || **—eléctrica.** Fenómeno que se produce cuando un cuerpo eléctrico pierde toda o parte de su carga de electricidad. || P. descarga; I. discharge; F. dècharge; A. Ausladung; It. scàrico; R. разгрузка.

DESCARGADA. f. En el juego del monte, la carta que no está cargada.

DESCARGADAS. adj. pl. BLAS. Se dice de las armas infamadas.

DESCARGADERO. m. Sitio destinado para descargar mercancías u otras cosas.

DESCARGADOR. m. El que tiene por oficio descargar mercancías en los puertos, ferrocarriles, etc. || **2.** Sacatrapos de las armas de fuego.

DESCARGADURA. (De *descargar*.) f. Parte del hueso que se separa de la carne mollar al vender ésta.

DESCARGAMIENTO. (De *descargar*.) m. ant. Descarga, 1.ª acep. || **2.** ant. Descargo.

DESCARGAR. tr. Quitar o aliviar la carga a una cosa. || **2.** Quitar a la carne del lomo, la falda y parte del hueso. || **3.** Disparar las armas de fuego. || **4.** Extraer de las armas de fuego la carga que llevan. || **5.** Anular la carga o tensión eléctrica de un cuerpo. || **6.** Dicho de golpes, darlos con violencia. || **7.** fig. Librar a uno de un cargo u obligación. || **8.** intr. Desembocar los ríos en el mar o en un lago. || **9.** Deshacerse una nube en lluvia o granizo. || **10.** r. Dejar el cargo, empleo o puesto. || **11.** Eximirse de sus obligaciones cometiendo a otro lo que debía ejecutar por sí. || **12.** FOR. Dar los reos satisfacción a los cargos y purgarse de ellos. || P. descarregar; I. to discharge; F. décharger; A. entladen; It. scaricare; R. разгружать.

DESCARGO. m. Acción y efecto de descargar. || **2.** Partida de data o salida de cuentas. || **3.** Satisfacción, respuesta o excusa de un cargo. || **4.** Satisfacción de las obligaciones de justicia y desembarazo de las que gravan la conciencia. || **5.** V. *Junta de* DESCARGOS. || *En* DESCARGO. m. adv. En satisfacción de las obligaciones de conciencia.

DESCARGUE. (De *descargar*.) m. Descarga de un peso o transporte.

DESCARIÑARSE. r. Perder el cariño y afición a una persona o cosa.

DESCARIÑO. m. Tibieza en la voluntad o despego en el cariño.

DESCARNADA. f. Por antonom., la muerte como símbolo.

DESCARNADAMENTE. adv. fig. Con franqueza, sin ambages ni atenuantes.

DESCARNADOR. (De *descarnar*.) m. Instrumento de acero, con que se despega de la encía la muela o diente que se quiere arrancar.

DESCARNADURA. f. Acción o efecto de descarnar o descarnarse.

DESCARNAR. (De *escarnar*.) tr. Quitar al hueso o la piel la carne. || **2.** Quitar parte de una cosa, desmoronarla. || **3.** Despegar a uno de las cosas terrenas. fig. Ú.t.c.s. || DESCARNARSE *uno por otro*. fr. fig. y fam. Gastar o consumir el dinero o la hacienda en beneficio ajeno.

DESCARO. (De *descararse*.) m. Desvergüenza, atrevimiento, insolencia, falta de respeto. || P. descaro; I. effrontery; F. effronterie; A. Unverschämtheit; It. sfacciataggine; R. бесстыдство.

★ **DESCAROZADO, DA.** p.p. de descarozar. || **2.** adj. CHILE. Dícese de la fruta a la que se ha quitado el hueso o carozo. || **3.** m. CHILE. Melocotón o durazno, mondado y limpio del hueso, y secado al sol. Ú.m. en pl.

DESCAROZAR. tr. AMÉR. Quitar el hueso o carozo a las frutas.

DESCARRIAMIENTO. (De *descarriar*.) m. Descarrío.

DESCARRIAR. (De *des*, 1.er art., y *carrera*.) tr. Apartar a uno del camino, echarlo fuera de él. || **2.** Apartar del rebaño cierto número de reses. Ú.t.c.r. ||

3. r. Separarse o perderse una persona de las demás con quienes iba en compañía. || **4.** fig. Apartarse de lo justo y razonable. || P. descarreirar; I. to lead astray; F. égarer; A. irreführen; It. sviare; R. сходить с рельсов.

DESCARRILADURA. f. Descarrilamiento.

DESCARRILAMIENTO. m. Acción y efecto de descarrilar. || **2.** fig. Desviación, descarrío. || **3.** fig. y fam. Aborto, 1.ª acep. || P. descarrilamento; I. derailment; F. déraillement; A. Entgleisung; It. deviamento; R. крушение, поезда.

DESCARRILAR. intr. Salir fuera del carril. Se dice de los trenes, de los tranvías, etcétera. || **2.** fig. y fam. Perder. el tino, salirse del asunto que se discute.

DESCARRILLADURA. f. Acción de descarrillar.

DESCARRILLAR. tr. Quitar o desbaratar los carrillos.

DESCARRÍO. m. Acción y efecto de descarriar o descarriarse.

DESCARTAR. tr. Apartar una cosa de sí, rechazarla. || **2.** r. Dejar en el juego las cartas que se consideran inútiles substituyéndolas por otras. || **3.** Excusarse una persona de hacer alguna cosa.

DESCARTE. (De *descartar*.) m. Cartas que se desechan en varios juegos de naipes o que quedan sin repartir. || **2.** fig. Excusa, escape o salida.

DESCARTES. n. p. GEOM. V. *Folio de* DESCARTES.

DESCASAMIENTO. (De *descasar*.) m. Declaración de nulidad de un matrimonio. || **2.** Divorcio o repudio.

DESCASAR. tr. Separar a los casados, anulando el matrimonio. || **2.** fig. Turbar o descomponer la disposición de cosas que casaban bien. Ú.t.c.r. || **3.** IMPR. Alterar la colocación de las planas que componen una forma para ordenarlas de otra manera.

DESCASCAR. (De *des*, 1.er art., y *casca*.) tr. Descascarar. || **2.** r. Romperse o hacerse cascos una cosa. || **3.** fig. Hablar mucho y sin comedimiento.

DESCASCARAR. tr. Quitar la cáscara. || **2.** r. Levantarse y caerse la superficie o cáscara de alguna cosa.

DESCASCARILLADO. m. Acción y efecto de descascarillar.

DESCASCARILLAR. tr. Quitar la cascarilla. Ú.t.c.r.

★ **DESCASCARO.** (De *descascarar*.) m. CHILE. Acción y efecto de desconcharse una pared o muro.

DESCASPAR. tr. Quitar o limpiar la caspa.

DESCASQUE. m. Acción de descascar o descortezar los árboles, particularmente los alcornoques.

DESCASTADO, DA. p.p. de descastar. || **2.** adj. Que manifiesta poco cariño a los parientes. Ú.t.c.s. || **3.** Que no corresponde al cariño que le han demostrado.

DESCASTAR. tr. Acabar con una casta de animales, por lo común dañinos.

DESCATOLIZACIÓN. f. Acción y efecto de descatolizar.

DESCATOLIZAR. tr. Apartar de la religión católica a una persona o pueblo. Ú.t.c.r.

DESCAUDALADO, DA. adj. Dícese de la persona que ha perdido su caudal.

DESCAUDILLADAMENTE. adv. ant. Sin concierto ni orden por falta de caudillo.

DESCAUDILLAR. intr. ant. No guardar orden ni concierto por falta de caudillo.

DESCEBAR. tr. Quitar el cebo a las armas de fuego.

DESCENDENCIA. (l. *descendens*, *-entis*, descendiente.) f. Conjunto de hijos y demás generaciones sucesivas, por línea recta descendiente. || **2.** Casta, linaje, estirpe. || P. descendência; I. descent; F. descendance; A. Nachkommenschaft; It. discendenza; R. потомство.

DESCENDENTE. p.a. de descender. Que desciende. || **2.** adj. V. *Nodo*, *progresión*, *tren* DESCENDENTE. || **3.** GRAM. Decreciente. || **4.** MAR. Dícese de la marea llamada reflujo.

DESCENDER. (l. *descendĕre*.) intr. Pasar de un lugar a otro bajo, bajar. || **2.** Caer, fluir, correr una cosa líquida. ||

3. Proceder, por generaciones sucesivas, de una persona o linaje. || **4.** Derivarse, proceder una cosa de otra. || **5.** tr. Bajar, poner en lugar inferior. || **6.** MAR. Navegar de norte a sur, y refiriéndose a la latitud, acercarse a la línea equinoccial. || **7.** fig. Pasar de un grado alto a otro bajo en alguna cosa moral. || P. descer; I. to descend; F. descendre; A. herabsteigen; It. discèndere; R. спускаться.

DESCENDIDA. (De *descender*.) f. Bajada.

DESCENDIENTE. p.a. de descender. Que desciende. || **2.** com. Hijo, nieto o cualquier persona que desciende de otra.

DESCENDIMIENTO. m. Acción de descender a uno, o bajarle. || **2.** Por antonomasia, el que se hizo del sagrado cuerpo de Cristo, bajándolo de la Cruz. || **3.** ESCUL. y PINT. Composición en que se representa el descendimiento, 2.ª acep.

DESCENDIR. intr. p. us. Descender, 1.ª acep.

DESCENSIÓN. (l. *descensio*, *-ōnis*.) f. Descenso, 1.ª acep. || **2.** ant. Descendencia.

DESCENSO. (l. *descensus*.) m. Acción y efecto de descender. || **2.** Bajada. || **3.** fig. Caída de una dignidad o estado a otra inferior. || P. descensão; I. descent; F. descente; A. Abstieg, Niedergang; It. discesa; R. спуск.

DESCENTRADO, DA. adj. Dícese del instrumento o pieza de una máquina cuyo centro está fuera de la posición debida.

DESCENTRALIZACIÓN. f. Acción y efecto de descentralizar. || **2.** Sistema político que propende a descentralizar.

DESCENTRALIZADOR, RA. adj. Que descentraliza.

DESCENTRALIZAR. tr. Hacer menos dependientes del poder o la administración central ciertas funciones, servicios, etc.

DESCENTRAR. tr. Sacar una cosa de su centro. Ú.t.c.r.

DESCEÑIDURA. f. Acción y efecto de desceñir o desceñirse.

DESCEÑIR. (De *des*, 1.er art., y *ceñir*.) tr. Desatar, quitar el ceñidor, faja u otra cosa que se trae alrededor del cuerpo.

DESCEPAR. tr. Arrancar de raíz los árboles o plantas que tienen cepa. || **2.** fig. Exterminar, extirpar.

DESCEPAR. tr. MAR. Quitar los cepos a las anclas y anclotes.

DESCERAR. tr. Despuntar las colmenas; sacar de ellas las ceras vanas.

DESCERCADO, DA. p.p. de descercar. || **2.** adj. Dícese del lugar abierto, que no tiene cerca.

DESCERCADOR. (De *descercar*.) m. El que obliga y fuerza al enemigo a levantar el sitio o cerco de una plaza o fortaleza.

DESCERCAR. tr. Derribar las murallas de un pueblo, o la cerca de una casa, huerta, heredad, etc. || **2.** Levantar o forzar a levantar el sitio puesto a una plaza o fortaleza.

DESCERCO. m. Acción y efecto de descercar, de levantar el cerco o asedio.

DESCEREBRAR. tr. ant. Descalabrar, 1.ª acep.

DESCEREZAR. tr. Quitar a la semilla del café la carne de la baya o cereza en que está contenida.

DESCERRAJADO, DA. p.p. de descerrajar. || **2.** adj. fig. y fam. De perversa vida y mala índole.

DESCERRAJADURA. f. Acción de descerrajar.

DESCERRAJAR. (De *des*, 1.er art., y *cerraja*.) tr. Arrancar o violentar la cerradura de una puerta, cofre, etc. || **2.** fig. Disparar uno o más tiros con arma de fuego.

DESCERRAR. tr. Abrir, 1.ª acep.

DESCERRUMARSE. r. VETER. Desconcertarse la caballería las articulaciones del menudillo o de la cerruma.

DESCERVIGAMIENTO. m. Acción y efecto de descervigar.

DESCERVIGAR. (l. *decervicāre*, degollar.) tr. Torcer la cerviz.

DESCIFRABLE. adj. Que se puede descifrar.

DESCIFRADOR. m. El que descifra.

DESCIFRAR. tr. Leer un escrito cifrado, llegar a leer lo escrito en caracteres o lengua desconocidos. || **2.** fig. Llegar a

D

comprender lo intrincado y de difícil inteligencia. || **P.** decifrar; **I.** to decipher; **F.** déchiffrer; **A.** entziffern; **It.** decifrare; **R.** расшифровывать.

DESCIFRE. m. Acción y efecto de descifrar.

DESCIMBRAMIENTO. m. ARQ. Acción y efecto de descimbrar.

DESCIMBRAR. tr. ARQ. Quitar las cimbras de una obra.

DESCIMENTAR. tr. Deshacer los cimientos.

DESCINCHAR. tr. Quitar o soltar las cinchas a una caballería.

DESCINGIR. (l. *discingĕre*.) tr. ant. Desceñir.

DESCINTO, TA. (l. *discinctus*.) p.p. irreg. de desceñir.

DESCLAVADOR. m. Cincel de boca ancha, recta y poco afilada, que se usa para desclavar.

DESCLAVAR. tr. Arrancar o quitar los clavos de alguna cosa. || **2.** Desprender una cosa del clavo o de los clavos que le aseguran o sujetan. || **3.** fig. Desengastar las piedras preciosas de la guarnición de metal. || **P.** descravar; **I.** to unnail; **F.** déclouer; **A.** losnageln; **It.** schiodare; **R.** выдёргивать гвозди.

DESCOAGULANTE. p.a. de descoagular. Que descoagula.

DESCOAGULAR. tr. Liquidar los coágulos. Ú.t.c.r.

DESCOBAJAR. tr. Quitar el escobajo de la uva.

DESCOBERTURA. f. ant. Descubrimiento, 1.ª acep.

DESCOBIJADAMENTE. adv. ant. Desabrigadamente.

DESCOBIJAR. tr. Descubrir, destapar. || **2.** Desabrigar. Ú.t.c.r.

DESCOCADAMENTE. adv. Con descoco.

DESCOCADO, DA. p.p. de descocar. || **2.** adj. fam. Que muestra demasiada libertad y desenvoltura. Ú.t.c.r.

★ **DESCOCADO, DA.** adj. CHILE. Deshuesado.

DESCOCAR. (De *des*, 1.er art., y *coco*, gusano.) tr. Quitar a los árboles los cocos o insectos que los dañan.

DESCOCARSE. (De *des*, 1.er art., y *coco*, mueca.) r. fam. Manifestar demasiada libertad y desenvoltura.

DESCOCEDURA. f. Efecto de descocer.

DESCOCER. (l. *discoquĕre*.) tr. p. us. Digerir la comida.

DESCOCO. (De *descocarse*.) m. fam. Demasiada libertad y osadía en palabras y acciones. || **P.** descoco; **I.** barefacedness; **F.** effronterie, impudence; **A.** Dreistigkeit, Keckheit; **It.** sfacciàtàggine; **R.** наглость.

DESCOCHO, CHA. (l. *discoctus*, p.p de *discoquĕre*, descocer.) adj. ant. Muy cocido.

DESCODAR. tr. AR. Desapuntar o deshilvanar las piezas de paño.

DESCOGER. (l. *dis*, *des*, y *colligĕre*, coger.) tr. Desplegar, extender o soltar lo que está plegado, arrollado o encogido. || **P.** desdoblar, desembrulhar; **I.** to unfold, to spread, to extend; **F.** déplier, dérouler, étendre; **A.** ausbreiten, entfalten; **It.** svòlgere, spiegare; **R.** развёртывать.

DESCOGER. tr. ant. Escoger.

DESCOGOLLAR. tr. Quitar los cogollos.

DESCOGOTADO, DA. p.p. de descogotar. || **2.** adj. fam. Que lleva pelado y descubierto el cogote.

DESCOGOTAR. tr. ant. Acogotar. || **2.** MONT. Quitar o cortar de raíz las astas al venado.

★ **DESCOHESIÓN.** (De *des*, 1.er art., y *cohesión*.) f. Desunión, incoherencia.

★ **DESCOLADA.** f. fam. MÉJ. Acción de descolar o expresión de desprecio con respecto a una persona.

DESCOLAR. tr. Quitar o cortar la cola o rabo. || **2.** Quitar a la pieza de paño la punta o el extremo opuesto a aquel en que está el sello o la marca del fabricante o de la fábrica. || **3.** fam. MÉJ. No hacer caso de una persona o cosa, despreciarla. || **4.** fam. GUAT. Dejar cesante a un empleado.

DESCOLCHAR. tr. MAR. Desunir los cordones de los cabos. Ú.t.c.r.

DESCOLGAR. tr. Bajar lo que está

colgado. || **2.** Bajar colgado de cuerda, cadena, etc., cualquier objeto. || **3.** Quitar las colgaduras de una iglesia, aposento, etc. || **4.** r. Escurrirse de alto abajo por una cuerda u otra cosa. || **5.** fig. Ir bajando de un sitio alto o por una pendiente una persona o cosa. || **6.** fig. y fam. Salir, hacer o decir una cosa inesperada. || **7.** fig. y fam. Aparecer inesperadamente una persona. || **P.** despendurar; **I.** to unhang; **F.** dépendre; **A.** abhängen, herabnehmen; **It.** staccare; **R.** отцеплять.

DESCOLIGADO, DA. adj. Apartado de la liga o confederación.

DESCOLMAR. tr. Quitar el colmo a la medida, pasándola el rasero. || **2.** fig. Disminuir.

DESCOLMILLAR. tr. Quitar o quebrantar los colmillos.

DESCOLOCADO, DA. adj. Sin colocación o desacomodo.

DESCOLORAMIENTO. m. Acción y efecto de descolorar o descolorarse.

DESCOLORANTE. p.a. de descolorar. Que descolora.

DESCOLORAR. (l. *discolorāre*.) tr. Quitar o amortiguar el color. Ú.t.c.r. || **P.** descolorar; **I.** to discolour; **F.** décolorer; **A.** entfärben; **It.** scolorare; **R.** обесцвечивать.

DESCOLORIDO, DA. p.p. de descolorir. || **2.** adj. De color pálido o bajo en su línea. || **P.** descolorido; **I.** discoloured; **F.** décoloré; **A.** blass; **It.** scolorito; **R.** бесцветный.

DESCOLORIMIENTO. m. Acción y efecto de descolorir o descolorirse.

DESCOLORIR. tr. Descolorar. Ú.t.c.r.

DESCOLLADAMENTE. adv. Con desembarazo, con altanería.

DESCOLLADO, DA. adj. Elevado, eminente.

DESCOLLAMIENTO. (De *descollar*.) m. Descuello.

DESCOLLAR. (De *des*, 1.er art., y *cuello*.) intr. Sobresalir. Ú.t.c.r.

DESCOMBRAR. (De *des*, 1.er art., y *escombro*.) tr. Desembarazar un lugar de cosas que estorban. || **2.** fig. Despejar, desembarazar un lugar u otra cosa. || **P.** desentulhar; **I.** to disencumber; **F.** désencombrer; **A.** aufräumen; **It.** sgombrare; **R.** очищать.

DESCOMBRO. m. Acción y efecto de descombrar.

DESCOMEDIDAMENTE. adv. Con descomedimiento. || **2.** Con exceso, sin medida.

DESCOMEDIDO, DA. p.p. de descomedirse. || **2.** adj. Excesivo, desproporcionado. || **3.** Descortés. Ú.t.c.s. || **P.** descomedido; **I.** excessive, disproportionate; **F.** excessif, disproportionné; **A.** übermässig; **It.** smoderato, eccessivo; **R.** чрезмерный.

DESCOMEDIMIENTO. (De *descomedirse*.) m. Falta de respeto, desatención, descortesía.

DESCOMEDIRSE. r. Faltar al respeto de obra o de palabra.

DESCOMER. intr. fam. Descargar el vientre.

DESCOMIMIENTO. (De *des*, 1.er art., y *comer*.) m. ant. Desgana, 1.ª acep.

DESCOMODIDAD. f. Incomodidad, 1.ª y 2.ª aceps. || **2.** Falta de comodidad.

DESCÓMODO, DA. adj. ant. Incómodo, falto de comodidad.

DESCOMPADRAR. (De *des*, 1.er art., y *compadre*.) tr. fam. Descomponer la amistad de dos o más personas. || **2.** intr. Cesar en la amistad los que eran amigos.

DESCOMPAGINAR. tr. Descomponer, desordenar.

DESCOMPAÑAR. (De *des*, 1.er art., y *compaña*.) tr. ant. Desacompañar.

DESCOMPÁS. (De *descompasarse*.) m. Exceso, falta de medida y proporción.

DESCOMPASADAMENTE. adv. Descomedidamente.

DESCOMPASADO, DA. p.p. de descompasar. || **2.** adj. Descomedido, excesivo.

DESCOMPASARSE. r. Descomedirse.

DESCOMPONER. tr. Desordenar y desbaratar. Ú.t.c.r. || **2.** Separar las diversas partes que forman un todo. || **3.** fig. Indisponer los ánimos de las personas, malquistarlas. || **4.** r. Desorganizarse una

substancia animal o vegetal. || **5.** Desazonarse el cuerpo, perder la salud. || **6.** fig. Perder uno en las palabras o en las obras la serenidad o la compostura habitual. || **7.** CHILE. Tratándose de cuerpos de animales, dislocar, desconcertar. Ú.t.c.r. || **P.** descompor; **I.** to disarrange, to discompose; **F.** déranger; **A.** zerlegen, auflösen; **It.** scomporre; **R.** разлагать.

DESCOMPOSICIÓN. f. Acción y efecto de descomponer o descomponerse. || **2.** QUÍM. Separación de los componentes de un compuesto químico. || **3.** FÍS. Operación que consiste en hallar el sistema de fuerzas que produzca el mismo efecto que una fuerza dada. || **P.** descomposição; **I.** discomposure, decomposition; **F.** décomposition; **A.** Zersetzung; **It.** scomposizione; **R.** разложение.

DESCOMPOSTURA. f. Descomposición. || **2.** Desaseo, desaliño en el adorno de las personas o cosas. || **3.** fig. Descaro, falta de moderación, de modestia, de cortesía.

DESCOMPUESTAMENTE. adv. Con descompostura.

DESCOMPUESTO, TA. p.p. irreg. de descomponer. || **2.** adj. fig. Inmodesto, atrevido, descortés. || **3.** CHILE y P. RICO. Calamocano, algo embriagado.

DESCOMULGACIÓN. (De *descomulgar*.) f. ant. Excomulgación.

DESCOMULGADERO, RA. (De *descomulgar*.) adj. ant. Descomulgado.

DESCOMULGADO, DA. p.p. de descomulgar. || **2.** adj. Malvado, perverso. Ú.t.c.s.

DESCOMULGADOR. m. El que descomulga.

DESCOMULGAMIENTO. (De *descomulgar*.) m. ant. Excomulgamiento.

DESCOMULGAR. (De *excomulgar*.) tr. Excomulgar.

DESCOMUNAL. adj. Extraordinario, monstruoso, enorme, muy distante de lo común en su línea. || **P.** descomunal; **I.** extraordinary, monstruous; **F.** extraordinaire; **A.** ungeheuer; **It.** enorme, smisurato; **R.** необыкновенный, огромный.

DESCOMUNALEZA. f. ant. Excomunión.

DESCOMUNALMENTE. adv. De modo muy distinto del común.

DESCOMUNIÓN. f. Excomunión.

DESCONCEPTUAR. tr. Desacreditar. Ú.t.c.r.

DESCONCERTADAMENTE. adv. Sin concierto.

DESCONCERTADO, DA. p.p. de desconcertar. || **2.** adj. fig. Desbaratado, de mala conducta, sin gobierno.

DESCONCERTADOR, RA. adj. Que desconcierta. Ú.t.c.s.

DESCONCERTADURA. f. Acción y efecto de desconcertar o desconcertarse.

DESCONCERTANTE. p.a. de desconcertar. Que desconcierta.

DESCONCERTAR. tr. Desordenar, turbar el orden, composición, concierto de una cosa. || **2.** Tratándose de huesos del cuerpo, dislocar. Ú.t.c.r. || **3.** fig. Sorprender, suspender el ánimo. || **4.** r. Desavenirse las personas o las cosas que estaban acordes. || **5.** fig. Perder la serenidad y hacer las cosas sin el miramiento que corresponde.

DESCONCIERTO. (De *desconcertar*.) m. Descomposición de las partes de una máquina o de un cuerpo. || **2.** fig. Desorden, desavenencia. || **3.** fig. Falta de modo y medida en dichos y hechos. || **4.** fig. Falta de gobierno y economía. || **5.** fig. Flujo de vientre, cámaras. || **2.**ª acep.: **P.** desconcerto; **I.** disorder, confusion; **F.** brouille, désordre; **A.** Verwirrung; **It.** sconcerto, confusione; **R.** беспорядок, порча.

DESCONCORDE. adj. ant. Desacorde.

DESCONCORDIA. f. Desunión, oposición entre las cosas que debían estar concordes. || **P.** desconcórdia; **I.** discord, disunion; **F.** discorde; **A.** Zwietracht; **It.** sconcordia; **R.** несогласие.

★ **DESCONCHABAR.** tr. MÉJ. y CHILE. Desconcertar. || **2.** MÉJ. y CHILE. Dislocar.

DESCONCHADO, DA. p.p. de desconchar. || **2.** m. Parte en que una pared o muro ha perdido su enlucido o revestimiento. || **3.** Parte en que una pieza de loza o porcelana ha perdido el vidriado.

D

DESCONCHADURA. f. Deconchado, 2.ª y 3.ª aceps.

DESCONCHAR. (De *des*, 1.er art., y *concha*, costra.) tr. Quitar a una pared o muro parte de su enlucido. Ú.t.c.r.

★ **DESCONCHINFLAR.** tr. MÉJ. Desconchabar.

★ **DESCONCHINFLADO, DA.** p.p. de desconchinflar. || 2. adj. MÉJ. Desarreglado, descuajaringado.

DESCONCHÓN. m. Caída de un trozo pequeño del enlucido o de la pintura de una superficie.

DESCONECTAR. tr. Interrumpir la conexión de una o más piezas o partes con las restantes de una máquina o aparato. || 2. MAR. Dejar independiente el propulsor de los demás órganos de una máquina marina de vapor. || P. desligar; I. to disconnect; F. déconnecter; A. ausschalten; It. sconnèttere; R. разьединять.

DESCONFIADAMENTE. adv. Con desconfianza.

DESCONFIADO, DA. p.p. de desconfiar. || 2. adj. Que desconfía. Ú.t.c.s.

DESCONFIANTE. p.a. ant. de desconfiar. Que desconfía.

DESCONFIANZA. f. Falta de confianza. || P. desconfiança; I. distrust; F. défiance, méfiance; A. Misstrauen; It. diffidenza; R. недоверие.

DESCONFIAR. intr. No confiar, tener poca seguridad o esperanza. || P. desconfiar; I. to distrust; F. se défier, se méfier; A. misstrauen; It. diffidare; R. подозревать.

DESCONFORMAR. intr. Disentir de una cosa. || 2. r. Discordar, no convenir una cosa con otra.

DESCONFORME. adj. Disconforme. || 2. adv. ant. Sin conformidad con una cosa.

DESCONFORMIDAD. (De *desconforme*.) adj. Disconformidad.

★ **DESCONGELAR.** (De *des*, 1.er art., y *congelar*.) tr. Deshelar. || 2. COM. Levantar la congelación de un crédito, es decir, hacer que pueda disponerse de él.

DESCONGESTIÓN. f. Acción y efecto de descongestionar.

DESCONGESTIONAR. tr. Disminuir o quitar la congestión.

DESCONGOJAR. tr. Quitar la congoja, consolar a una persona.

DESCONHORTAMIENTO. (De *desconhorte*.) m. ant. Desconhorte.

DESCONHORTAR. tr. ant. Desanimar, desalentar. Usáb.t.c.r.

DESCONHORTE. (De *desconhortar*.) m. ant. Desaliento, decaimiento de ánimo.

DESCONOCEDOR, RA. adj. Que desconoce.

DESCONOCENCIA. f. ant. FOR. Ingratitud.

DESCONOCER. tr. No recordar la idea que se tuvo de una cosa; haberla olvidado. || 2. No conocer. || 3. Negar alguno ser suya una cosa, rechazarla. || 4. Darse por desentendido de una cosa o afectar que se ignora. || 5. Hallar a una persona o cosa muy diferente a como la habíamos imaginado. || 6. fig. Reconocer la notable mudanza que se halla en una persona o cosa. Ú.t.c.r. || P. desconocer; I. not to recognize; F. méconnaître; A. verkennen, ignorieren; It. disconòscere; R. не знать.

DESCONOCIDAMENTE. adv. Con desconocimiento.

DESCONOCIDO, DA. p.p. de desconocer. || 2. adj. Ingrato, falto de reconocimiento o gratitud. Ú.t.c.s. || 3. Ignorado, no conocido de antes. Ú.t.c.s. || P. desconhecido; I. ungrateful; F. inconnu, ingrat; A. undankbar; It. ingrato; R. незнакомый, неблагодарный.

DESCONOCIMIENTO. m. Acción y efecto de desconocer. || 2. Falta de correspondencia, ingratitud.

DESCONSEJAR. tr. ant. Desaconsejar.

DESCONSENTIR. tr. No consentir, dejar de consentir.

DESCONSIDERACIÓN. f. Acción y efecto de desconsiderar.

DESCONSIDERADAMENTE. adv. Sin consideración.

DESCONSIDERADO, DA. p.p. de desconsiderar. || 2. adj. Falto de consideración, de advertencia o de consejo. Ú.t.c.s. || P. desconsiderado; I. inconsiderat; F. dé-

consideré; A. unbesonnen; It. inconsiderato; R. необдуманный.

DESCONSIDERAR. tr. No guardar la consideración debida.

DESCONSOLACIÓN. (De *des*, 1.er art., y *consolación*.) f. Desconsuelo, aflicción. || P. desconsolação; I. disconsolateness, afliction; F. affliction; A. Trostlosigkeit; It. sconsolazione; R. отчаяние.

DESCONSOLADAMENTE. adv. Con desconsuelo.

DESCONSOLADO, DA. p.p. de desconsolar. || 2. adj. Que carece de consuelo. || 3. fig. Melancólico, triste y afligido. || 4. Dícese del estómago vacío o desfallecido. || P. desconsolado; I. disconsolate; F. désolé, inconsolable; A. trostlos; It. sconsolato, afflitto; R. неутешный.

DESCONSOLADOR, RA. adj. Que desconsuela.

DESCONSOLANTE. p.a. de desconsolar. Que desconsuela.

DESCONSOLAR. tr. Privar de consuelo, afligir. || P. desconsolar; I. to afflict; F. affliger, désoler; A. betrüben; It. sconsolare, affliggere; R. лишать надежды.

DESCONSUELO. m. Angustia y aflicción profunda por falta de consuelo. || 2. fig. Tratándose del estómago, desfallecimiento, debilidad. || P. desconsolo; I. affliction, trouble; F. affliction, désolation; A. Betrübnis; It. sconsolazione; R. безнадёжность.

DESCONTAGIAR. tr. Quitar el contagio, purificando una cosa que está apestada.

DESCONTAMIENTO. (De *descontar*.) m. ant. Descuento.

DESCONTAR. tr. Rebajar una cantidad de una cuenta, factura, etc. || 2. fig. Rebajar algo del mérito o virtudes que se atribuyen a una persona. || 3. fig. Dar por cierto o acaecido. || 4. COM. Pagar una letra u otro documento no vencido rebajando de su importe la cantidad que se estipule en concepto de intereses. || P. descontar; I. to discount, to deduct; F. décompter; A. abrechnen; It. scontare; R. убавлять.

DESCONTENTADIZO, ZA. adj. Que con facilidad se descontenta. || 2. Difícil de contentar. Ú.t.c.s.

DESCONTENTAMIENTO. (De *descontentar*.) m. Falta de contento, disgusto. || 2. Desavenencia, falta de amistad.

DESCONTENTAR. tr. Disgustar, desagradar. Ú.t.c.r. || P. descontentar; I. to discontent, to dissatisfy; F. mécontenter, fâcher; A. missfallen; It. scontentare; R. сердить.

DESCONTENTO, TA. p.p. de descontentar. || 2. m. Disgusto o desagrado. || P. descontentamento; I. discontent; F. mécontent; A. Unzufriedenheit; It. scontento; R. неудовольствие.

DESCONTINUACIÓN. m. Acción y efecto de descontinuar.

DESCONTINUAR. tr. Discontinuar.

DESCONTINUO, NUA. adj. Discontinuo, no continuo.

★ **DESCONTRAPESAR.** (De *des*, 1.er art., y *contrapesar*.) tr. CHILE. Hacer que un peso o carga pierda su centro de gravedad.

DESCONVENIBLE. adj. Dícese de lo que no se acomoda o no tiene proporción con otra cosa. || 2. FOR. Dícese de la condición que se opone a la naturaleza o a los fines del contrato.

DESCONVENIBLEMENTE. adv. ant. Fuera de propósito o de razón.

DESCONVENIENCIA. f. Incomodidad, perjuicio, desacomodo. || P. desconveniência; I. inconvenience, incommodity; F. incommodité, préjudice; A. Ungemach; It. sconvenienza; R. неудобство.

DESCONVENIENTE. p.a. de desconvenir. Que desconviene. || 2. No conveniente o conforme.

DESCONVENIR. intr. No convenir en las opiniones; no concordar entre sí dos personas o cosas.

DESCONVERSABLE. (De *des*, 1.er art., y *conversable*.) adj. De genio áspero y desabrido; que huye de la conversación y trato de gentes.

DESCONVERSAR. tr. ant. Huir del trato y conversación.

DESCONVIDAR. tr. Anular un convite. || 2. Revocar, anular lo ofrecido o pro-

metido. || P. desconvidar; I. to disinvite; F. désinviter; A. eine Einladung absagen; It. disinvitare; R. аннулирование.

DESCORAZNADAMENTE. adv. ant. Descorazonadamente.

DESCORAZNAMIENTO. m. ant. Descorazonamiento.

DESCORAZONADAMENTE. adv. fig. Con descorazonamiento.

DESCORAZONAMIENTO. (De *descorazonar*.) m. fig. Caimiento de ánimo.

DESCORAZONAR. tr. Arrancar, quitar el corazón. || 2. fig. Desanimar, acobardar. Ú.t.c.r. || P. descoroçoar; I. to discourage; F. décourager; A. entmutigen; It. scoraggiare; R. обескураживать.

DESCORCHADOR. m. El que descorcha. || 2. Sacacorchos.

DESCORCHAR. tr. Quitar o arrancar el corcho al alcornoque. || 2. Romper el corcho de la colmena para sacar la miel. || 3. Sacar el corcho que cierra un envase. || 4. fig. Romper una caja o cosa semejante para robar lo que haya dentro. || 3.ª acep.: P. escorchar; I. to uncork; F. déboucher; A. entkorken; It. sturare; R. раскупоривать.

DESCORCHE. m. Acción y efecto de descorchar, 1.ª acep.

DESCORDAR. tr. Desencordar.

DESCORDAR. intr. ant. Discordar.

DESCORDAR. (De *cuerda*.) tr. TAUROM. Herir al toro en la medula espinal sin matarlo, pero causándole parálisis que lo deja inútil para la lidia.

DESCORDERAR. tr. Entre ganaderos, separar los corderos de las madres.

DESCORDOJO. (De *des*, 1.er art., y *cordojo*.) m. ant. Gusto, placer.

DESCORITAR. tr. Desnudar, dejar en cueros. Ú.t.c.r.

DESCORNAR. tr. Quitar o arrancar los cuernos a un animal. || 2. GERM. Descubrir, 1.ª acep. || 3. r. fig. y fam. Descalabazarse.

DESCORONAR. tr. Quitar la corona. En las grandes bodegas, bajar las botas, ya vacías, de la andana.

DESCORREAR. (De *des*, 1.er art., y *correa*.) intr. Soltar el ciervo la piel que cubre los pitones de sus astas cuando éstas ven creciendo. Ú.t.c.r.

DESCORREGIDO, DA. (De *des*, 1.er art., y *corregir*.) adj. Desarreglado, incorrecto.

DESCORRER. tr. Volver uno a correr el espacio que antes había corrido. || 2. Plegar o reunir lo que estaba antes estirado, como las cortinas, el lienzo, etc. || 3. intr. Correr o escurrir una cosa líquida. Ú.t.c.r.

DESCORRIMIENTO. (De *descorrer*.) m. Efecto de desprenderse y correr un líquido.

DESCORTÉS. adj. Falto de cortesía. Ú.t.c.s.

DESCORTESÍA. f. Falta de cortesía. || P. descortesia; I. incivility, impoliteness; F. incivilité, impolitesse; A. Unhöflichkeit, Ungezogenheit; It. scortesia; R. невежливость.

DESCORTÉSMENTE. adv. Sin cortesía.

DESCORTEZADOR, RA. adj. Que descorteza. Ú.t.c.s.

DESCORTEZADURA. f. Parte de corteza que se quita a una cosa. || 2. Parte descortezada.

DESCORTEZAMIENTO. m. Acción de descortezar o descortezarse.

DESCORTEZAR. tr. Quitar la corteza al árbol, al pan o a otra cosa. || 2. fig. y fam. Desbastar, civilizar a una persona rústica. || P. descascar; I. to decorticate; F. écorcer; A. entrinden; It. scortecciare; R. снимать корку.

DESCORTEZO. m. Acción y efecto de descortezar los árboles.

DESCORTINAR. tr. Destruir la cortina o muralla batiéndola a cañonazos o de otros modo.

DESCOSEDURA. f. Descosido, 4.ª acep.

DESCOSER. tr. Soltar, cortar las puntadas de las cosas que estaban cosidas. Ú.t.c.r. || 2. r. fig. Descubrir indiscretamente lo que convenía callar. || 3. fig. y fam. Ventosear. || P. descoser; I. to rip;

F. découdre; **A.** (Naht)auftrennen; **It.** scucire; **R.** распарывать.

DESCOSIDAMENTE. adv. fig. Con mucho exceso. || 2. Con incoherencia o desorden.

DESCOSIDO, DA. p.p. de descoser. || 2. adj. fig. Dícese del que habla fácilmente lo que convenía tener oculto. || 3. fig. Desordenado, falto de trabazón. || 4. m. Parte descosida en un vestido o en otra prenda. || *Como un* DESCOSIDO. expr. fig. y fam. que significa el ahinco o exceso con que se hace una cosa.

DESCOSTARSE. (De *des,* 1.ᵉʳ art., y *costa,* 2.ᵒ art.) r. Apartarse, separarse.

DESCOSTILLAR. tr. Dar muchos golpes a uno en las costillas. || 2. r. Caerse de espaldas con riesgo de romperse las costillas.

DESCOSTRAR. tr. Quitar la costra.

DESCOSTREÑIMIENTO. (De *des,* 1.ᵉʳ art., y *costreñimiento.*) m. ant. Desenfreno.

DESCOSTUMBRE. f. ant. Olvido de una costumbre.

DESCOTAR. tr. Escotar. 1.ᵉʳ art. Ú.t.c.r.

DESCOTAR. tr. ant. Levantar o quitar el coto o prohibición del uso de un camino, término, heredad, etc.

DESCOTE. m. Escote, 1.ᵉʳ art.

★ **DESCOTORRAR.** tr. CUBA. Descomponer, desbaratar.

DESCOYUNTAMIENTO. m. Acción y efecto de descoyuntar o descoyuntarse. || 2. fig. Desazón grande que se siente en el cuerpo como si se tuviesen descoyuntados los huesos.

DESCOYUNTAR. (l. *dis,* des, y *coniunctāre,* unir.) tr. Desencajar los huesos de su lugar. Ú.t.c.r. || 2. fig. Molestar uno a otro con pesadeces.

DESCOYUNTO. (De *descoyuntar.*) m. Descoyuntamiento.

DESCRECENCIA. f. Acción y efecto de descrecer.

DESCRECER. intr. Decrecer.

DESCRECIMIENTO. (De *descrecer.*) Decremento.

DESCRÉDITO. (De *des,* 1.ᵉʳ art., y *crédito.*) m. Disminución o pérdida de la reputación de las personas o del valor y estima de las cosas. || **P.** descrédito; **I.** discredit; **F.** discrédit; **A.** Verruf; **It.** scrèdito; **R.** дискредитация.

DESCREENCIA. f. Descreimiento.

DESCREER. (l. *discredēre.*) tr. Faltar a la fe, dejar de creer alguna cosa. || 2. Negar el crédito debido a una persona.

DESCREÍDAMENTE. adv. Con descreimiento.

DESCREÍDO, DA. p.p. de descreer. || 2. adj. Incrédulo, falto de fe; sin creencia porque ha dejado de tenerla. || **P.** descrito; **I.** incredulous; **F.** incrédule; **A.** ungläubig; **It.** incrèdulo; **R.** неверчивый.

DESCREIMIENTO. (De *descreer.*) m. Incredulidad, falta de fe en creencias, especialmente en cuanto a la religión.

★ **DESCREMAR.** tr. CHILE. Quitar la crema a la leche.

★ **DESCRESTADERA.** f. COLOM. Timo, enredo, engaño.

DESCRESTAR. tr. Quitar o cortar la cresta. || 2. COLOM. Timar, engañar. || —*una cima.* MIL. Pasar una cordillera de una vertiente a otra.

DESCRIARSE. r. Desmejorarse. || 2. Estropearse.

DESCRIBIR. (l. *describěre.*) tr. Delinear, dibujar una cosa de modo que se dé cabal idea de ella. || 2. Representar personas o cosas por medio del lenguaje. || 3. Definir una cosa dando únicamente una idea general de sus partes o propiedades. || 2.ᵃ acep.: **P.** descrever; **I.** to describe; **F.** décrire; **A.** beschreiben; **It.** descrivere; **R.** описывать.

DESCRINAR. (De *des,* 1.ᵉʳ art., y el l. *crinis,* cabellera.) tr. ant. Desgreñar.

DESCRIPCIÓN. (l. *descriptio, -ōnis.*) f. Acción y efecto de describir. || 2. FOR. Inventario. || **P.** descrição; **I.** y **F.** description; **A.** Beschreibung; **It.** descrizione; **R.** описание.

DESCRIPTIBLE. adj. Que se puede describir.

DESCRIPTIVO, VA. (l. *descriptivus.*) adj. Dícese de lo que describe. || 2. MAT.

V. *Geometría* DESCRIPTIVA. || **P.** descritivo; **I.** descriptive; **F.** descriptif; **A.** beschreibend; **It.** descrittivo; **R.** описательный.

DESCRIPTO, TA. (l. *descriptus.*) p.p. irreg. descrito.

DESCRIPTOR, RA. (l. *descriptor.*) adj. Que describe. Ú.t.c.s.

DESCRIPTORIO, RIA. (De *descriptor.*) adj. ant. Descriptivo.

DESCRISMAR. tr. Quitar el crisma. || 2. fig. y fam. Dar a uno un golpe en la cabeza. Ú.t.c.r. || 3. r. fig. y fam. Enfadarse mucho, perder la cabeza y el tino. || 4. fig. y fam. Descalabrarse.

DESCRISTIANAR. tr. Descrismar, 1.ᵃ acep. Ú.t.c.r.

DESCRISTIANIZAR. tr. Apartar de la fe cristiana a un pueblo o a un individuo.

DESCRITO, TA. (De *descripto.*) p.p. irreg. de describir.

DESCRUCIFICAR. tr. ant. Desenclavar, quitar de la cruz al que estaba en ella.

DESCRUZAR. tr. Deshacer la forma de cruz que presentan algunas cosas.

DESCUADERNAR. (De *des,* 1.ᵉʳ art., y *cuaderno.*) tr. Desencuadernar. Ú.t.c.r. || 2. fig. Desbaratar, descomponer.

★ **DESCUADRAR.** intr. P. RICO. Desagradar.

DESCUADRILLADO, DA. p.p. de descuadrillarse. || 2. adj. Que sale de la cuadrilla o va fuera de ella. || 3. m. Enfermedad que suelen padecer las bestias en el hueso del cuadril.

DESCUADRILLARSE. r. Derrengarse la bestia por el cuadril.

DESCUAJAR. tr. Liquidar, descoagular lo que estaba cuajado o solidificado. Ú.t.c.r. || 2. fig. y fam. Hacer a uno desesperanzar. || 3. AGR. Arrancar de raíz o de cuajo plantas o malezas. || **P.** descoalhar; **I.** to dissolve, to liquefy; **F.** décoaguler; **A.** schmelzen, **It.** squagliare; **R.** растворять.

DESCUAJARINGAR. (De *descuajar.*) tr. Desvencijar, desconcertar alguna cosa. Ú.t.c.r. || 2. r. fam. Relajarse las partes del cuerpo por efecto del cansancio. Ú. sólo hiperbólicamente. || 3. AMÉR. Desvencijarse una cosa.

DESCUAJE. m. AGR. Descuajo.

★ **DESCUAJERINGADO, DA.** adj. fam. CHILE, ARGENT. y PERÚ. Desaliñado, con el vestido mal ajustado.

★ **DESCUAJERINGARSE.** r. fam. CHILE y ARGENT. Descuajaringarse. || 2. CHILE y ARGENT. Desvencijarse, desarmarse los muebles.

★ **DESCUAJILOTADO, DA.** adj. AMÉR. CENTRAL. Pálido, desencajado.

DESCUAJO. m. AGR. Acción de descuajar, de arrancar de cuajo.

DESCUARTIZAMIENTO. m. Acción y efecto de descuartizar.

DESCUARTIZAR. (De *des,* 1.ᵉʳ art., y *cuarto.*) tr. Dividir un cuerpo haciéndolo cuartos. || 2. Someter un cuerpo humano al suplicio del descuartizamiento. || 3. fam. Hacer pedazos alguna cosa para destruirla. || **P.** esquartejar; **I.** to quarter; **F.** écarteler; **A.** vierteilen; **It.** squartare; **R.** четвертовать.

DESCUBIERTA. f. Especie de pastel sin cubierta de hojaldre. || 2. MAR. Reconocimiento del horizonte al salir el sol y al ponerse. || 3. MIL. Reconocimiento del terreno para observar si en las inmediaciones hay enemigos. || 4. MAR. Inspección del estado del aparejo del buque, que por la mañana y tarde se lleva a efecto. || 3.ᵃ acep.: **P.** reconhecimento; **I.** reconnoitring; **F.** découvert; **A.** Auskundschaftung; **It.** ricognizione, esplorazione; **R.** разведка.

DESCUBIERTAMENTE. adv. Claramente, patentemente, sin disfraz ni rebozo.

DESCUBIERTO, TA. (l. *discoopertus,* p.p. de *discooperīre,* descubrir.) p.p. irreg. de descubrir. || 2. Con los verbos *andar, estar* y otros semejantes, llevar la cabeza destocada. || 3. Con los verbos *andar, quedar* y otros semejantes, expuesto a grandes y motivados cargos y reconvenciones. || 4. m. Acto de exponer el Santísimo a la adoración de los fieles. || 5. Déficit. || *A la* DESCUBIERTA, *o al* DESCUBIERTO. m. adv. Descubiertamente. || 2. Al raso, descubiertamente. || *Al* DESCUBIERTO. m. adv. COM. Sin tener disponible, los contratantes de

una operación mercantil, lo que es objeto de la misma. || *En* DESCUBIERTO. m. adv. En un ajuste de cuentas, sin dar salida a alguna partida de cargo, o faltando alguna cantidad para satisfacerlo. || 2. fig. Sin poder dar salida a un cargo o reconvención. || *En todo lo* DESCUBIERTO. m. adv. En todo el mundo conocido. || **P.** descoberto; **I.** unveiled; **F.** déconvert; **A.** unbedeckt; **It.** (di)scoperto; **R.** открытый.

DESCUBRICIÓN. (De *descubrir.*) f. ant. Registro o vista que una casa tiene sobre otra.

DESCUBRIDERO. m. Lugar eminente desde donde se descubre mucho terreno o campaña.

DESCUBRIDOR, RA. Que descubre o halla alguna cosa oculta o no conocida. Ú.t.c.s. || 2. Que indaga o averigua. Ú.t.c.s. || 3. Dícese por antonom. del que descubre tierras o mares ignorados. Ú.m.c.s. || 4. Dícese de cualquiera de las embarcaciones usadas para hacer la descubierta. || 5. m. MIL. Explorador, batidor del campo. || **P.** descobridor; **I.** discoverer; **F.** découvreur; **A.** Entdecker; **It.** scopritore; **R.** открыватель.

DESCUBRIMIENTO. (De *descubrir.*) m. Acción de descubrir una cosa desconocida, especialmente tierras o mares ignorados. || 2. Cosa descubierta. || **P.** descobrimento; **I.** discovery; **F.** découverte; **A.** Entdeckung; **It.** scoprimento; **R.** открытие.

DESCUBRIR. (l. *discooperīre.*) tr. Manifestar, hacer patente. || 2. Destapar lo que está tapado o cubierto. || 3. Hacer patente, manifestar. || 4. Registrar o alcanzar a ver. || 5. Venir en conocimiento de una cosa por primera vez. || 6. r. Quitarse de la cabeza el sombrero, gorra, etc. || **P.** descobrir; **I.** to discover; **F.** découvrir; **A.** entdecken; **It.** scoprire; **R.** открывать.

DESCUELLO. (De *descollar.*) m. Exceso en la estatura; elevación o altura con que sobresalen mucho entre todos sus semejantes un hombre, una montaña, o un edificio. || 2. fig. Elevación, superioridad, eminencia en virtud, talento o en ciencia. || 3. fig. Altanería, altivez, avilantez.

DESCUENTO. m. Acción y efecto de descontar. || 2. Rebaja, compensación de una parte de la deuda. || 3. COM. Operación de adquirir antes de su vencimiento valores fácilmente endosables. || 4. Cantidad que se rebaja del importe de los valores para retribuir esta operación. || **P.** desconto; **I.** discount; **F.** escompte; **A.** Abzug, Diskont; **It.** sconto; **R.** скидка.

DESCUERAR. tr. Desollar, despellejar. Ú.m. en América. || 2. Desollar, 2.ᵃ acep. || 3. CHILE. Murmurar de una persona, desacreditarla.

DESCUERNACABRAS. (De *descornar* y *cabra.*) m. Viento frío y recio que sopla de la parte del norte.

DESCUERNAPADRASTROS. (De *descornar* y *padrastro.*) m. GERM. Machete o terciado.

DESCUERNO. (De *descornar.*) m. fam. Desaire o afrenta. || 2. GERM. Lo que se descubre.

DESCUIDADAMENTE. adv. Con descuido.

DESCUIDADO, DA. p.p. de descuidar. || adj. Omiso, negligente. || 2. Que adolece de desaliño. || 3. adj. Desprevenido. || **P.** descuidado; **I.** negligent; **F.** négligent; **A.** nachlässig; **It.** trascurato, noncurante; **R.** небрежный.

DESCUIDAMIENTO. ant. Descuido.

DESCUIDAR. (De *des,* 1.ᵉʳ art., y *cuidar.*) tr. Libertar, descargar a uno de algún cuidado u obligación. || 2. Poner los medios para que uno desatienda lo que le importa. || 3. intr. No cuidar de las cosas, desatenderlas. || 3.ᵃ acep.: **P.** descuidar; **I.** to neglect; **F.** négliger; **A.** vernachlässigen; **It.** dimenticare; **R.** освобождать от обязанности.

DESCUIDERO, RA. adj. Aplícase al ratero que suele hurtar aprovechándose del descuido ajeno. Ú.t.c.s.

DESCUIDO. (De *descuidar.*) m. Omisión, negligencia, falta de cuidado. || 2. Olvido, inadvertencia. || 3. Desatención que desdice de aquel que la ejecuta, o de aquel a quien ofende o perjudica. || 4. Desliz,

D tropiezo vergonzoso. ‖ P. descuido; I. negligence; F. négligence; A. Nachlässigkeit; It. trascuràggine, dimenticanza; R. небрежность.

DESCUITADO, DA. (De *des*, 1.er art., y *cuita*.) adj. Que vive sin pesadumbres o cuidados.

DESCULAR. tr. Desfondar, 1.ª acep.

DESCUMBRADO, DA. adj. Llano y sin cumbre.

DESCURA. (De *des*, 1.er art., y *cura*.) f. ant. Descuido.

DESCHANZADO, DA. (De *des*, 1.er art., y *chanza*.) adj. GERM. Perdido o descubierto.

★ **DESCHAPAR.** tr. ARGENT. Descerrajar, violentar la cerradura.

★ **DESCHARCHAR.** tr. GUAT. y HOND. Despedir de su puesto a una persona, despojarla de su empleo o cargo.

DESCHAVETADO, DA. p.p. de deschavetarse. ‖ 2. adj. PERÚ y CHILE. Insensato. Ú.t.c.s.

★ **DESCHAVETARSE.** r. CHILE. Desconcertarse, perder la chaveta.

★ **DESCHEPICAR.** (De *des*, 1.er art., y *chépica*.) tr. CHILE. Arrancar o quitar la grama.

DESCHUPONAR. tr. Quitar al árbol los chupones.

DESDAR. tr. Dar vueltas, en sentido inverso, a un manubrio, carrete o cuerda, para deshacer otras vueltas anteriores.

DESDE. (contracc. de las prep. lats. *de*, *ex*, *de*.) prep. que denota el punto en el tiempo en que ha de comenzar a contarse una cosa. DESDE *ahora*, o el punto en el espacio donde se origina una distancia. DESDE *mi escuela*. ‖ 2. Después de. DESDE *el primero hasta el último*. ‖ 3. Es parte de muchos modos adverbiales. DESDE *luego*, DESDE *entonces*, etc., y del m. conj. DESDE *que*. ‖ P. desde; I. from, since; F. depuis, dès; A. seit, von; It. da, dacchè; R. c, от.

DESDECIR. tr. ant. Desmentir. ‖ 2. intr. fig. Degenerar una persona o cosa de su origen, educación o clase. ‖ 3. fig. No convenir, no conformarse una cosa con otra. ‖ 4. Descaecer, venir a menos. ‖ 5. Desmentir, perder una cosa la línea o dirección en relación con otra. ‖ 6. r. Retractarse de lo dicho. ‖ P. desdizer; I. to disavow; F. dédire; A. etwas, widerrufen; It. disdire; R. отрицать.

DESDEL. Contrac. ant. de desde el.

DESDÉN. (De *desdeño*.) m. Indiferencia y desprecio. ‖ *Al* DESDÉN. m. adv. Al descuido; con desaliño afectado. ‖ P. desdeén; I. disdain; F. dédain; A. Geringschätzung; It. sdegno, disdegno; R. презрение.

DESDENDE. (De *desde* y *ende*.) adv. ant. Desde allí o desde entonces.

DESDENTADO, DA. adj. Que ha perdido los dientes. ‖ 2. ZOOL. Dícese de los animales del orden de los desdentados. ‖ 3. m. pl. Orden de animales mamíferos caracterizados por carecer de incisivos, y a veces de toda la dentadura, como el oso hormiguero. ‖ P. desdentado; I. toothless; F. édenté; A. zahnlos; It. sdentado; R. беззубый.

DESDENTAR. tr. Quitar o sacar los dientes.

DESDEÑABLE. adj. Que merece ser desdeñado.

DESDEÑADAMENTE. adv. Desdeñosamente.

DESDEÑADO, DA. (De *desdeñarse*.) adj. ant. Desdeñoso.

DESDEÑADOR, RA. adj. Que desdeña, desestima o desprecia. Ú.t.c.s.

DESDEÑANZA. (De *desdeñar*.) f. ant. Desprecio.

DESDEÑAR. (l. *dedignãri*.) tr. Tratar con desdén a una persona o cosa. ‖ 2. r. Tener a menos el hacer o decir una cosa. ‖ P. desdenhar; I. to disdain; F. dédaigner; A. missachten; It. disdegnare; R. презирать.

DESDEÑO. (De *desdeñar*.) m. ant. Desdén.

DESDEÑOSAMENTE. adv. Con desdén.

DESDEÑOSO, SA. adj. Que manifiesta desdén. Ú.t.c.s. ‖ P. desdenhoso; I. disdainful; F. dédaigneux; A. verächtlich; It. sdegnoso; R. презрительный.

DESDEVANAR. tr. Deshacer el ovillo

en que se había devanado o recogido el hilo de la madeja. Ú.t.c.r.

DESDIBUJADO, DA. adj. Dícese del dibujo defectuoso o de la cosa mal conformada.

DESDIBUJARSE. r. fig. Perder una cosa la claridad y precisión de sus contornos.

DESDICHA. (De *des*, 1.er art., y *dicha*.) f. Desgracia. ‖ 2. Pobreza suma, miseria, necesidad. ‖ DESDICHAS *y caminos hacen amigos*. ref. que denota que el correr la misma suerte en las adversidades y en las fatigas suele ocasionar la amistad. ‖ *Poner a uno o ponerse uno, hecho una* DESDICHA. fr. fam. Ensuciarle o ensuciarse mucho la ropa. ‖ P. desdita; I. misfortune; F. malheur; A. Unglück, Unheil; It. disdetta; R. несчастье.

DESDICHADAMENTE. adv. Con desdicha.

DESDICHADO, DA. (De *desdicha*.) adj. Desgraciado, infortunado. Ú.t.c.s. ‖ 2. fig. y fam. Cuitado, sin malicia, pusilánime.

DESDICHO, CHA. p.p. irreg. de desdecir.

DESDINERAR. tr. Empobrecer un país despojándole de su moneda.

DESDOBLAMIENTO. m. Acción y efecto de desdoblar o desdoblarse. ‖ 2. Fraccionamiento por evolución natural o artificial de un compuesto en sus componentes o elementos. ‖ 3. fig. Explanación de un texto, doctrina, etc.

DESDOBLAR. tr. Extender una cosa que estaba doblada; descogerla. Ú.t.c.r. ‖ 2. fig. Formar dos o más cosas por separación de los elementos que suelen estar juntos en otra. Ú.t.c.r. ‖ P. desdobrar; I. to unfold; F. déplier; A. entfalten; It. sdoppiare; R. развёртывать.

DESDÓN. (De *des*, 1.er art., y *don*, gracia.) m. ant. Insulsez, falta de gracia.

DESDONADAMENTE. adv. ant. Rústicamente, groseramente.

DESDONADO, DA. adj. ant. Que carece de gracia o de tino en hacer o decir una cosa.

DESDONAR. tr. ant. Quitar lo que se había dado o donado.

DESDORAR. tr. Quitar el oro de una cosa dorada. ‖ 2. fig. Deslustrar, mancillar la virtud, reputación, fama, etc. Ú.t.c.r.

DESDORMIDO, DA. (De *des*, 1.er art., y *dormido*, p.p. de *dormir*.) adj. ant. Despavorido y mal despierto.

DESDORO. (De *desdorar*.) m. Deslustre, mancilla en la virtud, reputación o fama. ‖ P. desdoiro; I. dishonour, blemish; F. déshonneur; A. Schimpf, Schandfleck; It. disdoro; R. позор.

DESDOROSO, SA. adj. Que desdora o deslustra.

DESE, SA, SO. Contracc. ant. de *de ese*, *de esa* y *de eso*.

DESEABLE. adj. Digno de ser deseado. ‖ P. desejável; I. desirable; F. désirable; A. wünschenswert; It. desideràbile; R. желательный.

DESEABLEMENTE. adv. Que se hace desear.

DESEADERO, RA. (De *desear*.) adj. ant. Deseable.

DESEADOR, RA. adj. Que desea o apetece. Ú.t.c.s.

DESEANTE. p.a. ant. de desear. Que desea.

DESEAR. (De *deseo*.) tr. Sentir atracción por una cosa hasta el punto de quererla poseer o alcanzar. ‖ 2. Anhelar que acontezca o deje de acontecer un suceso. ‖ P. desejar; I. to desire; F. désirer; A. wünschen; It. desiderare, bramare; R. желать.

DESECACIÓN. f. Acción y efecto de desecar o desecarse. ‖ 2. QUÍM. Operación consistente en eliminar el agua contenida en una substancia sin que se descomponga. ‖ 3. VETER. Accidente que se presenta en el casco que rodea al pie del caballo. ‖ P. dessecação; I. desiccation; F. dessiccation; A. (Aus)Trocknen; It. dissecazione; R. высушивание.

DESECADOR, RA. adj. Desecante.

DESECAMIENTO. m. Desecación.

DESECANTE. p.a. de desecar. Que deseca. Ú.t.c.s.

DESECAR. (l. *desiccãre*.) tr. Secar, ex-

traer la humedad. ‖ P. dessecar; I. to dry; F. dessécher; A. (aus)trocknen; It. disseccare; R. сушить.

DESECATIVO, VA. (l. *desiccativus*.) adj. Dícese de lo que tiene la virtud de desecar. ‖ P. dessecativo; I. desiccative; F. dessiccatif; A. trocknend; It. disseccativo; R. высушивающий.

DESECHADAMENTE. adv. Vilmente, despreciativamente.

DESECHAR. tr. Excluir, reprobar. ‖ 2. Desestimar, menospreciar. ‖ 3. Renunciar, no admitir una cosa. ‖ 4. Expeler, arrojar. ‖ 5. Deponer, apartar de sí un pesar, un temor, sospecha, etc. ‖ 6. Dejar por inútil el vestido u otra cosa de uso. ‖ 7. Dar el movimiento necesario a las llaves o cerrojos para abrir. ‖ P. desprezar; I. to refuse, to reject; F. rebuter, rejeter; A. verschmähen, absetzen, wegwerfen; It. rifiutare; R. отвергать.

★ **DESECHITO.** m. CUBA. Segunda clase del tabaco de calidad.

DESECHO. (De *desechar*.) m. Residuo que se desecha de una cosa. ‖ 2. Cosa que no sirve a la persona para quien se hizo. ‖ 3. Desprecio, desestimación. ‖ P. resíduo; I. residue; F. rebut, reste; A. Abfall, Rückstand; It. rifiuto, rigetto; R. отбросы.

DESEDIFICACIÓN. (De *desedificar*.) f. fig. Mal ejemplo.

DESEDIFICAR. (De *des*, 1.er art., y *edificar*.) tr. fig. Dar mal ejemplo.

DESEGUIR. (De *de* y *seguir*.) tr. ant. Seguir la parcialidad de una persona.

DESELECTRIZACIÓN. f. Acción y efecto de deselectrizar.

DESELECTRIZAR. tr. Descargar de electricidad un cuerpo.

DESELLADURA. f. Acción y efecto de desellar.

DESELLAR. tr. Quitar el sello a una cosa. ‖ P. desselar; I. to unseal; F. desceller, décacheter; A. entsiegeln; It. dissigillare; R. снимать печати.

DESEMBALAJE. m. Acción de desembalar.

DESEMBALAR. tr. Desenfardar, deshacer los fardos; quitar la cubierta a las mercancías o a otros efectos. ‖ P. desembalar; I. to unpack; F. déballer; A. auspacken; It. sballare; R. распаковывать.

DESEMBALDOSAR. tr. Quitar o arrancar las baldosas del suelo.

DESEMBALLESTAR. intr. VOL. Disponerse a bajar el halcón cuando está remontado.

DESEMBANASTAR. tr. Sacar de la banasta lo que estaba en ella. ‖ 2. fig. Hablar mucho y sin concierto. ‖ 3. fig. y fam. Desenvainar la espada u otra arma. ‖ 4. r. fig. y fam. Soltarse el animal que estaba sujeto o encerrado. ‖ 5. fig. y fam. Desembarcar, 4.ª acep.

DESEMBARAZADAMENTE. adv. Sin embarazo.

DESEMBARAZADO, DA. adj. Despejado, libre; que no se embaraza fácilmente.

DESEMBARAZAR. tr. Quitar el impedimento que se opone a una cosa: dejarla libre y expedita. Ú.t.c.r. ‖ 2. Evacuar, desocupar. ‖ 3. r. fig. Apartar uno de sí lo que le estorba. ‖ 4. CHILE. Parir la mujer. ‖ P. desembaraçar; I. to disembarrass, to free; F. débarrasser; A. entledigen, befreien; It. sbarazzare; R. освобождать.

DESEMBARAZO. (De *desembarazar*.) m. Despejo, desenfado. ‖ 2. CHILE y ARGENT. Parto, alumbramiento. ‖ P. desembaraço; I. freeness, easiness; F. aisance, desinvolture; A. Zwanglosigkeit; It. sbarazzamento, franchezza; R. непринуждённость.

DESEMBARCACIÓN. f. ant. Desembarco, 1.ª acep.

DESEMBARCADERO. m. Lugar destinado para desembarcar. ‖ P. desembarcadoiro; I. landing-place, dock, quay; F. débarcadère; A. Werft, Landungsplatz; It. sbarcatoio; R. пристань.

DESEMBARCAR. tr. Sacar de la nave y poner en tierra lo embarcado. ‖ 2. intr. Salir de una embarcación. Ú.t.c.r. ‖ 3. Llegar la escalera a la meseta que da entrada a una habitación al plano bajo en que ésta termina. ‖ 4. fig. y fam. Salir de un carruaje. ‖ 5. MAR. Separarse una persona de la dotación del buque. ‖ P. desembar-

D

car; **I.** to unship, to disembark; **F.** débarquer; **A.** auschiffen, ausladen; **It.** sbarcare; **R.** выгружать, высаживать.

DESEMBARCO. m. Acción de desembarcar, 1.ª acep. || **2.** Meseta en donde está la entrada de una habitación o termina la escalera. || **3.** MAR. Operación militar que realiza en tierra la dotación de un buque o de una escuadra, o las tropas que lleva. || **P.** desembarque; **I.** landing; **F.** débarquement; **A.** Landung; **It.** sbarco; **R.** выгрузка.

DESEMBARGADAMENTE. adv. Libremente, sin impedimento.

DESEMBARGADOR. (De desembargar.) m. Magistrado supremo y del Consejo del Rey, que había en Portugal.

DESEMBARGAR. tr. Quitar el impedimento a una cosa. || **2.** FOR. Alzar el embargo o secuestro de una cosa.

DESEMBARGO. m. Carta de libramiento que se solía dar el Consejo de Hacienda para que se pagasen los réditos de un juro. || **2.** FOR. Acción y efecto de desembargar, 2.ª acep.

DESEMBARQUE. m. Acción y efecto de desembarcar. || **P.** desembarque; **I.** landing, disembarking; **F.** débarquement; **A.** Anlanden; **It.** sbarco; **R.** высадка.

DESEMBARRANCAR. tr. Sacar a flote una nave embarrancada. || **2.** Salir una nave a flote.

DESEMBARRAR. tr. Quitar el barro.

DESEMBAULAR. tr. Sacar lo que está dentro de un baúl. || **2.** fig. Por ext., sacar lo que está guardado en saco, talego, caja, etc. || **3.** fig. y fam. Desahogarse uno comunicando sus penas a otro.

DESEMBEBECERSE. r. Recobrarse de la suspensión de los sentidos.

DESEMBELESARSE. (De des, 1.er art., y embelesar.) r. Salir del embelesamiento.

DESEMBLANTADO, DA. (De desemblante.) adj. Que tiene demudado el semblante.

DESEMBLANTARSE. r. Demudarse.

DESEMBLANTE. (De des, 1.er art., y semblante.) adj. ant. Desemejante.

DESEMBLANZA. (De des, 1.er art., y semblanza.) f. ant. Desemejanza.

DESEMBOCADERO. (De desembocar.) m. Abertura o estrecho por donde se sale de un punto a otro. || **2.** Desembocadura, 1.ª acep.

DESEMBOCADURA. f. Paraje donde un río, un canal, etc., desemboca en otro, en el mar o en un lago. || **2.** Desembocadero, 1.ª acep.: || **P.** desembocadura; **I.** mouth; **F.** embouchure; **A.** Flussmündung; **It.** imboccatura; **R.** устье.

DESEMBOCAR. intr. Salir por una abertura estrecha. || **2.** Desaguar una corriente de agua en otra o en el mar. || **3.** Tener una calle o camino salida a determinado lugar. || **P.** desembocar; **I.** to disembogue; **F.** déboucher; **A.** münden; **It.** sboccare; **R.** впадать.

DESEMBOJADERA. f. Mujer que desemboja.

DESEMBOJAR. (De des, 1.er art., y embojar.) tr. Quitar de las bojas los capullos de seda.

DESEMBOLSAR. tr. Sacar lo que está en la bolsa. || **2.** fig. Pagar o sacar de su propia bolsa una cantidad de dinero. || **2.ª** acep.: **P.** desembolsar; **I.** to disburse; **F.** débourser; **A.** auslegen; **It.** sborsare; **R.** вынимать из кошелька.

DESEMBOLSO. (De desembolsar.) m. fig. Entrega de una porción de dinero efectivo. || **2.** Dispendio, gasto. || **P.** desembolso; **I.** disbursement; **F.** déboursesement; **A.** Auslage; **It.** sborso; **R.** платёж.

DESEMBOQUE. (De desembocar.) m. Desembocadero.

DESEMBORRACHAR. tr. Desembriagar. Ú.t.c.r.

DESEMBOSCARSE. r. Salir del bosque, espesura o emboscada.

DESEMBOTAR. tr. fig. Hacer que lo que estaba embotado, deje de estarlo. Ú.t.c.r.

DESEMBOZAR. tr. Quitar a uno el embozo. Ú.t.c.r.

DESEMBOZO. m. Acción de desembozar o desembozarse.

DESEMBRAGAR. tr. MEC. Desconectar del eje motor un mecanismo. || **2.** Se-

parar en el automóvil los dos ejes solidarizados por el embrague, operación que permite frenar el coche o maniobrar con él sin parar el motor. || **P.** desembraiar; **I.** to ungear; **F.** débrayer; **A.** auskuppeln; **It.** disinnestare; **R.** выключать.

DESEMBRAGUE. m. Acción y efecto de desembragar.

DESEMBRAR. (l. disseminăre.) tr. ant. Diseminar. Usáb.t.c.r.

DESEMBRAVECER. tr. Amansar, quitar la braveza. Ú.t.c.r.

DESEMBRAVECIMIENTO. m. Acción y efecto de desembravecer o desembravecerse.

DESEMBRAZAR. tr. Quitar una cosa del brazo. || **2.** Arrojar una arma u otra cosa con la mayor fuerza del brazo.

DESEMBRIAGAR. tr. Quitar la embriaguez. Ú.t.c.r. || **P.** desembriagar; **I.** to sober; **F.** désenivrer; **A.** ernüchtern; **It.** disubbriacare; **R.** отрезвлять.

DESEMBRIDAR. tr. Quitar a una cabalgadura las bridas.

★ **DESEMBROCAR.** tr. HOND. Volver boca arriba la vasija o recipiente que estaba boca abajo. || **2.** MÉJ. Sacar de los moldes los panes de azúcar para que se sequen.

DESEMBROLLAR. tr. fam. Desenredar, aclarar. || **P.** desenredar; **I.** to unravel, to disentangle; **F.** débrouiller, éclaircir; **A.** entwirren; **It.** sbrogliare; **R.** распутывать.

DESEMBROZAR. (De des, 1.er art., en, y broza.) tr. Desbrozar.

DESEMBRUJAR. tr. Deshacer el embrujamiento o hechizo de que uno se supone víctima.

DESEMBUCHAR. tr. Echar las aves lo que tienen en el buche. || **2.** fig. y fam. Decir uno todo cuanto sabe y tenía callado.

★ **DESEMBULLAR.** tr. CUBA. Desanimar. Ú.t.c.r.

★ **DESEMBULLO.** m. CUBA. Falta de embullo o animación.

DESEMEJABLE. adj. desus. Fuerte, grande, terrible. || **2.** ant. Desemejante.

DESEMEJABLEMENTE. adv. Con desemejanza.

DESEMEJADO, DA. adj. ant. Desemejable.

DESEMEJANTE. adj. Diferente, no semejante. || **P.** dessemelhante; **I.** dissimilar; **F.** dissemblable; **A.** unähnlich, verschieden; **It.** dissimile, diverso; **R.** непохожий.

DESEMEJANTEMENTE. adv. Con desemejanza.

DESEMEJANZA. f. Diferencia, diversidad. || **P.** dessemelhança; **I.** dissimilitude; **F.** dissemblance; **A.** Unähnlichkeit; **It.** dissomiglianza; **R.** несходство.

DESEMEJAR. (De des, 1.er art., y semejar.) intr. No parecerse una cosa a otra; diferenciarse de ella. || **2.** tr. Desfigurar a una persona o cosa. || **P.** dessemelhar; **I.** to be dissimilar; **F.** dissembler; **A.** unähnlich sein; **It.** dissomigliare; **R.** быть непохожим.

DESEMPACAR. (De des, 1.er art., y empacar.) tr. Sacar las mercaderías de las pacas en que van. || **P.** desenfardar; **I.** to unpack; **F.** auspacken; **A.** auspacken; **It.** disimpaccare; **R.** распаковывать.

DESEMPACARSE. (De des, 1.er art., y empacarse.) r. Aplacarse, desenojarse.

DESEMPACHAR. tr. Quitar el empacho que uno sufre. Ú.m.c.r. || **2.** fig. Desembarazarse, perder el empacho o apocamiento.

DESEMPACHO. (De desempachar.) m. fig. y fam. Desahogo, desenfado. || **P.** desempacho; **I.** ease, forwardness; **F.** crânerie; **A.** Dreistigkeit; **It.** sfogo, disinvoltura; **R.** развязность.

★ **DESEMPAJAR.** tr. CHILE. Despajar. || **2.** COLOM. Quitar el techo de paja.

DESEMPALAGAR. tr. Quitar el hastío sentido hacia la comida o la bebida. Ú.t.c.r. || **2.** Desembarazar el molino del agua detenida que impide el movimiento del rodezno.

DESEMPAÑAR. tr. Limpiar una cosa empañada. || **2.** Quitar los pañales a una criatura. Ú.t.c.r.

DESEMPAPELAR. tr. Quitar a una cosa el papel que le cubría.

DESEMPAQUE. m. Acción y efecto de desempacar.

DESEMPAQUETAR. tr. Desenvolver lo que estaba empaquetado. || **P.** desempacotar; **I.** to unpack; **F.** dépaqueter; **A.** auspacken; **It.** spacchettare; **R.** распаковывать.

DESEMPAREJAR. tr. Desigualar lo que estaba o iba igual y parejo. Ú.t.c.r.

DESEMPARENTADO, DA. adj. Sin parientes.

DESEMPARVAR. (De des, 1.er art., y emparvar.) tr. Recoger la parva, formando montón.

★ **DESEMPASTAR.** tr. Quitar de la parte cariada de una muela la pasta que se le había puesto. || **2.** CHILE. Arrancar las cubiertas de un libro.

DESEMPATAR. tr. Deshacer el empate.

DESEMPAVONAR. tr. Despavonar.

DESEMPEDRADOR. m. El que desempiedra.

DESEMPEDRAR. tr. Arrancar las piedras de un sitio empedrado. || **2.** fig. Correr desenfrenadamente. || **3.** fig. Pasear mucho por un lugar determinado.

DESEMPEGAR. tr. Quitar el baño de pez a una cosa empegada.

DESEMPEÑAMIENTO. m. ant. Desempeño.

DESEMPEÑAR. tr. Sacar, liberar lo que estaba en poder de otro en garantía de un préstamo. || **2.** Liberar a una persona de los empeños o deudas que tenía contraídos. Ú.t.c.r. || **3.** Cumplir uno sus obligaciones. || **4.** Sacar a uno airoso de un empeño o lance. || **5.** Representar un papel en las obras dramáticas. || **6.** r. TAUROM. En las fiestas de toros con caballeros en plaza, apearse el toreador para herir al toro con la espada. || **P.** desempenhar; **I.** to perform; **F.** s'acquitter; **A.** (Pflicht) erfüllen; **It.** còmpiere; **R.** освобождать от долгов.

DESEMPEÑO. m. Acción y efecto de desempeñar o desempeñarse.

DESEMPEORARSE. r. Fortalecerse, recuperarse.

DESEMPEREZAR. intr. Desechar la pereza. Ú.t.c.r.

DESEMPERNAR. tr. MAR. Sacar los pernos con que están sujetas las piezas de la construcción.

★ **DESEMPERTIGAR.** tr. CHILE. Soltar a la yunta del pértigo del carro.

DESEMPOLVADURA. f. Acción y efecto de desempolvar o desempolvarse.

DESEMPOLVAR. tr. Quitar el polvo. Ú.t.c.r. || **2.** Traer a consideración algo que estuvo mucho tiempo olvidado.

DESEMPOLVORADURA. f. Acción y efecto de desempolvorar o desempolvorarse.

DESEMPOLVORAR. tr. Desempolvar. Ú.t.c.r.

DESEMPONZOÑAR. tr. Libertar a uno de la ponzoña, o de sus efectos, o quitar a una cosa sus cualidades ponzoñosas.

DESEMPOTRAR. tr. Sacar una cosa de donde estaba empotrada.

DESEMPOZAR. tr. Sacar lo que está empozado.

DESEMPULGADURA. f. Acción de desempulgar.

DESEMPULGAR. tr. ant. Quitar de las empulgaderas la cuerda de la ballesta.

DESEMPUÑAR. tr. Dejar de empuñar.

DESENALBARDAR. tr. Quitar la albarda; desaparejar las bestias.

DESENAMORAR. tr. Hacer que se pierda el amor que se tiene a una persona o cosa, o deponer el afecto que se tenía. Ú.m.c.r.

DESENASTAR. (De des, 1.er art., y enastar.) tr. Quitar el asta o mango a una arma o a una herramienta.

DESENCABALGADO, DA. (De desencabalgar.) adj. ant. Decíase del que estaba desmontado.

DESENCABALGAR. tr. Desmontar una pieza de artillería.

DESENCABESTRAR. (De des, 1.er art., y encabestrar.) tr. Desembarazar la bestia que se ha enredado en el cabestro.

DESENCADENAMIENTO. m. Ac-

D ción o efecto de desencadenar o desencadenarse.

DESENCADENAR. tr. Quitar la cadena al que está amarrado con ella. || 2. fig. Romper el vínculo de las cosas. || 3. r. fig. Estallar con violencia las fuerzas naturales o las pasiones. Ú.t.c.tr. || **P.** desencadenar; **I.** to unchain; **F.** déchainer; **A.** entfesseln; **It.** scatenare; **R.** спускать с цепи.

DESENCAJADURA. (De *desencajar*.) f. Parte que queda sin unión cuando se quita la trabazón.

DESENCAJAMIENTO. m. Acción y efecto de desencajar o desencajarse.

DESENCAJAR. tr. Desunir una cosa del encaje que tenía con otra. Ú.t.c.r. || 2. r. Descomponerse el semblante por enfermedad o por pasión del ánimo. || **P.** desencaixar; **I.** to disjoint, to unjoint; **F.** déboiter; **A.** ausrenken, verdrehen; **It.** scassinare; **R.** вынимать, разъединять.

DESENCAJE. m. Desencajamiento.

DESENCAJONAR. tr. Sacar lo que está dentro de un cajón.

DESENCALABRINAR. (De *des*, 1.er art., y *encalabrinar*.) tr. Quitar a uno el aturdimiento. Ú.t.c.r.

DESENCALCAR. (De *des*, 1.er art., *en*, y *calco*.) tr. Aflojar lo que estaba recalcado o apretado.

DESENCALLAR. tr. Poner a flote una embarcación encallada. Ú.t.c.intr.

DESENCAMINAR. tr. Descaminar, desviar del verdadero camino.

DESENCANTAMIENTO. m. Desencanto.

DESENCANTAR. tr. Deshacer el encanto. Ú.t.c.r. || **P.** desencantar; **I.** to disenchant; **F.** désenchanter; **A.** entzaubern; **It.** disincantare; **R.** разочаровывать.

DESENCANTARACIÓN. f. Acción y efecto de desencantarar.

DESENCANTARAR. tr. Sacar del cántaro el nombre o nombres metidos en él para una elección por insaculación. || 2. Excluir de esta elección determinados nombres.

DESENCANTO. m. Acción y efecto de desencantar o desencantarse. || **P.** desencanto; **I.** disenchantment, disillusion; **F.** désenchantement; **A.** Ernüchterung Enttäuschung; **It.** disincanto; **R.** разочарование.

DESENCAPAR. tr. Ar. Romper la costra de la tierra, formada después de las lluvias y que impide el nacimiento de algunas plantas.

DESENCAPILLAR. tr. Mar. Zafar o desprender lo que está encapillado. Ú.t.c.r.

DESENCAPOTADURA. f. Acción y efecto de desencapotar o desencapotarse.

DESENCAPOTAR. tr. Quitar el capote. Ú.t.c.r. || 2. fig. y fam. Descubrir, manifestar. || 3. Equit. Hacer que levante la cabeza el caballo acostumbrado a llevarla baja. || 4. r. fig. Despejarse el cielo. || 5. fig. Desenojarse.

DESENCAPRICHAR. (De *des*, 1.er art., y *encaprichar*.) tr. Disuadir a uno de un error o capricho. Ú.m.c.r.

DESENCARCELAR. tr. Excarcelar.

DESENCARECER. tr. Abaratar. Ú.t. c.intr. y c.r.

DESENCARGAR. tr. Revocar un encargo.

DESENCARNAR. tr. Mont. Quitar a los perros las reses muertas para que no se encarnicen. || 2. fig. Perder la afición a una cosa. || 3. r. Separarse el alma del cuerpo al morir.

DESENCASADURA. (De *desencasar*.) f. ant. Desencajadura.

★ **DESENCASAR.** tr. ant. Desencajar.

★ **DESENCASQUILLAR.** tr. C. Rica. y El Salv. Desherrar. || 2. Colom. Desprenderse el tacón al zapato.

DESENCASTILLAR. (De *des*, 1.er art., y *encastillarse*.) tr. Echar de un castillo o lugar fuerte a sus defensores. || 2. fig. Franquear, manifestar, aclarar lo oculto. Ú.t.c.r.

DESENCENTRAR. (De *des*, 1.er art., *en*, y *centro*.) tr. ant. Descentrar.

DESENCERRAR. tr. Sacar del encierro. || 2. Abrir lo que estaba cerrado. || 3. fig. Descubrir lo que estaba oculto. || **P.** desencerrar; **I.** to open, to unclose; **F.** ouvrir; **A.** aufschliessen; **It.** schiùdere; **R.** освобождать.

DESENCINTAR. tr. Quitar las cintas que ataban o adornaban una cosa. || 2. Quitar el encintado a un pavimento.

DESENCLAVAR. tr. Desclavar. || 2. fig. Arrancar a uno del sitio en que está.

DESENCLAVIJAR. (De *des*, 1.er art., y *enclavijar*.) tr. Quitar las clavijas. || 2. fig. Desasir, desencajar, apartar.

DESENCOGER. tr. Estirar lo que estaba encogido. || 2. r. fig. Perder el encogimiento o timidez. || **P.** desencolher; **I.** to unfold; **F.** dérouler, étendre; **A.** strecken; **It.** svòlgere; **R.** растягивать.

DESENCOGIMIENTO. (De *desencoger*.) m. Acción de desencoger. || 2. fig. Desembarazo, desenfado.

DESENCOLADURA. f. Acción y efecto de desencolar o desencolarse.

DESENCOLAR. tr. Despegar lo que estaba pegado con cola. Ú.t.c.r. || **P.** desengrudar; **I.** to unglue; **F.** décoller; **A.** losleimen; **It.** scollare; **R.** отклеивать.

DESENCOLERIZAR. tr. Apaciguar al que está encolerizado. Ú.t.c.r.

DESENCONAMIENTO. m. Acción y efecto de desenconar o desenconarse.

DESENCONAR. tr. Mitigar, quitar la inflamación o encendimiento. || 2. fig. Desahogar el ánimo enconado. Ú.t.c.r. || 3. fig. Moderar el enojo. Ú.t.c.r. || 4. r. Hacerse suave una cosa.

DESENCONO. m. Acción y efecto de desenconar o desenconarse, 2.ª y 3.ª aceps.

DESENCORDAR. tr. Quitar las cuerdas a un instrumento, especialmente a los de música.

DESENCORDELAR. tr. Quitar los cordeles a una cosa atada con ellos.

DESENCORVAR. tr. Enderezar lo que está encorvado o torcido.

DESENCOVAR. tr. Sacar una cosa o hacer salir a un animal de una cueva.

DESENCRESPAR. tr. Abatir o deshacer lo enrizado o encrespado. Ú.t.c.r.

DESENCUADERNADO. m. fig. Baraja, conjunto de naipes.

DESENCUADERNAR. tr. Deshacer lo encuadernado; como un libro. Ú.t.c.r.

★ **DESENCUENTRO.** m. Argent. Falta de encuentro o de coincidencia en el lugar de cita.

★ **DESENCHUECAR.** (De *des*, 1.er art., y *enchuecar*.) tr. Chile. Desencorvar, enderezar.

DESENCHUFAR. tr. Separar o extender lo que está enchufado.

DESEND. adv. ant. Desende.

DESENDE. (De las preps. l. *de* y *ex* y el adv. *inde*.) adv. ant. Desdende.

DESENDEMONIAR. tr. Lanzar los demonios.

DESENDIABLAR. tr. Desendemoniar.

DESENDIOSAR. tr. fig. Abatir la vanidad y altanería del que, por orgullo, se hace intratable.

DESENFADADAMENTE. adv. Con desenfado.

DESENFADADERAS. (De *desenfadar*.) f. pl. fam. Recurso para salir de algunas dificultades o libertarse de alguna opresión. Ú. comúnmente con el verbo *tener*.

DESENFADADO, DA. p.p. de desenfadar. || 2. adj. Desembarazado, libre. || 3. Tratándose de un sitio o lugar, espacioso, capaz.

DESENFADAR. tr. Desenojar, quitar el enfado. Ú.t.c.r. || **P.** desenfadar; **I.** to abate anger; **F.** défâcher; **A.** beswichtigen; **It.** disincollerire; **R.** успокаивать.

DESENFADO. (De *desenfadar*.) m. Desahogo, despejo y desembarazo. || 2. Diversión o desahogo del ánimo.

DESENFALDAR. tr. Bajar el enfaldo. Ú.m.c.r.

DESENFARDAR. tr. Abrir y desatar los fardos.

DESENFARDELAR. tr. Desenfardar.

DESENFILAR. tr. Mar. y Mil. Poner las tropas, fuertes y buques a cubierto de los tiros directos del enemigo.

DESENFOQUE. m. Falta de enfoque o enfoque defectuoso.

DESENFRAILAR. tr. Dejar de ser fraile; secularizarse. || 2. fig. y fam. Salir una persona de la sujeción en que se hallaba. || 3. fig. y fam. Vacar de ocupaciones y negocios temporalmente.

DESENFRENACIÓN. f. ant. Desenfreno.

DESENFRENADAMENTE. adv. Con desenfreno.

DESENFRENAMIENTO. m. Desenfreno.

DESENFRENAR. tr. Quitar el freno a las caballerías. || 2. r. Desmandarse, entregarse desordenadamente a los vicios. || 3. fig. Desencadenar, 3.ª acep.

DESENFRENO. m. fig. Acción y efecto de desenfrenarse. || —de vientre. Flujo precipitado del vientre.

DESENFUNDAR. tr. Quitar la funda a una cosa.

DESENFURECER. tr. Hacer deponer el furor. Ú.t.c.r.

DESENFURRUÑAR. tr. Desenfadar, quitar el enfurruñamiento. Ú.t.c.r.

DESENGANCHAR. tr. Soltar una cosa enganchada. || 2. Quitar de un carruaje las caballerías de tiro. || **P.** desenganchar; **I.** to unhook, to unclasp; **F.** décrocher; **A.** loshaken, ausschirren; **It.** sganciare; **R.** отцеплять.

DESENGAÑADAMENTE. adv. Claramente, sin engaño. || 2. fig. Malamente, con desaliño y poco acierto.

DESENGAÑADO, DA. p.p. de desengañar.

DESENGAÑADOR, RA. adj. Que desengaña. Ú.t.c.s.

DESENGAÑAMIENTO. m. ant. Desengaño.

DESENGAÑAR. tr. Hacer conocer a uno el error o el engaño en que está. Ú.t.c.r. || 2. tr. Quitar a uno sus esperanzas o ilusiones. || **P.** desenganar; **I.** to undeceive, to disabuse; **F.** détromper, désabuser; **A.** enttäuschen; **It.** disingannare; **R.** разочаровывать.

DESENGAÑILAR. (De *des*, 1.er art., *en*, y *gañiles*.) tr. Desasir al que tiene agarrado a otro de los gañiles.

DESENGAÑO. m. Acción y efecto de desengañar o desengañarse. || 2. Claridad con que se echa a uno en cara alguna falta. || 3. pl. Lecciones recibidas por una amarga experiencia. || **P.** desilusão; **I.** disenchantment; **F.** désabusement; **A.** Enttäuschung; **It.** disinganno; **R.** разочарование.

DESENGARRAFAR. (De *des*, 1.er art., y *engarrafar*.) tr. Soltar lo que se tiene asido con los dedos encorvados en figura de garra.

DESENGARZAR. tr. Deshacer el engarce; desprender lo que está engarzado. Ú.t.c.r.

DESENGASTAR. tr. Sacar una cosa de su engaste.

DESENGOMAR. tr. Desgomar.

DESENGOZNAR. tr. Desgoznar. Ú. t.c.r.

DESENGRANAR. tr. Quitar el engranaje de alguna cosa con otra.

DESENGRASAR. tr. Quitar la grasa. || 2. intr. fam. Enflaquecer, adelgazarse. || 3. fig. Desensebar, quitar el sabor de la grosura de un manjar. || **P.** desengordurar; **I.** to clean from grease; **F.** dégraisser; **A.** entfetten; **It.** digrassare; **R.** обезжиривать.

DESENGRASE. m. Acción y efecto de desengrasar.

DESENGRILLETAR. tr. Mar. Zafar un grillete de una cadena.

DESENGROSAR. tr. Adelgazar, enflaquecer. Ú.t.c.intr.

DESENGRUDAMIENTO. m. Acción y efecto de desengrudar.

DESENGRUDAR. tr. Quitar el engrudo.

DESENGUANTARSE. r. Quitarse los guantes.

★ **DESENGUARACAR.** (De *des*, 1.er art., *en*, y *guaraca*.) tr. Chile. Desenrollar, desenvolver. || 2. Sacar el azote, zurriago, etc., para descargar el golpe.

DESENHADAMIENTO. (De *desenhadar*.) m. ant. Desenfado.

DESENHADAR. (De *des*, 1.er art., y *enhadar*.) tr. ant. Desenfadar. Usáb.t.c.r.

DESENHASTIAR. (De *des*, 1.er art., y *enhastiar*.) tr. ant. Quitar el hastío.

DESENHEBRAR. tr. Sacar la hebra de la aguja.

DESENHECHIZAR. (De *des*, 1.er art., y *enhechizar*.) tr. ant. Deshechizar.

DESENHETRABLE. (De *desenhe-*

trar.) adj. ant. Aplicábase al cabello que se podía desenmarañar.

DESENHETRAMIENTO. (De *desenhetrar*.) m. Acción de desenhetrar.

DESENHETRAR. (De *des*, 1.er art., y *enhetrar*.) tr. Desenredar o desenmarañar el cabello.

DESENHORNAR. (De *des*, 1.er art., y *enhornar*.) tr. Sacar del horno lo que se había introducido en él para cocerlo.

DESENJAEZAR. tr. Quitar los jaeces al caballo.

DESENJALMAR. tr. Quitar la enjalma a una bestia.

DESENJAULAR. tr. Sacar de la jaula.

DESENLABONAR. tr. Deseslabonar.

DESENLACE. m. Acción y efecto de desenlazar o desenlazarse, 2.ª acep. || P. desenlace; I. denouement; F. dénouement; A. Ausgang, Auflösung; It. scioglimento; R. развязка.

DESENLADRILLADO. m. Acción y efecto de desenladrillar.

DESENLADRILLAR. tr. Quitar o arrancar los ladrillos del suelo.

DESENLAZAR. tr. Desatar los lazos; soltar lo que está atado con ellos. Ú.t.c.r. || 2. fig. Desatar el nudo de un poema dramático o narrativo. || 3. fig. Dar solución a una dificultad. || P. desenlazar; I. to unlace; F. dénouer, désenlacer; A. aufschnüren, losbinden; It. dislacciare, slacciare; R. развязать.

DESENLODAR. tr. Quitar el lodo a una cosa.

DESENLOSAR. tr. Quitar el enlosado levantando las losas.

DESENLUSTRAR. trant. Deslustrar.

DESENLUTAR. tr. Quitar el luto. Ú.t.c.r.

DESENMALLAR. (De *des*, 1.er art., y *enmallarse*.) tr. Sacar de la malla el pescado.

DESENMARAÑAR. tr. Desenredar una cosa enmarañada. || 2. fig. Poner en claro una cosa obscura y enredada. || P. desemaranhar; I. to disentangle; F. débrouiller; A. entwirren, aufklären; It. distrigare, sbrogliare; R. распутывать.

DESENMASCARADAMENTE. adv. Públicamente y con descaro.

DESENMASCARAR. tr. Quitar la máscara a uno Ú.t.c.r. || 2. fig. Dar a conocer los verdaderos propósitos, sentimientos, etc., de una persona.

DESENMOHECER. (De *des*, 1.er art., y *enmohecer*.) tr. Limpiar, quitar el moho.

DESENMUDECER. (De *des*, 1.er art., y *enmudecer*.) intr. Libertarse del impedimento natural que tenía uno para hablar. Ú.t.c.r. || 2. intr. fig. Romper uno el silencio que guardaba desde hacía algún tiempo.

DESENOJAR. tr. Aplacar, sosegar, hacer perder el enojo. Ú.t.c.r. || 2. r. fig. Esparcir el ánimo.

DESENOJO. m. Deposición del enojo.

DESENOJOSO, SA. (De *desenojar*.) adj. Bastante para quitar cualquier enojo.

DESENQUIETAR. (De *des*, 1.er art., en, y *quieto*.) tr. ant. Inquietar, 1.ª acep.

DESENRAZONADO, DA. (De *des*, en, y *razonado*.) adj. ant. Que carece de razón.

DESENREDAR. tr. Deshacer el enredo. || 2. fig. Poner orden a lo que estaba confuso y desordenado. || 3. r. fig. Salir de una dificultad o lance. || P. desenredar; I. to disentangle; F. débrouiller; A. entwirren; It. distrigare; R. распутывать.

DESENREDO. m. Acción y efecto de desenredar o desenredarse. || 2. Desenlace. || P. desenredo; I. disentanglement; F. débrouillement; A. Entwirrung; It. distrigamento, sbrogliamento; R. распутывание.

DESENRIZAR. tr. Desrizar.

DESENROLLAR. tr. Desarrollar, 1.ª acep. Ú.t.c.r.

DESENRONAR. tr. Ar. Quitar la enrona.

DESENROSCAR. tr. Extender lo que está enroscado. Ú.t.c.r. || 2. Sacar de su asiento lo que está introducido a vuelta de rosca.

DESENRUDECER. tr. Quitar la rudeza; pulir, afinar. Ú.t.c.r.

DESENSAMBLAR. tr. Separar las piezas de madera ensambladas. Ú.t.c.r.

DESENSAÑAR. (De *des*, 1.er art., y

ensañar.) tr. Hacer deponer la saña. Ú.t.c.r.

DESENSARTAR. tr. Deshacer la sarta; desprender y soltar lo ensartado. || 2. P. Rico. Desatar.

DESENSEBAR. tr. Quitar el sebo. || 2. intr. fig. Variar de ocupación para hacer más llevadero el trabajo. || 3. fig. Quitar el sabor de la grosura tomando fruta u otra cosa semejante.

DESENSEÑAMIENTO. (De *desenseñar*.) m. ant. Falta de enseñanza.

DESENSEÑAR. tr. Hacer olvidar con una buena enseñanza lo malo que uno había aprendido.

DESENSILLAR. tr. Quitar la silla a una caballería. || P. desselar; I. to unsaddle; F. desseller; A. absatteln; It. disinsellare; R. рассёдлывать.

DESENSOBERBECER. tr. Hacer deponer la soberbia a uno. Ú.t.c.r.

DESENSORTIJADO, DA. adj. Dícese del cabello cuando se han deshecho sus rizos. || 2. Aplícase al hueso que está fuera de su lugar.

DESENTABLAR. tr. Arrancar las tablas de donde están clavadas, o deshacer el tablado. || 2. fig. Descomponer el orden de una cosa. || 3. fig. Deshacer, desconcertar un negocio o amistad.

DESENTALINGAR. (De *des*, 1.er art., y *entalingar*.) tr. Mar. Zafar el cable o cadena del arganeo del ancla.

DESENTARIMAR. tr. Quitar el entarimado.

DESENTENDERSE. r. Fingir que no se entiende algo; afectar ignorancia. || 2. Prescindir de un asunto; no tomar parte en él.

DESENTENDIDO, DA. p.p. de desentender.

DESENTENDIMIENTO. m. ant. Desacierto, ignorancia.

DESENTERRADOR. m. El que desentierra.

DESENTERRAMIENTO. m. Acción y efecto de desenterrar.

DESENTERRAR. tr. Exhumar, sacar lo que está debajo de tierra. || 2. fig. Traer a la memoria lo olvidado. || P. desenterrar; I. to disinter; F. déterrer; A. ausgraben; It. dissotterrare; R. откапывать.

DESENTERRAMUERTOS. f. (De *desenterrar* y *muerto*.) com. fig. y fam. Persona que infama la memoria de los muertos.

DESENTOLDAR. tr. Quitar los toldos. || 2. fig. Despojar de su adorno a una cosa. || 3. Méj. Serenarse, despejarse el firmamento.

DESENTOLLECER. (De *des*, 1.er art., y *entullecer*.) tr. ant. Restituir a los nervios el uso perdido. Usáb.t.c.r. || 2. ant. fig. Librar de impedimentos.

DESENTONACIÓN. f. Desentono.

DESENTONADAMENTE. adv. Con desentono, fuera del tono natural.

DESENTONAMIENTO. m. Desentono.

DESENTONAR. tr. Humillar el orgullo de uno. || 2. intr. Salir del tono y punto que compete. || 3. Mús. Subir o bajar la entonación de la voz o de un instrumento fuera de oportunidad. || 4. r. fig. Levantar la voz, descomedirse. || 3.ª acep.: P. desentoar; I. to be inharmonious; F. désaccorder; A. sich verstimmen; It. stonare; R. сбиваться с тона.

DESENTONO. (De *desentonar*.) m. Desproporción en el tono de voz. || 2. fig. Descomedimiento en el tono de voz.

DESENTORNILLAR. tr. Destornillar.

DESENTORPECER. tr. Sacudir la torpeza o el pasmo. Ú.t.c.r. || 2. Hacer capaz al que era torpe. Ú.t.c.r.

* DESENTRAMAR. (De *des* y *entramar*.) tr. Argent. Deshacer el andamiaje que ha servido para levantar un muro.

DESENTRAMPAR. tr. fam. Desempeñar, 2.ª acep. Ú.m.c.r.

DESENTRAÑAMIENTO. m. Acción de desentrañar.

DESENTRAÑAR. tr. Arrancar las entrañas. || 2. fig. Penetrar lo más dificultoso de una materia. || 3. r. fig. Despojarse uno de cuanto tiene para darlo a aquel a quien ama.

DESENTRONIZAR. tr. Destronar. ||

2. fig. Deponer a uno de la autoridad que tenía.

DESENTROPEZAR. (De *des*, 1.er art., y *tropezar*.) tr. ant. Quitar tropiezos.

DESENTUMECER. (De *des*, 1.er art., y *entumecer*.) tr. Hacer que un miembro entumecido recobre su agilidad. Ú.t.c.r.

DESENTUMECIMIENTO. m. Acción y efecto de desentumecer o desentumecerse.

DESENTUMIR. (De *des*, 1.er art., y *entumirse*.) tr. Desentumecer. Ú.t.c.r.

DESENVAINAR. tr. Sacar de la vaina un arma blanca. || 2. fig. Sacar las uñas el animal que tiene garras. || 3. fig. y fam. Sacar lo que está oculto o encubierto. || P. desembainhar; I. to unsheathe; F. dégainer; A. blank ziehen; It. sguainare; R. вынимать из ножен.

DESENVELEJAR. (De *des*, 1.er art., y *envelaje*.) tr. Mar. Quitar el velamen a una embarcación.

DESENVENDAR. (De *des*, 1.er art., en, y *venda*.) tr. Desvendar.

DESENVERGAR. tr. Mar. Desatar las velas que están envergadas.

DESENVERGONZADAMENTE. adv. m. ant. Desvergonzadamente.

DESENVIOLAR. (De *des*, 1.er art., en, y *violar*.) tr. Purificar la iglesia o lugar sagrado que fue violado o profanado.

DESENVOLTURA. (De *desenvuelto*.) f. fig. Desembarazo, desenfado. || 2. fig. Desvergüenza, falta de pudor, principalmente en las mujeres. || 3. fig. Facilidad y expedición en el decir. || P. desenvoltura; I. sprightliness; F. désinvolture; A. Zwanglosigkeit; It. disinvoltura; R. развязность.

DESENVOLVEDOR, RA. adj. Que desenvuelve, averigua o escudriña. Ú.t.c.s.

DESENVOLVER. tr. Desarrollar, descoger lo envuelto o arrollado Ú t.c.r. || 2. fig. Aclarar una cosa que estaba obscura. || 3. fig. Desarrollar, explicar por extenso. Ú.t.c.r. || 4. r. fig. Desempachar, perder el empacho o encogimiento. || 5. fig. Desenredar, 3.ª acep. || P. desenvolver; I. to unfold, to unroll; F. dérouler; A. loswickeln, entfalten; It. svòlgere; R. развёртывать.

DESENVOLVIMIENTO. m. Acción y efecto de desenvolver o desenvolverse.

DESENVUELTAMENTE. adv. fig. Con desenvoltura. || 2. fig. Con claridad y expedición.

DESENVUELTO, TA. p.p. irreg. de desenvolver. || 2. adj. fig. Que tiene desenvoltura. || P. desenvolvido; I. forward; F. désinvolte; A. zwanglos; It. disinvolto; R. развязный.

DESENZARZAR. Sacar de las zarzas una cosa enredada en ellas. Ú.t.c.r. || 2. fig. y fam. Separar a los que riñen. Ú.t.c.r.

DESEÑAMIENTO. m. ant. Falta de enseñanza e instrucción.

DESEÑAR. (l. *designāre*, señalar.) tr. ant. Hacer señas para dar noticia de algo.

DESEÑO. m. ant. Diseño o designio.

DESEO. (l. *desidium*, por *desiderium*.) m. Movimiento afectivo del alma que inclina a la voluntad a la posesión de la cosa. || 2. Acción y efecto de desear, 2.ª acep. *Coger a* DESEO *una cosa*. fr. Lograr lo que se apetecía con vehemencia. || *El* DESEO *hace hermoso lo feo*. ref. que muestra cómo el ansia de poseer algo ofusca el entendimiento. || *Venir* uno *en* DESEO *de una cosa*. fr. Desearla. || P. desejo; I. desire; F. désir; A. Wunsch; It. desiderio; R. желание.

DESEOSO, SA. adj. Que desea o apetece.

DESEQUIDO, DA. (De *des*, 1.er art., y *seco*.) adj. Reseco, extremadamente seco.

DESEQUILIBRADO, DA. p.p. de desequilibrar. || 2. adj. Falto de equilibrio mental.

DESEQUILIBRAR. tr. Hacer perder el equilibrio. Ú.t.c.r.

DESEQUILIBRIO. m. Falta de equilibrio.

DESERCIÓN. (l. *desertio, -ōnis*.) f. Acción de desertar. || 2. For. Delito que comete el militar o marino que abandona ilegalmente el cuerpo de que forma parte. || —**de recurso**. Abandono que la parte apelante hace de la apelación o recurso que había interpuesto ante un Tribunal superior contra el fallo de otro inferior. || P.

D

deserção; **I.** desertion; **F.** désertion; **A.** Desertion, Fahnenflucht; **It.** diserzione; **R.** дезертирство.

DESERRADO, DA. (De *des*, 1.er art., y *errado*.) adj. Libre de error.

DESERTAR. (l. *desertāre*, frec. de *desedĕre*, abandonar.) tr. Desamparar, abandonar el soldado sus banderas. Ú.t. c.r. || **2.** fig. y fam. Abandonar las concurrencias que se frecuentaban. || **3.** For. Abandonar la causa o apelación. || **P.** desertar; **I.** to desert; **F.** déserter; **A.** desertieren, abtrünnig werden; **It.** disertare; **R.** дезертировать.

DESÉRTICO, CA. (l. *dēsertus*, desierto.) adj. 'Desierto, 1.ª acep. || **2.** Perteneciente o relativo al desierto.

DESERTOR. (l. *desertor*.) m. Soldado que desampara la bandera. || **2.** fig. y fam. El que se retira de una causa que servía o de una concurrencia que frecuentaba. || **P.** desertor; **I.** deserter; **F.** déserteur; **A.** Deserteur, Fahnenflüchtiger; **It.** disertore; **R.** дезертир.

DESERVICIO. m. Culpa cometida contra uno a quien hay obligación de servir.

DESERVIDOR. (De *deservir*.) m. El que debiendo servir a otro falta a esta obligación.

DESERVIR. tr. Faltar a la obligación que se tiene de servir a alguien.

DESESCOMBRAR. tr. Escombrar.

DESESLABONAR. tr. Deslabonar.

DESESPALDAR. tr. Herir la espalda, quebrantándola. Ú.t.c.r.

DESESPAÑOLIZAR. tr. Quitar a las personas o a las cosas la condición o el carácter de lo que es español.

DESESPERACIÓN. (De *desesperar*.) f. Pérdida total de la esperanza. || **2.** fig. Alteración extrema del ánimo causada por la consideración de un mal irreparable o por la impotencia de lograr éxito. || *Ser una cosa una* DESESPERACIÓN. fr. fig. y fam. Ser intolerable. || **P.** desesperação; **I.** despondency, desperation; **F.** désespoir; **A.** Verzweiflung; **It.** disperazione; **R.** отчаяние.

DESESPERADAMENTE. adv. Con desesperación.

DESESPERADO, DA. p.p. de desesperar. || **2.** adj. Poseído de desesperación. Ú.t.c.s. || *A la* DESESPERADA. m. adv. Acudiendo a remedios extremos para lograr lo que de otro modo parece imposible.

DESESPERAMIENTO. (De *desesperar*.) m. ant. Desesperación.

DESESPERANTE. p.a. de desesperar. Que desespera o impacienta.

DESESPERANZA. f. Falta de esperanza.

DESESPERANZAR. tr. Quitar la esperanza. || **2.** r. Quedarse sin esperanza. || **P.** desesperançar; **I.** to despair; **F.** désespérer; **A.** verzweifeln; **It.** disperare; **R.** приводить в отчаяние.

DESESPERAR. tr. Desesperanzar. Ú.t.c.r.intr. y c.r. || **2.** fam. Impacientar, exasperar. Ú.t.c.r. || **3.** r. Despecharse, atentando contra la propia vida o quitándosela en efecto. || **P.** desesperar; **I.** to despair; **F.** désespérer; **A.** alle Hoffnung verlieren; **It.** disperare; **R.** приводить в отчаяние.

DESESPERO. m. Ar. Desesperación.

DESESTANCAR. tr. Dejar libre lo que está estancado.

DESESTANCO. m. Acción y efecto de desestancar.

DESESTAÑAR. tr. Quitar a una cosa el estaño con que está soldada o bañada. Ú.t.c.r.

DESESTERAR. tr. Quitar las esteras.

DESESTERO. m. Acción y efecto de desesterar. || **2.** Días en que se desestera.

DESESTIMA. (De *desestimar*.) f. Desestimación.

DESESTIMACIÓN. f. Acción y efecto de desestimar. || **P.** desestimação; **I.** disesteem; **F.** mèsestime; **A.** Verachtung; **It.** disistima; **R.** неуважение.

DESESTIMADOR, RA. adj. Que desestima.

DESESTIMAR. tr. Tener en poco. || **2.** Denegar, desechar. || **P.** desestimar; **I.** to disesteem; **F.** mésestimer; **A.** missachten, verachten; **It.** disistimare; **R.** пренебрегать.

DESFACCIÓN. (l. *dis*, des, y *factio*,

-ōnis; de *facĕre*, hacer.) f. ant. Acción y efecto de deshacer o deshacerse.

DESFACEDOR, RA. (De *desfacer*.) adj. ant. Deshacedor. || —**de entuertos.** fam. Deshacedor de agravios.

DESFACER. (De *des*, 1.er art., y *facer*.) tr. ant. Deshacer. Usáb.t.c.r.

DESFACIMIENTO. (De *desfacer*.) m. ant. Daño, detrimento, menoscabo, ruina.

DESFACHATADAMENTE. adv. Con desfachatez.

DESFACHATADO, DA. (ital. *sfacciato*, y éste de *faccia*, del l. *facies*, cara.) adj. fam. Descaro, desvergüenza. || **P.** desvergonhado; **I.** impudent, saucy, barefaced; **F.** insolent, effronté; **A.** unverschämt; **It.** sfacciato, sfrontato; **R.** наглый.

DESFACHATEZ. (ital. *sfacciato*, y éste de *faccia*, del l. *facies*, cara.) f. fam. Descaro, desvergüenza. || **P.** desfaçatez; **I.** impudence, effrontery; **F.** insolence, effronterie; **A.** Unverschämtheit; **It.** sfacciatàggine, sfrontatezza; **R.** наглость.

DESFAJAR. tr. Quitar a una persona o cosa la faja con que estaba ceñida. || **P.** desenfaixar; **I.** to ungird; **F.** débander; **A.** loswickeln; **It.** sfasciare; **R.** снимать пояс.

DESFALCACIÓN. f. ant. Desfalco.

DESFALCADOR, RA. adj. Que desfalca. Ú.t.c.s.

DESFALCAR. (De *des*, 1.er art., y *falca*.) tr. Quitar parte de una cosa; descabalarla. || **2.** Tomar para sí un caudal que se tenía bajo obligación de custodia. || **3.** Derribar a uno del favor o amistad que gozaba. || **2.ª** acep.: **P.** desfalcar; **I.** to peculate, to defalcate; **F.** malverser; **A.** unterschlagen, hinterziehen; **It.** defalcare; **R.** растрачивать.

DESFALCO. m. Acción y efecto de desfalcar.

DESFALLECER. tr. Causar desfallecimiento o disminuir las fuerzas. || **2.** intr. Descaecer, debilitarse el ánimo. || **3.** Padecer desmayo. || **P.** desfalecer; **I.** to faint; **F.** défaillir; **A.** sich ermatten; **It.** svenire; **R.** ослаблять.

DESFALLECIENTE. p.a. de desfallecer. Que desfallece.

DESFALLECIMIENTO. (De *desfallecer*.) m. Desánimo, descaecimiento de vigor, deliquio, desmayo. || **P.** desfalecimento; **I.** languor, faintness; **F.** défaillance; **A.** Ohnmacht; **It.** svenimento; **R.** слабость.

DESFAMAMIENTO. (De *desfamar*.) m. ant. Infamia, infamación.

DESFAMAR. tr. ant. Declarar a uno por infame. || **2.** Difamar, 1.ª acep.

DESFAVOR. m. ant. Disfavor.

DESFAVORABLE. adj. Poco favorable, perjudicial, adverso.

DESFAVORABLEMENTE. adv. Con disfavor, denegación o perjuicio.

DESFAVORECEDOR, RA. adj. Que desfavorece. Ú.t.c.s.

DESFAVORECER. tr. Dejar de favorecer a uno; desairarle. || **2.** Contradecir, oponerse a una cosa, favoreciendo la contraria.

DESFAZADO, DA. (De *des*, 1.er art., y *faz*, cara.) adj. ant. Desfachatado.

DESFEAR. (De *des*, 1.er art., y *feo*.) tr. ant. Desfigurar, 1.ª acep. Usáb.t.c.r.

DESFECHAR. tr. ant. Tirar con el arco.

DESFECHO, CHA. p.p. irreg. ant. de desfacer.

DESFERRA. (De *des*, 1.er art., y *ferro*; véase *aferrar*.) f. ant. Discordia, disensión.

DESFERRAR. (De *des*, 1.er art., y *ferrar*.) tr. ant. Quitar los fierros.

DESFIANZA. (De *des*, 1.er art., y *fianza*.) f. ant. Desconfianza.

DESFIBRADO. m. Acción de desfibrar.

DESFIBRAR. tr. Quitar las fibras a las materias que las contienen.

DESFIBRINACIÓN. f. Destrucción o separación de la fibrina de la sangre.

DESFIGURACIÓN. f. Acción y efecto de desfigurar o desfigurarse. || **P.** desfiguração; **I.** disfiguration; **F.** défiguration; **A.** Entstellung; **It.** sfigurazione; **R.** искажение.

DESFIGURAMIENTO. m. Desfiguración.

DESFIGURAR. tr. Deformar, hacer

---

que una cosa pierda su forma propia. Ú.t.c.r. || **2.** Disfrazar o encubrir una cosa de manera que no se vea su forma. || **3.** Desemejar, ajar el semblante. || **4.** Hablándose de las intenciones, deseos, etc., o de la deformación simulada del semblante, fingir. || **5.** Referir una cosa alterando sus verdaderas circunstancias. || **6.** r. Inmutarse por un accidente o por alguna pasión del ánimo. || **P.** desfigurar; **I.** to disfigure; **F.** défigurer; **A.** entstellen; **It.** sfigurare; **R.** искажать.

★ **DESFIGURO.** m. Chile. Desfiguración. || **2.** Méj. y Perú. Cosa extravagante.

DESFIJAR. tr. Quitar una cosa del sitio donde está fija.

DESFILACHAR. tr. Deshilachar.

DESFILADERO. m. Paso estrecho por donde la tropa tiene que marchar desfilando. || **2.** Paso estrecho entre montañas. || **P.** desfiladeiro; **I.** defile; **F.** défilé; **A.** Engpass, Hohlweg; **It.** gola, stretto; **R.** ущелье.

DESFILADIZ. m. ant. Filadiz.

DESFILAR. (De *des*, 1.er art., y *filo*, hilo.) tr. ant. Deshilar.

DESFILAR. (De *des*, 1.er art., y *fila*.) intr. Marchar en fila. || **2.** fam. Salir varios, de algún sitio, uno tras otro. || **3.** Mil. Marchar las tropas en orden y formación más reducida. || **4.** Mil. En ciertas funciones militares, como revistas, etc., pasar las tropas formadas ante una autoridad. || **P.** desfilar; **I.** to defile; **F.** défiler; **A.** defilieren; **It.** sfilare; **R.** дефилировать.

DESFILE. m. Acción de desfilar.

DESFIUCIADO, DA. (De *des*, 1.er art., y *fiuciado*, p.p. de *fiuciar*.) adj. ant. Desconfiado o desahuciado.

DESFIUZA. (De *des*, 1.er art., y *fiucia*.) f. ant. Desconfianza.

DESFIUZAR. (De *des*, 1.er art., y *fiuciar*.) tr. ant. Desahuciar, quitar la esperanza.

DESFLAQUECER. tr. p. us. enflaquecer. Usáb.t.c.r.

DESFLAQUECIMIENTO. m. p. us. Enflaquecimiento.

DESFLECAR. tr. Sacar flecos, destejiendo las orillas o los extremos de una tela.

DESFLEMAR. intr. Expeler las flemas. || **2.** tr. Quím. Separar la flema de un líquido espirituoso.

DESFLOCAR. (De *des*, 1.er art., y *floccus*, fleco.) tr. Desflecar.

DESFLORACIÓN. f. Acción y efecto de desflorar.

DESFLORAMIENTO. m. Acción y efecto de desflorar, 2.ª acep.

DESFLORAR. tr. Ajar, quitar la flor o el lustre a una cosa. || **2.** Desvirgar. || **3.** fig. Tratar superficialmente de un asunto. || **4.** Germ. Descubrir.

DESFLORECER. intr. Perder la flor. Ú.t.c.r.

DESFLORECIMIENTO. m. Acción y efecto de desflorecer.

DESFOGAR. tr. Dar salida al fuego. || **2.** Hablando de la cal, apagarla. || **3.** fig. Manifestar una pasión con vehemencia. || **4.** intr. Mar. Resolverse una nube, una tempestad, etc., en agua o viento.

DESFOGONAR. tr. Quitar o romper el fogón o un arma de fuego. Ú.m.c.r.

DESFOGUE. m. Acción y efecto de desfogar, o desfogarse, 1.ª y 2.ª aceps.

DESFOLAR. tr. ant. Desollar.

DESFOLLAR. (De *des*, 1.er art., y el l. *fŏllis*.) tr. ant. Desollar.

DESFOLLONAR. (De *des*, 1.er art., *follón*.) tr. Quitar a las plantas las hojas o vástagos inútiles.

DESFONDAR. tr. Quitar o romper el fondo de una vasija, caja, etc. Ú.t.c.r. || **2.** Agr. Dar a la tierra labores profundas. || **3.** Mar. Romper, agujerear el fondo de una nave. Ú.t.c.r.

DESFONDE. m. Acción y efecto de desfondar.

DESFORMAR. tr. Deformar.

DESFORTALECER. tr. Demoler o desguarnecer una fortaleza.

DESFORZARSE. (De *des*, 1.er art., y *forzar*.) r. p. us. Vengarse, desagraviarse.

DESFRENADAMENTE. adv. ant. Desenfrenadamente.

DESFRENAMIENTO. m. fig. Desenfreno.

DESFRENAR. tr. Desenfrenar. Ú.t.c.r.

D

DESFREZ. m. ant. Desprez.

DESFREZAR. tr. ant. Disfrazar. Usáb. t.c.r.

DESFRUNCIR. tr. Desplegar, 1.ª acep.

DESFRUTAR. tr. Privar de fruto aún no maduro a una planta. Ú.t.c.intr.

DESFRUTE. m. p. us. Disfrute.

DESFUIR. tr. ant. Defuir.

DESFUNDAR. (De *des*, 1.er art., y *funda*.) tr. ant. Desenfundar.

DESGA. (De *desgar*, y éste el l. *depsícăre*, de *depsĕre*, amasar.) f. En las Encartaciones (Vizcaya), artesa grande labrada en una sola pieza de madera.

DESGAIRE. (De *des*, 1.er art., y *aire*.) m. Desaliño, descuido, generalmente afectado. || 2. Ademán despectivo. || Al DESGAIRE. m. adv. Con descuido afectado o real. || P. desgaira; I. slovenliness; F. nonchalance; A. Verwahrlosung; It. sgraziatàggine; R. небрежность.

DESGAJADURA. (De *desgajar*.) f. Rotura de la rama, cuando lleva consigo parte del tronco a que está asida.

DESGAJAR. (De *des*, 1.er art., y *gajo*.) tr. Desgarrar, arrancar una rama del tronco. Ú.t.c.r. || 2. Despedazar, romper una cosa unida y trabada. || 3. r. fig. Apartarse, soltarse, desprenderse una cosa de otra.

DESGAJE. m. Acción y efecto de desgajar o desgajarse.

DESGALGADERO. (De *desgalgar*.) m. Pedregal en pendiente. || 2. Despeñadero, precipicio.

DESGALGAR. (De *des*, 1.er art., y *galga*, piedra.) tr. Despeñar, precipitar. Ú.t.c.r.

DESGALICHADO, DA. adj. fam. Desaliñado, desgarbado. || P. desalinhado; I. ungainly; F. dégingandé; A. verlottert, schlampig; It. sgarbato; R. неряшливый.

✱ DESGALILLARSE. (De *des* y *galillo*.) r. P. Rico, Guat. y Perú. Desgañitarse.

DESGANA. f. Inapetencia, falta de gana de comer. || 2. fig. Tedio, repugnancia a una cosa. || 3. Ar. Congoja, desmayo. || P. inapetência; I. disgust; F. dégoût; A. Unlust, Appetitlosigkeit; It. disgusto, svogliatezza; R. отсутствие аппетита.

DESGANAR. tr. Quitar el deseo o gana de hacer algo. || 2. r. Perder el apetito a la comida. || 3. fig. Disgustarse, apartarse de lo que antes se hacía con gusto.

DESGANCHAR. tr. Arrancar las ramas o los ganchos de los árboles.

DESGANO. m. Desgana.

DESGAÑIFARSE. r. Desgañitarse.

DESGAÑIRSE. (l. *dis*, des, y *gannīre*, gruñir.) r. ant. Desgañitarse.

DESGAÑITARSE. (De *des*, 1.er art., y l. *gennītus*, grito, aullido.) r. fam. Esforzarse violentamente gritando o voceando. || 2. Enronquecerse.

✱ DESGAÑOTAR. (De *des* y *gañote*.) tr. P. Rico y Rep. Domin. Cortarle a uno el gaznate.

DESGARBADO, DA. adj. Falto de garbo.

DESGARBILADO, DA. adj. And. Desgarbado.

DESGARBO. m. Falta de garbo.

DESGARGANTARSE. (De *des*, 1.er art., y *garganta*.) r. fam. Desgañitarse, 1.ª acep.

DESGARGOLAR. tr. (De *des*, 1.er art., y *gárgola*, linaza.) tr. Sacudir el lino o el cáñamo secos para que despidan la linaza o el cañamón.

DESGARGOLAR. tr. Sacar de los gárgoles una pieza de madera.

DESGARITAR. (De *des*, 1.er art., y *garete*.) intr. Perder el rumbo. Ú.m.c.r. || 2. r. Separarse la res del redil. || 3. fig. No seguir el intento que se había empezado.

DESGARRADAMENTE. adv. Con desgarro o desvergüenza.

DESGARRADO, DA. p.p. de desgarrar. || 2. adj. Licencioso, que procede con escándalo. Ú.t.c.s. || 2.ª acep.: P. desgarrado; I. impudent, licentious; F. impudent, éhonté; A. frech, schamlos; It. sfacciato, libertino; R. разорванный.

DESGARRADURA. f. Desgarrón.

DESGARRAMIENTO. m. Acción y efecto de desgarrar o desgarrarse.

DESGARRAR. (De *des*, 1.er art., y *garra*.) tr. Rasgar, romper a viva fuerza. Ú.t.c.r. || 2. fig. Esgarrar. || 3. r. fig. Apartarse uno de la compañía de otro u otros. || P. rasgar, dilacerar; I. to tear; F. déchirer; A. zerreissen; It. stracciare; R. разрывать.

✱ DESGARRIATE. m. Méj. Destrozo, desastre.

DESGARRO. (De *desgarrar*.) m. Rotura o rompimiento. || 2. fig. Arrojo, desvergüenza. || 3. fig. Fanfarronada. || 4. Amér. Acción y efecto de desgarrar, 1.ª acep. || P. rompimiento, ruptura; I. laceration, rent; F. déchirure; A. Riss; It. squarcio, lacerazione; R. разламывание.

DESGARRÓN. (aum. de *desgarro*.) m. Rasgón grande del vestido o de otra cosa semejante. || 2. Jirón del vestido al desgarrarse la tela.

DESGASTADOR, RA. adj. ant. Que desgasta. Usáb.t.c.s.

DESGASTAMIENTO. (De *desgastar*.) m. Prodigalidad o gran desperdicio.

DESGASTAR. tr. Consumir por el roce parte de una cosa. || 2. fig. Pervertir, viciar. || 3. r. fig. Perder vigor o poder. || P. desgastar; I. to fray, to waste; F. user, détériorer; A. abnutzen; It. consumare; R. изнашивать.

DESGASTE. m. Acción y efecto de desgastar o desgastarse. || P. desgaste; I. attrition, abrasion; F. usure; A. Abnutzung; It. usura, consumo; R. изнашивание.

DESGATAR. tr. Arrancar el labrador las hierbas llamadas gatas.

DESGAVILLADO, DA. (De *des*, 1.er art., y *gavilla*.) adj. Decaído del vigor físico, desmadejado.

DESGAY. m. Ar. Retal.

DESGAZNATARSE. (De *des*, 1.er art., y *gaznate*.) r. fam. Desgargantarse.

DESGLOSAR. tr. Quitar la nota o glosa a un escrito. || 2. fig. Separar una cuestión de otra. || 3. For. Quitar algunas hojas de una pieza de autos. || 4. Separar algunas hojas de otras con las cuales estaban encuadernadas.

DESGLOSE. m. Acción y efecto de desglosar.

DESGOBERNADO, DA. adj. Aplícase a la persona que se gobierna mal.

DESGOBERNADURA. f. Veter. Operación de desgobernar.

DESGOBERNAR. (De *des*, 1.er art., y *gobernar*.) tr. Perturbar el gobierno de un país; gobernar sin tino. || 2. Desencajar los huesos. || 3. Mar. Conducir mal la nave descuidándose en el gobierno del timón. || 4. r. fig. Afectar movimientos de miembros desconcertados.

DESGOBIERNO. (De *desgobernar*.) m. Desorden, falta de gobierno. || 2. Veter. Desgobernadura. || P. desgoverno; I. mismanagement, misgovernment; F. désordre; A. Unordnung; It. sgoverno; R. беспорядок.

✱ DESGOLILLAR. (De *des* y *golilla*.) tr. P. Rico. Cortar la golilla o collar a las aves.

DESGOLLETAR. tr. Quitar el gollete o cuello a una vasija. || 2. Aflojar la ropa que cubre el cuello o quitarla.

DESGOMAR. tr. Quitar la goma a los tejidos para que tomen mejor el tinte.

DESGONZAR. (De *des*, 1.er art., y *gonce*.) tr. Desgoznar. || 2. fig. Desencajar, desquiciar. Ú.t.c.r.

DESGORRARSE. r. Quitarse la gorra o el sombrero.

DESGOTAR. (De *des*, 1.er art., y *gota*.) tr. ant. Agotar el agua en que está empapada una cosa, exprimiéndola.

DESGOZNAR. tr. Quitar los goznes. || 2. r. fig. Desgobernarse.

DESGRACIA. (De *des*, 1.er art., y *gracia*.) f. Suerte adversa. || 2. Acontecimiento adverso. || 3. Mal que es causa de un perpetuo motivo de aflicción. || 4. Pérdida de gracia o valimiento. || 5. Desagrado o aspereza en la condición o en el trato. || 6. Falta de gracia o de maña. || Caer uno en DESGRACIA. fr. fig. y fam. Perder el cariño y la consideración con que a uno le trataban. || Correr uno con DESGRACIA. fr. No tener fortuna en lo que intenta. || Hacerse sin DESGRACIA una cosa. fr. Concluirse como se deseaba. || P. desgraça; I. misfortune, adversity; F. malheur; A. Unglück; It. disgrazia; R. несчастье, беда.

DESGRACIADAMENTE. adv. Con desgracia.

DESGRACIADO, DA. p.p. de desgraciar. || 2. adj. Que padece desgracias. Ú.t.c.s. || 3. Desafortunado. || 4. Falto de gracia o atractivo. || 5. Desagradable. || 6. Argent. Tonto, infeliz que mueve a lástima. Ú.t.c.s. || Estar uno DESGRACIADO. fr. Estar desacertado. || P. desgraçado; I. unfortunate; F. malheureux; A. unglücklich; It. disgraziato; R. несчастный.

DESGRACIAR. (De *desgracia*.) tr. Disgustar, desagradar a alguno. || 2. Echar a perder a una persona o cosa. Ú.t.c.r. || 3. r. Desavenirse, desviarse uno de un amigo; perder la gracia o favor de alguno. || 4. Malograrse. || 5. Chile. Suicidarse. || 6. Chile. Dícese del que comete asesinato o hiere gravemente. || 7. Chile. Ventosear, peer. || 8. Chile y Argent. Ventosear, peer. || P. desgraçar; I. to displease; F. déplaire; A. missfallen; It. angustiare; R. погубить.

DESGRADAR. (De *des*, 1.er art., y *grado*, 1.er art.) tr. ant. Degradar.

DESGRADAR. (De *des*, 1.er art., y *grado*, 2.° art.) intr. ant. Desagradar.

DESGRADECIDO, DA. (De *des*, 1.er art., y *gradecido*, p.p. de *gradecer*.) adj. ant. Desagradecido.

DESGRADO. (De *desgradar*, 2.° art.) m. ant. Desagrado. || A DESGRADO. m. adv. A disgusto.

DESGRADUAR. (De *des*, 1.er art., y *graduar*.) tr. ant. Degradar.

DESGRAMAR. tr. Arrancar la grama.

DESGRANADO, DA. p.p. de desgranar. || 2. adj. Se dice de la rueda o piñón dentados que han perdido alguno de sus dientes.

DESGRANADOR, RA. adj. Que desgrana. Ú.t.c.s.

DESGRANAMIENTO. (De *desgranar*.) m. Art. Estrías que se forman por la fuerza expansiva de la pólvora en el ánima y en el oído del cañón cuando la recámara es esférica.

DESGRANAR. tr. Sacar el grano de una cosa. Ú.t.c.r. || 2. En artillería, tamizar la pólvora. || 3. r. Echarse a perder el oído o el grano en las armas de fuego. || 4. Soltarse las piezas ensartadas. || P. debulhar; I. to thrash; F. égrener; A. auskörnen; It. sgranellare; R. веять.

DESGRANE. m. Acción y efecto de desgranar o desgranarse.

DESGRANZAR. tr. Quitar o separar las granzas. || 2. Pint. Hacer la primera trituración de los colores.

DESGRASAR. tr. Quitar la grasa a las lanas o a los tejidos.

DESGRASE. m. Acción y efecto de desgrasar.

DESGRAVACIÓN. f. Acción y efecto de desgravar.

DESGRAVAR. tr. Rebajar los derechos arancelarios o los impuestos sobre determinados objetos.

DESGREÑADO, DA. p.p. de desgreñar. || 2. adj. Con el cabello en desorden, despeinado.

✱ DESGREÑAMIENTO. m. Argent. Acción o efecto de desgreñar o desgreñarse.

DESGREÑAR. (De *des*, 1.er art., y *greña*.) tr. Descomponer los cabellos. Ú.t.c.r. || 2.r. *Andar a la GREÑA.*

✱ DESGREÑO. m. Chile y Argent. Desorden del cabello. || 2. Argent. Desaliño en el vestir. || 3. Colom. Conducta desordenada.

✱ DESGUABILAR. tr. Cuba. Descuajaringar.

✱ DESGUABINACIÓN. f. P. Rico. Catástrofe. || 2. Acción y efecto de desguabinar.

✱ DESGUABINAR. tr. P. Rico y Colom. Desguañangar. Ú.t.c.r.

DESGUACE. m. Acción de desguazar la embarcación.

DESGUAJE. m. P. Rico. Catástrofe.

✱ DESGUALETADO, DA. adj. Colom. Desgalichado.

✱ DESGUANZADO, DA. adj. Méj. Débil, flojo.

✱ DESGUANZAR. tr. Méj. Relajar, desencuadernar. || 2. Méj. Cansarse, abrumarse. || 3. Amér. Central. Desfallecer.

✱ DESGUANZO. (De *desguanzar*.) m. Méj. Falta de fuerza o vigor.

D

★ **DESGUAÑANGAR**. tr. Bol., Perú y Ecuad. Causar daño o perjuicio. || 2. P. Rico. Desfallecer.

★ **DESGUARDO**. m. Argent. Relicario o talismán.

DESGUARNECER. tr. Quitar la guarnición que adornaba a una cosa. || 2. Quitar la fuerza a una plaza, castillo, etc. || 3. Quitar las guarniciones a los animales de tiro. || 4. Quitar piezas esenciales de un instrumento mecánico. || 3.ª acep.: P. desguarnecer; I. to unharness; F. déharnacher; A. abschirren (Tiere); It. sbardare; R. снимать украшения.

DESGUARNIR. tr. ant. Despojar de los adornos y preseas. || 2. Mar. Zafar del cabrestante las vueltas del virador, la cadena de una ancla, etc.

★ **DESGUASAR**. tr. Cuba. Desguazar. Ú.t.c.r. || 2. Cuba. Desbaratar una cosa. Ú.t.c.r.

DESGUAZAR. tr. Carp. Desbastar con el hacha un madero. || 2. Mar. Deshacer total o parcialmente un buque. || 3. Cuba y Venez. Romper violenta y totalmente alguna cosa.

DESGUINCE. m. Cuchillo con que se corta el trapo en el molino de papel. || 2. Esguince.

DESGUINDAR. tr. Mar. Bajar lo que está guindado. || 2. r. Descolgarse.

DESGUINZAR. tr. Cortar el trapo con el desguince.

DESGUISADO, DA. adj. ant. Desaguisado.

DESHABIDO, DA. (De des, 1.er art., y habido, p.p. de haber.) adj. ant. Desventurado.

DESHABITADO, DA. p.p. de deshabitar. || 2. adj. Dícese del edificio, lugar o paraje que estuvo habitado pero que ya no está.

DESHABITAR. tr. Abandonar la habitación. || 2. Dejar sin habitantes una población o territorio.

DESHABITUACIÓN. f. Acción y efecto de deshabituar o deshabituarse.

DESHABITUAR. tr. Hacer perder a uno el hábito o la costumbre que tenía. || P. desabituar; I. to disaccustom, to disuse; F. déshabituer; A. abgewöhnen; It. disabituare; R. отучать.

DESHACEDOR, RA. adj. Que deshace. Ú.t.c.s. ||—**de agravios**. El que los venga.

DESHACER. (De des, 1.er art., y hacer.) tr. Quitar la forma a una cosa, descomponiéndola. Ú.t.c.r. || 2. Desgastar, atenuar. Ú.t.c.r. || 3. Derrotar, poner en fuga a un ejército. || 4. Derretir, liquidar. Ú.t.c.r. || 5. Dividir, despedazar. || 6. Desleir en un líquido. || 7. fig. Alterar un tratado, descomponer un negocio. || 8. r. Desbaratarse una cosa. || 9. fig. Afligirse mucho. || 10. fig. Desvanecerse de la vista. || 11. fig. Trabajar con mucho ahinco. || 12. fig. Estropearse, maltratarse gravemente. || 13. fig. Extenuarse. || DESHACERSE de una cosa. fr. Desapropiarse de ella. || P. desfazer; I. to undo; F. défaire; A. aufmachen, auflösen, zerlegen; It. disfare; R. разрушать, распыщать.

DESHACIMIENTO. m. ant. Acción y efecto de deshacer o deshacerse.

DESHALDO. (De des, 1.er art., y halda.) m. Marceo.

DESHAMBRIDO, DA. (De des y hambre.) adj. Muy hambriento.

DESHARRAPADO, DA. (De des, 1.er art., y el ant. y dialect. harrapo, harapo.) adj. Andrajoso, roto y lleno de harapos. Ú.t.c.s. || P. esfarrapado; I. shabby, ragged; F. guenilleux, déguenillé; A. zerlumpt; It. cencioso; R. одетый в лохмотья.

DESHARRAPAMIENTO. m. Miseria, andrajosidad.

DESHEBILLAR. tr. Soltar o desprenderse la hebilla o lo que estaba sujeto con ella. || P. desfivelar; I. to unbuckle; F. déboucler; A. aufschnallen; It. sfibbiare; R. распрягать.

DESHEBRAR. tr. Sacar las hebras de una tela, destejiéndola. || 2. fig. Deshacer una cosa en partes muy delgadas. || P. desfiar um tecido; I. to unthread; F. effilocher; A. ausfasern; It. sfilare; R. распускать ткань.

DESHECHA. (De deshecho.) f. Disimulo para ocultar algo o desvanecer sospechas. || 2. Despedida cortés. || 3. Salida precisa de un lugar. || 4. En la danza española, mudanza que se hace con el pie contrario, deshaciendo la misma que se había hecho.

DESHECHIZAR. tr. Deshacer el hechizo o maleficio. || P. desenfeitiçar; I. to disenchant; F. dèsensorceler; A. entzaubern; It. sfatare, disincantare; R. расколдовать.

DESHECHO, CHA. p.p. irreg. de deshacer. || 2. adj. Hablando de lluvias, temporales, etc., impetuoso, violento. || 3. m. Colom. Deshecha, 3.ª acep.

DESHECHURA. (De deshecho.) f. ant. Deshacimiento.

DESHELADURA. (De deshelar.) f. ant. Deshielo.

DESHELAR. tr. Liquidar lo que está helado. Ú.t.c.r. || P. degelar; I. to thaw; F. dégeler; A. auftauen; It. sgelare; R. растапливать.

DESHERBAR. tr. Arrancar las hierbas perjudiciales.

DESHEREDACIÓN. f. Acción y efecto de desheredar.

DESHEREDAMIENTO. m. Desheredación.

DESHEREDAR. tr. Excluir a una persona de la herencia. || 2. r. fig. Diferenciarse uno de su familia, obrando indignamente. || P. deserdar; I. to disinherit; F. exhéreder, déshériter; A. enterben; It. diseredare; R. лишать наследства.

DESHERENCIA. f. ant. Desheredamiento.

DESHERMANAR. tr. fig. Faltar a los deberes fraternales. || 2. tr. fig. Quitar la conformidad o igualdad de dos cosas conformes o iguales.

DESHERRADURA. f. Veter. Daño que padece en la palma de la caballería, por haberla tenido desherrada.

DESHERRAR. tr. Quitar los hierros al que está aprisionado. || 2. Quitar las herraduras a una caballería. Ú.t.c.r.

DESHERRUMBRAMIENTO. m. Acción y efecto de desherrumbrar.

DESHERRUMBRAR. tr. Quitar la herrumbre.

DESHIDRATACIÓN. f. Acción y efecto de deshidratar.

DESHIDRATAR. tr. Privar a un cuerpo o a un organismo del agua que contiene. Ú.t.c.r.

DESHIELO. m. Acción y efecto de deshelar o deshelarse. || P. desgelo; I. thaw; F. dégel; A. Auftauen; It. sgelo; R. таяние оттепль.

DESHIERBA. f. Desyerba.

DESHIJADO, DA. adj. ant. Aplicábase a la persona que no había tenido hijos.

DESHIJAR. (De des, 1.er art., e hijo.) tr. Cuba. Quitar los chupones a las plantas.

DESHILACHAR. tr. Sacar hilachas de una tela. Ú.t.c.r.

DESHILADIZ. m. Ar. Filadiz.

DESHILADO, DA. p.p. de deshilar. || 2. adj. Dícese de los que van desfilando unos después que otros. || 3. m. Labor que se hace sacando hilos de un tejido y haciendo calados con los que quedan. || A la DESHILADA. m. adv. En fila. || 2. fig. Con disimulo.

DESHILADURA. f. Acción y efecto de deshilar, 1.ª acep. || 2. En las fábricas de papel, trituración de los trapos para convertirlos en pasta. || 3. Esta misma pasta para hacer papel.

DESHILAR. tr. Sacar hilos de un tejido; especialmente destejer la orilla dejando pendientes los hilos a modo de flecos. || 2. Cortar la fila de las abejas para sacar un enjambre y pasarlo a vaso nuevo. || 3. fig. Reducir a hilos una cosa. || 4. Ahilar, adelgazar. || P. desfiar; I. to ravel; F. effiler; A. auszupfen; It. sfilare; R. растрепывать (ткань).

DESHILO. m. Acción y efecto de deshilar, 2.ª acep.

DESHILVANADO, DA. p.p. de deshilvanar. || 2. adj. fig. Dícese de discursos, pensamientos, etc., que carecen de enlace y trabazón.

DESHILVANAR. tr. Quitar los hilvanes. Ú.t.c.r.

DESHINCADURA. f. Acción y efecto de deshincar o deshincarse.

DESHINCAR. tr. Sacar lo que está hincado. Ú.t.c.r.

DESHINCHADURA. f. Acción y efecto de deshinchar o deshincharse.

DESHINCHAR. tr. Quitar la hinchazón. || 2. fig. Desahogar la cólera o el enojo. || 3. r. Deshacerse la hinchazón, bajarse el tumor. || 4. fig. y fam. Deponer la presunción.

★ **DESHIPNOTIZAR**. tr. Despertar a un hipnótico de su estado.

DESHIPOTECAR. tr. Cancelar o suspender la hipoteca.

DESHOJA. (De deshojar.) f. Sant. Deshojadura.

DESHOJADOR, RA. (De deshojar.) adj. Que arranca las hojas de las plantas. Ú.t.c.s.

DESHOJADURA. f. Acción de deshojar.

DESHOJAR. tr. Quitar las hojas a una planta o los pétalos a una flor. Ú.t.c.r.

DESHOJE. (De deshojar.) m. Caída de las hojas de las plantas. || 2. Acción de despojar los árboles, plantas y flores de las hojas que impiden su desarrollo.

DESHOLLEJAR. tr. Quitar el hollejo.

DESHOLLINADERA. f. Deshollinador, escoba para limpiar paredes y techos.

DESHOLLINADOR, RA. adj. Que deshollina. Ú.t.c.s. || 2. fig. y fam. Que repara y escudriña. Ú.t.c.s. || 3. m. Utensilio para deshollinar chimeneas. || 4. Escoba de mango muy largo, para deshollinar techos y paredes. || P. vasculhador; I. chimney-sweeper; F. ramoneur; A. Schornsteinfeger; It. spazzacamino; R. трубочист.

DESHOLLINAR. tr. Limpiar el hollín de las chimeneas. || 2. Por ext., limpiar con el deshollinador techos y paredes. || 3. fig. y fam. Mirarlo todo con atención y curiosidad. || P. vascular; I. to gweep (chimneys); F. ramoner; A. Schornstein fegen; It. spazzare (camini); R. чистить трубы.

DESHONESTAD. f. ant. Deshonestidad.

DESHONESTAMENTE. adv. De un modo deshonesto.

DESHONESTAR. tr. ant. Deformar. || 2. r. Perder la gravedad y el decoro en el obrar.

DESHONESTIDAD. f. Calidad de deshonesto. || 2. Dicho o hecho deshonesto. || P. desonestidade; I. immodesty, indecency; F. déshonnêteté; A. Unkeuschheit; It. disonestà; R. бесчестие.

DESHONESTO, TA. adj. Impúdico, falto de honestidad. || 2. No conforme a la razón ni a la sana moral. || 3. For. Dícese de la condición que se opone claramente a la ley. || P. desonesto; I. immodest, lewd; F. déshonnête; A. unzüchtig; It. disonesto; R. бесчестный.

DESHONOR. m. Pérdida del honor. || 2. Afrenta, deshonra. || P. desonra; I. dishonour; F. déshonneur; A. Unehre, Schande; It. disonore; R. позор.

DESHONORAR. (De des y honorar.) tr. Quitar el honor. Ú.t.c.r. || 2. Deponer, quitar a una persona de su empleo, categoría o dignidad. || P. desonrar; I. to dishonour; F. déshonorer; A. entheren; It. disonore; R. обесчестить.

DESHONRA. f. Pérdida de la honra. || 2. Cosa deshonrosa. || Tener uno a DESHONRA una cosa. fr. Juzgarla por indecente e impropia de su calidad y estado. || P. desonra; I. dishonour; F. déshonneur; A. Unehre; It. disonore; R. бесчестие.

DESHONRABUENOS. com. fam. Calumniador. || 2. fam. Persona que degenera de sus mayores.

DESHONRADAMENTE. adv. Deshonrosamente.

DESHONRADOR, RA. adj. Que deshonra. Ú.t.c.s.

DESHONRAR. tr. Quitar la honra. Ú.t.c.r. || 2. Injuriar. || 3. Escarnecer y despreciar a uno con ademanes y con actos ofensivos. || 4. Desflorar, forzar torpemente a una mujer de buena opinión. || P. desonrar; I. to dishonour; F. déshonorer; A. entehren; It. disonorare; R. бесчестить.

DESHONRIBLE. (De des, 1.er art., y honra.) adj. fam. Sin vergüenza y despreciable. Ú.t.c.r.

DESHONROSAMENTE. adv. Con deshonra.

D

DESHONROSO, SA. adj. Afrentoso, indecoroso, poco decente. ‖ **P.** desonroso; **I.** dishonourable, indecent; **F.** déshonorant, honteux; **A.** schändlich, entehrend; **It.** disonorante, indecoroso; **R.** бесчестный.

DESHORA. f. Tiempo inoportuno. ‖ *A* DESHORA *o a* DESHORAS. m. adv. Fuera de hora o de tiempo. ‖ **2.** De repente, intempestivamente.

DESHORNAR. (De *des*, 1.ᵉʳ art., y *horno*.) tr. Desenhornar.

DESHOSPEDADO, DA. adj. ant. Que carece de hospedaje o alojamiento.

DESHOSPEDAMIENTO. m. Acción y efecto de quitar o negar el hospedaje.

DESHUESADORA. f. Máquina o instrumento para quitar el hueso a la aceituna o a otros frutos.

DESHUESAR. tr. Quitar los huesos a un animal o a la fruta.

★ **DESHUMANIZACIÓN.** f. Acción y efecto de deshumanizarse. ‖ **2.** Moderna tendencia literaria y artística a la evasión de la realidad.

° **DESHUMANIZAR.** tr. Privar, especialmente a las obras de arte, de las características humanas.

DESHUMANO, NA. adj. Inhumano.

DESHUMEDECER. tr. Desecar, quitar la humedad. ‖ **P.** dessecar; **I.** to exsiccate; **F.** dessécher; **A.** trocknen; **It.** disumidire; **R.** сушить.

★ **DESHUMORADO, DA.** adj. CHILE. Malhumorado.

DÉSIDE. (l. *deses*, *-ĭdis*.) adj. ant. Desidioso.

DESIDERABLE. (l. *desiderabĭlis*.) adj. Digno de ser apetecido o deseado. ‖ **P.** desejável; **I.** desirable; **F.** désirable; **A.** wünschenswert; **It.** desideràbile; **R.** желательный.

DESIDERATIVO, VA. (l. *desideratīvus*.) adj. Que expresa o indica deseo.

DESIDERÁTUM. (l. *desiderātum*, lo deseado.) m. Objeto de un vivo y constante deseo. ‖ **2.** Lo más digno en su clase, de ser apetecido.

DESIDIA. (l. *desidĭa*.) f. Negligencia, inercia. ‖ **P.** desídia; **I.** idleness, indolence; **F.** paresse, mollesse; **A.** Trägheit; **It.** desidia, accidia; **R.** неаккуратность.

DESIDIOSAMENTE. adv. Con desidia.

DESIDIOSO, SA. (l. *desidiōsus*.) adj. Que tiene desidia. Ú.t.c.s.

DESIERTO, TA. (l. *desertus*, p.p. de *deserĕre*, abandonar.) adj. Despoblado, inhabitado. ‖ **2.** Dícese de la subasta o certamen en que nadie toma parte. ‖ **3.** m. Lugar, paraje, sitio despoblado. ‖ **4.** m. GEOL. Región vasta, desolada, con escasas precipitaciones atmosféricas, evaporación activísima, y escasísima vida vegetal y animal. ‖ **3.**ª acep. ‖ **P.** deserto; **I.** desert; **F.** désert; **A.** wüst, leer; **It.** deserto; **R.** пустыня.

DESIGNACIÓN. (l. *designatio*, *-ōnis*.) f. Acción y efecto de designar, o destinar para un fin a una persona o cosa. ‖ **P.** designação; **I.** designation; **F.** désignation; **A.** Bezeichnung; **It.** designazione; **R.** назначение.

DESIGNAR. (l. *designāre*.) tr. Formar designio o propósito. ‖ **2.** Denominar, determinar una persona o cosa por su nombre o rasgos distintos. ‖ **3.** Señalar una persona o cosa para determinado fin. ‖ **P.** designar; **I.** to design; **F.** désigner; **A.** bezeichnen; **It.** designare; **R.** назначать.

DESIGNATIVO, VA. (l. *designativus*.) adj. Denominativo. Ú.t.c.s.

DESIGNIO. (De *designar*.) m. Pensamiento, o propósito del entendimiento, aceptado por la voluntad. ‖ **P.** designio; **I.** design, purpose; **F.** dessein, projet; **A.** Vorhaben, Vorsatz; **It.** disegno, progetto; **R.** намерение.

DESIGUAL. adj. Que no es igual. ‖ **2.** Que tiene quiebras y cuestas. ‖ **3.** Cubierto de asperezas. ‖ **4.** fig. Arduo, grande, dificultoso. ‖ **5.** fig. Hablando del tiempo, del ingenio, etc., vario, inconstante. ‖ *Salir* DESIGUAL una cosa. fr. fig. y fam. Torcerse, desgraciarse. ‖ **P.** desigual; **I.** unequal, dissimilar; **F.** inégal; **A.** ungleich; **It.** disuguale; **R.** неровный.

DESIGUALADO, DA. p.p. de desigualar.

DESIGUALAR. tr. Hacer a una persona o cosa desigual a otra. ‖ **2.** r. Preferirse, adelantarse, aventajarse.

DESIGUALDAD. f. Calidad de desigual. ‖ **2.** Cada una de las eminencias o depresiones de un terreno o de una superficie. ‖ **3.** MAT. Expresión de la falta de igualdad entre dos cantidades mediante uno de los signos > o <.

DESIGUALEZA. (De *des*, 1.ᵉʳ art., e *igualeza*.) f. ant. Desigualdad, 1.ª acep.

DESIGUALMENTE. adv. Con desigualdad.

DESILUSIÓN. f. Carencia o pérdida de las ilusiones. ‖ **2.** Desengaño, 1.ª acep.

DESILUSIONAR. tr. Hacer perder a uno las ilusiones. ‖ **2.** r. Perder las ilusiones. ‖ **3.** Desengañarse.

DESIMAGINAR. tr. Borrar una cosa de la imaginación.

DESIMANACIÓN. f. Acción y efecto de desimanar o desimanarse.

DESIMANAR. (De *des*, 1.ᵉʳ art., e *imán*.) tr. Desimantar. Ú.t.c.r.

DESIMANTACIÓN. f. Acción y efecto de desimantar o desimantarse.

DESIMANTAR. tr. Hacer perder la imantación a un imán. Ú.t.c.r.

DESIMPONER. tr. IMPR. Quitar la imposición de una forma.

DESIMPRESIONAR. tr. Desengañar a uno de un error. Ú.t.c.r. ‖ **P.** desenganar; **I.** to undeceive; **F.** détromper, désabuser; **A.** einen Eindruck verwischen; **It.** disingannare; **R.** открывать обман.

DESINCLINAR. tr. Apartar a uno de una inclinación. Ú.t.c.r.

DESINCORPORAR. tr. Separar lo que estaba incorporado. Ú.t.c.r.

DESINCRUSTANTE. adj. Aplícase a las substancias empleadas para evitar o eliminar el depósito de sales que va formándose en las paredes interiores de las calderas de vapor, etc. Ú.t.c.s.m.

DESINCRUSTAR. tr. Quitar las incrustaciones que se forman en las calderas de las máquinas de vapor.

DESINENCIA. (l. *desinens*, *-entis*, p.a. de *desinĕre*, acabar, finalizar.) f. GRAM. Terminación que en una palabra sigue al radical. ‖ **2.** GRAM. Manera de terminar las cláusulas. ‖ **P.** desinência; **I.** desinence; **F.** désinence; **A.** Wortendung; **It.** desinenza; **R.** окончание.

DESINENCIAL. adj. Perteneciente o relativo a la desinencia.

DESINFARTAR. tr. MED. Resolver un infarto. Ú.t.c.r.

DESINFECCIÓN. f. Acción y efecto de desinfectar. ‖ **P.** desinfecção; **I.** disinfection; **F.** désinfection; **A.** Entseuchung; **It.** disinfezione; **R.** дезинфекция.

DESINFECTANTE. p.a. de desinfectar. Que desinfecta. Ú.t.c.s.m. ‖ **P.** desinfectante; **I.** disinfectant; **F.** désinfectant; **A.** Desinfektionsmittel; **It.** disinfettante; **R.** дезинфицирующее средство.

DESINFECTAR. tr. Evitar la infección suprimiendo la causa. Ú.t.c.r. ‖ **P.** desinfectar; **I.** to disinfect; **F.** désinfecter; **A.** entseuchen; **It.** disinfettare; **R.** дезинфицировать.

DESINFECTORIO. m. CHILE. Establecimiento público en que se desinfecta ropa y objetos personales.

DESINFICIONAR. tr. Desinfectar. Ú.t.c.r.

DESINFLAMAR. tr. Quitar la inflamación. Ú.t.c.r.

DESINFLAR. tr. Sacar el aire u otra substancia aeriforme al cuerpo flexible inflado.

DESINSACULACIÓN. f. Acción y efecto de desinsacular.

DESINSACULAR. tr. Sacar las bolas o cédulas en que se hallan los nombres de determinadas personas o números. ‖ **2.** AR. Desencantarar, sacar un nombre o un número del cántaro.

DESINSECTACIÓN. f. Acción y efecto de desinsectar.

DESINSECTAR. tr. Limpiar de insectos. Dícese especialmente hablando de los parásitos del hombre.

DESINTEGRACIÓN. f. Acción y efecto de desintegrar. ‖ **—atómica.** FÍS. y QUÍM. Acción mediante la cual los átomos de ciertos elementos químicos se desprenden natural o artificialmente de algunos de los elementos de que están constituidos. ‖

—en cadena. Proceso de desintegración atómica de ciertos cuerpos cuyas reacciones se transmiten en serie de unos a otros. ‖ **P.** desintegração; **I.** desintegration, decay; **F.** décomposition; **A.** Auflösen; **It.** disintegrazione; **R.** распад.

DESINTEGRAR. tr. Separar los elementos que forman un todo. ‖ **2.** MÉJ., CHILE y ARGENT. Descompletar, descabalar.

DESINTERÉS. m. Desapego y desprendimiento de todo provecho personal. ‖ **P.** desinteresse; **I.** disinterestedness; **F.** désintéressement; **A.** Uneigennützigkeit; **It.** disinteresse; **R.** бескорыстие.

DESINTERESADAMENTE. adv. Con desinterés.

DESINTERESADO, DA. (De *desinterés*.) adj. Desprendido, apartado del interés. ‖ **P.** desinteressado; **I.** disinterested; **F.** désintéressé; **A.** uneigennützig, selbstlos; **It.** disinteressato; **R.** бескорыстный.

DESINTERESAL. adj. ant. Desinteresado.

DESINTERESAMIENTO. m. ant. Desinterés.

DESINTERESARSE. r. Perder uno el interés por algo.

DESINTESTINAR. tr. Sacar o quitar los intestinos.

DESINTOXICAR. tr. Combatir la intoxicación o sus efectos. Ú.t.c.r.

DESINVERNAR. intr. Salir las tropas de los cuarteles de invierno. Ú.t.c.tr.

DESIÑAR. (l. *designāre*, señalar.) tr. ant. Designar, 1.ª acep.

DESIÑO. (De *desiñar*.) m. ant. Designio.

DISIPIENCIA. (l. *desipientia*.) f. ant. Insipiencia.

DESIPIENTE. (l. *desipiens*, *-entis*, p.a. de *desipĕre*, quitar el gusto.) adj. ant. Insipiente.

DESISTENCIA. f. Desistimiento.

DESISTIMIENTO. m. Acción y efecto de desistir. ‖ **P.** desistência; **I.** desistance; **F.** désistement; **A.** Verzichtleistung; **It.** desistimiento; **R.** отказывание.

DESISTIR. (l. *desistĕre*.) intr. Renunciar a un intento o empresa comenzada. ‖ **P.** desistir; **I.** to desist; **F.** désister; **A.** verzichten; **It.** desistere; **R.** отказываться.

DESJARRETADERA. f. Vara larga, provista de una media luna muy cortante en uno de sus extremos, usado para desjarretar toros y vacas.

DESJARRETAR. tr. Cortar las piernas por el jarrete. ‖ **2.** fig. y fam. Debilitar y dejar sin fuerzas.

DESJARRETE. m. Acción y efecto de desjarretar.

★ **DESJOLOCHAR.** (De *des* y *joloche*.) tr. MÉJ. Quitar el joloche a la mazorca de maíz.

DESJUGAR. tr. Sacar el jugo. Ú.t.c.r.

DESJUICIADO, DA. adj. Falto de juicio.

DESJUNTAMIENTO. m. Acción y efecto de desjuntar o desjuntarse.

DESJUNTAR. tr. Dividir, separar. Ú.t.c.r. ‖ **P.** desjuntar; **I.** to disjoint; **F.** désunir; **A.** trennen; **It.** disgiùngere; **R.** разъединять.

DESLABONAR. tr. Soltar o desunir un eslabón de otro. Ú.t.c.r. ‖ **2.** fig. Desunir y deshacer una cosa. Ú.t.c.r. ‖ **3.** fig. Apartarse del trato de una persona.

DESLADRILLAR. (De *des*, 1.ᵉʳ art., y *ladrillo*.) tr. Desenladrillar.

DESLAIDAR. (De *des*, 1.ᵉʳ art., y *laido*, feo.) r. ant. Afear, desfigurar.

DESLAMAR. tr. Quitar la lama.

★ **DESLANDRAR.** tr. VENEZ. Acogotar un gallo a otro a espolonazos.

DESLÁNGUIDO, DA. adj. ant. Flaco, extenuado.

DESLARDARSE. (De *des*, 1.ᵉʳ art., y *lardo*.) r. ant. Enflaquecer, perder carnes.

DESLASTRAR. tr. Quitar el lastre.

DESLATAR. tr. Quitar las latas de una embarcación, casa, etc.

DESLATAR. (l. *dis*, des, y *latum*, supino de *ferre*, llevar.) tr. ant. Disparar, arrojar. ‖ **2.** intr. ant. Disparatar.

DESLATE. (De *deslatar*, 2.° art.) m. ant. Disparo, estallido.

DESLAVADO, DA. p.p. de deslavar. ‖ **2.** adj. fig. Descarado. Ú.t.c.s.

D

DESLAVADURA. f. Acción y efecto de deslavar.

DESLAVAMIENTO. (De *deslavar*.) m. ant. Descaro.

DESLAVAR. tr. Lavar una cosa muy por encima. || **2.** Desubstanciar, quitar fuerza, color.

DESLAVAZAR. tr. Deslavar.

DESLAVE. m. AMÉR. Derribo en un ferrocarril. || **2.** MÉJ. y ECUAD. Deslavadura. || **3.** ECUAD. y PERÚ. Cantidad de agua que baja de las cumbres al llano.

DESLAYO (EN). m. adv. A la deshilada.

DESLAZAMIENTO. m. Acción y efecto de deslazar.

DESLAZAR. (De *des*, I.ᵉʳ art., y *lazo*.) tr. Desenlazar.

DESLEAL. adj. Que obra sin lealtad. Ú.t.c.s. || **P.** desleal; **I.** disloyal; **F.** déloyal; **A.** treulos; **It.** sleale; **R.** вероломный.

DESLEALMENTE. adv. Con deslealtad.

DESLEALTAD. f. Falta de lealtad. || **P.** deslealdade; **I.** disloyalty; **F.** déloyauté; **A.** Treulosigkeit; **It.** slealtà; **R.** вероломство.

DESLECHAR. (De *des*, I.ᵉʳ art., y *lecho*.) tr. MURC. Quitar a los gusanos de seda la hoja que desperdician y otras inmundicias para que no les dañen.

* **DESLECHAR.** tr. COLOM. Ordeñar.

DESLECHO. m. MURC. Acción de deslechar.

DESLECHUGADOR, RA. adj. Que deslechuga. Ú.t.c.s.

DESLECHUGAR. (De *des*, I.ᵉʳ art., y *lechuga*.) tr. AGR. Limpiar las viñas de lechuguillas y otras hierbas. || **2.** AGR. Desfollonar. || **3.** AGR. Despuntar los sarmientos para mejorar el fruto, al acercarse la madurez de éste.

DESLECHUGUILLAR. (De *des*, I.ᵉʳ art., y *lechuguilla*.) tr. AGR. Deslechugar.

DESLEIDURA. f. Desleimiento.

DESLEIMIENTO. m. Acción y efecto de desleir o desleirse.

DESLEIR. tr. Desunir las partes de algunos cuerpos por medio de un líquido. Ú.t.c.r. || **2.** fig. Tratándose de pensamientos o conceptos, expresarlos con sobreabundancia de palabras. || **P.** dissolver, diluir; **I.** to dilute, to dissolve; **F.** délayer; **A.** auflösen; **It.** stemperare; **R.** растворять.

DESLENDRAR. tr. Quitar las liendres.

DESLENGUADO, DA. (De *deslenguar*.) adj. fig. Desvergonzado, mal hablado. || **P.** desbocado; **I.** loquacious, impudent; **F.** impudent; **A.** unverschämt; **It.** sboccato; **R.** дерзкий.

DESLENGUAMIENTO. m. fig. y fam. Acción y efecto de deslenguarse.

DESLENGUAR. tr. Quitar o cortar la lengua. || **2.** r. fig. y fam. Desbocarse, desvergonzarse.

DESLIAR. tr. Deshacer el lío, desatar lo liado. Ú.t.c.r.

DESLIAR. (De *des*, I.ᵉʳ art., y *lía*, 2.º art.) tr. Separarse las lías del mosto.

DESLIGADURA. f. Acción y efecto de desligar o desligarse.

DESLIGAR. tr. Desatar, soltar las ligaduras. Ú.t.c.r. || **2.** fig. Desenmarañar una cosa no material. || **3.** fig. de Absolver las censuras eclesiásticas. || **4.** fig. Dispensar de una obligación. || **5.** MÚS. Picar una nota musical. || **P.** desligar; **I.** to untie; to loosen; **F.** délier; **A.** aufbinden, losmachen; **It.** slegare; **R.** развязыать.

DESLINAJAR. (De *des*, I.ᵉʳ art., y *linaje*.) tr. ant. Envilecer, menospreciar. Usáb.t.c.r.

DESLINAR. tr. ant. Despojar o desarmar.

DESLINDADOR. m. El que deslinda.

DESLINDADURA. f. ant. Deslinde.

DESLINDAMIENTO. m. Deslinde.

DESLINDAR. (De *des*, I.ᵉʳ art., y *linde*.) tr. Señalar los lindes de un lugar, provincia o heredad. || **2.** fig. Aclarar una cosa, poniéndola en sus propios términos. || **P.** deslindar; **I.** to survey; **F.** borner; **A.** vermerken, abgrenzen; **It.** piantar limiti; **R.** размежёвывать.

DESLINDE. m. Acción y efecto de deslindar.

DESLIÑAR. (De *des*, I.ᵉʳ art., y *lino*.) tr. Quitar cualquier hilacha o cosa extraña al paño después de tundido.

DESLÍO. (De *desliar*, 2.º art.) m. Operación consistente en separar el vino nuevo de las lías depositadas en el fondo de la vasija durante la fermentación.

DESLIZ. m. Acción y efecto de deslizar o deslizarse. || **2.** Porción de azogue que se desliza y escapa al limpiar la plata. || **3.** Falta, tropiezo. || **P.** deslize; **I.** slip; **F.** glissade; **A.** Ausgleiten; **It.** sdrucciolamento; **R.** скольжение.

DESLIZABLE. adj. Que se puede deslizar.

DESLIZADERO, RA. adj. Deslizadizo. || **2.** m. Sitio resbaladizo.

DESLIZADIZO, ZA. adj. Que hace deslizar o se desliza fácilmente. || **P.** resvaladiço; **I.** slippery; **F.** glissant; **A.** schlupfrig; **It.** sdrucciolévole; **R.** скользкий.

DESLIZAMIENTO. m. Desliz, I.ª acep.

DESLIZANTE. p.a. de deslizar. Que desliza o se desliza.

DESLIZAR. intr. Resbalar, irse de los pies o correr un cuerpo por encima de una superficie lisa. Ú.t.c.r. || **2.** fig. Decir o hacer una cosa con descuido. Ú.t.c.r. || **3.** r. fig. Escaparse, evadirse. || **4.** fig. Caer en una flaqueza. || **P.** deslizar; **I.** to slide; **F.** glisser; **A.** ausgleiten; **It.** sdrucciolare; **R.** скользить.

DESLOAR. (De *des*, I.ᵉʳ art., y *loar*.) tr. Vituperar, reprender.

* **DESLOMADA.** f. HOND. Patochada, disparate.

DESLOMADURA. f. Acción y efecto de deslomar o deslomarse.

DESLOMAR. tr. Quebrantar, romper o maltratar los lomos. Ú.t.c.r.

DESLOOR. m. ant. Vituperio.

DESLUCIDAMENTE. adv. Sin lucimiento.

DESLUCIDO, DA. p.p. de deslucir. || **2.** adj. fig. Dícese del que gasta su hacienda sin que le luzca. || **3.** Dícese del que hace una cosa en público sin lucimiento ni gracia.

DESLUCIMIENTO. m. Falta de despejo y lucimiento.

DESLUCIR. tr. Quitar la gracia, atractivo o lustre a una cosa. Ú.t.c.r. || **2.** fig. Desacreditar. Ú.t.c.r. || **3.** fig. desluzir; **I.** to tarnish; **F.** ternir, obscurcir; **A.** verunzieren; **It.** oscurare, offuscare; **R.** лишать блеска.

DESLUMBRADOR, RA. adj. Que deslumbra. || **P.** deslumbrador; **I.** dazzling, brilliant; **F.** éblouissant; **A.** blendend, glänzend; **It.** abbagliante; **R.** ослепляющий.

DESLUMBRAMIENTO. (De *deslumbrar*.) m. Turbación de la vista por una luz muy viva. || **2.** fig. Turbación del ánimo por efecto de la pasión. || **P.** deslumbramento; **I.** dazzling; **F.** éblouissement; **A.** Verblendung; **It.** abbagliamento; **R.** ослепление.

DESLUMBRANTE. p.a. de deslumbrar. Que deslumbra.

DESLUMBRAR. (De *des*, I.ᵉʳ art., y *lumbre*.) tr. Ofuscar la vista con excesiva luz. Ú.t.c.r. || **2.** fig. Dejar a uno dudoso, incierto, confuso. Ú.t.c.r. || **3.** fig. Producir impresión con estudiado exceso de lujo y ostentación. || **P.** deslumbrar; **I.** to dazzle; **F.** éblouir; **A.** verblenden; **It.** abbagliare; **R.** ослеплять.

DESLUMBRE. (De *deslumbrar*.) m. ant. Deslumbramiento. || **2.** ant. Vislumbre, I.ª acep.

DESLUSTRADOR, RA. adj. Que deslustra. Ú.t.c.s.

DESLUSTRAR. tr. Quitar el lustre. || **2.** fig. Deslucir, desacreditar. || **3.** Hablando del cristal, quitarle la transparencia.

DESLUSTRE. (De *deslustrar*.) m. Falta de lustre y brillantez. || **2.** Acción de deslustrar. || **3.** fig. Descrédito producido por una acción indecorosa.

DESLUSTROSO, SA. adj. Deslucido, feo, indecoroso.

DESMADEJADO, DA. p.p. de desmadejar. || **2.** adj. fig. Dícese de la persona que siente desmadejamiento, falta de vigor.

DESMADEJAMIENTO. (De *desmadejar*.) m. fig. Flojedad, decaimiento del cuerpo. || **P.** fraqueza; **I.** languishing; **F.** faiblesse, abattement; **A.** grosse Mattigkeit; **It.** indebolimento, debolezza; **R.** усталость, слабость.

DESMADEJAR. (De *des*, I.ᵉʳ art., y

---

madeja.) tr. fig. Causar flojedad en el cuerpo. Ú.t.c.r.

DESMADRADO, DA. (De *des*, I.ᵉʳ art., y *madre*.) adj. Dícese del animal abandonado por la madre.

DESMADRAR. tr. Separar de la madre las crías del ganado para que no mamen.

* **DESMADRINARSE.** r. ARGENT. Desamorarse.

DESMAJOLAR. tr. Arrancar o descepar los majuelos.

DESMAJOLAR. tr. Aflojar y soltar las majuelas que ajustan el zapato.

DESMALAZADO, DA. (l. *dis*, des, y *malaxatus*, p.p. de *malaxāre*, ablandar.) adj. Flojo, dejado. || **2.** fig. Flojo y caído de ánimo.

DESMALEZAR. tr. AMÉR. Desyerbar, desbrozar, quitar la maleza.

DESMALINGRAR. intr. ant. Murmurar, hablar mal de alguien.

* **DESMALRADOR.** m. (De *desmalrar*.) CHILE. El que arranca o corta el maslo de los animales.

* **DESMALRAR.** (De *des*, I.ᵉʳ art., y *malro*, corrup. de *maslo*.) tr. CHILE. Derrabar las mallas.

DESMALLADOR, RA. (De *desmallar*.) adj. Que rompe las mallas o las desguarnece. || **2.** GERM. Puñal, faca.

DESMALLADURA. f. Acción y efecto de desmallar.

DESMALLAR. tr. Deshacer los puntos de una malla, de una red, etc. || **2.** Desenmallar.

DESMAMAR. (De *des* y *mama*.) tr. Destetar.

* **DESMAMEYAR.** tr. Desbaratar.

DESMAMONAR. tr. Quitar los mamones a las vides y a otras plantas.

DESMAMPARAR. tr. Desamparar. || **2.** Mamparar.

DESMÁN. (De *desmandar*.) m. Exceso, desorden, demasía en obras o palabras. || **2.** Desgracia, suceso infausto. || **P.** desmando; **I.** misbehaviour, excess; **F.** excès; **A.** Ausschreitung, Gewaltmissbrauch; **It.** trasmodamento; **R.** беспорядок.

DESMÁN. (fr. *desman*.) m. Mamífero insectívoro, pequeño, con hocico prolongado en trompa y los pies palmeados, que excava galerías junto a los ríos y pantanos.

DESMANAR. tr. ant. Deshacer la manada del ganado. || **2.** r. Apartarse o salirse el ganado de la manada.

DESMANCHAR. (l. *dis*, des, y *macŭla*, mancha y malla.) tr. ant. Deshonrar. || **2.** ant. Desmallar. || **3.** CHILE. Quitar las manchas de la ropa. || **4.** r. COLOM. Desmanarse. || **5.** ECUAD. Apartarse de las personas con quien se va. || **6.** C. RICA. Salir a escape.

DESMANCHO. (De *desmanchar*.) m. ant. Deshonra.

DESMANDADO, DA. p.p. de desmandar. || **2.** adj. Desobediente, descomedido.

DESMANDAMIENTO. m. Acción y efecto de desmandar o desmandarse.

DESMANDAR. r. Revocar una orden. || **2.** Revocar la manda de una herencia. || **3.** r. Descomedirse, propasarse. || **4.** Apartarse de la compañía con que se va. || **5.** Desmandarse. || **6.** P. RICO. Adelantarse a alguno, ganarle la delantera.

DESMANEAR. tr. Quitar a las bestias las maneas o trabas. Ú.t.c.r.

DESMANGAR. tr. Quitar el mango a una herramienta. Ú.t.c.r.

DESMANGORREAR. tr. ant. Desmangar.

DESMANO (A). m. adv. A trasmano, 2.ª acep.

DESMANOTADO, DA. (De *des*, I.ᵉʳ art., y *manota*.) adj. fig. y fam. Atado y para poco; que parece que no tiene manos.

DESMANTECAR. tr. Quitar la manteca.

DESMANTELADO, DA. p.p. de desmantelar. || **2.** adj. Dícese de la casa o habitación mal cuidada y sin muebles.

DESMANTELAMIENTO. m. Acción y efecto de desmantelar.

DESMANTELAR. (l. *dis*, des, y *mantellum*, velo, mantel.) tr. Destruir las fortificaciones de una plaza. || **2.** fig. Abandonar, desamueblar una casa. || **3.** MAR. Desarbolar. || **4.** MAR. Desarmar y desaparejar una embarcación. || **P.** desmantelar; **I.** to

D

dismantle; **F.** démanteler; **A.** (eine Festung) schleifen; **It.** smantellare; **R.** разрушать укрепления.

DESMAÑA. f. Falta de maña o habilidad. || **P.** acanhamento; **I.** awkwardness; **F.** inhabilité; **A.** Unbeholfenheit; **It.** disadattàgine; **R.** неловкость.

DESMAÑADAMENTE. adv. Con desmaña.

DESMAÑADO, DA. p.p. de desmañar. || **2.** adj. Falto de destreza o habilidad. Ú.t.c.r. || **P.** desajeitado; **I.** unhandy, awkward; **F.** inhabile; **A.** unbeholfen; **It.** disadatto; **R.** неловкий.

DESMAÑAR. (De des, 1.er art., y maña.) tr. ant. Estorbar, impedir.

DESMAÑO. m. Desaliño, descuido, desgaire.

DESMARAÑAR. (De des, 1.er art., y maraña.) tr. Desenmarañar.

DESMARIDAR. tr. ant. Separar de su marido a la mujer.

DESMAROJADOR, RA. m. y f. Persona que desmaroja.

DESMAROJAR. tr. Quitar el marojo u hoja inútil.

DESMARRIDO, DA. adj. Desfallecido, mustio y sin fuerzas. || **P.** desfalecido; **I.** sad, languid; **F.** triste; **A.** matt, kraftlos; **It.** affralito, indebolito; **R.** вялый.

DESMATAR. tr. Descuajar las matas.

★ **DESMATONAR.** tr. Limpiar de matas una extensión de terreno.

DESMAYADAMENTE. adv. Con desmayo.

DESMAYADO, DA. p.p. de desmayar. || **2.** adj. Aplícase al color bajo y apagado. || **P.** desmaido; **I.** pale; **F.** pâle; **A.** ohnmächtig; **It.** pàllido; **R.** бледный.

DESMAYAMIENTO. (De desmayar.) m. ant. Desmayo, 1.ª acep.

DESMAYAR. tr. Causar desmayo. || **2.** intr. fig. Perder el valor, desfallecer. || **3.** r. Perder el sentido y conocimiento. || **P.** desmaiar; **I.** to faint, to dismay; **F.** abattre, décourager; **A.** entkräften; **It.** svenire; **R.** вызывать обморок.

DESMAYO. m. Desaliento, desfallecimiento de las fuerzas, privación de sentido. || **2.** Sauce de Babilonia. || **P.** desmaio; **I.** fainting, dismay; **F.** découragement, évanouissement; **A.** Ohnmacht; **It.** svenimento; **R.** обморок.

DESMAZALADO, DA. (De desmalazado.) adj. Desmalazado. || **P.** frouxo; **I.** weak; **F.** négligent; **A.** lappig; **It.** dèbole; **R.** разбитый.

★ **DESMECHAR.** (De des y mecha.) tr. Méj. Arrancar, mesar el cabello.

DESMEDIDAMENTE. adv. Desproporcionadamente, excesivamente; sin término ni medida.

DESMEDIDO, DA. p.p. de desmedir. || **2.** adj. Desproporcionado, falto de medida. || 2.ª acep.: **P.** desmedido; **I.** immoderate; **F.** demesuré; **A.** masslos; **It.** smisurato; **R.** чрезмерный.

DESMEDIRSE. r. Desmandarse, descomedirse.

DESMEDRADO, DA. p.p. de desmedrar. || **2.** adj. Dícese de las personas o cosas que no han alcanzado el desarrollo normal.

DESMEDRAR. (De des, 1.er art., y medro.) tr. Deteriorar. Ú.t.c.r. || **2.** intr. Descaecer, ir a menos. || **P.** desmedrar; **I.** to decay, to decrease; **F.** déchoir; **A.** herunterkommen; **It.** calare; **R.** портить.

DESMEDRO. m. Acción y efecto de desmedrar o desmedrarse.

DESMEJORA. f. Deterioro, menoscabo.

DESMEJORAMIENTO. m. Acción y efecto de desmejorar o desmejorarse.

DESMEJORAR. tr. Hacer perder el lustre y la perfección. Ú.t.c.r. || **2.** intr. Ir perdiendo la salud. Ú.t.c.r.

DESMELANCOLIZAR. tr. Quitar la melancolía. Ú.t.c.r.

DESMELAR. tr. Quitar la miel a la colmena.

DESMELENADO, DA. p.p. de desmelenar. || **2.** adj. Por ext., aplícase a la persona o cosa que se presenta en la debida compostura. Ú.t.c.s.

DESMELENAR. (De des, 1.er art., y melena.) tr. Descomponer y desordenar el cabello. Ú.t.c.r. || **P.** desgrenhar; **I.** to dishevel; **F.** décheveler; **A.** zerzausen; **It.**

scapigliare; **R.** растрёпывать (волосы).

DESMEMBRACIÓN. f. Acción y efecto de desmembrar o desmembrarse. || **P.** desmembração; **I.** dismemberment; **F.** démembrement; **A.** Zerstülckelung; **It.** smembramento; **R.** расчленение.

DESMEMBRADOR, RA. adj. Que desmiembra. Ú.t.c.s.

DESMEMBRADURA. (De desmembrar.) f. ant. Desmembración.

DESMEMBRAMIENTO. (De desmembrar.) m. ant. Desmembración.

DESMEMBRAR. (De des, 1.er art., y miembro.) tr. Dividir y apartar los miembros del cuerpo. || **2.** fig. Separar, dividir una cosa de otra. Ú.t.c.r. || **P.** desmembrar; **I.** to dismember; **F.** démembrer; **A.** trennen; **It.** smembrare; **R.** расчленять.

DESMEMORADO, DA. (De des, 1.er art., y memorado, p.p. de memorar.) adj. ant. Desmemoriado. Usáb.t.c.s.

DESMEMORIA. f. Falta de memoria.

DESMEMORIADO, DA. p.p. de desmemoriarse. || **2.** adj. Torpe de memoria. Ú.t.c.s. || **3.** Que la conserva sólo a intervalos. Ú.t.c.s. || **4.** Falto completamente de ella. Ú.t.c.s. || **5.** For. Dícese de la persona que cae en imbecilidad y pierde por completo o parcialmente la conciencia y la memoria de sus propios actos. Ú.t.c.s.

DESMEMORIARSE. r. Olvidarse, faltar a uno la memoria.

DESMENGUAR. tr. Amenguar, 1.ª acep. || **2.** fig. Desfalcar y disminuir una cosa inmaterial.

DESMENTIDA. f. Acción de desmentir.

DESMENTIDOR, RA. adv. Que desmiente. Ú.t.c.s.

DESMENTIR. tr. Manifestar a uno que falta a la verdad. || **2.** Demostrar la falsedad de un dicho o hecho. || **3.** Disimular, disfrazar una cosa. || **4.** fig. No corresponder uno en su conducta a lo que debía esperarse de él por su nacimiento o educación. || **5.** fig. Perder una cosa la línea o nivel que le corresponde respecto de otra. || **P.** desmentir; **I.** to give the lie; **F.** démentir; **A.** abstreiten; **It.** smentire; **R.** опровергать.

★ **DESMENUDEAR.** tr. Colom. Vender al por menor.

DESMENUZABLE. adj. Que puede desmenuzarse.

DESMENUZADOR, RA. adj. Que desmenuza. Ú.t.c.s.

DESMENUZAMIENTO. m. Acción y efecto de desmenuzar o desmenuzarse.

DESMENUZAR. (De des, 1.er art., y menuzar.) tr. Deshacer una cosa dividiéndola en partes menudas. Ú.t.c.r. || **2.** fig. Examinar menudamente una cosa. || **P.** esmiuçar; **I.** to crumble, to chip; **F.** émietter; **A.** zerkleinern; **It.** sminuzzare; **R.** крошить.

DESMEOLLAMIENTO. m. Acción y efecto de desmeollar.

DESMEOLLAR. tr. Sacar el meollo o tuétano.

DESMERECEDOR, RA. adj. Que desmerece una cosa o es indigno de ella.

DESMERECER. tr. Perder una cosa parte de su mérito o valor. || **2.** Ser una cosa inferior a otra con la cual se compara. || **3.** tr. Hacerse indigno de premio o alabanza. || **P.** desmerecer; **I.** to demerit; **F.** démériter; **A.** an Wert einbüssen; **It.** demeritare; **R.** не заслуживать.

DESMERECIMIENTO. (De desmerecer.) m. Demérito.

DESMESURA. f. Descomedimiento, falta de mesura.

DESMESURADAMENTE. adv. Descomedidamente, con exceso.

DESMESURADO, DA. p.p. de desmesurar. || **2.** adj. Excesivo, mayor de lo común. || **3.** Descortés, insolente. Ú.t.c.s. || **P.** desmesurado; **I.** immeasurable, excessive; **F.** démesuré, excessif; **A.** übermässig; **It.** smisurato; **R.** неумеренный.

DESMESURAR. tr. Desarreglar o descomponer. || **2.** r. Descomedirse, excederse, perder la modestia. || **P.** desmesurar; **I.** to disorder, to discompose; **F.** dérégler, désordonner; **A.** in Unordnung bringeu; **It.** disordinare; **R.** расстраивать.

DESMICADOR. (De desmicar.) m. Germ. El que mira.

DESMICAR. tr. Germ. Mirar, 1.ª acep.

DESMIGAJAR. tr. Hacer migajas una cosa; dividirla en partes pequeñas. Ú.t.c.r. || **P.** esmigalhar; **I.** to crumble; **F.** émietter; **A.** zerkrumen; **It.** sbriciolare, sminuzzolare; **R.** крошить.

DESMIGAR. tr. Desmigajar o deshacer el pan para hacer migas.

DESMINERALIZACIÓN. (De des, 1.er art., y mineral.) f. Med. Pérdida por el organismo de una cantidad anormal de principios minerales.

DESMIRAMIENTO. m. ant. Falta de miramiento.

DESMIRLADO, DA. (De des, 1.er art., y mirla.) adj. Germ. Desorejado, abyecto.

DESMIRRIADO, DA. (De desmarrido.) adj. fam. Flaco, extenuado.

DESMOCADERO. (De desmocar.) m. ant. Despabiladeras.

DESMOCAR. intr. ant. Sonarse o quitarse los mocos.

DESMOCHA. f. Desmoche. || **2.** Méj. Merma, menoscabo, deterioro que padece una cosa.

DESMOCHADURA. f. Desmoche.

DESMOCHAR. tr. Quitar la parte superior de una cosa dejándola mocha. || **2.** fig. Eliminar parte de una obra artística o literaria. || **P.** desmochar; **I.** to lop; **F.** étêter; **A.** abstutzen, beschneiden; **It.** mozzare; **R.** снимать верхушку.

DESMOCHE. m. Acción y efecto de desmochar. || **2.** fig. y fam. Serie simultánea y numerosa de cesantías, separaciones, suspensos o determinaciones análogas.

DESMOCHO. (De desmochar.) m. Conjunto de las partes que se quitan o cortan de lo que se desmocha.

DESMODERADAMENTE. adv. ant. Inmoderadamente.

DESMOGAR. intr. Mudar los cuernos el venado y otros animales.

DESMOGUE. m. Acción y efecto de desmogar.

DESMOLADO, DA. adj. Que ha perdido las muelas.

DESMOLEDURA. (De desmoler.) f. ant. Acción y efecto de desmoler.

DESMOLER. tr. Desgastar, corromper, digerir.

DESMONETIZACIÓN. f. Acción y efecto de desmonetizar.

DESMONETIZAR. (De des, 1.er art., y monetizar, 2.ª acep.) tr. Abolir el empleo de un metal para la acuñación de moneda. || **2.** Argent. Desvalorizar la moneda. || **3.** r. Argent. Por ext., ponerse fuera de circulación, despreciarse alguna cosa. || **4.** r. Argent. Por ext., perder parcial o totalmente su valor los títulos cotizables en la Bolsa.

DESMONTABLE. adj. Que se puede desmontar, 2.º art., 1.ª acep. || **2.** m. Mec. Instrumento de hierro, a modo de palanca, para desmontar las cubiertas de los neumáticos.

DESMONTADO, DA. p.p. de desmontar. || **2.** adj. V. Soldado desmontado.

DESMONTADURA. f. Acción y efecto de desmontar.

DESMONTAJE. m. Acción y efecto de desmontar, 2.º art., 4.ª acep.

DESMONTAR. (De des, 1.er art., y monte.) tr. Cortar en un monte los árboles y las matas. || **2.** Deshacer un montón. || **3.** Rebajar un terreno. || **P.** desmoitar; **I.** to disforest; **F.** déboiser; **A.** ausroden; **It.** diboscare; **R.** вырубать лес на горе.

DESMONTAR. (De des, 1.er art., y montar.) tr. Desarmar, desunir las partes de una cosa. || **2.** Deshacer un edificio. || **3.** Quitar o no dar la cabalgadura al que corresponde tenerla. || **4.** Retirar del disparador la llave de una arma de fuego. || **5.** Bajar a uno, apearle. Ú.t.c.intr. y c.r. || **6.** Inutilizar al enemigo las piezas de artillería. || **P.** desmontar; **I.** to demount; **F.** démonter; **A.** abmontieren; **It.** smontare; **R.** разбирать.

DESMONTE. m. Acción y efecto de desmontar, 1.er art. || **2.** Despojos de lo desmontado. || **3.** Paraje en terreno desmontado. Ú.m. en pl. || **P.** desmonte; **I.** digging; **F.** deblai(ement); **A.** Rodung; **It.** scavi; **R.** вырубка леса.

★ **DESMONTRENCAJE.** m. Venez. Acción de desmontrencar.

D

★ **DESMONTRENCAR.** tr. Venez. Separar los becerros de las vacas.

DESMOÑAR. tr. fam. Quitar o descomponer el moño. Ú.t.c.r.

DESMORALIZACIÓN. f. Acción y efecto de desmoralizar o desmoralizarse. ‖ P. desmoralização; I. demoralization; F. démoralisation; A. Zuchtlosigkeit; It. demoralizzazione; R. деморализация.

DESMORALIZADOR, RA. adj. Que desmoraliza. Ú.t.c.s.

DESMORALIZAR. tr. Corromper las costumbres. Ú.t.c.r. ‖ P. desmoralizar; I. to demoralize; F. démoraliser; A. entsittlichen; It. demoralizzare; R. деморализовать.

DESMORECERSE. (l. emöri, morir.) r. Perecerse, sentir con violencia una pasión o efecto. ‖ 2. Perturbarse la respiración por el llanto o la risa. ‖ 3. Cuba. Desternillarse de risa.

DESMORONADIZO, ZA. adj. Que tiene facilidad de desmoronarse.

DESMORONAMIENTO. m. Acción y efecto de desmoronar o desmoronarse. ‖ P. desmoronamento; I. crumbling; F. éboulement; A. (Erd)rutsch, Einsturz; It. rovinamento; R. разрушение.

DESMORONAR. tr. Deshacer o arruinar paulatinamente un cuerpo formado por una aglomeración de substancias. Ú.t.c.r. ‖ 2. r. fig. Venir a menos, irse destruyendo los imperios, las riquezas, etc. ‖ P. desmoronar; I. to fall down; F. s'ébouler; A. einstürzen; It. scoscèndersi; R. разваливать.

DESMOSTARSE. r. Perder mosto la uva.

DESMOTADERA. f. Desmotadora. ‖ 2. Instrumento para demotar.

DESMOTADOR, RA. m. y f. Persona encargada de quitar las motas a la lana o paño. ‖ 2. Máquina que sirve para esta tarea. ‖ 3. m. Germ. Ladrón que desnuda por fuerza a una persona.

DESMOTAR. tr. Quitar las motas a la lana o al paño. ‖ 2. Germ. Desnudar por fuerza a alguno. ‖ 3. Cuba. Quitar la semilla al algodón, limpiar su borra de pepitas.

DESMOTE. m. Acción y efecto de desmotar.

DESMOVILIZACIÓN. f. Acción y efecto de desmovilizar.

DESMOVILIZAR. tr. Licenciar a las personas o a las tropas movilizadas.

DESMUGRAR. (De des, 1.er art., y mugre.) tr. Quitar la grasa a los paños en los batanes.

DESMULLIR. tr. Descomponer lo mullido.

DESMURADOR. (De desmurar, 2.º art.) m. Gato cazador.

DESMURAR. tr. ant. Demoler los muros o murallas de una ciudad, fortaleza, etc.

DESMURAR. (l. dis, des, y mus, muris, ratón.) tr. Ast. Exterminar o ahuyentar los ratones.

DESNACIONALIZAR. tr. Quitar el carácter de nacional. Ú.t.c.r.

★ **DESNALGAR.** tr. Chile. Lanzar el jinete al caballo a todo correr y pararlo luego súbitamente.

DESNARIGADO, DA. p.p. de desnarigar. ‖ 2. adj. Que no tiene narices o las tiene muy pequeñas. Ú.t.c.s.

DESNARIGAR. (De des, 1.er art., y l. vulgar narix, -īcis, nariz; compárese narigudo.) tr. Quitar a uno las narices.

DESNATADORA. f. Utensilio que sirve para desnatar, 1.ª acep.

DESNATAR. tr. Quitar la nata a la leche o a otros líquidos. ‖ 2. fig. Escoger lo mejor de una cosa. ‖ 3. Min. Quitar la escoria al metal fundido al salir del horno. ‖ P. desnatar; I. to skim; F. écrémer; A. abrahmen; It. scremare; R. снимать сливки.

DESNATURACIÓN. (De desnaturar.) f. ant. Desnaturalización.

DESNATURAL. adj. Extraño, violento, no natural.

DESNATURALIZACIÓN. f. Acción y efecto de desnaturalizar o desnaturalizarse.

DESNATURALIZADO, DA. p.p. de desnaturalizar. ‖ 2. adj. Que falta a los deberes que la naturaleza impone a padres, hijos, etc. Ú.t.c.s.

DESNATURALIZAR. tr. Privar a alguno del derecho de naturaleza y patria; desterrarle. ‖ 2. tr. Alterar profundamente una cosa, haciéndole perder sus cualidades esenciales. ‖ P. desnaturalizar; I. to denaturalize; F. dénaturer; A. denaturieren; It. denaturare; R. лишать прав гражданства.

DESNATURAMIENTO. (De desnaturar.) m. ant. Desnaturación.

DESNATURAR. tr. ant. Desnaturalizar. ‖ 2. r. ant. Romper el vasallo los vínculos que le unían a su señor natural.

DESNECESARIO, RIA. adj. Innecesario.

DESNEGAMIENTO. m. Acción y efecto de desnegar o desnegarse.

DESNEGAR. tr. p. us. Contradecir a uno en lo que dice o propone.‖ 2. r. p. us. Retractarse de lo dicho.

DESNERVAR. (l. dis, des, y nervus, nervio.) tr. Enervar.

DESNERVIAR. (De des, 1.er art., y nervio.) tr. ant. Desnervar.

DESNEVADO, DA. p.p. de desnevar. ‖ 2. adj. Dícese del paraje que suele estar nevado y no lo está.

DESNEVAR. intr. Deshacerse o derretirse la nieve.

DESNIEVE. m. Acción y efecto de desnevar.

DESNIVEL. m. Falta de nivel. ‖ 2. Diferencia de alturas entre dos o más puntos.

DESNIVELACIÓN. f. Acción y efecto de desnivelar o desnivelarse.

DESNIVELAR. tr. Sacar de nivel. Ú.t.c.r.

DESNOBLECER. tr. ant. Hacer perder la nobleza.

DESNUCAR. tr. Dislocar los huesos de la nuca. Ú.t.c.r. ‖ 2. Causar la muerte por un golpe dado en la nuca. Ú.t.c.r.

DESNUDAR, RA. adj. Que desnuda. Ú.t.c.s.

DESNUDAMENTE. adv. fig. Claramente, sin velo ni rebozo.

DESNUDAMIENTO. m. Acción y efecto de desnudar o desnudarse.

DESNUDAR. (l. denudāre.) tr. Quitar todo el vestido o parte de él. Ú.t.c.r. ‖ 2. fig. Quitar a una cosa lo que la cubre o adorna. ‖ 3. r. Apartar de sí una cosa, desprenderse de ella. ‖ P. desnudar; I. to undress, to denude; F. déshabiller, dénuder; A. entkleiden, entblössen; It. svestirse, snudare; R. раздевать.

DESNUDEZ. f. Calidad de desnudo. ‖ P. nudez; I. nudity; F. nudité; A. Nacktheit; It. nudità; R. нагота.

DESNUDISMO. m. Práctica de los que andan desnudos, para exponer el cuerpo a los agentes naturales.

DESNUDO, DA. (De des, 1.er art., y l. nudus, desnudo.) adj. Sin vestido. ‖ 2. fig. Mal vestido o indecente. ‖ 3. fig. Despojado de lo que le cubre o adorna. ‖ 4. fig. Falto de recursos, sin bienes de fortuna. ‖ 5. fig. Falto de una cosa no material. ‖ 6. fig. Claro, sin rebozo. ‖ 7. Bot. Dícese de la flor carente de cáliz y corola. ‖ 8. m. Esc. y Pint. Figura humana desnuda o cuyas formas se manifiestan aunque esté vestida. ‖ Al desnudo. m. adv. fig. Descubiertamente.

DESNUTRICIÓN. f. Med. Depauperación del organismo a causa de una nutrición deficiente o de trastornos en el metabolismo.

DESNUTRIRSE. r. Depauperarse el organismo por trastornos de la nutrición.

DESOBEDECER. tr. No hacer uno lo que le mandan o está mandado. ‖ P. desobedecer; I. to disobey; F. désobéir; A. nicht gehorchen; It. disobbedire; R. не повиноваться.

DESOBEDECIMIENTO. m. ant. Desobediencia.

DESOBEDIENCIA. f. Acción y efecto de desobedecer. ‖ P. desobediência; I. disobedience; F. désobéissance; A. Ungehorsam; It. disobbedienza; R. непослушание.

DESOBEDIENTE. p.a. de desobedecer. Que desobedece. ‖ 2. adj. Acostumbrado a desobedecer.

DESOBLIGAR. tr. Librar a uno de una obligación. ‖ 2. tr. fig. Enajenar el ánimo de uno.

DESOBSTRUCCIÓN. f. Acción y efecto de desobstruir.

DESOBSTRUIR. tr. Quitar las obstrucciones. ‖ 2. Desembarazar, quitar estorbos.

DESOCASIONADO, DA. adj. Que está fuera de la ocasión.

DESOCUPACIÓN. f. Falta de ocupación, ociosidad.

DESOCUPADAMENTE. adv. Libremente, sin embarazo.

DESOCUPADO, DA. p.p. de desocupar. ‖ 2. adj. Sin ocupación, ocioso. Ú.t.c.s.

DESOCUPAR. tr. Desembarazar un lugar, dejarlo libre. ‖ 2. Sacar lo que hay dentro de una cosa. ‖ 3. r. Quedarse libre de un negocio u ocupación. ‖ 4. Argent., Chile y Venez. Parir. ‖ P. desembaraçar; I. to evacuate; F. évacuer; A. räumen; It. evacuare; R. лишать, работы.

DESODORANTE. adj. Que destruye los olores molestos y nocivos.

DESOÍR. tr. Desatender, dejar de oir.

DESOJAR. tr. Quebrar el ojo de un instrumento. ‖ 2. r. fig. Mirar con mucho ahinco para ver o hallar una cosa.

DESOLACIÓN. (l. desolatĭo, -ōnis.) f. Acción o efecto de desolar o desolarse. ‖ P. desolação; I. desolation, havoc; F. désolation, consternation; A. Trostlosigkeit, Jammer; It. desolazione, afflizione; R. опустощение, скобь.

DESOLADOR, RA. (De desolar, 1.er art.) adj. Asolador. ‖ 2. Que desuela.

DESOLAR. (l. desolāre.) tr. Asolar. ‖ 2. r. fig. Afligirse, angustiarse con extremo.

DESOLAZAR. tr. Quitar el solaz.

DESOLDAR. (De des, 1.er art., y soldar.) tr. Quitar la soldadura.

DESOLLADAMENTE. adv. Desvergonzadamente.

DESOLLADERO. m. Sitio destinado para desollar las reses.

DESOLLADO, DA. p.p. de desollar. ‖ 2. adj. fam. Descarado, desvergonzado. Ú.t.c.s.

DESOLLADOR, RA. adj. Que desuella. Ú.t.c.s. ‖ 2. fig. Que percibe inmoderados derechos o vende algo a precio exorbitante. Ú.t.c.s. ‖ 3. m. Alcaudón.

DESOLLADURA. f. Acción y efecto de desollar o desollarse.

DESOLLAMIENTO. m. ant. Desolladura.

DESOLLAR. (De desfollar.) tr. Quitar la piel de un animal. ‖ 2. Causar a uno grave daño moral o material. ‖ Desollarla. expr. fig. y fam. desollar la zorra, dormir mientras dura la borrachera. ‖ Desollarle a uno vivo. fr. fig. y fam. Hacerle pagar mucho más de lo justo por una cosa. ‖ 2. fig. y fam. Murmurar de él acerbamente. ‖ P. esfolar; I. to skin; F. écorcher; A. (ab-, ent)häuten; It. scorticare; R. сдирать шкуру.

DESOLLÓN. m. fam. Desolladura.

DESONCE. m. Acción y efecto de desonzar, 1.ª acep.

DESONDRA. f. ant. Deshonra.

DESONDRAR. (l. deshonoräre, deshonrar.) tr. ant. Deshonrar.

DESONZAR. tr. Descontar una o más onzas de cada libra. ‖ 2. fig. Injuriar, infamar.

DESOPILACIÓN. f. Acción y efecto de desopilar o desopilarse.

DESOPILAR. tr. Curar la opilación. Ú.t.c.r.

DESOPILATIVO, VA. adj. Med. Que tiene la virtud de desopilar. Ú.t.c.s.m.

DESOPINADO, DA. p.p. de desopinar. ‖ 2. adj. Que ha perdido la buena opinión o fama.

DESOPINAR. tr. Quitar la buena opinión, desacreditar.

DESOPRESIÓN. f. Acción y efecto de desoprimir.

DESOPRIMIR. tr. Librar de la opresión. ‖ 2. Argent. Librarse de opresión el corazón o del ánimo.

DESORBITAR. tr. Hacer que una cosa se salga de su órbita. Ú.t.c.r.

DESORDEN. m. usado antes también c. f. Confusión y desconcierto. ‖ 2. Demasía, exceso. ‖ P. desordem; I. disorder; F. désordre; A. Unordnung; It. disòrdine; R. беспорядок.

DESORDENACIÓN. f. Desorden.

DESORDENADAMENTE. adv. Con desorden.

DESORDENADO, DA. p.p. de desordenar. || **2**. adj. Que no tiene orden; que procede sin él. || **3**. Dícese particularmente de lo que sale del orden o ley moral.

DESORDENAMIENTO. m. Desorden.

DESORDENANZA. f. ant. Desorden.

DESORDENAR. tr. Alterar el buen concierto u orden de una cosa. Ú.t.c.r. || **2**. r. Salir de regla.

DESOREJADO, DA. p.p. de desorejar. || **2**. adj. fig. y fam. Infame, abyecto. Dícese principalmente de las mujeres de mal vivir. Ú.t.c.s. || **3**. CUBA. Descarado, desvergonzado. || **4**. CUBA. Derrochador, pródigo. Ú.t.c.s. || **5**. GUAT. Tonto, necio. || **6**. CHILE. Desasado, que no tiene asas. || **7**. fig. y fam. PERÚ. Aplícase al que canta muy mal, al que tiene mal oído.

DESOREJAMIENTO. m. Acción y efecto de desorejar.

DESOREJAR. tr. Cortar las orejas.

DESORGANIZACIÓN. f. Acción y efecto de desorganizar o desorganizarse.

DESORGANIZADAMENTE. adv. Sin organización.

DESORGANIZADOR, RA. adj. Que desorganiza. Ú.t.c.s.

DESORGANIZAR. tr. Destruir o deshacer un orden o sistema. Ú.t.c.r. || **P**. desorganizar; **I**. to disorganice; **F**. désorganiser; **A**. desorganisieren, zerrütten; **It**. disorganizzare; **R**. дезорганизовать.

DESORIENTACIÓN. f. Acción y efecto de desorientar o desorientarse.

DESORIENTADOR, RA. adj. Que desorienta. Ú.t.c.s.

DESORIENTAR. tr. Hacer perder la orientación a una persona. Ú.t.c.r. || **2**. fig. Confundir, ofuscar, extraviar. Ú.t.c.r. || **P**. desorienter; **I**. to disorient; **F**. désorienter; **A**. verwirren, irreleiten; **It**. disorientare; **R**. дезориентировать.

DESORILLAR. tr. Quitar las orillas a un tejido, a un papel, etc.

DESORNAMENTADO, DA. adj. Privado o carente de adornos u ornamentos.

DESORTIJADO, DA. p.p. de desortijar. || **2**. adj. VETER. Relajado, dislocado.

DESORTIJAR. tr. AGR. Dar los hortelanos con el escardillo la primera labor a las plantas. || **2**. CHILE. Dislocársele a una caballería el nudillo o artejo de las patas traseras.

DESOSADA. (De *desosar*.) f. GERM. Lengua, I.ª acep.

DESOSAR. (De *des*, I.er art., y el l. *os*, *hueso*.) tr. Deshuesar.

DESOSEGAR. tr. desus. Desasosegar.

DESOTERRADO, DA. p.p. de desoterrar. || **2**. adj. ant. Insepulto.

DESOTERRAR. (De *des*, I.er art., y *soterrar*.) tr. ant. Desenterrar, I.ª acep.

DESOVAR. (De *des*, I.er art., y el l. *ovum*, huevo.) intr. Soltar las hembras de los peces y las de los anfibios sus huevos o huevas. || **P**. desovar; **I**. to spawn, **F**. frayer; **A**. laichen; **It**. deporre le ouva; **R**. метать икру.

DESOVE. m. Acción y efecto de desovar. || **2**. Época en que desovan las hembras de los peces y anfibios.

DESOVILLAR. tr. Deshacer los ovillos. || **2**. fig. Desenredar y aclarar una cosa obscura y enmascarada. Ú.t.c.r. || **3**. fig. Dar ánimo.

DESOXIDABLE. adj. Que puede ser desoxidado.

DESOXIDACIÓN. f. Acción y efecto de desoxidar o desoxidarse.

DESOXIDANTE. p.a. de desoxidar. Que desoxida. Ú.t.c.s.m.

DESOXIDAR. tr. Quitar el oxígeno a una substancia. || **2**. tr. Limpiar un metal del óxido que lo mancha.

DESOXIGENACIÓN. f. Acción y efecto de desoxigenar.

DESOXIGENANTE. p.a. de desoxigenar. Que desoxigena. Ú.t.c.s.

DESOXIGENAR. tr. Desoxidar, I.ª acep. Ú.t.c.r.

DESPABILADERAS. f. pl. Tijeras para despabilar la luz artificial.

DESPABILADO, DA. p.p. de despabilar. || **2**. adj. Dícese del que está libre de sueño, en especial a la hora de dormir. || **3**. fig. Vivo y despejado.

DESPABILADOR, RA. adj. Que despabila. || **2**. Despabiladeras.

DESPABILADURA. f. Extremidad del pabilo que se quita cuando se despabila.

DESPABILAR. tr. Quitar a una vela, etc., la parte ya quemada del pabilo. || **2**. fig. Despachar brevemente y con presteza. || **3**. fig. Robar, quitar ocultamente. || **4**. fig. Avivar el ingenio. || **5**. fig. y fam. Matar, I.ª acep. || **6**. r. fig. Sacudir el sueño. || **7**. CUBA y CHILE. Marcharse disimuladamente de un lugar. || **P**. espevitar; **I**. to snuff; **F**. moucher (une chandelle); **A**. (Kerze)schneuzen; **It**. smoccolare; **R**. снимать.

DESPABILO. (De *despabilar*.) m. ant. Despabiladura.

DESPACIO. (De *de* y *espacio*.) adv. Lentamente. || **2**. adv. Por tiempo dilatado. || *Con* DESPACIO. m. adv. Con lentitud y detenimiento. || ¡DESPACIO! interj. que previene a uno para que se modere. || **P**. lentamente; **I**. slowly; **F**. lentement; **A**. langsam; **It**. piano; **R**. медленно.

DESPACIOSAMENTE. adv. Lentamente, con detenimiento.

DESPACIOSO, SA. adj. Espacioso, lento.

DESPACITO. d. de despacio. || **2**. adv. fam. Muy poco a poco. || ¡DESPACITO! interj. fam. ¡Despacio!

DESPACHADA. f. desus. En las contadurías de relaciones, el empleo ejercitado por una segunda clase de oficiales que no podían rubricar los despachos y se limitaban a poner al pie de ellos despachada.

DESPACHADAMENTE. adv. ant. Con brevedad.

DESPACHADERAS. (De *despachar*.) f. pl. fam. Modo muy áspero de responder. || **2**. Facilidad en los negocios o en salir de dificultades.

DESPACHADO, DA. p.p. de despachar. || **2**. adj. fam. Desfachatado. || **3**. Dícese del que tiene buen despacho de los negocios, o es hábil en el desempeño de un cargo.

DESPACHADOR, RA. adj. Que despacha mucho y brevemente. Ú.t.c.r. || **2**. m. AMÉR. El operario que llena las vasijas de extracción en las cortaduras de las minas.

DESPACHAMIENTO. (De *despachar*.) m. ant. Destierro.

* **DESPACHANTE**. p.a. de despachar. || **2**. m. ARGENT. Dependiente de comercio.

DESPACHAR. tr. Abreviar o concluir un negocio u otra cosa. || **2**. Resolver las causas o negocios. || **3**. Enviar, remitir. || **4**. Vender los géneros o mercancías. || **5**. Despedir, echar fuera. || **6**. fam. En una tienda, procurar a los compradores de los géneros que pidan. || **7**. fig. y fam. Matar, I.ª acep. || **8**. intr. Darse prisa. Ú.t.c.r. || **9**. fam. Parir la mujer. Ú.t.c.r. || **10**. r. Desembarazarse de una cosa. || **11**. fam. Decir uno cuanto le viene en gana. Ú. más en la frase. DESPACHARSE uno *a su gusto*. || **3**.ª acep.: **P**. despachar; **I**. to dispatch; **F**. expédier; **A**. versenden; **It**. spacciare; **R**. отправлять.

DESPACHERO, RA. m. y f. CHILE. Persona que tiene un despacho, 3.ª acep.

DESPACHO. m. Acción y efecto de despachar. || **2**. Aposento destinado a despachar negocios o al estudio. || **3**. Conjunto de muebles propios de la habitación del mismo nombre. || **4**. Tienda donde se venden determinados efectos. || **5**. Comunicación transmitida por vía rápida entre el gobierno de un estado y sus representantes diplomáticos. || **6**. Expediente, resolución. || **7**. Cédula o título dado a uno para algún empleo o negocio. || **8**. Comunicación transmitida por telégrafo o teléfono. || **9**. AMÉR. El ensanche contiguo a las cortaduras en las minas. || **10**. Véase *Secretario del* DESPACHO. || **11**. CHILE. Pulpería. || —*universal*. El de los negocios correspondientes al Ministerio de Estado. || *Correr los* DESPACHOS. fig. Darles curso sin retardarlos. || *Tener* uno *buen* DESPACHO. fr. Ser hábil para desempeñar los asuntos de que se encarga. || **2**.ª acep.: **P**. despacho; **I**. y **F**. bureau; **A**. Büro, Kontor; **It**. ufficio; **R**. контора.

DESPACHURRADO, DA. p.p. de despachurrar.

DESPACHURRAMIENTO. m. Acción y efecto de despachurrar.

DESPACHURRAR. (De *despanchu-*

rrar.) tr. fam. Aplastar una cosa despedazándola, estrujándola o apretándola con fuerza. Ú.t.c.r. || **2**. fig. y fam. Desconcertar o embrollar uno lo que va hablando, por su mala explicación. || **3**. fig. y fam. Dejar a uno cortado sin tener que replicar.

DESPACHURRO. m. Acción de despachurrar.

DESPAGADO, DA. p.p. de despagar.

DESPAGAMIENTO. (De *despagar*.) m. desus. Descontento, disgusto.

DESPAGAR. tr. desus. Descontentar, disgustar. Usáb.m.c.r.

DESPAJADOR, RA. adj. Dícese de la persona que despaja. Ú.m.c.s.

DESPAJADURA. f. Acción y efecto de despajar.

DESPAJAR. tr. Apartar la paja del grano. || **2**. MIN. fig. Cribar a mano tierras y desechos para obtener las partes de mineral que hay en ellas.

DESPAJO. m. Despajadura.

DESPALADINAR. (De *des*, intens., y *paladino*.) tr. ant. Declarar o explicar.

DESPALDAR. (De *de* y *espalda*.) tr. Desespaldar. Ú.t.c.r.

DESPALDILLADURA. f. Acción y efecto de despaldillar o despaldillarse.

DESPALDILLAR. tr. Desconcertar o romper la espaldilla a un animal. Ú.t.c.r.

DESPALETILLAR. tr. Despaldillar. Ú.t.c.r. || **2**. fig. y fam. Magullar a golpes las espaldas. Ú.t.c.r.

DESPALILLADO, DA. p.p. de despalillar. || **2**. m. Acción y efecto de despalillar.

DESPALILLADOR, RA. m. y f. Persona que despalilla.

DESPALILLAR. tr. Quitar los palillos a las hojas del tabaco. || **2**. Quitar el escobajo a la uva o a las pasas. || **3**. P. RICO. Matar a una persona.

DESPALMADOR. m. Lugar donde se despalman las embarcaciones. || **2**. VETER. Cuchillo corvo, con mango en cada uno de sus extremos, de que usan los herradores para despalmar.

DESPALMADURA. f. Acción y efecto de despalmar, 3.ª acep. || **2**. Desperdicio de los cascos de los animales cuadrúpedos. Ú.m. en pl.

DESPALMANTE. p.a. de despalmar. Que despalma. || **2**. m. GERM. El que quita por fuerza alguna cosa.

DESPALMAR. tr. Limpiar y dar sebo a los fondos de las embarcaciones. || **2**. En carpintería, achaflanar. || **3**. Separar en los animales la palma córnea de la carnosa. || **4**. Arrancar el césped o grama. || **5**. GERM. Quitar por fuerza.

DESPALME. m. Acción de despalmar, 3.ª acep. || **2**. Corte dado en el tronco de un árbol para derribarlo.

DESPAMPANADOR, RA. m. y f. AGR. Persona que despampana.

DESPAMPANADURA. f. AGR. Acción y efecto de despampanar.

DESPAMPANANTE. p.a. de despampanar, 3.ª acep. Que despampana.

DESPAMPANAR. tr. AGR. Quitar los pámpanos a las vides. || **2**. AGR. Despimpollar. || **3**. fig. y fam. Desconcertar, dejar atónita a una persona. || **4**. intr. fig. y fam. Desahogarse uno hablando con libertad. || **5**. r. fam. Lastimarse gravemente por golpe o caída.

DESPAMPANILLAR. tr. AGR. Despampanar las vides.

DESPAMPANO. m. AGR. Despampanadura.

DESPAMPLONAR. (De *des*, I.er art., y *pámpano*.) tr. AGR. Separar los vástagos de las plantas cuando están muy juntos. || **2**. r. fig. Dislocarse la mano.

DESPANAR. (De *des*, I.er art., y *pan*, trigo.) tr. EXTR. Levantar y sacar las mieses de las hazas después de segadas.

DESPANCAR. tr. AMÉR. Separar la panca de la mazorca del maíz.

DESPANCIJAR. (De *des*, I.er art., y *panza*.) r. fam. Despanzurrar. Ú.t.c.r.

DESPANCHURRAR. (De *des*, I.er art., y *pancho*, 2.º art.) tr. Despachurrar.

DESPANZURRAR. tr. fam. Romper a uno la panza. Ú.t.c.r.

DESPAPAR. (De *des*, I.er art., y *papo*.) intr. EQUIT. Llevar el caballo la cabeza levantada en demasía. Ú.t.c.tr.

D

D

DESPAPUCHO. m. Perú. Disparate, sandez.

DESPARADO, DA. (l. *disparātus*.) adj. Diferente, diverso.

DESPARAR. (l. *disparāre*, separar.) tr. ant. Descomponer o desconcertar lo que estaba dispuesto.

DESPARCIMIENTO. m. ant. Esparcimiento.

DESPARCIR. tr. ant. Esparcir. Usáb. t.c.r.

DESPAREAR. tr. ant. Separar o desigualar.

DESPARECER. intr. Desaparecer. Ú.t.c.r. || 2. tr. p. us. Hacer desaparecer, esconder.

DESPAREDAR. tr. Quitar las paredes o tapias.

DESPAREJAR. tr. Deshacer una pareja. Ú.t.c.r.

DESPAREJO, JA. adj. Dispar.

* **DESPAREJURA.** f. Argent. Desigualdad, no coincidencia.

DESPARPAJADO, DA. p.p. de desparpajar. || 2. adj. Dícese de la persona desenvuelta.

DESPARPAJAR. (l. *disparpaliāre*, destrozar.) tr. Desbaratar una cosa con desaliño y poco aseo. || 2. intr. fam. Hablar mucho y sin concierto. || 3. tr. Colom. Poner a uno como un trapo, dirigirle palabras ásperas y ofensivas. || 4. Amér. Dispersar, ahuyentar. || 5. C. Rica, Méj. y Hond. Desparramar, esparcir. || 6. Amér. Malgastar.

DESPARPAJO. m. fam. Suma facilidad y desenvoltura en el hablar y en las acciones. || 2. fam. Amér. Central. Desorden, desbarajuste.

DESPARRAMADO, DA. p.p. de desparramar. || 2. adj. Ancho, abierto.

DESPARRAMADOR, RA. adj. Que desparrama. Ú.t.c.s.

DESPARRAMAMIENTO. m. Acción y efecto de desparramar o desparramarse.

DESPARRAMAR. (cat. *esparramar*.) tr. Esparcir, extender lo que estaba junto. || 2. fig. Disipar la hacienda. || 3. r. Distraerse, divertirse desordenadamente. || P. esparramar; I. to disperse; F. disperser; A. umherstreuen; It. sparpagliare; R. рассыпать.

DESPARRAMO. m. Argent., Cuba y Chile. Acción y efecto de desparramar. || 2. fig. Chile. Desbarajuste, desconcierto. || 3. Cuba, Chile y Argent. Diseminación en fuga desordenada de una multitud de personas o animales.

DESPARRANCADO, DA. adj. desus. Esparrancado.

DESPARRANCARSE. r. Esparrancarse.

DESPARTIDERO. m. Ar. Sitio donde se bifurca un camino.

DESPARTIDOR, RA. adj. Que desparte. Ú.t.c.s.

DESPARTIMIENTO. m. Acción y efecto de despartir.

DESPARTIR. (l. *dispartīre*.) tr. Separar, apartar, dividir. || 2. Poner paz entre los que riñen.

DESPARVAR. tr. Levantar la parva, amontonando la mies trillada.

DESPASAR. tr. Retirar una cinta, cordón, etc., que se había pasado por un ojal, jareta, etc. || 2. Mar. Desguarnir, sacar algún cabo del orificio por donde se había pasado.

DESPASMARSE. r. ant. Volver sobre sí de la suspensión o del pasmo o susto.

DESPATARRADA. f. fam. Cierta mudanza en algunos bailes, que se ejecuta abriendo las piernas desmesuradamente. || *Hacer* uno *la* despatarrada. fr. fig. y fam. Simular una enfermedad, o accidente, tendiéndose en el suelo.

DESPATARRAR. tr. fam. Abrir excesivamente las piernas a uno. Ú.t.c.r. || 2. fam. Llenar de miedo o asombro a alguno. Ú. principalmente en las frases *Dejar* a uno, o *quedarse* despatarrado. || 3. r. Caerse al suelo, abierto de piernas.

DESPATILLADO, DA. p.p. de despatillar. || 2. m. Corte que se hace en el extremo de una pieza de madera.

DESPATILLAR. tr. Cortar en los maderos los rebajos necesarios para que entren en las muescas. || 2. Cortar las patas o patillas a una pieza de hierro. || 3. Cortar

o afeitar las patillas a alguno. || 4. Chile. Descogollar. || 5. P. Rico. Partir o correr presurosamente. || 6. r. Amér. En las Antillas, abrirse de piernas.

* **DESPATURRAR.** tr. fig. y fam. Chile y Venez. Desconcertar a alguien, dejarle sin saber qué replicar. || 2. Chile. Despatarrarse.

DESPAVESADERAS. f. pl. Despabiladeras.

DESPAVESADURA. f. Acción y efecto de despavesar.

DESPAVESAR. tr. Despabilar, 1.ª acep. || 2. Quitar, soplando, la ceniza de la superficie de las brasas.

DESPAVONAR. tr. Quitar el pavón de un instrumento de hierro o acero pavonado. Ú.t.c.r.

DESPAVORIDAMENTE. adv. Con pavor.

DESPAVORIDO, DA. p.p. de despavorir. || 2. adj. Lleno de pavor.

DESPAVORIR. (l. *expavorīre*, de *pavor*, *-ōris*.) intr. Sentir pavor. Ú.t.c.r.

DESPEADURA. f. Acción y efecto de despearse.

DESPEAMIENTO. m. Despeadura.

DESPEARSE. (l. *dis*, des, y *pes*, *pedis*, pie.) r. Maltratarse los pies el hombre o el animal, por haber andado mucho.

DESPECIO. m. ant. Dispendio.

DESPECTIVAMENTE. adv. Con desprecio.

DESPECTIVO, VA. (l. *despectus*, desprecio.) adj. Despreciativo. || 2. Gram. Aplícase a la palabra que tiene significación despreciativa.

DESPECHADAMENTE. adv. Con despecho.

DESPECHADOR. (De *despechar*, 3.ª acep.) m. desus. El que carga demasiados pechos o tributos.

DESPECHAMIENTO. (De *despechar*, 1.er art.) m. desus. Despecho.

DESPECHAR. (De *despecho*, 1.er art.) tr. Dar pesar, causar indignación.

DESPECHAR. (De *des*, 1.er art., y *pecho*, 1.er art.) tr. fam. Destetar a los niños.

DESPECHAR. (De *des*, intens., y *pecho*, 2.º art.) tr. desus. Imponer tributos excesivos.

DESPECHO. (l. *despectus*, menosprecio.) m. Malquerencia producida por desengaños sufridos. || 2. Desesperación. || *A* despecho. m. adv. A pesar de alguno; contra su gusto y voluntad. || P. despeito; I. despite; F. dépit; A. Unmut, Ärger; It. dispetto; R. досада.

DESPECHO. m. fam. Destete.

DESPECHOSO, SA. (De *despecho*, 1.er art.) adj. ant. Despechado, indignado, furioso.

DESPECHUGADURA. f. Acción y efecto de despechugar o despechugarse.

DESPECHUGAR. tr. Quitar la pechuga a un ave. || 2. r. fig. y fam. Descubrirse el pecho.

DESPEDAZADOR, RA. adj. Que despedaza. Ú.t.c.s.

DESPEDAZADURA. f. ant. Despedazamiento.

DESPEDAZAMIENTO. m. Acción y efecto de despedazar o despedazarse.

DESPEDAZAR. tr. Hacer pedazos un cuerpo sin orden ni concierto. Ú.t.c.r. || 2. fig. Maltratar algunas cosas no materiales. || P. despedaçar; I. to tear; F. dépécer, déchirer; A. zerstückeln; It. spezzare; R. разрушать.

DESPEDIDA. f. Acción y efecto de despedir o despedirse. || 2. En ciertos cantos populares, la copla final en que el cantor se despide. || P. despedida; I. leave-taking, parting; F. congé; A. Abschied; It. congedo; R. прощание.

DESPEDIENTE. m. ant. Expediente, recurso.

DESPEDIMIENTO. m. Despedida.

DESPEDIR. (De *de* y *espedir*.) tr. Lanzar una cosa. || 2. Hablando de costas, cabos y puntas, extender éstos hacia el mar algún arrecife, placer, etc. || 3. Alejar de sí a uno, prescindiendo de sus servicios. || 4. Acompañar por obsequio al que sale de una casa o de otro lugar. || 5. fig. Apartar o arrojar de sí una cosa no material. || 6. fig. Difundir o esparcir. || 7. Apartar uno de sí a la persona que le es molesta. || 8. r. Hacer o decir alguna ex-

presión de afecto o cortesía al separarse una persona de otra u otras. || 3.ª acep.: P. despedir; I. to dismiss; F. licencier; A. kündigen; It. congedare, dare lo sfratto; R. провожать.

DESPEDRAR. tr. Despedregar. || 2. vulg. Desempedrar.

DESPEDREGAR. tr. Limpiar de piedras la tierra.

DESPEGABLE. adj. Que se puede despegar.

DESPEGADAMENTE. adv. Con despego.

DESPEGADO, DA. p.p. de despegar. || 2. adj. fig. y fam. Áspero o desabrido en el trato.

DESPEGADOR, RA. adj. Que despega. Ú.t.c.s.

DESPEGADURA. f. Acción y efecto de despegar o despegarse.

DESPEGAMIENTO. (De *despegar*.) m. Despego.

DESPEGAR. tr. Separar una cosa de otra. || 2. intr. Separarse del suelo o del agua el avión al iniciar el vuelo. || 3. fig. Desapegarse, desaficionarse. || 4. fig. Caer mal, desdecir, no corresponder una cosa con otra. || 5. C. Rica y Méj. Desenganchar los caballos de tiro.

DESPEGO. (De *despegar*.) m. Desapego.

DESPEGUE. m. Acción y efecto de despegar, 2.ª acep.

DESPEINAR. tr. Deshacer el peinado. Ú.t.c.r. || 2. Descomponer, enmarañar el pelo.

DESPEJADAMENTE. adv. Con despejo.

DESPEJADO, DA. p.p. de despejar. || 2. adj. Que tiene desembarazo y soltura en el trato. || 3. Dícese del entendimiento claro y de la persona que lo tiene. || 4. Espacioso, ancho.

DESPEJAR. (De *de* y *espejar*.) tr. Desembarazar un sitio o espacio. || 2. fig. Aclarar, poner en claro. || 3. Álg. Separar por medio del cálculo una incógnita de las otras cantidades que la acompañan en una ecuación. || 4. r. Adquirir o mostrar desenvoltura en el trato. || 5. Hablando del día, del cielo, del tiempo, etc., aclararse, serenarse. || 6. Limpiarse de calentura un enfermo. || 7. fig. Despejar; I. to clear off; F. débarrasser; A. freimachen; It. liberare, sgomberare; R. освобождать.

DESPEJO. m. Acción y efecto de despejar o despejarse. || 2. Acto de despejar de gente la arena antes de comenzar la corrida de toros. || 3. Desembarazo, soltura. || 4. Claro entendimiento, talento.

DESPELOTAR. (De *des*, 1.er art., y *pelote*.) tr. desus. Desgreñar, enmarañar el pelo.

DESPELOTAR. tr. Gran. Hacer que una persona, un niño principalmente, se desarrolle favorablemente. || 2. r. Desarrollarse los niños.

DESPELUZAMIENTO. m. Acción y efecto de despeluzar o despeluzarse.

DESPELUZAR. tr. Desordenar el pelo de la cabeza, de la felpa, etc. || 2. Erizar el cabello a uno, generalmente por horror o miedo. Ú.m.c.r. || 3. Cuba. Despojar a uno de todo lo que tiene.

DESPELUZNANTE. p.a. de despeluznar. Que despeluzna. || 2. adj. Pavoroso, horrible.

DESPELUZNAR. tr. Despeluzar.

DESPELUZO. m. ant. Despeluzamiento.

DESPELLEJADURA. f. Desolladura.

DESPELLEJAR. tr. Quitar el pellejo, desollar. || 2. fig. Murmurar malísimamente de uno.

DESPENADOR, RA. (De *despenar*.) adj. Que quita las penas. Ú.t.c.s.

DESPENAR. tr. Sacar a uno de pena. || 2. fig. y fam. Matar, 1.ª acep. || 3. Chile. Desesperar, desahuciar. || 4. Argent. Rematar a una persona o animal que agoniza, para acabar con sus sufrimientos. || 5. Argent. y Guat. Matar a sufrimientos.

DESPENDEDOR, RA. (De *despender*.) adj. Que gasta con exceso, malbaratando la hacienda. Ú.t.c.s.

DESPENDER. (l. *dispendĕre*.) tr. Gastar la hacienda, el dinero u otra cosa. || 2. fig. Emplear, gastar una cosa; como el tiempo, la vida, etc.

D

★ DESPENDIO. m. HOND. Cachaza.

DESPENOLAR. tr. MAR. Romper a la verga algunos de los penoles.

DESPENSA. (l. *dispensus*, administrado, aprovisionado.) f. Lugar donde se guardan los comestibles. || **2**. Provisión de comestibles. || **3**. Oficio de despensero. || **4**. Ajuste de cebada y paja que se hace para todo el año. || **5**. MÉJ. Lugar bien asegurado que se destina en las minas para guardar los minerales ricos. || **6**. ARGENT. Almacén, emporio. || **P**. despensa; **I**. buttery, pantry; **F**. dépense; **A**. Speisekammer; **It**. dispensa; **R**. кладовая.

DESPENSERÍA. f. Oficio u ocupación de despensero.

DESPENSERO, RA. m. y f. Persona que tiene el cargo de la despensa. || **2**. Persona dispensadora o distribuidora de los bienes entregados para este fin.

DESPENSETA. f. ant. d. de despensa.

DESPEÑADAMENTE. adv. Precipitada y arrojadamente.

DESPEÑADERO, RA. adj. Dícese de lo que es a propósito para despeñar a uno o despeñarse. || **2**. m. Precipicio, declive peñascoso y escarpado. || **3**. fig. Riesgo o peligro a que uno se expone.

DESPEÑADIZO, ZA. adj. Dícese del lugar que es a propósito para despeñarse.

DESPEÑADURA. f. ant. Despeño.

DESPEÑAMIENTO. m. Despeño.

DESPEÑAR. (De *des*, 1.er art., y *peña*.) tr. Precipitar a una persona o cosa desde una altura. Ú.t.c.r. || **2**. r. fig. Entregarse ciegamente a pasiones, vicios o maldades. || **P**. despenhar; **I**. to precipitate; **F**. précipiter; **A**. (her-, ab)stürzen; **It**. precipitare; **R**. сбрасывать с высоты.

DESPEÑO. m. Acción y efecto de despeñar o despeñarse. || **2**. Flujo de vientre. || **3**. fig. Caída precipitada. || **4**. fig. Ruina y perdición.

DESPEO. m. Despeadura.

DESPEPITADO, DA. p.p. de despepitar o despepitarse. || **2**. BOL. Fruta en conserva a la que se le han quitado las pepitas.

DESPEPITADOR. m. desus. Despepitado, arcabucero de a caballo, empleado como explorador.

DESPEPITAR. (De *des*, 1.er art., y *pepita*, 2.º art.) tr. Quitar las pepitas o semillas de algún fruto.

DESPEPITARSE. (De *des*, 1.er art., y *pepita*.) r. Gritar con vehemencia o con enojo. || **2**. fig. Hablar o proceder descomedidamente. || DESPEPITARSE uno *por* una cosa. fr. fig. y fam. Mostrar vehemente afición a ella.

DESPERACIÓN. (l. *desperatio, -ōnis*.) f. ant. Desesperación.

DESPERANZA. (De *desperar*.) f. ant. Falta de esperanza.

DESPERAR (l. *desperāre*.) intr. ant. Desesperar. Usáb.t.c.r.

★ DESPERCATARSE. r. CUBA. Descuidarse. || **2**. CUBA y P. RICO. Despreocuparse.

DESPERCUDIR. tr. Limpiar o lavar lo que está percudido. || **2**. MÉJ. y ARGENT. Avivar a una persona, despabilarla. || **3**. r. MÉJ. Dar dinero u otra cosa.

DESPERDICIADAMENTE. adv. Con desperdicio.

DESPERDICIADO, DA. p.p. de desperdiciar. || **2**. adj. Desperdiciador. Ú.t. c.s. || **3**. ECUAD. Calavera, perdis.

DESPERDICIADOR, RA. adj. Que desperdicia. Ú.t.c.s

DESPERDICIADURA. f. ant. Desperdicio.

DESPERDICIAMIENTO. (De *desperdiciar*.) m. desus. Desperdicio.

DESPERDICIAR. (l. *disperditio*, de *disperdĕre*, consumir, derrochar.) tr. Malbaratar, emplear mal una cosa o no aprovecharla debidamente. || **P**. desperdiçar; **I**. to lavish; **F**. gaspiller, ne pas profiter; **A**. verschwenden; **It**. sprecare; **R**. проматывать.

DESPERDICIO. (De *desperdiciar*.) m. Malbaratamiento, derroche. || **2**. Residuo que no se puede o no se quiere aprovechar. || *No tener* DESPERDICIO una cosa o persona. Ser muy útil. || **2**.ª acep.: **P**. desperdício; **I**. rubbish; **F**. rebut, déchet;

A. Ausschuss, Abfall; **It**. scarto; **R**. отбросы.

DESPERDIGAMIENTO. m. Acción y efecto de desperdigar o desperdigarse.

DESPERDIGAR. (l. *disperdĕre*.) tr. Separar, desunir, esparcir. Ú.t.c.r.

DESPERECER. intr. ant. Perecer, 1.ª acep. || **2**. r. Consumirse, por el logro de una cosa.

DESPEREZARSE. (De *de* y *esperezarse*.) r. Estirar los miembros para librarlos del entumecimiento o sacudir la pereza.

DESPEREZO. m. Acción de desperezarse.

DESPERFECTO. m. Leve deterioro. || **2**. Falta que desvirtúa el valor y utilidad de las cosas o desluce su buena apariencia.

DESPERFILAR. tr. p.us. PINT. Suavizar, esfumar los contornos de los objetos de un cuadro. || **2**. MIL. Disimular los perfiles de las obras de fortificación. || **3**. r. Perder una cosa la postura de perfil.

DESPERFOLLAR. (De *des*, 1.er art., y *perfollar*.) tr. MURC. Deshojar las panochas de maíz.

DESPERNADA. f. Cierta mudanza en el baile del villano y otros, que se hacía con salto elevado y cayendo con las piernas abiertas.

DESPERNADO, DA. p.p. de despernar. || **2**. adj. fig. Cansado, fatigado y harto de andar.

DESPERNANCADO, DA. adj. desus. Esparrancado.

★ DESPERNANCAR. tr. CHILE. Despernar. || **2**. r. P. RICO y ARGENT. Dislocársele a uno el hueso de la cadera.

DESPERNANCARSE. r. desus. Esparrancarse, despatarrarse. Ú. en Galicia, Salamanca y América.

DESPERNAR. tr. Cortar o estropear las piernas.

DESPERTADOR, RA. adj. Que despierta. || **2**. m. y f. Persona que tiene el cuidado de despertar a otras. || **3**. m. Reloj, que a la hora en que previamente se le dispuso, hace sonar una campana o timbre. || **4**. Aparato que en las lámparas de los faros previene a los torreros que no sube el aceite a los mecheros. || **5**. fig. Aviso, estímulo. || **3**.ª acep.: **P**. despertador; **I**. alarm-clock; **F**. réveille-matin; **A**. Wecker; **It**. svegliarino; **R**. будильник.

DESPERTAMIENTO. m. Acción y efecto de despertar o despertarse.

DESPERTANTE. p.a. de despertar. Que despierta.

DESPERTAR. (De *despierto*.) tr. Cortar el sueño al que está durmiendo. Ú.t.c.r. || **2**. fig. Traer a la memoria una cosa ya olvidada. || **3**. fig. Hacer que uno vuelva sobre sí o recapacite. || **4**. fig. Mover, excitar. || **5**. intr. Dejar de dormir. || **6**. fig. Hacerse más avisado el que antes era un simple. || **P**. despertar; **I**. to awake; **F**. éveiller, réveiller; **A**. (auf)wecken; **It**. risvegliare, svegliare; **R**. будить.

DESPERTEZA. (De *de* y *esperteza*.) f. ant. Previsión, conocimiento.

DESPESA. (De *despesar*, 2.º art.) f. ant. Dispendio, gasto.

DESPESAR. m. Disgusto, pesar.

DESPESAR. (l. *dispensāre*, administrar.) tr. ant. Expender.

DESPESTAÑAR. tr. Quitar o arrancar las pestañas. || **2**. r. fig. Desojar, mirar con gran atención.

DESPEZAR. (De *des*, 1.er art., y *pieza*.) tr. Adelgazar por un extremo un tubo para enchufarlo en otro. || **2**. ARQ. Dividir los muros, arcos, etc., de sillería que componen un edificio en las diferentes piezas que entran en su ejecución.

DESPEZO. (De *despezar*.) m. Rebajo hecho en el extremo de un tubo para enchufarlo en otro. || **2**. ARQ. Despiezo. || **3**. CANT. Corte por donde las piedras se unen unas con otras. || **4**. CARP. Zoquete, trozo de madera.

DESPEZONAR. tr. Quitar el pezón a algunas cosas. || **2**. fig. Dividir o separar una cosa de otra. || **3**. r. Quebrantarse el pezón o las pezoneras de alguna cosa.

DESPEZUÑARSE. r. Inutilizarse un animal la pezuña. || **2**. fig. COLOM., CHILE, HOND. y P. RICO. Caminar muy deprisa. || **3**. fig. COLOM., CHILE, HOND.

y P. RICO. Desvivirse, poner mucho empeño en una cosa.

DESPIADADAMENTE. adv. Inhumanamente, sin piedad.

DESPIADADO, DA. adj. Impío, inhumano. || **P**. inumano; **I**. unmerciful; **F**. impitoyable; **A**. unbarmherzig; **It**. spietato; **R**. безжалостный.

★ DESPICADO, DA. p.p. de despicar o despicarse. || **2**. adj. URUG. Abatido, decaído.

DESPICAR. (De *des*, 1.er art., y *picar*.) tr. Desahogar, satisfacer. || **2**. r. Vengarse de la ofensa o pique. || **3**. VENEZ. Caer en desgracia.

DESPICARAZAR. tr. EXTR. Empezar los pájaros a picar los higos.

DESPICARSE. (De *des*, 1.er art., y *pico*.) r. ARGENT. Perder el gallo de pelea la parte más aguda del pico.

DESPICHAR. (De *de* y *espichar*.) tr. Despedir de sí el humor o humedad. || **2**. AND. Descobajar. || **3**. intr. fam. Espichar, morir. || **4**. COLOM. y CHILE. Aplastar, despachurrar.

★ ¡DESPÍDASE! interj. CUBA y P. RICO. Expresión de entusiasmo.

DESPIDIDA. (De *despedir*.) f. AR. Salida, desaguadero.

DESPIDIENTE. p.a. desus. de despedir. || **2**. m. ALBAÑ. Palo de los andamios colgados para mantenerlos separados de la pared. || **—de agua**. Todo aquello que sirve para separar o despedir el agua llovediza lejos de algún cuerpo. || **2**. Vierteaguas.

DESPIDO. m. Despedida, 1.ª acep.

DESPIERTAMENTE. adv. Con ingenio y viveza.

DESPIERTO, TA. (l. *expertus*, por *experrectus*.) p.p. irreg. de despertar. || **2**. adj. fig. Avisado, vivo. || **2**.ª acep.: **P**. desperto; **I**. watchful; **F**. alerte; **A**. wach, aufgeweckt; **It**. accorto; **R**. пробудившийся.

DESPIEZAR. tr. ARQ. Despezar, 2.ª acep.

DESPIEZO. m. ARQ. Acción y efecto de despiezar.

DESPILARAMIENTO. m. MIN. AMÉR. Acción y efecto de despilarar.

DESPILARAR. tr. MIN. AMÉR. Derribar los pilares de una mina.

DESPILFARRADAMENTE. adv. Con despilfarro.

DESPILFARRADO, DA. p.p. de despilfarrar. || **2**. adj. Andrajoso, roto. || **3**. Pródigo. Ú.t.c.s. || **4**. CHILE. Desperdigado, raro.

DESPILFARRADOR, RA. adj. Que despilfarra. Ú.t.c.s.

DESPILFARRAR. (cat. *espilfarrar*.) tr. Consumir el caudal en gastos desarreglados. || **2**. r. fam. Gastar profusamente en alguna ocasión.

DESPILFARRO. (De *despilfarrar*.) m. Destrozo en una cosa, por desidia o por desaseo. || **2**. Gasto excesivo y superfluo; derroche. || **2**.ª acep.: **P**. esbanjamento, dissipação; **I**. lavishment; **F**. gaspillage, coulage; **A**. Verschwendung, Missbrauch; **It**. scialacquamento, scialo; **R**. расточительнь, мотовство.

★ DESPILONAR. (De *des* y *pilón*, falto de una o de las dos orejas.) tr. CHILE. Desorejar.

DESPIMPOLLAR. (De *des*, 1.er art., y *pimpollo*.) tr. AGR. Quitar a la vid los brotes viciosos o excesivos.

DESPINCES. m. pl. Despinzas.

DESPINOCHAR. tr. Quitar las hojas a las mazorcas de maíz.

DESPINTAR. tr. Borrar o raer lo pintado. Ú.t.c.r. || **2**. fig. Desfigurar y desvanecer una cosa. || **3**. intr. fig. Desdecir, degenerar. *Este galgo no* DESPINTA *de su raza*. || **4**. r. Borrarse fácilmente los colores y los tintes. || NO DESPINTÁRSELE a uno una persona o cosa. fr. fig. y fam. Conservar con viveza el recuerdo de su figura o aspecto.

DESPINTE. m. CHILE. Entre mineros, porción de mineral de baja ley, o cuya ley es inferior a la que se esperaba.

DESPINZADERA. f. Mujer que quita las motas al paño. || **2**. Instrumento para despinzar los paños.

DESPINZADO, DA. p.p. de despinzar. || **2**. m. Acción y efecto de despinzar.

D

DESPINZADOR, RA. adj. Dícese de la persona que despinza.

DESPINZAR. tr. Quitar con pinzas las motas y pelos a los paños, pieles, etc.

DESPINZAS. f. pl. Pinzas para despinzar los paños.

DESPIOJADOR. m. Aparato o procedimiento empleado para limpiar de parásitos a los animales domésticos.

DESPIOJAR. tr. Quitar los piojos. Ú.t.c.r. ǁ **2.** fig. y fam. Sacar a uno de miseria. Ú.t.c.r.

DESPIOJE. m. Acción y efecto de despiojar o despiojarse.

DESPIQUE. (De *despicar*.) m. Satisfacción que se toma de una ofensa que se ha recibido y cuyo recuerdo se conservaba con rencor.

DESPIRITADO, DA. adj. ant. Que carece de espíritu.

° **DESPISTADO, DA.** Que está un poco fuera de la realidad que le rodea.

DESPISTAR. tr. Hacer perder la pista. Ú.t.c.r. ǁ **P.** despistar; **I.** to mislead; **F.** faire perdre la piste; **A.** von der Spur bringen; **It.** sviare; **R.** сбивать со следа.

DESPITORRADO. (De *des*, 1.er art., y *pitorro*.) adj. Dícese del toro de lidia que tiene rota una o las dos astas, siempre que quede en ellas punta.

DESPIZCAR. tr. Hacer pizcas una cosa. Ú.t.c.r. ǁ **2.** r. fig. Deshacerse, poniendo mucho cuidado en una cosa.

DESPLACER. (De *des*, 1.er art., y *placer*.) m. Pena, desazón, disgusto.

DESPLACER. (l. *dis*, des, y *placère*, agradar.) tr. Disgustar, desagradar.

DESPLACIBLE. (De *des*, 1.er art., y *placible*.) adj. ant. Desapacible.

DESPLACIENTE. p.a. de desplacer. Que desplace.

DESPLANAR. (l. *displanāre*.) tr. ant. Explicar, declarar, explanar.

DESPLANCHAR. tr. Arrugar lo planchado. Ú.t.c.r.

DESPLANTACIÓN. (De *desplantar*.) f. Desarraigo.

DESPLANTADOR, RA. adj. Que desplanta. ǁ **2.** Instrumento para arrancar con su cepellón plantas pequeñas sin lastimarlas.

DESPLANTAR. tr. ant. Desarraigar, 1.ª acep. ǁ **2.** Desviar una cosa de la línea vertical. ǁ **3.** r. En la danza y en la esgrima, perder la planta o postura recta.

DESPLANTE. (De *desplantar*.) m. DANZA y ESGR. Postura irregular. ǁ **2.** fig. Dicho o hecho arrogante, descarado y desabrido.

DESPLATACIÓN. f. Desplate.

DESPLATAR. tr. Separar la plata que se halla mezclada con otro metal.

DESPLATE. m. Acción y efecto de desplatar.

★ **DESPLAYADO.** m. ARGENT. Parte de playa que deja al descubierto el mar al retirarse en la marea baja.

DESPLAYAR. (De *des*, 1.er art., y *playa*.) tr. ant. Explayar. ǁ **2.** intr. Retirarse el mar de la playa.

DESPLAZAMIENTO. m. Acción y efecto de desplazar, 1.ª acep. ǁ **2** MAR. Volumen y peso del agua que desaloja un buque.

DESPLAZAR. (De *des*, 1.er art., y *plaza*.) tr. Quitar a una persona o cosa de un lugar para ponerlo en otro. ǁ **2.** MAR. Desalojar el buque un volumen de agua, cuyo peso es igual al peso total del buque.

DESPLEGADAMENTE. adv. ant. Abierta y expresamente.

DESPLEGADURA. f. Acción o efecto de desplegar o desplegarse.

DESPLEGAR. (l. *explicāre*, desplegar.) tr. Descoger, extender, desdoblar. ǁ **2.** fig. Aclarar, hacer patente lo obscuro o poco inteligible. ǁ **3.** fig. Ejercitar, poner en actividad una aptitud o cualidad. ǁ **4.** MIL. Hacer pasar las tropas del orden compacto al abierto o extendido. Ú.t.c.r. ǁ **P.** desplegar; **I.** to unplait, to display; **F.** déplier, déployer; **A.** entfalten, ausbreiten; **It.** stèndere, spiegare; **R.** развёртывать.

DESPLEGO. (De *desplegar*.) m. desus. Claridad, ingenuidad en la expresión o declaración de algo.

DESPLEGUETEAR. tr. AGR. Quitar los pleguetes a los sarmientos.

DESPLIEGUE. m. Acción y efecto de desplegar. Ú. principalmente en la táctica militar.

DESPLOMAR. (De *des*, 1.er art., y *plomo*.) tr. Hacer que una cosa pierda la posición vertical. ǁ **2.** r. Caerse una pared; caer a plomo una cosa de gran peso. ǁ **3.** fig. Caerse sin vida o sin conocimiento una persona. ǁ **4.** fig. Arruinarse, perderse. ǁ **5.** VENEZ. Regañar, reprender. ǁ **P.** desaprumar; **I.** to lean; **F.** surplomber; **A.** schief stehen; **It.** spiombare; **R.** отклонять.

DESPLOME. m. Acción y efecto de desplomar o desplomarse. ǁ **2.** ARQ. Lo que sobresale de la línea de aplomo. ǁ **3.** PERÚ. Sistema antiguo de explotar minas consistente en socavar parte del filón hasta que cae por su propio peso.

DESPLOMO. (De *desplomar*.) m. Desviación de la posición vertical en un edificio, pared, etc. ǁ **2.** VENEZ. Regaño, reconvención.

DESPLUMADURA. f. Acción y efecto de desplumar o desplumarse.

DESPLUMAR. tr. Arrancar las plumas al ave. Ú.t.c.r. ǁ **2.** fig. Pelar, despojar de sus bienes a uno o ganarle todo el dinero en el juego.

DESPLUME. m. Desplumadura.

DESPOBLACIÓN. (De *despoblar*.) f. Falta total o parcial de los habitantes que vivían en un lugar.

DESPOBLADA. (De *despoblar*.) f. ant. Despoblación.

DESPOBLADO. m. Sitio no poblado y especialmente el que ha tenido población. ǁ **2.** FOR. Circunstancia agravante de apreciación potestativa.

DESPOBLADOR, RA. adj. Que despuebla. Ú.t.c.s.

DESPOBLAMIENTO. m. ant. Despoblación.

DESPOBLAR. tr. Disminuir o reducir considerablemente la población de un lugar. Ú.t.c.r. ǁ **2.** fig. Despojar un sitio de lo que hay en él. DESPOBLAR *un bosque de árboles.* ǁ **3.** MIN. Dejar una mina sin el número de trabajadores que exigían las leyes. ǁ **4.** r. Quedarse un lugar momentáneamente sin gente. ǁ **P.** despovoar; **I.** to depopulate, to dispeople; **F.** dépeupler; **A.** entvölkern; **It.** spopolare; **R.** обезлюдить.

DESPODERADO, DA. (De *des*, 1.er art., y *poder*, 1.er art.) adj. ant. Desposeído, despojado.

DESPOETIZAR. tr. Quitar a una cosa su carácter poético.

DESPOJADOR, RA. adj. Que despoja. Ú.t.c.s.

DESPOJAMIENTO. (De *despojar*.) m. ant. Despojo.

DESPOJAR. (l. *despoliāre*.) tr. Privar a uno, generalmente con violencia, de lo que goza y tiene. ǁ **2.** FOR. Quitar jurídicamente la posesión de los bienes o habitación que tenía para dárselo a su legítimo dueño. ǁ **3.** r. Quitarse las vestiduras. ǁ **4.** Desposeerse voluntariamente de una cosa. ǁ **P.** despojar; **I.** to spoil, to despoil; **F.** dépouiller, spolier; **A.** entblössen; **It.** spogliare; **R.** грабить.

DESPOJO. (De *despojar*.) m. Acción y efecto de despojar o despojarse. ǁ **2.** Botín del vencedor. ǁ **3.** Vientre, asadura, cabeza y manos de las reses muertas. ǁ **4.** Alones, molleja, patas, pescuezo y cabeza de las aves muertas. Ú.m. en pl. ǁ **5.** fig. Lo que se ha perdido por el tiempo, por la muerte, etc. ǁ **6.** COLOM. Extracción de los minerales de una mina. ǁ **7.** pl. Sobras o residuos. ǁ **8.** Minerales demasiado pobres para ser molidos. ǁ **9.** Materiales que se pueden aprovechar de un edificio que se derriba. ǁ **10.** Restos mortales, cadáveres.

DESPOLARIZACIÓN. f. Fís. Acción y efecto de despolarizar. ǁ **2.** ELECTR. Operación consistente en impedir la polarización de una pila eléctrica.

DESPOLARIZADOR, RA. adj. Fís. Que tiene la propiedad de despolarizar. Ú.t.c.s.m.

DESPOLARIZAR. tr. Fís. Interrumpir o destruir el estado de polarización. ǁ **2.** En las pilas galvánicas, evitar o impedir la adherencia de las burbujas de hidrógeno que se desprenden en los electrodos.

DESPOLVAR. (De *des*, 1.er art., y

polvo.) tr. Desempolvar, 1.ª acep. Ú.t.c.r.

DESPOLVOREAR. tr. Quitar o sacudir el polvo. ǁ **2.** fig. Arrojar de sí o desvanecer una cosa.

DESPOLVOREO. m. Acción y efecto de despolvorear.

DESPOLVORIZAR. tr. ant. Despolvorear.

DESPONER. tr. ant. Deponer.

DESPOPULARIZACIÓN. f. Pérdida de la popularidad.

DESPOPULARIZAR. tr. Privar a una persona o cosa de su popularidad. Ú.t.c.r.

★ **DESPORRAR.** tr. ARGENT. Desenredar el cabello.

DESPORTILLADURA. f. Fragmento que por golpe se separa del borde de una cosa. ǁ **2.** Mella que queda en el borde de una cosa después de saltar de él un fragmento.

DESPORTILLAR. tr. Deteriorar una cosa abriéndola un portillo en su boca o canto. Ú.t.c.r.

DESPOSACIÓN. (l. *desposatio*, -ōnis.) f. ant. Desposorio.

DESPOSADO, DA. p.p. de desposar. ǁ **2.** adj. Recién casado. Ú.t.c.s. ǁ **3.** Esposado, aprisionado con esposas.

DESPOSAJAS. (l. *sponsalia*.) f. pl. ant. Esponsales.

DESPOSAMIENTO. (De *desposar*.) m. ant. Desposorio.

DESPOSANDO, DA. (De *desposar*.) m. y f. Persona que se desposa o que va a desposarse.

DESPOSAR. (l. *desponsāre*, prometer.) tr. Autorizar el párroco el matrimonio de los contrayentes. ǁ **2.** r. Contraer esponsales. ǁ **3.** Contraer matrimonio. ǁ **P.** desposar; **I.** to betroth; **F.** fiancer; **A.** trauen, vermählen; **It.** sposare, fidanzare; **R.** венчать.

DESPOSEER. tr. Privar a uno de lo que posee. ǁ **2.** r. Renunciar alguno lo que posee. ǁ **3.** Desapropiarse.

DESPOSEIMIENTO. m. Acción y efecto de desposeer o desposeerse.

DESPOSORIO. (De *desposar*.) m. Promesa mutua de contraer matrimonio que hacen el hombre y la mujer. Ú.m. en plural. ǁ **P.** desposório; **I.** betrothal; **F.** fiançailles; **A.** Trauung, Heirat; **It.** sponsali; **R.** помолвка.

DESPOSTAR. (De *des*, 1.er art., y *posta*, 4.ª acep.) tr. ARGENT., BOL., CHILE y ECUAD. Descuartizar una res o una ave.

DESPOSTE. m. CHILE. Acción y efecto de despostar.

DÉSPOTA. (ital. *despota*, y éste del gr. δεσπότης, tirano.) m. El gobernante supremo en algunos pueblos antiguos. ǁ **2.** Soberano que gobierna sin sujeción a ley alguna. ǁ **3.** fig. Persona que abusa de su autoridad. ǁ **P.** déspota; **I.** despot; **F.** despote; **A.** Despot, Gewaltherrscher; **It.** despota; **R.** деспот.

DESPÓTICAMENTE. adv. Con despotismo.

DESPÓTICO, CA. (gr. δεσποτικός.) adj. Absoluto, tiránico.

DESPOTIQUEZ. f. p. us. Despotismo.

DESPOTISMO. (De *déspota*.) m. Autoridad absoluta no limitada por las leyes. ǁ **2.** Abuso de poder o fuerza en el trato con las demás personas.

DESPOTIZAR. (De *déspota*.) tr. ARGENT., CHILE y PERÚ. Gobernar o tratar despóticamente, tiranizar.

DÉSPOTO. m. ant. Déspota.

DESPOTRICAR. (De *des*, 1.er art., y *potro*.) intr. fam. Hablar sin consideración ni reparo. Ú.t.c.r. ǁ **3.** MÉJ. Despedazar, destrozar.

DESPOTRIQUE. m. Acción de despotricar.

DESPRECIABLE. adj. Digno de desprecio.

DESPRECIADOR, RA. adj. Que desprecia.

DESPRECIAMIENTO. (De *despreciar*.) m. ant. Desprecio.

DESPRECIAR. (l. *depretiāre*.) tr. Desestimar y tener en poco. ǁ **2.** Desairar o desdeñar, 1.ª acep. ǁ **3.** Desdeñar, tener a menos. ǁ **P.** desprezar; **I.** to despise; **F.** mépriser; **A.** verachten; **It.** disprezzare; **R.** презирать.

DESPRECIATIVAMENTE. adv. Con desprecio.

DESPRECIATIVO, VA. adj. Que indica desprecio. *Tono* DESPRECIATIVO.

DESPRECIO. (De *despreciar*.) m. Desestimación, falta de aprecio. || **2.** Desaire, desdén. || **—del ofendido.** FOR. Circunstancia que puede ser agravante, motivada por la dignidad, edad o sexo, de la víctima.

★ DESPREDICAR. (De *des* y *predicar*.) tr. MÉJ. Predicar o decir lo contrario de lo dicho antes.

DESPRENDER. tr. Desunir, desatar lo que estaba unido o fijo. || **2.** Echar de sí alguna cosa. Ú.t.c.r. || **3.** r. fig. Desapropiarse de alguna cosa. || **4.** fig. Deducirse, inferirse. || **5.** P. RICO y ARGENT. Desabrochar, desabotonar. Ú.t.c.r.

DESPRENDIDO, DA. p.p. de desprender. || **2.** adj. Desinteresado, generoso.

DESPRENDIMIENTO. (De *desprender*.) m. Acción de desprenderse trozos de una cosa. || **2.** Desapego, desasimiento de una cosa. || **3.** fig. Largueza, desinterés. || **4.** METAL. Bajada rápida de la carga de un horno que se había obstruido en lo alto de la cuba. || **5.** PINT. y ESC. Representación del descendimiento del cuerpo de Cristo. || **P.** desprendimento; **I.** loosening; **F.** dessaisissement; **A.** Loslassen, Ablösung; **It.** staccamento; **R.** отделение.

DESPREOCUPACIÓN. f. Estado de ánimo del que carece de preocupaciones.

DESPREOCUPADO, DA. p.p. de despreocupar. || **2.** adj. Que desprecia o hace alarde de despreciar las creencias, opiniones o usos generales.

DESPREOCUPARSE. r. Librarse de preocupaciones. || **2.** Desentenderse de una persona o cosa.

DESPRESAR. tr. CHILE. Descuartizar, hacer presas un animal.

DESPRESTIGIAR. tr. Quitar el prestigio. Ú.t.c.r.

DESPRESTIGIO. m. Acción y efecto de desprestigiar o desprestigiarse.

★ DESPRETINAR. tr. CHILE. Desapretinar.

DESPREVENCIÓN. f. Falta de prevención o de lo necesario.

DESPREVENIDAMENTE. adv. Sin prevención.

DESPREVENIDO, DA. adj. Desapercibido, falto de lo necesario.

DESPREZ. m. ant. Desprecio.

DESPRIVANZA. f. desus. Pérdida de la privanza.

DESPRIVAR. tr. desus. Hacer caer de la privanza. || **2.** intr. desus. Caer de la privanza.

DESPROPIAR. tr. ant. Expropiar o desposeer.

DESPROPORCIÓN. f. Falta de la proporción debida.

DESPROPORCIONADAMENTE. adv. Con desproporción.

DESPROPORCIONADO, DA. p.p. de desproporcionar. || **2.** adj. Que no tiene la proporción precisa.

DESPROPORCIONAR. tr. Quitar la proporción, sacar a una cosa de regla o medida.

DESPROPOSITADO, DA. adj. Dícese de lo que está fuera de propósito.

DESPROPÓSITO. m. Dicho o hecho fuera de sazón, o de conveniencia. || **P.** despropósito; **I.** nonsense; **F.** absurdité, coq-à-l'âne; **A.** Unsinn; **It.** spropòsito; **R.** несуразность.

DESPROVEER. tr. Despojar a uno de sus provisiones o de lo que necesita para su conservación.

DESPROVEÍDAMENTE. adv. Desprevenidamente.

DESPROVEIMIENTO. (De *desproveer*.) m. ant. Desprevención.

DESPROVISTO, TA. p.p. irreg. de desproveer. || **2.** adj. Falto de lo necesario.

DESPUEBLE. m. Acción y efecto de despoblar o despoblarse.

DESPUEBLO. m. Despueble.

DESPUENTE. (De *despuntar*, 2.ª acep.) m. En algunas partes, marceo.

DESPUÉS. (De las preps. lats. *de* y *ex* y el adv. *post.*) adv. que denota posterioridad de tiempo, lugar, situación, jerarquía u orden. Suele anteponerse a las partículas *de* y *que*. || **2.** Hablando de tiempos o sus divisiones, se suele usar como adjetivo con el significado de *siguiente* o *posterior*. || **P.** depois; **I.** after, behind; **F.** après,

ensuite; **A.** später, nachher; **It.** dopo, appresso; **R.** после, затем.

DESPUESTO, TA. p.p. irreg. del ant. desponer.

★ DESPULGAR. tr. CHILE. Espulgar. Ú.t.c.r. || **2.** P. RICO y GUAT. Descerezar.

DESPULPADO, DA. p.p. de despulpar. || **2.** m. Operación de extraer las pulpas de las frutas.

DESPULPADOR. m. Aparato que sirve para extraer la pulpa de las frutas.

DESPULPAR. tr. Extraer la pulpa de algunos frutos.

DESPULSAMIENTO. m. Acción y efecto de despulsarse.

DESPULSAR. (De *des*, 1.er art., y *pulso*.) tr. Dejar repentinamente sin pulso ni fuerzas. Ú.t.c.r. || **2.** r. desus. Agitarse con exceso por una pasión de ánimo. || **3.** fig. Desvivirse.

DESPULLAR. (l. *despoliāre*.) tr. ant. Desnudar.

DESPUMACIÓN. f. Acción y efecto de despumar.

DESPUMAR. tr. Espumar.

DESPUNTADOR. m. MÉJ. Aparato para separar metales. || **2.** MÉJ. Martillo para romper metales al separarlos.

DESPUNTADURA. f. Acción y efecto de despuntar.

DESPUNTAR. tr. Quitar o gastar la punta. Ú.t.c.r. || **2.** Cortar las ceras vanas de la colmena hasta llegar a las celdillas donde está el pollo. || **3.** intr. Empezar a brotar las plantas. || **4.** fig. Manifestar agudeza e ingenio. || **5.** Hablando de la aurora o del día, empezar a amanecer. || **6.** AMÉR. Pasar por las puntas o cabeceras de un río. || **3.ª** acep.: **P.** despontar; **I.** to sprout; **F.** dépointer, éclore; **A.** knospen, anbrechen; **It.** spuntare; **R.** затуплять остиё.

DESPUNTE. m. Despuntadura. || **2.** ARGENT. y CHILE. Desmocho, leña de rama delgada.

DESQUE. (Contracc. de *desde que*.) adv. ant. Desde que, luego que, así que. Ú. aún por el vulgo y en poesía.

DESQUEJAR. (De *de* y *esqueje*.) tr. AGR. Formar esquejes de los retoños que se desgajan del tronco de las plantas.

DESQUEJE. m. AGR. Acción y efecto de desquejar.

DESQUERER. tr. Dejar de querer.

DESQUICIADOR, RA. adj. Que desquicia. Ú.t.c.s.

DESQUICIAMIENTO. m. Acción y efecto de desquiciar o desquiciarse.

DESQUICIAR. tr. Desencajar o sacar de quicio una cosa. || **2.** fig. Descomponer una cosa. Ú.t.c.r. || **3.** fig. Quitar a una persona la seguridad que su actos y negocios debía tener. Ú.t.c.r. || **4.** fig. Derribar de la privanza a uno o hacerle perder la amistad.

★ DESQUICIO. m. ARGENT. Desquiciamiento, desorden.

DESQUIJARAMIENTO. m. Acción y efecto de desquijarar o desquijararse.

DESQUIJARAR. (De *des*, 1.er art., y *quijar.*) tr. Rasgar la boca dislocando las quijadas. Ú.t.c.r.

DESQUIJERAR. (De *des*, 1.er art., y *quijera.*) tr. CARP. Serrar por los dos lados un madero para sacar la espiga.

DESQUILAR. tr. ant. Esquilar.

DESQUILATAR. tr. Disminuir los quilates de una aleación de oro. || **2.** fig. Disminuir a una cosa su valor intrínseco.

DESQUILO. (De *desquilar*.) m. ant. Esquileo, 1.ª acep.

DESQUITAMIENTO. m. ant. Desquite.

DESQUITAR. Recuperar lo perdido, particularmente en el juego. Ú.t.c.r. || **2.** fig. Vengarse de un disgusto recibido. Ú.t.c.r. || **P.** desquitar; **I.** to win back; **F.** racquitter; **A.** wieder gewinnen, Wett machen; **It.** rivincere; **R.** мстить.

DESQUITE. m. Acción y efecto de desquitar o desquitarse.

DESQUITO, TA. p.p. irreg. de desquitar.

★ DESRABADILLAR. (De *des* y *rabadilla.*) tr. VENEZ. y COLOM. Derrengar.

DESRABAR. tr. Desrabotar.

DESRABOTAR. tr. Cortar el rabo o la cola, especialmente a las crías de las ovejas.

DESRAIGAR. (l. *de-ex* y *eradicāre*.)

tr. ant. Desarraigar. || **2.** ant. fig. Extinguir, extirpar.

DESRAMAR. tr. Quitar las ramas del tronco de un árbol.

DESRANCHARSE. r. Desalojar, dejar el rancho. || **2.** MIL. Separarse los que están arranchados.

DESRASPADO. (De *des*, 1.er art., y *raspa.*) adj. V. *Trigo* DESRASPADO.

DESRASPAR. tr. ant. Raspar o raer. || **2.** AGR. Quitar las raspas o escobajos de la uva pisada antes de ponerla a fermentar.

DESRATIZACIÓN. f. Acción y efecto de desratizar.

DESRATIZAR. tr. Exterminar las ratas y ratones en barcos, almacenes, etc.

DESRAZONABLE. adj. fam. Fuera de razón.

DESREGLADAMENTE. adv. Desarregladamente.

DESREGLADO, DA. p.p. de desreglar. || **2.** adj. Desarreglado.

DESREGLAR. (De *des*, 1.er art., y *reglar*, 2.º art.) tr. Desarreglar. Ú.t.c.r.

DESRELINGAR. tr. MAR. Quitar las relingas a las velas.

DESREPUTACIÓN. f. fam. Deshonor, descrédito, falta de reputación.

DESREVERENCIA. f. ant. Irreverencia.

★ DESRIELAMIENTO. (De *desrielar*.) m. CHILE y BOL. Descarrilamiento.

★ DESRIELAR. intr. CHILE y BOL. Descarrilar. || **2.** GUAT. Levantar los rieles de una vía férrea.

DESRIÑONAR. (De *des*, 1.er art., y *riñón.*) tr. Derrengar, 1.ª acep.

DESRISCAR. tr. Precipitar algo desde un risco o peña. Ú.t.c.r.

DESRIZAR. tr. Deshacer los rizos. Ú.t.c.r. || **2.** MAR. Soltar los rizos de las velas.

DESROBLAR. tr. Quitar la robladura de la punta de un clavo o cosa semejante.

DESROÑAR. (De *des*, 1.er art., y *roña.*) MURC. Quitar a los árboles las ramitas ruines. || **2.** SEG. Entre madereros, quitar con el hacha a un lado y a otro del tronco del árbol derribado, una faja de corteza señalando las líneas para la labra.

DESROSTRAR. tr. ant. Herir en el rostro. Usáb.t.c.r.

DESTABLAR. (De *des*, 1.er art., y *tabla.*) tr. ant. Desentablar.

DESTACAMENTO. (De *destacar*.) m. MIL. Porción de tropa destacada. || **P.** destacamento; **I.** detachment; **F.** détachement; **A.** abgesonderte Truppenabteilung; **It.** distaccamento; **R.** отряд.

DESTACAR. (ital. *staccare*, der. del gót. *stakka*, estaca.) tr. MIL. Separar del cuerpo principal una porción de tropa para algún servicio. Ú.t.c.r. || **2.** fig. Poner de relieve los méritos o cualidades de una persona o cosa. Ú.t.c.r. || **3.** PINT. Hacer resaltar los objetos de un cuadro. Ú.t.c.r. || **P.** destacar; **I.** to detach; **F.** détacher; **A.** hervorheben; **It.** distaccare; **R.** выделять.

DESTACONAR. tr. Gastar los tacones del calzado.

DESTACHONAR. tr. Desclavar los tachones.

DESTAJADOR. m. Martillo de que se sirven los herreros para forjar el hierro caldeado.

DESTAJAMIENTO. (De *destajar*.) m. ant. Rebaja, disminución. || **2.** ant. Extravío de un raudal que toma nuevo curso.

DESTAJAR. tr. Ajustar las condiciones en que se ha de hacer una cosa. || **2.** Cortar la baraja en el juego de naipes. || **3.** MÉJ. y ECUAD. Tajar, cortar, despedazar. || *Quien* DESTAJA, *no baraja*. ref. que advierte que una misma persona no puede hacer al mismo tiempo dos cosas distintas.

DESTAJERO, RA. m. y f. Destajista.

DESTAJISTA. com. Persona que por cuenta de otra, hace una cosa a destajo.

DESTAJO. (De *destajar*.) m. Trabajo que se ajusta por un tanto alzado. || **2.** fig. Obra o empresa que uno toma por su cuenta. || *A* DESTAJO. m. adv. Por un tanto convenido. || **2.** fig. Con empeño y prisa para concluir pronto. || **3.** CHILE. A bulto, a ojo. || *Hablar* uno *a* DESTAJO. fr. fig. y fam. Hablar con exceso. || **P.** empreitada; **I.** task-work; **F.** forfait; **A.** Akkordarbeit; **It.** còttimo; **R.** сдельная работа.

DESTALONAR. tr. Quitar o destruir

D el talón del calzado. Ú.t.c.r. || **2**. Cortar los documentos contenidos en libros talonarios. || **3**. Quitar el talón a los documentos que lo tienen unido. || **4**. VETER. Rebajar la parte posterior del casco de una caballería.

DESTALLAR. tr. Quitar los tallos inútiles y viciosos a las plantas.

★ DESTANTEARSE. r. MÉJ. Desorientarse.

DESTAPADA. (De *destapar*.) f. Descubierta, I.ª acep.

DESTAPADURA. f. Acción y efecto de destapar o destaparse.

DESTAPAR. tr. Quitar la tapa. || **2**. fig. Descubrir lo tapado, quitando la cubierta. Ú.t.c.r. || **3**. P. RICO. Abofetear. || **4**. intr. MÉJ. Arrancar a correr los animales.

DESTAPIADO, DA. p.p. de destapiar. || **2**. m. El sitio que queda después de quitar las tapias.

DESTAPIAR. tr. Derribar las tapias.

DESTAPONAR. tr.- Quitar el tapón.

° DESTARA. f. Acción y efecto de destarar.

DESTARAR. tr. Rebajar la tara de lo que se ha pesado con ella.

★ DESTARRARSE. r. CUBA. Herirse o matarse en un accidente.

DESTARTALADO, DA. adj. Descompuesto y sin orden. Ú.t.c.s.

DESTARTALO. m. Falta de orden, desarreglo.

DESTAZADOR. (De *destazar*.) m. El que tiene por oficio hacer trozos las reses muertas.

DESTAZAR (De *des*, I.ᵉʳ art., y *tazar;* compárese *retazar*.) tr. Hacer piezas o pedazos.

DESTE, TA, TO. Contracc. ant. de este, de esta, y de esto.

DESTEBRECHADOR, RA. (De *destebrechar*.) m. GERM. Declarador, intérprete.

DESTEBRECHAR. tr. GERM. Declarar.

DESTECHADURA. f. Acción y efecto de destechar.

DESTECHAR. tr. Quitar el techo a un edificio.

DESTEJAR. tr. Quitar las tejas de un tejado o de las albardillas de una tapia. || **2**. fig. Dejar sin reparo o defensa una cosa.

DESTEJER. tr. Deshacer lo tejido. || **2**. fig. Desbaratar lo que estaba dispuesto.

★ DESTELENGAR. tr. REP. DOMIN. Causar daño.

DESTELLADURA. (De *destellar*, 2.º art.) f. ant. Destilación.

DESTELLAR. (De *des*, intens., y el l. *stellāre*, brillar.) tr. Despedir destellos o emitir chispazos o ráfagas de luz.

DESTELLAR. (l. *destillāre*.) tr. ant. Destilar, gotear.

DESTELLO. m. Acción de destellar, I.ᵉʳ art. || **2**. Resplandor vivo y efímero; ráfaga de luz, que se enciende y apaga instantáneamente. || **2**.ª acep.: **P**. destellhamento; **I**. flash; **F**. étincelle, éclat; **A**. Strahl, Aufleuchten; **It**. scintillio; **R**. сияние.

DESTELLO. (De *destellar*, 2.º art.) m. ant. Destilación.

DESTEMPERADO, DA. adj. ant. Desleído o disuelto.

DESTEMPERAMIENTO. (l. *dis*, des, y *temperamentum*.) m. ant. Destemplanza.

DESTEMPLADAMENTE. adv. Con destemplanza.

DESTEMPLADO, DA. adj. Falto de temple o de mesura. || **2**. adj. Falto de temple o de mesura. || **3**. PINT. Dícese del cuadro en que hay disconformidad de tonos.

DESTEMPLADOR, RA. adj. Que destempla. || **2**. m. Oficial que destempla el acero.

DESTEMPLAMIENTO. m. ant. Destemplanza.

DESTEMPLANZA. f. Intemperie, desigualdad del tiempo. || **2**. Exceso en los afectos o en el uso de algo. || **3**. Alteración del pulso, sensación de malestar sin llegar a tener fiebre. || **4**. fig. Alteración en las palabras o acciones; falta de moderación.

DESTEMPLAR. (De *des*, I.ᵉʳ art., y *temple*.) tr. Alterar, desconcertar la armonía o el buen orden de una cosa. || **2**. Poner una substancia en infusión. || **3**. tr. Destruir la concordancia con que están templados los instrumentos músicos. Ú.t.c.r. || **4**. r. Alterarse el pulso. || **5**. fig. Descomponerse, perder la moderación. || **6**. Perder el temple el acero u otros metales. || **7**. CHILE, ECUAD., GUAT. y MÉJ. Sentir dentera.

DESTEMPLE. (De *destemplar*.) m. Disonancia de las cuerdas de un instrumento. || **2**. Destemplanza, 3.ª acep. || **3**. fig. Alteración, desconcierto. || **4**. Acción y efecto de destemplar o destemplarse metales como el acero. || **3**.ª acep.: **P**. desconcerto; **I**. intemperance, discomposure; **F**. faux accord; **A**. Missstimmung, Unwohlsein; **It**. stempra; **R**. рассграиваться, легкоеиездоровье.

DESTENTADAMENTE. adv. ant. Desatentadamente.

DESTENTAR. tr. Quitar la tentación a uno; disuadirle de algún mal intento.

DESTEÑIR. (De *des* y *teñir*.) tr. Quitar el tinte; borrar o apagar los colores. Ú.t.c.r.

DESTERIDAD. (l. *dexterītas*, -*ātis*.) f. ant. Destreza, I.ª acep.

DESTERNERAR. tr. ARGENT., CHILE y P. RICO. Desbecerrar. || **2**. Separar de la vaca al ternero.

DESTERNILLARSE. r. Romperse las ternillas.

DESTERRADERO. (De *desterrar*.) m. fig. Destierro, 4.ª acep.

DESTERRADO, DA. p.p. de desterrar. || **2**. adj. Que sufre pena de destierro.

DESTERRAMIENTO. (De *desterrar*.) m. ant. Destierro.

DESTERRANTE. p.a. ant. de desterrar. Que destierra.

DESTERRAR. tr. Expulsar a uno judicialmente de un territorio o lugar. || **2**. fig. Apartar de sí. || **3**. Quitar la tierra, principalmente a las raíces de las plantas. || **4**. r. Expatriarse. || **P**. desterrar; **I**. to banish; **F**. bannir; **A**. verbannen; **It**. bandire, esiliare; **R**. высылять.

DESTERRONAMIENTO. m. Acción y efecto de desterronar.

DESTERRONAR. tr. Quebrantar o deshacer los terrones. Ú.t.c.r.

DESTETADERA. f. Instrumento con púas, que se coloca en las tetas, especialmente de las vacas, para destetar a las crías.

DESTETAR. (De *des*, I.ᵉʳ art., y *teta*.) tr. Hacer que deje de mamar el niño o las crías de los animales. Ú.t.c.r. || **2**. fig. Apartar a los hijos del regalo de su casa paterna. Ú.t.c.r. || **3**. DESTETARSE uno con una cosa. fr. fig. Haberla conocido desde su niñez. || **P**. destetar; **I**. to wean; **F**. sevrer; **A**. von der Brust entwöhnen; **It**. spoppare; **R**. отлучать от груди.

DESTETE. m. Acción y efecto de destetar o destetarse.

DESTETO. m. Conjunto de cabezas de ganado destetadas. || **2**. Caballeriza donde se recogen los machos y mulas recién destetadas.

★ DESTETUNARSE. r. fam. P. RICO. Descriminarse, romperse el bautismo.

DESTEZ. (De *destricia*.) m. ant. Contratiempo, infortunio.

DESTIEMPO (A). m. adv. Fuera de tiempo, sin oportunidad.

DESTIENTO. (De *des*, I.ᵉʳ art., y *tiento*.) m. Sobresalto, alteración.

DESTIERRE. m. Acción de quitar la tierra de los minerales.

DESTIERRO. (De *desterrar*.) m. Pena que consiste en expulsar a alguien de lugar o territorio determinado. || **2**. Efecto de estar desterrada una persona. || **3**. Pueblo o lugar en que vive el desterrado. || **4**. fig. Lugar muy distante de lo más céntrico de una población. || **P**. desterro; **I**. banishment; **F**. banissement; **A**. Verbannung; Exil; **It**. bandimiento, esilio; **R**. высылка.

DESTILABLE. adj. Que puede destilarse.

DESTILACIÓN. (l. *destillatio*, -*ōnis*.) f. Acción y efecto de destilar. || **2**. Flujo de humores serosos o mucosos. || **3**. Fís. Operación que consiste en transformar un líquido en vapor, condensarlo luego y recoger el líquido resultante. || **4**. QUÍM. Operación de sublimar o volatilizar substancias. || **—en el vacío**. Destilación a presión reducida. || **—fraccionada**. La que separa líquidos mezclados, cuyo punto de ebullición es distinto. || **—seca**. Aquella a que se somete una substancia sólida, por lo general orgánica, condensando y recogiendo los vapores desprendidos. || **P**. destilação; **I**. y **F**. distillation; **A**. Destillieren; **It**. (di)stillazione; **R**. перегонка.

DESTILADERA. f. Instrumento para destilar. || **2**. fig. Medio ingenioso de que se sirve uno para enderezar alguna pretensión o negocio. || **3**. CAN. y AMÉR. Filtro, I.ᵉʳ art., I.ª acep.

DESTILADOR, RA. (l. *destillātor*.) adj. Que tiene por oficio destilar agua o licores. Ú.t.c.s. || **2**. Dícese de lo que se destila. || **3**. m. Filtro, I.ᵉʳ art., I.ª acep. || **4**. Alambique.

DESTILAR. (l. *destillāre*.) tr. Correr un líquido gota a gota. || **2**. Filtrar, I.ª acep. Ú.t.c.r. || **3**. Fís. Evaporar la parte volátil de una substancia y reducirla luego a líquida por medio del frío. *Agua* DESTILADA.

DESTILATORIO, RIA. adj. Que sirve para la destilación. || **2**. m. Local en que se hacen las destilaciones. || **3**. Alambique.

DESTILERÍA. f. Destilatorio, 2.ª acep.

DESTÍN. (De *destinar*, I.ᵉʳ art.) m. ant. Testamento o última voluntad. || **2**. ant. Destino, I.ª acep.

DESTINACIÓN. (l. *destinatio*, -*ōnis*.) f. Acción y efecto de destinar.

DESTINADO, DA. p.p. de destinar, I.ᵉʳ art. || **2**. adj. ant. Destinado.

DESTINAR. (l. *destināre*.) tr. Señalar alguna cosa para algún fin. || **2**. Designar a una persona para un empleo. || **P**. destinar; **I**. to destine; **F**. destiner; **A**. bestimmen; **It**. destinare; **R**. назначать.

DESTINAR. (De *des*, I.ᵉʳ art., y *tino*.) intr. ant. Desatinar, perder el tino. Ú. en Salamanca.

DESTINATARIO, RIA. m. y f. Persona a quien va dirigida o destinada una cosa.

DESTINO. (De *destinar*, I.ᵉʳ art.) m. Hado. || **2**. Encadenamiento de los sucesos considerado como fatal. || **3**. Circunstancia de serle favorable o adversa a determinada persona esta supuesta manera de ocurrir los sucesos. || **4**. Señalamiento de una cosa para determinado fin. || **5**. Empleo, ocupación. || **6**. Lugar o establecimiento en que un individuo sirve su empleo. || **P**. destino; **I**. destiny, fate; **F**. destin, destinée; **A**. Schicksal; **It**. destino, stella; **R**. судьба.

DESTIÑAR. (De *des*, I.ᵉʳ art., y *tiña*, I.ª acep.) tr. ant. Limpiar las colmenas de los destiños o escarzos.

DESTIÑO. (De *destiñar*.) Pedazo del panal de las abejas que carecen de miel.

DESTIRANIZADO, DA. adj. Libre de tiranía.

DESTIRPAR. tr. ant. Extirpar.

DESTITUCIÓN. (l. *destitutio*, -*ōnis*.) f. Acción y efecto de destituir.

DESTITUIBLE. adj. Que puede ser destituido.

DESTITUIDOR, RA. adj. Que destituye. Ú.t.c.s.

DESTITUIR. (l. *destituĕre*.) tr. Privar a uno de una cosa. || **2**. Separar a uno de su cargo como corrección o castigo. || **2**.ª acep.: **P**. destituir; **I**. to destitute, to dismiss; **F**. destituer; **A**. absetzen; **It**. destituire; **R**. увольнять.

DESTITULADO, DA. adj. Sin título o privado de él.

DESTOCAR. (De *des*, I.ᵉʳ art., y *toca*.) tr. Quitar o deshacer el tocado. Ú.t.c.r. || **2**. r. Descubrirse la cabeza.

★ DESTOCONAR. tr. VENEZ. Recortar los cuernos a un toro. || **2**. SALV. Cortar los tocones de los árboles.

DESTOCEDURA. f. Acción y efecto de destorcer o destorcerse.

DESTORCER. (l. *distorquĕre*, torcer.) tr. Deshacer lo torcido. Ú.t.c.r. || **2**. fig. Enderezar lo que está torcido. || **3**. r. MAR. Perder la embarcación el rumbo que llevaba.

DESTORGAR. tr. Romper o arrancar el torgo.

★ DESTORLONGADO, DA. adj. MÉJ. Pródigo, derrochador, manirroto.

★ DESTORLONGO. m. MÉJ. Despilfarro, derroche.

DESTORMAR. tr. MURC. Desterronar, hacer los tormos con el mazo después de bien soleada la tierra.

DESTORNILLADO, DA. p.p. de destornillar. || **2.** adj. fig. Inconsiderado, precipitado, sin seso. Ú.t.c.s.

DESTORNILLADOR. m. Instrumento que sirve para destornillar.

DESTORNILLAMIENTO. m. Acción y efecto de destornillar.

DESTORNILLAR. tr. Sacar un tornillo, dándole vueltas. || **2.** r. fig. Desconcertarse.

DESTORPADURA. (De *destorpar*.) f. desus. Acción y efecto de afear o estropear.

DESTORPAR. (l. *detŭrpāre*, estropear.) tr. desus. Deturpar.

★ **DESTORRENTAR.** tr. MÉJ. Ahuyentar. || **2.** r. AMÉR. CENTRAL. Desconcertarse, desorientarse.

DESTOSERSE. r. Toser sin necesidad o fingir la tos.

DESTOTRO, TRA. Contracc. ant. de de este otro, de esto otro y de esta otra.

DESTRABAR. tr. Quitar las trabas. Ú.t.c.r. || **2.** Desasir, apartar una cosa de otra. Ú.t.c.r.

DESTRABAZÓN. f. Acción y efecto de destrabar.

DESTRAL. (l. *dextrālis*.) m. Hacha pequeña que se maneja por lo general con una sola mano.

DESTRALEJA. f. Destral pequeño.

DESTRALERO. m. Dícese del que hace o vende destrales.

DESTRAMAR. tr. Sacar la trama de la tela.

★ **DESTRASTAR.** tr. CHILE. Sacar de una habitación los trastos.

DESTRE. (mallorquín, *destre*, estadal.) m. Medida de longitud usada en Mallorca, equivalente a 4 m y 21 cm. || —**superficial.** Medida cuadrada de un destre de lado.

DESTREJAR. intr. Obrar o proceder diestramente.

DESTRENZAR. tr. Deshacer la trenza. Ú.t.c.r.

DESTRERO, RA. (l. *dextra*, la mano derecha.) adj. ant. Diestro, experto en las armas.

DESTREZ. (De *diestro*.) f. ant. Destreza.

DESTREZA. (De *diestro*.) f. Habilidad, arte o propiedad con que se hace una cosa. || P. destreza; I. cleverness; F. dextérité; A. Geschicklichkeit; It. destrezza; R. умение, ловкость.

DESTRIBUTAR. tr. ant. Eximir del pago del tributo.

DESTRICIA. (b.l. *districtia*, por *districtio*, apremio, angustia.) f. ant. Escasez, necesidad, aprieto.

DESTRINCAR. tr. MAR. Desamarrar cualquier cosa o deshacer la trinca que se le tenía dada. Ú.t.c.r.

DESTRIPACUENTOS. com. fam. Persona que interrumpe inoportunamente un relato.

DESTRIPADOR, RA. adj. Que destripa. Ú.t.c.s.

DESTRIPAMIENTO. m. Acción y efecto de destripar.

DESTRIPAR. tr. Quitar o sacar las tripas. || **2.** fig. Sacar lo interior de una cosa. || **3.** fig. Despachurrar, 1.ª acep. || **4.** fig. y fam. Destruir el efecto de un relato, acertijo, etc., anticipando un oyente el desenlace o solución. || **5.** fig. y fam. MÉJ. Tratándose de estudios, abandonarlos.

DESTRIPATERRONES. (De *destripar* y *terrón*.) m. fig. fam. y despect. Gañán o jornalero que cava o ara la tierra.

DESTRÍSIMO, MA. adj. sup. de diestro.

DESTRIUNFAR. tr. En algunos juegos de naipes, sacar los triunfos un jugador a otro obligándole a echarlos.

DESTRIZAR. (De *des*, 1.er art., y *trizar*.) tr. Hacer trizas o pedazos. || **2.** r. fig. Consumirse por un enfado.

DESTROCAR. tr. Deshacer el trueque o cambio.

DESTRÓN. (De *diestro*.) m. Lazarillo o mozo de ciego.

DESTRONAMIENTO. m. Acción y efecto de destronar.

DESTRONAR. tr. Deponer y privar del reino, echar a un rey del trono. || **2.** fig. Quitar a alguien su preponderancia. || P. destronar; I. to dethrone; F. détrôner;

A. entthronen; It. detronizzare; R. свергать с престола.

DESTRONCAMIENTO. m. Acción y efecto de destroncar.

DESTRONCAR. tr. Cortar, tronchar un árbol por el tronco. || **2.** fig. Cortar o descoyuntar el cuerpo o parte de él. || **3.** fig. Arruinar a uno, embarazarle sus negocios o pretensiones. || **4.** fig. Rendir de fatiga. || **5.** fig. Truncar, interrumpir cosas no materiales. || **6.** CHILE y MÉJ. Descuajar, arrancar plantas o quebrarlas por el pie. || **7.** MÉJ. Cansar excesivamente a los animales.

DESTRONCHAR. (De *des*, 1.er art., y *troncho*.) tr. ant. Tratar de una materia sin profundizarla.

DESTRONQUE. m. CHILE y MÉJ. Descuaje.

DESTROPAR. (De *des*, 1.er art., y *tropa*.) tr. ant. Separar el ganado o la gente para que cada uno vaya por un lado. Ú.t.c.r.

DESTROZADOR, RA. adj. Que destroza. Ú.t.c.s.

DESTROZAR. tr. Despedazar, destruir. Ú.t.c.r. || **2.** fig. Gastar inconsideradamente. || **3.** fig. Estropear, maltratar, deteriorar. || **4.** MIL. Desbaratar a los enemigos, derrotarlos con gran pérdida. || P. destroçar; I. to shatter; F. briser, metre en pièces; A. zerreissen, zerstören; It. sfracellare; R. разрушать.

DESTROZO. m. Acción y efecto de destrozar o destrozarse.

DESTROZÓN, NA. adj. fig. Que destroza demasiado la ropa, el calzado, etc. Ú.t.c.s.

DESTRUCCIÓN. (l. *destructio*, -ōnis.) f. Acción y efecto de destruir. || **2.** Ruina, asolamiento, devastación. || P. destruição; I. y F. destruction; A. Zerstörung; It. distruzione; R. разрушение.

DESTRUCTIBILIDAD. f. Calidad de destructible.

DESTRUCTIBLE. adj. Destruible.

DESTRUCTIVAMENTE. adv. Con destrucción.

DESTRUCTIVO, VA. (l. *destructīvus*.) adj. Dícese de lo que destruye o tiene poder para destruir.

DESTRUCTO, TA. (l. *destructus*.) p.p. irreg. ant. de destruir.

DESTRUCTOR, RA. (l. *destructor*.) adj. Que destruye. Ú.t.c.s. || **2.** m. Torpedero de alta mar, armado con artillería de mediano calibre para la lucha antisubmarina y la protección de escuadras y convoyes.

DESTRUCTORIO, RIA. (De *destructor*.) adj. Destructivo.

DESTRUECO. m. Destrueque.

DESTRUEQUE. m. Acción y efecto de destrocar.

DESTRUIBLE. adj. Que puede destruirse.

DESTRUICIÓN. (De *destruir*.) f. desus. Destrucción.

DESTRUIDOR, RA. (De *destruir*.) adj. Destructor, 1.ª acep. Ú.t.c.s.

DESTRUIMIENTO. (De *destruir*.) m. ant. Destrucción.

DESTRUIR. (l. *destruĕre*.) tr. Deshacer, arruinar una cosa material. Ú.t.c.r. || **2.** fig. Deshacer, arruinar una cosa no material, como un argumento, etc. || **3.** fig. Privar a uno los medios de vida. || **4.** fig. Malbaratar la hacienda. || **5.** r. ÁLG. Anularse mutuamente dos cantidades iguales y de signo contrario. || P. destruir; I. to destroy; F. détruire; A. zerstören, vernichten; It. distrùggere; R. разрушать.

DESTRUYENTE. p.a. de destruir. Que destruye.

DESTULLECER. tr. Desentollecer, 1.ª acep.

★ **DESTUNGAR.** (De *des* y *tungo*.) tr. CHILE. Desnucar, acogotar. Ú.t.c.r.

DESTURBAR. (b. l. *disturbāre*, y éste del l. *dis*, des, y *turba*, tumulto.) tr. ant. Echar, expeler.

DESTUSAR. tr. AMÉR. CENTRAL. Despinochar el maíz, quitarle la hoja o tusa. || **2.** CUBA. Cortar las crines a una caballería. || **3.** GUAT. Robar, y también murmurar.

★ **DESTUTANAR.** tr. CHILE. Extraer el tuétano de los huesos. || **2.** COLOM. Romperse la crisma. || **3.** fig. COLOM. Consumirse como consecuencia de un trabajo ex-

cesivo. || **4.** fig. CUBA. Afanarse con exceso.

DESUBSTANCIAR. tr. Desustanciar.

DESUCACIÓN. (De *de* y *suco*.) f. Acción y efecto de desucar.

DESUCAR. (l. *desucāre*, quitar el jugo.) tr. QUÍM. Desjugar.

DESUDACIÓN. f. Acción y efecto de desudar.

DESUDAR. tr. Quitar el sudor. Ú.t.c.r.

DESUELLACARAS. (De *desollar* y *cara*.) m. fig. y fam. Barbero que afeita mal. || **2.** com. fig. y fam. Persona desvergonzada.

DESUELLO. m. Acción y efecto de desollar o desollarse. || **2.** fig. Desvergüenza, descaro. || *Ser un* DESUELLO. fr. fig. y fam. con que se denota el excesivo precio que se pide o se lleva por una cosa.

DESUNCIR. tr. Quitar del yugo las bestias sujetas a él.

DESUNIDAMENTE. adv. Sin unión.

DESUNIÓN. f. Separación de las partes que componen un todo, o de las cosas que estaban unidas. || **2.** fig. Discordia, desavenencia.

DESUNIR. (l. *disunīre*; de *dis*, des, y *unīre*, unir.) tr. Apartar o separar lo que estaba unido Ú.t.c.r. || **2.** fig. Destruir la buena correspondencia entre dos o más personas.

DESUNO. (Contracc. de las preps. *de* y *so*, con el pron. *uno*.) adv. ant. De consuno, de conformidad, juntamente.

DESUÑAR. tr. Quitar o arrancar las uñas. || **2.** AGR. Arrancar las raíces viejas de las plantas. || **3.** r. fig. Ocuparse con afán de un trabajo de manos difícil. || **4.** fam. Entregarse totalmente a un vicio, como el robo, el juego, etc.

DESUÑIR. (l. *disiungĕre*, desunir.) tr. ant. Desuncir. Ú. en Argentina, Extremadura, León, Salamanca, Valladolid y Zamora.

DESURCAR. tr. Deshacer los surcos.

DESURDIR. (De *des* y *urdir*.) tr. Deshacer una tela. || **2.** fig. Desbaratar una trama, una intriga.

DESÚS (AL). (l. *de* y *sursum*.) m. adv. ant. Por encima de.

DESUSADAMENTE. adv. Fuera de uso.

DESUSAR. tr. Desacostumbrar, perder o dejar el uso. Ú.t.c.r.

DESUSO. m. Falta de uso o ejercicio de una cosa. || **2.** FOR. Falta de aplicación o inobservancia de una ley sin estar derogada.

DESUSTANCIAR. tr. Quitar a una cosa la fuerza y vigor, sacándole la substancia. Ú.t.c.r.

DESVAHAR. tr. AGR. Quitar lo marchito o seco de una planta.

DESVAÍDO, DA. (port. *esvahido*, y éste del l. *evanēre*, desvanecer.) adj. Aplícase a la persona alta y desairada. || **2.** Dícese del color bajo y disipado.

DESVAIDURA. (De *desvaído*.) f. ant. Adelgazamiento, disminución.

DESVAINADURA. f. Acción y efecto de desvainar.

DESVAINAR. tr. Sacar las semillas de las vainas.

DESVALÍA. f. ant. Desvalimiento.

DESVALIDO, DA. adj. Desamparado, falto de ayuda o socorro.

DESVALIJADOR. m. El que desvalija, 2.ª acep.

DESVALIJAMIENTO. m. Acción y efecto de desvalijar.

DESVALIJAR. tr. Robar el contenido de una maleta o valija. || **2.** fig. Despojar a uno de sus bienes o de su dinero mediante robo, engaño, juego, etc.

DESVALIJO. m. Desvalijamiento.

DESVALIMIENTO. m. Desamparo, abandono, falta de ayuda.

DESVALOR. (De *des*, 1.er art., y *valor*.) m. ant. Cobardía, miedo.

DESVALORAR. tr. Despreciar, quitar valor o estimación a una cosa.

DESVALORIZACIÓN. f. Acción y efecto de desvalorizar.

DESVALORIZAR. tr. Rebajar o disminuir el valor a una cosa. || P. desvalorizar; I. to devaluate; F. dévaloriser; A. entwerten; It. svalutare; R. обесценивать.

DESVÁN. m. Parte más alta de una casa, inmediata al tejado. || —**gatero.** El

D

que no es habitable. || —**perdido**. En algunas partes, desván gatero.

DESVANECEDOR, RA. adj. Que desvanece. || **2.** m. Aparato para desvanecer parte de una fotografía al sacar la positiva.

DESVANECER. (l. *evanescĕre*.) tr. Disgregar o difundir las partículas de un cuerpo de modo que desaparezcan de la vista. || **2.** Inducir a presunción y vanidad. Ú.t.c.r. || **3.** fig. Deshacer o anular. || **4.** Quitar de la mente un recuerdo, una idea. || **5.** r. Exhalarse, evaporarse la parte más volátil de alguna cosa. || **6.** fig. Turbarse el sentido, desmayarse. Ú.t.c.tr. || **P.** desvanecer; **I.** to evanesce; **F.** dissiper; **A.** verschwinden, verwehen; **It.** far svanire; **R.** рассеивать.

DESVANECIDAMENTE. adv. Con desvanecimiento o vanidad.

DESVANECIDO, DA. p.p. de desvanecer. || **2.** adj. Soberbio, vanidoso, presumido.

DESVANECIMIENTO. (De *desvanecer*.) m. Acción y efecto de desvanecer. || **2.** Presunción, vanidad, altanería. || **3.** Debilidad, perturbación de la cabeza o del sentido.

DESVAPORIZADERO. m. Lugar por donde se evapora o se respira una cosa.

DESVARAR. (Como *resbalar*, del l. *divarāre*, de *varus*, patizambo.) tr. Resbalar, deslizarse. Ú.t.c.r. || **3.** MAR. Poner a flote la nave que estaba varada.

DESVARETAR. tr. AND. Quitar los chupones a los árboles, y en especial a los olivos.

DESVARIABLE. (De *desvariar*.) adj. ant. Que puede variar o mudarse.

DESVARIADAMENTE. adv. Con desvarío, fuera de propósito.

DESVARIADO, DA. p.p. de desvariar. || **2.** adj. Que delira, dice o hace despropósitos. || **3.** Fuera de orden y concierto. || **4.** Aplícase a las ramas largas y locas de los árboles.

DESVARIAMIENTO. (De *desvariar*.) m. ant. Diversidad, diferencia.

DESVARIAR. tr. ant. Diferenciar, variar, desunir. || **2.** intr. Decir locuras, delirar.

DESVARÍO. (De *desvariar*.) m. Dicho o hecho fuera de concierto. || **2.** Accidente que hace delirar a algunos enfermos. || **3.** fig. Monstruosidad, cosa que sale del orden regular y común de la naturaleza. || **4.** fig. Desigualdad, capricho.

★ **DESVASADO, DA**. adj. ARGENT. Aplícase a la caballería a la cual se han limpiado los cascos.

★ **DESVASAR**. tr. ARGENT. Arreglar los cascos a una caballería.

★ **DESVASTADOR**. m. GUAT. Gastador, soldado que abre la marcha.

DESVASTIGAR. (De *des*, 1.er art., y *vástiga*.) tr. Chapodar, 1.ª acep.

DESVEDAR. (De *des*, 1.er art., y *veda*.) tr. Revocar la prohibición que una cosa tenía.

DESVELADAMENTE. adv. Con desvelo.

DESVELAMIENTO. m. Desvelo.

DESVELAR. (l. *dis*, y *evigilāre*, despertar.) tr. Quitar el sueño, no dejar dormir. Ú.t.c.r. || **2.** r. fig. Poner gran cuidado en lo que se desea hacer o conseguir. || **P.** desvelar; **I.** to keep awake; **F.** éveiller; **A.** wach erhalten; **It.** svegliare; **R.** лишать сна.

DESVELO. m. Acción y efecto de desvelar o desvelarse.

DESVENAR. tr. Quitar las venas a la carne. || **2.** Sacar de la vena o filón el mineral. || **3.** Quitar las fibras a las hojas de los vegetales. || **4.** EQUIT. Levantar los cañones del freno arqueándolos para que hagan montada.

DESVENCIJAR. (De *des*, 1.er art., y *vencija*, del l. *vincilia*, de *vincīre*, atar.) Aflojar, desconcertar las partes de una cosa. Ú.t.c.r.

DESVENDAR. tr. Quitar o desatar la venda con que estaba atada una cosa. Ú.t.c.r.

DESVENO. (De *desvenar*.) m. Arco que en el centro del freno forma el hueco necesario para alojar la lengua del caballo.

DESVENTAJA. f. Mengua o perjuicio notado por comparación.

DESVENTAJOSAMENTE. adv. Con desventaja.

DESVENTAJOSO, SA. adj. Que acarrea desventaja.

DESVENTAR. (De *des*, 1.er art., y *viento*.) tr. Sacar el aire de una parte donde está encerrado.

DESVENTURA. f. Desgracia, desdicha.

DESVENTURADAMENTE. adv. Con desventura.

DESVENTURADO, DA. (De *desventura*.) adj. Desgraciado, desdichado. || **2.** Cuitado, pobrete, sin espíritu. Ú.t.c.s. || **3.** Avariento, miserable. Ú.t.c.s.

DESVERGONZADAMENTE. adv. Con desvergüenza.

DESVERGONZADO, DA. p.p. de desvergonzarse. || **2.** adj. Que obra o habla con desvergüenza.

DESVERGONZAMIENTO. (De *desvergonzarse*.) m. ant. Desvergüenza.

DESVERGONZARSE. (De *des*, 1.er art., y *vergüenza*.) r. Descomedirse, insolentarse.

DESVERGOÑADAMENTE. adv. ant. Desvergonzadamente.

DESVERGÜENZA. f. Falta de vergüenza, insolencia; ostentación de faltas y vicios. || **2.** Dicho o hecho impúdico o insolente.

DESVERGÜENZAMIENTO. m. ant. Desvergonzamiento.

DESVESTIR. tr. Desnudar. Ú.t.c.r.

DESVEZAR. tr. Desavezar. Ú.t.c.r. || **2.** AR. Cortar los mugrones de las viñas, aislándolos de la cepa madre, cuando ya han arraigado.

DESVIACIÓN. f. Acción y efecto de desviar o desviarse. || **2.** Separación lateral de un cuerpo de su posición media o normal. || **3.** Ángulo formado por el plano del meridiano magnético y el de la aguja imanada cuando ésta es atraída por un imán. || **4.** MED. Paso de los humores fuera de sus conductos naturales. || **5.** MED. Cambio de la posición natural de los órganos. || **6.** MIN. Vena que al cruzar otra sigue la dirección de ésta en cierto espacio. || **7.** Acción y efecto de separarse los proyectiles del plano de la trayectoria. || **8.** ASTRON. Ángulo que el eje óptico de una lente meridiana forma con el plano del meridiano. || —**de la plomada**. Fís. Ángulo que ésta forma con la vertical en la proximidad de las grandes montañas. || —**del plano de polarización**. Rotación del plano de un rayo de luz polarizada, producida al atravesar éste ciertas substancias. || **P.** desvío; **I.** deviation, deflection; **F.** déviation, éloignement; **A.** Abweichung; **It.** deviazione, disviatezza; **R.** отклонение.

DESVIADOR, RA. adj. Que desvía o aparta.

DESVIAMIENTO. (De *desviar*.) m. ant. Desvío, 1.ª y 2.ª aceps.

DESVIAR. (l. *deviāre*, substituido el prefijo *de* por *dis*, des.) Separar de su lugar o camino una cosa. Ú.t.c.r. || **2.** fig. Disuadir o apartar a uno de su propósito. Ú.t.c.r. || **3.** ESGR. Separar la espada del contrario formando otro ángulo. || **P.** desviar, apartar; **I.** to deviate; **F.** dévier; **A.** abweichen; **It.** deviare; **R.** отклонять.

DESVIEJAR. tr. Entre ganaderos, separar del rebaño las ovejas o carneros viejos.

DESVINCULACIÓN. f. Acción y efecto de desvincular.

DESVINCULAR. tr. Anular un vínculo, dejando liberado lo que él sujetaba. Ú.m. hablando de bienes. || **2.** ARGENT. y CHILE. Desamortizar.

DESVÍO. (De *desviar*.) m. Desviación, 1.ª y 6.ª aceps. || **2.** fig. Despego, desafecto. || **3.** ARGENT., CHILE y P. RICO. Apartadero de una línea férrea. || **4.** ALBAÑ. Cada uno de los listones sujetos a los tablones de los andamios suspendidos y apoyados en la pared para evitar el movimiento de vaivén. || **5.** MIL. Distancia entre el punto en que se produjo el impacto de un proyectil y el que se deseaba alcanzar.

DESVIRAR. (De *des*, 1.er art., y *vira*, 2.ª acep.) tr. Recortar lo superfluo de la suela del zapato. || **2.** Recortar el libro el encuadernador.

DESVIRAR. tr. Dar vueltas al cilindro

de los tornos y cabrestantes en sentido contrario a las que se dieron para virar el cable o cuerda.

DESVIRGAR. (De *des*, 1.er art., y *virgo*.) tr. Quitar la virginidad a una doncella. || **2.** intr. fig. y fam. CHILE. En el juego de la lotería, hacer todos los virgos de un cartón.

DESVIRTUAR. tr. Quitar la virtud, substancia o vigor. Ú.t.c.r.

DESVITRIFICAR. tr. Hacer que el vidrio pierda su transparencia por la acción del calor.

DESVIVIRSE. r. Mostrar incesante y vivo interés o solicitud por una persona o cosa.

★ **DESVOLCANARSE**. r. COLOM. Derrumbarse, despeñarse.

DESVOLVEDOR. (De *des*, 1.er art., y *volver*.) m. Instrumento para apretar o aflojar las tuercas.

DESVOLVER. (De *des*, 1.er art., y *volver*.) tr. Alterar una cosa, darle otra figura. Ú.t.c.r. || **2.** Arar la tierra, mullirla y trabajarla. || **3.** Aflojar una tuerca o tornillo dándole vueltas.

DESVUELTO, TA. p.p. irreg. de desvolver.

DESYEMAR. tr. Quitar las yemas a las plantas.

DESYERBA. (De *desyerbar*.) f. Escarda, 1.ª acep.

DESYERBADOR, RA. adj. Que desyerba. Ú.t.c.s.

DESYERBAR. (De *des*, 1.er art., y *yerba*.) tr. Desherbar.

DESYUGAR. tr. Desuncir.

DESYUNCIR. (l. *disiungĕre*, desunir.) tr. ant. Desuncir.

DESYUNTO, TA. (l. *disiunctus*.) p.p. irreg. ant. de desyuncir.

DESZOCAR. (De *des*, 1.er art., y *zoco*.) tr. Maltratar el pie o la mano dejándolo impedido para su uso. Ú.t.c.r. || **2.** ARQ. Quitar el zócalo de una columna.

DESZULACAR. tr. Quitar el zulaque.

DESZUMAR. tr. Sacar o quitar el zumo. Ú.t.c.r.

★ **DETALL (AL)**. m. adv. Al por menor.

DETALLADAMENTE. adv. En detalle, por menor.

DETALLADO, DA. p.p. de detallar. || **2.** adj. En los pinares de Soria, dícese de la madera de piezas escogidas, de excelentes condiciones para la construcción y para la exportación.

DETALLAR. (De *detalle*.) tr. Tratar, referir, enunciar una cosa con todos los detalles. || **2.** Vender al detall. || **P.** detallar; **I.** to retail; **F.** détailler; **A.** detaillieren; **It.** dettagliare; **R.** детализировать.

DETALLE. (fr. *détail*, de *détailler*, y éste del l. *de-taliāre*, cortar.) m. Pormenor, cuenta o lista circunstanciada. || **2.** ARGENT. Venta de mercancías al menudeo. || **3.** GUAT. Conquista amorosa.

DETALLISTA. com. Persona que cuida mucho de los detalles. || **2.** Comerciante que vende al por menor.

DETARDAMIENTO. (De *detardar*.) m. ant. Tardanza.

DETARDAR. (l. *detardāre*.) tr. ant. Tardar o retardar. || **2.** intr. ant. Detenerse.

DETASA. (De *détaxe*, de *de* y *taxe*, de *taxer*, y éste del l. *taxāre*, tasar.) f. Rectificación de portes pagados en los ferrocarriles para devolver el exceso de lo cobrado.

º **DETECTIVE**. (ingl. *to detect*, descubrir.) m. Agente de policía secreta, generalmente de carácter particular que practica averiguaciones reservadas y en ocasiones interviene en la investigación judicial. || **P.**, **I.** e **It.** detective; **F.** détective; **A.** Detektiv, Geheimpolizist; **R.** сыщик, детектив.

DETECTOR. (l. *detector*, que descubre o manifiesta.) m. Fís. Aparato fundamental de la telegrafía sin hilos, que revela la presencia de las ondas hertzianas. || **2.** m. MIN. Aparato que sirve para dar a conocer la presencia de grisú en las minas. || **3.** Mecanismo que en una cerradura revela cualquier intrusión extraña. || **4.** MIL. MAR. Indicador que revela la presencia de torpedos. || **P.** e **I.** detector; **F.** détecteur; **A.** Detektor; **It.** rivelatore; **R.** детектор.

DETENCIÓN. (l. *detentio*, -ōnis*.) f. Acción y efecto de detener o detenerse. ||

2. Dilación, tardanza, prolejidad. || **3.** Privación de la libertad; arresto provisional.

DETENEDOR, RA. adj. Que detiene. Ú.t.c.s.

DETENENCIA. (De *detener*.) f. ant. Detención.

DETENER. (l. *detinēre*.) tr. Suspender una cosa, impedir que pase adelante. Ú.t.c.r. || **2.** Arrestar, poner en prisión. || **3.** Retener, conservar o guardar. || **4.** r. Retardarse o irse despacio. || **5.** fig. Suspender, pararse a considerar una cosa. || **P.** detener; **I.** to stop; **F.** arrêter, retarder; **A.** aufhalten, verzögern; **It.** retinere; **R.** задерживать.

DETENIDAMENTE. adv. Con detención.

DETENIDO, DA. p.p. de detener. || **2.** adj. Minucioso. || **3.** Embarazado, de poca resolución. Ú.t.c.s. || **4.** Escaso, miserable. Ú.t.c.s.

DETENIMIENTO. (De *detener*.) m. Detención, 1.ª y 2.ª aceps.

* **DETENTA.** f. MAR. Pieza con que se fija una alidada del círculo de reflexión.

DETENTACIÓN. (l. *detentatio*, -ōnis.) f. FOR. Acción y efecto de detentar.

DETENTADOR. (l. *detentātor*.) m. FOR. El que retiene la posesión de lo que no es suyo.

DETENTAR. (l. *detentāre*, retener.) tr. FOR. Retener uno sin derecho lo que manifiestamente no le pertenece.

DETENTE. (imper. de *detener*.) m. Pedazo o recorte de tela con la imagen del Corazón de Jesús y la leyenda: «Detente, bala». Se usó en la guerra carlista, prendido en la ropa sobre el pecho.

DETENTOR. (l. *detentor*.) m. desus. FOR. Detentador.

DETERGENTE. p.a. de deterger. Que deterge. || **2.** adj. MÉJ. Detersorio. Ú.m. c.s.m.

DETERGER. (l. *detergēre*, limpiar.) tr. MED. Limpiar una úlcera o herida. || **2.** Limpiar un objeto sin producir corrosión.

DETERIOR. (l. *deterĭor*.) adj. p. us. Dícese de lo que es de calidad inferior a la de otra cosa de su especie.

DETERIORACIÓN. (l. *deterioratĭo*, -ōnis.) f. Acción y efecto de deteriorar o deteriorarse.

DETERIORAR. (l. *deteriorāre*.) tr. Hacer una cosa inferior en calidad o valor, echarla a perder.

DETERIORO. (De *deteriorar*.) m. Deterioración.

DETERMINABLE. adj. Que se puede determinar.

DETERMINACIÓN. (l. *determinatĭo*, -ōnis.) f. Acción y efecto de determinar o determinarse. || **2.** Osadía, valor. || **P.** terminação; **I.** determination; **F.** détermination; **A.** Bestimmung; **It.** determinazione; **R.** определение.

DETERMINADAMENTE. adv. Con determinación.

DETERMINADO, DA. p.p. de determinar. || **2.** adj. Osado, valeroso. Ú.t.c.s. || **3.** ÁLG. Dícese de la ecuación cuya incógnita tiene un número determinado de soluciones. || **4.** GRAM. Dícese del artículo que determina y precisa. || **5.** MAT. V. *Problema* DETERMINADO.

DETERMINAMIENTO. (De *determinar*.) m. ant. Determinación.

DETERMINANTE. p.a. de determinar. Que determina. || **2.** adj. GRAM. Véase *Verbo* DETERMINANTE. || **3.** MAR. Expresión que se forma, siguiendo ciertas reglas, mediante cantidades dispuestas en un número igual de líneas y columnas.

DETERMINAR. (l. *determināre*.) tr. Fijar los términos de una cosa. || **2.** Distinguir, discernir. || **3.** Señalar, fijar una cosa para un efecto. || **4.** Tomar resolución. Ú.t.c.r. || **5.** Hacer tomar una resolución. || **6.** FOR. Sentenciar, definir. || **7.** GRAM. Determinar una palabra, señalar su extensión, función o significado. || **P.** determinar; **I.** to determine; **F.** déterminer; **A.** bestimmen; **It.** determinare; **R.** определять.

DETERMINATIVO, VA. adj. Dícese de lo que determina o resuelve. || **2.** GRAM. Dícese del adjetivo que determina o limita la extensión del substantivo. || *Oración* DETERMINATIVA. La subordinada adjetiva o de relativo que especifica al antecedente.

DETERMINISMO. (De *determinar*.) m. FIL. Doctrina que niega la influencia personal sobre la determinación y lo atribuye enteramente a la fuerza de los motivos y, por consiguiente, niega el libre arbitrio. || **2.** FIL. Sistema filosófico que subordina las determinaciones de la voluntad humana a la voluntad divina. || **—histórico.** V. *Materialismo* HISTÓRICO.

DETERMINISTA. adj. Perteneciente o relativo al determinismo. || **2.** com. Persona partidaria del determinismo.

DETERSIÓN. (l. *detersus*. p.p. de *detergēre*, limpiar.) f. Acción y efecto de limpiar o purificar.

DETERSIVO, VA. adj. Detersorio. Ú.t.c.s.m.

DETERSORIO, RIA. (l. *detersus*, p.p. de *detergēre*, limpiar.) adj. Dícese de lo que tiene virtud de limpiar o purificar. Ú.t.c. s.m.

DETESTABLE. (l. *detestabĭlis*.) adj. Abominable, execrable, aborrecible.

DETESTABLEMENTE. adv. De un modo detestable.

DETESTACIÓN. (l. *detestatĭo*, -ōnis.) f. Acción y efecto de detestar.

DETESTAR. (l. *detestāri*.) tr. Condenar, maldecir a personas o cosas, tomando al cielo por testigo. || **2.** Aborrecer, 1.ª acep.

DETIENEBUEY. m. Gatuña.

DETINENCIA. (l. *detinens*, -*entis*, que detiene.) f. p. us. Detención.

DETONACIÓN. f. Acción y efecto de detonar. || **2.** MEC. Explosión violenta producida en el cilindro de un motor a causa de una compresión excesiva de la mezcla de aire y combustible. || **—de boca.** MIL. Sonido producido por la expansión de los gases en la boca del arma en el momento del disparo. || **P.** detonação; **I.** detonation; **F.** détonation; **A.** Detonation; **It.** detonazione; **R.** выстрел.

DETONADOR. m. Artificio con fulminante que sirve para hacer estallar una carga explosiva.

DETONANTE. p.a. de detonar. Que detona. || **2.** m. Substancia que puede producir detonación. || **3.** adj. V. *Pólvora* DETONANTE.

DETONAR. (l. *detonāre*.) intr. Dar estampido.

DETORNAR. (De *de*, intens., y *tornar*.) tr. ant. Volver segunda vez.

DETORSIÓN. (l. *detorsus*, p.p. de *detorquēre*, torcer.) f. Extensión violenta; torcedura de un músculo o ligamento.

DETRACCIÓN. (l. *detractĭo*, -ōnis.) f. Acción y efecto de detraer.

DETRACTAR. (l. *detractāre*.) tr. Detraer, 2.ª acep.

DETRACTOR, RA. (l. *detractor*.) adj. Maldiciente o infamador. Ú.t.c.s.

DETRAEDOR. (De *detraer*.) m. desus. Detractor.

DETRAER. (l. *detrahĕre*.) tr. Substraer, apartar, tomar parte de una cosa. || **2.** fig. Denigrar, infamar.

DETRAIMIENTO. (De *detraer*, 2.ª acep.) m. ant. Infamia, deshonor.

DETRÁS. (De la prep. l. *de*, y el adv. *trans*.) adv. En la parte posterior, o con posterioridad de lugar delante del cual está una persona o cosa. || **2.** En ausencia. || *Por* DETRÁS. m. adv. fig. Detrás. 2.ª acep. || **3.** PERÚ y P. RICO. Tras, en seguimiento de. || **P.** detrás; **I.** behind; **F.** derrière; **A.** nach, hinten, zurück; **It.** dietro; **R.** сзади.

DETRIMENTO. (l. *detrimentum*.) m. Destrucción leve o parcial. || **2.** Pérdida, quebranto de la salud o de los intereses. || **3.** fig. Daño moral. || **P.** e **It.** detrimento; **I.** detriment, damage; **F.** dommage; **A.** Schaden; **R.** повреждение.

DETRÍTICO, CA. adj. GEOL. Compuesto de detritos. *Capa* DETRÍTICA.

DETRITO. (l. *detritus*, desgastado.) m. Resultado de la descomposición en partículas de una masa sólida. Ú. mucho en geología y patología.

DETURPAR. (l. *deturpāre*.) tr. ant. Afear, manchar, estropear, ajar.

DEUDA. (l. *debĭta*, pl. n. de *debĭtus*, débito.) f. Obligación que uno tiene o contrae de pagar, generalmente en dinero, o de reintegrar algo a otro. || **2.** Pecado, culpa, ofensa. || **—amortizable.** Aquella cuyo capital es reembolsado a plazo fijo. || **—consolidada.** La amortizable que ha sido objeto de consolidación. || **—exterior.** La que se paga en el extranjero con moneda extranjera. || **—flotante.** La que no está consolidada y puede variar todos los días. || **—interior.** La que se paga en el propio país y con moneda nacional. || **—pública.** La que el Estado tiene reconocida por medio de títulos que devengan interés. || *Acostarse sin* DEUDA *y amanecer con ella.* fr. que se dice por las obligaciones diarias, que hay que cumplir de nuevo cada día. || *Quien fía o promete, en* DEUDA *se mete.* ref. que explica la fuerza que tiene la promesa, ya que por ella queda obligado el que la hace a cumplir lo que prometió. || **P.** dívida, débito; **I.** debt, fault; **F.** dette, regon; **A.** Schuld, Schuldforderung; **It.** débito; **R.** долг.

DEUDO, DA. (l. *debĭtus*, p.p. de *debēre*, ser deudor.) m. y f. Pariente, 1.ª acep. || **2.** m. Parentesco.

DEUDOR, RA. (l. *debitor*, -*ōris*.) adj. Que debe o está obligado a satisfacer una deuda. Ú.t.c.s. || **2.** Dícese de la cuenta en que se ha de anotar una cantidad en el debe.

DEUDOSO, SA. adj. ant. Que tiene deudo o parentesco con uno.

DEUTERIO. (gr. δεύτερος, segundo.) m. QUÍM. Isótopo de hidrógeno, cuyo peso atómico es doble al del hidrógeno normal. Su símbolo es D o H².

* **DEUTEROCANÓNICO, CA.** adj. Dícese de los libros sagrados del Nuevo Testamento admitidos en el canon de la Escritura con posterioridad a los otros.

DEUTERONOMIO. (l. *deuteronomium*, y éste del gr. δευτερονόμιον; de δεύτερος, segundo, y νόμος, ley.) m. Quinto libro del Pentateuco de Moisés, en el cual se recopilan las leyes contenidas en los primeros.

DEUTO. (gr. δεύτερος, segundo.) Prefijo empleado en la nomenclatura científica con el significado de segundo.

* **DEUTOPLASMA.** (De *deuto* y *plasma*.) m. BIOL. Plasma secundario distinto del primero o protoplasma.

DEUTÓXIDO. (pref. *deuto*, y *óxido*.) m. QUÍM. Combinación del oxígeno con un cuerpo en el segundo grado de oxidación.

DEVALAR. (gall. port. *devalar*, o del fr. *devaler*, descender, y éstos del l. *de* y *vallis*, valle.) intr. MAR. Derivar, separarse del rumbo.

DEVÁN. adv. ant. Devant.

DEVANADERA. f. Instrumento giratorio donde se colocan las madejas para devanarlas. || **2.** Artefacto sobre el que se mueve un bastidor pintado por los dos lados para hacer mutaciones rápidas en el teatro.

DEVANADO. m. ELECTR. Hilo de cobre con revestimiento aislador, que se arrolla de modo conveniente y forma parte del circuito de algunos aparatos o máquinas eléctricas. || **2.** m. Acción y efecto de devanar.

DEVANADOR, RA. adj. Que devana. Ú.t.c.s. || **2.** m. Alma o sostén, sobre el que se devana el hilo.

DEVANAGARI. m. FILOL. Escritura sánscrita moderna y caracteres de su alfabeto.

DEVANAR. (l. *depanare*, de *panus*, ovillo.) tr. Arrollar hilo en ovillo o carrete. || **P.** dobar; **I.** to wind; **F.** dévider; **A.** abhaspeln; **It.** annaspare; **R.** сматывать.

DEVANDICHO, CHA. (De *deván* y *dicho*.) adj. ant. Sobredicho.

DEVANEADOR, RA. adj. Que devanea.

DEVANEAR. (De *de* y *vanear*.) intr. Decir o hacer devaneos; disparatar, delirar.

DEVANEO. (De *devanear*.) m. Delirio, desatino, desconcierto. || **2.** Pasatiempo vano y reprensible. || **3.** Amorío pasajero.

DEVANT. (De *de* y *avante*.) adv. ant. Antes, anteriormente.

DEVANTAL. (De *devant*.) m. p. us. Delantal.

DEVASTACIÓN. (l. *devastatĭo*, -ōnis.) f. Acción y efecto de devastar.

DEVASTADOR, RA. (l. *devastātor*.) adj. Que devasta. Ú.t.c.s.

DEVASTAR. (l. *devastāre*.) tr. Destruir un territorio, arrasando sus edificios

D y asolando sus campos. || **2.** fig. Destruir, I.ª acep.

DEVEDAR. (l. *devetāre.*) tr. ant. Vedar.

★ **DEVELAR.** (l. *develāre,* levantar el velo, descubrir.) tr. Descubrir o poner de manifiesto una cosa oculta.

DEVENGAR. (De *de,* y el l. *vindicāre,* atribuirse, apropiarse.) tr. Adquirir derecho a retribución por razón de trabajo, servicio, etc.

DEVENGO. m. Cantidad devengada.

DEVENIR. (l. *devenīre.*) intr. Sobrevenir, suceder, acaecer. || **2.** FIL. Llegar a ser.

DEVERBAL. (De *verbo.*) adj. GRAM. Dícese de la palabra derivada de un verbo. Ú.t.c.s.

DEVERBATIVO, VA. (De *verbo.*) adj. GRAM. Deverbal. Ú.t.c.s.

DE VERBO AD VÉRBUM. expr. adv. l. Palabra por palabra, a la letra, sin faltar una coma.

DEVESA. (De *defesa.*) f. ant. Dehesa.

DEVIACIÓN. (l. *deviatío,-ōnis.*) f. Desviación.

DEVIEDO. (De *devedar.*) m. ant. Veda, I.ᵉʳ art., I.ª acep. || **2.** ant. Vedado.

DEVIESO. m. ant. Divieso.

DEVINO, NA. (l. *divinus.*) m. y f. ant. Adivino, na.

DEVINTO, TA. (l. *devinctus,* p.p. de *devincīre,* atar.) adj. ant. Vencido.

DEVISA. (l. *divisa,* repartida.) f. Señorío solariego que se dividía entre hermanos coherederos. || **2.** Tierra sujeta a este señorío.

DEVISAR. (l. *divisus,* repartido.) tr. ant. Pactar, concertar.

★ **DEVISAR.** tr. MÉJ. Divisar. || **2.** MÉJ. Atajar, detener.

DEVISERO. m. Hidalgo poseedor de devisa.

DE VITA ET MÓRIBUS. expr. l. De la vida y costumbres.

DEVOCIÓN. (l. *devotĭo,-ōnis.*) f. Amor, piedad y fervor religioso. || **2.** Manifestación externa de estos sentimientos. || **3.** fig. Inclinación, afición especial. || **4.** fig. Costumbre devota, buena. || **5.** TEOL. Disposición a hacer la voluntad de Dios. || *Estar a la* DEVOCIÓN *de uno.* fr. Estar una o varias personas voluntariamente sujetas a la obediencia de otra. || **P.** devoção; **I.** devotion; **F.** dévotion; **A.** Andacht; **It.** devozione; **R.** набожность.

DEVOCIONARIO. m. Libro de oraciones para el uso de los fieles.

DEVODAR. (l. *devotāre,* intens. de *devovēre,* ofrecer, votar.) intr. ant. Votar o jurar.

DEVOLUCIÓN. (l. *devolūtus,* p.p. de *devolvēre,* rodar.) f. Acción y efecto de devolver.

DEVOLUTIVO, VA. (l. *devolūtus.*) adj. FOR. Dícese de lo que devuelve.

DEVOLVER. (l. *devolvēre.*) tr. Volver una cosa al estado que tenía. || **2.** Restituir una cosa a su dueño. || **3.** Corresponder a un favor o un agravio. || **4.** fam. Vomitar, I.ª acep. || **P.** devolver; **I.** to return, to render; **F.** rendre; **A.** zurückgeben, entgelten; **It.** devòlvere, rèndere; **R.** отдавать.

º **DEVOLVERSE.** r. AMÉR. MERID. Regresar, retornar, dar la vuelta.

DEVONIANO, NA. (Del condado de *Devon,* en Inglaterra.) adj. GEOL. Dícese del terreno inmediatamente posterior al Siluriano. || **2.** GEOL. Perteneciente a este terreno.

DEVÓNICO, CA. adj. Devoniano.

DEVORADOR, RA. (l. *devorātor.*) Que devora. Ú.t.c.s.

DEVORANTE. p.a. de devorar. Devorador.

DEVORAR. (l. *devorāre.*) tr. Tragar con ansia y apresuradamente. || **2.** fig. Consumir, destruir. || **3.** fig. Consagrar atención absorbente a una cosa. || **P.** devorar; **I.** to devour; **F.** dévorer; **A.** verschlingen, auffressen; **It.** divorare; **R.** пожирать.

DEVORAZ. adj. ant. Voraz.

DEVOTAMENTE. adv. Con devoción.

DEVOTERÍA. f. Beatería, acto de falsa devoción.

DEVOTO, TA. (l. *devōtus,* consagrado, dedicado.) adj. Dedicado con fervor a obras de religión y de piedad. Ú.t.c.s. || **2.** Aplícase a la imagen, templo, etc., que

mueve a devoción. || **3.** Afecto, aficionado a una persona. Ú.t.c.s. || **4.** m. Objeto de la devoción de uno.

DEVOVER. (l. *devovēre.*) tr. ant. Dedicar, ofrecer, entregar. Usáb.t.c.r.

★ **DEVUELTA.** f. P. RICO. Dinero sobrante que se devuelve a la persona que hace un pago.

DEVUELTO, TA. (b. l. *devolvĭtus,* por *devolūtus.*) p.p. irreg. de devolver.

DEXIOCARDIA. (gr. δεξιά, derecha, y καρδία, corazón.) f. MED. Desviación del corazón hacia la derecha.

DEXMERO. m. ant. Dezmero.

DEXTRINA. (l. *dextra,* la mano derecha.) f. QUÍM. Substancia sólida, gomosa, obtenida por la acción de los ácidos, el calor y las diastasas sobre el almidón. || **P.** dextrina; **I.** dextrin; **F.** dextrinc; **A.** Dextrin; **It.** destrina.

DEXTRO. (l. *dextrum.*) m. Terreno alrededor de una iglesia donde se gozaba del privilegio de asilo.

★ **DEXTROCARDIA.** f. MED. Desviación patológica del corazón hacia el lado derecho del tórax.

DEXTRÓGIRO, RA. (l. *dexter,* que está a la derecha, y de *girar.*) adj. QUÍM. Dícese del cuerpo o substancia que desvía hacia la derecha el plano de polarización de la luz.

DEXTROSO, SA. (l. *dextrorsum,* hacia la derecha.) adj. Fís. Que se mueve hacia la derecha.

DEXTRÓRSUM. (Voz latina.) adv. Hacia la derecha.

DEXTROSA. f. Variedad de glucosa.

DEY. (ár. *dāy,* y éste del turco *dāy,* tío materno.) Título del jefe o príncipe musulmán que gobernaba la regencia de Argel.

DEYECCIÓN. (l. *deiectĭo,-ōnis.*) f. GEOL. Conjunto de materias arrojadas por un volcán o desprendidas de una montaña. || **2.** Defecación de los excrementos. || **3.** Los excrementos mismos.

DEYECTO, TA. (l. *deiectus.*) adj. ant. Vil, despreciable.

DEZMABLE. (De *dezmar.*) adj. Que estaba o podía estar sujeto al diezmo.

DEZMAR. (l. *decimāre.*) tr. Diezmar.

DEZMATORIO. (De *dezmar.*) m. Sitio donde se recogía el diezmo. || **2.** Distrito que correspondía a cada parroquia para pagar el diezmo.

DEZMEÑO, ÑA. adj. Demero.

DEZMERA. (l. *decimaría,* t. f. de *-ius,* diezmero.) f. ant. Dezmería.

DEZMERÍA. (De *dezmero.*) f. Territorio de que se cobraba el diezmo para una iglesia.

DEZMERO, RA. (l. *decimarius,* de *decima,* décima parte.) adj. Perteneciente al diezmo. || **2.** m. y f. Diezmero, ra.

DEZMÍA. f. ant. Dezmería.

DI. (l. *dis* y *di.*) pref. que denota oposición, como en DIsentir; origen, como en DImanar; extensión, como en DIfundir.

DI. (gr. δίς, dos.) pref. que entra en la composición de varios términos científicos con la significación de dos.

DÍ. (Contracc. de *de* y, 3.ᵉʳ art.) adv. ant. De allí.

DÍA. (gr. διά.) pref. que significa separación, como en DIAcrítico; a través de, como en DIámetro; entre, como en DIAtónico.

DÍA. (l. *dies.*) m. Tiempo que la Tierra emplea en dar una vuelta completa alrededor de su eje. || **2.** Tiempo que dura la claridad del Sol sobre el horizonte. || **3.** Tiempo que hace durante esas horas. || **4.** Aquel en que la Iglesia celebra la memoria de un santo o de un misterio. || **5.** Cumpleaños. Ú.m. en pl. || **6.** Momento, ocasión. || **7.** pl. fig. Vida, en frases como éstas: *Al fin de sus* DÍAS, *después de sus* DÍAS. || DÍA *adiado.* DÍA *diado.* || —**artificial.** Tiempo desde que sale el Sol hasta que se pone. || —**astronómico.** ASTRON. Tiempo comprendido entre dos pasos consecutivos del Sol, por el meridiano superior. || —**civil.** Tiempo comprendido entre dos medias noches consecutivas. || —**colendo.** Día festivo. || —**complementario.** Cada uno de los cinco o seis días que se contaban al fin del año en el calendario republicano francés para completar los 365 ó 366. Ú.m. en pl. || —**crítico.** Aquel de que

pende el curso de una enfermedad o negocio. || —**del Año Nuevo.** El primero del año. || —**de ayuno.** Aquel en que la Iglesia manda ayunar. || —**de carne.** Aquel en que la Iglesia permite comer carne. || —**de ceniza.** Miércoles de ceniza. || —**decretorio.** MED. Día crítico. || —**de descanso.** El que se paga al alquilador de caballerías o carruaje además de los empleados en el camino. || —**de Dios.** Corpus. || **2.** DÍA *del juicio,* I.ª acep. || —**de fiesta.** Fiesta. || —**de fiesta entera.** Fiesta de mayor solemnidad. || —**de fortuna.** Entre cazadores, aquel en que abunda la caza por alguna circunstancia, pero en el que no está permitido cazar. Ú.m. en pl. || —**de gala.** Aquel en que por celebrarse algún suceso notable, la milicia se viste de gala. || —**de guardar.** Día de precepto. || —**de hacienda.** Día de trabajo. || —**de huelga.** Aquel en que los artesanos no trabajan aunque no sea festivo. || **2.** Aquel o aquellos que median entre una y otra calentura del que padece tercianas o cuartanas. || —**de iglesia.** El destinado para confesar y comulgar, para ganar un jubileo, etc. || —**de juicio.** fig. y fam. Día del juicio. || —**del dicho.** Aquel en que el juez eclesiástico explora la voluntad de los que han de contraer matrimonio. || —**del juicio.** Último día de los tiempos, en que Dios juzgará a los vivos y a los muertos. || **2.** fig. y fam. Aquel en que hay confusión o gritería, o multitud de gente reunida. || **3.** fig. Muy tarde o nunca. || —**de los difuntos** o **finados.** El de la conmemoración de los fieles difuntos, el 2 de noviembre. || —**de los inocentes.** El 28 de diciembre. || —**del Señor.** Corpus. || —**de media gala.** El que se celebra con cierta solemnidad, inferior a los de gala. || —**de moda.** En teatros, circos, exposiciones, etc., el día de la semana en que el precio de entrada es mayor || —**de pescado.** Aquel en que la Iglesia prohibe comer carne. || —**de precepto.** Aquel en que por precepto eclesiástico es obligatorio oir misa y no trabajar. || —**de Ramos.** Domingo de Ramos. || —**de Reyes.** El 6 de enero, la Epifanía. || —**de trabajo.** El ordinario, por contraposición al de fiesta. || —**de viernes,** o **de vigilia.** Día de pescado. || —**diado.** Día preciso y señalado para ejecutar una cosa. || —**eclesiástico.** El que, para el culto en el rezo y oficio divino, empieza la Iglesia desde la hora de vísperas hasta el siguiente día a la misma hora. || —**feriado.** Aquel en que están cerrados los tribunales. || —**hábil.** FOR. El utilizable para las actuaciones judiciales, que es normalmente el no feriado. || —**intercalar.** El que se añade al mes de febrero en año bisiesto. || —**laborable.** Día de trabajo. || —**lectivo.** Aquel en que se da clase en los establecimientos de enseñanza. || —**marítimo.** Tiempo que transcurre desde que un barco que navega, tiene el Sol en su cenit, hasta que sucede lo mismo al día siguiente. || —**medio.** Espacio de tiempo que resulta de dividir la duración del año solar en 365 partes iguales. || —**natural.** ASTRON. Día, 2.ª acep. || —**nefasto.** Aquel en que no era lícito en la antigua Roma tratar de negocios públicos ni administrar justicia. || **2.** El de luto y tristeza. || **3.** por ext. aquel en que se conmemora o padece una gran desgracia. || —**pardo.** Aquel en que el cielo está cubierto de nubes ligeras. || —**pesado.** Aquel en que está muy cargada la atmósfera. || —**puente.** El laborable comprendido entre dos festivos y que por esta circunstancia se amplía a él la vacación. || —**quebrado.** Aquel en que no se comercia o trabaja. || —**sidéreo.** ASTRON. Tiempo durante el cual se efectúa una revolución aparente completa de las estrellas fijas. || —**solar.** ASTRON. Día, I.ª acep. || DÍAS *geniales.* Los que se celebran con gran regocijo. || *Abrir el* DÍA. fr. fig. Romper el DÍA. || *A* DÍAS. loc. adv. Unos días sí y otros no; de vez en cuando. || *A* DÍAS *claros, obscuros nublados.* loc. que indica que tras el placer viene la tristeza y el pesar. || *A dos* DÍAS *buenos, ciento de duelo.* expr. que advierte que más son los días de pesar que de alegría. || *Al buen* DÍA, *métele en casa.* ref. que aconseja aprovechar las ocasiones favorables. || *Alcanzar* a uno *en* DÍAS. fr. fam. Sobrevivir una persona a otra. || *Al*

DÍA. m. adv. Al corriente. || *Algún* DÍA *en mi peral tendrás peras. Algún* DÍA *será fiesta, o será la fiesta de nuestra aldea. Algún* DÍA *será la nuestra. Algún* DÍA *será Pascua.* exprs. fams. que se emplean para indicar que tiempo vendrá en que mejoremos de suerte. || *Al otro* DÍA. loc. adv. Al día siguiente. || *Antes del* DÍA. loc. adv. Al amanecer. || *Aquel* DÍA *perdí mi honor que hablé mal y oí peor.* ref. que advierte cuánto daña la intemperancia de la lengua, pues el que injuria será a su vez injuriado. || *A tantos* DÍAS *fecha,* o *vista.* loc. adv. COM. Ú. en letras y pagarés para dar a entender que serán abonados al cumplirse los días que se expresan. || *A tres* DÍAS *buenos, cabo de mala estrena.* ref. que enseña lo poco duraderas que son las dichas de este mundo. || *Buenos* DÍAS. expr. que se emplea como salutación familiar durante la mañana. || *Cada* DÍA *gallina, amarga la cocina.* ref. que da a entender que por buena que sea una cosa, llega a cansar si se repite demasiado. || *Cada tercer* DÍA. loc. adv. Un día sí y otro no. || *Cerrarse el* DÍA. fr. fig. Obscurecerse el DÍA. || *Coger* a uno *el* DÍA *en* una parte. fr. Amanecerle en ella. || *Como del* DÍA *a la noche.* fr. con que se expresa la mucha diferencia existente entre dos términos comparados. || *Cualquier* DÍA. expr. que usada irónicamente para indicar que no se está dispuesto a aquello de que se habla. || *¿Cuándo nos vas a dar un buen* DÍA? fr. fam. que se le dice al que deseamos ver casado. || *Dar* a uno *el* DÍA. fr. irón. Causarle un gran pesar. || *Dar los buenos* DÍAS fr. Saludar por la mañana deseando feliz día. || *Dar* uno *los* DÍAS a otro. fr. Manifestarle que toma parte en la celebridad del día de su onomástica o de su cumpleaños. || *De cada* DÍA. m. adv. Sucesivamente, con continuación. || *De* DÍA *a* DÍA. m. adv. De un día a otro. || *De* DÍA *en* DÍA. m. adv. con que se manifiesta que una cosa se va demorando un día y otro, más de lo que se pensaba. || 2. También significa la continuación del tiempo en que se espera o va ejecutando una cosa. || *De* DÍA. m. adv. Tiempo ha, o de algún tiempo. || *Del* DÍA. m. adv. Conforme al gusto predominante. || 2. Reciente, hecho en el mismo día. || *Despejarse el* DÍA. fr. Despejarse el cielo. || *Despuntar el* DÍA. fr. Romper el día. || *De un* DÍA *a otro.* m. adv. que explica la inminencia de un suceso. || DÍA *de mucho, víspera de nada.* ref. que advierte la inestabilidad de los bienes de este mundo. || 2. También indica que después de la abundancia excesiva suele venir la escasez. || DÍA *por* DÍA. m. adv. Diariamente. || DÍA *por medio.* loc. adv. AMÉR. Un día sí y otro no. || DÍAS *y ollas.* expr. fam. con que se da a entender que con tiempo y paciencia se consigue todo. || DÍA *y noche.* loc. adv. Constantemente, a todas horas. || DÍA *y victo.* expr. con que se denota que uno gasta lo que gana en cada día sin poder ahorrar nada. || *El* DÍA *de ayuno, víspera es de santo.* ref. que indica que al trabajo sigue la recompensa. || *El* DÍA *de hoy.* loc. adv. Hoy día. || *El* DÍA *de mañana.* loc. adv. Mañana, en el día siguiente al de hoy. || 2. En tiempo futuro. || *El* DÍA *menos pensado.* loc. adv. fam. Cuando menos se piense. || *El* DÍA *que no escobé, vino quien no pensé.* ref. que advierte que es muy conveniente el vivir prevenido. || *El* DÍA *que te casas, o te curas o te matas.* ref. que indica la prudencia de que se debe usar para tomar estado. || *El* DÍA *y la noche.* expr. con que se pondera la extremada pobreza de una persona. || *El mejor* DÍA. loc. adv. irón. con la cual se expresa el temor de algún contratiempo. || *El otro* DÍA. loc. adv. Uno de los días próximos pasados. || *El que en sí confía, yerra cada* DÍA. ref. que advierte el peligro que se corre al obrar sin aconsejarse de nadie. || *El santo* día. loc. adv. fam. Todo el santo DÍA. || *En cuatro* DÍAS. m. adv. fig. y fam. En poco tiempo. || *En* DÍAS. expr. Entrado en DÍAS. || *En* días *de Dios,* o *del mundo,* o *en los* DÍAS *de la vida.* locs. advs. Nunca jamás. || *En su* DÍA. loc. adv. A su tiempo. || *Entrado en* DÍAS. expr. Dícese del que se acerca a la vejez. || *Entre* DÍA. m. adv. Durante el día. || *Estar al* DÍA. fr. Estar al corriente de lo que se publica sobre una materia o en el cumplimiento de una obligación. || *Estar* una mujer *en* DÍAS *de parir.* fr. Estar cercana al parto o fuera de cuenta. || *Habilitar* DÍAS, o *el* DÍA. fr. FOR. Decretar el juez que en ellos pueden hacerse o recibirse actuaciones. || *Hoy* DÍA, u *hoy en* DÍA. m. adv. En el tiempo presente. || *Hoy es* DÍA *de «echad aquí, tía».* ref. que denota ocasión en que se debe gastar sin regateos. || *Llevarse* uno *el* DÍA *en* una cosa. fr. Emplearlo todo en ella. || *Mañana será otro* DÍA. expr. con que se consuela o amenaza, recordando la inestabilidad de las cosas humanas. || 2. Empléase también para dejar para otro día la ejecución de algo. || *Más* DÍAS *hay que longanizas.* expr. fig. y fam. con que se denota que no urge hacer o decir una cosa. || 2. fig. y fam. Reprende a los que se apresuran demasiado en los negocios poco urgentes. || *No en mis* DÍAS. expr. con que uno se excusa de hacer o conceder lo que se le pide. || *No es cada* DÍA *agosto ni vendimia.* expr. que da a entender que no todos los días son de provecho. || *No hay* DÍA *tan lueñe que presto no está presente.* ref. que advierte cuán presuroso corre el tiempo. || *No pasar* DÍA *por uno.* fr. fam. No envejecer a pesar de los años. || *No se van los* DÍAS *en balde.* expr. con que se explica que con la edad van cediendo la robustez, el brío y la salud. || *No tener más que el* DÍA *y la noche.* fr. fig. y fam. Carecer de todo recurso. || *Obscurecerse el* DÍA. fr. Nublarse el cielo durante el DÍA. || *Otro* DÍA. loc. adv. Al otro día. || *Parecerse al tercer* DÍA, *como ahogado.* expr. fam. Aplícase al que llega pasada la oportunidad. || *Quien tarde se levanta, todo el* DÍA *trota.* expr. que declara que quien empieza por perder el tiempo, ya no lo recobra. || *Romper el* DÍA. fr. fig. Amanecer, 1.er art., y 1.ª acep. || *Salir* uno *del* DÍA. fr. fig. y fam. Libertarse por de pronto de un apuro. || *Santificar los* DÍAS. fr. Santificar las fiestas. || *Tal* DÍA *hará,* o *hizo, un año.* expr. fam. que explica el poco o ningún cuidado que causa un suceso. || *Tener* uno DÍAS. fr. Tener mucha edad. || 2. fam. Ser desigual y mudable en el humor, etc. || *Tener* uno *los* DÍAS *contados.* fr fig. Hallarse al fin de la vida. || *Tener* uno *sus días contados.* fr. fig. Tener horas contadas. || *Todo el santo* DÍA. loc. adv. fam. que expresa con exageración todo el tiempo de un DÍA. || *Tomar* a uno *el* DÍA *en* una parte. fr. Coger a uno el día, etc. || *Tras diez* DÍAS *de ayunque de herrero, duerme al son el perro.* ref. con que se demuestra la fuerza de la costumbre. || *Un* DÍA *de vida es vida.* expr. usada cuando se retrasa en un asunto el desenlace que se teme. || *Un* DÍA *es un* DÍA. loc. fam. con que se indica que uno se aparta de sus costumbres por algún motivo. || *Un* DÍA *sí y otro no.* loc. adv. En días alternos. || *Vivir al* DÍA. loc. Gastar todo lo que se gana sin ahorrar nada. || *Yendo* DÍAS *y viniendo* DÍAS. expr. fam. con que se da a entender que ha transcurrido largo tiempo entre dos sucesos. || **P.** dia; **I.** day; **F.** jour; **A.** Tag; **It.** giorno; **R.** день.

DIABASA. (gr. διάβασις, pasaje.) f. Diorita, roca eruptiva efusiva de color obscuro formada principalmente por plagioclasa y diálaga.

DIABETES. (l. *diabētes,* y éste del gr. διαβήτης, de διαβαίνω, atravesar.) f. MED. Enfermedad causada por un desorden de nutrición, y caracterizada por la eliminación excesiva de orina, frecuentemente con azúcar. || 2. DIABETES *sacarina.* || 3. MEC. Diabeto. || **—azoúrica.** Diabetes sin glucosa, pero con exagerada emisión de urea por orina. || **—bronceada.** Aquella con coloración amarilla ocre de la piel e hipertrofia hepática. || **—hidrúrica.** Diabetes sin glucosa. || **—insípida.** Diabetes sin glucosuria. || **—sacarina.** Diabetes común, caracterizada por un exceso de azúcar en la sangre que se elimina por la orina. || **P.** e **I.** diabetes; **F.** diabète; **A.** Diabetes, Zuckerkrankheit; **It.** diabete; **R.** диабет.

DIABÉTICO, CA. adj. MED. Perteneciente o relativo a la diabetes. || 2. MED. Que padece diabetes. Ú.t.c.s.

DIABETO. m. Aparato hidráulico, especie de sifón intermitente, que cuando se llena enteramente, vuelve a vaciarse del todo.

DIABLA. f. fam. y fest. Diablo hembra. || 2. Máquina para cardar la lana o el algodón. || 3. Vehículo de dos ruedas con toldo, para tracción animal. || 4. En los teatros, batería de luces que cuelga del peine, entre bambalinas, en los escenarios. || *A la* DIABLA. m. adv. fam. con que se expresa lo mal que se ha hecho o se hace una cosa por falta de esmero.

D

DIABLADO, DA. (De *diablo.*) adj. ant. Endiablado.

DIABLEAR. (De *diablo.*) intr. fam. Hacer diabluras.

DIABLEJO. m. d. de diablo.

DIABLESA. f. fam. Diabla, 1.ª acep.

DIABLESCO, CA. adj. Diabólico.

DIABLILLO. m. d. de diablo. || 2. El que se viste de diablo en las procesiones o en carnaval. || 3. fig. y fam. Persona aguda y enredadora. || 4. MAR. Especie de palangre que se cala a poca distancia de la costa. || 5. CHILE. Nombre de un juego de muchachos propio de este país.

DIABLITO. m. d. de diablo. || 2. CUBA. El negro vestido de moharracho, que el día de Reyes andaba por las calles haciendo piruetas.

DIABLO. (l. *diabŏlus,* y éste del gr. διάβολος.) m. Cualquiera de los ángeles rebeldes arrojados al infierno. || 2. Véase *Hijo, pepino del* DIABLO. || 3. V. *Pájaro, peje* DIABLO. || 4. fig. Persona que tiene mal genio, o que es muy traviesa y atrevida. || 5. fig. Persona muy fea. || 6. fig. Persona astuta y sagaz. || 7. Instrumento de madera con muescas, en que el jugador de billar apoya el taco cuando no puede hacerlo en la mano por estar la bola muy distante. || 8. Diabla, máquina de cardar la lana. || 9. CHILE. Aparato para transportar troncos y maderos grandes, tirado por bueyes. || 10. CHILE. Instrumento en forma de barreta y con una punta abierta en forma de V para extraer los clavos. || **—cojuelo.** fam. Diablo enredador y travieso. || 2. fig. y fam. Persona enredadora y traviesa. || **—encarnado.** fig. Persona perversa y maligna. || **—marino.** Escorpina. || **—predicador.** fig. Persona de costumbres escandalosas que se mete a dar buenos consejos. || *Pobre* DIABLO. fig. y fam. Hombre bonachón y de poca valía. || *Ahí será el* DIABLO. expr. fam. con que se explica el mayor riesgo o peligro que se teme o se sospecha en lo que puede suceder. || *Andar el* DIABLO *suelto.* fr. fig. y fam. Haber grandes disturbios o inquietudes en un pueblo o comunidad, o entre varias personas. || *Aquí hay mucho* DIABLO. expr. fig. y fam. con que se explica que un negocio encierra mucha dificultad y malicia. || *Así paga el* DIABLO *a quien bien le sirve.* expr. que se usa para quejarse de una ingratitud. || ¡*Cómo* DIABLOS! loc. ¡Qué DIABLOS! || *Como el* DIABLO, o *como un* DIABLO. loc. adv. fig. y fam. Excesivamente, demasiado. || ¡*Con mil* DIABLOS! expr. fam. de impaciencia enojo. || *Cuando el* DIABLO *no tiene que hacer, con el rabo mata moscas.* ref. que se aplica a los que gastan el tiempo inútilmente. || *Cuando el* DIABLO *reza, engañarte quiere.* ref. que reprende a los hipócritas, y en general, a los que bajo buenas apariencias encubren mala intención. || *Cuando el* DIABLO *viniere a tu puerta, y pidiere mangas, córtalas y dáselas.* ref. que muestra la inutilidad de resistir a la violencia cuando no se dispone de medios para vencer. || *Dar al* DIABLO una persona o cosa. fr. fig. y fam. con que se manifiesta desprecio hacia ella. || *Dar al* DIABLO *el hato y el garabato.* fr. fig. y fam. que se emplea para manifestar grande enojo o desesperación. || *Dar de comer al* DIABLO. fr. fig. Murmurar, hablar mal. || *Darle* a uno *el* DIABLO *ruido.* fr. Hacer un disparate. || *Dar que hacer al* DIABLO. fr. fig. y fam. Ejecutar una mala acción. || *Darse* uno *al* DIABLO. fr. fig. y fam. Irritarse, desesperarse. || *Del* DIABLO o *de los* DIABLOS, o *de mil* DIABLOS, o *de todos los* DIABLOS. exprs. con que se exagera una cosa por mala o incómoda. || ¡DIABLO! interj. fam. con que se denota extrañeza, admiración o disgusto. || *Donde el* DIABLO *perdió el poncho.* loc. adv. ARGENT. y CHILE. En lugar distante o extraviado. || *El* DIABLO, *harto de carne, se metió fraile.* ref. con que se moteja al que abandona sus costumbres depravadas cuando ya no tiene vigor para continuarlas. || *El* DIABLO *las carga.* fr. proverb. con que se da a entender la posibili-

D

dad de que se origine daño de aquello que, al parecer, no podía producirlo. || *El* DIABLO *que... fr.* fam. equivalente a no hay quién... || *El* DIABLO *sea sordo.* expr. fam. con que explicamos la extrañeza de una palabra indigna de decirse. || *Ese es el* DIABLO. expr. que se usa para explicar la dificultad que se halla en dar salida a una cosa. || *Estar uno dado al* DIABLO. fr. fig. y fam. Estar irritado, enfurecido. || *Guárdate del* DIABLO. expr. fam. con que se amenaza a uno o se le previene de un riesgo. || *Haber una de todos los* DIABLOS. fr. fig. y fam. Haber un gran alboroto. || *Hablar uno con el* DIABLO. fr. fig. y fam. Ser muy astuto y averiguar cosas difíciles de saber. || *Hay muchos* DIABLOS *que se parecen unos a otros. Hay un* DIABLO *que se parece a otro.* frs. fig. y fams. con que se quiere excusar a una persona de la culpa que se le atribuye. || *Lo bien ganado se lo lleva el* DIABLO, *y lo malo, a él y su amo.* ref. que advierte la facilidad con que se suelen disipar los caudales, especialmente los mal adquiridos. || *Llevarse el* DIABLO *una cosa.* fr. fig. y fam. Suceder al revés de lo que se esperaba. || *Más que el* DIABLO. expr. con que se manifiesta gran repugnancia que siente a hacer una cosa. || *Más sabe el* DIABLO *por viejo, que por* DIABLO. ref. que encarece lo mucho que enseña la larga experiencia. || *No es tan feo el* DIABLO *como le pintan.* fr. fig. y fam. con que se denota que una cosa no es tan mala como se pensaba. || *No ser uno gran, o muy* DIABLO. fr. fig. y fam. No ser muy notable en una línea. || *No tener el* DIABLO *por donde desechar* a uno. fr. fam. Ser muy vicioso y sin ninguna buena cualidad. || *No valer un* DIABLO *una persona o cosa.* fr. fig. y fam. Ser despreciable y de ningún valor. || *Parece que tiene el* DIABLO *en el cuerpo.* fr. fig. y fam. que se aplica a una persona muy inquieta y traviesa. || *¡¡Qué* DIABLOS! loc. que expresa impaciencia o admiración. || *Ríese el* DIABLO *cuando el hambriento da al harto.* ref. que reprende al que invierte el orden natural de las cosas aun so pretexto de buena intención. || *Tanto quiso el* DIABLO *a sus hijos, que les sacó los ojos.* ref. que reprende a los padres que comprometen la buena educación de sus hijos por ser con ellos excesiva e imprudentemente tolerantes. || *Tener uno* DIABLO. fr. fig. y fam. Ejecutar cosas extraordinarias. || *Tener uno el* DIABLO, *o los* DIABLOS *en el cuerpo.* fr. fig. y fam. Ser muy astuto y muy revoltoso. || *Tirar el* DIABLO *de la manta.* fr. fam. Descubrirse lo que había mucho interés en mantener oculto. || *¡¡Un* DIABLO! expr. fam. usada para manifestar la repugnancia que sentimos en ejecutar una cosa que nos proponen. || *Ya que le lleve* a uno *el* DIABLO, *que sea en coche.* expr. fig. y fam. Ya que se cometa una mala acción, que sea para sacar mucho provecho material. || *Yo como tú, y tú como yo, el* DIABLO *nos juntó.* ref. con que se explica que la conformidad en las costumbres, cuando son males es principio de muchos daños, especialmente en el casamiento. || P. diabo; I. devil; F. diable; démon; A. Teufel, Satan; It. diàvolo, demonio; R. дьявол, бес.

DIABLURA. (De *diablo.*) f. Travesura extraordinaria; acción temeraria y peligrosa.

DIABÓLICAMENTE. adv. Con diablura, de manera diabólica.

DIABÓLICO, CA. (l. *diabolĭcus;* y éste del gr. διαβολικός.) adj. Perteneciente o relativo al diablo. || 2. fig. y fam. Excesivamente malo. || 3. fig. Enrevesado, muy difícil.

DIABOLÍN. m. Pastilla de chocolate con una capa de azúcar y envuelta en un papel con un mote.

DIÁBOLO. m. (ital. *diàvolo,* y éste del l. *diabŏlus,* diablo.) Juguete compuesto de dos conos unidos por el vértice, que se hace girar sobre una cuerda sujeta al extremo de dos palillos.

DIACATOLICÓN. (gr. διά., intens., y καθολικός, universal.) m. FARM. Electuario purgante que se hacía de sen, raíz de ruibarbo y pulpa de tamarindo.

★ **DIACENTRO.** m. ASTRON. Diámetro menor de la órbita de un planeta.

★ **DIÁCIDO, DA.** adj. QUÍM. Dícese de las bases o alcoholes cuya molécula tiene dos oxhidrilos, que pueden reemplazarse por radicales ácidos monovalentes.

DIACITRÓN. m. Acitrón, cidra, confitada.

DIACODIÓN. (gr. διακώδιον; de διά, ntens., y κωδύα, cabeza de adormidera.) m. FARM. Jarabe de adormidera.

DIACONADO. m. Diaconato.

DIACONAL. (l. *diaconālis.*) adj. Perteneciente al diácono.

DIACONAR. intr. Hacer las funciones de diácono.

DIACONATO. (l. *diaconātus.*) m. Orden sacra inmediata al sacerdocio.

DIACONÍA. (b. l. *diaconia,* y éste del gr. διακονία.) f. Distrito de una iglesia que antiguamente estaba al cuidado de un diácono. || 2. Casa en que vivía el diácono.

DIACONISA. (l. *diaconissa.*) f. Mujer dedicada al servicio de la Iglesia.

DIÁCONO. (l. *diacŏnus,* y éste del gr. διάκονος, servidor, ministro.) m. Ministro eclesiástico y de grado segundo en dignidad inmediato al sacerdote. Entre sus funciones se cuentan la de servir inmediatamente al sacerdote, predicar con permiso del obispo, distribuir la eucaristía, y bautizar en caso de extrema necesidad y con permiso del párroco. || P. diácono; I. deacon; F. diacre; A. Diakon(us); It. diàcono; R. дьякон.

DIACRÍTICO, CA. (gr. διακριτικός, que distingue; de διακρίνω, distinguir.) adj. GRAM. Dícese de los signos ortográficos que sirven para dar a una letra un valor especial, por ejemplo, la diéresis sobre la u. Dícese especialmente de las que se emplean en las lenguas semíticas cuando se quiere indicar las vocales. || 2. MED. Dícese de los síntomas que distinguen exactamente una enfermedad de otra.

º **DIACRONIA.** f. Fase de evolución de las lenguas.

DIACÚSTICA. (gr. διά, a través, y de *acústica.*) f. Parte de la acústica que estudia la refracción de los sonidos.

★ **¡DIACHE!** interj. P. RICO y CHILE. ¡Diantre! ¡diablo!

DIADELFOS. (gr. δις, dos, y ἀδελφός, hermano.) adj. BOT. Dícese del androceo cuyos estambres están soldados por los filamentos formando dos haces. || 2. Dícese de los estambres así soldados.

DIADEMA. (l. *diadēma,* y éste del gr. διάδημα, de διαδέω, rodear, ceñir.) f. Cinta blanca que antiguamente ceñía la cabeza de los reyes como insignia de su dignidad. || 2. Cada uno de los arcos que cierran por la parte superior algunas coronas. || 3. Corona, nimbo, aureola. || 4. Adorno femenino de cabeza, en forma de media corona abierta por detrás. || P. e It. diadema; I. diadem; F. diadème; A. Diadem; R. диадема.

DIADEMADO, DA. adj. Que tiene diadema.

DIADO. (De *día.*) adj. V. *Día* DIADO.

DIADOCO. m. Título del príncipe heredero en la Grecia moderna.

DIAFANIDAD. f. Calidad de diáfano. || P. diafaneidad; I. diaphaneity; F. diaphanéité; A. Durchsichtigkeit; It. diafanità; R. прозрачность.

DIAFANIZAR. tr. Hacer diáfana una cosa.

DIÁFANO, NA. (gr. διαφανής, de διαφαίνω, aparecer a través.) adj. Dícese del cuerpo a través del cual pasa la luz casi en su totalidad. || 2. fig. Claro, limpio.

★ **DIAFANÓMETRO.** m. QUÍM. Aparato que sirve para determinar el grado de pureza de un alcohol. || 2. FÍS. Aparato para medir la diafanidad del aire.

DIÁFISIS. (gr. διάφυσις, intersticio.) f. ZOOL. Parte tubular de un hueso largo comprendido entre dos extremos.

★ **DIAFONÍA.** f. MÚS. Disonancia. || 2. ELECTR. Fenómeno que se produce algunas veces en los circuitos telefónicos consistente en oírse la conversación de otro circuito con el que no existe conexión.

DIAFORESIS. (l. *diaphorēsis,* y éste del gr. διαφόρησις, secreción de humores.) f. MED. Sudor, II 2. acep.

DIAFORÉTICO, CA. (l. *diaphoretĭcus,* y éste del gr. διαφορητικός.) adj. MED. Sudorífico. Ú.t.c.s. || 2. MED. V. *Sudor* DIAFORÉTICO.

DIAFRAGMA. (l. *diaphragma,* y éste del gr. διάφραγμα, de διαφράσσω, intercep-

tar.) m. ZOOL. Membrana de fibras musculares, que en el cuerpo de los mamíferos separa la cavidad torácica de la abdominal. Es órgano esencial de la función respiratoria. || 2. Separación comúnmente movible, que regula o intercepta la comunicación entre dos partes de un aparato o de una máquina. || 3. Disco o membrana vibrante que en el teléfono y en otros aparatos convierte las oscilaciones eléctricas en ondas sonoras o viceversa. || 4. En los aparatos fonográficos, lámina flexible que recibe las vibraciones de la aguja al recorrer ésta los surcos impresos en el disco. || 5. BOT. Membrana que establece separaciones interiores en algunos frutos. || 6. FOTOGR. En la máquina fotográfica y en ciertos instrumentos ópticos, disco perforado para regular el paso de la luz o reducir el campo de la visión. || 7. ELECTR. Membrana interpuesta entre las placas positivas y negativas de un acumulador. || —iris. FOTOGR. El formado por una serie de placas articuladas que forman una circunferencia que se estrecha o se ensancha para agraduar la abertura del objetivo. || P. diafragma; I. diaphragm; F. diaphragme; A. Zwerchfell, Scheidewand; It. diaframma; R. диафрагма.

DIAFRAGMAR. tr. FOTOGR. Cerrar más o menos el diafragma.

DIAFRAGMÁTICO, CA. adj. Perteneciente o relativo al diafragma.

DIAGNOSIS. (gr. διάγνωσις, de διαγιγνῶσκω, distinguir, conocer.) f. MED. Conocimiento de los signos de las enfermedades. || 2. BOT. Descripción abreviada de una planta.

DIAGNOSTICAR. (De *diagnóstico.*) tr. MED. Determinar el carácter de una enfermedad mediante el examen de sus signos.

DIAGNÓSTICO, CA. (gr. διαγνωστικός.) adj. MED. Perteneciente o relativo a la diagnosis. || 2. m. MED. Conjunto de signos peculiares de una enfermedad. || 3. MED. Calificación dada por el médico a la enfermedad según los signos que advierte.

DIAGONAL. (l. *diagonālis.*) adj. ESGR. V. *Tajo* DIAGONAL. || 2. GEOM. Dícese de la línea recta que une los vértices de dos ángulos no inmediatos en un polígono o poliedro. Ú.t.c.s.f. || 3. Aplícase al tejido en que los hilos se cruzan oblicuamente. Ú.t.c.s. para designar los tejidos de esta clase.

DIAGONALMENTE. adv. De modo diagonal.

DIÁGRAFO. (gr. διά, a través, y γράφω, dibujar.) m. Instrumento para seguir los contornos de un objeto o de un dibujo y transmitirlos al mismo tiempo sobre papel separado.

DIAGRAMA. (l. *diagramma,* y éste del gr. διάγραμμα, diseño.) m. Dibujo o representación gráfica que sirve para resolver un problema, o para mostrar la disposición interior de una cosa o las variaciones de un fenómeno.

★ **DIAGUITA.** adj. AMÉR. Dícese del indio cuya parcialidad habitaba en la época de la conquista el valle de Calchaquí y territorio de La Rioja, en Argentina. Ú.t.c.s.

DIAL. (l. *diālis,* perteneciente a Júpiter.) adj. V. *Flamen* DIAL.

★ **DIAL.** m. RADIOTEC. Escala de los radiorreceptores para sintonizar con la estación que se desea.

DIÁLAGA. (gr. διαλλαγή, cambio.) f. Mineral pétreo compuesto por silicato de magnesia, con cal, óxido de hierro y algo de alúmina, duro como el vidrio, de color cambiante según como reciba la luz. Suele acompañar a las serpentinas.

DIALECTAL. adj. Perteneciente a un dialecto.

DIALECTALISMO. m. Voz o giro dialectual. || 2. Carácter dialectal.

DIALÉCTICA. (l. *dialectĭca,* y éste del gr. διαλεκτική, t. f. de -κός, dialéctico.) f. Ciencia filosófica que estudia el raciocinio y sus leyes, formas y modos de expresión. || 2. Impulso natural del ánimo, que lo guía en la investigación de la verdad. || 3. Ordenada serie de verdades que se desarrolla en la ciencia o en el encadenamiento de los hechos. || P. dialéctica; I. dialectic; F. dialectique; **A.** Dialektik; **It.** dialèttica; **R.** диалектика.

DIALÉCTICO, CA. (l. *dialecticus*, y éste del gr. διαλεκτικός.) adj. Perteneciente a la dialéctica. || **2.** m. El que profesa la dialéctica.

DIALECTO. (l. *dialectus*, y éste del gr. διάλεκτος, de διαλέγω, hablar.) m. Modo de hablar caracterizado por un conjunto de particularidades locales; especialmente variedad regional de un idioma. || **2.** En lingüística, se considera dialecto cada una de las modalidades o formas de una lengua con relación a su forma literaria. || **P.** dialecto; **I.** dialect; **F.** dialecte; **A.** Dialekt, Mundart; **It.** dialetto; **R.** диалект.

DIALECTOLOGÍA. f. Tratado o estudio de los dialectos.

DIALECTÓLOGO. adj. Aplícase a la persona versada en dialectología, y a quien la profesa o cultiva. Ú.t.c.s.

DIALIPÉTALA. (gr. διαλύω, separar, y πέταλον, hoja,) adj. Bot. Dícese de la corola cuyos pétalos están libres, sin soldarse entre sí, y de la flor que tiene corola de esta clase.

DIALISÉPALO, LA. (gr. διαλύω, separar, y *sépalo*.) adj. Bot. Dícese del cáliz cuyos sépalos están libres, sin soldarse entre sí, y de las flores que tienen cálices de esta clase.

DIÁLISIS. (gr. διάλυσις, disolución.) f. Quím. Separación de los coloides y cristaloides cuando están disueltos juntamente.

DIALÍTICO, CA. adj. Relativo a la diálisis.

DIALIZADOR. m. Aparato para dializar.

DIALIZAR. tr. Analizar por medio de la diálisis.

DIALOGAL. (De *diálogo*.) adj. Dialogístico.

DIALOGAR. intr. Hablar en diálogo. || **2.** tr. Escribir una cosa en forma de diálogo.

DIALOGISMO. (l. *dialogismus*, y éste del gr. διαλογισμός.) m. Ret. Figura consistente en dar a las ideas o sentimientos de los personajes la forma de diálogo.

DIALOGÍSTICO, CA. (gr. διαλογιστικός.) adj. Perteneciente o relativo al diálogo. || **2.** Escrito en diálogo.

DIALOGIZAR. intr. Dialogar.

DIÁLOGO. (l. *dialŏgus*, y éste del gr. διάλογος.) m. Plática entre dos o más personas. || **2.** Género de obra literaria, en prosa o en verso, en que se finge una plática o contraversia entre dos o más personajes. || **P.** diálogo; **I.** y **F.** dialogue; **A.** Dialog; **It.** dialogo; **R.** диалог.

DIALOGUISTA. com. Persona que escribe o compone diálogos.

DIALTEA. (gr. διά, con, y *altea*.) f. Farm. Ungüento compuesto principalmente de raíz de altea.

DIAMANTADO, DA. p.p. de diamantar. || **2.** adj. Dícese de lo que da brillo del diamante.

DIAMANTAR. tr. Dar a una cosa el brillo del diamante.

DIAMANTE. (l. *adămas, -antis*, del gr. ἀδάμας.) m. La más estimada de las piedras preciosas, formada de carbono cristalizado, diáfana y de gran brillo, generalmente incolora y tan dura que raya todos los demás cuerpos. || **2.** Género de pieza de artillería. || **3.** Lámpara minera de petróleo con un reflector. || **4.** Instrumento para cortar el cristal. ||—**artificial.** Piedra parecida al diamante, obtenida disolviendo carbono en hierro fundido y enfriándolo rápidamente. ||—**brillante.** El tallado en facetas por la haz y por el envés. ||—**industrial.** El que debido a ciertos defectos, no puede ser convertido en joya y se utiliza en la industria en forma de sierras, perforadores, etc. ||—**rosa.** El tallado por la haz y plano por el envés. ||—**tabla.** El labrado por la haz con una superficie plana y alrededor con cuatro biseles. || **P. e It.** diamante; **I.** diamond; **F.** diamant; **A.** Diamant; **R.** алмаз.

DIAMANTÍFERO. adj. Dícese del terreno en que existen diamantes.

DIAMANTINO, NA. adj. Perteneciente o relativo al diamante. || **2.** fig. y poét. Duro, inquebrantable.

DIAMANTISTA. com. Persona que labra o engasta diamantes y otras piedras preciosas. || **2.** Persona que las vende.

DIAMELA. (De *Du Hamel*, sabio agricultor francés.) f. Gemela.

DIAMETRAL. adj. Perteneciente al diámetro.

DIAMETRALMENTE. adv. De un extremo a otro. || **2.** fig. Enteramente.

DIAMÉTRICO, CA. adj. ant. Diametral.

DIÁMETRO. (l. *diamětrus*, y éste del gr. διάμετρος; de διά, a través, y μέτρον, medida.) m. Geom. Línea recta que pasa por el centro de un círculo, de una curva cerrada cualquiera o de una esfera y termina por ambos extremos en la periferia. || **2.** Eje de la esfera. || **3.** Mat. Lugar de los puntos medios de un sistema de cuerdas paralelas. || **4.** Anat. Línea recta imaginaria que une dos puntos opuestos de la periferia de una cavidad. || **5.** Fís. Unidad para establecer los aumentos de los aparatos ópticos. ||—**aparente.** Astron. Arco del ángulo formado por las visuales dirigidas a los extremos del diámetro de un astro. ||—**conjugado.** Geom. Dícese de dos diámetros, cada uno de los cuales divide por la mitad las cuerdas paralelas al otro. || **P.** diámetro; **I.** diameter; **F.** diamètre; **A.** Durchmesser; **It.** diâmetro; **R.** диаметр.

* **DIAMINA.** f. Quím. Amina que resulta de substituir parcial o totalmente el hidrógeno de dos moléculas de amoníaco por radicales alcohólicos.

DIANA. (De *día*.) f. Mil. Toque militar al amanecer, para que se levante la tropa. || **2.** Mil. Punto central de un blanco de tiro. || *No me vengas con* DIANAS. fr. fig. y fam. con que se rechazan las excusas o zalamerías de una persona.

DIANA. n. p. Quím. Empléase en la expresión «árbol de Diana» con que se denomina la ramificación de plata cristalizada que se obtiene precipitándola de una disolución del nitrato por medio de la amalgama del mismo metal.

DIANCHE. m. fam. Diantre. Ú.t.c. interj. fam.

DIANDRO, DRA. (gr. δίς, dos, y ἀνήρ, ἀνδρός, varón.) adj. Bot. Dícese de la flor que tiene dos estambres.

DIANENSE. adj. Natural de Denia. Ú.t.c.s. || **2.** Perteneciente a esta ciudad de la provincia de Alicante.

* **¡DIANGO!** Cuba. interj. ¡Diablo!, ¡diantre!

DIANTRE. m. fam. Eufemismo por diablo. || ¡DIANTRE! interj. fam. ¡Diablo!

DIAÑO. m. fam. En algunas partes, eufemismo por diablo.

DIAPALMA. (gr. διά, con, y el l. *palma*, palma o palmera.) f. Emplasto desecativo compuesto de litargirio, aceite de palma y otros ingredientes.

DIAPASÓN. (l. *diapăson*, y éste del gr. διαπασῶν; de διά, a través, y πασῶν, de todas [las cuerdas o notas].) m. Mús. Intervalo que consta de cinco tonos, tres mayores y dos menores, y de dos semitonos mayores: diapente y diateserón. || **2.** Mús. Regla en que se hallan determinadas las medidas convenientes, en la cual se ordena en la debida proporción el diapasón de los instrumentos, y para cortar los cañones de los órganos, las cuerdas de los clavicordios, etc. || **3.** Mús. Trozo de madera que cubre el mástil y sobre el cual se pisan con los dedos las cuerdas del violín y de otros instrumentos análogos. ||—**normal.** Mús. Regulador de voces e instrumentos, consistente en una lámina de acero doblada en forma de horquilla con pie, y al hacerle sonar da un *la* fijado en 435 vibraciones por segundo. || *Bajar* o *subir* DIAPASÓN. fr. fig. y fam. Bajar o alzar la voz el tono del razonamiento o de la discusión. || **P.** diapasón; **I.** y **F.** diapason; **A.** Tonleiter; **It.** diàpason; **R.** диапазон.

DIAPÉDESIS. (gr. διά, a través, y πήδεσις, salto.) f. Zool. Paso de los leucocitos a través de las paredes de los vasos.

DIAPENTE. (l. *diapente*, y éste del gr. διά, a través, y πέντε, de cinco [cuerdas o notas].) m. Mús. Intervalo de quinta.

DIAPOSITIVA. f. Fotografía positiva sacada en cristal o película transparente, para proyectarla o verla por transparencia.

DIAPREA. (fr. *diaprée*, y éste de *diaprer*. del l. *de* y *iaspis, -ĭdis*, jaspe.) f. Ciruela redonda, pequeña, muy gustosa y cuyo hollejo no se quita con facilidad.

DIAPREADO, DA. (De *diaprea*.) adj. Blas. Aplícase a los palos, a las fajas, etc., abigarrados o matizados por diversos colores formando follaje.

DIAQUENIO. m. Bot. Fruto compuesto de dos aquenios unidos.

DIAQUILLÓN. (l. *diachўlon*, y éste del gr. διά, con, y χυλῶν, genit. pl. de χυλός, jugo, porque en su confección entra el jugo de varias plantas.) m. Ungüento con que se hacen emplastos para ablandar los tumores.

DIARIAMENTE. adv. Cada día.

DIARIO, RIA. (l. *diarĭum*.) adj. Correspondiente a todos los días. *Comida* DIARIA. || **2.** Com. V. *Libro* DIARIO. Ú.t.c.s. || **3.** m. Relación histórica de lo que ha ido sucediendo día por día. || **4.** Periódico que se publica todos los días. || **5.** Gasto correspondiente a lo que es menester para mantener una casa en un día. || *A diario*. m. adv. Todos los días. || *De* DIARIO. m. adv. A diario. || **2.** expr. que se aplica al vestido que se usa ordinariamente, por oposición al de gala. || **4.**ª acep.: **P.** diario; **I.** y **F.** journal; **A.** Zeitung; **It.** giornale; **R.** ежедневный.

DIARISMO. m. Amér. Periodismo.

DIARISTA. com. Persona que compone o publica un diario.

DIARREA. (l. *diarrhoea*, y éste del gr. διάρροια, de διαρρέω, fluir a través.) f. Síntoma o fenómeno morboso consistente en evacuaciones de-vientre líquidas y frecuentes. || **P.** diarreia; **I.** diarrhoea; **F.** diarrhée; **A.** Durchfall, Diarrhöe; **It.** diarrea, soccorrenza; **R.** понос.

DIARREICO, CA. (gr. διαρροϊκός.) adj. Med. Perteneciente o relativo a la diarrea.

DIARRÍA. f. ant. Diarrea.

DIÁRRICO, CA. adj. ant. Med. Diarreico.

DIARTROSIS. (gr. διάρθρωσις.) f. Zool. Articulación movible.

* **DIASCOPIA.** f. Examen de un cuerpo mediante los rayos X.

DIASCORDIO. (gr. διά, con, y σκόρδιον, escordio.) m. Preparado medicinal tónico y astringente cuyo principal ingrediente es el escordio.

DIASEN. (gr. διά, con, y de *sen*.) m. Electuario purgante preparado con hojas de sen.

* **DIÁSICO, CA.** adj. Geol. Aplícase al terreno que forma la última parte de la Era Primaria o Paleozoica, comprendida estratigráficamente entre las últimas capas del terreno Carbonífero y las primeras del Triásico. Ú.t.c.s.

DIÁSPERO. (l. *diaspis, -ĭdis*.) m. Diaspro.

DIÁSPORO. (De *diáspero*.) m. Geol. Hidróxido de alúmina, de textura laminar y color gris perla.

DIASPRO. (De *diáspero*.) m. Nombre de algunas variedades del jaspe. ||—**sanguino.** Heliotropo, cuarzo impuro.

* **DIASQUE.** Amér. El demonio. || **2.** fig. Muchacho muy travieso. || **3.** ¡DIASQUE! interj. Amér. ¡Diantre!

DIASTASA. (gr. διάστασις, separación.) f. Biol. Fermento contenido en la saliva y en muchas semillas, tubérculos, etc., que actúa sobre el almidón de los alimentos y sobre el de las células vegetales, transformándolo en azúcar. Por extensión, suelen denominarse diatasas a todos los fermentos.

* **DIASTASIS.** f. Cir. Separación de dos huesos contiguos sin constituir verdadera dislocación.

DIÁSTILO. (l. *diastўlos*, y éste del gr. διάστυλος; de διά, a distancia, y στῦλος, columna.) adj. Arq. Dícese del monumento, o edificio cuyos intercolumnios tienen de claro seis módulos.

DIÁSTOLE. (l. *diastŏle*, y éste del gr. διαστολή, dilatación.) f. Licencia poética que consiste en usar como larga una sílaba breve. || **2.** Zool. Movimiento de dilatación del corazón y de las arterias. || **3.** Zool. Movimiento de dilatación de la duramáter y de los senos del cerebro. || **P., I.** y **F.** diastole; **A.** Diastole; **It.** diàstole; **R.** диастола.

DIASTÓLICO, CA. adj. Fisiol. Perteneciente o relativo a la diástole.

* **DIASTOLIZACIÓN.** f. Med. Trata-

D miento para combatir la obstrucción nasal por excitación rítmica de la pituitaria.

DIASTROFIA. (gr. διαστροφή, torsión.) f. MED. Dislocación de un hueso, músculo, tendón o nervio.

DIATÉRMANO, NA. (gr. διά, a través, y θέρμη, calor.) adj. Fís. Dícese del cuerpo que deja pasar fácilmente el calor.

DIATERMIA. f. Empleo, con fines terapéuticos, de corrientes eléctricas especiales para elevar la temperatura en partes profundas del cuerpo humano.

DIATESARÓN. (l. diatessáron, y éste del gr. διά, a través, y τεσσάρων, de cuatro [cuerdas o notas].) m. MÚS. Intervalo de cuarta.

DIATÉSICO, CA. adj. MED. Perteneciente o relativo a la diátesis.

DIÁTESIS. (l. diathěsis, y éste del gr. διάθεσις, disposición.) f. MED. Predisposición del organismo a contraer una determinada enfermedad.

★ **DIATOMÁCEA.** f. BOT. Alga de la subclase de las diatomeas. || 2. f. pl. Subclase de algas unicelulares, de color pardo o amarillento, con dos valvas que encajan una en otra. Con ellas llegan a formarse extensos sedimentos llamados barro de diatomeas.

DIATOMEA. (gr. διατομή, corta.) f. BOT. Diatomácea.

DIATÓNICAMENTE. adv. En orden diatónico.

DIATÓNICO, CA. (l. diatonícus, y éste del gr. διατονικός, de διάτονος; de διά, por, y τόνος, tono.) adj. MÚS. Aplícase a uno de los tres géneros del sistema músico, procedente de dos tonos y un semitono. || 2. MÚS. V. Semitono DIATÓNICO. || **—cromático.** MÚS. Dícese del género mixto de diatónico y cromático. || **—cromático enarmónico.** MÚS. Aplícase al género mixto de los tres, del sistema músico.

DIATRIBA. (l. diatrĭba, y éste del gr. διατριβή.) f. Discurso o escrito violento e injurioso contra personas o cosas.

★ **DIAZIMAS.** f. pl. QUÍM. Compuestos heterocíclicos con anillo hexagonal y dos átomos de nitrógeno.

★ **DIBÁSICO, CA.** adj. QUÍM. Dícese de los ácidos que tienen dos hoxidrilos. || 2. Dícese de las sales que contienen dos átomos de un metal monovalente o su equivalente.

DIBRANQUIAL. (gr. δίς, dos, y βράγχια, branquia.) adj. ZOOL. Dícese del molusco cefalópodo que tiene dos branquias y ocho o diez tentáculos; como el pulpo y el calamar. Ú.t.c.s. || 2. m. pl. ZOOL. Subclase de estos cefalópodos.

DIBUJADOR, RA. adj. p. us. Dibujante. Ú.t.c.s.

DIBUJANTE. p.a. de dibujar. Que dibuja. Ú.t.c.s.

DIBUJAR. (De dibujo.) tr. Representar en una superficie la figura de un cuerpo por medio del lápiz, la pluma, etc. || 2. fig. Describir con propiedad una pasión del ánimo o una cosa inanimada. || 3. r. fig. Indicarse una cosa que estaba oculta o callada. || **P.** desenhar; **I.** to draw; **F.** dessiner, crayonner; **A.** zeichnen; **It.** disegnare; **R.** рисовать.

DIBUJO. (ár. dibāŷ, tela de seda bordada con figuras de oro.) m. Arte que enseña a dibujar. || 2. Proporción que debe tener en sus partes y medidas la figura del objeto que se dibuja o pinta. || 3. Delineación o figura ejecutada en claro y obscuro, que toma nombre del material con que se ha trazado. DIBUJO de tinta, de carbón. || 4. En los bordados, tejidos, etc., la figura y los adornos. || 5. Disposición de las partes de una obra musical, literaria, etc. || **—del natural.** PINT. El que se hace copiado directamente del modelo. || Es un DIBUJO. fr. que se usa para encarecer la perfección de un rostro. || No meterse uno en DIBUJOS. fr. fig. y fam. Abstenerse de hacer o decir más que aquello que corresponde. || Picar uno el DIBUJO. fr. Agujerear los contornos y perfiles de un dibujo hecho en papel, para reproducirlo por medio del estarcido. || **P.** desenho; **I.** drawing; **F.** dessin; **A.** Zeichnung, Skizze; **It.** disegno; **R.** чертёж.

DICACIDAD. (l. dicacĭtas, -ātis.) f. Agudeza y gracia en zaherir con palabras.

DICAZ. (l. dicax, -ācis.) adj. Decidor, agudo y chismosamente mordaz.

DICCIÓN. (l. dictĭo, -ōnis.) f. Palabra, 1.ª acep. || 2. Manera de hablar o escribir, considerada como buena o mala únicamente por el acertado o desacertado empleo de las palabras y construcciones. || 3. Manera de pronunciar. DICCIÓN clara. || 4. GRAM. V. Figura de DICCIÓN. || **P.** dicção; **I.** y **F.** diction; **A.** Wort, Diktion; **It.** dizione; **R.** произношение.

DICCIONARIO. (De dicción.) m. Catálogo por orden alfabético de las palabras de una lengua con sus definiciones. || 2. Catálogo alfabético de las voces de un idioma llevando al lado su correspondencia con las voces de otro u otros idiomas. || 3. Catálogo alfabético de los términos de una ciencia, arte, o materia determinada, o de noticias o informaciones referentes a la misma. || 4. Ordenación de términos y voces en un aspecto determinado. DICCIONARIO ideológico, de la rima, etc. || **—enciclopédico.** Nombre dado a una enciclopedia que utiliza el sistema de ordenación alfabético. || **P.** dicionário; **I.** dictionary; **F.** dictionnaire, vocabulaire; **A.** Wörterbuch; **It.** dizionario; **R.** словарь.

DICCIONARISTA. com. Lexicógrafo.

DICENTE. p.a. de decir. Diciente. Ú.t.c.s.

★ **DICETONAS.** f. pl. QUÍM. Compuestos con dos grupos carbonilo.

DICIEMBRE. (l. december, -bris, de decem, diez.) m. Duodécimo mes del año según el calendario actualmente usado por casi todas las naciones. Tiene 31 días. — **P.** dezembro; **I.** December; **F.** décembre; **A.** Dezember; **It.** dicembre; **R.** декабрь.

DICIENTE. (l. dicens, -entis.) p.a. de decir. Que dice.

DICIPLINA. f. ant. Disciplina.

DICIPLINANTE. m. ant. Disciplinante.

DICIPLINAR. tr. ant. Disciplinar, 2.º art.

DICLINO, NA. (gr. δίς, dos, y κλίνη, lecho.) adj. BOT. Dícese de las plantas que tienen flores unisexuales, o de estas mismas flores.

DICOREO. (l. dichorēus, y éste del gr. διχόρειος.) m. Pie de la poesía griega y latina, compuesto de dos coreos, o sea de cuatro sílabas; la primera y la tercera largas, y las otras dos breves.

DICOTILEDÓN. (gr. δίς, dos, y κοτυληδών, cavidad.) adj. BOT. Dicotiledóneo.

DICOTILEDÓNEO. (De dicotiledón.) adj. BOT. Dícese del vegetal cuyo embrión tiene dos cotiledones. Ú.t.c.s. || 2. f. pl. BOT. Clase del subtipo de las angiospermas. Sus plantas que tienen dos cotiledones en su embrión, como la malva.

DICOTOMÍA. (gr. διχοτομία.) f. BOT. Bifurcación de un tallo o de una rama. || 2. LÓG. Método de clasificación en que las divisiones tienen dos partes. || 3. ASTRON. Fase de la Luna en que sólo es visible la mitad del disco. || 4. Partición ilícita de honorarios profesionales.

DICOTÓMICO, CA. adj. Perteneciente o relativo a la dicotomía, 2.ª acep.

DICÓTOMO, MA. (gr. διχότομος.) adj. Que se divide en dos.

DICROICO, CA. adj. Fís. Que tiene dicroísmo.

DICROÍSMO. (gr. δίχροος, de dos colores.) m. Fís. Propiedad que tienen algunos cuerpos de presentar una u otra de dos coloraciones diferentes según la dirección de los rayos de la luz.

DICROMÁTICO, CA. (gr. διχρωματικός.) adj. Que tiene dos colores.

DICTADO. (l. dictātus, p.p. de dictāre, dictar.) m. Título de dignidad, honor o señorío. || 2. Acción de dictar, 1.ª acep. || 3. pl. fig. Inspiraciones o preceptos de la razón o de la conciencia. || Escribir uno al DICTADO. fr. Escribir lo que otro dicta. 1.ª acep. — **P.** ditado; **I.** dictation; **F.** dictée; **A.** Diktat; **It.** dettatura; **R.** диктант.

DICTADOR. (l. dictātor.) m. Magistrado supremo y extraordinario nombrado en la antigua Roma en circunstancias difíciles e investido de poderes excepcionales. || 2. En los Estados modernos, el que recibe o se arroga el derecho de asumir todos los poderes. || **P.** ditador; **I.** dictator;

F. dictateur; **A.** Diktator; **It.** dittatore; **R.** диктатор.

DICTADURA. (l. dictatūra.) f. Dignidad y cargo de dictador. || 2. Tiempo que dura. || 3. Gobierno que, invocando en el interés público, se ejerce fuera de las leyes constitucionales del país.

DICTADURÍA. f. ant. Dictadura.

★ **DICTÁFONO.** m. Aparato que registra gráficamente lo que se le dicta.

DICTAMEN. (l. dictǎmen.) m. Opinión y juicio que se emite sobre una cosa. || Casarse uno con su DICTAMEN. fr. Casarse con su opinión. || Tomar DICTAMEN de uno. fr. Tomar consejo de uno. || **P.** ditame; **I.** advice; **F.** opinion, avis; **A.** Meinung, Ansicht; **It.** parere; **R.** отзыв.

DICTAMINADOR, RA. adj. Que dictamina.

DICTAMINAR. intr. Dar dictámenes.

DÍCTAMO. (l. dictamnus, y éste del gr. δίκταμνον.) m. Arbusto de la familia de las labiadas, de unos 5 dm de altura, con ramas vellosas, hojas blandas y gruesas, y flores en espiga, de color morado. Es planta de adorno. || 2. CUBA. Especie de euforbio, de flores rojas y amarillas, cuyo jugo liban las abejas. || **—blanco.** Planta rutácea de hojas imparipinnadas que dan una esencia volátil; flores grandes, blancas o rosáceas y fruto capsular. || **P.** dictamno; **I.** dittany; **F.** dictame, dictamne; **A.** Diptam, Eschenwurz; **It.** dittamo.

DICTANTE. p.a. de dictar. Que dicta. Usáb.t.c.s.

DICTAR. (l. dictāre.) tr. Decir uno algo con las pausas precisas para que otro lo vaya escribiendo. || 2. Pronunciar leyes, fallos, decretos, etc. || 3. Inspirar, sugerir. || **P.** ditar; **I.** to dictate, to prescribe; **F.** dicter, prescrire; **A.** diktieren, befehlen; **It.** dettare, ordinare; **R.** диктовать.

DICTATORIAL. adj. Dictatorio. || 2. fig. Dicho de poder, facultad, etc., absoluto, arbitrario, no sujeto a las leyes.

DICTATORIALMENTE. adv. De manera dictatorial.

DICTATORIO, RIA. (l. dictatorĭus.) adj. Perteneciente a la dignidad o al cargo de dictador.

DICTATURA. f. ant. Dictadura.

DICTERIO. (l. dicterĭum.) m. Dicho que denigra, insulta y provoca.

DICHA. (l. dicta, t. f. de dictus, dicho.) f. Felicidad. || 2. Suerte feliz. Enrique es hombre de DICHA. || A, o por, DICHA. m. adv. Por suerte, por casualidad. || La DICHA de la fea, la hermosa la desea. ref. que expresa la idea vulgar de que la mujer fea suele casarse mejor que la hermosa. || Nunca es tarde si la DICHA es buena. ref. que alude a un bien que se ha hecho esperar mucho. || **P.** dita; **I.** happiness; **F.** bonheur; **A.** Glück; **It.** felicità; **R.** счастье.

DICHA. (arauc. dichon, dar la estocada.) f. Nombre vulgar de varias hierbas de Chile, que tienen hojas o frutos punzantes.

DICHARACHERO, RA. adj. fam. Propenso a prodigar dicharachos. Ú.t.c.s. || 2. Que prodiga dichos agudos y oportunos.

DICHARACHO. m. fam. Dicho bajo, demasiado vulgar o poco decente.

DICHERO, RA. adj. fam. AND. Que ameniza la conversación con dichos oportunos.

DICHEYA. f. CHILE. Nombre vulgar de cierta planta herbácea medicinal.

DICHO, CHA. (l. dictus, dicta.) p.p. irreg. de decir. || 2. m. Sentencia u opinión original o característica. || 3. Ocurrencia chistosa y oportuna. || 4. Declaración de la voluntad de los contrayentes ante el juez eclesiástico, al prometerse contraer matrimonio. Ú.m. en pl. || 5. fam. Expresión insultante o desvergonzada. || 6. FOR. Deposición del testigo. || **—de las gentes.** Murmuración o censura pública. || De DICHO en DICHO. m. adv. De boca en boca. || Del DICHO al hecho hay gran trecho. ref. que enseña la distancia que hay entre lo que se dice y lo que se ejecuta, y que no se debe confiar demasiado en las promesas. || DICHO y hecho. expr. con que se implica la prontitud con que se hace o se dice una cosa. || Lo DICHO, DICHO. expr. con que uno da a entender que se ratifica en lo que ya dijo anteriormente, y se mantiene en ello. || Tener una cosa por DICHA. fr. Tenerla por dicha, no con ligereza o de broma, sino formalmente y con deliberada intención. || *Tomarse los* DICHOS. fr. Manifestar los novios ante la autoridad competente su voluntad de contraer matrimonio. || 2.ª acep. **P.** dito; **I.** saying, word; **F.** dit, mot, propos; **A.** Diktum, Kernspruch; **It.** detto, motto; **R.** выражение.

* **DICHOSA.** (Forma f. de *dichoso.*) f. joc. BOL. Bacinilla, escupidera.

DICHOSAMENTE. adv. Con dicha.

DICHOSO, SA. (De *dicha.*) adj. Feliz. || **2.** Dícese de lo que incluye o procura dicha. || **3.** fam. Enfadoso, molesto. || **4.** En sentido irónico, desventurado, malhadado. || **5.** m. pl. GERM. Botines de mujer. || **P.** ditoso; **I.** happy; **F.** heureux; **A.** glücklich; **It.** fortunato, felice; **R.** счастливый.

* **DICHÓN, NA.** adj. ARGENT. Mordaz.

DIDÁCTICA. (gr. διδακτική, t. f. de -κος, didáctico.) f. Arte de enseñar, modernamente relegado al aspecto práctico o de aplicación de la pedagogía y la metodología pedagógica. || **P.** didáctica; **I.** didactics; **F.** didactique; **A.** Didaktik; **It.** didàttica; **R.** дидактика.

DIDÁCTICAMENTE. adv. De manera didáctica o propia para enseñar.

DIDÁCTICO, CA. (gr. διδακτικός, de διδάσκω, enseñar.) adj. Perteneciente o relativo a la enseñanza; adecuado para instruir a la didáctica. Apl. a pers. ú.t.c.s.

DIDÁCTILO, LA. adj. Que tiene dos dedos.

DIDASCÁLICO, CA. (l. *didascalĭcus,* y éste del gr. διδασκαλικός, de διδάσκω, enseñar.) adj. Didáctico.

DIDELFO. (gr. δις, dos, y δελφύς, matriz.) adj. ZOOL. Dícese de los animales mamíferos cuyas hembras poseen útero y vagina dobles y una bolsa donde están las mamas y donde se alojan las crías durante la primera época de su desarrollo. Ú.t.c.s. || **2.** m. pl. ZOOL. Orden de estos animales.

DIDÍMEO, A. adj. poét. Perteneciente a Apolo.

DIDIMIO. (gr. δίδυμος, gemelo.) m. Metal muy raro, terroso, de color del acero, que se halla algunas veces unido al cerio.

DÍDIMO, MA. (gr. δίδυμος, gemelo.) adj. BOT. Aplícase a todo órgano formado por dos lóbulos iguales y simétricos. || **2.** m. ZOOL. Testículo.

DIDRACMA. (l. *didrachma,* y éste del gr. δίδραχμον; de δίς, dos, y δραχμή, dracma.) m. Moneda hebrea que valía medio siclo.

DIECINUEVE. adj. Diez y nueve.

DIECINUEVEAVO, VA. adj. Dícese de cada una de las diecinueve partes iguales en que se divide un todo. Ú.t.c.s.m.

DIECIOCHAVO, VA. adj. Dícese de cada una de las dieciocho partes iguales en que se divide un todo. Ú.t.c.s.m.

DIECIOCHENO, NA. adj. Decimoctavo. || **2.** V. *Paño* DIECIOCHENO. Ú.t.c.s.m.

DIECIOCHESCO, CA. adj. Perteneciente o relativo al siglo XVIII.

DIECIOCHISMO. m. Carácter, modos, estilo, etc., propios del siglo XVIII.

DIECIOCHISTA. adj. Dieciochesco.

DIECIOCHO. adj. Diez y ocho.

DIECISÉIS. adj. Diez y seis.

DIECISEISAVO, VA. adj. Dícese de cada una de las dieciséis partes en que se divide un todo. Ú.t.c.s.m. || *En* DIECISEISAVO. expr. Dícese del libro, folleto, etc., cuyo tamaño es igual a la dieciseisava parte de un pliego de papel sellado.

DIECISEISENO, NA. adj. Decimosexto. || **2.** V. *Paño* DIECISEISENO.

DIECISIETE. adj. Diez y siete.

DIECISIETEAVO, VA. adj. Dícese de cada una de las diecisiete partes iguales en que se divide un todo. Ú.t.c.s.m.

DIEDRO. (gr. δίεδρος; de δίς, dos, y ἕδρα, plano.) adj. GEOM. Aplícase al ángulo formado por dos planos.

DIEGO. m. Dondiego. || *Donde digo «digo», no digo «digo», sino digo* «DIEGO». loc. fam. que se aplica al que incurre en confusión y al que se ve obligado a rectificarse.

DIELÉCTRICO, CA. (gr. διά, a través, y *eléctrico.*) adj. FÍS. Dícese del cuerpo mal conductor, que puede hacer de aislador, a través del cual se ejerce la inducción eléctrica.

* **DIELECTRÓLISIS.** f. MED. Método terapéutico consistente en la introducción de substancias medicamentosas en los tejidos por medio de la electrólisis.

DIENTE. (l. *dens, dentis.*) m. Cada uno de los cuerpos duros engastados en las mandíbulas del hombre y de muchos animales para servir como órganos de masticación y defensa. || **2.** Cada una de las puntas que a los lados de una escotadura tienen en el pico ciertos pájaros. || **3.** Cada una de las partes que se dejan sobresalientes en un edificio para que, al continuar, quede todo bien enlazado. || **4.** Cada una de las puntas y resaltos que presentan algunas cosas, especialmente ciertos instrumentos o herramientas. || **5.** V. *Grada de* DIENTES. || **6.** IMPR. Huella que se advierte cuando no corresponden las planas del blanco con las de la retiración. || **7.** CUBA. Piedra porosa con puntas muy salientes. || **—acolmillado.** En las sierras, el excesivamente grande, que deja mucha huella y un corte estoposo. || **—canino** o **columelar.** Colmillo, 1.ª acep. || **—de ajo.** Cada una de las partes en que se divide la cabeza de ajo. || **—de caballo.** SAL. Feldespato. || **—de leche.** Cada uno de los de la primera dentición en el hombre y en los animales que, con la edad, mudan la dentadura. || **2.** Cada uno de los que salen el primer año, porque son pequeños y muy blancos. || **—de león.** BOT. Planta compuesta, con hojas radicales, lampiñas, de lóbulos lanceolados y jugo lechoso; flores amarillas y semilla menuda. || **—de lobo.** Bruñidor de ágata para trabajos de dorado. || **2.** Especie de clavo grande. || **—de muerto.** Almorta. || **—de perro.** Formón de dos puntas usado por los escultores. || **2.** Labor que enseñan las maestras a las niñas en los dechados, semejando el dibujo a los dientes de un perro. || **3.** fig. y fam. Costura de puntadas desiguales y mal hechas. || **4.** MURC. Granada muy agria cuyos granos son largos como dientes. || **5.** CUBA. Piedra porosa con puntas salientes. || **6.** ARQ. Adorno formado por una serie de prismas triangulares o cuñas con una de sus aristas al exterior. || **—extremo.** En los solípedos, cada uno de los apartados. || **—incisivo.** Cada uno de los que en forma de cuña cortante tiene el hombre y otros mamíferos en la parte más delantera de las mandíbulas. || **—mamón.** Diente de leche. || **—molar.** Muela. || **—premolar.** Premolar. || DIENTES *de ajo.* fig. y fam. Los mal configurados y muy grandes. || **2.** fig. y fam. Persona que los tiene así. || **—de embustero.** Los muy separados uno de otro. || **—de sierra.** FORT. Defensa con ángulo entrantes y salientes repetidos alternativamente. || *Aguzar* uno *los* DIENTES. fr. fig. y fam. Disponerse para comer, cuando está inmediata la comida. || *Alargársele* a uno *los* DIENTES. fr. fig. y fam. Sentir dentera por lo agrio. || **2.** fig. y fam. Desear con vehemencia alguna cosa. || *Antes son mis* DIENTES *que mis parientes.* ref. Primero son mis dientes que mis parientes. || *Alagarle* a uno una cosa *los* DIENTES. fr. Causarle tal alteración lo agrio o áspero de un manjar que parece que se le alargan los dientes. || *A regaña* DIENTES. m. adv. fig. Mostrando disgusto. || *Armado hasta los* DIENTES. fr. fig. y fam. con que se encarece lo bien armado que va uno. || *Coser a* DIENTE *de perro.* fr. fig. Coser los encuadernadores dos o más hojas o pliegos juntos, atravesándolos con el hilo por el borde del margen. || *Crujirle* a uno *los* DIENTES. fr. fig. y fam. Padecer con mucha rabia y desesperación una pena. || *Dar* uno DIENTE *con* DIENTE. fr. fig. y fam. Tiritar de frío. || **2.** fig. y fam. Tener excesivo miedo. || *Decir* uno alguna cosa *entre* DIENTES. fr. fig. Hablar bajo, de modo que no se entienda. || *De* DIENTES *afuera.* loc. adv. fig. y fam. Con falta de sinceridad en ofertas o cumplimientos. || *Enseñar,* o *mostrar,* uno *los* DIENTES, a otro. fr. fig. y fam. Resistirle, amenazarle. || *Estar a* DIENTE. fr. fam. No haber comido, teniendo gana. || *Haberle nacido,* o *salido,* a uno *los* DIENTES *en* una parte o haciendo una cosa. fr. fig. y fam. Haber nacido, o residido en dicha parte, o haberse dedicado a una cosa, desde muy temprana edad. || *Hablar* uno *entre* DIENTES. fr. fig. Hablar de modo que no se le entienda nada. || **2.** fig. y fam. Refunfuñar, gruñir. || *Hincar* uno *el* DIENTE. fr. fig. y fam. Apropiarse algo de la hacienda ajena que administra. || **2.** fig. y fam. Murmurar de otro. || **3.** Dicho de un asunto, acometer dificultades. || *Más cerca están mis* DIENTES *que mis parientes.* Primero son mis dientes que mis parientes. || *No entrarle* a uno de los DIENTES *adentro* una persona o cosa. fr. fig. y fam. Sentir por ella antipatía o repugnancia. || *No haber para untar un* DIENTE. fr. fig. y fam. Haber muy poca comida. || *No llegar a un* DIENTE, o *no tiene para un* DIENTE. fr. fig. y fam. No haber para untar un diente. || *Pasar los* DIENTES. fr. fam. Producir en ellos, los alimentos muy fríos, una sensación dolorosa. || *Pelar el* DIENTE. fr. fig. y fam. MÉJ., P. RICO y VENEZ. Sonreir mucho con coquetería. || **2.** MÉJ., P. RICO y VENEZ. Halagar y adular a uno. || *Ponerle* a uno una cosa *los* DIENTES *largos.* fr. Alargarle *los* DIENTES. || *Primero son mis* DIENTES *que mis parientes.* ref. que explica que cada uno debe mirar por sí antes que por los demás. || *Quitar* a uno *los* DIENTES. fr. fig. y fam. Quitarle la cara. || *Rechinarle* a uno *los* DIENTES. fr. fig. y fam. Crujirle los dientes. || *Tener* uno un *buen* DIENTE. fr. fig. y fam. Ser muy comedor. || *Tomar* o *traer* a uno *entre* DIENTES. fr. fig. y fam. Tenerle ojeriza. || **2.** fig. y fam. Hablar mal de él. || *Valiente, por el* DIENTE. expr. fig. y fam. con que se zahiere al que se jacta de valiente, dándole a entender que sólo para comer lo es. || **P.** e **It.** dente; **I.** tooth; **F.** dent; **A.** Zahn; **R.** зуб.

DIENTIMELLADO, DA. adj. Que tiene mella en los dientes.

DIENTUDO, DA. adj. Dentudo.

DIÉRESIS. (l. *diaerĕsis,* y éste del gr. διαίρεσις, división; de διαιρέω, dividir.) f. GRAM. Licencia poética que consiste en pronunciar en dos sílabas las vocales de un diptongo. || **2.** CIR. Procedimiento quirúrgico cuyo carácter principal consiste en la división de los tejidos orgánicos. || **3.** GRAM. Signo ortográfico (¨) que se pone sobre la *u* de las sílabas *gue, gui,* para indicar que esta letra debe pronunciarse; como en *desvergüenza,* etc.; y también sobre la primera vocal del diptongo cuyas vocales han de pronunciarse separadamente en virtud de la figura del mismo nombre. Empléase a veces sobre vocal débil, para deshacer un diptongo, en voces de igual estructura y de distinta prosodia; v. gr., pie. || **P.** diérese; **I.** dieresis; **F.** diérèse; **A.** Diäresis; **It.** dièresi; **R.** диакритический знак.

* **DIESEL.** (De Rodolfo *Diesel,* inventor de este motor.) adj. MEC. Dícese de un motor de combustión, para petróleo, aceites de hulla y de lignito, y otros aceites minerales y productos de destilación, que tienen muchas aplicaciones, principalmente en la navegación marítima.

* **DIESELELÉCTRICO, CA.** adj. Dícese de las locomotoras y de las máquinas en las cuales un motor Diesel acciona un generador eléctrico cuya corriente se transmite a motores eléctricos que actúan sobre las ruedas.

* **DIESELHIDRÁULICO, CA.** adj. Dícese de las locomotoras en las cuales la potencia producida por un motor Diesel se comunica a las ruedas por transmisión hidráulica.

* **DIESELIZACIÓN.** f. Transformación del equipo de una línea de ferrocarril substituyendo las máquinas de vapor por motores Diesel.

DIESI. (l. *dĭesis,* y éste del gr. δίεσις, medio tono.) f. MÚS. Cada uno de los tres tonos que los griegos intercalaban en el intervalo de un tono mayor. || **2.** MÚS. Sostenido.

DIES IRAE. m. Secuencia que se recita en las misas de difuntos y que comienza con estas palabras latinas.

DIESTRA. (l. *dextĕra.*) f. Derecha, 1.ª acep. || *Juntar* DIESTRA *con* DIESTRA. fr. fig. Hacer amistad y confederación. || **P.** direita; **I.** right; **F.** droit; **A.** rechte Hand, Rechte; **It.** destra (mano); **R.** правая, рука.

DIESTRAMENTE. adv. Con destreza.

DIESTRO, TRA. (l. *dexter, dextra.*) adj. Derecho, que está o mira hacia la mano derecha. || **2.** Hábil, experto en un arte u oficio. || **3.** Sagaz, prevenido y avi-

D

sado. || **4.** Favorable, benigno, venturoso. || **5.** V. *Mano* DIESTRA. || **6.** m. El que sabe manejar la espada o las armas. || **7.** Torero de a pie. || **8.** Matador de toros. || **9.** Ronzal, cabestro o rienda que se pone a las bestias. || *A* DIESTRO *y siniestro*. m. adv. fig. Sin tino ni miramiento. || *A un* DIESTRO *un presto*. ref. que enseña que hay ocasiones en que aprovecha y sirve más la prontitud y celeridad que la habilidad y destreza. || *De* DIESTRO *a* DIESTRO, *el más presto*. ref. que da a entender que entre dos igualmente hábiles, el más rápido en ejecutar lleva ventaja. || *Esto va de* DIESTRO *a* DIESTRO. expr. fig. en que se explica la igualdad de dos sujetos en habilidad, destreza o astucia. || 2.ª acep.: **P.** e **It.** destro; **I.** clever; **F.** adroit; **A.** geschickt; **R.** ловкий.

DIETA. (l. *diaeta*, y éste del gr. δίαιτα, régimen de vida.) f. Empleo racional y metódico del alimento. || **2.** fam. Privación completa de comer. || **—absoluta** o **famis.** Supresión completo de alimento y bebida. || **—animal.** A base exclusivamente de alimentos animales. || **—hídrica.** Aquella en que sólo se permite la ingestión de agua, sola o azucarada. || **—láctea.** Alimentación exclusivamente de leche. || **—lacteovegetariana.** Alimentación mixta. || **—vegetal.** A base únicamente de alimentos vegetales. || *Más cura la* DIETA *que la lanceta*. ref. que significa que el buen régimen contribuye más que la medicina a conservar o restablecer la salud. || **P.** e **It.** dieta; **I.** diet; **F.** diète; **A.** Diät. **R.** диета.

DIETA. (l. *dieta*, de *dies*, día.) f. En algunos países, ciertas asambleas, especialmente políticas. *La* DIETA *helvética.* || **2.** Honorario que un juez u otro funcionario devenga cada día mientras dura la comisión que se le confía fuera de su residencia oficial. Ú.m. en pl. || **3.** FOR. Jornada, regularmente de diez leguas. || **4.** pl. Estipendio que se da a los que ejecutan algunas comisiones o encargos por cada día que se ocupan en ellos, por el tiempo que emplean en realizarlos. || **5.** Retribución o indemnización fijada para los representantes en las Cortes o Cámaras legislativas.

DIETAR. (De *dieta*, 1.er art.) tr. Adietar.

DIETARIO. (De *dieta*, 2.º art.) m. Libro en que los cronistas de Aragón escribían los sucesos más notables. || **2.** Libro en que se anotan los ingresos y gastos ordinarios de una casa. || 2.ª acep.: **P.**, **F.** e **It.** agenda; **I.** account book; **A.** Agende; **R.** приход-расходная книга.

DIETÉTICA. (l. *diaetetica*.) f. Parte de la terapéutica, que trata del empleo de los medios higiénicos en las enfermedades.

DIETÉTICO, CA. (l. *diaeteticus*, y éste del gr. διαιτητικός.) adj. Perteneciente a la dieta, 1.er art.

DIEZ. (l. *decem*.) adj. Nueve y uno. || **2.** Décimo, 1.ª acep. Aplícase a los días del mes. Ú.t.c.s. || **3.** m. Guarismo del número diez. En números romanos se cifra con una X. || **4.** Cada una de las partes en que se divide el Rosario, compuesta de diez avemarías y un padrenuestro. || **5.** Cuenta más gruesa o señalada que se pone en el rosario para dividir las decenas. || **6.** Carta o naipe de la baraja francesa e inglesa que tienen diez señales. || **—de bolos.** El que, en el juego de bolos, se pone enfrente y fuera del orden de los otros nueve. || **—de últimas.** En ciertos juegos de naipes, diez tantos que gana el que hace la última baza. || **2.** CHILE. Exceso sobre trabajos o adversidades que se vienen padeciendo. || *A las* DIEZ *en la cama estés, mejor antes que después*. ref. que denota la conveniencia de acostarse temprano. || **P.** dez; **I.** ten; **F.** dix; **A.** zehn; **It.** dieci; **R.** десять.

DIEZMA. (l. *decima*, t. f. de *-mus*, diezmo.) f. ant. Décima. || **2.** AR. Diezmo.

DIEZMADOR. (De *diezmar*.) m. AR. Diezmero, el encargado de cobrar el diezmo.

DIEZMAL. (De *diezma*.) adj. Decimal, perteneciente al diezmo.

DIEZMAR. (De *dezmar*, por influencia de *diezmo*.) tr. Separar de cada diez personas o cosas, una. || **2.** Castigar a los delincuentes de esta forma cuando son muchos o desconocidos entre muchos. || **3.** fig. Causar gran mortandad en un país la guerra, la epidemia, etc. || **P.** decimar; **I.** to decimate; **F.** décimer; **A.** dezimieren; **It.** decimare; **R.** брать десятинный сбор.

DIEZMERO, RA. m. y f. Persona que pagaba el diezmo. || **2.** Persona que lo cobraba.

DIEZMESINO, NA. adj. Que es de diez meses. || **2.** Perteneciente a este tiempo.

DIEZMILÉSIMA, MA. adj. Dícese de cada una de las diez mil partes iguales en que se divide un todo. Ú.t.c.s.

DIEZMILÍMETRO. m. Décima parte de un milímetro.

DIEZMILMILLONÉSIMO, MA. adj. Dícese de cada una de las partes iguales de un todo dividido en diez mil millones de ellas. Ú.t.c.s.

DIEZMILLONÉSIMO, MA. adj. Dícese de cada una de las partes iguales de un todo dividido en diez millones de ellas. Ú.t.c.s.

DIEZMO, MA. (l. *decĭmus*, de *decem*, diez.) adj. ant. Décimo. || **2.** m. Derecho de diez por ciento que se pagaba al rey, del valor de las mercancías que se traficaban. || **3.** Parte de los frutos, o del lucro adquirido, generalmente la décima, que pagaban los fieles a la Iglesia. || 2.ª acep.: **P.** décimo; **I.** tithe; **F.** dîme; **A.** Zehnte; **It.** dècima; **R.** десятина.

DIFAMACIÓN. (l. *diffamatio, -ōnis*.) f. Acción y efecto de difamar.

DIFAMADOR, RA. (l. *diffamātor*.) adj. Que difama. Ú.t.c.s.

DIFAMANTE. p.a. de difamar. Que difama.

DIFAMAR. (l. *diffamāre*, de *dis*, priv. e intens., y *fama*, fama.) tr. Desacreditar a una persona publicando cosas contra su buena fama. || **2.** Poner una cosa en bajo concepto o estima. || **P.** difamar; **I.** to defame; **F.** diffamer; **A.** verleumden; **It.** diffamare; **R.** клеветать.

DIFAMATORIA. (De *difamatorio*.) f. ant. Difamación.

DIFAMATORIO, RIA. adj. Dícese de lo que difama.

DIFAMIA. (l. *diffamia*.) f. ant. Difamación o deshonra.

DIFARREACIÓN. (De *diffarreatio, -ōnis*.) f. Ceremonia por la cual se disolvía entre los antiguos romanos un matrimonio contraído por confarreación.

DIFERECER. intr. ant. Diferir, retardar.

DIFERENCIA. (l. *differentia*.) f. Cualidad o accidente por la cual una cosa se distingue de otra. || **2.** Variedad entre cosas de una misma especie. || **3.** Controversia, oposición de dos o más personas entre sí. || **4.** ÁLG. y ARIT. Residuo, resto. || **5.** MAT. V. *Razón por* DIFERENCIA. || **6.** MÚS. y DANZA. Diversa modulación o movimiento, hecho en el instrumento o con el cuerpo, bajo un mismo compás. || **7.** LÓG. Uno de los cinco universales o predicables admitidos por la escolástica. || *A* DIFERENCIA. m. adv. Diferentemente; unido a la prep. *de*, sirve para denotar la discrepancia entre dos cosas comparadas entre sí. || *Partir la* DIFERENCIA. fr. Ceder cada uno de su parte en una controversia o ajuste para conformarse, acercándose al medio proporcionado. || **P.** diferença; **I.** difference; **F.** différence; **A.** Unterschied; **It.** differenza; **R.** разница.

DIFERENCIACIÓN. f. Acción y efecto de diferenciar. || **2.** MAT. Operación por la cual se determina la diferencia de una función. || **3.** BIOL. Modificación de las diferentes partes de los cuerpos vivos para la especificación de funciones. || **—gravitacional.** GEOL. Formación de rocas ígneas de tipo heterogéneo por separación pronta de los cristales.

DIFERENCIAL. adj. Perteneciente a la diferencia de las cosas. || **2.** V. *Termómetro* DIFERENCIAL. || **3.** MAT. Aplícase a la cantidad infinitamente pequeña. || **4.** MAT. Diferencia infinitamente pequeña de una variable. || **5.** MAT. Dícese del cálculo de esta diferencia. || **6.** MEC. Mecanismo que enlaza tres móviles imponiendo entre sus velocidades simultáneas la condición de que cada una de ellas sea proporcional a la suma o a la diferencia de las otras dos. En los automóviles, este mecanismo, colocado en el eje de las ruedas motrices, permite en los virajes que la rueda exterior gire a una velocidad mayor que la otra.

DIFERENCIALMENTE. adv. ant. Diferentemente.

DIFERENCIAR. (De *diferencia*.) tr. Hacer distinción entre las cosas; averiguar y señalar diferencias entre ellas. || **2.** Hacer que una cosa sea diferente en su uso o aplicación sucesiva. || **3.** MAT. Hallar la diferencial de una cantidad variable. || **4.** intr. Discordar. || **5.** r. Distinguirse una cosa de otra. || **6.** Hacerse alguien notable por sus cualidades o por sus obras. || **7.** BIOL. Pasar una célula, tejido u órgano, de un estado de constitución general homogéneo a otro especial heterogéneo. **P.** diferenciar; **I.** differentiate; **F.** différencier; **A.** differenzieren, unterscheiden; **It.** differenziare; **R.** различать, дифференцировать.

★ DIFERENCIÓMETRO. m. MAR. Aparato, distinto de la corredera, para conocer la velocidad de un buque.

DIFERENTE. (l. *diffĕrens, -entis*.) adj. Diverso, distinto. || **2.** adv. Diferentemente.

DIFERENTEMENTE. adv. Diversamente, de modo distinto.

DIFERIR. (l. *differre*.) tr. Retardar o suspender la ejecución de una cosa. || **2.** intr. Distinguirse una cosa de otra, no ser igual. || **P.** diferir; **I.** to defer; **F.** différer, ajourner; **A.** vertagen, aufschieben; **It.** differire; **R.** откладывать.

DIFÍCIL. (l. *difficilis*.) adj. Que no se logra, ejecuta o entiende sin mucho trabajo. || **2.** Dícese de la persona descontentadiza o poco tratable. || **P.** difícil; **I.** difficult; **F.** difficile; **A.** schwer; **It.** difficile; **R.** трудный.

DIFICILIDAD. (De *difícil*.) f. ant. Dificultad.

DIFICÍLIMO, MA. (l. *difficilimus*.) adj. sup. ant. de difícil.

DIFÍCILMENTE. adv. Con dificultad.

DIFICULTAD. (l. *difficultas, -ātis*.) f. Inconveniente, oposición o contrariedad que impide conseguir, ejecutar o comprender bien y pronto una cosa. || **2.** Reparo, duda o argumento que se opone a una opinión. || *Apretar la* DIFICULTAD. fr. fam. Apretar el argumento. || *Estar uno en, o sobre, la* DIFICULTAD. fr. Ponerse de pies en la dificultad. || *Herir en la, o la,* DIFICULTAD. fr. fig. Dar con ella, descubrirla. || *No hay mayor* DIFICULTAD *que la poca voluntad.* ref. que declara cómo aunque no haya obstáculos para una cosa, los crea el poco deseo de hacerla. **P.** dificuldade; **I.** difficulty; **F.** difficulté; **A.** Schwierigkeit; **It.** difficoltà; **R.** трудность.

DIFICULTADOR, RA. (De *dificultar*.) adj. Que pone o imagina dificultades. Ú.t.c.s.

DIFICULTAR. (l. *difficultāre*.) tr. Poner dificultades a alguna realización o deseo. || **2.** Hacer difícil una cosa introduciendo embarazos o inconvenientes de que antes carecía. || **3.** Tener o estimar una cosa por difícil. Ú.m.c.intr. || **P.** dificultar; **I.** to impede; **F.** rendre difficile; **A.** erschweren, behindern; **It.** difficoltare, ostacolare; **R.** затруднять, мешать.

DIFICULTOSAMENTE. adv. Con dificultad.

DIFICULTOSO, SA. (De *dificultar*.) adj. Difícil, lleno de embarazos. || **2.** fig. y fam. Dicho del semblante, la cara, la figura, etc., extraño, defectuoso. || **3.** Dificultador.

DIFIDACIÓN. (b. l. *diffidatio, -ōnis*.) f. Manifiesto con que se justifica la declaración de guerra. || **2.** La misma declaración.

DIFIDENCIA. (l. *diffidentia*.) f. Desconfianza. || **2.** Falta de fe.

DIFIDENTE. (l. *diffĭdens, -entis*, p.a. de *diffidĕre*, desconfiar.) adj. Que desconfía.

DÍFILO, LA. (gr. δίς, dos, y φύλλον hoja.) adj. BOT. Que tiene dos hojas.

DIFINECER. tr. ant. Definir.

DIFINICIÓN. f. desus. Definición.

DIFINIDURA. (De *definir*.) f. ant. Solución de un argumento.

DIFINIR. (l. *diffinire*.) tr. desus. Definir.

DIFINITORIO. m. Definitorio.

DIFIUCIAR. (De *di* y *fiucia*.) tr. ant. Desahuciar.

DIFLUENCIA. f. Estado o calidad de lo que es difluente.

DIFLUENTE. adj. Que se esparce o derrama por todas partes.

DIFLUIR. (l. *difflŭĕre*, extenderse.) intr. Difundirse, derramarse por todas partes.

DIFRACCIÓN. (der. de *diffractus*, roto, quebrado.) f. Fís. Desviación de los rayos luminosos cuando pasan por los bordes de un cuerpo opaco. La difracción es debida a la expansión propia de la luz al difundirse en ondas transversales en todos los planos del espacio.

DIFRACTAR. tr. Fís. Hacer sufrir difracción a un rayo luminoso o a cualquier clase de movimiento ondulatorio, calor, electricidad, sonido, etc. Ú.t.c.r.

DIFRANGENTE. adj. Que produce la difracción.

DIFTERIA. (gr. διφθέρα, membrana.) f. Med. Enfermedad infectocontagiosa epidémica. Se caracteriza por fenómenos generales de intoxicación debidos a la difusión de la toxina secretada por el bacilo y fenómenos locales en el lugar de la implantación. Se caracteriza por la formación de falsas membranas. Normalmente se localiza en la garganta, en la piel desnuda de epidermis, y en toda suerte de heridas al descubierto, con síntomas generales de fiebre y postración. || **P.** e **It.** difteria; **I.** diphteria; **F.** diphtérie; **A.** Diphtherie; **R.** дифтерия.

DIFTÉRICO, CA. adj. Med. Perteneciente o relativo a la difteria.

DIFTERITIS. (gr. διφθέρα, membrana, y el suf. *itis*, inflamación.) f. Med. Inflamación diftérica.

DIFUGIO. (l. *diffugĭum*.) m. ant. Efugio.

DIFUMAR. tr. Esfumar.

DIFUMINAR. tr. Esfuminar.

DIFUMINO. m. Esfumino.

DIFUNDIDOR, RA. adj. Que difunde.

DIFUNDIR. (l. *diffundĕre*.) tr. Extender, derramar. Dícese propiamente de los fluidos. Ú.t.c.r. || **2.** fig. Divulgar, propagar. Ú.t.c.r || 2.ª acep.: **P.** divulgar; **I.** to diffuse; **F.** répandre, divulguer; **A.** ausbreiten; **It.** diffòndere; **R.** распространять.

DIFUNTO, TA. (l. *deffunctus*.) adj. Dícese de la persona muerta. Ú.t.c.s. || **2.** V. *Misa, oficio, de* DIFUNTOS. || **3.** Germ. Dícese del que está dormido. || **4.** m. Cadáver. ||—**de taberna**. fr. fig. Borracho privado de sentido. || *El* DIFUNTO *era mayor o era más pequeño*. fr. fig. y fam. que se aplica al que lleva una prenda de vestir demasiado grande o demasiado pequeña para él. || **P.** e **It.** defunto; **I.** defunct, deceased; **F.** défunt; **A.** Verstorbene(r); **R.** покойник.

DIFUSAMENTE. adv. Con difusión.

★ **DIFUSIBLE**. (l. *diffūsus*, p.p. de *diffundĕre*, difundir.) adj. Terap. Dícese de las substancias que, como el alcohol, se extienden rápidamente por el organismo. || **2.** Que tiene una acción estimulante rápida pero pasajera.

DIFUSIÓN. (l. *diffusĭo*, -ōnis.) f. Acción y efecto de difundir o difundirse. || **2.** Extensión, dilatación viciosa en lo hablado o escrito. ||—**de la luz**. Ópt. Fenómeno por el cual un rayo luminoso, al penetrar en un recinto obscuro y chocar con una pared o un obstáculo cualquiera, esparce la luz en todas direcciones iluminando el recinto.

DIFUSIVO, VA. (De *difuso*.) adj. Que tiene la propiedad de difundir o difundirse.

DIFUSO, SA. (l. *diffūsus*.) p.p. irreg. de difundir. || **2.** adj. Ancho, dilatado. || **3.** Excesivamente dilatado, superabundante en palabras.

DIFUSOR, RA. adj. Que difunde.|| **2.** m. Aparato para extraer el jugo sacarino de la remolacha. || **3.** Ópt. Especie de pantalla que se coloca en las lámparas para evitar el deslumbramiento y que sirve para esparcir la luz. || **4.** Radiotec. Equipo móvil de un altavoz.

DIGAMMA. (l. *digamma*, y éste del gr. δίγαμμα.) f. Letra del primitivo alfabeto griego en forma de F, que tenía el sonido de *f* o *v*.

DIGERECER. tr. ant. Digerir.

DIGERIBLE. adj. Que se puede digerir.

DIGERIR. (l. *digerĕre*.) tr. Convertir en el aparato digestivo los alimentos de substancias propias para la nutrición. || **2.** fig. Sufrir con paciencia una desgracia u ofensa. Ú.m. con neg. || **3.** fig. Meditar cuidadosamente una cosa, para entenderla o ejecutarla. || **4.** Quím. Cocer algunos zumos u otras materias por medio de un calor lento. || **P.** digerir; **I.** to digest; **F.** digérer; **A.** verdauen; **It.** digerire; **R.** переваривать.

DIGESTIBILIDAD. f. Calidad de digestible.

DIGESTIBLE. (l. *digestibĭlis*.) adj. Que puede ser digerido.

DIGESTIÓN. (l. *digestĭo*, -ōnis.) f. Acción y efecto de digerir. || **2.** Quím. Sometimiento prolongado de un cuerpo al calor y a la humedad para extraer de él alguna substancia. || **P.** digestão; **I.** y **F.** digestion; **A.** Verdauung; **It.** digestione; **R.** пищеварение.

DIGESTIR. (De *digesto*, 2.º art.) tr. ant. Digerir.

DIGESTIVO, VA. (l. *digestīvus*.) adj. Dícese de las operaciones y de las partes del organismo que atañen a la digestión. **2.** Propio para favorecer la digestión. Ú.t.c.s. || **3.** m. Cir. Medicamento para promover y sostener la supuración de las úlceras y heridas.

DIGESTO. (l. *digestum*, de *digerĕre*, distribuir, ordenar.) m. Colección de las obras jurídicas de ciertos jurisconsultos romanos, y especialmente la codificación hecha por Triboniano, por orden del emperador Constantino.

DIGESTO, TA. (l. *digestus*.) p.p. irreg. ant. de digerir.

DIGESTOR. (l. *digestorĭus*, que sirve para resolver.) m. Vasija fuerte, cerrada a tornillo, para separar en el baño de María la gelatina de los huesos o el jugo de la carne.

★ **DIGITACIÓN**. f. Mús. Arte de aplicar los dedos a un instrumento musical, de modo metódico y adecuado, para que la ejecución resulte cómoda, segura y limpia. || **2.** Mecanog. Variedad de sistemas para dominar el teclado de las máquinas de escribir.

DIGITADO, DA. (l. *digitātus*, de *digĭtus*, dedo.) adj. Bot. Dícese de la hoja compuesta cuyas hojuelas sepáranse como los dedos de la mano abierta. || **2.** Zool. Dícese de los mamíferos que tienen libres los dedos de los cuatro pies.

DIGITAL. (l. *digitālis*.) adj. Perteneciente o relativo a los dedos. || **2.** V. *Impresión* DIGITAL. || **3.** f. Planta escrofulariácea de flores en racimo con corola en forma de dedal, y hojas alternas, de las cuales se obtiene la digitalina, usada particularmente en medicina para disminuir el movimiento circulatorio de la sangre. || **4.** Dícese de la máquina calculadora eléctrica que recibe la información y actúa con dos símbolos binarios dígitos. || **P.** e **I.** digital; **It.** e **It.** digitale; **A.** Digital, Fingerhut; **R.** дигиталис.

DIGITALINA. f. Quím. Glucósido contenido en las hojas de la digital, de las cuales se extrae en forma pulverulenta, de color amarillo y de sabor muy amargo. Es muy venenosa pero en dosis inferiores a 1 mg se emplea como medicamento cardíaco.

★ **DIGITAR**. (l. *digĭtus*, dedo.) tr. Mús. Aplicar la digitación a la música escrita para instrumentos de cuerda, de tecla, etc.

DIGITIFORME. adj. Que tiene la forma de un dedo.

DIGITÍGRADO, DA. (l. *digĭtus*, dedo, y *gradior*, caminar.) adj. Zool. Dícese del animal que al andar apoya sólo los dedos; como el gato.

DÍGITO. (l. *digĭtus*, dedo.) adj. Arit. V. *Número* DÍGITO. || **2.** m. Astron. Dozava parte del diámetro aparente del Sol de la Luna en los cómputos de los eclipses.

DIGLADIAR. (l. *gladiāri*; de di, di, 1.er art., y *gladius*, espada.) intr. ant. Batallar o pelear con espada cuerpo a cuerpo.

DIGNACIÓN. (l. *dignatĭo*, -ōnis.) f. Condescendencia con lo que desea o pretende el inferior.

DIGNAMENTE. adv. De una manera digna. || **2.** Merecidamente, con justicia.

DIGNARSE. (l. *dignāre*.) r. Servirse o tener la dignación de hacer una cosa. || **P.** dignar-se; **I.** to deing; **F.** daigner; **A.** geruhen, die Güte haben; **It.** degnarsi; **R.** снисходить.

DIGNATARIO. m. Persona investida de una dignidad.

DIGNIDAD. (l. *dignĭtas*, -ātis.) f. Calidad de digno. || **2.** Excelencia, realce. **3.** Gravedad y decoro de las personas en su comportamiento. || **4.** Cargo honorífico y de autoridad. || **5.** En las catedrales y colegiatas, cualquiera de las prebendas de que es propio un oficio honorífico y preminente. || **6.** Persona que posee una de estas prebendas. Ú.t.c.m. || **7.** Por antonom. la del arzobispo u obispo. || **P.** dignidade; **I.** dignity; **F.** dignité; **A.** Ansehen, Würde; **It.** dignità; **R.** достоинство.

DIGNIFICABLE. adj. Que puede dignificarse.

DIGNIFICACIÓN. f. Acción y efecto de dignificar o dignificarse.

DIGNIFICANTE. p.a. de dignificar. || **2.** Teol. Que dignifica. Aplícase más comúnmente a la gracia.

DIGNIFICAR. (l. *dignificāre*.) tr. Hacer digna o presentar como tal a una persona o cosa. Ú.t.c.r.

DIGNO, NA. (l. *dignus*.) adj. Que merece algo, en sentido favorable o adverso. Cuando se usa de una manera absoluta, se toma siempre en buena parte y en contraposición de indigno. || **2.** Proporcionado al mérito y condición de una persona o cosa. || **P.** digno; **I.** worthy; **F.** digne; **A.** würdig; **It.** degno; **R.** достойный.

★ **DIGRAMA**. m. Gram. Grupo de dos caracteres para representar un solo sonido.

DIGRESIÓN. (l. *digressĭo*, -ōnis.) f. Intercalación en el discurso de cosas sin enlace íntimo con aquello de que se está tratando. La digresión, para no ser viciosa, ha de ser motivada. || **P.** digressão; **I.** y **F.** digression; **A.** Abschweifung; **It.** digressione; **R.** отклонение.

DIHUEÑE [DIHUEÑI]. (arauc. *dihueñ*.) m. Chile. Nombre vulgar de varios hongos comestibles que crecen en algunos robles, y de los cuales obtienen los indios una especie de chicha. || **2.** Chile. Fruto del roble.

DIJ. m. Dije.

DIJE. m. Cada una de las joyas, relicarios y otras alhajas pequeñas que suelen llevar por adorno más comúnmente las mujeres. || **2.** fig. y fam. Persona de relevantes cualidades. || **3.** fig. y fam. Persona muy compuesta. || **4.** fig. y fam. Persona apta para hacer las más variadas cosas. || **P.** dixe; **I.** charm; **F.** bréloque, pendentif; **A.** Berlocke, Flitterkram; **It.** berlocco, ciòndolo; **R.** брелок.

DIJES. (Del verbo *decir*.) m. pl. Bravatas.

DILACERACIÓN. (l. *dilaceratĭo*, -ōnis.) f. Acción y efecto de dilacerar o dilacerarse.

DILACERAR. (l. *dilacerāre*.) tr. Desgarrar, despedazar las carnes de una persona o animal. Ú.t.c.r. || **2.** fig. Lastimar, destrozar la honra, el orgullo, etc.

DILACIÓN. (l. *dilatĭo*, -ōnis.) f. Retardación o detención de una cosa por algún tiempo. || **P.** dilação; **I.** delay; **F.** délai, ajournement; **A.** Vertagung; **It.** dilazione; **R.** задержка.

DILAPIDACIÓN. (l. *dilapidatĭo*, -ōnis.) f. Acción y efecto de dilapidar.

DILAPIDADOR, RA. adj. Que dilapida. Ú.t.c.s.

DILAPIDAR. (l. *dilapidāre*.) tr. Malgastar los bienes propios, o los que se han confiado. || **P.** dilapidar; **I.** to dilapidate, to waste; **F.** dilapider, gaspiller; **A.** vergeuden, verschwenden; **It.** dilapidare; **R.** расточать.

DILATABILIDAD. f. Calidad de dilatable.

DILATABLE. adj. Que puede dilatarse.

DILATACIÓN. (l. *dilatatĭo*, -ōnis.) f. Acción y efecto de dilatar o dilatarse. || **2.** fig. Desahogo y alivio en una grave aflicción. || **3.** Cir. Procedimiento para aumentar o restablecer el calibre del conducto, de una cavidad, etc. || **4.** Fís. Aumento del volumen de un cuerpo por la acción del

D calor, con disminución de su densidad. ||
Coeficiente de DILATACIÓN. Fís. El coeficiente de dilatación cúbica de un sólido es el aumento de la unidad de volumen de un cuerpo por una elevación de la temperatura de 1 ºC. || **P**. dilatação; **I**. y **F**. dilatation; **A**. Ausdehnung; **It**. dilatazione; **R**. растяжение.

DILATADAMENTE. adv. Con dilatación.

DILATADO, DA. p.p. de dilatar. ||
2. adj. Extenso, vasto.

DILATADOR, RA. (l. *dilatātor*.) adj. Que dilata o extiende. Ú.t.c.s.

DILATAR. (l. *dilatāre*.) tr. Extender, hacer mayor una cosa, o hacer que ocupe más lugar o tiempo. Ú.t.c.r. || 2. Diferir, retardar. Ú.t.c.r. || 3. fig. Propagar, extender. Ú.t.c.r. || 4. r. Extenderse mucho en un discurso o escrito.

DILATATIVO, VA. adj. Dícese de lo que tiene virtud de dilatar.

DILATORIA. (l. *dilatorius*, en su t. f. substantivada.) f. Dilación, 1.ª acep. Ú.m. en pl.

DILATORIO, RIA. (l. *dilatorius*.) adj. For. Que tiene por efecto prorrogar un término judicial o tramitación de un asunto. || 2. For. V. *Excepción* DILATORIA.

DILECCIÓN. (l. *dilectio*, -ōnis.) f. Voluntad honesta, amor reflexivo.

DILECTO, TA. (l. *dilectus*, p.p. de *diligĕre*, amar.) adj. Amado con dilección.

DILEMA. (l. *dilemma*, y éste del gr. δίλημμα; de δίς, dos y λῆμμα, premisa.) m. Razonamiento en que una premisa contiene una alternativa de dos términos y en que las demás premisas muestran que los dos casos de la alternativa implican la misma consecuencia. || **P**. dilema; **I**. e **It**. dilemma; **F**. dilemme; **A**. Dilemma, Doppelschluss; **R**. дилема.

DILEMÁTICO, CA. adj. Perteneciente o relativo al dilema.

DILENIÁCEO, A. (De *dillenia*, nombre de un género de plantas.) adj. Bot. Dícese de plantas angiospermas dicotiledóneas, leñosas, con hojas generalmente esparcidas; flores actinomorfas o cigomorfas, con cáliz de tres o más sépalos, corola pentámera y diez o más estambres; fruto en cápsula o baya, y semillas con arilo. Ú.t. c.s.f. || 2. pl. Familia de estas plantas.

★ **DILETANTE**. (ital. *dilettante*.) adj. Aficionado a un arte, especialmente a la música.

DILIGENCIA. (l. *diligentia*.) f. Cuidado y actividad en ejecutar una cosa. || 2. Prontitud, agilidad, prisa. Ú. más con verbos de movimiento. || 3. Coche grande, de camino, dividido en dos o tres departamentos, y tirado por varias caballerías, destinado al transporte de viajeros. || 4. V. *Cédula, notario de* DILIGENCIAS. || 5. fam. Negocio, dependencia, solicitud. || 6. For. Actuación del secretario judicial en un procedimiento criminal o civil. ||—**de comparendo**. For. Acta extendida por el escribano para acreditar la comparecencia de una persona. || *Evacuar una* DILIGENCIA. fr. Finalizarla, terminarla. || *Hacer* uno sus DILIGENCIAS *de cristiano*. fr. Cumplir con la Iglesia, confesando y comulgando en Pascua, o cuando se prepara para morir. || *Hacer las* DILIGENCIAS *del jubileo*. fr. Poner en práctica lo que se previene para ganarlo. || *Hacer* uno *una* DILIGENCIA. fr. Exonerar el vientre. || *La* DILIGENCIA *es madre de la buena ventura*. fr. proverb. que enseña cuánto influye el cuidado y la actividad en la consecución de las solicitudes. || **P**. diligência; **I**. y **F**. diligence; **A**. Emsigkeit; **It**. diligenza; **R**. усердие.

DILIGENCIAR. (De *diligencia*.) tr. Poner los medios necesarios para lograr algo. || 2. Tramitar un asunto mediante las oportunas diligencias.

DILIGENCIERO. (De *diligencia*.) m. El que toma a su cargo el cuidado de negocios ajenos.

DILIGENTE. (l. *diligens*, -entis.) adj. Cuidadoso, exacto, activo. || 2. Pronto, ligero en el obrar.

DILIGENTEMENTE. adv. Con diligencia.

DILOGÍA. (l. *dilogía*, y éste del gr. διλογία.) f. Ambigüedad, doble sentido, equívoco.

DILUCIDACIÓN. (l. *dilucidatio*, -ōnis.) f. Acción y efecto de dilucidar.

DILUCIDADOR, RA. adj. Que dilucida. Ú.t.c.s.

DILUCIDAR. (l. *dilucidāre*.) tr. Declarar y explicar un asunto, una proposición o una obra de ingenio. || **P**. dilucidar; **I**. to elucidate; **F**. éclaircir, élucider; **A**. aufklären; **It**. dilucidare; **R**. разъяснять.

DILUCIDARIO. m. Escrito en que se dilucida o ilustra una obra.

DILUCIÓN. f. Acción y efecto de diluir o diluirse, 1.er art.

DILÚCULO. (l. *diluculum*, crepúsculo matutino.) m. Última de las seis partes en que se dividía la noche entre los romanos.

DILUENTE. (l. *diluens*, -entis.) p.a. de diluir, 1.er art. Que diluye.

DILUIR. (l. *diluĕre*.) tr. Desleír. Ú.t. c.r. || 2. Quím. Añadir líquido en las disoluciones. || **P**. diluir; **I**. to dilute; **F**. délayer, détremper; **A**. verdünnen, zerlassen; **It**. diluire; **R**. разводить.

DILUIR. (l. *deludĕre*.) tr. ant. Engañar.

DILUSIVO, VA. (l. *delūsus*, burlado.) adj. ant. Que tiene facultad de diluir, 2.º art.

DILUVIAL. (De *diluvio*.) adj. Perteneciente al diluvio. || 2. Geol. Dícese del terreno constituido por materias sabulosas que fueron arrastradas por grandes corrientes de agua. Ú.t.c.s. || 3. Geol. Perteneciente a este terreno.

DILUVIANO, NA. adj. Que tiene relación con el diluvio universal, o que hiperbólicamente se compara con él.

DILUVIAR. (l. *diluviāre*.) intr. Llover a manera de diluvio.

DILUVIO. (l. *diluvium*.) m. Inundación causada por una lluvia copiosa. || 2. Por antonom., el universal con que Dios castigó a los hombres en tiempos de Noé. || 3. fig. y fam. Lluvia muy copiosa. || 4. fig. y fam. Excesiva abundancia de una cosa. || **P**. dilúvio; **I**. deluge; **F**. déluge; **A**. Sintflut; **It**. diluvio; **R**. потоп.

DILUYENTE. p.a. de diluir. Diluente.

DIMANACIÓN. (l. *dimanatio*, -ōnis.) f. Acción de dimanar.

DIMANANTE. p.a. de dimanar. Que dimana.

DIMANAR. (l. *dimanāre*.) intr. Proceder el agua de sus manantiales. || 2. fig. Provenir y tener origen una cosa de otra.

DIMENSIÓN. (l. *dimensio*, -ōnis.) f. Geom. Longitud de una línea, área de una superficie, o volumen de un cuerpo. || 2. Geom. Extensión de un objeto en dirección determinada. || 3. Mús. Medida de compases. || 4. En la teoría relativista de Einstein, se añade al concepto de *suceso*, una cuarta dimensión el tiempo. || **P**. dimensão; **I**. y **F**. dimension; **A**. Ausdehnung; **It**. dimensione; **R**. размер.

DIMENSIONAL. adj. Perteneciente a una dimensión.

DÍMERO. (gr. δίς, dos, y μέρος, parte.) adj. Zool. Dícese del insecto que sólo tiene dos artejos en todos los tarsos.

DIMES Y DIRETES. (De *di*, imper. de *decir*, y el pron. *me*, y *diré*, fut. del mismo verbo, y el pron. *te*.) loc. fam. Contestaciones, debates, réplicas, entre dos o más personas.

DÍMETRO. m. En la poesía clásica, verso que consta de dos metros o pies.

DIMIARIO. adj. Dícese de los moluscos bivalvos que tienen dos músculos aductores para cerrar las valvas de la concha.

DIMIDIAR. (l. *dimidiāre*, de *dimidius*, medio.) tr. p. us. Demediar.

DIMIDOR. m. Ast. El que se ocupa en dimir.

DIMINUCIÓN. (l. *diminutio*, -ōnis.) f. desus. Disminución.

DIMINUECER. (l. *di*, di, 1.er art., y *minuiscĕre*.) intr. ant. Menguar, mermar.

DIMINUIR. (l. *diminuĕre*.) tr. desus. Disminuir. Ú.t.c.r.

DIMINUTAMENTE. adv. Escasamente, 1.ª acep. || 2. Menudamente, por menor.

DIMINUTIVAMENTE. adv. En forma diminuta.

DIMINUTIVO, VA. (l. *diminutivus*.) adj. Que disminuye o reduce a menos una cosa. || 2. Gram. Aplícase a los vocablos que disminuyen o menguan la significación de los positivos. || **P**. e **It**. diminutivo;

I. diminutive; **F**. diminutif; **A**. diminutiv; **R**. уменьшительный.

DIMINUTO, TA. (l. *diminūtus*.) adj. Defectuoso, falto de lo que completa o perfecciona. || 2. Excesivamente pequeño. || 3. V. *Cuestión* DIMINUTA. || 4. Mús. Véase *Séptima, sexta* DIMINUTA.

DIMIR. (l. *demĕre*, quitar.) tr. Ast. Echar al suelo con largas varas o pértigas el fruto ya maduro de los nogales, castaños, etcétera.

DIMISIÓN. (l. *dimissio*, -ōnis.) f. Renuncia a un empleo, cargo o comisión que venía desempeñándose. || **P**. dimissão; **I**. resignation; **F**. démission; **A**. Rücktritt; **It**. dimissione; **R**. отставка.

DIMISIONARIO, RIA. adj. Que hace o ha hecho dimisión. Ú.t.c.s.

DIMISORIAS. (l. *dimissoriae littĕrae*.) f. pl. Letras que dan los prelados a sus súbditos para que puedan ir a recibir de un obispo extraño las órdenes sagradas. || *Dar* DIMISORIAS a uno. fr. fig. y fam. Despedirle, alejándole con desagrado. || *Llevar* uno DIMISORIAS. fr. fig. y fam. Ser despedido con desagrado.

DIMITENTE. p.a. de dimitir. Que dimite. Ú.t.c.s.

DIMITIR. (l. *dimittĕre*.) tr. Renunciar, hacer dejación de una cosa, empleo, cargo, etcétera. || **P**. demitir; **I**. to resign; **F**. se démettre; **A**. ein Amt niederlegen, abdanken; **It**. dimèttersi, rinunziare; **R**. отказываться.

DIMORFISMO. m. Mineral. Calidad de dimorfo.

DIMORFO, FA. (gr. δίμορφος; de δίς, dos, y μορφή, forma.) adj. Mineral. Aplícase a la substancia que puede cristalizar según dos sistemas diferentes.

DIN. (Apócope de *dinero*, por semejanza con *dcn*.) m. fam. Dinero, moneda, caudal, en frases como las siguientes: *El* DIN *y el don; El don sin el* DIN; significando, dinero y calidad; nobleza sin dinero.

DINA. (gr. δύναμις, fuerza.) f. Fís. Unidad de fuerza en el sistema cegesimal equivalente a la fuerza que, actuando sobre la masa de un gramo, comunica a ésta la aceleración de un centímetro por segundo.

DINACHO. (Voz araucana.) m. Chile. Planta herbácea de la familia de las araliáceas, cuyos rizomas son comestibles.

DINAMARQUÉS, SA. adj. Natural de Dinamarca. Ú.t.c.s. || 2. Perteneciente o relativo a este país de Europa. || 3. m. Lengua dinamarquesa, uno de los dialectos del nórdico.

DINAMIA. (gr. δύναμις, fuerza.) f. Mec. Unidad de medida, expresiva de la fuerza capaz de elevar un kilogramo de peso a la altura de un metro en tiempo determinado.

DINÁMICA. (gr. δυναμική, t. f. de -ικός, dinámico.) f. Parte de la mecánica que estudia las leyes del movimiento en relación con las fuerzas que lo producen.

DINÁMICO, CA. (gr. δυναμικός, de δύναμις, fuerza.) adj. Perteneciente o relativo a la fuerza que produce movimiento. || 2. Perteneciente o relativo a la dinámica. || 3. fig. y fam. Dícese de la persona notable por su energía y actividad.

DINAMISMO. (gr. δύναμις, fuerza.) m. Energía activa y propulsora. || 2. Fil. Cualquier doctrina metafísica que reduce toda realidad a agrupaciones de elementos simples, inextensos, cuya esencia es la energía, y explica la diversidad del mundo mediante las leyes de la energía.

DINAMISTA. adj. Partidario del dinamismo. Ú.t.c.s.

DINAMITA. (gr. δύναμις, fuerza.) f. Mezcla explosiva de nitroglicerina con un cuerpo muy poroso, que la absorbe, para que conservando la fuerza dinámica de aquélla, disminuyan o se eviten los riesgos de su transporte y manejo. —**de base activa**. Aquella en que se usa como absorbente un cuerpo explosivo o combustible, como nitrato sódico o potásico, carbón, etcétera. || —**de base inerte**. Aquella en que se usa como absorbente una substancia inerte, como sílice, yeso, ceniza, etc. || **P**. e **It**. dinamite; **I**. y **F**. dynamite; **A**. Dynamyt; **R**. динамит.

DINAMITAZO. m. Explosión o tiro de dinamita.

DINAMITERO, RA. adj. Aplícase a

D

quien sistemáticamente destruye o trata de destruir personas o cosas por medio de la dinamita. Ú.t.c.s.

DINAMO [DÍNAMO]. (gr. δύναμις, fuerza.) f. Fís. Máquina que transforma la energía mecánica en energía eléctrica o viceversa, la energía eléctrica en mecánica por inducción electromagnética debida generalmente a la rotación de cuerpos conductores en un campo magnético.

DINAMOELÉCTRICO, CA. adj. Relativo o perteneciente a la conversión de la energía mecánica en eléctrica o a la inversa.

DINAMOMETRÍA. f. Arte de medir las fuerzas motrices.

DINAMOMÉTRICO, CA. adj. Perteneciente al dinamómetro.

DINAMÓMETRO. (gr. δύναμις, fuerza, y μέτρον, medida.) m. MEC. Instrumento para evaluar las fuerzas motrices y para apreciar la resistencia de las máquinas.

DINAR. (ár. *dīnār*, y éste del l. *denarius*.) m. Moneda árabe de oro de fines del siglo VII. ‖ **2.** Moneda de plata de Servia, equivalente a una peseta. ‖ **3.** Moneda imaginaria persa.

DINARADA. f. ant. Dinerada. ‖ **2.** ant. Cantidad de comestible que se compra con dinero.

DINASTA. (l. *dynasta*, y éste del gr. δυνάστης, príncipe, señor.) Príncipe o señor que gobernaba bajo la dependencia de otro soberano.

DINASTÍA. (gr. δυναστεία, de δυνάστης, dinastía.) f. Serie de príncipes soberanos en un determinado país, pertenecientes a una familia. ‖ **2.** Familia en cuyos individuos se perpetúa el poder o la influencia política, económica, etc.

DINÁSTICO, CA. adj. Perteneciente o relativo a la dinastía. ‖ **2.** Partidario de una dinastía.

DINASTISMO. m. Fidelidad y adhesión a una dinastía.

DINERADA. f. Cantidad grande de dinero. ‖ **2.** Moneda antigua equivalente a un maravedí de plata.

DINERAL. adj. V. *Pesa* DINERAL. ‖ **2.** m. Cantidad grande de dinero. ‖ **3.** Juego de pesas usado antiguamente para comprobar el peso de las monedas.

DINERALADA. f. Dinerada, dineral.

DINERARIO, RIA. adj. Perteneciente o relativo al dinero como instrumento para facilitar cambios.

DINERILLO. (d. de *dinero*.) m. Antigua moneda de vellón. ‖ **2.** Pequeña cantidad de dinero.

DINERO. (l. *denarius*.) m. Moneda corriente. ‖ **2.** Moneda de cobre y plata usada en Castilla en el siglo XIV. ‖ **3.** fig. y fam. Caudal, riquezas. ‖ **4.** Moneda de plata del Perú. ‖ **5.** Peso que se usaba para las monedas y objetos de plata. ‖ **6.** Penique. ‖ **7.** AR. Ochavo, antigua moneda de cobre. ‖ **—a daño** o **a interés.** El que se da o recibe a préstamo o a interés. ‖ **—al contado.** Dinero contante. ‖ **—contante,** o **contante y sonante,** o **en tabla.** Dinero pronto, efectivo, corriente. ‖ **—trocado.** Dinero cambiado en monedas menudas. ‖ *Buen* DINERO. Cantidad de efectiva cobranza. ‖ *Acometer con* DINERO. fr. fig. y fam. Intentar o pretender cohecho o soborno. ‖ *A* DINERO. *A* DINERO *contante.* *A* DINERO *seco.* *Al* DINERO. ms. advs. En dinero y moneda efectiva. ‖ *A* DINEROS *dados, brazos quebrados. A* DINEROS *pagados, brazos cansados.* exprs. que advierten que no se debe hacer el pago adelantado, porque quien lo recibe pierde el estímulo para continuar la obra. ‖ *Alzarse* uno *con el* DINERO. fr. Entre jugadores, ganarlo. ‖ *A pagar de mi* DINERO. loc. adv. fig. y fam. que se usa para afirmar que una cosa es cierta, como afianzándola uno con su caudal. ‖ *Bien te quiero, bien te quiero, mas no te doy mi* DINERO. ref. que reprende a los que hacen muchos agasajos y faltan en el tiempo de verdadera necesidad. ‖ *De* DINEROS *y bondad, quita siempre la mitad.* ref. que da a entender que en riquezas y en virtudes suele exagerar mucho la opinión general. ‖ *Dinero llama a* DINERO. ref. que enseña que con dinero se gana más dinero, por la facilidad, en el que lo tiene, de emprender negocios lucrativos. ‖ DI-

NERO *olvidado ni hace merced ni grado.* ref. que indica que las cosas útiles dejan de serlo cuando no se hace uso de ellas. ‖ DINERO *de avaro, dos veces va al mercado.* ref. que reprende al que de mezquino compra género malo que le duran poco. ‖ DINEROS *haya en el bolsón, que no faltará quien haga son.* ref. que expresa que todos procuran agradar al rico. ‖ DINEROS *son calidad.* fr. proverb. con que se expresa que con la riqueza llegan la consideración y los honores. ‖ DINEROS *y amores, diablos y locura, mal se disimulan.* ref. que declara cuán difícilmente se ocultan riquezas, pasiones y carácter. ‖ DINERO, *y no consejos.* expr. con que se reprende al que da sólo consejos a quien está más necesitado de dinero que de máximas. ‖ *Echar* DINERO *en una cosa.* fr. Echar caudal en ella. ‖ *El* DINERO *en la bolsa, hasta que se gasta no se goza.* ref. contra avarientos. ‖ *El* DINERO *hace al hombre entero.* ref. que da a entender que el que tiene independencia económica puede más fácilmente obrar con justicia y con entereza. ‖ *El* DINERO *y el amor traen los hombres al derredor.* ref. que indica que el amor y el interés son los móviles más poderosos de las acciones humanas. ‖ *Estar* uno *mal con* su DINERO. fr. fig. y fam. Malgastarlo o aventurarlo en empresas descabelladas. ‖ *Estrujar* uno *el* DINERO. fr. fig. y fam. Ser miserable o poco dadivoso. ‖ *Hacer* DINERO. fr. fig. y fam. Hacerse rico. ‖ *Levantarse* uno *con el* DINERO. fr. Alzarse con el dinero. ‖ *Los* DINEROS *del sacristán, cantando se vienen y cantando se van.* ref. que indica la facilidad con que suele gastarse el dinero ganado con poco esfuerzo. ‖ *Más ablanda el* DINERO *que palabras de caballero.* ref. que da a entender que más fuerza tiene el interés que el halago. ‖ *Pasar* uno *el* DINERO. fr. Volverlo a contar, para asegurarse de que está cabal la cantidad que se entrega o se recibe. ‖ *Por* DINERO *baila el perro, y por pan, si se lo dan.* ref. que explica la fuerza del dinero, que influye aun en aquellos a quienes no sirve. ‖ *Quien tiene* DINEROS *pinta panderos.* ref. que manifiesta la facilidad con que alcanza el rico lo que quiere. ‖ *Si no tienes* DINERO *en la bolsa, ten miel en la boca.* ref. que aconseja al pobre ser agradable en sus palabras para hacerse bienquisto. ‖ *Si quieres tener* DINERO, ref. que aconseja el ahorro como medio eficaz para reunir un capital. ‖ **P.** dinheiro; **I.** money; **F.** argent; **A.** Geld; **It.** denaro: **R.** деньги.

DINEROSO, SA. (De *dinero*.) adj. Rico, adinerado.

DINERUELO. m. d. de dinero.

★ **DINEUTRÓN.** m. QUÍM. Unión de neutrones, producida en el bombardeo del tritio.

DINGOLONDANGO. m. fam. Expresión cariñosa, mimo, arrumaco. Ú.m. en pl.

DINO, NA. adj. ant. Digno. Hoy es vulg.

DINORNIS. (gr. δεινός, terrible, y ὄρνις, pájaro.) m. Especie de avestruz de tamaño gigantesco, cuyos restos fósiles se encuentran en Nueva Zelanda.

DINOSAURIO. (gr. δεινός, terrible, y σαῦρος, lagarto.) m. PALEONT. Orden de reptiles terrestres fósiles, propios de la Era secundaria. Comprende varios grupos formados por individuos cuyo tamaño era muy variable, desde 30 cm a 30 m de longitud; tenían las patas posteriores mucho más robustas que las anteriores; algunas especies caminaban exclusivamente sobre aquéllas y las tenían adaptadas para el salto. Las especies de mayor tamaño eran herbívoras. Ú.t.c.s.

DINOTERIO. (gr. δεινός, terrible, y θηρίον, bestia.) m. PALEONT. Proboscidio fósil semejante al elefante, que vivió en el Período miocénico y alcanzaba unos 5 m de largo.

DINTEL. (De *dintel*.) m. ARQ. Parte superior de una puerta o ventana que carga sobre jambas. ‖ **—de hierro.** ARQ. Barra de hierro que se embebe en la mocheta de un arco para apear las dovelas. ‖ **P.** dintel; **I.** lintel; **F.** linteau; **A.** Oberschwelle; **It.** architrave; **R.** притолока.

DINTELAR. tr. Hacer dinteles o construir una cosa en forma de dintel.

DINTORNO. (Voz italiana.) m. ARQ.

y PINT. Delineación de las partes de una figura contenidas en el interior de las plantas o de la sección de un edificio.

DIOCESAL. adj. ant. Diocesano.

DIOCESANO, NA. (l. *dioecesanus.*) adj. Perteneciente a la diócesis. ‖ **2.** Dícese del obispo o arzobispo que tienen diócesis. Ú.t.c.s. ‖ **3.** V. *Administración* DIOCESANA. ‖ **4.** V. *Sínodo* DIOCESANO.

DIÓCESI. f. Diócesis.

DIÓCESIS. (l. *diocēsis*, y éste del gr. διοίκησις, de διοικέω, administrar.) f. Distrito o territorio en que tiene y ejerce jurisdicción espiritual un obispo. ‖ **P.** e **I.** diocese; **F.** diocèse; **A.** Diözese; **It.** diòcesi; **R.** епархия.

★ **DIODO.** m. Fís. Lámpara o tubo tremoiónico con dos electrodos, el cátodo y el ánodo, que se utiliza como rectificador de corriente.

DIOICO, CA. (gr. δίς, dos, y οἶκος, casa, morada.) adj. BOT. Dícese de las plantas que tienen las flores de cada sexo en pie separado, y también de estas mismas flores.

★ **DIOMEDEA.** f. ZOOL. Ave palmípeda de la familia de las proceláridas, caracterizada por tener el pico más largo que la cabeza. También se le denomina albatros.

DIONEA. f. BOT. Atrapamoscas, planta droserácea cuyas hojas se cierran al roce de los insectos, atrapándolos.

DIONISIA. (l. *dionysias*, de *Dionӯsus*, el dios Baco.) f. Piedra negra, salpicada de manchas rojas, podía, según los antiguos, dar sabor de vino al agua y ser un remedio contra la embriaguez.

DIONISIACO, CA [~ SÍACO, CA]. (l. *dionysiăcus.*) adj. Perteneciente o relativo al dios Baco o Dioniso.

DIOPTRA. (l. *dioptra*, y éste del gr. διόπτρα, instrumento para hacer mediciones a distancias.) f. Pínula de los aparatos topográficos. ‖ **2.** Alidada.

DIOPTRÍA. (a través de, y la raíz ὀπ, ver.) f. ÓPT. Unidad de medida de convergencia, usada por los oculistas y que equivale a la convergencia de una lente de un metro de distancia focal. Las lentes divergentes se miden por dioptrías negativas.

DIÓPTRICA. (gr. διοπτρική, t. f. de -ικός, dióptrico.) f. Parte de la óptica, que trata de los problemas de la refracción de la luz.

DIÓPTRICO, CA. (gr. διοπτρικός.) adj. Perteneciente o relativo a la dióptrica.

DIORAMA. (gr. διά, a través, y ὅραμα, vista.) m. Panorama en que, con un lienzo pintado de colores transparentes y opacos, se producen diferentes efectos escénicos según la manera como se ilumine. ‖ **2.** Sitio destinado a este recreo.

DIORITA. (gr. διορίζω, distinguir.) f. Roca eruptiva, granosa, formada por feldespato y otro elemento que puede ser proxeno, anfíbol o mica negra.

DIOS. (l. *Dĕus.*) m. Nombre sagrado del Ser Supremo, Criador del universo, que conserva y rige por su providencia. ‖ **2.** Cualquiera de las falsas deidades de los idólatras. ‖ DIOS *chico.* Ceremonia subsiguiente a la procesión del Dios grande para llevar sin solemnidad la comunión a los enfermos que no pudieron recibirla entonces. ‖ DIOS *grande.* fam. En Madrid, procesión solemne en las dominicas después de Pascua de Resurrección para administrar la comunión de los enfermos. ‖ **—Hombre.** TEOL. Jesucristo, Nuestro Señor. ‖ **—Padre.** TEOL. Padre, primera persona de la Santísima Trinidad. ‖ *¡A* DIOS! expr. de despedida. ‖ **2.** También se emplea para denotar no ser ya posible evitar un daño. ‖ *A* DIOS, *Madrid, que te quedas sin gente.* expr. fig. y fam. que se emplea cuando se despide una persona de poca importancia. ‖ *¡A* DIOS, *mi dinero* expr. fig. y fam. empleada al perder o malograr una cosa. ‖ *A* DIOS, *que esquilan.* expr. fig. y fam. con que se despide el que anda de prisa. ‖ *A* DIOS *rogando y con el mazo dando.* ref. que aconseja hacer de nuestra parte cuanto se pueda para lograr lo que deseamos sin pedir que Dios haga milagros. ‖ *A* DIOS *y a dicha,* o *a ventura.* loc. adv. Inciertamente, sin esperanza ni seguridad en el éxito de lo que se emprende. ‖ *A* DIOS *y veámonos.* expr. de despedida, citándose a la vez para otra ocasión. || *Alabado sea* Dios. expr. de salutación al entrar en alguna parte. || **2.** ¡*Bendito sea* Dios! || *A la buena de* Dios. expr. fam. Sin artificio ni malicia. || *A la,* o *a la de* Dios, o *A la de* Dios *es Cristo.* loc. adv. fam. con que se expresa la inconsideración con que uno obra o emprende algo. || *Amanecerá* Dios, *y medraremos.* expr. fig. y fam. que se emplea para diferir a otro día la resolución o ejecución de una cosa. || **2.** fig. y fam. También indica que el tiempo puede cambiar favorablemente las cosas. || *Amanecer* Dios. fr. fam. Amanecer, 1.er art., 1.ª acep. || *Anda con* Dios. expr. usada para despedir a uno. || **2.** ¡*Vaya por* Dios! || *Aquel es rico, que está bien con* Dios. ref. que enseña que la verdadera riqueza es la virtud. || ¡*Aquí de* Dios! exclam. en que se prorrumpe como para pedir a Dios ayuda, o como poniéndole por testigo. || *A quien* Dios *no le dio hijos, el diablo le dio sobrinos.* ref. para expresar que por causa ajena sobrevienen cuidados al que no los tiene por su propia situación. || *A quien* Dios *quiere bien la perra le pare lechones,* o *puercos.* ref. que indica que todo le sale bien a quien tiene buena suerte. || *A quien* Dios *se la diere, San Pedro,* o *San Antón, se la bendiga.* ref. que explica la disposición que tiene uno a conformarse con la Providencia le resulten bien o mal sus pretensiones o deseos. || *A quien madruga,* Dios *le ayuda.* ref. con que se advierte que la diligencia suele tener feliz éxito en lo que se intenta. || *A quien no habla, no le oye* Dios. ref. que reprende la cortedad de aquellos que, por no atreverse a explicar sus solicitudes, las pierden. || *Así* Dios *me salve.* expr. que se suele usar como juramento. || *Así* Dios *te dé la gloria,* o *te guarde.* expr. que como deprecación suele juntarse a la súplica de una cosa. || ¡*Ay* Dios! interj. de dolor, de susto, de lástima, etc. || *Bendecir* Dios a uno. Prosperarle, hacerle feliz. || ¡*Bendito sea* Dios! expr. con que se denota enfado o conformidad. || *Cado uno es como* Dios *le ha hecho.* expr. fig. y fam. que se usa para explicar y disculpar las genialidades de carácter de cada uno. || *Cada uno estornuda como* Dios *le ayuda.* ref. que da a entender que cada uno hace las cosas del mejor modo que sabe o puede. || *Clamar a* Dios. fr. Afligirse, desesperarse. || **2.** fig. Resultar una cosa hecha o contra ley o justicia. *Eso clama* a Dios. || *Como* Dios *es mi padre.* Fórmula de juramento. *Como hay* Dios. || *Como* Dios *es servido.* expr. adv. con que se explica que una cosa sucede con poca satisfacción nuestra. || *Como* Dios *está en los cielos.* Fórmula de juramento. || *Como* Dios *le da a entender* a uno. fr. fig. y fam. Como buenamente se puede. || *Como* Dios *sea servido.* expr adv. Si Dios quiere o lo permite. || *Como hay* Dios. Fórmula de juramento para afirmar o negar algo. || *Con* Dios. expr. de salutación. || *Creer en* Dios *a machamartillo,* o *a puño cerrado.* fr. fig. y fam. de que usan los que, preciándose de buenos creyentes, no quieren entrar en disputas de religión. || *Cuando* Dios *amanece, para todos amanece* ref. que enseña que debemos comunicar nuestros bienes y felicidades a los demás. || *Cuando* Dios *no quiere, los santos no pueden.* ref. que advierte que cuando no se ha ganado la voluntad del que ha de conceder una gracia, no hay que fiar en mediaciones de amigos. || *Cuando* Dios *quiere, con todos aires,* o *con todos los aires,* o *con todos los vientos, llueve.* ref. que enseña que todo obedece a la voluntad de Dios. || *Da* Dios *alas a la hormiga para morir más aína.* ref. que enseña que la mucha elevación de algunos suele ser causa de su ruina. || *Da* Dios *almendras al que no tiene muelas. Dé* Dios *habas a quien no tiene quijadas. Da* Dios *mocos al que no tiene pañuelo.* refs. que se suelen decir cuando las riquezas o conveniencias recaen en quien no puede o no sabe disfrutarlas. || *Dais por* Dios *al que tiene más que vos.* ref. que reprende la necedad de quienes, sin discernimiento, reparten aun lo que a ellos mismos hará falta. || *Dar a* Dios *a* uno. fr. Administrar el Viático. || *Dar a* Dios *lo que es de* Dios, *y al César lo que es del César.* fr. proverb. Dar a cada uno lo que en justicia corresponde. || *Darse* uno *a* Dios, *y a los santos.* fr. fam. Incomodarse, afligirse con exceso. || *De* Dios. m. adv. fam. Copiosamente, con gran abundancia. || *De* Dios, *el medio.* expr. con que se exagera la propensión que uno tiene a hurtar. || *De* Dios *venga el remedio.* fr. con que se manifiesta la imposibilidad humana de remediar un daño. || *De* Dios *viene el bien, de las abejas la miel.* ref. que enseña que Dios es el único autor del bien, por cualquier conducto que nos llegue. || *Dejar* Dios *de su mano* a uno. fr. Proceder uno de modo tan desarreglado que parezca que Dios le ha abandonado. || *Dejarlo a* Dios. fr. Fiar a la divina Providencia el éxito de un negocio o el desagravio de una ofensa. || *Delante de* Dios *y de todo el mundo.* expr. fam. Con la mayor publicidad. || *De menos nos hizo* Dios. expr. que explica la esperanza de conseguir lo que se intenta, aunque parezca desproporcionado. || *Descreer de* Dios. fr. Renegar del Señor. || *Después de* Dios, *la olla.* expr. fam. que explica que en lo temporal no hay cosa mejor que tener qué comer. || *Digan, que de* Dios *dijeron.* expr. fam. con que se desprecia la murmuración o el dicho ajeno. || ¡Dios! interj. de admiración, asombro u horror. || Dios *amanezca* a usted *con bien.* expr. fam. usada para manifestar a uno el deseo de que llegue con felicidad al día siguiente. || Dios *aprieta, pero no ahoga.* expr. fig. con que se aconseja conformidad en las tribulaciones, esperando en Dios. || Dios *castiga sin palo ni piedra.* Dios *castiga, y no a palos.* refs. que advierten que Dios muchas veces castiga al malo de modo inesperado. || Dios *consiente y no para siempre.* ref. que advierte que el castigo de Dios llegará para el que obra mal amparándose en su espera y misericordia. || Dios *da ciento por uno.* fr. fig. que indica que los actos de caridad siempre alcanzan gran recompensa. || Dios *da el frío conforme la ropa.* ref. que advierte que Dios de el socorro según la necesidad. || Dios *dará.* expr. con que animamos nuestra confianza para acudir en ayuda del prójimo necesitado. || Dios *dé el remedio.* fr. De Dios venga el remedio. || Dios *delante.* expr. fam. Con la ayuda de Dios. || **2.** Sea lo que Dios quisiere. || Dios *desavenga a quien nos mantenga.* ref. que advierte que de las desavenencias de unos suele resultar provecho para otros. || Dios *dijo lo que será.* expr. con que se explica la duda del cumplimiento o certeza de lo que se promete o asegura. || Dios *dirá.* expr. con que remitimos a la voluntad de Dios el éxito de lo que nos prometemos. || Dios *es* Dios. expr. que, unida a otras, explica que uno se mantiene tercamente en su opinión. || Dios *es grande.* expr. de que se usa para consolarse en una desgracia recurriendo al poder de Dios. || Dios *lo oiga, y el pecado sea sordo.* expr. fam. con que se expresa el deseo de que suceda bien lo que se intenta. || Dios *los cría y ellos se juntan.* expr. fig. y fam. con que se da a entender que los que son semejantes en las inclinaciones y gustos se buscan unos a otros. || Dios *me dé contienda con quien me entienda.* ref. que advierte que no conviene tratar o disputar sino con personas de entendimiento. || Dios *mediante.* expr. Queriendo Dios. || Dios *me entiende.* expr. con que se denota que lo que se dice no va fuera de razón, aunque no pueda explicarse por algún motivo, y por eso parezca despropósito. || Dios *me haga bien con* esto o aquello. expr. con que uno da a entender que está contento con lo que tiene, y que no desea otra cosa. || Dios *mejorará sus horas.* fr. para dar esperanza en la adversidad. || Dios *me perdone, pero...* expr. fam. que se dice al ir a emitir un juicio desfavorable o temerario. || ¡Dios *mío*! expr. que significa admiración, extrañeza, dolor o sobresalto. || Dios *no come ni bebe, mas juzga lo que ve.* ref. que recuerda la presencia de Dios en todo lugar, para que nosotros procedamos rectamente, ya que seremos juzgados por quien ve nuestras obras. || Dios *nos asista,* o *nos la depare buena,* o *nos coja confesados,* o *nos tenga de su mano.* exprs. con que se indica el deseo de la intervención divina para evitar un mal inminente, y al parecer, inevitable. || Dios, *que da la llaga, da la medicina.* ref. que enseña que debemos esperar el remedio de nuestros males, de la misma mano de Dios, que nos los envía. || Dios *sabe.* fr. que se usa para indicar que una cosa cae fuera de nuestro saber, bien para encarecerla, bien para darla como dudosa. || Dios *sobre todo.* expr. de que se usa cuando se duda del suceso de una cosa. || Dios *te ayude.* expr. con que se saluda a uno cuando estornuda. || Dios *te dé ovejas, e hijos para ellas.* ref. que enseña cuánto importa que el mismo dueño sea quien cuide de su hacienda. || Dios *te depare buena.* expr. fam. con que se da a entender la duda o recelo que se tiene de que no salga bien lo que se intenta. || **2.** fam. Denota la contingencia de una cosa cuando se emprende sin probabilidad de lograrla. || Dios *ve las trampas.* expr. fam. con que se expresa la esperanza de que Dios castigará al que se presume haber obrado con engaño, haciendo que éste se vuelva contra él. || Dios *y ayuda.* expr. fam. Sumo esfuerzo necesario para lograr algún propósito. Ú.m. con los verbos *costar* y *necesitar.* || Dios *y vida componen villa.* ref. que advierte que es necesaria diligencia personal para conseguir las cosas con el auxilio de Dios, y que es una temeridad dejarlo todo a su Providencia. || *Donde* Dios *es servido.* expr. con que se significa lugar indefinido. || *Dormir en* Dios. fr. fig. Dormir en el Señor. || *En* Dios *y en conciencia,* o *en* Dios *y en mi alma,* o *mi ánima.* Fórmula o especie de juramento o aseveración de una cosa. || *Eso se hace, lo que a* Dios *place.* ref. que nos advierte que interviene Dios en todos los sucesos, disponiéndolos o permitiéndolos. || *Estar* uno *con* Dios. fr. Gozar de Dios. || *Estar con* Dios una cosa. fr. con que se significa creerla inevitable por suponerla dispuesta por la Providencia. || *Estar* unos *fuera de* Dios. fr. fig. Obrar disparatadamente. || *Fuera sea de* Dios. expr. de que se usa cuando uno maldice una cosa con inmediato respeto a Dios. || *Gloriarse de* Dios. fr. Gloriarse en el Señor. || *Gozar* uno *de* Dios. fr. Haber muerto y conseguido la bienaventuranza. || *Hablar* uno *con* Dios. fr. Orar, hacer oración. || **2.** fig. y fam. Volar a una altura. || *Hablar* Dios a uno. fr. Inspirarle. || *Herir* Dios a uno. fr. fig. Castigarle, afligirle con trabajos y penalidades. || *Irse* uno *bendito de* Dios. fr. fig. Irse mucho con Dios. || *Irse* uno *con* Dios. fr. Marcharse o despedirse. || **2.** *Irse mucho con* Dios. || *Irse* uno *mucho con* Dios. fr. Marcharse con enfado, voluntariamente o despedido. || ¡*Juro* a Dios! expr. ¡Voto a Dios! || *La de* Dios *es Cristo.* fr. fig. y fam. que precedida de los verbos *haber, armarse,* etc., denota gran pendencia, riña o quimera. || **2.** fig. y fam. Bulla, algazara. || *Líbrenos* Dios *de «hecho es».* expr. que da a entender que lo hecho no tiene remedio. || *Lo que* Dios *da, llevarse ha.* ref. que exhorta a la conformidad en los trabajos, considerándolos como enviados por Dios, que siempre busca nuestro mayor provecho. || *Lo que es,* o *está de* Dios, *a la mano se viene.* ref. con que manifiesta su confianza el que pretende o litiga con justicia. || *Llamar a* Dios de tú. fr. fig. y fam. Ser uno demasiado franco; usar de excesiva confianza en el trato con los demás. || **2.** fig. y fam. Ser de gran mérito una persona o cosa. || *Llamar* Dios a uno. fr. Morir, 1.ª acep. || **2.** fig. Inspirarle deseo o propósito de mejorar la vida. || *Llamar* Dios a uno *a juicio,* o *para sí.* fr. Llamar Dios a uno, 1.ª acep. || *Llamar* Dios a uno *por* un *camino.* expr. fig. y fam. Tener aptitud para determinada cosa. Ú.m. en forma negativa. || *Lléveme* Dios *a ese mesón do manda el marido y la mujer non.* ref. que aconseja que sea el hombre el que mande para que la casa esté bien regida. || *Maldita de* Dios *la cosa.* loc. fam. Nada absolutamente. || *Más puede* Dios *que el diablo.* fr. proverb. con que nos animamos a proseguir en un buen propósito, aunque se tropiece con dificultades. || *Más vale a quien* Dios *ayuda que quien mucho madruga.* ref. contra los que confían más en sus diligencias que en la ayuda de Dios. || *Mejor te ayude* Dios. expr. para replicar y dar a entender a uno que lo que ha dicho es falso, o que lleva dañada intención. || *Miente más que da por* Dios. expr. fam. con que se pondera el exceso con que uno miente. || *No dé* Dios *a nuestros amigos* *tanto bien que nos desconozcan.* ref. que denota cuánto muda a los hombres la fortuna hasta el extremo de desconocer a sus antiguos amigos. || *No es* DIOS *viejo.* expr. fig. y fam. con que se expresa la esperanza de lograr más tarde lo que una vez no se ha logrado. || *No haber para uno más* DIOS *ni Santa María que* una cosa. fr. fig. y fam. Tenerle excesivo amor, pasión o cariño. || *No hiere* DIOS *con dos manos.* ref. que enseña que los castigos de Dios siempre nos vienen templados por su misericordia. || *No se ha muerto* DIOS *viejo.* expr. fig. y fam. No es Dios viejo.|| *No servir ni a* DIOS *ni al diablo* una persona o cosa. fr. fig. y fam. Ser inútil o inepta. || *No tener uno sobre que* DIOS *le llueva.* fr. fig. y fam. Ser sumamente pobre. || *Obrar bien, que* DIOS *es* DIOS. ref. que explica que el que practica el bien cumpliendo con su deber, no tiene que hacer caso de murmuraciones, pues Dios le sacará bien.|| *Ofender* uno *a* DIOS. fr. Pecar, 1.ª acep.|| ¡*Oh* DIOS! interj. de asombro y de horror. || *Para aquí y para delante de* DIOS. expr. fam. con que se encarece la firmeza de una resolución, o la sinceridad de una promesa.|| *Permita* DIOS. fr. con que se manifiesta el deseo de que suceda una cosa. Suele formar parte de una imprecación. || *Plega,* o *plegue a* DIOS. expr. con que se manifiesta el deseo de que suceda algo o el recelo de que no suceda como se desea. || *Poner* uno *a* DIOS *delante de los ojos.* fr. fig. Proceder y obrar con rectitud de conciencia, sin respeto a los intereses mundanos. || *Poner* uno *a* DIOS *por testigo.* fr. fig. Invocar su santo nombre para aseverar lo que se dice. || *Ponerse* uno *bien con* DIOS. fr. Limpiar la conciencia de pecado para volver a su gracia. || *Por* DIOS. expr. usada para pedir limosna, o esforzar una súplica cualquiera. || ¡*Par* DIOS! Fórmula común de juramento.|| *Que de* DIOS *goze,* o *que* DIOS *haya.* expr. que piadosamente se añade al nombrar a un difunto. || *Quien se muda,* DIOS *le ayuda.* ref. que aconseja mudar de medios cuando los primeros han resultado ineficaces. || *Quien yerra y se enmienda,* a DIOS *encomienda.* ref. que da a entender que no debe culparse a uno de las faltas que ya él mismo ha corregido. || *Quiera* DIOS. expr. con que se explica la desconfianza de que una cosa salga bien. || *Quiera* DIOS *que orégano sea, y que no se vuelva alcaravea.* ref. Orégano sea. || *Recibir* uno *a* DIOS. fr. Comulgar, recibir la sagrada comunión. || *Rogar a* DIOS *por santos, mas no por tantos.* ref. con que se expresa que la demasiada abundancia, aun de cosas que se deseaban, muchas veces es molesta y perjudicial. || ¡*Sabe* DIOS! expr. con que se manifiesta no estar seguro de lo que trata. || *Ser una cosa para alabar a* DIOS. fr. fam. Ser admirable por su perfección, abundancia, etc. || *Ser una cosa un contra* DIOS. fr. fam. Clamar a Dios, 2.ª acep. || *Si* DIOS *es servido,* o *siendo* DIOS *servido.* exprs. advs. Como Dios sea servido. || *Sin encomendarse a* DIOS *ni al diablo.* loc. adv. fig. y fam. con que se manifiesta la intrepidez y falta de reflexión con que se arroja a ejecutar una cosa. || ¡*Si no mirara a* DIOS! expr. que expresa que se contiene el enojo o la venganza por el respeto debido a Dios, que lo prohíbe.|| *Si no quisiera* DIOS. expr. con que se denota vivo deseo de que no suceda una cosa. || *Si quisiera* DIOS. expr. con que se denota vivo deseo de que suceda una cosa. || *Sírvase* DIOS *con todo.* expr. que se usa para conformarse con la voluntad divina en las adversidades. || *Tener* DIOS *a uno de su mano.* fr. fig. Ampararle, detenerle cuando va a precipitarse en un vicio o en un exceso. || 2. fig. Infundirle moderación y templanza.|| *Tentar* uno *a* DIOS. fr. Ejecutar o decir cosas muy peligrosas, como queriendo hacer experiencias de su poder. || *Tomar a* DIOS *los puertos.* fr. fig. y fam. Hacer buenas obras para alabar a Dios. || *Tomarse* uno *con* DIOS. fr. fig. Obstinarse en el mal, sin hacer caso de los avisos y los castigos de Dios. || *Tratar* uno *con* DIOS. fr. Meditar y orar a solas. || ¡*Vale* DIOS! expr. fam. Por fortuna, por dicha. || ¡*Válgame,* o *válgate* DIOS! expr. usada como*'*interj. para manifestar moderadamente el disgusto o sorpresa que nos causa una cosa. || *Vaya bendito de* DIOS. expr. con que se manifiesta haber perdido

nado a uno algún agravio, o que no se quiere más trato con él.|| *Vaya con* DIOS. expr. con que se despide a uno, cortándole la conversación.|| ¡*Vaya con* DIOS! expr. que manifiesta la conformidad en la divina voluntad.|| ¡*Vaya por* DIOS! expr. con que uno manifiesta conformidad y paciencia al sufrir un contratiempo.|| *Vaya usted con* DIOS o *mucho con* DIOS. expr. fam. con que se rechaza lo que uno propone. || *Venga* DIOS *y véalo.* expr. con que se invoca a Dios como testigo de una injusticia.|| *Venir* DIOS *a ver* a uno. fr. fig. Sucederle impensadamente un caso favorable. || *Vete con* DIOS. expr. Vaya con Dios.|| ¡*Vive* DIOS! expr. de ira o de enojo.|| ¡*Voto a* DIOS! expr. de juramento.|| **P.** Deus; **I.** God; **F.** Dieu; **A.** Gott; **It.** Dio; **R.** бог.

DIOSA. (De *dios.*) f. Falsa deidad del sexo femenino. || **P.** deusa; **I.** goddess; **F.** déese; **A.** Göttin; **It.** dea; **R.** богиня.

★ **DIOSAS.** s. f. pl. QUÍM. Hidratos monosacáridos de carbono; son azúcares sencillos.

DIOSCOREÁCEO, A. (De *Dioscórides,* célebre médico griego a quien se ha dedicado un género de estas plantas.) adj. BOT. Familia de plantas monocotiledóneas, de las regiones cálidas o templadas; son herbáceas o sarmentosas, de tallo voluble, hojas palmatinervias, flores pequeñas, generalmente dioicas, y fruto en cápsula, sámara o baya, con semillas de albumen carnoso o cartilaginoso. Ú.t.c.s.f. || 2. f. pl. BOT. Familia de estas plantas.

DIOSCÓREO, A. adj. BOT. Dioscoreáceo.

DIOSESA. (De *dios.*) f. ant. Diosa.

DIOSMA. f. Planta de la familia de las rutáceas, de hojas pequeñas, lanceoladas, alternas y flores blancas. Es muy fragante y se cultiva en los jardines de la Argentina.

DIOSO, SA. (De *día.*) adj. ant. De muchos años.

DIOSTEDÉ. (Porque, al cantar, parece que dice *Dios te dé.*) m. ZOOL. Ave del orden de las trepadoras. Tiene el pico de gran tamaño, amarillo, con rayas negras y plumaje negro con manchas amarillas. Vive en América Meridional.

★ **DIOTOCARDIOS.** m. pl. Gasterópodos prosobranquios que tienen el corazón con dos aurículas y un ventrículo.

★ **DIOXANO.** m. QUÍM. Éter que disuelve muchos compuestos orgánicos e inorgánicos.

★ **DIPÉPTIDO.** m. QUÍM. Aminoácido con una unión amédica en su molécula.

DIPÉTALA. adj. BOT. Dícese de la corola de dos pétalos, y de la flor que tiene esta clase de corola.

DIPLOCOCO. (Gr. διπλόος, doble, y κόκκος, grano.) m. Microbio que se presenta en forma de dos cocos acoplados.

DIPLODOCO. (Gr. διπλόος, doble, y δοκός, estilete.) m. Reptil fósil, dinosaurio, de gran tamaño, cabeza pequeña, el cuello y la cola muy largos. Las vértebras de ésta tienen dos estiletes longitudinales.

★ **DÍPLOE.** m. ANAT. Tejido esponjoso de los huesos del cráneo que separa las dos capas de tejido compacto.

DIPLOMA. (l. *diplōma,* y éste del gr. δίπλωμα, de διπλόω, doblar.) m. Despacho, bula, autorización, etc., con sello y armas de un soberano. || 2. Título o credencial que expide una corporación, una facultad, etc., para acreditar un grado académico, un premio, etc. || **P.**, **I.** e **It.** diploma; **F.** diplôme; **A.** Diplom; **R.** диплом.

DIPLOMACIA. (De *diploma.*) f. Ciencia o conocimiento de los intereses y relaciones internacionales. || 2. Servicio de los Estados en sus relaciones internacionales. || 3. fig. y fam. Cortesía aparente o interesada. || **P.** diplomacia; **I.** diplomacy; **F.** diplomatie; **A.** Staatswissenschaft, Diplomatie; **It.** diplomazia; **R.** дипломатия.

★ **DIPLOMADO, DA.** adj. Titulado, graduado; dícese que está en posesión de un título o diploma académico.

DIPLOMÁTICA. f. GRAM. Arte que enseña las reglas para conocer y distinguir los diplomas y otros documentos solemnes. || 2. Diplomacia, 1.ª acep.

DIPLOMÁTICAMENTE. adv. Según

la diplomacia. || 2. fam. Con circunspección, disimulo y sagacidad.

DIPLOMÁTICO, CA. adj. Perteneciente al diploma. || 2. Perteneciente a la diplomacia. || 3. Aplícase a los negocios de Estado de carácter internacional y a las personas que intervienen en ellos. Apl. a. pers. ú.t.c.s. || 4. fig. y fam. Circunspecto, sagaz y disimulado.

DIPLOPÍA. (gr. διπλόος, doble, y όψ, όπός, vista.) f. MED. Visión doble de los objetos por falta de coordinación de los músculos del ojo.

DIPNEO, NEA. (gr. δίς, dos, y πνοή, respiración.) adj. ZOOL. Que está dotado de respiración branquial y pulmonar. Ú.t.c.s.

DIPODIA. (gr. διποδία, dos pies.) f. En la métrica clásica, conjunto de dos pies.

DIPSACÁCEO, A. (l. *dipsácos,* y éste del gr. δίψακος, cardencha.) adj. BOT. Dícese de las plantas angiospermas dicotiledóneas, herbáceas, de hojas opuestas o en verticilo, flores en espiga o cabezuela con involucros bien desarrollados, y fruto en aquenio. Ú.t.c.s. || 2. f. pl. BOT. Familia de estas plantas.

DIPSÁCEO, A. adj. BOT. Dipsacáceo.

DIPSOMANÍA. (gr. δίψα, sed, y μανία.) Tendencia irresistible al abuso de la bebida.

DIPSOMANIACO, CA. (~ **NÍACO, CA**). adj. Dícese del que padece dipsomanía. Ú.t.c.s.

DIPSÓMANO, NA. adj. Dipsomaniaco.

DÍPTERO. (l. *dipteros,* y éste del gr. δίπτερος; de δίς, dos, y πτερόν, ala.) adj. ARQ. y ESC. Dícese del edificio que tiene dos costados salientes, y de la estatua que tiene dos alas. || 2. ZOOL. Dícese del insecto que tiene dos alas membranosas, las otras dos alas se han transformado en balancines. Algunos de estos insectos carecen de alas por adopción a la vida parasitaria. Ú.t.c.s. || 3. m. pl. ZOOL. Orden de estos insectos. || 2.ª acep.: **P.** diptero; **I.** dipterous; **F.** diptère; **A.** Zweiflüger; **It.** dittero; **R.** двукрылый.

DIPTEROCARPÁCEO, A. (gr. δίπτερος, de dos alas, y καρπός, fruto.) adj. BOT. Dícese de las plantas angiospermas, dicotiledóneas, grandes árboles resinosos de las regiones tropicales de Asia y Oceanía, de hojas aisladas, flores axilares en racimo, alguna vez en panoja, regulares y muy grandes, y fruto en aquenio. Ú.t.c.s. || 2.f. pl. BOT. Familia de estas plantas.

DIPTEROCÁRPEO, A. adj. BOT. Dipterocarpáceo.

DÍPTICA. (l. *diptŷcha,* y éste del gr. δίπτυχα.) f. Tablas plegables en forma de libro, en que se acostumbraba anotar en la primitiva Iglesia los nombres de las personas por quienes se había de orar. || 2. Catálogo de nombres de personas, generalmente de los obispos de una diócesis. Ú.m. en pl.

DÍPTICO. (l. *diptŷchus,* y éste del gr. δίπτυχος, plegado en dos; de δίς, dos veces, πτυχή, plegadura, pliegue.) m. Díptica, 1.ª acep. || 2. Cuadro o bajo relieve formado por dos tableros que se cierran como las tapas de un libro. || **P.** diptico; **I.** diptych; **F.** diptyque; **A.** Diptychon; **It.** dittico; **R.** диптих.

DIPTONGACIÓN. f. GRAM. Acción y efecto de diptongar.

DIPTONGAR. (De *diptongo.*) tr. GRAM. Unir dos vocales, formando al pronunciarlas una sola sílaba. || 2. intr. FON. Convertirse en diptongo una vocal, como la *o* de «mover» en *«muevo».*

DIPTONGO. (l. *diphthongus,* y éste del gr. δίφθογγος; de δίς, dos, y φθόγγος, sonido.) m. GRAM. Conjunto de dos vocales que se pronuncian en una sola sílaba. || **P.** ditongo; **I.** diphthong; **F.** diphthongue; **A.** Doppellaut; **It.** dittongo; **R.** дифтонг.

DIPUTACIÓN. (l. *deputatio,* *-ōnis.*) f. Acción y efecto de diputar. || 2. Conjunto de diputados. || 3. Ejercicio del cargo de diputado. || 4. Duración de este cargo. || 5. Negocio que se comete al diputado. || 6. MÉJ. Casa consistorial, palacio municipal. || —**provincial.** Corporación que dirige y administra los intereses de una provincia. || 2. Local que ella ocupa. ||

D

P. deputação; **I.** deputation; **F.** députation; **A.** Abordnung; **It.** deputazione; **R.** депутация.

DIPUTADO, DA. p.p. del verbo diputar. ‖ **2.** m. y f. Persona nombrada por un cuerpo para representarlo. ‖ **—a Cortes.** Con arreglo a algunas constituciones, cada una de las personas nombradas directamente por los electores para componer la Cámara legislativa. ‖ **—provincial.** El elegido por un distrito para que lo represente en la diputación provincial. ‖ **P.** deputado; **I.** deputy; **F.** député; **A.** Abgeordneter; **It.** deputato; **R.** депутат.

DIPUTADOR, RA. adj. Que diputa. Ú.t.c.s.

DIPUTAR. (l. *deputāre.*) tr. Destinar o elegir una persona o cosa para algún ministerio. ‖ **2.** Designar una colectividad a uno o más de sus individuos para que la representen. ‖ **P.** deputar; **I.** to depute; **F.** députer; **A.** abordnen; **It.** deputare; **R.** посылать представителя.

DIQUE. (neerl. *dijk.*) m. Muro hecho para contener las aguas, de un embalse, de los ríos o del mar. ‖ **2.** Cavidad revestida de fábrica en la orilla de una dársena, río, etcétera, con compuertas para llenarla o vaciarla, y donde entran los buques para limpiar y carenar. ‖ **3.** fig. Cosa con que otra es contenida o reprimida. ‖ **4.** Min. Filón estéril que forma muro en medio de otros terrenos. ‖ **—flotante.** Flotador para carenar, construído con cajones que al llenarse de agua o vaciarse, hacen que se hunda más o menos. ‖ **—flotante y deponente.** El flotante que se utiliza para situar el buque en una grada con objeto de carenarlo o repararlo. ‖ **P.** dique; **I.** dike; **F.** digue; **A.** Damm; **It.** diga; **R.** плотина, дамба.

DIRCEO, A. (l. *dircaeus.*) adj. Tebano.

DIRECCIÓN. (l. *directĭo, -ōnis.*) f. Acción y efecto de dirigir o dirigirse. ‖ **2.** Camino o rumbo que un cuerpo sigue en su movimiento. ‖ **3.** Consejo, enseñanza y preceptos con que se encamina a uno. ‖ **4.** Conjunto de personas encargadas de dirigir una sociedad, establecimiento, explotación, etc. ‖ **5.** Cargo de director. ‖ **6.** Oficina del director o de la dirección. ‖ **7.** Señas escritas sobre una carta o paquete. ‖ **8.** Geol. Arrumbamiento de la intersección de las caras de una capa o filón con el plano horizontal. ‖ **9.** Mec. En los vehículos de motor, conjunto de mecanismos que permiten orientar las ruedas delanteras. ‖ **—general.** Cualquiera de las oficinas superiores que dirigen los diferentes ramos en que se divide la administración pública. ‖ **—de una fuerza.** Recta según la cual la fuerza tiende a mover su punto de aplicación. ‖ dirección *de tiro.* Instalación que en los buques de guerra sirve para calcular los datos del tiro. ‖ *Mecanismo de* dirección. En los automóviles, el engranaje que conecta la columna de dirección con el brazo de mando de las ruedas. ‖ **P.** direcção; **I.** y **F.** direction; **A.** Direktion, Führung; **It.** direzione; **R.** руководство.

DIRECTAMENTE. adv. De un modo directo.

DIRECTE NI INDIRECTE. adv. lats. que se usan juntos casi siempre, y significan: directa ni indirectamente.

DIRECTIVO, VA. (De *directo.*) adj. Dícese de lo que tiene facultad y virtud de dirigir.

DIRECTO, TA. (l. *directus,* p.p. de *dirigĕre,* dirigir.) adj. Derecho, en línea recta. ‖ **2.** Dícese de lo que va de una parte a otra sin detenerse en los puntos intermedios. ‖ **3.** Aplícase a lo que se encamina derechamente a una mira u objeto. ‖ **4.** V. *Dominio, tren* directo. ‖ **5.** Astron. V. *Anteojo, movimiento* directo. ‖ **6.** Gram. V. *Complemento* directo. ‖ **7.** Ópt. Véase *Rayo* directo.

DIRECTOR, RA. (l. *director.*) adj. Que dirige. Ú.t.c.s. ‖ **2.** Geom. Dícese de la extensión que determina las condiciones de generación de otra. En esta acepción, la forma femenina es *directriz.* ‖ **3.** m. y f. Persona a cuyo cargo está el régimen o dirección de un negocio, cuerpo o establecimiento especial. ‖ **4.** m. Sujeto que está encargado de la dirección de los negocios de una compañía. ‖ **—artístico.** El que acepta o rechaza las obras teatrales cuya representación se pretende. ‖ **—de escena.** El que dispone todo lo referente a la representación de las obras teatrales. ‖ **—espiritual.** Sacerdote que dirige a una persona en asuntos de conciencia. ‖ **—general.** El que tiene la dirección superior de un cuerpo o de un ramo. ‖ **P.** director; **I.** director; **F.** directeur; **A.** Direktor, Führer; **It.** direttore; **R.** директор.

DIRECTORAL. adj. Perteneciente o relativo al director o a la directora.

DIRECTORIO, RIA. (l. *directorĭus.*) adj. Dícese de lo que es a propósito para dirigir. ‖ **2.** m. Lo que sirve para dirigir en alguna ciencia o negocio. ‖ **3.** Instrucción para gobernarse en algún negocio. ‖ **4.** Junta directiva de ciertas asociaciones, partidos, etc. ‖ 4.ª acep.: **P.** directório; **I.** directory; **F.** directoire; **A.** Direktorium; **It.** direttorio; **R.** правление.

DIRECTRIZ. adj. Geom. Terminación femenina de director, 2.ª acep. Ú.t.c.s.

DIRHEM. (ár. *dirham,* y éste del gr. δραχμή.) m. Moneda de plata usada por los árabes en la Edad Media.

DIRIGENTE. p.a. de dirigir. Que dirige. Ú.t.c.s.

DIRIGIBLE. adj. Que puede ser dirigido. ‖ **2.** m. Aeronave más ligera que el aire y capaz de ser gobernada.

DIRIGIR. (l. *dirigĕre.*) tr. Enderezar, llevar rectamente una cosa hacia un término o lugar señalados. ‖ **2.** Guiar, mostrando o dando las señas de un camino. ‖ **3.** Poner a una carta, bulto, etc., las señas que indiquen a dónde y a quién se ha de enviar. ‖ **4.** fig. Encaminar la intención y las operaciones a determinado fin. ‖ **5.** Gobernar, regir. ‖ **6.** Aconsejar y gobernar la conciencia de una persona. ‖ **7.** Dedicar una obra de ingenio. ‖ **8.** Aplicar a persona determinada un dicho o un hecho. ‖ **9.** Volverse, tomar una dirección. ‖ **P.** dirigir; **I.** to direct; **F.** diriger; **A.** leiten, dirigieren; **It.** dirìgere; **R.** направлять.

DIRIMENTE. p.a. de dirimir. Que dirime. ‖ **2.** adj. Dícese del impedimento que estorba contraer matrimonio entre ciertas personas, o lo anula.

DIRIMIBLE. adj. Que se puede dirimir.

DIRIMIR. (l. *dirimĕre.*) tr. Deshacer, disolver, desunir. Dícese ordinariamente de las cosas inmateriales. ‖ **2.** Ajustar, fenecer, componer una controversia.

DIRRUIR. (l. *diruĕre.*) tr. ant. Derruir.

DIS. (l. *dis.*) pref. que denota negación o contrariedad, como en disconforme, dispar, etc.

DISANTERO, RA. (De *disanto.*) adj. ant. Dominguero.

DISANTO. (De *día santo.*) m. Día de fiesta religiosa.

* **DISARMONÍA.** (De *dis* y *armonía.*) f. Pat. Trastorno en el funcionamiento de unos órganos causado por alguna lesión producida en otros órganos, como consecuencia de una interdependencia funcional entre ellos.

DISARTRIA. (gr. δύς, mal, y ἄρθρον, articulación.) f. Med. Dificultad en articular las palabras, que se manifiesta por el embrollo en la pronunciación debido a una lesión de origen central, síntoma casi constante de la parálisis general.

* **DISÁRTRICO, CA.** adj. Perteneciente o relativo a la disartria.

DISCANTADO, DA. p.p. de discantar. ‖ **2.** adj. Perú. Dícese de la misa rezada con acompañamiento de música.

DISCANTAR. (b. l. *discantāre,* y éste del l. *dis,* intens., y *cantāre.*) tr. Cantar. ‖ **2.** fig. Glosar cualquiera materia; hablar mucho sobre ella, comentándola acaso con impertinencia. ‖ **3.** Mús. Echar el contrapunto sobre un paso.

DISCANTE. (De *discantar.*) m. Tiple, 2.ª acep. ‖ **2.** Concierto de música especialmente de instrumentos de cuerda.

DISCEPTACIÓN. (l. *disceptatĭo, -ōnis.*) f. p. us. Acción y efecto de disceptar.

DISCEPTAR. (l. *disceptāre.*) intr. p. us. Argüir sobre un punto o materia.

DISCERNEDOR, RA. adj. ant. Discernidor. Usáb.t.c.s.

DISCERNER. tr. ant. Discernir.

DISCERNIDOR, RA. p.a. de discernir. Que discierne.

DISCERNIENTE. p.a. de discernir. Que discierne.

DISCERNIMIENTO. (De *discernir.*) m. Acción de discernir. ‖ **2.** Facultad de discernir con el pensamiento, especialmente el bien del mal. ‖ **3.** For. Apoderamiento judicial que habilita a una persona para ejercer un cargo. ‖ **P.** e **It.** discernimento; **I.** discernment; **F.** discernement; **A.** Urteilsfähigkeit; **R.** распознавание.

DISCERNIR. (l. *discernĕre.*) tr. Distinguir una cosa de otra por un acto especial de los sentidos o de la inteligencia. ‖ **2.** For. Encargar de oficio el juez a uno la tutela de un menor u otro cargo. ‖ **3.** Amér. Decretar, otorgar, conceder, tributar, dar, tratándose de premios, recompensas y honores.

* **DISCIFORME.** (l. *discus,* y *forma,* figura.) adj. Bot. En forma de disco.

DISCIPLINA. (l. *disciplīna.*) f. Doctrina, regla, de enseñanza impuesta por un maestro a sus discípulos. ‖ **2.** Instrucción física, moral o mental de una persona. ‖ **3.** Conjunto de reglas para mantener el orden y la subordinación entre los miembros de un cuerpo. ‖ **4.** Observancia de estas reglas. ‖ **5.** Azote, generalmente de cáñamo, con varios ramales. ‖ **6.** Acción y efecto de disciplinar o disciplinarse. ‖ **—eclesiástica.** Conjunto de disposiciones morales y canónicas de la Iglesia. ‖ **P.** e **It.** disciplina; **I.** y **F.** discipline; **A.** Disziplin; **R.** дисциплина.

DISCIPLINABLE. (l. *disciplinabĭlis.*) adj. Capaz de disciplina, 1.ª y 3.ª aceps.

DISCIPLINADAMENTE. adv. Con disciplina e instrucción.

DISCIPLINADO, DA. p.p. de disciplinar. ‖ **2.** adj. Que observa la disciplina. ‖ **3.** fig. Dícese de las flores matizadas de varios colores.

DISCIPLINAL. (l. *disciplinālis.*) adj. Concerniente a la disciplina y buen régimen.

DISCIPLINANTE. p.a. de disciplinar. Que se disciplina. Ú.t.c.s. ‖ **2.** m. Por antonom. el penitente que se azotaba públicamente en las procesiones de Semana Santa.

DISCIPLINAR. (l. *disciplināre.*) tr. Instruir, enseñar a uno su profesión. ‖ **2.** Azotar, dar disciplinazos por mortificación o por castigo. Ú.t.c.r. ‖ **3.** Imponer, hacer guardar la disciplina. ‖ **P.** disciplinar; **I.** to discipline; **F.** discipliner; **A.** disziplinieren, unterweisen; **It.** disciplinare; **R.** дисциплинировать.

DISCIPLINAR. adj. Perteneciente o relativo a la disciplina eclesiástica.

DISCIPLINARIO, RIA. (De *disciplina.*) adj. Relativo o perteneciente a la disciplina. ‖ **2.** Dícese del régimen que establece disciplina y de la pena que se impone por vía de corrección. ‖ **3.** Dícese de los cuerpos militares formados por soldados condenados a alguna pena.

DISCIPLINAZO. m. Golpe dado con las disciplinas.

DISCIPULADO. (l. *discipulātus.*) m. Ejercicio y calidad de discípulo de una escuela. ‖ **2.** Doctrina, enseñanza, educación. ‖ **3.** Conjunto de discípulos.

DISCIPULAR. adj. Perteneciente a los discípulos.

DISCÍPULO, LA. (l. *discipŭlus.*) m. y f. Persona que aprende una doctrina recibida de las enseñanzas de un maestro. ‖ **2.** Persona que sigue la opinión de una escuela. ‖ **3.** adj. V. *Modo* discípulo. ‖ **P.** discípulo; **I.** y **F.** disciple; **A.** Schüler; **It.** discèpolo; **R.** ученик.

DISCO. (l. *discus,* y éste del gr. δίσκος.) m. Cualquier cuerpo cilíndrico cuya base es muy grande en relación a su altura. ‖ **2.** Tejo de metal o piedra de un pie de diámetro que se lanza a distancia como ejercicio atlético. ‖ **3.** Lámina circular de ebonita, etc., en que están inscritas las vibraciones de la voz o de otro sonido cualquiera para ser reproducidas por medio del gramófono. ‖ **4.** Astron. Figura circular y plana con que se presentan a nuestra vista el Sol, la Luna y los planetas. ‖ **5.** Bot. Parte de la hoja comprendida dentro de sus bordes. ‖ **6.** Superficie de un órgano en oposición a sus bordes. ‖ **7.** Tecnol. Dícese de algunas piezas de diversas máquinas e instrumentos, que afectan dicha

D

forma. || **8.** fig. Lata, discurso o relato enfadoso, prolijo e impertinente. || **—analizador.** RADIOTEC. En televisión, disco con una o varias series de orificios cerca del borde a través de los cuales se hacen pasar sucesivamente los rayos luminosos procedentes del objeto cuya imagen se transmite. || **—de Faraday.** Fís. Disco de cobre que sirve para demostrar la acción rotatoria del campo magnético terrestre sobre las corrientes. || **—de Newton.** Fís. Disco dividido en sectores pintados con los colores del espectro solar, y que al girar rápidamente aparece blanco. || **—de señales.** El de palastro, que, colocado en lo alto de un poste, se usa en los ferrocarriles para indicar si la vía está libre. || **—selector.** TELEF. Órgano del teléfono automático con diez orificios señalados con las cifras del 0 al 9 para marcar el número con que se quiere comunicar. || **—sincronizador.** TELEFOT. Disco dentado en algunos aparatos emisores de telefotografía que sirve para obtener el sincronismo entre el movimiento de éste y el del cilindro de recepción. || **P.** e **It.** disco; **I.** disk; **F.** disque; **A.** Scheibe; **R.** диск.

DISCÓBOLO. (l. *discobŏlos*, y éste del gr. δισκοβόλος.) m. Atleta que arroja el disco.

★ **DISCOGLOSO.** m. ZOOL. Género de batracios anuros que presentan grandes analogías con las ranas.

DISCOIDAL. adj. A manera de disco.

DÍSCOLO, LA. (l. *dyscŏlus*, y éste del gr. δύσκολος.) adj. Avieso, indócil perturbador. Ú.t.c.s. || **P.** díscolo; **I.** froward; **F.** dyscole, espiègle; **A.** unfolgsam; **It.** díscolo; **R.** непокорный.

DISCOLOR. (l. *discŏlor*.) adj. ant. De varios colores.

DISCOLORO, RA. (De *discolor*.) adj. BOT. Dícese de la hoja cuyas dos caras son de distinto color.

DISCONFORME. adj. No conforme.

DISCONFORMIDAD. f. Diferencias de unas cosas con otras en cuanto su esencia, forma o fin. || **2.** Oposición, desunión, contrariedad en los dictámenes o en las voluntades. || **P.** desconformidade; **I.** disconformity; **F.** discordance; **A.** Uneinigkeit; **It.** discordanza, differenza; **R.** несоответствие.

DISCONTINUACIÓN. f. Acción y efecto de discontinuar.

DISCONTINUAR. tr. Romper o interrumpir la continuación de una cosa.

DISCONTINUIDAD. f. Calidad de discontinuo.

DISCONTINUO, NUA. adj. Interrumpido, intermitente o no continuo. || **2.** MAT. No continuo. || **P.** descontínuo; **I.** discontinuous; **F.** discontinu; **A.** unterbrochen; **It.** discontinuo; **R.** прерывающийся.

DISCONVENIENCIA. f. Desconveniencia.

DISCONVENIENTE. p.a. de disconvenir. Que disconviene. || **2.** adj. Desconveniente.

DISCONVENIR. intr. Desconvenir.

DISCORDANCIA. (l. *discordans, -antis*, p.a. de *discordāre*, discordar.) f. Contrariedad, desconformidad.

DISCORDANTE. p.a. de discordar. Que discuerda.

DISCORDANZA. f. ant. Discordancia.

DISCORDAR. (l. *discordāre*.) intr. Ser opuestas, desavenidas o diferentes entre sí dos o más cosas. || **2.** No convenir uno en opiniones de otro. || **3.** MÚS. No estar acordes las voces o los instrumentos.

DISCORDE. (l. *discors, -ordis*.) adj. Disconforme, desavenido, opuesto. || **2.** MÚS. Disonante, falto de consonancia.

DISCORDIA. (l. *discordia*.) f. Oposición, desavenencia de voluntades. || **2.** Diversidad y contrariedad de opiniones. || **3.** V. *Tercero en* DISCORDIA. || **4.** fig. Véase *Manzana de la* DISCORDIA. || **5.** FOR. Falta de mayoría para votar sentencia por división de pareceres en un tribunal colegiado, que obliga a repetir el fallo o la vista con mayor número de jueces. || **P.** discórdia; **I.** discord; **F.** discorde; **A.** Zwietracht; **It.** discordia; **R.** разногласие.

★ **DISCORIA.** f. Deformidad de la pupila del ojo.

DISCOTECA. (gr. δίσκος, disco, y θήκη, caja.) f. Colección de discos impresionados, formada con un fin especial. || **2.** Mueble para guardarla.

DISCRASIA. (l. *dyscrasĭa*, y éste del gr. δυσκρασία; de δύς, mal, y κρᾶσις, mezcla.) f. MED. Cacoquimia, 2.ª acep.

DISCRECIÓN. (l. *discretĭo, -ōnis*.) f. Sensatez para formar juicio y tacto para hablar u obrar. || **2.** Don de expresarse con agudeza y oportunidad. || **3.** Dicho y expresión discretos. || *A* DISCRECIÓN. m. adv. Al arbitrio o buen juicio de uno. || *Darse, o entregarse a* DISCRECIÓN. fr. MIL. Entregarse sin capitulación al arbitrio del vencedor. || *Rendirse a* DISCRECIÓN. fr. MIL. Darse a discreción. || **P.** discrição; **I.** discretion; **F.** discrétion; **A.** Urteilskraft; **It.** discrezione; **R.** благоразумие.

DISCRECIONAL. (De *discreción*.) adj. Que se hace libre y prudencialmente. || **2.** Se dice de la potestad gubernativa en las funciones de su competencia que no están regladas.

DISCRECIONALMENTE. adv. De manera discrecional.

DISCREPANCIA. (l. *discrepantĭa*.) f. Diferencia, desigualdad que resulta de la comparación de las cosas entre sí. || **2.** Disentimiento personal en opiniones o conducta. || **P.** discrepáncia; **I.** discrepancy; **F.** disconvénance, différence; **A.** Misshelligkeit, Diskrepanz; **It.** discrepanza; **R.** расхождение.

DISCREPANTE. p.a. de discrepar. Que discrepa.

DISCREPAR. (l. *discrepāre*.) intr. Desdecir, diferenciarse una cosa de otra. || **2.** Disentir una persona del parecer de otra. || **P.** discrepar; **I.** to differ; **F.** différer; **A.** uneinig sein; **It.** discrepare; **R.** расходиться.

DISCRETAMENTE. adv. Con discreción.

DISCRETEAR. intr. Ostentar discreción, hacer del discreto. Ú.c despect.

DISCRETEO. m. Acción y efecto de discretear.

DISCRETO, TA. (l. *discrētus*, p.p. de *discernĕre*, discernir.) adj. Dotado de discreción. Ú.t.c.s. || **2.** Que incluye o denota discreción. || **3.** FOR. Tratamiento curial de algunos magistrados y oficiales. || **4.** MAT. V. *Cantidad* DISCRETA. || **5.** MED. Dícese de ciertas erupciones especialmente de las viruelas, cuando los granos o pústulas están bien separados entre sí. || **6.** m. y f. En algunas comunidades religiosas, el que asiste al superior como consiliario en el gobierno de la misma. || *A lo* DISCRETO. m. adv. A discreción. || **2.** Discretamente. || *Mientras el* DISCRETO *piensa, el necio hace la ciencia*. ref. que atribuye mayor eficacia a la diligencia que a la discreción. || **P.** e **It.** discreto; **I.** discreet; **F.** discret; **A.** taktvoll, diskret; **R.** благоразумный.

DISCRETORIO. m. En algunas comunidades religiosas, el cuerpo que forman los discretos o las discretas. || **2.** Lugar donde se reúnen.

DISCRIMEN. (l. *discrīmen*.) m. Riesgo o peligro inmediato o contingente. || **2.** Diferencia, diversidad.

DISCRIMINACIÓN. f. Acción y efecto de discriminar. || **2.** Trato de inferioridad que se da a una persona o colectividad, generalmente por motivos raciales o religiosos.

★ **DISCRIMINADOR, RA.** adj. Que discrimina. || **2.** m. RADIOTEC. Receptor para trabajar con ondas de frecuencia modulada y que transforma en variaciones de intensidad de baja frecuencia las variaciones de frecuencia de las señales captadas.

★ **DISCRIMINANTE.** m. MAT. En las ecuaciones de segundo grado, la diferencia que en la fórmula para su solución, figura bajo el signo radical.

DISCRIMINAR. (l. *discrimināre*.) tr. Separar, distinguir, diferenciar una cosa de otra. || **2.** Dar trato de inferioridad a personas o colectividades comúnmente por motivos religiosos o raciales.

DISCUENTO. m. desus. Noticia, cuento. Ú. en Salamanca.

DISCULPA. f. Razón que se da y causa que se alega para excusarse y purgarse de una culpa. || **P.** desculpa; **I.** y **F.** excuse; **A.** Entschuldigung; **It.** scusa, discolpa; **R.** извинение.

DISCULPABLE. adj. Que merece disculpa. || **2.** Que tiene razones en su abono.

DISCULPABLEMENTE. adv. Con disculpa.

DISCULPACIÓN. (De *disculpar*.) f. ant. Disculpa.

DISCULPADAMENTE. adv. Con razón que disculpe.

DISCULPAR. (De *disculpa*.) tr. Dar razones o pruebas que descarguen a uno de culpa. Ú.t.c.s. || **2.** fam. No tomar en cuenta o perdonar las faltas u omisiones cometidas por otro.

DISCURRIENTE. p.a. ant. de discurrir. Que discurre.

DISCURRIMIENTO. (De *discurrir*.) m. ant. Discurso, razonamiento.

DISCURRIR. (l. *discurrĕre*.) intr. Andar, caminar, correr, por diversas partes. || **2.** Correr, moverse de una parte a otra; y transcurrir el tiempo. || **3.** fig. Reflexionar, pensar acerca de una cosa o tratar de ella con cierto método. || **4.** tr. Inventar una cosa. || **5.** Inferir, conjeturar. || 3.ª acep.: **P.** reflexionar; **I.** to discourse; **F.** discourir; **A.** aussinnen, erdenken; **It.** discòrrere; **R.** проходить.

DISCURSANTE. p.a. de discursar. Que discursa.

DISCURSAR. (De *discurso*.) tr. p. us. Discurrir sobre una materia.

DISCURSEAR. intr. fam. Pronunciar discursos.

DISCURSIBLE. adj. Capaz de discurso o de discurrir.

DISCURSISTA. com. Persona que forma discursos por ocio o pretendiendo lucirse con ellos.

DISCURSIVO, VA. adj. Dado a discurrir, reflexivo, meditabundo.

DISCURSO. (l. *discursus*.) m. Facultad de raciocinar o de inferir o deducir unas cosas de otras. || **2.** Acto de la facultad discursiva. || **3.** Uso de la razón. || **4.** Reflexión, raciocinio sobre algunos antecedentes o principios. || **5.** Serie de las palabras y frases empleadas para manifestar lo que se piensa o siente. || **6.** Razonamiento de alguna extensión dirigido por una persona a otra u otras. || **7.** Oración, 1.ª acep. || **8.** Escrito de no mucha extensión, o tratado sobre una materia para enseñar o persuadir. || **9.** Espacio, duración de tiempo. || **10.** GRAM. Conjunto de oraciones que constituyen una elocución hablada o escrita. || **P.** discurso; **I.** discourse; **F.** discours; **A.** (An)Rede, Gespräch; **It.** corso; **R.** речь.

DISCUSIÓN. (l. *discussĭo, -ōnis*.) f. Acción y efecto de discutir.

DISCUSIVO, VA. adj. MED. Que disuelve, que resuelve.

DISCUTIBLE. adj. Que se puede o se debe discutir.

DISCUTIDOR, RA. (De *discutir*.) adj. Práctico en disputas y discusiones, o aficionado a ellas.

DISCUTIR. (l. *discutĕre*, disipar, resolver.) tr. Examinar detalladamente una cuestión presentando consideraciones favorables o contrarias. || **2.** Contender y alegar razones contra el parecer de otro. Ú.m. intr. || **P.** discutir; **I.** to discuss; **F.** discuter; **A.** erörtern, diskutieren; **It.** cùtere; **R.** обсуждать.

DISECABLE. adj. Que se puede disecar.

DISECACIÓN. (De *disecar*.) f. Disección.

DISECADOR. (De *disecar*.) m. Que diseca.

DISECAR. (l. *dissecāre*.) tr. Dividir en partes un vegetal o el cadáver de un animal para el examen de su estructura normal o de las alteraciones orgánicas. || **2.** Preparar los animales muertos para conservarlos con apariencia de vivos. || **3.** Por analogía, preparar una planta, secándola para que se conserve y pueda ser estudiada. || **P.** dissecar; **I.** to dissect; **F.** disséquer; **A.** zergliedern; **It.** dissecare; **R.** рассекать.

DISECCIÓN. (l. *dissectĭo, -ōnis*.) f. Acción y efecto de disecar. || **P.** dissecação; **I.** y **F.** dissection; **A.** Zergliederung; **It.** dissezione; **R.** рассечение.

DISECEA. (gr. δυσηκοΐα, de δυσήκοος;

D

de δύς, mal, y ἀκούω, oir.) f. MED. Torpeza de oído.

DISECTOR. (l. *dissectum*, supino de *dissecāre*, cortar, hacer pedazos.) m. El que diseca y ejecuta las operaciones anatómicas. || **—de imágenes.** RADIOTEC. Aparato traductor de las variaciones de intensidad lumínica en variaciones de intensidad de la corriente eléctrica, que se utiliza en la televisión.

DISEMINACIÓN. (l. *disseminatio*, *-ōnis*.) f. Acción y efecto de diseminar o diseminarse. || **2.** BOT. Dispersión de las semillas.

DISEMINADOR, RA. adj. Que disemina.

DISEMINAR. (l. *disseminăre*.) tr. Sembrar, esparcir, desparramar. Ú.t.c.r. || **P.** disseminar; **I.** to disseminate; **F.** disséminer; **A.** ausstreuen; **It.** disseminare; **R.** рассыпать.

DISENSIÓN. (l. *dissensio*, *-ōnis*.) f. Oposición o contrariedad de varios sujetos en los pareceres o en los propósitos. || **2.** fig. Contienda, riña, altercado. || **3.** disensão; **I.** y **F.** dissension; **A.** Hader, Uneinigkeit; **It.** dissensione; **R.** разногласие.

DISENSO. (l. *dissensus*.) m. Disentimiento. || *Mutuo* DISENSO. FOR. Conformidad de las partes en disolver o dejar sin efecto el contrato u obligación entre ellas existente.

DISENTERÍA. (l. *dysenteria*, y éste del gr. δυσεντερία; de δύς, mal, y ἔντερον, intestino.) f. MED. Enfermedad infecciosa consistente en la inflamación y ulceración del intestino grueso, causada por bacilos o por parásitos. || **P.** disenteria; **I.** dysentery; **F.** dysenterie; **A.** Dysenterie; **It.** dissenteria; **R.** дизентерия.

DISENTÉRICO, CA. (l. *dysentericus*, y éste del gr. δυσεντερικός.) adj. Perteneciente o relativo a la disentería.

DISENTIMIENTO. m. Acción y efecto de disentir.

DISENTIR. (l. *dissentīre*.) intr. No ajustarse al sentir o parecer de otro; opinar de modo distinto. || **P.** y **F.** dissentir; **I.** to dissent; **A.** dissentieren, anderer Meinung sein; **It.** dissentire; **R.** быть другого мнения.

DISEÑADOR. m. El que diseña o dibuja.

DISEÑAR. tr. Hacer un diseño. || **P.** desenhar; **I.** to draw, to outline; **F.** dessiner; **A.** zeichnen, entwerfen; **It.** dissegnare; **R.** рисовать.

DISEÑO. (ital. *disegno*.) m. Traza, delineación de un edificio o de una figura. || **2.** Descripción o bosquejo de alguna cosa, hecho con palabras. || **P.** desenho; **I.** drawing; **F.** dessin; **A.** Entwurf, Zeichnung; **It.** disegno; **R.** рисунок.

DISÉPALO, LA. adj. BOT. Dícese del cáliz o la flor que tiene dos sépalos.

DISERTACIÓN. (l. *dissertatio*, *-ōnis*.) f. Acción y efecto de disertar. || **2.** Escrito en que se diserta. || **P.** dissertação; **I.** y **F.** dissertation; **A.** gelehrte Abhandlung; **It.** dissertazione; **R.** рассуждение.

DISERTADOR, RA. adj. Aficionado a disertar.

DISERTANTE. p.a. de disertar. Que diserta. Ú.t.c.s.

DISERTAR. (l. *dissertāre*.) intr. Razonar, discurrir detenida y metódicamente sobre alguna materia.

DISERTO, TA. (l. *dissertus*.) adj. Que habla con facilidad y con abundancia de argumentos.

DISESTESIA. (gr. δύς, mal, y αἴσθησις, sentido.) f. MED. Trastorno de la sensibilidad caracterizado por una disminución y retardo de las sensaciones, especialmente del tacto.

DISFAGIA. (gr. δύς, mal, y φαγεῖν, comer.) f. MED. Dificultad o imposibilidad de tragar.

DISFAMA. (De *disfamar*.) f. ant. Difamación.

DISFAMACIÓN. (De *disfamar*.) f. Difamación.

DISFAMADOR, RA. (De *disfamar*.) adj. Difamador. Ú.t.c.s.

DISFAMAMIENTO. (De *disfamar*.) m. ant. Difamación.

DISFAMAR. tr. Difamar.

DISFAMATORIO, RIA. adj. Difamatorio.

DISFAMIA. f. Difamia.

DISFASIA. (gr. δύς, mal, y φάσις, palabra.) f. MED. Anomalía en el lenguaje, consistente en una incoordinación de las palabras debida a una lesión cerebral.

DISFAVOR. m. Desaire o desatención usados con alguno. || **2.** Suspensión del favor. || **3.** Acción o dicho no favorables que ocasionan alguna contrariedad o daño.

★ **DISFEMIA.** f. MED. Tartamudeo.

★ **DISFONÍA.** f. MED. Afonía parcial.

DISFORMAR. tr. Deformar. Ú.t.c.r.

DISFORME. adj. Que carece de forma regular y de proporción y medida en sus partes. || **2.** Feo, horroroso. || **3.** Extraordinariamente grande y desproporcionado en su especie. Figurativamente aplícase también a las cosas del ánimo.

DISFORMIDAD. f. Deformidad. || **2.** Calidad de disforme.

DISFORMOSO, SA. adj. ant. Disforme, 2.ª acep.

★ **DISFORZARSE.** r. PERÚ. Mostrarse exagerado en la expresión de algunos sentimientos.

DISFRAZ. (De *disfrazar*.) m. Artificio con que se desfigura una cosa. || **2.** Por antonom., vestido de máscara que sirve para las fiestas y saraos, especialmente en carnaval. || **3.** fig. Simulación para desfigurar lo que se siente. || **P.** disfarce; **I.** disguise; **F.** déguisement; **A.** Verkleidung; Maske; **It.** travestimento; **R.** переодевание.

DISFRAZAR. (Tal vez de *dis* y *farsa*.) tr. Desfigurar la forma natural de las personas o de las cosas, para que no sean conocidas. Ú.t.c.s. || **2.** fig. Disimular con palabras lo que se siente. || **P.** disfarçar; **I.** to disguise; **F.** déguiser, travestir; **A.** verkleiden, maskieren; **It.** travestire, mascherare; **R.** изменять внешность.

DISFREZ. m. ant. Desfrez.

DISFREZARSE. r. ant. Disfrazarse.

DISFRUTAR. (De *dis* y *fruto*.) tr. Percibir, aprovechar los productos y las ventajas de las cosas. || **2.** Aprovecharse del favor, protección o amistad de uno. || **3.** intr. Gozar, sentir placer. || **P.** desfrutar; **I.** to enjoy; **F.** jouir; **A.** geniessen; **It.** godere; **R.** пользоваться.

DISFRUTE. m. Acción y efecto de disfrutar.

★ **DISFUERZO.** m. PERÚ. Remilgo de mujer. || **2.** Desenvoltura, falta de modestia.

DISFUMAR. tr. Esfumar.

DISFUMINO. m. Esfumino.

DISGERIBLE. (De *digerir*.) adj. ant. Digestible.

★ **DISGRAFÍA.** f. MED. Perturbación en la capacidad de expresión escrita del pensamiento producida por una lesión en los centros nerviosos o por otras causas.

DISGREGACIÓN. (l. *disgregatio*, *-ōnis*.) f. Acción y efecto de disgregar o disgregarse. || **P.** desagregação; **I.** disgregation; **F.** désagrégation; **A.** Auflockerung, Verwerfung; **It.** disgregazione; **R.** разъединение.

DISGREGADOR, RA. adj. Que disgrega.

DISGREGANTE. p.a. de disgregar. Que disgrega. Ú.t.c.s.

DISGREGAR. (l. *disgregāre*; de *dis*, dos, y *grex, gregis*, rebaño.) tr. Separar, desunir, apartar lo que estaba unido. Ú.t.c.r.

DISGREGATIVO, VA. (l. *disgregativus*.) adj. Que tiene virtud o facultad de disgregar.

DISGUSTADAMENTE. adv. Con disgusto.

DISGUSTADO, DA. p.p. de disgustar. || **2.** adj. Desazonado, desabrido, incomodado. || **3.** Apesadumbrado, pesaroso. || **4.** MÉJ. Descontentadizo, que nada cuadra a su genio.

DISGUSTAR. tr. Causar disgusto y desabrimiento al paladar. || **2.** fig. Causar enfado, pesadumbre y desazón. Ú.t.c.r. || **3.** r. Desazonarse uno con otro, o perder la amistad por contrariedades. || **P.** desgostar; **I.** to disgust, to tire, to be angry; **F.** dégoûter, agacer; **A.** verdriessen, ärgen; **It.** disgustare, infastidire, ammusarsi; **R.** раздражать.

DISGUSTO. (De *disgustar*.) m. Impresión desagradable causada por una co-

mida o bebida. || **2.** fig. Contienda o diferencia con uno. || **3.** fig. Pesadumbre, inquietud. || **4.** fig. Enfado, tedio. || *A* DISGUSTO. m. adv. Contra la voluntad y gusto de uno. || **P.** dissabor; **I.** disgust, distaste; **F.** dégoût; **A.** Ekel; **It.** disgusto; **R.** неудовольствие; **3.**ª acep.: **P.** tédio; **I.** sorrow, trouble; **F.** ennui; **A.** Missvergnügen; **It.** accoramento; **R.** неприятность.

DISGUSTOSO, SA. adj. Desabrido, desagradable al paladar o falto de sazón. || **2.** fig. Desagradable, enfadoso, que causa disgusto.

DISIDENCIA. (l. *dissidentia*.) f. Acción y efecto de disidir. || **2.** Grave desacuerdo de opiniones.

DISIDENTE. (l. *dissidens*, *-entis*.) p.a. de disidir. Que diside. Ú.t.c.s. || **P.** e **It.** dissidente; **I.** y **F.** dissident; **A.** Dissident; **R.** диссидент.

DISIDIR. (l. *dissidēre*.) intr. Separarse de la común doctrina, creencia o conducta.

DISÍLABO, BA. (l. *disyllăbus*, y éste del gr. δισύλλαβος; de δίς, dos, y συλλαβή, sílaba.) adj. Bisílabo. Ú.t.c.s.m.

DISÍMBOLO, LA. (gr. δύς, mal, y σύμβολος, que se junta con otra cosa.) adj. desus. Diferente, disconforme. Ú. en Méjico.

DISIMETRÍA. (gr. δύς, mal, συμμετρία, simetría.) f. Defecto de simetría.

DISIMÉTRICO, CA. adj. Que tiene disimetría.

DISÍMIL. (l. *dissimilis*.) adj. Desemejante, diferente.

DISIMILACIÓN. f. LING. Acción y efecto de disimular o disimularse.

DISIMILAR. (De *disímil*.) tr. LING. Alterar un sonido para diferenciarlo de otro igual o semejante que influye sobre aquél. Ú.m.c.r.

DISIMILITUD. (l. *dissimilitūdo*.) f. Desemejanza.

DISIMULABLE. adj. Que se puede disimular o disculpar.

DISIMULACIÓN. (l. *dissimulatio*, *-ōnis*.) f. Acción y efecto de disimular. || **2.** Disimulo, 1.ª acep. || **3.** Tolerancia afectada de un disgusto o una incomodidad.

DISIMULADAMENTE. adv. Con disimulo.

DISIMULADO, DA. (l. *dissimulātus*.) p.p. de disimular. || **2.** adj. Que por hábito o carácter disimula o no da a entender lo que siente. Ú.t.c.s. || *A lo* DISIMULADO, o *a la* DISIMULADA. m. adv. Con disimulo. || *Hacer* uno *la* DISIMULADA. fr. fam. Afectar ignorancia de una cosa.

DISIMULADOR, RA. (l. *dissimulātor*.) adj. que disimula, fingiendo o tolerando. Ú.t.c.s.

DISIMULAR. (l. *dissimulāre*.) tr. Encubrir con astucia la intención. || **2.** Desentenderse del conocimiento de una cosa. || **3.** Ocultar lo que uno siente o padece. || **4.** Tolerar, afectando ignorancia. || **5.** Disfrazar, desfigurar las cosas, especialmente ocultar, hacer desaparecer. || **6.** Dispensar, permitir, perdonar. || **P.** dissimular, tolerar; **I.** to dissimulate; **F.** dissimuler, tolérer; **A.** verbergen, dissimulieren; **It.** dissimulare; **R.** скрывать, притворяться.

DISIMULO. (De *disimular*.) m. Arte con que se oculta lo que se siente, se sospecha o se sabe. || **2.** Indulgencia, tolerancia. || **3.** GERM. Portero de la cárcel.

DISIPABLE. (l. *dissipabilis*.) adj. Capaz o fácil de disiparse.

DISIPACIÓN. (l. *dissipatio*, *-ōnis*.) f. Acción y efecto de disipar o disiparse. || **2.** Conducta de una persona entregada enteramente a las diversiones. || **P.** dissipação; **I.** y **F.** dissipation; **A.** Verschwendung; **It.** dissipazione; **R.** рассеивание.

DISIPADAMENTE. adv. Con disipación.

DISIPADO, DA. p.p. de disipar. || **2.** adj. Disipador. || **3.** Distraído, entregado a diversiones. Ú.t.c.s.

DISIPADOR, RA. adj. (l. *dissipātor*.) adj. Que destruye y malgasta la hacienda o caudal. Ú.t.c.s.

DISIPANTE. p.a. de disipar. Que disipa.

DISIPAR. (l. *dissipāre*.) tr. Desvanecer una cosa por la disgregación y dispersión de sus partes. || **2.** Desperdiciar, malgastar. || **3.** r. Evaporarse, resolverse en vapores. || **4**. fig. Desvanecerse, quedar en nada una cosa.

DISÍPULA. f. ant. Erisipela.

DISIPULAR. tr. ant. Erisipelar. Usáb. m.c.r.

★ **DISJUNTO, TA**. adj. Mús. Dícese de los intervalos que están separados por otro intermedio.

★ **DISLACERACIÓN**. f. Med. Erosión producida en los tejidos con desgarramiento, ocasionada por una substancia corrosiva.

DISLALIA. (gr. δύς, mal, y λαλεῖν, hablar.) f. Med. Dificultad de articular las palabras.

DISLATE. (De *deslate*.) m. Disparate.

DISLOCACIÓN. f. Acción y efecto de dislocar o dislocarse. Dícese por lo común de los huesos.

DISLOCADURA. (De *dislocar*.) f. Dislocación.

DISLOCAR. (l. *dis*, negat., y *locāre*, colocar.) tr. Sacar una cosa de su lugar. Ú.m.c.r., hablando de huesos y articulaciones. || **P**. deslocar; **I**. to dislocate; **F**. disloquer; **A**. verstellen; **It**. slogare; **R**. смещать, вывихнуть.

DISLOQUE. m. fam. El colmo, cosa excelente.

DISMEMBRACIÓN. f. Desmembración.

★ **DISMENIA**. f. Med. Menstruación difícil.

DISMENORREA. (gr. δύς, mal, y μήν, menstruo, y ῥέω, fluir.) Menstruación dolorosa o difícil.

DISMINUCIÓN. (De *disminuir*.) f. Acción y efecto de disminuir. || **2**. Arq. Cantidad en que el grueso de una columna es menor que su zarpa. || **3**. Veter. Cierta enfermedad que padecen las bestias en los cascos. || *Ir una cosa en* DISMINUCIÓN. fr. Irse perdiendo; como la salud, el crédito, etcétera. || **2**. Irse estrechando o adelgazando.

DISMINUIDO, DA. p.p. de disminuir. || **2**. adj. Blas. Aplícase a la pieza honorable estrecha.

DISMINUIR. (l. *disminuĕre*.) tr. Hacer menor la extensión, intensidad o número de alguna cosa. || **P**. diminuir; **I**. to diminish; **F**. diminuer; **A**. vermindern, schmälern; **It**. diminuire; **R**. уменьшать, убавлять.

DISMNESIA. (gr. δύς, mal, y μνεία, memoria.) f. Med. Debilidad de la memoria.

DISNEA. (l. *dyspnoea*, y éste del gr. δύσπνοια, de δύσπνοος; de δύς, mal, y πνέω, respirar.) f. Med. Dificultad de respirar.

DISNEICO, CA. adj. Med. Que padece disnea. Ú.t.c.s. || **2**. Med. Perteneciente a la disnea.

DISOCIABLE. adj. Que puede disociarse.

DISOCIACIÓN. (l. *dissociatĭo, -ōnis*.) f. Acción y efecto de disociar o disociarse. || **2**. Quím. Proceso limitado y reversible por el que un cuerpo se descompone, por la acción del calor o de un disolvente, en elementos más simples. || **3**. Psicol. Estado en que se pierde conexión normal entre varios elementos mentales, o entre éstos y los objetos. || —**electrolítica**. Fís. y Quím. La que se produce en un electrólito en solución formando iones. || **P**. dissociação; **I**. y **F**. dissociation; **A**. Dissoziation, Trennung; **It**. dissociazione; **R**. разъединение.

DISOCIADOR, RA. adj. Que disocia.

DISOCIAR. (l. *dissociāre*.) tr. Separar una cosa de otra a que estaba unida, o los distintos componentes de una substancia.

DISOLUBILIDAD. f. Calidad de disoluble.

DISOLUBLE. (l. *dissolubĭlis*.) adj. Soluble, 1.ª acep.

DISOLUCIÓN. (l. *dissolutĭo, -ōnis*.) f. Acción y efecto de disolver o disolverse. || **2**. Compuesto que resulta de disolver cualquier substancia en un líquido. || **3**. fig. Relajación de vida y costumbres. || **4**. fig. Rompimiento de los vínculos existentes entre varias personas. || **P**. dissolução; **I**. y **F**. dissolution; **A**. Auflösung; **It**. dissoluzione; **R**. развязывание.

DISOLUTAMENTE. adv. Con disolución.

DISOLUTIVO, VA. (l. *dissolutīvus*.) adj. Dícese de lo que tiene virtud de disolver.

DISOLUTO, TA. (l. *dissolūtus*, p.p. de *dissolvĕre*, disolver, disipar.) adj. Licencioso, entregado a los vicios. Ú.t.c.s.

DISOLVENTE. (l. *dissolvens, -entis*.) p.a.de disolver. Que disuelve. Ú.t.c.s.m.

DISOLVER. (l. *dissolvĕre*.) tr. Separar, desunir lo que estaba unido material o moralmente. Ú.t.c.r. || **2**. Quím. Hacer pasar al estado de solución un cuerpo por la acción de otro cuerpo, generalmente líquido. Ú.t.c.r. || **3**. Deshacer, aniquilar. || **P**. dissolver; **I**. to dissolve; **F**. dissoudre; **A**. auflösen; **It**. dissòlvere; **R**. развязывать.

DISÓN. (De *di*, 1.er art., y *son*, 1.er art.) m. Mús. Disonancia, 1.ª acep.

DISONANCIA. (l. *dissonantĭa*.) f. Sonido desagradable. || **2**. fig. Disconformidad.|| **3**. Mús. Combinación de sonidos que no están en consonancia. || *Hacer* DISONANCIA una cosa. fr. fig. Parecer extraña y fuera de razón. || **3**.ª acep. || **P**. dissonância; **I**. y **F**. dissonance; **A**. Dissonanz, Missklang; **It**. dissonanza; **R**. диссонанс.

DISONANTE. p.a. de disonar. Que disuena. || **2**. adj. fig. Que no es regular o discrepa de aquello con que debiera ser conforme. || **3**. Mús. V. *Tono* DISONANTE.

DISONAR. (l. *dissonāre*.) intr. Sonar desapaciblemente; faltar a la consonancia y armonía. || **2**. fig. Discrepar, carecer de conformidad. || **3**. fig. Ser repugnante, parecer mal y extraña una cosa.

DÍSONO, NA. (l. *dissŏnus*.) adj. Disonante.

DISPAR. (l. *dispar*.) adj. Desigual, diferente.

DISPARADA. (De *disparar*.) f. Amér. Disparo, acción de disparar. || **2**. Argent. y Méj. Huida precipitada, fuga. || *A la* DISPARADA. m. adv. Argent. A todo correr. || **2**. fig. Argent. Precipitada y atolondradamente. || *De una* DISPARADA. Argent. Con gran prontitud, al momento. || *Tomar la* DISPARADA. fr. Argent. Echar a correr huyendo.

DISPARADAMENTE. adv. Con gran precipitación y violencia. || **2**. Disparatadamente.

DISPARADERO. (De *disparar*.) m. Disparador, 2.ª acep. || **2**. *Poner a uno en el* DISPARADERO. fr. fig. y fam. Ponerle en el disparador.

DISPARADOR. m. El que dispara. || **2**. Pieza que sujeta la llave del fusil y otras armas de fuego, y que, movida a su tiempo, sirve para dispararlas. || **3**. Pieza que sirve para hacer funcionar el obturador automático de una cámara fotográfica. || **4**. Escape de un reloj. || **5**. Nuez de la ballesta. || **6**. Mar. Aparato que sirve para desprender el ancla de la serviola en el momento de tocar fondo. || *Poner a uno en el* DISPARADOR. fr. fig. y fam. Provocarle apurando su paciencia para que diga o haga lo suyo que no diría o haría.

DISPARAR. (l. *disparāre*.) tr. Hacer que una arma u otra máquina despida el proyectil o cuerpo arrojadizo. Ú.t.c.r. || **2**. Arrojar o despedir con violencia una cosa. || **3**. r. Correr precipitadamente y sin dirección. || **4**. fig. Dirigirse vivamente hacia una cosa o realizar algo con precipitación. || **5**. Saltar fuera de razón, perder la paciencia. || **6**. Méj. Gastar dinero. || **7**. Argent. Huir precipitadamente. || **P**. disparar; **I**. to shoot, to discharge; **F**. décharger, lancer; **A**. abschiessen, lancieren; **It**. sparare; **R**. стрелять.

DISPARATADAMENTE. adv. Fuera de razón y de regla.

DISPARATADO, DA. p.p. de disparatar. || **2**. adj. Dícese del que disparata. || **3**. Contrario a la razón. || **4**. fam. Atroz, 3.ª acep.

DISPARATADOR, RA. adj. Que disparata. Ú.t.c.s.

DISPARATAR. (l. *disparātus*, p.p. de *disparāre*, separar.) intr. Decir o hacer una cosa fuera de razón y regla. || **P**. disparatar; **I**. to talk nonsense; **F**. extravaguer; **A**. irrereden; **It**. farneticare; **R**. говорить или делать глупости.

DISPARATE. (De *disparatar*.) m.

Hecho o dicho disparatado. || **2**. fam. Atrocidad, 2.ª acep. || **3**. Ecuad. Cosa insignificante y baladí. || **P**. disparate; **I**. nonsense; **F**. sottise, incongruence; **A**. Unsinn, Torheit; **It**. spropòsito; **R**. глупость.

DISPARATERO, RA. adj. Persona que disparata con frecuencia. Ú.m. en América.

DISPARATO, TA. adj. desus. Disparatado.

DISPARATORIO. m. Conversación, discurso o escrito lleno de disparates.

DISPARCIALIDAD. f. ant. Desunión en los ánimos, desavenencia entre aquellos que forman parcialidad o grupo.

DISPAREJO, JA. adj. Dispar.

DISPARIDAD. (De *dispar*.) f. Desemejanza, desigualdad de unas cosas respecto a otras. —**de cultos**. For. Impedimento para el matrimonio canónico derivado de la diferencia de religión entre los contrayentes. || **P**. disparidade; **I**. disparity; **F**. disparité; **A**. Ungleichheit; **It**. disparità; **R**. различие.

DISPARO. m. Acción y efecto de disparar o dispararse. || **2**. fig. Disparate. || **3**. Nombre que se da en tecnología, especialmente en electricidad, a dispositivos diversos, en general automáticos, que realizan la acción de deconectar. || **P**. disparo; **I**.shot; **F**. coup de feu; **A**. Schuss; **It**. sparo, tiro; **R**. выстрел.

DISPENDIO. (l. *dispendĭum*.) m. Gasto excesivo, por lo general innecesario. || **2**.fig. Uso o empleo excesivo de hacienda, tiempo o cualquier caudal. || **P**. dispêndio; **I**. squandering; **F**. dépense excessive; **A**. Ausgabe, Verschwendung; **It**. dispendio; **R**. расточительность.

DISPENDIOSAMENTE. adv. Con dispendio.

DISPENDIOSO, SA. (l. *dispendiōsus*.) adj. Costoso, de gasto considerable.

DISPENSA. (De *dispensar*.) f. Privilegio, excepción de lo ordenado por las leyes generales; y más comúnmente el concedido por el Papa o por un obispo. || **2**. Instrumento o escrito que contiene la dispensa. || **A**. Dispens, Erlass; **It**. dispensa; **R**. освобождение, разрешение.

DISPENSABLE. adj. Que se puede dispensar.

DISPENSACIÓN. (l. *dispensatĭo, -ōnis*.) f. Acción y efecto de dispensar o dispensarse. || **2**. Dispensa.

DISPENSADOR, RA. (l. *dispensātor*.) adj. Que dispensa. Ú.t.c.s. || **2**. Que franquea o distribuye. Ú.t.c.s.

DISPENSAR. (l. *dispensāre*.) tr. Conceder, distribuir. || **2**. Eximir a alguno de una obligación. || **3**. Absolver de falta leve ya cometida, o de lo que se quiera considerar como tal. || **P**. dispensar; **I**. to dispense; **F**. dispenser, exempter; **A**. dispensieren, befreien; **It**. dispensare; **R**. давать, оказывать.

★ **DISPENSARIA**. f. Chile. Dispensario médico.

DISPENSARIO. m. Establecimiento benéfico donde los enfermos, sin estar hospitalizados, reciben asistencia medicofarmacéutica.

DISPENSATIVO, VA. (l. *dispensatīvus*.) adj. ant. Dícese de lo que dispensa o tiene facultad de dispensar.

DISPEPSIA. (l. *dyspepsia*, y éste del gr. δυσπεψία, de δύσπεπτος; de δύς, mal, y πέπτω, cocer, digerir.) f. Med. Enfermedad crónica caracterizada por la digestión laboriosa o imperfecta. || **P**. dispepsia; **I**. dyspepsy, dyspepsia; **F**. dyspepsie; **A**. Dyspepsie, Verdauungsstörung; **It**. dispepsia; **R**. диспепсия.

DISPÉPTICO, CA. (gr. δύσπεπτος, que digiere mal.) adj. Med. Perteneciente o relativo a la dipsepsia. || **2**. Med. Enfermo de dipsepsia. Ú.t.c.s.

DISPERSAR. (De *disperso*.) tr. Separar y diseminar a personas y a cosas. || **2**. Mil. Romper y desbaratar al enemigo haciéndole huir en desorden. || **3**. Mil. Desplegar en orden de guerrilla a una fuerza. || **P**. dispersar; **I**. to disperse; **F**. disperser; **A**. auseinanderjagen; **It**. dispèrgere, mettere in fuga; **R**. рассеивать.

DISPERSIÓN. (l. *dispersĭo, -ōnis*.) f. Acción y efecto de dispersar o dispersarse. || **2**. Fís. Descomposición de la luz solar por

D medio de un prisma. || —del tiro. ART.
En tiro naval, separación o desvío entre
dos impactos directos de una misma salva. ||
P. dispersão; I. y F. dispersion; A. Zer-
streuung; It. dispersione; R. разбросан-
ность.
DISPERSO, SA. (l. *dispersus*, p.p. de
dispergĕre, esparcir, desparramar.) adj. Que
está dispersado. Apl. a pers. ú.t.c.s. || **2.**
MIL. Dícese del militar no agregado a nin-
gún cuerpo y residente en el pueblo que
elige. || **3.** MIL. Dícese del militar que por
fuerza mayor o voluntariamente se encuen-
tra incomunicado o disgregado del cuerpo
a que pertenece.
DISPERSOR, RA. adj. Que dispersa.
DISPERTADOR, RA. (De *dispertar*.)
adj. ant. Despertador. Usáb.t.c.s.
DISPERTAR. tr. ant. Despertar.
Usáb.t.c.r.
DISPIERTO, TA. p.p. irreg. ant. de
dispertar. || **2.** adj. fig. Despierto, 2.ª acep.
DISPLACER. tr. Desplacer.
★ **DISPLASIA.** f. MED. Anomalía en el
desarrollo de los órganos.
DISPLICENCIA. (l. *displicentia*.) f.
Desagrado o indiferencia en el trato. ||
2. Desaliento en la ejecución de un hecho,
por dudar de su bondad o desconfiar de su
éxito. || **P.** displiciência; **I.** displicency,
displeasure; **F.** froideur, accueil froid; **A.**
Unfreundlichkeit; **It.** displicenza, dispia-
cere; **R.** неприветливость.
DISPLICENTE. (l. *displĭcens*, *-entis*,
p.a. de *displicēre*, desagradar.) adj. Dícese
de lo que desagrada o disgusta. || **2.** Des-
contentadizo, desabrido o de mal humor.
Ú.t.c.s.
DISPONDEO. (l. *dispondēus*, y éste del
gr. δισπόνδειος, de δίς, dos, y σπονδεῖος,
espondeo.) m. Pie de la poesía griega y
latina, que consta de dos espondeos, o sea
de cuatro sílabas largas.
DISPONEDOR, RA. adj. Que dispone,
coloca y ordena las cosas. Ú.t.c.s.
DISPONENTE. p.a. de disponer. Que
dispone.
DISPONER. (l. *disponĕre*.) tr. Colocar,
poner las personas o cosas en orden y si-
tuación convenientes. Ú.t.c.r. || **2.** Deli-
berar, mandar lo que se ha de hacer. ||
3. Preparar, prevenir. Ú.t.c.r. || **4.** intr.
Usar de los derechos inherentes a la propiedad o posesión de los bienes, especial-
mente testar acerca de ellos. || **5.** Valerse
de una persona o cosa, utilizarla por suya. ||
6. r. Prepararse para hacer alguna cosa,
especialmente prepararse a morir. Ú.t.
en expresión más completa: DISPONERSE
a bien morir. || **P.** dispor; **I.** to dispose, to
arrange; **F.** disposer, arranger; **A.** ordnen;
anpassen; **It.** disporre; **R.** располагать.
DISPONIBLE. (De *disponer*.) adj. Dícese de todo aquello que se puede disponer
libremente o de lo que está pronto para
usarse o utilizarse.
DISPONIENTE. p.a. ant. de disponer.
Disponente.
DISPOSICIÓN. (l. *dispositĭo*, *-ōnis*.) f.
Acción y efecto de disponer o disponerse. ||
2. Aptitud, proporción para algún fin. ||
3. Estado de salud. || **4.** Gallardía y genti-
leza en la persona. || **5.** Desembarazo, sol-
tura en preparar y despachar las cosas que
uno tiene a su cargo. || **6.** Precepto legal o
reglamentario, deliberación, orden y man-
dato superior. || **7.** Cualquiera de los me-
dios que se emplean para ejecutar un pro-
pósito, o para evitar o atenuar un mal. ||
8. ARQ. Distribución de todas las partes
de un edificio. || **9.** RET. Ordenada coloca-
ción o distribución de las diferentes partes
de una composición literaria. || *Última*
DISPOSICIÓN. Testamento, 1.ª acep. || *A la*
DISPOSICIÓN *de*. expr. de cortesía con que
uno se ofrece a otro. || *Estar, o hallarse en*
DISPOSICIÓN una persona o cosa. fr. Ha-
llarse apto y pronto para algún fin. || **P.**
disposição; **I.** y **F.** disposition; **A.** Anordnung, Einrichtung; **It.** disposizione; **R.**
расположение.
DISPOSITIVA. (De *dispositivo*.) f. ant.
Disposición, expedición y aptitud.
DISPOSITIVAMENTE. adv. Con
carácter dispositivo o preceptivo.
DISPOSITIVO, VA. (l. *dispositus*, dis-
puesto.) adj. Dícese de lo que dispone. ||
2. m. Mecanismo o artificio dispuesto para
obtener un resultado automático.

DISPOSITORIO, RIA. adj. ant. Dispositivo.
★ **DISPROSIO.** m. QUÍM. Uno de los
elementos de las tierras raras, de color
amarillo; su símbolo es Dy, su número ató-
mico 66 y su peso atómico 162,51.
DISPUESTO, TA. (l. *dispositus*.) p.p.
irreg. de disponer. || **2.** adj. Apuesto, bien
proporcionado. || **3.** Hábil, despejado. ||
Bien o mal DISPUESTO. Con entera salud o
sin ella. || **2.** Con ánimo favorable o ad-
verso.
DISPUTA. f. Acción y efecto de dispu-
tar. || **2.** *Sin* DISPUTA. loc. adv. Indudable-
mente. || **P.** disputa; **I.** dispute, quarrel;
F. dispute, discussion; **A.** Streit, Disput;
It. disputa, contesa; **R.** спор.
DISPUTABLE. (l. *disputabilis*.) adj.
Que se puede disputar o que es proble-
mático.
DISPUTACIÓN. (l. *disputatĭo*, *-ōnis*.)
f. ant. Disputa.
DISPUTADOR, RA. (l. *disputātor*.)
adj. Que disputa. Ú.t.c.s. || **2.** Que tiene
el vicio de disputar. Ú.t.c.s.
DISPUTANTE. p.a. de disputar. Que
disputa.
DISPUTAR. (l. *disputāre*.) tr. Debatir. ||
2. Porfiar, altercar con vehemencia. Ú.c.
intr. con las partículas *de*, *sobre*, *acerca de*,
etcétera. || **3.** Ejercitarse los estudiantes
discutiendo. Ú.m.c.intr. || **4.** Contender,
emular con otro para alcanzar o defender
una cosa. || **P.** disputar, altercar; **I.** to
dispute; **F.** disputer; **A.** zanken, bestreiten; **It.** disputare, piatire; **R.** оспаривать.
DISPUTATIVAMENTE. adv. Por
vía de disputa.
DISQUISICIÓN. (l. *disquisitĭo*, *-ōnis*.)
f. Examen o exposición rigurosa y detallada
de alguna cuestión.
★ **DISRUPTIVO, VA.** adj. FÍS. Aplícase
a la descarga que se produce cuando se
aumenta gradualmente la diferencia de
potencial entre las dos armaduras de un
condensador eléctrico.
DISTAL. adj. ANAT. Dícese de lo que
está más distante del eje o línea media del
organismo, o del arranque de un miembro
o de un órgano.
DISTANCIA. (l. *distantĭa*.) f. Espacio
o tiempo que media entre dos cosas o suce-
sos. || **2.** fig. Diferencia notable entre unas
cosas y otras. || **3.** fig. Alejamiento, des-
afecto entre dos personas. || **4.** GEOM.
Entre dos puntos, longitud del segmento
rectilíneo que los une. || —**angular de los
astros.** Distancia aparente que separa a
dos o más astros en la esfera celeste, medida a lo largo de un círculo máximo que
pasa por ambos y cuyo centro es el obser-
vador. || —**explosiva.** ELECTR. Distancia
máxima que puede separar dos cuerpos
conductores con cargas de signo contrario
y valor determinado para que entre ambos
se produzca una descarga disruptiva. ||
—**focal.** ÓPT. Distancia, medida a lo largo
del eje principal de una lente, entre su
foco principal y el segundo punto princi-
pal de la misma. || —**infinita.** En la oftal-
mología se considera que más allá de los
6 m los rayos procedentes de un objeto
situado a esta distancia son prácticamente
tan paralelos como si vinieran del infinito. ||
A DISTANCIA. m. adv. Lejos, apartada-
mente. || *A respetable*, o *a respetuosa*, DIS-
TANCIA. fr. fig. Dicho de personas, alejada
una de otra por el respeto o por la anti-
patía o el desprecio. || *Acortar las* DISTAN-
CIAS. fr. fig. Ceder en algún punto de dis-
cusión para llegar a un acuerdo. || **P.** dis-
tância; **I.** y **F.** distance; **A.** Distanz, Ab-
stand; **It.** distanza; **R.** расстояние.
★ **DISTANCIAMIENTO.** m. ARGENT.
Acción y efecto de distanciar. || **2.** fig.
ARGENT. Distancia, alejamiento, desafecto.
DISTANCIAR. tr. Separar, apartar,
poner a distancia. Ú.t.c.r. || **2.** fig. ARGENT.
Causar desvío o desafecto. Ú.t.c.r. || **3.**
r. ARGENT. Exceder, aventajar.
DISTANTE. (l. *distans*, *-antis*.) p.a. de
distar. Que dista. || **2.** adj. Apartado, re-
moto.
DISTANTEMENTE. adv. Con distancia o intervalo de lugar o tiempo.
DISTAR. (l. *distāre*.) intr. Estar apartada una cosa de otra cierto espacio de lugar
o de tiempo. || **2.** fig. Diferenciarse una
cosa de otra.

DISTENDER. (l. *distendĕre*.) tr. MED.
Causar una tensión violenta en los tejidos,
membranas, etc. Ú.t.c.r.
DISTENSIBLE. adj. MED. Que se
puede distender.
DISTENSIÓN. (l. *distensĭo*, *-ōnis*.) f.
MED. Acción y efecto de distender o dis-
tenderse.
DISTERMINAR. (l. *distermināre*, separar, aislar.) tr. ant. Deslindar, 1.ª
acep.
DÍSTICO. (l. *distichon*, y éste del
gr. δίστιχον; de δίς, dos, y στίχος, verso.) m.
Composición poética de dos versos, con
los cuales se expresa un concepto cabal. ||
P. dístico; **I.** distich; **F.** distique; **A.** Distichon; **It.** distico; **R.** дистих.
DÍSTICO, CA. (l. *distichus*, y éste del
gr. δίστιχος, de dos órdenes; de δίς, dos,
y στίχος, hilera.) adj. BOT. Dícese de las
hojas, flores, espigas y demás partes de las
plantas, cuando unas miran a un lado y
otras a otro.
★ **DISTICOSO, SA.** adj. PERÚ. Displi-
cente, desabrido.
DISTILACIÓN. (l. *distillatĭo*, *-ōnis*.)
f. ant. Destilación.
DISTILANTE. p.a. ant. de distilar.
Que destila.
DISTILAR. (l. *ditillāre*.) tr. ant. Destilar.
DISTILATORIO. m. ant. Destilatorio.
★ **DISTILO, LA.** adj. ARQ. Que tiene dos
columnas. || **2.** BOT. Dícese de la flor u
ovario que tiene dos pistilos.
DISTINCIÓN. (l. *distinctĭo*, *-ōnis*.) f.
Acción y efecto de distinguir o distin-
guirse. || **2.** Diferencia en virtud de la cual
una cosa no es otra, o no es semejante a
otra. || **3.** Prerrogativa, excepción, honor.
4. Buen orden, claridad y precisión en
las cosas. || **5.** Elevación sobre lo vulgar,
especialmente en elegancia y buenas ma-
neras. || **6.** Miramiento y consideración
hacia una persona. || **7.** En las escuelas, de-
claración de una proposición que tiene dos
sentidos. || *A* DISTINCIÓN. m. adv. con que
se explica la diferencia entre dos cosas que
pueden confundirse. || **P.** distinção; **I.** y
F. distinction; **A.** Unterschied, Aus-
zeichnung; **It.** distinzione; **R.** отличие.
DISTINGO. (1.ª pers. de *distinguir*.)
m. Distinción lógica en una proposición
de dos sentidos, uno de los cuales se
concede y otro se niega. || **2.** Reparo, res-
tricción sutil o meticulosa.
DISTINGUIBLE. adj. Dícese de lo
que puede distinguirse.
DISTINGUIDO, DA. (De *distinguir*.)
p.p. de distinguir. || **2.** adj. Ilustre, noble,
esclarecido. || **3.** V. *Soldado* DISTINGUIDO.
Ú.t.c.s.
DISTINGUIR. (l. *distinguĕre*.) tr. Conocer a una persona o cosa por aquello que
le diferencia de otra. || **2.** Considerar di-
ferentes o declarar la diferencia que hay
entre dos cosas parecidas. || **3.** Ver una cosa
a pesar de la lejanía, obscuridad, etc. || **4.**
En las escuelas, declarar una proposición
por medio de una distinción. || **5.** fig. Hacer
particular estimación de unas personas
prefiriéndolas a otras. || **6.** Otorgar a uno
alguna dignidad, prerrogativa, etc. || **7.** r.
Descollar, sobresalir entre otros. || *No* DIS-
TINGUIR uno *lo blanco de lo negro*. fr. fig. y
fam. Ser tan ignorante, que no conoce las
cosas por claras que sean. || **P.** distinguir;
I. to distinguish; **F.** distinguer; **A.** unter-
scheiden, erkennen; **It.** distinguere; **R.**
отличать.
DISTINTAMENTE. adv. Con distin-
ción. || **2.** Diversamente, de modo distinto
y claro.
DISTINTIVO, VA. (De *distinto*.) adj.
Que tiene facultad de distinguir. || **2.** Dí-
cese de la cualidad que distingue o carac-
teriza esencialmente una cosa. Ú.t.c.s. ||
3. Insignia, señal, marca. || **P.** e It. distin-
tivo; **I.** distinctive; **F.** distinctif; **A.** Kenn-
zeichen, Distinktion; **R.** отличительный.
DISTINTO, TA. (l. *distinctus*, p.p. de
distinguĕre, distinguir.) adj. Que no es lo
mismo. || **2.** Que no es parecido; que tiene
diferentes cualidades. || **3.** Claro, sin con-
fusión.
DISTINTO. m. ant. Instinto.
DISTOCIA. (gr. δυστοκία, de δύστο-
κος; de δύς, mal, y τόκος, parto.) f. CIR.
Parto laborioso o difícil.

DISTÓCICO, CA. adj. Cir. Perteneciente o relativo a la distocia.

DÍSTOMO. (gr. δίς, dos, y στόμα, boca, aludiendo a las dos ventosas.) m. Zool. Duela, 2.ª acep.

DISTORSIÓN. f. Torsión de una parte del cuerpo. || 2. Fís. Deformación de una onda durante su propagación, y cuyo resultado puede apreciarse, por ejemplo, en las imágenes ópticas y en las transmisiones telefónicas. || 3. Electr. Deformación de un campo eléctrico o magnético bajo la acción de otro. || 4. Ópt. Aberración que no procede de la falta de nitidez de la imagen, sino de una variación del aumento con la distancia al eje. || 5. Med. Esguince, torcedura.

DISTRACCIÓN. (l. *distractio, -ōnis,* separación.) f. Acción y efecto de distraer o distraerse. || 2. Cosa que atrae la atención, especialmente la que divierte el ánimo. || 3. Libertad excesiva en las costumbres. || P. distracção; I. y F. distraction; A. Unachtsamkeit; It. distrazione; R. рассеянность.

DISTRACTO. (l. *distractus.*) m. ant. Disolución del contrato.

DISTRAER. (l. *distrahĕre.*) tr. Divertir, 1.ª y 2.ª aceps. Ú.t.c.r. || 2. Apartar la atención de una persona del objeto a que la aplicaba o que debía aplicarla. Ú.t.c.r. || 3. Apartar a uno de la vida virtuosa. Ú.t. c.r. || 4. Tratándose de fondos, malversarlos, defraudarlos. || P. distrair; I. to distract; F. distraire; A. ablenken, zerstreuen; It. distrarre; R. рассеивать.

DISTRAÍDAMENTE. adv. Con distracción.

DISTRAÍDO, DA. p.p. de distraer, o distraerse. || 2. adj. Dícese de la persona que se distrae con facilidad. Ú.t.c.s. || 3. Entregado a la vida licenciosa y desordenada. Ú.t.c.s. || 4. Chile y Méj. Roto, mal vestido, desaseado.

DISTRAIMIENTO. (De *distraer.*) m. Distracción.

DISTRIBUCIÓN. (l. *distributio, -ōnis.*) f. Acción y efecto de distribuir o distribuirse. || 2. Aquello que se reparte entre los asistentes a algún acto que tienen pensión señalada. || 3. Ret. Figura, especie de enumeración, en que ordenadamente se afirma o niega algo acerca de cada una de las cosas enumeradas. || 4. Tecnol. Sistemas, procesos, operaciones, dispositivos diversos para distribuir la energía, especialmente la eléctrica. || 5. Zool. y Bot. Presencia de especies, considerada desde el punto de vista geográfico. || P. distribuição; I. y F. distribution; A. Verteilung; It. distribuzione; R. распределение.

DISTRIBUIDOR, RA. adj. Que distribuye. Ú.t.c.s. || 2. f. Máquina agrícola para esparcir abonos. || **—automático.** Aparato que sirve para poner al alcance del público, en calles o establecimientos, las cosas más variadas, mediante la introducción por una ranura de una moneda correspondiente al valor del objeto.

DISTRIBUIR. (l. *distribuĕre.*) tr. Dividir una cosa entre varios, designando lo que a cada uno corresponde, según voluntad, conveniencia, regla o derecho. || 2. Dividir una cosa atribuyendo a cada parte su destino o su colocación. || 3. Impr. Deshacer los moldes y repartir las letras en los cajetines. || P. distribuir; I. to distribute; F. distribuer; A. verteilen, einteilen; It. distribuire; R. распределять.

DISTRIBUTIVO, VA. (l. *distributīvus.*) adj. Que toca o atañe a la distribución. || 2. V. *Justicia* distributiva. || 3. Gram. V. *Conjunción* distributiva.

DISTRIBUTOR, RA. (l. *distribūtor.*) adj. Distribuidor. Ú.t.c.s. || 2. Mec. Aparato que sirve para distribuir la materia sometida a la acción de las máquinas.

DISTRIBUYENTE. p.a. de distribuir. Que distribuye.

* **DISTRITAL.** adj. Amér. Pertenece o relativo al distrito.

DISTRITO. (l. *districtus,* contenido.) m. Cada una de las demarcaciones en que se subdivide un territorio o una población para distribuir y ordenar el ejercicio de los deberes civiles y políticos de las funciones públicas, o de los servicios administrativos. || P. distrito; I. y F. district; A. Bezirk; It. distretto; R. округ.

DISTROFIA. (gr. δύς, mal, y τροφή, alimentación.) f. Med. Estado patológico que afecta a la nutrición y al crecimiento.

DISTURBAR. (l. *disturbāre.*) tr. Perturbar, causar disturbio.

DISTURBIO. (De *disturbar.*) m. Alteración, turbación de la paz y concordia. || P. distúrbio; I. disturbance, trouble; F. trouble, dissension; A. Unruhe; It. disturbo; R. смятение, беспорядок.

DISUADIR. (l. *dissuadĕre.*) tr. Inducir a uno con razones a mudar de dictamen o de propósito. || P. dissuadir; I. to dissuade; F. dissuader; A. umstimmen, abraten; It. dissuadere; R. отговаривать.

DISUASIÓN. (l. *dissuasĭo, -ōnis.*) f. Acción y efecto de disuadir.

DISUASIVO, VA. (l. *dissuāsum,* supino de *dissuadēre,* disuadir.) adj. Que disuade o puede disuadir.

DISUELTO, TA. (l. *dissolūtus.*) p.p. irreg. de disolver.

DISURIA. (l. *dysurĭa,* y éste del gr. δυσουρία; de δύς, mal, y οὖρον, orina.) f. Med. Expulsión difícil, dolorosa e incompleta de la orina.

DISÚRICO, CA. adj. Perteneciente o relativo a la disuria.

DISYUNCIÓN. (l. *disiunctĭo, -ōnis,* desunión.) f. Acción y efecto de separar y desunir. || 2. Ret. Figura que consiste en presentar razonamientos o imágenes en forma disyuntiva. || P. disjunção; I. disjunction; F. disjonction; A. Trennung; It. disgiunzione; R. разделение.

* **DISYUNCIR.** tr. Electr. Cortar o interrumpir bruscamente la corriente eléctrica de una red o de un sector, para evitar el daño de las sobretensiones.

DISYUNTA. (l. *disiuncta,* t. f. de *-tus,* disyunto.) f. desus. Mús. Mutación de voz con que se pasa de una propiedad o deducción a otra.

DISYUNTIVA. (l. *disiunctīva,* t. f. de *-vus,* disyuntivo.) f. Alternativa entre dos cosas por una de las cuales hay que optar. || P. disjuntiva; I. choice; F. alternative; A. Wahl; It. scelta; R. альтернатива.

DISYUNTIVAMENTE. adv. Con disyuntiva. || 2. Separadamente, cada cosa por sí.

DISYUNTIVO, VA. (l. *disiunctīvus.*) adj. Dícese de lo que tiene la cualidad de desunir o separar. || 2. Dial. V. *Proposición* disyuntiva. || 3. Gram. V. *Conjunción* disyuntiva.

DISYUNTO, TA. (l. *disiunctus.*) adj. ant. Apartado, separado, distante.

DISYUNTOR. m. Interruptor automático destinado a cortar bruscamente un circuito eléctrico, para evitar el daño de las sobrecargas.

DITA. (l. *dicta,* t. f. de *-tus,* dicho.) f. Persona o efecto que se señala como garantía de un pago. || 2. Albac., Chile, y Guat. Deuda, 1.ª acep. || 3. And. Préstamo a elevado interés, pagadero por días con el capital.

DITÁ. m. Árbol de Filipinas, de la familia de las apocináceas, de flores blancas en panojas terminales. De su corteza se extrae la ditaína.

* **DITA.** f. P. Rico. Vasija hecha de la corteza de la güira.

DITADO. m. ant. Dictado.

DITAÍNA. f. Alcaloide que se extrae de la corteza del ditá y que se emplea en medicina como febrífugo.

DITEÍSMO. (gr. δίς, dos, y *teísmo.*) m. Sistema de religión que admite dos dioses.

DITEÍSTA. adj. Dícese del partidario del diteísmo. Ú.t.c.s.

DITERO, RA. m. y f. And. Persona que presta a dita.

DITIRÁMBICA. (l. *dithyrambĭca,* t. f. de *-cus,* ditirámbico.) f. ant. Ditirambo.

DITIRÁMBICO, CA. (l. *dithyrambĭcus,* y éste del gr. διθυραμβικός.) adj. Perteneciente o relativo al ditirambo.

DITIRAMBO. (l. *dithyrambus,* y éste del gr. διθύραμβος, sobrenombre de Baco.) m. Composición poética de los gentiles en honor de Baco. || 2. Composición poética de arrebatado entusiasmo, escrita generalmente en variedad de metros. || 3. fig. Alabanza exagerada, encomio excesivo. || P. e It. ditirambo; I. dithyramb; F. dithyrambe; A. Dithyrambe; R. дифирамб.

DITO, TA. (l. *dictus.*) p.p. irreg. ant. dicho.

DÍTONO. (l. *ditŏnus,* y éste del gr. δίτονος; de δίς, dos, y τόνος, tono.) m. Mús. Intervalo que consta de dos tonos.

DIUCA. (Voz araucana.) f. Chile y Argent. Especie de gorrión de color gris apizarrado, con una lista blanca en el vientre. || 2. m. fig. y fam. Chile y Argent. Alumno preferido y mimado por el profesor. || *Al canto de la* diuca. loc. Chile. Al amanecer. || *Hacer una* diuca. fr. Chile. Robar trigo en espiga.

DIUCÓN. (aument. de *diuca.*) m. Chile. Pájaro mayor que la diuca y muy parecido a ella.

DIURESIS. (gr. διουρέω, orinar.) f. Med. Secreción de la orina.

DIURÉTICO, CA. (l. *diureticus,* y éste del gr. διουρητικός, de διουρέω, orinar.) adj. Med. Dícese de lo que tiene la propiedad de aumentar la secreción y excreción de la orina. Ú.t.c.s.m.

DIURNAL. (l. *diurnālis.*) m. ant. Diurno.

DIURNARIO. (l. *diurnarius,* de *diurnus,* diurno.) m. ant. Diurno.

DIURNO, NA. (l. *diurnus.*) adj. Perteneciente al día. || 2. Astron. V. *Movimiento* diurno. || 3. Bot. y Zool. Dícese de los animales que cazan de día y de las plantas cuyas flores sólo están abiertas de día. || 4. m. Libro de rezo eclesiástico, que contiene las horas menores desde laudes hasta completas. || P. e It. diurno; I. diurnal; F. diurne; A. täglich; R. дневной.

DIUTURNIDAD. (l. *diuturnĭtas, -ātis.*) f. Espacio dilatado de tiempo.

DIUTURNO, NA. (l. *diuturnus.*) adj. Que dura o subsiste mucho tiempo.

DIVA. (l. *diva.*) f. poét. Diosa. || 2. Mús. Cantante excepcional en su arte.

DIVAGACIÓN. f. Acción y efecto de divagar.

DIVAGADOR, RA. adj. Que divaga. Ú.t.c.s.

DIVAGAR. (l. *divagāri.*) intr. Vagar, andar errante. || 2. Apartarse del asunto de que se trata; hablar o escribir sin concierto ni propósito fijo. || P. divagar; I. to wander; F. divaguer; A. abschweifen; It. divagare; R. отступать (от темы), бродить.

* **DIVALENTE.** adj. Bivalente.

DIVÁN. (ár. *dîwân,* libro o registro público, y por ext., sala de consejos o cancillería.) m. Entre los turcos, consejo supremo de Estado y de Justicia. || 2. Sala donde se reúne este consejo. || 3. Especie de sofá sin respaldo y con almohadones sueltos, que se aplica contra la pared. || 4. Colección de poesías en árabe, persa o turco. 3.ª acep.: P. divã; I. y F. divan; A. Diwan, Sofa; It. divano; R. диван.

DIVERGENCIA. (l. *divergens, -entis,* divergente.) f. Acción y efecto de divergir. || 2. fig. Diversidad de opiniones o pareceres. || P. divergência; I. y F. divergence; A. Divergenz, Meinungsverschiedenheit; It. divergenza; R. разногласие.

DIVERGENTE. (l. *divergens, -entis,* p.a. de *divergĕre,* divergir.) p.a. de divergir. Que diverge. || 2. Fís. Dícese de los movimientos que se alejan en direcciones diferentes a partir de un punto común.

DIVERGIR. (l. *divergĕre.*) intr. Irse apartando sucesivamente unas de otras, dos o más líneas o superficies o cosas. || 2. fig. Discrepar.

DIVERSAMENTE. adv. Con diversidad.

DIVERSIDAD. (l. *diversĭtas, -ātis.*) f. Variedad, desemejanza, diferencia. || 2. Abundancia, concurso de varias cosas distintas. || P. diversidade; I. diversity; F. diversité; A. Verschiedenheit; It. diversità; R. различие.

DIVERSIFICACIÓN. f. Acción y efecto de diversificar.

DIVERSIFICAR. (l. *diversificāre;* de *diversus,* diverso, y *facĕre,* hacer.) tr. Hacer diversa una cosa de otra. Ú.t.c.r.

DIVERSIFORME. (l. *diversus,* diverso y *forma,* figura.) adj. Que presenta diversidad de formas.

DIVERSIÓN. (De *diverso.*) f. Acción y efecto de divertir o divertirse. || 2. Recreo, pasatiempo, solaz. || 3. Mil. Ataque falso o simulado al enemigo. || P. diversão; I. diversion, amusement; F. amusement,

D

divertissement; **A.** Vergnügen, Zeitvertreib; **It.** divertimento; **R.** отвлечение.

DIVERSIVO, VA. (l. *divérsus*, p.p. de *divertĕre*, divertir.) adj. MED. Dícese del medicamento que se da para divertir o apartar los humores. Ú.t.c.s.m. || **2.** MIL. Dícese de la operación militar cuyo objeto consiste en atraer las fuerzas enemigas hacia un punto alejado de aquel que precisamente debe constituir el punto principal del ataque.

DIVERSO, SA. (l. *divérsus*.) adj. De distinta naturaleza, especie, número, figura, etc. || **2.** Desemejante. || **3.** pl. Varios, muchos.

DIVERSORIO. (l. *diversorĭum*.) m. desus. Posada, mesón.

DIVERTÍCULO. (l. *diverticŭlum*, desviación de un camino.) m. ANAT. Apéndice vacío formando saco o bolsa en una cavidad o tubo principal.

DIVERTIDO, DA. p.p. de divertir, o divertirse. || **2.** adj. Alegre, festivo y de buen humor. || **3.** Que divierte.

★ DIVERTIMENTO. m. MÚS. Composición instrumental ligera, muy parecida a la suite.

DIVERTIMIENTO. (De *divertir*.) m. Diversión, 1.ª y 2.ª aceps. || **2.** Distracción momentánea de la atención.

DIVERTIR. (l. *divertĕre*, llevar por varios lados.) tr. Apartar, desviar, alejar. Ú.t.c.r. || **2.** Entretener, recrear. Ú.t.c.r. || **3.** MED. Llamar hacia otra parte el humor. || **4.** MIL. Llamar la atención del enemigo a varias partes para dividir y enflaquecer sus fuerzas. || *Andar uno mal* DIVERTIDO. fr. Vivir distraído entregado a los vicios. || 2.ª acep.: **P.** divertir; **I.** to divert, to amuse; **F.** divertir, amuser; **A.** unterhalten, vergnügen; **It.** divertire, ricreare; **R.** развлекать.

DIVIDENDO. (l. *dividendus*, p. de fut. de *dividĕre*, dividir.) m. ÁLG. y ARIT. Cantidad que ha de dividirse por otra. || **—activo.** Cuota, que al distribuir ganancias una compañía mercantil, corresponde a cada acción. || **—pasivo.** Cuota que, para allegar fondos, se toma del capital que cada acción representa. || **P.** e **I.** dividendo; **I.** dividend; **F.** dividende; **A.** Dividend, Dividende; **R.** делимое.

DIVIDIDERO, RA. adj. Dícese de lo que ha de dividirse.

DIVIDIR. (l. *dividĕre*.) tr. Partir, separar en partes una cosa o cantidad. || **2.** Distribuir, repartir una cosa entre varios. || **3.** ÁLG. y ARIT. Dadas dos cantidades, una llamada dividendo y otra llamada divisor, hallar las veces que la segunda está contenida en la primera. || **4.** ÁLG. y ARIT. Reemplazar en una proporción cada antecedente por la diferencia entre el mismo y su consecuente. || **5.** Separar un conjunto de personas o cosas, en clases, grupos, etcétera. || **6.** fig. Levantar discordia entre dos o más personas desuniendo los ánimos y las voluntades. || **7.** r. Separarse uno de la compañía o amistad de otro. || **P.** dividir; partir; **I.** to divide; **F.** diviser, partager; **A.** (ver-, zer)teilen; **It.** dividere; **R.** делить.

DIVIDIVI. m. BOT. Árbol de la América Central y Venezuela, de la familia de las papilionáceas, cuyo fruto, que contiene mucho tanino, se usa para curtir pieles. Su madera es muy pesada.

DIVIDUO, DUA. (l. *dividŭus*.) adj. FOR. Divisible, 1.ª acep.

DIVIESO. (l. *divérsus*, separado, dicho del pus.) m. MED. Tumor puntiagudo, formado en la piel, y que termina por supuración seguida del desprendimiento de un clavo o raíz.

DIVINACIÓN. (l. *divinatĭo*, -ōnis.) f. ant. Adivinación.

DIVINADERO. (De *divinar*.) m. ant. Adivinador.

DIVINADOR, RA. (l. *divinātor*.) m. y f. ant. Adivinador, ra.

DIVINAL. (l. *divinālis*.) adj. Divino. Ú. más en poesía.

DIVINALMENTE. adv. ant. Divinamente.

DIVINAMENTE. adv. Con divinidad, con medios divinos. || **2.** fig. Admirablemente, con gran perfección y propiedad.

DIVINANZA. (l. *divinantĭa*.) f. ant. Adivinanza.

DIVINAR. (l. *divināre*.) tr. ant. Adivinar.

DIVINATIVO, VA. (De *divinar*.) adj. Divinatorio.

DIVINATORIO, RIA. (De *divinar*.) adj. Perteneciente al arte de adivinar.

DIVINIDAD. (l. *divinĭtas, -ātis*.) f. Naturaleza divina, ser divino. || **2.** Dícese de los dioses paganos. || **3.** fig. Persona o cosa dotada de gran hermosura. || *Decir* o *hacer* uno DIVINIDADES. fr. fig. y fam. Decir o hacer, cosas con oportunidad y primor extraordinario. || **P.** divindade; **I.** divinity; **F.** divinité; **A.** Göttlichkeit; **It.** divinità; **R.** божество.

DIVINIZACIÓN. f. Acción y efecto de divinizar.

DIVINIZAR. tr. Hacer o suponer divina a una persona o cosa; tributarle culto y honores divinos. || **2.** fig. Santificar, hacer sagrada una cosa. || **3.** Ensalzar a alguno desmedidamente. || **P.** divinizar; **I.** to deify; **F.** diviniser; **A.** vergöttern; **It.** divinizzare; **R.** обожествлять.

DIVINO, NA. (l. *divinus*.) adj. Perteneciente a Dios. || **2.** Perteneciente a los falsos dioses. || **3.** fig. Muy excelente, extraordinariamente primoroso. || **4.** Dícese del derecho que procede directamente de Dios. || **5.** V. *Letras* DIVINAS. || **6.** V. *Su* DIVINA *Majestad*. || **7.** V. *El* DIVINO *Nazareno*. || **8.** V. *Palabra* DIVINA. || **9.** FARM. V. *Piedra* DIVINA. || *A lo* DIVINO. Dícese de las obras literarias profanas escritas con fines religiosos. || **P.** e **I.** divino; **I.** divine; **F.** divin; **A.** göttlich; **R.** божественный.

DIVISA. (De *divisar*.) f. Señal exterior para distinguir personas, grados, etc. || **2.** Lazo de cintas de colores con que se distinguen en la lidia los toros de cada ganadero. || **3.** Moneda extranjera referida a la unidad de un país determinado. Su cotización depende principalmente del valor adquisitivo del país en cuestión y de la balanza de pagos entre ambos países. || **4.** BLAS. Lema o mote expresado en términos sucintos o por algunas figuras. || **5.** Por ext. fórmula breve que expresa la norma o regla de conducta. || 4.ª acep.: **P.** e **I.** divisa; **I.** motto; **F.** devise; **A.** Devise; **R.** девиз.

DIVISA. (l. *divisa*, dividida.) f. FOR. Se llamaba así a la parte de la herencia paterna transmitida a descendientes de grado ulterior.

DIVISAR. (l. *divisus*, p.p. de *dividĕre*, dividir, distinguir.) tr. Ver a distancia, percibir confusamente un objeto. || **2.** BLAS. Añadir una divisa al escudo o a las armas de familia. || **P.** divisar; **I.** to descry; **F.** percevoir; **A.** erblicken; **It.** scòrgere; **R.** видеть вдали.

DIVISIBILIDAD. f. Calidad de divisible. || **2.** FÍS. Una de las propiedades generales de los cuerpos, en virtud de la cual pueden fraccionarse.

DIVISIBLE. (l. *divisibĭlis*.) adj. Que puede dividirse. || **2.** Dícese de una cantidad que contenga exactamente a otra cierto número de veces. || **P.** divisível; **I.** y **F.** divisible; **A.** teilbar; **It.** divisibile; **R.** делимый.

DIVISIÓN. (l. *divisĭo, -ōnis*.) f. Acción y efecto de dividir, separar o repartir. || **2.** fig. Discordia, desunión de los ánimos y opiniones. || **3.** ÁLG. y ARIT. Operación de dividir. || **4.** LÓG. Uno de los modos de conocer las cosas, y que sirve para dar clara idea de ellas. || **5.** MIL. Parte de un cuerpo de ejército, compuesto de brigadas de varias armas y servicios auxiliares. || **6.** ORTOGR. Guión. || **7.** RET. Ordenada distribución de los varios puntos que puede abrazar la proposición del discurso oratorio. || **8.** BIOL. Proceso de separación de los elementos o componentes, especialmente celulares. || **9.** MAR. En táctica naval, el conjunto de buques formado por dos secciones que operan reunidas. || **—armónica.** GEOM. La de un segmento por dos puntos cuya razón de distancias a los extremos del segmento es la misma. || **—del trabajo.** ECON. POL. Descomposición de las tareas de producción en operaciones simples ejecutadas por distintos obreros, para mejorar el rendimiento total. || **—territorial.** La que se hace del territorio de un Estado con fines políticos y administrativos. || *La* DIVISIÓN *y la destrucción, de*

un parto son. ref. que advierte los daños que ocasiona la discordia. || **P.** divisão; **I.** y **F.** division; **A.** Einteilung; **It.** divisione; **R.** деление.

DIVISIONAL. adj. Perteneciente a la división.

DIVISIONARIO, RIA. adj. Divisional. || **2.** Dícese de la moneda que representa una fracción de la unidad monetaria y tiene un valor convencional superior al efectivo.

★ DIVISIONISMO. m. Escuela de pintura impresionista, que tiene como principio no mezclar los colores en la paleta, sino extenderlos sobre la tela por separado.

DIVISIVO, VA. (l. *divisivus*.) adj. Dícese de lo que sirve para dividir.

DIVISO, SA. (l. *divisus*.) p.p. irreg. p. us. de dividir.

DIVISOR, RA. (l. *divisor*.) adj. ÁLG. y ARIT. Submúltiplo. Ú.t.c.s. || **2.** m. ÁLG. y ARIT. Cantidad por la cual ha de dividirse otra. || *Común* DIVISOR. ARIT. Aquel por el cual dos o más cantidades son exactamente divisibles. || *Máximo común* DIVISOR. ARIT. El mayor de los comunes divisores de dos o más cantidades. || 2.ª acep.: **P.** e **I.** divisor; **F.** diviseur; **A.** Teiler, Divisor; **It.** divisore; **R.** делитель.

DIVISORIO, RIA. (De *divisor*.) adj. Dícese de lo que sirve para dividir o separar. || **2.** GEOD. y GEOGR. Dícese de la línea que puede imaginarse en un terreno, desde la cual las aguas corren en direcciones opuestas. Ú.m.c.s.f. || **3.** GEOD. y GEOGR. Dícese de la línea que señala los límites entre partes grandes o pequeñas de la superficie terrestre. Ú.t.c.s.f.

DIVO, VA. (l. *divus*.) adj. poét. Divino. Aplícase a las divinidades gentilicias y a los emperadores romanos y por extensión a otros personajes notables. || **2.** Cantante de ópera o zarzuela, de sobresaliente mérito. Ú.t.c.s.m. y f. || **3.** m. poét. Dios, deidad gentílica.

DIVORCIAR. (De *divorcio*.) tr. Separar el juez competente por su sentencia a los dos casados, en cuanto a cohabitación y lecho. Ú.t.c.r. || **2.** Disolver el matrimonio la autoridad pública. Ú.t.c.r. || **3.** fig. Separar, apartar lo que estaba unido o debía estarlo.

DIVORCIO. (l. *divortĭum*.) Acción y efecto de divorciar o divorciarse. || **2.** COLOM. Cárcel de mujeres. || **—absoluto** o **vincular.** Aquel que permite contraer nuevas nupcias a cada cónyuge. || **—relativo.** El que solamente se limita a la separación de cuerpos. La Iglesia Católica considera indisolubles los lazos del matrimonio, por ser un sacramento, y por ello sólo admite, en determinados casos, el divorcio relativo. || **P.** divórcio; **I.** y **F.** divorce; **A.** (Ehe)Scheidung; **It.** divorzio; **R.** развод.

DIVULGABLE. adj. Que se puede divulgar.

DIVULGACIÓN. (l. *divulgatĭo, -ōnis*.) f. Acción y efecto de divulgar o divulgarse.

DIVULGADOR, RA. (l. *divulgātor*.) adj. Que divulga. Ú.t.c.s.

DIVULGAR. (l. *divulgāre*.) tr. Hacer que una cosa llegue al conocimiento de un gran número de personas. || **P.** divulgar; **I.** to divulge; **F.** divulguer; **A.** ausbreiten; **It.** divulgare; **R.** распространять.

★ DIVULSIÓN. f. CIR. Extracción, dislaceración, avulsión.

DIX. m. ant. Dije, 1.er art., 1.ª y 2.ª aceps.

DIYÁMBICO, CA. adj. Perteneciente o relativo al diyambo.

DIYAMBO. (l. *diiambus*, y éste del gr. διίαμβος; de δίς, dos, y ἴαμβος, yambo.) m. Pie de la poesía griega y latina, compuesto de dos yambos, o sea de cuatro sílabas; la primera y la tercera breves y las otras dos, largas.

DIZ. Apócope de dice, o dícese.

DIZQUE. (De *dice que*.) m. Dicho, murmuración. Ú.m. en pl.

DNA. QUÍM. Sigla internacional del ácido desoxirribonucleico.

DO. (ital. *do*.) m. MÚS. Primera nota de la escala musical, que en el sistema moderno ha substituido al ut. || **—de pecho.** Una de las notas más agudas a que alcanza la voz del tenor. || **2.** fig. y fam. El mayor

D

esfuerzo que se puede poner en una empresa.

DO. (contracc. de la prep. *de* y el adv. *o*.) adv. Donde. Hoy generalmente no se usa más que en la poesía.

DOBLA. (l. *dúpla*, t. f. de -*us*, doble. f. Moneda castellana de oro en la Edad Media. ‖ **2.** fam. Acción de doblar. Ú. solamente en la frase *jugar a la* DOBLA, que significa jugar doblando sucesivamente la apuesta. ‖ **3.** MIN. CHILE. Beneficio que el dueño de una mina concede a alguno para que saque durante un día todo el mineral que pueda. ‖ **4.** En la Bolsa, renovación de las operaciones vencidas, abonándose las diferencias. ‖ **5.** fig. y fam. CHILE. Participación que se saca de una comida o acto cualquiera, sin haber contribuido con nada.

DOBLADA. f. MURC. Pez semejante a la dorada, herbívoro, que abunda en las escolleras de los puertos y al pie de los acantilados. ‖ **2.** pl. CUBA. Toque de ánimas.

DOBLADAMENTE. adv. Al doble. ‖ **2.** fig. Con doblez, malicia y engaño.

DOBLADILLA. (d. de *doblada*.) f. Juego antiguo de naipes consistente en ir doblando la parada a cada suerte. ‖ *A la* DOBLADILLA. m. adv. Al doble o repetidamente, haciendo alusión al juego de este nombre.

DOBLADILLAR. tr. Hacer dobladillos en la ropa.

DOBLADILLO. (d. de *doblado*.) m. Pliegue que como remate se hace a la ropa en los bordes, doblándola dos veces en un mismo sentido para coserla. ‖ **2.** Hilo fuerte usado generalmente para hacer calceta. ‖ P. dobra; I. hem; F. ourlet; A. Hohlsaum; It. orla; R. подшивка.

DOBLADO, DA. p.p. de doblar. ‖ **2.** adj. De mediana estatura y recio de miembros. ‖ **3.** Aplicado a terreno, tierra, etcétera, desigual o quebrado. ‖ **4.** CINEMAT. En el cine sonoro, dícese de la película en la que el diálogo original ha sido substituido por una traducción. ‖ **5.** fig. Que finge y disimula. ‖ **6.** m. Medida de la marca del paño. ‖ **7.** Accidente que acomete a los limpiadores de letrinas, cuando el tufo que se levanta de éstas los deja sin sentido. ‖ **8.** AND. Desván. ‖ **9.** CINEMAT. Doblaje.

DOBLADOR. m. El que dobla. ‖ **2.** GUAT. Chala, espata de maíz.

DOBLADURA. (De *doblar*.) f. Parte por donde se ha doblado o plegado una cosa. ‖ **2.** Señal que queda por donde se dobló. ‖ **3.** Caballo de reserva que llevaban a la guerra los hombres de armas. ‖ P. pregadura. ‖ I. fold, plait; F. pli; A. Falte; It. piega(tura); R. сгиб.

★ DOBLAJE. CINEMAT. Grabación del sonido y en especial de la palabra de una película, en idioma distinto del impresionado originalmente en su banda sonora.

DOBLAMIENTO. m. Acción y efecto de doblar o doblarse.

DOBLAR. (l. *duplāre*, de *duplus*, doble.) tr. Aumentar una cosa, haciéndola otro tanto más de lo que era. ‖ **2.** Endoblar. ‖ **3.** Aplicar una sobre otra dos partes de una cosa flexible. ‖ **4.** Volver una cosa sobre otra. ‖ **5.** Torcer una cosa encorvándola. Ú.t.c.r. ‖ **6.** En el juego de trucos y billar, hacer que la bola herida por otra se traslade al extremo opuesto de la mesa. ‖ **7.** fig. Inclinar a uno a que haga o piense lo contrario a su primera opinión. ‖ **8.** fig. y fam. Causarle a uno un gran quebranto. ‖ **9.** En términos de Bolsa, prorrogar una operación a plazo. ‖ **10.** Pasar una embarcación por delante de un cabo, promontorio, punta, etc., y ponerse al otro lado. ‖ **11.** Pasar a otro lado de una esquina, cerro, etcétera, cambiando de dirección en el camino. DOBLAR *la esquina*. Ú.t.c.intr. ‖ **12.** En el cine sonoro, substituir las palabras del actor que aparece en la pantalla, por las de otra persona que no se ve y que, acompasando su dicción a los gestos de dicho actor, habla en la misma lengua de éste o en otra diferente. ‖ **13.** TAUROM. Caer el toro agonizante al final de la lidia. ‖ **14.** intr. Tocar a muerto. ‖ **15.** Binar, celebrar un sacerdote dos misas en día festivo. ‖ **16.** Hacer un actor dos papeles en una misma obra. ‖ **17.** r. fig. Ceder a la perse-

cución, a la fuerza, al interés, etc. Ú.t.c. intr. ‖ **18.** MÉJ. Derribar a uno de un balazo. ‖ **19.** CUBA. Abochornar, avergonzar. ‖ **20.** Hacerse el terreno más desigual y quebrado. ‖ **21.** GERM. Entregarse uno a la justicia debajo de amistad. ‖ *Antes* DOBLAR *que quebrar*. expr. de que se usa para advertir que es más ventajoso ser blando y ceder algo de su derecho, que ser inflexible y duro dando ocasión a perder la amistad. ‖ la fr. *Bien pueden* DOBLAR *por él*. loc. con que se amenaza de muerte o se desconfía de la vida de uno. ‖ P. dobrar; I. to double; F. doubler; A. (ver)doppeln; It. doppiare; R. удваивать.

DOBLE. (l. *dúple*, adv. de *dúplus*.) adj. Duplo. Ú.t.c.s.m. ‖ **2.** Dícese de la cosa que va acompañada de otra y que juntas sirven para el mismo fin. ‖ **3.** En los tejidos y otras cosas, de más cuerpo que lo sencillo. ‖ **4.** En las flores, de más hojas que las sencillas. *Rosa* DOBLE. ‖ **5.** En el juego de dominó, dícese de la ficha que en los dos cuadrados del anverso lleva igual número de puntos o no lleva ninguno. ‖ **6.** V. *Cuartana, escalera, espía, fiesta, letra, llave, partida, real, de plata, rito, trato* DOBLE. ‖ **7.** Forrido y rehecho de miembros. ‖ **8.** fig. Simulado, artificioso, nada sincero. Ú.t.c.s. ‖ **9.** DIÓPTR. V. DOBLE *refracción*. ‖ **10.** GEOM. V. *Línea de* DOBLE *curvatura*. ‖ **11.** MÚS. V. *Paso* DOBLE. ‖ **12.** m. Doblez, 1.ª aceps. ‖ **13.** Toque de campanas por los difuntos. ‖ **14.** Operación de Bolsa que consiste en comprar o vender al contado un valor, y revenderlo o volverlo a comprar al fin del mes siguiente mediante una diferencia por interés. ‖ **15.** Diferencia que se cobra o paga, según su caso, en la operación bursátil de este nombre. ‖ **16.** ALBAÑ. La segunda carrera de tejas que se echa al hacer un alero corrido con tejas cuadradas. ‖ **17.** COM. En términos de Bolsa, la suma que se paga por la prórroga de una operación a plazo, y también la operación misma. ‖ **18.** GERM. El condenado a muerte por la justicia. ‖ **19.** GERM. El que ayuda a engañar a uno. ‖ **20.** adv. Doblemente. ‖ **21.** pl. RIOJA. Callos que se comen guisados. ‖ **—pequeña.** FERR. doble pequeña velocidad. ‖ *Al* DOBLE. m. adv. En cantidad dupla. ‖ *Echar* uno *la* DOBLE. fr. fig. Asegurar un negocio o trato para que no se pueda quebrantar fácilmente. ‖ *Estar a tres* DOBLES *y un repique*. fr. fig. y fam. No tener un cuarto, estar muy pobre. ‖ P. doble; I. y F. double; A. doppelt; It. doppio; R. двойной.

DOBLEGABLE. (De *doblegar*.) adj. Fácil de torcer, doblar o manejar.

DOBLEGADIZO, ZA. adj. Que fácilmente se doblega.

DOBLEGADURA. (De *doblegar*.) f. ant. Dobladura, 1.ª acep.

DOBLEGAMIENTO. m. ant. Acción y efecto de doblegar o doblegarse, 1.ª acep.

DOBLEGAR. (l. *dúplicāre*, doblar.) tr. Doblar o torcer encorvando. Ú.t.c.r. ‖ **2.** Blandear, 2.º art. Ú.t.c.r. ‖ **3.** fig. Hacer a uno que desista de un propósito y se preste a otro. ‖ P. dobrar; I. to bend; F. courber; A. biegen; It. rinchinare; R. сгибать.

DOBLEMENTE. adv. Con duplicación. ‖ **2.** Con doblez y malicia.

DOBLERÍA. f. ant. Calidad de doble en algunas cosas; como las horas canónicas.

DOBLERO. (De *doble*.) AR. m. Panecillo pequeño en figura de rosca. ‖ **2.** AR., CUENC., GRAN., GUAD. y VAL. Pieza de madera de hilo, que según sus calificativos tiene varias dimensiones. ‖ **3.** NUMISM. Moneda mallorquina del siglo XVIII. ‖ **—de a catorce.** Madero de a diez. ‖ **—de a dieciocho.** Madero de a seis. ‖ **—de a dieciséis.** Madero de a ocho. ‖ *Medio* DOBLERO, *medio madero*.

DOBLESCUDO. (De *doble y escudo*, por la forma del fruto.) m. Hierba áspera y vellosa, crucífera, de hojas radicales estrechas y dentadas, flores amarillas en racimo apretado, y frutos en vainillas redondas.

DOBLETE. adj. Entre doble y sencillo. ‖ **2.** m. Piedra falsa hecha generalmente con dos cristales pegados. ‖ **3.** Suerte del juego de billar, que consiste en hacer

que la bola sobre que se juega, después de tocar en una sola banda, vaya al lado opuesto de aquel en que se hallaba. ‖ **4.** FILOL. Cada una de dos palabras del mismo origen etimológico.

DOBLEZ. m. Parte que se dobla o pliega en una cosa. ‖ **2.** Señal que queda en la parte por donde se dobló. ‖ **3.** amb. fig. Astucia con que uno obra, dando a entender lo contrario de lo que siente.

DOBLILLA. (d. de *dobla*.) f. Moneda de oro que valía 20 reales, ó 21 y cuartillo, según la fecha de su acuñación.

DOBLO. (*dúplus*, doble.) m. ant. Duplo. Tiene uso aún en el Foro.

DOBLÓN. (aum. de *dobla*.) m. Moneda de oro antigua de diferente valor según las épocas. ‖ **2.** Moneda de oro de Chile equivalente a dos pesetas. ‖ **—calesero.** doblón sencillo. ‖ **—de a ciento.** Moneda antigua de oro, que valía cuatro doblas de oro. ‖ **—de a ocho.** Moneda antigua de oro que valía ocho escudos o una onza de oro. ‖ **—de oro.** Doblón, 1.ª acep. ‖ **—de vaca.** Callos de vaca. ‖ **—sencillo.** Moneda imaginaria, de valor de 60 reales. ‖ *Escupir* uno DOBLONES. fr. fig. y fam. Hacer ostentación y jactancia de rico y poderoso. ‖ P. dobrão; I. doubloon; F. doublon; A. Dublone; It. doblone; R. дублон.

DOBLONADA. (De *doblón*.) f. Dinerada, 1.ª acep. ‖ *Echar* uno DOBLONADAS. fr. fig. y fam. Ponderar y exagerar sus rentas.

DOBLURA. f. ant. Doblez, 3.ª acep.

DOCA. (Voz araucana.) f. BOT. Planta rastrera de Chile, de la familia de las aizoáceas, hojas carnosas, triangulares, prismáticas, opuestas; flores grandes rosadas y fruto comestible. Crece en arenales cerca del mar.

DOCE. (l. *duodécim*.) adj. Diez y dos. ‖ **2.** Duodécimo, 1.ª acep. Aplicado a los días del mes. Ú.t.c.s. ‖ **3.** m. Conjunto de signos con que se representa el número doce. ‖ P. doze; I. twelve; F. douze; A. zwölf; It. dòdici; R. двенадцать.

DOCEAÑISTA. (De *doce* y *año*.) adj. Partidario de la constitución española de 1812. Ú.t.c.s. ‖ **2.** Dícese particularmente de los que contribuyeron a formarla. Ú.t.c.s.

DOCEMESINO. adj. Aplícase al año de doce meses a diferencia del de otros cómputos.

DOCÉN. adj. ZAR. Dícese del madero de 12 medias varas Ú.m.c.s. ‖ **—escuadrado.** ZAR. Madero labrado con hacha, que tiene el mismo largo que el docén, con 20 dedos de tabla y canto. ‖ **—recio.** ZAR. Cada una de las piezas de madera en rollo y enterizo, procedentes de los pinares del Pirineo navarro-aragonés, de seis varas de largo y nueve dedos de diámetro.

DOCENA. f. Conjunto de doce cosas. ‖ *La* DOCENA *del fraile*. loc. proverb. Conjunto de trece cosas. ‖ *Meterse* uno *en* DOCENA. fr. fig. y fam. Entremeterse en la conversación, siendo desigual a las personas que hablan. ‖ *No entrar* uno *en* DOCENA con otros. fr. fig. y fam. No ser igual o parecido a ellos. ‖ P. dúzia; I. dozen; F. douzaine; A. Dutzend; It. dozzina; R. дюжина.

DOCENAL. adj. Que se vende por docenas.

DOCENARIO, RIA. (De *docena*.) adj. Que consta de doce unidades o elementos constitutivos.

★ DOCENCIA. (De *docente*.) f. ARGENT. Enseñanza. ‖ **2.** ARGENT. Conjunto o cuerpo de profesores.

DOCENO, NA. (De *doce*.) adj. Duodécimo, 1.ª acep. ‖ **2.** Aplícase al paño o tejido de lana, cuya urdimbre consta de doce centenares de hilos. Ú.t.c.s.m. para designar este género de paño.

DOCENTE. (l. *docens, -entis*, p.a. de *docēre*, enseñar.) adj. Que enseña, 1.ª acep. ‖ **2.** Perteneciente o relativo a la enseñanza.

DOCEÑAL. adj. ant. De doce años.

DOCETA. adj. Que profesa el docetismo. Ú.t.c.s.

DOCÉTICO, CA. adj. Perteneciente al docetismo.

DOCETISMO. (gr. δόκησις, apariencia.) m. Doctrina herética parecida al gnosticismo, que negaba la realidad carnal

D a Jesucristo y en consecuencia afirmaba que sólo había sufrido en apariencia.

DOCIBLE. (l. *docibĭlis.*) adj. Dócil.

DOCIENTOS, TAS. (l. *dŭcenti*, doscientos.) adj. pl. desus. Doscientos.

DÓCIL. (l. *docĭlis.*) adj. Suave, apacible, fácil de enseñar. || **2.** Obediente. || **3.** Dícese del metal, piedra u otra cosa que se deja labrar con facilidad. || **P.** dócil; **I.** y **F.** docile; **A.** gelehrig, gutmütig; **It.** dócile; **R.** послушный.

DOCILIDAD. (l. *docilĭtas, -ātis.*) f. Calidad de dócil.

DOCILITAR. tr. Reducir a uno a la docilidad o hacer tratable o flexible alguna cosa.

DÓCILMENTE. adv. Con docilidad.

DOCIMASIA. (gr. δοκιμασία, de δοκιμάζω, probar, ensayar.) f. Arte de ensayar los minerales para determinar los metales que contienen y en qué proporción. || **2.** MED. Método empleado en medicina para determinar si el feto ha nacido vivo o muerto.

DOCIMÁSTICA. (gr. δοκιμαστική, t.f. de -κός, docimástico.) f. Docimasia.

DOCIMÁSTICO, CA. (gr. δοκιμαστικός, de δοκιμάζω, ensayar.) adj. Perteneciente o relativo a la docimasia.

★ **DOCK.** (Voz inglesa.) m. Muelle o dársena con almacenes para las mercancías. || **2.** Depósito o almacén para mercancías que hay en las estaciones de ferrocarril.

DOCTAMENTE. adv. Con erudición y doctrina.

DOCTITUD. f. desus. Calidad de docto.

DOCTO, TA. (l. *doctus*, p.p. de *docēre*, enseñar.) adj. Dícese del que posee muchos conocimientos. Ú.t.c.s.

DOCTOR, RA. (l. *doctor.*) m. y f. Persona que ha recibido el último grado académico en una facultad. || **2.** Persona que enseña una ciencia o arte. || **3.** Título que da la Iglesia a algunos santos y teólogos de gran autoridad que con mayor profundidad de doctrina defendieron o enseñaron la religión católica. || **4.** Médico, persona que ejerce la medicina. || **5.** f. fam. Mujer del doctor. || **6.** fam. Mujer del médico. || **7.** fig. y fam. La que blasona de sabia y entendida. || **—graduado.** El que ha recibido el grado académico de doctor, pero que no ha pagado o sacado el título correspondiente. || **—honoris causa.** Título honorífico que conceden las universidades a una persona eminente. || **P.** doutor; **I.** doctor; **F.** docteur; **A.** Doktor, Arzt; **It.** dottore; **R.** доктор.

DOCTORADO, DA. p.p. de doctorar. || **2.** m. Grado de doctor. || **3.** Estudios necesarios para obtener este grado. || **4.** fig. Conocimiento acabado de una materia.

DOCTORAL. adj. Perteneciente o relativo al doctor o al doctorado. || **2.** V. *Canónigo* DOCTORAL. Ú.t.c.s. || **3.** V. *Canonjía* DOCTORAL. Ú.t.c.s.

DOCTORAMIENTO. m. Acción y efecto de doctorar o doctorarse.

DOCTORANDO, DA. m. y f. Persona que está próxima a recibir la borla y grado de doctor.

DOCTORAR. tr. Graduar de doctor a uno en una universidad. Ú.t.c.r.

DOCTRINA. (l. *doctrīna.*) f. Enseñanza que se da para la instrucción de alguno. || **2.** Ciencia o sabiduría. || **3.** Opinión de uno o varios autores en cualquiera materia. || **4.** Plática que se hace al pueblo, explicándole la doctrina cristiana. || **5.** AMÉR. Curato colativo servido por regulares. || **6.** En América, pueblo de indios recién convertidos, antes de establecer en él parroquialidad. || **—común.** Opinión que comúnmente profesan los más de los autores que han escrito sobre una misma materia. || **—cristiana.** La que debe saber el cristiano. || **2.** Congregación religiosa fundada en Francia en eL siglo XVII por San Juan Bautista de la Salle. || **—legal.** Jurisprudencia, 2.ª acep. || *Beber* uno *la* DOCTRINA a otro. fr. fig. Aprender su doctrina con tal perfección y seguir con tal propiedad su estilo, que los dos parezcan uno. || *Derramar* uno DOCTRINA. fr. fig. Enseñarla, predicarla a muchas gentes y en diversas partes. || **P.** doutrina; **I.** y **F.**

trine; **A.** Lehre; **It.** dottrina; **R.** доктрина, учение.

DOCTRINABLE. adj. Capaz de ser doctrinado.

DOCTRINADOR, RA. adj. Que doctrina y enseña. Ú.t.c.s.

DOCTRINAL. (l. *doctrinālis.*) adj. Perteneciente a la doctrina. || **2.** FOR. Véase *Interpretación* DOCTRINAL. || **3.** m. Libro que contiene reglas y preceptos.

DOCTRINANTE. p.a. de doctrinar. Que doctrina.

DOCTRINANZA. (De *doctrinar.*) f. ant. Literatura o ciencia.

DOCTRINAR. (De *doctrina.*) tr. Enseñar, dar instrucción.

DOCTRINARIO, RIA. adj. Aplícase a quien haciendo radicar en la inteligencia humana el principio de la soberanía, aplica fórmulas abstractas y *a priori* a la gobernación de los pueblos, siguiendo la doctrina de los filósofos eclécticos franceses. || **2.** Consagrado o relativo a una doctrina determinada y en especial a la de un partido político o una institución. || **3.** Aplícase al sistema político ecléctico o transaccional en cuanto a la soberanía mediante pacto entre la del rey y la del pueblo, y asimismo a los adeptos de este sistema político.

DOCTRINARISMO. m. Cualidad de doctrinario. || **2.** Sistema de los doctrinarios.

DOCTRINERO. m. El que explica la doctrina cristiana. Llámase así comúnmente el que va con los misioneros para hacer las doctrinas. || **2.** Párroco regular que en América tiene a su cargo un curato o doctrina de indios.

DOCTRINO. (De *doctrina.*) m. Huérfano que se recoge en un colegio para educarlo. || *Parecer* uno DOCTRINO. fr. fig. y fam. Tener aspecto y modales tímidos y apocados.

DOCUMENTACIÓN. f. Acción y efecto de documentar. || **2.** Conjunto de documentos que sirven para este fin.

DOCUMENTADO, DA. p.p. de documentar. || **2.** adj. Dícese del memorial, pedimento, etc., acompañado de los documentos necesarios. || **3.** Dícese de la persona que posee noticias o pruebas acerca de un asunto, o de la que tiene documentos de identidad personal.

DOCUMENTAL. adj. Que se funda en documentos o se refiere a ellos. || **2.** Dícese de las películas cinematográficas que representan, con propósito meramente instructivo, hechos, escenas, etc., tomados de la realidad.

DOCUMENTALMENTE. adv. Con documentos.

DOCUMENTAR. tr. Probar la verdad de alguna cosa con documentos. || **2.** Informar a uno sobre noticias y pruebas relativas a un asunto.

DOCUMENTO. (l. *documentum.*) m. Escrito con que se prueba o acredita una cosa. || **2.** fig. Cualquier otra cosa que sirve para ilustrar o comprobar algo. || **—privado.** FOR. El que autorizado por las partes interesadas, pero no por funcionario competente, prueba contra quien lo escribe o sus herederos. || **—público.** FOR. El que autorizado por funcionario competente, acredita los hechos que refiere y su fecha. || **P.** e **It.** documento; **I.** y **F.** document; **A.** Urkunde, Dokument; **R.** документ.

★ **DODECA.** Prefijo derivado de la voz griega δώδεκα, doce.

DODECAEDRO. (gr. δωδεκάεδρος; de δώδεκα, doce, y ἕδρα, cara.) m. GEOM. Sólido de doce caras. || **—regular.** GEOM. Aquel cuyas caras son pentágonos regulares.

DODECÁGONO, NA. (gr. δωδεκάγωνος; de δώδεκα, doce, y γωνία, ángulo.) adj. GEOM. Aplícase al polígono de 12 ángulos y 12 lados. Ú.t.c.s.m.

DODECASÍLABO, BA. (gr. δώδεκα, doce, y συλλαβή, sílaba.) adj. De 12 sílabas. || **2.** V. *Verso* DODECASÍLABO.

DODRANTE. (l. *dodrans, -antis.*) m. Conjunto de las nueve doceavas partes de un as romano. || **2.** Conjunto de tres cuartas partes de una herencia entre los romanos.

DOGA. (l. *doga*, y éste del gr. δοχή, recipiente.) f. Mancha. Duela, 1.ª acep.

DOGAL. (l. *iugāle*, lo que sujeta el cuello a manera de yugo.) m. Cuerda o soga de la cual con un nudo se forma un lazo para atar las caballerías por el cuello. || **2.** Cuerda para ahorcar a un reo. || **3.** Lazada escurridiza con que se comienza la atadura de dos maderos. || *Estar* uno *con el* DOGAL *al cuello.* fr. fig. y fam. Hallarse en un gran apuro, sin saber cómo salir de él. || **P.** baraço; **I.** halter; **F.** licou; **A.** (Hals)-Knebel; **It.** cavezza; **R.** привязь (у лошади).

DOGARESA. (Voz italiana.) f. Mujer del dux.

DOGMA. (l. *dogma*, y éste del gr. δόγμα.) m. Proposición que se asienta como principio innegable de una ciencia. || **2.** Por ext. todo lo que se enuncia como de una certeza absoluta. || **3.** Verdad revelada por Dios y propuesta por la Iglesia Católica para nuestra creencia y salvación. El fundamento del dogma es la revelación divina y sus fuentes la Sagrada Escritura y la tradición. || **4.** Fundamento o puntos capitales de toda ciencia, doctrina o religión. || **P.** e **I.** dogma; **F.** dogme; **A.** Dogma; **It.** dogma, domma; **R.** догма.

DOGMÁTICAMENTE. adv. Conforme al dogma o a los dogmas. || **2.** Afectando magisterio, atribuyendo a lo que se dice la calidad de principio innegable.

DOGMÁTICO, CA. (l. *dogmaticus*, y éste del gr. δογματικός.) adj. Perteneciente a los dogmas de la religión. || **2.** Dícese del autor que trata de los dogmas. || **3.** Aplícase al filósofo que profesa el dogmatismo. Ú.t.c.s. || **4.** V. *Teología* DOGMÁTICA. || **5.** FOR. Dícese del método expositivo que en las obras jurídicas se atiene a principios doctrinales y no al orden y estructura de los códigos. || **P.** dogmático; **I.** dogmatic; **F.** dogmatique; **A.** dogmatisch; **It.** dommàtico; **R.** догматический.

DOGMATISMO. (l. *dogmatismus.*) m. Conjunto de las proposiciones que se tienen por principios innegables en una ciencia. || **2.** Conjunto de todo lo que es dogmático en religión. || **3.** Doctrina epistemológica opuesta al escepticismo, que afirma la posibilidad del conocimiento humano, y la validez de principios que la razón reconoce como evidentes.

DOGMATISTA. (l. *dogmatistes*, y éste del gr. δογματιστής.) m. El que sustenta nuevas opiniones, enseñándolas como dogmas, contra la verdad de la religión católica.

DOGMATIZADOR. (De *dogmatizar.*) m. Dogmatizante.

DOGMATIZANTE. p.a. de dogmatizar. Que dogmatiza. Ú.t.c.s.

DOGMATIZAR. (l. *dogmatizāre*, y éste del gr. δογματίζω.) tr. Enseñar dogmas, más comúnmente, falsos y opuestos a la religión católica. || **2.** Hablar o escribir dogmáticamente.

DOGO, GA. (ingl. *dog*, perro.) adj. *Perro* DOGO. Dícese del perro alano y de otro semejante, pero con más fuerza y valor, que se utiliza para guardar las propiedades y en las cacerías peligrosas. Ú.t.c.s. || **P.** y **F.** dogue; **I.** bull mastiff; **A.** Dogge, Hetzhund; **It.** dogo; **R.** дог, бульдог.

DOGRE. (neerl. *dogger*, especie de navío.) m. Embarcación parecida al queche y destinada a la pesca en el mar del Norte.

DOLADERA. (De *dolar.*) adj. Aplícase a la segur que usan los toneleros. Ú.t.c.s.

DOLADO, DA. p.p. de dolar. || **2.** adj. fig. desus. Acabado, perfecto.

DOLADOR. (l. *dolātor.*) m. El que aplana o cepilla alguna tabla o piedra.

DOLADURA. (De *dolar.*) f. Ripio o astilla que se saca con la doladera o el dolobre.

DOLAJE. (De *duela.*) m. Vino absorbido por la madera de las cubas en que se guarda.

DOLAMA. f. Dolame. || **2.** Alifafe, achaque que aqueja a una persona.

DOLAME. (l. *dolamen*, dolencia, de *dolēre*, doler.) m. Achaque o enfermedad oculta de las caballerías.

DOLAR. (l. *dolāre*.) tr. Desbastar, labrar madera o piedra con la doladera o el dolobre.

DÓLAR. (ingl. *dollar*, y éste del al.

D

thaler.) m. Moneda de plata de los Estados Unidos, Canadá y Liberia.

★ **DOLCE**. Mús. Palabra italiana usada en la notación musical para manifestar que un pasaje debe interpretarse dulce y delicadamente.

DOLENCIA. (l. *dolentia*.) f. Indisposición, achaque, enfermedad. ‖ DOLENCIA, *larga*, *muerte al cabo*. ref. que indica que cuando un mal se prolonga suele tener funesto desenlace. ‖ **P**. doença; **I**. aching, ailment; **F**. maladie; **A**. Krankheit, Leiden; **It**. malattia; **R**. болезнь.

DOLENCIA. f. ant. Dolo. ‖ *Poner* DOLENCIA *en* una cosa. fr. ant. Poner dolo en ella.

DOLER. (l. *dolēre*.) intr. Padecer dolor una parte del cuerpo, mediante causa interna o externa. ‖ **2**. Causar repugnancia o sentimiento el hacer una cosa o pasar por ella. ‖ **3**. r. Arrepentirse de haber hecho una cosa y sentir pesar de ello. ‖ **4**. Quejarse y explicar el dolor. DOLERSE *con un amigo*. ‖ **5**. Compadecerse del mal que otro padece. ‖ **6**. Lamentarse de un defecto o insuficiencia. ‖ *A quien le* DUELE, *le* DUELE. expr. fig. y fam. para denotar que por mucha parte que uno tome en los males de otro, nunca es tanta como la de aquel que los padece. ‖ **P**. doer; **I**. to ache; **F**. faire mal; **A**. schmerzen; **It**. dolere; **R**. болеть.

DOLICOCEFALIA. f. Cualidad de dolicocéfalo.

DOLICOCÉFALO, LA. (gr. δολιχός, largo, y κεφαλή, cabeza.) adj. Dícese del cráneo alargado de contorno oval; corresponde a un índice cefálico inferior que oscila entre 65 y 74. ‖ **2**. Dícese de las personas o razas de cráneo dolicocéfalo.

DOLIDO, DA. p.p. de doler. ‖ **2**. m. ant. Dolor, lástima, compasión.

DOLIENTE. (l. *dolens*, *-entis*.) p.a. de doler. Que duele o se duele. ‖ **2**. adj. Enfermo, 1.ᵃ acep. Ú.t.c.s. ‖ **2**. Dolorido, 2.ᵃ acep.

DOLIOSAMENTE. adv. ant. Dolorosamente.

DOLIOSO, SA. (De *doler*.) adj. ant. Dolorido, 1.ᵃ acep.

DOLMEN. (gaél. *tolmen*; de *tol*, tablero, y *men*, piedra.) m. Megalito compuesto por las lajas colocadas de plano sobre una o más piedras verticales.

DOLMÉNICO, CA. adj. Perteneciente o relativo a los dólmenes.

DOLO. (l. *dolus*.) m. Engaño, fraude, simulación. ‖ **2**. FOR. En los delitos, voluntad intencional, propósito de cometerlos; en los contratos o actos jurídicos, engaño que influye sobre la voluntad de otro para la celebración de aquéllos, y también la infracción maliciosa en el cumplimiento de las obligaciones contraídas. ‖ —**bueno**. FOR. Aquella sagaz precaución con que cada uno debe defender su derecho. ‖ —**malo**. FOR. El que se dirige contra el justo derecho de un tercero. ‖ *Poner* DOLO *en* una cosa. fr. Interpretar maliciosamente una acción. ‖ **P**. e **It**. dolo; **I**. fraud; **F**. dol; **A**. Betrug, Arglist; **R**. обман.

DOLOBRE. (l. *dolabra*.) m. Pico para labrar piedras.

DOLOMÍA. (De *Dolomieu*, naturalista francés.) f. Roca semejante a la caliza, formada por carbonato doble de cal y magnesia.

DOLOMITA. f. Dolomía.

DOLOMÍTICO, CA. (De *dolomía*.) adj. GEOL. Semejante a la dolomía, o que contiene esta substancia.

DÓLOPE. (l. *dolops*, *-ŏpis*.) adj. Dícese del individuo de un pueblo antiguo de Tesalia. Ú.t.c.s.

DOLOR. (l. *dolor*.) m. Sensación molesta y aflictiva de una parte del cuerpo causada por ciertas lesiones y algunos estados morbosos. ‖ **2**. Sentimiento, pena y congoja que se padece en el ánimo. ‖ **3**. Pesar y arrepentimiento de haber hecho u omitido una cosa. ‖ **4**. FISIOL. Sensación penosa recibida por nervios específicos y transmitida a los centros nerviosos. ‖ —**de corazón**. fig. Sentimiento, pena, aflicción de haber ofendido a Dios. ‖ —**de costado**. Enfermedad aguda, que causa dolor vehemente en alguno de los costados, acompañado de calentura. ‖ —**de viuda** o **de viudo**. fig. y fam. El muy fuerte y pasa-

jero, como el producido por los golpes recibidos en algunas partes del cuerpo poco defendidas por los músculos. ‖ —**latente**. Dolor sordo. ‖ —**nefrítico**. El causado por la piedra o arenas en los riñones. ‖ —**sordo**. El que no es agudo pero molesta sin interrupción. ‖ DOLOR *de mujer muerta dura hasta la puerta*. ref. que explica lo poco que algunos sienten al enviudar. ‖ DOLOR *de viudo*, *corto y agudo*. ref. con que se denota que, aunque muy profundo, suele ser de escasa duración el pesar que causa la viudez. ‖ *Estar* una mujer *con* DOLORES. fr. fig. Estar en los de parto. ‖ **P**. dor; **I**. pain; **F**. douleur; **A**. Schmerz; **It**. dolore; **R**. боль.

DOLORA. (Nombre inventado por el poeta Campoamor, hacia 1846.) f. Breve composición poética de espíritu dramático, que envuelve un pensamiento filosófico.

DOLORIDO, DA. (De *dolor*.) adj. Que padece o siente dolor. ‖ **2**. Apenado, afligido, desconsolado.

DOLORÍO. m. ant. Dolor.

DOLOROSO, SA. adj. ant. Doloroso.

DOLOROSA. (De *doloroso*.) f. Imagen de María Santísima en la acción de dolerse por la muerte de Cristo.

DOLOROSAMENTE. adv. Con dolor. ‖ **2**. Lamentablemente, lastimosamente.

DOLOROSO, SA. (l. *dolorōsus*.) adj. Lamentable, lastimoso, que mueve a compasión. ‖ **2**. Que causa dolor.

DOLOSAMENTE. adv. Con dolo.

DOLOSO, SA. (l. *dolōsus*.) adj. Engañoso, fraudulento.

DOLZOR. m. ant. Dulzor.

DÓLLIMO. (Voz araucana.) m. Molusco pequeño bivalvo, de agua dulce, que se cría en Chile.

DOM. (l. *dominus*.) m. Título honorífico que se da a algunos religiosos cartujos, benedictinos y salesianos. Se usa antepuesto al apellido.

DOMA. (De *domar*.) f. Domadura de potros u otras bestias. ‖ **2**. fig. Represión de las pasiones e inclinaciones viciosas. ‖ **P**. doma, amansamiento; **I**. breaking (in); **F**. dressage; **A**. Bändigung, Dressur; **It**. domatura; **R**. укрощение.

DOMABLE. (l. *domabĭlis*.) adj. Que puede domarse. Dícese por lo común de los animales.

DOMADOR, RA. (l. *domātor*.) m. y f. Que doma. ‖ **2**. Que exhibe y maneja fieras domadas. ‖ **P**. domador; **I**. subduer, horse-breaker; **F**. dompteur; **A**. Dompteur; **It**. domatore.

DOMADURA. f. Acción y efecto de domar.

DOMANIO. (b. l. *domanium*, y éste el l. *dominium*, dominio, propiedad.) m. ant. Patrimonio privado y particular de un príncipe.

DOMAR. (l. *domāre*.) tr. Amansar, hacer dócil a un animal salvaje o fiero. ‖ **2**. fig. Sujetar, reprimir. ‖ **P**. domar; **I**. to break (in), to subdue; **F**. dompter; **A**. bändigen; **It**. domare; **R**. укрощать.

DOMBENITENSE. adj. Natural de Don Benito. Ú.t.c.s. ‖ **2**. Perteneciente o relativo a esta población extremeña.

DOMBO. m. ARQ. Domo.

DOMEÑABLE. adj. Que puede domeñarse.

DOMEÑAR. (l. *dominiāre*, de *dominium*, en vez de *domināre*, dominar.) tr. Someter, sujetar y rendir.

DOMESTICABLE. adj. Que puede domesticarse.

DOMESTICACIÓN. f. Acción y efecto de domesticar.

DOMESTICADO, DA. p.p. de domesticar. ‖ **2**. adj. FOR. Dícese del animal que por la acción del hombre ha perdido su condición salvaje.

DOMÉSTICAMENTE. adv. Caseramente, familiarmente.

DOMESTICAR. (De *doméstico*.) tr. Hacer doméstico a un animal fiero y salvaje. ‖ **2**. fig. Hacer tratable a una persona; moderar la aspereza de carácter. Ú.t.c.r. ‖ **P**. domesticar; **I**. to tame; **F**. apprivoiser; **A**. (be)zähmen; **It**. addomesticare; **R**. приручать.

DOMESTICIDAD. (De *doméstico*.) f. Calidad de doméstico.

DOMÉSTICO, CA. (l. *domesticus*, de *domus*, casa.) adj. Perteneciente o relativo

a la casa u hogar. ‖ **2**. Dícese del animal que se cría en la compañía del hombre. ‖ **3**. Dícese del criado que sirve en una casa. Ú.m.c.s. ‖ **4**. V. *Prelado* DOMÉSTICO. ‖ **P**. doméstico; **I**. domestic, servant; **F**. domestique; **A**. häuslich; **It**. domèstico, famigliare; **R**. домашний.

DOMESTIQUEZ. (De *doméstico*.) f. p. us. Mansedumbre de un animal, natural o adquirida.

DOMESTIQUEZA. f. p. us. Domestiquez.

DOMICILIAR. tr. Dar domicilio a una persona. ‖ **2**. r. Establecer, fijar su domicilio en un lugar. ‖ **3**. MÉJ. Poner sobrescrito a una carta. ‖ **4**. COM. Ordenar el pago de una letra de cambio por parte de un Banco determinado.

DOMICILIARIO, RIA. adj. Perteneciente al domicilio. ‖ **2**. Que se ejecuta o se cumple en el domicilio del interesado. ‖ **3**. V. *Visita* DOMICILIARIA. ‖ **4**. m. y f. El que tiene domicilio en un lugar.

DOMICILIO. (l. *domicilium*, de *domus*, casa.) m. Morada fija y permanente. ‖ **2**. Lugar en que legalmente se considera establecida una persona o sociedad para el cumplimiento de sus obligaciones y el ejercicio de sus derechos. ‖ **3**. Casa en que uno habita o se hospeda. *A* DOMICILIO. m. adv. Domiciliario, 2.ᵃ acep. Ú.m. comúnmente tratándose de suministros o de servicios personales, etc. ‖ *Adquirir*, o *contraer*, DOMICILIO. fr. Domiciliarse o avecindarse. ‖ **P**. domicílio; **I**. y **F**. domicile; **A**. Domizil, Wohnung; **It**. domicilio; **R**. жилище.

DÓMIDA. f. p. us. AND. Tanda, tonga, capa.

DOMINACIÓN. (l. *dominatio*, *-ōnis*.) f. Acción y efecto de dominar. ‖ **2**. Señorío que tiene sobre un territorio quien ejerce la soberanía. ‖ **3**. MIL. Monte, colina o lugar alto que domina una plaza. ‖ **4**. f. pl. Espíritus angélicos que componen el cuarto coro. ‖ **P**. dominação; **I**. y **F**. domination; **A**. Herrschaft; **It**. dominazione; **R**. господство.

DOMINADOR, RA. (l. *dominātor*.) adj. Que domina o propende a dominar. Ú.t.c.s.

DOMINANTE. (l. *dominans*, *-antis*.) p.a. de dominar. Que domina. Ú.t.c.s. adj. Aplícase a la persona que quiere avasallar a otra que no tolera que la contradigan. ‖ **3**. Que sobresale, prevalece o es superior entre otras cosas de su orden y clase. ‖ **4**. ASTROL. Dícese del astro al cual se le atribuía dominio más o menos duradero sobre la esfera terrestre. ‖ **5**. FOR. Véase *Predio* DOMINANTE. ‖ **6**. f. MÚS. Quinto grado o nota de cualquier escala diatónica.

DOMINAR. (l. *dominari*.) tr. Tener cosas o personas bajo dominio. ‖ **2**. Sujetar, contener, reprimir. ‖ **3**. fig. Poseer a fondo una ciencia o un arte. ‖ **4**. intr. Sobresalir un monte, un edificio, etc., entre otros. ‖ **5**. r. Reprimirse, ejercer dominio sobre sí mismo. ‖ **P**. dominar; **I**. to dominate; **F**. dominer; **A**. (be)herrschen; **It**. dominare; **R**. властвовать.

DOMINATIVO, VA. adj. Dominante.

DOMINATRIZ. (l. *dominātrix*.) adj. p. us. Dominadora. Ú.t.c.s.

DÓMINE. (vocat. del l. *dominus*, señor.) m. fam. Maestro o preceptor de gramática latina. ‖ **2**. despect. Persona que sin mérito para ello adopta el tono de maestro.

DOMINGADA. f. Fiesta o diversión que se celebra el domingo.

DOMINGO. (l. *dominĭcus*, [*dies*, día], del Señor.) m. Primer día de la semana, que está dedicado especialmente al Señor y a su culto. ‖ —**de Adviento**. Cada uno de los cuatro que preceden a la fiesta de Navidad. ‖ —**de Cuasimodo**. El de la octava de la Pascua de Resurrección. ‖ —**de la Santísima Trinidad**. Fiesta movible que celebra la Iglesia el quincuagesimoséptimo día que sigue al de Pascua de Resurrección. ‖ —**de Lázaro** o **de Pasión**. El quinto de cuaresma. ‖ —**de Pentecostés**. Pentecostés. ‖ —**de piñata**. El primero de cuaresma. ‖ —**de Ramos**. El último de cuaresma. ‖ —**de Resurrección**. Aquel en que se celebra la Pascua de Resurrección del Señor, que es el domingo siguiente al primer plenilunio después del 20 de marzo. ‖ *Hacer* DOMINGO. fr. Hacer fiesta. ‖ **P**. domingo;

D **I.** Sunday; **F.** dimanche; **A.** Sonntag; **It.** domênica; **R.** воскресенье.

* **DOMINGUEJA.** f. fig. Mujer liviana y de poco seso.

DOMINGUEJO. m. Dominguillo. ‖ **2.** AMÉR. Persona insignificante, pobre diablo. ‖ **3.** CHILE y PERÚ. Hombre despreciable, entrometido y majadero. ‖ **4.** CHILE y PERÚ. Espantapájaros, espantajo puesto en los campos para evitar que los pájaros se coman el grano o la fruta.

DOMINGUERO, RA. adj. fam. Que se suele usar en domingo. ‖ **2.** Aplícase a la persona que acostumbra componerse y divertirse solamente los domingos o días de fiesta.

DOMINGUILLO. m. d. de domingo. ‖ **2.** Muñeco con un contrapeso en la base; movido en cualquier dirección vuelve siempre a quedar derecho. ‖ *Traer* a uno *como un* DOMINGUILLO, o *hecho un* DOMINGUILLO. fr. fig. y fam. Mandarle hacer muchas cosas en diferentes sitios y con urgencia.

DOMÍNICA. (l. *domĭnĭca.*) f. En el lenguaje y estilo eclesiástico, domingo. ‖ **2.** Textos de la Escritura correspondientes a cada domingo en el oficio divino.

DOMINICAL. (l. *dominicālis.*) adj. Perteneciente a la domínica o al domingo. ‖ **2.** Aplícase al derecho pagado al señor de un feudo por los feudatarios. ‖ **3.** FOR. Perteneciente al derecho de dominio sobre las cosas. ‖ **4.** V. *Letra, oración* DOMINICAL.

° **DOMINICANISMO.** m. Locución, giro o modo de hablar propio y peculiar de los naturales de Santo Domingo.

DOMINICANO, NA. (l. *Domĭnĭcus,* Santo Domingo.) adj. Dominico. ‖ **2.** Natural de Santo Domingo. Ú.t.c.s. ‖ **3.** Perteneciente a la República Dominicana.

DOMINICATURA. (l. *dominicātus,* administración, intendencia.) f. AR. Cierto derecho de vasallaje que se pagaba al señor temporal de una tierra o población.

DOMINICO, CA. adj. Dícese del religioso de la Orden de Santo Domingo. Ú.t.c.s. ‖ **2.** Perteneciente a esta Orden. ‖ **3.** CUBA y AMÉR. CENTRAL. Dícese de una especie de plátano pequeño. Ú.t.c.s. ‖ **4.** m. CUBA. Pajarillo de plumaje negruzco con manchas blancas; produce unos chillidos desagradables. ‖ **P.** domínico; **I.** Dominican; **F.** dominicain; **A.** Dominikaner; **It.** domenicano; **R.** монах-доминиканец.

DOMÍNICO, CA. (l. *dominĭcus,* de *domĭnus,* señor.) adj. ant. Perteneciente al dueño o señor.

DOMINIO. (l. *dominĭum.*) m. Poder que uno tiene de usar y disponer libremente de sus cosas. ‖ **2.** Superioridad legítima sobre las personas. ‖ **3.** Territorio que un soberano o estado tienen bajo su dominación. ‖ **4.** FOR. Plenitud de los atributos que las leyes reconocen al propietario de una cosa para disponer de ella. ‖ **—absoluto.** El que otorga un poder ilimitado, soberano sobre la cosa. ‖ **—directo.** El que se reserva el propietario al ceder el dominio útil por enfiteusis u otro título análogo. ‖ **—eminente.** El que ejerce un Estado como derivado de su soberanía al disponer de los bienes sitos en su territorio por beneficio o utilidad pública. ‖ **—menos pleno.** Aquel en que las facultades dominicales están distribuidas en diversas personas. ‖ **—pleno.** Aquel en que las facultades dominicales se hallan consolidadas en el propietario. ‖ **—público.** El que comprende los bienes del Estado destinados al uso o servicio público y al fomento de la riqueza nacional y los de uso público de las provincias y los pueblos. ‖ **—útil.** Conjunto de facultades dominicales transmitidas a quien recibe una finca en enfiteusis o por otro título análogo. ‖ *Ser de* DOMINIO *público* una cosa. fr. fig. Ser sabida de todos. ‖ **P.** domínio, posse; **I.** domain, dominion, property; **F.** domaine, puissance, biens, fonds; **A.** Eigentum, Dominium; **It.** dominio; **R.** власть, господство.

DÓMINO. (l. *domĭnus,* señor.) m. Dominó, 1.ª y 2.ª aceps.

DOMINÓ. (fr. *domino,* y éste del m. or. que *dómino.*) m. Juego que se hace con veintiocho fichas rectangulares que tienen una cara dividida en dos cuadrados iguales, cada uno de los cuales lleva marcados de uno a seis puntos, o no lleva ninguno. ‖ **2.** Conjunto de las fichas que se emplean para este juego. ‖ **3.** Traje talar con capucha usado en las mascaradas. ‖ *Hacer* uno DOMINÓ. fr. Ser el primero que se queda sin fichas en el juego de este nombre y ganar así la partida.

DOMO. (l. *domus.*) m. ARQ. Cúpula, 1.ª acep. ‖ **2.** MEC. Recipiente cilíndrico de plancha de acero que se instala en la parte superior de las calderas que deben alimentar instalaciones de vapor.

DOMPEDRO. (De *don,* 2.º art., y el n. p. *Pedro.*) m. Dondiego. ‖ **2.** fam. Bacín, 1.ª acep.

* **DOMUND.** Término empleado para designar el domingo mundial de la propagación de la Fe, que se celebra en el mes de octubre de cada año para recaudar fondos para las misiones.

DON. (l. *dōnum.*) m. Dádiva, presente o regalo. ‖ **2.** Cualquiera de los bienes naturales o sobrenaturales que tenemos, respecto a Dios, de quien los recibimos. ‖ **3.** Gracia especial o habilidad para una cosa. ‖ **—de acierto.** Tino particular que tiene uno en el pensar o ejecutar. ‖ **—de errar.** Falta habitual de acierto, tacto o maña. ‖ **—de gentes.** Conjunto de gracias y prendas con que una persona atrae las voluntades de las que trata. ‖ **—de mando.** Aptitud personal para ejercer el mando. ‖ **P.** dádiva; **I.** gift; **F.** don, cadeau; **A.** Geschenk; **It.** dono, regalo; **R.** дар, подарок.

DON. (l. *domĭnus,* señor.) m. Título honorífico y de dignidad. Hoy es muy corriente y se usa antepuesto al nombre de pila. ‖ **2.** ant. Por sí solo, señor. ‖ **—cómodo.** fam. Hombre regalón, amigo de comodidades. ‖ **—Diego.** Dondiego. ‖ **—Juan.** Donjuán. ‖ **2.** Tenorio. ‖ **—Pedro.** Dompedro. ‖ **—pareciendo.** fam. Sujeto que aparenta muchos caudales, siendo en realidad un pobre miserable. ‖ *Mal se aviene el* DON *con el tutuleque.* expr. fam. con que se indica no decir bien en gente baja las dignidades y títulos honoríficos. ‖ *Mal suena el* DON *sin el din.* expr. fam. con que se denota que la hidalguía de la sangre y la nobleza del alma no suelen apreciarse en el pobre. ‖ *Ni* DON *Pedro, ni Periquillo.* expr. fig. y fam. que censura la desigualdad con que se trata a una persona, mostrándole unas veces excesivo respeto y otras menosprecio.

DONA. (l. *dona,* pl. *dōnum,* don.) f. desus. Don, 1.er art., 1.ª y 2.ª aceps. ‖ **2.** pl. Regalos de boda que el novio hace a la novia. ‖ **3.** CHILE. Legado, manda, donación testamentaria.

DONA. (l. *domĭna.*) f. ant. Mujer, dama. ‖ **2.** ant. Dueña.

DONACIÓN. (l. *donatio, -ōnis.*) f. Acción y efecto de donar. ‖ **2.** FOR. Acto de liberalidad por el cual una persona transmite gratuitamente una cosa que le pertenece a favor de otra que lo acepta. ‖ **—entre vivos** o **inter vivos.** FOR. La que se hace para que tenga efectos en vida del donante. ‖ **—esponsalicia.** FOR. La que se hace por razón de matrimonio. ‖ **—mortis causa** o **por causa de la muerte.** FOR. La que se hace para después del fallecimiento del donante. ‖ **—propter nuptias.** FOR. La que hacen los padres a los hijos, por causa del matrimonio. ‖ **P.** doação; **I.** y **F.** donation; **A.** Schenkung; **It.** donazione; **R.** дар.

DONADÍO. (l. *donatīvum.*) m. ant. Don, 1.er art., 1.ª acep. ‖ **2.** ant. Donación. ‖ **3.** En algunas partes, heredamiento o hacienda que trae su origen de donaciones reales.

DONADO, DA. (l. *donātus,* el que se daba a sí propio con los bienes en posesión de algún monasterio.) p.p. de donar. ‖ **2.** m. y f. Persona que sirve a una orden religiosa mendicante y viste hábito, pero no profesa. ‖ **3.** En algunas comarcas aragonesas, persona que, mediante cierto contrato tradicional, queda incorporada a una familia.

DONADOR, RA. (l. *donātor.*) adj. Que hace donación. Ú.t.c.s. ‖ **2.** Que hace un don o un presente. Ú.t.c.s.

DONAIRE. (l. *donarĭum,* de *donāre,* dar.) m. Discreción y gracia en lo que se dice. ‖ **2.** Chiste o dicho gracioso y agudo. ‖ **3.** Gallardía, gentileza, soltura de cuerpo. ‖ *Hacer* DONAIRE *de* una cosa. fr. Burlarse de ella con gracia. ‖ **P.** garbo; **I.** prettiness; **F.** gentillesse, grâce; **A.** Anmut, Artigkeit; **It.** leggiadria; **R.** изящество.

DONAIROSAMENTE. adv. Con donaire.

DONAIROSO, SA. adj. Que tiene en sí donaire.

DONANTE. p.a. de donar. Que dona. Ú.t.c.s.

DONAR. (l. *donāre.*) tr. Ceder gratuitamente una persona a otra el dominio de una cosa o el derecho que sobre ella tiene. ‖ **P.** doar; **I.** to donate; **F.** faire don de; **A.** schenken; **It.** donare; **R.** дарить.

DONATARIO. (l. *donatarius.*) m. Persona a quien se hace la donación.

DONATISMO. m. Doctrina de los donatistas.

DONATISTA. adj. Dícese del que profesaba las doctrinas de Donato, cismático del siglo IV de la Iglesia. Ú.t.c.s. ‖ **P.** e **It.** donatista; **I.** y **A.** Donatist; **F.** donatiste.

DONATIVO. (l. *donatīvum.*) m. Dádiva, regalo, cesión. ‖ **P.** e **It.** donativo; **I.** donative, gift; **F.** don, cadeau; **A.** Gabe, Spende; **R.** даяние, пожертвование.

DONCAS. (l. *dunc.*) adv. ant. Pues.

DONCEL. (prov. *donsel,* del l. *domonicellus,* d. de *domĭnus,* señor.) m. Joven noble que aún no estaba armado caballero. ‖ **2.** Hombre que no ha conocido mujer. ‖ **3.** El que habiendo servido en su niñez de paje a los reyes pasaba a servir en la milicia. ‖ **4.** AR. y MURC. Ajenjo, planta medicinal. ‖ **5.** Usado como adjetivo y dicho de ciertos frutos y productos, suave, dulce, etc. ‖ **6.** V. *Pino* DONCEL. ‖ **P.** donzel; **I.** donzel, young man; **F.** page, jeune homme; **A.** Knappe, Junker; **It.** donzello, giovane; **R.** юноша.

DONCELLA. (prov. *donsela,* del l. *dominicella,* d. de *domĭna,* señora.) f. Mujer que no ha conocido varón. ‖ **2.** Criada que se ocupa en los menesteres domésticos ajenos a la cocina. ‖ **3.** Budión. ‖ **4.** VENEZ. y COLOM. Panadizo. ‖ **5.** PERÚ. Sensitiva, planta leguminosa. ‖ **6.** P. RICO. Nombre dado a un árbol de madera dura, de color rojizo. ‖ *La* DONCELLA *honesta, el hacer algo es su fiesta.* ref. que manifiesta la necesidad que hay de tener ocupadas a las jóvenes para preservarlas de los vicios que ocasiona la ociosidad. ‖ *La* DONCELLA *y el azor, las espaldas hacia el sol.* ref. que recomienda el recato en las jóvenes. ‖ 1.ª acep.: **P.** donzela; **I.** maid; **F.** pucelle; **A.** Jungfrau; **It.** pulcella; **R.** девушка. ‖ 2.ª acep.: **P.** criada de dentro; **I.** lady's maid; **F.** servante; **A.** Kammerjungfer; **It.** cameriera; **R.** горничная.

DONCELLEJA. f. d. de doncella.

DONCELLERÍA. f. fam. Doncellez.

DONCELLEZ. f. Estado de doncel, 2.ª acep., o de doncella, 1.ª acep.

DONCELLIL. adj. fam. desus. Propio de las doncellas o referente a ellas.

DONCELLUCA. f. fam. Doncella entrada ya en edad.

DONCELLUELA. f. d. de doncella.

DOND. (l. *de,* de, y *unde,* de donde.) adv. ant. De donde.

DONDE. (l. *de unde.*) adv. En qué lugar, o en el lugar en que. Ú. con los verbos de quietud y de movimiento y en sentido recto y figurado. Se construye con las preps. *en, de, por* o *hacia.* Con la primera no cambia de significación. Con las demás denota respectivamente el lugar de que se viene y el lugar por el cual o hacia el cual se va. ‖ **2.** Toma a veces carácter de pronombre relativo, equivaliendo a *en que,* o *en el, la, lo que* o *cual; las que, o cuales;* o bien estos pronombres sin preposición, cuando va precedido de *de* o *por.* ‖ **3.** ADONDE, 1.ª acep. ‖ *A* DONDE. m. adv. Adonde. ‖ DONDE *no.* m. adv. De lo contrario. ‖ *¿Por* DÓNDE? m. adv. ¿Por qué razón, causa o motivo? ‖ **P.** onde; **I.** where; **F.** où; **A.** wo; **It.** dove, ove; **R.** где, куда.

DONDEQUIERA. (De *donde* y *querer.*) adv. En cualquier parte.

DONDIEGO. (De *don,* 2.º art., y el n. p. *Diego.*) m. BOT. Planta exótica, de la familia de las nictagináceas, con tallos herbáceos, derechos, nudosos, de 6 a 8 dm de altura, hojas opuestas; flores dispuestas en corimbos terminales, de corola en embudo, blancas, encarnadas, amarillas o jaspeadas de estos colores, y fruto elíptico o capsular, de color pardo obscuro. Es originaria del Perú y se cultiva en nuestros jardines. Sus flores se cierran al salir el sol y se abren al anochecer. || —de día. Planta anual convolvulácea, de flores axilares, pedunculadas, con las corolas azules manchadas de blanco y amarillo, que sólo están abiertas de día. —de noche. DONDIEGO. || P. bons-dias; I. marvel of Peru; F. belledenuit; A. Wunderblume; It. bella di notte; R. чудоцвет.

DONEADOR. (De *donear*.) adj. ant. Galanteador. Usáb.t.c.s.

DONEAR. (De *dona*, dueña.) tr. ant. Galantear, 1.ª acep.

DONEO. (De *donear*.) m. ant. Galanteo.

DONFRÓN. (De *Domfront*, ciudad de Francia.) m. Cierta tela antigua de lienzo crudo.

DONGÓN. (Voz malaya.) m. Árbol de Filipinas de familia de las malváceas, de tronco recto, corteza fina, hojas grandes, coriáceas, elípticas, algo apuntadas, flores pequeñas, en panojas axilares y semillas parecidas a las del olmo. Su madera, correosa y resistente a la acción del agua, se emplea en construcciones navales.

DONGUINDO. m. Variedad de peral, cuyas peras son más crecidas que las ordinarias, de forma bastante irregular, de color verde amarillento, carne azucarada y porosa.

DONILLERO. (De *donillo*, d. de *don*, dádiva, regalo.) m. Fullero que convida a aquellos a quienes quiere inducir a jugar.

DONJUÁN. (De *don*, 2.º art., y el n. p. *Juan*.) m. Dondiego.

DONJUANESCO, CA. adj. Propio de un Tenorio o de un don Juan.

DONJUANISMO. m. Conjunto de caracteres y cualidades propias de don Juan Tenorio.

DONOSAMENTE. adv. Con donosura.

DONOSÍA. (De *donoso*.) f. ant. Donosura.

DONOSIDAD. (De *donoso*.) f. Gracia, chiste, gracejo.

DONOSILLA. f. SAL. Comadreja, 1.ª acep.

DONOSO, SA. (l. *donōsus*, de *donum*, don.) adj. Que tiene donaire y gracia. || 2. Antepuesto al substantivo suele usarse en sentido irónico. DONOSA *ocurrencia*. || P. donairoso; I. nice, pleasant; F. gentil, gracieux; A. artig, anmutig; It. gentile, grazioso; R. приятный, изящный.

DONOSTIARRA. (vasc. *Donostia*, San Sebastián, y éste de *don*, señor, santo entre los vascos, y el n. p. *Sebastián*.) adj. Natural de San Sebastián. Ú.t.c.s. || 2. Perteneciente a esta ciudad.

DONOSURA. (De *donoso*.) f. Donaire, gracia.

DOÑA. (De *dona*, don.) f. ant. Joya o alhaja. || 2. ant. Don, dádiva o regalo, y particularmente, las dádivas que se hacían recíprocamente con ocasión de matrimonio.

DOÑA. (l. *domĭna*.) f. Distintivo con que se nombra a las mujeres de calidad, antepuesto al nombre de pila. En la actualidad su uso se va circunscribiendo a la mujer casada o viuda.

DOÑAGUIL. adj. SAL. Aplícase a una clase de aceituna más pequeña y esférica que las comunes.

* DOÑAJUANITA. f. MÉJ. Marijuana.

DOÑEAR. (De *doña*, 2.º art.) intr. fam. Andar entre mujeres y tener trato y conversación con ellas.

DOÑEGAL. (l. *dominicalis*, de señor.) adj. Doñigal.

DOÑEGUIL. (De *doñigal*.) adj. ant. Señoril.

DOÑIGAL. (De *doñegal*.) adj. Dícese de cierta variedad de higo muy colorado por dentro. Ú.t.c.s.

DOQUIER. adv. Dondequiera.

DOQUIERA. (De *do* y *quiera*.) adv. Dondequiera.

DORADA. (l. *deaurāta*, t. f. de *-tus*, dorado.) f. ZOOL. Pez teleósteo marino, acantopterigio, de unos 8 dm de largo, cuerpo comprimido, cabeza grande; el dorso es negro-azulado, plateados los costados, blanco el vientre, y tiene una man-

cha dorada entre los ojos. Es comestible muy estimado y se pesca en las costas de España. || 2. ASTRON. Constelación austral situada cerca del polo. || 3. CUBA. Especie de mosca venenosa.

DORADILLA. (d. de *dorada*.) f. Dorada, 1.ª acep. || 2. Helecho de abundantes hojas verdes por el haz y cubiertas de escamillas doradas por el envés. Se cría entre las peñas y se ha usado en medicina como vulnerario y diurético.

DORADILLO, LLA. (d. de *dorado*.) adj. ARGENT. y C. RICA. Aplícase a la caballería de color melado brillante. || 2. m. Hilo delgado de latón. || 3. f. Aguzanieves. || 4. Cierta variedad de uva blanca. || 5. R. DE LA PLATA. Culantrillo.

DORADO, DA. p.p. de dorar. || 2. adj. De color de oro o semejante a él. || 3. fig. Esplendoroso, feliz. *Edad* DORADA. || 4. V. *Llave*, *sopa* DORADA. || 5. V. *Siglo* DORADO. || 6. V. *Sueño* DORADO. || 7. GERM. V. *Juan* DORADO. || 8. CUBA y CHILE. Dícese de la caballería de color melado. || 9. m. ZOOL. Pez acantopterigio, de cuerpo muy deprimido, acabado en punta, cola bifurcada y colores vivos con reflejos dorados. Es comestible y abunda en el Mediterráneo. || 10. Doradura. || 11. pl. Conjunto de adornos metálicos o de objetos de metal. || 12. R. DE LA PLATA. Especie de salmón. || P. dourado; I. gilded; F. doré; A. golden; goldgelb; It. dorato; R. золотой.

DORADOR. m. El que tiene por oficio dorar. || P. dourador; I. gilder; F. doreur; A. Vergolder; It. indoratore; R. позолотчик.

DORADURA. f. Acción y efecto de dorar.

DORAL. m. Pájaro, variedad de papamoscas, de color amarillo rojizo, con manchas negras en la cabeza, alas y cola.

DORAR. (l. *deaurāre*.) tr. Cubrir con oro la superficie de una cosa. || 2. Dar el color de oro a una cosa. || 3. fig. Paliar, encubrir con apariencia agradable una cosa en sí desagradable. || 4. fig. Tostar ligeramente una cosa de comer. Ú.t.c.r. || 5. r. Tomar color dorado. || P. dourar; I. to gild; F. dorer; A. vergolden; It. dorare, indorare; R. золотить.

DÓRICO, CA. (l. *dorĭcus*, y éste del gr. δωρικός.) adj. Dorio, 2.ª acep. || 2. ARQ. V. *Columna* DÓRICA. || 3. ARQ. Véase *Orden* DÓRICO. || 4. m. Dialecto de los dorios, uno de los cuatro principales de la lengua griega. || P. dórico; I. Doric, Dorian; F. dorien; A. dorisch; It. dòrico; R. дорический.

DORIO, RIA. (l. *dorius*.) adj. Dícese del individuo de un pueblo de la antigua Grecia que habitó en la Dóride, en el Peloponeso y en otras regiones del Mediterráneo occidental. Ú.t.c.s. || 2. Perteneciente o relativo a este pueblo.

DORMÁN. (turco *dūlāmān*, especie de túnica, quizás a través de una lengua eslava.) m. Chaqueta con alamares y vueltas de piel, usada por ciertos cuerpos de tropa y en particular por los húsares.

DORMICIÓN. (l. *dormitio*, -ōnis.) f. ant. Acción de dormir.

DORMIDA. (De *dormir*.) f. Estado porque pasa cuatro veces el gusano de seda hasta que se encierra en el capullo. || 2. Paraje donde las reses y las aves silvestres acostumbran pasar la noche. || 3. Acción de dormir, especialmente pasando la noche. || 4. C. RICA y CHILE. Lugar donde se pernocta. || 5. MAR. Sitio donde se ha pasado la noche, fondeado al abrigo del viento y de la mar. || 6. fig. y fam. CHILE. Acto de acostarse. || 7. fig. y fam. BOL. Dormitorio, alcoba. || 8. COLOM. Jornada, etapa, entre arrieros.

DORMIDERA. (De *dormir*.) f. Adormidera. || 2. CUBA. Sensitiva. || 3. pl. fam. Facilidad de dormirse.

DORMIDERO, RA. adj. Dícese de lo que hace dormir. || 2. m. Sitio donde duerme el ganado.

DORMIDO, DA. p.p. de dormir. || 2. adj. V. *Mineral* DORMIDO.

DORMIDOR, RA. adj. Que duerme mucho. Ú.t.c.s.

DORMIENTE. (l. *dormiens*, -*entis*.) p.a. p. us. Durmiente.

DORMIJOSO, SA. (De *dormir*.) adj. ant. Soñoliento.

DORMILÓN, NA. adj. fam. Muy inclinado a dormir. || 2. m. Pajarillo de unos 18 cm de largo, de color ceniciento obscuro y cola larga, que mantiene en continuo movimiento; habita en la costa americana del Pacífico. || 3. COLOM. Cierta especie de mono. || 4. MÉJ. Dormilona, pendiente.

DORMILONA. f. Arete, pendiente con brillante y perla. Ú.m. en pl. || 2. Butaca para dormir la siesta. || 3. MÉJ. Cojín pequeño colocado en la parte superior del respaldo de los sillones propio para descansar la cabeza. || 4. VENEZ. Bata de dormir. || 5. CUBA. Sensitiva.

DORMILOSO, SA. adj. ant. Dormilón, 1.ª acep.

DORMIMIENTO. (De *dormir*.) m. ant. Dormición.

DORMIR. (l. *dŏrmīre*.) intr. Caer o hallarse en aquel estado de reposo llamado sueño en que se suspenden las funciones de la vida voluntaria. Ú.t.c.r. || 2. Pernoctar. || 3. fig. Descuidarse, obrar con poca solicitud. Ú.m.c.r. || 4. fig. Sosegarse o apaciguarse lo que estaba inquieto o alterado. || 5. fig. Bailar el peón o trompo con mucha rapidez sin cabecear ni moverse de su sitio. || 6. fig. En ciertos juegos de naipes, queda en la baceta alguna carta sin utilizar. || 7. fig. Con la prep. *sobre*, y tratándose de cuestiones difíciles, tomarse tiempo para meditar. || 8. r. fig. Adormecer. || 9. MAR. Pararse o estar torpe la aguja de marear. || 10. MAR. Quedarse un buque escorado por efecto del mucho viento y muy expuesto a zozobrar al menor impulso. || A DUERME y vela. m. adv. Entre duerme y vela. | *Cuanto se deja de* DORMIR, *tanto se acrecienta en vivir*. ref. que equiparando el sueño a la muerte, aconseja no dormir demasiado. || DUERME *a quien duele*, y *no* DUERME *quien algo debe*. ref. que denota que los hombres honrados más sienten deber y no poder pagar, que padecer un dolor. || *Durmiendo velando*, o *entre* DUERME *y* VELA. m. adv. Medio durmiendo, medio velando. || *Mucho* DORMIR, *causa mal vestir*. ref. contra el perezoso, que por no acudir al trabajo se empobrece. || *No puede todo ser*, DORMIR *y guardar las eras*. ref. que advierte que la conservación de la hacienda requiere mucha vigilancia. || P. y F. dormir; I. to sleep; A. schlafen; It. dormire; R. спать.

DORMIRLAS. m. Escondite, 2.ª acep.

DORMITAR. (l. *dormitāre*.) intr. Estar medio dormido.

DORMITIVO, VA. (l. *dormītum*, supino de *dormīre*, dormir.) adj. MED. Dícese del medicamento que sirve para conciliar el sueño. Ú.t.c.s.m.

DORMITOR. m. ant. Dormitorio.

DORMITORIO. (l. *dormitōrium*.) m. Pieza destinada para dormir en ella. || P. dormitório; I. dormitory; F. dortoir; A. Schlafsaal(-zimmer); It. dormitorio; R. жпальня.

DORMIVELA. m. fam. Duermevela.

DORNA. f. GAL. Barco de pesca usado en las rías bajas.

DORNAJO. (d. de *duerna*.) m. Especie de artesa, pequeña y redonda, que sirve para dar de comer a los cerdos, o para otros usos. || 2. CAN. Pesebre para toda clase de caballerías. || P. gamela; I. trough; F. auge; A. Trog; It. rigagnolo; R. лохань.

DORNIEL. m. SEG. Alcaraván.

DORNILLERO. m. El que hace o vende dornillos. || 2. AND. El que en las cuadrillas de trabajadores del campo está encargado de hacer el gazpacho.

DORNILLO. m. Dornajo. || 2. Hortera, 1.ª acep. || 3. Artesilla de madera que sirve como escupidera en las habitaciones.

DORONDÓN. m. AR. Niebla espesa y fría.

DORSAL. (l. *dorsuālis*.) adj. Perteneciente al dorso, espalda o lomo. || 2. ZOOL. V. *Cuerda*, *espina* DORSAL. || 3. En algunas competiciones deportivas, número distintivo que lleva colocado cada participante en la espalda. || 4. FON. Dícese de las consonantes linguales cuyo punto de articulación está situado entre el dorso de la lengua y el paladar duro o el del paladar blando. || 5. Dícese de la letra que representa este sonido, como la *ch*, la *ñ* o la *k*. Ú.t.

D

c.s.f. || **P.**, **I.** y **F.** dorsal; **A.** Rücken; **It.** dorsale; **R.** спинной.

DORSO. (l. *dorsum*.) m. Revés o espalda de una cosa. || **P.** dorso; **I.** back, reverse; **F.** revers; **A.** Rückseite; **It.** dorso; **R.** спина, обратная сторона.

DOS. (l. *duos*, acus. de *duo*.) adj. Uno y uno. || **2.** Segundo, 1.ª acep. Aplicado a los días del mes, Ú.t.c.s. *El DOS de junio.*|| **3.** m. Signo o conjunto de signos con que se representa el número dos. || **4.** Carta o naipe que tiene dos señales: *El DOS de oros.* || *A DOS.* m. adv. En el juego de la pelota, significa que ambos partidos están igualmente a treinta. || *A DOS por tres.* m. adv. fig. y fam. Pronta y demostrativamente. || *Decir* las cosas DOS *por tres.* fr. fam. Decirlas encareciendo su verdad y exactitud. || *De DOS en DOS.* m. adv. para expresar que algunas personas o cosas van apareadas. || DOS *a DOS.* Dícese especialmente en aquellos juegos en que, participando cuatro jugadores, van dos de compañeros, contra los otros dos. || DOS *y DOS.* COLOM. y VENEZ. Paso portante, ambladura. || *En un* DOS *por tres.* m. adv. fig. y fam. En un momento, rápidamente. || **P.** dois; **I.** two; **F.** deux; **A.** zwei; **It.** due; **R.** два.

DOSALBO, BA. (De *dos* y *albo*.) adj. Aplícase a la caballería que tiene blancos dos pies.

DOSAÑAL. adj. De dos años. || **2.** Perteneciente a este tiempo.

DOSCIENTOS, TAS. (De *docientos*, infl. por *dos*.) adj. pl. Dos veces ciento. || **2.** Ducentésimo, 1.ª acep. || **3.** m. Conjunto de signos con que se representa el número doscientos.

DOSEL. (fr. *dossier*, y éste del l. *dorsum*, espalda.) m. Ornamento, generalmente de forma rectangular, que se coloca formando techo sobre un altar, un trono, una imagen, etc., y cae por detrás a modo de colgadura. || **2.** Antepuerta o tapiz. || **P.** dossel; **I.** canopy; **F.** dais, baldaquin, ciel; **A.** Baldachin, Thronhimmel; **It.** baldacchino; **R.** балдахин.

DOSELERA. f. Cenefa del dosel.

DOSELETE. (d. de *dosel*.) m. Miembro arquitectónico voladizo que se coloca sobre las estatuas, sepulcros, etc., como para resguardarlos.

DOSIFICABLE. adj. Que se puede dosificar.

DOSIFICACIÓN. (De *dosificar*.) f. FARM. y MED. Determinación de la dosis de un medicamento.

DOSIFICAR. tr. FARM. y MED. Dividir o graduar la dosis de un medicamento.

DOSILLO. m. Juego de naipes, semejante al tresillo, que se juega entre dos personas.

DOSIMETRÍA. (gr. δόσις, dosis, y μέτρον, medida.) f. Sistema terapéutico que emplea sólo los principios activos de las substancias medicamentosas en dosis fijas.

DOSIMÉTRICO, CA. adj. Perteneciente o relativo a la dosimetría.

★ **DOSÍMETRO.** (gr. δόσις, dosis, y μέτρον, medida.) m. Fís. Aparato para medir la intensidad de los rayos X.

DOSIS. (gr. δόσις, acción de dar; de διδόναι, dar.) f. Toma de medicina que se da al enfermo de una vez. || **2.** fig. Cantidad o porción de una cosa cualquiera, material o inmaterial. || **P.**,**I.**, **F.** e **It.** dose; **A.** Dosis; **R.** доза.

★ **DOSÓMETRO ELÉCTRICO.** (gr. δόσις, dosis, y μέτρον, medida, y *eléctrico*.) m. Fís. Aparato para medir la intensidad de las corrientes eléctricas durante su aplicación médica.

DOTACIÓN. (De *dotar*.) f. Acción y efecto de dotar. || **2.** Aquello con que se dota. || **3.** Conjunto de personas que tripulan un buque de guerra. || **4.** Personal de un taller, oficina, etc. || **3.ª** acep.: **P.** tripulação; **I.** y **F.** equipage; **A.** Mannschaft; **It.** cocchio; **R.** пожертвование.

DOTADOR, RA. adj. Que dota. Ú.t. c.s.

DOTAL. (l. *dotális*.) adj. Perteneciente al o a la dote, 1.ª acep. || **2.** FOR. Dícese de los bienes que constituyen la dote de la mujer.

DOTAMIENTO. (De *dotar*.) m. ant. Dotación.

DOTANTE. p.a. de dotar. Que dota. Ú.t.c.s.

DOTAR. (l. *dotáre*.) tr. Constituir dote a la mujer que va a contraer matrimonio o profesar en alguna orden religiosa. || **2.** Señalar bienes para una fundación. || **3.** fig. Adornar la naturaleza a uno con particulares dones y cualidades. || **4.** Proveer a una oficina, a un buque, etc., de los empleados que se consideran convenientes y asimismo de los enseres y objetos materiales que pueda necesitar. || **5.** Asignar sueldo o haber a un empleado o cargo cualquiera. || **6.** Asignar cantidad a una partida del presupuesto. || **7.** Dar a una cosa alguna propiedad o cualidad ventajosa. || **P.** dotar; **I.** to endow; **F.** doter; **A.** dotieren; **It.** dotare; **R.** дарить, жертвовать.

DOTE. (l. *dos*, *dotis*.) amb. Caudal que con este título lleva la mujer al matrimonio o adquiere después de él. || **2.** Congrua o patrimonio que se entrega al convento o a la orden en que va a profesar una religiosa. || **3.** m. En el juego de naipes, número de tantos que toma cada uno para saber después lo que pierde o gana. || **4.** f. Excelencia, prenda, calidad apreciable de una persona. Ú. comúnmente en plural. || —**estimada.** FOR. Dote cuyos bienes se evalúan al tiempo de su constitución transfiriéndose su dominio al marido, el cual queda obligado a restituir su importe. || —**germana.** FOR. La constituida por el marido a favor de su mujer. || —**inestimada.** FOR. Dícese en el caso en que la mujer conserve el dominio de los bienes, háyanse o no evaluado, quedando el marido obligado a restituir los mismos bienes. || —**romana.** FOR. La que aporta la mujer para el sostenimiento de las cargas conyugales. || *Constituir* uno *la* DOTE. || Hacer otorgamiento formal de ella. || DOTE, *fiado*; y *suegra*, *de contado*. ref. que se aplica al que, movido por promesas halagüeñas de beneficios dudosos, acepta cargos que llevan fatiga y trabajos ciertos. || **P.** dote; **I.** dowry; **F.** dot; **A.** Mitgift; Heiratsgut; **It.** dote; **R.** приданое.

DOTOR. m. ant. Doctor.

★ **DOTORERÍAS.** (De *dotor*, por doctor.) f. pl. ARGENT. Cuestiones académicas.

DOTRINA. f. ant. Doctrina.

DOTRINAR. tr. ant. Doctrinar.

DOTRINERO. m. ant. Doctrinero.

DO UT DES. loc. l. expr. fig. y fam. que indica ser la esperanza de la reciprocidad el móvil interesado de una acción. || **2.** Fórmula latina con que se designa la primera variedad de los contratos innominados.

DOVELA. (fr. *douvelle*, y éste del l. *doga*, doga.) f. ARQ. Piedra labrada en forma de cuña, para formar arcos o bóvedas, etc. || **2.** CANT. Cada una de las superficies de intradós o de trasdós de las piedras de un arco o bóveda. || —de **gatillo.** La que forma ligazón con las hiladas de sillares horizontales del muro. || —de **horquilla.** La que está situada en un ángulo de bóveda por arista, formando ligazón en las dos caras contiguas. || **P.** aduela; **I.** voussoir; **F.** vousseau, voussoir; **A.** Bogenstein; **It.** spigolo.

DOVELAJE. m. Conjunto, serie u orden de dovelas.

DOVELAR. tr. CANT. Labrar la piedra dándole forma de dovela.

DOY. (Contracc. de *de hoy*.) adv. ant. De hoy o desde hoy.

DOZAVADO, DA. (De *dozavo*.) adj. Que tiene doce lados o partes.

DOZAVO, VA. (De *doce* y *avo*.) adj. Duodécimo, 2.ª acep. Ú.t.c.s. || *En* DOZAVO. expr. Dícese del libro, folleto, etc., cuyo tamaño iguala a la dozava parte de un pliego de papel sellado.

DRABA. (l. *drabe*, y éste del gr. δράβη.) f. Planta herbácea, crucífera, de cuatro a cinco centímetros de altura, ramosa, con muchas hojas garzas, vellosas, lanceoladas, dentadas y pecioladas las radicales y más anchas las demás: flores pequeñas blancas en corimbos, y semillas en vainillas puntiagudas. Abunda en los lugares húmedos.

DRACMA. (l. *drachma*, y éste del gr. δραχμή.) f. Moneda griega de plata, también usada entre los romanos, casi equivalente al denario. || **2.** Moneda de plata, unidad monetaria de la Grecia actual. || **3.** FARM. Octava parte de una onza equivalente a tres escrúpulos, o sea a 3.594 mg. || **P.** dracma; **I.** drachm; **F.** drachme; **A.** Drachme; **It.** dramma.

DRACONIANO, NA. (De *Dracón*, legislador de Atenas, a quien se le atribuye una legislación cruel en sus castigos.) adj. Perteneciente o relativo al legislador Dracón. || **2.** fig. Aplícase a las leyes o providencias excesivamente severas.

DRAGA. (ingl. *to drag*, tirar arrastrando.) f. Máquina que se emplea para ahondar y limpiar los puertos de mar, los ríos, etc., extrayendo de ellos fango, piedras, arena, etc. || **2.** Barco que lleva esta máquina. || **3.** Aparato que se emplea para recoger productos marinos, arrastrándolo por el fondo del mar. || —de **rosario.** Aquella que lleva una cadena sin fin provista de cangilones que arrancan del suelo materias que son depositadas en los compartimientos instalados en la embarcación. || —de **succión.** La que dispone de potentes bombas de aspiración, que, a través de una tubería calada hasta el fondo, chupa la materia del mismo. || **P.** draga; **I.** dredge; **F.** drague; **A.** Baggermaschine; **It.** draga, cucchiaia; **R.** землечерпалка.

DRAGADO. m. Acción y efecto de dragar.

DRAGAMINAS. m. Rastreador, buque destinado a recoger minas y limpiar de ellas el mar.

DRAGANTE. m. BLAS. Figura que representa una cabeza de dragón con la boca abierta, mordiendo o tragando alguna cosa.

DRAGAR. tr. Extraer fango, piedras, arena, etc., del fondo del agua de un puerto, mar, río, canal, etc. || **P.** dragar; **I.** to dredge; **F.** draguer; **A.** baggern; **It.** dragare; **R.** вычерпывать.

DRAGEA. (fr. *dragée*, y éste del l. *tragemäta*, cierto postre de comida.) f. ant. Gragea.

DRAGO. (l. *drāco*, dragón.) m. Árbol de la familia de las liliáceas, de tronco grueso, cilíndrico, lleno de cicatrices correspondientes a las hojas perdidas, de 12 a 14 m de altura, copa recogida, siempre verde; flores en panoja terminal, pequeñas, de color blanco verdoso con estrías encarnadas, y fruto en baya amarillenta del tamaño de una cereza y de sabor agridulce. De este árbol, mediante incisiones, se obtiene la resina llamada *Sangre de* DRAGO, que se usa en medicina.

DRAGOMÁN. (Del m. or. que *truchimán*.) m. Intérprete, trujamán.

DRAGÓN. (l. *drăco-ōnis*, y éste del gr. δράκων.) m. Animal fabuloso, especie de serpiente con pies y alas, de gran fiereza y voracidad. || **2.** ZOOL. Reptil del orden de los saurios, cuya piel forma en ambos lados del abdomen unas expansiones que ayudan a los saltos del animal. Vive ordinariamente subido a los árboles de Filipinas y de la zona tropical del continente asiático. || **3.** BOT. Planta perenne de la familia de las escrofulariáceas, con tallos de seis a ocho decímetros de altura; hojas carnosas, lanceoladas; flores de hermosos colores, encarnados o amarillos, en espigas terminales, de corola formada por un tubo dividido en cinco licinias irregulares, front capsular y semillas negruzcas, elipsoidales y algo arrugadas. Se cultiva en los jardines. || **4.** Mancha opaca que se forma a veces en las pupilas de los ojos de los cuadrúpedos. || **5.** Soldado que hace el servicio alternativamente a pie o a caballo. || **6.** En los hornos de reverbero, abertura y canal inclinado por donde se cargan y ceban materias están encendidos. || **7.** MURC. Cometa o milocha grande. || **8.** ASTRON. Constelación boreal de figura muy irregular y extensa, que rodea o envuelve a la Osa Mayor. || —**marino.** ZOOL. Pez teleósteo, del suborden de los acantopterigios, de unos 4 dm de largo, color rojizo con manchas azules, cabeza comprimida, ojos poco distantes entre sí y aletas muy espinosas. Es comestible. || **P.** dragão; **I.** y **F.** dragon; **A.** Drache; **It.** drago, dragone; **R.** дракон.

DRAGONA. f. Hembra del dragón. || **2.** MIL. Especie de charretera. || **3.** CHILE y MÉJ. Cuerda o correa que se lleva atada a la empuñadura de la espada y se enlaza en la mano para asegurar mejor aquélla y para golpear sin herir. ‖ **4**. MÉJ. Capa para hombre con esclavina y capuchón. ‖ **5**. MÉJ. Adorno para la bocamanga, consistente en un ruedo de fleco.

★ **DRAGONADO, DA**. BLAS. Dícese del león u otro animal figurado que termina en cola de dragón.

DRAGONCILLO. m. d. de dragón. ‖ **2**. Arma de fuego usada antiguamente. ‖ **3**. Estragón. ‖ **4**. pl. Dragón, 3.ª acep.

DRAGONEAR. intr. AMÉR. Ejercer un cargo sin tener título para ello. ‖ **2**. AMÉR. Hacer alarde, echarla de. ‖ **3**. AMÉR. En la milicia, desempeñar las funciones del superior inmediato. ‖ **4**. R. DE LA PLATA. Festejar a una mujer, galantear, cortejar.

DRAGONETE. m. BLAS. Dragante.

DRAGONITES. (l. *draconites*.) f. Piedra fabulosa que dicen se halla en la cabeza de los dragones de las Indias.

DRAGONTEA. (l. *dracontĕa*.) f. Planta herbácea vivaz, de la familia de las aráceas, de rizoma feculento y grueso. Se cultiva como adorno en los jardines, a pesar de su mal olor durante la floración. Crece espontánea en varios puntos de España.

DRAGONTÍA. f. ant. Dragontea.

DRAGONTINO, NA. adj. Perteneciente o relativo al dragón.

★ **DRAKKAR**. m. Nave escandinava en que navegaban los piratas vikingos.

DRAMA. (l. *drama*, y éste del gr. δρᾶμα, de δράω, hacer.) m. Composición literaria en que se representa una acción de la vida con sólo el diálogo de los personajes que en ella intervienen y sin que el autor hable o aparezca. ‖ **2**. Poema dramático cuyo asunto intenta representar aspectos graves de la vida en su realidad más directa y en el cual puede libremente el poeta excitar afectos plácidos o de terror, como en la tragedia, poner junto a lo triste lo cómico, emplear todos los tonos desde el más humilde hasta el más elevado, y llegar a un desenlace venturoso o funesto. ‖ **3**. Género dramático. ‖ **4**. fig. Suceso de la vida real, capaz de interesar y conmover, especialmente de tipo catastrófico. ‖ P. e I. drama; F. drame; A. Drama, Schauspiel; It. dramma; R. драма.

DRAMÁTICA. f. Arte de componer obras dramáticas. ‖ **2**. Género de poesía en que el autor expone las ideas y pasiones de los personajes creados por él.

DRAMÁTICAMENTE. adv. De manera dramática o teatral; con las condiciones propias del drama.

DRAMÁTICO, CA. (l. *dramaticus*, y éste del gr. δραματικός.) adj. Perteneciente o relativo al drama. ‖ **2**. Propio, característico de la poesía dramática, o apto o conveniente para ella. ‖ **3**. Dícese del autor o actor de las obras dramáticas. Ú.t.c.s. ‖ **4**. fig. Capaz de interesar y conmover vivamente. ‖ P. dramático; I. dramatic; F. dramatique; A. dramatisch; It. dramnàtico; R. драматический.

DRAMATISMO. m. Cualidad de dramático, y especialmente el interés dramático.

DRAMATIZABLE. adj. Que puede dramatizarse.

DRAMATIZACIÓN. f. Acción y efecto de dramatizar.

DRAMATIZAR. (gr. δραματίζω.) tr. Dar forma y condiciones dramáticas.

DRAMATURGIA. (gr. δραματουργία.) f. Dramática.

DRAMATURGO. (gr. δραματουργός; de δρᾶμα, -ατος, drama, y ἔργον, obra.) m. Autor de obras dramáticas. ‖ P. dramaturgo; I. dramatist; F. dramaturge; A. Bühnendichter; It. drammaturgo; R. драматург.

DRAMÓN. m. Drama terrorífico y malo.

DRAPERO. (l. *drappus*, paño.) m. ant. Pañero.

DRAQUE. m. MÉJ. Aguardiente muy aguado. ‖ **2**. AMÉR. Bebida que se prepara con agua, aguardiente y nuez moscada. ‖ **3**. COLOM. y CUBA. Ron con azúcar quemada.

DRÁSTICO, CA. (gr. δραστικός, de δράω, obrar.) adj. MED. Dícese del medicamento que purga con grande eficacia y energía. Ú.t.c.m. ‖ **2**. Que actúa rápida y violentamente.

° **DRENAJE**. m. Avenamiento, derrame, desagüe. ‖ **2**. CIR. Procedimiento por el cual se asegura el desagüe de una herida por medio de pequeños tubos. ‖ P. drenagem; I. draining; F. drainage; A. Dräinage; It. drenaggio; R. дренаж.

DREZAR. (De *derezar*.) tr. ant. Aderezar o aparejar.

DRÍA. (l. *Dryas*.) f. MIT. Dríade.

DRÍADA. f. MIT. Dríade.

DRÍADE. (l. *dryas*, -*adis*, y éste del gr. δρυάς, de δρῦς, árbol.) f. MIT. Ninfa de los bosques cuya vida duraba lo que la del árbol a que se suponía unida.

DRIL. (Contracc. del ingl. *drilling*.) m. Tela fuerte de hilo o de algodón crudos.

DRINO. (gr. δρυΐναξ, culebra de los árboles; de δρῦς, árbol.) f. Culebra de color verde brillante, muy delgada, con el hocico prolongado; vive en los árboles de los grandes bosques.

DRIZA. (ital. *drizza*, de *drizzare*, drizar.) f. MAR. Cuerda o cabo con que se izan y arrían las vergas, velas, banderas, etc.

DRIZAR. (ital. *drizzare*.) tr. desus. Arriar o izar las vergas.

DROGA. (ár. *dawã*, medicina.) f. Nombre genérico de ciertas substancias usadas en la química, en la industria, en la farmacia, etc. ‖ **2**. Substancia o preparado medicamentoso de efecto estimulante, deprimente o narcótico, usada a veces para obtener un rendimiento superior o inferior al normal en algunas actividades, generalmente deportivas. ‖ **3**. fig. Embuste, mentira. ‖ **4**. Trampa, ardid perjudicial. ‖ **5**. fig. Cosa que desagrada o molesta. Ú. generalmente con el verbo ser. ‖ **6**. Cualquier substancia estupefaciente. ‖ **7**. CUBA. Entre comerciantes, artículo de difícil venta. ‖ **8**. CHILE, PERÚ y MÉJ. Deuda, trampa. ‖ *Echar a la droga*. fr. fig. y fam. AMÉR. Enviar a paseo o enhoramala. ‖ P. e It. droga; I. drug; F. drogue; A. Droge; R. аптекарский товар.

° **DROGADO**. m. Acción y efecto de drogar o drogarse.

° **DROGAR**. tr. Administrar a personas o animales una droga, 2.ª acep. Ú.t.c.r.

DROGMÁN. (Del m. or. que *truchimán*.) m. Intérprete, dragomán.

DROGUERÍA. f. Trato y comercio en drogas. ‖ **2**. Tienda en que se venden drogas.

DROGUERO, RA. m. y f. Persona que trata en drogas con tienda abierta o sin ella. ‖ **2**. MÉJ. y PERÚ. Tramposo; dícese del que contrae deudas y no las paga.

DROGUETE. (fr. *droguet*.) m. Cierto género de tela, más ordinariamente de lana, listada de varios colores y con flores entre las listas.

DROGUISTA. COM. Droguero, 1.ª acep. ‖ **2**. fig. Persona embustera, tramposa. Ú.t.c.adj. ‖ **3**. fig. y fam. ARGENT. Persona bebedora, aficionada a las bebidas alcohólicas.

DROMEDAL. m. ant. Dromedario.

DROMEDARIO. (l. *dromedarius*, y éste del gr. δρομάς, corredor.) m. ZOOL. Rumiante camélido, propio de la Arabia y del norte de África, muy parecido al camello pero con una sola joroba. Es animal doméstico y su resistencia a la falta de agua se usa para el transporte en las zonas desérticas. ‖ **2**. fig. y fam. despect. Bruto, bárbaro. ‖ P. dromedário; I. dromedary; F. dromedaire; A. Dromedar; It. dromedario; R. дромадер.

★ **DROMO**. m. ARQUEOL. Avenida con filas de esfinges a ambos lados, que da acceso a los templos egipcios.

DROPACISMO. (l. *dropacismus*, y éste del gr. δρωπακισμός, de δρῶπαξ, emplasto de pez.) m. Cierta untura depilatoria.

DROPE. m. fam. Hombre despreciable.

DROSERA. (gr. δροσερός, cubierto de rocío.) f. BOT. Planta de la familia de las droseráceas, con hojas circulares, en cuyo limbo hay numerosos pelos terminados en cabezuelas glandulosas, los cuales se encorvan sobre el cuerpo del insecto o de cualquier otro animalillo que se pose y cuyas partes blandas son digeridas por el líquido viscoso que contiene un fermento parecido a la pepsina, segregado por las glándulas de dichas cabezuelas.

DROSERÁCEO, CEA. (De *drosera*, nombre de una planta.) adj. BOT. Familia de plantas dicotiledóneas, herbáceas, con hojas alternas provistas de pelos glandulosos. Muchas de ellas son carnívoras. ‖ **2**. BOT. Familia de estas plantas.

DROSÓMETRO. m. FÍS. Aparato para medir la cantidad de rocío que se forma diariamente.

DRUIDA. (l. *druĭda*, y éste del celta *derv*, encina.) m. Ministro de la religión y de la justicia entre los antiguos galos y celtas. Según su función pertenecía a la clase de los bardos, de los adivinos, etc. ‖ P. druida; I. druid; F. druide; A. Druide; It. druido.

DRUÍDICO, CA. adj. Perteneciente o relativo a los druidas o a su religión.

DRUIDISMO. m. Religión de los druidas.

DRUPA. (l. *drupa*, y éste del gr. δρύππα.) f. BOT. Fruto monospermo de mesocarpio carnoso, coriáceo o fibroso, y de endocarpio leñoso, como el melocotón, la cereza, la almendra, etc.

DRUPÁCEO, A. adj. De la naturaleza de la drupa, o parecida a ella.

DRUSA. (l. *druse*.) f. MINERAL. Conjunto de cristales que cubren la superficie de una piedra.

DRUSO, SA. (De *Durazĩ*, nombre de uno de los fundadores de la secta.) adj. Habitante de las cercanías del Líbano, que profesa una religión derivada de la mahometana. Ú.t.c.s. ‖ **2**. Perteneciente o relativo a los drusos.

DÚA. f. desus. Prestación en los trabajos de fortificación. ‖ **2**. desus. Cuadrilla de operarios que se usa en ciertos trabajos de minas. ‖ **3**. SAL. Dula.

DUAL. (l. *duālis*.) adj. GRAM. Dícese del número que tienen algunas lenguas para significar el conjunto de dos. Ú.t.c.s. ‖ **2**. CHILE. Dícese de la persona que sale elegida para un cargo, en unión con otra, sin saber cuál de las dos ha triunfado. ‖ P. e I. dual; F. duel; A. Zweizahl; It. duale.

DUALIDAD. (l. *dualĭtas*, -*ãtis*.) f. Reunión de dos caracteres opuestos en una misma persona o cosa. ‖ **2**. QUÍM. Propiedad que tienen algunos cuerpos de cristalizar, según los casos, en dos figuras geométricas diferentes. ‖ **3**. CHILE. Votación empatada.

DUALISMO. (De *dual*.) m. Dualidad. ‖ **2**. Toda doctrina o creencia religiosa que explica, ya un orden de cosas, ya todo el universo, por la acción combinada de dos principios opuestos e irreductibles. ‖ **3**. Doctrina metafísica según la cual la materia y el espíritu, lo físico y lo psíquico son dos substancias esencialmente distintas e independientes. ‖ P. e It. dualismo; I. dualism; F. dualisme; A. Dualismus; R. дуализм.

DUALISTA. adj. Partidario del dualismo. Ú.t.c.s.

DUALÍSTICO, CA. adj. Perteneciente o relativo al dualismo.

DUÁN. m. ant. Diván, 1.ª y 2.ª aceps.

DUBA. (fr. *douve*, zanja, escarpa.) f. Muro o cerca de tierra.

DUBDA. f. ant. Duda. ‖ **2**. ant. Temor.

DUBIEDAD. (l. *dubiĕtas*, -*ãtis*.) f. ant. Duda.

DUBIO. (l. *dubĭum*, duda.) m. FOR. Lo cuestionable. Ú.m. en los tribunales eclesiásticos.

DUBITABLE. (l. *dubitabĭlis*.) adj. Dudable.

DUBITACIÓN. (l. *dubitatĭo*, -*õnis*.) f. Duda. ‖ **2**. RET. Figura que consiste en manifestar el orador la duda sobre lo que debe decir o hacer.

DUBITATIVO, VA. (l. *dubitatīvus*.) adj. Que implica o denota duda.

DUC. m. ant. Duque.

DUCADO. (l. *ducãtus*.) m. Título o dignidad de duque. ‖ **2**. Territorio que estaba sometido a la autoridad del duque. ‖ **3**. Estado gobernado por un duque. ‖ **4**. Moneda de oro que se usó en España hasta fines del siglo XVI. ‖ **5**. Moneda imaginaria. ‖ **6**. Moneda de oro de Austria-Hungría. ‖ —**de la estampa**. El de oro, que se pagaba por la expedición de bulas en la dataría. Ú.m. en pl. ‖ —**de oro**. Cruzado, antigua moneda de Castilla. ‖ —**de plata**. Ducado, 5.ª acep. ‖ *Si quieres*

D saber lo que vale un DUCADO, pídelo prestado. ref. sobre lo dificultoso que es siempre el préstamo. || P. ducado; I. dukedom; F. duché; A. Herzogtum; It. ducato; R. герцогство.

DUCAL. (l. ducālis.) adj. Perteneciente al duque.

DUCENTÉSIMO, MA. (l. ducentesimus.) adj. Que sigue inmediatamente en orden al o a lo centésimo nonagésimo nono. || **2.** Dícese de las doscientas partes iguales en que se divide un todo. Ú.t.c.s.

DUCIENTOS, TAS. (l. ducentos, acus. pl. de ducenti.) adj. pl. ant. Doscientos.

DÚCIL. (b. l. ducillus, y éste del l. ducĕre, conducir.) m. AST. Espita, cañuto de la cuba.

DÚCTIL. (l. ductĭlis.) adj. Dícese de los metales que mecánicamente se pueden extender en alambres o hilos. || **2.** Por ext., maleable. || **3.** fig. De blanda condición, condescendiente, acomodadizo. || P. dúctil; I. y F. ductile; A. ausdehnbar; It. dùttile; R. растяжимый.

DUCTILIDAD. f. Calidad de dúctil.

★ **DUCTILÍMETRO.** (l. ductĭlis, dúctil, y el gr. μέτρον, medida.) m. Fís. Martillo usado para graduar la ductilidad de los metales.

DUCTIVO, VA. (l. ductus, conducido.) adj. Conducente.

DUCTOR. (l. ductor.) m. p. us. Guía o caudillo. || **2.** Cierto instrumento mayor que el exploratorio, utilizado para usar mejor de éste.

DUCTRIZ. (De ductor.) f. p. us. La que guía.

DUCHA. (fr. douche.) f. Chorro de agua que se hace caer sobre el cuerpo o sobre una parte de él, para limpieza o refresco o con fines medicinales. || **2.** Aparato para dar duchas. || —**de aire.** Corriente aérea dirigida a una cavidad, particularmente al tímpano con objeto de desobstruir la trompa de Eustaquio. || —**de vapor.** La que se proyecta por medio de un chorro de vapor de agua ordinaria, balsámica o aromatizada. || —**eléctrica.** Efluviación eléctrica aplicada por medio de un conductor de muchas puntas suspendido sobre la cabeza. || —**escocesa.** Ducha al principio de agua caliente, y después, sin transición, de agua fría. || P. ducha; I. douche, shower-bath; F. douche; A. Dusche, Giessbad; It. doccia; R. душ.

DUCHA. (l. ducta, conducida.) f. Lista que se forma en los tejidos. || **2.** MANCHA. Banda de tierra que siega cada uno de los segadores caminando en línea recta hasta llegar al fin de la heredad.

DUCHAR. tr. Dar una ducha, 1.er art. Ú.t.c.r.

DUCHO, CHA. (l. doctus.) adj. Experimentado, diestro.

DUDA. (De dudar.) f. Indeterminación del ánimo entre dos juicios o decisiones. || **2.** Vacilación del ánimo respecto a las creencias religiosas. || **3.** Cuestión que se propone para ventilarla o resolverla. || —**filosófica.** Escepticismo metódico o ficticio, suspensión voluntaria y transitoria del juicio para dar tiempo al espíritu a fin de que coordine todas sus ideas y conocimientos. || Sin DUDA. m. adv. Ciertamente. || P. dúvida; I. doubt; F. doute; A. Zweifel; It. dubbio; R. сомнение.

DUDABLE. (l. dubitabĭlis.) adj. Que se debe o se puede dudar.

DUDAMIENTO. (De dudar.) m. ant. Duda.

DUDANZA. (De dudar.) f. ant. Duda. || **2.** ant. Temor.

DUDAR. (l. dubitāre.) intr. Estar el ánimo perplejo entre resoluciones o juicios contradictorios. || **2.** tr. Dar poco crédito a una especie que se oye. || P. duvidar; I. to doubt; F. douter; hésiter; A. zweifeln; It. dubitare; R. сомневаться.

DUDOSAMENTE. adv. Con duda. || **2.** Con poca probabilidad de que suceda. || **3.** Difícil o escasamente.

DUDOSO, SA. adj. Que ofrece duda. || **2.** Que tiene duda. || **3.** Que es poco probable, que es inseguro o eventual.

DUECHO, CHA. (l. dŏctus, docto.) adj. ant. Ducho.

DUELA. (fr. ant. douelle, y éste del l. doga, doga.) f. Cada una de las tablas que forman las paredes curvas de los toneles, barriles, etc. || **2.** ZOOL. Gusano platelminto del orden de los trematodos, aplanado y de forma casi ovalada. Vive parásito en los conductos biliares del carnero y del toro. || P. aduela; I. stave; F. douve, douelle; A. Fassdaube; It. doga; R. бочарная доска.

DUELAJE. (De duela.) m. Dolaje.

DUELISTA. m. El que se precia de saber y observar las leyes del duelo. || **2.** El que fácilmente desafía a otros.

DUELO. (l. duellum, guerra, combate.) m. Combate entre dos, precedido de desafío o reto. || **2.** V. Ley de DUELO.

DUELO. (l. dolus, por dolor.) m. Dolor, lástima, aflicción o sentimiento. || **2.** Demostraciones que se hacen para manifestar el sentimiento que se tiene por la muerte de alguno. || **3.** Reunión de parientes y amigos que asisten a la casa mortuoria, al entierro o a los funerales. || **4.** Fatiga, trabajo. Ú.m. en pl. || **5.** fig. V. Retablo de DUELOS. || DUELOS y quebrantos. Fritada hecha con huevos y grosura de animales, que se hacía en Castilla los sábados como semiabstinencia. || DUELOS me hicieron negra, que yo blanca me era. ref. que da a entender lo mucho que acaban las penas. || Los DUELOS con pan son buenos, o son menos. ref. que da a entender que son más soportables los trabajos habiendo bienes y conveniencias. || No lloraré yo sus DUELOS. expr. con que se pronostica que uno ha de pasar muchos trabajos. || Pépense DUELOS. fr. fam. con que se da a entender indiferencia para los males de alguno. || Sin DUELO. m. adv. Sin tasa, abundantemente. || P. dó, lástima, pena; I. mourning; F. deuil; A. Schmerz, Trauer; It. duolo; R. горе, боль.

DUENA. f. ant. Dona, 1.er art.

DUENARIO. m. Ejercicio devoto que se practica durante dos días.

DUENDE. (De duendo.) m. Espíritu que el vulgo supersticioso cree que habita en algunas casas, causando en ellas trastornos. || **2.** Restaño, 1.er art. || **3.** GERM. Ronda, grupo de personas que rondan. || **4.** pl. AND. Cardos secos y espinosos que se colocan en las albardillas de las tapias para dificultar el escalo. || **5.** AND. Encanto misterioso e inefable. || Andar uno como un DUENDE. Parecer un DUENDE. frs. figs. y fams. Aparecerse en los parajes donde no se le esperaba. || Tener uno DUENDE. fr. fig. y fam. Traer en la imaginación cosa que le inquieta. || P. duende; I. goblin, elf; F. esprit follet, lutin; A. Poltergeist, Kobold; It. folletto, diavoletto; R. домовой.

DUENDO, DA. (l. domĭtus, p.p. de domāre, domar.) adj. Manso, doméstico. || **2.** Dícese de la paloma casera.

DUEÑA. (l. domĭna.) f. Mujer que tiene el dominio de una cosa. || **2.** Monja o beata que vivía en comunidad y solía ser mujer principal. || **3.** Mujer viuda que para guarda de las demás criadas había en las casas principales. || **4.** Nombre dado antiguamente a la señora o mujer principal casada. || —**de honor.** Señora de honor. || Cual digan DUEÑAS. expr. fig. y fam. con que se explica que uno quedó mal, o fue maltratado, principalmente de palabra. || Cuando os pedimos, DUEÑA os decimos; cuando os tenemos, como queremos. ref. que enseña a desconfiar de las lisonjas del que pide algo. || DUEÑA que de alto hila, de alto se remira. ref. que denota la presunción y vanidad que tienen algunas mujeres de ser muy hacendosas. || DUEÑA que en alto hila, abajo se humilla. ref. que da a entender cuán expuesto es el levantarse uno a más alto lugar del que le corresponde. || DUEÑA que mucho mira, poco hila. ref. que da a entender que la mujer ventanera nunca será muy hacendosa. || Yo DUEÑA y vos doncella ¿quién barrerá la casa? ref. que da a entender que cada uno debe cumplir con las obligaciones de su estado o ministerio. || P. dona, senhora; I. owner, mistress; F. duègne, dame; A. Eigentümerin, Herrin; It. donna, padrona; R. хозяйка, госпожа.

DUEÑESCO, CA. adj. fam. Tocante o referente a las dueñas.

DUEÑO. (l. dominus.) m. El que tiene dominio sobre una cosa o persona. || **2.** El amo de la casa respecto de sus criados. || —**del argamandijo.** fig. y fam. El que tiene el mando de una cosa. || —**de sí mismo.** Dícese del que sabe dominarse y no se deja arrastrar por los primeros impulsos. || Adonde no está el DUEÑO, ahí está su duelo. El ojo del amo engorda al caballo. || Cual el DUEÑO, tal el perro. expr. proverb. Según es el amo de la casa, así son los que están a su servicio. || De lo ajeno, lo que quisiere su DUEÑO. ref. que explica la gratitud que debe tener el que recibe con el que le da, aunque el don sea corto. || Dos DUEÑOS de una bolsa, el uno canta y el otro llora. ref. que advierte que los bienes a medias acarrean muchos disgustos. || Hacerse uno DUEÑO de una cosa. fr. Adquirir cabal conocimiento de un asunto, dominar alguna dificultad. || **2.** Apropiarse facultades y derechos que no le competen. || Ser uno el DUEÑO del cuchillón, o del hato, o de los cubos. fr. fig. y fam. Tener mucho manejo en una casa o con algunas personas. || Ser uno DUEÑO, o muy DUEÑO de hacer una cosa. fr. fam. Tener libertad para hacerla. || P. dono; I. master; F. maître, patron; A. Herr, Besitzer; It. donno, padrone, patrone; R. хозяин.

DUERMEVELA. (De dormir y vela.) m. fam. Sueño ligero con que se halla el que está dormitando. || **2.** Sueño fatigoso y frecuentemente interrumpido.

DUERNA. (b. l. dorna, ánfora, recipiente.) f. Artesa. || **2.** Tronco hueco en forma de canal, cerrado por sus dos extremos, que sirve para dar de comer a los animales y para otros usos.

DUERNO. m. Duerna.

DUERNO. (b. l. duernus, y éste del l. duo, dos.) m. IMPR. Conjunto de dos pliegos impresos, metidos uno dentro de otro.

DUETO. (ital. duetto.) m. d. de dúo.

DÚHO. (Voz americana.) m. El banco o escaño que servía de asiento.

DUJO. (l. dōlium, vasija.) m. SANT. Colmena, 1.ª acep.

DULA. (ár. dalwa o dūla, turno, vez, y también ganado.) f. Cada una de las porciones de tierra que por turno reciben riego de una misma acequia. || **2.** Cada una de las porciones del terreno comunal, donde por turno pacen los ganados de los vecinos de un pueblo. || **3.** Sitio donde echan a pastar los ganados de los vecinos de un pueblo. || **4.** Conjunto de estas cabezas de ganado. Dícese especialmente del ganado caballar. || Vete, o idos a la DULA. expr. fam. Vete, o idos a paseo.

DULAR. adj. Perteneciente o relativo a la dula.

DULCAMARA. (l. dulcamāra, t. f. de -rus; de dulcis, dulce, y amārus, amargo.) f. Planta solanácea medicinal, sarmentosa, de hojas acorazonadas, flores pequeñas, violadas y en ramillete, y fruto en baya roja del tamaño del guisante. Es común en los sitios frondosos.

DULCE. (l. dulcis.) adj. Que causa cierta sensación suave y agradable al paladar como la miel, el azúcar, etc. || **2.** Que no es agrio, amargo o salobre. || **3.** Dícese del manjar que está a falta de sal. || **4.** V. Agua, almendra, hierro, mercurio, naranja, palo, plomo, talla, vino DULCE. || **5.** V. Jamón en DULCE. || **6.** fig. Grato, gustoso y apetecible. || **7.** fig. Naturalmente afable, complaciente, dócil. || **8.** PINT. Que tiene cierta suavidad o blandura en el dibujo. || **9.** PINT. Que tiene grato y hermoso colorido. || **10.** adv. Dulcemente. || **11.** m. Manjar compuesto con azúcar o almíbar. || **12.** Fruta o cualquiera otra cosa cocida o compuesta con almíbar o azúcar y secada después. || **13.** pl. fam. En el juego del tresillo, tantos que cobra o paga el que entra a vuelta, según gana o pierde. || —**de almíbar.** Fruta conservada en almíbar. || A nadie le amarga un DULCE. fr. fig. y fam. Denota que cualquier ventaja que se ofrece, por pequeña que sea, no es de despreciar. || P. doce; I. sweet; F. doux; A. süss; It. dolce; R. сладкий.

DULCEDUMBRE. (l. dulcitūdo, -ĭnis.) f. Dulzura, suavidad.

DULCÉMELE. (l. dulcis, dulce, y el gr. μέλος, melodía.) m. Salterio, instrumento músico de teclado.

DULCEMENTE. adv. Con dulzura, con suavidad.

DULCERA. (t. f. de *dulcero*.) f. Vaso, ordinariamente de cristal, en que se guarda y se sirve el almíbar.

DULCERÍA. (De *dulcero*.) f. Confitería.

DULCERO, RA. (l. *dulciarius*, de *dulcis*, dulce.) adj. fam. Aficionado al dulce. || 2. m. y f. Confitero, ra.

DULCEZA. f. ant. Dulzura.

DULCIFICACIÓN. f. Acción y efecto de dulcificar. || 2. GRAM. Paso de una de las consonantes de la serie de las fuertes a la serie de las dulces o suaves, lo cual equivale a una sonorización.

DULCIFICANTE. p.a. de dulcificar. Que dulcifica.

DULCIFICAR. (l. *dulcificāre*; de *dulcis*, dulce, y *facĕre*, hacer.) tr. Volver dulce una cosa. Ú.t.c.r. || 2. fig. Mitigar la acerbidad, acrimonia, etc., de una cosa material o inmaterial. || **P.** dulcificar; **I.** to dulcify; **F.** dulcifier; **A.** versüssen, mildern; **It.** dulcificare; **R.** подслащивать.

★ **DULCINA.** f. QUÍM. Un derivado de la fenacetina y que es unas 250 veces más edulcorante que el azúcar.

DULCINEA. (Por alusión a la dama ideal de don Quijote.) f. fig. y fam. Mujer querida. || 2. fig. Aspiración ideal de uno.

★ **DULCIR.** (l. *dulcĕre*, de *dulcis*, dulce.) tr. Entre fabricantes de vidrios y cristales, desbarbar e igualar la obra por medio de un vidrio más pequeño.

DULCÍSONO, NA. (l. *dulcisŏnus*.) adj. poét. Que suena dulcemente.

DULERO. m. Pastor o guarda de la dula.

DULÍA. (gr. δουλεία, servidumbre; de δοῦλος, esclavo.) f. REL. Culto que se tributa a los ángeles y a los santos, como siervos y amigos de Dios.

DULIMÁN. (Del m. or. que *dormán*, quizá a través del francés.) m. Vestidura talar de que usan los turcos.

DULZAINA. (fr. ant. *doulçaine*.) f. Instrumento músico de viento, parecido a la chirimía, pero más corto y de tonos más altos.

DULZAINA. (De *dulce*.) f. despect. Cantidad abundante de dulce malo.

DULZAINERO. m. El que toca la dulzaina.

DULZAINO, NA. (De *dulce*.) adj. fam. Demasiado dulce, o que está dulce no debiendo estarlo.

DULZAMARA. (De *dulce* y *amaro*, 1.er art.) f. Dulcamara.

DULZARRÓN, NA. adj. fam. De sabor dulce, pero desagradable y empalagoso.

DULZÓN, NA. adj. Dulzarrón.

DULZOR. (De *dulce*.) m. Dulzura.

DULZORAR. (De *dulzor*.) tr. p. us. Dulcificar, endulzar.

DULZURA. f. Calidad de dulce. || 2. Suavidad, deleite. || 3. fig. Afabilidad, bondad, docilidad. || 4. Palabra cariñosa, placentera. Ú.m. en pl. || **P.** doçura; **I.** sweetness; **F.** douceur; **A.** Süssigkeit; **It.** dolcezza; **R.** сладость.

DULZURAR. (De *dulzura*.) tr. ant. fig. Mitigar, apaciguar. || 2. Germ. Hacer dulce un cuerpo quitándole la sal.

DUMA. f. Asamblea legislativa de la Rusia zarista.

★ **DUMASINA.** (De *Dumas*, químico francés.) f. QUÍM. Producto aceitoso que se forma al mismo tiempo que la acetona en la destilación de los acetatos.

★ **DUMPING.** (ingl. *dump*, vaciar de golpe.) Operación con que algunas empresas anulan la competencia lanzando al mercado un producto a precio inferior al de costo.

DUNA. (fr. *dune*.) f. Colina de arena movediza que en los desiertos y en las playas forma y empuja el viento. Ú.m. en pl. || **P.** e **It.** duna; **I.** y **F.** dune; **A.** Düne; **R.** дюна.

★ **DUNDERA.** (De *dundo*.) AMÉR. CENTRAL. Simpleza, tontería.

DUNDO, DA. (De *duendo*.) adj. AMÉR. CENTRAL y COLOM. tonto. Ú.t.c.s.

DÚO. (ital. *duo*, y éste del l. *duo*, dos.) m. MÚS. Composición que se canta o toca entre dos.

★ **DUODÉCIMA.** (l. *duodĕcim*, doce.) f.

MÚS. Octava parte de la quinta; intervalo de once grados conjuntos, esto es, de doce sonidos diatónicos, contando los extremos.

DUODECIMAL. adj. Duodécimo, duodécima parte. || 2. ARIT. Dícese de todo sistema aritmético cuya base es el número 12.

DUODÉCIMO, MA. (l. *duodecimus*.) adj. Que sigue inmediatamente en orden al o a lo undécimo. || 2. Dícese de cada una de las 12 partes iguales en que se divide un todo. Ú.t.c.s.

DUODÉCUPLO, PLA. (l. *duo*, dos y *decŭplus*, décuplo.) adj. Que contiene un número 12 veces exactamente. Ú.t.c.s.m.

DUODENAL. adj. ZOOL. Perteneciente o relativo al duodeno.

DUODENARIO, RIA. (l. *duodenarius*.) adj. Que dura el espacio de doce días. Ú. hablando de ciertas devociones.

DUODENITIS. f. MED. Inflamación del duodeno.

DUODENO, NA. (l. *duodēni*, doce.) adj. Duodécimo. || 2. m. ZOOL. Primera porción del intestino delgado de los mamíferos. Comunica directamente con el estómago y remata en el yeyuno. En él empieza la digestión intestina. Las glándulas de su mucosa segregan el jugo de este nombre y en su cavidad van a parar la bilis y el jugo pancreático. || 2.ª acep.: **P.** intestino delgado; **I.** duodenum; **F.** duodénum; **A.** Zwölffingerdarm; **It.** duodeno; **R.** двенадцатиперстная, кишка.

DUOMESINO, NA. (l. *duo*, dos, y de *mes*.) adj. De dos meses. || 2. Perteneciente a este tiempo.

DÚOS, AS. (l. *duos*.) adj. pl. ant. Dos.

DUPA. (fr. *dupe*.) m. GERM. El que se deja o se ha dejado engañar.

DUPLA. (l. *dupla*, t. f. de *duplus*, doble.) f. Extraordinario que solía darse en los refectorios de colegios en algunos días señalados.

DUPLADO, DA. (l. *duplātus*, p.p. de *duplāre*, doblar.) adj. ant. Duplicado, doble.

★ **DÚPLEX.** adj. Dúplice, doble. || 2. METAL. Procedimiento para obtener un lingote doble, cuyas dos mitades no tienen la misma composición. Se utiliza para la fabricación de moldes industriales.

DÚPLICA. (De *duplicar*.) f. FOR. Escrito en que el demandado responde a la réplica del actor.

DUPLICACIÓN. (l. *duplicatĭo*, -ōnis.) f. Acción y efecto de duplicar o duplicarse.

DUPLICADAMENTE. adv. Con duplicación.

DUPLICADO, DA. p.p. de duplicar. || 2. m. Segundo documento o escrito que se expide del mismo tenor que el primero. || 3. Ejemplar doble o repetido de una obra.

DUPLICAR. (l. *duplicāre*, doblar.) tr. Hacer doble de una cosa. Ú.t.c.r. || 2. Multiplicar por dos una cantidad. || 3. FOR. Contestar el demandado a la réplica del actor. || **P.** duplicar; **I.** to double; **F.** doubler; **A.** verdoppeln; **It.** duplicare; **R.** удваивать.

DUPLICATIVO, VA. adj. Que duplica o dobla.

DUPLICATURA. (De *duplicar*.) f. p. us. Dobladura.

DÚPLICE. (l. *duplex-ĭcis*.) ad. Doble. || 2. Dícese de los conventos o monasterios en que había una comunidad de religiosos y otra de religiosas.

DUPLICIDAD. (l. *duplicĭtas*, -ātis.) f. Doblez, falsedad. || 2. Calidad de dúplice o doble.

DUPLO, PLA. (l. *duplus*.) adj. Que contiene un número dos veces exactamente. Ú.t.c.s.m.

★ **DUPRENO.** m. QUÍM. Elastoplástico de propiedades parecidas a las del caucho natural.

DUQUE. (fr. *duc*, y éste del gr. δούκα, acus. de δούξ.) m. Título de honor destinado en Europa para significar la nobleza más alta. || 2. fam. Pliegue que las mujeres hacían en el manto, prendiéndolo en el pelo y echando después hacia atrás la parte que caía por delante. || 3. En la organización feudal, primera dignidad de la jerarquía señorial. || 4. Soberano de ciertos Estados. —**de alba.** MAR. Conjunto de pilotes sujetos por un zuncho de

hierro o de otra manera, que se clavan en el fondo del mar en los puertos y ensenadas y sirven como norayes. || **P.** duque; **I.** duke; **F.** duc; **A.** Herzog; **It.** duca; **R.** герцог.

DUQUESA. f. Mujer del duque. || 2. La que por sí posee un estado que lleva anejo título ducal.

DURA. (De *durar*.) f. Duración.

DURABILIDAD. f. Calidad de durable.

DURABLE. (l. *durabilis*.) adj. Duradero.

DURACIÓN. f. Acción y efecto de durar. || **P.** duração; **I.** duration; **F.** durée; **A.** Dauer, Haltbarkeit; **It.** durata; **R.** длительность.

DURADA. (De *durar*.) f. ant. Duración.

DURADERAMENTE. adv. Con estabilidad o firmeza o larga duración.

DURADERO, RA. adj. Dícese de lo que dura o puede durar mucho.

DURADOR, RA. adj. ant. Que dura o permanece.

DURADURA. (De *durar*.) f. ant. Duración.

★ **DURALUMINIO.** m. Aleación del aluminio con el magnesio, el cobre y el manganeso en una determinada proporción. Es ligera y muy resistente, por lo que se emplea en la construcción aeronáutica.

DURAMADRE. f. ZOOL. Membrana fibrosa que rodea el encéfalo y la médula espinal.

DURAMEN. (l. *durāmen*.) m. BOT. Parte central, más seca y compacta, del tronco y de las ramas gruesas de un árbol.

DURAMENTE. adv. Con dureza.

DURANDO. m. Especie de paño que se usaba en Castilla en tiempo de Felipe II.

DURANTE. p.a. de durar. Que dura. || 2. Ú. con significación semejante a la del adv. *mientras*, precediendo a nombres con los cuales forma ablativos absolutos. DURANTE *la última sequía*.

DURANZA. (De *durar*.) f. ant. Duración.

★ **DURANZA.** f. P. RICO. Vara o conjunto de las dos varas de un carro.

DURAR. (l. *durāre*, de *dūrus*, duro.) intr. Continuar siendo, obrando, sirviendo, etc. || 2. Subsistir, permanecer. || **P.** durar; **I.** to last, to endure; **F.** durer; **A.** dauern, währen; **It.** durare; **R.** длиться.

DURATIVO, VA. adj. GRAM. Que denota duración.

DURATÓN. m. GERM. Duro.

DURAZNERO. (De *durazno*.) m. Árbol, variedad de melocotón, cuyo fruto es algo más pequeño. || 2. CAN. Durazno, 3.ª acep.

DURAZNILLA. f. Durazno, 2.ª acep.

DURAZNILLO. (Porque las hojas de la planta se parecen a las del durazno.) m. Planta de la familia de las poligonáceas, de hojas lanceoladas, generalmente con una mancha negra, flores róseas o blancas en espigas laterales y fruto lenticular en vainillas envueltas por el perigonio.

DURAZNO. (l. *duracīnus*.) m. Duraznero. || 2. Fruto de este árbol. || 3. ARGENT. y CHILE. Nombre genérico de varias especies de árboles. || 4. ARGENT. y CHILE. Fruto de estos árboles. || 5. VENEZ. Moneda de cinco bolívares. || 6. joc. ARGENT. Duro, peso.

DUREZ. (l. *dūrĭties*.) f. ant. Dureza.

DUREZA. (l. *dūrĭtia*.) f. Calidad de duro. || 2. MED. Tumor o callosidad que se hace en algunas partes del cuerpo. || 3. MINERAL. Resistencia que opone un mineral a ser rayado por una punta metálica. || —**de agua.** QUÍM. Cantidad de sales de calcio y magnesio que tiene una solución. || —**de oído.** Debilidad del sentido del oído. || 2. Tardanza, poco talento musical o tosquedad en captar o asimilarse una melodía, una tonada, etc. || —**de vientre.** MED. Dificultad para la evacuación fecal. || **P.** durez; **I.** hardness; **F.** dureté; **A.** Härte; **It.** durezza; **R.** твёрдость.

DURILLO. adj. d. de duro. || 2. V. *Trigo* DURILLO. || 3. m. Arbusto caprifoliáceo, ramoso, de flores blancas, frutos en drupas pequeñas y azucaradas, y madera blanca rojiza y dura, que tiene aplicación en obras de taracea. || 4. NUMISM. Antigua moneda de oro de veinte reales. Doblilla. || 5. BOT. Cornejo, arbusto córneo de ma-

D

dera muy dura. || **6.** VETER. Callosidad de las caballerías en las partes expuestas al roce.

DURINA. f. VETER. Enfermedad contagiosa que ataca a los caballos y se caracteriza por tumefacción de los ganglios linfáticos, parálisis de los miembros e inflamación genital.

DURINDAINA. (De *Durindana*, espada de Roldán, por referencia a la espada de la ley.) f. GERM. La justicia.

DURLINES. m. pl. GERM. Criados de la justicia.

★ **DURMIDERO.** m. P. RICO. Lugar donde duermen los animales domésticos.

DURMIENTE. p.a. de dormir. Que duerme. U.t.c.s. || **2.** m. Madero colocado horizontalmente y sobre el cual se apoyan otros, horizontales o verticales. || **3.** AMÉR. Traviesa de la vía férrea. || *Los siete* DURMIENTES. fr. fam. que se aplica a la persona dormilona.

DURO, RA. (l. *durus*.) adj. Dícese del cuerpo que se resiste a ser labrado, cortado, comprimido, desfigurado o rayado. || **2.** V. *Jabón, trigo* DURO. || **3.** fig. Fuerte, que soporta bien la fatiga. || **4.** fig. Áspero, excesivamente severo, falto de suavidad. ||

5. fig. Ofensivo y malo de tolerar. || **6.** fig. Violento, cruel, insensible. || **7.** fig. Terco y obstinado. || **8.** fig. Que no es liberal. || **9.** fig. Mal acondicionado y bronco de natural. || **10.** fig. Tratándose del estilo, áspero, premioso, falto de armonía. || **11.** V. *Peso* DURO. || **12.** PINT. Dícese del dibujo cuyas líneas pecan de rígidas, de la pintura que presenta bruscas transiciones, de claroscuro y de la escultura cuando su modelado carece de morbidez y hermosura. || **13.** m. Moneda de plata de cinco pesetas. || **14.** GERM. pl. Los zapatos. || **15.** GERM. Los azotes. || **16.** MÉJ. y URUG. Borracho, ebrio, beodo. || **17.** AMÉR. Silla baja y tosca, con el respaldo hacia atrás, que usan los indios. || **18.** VENEZ. Butaca o silla pequeña. || DURO. adv. Con fuerza, con violencia. *Dale* DURO. || **—y parejo.** loc. adv. fam. ARGENT. y CHILE. Con fuerza y constancia. || *Estar a las* DURAS *y a las maduras*, o *ir las* DURAS *con*, o *por las maduras*. frs. figs. y fams. Tomar las duras, etc. || *Más da el* DURO *que el desnudo.* ref. con que se denota que aun del avaro debe esperarse más que del que nada tiene. || *Tomar las* DURAS *con*, o *por, las*

maduras. fr. fig. y fam. que se usa para significar que debe llevar las incomodidades de un empleo, cargo o negocio, el que recibe las utilidades. || **P.** e **It.** duro; **I.** hard; **F.** dur; **A.** hart; **R.** твёрдый.

★ **DURÓMETRO.** m. Fís. Aparato para determinar la dureza de los metales.

DUUNVIR. (l. *duumvir*.) m. Duunviro.

DUUNVIRAL. (l. *duumvirālis*.) adj. Perteneciente o relativo a los duunviros o al duunvirato.

DUUNVIRATO. (l. *duumvirātus*.) m. Dignidad o cargo de duunviro. || **2.** Tiempo que duraba. || **3.** Régimen político en que el gobierno estaba encomendado a duunviros.

DUUNVIRO. (l. *duumvir*.) m. Nombre de diferentes magistrados en la antigua Roma. || **2.** Cada uno de los dos presidentes de los decuriones en las colonias y municipios romanos.

DUX. (ital. *dux*, y éste del l. *dux*, guía, jefe.) m. Príncipe o magistrado supremo en las repúblicas de Venecia y Génova.

DUZ. (l. *dulcis*.) adj. AND. Dulce. *Caña* DUZ.

E

E. f. Sexta letra del abecedario español, y segunda de las vocales. || **2.** Sonido vocal palatal abierto. || **3.** DIAL. Signo de la proposición universal negativa. || **4.** MAT. Número que constituye la base del sistema de logaritmos naturales y cuyo valor aritmético es 2'7182... Se representa por la letra *e*.

E. (l. *et*.) conj. copul. Se usó en vez de la *y*. Hoy se emplea para evitar la repetición del mismo sonido antes de las palabras que empiezan por *i* o *hi*; *Padre* E *hijo*. Pero no reemplaza a la *y* en principio de interrogación o admiración: ¡Y Isidoro también! Tampoco cuando la palabra siguiente empieza con *y* o *hi* formando diptongo *Tigre y hiena*.

E. (l. *e*.) prep. insep. que denota origen o procedencia: E*manar*; extensión o dilatación: E*fundir*.

¡EA! (l. *eia*.) interj. que se emplea para denotar alguna resolución de la voluntad, o para animar, estimular o excitar. Ú.t. repetida.

EASONENSE. (De *Oeason*, nombre latino de San Sebastián.) adj. Donostiarra. Ú.t.c.s.

EBANISTA. m. El que tiene por oficio trabajar el ébano y otras maderas finas.

EBANISTERÍA. f. Taller de ebanista. || **2.** Arte del ebanista. || **3.** Muebles y otras obras de ebanista que forman un conjunto. || 2.ª acep.: **P.** marcenaria; **I.** cabinetmaking; **F.** ébénisterie; **A.** Kunsttischlerei; **It.** ebanisteria; **R.** столярная мастерская.

ÉBANO. (l. *ebĕnus*, y éste del gr. ἔβενος.) m. Árbol exótico, de la familia de las ebanáceas, de 10 ó 12 m de altura, de tronco grueso y madera maciza, pesada, negra por el centro y blanquecina hacia la corteza, muy estimada en ebanistería; tiene hojas alternas, enteras, lanceoladas, de color verde oscuro, flores verdosas y bayas redondas y amarillentas. || **2.** Madera de este árbol. || **3.** ANT. y PERÚ. Cierto arbolillo de madera fuerte y susceptible de pulimento. || **4.** ARGENT. Negrura extrema. || **P.** ébano; **I.** ebony; **F.** ébéne; **A.** Ebenbaum, Ebenholz; **It.** ébano; **R.** чёрное дерево.

EBENÁCEO, A. (l. *ebĕnus*, ébano.) adj. BOT. Dícese de árboles o arbustos intertropicales, de hojas generalmente alternas, flores axilares de cáliz persistente, fruto en baya carnosa y madera dura y pesada, negra en el centro como el ébano. Ú.t.c.s. || **2.** f. pl. BOT. Familia de estas plantas.

EBIONITA. adj. Hereje de los primeros siglos de la Era cristiana, que creía ser Nuestro Señor Jesucristo, hombre nacido naturalmente de José y María y adoptado por Dios. Su nombre proviene de Ebión fundador de la secta en Palestina. Ú.t.c.s.

EBONITA. (ingl. *ebony*, ébano.) f. Goma elástica, vulcanizada, negra y muy dura, capaz de ser tallada y pulida, que se usa para hacer peines, aisladores de aparatos eléctricos, etc.

★ EBORARIA. f. Parte de la arqueología que se ocupa de los objetos de hueso y marfil.

EBORARIO, RIA. (l. *eborarius*.) adj. De marfil, o relativo al marfil.

EBRANCADO, DA. (fr. *ébranché; de es y branche*, rama.) adj. BLAS. Dícese el árbol que tiene cortadas las ramas.

EBRIEDAD. (l. *ebriĕtas, -ātis*.) f. Embriaguez.

EBRIO, BRIA. (l. *ebrĭus*.) adj. Embriagado, borracho. Ú.t.c.s. || **2.** fig. Ciego. EBRIO *de coraje, de ira, de celos*, etc.

EBRIOSO, SA. (l. *ebriōsus*.) adj. Muy dado al vino y que se embriaga fácilmente. Ú.t.c.s.

EBULICIÓN. f. p. us. Ebullición.

EBULLICIÓN. (l. *ebullitĭo, -ōnis*.) f. Hervor, acción de hervir. || **2.** Fís. Formación rápida en el interior de un líquido de burbujas de vapor. || **3.** *Calor de* EBULLICIÓN. Calorías necesarias para convertir en vapor la unidad de peso de un líquido hirviendo. || **4.** *Punto de* EBULLICIÓN. Temperatura constante a la cual hierven los líquidos cuando se les suministra calor a la presión atmosférica. || **P.** ebulição; **I.** ebullition; **F.** ébullition; **A.** Sieden, Kochen; **It.** ebollizione; **R.** кипение.

EBULLÓMETRO. (l. *ebullīre*, hervir.) m. Fís. Aparato para medir la temperatura a que hierve un cuerpo.

★ EBULLOSCOPIA. f. Fís. Apreciación de la elevación del punto de ebullición de un líquido teniendo en cuenta la influencia de las substancias disueltas en él.

EBURNACIÓN. f. MED. Estado de un tejido óseo o cartilaginoso que se pone duro como el marfil.

EBÚRNEO, A. (l. *eburnĕus*.) adj. De marfil, o parecido a él. Ú.m. en estilo poético.

EBURNO. (l. *eburnus*.) m. ant. Marfil, 1.ª acep.

ECARTÉ. (fr. *écarté*, descartado.) m. Juego de naipes entre dos, cada uno de los cuales toma cinco cartas, que de común acuerdo pueden cambiarse por otras. El jugador que en cada mano hace más bazas, se apunta un tanto; otro, el que saca un rey de muestra, y gana el que primero tiene cinco tantos.

ECCEHOMO. (l. *ecce*, he aquí, y *homo*, el hombre.) m. Imagen de Jesucristo al ser presentado por Pilato al pueblo. || **2.** fig. Persona lacerada, rota, de lastimoso aspecto.

ECCEMA. (gr. ἔκζεμα, de ἐκζέω, hervir.) f. Afección de la piel caracterizada por vejiguillas muy espesas que forman manchas irregulares y rojizas, producidas por estímulos externos o internos sobre tegumentos irritables.

ECCEMATOSO, SA. adj. Perteneciente o relativo al eccema.

★ ECDÓTICA. f. Arte editorial, y especialmente, arte de preparar ediciones.

ECEPTO. adv. m. ant. Excepto.

ECEPTUAR. tr. ant. Exceptuar.

ECIJANO, NA. adj. Natural de Écija. Ú.t.c.s. || **2.** Perteneciente a esta ciudad.

ECLAMPSIA. (gr. ἐκλαμψις, brillo o resplandor súbito; de ἐκ, de, y λάμπω brillar.) f. MED. Enfermedad de carácter convulsivo que suelen padecer los niños, y las mujeres durante el embarazo o en el puerperio. Acomete con accesos, y va acompañada o seguida ordinariamente de pérdida parcial o total de las facultades sensitivas o intelectuales.

ECLECTICISMO. (De *ecléctico*.) m. FIL. Escuela filosófica que procura reunir y conciliar las mejores doctrinas de los diversos sistemas. || **2.** fig. Modo de juzgar u obrar que, en vez de seguir soluciones bien definidas o extremas, adopta un término medio.

ECLÉCTICO, CA. (gr. ἐκλεκτικός, de ἐκλέγω, escoger.) adj. Perteneciente o relativo al eclecticismo. || **2.** Dícese de la persona que sigue las doctrinas de esta escuela filosófica. Ú.t.c.s. || **P.** ecletico; **I.** eclectic; **F.** ecletique; **A.** eklektisch; **It.** eclèttico; **R.** эклектический.

ECLESIASTÉS. (l. *ecclesiastes*, y éste del gr. ἐκκλησιαστής, el que dirige la palabra al pueblo reunido.) m. Libro canónico del Antiguo Testamento, escrito por Salomón. En él se habla contra la vanidad del mundo, haciendo comprender que no hay felicidad verdadera sino en la observancia rigurosa de los mandamientos de la ley de Dios.

ECLESIÁSTICAMENTE. adv. De modo de un eclesiástico. || **2.** Por ministerio o con autoridad de la Iglesia.

ECLESIÁSTICO, CA. (l. *ecclesiasticus*, y éste del gr. ἐκκλησιαστικός.) adj. Perteneciente o relativo a la Iglesia. || **2.** Véase *Año, brazo, derecho, día* ECLESIÁSTICO. || **3.** V. *Audiencia, deposición, disciplina, mesada* ECLESIÁSTICA. || **4.** m. Clérigo, 1.ª acep. || **5.** Libro canónico del Antiguo Testamento, llamado así porque enseña preceptos excelentes en toda clase de virtudes. || **P.** eclesiástico; **I.** ecclesiastic; **F.** ecclesiastique; **A.** geistlich, kirchlich; **It.** ecclesiàstico; **R.** церковный.

ECLESIASTIZAR. (De *eclesiástico*.) tr. Hablando de bienes temporales, espiritualizar.

ECLÍMETRO. (gr. ἐκκλινής, inclinado, y μέτρον, medida.) m. TOPOGR. Instrumento con que se mide la inclinación de las pendientes.

ECLIPSABLE. adj. Que se puede eclipsar y obscurecer.

ECLIPSAR. tr. ASTRON. Causar un astro el eclipse de otro. || **2.** Obscurecer, deslucir. Ú.t.c.r. || **3.** r. ASTRON. Ocurrir el eclipse de un astro. || **4.** fig. Evadirse, desaparecer una persona o cosa.

ECLIPSE. (l. *eclipsis*, y éste del gr. ἔκλειψις, de ἐκλείπω, faltar, desaparecer.) m. ASTRON. Ocultación transitoria, total o parcial, de un astro debida a la interposición de otro astro o por delante del primero por la sombra proyectada por el otro. || **2.** fig. Ausencia, desaparición transitoria de una persona o cosa. || **—anular** El parcial del Sol en que la Luna llega a ocultar una zona cuyo centro coincide con el del disco solar, dejando visible una corona o anillo. || **—lunar.** ASTRON. El que ocurre por interposición de la Tierra entre la Luna y el Sol. || **—solar.** ASTRON. El producido por la interposición de la Luna entre la Tierra y el Sol. || **P. e I.** eclipse; **F.** éclipse; **A.** Verfinsterung, Finsternis; **It.** eclìsse, eclissi; **R.** затмение.

ECLIPSI. m. desus. Eclipse.

E

ECLIPSIS. f. Gram. Elipsis.

ECLÍPTICA. (l. *ecliptĭca* [línea], y éste del gr. ἡ ἐκλειπτικὴ, porque sólo en ella se verifican los eclipses solares o lunares.) f. Astron. Círculo máximo de la esfera celeste que forma con el ecuador un ángulo de 23° y 27′, y señala el curso aparente del Sol durante el año. || **2**. Círculo máximo de la Tierra que forma con el ecuador un ángulo de 23° y 27′. || **P**. eclíptica; **I**. ecliptic; **F**. écliptique; **A**. Ekliptik; **It**. eclìttica; **R**. эклиптика.

ECLÍPTICO. (l. *ecliptĭcus*, y éste del gr. ἐκλειπτικός.) adj. Astron. V. *Término* ECLÍPTICO.

* **ECLISA**. (fr. *éclisse*.) f. Plancha metálica dispuesta para unir dos rieles seguidos de una línea férrea.

ÉCLOGA. f. ant. Égloga.

ECLÓGICO, CA. adj. Perteneciente o relativo a la égloga.

° **ECLOSIÓN**. (Voz francesa.) Nacimiento, brotadura, aparición.

ECO. (l. *echo*, y éste del gr. ἠχώ.) m. Repetición de un sonido reflejado por un cuerpo duro. || **2**. Sonido débil y confuso. || **3**. Composición poética en que se repite parte de un vocablo entero, para formar nueva palabra significativa y que sea como eco de la anterior. || **4**. Repetición de las últimas sílabas o palabras que se cantan a media voz por distinto coro de músicos. || **5**. El que imita o repite aquello que otro dice. || **6**. fig. Lo que está influido de forma notable por un antecedente o procede de él. || —**múltiple**. El que se repite varias veces, reflejado recíproca y alternativamente en dos cuerpos. || *Hacer* ECO una cosa. fr. fig. Tener proporción o correspondencia con otra. || **2**. fig. Hacerse digna de atención o reflexión. || *Tener* ECO una cosa. fr. fig. Propagarse con aceptación. || **P**. e **It**. eco; **I**. echo; **F**. écho; **A**. Echo; **R**. эхо.

ECOICO, CA. (l. *echoĭcus*.) adj. Perteneciente o relativo al eco. || **2**. Dícese de la poesía castellana llamada eco. || **3**. V. *Verso* ECOICO.

ECOLALIA. (gr. ἠχώ, eco, y λαλιά, palabra.) f. Med. Repetición automática, por un paciente alienado, de las palabras que se le dirigen, o de las que él mismo pronuncia.

ECOLOGÍA. (gr. οἶκος, casa, y λόγος, tratado.) f. Parte de la biología que estudia la vida de los animales y de las plantas, así como sus relaciones con el medio en que viven y con los seres que les rodean.

ECOLÓGICO, CA. adj. Perteneciente o relativo a la ecología.

ECONOMATO. m. Cargo de ecónomo. || **2**. Almacén o tienda donde determinadas personas pueden adquirir los géneros con más economía que en el comercio libre. || **3**. Chile. Oficina del ecónomo. || **2**.ª acep.: **P**. e **It**. economato; **I**. cooperative store; **F**. économat; **A**. Konsumverein; **R**. эконом.

* **ECONOMETRÍA**. (De *economía*, y el gr. μέτρον, medida.) Análisis económico de un conjunto de datos por medio de métodos estadísticos especiales.

ECONOMÍA. (l. *oeconomĭa*, y éste del gr. οἰκονομία, de οἰκονόμος, ecónomo.) f. Recta administración de los bienes de un individuo, familia, corporación, etc. || **2**. Riqueza pública. || **3**. Sistema de reglas y principios que regulan la organización, funcionamiento y desarrollo de una cosa. || **4**. Escasez o miseria. || **5**. Buena distribución del tiempo y de otras cosas inmateriales. || **6**. Ahorro de dinero, de trabajo, de tiempo, etc. || **7**. pl. Ahorros, cantidad economizada. || **8**. Biol. Ordenación natural del proceso de asimilación y desasimilación de los cuerpos organizados. || **9**. Reducción de gastos en un presupuesto. || —**dirigida**. Econ. Pol. Coordinación de las iniciativas económicas privadas según un plan o programa común regulado por una autoridad política superior. || —**planeada**. Sistema económico, especialmente estatal, organizado para integrar y coordinar los distintos elementos de la economía y así reducir las fluctuaciones violentas y otros inconvenientes en un sistema de competencias. || —**política**. Ciencia que trata de la producción y distribución de la riqueza. || **P**. economía; **I**. economy; **F**.

économie; **A**. Sparsamkeit, Ökonomie; **It**. economia; **R**. экономия.

ECONÓMICAMENTE. adv. Con economía. || **2**. Con respecto o con relación a la economía. || **3**. Con baratura.

ECONÓMICO, CA. (l. *oeconomĭcus*, y éste del gr. οἰκονομιμός, de οἰκονόμος, ecónomo.) adj. Perteneciente o relativo a la economía. || **2**. V. *Administración*, *cocina* ECONÓMICA. || **3**. V. *Año* ECONÓMICO. || **4**. Muy detenido en gastar. || **5**. Miserable, mezquino. || **6**. Barato, que cuesta poco. || **7**. Méj. Alfiler muy largo. || **P**. económico; **I**. economic; **F**. économique; **A**. ökonomisch, sparsam; **It**. econòmico; **R**. экономический.

ECONOMISTA. adj. Dícese del que escribe sobre economía política o es versado en esta ciencia. || **2**. m. Nombre que se daba a los primeros autores que trataron de las teorías económicas, especialmente a los seguidores de Adam Smith.

ECONOMIZAR. (De *económo*.) tr. Ahorrar, reservar parte del gasto ordinario. || **2**. Administrar bienes o rentas económicamente. || **P**. economizar; **I**. to economize; **F**. économiser; **A**. (er)sparen, zurücklegen; **It**. economizzare; **R**. экономить.

ECÓNOMO. (l. *oeconŏmus*, y éste del gr. οἰκονόμος; de οἶκος, casa, y νέμω, administrar.) adj. Dícese del cura que hace las veces de párroco por vacante o ausencia de éste. || **2**. Dícese del que sirve interinamente un oficio eclesiástico. || **3**. m. El que se nombra para administrar y cobrar las rentas de las piezas eclesiásticas que están vacantes o en depósito.

ECOTADO, DA. (fr. *écot*, y éste del germ. *skot*, tallo.) adj. Blas. Aplícase a los troncos y ramas de árboles, que se figuran con los nudos correspondientes a los ramos menores.

* **ECRÁN**. (fr. *écran*, pantalla.) m. Cinemat. y Fot. Placas de vidrio diversamente coloreadas que se colocan ante el objetivo para producir determinados efectos y para la reproducción en color.

ECTASIA. (l. *ectăsis*, dilatación.) f. Med. Estado de dilatación de un órgano hueco.

ÉCTASIS. (l. *ectăsis*, y éste del gr. ἔκτασις, extensión.) f. Licencia poética consistente en alargar la sílaba breve para la justa medida del verso.

* **ECTO**. Forma prefija de la voz griega ἐκτός, que está fuera, externa.

ECTODÉRMICO, CA. adj. Zool. Perteneciente o relativo al ectodermo.

ECTODERMO. (gr. ἐκτός, por fuera, y δέρμα, piel.) m. Zool. La capa u hoja externa de las tres en que se disponen las células del blastodermo después de haberse producido la segmentación.

ECTÓPAGO. (gr. ἐκτός, por fuera, y de la raíz παγ, estar fijo.) adj. Med. Monstruo doble unido por el tórax y el abdomen.

ECTOPARÁSITO. (gr. ἐκτός, por fuera, y παράσιτος.) adj. Biol. Dícese del parásito que vive en la superficie de otro organismo, y del que sólo se pone en contacto con un animal o vegetal en el momento de absorber el cuerpo del huésped los jugos de que se alimenta; como el piojo y la sanguijuela. Ú.t.c.s.

ECTOPIA. f. Anomalía de situación de un órgano o aparato.

* **ECTOPLASMA**. m. Biol. Capa externa de la célula, más fluida y transparente que el endoplasma. || **2**. En el espiritismo, sustancia especial procedente de un medium, que se supone capaz de materializar los espíritus.

° **ECTROPIÓN**. f. Inversión hacia afuera del párpado inferior.

ECUABLE. (l. *aequabĭlis*.) adj. ant. Justo, igual y puesto en razón. || **2**. Mec. Dícese del movimiento con que los cuerpos recorren espacios iguales en tiempos iguales.

ECUACIÓN. (l. *aequatio*, *-ōnis*.) f. Álg. Igualdad que contiene una o más incógnitas. || **2**. Astron. Diferencia existente entre el lugar o movimiento medio y el verdadero o aparente de un astro. || —**cúbica**. Mat. La de tercer grado. || —**de tiempo**. Astron. Tiempo que pasa entre el mediodía medio y el verdadero. || —**determinada**. Álg. La que tiene un

número determinado de soluciones. || —**diferencial**. La que expresa la relación entre variables, sus funciones y alguna de sus derivadas. || —**exponencial**. La que contiene la incógnita como exponente. || —**indeterminada**. Álg. La que tiene un número infinito de soluciones. || —**integral**. La que las funciones incógnitas figuran bajo el signo de integración. || —**lineal**. Mat. La de primer grado con dos variables. || —**personal**. Astron. Promedio de error en las observaciones o mediciones de precisión. || —**trigonométricas**. Aquellas en que la incógnita es un valor angular que viene dado por una razón trigonométrica. || **P**. ecuación; **I**. equation; **F**. équation; **A**. Gleichung; **It**. equazione; **R**. уравнение.

ECUADOR. (l. *aequator*.) m. Astron. Círculo máximo que se considera en la esfera celeste, perpendicular al eje de la Tierra. || **2**. Geogr. Círculo máximo que equidista de los polos de la Tierra. || **3**. Geom. Paralelo de mayor radio en una superficie de revolución. || —**galáctico**. Círculo máximo tomado en el centro de la Vía Láctea. || **P**. ecuador; **I**. equator; **F**. équateur; **A**. Aequator; **It**. equatore; **R**. экватор.

ECUAMENTE. adv. ant. Con igualdad o equidad.

ECUÁNIME. (l. *aequanĭmis*.) adj. Que tiene ecuanimidad.

ECUANIMIDAD. (l. *aequanimĭtas*, *-ātis*.) f. Igualdad y constancia de ánimo. || **2**. Imparcialidad serena en el juicio.

ECUANTE. (l. *aequans*, *-antis*, p.a. de *aequāre*, igualar.) adj. ant. Igual, 1.ª acep.

ECUATOR. m. ant. Astron. Ecuador.

ECUATORIAL. (De *ecuator*.) adj. Perteneciente o relativo al Ecuador. || **2**. Astron. Dícese del dispositivo paraláctico con que pueden medirse coordenadas celestes. || **3**. m. Telescopio reflector o refractor, giratorio alrededor de un eje paralelo al de la Tierra y que puede moverse en el sentido de las agujas de un reloj. Lleva dos limbos graduados que permiten leer la declinación y la ascensión recta.

ECUATORIANISMO. m. Vocablo o giro privativo del lenguaje de los ecuatorianos.

ECUATORIANO, NA. (De *ecuator*.) adj. Natural del Ecuador. Ú.t.c.s. || **2**. Perteneciente a esta república de América.

ECUESTRE. (l. *equestris*, de *eques*, caballero.) adj. Perteneciente o relativo al caballero o a la orden y ejercicio de la caballería. || **2**. Representación plástica de una figura a caballo. || **3**. Perteneciente o relativo al caballo. || **P**. e **It**. equestre; **I**. equestrian; **F**. équestre; **A**. ritterlich; **R**. конный.

ECÚLEO. (l. *equulĕus*.) m. ant. Potro, instrumento de tortura.

ECUMÉNICO, CA. (l. *oecomenĭcus*, y éste del gr. οἰκουμενικός, de οἰκουμένη, la tierra habitada.) adj. Universal; que se extiende a todo el orbe. Aplícase a los concilios cuando son generales, convocados o confirmados por el Sumo Pontífice y con representaciones de las Iglesias de rito oriental y occidental. || **2**. Título que toman los patriarcas griegos cismáticos.

ECUO, CUA. (l. *aequus*.) adj. ant. Recto, justo.

ECUO, CUA. (l. *aequi*, *-ōrum*, pl. *aequus*, ecuo, 1.ª[^art].) adj. Dícese del individuo de un antiguo pueblo del Lacio. Ú.t.c.s. || **2**. Perteneciente a este pueblo.

ECÚREO, A. (l. *aequorĕus*, de *aequor*, llanura del mar.) adj. poét. Perteneciente al mar.

ECHACANTOS. (De *echar* y *canto*.) m. fam. Hombre insignificante y despreciable.

ECHACORVEAR. intr. fam. Hacer o tener el ejercicio de echacuervos.

ECHACORVERÍA. f. fam. Acción propia de echacuervos. || **2**. Ejercicio y profesión de alcahuete.

ECHACUERVOS. (De *echar* y *cuervo*.) m. fam. Alcahuete. Persona que solicita o sonsaca a una mujer para usos lascivos con un hombre. || **2**. fam. Hombre ruin, embustero y despreciable. || **3**. fam. En algunas partes, el que predica la bula.

ECHADA. f. Acción y efecto de echar o echarse. || **2**. Espacio que ocupa el cuerpo de un hombre tendido en el suelo. || **3.** ARGENT. y MÉJ. Mentira, bola, fanfarronada.

ECHADERA. f. SOR. Pala de madera para enhornar el pan.

ECHADERO. m. Lugar o sitio a propósito para echarse. || **2.** MIN. Plano para cargar las mulas y tender y pesar los metales.

ECHADILLO, LLA. (De *echado.*) adj. fam. Echadizo, expósito. Ú.t.c.s.

ECHADIZO, ZA. (De *echado.*) adj. Enviado con disimulo para rastrear y averiguar alguna cosa, o para echar alguna especie. || **2.** Esparcido con disimulo y arte. || **3.** Que se desecha por inútil. || **4.** Dícese de aquellas cosas, como escombros, desperdicios, etc., que se depositan en lugar determinado. || **5.** fam. Expósito. Ú.t.c.s.

ECHADO, DA. p.p. de echar. || **2.** SAL. Cubierto de tallos. || **3.** C. RICA. Indolente, perezoso. || **4.** MIN. Buzamiento de un filón.

ECHADOR, RA. adj. Que echa o arroja. Ú.t.c.s. || **2.** m. Mozo de café encargado de llevar las cafeteras y echar el café y la leche en las tazas. || **3.** MÉJ. Vanaglorioso, fanfarrón. Ú.t.c.s.

ECHADURA. f. Acción de echarse las gallinas cluecas sobre los huevos para empollarlos. || **2.** Ahechadura. Ú.m. en pl. || **—de pollos.** Nidada de ellos.

ECHAMIENTO. m. Acción y efecto de echar o arrojar.

ECHAPELLAS. (De *echar* y *pella.*) m. El que en los lavaderos de lanas las toma del tablero para echarlas al pozo.

ECHAPERROS. m. Perrero que en las catedrales echa fuera los perros.

ECHAR. (l. *iectāre, iactāre,* echar.) tr. Hacer que una cosa vaya a parar a alguna parte dándole impulso. || **2.** Despedir de sí una cosa. ECHAR *sangre.* || **3.** Hacer que una cosa caiga en sitio determinado. ECHAR *una piedra al río.* || **4.** Hacer salir a uno de un lugar, apartarle con violencia. || **5.** Por analogía, deponer a uno de su empleo o dignidad. || **6.** Brotar o arrojar las plantas sus raíces, hojas, flores, etc. Ú.t.c.intr. || **7.** Salirle a una persona o a un irracional, cualquier complemento natural de su cuerpo. ECHAR *los dientes.* || **8.** Juntar los animales machos con las hembras para la generación. ECHAR *el toro a la vaca.* || **9.** fam. Con las palabras *un bocado, un trago,* y alguna otra, comer o beber alguna cosa. Ú.t.c.r. || **10.** Poner, aplicar. ECHAR *ventosas.* || **11.** Tratándose de llaves, cerrojos, pestillos, etc., darles el movimiento necesario para cerrar. || **12.** Imponer o cargar. ECHAR *una multa.* || **13.** Atribuir una acción a cierto fin. ECHAR *a buena parte.* || **14.** Inclinar, recostar. ECHAR *la cabeza atrás.* || **15.** Apostar, competir con uno. ECHAR *a danzar, a cantar.* Ú.m.c.r. || **16.** Empezar a tener comercio. || **17.** Remitir una cosa a la suerte. ECHAR *a reyes, a la carta mayor.* || **18.** Jugar. ECHAR *una mano de tute.* || **19.** Jugar o aventurar dinero en alguna cosa. ECHAR *a la lotería, al frontón.* || **20.** Dar, entregar, repartir, en frases como las siguientes. ECHAR *cartas,* ECHAR *de beber.* || **21.** Con las voces, *cuentas, cálculos,* y otras análogas, formar o hacer. || **22.** Suponer o conjeturar el precio, distancia, edad, etc., que nos son desconocidos. *¿Qué altura le* ECHAS? || **23.** Publicar, prevenir, dar aviso de lo que se ha de ejecutar. ECHAR *un bando.* || **24.** Tratándose de comedias u otros espectáculos, representar o ejecutar. || **25.** Pronunciar, decir, proferir. ECHAR *un sermón.* || **26.** Junto con la preposición *por* y algunos nombres que significan carrera o profesión, seguirla. ECHAR *por la Iglesia.* || **27.** Junto con la misma preposición, ir por una u otra parte. ECHAR *por la derecha, por el valle.* || **28.** Junto con algunos nombres, tiene la significación de los verbos que se forman de ellos o la de otros equivalentes. ECHAR *bendiciones,* bendecir. ECHAR *unas cartas,* jugarlas. || **29.** Junto con ciertas voces como *mal genio, carnes, barriga, pantorrillas,* etc., adquirir aumento apreciable en las cualidades o partes del cuerpo indicadas. || **30.** Junto con las voces *rayos, centellas, fuego* y otras semejantes, mostrar enojo. || **31.** Junto con las voces *por mayor, por arrobas, por quintales,* etc., exagerar una cosa. || **32.** Junto con las voces *abajo, en tierra* o *por tierra,* derribar, asolar. || **33.** Junto con un nombre de pena, condenar a ella. ECHAR *a presidio.* || **34.** Junto con el infinitivo de un verbo y la preposición *a,* unas veces significa dar principio, ECHAR *a reír, a correr,* etc., y otras, ser causa o motivo de ella, como ECHAR *a rodar,* ECHAR *a perder.* Ú.t.c.r. || **35.** Hablando de caballos, coches, etc., empezar a usarlos. || **36.** ARGENT., PERÚ y P. RICO. Proponer o presentar a una persona o animal como de cualidades superiores a otra u otro, suponiéndolos comparados en un lance o pelea. || **37.** r. Arrojar. ECHAR *a un agujero.* || **38.** Arrojarse hacia una persona o cosa. *Se* ECHÓ *a Enrique.* || **39.** Tenderse a lo largo del cuerpo en un lecho o en otra parte. || **40.** Tenderse uno vestido por un rato más o menos largo. || **41.** Ponerse las aves sobre los huevos. || **42.** Tratándose del viento, calmarse, sosegarse. || **43.** Dedicarse uno a una cosa. || **44.** P. RICO, PERÚ y ARGENT. Azuzar. || **45.** P. RICO y C. RICA. Apoltronarse. || *A* ECHA *levanta.* m. adv. Cayendo y levantando. || ECHAR *al contrario.* fr. Echar un asno a una yegua, o un caballo a una burra, para la cría del ganado mular. || ECHAR *a perder.* Deteriorar una cosa material. || **2.** Malograr un negocio por no manejarlo bien. Ú.t.c.r. || **3.** Pervertir a uno. || ECHAR *a volar* a una persona o cosa. fr. fig. Sacarla al público. || ECHAR *de menos* a una persona o cosa. fr. Notar la falta de ella. || **2.** Tener pena por la falta de ella. || ECHAR *de ver.* fr. Notar, advertir, reparar. || ECHAR *falso.* fr. Envidar sin juego. || ECHARLA, O ECHÁRSELAS *de.* fr. fam. Presumir de. ECHARLA *de rico, de poeta.* || ECHARLO *todo a rodar.* fr. fig. y fam. Desbaratar un negocio. || **2.** fig. y fam. Dejarse llevar de la cólera faltando a toda consideración. || ECHAR *menos.* fr. Echar de menos. || ECHAR *un cable* a uno. fr. fig. Ayudarle a salir de una situación comprometida. || ECHAR uno *por alto* una cosa. fr. fig. Menospreciarla. || **2.** Malgastarla, desperdiciarla. || ECHAR uno *por largo.* fr. fam. Calcular una cosa, suponiendo todo lo más a que puede llegar. || ECHARSE uno *a dormir.* fr. fig. Descuidar de una cosa; no pensar en ella. || ECHARSE *a morir.* fr. fig. y fam. Abandonar un asunto desesperando de conseguir lo que se desea. || ECHARSE *a perder.* fr. Estropearse una vianda, bebida, etcétera. || **2.** Decaer una persona de las virtudes que tenía. || ECHARSE uno *de recio.* fr. fig. y fam. Instar con empeño a otro para que haga o deje de hacer una cosa. || ECHAR *fuerte.* fr. GUAT. Bravuconear, fanfarronear. || ECHARLAS. CHILE. Huir, tomar las de Villadiego. || ECHAR *tan alto* a uno. fr. fig. y fam. Despedirle con términos ásperos. || ECHAR *tras* uno. fr. Ir en su alcance. || ÉCHESE *y no se derrame.* expr. fig. y fam. con que se reprende la falta de economía de una persona o el gasto superfluo de una cosa. || **P.** deitar; **I.** to throw; **F.** jeter; **A.** (weg)werfen; **It.** gettare; **R.** бросать.

* **ECHARPE.** (fr. *écharpe.*) m. Chal largo y estrecho que se ponen sobre los hombros las mujeres.

ECHAZÓN. (De *echar.*) f. Echada, 1.ª acep. || **2.** MAR. Acción y efecto de arrojar al agua la carga de un buque cuando es necesario aligerarlo, especialmente a causa de un temporal o en peligro de naufragio.

ECHONA. (arauc. *ichuna.*) f. ARGENT. y CHILE. Hoz, segur, falce.

ECHONERÍA. f. VENEZ. Jactancia, fanfarronada.

ECHURA. (l. *eiectūra.*) f. ant. Echada o tiro.

EDAD. (l. *aetas, -ātis.*) f. Tiempo que una persona ha vivido a contar desde que nació. || **2.** Duración de las cosas materiales, a contar desde que empezaron a existir. || **3.** Cada uno de los periodos en que se considera dividida la vida humana. || **4.** Período histórico que comprende varios siglos. En la Historia Sagrada se cuentan seis edades desde Adán hasta la consumación de los siglos. Los antiguos y los poetas fingieron tres o cuatro edades, que llamaron la de *Oro,* la de *Plata,* la de *Bronce* y la de *Hierro,* y en la historia profana se hace la división en tres edades: *Antigua, Media* y *Moderna.* || **5.** Espacio de años que han corrido de tanto a tanto tiempo. *En nuestra* EDAD. || **6.** Edad madura. Juan *no es hombre de* EDAD. || **—adulta.** La que sucede a la adolescencia. || **—Antigua.** Tiempo anterior a la Edad Media. || **—avanzada.** Ancianidad, 1.ª acep. || **—crítica.** En la mujer, el período de menopausia. || **—de discreción.** Aquella en que la razón alumbra a los adultos. || **—de los Metales.** Edad prehistórica que siguió a la Edad de la Piedra y durante la cual el hombre empezó a usar útiles y armas de metal. || **—de la Piedra.** Largo período prehistórico que comprende el Paleolítico, o de la piedra tallada, el Neolítico, o de la piedra pulimentada. || **—madura.** La viril cuando se acerca a la ancianidad. || **—Media.** Tiempo transcurrido desde el siglo V de la era vulgar hasta la mitad del siglo XV. || **—Moderna.** Tiempo posterior a la Edad Media. || **—provecta.** Edad madura. || **—temprana.** Juventud, 1.ª acep. || **—tierna.** Niñez. Período que se extiende hasta la juventud. || **—viril.** Aquella en que el hombre ha adquirido todo su vigor, generalmente comprende unos veinte años, desde los treinta hasta los cincuenta. || *Mayor* EDAD. Aquella en que según la ley, ha de tener una persona para poder disponer de sí, gobernar su hacienda, etc. || *Menor* EDAD. La del hijo de familia o del pupilo que no ha llegado a la mayor edad. || *Avanzado de* EDAD. loc. De edad avanzada. || *Conocer la* EDAD *por el diente.* fr. VETER. Determinar los años de un solípedo por la especial disposición de los dientes. || *De cierta* EDAD. loc. De edad madura. || *Entrar* uno *en* EDAD. fr. Ir pasando de una edad a otra. || *Mayor de* EDAD. loc. Dícese de la persona que ha llegado a la mayor edad legal. || *Menor de* EDAD. loc. Dícese de la persona que se halla todavía en la menor edad. || **P.** idade; **I.** age; **F.** âge; **A.** Alter; **It.** età; **R.** возраст.

EDAFOLOGÍA. (gr. ἔδαφος, suelo, y λόγος, tratado.) f. Ciencia que estudia la naturaleza y condiciones del suelo en sus relaciones con seres vivos, especialmente las plantas.

EDECÁN. (fr. *aide de camp.*) m. MIL. Ayudante de campo. || **2.** fig. y fam. e irón. Auxiliar, acompañante, correveidile.

* **EDELWEISS.** f. BOT. Palabra alemana con que se designa una planta alpina de la familia de las compuestas, con sus hojuelas dispuestas en estrella por lo que también se la llama estrella de los Alpes o de las nieves.

EDEMA. (gr. οἴδημα, hinchazón; de οἰδάω, inflar.) m. MED. Hinchazón blanda de una parte del cuerpo por infiltración de una serosidad en los tejidos.

EDEMATOSO, SA. adj. MED. Perteneciente al edema.

EDÉN. (l. *eden,* y éste del hebr. *'eden,* huerto delicioso.) m. Paraíso terrenal, morada de Adán y Eva antes de su desobediencia. || **2.** fig. Lugar muy ameno y delicioso.

EDÉNICO, CA. adj. Perteneciente o relativo al edén.

EDETANO, NA. (l. *edetānus.*) adj. Natural de Edetania. Ú.t.c.s. || **2.** Perteneciente a esta antigua región de la España Tarraconense, que comprendía parte de los reinos de Aragón y Valencia.

EDICIÓN. (l. *editio, -ōnis.*) f. Impresión y publicación de una obra o escrito. || **2.** Conjunto de ejemplares de una obra impresa de una sola vez sobre el mismo molde. || **—diamante.** BIBLIOG. Dícese de la hecha en tamaño pequeño y con caracteres muy menudos. || **—príncipe.** BIBLIOG. La primera de las que se han hecho de una obra. || **—ne varietur.** BIBLIOG. La definitiva, que el autor no corregirá ni variará más. || *Segunda* EDICIÓN *de* una persona o cosa. loc. fig. Dícese de lo que es muy semejante a éstas, o su remedo o imitación. || **P.** edição; **I.** edition; **F.** édition; **A.** Auflage, Ausgabe; **It.** edizione; **R.** издание.

EDICTO. (l. *edictum.*) m. Mandato, decreto publicado por la autoridad competente. || **2.** Escrito que se fija en los parajes públicos para conocimiento de todos. || **3.** FOR. Escrito que se hace ostensible en los estrados del tribunal o juzgado, o se publica en los periódicos oficiales, para

E conocimiento de las personas interesadas que carecen de representación en los autos cuyo domicilio se desconoce. || **—pretorio.** El que publicaba cada pretor al tomar posesión del cargo. || **P.** édito; **I.** edict, decree; **F.** édit; **A.** Edikt, Erlass; **It.** editto; **R.** приказ, эдикт.

EDÍCULO. (l. *aedicŭlum*.) m. Edificio pequeño. || **2.** Templete que se utiliza como tabernáculo, relicario, etc.

EDIFICACIÓN. (l. *aedificatĭo, -ōnis*.) f. Acción y efecto de edificar. || **2.** fig. Construcciones, conjunto de edificios.

EDIFICADOR, RA. (l. *aedificātor*.) adj. Que edifica, fabrica o manda construir. Ú.t.c.s. || **2.** Edificativo.

EDIFICANTE. p.a. de edificar. Que edifica, 2.ª acep.

EDIFICAR. (l. *aedificăre*.) tr. Fabricar, construir o mandar construir un edificio. || **2.** fig. Infundir en otros con el buen ejemplo sentimientos de piedad y virtud. || **P.** edificar; **I.** to build, to edify; **F.** édifier; **A.** bauen; **It.** edificare; **R.** строить.

EDIFICATIVA, VA. adj. fig. Dícese de lo que edifica, 2.ª acep.

EDIFICATORIO, RIA. (l. *aedificatorius*.) adj. Perteneciente a edificar y fabricar.

EDIFICIO. (l. *aedificĭum*.) m. Obra o fábrica construida para habitación o usos análogos; como casa, templo, etc. || **P.** edifício; **I.** building, edifice; **F.** édifice; **A.** Gebäude, Bau, Bauwerk; **It.** edifizio, edificio; **R.** строение, здание.

EDIL. (l. *aedīlis*.) m. Entre los antiguos romanos, magistrado a cuyo cargo estaban las obras públicas y que cuidaba del reparo, ornato y limpieza de los templos, casas y calles de Roma. || **2.** Concejal, miembro de un ayuntamiento. **—curul.** En Roma, el de la clase patricia. || **—plebeyo.** En Roma, el elegido entre la plebe. || **P.** edil; **I.** e **It.** edile; **F.** édile; **A.** Aedil, Ratsherr; **R.** городской советник.

EDILA. f. Concejala, mujer miembro de un ayuntamiento.

EDILICIO, CIA. (l. *aedilitĭus*.) adj. Perteneciente o relativo al empleo de edil.

EDILIDAD. (l. *aedilĭtas, -ātis*.) f. Dignidad y empleo de edil. || **2.** Tiempo de su duración.

EDITAR. (l. *edĭtum*, supino de *edĕre*, sacar a la luz.) tr. Publicar una obra por medio de la imprenta.

EDITOR, RA. (l. *edĭtor*.) adj. Que edita. || **2.** m. y f. Persona que saca a la luz pública una obra; por lo general ajena. || **—responsable.** El que firmaba los números de un periódico político y respondía de su contenido. || **2.** fig. y fam. El que pasa por autor de cosas ajenas. || **P.** editor; **I.** publisher; **F.** éditeur; **A.** Verleger, Herausgeber; **It.** editore; **R.** издающий.

EDITORIAL. adj. Perteneciente o relativo a editores o ediciones. || **2.** m. Artículo de fondo no firmado. || **3.** f. Casa editora.

* EDÓMETRO. m. Aparato que sirve para apreciar o medir el apisonamiento o asiento del terreno bajo unos cimientos o carga vertical.

EDRAR. (l. *iterāre*, repetir.) tr. AGR. Binar, hacer la segunda cava en las viñas.

EDREDÓN. (fr. *édredon*, *éderdon*, y éste del germ. *eiderdum*.) m. Plumón del eíder. || **2.** Almohadón relleno de esta clase de plumón, que se emplea como cobertor.

EDRISÍ. (ár. *idrisi*, relativo o perteneciente a *Idris*.) adj. Dícese de los descendientes de Edrís o Idrís ben Abdala, fundador de un grande imperio en África del Norte en el siglo VIII. Ú.t.c.s.

EDUCABLE. adj. Capaz de educación.

EDUCACIÓN. (l. *educatĭo, -ōnis*.) f. Acción y efecto de educar. || **2.** Crianza, enseñanza y doctrina que se da a los niños y a los jóvenes. || **3.** Cortesía, urbanidad. || **4.** Arte y ciencia de educar, 2.ª acep. **P.** educação, instrução; **I.** education; **F.** éducation; **A.** Erziehung, Fachbildung; **It.** educazione; **R.** воспитание.

EDUCADOR, RA. (l. *educător*.) adj. Que educa. Ú.t.c.s.

EDUCANDO, DA. (l. *educandus*, p.p. fut. de *educăre*, educar.) adj. Que está recibiendo educación y especialmente dícese del que se educa en un colegio. Ú.m.c.s.

EDUCAR. (l. *educāre*.) tr. Dirigir, enseñar a una persona. || **2.** Desarrollar y perfeccionar las aptitudes y facultades del niño o del adolescente para su perfecta formación adulta. || **3.** Desarrollar las fuerzas físicas por medio del ejercicio. || **4.** Perfeccionar, afinar los sentidos. || **5.** Enseñar a uno los buenos usos y modales de urbanidad y cortesía. || **P.** educar; **I.** to educate; **F.** élever, éduquer; **A.** erziehen, unterrichten; **It.** educare; **R.** воспитывать.

EDUCATIVO, VA. adj. Dícese de lo que educa o sirve para educar.

EDUCCIÓN. (l. *eductĭo, -ōnis*.) f. Acción y efecto de educir.

EDUCIR. (l. *educĕre*.) tr. Sacar una cosa de otra, deducir.

EDULCORACIÓN. f. FARM. Acción y efecto de endulcorar.

* EDULCORANTE. adj. Dícese del compuesto orgánico que endulza mucho, pero carece de valor nutritivo.

EDULCORAR. (l. *edulcocāre*; de *e*, de, y *dulcis*, dulce.) tr. FARM. Endulzar con azúcar, miel o jarabe, una substancia de sabor desagradable o insípida.

EFE. f. Nombre de la letra *f*.

EFEBO. (gr. ἔφηβος.) m. Mancebo, adolescente.

EFECTISTA. adj. Que tiende a producir en el público un efecto momentáneo y de relumbrón.

EFECTIVAMENTE. adv. Con efecto; real y verdaderamente.

EFECTIVIDAD. f. Calidad de efectivo. || **2.** MIL. Posesión de un empleo cuyo grado se tenía.

EFECTIVO, VA. adj. *effectivus*.) adj. Real y verdadero. || **2.** Dícese del empleo o cargo de plantilla, en contraposición al interino o al honorífico. || **3.** m. COM. Dinero o valor disponible. || **4.** m. pl. MIL. Tropas que componen una unidad del ejército. || **P.** efectivo; **I.** effective; **F.** effectif; **A.** wirklich, tatsächlich; **It.** effettivo; **R.** действительный.

EFECTO. (l. *effectus*.) m. Lo que se sigue por virtud de una causa. || **2.** Impresión causada en el ánimo. || **3.** Fin para el que se hace una cosa. || **4.** Movimiento giratorio que se hace tomar a una bola, pelota etc., picándola lateralmente. || **5.** Documento o valor mercantil. || **6.** Artículo de comercio. || **7.** Fís. Potencia transmitida por una fuerza. El efecto útil equivale al rendimiento. || **8.** Fenómeno o propiedad resultante de diversas causas. || **9.** m. pl. Bienes, muebles, enseres. **—de Pasteur.** El inhibitorio del oxígeno. || **—devolutivo.** FOR. El que tiene un recurso cuando devuelve al tribunal superior el conocimiento del asunto de la resolución impugnada. || **—magnus.** Fís. Empuje lateral experimentado por un cilindro en rotación sobre un eje perpendicular a una corriente de aire. Ha sido utilizado en la propulsión de buques y de aviones. || **—Peltier.** ELECTR. Transformación de la energía térmica en eléctrica al poner en contacto dos metales diferentes. **—Ram.** Fenómeno producido por la presión dinámica del aire al circular a gran velocidad por una cámara circular abierta en sus extremos. **—Saha.** Fís. y QUÍM. Cambio producido en el espectro de un elemento al quedar sus átomos ionizados perdiendo uno o varios electrones. **—suspensivo.** FOR. El que tiene un recurso cuando paraliza la ejecución de la resolución que con él se impugna. **—Zeeman.** ASTR. Desdoblamiento de las rayas espectrales cuando la luz de un astro analizada por el espectroscopio, está sometida a la acción de un campo magnético. || EFECTOS *públicos*. Documentos de crédito emitidos por el Estado, u otros organismos oficiales, y que son negociables en Bolsa. || *Con*, o *en* EFECTO. m. adv. Efectivamente, en realidad, de verdad. || **2.** En conclusión, así que. || *Hacer* EFECTO. fr. Surtir efecto. || **3.** Parecer muy bien, deslumbrar con su aspecto o presentación. || *Llevar a* EFECTO. *Poner en* EFECTO. frs. Ejecutar, poner en obra un proyecto, un pensamiento. || *Surtir* EFECTO. fr. Dar una medida, un consejo, etc., el resultado que se deseaba. || *Máquina de* EFECTO *simple*. Aquella en que el fluido no actúa más que sobre una cara del pistón. || **P.** efeito;

I. effect; **F.** effet; **A.** Wirkung, Effekt; **It.** effetto; **R.** эффект, результат.

EFECTUACIÓN. f. Acción de efectuar o efectuarse.

EFECTUAL. (l. *effectuālis*.) adj. ant. Efectivo.

EFECTUALMENTE. adv. ant. Efectivamente.

EFECTUAR. (l. *effectus*, efecto.) tr. Poner por obra, ejecutar una cosa. || **2.** r. Cumplirse, realizarse una cosa. || **P.** efectuar; **I.** to effect, to effectuate; **F.** effectuer; **A.** effektuieren, verwircklichen; **It.** effettuare, eseguire; **R.** осуществлять.

EFECTUOSAMENTE. adv. ant. Efectivamente.

EFEDRÁCEO, A. (De *ephedra*, nombre de un género de plantas.) adj. BOT. Dícese de plantas gimnospermas leñosas, de tallo muy ramificado y nudoso, hojas pequeñas, fruto del tipo de baya. Ú.t.c.s. || **2.** f. pl. BOT. Familia de estas plantas.

* EFEDRINA. f. QUÍM. Producto de acción semejante a la adrenalina, obtenido en laboratorio.

* EFELEOFLO. m. HOND. Asunto íntimo. || **2.** Adornos en vestido de mujer.

EFÉLIDE. (gr. ἐφηλίς.) f. Peca.

EFÉMERA. (gr. ἐφήμερος, efímero.) adj. Dícese de la fiebre que ordinariamente sólo dura 24 horas. ||

EFEMÉRIDES. (l. *ephemerĭdes*, pl. de *-is*, *idis*, y éste del gr. ἐφημερίς, de ἐφήμερος, de un día.) f. pl. Libro o comentario en que se refieren los hechos de cada día. || **2.** Sucesos notables ocurridos en diferentes épocas, pero un número exacto de años antes de un día determinado. || **—astronómicas.** Libro en que se consignan el movimiento diario y la situación de los planetas y los eclipses. || **P.** efemérides; **I.** ephemerides; **F.** éphémérides; **A.** Ephemeriden; **It.** effemèridi; **R.** дневник.

EFÉMERO. (l. *ephemĕron*, y éste del gr. ἐφήμερον, efímero.) m. Lirio hediondo.

EFEMINACIÓN. (l. *effeminatĭo, -ōnis*.) f. ant. Afeminación.

EFEMINADAMENTE. adv. ant. Afeminadamente.

EFEMINADO, DA. (l. *effeminātus*.) adj. ant. Afeminado.

EFEMINAMIENTO. (De *efeminar*.) m. ant. Afeminamiento.

EFEMINAR. (l. *effeminăre*; de *ex*, de, y *femina*, hembra.) tr. ant. Afeminar. Usáb. m.c.r.

EFENDI. (turco otomano *efendi*, señor, dueño; del bizantino αὐθέντης, y éste del gr. αὐθέντης.) m. Título honorífico usado entre los turcos.

EFERENTE. (l. *efferens, -entis*, p.a. de *efferre*, sacar.) adj. Que lleva. || **2.** ANAT. Que conduce o lleva sangre, secreción o impulso de una parte, órgano o centro nervioso.

ÉFERO, RA. (l. *effĕrus*.) adj. ant. Fiero.

EFERVESCENCIA. (l. *effervescens, -entis*, efervescente.) f. Desprendimiento de burbujas gaseosas a través de un líquido. || **2.** Hervor de la sangre. || **3.** fig. Agitación, ardor de los ánimos. || **P.** efervescência; **I.** y **F.** effervescence; **A.** Aufbrausen, Gärung; **It.** effervescenza; **R.** кипение.

EFERVESCENTE. (l. *effervescens, -entis*, p.a. de *effervescĕre*, empezar a hervir.) adj. Que está o puede estar en efervescencia.

EFESINO, NA. (l. *ephesīnus*.) adj. Efesio. Apl. a pers. ú.t.c.s.

EFESIO, A. (l. *ephesĭus*.) adj. Natural de Éfeso. Ú.t.c.s. || **2.** Perteneciente a esta antigua ciudad del Asia Menor.

ÉFETA. (gr. ἐφέτης, de ἐφίημι, citar, mandar.) m. Cada uno de varios jueces que hubo antiguamente en Atenas.

EFETÁ. (hebr. *heffetah*, ábrete; voz de la liturgia, que la Iglesia emplea en el sacramento del bautismo.) Voz con que se califica la obstinación o renuncia de alguno.

EFETO. m. ant. Efecto.

EFICACIA. (l. *efficatĭa*.) f. Virtud, actividad, fuerza y poder para obrar. || **P.** eficácia; **I.** efficacy; **F.** efficacité; **A.** Wirksamkeit, Leistungsfähigkeit; **It.** efficacia; **R.** сила эффективность.

EFICACIDAD. (l. *efficacĭtas, -ātis*.) f. ant. Eficacia.

EFICAZ. (l. *efficax, -ācis*.) adj. Activo, fervoroso, poderoso para obrar. || 2. Que tiene la virtud de producir el efecto deseado. || **P.** eficaz; **I.** efficacious; **F.** e **It.** efficace; **A.** wirksam, erfolgreich; **R.** эффективный.

EFICAZMENTE. adv. Con eficacia.

EFICIENCIA. (l. *efficientĭa*.) f. Virtud y facultad para lograr un efecto determinado. || 2. Acción con que se logra este efecto.

EFICIENTE. (l. *efficiens, -entis*.) adj. Que tiene eficiencia. || 2. Dícese de la causa o primer principio productor del efecto.

EFICIENTEMENTE. adv. Con eficiencia.

EFIGIADO, DA. (l. *effigiātus*.) adj. p. us. Hecho de bulto.

EFIGIE. (l. *effigies*.) f. Imagen de una persona real o verdadera. || 2. fig. Representación viva de una cosa ideal. *La* EFIGIE *de la gula*. || 3. Busto grabado o acuñado en las monedas, medallas, sellos, etc. || **P.** efigie; **I.** effigy; **F.** e **It.** effigie; **A.** Abbildung; **R.** изображение.

EFÍMERA. (De *efímero*, por la brevedad de la vida de este insecto.) f. ZOOL. Cachipolla, insecto seudoneuróptero que en estado de adulto sólo vive un día.

EFIMERAL. adj. ant. Efímero.

EFÍMERO, RA. (gr. ἐφήμερος, de un día; de ἐπί, sobre, y ἡμέρα, día.) adj. Que tiene la duración de un día. || 2. Pasajero, de corta duración. || 3. V. *Fiebre* EFÍMERA. Ú.t.c.s. || **P.** eféméro; **I.** ephemeral; **F.** éphémère; **A.** ephemer, eintägig; **It.** effimero; **R.** однодневный.

EFLORECERSE. (l. *efflorescĕre*.) r. Quím. Ponerse en eflorescencia un cuerpo.

EFLORESCENCIA. (l. *efflorescens, -entis*, eflorescente.) f. MED. Erupción aguda y crónica, de color rojo subido, que se presenta en varias regiones del cuerpo y especialmente en el rostro. || 2. QUÍM. Proceso de conversión total o superficial de un cuerpo en polvo por la pérdida del agua de cristalización o a consecuencia de una reacción con algún componente del aire. || 3. Polvo resultante de este proceso.

EFLORESCENTE. (l. *efflorescens, -entis*.) adj. QUÍM. Aplícase a los cuerpos capaces de eflorescerse.

EFLUJO. (l. *effluxum*, p.p. de *effuĕre*, fluir.) m. ant. Efluxión.

EFLUVIO. (l. *effluvĭum*.) m. Emisión de partículas sutilísimas. || 2. Irradiación, en lo inmaterial. || **P.** efluvio; **I.** effluvium; **F.** effluve; **A.** Ausströmung, Ausfluss; **It.** effluvio; **R.** истечение.

EFLUXIÓN. (l. *effluxĭo, -ōnis*.) f. ant. Exhalación de espíritus vitales o de vapores de ciertos cuerpos. || 2. ant. MED. Expulsión del embrión en los comienzos del embarazo.

EFOD. (l. *ephod*, y éste del hebr. *'ēfōd*, vestidura.) m. Vestidura de lino fino, corta, sin mangas, que se ponían los sacerdotes israelitas sobre todas las otras.

ÉFORO. (l. *ephōrus*, y éste del gr. ἔφορος, inspector; de ἐπί, sobre, y ὁράω, ver, examinar.) m. Cada uno de los cinco magistrados espartanos elegidos anualmente para contrapesar el poder del senado y de los reyes.

★ **EFRACCIÓN.** (l. *effractum*, supino de *effringĕre*.) f. Violencia, acto violento. || 2. Quebrantamiento o rotura intencionada.

EFRAIMITA. (De *Ephraim*.) com. Israelita de la tribu de Efraín.

EFRATEO, A. adj. Natural de Efrata. Ú.t.c.s. || 2. Perteneciente a esta ciudad antigua de Judea, llamada después Belén.

EFUGIO. (l. *effugĭum*.) m. Evasión, salida, recurso para sortear una dificultad. || **P.** efúgio; **I.** shift, evasion; **F.** echappatoire; **A.** Ausflucht, Ausrede; **It.** sotterfugio; **R.** выход.

EFULGENCIA. (l. *effulgentĭa*.) f. ant. Refulgencia.

EFUNDIR. (l. *effundĕre*.) tr. p. us. Derramar, verter un líquido.

EFUSIÓN. (l. *effusĭo, -ōnis*.) f. Derramamiento de un líquido. || 2. fig. Expansión o intensidad de los afectos generosos del ánimo. || 3. QUÍM. Paso de gases a presión a través de pequeñas aberturas.

P. efusão; **I.** y **F.** effusion; **A.** Ausgiessung, Erguss; **It.** effusione; **R.** проливание.

EFUSIVO, VA. adj. fig. Que siente o manifiesta efusión. || 2. GEOL. Dícese de las rocas venidas a la superficie de la Tierra en estado de fusión.

EFUSO, SA. (l. *effūsus*.) p.p. irreg. de efundir.

EGABRENSE. adj. Natural de Cabra. Ú.t.c.s. || 2. Perteneciente a esta ciudad de la provincia de Córdoba.

EGARENSE. adj. Natural de la antigua Egara, hoy Tarrasa. Ú.t.c.s. || 2. Perteneciente a esta comarca. || 3. Tarrasense.

EGENO, NA. (l. *egēnus*.) adj. ant. Pobre, escaso, miserable.

EGESTAD. (l. *egestas, -ātis*.) f. ant. Necesidad, pobreza, miseria.

EGESTIÓN. (l. *egestĭo, -ōnis*.) f. ant. Excremento.

EGETANO, NA. adj. Natural de Vélez Blanco o de Vélez Rubio. Ú.t.c.s. || 2. Perteneciente a una de estas dos villas de la provincia de Almería.

★ **EGICERÁCEAS.** f. pl. BOT. Familia de plantas dicotiledóneas de flores hermafroditas e irregulares.

EGICIANO, NA. adj. ant. Egipciano. Apl. a pers. usáb.t.c.s.

ÉGIDA [**EGIDA**]. (l. *aegis, -ĭdis*, y éste del gr. αἰγίς, escudo o coraza de piel de cabra; de αἴξ, cabra.) f. Piel de cabra Amaltea adornada con la cabeza de Medusa, que servía de coraza o escudo a Júpiter y a Minerva. || 2. Por extensión, escudo, 1.ª acep. || 3. fig. Protección, defensa. || **P.** y **F.** égide; **I.** aegis; **A.** Aegide; **It.** ègida; **R.** эгида, защита.

EGÍLOPE. (l. *aegĭlops, -ŏpis*, y éste del gr. αἰγίλωψ.) f. Especie de avena, parecida a la ballueca. || 2. Rompecascos.

EGINETA. adj. Natural de Egina. Ú.t.c.s. || 2. Perteneciente a esta isla del Mar Egeo.

EGIPÁN. (gr. αἰγίπαν, voz compuesta de αἴξ, cabra, y Πάν.) (m. Ser fabuloso, mitad cabra, mitad hombre.

EGIPCIACO, CA [~ **CÍACO, CA**]. (l. *aegyptiăcus*.) adj. Egipcio. Apl. a pers. ú.t.c.s. || 2. Aplícase a un ungüento de miel, cardenillo y vinagre que fue usado como cauterio.

EGIPCIANO, NA. adj. Egipcio. Apl. a pers. ú.t.c.s.

EGIPCIO, CIA. (l. *aegyptĭus*.) adj. Natural u oriundo de Egipto. Ú.t.c.s. || 2. Perteneciente a este país de África. || 3. m. Idioma egipcio.

EGIPTANO, NA. (De *Egipto*.) adj. Egipcio. Apl. a pers. ú.t.c.s.

EGIPTO. n. p. V. *Haba, higuera de* EGIPTO. || 2. fig. V. *Las ollas de* EGIPTO.

EGIPTOLOGÍA. f. Estudio de las antigüedades de Egipto.

EGIPTOLÓGICO, CA. adj. Perteneciente o relativo a la egiptología.

EGIPTÓLOGO, GA. m. y f. Persona versada en egiptología.

★ **EGLANTINA.** f. BOT. Planta rosácea de flores amarillas y malolientes. || 2. Escaramujo. || **—de oro.** LIT. Premio que se concede en los Juegos Florales a la mejor poesía patriótica.

EGLESIA. f. ant. Iglesia.

ÉGLOGA. (l. *eclŏga*, y éste del gr. ἐκλογή, extracto, pieza escogida; de ἐκ, de, y λέγω, escoger.) f. Composición poética del género bucólico, en la cual se introducen generalmente pastores que dialogan acerca de sus afectos y de la vida campestre. Teócrito, su creador, y Virgilio, son los grandes maestros de la égloga. || **P.** égloga; **I.** eclogue; **F.** églogue; **A.** Ekloge, Hirtengedicht; **It.** egloga; **R.** эклога.

° **EGOCÉNTRICO, CA.** (*ego*, y *céntrico*.) adj. Perteneciente o relativo al egocentrismo. || 2. Dícese de la persona que refiere todas las cosas a sí misma.

EGOCENTRISMO. (l. *ego*, yo, y *centro*.) m. Fase mental característica de la infancia en que el individuo exagera de forma exaltada su propia personalidad, hasta considerarla como centro de atención y actividad generales.

EGOFONÍA. (gr. αἴξ, αἰγός, cabra, y φωνή, voz.) f. MED. Resonancia especial de la voz, que se torna temblorosa y entrecortada. Se observa particularmente en ciertos procesos pulmonares.

EGOÍSMO. (l. *ego*, yo.) m. Inmoderado y excesivo amor a sí mismo y que le hace atender desmedidamente a su propio interés, sin hacer caso de los demás. || 2. Acto egoísta. || 3. FIL. Individualismo ético que afirma como objeto de la acción moral el mismo sujeto que obra. || **P.** egoísmo; **I.** egoism; **F.** égoïsme; **A.** Selbstsucht, Egoismus; **It.** egoismo; **R.** эгоизм.

EGOÍSTA. (De *egoísmo*.) adj. Que tiene egoísmo. Ú.t.c.s. || **P.** egoísta; **I.** selfish; **F.** égoïste; **A.** Egoist; **It.** egoista; **R.** эгоистический.

EGÓLATRA. adj. Que profesa la egolatría.

EGOLATRÍA. (gr. ἐγώ, yo, y λατρεία, adoración.) f. Culto, adoración, amor excesivo de sí mismo.

EGOLÁTRICO, CA. adj. Perteneciente o relativo a la egolatría.

EGOTISMO. m. Afán de hablar de sí mismo, de afirmar la propia personalidad.

EGREGIAMENTE. adv. Ilustre o insignemente.

EGREGIO, GIA. (l. *egregĭus*.) adj. Insigne, ilustre. || **P.** egrégio; **I.** egregious; **F.** éminent; **A.** edel, erlaucht; **It.** egregio; **R.** знаменитый.

★ **EGRESAR.** (l. *egredi*, salir.) intr. ARGENT. Salir de un centro docente al terminar los estudios. Es el antónimo de ingresar.

EGRESIÓN. (l. *egressĭo, -ōnis*.) f. ant. Salida de alguna parte. || 2. FOR. Traspaso de bienes o derechos de la Corona o del Estado a favor de un particular o de una corporación.

EGRESO. (l. *egressus*.) m. Salida, partida de descargo. || 2. AMÉR. Gasto. || 3. ARGENT. Acción y efecto de egresar.

EGUAR. (l. *aequāre*.) tr. ant. Igualar.

¡EH! interj. que se emplea para preguntar, llamar, despreciar, reprender o advertir.

EIBARRÉS, SA. adj. Natural de Éibar. Ú.t.c.s. || 2. Perteneciente a esta villa de Guipúzcoa.

★ **EÍDER.** m. Ave palmípeda, de plumas blancas; vive en el norte de Europa y sus plumas se utilizan como edredón.

★ **EIDETISMO.** m. PSICOL. Facultad que poseen algunos individuos de retener imágenes visuales con la misma precisión de detalles que en la percepción.

° **EINSTENIO.** (Del nombre del físico *Einstein*.) m. QUÍM. Elemento químico transuránico descubierto en 1954 por la Universidad de California. Figura con el número 99 en la lista de elementos químicos. Su símbolo es E, y su peso atómico, 253.

EIRÁ. m. ARGENT. y PAR. Especie de aguará.

EJARBE. (vasc. *etx(e)arbe*; de *etxe*, casa, y *arba*, armazón del tejado.) m. NAV. Aumento de agua que reciben los ríos a causa de las grandes lluvias. || 2. NAV. Teja, 1.er art., 3.ª acep.

EJE. (l. *axis*.) m. Pieza que pasando por el centro de un cuerpo giratorio, le sirve de sostén en su movimiento de rotación. || 2. Barra horizontal, que dispuesta perpendicularmente a la línea de tracción, une dos ruedas opuestas de un carruaje. || 3. Línea que divide por mitad el ancho de una calle o camino, u otra cosa semejante. || 4. fig. Parte esencial o del razonamiento; sostén principal de una empresa; designio final de una conducta. || 5. GEOM. Recta alrededor de la cual se supone que gira una línea para engendrar una superficie, o una superficie para engendrar un sólido. || 6. GEOM. Diámetro principal de una curva. || 7. Línea que pasa por el centro geométrico de un cuerpo y lo atraviesa en el sentido de su máxima dimensión. || 8. BOT. Órgano o parte de él, de figura alargada, alrededor del cual se insertan simétricamente otros. || **—coordenado.** GEOM. Eje de coordenadas. || **—de abscisas.** GEOM. El coordenado paralelamente al cual se trazan las abscisas. || **—de coordenadas.** GEOM. Cada una de las dos líneas que se cortan en un punto de un plano y se trazan en él para determinar la posición de los demás puntos del plano por medio de las líneas coordenadas paralelas a ellas. || 2. GEOM. Cada una de las tres líneas de intersección de los planos coordenados. ||

E

—de la esfera terrestre. Astron. y Geog. Aquel alrededor del cual gira la Tierra, y que, prolongado hasta la esfera celeste, determina en ella dos puntos que se llaman polos. || **—de ordenadas.** Geom. El coordenado paralelamente al cual se trazan las ordenadas. || **—de simetría.** Línea que divide una figura en dos partes simétricas. || *Dividir*, o *partir*, a uno *por el* eje. fr. fig. y fam. Causarle un grave perjuicio o contrariedad, dejándolo inutilizado para continuar lo que había comenzado. || P. eixo; I. axis, axle; F. essieu, axe; A. Achse; It. asse; R. ось.

EJECUCIÓN. (l. *exsecutio, -ōnis.*) f. Acción y efecto de ejecutar. || **2.** Manera de ejecutar o de hacer alguna cosa. || **3.** For. Procedimiento judicial, llamado también de apremio, consistente fundamentalmente en el embargo de bienes suficientes y su venta judicial en pública subasta. || *Poner en* ejecución. fr. Ejecutar, llevar a la práctica. || *Traer aparejada* ejecución. fr. For. Tener un título de crédito los requisitos legales para sustentar el mandamiento de embargo de bienes, sin audiencia previa del poseedor de éstos. || P. execução; I. execution; F. exécution; A. Ausführung; It. esecuzione; R. выполнение.

EJECUTABLE. adj. Que se puede hacer o ejecutar. || **2.** For. Dícese del deudor que puede ser demandado por vía ejecutiva.

EJECUTADERO, RA. (De *ejecutar.*) adj. ant. Exigible.

EJECUTADOR. (De *ejecutar.*) m. ant. Ejecutor.

EJECUTANTE. p.a. de ejecutar. Que ejecuta. Ú.t.c.s. || **2.** For. Que ejecuta judicialmente a otro para el pago de un débito. Ú.t.c.s. || **3.** com. Persona que ejecuta una obra musical.

EJECUTAR. (l. *exsēcūtus, p.p.* de *exsēqui*, consumar, cumplir.) tr. Poner por obra una cosa. || **2.** Ajusticiar. || **3.** Desempeñar con arte una cosa. || **4.** For. Reclamar una deuda por vía o procedimiento ejecutivo. || P. executar; I. to execute; F. exécuter; A. ausführen; It. eseguire; R. выполнять.

EJECUTIVAMENTE. adv. Con mucha prontitud y eficacia.

EJECUTIVO, VA. (De *ejecutar.*) Que no da espera ni permite que se difiera la ejecución. || **2.** Que ejecuta. || **3.** V. *Poder* ejecutivo. || **4.** For. Juicio ejecutivo. || **5.** For. V. *Vía* ejecutiva. || **6.** f. Junta directiva de una corporación o sociedad.

EJECUTOR, RA. (l. *exsecutor.*) adj. Que ejecuta o hace una cosa. || **2.** V. *Fiel* ejecutor *de la justicia.* Verdugo. || P. executor; I. executer; F. exécuteur; A. Exequent; It. esecutore; R. исполнитель.

EJECUTORIA. (De *ejecutar.*) f. Título o diploma en que consta legalmente la nobleza de una persona o familia. || **2.** fig. Timbre. || **3.** For. Sentencia que alcanzó la firmeza de cosa juzgada, y el despacho que es trasunto o comprobante de ella.

EJECUTORÍA. f. Oficio de ejecutor. || *Fiel* ejecutoría. Oficio y cargo de fiel ejecutor.

EJECUTORIAL. adj. For. Dícese de los despachos o letras que comprenden la ejecutoria de una sentencia de Tribunal eclesiástico.

EJECUTORIAR. tr. Dar firmeza de cosa juzgada a un fallo judicial. Ú.t.c.r. || **2.** fig. Comprobar hasta hacerla indudable la certeza de una cosa.

EJECUTORIO, RIA. (De *ejecutor.*) adj. Dícese de la carta de nobleza. || **2.** For. Firme, invariable.

EJEMPLAR. (l. *exemplar.*) adj. Que da buen ejemplo. *Vida* ejemplar. || **2.** Dícese del castigo severo que sirve de escarmiento. || **3.** For. V. *Curaduría, substitución, tutela* ejemplar. || **4.** m. Original, prototipo, norma representativa. || **5.** Cada uno de los escritos, impresos, grabados, etc., sacados de un mismo original. *Edición de cinco mil* ejemplares. || **6.** Cada uno de los individuos de una especie o género. || **7.** Cada uno de los objetos que forman una colección científica. || **8.** Lo ya hecho en caso análogo. || **9.** Caso que sirve o debe servir de escarmiento. || *Sin* ejemplar. m. adv. Sin precedente; nunca visto; para una sola vez; como gracia especial. || P. exemplar;

I. exemplary; F. exemplaire; A. Exemplar; Muster; It. esemplare; R. примерный.

EJEMPLAR. (De *ejemplo.*) tr. p. us. Ejemplificar, 2.ª acep. || **2.** ant. Copiar un instrumento.

EJEMPLARIDAD. f. Calidad de ejemplar.

EJEMPLARIO. (l. *exemplarium.*) m. ant. Libro compuesto de casos prácticos o ejemplos doctrinales.

° **EJEMPLARIZAR.** tr. Edificar con el ejemplo.

EJEMPLARMENTE. adv. Virtuosamente, de modo edificante. || **2.** De modo ejemplar, que sirva de escarmiento.

EJEMPLIFICACIÓN. f. Acción y efecto de ejemplificar.

EJEMPLIFICAR. (l. *exemplum*, ejemplo, y *facěre*, hacer.) tr. Demostrar, ilustrar o autorizar con ejemplos.

EJEMPLO. (l. *exemplum.*) m. Caso o hecho que se cita para que se imite, siendo bueno, o para que se evite, siendo malo. || **2.** Acción o conducta de uno que puede mover o inclinar a otros para que la imiten. || **3.** Hecho o texto que se cita para comprobar, ilustrar o autorizar un aserto. || *Dar* ejemplo. Excitar con las propias obras la imitación de los demás. || *Por* ejemplo. expr. de que se usa cuando se va a poner un ejemplo. || *Sin* ejemplo. m. adv. Sin precedente. || P. exemplo; I. example; F. exemple; A. Muster, Beispiel; It. esempio; R. пример.

EJERCER. (l. *exercēre.*) tr. Practicar, poner en ejercicio una profesión, facultad, virtud, etc. Ú.t.c.intr. *Es médico, pero no* ejerce. || P. y F. exercer; I. to exercise; A. ausüben; It. esercitare; R. занимать, практиковать.

EJERCICIO. (l. *exercitium.*) m. Acción de ejercitarse u ocuparse en una cosa. || **2.** Acción y efecto de ejercer. || **3.** Cualquier clase de esfuerzo corporal para recobrar o mantener la salud. || **4.** Tiempo durante el cual rige una ley de presupuestos. || **5.** Cada una de las pruebas a que se somete el opositor a cátedras, beneficios, etc. || **6.** Mil. Movimientos y evoluciones que hace la tropa para adiestrarse en el manejo de las armas, desfiles, etc. || **7.** pl. ejercicios *espirituales.* Los que para fortalecer el alma contra el pecado se practican dedicándose a la oración y a la penitencia. || *Dar* ejercicios. fr. Dirigir al uno los que hace espirituales, mientras se ocupa en ellos. || P. exercício; I. exercise; F. exercice; A. Ausübung, Beschäftigung; It. esercizio; R. упражнение.

EJERCIDO, DA. p.p. de ejercer.

EJERCIENTE. p.a. ant. de ejercer. Que ejerce.

EJERCITACIÓN. (l. *exercitatio, -ōnis.*) f. Acción de ejercitarse o de emplearse en hacer una cosa.

EJERCITADOR, RA. (l. *exercitator.*) adj. ant. Que ejerce o ejercita un ministerio u oficio. Ú.t.c.s.

EJERCITANTE. p.a. de ejercitar. Que ejercita. || **2.** com. Persona que hace alguno de los ejercicios de oposición u ejercicios espirituales.

EJERCITAR. (l. *exercitāre.*) tr. Dedicarse al ejercicio de un arte, profesión, etcétera. || **2.** Hacer que uno aprenda una cosa mediante la práctica de ella. || **3.** r. Adiestrarse en la ejecución de una cosa repitiéndola mucho.

EJERCITATIVO, VA. (l. *exercitatīvus.*) adj. ant. Que se puede ejercitar.

EJÉRCITO. (l. *exercitus.*) m. Conjunto de las fuerzas armadas de una nación. || **2.** Unidad fundamental de la maniobra estratégica. || **3.** fig. Colectividad numerosa, organizada para la realización de un fin. || **4.** Germ. Cárcel, 1.ª acep. || **5.** V. *Cuerpo de* o *del* ejército. || P. exército; I. army; F. armée; A. Heer, Armee; It. esèrcito; R. армия.

EJIDO. (l. *exitus*, salida.) m. Campo común al entrar a un pueblo, lindante con él, donde suelen reunirse los ganados y establecerse las eras. || **2.** Argent. Municipio, término municipal.

EJIÓN. (gr. ἑξίον, saliente.) m. Arq. Zoquete de madera que sirve de apoyo a las piezas horizontales del armazón.

EJOTE. (mejic. *exotl*, fréjol o haba verde.) m. Amér. Central y Méj. Vaina

del fríjol cuando está tierna y es comestible. || **2.** fig. Amér. Central y Méj. Puntada grande en la costura.

* **ekV.** Fís. Símbolo de electrón-kilovoltio. || **2.** V. *Electrón-voltio.*

EL. (l. *ille.*) art. determinado en gén. m. y núm. sing.

ÉL. (l. *ille.*) nominat. del pron. pers. de 3.ª pers. en gén. m. y núm. sing. Por preposición, empléase también en los casos oblicuos. || P. ele; I. he; F. il, luè; A. er, es, sich; It. il, lo, l'; R. он.

ELABORABLE. adj. Que se puede elaborar.

ELABORACIÓN. (l. *elaboratio, -ōnis.*) f. Acción y efecto de elaborar un producto por medio del trabajo adecuado. || P. elaboração; I. elaboration; F. élaboration; A. Verarbeitung, Herstellung; It. elaborazione; R. обработка.

ELABORADOR, RA. adj. Que elabora.

ELABORAR. (l. *elaborāre.*) tr. Preparar un producto por medio de un trabajo adecuado; transformar una cosa mediante sucesivas operaciones. Dícese especialmente hablando de los metales, de las funciones fisiológicas y de la actividad intelectual. || P. elaborar; I. to elaborate; F. élaborer; A. verarbeiten, ausarbeiten; It. elaborare; R. обрабатывать.

ELACIÓN. (l. *elatio, -ōnis.*) f. p. us. Altivez, soberbia. || **2.** Elevación, grandeza, especialmente del espíritu y del ánimo. || **3.** Hinchazón de lenguaje y estilo.

ELAMÍ. (De la letra *e* y de las notas musicales *la, mi.*) m. En la música antigua, indicación del tono que principia en el tercer grado de la escala diatónica de *do* y se desarrolla según los preceptos del canto llano y del canto figurado.

ELAMITA. (l. *aelamita.*) adj. Natural de Elam. Ú.t.c.s. || **2.** Perteneciente a este país de Asia antigua.

★ **ELÁPIDOS.** m. pl. Zool. Reptiles ofidios venenosos, entre los cuales hay que citar el áspid.

ELÁSTICA. (De *elástico.*) f. Prenda interior de punto, con mangas o sin ellas. || P. camisola de malha; I. undershirt; F. tricot; A. Trikotweste; It. farsetto; R. фуфайка.

ELASTICIDAD. f. Calidad de elástico, 1.ª acep. || **2.** Fís. Propiedad que todos los cuerpos poseen, en mayor o menor grado, de recobrar su extensión y forma primitiva, tan pronto como cesa la acción de la fuerza que la alteraba. || P. elasticidade; I. elasticity; F. élasticité; A. Elastizität; It. elasticità; R. упругость.

ELÁSTICO, CA. (gr. ἐλαστικός, que empuja; de ἐλαύνω, empujar, impulsar.) adj. Aplícase al cuerpo que tiende a recobrar su forma y extensión cuando deja de obrar la fuerza que la modificaba. || **2.** fig. Acomodaticio, que puede ajustarse a muy distintas circunstancias. || **3.** V. *Goma, pez* elásticos. || **4.** V. *Fluidos* elásticos. || **5.** m. Tejido que tiene elasticidad y se pone en ciertas prendas de vestir para que ajusten. || **6.** Conjunto de roscas de alambre muy fino, cubierto de teja o de piel, que se emplea con igual fin. || **7.** Parte superior del calcetín hecha de punto más elástico para que quede ajustado a la pierna. || **8.** Cinta o cordón elástico. || **9.** Elástica. || **10.** Chile. Hilo o hebra de forma elástica. || **11.** Argent. Camiseta de marinero. || **12.** Amér. Colchón de muelles o de tela metálica sobre el cual se pone el colchón corriente. || **13.** Argent. Falucho. || **14.** pl. Los tirantes.

★ **ELASTINA.** f. Quím. Proteína albuminoide insoluble en agua. Se encuentra en los tendones de los músculos.

★ **ELASTOPLÁSTICOS.** m. pl. Quím. Polímeros inatacables por los ácidos, por las bases y por los agentes naturales; son de múltiples aplicaciones para las que antes se usaban productos naturales como madera, metales, gomas, etc.

ELATERIO. (l. *elaterium.*) m. Bot. Cohombrillo amargo.

ELATO, TA. (l. *elātus*, p.p. de *efferre*, levantar, elevar.) adj. Altivo, presuntuoso, soberbio.

ELAYÓMETRO. (gr. ἔλαιον, aceite, y μέτρον, medida.) m. Quím. Instrumento que sirve para medir la cantidad de aceite que contienen las materias oleaginosas.

ELCHE. (ar. '*ilý*, renegado o tornadizo.) m. Morisco o renegado de la religión cristiana.

ELE. f. Nombre de la letra *l*.

★ **¡ELE!.** interj. pop. Ecuad. ¡He aquí!

ELEAGNÁCEO, A. (gr. ἐλαίαλνος, sauzgatillo.) adj. Bot. Dícese de los árboles, arbolitos o arbustos angiospermos dicotiledóneos, de hojas cubiertas de escamas, flores apétalas, dioicas o polígamas, y fruto drupáceo; como el árbol del Paraíso. U.t. c.s.f. ‖ **2.** f. pl. Bot. Familia de estas plantas.

ELEÁTICO, CA. (l. *eleaticus*.) adj. Natural de Elea. Ú.t.c.s. ‖ **2.** Perteneciente a esta ciudad de Italia antigua. ‖ **3.** Perteneciente o relativo a la escuela filosófica que floreció en Elea.

ELÉBOR. m. ant. Eléboro.

ELÉBORO. (l. *ellebŏrum*, y éste del gr. ἐλλέβορος.) m. Género de plantas de la familia de las ranunculáceas, propia de los parajes montañosos. ‖ —**blanco.** Verdegambre. ‖ —**negro.** Bot. Planta ranunculácea de flores blancas o sonrosadas, de raíz purgante y diurética, que en otros tiempos se empleó contra la locura.

ELECCIÓN. (l. *electĭo*, -*ōnis*.) f. Acción y efecto de elegir. ‖ **2.** V. *Vaso* de elección. ‖ **3.** Nombramiento, generalmente hecho por votos, para algún cargo, comisión, etc. ‖ **4.** Deliberación, libertad para obrar. ‖ —**canónica.** La que, según la forma establecida en el Concilio General Lateranense, se hace por uno de los tres siguientes métodos: inspiración, por compromiso, o por escrutinio. ‖ **P.** eleiçâo; **I.** election; **F.** élection; **A.** Wahl, (Aus)-Erwählung; **It.** elezione; **R.** выбор.

ELECTIVO, VA. (l. *electivus*.) adj. Que se hace o se da por elección. ‖ **2.** V. *Mayorazgo* electivo.

ELECTO, TA. (l. *electus*.) p.p. irreg. de elegir. ‖ **2.** V. *Obispo* electo. ‖ **3.** m. El elegido para una dignidad o empleo mientras no toma posesión.

ELECTOR, RA. (l. *elector*.) adj. Que elige o tiene derecho o potestad para elegir. Ú.t.c.s. ‖ **2.** m. Cada uno de los príncipes de Alemania a quien correspondía la elección y nombramiento de emperador. ‖ **P.** eleitor; **I.** elector; **F.** électeur; **A.** Wähler; **It.** elettore; **R.** избиратель.

ELECTORADO. (De *elector*, 2.ª acep.) m. Estado soberano de Alemania, cuyo príncipe tenía voto para elegir emperador.

ELECTORADO. m. Conjunto de electores cuya capacidad para votar se les reconoce en las listas electorales.

ELECTORAL. adj. Perteneciente a la dignidad o calidad de elector. ‖ **2.** Relativo a electores o elecciones.

ELECTORERO. m. Muñidor de elecciones.

ELECTRICIDAD. (De *eléctrico*.) f. Fís. Una de las formas de la energía, caracterizada por la acción específica de los electrones. Se manifiesta a través de fenómenos mecánicos: de atracción y repulsión; luminosos: emisión de chispas; fisiológicos: conmociones nerviosas, y químicos: descomposición de ciertos cuerpos; desarrollándose de diversos modos, especialmente por frotamiento, por calor, por inducción magnética o por acción química. ‖ —**negativa.** Fís. La que adquiere la resina frotada con lana o piel. ‖ —**positiva.** Fís. La que adquiere el vidrio frotado con lana o piel. ‖ —**resinosa.** Electricidad negativa. ‖ —**dinámica.** Fís. Electricidad que se manifiesta en forma de corriente, esto es, de carga en movimiento, desplazándose ésta hasta el punto de potencial más bajo. ‖ —**vítrea.** Fís. Electricidad positiva. ‖ **P.** electricidade; **I.** electricity; **F.** électricité; **A.** Elektrizität; **It.** elettricità; **R.** электричество.

ELECTRICISTA. adj. Perito en aplicaciones de electricidad. Ú.t.c.s. ‖ **P.** electricista; **I.** electrician; **F.** électricien; **A.** Elektriker; **It.** elettricista; **R.** электротехник.

ELÉCTRICO, CA. (l. *electrum*, y éste del gr. ἤλεκτρον, ámbar, porque los antiguos observaron en él los fenómenos eléctricos.) adj. Que tiene o comunica electricidad. ‖ **2.** Perteneciente a ella. ‖ **3.** Véase

Telégrafo eléctrico. ‖ **4.** V. *Chispa*, *luz*, *máquina* eléctrica. ‖ **5.** Fís. V. *Batería*, *corriente* eléctrica. ‖ **P.** eléctrico; **I.** electrical; **F.** électrique; **A.** elektrisch; **It.** elèttrico; **R.** электрический.

ELECTRIFICACIÓN. f. Acción y efecto de electrificar.

ELECTRIFICAR. tr. Transformar un ferrocarril, una fábrica, etc., haciendo que su sistema de tracción o su funcionamiento sea por medio de la electricidad.

ELECTRIZ. (l. *electrix*, -*īcis*.) f. Mujer de un príncipe elector.

ELECTRIZABLE. adj. Susceptible de adquirir las propiedades eléctricas.

ELECTRIZACIÓN. f. Acción y efecto de electrizar o electrizarse.

ELECTRIZADOR, RA. adj. Que electriza. Apl. a pers. ú.t.c.s.

ELECTRIZANTE. p.a. de electrizar. Que electriza o sirve para electrizar.

ELECTRIZAR. tr. Comunicar o producir la electricidad en un cuerpo. Ú.t.c.r. ‖ **2.** fig. Exaltar, inflamar los ánimos. U.t. c.r. ‖ **P.** electrizar; **I.** to electrify; **F.** électriser; **A.** elektrisieren; **It.** elettrizzare; **R.** электрифицировать.

ELECTRO. (l. *electrum*, y éste del gr. ἤλεκτρον, succino.) m. Ámbar. ‖ **2.** Aleación de cuatro partes de oro y una de plata, cuyo color es parecido al del ámbar.

ELECTROACÚSTICA. f. Fís. Ciencia que estudia la producción y reproducción de los sonidos por medio de la electricidad.

★ **ELECTROAFINIDAD.** f. Fís. Tendencia de los cuerpos a descomponerse bajo la influencia eléctrica.

ELECTROCARDIOGRAFÍA. f. Med. Registro gráfico de las corrientes eléctricas emanadas del músculo cardíaco al contraerse.

ELECTROCARDIÓGRAFO. m. Aparato que registra las corrientes eléctricas que se derivan del corazón.

ELECTROCARDIOGRAMA. m. Gráfico obtenido mediante el electrocardiógrafo.

ELECTROCUCIÓN. f. Acción y efecto de electrocutar.

ELECTROCUTAR. tr. Matar por medio de una corriente o descarga eléctrica. Ú.t.c.r.

★ **ELECTRODIAGNÓSTICO.** m. Med. Conjunto de métodos de exploración del organismo por la corriente eléctrica.

★ **ELECTRODIÁLISIS.** m. Quím. Método de purificación de los coloides acelerada mediante la corriente eléctrica.

ELECTRODINÁMICA. (gr. ἤλεκτρον [véase *eléctrico*], y de *dinámica*.) f. Parte de la física que estudia las acciones mecánicas que ejercen entre sí las corrientes eléctricas.

ELECTRODINÁMICO, CA. adj. Fís. Perteneciente o relativo a la electrodinámica.

ELECTRODO. (gr. ἤλεκτρον [véase *eléctrico*], y ὁδός, camino.) m. Electr. Cada uno de los conductores que ponen en comunicación los polos de un electrólito con el circuito. ‖ **2.** Por ext., elemento terminal de un circuito, especialmente el encerrado en un tubo o ampolla de vidrio purgadores de aire. ‖ **P.** eléctrodo; **I.** electrode, plate; **F.** électrode; **A.** Elektrode; **It.** elettrodo; **R.** электрод.

ELECTROENCEFALOGRAFÍA. f. Med. Conjunto de métodos para el registro gráfico de las corrientes eléctricas que se forman en la corteza del cerebro.

ELECTROENCEFALÓGRAFO. m. Med. Aparato para detectar y dibujar ondas cerebrales.

ELECTROENCEFALOGRAMA. m. Gráfico obtenido por el electroencefalógrafo.

★ **ELECTROFORMACIÓN.** (gr. ἤλεκτρον [véase *eléctrico*] y de *formación*.) f. Tecnol. Técnica derivada de la galvanoplastia, consistente en depositar, por electrólisis, un metal sobre un mandril de forma de la pieza que se quiere obtener.

ELECTRÓFORO. (gr. ἤλεκτρον, y φορός, que lleva.) m. Fís. Instrumento para producción de cargas eléctricas por inducción, consistente en un disco de resina, ebonita, etc., que se electriza por frotamiento, y una plancha metálica con

mango de cristal que, puesta sobre aquél, se electriza por inducción.

ELECTRÓGENO NA. adj. Que engendra electricidad. ‖ **2.** m. Generador eléctrico.

ELECTROIMÁN. m. Fís. Barra de hierro dulce que se imanta artificialmente por la acción de una corriente eléctrica que pasa por un hilo conductor que está arrollada a la barra. ‖ **P.** electroimán; **I.** electromagnet; **F.** électro-aimant; **A.** Elektromagnet; **It.** elettromagnete; **R.** электромагнит.

ELECTRÓLISIS. (gr. ἤλεκτρον [véase *eléctrico*], y λύσις, disolución.) f. Quím. Descomposición química de un cuerpo producida por la electricidad.

ELECTROLÍTICO, CA. adj. Perteneciente o relativo a la electrólisis.

ELECTRÓLITO. (gr. ἤλεκτρον [véase *eléctrico*], y λυτός, cosa disuelta o desatada.) m. Quím. Cuerpo que se somete a la descomposición por la electricidad.

ELECTROLIZACIÓN. f. Acción y efecto de electrolizar.

ELECTROLIZADOR, RA. adj. Que electroliza. ‖ **2.** m. Fís. Aparato en que se lleva a cabo la electrolización.

ELECTROLIZAR. (De *electrólisis*.) tr. Fís. Descomponer un cuerpo haciendo pasar por su masa una corriente eléctrica.

ELECTROMAGNÉTICO, CA. (gr. ἤλεκτρον [véase *eléctrico*], y de *magnético*.) adj. Que corresponde a los electroimanes o tiene relación con ellos. *Máquina* electromagnética.

ELECTROMAGNETISMO. (gr. ἤλεκτρον [véase *eléctrico*], y de *magnetismo*.) m. Magnetismo producido por una corriente eléctrica. ‖ **2.** Parte de la Física que trata de las relaciones entre el magnetismo y la electricidad.

★ **ELECTROMECÁNICA.** f. Estudio de las aplicaciones de la electricidad a la mecánica.

ELECTROMETRÍA. (De *electrómetro*.) f. Parte de la física que trata de la medición de magnitudes eléctricas.

ELECTROMÉTRICO, CA. adj. Perteneciente o relativo a la electrometría.

ELECTRÓMETRO. (gr. ἤλεκτρον [véase *eléctrico*], y μέτρον, medida.) m. Fís. Aparato que sirve para medir la cantidad de electricidad que tiene cualquier cuerpo, por la desviación de unos discos tenues de metal, o por la alteración que experimenta una columna capilar de mercurio.

ELECTROMOTOR, RA. (gr. ἤλεκτρον [véase *eléctrico*], y *motor*.) adj. Fís. Dícese de la máquina o aparato que transforma la energía eléctrica en trabajo mecánico. Ú.t.c.s.m.

ELECTROMOTRIZ. (De *electromotor*.) adj. Dícese de la fuerza que origina la diferencia de potencial, y mediante ésta, la corriente eléctrica en un generador.

ELECTRÓN. (gr. ἤλεκτρον.) m. Fís. Partícula elemental que entra en la constitución del átomo. ‖ **P.** e **I.** electrón; **F.** électron; **A.** Elektron; **It.** elettrone; **R.** электрон.

ELECTRONEGATIVO, VA. adj. Se dice de los átomos o grupos de ellos que en la electrólisis se dirigen al polo positivo.

ELECTRÓNICA. f. Ciencia que se ocupa del estudio de los electrones libres y del de sus numerosas aplicaciones de tipo práctico.

ELECTRÓNICO, CA. (De *electrón*.) adj. Fís. Perteneciente o relativo a los electrones o a la electrónica.

★ **ELECTRÓN-VOLTIO.** m. Unidad de energía que corresponde a la energía comunicada a un electrón acelerado bajo la diferencia de potencial de un voltio.

ELECTROPOSITIVO, VA. adj. Dícese de los átomos o grupos atómicos que en la electrólisis se dirigen al polo negativo.

ELECTROQUÍMICA. f. Parte de la física, que trata de las leyes referentes a la producción de la electricidad por combinaciones químicas.

ELECTROQUÍMICO, CA. adj. Perteneciente a la electroquímica.

ELECTROSCOPIO. (gr. ἤλεκτρον, [véase *eléctrico*], y σκοπέω, examinar.) m. Fís. Aparato para conocer si un cuerpo está electrizado. El más sencillo consiste

E en dos laminillas de oro o dos bolitas de medula de saúco pendientes de unos hilos; si al aproximarse un cuerpo se separan las laminillas o bolitas, es señal de que el cuerpo está electrizado.

ELECTROSTÁTICA. (gr. ἤλεκτρον, y στατικός, fijo.) f. Parte de la física que estudia las leyes y fenómenos de la electricidad en reposo.

ELECTROSTÁTICO, CA. adj. Perteneciente o relativo a la electrostática.

ELECTROTECNIA. f. Estudio de las aplicaciones técnicas de la electricidad.

ELECTROTÉCNICO, CA. adj. Perteneciente o relativo a la electrotecnia.

ELECTROTERAPIA. (gr. ἤλεκτρον, [véase *eléctrico*], y θεραπεία, curación.) f. MED. Empleo de la electricidad en el tratamiento de las enfermedades.

ELECTROTERÁPICO, CA. adj. Perteneciente o relativo a la electroterapia.

* **ELECTROTERMIA.** f. Estudio de las relaciones entre el calor y la electricidad. || 2. Empleo del calor producido por la electricidad.

ELECTROTIPIA. (gr. ἤλεκτρον [véase *eléctrico*], y τύπος, molde, modelo.) f. Arte de reproducir los caracteres de imprenta por medio de la electricidad.

ELECTROTÍPICO, CA. adj. Perteneciente o relativo a la electrotipia.

ELECTUARIO. (l. *electuarium*.) m. Preparación farmacéutica, de consistencia de miel, hecha con polvos, pulpas o extractos y jarabes.

ELEFANCÍA. (l. *elephantía*.) f. Elefantíasis.

ELEFANCIACO, CA [~CÍACO, CA]. adj. Perteneciente o relativo a la elefancía. || 2. Que la padece. Ú.t.c.s.

ELEFANTA. f. Hembra del elefante.

ELEFANTE. (l. *elěphas*, *-antis*, y éste del gr. ἐλέφας.) m. Mamífero proboscídeo, el mayor de los animales terrestres, de cabeza pequeña, orejas grandes y colgantes, patas gruesas, mamas en posición pectoral, y nariz muy prolongada, en forma de trompa prensil; está armado de dos incisivos enormemente desarrollados, largos y de punta cónica. Se cría en Asia y África, donde se emplea como animal de carga. || **—blanco.** fr. fig. ARGENT., CHILE y PERÚ. Finca o negocio cualquiera, cuya conservación cuesta mucho, siendo de poquísima o de ninguna utilidad su producto. || **—marino.** Nombre vulgar de la foca de hocico arrugado. || **P.** e **It.** elefante; **I.** elephant; **F.** éléphant; **A.** Elefant; **R.** слон.

ELEFANTIÁSICO, CA. adj. Perteneciente o relativo a la elefantiasis. || 2. Que la padece.

ELEFANTIASIS. (l. *elephantiāsis*, y éste del gr. ἐλεφαντίασις.) f. Síndrome caracterizado por un engrosamiento hipertrófico de las extremidades inferiores ocasionada por inflamación y obstrucción de los capilares linfáticos de la piel y del tejido conjuntivo subcutáneo. || 2. Especie de lepra que pone la piel denegrida y rugosa como la del elefante.

ELEFANTINO, NA. (l. *elephantīnus*.) adj. Perteneciente o relativo al elefante.

ELEGANCIA. (l. *elegantia*.) f. Calidad de elegante. || 2. Forma bella de expresar los pensamientos. || **P.** elegância; **F.** élégance; **A.** Feinheit, Eleganz; **It.** eleganza; **R.** изящество.

ELEGANTE. (l. *elěgans*, *-antis*.) adj. Dotado de gracia, nobleza y sencillez; airoso, bien proporcionado, de buen gusto. || 2. En sentido restricto, dícese de la persona que se ajusta a la moda y también de los trajes y cosas arregladas a ella. Ú.t.c.s. || **P.** e **It.** elegante; **I.** elegant; **F.** élégant; **A.** schnittig, elegant; **R.** изящный.

ELEGANTEMENTE. adv. Con elegancia. || 2. Con esmero y cuidado.

ELEGANTIZAR. tr. Dotar de elegancia. Ú.t.c.r.

ELEGÍA. (l. *elegia*, y éste del gr. ἐλεγεία, de ἔλεγος, llanto.) f. Composición lírica en que se lamenta un hecho digno de ser llorado. Entre los griegos y latinos no se distinguía por el asunto, sino por la forma, pues se escribía en hexámetros y pentámetros siempre, y admitía lo mismo asuntos tristes que placenteros. En español se escribe más generalmente en tercetos o en verso libre. || **P.** elegia; **I.** elegy; **F.**

élégie; **A.** Elegie, Klagegedicht; **It.** elegia; **R.** элегия.

ELEGIACO, CA [~ GÍACO, CA]. (l. *elegiăcus*, y éste del gr. ἐλεγιακός.) adj. Perteneciente o relativo a la elegía. || 2. Por extensión, lastimero, triste.

ELEGIANO, NA. adj. ant. Elegiaco.

ELEGIBILIDAD. f. Calidad de elegible. Ú. principalmente para designar la capacidad legal para obtener un cargo por elección.

ELEGIBLE. (l. *eligibílis*.) adj. Que se puede elegir, o tiene capacidad legal para ser elegido.

ELEGIDO, DA. p.p. de elegir. || 2. m. Por antonom. predestinado para alcanzar la gloria.

ELEGIDOR. (De *elegir*.) m. ant. Elector.

ELEGIO, GIA. (l. *elegius*.) adj. ant. Elegiaco. || 2. ant. Acongojado, afligido.

ELEGIR. (l. *eligěre*.) tr. Escoger, preferir a una persona o cosa para un fin. || 2. Nombrar por elección para un cargo o dignidad. || **P.** eleger; **I.** to elect; **F.** élire; **A.** auswählen; **It.** eleggere; **R.** выбирать.

ÉLEGO, GA. (l. *elěgus*, y éste del gr. ἔλεγος.) adj. Elegiaco.

ELEMENTADO, DA. adj. ant. FIL. Que se compone o consta de elementos. || 2. COLOM. y CHILE. Distraído, alelado, que no piensa lo que hace.

ELEMENTAL. adj. Perteneciente o relativo al elemento. || 2. fig. Fundamental, primordial. || 3. Referente a los elementos. || 4. Obvio, evidente. *Esto es* ELEMENTAL. || 5. Fís. Dícese del color de cada uno de los siete en que se descompone la luz solar. || **P.** elementar; **I.** elementary; **F.** élémentaire; **A.** grundlegend, elementar; **It.** elementare; **R.** элементарный.

ELEMENTALMENTE. adv. De manera elemental.

ELEMENTAR. (De *elemento*.) adj. ant. Elemental.

ELEMENTO. (l. *elementum*.) m. Principio físico o químico que entra en la composición de los cuerpos. || 2. Cuerpo simple. || 3. Nombre dado por los antiguos a la tierra, al aire, al fuego y al agua, considerados como las substancias simples o principios de que está formado el universo. || 4. Fundamento, parte integrante de una cosa. || 5. Fís. Par, cada uno de los pares de una pila eléctrica. || 6. CHILE, PERÚ y P. RICO. Persona de pocos alcances y sin actividad. || 7. pl. Fundamento y primeros principios de las ciencias y de las artes. || 8. fig. Medios, recursos. || 9. REP. DOMIN. y P. RICO. Persona extravagante y de ocurrencias chocantes. || 10. ÁLG. Cada una de las cantidades o símbolos que la representan, que componen una matriz. || 11. Fís. y QUÍM. Substancia simple que no puede ser descompuesta por medios químicos y que está formada de átomos que tienen la misma carga positiva nuclear y análogas propiedades químicas. || 12. m. pl. Las fuerzas naturales. || 13. fig. Medios, recursos. | *Estar uno en* su ELEMENTO. fr. Estar a gusto, o en la situación que mejor se aviene con sus gustos o inclinaciones. || **P.** e **It.** elemento; **I.** element; **F.** élément; **A.** Grundstoff, Element; **R.** элемент.

ELEMÍ. (ár. *al-lāmī*, especie de goma.) m. BOT. Gomorresina sólida, amarillenta, de olor a hinojo, que se emplea en farmacia y en la confección de barnices.

ELEMÓSINA. (l. *eleemosyna*, y éste del gr. ἐλεημοσύνη, compasión.) f. ant. Limosna.

ELENCO. (l. *elenchus*, y éste del gr. ἔλεγχος.) m. Catálogo, índice. || 2. ARGENT., COLOM. y CHILE. Personal que compone una compañía de circo o de teatro.

ELÉQUEMA. m. BOT. AMÉR. CENTRAL. Coral, arbusto leguminoso de cuyas semillas se hacen sartas para collares.

ELETO, TA. adj. ant. Pasmado, espantado.

ELEUSINO, NA. (l. *eleusīnus*.) adj. Perteneciente a Eleusis. Dícese más generalmente de los misterios de Ceres que se celebraban en aquella ciudad.

ELEVACIÓN. (l. *elevatio*, *-ōnis*.) f. Acción y efecto de elevar o elevarse. || 2. Encumbramiento en lo material o moral. || 3. fig. Suspensión, enajenamiento de los sentidos. || 4. fig. Exaltación a algún

puesto o dignidad importante. || 5. fig. En el sacrificio de la Misa, acto de alzar o elevar la Hostia y el Cáliz después de la consagración. || 6. fig. Presunción, soberbia, engreimiento. || 7. GEOM. Proyección de un cuerpo sobre el plano vertical en perspectiva. || ELEVACIÓN *a potencias*. MAT. Operación que tiene por objeto repetir una cantidad tantas veces por factor como unidades tiene otra llamada exponente. || *Tirar por* ELEVACIÓN. fr. ART. Disparar las armas de fuego de modo que el proyectil, describiendo una curva muy elevada, vaya a caer en el punto a que ha sido dirigido. || **P.** elevação; **I.** elevation; **F.** élévation; **A.** Erhebung, Höhe; **It.** elevazione; **R.** поднятие.

ELEVADAMENTE. adv. Con elevación.

ELEVADO, DA. p.p. de elevar. || 2. adj. Sublime. || 3. fig. Alto, sublime, eminente.

ELEVADOR, RA. adj. Que eleva. Ú.t.c.s. || 2. Fís. Dícese de la máquina eléctrica cuya fuerza electromotriz se suma a la tensión de otra fuente de energía eléctrica. Ú.t.c.s. || 3. m. Aparato para elevar los objetos a diferentes alturas. || 4. AMÉR. Ascensor o montacargas. || 5. Pieza que en el fusil Mauser tiene por objeto llevar los cartuchos ante la recámara. || **—de granos.** ARGENT. Depósito de cereales dotado de un sistema mecánico para efectuar la carga y descarga de los mismos.

ELEVAMIENTO. (De *elevar*.) m. Elevación. Ú.m. en la 3.ª acep.

ELEVAR. (l. *elevāre*.) tr. Alzar o levantar una cosa. Ú.t.c.r. || 2. fig. Colocar a uno en un puesto honorífico, enaltecerle. || 3. r. fig. Transportarse, enajenarse. || 4. fig. Envanecerse, engreírse. || **P.** elevar; **I.** to raise; **F.** élever; **A.** (er-, empor-) heben; **It.** elevare; **R.** поднимать.

ELFO. m. Genio o deidad del aire en la mitología escandinava.

ELIDIR. (l. *eliděre*, arrancar.) tr. Frustrar, desvanecer una cosa. || 2. GRAM. Suprimir la vocal con que acaba una palabra cuando la que sigue empieza con otra vocal.

ELIGIBLE. adj. ant. Elegible.

ELIGIENTE. p.a. ant. de elegir. Que elige.

ELIGIR. tr. ant. Elegir.

ELIJABLE. adj. FARM. Que se puede elijar.

ELIJACIÓN. f. FARM. Acción y efecto de elijar.

ELIJAN. (3.ª pers. del pl. del imperat. del verbo *elegir*.) m. Uno de los lances de los juegos del monte y de la banca.

ELIJAR. (l. *elixāre*, cocer con agua.) tr. FARM. Cocer los simples en algún líquido para preparar medicamentos.

ELIMINACIÓN. (De *eliminar*.) f. Acción y efecto de eliminar.

ELIMINADOR, RA. adj. Que elimina. Ú.t.c.s.

ELIMINAR. (l. *elimināre*, echar fuera del umbral, fuera de casa; de *e*, fuera de, y *limen*, umbral.) tr. Quitar, separar una cosa; prescindir de ella. || 2. Alejar, excluir a una o varias personas de un asunto o de una agrupación. || 3. ÁLG. Hacer desaparecer de un sistema de ecuaciones alguna incógnita, por medio del cálculo. || 4. MED. Expeler del cuerpo una substancia nociva al organismo. || **P.** eliminar; **I.** to eliminate; **F.** éliminer; **A.** aussondern, eliminieren; **It.** eliminare; **R.** удалять.

ELIMINATORIO, RIA. adj. Que elimina, que sirve para eliminar. || 2. f. En campeonatos o concursos, competición selectiva anterior a los cuartos de final.

ELIPSE. (l. *ellipsis*, y éste del gr. ἔλλειψις.) f. GEOM. Curva cerrada, simétrica respecto a dos ejes perpendiculares entre sí, con dos focos, que resulta de cortar la superficie de un cono de revolución por un plano, el cual, siendo oblicuo respecto al eje del cono, encuentra a todas sus generatrices. || **P.** elipse; **I.** y **F.** ellipse; **A.** Ellipse, Oval; **It.** ellisse; **R.** эллипс.

ELIPSIS. (l. *ellipsis*, y éste del gr. ἔλλειψις, falta.) f. GRAM. Figura de construcción que consiste en omitir en la oración palabras que no son indispensables para la claridad del sentido.

ELIPSÓGRAFO. m. Instrumento para trazar elipses.

ELIPSOIDAL. adj. Geom. De figura de elipsoide o parecido a él.

ELIPSOIDE. (De *elipse*, y del gr. εἶδος, forma.) m. Geom. Sólido cuyas secciones planas son elipses o círculos. || **—de revolución.** Geom. El engendrado por la revolución de una elipse alrededor de su eje mayor o diámetro principal.

ELÍPTICAMENTE. adv. Con elipsis o de manera elíptica.

ELÍPTICO, CA. (gr. ἐλλειπτικός.) adj. Perteneciente a la elipse. || **2.** De figura de elipse o parecido a ella. || **3.** Gram. Perteneciente a la elipsis. *Modo* elíptico.

ELISANO, NA. (Del nombre ant. *Elisana*, de la ciudad llamada hoy Lucena.) adj. Natural de Lucena. Ú.t.c.s. || **2.** Perteneciente a esta ciudad de la provincia de Córdoba.

ELÍSEO, A. (l. *elysius*, y éste del gr. ἠλύσιος.) adj. Perteneciente al Elíseo. || **2.** Mit. V. *Campos* elíseos. Ú.t.c.s.m.

ELISIO, SIA. adj. Elíseo.

ELISIÓN. (l. *elisio, -ōnis*.) f. Gram. Acción y efecto de elidir.

ÉLITRO. (gr. ἔλυτρον, estuche.) m. Zool. Cada una de las dos alas anteriores de los insectos coleópteros, las cuales se hallan endurecidas por una capa de quitina tan espesa que oculta las nerviaciones. Protegen el par de alas posteriores, que son las que sirven para el vuelo.

ELIXIR [ELÍXIR]. (ár. *al-iksir*, medicamento seco, polvo que trasmuta los metales, piedra filosofal, y éste del gr. ξηρόν, ξηρίον.) m. Piedra filosofal. || **2.** Licor compuesto de diferentes substancias, disueltas generalmente en alcohol. || **3.** fig. Medicamento o remedio maravilloso. || **4.** Alq. Substancia esencial de un cuerpo. || **P.** e **I.** elixir; **F.** élixir; **A.** Elixir; Heiltrank; **It.** elisire; **R.** эликсир.

ELOCUCIÓN. (l. *elocutio, -ōnis*.) f. Manera de hacer uso de la palabra para expresar los conceptos. || **2.** Modo de elegir y distribuir las palabras y los pensamientos en un discurso. || **3.** Conjunto de oraciones que constituyen un pensamiento completo.

ELOCUENCIA. (l. *eloquentia*.) f. Facultad de hablar o de escribir de modo eficaz para deleitar, conmover, o persuadir. || **2.** Fuerza de expresión eficaz para persuadir y conmover que tienen las palabras, y también, de forma figurada, la que tienen los gestos y ademanes y cualquier otra acción o cosa capaz de dar a entender con viveza alguna idea. || **P.** eloquência; **I.** eloquence; **F.** éloquence; **A.** Redekunst; **It.** eloquenza; **R.** красноречие.

ELOCUENTE. (l. *eloquens, -entis*.) adj. Dícese del que habla o escribe con elocuencia, o de aquello que la tiene.

ELOCUENTEMENTE. adv. Con elocuencia.

ELOGIABLE. adj. Digno de elogio.

ELOGIADOR, RA. adj. Que elogia. Ú.t.c.s.

ELOGIAR. tr. Hacer elogios de una persona o cosa.

ELOGIO. (l. *elogium*.) m. Alabanza de las buenas prendas y méritos de una persona o cosa. || **2.** Discurso que se escribe en alabanza de alguien o de algo. || **—académico.** El que se lee en una recepción académica. || **—fúnebre.** El que se refiere a las cualidades de un difunto. || **P.** elogio; **I.** eulogy; **F.** éloge; **A.** Lobrede; **It.** elogio, lode; **R.** восхваление.

ELOGIOSO, SA. adj. Laudatorio, encomiástico.

ELOGISTA. m. ant. El que alaba y elogia.

ELONGACIÓN. (l. *elongatio, -ōnis*.) f. Astron. Distancia angular entre dos planetas. || **2.** Med. Alargamiento accidental de un miembro o de un nervio. || **3.** Fís. Separación o distancia en un cuerpo, oscilante o vibrante, de su posición normal de equilibrio.

ELOQUIO. (l. *eloquium*.) m. ant. Habla.

ELOTE. (mejic. *elotl*, mazorca de maíz verde que tiene ya cuajados los granos.) m. Mazorca tierna de maíz que, cocida o asada, se consume como alimento en Méjico y en otros países de América Central. || *Pagar* uno *los* elotes. fr. fig. y fam. C. Rica y Hond. Pagar el pato, padecer pena o castigo no merecido.

ELUCIDACIÓN. (l. *elucidatĭo, -ōnis*.) f. Declaración, explicación.

ELUCIDAR. (l. *elucidāre*.) tr. Poner en claro, dilucidar. || **P.** elucidar; **I.** to elucidate; **F.** élucider; **A.** aufklären; **It.** dilucidare, chiarire; **R.** разъяснять.

ELUCIDARIO. (b. l. *elucidarium*, y éste del l. *elucidāre*, hacer, dar luz.) m. Libro que aclara o explica cosas difíciles de entender.

★ ELUCIÓN. (l. *elutio, -ōnis*, purificación.) f. Min. Lavado de los minerales para su beneficio. || **2.** Quím. Purificación de una substancia por el lavado de una materia a la que está adherida.

ELUCTABLE. (l. *eluctabilis*.) adj. Que se puede vencer luchando.

ELUDIBLE. adj. Que se puede eludir.

ELUDIR. (l. *eludĕre*.) tr. Evitar una dificultad, obligación, etc., con algún artificio o estratagema. || **2.** Hacer vana o hacer que no tenga efecto una cosa por medio de algún artificio. || **P.** iludir; **I.** to elude; **F.** éluder; **A.** Schwierigkeiten umgehen; **It.** eludere; **R.** избегать.

ELZEVIRIANO, NA. adj. Perteneciente a los Elzevirios. Dícese de las ediciones hechas por estos impresores holandeses, y también de las impresiones modernas en que se emplean tipos semejantes a los usados en aquellas obras.

ELZEVIRIO. m. Nombre dado a los libros elzevirianos de los siglos xvi y xvii.

ELLA. (l. *illa*.) nominat. del pron. pers. de 3.ª pers. en gén. f. y núm. sing. Con preposición, empléase también en los casos oblicuos. || **2.** Precedida esta voz por el verbo *ser* con los adverbios temporales *aquí, allí, ahí*, u otra expresión de tiempo, alude indeterminadamente, pero con sentido ponderativo, al lance ocurrido en el tiempo indicado. || **P.** ela; **I.** she; **F.** elle; **A.** sie; **It.** ella, essa, lei; **R.** она.

ELLE. f. Nombre de la letra *ll*.

ELLO. (l. *illŭd*.) nominat. del pron. pers. de 3.ª pers. en gén. n. Con preposición, empléase también en los casos oblicuos. || **2.** Precedido de algunas personas del verbo *ser* y de ciertos adverbios de tiempo, tiene la misma significación que ella en iguales casos. || *De* ello *con de* ello. fr. fam. De unas cosas y de otras, de todo. || **P.** isto, isso; **I.** it; **F.** cela; **A.** es; **It.** esso; **R.** оно.

ELLOS, ELLAS. (Del acus. l. *illos, illas*.) nominats. m. y f. del pron. pers. de 3.ª pers. en núm. pl. Con preposición, se emplean también en los casos oblicuos. || *A* ellas. loc. empleada en el juego para indicar que tienen igual número de tantos los contrincantes. || *¡A* ellos! fr. con que se incita a acometer.

EMACIACIÓN. (l. *emaciāre*, debilitar.) f. Med. Adelgazamiento morboso.

EMANACIÓN. (l. *emanatio, -ōnis*.) f. Acción y efecto de emanar. || **2.** Efluvio. **3.** Miasma. || **4.** Quím. Cada uno de los gases originados en la desintegración de substancias radiactivas. || **5.** Quím. Radón. || **6.** m. pl. Gases inertes, radiactivos e inestables, que se licuan en el aire líquido, emitidos por cuerpos radiactivos. || **P.** emanação; **I.** emanation; **F.** émanation; **A.** Ausfluss; **It.** emanazione; **R.** эманация, истечение.

EMANADERO. (De *emanar*.) m. ant. Manantial o lugar donde mana alguna cosa.

EMANANTE. p.a. de emanar. Que emana.

EMANANTISMO. (De *emanante*.) m. Doctrina panteísta según la cual todas las cosas proceden de Dios por emanación.

EMANANTISTA. adj. Perteneciente o relativo al emanantismo. || **2.** Partidario de esta doctrina panteísta. Ú.t.c.s.

EMANAR. (l. *emanāre*.) intr. Desprenderse de los cuerpos las substancias volátiles. || **2.** Derivar, traer origen de una causa de cuya substancia se participa.

EMANCIPACIÓN. (l. *emancipatĭo, -ōnis*.) f. Acción y efecto de emancipar o emanciparse. || **P.** emancipação; **I.** emancipation; **F.** émancipation; **A.** Emanzipation, Befreiung; **It.** emancipazione; **R.** освобождение.

EMANCIPADOR, RA. adj. Que emancipa. Ú.t.c.s.

EMANCIPAR. (l. *emancipāre*.) tr. Libertar a uno de la patria potestad, de la

tutela o de la servidumbre. || **2.** r. fig. Salir de la sujeción en que se estaba. || **P.** emancipar; **I.** to emancipate; **F.** émanciper; **A.** mündigsprechen; **It.** emancipare; **R.** освобождать.

EMASCULACIÓN. (l. *emasculāre*.) f. Castración, capadura.

° EMASCULAR. tr. Castrar.

EMBABIAMIENTO. (De la fr. *estar en Babia*.) m. fam. Embobamiento, distracción.

EMBABUCAR. (De *en* y *baba*; en cat. *embabiecar*, en port. *embabacar*.) tr. Embaucar.

EMBACHAR. tr. Meter el ganado lanar en el bache para esquilarlo.

EMBADURNADOR, RA. adj. Que embadurna. Ú.t.c.s.

EMBADURNAR. tr. Untar, embarrar, manchar, pintarrajear. || **P.** enlambuzar; **I.** to daub; **F.** peinturer, barbouiller; **A.** besudeln, verschmieren; **It.** impasticciare; **R.** марать.

EMBAICIÓN. f. Embaimiento.

EMBAIDOR, RA. (De *embair*.) adj. Embaucador, engañador. Ú.t.c.s.

EMBAIMIENTO. (De *embair*.) m. Acción y efecto de embair.

EMBAIR. (l. *invadĕre*.) tr. Ofuscar, embaucar, hacer creer lo que no es. || **2.** r. Sal. Entretenerse en alguna ocupación o diversión.

EMBAJADA. (b. l. *ambascia*, y éste del l. *ambactus*, ministro.) f. Mensaje para tratar algún asunto importante, especialmente los que se envían recíprocamente los jefes de estado por medio de los embajadores. || **2.** Cargo de embajador. || **3.** Casa en que reside el embajador. || **4.** Conjunto de diplomáticos, empleados y otras personas que el embajador tiene a su cargo. || **5.** fam. Proposición o exigencia impertinente. || **3.ª** acep.: **P.** embaixada; **I.** embassy; **F.** ambassade; **A.** Botschaft; **It.** ambasciata; **R.** посланиe.

EMBAJADOR. (De *embajada*.) Agente diplomático de primera clase, con misión permanente cerca de otro gobierno, representante del estado que le envía y, además, de la persona de su jefe de estado. Goza de varias preeminencias en relación con los demás ministros. || **2.** V. *Introductor de* embajadores. || **3.** fig. Emisario, 1.ª acep. || **P.** embaixador; **I.** ambassador; **F.** ambassadeur; **A.** Botschafter; **It.** ambasciatore; **R.** посол.

EMBAJADORA. f. Mujer que lleva una embajada. || **2.** Mujer del embajador. **3.** Mujer que desempeña el cargo diplomático de embajada.

EMBAJATORIO, RIA. adj. ant. Perteneciente al embajador.

EMBAJATRIZ. f. ant. Embajadora.

EMBAJO. adv. ant. Debajo.

EMBALADOR. m. El que tiene por oficio embalar.

EMBALAJE. m. Acción y efecto de embalar, 1.ª acep. || **2.** Cubierta con que se resguardan los objetos que han de transportarse. || **3.** Coste de esta cubierta. || **P.** embalagem; **I.** package; **F.** emballage; **A.** Verpackung; **It.** imballagio; **R.** упаковка.

EMBALAR. (De *en* y *bala*, fardo.) tr. Hacer balas, colocar dentro de cubiertas o cajas las mercancías y otros objetos que se han de transportar. || **2.** intr. Golpear con remos o piedras la superficie del mar para asustar la pesca y hacerla entrar en las redes. || **3.** Méj. Meter la bala en un cañón sin poner carga de pólvora. || **P.** empacotar; **I.** to pack, to bale; **F.** emballer; **A.** einpacken; **It.** imballare; **R.** упаковывать.

EMBALDOSADO, DA. p.p. de embaldosar. || **2.** m. Pavimento de baldosas. **3.** Operación de embaldosar.

EMBALDOSADURA. f. Embaldosar, 3.ª acep.

EMBALDOSAR. tr. Solar con baldosas.

EMBALSADERO. (De *embalsar*.) m. Lugar donde se rebalsan las aguas llovedizas o las de los ríos desbordados.

★ EMBALSADO. m. Argent. Red que forman en las aguas estancadas las raíces y los tallos de las plantas acuáticas.

EMBALSAMADOR, RA. adj. Que embalsama. Ú.t.c.s.

E

EMBALSAMAMIENTO. m. Acción y efecto de embalsamar.

EMBALSAMAR. (De *en* y *bálsamo*.) tr. Preparar un cadáver convenientemente para evitar su putrefacción, o bien llenando de substancias balsámicas las cavidades naturales, bien inyectando líquidos antisépticos en los vasos, bien empleando otros métodos. || 2. Perfumar, aromatizar. Út. c.r. || P. embalsamar; I. to embalm; F. embaumer; A. einbalsamieren; It. imbalsamare; R. бальзамировать.

EMBALSAR. tr. Meter una cosa en balsa. Út.c.r. || 2. Rebalsar. Ú.m.c.r. || 3. COLOM. Cruzar un río, lago, etc., en cualquier embarcación.

EMBALSAR. tr. MAR. Colocar en algún balso la persona o cosa que se ha de izar a sitio alto.

EMBALSE. m. Acción y efecto de embalsar o embalsarse, 1.er art. || 2. Balsa artificial, donde se acopian las aguas de un río o arroyo. || 3. Cantidad de aguas así acopiadas.

EMBALUMAR. (De *en* y *baluma*.) tr. Cargar u ocupar algo con cosas de mucho bulto y embarazosas. || 2. r. fig. Cargarse excesivamente de negocios graves y embarazosos.

EMBALLENADO, DA. p.p. de emballenar. || 2. m. Armazón compuesto de ballenas.

EMBALLENADOR, RA. m. y f. Persona que tiene por oficio emballenar.

EMBALLENAR. (De *en* y *ballena*, 2.ª acep.) tr. Armar o fortalecer con barbas de ballena, principalmente los corsés u otras prendas de vestir.

EMBALLESTADO, DA. p.p. de emballestar. || 2. adj. VETER. Aplícase a la bestia que tiene encorvado hacia adelante el nudillo de las manos. || 3. m. VETER. Esta enfermedad.

EMBALLESTARSE. r. Ponerse uno a punto de disparar ballestas.

EMBANASTAR. tr. Meter una cosa en la banasta. || 2. fig. Meter demasiada gente en un lugar cerrado. Út.c.r.

EMBANCARSE. r. MÉJ. Entre fundidores, pegarse a las paredes del horno los materiales escoriados. || 2. CHILE y ECUAD. Cegarse un río. || 3. r. MAR. Varar en un banco. || 4. PERÚ. Atravesarse materias ajenas al criadero de una veta, en las minas.

EMBANDERAR. tr. Adornar con banderas. Ú.t.c.r.

★ **EMBANQUETAR.** tr. MÉJ. Poner aceras en las calles.

EMBARAZADAMENTE. adv. Con embarazo.

EMBARAZADO, DA. p.p. de embarazar. || 2. adj. Dícese de la mujer preñada.

EMBARAZADOR, RA. adj. Que embaraza.

EMBARAZAR. (ár. *bāraza*, oponerse, salir al encuentro, cortar el paso, con el pref. *en*.) tr. Estorbar, retardar una cosa. || 2. Poner encinta a una mujer. Ú.m.c.r. || 3. r. Hallarse impedido con cualquier obstáculo. || P. embaraçar; I. to embarras; F. embarrasser; A. behindern; It. imbarazzare; R. затруднять, стеснять.

EMBARAZO. (De *embarazar*.) m. Impedimento, dificultad, obstáculo. || 2. Preñado de la mujer. || 3. Tiempo que dura éste. || 4. Encogimiento, falta de soltura en los modales o en la acción. || 2.ª acep.: P. prenhez; I. pregnancy; F. grossesse; A. Schwangerschaft; It. gravidanza; R. помеха, стеснение.

EMBARAZOSAMENTE. adv. Con embarazo, con dificultad.

EMBARAZOSO, SA. adj. Que embaraza o incomoda.

EMBARBASCARSE. (De *en* y *barbas*, por las de las raíces.) r. Enredarse el arado en las raíces fuertes, o cualquier otra herramienta entre las fibras de los materiales o entre cuerdas. Ú.t.c.r. || 2. fig. Confundirse, embarazarse, enredarse.

EMBARBECER. (l. *inbarbescĕre*.) intr. Barbar el hombre, salirle la barba.

EMBARBILLADO, DA. p.p. de embarbillar. || 2. CARP. m. Acción y efecto de embarbillar.

EMBARBILLAR. tr. CARP. Ensamblar un madero en otro con muescas y barbilla. Út.c.intr.

EMBARCACIÓN. (De *embarcar*.) f. Barco, 1.ª acep. || 2. Embarco. || 3. Tiempo que dura la navegación de una parte a otra. || —**menor.** Cualquiera de las pequeño porte en los puertos, o bote de los del servicio de a bordo. || P. embarcação; I. ship, boat; F. bateau, embarcation; A. Schiff; It. imbarcazione, naviglio; R. судно.

EMBARCADERO. m. Lugar o artefacto fijo, destinado para embarcar gente, mercancía, etc. || 2. AMÉR. Andén de una estación ferroviaria. || 3. ARGENT. Corral de una estación ferroviaria, desde donde pasa el ganado a los vagones.

EMBARCADOR. m. El que embarca alguna cosa.

EMBARCADURA. (De *embarcar*.) f. ant. Embarco.

EMBARCAR. (De *en* y *barco*.) tr. Dar ingreso a personas, mercancías, etc., en una embarcación. Út.c.r. || 2. fig. Incluir a uno en una empresa arriesgada. || 3. MÉJ., ARGENT., P. RICO y PERÚ. Inducir a uno a creer lo que no es. Út.c.r. || 4. PERÚ. Inducir de buena fe, sin malicia. || 5. CUBA. Injuriar a una persona en la memoria de sus padres. || P. embarcar; I. to embark; F. embarquer; A. einschiffen; It. imbarcare; R. грузить.

★ **EMBARCINADO.** m. CUBA. Una clase de labor de aguja.

EMBARCO. m. Acción de embarcar o embarcarse personas. || 2 MIL. Ingreso de tropas en un barco o tren, para ser transportadas.

EMBARDAR. tr. Bardar.

EMBARDUÑAR. tr. ant. Embadurnar.

EMBARGABLE. adj. FOR. Que puede ser embargado.

EMBARGADO, DA. p.p. de embargar. || 2. adj. ant. Ahíto, 1.ª acep. || 3. m. ant. Embargo, 1.ª acep.

EMBARGADOR, RA. adj. ant. Que estorba o embaraza. || 2. m. El que embarga o secuestra.

EMBARGAMIENTO. (De *embargo*.) m. ant. Embargo, embarazo, impedimento.

EMBARGANTE. p.a. de embargar. Que embaraza o impide. || *No* EMBARGANTE. m. adv. Sin embargo.

EMBARGAR. tr. Embargar, impedir, detener. || 2. fig. Suspender, paralizar. Dícese especialmente de los sentidos y potencias del alma. || 3. FOR. Retener una cosa en virtud de mandamiento judicial. || P. embargar; I. to embargo; F. saisir; A. in Beschlag nehmen, pfänden; It. sequestrare; R. препятствовать.

EMBARGO. (De *embargar*.) m. Indigestión. || 2. FOR. Retención de bienes ordenada por el juez o autoridad competente, para garantizar el pago de una deuda u otra responsabilidad pecuniaria. || 3. Prohibición del comercio y transporte de armas u otros efectos útiles para la guerra, decretada por un gobierno. || *Sin* EMBARGO. m. adv. No obstante, sin que sirva de impedimento.

EMBARGOSO, SA. (De *embargar*.) adj. ant. Embarazoso.

EMBARNECER. (l. *in* y *farcināre*, rellenar.) intr. Engrosar, hacerse más corpulento.

EMBARNECIMIENTO. m. Acción y efecto de embarnecer.

EMBARNIZADURA. f. Acción y efecto de embarnizar.

EMBARNIZAR. tr. Barnizar.

EMBARQUE. m. Acción de depositar cosas en un barco o tren para ser transportadas.

EMBARRADA. f. fig. CHILE. Error grande en lo que se dice, o falta grave en lo que se hace.

EMBARRADILLA. f. MÉJ. Especie de dulce envuelto en obleas.

EMBARRADO, DA. p.p. de embarrar. || 2. m. Revoco en los muros, o tapiales, hecho de barro o tierra. || 3. CUBA y CHILE. Embarradura.

EMBARRADOR, RA. adj. Que embarra, 1.er art. Ú.t.c.s. || 2. fig. Enredador, embustero. Ú.t.c.s.

EMBARRADURA. f. Acción y efecto de embarrar, untar y cubrir con barro.

EMBARRANCAR. (De *en* y *barranco*.) intr. MAR. Varar un buque violentamente

clavándose en el fondo. Ú.t.c.tr. || 2. r. Atascarse, empantanarse. Ú.t.c.intr. || 3. fig. Atascarse en una dificultad. || P. embarrancar; I. to strand; F. échouer; A. stranden; It. dare in secco; R. садиться на мель.

EMBARRAR. tr. Untar, cubrir o manchar con barro. Ú.t.c.r. || 2. Manchar con cualquier substancia viscosa. || 3. Manchar con barro. Ú.t.c.r. || 4. EXTR., SAL. y ZAM. Enjalbegar las paredes. || 5. CUBA. Aplicar la mezcla de barro o tierra preparada con paja, para cubrir la armazón de la pared rústica. || 6. fig. CHILE. Manchar, envilecer. || 7. fig. CHILE. Discurrir fuera de razón. || 8. MÉJ. Complicar a una persona en una cosa sucia.

EMBARRAR. tr. Introducir el extremo de una barra entre un objeto firme y otro que se quiere mover.

EMBARRILADOR. m. El que está encargado de embarrilar.

EMBARRILAR. tr. Guardar o meter algo en barril.

EMBARROTAR. tr. Abarrotar, 1.er art.

★ **EMBARRUNAR.** tr. ARGENT. Embarrar. Ú.t.c.r.

EMBARULLADOR, RA. adj. Que embarulla. Ú.t.c.s.

EMBARULLAR. (De *en* y *barullo*.) tr. fam. Mezclar desordenadamente unas cosas con otras. || 2. fam. Hacer las cosas atropellada y desordenadamente.

EMBASAMIENTO. m. ARQ. Basa larga y continuada sobre la que estriba todo el edificio o parte de él.

EMBASTAR. tr. Coser o asegurar en el bastidor la tela que se ha de bordar. || 2. Poner bastas a los colchones. || 3. Hilvanar, asegurar con hilvanes, lo que se ha de coser. || P. alinhavar; I. to baste; F. fanfiler; A. absteppen, anheften; It. imbastire; R. намётывать.

EMBASTAR. (De *en* y *basto*, 1.ª acep.) tr. Poner bastos a las bestias de carga.

EMBASTARDAR. (De *en* y *bastardo*.) intr. ant. Bastardear.

EMBASTE. (De *embastar*, 1.er art.) m. Acción y efecto de embastar. || 2. Costura a puntadas largas: hilván.

EMBASTECER. intr. Engrosar. || 2. r. Ponerse basto o tosco.

★ **EMBATADA.** (De *embate*.) f. MAR. Golpe súbito de mar o embate producido por el viento contra el rumbo que se lleva.

EMBATE. (De *embatirse*.) m. Golpe impetuoso del mar. || 2. Acometida impetuosa. || 3. MAR. Viento suave y fresco que reina en el verano a la orilla del mar. || 4. pl. MAR. Vientos periódicos del Mediterráneo después de la canícula.

EMBATIRSE. (De *en* y *batir*.) r. ant. Embestirse, acometerse.

EMBAUCADOR, RA. adj. Que embauca. Ú.t.c.s.

EMBAUCAMIENTO. (De *embaucar*.) m. Engaño, alucinamiento.

EMBAUCAR. (De *embabucar*.) tr. Engañar, embelesar, alucinar a uno prevaliéndose de su inexperiencia o candor. || P. embaucar; I. to deceive; F. enjoler, tromper; A. betrügen, foppen; It. ingannare; R. обманывать, прельщать.

EMBAUCO. m. ant. Embaucamiento.

EMBAULADO, DA. p.p. de embaular. || 2. adj. fig. Apretado, metido en un espacio estrecho y cerrado.

EMBAULAR. tr. Meter dentro de un baúl ropas u otras cosas. || 2. fig. y fam. Comer con ansia, engullir.

EMBAUSAMIENTO. (De *en* y *bausán*.) m. Abstracción, suspensión.

★ **EMBAYARSE.** r. ECUAD. Emberrincharse.

★ **EMBAYÓN, NA.** adj. ECUAD. Irascible.

EMBAZADOR. m. El que embaza, 1.er art.

EMBAZADURA. (De *embazar*, 1.er art.) f. Tintura y colorido de pardo o bazo.

EMBAZADURA. (De *embazar*, 2.º art.) f. Asombro, pasmo, admiración.

EMBAZAR. tr. Teñir de color pardo o bazo.

EMBAZAR. tr. Detener, embarazar. || 2. fig. Suspender, pasmar, dejar admirado. || 3. intr. fig. Quedar suspenso, sin

E

acción. || **4. r.** Fastidiarse, cansarse de una cosa. || **5.** Empacharse.

EMBAZARSE. r. En el tresillo, procurar hacer bazas el jugador que no robó primero. || **2. r.** Sentir cierto dolor en el lado izquierdo del estómago, hacia donde yace el bazo cuando se hace ejercicio violento después de haber comido.

EMBEBECER. (De *embeber*.) tr. Entretener, embelesar. || **2. r.** Quedarse embelesado. || **P.** entreter; **I.** to amuse; **F.** charmer; **A.** in Entzückung geraten; **It.** affascinare; **R.** восхищать.

EMBEBECIDAMENTE. adv. Con embebecimiento o embelesamiento, sin advertencia.

EMBEBECIMIENTO. (De *embebecer*.) m. Enajenamiento, embelesamiento.

EMBEBEDOR, RA. adj. Que embebe. Ú.t.c.s.

EMBEBER. (l. *imbĭbĕre*.) tr. Absorber un cuerpo sólido otro en estado líquido. || **2.** Empapar. || **3.** Contener dentro de sí una cosa. || **4.** fig. Incorporar, incluir una cosa inmaterial dentro de la otra. || **5.** Recoger parte de una cosa en ella misma. || **6.** intr. Encogerse, apretarse, tupirse. || **7. r.** fig. Embebecerse, quedarse absorto. || **8.** fig. Instruirse bien en una materia, enterarse bien de ella. || **P.** embeber; **I.** to soak; **F.** imbiber; **A.** einsaugen; **It.** imbèvere; **R.** всасывать.

EMBEBIDO, DA. p.p. de embeber. || **2.** adj. ARQ. Dícese de la columna que parece introducir parte de su fuste en otro cuerpo.

EMBECADURA. (l. *in*, en, y *beccus*, pico.) f. ARQ. Enjuta, cualquiera de los espacios triangulares que deja en un cuadrado un círculo inscripto en él.

EMBELECADOR, RA. adj. Que embeleca. Ú.t.c.s.

EMBELECAMIENTO. m. Acción y efecto de embelecar.

EMBELECAR. tr. Engañar con artificios y falsas apariencias.

EMBELECO. (De *embelecar*.) m. Embuste, engaño. || **2.** fig. Persona o cosa fútil, molesta o enfadosa.

EMBELEÑAR. (De *en* y *beleño*.) tr. Adormecer con beleño. || **2.** Embelesar.

EMBELEQUERO, RA. adj. Que usa de embelecos.

EMBELESAMIENTO. m. Embeleso.

EMBELESAR. (De *belesa*.) tr. Suspender, arrebatar, cautivar los sentidos. || **P.** embelecer; **I.** to charm; **F.** ravir; **A.** entzücken, betäuben; **It.** rapire; **R.** восхищать.

EMBELESO. m. Efecto de embelesar o embelesarse. || **2.** Cosa que embelesa. || **3.** CUBA. Belesa.

EMBELGA. f. AST. y LEÓN. Bancal o era de siembra que se riega de una vez.

EMBELLAQUECERSE. r. Hacerse bellaco.

EMBELLECER. tr. Hacer o poner bella a una persona o cosa. Ú.t.c.r. || **P.** aformosear; **I.** to embellish; **F.** embellir; **A.** verschönern; **It.** abbellire; **R.** украшать.

EMBELLECIMIENTO. m. Acción y efecto de embellecer o embellecerse.

EMBEODAR. (De *en* y *beodo*.) tr. Emborrachar. Ú.t.c.r.

EMBERMEJAR. (De *en* y *bermejo*.) tr. Embermejecer.

EMBERMEJECER. tr. Teñir o dar color bermejo a una cosa. || **2.** Poner colorado, avergonzar a uno. Ú.m.c.r. || **3.** intr. Ponerse una cosa de color bermejo.

EMBERRENCHINARSE. (De *en* y *berrinche*.) r. fam. Enfadarse con demasía, encolerizarse. Dícese comúnmente de los niños.

EMBERRINCHARSE. (De *en* y *berrinche*.) r. fam. Enfadarse con demasía. Aplícase ordinariamente a los niños.

EMBESTIDA. f. Acción y efecto de embestir. || **2.** fig. y fam. Detención intempestiva que se hace a uno para hablarle de un asunto.

EMBESTIDOR, RA. adj. Que embiste. || **2.** m. fig. y fam. El que pide dinero fingiendo grandes ahogos y empeños.

EMBESTIDURA. (De *embestir*.) f. Embestida, 1.ª acep.

EMBESTIR. (l. *investĭre*.) tr. Venir con ímpetu sobre una persona o cosa. || **2.** fig. y fam. Acometer a uno para pedirle algo

con impertinencia. || **3.** intr. fig. y fam. Arremeter, chocar, disonar u ofender a la vista alguna cosa. || **P.** investir; **I.** to rush against; **F.** fondre sur, attaquer; **A.** anfallen; **It.** assalire; **R.** нападать.

EMBETUNAR. tr. Cubrir una cosa con betún. || **2.** CUBA. Aplicar al tabaco suavemente con una esponja la infusión de las mismas hojas en agua clara.

EMBICADURA. f. MAR. Acción y efecto de embicar.

EMBICAR. (port. *embicar*.) tr. CUBA. Acertar a introducir una cosa en un hoyo o cavidad. || **2.** ARGENT. y CHILE. Embestir con una embarcación derecho a la costa o playa.

EMBICAR. tr. MAR. Poner una verga en posición inclinada como en señal de luto. || **2.** MAR. Orzar, poner la proa al viento. || **3.** ART. Inclinar la boca de los cañones hacia abajo en cuanto sea posible. || **4.** MÉJ. Embrocar una vasija. || **5.** AMÉR. Beber, empinar el codo.

* **EMBICHARSE.** (De *en* y *bicho*.) r. ARGENT. Agusanarse las heridas de las bestias.

EMBIJADO, DA. p.p. de embijar. || **2.** adj. MÉJ. Dispar, formado de piezas desiguales. *Baraja* EMBIJADA.

EMBIJAR. tr. Teñir o pintar con bijá o con bermellón. || **2.** HOND. y MÉJ. Ensuciar.

EMBIJE. m. Acción y efecto de embijar.

EMBIZCAR. intr. Quedar uno bizco. Ú.t.c.r.

EMBLANDECER. (De *en* y *blando*.) tr. Ablandar. || **2. r.** fig. Moverse a condescendencia o enternecerse.

EMBLANQUEADO, DA. (De *en*blanquear*.) adj. ant. Aplicábase a la moneda de cobre plateada.

EMBLANQUEAR. tr. ant. Blanquear.

EMBLANQUECER. (De *en* y *blanco*.) tr. Blanquear, 1.ª acep. || **2. r.** Ponerse blanca una cosa.

EMBLANQUECIMIENTO. m. Acción y efecto de emblanquecer o emblanquecerse.

EMBLANQUICIÓN. (De *en* y *blanquición*.) f. ant. Emblanquecimiento.

EMBLANQUIMIENTO. m. ant. Blanquimiento.

EMBLEMA. (l. *emblēma*, y éste del gr. ἔμβλημα, de ἐμβάλλω, colocar en o sobre.) m. Jeroglífico, símbolo o empresa en que se representa alguna figura con una leyenda explicativa. || **2.** Cualquiera cosa que es representación simbólica de otra. || **P.** e **It.** emblema; **I.** emblem; **F.** emblème; **A.** Emblem, Sinnbild; **R.** эмблема.

EMBLEMÁTICAMENTE. adv. De manera emblemática; por medio de emblemas.

EMBLEMÁTICO, CA. adj. Perteneciente o relativo al emblema, o que lo incluye.

* **EMBOAR.** tr. CUBA. Embaucar.

EMBOBAMIENTO. (De *embobar*.) m. Suspensión, embeleso.

EMBOBAR. (De *en* y *bobo*.) tr. Embelesar, tener absorto y suspenso a uno. || **2. r.** Quedarse suspenso, absorto y admirado.

EMBOBECER. tr. Volver bobo, entontecer a uno. Ú.t.c.r.

EMBOBECIMIENTO. m. Acción y efecto de embobecer o embobecerse.

EMBOCADERO. (De *embocar*.) m. Portillo o hueco hecho a manera de una boca o canal angosto. || **2.** MAR. Entrada de los canales y estrechos de mar. || *Estar uno al* EMBOCADERO. fr. fig. y fam. Estar próximo a conseguir lo que se persigue o desea.

EMBOCADO, DA. (De *en* y *boca*.) adj. Dicho del vino, abocado.

EMBOCADOR. m. ant. Embocadero.

EMBOCADURA. f. Acción y efecto de embocar. || **2.** Boquilla de un instrumento músico. || **3.** Bocado del caballo. || **4.** Hablando de vinos, gusto o sabor. || **5.** Sitio por donde los buques pueden entrar en un canal, río, etc. || **6.** Boca o abertura del escenario de un teatro. || **7.** COLOM. Madera, buena disposición para hacer algo. || *Tener buena* EMBOCADURA. fr. fig. Tocar con suavidad cualquier instrumento

músico de viento, sin que se perciba el soplido. || **2.** Hablando de caballerías, ser blando de boca. || *Tomar la* EMBOCADURA. fr. Empezar a tocar suave y afinadamente un instrumento de viento. || **2.** fr. fig. Vencer las primeras dificultades de una cosa. || **2.ª** acep.: **P.** embocadura; **I.** embouchure, mouthpiece; **F.** embouchure; **A.** Mundstück; **It.** imboccatura; **R.** устье, мундштук.

EMBOCAR. tr. Meter por la boca una cosa. || **2.** Entrar por una parte estrecha. Ú.t.c.r. || **3.** fig. Hacer creer a uno lo que no es cierto. || **4.** fam. Comer mucho y apresuradamente. || **5.** fam. Echar, dirigir a uno algo que le molesta o que no ha de recibir con gusto. || **6.** Comenzar un asunto o negocio. || **7.** MÚS. Aplicar los labios a la embocadura o boquilla de un instrumento de viento.

EMBOCINADO, DA. adj. Abocinado, de figura de bocina.

EMBOCHINCHAR. tr. AMÉR. Promover un bochinche, alborotar. Ú.t.c.r.

EMBODEGAR. tr. Meter y guardar en la bodega una cosa; como vino, aceite, etcétera.

EMBOJAR. tr. Poner ramas, alrededor de los zarzos donde se crían los gusanos de seda.

EMBOJO. m. Acción de embojar. || **2.** Enramada que se pone a los gusanos de seda para que suban a ella e hilen.

EMBOLADA. f. Cada uno de los movimientos que hace un émbolo en su marcha de vaivén dentro de un cilindro.

EMBOLADO, DA. p.p. de embolar. || **2.** m. fig. Papel teatral corto y desairado, y por extensión, cualquier caso de poco lucimiento. || **3.** V. *Toro* EMBOLADO. || **4.** fig. y fam. Artificio engañoso. || **5.** VENEZ. Embrollo, enredo.

EMBOLAR. tr. Poner bolas de madera a los cuernos del toro. || **2.** MÉJ. y AMÉR. CENTRAL. Emborrachar. Ú.t.c.r.

EMBOLAR. tr. Dar la postrera mano de bol a la pieza que se quiere dorar.

* **EMBOLATAR.** tr. COLOM. Enredar a uno mintiéndole.

EMBOLIA. (De *émbolo*.) f. MED. Obstrucción de un vaso sanguíneo por un coágulo, un nódulo graso, una burbuja de aire, etc. La más general es la arterial, ocasionada por un trombo desprendido.

EMBOLICAR. tr. AR. y MURC. Embrollar, enredar.

* **EMBOLINARSE. r.** CHILE. Embrollarse.

EMBOLISMADOR, RA. adj. Que embolisma. Ú.t.c.s.

EMBOLISMAL. (l. *embolismālis*.) adj. Se dice del año que tiene trece lunaciones.

EMBOLISMAR. (De *embolismo*.) tr. fig. y fam. Meter chismes y enredos, para indisponer los ánimos. || **2.** CHILE. Incitar, conmover.

EMBOLISMÁTICO, CA. (De *embolismo*.) adj. Confuso, enredado, ininteligible. Se aplica principalmente al lenguaje.

EMBOLISMO. (l. *embolismus*, y éste del gr. ἐμβολισμός.) m. Agregación de ciertos días al año lunar, civil, etc., para igualarlo con el año solar. || **2.** fig. Confusión, enredo, embarazo y dificultad en un negocio. || **3.** fig. Mezcla y confusión de muchas cosas. || **4.** Embuste, chisme.

ÉMBOLO. (l. *embŏlus*, y éste del gr. ἔμβολος.) m. MEC. Disco que se ajusta y se mueve alternativamente en el interior de un cuerpo de bomba o del cilindro de una máquina para enrarecer o comprimir un fluido o para recibir movimiento de él. || **P.** émbolo; **I.** piston, sucker; **F.** piston; **A.** Kolben, Stempel; **It.** stantuffo; **R.** поршень.

EMBOLSAR. tr. Guardar una cosa en la bolsa. Dícese por lo común del dinero. || **2.** Reembolsar, cobrar lo dado o prestado. Ú.t.c.r. || **3.** Cobrar, percibir dinero. || **4.** COLOM. Irse de vareta, zurrarse.

EMBOLSO. m. Acción y efecto de embolsar.

* **EMBOLLAR.** tr. P. RICO, REP. DOMIN. Enrollar. || **2.** Confundir.

EMBONADA. f. MAR. Acción y efecto de embonar un navío.

EMBONAR. (De *en* y *bueno*.) tr. Mejorar o hacer buena una cosa. || **2.** CUBA y

E MÉJ. Ajustar, acomodar, convenir. ‖ 3. ECUAD. Empalmar, unir dos cosas. ‖ 4. CHILE. Abonar la tierra, beneficiarla. ‖ 5. MAR. Forrar con tablones el casco de una embarcación para ensanchar su manga.

EMBONO. m. desus. Refuerzo que se echa en la ropa. ‖ 2. MAR. Forro de tablones con que se embona un buque.

EMBOÑIGAR. tr. Untar o bañar con boñiga.

EMBOQUE. (De *embocar*.) m. Paso de la bola por el aro o de otra cosa por una parte estrecha. ‖ 2. SANT. En el juego de bolos, bolo menor que los otros nueve y que tiene un valor convencional. ‖ 3. fig. y fam. Engaño. ‖ 4. CHILE. Boliche, juguete compuesto por un palo y una bola sujeta a él por un cordón.

EMBOQUERA. f. SAL. Cubierta de paja, heno o ramón, para tapar los sacos de cisco.

EMBOQUILLAR. tr. Poner boquillas a los cigarrillos de papel. ‖ 2. Labrar la boca de un barreno o preparar la entrada de una galería o de un túnel. ‖ 3. CHILE. Rellenar con mezcla u otra composición análoga las hiladas o junturas que quedan en las obras hechas con ladrillos.

EMBORNAL. (Como el cat. *ambrunal*, y el ast. *empruno*, pendiente, del l. *in prono*, en pendiente.) m. MAR. Imbornal.

EMBORRACHACABRAS. f. BOT. Mata coriácea, de hojas opuestas, lanceoladas, enteras; flores verdosas y frutos pentagonales negros. Sus hojas, ricas en tanino, se utilizan para curtir.

EMBORRACHADOR, RA. adj. Que emborracha.

EMBORRACHAMIENTO. (De *emborrachar*.) m. fam. Embriaguez.

EMBORRACHAR. (De *en* y *borracho*.) tr. Causar embriaguez. ‖ 2. Atontar, adormecer. Ú.t.c.r. Dícese de personas y de animales. ‖ 3. r. Beber vino, licor, etc., hasta perder el uso de la razón. ‖ 4. Mezclarse, confundirse los colores de una tela. ‖ EMBORRACHAR *la perdiz*. fr. fig. y fam. CHILE. Fascinar, seducir, usar de maña. ‖ P. emborrachar; I. to intoxicat; F. enivrer; A. berauschen; betäuben; It. ubbriacare; R. подпаивать.

EMBORRAR. tr. Henchir o llenar de borra una cosa. ‖ 2. Dar la segunda carda a la lana, y luego de echarle aceite, darle otra vuelta para emprimarla. ‖ 3. fig. y fam. Embocar, comer mucho y de prisa.

EMBORRASCAR. (De *en* y *borrasca*.) tr. Irritar, alterar. Ú.t.c.r. ‖ 2. r. Hacerse borrascoso, dicho del tiempo. ‖ 3. fig. Echarse a perder un negocio. ‖ 4. ARGENT., HOND. y MÉJ. Empobrecerse, agotarse una mina.

EMBORRAZAMIENTO. m. Acción y efecto de emborrazar.

EMBORRAZAR. tr. Poner albardilla al ave para asarla.

EMBORRICARSE. (De *en* y *borrico*.) r. fam. Quedarse como aturdido, sin saber ir ni atrás ni adelante. ‖ 2. fam. Enamorarse perdidamente.

EMBORRIZAR. (De *en* y *borra*.) tr. Dar la primera carda a la lana para hilarla. ‖ 2. AND. Dar a los dulces un baño de almíbar o azúcar.

EMBORRONADOR, RA. adj. Que emborrona.

EMBORRONAR. tr. Echar borrones o llenar de garrapatos un papel. ‖ 2. fig. Escribir de prisa y desaliñadamente.

EMBORRULLARSE. r. fam. Disputar, teñir con vocería y alboroto.

EMBOSCADA. (De *emboscar*.) f. Ocultación de una o varias personas para atacar por sorpresa a otra u otras. ‖ 2. fig. Asechanza, maquinación en daño de alguno. ‖ 3. MIL. Tropa apostada en un sitio para sorprender al enemigo. ‖ P. emboscada; I. ambuscade; F. embuscade; A. Hinterhalt; It. imboscata; R. засада.

EMBOSCADURA. f. Acción de emboscar o emboscarse. ‖ 2. Lugar que sirve para esto.

EMBOSCAR. (De *en* y *bosque*.) tr. Poner encubierta una partida de gente para una operación militar. Ú.t.c.r. ‖ 2. r. Entrarse u ocultarse entre el ramaje. ‖ 3. fig. Esconderse para no hacer frente a una obligación.

EMBOSQUECER. intr. Hacerse bosque, convertirse en bosque un terreno.

EMBOSTAR. tr. Abonar una tierra con bosta. ‖ 2. VENEZ. Rellenar las paredes de un rancho con una mezcla de bosta y tierra.

EMBOTADOR, RA. adj. Que embota.

EMBOTADURA. f. Efecto de embotar las armas cortantes.

EMBOTAMIENTO. m. Acción y efecto de embotar o embotarse.

EMBOTAR. (De *en* y *boto*.) tr. Engrosar el filo o la punta de una arma o de otro instrumento cortante. Ú.m.c.r. ‖ 2. fig. Enervar, debilitar, hacer menos activa o eficaz una cosa. ‖ P. embotar; I. to blunt; F. émousser; A. abstumpfen; It. smussare; R. притуплять.

EMBOTAR. tr. Poner algo, especialmente el tabaco en un bote.

EMBOTARSE. r. fam. Ponerse botas.

EMBOTELLADO, DA. p.p. de embotellar. ‖ 2. adj. fig. Dícese del discurso, poesía, proposición, etc., que en vez de improvisarse se lleva preparado en previsión del caso. ‖ 3. m. Acción de embotellar los vinos.

EMBOTELLADOR, RA. m. y f. Persona que tiene por oficio embotellar, 1.ª acep. ‖ 2. f. Máquina que sirve para embotellar, 1.ª acep.

＊ EMBOTELLAMIENTO. m. Atasco en la circulación rodada. ‖ 2. Operación de hundir uno o más navíos a la entrada de un puerto, rada o canal que obstaculizan o impiden la navegación.

EMBOTELLAR. tr. Echar el vino u otro líquido en botellas. ‖ 2. fig. Impedir que las naves enemigas salgan al mar. ‖ 3. fig. Acorralar, cercar a una persona; inmovilizar un negocio, una mercancía, etcétera.

EMBOTICAR. (De *en* y *botica*.) tr. ant. Almacenar, poner o guardar en almacén. ‖ 2. CUENC. y CHILE. Medicinar, jaropar. Ú.t.c.r.

EMBOTIJAR. tr. Echar y guardar algo en botijos o botijas. ‖ 2. Poner una tongada o lecho de botijas en un suelo húmedo que se ha de embaldosar. ‖ 3. r. fig. y fam. Hincharse, inflarse. ‖ 4. fig. y fam. Enfadarse, indignarse, irritarse, encolerizarse.

＊ EMBOTONAR. intr. REP. DOMIN. Empezar a echar pechos una muchacha. ‖ 2. Empezar a echar espolones un gallo.

EMBOVEDAR. tr. Abovedar, dar figura de bóveda. ‖ 2. Poner o encerrar alguna cosa en una bóveda.

EMBOZA. f. Entre los toneleros andaluces, desigualdad con que se vician los fondos de los toneles.

EMBOZADAMENTE. adv. fig. Recatada y artificiosamente en el modo de decir o hacer una cosa.

＊ EMBOZADO. m. CUBA. Dulce preparado con rodajas de plátano fritas con harina y huevo.

EMBOZALAR. (De *en* y *bozal*.) tr. Poner el bozal a las caballerías o a los perros.

EMBOZAR. (De *en* y *bozo*.) tr. Cubrir el rostro por la parte inferior con una prenda de vestir. EMBOZARSE *con la capa hasta los ojos*. ‖ 2. fig. Disfrazar u ocultar lo que uno piensa o proyecta. ‖ 3. tr. Poner el bozal a los animales. ‖ 4. AR. Obstruir un conducto.

EMBOZO. (De *embozar*.) m. Parte de una prenda con que uno se emboza. ‖ 2. Cada una de las tiras de seda, lana u otra tela con que se guarnecen interiormente desde el cuello abajo los lados de la capa. Ú.m. en pl. ‖ 3. Doblez de la sábana por la parte que toca al rostro. ‖ 4. fig. Recato artificioso con que se dice o hace algo. ‖ *Quitarse* uno el EMBOZO. fr. fig. y fam. Descubrir la intención que antes ocultaba. ‖ P. embuzo; I. muffler; F. pan du manteau; A. Schleier; It. bàvero, prilletto; R. часть, плаща.

EMBRACILADO, DA. p.p. de embracilar. ‖ 2. adj. fam. Aplícase a los niños cuyas madres u otras personas los traen continuamente en brazos.

EMBRACILAR. (De *brachile*, perteneciente al brazo, *bracil*.) tr. AND. y SAL. Llevar en brazos. Ú.t.c.intr.

EMBRAGAR. tr. Abrazar un fardo,

piedra, etc., con bragas o brigas. ‖ 2. Hacer que un mecanismo o parte de él comunique con el eje motor.

EMBRAGUE. m. Acción de embragar. ‖ 2. Dispositivo por el cual dos árboles o ejes en rotación pueden acoplarse o desacoplarse, lo mismo estando en reposo que en movimiento relativo entre sí. ‖ P. embraçadura; I. coupling, clutch; F. embrayage; A. Kupplung; It. imbraca(tura), contatto; R. включение.

＊ EMBRAMAR. tr. CHILE. Encobrar.

＊ EMBRAMAR. tr. ARGENT. Atar un animal a un poste o bramadero.

EMBRASAR. (De *en* y *brasa*.) tr. ant. Abrasar.

EMBRAVAR. (De *en* y *bravo*.) tr. ant. Embravecer. Usáb.t.c.r.

EMBRAVECER. (De *en* y *bravo*.) tr. Irritar, enfurecer. Ú.t.c.r. ‖ 2. fig. Robustecerse los vegetales. ‖ 3. r. Alterarse fuertemente los elementos. *El viento se* EMBRAVECE. ‖ P. embravecer; I. to irritate; F. irriter; A. in Wut bringen; It. adirare; R. сердить.

EMBRAVECIMIENTO. (De *embravecer*.) m. Irritación, furor.

EMBRAZADURA. f. Acción y efecto de embrasar. ‖ 2. Asa por donde se toma y embraza el escudo.

EMBRAZAR. tr. Meter el brazo izquiero por la embrazadura del escudo, rodela, adarga, etc., para cubrir el cuerpo.

EMBREADO, DA. p.p. de embrear. ‖ 2. adj. Que está untado o impregnado de brea. ‖ 3. MAR. Acción de embrear, embreadura.

EMBREADURA. f. Acción y efecto de embrear.

EMBREAR. tr. Untar con brea los costados del buque, cables, maromas, sogas, etc. ‖ P. embrear; I. to pitch; F. brayer; A. verpechen; It. impeciare; R. просмаливать.

EMBREGARSE. r. Meterse en bregas y cuestiones.

EMBREÑARSE. r. Meterse entre breñas.

＊ EMBRETAR. tr. ARGENT. Meter en el brete los animales.

EMBRIAGADOR, RA. adj. Que embriaga.

EMBRIAGANTE. p.a. de embriagar. Que embriaga.

EMBRIAGAR. (De *embriago*.) tr. Emborrachar. Ú.t.c.r. ‖ 2. fig. Enajenar, transportar, enloquecer. Ú.t.c.r. ‖ P. embriagar; I. to intoxicate; F. enivrer; A. berauschen; It. ubbriacare; R. напоить пьяным.

EMBRIAGO, GA. (l. *ebriacus*, ebrio.) adj. p. us. Ebrio.

EMBRIAGUEZ. (De *embriagar*.) f. Turbación pasajera de las potencias, ocasionada por haber bebido alcohol con exceso. ‖ 2. fig. Enajenamiento del ánimo. ‖ P. embriaguez; I. inebriety; F. ivresse; A. Trunkenheit, Rausch; It. ebbrezza; R. пьянство.

EMBRIBAR. (De *en* y *briba*.) tr. SAL. Convidar a comer.

EMBRIDAR. tr. Poner la brida a las caballerías. ‖ 2. Obligar al caballo a llevar y mover bien la cabeza. ‖ P. embridar; I. to bridle; F. brider; A. aufzäumen; It. imbrigliare; R. взнуздывать.

EMBRIOGENIA. (gr. ἔμβρυον, embrión, y λενεά, nacimiento.) f. ZOOL. Formación y desarrollo del embrión.

EMBRIOGÉNICO, CA. adj. Relativo a la embriogenia.

EMBRIOLOGÍA. (gr. ἔμβρυον, embrión, y λόγος, tratado.) f. Ciencia que estudia la formación y desarrollo de los embriones.

EMBRIOLÓGICO, CA. adj. FISIOL. Perteneciente o relativo a la embriología.

EMBRIÓN. (gr. ἔμβρυον; de ἐν, en, y βρύω, germinar, brotar.) m. BIOL. Germen, rudimento de todo cuerpo organizado, desde que comienza el desarrollo del huevo o de la espora hasta que el organismo adquiere la forma característica de la larva o del individuo adulto y la capacidad para llevar vida independiente. ‖ 2. En la especie humana, producto de la concepción hasta fines del tercer mes del embarazo. ‖ 3. fig. Principio informe de alguna cosa. ‖ *Estar en* EMBRIÓN una cosa. fr. fig. Estar en gestación, en sus comienzos. ‖

P. embrião; **I.** embryo; **F.** embryon; **A.** Embryo, Keimling; **It.** embrione; **R.** зародыш.

EMBRIONARIO, RIA. adj. Perteneciente o relativo al embrión. *Estado* EMBRIONARIO.

EMBRISAR. tr. MANCHA. Echar al vino brisa u orujo de calidad distinta para darle sabor.

★ **EMBRISCAMIENTO.** m. P. RICO. Huida, fuga.

★ **EMBRISCAR.** intr. P. RICO y REP. DOMIN. Huir, escapar. Ú.t.c.r.

EMBROCA. (l. *embrocha*, y éste del gr. ἐμβροχή, loción.) f. FARM. Cataplasma o puchada.

EMBROCACIÓN. f. FARM. Embroca. || **2.** MED. Acción de derramar lentamente, y como si se regara, un líquido sobre una parte enferma.

EMBROCAR. (De *en* y *brocal*.) tr. Vaciar una vasija en otra volviéndola boca abajo. || **2.** SAL. Dejar caer alguna cosa. || **3.** HOND., MÉJ. y SAL. Poner boca abajo una vasija o un plato y, por ext., cualquier otra cosa. Ú.t.c.r. || **4.** MÉJ. Ponerse el capote u otra prenda semejante metiendo la cabeza por la apertura. Ú.t.c.r.

EMBROCAR. tr. Arrollar en la boca los bordadores el hilo o torzal con que han de bordar. || **2.** Asegurar con brocas las suelas para hacer zapatos. || **3.** TAUROM. Encunar, coger el toro al lidiador entre las astas. || **4.** tr. GUAT. Salir mal parado un asunto.

EMBROCHADO, DA. adj. p. us. Brochado.

EMBROCHALAR. tr. Sostener con un trochal atravesado o una barra de hierro las vigas que se cargan en las paredes.

EMBROLLA. f. fam. Embrollo.

EMBROLLADAMENTE. adv. Con embrollo.

EMBROLLADOR, RA. adj. Que embrolla. Ú.t.c.s.

EMBROLLAR. (De *embrollo*.) tr. Enredar, confundir las cosas. Ú.t.c.r. || **P.** embrulhar; **I.** to embroil; **F.** embrouiller; **A.** verwirren; **It.** imbrogliare; **R.** запутывать.

EMBROLLO. (De *en* y el b. l. *brolium*, bosque, matorral, y éste del b. gr. περιθόλιον, bosque cerrado.) m. Enredo, confusión, maraña. || **2.** Embuste. || **3.** fig. Situación embarazosa de la que no se sabe cómo salir.

EMBROLLÓN, NA. (De *embrollar*.) adj..fam. Embrollador. Ú.t.c.s.

EMBROLLOSO, SA. adj. fam. Que implica o causa embrollo.

EMBROMADOR, RA. adj. Que embroma. Ú.t.c.s.

EMBROMAR. tr. Meter broma, gastar chanzas a uno. || **2.** Engañar a uno con trapacerías. || **3.** Usar de chanzas y bromas con uno por vía de diversión. || **4.** MAR. Remediar provisionalmente las costuras dañadas de un buque. || **5.** CHILE y MÉJ. Detener, retardar, hacer pasar el tiempo. Ú.t.c.r. || **6.** ARGENT., CUBA, CHILE y P. RICO. Fastidiar, molestar, disgustar. || **7.** ARGENT., CHILE y P. RICO. Perjudicar, ocasionar un daño moral o material.

★ **EMBROMÓN, NA.** (De *embromar*.) adj. CUBA y REP. DOMIN. Fastidioso, cargante.

EMBROQUELARSE. r. Abroquelarse.

EMBROQUETAR. tr. Sujetar con broquetas las piernas de las aves para asarlas.

EMBROSQUILAR. (De *en* y *brosquil*.) tr. AR. Meter el ganado en el redil.

EMBRUJADOR, RA. adj. Que embruja.

EMBRUJAMIENTO. m. Acción y efecto de embrujar.

EMBRUJAR. (De *en* y *bruja*.) tr. Hechizar, dañar a una persona por arte diabólica, según creencia del vulgo.

EMBRUTECEDOR, RA. adj. Que embrutece.

EMBRUTECER. (l. *in*, en, y *brutescĕre*, de *brutus*, bruto.) tr. Entorpecer las facultades del espíritu, casi privar a uno del uso de la razón. Ú.t.c.r.

EMBRUTECIMIENTO. m. Acción y efecto de embrutecer o embrutecerse. **P.** embrutecimento; **I.** brutification; **F.** abrutissement; **A.** Verdummung, Ver-

tierung; **It.** abbrutimento; **R.** озверение.

EMBUCIAR. tr. GERM. Embuchar.

★ **EMBUCHACARSE.** (De *en* y *buchaca*.) r. MÉJ. y AMÉR. CENTRAL. Apropiarse de algo. || **2.** MÉJ. y AMÉR. CENTRAL. Meterse al bolsillo alguna cosa.

EMBUCHADO, DA. p.p. de embuchar. || **2.** Tripa rellena con carne de puerco picada y aderezada y que según su tamaño lleva diversos nombres; morcilla, longaniza, salchicha, etc. || **3.** Tripa con otra clase de relleno, especialmente de lomo de cerdo. || **4.** fig. y fam. Moneda o monedas que se ocultan entre otras de menos valor cuando se hacen posturas de juego. || **5.** fig. Negocio revestido de una apariencia engañosa para ocultar algo de más importancia que se quiere hacer pasar inadvertido. || **6.** fig. y fam. Entripado o enojo disimulado. || **7.** fig. Introducción fraudulenta de votos en una urna electoral. || **8.** fig. Morcilla, añadidura de palabras o cláusulas que los cómicos introducen en el papel que representan. || **9.** fam. CUBA. Indisposición de vientre que produce evacuaciones. || **10.** VETER. En las gallináceas, dilatación del buche por ingestión excesiva de alimentos. || **2.ª** acep.: **P.** embutido; **I.** sausage; **F.** cervelas, saucisse; **A.** Wurst; **It.** salsicciotto; **R.** колбаса.

★ **EMBUCHAMIENTO.** m. Cebadura forzada de las aves. En las explotaciones avícolas modernas se efectúa mecánicamente.

EMBUCHAR. tr. Embutir carne picada en un buche o tripa de animal. || **2.** Introducir comida en el buche de una ave. || **3.** fam. Comer mucho, de prisa y casi sin mascar. || **4.** CUBA, P. RICO, ECUAD. y CHILE. Enojarse y disimular el enojo.

EMBUDADOR, RA. (De *embudar*.) m. y f. Persona que sostiene el embudo para llenar las vasijas.

EMBUDAR. tr. Poner el embudo en la boca de una vasija para echar dentro un líquido. || **2.** fig. Hacer engaños o embudos. || **3.** MONT. Hacer entrar la caza en un paraje cerrado que se estrecha gradualmente.

EMBUDISTA. adj. fig. Que hace embudos, trampas o enredos. Ú.t.c.s.

EMBUDO. (l. *imbūtum*.) m. Instrumento hueco de forma cónica y rematado en un canuto, para transvasar líquidos. || **2.** fig. Trampa, engaño, enredo. || **3.** fig. V. *Flor, ley del* EMBUDO. || **4.** MIL. Excavación producida en el suelo por la explosión de un proyectil o de una mina. || **5.** pl. GERM. Zaragüelles, 1.ª acep. || **P.** funil; **I.** funnel; **F.** entonnoir; **A.** Trichter; **It.** imbuto; **R.** воронка.

EMBULLADOR, RA. adj. Que embulla. Ú.t.c.s.

EMBULLAR. tr. Animar a uno para que tome parte en una diversión bulliciosa. Ú.t.c.r. || **2.** intr. COLOM., C. RICA y CUBA. Meter bulla o ruido, alborotar, animar. || **3.** r. AMÉR. Estar de bulla y gresca, jaranear.

EMBULLO. m. C. RICA, CUBA y P. RICO. Bulla, broma, jarana.

EMBUÑEGAR. (cat. *embunyegarse*.) tr. AR. Enmarañar, enredar. Ú.t.c.r.

★ **EMBURRAR.** tr. P. RICO y VENEZ. Cargar carros de cañas. || **2.** P. RICO y VENEZ. Meter la caña en el trapiche para molerla. || **3.** VENEZ. y COLOM. Amontonar, hacinar, apilar.

EMBURRIAR. tr. AST., BURG., LEÓN, PAL., SANT. y ZAM. Empujar, hacer fuerza contra una cosa para moverla.

EMBURUJAR. (De *en* y *burujo*.) tr. fam. Aborujar, hacer que se forme borujos en una cosa. || **2.** fig. Amontonar ciertas cosas mezclándolas confusamente. || **3.** CUBA. Confundir, embarullar una persona. || **4.** r. COLOM., MÉJ., P. RICO y VENEZ. Arrebujarse, cubrirse bien el cuerpo con una capa, manta o ropa de cama.

★ **EMBURUJO.** m. P. RICO y REP. DOMIN. Engaño, treta, ardid.

EMBUSTE. (l. *impositum*.) m. Mentira disfrazada de artificio. || **2.** pl. Brujerías, dijes, alhajitas de poco valor, que suelen usar las mujeres. || **3.** Monadas y graciosidades de los niños. || **4.** GUAT. Orgullo, petulancia. || **5.** MAR. Aparejo de pesca pequeño que se emplea en el Norte de África. || **P.** embuste; **I.** falsehood; **F.** men-

terie; **A.** Lüge, Betrügerei; **It.** bugia; **R.** ложь, обман.

EMBUSTEAR. intr. Usar frecuentemente de embustes y engaños.

EMBUSTERÍA. (De *embustero*.) f. fam. Artificio para engañar. || **2.** fam. Engaño.

EMBUSTERO, RA. adj. Que dice embustes. Ú.t.c.s. || **2.** CHILE. Que comete errores al escribir. || **3.** GUAT. Orgulloso, petulante. || **4.** GUAT. Melindroso, remilgado. || **P.** embusteiro; **I.** liar, deceitful; **F.** menteur; **A.** lügenhaft; **It.** bugiardo; **R.** лгун.

EMBUSTERUELO, LA. adj. d. de embustero.

EMBUSTIDOR, RA. (De *embustir*.) adj. p. us. Mentiroso.

EMBUSTIR. intr. p. us. Decir embustes.

EMBUTIDERA. (De *embutir*.) f. Tejo de hierro con un hueco en una de sus caras, donde entran las cabezas de los clavos cuando los remachan los caldereros.

EMBUTIDO, DA. p.p. de embutir. || **2.** adj. V. *Pintura* EMBUTIDA. || **3.** m. Acción y efecto de embutir. || **4.** Obra artística que se hace embutiendo en una superficie fragmentos de diversas substancias o colores, para formar varias figuras. || **5.** Embuchado, tripa rellena con carne picada o con alguna otra cosa. || **6.** AMÉR. Entredós de bordado o de encaje. || **5.ª** acep.: **P.** chouriço; **I.** sausage; **F.** saucisson; **A.** Salamiwürste; **It.** salame, salsiccione; **R.** колбаса.

EMBUTIR. tr. Hacer embutidos. || **2.** Llenar, meter una cosa dentro de otra y apretarla. || **3.** fig. Incluir, colocar una cosa dentro de otra. || **4.** fig. Instruir, imbuir. || **5.** fig. y fam. Embocar, tragar mucho y de prisa. Ú.t.c.r.

EME. f. Nombre de la letra *m*. || *Mandar* o *enviar*, una persona o cosa *a la* EME. fr. fig. y fam. de desprecio, en que *eme* es un eufemismo de *mierda*.

EMELGA. f. Amelga.

EMENAGOGO. (gr. ἔμμενα, menstruos, y ἀγωγός, que conduce.) adj. MED. Dícese de todo remedio que provoca la regla o evacuación menstrual de la mujer. Ú.t.c.s.

EMENDA. (De *emendar*.) f. ant. Enmienda.

EMENDABLE. (l. *emendabilis*.) adj. ant. Enmendable.

EMENDACIÓN. (l. *emendatĭo, -ōnis*.) f. ant. Acción y efecto de emendar o emendarse.

EMENDADOR. (l. *emendātor*.) m. ant. El que emienda.

EMENDADURA. (De *emendar*.) f. ant. Enmienda.

EMENDAMIENTO. m. ant. Emendadura.

EMENDAR. (l. *emendāre*.) tr. ant. Enmendar. Ú.t.c.r.

EMENTAR. tr. ant. Mentar.

EMERGENCIA. (l. *emergens, -entis*, emergente.) f. Acción y efecto de emerger. || **2.** Ocurrencia, accidente que sobreviene.

EMERGENTE. p.a. de emerger. Que emerge. || **2.** adj. Que nace, sale y tiene principio de otra cosa. || **3.** V. *Año* EMERGENTE. || **4.** FOR. V. *Daño* EMERGENTE.

EMERGER. (l. *emergĕre*.) intr. Brotar, salir del agua de otro líquido.

EMERITENSE. (l. *emeritensis*, de *Emerita*, Mérida.) adj. Natural de Mérida. Ú.t.c.s. || **2.** Perteneciente a esta ciudad.

EMÉRITO, TA. (l. *emeritus*.) adj. Dícese de la persona que se ha retirado de su empleo con haber pasivo. || **2.** Dícese especialmente del soldado de la Roma antigua que disfrutaba de una recompensa por sus méritos.

EMERSIÓN. (l. *emersĭo, -ōnis*.) f. ASTRON. Reaparición de un astro después de un eclipse o una ocultación.

EMÉTICO, CA. (l. *emetĭcus*, y éste del gr. ἐμετικός, de ἐμέω, vomitar.) adj. MED. Propio para provocar el vómito. Ú.t.c.s. || **2.** m. Tratado de potasa y antimonio.

★ **EMETROPÍA.** f. Estado normal del ojo y visión regular.

EMÍDIDO. (De *emys*, nombre de un género de quelonios.) adj. ZOOL. Dícese de reptiles quelonios que viven en las aguas dulces, buenos nadadores, con el

E espaldar deprimido, cabeza y extremidades retráctiles, dedos terminados en uña y unidos entre sí por una membrana; como el galápago. Ú.t.c.s.m. || **2.** m. pl. ZOOL. Familia de estos animales.

EMIDOSAURIO. (gr. ἐμύς, -ύδος, tortuga, y σαύρος, lagarto.) adj. ZOOL. Dícese de los reptiles, que como el caimán y el cocodrilo, se asemejan mucho a los saurios, de los cuales se distinguen por su mayor tamaño, por estar cubierto su dorso por grandes escamas óseas y por tener los dedos unidos entre sí mediante membranas. Ú.t.c.s. || **2.** m. pl. ZOOL. Orden de estos animales.

EMIENDA. (De *emendar*.) f. ant. Emienda. || **2.** m. ant. En la Orden de Santiago, caballero que hacía las veces de un trece por ausencia de éste.

EMIENTE. f. ant. Emiente.

EMIGRACIÓN. (l. *emigratio*, -ōnis.) f. Acción de emigrar. || **2.** Conjunto de personas, familias o habitantes de un país que se traslada a otro por tiempo ilimitado o temporalmente. || **—golondrina.** Aquella en que el emigrante va no a establecerse en el país sino a realizar ciertos trabajos y regresar a su patria. || **P.** emigração; **I.** emigration; **F.** émigration; **A.** Auswanderung, Emigration; **It.** emigrazione; **R.** эмиграция.

EMIGRADO. (De *emigrar*.) m. Persona que reside fuera de su patria por razones políticas.

EMIGRANTE. p.a. de emigrar. Que emigra. Ú.t.c.s. || **2.** adj. El que por motivos no políticos abandona su propio país para residir en otro. Ú.t.c.s.

EMIGRAR. (l. *emigrāre*.) intr. Dejar o abandonar una persona, familia o pueblo su propio país con ánimo de domiciliarse o establecerse en otro extranjero. || **2.** Ausentarse temporalmente del propio país para hacer en otro determinadas faenas. || **3.** Cambiar periódicamente de clima o localidad algunas especies animales, por exigencias de la alimentación o de la reproducción. || **P.** emigrar; **I.** to emigrate; **F.** émigrer; **A.** auswandern; **It.** emigrare; **R.** эмигрант.

EMIGRATORIO, RIA. adj. Perteneciente o relativo a la emigración.

EMINENCIA. (l. *eminentia*.) f. Altura o elevación del terreno. || **2.** fig. Excelencia, sublimidad de una dote del alma. || **3.** Título de honor dado a los cardenales de la Santa Iglesia Romana y al gran maestre de la religión de San Juan de Jerusalén. || **4.** Persona eminente. || **—gris.** Persona que aconseja y tiene gran ascendiente sobre un personaje o situación sin aparecer en primer término. || **Con** EMINENCIA. m. adv. FIL. Virtual o potencialmente. || **P.** eminência; **I.** eminency; **F.** éminence; **A.** Eminenz; **It.** eminenza; **R.** высота.

EMINENCIAL. (De *eminencia*.) adj. FIL. Aplícase a la virtud o poder que puede producir un efecto, no por conexión formal con él, sino por una virtud superior que la abraza con excelencia.

EMINENCIALMENTE. adv. Con superioridad, con eminencia.

EMINENTE. (l. *eminens*, -entis.) adj. Elevado, alto. || **2.** fig. Que sobresale entre los de su clase, en mérito, precio, calidad, etcétera. || **P.** e **It.** eminente; **I.** eminent; **F.** éminent; **A.** vorzüglich, eminent; **R.** возвышенный.

EMINENTEMENTE. adv. Excelentemente, con mucha perfección. || **2.** Con EMINENCIA. m. adv. FIL. Potencial o virtualmente.

EMINENTÍSIMO, MA. (sup. de *eminente*.) adj. Dícese como dictado o título de los cardenales de la Santa Iglesia Romana y al gran maestre de la orden de San Juan.

EMIR. (Del m. or. que *amir*.) m. Príncipe o caudillo árabe. || **P.** y **F.** emir; **I.** emir, emeer; **A.** Emir; **It.** emiro; **R.** эмир.

★ **EMIRATO.** m. Dignidad de emir y tiempo de su duración. || **2.** Territorio gobernado por el emir.

EMISARIO, RIA. (l. *emissarius*.) m. y f. Mensajero al que se le encarga una misión por lo común secreta. || **P.** emissário; **I.** emissary; **F.** émissaire; **A.** Geheimbote; **It.** emissario; **R.** посланец.

EMISIÓN. (l. *emissio*, -ōnis.) f. Acción y efecto de emitir. || **2.** Conjunto de títulos o efectos y operación de ofrecerlos al público. || **3.** Producción de energía radiante. || **4.** Tiempo durante el cual emite sin interrupción una estación radiodifusora.|| **5.** Fís. Acción por la cual un cuerpo emite radiaciones calóricas, eléctricas, térmicas o de otra cualquiera naturaleza. || **—sanguínea.** Sangría, 1.ª acep. || **P.** emissão; **I.** emission; **F.** émission; **A.** Ausgabe, Emission; **It.** emissione; **R.** выпуск.

EMISOR, RA. (l. *emissus*, emitido.) adj. Que emite. Ú.t.c.s. || **2.** ELECTR. Aparato productor de ondas electromagnéticas en una estación radiográfica o radiotelefónica de origen. || **3.** f. Esta misma estación.

EMITIR. (l. *emittĕre*.) tr. Arrojar, exhalar hacia afuera una cosa. || **2.** Producir y poner en circulación papel moneda, títulos o valores, efectos públicos, etc. || **3.** Tratándose de juicios, dictámenes, etc., darlos, manifestarlos. || **4.** Lanzar ondas hertzianas para transmitir señales, noticias, etc. || **P.** emitir; **I.** to emit; **F.** émettre; **A.** senden, emittieren; **It.** emèttere; **R.** выпускать.

EMOCIÓN. (l. *emotio*, -ōnis.) f. Estado orgánico caracterizado por una conmoción orgánica que produce fenómenos viscerales y frecuentemente se traduce en gesticulaciones, actitudes u otras formas de expresión. || **P.** emoção; **I.** emotion; **F.** émotion; **A.** Emotion, Gemütsbewegung; **It.** emozione; **R.** волнение.

EMOCIONAL. adj. Perteneciente o relativo a la emoción.

EMOCIONANTE. p.a. de emocionar. Que causa emoción.

EMOCIONAR. tr. Conmover el ánimo, causar emoción.

EMOLIENTE. (l. *emolliens*, -entis, p.a. de *emollīre*, ablandar.) adj. MED. Dícese del medicamento que sirve para relajar o ablandar las partes inflamadas.

EMOLIR. (l. *emollīre*.) tr. desus. MED. Ablandar.

EMOLUMENTO. (l. *emolumentum*.) m. Utilidad accesoria que corresponde a un cargo o empleo. Ú.m. en pl. || **P.** e **It.** emolumento; **I.** emolument; **F.** émolument; **A.** Vorteil; **R.** вознаграждение.

EMOTIVIDAD. f. Calidad de emotivo. - **EMOTIVO, VA.** adj. Relativo a la emoción. || **2.** Que produce emoción. || **3.** Sensible a las emociones.

EMPACADOR, RA. adj. Que empaca. || **2.** f. Máquina para empacar.

EMPACAMIENTO. m. AMÉR. Acción de empacarse, plantarse una bestia.

EMPACAR. (De *en* y *paca*, fardo.) tr. Empaquetar, encajonar.

EMPACARSE. (De *en* y *paco*, por la obstinación con que se planta este animal.) r. Emperrarse. || **2.** Obstinarse. || **3.** fig. Turbarse, amostazarse. || **4.** AMÉR. Plantarse una bestia. || **5.** AMÉR. Volverse reacio o terco.

EMPACÓN, NA. adj. ARGENT. y PERÚ. Dícese de la bestia que se empaca.

EMPACHADAMENTE. adv. Con estorbo, embarazo e impedimento.

EMPACHADO, DA. (De *empachar*.) adj. Desmañado y corto de genio.

EMPACHADOR, RA. adj. ant. Que embaraza o estorba. Usáb.t.c.s.

EMPACHAMIENTO. (De *empachar*.) m. ant. Empacho.-

EMPACHAR. tr. Embarazar, estorbar. Ú.t.c.r. || **2.** Ahitar, causar indigestión. Ú.m.c.r. || **3.** Disfrazar, encubrir. || **4.** Avergonzarse, turbarse, cortarse.

EMPACHO. (De *empachar*.) m. Cortedad, vergüenza, turbación. || **2.** Embarazo, estorbo. || **3.** Indigestión o ahíto. || **—de estómago.** Empacho, 3.ª acep. || **P.** apoucamento; **I.** surfeit; **F.** embarras; **A.** Verlegenheit; **It.** impaccio; **R.** расстройство желудка.

EMPACHOSO, SA. adj. Que causa empacho. || **2.** Vergonzoso.

EMPADRARSE. r. Encariñarse demasiado el niño con su padre o sus padres. || **2.** MÉJ. Aparear, unir sexualmente los animales.

EMPADRONADOR. m. El que forma los padrones o libros de asiento para los tributos y otros fines.

EMPADRONAMIENTO. m. Acción y efecto de empadronar o empadronarse. || **2.** Padrón, nómina o lista de vecinos.

EMPADRONAR. tr. Asentar o inscribir a uno en el padrón o libro de los moradores de un pueblo, ya para la policía y gobierno del mismo, ya para el pago de tributos u otro fin análogo. Ú.t.c.r. || **2.** r. ant. Apoderarse, enseñorearse de una cosa. || **P.** recensear; **I.** to take the census; **F.** recenser; **A.** einregistrieren; **It.** fare il censo; **R.** вносить в списки жителей.

EMPAJADA. f. Pajada para las caballerías.

EMPAJAR. tr. Cubrir o rellenar con paja alguna cosa. || **2.** COLOM. y CHILE. Techar con paja. || **3.** CHILE. Mezclar con paja, generalmente dicho del barro preparado para hacer adobes. || **4.** COLOM. y CHILE. Echar mucha paja y poco grano los cereales. || **5.** fig. ARGENT., CUBA y P. RICO. Hartarse de cosas insubstanciales. || **6.** fig. P. RICO. Enterarse bien de una cosa. || **7.** MÉJ. y P. RICO. Obtener pingüe beneficio.

EMPAJOLAR. tr. Sahumar con una pajuela las tinajas, cubas, etc., de vino, después de lavadas.

EMPALAGAMIENTO. m. Empalago.

EMPALAGAR. tr. Causar hastío un manjar, especialmente si es dulce. Ú.t.c.r. || **2.** fig. Cansar, fastidiar. Ú.t.c.r.

EMPALAGO. m. Acción y efecto de empalagar o empalagarse.

EMPALAGOSO, SA. adj. Dícese del manjar que empalaga. || **2.** fig. Dícese de la persona que causa fastidio por su zalamería y mimo. Ú.t.c.s.

EMPALAMIENTO. m. Acción y efecto de empalar.

EMPALAR. (De *palo*.) tr. Espetar en un palo, como se espeta un ave en el asador. || **2.** r. CHILE. Obstinarse, encapricharse. || **3.** CHILE. Ponerse muy duro el pan. || **4.** CHILE. Entumecerse, arrecirse.

EMPALAR. (De *pala*.) tr. En el juego de pelota, dar a ésta acertadamente con la pala, y por ext., golpear de igual modo una bola o pelota en otros deportes.

EMPALIADA. (De *empaliar*.) f. VAL. Colgadura de telas en una fiesta o solemnidad.

EMPALIAR. (l. *in*, en, y *pallium*, paño, colgadura.) tr. ant. Paliar. || **2.** VAL. Colgar la iglesia, la calle, etc., para una fiesta o solemnidad.

EMPALICAR. (De *en* y *palique*.) tr. CHILE y NAV. Engatusar, enlabiar, engaitar.

EMPALIZADA. (De *empalizar*.) f. Estacada, obra de estacas clavadas en tierra para cerca o defensa.

EMPALIZAR. (De *en* y *palo*.) tr. Rodear de empalizadas.

EMPALMADURA. (De *empalmar*.) f. Empalme.

EMPALMAR. (De *en* y *palma*, por la de la mano.) tr. Juntar, unir por los extremos dos cosas de manera que formen un todo. || **2.** fig. Ligar o combinar planes, ideas, etc. || **3.** intr. Enlazar o combinar un coche o ferrocarril con otro. || **4.** Seguir o suceder una cosa a continuación de otra sin interrupción. || **5.** r. Llevar la navaja oculta entre la manga y la palma de la mano, para acometer de improviso. || **P.** juntar, ligar; **I.** to couple; to join; **F.** embrancher; **A.** zusammenfügen, verbinden; **It.** incastrare, congiùngere; **R.** смыкать, соединять.

EMPALME. m. Acción y efecto de empalmar. || **2.** Punto en que se empalma. || **3.** Cosa que se empalma con otra. || **4.** Modo o forma de hacer el empalme. || **P.** junção; **I.** coupling; **F.** embranchement; **A.** Zusammenfügung, Anschluss; **It.** incastratura; **R.** соединение.

EMPALOMADO. m. Murallón de piedra que se construye dentro de un río, a manera de presa, sirve para que el agua pueda penetrar por las bocas de la acequia, labradas en su parte superior.

EMPALOMADURA. (De *empalomar*.) f. MAR. Ligada fuerte, con que a trechos proporcionados y en lugar de costura, se une la relinga a su vela en ciertos casos.

EMPALOMAR. (De *en* y *palomar*,

E

2.º art.) tr. Coser la relinga a la vela por medio de empalomaduras.

EMPALLETADO. (De *en* y *pallete*.) m. Defensa que se formaba en el costado del buque, al objeto de defender a la marinería del fuego de fusilería, hecho con cables, cuerdas y ropa de los mismos marineros metida en redes.

EMPAMPARSE.r. AMÉR. MERID. Extraviarse en la pampa.

EMPAMPIROLADO, DA. (De *en* y *pampírolada*.) adj. fam. Presuntuoso, jactancioso.

EMPANADA. (De *empanar*, 1.ª acep.) f. Manjar encerrado y cubierto con pan o masa, y cocido después en el horno. || 2. fig. Acción y efecto de ocultar o enredar fraudulentamente un negocio.

EMPANADILLA. f. d. de empanada. || 2. Pastel pequeño, aplastado, que se hace doblando la masa sobre sí misma para cubrir con ella el relleno de dulce, de carne picada o de otro manjar. || 3. AND. Banquillo de quita y pon que había en los estribos de los coches antiguos.

EMPANADO, DA. p.p. de empanar. || 2. adj. Dícese del aposento de una casa rodeado de otras piezas y que no tiene luz ni ventilación directas. Ú.t.c.m.

EMPANAR. tr. Encerrar una cosa en masa o pan, para cocerla en el horno. || 2. Rebozar con pan rallado un manjar para freírlo. || 3. AGR. Sembrar de trigo las tierras. || 4. r. AGR. Sofocarse los sembrados por haber echado en ellos demasiada simiente. || 5. SAL. Granar las mieses. || 6. RIOJA. Granar las legumbres.

★ **EMPANCINARSE.** r. P. RICO. Ahitarse, empacharse.

EMPANDAR. tr. Torcer o doblar una cosa especialmente hacia el medio dejándola panda. Ú.t.c.r.

EMPANDILLAR. (De (De *en* y *pandilla*.) tr. fam. Poner uno o varios naipes juntos con otro u otros para hacer alguna trampa. || 2. Obscurecer, ofuscar la vista o el entendimiento para hacer pasar algún engaño.

★ **EMPANDORGAR.** tr. COLOM. Embrollar, enredar.

★ **EMPANTALONARSE.** r. P. RICO. Envalentonarse.

EMPANTANAR. tr. Llenar de agua un terreno, dejándolo hecho un pantano. Ú.t.c.r. || 2. Meter a uno en un pantano. Ú.t.c.r. || 3. fig. Detener, embarazar o impedir el curso de una dependencia o negocio. Ú.t.c.r.

★ **EMPANTURRAR.** tr. PERÚ. Empalagar. || 2. Hartarse de comida. || 3. PERÚ. Repantigarse.

EMPAÑADO, DA. p.p. de empañar. || 2. adj. V. *Voz* EMPAÑADA.

EMPAÑADURA. (De *empañar*.) f. Envoltura, 1.ª acep.

EMPAÑAR. (De *en* y *paño*.) tr. Envolver a las criaturas en pañales. || 2. Quitar la tersura, el brillo a una cosa. Ú.t.c.r. || 3. fig. Manchar y obscurecer el honor, la fama, la reputación. Ú.t.c.r. || **P.** emkaixar, empanar; **I.** to swaddle, to tarnish; **F.** emmailloter, ternir; **A.** wickeln (Kind); **It.** fasciare un bambino, appanare; **R.** закутывать, пеленать.

EMPAÑETAR. (De *pañete*, enlucido.) tr. COLOM., C. RICA, VENEZ. y ECUAD. Embarrar, cubrir una pared con una mezcla de barro, paja y boñiga.

EMPAÑICAR. (De *en* y *pañico*, d. de *paño*.) tr. MAR. Recoger en pliegues pequeños el paño de las velas para aferrarlas.

EMPAPAMIENTO.m. Acción y efecto de empapar.

EMPAPAR. tr. Humedecer una cosa hasta el punto de que quede penetrada del líquido. Ú.t.c.r. EMPAPAR *el pan en vino.* || 2. Absorber una cosa dentro de sus poros o huecos otro líquido. Ú.t.c.r. La tierra EMPAPA *el agua.* || 3. Absorber un líquido en un cuerpo poroso. EMPAPAR *en una esponja el agua derramada.* || 4. Penetrar un líquido los poros o huecos de un cuerpo. Ú.t.c.r. *La lluvia se* EMPAPA *en la tierra.* || 5. r. fig. Poseerse o imbuirse de un afecto, idea, etc. EMPAPARSE *en la moral cristiana.* || 6. fam. Ahitarse, empacharse. || **P.** empapar; **I.** to soak; **F.** imbiber, tremper; **A.** durchweichen durchnässen; **It.** inzuppare; **R.** смачивать.

EMPAPELADO, DA. p.p. de empapelar. || 2. Acción y efecto de empapelar una habitación, un baúl, etc. || 3. Papel que recubre la superficie de una habitación, baúl, etc.

EMPAPELADOR, RA. m. y f. Persona que empapela.

EMPAPELAR. tr. Envolver en papel una cosa. || 2. Forrar de papel una superficie. || 3. fig. y fam. Formar causa criminal a uno.

EMPAPIROTAR. (De *en* y *papirote*.) tr. fam. Emperejilar. Ú.t.c.r.

EMPAPUCIAR. tr. Empapujar.

EMPAPUJAR. (De *en* y *papo*, buche.) tr. fam. Hacer comer demasiado a uno.

EMPAPUZAR. tr. ÁL., AR. y NAV. Empapujar.

EMPAQUE. m. Acción y efecto de empacar. || 2. Materiales que forman la envoltura y armazón de los paquetes.

EMPAQUE. (De *empacarse*.) m. fam. Catadura, aire de una persona. || 2. Seriedad con algo de afectación de las personas. || 3. AMÉR. Acción de empacarse un animal. || 4. CHILE, PERÚ y P. RICO. Descaro, desfachatez.

EMPAQUETADOR, RA. m. y f. Persona que tiene por oficio empaquetar.

EMPAQUETADURA. f. Guarnición de cáñamo y sebo, amianto, goma u otros materiales con que se revisten los émbolos, pistones u otros órganos de algunas máquinas, a fin de evitar el escape de un líquido o fluido. || 2. CHILE. Tasco o agramiza, estopa.

EMPAQUETAR. tr. Formar paquetes. || 2. Disponer paquetes dentro de bultos mayores. || 3. fig. Acomodar gran número de personas en un recinto. Ú.t.c.r. || 4. Emperejilar, acicalar una persona o cosa. Ú.t.c.r. || 5. CHILE. Rellenar con hilachas o estopa empapadas en grasa la caja del eje de los vagones. || 6. r. AMÉR. Ponerse paquete, vestirse de lujo. || **P.** empacotar; **I.** to pack; **F.** empaqueter; **A.** (ein-, ver)packen; **It.** impacchettare; **R.** упаковывать.

EMPARA. (De *emparar*.) f. FOR. AR. Emparamento.

EMPARAMARSE. r. AMÉR. Morirse de frío en los páramos.

EMPARAMENTAR. tr. Adornar con paramentos, como jaeces, colgaduras, etc.

EMPARAMENTO. m. FOR. AR. Acción y efecto de emparar.

EMPARAMIENTO.m. FOR. AR. Emparamento.

EMPARAR. (l. *anteparare*, preparar.) tr. FOR. AR. Embargar o secuestrar.

EMPARCHAR. tr. Poner parches; llenar de ellos una cosa. Ú.t.c.r.

EMPARDAR. tr. AR. y ARGENT. Empatar, igualar.

EMPAREDADO, DA. p.p. de emparedar. || 2. adj. Recluso por castigo, penitencia o propia voluntad. Ú.t.c.s. || 3. m. fig. Porción pequeña de jamón u otra vianda, entre dos rebanadas de pan.

EMPAREDAMIENTO. m. Acción y efecto de emparedar. || 2. Casa donde vivían recogidos los emparedados.

EMPAREDAR. tr. Encerrar a una persona entre paredes, incomunicándola. || 2. tr. Ocultar una cosa entre paredes.

EMPAREJADO, DA. p.p. de emparejar. || 2. adj. SAL. Aplícase a las ovejas acompañadas de sus crías.

EMPAREJADOR. m. El que empareja.

EMPAREJADURA. (De *emparejar*.) f. Igualación o acomodación de dos cosas entre sí.

EMPAREJAMIENTO. m. Acción y efecto de emparejar.

EMPAREJAR. (De *en* y *pareja*.) tr. Formar una pareja, sea reuniendo dos cosas o personas iguales o semejantes, sea igualándolas o conformándolas entre sí. Ú.t.c.r. || 2. Poner una cosa a nivel con otra. || 3. Tratándose de puertas, ventanas, etc., juntarlas de modo que ajusten, pero sin cerrarlas. || 4. SAL. Echar a la oveja artuña un cordero para que lo críe en vez del suyo. || 5. AGR. Igualar la tierra, nivelándola. || 6. intr. Llegar uno a ponerse al lado de otro que iba adelantando en la calle o camino. || 7. fig. Ponerse al nivel de otro más avanzado en un estudio

o tarea. || 8. Ser igual o pareja una cosa con otra.

EMPAREJO. (De *emparejar*.) m. ant. Par o yunta de bueyes.

EMPARENTAR. (De *en* y *pariente*.) intr. Contraer parentesco por vía de casamiento. || 2. *Estar* uno *bien,* o *muy,* EMPARENTADO. fr. Tener parentesco con casas ilustres y de notoria calidad.

EMPARRADO. (De *emparrar*.) Conjunto de los vástagos de una o más parras, que, sostenidas por una armazón, forman cubierta. || 2. Armazón que sostiene la parra u otra planta trepadora. || 3. fig. y fam. Peinado que los hombres forman con el pelo de los lados de la cabeza para encubrir la calvicie de la parte superior.

EMPARRAR. (De *en* y *parra*.) tr. Hacer o formar emparrado.

EMPARRILLADO. (De *en* y *parrilla*.) m. Conjunto de barras trabadas para afirmar los cimientos en terrenos flojos. || 2. Parrilla del hogar en los hornos, máquinas de vapor, etc.

EMPARRILLAR. tr. Asar en parrillas. || 2. ARQ. Zampear.

EMPARVAR. tr. Poner en parva las mieses. || 2. AMÉR. Hacer grandes montones con la mies, forrajes, etc. || 3. AMÉR. fig. Amontonar, reunir, acumular.

EMPASTADOR, RA. adj. Que empasta. || 2. Dícese del pintor que da buena pasta de color a sus obras. || 3. m. Pincel para empastar. || 4. AMÉR. Encuadernador de libros.

★ **EMPASTADA.** f. CHILE. El pasto que para alimento de los ganados se ha hecho crecer durante una temporada.

EMPASTADURA. f. CHILE. Acción y efecto de empastar, 1.er art., 2.ª acep.

EMPASTAR. tr. Cubrir de pasta una cosa. || 2. Encuadernar en pasta los libros. || 3. Dicho de un diente o muela, rellenar con pasta el hueco producido por la caries, después de raspar la parte atacada por la enfermedad. || 4. PINT. Poner el color en bastante cantidad para que no deje ver la imprimación ni el primer dibujo. || **P.** empastar; **I.** to paste; **F.** empâter; **A.** stopfen; **It.** impastare; **R.** покрывать пастой.

EMPASTAR. (De *en* y *pasto*.) tr. CHILE, GUAT. y MÉJ. Empradizar un terreno. Ú.t.c.r. || 2. ARGENT. y CHILE. Padecer meteorismo el animal por haber comido el pasto en malas condiciones. Ú.m.c.r. || 3. r. CHILE. Llenarse de maleza un sembrado.

EMPASTE. (De *empastar*, 1.er art.) m. Acción y efecto de empastar, 1.er art. || 2. Pasta con que se llena el hueco hecho por la caries en un diente. || 3. PINT. Unión perfecta y jugosa de los colores.

EMPASTE. (De *empastar*, 2.º art.) m. ARGENT. Meteorismo del ganado lanar.

EMPASTELAMIENTO. m. IMPR. Acción y efecto de empastelar o empastelarse.

EMPASTELAR. (De *en* y *pastel*.) tr. fig. y fam. Transigir un negocio sin arreglo o justicia para salir del paso. || 2. IMPR. Barajar las letras de un molde de modo que no formen sentido; mezclar suertes o fundiciones distintas. Ú.t.c.r.

EMPATADERA. f. fam. Acción y efecto de empatar y suspender una resolución, o por embarazo sobreveniendo, o por contrarresto hecho, como sucede en el juego de naipes.

EMPATAR. (De *pata*, 2.º art.) tr. Tratándose de una elección o votación, resultar tantos los votos en favor como en contra. Ú.t.c.r. || 2. Obtener en un concurso u oposición igual número de votos o puntos dos o más contrincantes. || 3. Suspender o embarazar el curso de la prueba de nobleza de sangre. || 4. COLOM., C. RICA, CUBA, MÉJ., P. RICO y VENEZ. Empalmar, juntar, unir dos cosas perfectamente. || 5. C. RICA. Atar, amarrar. || 6. EL SALV. Meter, clavar. || 7. VENEZ. Importunar. || EMPATÁRSELA a uno. fr. fam. Igualarle en una acción sobresaliente o extraordinaria.

EMPATE. m. Acción y efecto de empatar o empatarse. || 2. COLOM. Mango o palillero para la pluma. || 3. VENEZ. Cosa que hace perder el tiempo.

★ **EMPATILLAR**.tr. Sujetar con alambre el anzuelo para pescar.

E

★ EMPAVAR. tr. PERÚ. Burlarse de alguien. || **2.** ECUAD. Irritar. Ú.t.c.r. || **3.** VENEZ. Tener mala suerte.

EMPAVESADA. f. Reparo que se hacía con los paveses para cubrirse la tropa. || **2.** MAR. Faja de lana o paño azul o encarnado, con franjas blancas, para adornar las cofas y bordas de los buques y cubrir los asientos de popa de falúas y botes. || **3.** MAR. Encerado clavado por la parte exterior de la borda y que sirve para defender de la intemperie los coyes de la marinería, que van colocados en la batayola.

EMPAVESADO, DA. p.p. de empavesar. || **2.** adj. Armado o provisto de pavés. || **3.** m. Soldado que llevaba arma defensiva. || **4.** MAR. Conjunto de banderas y gallardetes con que se empavesan los buques.

EMPAVESAR. tr. Formar empavesadas. || **2.** Tapar con telas un monumento antes de ser inaugurado. || **3.** MAR. Engalanar una embarcación con empavesadas, banderas y gallardetes. || **3.ª** acep.: **P.** engalanar; **I.** to dress ship; **F.** pavoiser; **A.** Flaggenschmuck anlegen; **It.** pavesare; **R.** украшать судно флагами.

★ EMPAVÓN, NA. adj. PERÚ. Que se ruboriza con facilidad.

EMPAVONAR. tr. Pavonar. || **2.** COLOM. y P. RICO. Untar, pringar. || **3.** CHILE. Dar color empañado a los vidrios de puertas, ventanas, etc. || **4.** GUAT. y P. RICO. Adornarse con esmero.

EMPAVORECER. intr. ant. Llenarse de pavor, miedo, espanto o sobresalto.

EMPECATADO, DA. (l. *in*, en, y *peccătum*, pecado.) adj. De extrema travesura, incorregible, desdichado, dejado de la mano de Dios.

EMPECEDERO, RA. adj. Que puede empecer.

EMPECEDOR, RA. adj. ant. Que empece.

EMPECER. (l. *impedíscĕre*, de *impedîre*, impedir.) tr. desus. Dañar, causar perjuicio. || **2.** intr. Impedir, obstar.

EMPECIBLE. (De *empecer*.) adj. Empecedero.

EMPECIENTE. p.a. de empecer. Que empece. || *No* EMPECIENTE. m. adv. ant. No obstante.

EMPECIMIENTO. m. Acción y efecto de empecer.

EMPECINADO, DA. p.p. de empecinarse. || **2.** adj. Obstinado, terco, pertinaz.

EMPECINADO, DA. p.p. de empecinar. || **2.** m. Peguero. || **3.** Apodo que los comarcanos dan a los vecinos de Castrillo de Duero (Valladolid).

EMPECINAMIENTO. m. Acción y efecto de empecinarse.

EMPECINAR. (De *en* y *pecina*.) tr. Untar de pecina o de pez alguna cosa.

EMPECINARSE. (Por alusión a la tenacidad del guerrillero Juan Martín Díaz, *el Empecinado*.) r. Obstinarse, aferrarse.

EMPECHAR. (fr. ant. *empechier*.) tr. ant. Impedir, estorbar.

★ EMPEDARSE. r. ARGENT. Emborracharse.

EMPEDECER. (l. *impedíscĕre*, incoat. de *impedîre*.) tr. ant. Empecer.

EMPEDERNECER. tr. ant. Empedernir. Ú.t.c.r.

EMPEDERNIDO, DA. (De *empedernir*, 2.ª acep.) adj. fig. Insensible, duro de corazón.

EMPEDERNIR. (De *en* y el l. *pĕtrīnus*, de piedra.) tr. Endurecer mucho. Ú.t.c.r. || **2.** r. fig. Hacerse insensible, duro de corazón.

EMPEDRADO, DA. p.p. de empedrar. || **2.** adj. Rodado, con manchas obscuras. || **3.** fig. y fam. Dícese de la cara picada de viruelas. || **4.** m. Acción de empedrar. || **5.** Pavimento formado artificialmente de piedras. || **6.** fig. Dícese del cielo cubierto de nubes pequeñas.

EMPEDRADOR. m. El que tiene por oficio empedrar.

EMPEDRAMIENTO. m. Acción y efecto de empedrar.

EMPEDRAR. tr. Cubrir el piso con piedras clavadas en la tierra o ajustadas unas con otras. || **2.** fig. Llenar de desigualdades una superficie con objetos extraños

a ella. || **3.** Por ext., se dice de otras cosas que se ponen en abundancia. EMPEDRAR *de citas, de errores*, etc. || **P.** empedrar; **I.** to pave with stone; **F.** empierrer; **A.** (ein) pflastern; **It.** lastricare; **R.** мостить.

EMPEGA. f. Pega o materia dispuesta para empegar. || **2.** Señal o marca que se hace con pez al ganado lanar.

EMPEGADO, DA. p.p. de empegar. || **2.** m. Tela o piel untada con pez o de otra materia semejante.

EMPEGADURA. (De *empegar*.) f. Baño de pez o de otra materia semejante que se da a pellejos, barriles y otras vasijas.

EMPEGAR. (l. *impicăre*.) tr. Bañar o cubrir con pez derretida u otra cosa semejante lo interior o lo exterior de los pellejos, barriles y otras vasijas. || **2.** Marcar o señalar con pez el ganado lanar.

EMPEGO. m. Acción y efecto de empegar.

EMPEGUNTAR. (De *en* y *pegunta*.) tr. Empegar, marcar con pez las reses.

EMPEINE. (l. *antepedĭum*, parte anterior del pie.) m. Parte inferior del vientre entre las ingles. || **2.** Parte superior del pie entre la caña de la pierna y el principio de los dedos. || **3.** Parte de la bota desde la caña a la pala. || **2.ª** acep.: **P.** peito do pé; **I.** instep; **F.** cou-de-pied; **A.** Spann, Rist; **It.** fiocca; **R.** подъём (ноги).

EMPEINE. (l. *impetĭgo, -ĭnis*.) m. Enfermedad del cutis, que lo pone áspero y encarnado, causando picazón. || **2.** BOT. Hepática de las fuentes. || **3.** AND. Flor que cría la planta del algodón.

EMPEINOSO, SA. (l. *impetiginōsus*.) adj. Que tiene empeines en el cutis.

EMPELAR. intr. Echar o criar pelo. || **2.** Igualar o asemejarse mucho en el pelo dos o más caballerías. || **3.** SAL. Talar y quemar un monte bajo para dejar la tierra preparada para la labranza.

EMPELAZGARSE. r. fam. Meterse en pelazga o pendencia.

EMPELECHAR. (l. *impiallacciare*, chapear.) tr. Juntar o aplicar chapas de mármol. || **2.** Chapear de mármol la superficie de una pared o de una columna.

EMPELOTARSE. (Tal vez de *pelote*, de *pelo*.) r. fam. Enredarse, confundirse especialmente a causa de una riña o quimera. || **2.** EXTR., COLOMB., CUBA, CHILE y MÉJ. Desnudarse, quedarse en pelota. || **3.** CUBA. Enamorarse apasionadamente, encapricharse, tener antojo de algo.

EMPELTRE. (cat. *empelt*, de *empeltar*, injertar y éste del l. *in*, en, y *pellis*, piel, corteza.) m. Injerto de escudete. || **2.** AR. Olivo injerto, que da aceituna negra, buena para adobar y para el molino.

EMPELLA. (De *empeña*.) f. Pala o parte del zapato, que cubre el pie desde la punta hasta la mitad.

EMPELLA. (De *pella*.) f. ant. Pella, 5.ª acep. Ú. en Colombia, Chile y Méjico.

EMPELLADA. (De *empellar*.) f. ant. Empellón.

EMPELLAR. (De *empeller*.) tr. Empujar, dar empellones.

EMPELLEJAR. tr. Cubrir o forrar con pellejos una cosa.

EMPELLER. (l. *impellĕre*.) tr. Empellar.

EMPELLICAR. (De *en* y *pellica*.) tr. ant. Forrar una cosa con pieles.

EMPELLÓN. (De *empellar*.) m. Empujón recio que se da con el cuerpo. || *A* EMPELLONES. m. adv. fig. y fam. Con violencia, bruscamente. || **P.** empurrão; **I.** push; **F.** poussée; **A.** heftiger Stoss; **It.** spinta; **R.** сильный толчок.

EMPENACHADO, DA. p.p. de empenachar. adj. Que tiene penacho.

EMPENACHAR. tr. Adornar con penachos.

EMPENDOLAR. (De *en* y *péndola*.) tr. ant. Poner plumas a las saetas o a los dardos.

EMPENTA. (b. l. *impincta*, por *impacta*, de *impíngĕre*, empujar.) f. Puntal o apoyo para sostener una cosa.

EMPENTAR. (De *empenta*.) tr. AND., AR. y CUENC. Empujar, empellar. || **2.** MIN. Unir las excavaciones o las obras de fortificación de modo que queden bien seguidas.

EMPENTÓN. (De *empentar*.) m. AR. y NAV. Empellón.

EMPEÑA. (l. *antepedĭnum*, parte anterior del pie.) f. ant. Empella, 1.er art. || **2.** ant. Cada una de las alas del hígado.

EMPEÑADAMENTE. adv. Con empeño.

EMPEÑADO, DA. p.p. de empeñar. || **2.** adj. Dicho de disputas o reyertas, acalorado, reñido.

EMPEÑAMIENTO. m. ant. Empeño, 1.ª acep.

EMPEÑAR. (De *empeño*.) tr. Dar o dejar una cosa en prenda para seguridad de la satisfacción o pago. Cuando se trata de valores públicos o industriales se usa pignorar. || **2.** Precisar, obligar. Ú.t.c.r. || **3.** Poner a uno de mediaero para conseguir una cosa. || **4.** r. Endeudarse. || **5.** Insistir con tesón en una cosa. || **6.** Hacer uno de oficio de mediador en favor de otro. || **7.** Empezar, trabar una lucha. *La artillería* EMPEÑÓ *batalla*. || **8.** MAR. Aventurarse o exponerse un buque a riesgos y averías en las proximidades de la costa. || **P.** empenhar; **I.** to pawn; **F.** engager; **A.** verpfänden; **It.** impegnare; **R.** отдавать вздолог.

EMPEÑO. (l. *in pignus*.) m. Acción y efecto de empeñar o empeñarse. || **2.** Obligación de pagar alguna deuda, o de hacer algo por punto de honra, cargo de conciencia u otro motivo. || **3.** Deseo vehemente de hacer o conseguir alguna cosa. || **4.** Objeto a que se dirige. || **5.** Tesón y constancia. || **6.** Protector, padrino o persona que se ha empeñado por alguno. || **7.** fig. Influencia, valimiento. || **8.** MÉJ. Casa de empeños o préstamos. || *Con* EMPEÑO. m. adv. Con gran deseo, ahinco y constancia; sin omitir diligencia alguna. || *En* EMPEÑO. m. adv. En fianza. || **P.** empenho; **I.** y **F.** engagement; **A.** Verpfändung; **It.** impegno; **R.** заклад, залог.

★ EMPEÑOSAMENTE. adv. MÉJ. Con fuerza y tesón.

EMPEÑOSO, SA. (De *empeño*.) adj. AND. y AMÉR. Dícese del que muestra tesón y constancia en conseguir un fin.

EMPEORAMIENTO. m. Acción y efecto de empeorar o empeorarse.

EMPEORAR. tr. Hacer o poner peor. || **2.** intr. Irse declinando o poniendo peor el que o lo que ya estaba malo. Ú.t.c.r. **P.** empiorar; **I.** to get worse; **F.** empirer; **A.** verschlimmern; **It.** peggiorare; **R.** ухудшать.

EMPEQUEÑECER. tr. Minorar una cosa o amenguar su importancia.

EMPEQUEÑECIMIENTO. m. Acción y efecto de empequeñecer.

EMPERADOR. (l. *imperător*.) m. Título o dignidad dado al jefe supremo del antiguo imperio romano. || **2.** Título de mayor dignidad dado a ciertos soberanos que tenían por vasallos a otros reyes o grandes príncipes. || **3.** CUBA. Pez espada. || **P.** imperador; **I.** emperor; **F.** empereur; **A.** Kaiser; **It.** imperatore; **R.** император.

EMPERADORA. (De *emperador*.) f. ant. Emperatriz.

EMPERATRIZ. (l. *imperatrix*.) f. Mujer del emperador. || **2.** Soberana de un imperio. || **P.** imperatriz; **I.** empress; **F.** impératrice; **A.** Kaiserin; **It.** imperatrice; **R.** императрица.

EMPERCHADO. (De *percha*.) m. Cerca formada por enrejados de maderas verdes, para impedir la entrada en alguna parte.

EMPERCHAR. tr. Colgar en la percha. || **2.** r. Prenderse la caza en la percha. || **3.** REP. DOMIN. Ataviarse, emperejilarse.

EMPERDIGAR. tr. Perdigar.

EMPEREJILAR. (De *en* y *perejiles*, adorno excesivo.) tr. fam. Adornar a una persona con profusión y esmero. Ú.m.c.r.

EMPEREZAR. intr. Dejarse dominar de la pereza. Ú.m.c.r. || **2.** tr. fig. Diferir, entorpecer la expedición o curso de una cosa.

EMPERGAMINAR. tr. Cubrir o forrar con pergamino. Dícese especialmente de los libros.

EMPERGAR. (l. *in* y *pertica*.) tr. SAL. Prensar la aceituna en el empergue.

EMPERGUE. m. SAL. Acción y efecto de empergar. || **2.** SAL. Barra o palanca que hace presión en la molienda de la aceituna. || **3.** SAL. Prensa de la aceituna.

E

★ **EMPERICARSE**. r. fam. COLOM. Emborracharse. || **2**. MÉJ. Encaramarse.

EMPERIFOLLAR. (De *en* y *perifollo*.) tr. Emperejilar. Ú.t.c.r.

EMPERNAR. tr. Clavar o asegurar una cosa con pernos.

EMPERO. conj. advers. Pero. || **2**. Sin embargo.

EMPERRADA. f. Tresillo, juego de naipes.

EMPERRAMIENTO. m. fam. Acción y efecto de emperrarse.

EMPERRARSE. (De *en* y *perro*.) r. fam. Obstinarse, empeñarse a no ceder ni darse por vencido. || **2**. COLOM. Llorar.

★ **EMPERRECHINARSE**. r. PERÚ. Emberrenchinarse.

EMPERSONAR. (De *en* y *persona*.) tr. ant. Empadronar, inscribir en el padrón.

EMPERTIGAR. tr. CHILE. Atar al yugo el pértigo del carro.

EMPESADOR. m. Manojo de raíces de juncos, de que se sirven los tejedores de lienzo para atusar la urdimbre.

EMPESTAR. (De *en* y *peste*.) tr. ant. Apestar.

EMPESTIFERAR. (l. *in*, en, y *pestiferāre*.) tr. ant. Apestar.

EMPETATAR. tr. GUAT., MÉJ. y PERÚ. Esterar, cubrir un piso con petate.

EMPETRO. (l. *empĕtros*, y éste del gr. ἔμπετρον; de ἐν, en, y πέτρα, roca.) m. Hinojo marino.

EMPEZAMIENTO. (De empezar.) m. ant. Comienzo.

EMPEZAR. (De *en* y *pieza*.) tr. Comenzar, dar principio a una cosa. || **2**. Iniciar el uso o consumo de ella. || **3**. intr. Tener principio una cosa. || *Lo que no se* EMPIEZA *no se acaba*. ref. que aconseja sacudir la pereza, indicando que suele vencerse la dificultad de un asunto con sólo comenzarlo. || **P**. começar; **I**. to begin; **F**. commencer, entamer; **A**. anfangen, beginnen; **It**. cominciare; **R**. начинать.

EMPIADAR. tr. ant. Apiadar. Usáb. t.c.r.

EMPICAR. (De *en* y *pica*.) tr. ant. Ahorcar.

EMPICARSE. (De *en* y *picarse*, aficionarse.) r. Aficionarse demasiado.

EMPICOTADURA. f. Acción de empicotar.

EMPICOTAR. tr. Poner a uno en la picota.

EMPIECE. m. fam. Comienzo.

EMPIEMA. (gr. ἐμπύημα.) m. MED. Derrame purulento en la pleura. || **2**. Por ext., operación destinada a evacuar este derrame.

EMPIEZO. (De *empezar*.) m. ant. Comienzo. Ú. en la Argentina.

EMPIEZO. (De *empecer*.) m. ant. Embarazo, impedimento, estorbo.

EMPIGÜELAR. tr. ant. Apiolar.

EMPILAR. tr. Apilar.

★ **EMPILCHAR**. (De *en* y *pilcha*.) tr. URUG. Ensillar un caballo.

EMPILONAR. (De *en* y *pilón*.) tr. CUBA. Apilar las hojas de tabaco, colocándolas extendidas unas sobre otras.

EMPINA. (De *empinar*.) f. SAL. Corro de hierba, que por estar más crecida, sobresale en un prado. || **2**. SAL. Mata de hierbas que impide la libre acción del arado.

EMPINADA (IRSE A LA). fr. EQUIT. Encabritarse una bestia.

EMPINADO, DA. p.p. de empinar. || **2**. adj. Muy alto. || **3**. fig. Estirado, orgulloso.

EMPINADURA. f. Empinamiento.

EMPINAMIENTO. m. Acción y efecto de empinar o empinarse.

EMPINANTE. p.a. de empinar. Que empina.

EMPINAR. (De *en* y *pino*, derecho.) tr. Enderezar y levantar en alto. || **2**. Levantar inclinando mucho una vasija, vaso, etc., para beber. || **3**. fig. y fam. Beber mucho. || **4**. r. Ponerse una persona sobre las puntas de los pies o un animal sobre los dos pies levantando las manos. || **5**. fig. Alcanzar gran altura los árboles, torres, montañas, etcétera.

EMPINGOROTADO, DA. p.p. de empingorotar. || **2**. adj. Dícese de la persona elevada a posición social ventajosa. || **3**. Encopetado.

EMPINGOROTAR. (De *en* y *pingo-*

rote.) tr. fam. Levantar una cosa poniéndola sobre otra. Ú.t.c.r.

EMPINO. (De *empinar*.) m. desus. Elevación, prominencia. || **2**. ARQ. Parte de la bóveda por arista, que está más alta que el plano horizontal que pasa por las claves de los arcos en que se apoya.

EMPIÑONADO. m. Piñonate, pasta con piñones y azúcar.

EMPIOLAR. tr. ant. Apiolar.

EMPÍREO, A. (l. *empyrĭos*, y éste del gr. ἐμπύριος [de ἐν, en, y πῦρ, fuego].) inflamado, ardiente, por ser el sitio del fuego puro, eterno, y de las estrellas fijas o astros incorruptibles según el sistema antiguo.) adj. Dícese del cielo; en la teología cristiana, cielo, en el que los ángeles y los bienaventurados gozan de la presencia de Dios. Ú.t.c.s. || **2**. Perteneciente al cielo empíreo. || **3**. fig. Celestial, supremo, divino. || **4**. MIT. Parte más alta de los cielos, donde residían los inmortales. || **3**.ª acep.: **P**. empíreo; **I**. empyreal; **F**. empyrée; **A**. himmlisch; **It**. empíreo; **R**. небесный.

EMPIREUMA. (l. *empyreuma*, y éste del gr. ἐμπύρευμα; de ἐν, en, y πυρεύω, dar fuego, encender.) m. Olor y sabor particulares que adquieren ciertas substancias orgánicas sometidas a fuego violento.

EMPIREUMÁTICO, CA. adj. Que tiene empireuma.

EMPÍRICAMENTE. adv. Por sola la práctica.

EMPÍRICO, CA. (l. *empirĭcus*, y éste del gr. ἐμπειρικός, de ἔμπειρος, experto; de ἐν, en, y πεῖρα, experiencia.) adj. Perteneciente o relativo al empirismo. || **2**. Que procede empíricamente. Ú.t.c.s. || **3**. Partidario del empirismo filosófico. Ú.t.c.s.

EMPIRISMO. (De empírico.) m. Procedimiento fundado en la sola experiencia. || **2**. Sistema filosófico que considera la experiencia como base única de los conocimientos humanos.

★ **EMPITAR**. tr. PERÚ. Asegurar un cabo con pita.

EMPITONAR. tr. TAUROM. Alcanzar la res al lidiador cogiéndole con los pitones.

EMPIZARRADO, DA. p.p. de empizarrar. || **2**. m. Cubierta de un edificio formada con pizarras.

EMPIZARRAR. tr. Cubrir con pizarras el techo de un edificio.

EMPIZCAR. (De *en* y *pizcar*.) tr. ant. Azuzar.

EMPLANTILLAR. tr. CHILE. Rellenar con cascote las zanjas de cimentación. || **2**. AND. Atascar, atrancar.

EMPLASTADURA. f. Acción y efecto de emplastar.

EMPLASTAMIENTO. m. Emplastadura.

EMPLASTAR. tr. Poner emplastos. || **2**. fig. Componer con afeites o adornos postizos. Ú.t.c.r. || **3**. fam. Embarazar el curso de un negocio. || **4**. r. Embadurnarse con cualquier compuesto pegajoso. || **5**. HOND. Sentarse.

EMPLASTECER. (De *en* y *plastecer*.) tr. PINT. Igualar con el aparejo una superficie para poder pintar sobre ella.

EMPLÁSTICO, CA. adj. Pegajoso, glutinoso, como el emplasto. || **2**. MED. Disolutivo, supurativo.

EMPLASTO. (De *emplastro*.) m. MED. Medicamento externo glutinoso, generalmente extendido sobre un pedazo de tela, que se adhiere a la parte a la cual se aplica. Su base es una mezcla de materias grasas y resinosas o jabón de plomo. || **2**. fig. y fam. Componenda o arreglo desmañado y poco satisfactorio. || **3**.fig. y fam. ARGENT. Parche, pegote. || *Estar* uno *hecho un* EM-PLASTO. fr. fig. y fam. Estar cubierto de emplastos y medicamentos. || **2**.fig. y fam. Estar delicado de salud y falto de fuerzas.

EMPLÁSTRICO, CA. (De *emplastro*.) adj. Emplástico.

EMPLASTRO. (l. *emplastrum*, y éste del gr. ἔμπλαστρον.) m. ant. Emplasto.

EMPLAZADOR. m. El que emplaza.

EMPLAZAMIENTO. m. Situación, colocación, ubicación.

EMPLAZAMIENTO. m. Acción y efecto de emplazar.

EMPLAZAR. (De *en* y *plazo*.) tr. Citar a una persona en determinado tiempo y lugar. || **2**. FOR. Citar al demandado con señalamiento de plazo. || **3**. MONT. Con-

certar el monte, visitarlo y registrarlo los monteros para saber la caza y los lugares donde hallarla. || **P**. emprazar; **I**. to summon; **F**. assigner, citer; **A**. vorladen, zitieren; **It**. citare (in giudizio); **R**. вызывать.

EMPLAZAR. (De *en* y *plaza*.) tr. Poner una cosa en determinado lugar. Díjose primeramente de las piezas de artillería.

EMPLAZO. (De *emplazar*.) m. desus. FOR. Emplazamiento, acto de emplazar.

EMPLEA. f. ant. Mercaderías que compra un comerciante para su negocio.

EMPLEADO, DA. p.p. de emplear. || **2**. m. y f. Persona que desempeña un destino o empleo. || **P**. empregado; **I**. employee, clerk; **F**. employé; **A**. angestellter; **It**. impiegato; **R**. служащий.

EMPLEADOR, RA. adj. Que emplea. || **2**. m. Patrono, persona que da empleo a otros. Se usa más en América.

EMPLEAR. (fr. *employer*, y éste del l. *implicāre*, ocupar.) tr. Ocupar a uno encargándole un trabajo, negocio o comisión. Ú.t.c.r. || **2**. Destinar a uno al servicio público. || **3**. Gastar, invertir dinero en compras u otras cosas. || **4**. Gastar, ocupar, consumir. || **5**. Usar, utilizar. || **6**. desus. Tener trato amoroso. Casarse. || EM-PLEÁRSELE *bien* a uno alguna cosa. fr. fam. Estarle bien empleada. || **P**. empregar; **I**. to employ; **F**. employer; **A**. anwenden; **It**. impiegare; **R**. применять.

EMPLEITA. (l. *implicĭta*, t. f. de *-tus*, p.p. de *implicāre*, envolver, enredar.) f. Pleita, soguilla o trenza de esparto. || **2**. P. RICO. Molde tosco para hacer queso. || **3**. m. P. RICO. Sombrero jíbaro hecho de hojas de palma.

EMPLEITERO, RA. m. y f. Persona que hace o vende empleita.

EMPLENTA. (gr. ἔμπλεκτον.) f. Pedazo de tapia que se hace de una vez, según el tamaño del tapial con que se fabrica.

EMPLENTA. (De *empleita*.) f. ant. Pleita.

EMPLEO. m. Acción y efecto de emplear. || **2**. Destino, ocupación, oficio. || **3**. GERM. Hurto, robo. || *Apear* a uno de *un* EMPLEO. fr. fig. y fam. Deponerle de él, quitarlo. || *Jurar* un EMPLEO. fr. Tomar posesión de él. || *Suspender* a uno *del* EM-PLEO. Interrumpirle temporalmente su ejercicio. || **P**. emprego, ocupação; **I**. employ, occupation; **F**. emploi, charge; **A**. Gebrauch, Amt; **It**. impiego, officio; **R**. применение, использование.

EMPLEOMANÍA. (De *empleo* y *manía*.) f. Afán con que se codicia un empleo público retribuido.

EMPLOMADO, DA. p.p. de emplomar. || **2**. Conjunto de planchas de plomo que cubre una techumbre, o de plomos que sujetan los cristales de las vidrieras.

EMPLOMADOR. m. El que tiene por oficio emplomar.

EMPLOMADURA. f. Acción y efecto de emplomar. || **2**. Porción de plomo con que está emplomado algo.

EMPLOMAR. tr. Cubrir, asegurar o soldar con plomo una cosa. EMPLOMAR *las vidrieras*. || **2**. Poner sellos de plomo a los fardos cuando se precintan.

EMPLUMAJAR. tr. ant. Adornar con plumajes. Ú.t.c.r.

EMPLUMAR. tr. Poner plumas a una cosa, bien para adorno, bien para que vuele, como en la saeta o el dardo, bien para afrentar, como se hacía con las alcahuetas. || **2**. ECUAD. y VENEZ. Enviar a uno a algún sitio de castigo. || **3**. intr. Emplumecer. || **4**. CUBA. Despedir a un subalterno. || **5**. CUBA y GUAT. Engañar a uno en un trato, darle gato por liebre. || **6**. HOND. Dar una zurra o paliza. || **7**. AMÉR. Engañar dando una noticia falsa. || **8**. AMÉR. Escapar, huir, fugarse. Ú. con la prep. *con*. || EMPLUMARLAS. loc. COLOM. Tomar las de Villadiego. || *Que me* EMPLUMEN. fr. fam. que suele ir seguida de la conjunción *si* para enunciar algo que se tiene por imposible.

EMPLUMECER. intr. Echar plumas las aves.

EMPOBRECEDOR, RA. adj. Que empobrece a uno.

EMPOBRECER. (De *en* y *pobre*.) tr. Hacer que uno quede pobre. *La desidia* EMPOBRECE. || **2**. intr. Venir a estado de

E pobreza una persona. Ú.t.c.r. || **3.** Decaer, venir a menos una cosa material o inmaterial. Ú.t.c.r. || **P.** empobrecer; **I.** to impoverish; **F.** appauvrier; **A.** verarmen; **It.** impoverire; **R.** разорять.

EMPOBRECIMIENTO. m. Acción y efecto de empobrecer o empobrecerse.

EMPOBRIDO, DA. p.p. irreg. ant. de empobrecer.

EMPODERAR. tr. desus. Apoderar. Usáb.t.c.r.

EMPODRECER. (l. *imputrescĕre*.) intr. Pudrir, corromper, dañar. Ú.m.c.r.

* **EMPOLINAR.** tr. REP. DOMIN. Afirmar un camino.

EMPOLTRONECERSE. (De *en* y *poltrón*.) r. p. us. Apoltronarse.

EMPOLVAR. r. Echar polvo. || **2.** Echar polvos de tocador en los cabellos o en el rostro. Ú.t.c.r. || **3.** r. Cubrirse de polvo. || **4.** REP. DOMIN. Poner pies en polvorosa, huir. || **5.** fig. MÉJ. Perder la práctica o el uso; anticuarse.

EMPOLVORAMIENTO. m. Acción y efecto de empolvorar.

EMPOLVORAR. (De *en* y *pólvora*.) tr. Empolvar.

EMPOLVORIZAR. (De *en* y *polvorizar*.) tr. Empolvar.

EMPOLLADURA. (De *empollar*.) f. Cría o pollo que producen las abejas.

EMPOLLAR. tr. Calentar el ave los huevos para sacar pollos. || **2.** fig. y fam. Meditar o estudiar una cosa con extraordinaria detención. || **3.** Avivar ciertos insectos. Ú.t.c.r. || **4.** intr. Producir las abejas pollo o cría. || **P.** incubar; **I.** to brood; **F.** (ac)couver; **A.** brüten; **It.** covare; **R.** высиживать.

EMPOLLAR. intr. ant. Criar ampolla. Ú. en América y Salamanca.

* **EMPOLLETA.** f. CUBA y P. RICO. Ampolleta. || **2.** CUBA y P. RICO. Solicitud inoportuna.

EMPOLLÓN, NA. Dícese, por lo común despectivamente, del estudiante, más aplicado que de talento, que prepara mucho sus lecciones.

EMPONCHADO, DA. adj. ARGENT. y PERÚ. Envuelto, arrebujado en un poncho. || **2.** PERÚ y R. DE LA PLATA. Astuto, taimado, hipócrita. || **3.** fig. ARGENT. y PERÚ. Sospechoso.

* **EMPONCHARSE.** r. AMÉR. Ponerse el poncho, embozarse en él.

EMPONZOÑADERA. f. ant. Emponzoñadora.

EMPONZOÑADOR, RA. adj. Que da o compone ponzoña. Ú.t.c.s. || **2.** fig. Que daña o produce grave perjuicio.

EMPONZOÑAMIENTO. m. Acción y efecto de emponzoñar o emponzoñarse.

EMPONZOÑAR. tr. Dar ponzoña a uno o inficionar una cosa con ponzoña. Ú.t.c.r. || **2.** fig. Inficionar, corromper, dañar. Ú.t.c.r.

EMPONZOÑOSO, SA. adj. ant. Ponzoñoso.

EMPOPADA. (De *en* y *popa*.) f MAR. Navegación hecha con viento duro por la popa.

EMPOPAR. intr. Calar mucho de popa un buque. || **2.** MAR. Volver la popa al viento, o a otra cosa. Ú.t.c.r.

EMPORCAR. (De *en* y *puerco*.) tr. Ensuciar, llenar de porquería. Ú.t.c.r.

EMPORIO. (l. *emporĭum*, y éste del gr. ἐμπόριον.) m. Lugar de gran concurrencia comercial; mercado universal. || **2.** fig. Ciudad o lugar notable por las ciencias, las artes, etc. || **3.** AMÉR. Almacén grande y elegante.

EMPORITANO, NA. (l. *Emporiae*, hoy Ampurias.) adj. Natural de Ampurias. || **2.** Perteneciente a esta ciudad de la provincia de Gerona.

* **EMPORRONGARSE.** r. COLOM. Emborracharse.

* **EMPORROSO, SA.** adj. C. RICA. Engorroso, fastidioso, molesto.

EMPÓS. adv. ant. En pos.

EMPOTRAMIENTO. m. Acción y efecto de empotrar.

EMPOTRAR. tr. Meter una cosa en la pared o en el suelo fijándola o asegurándola con fábrica. || **2.** Entre colmeneros, poner en el potro las colmenas. || **P.** encravar, fixar; **I.** to embed, tu put; **F.** encastrer, enclaver; **A.** eingraben, einspannen;

It. incastrare, inserire; **R.** вделывать, замуровывать.

EMPOTRERAR. tr. AMÉR. Convertir un terreno en potrero. || **2.** AMÉR. Meter ganado en potrero. || **3.** intr. ECUAD. Pacer el ganado.

EMPOTRÍA. f. ant. Alectoria.

* **EMPOZADO, DA.** adj. ARGENT. Aplícase al terreno que forma una especie de concavidad.

EMPOZAR. tr. Meter o echar en un pozo. Ú.t.c.r. || **2.** Poner en pozas o charcas el lino o el cáñamo. || **3.** AMÉR. Depositar una cantidad en una administración. || **4.** r. Quedar el agua detenida en el terreno formando pozas o charcos. Ú.t. en América. || **5.** intr. fig. y fam. Sepultarse, empantanarse algún expediente.

EMPRADIZAR. tr. Convertir en prado un terreno.

EMPRENDEDOR, RA. adj. Resuelto, decidido, que emprende sin vacilar cosas dificultosas.

EMPRENDER. (l. *in-prehĕndĕre*, tomar, coger.) tr. Acometer y empezar una obra o empresa, especialmente cuando es de cierta importancia. || **2.** fam. Con nombres de personas regidos de las preps. *a* o *con*, acometer a uno para importunarle, reprenderle, suplicarle o reñir con él. || **3.** ant. Prender fuego. Usáb.t.c.r. || EMPRENDERLA *para* un sitio. fr. fam. Tomar el camino con resolución de llegar a un punto. *Al amanecer la* EMPRENDIMOS *para el monte.* || **P.** emprender; **I.** to undertake; **F.** entreprendre; **A.** unternehmen; **It.** intraprèndere; **R.** предпринимать.

EMPRENSAR. tr. ant. Prensar.

EMPRENTA. (fr. *empreinte*, de *empreindre*, y éste del l. *imprimĕre*, imprimir.) f. ant. Imprenta.

EMPRENTAR. (De *emprenta*.) tr. ant. Imprimir.

EMPREÑACIÓN. f. ant. Preñez.

EMPREÑADOR. adj. Que empreña. Ú.t.c.s.m.

EMPREÑAR. (l. *impraegnāre*.) tr. Hacer concebir a la hembra. || **2.** Hacerse preñada la hembra. || **3.** fig. Dar fe a cualquier noticia, creer de ligero. || **4.** intr. desus. Concebir la hembra.

EMPRESA. (l. *in-prĕhensa*, cogida, tomada.) f. Acción ardua o dificultosa que se emprende valerosamente. || **2.** Símbolo o figura enigmática que alude a lo que se intenta conseguir o denota alguna prenda de que se hace alarde, para cuya mayor inteligencia se añade alguna letra o mote. || **3.** Obra o designio llevada a cabo. || **4.** Sociedad, compañía mercantil o industrial que pone en ejecución grandes proyectos. || **5.** Obra o designio de hacer una cosa. || **—pública.** La que está regida por una institución de derecho público, como el Estado, la Provincia o el Municipio. || **P.** empresa; **I.** enterprise, undertaking; **F.** entreprise; **A.** Unternehmung; **It.** intrapresa; **R.** предприятие.

EMPRESARIO, RIA. m. y f. Persona que por concesión o por contrata ejecuta una obra o explota un servicio público. || **2.** Persona que abre al público y explota un espectáculo o diversión.

EMPRESENTAR. tr. ant. Presentar.

EMPRESTADO. (De *emprestar*.) m. ant. Empréstito.

EMPRESTADOR. m. ant. El que empresta.

EMPRÉSTAMO. (De *emprestar*.) m. ant. Empréstito.

EMPRESTAR. tr. ant. Prestar. De uso vulgar en España y América. || **2.** p. us. Pedir prestado.

EMPRÉSTIDO. (De *en* y *préstido*.) m. ant. Préstamo. || **2.** ant. Tributo, pecho.

EMPRESTILLADOR, RA. (De *emprestillar*.) adj. ant. Que anda pidiendo prestado. Usáb.t.c.s. || **2.** desus. Petardista.

EMPRESTILLAR. (De *emprestar*.) tr. ant. Andar pidiendo prestado.

EMPRESTILLÓN, NA. (De *emprestillar*.) adj. ant. Emprestillador. Usáb.t.c.s.

EMPRÉSTITO. (l. *in*, en, y *praestĭtus*, p.p. de *praestāre*, prestar.) m. Préstamo que toma el Estado o una corporación o empresa, especialmente cuando está representado por títulos negociables o al portador. || **2.** Cantidad así prestada. || **P.** em-

---

préstimo; **I.** loan; **F.** emprunt; **A.** Darlehen; **It.** prèstito; **R.** заём.

EMPRESTO, TA. p.p. irreg. ant. de emprestar.

EMPRIMA. (De *emprimar*.) f. Primicia.

EMPRIMACIÓN. (De *emprimar*.) f. ant. Imprimación.

EMPRIMADO, DA. p.p. de emprimar. || **2.** m. Acción y efecto de emprimar la lana.

EMPRIMAR. (De *en* y *primo*.) tr. Dar segunda carda a la lana o repasarla para hacer paño más fino. || **2.** PINT. Imprimar. || **3.** fig. Abusar de la inexperiencia de uno para hacerle pagar algo, o para divertirse a costa suya.

EMPRIMIR. tr. ant. Imprimir.

EMPRINGAR. tr. Pringar. Ú.t.c.r.

EMPRISIONAR. tr. ant. Aprisionar.

EMPUCHAR. (De *en* y *puches*.) tr. Poner las madejas en lejía antes de curarlas al sol.

EMPUESTA (DE). (l. *in*, en, y *post*, después.) m. adv. CETR. Por detrás o después de haber pasado el ave.

EMPUJADA. (De *empujar*.) f. ant. Empujón. Ú. en Venezuela.

EMPUJADOR, RA. adj. Que empuja. Ú.t.c.s.

EMPUJAMIENTO. (De *empujar*.) m. ant. Empuje.

EMPUJAR. (l. *impulsāre*.) tr. Hacer fuerza contra una cosa para moverla, sostenerla o rechazarla. || **2.** fig. Hacer que uno salga del puesto u oficio en que se halla. || **3.** fig. Hacer presión, intrigar para conseguir alguna cosa. || **4.** Crecer la marea y avanzar el agua en la orilla más allá de lo acostumbrado. || **P.** empurrar; **I.** to push; **F.** pousser; **A.** stossen, drängen; **It.** spingere; **R.** толкать.

EMPUJE. m. Acción y efecto de empujar. || **2.** Esfuerzo producido por el peso de una bóveda o por el de las tierras de un muelle o malecón, sobre las paredes que las sostienen. || **3.** fig. Brío, arranque, resolución con que se acomete una empresa. || **4.** Fís. Fuerza con que es empujado hacia arriba un cuerpo sumergido en un fluido, equivalente y opuesta al peso del volumen del fluido desalojado. || **5.** fig. Fuerza o valimiento eficaces para empujar.

EMPUJO. (De *empujar*.) m. ant. Empuje.

EMPUJÓN. (l. *impulsĭo*, *-ōnis*.) m. Impulso dado con fuerza para mover a una persona o cosa. || **2.** Avance rápido dado a una obra trabajando con ahinco en ella. || *A* EMPUJONES. m. adv. fig. y fam. A empellones. || **2.** Con intermitencias en los impulsos o avances.

EMPULGADURA. f. Acción y efecto de empulgar.

EMPULGAR. (De *en* y *pulgar*; en port. *empolgar*.) tr. Armar la ballesta.

* **EMPULGAR.** (De *en* y *pulga*.) tr. ARGENT. Llenar de pulgas. Ú.t.c.r.

EMPULGUERA. (De *empulgar*.) f. Cada una de las extremidades de la ballesta, donde se asegura la cuerda. || **2.** pl. Instrumento para dar tormento apretando los dedos pulgares. || *Apretar las* EMPULGUERAS a uno. fr. fig. Ponerle en aprieto, estrecharle.

EMPUNTAR. tr. COLOM. y SAL. Encarrilar, encaminar, dirigir. || **2.** SAL. Despedir, echar a uno por molesto. || **3.** intr. COLOM. Irse, marcharse. || **4.** r. VENEZ. Obstinarse, 1.ª acep. || EMPUNTARLAS. fr. fam. COLOM. Afufar, tomar las de Villadiego.

EMPUÑAR, RA. adj. Que empuña.

EMPUÑADURA. (De *empuñar*.) f. Guarnición o puño de la espada. || **2.** fig. y fam. Principio de un discurso o cuento, compuesto de fórmulas consagradas por el uso, como *érase una vez*. || *Hasta la* EMPUÑADURA. fr. fig. y fam. con que se denota que en una disputa una de las partes da un golpe decisivo.

EMPUÑAR. tr. Asir por el puño una cosa; como la espada, el bastón, etc. || **2.** Asir una cosa abarcándola con la mano. || **3.** fig. Lograr, alcanzar un empleo o puesto. || **4.** CHILE. Cerrar la mano para formar el puño. || **5.** BOL. Dar de puñadas. || **P.** empunhar; **I.** to grasp, to seize; **F.** empoigner; **A.** anpacken; **It.** impugnare; **R.** схватывать.

EMPUÑIDURA. f. MAR. Cada uno de los cabos firmes en los puños altos o de grátil de las velas y en los extremos de las fajas de rizos, que sirven para sujetar unos u otros a la verga, pasándolos por detrás de los tojinos que, según los casos, corresponden.

EMPURPURADO, DA. adj. Vestido de púrpura.

EMPURRARSE. r. C. RICA, GUAT. y HOND. Enfurruñarse, emberrincharse.

EMPUTECER. tr. Prostituir. Ú.t.c.r.

EMPUYARSE. (De *en* y *puya*.) r. ant. Herirse con púa.

EMULACIÓN. (l. *aemulatío, -ónis*.) f. Pasión del alma que incita a imitar y aun a superar las acciones ajenas. || P. emulação; I. emulation; F. émulation; A. Wetteifer; It. emulazione; R. соревнование.

EMULADOR, RA. (l. *aemulãtor*.) adj. Que emula o compite con otro. Ú.t.c.s.

EMULAR. (l. *aemulãre*.) tr. Imitar las acciones de otro procurando igualarle y aun superarle. Ú.t.c.r. Tómase por lo común en buena parte.

EMULGENTE. (l. *emulgens, -entis*, p.a. de *emulgẽre*, ordeñar.) adj. ZOOL. V. *Arteria*, *vena* EMULGENTE.

ÉMULO, LA. (l. *aemŭlus*.) adj. Competidor de una persona o cosa a la que procura aventajar. Tómase por lo común en buena parte. Ú.t.c.s.

★ EMULSINA. (De *emulsión*.) f. QUÍM. Principio albuminoso de las almendras.

EMULSIÓN. (l. *emulsus*, p.p. de *emulgẽre*, ordeñar.) f. FARM. Líquido de aspecto lácteo que contiene en suspensión pequeñísimas partículas de substancias insolubles en el agua. || 2. FOTOG. Suspensión de sales de plata en gelatina u otro vehículo que forma la capa sensible de las placas, películas y papeles fotográficos. || 3. QUÍM. Suspensión coloidal de un líquido en otro con el que no es miscible. || P. emulsão; I. emulsion; F. émulsion; A. Emulsion; It. It. emulsione; R. эмульсия.

EMULSIONAR. tr. Hacer que una substancia, por lo general grasa, adquiera el estado de emulsión. || 2. FOTOG. Extender sobre las placas fotográficas una capa de gelatina con bromuro o con cloruro de plata.

EMULSIVO, VA. (l. *emulsus*, p.p. de *emulgẽre*, ordeñar.) adj. FARM. Aplícase a cualquier substancia que sirve para hacer emulsiones.

EMULSOR. (l. *emulsus*, ordeñado.) m. Aparato destinado a facilitar la mezcla de las grasas con otras substancias.

EMUNCIÓN. (l. *emunctus*, limpio.) f. MED. Evacuación de los humores y materias superfluas y nocivas.

EMUNDACIÓN. (l. *emundatio, -ónis*.) f. ant. Acción y efecto de limpiar.

EMUNTORIO. (l. *emunctorĭum*, de *emungẽre*, limpiar, echar.) m. MED. Cualquier conducto, canal u órgano del cuerpo de los animales, que sirve para evacuar los humores superfluos. || 2. pl. MED. Glándulas de los sobacos, ingles y de la parte posterior de las orejas.

★ eMV. Fís. Símbolo del electrón- megavoltio.

EN. (l. *in*.) prep. que indica dónde, cuándo o cómo se determina la acción del verbo. *Vi a Julia* EN *el cine; la playa es muy agradable* EN *el verano; el perro se deshace* EN *zalamerías*. || 2. Algunas veces, *sobre*. || 3. Seguida de un infinitivo, *por. Le conocí* EN *la voz*. || 4. Juntada con un gerundio, *luego que, después que*. || 5. prep. insep. *in*, 1.ᵉʳ art. || P. em; I. in, at, to; F. en, dans; A. in, an, auf, aus, zu, bei, mit, um, über, gegen, wider, von, ab; It. in, a, fra; R. в, на.

EN. (gr. ἐν.) prep. insep. que significa dentro de ENdocrino, ENcéfalo.

ENACEITAR. (De *en* y *aceitar*.) tr. Untar con aceite. || 2. r. Ponerse aceitosa o rancia una cosa.

ENACERAR. tr. Hacer alguna cosa como de acero. || 2. fig. Endurecer, vigorizar.

ENACIADO, DA. adj. ant. Tornadizo, elche, renegado. || 2. m. Súbdito de los reyes cristianos españoles unido estrechamente a los sarracenos por vínculos de amistad o interés.

ENACIYAR. (De *en* y *acije*, vitriolo.) tr. ant. Tratar las lanas con el aceche, acije o aceite de vitriolo.

ENAGUA. (De *nagua*, voz probablemente haitiana.) f. Vestidura femenina, a modo de falda interior, generalmente de tela blanca. Ú.m. en pl. || 2. Vestidura de bayeta negra, a modo de saya, que usaron los hombres en ciertas ocasiones. || P. anágua; I. underskirt; F. jupon; A. Unterrock, Kombination; It. sottane; R. нижняя юбка.

ENAGUACHAR. (De *en* y *aguachar*.) tr. Llenar de agua una cosa en que no conviene que haya tanta. || 2. Causar empacho de estómago el beber mucho o comer mucha fruta. Ú.t.c.r.

ENAGUAR. (l. *inaquare*, meter en agua.) tr. Empapar en agua. Ú.t.c.r.

ENAGUAZAR. (De *en* y *aguazar*.) tr. Encharcar, llenar de agua con exceso las tierras. Ú.t.c.r.

ENAGÜETAS. (d. de *enaguas*.) f. pl. GRAM. Especie de zaragüelles que usan los hombres del campo de las Alpujarras.

ENAGÜILLAS. f. pl. d. de *enaguas*. 1.ᵃ acep. de enagua. || 2. Enagua, 2.ᵃ acep. || 3. Especie de falda corta que ponen algunas imágenes de Cristo crucificado, o que se usa en algunos trajes de hombre, como el escocés y el griego.

ENAJENABLE. adj. Que se puede enajenar.

ENAJENACIÓN. f. Acción y efecto de enajenar o enajenarse. || 2. fig. Distracción, falta de atención, embeleso. || 3. FOR. Acto de transmitir a otra persona la propiedad, dominio o derecho que se tiene sobre una cosa. || —**mental**. Locura, demencia.

ENAJENADO, DA. p.p. de enajenar. || 2. adj. V. *Oficio* ENAJENADO. Ú.t.c.s.

ENAJENADOR, RA. adj. Que enajena. Ú.t.c.s.

ENAJENAMIENTO. m. Enajenación.

ENAJENANTE. p.a. de enajenar. Que enajena.

ENAJENAR. (l. *in, en,* y *alienãre*.) tr. Pasar o transmitir a otro la propiedad o el dominio de una cosa o algún otro derecho sobre ella. || 2. fig. Sacar a uno fuera de sí; turbarle el uso de la razón. Ú.t.c.r. || 3. r. Desposeerse, privarse de algo. || 4. Apartarse, retraerse del trato que se tenía con una persona. Ú.t.c.tr. || P. alienar; I. to alienate; F. aliéner; A. veräussern; It. alienare; R. отчуждать (имущество).

ENÁLAGE. (l. *enallãge*, y éste del gr. ἐναλλαγή, de ἐναλλάσσω, cambiar.) f. GRAM. Figura de construcción que consiste en mudar las partes de la oración o sus accidentes; como cuando se pone un tiempo del verbo, género, o número por otro.

ENALBAR. (l. *inalbãre*, blanquear.) tr. Caldear y encender el hierro en la fragua hasta que parezca blanco.

ENALBARDAR. tr. Echar o poner la albarda. || 2. fig. Rebozar con harina, huevos, etc., lo que se ha de freir. || 3. fig. Emborrizar en una u otra forma para asarla.

ENALMAGRADO, DA. p.p. de enalmagrar. || 2. adj. fig. Señalado o tenido por ruin.

ENALMAGRAR. tr. Almagrar, teñir de almagre.

★ ENALTAR. tr. CHILE. Hacer o poner más alta una cosa.

ENALTECEDOR, RA. adj. Que enaltece.

ENALTECER. (De *en* y *alto*.) tr. Ensalzar. Ú.t.c.r.

ENALTECIMIENTO. m. Acción y efecto de enaltecer.

ENAMARILLECER. intr. Amarillecer. Ú.t.c.r.

ENAMORADA. (De *enamorar*.) f. desus. Ramera, mujer de mala vida.

ENAMORADAMENTE. adv. Con amor, con cariño.

ENAMORADIZO, ZA. adj. Propenso a enamorarse.

ENAMORADO, DA. p.p. de enamorar. || 2. adj. Que tiene amor. Ú.t.c.s. || 3. Enamoradizo. || *El* ENAMORADO *y el pez, frescos han de ser*. ref. que alude a lo agradable que es la novedad. || *Juzgan los* ENAMORADOS *que todos tienen los ojos vendados*. ref. que denota que el que está apasionado no repara en que los demás le observan. || P. enamorado; I. enamoured; F. amoureux;

A. verliebt; **It**. innamorato; **R**. влюбленный.

ENAMORADOR, RA. adj. Que enamora o dice amores. Ú.t.c.s.

ENAMORAMIENTO. m. Acción y efecto de enamorar o enamorarse.

ENAMORANTE. p.a. de enamorar. Que enamora. Ú.t.c.s.

ENAMORAR. tr. Excitar en uno la pasión del amor. || 2. Decir amores o requiebros. || 3. r. Prendarse de amor de una persona. || 4. Aficionarse a una cosa.

ENAMORICARSE. (De *enamorar*, 3.ᵃ acep.) r. fam. Prendarse de una persona levemente y sin gran empeño.

ENAMORISCARSE. r. Enamoricarse.

ENAMOROSAMENTE. adv. ant. Amorosamente.

ENANARSE. r. desus. Hacerse enano.

★ ENANCADO, DA. adj. CHILE. Dícese de la persona que va montada en las ancas o a la grupa de una caballería.

ENANCARSE. r. ARGENT., MÉJ. y PERÚ. Subir una persona a las ancas de una caballería. Ú.t.c.tr.

ENANCHAR. (De *en* y *ancho*.) tr. fam. Ensanchar.

ENANGOSTAR. tr. Angostar, estrechar. Ú.t.c.r.

ENANISMO. m. ZOOL. Trastorno en crecimiento que se caracteriza por una talla o alzada inferior a la media propia de los individuos de la misma especie, raza y edad, especialmente cuando es producida por un accidente o enfermedad.

ENANO, NA. (l. *nanus*, y éste del gr. νᾶνος.) adj. fig. Dícese de lo que es diminuto en su especie. || 2. m. y f. Persona de extraordinaria pequeñez. || 3. m. Gnomo. || P. enano; I. dwarf; F. nain; A. Zwerg; It. nano; R. низкорослый, карлик.

ENANTE. (l. *oenanthe*, y éste del gr. οἰνάνθη.) f. Hierba de la familia de las umbelíferas, con tallos angulosos, hojas divididas en lóbulos alargados y cuneiformes, flores blancas, frutos aovados y raíces cilíndricas terminadas por tubérculos globosos. Es planta venenosa común en los terrenos húmedos.

ENANTE. (De la prep. l. *in* y el adv. *ante*.) adv. t. ant. Enantes.

ENANTES. (De *enante*, 2.° art.) adv. ant. Antes, 1.ᵃ acep. Ú. aún entre la gente de pueblo.

ENANZAR. (l. *in antea*, antes.) intr. NAV. Adelantar, avanzar.

ENAPAREJAR. (De *en* y *aparejar*.) intr. ant. Emparejar.

ENARBOLADO, DA. p.p. de enarbolar. || 2. m. Conjunto de piezas de madera ensamblada que forman la armadura de una linterna de torre o bóveda.

ENARBOLAR. (De *en* y *árbol*.) tr. Levantar en alto un estandarte, bandera, etcétera. || 2. r. Encabritarse. || 3. Enfadarse, enfurecerse.

ENARCAR. tr. Arquear, dar figura de arco. Ú.t.c.r. || 2. Echar cercos o arcos a las cubas, toneles, etc. || 3. r. Encogerse, achicarse. || 4. fig. AR. Perder la serenidad al ir a hacer algo difícil. || 5. MÉJ. Encabritarse el caballo. || 6. fig. AMÉR. Enflaquecerse.

ENARDECEDOR, RA. adj. Que enardece.

ENARDECER. (l. *inardescẽre*.) tr. fig. Excitar o avivar una pasión del ánimo, una pugna, etc. Ú.t.c.r. || 2. r. Encenderse una parte del cuerpo por congestión, inflamación, etc. || P. exitar, avivar; I. to kindle; F. échauffer; A. entzünden, begeistern; It. infervorare; R. возбуждать.

ENARDECIMIENTO. m. Acción y efecto de enardecer o enardecerse.

ENARENACIÓN. (De *enarenar*.) f. Mezcla de cal y arena con que se preparan las paredes que se han de pintar.

ENARENAR. tr. Echar arena para cubrir una superficie. Ú.t.c.r. || 2. MIN. Mezclar arena fina con las lamas argentíferas para que el azogue trabaje más fácilmente. || 3. r. Encallar o varar las embarcaciones.

ENARMONAR. tr. Levantar o poner en pie una cosa. || 2. r. Empinarse, encabritarse.

ENARMÓNICO, CA. (gr. ἐναρμονικός; de ἐν, en, y ἁρμονία, armonía.) adj. MÚS. Dícese de uno de los tres géneros del sis-

E tema músico que procede por dos diesis y un dítono. || 2. Mús. V. *Semitono* ENAR-MÓNICO.

ENARRACIÓN. (l. *enarratio, -ōnis.*) f. ant. Acción y efecto de enarrar.

ENARRAR. (l. *enarrāre.*) tr. ant. Narrar.

ENARTAMIENTO. (De *enartar.*) m. ant. Fraude, artificio engañoso.

ENARTAR. (De *en* y *arte*, engaño.) tr. ant. Engañar, encubrir con engaño. || 2. Encantar, hechizar con arte mágico.

ENARTROSIS. (gr. ἐνάρθρωσις, articulación.) f. MED. Articulación movible entre la cabeza esférica de un hueso y la cavidad correspondiente del otro.

ENASPAR. tr. ant. Aspar.

ENASTADO, DA. p.p. de enastar. || 2. adj. Que tiene astas o cuernos.

ENASTAR. tr. Poner mango o asta a un instrumento o a una arma.

ANASTILLAR. tr. Poner astil a una herramienta.

ENATÍAMENTE. adv. ant. Con desaliño, con abandono.

ENATIEZA. (De *enatio.*) f. ant. Desaliño, descompostura, desaseo.

ENATÍO, A. (b. l. *inactivus*, y éste del l. *in*, y *activus*, activo.) adj. ant. Ocioso, excusado, superfluo.

ENCABALGAMENTO. m. ant. Encabalgamiento.

ENCABALGAMIENTO. (De *encabalgar.*) m. Cureña, carro u otra cosa en que se montaba o aseguraba la artillería. || 2. Armazón de maderos cruzados donde se apoya alguna cosa.

ENCABALGANTE. p.a. de encabalgar. Que encabalga.

ENCABALGAR. intr. ant. Cabalgar, montar. || 2. Descansar, apoyar una cosa sobre otra. || 3. tr. Proveer de caballos.

ENCABALLADO, DA. p.p. de encaballar. || 2. m. IMPR. Descomposición de un molde por mezclarse las líneas, letras y espacios.

ENCABALLAR. (De *en* y *caballo.*) tr. Colocar una pieza de modo que se sostenga sobre la extremidad de otra. || 2. intr. Encabalgar, descansar una cosa sobre otra. || 3. IMPR. Desarreglar un molde de modo que las letras de unas líneas pasen a otras.

ENCABAR. tr. ARGENT., COLOM. y P. RICO. Poner mango a una cosa.

ENCABELLADURA. (De *encabellar.*) f. ant. Cabellera.

ENCABELLAR. intr. ant. Criar cabello o ponérselo postizo.

ENCABELLECERSE. r. Criar cabello.

ENCABESTRADURA. f. VETER. Herida producida a una caballería en la parte posterior de la cuartilla por el frote del cabestro.

ENCABESTRAR. tr. Poner el cabestro a los animales. || 2. Hacer que las reses bravas sigan a los cabestros. || 3. fig. Atraer, seducir a uno. || 4. r. Enredar la bestia una mano en el cabestro.

* **ENCABEZADO.** m. P. RICO. Capataz.

ENCABEZAMIENTO. m. Acción de empadronar o encabezar. || 2. Patrón vecinal para la imposición de tributos. || 3. Ajuste de la suma o cuota que deben pagar las personas o vecinos por contribución, ya sea en diferentes ramos o en uno sólo. || 4. Tanto alzado con que un grupo de contribuyentes satisface al tesoro público determinado impuesto. || 5. Fórmula con que comienzan algunos escritos y también lo que como advertencia o en otro concepto, se dice al principio de un libro o escrito de cualquier clase.

ENCABEZAR. (De *en* y *cabeza.*) tr. Registrar, poner en matrícula a uno. || 2. Iniciar una suscripción o lista. || 3. Poner el encabezamiento de un libro o escrito. || 4. Acaudillar, hacer cabeza. Ú. principalmente en América. || 5. Aumentar la parte espiritosa de un vino con otro más fuerte o con alcohol. || 6. CARP. Unir dos tablones o vigas por sus extremos. || 7. r. Convenirse y ajustarse en cierta cantidad para un pago. || 8. Tolerar un daño para evitar otro mayor. || P. encabeçar; I. to poll; F. recenser; A. eintragen; It. matricularé; R. регистрировать.

ENCABEZONAMIENTO. (De *encabezonar.*) m. desus. Encabezamiento.

ENCABEZONAR. (De *en* y *cabezón.*) tr. desus. Encabezar.

ENCABRAHIGAR. tr. Cabrahigar, 2.° art.

* **ENCABRESTAR.** tr. CHILE. Encabestrar. || 2. P. RICO. Emperrarse.

ENCABRIAR. (De *en* y *cabrio.*) tr. ARQ. Colocar los cabrios para formar la cubierta de un edificio.

ENCABRITARSE. (De *en* y *cabrito.*) r. Empinarse el caballo, afirmándose sobre los pies y levantando las manos. || 2. fig. Tratándose de embarcaciones, aeroplanos, etcétera, levantarse la parte anterior súbitamente hacia arriba.

* **ENCABRONAR.** (De *en* y *cabrón.*) tr. CUBA y ARGENT. Encolerizar, enfurecer. Ú.t.c.r.

ENCABRUÑAR. tr. SAL. Cabruñar.

ENCABULLAR. tr. Encabuyar.

ENCABUYAR. tr. CUBA, P. RICO y VENEZ. Liar, forrar una cosa con cabuya. || 2. fig. y fam. CUBA. Preparar una dificultad para resolverla.

ENCACHADO, DA. p.p. de encachar. || 2. m. Revestimiento de piedra u hormigón con que se fortalece el cauce de una corriente de agua. || 3. Empedrado de la entrevía por donde circulan tranvías de sangre para que las caballerías marchen más fácilmente. || 4. SANT. Empedrado de morrillos.

ENCACHAR. tr. Hacer un encachado. || 2. Poner las cachas a un cuchillo, navaja, etc.

ENCACHARSE. (De *en* y *cacho*, gacho.) r. CHILE. Inclinar la cabeza el animal vacuno para embestir. || 2. fig. y fam. CHILE. Amorrarse. || 3. VENEZ. y CHILE. Emperrarse.

* **ENCACHILARSE.** r. ARGENT. Enojarse mucho.

* **ENCACHORRARSE.** r. COLOM., CUBA y P. RICO. Enojarse.

ENCADARSE. r. AR. y NAV. Meterse en el cado, agazaparse. || 2. fig. Acobardarse.

ENCADENACIÓN. (De *encadenar.*) f. Encadenamiento.

ENCADENADO, DA. p.p. de encadenar. || 2. adj. Dícese de la estrofa cuyo primer verso repite en todo o en parte el último de la precedente, y del verso que comienza con la última palabra del anterior. || 3. m. ARQ. Cada uno de los diferentes medios empleados para impedir la separación de los muros de una construcción. || 4. MIN. Serie de estemples y tornapuntas ligados entre sí en una entibación. || P. encadeado; I. chained; F. enchaîné; A. ver, -an-, kettung; It. incatenato; R. опрана.

ENCADENADURA. (De *encadenar.*) f. Encadenamiento.

ENCADENAMIENTO. m. Acción y efecto de encadenar. || 2. Conexión, trabazón de unas cosas con otras.

ENCADENAR. tr. Ligar y atar con cadena. || 2. fig. Trabar y enlazar unas cosas con otras. || 3. fig. Dejar a uno sin movimiento y sin acción. || 4. MAR. Echar las cadenas que cierran la entrada de un puerto. || P. encadenar; I. to chain; F. enchaîner; A. fesseln; It. incatenare. R. заковывать.

ENCAECER. intr. ant. Parir, dar a luz.

ENCAECIDA. adj. ant. Parida.

ENCAJADAS. (De *encajar.*) adj. pl. BLAS. Aplícase a las piezas que forman encajes.

ENCAJADOR. m. El que encaja. || 2. Instrumento que sirve para encajar una cosa con otra.

ENCAJADURA. f. Acción de encajar una cosa en otra. || 2. Encaje, sitio o hueco en que se mete o encaja una cosa.

ENCAJAR. (De *en* y *caja.*) tr. Meter una cosa dentro de otra ajustadamente. || 2. Hacer entrar ajustadamente y con fuerza una cosa en otra. || 3. Unir ajustadamente una cosa con otra. ENCAJAR *la tapa del baúl.* Ú.t.c.intr. || 4. Encerrar y meter en alguna parte una cosa. || 5. fig. y fam. Decir una cosa ya oportuna, ya inoportunamente. ENCAJAR *un chiste.* || 6. fam. Disparar, dar o arrojar, en frases como las siguientes. *Le* ENCAJÓ *un golpe en el pecho. Le* ENCAJÉ *un palo en la cabeza.* || 7. fig. y fam. Hacer oír a alguno alguna cosa cau-

sándole molestia. *Me* ENCAJÓ *una arenga.* || 8. fig. y fam. Hacer tomar una cosa que causa molestia o perjuicio. *Me* ENCAJÓ *una moneda falsa.* || 9. fig. y fam. Venir al caso. Ú. frecuentemente con el adverbio *bien.* || 10. r. Meterse uno en parte estrecha, o de mucha gente. || 11. fig. y fam. Vestirse una prenda. *Se* ENCAJÓ *el sombrero.* || 12. fig. y fam. Meterse uno donde no le llaman. || 13. R. DE LA PLATA. Atascarse un vehículo. || P. encaixar; I. to incase; F. enchâsser; A. einfügen, anpassen; It. incassare; R. прилаживать.

ENCAJE. m. Acción de encajar una cosa en otra. || 2. Sitio o hueco en que se encaja una cosa. || 3. Ajuste de dos piezas que se cierran o se adaptan entre sí. || 4. Medida y corte que tiene una cosa para que venga justa con otra. || 5. Cierto tejido de mallas, lazadas o calados, con labores hechas con bolillos, aguja de coser, ganchillo, etc., o mecánicamente. || 6. Labor que llaman de taracea o embutidos, ya sea en madera, ya en piedras. || 7. En el juego de las pintas, concurrencia del número que se va contando con el de la carta. || 8. fam. V. *Ley del* ENCAJE. || 9. pl. BLAS. Particiones del escudo en formas triangulares alternantes, de color y metal, y encajadas unas en otras. || ENCAJES *de la cara.* Aspecto en conjunto de las diferentes facciones de ella. || 5.ª acep.: P. renda; I. lace, lacework; F. dentelle; A. Spitze; It. trina, merletto; R. кружево.

ENCAJERARSE. r. NAV. Detenerse un cabo de labor entre la cajera y la roldana de un motón.

ENCAJERO, RA. m. y f. Persona que se dedica a hacer encaje, o que lo compone o vende.

* **ENCAJETAR.** (De *en* y *cajeta*, d. de *caja.*) tr. CHILE y ARGENT. Encajar.

ENCAJETILLAR. tr. Formar con cigarrillos o picadura los paquetes llamados cajetillas.

ENCAJONADO, DA. p.p. de encajonar. || 2. m. Ataguía. || 3. ARQ. Obra de tapia que se hace encajonando tierra y apisonándola dentro de tapiales o tablas puestas en cuchillo, de modo que quede entre ellas un hueco igual al grueso de la pared.

ENCAJONAMIENTO. m. Acción y efecto de encajonar.

ENCAJONAR. tr. Meter y guardar una cosa dentro de uno o más cajones. || 2. Meter en un sitio angosto. || 3. ALBAÑ. Construir cimientos en cajones o zanjas abiertas. || 4. ARQ. Reforzar un muro a trechos con machones, formando encajonados. || 5. r. Ahocinarse, correr el río o el arroyo por una angostura.

* **ENCAJUELADO, DA.** adj. GUAT. Dícese de las telas rayadas o estampadas a cuadros.

ENCALABOZAR. tr. fam. Poner o meter a uno en calabozo.

ENCALABRIAR. tr. desus. Encalabrinar. Úsáb.t.c.r.

ENCALABRINAMIENTO. m. Acción y efecto de encalabrinar o encalabrinarse.

ENCALABRINAR. (De *en* y el dialect. *calabrina*, hedor de cadáver.) tr. Llenar la cabeza de un vapor o hálito que la turbe. Ú.t.c.r. || 2. Excitar, irritar. ENCALABRINAR *los nervios.* || 3. r. fam. Tomar una tema; empeñarse en una cosa sin darse a razones.

ENCALADA. f. Pieza de metal en el jaez del caballo.

ENCALADOR, RA. adj. Que encala o blanquea. Ú.t.c.s. || 2. m. En las tenerías, cuba donde meten las pieles con cal, para pelarlas.

ENCALADURA. f. Acción y efecto de encalar. || 2. AGR. Enmienda que se hace a la tierra agregándole cal.

ENCALAMBRARSE. (De *en* y *calambre.*) r. COLOM., CHILE, MÉJ. y P. RICO. Entumirse, aterirse. || 2. AMÉR. Tener calambre.

ENCALAMOCAR. tr. COLOM. y VENEZ. Alelar, poner a uno calamocano o chocho. Ú.t.c.r.

ENCALAR. tr. Dar de cal o blanquear una cosa. Dícese principalmente de las paredes. || 2. Meter en cal o espolvorear con ella alguna cosa. || 3. AGR. Agregar cal a la tierra.

ENCALAR. tr. Meter algo en una cala o cañón.

ENCALCAR. (De *en* y *calcar*.) tr. Recalcar, apretar.

ENCALMADURA. (De *encalmarse*.) f. VETER. Enfermedad de las caballerías ocasionada por el mucho trabajo en tiempo de grandes calores.

ENCALMARSE. (De *en* y *calma*, calor.) r. Sofocarse las bestias por trabajar mucho cuando hace demasiado calor o están muy gordas. || 2. Tratándose del tiempo o del viento, quedar en calma.

ENCALO. m. AND. Blanqueo hecho con cal.

ENCALOSTRARSE. r. Enfermar el niño que ha mamado los calostros.

ENCALVAR. (De *en* y *calvo*.) intr. desus. Encalvecer.

ENCALVECER. (De *en* y *calvecer*.) intr. Perder el pelo, quedar calvo.

ENCALZAR. (l. *incalceare*, de *calx, calcis*, talón.) tr. ant. Perseguir, alcanzar.

ENCALLADERO. m. Paraje donde pueden encallar las naves.

ENCALLADURA. f. Acción y efecto de encallar.

ENCALLAR. intr. Dar la embarcación en arena o piedra, quedando en ellas sin movimiento. || 2. fig. No poder salir adelante en un negocio o empresa. || 3. r. Endurecerse algunos alimentos por quedar interrumpida su cocción. || P. encallar; I. to strand; F. échouer; A. auflaufen, stranden; It. incagliare; R. садиться на мель.

ENCALLECER. intr. Criar callos o endurecerse la carne a manera de callo. Ú.t.c.r. || 2. r. fig. Endurecerse con la costumbre en los trabajos o en los vicios.

ENCALLEJONAR. tr. Hacer entrar o meter una cosa por un callejón, o por cualquier parte estrecha y larga a modo de callejón. ENCALLEJONAR *los toros*. Ú.t.c.r.

ENCALLETRAR. (De *en* y *calletre*.) tr. ant. Fijar una cosa en la cabeza; persuadirse muy firmemente de ella. Usáb.t.c.r.

ENCAMACIÓN. (De *encamar*.) f. MIN. Entibación con ademas delgadas, próximas entre sí y bien aseguradas.

ENCAMADO, DA. p.p. de encamar. || 2. m. Resultado de encamarse las mieses.

ENCAMAR. (De *en* y *cama*.) tr. Tender o echar una cosa en el suelo. || 2. MIN. Cubrir camadas o rellenar huecos con ramaje. || 3. r. Echarse o meterse en la cama por enfermedad. || 4. Echarse las reses y piezas de caza en los sitios que buscan para su descanso. || 5. Permanecer agazapadas las liebres y otras piezas de caza. || 6. Echarse o abatirse las mieses.

ENCAMARAR. tr. Poner y guardar en la cámara los granos y frutos.

ENCAMBIJAR. tr. Acopiar agua y distribuirla por medio de arcas o cambijas.

ENCAMBRAR. tr. Encamarar.

ENCAMBRONAR. tr. Cercar con cambrones una tierra o heredad. || 2. Fortificar y guarnecer con hierros una cosa.

ENCAMINADURA. (De *encaminar*.) f. Encaminamiento.

ENCAMINAMIENTO. m. Acción y efecto de encaminar o encaminarse.

ENCAMINAR. tr. Enseñar a uno por dónde ha de ir. || 2. Dirigir una cosa hacia un punto determinado. || 3. fig. Enderezar la intención a un fin determinado. || P. encaminhar; I. to guide; F. acheminer; A. in Gang bringen; It. avviare; R. направлять.

ENCAMISADA. f. En la milicia antigua, sorpresa que se ejecutaba de noche cubriéndose los soldados con una camisa blanca para no confundirse con los enemigos. || 2. Especie de mojiganga que se ejecuta de noche con hachas para diversión o muestra de regocijo.

ENCAMISAR. tr. Poner la camisa. Ú.t.c.r. || 2. Enfundar, poner una cosa dentro de su funda. || 3. fig. Encubrir o disfrazar. || 4. ref. MIL. Hacer la encamisada.

ENCAMONADO, DA. adj. ARQ. Hecho con camones.

ENCAMOTARSE. r. fam. ARGENT., C. RICA, CHILE y ECUAD. Enamorarse, amartelarse.

ENCAMPANADO, DA. p.p. de encampanar. || 2. adj. Acampanado. || 3. Dícese de las piezas de artillería cuya ánima se va estrechando hacia el fondo de la recámara. || *Dejar a uno* ENCAMPANADO. fr. fam. MÉJ. y P. RICO. Dejarle en la estacada, abandonarle en un apuro después de haberle metido en él.

ENCAMPANAR. (De *en* y *campana*.) tr. P. RICO y VENEZ. Elevar, encumbrar. Ú.t.c.r. || 2. P. RICO y VENEZ. Despachar a uno a alguna parte. || 3. fam. MÉJ. Dejar a uno colgado o en las astas del toro. || 4. r. fig. y fam. Echarla de valiente. || 5. GERM. Ponerse hueco, haciendo alarde de guapo o de valentón. || 6. PERÚ. Complicarse o enredarse una situación. || 7. MÉJ. Meterse en una empresa y quedar en situación difícil. || 8. VENEZ. Internarse en algún sitio retirado. || 9. MÉJ. Acalorarse en una disputa. || 10. COLOM. Enamorarse. || 11. TAUROM. Levantar el toro parado la cabeza con desafío.

ENCANALAR. tr. Conducir o hacer entrar el agua u otro líquido por canales. Ú.t.c.r.

ENCANALIZAR. tr. Encanalar.

ENCANALLAMIENTO. m. Acción y efecto de encanallar o encanallarse.

ENCANALLAR. tr. Corromper, envilecer a uno, haciéndole tomar costumbres ruines y abyectas, propias de la canalla. Ú.t.c.r.

ENCANAMENTO. m. ant. Canal.

★ **ENCANAR**. tr. ARGENT., CHILE y COLOM. Encarcelar, arrestar.

ENCANARSE. (De *en* y *caña*.) r. Pasmarse o quedarse envarado por la fuerza del llanto o de la risa.

ENCANASTAR. tr. Poner algo en una o más canastas.

★ **ENCANCERADO, DA**. adj. VENEZ. En sentido ponderativo, aplícase a los sufrimientos morales.

ENCANCERARSE. r. Cancerarse.

★ **ENCANCHINARSE**. r. GUAT. Enamoricarse. || 2. GUAT. Encolerizarse.

ENCANDECER. (l. *incandescere*.) tr. Hacer ascua una cosa hasta que quede blanca.

ENCANDELAR. (De *en* y *candela*.) intr. AGR. Echar algunos árboles flores en amento o candelillas.

★ **ENCANDELILLAR**. tr. CHILE y ARGENT. Coser ligeramente por el borde una tela para evitar que se deshilache.

ENCANDILADERA. f. fam. Encandiladora.

ENCANDILADO, DA. p.p. de encandilar. || 2. adj. fam. Erguido, levantado. || 3. V. Sombrero ENCANDILADO.

ENCANDILADOR, RA. (De *encandilar*.) adj. desus. Deslumbrador. || 2. f. fam. Alcahueta, celestina.

ENCANDILAR. tr. Deslumbrar a uno acercando mucho a los ojos la luz. || 2. Deslumbrar con apariencias. || 3. fam. Avivar la lumbre. || 4. r. Encenderse los ojos del que ha bebido demasiado o está poseído de una pasión torpe. || 5. P. RICO. Despabilar, hacer perder el sueño. || 6. CUBA. Pescar con candil. || 7. CHILE. Encender lumbre. || 8. P. RICO. Enfadarse, encolerizarse. || 9. P. RICO y COLOM. Asustarse.

ENCANECER. (l. *in*, en, y *canescere*.) intr. Ponerse cano. || 2. fig. Ponerse mohoso. Ú.t.c.r. || 3. fig. Envejecer una persona. || 4. tr. Hacer encanecer.

ENCANIJAMIENTO. m. Acción y efecto de encanijar o encanijarse.

ENCANIJAR. (De *en* y *canijo*.) tr. Poner flaco y enfermizo. Dícese más comúnmente de los niños. Ú.t.c.r. || 2. r. ECUAD. Aterirse de frío.

ENCANILLAR. tr. Devanar el hilo en las canillas.

ENCANTACIÓN. (l. *incantatio, -onis*.) f. Encantamiento.

ENCANTADERA. f. ant. Encantadora, que encanta o hace encantamiento.

ENCANTADO, DA. p.p. de encantar. || 2. adj. fig. y fam. Distraído, embobado constantemente. || 3. Satisfecho, contento. || 4. fig. y fam. Dícese del edificio grande y deshabitado.

ENCANTADOR, RA. (l. *incantator*.) adj. Que encanta o hace encantamientos. Ú.t.c.s. || 2. fig. Que hace muy viva y grata impresión en el alma o en los sentidos.

ENCANTAMENTO. m. Encantamiento.

ENCANTAMIENTO. (l. *incantamentum*.) m. Acción y efecto de encantar, 1.er art. || P. encantamento; I. enchantment; F. enchantement; A. Entzücken, Bezauberung; It. incantamento; R. заколдовывать, очаровывать.

ENCANTAR. (l. *incantare*.) tr. Según creencia vulgar, obrar maravillas ejerciendo un poder mágico sobre personas y cosas. || 2. fig. Cautivar la atención de uno. || 3. GERM. Entretener con razones aparentes y engañosas. || P. encantar; I. to enchant; F. enchanter; A. bezaubern; It. incantare; R. тзаколдовывать, очаровывать.

ENCANTAR. (De *encanto*, 2.º art.) tr. AR. Vender en pública subasta.

ENCANTARAR. tr. Meter algo en un cántaro, especialmente meter en cántaro, urna, bombo, etc., las bolas, papeletas, etc., de un sorteo o elección.

ENCANTE. (De *encantar*, 2.º art.) m. p. us. Venta en pública subasta. || 2. Paraje o lugar donde se hacen estas ventas.

ENCANTO. (De *encantar*, 1.er art.) m. Encantamiento. || 2. fig. Cosa que suspende o embelesa. || 3. pl. Atractivos físicos. || P. encanto; I. charm; F. charme; A. Liebreiz; It. incanto; R. очарование.

ENCANTO. (l. *in quantum*, en cuanto.) m. ant. Encante.

ENCANTORIO. (De *encantar*, 1.er art.) m. fam. Encantamiento.

ENCANTUSAR. (De *encantar*, 1.er art., y *engatusar*.) tr. fam. Engatusar.

ENCANUTAR. tr. Poner una cosa en figura de canuto. Ú.t.c.r. || 2. Meter algo en un canuto. || 3. Emboquillar los cigarrillos.

ENCAÑADA. f. Cañada, garganta o paso entre dos montes.

ENCAÑADO, DA. p.p. de encañar, 1.er art. || 2. m. Conducto hecho de caños, o de otro modo, para conducir el agua. || 3. CHILE. Grieta más o menos quebrada que se forma en los cerros.

ENCAÑADO, DA. p.p. de encañar, 2.º art. || 2. Enrejado de cañas para sostener las plantas.

ENCAÑADOR, RA. m. y f. Persona que encaña la seda; generalmente es oficio de mujeres.

ENCAÑADURA. f. ant. Encañado, 1.er art.

ENCAÑADURA. f. Caña de centeno entera, sin quebrantar, que sirve para henchir jergones y albardas.

ENCAÑAR. (De *en* y *caño*.) tr. Hacer pasar el agua por encañados y conductos. || 2. Sanear de humedad las tierras por medio de encañados.

ENCAÑAR. tr. Poner cañas a las plantas para sostenerlas. || 2. Encanillar. || 3. Formar la fila con las rajas de leña para el carboneo. || 4. intr. Empezar a formar caña los tallos de los cereales. || 5. r. URUG. Beber mucha caña, embriagarse.

ENCAÑIZADA. (De *en* y *cañizo*.) f. Atajadizo de cañas en las aguas, para impedir a algunos pescados que puedan escaparse. || 2. En cañado, 2.º art., 2.ª acep.

ENCAÑIZAR. (De *en* y *cañizo*.) tr. Poner cañizos a los gusanos de seda. || 2. Cubrir con cañizos una bovedilla.

ENCAÑONADO, DA. p.p. de encañonar. || 2. adj. Dícese del humo y del viento cuando corren con alguna fuerza por sitios estrechos.

ENCAÑONAR. tr. Encaminar una cosa para que entre por un cañón. || 2. Hacer correr las aguas de un río por un cauce cerrado o por una tubería. || 3. Entre tejedores, encañar o encanillar. || 4. Entre cazadores, precisar la puntería a la pieza. || 5. Componer o planchar una cosa formando cañones. || 6. Entre encuadernadores, encajar un pliego dentro de otro. || 7. intr. Echar cañones las aves.

ENCAÑUTAR. tr. ant. Encanutar. || 2. intr. desus. Encañar las mieses.

ENCAPACETADO, DA. adj. Que lleva o usa capacete o yelmo.

ENCAPACHADURA. (De *encapachar*.) f. Conjuntos de capachos, que llenos de aceitunas, se apilan para prensarlas.

E

ENCAPACHAR. tr. Meter alguna cosa en un capacho, principalmente la aceituna molida para prensarla. || 2. AND. Recoger y atar los sarmientos de una cepa para con ellos resguardar las uvas del sol. || 3. CHILE. Encerrar, meter en la cárcel. || 4. VENEZ. Llenar la maraca de semillas de capacho.

ENCAPADO, DA. p.p. de encapar o encaparse. || 2. adj. MIN. Aplícase a la mina cuando el criadero no asoma a la superficie.

ENCAPAR. tr. Poner la capa. Ú.t.c.r. || 2. r. AR. No poder nacer alguna planta, por haberse formado una costra dura en la tierra a causa de la lluvia.

ENCAPAZAR. tr. Encapachar.

ENCAPERUZAR. tr. Poner la caperuza. Ú.t.c.r.

ENCAPILLADO, DA. p.p. de encapillar. || 2. adj. V. *Vela* ENCAPILLADA.

ENCAPILLADURA. f. Acción y efecto de encapillar o encapillarse.

ENCAPILLAR. (De *en* y *capillo*.) tr. CETR. Encapirotar. || 2. MAR. Enganchar un cabo a un penol de verga por medio de una gaza. || 3. MIN. Formar en una labor un ensanche para arrancar de él otra labor nueva. || 4. MAR. Montar, engancharse o ponerse una cosa por encima de otra. || 5. MAR. fig. Alcanzar un golpe de mar una embarcación e inundar su cubierta. || 6. P. RICO y MÉJ. Poner en capilla a un reo. || *Lo* ENCAPILLADO. expr. fam. La ropa que se lleva puesta.

ENCAPIROTAR. tr. Poner el capirote. Ú.t.c.r.

ENCAPONADO, DA. adj. ant. Acaponado.

* ENCAPOTADO, DA. adj. CUBA. Dícese comúnmente de las aves alicaídas y tristes.

ENCAPOTADURA. (De *encapotar*.) f. Ceño, sobrecejo.

ENCAPOTAMIENTO. (De *encapotar*.) m. Encapotadura.

ENCAPOTAR. tr. Cubrir con el capote. Ú.t.c.r. || 2. r. fig. Poner el rostro ceñudo y con sobrecejo. || 3. Cubrirse el cielo de nubes obscuras. || 4. Arrimar demasiado el caballo al pecho la boca. || 5. fig. CUBA y P. RICO. Enfermar o entristecer las aves. || **P.** encapotar; **I.** to cloak; **F.** couvoir d'un manteau; **A.** einhüllen; **It.** incappottare; **R.** хмуриться. || 2.ª acep.: **P.** franzir o rostro; **I.** to gloom; **F.** s'assombrir; **A.** verhüllen; **It.** abbuaiarsi; **R.** хмурить. || 3.ª acep.: **P.** toldarse; **I.** to shadow, to become cloudy; **A.** sich bewölken; **It.** rannuvolarsi, coprirsi il cielo; **R.** хмуриться.

ENCAPRICHARSE. r. Empeñarse uno en sostener o conseguir su capricho.

ENCAPUCHAR. tr. Cubrir o tapar una cosa con capucha. Ú.t.c.r.

ENCAPULLADO, DA. adj. Encerrado como la flor en el capullo.

ENCAPUZAR. tr. Cubrir con capuz. Ú.t.c.r.

ENCARA. (l. *hanc horam*.) adv. ant. AR. Aun con todo.

ENCARADO, DA. p.p. de encarar. || 2. Con los advs. *bien* o *mal*, de buena o mala cara, de bellas o feas facciones.

ENCARAMADURA. f. ant. Acción y efecto de encaramar o encaramarse. || 2. ant. Altura, elevación.

ENCARAMAR. (ár. *karma*, cepa de vid, con el pref. *en*.) tr. Levantar o subir a una persona o cosa haciéndola pasar por encima de otras. Ú.t.c.r. || 2. Alabar, encarecer con extremo. Ú.t.c.r. || 3. fig. y fam. Elevar, colocar en puestos altos y honoríficos. || 4. GUAT. Castigar, golpear, zurrar. || 5. COLOM. y C. RICA. Abochornar, avergonzar. Ú.t.c.r. || 6. CHILE. Ruborizarse, avergonzarse.

ENCARAMIENTO. m. Acción y efecto de encarar o encararse.

ENCARAMILLOTAR. (De *en* y *caramillo*.) tr. ant. Encaramar, alabar, encomiar.

* ENCARAPITARSE. r. COLOM. y ECUAD. Encaramarse.

ENCARAR. intr. Ponerse uno cara a cara, frente a frente. Ú.t.c.r. || 2. tr. Con los nombres *saeta*, *arcabuz*, etc., dirigir a alguna parte la puntería, apuntar. || 3. ARGENT. Disponerse a estudiar con decisión los medios para resolver un asunto. Ú.t.c.r. || 4. Hacer frente a una dificultad.

ENCARATULARSE. r. Cubrirse la cara con carátula o mascarilla.

ENCARCAJADO, DA. adj. ant. Que lleva carcaj.

ENCARCAVINAR. tr. Poner a uno en la carcavina. || 2. Atafagar con algún mal olor. || 3. Sofocar, asfixiar.

ENCARCELACIÓN. f. Acción y efecto de encarcelar.

ENCARCELADOR, RA. adj. Que encarcela.

ENCARCELAMIENTO. m. Acción y efecto de encarcelar.

ENCARCELAR. tr. Poner a un preso en la cárcel. || 2. fig. ALBAÑ. Asegurar con yeso o cal una pieza. || 3. Sujetar dos piezas de madera recién encoladas, en la cárcel del carpintero. || **P.** encarcelar; **I.** to imprison; **F.** incarcérer; **A.** einkerkern; **It.** incarcerare; **R.** заключать в тюрьму.

ENCARCERAR. (l. *in*, en, y *carcerāre*.) tr. ant. Encarcelar.

ENCARECEDOR, RA. adj. Que encarece o exagera. Ú.t.c.s.

ENCARECER. (l. *incarescĕre*.) tr. Aumentar el precio de una cosa; hacerla cara. Ú.t.c.intr. y c.r. || 2. fig. Ponderar, alabar mucho una cosa. || 3. Recomendar con empeño. || 2.ª acep.: **P.** encarecer; **I.** to extol; **F.** enchérir, préconiser; **A.** übertreiben; **It.** preconizzare; **R.** удорожать.

ENCARECIDAMENTE. adv. Con encarecimiento.

ENCARECIMIENTO. m. Acción y efecto de encarecer. || 2. *Con* ENCARECIMIENTO. m. adv. Con instancia y empeño.

ENCARGADAMENTE. adv. ant. Encarecidamente.

ENCARGADO, DA. p.p. de encargar. || 2. adj. Que ha recibido un encargo. || 3. m. y f. Persona que tiene a su cargo un establecimiento, negocio, etc., en representación del dueño o interesado. || —de negocios. Agente diplomático inferior en categoría al ministro residente.

ENCARGAMIENTO. (De *encargar*.) m. ant. Encargo, acción de encargar.

ENCARGAR. (De *cargar*.) tr. Encomendar, poner una cosa al cuidado de uno. Ú.t.c.r. || 2. Recomendar, aconsejar. || 3. Pedir o que se traiga o envíe una cosa de otro lugar. || **P.** encomendar; **I.** to commit; **F.** charger, commander; **A.** (be)auftragen; **It.** incaricare; **R.** поручать.

ENCARGO. m. Acción y efecto de encargar y encargarse. || 2. Cosa encargada. || 3. Cargo o empleo. || *Como de* ENCARGO, o *como hecho de* ENCARGO. m. adv. para indicar que algo reúne las condiciones que pueden desearse. || **P.** encargo; **I.** y **F.** commission; **A.** Auftrag; **It.** incàrico; **R.** поручение, заказ.

ENCARIÑAR. tr. Aficionar, despertar o excitar el cariño. Ú.m.c.r.

ENCARNA. (De *encarnar*.) f. MONT. Acción de cebar los perros en las tripas del venado muerto.

ENCARNACIÓN. (l. *incarnatĭo, -ōnis*.) f. Acción de encarnar. Dícese especialmente del acto de haber tomado carne humana el Verbo Divino en las virginales entrañas de María Santísima. || 2. fig. Personificación, representación o símbolo de una idea, doctrina, etc. || 3. ESC. y PINT. Color de la carne. —de paletilla. ESC. y PINT. La bruñida y lustrosa. || —de pulimento. ESC. y PINT. La bruñida y lustrosa. || —mate. ESC. y PINT. Encarnación de paletilla. || **P.** incarnação; **I.** y **F.** incarnation; **A.** Menschwerdung, Verkörperung; **It.** incarnazione; **R.** воплощение.

ENCARNADINO, NA. adj. De color encarnado bajo.

ENCARNADO, DA. p.p. de encarnar. || 2. adj. De color de carne. Ú.t.c.s. || 3. Colorado, 2.ª acep. || 4. V. *Lápiz* ENCARNADO. || 5. V. *Perpetua* ENCARNADA. || 6. fig. V. *Diablo* ENCARNADO. || 7. m. Color de carne que se da a las estatuas. || 8. ARGENT. Aplícase al animal que está en buenas carnes.

ENCARNADURA. (De *encarnar*.) f. Calidad de la carne viva con respecto a la curación de las heridas. || 2. Efecto que hace en la carne el instrumento que hiere. || 3. Cierta predisposición de las propiedades vitales y de los músculos a cicatrizarse

pronto y con facilidad. || 4. Acción de encarnarse el perro en la caza.

ENCARNAMIENTO. m. Efecto de encarnar la herida que se va curando.

ENCARNAR. (l. *incarnāre*.) intr. Tomar una substancia espiritual, una idea, forma carnal. Dícese principalmente del acto de hacerse hombre el Verbo Divino. || 2. Criar carne cuando va sanando una herida. || 3. Introducirse por la carne una arma. || 4. fig. Hacer fuerte impresión en el ánimo una cosa o especie. || 5. MONT. Cebarse el perro en la caza que coge hasta que la mata. Ú.t.c.r. || 6. tr. fig. Personificar, representar alguna idea o doctrina. || 7. Entre pescadores, colocar la carne en el anzuelo. || 8. MONT. Cebar el perro en una res muerta para que se encarnice. || 9. ESC. y PINT. Dar color de carne a las esculturas. || 10. r. fig. Mezclarse, incorporarse una cosa con otra. || **P.** incarnar; **I.** to incarnate; **F.** s'incarner; **A.** verkörpern; **It.** incarnare; **R.** воплощаться.

ENCARNATIVO, VA. (De *encarnar*.) adj. CIR. Aplícase al medicamento que facilita el encarnamiento de las heridas.

ENCARNE. (De *encarnar*.) m. MONT. Primer cebo que se da a los perros, de la res muerta en montería.

ENCARNECER. intr. Tomar carnes; hacerse más corpulento y grueso.

ENCARNIZADAMENTE. adv. Cruelmente, con encarnizamiento.

ENCARNIZADO, DA. p.p. de encarnizar. || 2. adj. Encendido, ensangrentado. || 3. Dícese de la batalla, riña, etc., muy porfiada y sangrienta.

ENCARNIZAMIENTO. m. Acción de encarnizarse. || 2. fig. Crueldad con que uno se ceba en el daño o en la infamia de otro.

ENCARNIZAR. (De *en* y *carniza*.) tr. Cebar un perro en una res muerta para que se haga fiero. || 2. fig. Encruelecer, enfurecer a uno. Ú.t.c.r. || 3. r. Cebarse con ansia en la carne los animales hambrientos. || 4. fig. Mostrarse cruel contra una persona. || 5. MIL. Batirse con furor dos cuerpos de tropas enemigas. || 2.ª acep.: **P.** encarnizar; **I.** to enrage; **F.** acharner; **A.** erbittern; **It.** accanire, incrudelire; **R.** ожесточать.

ENCARO. (De *encarar*.) m. Acción de mirar a uno con cuidado y atención. || 2. Acción de encarar o apuntar el arma. || 3. Puntería. || 4. Escopeta corta, especie de trabuco. || 5. Parte de la culata de la escopeta donde se apoya la mejilla al hacer la puntería.

ENCARPETAR. tr. Guardar papeles en carpetas. || 2. ARGENT., CHILE, ECUAD. y PERÚ. Dejar paralizado o detenido un expediente.

ENCARRE. (De *acarrear*.) m. MIN. AND. Número de espuertas de mineral, que los operarios llevan de trecho en trecho en cada entrada.

ENCARRILADERA. f. Aparato que se emplea en los ferrocarriles para encarrilar la locomotora y los vagones.

ENCARRILAR. (De *en* y *carril*.) tr. Encaminar, enderezar una cosa. || 2. Colocar sobre carriles un vehículo descarrilado. || 3. fig. Dirigir rectamente un negocio que iba mal dirigido. || 4. r. Encarrilarse la cuerda o soga del carrillo o garrucha.

ENCARRILLAR. tr. Encarrilar. || 2. r. Salirse la soga del carrillo o polea, imposibilitando el movimiento.

ENCARROÑAR. (De *en* y *carroña*.) tr. Inficionar y ser causa de pudrirse una cosa. Ú.t.c.r.

ENCARRUJADO, DA. p.p. de encarrujarse. || 2. adj. Rizado, plegado con arrugas menudas. || 3. MÉJ. Dícese del terreno quebrado. || 4. GERM. Toca de mujer.

* ENCARRUJAR. tr. CHILE. Rizar, hacer dobleces menudos.

ENCARRUJARSE. r. Retorcerse, ensortijarse. || 2. CHILE. Rizarse, escarolarse, hacerse pliegues menudos.

ENCARTACIÓN. (De *encartar*.) f. Empadronamiento en virtud de carta de privilegios. || 2. Reconocimiento del vasallaje que hacían al señor, pagándole tributo, los pueblos. || 3. Pueblo o lugar que reconocía este vasallaje. || 4. Territorio al cual se hacían extensivos los fueros y exenciones de una comarca limítrofe.

ENCARTADO, DA. p.p. de encartar. || **2.** Natural de las Encartaciones, de Vizcaya. Ú.t.c.s. || **3.** Perteneciente a ellas. || **4.** For. Sujeto a un proceso.

ENCARTAMIENTO. m. Acción y efecto de encartar. || **2.** Despacho judicial en que se contenía la sentencia condenatoria del reo ausente. || **3.** Encartación.

ENCARTAR. (De en y carta.) tr. Proscribir a un reo constituido en rebeldía. || **2.** Incluir a uno en una dependencia, compañía o negocio. || **3.** Incluir a uno en los padrones para el reparto de impuestos. || **4.** En los juegos de naipes, jugar al contrario o al compañero carta a la cual pueda servir del palo. || **5.** r. En los juegos de naipes, tomar uno cartas, o quedarse con ellas, del mismo palo que otro.

ENCARTE. m. Acción y efecto de encartar o encartarse en los juegos de naipes. || **2.** En varios juegos de naipes, orden casual en que éstos quedan al fin de cada mano y que sirve de guía a los jugadores para la siguiente.

ENCARTONADOR. m. El que encartona los libros para encuadernarlos.

ENCARTONAR. tr. Poner cartones. || **2.** Resguardar con cartones una cosa. || **3.** Encuadernar sólo con cartones empapelados. || **P.** cartonar; **I.** to board; **F.** cartonner; **A.** kartonieren; **It.** incartonare; **R.** переплегать.

ENCARTUCHAR. tr. COLOM., CHILE, ECUAD. y P. RICO. Arrollar en forma de cartucho o cucurucho. Ú.t.c.r. || **2.** fam. CHILE. Meterse el dinero en el bolsillo.

ENCARTUJADO. m. GERM. Encarrujado, toca de mujer.

ENCASAMENTO. (De encasar.) m. ant. Nicho, hueco en un muro. || **2.** ARQ. Adorno arquitectónico de fajas y molduras.

ENCASAMIENTO. m. Encasamento.

ENCASAR. (l. in, en, y capsa, caja, véase encajar.) tr. CIR. Volver un hueso a su lugar, cuando se ha salido de él.

ENCASCABELAR. tr. Poner cascabeles. Ú.t.c.r.

ENCASCOTAR. (De en y cascote.) tr. Rellenar con cascote una cavidad. || **2.** ALBAÑ. Introducir cascotes en la mezcla después de tendida, para darle más fuerza y consistencia.

ENCASILLABLE. adj. Que se puede encasillar.

ENCASILLADO, DA. p.p. de encasillar. || **2.** m. Conjunto de casillas. || **3.** Lista de candidatos, apoyados por el gobierno en las elecciones. || **4.** CHILE. Jaquelado, escaqueado, ajedrezado.

ENCASILLAR. (De en y casilla.) tr. Poner en casillas. || **2.** Clasificar personas o cosas distribuyéndolas en sus sitios correspondientes. || **3.** Señalar el gobierno a un candidato adepto al distrito en el cual lo presentaba para las elecciones de diputados. || **P.** enquadrar; **I.** to pigeonhole; **F.** placer dans les cases; **A.** einreihen; **It.** incasellare; **R.** распределять.

★ **ENCASIMBAR.** tr. CUBA. Matar ocultamente a una persona.

ENCASQUETAR. (De en y casquete.) tr. Encajar bien en la cabeza, el sombrero, gorra, etc. Ú.t.c.r. || **2.** fig. Meterle a uno algo en la cabeza. ENCASQUETARLE uno una idea. || **3.** fig. Encajar, hacer oir a uno alguna cosa. || **4.** Metérsele a uno alguna especie en la cabeza arraigadamente. || **5.** AND. Encajarse, meterse de rondón.

ENCASQUILLADOR. (De encasquillar.) m. AMÉR. Herrador.

ENCASQUILLAR. tr. Poner casquillos. || **2.** AMÉR. Herrar, poner herraduras a las bestias. || **3.** r. Atascarse un arma de fuego con el casquillo de la bala al disparar. || **4.** CUBA. fig. y fam. Acobardarse, acoquinarse. || **5.** ECUAD. Interrumpir el discurso, perder la ilación de las ideas.

ENCASTAR. tr. Mejorar una casta de animales por cruzamiento. || **2.** intr. Procrear, hacer casta.

ENCASTILLADO, DA. p.p. de encastillar. || **2.** adj. fig. Altivo y soberbio.

ENCASTILLADOR, RA. adj. Que encastilla.

ENCASTILLAMIENTO. m. Acción y efecto de encastillar o encastillarse.

ENCASTILLAR. tr. Fortificar con castillos un paraje. || **2.** Apilar. || **3.** Armar un andamio para la construcción de una obra. || **4.** Hacer las abejas en las colmenas los castillos o maestrillas para sus reinas. || **5.** r. Encerrarse en un castillo para defenderse, y en general, acogerse a parajes altos y ásperos para guarecerse. || **6.** fig. Perseverar uno con tesón y obstinación en su parecer.

ENCASTRAR. (l. incastrāre, encajar.) tr. MEC. Endentar dos piezas. || **2.** CHILE y ARGENT. Empotrar una cosa en la pared o en el suelo.

ENCATALEJAR. tr. SAL. Ver de lejos, columbrar.

ENCATARRADO, DA. (De en y catarro.) adj. desus. Que está acatarrado.

ENCATIVAR. (De en y cativo.) tr. ant. Cautivar.

★ **ENCATRINARSE.** r. MÉJ. Ponerse elegante, convertirse en petimetre.

ENCATUSAR. tr. Engatusar.

ENCAUCHADO, DA. p.p. de encauchar. || **2.** m. AMÉR. Ruana con dos telas y una capa de caucho en medio.

ENCAUCHAR. tr. Cubrir con caucho.

ENCAUSAR. tr. Formar causa a uno; proceder contra él judicialmente.

ENCAUSTE. m. Encausto.

ENCÁUSTICO, CA. (l. encausticus, y éste del gr. ἐγκαυστικός.) adj. PINT. Dícese de la pintura hecha al encausto. || **2.** Preparado de cera y aguarrás para dar brillo a los muebles y al pavimento. || **3.** f. Preparación que se aplica a los mármoles o al hierro para abrillantarlos y protegerlos de la humedad.

ENCAUSTO. (l. encaustum, y éste del gr. ἔγκαυστον.) m. Tinta roja con que escribían sólo los emperadores. || **2.** PINT. Adustión o combustión. || Pintar al ENCAUSTO. Pintar aplicando por medio del fuego las materias colorantes.

ENCAUZAMIENTO. m. Acción y efecto de encauzar.

ENCAUZAR. tr. Abrir cauce; encerrar o dirigir por un cauce una corriente. || **2.** fig. Encaminar, dirigir por buen camino un asunto, una discusión, etc. || **P.** canalizar; **I.** to canalize; **F.** canaliser; **A.** eindämmen, abdeichen; **It.** canalizzare; **R.** вводить в русло.

ENCAVARSE. (De en y cava, cueva.) r. Ocultarse el ave, conejo, etc., en una cueva o agujero.

ENCEBADAMIENTO. (De encebadar.) m. VETER. Enfermedad que contraen las caballerías por beber demasiada agua después de haber comido.

ENCEBADAR. tr. Dar a las bestias tanta cebada que les haga daño. || **2.** r. VETER. Contraer una bestia el encebadamiento.

ENCEBOLLADO, DA. p.p. de encebollar. || **2.** m. Guisado de carne con cebolla abundante.

ENCEBOLLAR. tr. Echar cebolla en abundancia a un manjar.

ENCEBRA. (De encebro.) f. ant. Cebra, animal solípedo del África austral.

ENCEBRO. (l. equiferus, caballo salvaje.) m. ant. Encebra.

ENCEFÁLICO, CA. adj. Perteneciente o relativo al encéfalo. Masa ENCEFÁLICA.

ENCEFALITIS. f. MED. Inflamación del encéfalo.—**letárgica.** Enfermedad de naturaleza infecciosa caracterizada por cefalia y vómitos; fiebre, somnolencia creciente y alteraciones del aparato muscular de los ojos.

ENCÉFALO. (gr. ἐγκέφαλον, de ἐν, en, y κεφαλή, cabeza.) m. ZOOL. Parte central del sistema nervioso, encerrada en la cavidad craneal. Comprende el cerebro, cerebelo y bulbo. || **2.** ZOOL. V. Istmo, ventrículo del ENCÉFALO. || **P.** encéfalo; **I.** encephalon; **F.** encéphale; **A.** Gehirn; **It.** encéfalo; **R.** мозг.

○ **ENCEFALOGRAFÍA.** f. Radiografía del cráneo después de haber substituido el líquido cefalorraquídeo por aire.

★ **ENCEGUECER.** intr. AMÉR. Quedarse ciego. || **2.** Dejar ciego a alguien. || **3.** AMÉR. Ofuscar.

ENCELADO, DA. p.p. de encelar. || **2.** adj. fam. AR. Dícese de la persona que está muy enamorada.

ENCELAJARSE. impers. Cubrirse de celajes.

ENCELAMIENTO. m. Acción y efecto de encelar o encelarse.

ENCELAR. (l. in, en, y celāre, ocultar.) tr. ant. Ocultar, encubrir.

ENCELAR. tr. Dar celos. || **2.** r. Concebir celos de una persona. || **3.** Estar en celo un animal.

ENCELDAMIENTO. m. Acción y efecto de enceldar.

ENCELDAR. tr. Encerrar en una celda. Ú.t.c.r.

ENCELLA. (l. fiscĭlla, cestilla.) f. Molde o forma que sirve para hacer quesos y requesones.

ENCELLAR. tr. Dar forma al queso o al requesón en la encella.

ENCENAGADO, DA. p.p. de encenagarse. || **2.** adj. Revuelto o mezclado con cieno.

ENCENAGAMIENTO. m. Acción y efecto de encenagarse.

ENCENAGARSE. (ant. cenagar, del l. coenicāre, de coenum, cieno.) r. Meterse en el cieno. || **2.** Ensuciarse, mancharse con cieno. || **3.** fig. Entregarse a los vicios.

ENCENCERRADO, DA. adj. Que trae cencerro.

ENCENDAJA. (l. incendĕre, mediante un der. incendácŭlum.) f. Ramaje, hierba seca u otra cosa con que se enciende el fuego. Ú.m.pl.

ENCENDEDOR, RA. adj. Que enciende. Ú.t.c.s. || **2.** m. Aparato que sirve para encender, mediante una llama o una chispa producida por la electricidad o por una piedra. —**de bolsillo.** Aparato que substituye a los fósforos; lleva una mecha que se prende al producirse en él una chispa. || **2.ª** acep.: **P.** isquiero; **I.** lighter; **F.** allumoir; **A.** Taschenfeuerzeug; **It.** accenditore, miccia; **R.** зажигалка.

ENCENDER. (l. incendĕre.) tr. Hacer que una cosa arda. || **2.** Pegar fuego, incendiar. || **3.** Causar ardor o encendimiento. Ú.t.c.r. || **4.** fig. Suscitar, ocasionar contiendas. Ú.t.c.r. || **5.** fig. Excitar, inflamar, enardecer. Ú.t.c.r. || **6.** r. Ponerse colorado, ruborizarse. || **7.** fig. CUBA. Castigar, moler. || **8.** CUBA. fig. y fam. Obtener gran ventaja sobre el contincante en el juego. || **P.** acender; **I.** to light; **F.** allumer; **A.** anzünden; **It.** accèndere; **R.** зажигать.

ENCENDIDAMENTE. adv. fig. Con ardor y viveza.

ENCENDIDO, DA. p.p. de encender. || **2.** adj. De color rojo muy subido. || **3.** m. En los motores de explosión, conjunto de la instalación eléctrica y aparatos destinados a producir la chispa. || **4.** BIOL. Aplícase a los ojos de los animales de distinto color.

ENCENDIENTE. p.a. de encender. p. us. Que enciende.

ENCENDIMIENTO. (De encender.) m. Acto de estar ardiendo y abrasándose una cosa. || **2.** fig. Ardor, alteración vehemente. || **3.** fig. Viveza y ardor en las pasiones humanas.

ENCENDRAR. (l. incinerāre, hacer cenizas.) tr. p. us. Acendrar.

ENCENIZAR. tr. Echar ceniza sobre una cosa.

ENCENSAR. (De censo.) tr. ant. Encensuar.

ENCENSARIO. m. ant. Incensario.

ENCENSUAR. (b. l. censuare.) tr. ant. Acensuar.

ENCENTADOR, RA. adj. Que encienta o empieza una cosa.

ENCENTADURA. m. Acción y efecto de encentar.

ENCENTAMIENTO. m. Efecto de encentar o encentarse.

ENCENTAR. (De encetar.) tr. Decentar. || **2.** r. Decentarse.

ENCENTRAR. tr. Centrar.

ENCEPADOR. m. El que tiene por oficio encepar los cañones de las armas de fuego.

ENCEPADURA. f. CARP. Acción de encepar piezas de construcción. || **2.** MAR. Resalte de la caña del ancla cerca del ojo.

ENCEPAR. tr. Meter a uno en el cepo. || **2.** Echar la caja al cañón de un arma de fuego. || **3.** CARP. Asegurar piezas por medio de cepos. || **4.** MAR. Poner los cepos a las anclas. || **5.** intr. Echar las plantas

E

raíces profundas. Ú.t.c.r. || **6. r.** MAR. Enredarse el cable en el cepo del ancla.

ENCEPE. m. Acción y efecto de encepar las plantas.

ENCERADO, DA. p.p. de encerar. || **2.** adj. De color de cera. || **3.** Dícese del huevo pasado por agua que no está duro. || **4.** m. Lienzo impermeabilizado con cera u otra materia. || **5.** Emplasto a base de cera. || **6.** Capa tenue de cera con que se cubren los entarimados y los muebles. || **7.** Cuadro de hule o lienzo barnizado usado para escribir en él con clarión.

ENCERADOR, RA. m. y f. Persona que se dedica a encerar pavimentos. || **2.** f. Máquina eléctrica que imprime movimientos a uno o varios cepillos para dar brillo a los pavimentos.

ENCERAMIENTO. m. Acción y efecto de encerar.

ENCERAR. (l. *incerāre*.) tr. Aderezar con cera alguna cosa. || **2.** Manchar con cera. || **3.** ALBAÑ. Espesar la cal. || **4.** intr. Tomar color de cera las mieses al madurar. Ú.t.c.r. || **5.** MÉJ. Poner velas de cera en los candeleros. || **P.** encerar; **I.** to wax; **F.** cirer; **A.** wachsen; **It.** incerare; **R.** натирать воском.

ENCERCAR. tr. ant. Cercar.

ENCERCO. (De *encercar*.) m. ant. Cerco.

ENCERNADAR. tr. Cubrir una cosa con cernada.

ENCEROTAR. tr. Dar con cerote al hilo de zapateros, boteros, etc.

ENCERRADERO. (De *encerrar*.) m. Sitio donde se recogen los rebaños cuando llueve o se los va a esquilar o están recién esquilados. || **2.** Encierro, toril, chiquero.

ENCERRADO, DA. p.p. de encerrar.

ENCERRADOR, RA. adj. Que encierra. Ú.t.c.s. || **2.** m. El que por oficio encierra el ganado mayor en los mataderos.

ENCERRADURA. (De *encerrar*.) f. Encerramiento.

ENCERRAMIENTO. m. Encierro.

ENCERRAR. (De *en* y *cerrar*.) tr. Meter a una persona o cosa en parte de donde no pueda salir. || **2.** fig. Incluir, contener. || **3.** En el juego de revesinos, dejar a uno con las cartas mayores. || **4.** En los juegos de tablero, poner al contrario de modo que no pueda mover las piezas. || **5.** MÉJ. Reservar al Santísimo Sacramento. || **6. r.** fig. Recogerse en clausura o religión. || **P.** encerrar; **I.** to shut up; **F.** enfermer; **A.** einsperren, einschliessen; **It.** chiùdere; **R.** запирать.

ENCERRIZAR. tr. AST. Azuzar, irritar, estimular. || **2. r.** Empeñarse ciegamente en algo.

ENCERRONA. (De *encerrar*.) f. fam. Retiro o encierro voluntario. || **2.** Situación, previamente preparada, en que se coloca a una persona para obligarla a que haga algo contra su voluntad. || **3.** En el juego de dominó, el cierre cuando los tantos que quedan en la mano son muchos. || **4.** TAUROM. Lidia de toros en privado. || *Hacer la* ENCERRONA. fr. fam. Retirarse del mundo.

ENCERTAR. (De *en* y *cierto*.) tr. ant. Acertar.

ENCESPEDAR. (De *en* y *césped*.) tr. Cubrir con césped.

ENCESTAR. tr. Poner, meter algo en una cesta. || **2.** En el juego de pelota, en su especialidad de cesta, meter la pelota en la cesta.

ENCETADURA. f. Encetadura.

ENCETAR. (l. *inceptāre*, frec. de *incipĕre*, comenzar.) tr. Encentar.

ENCIA. (De *hacia*, infl. por *en*.) prep. ant. Hacia.

ENCÍA. (l. *gingīva*.) f. Porción de la membrana mucosa bucal que cubre la parte alveolar de las mandíbulas y se adhiere al cuello de los dientes. || **P.** et **It.** gengiva; **I.** gum; **F.** gencive; **A.** Zahnfleisch; **R.** десна.

ENCÍCLICA. (l. *encyclĭca*, t. f. de *-cus*, y éste del gr. ἐγϰύϰλιος, circular; de ἐν, en, y ϰύϰλος, círculo.) f. Carta o misiva escrita ordinariamente en latín, que dirige el Sumo Pontífice a todos los obispos del orbe católico. || **P.** encíclica; || **I.** encyclical; **F.** encyclique; **A.** Enzyklika; **It.** enciclica; **R.** энциклика.

★ ENCICLOGRAFÍA. f. Colección de

tratados de las principales ramas del saber humano, o de las divisiones y subdivisiones de una ciencia.

ENCICLOPEDIA. (gr. ἐν, en; ϰύϰλος, círculo, y παιδεία instrucción.) f. Conjunto de todas las ciencias. || **2.** Obra en que se trata de muchas ciencias. || **3.** Conjunto de tratados de diversas ciencias o artes. || **4.** Enciclopedismo. || **5.** Diccionario enciclopédico. || **P.** enciclopédia; **I.** encyclopaedia; **F.** encyclopédie; **A.** Enzyklopädie, Sachwörterbuch; **It.** enciclopedia; **R.** энциклопедия.

ENCICLOPÉDICO, CA. adj. Perteneciente a la enciclopedia.

ENCICLOPEDISMO. m. Conjunto de doctrinas profesadas por los enciclopedistas franceses del siglo XVII y por los escritores que siguieron sus enseñanzas en la misma centuria.

ENCICLOPEDISTA. adj. Dícese del que profesa el enciclopedismo.

ENCIELAR. tr. CHILE. Poner cielo a una cosa; como templo, casa, etc.

ENCIENSO. (l. *incĕnsum*, quemado.) m. ant. Incienso.

ENCIENSO. (l. *absinthium*, ajenjo.) m. adj. Ajenjo.

ENCIERRA. f. CHILE. Acto de encerrar las reses en el matadero. || **2.** CHILE. Cantidad de reses encerradas en el matadero y destinadas a ser sacrificadas. || **3.** CHILE. Dehesa que en los fundos de secano se deja de reserva para el invierno. || **4.** CHILE. Acto de encerrar en la era las mieses que se han de trillar.

ENCIERRO. m. Acción y efecto de encerrar o encerrarse. || **2.** Lugar donde se encierra. || **3.** Clausura, recogimiento. || **4.** Prisión estrecha y aislada, para que el reo no tenga comunicación. || **5.** Acto de encerrar los toros en el toril. || **6.** Toril, chiquero.

ENCIMA. (De *en* y *cima*.) adv. En lugar superior respecto a otro inferior. || en sentido figurado. || **2.** Descansando sobre una cosa. || **3.** Además, sobre una cosa. *Le maltrataron y* ENCIMA *les bendecía*. || *Por* ENCIMA. m. adv. Superficial, de pasada. || *Por* ENCIMA *de una persona o cosa*. fr. adv. A pesar de ella, contra su voluntad. || **P.** em cima; **I.** above; **F.** sus, dessus; **A.** oben, darauf, obenauf, drüben; **It.** sopra; **R.** сверх, поверх, наверху.

★ ENCIMA. m. BIOQUÍM. Enzima.

ENCIMAR. (De *encima*.) tr. Poner en alto una cosa; ponerla sobre otra. Ú.t.c. intr. || **2.** En el juego de tresillo, añadir una puesta a la que había en el plato. || **3.** COLOM. y PERÚ. Dar encima de lo estipulado, añadir. || **4.** CHILE. Ganar la cima, llegar, arribar a la cima. || **5. r.** Elevarse, levantarse una cosa a mayor altura que otra.

★ ENCIMERA. f. R. DE LA PLATA. Parte superior del pegual. || **2.** Pieza estrecha de cuero de la montura.

ENCIMERO, RA. adj. Que está o se pone encima. || **2.** NAV. m. Mirón, el que mira a los que juegan a las cartas. || **3.** f. ARGENT. Pegual. || **4.** CHILE. Piel adobada y arreglada de manera especial, que se pone para blandura encima de la enjalma de la caballería.

ENCINA. (l. *ilicina*, por *ilex*, *-ĭcis*.) f. BOT. Árbol copulífero de hojas persistentes dentadas y punzantes y florecillas de color verde-amarillento, que dan por fruto bellotas dulces o amargas; su madera se emplea en carpintería o ebanistería. Especie propia de la región mediterránea, crece en suelos secos y pedregosos. || **2.** Madera de este árbol. || **P.** azinheira; **I.** evergreen oak; **F.** chêne vert; **A.** immergrune Eiche; **It.** quercia; **R.** дуб.

ENCINAL. m. Encinar.

ENCINAR. m. Sitio poblado de encinas.

★ ENCINGAR. (De *en* y *cinc*, cambiada la *c* en *g*.) tr. CHILE. Cubrir los techos de cinc.

ENCINO. m. Encina.

ENCINTA. (l. *incincta*, desceñida.) adj. Embarazada.

ENCINTADO, DA. p.p. de encintar. || **2.** m. Acción y efecto de encintar. || **3.** Faja o cinta de piedra que forma el borde de una acera, de un andén, etc.

ENCINTAR. tr. Adornar con cintas. ||

2. Poner el cintero a los novillos. || **3.** Poner las cintas o un solado o de una acera. || **4.** MAR. Poner las cintas a un buque.

ENCINTAR. (De *encinta*.) tr. desus. Empreñar. Ú.t.c.r.

ENCISMAR. tr. Poner cisma, introducir discordia, sembrar cizaña entre dos individuos.

ENCISO. (l. *incīsus*, cortado.) m. Terreno adonde salen a pacer las ovejas luego que paren.

ENCITAR. tr. ant. Incitar.

ENCIVA. (l. *gingīva*.) ant. Encía.

ENCIZAÑADOR, RA. adj. Cizañador. Ú.t.c.s.

ENCIZAÑAR. tr. Cizañar.

★ ENCLANCHARSE. r. HOND. Ponerse una prenda.

ENCLARAR. tr. ant. Aclarar.

ENCLARESCER. (l. *inclarescĕre*.) tr. ant. Esclarecer.

ENCLAUSTRAR. tr. Encerrar en un claustro. Ú.t.c.r. || **2.** fig. Meter, esconder en un paraje oculto. Ú.t.c.r.

ENCLAVACIÓN. f. Acción de enclavar o fijar con clavos.

ENCLAVADO, DA. p.p. de enclavar. || **2.** adj. Dícese del sitio encerrado dentro del área de otro. Ú.t.c.s. || **3.** Dícese del objeto encajado en otro. || **4.** BLAS. Dícese del escudo cuyas piezas están unas sobre otras.

ENCLAVADURA. (De *enclavar*.) f. Clavadura. || **2.** Muesca por donde se unen dos piezas de construcción.

ENCLAVAR. tr. Fijar, asegurar con clavos. || **2.** fig. Traspasar de parte a parte. || **3.** Introducir hasta la carne algún clavo de la herradura, al herrar una bestia. || **4.** Comprender, rodear un terreno; convertirlo en enclave. || **5.** fig. y fam. Clavar, engañar. || **P.** cravar; **I.** to nail; **F.** clouer; **A.** (an-, fest-, ver) nageln; **It.** inchiodare; **R.** пригвождать.

ENCLAVAZÓN. f. ant. Clavazón.

★ ENCLAVE. m. Territorio incluido en otro mayor y de características distintas.

ENCLAVIJAR. tr. Trabar, enlazar dos cosas. || **2.** Poner las clavijas a un instrumento. || **3.** MAR. Empernar. || **4.** GERM. Cerrar, aprender.

ENCLENQUE. (Acaso del l. *in* y *clinĭcus*, enfermo.) adj. Enfermizo, falto de salud. Ú.t.c.s. || **2.** MÉJ., P. RICO y PERÚ. Muy flaco.

ÉNCLISIS. f. GRAM. Unión de una palabra enclítica a la que le precede.

ENCLÍTICO, CA. (l. *enclitĭcus*, y éste del gr. ἐγϰλιτιϰός, inclinado.) adj. GRAM. Dícese de las palabras que, por no tener acento propio, se apoyan en la palabra anterior y forman con ella un todo prosódico. *Aconséja*ME.

ENCLOCAR. intr. Ponerse clueca una ave; como la gallina, un ánade, etc. Ú.m.c.r.

ENCLOQUECER. intr. Enclocar.

ENCOBADOR, RA. (De *encobar*.) adj. ant. Encubridor. Usáb.t.c.s.

ENCOBAR. (l. *incŭbāre*, echarse.) intr. Echarse las aves y los animales ovíparos sobre los huevos para empollarlos. Ú.t.c.r.

ENCOBERTADO, DA. adj. fam. Tapado con un cobertor.

ENCOBIJAR. tr. Cobijar.

ENCOBILARSE. r. MURC. Encamarse la caza.

ENCOBRADO, DA. adj. Aplícase a los metales que tienen mezcla de cobre. || **2.** De color de cobre.

ENCOBRAR. tr. CHILE. Enrollar un lazo en un árbol, tronco, etc., para sujetar más al animal enlazado por el otro extremo.

ENCOBRAR. tr. Cubrir con una capa de cobre.

ENCOCLAR. intr. Enclocar. Ú.m.c.r.

ENCOCORAR. (De *en* y *cócora*.) tr. fam. Fastidiar, molestar con exceso. Ú.t.c.r.

ENCOCHADO, DA. adj. Dícese del que anda o está mucho en coche.

ENCODILLARSE. (De *en* y *codillo*.) r. Encerrarse o detenerse el hurón o el conejo en un recodo de la madriguera.

ENCOFINAR. tr. MURC. Meter los higos secos en cofines.

ENCOFRADO. p.p. de encofrar. || **2.** m. ALBAÑ. Revestimiento de madera empleado para hacer el vaciado de una cornisa. || **3.** FORT. y MIN. Revestimiento de madera que sostiene las tierras en las galerías de las minas. || **4**. MAR. Revestimiento de tablas que forra algunos diques de madera.

ENCOFRAR. (De *en* y *cofre*.) tr. FORT. Colocar bastidores para contener las tierras en las galerías de las minas. || **2**. ALBAÑ. Preparar el revestimiento de madera para hacer el vaciado de una cornisa.

ENCOGER. (De *en* y *coger*.) tr. Retirar contrayendo. Dícese ordinariamente del cuerpo y de sus miembros. Ú.t.c.r. || **2**. fig. Apocar el ánimo. Ú.t.c.r. || **3**. intr. Apretarse el tejido, disminuir algunas telas cuando se mojan; disminuir algunas cosas al secarse. || **4**. r. Ser corto de genio, tener cortedad. || P. encolher; I. to narrow; F. rétrécir; A. einziehen, einschrumpfen; It. ristringere; R. стягивать.

ENCOGIDAMENTE. adv. fig. Apocadamente, tímidamente.

ENCOGIDO, DA. p.p. de encoger. || **2**. adj. fig. Corto de ánimo, apocado. Ú.t.c.s.

ENCOGIMIENTO. m. Acción y efecto de encoger o encogerse. || **2**. fig. Cortedad de ánimo.

★ ENCOGOLLADO, DA. adj. CHILE. Engreído, orgulloso.

ENCOGOLLARSE. r. Subirse la caza a las cimas o cogollos más altos de los árboles.

ENCOHETAR. tr. Hostigar con cohetes a un animal, como se hace con los toros. || **2**. C. RICA. Enfurecerse, encolerizarse.

ENCOJAR. tr. Poner cojo a uno. Ú.t.c.r. || **2**. r. fig. y fam. Caer enfermo, fingirse enfermo.

ENCOLADO, DA. p.p. de encolar. || **2**. adj. fig. CHILE y MÉJ. Gomoso, pisaverde, paquete. || **3**. Clarificación de los vinos turbios mediante una solución de gelatina. || **4**. Aplicación de ciertas substancias a los hilados y tejidos para reforzarlos o darles mejor aspecto.

ENCOLADURA. (De *encolar*.) f. Encolamiento. || **2**. Aplicación de una o más capas de cola caliente a la superficie que ha de pintarse al temple.

ENCOLAMIENTO. m. Acción y efecto de encolar.

ENCOLAR. tr. Pegar con cola una cosa. || **2**. Arrojar una cosa a un sitio donde no puede alcanzarse fácilmente. Ú.t.c.r. || **3**. Clarificar vinos. || **4**. Dar la encoladura a las superficies que han de pintarse al temple.

★ ENCOLCAR. tr. PERÚ. Depositar, guardar granos u otros productos agrícolas en la colca o granero.

ENCOLERIZAR. (De *en* y *cólera*.) tr. Irritar a uno, hacer que se ponga colérico. Ú.t.c.r.

ENCOMENDABLE. adj. Que se puede encomendar.

ENCOMENDADO, DA. p.p. de encomendar. || **2**. m. En las órdenes militares, dependiente del comendador.

ENCOMENDAMIENTO. (De *encomendar*.) m. ant. Mandamiento, precepto, orden, mandato.

ENCOMENDAMENTO. (De *encomendar*.) m. Encomienda, encargo.

ENCOMENDAR. (De *en* y *comendar*.) tr. Encargar a alguno que haga una comisión o que cuide de una persona o cosa. || **2**. Dar encomienda, hacer encomendador a uno. || **3**. intr. Llegar a tener encomienda de orden. || **4**. r. Entregarse, confiarse al amparo de uno. || **5**. Enviar recados o memorias. || P. encomendar; I. to charge; F. recommander; A. (be)auftragen, empfehlen; It. raccomandare; R. поручать.

ENCOMENDERO. m. El que lleva encargos de otro, y se obliga a dar cuenta y razón de lo que se le encarga o encomienda. || **2**. El que por concesión real tenía indios encomendados. || **3**. CUBA. El que administra el rastro. || **4**. Tendero de comestibles.

ENCOMENZAMIENTO. (De *encomenzar*.) m. ant. Comienzo.

ENCOMENZAR. (De *comenzar*, infl. por *empezar*.) tr. ant. Comenzar. Úsalo aún la gente del pueblo.

ENCOMIADOR, RA. (De *encomiar*.) adj. Que hace encomios o elogios. Ú.t.c.s.

ENCOMIAR. (De *encomio*.) tr. Alabar con encarecimiento a una persona o cosa.

ENCOMIASTA. (gr. ἐγκωμιαστής.) m. Panegirista.

ENCOMIÁSTICO, CA. (gr. ἐγκωμιαστικός.) adj. Que alaba o contiene alabanza.

ENCOMIENDA. (De *encomendar*.) f. Encargo, comisión, recomendación. || **2**. Dignidad dotada de renta que se otorgaba a algunos caballeros en las órdenes militares. || **3**. Lugar, territorio y rentas de esa dignidad. || **4**. Dignidad de comendador en las órdenes civiles. || **5**. Cruz que llevan los caballeros de las órdenes militares en la capa o vestido. || **6**. Merced o renta vitalicia que se daba sobre un lugar o territorio. || **7**. Pueblo que en América se señalaba a un encomendadero para que percibiese los tributos. || **8**. Recomendación, elogio. || **9**. Amparo, patrocinio, custodia. || **10**. ARGENT., COLOM., CHILE y PERÚ. Paquete postal. || **11**. pl. Recados, memorias. || **12**. MÉJ. Puestos de frutas colocados en algunas calles de la capital. || P. encargo; I. y F. commission; A. Auftrag; It. incarico; R. поручение.

ENCOMIO. (gr. ἐγκώμιον.) m. Alabanza encarecida.

★ ENCOMIOSO, SA. adj. GUAT. y CHILE. Encomiástico.

ENCOMPADRAR. (De *en* y *compadre*.) intr. fam. Contraer compadrazgo, y por extensión, familiarizarse, hacerse muy amigas dos personas.

ENCOMPASAR. tr. ant. Compasar.

ENCOMUNALMENTE. adv. ant. Comúnmente.

ENCONADO, DA. p.p. de enconar.

ENCONADURA. f. Enconamiento, inflamación.

ENCONAMIENTO. (De *enconar*.) m. Inflamación de una parte lastimada del cuerpo. || **2**. fig. Encono, rencor.

ENCONAR. (De *encono*.) tr. Inflamar, empeorar la llaga o parte lastimada del cuerpo. Ú.t.c.r. || **2**. fig. Irritar, exasperar el ánimo. Ú.t.c.r. || **3**. Cargar la conciencia con alguna mala acción. Ú.m.c.r. || **4**. r. Pringarse, interesarse indebidamente en la hacienda o negocios que se cuida o maneja. || **5**. CUBA y MÉJ. Sisar, robar cosas pequeñas. || **6**. MÉJ. Sufrir el calificativo de ladrón por robar cosas de poca monta.

ENCONCHARSE. r. Meterse uno en su concha, retraerse.

ENCONFITAR. tr. Confitar.

★ ENCONGARSE. r. MÉJ. Encolerizarse.

ENCONÍA. (Falso análisis de *melancolía*.) f. ant. Encono.

ENCONO. (De *enconía*.) m. Animadversión, rencor arraigado en el ánimo.

ENCONOSO, SA. (De *encono*.) adj. fig. Que puede ocasionar enconamiento o encono. || **2**. Propenso a tener mala voluntad a los demás. || **3**. COLOM. Enconado, llagado.

ENCONREAR. tr. Conrear.

ENCONTINENTE. adv. ant. Incontinenti.

ENCONTRADAMENTE. adv. Opuestamente.

ENCONTRADIZO, ZA. adj. Que se encuentra con otra cosa o persona. || *Hacerse* uno ENCONTRADIZO, o *el* ENCONTRADIZO. fr. Buscar uno a alguien para encontrarle, procediendo de modo que el encuentro parezca casual.

ENCONTRADO, DA. p.p. de encontrar. || **2**. adj. Puesto enfrente. || **3**. Opuesto, antitético.

ENCONTRAR. (l. *in contra*.) tr. Topar una persona con otra o con alguna cosa que busca. || **2**. Dar una persona o cosa sin buscarla. ENCONTRAR *una dificultad*. || **3**. Tropezar uno con otro. || **4**. r. Oponerse, enemistarse uno con otro. || **5**. Por extensión, ser discordantes, no convenir las opiniones y tendencias. || **6**. Hallarse o concurrir juntas a un mismo lugar dos o más personas. || **7**. Por analogía, convenir los afectos, voluntades, etc. || **8**. Estar, hallarse en cierta manera. ENCONTRARSE *enfermo*. || ENCONTRÁRSELO uno *todo hecho*. fr. fig. y fam. Hallárselo todo hecho. || P. encontrar; I. to find, to meet; F. trouver, recontrer; A. auffinden, antreffen, begegnen; It. incotrare; R. находить, встречать.

ENCONTRÓN. m. Golpe o empujón involuntario que da una persona a otra, o golpe que se dan dos cosas impelidas.

ENCONTRONAZO. m. Encontrón.

★ ENCOPADO, DA. (De *en* y *copa*.) adj. CHILE y ARGENT. Achispado.

ENCOPETADO, DA. p.p. de encopetar. || **2**. adj. fig. Que presume demasiado de sí. || **3**. fig. De alto copete. || **4**. m. ARQ. Cateto vertical de cualquiera de los cartabones de las armaduras de un tejado.

ENCOPETAR. tr. Elevar en alto o formar copete. Ú.t.c.r. || **2**. r. fig. Engreirse, presumir demasiado.

ENCORACHAR. tr. Meter y acomodar en la coracha el género que se ha de conducir en ella.

ENCORAJAR. tr. Dar valor, ánimo y coraje. || **2**. r. Encenderse en coraje o encolerizarse mucho.

ENCORAJINARSE. r. fam. Tomar una corajina, encolerizarse. || **2**. CHILE. Estropearse un negocio que iba bien; echarse a perder.

ENCORAR. tr. Cubrir con cuero una cosa. || **2**. Meter una cosa dentro de un cuero. || **3**. Hacer que las llagas críen cuero. || **4**. intr. Criar cuero las llagas. Ú.t.c.r.

ENCORAZADO, DA. adj. Cubierto y vestido de coraza. || **2**. Cubierto de cuero.

ENCORCHADOR, RA. adj. Que encorcha. Ú.t.c.s. || **2**. f. Máquina para poner tapones de corcho a las botellas.

★ ENCORCHADURA. f. Acción de encorchar. || **2**. Acción de colocar los corchos en las diversas artes de pesca. || **3**. Conjunto de corchos utilizados para suspender las redes de pescar.

ENCORCHAR. (De *en* y *corcho*.) tr. Coger los enjambres de las abejas y cebarlas para que entren en la colmena. || **2**. Poner tapones de corcho a las botellas. || **3**. EQUIT. Elevar el lomo el caballo y bajar la cabeza con malicia, para sacar al jinete de la silla.

ENCORCHETAR. tr. Poner corchetes. || **2**. Sujetar con ellos la ropa u otra cosa. || **3**. ARQ. Engrapar piedras.

ENCORDADURA. (De *encordar*, 1.ª acep.) f. Conjunto de las cuerdas de los instrumentos de música.

ENCORDAR. tr. Poner cuerdas a los instrumentos de música. || **2**. Rodear, ceñir un cuerpo con una cuerda. || **3**. LEÓN y SAL. Tocar las campanas a muerto. Ú.t.c. intr.

ENCORDELAR. tr. Poner cordeles a una cosa. || **2**. Atar algo con ellos. || **3**. Forrar con cordel en espiral una pieza de madera, metal, etc.

ENCORDONADO, DA. p.p. de encordonar. || **2**. adj. Adornado con cordones.

ENCORDONAR. tr. Poner o echar cordones a una cosa, bien para sujetarla, bien para adornarla con ellos.

ENCORECER. tr. Encorar, hacer que una llaga críe cuero o se cicatrice. || **2**. intr. Encorar, criar cuero, cicatrizarse una herida.

ENCORIACIÓN. f. Acción y efecto de encorar o encorarse una llaga.

ENCORNADO, DA. adj. Con los advs. *bien* o *mal*, que tiene buena, o mala, encornadura. Dícese de los toros y vacas.

ENCORNADURA. f. Forma o disposición de los cuernos en el toro, ciervo, etc. || **2**. f. Cornamenta.

★ ENCORNAR. tr. Embutir, incrustar con asta. || **2**. Coger con los cuernos, herir con ellos los animales astados. || **3**. intr. GUAT. Encornudar.

ENCORNUDAR. tr. fig. Hacer cornudo a uno. || **2**. intr. Echar o criar cuernos.

ENCOROZAR. tr. Poner la coroza a uno por afrenta. || **2**. CHILE. Emparejar una pared. || **3**. Meter en cucuruchos o corozas.

★ ENCORPADO, DA. adj. ARGENT. Dícese de los papeles, telas, etc., que son más gruesos de lo ordinario.

ENCORRALAR. Meter y guardar en el corral. Dícese especialmente de los ganados.

ENCORREAR. tr. Ceñir y sujetar una cosa con correas.

ENCORSELAR. tr. AMÉR., AND. y CAN. Encorsetar. Ú.t.c.r.

ENCORSETAR. tr. Poner corsé, especialmente cuando se ciñe mucho. Ú.m.c.r.

ENCORTAMIENTO. m. ant. Acortamiento.

E

ENCORTAR. tr. ant. Acortar.

ENCORTINAR. tr. Poner cortinas, adornar con ellas.

ENCORVADA. f. Acción de encorvar el cuerpo. || 2. Danza descompuesta que se hace torciendo el cuerpo y los miembros. || 3. Bot. Planta leguminosa de flores amarillas y de legumbres terminadas en una especie de cuernecillo. || *Hacer* uno *la* ENCORVADA. fr. fig. y fam. Fingirse enfermo para esquivar una ocasión o lance a que no se quiere concurrir.

ENCORVADURA. f. Acción y efecto de encorvar o encorvarse.

ENCORVAMIENTO. m. Encorvadura.

ENCORVAR. (l. *incŭrvāre*.) tr. Doblar una cosa poniéndola corva. Ú.t.c.r. || 2. r. fig. Inclinarse, mostrar parcialidad. || 3. Equit. Bajar el caballo la cabeza arqueando el lomo para despedir al jinete. || P. encurvar; I. to bend; F. courber; A. biegen; krümmen; It. curvare; R. сгибать.

ENCOSADURA. (De *en* y *coser*.) f. Costura con que, en la camisa de mujer, llamada a la gallega, se pegaba al resto la parte superior, hecha de lienzo más fino.

ENCOSTALAR. tr. Meter en costales.

ENCOSTARSE. r. Mar. Acercarse un buque en su derrota a la costa.

ENCOSTILLADO. m. Min. Conjunto de costillas colocadas en los pozos y galerías para dar más solidez a la entibación.

ENCOSTRADURA. (De *encostrar*.) f. p. us. Costra de una torta o pastel. || 2. Arq. Revestimiento de tablas delgadas de piedra, mármol, etc. || 3. Arq. Encaladura.

ENCOSTRAR. tr. Cubrir con costra una cosa; como el pastelón, etc. || 2. Echar una costra o capa a una cosa para su resguardo. Ú.t.c.r. || 3. intr. Formar costra una cosa. Ú.t.c.r.

ENCOVADO, DA. p.p. de encovar. || 2. adj. Hundido, oculto.

ENCOVADURA. f. Acción y efecto de encovar o encovarse.

ENCOVAR. tr. Meter una cosa en una cueva o hueco. Ú.t.c.r. || 2. Guardar, contener una cosa. || 3. fig. Encerrar, obligar a uno a ocultarse.

ENCRASAR. (l. *incrassāre*.) tr. Poner craso o espeso un líquido. Ú.t.c.r. || 2. Mejorar, fertilizar las tierras con abonos. Ú.t.c.r.

ENCRESPADO, DA. p.p. de encrespar. || 2. m. Encrespadura.

ENCRESPADOR, RA. adj. Que encrespa. || 2. Instrumento que sirve para encrespar y rizar el cabello.

ENCRESPADURA. f. Acción y efecto de encrespar o rizar el cabello.

ENCRESPAMIENTO. (De *encrespar*.) m. Acción y efecto de encrespar o encresparse.

ENCRESPAR. (l. *incrispāre*.) tr. Ensortijar, rizar. Ú.t.c.r. || 2. Erizar el pelo, plumaje, etc., por alguna emoción fuerte. Ú.m.c.r. || 3. Enfurecer, irritar a una persona o animal. Ú.t.c.r. || 4. Levantar las ondas del agua; alborotarlas. Ú.m.c.r. || 5. r. fig. Dificultarse, enredarse un asunto. || P. encrespar; I. tu curl; F. crêper, friser; A. locken, kräuseln; It. arricciare, accrespare; R. завивать, сердить.

ENCRESPO. (De *encrespar*.) m. ant. Encrespadura.

ENCRESTADO, DA. p.p. de encrestarse. || 2. adj. fig. Ensoberbecido, altivo.

ENCRESTARSE. r. Poner las aves tiesa la cresta.

ENCREYENTE. adj. ant. Creyente. || *Hacer* ENCREYENTE a uno. fr. Persuadirle de lo que no se puede creer.

ENCRINADO, DA. (De *en* y *crinado*.) adj. ant. Encrisnejado.

ENCRISNEJADO, DA. (De *en* y *crisneja*.) adj. desus. Dícese del cabello u otra cosa que está hecha trenzas.

ENCRISTALAR. tr. Colocar cristales o vidrios en una ventana, puerta, galería, etcétera.

ENCRUCIJADA. f. Punto de intersección de dos o más calles o caminos. || 2. fig. Asechanza, emboscada, ocasión que se aprovecha para hacer daño a otro. || 3. fig. Alternativa, dilema.

ENCRUDECER. (l. *incrudescĕre*.) tr. Hacer que una cosa tenga apariencia u otra

condición de cruda. Ú.t.c.r. || 2. fig. Exasperar, irritar. Ú.t.c.r.

ENCRUDELECER. (l. *in*, en, y *crudēlis*, cruel.) tr. ant. Encruelecer. Usáb. t.c.r.

ENCRUELECER. (De *encrudelecer*.) tr. Instigar a uno a que piense y obre con crueldad. || 2. r. Hacerse cruel, fiero; airarse con exceso.

ENCRUZADO. m. ant. Caballero cruzado.

ENCUADERNABLE. adj. Que puede encuadernarse.

ENCUADERNACIÓN. f. Acción y efecto de encuadernar. || 2. Forro o cubierta de cartón, pergamino u otra cosa que se pone a los libros para resguardo de sus hojas. || 3. Taller donde se encuaderna. || 4. V. *A la holandesa, a la inglesa, a la, o en, rústica* —en media pasta, en pasta, en pasta italiana. Modo de forrar los libros con estos sistemas de pasta.

ENCUADERNADOR, RA. m. y f. Persona que tiene por oficio encuadernar. || 2. Sujetador de metal para unir varios pliegos en forma de cuaderno. || 3. Argent. Bloque o taco de papel para notas o apuntes. || 4. Argent. Juego de tapas para hojas móviles.

ENCUADERNAR. tr. Juntar, unir y coser varios pliegos o cuadernos y ponerles cubiertas. || P. encadenar; I. to bind; F. relier; A. einbinden; It. rilegare; R. переплетать.

ENCUADRAR. tr. Encerrar en un marco o cuadro. || 2. fig. Encajar, ajustar una cosa dentro de otra. || 3. fig. Encerrar o incluir dentro de sí una cosa; bordearla, determinar sus límites.

ENCUADRAR. tr. Sal. Meter o tener el ganado en la cuadra.

ENCUARTAR. tr. Calcular el encuarte o aumento de valor de las piezas de madera o piedra. || 2. Méj. Cuartear, ayudar con la cuarta. || 3. Méj. Enredar la bestia en el cabestro. Ú.t.c.r. || 4. Méj. Enredarse, empantanarse. || 5. Méj. Atravesarse en la conversación, interrumpir, cortar la palabra a uno.

ENCUARTE. (De *en* y *cuarto*.) m. Yunta o caballería de refuerzo que se añade a las que tiran de un vehículo para subir las cuestas o salir de los malos pasos. || 2. Sobreprecio que en algunas partes es costumbre dar a la unidad de medida de la madera y la piedra, cuando las piezas exceden de ciertas dimensiones.

ENCUARTERO. m. Mozo que va al cuidado de las bestias de encuarte.

ENCUBAR. tr. Echar el vino u otro licor en las cubas para guardarlo en ellas. || 2. Meter a los reos de ciertos delitos, como el parricida, en una cuba con un gallo, una mona, un perro y una víbora, y arrojarlos al agua; castigo que se usó en otro tiempo. || 3. Min. Entibar en redondo con maderos el interior de un pozo minero.

ENCUBERTAR. (De *en* y *cubierta*.) tr. Cubrir con paños o con sedas una cosa. || 2. Dícese particularmente de los caballos que se cubren de paño o bayeta negra en demostración de luto, y de los que se cubrían de cuero y hierro para la guerra. || 3. ant. Encubrir. || 4. r. Vestirse y armarse con alguna defensa que resguarde el cuerpo de los golpes del enemigo.

ENCUBIERTA. (De *encubierto*.) f. Fraude, ocultación dolosa.

ENCUBIERTAMENTE. adv. A escondidas, con secreto. || 2. Con dolo o mala fe, fraudulentamente. || 3. Recatadamente.

ENCUBIERTO, TA. (De *en* y *cubierto*.) p.p. irreg. de encubrir. || 2. adj. Fort. V. *Estrada* ENCUBIERTA.

ENCUBRIDIZO, ZA. adj. Que se puede encubrir fácilmente.

ENCUBRIDOR, RA. adj. Que encubre. Ú.t.c.s. || 2. m. y f. Tapadera, persona que tapa, encubre o disimula lo que otra quiere ocultar. || P. encobridor; I. concealer; F. receleur; A. Hehler; It. copritore; R. укрыватель.

ENCUBRIMIENTO. Acción y efecto de encubrir. || 2. Cubierta con que se tapa una cosa para que no se vea. || 3. For. Participación en las responsabilidades de un delito, por favorecer la ocultación o la fuga del delincuente, por impedir que se descubra, o por aprovecharse de sus efectos.

ENCUBRIR. (De *en* y *cubrir*.) tr. Ocultar una cosa o no manifestarla. Ú.t.c.r. || 2. Impedir que llegue a saberse una cosa. || 3. For. Hacerse responsable de encubrimiento en un delito. || P. encobrir; I. to conceal; F. receler; A. verbergen, verhelen; It. coprire; R. скрывать.

ENCUCAR. tr. Ast. Recoger y guardar los frutos llamados cucas, como nueces, avellanas, etc.

★ **ENCUCURUCHARSE.** (De *en* y *cucurucho*.) r. Colom. y Amér. Central. Encaramarse, subirse a lo alto.

ENCUENTRO. m. Acto de coincidir en un punto dos o más cosas, por lo común chocando una contra otra. || 2. Acto de contrarse o hallarse dos o más personas. || 3. Oposición, contradicción. || 4. Acción y efecto de topetar diversos animales. || 5. Concurrencia de dos cartas o puntos iguales, en algunos juegos. || 6. Ajuste de estampaciones de colores diferentes. || 7. Lance del juego del billar en que la carambola se produce por retruque. || 8. Competición deportiva. || 9. Arq. Macizo comprendido entre un ángulo de un edificio y el vano más inmediato. || 10. Arq. Ángulo que forman dos carreras o soleras. || 11. Mil. Choque de algún cuerpo de vanguardia con el enemigo. || 12. Zool. Axila. || 13. Chile. Muslo de las aves. || 14. Parte del ala de las aves pegada al pecho. || 15. En los cuadrúpedos mayores, puntas delanteras de las espaldillas. || 16. Maderos con que los tejedores aseguran el telar. || 17. Impr. Claros que se dejan al imprimir, para después estampar en ellos letras con tinta de color diferente. || *Al mal* ENCUENTRO, *darle de mano y mudar asiento.* ref. que aconseja esquivar los peligros. || *Al primer* ENCUENTRO, *azar*. expr. En cualquier negocio, encontrarse con un obstáculo inesperado a los primeros pasos. || *Ir al* ENCUENTRO *de uno.* fr. Ir en su busca concurriendo en un mismo sitio con él. || *Salirle* a uno *al* ENCUENTRO. fr. Salir a recibirle. || 2. fig. Hacerle frente o cara, ponérsele. || 3. fig. Prevenir, adelantarse a uno en lo que iba a decir o ejecutar. || P. encontro; I. encounter; F. rencontre; A. Begegnung, Zusammenstoss; It. incontro; R. столкновение.

ENCUERAR. tr. And., Extr., Méj. y Cuba. Desnudar, dejar en cueros a una persona. Ú.t.c.r.

ENCUESTA. (l. vulg. *inquaesïta*, por *inquisïta*, buscada.) f. Averiguación o pesquisa. || 2. V. *Juez de* ENCUESTA. || P. indagación; I. inquest, inquire; F. enquête; A. Umfrage, Enquete; It. inchiesta; R. допрос.

★ **ENCUEVADO, DA.** adj. Venez. Discreto, reservado.

ENCUEVAR. tr. Encovar. Ú.t.c.r.

ENCUITARSE. (l. *incogitāre*.) r. Afligirse, apesadumbrarse.

★ **ENCULARSE.** r. Méj. Prendarse de una mujer.

ENCULATAR. (De *en* y *culata*.) tr. Cubrir con sobrepuesto la colmena.

★ **ENCULILLARSE.** r. Rep. Domin. Acoquinarse.

ENCULPAR. tr. ant. Inculpar.

ENCUMBRADAMENTE. adv. Con superioridad, altaneramente.

ENCUMBRADO, DA. p.p. de encumbrar. || 2. adj. Elevado, alto.

ENCUMBRAMIENTO. m. Acción y efecto de encumbrar o encumbrarse. || 2. Elevación, altura. || 3. fig. Ensalzamiento, exaltación.

ENCUMBRAR. (De *en* y *cumbre*.) tr. Levantar en alto. Ú.t.c.r. || 2. fig. Ensalzar, engrandecer a uno honrándolo o colocándolo en puestos o empleos honoríficos. Ú.t.c.r. || 3. Subir la cumbre, pasarla. ENCUMBRAR *el monte.* || 4. r. Envanecerse, ensoberbecerse. || 5. Hablando de cosas inanimadas, ser muy elevadas, subir a mucha altura. *Las peñas se* ENCUMBRAN *hasta mostrarse inaccesibles.* || P. encumear; I. to raise; F. exalter; A. erhöhen; It. innalzare; R. поднимать.

★ **ENCUNADO, DA.** adj. Venez. Encajonado en una angostura.

ENCUNAR. tr. Poner al niño en la cuna. || 2. Taurom. Coger el toro al torero entre las astas.

ENCUÑAR. (De *en* y *cuño*.) tr. ant. Acuñar.

ENCUÑO. (De *encuñar*.) m. ant. Acuñación.

ENCUREÑAR. tr. Poner la cureña.

ENCURTIDO, DA. p.p. de encurtir. || **2.** Fruto o legumbre que se conserva en vinagre. Suele usarse en pl.

ENCURTIR. (De *en* y *curtir*.) tr. Hacer que ciertos frutos o legumbres tomen el sabor del vinagre y se conserven mucho tiempo teniéndolos en este líquido.

★ **ENCHAMARRADO, DA.** p.p. de enchamarrar. || **2.** adj. Vestido de chamarra.

★ **ENCHAMARRAR.** tr. Colom. Embrollar.

★ **ENCHAMBRAR.** r. Ecuad. Enredarse los hilos.

★ **ENCHAMBRANAR.** tr. Venez. Desordenar.

ENCHANCLETAR. tr. Poner las chancletas, o traer los zapatos sin acabarlos de calzar a modo de chancletas. Ú.t.c.r.

ENCHAPADO, DA. p.p. de enchapar. || **2.** m. Chapería.

ENCHAPAR. tr. Chapear, cubrir con chapas.

ENCHAPINADO, DA. (De *en* y *chapa*.) adj. Albañ. Levantado y fundado sobre bóveda.

★ **ENCHAQUETARSE.** r. P. Rico, Colom. y Perú. Ponerse la chaqueta. || **2.** Colom. Acicalarse.

ENCHARCADA. (De *encharcar*.) f. Charco o charca.

ENCHARCAMIENTO. m. Acción y efecto de encharcar o encharcarse.

ENCHARCAR. tr. Cubrir de agua una parte de terreno que antes no lo tenía un charco. Ú.t.c.r. || **2.** Enaguachar el estómago. Ú.t.c.r.

★ **ENCHAUCHARSE.** r. fam. Argent. Embriagarse, emborracharse.

ENCHAVETAR. tr. Mar. Asegurar un perno u otra cosa con chaveta.

ENCHICAR. tr. ant. Achicar.

★ **ENCHICHARSE.** r. Amér. Emborracharse con chicha. || **2.** Guat. Emborracharse, irritarse mucho.

ENCHILADA. f. Guat. y Méj. Torta de maíz rellena de diversos manjares y aderezada con chile. || **2.** Puesta que hace por turno cada jugador en una partida de tresillo, cuando sólo hay pases en el plato, y que percibe el que gana el juego.

ENCHILADO, DA. p.p. de enchilar. || **2.** m. Cuba. Guiso de mariscos con salsa de chile.

ENCHILAR. tr. C. Rica, Hond. y Méj. Untar, aderezar con chile. || **2.** fig. Méj. Picar, molestar, irritar. Ú.t.c.r. || **3.** fig. C. Rica. Dar un chasco o recibirlo. || **4.** C. Rica. Picar como el chile.

★ **ENCHILOTARSE.** r. m. Argent. Enfadarse.

ENCHINAR. tr. Empedrar con chinas o guijarros. || **2.** Méj. Formar rizos con el cabello.

ENCHINARRAR. tr. Empedrar con chinarros.

★ **ENCHINCHAR.** tr. Méj. Diferir un asunto, dar largas. || **2.** Hacer perder el tiempo. || **3.** Enojarse.

★ **ENCHIPAR.** (De *en* y el quich. *chipa*, fardo, envoltorio.) tr. Chile y Perú. Cubrir y forrar con paja, para la exportación, el pan de azúcar.

ENCHIQUERAMIENTO. m. Acción y efecto de enchiquerar.

ENCHIQUERAR. tr. Meter o encerrar el toro en el chiquero. || **2.** fig. y fam. Encarcelar.

ENCHIRONAR. tr. fam. Meter a uno en chirona, encarcelar.

★ **ENCHISMAR.** P. Rico y Rep. Domin. Chismorrear. || **2.** P. Rico. Enfadarse.

ENCHIVARSE. r. Colom. y Ecuad. Emberrincharse, encolerizarse. || **2.** Rep. Domin. Atascarse un carruaje.

★ **ENCHUCHAR.** Méj. Maniobrar con la aguja de una vía férrea o con el conmutador de una corriente eléctrica. || **2.** Cuba. Dejar varios vagones en un ramal corto de la vía. || **3.** Cuba. Dirigir a una persona en un sentido determinado. || **4.** Cuba. Casarse.

ENCHUECAR. tr. fam. Chile y Méj. Torcer, encorvar. Ú.t.c.r.

ENCHUFAR. (De *enchufe*.) tr. Ajustar

la boca de un caño en la de otro. Ú.c.intr.|| **2.** fig. Combinar, enlazar un negocio con otro. || **3.** Albañ. Acoplar las partes salientes de una pieza en otra. || **4.** Electr. Establecer una conexión eléctrica encajando una en otra las dos piezas del enchufe. || **5.** r. fam. despect. Obtener un enchufe. || **P.** ajustar; **I.** to telescope; **F.** emboiter; **A.** flanschen; **It.** imboccare; **R.** включать. || 4.ª acep.: **P.** ligar; **I.** to socket; **F.** raccorder; **A.** einschalten; **It.** raccordare; **R.** соединять.

ENCHUFE. (ár. *ŷawf*, hueco, cavidad, con el pref. *en*.) m. Acción y efecto de enchufar. || **2.** Parte de un caño o tubo que penetra en otro. || **3.** Sitio donde enchufan dos caños. || **4.** fig. y fam. Cargo o destino que se obtiene por influencia política. Suele decirse del que se acumula sobre el empleo profesional. || **5.** Electr. Aparato que consta de dos piezas, una fija y otra móvil, que se encajan para establecer una conexión eléctrica.

ENCHULETAR. tr. Carp. Rellenar un hueco con chuletas.

★ **ENCHUMBAR.** tr. Argent., Colom., Méj. y Urug. Mojar, empapar en agua.

★ **ENCHUTE.** m. Hond. Juego del boliche.

★ **ENDAMARSE.** r. Guat. y El Salv. Amancebarse.

ENDE. (l. *inde*.) adv. ant. Allí. || *Por* ende. m. adv. Por tanto.

ENDEBLE. (De *en* y *deble*.) adj. Débil, de resistencia insuficiente.

ENDEBLEZ. f. Calidad de endeble.

ENDEBLUCHO, CHA. adj. fam. con que se encarece o moteja lo endeble. Suele decirse del que tiene quebrantada la salud.

ENDÉCADA. (gr. ἐνδεκάς, -άδος, de ἕνδεκα, once.) f. Período de once años.

ENDECÁGONO, NA. (gr. ἕνδεκα, once, y γωνία, ángulo.) adj. Geom. Aplícase al polígono de once ángulos y once lados. Ú.m.c.s.m.

ENDECASILÁBICO, CA. (De *endecasílabo*.) adj. De once sílabas.

ENDECASÍLABO, BA. (gr. ἐνδεκασύλλαβος; de ἕνδεκα, once, y συλλαβή, sílaba.) adj. De once sílabas. *Verso* ENDECASÍLABO. Ú.t.c.s. || **2.** Compuesto de decasílabos, o que los tiene en la combinación métrica. || **3.** V. *Endecha* ENDECASÍLABA. || —*anapéstico*, **o de gaita gallega.** Aquel que lleva los acentos en las sílabas cuarta y séptima.

ENDECHA. (l. *indicta*, t. f. de -*tus*, p.p. de *indicĕre*, anunciar, señalar.) f. Canción triste. Ú.m. en pl. || **2.** Combinación métrica que se emplea repetida en composiciones de asunto luctuoso por lo común y consta de cuatro versos de seis o siete sílabas, generalmente asonantados. || —*endecasílaba* **o real.** La que consta de tres versos, heptasílabos por lo común, y de otro endecasílabo y asonantado con el segundo. || **P.** canção triste; **I.** dirge; **F.** complainte; **A.** Klagelied, Elegie; **It.** compianto; **R.** печальная песня.

ENDECHADERA. (De *endechar*.) f. Plañidera.

ENDECHAR. tr. Cantar endechas, y más especialmente en loor de los difuntos; honrar su memoria en los funerales. || **2.** r. Afligirse, lamentarse.

ENDECHERA. (De *endecha*.) f. ant. Plañidera.

ENDECHOSO, SA. (De *endecha*.) adj. ant. Triste y lamentable.

ENDEHESAR. tr. Meter el ganado en la dehesa para que engorde.

ENDEJA. (l. *indicŭla*, pl. n. de *um*, señal.) f. Albañ. Adaraja, diente.

ENDELGADECER. (De *en* y *delgadez*.) intr. ant. Adelgazar, ponerse delgado. Ú.t.c.s.

ENDELIÑAR. tr. ant. Adeliñar. Usáb. t.c.r.

ENDEMÁS. (De *en* y *demás*.) adv. ant. Particularmente, con especialidad.

ENDEMIA. (gr. ἐνδημία; de ἐν, en, y δῆμος, pueblo.) f. Med. Cualquier enfermedad que habitualmente, o en épocas fijas, reina en un país o comarca.

ENDÉMICO, CA. adj. fig. Dícese, por comparación con las enfermedades habituales, de actos o sucesos que se repiten frecuentemente en un país. || **2.** Med. Perteneciente o relativo a la endemia.

ENDEMONIADO, DA. p.p. de ende-

moniar. || **2.** adj. Poseído del demonio. Ú.t.c.s. || **3.** fig. y fam. Sumamente perverso y nocivo.

ENDEMONIAR. tr. Introducir los demonios en el cuerpo de una persona. || **2.** fig. y fam. Irritar, encolerizar a uno. Ú.t.c.r.

ENDENANTES. (De *en* y *denantes*.) adv. ant. Antes. De uso vulgar en varias regiones de España. || **2.** Amér. Hace poco. Ú. en el habla vulgar.

ENDENTADO, DA. p.p. de endentar.|| **2.** adj. Blas. Aplícase a las borduras, cruces, etc., con dientes muy menudos y triangulares.

ENDENTAR. tr. Encajar una cosa en otra, como los dientes y los piñones de las ruedas. || **2.** Poner dientes a una rueda.

ENDENTECER. intr. Empezar los niños a echar los dientes. || *Quien presto* ENDENTECE, *presto hermanece*. ref. que indica que el niño que echa temprano los dientes tendrá pronto un hermano porque le destetan en seguida.

ENDEÑADO, DA. (l. *indignātus*.) adj. Murc. Dañado, inflamado.

ENDERECERA. (De *enderezar*.) f. ant. Derecera.

ENDEREZA. (De *enderezar*.) f. ant. Dedicatoria.

ENDEREZADAMENTE. adv. Con rectitud.

ENDEREZADO, DA. p.p. de enderezar. || **2.** adj. Favorable, a propósito.

ENDEREZADOR, RA. adj. Que gobierna bien una casa, familia, comunidad, etc., o endereza lo que se tuerce. Ú.t.c.s.

ENDEREZAMIENTO. m. Acción de enderezar y poner recto lo que está torcido.

ENDEREZAR. (De *en* y *derezar*.) tr. Poner derecho lo que está torcido. Ú.t.c.r. || **2.** Poner derecho o vertical lo que está inclinado o tendido. Ú.t.c.r. || **3.** Remitir, dirigir, dedicar. || **4.** fig. Gobernar bien; poner en buen estado una cosa. Ú.t.c.r. || **5.** Enmendar, corregir, castigar. || **6.** intr. Encaminarse en derechura a un paraje o a una persona. || **7.** r. Disponerse, encaminarse a lograr un intento. || **P.** endireitar; **I.** to straighten; **F.** redresser; **A.** geraderichten, aufrichten; **It.** drizzare; **R.** выпрямлять.

ENDEREZO. (De *enderezar*.) m. ant. Dirección. || **2.** Sal. Enderezamiento.

ENDEUDARSE. r. Llenarse de deudas. || **2.** Reconocerse obligado.

ENDEVOTADO, DA. (De *en* y *devoto*.) adj. Muy dado a la devoción.|| **2.** Muy prendado de una persona.

ENDIABLADA. f. Festejo y función jocosa en que muchos se disfrazaban con figuras ridículas de diablos, metiendo mucho ruido con sonajas e instrumentos diversos.

ENDIABLADAMENTE. adv. Fea, horrible o abominablemente.

ENDIABLADO, DA. p.p. de endiablar. || **2.** adj. fig. Muy feo, desproporcionado. || **3.** fig. y fam. Endemoniado.

ENDIABLAR. tr. Endemoniar. || **2.** fig. y fam. Dañar, pervertir. Ú.t.c.r. || **3.** r. Revestírsele a uno el demonio.

ENDÍADIS. (l. *hendiàdys*, y éste del gr. ἕν διὰ δυοῖν, uno por medio de dos.) f. Ret. Figura por la cual se expresa un solo concepto con dos nombres coordinados.

ENDIBIA. (l. *intybĕa*, de *intỹbus*.) f. Escarola.

ENDILGADOR, RA. adj. fam. Que endilga. Ú.t.c.s.

ENDILGAR. (l. *in*, en, y *delicāre*, mostrar.) tr. fam. Encaminar, dirigir, acomodar, facilitar. || **2.** Encajar, endosar a otro algo desagradable o impertinente.

ENDINO, NA. (l. *indignus*, indigno.) adj. fam. Indigno, perverso.

ENDIOSAMIENTO. (De *endiosar*.) m. fig. Erguimiento, desvanecimiento, altivez extremada. || **2.** fig. Suspensión de los sentidos.

ENDIOSAR. (De *en* y *Dios*.) tr. Elevar a uno a la divinidad. || **2.** fig. Erguirse, ensoberbecerse. || **3.** fig. Suspenderse, embebecerse. || **P.** endeusar; **I.** to deify; **F.** déifier; **A.** vergöttern; **It.** deificare; **R.** обожествлять.

E

ENDITARSE. r. CHILE. Entramparse, endeudarse.

ENDOBLADO, DA. p.p. de endoblar. || **2.** adj. Dícese del cordero que se cría mamando de dos ovejas.

ENDOBLAR. tr. Entre ganaderos, hacer que dos ovejas críen a la vez un cordero.

ENDOBLE. m. MIN. Entrada o jornada de doble tiempo que hacen los mineros y fundidores para cambiar las horas de trabajo de las cuadrillas cada semana.

ENDOCARDIO. (gr. ἔνδον, dentro, y καρδία, corazón.) m. ZOOL. Membrana serosa que tapiza las cavidades del corazón, formada por dos capas.

ENDOCARDITIS. (De *endocardio* y el suf. *itis*, inflamación.) f. MED. Inflamación aguda o crónica del endocardio.

ENDOCARPIO. (gr. ἔδον, dentro, y καρπός, fruto.) m. BOT. Capa interna de las tres que forman el pericarpio de los frutos; en algunos, como el hueso del melocotón, es de consistencia leñosa.

ENDOCRINO, NA. (gr. ἔνδον, dentro, y κρίνω, separar.) adj. FISIOL. Perteneciente o relativo a las hormonas o a las secreciones internas. || **2.** FISIOL. Dícese de las glándulas de secreción interna.

ENDOCRINOLOGÍA. f. FISIOL. Estudio de las secreciones internas.

ENDODÉRMICO, CA. adj. ZOOL. Perteneciente o relativo al endodermo.

ENDODERMO. (gr. ἔνδον, dentro, y δέρμα, piel.) m. ZOOL. Capa u hoja interna de las tres en que se disponen las células del blastodermo después de haberse efectuado la segmentación.

ENDOESQUELETO. (gr. ἔνδον, dentro, y *esqueleto*.) m. ZOOL. Neuroesqueleto.

★ **ENDOGAMIA**. f. Matrimonio entre personas de un mismo linaje.

ENDOGÉNESIS. (gr. ἔνδον, dentro, y γένεσις, generación.) f. BIOL. Reproducción por escisión de una célula que está rodeada de una envoltura resistente que impide la separación de las células hijas.

ENDÓGENO, NA. (gr. ἔνδον, dentro, y γεννάω, engendrar.) adj. Que se origina o nace en el interior, como la célula que se forma dentro de otra. || **2.** Dícese de la enfermedad que se origina dentro del organismo.

★ **ENDOLADO**. (De *en* y *duela*.) m. CHILE. Superficie superior del vano en las puertas y ventanas.

ENDOLENCIA. f. ant. Indulgencia. || *De* ENDOLENCIAS. Decíase de los días de Semana Santa.

ENDOLINFA. (gr. ἔνδον, dentro, y *linfa*.) f. ZOOL. Líquido acuoso que llena el laberinto del oído de los vertebrados.

ENDOMINGADO, DA. p.p. de endomingarse. || **2.** adj. Dominguero.

ENDOMINGARSE. r. Vestirse con la ropa de fiesta.

ENDONAR. tr. desus. Donar.

ENDOPARÁSITO. (gr. ἔνδον, dentro, y παράσιτος, parásito.) adj. BIOL. Dícese del parásito que vive dentro del cuerpo de un animal o planta. Ú.t.c.s.

ENDORSAR. (l. *indorsāre*.) tr. Endosar.

ENDORSO. (De *endosar*.) m. Endoso.

ENDOSABLE. adj. Que puede endosarse.

ENDOSANTE. p.a. de endosar. Que endosa. Ú.t.c.s.

ENDOSAR. (l. *indorsāre*; de *in*, en, y *dorsum*, espalda, dorso.) tr. Ceder a favor de otro una letra de cambio u otro documento de crédito expedido a la orden, haciéndolo así constar al respaldo o dorso. || **2.** fig. Trasladar a otro una carga, trabajo o cosa no grata. || **P.** endossar; **I.** to indorse; **F.** endosser; **A.** indossieren; **It.** girare (una cambiale); **R.** индоссовать.

ENDOSAR. (De *en* y *dos*.) tr. En el juego del tresillo, lograr el hombre que siente segunda baza el que no hace la contra. Ú.t.c.r.

ENDOSATARIO, RIA. m. y f. Persona a cuyo favor se endosa o puede endosarse un documento de crédito.

ENDOSCOPIO. (gr. ἔνδον, dentro, y σκοπεῖν, mirar.) m. CIR. Aparato destinado al examen visual de la uretra y de la vejiga urinaria.

ENDOSE. m. Acción y efecto de endosar o endosarse.

ENDOSELAR. tr. Formar dosel.

★ **ENDOSFERA**. f. GEOL. Capa interna del globo terrestre.

ENDOSMÓMETRO. m. FÍS. Aparato para apreciar la endósmosis.

ENDÓSMOSIS [ENDOSMOSIS]. (gr. ἔνδον, dentro, y ὠσμός, acción de empujar.) f. FÍS. Corriente de fuera adentro, que se establece a través de una membrana que separa líquidos de distinta densidad.

ENDOSO. m. Acción y efecto de endosar. || **2.** Lo que para endosar una letra u otro documento a la orden se escribe en su respaldo o dorso. || **P.** endosso; **I.** indorsement; **F.** endos; **A.** Indossament; **It.** girata; **R.** индоссо.

★ **ENDOSPERMO**. m. BOT. Parte de la semilla que rodea el embrión.

★ **ENDOSPORA**. f. BOT. Capa interna y celulósica de la membrana de las esporas.

ENDOTELIO. (gr. ἔνδον, dentro, y θηλή, pezón del pecho.) m. ZOOL. Tejido formado por células aplanadas y dispuestas en una sola capa que reviste interiormente las paredes de algunas cavidades orgánicas.

ENDOVENOSO, SA. adj. Dícese de lo que está o se pone en el interior de una vena.

ENDRECERA. f. ant. Derechera.

ENDREZAR. (De *en* y *drezar*.) tr. ant. Aderezar, preparar.

ENDRIAGO. (l. *draco*, dragón.) m. Monstruo fabuloso, formado del conjunto de facciones humanas y de las de varias fieras.

ENDRINA. f. Fruto del endrino.

ENDRINAL. m. Sitio poblado de endrinos.

ENDRINO, NA. adj. De color negro azulado, parecido al de la endrina. || **2.** m. Ciruelo silvestre con espinas en las ramas, las hojas lanceadas y lampiñas, y el fruto pequeño, negro azulado y áspero al gusto.

ENDROGARSE. r. MÉJ. y PERÚ. Entramparse, contraer deudas o drogas.

ENDULCECER. (l. *in*, en, y *dulcescĕre*.) tr. ant. Endulzar. Usáb.t.c.r.

ENDULCIR. (l. *indulcĕre*.) tr. ant. Endulzar.

ENDULZADURA. f. Acción y efecto de endulzar o endulzarse.

ENDULZAR. tr. Poner dulce una cosa. Ú.t.c.r. || **2.** fig. Suavizar, hacer llevadero un trabajo. Ú.t.c.r. || **P.** adoçar; **I.** to sugar; **F.** sucrer, adoucir; **A.** versüssen, mildern; **It.** intucherare; **R.** подслащивать.

ENDULZORAR. (De *en* y *dulzorar*.) tr. ant. Endulzar.

ENDURADOR, RA. (De *endurar*.) adj. Que por carácter y condición es poco inclinado a gastar, y menos a dar. Ú.t.c.s.

ENDURAMIENTO. (De *endurar*.) m. ant. Endurecimiento.

ENDURAR. (l. *indurāre*.) tr. Endurecer. Ú.t.c.r. || **2.** Sufrir, tolerar. || **3.** Diferir o dilatar una cosa. || **4.** Economizar, gastar poco.

ENDURECER. (l. *indurescĕre*.) tr. Poner dura una cosa. Ú.t.c.r. || **2.** fig. Robustecer los cuerpos; hacerlos más aptos para el trabajo y la fatiga. Ú.t.c.r. || **3.** fig. Hacer a uno severo y exigente. || **4.** r. Encruelecerse, negarse a la piedad. || **P.** endurecer; **I.** to harden; **F.** durcir; **A.** verhärten; **It.** indurare; **R.** делать твёрдым.

ENDURECIDAMENTE. adv. Con dureza o pertinacia.

ENDURECIMIENTO. (De *endurecer*.) m. Dureza. || **2.** fig. Obstinación, tenacidad.

ENE. f. Nombre de la letra n, y del signo potencial indeterminado en álgebra. || **2.** adj. Denota cantidad indeterminada. || **—de palo**. fig. y fam. Horca. || *Ser de* ENE *una cosa*. fr. fam. Ser consiguiente, forzosa o infalible.

ENEA. f. Anea.

ENEÁGONO, NA. (gr. ἐννέα, nueve, y γωνία, ángulo.) adj. GEOM. Aplícase al polígono de nueve ángulos y nueve lados. Ú.m.c.s.m.

ENEAL. m. Sitio donde abunda la enea.

ENEASÍLABO, BA. (gr. ἐννέα, nueve, y συλλαβή, sílaba.) adj. De nueve sílabas. *Verso* ENEASÍLABO. Ú.t.c.s.

ENEBRAL. m. Sitio poblado de enebros.

ENEBRINA. f. Fruto de enebro

ENEBRO. (l. *jinipĕrus*, por *juniperus*.) m. Arbusto cupresáceo, de 3 a 4 m de altura, con tronco ramoso, copa espesa, hojas lineales de tres en tres, rígidas, punzantes, flores en amentos axilares, escamosas, de color pardo rojizo, y por frutos bayas elipsoidales o esféricas, de color negro azulado, con tres semillas casi ovaladas. La madera es rojiza, fuerte y olorosa. || **2.** Madera de esta planta. || **—de la miera**. El de tronco recto, hojas con dos líneas blanquecinas en la haz y frutos rojizos. || **P.** zimbro; **I.** juniper-tree; **F.** genévrier; **A.** Wacholderstrauch; **It.** ginepro; **R.** можжевельник.

ENECHADO, DA. p.p. de enechar. || **2.** adj. Expósito. Ú.t.c.s.

ENECHAR. tr. ant. Echar a un niño en la casa de expósitos.

ENEJAR. (De *en* y *eje*.) Echar eje o ejes a un carro, coche, etc. || **2.** Poner una cosa en el eje.

ENELDO. (De *aneldo*, 1.er art.) m. Hierba de la familia de las umbelíferas, con tallo ramoso, hojas divididas en lacinias filiformes, flores amarillas en círculo, y semillas pareadas planas en su cara de contacto, elípticas y con nervios bien marcados.

ENEMA. (gr. ἔναιμον; de ἐν, en, y αἷμα, sangre.) m. MED. Medicamento antiguo que se aplicaba sobre las heridas sangrientas.

ENEMA. (gr. ἔνεμα, inyección.) f. MED. Ayuda, lavativa. || **P.** clister; **I.** enema, clyster; **F.** lavement; **A.** Klistier; **It.** enema, clistere; **R.** клизма.

ENEMICÍSIMO. (l. *inimicissīmus*.) adj. sup. de enemigo.

ENEMIGA. (De *enemigar*.) f. Enemistad, odio, oposición, mala voluntad.

ENEMIGABLE. (De *enemigar*.) adj. ant. Enemigo

ENEMIGABLEMENTE. adv. ant. Con enemiga.

ENEMIGADERO, RA. (De *enemigar*.) adj. ant. Propenso a discordias y enemistades.

ENEMIGAMENTE. adv. Con enemistad.

ENEMIGAR. (l. *inimicāre*.) tr. ant. Enemistar. Usáb.t.c.r.

ENEMIGO, GA. (l. *inimīcus*.) adj. Contrario. || **2.** m. y f. El que tiene mala voluntad a otro y le desea o hace mal. || **3.** m. En el derecho antiguo, el que había dado muerte a alguno de los parientes dentro del cuarto grado, o le había acusado de un delito grave, etc. || **4.** El contrario en la guerra. || **5.** Diablo, demonio. || **—jurado**. El que tiene hecho firme propósito de serlo. || **—malo**. Demonio. || *Al* ENEMIGO *que huye, la puente de plata*. ref. que enseña que en ciertas ocasiones conviene facilitar la huida al enemigo. || *De los* ENEMIGOS, *los menos*. ref. que se usa cuando se trata de deshacerse de los que causan perjuicio.

ENEMISTAD. (l. *inimicĭtas*, por *inimicitia*.) f. Aversión u odio entre dos o más personas. || **P.** inimizade; **I.** enmity; **F.** inimitié; **A.** Feindschaft; **It.** inimicizia; **R.** враждебность.

ENEMISTANZA. (De *enemistar*.) f. ant. Enemistad.

ENEMISTAR. (De *enemistad*.) tr. Hacer a uno enemigo de otro, o hacer perder la amistad existente entre dos o más personas.

ÉNEO, A. (l. *aenĕus*.) adj. poét. De cobre o bronce.

★ **ENEOLÍTICO, CA**. adj. Dícese del período prehistórico comprendido entre el Neolítico y la Edad de los Metales. Ú.t.c.s.

ENERGÉTICO, CA. adj. Perteneciente o relativo a la energía. || **2.** f. FÍS. Ciencia que trata de la energía.

ENERGÍA. (l. *energĭa*, y éste del gr. ἐνέργεια.) f. Eficacia, poder, virtud, para obrar. || **2.** Fuerza de voluntad, tesón en la actividad. || **3.** FÍS. Causa capaz de transformarse en trabajo mecánico. || **—atómica**. La que se obtiene mediante modificaciones en el núcleo del átomo, como en la fisión de un núcleo pesado o en la condensación de núcleos ligeros. || **—potencial**. Energía en reposo, que no se manifiesta en trabajo actual. || **—química**. La que existe en estado potencial en los cuerpos y se transforma en actual en las com-

E

binaciones químicas. || P. energia; I. energy, power; F. énergie; A. Energie; It. energia; R. энергия.

ENÉRGICAMENTE. adv. m. Con energía.

ENÉRGICO, CA. Que tiene energía, o relativo a ella.

ENERGÚMENO, NA. (l. *energumĕnus*, y éste del gr. ἐνεργούμενος, poseído.) m. y f. Persona poseída del demonio. || 2. fig. Furioso, alborotado. || P. energúmeno; I. energumen; F. énergumène; A. Rasende(r); It. energùmeno; R. бесноватый.

ENERIZAMIENTO. (De *enerizar*.) m. ant. Erizamiento.

ENERIZAR. tr. p. us. Erizar. Ú.t.c.r.

ENERO. (l. *ienuarĭus*, por *ianuarĭus*.) m. Primer mes del año. Tiene treinta y un días. || *De* ENERO *a* ENERO, *el dinero es del banquero*. ref. con que se da a entender que en el juego del monte y otros análogos, a la larga lleva ventaja el banquero. || P. janeiro; I. January; F. janvier; A. Januar, Jänner; It. gennaio; R. январь.

ENERTARSE. (De *yerto*.) r. ant. Quedarse yerto.

ENERVACIÓN. (l. *enervatĭo, -ōnis*.) f. Acción y efecto de enervar o enervarse. || 2. Afeminación. || 3. MED. Extirpación de uno o varios nervios o filetes nerviosos de un órgano. || 4. Agotamiento de la energía nerviosa.

ENERVADOR, RA. adj. Que enerva.

ENERVAMIENTO. m. Enervación.

ENERVANTE. p.a. de enervar. Que enerva.

ENERVAR. (l. *enervāre*.) tr. Debilitar, quitar las fuerzas. Ú.t.c.r. || 2. fig. Debilitar la fuerza de las razones o argumentos. Ú.t.c.r. || P. enervar; I. to enervate; F. énerver; A. enervieren, entnerven; It. enervare; R. изнурять.

ENERVE. (l. *enervis*.) adj. desus. Débil, afeminado, sin fuerza.

ENESCAR. (l. *inescāre*, cazar con cebo.) tr. ant. Poner cebo.

ENÉSIMO, MA. adj. Dícese del número indeterminado de veces que se repite una cosa. || 2. MAT. Palabra que expresa en el lenguaje matemático, el término general del exponente de una potencia.

ENFADADIZO, ZA. adj. Fácil de enfadarse.

ENFADAMIENTO. (De *enfadar*.) m. Enfado.

ENFADAR. tr. Causar enfado. Ú.t.c.r. || P. enfadar; I. to make angry; F. fâcher; A. aergern; It. stizzire; R. сердить.

ENFADO. (l. *in*, en, y *fatŭus*, necio.) m. Impresión desagradable y molesta producida en el ánimo por algunas cosas. || 2. Afán, trabajo. || 3. Enojo. || 4. pl. Composición satírica en que cada terceto o estrofa empezaba con ENFÁDOme o forma semejante del verbo *enfadar*.

ENFADOSAMENTE. adv. m. Con enfado.

ENFADOSO, SA. adj. Que de suyo causa enfado.

ENFAENADO, DA. adj. Metido en faena, entregado al trabajo con afán.

★ **ENFAJILLAR.** tr. MÉJ. y C. RICA. Poner una faja a los papeles que han de enviarse por correo.

★ **ENFAJINAR.** (De *en* y *fajina*.) tr. R. DE LA PLATA. Reclutar secuaces. || 2. PERÚ. Estimular, excitar.

ENFALCADO. m. COLOM. Aparato de madera colocado sobre los fondos de las hornillas de los trapiches.

ENFALDADO. (De *enfaldo*.) adj. Dícese del varón, especialmente del niño, que vive demasiado apegado a las mujeres de la casa.

ENFALDADOR. m. Alfiler grueso para sujetar el enfaldo.

ENFALDAR. tr. Recoger las faldas o las sayas. Ú.t.c.r. || 2. Cortar las ramas bajas de los árboles.

ENFALDO. m. Falda o cualquier ropa talar recogida. || 2. Cavidad que hacen las ropas enfaldadas para llevar algo.

★ **ENFALTRICARSE.** r. Guardarse algo en el bolsillo o faltriquera.

ENFANGAR. tr. Cubrir de fango una cosa o meterla en él. Ú.m.c.r. || 2. r. fig. y fam. Mezclarse en negocios sucios o vergonzosos. || 3. fig. Entregarse a los placeres sensuales.

ENFARDADOR, RA. adj. Que enfarda. Ú.t.c.s.

ENFARDAR. tr. Hacer o arreglar fardos. || 2. Empaquetar mercaderías. || P. empacotar; I. to pack up; F. emballer; A. bündeln, einpacken; It. infardare, affardellare; R. упаковывать.

ENFARDELADOR, RA. (De *enfardelar*.) m. y f. Persona que enfardela o enfarda, y en particular el que lía o acomoda los fardos para cargarlos en los buques.

ENFARDELADURA. f. Acción de enfardelar las mercaderías para la carga.

ENFARDELAR. tr. Hacer fardeles. || 2. Enfardar.

ÉNFASIS. (gr. ἔμφασις, explicación; de ἐμφαίνω, mostrar, declarar.) amb. Fuerza de expresión o de entonación con que se pretende realzar la importancia de lo que se dice o se lee. Ú.m.c.m. || 2. Afectación en la expresión, en el tono de la voz o en el gesto. || 3. RET. Figura que consiste en dar a entender más de lo que realmente se expresa. || P. enfase; I. emphasis; F. emphase; A. Emphase; It. ènfasi; R. высокопарность.

ENFASTIAR. (De *en* y *fastio*.) tr. ant. Causar hastío. Ú. en Salamanca.

ENFASTIDIAR. tr. ant. Fastidiar.

ENFÁTICAMENTE. adv. Con énfasis.

ENFÁTICO, CA. (gr. ἐμφατικός.) adj. Aplícase a lo dicho con énfasis o que lo implica, y a las personas que hablan o escriben enfáticamente.

ENFEAR. (De *en* y *feo*.) tr. ant. Afear.

ENFEMINADO, DA. adj. ant. Afeminado.

ENFERMAMENTE. adv. ant. Flaca o débilmente.

ENFERMANTE. p.a. ant. de enfermar. Que enferma.

ENFERMAR. (l. *infirmāre*.) intr. Contraer una enfermedad. || 2. tr. Causar enfermedad. || 3. fig. Debilitar, enervar las fuerzas. || 4. ARGENT. Fastidiar, poner nervioso. || 5. GUAT. Estar encinta una mujer.

ENFERMEDAD. (l. *infirmĭtas, -ātis*.) f. Alteración más o menos grave de salud. || 2. fig. Alteración más o menos grave en la fisiología de un vegetal. || 3. Pasión dañosa o alteración en lo moral o espiritual. *Las* ENFERMEDADES *del alma*. || 4. fig. Anormalidad dañosa en el funcionamiento de una institución, colectividad, etc. || —**carencial.** La producida por carencia. || —**específica.** La que siempre es producida por la misma causa. || 2. MED. La sifilítica. || P. enfermidade; I. illness; F. maladie; A. Krankheit; It. malattia; R. болезнь.

ENFERMERÍA. (De *enfermero*.) f. Casa o sala destinada para los enfermos. || 2. Conjunto de enfermos de determinado lugar o tiempo, o de una misma enfermedad. || 3. Dependencia de las plazas de toros destinada a curar a los toreros que durante la lidia reciban alguna herida. *Estar en la* ENFERMERÍA. fr. fig. y fam. de que se usa para designar todo mueble o alhaja que se ha mandado a componer. || *Tomar* una ENFERMERÍA. fr. Ser considerado en la clase de enfermo. || P. enfermaria; I. infirmary; F. infirmerie; A. Krankensaal; It. infermeria; R. медицинский пункт.

ENFERMERO, RA. m. y f. Persona que tiene por oficio asistir a los enfermos.

ENFERMIZAR. tr. ant. Hacer enfermiza a una persona.

ENFERMIZO, ZA. adj. Que tiene poca salud; que enferma con frecuencia. || 2. Capaz de ocasionar enfermedades. || 3. Propio de un enfermo.

ENFERMO, MA. (l. *infirmus*.) adj. Que padece enfermedad. Ú.t.c.s. y en sent. fig. || 2. Enfermizo. || 3. V. *Puchero de* ENFERMO. || 4. CUBA. Aplícase a la bola de billar y al jugador que en el juego de la guerra pierde todas las rayas excepto la última. || *Apelar el* ENFERMO. fr. fig. y fam. Sanar, escaparse de la muerte que le tenía pronosticada. || *El* ENFERMO, *ni lo bebe ni lo come, pero mala casa pone*. ref. alusivo a que las enfermedades consumen la hacienda. || P. doente; I. patient; F. malade; A. Kramke(r), Patient; It. infermo, paziente; R. больной, нездоровый.

ENFERMOSEAR. (De *en* y *fermoso*.) tr. ant. Hermosear.

ENFERMOSO, SA. adj. COLOM., ECUAD., HOND. y MÉJ. Enfermizo, enclenque.

ENFERMUCHO, CHA. adj. Que tiene poca salud, propenso a enfermar.

ENFEROZAR. (De *en* y *feroz*.) tr. ant. Enfurecer, irritar. Usáb.t.c.r.

ENFERVORECER.. tr. ant. Enfervorizar.

ENFERVORIZADOR, RA. adj. Que enfervoriza. Ú.t.c.s.

ENFERVORIZAR. (De *en* y *fervor*.) Infundir buen ánimo, fervor, celo ardiente. Ú.t.c.r.

ENFESTAR. (l. *infestāre*, hostiliar, levantar en contra.) tr. ant. Enderezar, levantar. || 2. r. ant. Levantarse, atreverse, rebelarse.

ENFEUDACIÓN. f. Acción de enfeudar. || 2. Título en que se contiene este acto.

ENFEUDAR. tr. Dar en feudo un territorio.

ENFIAR. tr. ant. Fiar a uno; salir por fiador suyo.

ENFICIONAR. tr. ant. Inficionar.

ENFIELAR. tr. Poner en fiel.

ENFIERECERSE. r. p. us. Ponerse hecho una fiera.

ENFIESTARSE. r. COLOM., CHILE, HOND., MÉJ. y VENEZ. Estar de fiesta, divertirse.

ENFIESTO, TA. (l. *infestus*, hostil, levantado.) adj. ant. Erguido, levantado.

ENFILADO, DA. (De *enfilar*.) p.p. de enfilar. || 2. adj. BLAS. Aplícase a las cosas huecas que en el escudo se representan como ensartadas.

ENFILAR. tr. Poner en fila varias cosas. || 2. Dirigir una visual. || 3. Venir dirigida una cosa en la misma dirección que otra. || 4. Ensartar. || 5. MIL. Batir la artillería un puesto, fortificación, etc., por el flanco.

ENFINGIMIENTO. m. ant. Fingimiento.

ENFINGIR. tr. ant. Fingir. || 2. ant. Presumir, manifestar soberbia.

ENFINTA. (De *en* y *finta*, 2.º art.) f. ant. Fraude, engaño.

ENFINTOSO, SA. (De *enfinta*.) adj. ant. Engañoso, fingido.

ENFISEMA. (l. *emphysēma*, y éste del gr. ἐμφύσημα; de ἐν, en, y φυσάω, soplar.) m. MED. Tumefacción producida por la infiltración de gases en un tejido. Puede ser o bien en el tejido pulmonar, en el celular o en la piel. || P. e It. enfisema; I. emphysema; F. emphysème; A. Emphysem, Lungenblähung; R. эмфизема.

ENFISTOLARSE. r. Pasar una llaga al estado de fístula. Ú.t.c.r.

ENFITÉOSIS. f. ant. Enfiteusis.

ENFITÉOTA. m. ant. Enfiteuta.

ENFITÉOTO, TA. adj. ant. Enfitéutico.

ENFITEUSIS. (l. *emphyteusis*, y éste del gr. ἐμφύτευσις, de ἐμφυτεύω, implantar.) f. Cesión perpetua o por largo tiempo del dominio útil de una finca mediante el pago anual de un canon al que hace la cesión, el cual conserva el dominio directo y de laudemio por cada enajenación de dicho dominio. Ú.m.c.m. || 2. Contrato enfitéutico. || P. enfiteuse; I. emphyteusis; F. emphytéose; A. Erbpacht; It. enfiteusi; R. насде, дственная.

ENFITEUTA. (l. *emphyteuta*.) com. Persona que tiene el dominio útil a censo enfitéutico.

ENFITEUTECARIO, RIA. (De *enfiteuticarius*.) adj. ant. Enfitéutico.

ENFITEUTICARIO, RIA. (l. *emphyteuticarius*.) adj. ant. Enfiteutecario.

ENFITÉUTICO, CA. (l. *emphyteuticus*.) adj. Dado en enfiteusis o perteneciente a ella. || 2. V. Censo ENFITÉUTICO. || 3. FOR. Dícese del contrato en que se estipula la enfiteusis.

ENFIUZAR. (l. *infiduciāre*.) intr. ant. Confiar. Ú.t.c.r.

ENFLACAR. intr. Enflaquecer, adelgazar.

ENFLAQUECER. tr. Poner flaco a uno. || 2. fig. Debilitar, enervar. || 3. intr. Ponerse flaco. Ú.t.c.r. || 4. fig. Desmayar, desalentarse. || P. emagrecer; I. to make

E thin or lean; **F.** maigrir; **A.** abmagern; **It.** infiacchire; **R.** худеть, слабеть.

ENFLAQUECIMIENTO. m. Acción y efecto de enflaquecer o enflaquecerse.
★ **ENFLATARSE.** r. C. Rica y El Salv. Entristecerse. ‖ 2. Malhumorarse.

ENFLAUTADO, DA. p.p. de enflautar. ‖ 2. adj. fam. Hinchado, retumbante. ‖ 3. Hond. y Perú. Disparate, patochada.

ENFLAUTADOR, RA. adj. fam. Que enflauta. Ú.t.c.s. ‖ 2. m. y f. Alcahuete, ta.

ENFLAUTAR. (De *en* y *flauta*.) tr. Hinchar, soplar. ‖ 2. fam. Alcahuetar. ‖ 3. fam. Alucinar, engañar. ‖ 4. Colom. y Méj. fam. Encajar, encasquetar algo inoportuno y molesto.

ENFLECHADO, DA. adj. Dícese del arco o ballesta en que se ha puesto la flecha para arrojarla.

ENFLORAR. tr. Florear, adornar con flores.

ENFLORECER. tr. ant. Enflorar. Usáb.t.c.r. ‖ 2. intr. Florecer.

ENFOCAR. (De *en* y *foco*.) tr. Hacer que la imagen de un objeto obtenida en un aparato óptico se produzca exactamente y con claridad en un plano u objeto determinados; como una placa fotográfica, etc. ‖ 2. fig. Descubrir y comprender los puntos esenciales de un problema o negocio, para tratarlos acertadamente. ‖ P. enfocar; **I.** to focus; **F.** envisager; **A.** einstellen; visieren; **It.** mèttere in foco; **R.** наводить.

ENFOGAR. (De *en* y *fuego*.) tr. ant. Encender una cosa. ‖ 2. ant. Ahogar.
★ **ENFOGONAR.** r. P. Rico. Irritarse.
★ **ENFOLLINARSE.** Irritarse, enfurecerse.
★ **ENFOLLONAR.** r. P. Rico. Enfogonar. ‖ 2. P. Rico. Coger un follón, emborracharse.

ENFOQUE. m. Acción y efecto de enfocar.

ENFORCAR. (l. *infurcāre*.) tr. ant. Ahorcar.

ENFORCIÀ. (b. l. *inforcia*, y éste del l. *in*, en, y *fortis*, fuerte.) f. ant. Fuerza o violencia que se hace a una persona.

ENFORMAR. tr. ant. Informar.

ENFORNAR. (l. *in*, en, y *fornus*, horno.) tr. ant. Enhornar.

ENFORRADURA. (De *enforrar*.) f. ant. Forro.

ENFORRAR. tr. ant. Aforrar.

ENFORRO. (De *enforrar*.) f. ant. Forro.

ENFORTALECER. tr. ant. Fortalecer.

ENFORTALECIMIENTO. (De *enfortalecer*.) m. ant. Fortalecimiento. ‖ 2. ant. Fortaleza.

ENFORTECER. (l. *in*, en, y *fortescĕre*.) tr. ant. Fortalecer.

ENFORTIR. (l. *in*, en, *fortis*, fuerte.) tr. ant. Enfurtir.

ENFOSADO. m. Veter. Encebamiento.

ENFOSCADERO. (De *enfoscar*.) m. Sal. Pasaje angosto y oculto.

ENFOSCADO, DA. p.p. de enfoscar. ‖ 2. m. Albañ. Operación de enfoscar un muro. ‖ 3. Capa de mortero con que está guarnecido un muro.

ENFOSCAR. (l. *infúscăre*, obscurecer.) tr. ant. Obscurecer. ‖ 2. Albañ. Tapar los agujeros que quedan en una pared después de labrada. ‖ 3. Albañ. Guarnecer con mortero un muro. ‖ 4. r. Ponerse hosco y ceñudo. ‖ 5. Enfrascarse, engolfarse en un negocio. ‖ 6. Encapotarse, cubrirse el cielo de nubes. ‖ 7. Sal. Arroparse. ‖ 8. Sal. Esconderse. ‖ 2.ª acep.: **P.** rebocar; **I.** to fill up; **F.** boucher les trous; **A.** Zuschmieren; **It.** rinzaffare; **R.** опрачеть.

ENFOTARSE. (De *en* y *foto*.) r. ant. Ast. Tener confianza excesiva en sí mismo.

ENFRAILAR. tr. Hacer fraile a uno. ‖ 2. Meterse fraile. Ú.t.c.r.

ENFRANQUE. m. Parte más estrecha de la suela del calzado, entre la planta y el tacón.

ENFRANQUECER. tr. Hacer franco o libre.

ENFRASCAMIENTO. m. Acción y efecto de enfrascarse.

ENFRASCAR. tr. Echar en frascos algún líquido.

ENFRASCARSE. (De *en* y *fraca*.) r. Meterse en una espesura, enzarzarse. ‖ 2. fig. Aplicarse a una cosa dedicándose a ella por entero.

ENFRENADOR, RA. adj. Que enfrena. Ú.t.c.s.

ENFRENAMIENTO. m. Acción y efecto de enfrenar.

ENFRENAR. (l. *infrenāre*.) tr. Poner el freno al caballo. ‖ 2. Enseñarle a que obedezca. ‖ 3. Contenerlo y sujetarlo. ‖ 4. Con el adv. *bien*, hacerle llevar la cabeza derecha y bien puesta. ‖ 5. fig. Refrenar, sujetar, contener. Ú.t.c.r. ‖ P. enfrenar; **I.** to bridle; **F.** brider; **A.** zügeln; **It.** infrenare; **R.** взнуздывать.

ENFRENTAR. tr. Afrontar, poner frente a frente. Ú.t.c.r. y c.intr. ‖ 2. Arrostrar, hacer frente, oponerse. Ú.t.c.r.

ENFRENTE. (De *en* y *frente*.) adv. A la parte opuesta, en punto que mira a otro o que está delante de otro. ‖ 2. adv. En contra.

ENFRIADERA. f. Vasija en que se enfría una bebida.

ENFRIADERO. m. Paraje o sitio para enfriar.

ENFRIADOR, RA. adj. Que enfría. Ú.t.c.s. ‖ 2. Enfriadero.

ENFRIAMIENTO. m. Acción y efecto de enfriar o enfriarse. ‖ 2. Indisposición caracterizada por síntomas catarrales, debido a la acción sobre el cuerpo del frío atmosférico.

ENFRIAR. (l. *infrigidāre*.) tr. Poner fría o hacer que se ponga fría una cosa. Ú.t.c.intr. y c.r. ‖ 2. fig. Entibiar, amortiguar. Ú.t.c.r. ‖ 3. r. Quedarse fría una persona. ‖ P. esfriar; **I.** to cool; **F.** refroidir; **A.** abkühlen; **It.** raffreddare; **R.** охлаждать.

ENFRONTAR. tr. Llegar al frente de alguna cosa. Ú.t.c.r.intr. ‖ 2. Afrontar, hacer frente. Ú.t.c.intr.

ENFRONTILAR. tr. And. Poner el frontil a los bueyes. ‖ 2. r. And. Ponerse el toro de frente a uno para acometerle.

ENFROSCARSE. r. Enfrascarse.

ENFUCIAR. intr. ant. Enfiuzar.
★ **ENFUERTARSE.** (De *en* y *fuerte*.) r. Colom. Fortalecerse.

ENFULLAR. tr. fam. Hacer trampas o fullerías en el juego.
★ **ENFULLINARSE.** (De *en* y *fullín*.) r. Chile. Sulfurarse, amoscarse.
★ **ENFUNADO, DA.** adj. fam. Cuba. Vanidoso, ufano.
★ **ENFUNCHAR.** tr. Cuba. Enojar, enfadar. Ú.t.c.r.

ENFUNDADURA. f. Acción y efecto de enfundar.

ENFUNDAR. tr. Poner una cosa dentro de su funda. ‖ 2. Llenar, henchir.

ENFURCIO. m. ant. Enfurción.

ENFURCIÓN. (De *en* y *furción*.) f. Infurción.

ENFURECER. tr. Irritar a uno o ponerle furioso. Ú.t.c.r. ‖ 2. Ensoberbecer. ‖ 3. r. fig. Alborotarse, alterarse. Dícese del mar, del viento, etc. ‖ P. enfurecer; **I.** to irritate; **F.** irriter; **A.** wütend machen, erzürnen; **It.** infuriare; **R.** сердить.

ENFURECIMIENTO. m. Acción y efecto de enfurecer o enfurecerse.

ENFURIARSE. (De *furia*.) r. ant. Enfurecer.

ENFURRUÑAMIENTO. m. Acción y efecto de enfurruñarse.

ENFURRUÑARSE. r. fam. Ponerse enfadado. ‖ 2. fam. Encapotarse el cielo.

ENFURRUSCARSE. r. fam. Ál., Ar. y Chile. Enfurruñarse.

ENFURTIDO, DA. p.p. de enfurtir. ‖ 2. m. Acción y efecto de enfurtir.

ENFURTIR. (De *enfortir*.) tr. Dar a los tejidos de lana el cuerpo correspondiente abatanándolos. Ú.t.c.r. ‖ 2. Apelmazar el pelo. Ú.t.c.r. ‖ P. enfortir; **I.** to full; **F.** fouler; **A.** walken; **It.** follare; **R.** уплотнять.

ENFUSAR. (l. *infūsus*.) tr. Sal. Enfusir.

ENFUSIR. (l. *infercĭre*.) tr. Embutir.
★ **ENFUSQUE.** (De *enfuscar*.) m. Cuba y P. Rico. Ofuscamiento. ‖ 2. fig. Confusión.

ENGABANADO, DA. adj. Cubierto con gabán.

ENGACE. m. Engarce. ‖ 2. fig. Dependencia y conexión de unas cosas con otras.

ENGAFAR. tr. Armar la ballesta con la gafa. ‖ 2. Poner la escopeta en el seguro. ‖ 3. Enganchar con gafas.

ENGAFECER. (De *en* y *gafo*.) intr. ant. Contraer la lepra.

ENGAFETAR. (De *gafete*.) tr. Ar. Encorchetar.

ENGAITADOR, RA. (De *engaitar*.) adj. fam. Que engaita.

ENGAITAR. tr. fam. Engañar con halagos.
★ **ENGAJADO, DA.** (De *en* y *gajo*, mechón, rizo.) adj. Colom. Rizado.

ENGALABERNAR. tr. ant. Embarbillar, acoplar. Ú. en Colombia.

ENGALANAR. tr. Poner galana una cosa, adornar. Ú.t.c.r. ‖ P. engalanar; **I.** to adorn; **F.** parer, enjoliver; **A.** verzieren; **It.** abbellire; **R.** наряжать.

ENGALGAR. tr. Hacer que la liebre o el conejo sean perseguidos por el galgo.

ENGALGAR. tr. Apretar la galga contra el cubo de la rueda para impedir que gire. ‖ 2. Calzar las ruedas de los carruajes con la plancha para frenarlos. ‖ 3. Mar. Afirmar a la cruz de un áncora el cable de un anclote para que no garre el buque.

ENGALLADO, DA. p.p. de engallarse. ‖ 2. adj. fig. Erguido, derecho. ‖ 3. fig. Altanero, soberbio.

ENGALLADOR. m. Engalle.

ENGALLADURA. f. Galladura.

ENGALLARSE. (De *en* y *gallo*.) r. fig. Ponerse erguido y arrogante. Ú.t.c.r. ‖ 2. Equit. Levantar la cabeza el caballo, recogiendo el cuello.

ENGALLE. (De *engallar*.) m. Parte del arnés de lujo, consistente en dos correas que partiendo del bocado se reúnen en una hebilla o gancho fijo en la parte alta del collarón. Sirve para mantener erguida la cabeza del caballo.

ENGANCHADOR, RA. adj. Que engancha.

ENGANCHAMIENTO. m. Enganche.

ENGANCHAR. tr. Agarrar una cosa con gancho o colgarla de él. Ú.t.c.r. y c. intr. ‖ 2. Poner las caballerías en los carruajes. ‖ 3. fig. y fam. Atraer a uno con arte, captar su afecto. ‖ 4. Mil. Atraer a uno a que siente plaza de soldado por dinero. ‖ 5. Taurom. Coger el toro al bulto y levantarlo con los pitones. ‖ 6. r. Mil. Sentar plaza de soldado. ‖ 7. P. Rico. Subir, ascender. Ú.t.c.r. ‖ P. enganchar; **I.** to kook; to clasp; **F.** accrocher; **A.** anhängen, (auf-, ein) hacken; **It.** agganciare; **R.** зацепить.

ENGANCHE. m. Acción y efecto de enganchar o engancharse. ‖ 2. Pieza o aparato dispuesto para enganchar.

ENGANDUJO. m. Hilo retorcido que cuelga de cierta franja que tiene el mismo nombre.

ENGAÑABOBOS. (De *engañar* y *bobo*.) com. fam. Persona engaitadora y embelecadora. ‖ 2. m. And. Chotacabras.

ENGAÑADIZO, ZA. adj. Fácil de ser engañado.

ENGAÑADOR, RA. adj. Que engaña. ‖ 2. fig. Que atrae dulcemente el cariño. Ú.t.c.s.

ENGAÑAMIENTO. (De *engañar*.) m. ant. Engaño.

ENGAÑAMUNDO [ENGAÑAMUNDOS]. m. Engañador, que engaña.

ENGAÑANECIOS. m. Engañabobos, 1.ª acep.

ENGAÑANTE. p.a. de engañar. Que engaña.

ENGAÑANZA. (De *engañar*.) f. ant. Engaño.

ENGAÑAPASTORES. (De *engañar* y *pastor*.) m. Chotacabras.

ENGAÑAR. (l. *in-gannāre*, burlar.) tr. Dar a la mentira apariencia de verdad. ‖ 2. Inducir a otro con artificio o maldad a creer y tener por cierto o bueno lo que no lo es. ‖ 3. Entretener, distraer. Engañar *el hambre.* ‖ 4. Producir ilusión, como acontece con los fenómenos naturales. ‖ 5. Hacer más apetitoso un manjar con un ingrediente o acompañándolo de otro manjar. ‖ 6. Engatusar. ‖ 7. r. Cerrar voluntariamente los ojos a la verdad. ‖ 8. Equivocarse. ‖ 9. Hacer traición. ‖ P. enganar; **I.** to deceive; **F.** tromper; **A.** betrügen; **It.** ingannare; **R.** обманывать.

ENGAÑIFA. f. fam. Engaño artificioso con apariencia de utilidad.

ENGAÑIFLA. f. ant. Engañifa. Ú. en Andalucía y Chile.

E

ENGAÑO. (De *engañar*.) m. Falta de verdad, fraude, error, trampa. || 2. Cualquier arte o armadijo para pescar. || 3. TAUROM. Muleta o capa de que se vale el torero para engañar al toro. || 4. CHILE. Regalo o presente que se da a una persona para captarse su voluntad. || *Deshacer un* ENGAÑO. fr. Desengañar, sacar del engaño a otro. || *Llamarse* uno a ENGAÑO. fr. fam. Retraerse de lo pactado, negarse a cumplir algo, por reconocer que ha sido engañado.

ENGAÑOSAMENTE. adv. Con engaño.

ENGAÑOSO, SA. adj. Falaz, que engaña. || 2. AR., ÁV. y LEÓN. Que dice mentiras.

ENGARABATAR. tr. fam. Agarrar con garabato. || 2. Poner una cosa en forma de garabato. Ú.t.c.r.

ENGARABITAR. intr. Trepar, subir a lo alto. || 2. Engarabatar, especialmente los dedos a causa del frío. Ú.t.c.r.

ENGARATUSAR. (De *en* y *garatusa*.) tr. GUAT., HOND. y MÉJ. Hacer a uno garatusas, engatusar.

ENGARBARSE, DA. p.p. de engarbarse. || 2. adj. Dícese del árbol que al ser derribado queda sostenido por la copa de otro.

ENGARBARSE. r. Encaramarse las aves a lo más alto de un árbol o de otra cosa.

ENGARBERAR. (De *en* y *garbera*.) tr. AND. y MURC. Formar garberas.

ENGARBULLAR. (De *en* y *garbullo*.) tr. fam. Confundir, mezclar unas cosas con otras.

ENGARCE. m. Acción y efecto de engarzar. || 2. Metal en que se engarza alguna cosa. || 3. COLOM. Riña, agarrada, disputa.

ENGARGANTADURA. f. Engargante.

ENGARGANTAR. tr. Meter una cosa por la garganta o tragadero. || 2. intr. Engranar. || 3. Meter el pie en el estribo hasta la garganta. Ú.t.c.r.

ENGARGANTE. (De *engargantar*.) m. Encaje de los dientes de una rueda o barra dentada en los intersticios de otra.

ENGARGOLADO, DA. p.p. de engargolar. || 2. m. Ranura por la cual se desliza una puerta de corredera. || 3. CARP. Trabazón de lengüeta y ranura que une dos piezas de madera.

ENGARGOLAR. tr. Ajustar las piezas que tienen gárgoles.

★ **ENGARIPOLAR.** tr. fam. Adornar con baratijas o chucherías. Ú.t.c.r. || 2. VENEZ. Acicalarse, ataviarse, emperejilarse.

ENGARITAR. tr. Fortificar con garitas un castillo o fortaleza, etc. || 2. fam. Engañar con astucia.

ENGARMARSE. r. AST. y SANT. Meterse el ganado en una garma.

ENGARNIO. m. fam. Plepa, persona o cosa que no vale para nada.

ENGARRAFADOR, RA. adj. Que engarrafa.

ENGARRAFAR. (De *en* y *garfa*.) tr. fam. Agarrar fuertemente una cosa.

ENGARRAR. (De *en* y *garra*.) tr. desus. Agarrar.

ENGARRIAR. intr. Trepar, encaramar. Ú.t.c.r.

ENGARRO. m. Acción y efecto de engarrar. || 2. V. *Perro de* ENGARRO.

ENGARRONAR. (De *en* y *garrón*.) tr. MURC. Apiolar.

ENGARROTAR. (De *en* y *garrote*.) tr. Agarrotar. || 2. ARGENT. y SAL. Entumecer los miembros de frío. Ú.t.c.r.

ENGARZADOR, RA. adj. Que engarza. Ú.t.c.s.

ENGARZADURA. (De *engarzar*.) f. Engarce.

ENGARZAR. (ár. *jaraza*, cuenta o abalorio engarzado, con el pref. *en*.) tr. Trabar una cosa con otra u otras formando cadena. || 2. Rizar, ensortijar. || 3. Engastar. || 4. COLOM. y P. RICO. Engafar, enganchar. || 5. r. fig. CHILE. Enredarse algunos entre sí con discordias y disensiones. || P. engranzar; I. to enchain, to link; F. enchâsser; A. (ein)fassen; It. incastonare; R. нанизывать, сцеплять.

ENGASAJAR. (De *en* y *gasajo*.) tr. ant. Agasajar.

ENGASTADOR, RA. adj. Que engasta. Ú.t.c.s.

ENGASTADURA. (De *engastar*.) f. Engaste.

ENGASTAR. (l. *incastrāre*.) tr. Encajar y embutir una cosa en otra.

ENGASTE. m. Acción y efecto de engastar. || 2. Guarnición de metal que asegura lo que se engasta. || 3. Perla chata o llana por un lado. || P. engaste; I. bezel; F. châton; A. Fassungsring; It. castone; R. оправа.

ENGASTONAR. (ital. *incastonare*.) tr. ant. Engastar.

ENGATADO, DA. p.p. de engatar. || 2. adj. Habituado a hurtar, como el gato; ratero.

ENGATAR. (Acaso de *gato*.) tr. fam. Engañar halagando.

ENGATILLADO, DA. p.p. de engatillar. || 2. adj. Dícese del caballo o del toro que tiene el pescuezo grueso y levantado. || 3. m. Procedimiento que consiste en doblar, enlazar y machacar los bordes de dos chapas de metal para unirlos. || 4. ARQ. Obra en que las piezas están trabadas por medio de gatillos de hierro.

ENGATILLAR. (De *en* y *gatillo*.) tr. Unir o sujetar con gatillo chapas metálicas, tablas, etc. || 2. ARQ. Sujetar con gatillo. || 3. ARQ. Encajar los extremos de los maderos del piso en las muescas de una viga. || 4. PINT. Reforzar la tabla de una pintura con gatillo. || 5. ECUAD. Adornar, engalanar, enjoyar. Ú.t.c.r. || 6. r. ECUAD. Encapotarse el caballo.

ENGATUSADOR, RA. adj. fam. Que engatusa. Ú.t.c.s.

ENGATUSAMIENTO. m. fam. Acción y efecto de engatusar.

ENGATUSAR. (De *engatar*.) tr. fam. Ganar la voluntad de uno con halagos para conseguir de él alguna cosa.

ENGAVIAR. (De *en* y *gavia*.) tr. Subir a lo alto. Ú.t.c.r. || 2. VAL. Enjaular.

ENGAVILLAR. (De *en* y *gavilla*.) tr. Agavillar.

ENGAZADOR, RA. (De *engarzar*, 1.er art.) adj. Engarzador.

ENGAZAMIENTO. (De *engarzar*.) m. Engarce.

ENGAZAR. tr. Engarzar.

ENGAZAR. tr. En el obraje de paños, teñirlos después de tejidos.

ENGAZO. m. desus. Engarce.

ENGENDRABLE. adj. p. us. Que se puede engendrar.

ENGENDRACIÓN. (De *engendrar*.) f. ant. Generación, acción de engendrar.

ENGENDRADOR, RA. adj. Que engendra, procría o produce.

ENGENDRAMIENTO. m. Acción y efecto de engendrar.

ENGENDRANTE. p.a. de engendrar. Que engendra.

ENGENDRAR. (l. *ingenerāre*.) tr. Dar origen los padres a un nuevo ser. || 2. fig. Causar, ocasionar, formar. || P. engendrar; I. to beget, engender; F. engendrer, procréer; A. (er)zeugen, hervorbringen; It. (pro)generare, concepire; R. породить, рождять.

ENGENDRO. (De *engendrar*.) m. Feto. || 2. Criatura informe que nace sin la proporción debida. || 3. fig. Plan, designio u obra intelectual mal concebidos. || *Mal* ENGENDRO. fig. y fam. Muchacho avieso, de índole perversa.

ENGENERATIVO, VA. adj. Generativo.

ENGENIO. m. ant. Ingenio.

ENGEÑAR. (De *engeño*.) tr. ant. Combatir con ingenios o máquinas, o disponerlos para combatir.

ENGEÑERO. m. ant. Ingeniero.

ENGEÑO. (l. *ingenium*.) m. ant. Ingenio.

ENGEÑOSO, SA. adj. ant. Ingenioso.

★ **ENGERIDO, DA.** adj. COLOM. Desanimado, triste.

ENGERIDOR. m. El que ingiere. || 2. Abridor.

ENGERIDURA. f. ant. Engerimiento.

ENGERIMIENTO. m. ant. Acción y efecto de engerir.

ENGERIR. (l. *ingerĕre*.) tr. ant. Ingerir.

ENGESTADO, DA. adj. Agestado, encarado.

ENGIBACAIRE. m. GERM. Engibador, rufián.

ENGIBADOR. m. GERM. Rufián.

ENGIBAR. (De *en* y *giba*.) tr. Hacer corcovado a uno. Ú.t.c.r. || 2. GERM. Guardar y recibir.

ENGINA. f. desus. Angina.

ENGLANDADO, DA. (De *en* y *glande*, bellota.) adj. BLAS. Aplícase al roble o encina cargados de bellota.

ENGLANTADO, DA. adj. BLAS. Englantado.

ENGLOBAR. (Del m. adv. *en globo*.) tr. Incluir una cosa en un conjunto; reunir varias cosas en una sola.

ENGLUTATIVO, VA. adj. ant. Glutinoso o aglutinante.

ENGLUTIR. (l. *inglutĭre*.) tr. ant. Engullir.

ENGOCETAR. tr. Poner el gocete de la lanza en el ristre.

★ **ENGODO.** m. CUBA. Carnada, cebo.

ENGOLADO, DA. adj. Que tiene gola.

ENGOLADO, DA. (fr. *engoulé*, de *engouler*, tragar.) adj. BLAS. Aplícase a las bandas, cruces, y demás piezas cuyos extremos entran en bocas de leones, serpientes, etc.

ENGOLFA. f. AR. Algorfa.

ENGOLFAR. (De *en* y *golfo*.) tr. Meter una embarcación en el golfo. || 2. intr. Entrar una embarcación muy adentro del mar. Ú.m.c.r. || 3. r. fig. Ocuparse intensamente en algún asunto, arrebatarse de un pensamiento o afecto. Ú.t.c.r.

ENGOLILLADO, DA. adj. fam. Que andaba siempre con la golilla puesta. || 2. fig. y fam. Dícese de la persona que se precia de observar con rigor los estilos antiguos.

★ **ENGOLILLAR.** CUBA. Contraer deudas. || 2. PERÚ. Irritarse.

ENGOLONDRINAR. (De *en* y *golondro*.) tr. fam. Engreir, envanecer. Ú.t.c.r. || 2. r. fam. Enamoricarse.

ENGOLOSINADOR, RA. adj. Que engolosina.

ENGOLOSINAR. (De *en* y *golosina*.) tr. Excitar el deseo de uno con algún atractivo. || 2. r. Aficionarse, tomar gusto a una cosa.

ENGOLLAMIENTO. m. fig. Presunción, envanecimiento.

ENGOLLETADO, DA. p.p. de engolletar. || 2. adj. fam. Erguido, presumido, vanidoso.

ENGOLLETARSE. (De *en* y *gollete*.) fam. Engreirse, envanecerse.

ENGOLLIPARSE. (De *engullir* e *hipar*.) r. Atragantarse.

ENGOMADO, DA. p.p. de engomar. || 2. adj. CHILE. Peripuesto, acicalado.

ENGOMADURA. f. Acción y efecto de engomar. || 2. Primer baño que las abejas dan a las colmenas.

ENGOMAR. tr. Untar de goma desleída las telas y otros géneros para que queden lustrosos. || 2. Untar de goma los papeles y otros objetos para lograr su adherencia. || 3. r. GUAT. Tener goma o malestar por haber bebido mucho. || P. engomar; I. to gum; F. gommer; A. gummieren; It. ingommare; R. намазывать клеем.

ENGORAR. tr. Enhuerar. Ú.t.c.intr. y c.r.

ENGORDA. f. CHILE. Engorde. || 2. CHILE y MÉJ. Manada de animales vacunos o de cerda que se ceban para la matanza.

ENGORDADERO. m. Lugar en que se engordan los cerdos. || 2. Alimento con que lo hacen. || 3. Lugar en que se engordan.

ENGORDADOR, RA. adj. Que hace engordar. Ú.t.c.s.

ENGORDAR. tr. Cebar, dar mucho de comer para poner gordo. || 2. intr. Ponerse gordo. || 3. fig. y fam. Hacerse rico. || P. engordar; I. to fatten; F. engraisser; A. mästen; It. impinguare; R. откармливать.

ENGORDE. m. Acción y efecto de engordar o cebar el ganado.

ENGORDECER. (De *en* y *gordo*.) tr. ant. Engordar. Usáb.t.c.intr.

★ **ENGORGONAR.** tr. HOND. Derrochar, despilfarrar. || 2. GUAT. Dar largas a un asunto, demorarlo.

★ **ENGORGONEARSE.** r. REP. DOMIN. Alborotarse.

ENGORGORITAR. tr. SAL. Engaritar. Engañar con zalamerías. || 2. SAL. Galantear, enamorar. Ú.t.c.r.

E

ENGORRA. (De *engorrar*.) f. desus. Asimiento, detención.

ENGORRAR. tr. ant. Tardar, detener. || **2.** VENEZ. Fastidiar, molestar. || **3.** r. Quedarse prendido o sujeto en un gancho. || **4.** Quedar una espina o púa clavada en la carne, de modo que es difícil sacarla.

ENGORRO. (De *engorrar*.) m. Embarazo, impedimento, molestia.

ENGORRONARSE. r. AR. Vivir completamente retirado y como escondido.

ENGORROSO, SA. (De *engorro*.) adj. Embarazoso, molesto.

ENGOZNAR. tr. Poner goznes a una puerta, ventana, etc. || **2.** Encajar en un gozne.

ENGRACIAR. intr. ant. Agradar, caer en gracia.

ENGRAMEAR. tr. ant. Sacudir, menear.

ENGRANAJE. m. MEC. Conjunto de ruedas que engranan o endentan para transmitir el movimiento de rotación de un árbol a otro. || **2.** MEC. Efecto de engranar. || **3.** MEC. Conjunto de los dientes de una máquina. || **4.** fig. Enlace o trabazón de ideas, circunstancias o hechos. || P. engrenagem; I. gearing; F. engrenage; A. Triebwerk; It. ingranaggio; R. зубчатое сцепление.

ENGRANAR. (l. *in*, en, y *crenae*, -*ārum*, muescas.) intr. MEC. Endentar. || **2.** fig. Enlazar, trabar.

ENGRANDAR. (De *en* y *grande*.) tr. Agrandar.

ENGRANDECER. (l. *ingrandescĕre*.) tr. Aumentar, hacer grande una cosa. || **2.** Alabar, exagerar. || **3.** fig. Exaltar, elevar a uno a una dignidad superior. Ú.t.c.r. || P. engrandecer; I. to enlarge; F. agrandir; A. vergrössern, erweitern; It. aggrandire; R. увеличивать.

ENGRANDECIMIENTO. (De *engrandecer*.) m. Dilatación, aumento. || **2.** Ponderación, exageración. || **3.** Acción de elevar o elevarse uno a grado superior.

ENGRANERAR. tr. Encerrar el grano; ponerlo en el granero.

ENGRANUJARSE. (De *en* y *granujo*.) r. Llenarse de granos. || **2.** Hacerse granuja, apicararse.

ENGRAPAR. tr. Asegurar o unir con grapas las piedras u otras cosas.

ENGRASACIÓN. f. Acción y efecto de engrasar.

ENGRASADOR, RA. adj. Que engrasa. Ú.t.c.s.

ENGRASAR. tr. Dar substancia y crasitud a una cosa. || **2.** Encrasar. || **3.** Adobar con algún aderezo los tejidos. || **4.** Untar, manchar con pringue o grasa. Ú.t.c.r. || **5.** r. MÉJ. Contraer la enfermedad llamada saturnismo. || P. lubrificar; I. to grease; F. graisser, engraisser; A. einfetten, ölen; It. ingrassare; R. смазывать.

ENGRASE. m. Acción y efecto de engrasar o engrasarse. || **2.** Materia lubricante.

ENGRAVECER. tr. Hacer grave o pesada alguna cosa. Ú.t.c.r.

ENGREDAR. tr. Untar con greda.

ENGREIMIENTO. m. Acción y efecto de engreír o engreírse.

ENGREÍR. (l. *ingredīre*, por *ingrĕdi*.) tr. Envanecer. Ú.t.c.r. || **2.** PERÚ. Mimar. || **3.** AND. Encariñarse, aficionarse. Ú. en América.

ENGREÑADO, DA. (De *en* y *greña*.) adj. Desgreñado.

ENGRESCAR. (De *en* y *gresca*.) tr. Incitar a la riña. Ú.t.c.r. || **2.** Meter a otros en broma, juego o diversión. Ú.t.c.r.

ENGRIFAR. (De *en* y *grifo*.) tr. Encrespar, erizar. Ú.t.c.r. || **2.** r. Empinarse una caballería.

ENGRILLAR. tr. Meter en grillos. || **2.** fig. Sujetar, aprisionar. || **3.** P. RICO y COLOM. Embaucar. || **4.** P. RICO y VENEZ. Encapotarse el caballo. || **5.** COLOM. y PAN. Endeudarse.

ENGRILLARSE. r. Echar grillos o tallos las patatas.

ENGRILLETAR. tr. MAR. Unir con un grillete dos trozos de cadena, etc.

ENGRINGARSE. r. Seguir uno las costumbres o maneras de ser de los gringos o extranjeros.

* **ENGRINGOLARSE.** r. NICAR. Irritarse, enfadarse. || **2.** Alborotarse.

ENGROSAMIENTO. m. Acción y efecto de engrosar.

ENGROSAR. (l. *in*, en, y *grossus*, grueso.) tr. Hacer gruesa una cosa. Ú.t.c.r. || **2.** fig. Aumentar el número de una colectividad. || **3.** intr. Tomar carnes, hacerse más grueso y corpulento.

ENGROSECER. tr. ant. Engrosar.

ENGRUDADOR, RA. m. y f. Persona que engruda. || **2.** Utensilio que sirve para engrudar.

ENGRUDAMIENTO. m. Acción y efecto de engrudar.

ENGRUDAR. (l. *inglutāre*; de *in*, en, y *glus*, *glutis*, engrudo.) tr. Untar con engrudo una cosa. || **2.** r. Tomar consistencia de engrudo.

ENGRUDO. (De *engrudar*.) m. Masa de harina o de almidón cocidos en agua, y que sirve para pegar papeles y otras cosas ligeras. || P. grude; I. paste; F. colle d'amidón; A. Kleister; It. colla; R. клейстер.

ENGRUESAR. (De *en* y *grueso*.) intr. Engrosar.

ENGRUMECERSE. r. Hacerse grumos un líquido o una masa fluida.

ENGUACHINAR. tr. Enaguachar, enaguazar. Ú.t.c.r.

* **ENGUADAR.** tr. CUBA. Engatusar.

ENGUALDRAPAR. tr. Poner la gualdrapa a una bestia.

ENGUANTAR. tr. Cubrir la mano con el guante. Ú.t.c.r.

* **ENGUARACARSE.** r. AMÉR. CENTRAL. Ocultarse.

* **ENGUARALAR.** tr. VENEZ. Enlazar una res. || **2.** r. COLOM. Confundirse. || **3.** Emborracharse.

* **ENGUARAPARSE.** r. AMÉR. CENTRAL. Fermentarse.

* **ENGUASIMAR.** tr. CUBA. Ahorcar. Ú.t.c.r.

ENGUATAR. (De *en* y *guata*.) tr. Entretelar con guata o algodón en rama.

* **ENGUAYABARSE.** r. GUAT. Sentirse mal.

* **ENGUBIAR.** tr. URUG. Dominar, vencer.

ENGUEDEJADO, DA. adj. Dícese del pelo que está hecho guedejas. || **2.** Dícese de la persona que trae así la cabellera. || **3.** fam. Que cuida demasiado de sus guedejas.

ENGUERA. (l. *angaria*.) f. ant. Alquiler que devengaba una bestia de carga o tiro.

ENGUERAR. tr. SAL. Detener o demorar en un trabajo engorroso. Ú.t.c.r. || **2.** SAL. Ahorrar, escatimar. || **3.** AR. y NAV. Estrenar. || **4.** RIOJA. Molestar, dar que hacer.

ENGUICHADO, DA. (fr. *enguiché*.) adj. BLAS. Dícese de las trompetas, cornetas, etc., cuando se las representa pendientes o liadas con cordones.

ENGUIJARRADO, DA. p.p. de enguijarrar. || **2.** m. Empedrado de guijarros.

ENGUIJARRAR. tr. Empedrar con guijarros.

ENGUILLOTARSE. (De *enquillotrarse*.) r. fam. Enfrascarse, tener absorbida la atención.

ENGUIRLANDAR. tr. ant. Enguirnaldar.

ENGUIRNALDAR. tr. Adornar con guirnalda.

ENGUITARRARSE. r. VENEZ. Vestirse de levita o traje de ceremonia.

ENGUIZGAR. (De *en* y *guizgar*.) tr. Incitar, estimular.

ENGULLIDOR, RA. adj. Que engulle. Ú.t.c.s.

ENGULLIR. (l. *in*, en, y *gula*, garganta.) tr. Tragar la comida atropelladamente y sin mascarla. || P. engolir; I. to gulp; F. avaler, engloutir; A. schlingen; It. inghiottire; R. глотать не прожёвывая.

ENGURRIA. (De *engurriar*.) f. ant. Arruga.

ENGURRIADO, DA. p.p. de engurriar. || **2.** adj. ant. Rugoso.

ENGURRIAMIENTO. (De *engurriar*.) m. ant. Arrugamiento.

ENGURRIAR. (l. *inrugāre*, arrugar.) tr. ant. Arrugar.

ENGURRIO. m. Tristeza, melancolía.

* **ENGURRIOSO, SA.** adj. COLOM. Envidioso.

ENGURRUÑAR. (De *engurria*.) tr.

Encoger, arrugar. Ú.t.c.r. || **2.** r. fam. Enmantarse.

ENGURRUÑIDO, DA. (De *engurruñar*.) adj. AND. Arrugado, encogido.

ENHACINAR. tr. Hacinar.

ENHADAR. tr. ant. Enfadar.

ENHADO. m. ant. Enfado.

ENHADOSO, SA. adj. ant. Enfadoso.

ENHARINAR. tr. Manchar de harina; cubrir con ella la superficie de una cosa. Ú.t.c.r.

ENHASTIAR. tr. Causar hastío, enfado. Ú.t.c.r.

ENHASTILLAR. tr. Poner las saetas en el carcaj.

ENHASTÍO. m. ant. Hastío.

ENHASTIOSO, SA. (De *enhastío*.) adj. desus. Enfadoso.

ENHATIJAR. (De *en* y *hatijo*.) tr. Cubrir las bocas de las colmenas con unos harneros de esparto para llevarlas de un lugar a otro.

ENHEBILLAR. tr. Sujetar las correas a las hebillas.

ENHEBRAR. tr. Pasar la hebra por el ojo de la aguja o por el agujero de las cuentas, perlas, etc. || **2.** fig. y fam. Ensartar, decir seguidamente muchas cosas. || P. enfiar; I. to thread; F. enfiler; A. einfädeln; It. infilare; R. вдевать нитку.

ENHECHIZAR. tr. ant. Hechizar. Ú. en Salamanca.

ENHELGADO, DA. adj. ant. Helgado.

ENHENAR. tr. Cubrir o envolver con heno.

ENHERBOLAR. (l. *in*, en, y *herbŭla*, d. de *herba*, hierba, en el sentido de veneno.) tr. Inficionar, emponzoñar alguna cosa o poner veneno en ella.

ENHESTADOR. m. El que enhiesta.

ENHESTADURA. f. Acción y efecto de enhestar o enhestarse.

ENHESTAMIENTO. m. Enhestadura.

ENHESTAR. (De *enhiesto*.) tr. Levantar en alto, poner derecha y levantada una cosa. Ú.t.c.r.

ENHETRADURA. (De *enhetrar*.) f. ant. Acción y efecto de enmarañar o enmarañarse el cabello.

ENHETRAMIENTO. m. ant. Enhetradura.

ENHETRAR. (De *en* y *hetría*.) tr. ant. Enredar, enmarañar el cabello. Usáb.t.c.r.

ENHIELAR. tr. Mezclar una cosa con hiel.

ENHIESTO, TA. (l. *infēstus*, levantado.) p.p. irreg. de enhestar. || **2.** adj. Levantado, derecho.

ENHILAR. (De *en* e *hilo*.) tr. Enhebrar. || **2.** fig. Ordenar las ideas de un escrito o discurso. || **3.** fig. Dirigir, encaminar una cosa. || **4.** Enfilar. || **5.** intr. Encaminarse, dirigirse a un fin.

ENHORABUENA. (De *en*, *hora* y *buena*.) f. Felicitación. || **2.** adv. En hora buena.

ENHORAMALA. adv. En hora mala.

ENHORCAR. (l. *infŭrcāre*, poner en la horca.) tr. Formar horcos de ajos o cebollas. || **2.** LEÓN. Coger con la horca el heno o la gavilla.

ENHORNAR. tr. Meter una cosa en horno para asarla o cocerla. || *Al* ENHORNAR *se tuerce el pan*. ref. que advierte el cuidado que se debe tener cuando se comienzan las cosas.

ENHORQUETAR. tr CUBA, P. RICO y ARGENT. Poner a horcajadas. Ú.t.c.r.

ENHOTADO, DA. (De *en* y *hoto*.) adj. ant. Confiado.

ENHOTAR. (l. *in*, en, y *fautus*, ayudado.) tr. ant. Azuzar o incitar. Se decía ordinariamente de los perros.

ENHOTO. m. anat. Confianza.

ENHUECAR. (De *en* y *hueco*.) tr. Ahuecar.

ENHUERAR. tr. Volver huero. || **2.** intr. Volverse huero. Ú.t.c.r.

ENHUMEDECER. tr. ant. Humedecer.

ENIGMA. (l. *aenigma*, y éste del gr. αἴνιγμα.) m. Dicho o conjunto de palabras de sentido encubierto para que sea dificultosa su interpretación. || **2.** Por ext., cosa que difícilmente puede entenderse o interpretarse. || P., I. e It. enigma; F. énigme; A. Rätsel; R. загадка.

ENIGMÁTICAMENTE. adv. De manera enigmática.

ENIGMÁTICO, CA. (l. *aenigmaticus.*) adj. Que en sí encierra o incluye enigma; de significación obscura y muy difícil de penetrar.

ENIGMATISTA. (l. *aenigmatista*, y éste del gr. αἰνιγματιστής.) com. Persona que habla con enigmas.

ENJABONADO, DA. p.p. de enjabonar. || 2. adj. CUBA. Dícese de la caballería torda de matiz obscuro. || 3. m. VENEZ. Jabonada, jabonadura, reprimenda.

ENJABONADURA. f. Jabonadura, acción de jabonar.

ENJABONAR. tr. Jabonar. || 2. fig. y fam. Dar jabón, adular. || 3. fig. Reprender a uno, increparle.

ENJAEZADO, DA. p.p. de enjaezar. || 2. adj. GERM. Galano.

ENJAEZAR. tr. Poner los jaeces a las caballerías. || P. ajaezar; I. to harness; F. enharnacher; A. anschirren; It. bardare; R. запрягать.

ENJAGUADURA. (De *enjaguar.*) f. Enjuagadura.

ENJAGUAR. (l. *ex* y *aquāre*, de *aqua*, agua.) tr. Enjuagar.

ENJAGÜE. (De *enjaguar.*) m. Adjudicación hecha a los interesados en una nave, en satisfacción de los créditos respectivos.

ENJALBEGADO, DA. p.p. de enjalbegar. || 2. m. Enjalbegadura.

ENJALBEGADOR, RA. adj. Que enjalbega. Ú.t.c.s.

ENJALBEGADURA. f. Acción y efecto de enjalbegar o enjalbegarse.

ENJALBEGAR. (l. *ex* y *albicāre*, blanquear.) tr. Blanquear una pared. || 2. fig. Componer el rostro con albayalde u otros afeites. Ú.t.c.r.

ENJALBIEGO. m. Enjalbegadura.

ENJALMA. (De *en* y *jalma.*) f. Especie de aparejo de bestia de carga, o albardilla ligera.

ENJALMAR. tr. Poner la enjalma a una bestia. || 2. Hacer enjalmas. || 3. CUBA. Colocar mal o disponer con poca gracia.

ENJALMERO. m. El que hace o vende enjalmas.

ENJAMBRADERA. (De *enjambrar.*) f. Casquilla. || 2. En algunas partes, abeja maestra. || 3. Abeja, que por el zumbido, denota que está para salir a enjambrar a otra parte.

ENJAMBRADERO. m. Sitio en que enjambran los colmeneros sus vasos o colmenas.

ENJAMBRAR. (l. *examināre.*) tr. Encerrar en la colmena las abejas que andan esparcidas o los enjambres que están fuera de ellas. || 2. Sacar un enjambre de una colmena. || 3. intr. Criar la colmena un enjambre. || 4. fig. Multiplicar o producir en abundancia.

ENJAMBRAZÓN. f. Acción y efecto de enjambrar.

ENJAMBRE. (l. *exāmen, -ĭnis.*) m. Muchedumbre de abejas con su maestra, que juntas salen de una colmena. || 2. fig. Muchedumbre de personas o cosas juntas. || P. enxame; I. swarm; F. essaim; A. Bienenschwarm; It. sciame; R. рой.

★ **ENJAMINAR.** tr. CUBA. Enjalmar. || 2. r. CUBA y VENEZ. Ataviarse, adornarse.

ENJAQUIMAR. (De *jáquima.*) tr. Poner la jáquima a una bestia. || 2. fam. SAL. Componer.

★ **ENJARANADO, DA.** adj. C. RICA y GUAT. Lleno de deudas.

ENJARCIAR. tr. Poner la jarcia a una embarcación.

ENJARDINAR. (De *en* y *jardín.*) tr. Poner y arreglar los árboles como están en los jardines. || 2. CETR. Poner el ave de rapiña en un paraje verde.

ENJARETADO, DA. p.p. de enjaretar. || 2. m. Tablero de tabloncillos colocados de modo que formen enrejado.

ENJARETAR. (De *jareta.*) tr. Hacer pasar una cinta o cordón por una jareta. || 2. fig. y fam. Hacer o decir algo atropelladamente. || 3. fig. y fam. Encajar algo molesto o inoportuno. || 4. ARGENT., MÉJ. y VENEZ. Intercalar.

ENJAULAR. tr. Poner dentro de una jaula a una persona o animal. || 2. fig. y fam. Meter en la cárcel a uno. || 3. COLOM. y PAN. Poner varas o latas sobre los barrotes de la casa que se va a embarrar. || P. engaioler; I. to cage; F. encager; A. im

Käfig sperren; It. ingabbiare; R. сажать в клетку.

ENJEBAR. (De *jebe.*) tr. Meter los paños en lejía de alumbre antes de teñirlos.

ENJEBAR. (l. *exalbāre.*) tr. Blanquear un muro con lechada de yeso.

ENJEBE. m. Jebe, alumbre. || 2. Acción de enjebar. || 3. Lejía en que se enjeban los paños.

ENJECO. (Del m. ord. que *achaque*, 1.ᵉʳ art.) m. ant. Incomodidad, molestia.

ENJECO. (ár. *aš-šakk*, la duda.) m. ant. Duda, dificultad, enredo.

ENJERGADO, DA. p.p. de enjergar. || 2. adj. ant. Enlutado.

ENJERGAR. (De *en* y *jerga*, 1.ᵉʳ art.) tr. fam. Principiar y dirigir un negocio o asunto.

ENJERIR. (l. *inserĕre.*) tr. ant. fig. Insertar una cosa en otra. || 2. r. COLOM. Engurruñarse, enmantarse.

ENJERO. (De *enjerir.*) m. AND. Palo largo del arado que se ata al yugo.

ENJERTACIÓN. f. Acción y efecto de enjertar.

ENJERTAL. m. Sitio plantado de árboles frutales injeros.

ENJERTAR. (l. *insĕrtāre*, injertar.) tr. Injertar.

ENJERTO, TA. (l. *insĕrtus*, injerto.) p.p. irreg. de enjertar. || 2. m. Injerto, planta injertada. || 3. fig. Mezcla de varias cosas diversas entre sí.

ENJICAR. tr. CUBA. Poner los jicos a la hamaca.

★ **ENJILLIRSE.** r. P. RICO. Quedarse sin alcanzar el crecimiento normal.

★ **ENJIQUERAR.** tr. Introducir cosas en la mochila.

ENJORDANAR. (De *en* y *Jordán.*) p. us. Remozar, rejuvenecer.

ENJORGUINARSE. r. Hacerse hechicero o jorquín.

ENJOYADO, DA. p.p. de enjoyar.

ENJOYAR. tr. Adornar con joyas a una persona o cosa. || 2. fig. Adornar, hermosear, enriquecer. || 3. Engastar piedras preciosas en una joya.

ENJOYELADO, DA. adj. Dícese del oro o la plata convertido en joyas o joyeles. || 2. Adornado de joyeles.

ENJOYELADOR. (De *en* y *joyel.*) m. Engastador.

ENJUAGADIENTES. m. Porción de licor que se toma en la boca para enjuagar la dentadura.

ENJUAGADURA. f. Acción de enjuagar o enjuagarse. || 2. Agua o licor con que se ha enjuagado una cosa.

ENJUAGAR. (De *enjaguar.*) tr. Aclarar con agua limpia lo que se ha jabonado. || 2. Limpiar la boca y dentadura con agua u otro licor. Ú.m.c.r. || 3. REP. DOMIN. Hundir, clavar. || 4. intr. MÁL. Sacar del agua la bolsa de la red en el copo.

ENJUAGATORIO. m. Enjuague.

ENJUAGUE. m. Acción de enjuagar. || 2. Líquido para enjuagar o enjuagarse. || 3. Vaso, con su platillo, destinado a enjuagarse. || 4. fig. Negociación oculta y artificiosa. || P. enxaguadura; I. rinsing; F. rinçage; A. Ausspülen, Mundspülung; It. risciacquamento; R. полоскание.

ENJUGADOR, RA. adj. Que enjuga. || 2. m. Utensilio para escurrir o enjugar. || 3. Especie de camilla redonda para enjugar y calentar la ropa.

ENJUGAR. (l. *exsucāre*; de *ex*, priv., y *succus*, jugo.) tr. Quitar la humedad a una cosa, secarla. || 2. Limpiar la humedad que echa de sí un cuerpo. Ú.t.c.r. || 3. fig. Cancelar, extinguir una deuda o déficit. || 4. r. Adelgazar, perder gordura. || P. enxugar; I. to wipe; F. essuyer; A. abtrocknen; It. asciugare; R. вытирать.

ENJUICIABLE. adj. Que merece ser enjuiciado.

ENJUICIAMIENTO. m. Acción y efecto de enjuiciar. || 2. For. Forma legal de proceder en la tramitación y terminación de los negocios judiciales. || 2.ª acep.: P. juizo; I. procedure, proceeding; F. instruction judiciaire; A. Prozess; It. procedura; R. разбор дела.

ENJUICIAR. (De *en* y *juicio.*) tr. fig. Someter una cuestión a examen o juicio. || 2. For. Instruir una causa; sujetar a uno a juicio. || 3. For. Juzgar, sentenciar o determinar una causa.

ENJULIO. (De *enjullo.*) m. Madero colocado horizontalmente en los telares de paños, en el cual se va arrollando la urdimbre.

ENJULLO. (De *ensullo.*) m. Enjulio.

ENJUNCAR. tr. Cubrir de juncos. Ú.t.c.r. || 2. MAR. Atar con juncos una vela. || 3. MAR. Zafar los tomadores, para poder recoger el velamen sin subir a las vergas. || 4. CHILE. Cubrirse de juncos un terreno.

ENJUNCIAR. tr. AR. Cubrir de juncia las calles para alguna fiesta.

ENJUNDIA. (l. *axungia*) f. Gordura que tienen las aves en la overa. || 2. Unto y gordura de cualquier animal. || 3. fig. Lo más importante y substancioso de algo inmaterial. || 4. fig. Fuerza, vigor. || 5. fig. Constitución o cualidad connatural de una persona.

ENJUNDIOSO, SA. adj. Que tiene mucha enjundia. || 2. fig. Substancioso, sólido, importante.

ENJUNQUE. m. MAR. Lastre muy pesado en el fondo de la bodega. || 2. MAR. Colocación de ese lastre.

ENJURAMIENTO. m. ant. Juramento legal.

ENJURAR. (De *en* y *juro.*) tr. ant. Dar, traspasar o ceder un derecho.

ENJUTA. f. ARQ. Cada uno de los triángulos que deja en un cuadrado el círculo inscrito en él. || 2. ARQ. Pechina de la cúpula.

ENJUTAR. (De *enjuto.*) tr. ARQ. Enjugar, secar la cal u otra cosa. Ú.t.c.r.

ENJUTAR. (De *enjuta.*) tr. ARQ. Rellenar las enjutas de una bóveda.

ENJUTEZ. (De *enjuto.*) f. Sequedad o falta de humedad.

ENJUTO, TA. (l. *exsuctus*, p.p. de *exsugĕre*, chupar.) p.p. irreg. de enjugar. || 2. adj. Delgado, seco o de pocas carnes. || 3. m. pl. Tascos y palos secos para encender lumbre. || 4. Bocados ligeros que excitan la sed. || P. enxuto, seco; I. dried, lean; F. sec, essuyé; A. trocken, dürr; It. (r)asciuto, secco; R. худошавый; сухопарый.

ENLABIADOR, RA. Que enlabia. Ú.t.c.s.

ENLABIAR. (De *en* y *labio.*) tr. Acercar, aplicar los labios.

ENLABIAR. (De *en* y *labia.*) tr. Seducir, engañar a uno con palabras dulces y promesas.

ENLABIO. (De *enlabiar*, 2.º art.) m. Engaño ocasionado por el artificio de las palabras.

ENLACE. m. Acción de enlazar. || 2. Unión, conexión de una cosa con otra. || 3. fig. Parentesco, casamiento. || 4. Dicho de los trenes, empalme.

ENLACIAR. tr. Poner lacia una cosa. Ú.t.c.intr. y c.r.

ENLADRILLADO, DA. p.p. de enladrillar. || 2. m. Pavimento hecho de ladrillos.

ENLADRILLADOR. (De *enladrillar.*) m. Solador.

ENLADRILLADURA. f. Enladrillado, 2.ª acep.

ENLADRILLAR. tr. Solar, formar de ladrillos el pavimento. || P. entijolar; I. to brick; F. carreler, paver des carreaux; A. Backsteine oder Fliesen legen; It. ammattonare; R. настилать кирпичный пол.

ENLAGUNAR. tr. Convertir un terreno en laguna, cubrirlo de agua. Ú.t.c.r.

ENLAMAR. tr. Cubrir de lama los campos y tierras. Ú.t.c.r.

ENLAMINARSE. (De *en* y *laminar*, 3.ᵉʳ art.) r. AR. Engolosinarse, aficionarse a un manjar.

ENLANADO, DA. adj. Cubierto o lleno de lana.

ENLANCHAR. tr. SAL. Enlosar.

ENLARDAR. tr. Lardar o lardear.

ENLATAR. (De *en* y *lata*, 1.ᵉʳ art.) tr. AND. y HOND. Cubrir con latas la armazón de un techo.

ENLATAR. (De *en* y *lata*, 2.º art.) tr. Meter alguna cosa en envases de hojalata.

ENLAZABLE. adj. Que puede enlazarse.

ENLAZADOR, RA. adj. Que enlaza. Ú.t.c.s.

ENLAZADURA. f. Enlace.

E

E

ENLAZAMIENTO. (De *enlazar*.) m. Enlace.

ENLAZAR. (l. *inlaqueāre*.) tr. Juntar o coger una cosa con lazos. || 2. Dar enlace o trabazón a unas cosas con otras. Ú.t.c.r. || 3. Aprisionar un animal arrojándole el lazo. || 4. r. fig. Casar, contraer matrimonio. || 5. fig. Unirse las familias por medio del casamiento. || P. enlaçar; I. to lace; F. enlacer; A. (ver)knüpfen, schlingen; It. allacciare; R. соединять.

ENLECHAR. tr. Cubrir con una lechada.

ENLECHUGUILLADO, DA. adj. Que usaba cuello de lechuguilla.

ENLEGAJAR. tr. Reunir papeles formando legajos; meterlos en el que les corresponde.

ENLEGAMAR. (De *en* y *légamo*.) tr. Entarquinar.

ENLEJIAR. tr. Meter una cosa en lejía. || 2. Quím. Disolver en agua una substancia alcaloide.

ENLENZAR. tr. Reforzar una cosa, especialmente una escultura de madera con tiras de lienzo.

ENLERDAR. tr. Entorpecer, retardar.

ENLIGAR. tr. Untar con liga, enviscar. || 2. r. Enredarse, prenderse el pájaro en la liga.

ENLIJAR. (De *en* y *lijo*, inmundicia.) tr. ant. fig. Viciar, corromper. || 2. ant. Mancharse, ensuciarse.

ENLISAR. (De *en* y *liso*.) tr. ant. Alisar.

ENLISTONADO, DA. p.p. de enlistonar. || 2. m. Carp. Conjunto de listones y obra hechos con ellos.

ENLISTONAR. tr. Listonar.

ENLIZAR. tr. Entre tejedores, añadir lizos al telar.

ENLOBREGUECER. tr. Obscurecer, poner lóbrego. Ú.t.c.r.

ENLODADURA. f. Acción y efecto de enlodar o enlodarse.

ENLODAMIENTO. m. Enlodadura.

ENLODAR. tr. Manchar una cosa con lodo. Ú.t.c.r. || 2. Dar de lodo a una tapia, embarrar. || 3. fig. Manchar, infamar. Ú.t.c.r. || 4. Min. Tapar con arcilla las grietas de un barreno. || P. enlamear; I. to slime; F. éclabousser; A. verschlammen; It. infangare; R. загрязнять.

ENLODAZAR. tr. Enlodar.

ENLOMARSE. r. Arquear el lomo el caballo preparándose para dar un bote.

ENLOQUECEDOR, RA. adj. Que hace enloquecer.

ENLOQUECER. (De *en* y *loco*.) tr. Hacer perder el juicio a uno. || 2. intr. Volverse loco; sufrir un trastorno profundo. || 3. Agr. Dejar los árboles de dar fruto o darlo con irregularidad. || P. enlouquecer; I. to madden; F. rendre fou; A. toll machen, wahnsinnig werden; It. far impazzire; R. сходить с ума.

ENLOQUECIMIENTO. m. Acción y efecto de enloquecer.

ENLOSADO, DA. p.p. de enlosar. || 2. m. Suelo cubierto de losas unidas y ordenadas.

ENLOSADOR. m. El que enlosa.

ENLOSAR. tr. Cubrir el suelo con losas unidas y ordenadas.

ENLOZANARSE. (De *en* y *lozano*.) r. Lozanear, ostentar lozanía.

ENLOZANECER. intr. ant. Lozanecer.

ENLOZAR. tr. Amér. Cubrir la superficie de algunos objetos de hierro con una capa de barniz vítreo.

ENLUCERNAR. (De *en* y *lucerna*, linterna.) tr. ant. Deslumbrar.

ENLUCIADO, DA. adj. ant. Enlucido.

ENLUCIDO, DA. p.p. de enlucir. || 2. adj. Blanqueado. || 3. m. Capa de yeso, estuco, etc., que se da a las paredes con objeto de obtener una superficie tersa.

ENLUCIDOR. m. El que enluce.

ENLUCIMIENTO. m. Acción y efecto de enlucir.

ENLUCIR. (De *en* y *lucir*.) tr. Poner una capa de yeso o argamasa en las paredes, techos o fachadas de un edificio. || 2. Limpiar, poner brillante la plata, las armas, etc. || 3. Chile. Poner a una pared una capa de tierra menuda y suave, con arena y agua. || P. engessar; I. to parget, to plaster; F. plâtrer; A. gipsen, betünchen; It. scialbare, intonacare; R. штукатурить.

ENLUSTRECER. (De *en* y *lustre*.) tr. Poner limpia y lustrosa una cosa.

ENLUTADO, DA. p.p. de enlutar. Apl. a pers. ú.t.c.s.

ENLUTAR. tr. Cubrir de luto. Ú.t. c.r. || 2. fig. Obscurecer, privar de luz y claridad. Ú.t.c.r. || 3. fig. Entristecer, afligir. || P. enlutar; I. to put in mourning; F. endeuiller, mettre en deuil; A. Trauer anlegen; It. portare il lutto; R. одевать в траур.

ENLLANTAR. tr. Guarnecer con llantas las ruedas de un vehículo.

ENLLENAR. tr. ant. Llenar. Ú. entre el vulgo en España y América.

ENLLENTECER. (l. *illentescĕre*, ablandarse.) tr. Reblandecer o ablandar. Ú.t.c.r.

ENLLOCAR. (De *llueca*.) intr. Enclocar. Ú.t.c.r.

ENMADEJAR. tr. Chile. Aspar, hacer madeja en el aspa.

ENMADERACIÓN. f. Enmaderamiento. || 2. Entibación.

ENMADERADO, DA. p.p. de enmaderar. || 2. m. Enmaderamiento. || 3. Maderaje.

ENMADERAMIENTO. (De *enmaderar*.) m. Obra hecha de madera o cubierta con ella, como los techos antiguos.

ENMADERAR. tr. Cubrir con madera los techos, paredes y otras cosas. || P. emadeirar; I. to wainscot; F. boiser; A. täfeln; It. impalcare; R. обшивать деревом.

ENMADRARSE. r. Encariñarse excesivamente el hijo con la madre.

ENMAGRECER. (De *en* y *magrecer*.) tr. Enflaquecer. Ú.t.c.intr. y c.r.

ENMALECER. tr. Malear, dañar, echar a perder.

ENMALECERSE. r. Cubrirse de maleza un campo.

ENMALEZARSE. r. Amér. Cubrirse de maleza un campo.

ENMALLARSE. r. Quedarse un pez sujeto por las agallas entre las mallas de la red.

ENMALLE. m. Arte de pesca consistente en redes colocadas en posición vertical, de forma que al pasar los peces queden enmallados.

ENMANGAR. tr. Poner mango a un instrumento.

ENMANIGUARSE. r. Cuba. Cubrirse de manigua un terreno. || 2. fig. Cuba. Acostumbrarse a la vida del campo.

ENMANTAR. tr. Cubrir con manta. Ú.t.c.r. || 2. r. fig. Estar, especialmente una ave, triste y melancólica.

ENMARAÑADOR, RA. adj. Dícese del que enmaraña. Ú.t.c.s.

ENMARAÑAMIENTO. m. Acción y efecto de enmarañar o enmarañarse.

ENMARAÑAR. (De *en* y *maraña*.) tr. Enredar, revolver una cosa. Ú.t.c.r. || 2. fig. Confundir, enredar un asunto. Ú.t. c.r. || 3. r. Cubrirse el cielo de celajes. || P. emaranhar; I. to entangle; F. embrouiller; A. verwirren; It. arruffare; R. путать.

ENMARARSE. r. Mar. Alejarse la nave de tierra entrando en alta mar.

ENMARCAR. tr. Encuadrar, 1.er art.

ENMARCHITABLE. adj. desus. Marchitable.

ENMARCHITAR. tr. desus. Marchitar.

ENMARIDAR. (De *en* y *maridar*.) intr. Casarse, contraer matrimonio la mujer. Ú.t.c.r.

ENMARILLECERSE. r. Ponerse descolorido y amarillo.

ENMAROMAR. tr. Atar, especialmente un animal bravo como el toro, con maroma.

ENMASCARADO, DA. p.p. de enmascarar. || 2. m. y f. Máscara, persona disfrazada de máscara.

ENMASCARAMIENTO. m. Acción y efecto de enmascarar. || 2. Lo que sirve para enmascarar. Todo ello hablando de artefactos de guerra.

ENMASCARAR. tr. Cubrir el rostro con máscara. Ú.t.c.r. || 2. fig. Encubrir, disfrazar. || P. emascarar; I. to mask; F. masquer; A. maskieren; vermummen; It. (im)mascherare, (in)camuffare; R. закрывать, маскои.

ENMASILLAR. tr. Sujetar con masilla los cristales de las vidrieras. || 2. Cubrir con masilla las grietas de la madera.

ENMATARSE. r. Ocultarse la caza entre las matas.

★ ENMAYENARSE. r. Venez. Caer en desgracia.

ENMECHAR. tr. ant. Mechar.

ENMELAR. tr. Untar con miel. || 2. Hacer miel las abejas. || 3. fig. Endulzar, hacer agradable una cosa.

ENMENDABLE. (De *emendable*.) adj. Que puede enmendarse.

ENMENDACIÓN. (De *emendación*.) f. Acción y efecto de enmendar o corregir.

ENMENDADOR, RA. (De *emendador*.) adj. Que enmienda o corrige.

ENMENDADURA. (De *emendadura*.) f. Enmienda.

ENMENDAMIENTO. m. ant. Enmendadura.

ENMENDAR. (De *emendar*, infl. por el pref. *en*.) tr. Corregir, quitar defectos a una persona o cosa. Ú.t.c.r. || 2. Resarcir, subsanar los daños. || 3. For. Reformar un tribunal superior la sentencia dada por él mismo. || 4. Mar. Variar el rumbo. || P. emendar; I. to correct, to mend; F. corriger, amender; A. verbessern; It. emendare, corrèggere; R. исправлять.

ENMENZAR. (Cruce de *empezar* y *comenzar*.) tr. ant. Comenzar.

ENMIENDA. (De *emienda*.) f. Eliminación de un error. || 2. Cargo conferido por el Trecenazgo de la Orden Militar de Santiago, al caballero que ha de substituir al trece en las ausencias. || 3. Satisfacción y pago del daño hecho. || 4. Propuesta de variante de un proyecto, informe, etc. || 5. For. En los escritos, rectificación perceptible de errores materiales, que debe salvarse al final. || 6. pl. Agr. Substancias que se mezclan en las tierras para mejorar sus condiciones físicas y químicas y hacerlas más productivas. || P. emenda; I. amendment; F. amendement; A. Verbesserung; It. ammendamento; R. исправление.

ENMIENTE. (De *en* y *miente*.) f. ant. Memoria o mención.

ENMOCECER. (De *en* y *mozo*.) intr. ant. Recobrar el vigor de la mocedad.

ENMOCHIGUAR. (De *en* y *muchiguar*.) tr. ant. Amochiguar. Usáb.t.c.intr. y c.r.

ENMOHECER. tr. Cubrir de moho una cosa. Ú.t.c.r. || 2. fig. Inutilizarse, caer en desuso. || P. abolorecer; I. to mould; F. moisir; A. schimmeln; It. muffare; R. покрывать плесенью.

ENMOHECIMIENTO. m. Acción y efecto de enmohecer.

ENMOLDADO, DA. adj. ant. Impreso a molde.

ENMOLLECER. (l. *emollescĕre*.) tr. Ablandar. Ú.t.c.r.

ENMONARSE. r. Chile y Perú. Pillar una mona, emborracharse, embriagarse.

ENMONDAR. (l. *emundāre*, limpiar, purificar.) tr. Desliñar.

ENMONTADURA. (De *enmontar*.) tr. ant. Remontar, elevar.

ENMONTAR. (De *en* y *montar*.) tr. ant. Remontar, encumbrar, elevar.

ENMONTARSE. r. Amér. Central. Cubrirse un campo de maleza, volverse monte.

ENMORDAZAR. tr. Amordazar, poner mordaza.

ENMOSTAR. tr. Manchar o empapar con mosto. Ú.t.c.r.

ENMOSTRAR. tr. ant. Mostrar, manifestar.

ENMOTAR. (De *en* y *mota*.) tr. Mil. Guarnecer de castillos.

ENMUDECER. (l. *immutescĕre*.) tr. Hacer callar, detener a uno para que no hable. || 2. intr. Quedar mudo; perder el habla. || 3. fig. Guardar silencio uno cuando pudiera o debiera hablar. || P. emudecer, calar; I. to hush; F. faire taire; A. verstummen, schweigen; It. rèndere muto; R. молчать.

ENMUDECIMIENTO. m. Acción y efecto de enmudecer.

ENMUGRAR. tr. Colom. y Chile. Enmugrecer.

ENMUGRECER. tr. Cubrir de mugre. Ú.t.c.r.

ENMUSTIAR. tr. p. us. Poner mustio o marchito. Ú.t.c.r.

ENNECIARSE. r. Volverse necio.

ENNEGRECER. (De *en* y *negrecer*.)

tr. Teñir de negro una cosa. Ú.t.c.r. || 2. r. fig. Ponerse muy obscuro, nublarse.

ENNEGRECIMIENTO. m. Acción y efecto de ennegrecer o ennegrecerse.

ENNOBLECEDOR, RA. adj. Que ennoblece.

ENNOBLECER. (De *en* y *noblecer*.) tr. Hacer noble a uno. Ú.t.c.r. || 2. fig. Dignificar y dar esplendor. || 3. fig. Adornar, enriquecer una ciudad, un templo, etc. || P. enobrecer; I. to ennoble; F. anoblir; A. adeln, veredeln; It. nobilitare; R. облагораживать.

ENNOBLECIMIENTO. m. Acción y efecto de ennoblecer.

ENNUDECER. (De *en* y *nudo*.) intr. Anudar, dejar de crecer los animales o las plantas. Dícese propiamente de los árboles e injertos.

ENOCAR. tr. ant. Ahuecar.

ENODIO. (l. *enŏdis*, sin nudos.) m. Ciervo de tres a cinco años de edad.

ENOJADIZO, ZA. adj. Que se enoja fácilmente.

ENOJANTE. p.a. de enojar. Que enoja.

ENOJAR. (l. *inodiare*, enfadar.) tr. Causar enojo. Ú.m.c.r. || 2. Molestar, desazonar. || 3. r. fig. Alborotarse, enfurecerse, hablando de vientos, mares, etc. || P. enojar; I. to anger; F. irriter; A. ärgern; It. stuzzicare; R. раздражать.

ENOJO. (De *enojar*.) m. Movimiento del ánimo que, como resultado de algo que nos contraría, nos dispone contra una persona o cosa. || 2. Molestia, pesar, trabajo. Ú.m. en pl.

ENOJOSAMENTE. adv. m. Con enojo.

ENOJOSO, SA. adj. Que causa enojo, molestia, enfado.

ENOJUELO. m. d. de enojo.

ENOLOGÍA. (gr. οἶνος, vino, y λόγος, tratado.) f. Conjunto de conocimientos relativos a los vinos y a su elaboración.

ENOLÓGICO, CA. adj. Perteneciente o relativo a la enología.

ENÓLOGO. m. Persona entendida en enología.

ENORFANECIDO, DA. adj. desus. Huérfano.

ENORGULLECEDOR, RA. adj. Que enorgullece.

ENORGULLECER. tr. Llenar de orgullo. Ú.m.c.r. || P. orgulhar; I. to make proud; F. enorgueillir; A. stolz machen; It. inorgoglire; R. наполнять гордостью.

ENORGULLECIMIENTO. m. Acción y efecto de enorgullecer o enorgullecerse.

ENORME. (l. *enormis*.) adj. Desmedido, excesivo. || 2. Perverso, torpe. || P. e It. enorme; I. enormous; F. énorme; A. enorm; R. огромный.

ENORMEDAD. f. ant. Enormidad.

ENORMEMENTE. adv. m. Con enormidad.

ENORMIDAD. (l. *enormĭtas, -ātis*.) f. Exceso, tamaño descomunal y desmedido. || 2. Exceso de maldad. || 3. fig. Despropósito, desatino. || P. enormidade; I. enormity; F. énormité; A. Ungeheuerlichkeit; It. enormità; R. чрезмерность.

ENORMÍSIMO, MA. adj. sup. de enorme.

ENOTECNIA. (gr. οἶνος, vino, y τέχνη, arte.) f. Arte de elaborar los vinos, y asesoramiento para organizar su venta.

ENOTÉCNICO, CA. adj. Perteneciente o relativo a la enotecnia.

ENQUICIAR. tr. Poner una puerta, ventana, etc., en su quicio. Ú.t.c.r. || 2. fig. Poner en orden.

ENQUILLOTRAR. (De *en* y *quillotrar*.) tr. Engreír, desvanecer. Ú.t.c.r. || 2. r. fam. Enamorarse.

★ **ENQUIÑAR.** tr. P. Rico. Trabar a una bestia atándole las patas.

ENQUIRIDIÓN. (l. *enchiridion*, y éste del gr. ἐγχειρίδιον, manual; de ἐν, en, y χείρ, mano.) m. Libro manual.

ENQUISTADO, DA. p.p. de enquistarse. || 2. adj. De forma de quiste o parecido a él. || 3. fig. Embutido, encajado, metido dentro. || 4. PAT. Dícese del tumor contenido en una especie de saco.

ENQUISTARSE. (De *en* y *quiste*.) r. MED. Formarse un quiste.

ENRABAR. tr. Arrimar un carro por la parte rabera, para cargar o descargar. ||

2. Amarrar la carga que va en la trasera de un carro. || 3. URUG. Atar por el rabo.

ENRABIAR. (De *en* y *rabia*.) tr. Encolerizar. Ú.t.c.r.

ENRACIMARSE. r. Arracimarse.

ENRAFAR. tr. MURC. Hacer una presa en un cauce.

ENRAIGONAR. tr. MURC. Embojar con raigón o atocha.

ENRAIZAR. intr. Arraigar, echar raíces.

★ **ENRAJONAR.** tr. ALBAÑ. CUBA. Enripiar, llenar con ripios o fragmentos los huecos de una obra de albañilería.

ENRALECER. intr. Ponerse ralo.

ENRAMADA. f. Conjunto de ramas de árboles espesas y entrelazadas naturalmente. || 2. Adorno formado de ramas de árboles. || 3. Cobertizo hecho de ramas de árboles para sombra o abrigo. || P. enramada; I. branchage; F. ramée; A. Laubwerk, It. frascato; R. переплетённые ветки деревьев.

ENRAMADO, DA. p.p. de enramar. || 2. adj. Dícese de la bala de cadena. || 3. m. MAR. Conjunto de las maderas de un buque.

ENRAMAR. tr. Entretejer varios ramos para adornar un sitio o para darle sombra. || 2. MAR. Arbolar y afirmar las cuadernas del buque en construcción. || 3. intr. Echar ramas un árbol. || 4. r. Ocultarse entre ramas.

ENRAMBLAR tr. Poner los paños en la rambla para estirarlos.

ENRAME. m. Acción y efecto de enramar.

ENRANCIAR. tr. Poner o hacer rancia una cosa. Ú.t.c.r.

ENRARECER. (l. *in*, en, y *rarescĕre*, de *rarus*, raro.) tr. Dilatar un gas haciéndolo menos denso. Ú.t.c.r. || 2. Hacer que escasee o sea rara una cosa. Ú.t.c.intr. y más fig. || P. enrarecer; I. to rarefy; F. raréfier; A. verdünnen; It. rarefare; R. разрежать.

ENRARECIMIENTO. m. Acción y efecto de enrarecer o enrarecerse.

ENRASADO, DA. p.p. de enrasar. || 2. ALBAÑ. Fábrica con que se macizan las embocaduras de una bóveda hasta el nivel de su espinazo.

ENRASAMIENTO. m. Enrase.

ENRASAR. tr. ant. Arrasar. || 2. ALBAÑ. Igualar la altura de dos obras. Ú.t.c. intr. || 3. ARQ. Dejar plana y lisa la superficie de una obra. || 4. intr. FÍS. Alcanzar dos elementos de un aparato el mismo nivel.

ENRASE. m. Acción y efecto de enrasar.

ENRASILLAR. tr. ALBAÑ. Colocar la rasilla a tope entre las barras de hierro de la armazón de un piso.

ENRASTRAR. (De *en* y *rastra*, sarta.) tr. MURC. Ensartar los capullos de que se ha de sacar la simiente de la seda, enhilándolos de manera que no penetre el hilo en lo interior.

ENRATONARSE. (De *en* y *ratón*.) fam. Ratonarse.

ENRAYADO, DA. p.p. de enrayar. || 2. m. ARQ. Maderamen horizontal para asegurar los cuchillos y medios cuchillos de una armadura.

ENRAYAR. (De *en* y *rayo*.) tr. Fijar los rayos en las ruedas de los carruajes. || 2. Engalgar, sujetar la rueda de un carruaje por uno de sus rayos para frenarla.

ENREDADERA. adj. Dícese de las plantas de tallo trepador que se enreda a los objetos próximos. || 2. f. BOT. Planta convolvulácea, de tallos trepadores y flores en campanillas rosáceas, con cinco radios más obscuros. || —de campanillas. Planta trepadora con que suelen vestirse paredes y enverjados. || P. trepadeira; I. climbing plant; F. plante grimpante; A. Schlingpflanze; It. pianta rampicante; R. вьюнок.

ENREDADOR, RA. adj. Que enreda. Ú.t.c.s. || 2. fig. y fam. Chismoso o embustero de costumbre. Ú.t.c.s.

ENREDAMIENTO. m. desus. Enredo.

ENREDAR. tr. Prender con red. || 2. Tender las redes para cazar. || 3. Enlazar, enmarañar una cosa con otra. Ú.t.c.r. || 4. fig. Meter discordia o cizaña. || 5. fig. Poner a uno en ocasión o negocios comprometidos. || 6. intr. Travesear, revolver, comúnmente los muchachos. || 7. r. Presentarse dificultades y complicaciones en

un negocio. || 8. fam. Amancebarse. || 3.ª acep.: P. enredar; I. to embroil; F. emmêler; A. verwickeln; It. imbrogliare; R. ловить сетью, шалить.

ENREDIJO. m. y fam. Enredo.

ENREDO. (De *enredar*.) m. Maraña que resulta de trabarse entre sí cosas flexibles. || 2. V. *Comedia de* ENREDO. || 3. fig. Travesura o inquietud. || 4. fig. Engaño que ocasiona disturbios, disensiones y pleitos. || 5. Complicación difícil de salvar. || 6. En los poemas épico y dramático y la novela, nudo o conjunto de sucesos que preceden al desenlace.

ENREDOSO, SA. adj. Lleno de enredos, embarazos y dificultades.

ENREHOJAR. (De *en*, *re* y *hoja*.) tr. Entre cereros, revolver en hojas la cera que está en los pilones, para que adquiera blancura.

ENREJADO, DA. p.p. de enrejar. || 2. m. Conjunto de rejas. || 3. Especie de celosía de cañas o varas entretejidas. || 4. Emparrillado. || 5. Labor de mano hecha entretejiendo y anudando hilos. || 6. GERM. Cofia o red grande de mujer. || 7. GERM. El preso. || 8. SAL. Aguijada. || 9. AR. Enrejadura.

ENREJADURA. f. VETER. Herida producida por la reja del arado en los pies de los animales de trabajo.

ENREJALAR. (De *en* y *rejal*.) tr. Enrejar, apilar ladrillos, maderas, etc., ordenadamente, para que se oreen y sequen.

ENREJAR. (De *en* y *reja*, 1.er art.) tr. Poner fija la reja en el arado. || 2. Herir los pies de los animales de labranza la reja del arado. || 3. CUBA y HOND. Atar el ternero a una de las patas de la vaca para ordeñarla.

ENREJAR. (De *en* y *reja*, 2.º art.) tr. Cercar con rejas, cañas o varas los huertos, jardines, etc.; poner rejas en los huecos de un edificio. || 2. Colocar en pila ladrillos, tablas u otras piezas, cruzándolas de modo que queden varios espacios vacíos a modo de enrejado. *Conviene* ENREJAR *las tablas para que se oreen*. || 3. MÉJ. Zurcir la ropa. || 4. GERM. Prender, poner en la cárcel a uno. || P. engradar; I. to grate, to lattice; F. griller; A. einzäunen, vergattern; It. ingraticolare; R. приделывать лемех к плугу.

ENREVESADO, DA. adj. Revesado.

ENRIADO, DA. p.p. de enriar. || 2. m. Enriamiento.

ENRIADOR, RA. m. y f. Persona que enría.

ENRIAMIENTO. m. Acción y efecto de enriar.

ENRIAR. (De *en* y *río*.) tr. Meter en el agua por algún tiempo el lino, cáñamo o esparto para su maceración.

ENRIDAMIENTO. (De *enridar*, 1.er art.) m. ant. Irritamiento.

ENRIDANTE. p.a. ant. de enridar. Que enrida.

ENRIDAR. (l. *irritāre*.) tr. ant. Irritar. Usáb.t.c.r.

ENRIDAR. (ant. alto al. *ridam*, girar, torcer.) tr. ant. Rizar.

ENRIELAR. tr. Hacer rieles. || 2. Echar los metales en la rielera. || 3. CHILE y MÉJ. Encarrilar. Ú.t.c.r. || 4. fig. CHILE. Encauzar.

★ **ENRIENDAR.** tr. ARGENT. Poner las riendas a una caballería.

ENRIPIAR. tr. ALBAÑ. Poner ripio en un hueco de pared o piso.

ENRIQUE. m. Moneda de oro equivalente a la dobla, acuñada durante el reinado de Enrique IV de Castilla.

ENRIQUECEDOR, RA. adj. Que enriquece.

ENRIQUECER. tr. Hacer rica a una persona, nación, industria, etc. Ú.m.c.r. || 2. fig. Adornar, engrandecer a una persona o cosa. || 3. intr. Hacerse uno rico. || 4. Prosperar notoriamente un país, una industria, etc. || P. enriquecer; I. to enrich; F. enrichir; A. bereichern; It. arricchire; R. обогащать.

ENRIQUECIMIENTO. m. Acción y efecto de enriquecer o enriquecerse. || —torticero. For. El que se considera ilícito e ineficaz en derecho, por haber sido obtenido injustamente y en daño de otro.

ENRIQUEÑO, ÑA. adj. Perteneciente

E al rey don Enrique II de Castilla. Dícese de las dádivas excesivas, aludiendo a las de aquel rey.

ENRISCADO, DA. p.p. de enriscar. || **2.** adj. Lleno de riscos o peñascos.

ENRISCAMIENTO. m. Acción de enriscarse.

ENRISCAR. (De *en* y *risco*.) tr. fig. Levantar, elevar. || **2.** r. Guarecerse, meterse entre riscos.

ENRISTRAR. (l. *arrestāre*, afianzar.) tr. Poner la lanza en el ristre. || **2.** Poner la lanza horizontal bajo el brazo derecho dispuesta para acometer. || **3.** fig. Ir derecho hacia una parte, o acertar al fin con una cosa difícil.

ENRISTRAR. (De *en* y *ristra*.) tr. Hacer ristras con ajos, cebollas, etc.

ENRISTRE. m. Acción y efecto de enristrar.

ENRIZADO, DA. p.p. de enrizar.

ENRIZAMIENTO. m. Acción y efecto de enrizar.

ENRIZAR. tr. Rizar. Ú.t.c.r.

ENRIZAR. tr. ant. Enridar.

ENROBINARSE. r. ALBAC. y AR. Cubrirse de robín, enmohecerse.

ENROBRESCIDO, DA. (De *roble*, roble.) adj. ant. Duro y fuerte como el roble.

ENROCAR. (De *en* y *roque*.) tr. En el juego del ajedrez, mover en una misma jugada el rey y una torre o roque, bajo condiciones prescritas.

ENROCAR. (De *en* y *rueca*.) tr. Revolver en la rueca el copo que ha de hilarse.

ENROCARSE. (De *en* y *roca*.) r. Trabarse anzuelos, redes, anclas, etc., en las rocas del fondo del mar.

ENRODAR. (l. *inrotāre*.) tr. Imponer a uno el suplicio de la rueda.

ENRODELADO, DA adj. Armado con rodela.

ENRODRIGAR. tr. Rodrigar.

ENRODRIGONAR. (De *en* y *rodrigón*.) tr. Rodrigar.

ENROJAR. (De *en* y *rojo*.) tr. Enrojecer. Ú.t.c.r. || **2.** Calentar el horno.

ENROJECER. tr. Poner roja una cosa con el fuego. || **2.** Dar color rojo a una cosa. || **3.** r. Encenderse el rostro. Ú.t.c.tr. || **4.** intr. Ruborizarse. || **4.ª** acep.: **P.** rubescer; **I.** to blush; **F.** rougir; **It.** arrossire; **R.** краснеть.

ENROJECIMIENTO. m. Acción y efecto de enrojecer.

ENROLAR. tr. MAR. Inscribir un individuo en el rol o lista de tripulantes de un barco mercante. Ú.t.c.r. || **2.** ARGENT. Inscribir en el asiento militar. Ú.t.c.r.

ENROLLADO, DA. p.p. de enrollar. || **2.** m. Roleo, voluta.

ENROLLAR. (De *en* y *rollo*.) tr. Arrollar, envolver una cosa en sí misma, en forma de rollo. || **2.** Empedrar con rollos o cantos.

ENROMAR. tr. Poner roma una cosa. Ú.t.c.r.

ENRONA. (De *enruna*.) f. AR. Conjunto de escombros que salen de las obras de albañilería o de un edificio que se derriba.

ENRONAR. tr. AR. Echar enrona en algún sitio, o cubrir de enrona o de tierra una cosa. || **2.** NAV. Manchar con polvo o lodo.

ENRONQUECER. tr. Poner ronco a uno. Ú.m.c.r.

ENRONQUECIMIENTO. (De *enronquecer*.) m. Ronquera.

ENROÑAR. tr. Llenar de roña, pegarla. || **2.** Cubrir de orín un objeto de hierro. Ú.m.c.r.

ENROQUE. m. Acción y efecto de enrocar, 1.er art.

ENROSCADAMENTE. adv. En forma de rosca.

ENROSCADURA. f. Acción y efecto de enroscar o enroscarse.

ENROSCAMIENTO. m. Acción y efecto de enroscar.

ENROSCAR. tr. Torcer en forma de rosca una cosa. Ú.t.c.r. || **2.** Introducir una cosa a vuelta de rosca. || **3.** GERM. Envolver, liar la ropa.

ENROSTRAR. tr. AMÉR. Echar en cara, reprochar.

ENRUBESCER. (l. *inrubescĕre*, enro-

jecer.) tr. ant. Poner o volver rojo o rubio. Úsáb.t.c.r.

ENRUBIADOR, RA. adj. Que tiene virtud de enrubiar.

ENRUBIAR. tr. Poner rubia una cosa, más comúnmente los cabellos. Ú.t.c.r.

ENRUBIO. m. Acción y efecto de enrubiar o enrubiarse. || **2.** Ingrediente con que se enrubia. || **3.** P. RICO. Árbol de madera muy dura, de albura blanca y corazón rojizo.

ENRUDECER. tr. Hacer rudo a uno; entorpecerle el entendimiento. Ú.t.c.r.

ENRUINECER. intr. Hacerse ruin.

ENRUNA. (De *en* y *ruina*.) f. AR. Enrona. || **2.** ALBAC., MURC. y VAL. Cieno que se deposita en el fondo de las acequias, zanjas, etc.

ENRUNAR. tr. AR. Enronar. || **2.** MURC. Cegar o llenar de enruna una acequia, aljibe, etc. Ú.t.c.r. || **3.** ALBAC. Manchar con lodo o cosa análoga.

ENSABANADA. f. Encamisada.

ENSABANADO, DA. p.p. de ensabanar. || **2.** adj. TAUROM. Dícese del toro que tiene negras u obscuras la cabeza y las extremidades y blanco el resto del cuerpo. || **3.** m. ALBAÑ. Capa primera de yeso blanco con que se cubren las paredes que se van a blanquear después.

ENSABANAR. tr. Cubrir, envolver con sábanas. Ú.t.c.r. || **2.** ALBAÑ. Dar a una pared una mano de yeso blanco. || **3.** VENEZ. Quedarse en completa libertad de acción.

ENSACADOR, RA. adj. Que ensaca. Ú.t.c.s.

ENSACAR. tr. Meter algo en un saco.

ENSAIMADA. (Voz mallorquina, derivada de *saím*, saín.) f. Bollo formado por pasta hojaldrada revuelta en espiral.

ENSALADA. (De *en* y *sal*.) f. Hortaliza aderezada con sal, aceite, vinagre, etc. || **2.** fig. Mezcla confusa de cosas inconexas. || **3.** Composición poética en la cual se incluyen esparcidos versos de otras poesías conocidas. || **4.** fig. Composición lírica en que se emplean a voluntad metros diferentes. || **5.** CUBA. Refresco preparado con agua de limón, hierbabuena y piña. || **—repelada.** La que se hace con diversas hierbas. || **—italiana.** La compuesta de diversas hierbas, pechugas de aves, aceitunas, etc. || **—rusa.** La compuesta de patata, zanahoria, guisantes, jamón, etc., con salsa mayonesa. || **2.** fig. Mezcla poco armónica de colores. || **P.** salada, salda; **I.** salad; **F.** salade; **A.** Salat; **It.** insalata; **R.** салат.

ENSALADERA. f. Fuente honda en que se sirve la ensalada.

ENSALADILLA. f. d. de ensalada. || **2.** Manjar frío parecido a la ensalada rusa. || **3.** Bocados de dulces de diferentes clases. || **4.** fig. Conjunto de piedras preciosas de diferentes colores engastadas en una joya. || **5.** Conjunto de cosas menudas y diversas.

ENSALIVAR. tr. Llenar o empapar de saliva. Ú.t.c.r.

ENSALMA. (De *ensalmar*.) f. ant. Enjalma.

ENSALMADERA. f. ant. Ensalmadora.

ENSALMADOR, RA. (De *ensalmar*, 1.er art.) m. y f. Persona que tenía por oficio ensalmar. || **2.** Persona de quien se creía que curaba con ensalmos.

ENSALMAR. (De *en* y *salmo*.) tr. Componer los huesos dislocados o rotos. || **2.** Curar con ensalmos.

ENSALMAR. (De *en* y *salma*, jalma.) tr. ant. Enjalmar.

ENSALMO. (De *ensalmar*, 1.er art.) m. Modo supersticioso de curar con oraciones y aplicación empírica de varias medicinas. || *Por* ENSALMO. m. adv. Con prontitud extraordinaria y de modo que parece mágico.

ENSALOBRARSE. r. Hacerse el agua amarga y salobre.

ENSALZADOR, RA. adj. Que ensalza.

ENSALZAMIENTO. m. Acción y efecto de ensalzar.

ENSALZAR. (De *exalzar*.) tr. Engrandecer, exaltar. || **2.** Alabar, elogiar. Ú.t.c.r.

ENSAMBENITAR. tr. Poner el sambenito a uno por sentencia del tribunal de la Inquisición.

ENSAMBLADO, DA. p.p. de ensamblar. || **2.** m. Obra de ensamblaje.

ENSAMBLADOR. m. El que ensambla.

ENSAMBLADURA. f. Acción y efecto de ensamblar. || **P.** ensamblaje; **I.** joinery; **F.** assemblage; **A.** Einfalzung; **It.** incastratura; **R.** соединение.

ENSAMBLAJE. m. Ensambladura. || **2.** NAV. Pieza de madera de hilo de determinadas dimensiones.

ENSAMBLAR. (De *ensemble*.) tr. Unir, juntar. || **2.** Dícese especialmente cuando se trata de ajustar piezas de madera. || **—ensamblar; I.** to join; **F.** assembler; **A.** (verzu)sammenfügen; **It.** incastrare; **R.** прилаживать, соединять.

ENSAMBLE. (De *ensamblar*.) m. Ensambladura.

ENSANCHA. f. Ensanche, 1.ª acep. || *Dar* ENSANCHAS. fr. fig. Dar treguas a un negocio. || **2.** fig. y fam. Dar demasiada libertad para algunas acciones.

ENSANCHADOR, RA. adj. Que ensancha. || **2.** m. Instrumento para ensanchar los guantes.

ENSANCHAMIENTO. m. Acción y efecto de ensanchar.

ENSANCHAR. (l. *exampliāre*.) tr. Extender, dilatar, hacer más ancha una cosa. || **2.** r. fig. Envanecerse. Ú.t.c.intr. || **3.** Hacerse de rogar.

ENSANCHE. (De *ensanchar*.) m. Dilatación, extensión. || **2.** Tela remetida en la costura del vestido para poderlo ensanchar. || **3.** Terreno dedicado a nuevas edificaciones en las afueras de una población y el conjunto de edificios allí construidos. || **4.** V. *Zona de* ENSANCHE. || **P.** alargamiento; **I.** enlargement; **F.** élargissement; **A.** Érweiterung, Ausdehnung; **It.** allargamento; **R.** расширение.

ENSANDECER. intr. Volverse sandio, enloquecer. Ú.t.c.r.

ENSANGOSTAR. (l. *ex* y *angustāre*, estrechar.) tr. Angostar.

ENSANGOSTIDO, DA. adj. ant. Angustiado.

ENSANGRENTAMIENTO. m. Acción y efecto de ensangrentar o ensangrentarse.

ENSANGRENTAR. (De *en* y *sangrentar*.) tr. Manchar o teñir con sangre. Ú.t.c.r. || **2.** r. fig. Irritarse mucho en una disputa. || ENSANGRENTARSE *con*, o *contra* uno. fr. fig. Encruelecerse con él, desear causarle un grave daño. || **P.** ensanguentar; **I.** to bloody; **F.** ensanglanter; **A.** mit Blut beflecken; **It.** insanguinare; **R.** обагрять.

ENSANGUSTIAR. tr. ant. Angustiar. Úsáb.c.intr.

ENSAÑADO, DA. p.p. de ensañar.

ENSAÑAMIENTO. m. Acción y efecto de ensañarse. || **2.** FOR. Circunstancia agravante consistente en aumentar de modo deliberado el daño del delito.

ENSAÑAR. (l. *insania*.) tr. Irritar, enfurecer. || **2.** r. Deleitarse en hacer el mayor daño posible a quien no puede ya defenderse.

ENSARMENTAR. tr. Amugronar.

ENSARNECER. intr. Llenarse de sarna.

ENSARTAR. (De *en* y *sarta*.) tr. Pasar por un hilo, alambre, etc., varias cosas, como perlas, etc. || **2.** Enhebrar. || **3.** Atravesar, introducir. || **4.** fig. Decir muchas cosas sin conexión. || **5.** CHILE y MÉJ. Hacer caer en un engaño o trampa. Ú.t.c.r. || **6.** P. RICO y COLOM. Meterse en un enredo. || **P.** ensartar; **I.** to string; **F.** enfiler; **A.** aneinander anreihen, einfädeln; **It.** infilare; **R.** нанизывать.

★ **ENSATAR.** tr. P. RICO. Atar, ligar.

ENSAY. (fr. *essai*.) m. En las casas de moneda, *ensaye*.

ENSAYADO, DA. p.p. de ensayar. || **2.** adj. V. *Peso* ENSAYADO.

ENSAYADOR. m. El que ensaya. || **2.** El que tiene por oficio ensayar los metales preciosos.

ENSAYALAR. tr. ant. Cubrir un mueble con tapete o cosa semejante. || **2.** r. Vestirse de sayal.

ENSAYAMIENTO. (De *ensayar*.) m. ant. Ensayo.

ENSAYAR. (De *ensayo*.) tr. Probar una cosa antes de usar de ella. || **2.** Amaestrar, adiestrar. || **3.** Hacer la prueba de un espectáculo antes de ejecutarlo en público. || **4.** Probar la calidad de los minerales

E

o la ley de los metales preciosos. ‖ **5.** r. Probar a hacer algo para ejecutarlo mejor luego o para acostumbrarse a ello. ‖ P. ensaiar; I. to essay, to try; F. essayer; A. versuchen probieren; It. saggiare; R. испытывать.

ENSAYE. (De *ensayar*.) m. Prueba de calidad o bondad de los metales.

ENSAYISMO. m. Género literario construido por el ensayo o escrito no muy extenso y sin pretensiones de tratar a fondo una materia.

ENSAYISTA. com. Escritor de ensayos.

ENSAYO. (l. *exagĭum*, peso.) m. Acción y efecto de ensayar. ‖ **2.** Género literario en prosa, que trata con brevedad de temas filosóficos, literarios, artísticos o históricos. ‖ **3.** Pruebas a que se someten los materiales con objeto de averiguar su calidad y en particular su aptitud para resistir los esfuerzos a que deben ser sometidos. ‖ **4.** MIN. Operación química que se efectúa para determinar la composición de los minerales. ‖ **5.** QUÍM. Análisis rápido de un producto comercial para averiguar su grado de pureza. ‖ **6.** V. *Tubo de* ENSAYO. ‖ —**general.** Representación completa de una obra teatral que se hace antes de presentarla al público. ‖ P. ensaio; I. essay; F. essai; A. Probe, Versuch; It. saggio; R. испытание, проба.

ENSEBAR. tr. Untar con sebo.

ENSECAR. (l. *exsiccāre*.) tr. ant. Secar o enjugar.

ENSEGUIDA. adv. En seguida.

ENSELVADO, DA. p.p. de enselvar. ‖ **2.** adj. Lleno de selvas o árboles.

ENSELVAR. (De *en* y *selva*.) tr. Emboscar. Ú.t.c.r.

ENSELLAR. tr. ant. Ensillar.

ENSEMBLA. adv. ant. Ensemble.

ENSEMBLE. (l. *insimul*.) adv. ant. Juntamente.

ENSEMEJANTE. adj. ant. Semejante.

ENSENADA. (De *ensenar*.) f. Recodo que forma en la costa un seno o golfo pequeño. ‖ P. enseada; I. inlet; F. anse, crique; A. Bucht, Golf; It. baia, calletta; R. небольшая бухта.

ENSENADO, DA. p.p. de ensenar. ‖ **2.** adj. Dispuesto o metido en forma de seno.

ENSENAR. (l. *insinuāre*; de *sinus*, seno.) tr. Esconder en el seno una cosa. ‖ **2.** MAR. Meter una embarcación en una ensenada. Ú.m.c.r.

ENSEÑA. (l. *insignia*, pl. n. de *insignis*; que se distingue por alguna señal.) f. Insignia o estandarte.

ENSEÑABLE. adj. Que se puede enseñar con facilidad.

ENSEÑADAMENTE. adv. ant. Con enseñanza.

ENSEÑADERO, RA. adj. ant. Que puede ser enseñado.

ENSEÑADO, DA. p.p. de enseñar. ‖ **2.** Educado, acostumbrado. Ú. más con los advs. *bien* o *mal*.

ENSEÑADOR, RA. adj. Que enseña. Ú.t.c.s.

ENSEÑAR. tr. ant. Señalar.

ENSEÑAMIENTO. m. Enseñanza.

ENSEÑANTE. p.a. ant. de enseñar. Que enseña.

ENSEÑANZA. f. Acción y efecto de enseñar. ‖ **2.** Sistema o método de proporcionar instrucción. ‖ **3.** Ejemplo o suceso que nos sirve de experiencia o escarmiento. ‖ —**media.** Segunda enseñanza. ‖ —**primaria.** La de primeras letras. ‖ —**profesional** y **técnica.** La que inicia en las prácticas profesionales. ‖ —**superior.** La que comprende los estudios especiales de cada profesión o carrera. ‖ *Segunda* ENSEÑANZA. La intermedia entre la primaria y superior. ‖ P. ensinamento; I. teaching; F. enseignement; A. Lehre, Unterricht; It. insegnamento; R. учение.

ENSEÑAR. (l. *insignāre*, señalar.) tr. Instruir, doctrinar, amaestrar a uno. ‖ **2.** Dar a uno advertencia, ejemplo o escarmiento. ‖ **3.** Indicar, dar señas de una cosa. ‖ **4.** Mostrar, exponer una cosa para que sea apreciada. ‖ **5.** Dejar ver una cosa involuntariamente. ‖ **6.** r. Habituarse a una cosa. ‖ P. ensinar; I. to teach; F. enseigner; A. lehren, unterrichten; It. insegnare; R. учить.

ENSEÑO. (De *enseñar*.) m. fam. p. us. Enseñanza.

ENSEÑORAMIENTO. m. Acción y efecto de enseñorearse.

ENSEÑOREADOR, RA. m. ant. El que enseñorea o se enseñorea.

ENSEÑOREARSE. r. Hacerse señor y dueño de una cosa; dominarla. Ú.t.c.r.

ENSERAR. tr. Cubrir o forrar con sera de esparto una cosa.

ENSERES. (De *en* y *ser*.) m. pl. Utensilios, muebles, instrumentos necesarios o convenientes en una cosa o para el ejercicio de una profesión. ‖ P. móveis; I. chattels, implements; F. effets, outils; A. Gerät, Utensilien; It. mòbili, masserizie; R. мебель, домашнивещи.

ENSERIARSE. r. CUBA, PERÚ, P. RICO y VENEZ. Ponerse serio mostrando algún disgusto.

ENSIEMPLO. m. ant. Ejemplo.

ENSIFORME. (l. *ensiformis*; de *ensis*, espada, y *forma*, figura.) adj. En forma de espada.

ENSILAJE. m. Acción de ensilar.

ENSILAR. tr. Guardar en el silo los granos y semillas.

ENSILVECERSE. (l. *in* y *silvescĕre*, de *silva*, selva.) r. Convertirse un paraje en selva.

ENSILLADA. f. Collado o depresión suave en el lomo de una montaña por alusión a la ensilladura de un caballo.

ENSILLADO, DA. p.p. de ensillar. ‖ **2.** adj. Dícese del caballo o de la yegua que tiene el lomo hundido.

ENSILLADURA. (De *ensillar*.) f. Acción y efecto de ensillar. ‖ **2.** Parte en que se pone la silla a la caballería. ‖ **3.** Encorvadura entrante que tiene la columna vertebral en la región lumbar.

ENSILLAR. tr. Poner la silla a la caballería. ‖ **2.** fig. CHILE y MÉJ. Molestar a una persona, dominarla, avasallarla. ‖ *Aún no* ENSILLAMOS, *y ya cabalgamos.* ref. que reprende a los que quieren alcanzar el fin antes de emplear los medios. ‖ P. selar; I. to saddle; F. seller; A. satteln; It. (in)sellare; R. седлать.

ENSIMISMAMIENTO. m. Acción y efecto de ensimismarse.

ENSIMISMARSE. (De *en sí mismo*.) r. Abstraerse. ‖ **2.** COLOM. y CHILE. Envanecerse, engreírse.

* **ENSOBACARSE.** r. COLOM. Obstinarse, resistirse.

ENSOBEAR. tr. Atar con el sobeo el yugo al pértigo del carro.

ENSOBERBECER. tr. Causar o excitar soberbia en alguno. Ú.t.c.r. ‖ **2.** r. fig. Agitarse, levantarse las olas en el mar.

ENSOBERBECIMIENTO. m. Acción y efecto de ensoberbecer o ensoberbecerse.

ENSOBINARSE. (l. *in*, en, y *supināre*, echar boca arriba.) r. AR. Quedarse en posición supina una caballería u otro animal, sin poderse levantar. ‖ **2.** MURC. Acurrucarse.

ENSOBRADO. m. Acción y efecto de ensobrar.

ENSOBRAR. tr. En las habilitaciones y pagadurías de centros oficiales, repartir, metiéndolo en sobres, el haber mensual correspondiente a los funcionarios de alta categoría.

ENSOGAR. tr. Atar con soga. ‖ **2.** Forrar una cosa con soga, como se hace con los frascos.

* **ENSOGUILLAR.** tr. BOL. Ensogar, atar con soga. ‖ **2.** BOL. Aprisionar.

ENSOLERAR. tr. Echar o poner soleras a las colmenas.

ENSOLVEDERA. (De *ensolver*.) f. desus. Brocha de pelo largo y suave con que se fundían las tintas al pintar.

ENSOLVEDOR, RA. (De *ensolver*.) adj. ant. Que resuelve o aclara una cosa o duda. Usáb.t.c.s.

ENSOLVER. (l. *in*, en, y *solvĕre*, desatar.) tr. Incluir una cosa en otra. ‖ **2.** Contraer, sincopar. ‖ **3.** MED. Resolver, disipar.

ENSOMBRECER. tr. Obscurecer, cubrir de sombras una cosa en otra. Ú.t.c.r. ‖ **2.** r. fig. Entristecerse.

ENSOMBRERADO, DA. adj. fam. Que lleva puesto el sombrero.

ENSOÑADOR, RA. adj. Que tiene ensueños o ilusiones. Ú.t.c.s.

ENSOÑAR. tr. Tener ensueños.

ENSOPAR. tr. Empapar el pan en vino a manera de sopas. ‖ **2.** ARGENT., HOND., P. RICO y VENEZ. Empapar, poner hecho una sopa. Ú.t.c.r.

ENSORDAMIENTO. (De *ensordar*.) m. ant. Efecto de ensordecer.

ENSORDAR. (De *en* y *sordo*.) tr. ant. Ensordecer. Usáb.t.c.r. Ú. en Aragón.

ENSORDECEDOR, RA. adj. Que ensordece.

ENSORDECER. (De *en* y *sordecer*.) tr. Causar sordera a uno. ‖ **2.** GRAM. Convertir una consonante sonora en sorda. ‖ **3.** intr. Contraer sordera. ‖ **4.** Callar, no responder. ‖ P. causar surdez; I. to deafen; F. assourdir; A. taub werden; It. assordire; R. оглушать.

ENSORDECIMIENTO. m. Acción y efecto de ensordecer.

ENSORTIJAMIENTO. m. Acción de ensortijar. ‖ **2.** Sortijas formadas en el cabello.

ENSORTIJAR. (De *en* y *sortija*.) tr. Torcer en redondo, rizar el cabello, hilo, etc. Ú.t.c.r. ‖ **2.** Poner un aro de hierro atravesando la nariz de un animal. ‖ P. encrespar; I. to curl; F. boucler; A. kräuseln, ringeln; It. inanellare; R. завивать.

ENSOTARSE. r. Meterse, ocultarse en un soto.

ENSUCIADOR, RA. adj. Que ensucia.

ENSUCIAMIENTO. m. Acción y efecto de ensuciar o ensuciarse.

ENSUCIAR. tr. Manchar, poner sucia una cosa. Ú.t.c.r. ‖ **2.** fig. Deslustrar, manchar el alma, la fama, etc. ‖ **3.** fam. Evacuar el vientre en la cama, los vestidos, etc. ‖ **4.** fig. y fam. Dejarse sobornar con dádivas. ‖ ENSUCIARLA. fam. Deslucir, echar a perder un asunto. ‖ P. sujar; I. to soil, to sully; F. salir; A. beschmutzen, beflecken; It. insudiciare, sporcare; R. грязнить, пачкать.

ENSUEÑO. (l. *insomnĭum*.) m. Sueño, representación de sucesos o especies en la fantasía mientras se duerme. ‖ **2.** Ilusión fantasía. ‖ P. sonho, ilusão; I. dream, fantasy; F. songe(rie), rêve; A. Traum, Reverie; It. sogno, illusione; R. сон, сновидение, мечта.

ENSULLO. (l. *insubŭlum*.) m. Enjullo.

* **ENSUNCHAR.** tr. AMÉR. Enzunchar. ‖ **2.** CUBA. Poner llantas a las ruedas de los vehículos.

* **ENSUTARSE.** r. VENEZ. Quedarse flaco, enflaquecer.

ENSUYAR. tr. ant. Emprender.

ENTA. prep. ant. A, hacia.

* **ENTABACAR.** tr. CHILE. Perjudicar a alguien echando polvo de tabaco en el licor que va a beber. ‖ **2.** Abusar del tabaco.

ENTABACARSE. r. Abusar del tabaco.

ENTABLACIÓN. f. Acción y efecto de entablar. ‖ **2.** Anotación, generalmente en tablas expuestas al público, de las fundaciones, capellanías y memorias, así como de las obligaciones de los ministros del templo.

ENTABLADO, DA. p.p. de entablar. ‖ **2.** m. Conjunto de tablas dispuestas y arregladas en una armadura. ‖ **2.** Suelo formado de tablas.

ENTABLADURA. f. Efecto de entablar o cubrir con tablas.

ENTABLAMENTO. (De *entablar*.) m. ARQ. Cornisamento.

ENTABLAMIENTO. m. ant. ARQ. Entablamento.

ENTABLAR. tr. Cubrir, cercar o asegurar con tablas una cosa. ‖ **2.** Entablillar. ‖ **3.** En los juegos de ajedrez, damas y otros análogos, colocar las piezas para empezar el juego. ‖ **4.** Disponer una pretensión, un negocio, etc. ‖ **5.** Notar en las tablas de las iglesias una memoria o fundación para que conste. ‖ **6.** Trabar, 6.ª acep. ‖ **7.** ARGENT. Acostumbrar al ganado mayor a un orden en manada o tropilla. Ú.t.c.r. ‖ **8.** r. Resistirse el caballo a volverse a una u otra mano, a causa de un vicio contraído por enfermedad o resabio. ‖ **9.** Fijarse el viento de una manera continuada en cierta dirección. ‖ P. entabuar; I. to plank, to floor; F. planchéier; A. (be)-

E dielen; **It.** intavolare; **R.** обшивать доски.

ENTABLE. (De *entablar*.) m. Entabladura. || 2. Varia disposición de los juegos de damas, ajedrez, etc. || 3. AMÉR. MERID. Modo en que una cosa está dispuesta. || 4. ECUAD. Heredad que se trabaja por vez primera. || 5. COLOM. Empresa, negocio.

ENTABLERARSE. r. En las corridas de toros, aquerenciarse éstos a los tableros del redondel, aconchándose sobre ellos.

ENTABLILLAR. tr. CIR. Sujetar con tablillas y vendajes un miembro para mantener en su sitio las partes de un hueso roto.

★ **ENTABLÓN, NA.** (De *entablar*, fanfarronear.) adj. PERÚ. Fanfarrón, y también, bribón, pícaro. Ú.t.c.s.

ENTADO. (fr. *enté*, p.p. de *enter*, injerir.) adj. BLAS. Dícese de las piezas y partes del escudo que están enclavijadas unas en otras. **—en punta.** BLAS. Aplícase al triángulo curvilíneo que tiene su vértice en el centro del escudo, y su base en la parte inferior.

ENTALAMADURA. (De *entalamar*.) f. Zarzo de cañas cerrado con que se entoldan los carros.

ENTALAMAR. (De *en* y *tálamo*.) tr. ant. Cubrir con paños o tapices. || 2. Poner toldo a un carro.

ENTALEGADO, DA. p.p. de entalegar. || 2. m. AR. El que compite con otros a correr o a saltar, estando metido en un saco hasta la cintura.

ENTALEGAR. tr. Meter una cosa en talegas. || 2. Atesorar dinero.

★ **ENTALINGADURA.** (De *entalingar*.) f. MAR. Armadura del cable en el ancla. || 2. MAR. Parte del cable con que se hace la malla.

ENTALINGAR. (fr. *entalinguer*.) tr. MAR. Asegurar el cable o cadena al arganeo del ancla.

ENTALONAR. intr. Echar renuevo los árboles de hoja perenne.

★ **ENTALPÍA.** f. Fís. Función de estado característica de un cuerpo fluido que mide la energía total de sus moléculas.

ENTALLABLE. adj. Capaz de entallarse.

ENTALLADOR. m. El que entalla o esculpe.

ENTALLADURA. f. Acción y efecto de entallar o esculpir. || 2. Corte que se hace en los pinos para resinarlos, o en las maderas para ensamblarlas.

ENTALLAMIENTO. (De *entallar*, 1.er art.) m. Entalladura.

ENTALLAR. (De *en* y *talla*.) tr. Tallar, esculpir o grabar figuras en madera, bronce, etc. || 2. Esculpir o grabar. || 3. Cortar la corteza de algunos árboles para resinarlos. || 4. Hacer cortes en una pieza de madera para ensamblarla con otra. || 5. CHILE. Cortar porciones de masa para formar el pan. || **P.** entallar, esculpir; **I.** to notch, to carve; **F.** sculpter, entailler; **A.** schnitzen, eingraben; **It.** intagliare, cesellare; **R.** резать, вырезать.

ENTALLAR. tr. Formar el talle. Ú.t.c. intr. y c.r. || 2. intr. Venir bien o mal el vestido al talle. || 3. CHILE. Adornar, hermosear, engalanar. || 4. P. RICO. Enseñar al caballo a llevar erguida la cabeza.

ENTALLE. (De *entallar*, 1.er art.) m. ant. Obra de entalladura.

ENTALLECER. intr. Echar tallos las plantas y árboles. Ú.t.c.r.

ENTALLO. m. Entalle.

ENTAMAR. tr. Cubrir con tamo. Ú.t.c.r.

ENTANDAR. (De *en* y *tanda*.) tr. MURC. Distribuir las horas de riego entre una comunidad de regantes.

★ **ENTAPAR.** tr. Poner tapas o cubiertas a un libro, encuadernarle.

ENTAPECER. tr. ant. Tupir, apretar mucho.

ENTAPETADO, DA. adj. desus. Tapetado. || 2. Cubierto con tapete.

ENTAPIZADA. f. Alfombra o extensión adornada.

ENTAPIZAR. tr. Cubrir con tapices. || 2. Forrar con telas las paredes, etc. || 3. fig. Cubrir o revestir una superficie con alguna cosa. Ú.t.c.r.

ENTAPUJAR. tr. fam. Tapar, cubrir. Ú.t.c.r. || 2. fig. Andar con tapujos, ocultar la verdad.

ENTARASCAR. (De *en* y *tarasca*.) tr. fam. Cargar a una persona con excesivos adornos.

ENTARIMADO. (De *entarimar*.) m. Entablado, pavimento de madera.

ENTARIMADOR. m. El que tiene por oficio entarinar.

ENTARIMAR. (De *tarima*.) tr. Cubrir el suelo con tablas o madera. || **P.** sobradar, entabuar; **I.** to plank, to floor; **F.** planchéier; **A.** täfeln parkettieren; **It.** intavolare; **R.** покрывать паркетом.

ENTARQUINAMIENTO. m. Operación de entarquinar.

ENTARQUINAR. tr. Abonar las tierras con tarquín. || 2. Manchar una cosa con tarquín. || 3. Rellenar o sanear un terreno pantanoso por la sedimentación del tarquín.

ENTARUGADO, DA. p.p. de entarugar. || 2. m. Pavimento formado por tarugos de madera.

ENTARUGAR. tr. Pavimentar con tarugos de madera.

ÉNTASIS. (l. *entăsis*, y éste del gr. ἔνταϭις.) f. Parte más abultada del fuste de algunas columnas.

ENTE. (l. *ens, entis*, p.a. de *esse*, ser.) m. Lo que es, lo que existe o puede existir. || 2. fig. Sujeto ridículo. **—de razón.** FIL. El que sólo existe en la mente. || **P.** ente; **I.** being; **F.** être; **A.** Wesen; **It.** ente, èssere; **R.** существо.

ENTECADO, DA. p.p. de entecarse. || 2. adj. Enteco.

ENTECARSE. (l. *hecticus, a, um*, habitual dicho de la fiebre.) r. ant. Enfermar, debilitarse. Ú. en Burgos.

ENTECARSE. (De *entecarse*.) r. CHILE y LEÓN. Obstinarse, emperrarse.

ENTECO, CA. (De *entecarse*, 1.er art.) adj. Enfermizo, débil.

ENTEJAR. tr. AMÉR. Tejar, cubrir con tejas.

ENTELAR. tr. ant. Nublar la vista. || 2. LEÓN. Causar meteorismo. Ú.t.c.r.

ENTELEQUIA. (l. *entelechia*, y éste del gr. ἐντελέχεια, de ἐντελεχής; de ἐν, en, τέλος, acabamiento, y ἔχω, tener.) f. FIL. Cosa real que lleva en sí el principio de su acción y tiende por sí misma a su fin propio.

ENTELERIDO, DA. (Como *aterido*, de la onomat. *ter*.) adj. Sobrecogido de frío o de vapor. || 2. AND., C. RICA, HOND. y VENEZ. Flojo, débil, enclenque.

ENTENA. (l. *antenna*.) f. Palo encorvado y muy largo al cual va asegurada la vela latina. || 2. Madero redondo o en rollo, de grandes dimensiones.

ENTENADO, DA. (De *antenado*.) m. y f. Alnado, da.

ENTENCIAR. (l. *intentio*, riña.) tr. ant. Insultar.

ENTENDEDERAS. (De *entender*.) f. pl. fam. Entendimiento, inteligencia.

ENTENDEDOR, RA. adj. Que entiende. Ú.t.c.s. || *A buen* ENTENDEDOR, *pocas palabras.* ref. que advierte que el sujeto que es inteligente comprende a la menor indicación aquello que se le quiere decir.

ENTENDER. (l. *intendĕre*, dirigir, aplicar.) tr. Formarse idea clara de una cosa; comprenderla. || 2. Saber con perfección una cosa. || 3. Conocer, penetrar. || 4. Conocer la intención de uno. || 5. Discurrir, deducir. || 6. Tener intención o mostrar voluntad de hacer una cosa. || 7. Creer, pensar, juzgar. *Yo* ENTIENDO *que sería peor tal cosa.* || 8. r. Conocerse, comprenderse a sí mismo. || 9. Tener motivo oculto para obrar de cierto modo. || 10. rec. Ir dos o más de conformidad en un asunto o negocio. ENTENDERSE *con alguien por señas.* || 11. Tener autoridad o jurisdicción para conocer algo. *A mi* ENTENDER. m. adv. Según mi juicio o modo de pensar. || *Cada uno se* ENTIENDE. expr. con que se satisface aquel a quien reconvienen por una cosa que disuena en apariencia. || *¿Cómo se* ENTIENDE? expr. que manifiesta el enojo que causa lo que se oye o se ve. || ENTENDER *una cosa*. fr. Ocuparse de ella. || ENTENDERSE *una cosa con uno o con muchos.* fr. Tocarles, estar comprendidos en ella. || ENTENDERSE *con uno.* fr. Saberla manejar. || ENTENDERSE *con uno.* fr. Avenirse con él para la resolución de algún negocio. || *No se* ENTIENDE *eso con-*

migo. fr. de que se usa para denotar que aquello en que nos quieren incluir no nos comprende o alcanza. || **P.** entender; **I.** to understand; **F.** comprendre; **A.** begreifen, verstehen; **It.** capire; **R.** понимать.

ENTENDIBLE. (De *entender*.) adj. ant. Inteligible.

ENTENDIDAMENTE. adv. Con pericia, inteligencia o destreza.

ENTENDIDO, DA. p.p. de entender. || 2. adj. Sabio, docto, perito, diestro. Ú.t.c.s. || 3. V. *Valor* ENTENDIDO. || *No darse por* ENTENDIDO. fr. Hacerse el sordo, aparentar que no se ha comprendido algo que a uno le atañe.

ENTENDIENTE. p.a. ant. de entender. Que entiende.

ENTENDIMIENTO. (De *entender*.) m. Facultad del alma por la cual comparamos, concebimos y juzgamos las cosas, o inducimos o deducimos unas cosas de otras. || 2. El alma racional; la razón humana. || *De* ENTENDIMIENTO. loc. Muy inteligente. || **P.** entendimiento; **I.** understanding; **F.** entendement, raison; **A.** Verstand, Verständnis; **It.** intendimento, intelletto; **R.** понимание, разумение.

ENTENEBRAR. tr. p. us. Entenebrecer. Ú.t.c.r.

ENTENEBRECER. (l. *in*, en, y *tenebrescĕre*, obscurecer.) tr. Obscurecer, llenar de tinieblas. Ú.t.c.r.

ENTENGA. f. ÁL. Clavo largo de hierro.

★ **ENTENTE.** (Voz francesa.) f. POLÍT. Pacto, acuerdo entre varias naciones.

ENTENZÓN. (l. *intentio, -ōnis*.) f. ant. Contienda, discordia.

ENTEO. m. SAL. Deseo, antojo.

ENTERA. (Por *lentera*, del l. *limitaria*, de *limes, -itis*, linde y dintel.) f. LEÓN. Dintel.

ENTERADO, DA. adj. CHILE. Orgulloso, entonado, estirado.

ENTERALGIA. (gr. ἔντερον, intestino, y ἄλγος, dolor.) f. MED. Dolor intestinal agudo.

ENTERAMENTE. adv. Cabal, plenamente, del todo.

ENTERAMIENTO. m. ant. Acción de enterar, completar o integrar.

ENTERAR. (l. *integrāre*.) tr. Informar, instruir a uno en un negocio. Ú.t.c.r. || 2. ant. Completar, dar integridad a una cosa. Ú. en Argentina y Chile dicho especialmente de una cantidad. || 3. COLOMB., C. RICA, HOND. y MÉJ. Pagar, entregar dinero. || **P.** enterar; **I.** to advise; **F.** informer; **A.** benachrichtigen; **It.** partecipare; **R.** сообщать.

ENTERCARSE. r. Obstinarse, emperrarse.

ENTERCIAR. tr. CUBA. Preparar en tercios el tabaco. || 2. CUBA y MÉJ. Empacar, formar tercios con una mercancía.

ENTEREZ. f. ant. Entereza.

ENTEREZA. (De *entero*.) f. Integridad, perfección. || 2. fig. Rectitud en la administración de justicia. || 3. fig. Fortaleza, firmeza de ánimo. || 4. Severa observancia de la disciplina. **—virginal.** Virginidad. || **P.** inteireza; **I.** integrity; **F.** intégrité; **A.** Vollständigkeit, Charakterfestigkeit; **It.** interezza; **R.** целостность.

ENTÉRICO, CA. adj. MED. Perteneciente o relativo a los intestinos.

ENTERÍSIMO, MA. adj. sup. de entero. || 2. BOT. Dícese de la hoja que tiene su margen sin dientes ni festón alguno.

ENTERITIS. (gr. ἔντερον, intestino, y el suf. *itis*, inflamación.) f. MED. Inflamación de la membrana mucosa de los intestinos.

ENTERIZO, ZA. adj. Entero. || 2. De una sola pieza. *Columna* ENTERIZA. || 3. *Madera* ENTERIZA. Denomínase así el mayor madero encuadrado que puede sacarse del tronco de un árbol.

ENTERNECEDOR, RA. adj. Que enternece.

ENTERNECER. (l. *in*, en, y *tenerescĕre*, de *tener*, tierno.) tr. Ablandar, poner tierna una cosa. Ú.t.c.r. || 2. fig. Mover a ternura. Ú.t.c.r. || **P.** enternecer; **I.** to soften, to touch; **F.** attendrir, toucher; **A.** erweichen, rühren; **It.** intenerire; **R.** смягчать.

ENTERNECIDAMENTE. adv. Con ternura.

ENTERNECIMIENTO. m. Acción y efecto de enternecer o enternecerse.

ENTERO, RA. (l. *intĕger, -gri.*) adj. Íntegro, sin falta alguna. || **2.** Aplícase al animal no castrado. || **3.** V. *Tiro, viento* ENTERO. || **4.** fig. Robusto, sano. || **5.** fig. Recto, justo. || **6.** fig. Constante, firme. || **7.** fig. Incorrupto, no dañado ni pervertido. || **8.** fam. Tupido, fuerte, recio. Dícese de las telas. || **9.** V. *Número* ENTERO. Ú.t.c.s. || **10.** BOT. Dícese de la hoja que no tiene escotaduras en los bordes. || **11.** m. COLOM., C. RICA, CHILE y MÉJ. Entrega de dinero. || **12.** CHILE. Complemento, saldo de una cuenta. || *Partir por* ENTERO. fr. ARIT. Dividir una cantidad por un número compuesto de dos o más cifras. || **2.** fig. y fam. Llevarse uno todo lo que hay para repartir. || *Por* ENTERO. m. adv. Enteramente. || **P.** inteiro; **I.** entire; **F.** entier; **A.** ganz, vollzählig; **It.** intero; **R.** весь, цѣлый.

ENTEROCOLITIS. (gr. ἔντερον, intestino; κῶλον, colon, y el suf. *itis*, que denota inflamación.) f. MED. Inflamación del intestino delgado, del colon y del ciego.

ENTERRADOR. (De *enterrar*.) m. Sepulturero. || **2.** ZOOL. Insecto coleóptero que pone sus huevos sobre los cadáveres de pequeños animales, a los que entierra después. Tiene la cabeza cuadrada, las antenas terminadas en maza y los élitros más cortos que el abdomen. || **3.** GERM. Estafador que da el timo del entierro. || **4.** TAUROM. Torero que ayuda al espada a rematar al toro.

ENTERRAMIENTO. (De *enterrar*.) m. Entierro. || **2.** Sepulcro, sarcófago. || **3.** Sepultura, fosa.

ENTERRAR. tr. Poner debajo de la tierra. || **2.** Dar sepultura a un cadáver. || **3.** fig. Sobrevivir a alguno. || **4.** fig. Hacer desaparecer una cosa debajo de otras. || **5.** fig. Arrinconar, relegar al olvido. || **6.** CHILE, HOND. y P. RICO. Meter un instrumento punzante, clavar. || **7.** fig. r. Retirarse del trato de los demás. ENTERRARSE *en una aldea.* || **P.** enterrar; **I.** to bury; **F.** enterrer; **A.** begraben, beerdigen; **It.** interrare; **R.** закапывать въ землю.

* ENTERREGAR. tr. MÉJ. Llenar de polvo.

ENTERRIAR. tr. SAL. Odiar, tener tirria.

ENTESADAMENTE. adv. ant. Intensamente, fervorosamente.

ENTESADO, DA. p.p. de entesar. || **2.** adj. ant. Ahíto de comida.

ENTESAMIENTO. m. Acción y efecto de entesar.

ENTESAR. (l. *intensus,* p.p. de *intendĕre,* extender.) tr. Dar mayor fuerza o intención a una cosa. || **2.** Poner tirante o tensa una cuerda, maroma, etc.

ENTESTADO, DA. (De *en* y *testa*.) adj. Testarudo.

ENTESTECER. (De *en* y l. *testa,* escama, concha.) tr. Apretar o endurecer. Ú.t.c.r.

ENTIBACIÓN. f. MIN. Acción y efecto de entibar.

ENTIBADOR. (De *entibar*.) m. MIN. Operario destinado a la entibación.

ENTIBAR. (l. *instipāre,* poner junto o apiñado.) intr. Estribar. || **2.** tr. MIN. Apuntalar y fortalecer con maderas o tablas las excavaciones en las minas para evitar hundimientos.

ENTIBIADERO. m. Sitio destinado para entibiar una cosa.

ENTIBIAR. tr. Poner tibio un líquido, hacer que tenga un calor moderado. || **2.** fig. Templar, moderar las pasiones o los afectos. Ú.t.c.r. || **P.** entibiar; **I.** to tepefy; **F.** attiédir; **A.** lau machen; **It.** intiepidire; **R.** охлаждать.

ENTIBIECER. (De *tibio*.) tr. ant. Entibiar. Úsáb.t.c.s.

ENTIBO. (De *entibar*.) m. ARQ. Estribo que sostiene una bóveda. || **2.** MIN. Madero que en las minas sirve para apuntalar. || **3.** Apoyo, fundamento.

ENTIDAD. (l. *ens, entis,* ente.) f. FIL. Lo que constituye la esencia y la unidad de una cosa. || **2.** Ente o ser. || **3.** fig. Valor o importancia de una cosa. || **4.** Colectividad considerada como unidad. || **5.** En la filosofía escolástica, propiedad del ser o lo que hace que una cosa sea. || *De* ENtidad. loc. De substancia, de valor. || **P.** entidade; **I.** entity; **F.** entité; **A.** Wesenheit; **It.** entità; **R.** сущность.

ENTIERRO. m. Acción y efecto de enterrar un cadáver. || **2.** Sepulcro en que se colocan los difuntos. || **3.** El cadáver que se conduce a enterrar y su acompañamiento. || **4.** Tesoro enterrado. || **5.** Estafa cometida haciendo creer que se va a desenterrar un tesoro. || **—de la sardina.** Fiesta carnavalesca que se celebra el miércoles de Ceniza. || *Santo* ENTIERRO. Procesión del Viernes Santo. || **P.** enterro; **I.** burial; **F.** enterrement; **A.** Beerdigung; **It.** sepultura; **R.** погребение.

ENTIESAR. tr. Atiesar.

ENTIGRECERSE. (De *en* y *tigre*.) r. fig. Enojarse, irritarse.

ENTILAR. tr. HOND. Tiznar.

ENTIMEMA. (l. *enthymēma,* y éste del gr. ἐνθύμημα, reflexión, pensamiento; de ἐνθυμέομαι, reflexionar.) m. FIL. Silogismo en que se sobreentiende una de las premisas y sólo consta por consiguiente de dos proposiciones, antecedente y consiguiente: Las estrellas brillan, luego es de noche.

ENTIMEMÁTICO, CA. (l. *enthymematicus,* y éste del gr. ἐνθυμηματικός.) adj. Perteneciente a la entimemia.

ENTINAR. tr. Poner en tina.

ENTINTAR. tr. Manchar o teñir con tinta. || **2.** fig. Teñir, dar tinta. || **3.** IMPR. Dar tinta a los rodillos de la prensa. || **4.** PINT. Meter tintas o colores a un cuadro.

ENTIRAR. (De *en* y *tirar*.) tr. ant. Estirar.

ENTISAR. tr. CUBA. Forrar una vasija con una red.

ENTITATIVO, VA. adj. FIL. Exclusivamente propio de la entidad.

ENTIZAR. tr. Dar de tiza al taco del billar.

ENTIZNAR. tr. Tiznar.

ENTOLADORA. f. La que entola.

ENTOLAR. tr. Pasar de un tul a otro los dibujos de un encaje.

ENTOLDADO, DA. p.p. de entoldar. || **2.** m. Acción de entoldar. || **3.** Toldo o conjunto de toldos extendidos para dar sombra.

ENTOLDADURA. (De *entoldar*.) f. ant. Colgadura.

ENTOLDAMIENTO. m. Acción y efecto de entoldar o entoldarse.

ENTOLDAR. (De *toldo*.) tr. Cubrir con toldos para evitar el calor. || **2.** Cubrir con sedas, tapices, etc., las paredes. || **3.** r. fig. Nublarse. || **4.** fig. Engreírse, desvanecerse. || **5.** fig. ENTOLDARSE *el cielo,* equivale a nublarse el cielo.

ENTOMECER. (l. *intŭmescĕre,* aumentar.) tr. ant. Entumecer. Usáb.t.c.s.

ENTOMECIMIENTO. m. ant. Entumecimiento.

ENTOMIZAR. tr. Cubrir con tomizas las tablas de paredes y techos para que pegue el yeso.

ENTOMÓFILO, LA. (gr. ἔντομον, insecto, y φίλος, amigo.) adj. Aficionado a los insectos. || **2.** BOT. Aplícase a las plantas cuya fecundación se efectúa por medio de los insectos que transportan el polen.

ENTOMOLOGÍA. (gr. ἔντομον, insecto, y λόγος, tratado.) f. Parte de la zoología, que trata de los insectos. || **P.** entomologia; **I.** entomology; **F.** entomologie; **A.** Insektenkunde; **It.** entomologia; **R.** энтомология.

ENTOMOLÓGICO, CA. adj. Perteneciente o relativo a la entomología.

ENTOMÓLOGO. m. El que sabe o profesa la entomología.

ENTONACIÓN. f. Acción y efecto de entonar. || **2.** Sucesión de tonos con que se modula un lenguaje hablado. || **3.** fig. Entono, arrogancia, presunción. || **P.** entonação; **I.** y **F.** intonation; **A.** Anstimmung; **It.** intonazione; **R.** интонация.

ENTONADERA. (De *entonar*.) f. Palanca con que se mueven los fuelles del órgano.

ENTONADOR, RA. adj. Que entona. || **2.** m. y f. Persona encargada de mover los fuelles del órgano.

ENTONAMIENTO. m. Entonación.

ENTONAR. tr. Cantar ajustado al tono; afinar la voz. Ú.t.c.intr. || **2.** Dar determinado tono de voz. || **3.** Dar viento a los ór-

ganos por medio de los fuelles. || **4.** Empezar uno a cantar unas notas para dar el tono a los demás. || **5.** MED. Dar tensión y vigor al organismo. || **6.** PINT. Armonizar las tintas. || **7.** r. Desvanecerse, engreírse.

ENTONATORIO. (De *entonar*.) adj. Dícese del libro que sirve para entonar en el coro. Ú.t.c.s.

ENTONCE. (l. *in,* y *tuncce*.) adv. ant. Entonces.

ENTONCES. (De *entonce*.) adv. En aquel momento u ocasión. || **2.** adv. En tal caso, siendo así. || *En aquel* ENTONCES. loc. adv. ENTONCES, 1.ª acep. || ¡ENTONCES...! o ¡*Pues* ENTONCES...! interj. de que se usa para dar por confeso al interlocutor. || **P.** então; **I.** then; **F.** alors; **A.** alsdann, damals; **It.** allora; **R.** тогда.

ENTONELAR. tr. Introducir algo en toneles.

ENTONGAR. tr. Apilar, formar tongadas.

ENTONO. (De *entonar*.) m. Entonación. || **2.** fig. Arrogancia, presunción.

ENTONTECER. tr. Poner a uno tonto. || **2.** intr. Volverse tonto. Ú.t.c.r. || **P.** entontecer; **I.** to hebetate; **F.** hébéter; **A.** verdummen; **It.** intontire; **R.** делать глупым.

ENTONTECIMIENTO. m. Acción y efecto de entontecer o entontecerse.

ENTOÑAR. (De *en* y *tolla,* 1.er art.) tr. SAL., VALLAD. y ZAM. Enterrar, hundir. Ú.t.c.r.

ENTORCARSE. (De *en* y *torca*.) r. BURG. Caerse el ganado en una sima de donde no puede salir. || **2.** ÁL. Atascarse un carro o coche en un bache.

ENTORCHADO. (De *entorchar*.) m. Cuerda o hilo de seda, cubierto con otro de seda o de metal, enroscado alrededor. || **2.** Bordado en oro o plata que como distintivo llevan en el uniforme ciertos militares y altos funcionarios. En la milicia, un entorchado de plata es distintivo de los generales de brigada; uno de oro, lo es de los generales de división; dos, de los tenientes generales, y tres, de los capitanes generales. || **3.** *Columna* ENTORCHADA. ARQ. Columna salomónica.

ENTORCHAR. (Indirectamente del l. *in torquĕre,* torcer.) tr. Retorcer varias velas formando una antorcha. || **2.** Cubrir una cuerda o hilo enroscándole otro de seda o de metal.

ENTORILAR. tr. Meter al toro en el toril.

ENTORMECIMIENTO. m. ant. Entumecimiento.

ENTORNAR. (De *en* y *tornar*.) tr. Volver la puerta o la ventana hacia el cerco sin cerrarla del todo. || **2.** Dícese también de los ojos cuando no se cierran por completo. || **3.** Inclinar, ladear, trastornar. Ú.t.c.r.

ENTORNILLAR. tr. Hacer o disponer una cosa en forma de tornillo.

ENTORNO. (De *en* y *torno*.) m. ant. Contorno. || **2.** AR. Dobladillo.

ENTORPECEDOR, RA. adj. Que entorpece.

ENTORPECER. (l. *in,* en, y *torpescĕre,* torpecer.) tr. Poner torpe. Ú.t.c.r. || **2.** fig. Turbar, obscurecer el entendimiento. Ú.t. c.r. || **3.** fig. Retardar, dificultar. Ú.t.c.r. || **P.** entorpecer; **I.** to benumb; **F.** engourdir; **A.** hemmen, lähmen; **It.** intorpidire; **R.** притуплять.

ENTORPECIMIENTO. m. Acción y efecto de entorpecer o entorpecerse.

ENTORTADURA. f. Acción y efecto de entortar.

ENTORTAR. tr. Poner tuerto lo que estaba derecho. Ú.t.c.r. || **2.** Dejar tuerto a uno.

ENTORTIJAR. (l. *tŏrtĭlis,* y éste de *intŏrtĭliāre,* retorcer.) tr. ant. Ensortijar. || **2.** P. RICO. Retorcerse o doblarse uno de dolor por retortijones de vientre o por otra causa.

ENTOSICAR. (l. *intoxicāre;* de *in,* en, y *toxicum,* veneno.) tr. ant. Entosigar.

ENTOSIGAR. (l. *intussicāre*.) tr. Atosigar, 1.er art.

* ENTOTUMADO, DA. adj. COLOM. Turulato, alelado.

ENTOZOARIO. (gr. ἐντός, dentro, y ζῳάριον, animalillo.) m. ZOOL. Endoparásito.

E

ENTRABAR. tr. AND. y COLOM. Trabar, estorbar.

ENTRADA. f. Espacio por donde se entra a alguna parte. || 2. Acción de entrar. || 3. Acto de ser recibido en un consejo, comunidad, etc., o de empezar a gozar de algún empleo, dignidad, etc. || 4. fig. Arbitrio, facultad para hacer alguna cosa. Suele usarse con los verbos *hallar, tener* o *dar*. || 5. Conjunto de personas que asisten a un espectáculo o función. || 6. Producto de cada función. || 7. Billete que da derecho a asistir a ellos. || 8. Principio de una obra; como oración, libro, etc. || 9. Amistad de una persona o familiaridad en una casa. || 10. En algunos juegos de naipes, acción de jugar una persona contra las demás señalando el palo a que lo hace. || 11. Conjunto de los naipes que guarda. || 12. Prerrogativa de entrar en los aposentos de un palacio. || 13. Cada uno de los manjares que se sirven después de la sopa y antes del plato principal. || 14. Ángulo entrante que forma el pelo a ambos lados en la parte superior de la frente. || 15. Caudal que entra en una caja o en poder de uno. || 16. Invasión de un país, ciudad, etc., por el enemigo. || 17. Primeros días del año, mes, etc. || 18. Vocablo que encabeza cada artículo de un diccionario. || 19. ARQ. Punta de un madero o sillar que entra en un muro o solera. || 20. MIN. Jornada de trabajo de una tanda de operarios. || 21. MÚS. Momento en que cada voz o instrumento ha de entrar a formar parte en la ejecución de una obra musical. || 22. CUBA y MÉJ. Embestida, zurra. **—de pavana.** fig. y fam. Cosa de poco aprecio o impertinente, dicha con aire misterioso o ridículamente grave. || **—general.** Asientos de la galería alta de un teatro. || **—por salida.** Partida que simultáneamente se anota en el debe y en el haber de una cuenta. || 2. fam. Visita breve. *De* ENTRADA. loc. que se dice del grado de ingreso en ciertas carreras. || *De primera* ENTRADA. m. adv. Al primer ímpetu. || ENTRADAS *y salidas.* fig. Colusiones entre varios para el manejo de sus intereses. || ENTRADAS *y salidas de* una casa, heredad, etc. FOR. Derecho para entrar o salir por ellas. || *Irse* ENTRADA *por salida.* fr. fam. Irse uno por otro. || P. entrada; I. entrance; F. entrée; A. Eingang, Eintritt; It. entrata; R. вход.

ENTRADERO. (De *entrar*.) m. desus. Entrada, 1.ª acep.

ENTRADO, DA. p.p. de entrar. || 2. ENTRADO *en años.* De edad avanzada.

ENTRADOR, RA. adj. C. RICA, MÉJ., y VENEZ. Que acomete empresas arriesgadas. || 2. MÉJ. Animoso, brioso. || 3. MÉJ. COLOM., PERÚ y ECUAD. Enamoradizo. || 4. NICAR. y GUAT. Compañero, amigo. || 5. CHILE. Intruso, entrometido.

★ ENTRADORA. adj. f. VENEZ. Aplícase a la mujer liviana y coqueta.

ENTRAMADO, DA. p.p. de entramar. || 2. m. ARQ. Armazón de madera para hacer una pared o suelo, rellenando los huecos con fábrica o tablazón.

ENTRAMAR. (De *en* y *trama*.) tr. ARQ. Hacer un entramado. || 2. ÁL., LOGR. y NAV. Armar pendencia.

ENTRAMBOS, BAS. (l. *inter ambos*.) adj. pl. Ambos.

ENTRAMIENTO. m. ant. Acción y efecto de entrar. || **—de bienes.** ant. FOR. Embargo o secuestro.

ENTRAMOS, MAS. adj. pl. ant. Entrambos.

ENTRAMPAR. tr. Hacer a un animal caer en la trampa. Ú.t.c.r. || 2. fig. Engañar artificiosamente. || 3. fig. y fam. Enredar un negocio de modo que no se pueda aclarar o resolver. || 4. fig. y fam. Contraer muchas deudas; gravar con deudas la hacienda. || 5. r. Meterse en un trampal o atolladero. || 6. fig. y fam. Endeudarse tomando empréstitos.

ENTRANTE. p.a. de entrar. Que entra. Ú.t.c.s. || 2. adj. GEOM. V. *Ángulo* ENTRANTE. || 3. MAR. Dícese de la marea que entra, o que sube. || ENTRANTES *y salientes.* fam. Los que frecuentan mucho una casa, sin objeto serio, y tal vez con miras sospechosas.

ENTRAÑA. (l. *interanĕa*.) f. Cada uno de los órganos contenidos en las más importantes cavidades del cuerpo humano y

de los animales. || 2. Lo más íntimo o esencial de una cosa o asunto. || 3. pl. fig. Lo más oculto y escondido. *Las* ENTRAÑAS *de la tierra, de los montes.* || 4. fig. El centro, lo que está en medio. || 5. Voluntad, afecto del ánimo. || 6. fig. Índole y genio de una persona. *Persona de buenas* ENTRAÑAS. || *Arrancársele a uno las* ENTRAÑAS. fr. fig. y fam. Arrancársele el alma. || *Dar a uno hasta las* ENTRAÑAS, o *las* ENTRAÑAS. fr. fig. Ser extremadamente liberal. || *Echar uno las* ENTRAÑAS. fr. fig. y fam. Vomitar con muchas ansias. || *No tener* ENTRAÑAS. fr. fig. y fam. Ser cruel, desalmado. || *Sacar las* ENTRAÑAS a uno. fr. fig. y fam. Sacarle el alma. || P. entranha; I. entrails; F. entrailles; A. Eingeweide; It. viscere; R. внутренность.

ENTRAÑABLE. (De *entrañar*.) adj. Íntimo, muy afectuoso.

ENTRAÑABLEMENTE. adv. m. Con sumo cariño, con la mayor ternura.

ENTRAÑAL. (De *entraña*.) adj. desus. Entrañable.

ENTRAÑALMENTE. adv. m. desus. Entrañablemente.

ENTRAÑAR. (De *entraña*.) tr. Introducir una cosa en lo más hondo. Ú.t.c.r. || 2. Contener, llevar dentro de sí una cosa material o moral. || 3.r. Estrecharse de todo corazón con alguno.

ENTRAÑIZAR. (De *entraña*.) tr. ant. Querer a uno con sumo afecto.

ENTRAÑO, ÑA. (l. *intranĕus*, de *inter, entre.*) adj. ant. Interior, interno.

★ ENTRAÑUDO, DA. adj. R. DE LA PLATA. Empedernido, cruel, insensible.

ENTRAPADA. (De *en* y *trapo*.) f. Paño carmesí, no tan fino como la grana.

ENTRAPAJAR. (De *en* y *trapajo*.) tr. Envolver con trapos alguna parte del cuerpo herida o enferma. || 2. r. Entraparse, llenarse de polvo o mugre una tela. || 3. ARGENT. Vestirse, recargándose de ropa.

ENTRAPAR. tr. desus. Echar polvos en el cabello para desengrasarlo. || 2. AGR. Echar en la raíz de cada cepa cierta cantidad de trapo viejo. || 3. r. Llenarse de polvo y mugre una tela. || 4. Embotarse con polvo u otras materias menudas el filo de una herramienta o el relieve de una pieza, como la forma de imprenta.

ENTRAPAZAR. intr. Trapacear.

ENTRAR. (l. *intrāre*.) intr. Pasar de fuera adentro. Ú.t. en sent. fig. || 2. Pasar por una parte para introducirse en otra. ENTRAR *por la ventana.* || 3. Encajar, poderse meter una cosa en otra. *El sombrero no* ENTRA *en la cabeza.* || 4. Desaguar los ríos en otros o en el mar. || 5. Penetrar o introducirse. *El clavo* ENTRA *en la pared.* || 6. Acometer, arremeter. *El toro* ENTRA. || 7. V. ENTRAR *la romana con.* || 8. fig. Ser admitido o tener acceso en alguna parte. *Mi hermana* ENTRA *en palacio.* || 9. fig. Comenzar a formar parte de una sociedad o corporación. || 10. fig. Tratándose de carreras, profesiones, etc., dedicarse a ellas. ENTRAR *en religión.* || 11. fig. Tratándose de estaciones del año, empezar. *El invierno* ENTRA *el 21 de diciembre.* || 12. fig. Dicho de discursos o escritos, empezar. *Tal libro* ENTRA *tratando de tal cosa.* || 13. fig. Tratándose de usos o costumbres, adoptarlos. ENTRAR *en la moda.* || 14. fig. En el juego de naipes, tomar sobre sí el empeño de ganar la puesta. || 15. fig. Tratándose de afectos, enfermedades, etc., empezar a dejarse sentir. ENTRAR *la pereza.* || 16. CUBA. Pegar, zurrar, castigar. || 17. fig. Ser contado con otros en alguna clase. ENTRAR *en el número de los elegidos.* || 18. fig. Emplearse o caber cierta porción o número de cosas para algún fin. ENTRAR *tantos ladrillos en un tabique.* || 19. fig. Tener parte en la composición de ciertas cosas. *Los cuerpos que* ENTRAN *en una mezcla.* || 20. fig. Con la preposición *a* y el infinitivo de otros verbos, dar principio a la acción de ellos. ENTRAR *a mandar.* || 21. fig. Seguido de la preposición *en* y de un nombre, empezar a sentir lo que el nombre significa. Entrar en deseo o tomar parte en lo que este nombre indica. ENTRAR *en un negocio.* || 22. fig. Seguido de la preposición *en* y de voces significativas de edad, empezar la que se mencione. *Fulano ha* ENTRADO *ya en la vejez.* || 23. MÚS. Empezar a cantar

o tocar en el momento preciso. || 24. tr. Introducir. || 25. Ocupar a fuerza de armas una cosa. || 26. fig. Acometer, en sentido figurado, a una persona, o influir en su ánimo. En esta acepción se acompaña alguno de los pronombres personales en dativo. *A fulano no hay por donde* ENTRARLE. || 27. MAR. Ir alcanzando una embarcación a otra. || 28. r. Meterse en alguna parte. || *Ahora* ENTRO *yo.* expr. de que usa el que ha estado oyendo a otro sin interrumpirle, y luego habla para contradecirle. || ENTRAR *uno a servir.* fr. Ser admitido por criado en una casa. || ENTRA *bien* una cosa. fr. Venir oportunamente. || ENTRAR *uno bien,* o *mal, en* una cosa. fr. fig. Condescender o no con lo que otro propone. || ENTRAR *uno dentro de sí,* o *en sí, mismo.* fr. fig. Reflexionar sobre su conducta para enmendarse. || ÉNTROME *acá, que llueve,* o *que me mojo.* expr. fig. y fam. con que se denota la osadía de los que entran en casa ajena sin otra razón que su mismo descaro. || *No* ENTRARLE *a uno una cosa.* fr. fig. y fam. No aprobarla. || 2. fig. y fam. No poder aprenderla o comprenderla. *A este muchacho no le* ENTRA *el latín.* || *No* ENTRARLE *a uno una persona* o cosa. fr. fig. y fam. Desagradable. || *No* ENTRAR *ni salir uno en una cosa.* fr. fig. y fam. No tomar parte en ella. *Yo no* ENTRO *ni salgo en ese asunto.* || P. entrar; I. to enter; F. entrer; A. eintreten, hineingehen; It. entrare; R. входить.

ENTRÁTICO. m. ant. AR., NAV. y RIOJA. Entrada de religioso o religiosa.

ENTRAZADO, DA. adj. ARGENT. y CHILE. Trazado; con los advs. *bien* o *mal.* dícese de la persona de buena o mala traza.

ENTRE. (l. *inter*.) prep. que denota la situación o estado en medio de dos o más cosas, acciones o estados. || 2. Dentro de, en lo interior. *Eso pensaba yo* ENTRE *mí.* || 3. En el número de. *Le cuento* ENTRE *mis colaboradores.* || 4. Significa cooperación. ENTRE *cinco lo terminaron.* || 5. En voces compuestas disminuye la significación del otro vocablo o expresa calidad o situación intermedia. ENTREver, ENTREtela. || ENTRE *que.* m. adv. Mientras. || P. y F. entre; I. between, among; A. zwischen, darunter; It. fra, tra; R. между.

ENTREABIERTO, TA. p.p. irreg. de entreabrir.

ENTREABRIR. tr. Abrir un poco o a medias, una puerta, una ventana, etc. Ú.t.c.r.

ENTREACTO. (De *entre* y *acto*.) m. Intermedio teatral. || 2. Cigarro puro cilíndrico y pequeño. || P. entreacto; I. y F. entr'acte; A. Zwischenakt, Pause; It. intermezzo; R. антракт.

ENTREANCHO, CHA. adj. Intermedio entre ancho y angosto.

★ ENTREARCO. (De *entre* y *arco*.) m. ARQ. Columna o pilastra en que se apoyan los extremos contiguos de dos arcos.

ENTREBARRERA. f. Espacio comprendido en las plazas de toros entre la barrera y la contrabarrera. Ú.m. en pl.

ENTRECALLE. (De *entre* y *calle*.) ARQ. Separación o intervalo hueco entre dos molduras.

ENTRECANAL. ARQ. Cualquiera de los espacios entre las estrías de una columna.

ENTRECANO, NA. adj. Dícese del cabello o barba a medio encanecer. || 2. Dícese de quien tiene así el cabello.

ENTRECASCO. (De *entre* y *casco*.) m. Entrecorteza.

ENTRECAVA. (De entrecavar.) f. Cava ligera y poco honda.

ENTRECAVAR. (De *entre* y *cavar*.) tr. Cavar ligeramente, sin profundizar.

ENTRECEJO. (l. *intercilĭum*; de *inter, entre,* y *cilĭum,* ceja.) m. Espacio entre ambas cejas. || 2. fig. Ceño.

ENTRECERCA. f. Espacio existente entre una cerca y otra.

ENTRECERRAR. tr. C. RICA, MÉJ. y EL SALV. Entornar una puerta, ventana, etc. Ú.t.c.r.

ENTRECIELO. (De *entre* y *cielo*.) m. ant. Toldo, cubierta de tela que se tiende para hacer sombra.

ENTRECINTA. (De *entre* y *cinta*.) f. ARQ. Madero paralelo al tirante de un tejado que se coloca entre dos pares de una armadura.

ENTRECLARO, RA. (De *entre* y *claro*.) adj. Que tiene alguna escasa claridad.

ENTRECOGEDURA. f. Acción y efecto de entrecogerse.

ENTRECOGER. tr. Coger a una persona o cosa de forma que no se pueda escapar fácilmente. || **2.** fig. Estrechar, apremiar, acorralar uno con argumentos o amenazas.

ENTRECOLUNIO. (l. *intercolumnĭum*.) m. ant. ARQ. Intercolumnio.

ENTRECOMAR. tr. Poner entre comas, o entre comillas, una o varias palabras.

ENTRECORO. m. Espacio comprendido entre el coro y la capilla mayor en las iglesias catedrales.

ENTRECORTADO, DA. p.p. de entrecortar. || **2.** adj. m. Aplícase a la voz o al sonido que se emite con intermitencias o intervalos.

ENTRECORTADURA. (De *entrecortar*.) f. Corte que no divide enteramente una cosa.

ENTRECORTAR. tr. Cortar una cosa sin dividirla por completo.

ENTRECORTEZA. f. Defecto de las maderas cuando tienen en su interior un trozo de corteza.

ENTRECRIARSE. r. Criarse unas plantas entre otras.

ENTRECRUZAR. tr. Cruzar unas cosas con otras, entrelazar. Ú.t.c.r.

ENTRECUBIERTAS. f. pl. MAR. Espacio entre las cubiertas de un barco. Ú.t. en sing.

ENTRECUESTO. (l. *inter*, entre, y *costa*, costilla.) m. Espinazo. || **2.** Solomillo. || **3.** SAL. Estorbo.

ENTRECHOCAR. tr. Chocar una cosa con otra. Ú.t.c.r.

ENTREDECIR. (l. *interdicĕre*.) tr. ant. Prohibir la comunicación con una persona o cosa. || **2.** Poner en entredicho.

ENTREDERRAMAR. tr. ant. Derramar poco a poco una cosa.

★ **ENTREDÍA.** m. CUBA. Cualquier momento del día. || **2.** ECUAD. Refacción ligera entre comidas.

ENTREDICTO. (l. *interdictum*.) m. ant. Entredicho.

ENTREDICHO, CHA. (l. *interdictus*.) p.p. irreg. de entredecir. || **2.** m. Prohibición de hacer o decir alguna cosa. || **3.** Censura o pena eclesiástica que prohibe a ciertas personas o en determinados lugares el uso de los divinos oficios, la recepción o administración de algunos sacramentos y la sepultura eclesiástica. || *Poner de* ENTREDICHO *una cosa*. fr. Considerarla indigna de crédito. || **P.** interdito; **I.** interdict; **F.** interdit; **A.** Interdikt; **It.** interdetto; **R.** интердикт.

ENTREDOBLE. adj. Intermedio entre lo sencillo y lo doble en su clase.

ENTREDÓS. m. Tira bordada o de encaje que se cose entre dos telas. || **2.** Armario de poca altura, que suele colocarse entre dos balcones de una sala. || **3.** IMPR. Grado de letra entre el breviario y el de lectura. || **P.** entremeio; **I.** y **F.** entredeux; **A.** Spitzeneinsatz; **It.** tramezzo; **R.** прошивка.

ENTREFINO, NA. adj. De calidad intermedia entre lo fino y lo basto. || **2.** Dícese del vino de Jerez con algunas cualidades del fino.

ENTREFORRO. m. Entretela, armazón, almilla.

ENTREGA. f. Acción y efecto de entregar. || **2.** Cada uno de los fascículos en que se suele expender un libro que se va publicando por partes. *Novela por* ENTREGAS. || **3.** ARQ. Parte de un sillar o madero introducida en la pared. || **P.** entrega; **I.** delivery; **F.** remise, livraison; **A.** Abgabe; Hingabe; **It.** rimessa, consegna; **R.** передача.

ENTREGADAMENTE. adv. m. ant. Enteramente; con total entrega.

ENTREGADO, DA. p.p. de entregar. || **2.** adj. ARQ. Dícese de la columna embebida.

ENTREGADOR, RA. adj. Que entrega. Ú.t.c.s. || **2.** m. y f. ARGENT. Persona

que prepara la ejecución de un delito que han de cometer otros.

ENTREGAMIENTO. m. Entrega.

ENTREGAR. (l. *integrāre*, restituir a su primer estado.) tr. Poner en poder de otro a una persona o cosa. || **2.** AND. Consumir a uno a fuerza de disgustos. || **3.** Introducir el extremo de una pieza de construcción en el asiento en que han de fijarse. || **4.** r. Someterse a la dirección o arbitrio de uno; ceder a la opinión ajena. || **5.** Encargarse uno de una cosa. || **6.** Aprehender a una persona o cosa; hacerse cargo de ella. || **7.** Dedicarse enteramente a una cosa. || **8.** fig. Abandonarse, dejarse vencer de las pasiones. || **9.** Declararse vencido para continuar un trabajo. || ENTREGARLA. fam. Morir. || **P.** entregar; **I.** to give, to deliver; **F.** remettre, livrer, rendre; **A.** abliefern aushändigen, übergeben; **It.** rimèttere, dare; **R.** передать.

ENTREGERIR. (l. *intergerĕre*.) tr. desus. Poner, ingerir, mezclar una cosa con otra.

ENTREGO, GA. p.p. irreg. ant. de entregar. || **2.** Entrega, 1.ª acep.

ENTREGOTEADO, DA. adj. ant. Goteado o salpicado.

ENTREJUNTAR. tr. CARP. Enlazar los entrepaños de las puertas, ventanas, etc., con los travesaños.

ENTRELAZAMIENTO. m. Acción y efecto de entrelazar.

ENTRELAZAR. tr. (De *entre* y *lazar*.) Enlazar, entretejer una cosa con otra.

ENTRELÍNEA. f. Lo escrito entre dos líneas.

ENTRELINEAR. tr. Escribir algo intercalándolo entre dos líneas.

ENTRELIÑO. m. Espacio que en las viñas u olivares queda entre liño y liño.

ENTRELISTADO, DA. adj. Trabajado a listas o que tiene dibujos entre lista y lista.

ENTRELUBRICÁN. (De *entre* y *lubrican*.) m. p. us. Crepúsculo vespertino.

ENTRELUCIR. (l. *interlucēre*.) intr. Dejarse ver una cosa entre medias de otra o al través de ella.

ENTRELUNIO. m. ant. ASTRON. Interlunio.

ENTRELLEVAR. tr. ant. Llevar a una persona o cosa entre otras.

ENTREMEDIANO, NA. (De *entre* y *mediano*.) adj. ant. Intermedio.

ENTREMEDIAR. tr. Poner una cosa entremedias de otra.

ENTREMEDIAS. (De *entre* y *medio*.) adv. Entre uno y otro tiempo, espacio, lugar o cosa.

ENTREMÉS. (fr. *entremets*.) m. Cualquiera de los manjares ligeros que se sirven en las mesas generalmente antes de la sopa o del primer plato. || **2.** Pieza escénica jocosa y de un solo acto, que solía representarse entre dos jornadas de una comedia. || **2.**ª acep.: **P.** entremez; **I.** interlude; **F.** farce, intermède; **A.** Zwischenspiel; **It.** intermezzo; **R.** интермедия.

ENTREMESAR. tr. ant. Entremesear.

ENTREMESEAR. tr. Representar un papel en un entremés. || **2.** fig. Introducir cosas graciosas y festivas en una conversación o discurso, para hacerlo más ameno.

ENTREMESIL. adj. Perteneciente o relativo al entremés.

ENTREMESISTA. com. Persona que compone o representa entremeses.

ENTREMETEDOR, RA. (De *entremeter*.) adj. ant. Entrometido.

ENTREMETER. (l. *intermĭttĕre*.) tr. Meter una cosa entre otras. || **2.** Doblar los pañales de un niño para evitarle el contacto con la parte húmeda o sucia. || **3.** r. Meterse uno donde no le llaman o inmiscuirse en lo que no le atañe. || **4.** Ponerse entre otros. || **P.** intrometer; **I.** to intermingle; **F.** entremêler; **A.** einschieben, einmengen; **It.** framméttere; **R.** вкладывать.

ENTREMETIDO, DA. p.p. de entremeter. || **2.** adj. Dícese del que acostumbra a meterse donde no le llaman.

ENTREMETIMIENTO. m. Acción y efecto de entremeter o entremeterse.

ENTREMEZCLADURA. f. Acción y efecto de entremezclar.

ENTREMEZCLAR. tr. Mezclar unas cosas con otras sin confundirlas.

ENTREMICHE. (fr. *entremise*, de en-

tremettre, entremeter.) m. MAR. Hueco que queda entre el borde alto del durmiente y el bajo del trancanil. || **2.** MAR. Cada una de las piezas de madera que rellenan este hueco.

ENTREMIENTE. (De *entre* y *mientre*.) adv. ant. Entretanto.

ENTREMIJO. m. SAL. Expremijo.

ENTREMISO. m. Expremijo.

ENTREMORIR. intr. Estarse apagando o acabando una cosa.

ENTREMOSTRAR. tr. ant. Mostrar incompletamente una cosa.

° **ENTRENADOR, RA.** adj. Que entrena. Ú.t.c.s.

° **ENTRENAMIENTO.** m. Acción y efecto de entrenar o entrenarse.

° **ENTRENAR.** (fr. *entraîner*.) tr. Preparar y adiestrar atletas y deportistas. Ú.t. c.r. || **2.** fig. Preparar mediante el ejercicio adecuado para cualquier clase de actividad.

ENTRENCAR. tr. Poner las trencas en las colmenas.

ENTRENUDO. m. La parte del tallo de algunas plantas comprendida entre dos nudos.

ENTRENZAR. tr. Trenzar, hacer trenzas o trenzados.

ENTREOIR. Oir una cosa a medias.

ENTREORDINARIO, RIA. adj. Que no es completamente ordinario y basto.

ENTREOSCURO, RA. adj. Que tiene alguna obscuridad.

ENTREPALMADURA. (De *entre* y *palma*.) f. VETER. Enfermedad que padecen las caballerías en la cara palmar del casco.

ENTREPANES. (De *entre* y *pan*.) m. pl. Barbechos entre tierras sembradas.

ENTREPAÑADO, DA. adj. Hecho o labrado a entrepaños.

ENTREPAÑO. (De *entre* y *paño*.) m. ARQ. Espacio de pared entre dos columnas, pilastras o huecos. || **2.** CARP. Anaquel de estante o de alacena. || **3.** CARP. Cualquiera de las tablas pequeñas o cuarterones que se ponen entre los peinazos de las puertas y ventanas. || **P.** entrepano; **I.** bay; **F.** panneau; **A.** Füllung; **It.** zòccolo; **R.** простенок.

ENTREPARECERSE. (De *entre* y *parecer*.) r. Traslucirse, divisarse una cosa.

ENTREPASO. (De *entre* y *paso*.) m. Paso del caballo, parecido al portante o de andadura.

ENTREPECHUGA. f. Porción pequeña de carne de las aves entre la pechuga y el caballete.

ENTREPEINES. m. pl. Lana que queda en los peines después de sacar el estambre.

ENTREPELADO, DA. p.p. de entrepelar. || **2.** adj. VETER. Dícese del ganado caballar cuya capa tiene, sobre tono obscuro, pelos blancos. || **3.** ARGENT. Dícese del ganado caballar con el pelo mezclado de tres colores: negro, blanco y bermejo.

ENTREPELAR. (De *entre* y *pelo*.) intr. Estar mezclados pelos de colores distintos. Dícese comúnmente de los caballos. Ú.t.c.r.

ENTREPERNAR. intr. Meter uno sus piernas entre las de otro.

ENTREPIERNAS. (De *entre* y *piernas*.) f. pl. Parte interior de los muslos. Ú.t. en sing. || **2.** Piezas cosidas entre las hojas de los calzones y pantalones, por la parte de la entrepierna. Ú.t. en sing. || **3.** CHILE. Taparrabos, traje de baño.

ENTREPISO. m. MIN. Espacio entre las galerías generales de una mina. || **2.** ARGENT. Entresuelo, piso intermedio entre el bajo y el principal.

ENTREPONER. (l. *interponĕre*.) tr. desus. Interponer.

ENTREPOSTURA. (De *entre* y *postura*.) f. ant. Efecto de entreponer.

ENTREPRETADO, DA. (De *entre* y el l. *pectus*, *-ŏris*, pecho.) adj. VETER. Dícese de la caballería lastimada de los pechos o brazuelos.

ENTREPUENTES. (De *entre* y *puente*.) m. pl. MAR. Entrecubiertas. Ú.t. en sing.

ENTREPUERTA. f. RIOJA. Compuerta que se pone en un cauce.

ENTREPUESTO, TA. p.p. irreg. ant. de entreponer.

ENTREPUNZADURA. (De *entrepunzar*.) f. Latido y dolor que causan los tumores.

E

E

ENTREPUNZAR. tr. Punzar una cosa, o dolor con poca intensidad o con intermisión.

★ **ENTRERA**. f. Colom. Criada, sirvienta.

ENTRERRAÍDO, DA. adj. Raído por partes, o a medio raer.

ENTRERRENGLONADURA. (De *entrerrenglonar*.) f. Lo escrito entre renglones.

ENTRERRENGLONAR. tr. Escribir en el espacio comprendido entre un renglón y otro.

ENTRERRIANO, NA. adj. Natural de la provincia argentina de Entre Ríos. Ú.t.c.s.

ENTRERROMPER. (l. *interrumpĕre*.) tr. ant. Interrumpir.

ENTRERROMPIMIENTO. (De *entrerromper*.) m. ant. Interrupción.

ENTRÉS. (De *en* y *tres*.) m. Lance del juego del monte, en que, habiéndose duplicado una carta en el albur o el gallo, se apunta a la contraria, con la condición de no valer la suerte para el punto en tres cartas.

ENTRESACA. f. Acción y efecto de entresacar.

ENTRESACADURA. f. Entresaca.

ENTRESACAR. tr. Sacar unas cosas de entre otras. || **2**. Cortar algunos árboles para aclarar un monte o arrancar algunas plantas de un sembrado para que crezcan menos juntas. || **3**. Cortar el cabello cuando éste es demasiado espeso.

ENTRESEÑA. f. ant. Enseña.

ENTRESIJO. (l. *intrinsĭcŭlus*, de *intrinsĕcus*, adentro.) m. Mesenterio. || **2**. fig. Cosa oculta, recóndita, escondida. || *Tener muchos* ENTRESIJOS. fr. fig. Tener una cosa muchas dificultades o enredos. || **2**. fig. Tener uno mucha reserva; proceder con cautela y disimulo.

ENTRESUELEJO. m. d. de entresuelo.

ENTRESUELO. (De *entre* y *suelo*.) Piso de una casa comprendido entre el bajo y el principal. || **2**. Cuarto bajo levantado más de 1 m sobre el nivel de la calle, quedando debajo sótanos o piezas abovedadas. || **P**. sobreloja; **I**. y **F**. entresol; **A**. Halbgeschoss, Mezzanin; **It**. mezzanino **R**. антресоль.

ENTRESURCO. m. Agr. Espacio que queda entre un surco y otro.

ENTRETALLA. (De *entretallar*.) f. Entretalladura.

ENTRETALLADURA. (De *entretallar*.) f. Media talla o bajo relieve.

ENTRETALLAMIENTO. (De *entretallar*.) m. ant. Cortadura o recortado en una tela.

ENTRETALLAR. (De *entre* y *tallar*.) tr. Labrar una cosa a media talla o bajo relieve. || **2**. Grabar, esculpir. || **3**. Hacer en una tela calados o recortados. || **4**. fig. Estrechar a una persona estorbándole el paso o detener el curso de una cosa. || **5**. Trabarse unas cosas con otras. || **6**. Sal. Encajarse, meterse en un sitio estrecho de donde no se puede salir.

ENTRETANTO. adv. Entre tanto. Ú.t.c.s. precedido del artículo *el*.

ENTRETECHO. m. Chile. Desván, sobrado.

ENTRETEJEDOR, RA. adj. Que entreteje.

ENTRETEJEDURA. f. Labor que hace una cosa entretejida con otra.

ENTRETEJER. tr. Mezclar hilos de calidad diferente en la tela que se teje. || **2**. Trabar y enlazar una cosa con otra. || **3**. fig. Incluir palabras, períodos o versos en escrito. || **P**. entretecer; **I**. to interlace; **F**. entrelacer; **A**. einflechten; **It**. intrecciare; **R**. переплетать, проткать.

ENTRETEJIMIENTO. m. Acción y efecto de entretejer.

ENTRETELA. f. Lienzo que se pone entre la tela y el forro de un vestido. || **2**. pl. fig. y fam. Lo íntimo del corazón, las entrañas.

ENTRETELAR. tr. Poner entretelas en una prenda de vestir. || **2**. Impr. Satinar, hacer desaparecer la huella en los pliegos impresos.

ENTRETENCIÓN. f. Chile. Entretenimiento, diversión, esparcimiento.

ENTRETENEDOR, RA. adj. Que entretiene. Ú.t.c.s.

ENTRETENER. tr. Tener a uno detenido y en espera. Ú.t.c.r. || **2**. Hacer menos molesta y más soportable una cosa. || **3**. Divertir, recrear el ánimo de uno. || **4**. Dar largas con pretextos a un asunto. || **5**. Mantener, conservar. || **6**. r. Divertirse, recrearse jugando, leyendo, etc. || 6.ª acep.: **P**. divertir-se; **I**. to amuse; **F**. amuser; **A**. sich unterhalten; **It**. trattenere; **R**. задерживать, развлекать.

ENTRETENIDA (DAR a uno **LA, o CON LA).** fr. Entretenerle con pretextos o disculpas para no realizar lo que desea o solicita.

ENTRETENIDO, DA. p.p. de entretener. || **2**. adj. Chistoso, divertido. || **3**. Blas. Dícese de dos cosas que se tienen una a otra; como dos llaves enlazadas.

ENTRETENIMIENTO. m. Acción y efecto de entretener o entretenerse. || **2**. Cosa que sirve para entretener. || **3**. Manutención, conservación de una persona.

ENTRETIEMPO. m. Tiempo de primavera y otoño que media entre las dos estaciones extremas de invierno y verano.

ENTRETOMAR. (De *entre* y *tomar*.) tr. ant. Emprender, intentar.

ENTREUNTAR. tr. Untar por encima, o a medias.

ENTREVAR. (prov. *entrevar*, y éste del l. *interrogăre*.) tr. Germ. Entender, conocer.

ENTREVENARSE. r. Introducirse un líquido por las venas.

ENTREVENIMIENTO. (De *entrevenir*.) m. ant. Intervención.

ENTREVENIR. (l. *intervenīre*.) intr. desus. Intervenir.

ENTREVENTANA. f. Espacio macizo de pared entre dos ventanas.

ENTREVER. tr. Ver confusamente una cosa. || **2**. Conjeturarla, sospecharla, adivinarla.

ENTREVERADO, DA. p.p. de entrever. || **2**. adj. Que tiene interpoladas cosas varias y distintas. || **3**. V. *Tocino* ENTREVERADO. || **4**. m. Venez. Asadura de cordero o cabrito asada en asador de madera y aderezada con vinagre y sal.

ENTREVERAR. (l. *inter*, entre, y *variăre*, variar.) tr. Introducir una cosa entre otras. || **2**. r. Argent. Mezclarse desordenadamente personas, animales o cosas. || **3**. Argent. Chocar dos masas de caballería llegando al cuerpo a cuerpo. || **P**. entressachar; **I**. to intermingle; **F**. entremêler; **A**. untermengen; **It**. frammischiare; **R**. примешивать.

ENTREVERO. m. Argent., Chile y Urug. Acción y efecto de entreverarse. || **2**. Argent. y Chile. Desorden y confusión.

ENTREVÍA. (De *entre* y *vía*.) f. Espacio comprendido entre los dos rieles de una vía férrea.

ENTREVISTA. f. Encuentro y conversación de dos o más personas en lugar determinado, para tratar o resolver algún negocio. || **2**. En el periodismo, la que se celebra con alguna persona para solicitar su opinión o sus noticias. || **P**. entrevista; **I**. interview; **F**. entrevue; **A**. Besprechung, Zusammenkunft; **It**. intervista; **R**. свидание.

ENTREVISTARSE. r. Tener una entrevista con alguien.

ENTREVOLVER. tr. ant. Envolver entre otras cosas.

ENTREVUELTA. (De *entre* y *vuelta*.) f. Agr. Surco corto que el arador da por un lado de las hazanas para enderezarla si va torcida.

ENTREYACER. (l. *interiacēre*.) intr. ant. Mediar o estar en medio.

ENTRICACIÓN. (De *entricar*.) f. ant. Intricación.

ENTRICADAMENTE. adv. m. ant. Intricadamente.

ENTRICADURA. f. ant. Entricamiento.

ENTRICAMIENTO. (De *entricar*.) m. ant. Intricamiento.

ENTRICAR. tr. ant. Intricar.

ENTRICO. (De *entricar*.) m. ant. Entricamiento.

ENTRIEGA. f. ant. Entrega.

ENTRIEGO. (De *entregar*.) m. ant. Entrega.

ENTRILLADO, DA. p.p. de entrillar. || **2**. adj. Extr. Dícese del día que se hace puente, o del laborable que, por estar comprendido entre dos festivos, se considera feriado.

ENTRILLAR. tr. Extr. Aprisionar oprimiendo. Ú.t.c.r.

ENTRIPADO, DA. adj. Que está, toca o molesta en las tripas. Dolor entripado. || **2**. Ú.t.c.s.m. || **2**. Dícese del animal muerto a quien no se han quitado las tripas. || **3**. m. fig. y fam. Enojo o sentimiento disimulado.

★ **ENTRIPAR**. tr. Cuba y P. Rico. Empapar, mojar. Ú.t.c.r. || **2**. Colom. y Argent. Enfadar. Ú.t.c.r.

ENTRISTAR. (De *en* y *triste*.) tr. ant. Entristecer.

ENTRISTECEDOR, RA. adj. Que entristece.

ENTRISTECER. Causar tristeza. || **2**. Poner de aspecto triste. || **3**. intr. ant. Entristecerse. || **4**. r. Ponerse triste. || **P**. entristecer; **I**. to sadden; **F**. attrister; **A**. traurig machen; **It**. attristare; **R**. опечаливать.

ENTRISTECIMIENTO. m. Acción y efecto de entristecer o entristecerse.

ENTRIZAR. (l. *strictiăre*, de *strictus*, apretado.) tr. Sal. y Zam. Apretar, meter en un sitio estrecho.

ENTRO. (l. *intro*.) adv. m. ant. Hasta.

ENTROJAR. tr. Guardar en la troje cereales u otros frutos.

ENTROMETER. (l. *intromittĕre*.) tr. Entremeter. Ú.t.c.r.

ENTROMETIDO, DA. p.p. de entrometer. || **2**. adj. Entrometido. Ú.t.c.s.

ENTROMETIMIENTO. (De *entrometer*.) m. Entremetimiento.

ENTRONAR. (De *en* y *trono*.) tr. Entronizar.

ENTRONCAMIENTO. m. Acción y efecto de entroncar.

ENTRONCAR. tr. Afirmar el parentesco de una persona con el tronco o linaje de otra. || **2**. Aparear dos caballos o yeguas del mismo pelo. || **3**. intr. Tener o contraer parentesco con un linaje o persona. || **4**. Cuba, Méj. y P. Rico. Empalmar dos ferrocarriles, carreteras, etc. Ú.t.c.r.

ENTRONECER. tr. ant. Deteriorar, maltratar.

ENTRONERAR. tr. Meter una bola en una de las troneras de la mesa de billar.

ENTRONIZACIÓN. f. Acción y efecto de entronizar o entronizarse.

ENTRONIZAR. tr. Colocar en el trono. || **2**. fig. Ensalzar a uno; colocarle en estado elevado. || **3**. r. fig. Engreírse, envanecerse.

ENTRONQUE. m. Parentesco entre personas que tienen un tronco común. || **2**. Cuba y P. Rico. Acción y efecto de entroncar.

ENTROPEZADO, DA. p.p. de entropezar. || **2**. adj. ant. Enmarañado.

ENTROPEZAR. (l. *interpediăre*, por *interpedīre*, tropezar.) intr. ant. Tropezar.

★ **ENTROPÍA**. f. Quím. Magnitud termodinámica establecida para interpretar la causa del sentido direccional de los procesos físicos y químicos.

ENTROPIEZO. (De *entropezar*.) m. ant. Tropezón.

★ **ENTROPILLADO**. m. Argent. Caballo semental que va en tropilla o manada con las yeguas.

ENTROPILLAR. tr. Argent. Acostumbrar a los caballos a vivir en tropilla.

° **ENTROPIÓN**. m. Inversión del párpado hacia adentro.

ENTRUCHADA. (De *entruchar*.) f. fam. Cosa hecha con malicia o engaño por varios que se han confabulado para ello. || **2**. Chile. Entrevista en que una persona hace cargos o pide explicaciones a otra en términos más o menos violentos. || **3**. Chile. Conversación familiar.

ENTRUCHADO, DA. p.p. de entruchar. || **2**. m. fam. Entruchada. || **3**. fam. And. Entripado.

ENTRUCHAR. tr. fam. Atraer a uno hacia un negocio usando de disimulo y engaño. || **2**. Germ. Entrevar. || **3**. Méj. Entretenerse en negocios ajenos.

ENTRUCHÓN, NA. adj. fam. Que hace o practica entruchadas. Ú.t.c.s.

ENTRUEJO. (l. *introĭtŭlus*, d. de *in-*

troítus, entrada de la cuaresma.) m. Antruejo.

ENTRUJAR. (De *truja*.) tr. Guardar la aceituna en la truja.

ENTRUJAR. (De *troje*.) tr. Entrojar. || **2.** fig. y fam. Embolsar.

ENTUBACIÓN. f. Acción y efecto de entubar.

ENTUBAJAR. intr. GERM. Deshacer engaños.

ENTUBAR. tr. Poner tubos en alguna cosa.

ENTUERTO. m. Tuerto o agravio. || **2.** fam. *Desfacedor de* ENTUERTOS. Deshacedor de agravios. || **3.** pl. Contracciones dolorosas del útero, en el momento del parto y cuando efectúa la regresión uterina. || **P.** torto, agravo; **I.** wrong, injustice; **F.** tort, offense; **A.** Tort, Beleidigung; **It.** torto; **R.** несправедливость, обида.

ENTULLECER. (De *en* y *tullecer*.) tr. fig. Suspender, detener el movimiento de una cosa. || **2.** intr. Tullirse. Ú.t.c.r.

ENTUMECER. (l. *intumescĕre*, hincharse.) tr. Impedir, entorpecer el movimiento de un miembro. Ú.m.c.r. || **2.** r. fig. Alterarse, hincharse. Suele decirse del mar o de los ríos caudalosos. || **P.** impedir; **I.** to benumb; **F.** tuméfier; **A.** lähmen; **It.** intumedire; **R.** делать неподвижным.

ENTUMECIMIENTO. m. Acción y efecto de entumecer o entumecerse.

ENTUMIRSE. (l. *intumĕre*.) Entorpecerse un miembro o músculo por haber estado comprimido o encogido.

ENTUNICAR. (De *en* y *túnica*.) tr. Cubrir con una túnica. || **2.** Dar dos capas de cal y arena gruesa a la pared que se ha de pintar al fresco.

ENTUÑARSE. r. SAL. Llenarse de frutos los árboles o las vides.

ENTUPIR. (De *en* y *tupir*.) tr. Obstruir un conducto. Ú.t.c.r. || **2.** Comprimir una cosa.

ENTURAR. tr. GERM. Dar. || **2.** GERM. Mirar.

ENTURBIAMIENTO. m. Acción y efecto de enturbiar.

ENTURBIAR. tr. Poner turbia una cosa. Ú.t.c.r. || **2.** fig. Alterar el orden de una cosa; obscurecer lo que estaba claro y ordenado. Ú.t.c.r. || **P.** enturvar; **I.** to muddle; **F.** troubler; **A.** trüben; **It.** intorbidare; **R.** мутить.

★ ENTUSARSE. (De *en* y *tusa*, sufrimiento.) r. ECUAD. Afligirse, acongojarse.

ENTUSIASMAR. tr. Causar o infundir entusiasmo Ú.t.c.r.

ENTUSIASMO. (l. *enthusiasmos*, y éste del gr. ἐνθουσιασμός, de ἐνθουσιάζω, estar inspirado por los dioses.) m. Furor de las sibilas al emitir sus oráculos. || **2.** Exaltación del ánimo bajo la inspiración divina. || **3.** Exaltación arrebatada del escritor o del artista, y más especialmente del poeta y del orador. || **4.** Exaltación y fogosidad del ánimo producida por la admiración apasionada de una persona o cosa. || **5.** Adhesión fervorosa a una causa o empeño. || **P.** e It. entusiasmo; **I.** enthusiasm; **F.** enthousiasme; **A.** Entzückung, Begeisterung; **R.** восторг, энтузиазм.

ENTUSIASTA. (l. *enthusiastes*, y éste del gr. ἐνθουσιαστής, inspirado.) adj. Que siente entusiasmo por una persona o cosa. Ú.t.c.s. || **2.** Propenso a entusiasmarse. Ú.t.c.s. || **3.** Entusiástico.

ENTUSIÁSTICO, CA. (gr. ἐνθουσιαστικός.) adj. Perteneciente o relativo al entusiasmo; que lo indica o expresa.

ENUCLEACIÓN. f. MED. Extirpación de un órgano, glándula, quiste, etc., de modo parecido a como se saca el hueso de una fruta.

ÉNULA CAMPANA. (l. *inŭla*.) f. Helenio.

ENUMERACIÓN. (l. *enumeratio*, *-ōnis*.) f. Enunciación ordenada de las partes de un todo. || **2.** Cómputo o cuenta numeral de las cosas. || **3.** RET. Figura que consiste en recapitular brevemente las razones expuestas en un discurso. || **4.** RET. Figura que consiste en enumerar rápidamente las distintas partes de un concepto general. || **P.** enumeração; **I.** enumeration; **F.** énumération; **A.** Aufzählung; **It.** enumerazione; **R.** перечисление.

ENUMERAR. (l. *enumerāre*.) tr. Hacer enumeración de las cosas.

ENUMERATIVO, VA. adj. Que enumera o que contiene una enumeración.

ENUNCIACIÓN. (l. *enuntiatĭo*, *-ōnis*.) f. Acción y efecto de enunciar. || **P.** enunciação; **I.** enunciation; **F.** énonciation; **A.** Äusserung; **It.** enunciazione; **R.** сообщение.

ENUNCIADO, DA. p.p. de enunciar. || **2.** m. Enunciación.

ENUNCIAR. (l. *enuntiāre*.) tr. Expresar breve y sencillamente una idea.

ENUNCIATIVO, VA. (l. *enuntiatīvus*.) adj. Dícese de lo que enuncia.

ENVACAR. tr. SAL. Traer la res a la vacada.

★ ENVAINA. f. MIN. Martillo grande, que se utiliza para introducir el espetón con que se hace la sangría de un horno.

ENVAINADOR, RA. adj. Que envaina. || **2.** BOT. *Hoja* ENVAINADORA. Hoja que envuelve el tallo.

ENVAINAR. (l. *invaginare*, de *vagina*, vaina.) tr. Meter una arma blanca en la vaina. || **2.** Envolver una cosa a otra ciñéndola a manera de vaina. || **3.** intr. COLOM. Sucumbir, perecer. || **4.** r. COLOM. Meterse en líos o contrariedades. || **P.** embainhar; **I.** to sheathe; **F.** engainer; **A.** stecken (Schwert, etc.); **It.** inguainare; **R.** вкладывать в ножны.

ENVALENTONAMIENTO. m. Acción y efecto de envalentonar o envalentonarse.

ENVALENTONAR. (De *en* y *valentón*.) tr. Infundir valentía o arrogancia a uno. || **2.** r. Cobrar valentía o echárselas de valiente.

ENVALIJAR. tr. Meter en la valija una cosa.

ENVANECER. (l. *in*, en, y *vanescĕre*, incoat. de *vanēre*, desvanecer.) tr. Infundir soberbia o vanidad. Ú.t.c.r. || **2.** r. pus. Quedarse vano el fruto de una planta por haberse secado o podrido su meollo. Ú.t. c.tr. Ú. en Chile. || **P.** envaidecer; **I.** to make vain; **F.** s'enorgueillir; **A.** stolz machen, eitel werden; **It.** invanire, insuperbire; **R.** превозносить.

ENVANECIMIENTO. m. Acción y efecto de envanecer o envanecerse.

ENVARAMIENTO. m. Acción y efecto de envarar o envararse.

ENVARAR. (De *varar*.) tr. Entorpecer o impedir el movimiento de un miembro. Ú.m.c.r.

ENVARBASCAR. (De *en* y *verbasco*.) tr. Inficionar el agua con verbasco u otra substancia parecida para atontar a los peces.

ENVARESCER. tr. ant. Pasmar, sorprender.

★ ENVARILLAR. tr. CHILE. Cerrar con varillas; colocar varillas en alguna obra.

ENVARONAR. intr. Crecer con robustez.

ENVASADOR, RA. adj. Que envasa. Ú.t.c.s. || **2.** Embudo grande para envasar.

ENVASAR. tr. Echar en vasos o vasijas un líquido; como vino, aceite, etc. || **2.** Colocar cualquier género en su envase, como el trigo en los costales. || **3.** fig. Beber con exceso. || **4.** fig. Introducir en el cuerpo de alguien la hoja de una arma blanca. || **5.** CUBA. Por antonom. poner el azúcar en los envases comprimiéndolo y majándolo con pisones. || **P.** envasilhar; **I.** to tun, to barrel; **F.** emboûteiller, entonner; **A.** einfüllen, abfüllen; **It.** invasare, imbottare; **R.** разливать по бочкам, по бутылкам.

ENVASE. m. Acción y efecto de envasar. || **2.** Recipiente en que se conservan y transportan ciertos géneros. || **3.** Todo lo que envuelve o contiene artículos de comercio u otros efectos para su transporte o conservación.

ENVEDIJARSE. r. Hacerse vedijas el pelo, la lana, etc. || **2.** fig. y fam. Enzarzarse unos con otros riñendo.

ENVEGARSE. (De *en* y *vega*.) r. CHILE. Empantanarse, encharcarse un terreno.

ENVEJECER. tr. Hacer vieja a una persona o cosa. || **2.** intr. Hacerse viejo o antigua una persona o cosa. Ú.t.c.r. || **3.** Durar, permanecer por mucho tiempo. || **P.** envelhecer; **I.** to grow old; **F.** vieillir; **A.** altern; **It.** invecchiare; **R.** старить.

ENVEJECIDO, DA. p.p. de envejecer. || **2.** adj. fig. Acostumbrado, experi-

mentado; que lleva mucha práctica o viene de mucho tiempo atrás.

ENVEJECIMIENTO. m. Acción y efecto de envejecer.

ENVELAR. tr. ant. Cubrir con velo una cosa.

★ ENVELLAR. intr. CHILE. Partir, marchar. Ú.t.c.r.

★ ENVELLONAR. (De *en* y *vellón*.) intr. Recoger el vellón de una res y atarlo.

★ ENVENADO. m. ARGENT. y BOL. Cuchillo, puñal.

ENVENENADOR, RA. adj. Que envenena. Ú.t.c.s.

ENVENENAMIENTO. m. Acción y efecto de envenenar o envenenarse. || **P.** envenenamento; **I.** poisoning; **F.** empoisonnement; **A.** Vergiftung; **It.** avvelenamento; **R.** отравление.

ENVENENAR. tr. Emponzoñar, inficionar con veneno. Ú.t.c.r. || **2.** fig. Acriminar, interpretar en mal sentido palabras o hechos. || **3.** fig. Emponzoñar, dañar. || **4.** CUBA. Enamorar, cautivar. || **P.** envenenar; **I.** to envenom, to poison; **F.** empoisonner, envenimer; **A.** vergiften; **It.** avvelenare; **R.** отравлять.

ENVERAR. (l. *in*, en, y *variāre*, cambiar de color.) intr. Empezar las frutas, especialmente las uvas, a tomar color de maduras.

★ ENVERBASCAR. tr. Inficionar, generalmente con semillas de verbasco, las aguas de un río a arroyo para entontecer a los peces y poderlos pescar fácilmente.

ENVERDECER. (l. *in*, en, y *viridescĕre*, de *viridis*, verde.) intr. Reverdecer, el campo, las plantas, etc.

ENVERDIR. tr. ant. Teñir de verde.

ENVERGADURA. (De *envergar*.) f. MAR. Anchura de una vela contada en el grátil. || **2.** ZOOL. Distancia entre las puntas de las alas extendidas de las aves. || **3.** AVIAC. Distancia entre los extremos de las alas de un avión. || **4.** Energía, fuerza, prestigio. || **5.** Importancia, trascendencia.

ENVERGAR. tr. MAR. Sujetar las velas a las vergas.

ENVERGONZADO, DA. p.p. de envergonzar. || **2.** adj. ant. Vergonzante.

ENVERGONZAMIENTO. (De *envergonzar*.) m. ant. Vergüenza, empacho.

ENVERGONZANTE. p.a. ant. de envergonzar. Que envergüenza.

ENVERGONZAR. tr. ant. Avergonzar. Usáb.t.c.r.

ENVERGUE. (De *envergar*.) m. MAR. Cada uno de los cabos delgados que pasan por los ollaos de la vela y la sujetan a la verga.

ENVERJADO. m. Enrejado.

ENVERNADERO. m. ant. Invernadero.

ENVERNAR. intr. ant. Invernar.

ENVERNIEGO, GA. adj. ant. Invernizo.

ENVERO. (De *enverar*.) m. Color que toman las uvas y otras frutas al empezar a madurar. || **2.** Uva que tiene este color.

ENVERSADO, DA. adj. ant. Decíase de lo que en un edificio estaba revocado.

ENVÉS. (l. *inversum*.) m. Revés, 1.ª acep. || **2.** fam. Espalda, 1.ª acep.

ENVESADO, DA. adj. Que presenta el envés. Más comúnmente se dice del cordobán.

ENVESAR. (De *envés*.) tr. GERM. Azotar, disciplinar.

ENVESTIDURA. f. Investidura.

ENVESTIR. (l. *investire*.) tr. Investir.

ENVIADA. f. Acción y efecto de enviar.

ENVIADIZO, ZA. adj. Que se envía o se acostumbra a enviar.

ENVIADO, DA. p.p. de enviar. || **2.** m. El que por mandato de otro va con algún mensaje o comisión. || **—extraordinario.** Agente diplomático cuya categoría es como la de los ministros plenipotenciarios.

ENVIAJADO, DA. (De *viaje*, 2.º art.) adj. ARQ. Oblicuo, sesgo.

ENVIAR. (l. *inviāre*, de *vía*.) tr. Mandar a una persona a alguna parte. || **2.** Hacer que una cosa se dirija o sea llevada a alguna parte. || **3.** ENVIAR a uno *a pasear*. fr. fig. y fam. ENVIARLE a paseo. || ENVIAR a uno *a freír espárragos*. fr. fig. y fam. Despedirlo ásperamente. || **P.** enviar; **I.** to send; **F.** envoyer; **A.** senden, schicken; **It.** mandare, spedire; **R.** посылать.

E

ENVICIAMIENTO. m. Acción y efecto de enviciar.

ENVICIAR. tr. Corromper, pervertir a uno con un vicio. || **2.** intr. Echar las plantas muchas hojas y poco fruto. || **3.** r. Aficionarse demasiado a una cosa. || **P.** viciar; **I.** to vitiate; **F.** vicier; **A.** verderben; **It.** (in)viziare; **R.** портить.

ENVICIOSARSE. (De *en* y *vicioso.*) r. ant. Enviciarse.

ENVIDADA. f. Acción y efecto de envidar.

ENVIDADOR, RA. adj. Que envida en el juego. Ú.t.c.s.

ENVIDAR. (l. *invitāre*, invitar.) tr. Hacer envite a uno en el juego. || ENVIDAR *de*, o *en, falso.* fr. Envidar con poco juego, esperando que no admitirá el contrario. || **2.** fig. Convidar a uno, pero con el deseo de que no acepte.

ENVIDIA. (l. *invidia*.) f. Tristeza o pesar del bien ajeno. || **2.** Emulación, deseo honesto. || *Comerse* a uno *de* ENVIDIA. fr. fig. y fam. Sentirla intensamente, estar atormentado por ella. || *Si la* ENVIDIA *fuera tiña, ¡cuántos tiñosos habría!* ref. con que se nota al envidioso disimulado. || **P.** inveja; **I.** envy; **F.** envie; **A.** Neid; **It.** invidia; **R.** зависть.

ENVIDIABLE. (De *envidiar*.) adj. Digno de ser deseado o apetecido.

ENVIDIADOR, RA. (De *envidiar*.) adj. ant. Envidioso. Usáb.t.c.s.

ENVIDIAR. tr. Tener envidia de una cosa, sentir el bien ajeno. || **2.** fig. Desear, apetecer lo que es honesto y lícito. || *No tener que* ENVIDIAR, o *tener poco que* ENVIDIAR, una cosa a otra. fr. fig. No ser inferior a ella. || **P.** invejar; **I.** to envy; **F.** envier; **A.** beneiden; **It.** invidiare; **R.** завидовать.

ENVIDIOSO, SA. (l. *invidiōsus*.) adj. Que tiene envidia. Ú.t.c.s.

ENVIDO. (De *envidar*.) m. Envite de dos tantos en el juego de mus.

ENVIEJAR. (De *en* y *viejo*.) tr. ant. Envejecer. Ú. en Salamanca.

ENVIGADO, DA. p.p. de envigar. || **2.** m. Conjunto de las vigas de un edificio.

ENVIGAR. tr. Asentar las vigas de un edificio. Ú.t.c.r.intr.

ENVILECEDOR, RA. adj. Que envilece.

ENVILECER. tr. Hacer vil y despreciable a una persona o cosa. || **2.** r. Perder uno la estimación que tenía. || **P.** envilecer; **I.** to vilify; **F.** avilir; **A.** herabwürdigen; **It.** avvilire; **R.** унижать, презирать.

ENVILECIMIENTO. m. Acción y efecto de envilecer o envilecerse.

ENVILORTAR. tr. SAL. Atar los haces con vilortos o vencejos.

ENVINAGRAR. tr. Echar vinagre a una cosa.

ENVINAR. tr. Echar vino en el agua.

ENVÍO. m. Acción y efecto de enviar, remesa.

ENVIÓN. (De *enviar*.) m. Empujón.

ENVIRAR. (De *en* y *vira*, I.er art.) tr. Unir con estaquillas de madera los corchos con que se forman las colmenas.

ENVIROTADO, DA. (De *en* y *virote*.) adj. fig. Dícese del sujeto engreído, tieso.

ENVISCAMIENTO. m. Acción y efecto de enviscar o enviscarse.

ENVISCAR. (l. *inviscāre*; de *in*, en, y *viscum*, liga.) tr. Untar con liga las ramas de las plantas para cazar pájaros. || **2.** r. Pegarse los pájaros y los insectos con la liga. || **P.** enviscar; **I.** to lime; **F.** engluer; **A.** mit Vogelleim bestreichen; **It.** invescare, impaniare; **R.** смазывать клеем.

ENVISCAR. (De *en* y *guizgar*.) tr. Azuzar. || **2.** fig. Enconar los ánimos.

ENVISO, SA. (l. *in*, en, y *visus*, vista.) adj. ant. Advertido, sagaz.

ENVITE. (De *invitar*.) m. Apuesta que se hace en algunos juegos, parando, sobre los tantos ordinarios, cierta cantidad a un lance. || **2.** fig. Ofrecimiento de algo. || **3.** Envión, empujón. || *Al primer* ENVITE. m. adv. De buenas a primeras.

ENVIUDAR. intr. Quedar viudo o viuda.

★ **ENVOLATADO, DA.** adj. COLOM. Atareado, atrafagado.

ENVOLCARSE. (l. *involvicāre*, de *involvĕre*, envolver.) r. ant. Envolverse.

ENVOLTORIO. (De *envuelto*.) m. Lío de rõpas u otras cosas. || **2.** Defecto en el

paño por haber mezclado alguna especie de lana diferente a la del tejido.

ENVOLTURA. (De *envuelto*.) f. Conjunto de pañales y mantillas que envuelven a los niños pequeños. Ú.t. en pl. || **2.** Capa exterior de una cosa. || **2.ª** acep.: **P.** envoltura; **I.** envelope; **F.** enveloppe; **A.** Umhüllung, Enveloppe; **It.** fasciatura; **R.** обёртка.

ENVOLVEDERO. m. Envolvedor.

ENVOLVEDOR. m. Paño o cualquier otra cosa que sirve para envolver. || **2.** Mesa o camilla en donde se envuelve a los niños.

ENVOLVENTE. p.a. de envolver. Que envuelve o rodea. Ú.c.adj.

ENVOLVER. (l. *involvĕre*.) tr. Cubrir una cosa rodeándola o ciñéndola con algo. || **2.** Vestir al niño pequeño con pañales y mantillas. || **3.** Arrollar un hilo, cinta, etc. || **4.** fig. Complicar a uno en un asunto. || **5.** MIL. Rebasar por uno de sus extremos la línea de combate del enemigo y acometerlo por todos los lados. || **6.** fig. Rodear alguno en la disputa, de argumentos, dejándole cortado. || **7.** r. fig. Amancebarse. || **8.** fig. Meterse entre otros, como sucede en las acciones guerreras. || **9.** ARGENT. Acarrear, llevar consigo. || **P.** envolver; **I.** to envelop; **F.** envelopper; **A.** einhüllen; **It.** invòlgere; **R.** завёртывать.

ENVOLVIMIENTO. m. Acción y efecto de envolver o envolverse. || **2.** Revolcadero.

ENVUELTO, TA. (l. *involvǐtus*, o *invǒlutus.*) p.p. irreg. de envolver. || **2.** m. Méj. Tortilla de maíz guisada. || **3.** f. pl. SAL. Envoltura del niño de pecho. || **4.** COLOM. Bollo de maíz o de plátano. || **5.** ECUAD. Hombre apocado o bonachón, Juan Lanas. || **6.** ART. Envoltura de las balas. || **7.** MEC. Pieza de una máquina que envuelve a otra, protegiéndola.

★ **ENYERBAR.** tr. MÉJ. Hechizar, embobar, idiotizar. || **2.** MÉJ. Enamorarse perdidamente, apasionarse.

ENYERBARSE. r. AMÉR. Cubrirse de yerba un terreno. || **2.** MÉJ. Envenenarse. || **3.** CUBA. Presentarse un asunto con dificultades insuperables, tomar mal cariz.

ENYERTAR. tr. ant. Poner yerta una cosa. Usáb.t.c.r.

ENYESADO, DA. p.p. de enyesar. || **2.** m. Operación de echar yeso a los vinos. || **3.** AGR. Operación de enmendar un terreno agregándole yeso.

ENYESADURA. f. Acción y efecto de enyesar.

ENYESAR. tr. Tapar o allanar una cosa con yeso. || **2.** Igualar con yeso las paredes, los suelos, etc. || **3.** Agregar yeso a alguna cosa. || **4.** CIR. Escayolar, endurecer con yeso o escayola los vendajes que sujetan los huesos dislocados o rotos en posición conveniente. || **P.** engessar; **I.** to plaster; **F.** plâtrer; **A.** gipsen, eingipsen; **It.** ingessare; **R.** штукатурить.

ENYESCARSE. (De *en* y *yesca*.) r. ant. Encenderse, inflamarse.

ENYUGAMIENTO. (De *enyugar*.) m. ant. Casamiento.

ENYUGAR. tr. Uncir a los bueyes o mulas de labranza. || **2.** Poner el yugo a una campana.

ENYUNTAR. (De *en* y *yunta*.) tr. ant. Juntar o uncir.

ENZA. f. MURC. Señuelo, cimbel. || **2.** MURC. Cualquier cosa que sirve para atraer. || **3.** fig. MURC. Inclinación, afición.

★ **ENZACATARSE.** r. MÉJ. y AMÉR. CENTRAL. Cubrirse un terreno de zacate. || **2.** HOND. Embrutecerse uno por vivir en el campo largo tiempo.

ENZAINARSE. r. Ponerse a mirar a lo zaino. || **2.** fam. Hacerse traidor, falso.

ENZALAMAR. tr. fam. Azuzar, encizañar.

ENZAMARRADO, DA. adj. Cubierto o abrigado con zamarra.

ENZARZADA. (De *enzarzar*, I.er art.) f. desus. MIL. Atrincheramiento oculto en un bosque, garganta o paso importante.

ENZARZAR. tr. Poner zarzas en una cosa o cubrirla de ellas. || **2.** fig. Malquistar a algunos entre sí sembrando discordias. || **3.** r. Enredarse en las zarzas. || **4.** fig. Meterse en negocios arduos. || **5.** fig. Reñir, pelearse.

ENZARZAR. tr. Poner zarzos en los

lugares donde se crían los gusanos de seda.

ENZIMA. (gr. ἐν, en, y ζύμη, fermento.) f. BIOL. Cualquiera de los fermentos solubles, de naturaleza compleja, que se forman en los organismos vegetales o animales y actúan como catalizadores en los procesos de metabolismo.

ENZOOTIA. (gr. ἐν, en, y ζῷον, animal.) f. VETER. Enfermedad habitual de una o más especies de animales de un país o región determinados.

ENZOQUETAR. tr. Poner zoquetes o tacos de madera en algún entramado, para evitar movimientos de los maderos o que haya pandeo.

★ **ENZORRAR.** tr. P. RICO y COLOM. Molestar. || **2.** r. P. RICO. Quedarse adormecido.

ENZUNCHAR. tr. Reforzar cajones, fardos, etc., con zunchos o flejes.

ENZURDECER. intr. Hacerse o volverse zurdo.

ENZURIZAR. (De *en* y *zuriza*.) tr. Azuzar o sembrar la discordia entre varias personas.

ENZURRONAR. tr. Meter en zurrón. || **2.** fig. y fam. Encerrar una cosa en otra.

ENZURRONARSE. (De *en* y *zurrón*.) r. AR., PAL. y SAL. No llegar a granar los cereales por exceso de calor y falta de humedad.

EÑE. f. Nombre de la letra ñ.

EOCENO. (gr. ἠώς, aurora, y καινός, reciente.) adj. GEOL. Dícese del período geológico con que empieza la era Terciaria. || **2.** GEOL. Aplícase al terreno formado en dicho período. || **3.** GEOL. Perteneciente a este terreno.

EÓLICO, CA. (l. *aeolǐcus*.) adj. Eolio, 2.ª acep. || **2.** m. Dialecto eólico, uno de los cuatro principales de la lengua griega.

EOLIO, LIA. (l. *aeolǐus*.) adj. Natural de la Eólida. Ú.t.c.s. || **2.** Perteneciente a este país de Asia antigua. || **3.** Perteneciente o relativo a Eolo. || **4.** *Arpa* EOLIA. La que constaba de seis u ocho cuerdas afinadas en un mismo tono, y que producía sonido al estar expuesta a una corriente de aire.

EOLITO. (gr. ἠώς, aurora, y λίθος, piedra.) m. Instrumento de piedra muy rudimentario usado por el hombre primitivo.

EÓN. (l. *aeōn*, y éste del gr. αἰών, el tiempo, la eternidad.) m. Espacio o período de tiempo largo e indefinido; edad del mundo, y por ext., eternidad. || **2.** Entre los gnósticos, cada uno de los genios creadores, emanados de la divinidad suprema.

★ **EOSINA.** f. QUÍM. Compuesto químico que se emplea mucho en la fabricación de tinta roja.

¡EPA! interj. HOND., MÉJ. y VENEZ. ¡Hola! || **2.** CHILE. interj. usada para animar. ¡Ea! || **3.** ARGENT. ¡Cuidado! ¡Alto!

EPACTA. (l. *epactae*, -*ārum*, y éste del gr. ἐπακταί, añadidos, intercalados [días].) f. Número de días en que el año solar excede al lunar. || **2.** Número de días que la luna de diciembre tiene el día primero de enero, contados desde el último novilunio. || **3.** Añalejo.

EPACTILLA. (d. de *epacta*.) f. Epacta, 2.ª acep.

EPANADIPLOSIS. (l. *epanadiplōsis*, y éste del gr. ἐπαναδίπλωσις, de ἐπαναδιπλόω, doblar, reiterar.) f. RET. Figura que consiste en repetir al fin de una cláusula el mismo vocablo con que se empieza.

EPANÁFORA. (l. *apanaphǒra*, y éste del gr. ἐπαναφορά, de ἐπαναφέρω, repetir.) f. RET. Anáfora.

EPANALEPSIS. (l. *epanalepsis*, y éste del gr. ἐπανάληψις, de ἐπαναλαμβάνω, volver a tomar.) f. RET. Epanadiplosis.

EPANÁSTROFE. (l. *epanástrǒphe*, y éste del gr. ἐπαναστροφή, de ἐπαναστρέφω, tornar, invertir.) f. RET. Concatenación. || **2.** Conduplicación.

EPANORTOSIS. (l. *epanorthōsis*, y éste del gr. ἐπανόρθωσις, de ἐπανορθόω, rectificar.) f. RET. Corrección, figura retórica.

EPAZOTE. (mejic. *epazotl*.) m. MÉJ. Pazote.

EPECHA. m. NAV. Reyezuelo, pájaro común en Europa.

EPÉNTESIS. (l. *epenthěsis*, y éste del gr. ἐπένθεσις, de ἐπεντίθημι, intercalar.) f. GRAM. Metaplasmo que consiste en añadir una letra en medio de un vocablo. *Co-rónica*, por *crónica*.

EPENTÉTICO, CA. adj. Que se añade por epéntesis.

EPERLANO. (fr. *éperlan*, y éste del al. *spierling*.) m. ZOOL. Pez teleósteo, parecido a la trucha, de la que se diferencia por el color plateado con viso verdoso de las escamas. Se cría en los grandes ríos del Norte de Europa.

EPI. (gr. ἐπί.) prep. insep. que significa *sobre*; como en EPI*telio*.

ÉPICA. f. Poesía épica.

ÉPICAMENTE. adv. De modo épico; con las cualidades propias de la epopeya.

EPICARPIO. (gr. ἐπί, sobre, y καρπός, fruto.) m. BOT. Parte exterior del pericarpio cuando éste consiste en dos o más capas diferentes.

EPICEDIO. (l. *epicedĭon*, y éste del gr. ἐπικήδειον; de ἐπί, en, y κῆδος, exequias.) m. Cualquiera composición poética en que se llora o se alaba a una persona muerta. || **2.** Composición poética que en la antigüedad se recitaba ante un cadáver.

EPICENO. (l. *epicoenus*, y éste del gr. ἐπίκοινος; de ἐπί, en, y κοινός, común.) adj. GRAM. V. *Género* EPICENO.

EPICENTRO. (gr. ἐπί, sobre, y *centro*.) m. El punto de la superficie terrestre donde un seísmo se siente con mayor intensidad.

EPICEYO. m. Epicedio.

EPICÍCLICO, CA. adj. ASTRON. Perteneciente al epiciclo.

EPICICLO. (l. *epicyclus*, y éste del gr. ἐπίκυκλος; de ἐπί, sobre, y κύκλος, círculo.) m. ASTROM. Círculo que se suponía descrito por un astro, mientras que el centro de dicho círculo describía, a su vez, otro círculo alrededor de la Tierra.

EPICICLOIDE. (gr. ἐπί, y *cicloide*.) f. GEOM. Línea curva descrita por un punto de una curva cerrada que rueda sobre otra fija, manteniéndose ambas tangentes.

ÉPICO, CA. (l. *epicus*, y éste del gr. ἐπικός; de ἔπος, palabra, y en pl. τὰ ἔπη; la épica.) adj. Concerniente a la epopeya. || **2.** Propio de la épica; apto o conveniente para ella. || **3.** Dícese del autor de obras épicas. Ú.t.c.s. || **4.** Dícese del género de poesía en que el autor expone hechos exteriores a su espíritu. || **P.** épico; **I.** epic; **F.** épique; **A.** episch; **It.** épico; **R.** эпический.

EPICUREÍSMO. (De *epicúreo*.) m. Sistema filosófico enseñado por Epicuro de Atenas. || **2.** fig. Refinado egoísmo que busca el placer exento de todo dolor.

EPICÚREO. A. (l. *epicurĕus*.) adj. Perteneciente a Epicuro. || **2.** Partidario del epicureísmo. Ú.t.c.s. || **3.** fig. Dícese de la persona que ama los placeres sensuales. || **P.** epicureo; **I.** epicurean; **F.** épicurien; **A.** epikuräisch; **It.** epicùreo; **R.** эпикурейский.

EPIDEMIA. (gr. ἐπιδημία, de ἐπίδημος; de ἐπί, sobre, y δῆμος, pueblo.) f. Enfermedad infecciosa que reina transitoriamente en una región o localidad, atacando simultáneamente a gran número de personas. || **P.** epidemia; **I.** epidemic; **F.** épidémie; **A.** Epidemie, Seuche; **It.** epidemia; **R.** эпидемия.

EPIDEMIAL. (De *epidemia*.) adj. Epidémico.

EPIDEMICIDAD. f. Calidad de epidémico.

EPIDÉMICO. CA. adj. Perteneciente a la epidemia.

° **EPIDEMIOLOGÍA.** fem. MED. Tratado de las epidemias.

° **EPIDEMIÓLOGO.** m. Especialista en epidemiología.

EPIDÉRMICO. CA. adj. Perteneciente o relativo a la epidermis.

EPIDERMIS. (l. *epidermis*, y éste del gr. ἐπιδερμίς; de ἐπί, sobre, y δέρμα, piel.) f. ZOOL. Membrana que cubre la edermis de los animales y que constituye el revestimiento epitelial de la piel. || **2.** ANAT. Tejido epitelial estratificado, exento de vasos pero no de nervios, formado por cinco capas de células. || *Tener la* EPIDERMIS *fina.* fr. fig. Ser quisquilloso. || **P.** epidermis; **I.** epidermis; **F.** épiderme; **A.** Epidermis, Oberhaut; **It.** epidèrmide; **R.** эпидерма.

EPIDIASCOPIO. (gr. ἐπί, sobre; διά, a través, y σκοπέω, ver, examinar.) m. Fís. Aparato para proyectar en una pantalla las imágenes de diapositivas y también las de cuerpos opacos.

EPIDIÁSCOPO. m. Fís. Epidiascopio.

EPIFANÍA. (l. *epiphanĭa*, y éste del gr. ἐπιφαύεια, manifestación.) f. Festividad que celebra la Iglesia el 6 de enero, en conmemoración de la manifestación de Jesucristo al mundo; llámase también la *Adoración de los Reyes Magos*.

★ **EPIFENÓMENO.** m. Fenómeno accesorio que no modifica el fenómeno principal. || **2.** PAT. Fenómeno que acompaña a los síntomas de una enfermedad sin ser característico de ella.

EPÍFISIS. (l. *epiphўsis*, y éste del gr. ἐπίφυσις, excrecencia.) f. ANAT. Órgano nervioso pequeño, situado en el encéfalo. || **2.** ANAT. Cada una de las partes terminales de los huesos largos, más voluminosa que la diáfisis.

EPIFITO, TA. (gr. ἐπί, sobre, y φυτόν, vegetal.) adj. BOT. Dícese del vegetal que vive sobre otra planta, pero sin alimentarse de los jugos de ésta.

EPIFONEMA. (l. *epiphonēma*, y éste del gr. ἐπιφώνημα; de ἐπί, sobre, y φονέω, gritar.) f. RET. Exclamación o reflexión con la cual se concluye el concepto general de un relato.

EPÍFORA. (gr. ἐπιφορά, aflujo.) f. MED. Lagrimeo que se produce bajo la acción de una causa irritativa mecánica o fisiológica.

EPIGÁSTRICO, CA. adj. ANAT. Perteneciente o relativo al epigastrio.

EPIGASTRIO. (gr. ἐπιγάστριον; de ἐπί, sobre, y γαστήρ, vientre.) m. ANAT. Región superior del abdomen, desde la punta del esternón hasta cerca del ombligo.

EPIGLOSIS. (l. *epiglossis*, y éste del gr. ἐπιγλωσσίς; de ἐπί, sobre, y γλῶσσα, lengua.) f. ZOOL. Parte de la boca de los insectos himenópteros.

EPIGLOTIS. (l. *epiglottis*, y éste del gr. ἐπιγλωττίς; de ἐπί, sobre, y γλωττίς, glotis.) f. ZOOL. Órgano en forma de lámina cartilaginosa, inserto por su base en el ángulo entrante del cartílago tiroides, y que cierra la glotis en el momento de la deglución.

EPÍGONO. (gr. ἐπίγονος, nacido después.) m. El que sigue las huellas de otro; especialmente el que sigue la escuela o estilo de una generación anterior.

EPÍGRAFE. (gr. ἐπιγραφή, de ἐπιγράφω, inscribir.) m. Resumen o cita que encabeza una obra científica o literaria, o cada uno de sus capítulos o divisiones para indicar su contenido. || **2.** Inscripción, escrito sucinto grabado en piedra, metal u otra materia. || **3.** Título, rótulo. || **P.** epígrafe; **I.** epigraph; **F.** épigraphe; **A.** Inschrift; **It** épigrafe; **R.** эпиграф.

EPIGRAFÍA. (De *epígrafe*.) f. Ciencia que estudia las inscripciones y enseña a conocerlas y a interpretarlas.

EPIGRÁFICO, CA. adj. Perteneciente o relativo a la epigrafía.

EPIGRAFISTA. com. Persona versada en epigrafía.

EPIGRAMA. (l. *epigramma*, y éste del gr. ἐπίγραμμα, de ἐπιγράφω, inscribir.) m. Inscripción, epígrafe. || **2.** Composición poética breve, precisa y aguda, que expresa un solo pensamiento principal, generalmente festivo o satírico. || **3.** fig. Pensamiento de cualquier género, expresado con brevedad y agudeza. || **P.** epigrama; **I.** epigram; **F.** épigramme; **A.** Epigramm, Sinngedicht; **It.** epigramma; **R.** эпиграмма.

EPIGRAMATARIO, RIA. (l. *epigrammatarĭus*.) adj. Epigramático. || **2.** m. El que hace o compone epigramas. || **3.** Colección de epigramas.

EPIGRAMÁTICAMENTE. adv. De manera epigramática.

EPIGRAMÁTICO, CA. (l. *epigrammaticus*.) adj. Dícese de lo que pertenece o se refiere al epigrama. || **2.** Dícese de la persona que compone o emplea epigramas. || **3.** m. Epigramatario.

EPIGRAMATISTA. (l. *epigrammatista*.) m. Epigramatario, 2.ª acep.

EPIGRAMISTA. m. Epigramatario, 2.ª acep.

EPILENCIA. (De *epilepsia*, con la term. de *dolencia*.) f. ant. Epilepsia.

EPILENSE. adj. Natural de Épila. Ú.t.c.s. || **2.** Relativo a esta villa de la provincia de Zaragoza.

EPILÉNTICO, CA. (De *epilencia*.) adj. ant. Epiléptico. Ú.t.c.s.

EPILEPSIA. (l. *epilepsia*, y éste del gr. ἐπιληψία, intercepción.) f. MED. Enfermedad general que se caracteriza por la pérdida súbita de conciencia, acompañada de fuertes movimientos convulsivos, salida de espuma por la boca, etc. || **P.** epilepsia; **I.** epilepsy; **F.** épilepsie; **A.** Fallsucht, Epilepsie; **It.** epilessia; **R.** эпилепсия.

EPILÉPTICO, CA. (l. *epilepticus*, y éste del gr. ἐπιληπτικός.) adj. MED. Que padece de epilepsia. Ú.t.c.s. || **2.** MED. Perteneciente a esta enfermedad.

EPILOGACIÓN. (De *epilogar*.) f. Epílogo.

EPILOGAL. (De *epílogo*.) adj. Resumido, compendiado.

EPILOGAR. (De *epílogo*.) tr. Compendiar, resumir una obra o escrito.

EPILOGISMO. (gr. ἐπιλογισμός, cálculo, razonamiento.) m. ASTRON. Cálculo o cómputo.

EPÍLOGO. (l. *epilŏgus*, y éste del gr. ἐπίλογος.) m. Recapitulación, conclusión de un discurso, de una obra dramática, de una novela, etc. || **2.** fig. Conjunto o compendio. || **3.** Última parte de algunas novelas y obras dramáticas en la que se refieren sucesos relacionados con la acción principal. || **4.** RET. Peroración, 2.ª acep. Algunos retóricos aplican especialmente este nombre a la sola *enumeración*. || **P.** epílogo; **I.** epilogue; **F.** épilogue; **A.** Epilog, Schlussrede; **It.** epilogo; **R.** эпилог.

EPÍMONE. (l. *epimŏne*, y éste del gr. ἐπιμονή, de ἐπιμένω, insistir.) f. RET. Figura que consiste en repetir sin intervalo una misma palabra para dar énfasis a lo que se dice, o intercalar varias veces en una composición poética un verso o una misma expresión.

★ **EPINEFRINA.** f. QUÍM. Principio activo de las glándulas suprarrenales.

EPINICIO. (l. *epinicion*, y éste del gr. ἐπινίκιον; de ἐπί, sobre, y νίκη, victoria.) m. Canto de victoria; himno triunfal.

EPIPARÁSITO. adj. BIOL. Ectoparásito.

EPIPLÓN. (gr. ἐπίπλοος.) m. Redaño, fomento.

EPIQUEREMA. (l. *epicherēma*, y éste del gr. ἐπιχείρημα.) m. LÓG. Silogismo en que una o varias premisas van acompañadas de una prueba.

EPIQUEYA. (gr. ἐπιείκεια, equidad.) f. Interpretación moderada y prudente de la ley.

★ **EPIROGENIA.** f. GEOL. Deformación de la corteza terrestre en virtud de la cual se han producido los continentes, los océanos, etc.

EPIROTA. (l. *epirōta*.) adj. Natural de Epiro, país de la Grecia antigua. Ú.t.c.s.

EPIRÓTICO, CA. (l. *epiroticus*.) adj. Perteneciente a Epiro.

EPISCOPADO. (l. *episcopātus*.) m. Dignidad de obispo. || **2.** Época y duración del gobierno de un obispo. || **3.** Conjunto de obispos del orbe católico o de una nación. || **P.** episcopado; **I.** episcopate; **F.** épiscopat; **A.** Episkopat, Bischofsamt; **It.** vescovado; **R.** епископство.

EPISCOPAL. (l. *episcopālis*.) adj. Perteneciente o relativo al obispo. || **2.** m. Libro en que se contienen las ceremonias y oficios propios de los obispos.

EPISCOPALISMO. m. Doctrina de los canonistas favorable a la potestad episcopal y contraria a la supremacía pontificia. Lo practica y sostiene la Iglesia Anglicana.

EPISCOPIO. (gr. ἐπί, sobre, y σκοπέω, ver.) m. Aparato para la proyección de cuerpos opacos.

EPISCOPOLOGIO. (gr. ἐπίσκοπος, obispo, y λόγος, tratado, narración.) m. Catálogo y serie de los obispos de una iglesia.

EPISÓDICAMENTE. adv. A manera de episodio, incidentalmente.

EPISÓDICO, CA. adj. Perteneciente al episodio.

E

EPISODIO. (gr. ἐπεισόδιον, de ἐπείσοδος, entrada, intervención.) m. Acción secundaria en un poema épico o dramático, novela, etc., pero de algún modo enlazada con la acción principal. ‖ **2.** Cada una de las acciones parciales o partes integrantes de la acción principal. ‖ **3.** Digresión en obras de otro género o en el discurso. ‖ **4.** Suceso enlazado con otros que forman un todo. ‖ **P.** episódio; **I.** episode; **F.** episode; **A.** Episode, Nebenhandlung; **It.** episodio; **R.** эпизод.

EPISPÁSTICO, CA. (gr. ἐπισπαστικός de ἐπισπάω, atraer.) adj. MED. Vesicante Ú.t.c.s.m.

EPISTAXIS. (gr. ἐπίσταξις; de, ἐπί, sobre, y στάζω, fluir, correr gota a gota.) f. MED. Flujo de sangre por las narices.

EPISTEMOLOGÍA. (gr. ἐπιστήμη, conocimiento, y λόγος, tratado.) f. Teoría del conocimiento o doctrina de los fundamentos y métodos del conocimiento científico y de su origen, límites, valor, etc.

EPÍSTOLA. (l. epistŏla, y éste del gr. ἐπιστολή; de ἐπιστέλλω, enviar.) f. Carta misiva que se escribe a los ausentes. ‖ **2.** Parte de la Misa inmediatamente anterior al gradual, así llamada por leerse de ordinario un fragmento de las epístolas de los apóstoles. ‖ **3.** Cada una de las cartas canónicas reconocidas que la Iglesia, y especialmente las escritas por San Pablo. ‖ **4.** LIT. Composición poética, que en castellano suele escribirse en tercetos, que aparece como dirigida a una persona real o imaginaria y cuyo fin principal es exponer ideas didácticas o moralizadoras. —**católica.** Cualquiera de las escritas por los apóstoles Santiago y San Judas, y aun por San Pedro y San Juan. ‖ **P.** epístola; **I.** epistle; **F.** epître; **A.** Epistel; **It.** epistola; **R.** письмо, послание.

EPISTOLAR. (l. epistolāris.) adj. Perteneciente a la epístola o carta.

EPISTOLARIO. (l. epistolarĭus.) m. Libro o cuaderno en que se hallan escritas varias cartas o epístolas de un autor. ‖ **2.** Libro en que se contienen las epístolas de la Misa.

EPISTOLERO. m. Clérigo o sacerdote que tiene en algunas iglesias la obligación de cantar la epístola en las misas solemnes.

EPISTÓLICO, CA. (l. epistolĭcus.) adj. ant. Epistolar.

EPISTOLIO. (l. epistolĭum, y éste del gr. ἐπιστόλιον.) m. Epistolario.

EPISTOLÓGRAFO, FA. m. y f. Persona que se ha distinguido en escribir epístolas.

EPÍSTROFE. (l. epistrŏphe, y éste del gr. ἐπιστροφή, de ἐπιστρέφω, volver.) f. RET. Conversión, figura consistente en repetir una palabra al final de dos o más cláusulas.

EPITAFIO. (l. epitaphĭus, y éste del gr.ἐπιτάφιος; de ἐπί, sobre, y τάφος, sepultura.) m. Inscripción que se pone sobre una tumba o sepultura. ‖ **P.** epitáfio; **I.** epitaph; **F.** épitaphe; **A.** Grabschrift; **It.** epitaffio; **R.** эпитафия.

EPITALÁMICO, CA. adj. Perteneciente y relativo al epitalamio. *Canto* EPITALÁMICO.

EPITALAMIO. (l. epithalamĭum, y éste del gr. ἐπιθαλάμιος; de ἐπί, sobre, y θάλαμος, tálamo.) m. Composición lírica en celebridad de una boda.

EPÍTASIS. (l. epităsis, y éste del gr. ἐπίτασις; de ἐπιτείνω, dar intensidad o fuerza.) f. Parte del poema dramático, que sigue a la prótasis y precede a la catástrofe; nudo del poema.

EPITELIAL. adj. Referente al epitelio.

EPITELIO. (gr. ἐπί, sobre, y θηλή, pezón del pecho.) m. ZOOL. Cubierta celular de las cavidades del cuerpo de los animales. ‖ **2.** ANAT. En sentido general, capa que cubre la piel o la membrana mucosa. ‖ —**de revestimiento.** El que forma la epidermos y la capa externa de las mucosas. ‖ —**glandular.** El que forma la porción secretora de las glándulas. ‖ —**pigmentario.** El que tiene células con melanina. ‖ —**sensorial.** El que forma parte de los órganos de los sentidos. ‖ **P.** epitélio; **I.** epithelium; **F.** épithélium; **A.** Epithelium; **It.** epitelio; **R.** эпителий.

EPITELIOMA. m. MED. Tumor canceroso formado por células epiteliales, de-

rivadas de la piel o de revestimiento mucoso.

EPÍTEMA. (l. epithēma, y éste del gr. ἐπίθεμα, de ἐπιτίθημι poner sobre.) f. MED. Medicamento tópico que se aplica en forma de fomento.

EPÍTETO. (l. epithĕton, y éste del gr. ἐπίθετον, agregado.) m. Adjetivo o expresión equivalente que se agrega a un substantivo para acentuar su carácter y producir un efecto de estilo. Suele ir antes del nombre. ‖ **P.** epíteto; **I.** epithet; **F.** épithète; **A.** Beiwort; **It.** epiteto; **R.** эпитет.

EPÍTIMA. f. MED. Epítema. ‖ **2.** fig. Consuelo.

EPITIMAR. tr. MED. Poner epítima o confortante en alguna parte del cuerpo.

EPÍTIMO. (l. epithȳmon, y éste del gr. ἐπίθυμον; de ἐπί, sobre, y θυμός, tomillo.) m. Planta parásita, de tallos filiformes y flores rojizas, que suele vivir sobre el tomillo.

EPITOMADAMENTE. adv. Con precisión y brevedad de epítome.

EPITOMADOR, RA. adj. Que hace o compone epítomes. Ú.t.c.s.

EPITOMAR. (l. epitomāre.) tr. Reducir a epítome una obra extensa.

EPÍTOME. (l. epitŏme, y éste del gr. ἐπιτομή, de ἐπιτέμνω, cortar, abreviar.) m. Compendio de una obra extensa. ‖ **2.** RET. Figura que se comete cuando, después de dichas muchas palabras, se repiten las primeras para mayor claridad. ‖ **P.** epítome; **I.** epitome; **F.** épitome; **A.** Abriss, Auszug; **It.** epitome; **R.** краткое изложение.

EPÍTRITO. (l. epitrītus, y éste del gr. ἐπίτριτος; de ἐπί, sobre, y τρίτος, tercero.) m. Pie de la poesía griega y latina, compuesto de cuatro sílabas, una cualquiera breve, y las otras tres largas.

EPÍTROPE. (l. epitrŏpe, y éste del gr. ἐπιτροπή, concesión.) f. RET. Concesión, figura consistente en aparentar la persona que habla en convenir en algo que se le objeta o pudiera objetársele, dando a entender que aun así podrá sustentar victoriosamente su opinión. ‖ **2.** RET. Permisión.

EPIZOARIO. (gr. ἐπί, sobre, y ζῶον, animal.) m. ZOOL. Ectoparásito.

EPIZOOTIA. (gr. ἐπί, sobre, y ζῶον, animal.) f. Enfermedad infecciosa de una o más especies de animales, que reina transitoriamente en una región o localidad. ‖ **2.** CHILE. Glosopeda o fiebre aftosa.

EPIZOÓTICO, CA. adj. Perteneciente o relativo a la epizootia.

ÉPOCA. (l. epocha, y éste del gr. ἐποχή; de ἐπέχω, continuar, persistir.) f. Era, I.er art., I.ª acep. ‖ **2.** Período de tiempo que se señala por los hechos históricos durante él acaecidos. ‖ **3.** Por ext., cualquier espacio de tiempo. *En aquella* ÉPOCA *estaba yo ausente de Madrid; desde aquella* ÉPOCA *no nos hemos vuelto a ver.* ‖ **4.** Punto fijo y determinado de tiempo, desde el cual se empiezan a numerar los años. ‖ **5.** Temporada de considerable duración. ‖ *Formar*, o *hacer*, ÉPOCA. fr. que se usa para denotar que un hecho o suceso dejará larga memoria, o que por su importancia será el principio de una época. ‖ **P.** época; **I.** epoch; **F.** époque; **A.** Epoche, Zeitabschnitt; **It.** època; **R.** эпоха.

EPODA. (gr. ἐπωδή.) f. Epodo.

EPODO. (l. epŏdus, y éste del gr. ἐπωδός; de ἐπί, sobre, y ᾠδή, canto.) m. Último verso de la estancia, muchas veces repetido. ‖ **2.** En la poesía griega, tercera parte del canto lírico. ‖ **3.** En la poesía griega o latina, combinación métrica de un verso largo, y otro corto.

EPÓNIMO, MA. (gr. ἐπώνυμος; de ἐπί, sobre, y ὄνομα, nombre.) adj. Aplícase al héroe o a la persona que da nombre a un pueblo, época, etc.

EPOPEYA. (gr. ἐποποιία, de ἐποποιός; poeta épico; de ἔπος, palabra, discurso, verso, τ ιέω, hacer.) f. Poema narrativo extenso, de acción bélica, empresas nobles y personajes heroicos, y en el cual interviene lo sobrenatural y maravilloso. ‖ **P.** epopeia; **I.** epopee; **F.** épopée; **A.** Epos, Heldengedicht; **It.** epopea; **R.** эпическая поэма.

EPOTO, TA. (l. epōtus, p.p. de epotāre, beber.) adj. ant. Bebido, casi embriagado.

ÉPSILON. (gr. ἒ, e, y ψιλόν, breve.)

f. Nombre de la *e* breve del alfabeto griego.

EPSOMITA. (De Epsom, población del condado de Surrey, en Inglaterra, que tiene aguas minerales abundantes en sal.) f. Sal de la higuera.

EPULÓN. (l. epŭlo, -ōnis.) m. El que come y se regala mucho.

EQUI. (l. aequus, igual.) part. insep. que denota igualdad; como en EQUIvaler.

EQUIÁNGULO, LA. (l. aequus, igual, y angŭlus, ángulo.) adj. GEOM. Dícese de las figuras y sólidos de ángulos iguales entre sí.

EQUIDAD. (l. aequĭtas, -ātis, de aequus, igual.) f. Igualdad de ánimo. ‖ **2.** Bondadosa templanza habitual; propensión a dejarse guiar por el sentimiento del deber. ‖ **3.** Justicia natural, por oposición a justicia legal. ‖ **4.** Moderación en el precio de las cosas o en las condiciones de los contratos. ‖ **P.** equidade; **I.** equity; **F.** équité; **A.** Gleichmut; **It.** equità; **R.** справедливость.

EQUIDIFERENCIA. (De equi y diferencia.) f. MAT. Igualdad de dos razones por diferencia.

EQUIDISTANCIA. (De equi y distancia.) f. Igualdad de distancia entre varios puntos u objetos.

EQUIDISTANTE. (l. aequidistans, -antis.) p.a. de equidistar. Que equidista.

EQUIDISTAR. (De equi y distar.) intr. GEOM. Hallarse uno o más puntos, líneas, etc., a igual distancia de otro determinado, o entre sí.

EQUIDNA. m. Mamífero monotrema, insectívoro, de cabeza pequeña, hocico alargado, lengua extensible, con espinas; cuello, cola y patas, cortos; el cuerpo cubierto de pelo obscuro, con púas en el dorso y en los costados.

ÉQUIDO. (l. equus, caballo, y del gr. εἶδος, forma.) adj. ZOOL. Dícese de los mamíferos perisodáctilos, cuya característica principal es la terminación de las extremidades en un solo dedo; como el caballo, el asno y la cebra. Ú.t.c.s. ‖ **2.** m. pl. Familia de estos animales.

EQUILÁTERO, RA. (l. aequilatĕrus.) adj. GEOM. Dícese de las figuras cuyos lados son todos iguales entre sí.

EQUILIBRADO, DA. p.p. de equilibrar. ‖ **2.** adj. fig. Ecuánime, sensato, prudente.

EQUILIBRAR. (l. equilibrāre.) tr. Poner una cosa en equilibrio. Ú.t.c.r. ‖ **2.** fig. Lograr que una cosa no supere ni exceda a otra, manteniéndolas proporcionalmente iguales.

EQUILIBRE. (l. aequilibris.) adj. Dícese de lo que está equilibrado.

EQUILIBRIO. (l. aequilibrĭum.) m. Estado invariable de un cuerpo sometido a la acción de un sistema de fuerzas de resultante nula. ‖ **2.** Peso que siendo igual a otro peso, lo contrarresta. ‖ **3.** fig. Contrapeso, armonía entre cosas diversas. ‖ **4.** fig. Ecuanimidad, mesura. ‖ **5.** pl. fig. Actos de contemporización, prudencia o astucia, dirigidos a sostener una opinión situación, etc., insegura o dificultosa. ‖ —**metastable.** Fís. Estado de los líquidos que estando en determinadas condiciones que deberían producir en ellos un cambio de estado o estructura, permanecen, no obstante, en su forma primitiva. ‖ **P.** equilíbrio; **I.** equilibrium; **F.** équilibre; **A.** Gleichgewicht; **It.** equilibrio; **R.** равновесие.

* EQUILIBRIOSO, SA. adj. PERÚ. Quisquilloso.

EQUILIBRISMO. m. Conjunto de ejercicios y juegos practicados por el equilibrista.

EQUILIBRISTA. adj. Diestro en hacer juegos o ejercicios de equilibrio. Ú.m.c.s.

EQUIMOSIS. (gr. ἐκχύμωσις, de ἐκχυμόομαι, extravasarse la sangre.) f. MED. Mancha lívida de la piel que resulta de la sufusión de la sangre a consecuencia de un golpe, de una fuerte ligadura, etc.

EQUINO. (l. echīnus, y éste del gr. ἐχῖνος, erizo.) m. Erizo marino. ‖ **2.** ARQ. Moldura convexa más ancha en su terminación que en la base, característica del capitel dórico.

EQUINO, NA. (l. equīnus, de equus, caballo.) adj. poét. Perteneciente o relativo al caballo. || **2.** V. *Apio* EQUINO o *apio caballar*, planta silvestre.

EQUINOCCIAL. (l. *aequinoctiă, -lis.*) Perteneciente al equinoccio. || **2.** ASTRON. y GEOG. V. *Punto* EQUINOCCIAL. || **3.** f. *Línea* EQUINOCCIAL.

EQUINOCCIO. (l. *aequinoctium; de aequus,* igual, y *nox,* noche.) m. ASTRON. Cada uno de los momentos del año en que el Sol, en su movimiento aparente, pasa sobre el Ecuador, haciendo que los días y las noches sean iguales en toda la Tierra. || —**de otoño.** Del 22 al 23 de septiembre. || —**de primavera.** Del 20 al 21 de marzo. || P. equinócio; I. equinox; F. équinoxe; A. Aequinoktium, Tag und Nachtgleiche; It. equinozio; R. равноденствие.

EQUINOCOCO. (gr. ἐχῖνος, erizo, y κόκκος, gusanillo.) m. ZOOL. Pequeño gusano platelminto que vive en el intestino del perro y de otros mamíferos carnívoros. Se encuentra también en el hombre alojándose con preferencia en el hígado y en los pulmones.

EQUINOCOCOSIS. f. MED. Enfermedad producida por el cistiscerco de la tenia equinococo.

EQUINODERMO. (gr. ἐχῖνος, erizo, y δέρμα, piel.) adj. ZOOL. Dícese de animales marinos, celomados, de simetría radiada y piel gruesa provista de placas y espinas calcáreas, que tienen en su interior un sistema de canales por donde circula el agua de mar; como la estrella de mar y la holoturia. Ú.t.c.s. || **2.** m. pl. ZOOL. Tipo de esta clase de animales.

EQUIPAJE. (De *equipar.*) m. Conjunto de cosas que se llevan en los viajes. || **2.** MAR. Tripulación. || P. bagagem; I. baggage; F. bagage; A. (Reise-)Gepäck; It. bagaglio, equipaggio; R. багаж.

EQUIPAL. (mejic. *icpalli,* asiento.) Méj. Silla de bejuco con asiento y respaldo de cuero o de palma.

EQUIPAR. (fr. *équiper,* y éste del ant. *esquiper,* del anglosajón *skipian,* navegar.) tr. Proveer a uno de las cosas necesarias para su uso particular, especialmente de ropa. Ú.t.c.r. || **2.** tr. Proveer a una nave de todo lo necesario para su avío y defensa. || P. equipar; I. to equip; F. équiper; A. ausstatten, ausrüsten; It. fornire, equipaggiare; R. снаряжать.

EQUIPARABLE. adj. Que se puede equiparar.

EQUIPARACIÓN. (l. *aequiparatio, -ōnis.*) f. Comparación, cotejo de una persona o cosa con otra, considerándolas iguales o equivalentes entre sí.

EQUIPARAR. (l. *aequiparāre.*) tr. Comparar una persona o cosa con otra, considerándolas iguales o equivalentes.

EQUIPO. m. Acción y efecto de equipar. || **2.** Grupo de personas organizadas para un servicio determinado. || **3.** Conjunto o grupo de personas asociadas para disputar una prueba deportiva. EQUIPO *de fútbol.* || **4.** Prendas o efectos reglamentarios del soldado, como armamento, vestuario o montura. || **5.** Conjunto de ropas y otras cosas de uso particular de una persona. || **6.** En sentido técnico, conjunto de órganos que tienen encomendada una función concreta en una máquina. || P. equipa; I. equipment; F. équipement; A. Ausrüstung; It. equipaggio; R. снаряжение.

EQUIPOLADO. (fr. *équipollé,* y éste del l. *aequipollens, -entis,* equivalente.) adj. BLAS. V. *Punto, tablero* EQUIPOLADO.

EQUIPOLENCIA. (l. *aequipollens, -entis,* equipolente.) f. LÓG. Equipolencia.

EQUIPOLENTE. (l. *aequipollens, -entis.*) adj. LÓG. Equivalente.

EQUIPONDERANCIA. f. Igualdad en el peso.

EQUIPONDERANTE. p.a. de equiponderar. Que equipondera.

EQUIPONDERAR. (l. *aequus,* igual, y *ponderāre,* pesar.) intr. Ser una cosa de igual peso que otra.

EQUIS. f. Nombre de la letra *x,* y del signo de la incógnita en los cálculos. || **2.**adj. Número desconocido o indiferente. || **3.** COLOM. y PERÚ. Viborilla de veneno casi siempre mortal. || *Estar* uno *hecho una* EQUIS. fr. fig. y fam. que se dice del que está borracho.

EQUISETÁCEO, A. (De *equisetum,* nombre de un género de plantas.) adj. BOT.

Dícese de plantas pteridofitas, de rizoma feculento, tallos muy delgados, articulados, huecos. Ú.t.c.s. || **2.** f. pl. BOT. Familia de estas plantas.

EQUISETÍNEO, A. (l. *equisĕtum,* cola de caballo.) adj. BOT. Clase de plantas criptógamas vasculares, con tallos rugosos, asurcados y ásperos. Son plantas propias de terrenos húmedos de las zonas templadas. Su fructificación es en forma de ramillete terminal parecido a un penacho. Ú.t.c.s. || **2.** f. pl. BOT. Clase de estas plantas. Muchas de ellas son fósiles.

EQUISETO. (l. *equisĕtum,* cola de caballo.) m. BOT. Nombre genérico de las plantas pertenecientes a la familia de las equisetáceas.

EQUÍSIMO, MA. adj. sup. ant. de ecuo, 1.er art.

· **EQUITACIÓN.** (l. *aequitatio, -ōnis.*) f. Arte de montar a caballo. || **2.** Acción y ejercicio de montar a caballo. || P. equitação; I. equitation; F. équitation; A. Reitkunst; It. equitazione; R. верховая езда.

EQUITATIVAMENTE. adv. De manera equitativa.

EQUITATIVO. (l. *aequitas, -ātis,* igualdad.) adj. Que tiene equidad.

ÉQUITE. (l. *eques, equitis.*) m. Ciudadano romano perteneciente a una clase intermedia entre los patricios y los plebeyos.

EQUIVALENCIA. (l. *aequivalens, -entis,* equivalente.) f. Igualdad en el valor, potencia o eficacia, de dos o más cosas. || **2.** GEOM. Igualdad de áreas y volúmenes en figuras y sólidos diferentes. || P. equivalência; I. equivalence; F. équivalence; A. Gleichwertigkeit; It. equivalenza; R. равноценность.

EQUIVALENTE. (l.*aequivalens,-entis.*) adj. Que equivale a otra cosa. Ú.t.c.s. || **2.** GEOM. Dícese de las figuras y sólidos que tienen igual área o volumen y forma diferente. || **3.** m. QUÍM. Mínimo necesario de un cuerpo para combinarse con otro. || **4.**QUÍM. Número que representa este peso, tomado con relación al de un cuerpo escogido como tipo.

EQUIVALENTEMENTE.adv. De una manera equivalente; guardando igualdad.

EQUIVALER. (l. *aequivalēre.*) intr. Ser igual una cosa a otra en valor, potencia y eficacia. || **2.** GEOM. Ser de igual valor las áreas de dos figuras planas distintas o los volúmenes de dos sólidos también diversos.

EQUIVOCACIÓN. (l. *aequivocatio, -ōnis.*) f. Acción y efecto de equivocar o equivocarse. || **2.** Cosa hecha equivocadamente. || P. equivocação; I. mistake; F. méprise; A. Fehlgriff, Versehen; It. equivocazione; R. ошибка.

EQUIVOCADAMENTE. adv. Con equivocación.

EQUÍVOCAMENTE. adv. Con dos sentidos.

EQUIVOCAR. (De *equívoco.*) tr. Tomar una cosa por otra. Ú.m.c.r. || EQUIVOCARSE una cosa con otra. fr. Semejarse mucho y parecer una misma. || P. equivocar; I. to be mistaken; F. se tromper; A. verwechseln, missdeuten; It. equivocarsi; R. принимать одно за другое.

EQUÍVOCO, CA. (l. *aequivŏcus; de aequus,* igual, y *vocāre,* llamar.) adj. Que puede entenderse en varios sentidos. || **2.** m. Palabra cuya significación conviene a diferentes cosas. || **3.** RET. Figura que consiste en emplear adrede palabras equívocas. || P. equívoco; I. equivocal; F. équivoque; A. doppelsinnig; It. equivoco; R. двусмысленный.

EQUIVOQUISTA. com. Persona que con frecuencia y sin discreción usa de equívocos.

ERA. (l. *aera.*) f. Fecha determinada desde la cual, en la cronología, se empiezan a contar los años. || **2.** Temporada de larga duración. || **3.** Época notable en que empieza un nuevo orden de cosas. || **4.** GEOL. Cada uno de los grandes períodos en que se divide la historia geológica de la Tierra. || —**común, cristiana** o **de Cristo.** Cómputo de tiempo que empieza a contarse por años desde el Nacimiento de Nuestro Señor Jesucristo. || —**vulgar.**

CRONOL. Era cristiana. || P. eira; I. e It. era; F. ère; A. Zeitalter; R. эра.

ERA. (l. *arĕa.*) f. Espacio de tierra llana y firme donde se trillan las mieses. || **2.** Cuadro pequeño de tierra destinado al cultivo de flores u hortalizas. || **3.** Sitio llano cerca de las minas, donde se machaca y se limpia el mineral. || **4.** ALBAÑ. Suelo preparado para mezclar yeso, arena, etc. || **5.** BOL. Vasija donde se fermenta la chicha. || *Alzar* o *levantar,* de ERAS. fr. Acabar las tareas de la recolección que se realizan en ellas.

ERADICATIVO, VA. (l. *aeradicātus,* desarraigado.) adj. ant. Que tiene virtud de desarraigar.

ERAJE. m. AR. Miel virgen.

ERAL, LA. m. y f. Res vacuna de más de un año y de menos de dos.

ERAR. tr. Formar y disponer eras en un terreno para poner plantas en ellas.

ERARIO, RIA.(l. *aerarius,* y *aerarium.*) adj. ant. Contribuyente, tributario. || **2.** m. Tesoro público. || **3.** Lugar donde se guarda.

ERASMIANO, NA. adj. Que sigue la pronunciación griega atribuida erróneamente a Erasmo y fundada principalmente en la traslación fonética literal. Apl. a pers. ú.t.c.s.

ERASMISMO. m. Doctrina filosófica de Erasmo de Rotterdam.

ERASMISTA. adj. Partidario de las doctrinas dë Erasmo. Ú.t.c.s. || **2.** Perteneciente o relativo al erasmismo.

ÉRBEDO. (l. *arbūtus.*) m. AST. Madroño, arbusto de fruto comestible.

ERBIO. (Del m. or. que *terbio*.) m. Metal muy raro que se ha encontrado en algunos minerales de Suecia unido al itrio y terbio.

ERCAVICENSE. adj. Natural de Ercávica, hoy Cabeza del Griego. Ú.t.c.s. || **2.** Perteneciente a esta población de la España Tarraconense.

ERCER. (l. *ergĕre,* por *erigĕre,* levantar.) tr. ant. Levantar. Ú. en Santander.

ERE. f. Nombre de la letra *r* en su denominación suave.

EREBO. (gr. ἔρεβος.) m. Infierno, averno.

ERECCIÓN. (l. *erectio, -ōnis.*) f. Acción y efecto de levantar, levantarse, enderezarse o ponerse rígida una cosa. || **2.** Fundación o institución. || **3.** Tensión, tirantez. || P. erecção; I. erection; F. érection; A. Aufrichtung; It. erezione; R. выпрямление.

ERÉCTIL. (l. *erectus,* levantado, erguido.) adj. Que tiene la facultad o propiedad de levantarse, enderezarse o ponerse rígido.

ERECTILIDAD. f. Calidad de eréctil.

ERECTO, TA. (l. *erectus,* levantado.) adj. Enderezado, levantado, rígido.

ERECTOR, RA. (l. *erector.*) Que erige. Ú.t.c.s.

ERECHA. (l. *erecta,* erigida.) f. ant. Satisfacción o compensación del daño recibido en la guerra.

EREMITA. (l. *eremita,* y éste del gr. ἐρημίτης, de ἔρημος, desierto, yermo.) m. Ermitaño.

EREMÍTICO, CA. (l. *eremitĭcus.*) adj. Perteneciente o relativo al ermitaño.

EREMITORIO. m. Paraje donde hay ermitas.

ERETISMO. (gr. ἐρεθισμός, de ἐρεθίζω, estimular, irritar.) m. MED. Exaltación de las propiedades vitales de un órgano.

ERÉTRICO, CA. (l. *eretricus.*) adj. Perteneciente o relativo a Eretria, ciudad de la antigua Grecia.

ERG. m. Nombre del ergio en la nomenclatura internacional.

ERGÁSTULA. f. Ergástulo.

ERGÁSTULO.(l. *ergastŭlum.*) m. Cárcel destinada a esclavos.

ERGIO. (gr. ἔργον, trabajo.) m. Fís. Unidad de energía equivalente al trabajo de una dina a lo largo de un centímetro.

ERGO. conj. lat. Por tanto, luego, pues. Ú. en la argumentación silogística, y a veces festivamente.

★ **ERGOSTEROL.** m. QUÍM. Esterol de origen vegetal que se encuentra abundante en el cornezuelo del centeno.

ERGOTINA. (fr. *ergot,* cornezuelo.) f.

E

E Substancia tóxica que se extrae del cornezuelo del centeno; se emplea en medicina.

ERGOTISMO. (fr. *ergot*, cornezuelo.) m. Med. Conjunto de síntomas producidos por el abuso del cornezuelo de centeno, o por haber comido pan de centeno atizonado. ‖ **2.** m. Enfermedad producida en el centeno y en otros cereales, por el cornezuelo.

ERGOTISMO. m. Sistema de los ergotistas.

ERGOTISTA. adj. Que ergotiza. Apl. a pers. ú.t.c.s.

ERGOTIZANTE. adj. Ergotista.

ERGOTIZAR. (l. *ergo*, pues, palabra que indica la conclusión de un argumento.) intr. Abusar del sistema de argumentación silogística.

ERGUÉN. m. Árbol sapotáceo, espinoso, de madera dura y semillas oleaginosas, propio del norte de África y de Andalucía.

ERGUIMIENTO. m. Acción y efecto de erguir o erguirse.

ERGUIR. (l. *erigĕre*.) Levantar y poner derecha una cosa. Dícese más ordinariamente del cuello, de la cabeza, etc. ‖ **2.** r. fig. Engreírse, ensoberbecerse.

ERGULLIR. intr. ant. Cobrar orgullo, envanecerse.

ERÍA. (l. *arĕa*.) f. Ast. Terreno de grande extensión, todo, o en su mayor parte cultivado, cercado y dividido en muchas hazas correspondientes a varios dueños o usuarios.

ERIAL. (l. *arīdāle*, de *arīdus*, árido.) adj. Dícese del campo sin cultivar ni labrar. Ú.m.c.s.m. ‖ **P.** baldío; **I.** waste; **F.** friche; **A.** Brachfeld; **It.** grillaia; **R.** необработанный (о земле).

ERIAZO, ZA. (De *erío*.) adj. Erial. Ú.t.c.s.m.

ERICÁCEO, A. (l. *erice*, jara, brezo.) adj. Bot. Dícese de las plantas dicotiledóneas, matas o arbustos, de hojas casi siempre alternas, coriáceas y persistentes, flores solitarias o en inflorescencias, de cáliz persistente y fruto en cápsula, baya o drupa; como la azalea, el madroño, el brezo, etc.

ERÍDANO. (l. *Eridānus*.) m. Astron. Constelación del hemisferio austral, que se extiende al occidente de la Liebre y al oriente de la Ballena.

ERIGIR. (l. *erigĕre*.) tr. Fundar, instituir o levantar. Erigir *un monumento, una estatua.* ‖ **2.** Constituir a una persona o cosa con un carácter que antes no tenía. Erigir *un territorio en provincia.* Ú.t.c.r. Erigirse *en abogado.*

ERIL. m. Gram. Alferecía, eclampsia.

ERINA. (fr. *érine* y *érigne*, y éste del ant. *argane*, araña.) f. Cir. Instrumento de uno o dos ganchos que usan los cirujanos para sujetar y mantener separadas las partes sobre que operan.

ERINGE. (l. *erygne*, y éste del gr. ἤρυγγος.) f. Cardo corredor.

ERÍO, A. adj. Erial. Ú.m.c.s.

ERIOTECNIA. (gr. ἔριον, lana, y τέχνη, arte.) f. Estudio de la lana, especialmente en sus aplicaciones industriales.

ERISIPELA. (l. *erysipĕlas*, y éste del gr. ἐρυσίπελας.) f. Enfermedad aguda, febril y contagiosa, caracterizada por una inflamación difusa de la piel y de las membranas mucosas. ‖ **P.** erisipela; **I.** erysipelas; **F.** érisypéle; **A.** Rotlauf; **It.** risipola; **R.** рожистое воспаление.

ERISIPELAR. tr. Causar erisipela. Ú.m.c.r.

ERISIPELATOSO, SA. adj. Que participa de la erisipela o de sus caracteres.

ERISÍPULA. f. ant. Erisipela.

ERÍSTICO, CA. (gr. ἐριστικός, de ἐριστός, disputable.) adj. Dícese de la escuela socrática de Megara. ‖ **2.** Que abusa del procedimiento dialéctico.

ERITEMA. (gr. ἐρύθημα, rubicundez.) m. Med. Enrojecimiento de la piel debido a la congestión de los capilares. —**solar.** El producido por los rayos ultravioleta del Sol.

ERITREO, A. (l. *erythraeus*, y éste del gr. ἐρυθραῖος, rojizo; de ἐρυθρός, rojo.) adj. Dícese del Mar Rojo y de lo perteneciente a él. Se usa principalmente en poesía. Ú.t.c.s.

ERITROCITO. m. Zool. Hematíe.

* **ERITRONIO.** m. Quím. Nombre que también se da al vanadio.

ERITROXILÁCEO, A. (gr. ἐρυθρός, rojo, y ξύλον, madera.) adj. Bot. Dícese de árboles y arbustos angiospermos dicotiledóneos, de hojas sencillas, esparcidas y con estípulas, flores actinomorfas, de color amarillo verdoso o blanquecinas y fruto en drupa con una sola semilla; algunas especies, como el arabo y la coca del Perú, tienen en sus partes leñosas una substancia tintórea roja. Ú.t.c.s.f. ‖ **2.** f. pl. Bot. Familia de estas plantas.

ERITROXÍLEO, A. adj. Bot. Eritroxiláceo.

ERIZADO, DA. p.p. de erizar. ‖ **2.** adj. Cubierto de púas o espinas.

ERIZAMIENTO. m. Acción y efecto de erizar o erizarse.

ERIZAR. tr. Levantar, poner rígida y tiesa una cosa al modo de las púas del erizo. Ú.m.c.r. ‖ **2.** fig. Llenar una cosa de obstáculos, asperezas, etc. ‖ **3.** r. fig. Inquietarse, azorarse. ‖ **P.** eriçar; **I.** to bristle up; **F.** hérisser; **A.** sträuben; **It.** arrizzare; **R.** взъерошивать, вздымать.

ERIZO. (l. *ericius*, por *ericĭus*.) m. Mamífero insectívoro, de unos 22 cm de largo, con el dorso y los costados cubiertos de púas, y capaz de arrollarse en forma de bola. ‖ **2.** Bot. Mata leguminosa de ramas entrecruzadas, muy espinosas, y flores azules o violadas. ‖ **3.** Zurrón o corteza áspera y espinosa en que se crían la castaña y algunos otros frutos. ‖ **4.** Zool. Pez teleósteo plectognato que tiene el cuerpo erizado de púas. ‖ **5.** fig. y fam. Persona de carácter áspero e intratable. ‖ **6.** Fort. Conjunto de púas de hierro que corona y defiende lo alto de un parapeto o muralla. —**de mar** o **marino.** Animal equinodermo, de cuerpo hemisférico protegido por un dermatoesqueleto calizo cubierto de espinas articuladas; tiene la boca en el centro de la cara ventral y el ano en el de la dorsal. ‖ *Al* erizo, *Dios le hizo.* fr. proverb. que indica que todas las criaturas son obra de Dios. ‖ **P.** ouriço-cacheiro; **I.** hedgehog; **F.** hérisson; **A.** Igel; **It.** riccio; **R.** ёж.

ERIZÓN. (aum. de *erizo*.) m. Asiento de pastor. ‖ **2.** Pint. fig. Peinado que usaron las mujeres en el siglo XVIII, con aspecto de erizo.

ERMADOR, RA. (De *ermar*.) adj. ant. Asolador. Usáb.t.c.s.

ERMADURA. (De *ermar*.) f. ant. Ermamiento.

ERMAMIENTO. (De *ermar*.) m. ant. Asolamiento.

ERMAR. (l. *erĕmus*, yermo.) tr. ant. Destruir, asolar, dejar yermo un campo, territorio, etc.

ERMITA. (De *eremita*.) f. Santuario o capilla situado comúnmente en despoblado.

ERMITAÑO, ÑA. m. y f. Persona que vive en la ermita y cuida de ella. ‖ **2.** m. Asceta que vive en soledad. ‖ **3.** Zool. Crustáceo decápodo anomuro que, para proteger su abdomen, se aloja en la concha vacía de algún molusco. ‖ —**de camino.** Germ. Salteador. ‖ **P.** ermitão; **I.** hermit; **F.** ermite; **A.** Einsiedler; **It.** eremita; **R.** отшельник.

ERMITORIO, RIA. m. Eremitorio.

ERMUNIO. (l. *ermunius*, y éste del l. *immūnis*.) m. En lo antiguo, caballero que estaba libre de todo género de servicio o tributo ordinario.

ERO. (l. *ager*, *agri*, campo.) m. Ar. Tablar de huerta.

EROGACIÓN. (l. *erogatio*, -ōnis.) f. Acción y efecto de erogar.

EROGAR. (l. *erogāre*.) tr. Distribuir repartir bienes o caudales.

EROGATORIO. (l. *erogatorĭus*.) m. desus. Tubo o cañón por donde se distribuye el licor contenido en algún recipiente.

EROS. (gr. ἔρως, amor.) m. Astron. Nombre dado al asteroide 433, muy notable por acercarse mucho a la Tierra. ‖ **2.** Mit. Dios griego del amor, considerado como una divinidad creadora.

EROSIÓN. (l. *erosio*, -ōnis, roedura.) f. Rebajamiento producido en la superficie de un cuerpo por el roce de otro. ‖ **2.** Geol. Desmoronamiento y modelación producidos en la corteza terrestre por la acción de

los agentes externos a ella, como el viento, las aguas superficiales y subterráneas, los glaciares, el mar y los organismos litófagos. ‖ **P.** eresão; **I.** erosion; **F.** érosion; **A.** Erosion; **It.** erosione; **R.** эрозия.

EROSIVO, VA. adj. Perteneciente o relativo a la erosión.

EROTEMA. (l. *erotēma*, y éste del gr. ἐρώτημα, de ἐρωτάω, interrogar.) f. Ret. Interrogación, figura retórica.

ERÓTICA. (gr. ἐρωτική, t. f. de -κός, erótico.) f. Poesía erótica.

ERÓTICO, CA. (l. *eroticus*, y éste del gr. ἐρωτικός, de ἔρως, amor.) adj. Amatorio. Suele aplicarse a la poesía de este género y al poeta que la cultiva. ‖ **2.** Perteneciente o relativo al amor sensual. ‖ **P.** erótico; **I.** erotic; **F.** érotique; **A.** erotisch; **It.** erotico; **R.** эротический.

EROTISMO. (gr. ἔρως, ἔρωτος, amor.) m. Amor sensual exacerbado. ‖ **2.** Pasión de amor.

EROTOMANÍA. (gr. ἔρως, ἔρωτος, amor, y μανία, locura.) f. Med. Enajenación mental caracterizada por un delirio erótico.

EROTÓMANO, NA. adj. Que padece erotomanía. Ú.t.c.s.

ERRABUNDO, DA. (l. *errabundus*.) adj. Errante.

ERRADA. f. ant. Error. ‖ **2.** En el juego del billar, lance de no dar el jugador a la bola que debe herir.

ERRADAMENTE. adv. m. Con error, equivocación o engaño.

ERRADICACIÓN. (l. *eradicatio*, -ōnis.) f. Acción de erradicar.

ERRADICAR. (l. *eradicāre*.) tr. Arrancar de raíz.

ERRADIZO, ZA. adj. Que anda errante y vagabundo.

ERRADO, DA. (De *erra*.) p.p. de errar. ‖ **2.** adj. Que yerra.

ERRAJ. (De *herraj*.) m. Cisco hecho del hueso de la aceituna después de prensada.

ERRÁNEO, A. (l. *errāre*, vagar.) adj. ant. Errante.

ERRANTE. (l. *errans* -*antis*.) p.a. de errar. Que yerra. ‖ **2.** adj. Que anda de una parte a otra sin fijarse en ningún sitio. ‖ **3.** V. *Estrella* ERRANTE.

ERRANZA. (l. *errantia*.) f. ant. Error.

ERRAR. (l. *errāre*.) tr. No acertar. ERRAR *el blanco.* Ú.t.c.intr. ERRAR *en la contestación.* ‖ **2.** No cumplir con lo que se debe. ‖ **3.** intr. Andar vagando de una parte a otra. ‖ **4.** Divagar el pensamiento, la imaginación, etc. ‖ **5.** r. Equivocarse. ‖ *Después que te* ERRÉ, *nunca bien te quise.* ref. que se usa para significar que ordinariamente se desama a aquel a quien se ha ofendido. ‖ ERRAR *y porfiar.* fr. prov. que reprender a los tercos. ‖ **P.** errar; **I.** to err, to fail; **F.** errer, manquer; **A.** irren, verfehlen; **It.** errare, fallire; **R.** ошибаться.

ERRATA. (l. *errāta*, t. f. de *errātus*, errado.) f. Equivocación material en un escrito o impreso. ‖ **P.** e **It.** errata; **I.** y **F.** erratum; **A.** Druck-, Schreibfehler; **R.** опечатка.

ERRÁTICO, CA. (l. *erraticus*.) adj. Vagabundo, sin domicilio cierto. ‖ **2.** Véase *Estrella* ERRÁTICA. ‖ **3.** Med. Errante. Dícese de los dolores crónicos que se sienten unas veces en un sitio del cuerpo y otras en otro, y también de ciertas calenturas que se manifiestan sin período fijo. ‖ **4.** Geol. Dícese de rocas que se encuentran aisladas sobre terrenos de distinta naturaleza a la suya. ‖ **5.** Quím. Dícese de un ácido que contribuye a formar la materia colorante de la flor de la amapola.

ERRÁTIL. (l. *erratĭlis*.) adj. Errante, incierto.

ERRE. f. Nombre de la letra *r* en su sonido fuerte. ‖ ERRE *que* ERRE. m. adv. fam. Porfiadamente, tercamente. ‖ *Estar* ERRE, *o hacer* ERRES, *o tropezar, uno en las* ERRES. fr. fig. Estar bebido. Alúdese a la dificultad con que los borrachos pronuncian esta letra.

ERREAL. m. Sal. Especie de brezo de hoja morada o ligeramente purpúrea.

ERRO. (De *errar*.) m. ant. Error, yerro. Ú. en América.

ERRONA. (De *errar*.) f. ant. Suerte en que yerra el jugador. Ú. en Chile.

ERRÓNEAMENTE. adv. m. Con error.

ERRÓNEO, A. (l. *erronĕus.*) adj. Que contiene error. || 2. TEOL. *Conciencia* ERRÓNEA. La que por ignorancia juzga equivocadamente.

ERROR. (l. *error.*) m. Concepto equivocado o juicio falso. || 2. Acción desacertada. || 3. Cosa hecha desacertadamente. || 4. FOR. Vicio del consentimiento causado por equivocación de buena fe, que anula el acto jurídico si afecta a lo esencial del mismo o de su objeto. || 5. MAT. Diferencia entre el valor exacto de una cantidad y el resultado del cálculo o de la medida. || —**absoluto.** MAT. Diferencia entre el valor medio de una magnitud y su valor exacto. || —**relativo.** MAT. Cociente de dividir el error absoluto por el valor exacto. || **P.** erro; **I.** error; **F.** erreur; **A.** Irrtum; **It.** errore; **R.** ошибка.

ERUBESCENCIA. (l. *erubescentĭa.*) f. Rubor, vergüenza.

ERUBESCENTE. (l. *erubescens, -entis,* que se sonroja.) adj. Que se pone rojo o que se sonroja.

ERUCTACIÓN. (l. *eructatĭo, -ōnis.*) f. Eructo. || **P.** eructação; **I.** eructation; **F.** éructation; **A.** Aufstossen; **It.** eruttazione; **R.** отрыжка.

ERUCTAR. (l. *eructāre.*) intr. Expeler con ruido por la boca gases del estómago. || 2. fig. y fam. Jactarse vanamente.

ERUCTO. (De *eructar.*) m. Acción y efecto de eructar.

ERUDICIÓN. (l. *eruditĭo, -ōnis.*) f. Resultado de una vasta instrucción en variadas materias. || 2. Lectura diversa, docta y bien aprovechada.

ERUDITAMENTE adv. Con erudición.

ERUDITO, TA. (l. *eruditus.*) adj. Poseedor de una vasta instrucción que abarca múltiples ciencias, artes y otras materias. Ú.t.c.s. || —**a la violeta.** El que sólo posee un conocimiento superficial de las ciencias y artes. || **P.** e **It.** erudito; **I.** erudite, learned; **F.** érudit; **A.** Gelehrter; **R.** учёный.

ERUELA. f. d. de era, 2.º art., 1.ª acep.

ERUGA. (l. *erūca.*) ant. Oruga.

ERUGINOSO, SA. (l. *aeruginōsus.*). adj. Ruginoso.

ERUMNOSO, SA. (l. *aerumnōsus.*) adj. ant. Trabajoso, penoso, miserable.

ERUPCIÓN. (l. *eruptĭo, -ōnis.*) f. Aparición de vesículas, granos o manchas en la piel o en las mucosas. || 2. Estos mismos granos o manchas. || 3. GEOL. Emisión o lanzamiento de materias sólidas, líquidas o gaseosas por aberturas o grietas de la corteza terrestre, como en los volcanes y en las solfataras. || **P.** erupção; **I.** eruption; **F.** éruption; **A.** Hautausschlag; **It.** eruzione; **R.** сыпь.

ERUPTIVO, VA. (l. *eruptum,* supino de *erumpĕre,* brotar.) adj. Perteneciente a la erupción o procedente de ella.

ERUTACIÓN. f. Eructación.

ERUTAR. intr. Eructar.

ERUTO. m. Eructo.

ERVATO. m. Servato.

ERVILLA. (l. *ervilia,* arveja.) f. Arveja.

ES. (l. *ex.*) Prep. insep. que, lo mismo que *ex,* denota fuera o más allá, como en EScoger, EStirar; privación, como en ESperezarse; atenuación del significado del simple, como en EScoger. A veces no es más que partícula expletiva.

ESBARAR. (l. *divarāre,* de *varus,* patituerto.) intr. Resbalar.

ESBARDO. m. AST. Osezno.

ESBARIZAR. (Cruce de *esbarar* y *deslizar.*) intr. AR. Resbalar.

¡ÉSBATE! interj. GERM. Está quedo.

ESBATIMENTANTE. p.a. de esbatimentar. Que esbatimenta.

ESBATIMENTAR. tr. PINT. Hacer o delinear un esbatimento en un cuadro, dibujo, figura, etc. || 2. Causar sombra un cuerpo en otro.

ESBATIMENTO. (ital. *sbattimento,* de *sbattire,* y éste del l. *battuĕre,* batir.) m. PINT. Sombra que proyecta un cuerpo sobre otro.

ESBELTEZ. f. Calidad de esbelto, estatura descollada y airosa.

ESBELTEZA. (De *esbelto.*) f. Esbeltez.

ESBELTO, TA. (ital. *svelto.*) adj. Gallardo, airoso, y de altura gentil y descollada. || **P.** esbelto; **I.** slender; **F.** svelte;

A. stattlich, schlank; **It.** svelto; **R.** стройный.

ESBINZAR. tr. CUENC. Quitar la binza del azafrán.

ESBIRRO. (ital. *sbirro.*) m. Alguacil, ministro inferior de justicia. || 2. El encargado de prender a las personas. || **P.** esbirro; **I.** myrmidon; **F.** sbire; **A.** Sbirre, Häscher; **It.** sbirro; **R.** шпик, сыщик.

ESBLANDECER. (De *es* y *blando.*) tr. ant. Esblandir.

ESBLANDIR. tr. ant. Blandir, lisonjear, halagar.

ESBLENCAR. tr. CUENC. Esbrencar.

ESBORREGAR. tr. (l. *divaricāre,* resbalar.) intr. LEÓN y SANT. Caer por resbalarse a causa de lo escurridizo del piso. Ú.m.c.r. || 2. r. SANT. Desmoronarse un terreno.

ESBOZAR. (ital. *sbozzare,* der. de *bozza,* y éste del germ. *botja,* de *botan,* golpear.) tr. Bosquejar.

ESBOZO. (ital. *sbozzo,* de *sbozzare.*) m. Bosquejo sin perfilar y sin acabar. Aplícase especialmente a las artes plásticas, y por ext., a cualquiera obra del ingenio. || 2. BIOL. Cualquiera de los órganos o aparatos embrionarios que aún no han alcanzado su forma y su estructura definitivas. || —**embrionario.** ZOOL. Embrión de los reptiles, aves y mamíferos cuando está formado por una masa celular mesodérmica y rodeado por el amnios y el corion. || **P.** esboço; **I.** sketch; **F.** esquisse; **It.** sbozzo; **R.** набросок, эскиз.

ESBRENCAR. tr. Quitar la brenca del azafrán.

ESBRONCE. m. AR. Movimiento violento.

ESCA. (l. *esca.*) f. ant. Cebo, comida.

ESCABA. f. AR. Desperdicio del lino. Ú.m. en pl.

ESCABECHADO, DA. p.p. de escabechar. || 2. fig. Dícese de quien se tiñe las canas o se pinta el rostro.

ESCABECHAR. tr. A. Echar un manjar en escabeche. || 2. fig. Teñir las canas. Ú.t.c.r. || 3. fig. y fam. Matar a mano airada. || 4. fig. y fam. Suspender a uno en un examen. || **P.** escabechar; **I.** to pickle; **F.** mariner; **A.** (ein)pökeln, marinieren; **It.** marinare; **R.** мариновать.

ESCABECHE. (ár. *sakbāŷ,* guiso de carne con vinagre.) m. Adobo o salsa de vinagre, y otros ingredientes, para la conservación de pescados y otros manjares. || 2. Pescado puesto en escabeche. || 3. fig. Líquido para teñir el pelo. || 2.ª acep.: **P.** escabeche; **I.** pickle; **F.** marinade; **A.** marinierter, Fisch; **It.** marinato; **R.** маринад.

ESCABECHINA. f. fig. Destrozo, estrago. || 2. fig. y fam. Abundancia de suspensos en un examen.

ESCABEL. (cat. *escabell,* y éste del l. *scabellum,* escaño.) m. Tarima pequeña puesta delante de la silla para colocar los pies del que está sentado. || 2. Asiento pequeño hecho sin respaldo. || 3. fig. Persona o circunstancia de que uno se aprovecha para medrar. || **P.** escabelo; **I.** stool; **F.** escabeau; **A.** (Fuss)schemel; **It.** sgabello; **R.** скамейка для ног.

ESCABELO. m. ant. Escabel.

ESCABIOSA. (l. *scabĭōsa,* áspera; de *scabies,* sarna.) f. Planta herbácea dipsacácea, de tallo velloso, hojas ovaladas las inferiores y lobuladas las superiores, flores azuladas y fruto con abundantes semillas; se ha usado en medicina. || 2. CUBA. Planta silvestre, escrofulariácea, con florecillas blancas. || **P.** escabiosa; **I.** scabious; **F.** scabieuse; **A.** Grindkraut; **It.** scabbiosa.

ESCABIOSO, SA. (l. *scabĭōsus.*) adj. Perteneciente o relativo a la sarna.

ESCABRO. (l. *scăbrum,* aspereza.) m. Roña de las ovejas que echa a perder la lana. || 2. Enfermedad que padecen en la corteza los árboles y las vides.

ESCABROSAMENTE. adv. Con escabrosidad.

ESCABROSEARSE. (De *escabroso.*) r. Hacerse escabroso.

ESCABROSIDAD. (De *escabroso.*) f. Cualidad de escabroso.

ESCABROSO, SA. (l. *scabrōsus.*) adj. Desigual, lleno de embarazos. Dícese especialmente del terreno. || 2. fig. Áspero, duro, de mala condición. || 3. fig. Que está al borde de lo inconveniente o de lo in-

---

moral. || **P.** escabroso; **I.** rough; **F.** scabreux; **A.** uneben, holprig; **It.** scabroso; **R.** шероховатый.

ESCABUCHAR. (l. *ex,* y *caputium,* de *caput.*) tr. SAL. Pisar los erizos de las castañas para que suelten el fruto.

ESCABUCHAR. (De *excavar.*) tr. PAL. y RIOJA. Escardar y escavanar.

ESCABUCHE. f. Azada pequeña para escardar.

ESCABULLAR. tr. SAL. Quitar el cascabillo a la bellota.

ESCABULLIMIENTO. m. Acción y efecto de escabullirse.

ESCABULLIR. intr. p. us. escapar, 3.ª acep. || 2. r. fig. Salirse uno sin que le echen de ver, de la compañía en que estaba. || 2.ª acep.: **P.** escapar; **I.** to slide; **F.** glisser; **A.** auskneifen; **It.** sguizzare; **R.** ускользнуть.

ESCACADO, DA. adj. BLAS. Escaqueado. Ú.t.c.s.

∗ ESCACHALANDRADO, DA. adj. COLOM. Desgarbado.

ESCACHAR. (De *es* y *cachar.*) tr. Aplastar, despachurrar. || 2. Áv., LEÓN y SAL. Hacer cachos, romper.

ESCACHARRAR. tr. Romper un cacharro. Ú.t.c.r. || 2. fig. Malograr, estropear una cosa. Ú.t.c.r.

ESCACHIFOLLAR. tr. Cachifollar.

ESCAECER. (l. *excadiscĕre,* de *cadĕre,* caer.) intr. ALBAC., SAL. y SEG. Descaecer, desfallecer, enflaquecer.

ESCAENCIA. (l. *escadentia,* y éste del l. *ex* y *cadens, -entis,* p.a. de *cadĕre,* caer.) f. ant. Obvención o derecho superveniente.

ESCAFANDRA. (gr. σκάφη, barco, y ἀνήρ, ἀνδρός, hombre.) f. Aparato que sirve para permanecer y trabajar debajo del agua; está compuesto de una vestidura impermeable y un casco de bronce perfectamente cerrado, con un cristal frente a los ojos y orificios y tubos para renovar el aire. || **P.** escafandro; **I.** scaphander; **F.** scaphandre; **A.** Taucheranzug; **It.** scafandro; **R.** скафандр.

ESCAFANDRO. m. Escafandra.

ESCAFILAR. tr. Descafilar.

ESCAFOIDES. (gr. σκάφη, esquife, εἶδος, forma.) adj. ZOOL. Dícese del hueso más externo y grueso de la primera fila del carpo. Ú.t.c.s.

ESCAJO. (b. l. *squalĕus,* por *squalus,* descuidado.) m. Escalio. || 2. SANT. Aliaga.

ESCAJOCOTE. (azt. *ichcaxocotl.*) m. Árbol corpulento de la América Central, de madera compacta, que produce una fruta agridulce más pequeña que una ciruela.

ESCALA. (l. *scala.*) f. Escalera de mano. || 2. Sucesión ordenada de cosas distintas pero de la misma especie. ESCALA *de colores.* || 3. Línea graduada, dividida en partes iguales, que representan medidas de longitud para dibujar con las debidas proporciones planos y mapas o para calcular sobre ellos las medidas reales. || 4. Tamaño de un mapa, plano, diseño, etc., según la escala a que se ajusta. || 5. fig. Tamaño o proporción en que se desarrolla un plan o idea. || 6. Fís. Graduación para medir los efectos de diversos instrumentos. || 7. MAR. Paraje o puerto a donde toca un navío durante su viaje. || 8. MIL. Escalafón. || 9. MÚS. Sucesión diatónica o cromática de las notas musicales. || —**cerrada.** Escalafón para ascensos por orden de rigurosa antigüedad. || —**del modo.** MÚS. Serie de sonidos del mismo, arreglados entre sí por el orden más inmediato, partiendo del sonido tónico. || —**de mar y de tierra.** Escalafones que constituyen el cuerpo general de la armada y que están formados. || —**de reserva.** MIL. Escalafón de los militares pertenecientes a las reservas del ejército o de la armada. || —**de Sikes.** Escala de pesos específicos para líquidos. || —**de viento.** MAR. La formada a bordo con dos cabos y palos o trozos de cuerda atravesados de una a otro de aquéllos. || —**franca.** COM. Puerto libre y franco donde los buques de todas las naciones pueden llegar con seguridad para comerciar. || —**gradual.** FOR. Cada una de las series de penas ordenadas en los Códigos, de mayor a menor gravedad. || —**real.** MAR. La que se arma exteriormente en el portalón de estribor de los

E buques, para los generales, jefes, oficiales y personas distinguidas. || *A* ESCALA *vista.* m. adv. MIL. Haciendo la escalada de día y a vista del enemigo. || **2.** fig: Descubiertamente. || *Hacer* ESCALA. fr. MAR. Tocar una embarcación en algún puerto intermedio antes del final del viaje. || P. escala; I. scale, ladder; F. échelle; A. Masstab, Leiter; It. scala; R. лестница, трап.

ESCALABLE. adj. Que puede ser escalado.

ESCALABORNE. m. Trozo de madera ya desbastado para labrar la caja del arma de fuego.

ESCALABRAR. tr. Descalabrar. Ú. t.c.r.

ESCALADA. f. Acción y efecto de escalar, 1.ª acep. || **2.** DEP. Técnica deportiva de la ascensión por pendientes de gran verticalidad, usada por los alpinistas. || P. escalada; I. escalade, scaling; F. escalade; A. Ersteigen; It. scalata; R. восхождение.

ESCALADO, DA. adj. Dícese de los animales abiertos en canal para salar o curar su carne.

ESCALADOR, RA. adj. Que escala. Ú.t.c.s. || **2.** GERM. Ladrón que para hurtar se vale de escala. || **3.** Que practica el deporte de la escalada.

ESCALAFÓN. (De *escala.*) m. Lista de los individuos de un cuerpo o corporación, clasificados según su estado, antigüedad, méritos, etc.

ESCALAMIENTO. m. Acción y efecto de escalar.

ESCÁLAMO. (De *escalmo.*) m. MAR. Estaca pequeña y redonda, fijada en el borde de la embarcación para sujetar el remo.

ESCALANTE. p.a. ant. de escalar. Que escala.

ESCALAR. (l. *scalaris.*) m. AR. Paso angosto en una montaña con escalones naturales o hechos a mano.

ESCALAR. tr. Entrar en una plaza u otro sitio valiéndose de escalas. || **2.** Trepar a una gran altura. || **3.** Por ext., entrar subrepticia o violentamente en un lugar cerrado, saltar una tapia, etc. || **4.** Levantar la compuerta de una acequia para que salga agua. || **5.** AR. Abrir escalones o surcos en el terreno. || **6.** fig. Alcanzar elevadas dignidades, no siempre por buenas artes. || P. escalar; I. to escalade; F. escalader; A. klettern, ersteigen; It. scalare; R. взбираться.

ESCALAR. adj. Fís. Dícese de cualquiera magnitud numéricamente definible y que puede, por tanto, referirse a una escala, pero desprovista de dirección en contraposición a la magnitud de carácter vectorial.

ESCALDADO, DA. p.p. de escaldar. || **2.** adj. fig. y fam. Escarmentado, receloso. || **3.** fig. y fam. Dícese de la mujer muy ajada y deshonesta en su trato. || **4.** f. ZAM. Comida de patatas y berzas. || **5.** AGR. m. Enfermedad del trigo y de la vid, producida por el calor excesivo.

ESCALDADURA. f. Acción y efecto de escaldar.

ESCALDAR. (l. *excaldāre.*) tr. Bañar una cosa en agua hirviendo. || **2.** Abrasar con fuego una cosa poniéndola al rojo. || **3.** r. Escocerse una parte del cuerpo. || P. escaldar; I. to scald; F. échauder; A. (auf)brühen, abbrühen; It. scottare; R. обваривать кипятком.

ESCALDO. (escandinavo *scald*, cantor.) m. Cualquiera de los antiguos poetas escandinavos, autores de cantos heroicos y de sagas.

ESCALDRIDO, DA. adj. ant. Astuto, sagaz.

ESCALDUFAR. (De *es* y *caldo.*) tr. MURC. Sacar porción de caldo de la olla que lo tiene con exceso.

ESCALECER. (l. *ex-calescĕre*, calentar.) tr. SAL. Calentar.

ESCALENO. (l. *scalēnus*, y éste del gr. σκαληνός, oblicuo.) adj. GEOM. Véase *Triángulo* ESCALENO. || **2.** GEOM. Dícese del cono o pirámide cuyo eje es oblicuo a la base. || **3.** adj. Dícese de cada uno de los tres músculos que hay a cada lado del cuello. Ú.t.c.s.

ESCALENTADOR. m. ant. Calentador.

ESCALENTAMIENTO. m. ant. Ca-

lentamiento. || **2.** VETER. Enfermedad que sufren los animales en los pies y en las manos.

ESCALENTAR. tr. ant. Calentar.

ESCALERA. (l. *scalaria*, escaleras, peldaños.) f. Serie de escalones dispuestos para subir y bajar. || **2.** Pieza del carro, que componen los listones, las teleras y el pértigo. || **3.** Armazón de dos largueros y varios travesaños, con que se prolonga por detrás el carro o carreta. || **4.** Reunión de naipes de valor correlativo. || **5.** Instrumento de cirugía que fue usado para concertar los huesos dislocados. || **6.** fig. Trasquilón recto o línea desigual que la tijera deja en el pelo mal cortado. || **7.** En algunas partes, peldaño, escalón. || **8.** V. *Ojo de la* ESCALERA. || **—de caracol.** La de forma espiral, seguida y sin ningún descanso. || **—de color.** Cierto lance en el juego del póquer. || **—de desahogo.** Escalera excusada. || **—de escapulario.** MIN. La de mano que se cuelga pegada a la pared de los pozos. || **—de espárrago.** Espárrago, 4.ª acep. || **—de husillo.** Escalera de caracol. || **—de mano.** La que es portátil, por lo común de madera, compuesto de dos largueros con travesaños que sirven de escalones.|| **—de servicio.** Escalera accesoria que hay en algunas casas para uso de la servidumbre y de los abastecedores. || **—de tijera** o **doble.** La compuesta de dos de mano unidas con bisagras por la parte superior. || **—excusada** o **falsa.** La que da paso al desván y a las habitaciones interiores de la casa. || *De* ESCALERA *abajo.* loc. Se dice de los sirvientes domésticos más humildes. || P. escada; I. staircase; F. escalier; A. Treppe, Leiter; It. scala; R. лестница.

ESCALEREJA. f. d. de escalera.

ESCALERILLA. (d. de *escalera.*) f. Escalera de pocos escalones. || **2.** En los juegos de naipes, tres cartas en una mano de números consecutivos. || **3.** AR. Especie de parihuelas que, colocadas sobre la albarda, sirven para sostener haces de mieses o de leña. || **4.** VETER. Instrumento de hierro para abrir o ensanchar la boca de las caballerías. || *En* ESCALERILLA. m. adv. Aplícase a las cosas colocadas con desigualdad y como en gradas.

ESCALERÓN. m. aum. de escalera. || **2.** Espárrago. || **3.** AR. y SANT. Escalón, peldaño.

ESCALETA. (De *escala.*) f. Aparato en el cual se suspende el eje de cualquier vehículo para poder voltear las ruedas y limpiarlas, cambiarlas o componerlas.

ESCALFADO, DA. p.p. de escalfar. || **2.** adj. Dícese de la pared encalada o enyesada que no está bien lisa y forma algunas vejigas.

ESCALFADOR. (De *escalfar.*) m. Jarro con tapa agujereada en que antiguamente calentaban los barberos el agua para afeitar. || **2.** Braserillo con tres pies usado para mantener caliente la comida en la mesa. || **3.** Aparato que emplean los obreros pintores para quemar la pintura al óleo de las superficies que han de pintar de nuevo.

ESCALFAMIENTO. (De *escalfar.*) m. ant. Calentura.

ESCALFAR. (l. *excalefacĕre*, calentar.) tr. Cocer en agua hirviendo un huevo sin la cáscara. || **2.** desus. Descontar, mermar, quitar algo de lo justo. Ú. en Méjico. || **3.** Cocer el pan con demasiado fuego, de modo que resulte olivado. Ú.t.c.r. || P. escalfar; I. to poach; F. pocher; A. erwärmen, pochieren; It. affogare; R. варить.

ESCALFAROTE. (De *escalfar*, calentar.) m. Bota con pala y caña doble, rellenas de borra o heno para calentar el pie y la pierna.

ESCALFECERSE. r. AR. Florecer, enmohecerse las substancias alimenticias.

ESCALFETA. (De *escalfar*, calentar.) f. Chofeta.

ESCALIAR. (De *escalio*; en b. l. *escaliare*.) tr. AR. Roturar, romper.

ESCALIBAR. (De *cálibo.*) tr. AR. Escarbar el rescoldo para quitar la ceniza y avivar el fuego. || **2.** fig. AR. Echar leña al fuego, avivar una discusión.

ESCALINATA. (ital. *scalinata*.) f. Escalera exterior hecha de fábrica. || P. esca-

linata; I. y F. perron; A. Freitreppe; It. scalinata; R. парадная лестница.

ESCALIO. (l. *squalidus*, inculto.) m. Tierra yerma que se pone en cultivo.

ESCALMO. (l. *scalmus*, y éste del gr. σκαλμός.) m. Escálamo. || **2.** Cuña gruesa de madera para calzar o apretar algunas piezas de una máquina.

ESCALO. (De *escalar*, 2.º art.) m. Acción de escalar. || **2.** Trabajo de zapa o boquete practicado para salir de un lugar cerrado o para entrar en él.

ESCALOFRIADO, DA. adj. Que padece escalofríos.

ESCALOFRÍO. m. Indisposición del cuerpo caracterizada por una sensación de calor y frío al mismo tiempo. || P. escalofrío; I. shiver; F. frisson; A. Frösteln, Schauer; It. brivido; R. лихорадка, озноб.

ESCALÓN. (De *escala.*) m. Peldaño. || **2.** fig. Grado a que se asciende en dignidad. || **3.** fig. Paso o medio con que uno adelanta sus pretensiones. || **4.** GERM. Mesón. || **5.** MIL. Una de las fracciones en que se dividen las tropas de un frente de combate, colocadas tácticamente a distancias regulares. || P. escalón; I. step; F. degré, marche; A. Stufe; It. scalino; R. ступень.

ESCALONA. f. Chalote.

ESCALONA. m. GERM. Escalador de paredes.

ESCALONAMIENTO. m. Acción y efecto de escalonar.

ESCALONAR. (De *escalón.*) tr. Situar de trecho en trecho y ordenadamente personas o cosas. Ú. especialmente en la milicia. || **2.** Distribuir en tiempos sucesivos las partes de una serie. || P. escalonar; I. to place in echelons; F. échelonner; A. abstufen, staffeln; It. scaglionare; R. эшелонировать.

ESCALONIA. (De *ascalonia.*) adj. Dícese de la cebolla también llamada chalote. Ú.t.c.s.

ESCALOÑA. (De *escalonia.*) f. Ascalonia.

º **ESCALOPE.** m. Loncha delgada de carne de ternera o de vaca frita y empanada.

ESCALPELO. (l. *scalpellum.*) m. CIR. Bisturí de mango fijo. || P. escalpelo; I. y F. scalpel; A. Skalpell; It. scalpello; R. скальпель.

ESCALPLO. (l. *scalprum.*) m. Cuchillo de curtidores.

ESCALLA. (l. *scandăla.*) m. Carraón.

ESCAMA. (l. *squama.*) f. Cada una de las placas pequeñas, rígidas, imbricadas y yuxtapuestas, que cubren la piel de algunos animales, como la de los peces y reptiles. || **2.** fig. Lo que tiene figura de escama. || **3.** fig. Cada una de las launas de hierro o acero en figura de escama que forman la loriga. || **4.** fig. Desconfianza, sospecha. || **5.** BOT. Órgano escarioso o membranoso parecido a una hojita. || P. escama; I. scale; F. écaille; A. Schuppe; It. scaglia; R. чешуя.

ESCAMADA. (De *escamar.*) f. Bordado con hilo de plata o de oro, cuya labor está hecha en figura de escamas.

ESCAMADO, DA. p.p. de escamar. || **2.** m. Obra labrada en figura de escamas. || **3.** Conjunto de ellas.

ESCAMADURA. f. Acción de escamar.

ESCAMAR. (l. *desquamāre.*) tr. Quitar las escamas a los peces. || **2.** Labrar una cosa en figura de escamas. || **3.** fig. y fam. Hacer que uno sienta recelo o desconfianza. Ú.m.c.r.

ESCAMBRÓN. m. ant. Cambrón.

ESCAMBRONAL. m. ant. Cambronal.

ESCAMEL. (prov. o cat. *escamell*, y éste del l. *scamellum*, banquillo.) m. Instrumento en el cual los espaderos tienden y sientan la espada para labrarla.

ESCAMOCHAR. (De *es* y *camocho*.) tr. AND. Quitar las hojas no comestibles a las palmitos, lechugas, alcachofas, etc.|| **2.** fig. Malbaratar, desperdiciar.

ESCAMOCHE. (De *escamochar*.) m. SAL. Desmoche, corte de leña.

ESCAMOCHEAR. (De *escamocho*.) intr. AR. Pavordear y jabardear.

ESCAMOCHO. (De *escamochar*.) m. Sobras de comida o bebida. || **2.** En algunas partes, jabardo o enjambrillo. || **3.** fig. ÁL. y AR. Persona enteca, desmirriada. || **4.** AR. Excusa o pretexto injustificado. || *No* *arriendo tus*, o *sus* ESCAMOCHOS. fr. fam. con que se significa que uno anda escaso de bienes.

ESCAMÓN, NA. (De *escamar*.) adj. Que se escama fácilmente, desconfiado, receloso.

ESCAMONDA. f. Escamondo.

ESCAMONDADURA. (De *escamondar*.) f. Ramas inútiles cortadas de los árboles.

ESCAMONDAR. (l. *ex* y *caput mŭndare*, podar lo somero.) tr. Limpiar un árbol quitándole las ramas inútiles. || 2. fig. Limpiar una cosa quitándole lo superfluo o dañoso. || **P.** escamondar; **I.** to prune; **F.** émonder; **A.** abästen; **It.** rimondare; **R.** подстригать деревья.

ESCAMONDO. m. Acción y efecto de escamondar.

ESCAMONEA. (l. *scammonēa*, y éste del gr. σκαμμωνία.) f. Quím. Gomorresina, de color gris, sabor acre y amargo y olor fuerte. Es muy purgante. || 2. Bot. Planta del Asia Menor y Siria, de la que se obtiene una gomorresina muy purgante.

ESCAMONEADO, DA. adj. Que participa de las cualidades de la escamonea.

ESCAMONEARSE. r. fam. Escamar.

ESCAMOSO, SA. (l. *squamōsus*.) adj. Que tiene escamas.

ESCAMOTAR. tr. Escamotear.

ESCAMOTEADOR, RA. adj. Que escamotea. Ú.t.c.s.

ESCAMOTEAR. tr. Hacer el prestidigitador que desaparezcan a vista las cosas que maneja. || 2. fig. Robar una cosa con agilidad o astucia. || 3. fig. Hacer desaparecer de un modo arbitrario algún asunto o dificultad.

ESCAMOTEO. m. Acción y efecto de escamotear.

ESCAMPADA. f. fam. Clara, breve espacio de tiempo en que deja de llover un día lluvioso.

ESCAMPADO, DA. adj. Descampado.

ESCAMPAMENTO. (De *escampar*.) m. ant. Derramamiento.

ESCAMPAR. (De *es* y *campo*, dejar el campo.) tr. Despejar, desembarazar un sitio. || 2. intr. Cesar de llover. || 3. fig. Cesar o aflojar en algún empeño. || 4. Colom. y P. Rico. Guarecerse de un aguacero. || ESCAMPARSE *del aguacero*. fr. fam. Colom. Librarse de él, evitarlo. || ¡ *Ya* ESCAMPA! loc. fam. que se usa para zaherir a quien insiste, porfía o importuna mucho. Dícese más comúnmente: ¡ *Ya* ESCAMPA!, *y llovían guijarros.*

ESCAMPAVÍA. (De *escampar*, despejar, y *vía*.) f. Barco pequeño y velero que acompañaba a una embarcación más grande, y le servía de explorador. || 2. Barco ligero y de poco calado, para perseguir el contrabando.

ESCAMPILLA. f. Alic. y Ar. Toña, tala.

ESCAMPO. m. Acción de escampar.

ESCAMUDO, DA. (De *escama*.) adj. Escamoso.

ESCAMUJAR. (l. *ex* y *caput mūtilare*, cortar lo somero.) tr. Podar someramente un árbol, especialmente un olivo; entresacar algunas de sus ramas para que el fruto tenga mejor sazón.

ESCAMUJO. (De *escamujar*.) m. Rama o vara del olivo, quitada del árbol. || 2. Tiempo en que se escamuja.

ESCANCIA. f. Acción y efecto de escanciar.

ESCANCIADOR, RA. (De *escanciar*.) adj. Que escancia y administra la bebida, especialmente los vinos y licores. Ú.t.c.s.

ESCANCIANO. (De *escanciar*.) m. Escanciador.

ESCANCIAR. (germ. *skankjan*; en al. *schenken*, sacar de beber.) tr. Echar el vino; servirlo en las mesas y convites. || 2. intr. Beber vino. || **P.** escançar; **I.** to pour; **F.** verser; **A.** einschenken, kredenzen; **It.** versare; **R.** обносить вином.

ESCANDA. (l. *scandŭla*.) f. Especie de trigo, propio de países fríos y terrenos pobres.

ESCANDALAR. (De *escandalar*.) m. Mar. Cámara donde estaba la brújula en la galera.

ESCANDALAR. tr. Cuen. Quitar el ramaje a los pinos después de tumbados.

ESCANDALERA. f. fam. Escándalo, alboroto grande.

ESCANDALIZADOR, RA. adj. Que escandaliza. Ú.t.c.s.

ESCANDALIZAR. (l. *scandalizāre*, y éste del gr. σκανδαλίζω.) tr. Causar escándalo. Ú.t.c.r. || 2. r. Escandecerse, enojarse o irritarse. || **P.** escandalizar; **I.** to scandalize; **F.** scandaliser; **A.** skandali(sie) ren; **It.** scandalizzare; **R.** вызывать скандал.

ESCANDALIZATIVO, VA. adj. Dícese de lo que puede ocasionar escándalo.

ESCÁNDALO. (l. *scandălum*, y éste del gr. σκάνδαλον.) m. Acción o palabra que es causa de que uno obre mal o piense mal. || 2. Alboroto, tumulto. || 3. Desenfreno, desvergüenza, mal ejemplo. || 4. fig. Asombro, pasmo, admiración. || 5. fig. *Piedra de* ESCÁNDALO. Motivo de escándalo. || —**activo.** Dicho o hecho reprensible que es ocasión de pecado y ruina espiritual en el prójimo. || —**farisaico.** El que se recibe o se aparenta recibir sin verdadera causa. || —**pasivo.** Ruina espiritual o pecado en que cae el prójimo por ocasión de lo dicho o hecho por otro. || **P.** escándalo; **I.** scandal; **F.** scandale; **A.** Skandal; **It.** scàndalo; **R.** скандал.

ESCANDALOSA. f. Mar. Vela pequeña que, en buen tiempo, se orienta sobre la cangreja. || *Echar la* ESCANDALOSA. fr. fig. y fam. Emplear frases duras en una disputa.

ESCANDALOSAMENTE. adv. m. Con escándalo.

ESCANDALOSO, SA. (l. *scandalōsus*.) adj. Que causa escándalo. Ú.t.c.s. || 2. Ruidoso, revoltoso. Ú.t.c.s.

ESCANDALLAR. tr. Sondear, medir el fondo del mar con el escandallo. || 2. Com. Aplicar a una mercancía el procedimiento del escandallo.

ESCANDALLO. (prov. *escandall*, sonda, y éste del l. *scandalium*, de *scandĕre*, subir.) m. Parte de la sonda que sirve para reconocer la calidad del fondo del agua. || 2. fig. Prueba o ensayo que se hace tomando al azar muestras de algunos envases entre muchas muestras de una misma materia para apreciar el contenido y calidad. || 3. Com. En el régimen de tasas, determinación del precio de coste o de venta de una mercancía con relación a los factores que lo integran. || **P.** sonda; **I.** sounding-lead; **F.** sonde; **A.** (Lot-, Senk) blei; **It.** scandaglio; **R.** лот, грузило.

ESCANDELAR. (l. *scandĕre*, medir, subir; en ant. fr. *escandole*.) m. Mar. Escandelar, 1.er art.

ESCANDELARETE. m. d. de escandelar.

ESCANDIA. (l. *scandăla*.) f. Especie de trigo parecida a la escanda.

ESCANDINAVO, VA. adj. Natural de Escandinavia. Ú.t.c.s. || 2. Perteneciente a esta región septentrional de Europa.

* **ESCANDIO.** m. Quím. Uno de los elementos de las tierras raras, cuyo símbolo es Sc y su número atómico 21.

ESCANDIR. (l. *scandĕre*.) tr. Medir el verso.

ESCANILLA. (l. *scamnellum*, d. de *scamnum*.) f. Burg. Cuna, camita para niños pequeños.

ESCANSIÓN. (l. *scansĭo, -ōnis*.) Medida de los versos.

ESCANTADOR, RA. (De *escantar*.) adj. ant. Encantador. Usáb.t.c.s.

ESCANTAR. (l. *excantāre*.) tr. ant. Encantar.

ESCANTILLAR. (De *es* y *cantillo*, d. de *canto*.) tr. Arq. Tomar una medida o marcar una dimensión a contar desde una línea fija. || 2. Ar. y Nav. Descantillar.

ESCANTILLÓN. (De *escantillar*.) m. Regla o patrón para trazar las líneas según las cuales se han de labrar las piezas. || 2. Mar. V. *Tabla de* ESCANTILLONES. || 3. En las maderas de construcción, lo mismo que escuadría.

ESCAÑA. f. Escanda.

ESCAÑARSE. r. Ar. Atragantarse, ahogarse.

ESCAÑERO. m. El encargado de cuidar de los asientos y escaños en los concejos o ayuntamientos.

ESCAÑETO. m. Sant. Osezno.

ESCAÑIL. León. Escaño pequeño.

ESCAÑO. (l. *scamnum*.) m. Banco con respaldo y capaz para sentarse varias personas. || *Alguno está en el* ESCAÑO, *que a sí no aprovecha y a otro hace daño.* ref. que se aplica a los que sin provecho propio y con daño de otros, ocupan un puesto o gozan de un favor. || **P.** escanho; **I.** seat; **F.** banc; **A.** Bank mit Lehne; **It.** scanno; **R.** скамья со спинкой.

ESCAÑO. m. ant. España.

ESCAÑUELO. (De *escaño*.) m. Banquillo para poner los pies.

ESCAPADA. f. Acción de escapar. *En una* ESCAPADA. fr. adv. A escape.

ESCAPAMIENTO. (De *escapar*.) m. Escapada.

ESCAPAR. (l. *ex*, fuera, y *cappa*, capa.) tr. Tratándose del caballo, hacerle correr con extraordinaria violencia. || 2. Librar, preservar, sacar de un trabajo o riesgo. || 3. intr. Salir de un encierro o peligro. Ú.t.c.r. || 4. Salir uno de prisa y ocultamente. Ú.t.c.r. || 5. Salirse un líquido o un gas por algún resquicio. ESCAPÁRSELE a uno *una cosa*. fr. fig. No advertirla, no darse cuenta de ella. || ESCAPÁRSELE a uno *la mano, la lengua*. fr. fig. Soltársele a uno involuntariamente. || *Ir* a escape; **F.** échapper; **A.** entfliehen; **It.** scappare; **R.** убегать.

ESCAPARATE. (Del medio neerl. *scaprade*, armario.) m. Especie de estante con vidrieras. || 2. Hueco cerrado con cristales en la fachada de algunas tiendas para colocar en él muestras de los géneros que se venden. || 3. Amér. Armario para ropas, libros, etc. || **P.** escaparate; **I.** showwindow; **F.** devanture; **A.** Schaufenster; **It.** vetrina; **R.** витрина.

° **ESCAPARATISTA.** com. Persona que sabe disponer los escaparates de forma que sin olvidar la finalidad propagandística y de atracción del comprador, da al conjunto un aspecto armónico y de buen gusto.

ESCAPATORIA. f. Acción y efecto de evadirse y escaparse. *Dar a uno* ESCAPATORIA. || 2. fam. Excusa, pretexto o modo de evadirse.

ESCAPE. m. Acción de escapar. || 2. Fuga de un gas o de un líquido. || 3. Fuga apresurada para librarse de un daño que amenaza. || 4. En los motores de explosión, salida de los gases quemados, y tubo que los conduce al exterior. || 5. En algunas máquinas, pieza que, separándose, deja obrar a un muelle, rueda u otra cosa que sujetaba. || *A* escape. m. adv. A toda prisa.

ESCAPO. (l. *scāpus*.) m. Arq. Fuste de la columna. || 2. Bot. Bohordo, tallo herbáceo sin hojas que sostiene las flores y el fruto de algunas plantas.

* **ESCAPOLARSE.** (De *escape*.) r. Mar. Escurrirse, soltarse algo que estaba atochado. || 2. Mar. Zafarse un cabo del lugar donde estaba anudado, o una palanca del linguete al que estaba sujeta.

ESCÁPULA. (l. *scapŭla*.) f. Zool. Omóplato.

ESCAPULAR. (Tal vez del l. *scapŭla*, espalda.) tr. Mar. Doblar un bajío, cabo, punta de costa, etc.

ESCAPULAR. adj. Referente a la escápula.

ESCAPULARIO. (l. *scapulāris*, de *scapŭlae*, las espaldas.) m. Distintivo de algunas órdenes religiosas que consiste en una tira de tela que cuelga sobre el pecho y la espalda. Dícese también de dos pedazos pequeños de tela que se llevan por devoción, colgados al cuello con dos cintas largas. || 2. Práctica devota en honor de la Virgen del Carmen. || 3. Min. V. *Escalera de* ESCAPULARIO. || **P.** escapulário; **I.** scapulary; **F.** scapulaire; **A.** Skapulier; **It.** scapolare; **R.** ладанка.

ESCAQUE. (ár. *as-sikak*, las filas de casas, las calles.) m. Cada una de las casillas del tablero del ajedrez o damas. || 2. Blas. Cuadrito o casilla que resulta de las divisiones del escudo, cortado y partido a lo menos dos veces. || 3. pl. Juego de ajedrez. || **P.** escaque; **I.** check; **F.** échec; **A.** Schachfeld; **It.** scacco; **R.** шахматное поле.

ESCAQUEADO, DA. adj. Dícese de

E la labor repartida o formada en escaques, como el tablero del ajedrez.

ESCARA. (l. *eschăra*, y éste del gr. ἐσχάρα.) f. CIR. Costra, ordinariamente obscura, resultante de la mortificación o desorganización de una parte viva afectada de gangrena, o quemada profundamente por la acción del fuego o de un cáustico.

ESCARABAJA. f. SAL. Palito menudo que se emplea para encender la lumbre. Ú.m. en pl.

ESCARABAJEAR. intr. Andar y bullir desordenadamente. || **2**. fig. Escribir mal, haciendo escarabajos, 6.ª acep. || **3**. fig. y fam. Punzar o molestar un cuidado, temor o disgusto.

ESCARABAJEO. m. fig. y fam. Acción y efecto de escarabajear, 3.ª acep.

ESCARABAJO. (l. *scarabaius*.) m. Insecto coleóptero, de cuerpo elíptico, negro por encima y rojizo por debajo, élitros lisos y estrías en maza hojosa, que se alimenta de excrementos, con los cuales hace unas bolas donde deposita sus huevos. || **2**. Por ext., cualquier coleóptero de cuerpo ovalado, cabeza corta y antenas en maza hojosa. || **3**. En los tejidos, cierta imperfección, que consiste en no estar derechos los hilos de la trama. || **4**. fig. y fam. Persona pequeña de cuerpo y mala figura. || **5**. ART. Huequecillo que se forma a veces en la parte interior de los cañones por defecto del molde o del metal, o por otro accidente. || **6**. pl. fig. y fam. Letras y rasgos mal formados y confusos, que tienen en cierto modo algún parecido con los pies de un Escarabajo. || **—bolero**. Escarabajo, 1.ª acep. || **—en leche**. fig. y fam. Mosca en leche. || **—pelotero**. Escarabajo bolero. || *Dijo el* ESCARABAJO *a sus hijos:* ¡*Venid, acá, mis flores!* ref. que explica cuánto engaña el cariño en el juicio de las dotes y gracias de las personas queridas. || *Hasta los* ESCARABAJOS *tienen tos*. ref. Hasta los gatos tienen tos. || P. escaravelho; I. beetle; F. scarabée; A. Käfer, Skarabäus; It. scarabeo; R. навозный жук.

ESCARABAJUELO. m. d. de escarabajo. || **2**. ZOOL. Insecto coleóptero de color verde azulado que salta con facilidad y roe las hojas y otras partes tiernas de la vid.

ESCARAMUCEAR. intr. Escaramuzar.

ESCARAMUJO. m. BOT. Especie de rosal silvestre que tiene por fruto una baya aovada, carnosa y roja, usada en medicina. || **2**. Fruto de este arbusto. || **3**. Percebe. || **4**. CUBA. Brujería, hechicería, mal de ojo. || **5**. MAR. Caracolillo marino que se adhiere a muchos cuerpos sumergidos, recubriéndolos, como rocas, la obra viva de los buques, paramento de los muelles, etcétera.

ESCARAMUZA. (ital. *scaramuzza*, combate.) f. Género de peleas entre los soldados de a caballo. || **2**. Riña, refriega de poca importancia, especialmente la sostenida por las avanzadas de los ejércitos. || **3**. Riña, pendencia, disputa, contienda de poca importancia. || P. escaramuça; I. skirmish; F. scaramouche; A. Scharmützel; It. scaramuccia; R. схватка.

ESCARAMUZADOR. m. El que escaramuza.

ESCARAMUZAR. intr. Sostener una escaramuza. || **2**. Revolver el caballo a un lado y otro como en la escaramuza.

ESCARAPELA. (De *escarapelar*.) f. Divisa en forma de disco, compuesta de cintas, generalmente de varios colores, que se pone en el sombrero o morrión del soldado. || **2**. Riña o quimera, que suele terminar por venir a las manos, más particularmente entre mujercillas. || **3**. En el tresillo, tres cartas falsas de palo distinto de aquel a que se juega. || P. escarapela; I. cockade; F. cocarde; A. Kokarde; It. coccarda; R. кокарда.

ESCARAPELAR. (l. *scarpināre*, arañar.) Reñir, trabar cuestiones o disputas y contiendas unos con otros. Dícese especialmente de las riñas que arman las mujeres. Ú.t.c.r. || **2**. COLOM., C. RICA y VENEZ. Descascarar, desconchar, resquebrajar. || **3**. COLOM. Ajar, manosear. || **4**. r. MÉJ. y PERÚ. Ponérsele a uno la carne de gallina.

ESCARAPULLA. f. ant. Escarapela.

ESCARBADERO. m. Sitio donde escarban algunos animales como jabalíes, lobos, etc.

ESCARBADIENTES. (De *escarbar* y *diente*.) m. Mondadientes.

ESCARBADOR, RA. adj. Que escarba. || **2**. m. Instrumento para escarbar.

ESCARBADURA. f. Acción y efecto de escarbar.

ESCARBAOREJAS. (De *escarbar* y *oreja*.) m. Instrumento en forma de cucharilla para limpiar los oídos.

ESCARBAR. (l. *scabrāre*, de *scaber*, áspero, desigual.) tr. Arañar, rascar el suelo con las patas, como suelen hacer el toro, las gallinas, etc. || **2**. Limpiar los dientes o los oídos con un instrumento. || **3**. Avivar la lumbre moviéndola con la badila. || **4**. fig. Inquirir curiosamente lo que está algo oculto. || P. escarvar; I. to scrape; F. gratter; A. scharren, wühlen; It. razzolare; R. рыть.

ESCARBILLOS. (De *escarbar*.) m. pl. Trozos pequeños de carbón que, por haber sido incompleta la combustión, quedan en el hogar mezclados con la ceniza.

ESCARBO. m. Acción y efecto de escarbar.

ESCARCEAR. (l. *excarptiāre*, de *carptus*, sacado.) intr. ARGENT. y VENEZ. Hacer escarceos el caballo.

ESCARCELA. (ital. *scarsella*, de *scarso*, avaro.) f. Especie de bolsa que pendía de la cintura. || **2**. Mochila de cazador. || **3**. Especie de cofia de mujer. || **4**. Parte de la armadura que cubría la cadera.

ESCARCELÓN. m. aum. de escarcela.

ESCARCEO. m. Movimiento en la superficie del mar con pequeñas olas ampolladas. || **2**. pl. Tornos y vueltas que dan los caballos. || **3**. fig. Rodeo, divagación.

ESCARCINA. f. Espada semejante al alfanje.

ESCARCINAZO. m. Golpe dado con la escarcina.

ESCARCUÑAR. tr. MAR. Escudriñar.

ESCARCHA. (De *escarchar*.) f. Rocío nocturno congelado. || P. escarcha; I. hoarfrost; F. frimas; A. Reif; It. brina; R. иней.

ESCARCHADA. (De *escarchar*.) f. BOT. Hierba ficoídea crasa, de hojas anchas cubiertas de vesículas transparentes, llenas de agua.

ESCARCHADO, DA. p.p. de escarchar. || **2**. adj. Cubierto de escarcha. || **3**. m. Cierta labor de oro o plata, sobrepuesta en la tela.

ESCARCHAR. (l. *exquartiāre*, como el cat. *escarxar* y el ital. *squarciare*, partir.) intr. Formarse escarcha en las noches frías. || **2**. tr. Preparar confituras de modo que el azúcar cristalice en lo exterior. || **3**. Hacer que en el aguardiente cristalice el azúcar sobre un ramo de anís. || **4**. En la alfarería del barro blanco, desleír la arcilla en el agua. || **5**. Salpicar una superficie de partículas de talco o de otra substancia que tenga apariencia de escarcha.

ESCARCHE. m. Escarchado, labor de oro o plata sobrepuesta en una tela.

ESCARCHO. m. Rubio, cierto pez marino.

ESCARDA. f. Acción y efecto de escardar. || **2**. Época del año en que se realiza esta labor. || **3**. Azada pequeña con que se arrancan los cardos y otras malas hierbas de los sembrados.

ESCARDADERA. f. Escardadora. || **2**. Almocafre.

ESCARDADOR, RA. m. y f. Persona que escarda los sembrados.

ESCARDADURA. (De *escardar*.) f. Escarda.

ESCARDAR. (De *es* y *cardo*.) tr. Arrancar los cardos y otras hierbas de un sembrado. || **2**. fig. Separar en una cosa lo malo de lo bueno.

ESCARDILLA. (d. de *escarda*.) f. Almocafre. || **2**. AND. Azadilla de boca estrecha y mango corto, algo menor que el escardillo.

ESCARDILLAR. (De *escardilla*.) tr. Escardar.

ESCARDILLO. (De *escardilla*.) m. Almocafre. || **2**. AND. Azada pequeña. || **3**. En algunas partes, vilano del cardo. || **4**. Reflejo de la luz del sol producido por un espejo u otro cuerpo brillante, al moverse, con que suelen entretenerse los niños. || *Lo ha dicho el* ESCARDILLO. expr. con que se apremia a los niños a que confiesen lo que han hecho, haciéndoles creer que ya se sabe.

ESCAREARSE. (De *escara*.) r. SAL. Resquebrajarse y llagarse la piel por el frío.

ESCARIADOR. (De *escariar*.) m. Herramienta de acero en forma de clavo con las aristas agudas, usada para agrandar y alisar los agujeros hechos en las piezas metálicas.

ESCARIAR. tr. Agrandar o redondear por medio del escariador, los agujeros abiertos en metal o el diámetro de un tubo.

ESCARIFICACIÓN. (l. *scarificatio*, *-ōnis*.) f. Producción de una escara, accidentalmente o como medio quirúrgico. || **2**. CIR. Acción y efecto de escarificar.

ESCARIFICADO, DA. p.p. de escarificar. || **2**. adj. CIR. V. *Ventosa* ESCARIFICADA.

ESCARIFICADOR. (De *escarificar*.) m. AGR. Instrumento que consiste en un bastidor con travesaños armados de cuchillos de acero para cortar verticalmente la tierra y las raíces. Suele estar montado sobre ruedas. || **2**. CIR. Instrumento con varias puntas aceradas que se emplea para escarificar. || P. escarificador; I. scarifier; F. scarificateur; A. Schröpfmesser; It. scarificatoio; R. прошник.

ESCARIFICAR. (l. *scarificāre*.) tr. Labrar la tierra con el escarificador. || **2**. CIR. Hacer cortaduras o incisiones muy poco profundas para facilitar la salida de ciertos líquidos o humores en alguna parte del cuerpo. || **3**. CIR. Escarizar.

ESCARIOSO, SA. (De *escara*.) adj. BOT. Aplícase a los órganos de los vegetales que son delgados, semitransparentes, del color de hojas secas y con aspecto de escamas.

ESCARIZAR. tr. CIR. Quitar la escara de una llaga.

ESCARLADOR. m. Hierro a modo de navaja, con que los peineros pulen las guardillas de los peines.

ESCARLATA. (b. l. *scarlatum*, uno de los muchos derivados del ár. *siqlāṭ* o *siqlatūn*, tela de seda brochada muy reputada y difundida.) f. Dícese del color carmesí fino, menos subido que el de la grana. || **2**. Tela de este color. || **3**. Grana fina. || **4**. Escarlatina, 2.ª acep. || **5**. EXTR. Murajes. || P. escarlate; I. scarlet; F. écarlate; A. Scharlach; It. scarlatto; R. яркокрасный цвет.

ESCARLATÍN. m. ant. Tela, especie de escarlata, de color más bajo y menos fino.

ESCARLATINA. f. Tela de lana de color carmesí. || **2**. MED. Enfermedad aguda contagiosa caracterizada por una inflamación de la garganta y una erupción cutánea de color escarlata. || **2**.ª acep.: P. escarlatina; I. scarlatina; F. fièvre scarlatine; A. Scharlach; It. scarlatina, stoffa; R. сукно.

ESCARMENADOR. (De *escarmenar*.) m. Carmenador.

ESCARMENAR. (l. *ex* y *carmināre*, cardar.) tr. Carmenar. || **2**. fig. Castigar a uno privándole del dinero u otras cosas de que puede hacer mal uso. || **3**. fig. Estafar poco a poco. || **4**. MIN. Escoger el mineral de entre los escombros o tierra.

ESCARMENTADO, DA. p.p. de escarmentar. || **2**. adj. Que escarmienta. Ú.t.c.s. || *De los* ESCARMENTADOS *nacen los arteros. De los* ESCARMENTADOS *nacen los avisados. El* ESCARMENTADO *busca el vado*. refs. que denotan cuánto valen las experiencias de los daños sufridos, para evitar en adelante las ocasiones peligrosas.

ESCARMENTAR. (De *escarmiento*.) tr. Corregir con rigor al que va errado. || **2**. Tomar enseñanza de la experiencia propia o ajena para evitar nuevos daños. || P. escarmentar; I. to warn; F. corriger; A. abstrafen; It. corrèggere; R. строго.

ESCARMIENTO. (De *escarmar* [usado en Santander] y éste del l. *carmināre*, cardar.) m. Desengaño y aviso que hace que uno escarmiente. || **2**. Castigo, multa, pena.

ESCARNAR. tr. ant. Descarnar.

ESCARNECEDOR, RA. adj. Que escarnece. Ú.t.c.s.

ESCARNECER. (De *escarnir*.) tr. Hacer mofa y burla de alguien zahiriéndole con palabras o acciones. || **P.** escarnecer; **I.** to scoff; **F.** bafouer; **A.** verhöhnen; **It.** schernire; **R.** насмехаться.

ESCARNECIDAMENTE. adv. m. Con escarnio.

ESCARNECIMIENTO. (De *escarnecer*.) m. Escarnio.

ESCARNIDAMENTE. adv. ant. Escarnecidamente.

ESCARNIDOR, RA. (De *escarnir*.) adj. ant. Escarnecedor. Usáb.t.c.s.

ESCARNIMIENTO. (De *escarnir*.) m. ant. Escarnio.

ESCARNIO. (De *escarnir*.) m. Befa tenaz hecha con el propósito de afrentar. || *A*, o *en* ESCARNIO. m. adv. ant. Por escarnio.

ESCARNIR. (germ. *skernian*, mofarse.) tr. ant. Escarnecer.

ESCARO. (l. *scarus*, y éste del gr. σκάρος.) m. Pez acantopterigio de color rojo, comestible, propio de las costas de Grecia. Tiene unos 4 dm de largo, cabeza pequeña, mandíbulas muy convexas, labios prominentes, cuerpo ovalado cubierto de grandes escamas de color rojo.

ESCARO, RA. (l. *scaurus*.) adj. Que tiene los pies o tobillos torcidos.

ESCAROLA. (cat. y prov. *escarola*, y éste del l. *escariola*, de *escarius*, comestible.) f. Achicoria de hojas radicales muy numerosas, dispuestas en roseta, lisas y recortadas, que se comen en ensalada. || **2.** Cuello alechugado usado en tiempos pasados. || **P.** escarola; **I.** endive; **F.** escarole; **A.** Endivie, Kraussalat; **It.** scheruola; **R.** огородный цикорий.

ESCAROLADO, DA. p.p. de escarolar. || **2.** adj. Rizado como la escarola. || **3.** *Cuello* ESCAROLADO.

ESCAROLAR. (De *escarola*.) tr. Alechugar.

ESCARÓTICO, CA. (l. *escharoticus*, y éste del gr. ἐσχαρωτικός.) adj. CIR. Caterético.

ESCARPA. (ital. *scarpa*.) f. Declive áspero de cualquier terreno. || **2.** FORT. Plano inclinado que forma la muralla del cuerpo principal de una plaza. || **3.** Cara del foso que corresponde al lado del parapeto. || **4.** Cincel. || **5.** MÉJ. Acera, orilla de la calle. || **P.** escarpa; **I.** scarp, slope; **F.** rampe; **A.** Abhang; **It.** scarpa, scesa; **R.** крутой склон.

ESCARPADO, DA. p.p. de escarpar. || **2.** adj. Que tiene escarpa o gran pendiente. || **3.** Dícese de las alturas que tienen subida peligrosa o intransitable.

ESCARPADURA. (De *escarpar*, 2.º art.) f. Escarpa, 1.ª acep.

ESCARPAR. (germ. *skrāpan*, raer.) tr. Limpiar y raspar con el escarpelo o la escofina materias y labores de escultura o talla.

ESCARPAR. (De *escarpa*.) tr. Cortar una montaña o terreno poniéndoles en plano inclinado.

ESCARPE. (De *escarpar*, 2.º art.) m. Escarpa.

ESCARPE. (ital. *scarpa*, zapato.) m. Pieza de la armadura que cubría el pie.

ESCARPELAR. tr. ant. CIR. Abrir con el escalpelo una llaga o herida para curarla mejor.

ESCARPELO. m. Escalpelo. || **2.** Instrumento de hierro con dientecillos, usado por los carpinteros, escultores y entalladores para escarpar o raspar sus obras.

ESCARPIA. (germ. *skarp*, agudo.) f. Clavo con cabeza acodillada, para sujetar bien lo que se cuelga de él. || **2.** pl. GERM. Las orejas.

ESCARPIADOR. m. ant. Escarpidor. || **2.** Clavo con cabeza ahorquillada, que sirve para afianzar las cañerías en una pared.

ESCARPIAR. tr. ant. Clavar con escarpias.

ESCARPIDOR. (De *escarpar*, 1.ᵉʳ art.) m. Peine de púas ralas y gruesas, propio para desenmarañar el cabello.

ESCARPÍN. (vasc. *scarpa*, y éste de *scarpa*, zapato.) m. Zapato de una suela y de una costura. || **2.** Calzado interior de abrigo. || **1.** CUBA. Calcetín. Ú.m. en pl. || **P.** escarpim; **I.** pump; **F.** escarpin; **A.** Tanzschuh; **It.** scarpino; **R.** остроносая туфля.

ESCARPIÓN (EN). m. adv. En figura de escarpia.

ESCARRAMÁN. m. Danza pintoresca que se usó en España en los siglos XVI y XVII, en la que se cantaba el romance de germanía alusivo a Escarramán, personaje legendario.

ESCARRAMANADO, DA. adj. Aplícase al que tiene tipo o hechos propios de rufián bravucón, por alusión al Escarramán legendario, protagonista de un famoso romance de germanía.

ESCARRAMANCHONES (A). m. adv. fam. AR. A horcajadas.

ESCARRANCHARSE. (gall. y port. *escarranchar*.) r. CUBA, EXTR., SAL., VENEZ. y ZAM. Esparrancarse, despatarrarse.

ESCARRIO. (vasc. *askarr*, arce, y *quejigo*.) m. BURG. Especie de arce.

ESCARTIVANA. f. Cartivana.

ESCARZA. f. VETER. Herida causada en las patas de las bestias por una china o cosa análoga que ha entrado en ellas y ha llegado a lo vivo de la carne.

ESCARZADOR. m. ant. Tirador, disparador.

ESCARZANO. (ital. *scarso*, corto, reducido.) adj. ARQ. *Arco* ESCARZANO. Arco menor que la semicircunferencia.

ESCARZAR. tr. Doblar un palo por medio de cuerdas para que forme un arco.

ESCARZAR. (l. *excarptiāre*, de *excarpĕre*.) tr. Entresacar, 1.ª acep. Aplícase particularmente a la operación de sacar las patatas más grandes para que maduren las pequeñas, y de quitar a las colmenas los panales delgados o sucios. || **2.** AR. Hurtar la miel de las colmenas o los huevos de un nido. || **3.** AR. Arrancar la corteza seca a un árbol.

ESCARZO. m. Panal sucio. || **2.** Operación o tiempo de escarzar las colmenas. || **3.** Hongo yesquero. || **4.** Desperdicio de la seda. || **5.** AR., RIOJA y SAL. Materia fungosa que se cría en los troncos de los árboles. || **6.** AR. y SAL. Trozo de árbol seco y podrido, o de madera podrida. || **7.** SAL. Polvillo de la madera podrida.

ESCASAMENTE. adv. Con escasez. || **2.** Difícilmente, apenas.

ESCASEAR. (De *escaso*.) tr. Dar poco y de mala gana. || **2.** Ahorrar, excusar. || **3.** CANT. y CARP. Cortar un sillar, madero, etcétera, por un plano oblicuo a sus caras. || **4.** intr. Faltar, ir a menos una cosa.

ESCASEAR, RA. adj. fam. Que escasea una cosa. Ú.t.c.s.

ESCASEZ. (De *escaso*.) f. Cortedad, mezquindad con que se hace algo. || **2.** Poquedad de alguna cosa. || **3.** Pobreza o falta de lo necesario para la subsistencia. *Vivir con* ESCASEZ.

ESCASEZA. f. ant. Escasez.

ESCASO, SA. (b. l. *excarpsus*, escogido, raro.) adj. Corto, poco, limitado. *Comida* ESCASA. || **2.** Falto, corto, no cabal ni entero. *Dos varas* ESCASAS *de paño; seis leguas* ESCASAS. || **3.** Mezquino, nada liberal ni dadivoso. Ú.t.c.s. || **4.** Demasiado económico. Ú.t.c.s. || **5.** V. *Viento* ESCASO. || *Más gasta el* ESCASO *que el franco.* proverb. que indica cómo a veces, por escatimar, se compran géneros de mala calidad que duran poco y exigen pronto nuevo gasto. || **P.** scasso; **I.** scanty; **F.** rare; **A.** karg; **It.** scarso; **R.** недостаточный.

ESCATIMA. (Tal vez del vasc. *escatima*, querella.) f. ant. Falta, defecto, merma o disminución en una cosa.

ESCATIMAR (De *escatima*.) tr. Cercenar, disminuir, escasear lo que se ha de dar o hacer, acortándolo todo lo posible. || **2.** p. us. Viciar, adulterar y depravar el sentido de las palabras y de los escritos, torciéndolos e interpretándolos maliciosamente. || **3.** ant. Reconocer, rastrear y mirar con cuidado. || **P.** escatimar; **I.** to scant, to curtail; **F.** lésiner; **A.** knausern; **It.** scarsare, spilorciare; **R.** скупиться.

ESCATIMOSAMENTE. adv. Maliciosa, astutamente.

ESCATIMOSO, SA. (De *escatimar*.) adj. p. us. Malicioso, astuto, taimado y mezquino.

ESCATOFAGIA. f. Hábito de comer materias excrementicias.

ESCATÓFAGO, GA. (gr. σκῶρ, σκατός, excremento, y φαγεῖν, comer.) adj. ZOOL. Aplícase a los animales que comen excrementos.

ESCATÓFILO. (gr. σκῶρ, σκατός, excremento, y φίλος, amigo.) adj. ZOOL. Dícese de los insectos cuyas larvas se desarrollan entre excrementos.

★ ESCATOL. m. QUÍM. Una de las substancias de intenso olor y tóxicas que se forman por la desintegración de las proteínas.

ESCATOLOGÍA. (gr. ἔσχατος, último, y λόγος, tratado.) f. Parte de la teología que trata del destino final del hombre y del mundo.

ESCATOLOGÍA. (gr. σκῶρ, σκατός, excremento, y γόγος, tratado.) f. Tratado de cosas excrementicias. || **2.** Cualidad de escatológico, 2.º art.

ESCATOLÓGICO, CA. (De *escatología*, 1.ᵉʳ art.) adj. Que pertenece o se refiere a las postrimerías de ultratumba.

ESCATOLÓGICO, CA. (De *escatología*, 2.º art.) adj. Que pertenece o se refiere a los excrementos y suciedades.

ESCAUPIL. (De las voces mejicanas *ichcatl*, algodón, y *uipilli*, camisa.) m. Sayo de armas acolchado que usaban los antiguos mejicanos para defenderse de las flechas. || **2.** C. RICA. Mochila, morral.

ESCAVANAR. (Por *★escavonar*, de *excavón*.) r. AGR. Entrecavar los sembrados, con escarda o azadilla, cuando ya tienen bastantes raíces, para que la tierra se ahueque y se meteorice mejor, y para quitar las malas hierbas.

ESCAVILLO. (De *excavar*.) m. ALBAC. Azada pequeña.

ESCAYOLA. (ital. *scagliuola*.) f. Yeso espejuelo calcinado. || **2.** Estuco.

ESCAYOLAR. tr. Endurecer por medio del yeso o la escayola los apósitos y vendajes para sostener en posición adecuada los huesos dislocados o rotos.

★ ESCAYOLISTA. com. Persona que decora con molduras, florones y otros adornos los aposentos.

ESCAZA. f. AR. Cazo grande que se emplea en los molinos de aceite para echar el agua hirviendo con que se escalda la pasta que contienen los capachos.

ESCAZARÍ. (ár. *al-qaṣarī*, reducido, corto.) adj. ant. Escarzano.

ESCELERADO, DA. (l. *scelerātus*.) adj. ant. Malvado.

ESCENA. (l. *scena*, y éste del gr. σκηνή, cobertizo de ramas.) f. Sitio o parte del teatro, escenario, donde se representa o ejecuta la obra dramática o cualquiera otro espectáculo teatral. Comprende el espacio en que se figura el lugar de la acción, y el cual, descorrido o levantado el telón de boca, queda a vista del público. || **2.** Lo que la escena representa. *Mutación*, o *cambio, de* ESCENA. || **3.** Cada una de las partes en que se divide el acto de la obra dramática, o sea aquella en que hablan unos mismos personajes. Hoy se escribe la palabra escena a la cabeza de tales partes o divisiones, y todas las de cada uno de los actos van numeradas por su orden. || **4.** fig. Arte de la declamación. *Tu vocación es la* ESCENA. || **5.** fig. Teatro, 8.ª acep. *La* ESCENA *española empezó a decaer a fines del siglo XVII* || **6.** fig. Suceso o manifestación de la vida real que se considera como espectáculo digno de atención. || **7.** fig. Acto o manifestación en que se descubre algo de aparatoso, teatral, y a veces fingido, para impresionar el ánimo. || *Estar en* ESCENA. fr. fig. Estar en ella el actor. || **2.** fig. Manifestarse el actor en la representación escénica poseído de su papel, especialmente mientras no habla. *Ese actor está siempre*, o *no está nunca, en* ESCENA. || *Poner en* ESCENA *una obra.* fr. Representarla. || **2.** Determinar y ordenar todo lo relativo para su representación. || **P.** cena; **I.** scene, stage; **F.** scène; **A.** Szene, Bühne; **It.** scena; **R.** сцена.

ESCENARIO. (l. *scenarĭum*.) m. Parte del teatro construido convenientemente para que en ella se puedan colocar las decoraciones y representar cualquier espectáculo teatral. || **2.** fig. Conjunto de circunstancias que se consideran en torno de una persona o suceso.

ESCÉNICO, CA. (l. *scenĭcus*.) adj. Perteneciente o relativo a la escena.

ESCENIFICACIÓN. f. Acción y efecto de escenificar.

ESCENIFICAR. tr. Dar forma dra-

E mática a una obra literaria para ponerla en escena.

ESCENOGRAFÍA. (gr. σκηνογραφία, de σκηνογράφος, escenógrafo.) f. Total y perfecta delineación en perspectiva de un objeto. || **2.** Arte de pintar y montar decoraciones escénicas.

ESCENOGRÁFICAMENTE. adv. Según las reglas de la escenografía.

ESCENOGRÁFICO, CA. adj. Perteneciente o relativo a la escenografía.

ESCENÓGRAFO. (gr. σκηνογράφος; de σκηνή, escena, y γράφω, dibujar.) adj. Dícese del que profesa o cultiva la escenografía. Ú.t.c.s.

ESCEPTICISMO. (De escéptico.) m. Doctrina que niega la posibilidad del conocimiento de la verdad y aun la existencia misma de la verdad. Originariamente, actitud espiritual que después de haber examinado las cosas, no encuentra motivos suficientes para reconocer la verdad y se abstiene de todo juicio. || **2.** Incredulidad o duda acerca de la verdad o eficacia de alguna cosa generalmente admitida. || **P.** cepticismo; **I.** scepticism; **F.** scepticisme; **A.** Skeptizismus, Zweifel; **It.** scetticismo; **R.** скептицизм.

ESCÉPTICO, CA. (l. scepticus, y éste del gr. σκεπτικός; de σκέπτομαι, considerar.) adj. Que profesa el escepticismo. || **2.** fig. Que no cree en determinadas cosas. Ú.t.c.s.

ESCEPTRO. (l. sceptrum, cetro.) m. ant. Cetro.

ESCETAR. tr. ant. Exceptar.

ESCIBAR. (l. ex, priv., y cibus, cebo.) tr. ant. Descerar.

ESCIBLE. (l. scibilis.) adj. ant. Que puede o merece saberse.

ESCIENCIA. f. ant. Ciencia.

ESCIENTE. (l. sciens, -entis.) adj. Que sabe.

ESCIENTEMENTE. adv. ant. Con ciencia o noticia de la cosa.

ESCIENTÍFICO, CA. adj. ant. Científico.

ESCILA. (l. scilla.) f. Cebolla albarrana.

ESCILA. (l. Scylla.) n. p. Entre ESCILA y Caribdis. expr. fig. Aplícase a la situación del que no puede evitar un peligro sin caer en otro. Se alude al escollo y remolino que cerca del estrecho de Mesina hace difícil la navegación.

ESCÍNCIDO. (De scincus, nombre de un género de animales.) adj. ZOOL. Dícese de reptiles del orden de los saurios, que tienen la lengua corta y escotada y las patas poco desarrolladas. Ú.t.c.s. || **2.** m. pl. ZOOL. Familia de estos animales.

ESCINCO. (l. scincus, y éste del gr. σκίγκος.) m. ZOOL. Reptil saurio acuático, de más de 1 m de longitud, cuyo cuerpo, cubierto de fuertes escamas, no tiene separación marcada entre la cabeza, el cuerpo y la cola. || **2.** Estinco.

ESCINDIR. (l. scindĕre.) tr. Cortar, dividir, separar.

ESCIRRO. (l. scirrhos, y éste del gr. σκίρρος.) m. MED. Epitelioma de consistencia dura y evolución generalmente lenta. Suele producirse en los pechos de las mujeres.

ESCIRROSO, SA. adj. Perteneciente o relativo al escirro.

ESCISIÓN. (l. scissĭo, -ōnis, cortadura.) f. Rompimiento, desavenencia. || **P.** cisão; **I.** y **F.** scission; **A.** Spaltung; **It.** scissione; **R.** раскол.

ESCISMÁTICO, CA. adj. ant. Cismático.

ESCITA. (l. scȳtha.) adj. Natural de la Escitia, región de Asia antigua. Ú.t.c.s.

ESCÍTICO, CA. (l. scythĭcus.) adj. Perteneciente a la Escitia.

ESCLAFAR. (Del catalán.) tr. AR., CUENC. y MURC. Quebrantar, estrellar.

ESCLARA. (fr. sclarée.) f. Amaro.

ESCLARECEDOR, RA. adj. Que esclarece. Ú.t.c.s.

ESCLARECER. (l. ex y clarescĕre.) tr. Iluminar, poner clara una cosa. || **2.** Ennoblecer, hacer famoso a uno. || **3.** fig. Iluminar, ilustrar el entendimiento. || **4.** fig. Poner en claro; dilucidar una cuestión o doctrina. || **5.** intr. Empezar a amanecer. || **P.** esclarecer; **I.** to clear; **F.** éclaircir; **A.** aufklären, verdeutlichen; **It.** schiarare; **R.** выяснять.

ESCLARECIDAMENTE. adv. Con grande lustre, honra y nobleza.

ESCLARECIDO, DA. (De esclarecer.) adj. Claro, ilustre, singular, insigne.

ESCLARECIMIENTO. m. Acción y efecto de esclarecer. || **2.** Cosa que esclarece o sirve para esclarecer.

ESCLAVATURA. (port. escravatura.) f. desus. ARGENT. y PERÚ. Conjunto de esclavos que tenía cada hacienda.

ESCLAVINA. (De esclavo.) f. Vestidura de cuero o tela, que se ponen al cuello y sobre los hombros los que van en romería; se han usado más largas, a manera de capas. || **2.** Cuello postizo y suelto, con una falda de tela de seis u ocho dedos de ancho pegada alrededor, del cual usan los eclesiásticos. || **3.** Pieza del vestido, que suelen llevar las mujeres al cuello y sobre los hombros para abrigo o por adorno. || **4.** Pieza sobrepuesta que suele llevar la capa unida al cuello y que cubre los hombros.

ESCLAVISTA. adj. Partidario de la esclavitud. Ú.t.c.s.

ESCLAVITUD. f. Estado de esclavo. || **2.** fig. Congregación en que se alistan varias personas para ejercitarse en ciertos actos de devoción. || **3.** fig. Sujeción excesiva. || **4.** fig. Sujeción excesiva por la cual se ve sometida una persona a otra, o a un trabajo u obligación. || **P.** escravatura; **I.** slavery; **F.** esclavage; **A.** Sklaverei; **It.** schiavitù; **R.** рабство.

ESCLAVIZAR. tr. Hacer esclavo a uno, reducirle a esclavitud. || **2.** fig. Tener a uno muy sujeto e intensa y constantemente ocupado.

ESCLAVO, VA. (b. l. sclavus, esclavo, y éste del l. slave, esclavo, prisionero.) adj. Dícese de quien carece de libertad por estar bajo el dominio de otro. Ú.t.c.s. || **2.** fig. Sometido rigurosa o fuertemente. Persona ESCLAVA de su palabra, de la amistad, del vicio. Ú.t.c.s. || **3.** fig. Rendido, obediente, enamorado. Ú.t.c.s. || **4.** m. y f. Persona alistada en alguna cofradía de esclavitud. || **5.** f. Pulsera sin adorno y que no se abre. || ESCLAVO ladino. El que llevaba más de un año de esclavitud. || Ser uno un esclavo. fr. fig. Trabajar mucho, y estar aplicado rigurosamente a cumplir con sus obligaciones. || **P.** escravo; **I.** slave; **F.** esclave; **A.** Sklave; **It.** schiavo; **R.** раб.

ESCLAVÓN, NA. (De esclavo.) adj. Eslavo. Apl. a pers. ú.t.c.s. || **2.** Natural de Esclavonia. Ú.t.c.s. || **3.** Perteneciente a esta región.

ESCLAVONÍA. (De esclavón.) f. ant. Esclavitud. || **2.** CHILE. Esclavitud, 2.ª acep.

ESCLAVONIO, NIA. adj. Esclavón, Apl. a pers. ú.t.c.s.

ESCLERODERMIA. (gr. σκληρός, duro, y δέρμα, piel.) f. MED. Enfermedad caracterizada por un engrosamiento escleroso de la piel.

* ESCLERÓMETRO. (gr. σκληρός, duro, μέτρου, medida.) m. Fís. y MINERAL. Aparato usado para medir la dureza de los cuerpos, especialmente de los minerales. || **2.** ART. Y OF. Instrumento que emplean los alfareros para apreciar el grado de sequedad del barro.

ESCLERÓSICO, CA. adj. Escleroso.

ESCLEROSIS. (gr. σκλήρωσις, induración.) f. MED. Induración patológica de un tejido o de un órgano, debida al aumento anormal de su tejido conjuntivo intersticial y a una atrofia de los elementos constitutivos del órgano. || **P.** esclerose; **I.** sclerosis; **F.** sclérose; **A.** Sklerose, Verkalkung; **It.** sclerosi; **R.** склероз.

ESCLEROSO, SA. adj. Relativo a la esclerosis.

ESCLERÓTICA. (gr. σκληρός, duro.) f. ZOOL. Membrana blanca, gruesa, resistente y fibrosa que constituye la capa exterior del globo del ojo; por detrás se continúa con la vaina del nervio óptico y por delante se modifica convirtiéndose en la córnea.

ESCLISIADO, DA. adj. GERM. Herido en el rostro.

ESCLUSA. (l. exclūsa, cerrada.) f. Recinto con puertas de entrada y salida que se construye en un canal para que los barcos puedan pasar de un tramo a otro de distinto nivel dejando que se llene de agua o se vacíe el espacio comprendido entre dichas puertas. || **P.** esclusa; **I.** sluice; **F.** écluse; **A.** Schleuse; **It.** chiusa; **R.** шлюз.

ESCOA. (fr. scoue, ital. ascosa.) f. MAR. Punto de mayor curvatura de cada cuaderna de un buque.

ESCOBA. (l. scōpa.) f. Manojo de palmitos o de otras ramas flexibles, juntas y atadas a menudo en el extremo de un palo, que sirve para barrer. || **2.** BOT. Mata leguminosa de muchas ramas angulosas, asurcadas y flores amarillas en racimo y con la cual se hacen escobas. || **3.** Paje de ESCOBA. Muchacho destinado en las embarcaciones para la limpieza. || —**amargosa.** HOND. Canchalagua. || —**babosa.** COLOM. y HOND. Malvácea cuyas hojas, que contienen mucho mucílago, se aplican en forma de cataplasmas, y disueltas en agua forman una especie de bandolina. || —**de caballeriza.** Cabezuela, planta que se emplea para hacer escobas. || —**de cabezuela.** Cabezuela, planta que se emplea para hacer escobas. || —**negra.** BOT. C. RICA y NICAR. Arbustillo del cual se hacen escobas, tiene corteza de color obscuro, flor pequeña y blanquecina y fruto rojo cuando madura. || —**nueva.** fig. Persona recién entrada en un cargo u oficio y que lo desempeña escrupulosamente y con exactitud. || —**vieja.** CHILE. Persona que por estar cansada en el cargo u oficio, es descuidada y negligente. || Llegar y cortar ESCOBAS. fr. fig. y fam. CHILE. Proceder uno a una cosa inmediatamente, sin prevenir los ánimos. || **P.** vassoura, vassoira; **I.** broom; **F.** balai; **A.** Besen; **It.** scopa; **R.** метла.

ESCOBADA. f. Cada uno de los movimientos que se hacen con la escoba para barrer. || **2.** Barredura ligera.

ESCOBADERA. f. Mujer que limpia y barre con la escoba.

ESCOBADO. m. SAL. Marca que en las ganaderías hacen a las reses, cortándoles la punta de la oreja con doble cortadura en ángulo.

ESCOBAJO. (De escoba.) m. Escoba vieja.

ESCOBAJO. (l. scopio.) m. Raspa de racimo después de quitadas las uvas.

ESCOBAR. m. Terreno donde abunda la planta llamada escoba.

ESCOBAR. (l. scopāre.) tr. Barrer con escoba.

ESCOBAZAR. (De escoba.) tr. Rociar con escoba o ramas mojadas.

ESCOBAZO. m. Golpe dado con una escoba. || **2.** ARGENT. y CHILE. Escobada. || Echar a uno a ESCOBAZOS. fr. fig. y fam. Despedirle de mala manera.

ESCOBÉN. (port. escovem, en fr. écubier.) m. Cada uno de los agujeros existentes a uno y otro lado de la roda de un buque por donde pasan los cables o cadenas para amarrarlo.

ESCOBERA. f. Retama común. || **2.** Mujer que hace o vende escobas.

ESCOBERO. m. El que hace escobas o las vende.

ESCOBETA. f. Escobilla, 2.° art., 1.ª y 2.ª aceps. || **2.** MÉJ. Escobilla corta de raíz de zacatón. || **3.** MÉJ. Mechón de cerda que sale en el papo a los pavos viejos.

ESCOBILLA. (l. scopilía, barreduras.) f. Mezcla de tierra y polvo de plata y oro que se barre en los talleres donde se trabajan estos metales.

ESCOBILLA. (d. de escoba.) f. Cepillo, 3.ª acep. || **2.** Escobitas de cerdas o alambres para limpiar. || **3.** Especie de brezo, de que se hacen escobas. || **4.** Cardencha. || **5.** Mazorca del cardo silvestre que se usa para cardar la lana. || **6.** ELECTR. Cada una de las piezas de varias formas que tienen algunas máquinas eléctricas, como la dinamo, y que sirven para mantener el contacto entre los conductores y el rotor para la entrada y salida de la corriente. || —**amarga.** C. RICA. Mastuerzo, planta herbácea. || —**de ámbar.** BOT. Hierba exótica anual, de la familia de las compuestas, con flores de corola purpúrea, a veces rósea o blanca, y de olor parecido al del ámbar. || Con ESCOBILLA, el paño, y la seda, con la mano. ref. que enseña a cada uno se ha de tratar según corresponde a su genio y educación. || **P.** escova; **I.** brush; **F.** goupillon; **A.** Scheuerbürste; **It.** spàzzola; **R.** скребок.

ESCOBILLADO, DA. p.p. de escobillar. ‖ **2**. m. ARGENT. Acción y efecto de escobillar en los bailes.

ESCOBILLAR. tr. Limpiar con la escobilla, cepillar. ‖ **2**. PINT. Levantar el polvo de los techos, paredes, etc., que han estado pintados al temple, antes de pintarlos de nuevo. ‖ **3**. CHILE. Acepillar, quitar polvo con cepillo. ‖ **4**. fig. REP. DOMIN. y ECUAD. Adular, lisonjear. ‖ **5**. fig. ARGENT. Batir ligeramente el suelo, en el baile o danza, como ejecutando con el pie la acción de encerar o lustrar los suelos.

ESCOBILLEO. m. Acción y efecto de escobillar.

ESCOBILLÓN. (aum. de *escobilla*, 2.º art.) m. Palo largo que lleva en un extremo un cilindro de madera con cerdas para limpiar los cañones de armas de fuego. ‖ **2**. Cepillo unido al extremo de un astil, que se usa para barrer el suelo.

ESCOBINA. (l. *scobina*.) f. Serrín que hace la barrena al agujerear con ella alguna cosa. ‖ **2**. Limadura de un metal cualquiera.

ESCOBINO. m. SANT. Brusco, planta esmilácea.

ESCOBIO. (l. *scŏpus*, der. regres. de *scŏpŭlus*, peñasco.) m. AST., LEÓN y SANT. Angostura, garganta o paso estrecho en una montaña o en un río. ‖ **2**. AST. Vericueto.

ESCOBIZO. (De *escoba*.) m. AR. Guardalobo.

ESCOBO. (De *escoba*, mata.) m. Matorral espeso.

ESCOBÓN. m. aum. de escoba. ‖ **2**. Escoba puesta en un palo largo, para barrer y deshollinar. ‖ **3**. Escoba de mango muy corto. ‖ **4**. Escoba, 2.ª acep.

ESCOCAR. tr. ÁL. Desterronar, desmenuzar los terrones con el zarcillo.

ESCOCEDURA. f. Acción y efecto de escocerse.

ESCOCER. (l. *excoquĕre*.) intr. Causar una cosa, especialmente una herida o lesión, una sensación parecida a la quemadura. ‖ **2**. fig. Producirse en el ánimo una impresión molesta o amarga. ‖ **3**. r. Sentirse, dolerse. ‖ **4**. Ponerse rubicundas e inflamadas algunas partes del cuerpo por efecto de la gordura, el sudor, etc. ‖ P. arder; I. to smart; F. cuire; A. brennenjucken (Wunde); It. bruciare; R. жечь.

ESCOCÉS, SA. adj. Natural de Escocia. Ú.t.c.s. ‖ **2**. Perteneciente a este país de Europa. ‖ **3**. Dícese de las telas que forman cuadros de varios colores. Ú.t.c.s. ‖ **4**. m. dialecto escocés, uno de los célticos.

ESCOCIA. f. *Bacalao de* ESCOCIA.

ESCOCIA. (l. *scotĭa*, y éste del gr. σκοτία, de σκότος, sombra.) f. Moldura de perfil cóncavo constituido por el acorde de dos arcos de círculo de diferente diámetro.

ESCOCIANO, NA. adj. ant. Escocés. Apl. a pers. usáb.t.c.s.

ESCOCIMIENTO. (De *escocer*.) m. Escozor.

ESCODA. (De *escodar*, 1.er art.) f. Instrumento de hierro, a manera de martillo, con corte en ambos lados, enastado en un mango, para labrar piedras y picar paredes.

ESCODADERO. (De *escodar*, 2.º art.) m. MONT. Sitio donde los venados y gamos dan con la cuerna para descorrearla o escodarla.

ESCODAR. (l. *ex*, de, y *cubĭtus*, codo.) tr. Labrar las piedras con la escoda.

ESCODAR. (l. *excutĕre*.) tr. MONT. Sacudir la cuerna, los animales que la tienen, para descorrearla.

ESCODAR. (l. *coda*, cola.) tr. AR. Desrabotar. Ú.t.c.r.

ESCOFIA. f. Cofia.

ESCOFIADO, DA. p.p. de escofiar. ‖ **2**. adj. ant. Aplicábase al que llevaba cofia en la cabeza.

ESCOFIAR. tr. Poner la cofia en la cabeza. Ú.t.c.r.

ESCOFIETA. (De *escofia*.) f. Tocado de gasa de que usaron las mujeres. ‖ **2**. Cofia o redecilla. ‖ **3**. CUBA. Gorro que se suele poner a los niños.

ESCOFINA. (Del osco *scoffina*, del l. *scobina*.) f. Especie de lima, de dientes gruesos y triangulares, para desbastar. ‖ **—de ajustar**. Pieza de hierro o acero

que usan los carpinteros para trabajar e igualar las piezas. ‖ P. grosa; I. rasp; F. rape; A. Raspel; It. raspa; R. напильник.

ESCOFINAR. tr. Limar con escofina.

ESCOFIÓN. m. aum. de escofia. ‖ **2**. Garvín.

ESCOGEDOR, RA. adj. Que escoge. Ú.t.c.s.

ESCOGER. (l. *ex* y *colligĕre*, coger.) tr. Tomar o elegir entre otras una o más cosas o personas. ‖ P. escolher; I. to choose; F. choisir; A. auswählen; It. scegliere; R. выбирать.

ESCOGIDA. f. CUBA. Tarea de separar las distintas clases de tabaco. ‖ **2**. CUBA. Local donde se hace, y conjunto de operarios a ella dedicados.

ESCOGIDAMENTE. adv. m. Con acierto y discernimiento. ‖ **2**. Cabal y perfectamente; con excelencia.

ESCOGIDO, DA. p.p. de escoger. ‖ **2**. adj. Selecto.

ESCOGIENTE. p.a. de escoger. Que escoge.

ESCOGIMIENTO. m. Acción y efecto de escoger.

ESCOLÁN. m. Escolano.

ESCOLANÍA. f. Conjunto o corporación de escolanos.

ESCOLANO. (De *escuela*.) m. Cada uno de los niños que en algunos monasterios del antiguo reino de Aragón se educaban para el servicio del culto y principalmente para el canto.

ESCOLAPIO, PIA. adj. Perteneciente a la Orden de las Escuelas Pías. ‖ **2**. m. Clérigo regular de la Orden de las Escuelas Pías, destinado a la enseñanza. ‖ **3**. Religiosa dedicada a la enseñanza y que sigue la regla de las Escuelas Pías. ‖ **4**. m. y f. Estudiante que recibe enseñanza en las Escuelas Pías.

ESCOLAR. (l. *scholāris*.) adj. Perteneciente al estudiante o a la escuela. ‖ **2**. m. Estudiante que cursa y sigue las escuelas. ‖ 2.ª acep.: P. escolar; I. scholar; F. scolaire; A. Schüler; It. scolaro; R. школьный.

ESCOLAR. (l. *excolāre*.) intr. Colar. Pasar por paraje estrecho. Ú.t.c.r.

ESCOLARIDAD. f. Conjunto de cursos que un estudiante sigue en un establecimiento docente.

ESCOLARIEGO, GA. adj. Propio de escolares o estudiantes.

ESCOLARINO, NA. (De *escolar*, 1.er art.) adj. ant. Escolástico.

ESCOLÁSTICA. (l. *scholastĭca*.) f. Escolasticismo.

ESCOLÁSTICAMENTE. adv. En términos escolásticos, a la manera y uso de las escuelas.

ESCOLASTICISMO. (De *escolástico*.) m. Filosofía de la Edad Media, cristiana, en la que domina la enseñanza de los libros de Aristóteles, y que se caracteriza por la estrecha vinculación que establece entre la teología y la filosofía. ‖ **2**. Espíritu exclusivo de escuela en las doctrinas, en los métodos de enseñanza o en el tecnicismo científico.

ESCOLÁSTICO, CA. (l. *scholastĭcus*.) adj. Perteneciente a las escuelas medievales o al escolasticismo. ‖ **2**. adj. Perteneciente al escolasticismo, al maestro que lo enseña o al que lo profesa. Apl. a pers. ú.t.c.s. ‖ **3**. V. *Teología* ESCOLÁSTICA.

ESCOLDO. m. ant. Rescoldo.

ESCÓLEX. (gr. σκώληξ, lombriz.) m. ZOOL. Extremo anterior de la tenia y otros gusanos cestodos, constituido por la cabeza y los órganos de fijación.

ESCOLIADOR. m. El que escolia.

ESCOLIAR. tr. Poner escolios a una obra o escrito.

ESCOLIASTA. (l. *scholiastes*, y éste del gr. σχολιαστής.) m. Escoliador.

ESCOLIMADO, DA. adj. fam. p. us. Dícese de la persona muy delicada y endeble.

ESCOLIMOSO, SA. (l. *scolymus*, y éste del gr. σκόλυμος, cardo silvestre.) adj. fam. p.us. Descontentadizo, áspero, poco sufrido.

＊ ESCOLINO, NA. BOL. Escolar. Ú.t.c.s. ‖ **2**. BOL. Escolano.

ESCOLIO. (l. *scholĭum*, y éste del gr. σχόλιον, comentario; de σχολή, escuela.) m. Nota que se pone a un texto para explicarlo. ‖ P. escólio; I. scholion; F. scolie;

A. Scholion, Glosse; It. scolio; R. толкование, комментарий.

ESCOLIOSIS. (gr. σκολιός, tortuoso.) f. MED. Desviación lateral del raquis debida a contracturas musculares provocadas por espasmos reflejos.

ESCOLOPENDRA. (l. *scolopendra*, y éste del gr. σκολόπενδδα.) f. Cientopiés. ‖ **2**. Lengua de ciervo. ‖ **—de agua**. Anélido marino de unos tres decímetros de largo, vermiforme, con cabeza bien señalada, tentáculos cortos, cuerpo casi cilíndrico, de color verde irisado, y provisto en cada anillo de dos grupos simétricos de cerdillas que sirven al animal para nadar.

ESCOLTA. (De *escoltar*.) Partida de soldados o embarcación para escoltar. ‖ **2**. Acompañamiento en señal de reverencia. ‖ P. escolta; I. escort; F. escorte; A. Eskorte; It. scorta; R. конвой, свита.

ESCOLTAR. (ital. *scoltare*.) tr. Resguardar, convoyar, conducir a una persona o cosa para que camine sin riesgo. ‖ **2**. Acompañar a una persona, a modo de escolta, en señal de honra y reverencia. ‖ P. escoltar; I. to scort; F. escorter; A. eskortieren, geleiten; It. scortare; R. конвоировать.

ESCOLLAR. intr. ARGENT. Tropezar en un escollo la embarcación. ‖ **2**. fig. ARGENT. y CHILE. Fracasar o frustrarse algo por haber tropezado con algún inconveniente.

ESCOLLAR. tr. Descollar. Ú.t.c.intr. y c.r.

ESCOLLERA. (De *escollo*; en ital. *scogliera*, de *scoglio*, escollo.) f. Obra hecha de piedras arrojadas al fondo del agua, para formar un dique o para resguardar el pie de otra obra de la acción de las olas o las corrientes.

ESCOLLO. (l. *scopŭlus*.) m. Peñasco a flor de agua o que no se descubre bien. ‖ **2**. fig. Peligro, riesgo. ‖ **3**. fig. Dificultad, obstáculo. ‖ P. escolho; I. reef; F. écueil; A. Klippe; It. scoglio; R. риф.

ESCOMAR. (l. *exculmāre*, de *cúlmus*, paja.) tr. RIOJA. Desgranar a golpes la paja de centeno destinada para vencejos, y el cáñamo, lino, etc.

ESCOMBRA. f. Acción y efecto de escombrar. ‖ **2**. AR. y NAV. Escombro, desecho, basura.

ESCOMBRAR. (prov. *descombrar*.) tr. Desembarazar un espacio o recinto de desechos o estorbos, para dejarlo llano, patente y despejado. ‖ **2**. Quitar de los racimos de pasas las más pequeñas y desmedradas. ‖ **3**. Desembarazar, limpiar. ‖ **4**. MURC. Quitar el escombro del pimiento para moler la cáscara.

ESCOMBRERA. f. Conjunto de escombros o desechos. ‖ **2**. Sitio donde se echan los escombros o desechos de una mina.

ESCOMBRO. (De *escombrar*.) m. Desecho y cascote de un edificio arruinado o derribado. ‖ **2**. Desechos de la explotación de una mina, o ripio de la saca y labra de las piedras de una cantera. ‖ **3**. Pasa menuda que se separa de la buena. ‖ **4**. MURC. En el pimiento seco, la parte que está junto al pedúnculo. ‖ P. entulho; I. rubbish; F. décombres, débris; A. Schutt, Abraum; It. macerie, rottame; R. щебень.

ESCOMBRO. (l. *scomber*, *-bri*, el pez escombro.) m. Caballa.

＊ ESCOMBRONA. f. QUÍM. Proteína sencilla que se encuentra en el esperma del escombro y de otros peces.

ESCOMEARSE. (l. *ex* y *commeiĕre*, orinar.) r. ant. Padecer estanguria.

ESCOMENDRIJO. m. Criatura ruin y desmedrada.

ESCOMERSE. (l. *excomedĕre*; de *ex*, intens. y *comedĕre*, comer.) r. Irse desgastando una cosa sólida.

ESCOMESA. (l. *excommisa*, term. f. de *-sus*, acontecido.) f. ant. Acometimiento, acción de acometer.

ESCONCE. (De *esconzar*.) m. Ángulo entrante o saliente, rincón o punta que interrumpe la línea recta o la dirección que lleva una superficie cualquiera.

ESCONDECUCAS. (De *esconder*, 2.º art., y *cuca*.) m. AR. Escondite.

ESCONDEDERO. m. Lugar o sitio adecuado para esconder o guardar algo.

E

ESCONDEDRIJO. m. ant. Escondrijo.

ESCONDER. (De *esconder*, 2.º art.) m. Escondite, juego de muchachos.

ESCONDER. (De *asconder*.) tr. Encubrir, ocultar, retirar una cosa a lugar o sitio secreto. Ú.t.c.s. || 2. fig. Encerrar en sí una cosa que no es manifiesta a todos. Ú.t.cr. || **P.** esconder; **I.** to hide; **F.** cacher; **A.** verbergen, verstecken; **It.** nascòndere; **R.** прятать.

ESCONDIDAMENTE. adv. A escondida..

ESCONDIDAS (A). (De *escondido*, p.p. de *esconder*.) m. adv. Ocultamente.

ESCONDIDIJO. m. ant. Escondrijo.

ESCONDIDILLAS (A). (De *escondidas*.) m. adv. Ocultamente, procurando no ser visto.

ESCONDIDO, DA. p.p. de esconder. || 2. m. pl. PERÚ. Escondite. || 3. f. pl. ARGENT., COLOM., CHILE y ECUAD. Escondite, 2.ª acep. || *En* ESCONDIDO. m. adv. Escondidamente, ocultamente.

ESCONDIMIENTO. (De *esconder*, 2.º art.) m. Ocultación y encubrimiento de una cosa.

ESCONDITE. (De *esconder*.) m. Escondrijo. || 2. Juego de muchachos, en el que unos se esconden para que otros los busquen.

ESCONDRIJO. m. Lugar propio para esconder algo. || **P.** esconderijo; **I.** hiding-place; **F.** cachette; **A.** Schlupfwinkel; **It.** nascondiglio; **R.** тайник.

ESCONJURO. m. ant. Conjuro.

ESCONTRA. prep. ant. Contra.

ESCONZADO, DA. adj. Que tiene esconces.

ESCONZAR. (l. *excomptiāre*, descomponer, de *comptus*, compuesto.) tr. Hacer a esconce una cosa.

ESCOPECINA. f. ant. Escupitina.

ESCOPETA. (ital. *schioppetto*.) f. Arma de fuego portátil, con uno o dos cañones montados en una caja de madera; suele usarse para la caza. || 2. V. *Piedra de* ESCOPETA. || **—de pistón.** La cebada con pólvora fulminante encerrada en una cápsula o pistón. || **—de salón.** La pequeña y de poco alcance, que se usa para tirar al blanco en aposentos. || **—de viento.** La que dispara el proyectil por medio del aire comprimido artificialmente dentro de la culata. || **—negra.** Cazador de oficio. || *Aquí te quiero,* ESCOPETA, o *aquí te quiero ver,* ESCOPETA. exprs. figs. y fams. con que se indica que ha llegado el momento de apurar todo recurso para salir de un lance arduo. || **P.** escopeta; **I.** shotgun; **F.** escopette; **A.** Flinter, Gewehr; **It.** schioppo; **R.** ружьё.

ESCOPETAR. (Indirectamente, del l. *scopāre*, barrer.) tr, MIN. Cavar y sacar la tierra de las minas de oro.

ESCOPETAZO. m. Tiro de la escopeta. || 2. Herida hecha con este tiro. || 3. fig. Noticia o hecho desagradable, súbito e inesperado.

ESCOPETEAR. tr. Hacer repetidos disparos de escopeta. || 2. r. fig. y fam. Dirigirse dos o más personas a porfía cumplimientos o insultos.

ESCOPETEO. m. Acción de escopetear o escopetearse.

ESCOPETERÍA. (De *escopetero*.) f. Gente armada de escopetas. || 2. Multitud de escopetazos.

ESCOPETERO. m. Soldado armado de escopeta. || 2. El que sin serlo, va armado de escopeta. || 3. El que tiene por oficio fabricar o vender escopetas. || 4. V. ESCOPETA *negra*. || 5. Coleóptero zoófago, de cuerpo rojizo y élitros azulados. Vive oculto debajo de las piedras, lanzando por el ano una substancia que al contacto con el aire se volatiliza, produciendo una pequeña detonación.

ESCOPETILLA. f. d. de escopeta. || 2. Cañón muy pequeño, con que se rellenaba una especie de bomba.

ESCOPETÓN. m. aum. de escopeta. Ú.t.c.despect.

ESCOPLADURA. (De *escoplear*.) f. Corte o agujero en la madera hecho a fuerza de escoplo.

ESCOPLEADURA. f. Escopladura.

ESCOPLEAR. tr. Hacer en la madera agujero o corte con escoplo.

ESCOPLO. (l. *scalprum*.) m. CARP. Herramienta de hierro acerado, con mango de madera y boca formada por un bisel. || **—de alfarjía entera.** CARP. Aquel con que los carpinteros trabajan esta clase de maderos. || **—de cantería.** El de mango de hierro usado para labrar la piedra. || **—de fijas.** CARP. Escoplo muy estrecho que sólo sirve para escoplear las cajas en que se meten las fijas. || **P.** escopro; **I.** chisel; **F.** ciseau; **A.** Meissel; **It.** scalpello; **R.** зубило, долото.

ESCOPO. (l. *scŏpus*, y éste del gr. σκοπός.) m. ant. Objeto a que uno mira o atiende.

ESCORA. (ingl. *score*, hoy *shore*, ribera, puntal.) f. MAR. Línea del fuerte. || 2. MAR. Cada uno de los puntales que sostienen los costados del buque en construcción o varado. || 3. Inclinación de un buque por la fuerza del viento o por la carga ladeada. || 2.ª acep. **P.** escora; **I.** shore; **F.** accore; **A.** Schore; **It.** puntello; **R.** пиллерс, стойка.

ESCORAR. tr. MAR. Apuntalar con escoras. || 2. CUBA. Apuntalar, sostener. || 3. intr. MAR. Inclinarse la embarcación por el esfuerzo de las velas o por otras causas. || 4. MAR. Llegar la marea a su nivel más bajo. || 5. HOND. Ocultarse, esconderse en un rincón. || 6. r. CUBA. Arrimarse a una persona, apoyarse en ella. || 7. ECUAD. Zafarse, librarse de algún cargo, haciéndolo recaer sobre quien no tiene culpa.

ESCORBÚTICO, CA. adj. Perteneciente al escorbuto.

ESCORBUTO. (l. medieval *scorbutus*, y éste del ruso *scrobota*.) m. Enfermedad general caracterizada por el empobrecimiento de la sangre, manchas lívidas, ulceraciones en las encías y hemorragias. || **P.** escorbuto; **I.** scurvy; **F.** scorbut; **A.** Skorbut; **It.** scorbuto; **R.** скорбут, цынга.

ESCORCHADO. (De *escorchar*.) adj. BLAS. V. *Lobo* ESCORCHADO.

ESCORCHAPÍN. (ital. *scorciapino*.) m. Embarcación de vela usada para transportar gente de guerra y bastimentos.

ESCORCHAR. (cat. y arag. *escorchar*, y éste del l. *exorticāre*, descortezar.) tr. Desollar.

ESCORCHE. (ital. *scorciare*, y éste del l. *excūrtiāre*, de *cŭrtus*, corto.) m. ant. PINT. Escorzo.

ESCORDIO. (l. *scordĭum*, y éste del gr. σκόρδιον.) m. Hierba labiada de tallos ramosos, hojas blandas y vellosas y flores azules o purpúreas en verticilos. Vive en terrenos húmedos y se usa en medicina.

ESCORIA. (l. *scoria*.) f. Substancia vítrea que sobrenada en el crisol de los hornos de fundir metales. Procede de la parte menos pura de éstos. || 2. Residuos fundidos de las impurezas del carbón mineral. || 3. Materia que al ser golpeada suelta el hierro candente. || 4. Lava esponjosa de los volcanes. || 5. fig. Cosa vil, desechada. || 2. escoria; **I.** e **It.**scoria; **F.** scorie; **A.** Schlacke; **R.** шлак.

ESCORIACIÓN. f. Excoriación.

ESCORIAL. m. Sitio donde se han echado o se echan las escorias de las fábricas metalúrgicas. || 2. Montón de escorias. || 3. Terreno cultivado donde se han beneficiado minas. || 4. BOL. Monte cortado a tajo.

ESCORIAR. (l. *excoriāre*, desollar.) tr. Excoriar.

ESCORIR. tr. ant. SANT. Escurrir, 2.º art.

ESCORPENA. f. Escorpina.

ESCORPERA. f. Escorpina.

ESCORPINA. (l. *scorpaena*.) f. ZOOL. Pez acantopterigio de cabeza gruesa y espinosa y vientre grande. Tiene color fusco por el lomo y rojo en todo lo demás. Vive en las costas y su carne no es muy apreciada.

ESCORPIO. (l. *escorpĭus*.) m. ASTRON. Escorpión, octavo signo del Zodíaco.

ESCORPIOIDE. (gr. σκορπιοειδής, de σκορπίος, escorpión, y εἶδος, forma.) f. Alacranera.

ESCORPIÓN. (l. *scorpĭo, -ōnis*.) m. ZOOL. Alacrán. || 2. Pez parecido a la escorpina, pero de mayor tamaño. || 3. Máquina de guerra, de figura de ballesta, que usaron los antiguos para arrojar piedras. ||

4. Instrumento de tortura, especie de azote, formado por cadenas que llevaban un garfio en los extremos. || 5. fig. *Lengua del* ESCORPIÓN. Persona mordaz y maldiciente. || 6. ASTRON. Octavo signo o parte del Zodíaco que el Sol recorre aparentemente al mediar el otoño. || 7. ASTRON. Constelación zodiacal situada entre Libra y Sagitario. **P.** alacrau; **I.** y **F.** scorpion; **A.** Skorpion; **It.** scorpione; **R.** скорпион.

ESCORREDERO. m. AR. Canal de avenamiento.

ESCORREDOR. m. MURC. Escorredero. || 2. MURC. Compuerta para detener o soltar las aguas de un canal o acequia.

★ **ESCORROCHO.** m. C. RICA. Esperpento, persona extravagante y ridícula.

★ **ESCORROGIO.** m. VENEZ. Ser insignificante y despreciable.

★ **ESCORROSO.** m. AMÉR. MERID. Algazara, bulla.

ESCORROZO. (l. *cor ruptum*, angustia.) m. fam. Regodeo, acción de regodearse. || 2. SAL. Melindre, remilgo. || *¡Qué* ESCORROZO, *no tener qué comer y tomar mozo!* ref. que irónicamente reprende a los que gastan en lo superfluo sin tener para lo necesario.

ESCORZADO, DA. p.p. de escorzar. || 2. m. PINT. Escorzo.

ESCORZAR. (l. *excūrtiāre*, de *cŭrtus*, corto.) tr. PINT. Representar, acortándolas, según las reglas de la perspectiva, las cosas que se extienden en sentido muy oblicuo al plano del papel o lienzo sobre que se dibuja o pinta.

ESCORZO. (De *escorzar*.) m. PINT. Acción y efecto de escorzar. || 2. Figura o parte de figura escorzada.

ESCORZÓN. m. ant. Escuerzo.

ESCORZONERA. (ital. *scorzonera*; de *scorza*, corteza, y *nera*, negra.) f. Hierba compuesta, de flores amarillas y raíz gruesa, carnosa, de corteza negra, cuyo cocimiento se usa como diurético. Se cultiva por sus raíces que se comen cocidas y sus hojas, que se comen en ensalada. || **P.** escorcioneira; **I.** viper's grass; **F.** scorsonère; **A.** Schwarzwurzel; **It.** scorzonera; **R.** скорцонера.

ESCOSA. (l. *excursa*, agotada, seca, p.p. de *excurrĕre*.) adj. ant. Doncella, virgen. || 2. AST. Aplícase a la hembra de cualquier animal doméstico cuando deja de dar leche. || 3. AST. Desviación de las aguas de un río, en un trecho corto, para dejar charcas y pescar en ellas.

ESCOSAR. (De *escosa*.) intr. AST. Dejar de dar leche una vaca, oveja, u otra hembra de animal doméstico.

ESCOSCAR. tr. Descaspar. || 2. Descortezar; dícese en Aragón especialmente de las nueces y almendras. || 3. r. Coscarse.

ESCOTA. f. ant. ARQ. Escocia, 2.º art.

ESCOTA. (neerl. *schoot*.) f. MAR. Cabo que sirve para cazar las velas.

ESCOTA. f. NAV. Escoda.

ESCOTADIZO, ZA. adj. ant. Decíase de lo que estaba escotado.

ESCOTADO, DA. (De *escotar*, 1.er art.) p.p. de escotar. || 2. adj. BOT. Aplícase a la hoja con una escotadura en la punta. || 3. m. Escotadura.

ESCOTADURA. (De *escotar*, 1.er art.) f. Corte hecho en una prenda de vestir por la parte del cuello. || 2. Cortadura que altera la forma de una cosa. || 3. En los teatros, abertura grande hecha en el tablado para el paso de las tramoyas.

ESCOTAR. (De *escote*.) tr. Cortar una cosa para acomodarla a la medida necesaria. || 2. Extraer agua de un río, arroyo o laguna, sangrándolos o haciendo acequias. || **P.** chaufrar; **I.** to slope; **F.** échancrer; **A.** ausschweifen; **It.** scollare; **R.** вырезывать.

ESCOTAR. (De *ex* y *cota*, 2.º art.) tr. Pagar la parte o cuota que toca a cada uno de todo el gasto hecho en común por varias personas.

ESCOTE. (gót. *skaut*, orilla.) m. Escotadura, especialmente la de un vestido de mujer. || 2. Parte del busto que queda descubierto por estar escotado el vestido. || 3. Adorno de encajes en el cuello de una vestidura.

ESCOTE. (germ. *skot*, tributo.) m. Parte que corresponde pagar a cada una de dos o más personas que han hecho un gasto en común. || *A* ESCOTE. m. adv. Pagando cada uno la parte que le corresponde en un gasto común. || **P.** decote; **I.** quota, share; **F.** écot; **A.** Zeche; **It.** scotto; **R.** вырез.

ESCOTERA. f. MAR. Abertura en el costado de una embarcación por la cual pasa la escota mayor.

ESCOTERO, RA. adj. Que camina sin llevar nada que le embarace. Ú.t.c.s. || **2.** MAR. Aplícase al barco que navega solo. || **3.** VENEZ. Solo, falto de compañía. || **4.** COLOM. Dícese de la persona o del animal que no tiene hijos o crías.

ESCOTILLA. (ingl. *scuttle*.) f. MAR. Cada una de las aberturas en las diferentes cubiertas para el servicio del buque. || **P.** escotilha; **I.** hatchway; **F.** écoutille; **A.** Luk(e); **It.** boccaporto; **R.** люк.

ESCOTILLÓN. m. Puerta o trampa cerradiza en el suelo. || **2.** Trampa en el piso del escenario por donde pueden salir a escena o desaparecer personas o cosas.

ESCOTÍN. (d. de *escota*.) m. MAR. Escota de cualquier vela de cruz de un buque, excepto la de las mayores.

ESCOTISMO. m. Doctrina filosófica de Escoto y sus discípulos del siglo XIII y XIV.

ESCOTISTA. adj. Que sigue la doctrina de Escoto. Apl. a pers. ú.t.c.s.

ESCOTOMA. (gr. σχότωμα, obscuridad.) m. MED. Mancha obscura del centro del eje visual, propia de afecciones graves del ojo. || **—negativo.** El que se manifiesta con la falta de visión de una zona de dicho campo, por insensibilidad de una parte de la retina.

ESCOTORRAR. tr. PAL. Alumbrar las vides.

ESCOYO. (l. *scopŭlus*, d. de *scopus*, escobajo.) m. SAL. Escobajo del racimo de uvas.

ESCOZARSE. r. SAL. Coscarse, restregarse los animales contra algún objeto duro.

ESCOZNETE. m. AR. Instrumento con que se sacan los escueznos.

ESCOZOR. (De *escocer*.) m. Sensación dolorosa como la de una quemadura. || **2.** fig. Desazón, pena, disgusto que causa alguna cosa.

* **ESCRACHO.** m. ARGENT. Rostro, cara. || **2.** Mujer sin atractivos físicos ni morales.

ESCRIBA. (l. *scriba*.) m. Doctor o intérprete de la ley entre los hebreos.

ESCRIBÁN. m. ant. Escribano.

ESCRIBANA. f. Mujer del escribano. || **2.** f. ARGENT. Mujer que ejerce la escribanía.

ESCRIBANÍA. f. Oficio de escribano. || **2.** Aposento donde el escribano tiene su despacho. || **3.** Oficio u oficina del secretario judicial. || **4.** Papelera o escritorio. || **5.** Recado de escribir. || **6.** Caja portátil que llevaban colgada de una cinta los escribanos y los niños de la escuela. || **4.ª** acep.: **P.** escrivania; **I.** writing-desk, inkstand; **F.** bureau, écritoire; **A.** Kanzlei; **It.** scrivania; **R.** контора.

ESCRIBANIL. adj. Perteneciente al oficio o condición del escribano.

ESCRIBANILLO. m. d. de escribano. || **—del agua.** Escribano del agua.

ESCRIBANO. (b. l. *scribānus*, y éste del l. *scriba*.) m. El que por oficio público está autorizado a dar fe de las escrituras y actos que pasan ante él. Más tarde quedó reservada la fe pública a los escribanos en las actuaciones judiciales; actualmente se les denomina secretarios. || **2.** Secretario. || **3.** Pendolista. || **—del agua.** Girino, insecto coleóptero. || *El mejor* ESCRIBANO, *echa un borrón.* ref. que se usa para disculpar un yerro o falta que se ha cometido una vez. || *Por lo bueno o por lo malo, el* ESCRIBANO *de tu mano.* ref. que enseña cuánto contribuye al buen éxito de un negocio tener de su parte al principal agente de él.

ESCRIBIDO, DA. p.p. reg. de escribir, que sólo se emplea, y con significación activa, en la loc. fam. *leído* y ESCRIBIDO.

ESCRIBIDOR. (De *escribir*.) m. ant. Escritor. || **2.** fam. Mal escritor.

ESCRIBIENTE. (l. *scribens, -entis*.) com. Persona que tiene por oficio copiar o poner en limpio escritos ajenos o escribir

lo que se le dicta. || **P.** escrevente; **I.** scribe, clerk; **F.** écrivain; **A.** Schreiber, Kopist; **It.** scrivano; **R.** писарь.

ESCRIBIMIENTO. m. ant. Acción de escribir.

ESCRIBIR. (l. *scribĕre*.) tr. Representar las palabras o las ideas con letras u otros signos trazados en papel u otra superficie, por medio de pluma y tinta o de otro instrumento adecuado a este fin, o por medio de la mecanografía. || **2.** Trazar las notas y demás signos de la música. || **3.** Componer libros, discursos, etc. || **4.** Comunicar a uno por escrito alguna cosa. || **5.** r. Inscribir, 2.ª acep. || **6.** Alistarse en algún cuerpo, como en la milicia, en una comunidad, congregación, etc. || ESCRIBIR *muy tirado*, o *tirado*. fr. Escribir muy de prisa. || *No* ESCRIBIRSE *una cosa*. fr. de gran encarecimiento. *No se* ESCRIBE *lo rico que es.* || **P.** escrever; **I.** to write; **F.** écrire; **A.** schreiben; **It.** scrivere; **R.** писать.

ESCRIÑO. (l. *scrinĭum*.) m. Cesta de paja o mimbres para recoger el salvado. Los boyeros se sirven de unos pequeños para dar de comer al ganado cuando van de camino. || **2.** Cofrecito o caja para guardar joyas u otros objetos preciosos. || **3.** SAL. y ZAM. Cascabillo de la bellota.

ESCRIPIA. (l. *scirpĕa*, infl. por *scrinĭum*, cesto.) f. Cesta de pescador de caña.

ESCRIPTO, TA. p.p. irreg. ant. Escrito.

ESCRIPTOR, RA. m. y f. ant. Escritor.

ESCRIPTURA. f. ant. Escritura.

ESCRIPTURAR. tr. ant. Escriturar.

ESCRIPTURARIO. m. ant. Escriturario.

ESCRITA. (De *escrito*.) f. Especie de raya, de hocico puntiagudo, vientre blanco y lomo gris rojizo con manchas blancas, pardas y negras.

ESCRITILLA. f. Criadilla de carnero. Ú.m. en pl.

ESCRITO, TA. (l. *scriptus*.) p. p. irreg. de escribir. || **2.** V. *Derecho, testamento* ESCRITO. || **3.** V. *Derecho no* ESCRITO. || **4.** V. *Ley* ESCRITA. || **5.** adj. fig. Dícese de lo que tiene manchas o rayas que semejan letras o rasgos de pluma. *Un cabrito todo manchado* y ESCRITO. Aplícase especialmente al melón. || **6.** m. Carta, documento o cualquiera papel manuscrito. || **7.** Obra o composición científica o literaria. || **8.** FOR. Pedimento o alegato en pleito o causa. || **—de agravios.** FOR. Aquel en que el apelante exponía ante el tribunal superior los que creía haber recibido en la sentencia del inferior, y pedía que ésta se revocase o modificase. || **—de ampliación.** FOR. El posterior a los de discusión normal en que una parte litigante excepcionalmente alega un hecho importante sobrevenido o antes ignorado. || **—de calificación.** FOR. El dedicado en el juicio penal a fijar las afirmaciones de las partes sobre hechos, carácter delictivo de éstos, participación de los reos, circunstancias y responsabilidades, así como a proponer la prueba. || **—de conclusión, o de conclusiones.** FOR. El que, al terminar la primera instancia del juicio declarativo de mayor cuantía, presenta cada litigante, en vez del informe oral de su defensor, para recopilar sus probanzas y hacer examen crítico de las de su contrario. || *Estaba* ESCRITO. loc. Así lo tenía dispuesto la Providencia. || *No hay nada* ESCRITO *sobre eso.* expr. fig. con que cortesanamente se niega lo que otro da por cierto o asentado. || *Por* ESCRITO. m. adv. Por medio de la escritura. || *Tomar una cosa por* ESCRITO. fr. Sentar en un papel o libro de memoria lo que se ha visto u oído, para que no se olvide. || **P.** escrito; **I.** writing; **F.** écrit; **A.** Skriptum; **It.** scritto; **R.** написанный.

ESCRITOR, RA. (l. *scriptor*.) m. y f. Persona que escribe. || **2.** Autor de obras escritas o impresas. || **P.** escritor; **I.** writer; **F.** écrivain; **A.** Schriftsteller; **It.** scrittore; **R.** писатель.

ESCRITORIO. (l. *scriptorĭum*.) m. Mueble cerrado, con divisiones en su interior para guardar papeles. || **2.** Aposento donde tienen su despacho los hombres de negocios. || **3.** Mueble con cajoncitos para guardar joyas. || **4.** SANT. y TOL. Lonja cerrada donde se venden por mayor gé-

neros y ropas. || **P.** escritório; **I.** writing-table; **F.** bureau; **A.** Schreibtisch; **It.** scrittoio; **R.** бюро.

ESCRITORISTA. m. ant. El que por oficio hacía escritorios.

ESCRITORZUELO, LA. m. y f. d. despect. de escritor.

ESCRITURA. (l. *scriptūra*.) f. Acción y efecto de escribir. || **2.** Arte de escribir. || **3.** Escrito, 6.ª acep. || **4.** Documento público y solemne, otorgado ante notario, por el cual una o varias personas constituyen, modifican o extinguen derechos. || **5.** Obra escrita. || **6.** Por autonom., la Sagrada Escritura o la Biblia. Ú.t. en pl. || **P.** escritura; **I.** writing; **F.** écriture; **A.** Schrift, Urkunde; **It.** scrittura; **R.** писание.

ESCRITURAR. FOR. Hacer constar con escritura pública y en forma legal un otorgamiento o un hecho. || **2.** tr. Contratar un artista, especialmente de teatro.

ESCRITURARIO, RIA. adj. Que consta por escritura pública o que pertenece a ésta. || **2.** El que está versado en la Sagrada Escritura.

ESCROCÓN. m. ant. Sobreveste.

ESCRÓFULA. (l. *scrofŭlae*, paperas.) f. MED. Estado de un organismo debilitado y predispuesto, por antecedentes generalmente tuberculosos y sifilíticos, a presentar afecciones tegumentarias, linfáticas u óseas. || **2.** Tuberculosis crónica de los ganglios linfáticos, huesos y articulaciones. || **P.** escrofula; **I.** scrofula; **F.** scrofule; **A.** Skrofel, Drüsengeschwulst; **It.** scròfola; **R.** золотуха.

ESCROFULARIA. (De *escrófula*, por haberse usado esta planta como medicamento para las paperas.) f. Planta escrofulariácea, de tallo nudoso, hojas acorazonadas, flores parduscas en larga panoja y semillas menudas.

ESCROFULARIÁCEO, A. (De *scrophularia*, nombre de un género de plantas.) adj. BOT. Dícese de las plantas dicotiledóneas, generalmente herbáceas, de hojas alternas u opuestas, flores en racimo o espiga y fruto en cápsula dehiscente; como la escrofularia y el gordolobo. Ú.t.c.s. || **2.** f. pl. BOT. Familia de estas plantas.

ESCROFULISMO. m. MED. Enfermedad que se caracteriza por la aparición de escrófulas.

ESCROFULOSO, SA. adj. MED. Relativo a la escrófula o de su naturaleza. || **2.** MED. Que la padece. Ú.t.c.s.

ESCROTO. (l. *scrotum*.) m. ZOOL. Bolsa formada por la piel que cubre los testículos y las membranas que los envuelven.

* **ESCRUCHANTE.** m. ARGENT. Ladrón que entra en las casas valiéndose de la astucia o de la violencia.

ESCRUDIÑAR. (b. l. *scrutinĭāre*, de *scrutinĭum*.) tr. ant. Escudriñar.

ESCRUPULEAR. intr. ant. Escrupulizar.

ESCRUPULETE. m. fam. d. de escrúpulo.

ESCRUPULILLO. (d. de *escrúpulo*.) m. Grano de una materia dura que se pone dentro del cascabel para que suene.

ESCRUPULIZAR. intr. Formar escrúpulo o duda.

ESCRÚPULO. (l. *scrupŭlum*, d. de *scrupus*, piedra.) m. Duda o recelo que trae inquieto y desasosegado al ánimo. || **2.** Escrupulosidad. || **3.** China que se mete en el zapato. || **4.** ASTRON. Minuto, sexagésima parte de un grado de círculo. || **5.** FARM. Peso antiguo, equivalente a 24 gramos, o sea 1.198 mg. || **—de Marigargajo** o **del Padre Gargajo.** fig. y fam. Escrúpulo, ridículo, infundado y extravagante. || — de **monja.** fig. y fam. Escrúpulo nimio y pueril. || **P.** escrúpulo; **I.** scruple; **F.** scrupule; **A.** Skrupel, Bedenken; **It.** scrùpolo; **R.** сомнение.

ESCRUPULOSAMENTE. adv. Con escrúpulo y exactitud. || **2.** Esmerándose en la perfecta ejecución de lo que se emprende o realiza.

ESCRUPULOSIDAD. (l. *scrupulositas, -ātis*.) f. Exactitud en el examen y averiguación de las cosas y en el estricto cumplimiento de lo que uno toma a su cargo.

ESCRUPULOSO, SA. (l. *scrupulōsus*.) adj. Que padece o tiene escrúpulos. Ú.t.c.s. || **2.** Dícese de lo que causa escrúpu-

E los. || **3**. fig. Exacto. || **P**. escrupuloso; **I**. scrupulous; **F**. scrupuleux; **A**. gewissenhaft; **It**. scrupuloso; **R**. тщательный.

ESCRUTADOR, RA. (l. *scrutātor.*) adj. Escudriñador o examinador cuidadoso. || **2**. Dícese del que escruta o cuenta los votos en las elecciones. Ú.t.c.s. || **P**. escrutador; **I**. scrutator; **F**. scrutateur; **A**. Skrutator; **It**. scrutatore; **R**. пытливый.

ESCRUTAR. (l. *scrutāre.*) tr. Indagar, examinar cuidadosamente una cosa. || **2**. Reconocer y computar los votos que para una elección se han dado secretamente.

ESCRUTINIO. (l. *scrutinĭum.*) m. Examen y averiguación exacta y diligente de una cosa para saber lo que es y formar juicio de ella. || **2**. Acción y efecto de escrutar los votos de unas elecciones. || 2.ª acep.: **P**. escrutínio; **I**. ballot; **F**. scrutin; **A**. Skrutinium; **It**. scrutinio; **R**. рассмотрение.

ESCRUTIÑADOR, RA. (l. *de escrutinio.*) m. y f. Examinador, censor que hace escrutinio de una cosa.

ESCUADRA. (De *escuadrar.*) f. Instrumento de figura de triángulo rectángulo, o compuesto solamente de dos reglas en ángulo recto. || **2**. Pieza de metal con dos ramas en ángulo recto para asegurar las ensambladuras de las maderas. || **3**. Cierto número de soldados a las órdenes de un cabo. || **4**. Plaza de cabo de este número de soldados. || **5**. Cada una de las cuadrillas que se forman de algún concurso de gente. || **6**. Conjunto de buques de guerra a las órdenes de un almirante. || **7**. Escuadría. || **8**. ASTRON. Constelación austral situada al sur del Ara o Altar. || **9**. MIL. V. *Mozo de* ESCUADRA. || **—de agrimensor**. Instrumento de topografía, origen del cartabón, que constaba de cuatro alidadas, con que se podían señalar en el terreno alineaciones en ángulos rectos y semirrectos. || **—falsa**, o **falsa escuadra**. Instrumento compuesto de dos reglas giratorias sobre un eje, y que sirve para trazar toda clase de ángulos. **—sutil**. MAR. Conjunto de buques de guerra, pequeños por lo regular, destinados a la vigilancia, policía y defensa de puertos y costas. || *A* ESCUADRA. m. adv. En ángulo recto. || *A* ESCUADRA *viva*. m. adv. Aplícase al modo de labrar los maderos y las vigas con sierra o hacha, dejándoles ángulos rectos y aristas bien rectas. || *Fuera de* ESCUADRA. m. adv. En ángulo oblicuo. || **P**. esquadro; **I**. square; **A**. équerre; **A**. Winkelmass; **It**. squadra; **R**. угломер. || 6.ª acep.: **P**. esquadra; **I**. fleet; **F**. escadre; **A**. Geschwader; **It**. squadra; **R**. эскадра.

ESCUADRAR. (l. *exquadrāre*, de *quadrum.*) tr. Labrar o disponer un objeto de modo que sus caras planas formen entre sí ángulos rectos.

ESCUADREO. (De *escuadrar.*) m. Acción y efecto de medir la extensión de un área en unidades cuadradas.

ESCUADRÍA. f. Las dos dimensiones de la sección transversal de una pieza de madera que está o ha de ser labrada a escuadra. || **2**. MAR. V. *Punto de* ESCUADRÍA.

ESCUADRILLA. f. Escuadra formada de buques de pequeño porte. || **2**. Unidad orgánica de la aviación militar formada por cierto número de aparatos que operan a las órdenes de un jefe.

ESCUADRO. m. Escrita.

ESCUADRÓN. (aum. de *escuadra.*) m. MIL. Unidad táctica de caballería, mandada por un capitán e integrada por tres o cuatro secciones con un total de cien caballos. || **2**. MIL. En lo antiguo, porción de tropas formada en filas con cierta disposición según las reglas de la táctica militar. || **3**. MIL. En lo antiguo, parte del ejército compuesta de infantería y caballería. || **—volante**. ant. MIL. Cuerpo volante. || **P**. esquadrão; **I**. squadron; **F**. escadron; **A**. Schwadron; **It**. squadrone; **R**. эскадрон.

ESCUADRONAR. tr. MIL. Formar la gente de guerra en escuadrón o escuadrones.

ESCUADRONCETE. m. d. de escuadrón.

ESCUADRONISTA. (De *escuadrón.*) m. desus. MIL. Oficial inteligente y práctico en las maniobras de la caballería.

ESCUALIDEZ. f. Calidad de escuálido.

ESCUÁLIDO, DA. (l. *squalĭdus.*) adj. Sucio, asqueroso. || **2**. Flaco, macilento. || **3**. ZOOL. Dícese de peces selacios de cuerpo prolongado y fusiforme, hendiduras branquiales laterales y cola robusta, heterocerca, como el tiburón y el pez sierra. Ú.t.c.s. || **4**. m. pl. ZOOL. Suborden de estos peces.

ESCUALO. (l. *squalus.*) m. ZOOL. Nombre dado a los peces que, como el tiburón, tienen aletas cartilaginosas, cuerpo fusiforme, escamas duras, y boca grande en la parte inferior de la cabeza y con muchos dientes triangulares.

ESCUALOR. (l. *squalor.*) m. Escualidez.

ESCUCHA. (De *escuchar.*) f. Acción de escuchar. || **2**. Centinela que se adelanta de noche para observar de cerca los movimientos del enemigo. || **3**. En los conventos, religiosa que acompaña en el locutorio a las que reciben visitas. || **4**. Criada que duerme cerca de la alcoba de su ama. || **5**. Ventana desde donde el rey podía escuchar, sin ser visto, lo que se votaba en los consejos y tribunales superiores, cuyas reuniones se celebraban en palacio. || **6**. pl. FORT. Galerías pequeñas, radiales, construidas al frente de los glacis de las fortificaciones de una plaza, las cuales suelen concurrir a otra galería mayor situada en un punto céntrico, y cuya finalidad es reconocer y detener los trabajos de los minadores enemigos.

ESCUCHADERA. f. desus. Escucha.

ESCUCHADOR, RA. adj. Que escucha.

ESCUCHANTE. p.a. de escuchar. Que escucha.

ESCUCHAÑO, ÑA. adj. ant. Decíase de la persona que se ponía en escucha.

ESCUCHAR. (ant. y vulg. *ascuchar*, y éste del l. *auscultāre.*) intr. Aplicar el oído para oír. || **2**. tr. Prestar atención a lo que se oye. || **3**. Dar oídos, atender a un aviso, consejo, etc. || **4**. r. Hablar o recitar con pausas afectadas. || **P**. escutar; **I**. to listen; **F**. écouter; **A**. (zu-, an)hören; **It**. ascoltare; **R**. слушать.

ESCUCHIMIZADO, DA. adj. Muy flaco y débil.

ESCUCHO. (De *escuchar.*) m. LEÓN. y SANT. Lo que se dice al oído en voz baja. || *A* ESCUCHO, o *al* ESCUCHO. m. adv. Al oído y con secreto.

* **ESCUCHÓN, NA**. adj. ECUAD. Curioso impertinente que gusta de escuchar lo que no debe ni le importa.

ESCUDADO. (l. *scutātus.*) m. ant. Soldado armado de escudo.

ESCUDAÑO. m. ÁL. Sitio resguardado del frío, generalmente expuesto al mediodía.

ESCUDAR. tr. Amparar y resguardar a alguno con el escudo. Ú.t.c.r. || **2**. fig. Resguardar y defender a una persona de algún peligro. || **3**. r. fig. Valerse de algún medio o amparo para librarse de un peligro.

ESCUDERAJE. m. Servicio prestado por el escudero como criado de una casa.

ESCUDERANTE. p.a. ant. de escuderear. Que escuderea.

ESCUDEREAR. tr. Servir y acompañar a una persona principal como escudero y familiar de su casa.

ESCUDERETE. m. d. de escudero.

ESCUDERÍA. f. Servicio y ministerio del escudero.

ESCUDERIL. adj. Perteneciente o relativo al escudero.

ESCUDERILMENTE. adv. Con estilo y manera de escudero.

ESCUDERO, RA. adj. Escuderil.

ESCUDERO. (l. *scutarius.*) m. Paje que acompaña a un caballero para llevarle el escudo y servirle. || **2**. Hidalgo. || **3**. El que antiguamente llevaba acostamiento de una persona de distinción y tenía la obligación de asistirle. || **4**. El que hacía escudos. || **5**. El emparentado con una familia o casa ilustre, y es reconocido y tratado como tal. || **6**. Criado que servía a una señora acompañándola cuando salía de casa y asistiéndola en su antecámara. || **7**. MONT. Jabalí nuevo que acompaña al jabalí viejo. || **—de a pie**. En la casa real, mozo dedicado a llevar recados. || *A* ESCUDERO *pobre, carbón de cañuto*. ref. irónico, porque el carbón de canutillos es de mucho gasto y dura poco. || ESCUDERO *pobre, taza de plata y olla de cobre*. ref. que se aplica a aquellos que a costa de privaciones ostentan riquezas que no tienen. || **P**. escudeiro; **I**. squire; **F**. écuyer; **A**. (Schild)Knappe; **It**. scudiere; **R**. оруженосец.

ESCUDERÓN. (aum. de *escudero.*) m. despect. El que intenta hacer más figura de la que le corresponde.

ESCUDETE. m. Objeto semejante a un escudo pequeño. || **2**. Escudo de armas. || **3**. Pedazo de lienzo que sirve de fuerza en los cortes de la ropa blanca. || **4**. Mancha redonda que las gotas de lluvia suelen producir en las aceitunas verdes por donde éstas se dañan y acorchan. || **5**. Nenúfar. || **6**. *Injerto de* ESCUDETE. AGR. Injerto de una yema con parte de la corteza a que va unida. || **7**. Pieza del fusil Mauser que tiene por objeto proteger la caja por la parte superior.

* **ESCUDILLA**. (l. *scutella*, d. de *scutra*, olla.) f. Vasija ancha y de forma de una media esfera, que se usa comúnmente para servir en ella la sopa y el caldo. || **2**. CUBA. Taza semiesférica para té o café. || **P**. escudela; **I**. bowl; **F**. bol; **A**. (Suppen)Napf; **It**. scodella; **R**. миска.

ESCUDILLADOR, RA. adj. Que escudilla. Ú.t.c.s.

ESCUDILLAR. tr. Distribuir en escudillas o platos caldo o manjares. || **2**. Echar caldo hirviendo sobre el pan con que se hace la sopa. || **3**. fig. Disponer y manejar uno las cosas a su arbitrio, como si fuera único dueño de ellas. || **4**. fig. AR. y NAV. Contar lo que se sabe; no guardar secreto. || *En el* ESCUDILLAR *verás quién te quiere bien y quién te quiere mal*. ref. que denota que en el modo de hacer los beneficios se descubre la mayor o menor afición y particular inclinación del que los reparte.

ESCUDILLO. m. d. de escudo. || **2**. Doblilla.

ESCUDO. (l. *scūtum.*) m. Arma defensiva para cubrirse y resguardarse de las ofensivas, que se llevaba en el brazo izquierdo. || **2**. Chapa de acero que, unida al montaje, llevan las piezas de artillería de montaña para que sirva de defensa a los sirvientes del cañón. || **3**. Moneda antigua de oro: entraban 68 en un marco, lo mismo que las coronas. || **4**. Peso duro, 1.ª acep. || **5**. Moneda de plata que valía 10 reales de vellón y que hace años sirvió de unidad monetaria. || **6**. Unidad monetaria portuguesa equivalente, a la par, a cinco pesetas. || **7**. Moneda chilena de oro, de cinco pesos. || **8**. Escudo de armas. || **9**. Planchuela de metal, a veces en forma de escudo, que para guiar la llave suele ponerse delante de la cerradura. || **10**. Cabezal de la sangría. || **11**. fig. Amparo, defensa, patrocinio. || **12**. BLAS. V. *Flanco del* ESCUDO. || **13**. FÍS. Bólido. || **14**. MAR. Espejo de popa. || **15**. MAR. Tabla vertical que en los botes forma el respaldo del asiento de popa. || **16**. MONT. Espaldilla del jabalí, así llamada porque le sirve de defensa en los encuentros que tiene con otros. || **—acuartelado**. BLAS. El que está dividido en cuarteles. || **—burelado**. BLAS. El que tiene 10 fajas, 5 de metal y 5 de color. || **—cortado**. BLAS. El que está partido horizontalmente en dos partes iguales. || **—cortinado**. BLAS. El partido por dos líneas que, arrancando del punto medio de la parte superior o inferior del jefe, terminan en los cantones de la punta. || **—de armas**. BLAS. Campo, superficie o espacio de distintas figuras en que se pintan los blasones de un Estado, población, familia, corporación, etc. || **—de Orión**. ASTRON. Fila curva de estrellas en el lado occidental de la constelación Orión. || **—de Sovieski**. ASTRON. Constelación boreal al sur del Águila. || **—enclavado**. BLAS. Escudo partido o cortado, en que una de las partes monta sobre la otra y aparece como enclavada en ésta. || **—fajado**. BLAS. Escudo cubierto de seis fajas, tres de metal y tres de color. Si tiene cuatro u ocho, se ha de especificar su número. || **—mantelado**. BLAS. Escudo cortinado. || **—partido en, o por, banda**. BLAS. El dividido por una banda. || **—raso**. BLAS. El que no tiene adornos o timbres. || **—tajado**. BLAS. El que está dividido diagonalmente con una línea que pasa desde el ángulo siniestro del jefe al diestro de la punta. || —**tronchado**. BLAS. El que se divide con una línea diagonal tirada del ángulo diestro del jefe del escudo al siniestro de la punta. || —**vergeteado**. BLAS. El que se compone de diez o más palos. || **P**. escudo; **I**. shield; **F**. écu; **A**. Schild; **It**. scudo; **R**. щит.

ESCUDRIÑABLE. adj. Que puede escudriñarse.

ESCUDRIÑADOR, RA. (De *escudriñar*.) adj. Que tiene curiosidad por saber y escudriñar las cosas secretas. Ú.t.c.s.

ESCUDRIÑAMIENTO. m. Acción y efecto de escudriñar.

ESCUDRIÑAR. (De *escudriñar*.) tr. Examinar, inquirir y averiguar cuidadosa y minuciosamente una cosa y sus circunstancias. || **P**. esquadrinhar; **I**. to scrutinize; **F**. scruter; **A**. auskundschaften; **It**. scrutare; **R**. исследовать.

ESCUDRIÑO. (l. *scrutinium*, escrutinio.) m. ant. Escudriñamiento.

ESCUELA. (l. *schŏla*, y éste del gr. σχολή.) f. Establecimiento público donde se da a los niños la instrucción primaria en todo o en parte. || 2. Establecimiento público donde se da cualquier género de instrucción. || 3. V. *Buque* ESCUELA. || 4. Enseñanza que se da o que se adquiere. || 5. Conjunto de profesores y alumnos de una misma enseñanza. || 6. Método, estilo o gusto peculiar de cada maestro para enseñar. || 7. Doctrina, principios y sistema de un autor. || 8. Conjunto de discípulos, secuaces o imitadores de una persona o de su doctrina, arte, etc. || 9. Conjunto de caracteres comunes que en literatura y en arte distingue de las demás las obras de una época, región, etc. || 10. fig. Lo que en algún modo alecciona o da ejemplo y experiencia. || 11. pl. Sitio donde estaban los estudios generales. || ESCUELA *normal*. Aquella en que se hacen los estudios y la práctica necesarios para obtener el título de maestro de primera enseñanza. || ESCUELAS *Pías*. Orden religiosa de clérigos regulares fundada a fines del siglo XVI por San José de Calasanz para dedicarse a la educación y a la enseñanza de niños pobres. || *Saber una toda la* ESCUELA. fr. Saber todas las diferencias de un ejercicio gimnástico. || **P**. escola; **I**. school; **F**. école; **A**. Schule; **It**. scuola; **R**. школа.

★ **ESCUELANTE**. m. y f. Méj. Maestro o maestra de enseñanza primaria. || 2. COLOM. Escolar, alumno de una escuela.

ESCUERZO. (l. *scortĕus*, de piel arrugada.) m. Sapo. || 2. fig. y fam. Persona flaca y desmedrada.

ESCUETAMENTE. adv. De un modo escueto.

ESCUETO, TA. adj. Descubierto, libre, despejado. || 2. Sin adornos o sin ambages, seco, estricto.

ESCUEZNAR. tr. AR. Sacar los escueznos.

ESCUEZNO. m. AR. Pierna de nuez. Ú.m. en pl.

★ **ESCUINTLE**. (mejic. *izcuintli*.) m. Méj. Perro callejero. || 2. Muchacho.

ESCULCA. (l. *sculca*.) f. desus. Espía o explorador.

ESCULCAR. (De *esculca*.) tr. Espiar, inquirir, averiguar. || 2. AND., COLOM., C. RICA y P. RICO. Registrar para buscar algo oculto. || 3. EXTR. Espulgar.

ESCULPIDOR. (De *esculpir*.) m. El que se dedica a esculpir.

ESCULPIDURA. (De *esculpir*.) f. ant. Grabadura.

ESCULPIR. (l. *sculpĕre*.) tr. Labrar a mano en piedra, madera o metal, una estatua, figura, adorno, etc. || 2. Grabar. || **P**. esculpir; **I**. to sculpture; **F**. sculpter; **A**. (Holz) ausschnitzen, Stein aushauen; **It**. scolpire; **R**. ваять, гравировать.

ESCULTA. (l. *sculta*.) f. ant. Esculca.

ESCULTO, TA. (l. *sculptus*.) p.p. irreg. ant. de esculpir.

ESCULTOR, RA. (l. *sculptor*.) m. y f. Persona que profesa el arte de la escultura. || **P**. escultor; **I**. sculptor; **F**. sculpteur; **A**. Bildhauer; **It**. scultore; **R**. скульптор.

ESCULTÓRICO, CA. adj. Escultural, 1.ª acep.

ESCULTURA. (l. *sculptūra*.) f. Arte

de modelar, tallar y esculpir en barro, piedra, madera, metal u otra materia conveniente, representando de bulto figuras de personas, animales u otros objetos de la naturaleza, o el asunto o composición que el ingenio concibe. || 2. Obra hecha por el escultor. || 3. Fundición o vaciado que se forma en los moldes de las esculturas hechas a mano. || **P**. escultura; **I**. y **F**. sculpture; **A**. Bildhauerei; **It**. scultura; **R**. скульптура.

ESCULTURAL. adj. Perteneciente o relativo a la escultura. || 2. Que participa de los caracteres bellos de la estatua.

ESCULLADOR. (De *escullar*, 2.º art.) m. Vaso de lata con que en los molinos de aceite se saca éste del pozuelo.

ESCULLAR. tr. En varias regiones, vulg. por escudillar, 1.ª acep. || 2. intr. BURG. Gotear o escurrir un líquido.

ESCULLIR. intr. MURC. Resbalar, caer. || 2. r. Escabullirse.

ESCULLÓN. m. MURC. Resbalón, 1.ª acep.

ESCUNA. (port. *escuna*, y éste del hol. *schooner*.) f. MAR. Goleta.

ESCUPETINA. f. Escupitina.

ESCUPIDERA. f. Pequeño recipiente que sirve para escupir en él y que se coloca en las habitaciones. || 2. AND., ARGENT., CHILE y ECUAD. Orinal, bacín. || 3. COLOM. Ruedo, esterilla, felpudo. || 4. ARGENT. Moldura que se coloca en la parte exterior de la ventana para evitar la entrada de la lluvia.

ESCUPIDERO. m. Sitio o lugar donde se escupe. || 2. fig. Situación en que está uno expuesto a ser ajado o despreciado.

ESCUPIDO, DA. p.p. de escupir. || 2. adj. Dícese del que tiene gran parecido con alguno de sus ascendientes directos. || 3. m. Esputo.

ESCUPIDOR, RA. adj. Que escupe con mucha frecuencia. Ú.t.c.s. || 2. m. AND., ECUAD. y P. RICO. Escupidera, 1.ª acep. || 3. COLOM. Ruedo, baldeo. || 4. MÉJ. Especie de cohete. || 5. COLOM. Estera de esparto, redonda y pequeña.

ESCUPIDURA. f. Saliva, sangre o flema escupida. || 2. Excoriación que suele presentarse en los labios originada por una calentura.

ESCUPIR. (l. *ex* y *conspuĕre*.) intr. Arrojar saliva por la boca. || 2. tr. Arrojar de la boca algo como escupiendo. || 3. fig. Echar de sí con desprecio una cosa. || 4. fig. Brotar en el cutis postillas u otras señales después de una calentura. || 5. fig. Despedir un cuerpo a la superficie o detener en ella una substancia. || 6. fig. Despedir o arrojar con violencia una cosa. *Los fusiles* ESCUPÍAN *balas*. || 7. r. TAUROM. Evitar el toro las suertes, echarse fuera de las burlas del lidiador. || ESCUPIR *a uno*. fr. fig. Hacer escarnio de él. || *No* ESCUPIR *uno a una cosa*. fr. fig. y fam. Ser aficionado a ella. || **P**. cuspir; **I**. to spit; **F**. cracher; **A**. (aus)spucken, ausspeien; **It**. sputare; **R**. плевать.

ESCUPITAJO. (De *escupir*.) m. fam. Escupidura, 1.ª acep.

ESCUPITINA. (De *escupir*.) f. fam. Escupidura, 1.ª acep.

ESCUPITINAJO. (De *escupitina*.) m. fam. Escupitajo.

ESCUPO. m. Escupido, esputo.

ESCURANA. f. ant. Obscuridad. Ú. en Colombia y Chile.

ESCURAR. (l. *excūrāre*, de *curāre*, cuidar.) tr. Limpiar los paños antes de abatanarlos.

ESCURAR. (l. *obscūrāre*.) tr. ant. Obscurecer.

ESCURAS (A). m. adv. ant. A obscuras.

ESCURECER. intr. ant. Obscurecer. Ú. aún entre el vulgo.

ESCURECIMIENTO. m. ant. Obscurecimiento.

ESCURETA. (ant. fr. *escurette*, mod. *écurette*, de *escurer*, *écurer*, limpiar, y éste del l. *excūrāre*, de *curāre*, cuidar.) f. PAL. Especie de peine de púas largas y dobladas con que se limpia en los telares el pelo que queda en los palmares cuando se cardan las mantas.

ESCUREZA. f. ant. Escuridad.

ESCURIALENSE. adj. Perteneciente al pueblo y al monasterio de El Escorial.

ESCURIDAD. f. ant. Obscuridad.

ESCURO, RA. adj. ant. Obscuro.

ESCURRA. (l. *scurra*.) m. Truhán.

ESCURREPLATOS. m. Mueble usado para poner a escurrir las vasijas fregadas.

ESCURRIBANDA. (De *escurrir*, 1.er art.) f. fam. Escapatoria, 1.ª acep. || 2. fam. Desconcierto, flujo de vientre, diarrea. || 3. fam. Corrimiento o fluxión de un humor. || 4. fam. Zurribanda, zurra, paliza.

ESCURRIDERO. m. Lugar a propósito para poner a escurrir una cosa.

ESCURRIDIZO, ZA. adj. Que se escurre o desliza fácilmente. || 2. Propio para hacer deslizar o escurrirse. || *Hacerse* uno ESCURRIDIZO. fr. fig. y fam. Escaparse, escabullirse.

ESCURRIDO, DA. p.p. de escurrir. || 2. adj. Dícese de la persona estrecha de caderas. || 3. Aplícase a la mujer que trae muy ajustadas las sayas. || 4. BOT. Hoja escurrida. || 5. MÉJ. y P. RICO. Corrido, avergonzado, confuso.

ESCURRIDOR. m. Colador de agujeros grandes para escurrir el líquido de las viandas empapadas. || 2. Escurreplatos.

ESCURRIDURAS. (De *escurrir*, 1.er art.) f. pl. Últimas gotas de un licor en un recipiente. || *Llegar* uno a *las* ESCURRIDURAS. fr. fig. y fam. Llegar a lo último o a lo ya inútil en alguna materia.

ESCURRILIDAD. (l. *scurrilitas*.) f. Cosa propia del escurra, truhanería.

ESCURRIMBRES. (De *escurrir*, 1.er art.) f. pl. fam. Escurriduras.

ESCURRIMIENTO. m. Acción y efecto de escurrir o escurrirse, 1.er art.

ESCURRIR. (l. *excurrĕre*.) tr. Apurar las últimas gotas del contenido de una vasija. || 2. Hacer que una cosa empapada despida el líquido que contenía. U.t.c.r. || 3. intr. Destilar y caer gota a gota el licor que estaba en un vaso, etc. || 4. Deslizar y correr una cosa por encima de otra. || 5. r. Escapar, salir huyendo. || 6. fam. Correrse a ofrecer o dar por una cosa más de lo debido. || 7. Decir más de lo que se debe o se quiere decir. || **P**. escorrer; **I**. to drop; **F**. (dé)goutter; **A**. (ab)tropfen; **It**. sgocciolare; **R**. выливать.

ESCURRIR. (b. l. *excorrigĕre*, gobernar, conducir.) tr. ant. Salir acompañando a una para despedirle. Ú. en Asturias, Palencia y Santander.

ESCUSA. (l. *absconsus*, escondido.) f. Escusabaraja. || 2. Cualquiera de las ventajas que por especial condición o pacto disfrutan algunas personas según las costumbres de los lugares. || 3. Derecho que concede el propietario de una finca o ganadería de permitir a sus pastores que un determinado número de cabezas de su propiedad se alimenten sin pagar renta. || 4. Conjunto de las cabezas de ganado a que se aplica este derecho. || 5. Entre ganaderos, res o cabeza de ganado horra. || *A* ESCUSA. m. adv. Con disimulo.

ESCUSABARAJA. (De *escusa* y *baraja*.) f. Cesta de mimbre con tapa para poner o llevar ciertas cosas de uso común.

ESCUSADAS (A). (De *escusa*.) m. adv. ant. A escondidas.

ESCUSADO, DA. (De *escusa*.) adj. Reservado o separado del uso común.

ESCUSALÍ. m. Excusalí.

ESCUSANO. (De *escusa*.) adj. ant. Encubierto, escondido.

ESCUSAÑA. (De *escusa*.) f. ant. Hombre de campo que en tiempo de guerra observaba los movimientos del enemigo junto a un paso o vado.

ESCUSO (A, o EN). m. adv. ant. Ocultamente.

ESCUSÓN. m. Reverso de una moneda donde está representado un escudo. || 2. BLAS. Escudo pequeño que carga a otro mayor.

ESCUTIFORME. adj. De forma de escudo.

ESCUYER DE COCINA. (ant. fr. *escuyer* [tranchant], y éste del l. *scutarius*, escudero.) m. Oficio de la casa real, según la etiqueta de la casa de Borgoña, equivalente al que en la de Castilla se llamaba veedor de vianda.

★ **ESCHARCHAR**. tr. AMÉR. CENTRAL. Escachar, aplastar, destrozar. || 2. AMÉR. CENTRAL. Dejar cesante a uno.

E

ESDRAS (LIBRO DE). Uno de los libros del Antiguo Testamento.

ESDRUJULIZAR. tr. Dar acentuación esdrújula a una voz.

ESDRÚJULO, LA. (ital. *sdrucciolo*.) adj. Dícese del vocablo que lleva el acento en la antepenúltima sílaba, como *máxima*. || **2.** V. *Verso* ESDRÚJULO.

ESE. f. Nombre de la letra *s*. || **2.** Eslabón de cadena en figura de una ese. || **3.** Cada una de las aberturas que los instrumentos de arco tienen a ambos lados del puente. || *Andar* uno *haciendo* ESES. fr. fig. y fam. Andar o ir hacia uno y otro lado por estar bebido. || *Ir* uno *haciendo* ESES. fr. fig. y fam. Andar haciendo eses. || *Poner* a uno *una* ESE. fr. fig. y fam. Echarle una ese.

ESE, ESA, ESO, ESOS, ESAS. (l. *ípse*, *ípsa*, *ípsum*.) Formas m., f. y n. sing. y plural del demostrativo ESE. Cuando no va acompañado del substantivo hace oficio de pronombre, y de adjetivo cuando va unido a él. || ESA, designa la ciudad en que está la persona a quien nos dirigimos por escrito. *Estaré en* ÉSA *dentro de tres días.* || Eso equivale a veces a *lo mismo*. || *¡A* ESE! interj. con que se incita a detener a uno que huye. || ESO *mismo*. m. adv. Asimismo, también. || *Ni por* ESAS. m. adv. De ninguna manera. || **P.** dem, esse; **I.** that; **F.** ce, cet; **A.** dieser, diese, dieses, der, die, das; **It.** codesto, codesta; **R.** этот, тот.

ESECILLA. (d. de *ese*, 1.ᵉʳ art.) f. Alacrán; asilla de botón o broche.

ESEÍBLE. (De *eser*.) adj. ant. FIL. Lo que puede ser.

ESENCIA. (l. *essentia*.) f. Lo que constituye la naturaleza de las cosas y representa en ellas lo permanente e invariable. || **2.** QUÍM. Substancia volátil, olorosa, poco soluble en agua, extraída de algunos vegetales. Su composición química es variadísima siendo por lo general hidrocarburos. || *Quinta* ESENCIA. Quinto elemento de la filosofía antigua, puro y sutil, del que se consideraban formados los cuerpos celestes. || **2.** En alquimia, principio fundamental de la composición de los cuerpos, por el que se creía obtener la transmutación de los metales. || **3.** fig. Lo más puro y acendrado de una cosa. || *Ser de* ESENCIA una cosa. fr. Ser precisa, indispensable; ser condición inseparable de ella. || **P.** essência; **I.** y **F.** essence; **A.** Wesen; **It.** essenza; **R.** сущность.

ESENCIAL. (l. *essentiālis*.) adj. Perteneciente o relativo a la esencia. *El alma es parte* ESENCIAL *del hombre*. || **2.** Substancial, principal, notable. || **P.** essencial; **I.** essential; **F.** essentiel; **A.** wesentlich; **It.** essenziale; **R.** существенный.

ESENCIALIDAD. f. Calidad de esencial.

ESENCIALMENTE. adv. Por esencia, por naturaleza.

ESENCIARSE. r. desus. Unirse íntimamente con otro ser.

ESENCIERO. m. Frasco de esencia.

ESENIO, NIA. (l. *essêni, -ōrum*.) adj. Dícese del individuo de una de las sectas en que se dividía el judaísmo en tiempos de Jesucristo y anteriores a él. Practicaban la comunidad de bienes y tenían sencillez y humildad en sus costumbres. Ú.t.c.r. || **2.** Perteneciente o relativo a esta secta.

ESER. (l. *essere*, de *esse*, ser.) intr. ant. Ser.

ESEYENTE. (De *eser*.) adj. ant. Que es.

ESFACELARSE. r. MED. Gangrenarse un tejido.

ESFACELO. (gr. σφάκελος, gangrena). m. MED. Parte del tejido gangrenado que se desprende del medio histológico al cual pertenece.

ESFENOIDAL. adj. Perteneciente o relativo al esfenoides.

ESFENOIDES. (gr. σφηνοειδής; de σφήν, cuña, y εἶδος, forma.) adj. ZOOL. Dícese del hueso enclavado en la base del cráneo y que contribuye a la formación de las fosas nasales y de las órbitas.

ESFERA. (l. *sphaera*, y éste del gr. σφαῖρα.) f. GEOM. Sólido o espacio limitado por una superficie curva cuyos puntos equidistan de todo otro interior llamado centro. Se puede considerar engendrada por la rotación de un semicírculo alrededor de su diámetro. || **2.** Círculo en que giran

las manecillas del reloj. || **3.** poét. Cielo, 1.ª acep. || **4.** fig. Clase o condición de una persona. *Salirse de su* ESFERA. || **5.** fig. Espacio a que se extiende la acción, e influjo de una persona o cosa. ESFERA *de actividad*. ||**—armilar.** Aparato compuesto de varios círculos que representan los de la esfera celeste, con un pequeño globo en el centro, que representa la Tierra. ||**—celeste.** Esfera ideal, concéntrica en el globo terráqueo, en la cual se mueven de forma aparente los astros. ||**—de acción.** Esfera de actividad. ||**—de actividad.** Espacio a que se extiende la virtud de cualquier agente. ||**—oblicua.** La celeste, para los habitantes de la Tierra cuyo horizonte es oblicuo con relación al Ecuador. ||**—paralela.** La celeste para un observador colocado en cualquiera de los polos de la Tierra. ||**—recta.** La celeste para los que habitan en la línea equinoccial, cuyo horizonte corta perpendicularmente al Ecuador. ||**—terráquea o terrestre.** Globo terráqueo, o terrestre. || *Quien espera en la* ESFERA, *muere en la rueda*. ref. que advierte que el hombre no debe confiarse en este mundo inconstante. || **P.** esfera; **I.** sphere; **F.** sphère; **A.** Sphäre; **It.** sfera; **R.** сфера, шар.

ESFERAL. (l. *sphaerālis*.) adj. Esférico.

ESFERICIDAD. f. GEOM. Calidad de esférico.

ESFÉRICO, CA. (l. *sphaericus*, y éste del gr. σφαιρικός.) adj. GEOM. Perteneciente a la esfera o que tiene su figura. || **2.** Véase *Trigonometría* ESFÉRICA. || **3.** GEOM. Véase *Ángulo, casquete, huso, sector, segmento, triángulo* ESFÉRICO. || **4.** GEOM. V. *Epicicloide, superficie* ESFÉRICA.

ESFERISTA. (De *esfera*.) m. ant. Astrólogo.

ESFEROIDAL. adj. GEOM. Perteneciente al esferoide o que tiene su figura.

ESFEROIDE. (l. *sphaeroïdes*, y éste del gr. σφαιροειδής; de σφαῖρα, esfera, y εἶδος, forma.) m. GEOM. Cuerpo de forma parecida a la esfera.

ESFERÓMETRO. (l. *sphaera*, y μέτρον, medida.) m. Instrumento de precisión para medir la curvatura de las superficies esféricas.

ESFIGMÓGRAFO. (gr. σφυγμός, pulso, y γράφω, describir.) m. MED. Instrumento para registrar los movimientos, la fuerza y forma del pulso arterial.

ESFIGMÓMETRO. (gr. σφυγμός, pulso, y μέτρον, medida.) m. MED. Instrumento que sirve para medir la fuerza y la frecuencia del pulso.

ESFINGE. (l. *sphinx, -ingis*, y éste del gr. σφίγξ.) amb. Animal fabuloso, con cabeza, cuello y pecho de mujer, y cuerpo y pies de león. Ú.m.c.f. || **2.** ZOOL. Cualquiera de los lepidópteros de la familia de los esfíngidos. Hay varias especies. || *Ser, o parecer, una* ESFINGE. fr. fig. Adoptar una actitud enigmática o reservada. || **P.** esfinge; **I.** y **F.** sphinx; **A.** Sphinx; **It.** sfinge; **R.** сфинкс.

ESFÍNGIDO. adj. ZOOL. Dícese de los insectos lepidópteros crepusculares de gran tamaño, cuerpo alargado, alas estrechas y vuelo rápido. Ú.t.c.s. || **2.** m. pl. ZOOL. Familia de estos animales.

ESFÍNTER. (l. *sphincter*, y éste del gr. σφιγκτήρ, de σφίγγω, cerrar.) m. ZOOL. Músculo que cierra un orificio natural de una cavidad del cuerpo para dar salida a algún excremento o secreción, o para retenerlos. || **P.** esfíncter; **I.** y **F.** sphincter; **A.** Schliessmuskel; **It.** sfintere; **R.** сфинктер.

ESFOGAR. tr. ant. Desfogar; dar salida al fuego o demostrar con vehemencia alguna pasión. Ú. como vulgar en España y en América.

ESFOLAR. (l. *defôllare*, de *follis*, fuelle o pellejo.) tr. AST. y SAL. Desollar.

ESFORROCINAR. (De *forrocino*.) tr. Quitar los sarmientos bastardos.

ESFORROCINO. (De *esforrocino*.) m. Sarmiento bastardo que sale del tronco de las vides y se arranca.

ESFORZADAMENTE. adv. Con esfuerzo.

ESFORZADO, DA. p.p. de esforzar. || **2.** adj. Valiente, animoso, alentado. || **3.** Dícese del caldo que da fuerza y vigor al desmayado.

ESFORZADOR, RA. adj. Que esfuerza. Ú.t.c.s.

ESFORZAMIENTO. (De *esforzar*.) m. ant. Esfuerzo.

ESFORZAR. (b. l. *exforciāre*, y éste del l. *ex y fortis*, fuerte.) tr. Dar o comunicar fuerza o vigor. || **2.** Infundir ánimo o valor. || **3.** intr. Tomar ánimo. || **4.** r. Hacer esfuerzos física o moralmente. || **P.** esforçar: **I.** to encourage; **F.** encourager; **A.** aufmuntern; **It.** incoraggiare; **R.** подкреплять.

ESFOYAZA. (l. *exfoliāre*, deshojar.) f. AST. Reunión de varias personas en una casa para deshojar y enristrar las panojas de maíz cosechado.

ESFRIAR. (l. *ex y frigidāre*, de *frigídus*, frío.) tr. ant. Resfriar. Usáb.t.c.r.

ESFUERZO. (De *esforzar*.) m. Empleo enérgico de la fuerza física. || **2.** Empleo enérgico del vigor o actividad del ánimo. || **3.** Ánimo, vigor, brío. || **4.** Empleo de elementos costosos en la consecución de algún fin. || **5.** FÍS. Medida de la fuerza motriz que ha de obrar sobre un cuerpo para que éste adquiera, o varíe, un movimiento determinado ya adquirido. || **P.** esforço; **I.** y **F.** effort; **A.** Anstrengung; **It.** sforzo; **R.** усилие.

ESFUMACIÓN. f. Acción y efecto de esfumar o esfumarse.

ESFUMAR. (ital. *sfumare*.) tr. PINT. Extender el lápiz con el esfumino para suavizar las sombras en los dibujos. || **2.** PINT. Rebajar los tonos de una composición o parte de ella. || **3.** r. fig. Disiparse, desvanecerse.

ESFUMINAR. tr. Esfumar, 1.ª acep.

ESFUMINO. (ital. *sfumino*.) m. PINT. Rollito puntiagudo de papel estoposo o de piel suave, que sirve para esfumar.

ESGAMBETE. m. ant. Gambeta.

ESGARRAR. (De *desgarrar*.) tr. Hacer esfuerzo para arrancar la flema. Ú.t.c.intr.

★ **ESGARRO.** m. CUBA, CHILE y ARGENT. Expectoración, esputo, flema.

ESGOARDAR. tr. ant. Esguardar.

ESGRAFIADO, DA. p.p. de esgrafiar. || **2.** m. Acción y efecto de esgrafiar. || **3.** Obra hecha con el grafio.

ESGRAFIAR. (ital. *sgraffiare*.) tr. Trazar dibujos con el grafio haciendo saltar en ciertos puntos la capa superficial para dejar al descubierto la capa siguiente de distinto color.

ESGRIMA. (De *esgrimir*.) f. Arte de servirse de las armas blancas tanto en la defensa como en el ataque. || **2.** V. *Espada de* ESGRIMA. || **P.** esgrima; **I.** fencing; **F.** escrime; **A.** Fechtkunst; **It.** scherma; **R.** фехтование.

ESGRIMIDOR. m. El que sabe esgrimir.

ESGRIMIDURA. f. Acción de esgrimir.

ESGRIMIR. (ant. alto al. *skirmyan*, proteger.) tr. Manejar la espada, sable, florete, etc., reparando o deteniendo los golpes del contrario o acometiéndole. || **2.** fig. Usar de una cosa o medio como arma para lograr algún fin. || **P.** esgrimir; **I.** to fence; **F.** escrimer; **A.** fechten; **It.** schermire; **R.** фехтовать.

ESGRIMISTA. (De *esgrimir*.) com. ARGENT., CHILE y PERÚ. Persona que sabe esgrima. || **2.** fig. y fam. CHILE. Sablista, estafador.

ESGUARDAMILLAR. tr. fam. Desbaratar, descomponer, descuadernar.

ESGUARDAR. (l. *ex*, de, y el ant. alto al. *warten*, guardar.) tr. ant. Mirar.

ESGUARDE. m. ant. Acción de esguardar.

ESGUAZABLE. adj. Que se puede esguazar.

ESGUAZAR. (prov. *guasar*, y éste del l. *vadāre*, vadear.) tr. Vadear un río o brazo de mar bajo.

ESGUAZO. m. Acción de esguazar. || **2.** Vado, paraje de un río por donde se puede vadear éste.

ESGUCIO. (l. *scotia*.) m. ARQ. Moldura cóncava cuyo perfil es la cuarta parte de un círculo, que está sentada por un extremo sobre la superficie del cuerpo que adorna, y por el otro hace la proyectura que le corresponde.

ESGUILA. (l. *squilla*.) f. AST. Quisquilla, camarón.

ESGUILA. (l. *sciurus*, *skiurus*, del gr. σχίουρος, ardilla.) f. Ast. Ardilla.

ESGUILAR. (De *esguila*, 2.º art.) intr. Ast. Trepar a un árbol.

ESGUILERO. (De *esguila*, 1.er art.) m. Ast. Red pequeña de forma cónica que se usa para pescar esguilas o quisquillas.

ESGUÍN. (De *esoquínus*, de *esox*, -ōcis, latinización del vasco *izoki*, *izokin*, salmón.) m. Cría del salmón cuando aún no ha salido al mar.

ESGUINCE. m. Ademán hecho con el cuerpo torciéndolo para evitar un golpe. || 2. Movimiento o gesto de disgusto o desdén. || 3. Distensión violenta de una coyuntura.

ESGUÍZARO, RA. (al. *schweizer*.) adj. Suizo. Ú.t.c.s. || *Pobre* ESGUÍZARO. fam. Hombre muy pobre y desvalido.

ESLABÓN. (l. *sclavus*, esclavo.) m. Hierro u otro metal en figura de anillo o de *s* que, enlazada con otros, forma cadena. || 2. Hierro acerado con que se saca fuego de un pedernal. || 3. Chaira con que los carpinteros sacan rebaba a las cuchillas de raspar. || 4. Alacrán negro de unos 12 cm de largo, llamado así por la forma que adopta la cola con el cuerpo en el momento de atacar. || 5. Veter. Tumor duro que sale a las caballerías debajo del corvejón y de la rodilla. || P. elo; I. link; F. chaînon; A. Ketteneisen; It. anello di catena; R. звено.

ESLABONADOR, RA. adj. Que eslabona.

ESLABONAMIENTO. m. Acción y efecto de eslabonar o eslabonarse.

ESLABONAR. tr. Unir unos eslabones con otros formando cadena. || 2. fig. Enlazar o encadenar las partes de un discurso o unas cosas con otras. Ú.t.c.r.

ESLAMBORADO, DA. adj. ant. Alamborado.

ESLAVO, VA. (l. *slavus*.) adj. Aplícase a un pueblo antiguo que se extendió principalmente por el nordeste de Europa. || 2. Perteneciente o relativo a este pueblo. || 3. Dícese de los que de él proceden. Ú.t.c.s. || 4. m. *Lengua* ESLAVA. Rama de la familia indoeuropea. De ella derivan el ruso, el polaco, el ucraniano, etc.

ESLECIÓN. (De *esleer*.) f. ant. Elección.

ESLEDOR. (De *esleer*.) m. ant. Elector. Hoy se usa solamente en Vitoria.

ESLEER. (l. *elígĕre*, elegir.) tr. ant. Elegir.

ESLEÍBLE. (De *esleir*) adj. ant. Que se debe elegir y es digno de elegirse.

ESLEIDOR. (De *esleir*.) m. ant. Elector.

ESLEIR. (l. *elígĕre*, elegir.) tr. ant. Elegir.

ESLEITO, TA. (l. *electus*, elegido.) p.p. irreg. ant. de esleir.

ESLINGA. (ingl. *slinge*.) f. Maroma con ganchos para levantar grandes pesos.

* **ESLINGAJE.** m. Argent. Derechos de importación que hay que pagar en la aduana.

ESLIZÓN. (De *deslizar*.) m. Reptil saurio de cuerpo alargado y pies cortos, con cuatro rayas pardas en el lomo.

ESLORA. (neerl. *sloeren*.) f. Mar. Longitud de la nave desde el codaste a la roda por la parte de adentro. || 2. Maderos endentados con los baos para reforzar el asiento de las cubiertas.

ESLORÍA. f. ant. Mar. Eslora.

ESLOVACO, CA. adj. Aplícase a un pueblo eslavo que habita al este de Moravia y al norte de Hungría. Ú.t.c.s. || 2. Perteneciente o relativo a este pueblo.

ESLOVENO, NA. adj. Aplícase al pueblo eslavo que habita al sur de Austria. Ú.t.c.s. || 2. Perteneciente o relativo a este pueblo.

ESMALTADOR, RA. m. y f. Persona que esmalta. || 2. *Lámpara de* ESMALTADOR. La que emplean los plateros y orífices para esmaltar, soldar, etc., los metales.

ESMALTAR. (De *esmalte*.) tr. Cubrir con esmalte los metales. || 2. fig. Adornar de varios colores o matices una cosa. || 3. fig. Adornar, hermosear, ilustrar. || P. esmaltar; I. to enamel; F. émailler; A. emaillieren; It. smaltare; R. эмалировать.

ESMALTE. (germ. *smalts*.) m. Barniz vítreo que por medio de la fusión se ad-

hiere a la porcelana, loza, metales, etc. || 2. Objeto cubierto o adornado con esmalte. || 3. Labor hecha con el esmalte sobre un metal. || 4. Color azul que se obtiene fundiendo vidrio con óxido de cobalto. || 5. fig. Lustre, esplendor o adorno. || 6. Anat. Materia dura y blanca que cubre la parte de los dientes que está fuera de las encías. || 7. Blas. Cualquiera de los metales o colores conocidos en el arte heráldico. || P. esmalte; I. enamel; F. émail; A. Schmelz, Emaille; It. smalto; R. эмаль.

ESMALTÍN. m. Esmalte, 4.ª acep.

ESMALTINA. (De *esmalte*.) Arseniuro de cobalto, usado en la fabricación de esmaltes.

ESMÉCTICO, CA. (l. *smectícus*, y éste del gr. σμηκτικός,) adj. Mineral. Detersorio.

ESMENA. (l. *ex* y *minus*.) f. ant. Rebaja.

ESMERADAMENTE. adv. Con esmero.

ESMERADO, DA. p.p. de esmerar. || 2. Que se esmera.

ESMERADOR. m. Operario que pule piedras o metales.

ESMERALDA. (l. *esmaragdus*, y éste del gr. σμάραγδος.) f. Piedra preciosa, silicato doble de alúmina y glucinio, teñida de verde por el óxido de cromo. Cristaliza en el sistema exagonal. || —oriental. Corindón. || P. esmeralda; I. emerald; F. émeraude; A. Smaragd; It. smeraldo; R. изумруд.

ESMERALDINO, NA. adj. Semejante a la esmeralda. Aplícase principalmente al color.

ESMERAMIENTO. (De *esmerar*.) m. ant. Esmero.

ESMERAR. (l. *exmĕrāre*, de *mĕrus*, puro.) tr. Pulir, limpiar una cosa. || 2. r. Poner sumo cuidado en el cumplimiento de las obligaciones. || 3. Obrar con acierto y lucimiento. || 4. Ar. Reducir un líquido por la evaporación.

ESMEREJÓN. (b. l. *smerlionem*, y éste del. al. *smerl*.) m. Zool. Ave rapaz diurna, bastante común en invierno por Andalucía. || 2. Pieza de artillería antigua de pequeño calibre.

ESMERIL. (l. *smyris*, y éste del gr. σμύρις.) m. Mezcla pulverulenta de corindón, cuarzo, magnetita y oligisto, resultante de la descomposición de las rocas eruptivas. Se usa para pulimentar metales, deslustrar el vidrio y labrar piedras preciosas. || P. esmeril; I. emery; F. émeri; A. Schmirgel; It. smeriglio; R. наждак.

ESMERIL. (fr. ant. *esmeril*, esmerejón.) m. Pieza de artillería antigua pequeña.

ESMERILAR. tr. Pulir o deslustrar con esmeril, 1.er art.

ESMERILAZO. m. Tiro de esmeril, 2.º art.

ESMERO. (De *esmerar*.) m. Sumo cuidado y atención diligente en hacer las cosas a la perfección.

ESMILÁCEO, A. (l. *smilax*, la zarzaparrilla.) adj. Bot. Dícese de plantas monocotiledóneas, matas o arbustos, trepadoras, de hojas alternas, flores poco notables y frutos en baya. Ú.t.c.s.f. || 2. f. pl. Bot. Familia de estas plantas de las que se conocen más de 200 especies, entre las que se encuentra la zarzaparrilla.

ESMIRNIO. (l. *smyrnium*.) m. Apio caballar.

ESMIRRIADO, DA. adj. Desmirriado.

ESMOLA. (port. *esmola*, limosna.) f. Sal. Trozo de pan que es costumbre dar de merienda a los obreros del campo.

ESMOLADERA. f. Instrumento para amolar.

º **ESMOQUIN.** (ingl. *smoking*.) m. Prenda de etiqueta menor, chaqueta de paño negro y solapa de seda que se usa para las cenas y veladas de media ceremonia; úsase inseparablemente con la corbata negra de lazo.

ESMORECER. (l. *emŏri*, morir.) intr. desus. Desfallecer, perder el aliento.

ESMORECIDO, DA. p.p. de esmorecer. || 2. adj. Extr. Aterido de frío.

ESMUCIARSE. (l. *mūcidus*, mucoso.) r. Sant. Escurrirse una cosa de las manos o de otra parte.

ESMUIR. tr. Esmuñir.

ESMUÑIR. (l. *emulgĕre*, ordeñar.) tr.

Ar. y Murc. Ordeñar los ramos de los árboles.

* **ESNOBISMO.** m. Exagerada y afectada admiración por todas las novedades de la moda.

ESOFÁGICO, CA. adj. Zool. Perteneciente o relativo al esófago.

ESÓFAGO. (gr. οἰσοφάγος.) m. Zool. Conducto muscular membranoso que pone en comunicación la faringe con el estómago. || P. esófago; I. esophagus; F. oesophage; A. Speiseröhre; It. esófago; R. пищевод.

* **ESOFAGOSCOPIA.** f. Med. Exploración de la parte interior del esófago.

ESÓPICO, CA. (l. *aesopícus*.) adj. Perteneciente o relativo al fabulista Esopo.

ESOTÉRICO, CA. (gr. ἐσωτερικός; interior; de ἔσω, dentro.) adj. Oculto, reservado; lo contrario de exotérico. || 2. Dícese de la doctrina que los antiguos filósofos enseñaban sólo a los iniciados.

ESOTERISMO. m. Calidad de esotérico.

ESOTRO, TRA. pron. dem. Ese otro, esa otra. Ú.t.c.adj.

ESPABILADERAS. f. pl. Despabiladeras.

ESPABILAR. tr. Despabilar.

ESPACIADOR. m. Tecla de las máquinas de escribir, que se pulsa para dejar espacios en blanco.

ESPACIAL. adj. Perteneciente o relativo al espacio.

ESPACIAMIENTO. (De *espaciar*.) m. ant. Esparcimiento, dilatación.

ESPACIAR. (l. *spatiāri*.) tr. Poner distancia entre las cosas en el tiempo o en el espacio. || 2. Esparcir, dilatar, divulgar. Ú.t.c.r. || 3. Impr. Separar las dicciones, las letras o los renglones con espacios o regletas. || 4. r. fig. Dilatarse en el discurso o extenderse en lo que se escribe. || 5. fig. Esparcirse. || 3.ª acep.: P. espaciar; I. to space; F. espacer; A. spationieren; It. spazieggiare; R. расставлять.

ESPÁCICO, CA. adj. ant. Aciago.

ESPACIO. (l. *spatium*.) m. Medio homogéneo, continuo, e ilimitado en que situamos todos los cuerpos y todos los movimientos. || 2. Parte de este continente que ocupa cada objeto sensible. || 3. Capacidad de terreno, sitio y lugar. || 4. Transcurso de tiempo. || 5. Tardanza, lentitud. || 6. Ast. Descampado. || 7. Impr. Pieza de metal para espaciar. || 8. V. *Geometría del* ESPACIO. || 9. Mús. Separación entre las rayas del pantágrama. || —muerto. El de la zona de tiro que no puede ser batido. || —perjudicial. Fís. El que queda entre el émbolo y las bases del cilindro de una bomba cuando el ajuste no es perfecto. || —vital. Polít. Extensión geográfica que un pueblo necesita para su desenvolvimiento. || ESPACIOS *imaginarios*. Mundo irreal, fingido por la fantasía. || P. espacio; I. space; F. espace; A. Zeitraum, Raum; It. spazio; R. пространство.

ESPACIOSAMENTE. adv. Con espacio y lentitud.

ESPACIOSIDAD. (l. *spatiosítas*, -ātis.) f. Anchura, capacidad.

ESPACIOSO, SA. (l. *spatiōsus*.) adj. Ancho, dilatado, vasto. || 2. Lento, flemático.

ESPACHURRAR. tr. Despachurrar.

ESPADA. (l. *spătha*, y éste del gr. σπάθη.) f. Arma blanca, recta, larga, aguda y cortante, con guarnición y empuñadura. || 2. Torero que mata al toro con espada. || 3. Persona diestra en su manejo. *Excelente* ESPADA. || 4. En el juego de naipes, cualquiera de las cartas del palo de espadas. || 5. As de espadas. || 6. Pez espada. || 7. Geom. Sagita. || 8. Esgr. V. *Excéntrico de* ESPADA. || 9. pl. Uno de los cuatro palos de la baraja española. || ESPADA *blanca*. La ordinaria. || —de Damocles. fig. Amenaza persistente de un peligro. || —de dos filos. fig. Dícese de lo que puede producir a la vez dos efectos contrarios. || —de esgrima. Espada negra. || —de marca. Aquella cuya hoja tiene cinco cuartas. || —de Orión. Astron. Hilera de estrellas en línea vertical, situada en el interior de la constelación de Orión. || —negra. La de hierro, sin lustre ni corte, con un botón en la punta, para ser usada en el juego de esgrima. || *Media* ESPADA. Torero que sin

E ser el principal, sale también a matar toros. || **2.** Por ext., el que no es muy diestro en la profesión que ejerce. || *Primer*, o *primera* ESPADA. Entre los toreros, el principal. || **2.** fig. Persona sobresaliente en alguna disciplina o arte. || *Asentar la* ESPADA. fr. ESGR. Dejar el juego y poner la espada en el suelo. || *Ceñir* ESPADA. fr. Traerla al cinto. || *Ceñir a uno la* ESPADA. fr. Armarle caballero. || *Con la* ESPADA *desnuda.* fr. fig. Resueltamente, por todos los medios. || *Desguarnecer la* ESPADA. fr. ESGR. Quitar la pieza que sirve de defensa a la mano. || *Desnudar la* ESPADA. fr. Desenvainarla. || *Entrar con* ESPADA *en mano.* fr. fig. Empezar con violencia una cosa. || *Entre la* ESPADA *y la pared.* loc. fig. y fam. En trance de tener que decidirse por una cosa o por otra, sin escapatoria posible. || *Librar la* ESPADA. fr. ESGR. No consentir el atajo del contrario, sino sacar la espada de debajo para tenerla libre. || *Medir la* ESPADA con uno. fr. Esgrimir con él la espada blanca o negra. || *Meter a uno la* ESPADA *hasta la guarnición.* fr. fig. Estrecharle con razones o causarle un vivo sentimiento. || *Presentar la* ESPADA. fr. MIL. Hacer al jefe del Estado o a la bandera el saludo militar con la espada. || **2.** ESGR. Ponerla recta, oponiéndose al contrario. || *Quedarse uno a* ESPADAS. fr. fig. y fam. Quedarse sin nada de lo que se tenía. || *Rendir la* ESPADA. fr. MIL. Entregarse prisionero un oficial. || *Sacar la* ESPADA por una persona o cosa. fr. fig. Salir a la defensa de una persona o interesarse en un asunto. || *Ser uno buen* ESPADA. fr. fig. Ser diestro en polémicas o lides literarias. || *Tender uno la* ESPADA. fr. ESGR. Presentarla rectamente al combatiente. || *Tirar uno de la* ESPADA. fr. Desenvainarla para reñir. || **P.** espada; **I.** sword; **F.** épée; **A.** Schwert; **It.** spada; **R.** шпага.

ESPADACHÍN. (ital. *spadaccino*.) m. El que maneja bien la espada. || **2.** El que es amigo de pendencias, dándoselas de valiente.

ESPADADA. f. ant. Tajo o golpe dado con la espada.

ESPADADO, DA. adj. ant. Que lleva espada.

ESPADADOR, RA. m. y f. Persona que espada.

ESPADAÑA. (De *espada*.) f. BOT. Planta tifácea, que crece en los lugares pantanosos y cuyas hojas estrechas, sirven para hacer esteras, asientos de sillas, etc. || **2.** Campanario formado por una sola pared, con huecos adecuados para colocar las campanas. || **3.** AMÉR. Armadura de que penden los cubos de un pozo.

ESPADAÑADA. f. Golpe de sangre u otro humor que sube bruscamente a la boca. || **2.** fig. Copia, abundancia, bocanada.

ESPADAÑAL. m. Sitio en que se crían con abundancia las espadañas.

ESPADAÑAR. (De *espadaña*.) tr. Abrir o separar el ave las plumas de la cola.

ESPADAR. (De *espada*.) tr. Macerar con la espadilla el lino y el cáñamo para poderlo hilar.

ESPADARTE. m. Pez espada.

ESPADERÍA. (De *espadero*.) f. Taller donde se fabrican, guarnecen o componen espadas. || **2.** Tienda donde se venden.

ESPADERO. m. El que hace o guarnece espadas, o las vende.

ESPÁDICE. (l. *spadix*, *-ícis*.) m. BOT. Inflorescencia propia de ciertas plantas monocotiledóneas, consistente en un eje mazudo y carnoso, total o parcialmente cubierto de flores y envuelta en una espata.

ESPADILLA. f. d. de espada. || **2.** Insignia, en figura de espada, de los caballeros de Santiago. || **3.** Especie de machete de madera, para espadar. || **4.** Remo grande que sirve de timón en algunas embarcaciones menores. || **5.** As de espadas. || **6.** Aguja grande con que se sujetaban el pelo las mujeres. || **7.** Cierto taco especial que se usa en el juego de trucos.

ESPADILLADO, DA. p.p. de espadillar. || **2.** m. Acción y efecto de espadillar.

ESPADILLAR. (De *espada*.) tr. Espadar.

ESPADILLAZO. m. Lance de algunos juegos en que, obligado a entrar el jugador, por tener la espadilla, pierde la puesta.

ESPADÍN. m. Espada de hoja muy estrecha que se usa como prenda en ciertos uniformes.

ESPADÓN. m. aum. de espada. || **2.** fig. y fam. Personaje de alta jerarquía en la milicia y también en otras clases sociales.

ESPADÓN. (gr. σπάδων, eunuco.) m. Hombre castrado que ha conservado el pene.

ESPADRAPO. (b. l. *spadrapor*.) m. Esparadrapo.

ESPAGÍRICA. (gr. σπάω, extraer, y ἀγείρω, reunir.) f. Arte de depurar los metales.

ESPAGÍRICO, CA. adj. Perteneciente a la espagírica. || **2.** Decíase de ciertos medicamentos preparados con substancias minerales.

ESPAHÍ. (fr. *spahi*, y éste del m. or. que *cipayo*.) m. Soldado de caballería turca. || **2.** Soldado de caballería del ejército francés en Argelia.

ESPALADINAR. (De *es* y *paladino*.) tr. ant. Explicar con claridad.

ESPALAR. tr. Apartar con la pala la nieve que cubre el suelo. Ú.t.c.intr.

ESPALDA. (l. *spatŭla*, omóplato.) f. Parte posterior del cuerpo humano, desde los hombros hasta la cintura. Se usa más frecuentemente en plural. || **2.** Parte del vestido que corresponde a la espalda. || **3.** pl. Envés o parte posterior de una cosa. || **4.** V. *Sangre de* ESPALDAS. || **5.** fig. Tropa que guarda la retaguardia de una expedición. || ESPALDAS *de molinero*, o *de panadero.* fr. fig. y fam. Las anchas y fuertes. || *A* ESPALDA *vuelta no hay respuesta.* ref. que indica que no hay que responder al que huye. || *A* ESPALDAS, o *a* ESPALDAS *vueltas.* m. adv. A traición, por detrás. || *Cargado de* ESPALDAS. loc. Dícese del que las tiene más elevadas que lo normal. || *Dar uno de* ESPALDAS. fr. Caer boca arriba. || *Dar uno las* ESPALDAS. fr. Huir, volver las espaldas al enemigo. || *Echar uno a las* ESPALDAS una cosa. fr. Olvidar o abandonar voluntariamente un encargo. || *Echarse uno sobre las* ESPALDAS una cosa. fr. fig. Hacerse responsable de ella. || ESPALDAS *vueltas, memorias muertas.* HOND., C. RICA y P. RICO. ref. que denota que la ausencia es causa de olvido. || *Guardar uno las* ESPALDAS. fr. fig. y fam. Resguardarse o resguardar a otro. || *Hablar por las* ESPALDAS. fr. fig. Decir contra uno en ausencia lo que no se diría a la cara. || *Hacer uno* ESPALDAS. fr. fig. y fam. Sufrir, aguantar. || *Mosquear las* ESPALDAS. fr. fig. y fam. Dar azotes en ellas por castigo. || *Relucir la* ESPALDA. fr. fig. y fam. Ser hombre rico o mujer con buena dote. || *Tener uno buenas* ESPALDAS. fr. fig. y fam. Tener resistencia y aguantar bien los trabajos o las molestias. || *Tener uno guardadas las* ESPALDAS. fr. fig. Estar asegurado de que otro no le molestará. || *Tirarle a uno de* ESPALDAS alguna cosa. fr. fig. y fam. Causarle mucha extrañeza. || *Tornar* o *volver las* ESPALDAS. fr. fig. Negarse a alguno. || **2.** Huir, volverse atrás. || **P.** costas; **I.** back; **F.** dos; **A.** Rücken; **It.** dorso; **R.** спина.

ESPALDAR. (De *espalda*.) adj. ant. Postrero. || **2.** m. Parte de la coraza que defendía la espalda. || **3.** Parte dorsal de la coraza de las tortugas. || **4.** Respaldo. || **5.** Enrejado sobrepuesto a una pared para que por él se extiendan ciertas plantas.

ESPALDARAZO. (De *espaldar*.) m. Golpe dado de plano con la espada o con la mano; en las espaldas de uno, como ceremonia en el acto de armarle caballero. || *Dar a uno el* ESPALDARAZO. fr. fig. Admitirle como igual.

ESPALDARCETE. (d. de *espaldar*.) m. Pieza de la armadura que cubría la parte superior de la espalda.

ESPALDARÓN. (De *espaldar*.) m. Pieza de la armadura que cubría y defendía las espaldas.

ESPALDEAR. tr. CHILE. Hacer espaldas, proteger, defender a una persona.

ESPALDEAR. tr. MAR. Romper las olas violentamente contra la popa de una embarcación.

ESPALDER. (fr. *espalier*, jnfl. por *espalda*.) Remero que iba de espaldas a la popa de una galera para gobernar a los demás, marcando el compás de la boga.

ESPALDERA. f. Espaldar, sobrepuesto

colocado en una pared para que sobre él trepen ciertas plantas. || **2.** Pared con que se resguardan las plantas arrimadas a ella.

ESPALDILLA. f. d. de espalda. || **2.** Omóplato. || **3.** Cuartos traseros del jubón o almilla, que cubren la espalda. || **4.** Cuarto delantero de algunas reses. || **2.**ª acep.: **P.** e **It.** omoplata; **I.** shoulder blade; **F.** omoplate; **A.** Schulterblatt; **R.** трелка.

ESPALDITENDIDO, DA. adj. fam. Tendido o echado de espaldas.

ESPALDÓN. (De *espalda*.) m. Partes salientes de un madero después de abierta una entalladura. || **2.** Valla artificial para resistir y detener el curso de un tiro o rechazo. || **3.** Barrera para resistir el empuje de las aguas o de las tierras.

ESPALDONARSE. (De *espaldón*.) r. MIL. Ponerse al abrigo de un obstáculo natural para estar a cubierto de los fuegos del enemigo.

ESPALDUDO, DA. adj. Que tiene grandes espaldas.

ESPALERA. (ital. *spalliera*, de *spalla* y éste del l. *spatŭla*, espalda.) f. Espaldar, 5.ª acep.

ESPALMADOR. (De *espalmar*.) m. Despalmador.

ESPALMADURA. (De *espalmar*.) f. Desperdicios de los cascos de los animales.

ESPALMAR. tr. Despalmar.

ESPALTO. (ital. *spalto*.) m. PINT. Color obscuro, transparente y dulce para veladuras.

ESPALTO. (l. *spatŭla*, espalda.) m. ant. FOR. Explanada.

ESPANTABLE. (De *espantar*.) adj. Espantoso.

ESPANTABLEMENTE. adv. Con espanto.

ESPANTADA. f. Huida repentina de un animal. || **2.** Desistimiento súbito, ocasionado por el miedo.

ESPANTADIZO, ZA. adj. Que fácilmente se espanta.

ESPANTADOR, RA. adj. Que espanta.

ESPANTAGUSTOS. m. Persona de mal carácter que turba la alegría de las demás.

ESPANTAJO. (despect. de *espanto*.) m. Figura o muñeco que se pone en sembrados y árboles para espantar los pájaros. || **2.** fig. Cosa que infunde vano temor. || **3.** fig. y fam. Persona de aspecto estrafalario y despreciable. || ESPANTAJO *de higuera.* Apodo que se aplica al necio de gran apariencia y vanidad. || **P.** espantajo; **I.** scarecrow; **F.** épouvantail; **A.** Vogelscheuche; **It.** spauracchio; **R.** пугало.

ESPANTALOBOS. (De *espantar* y *lobos*.) m. Arbusto leguminoso de hojas imparipinnadas, flores amarillas, en grupos axilares y legumbres de vainas infladas que producen ruido al chocar unas con otras.

ESPANTAMOSCAS. m. Mosquero.

ESPANTANUBLADOS. (De *espantar* y *nublado*.) m. fam. Apodo que se aplicaba al que hacía creer a la gente rústica que tenía poder sobre los nublados. || **2.** Persona que interrumpe una conversación o descompone un proyecto.

ESPANTAPÁJAROS. m. Espantajo para ahuyentar los pájaros de los sembrados y de los árboles.

ESPANTAR. (l. *expaventāre*, de *expavens*, *-entis*, temeroso.) tr. Causar espanto, infundir miedo a uno. || **2.** Ahuyentar, echar a una persona de un lado. || **3.** r. Sentir espanto. || **4.** Admirarse, maravillarse. || *Al* ESPANTADO, *la sombra le espanta.* ref. que denota que el que ha padecido un contratiempo, con el menor motivo se recela. || *Lo poco* ESPANTA *y lo mucho amansa.* ref. que enseña que nos aterramos con un mal pequeño y luego la Providencia nos da valor para sobrellevar grandes contrariedades. || **P.** espantar; **I.** to frighten; **F.** épouvanter; **A.** erschrecken; **It.** spaventare; **R.** пугать.

ESPANTAVILLANOS. (De *espantar* y *villano*.) m. fam. Cosa de poco valor y mucho brillo, que parece de mucho precio a los rústicos.

ESPANTE. m. Confusión que se produce en el real de una feria cuando el ganado se desmanda y huye.

ESPANTO. (De *espantar*.) m. Terror,

E

asombro. ‖ **2.** Amenaza con que se infunde miedo. ‖ **3.** Enfermedad causada por el espanto. ‖ **4.** COLOM., C. RICA, HOND., MÉJ. y VENEZ. Fantasma, aparecido. ‖ **5.** CHILE y ECUAD. Enfermedad de los niños caracterizada por su timidez y flaqueza. ‖ *Estar curado de* ESPANTO. fr. fig. y fam. Ver con impasibilidad, a causa de la costumbre, malos o daños. ‖ P. espanto; I. fright; F. épouvante; A. Schrecken; It. spavento; R. страх, ужас.

ESPANTOSAMENTE. adv. Con espanto.

ESPANTOSO, SA. adj. Que causa espanto. ‖ **2.** Maravilloso, pasmoso. ‖ P. espantoso; I. frightful; F. épouvantable; A. grauenhaft, entsetzlich; It. spaventoso; R. страшный.

ESPAÑA. n. p. V. *Mosca, salsifí, té de* ESPAÑA. ‖ *¡Cierra* ESPAÑA! expr. empleada en la antigua milicia para animar a los soldados.

ESPAÑOL, LA. adj. Natural de España. Ú.t.c.s. ‖ **2.** Perteneciente a esta nación. ‖ **3.** m. Lengua española, originada principalmente en Castilla. ‖ *A la* ESPAÑOLA. m. adv. Al uso de España. ‖ P. Espanhol; I. Spaniard; F. espagnol; A. Spanier; It. spagnuolo; R. испанский.

ESPAÑOLADO, DA. adj. Extranjero con el aire, y parecido de español. ‖ **2.** f. Acción, espectáculo u obra literaria que exagera el carácter español y lo falsea.

ESPAÑOLAR. (De *español*.) tr. Españolizar. Ú.t.c.r.

ESPAÑOLERÍA. f. Españolada.

ESPAÑOLETA. f. Baile antiguo español. ‖ **2.** CHILE. Falleba.

ESPAÑOLISMO. m. Amor a las cosas que son típicas o características de España. ‖ **2.** Hispanismo. ‖ **3.** Carácter genuinamente español.

ESPAÑOLISTA. adj. Dado o afecto al españolismo.

ESPAÑOLIZACIÓN. f. Acción y efecto de españolizar.

ESPAÑOLIZAR. (De *español*.) tr. Castellanizar. ‖ **2.** r. Tomar las costumbres españolas.

ESPARADRAPO. (b. l. *sparadrapum*; véase *espadrapo*.) m. Tira de lienzo o de papel con una de sus caras cubierta de algún aglutinante adherente, usado para sujetar los vendajes. ‖ P. esparadrapo; I. y F. sparadrap; A. Wund-, Heftplaster; It. sparadrappo; R. липкий пластырь.

ESPARAJISMO. (De *paroxismo*.) m. ALBAC. y LEÓN. Aspaviento.

★ **ESPARANTE.** adj. REP. DOMIN. Sin compañía, solo.

ESPARAVÁN. (gót. *sparwa*.) m. Gavilán, 1.ª acep. ‖ **2.** VETER. Tumor en la parte interna e inferior del corvejón de los solípedos, que llegando a endurecerse producen una cojera incurable. ‖ **—boyuno.** VETER. El que desarrollándose en la parte lateral interna del corvejón de los solípedos, hincha la articulación del tarso. ‖ **—de garbanzuelo.** VETER. Enfermedad de los músculos flexores de las piernas de los solípedos, caracterizada por los movimientos que hace el animal al moverse, levantando las extremidades donde existe la dolencia como si súbitamente se quemara. Es frecuente que al mal acompañe un tumorcillo duro, externo al corvejón, de forma y tamaño de un garbanzo pequeño. ‖ **2.** VETER. El que llega a osificarse. ‖ **3.** VETER. Tumor en la parte interna del corvejón de las caballerías, que suele producir cojera incurable.

ESPARAVEL. (Del m. or. que *esparver*.) m. Red redonda que se arroja a fuerza de brazo, muy propia para pescar en los ríos. ‖ **2.** ALBAÑ. Tabla de madera con mango, en la que se pone la mezcla que se ha de gastar con la llana. ‖ P. esparavel; I. casting net; F. épervier; A. Wurfnetz; It. ritrècine; R. рыболовная сеть.

ESPARCETA. f. Pipirigallo.

ESPARCIATA. (l. *spartiātes*.) adj. Espartano. Apl. a pers. ú.t.c.s.

ESPARCIDAMENTE. adv. Distintamente, separadamente.

ESPARCIDO, DA. p.p. de esparcir. ‖ **2.** adj. fig. Festivo, franco en el trato, divertido.

ESPARCIDOR, RA. adj. Que esparce. Ú.t.c.s.

ESPARCIMIENTO. m. Acción y efecto de esparcir o esparcirse. ‖ **2.** Despejo, franqueza en el trato, alegría.

ESPARCIR. (l. *spargĕre*.) tr. Separar, extender lo que está amontonado; derramar extendiendo. Ú.t.c.r. ‖ **2.** fig. Divulgar, extender una noticia. ‖ **3.** Divertir, desahogar. Ú.t.c.r. ‖ P. espargir; I. to scatter; F. répandre; A. (aus)streuen; It. spàrgere; R. рассеивать.

ESPARRAGADO. m. Guisado hecho con espárragos.

ESPARRAGADOR, RA. m. y f. Persona que cuida y coge espárragos.

ESPARRAGAL. m. Esparraguera, campo de espárragos.

ESPARRAGAMIENTO. m. Acción y efecto de esparragar.

ESPARRAGAR. tr. Cuidar o coger espárragos. ‖ *Anda,* o *vete a* ESPARRAGAR. expr. fig. y fam. con que se despide a uno con enfado.

ESPÁRRAGO. (l. *asparăgus*, y éste del gr. ἀσπάραγος.) m. Planta liliácea de tallos aéreos provistos de cladodios, y rizoma muy ramificado, cuyos turiones, cuando tiernos, son comestibles. ‖ **2.** Yema comestible que produce la raíz de la esparraguera. ‖ **3.** Palo largo y derecho dispuesto para asegurar con otro un entoldado. ‖ **4.** Madero atravesado por estacas pequeñas a distancias iguales, para servir de escalera. ‖ **5.** Barrita de hierro que sirve de tirador en las campanillas y va embebida en la pared. ‖ **6.** BAD. Madero en rollo usado en andamiadas. ‖ **7.** MEC. Vástago metálico roscado que pasando a través de una pieza, la sujeta por medio de una tuerca. ‖ **—triguero.** Espárrago silvestre, especialmente el que crece en sembrados de trigo. ‖ **—de jardín.** Una de las especies cultivadas. ‖ *Anda, o vete a freír* ESPÁRRAGOS. expr. fig. y fam. Anda o vete a esparragar. ‖ *Echar,* o *mandar a uno a freír* ESPÁRRAGOS. fr. fig. y fam. Despedirle con aspereza. ‖ P. espargo; I. asparagus; F. asperge; A. Spargel; It. spàragio, aspàrago; R. спаржа.

ESPARRAGÓN. m. Tejido de seda que forma un cordoncillo más doble y fuerte que el de la tercianela.

ESPARRAGUERA. f. Espárrago, 1.ª acep. ‖ **2.** Haza de tierra destinada a criar espárragos. ‖ **3.** Plato en forma adecuada para servir espárragos.

ESPARRAGUERO, RA. m. y f. Esparragador, ra. ‖ **2.** Persona que vende espárragos, 2.ª acep.

ESPARRAGUINA. (De *espárrago*, por su color.) f. MINERAL. Fosfato de cal cristalizado, de color verdoso.

ESPARRANCADO, DA. p.p. de esparrancarse. ‖ **2.** adj. Que anda o está muy abierto de piernas. ‖ **3.** Dícese de las cosas que están separadas y debían estar juntas.

ESPARRANCARSE. r. fam. Abrirse de piernas, separarlas. ‖ P. escanchar-se; I. to straddle; F. écarquiller; A. die Beine spreizen; It. spalancare; R. широко расставлять ноги.

ESPARSIÓN. (l. *sparsio, -ōnis*.) f. ant. Esparcimiento, 1.ª acep.

ESPARTAL. (De *esparto*.) m. Espartizal.

ESPARTANO, NA. (l. *spartānus*.) adj. Natural de Esparta. Ú.t.c.s. ‖ **2.** Perteneciente a esta ciudad de Grecia antigua.

ESPARTAR. tr. AND. y AR. Cubrir con esparto las vasijas de vidrio o de barro.

ESPARTEÍNA. f. MED. Alcaloide líquido, oleoso, usado como diurético y tónico cardíaco.

ESPARTEÑA. (De *esparto*.) f. Alborga.

ESPARTERÍA. f. Oficio de espartero. ‖ **2.** Taller donde se trabajan las obras de esparto. ‖ **3.** Tienda donde se venden.

ESPARTERO, RA. (l. *spartarius*.) adj. Dícese de la aguja usada para coser esteras, serones, etc. ‖ **2.** m. y f. Persona que fabrica o vende obras de esparto.

ESPARTILLA. f. Rollito de estera o esparto, que sirve para limpiar las caballerías.

ESPARTILLO. m. d. de esparto. ‖ *Cazar* y *coger al* ESPARTILLO. tr. Cazar pájaros con esparto untado con liga. ‖ **2.** fig. y fam. Encontrar a uno casualmente, y aprovechar la ocasión para charlar con él.

ESPARTIZAL. m. Campo donde se cría el esparto.

ESPARTO. (l. *spartum*, y éste del gr. σπάρτον.) m. Planta graminácea, propia de terrenos esteparios, de hojas grandes, largas, filiformes, duras. Tiene las flores en panoja espigada y semillas muy menudas. ‖ **2.** Hojas de esta planta que la industria emplea para hacer sogas, pasta para fabricar papel, etc. ‖ **3.** V. *Mortaja de* ESPARTO. ‖ **—basto.** Albardín. ‖ P. e I. esparto; F. sparte; A. Espartogras; It. sparto; R. испанский дрок.

ESPARVAR. tr. En algunas provincias, emparvar.

ESPARVEL. (De *esparver*.) m. AR. Gavilán, 1.ª acep. ‖ **2.** ÁL. Esparavel, 1.ª acep. ‖ **3.** fig. NAV. Persona alta, flaca y desgarbada.

ESPARVER. (neerl. *sperwer*.) m. Esparaván, gavilán.

ESPASMAR. (De *espasmo*.) tr. ant. Pasmar.

ESPASMO. (l. *spasmus*, y éste del gr. σπασμός.) m. Pasmo, 1.ª acep. ‖ **2.** MED. Contracción involuntaria de los músculos producida generalmente por un movimiento reflejo. ‖ **—cínico.** MED. Eretismo venéreo. ‖ P. espasmo; I. spasm; F. spasme; A. Krampf; It. spàsimo; R. спазма, судорога.

ESPASMÓDICO, CA. (gr. σπασμώδης; de σπασμός, pasmo.) adj. MED. Perteneciente al espasmo o acompañado de él. ‖ P. espasmódico; I. spasmodic; F. spasmodique; A. krampfhaft; It. spasmòdico; R. судорожный.

ESPATA. (l. *spătha*, ramo de palma con sus dátiles.) f. BOT. Bráctea grande, generalmente petaloidea, que envuelve al espádice.

ESPATARRADA. f. fam. Despatarrada.

ESPATARRARSE. f. fam. Despatarrarse.

ESPÁTICO, CA. adj. Dícese de los minerales, que como el espato, se dividen fácilmente en láminas.

ESPATO. (al. *spat*.) m. Cualquier mineral de estructura laminosa. ‖ **—calizo.** Caliza cristalizada en romboedros. ‖ **—de Islandia.** Espato calizo muy transparente, incoloro y birrefringente. ‖ **—de itrio.** MINERAL. Xenótima. ‖ **—ferroso.** MINERAL. Siderita. ‖ **—flúor.** MINERAL. Fluorita. ‖ **—pesado.** Baritina.

ESPÁTULA. (l. *spathŭla*.) f. Paleta, generalmente pequeña, con bordes afilados y mango largo, usada por farmacéuticos, pintores, etc., para mezclar ciertas substancias. ‖ **2.** ZOOL. Ave zancuda de América, de pico oprimido y ensanchado en la punta. ‖ P. espátula; I. spatula; F. spatule; A. Kittmesser, Spatel; It. spàtola; R. шпатель.

ESPATULOMANCIA [~MANCÍA]. (l. *spathŭla* [y éste del gr. σπάθη, omoplato, costilla] y el gr. μαντεία, oráculo, predicción.) f. Arte supersticioso con que se intentaba adivinar por los huesos de los animales.

★ **ESPATURRAR.** tr. fig. y fam. CHILE. Despaturrar. ‖ **2.** r. CHILE. Despaturrarse.

ESPAVIENTO. (ant. *espaventar*, y éste del l. *expavĕntāre*, de *expavens, -entis*, temeroso.) m. Aspaviento.

ESPAVORECIDO, DA. adj. ant. Despavorido.

ESPAVORIDO, DA. (ant. *espavorir*, y éste del l. *expavorīre*, de *pavor, -ōris*.) adj. Despavorido.

ESPAY. (Del m. or. que *cipayo*.) m. Espahí, 2.ª acep.

ESPECERÍA. f. Especiería.

ESPECIA. (l. *species*.) Cualquiera de las drogas aromáticas usadas como condimento, tales como clavo, pimienta, canela, etcétera. ‖ **2.** V. *Nuez de* ESPECIA. ‖ **3.** pl. Postres de las comidas que se servían para poder beber vino. ‖ P. espécie; I. spice; F. épice; A. Gewürz; It. spezia; R. специя.

ESPECIAL. (l. *speciālis*.) adj. Singular o particular. ‖ **2.** Muy adecuado o propio para algún efecto. ‖ **3.** V. *Tren* ESPECIAL. ‖ *En* ESPECIAL. m. adv. Especialmente. ‖ P. especial; I. special; F. spécial; A. speziell; It. speciale; R. специальный.

ESPECIALIDAD. (l. *specialĭtas, -ātis*.) f. Caso particular, singularidad. ‖ **2.** Rama de la ciencia o del arte a que se consagra una persona. ‖ P. especialidade; I. specia-

Elity; **F.** spécialité; **A.** Spezialität; **It.** specialità; **R.** спeциальность.

ESPECIALISTA. adj. Dícese del que con especialidad cultiva una rama de una ciencia o arte o sobresale en ella. Ú.t.c.s. || **2.** m. Médico que se dedica a una clase especial de enfermedades. || **P.** especialista; **I.** specialist; **F.** spécialiste; **A.** Fachmann; **It.** specialista; **R.** спeциалист.

ESPECIALIZACIÓN. f. Acción y efecto de especializar o especializarse.

ESPECIALIZAR. intr. Cultivar con especialidad una rama determinada de una ciencia o de un arte. || **2.** Limitar una cosa a un uso determinado.

ESPECIALMENTE. adv. Con especialidad.

ESPECIE. (l. *spécies*.) f. Conjunto de cosas que son semejantes entre sí por tener uno o varios caracteres comunes. || **2.** Imagen o idea de un objeto que se representa en el alma. || **3.** Caso, suceso, negocio. || **4.** Tema, noticia, proposición. || **5.** Pretexto, apariencia, sombra. || **6.** ESGR. Treta de tajo, revés o estocada. || **7.** BOT. y ZOOL. Cada uno de los grupos de animales o plantas que forman una categoría de clasificación entre la familia o subfamilia y la variedad. || **8.** MÚS. Cada una de las voces en la composición. || **9.** QUÍM. Conjunto de cuerpos de igual composición química. || **—tipo.** La primera especie sobre la que se describe un género. || ESPECIES *sacramentales*. Accidentes de color, olor, sabor, que quedan en la Eucaristía después de la transubstanciación. || *En* ESPECIE. m. adv. En géneros o frutos y no en dinero. || *Escapársele* a uno una ESPECIE. fr. Decir inadvertidamente lo que era necesario callar o no era del caso. || *Soltar* una ESPECIE. fr. Decir alguna cosa para explorar el ánimo de los que la oyen. || **P.** especie; **I.** kind; **F.** espèce; **A.** Sorte; **It.** specie; **R.** род, сорт.

ESPECIERÍA. (De *especiero*.) f. Tienda en que se venden especias. || **2.** Conjunto de especias. || **3.** Trato y comercio de especias. || **P.** especiaria; **I.** grocery; **F.** épicerie; **A.** Gewürzladen; **It.** spezieria; **R.** бaкалея.

ESPECIERO, RA. (l. *speciarius*, de *species*, especia.) m. y f. Persona que comercia con especias. || **2.** m. Armario con varios cajones para guardar especias.

ESPECIFICACIÓN. f. Acción y efecto de especificar. || **2.** FOR. Modo de adquirir uno la materia ajena empleada de buena fe en una obra nueva, mediante indemnización al dueño.

ESPECIFICADAMENTE. adv. Con especificación.

ESPECIFICAR. (De *específico*.) tr. Explicar, declarar con individualidad una cosa. || **P.** especificar; **I.** to specify; **F.** spécifier; **A.** besonders bezeichnen; **It.** specificare; **R.** опрeделять.

ESPECIFICATIVO, VA. adj. Que tiene eficacia para especificar.

ESPECÍFICO, CA. (l. *specíficus*.) adj. Que caracteriza y distingue una especie de otra. || **2.** MED. V. *Enfermedad* ESPECÍFICA. || **3.** m. MED. Medicamento especialmente indicado para una enfermedad determinada. || **4.** Medicamento fabricado al por mayor, puesto en envase especial y generalmente con nombre patentado. || **P.** específico; **I.** specific; **F.** spécifique; **A.** eigentümlich; **It.** specifico; **R.** специфический. || **3.ª** acep.: **P.** específico; **I.** specific; **F.** spécifique; **A.** Spezifikum; **It.** specifico; **R.** специфическое средство.

ESPÉCIMEN. (l. *specímen*.) m. Muestra, modelo, señal. || **P.** espécimen; **I.** specimen; **F.** spécimen; **A.** Muster; **It.** modello; **R.** образец.

ESPECIOSIDAD. (l. *speciositas, -ātis*.) f. ant. Perfección.

ESPECIOSO, SA. (l. *speciōsus*.) adj. Hermoso, precioso, perfecto. || **2.** fig. Aparente, engañoso. || **2.ª** acep.: **P.** enganador; **I.** specious; **F.** spécieux, trompeur; **A.** bestechend; **It.** specioso; **R.** обманчивый.

ESPECIOTA. (aum. despect. de *especie*, caso.) f. fam. Proposición extravagante; paradoja ridícula; noticia falsa.

ESPECTABLE. (l. *spectabílis*.) adj. ant. Digno de la consideración o estimación públicas.

ESPECTACULAR. adj. Que tiene

caracteres propios de espectáculo público.

ESPECTÁCULO. (l. *spectacúlum*.) m. Función o diversión pública. || **2.** Aquello que se ofrece a la vista o a la contemplación intelectual y es capaz de mover el ánimo, infundiéndole deleite, asombro, etc. || **3.** Acción que causa escándalo o grande extrañeza. Ú. comúnmente con el verbo *dar*. || **P.** espectáculo; **I.** y **F.** spectacle; **A.** Schauspiel; **It.** spettàcolo; **R.** cпeктакль.

ESPECTADOR, RA. (l. *spectātor*.) adj. Que mira con atención un objeto. || **2.** Que asiste a un espectáculo público. Ú.t.c.s.

ESPECTRAL. adj. Perteneciente o relativo al espectro. || **P.** espectral; **I.** y **F.** spectral; **A.** spektral; **It.** spettrale; **R.** спектральный.

ESPECTRO. (l. *spectrum*.) m. Imagen o fantasma, comúnmente horrible, que se representa a los ojos o en la fantasía. || **2.** Fís. Resultado de la dispersión de un conjunto de radiaciones. || **3.** Fís. Espectro luminoso. **—continuo.** Fís. El procedente de sólidos y líquidos, caracterizado por presentarse la banda coloreada de forma gradual y sin interrupciones. **—de absorción.** Fís. El luminoso interrumpido o cortado por líneas negras paralelas. **—de emisión.** Fís. El que presenta una o más líneas brillantes destacándose sobre los colores. **—del Sol.** Fís. Espectro solar. **—invertido.** Fís. Espectro de absorción. **—luminoso.** Fís. Banda matizada de los colores del iris, resultante de la descomposición de la luz blanca a través de un prisma o de otro cuerpo refractor. || **—magnético.** Fís. Disposición en curvas simétricas que toman las limaduras de hierro cuando se las echa sobre una cartulina bajo la cual se coloca una barra imantada. || **—solar.** Fís. El producido por la luz del Sol. **P.** espectro; **I.** y **F.** spectre; **A.** Gespenst, Phantom; **It.** spettro; **R.** призрак.

° **ESPECTROFOTOMETRÍA.** f. Fís. Empleo del espectrofotómetro para ciertas operaciones de análisis.

° **ESPECTROFOTÓMETRO.** m. Fís. Aparato destinado a comparar la intensidad de los correspondientes lugares de los espectros luminosos.

ESPECTROGRAFÍA. (l. *spectrum*, imagen, y del gr. γράφω, escribir.) f. Fís. Espectroscopia.

ESPECTRÓGRAFO. m. Fís. Instrumento que sirve para fotografiar el espectro.

ESPECTROGRAMA. (l. *spectrum*, imagen, y del gr. γράμμα, línea.) m. Fís. Fotografía o diagrama de un espectro luminoso. || **2.** Imagen fotográfica de un espectro, **2.ª** acep.

ESPECTROHELIÓGRAFO. m. Fís. Instrumento para fotografiar el Sol, con luz monocromática.

ESPECTROHELIOSCOPIO. m. Fís. Aparato que consiste en un espectroheliógrafo modificado para la visión directa.

* **ESPECTRÓMETRO.** m. Fís. Instrumento óptico que permite hacer las mediciones comparativas de las rayas del espectro luminoso.

ESPECTROSCOPIA. f. Conjunto de conocimientos referentes al análisis espectroscópico.

ESPECTROSCÓPICO, CA. adj. Perteneciente o relativo al espectroscopio.

ESPECTROSCOPIO. (l. *spectrum*, imagen, y del gr. σκοπέω, observar, mirar.) m. Instrumento para obtener y observar un espectro. **—compuesto.** Fís. Aquel cuyo colimador forma ángulo con el anteojo analizador. **—de visión directa.** Fís. Aquel cuyas tres partes principales, colimador, prisma, y escala, están en la misma dirección. || **P.** espectroscópio; **I.** y **F.** spectroscope; **A.** Spektroskop; **It.** spettroscopio; **R.** спектроскоп.

ESPECULACIÓN. (l. *speculatio, -ōnis*.) f. Acción y efecto de especular. || **2.** COM. Operación comercial que se practica con mercancías, valores o efectos públicos, con ánimo de lucro. || **P.** especulação; **I.** speculation; **F.** spéculation; **A.** Spekulation; **It.** speculazione; **R.** cпeкуляция.

ESPECULADOR, RA. (l. *speculātor*.) adj. Que especula. Ú.t.c.s.

ESPECULAR. (l. *speculāris*, de *specŭ-*

lum, espejo.) adj. ant. Transparente, diáfano.

ESPECULAR. (l. *speculāri*.) tr. Examinar, mirar con atención una cosa para reconocerla. || **2.** fig. Meditar, contemplar, reflexionar. || **3.** intr. Comerciar, traficar. || **4.** Procurar provecho o ganancia con cualquier cosa. || **P.** especular; **I.** to speculate; **F.** spéculer; **A.** spekulieren; **It.** speculare; **R.** внимательно рассматривать.

ESPECULARIO, RIA. (l. *specularius*.) adj. ant. Perteneciente al espejo.

ESPECULATIVA. (l. *speculativa*.) f. Facultad del alma para especular algunas cosas.

ESPECULATIVAMENTE. adv. De manera especulativa.

ESPECULATIVO, VA. (l. *speculatívus*.) adj. Perteneciente o relativo a la especulación. || **2.** Que tiene aptitud para especular. || **3.** Dado a la especulación. || **4.** Que procede de la mera especulación.

ESPÉCULO. (l. *specŭlum*, espejo.) m. CIR. Instrumento destinado a dilatar la entrada de ciertas cavidades del cuerpo para facilitar la exploración por la reflexión luminosa.

ESPECHAR. tr. ant. Espichar, pinchar.

ESPEDAR. tr. ant. Espetar.

ESPEDAZAR. tr. ant. Despedazar. Ú. por el vulgo.

ESPEDIMIENTO. (De *espedirse*.) m. ant. Despedida.

ESPEDIRSE. (l. *expetĕre*.) r. ant. Despedirse.

ESPEDO. m. ant. Espeto. Ú. en Aragón.

ESPEJADO, DA. p.p. de espejar. || **2.** adj. Claro o limpio como un espejo. || **3.** Que refleja la luz como un espejo.

ESPEJAR. (De *espejo*.) tr. Espejear. || **2.** fig. Reflejarse, reproducirse como la imagen en un espejo.

ESPEJEAR. intr. Relucir, resplandecer.

ESPEJEO. m. Espejismo.

* **ESPEJERA.** f. CUBA. Rozadura producida al caballo por las espuelas o por la cincha. || **2.** CUBA. Rozadura que sufre el jinete en las posaderas.

ESPEJERÍA. f. Tienda en que se venden espejos y otros muebles de adorno. || **2.** Fábrica de espejos.

ESPEJERO. m. El que hace espejos o los vende. || **P.** espelheiro; **I.** glass-maker; **F.** miroitier; **A.** Spiegelmacher; **It.** specchiaio; **R.** зeркальный мастeр.

ESPEJISMO. (De *espejo*.) m. Ilusión óptica, frecuente en los desiertos, debida a la reflexión total de la luz cuando atraviesa capas de aire de diferente densidad, y en virtud de la cual los objetos lejanos dan imágenes engañosas en cuanto a su posición. || **2.** fig. Ilusión engañosa. || **P.** miragem; **I.** mirage, looming; **F.** mirage; **A.** Luftspiegelung, Fata Morgana; **It.** miraggio; **R.** мираж.

ESPEJO. (l. *specŭlum*.) m. Lámina de vidrio, recubierta por la parte posterior por una capa de azogue, la cual refleja y representa los objetos que tiene delante. || **2.** fig. Aquello en que se ve una cosa como retratada. *La cara es el* ESPEJO *del alma*. || **3.** fig. Modelo digno de estudio e imitación. || **4.** ARQ. Adorno aovado que se talla en las molduras huecas. || **5.** AND. Transparencia de los vinos dorados. || **6.** pl. Remoliño de pelos en la parte anterior del pecho del caballo. **—de cuerpo entero.** Espejo grande en el que se refleja todo el cuerpo del que se mira en él. **—de los incas.** Obsidiana. **—de popa.** MAR. Fachada que presenta la popa desde la bovedilla hasta el coronamiento. **—de vestir.** Espejo de cuerpo entero. **—ustorio.** Espejo cóncavo que, por reflexión de los rayos solares, puede producir la combustión de los cuerpos colocados en su foco. || **—parabólico.** Espejo cóncavo cuya superficie es un paraboloide; se utiliza en los faros. || *Mirate en ese* ESPEJO. expr. fig. y fam. Sírvete de escarmiento ese ejemplo. || *No te verás en ese* ESPEJO. expr. fig. y fam. con que se previene a uno que no conseguirá ver cumplido lo que intenta. || **P.** espelho; **I.** looking glass, mirror; **F.** miroir; **A.** Spiegel; **It.** specchio; **R.** зeркало.

ESPEJUELA. f. EQUIT. Arco que suelen tener algunos bocados en su parte interior,

y une los extremos de los dos cañones. ||
—abierta. EQUIT. La que tiene un gozne
en la parte superior para dar mayor juego
al bocado. || **—cerrada.** EQUIT. La de una
pieza.

ESPEJUELO. (d. de *espejo*.) m. Yeso
cristalizado en láminas brillantes. || **2.** Ven-
tana, rosetón o claraboya, generalmente
con calados de cantería y cerrada con pla-
cas de yeso transparente. || **3.** Hoja de
talco. || **4.** Trozo curvo de madera con
pedacitos de espejo que se hace girar para
que, a los reflejos de la luz, acudan las
alondras para cazarlas más fácilmente. ||
5. Reflejo producido en ciertas maderas
cortadas a lo largo de los radios medula-
res. || **6.** fig. Atractivo, engaño. || **7.** Callo-
sidad que contrae el feto del animal en el
vientre de su madre. || **8.** Entre colmeneros,
borra que se cría dentro del panal durante
el invierno. || **9.** Excrecencia córnea en la
parte interna de las patas de las caballe-
rías. || **10.** pl. Cristales de los anteojos. ||
11. Anteojos.

ESPELEOLOGÍA. (gr. σπήλαιον, caverna, y λόγος, tratado.) f. Ciencia que
estudia la naturaleza, origen y formación
de las cavernas, especialmente las subterráneas, y su fauna y flora.

ESPELEÓLOGO. m. El que se dedica
a la espeleología.

ESPELTA. (l. *spelta*.) f. Variedad de
escanda.

ESPÉLTEO, A. adj. Perteneciente a la
espelta.

ESPELUNCA. (l. *spelunca*.) f. Cueva,
gruta tenebrosa.

ESPELUZAR. tr. Despeluzar. Ú.t.c.r.

ESPELUZNAMIENTO. m. Despe-
luznamiento.

ESPELUZNANTE. p.a. de espeluz-
nar. Que hace erizarse el cabello. || **P.**
arripiante; **I.** horrifying; **F.** ebouriffant;
A. haarsträubend; **It.** raccapricciante; **R.**
возмутительный.

ESPELUZNAR. tr. Despeluznar. Ú.
t.c.r.

ESPELUZNO. m. fam. Escalofrío,
estremecimiento.

ESPELUZO. m. ant. Despeluzo.

ESPENJADOR. (arag. *espenjar*, y éste
del l. *ex-pendicāre*, de *pendēre*, colgar.)
m. Pértiga con una horquilla de hierro
en la punta, usada para colgar o descolgar
algo.

ESPEQUE. (neerl. *speek*, palanca.)
m. Palanca de madera, redonda por un
extremo y cuadrada por el otro, que usan
los artilleros. || **2.** Puntal para sostener una
pared. || **3.** Palanca recta de madera resis-
tente. || **P.** espeque; **I.** handspike; **F.** ans-
pect; **A.** Gleishebebaum; **It.** leva; **R.**
штурвал.

ESPERA. f. Acción y efecto de espe-
rar. || **2.** Plazo señalado por el juez para
ejecutar una cosa. || **3.** Calma, facultad de
saberse contener y no proceder ligero. ||
4. Puesto donde el cazador espera que
acuda espontáneamente la caza. || **5.** CARP.
Escopleadura que empieza desde una de
las aristas de la cara del madero y no llega
a la opuesta. || **6.** FOR. Aplazamiento que
los acreedores acuerdan conceder al deudor
en quiebra. || *Cazar a* ESPERA. fr. Cazar en
puesto, esperando a que la caza acuda. ||
Estar en ESPERA. fr. Estar en observación
esperando alguna cosa. || **P.** espera; **I.**
await; **F.** attente; **A.** Warten; **It.** attesa;
R. ожидание.

ESPERA. (l. *spera*, por *sphaera*.) f. ant.
Esfera.

ESPERABLE. (l. *sperabílis*.) adj. ant.
Que se puede o debe esperar.

ESPERACIÓN. (l. *speratio, -ōnis*.) f.
ant. Esperanza.

ESPERADAMENTE. adv. Precedido
del adv. *no*, inesperadamente.

ESPERADOR, RA. adj. Que espera.
Ú.t.c.s.

ESPERAMIENTO. (De *esperar*.) m.
ant. Espera, 1.er art., 1.ª acep.

ESPERANTE. (l. *sperans, -antis*.) p.a.
ant. de esperar. Que espera.

ESPERANTISTA. com. Persona que
hace uso del esperanto y lo propaga.

ESPERANTO. m. Idioma creado en
1887 por el médico ruso Zamenhof, con la
idea de que pudiese servir como lengua
universal.

ESPERANZA. (De *esperar*.) f. Confianza de lograr lo que deseamos que se
realice. || **2.** Virtud teologal por la cual
esperamos de Dios su gracia en este
mundo y la gloria eterna en el otro. ||
Alimentarse uno *de* ESPERANZAS. fr. fig.
Lisonjearse con poco fundamento de con-
seguir algo que se desea. || *Dar* ESPERANZA,
o ESPERANZAS, a uno. fr. Darle a entender
que puede lograrse lo que desea o soli-
cita. || **P.** esperanca; **I.** hope; **F.** espérance;
A. Hoffnung; **It.** speranza; **R.** надежда.

ESPERANZADO, DA. p.p. de espe-
ranzar. || **2.** adj. Que tiene esperanza de
conseguir alguna cosa.

ESPERANZAR. tr. Dar esperanza.

ESPERAR. (l. *sperāre*.) tr. Tener espe-
ranza de conseguir lo que se desea. ||
Creer que ha de suceder alguna cosa. ||
3. Permanecer en un sitio hasta que llegue
algo o suceda alguna cosa. || **4.** Ser inevi-
table o inminente que suceda a uno alguna
cosa. || ESPERAR *en* uno. fr. Poner en él
confianza. || **—sentado.** Dícese cuando lo
que se espera ha de tardar mucho en rea-
lizarse o quizá no se realice nunca. || *Quien*
ESPERA, *desespera*. ref. que explica el desasosiego del que vive esperando lograr el
fin de sus deseos. || **P.** esperar; **I.** to hope,
to expect, to await; **F.** attendre, esperer;
A. hoffen, erwarten; **It.** aspettare, sperare;
R. ждать.

ESPERDECIR. tr. ant. Despreciar.

ESPERECER. intr. ant. Perecer.

ESPERECERSE. r. *ex*, fuera de, y
pigritia, pereza.) r. Desperezarse.

ESPEREZO. (De *esperezarse*.) m. Desperezo.

ESPERGURAR. (arag. *esporgar*, del
l. *expúrgāre*, limpiar.) tr. RIOJA. Limpiar
la vid de todos los tallos y vástagos que
echa en el tronco y madera, que no sean
del año anterior.

ESPERIDO, DA. (De *esperecer*.) adj.
ant. Extenuado, flaco, débil.

ESPERIEGO, GA. adj. Asperiego.
Ú.t.c.s.m. y f.

ESPERMA. (l. *sperma*, y éste del gr.
σπέρμα, simiente.) amb. Semen animal. ||
—de ballena. Substancia procedente de
la materia oleosa contenida en la cabeza del
cachalote, que se emplea en medicina y
para hacer velas. || **P.** esperma; **I.** sperm;
F. sperme; **A.** Sperma; **It.** sperma; **R.**
сперма.

* **ESPERMACETI.** m. QUÍM. Cera que
se encuentra en la cabeza del cachalote.

ESPERMAFITO, TA. adj. BOT. Fanerógamo.

ESPERMÁTICO, CA. (l. *spermatícus*,
y éste del gr. σπερματικός.) adj. Perteneciente a la esperma.

ESPERMATORREA. (Del gr. σπέρμα,
y ῥέω, fluir.) f. MED. Derrame involuntario de la esperma fuera del acto sexual.

ESPERMATOZOARIO. (gr. σπέρμα,
semilla y ζωάριον, animalillo.) m. Espermatozoide.

ESPERMATOZOIDE. (gr. σπέρμα, semilla, y ζωίδιον, animalillo.) m. ZOOL.
Gameto masculino de los animales, desti-
nado a la fecundación del óvulo. || **2.** BOT.
Gameto masculino de las plantas cripto-
gamas, que se asemejan a las células sexuales masculinas de la mayoría de los ani-
males. || **3.** BOT. Cada uno de los dos ga-
metos resultantes de la división de las
células componentes del grano de polen.

ESPERMATOZOO. (gr. σπέρμα, semilla, y ζῷον, animal.) m. Zoospermo.

ESPERNADA. (De *es* y *pierna*.) f.
Remate de la cadena que suele tener el
eslabón abierto.

ESPERNANCARSE. r. AMÉR. y LEÓN.
Esparrancarse.

ESPERNIBLE. (l. *spernēre*, despreciar.) adj. AND. y AR. Despreciable.

ESPERÓN. (ital. *sperone*.) m. MAR.
Espolón de una nave.

ESPERONTE. (De *esperón*.) m. desus.
FORT. Obra en ángulo saliente que se hacía
en las murallas para mayor defensa.

ESPERPENTO. m. fam. Persona o
cosa fea o ridícula. || **2.** Desatino, ab-
surdo.

ESPERRIACA. (De *esperriar*.) f. AND.
Último mosto que se saca de la uva.

ESPERRIADERO. m. ant. Acción y
efecto de esperriar.

ESPERRIAR. tr. ant. Espurriar.

ESPERTAR. (l. *expertus*, p.p. de *ex-
pergēre*.) tr. ant. Despertar.

ESPERTEZA. (De *espertar*.) f. ant.
Diligencia, actividad.

ESPESAMENTE. adv. Con frecuencia, con continuación.

ESPESAR. (De *espeso*.) m. Parte de
monte más poblada de matas o árboles
que las demás.

ESPESAR. (l. *spissāre*.) tr. Condensar
lo líquido. || **2.** Unir, apretar una cosa
haciéndola más espesa. || **3.** r. Unirse, apre-
tarse las cosas unas con otras. ESPESARSE
un bosque. || **P.** espessar; **I.** to thicken;
F. épaissir; **A.** verdicken, dickmachen; **It.**
spessire; **R.** густеть.

ESPESATIVO, VA. adj. Que tiene
virtud de espesar.

ESPESEDUMBRE. (l. *spissitūdo*.) f.
ant. Espesura.

ESPESEZA. f. ant. Espesura.

ESPESO, SA. (l. *spissus*.) adj. Dícese
de la substancia fluida que tiene mucha
densidad o condensación. || **2.** Dícese de
las cosas que están muy juntas o apretadas
o muy numerosas en poco espacio. || **3.**
Grueso, recio. || **4.** fig. Sucio, desaseado,
grasiento. || **5.** fig. AR. y VENEZ. Pesado,
impertinente, molesto. || **P.** espesso; **I.**
thick; **F.** épais; **A.** dick; **It.** spesso; **R.**
густой.

ESPESOR. (De *espeso*.) m. Grueso de
un sólido. || **2.** Densidad o condensación
de un fluido. || **P.** espessura; **I.** thickness;
F. épaisseur; **A.** Dicke; **It.** spessore, spes-
sezza; **R.** толщина.

ESPESURA. f. Calidad de espeso. ||
2. fig. Cabellera muy espesa. || **3.** Paraje
muy poblado de árboles y matorrales. ||
4. Desaseo, suciedad.

ESPETAPERRO (A). m. adv. A espeta
perros.

ESPETAR. (De *espeto*.) tr. Atravesar
con el asador. ESPETAR *un pollo para
asarlo*. || **2.** Clavar un instrumento pun-
tiagudo, atravesar. || **3.** fig. y fam. Decir
a alguno de palabra o por escrito alguna
cosa, causándole molestia o sorpresa. ||
4. r. Ponerse tenso, afectando gravedad. ||
5. fig. y fam. Encajarse, afianzarse.

ESPETERA. (De *espeto*.) f. Tabla con
garfios en que se cuelgan carnes, utensilios
de cocina, etc. || **2.** Conjunto de los men-
cionados utensilios de cocina. || **3.** fig. y
fam. Pecho de la mujer cuando está muy
abultado.

* **ESPETERA.** f. GUAT. y HOND. Excusa,
pretexto.

ESPETO. (germ. *spit*.) m. ant. Asador.

ESPETÓN. (aum. de *espeto*.) m. Hierro
largo y delgado como el asador. || **2.** Hur-
guero de horno. || **3.** Alfiler grande. || **4.**
Golpe dado con el espetón. || **5.** Aguja,
pez de hocico largo y delgado.

ESPÍA. (ital. *spia*.) m. y f. Persona
mandada para espiar. || **2.** GERM. Persona
que atalaya. || **—doble.** Persona que
sirve a las dos partes contrarias. || **P.**
pião; **I.** spy; **F.** espion; **A.** Spion; **It.** spione;
R. шпион.

ESPÍA. (port. *espia*.) f. MAR. Acción
de espiar, 2.° art. || **2.** Cada una de las
cuerdas o tiros con que se mantiene fijo
y vertical un madero. || **3.** MAR. Cabo o
calabrote que sirve para espiar.

ESPIADO, DA. p.p. de espiar. || **2.** adj.
Dícese del madero afirmado al terreno por
medio de espías. || **3.** adj. GERM. Acusado,
delatado.

ESPIADOR. (De *espiar*, 1.er art.) m.
ant. Espía, 1.er art., 1.ª acep.

ESPIAR. (ital. *spiare*.) tr. Acechar,
observar con disimulo lo que se dice o se
hace. || **P.** espiar; **I.** to spy; **F.** épier, es-
pionner; **A.** spionieren, ausspähen; **It.**
spiare; **R.** выслеживать.

ESPIAR. (port. *espiar*.) intr. MAR.
Halar de un cabo firme en un objeto fijo
para hacer mover una nave en dirección
al mismo.

ESPIBIA. (De *estibia*.) f. VETER. Torcedura del cuello de una caballería en sentido lateral.

ESPIBIO. m. VETER. Espibia.

ESPIBIÓN. m. VETER. Espibia.

ESPICANARDI. (l. *spica nardi*, espiga
de nardo.) f. Espicanardo.

ESPICANARDO. (l. *spica nardi*, es-

E piga de nardo.) m. Hierba valerianácea de la India, que tiene la raíz perenne y aromática, tallo sencillo y velloso, flores purpúreas y fruto en caja. || **2.** Raíz de esta planta. || **3.** Planta de la India, de la familia de las gramináceas, con tallos en caña delgada; hojas envainadoras, flores en espigas terminales, rizoma de olor agradable. || **4.** Raíz de esta planta.

ESPICIFORME. (l. *spīca*, espiga, y *forma*, forma.) adj. Que tiene forma de espiga.

ESPICHAR. (De *espiche*.) tr. Pinchar, punzar una cosa aguda. || **2.** CHILE. Soltar dinero u otra cosa forzadamente, a disgusto. || **3.** int. Morir, cesar de vivir. || **4.** HOND. Alargar, estirar el gallo el cuello en señal de miedo. || **5.** ARGENT. Agotarse el líquido que sale de una vasija. || **6.** r. CUBA y MÉJ. Enflaquecerse, adelgazarse. || **7.** COLOM. Desinflarse. || **8.** MÉJ. Abochornarse, avergonzarse. || **9.** GUAT. Acobardarse.

ESPICHE. (l. *spicŭlum*, dardo, punta.) m. Arma o instrumento puntiagudo. || **2.** Estaquilla que sirve para cerrar un agujero.

ESPICHÓN. m. Herida causada con espiche o con otra arma puntiaguda.

ESPIEDO. m. ant. Espedo.

ESPIGA. (l. *spīca*.) f. BOT. Inflorescencia formada por un conjunto de flores sentadas, dispuestas a lo largo de un eje. || **2.** Conjunto de granos agrupados a lo largo de un eje que resulta de la fructificación de la espiga de una gramínea. || **3.** Parte adelgazada de una herramienta que se introduce en el mango. || **4.** Parte superior de la espada donde se asegura su guarnición. || **5.** Parte más estrecha de un escalón de caracol por la cual se une al eje o alma de la escalera. || **6.** Cada uno de los clavos de madera con que se aseguran las tablas. || **7.** Púa. || **8.** Clavo pequeño de hierro y sin cabeza. || **9.** Badajo. || **10.** Espoleta de bomba. || **11.** Estrella de primera magnitud en la constelación de la Virgen. || **12.** MAR. Cabeza de los palos y masteleros. || **13.** CHILE. Pezón a que se ata el yugo. || **P.** espiga; **I.** ear; **F.** épi; **A.** Ähre; **It.** spiga; **R.** колос.

ESPIGADERA. (De *espigar*.) f. Espigadora.

ESPIGADILLA. (De *espigado*.) f. Cebadilla, especie de cebada que crece espontánea en las paredes y caminos.

ESPIGADO, DA. p.p. de espigar. || **2.** adj. Aplícase a algunas plantas anuales cuando se la deja crecer hasta la completa madurez de la semilla. || **3.** Dícese del árbol nuevo de tronco muy alto. || **4.** fig. Alto, crecido de cuerpo, referido a los jóvenes.

ESPIGADOR, RA. m. y f. Persona que espiga, 1.ª acep.

ESPIGAJO. m. AR. Conjunto de espigas recogidas en los rastrojos.

ESPIGAR. (l. *spīcăre*.) tr. Recoger las espigas que han quedado en el rastrojo. || **2.** Tomar datos de uno o más libros, rebuscando acá y allá. Ú.t.c. intr. || **3.** MÉJ. Mover el caballo la cola de arriba abajo. || **4.** CARP. Hacer la espiga en las maderas que se han de ensamblar. || **5.** intr. Empezar los cereales a echar la espiga. || **6.** r. Crecer el cogollo de las hortalizas cuando van a echar la espiga. || **7.** Crecer notablemente un muchacho. || **P.** respigar; **I.** to glean; **F.** glaner; **A.** ähren; **It.** spigolare; **R.** собирать колосья.

ESPIGO. m. Espiga, 2.ª acep. || **2.** LEÓN. Púa de hierro del peón.

ESPIGÓN. (De *espiga*.) m. Aguijón de la abeja y de otros insectos. || **2.** Espiga o punta de un instrumento puntiagudo. || **3.** Espiga áspera o espinosa. || **4.** Mazorca, panoja. || **5.** Cerro alto, pelado y puntiagudo. || **6.** Macizo saliente construido a la orilla de un río o del mar. || **—de ajo.** Diente de ajo. || *Ir* uno *con* ESPIGÓN, o *llevar* uno ESPIGÓN. fr. fig. y fam. Retirarse picado o resentido.

ESPIGOSO, SA. adj. ant. Que tiene espigas.

ESPIGUEO. m. Acción de espigar. || **2.** Tiempo o sazón de espigar.

ESPIGUILLA. (d. de *espiga*.) f. Cinta o fleco con picos. || **2.** Cualquiera de las espigas pequeñas que forman la principal

en ciertas plantas. || **3.** BOT. Planta anua de la familia de las gramíneas, con tallo comprimido, hojas lampiñas y flores en panoja. || **4.** Flor de álamo.

ESPILOCHO. (ital. *spilorcio*.) adj. ant. Pobre, desvalido. Usáb.t.c.s.

ESPILLADOR. (De *espillar*.) m. GERM. Jugador.

ESPILLANTES. (De *espillar*.) m. pl. GERM. Los naipes.

ESPILLAR. (De *espillo*.) tr. GERM. Jugar.

ESPILLO. (al. *spiel*, juego.) m. GERM. Lo que se juega.

ESPÍN. (l. *spīna*, espina.) m. Puerco espín. || **2.** MIL. Orden en que antiguamente formaba un escuadrón, presentando por todos los lados al enemigo las picas o lanzas. || **P.** porco-spinho; **I.** porcupine; **F.** porc-épin; **A.** Stachelschwein; **It.** porco-spino; **R.** дикобраз.

ESPINA. (l. *spīna*.) f. Púa que nace del tejido leñoso o vascular de algunas plantas. || **2.** Astilla pequeña y puntiaguda. || **3.** ZOOL. Apófisis ósea, larga y delgada. || **4.** Huesos del pez, especialmente los largos y delgados. || **5.** Espinazo. || **6.** ARQUEOL. Muro bajo y aislado en medio del circo romano, alrededor del cual corrían los carros y caballos. || **7.** fig. Escrúpulo, recelo, sospecha. || **8.** fig. Pesar íntimo y duradero. || **—blanca.** Cardo borriquero. || **—de cruz.** ARGENT. y PERÚ. Arbusto de la familia de las ramnáceas. || **—de pescado.** Entre pasamaneros, labor de las ligas de toda seda, cordeladas, que imita a la espina del pescado. || **2.** ARGENT. Planta de la familia de las verbenáceas. || **—dorsal.** ZOOL. Espinazo. || **—santa.** Arbusto ramnáceo, de ramos tortuosos, con grandes espinas pareadas. || *Darle* a uno *mala* ESPINA una cosa. fr. fig. y fam. Hacerle entrar en recelo o cuidado. || *Dejar* a uno *la* ESPINA *en el dedo*. fr. fig. y fam. No remediar enteramente el daño. || *Estar* uno *en* ESPINAS. fr. fig. y fam. Estar con cuidado y zozobra. || *La* ESPINA *cuando nace, la punta lleva delante*. proverb. Desde temprano muestra cada uno su inclinación. || *No saques* ESPINAS *donde no hay espigas*. ref. que aconseja que no se trabaje sin esperanza de fruto. || *Estar* uno *en la* ESPINA. fig. y fam. Estar muy flaco y extenuado. || *Sacar la* ESPINA. fr. fig. Desarraigar una cosa perjudicial. || *Sacarse* uno *la* ESPINA. fr. fig. Desquitarse de una pérdida. || *Tener* a uno *en* ESPINAS. fr. fig. y fam. Tenerle en zozobra continua. || **P.** espinho; **I.** thorn, spine; **F.** épine; **A.** Dorn, Stachel, Gräte; **It.** spina; **R.** шип.

ESPINABLO. (l. *spinus albus*.) m. AR. Majuelo, especie de espino.

ESPINACA. (ár. *isbanâj*, o *isfinâj*.) f. Planta hortense, dioica, de hojas radicales en roseta, semillas redondas o con cuernecillos, según las especies. Se come cocida o en ensalada. || **P.** espinafre; **I.** spinach; **F.** épinard; **A.** Spinat; **It.** spinace; **R.** шпинат.

ESPINADURA. f. Acción y efecto de espinar.

ESPINAL. (l. *spinālis*.) adj. Perteneciente a la espina o al espinazo. || **2.** ZOOL. V. *Medula, triceps* ESPINAL.

ESPINAPEZ. (ital. *spina pesce*, y éste del l. *spina piscis*, espina de pez.) m. Labor hecha en los solados y entarimados con rectángulos colocados oblicuamente a las cintas. || **2.** fig. Espinar, dificultad, enredo.

ESPINAR. m. Sitio poblado de espinos. || **2.** Dificultad, embarazo, estorbo. || **P.** espinhal; **I.** thornbush; **F.** épinaie; **A.** Dorngebüsch; **It.** spineto; **R.** заросли колючего кустарника.

ESPINAR. tr. Punzar, herir con espina. Ú.t.c.intr. y c.r. || **2.** Proteger con espinas los árboles recién plantados. || **3.** fig. Herir u ofender con palabras picantes. || **4.** MIL. Dar a un escuadrón la formación llamada espín.

ESPINAZO. (De *espina*.) m. ZOOL. Conjunto de las vértebras que en el tronco de los mamíferos y de las aves van desde la nuca hasta la rabadilla. || **2.** Clave de una bóveda o de un arco. || *Doblar el* ESPINAZO. fr. fig. y fam. Humillarse para acatar servilmente. || **P.** espinhaço; **I.** backbone; **F.** échine; **A.** Rückgrat; **It.** spina dorsale; **R.** позвоночник.

ESPINEL. (cat. *spinell*.) m. Especie de palangre con los ramales más cortos y el cordel más grueso.

ESPINELA. (Del poeta Vicente *Espinel*, a quien se atribuye esta combinación métrica.) f. Décima, 3.ª acep.

ESPINELA. (ital. *spinella*.) f. Piedra fina, parecida por el color al rubí, compuesta por alúmina y magnesia, teñida por óxido de hierro y cristalizado en octaedros. Se usa en joyería. || **P.** espinel; **I.** spinel-ruby; **F.** spinelle; **A.** Rubinspinell; **It.** spinello; **R.** благородная шпинель.

ESPÍNEO, A. (l. *spinĕus*.) adj. Hecho de espinas o perteneciente a ellas.

ESPINERA. f. Espino, arbolillo rosáceo.

ESPINETA. (ital. *spinetta*, y éste del l. *spina*.) f. Clavicordio pequeño, de una sola cuerda en cada orden.

ESPINGARDA. (fr. *spingard, espringale*, y éste del germ. *springen*, saltar.) f. desus. Cañón de artillería algo mayor que el falconete. || **2.** Escopeta muy larga usada por los moros. || **3.** fig. Mujer muy alta, delgada y desgarbada. || **P.** espingardão; **I.** springal; **F.** espringale; **A.** Geschütz; **It.** spingarda; **R.** пушка.

ESPINGARDADA. f. Herida hecha con el disparo de la espingarda.

ESPINGARDERÍA. f. Conjunto de espingardas. || **2.** Conjunto de la gente que las usaba en la guerra.

ESPINGARDERO. m. Soldado armado de espingarda.

ESPINILLA. f. d. de espina. || **2.** Parte anterior de la canilla de la pierna. || **3.** Comedón, especie de barrillo que aparece en la piel. || **2.ª** acep.: **P.** tíbia; **I.** shinbone; **F.** tibia; **A.** Schienbein; **It.** stinco; **R.** голень.

ESPINILLERA. f. Pieza de la armadura que cubría la espinilla. || **2.** Pieza que preserva la espinilla de los operarios y deportistas.

ESPINILLO. (De *espino*.) m. ARGENT. Árbol de la familia de las leguminosas, con ramas cubiertas de espinas y hojas diminutas, florecillas esféricas de color amarillo y muy olorosas. || **2.** CUBA. Arbusto leguminoso, de flores amarillas en racimo, y madera dura.

ESPINO. (De *espina*.) adj. V. *Puerco* ESPINO. || **2.** m. Arbolillo de la familia de las rosáceas, de ramas espinosas, flores blancas, olorosas, en corimbo; fruto pequeño, encarnado, de pulpa dulce y madera dura. || **3.** ARGENT. Arbusto leguminoso, de madera dura y muy apreciada para chapear. || **4.** CUBA. Arbusto silvestre, de la familia de las rubiáceas, de madera muy dura, con vetas amarillas. || **—albar o blanco.** Espino, 2.ª acep. || **—artificial.** Alambre con púas usado para cercas y fortificaciones. || **—cerval.** Arbusto ramnáceo, con espinas terminales en las ramas, flores pequeñas y fruto en drupas negras. || **—majuelo.** Majuelo, 1.er art. || **—negro.** Mata ramnácea, de flores pequeñas, sin corola, y fruto en drupa amarillenta o negra. || *Pasar por los* ESPINOS *de Santa Lucía*. fr. proverb. para indicar que se halla uno en gran trabajo y aflicción.

ESPINOCHAR. (De *panocha*.) tr. Quitar las hojas que cubren la panoja de maíz.

ESPINOSA. n. p. V. *Montero de* ESPINOSA.

ESPINOSISMO. m. Doctrina filosófica profesada por Benito Espinosa, según la cual Dios es la única substancia y el único ser, y los otros seres no son más que formas y modos de esta substancia.

ESPINOSISTA. adj. Partidario del espinosismo. Ú.t.c.s.

ESPINOSO, SA. adj. Que tiene espinas. || **2.** fig. Arduo, difícil.

* ESPINTARISCOPIO. m. QUÍM. Dispositivo ideado para la observación de los rayos alfa.

* ESPINTERÓMETRO. m. FÍS. Aparato para medir la longitud de las chispas eléctricas.

ESPINUDO, DA. adj. CHILE. Espinoso.

ESPINZAR. (De *pinza*.) tr. CUENC. Quitar de la flor del azafrán los estigmas que constituyen su especia.

ESPIOCHA. (fr. *pioche*.) f. Especie de zapapico.

ESPIÓN. (ital. *spione*.) m. Espía, 1.er art.

ESPIONAJE. (De *espión*.) m. Acción de espiar, 1.er art. || 2. Organización estatal secreta, con fines informativos y de defensa nacional. || **P.** espionagem; **I.** espionage; **F.** espionnage; **A.** Spionage; **It.** spionaggio; **R.** шпионаж.

ESPIOTE. m. ant. Espiche.

ESPIRA. (l. *spīra*.) f. ARQ. Parte de la base de la columna, que está encima del plinto. || 2. GEOM. Espiral. || 3. GEOM. Cada una de las vueltas de una hélice o de una espiral. || 4. ZOOL. Espiral formada alrededor del eje de la concha de los moluscos gasterópodos y algunos cefalópodos y el caparazón de ciertos foraminíferos. || 2.a acep.: **P.** espira; **I.** y **F.** spire; **A.** Spirale; **It.** spirale, spira; **R.** спираль.

ESPIRACIÓN. (l. *spiratĭo, -ōnis*.) f. Acción y efecto de espirar.

ESPIRADOR, RA. adj. Que espira. || 2. ZOOL. Dícese de los músculos que sirven para la espiración.

ESPIRAL. adj. Perteneciente a la espira. || 2. f. Línea curva que da indefinidamente vueltas alrededor de un punto, alejándose continuamente de él. || 3. Muelle espiral del volante de un reloj. || **P.** espiral; **I.** y **F.** spiral; **A.** Spirallinie, Schneckenlinie; **It.** spirale; **R.** спиральный.

ESPIRAMIENTO. (l. *spiramentum*.) m. ant. espiritar. || 2. ant. TEOL. Hablando de la Santísima Trinidad, Espíritu Santo.

ESPIRANTE. (l. *spirans, -antis*.) p.a. de espirar. Que espira.

ESPIRAR. (l. *spirāre*.) tr. Exhalar un cuerpo bueno o mal olor. || 2. Infundir espíritu, animar. Dícese especialmente de la inspiración del Espíritu Santo. || 3. intr. Tomar aliento. || 4. TEOL. Producir el Padre y el Hijo por medio de su amor recíproco al Espíritu Santo. || 5. Expeler el aire aspirado. Ú.t.c.tr. || 6. poét. Soplar blandamente el viento. || **P.** espirar, exalar; **I.** to exhale; **F.** exhaler, expirer; **A.** ausatmen exspirieren; **It.** espirare; **R.** испускать (запах).

ESPIRATIVO, VA. adj. TEOL. Que puede espirar o que tiene esta propiedad.

ESPIRATORIO, RIA. adj. Perteneciente o relativo a la espiración.

★ ESPIREMA. m. BIOL. Filamento nuclear que se observa en la célula en una de las fases de reproducción por cariocinesis.

ESPIRILO. m. BIOL. Agente patógeno en forma de filamento que vive en la saliva. Por analogía se da este nombre a diversos microorganismos que tienen forma de espiral.

ESPIRITADO, DA. p.p. de espiritar. || 2. adj. fam. Dícese de la persona muy flaca y extenuada que parece no tener sino espíritu.

ESPIRITAL. (l. *spiritālis*.) adj. ant. Perteneciente a la respiración.

ESPIRITAR. (De *espíritu*, entendiéndose por el demonio.) tr. Endemoniar, 1.a acep. Ú.t.c.r. || 2. fig. y fam. Agitar, conmover, irritar.

ESPIRITILLO. m. d. de espíritu.

ESPIRITISMO. m. Doctrina según la cual los espíritus de los muertos pueden entrar en comunicación con los vivos por medio de la acción de los mediums. || **P.** espiritismo; **I.** spiritism; **F.** spiritisme; **A.** Spiritismus; **It.** spiritismo; **R.** спиритизм.

ESPIRITISTA. adj. Perteneciente al espiritismo. || 2. Que profesa esta doctrina. Ú.t.c.s.

ESPIRITOSAMENTE. adv. Con espíritu.

ESPIRITOSO, SA. adj. Vivo, animoso, eficaz. || 2. Dícese de lo que contiene mucho espíritu y es de fácil evaporación, como algunos licores.

ESPIRITROMPA. f. ZOOL. Tubo chupador de los lepidópteros formado por la prolongación de las dos maxilas, y que se arrolla en espiral cuando no está en acción.

ESPÍRITU. (l. *spirĭtus*.) m. Ser inmaterial y dotado de razón. || 2. Alma racional. || 3. Don sobrenatural que Dios suele dar a algunas almas. || 4. Virtud, ciencia mística. || 5. Vigor natural y virtud que alienta el cuerpo para obrar. || 6. Ánimo,

valor, aliento, brío. || 7. Vivacidad, ingenio. || 8. Demonio, 1.a acep. Ú.m. en pl. || 9. GRAM. En la lengua griega, signo ortográfico para indicar la aspiración. || 10. Vapor sutilísimo que despiden los vinos y licores. || 11. Substancia que se extrae de ciertos cuerpos sometidos a la destilación. || 12. fig. Idea central, principio generador, esencia de una cosa. || **—de contradicción.** Genio inclinado a contradecir siempre. || **—de la golosina.** fam. Persona falta de nutrición y flaca. || **—de sal.** Ácido clorhídrico. || **—de vino.** Alcohol mezclado con menos de la mitad de su peso de agua. || **—inmundo.** En la Biblia, el demonio. || **—maligno.** El demonio. || **—Santo.** TEOL. Tercera Persona de la Santísima Trinidad, que procede del ESPÍRITU a otro. fr. fig. Beberle la doctrina. || *Dar, despedir, exhalar, el* ESPÍRITU. fr. fig. Expirar, morir. || *Levantar el* ESPÍRITU. Cobrar ánimo. || *Pobre de* ESPÍRITU. loc. Dícese de la persona que desprecia los bienes de este mundo. || 2. Tímido, apocado. || **P.** espírito; **I.** spirit; **F.** esprit; **A.** Geist, Spiritus; **It.** spirito; **R.** дух, душа.

ESPIRITUAL. (l. *spirituālis*.) adj. Perteneciente o relativo al espíritu. || 2. Véase *Director, hijo, hombre, médico, padre, parentesco, pasto, vida* ESPIRITUAL. || 3. Véase *Ejercicios* ESPIRITUALES. || **P.** espiritual; **I.** spiritual; **F.** spirituel; **A.** geistig; **It.** spirituale; **R.** духовный.

ESPIRITUALIDAD. f. Naturaleza y condición de espiritual. || 2. Calidad de las cosas espiritualizadas. || 3. Obra o cosa espiritual. || **P.** espiritualidade; **I.** spirituality; **F.** spiritualité; **A.** Geistigkeit, Spiritualität; **It.** spiritualità; **R.** духовность.

ESPIRITUALISMO. (De *espiritual*.) m. Doctrina metafísica opuesta al materialismo, según la cual la materia y el espíritu no constituyen una unidad irreductible, sino que en último análisis el espíritu es la única realidad. || 2. Sistema filosófico que defiende la esencia espiritual y la inmortalidad del alma. || **P.** espiritualismo; **I.** spiritualism; **F.** spiritualisme; **A.** Spiritualismus; **It.** spiritualismo; **R.** спиритуализм.

ESPIRITUALISTA. (De *espiritual*.) adj. Que trata de los espíritus vitales o tiene alguna opinión particular sobre ellos. Ú.t.c.s. || 2. Que profesa la doctrina del espiritualismo. Ú.t.c.s.

ESPIRITUALIZACIÓN. f. Acción y efecto de espiritualizar.

ESPIRITUALIZAR. tr. Hacer espiritual a una persona por medio de la gracia y espíritu de piedad. || 2. Considerar como espíritu lo que de suyo es corpóreo. || 3. Reducir algunos bienes a la condición de eclesiásticos. || 4. fig. Sutilizar, adelgazar, reducir a lo que los médicos llaman espíritus. || **P.** espiritualizar; **I.** to spiritualize; **F.** spiritualiser; **A.** vergeistigen; **It.** spiritualizzare; **R.** одухотворять.

ESPIRITUALMENTE. adv. Con el espíritu.

ESPIRITUANO, NA. adj. Natural de Sancti Spíritus, en la isla de Cuba. Ú.t.c.s. || 2. Perteneciente a esta ciudad.

ESPIRITUOSO, SA. adj. Espiritoso.

ESPIRITUSANTO. m. C. RICA y NICAR. Flor de una especie de cacto, blanca y muy grande.

ESPIRÓMETRO. (l. *spirāre*, espirar, y gr. μέτρον, medida.) m. MED. Aparato para medir la capacidad respiratoria del pulmón.

ESPIROQUETA. (gr. σπεῖρα, espiral, y χαίτη, pelo.) f. ZOOL. Bacteria que tiene el aspecto de un filamento, largo, arrollado y flexible. Son parásitos. Entre ellos están los causantes de algunas enfermedades del hombre, como la sífilis, la fiebre recurrente y la fiebre amarilla. Ú.t.c.s. || 2. m. pl. ZOOL. Grupo de estos microorganismos.

ESPIROQUETO, TA. adj. ZOOL. Dícese de los seres unicelulares parecidos a los flagelados y tienen forma espiral. Ú.t.c.s. || 2. m. pl. ZOOL. Grupo de estos microorganismos.

ESPITA. (l. *spithăma*, y éste del gr. σπιθαμή, palmo.) f. Medida lineal de un palmo. || 2. Canuto colocado en el agujero de la cuba para que salga por él el licor. || 3. fig. y fam. Persona que bebe mucho

vino. || 2.a acep.: **P.** torneira; **I.** pipe; **F.** cannelle; **A.** Krähnchen; **It.** cannella; **R.** кран.

ESPITAR. tr. Poner espita a una cuba u otra vasija.

ESPITO. (De *espita*.) Instrumento en forma de T para colgar y descolgar el papel puesto a secar en las fábricas.

ESPLENDENTE. (l. *splendens, -entis*.) p.a. de esplender. Que esplende. Ú.m. en poesía.

ESPLENDER. (l. *splendēre*.) intr. Resplandecer. Ú.m. en poesía.

ESPLÉNDIDAMENTE. adv. m. Con esplendidez.

ESPLENDIDEZ. (De *espléndido*.) f. Abundancia, magnificencia, ostentación, largueza. || **P.** esplendidez; **I.** splendour; **F.** splendeur; **A.** Glanzfülle, Pracht; **It.** splendidezza; **R.** великолепие.

ESPLÉNDIDO, DA. (l. *splendĭdus*.) adj. Magnífico, liberal, ostentoso. || 2. Resplandeciente. Ú.m. en poesía. || 3. espléndido; **I.** splendid; **F.** splendide; **A** glänzed, splendid; **It.** splèndido; **R.** великолепный.

ESPLENDOR. (l. *splendor*.) m. Resplandor. || 2. fig. Lustre, nobleza. || **P.** esplendor; **I.** splendour; **F.** splendeur; **A.** Glanz, Schimmer; **It.** splendore; **R.** блеск.

ESPLENDOROSAMENTE. adv. m. Con esplendor.

ESPLENDOROSO, SA. (De *esplendor*.) adj. Que esplende o resplandece.

ESPLENÉTICO, CA. (l. *spleneticus*.) adj. ant. Esplénico.

ESPLÉNICO, CA. (l. *splenĭcus*, y éste del gr. σπληνικός.) adj. Perteneciente o relativo al bazo. || 2. m. ZOOL. Esplenio.

ESPLENIO. (l. *splenium*, y éste del gr. σπλήνιον, venda.) m. ZOOL. Músculo largo y plano que une las vértebras cervicales con la cabeza y contribuye a los movimientos de ésta. || **P.** esplénio; **I.** splenius; **F.** splénius; **A.** Splenium; **It.** splenio; **R.** трапецевидная мышца.

ESPLENITIS. (l. *splen*, el bazo, y el sufijo *itis*, inflamación.) f. MED. Inflamación del bazo.

ESPLIEGO. (l. *spicŭlum*, d. de *spica*, espiga.) m. Mata labiada, aromática, de tallos largos y delgados, hojas lineares, brácteas anchas y flores azules en espiga, cuyo aceite esencial es muy usado en perfumería. || 2. Semilla de esta planta, que se emplea como sahumerio. || **P.** alfazema; **I.** lavender; **F.** lavande; **A.** Lavendel; **It.** spigo, lavanda; **R.** лаванда.

ESPLÍN. (ingl. *spleen*, y éste del gr. σπλήν, hipocondría.) m. Melancolía que produce tedio de todas las cosas.

ESPLIQUE. (¿Del ant. alto al. *springâ*, pihuela, brete?) m. Armadijo para cazar pájaros con liga.

★ ESPODITA. f. MINERAL. Polvo de las lavas volcánicas.

★ ESPODUMENO. m. MINERAL. Uno de los minerales más importantes del litio.

ESPOLADA. f. Golpe o aguijonazo dado con la espuela a la caballería. || **—de vino.** fig. y fam. Trago de vino.

ESPOLAZO. (De *espuela*.) m. Espolada.

ESPOLEADURA. (De *espolear*.) f. Herida que la espuela hace a la cabalgadura.

ESPOLEAR. tr. Picar con la espuela a la cabalgadura para que ande, o para que obedezca. || 2. fig. Incitar, estimular a alguno. || 3. P. RICO. Pelear dando con los espolones, los gallos de pelea.

ESPOLETA. (ital. *spoletta*, y éste del mismo orden que *espolín*.) f. Aparato colocado en la boquilla de las bombas, granadas, etc., para dar fuego a su carga. || **P.** espoleta; **I.** fuse; **F.** fussée; **A.** Granatzünder; **It.** spoletta; **R.** взрыватель.

ESPOLETA. (De *espuela*, por la forma.) f. Horquilla que forman las clavículas del ave.

ESPOLÍN. m. d. de espuela. || 2. Espuela fija en el tacón de la bota. || 3. Planta de la familia de las gramíneas, con cañas de más de 3 dm, hojas parecidas a las del esparto, y las flores en panoja con aristas.

ESPOLÍN. (germ. *spōla*.) m. Lanzadera pequeña con que se tejen aparte las flores que se entretejen en las telas de seda, oro o plata. || 2. Tela de seda con flores esparcidas.

E

ESPOLINAR. tr. Tejer en forma de espolín. || **2.** Tejer sólo con espolín o lanzadera pequeña.

ESPOLIO. (l. *spolĭum*, despojo.) m. Conjunto de bienes de la mitra que quedan al morir los prelados.

ESPOLIQUE. (De *espuela*.) m. Mozo que camina a pie delante de la caballería en que va su amo. || **2.** Talonazo que en el juego del fil derecho da el que salta al muchacho que está encorvado.

ESPOLISTA. m. El que arrienda los espolios en sede vacante.

ESPOLISTA. (De *espuela*.) m. Espolique, 1.ª acep.

ESPOLÓN. (De *esporón*.) m. Apófisis ósea en forma de cornezuelo que tienen algunas aves gallináceas en el tarso. || **2.** Tajamar. || **3.** Malecón a orillas de un río o del mar. || **4.** Punta en que remata la proa de la nave. || **5.** Pieza férrea, aguda y saliente en la proa para embestir al buque enemigo. || **6.** Ramal corto y escarpado de una sierra que se extiende perpendicularmente a ella. || **7.** fig. Sabañón que sale en el calcañar. || **8.** ARQ. Contrafuerte. || **9.** VETER. Prominencia córnea que tienen las caballerías en la parte posterior de los menudillos. || **10.** BOT. Prolongación tubulosa situada en la base de algunas flores, que unas veces es de la corola y otras del cáliz. | *Tener más* ESPOLONES *que un gallo.* fr. fig. y fam. que se usa para motejar a uno de viejo. || **P.** esporão; **I.** spur; **F.** éperon; **A.** Hahnensporn; **It.** sprone; **R.** шпора петуха.

ESPOLONADA. (De *espolón*.) f. Arremetida impetuosa de gente de caballo.

ESPOLONAZO. m. Golpe dado con el espolón.

ESPOLONEAR. (De *espolón*.) tr. desus. Espolear.

ESPOLVORAR. (De *es* y *pólvora*.) tr. ant. Sacudir, quitar el polvo.

ESPOLVOREAR. tr. Despolvorear. Ú.t.c.r. || **2.** Esparcir sobre una cosa otra hecha polvo. || **P.** polvilhar; **I.** to powder; **F.** saupoudrer; **A.** bestreuen; **It.** spolvarare; **R.** посыпать порошком.

ESPOLVORIZAR. tr. Espolvorear.

ESPONDAICO, CA. (l. *spondaĭcus*.) adj. Perteneciente o relativo al espondeo.

ESPONDALARIO. m. En el país foral de Aragón, testigo del testamento común abierto y verbal.

ESPONDEO. (l. *spondēus*, y éste del gr. σπονδεῖος.) m. Pie de la poesía griega y latina compuesto de dos sílabas largas. || **P.** espondeu; **I.** spondee; **F.** spondée; **A.** Spondeus; **It.** spondeo.

ESPÓNDIL. (De *espóndilo*.) m. Vértebra.

ESPÓNDILO. (l. *spondȳlus*, y éste del gr. σπόνδυλος.) m. Vértebra.

ESPONDILOSIS. (De *espóndilo*.) f. MED. Grupo de enfermedades, caracterizadas por la inflamación y soldadura de las vértebras con rigidez de la columna vertebral.

ESPONGIARIO. (l. *spongĭa*, esponja.) adj. ZOOL. Dícese de animales invertebrados acuáticos celenterados que tienen las paredes del cuerpo perforadas por infinidad de poros por donde el agua penetra en su interior, y los tejidos sostenidos generalmente por un esqueleto formado de espículas silíceas o calcáreas; viven adheridos a las rocas. Ú.t.c.s. || **2.** m. pl. ZOOL. Tipo de estos animales.

* ESPONGINA. f. Substancia orgánica filamentosa y muy elástica que en las esponjas sirve para unir entre sí las espículas.

* ESPONGIOPLASMA. m. BIOL. Red de fibrillas en la cromatina de la célula. || **2.** BIOL. Protoplasma de la célula nerviosa.

ESPONGIOSIDAD. (De *espongioso*.) f. ant. Esponjosidad.

ESPONGIOSO, SA. (l. *spongiōsus*.) adj. ant. Esponjoso.

ESPONJA. (l. *spongĭa*, y éste del gr. σπογγιά.) f. ZOOL. Espongiario. || **2.** ZOOL. Masa porosa y elástica formada por el esqueleto de los espongiarios que absorbe fácilmente los líquidos y se emplea en varios usos domésticos. || **3.** Substancia esponjosa. || **4.** fig. El que con maña chupa la substancia o bienes de otros. | *Pasar la* ESPONJA. Borrón y cuenta nueva; dar al

olvido o al perdón cualquier deuda u ofensa. || **P.** esponja; **I.** sponge; **F.** éponge; **A.** Schwamm; **It.** spugna; **R.** губка.

ESPONJADO. (De *esponjar*.) m. Azucarillo. ||—**del cazo.** AST. Azucarillo tostado.

ESPONJADURA. f. Acción y efecto de esponjar o esponjarse. || **2.** En la fundición de metales y artillería defecto dentro del alma del cañón.

ESPONJAMIENTO. m. ARGENT. Esponjadura. Acción de esponjar.

ESPONJAR. (De *esponja*.) tr. Ahuecar, hacer más poroso un cuerpo. || **2.** r. fig. Engreírse, envanecerse. || **3.** fam. Adquirir una persona cierta lozanía, indicio de salud y bienestar. || **4.** CUBA. Secar con una esponja. || **5.** CUBA. Curiosear, fisgonear.

ESPONJERA. f. Receptáculo para colocar la esponja que se usa.

ESPONJOSIDAD. f. Calidad de esponjoso.

ESPONJOSO, SA. (De *esponja*.) adj. Aplícase al cuerpo muy poroso, hueco y ligero. || **P.** esponjoso; **I.** spongy; **F.** spongieux; **A.** locker, schwamming; **It.** spugnoso; **R.** губчатый.

ESPONSALES. (l. *sponsāles*, acus. pl. de -*lis*, de *sponsus*, esposo.) m. pl. Mutua promesa de casarse que se hacen y aceptan el varón y la mujer. || **2.** FOR. Esta misma promesa, hecha en algunas de las formas que requiere la ley o que prescribe el Derecho Canónico. || **P.** esponsais; **I.** betrothal; **F.** fiançailles; **A.** Verlobung; **It.** sponsali, sponsalizio; **R.** помолвка.

ESPONSALIAS. (l. *sponsalĭa*.) f. pl. ant. Esponsales.

ESPONSALICIO, CIA (l. *sponsalicĭus*.) adj. Perteneciente a los esponsales.

ESPONTÁNEAMENTE. adv. De modo espontáneo.

ESPONTANEARSE. (De *espontáneo*.) r. Descubrir uno a las autoridades voluntariamente cualquier hecho propio, secreto o ignorado, con el objeto, las más veces, de alcanzar perdón como en premio de su franqueza. || **2.** Por ext., descubrir uno a otro voluntariamente lo íntimo de sus pensamientos, opiniones o afectos.

ESPONTANEIDAD. f. Calidad de espontáneo. || **2.** Expresión natural y fácil del pensamiento. || **P.** espontaneidade; **I.** spontaneity; **F.** spontaneité; **A.** Spontaneität; **It.** spontaneità; **R.** добровольность.

ESPONTÁNEO, A. (l. *spontanĕus*.) adj. Voluntario y de propio movimiento. || **2.** Que procede de un impulso interior. || **3.** Que se produce sin cultivo o sin cuidado de los hombres. || **P.** espontâneo; **I.** spontaneous; **F.** spontané; **A.** spontan; **It.** spontáneo; **R.** добровольный.

ESPONTIL. (l. *spons*, *spontis*, voluntad, gusto.) adj. ant. Espontáneo.

ESPONTÓN. (l. *spontone*.) m. Especie de lanza que en la mitad de corazón, usado en el siglo XVII por los oficiales de infantería.

ESPONTONADA. f. Saludo hecho con el espontón. || **2.** Golpe dado con él.

ESPORA. (gr. σπορά, semilla.) f. BOT. Cualquiera de las células que se aislan y se separan del organismo materno y sirve para su multiplicación. Es propia de la reproducción asexual de las plantas criptógamas y de algunos protozoos. || BOT. Corpúsculo que se produce en una bacteria cuando las condiciones del medio se han hecho desfavorables para la vida de este microorganismo. || **3.** ZOOL. Cualquiera de las células que en un momento dado de la vida de los protozoos esporozoos se forman por división de éstos. || **P.** esporo; **I.** y **F.** spore; **A.** Spore, Keimkorn; **It.** spora; **R.** спора.

ESPORÁDICO, CA. (gr. σποραδικός, de *sporo*, disperso.) adj. Dícese de las enfermedades que atacan a uno o varios individuos en cualquiera tiempo o lugar y que no tienen carácter epidémico ni endémico. || **2.** fig. Dícese de lo que es ocasional, sin ostensible enlace con antecedentes ni consiguientes. || **P.** esporádico; **I.** sporadic; **F.** sporadique; **A.** sporadisch; **It.** sporadico; **R.** спорадический.

ESPORANGIO. (gr. σπόρος, semilla y ἄγγος, vaso.) m. BOT. Cavidad donde se originan y está contenidas las esporas en muchas plantas criptógamas.

ESPORIDIO. m. Espora de segunda generación.

ESPORO. (gr. σπόρος, semilla.) m. BOT. Espora.

* ESPOROBLASTO. m. BIOL. Célula madre.

ESPOROCARPIO. (gr. σπόρος, semilla y καρπός, fruto.) m. BOT. Cada uno de los receptáculos situado en la base de las frondas de ciertas plantas pteridofitas, en las cuales se forman los esporangios.

ESPOROFITA. (gr. σπόρος, semilla, y φυτον, vegetal.) adj. BOT. Dícese de las plantas que se reproducen por esporas.

ESPORÓN. (germ. *sporo*.) m. ant. Espuela.

ESPORONADA. (De *esporón*.) f. ant. Espolonada.

ESPOROZOARIO. (gr. σπόρος, semilla, y ζωάριον, animalillo.) m. ZOOL. Esporozoo.

ESPOROZOO. (gr. σπόρος, semilla, y ζῶον, animal.) adj. ZOOL. Dícese de los protozoos parásitos que en determinado momento de su vida se reproducen por medio de esporas. Ú.t.c.s. || **2.** m. pl. ZOOL. Clase de estos animales.

ESPORTADA. f. Lo que cabe en una espuerta.

ESPORTEAR. tr. Echar, llevar, mudar con espuertas una cosa de un sitio a otro.

ESPORTILLA. (l. *sportella*.) f. d. de espuerta. || **2.** MÁL. Soplillo, aventador.

ESPORTILLERO. (De *esportilla*.) m. En Madrid y otras partes, mozo que estaba ordinariamente en las plazas y otros sitios públicos para llevar en su espuerta lo que se le mandaba. || **2.** Operario que acarrea materiales sirviéndose de una espuerta.

ESPORTILLO. (De *esportilla*.) m. Capacho de esparto o palma para llevar provisiones.

* ESPORTIVO, VA. adj. PAN. Generoso, liberal, dadivoso.

ESPORTIZO. (De *espuerta*.) m. NAV. Aguaderas de mimbre que se abren por el fondo para dejar caer la carga.

ESPORTÓN. m. aum. de espuerta. || **2.** MANCHA. Esportillo en que llevan la carne de la carnicería.

ESPORTONADA. f. Cantidad que cabe en un esportón.

ESPÓRTULA. (l. *sportŭla*, regalo, de *sporta*, espuerta.) f. FOR. AST. Derechos pecuniarios que se daban a algunos jueces.

* ESPORULACIÓN. f. BIOL. Forma de reproducción celular por división de la célula madre en varias células hijas que quedan libres al romperse la membrana de la célula primitiva.

ESPOSADO, DA. p.p. de esposar. || **2.** adj. Desposado. Ú.t.c.s.

ESPOSAJAS. (l. *sponsalĭa*, pl. n. de *sponsale*, esponsales.) f. pl. ant. Esponsalias.

ESPOSAR. tr. Sujetar a uno con esposas.

ESPOSAS. (De *esposa*.) f. pl. Manillas de hierro con que se sujeta por las muñecas a los reos.

ESPOSO, SA. (l. *sponsus*, de *spondēre*, prometer solemnemente.) m. y f. Persona que ha contraído esponsales. || **2.** Persona casada. || **3.** f. ARGENT., CHILE, ECUAD. y HOND. Anillo episcopal. || **P.** esposo; **I.** husband; **F.** époux; **A.** Ehegatte; **It.** sposo; **R.** супруг, муж.

* ESPRETAR. tr. P. RICO. Escoger granos o semillas de algunas plantas.

ESPUELA. (De *espuera*.) f. Espiga de metal terminada en una ruedecita con puntas para picar a la cabalgadura, y unida por el otro extremo a unas ramas en semicírculo que se ajustan al calcañar. || **2.** V. *Mozo de* ESPUELA, o *de* ESPUELAS. || **3.** fig. Aviso, estímulo. || **4.** AMÉR. y CAN. Espolón de las aves. ||—**de caballero.** Hierba ranunculácea, de flores en espiga, azules, rosadas o blancas, con el cáliz prolongado en una punta a modo de espuela. || **2.** Flor de esta planta. | *Calzar* ESPUELA. fr. fig. Ser caballero. | *Calzar o calzarse la* ESPUELA. fr. fig. Ser armado caballero. | *Calzar la* ESPUELA, o *las* ESPUELAS, a uno. frs. figs. Armarle caballero. | *Correr la* ESPUELA. fr. fig. Hacer pasar la espuela el jinete a lo largo del ijar del caballo. || **2.** fig. Mortificar, reprender con dureza. | *Dar de* ESPUELA, o *de* ESPUELAS, o *de la* ESPUELA,

E

o *de las* ESPUELAS. frs. Picar con la espuela a la cabalgadura para que camine. || *Echar,* o *tomar, la* ESPUELA. fr. fig. y fam. Echar el último trago los que han estado juntos bebiendo en taberna, venta, etc. || *Estar con las* ESPUELAS *calzadas.* fr. fig. Estar dispuesto para emprender un viaje. || **2.** fig. Estar presto para un asunto o negocio. || *Picar* ESPUELAS. fr. fig. Emprender la marcha el jinete de modo precipitado. || **2.** Por ext., salir de un lugar precipitadamente. || *Poner* ESPUELAS a uno. fr. fig. Estimularle a emprender o a continuar con más ardor un asunto o negocio. || *Sentir la* ESPUELA. fr. fig. Sentir el aviso, la reprensión, el apremio. || **P.** espora; **I.** spur; **F.** éperon; **A.** Sporn; **It.** sprone; **R.** шпора.

★ **ESPUELEADO, DA.** adj. COLOM. y P. RICO. Experto, que tiene experiencia.

★ **ESPUELEAR.** tr. P. RICO, C. RICA, COLOM., ECUAD. y ARGENT. Espolear. || **2.** COLOM. y P. RICO. Adiestrar, proporcionar experiencias.

ESPUENDA. (l. *sponda,* borde de la cama.) f. AR. y NAV. Borde de un canal o de un campo.

ESPUERA. (gót. *spora.*) f. ant. Espuela.

ESPUERTA. (l. *sporta.*) f. Receptáculo cóncavo con dos asas pequeñas, para transportar escombros, tierras, etc. || *A* ESPUERTA. m. adv. A montones, en abundancia. || *Estar para que le saquen en una* ESPUERTA *al sol.* fr. fig. y fam. Dícese del que está muy achacoso || **P.** esporta; **I.** frail, hand-basket; **F.** couffe, cabas; **A.** Kiepe, Korb; **It.** sporta; **R.** корзина.

ESPULGADERO. m. Sitio donde se espulgan los mendigos.

ESPULGADOR, RA. adj. Que se pulga. Ú.t.c.s.

ESPULGAR. tr. Limpiar la cabeza, el cuerpo o el vestido de pulgas y piojos. Ú.t.c.r. || **2.** fig. Examinar, reconocer algo minuciosamente. || **P.** espulgar; **I.** to flea, to delouse; **F.** épucer, s'épuiller; **A.** flöhen, lausen; **It.** spulciare; **R.** выводить блох или вшей.

ESPULGO. m. Acción y efecto de espulgar o espulgarse.

ESPUMA. (l. *spūma.*) f. Agregado de burbujas que se forman en la superficie de los líquidos. || **2.** Parte del jugo y de las impurezas que ciertas substancias arrojan de sí al cocer en el agua. || **3.** fig. y fam. Nata. || **4.** AND. Espumilla. || —**de la sal.** Substancia blanda y salada que las aguas del mar dejan pegada a las piedras. || —**de mar.** MINERAL. Silicato de magnesia hidratado, de color blanco amarillento, que se emplea para hacer pipas de fumar, y otras cosas. || ESPUMA *de nitro.* Costra que se forma de esta sal en los sitios donde abunda. || *Crecer como* ESPUMA, o *como la* ESPUMA. frs. figs. y fams. Medrar rápidamente. || **2.** fig. y fam. Crecer a palmos. || **P.** espuma; **I.** foam; **F.** écume; **A.** Schaum; **It.** spuma; **R.** пена.

ESPUMADERA. (De *espumar.*) f. Paleta circular y algo cóncava, llena de agujeros, que sirve para espumar. || **P.** espumadeira; **I.** scummer; **F.** écumoire; **A.** Schaumlöffel; **It.** schiumarola; **R.** шумовка.

ESPUMADOR, RA. m. y f. Persona que espuma.

ESPUMAJE. m. Abundancia de espuma.

ESPUMAJEAR. intr. Arrojar espumajos.

ESPUMAJO. (De *espuma.*) m. Espumarajo.

ESPUMAJOSO, SA. (De *espumajo*) adj. Lleno de espuma.

ESPUMANTE. (l. *spumans, -antis.*) p.a. de espumar. Que hace espuma.

ESPUMAR. (l. *spumāre.*) tr. Quitar la espuma del caldo, del almíbar, etc. || **2.** intr. Hacer espuma; como la que hace la olla, el vino, etc. || **3.** fig. Crecer rápidamente. || **P.** espumar; **I.** to skim, to scum; **F.** écumer; **A.** moussieren, abschäumen; **It.** schiumare; **R.** снимать пену.

ESPUMARAJO. (d. despect. de *espuma.*) m. Saliva arrojada en gran abundancia por la boca. || *Echar* uno ESPUMARAJOS *por la boca.* fr. fig. y fam. Estar muy descompuesto y colérico.

ESPÚMEO, A. (l. *spumĕus.*) adj. Espumoso.

ESPUMERO. (De *espuma.*) m. Lugar donde se deposita agua salada para que cristalice la sal.

ESPUMILLA. f. d. de espuma. || **2.** Tejido muy ligero y delicado, semejante al crespón. || **3.** ECUAD. y HOND. Merengue.

ESPUMILLÓN. (De *espumilla.*) m. Tela de seda, muy doble, a manera de tercianela.

ESPUMOSO, SA. (l. *spumōsus.*) adj. Que tiene mucha espuma. || **2.** Que se convierte en ella, como el jabón. || **P.** espumoso; **I.** foamy; **F.** écumeux, mousseus; **A.** schaumig; **It.** schiumoso, spumoso; **R.** пенистый.

ESPUMUY. f. GUAT. Paloma silvestre.

ESPUNDIA. (l. *spongŭla,* esponja.) f. VETER. Úlcera en las caballerías, con raíces profundas y excrecencia de carne. || **2.** HOND. Filandria que se introduce en la piel. || **3.** P. RICO. Púa, astilla.

ESPURCÍSIMO, MA. (l. *spurcissĭmus.*) adj. ant. Inmundísimo, impurísimo.

ESPURIO, RIA. (l. *spurius.*) adj. Bastardo. || **2.** fig. Falso, contrahecho o adulterado. || **2.ª** acep.: **P.** espúrio; **I.** spurious; **F.** faux, frélaté; **A.** unecht; **It.** spurio; **R.** фальшивый.

★ **ESPURURO.** m. C. RICA. Broza, residuo, sobras.

ESPURREAR. (De la onomat. *purr.*) tr. Rociar una cosa con agua u otro líquido expelido por la boca.

ESPURRIAR. tr. Espurrear.

ESPURRIR. (l. *exporrigĕre.*) tr. AST., BURG., LEÓN, PAL. y SANT. Estirar, extender, dicho especialmente de las piernas y los brazos. || **2.** Espurrear. || **3.** r. AST., LEÓN y SANT. Desperezarse.

ESPUTAR. (l. *sputāre.*) tr. Expectorar.

ESPUTO. (l. *spūtum.*) m. Lo que se arroja de una vez en cada expectoración. || **P.** esputo; **I.** spittle; **F.** crachat; **A.** Speichel Auswurf; **It.** sputo; **R.** плевок.

ESQUEBRAJAR. tr. Resquebrajar.

ESQUEJAR. (De *esqueje.*) tr. AGR. Plantar esquejes.

ESQUEJE. (l. *schidĭae,* y éste del pl. gr. σχίδια, astillas.) m. Tallo o cogollo que se introduce en tierra para multiplicar la planta. || **P.** galho; **I.** slip, cutting; **F.** bouture; **A.** Steckling; **It.** rampollo; **R.** черенок.

ESQUELA. (l. *schedŭla,* d. de *schĕda,* hoja de papel.) f. Carta breve. || **2.** Papel impreso en que se dan citas o se comunica a varias personas alguna noticia. || **3.** Carta circular, orlada de negro y sin firmar, en la que se notifica una defunción o se invita para unos funerales. || **4.** Anuncio inserto en un periódico notificando una defunción o unos funerales. || **P.** bilhete; **I.** billet, note; **F.** billet, carta; **A.** Billete; **It.** biglietto; **R.** записка.

ESQUELETADO, DA. adj. Muy flaco, exhausto.

ESQUELÉTICO, CA. adj. Esqueletado. || **2.** ZOOL. Relativo al esqueleto. || **3.** fig. Muy flaco, exhausto.

ESQUELETO. (gr. σκελετός, de σκέλλω, secar, desecar.) m. ZOOL. Conjunto de piezas duras y resistentes, por lo regular trabadas o articuladas entre sí, que da consistencia al cuerpo de los animales, sosteniendo o protegiendo sus partes blandas. || **2.** Dermatoesqueleto. || **3.** Neuroesqueleto. || **4.** fig. y fam. Sujeto muy flaco. || **5.** fig. Armadura, 2.ª acep. || **6.** fig. COLOM., C. RICA, GUAT. y MÉJ. Modelo o patrón impreso en que se dejan blancos que se rellenan a mano. || **7.** fig. CHILE. Bosquejo, plan de una obra literaria, como discurso, sermón, drama, etc. || **8.** BOT. Planta disecada. || **P.** esqueleto; **I.** skeleton; **F.** squelette; **A.** Skelett; **It.** schèletro; **R.** скелет.

★ **ESQUELITA.** f. MINERAL. Tungstato cálcico.

ESQUEMA. (l. *schēma,* y éste del gr. σχῆμα, forma, hábito; de ἔχω, haber, tener.) m. Figura simplificada que sirve únicamente para la demostración y que no representa la forma sino las relaciones. || **2.** Representación de una cosa atendiendo sólo a sus líneas o caracteres más significativos. || **3.** Cada uno de los temas o puntos diversos, o de las series de cuestiones referentes a un mismo tema, que sobre materia dogmática o disciplinaria se ponen a la deliberación de un concilio. || **P.** esquema; **I.** scheme; **F.** schéma; **A.** Schema, Vorbild; **It.** schema; **R.** схема.

ESQUEMÁTICAMENTE. adv. Por medio de esquemas.

ESQUEMÁTICO, CA. (l. *schematicus,* y éste del gr. σχηματικός.) adj. Perteneciente al esquema.

ESQUEMATISMO. (l. *schematismus,* y éste del gr. σχηματισμός.) m. Procedimiento esquemático para la exposición de doctrinas. || **2.** Serie o conjunto de esquemas empleados por un autor para hacer más comprensibles sus ideas.

ESQUEMATIZAR. tr. Representar una cosa en forma esquemática.

ESQUENA. (ant. alto al. *schēna* y *skina,* espina.) f. Espinazo.

ESQUENANTO. (l. *schoenantus,* y éste del gr. σχοίνανθον; de σχοῖνος, junco, y ἄνθος, flor.) m. Planta gramínea, originaria de la India y Arabia, de raíz blanca, aromática y medicinal.

ESQUERO. (De *yesca.*) m. Bolsa de cuero que antiguamente se llevaba al cinto para guardar la yesca y el pedernal.

ESQUERRO, RRA. (vasc. *ezquerra,* análoga al l. *scaevus,* y al gr. σκαιός.) adj. ant. Izquierdo.

ESQUÍ. m. Especie de patín largo, de madera dura y flexible, que se usa por partes, para deslizarse sobre la nieve.

ESQUIADOR, RA. m. y f. Patinador que usa esquíes.

ESQUIAR. intr. Patinar con esquíes.

ESQUICIAR. (De *esquicio.*) tr. p. us. PINT. Empezar a dibujar o delinear. || **P.** esboçar; **I.** to outline; **F.** esquisser; **A.** skizzieren; **It.** schizzare; **R.** набрасывать.

ESQUICIO. (ital. *schizzo,* y éste del l. *schedium,* del gr. σχέδιον, apunte.) m. Apunte de dibujo.

ESQUIENTA. f. SANT. Cima o cresta de una montaña.

ESQUIFADA. (De *esquife.*) adj. ARQ. Dícese de la bóveda cuyos dos cañones cilíndricos se cortan el uno al otro. || **2.** f. Carga que suele llevar un esquife. || **3.** GERM. Junta de ladrones o rufianes.

ESQUIFAR. (De *esquife.*) tr. MAR. Proveer de pertrechos y marineros una embarcación.

ESQUIFAZÓN. (De *esquifar.*) m. MAR. Conjunto de remos y remeros con que se esquifaban las embarcaciones.

ESQUIFE. (ant. alto al. *skif;* en l. *scaphe,* del gr. σκάφη, barco, lancha.) m. Bote que se lleva en el navío para saltar en tierra. || **2.** ARQ. Cañón de bóveda en figura cilíndrica. || **P.** esquife; **I.** skiff; **F.** esquif, canot; **A.** kleines Boot; **It.** schifo; **R.** шлюпка.

ESQUILA. (gót. *skilla.*) f. Cencerro en forma de campana. || **2.** Campana pequeña usada en los conventos para convocar a los actos de comunidad. || **P.** sineta; **I.** (cow)bell; **F.** squille, sonaille; **A.** Viehglocke; **It.** squilla; **R.** колокольчик.

ESQUILA. (De *esquilar.*) f. Esquileo, 1.ª acep.

ESQUILA. (l. *squilla,* y éste del gr. σκίλλα) f. Camarón. || **2.** Escribano del agua o girino. || **3.** Cebolla albarrana. || —**de agua.** Esquila, camarón, crustáceo decápodo.

ESQUILADA. (De *esquila,* 1.er art.) f. AR. Cencerrada.

ESQUILADOR, RA. adj. Que esquila. Ú.t.c.s. || **2.** f. Máquina esquiladora.

ESQUILAR. (De *esquila,* 1.er art.) intr. ÁV. y SAL. Tocar la esquila, 1.er art.

ESQUILAR. (cat. *esquilar.*) tr. Cortar con la tijera el pelo, vellón o lana de los ganados y otros animales. || **P.** tosquiar; **I.** to shear, to clip; **F.** tondre; **A.** (ab)scheren; **It.** tosare, tòndere; **R.** стричь овец.

ESQUILAR. (De *esquilo,* 2.º art.) intr. BURG., PAL., SANT. y VIZ. Trepar a los árboles, cucañas, etc.

ESQUILEO. m. Acción y efecto de esquilar. || **2.** Casa destinada para esquilar el ganado lanar. || **3.** Tiempo en que se esquila. || **P.** tosquia; **I.** shearing; **F.** tonte; **A.** Scheren; **It.** tosatura; **R.** стрижка овец.

ESQUILERO. m. Red en forma de

E saco con un aro de madera, que se emplea para pescar esquilas o camarones.

ESQUILETA. f. d. de esquila, 1.er art., 1.ª acep.

ESQUILFADA. adj. ant. Esquifada, 1.ª acep.

ESQUILFE. m. ant. Esquife, 1.ª acep.

ESQUILIMOSO, SA (De *escolimoso*.) adj. fam. Nimiamente delicado y que hace ascos de todo.

ESQUILMAR. tr. Coger el fruto de las haciendas, heredades y ganados. || 2. Chupar con exceso las plantas el jugo de la tierra. || 3. fig. Agotar o menoscabar una fuente de riqueza sacando de ella provecho con exceso. || 3.ª acep.: **P.** esgotar; **I.** to impoverish; **F.** dépouiller, laisser à nu; **A.** erschöpfen; **It.** esaurire; **R.** собирать урожай.

ESQUILMEÑO, ÑA. (De *esquilmo*.) adj. AND. Dícese del árbol o planta que produce abundante fruto.

ESQUILMO. (De *esquilmar*.) m. Frutos y provechos que se sacan de las haciendas y ganados. || 2. AND. Muestra de fruto que presentan los olivos. || 3. En Galicia, broza o matas cortadas con que se cubre el suelo de los establos. || 4. Escobajo de la uva. || 5. MÉJ. Provechos accesorios que se obtienen del cultivo o de la ganadería.

ESQUILO. (De *esquilar*.) m. ant. Esquileo. Ú. en Aragón y Rioja.

ESQUILO. (gr. σχίουρος, que se hace sombra con la cola.) m. ant. SANT. Ardilla.

ESQUILÓN. m. Esquila grande. || *Tañe el* ESQUILÓN *y duermen los tordos al son.* ref. que se dice de los que han perdido el temor a las represiones.

ESQUIMAL. adj. Natural del país situado junto a las bahías de Hudson y de Baffin. Ú.t.c.s. || 2. Perteneciente o relativo a este país.

ESQUIMO. m. ant. Esquilmo.

ESQUINA. (De *esquena*.) f. Arista, especialmente la del ángulo saliente en las paredes de un edificio. || 2. V. *Mozo de* ESQUINA. || 3. AMÉR. MERID. Tienda situada en una esquina. || *Darse uno contra, o por las* ESQUINAS. fr. fig. y fam. Darse contra, o por, las paredes. || *De* ESQUINA. Dícese de la habitación que da a dos fachadas en ángulo de un edificio. || *Doblar la* ESQUINA. fr. Pasar de una calle a otra contigua situada a la derecha o la izquierda. || 2. fig. y fam. CHILE. Morir, finar, espichar. || *Estar en* ESQUINA dos o más personas. fr. fig. y fam. Estar picadas o desavenidas entre sí. || *Hacer* ESQUINA. Estar situado un edificio en la esquina de la manzana. || *Las cuatro* ESQUINAS. Cierto juego de muchachos. || **P.** esquina; **I.** édge, corner; **F.** angle, coin; **A.** Ecke, Strassenecke; **It.** ángolo, cantonata; **R.** угол.

ESQUINADO, DA. p.p. de esquinar. || 2. adj. Dícese de la persona de trato difícil.

ESQUINADURA. f. Calidad de esquinado.

ESQUINAL. m. ÁL., BURG., SANT. y VIZ. Ángulo de un edificio, y especialmente el formado por sillares.

ESQUINANCIA. (l. *cynanche*, y éste del gr. χυνάγχη.) f. desus. Esquinencia.

ESQUINANTE. m. Esquinanto.

ESQUINANTO. m. Esquenanto.

ESQUINAR. tr. Hacer o formar esquina. Ú.t.c.intr. || 2. Poner en esquina alguna cosa. || 3. Escuadrar un madero. || 4. fig. Poner a mal, indisponer. Ú.m.c.r.

ESQUINAZO. m. fam. Esquina. || 2. CHILE. Serenata. || *Dar* ESQUINAZO. fr. fam. Rehuir en la calle el encuentro de uno, doblando una esquina o variando de dirección. || 3. fr. fig. y fam. Dejar a uno plantado, abandonado.

ESQUINCO. (gr. σχίγχος, en l. *scincus*; véase *escinco*.) m. Estinco.

ESQUINELA. (De *esquina*, por la arista que llevaba en medio.) f. Espinillera.

ESQUINENCIA. (De *esquinancia*.) f. Angina.

ESQUINZADOR. m. Cuarto grande en los molinos de papel, destinado a esquinzar el trapo.

ESQUINZAR. (l. *exquintiāre*, descuartizar.) tr. Desguinzar.

ESQUIPAR. (anglosajón *skipian*, navegar.) tr. ant. MAR. Esquifar.

ESQUIPARTE. m. AR. Pala pequeña,

cortante y fuerte, usada para limpiar las acequias.

ESQUIPAZÓN. m. ant. MAR. Esquifazón.

ESQUIRAZA. (Como el ant. *esquirazo*, del ital. *schirazzo, schierazo*, voz veneciana de origen turco.) f. Antigua nave de transporte con velas cuadradas.

ESQUIRLA. (De un d. *skyrŭla*, del gr. σχῦρος, raja de piedra.) f. Astilla de hueso desprendida de éste por caries o por fractura. Se dice también de las de piedra, cristal, etc.

ESQUIROL. (d. catalán; del gr. σχίουρος, esquilo.) m. AR. Ardilla. || 2. Obrero que sustituye a un huelguista.

ESQUISAR. (l. *exquīsus*, por *exquisitus*, de *exquirĕre*, buscar.) tr. ant. Buscar o investigar.

ESQUISTO. (l. *schistos* [*lapis*], y éste del gr. σχιστός, dividido.) m. Roca pizarrosa, de aspecto homogéneo, generalmente mate y divisible en poliedros de forma romboédrica.

ESQUISTOSO, SA. adj. De estructura laminar.

ESQUITAR. tr. ant. Desquitar, descontar o compensar. || 2. Remitir, perdonar una deuda.

ESQUITE. m. ant. Desquite. Hoy de uso vulgar.

ESQUITE. (mejic. *izquitl*.) m. C. RICA, HOND. y MÉJ. Rosetas, granos de maíz tostados.

* ESQUITERO. m. MÉJ. Estallido.

ESQUIVAR. (germ. *skiuhan*, tener miedo.) tr. Evitar, eludir, rehusar. || 2. r. Retraerse, retirarse, excusarse. || **P.** esquivar; **I.** to shun; **F.** esquiver; **A.** vermeiden; **It.** schivare; **R.** избегать. || 2.ª acep.: **P.** reetrair-se; **I.** to coy; **F.** se dérober; **A.** ausweichen; **It.** cludere; **R.** уединяться.

ESQUIVEZ. (De *esquivo*.) f. Despego, aspereza, desagrado.

ESQUIVEZA. f. desus. Esquivez.

ESQUIVIDAD. (De *esquivo*.) f. desus. Esquivez.

ESQUIVO, VA. (De *esquivar*.) adj. Que tiene esquivez. || **P.** esquivo; **I.** elusive; **F.** farouche; **A.** spröde, scheu; **It.** schivo; **R.** пренебрежительный.

ESQUIZADO, DA. (ital. *schizzato*, de *schizzo*, y éste del l. *schedium*, del gr. σχέδιον, esbozo, mancha.) adj. Dícese del mármol salpicado de pintas.

ESQUIZOFRENIA. (gr. σχίζω, disociar, φρήν, inteligencia.) f. MED. Grupo de enfermedades mentales correspondientes a la antes llamada demencia precoz, caracterizada por ideas delirantes, incoherencia y falta de coordinación entre las percepciones y las reacciones, acarreada por la pérdida de contacto del enfermo con el medio que le rodea.

ESTABILIDAD. (l. *stabilĭtas, -ātis*.) f. Permanencia o duración en orden al tiempo; firmeza y seguridad en el espacio. || 2. FÍS. Propiedad de los sistemas mecánicos, eléctricos o aerodinámicos, por la que el sistema vuelve al estado de equilibrio después de una perturbación, desapareciendo toda oscilación consiguiente por disipación de su propia energía. V. *Equilibrio*. || **P.** estabilidade; **I.** stability; **F.** stabilité; **A.** Bestand, Stabililität; **It.** stabilità; **R.** устойчивость.

ESTABILIR. (l. *stabilīre*, asegurar, afirmar.) tr. ant. Establecer.

ESTABILÍSIMO, MA. adj. sup. de estable.

ESTABILIZACIÓN. f. Acción y efecto de estabilizar.

ESTABILIZADOR, RA. adj. Que estabiliza. Ú.t.c.s. || 2. m. AVIAC. Nombre que reciben los dispositivos destinados a mantener el equilibrio de las aeronaves, generalmente compuesto de planos verticales y horizontales. || 3. ELECTR. Dispositivo que sirve para asegurar la constancia de la corriente. || 4. QUÍM. Catalizador negativo. || 5. Cualquier producto que haga estable una substancia o solución. || 6. MAR. Aparato destinado a evitar o amortiguar las oscilaciones de los buques.

ESTABILIZAR. tr. Dar estabilidad, consistencia o solidez. || 2. Fijar y garantizar oficialmente el valor de una moneda en relación con el patrón oro o con otra moneda canjeable por el mismo metal.

ESTABLE. (l. *stabĭlis*.) adj. Permanente, durable, firme.

ESTABLEAR. tr. Acostumbrar una res al establo. Ú.t.c.r.

ESTABLECEDOR, RA. adj. Que establece. Ú.t.c.s.

ESTABLECER. (l. *stabilīscĕre*, de *stabĭlire*.) tr. Fundar, instituir, hacer estable. || 2. Ordenar, decretar. || 3. r. Avecindarse. || 4. Abrir, crear uno por su cuenta un establecimiento mercantil. || **P.** estabelecer; **I.** to establish; **F.** établir; **A.** etablieren, anlegen, einsetzen, einrichten; **It.** stabilire; **R.** учреждать.

ESTABLECIENTE. p.a. de establecer. Que establece.

ESTABLECIMIENTO. (De *establecer*.) m. Ley, ordenanza, estatuto. || 2. Fundación, institución, etc. || 3. Cosa fundada o establecida. || 4. Colocación estable de una persona. || 5. Lugar donde habitualmente se ejerce una industria o una profesión. || **—de las mareas.** MAR. Hora en que sucede la pleamar, el día de la conjunción u oposición de la Luna respecto de cada paraje. || **—de puerto.** MAR. Diferencia entre la hora a que se verifica la pleamar de sicigias en un puerto y la del paso de la Luna por el meridiano superior. || **P.** estabelecimento; **I.** establishment; **F.** établissement; **A.** Einrichtung, Etablissement, Gründung; **It.** stabilimento; **R.** основание.

ESTABLEMENTE. adv. Con estabilidad.

ESTABLERÍA. (De *establero*.) f. ant. Establo o caballeriza.

ESTABLERIZO. m. ant. Establero.

ESTABLERO. m. El que cuida del establo.

ESTABLÍA. f. ant. Establo.

ESTABLIMIENTO. (De *establir*.) m. ant. Establecimiento.

ESTABLIR. (De *estabilir*.) tr. ant. Establecer.

ESTABLO. (l. *stabŭlum*.) m. Lugar cubierto en que se encierra el ganado. || 2. ASTRON. Pesebre, 3.ª acep. || 3. CUBA. Cochera o establecimiento de coches de alquiler. || **P.** estábulo; **I.** stable; **F.** étable; **A.** Stall; **It.** stalla; **R.** стойло, хлев.

ESTABÓN. (l. *stipa*, tronco o caña.) m. ALBAC. Tallo o caña de algunas plantas, despojadas de la hoja o del fruto.

ESTABULACIÓN. (l. *stabulatio, -ōnis*.) f. Cría y mantenimiento de los ganados en establo.

ESTABULAR. (l. *stabulāre*.) tr. Criar y mantener los ganados en establos.

ESTACA. (gót. *stakka*, palo.) f. Palo con punta en un extremo para clavarlo. || 2. Rama o palo verde sin raíces, plantado para que arraigue. || 3. Garrote. || 4. Clavo largo para clavar vigas y maderos. || 5. GERM. Daga. || 6. CHILE. Pertenencia de una mina que se concede a los peticionarios mediante ciertos trámites. || 7. CHILE. Sitio o terreno señalado con estacas. || *A* ESTACA, o *a la* ESTACA. m. adv. Sin poder separarse de un lugar. || *Arrancar la* ESTACA. fr. fig. y fam. AMÉR. Manifestar gran deseo o ansiedad por lograr alguna cosa. || *Estar uno a la* ESTACA. fr. fig. y fam. Estar reducido a escasos medios o a escasas facultades. || *No dejar* ESTACA *en pared.* fr. fig. y fam. Arrasarlo todo. || *Plantar*, o *clavar*, ESTACAS. fr. MAR. Cabecear mucho un buque debido a la mar de proa. || **P.** estaca; **I.** stake, pile; **F.** pieu; **A.** Pfahl; **It.** steccone; **R.** кол.

ESTACADA. (De *estacar*.) f. Cualquier obra hecha de estacas clavadas en la tierra. || 2. Palenque o campo de batalla en los torneos. || 3. Lugar señalado para un desafío. || 4. AND. Olivar nuevo o plantío de estacas. || 5. FORT. Hilera de estacas clavadas en tierra verticalmente como a medio decímetro de distancia una de otra, aseguradas sobre la banqueta del camino cubierto, en los atrincheramientos o en otros sitios. || *Dejar* a uno *en la* ESTACADA. fr. fig. Abandonarlo, dejándolo comprometido en un peligro o mal negocio. || *Quedar*, o *quedarse* uno *en la* ESTACADA. fr. Morir, perecer en el campo de batalla, en el desafío, etc. || 2. fig. Salir mal de una empresa y sin esperanza de remedio. || 3. fig. Ser vencido en una disputa. || **P.**

estacaria; **I.** stockade, palisade; **F.** estacade; **A.** Pfahlwerk; **It.** steccato; **R.** частокол.

ESTACADO, DA. p.p. de estacar. || **2.** m. Estacada, palenque.

ESTACADURA. f. Conjunto de estacas que sujetan la caja y los varales de un carro.

ESTACAR. tr. Fijar en tierra una estaca y atar a ella una bestia. || **2.** Señalar en el terreno con estacas una línea; como el perímetro de una mina, el eje de un camino, etc. || **3.** COLOM., CHILE, HOND. y VENEZ. Sujetar, clavar con estacas. Dícese especialmente cuando se extienden los cueros en el suelo para que se sequen y se sujetan con estacas para que se mantengan estirados. || **4.** r. fig. Quedarse inmóvil y tieso a manera de estaca. || **5.** COLOM. y C. RICA. Punzarse, clavarse una astilla.

ESTACAZO. m. Golpe dado con estaca o garrote. || **2.** fig. Varapalo, quebranto.

ESTACIÓN. (l. *statio, -ōnis.*) f. Estado actual de una cosa. || **2.** Cada una de las cuatro partes o tiempos en que se divide el año: invierno, primavera, verano y otoño. || **3.** Tiempo, temporada. || **4.** Visita que se hace por devoción a las iglesias, deteniéndose a orar delante del Santísimo Sacramento. || **5.** Número de padrenuestros y avemarías que en ella se rezan. || **6.** Cualquiera de los lugares en que se hace alto durante los viajes, paseos, etc. || **7.** Estancia, morada. || **8.** En los ferrocarriles, sitio donde habitualmente hacen parada los trenes para admitir viajeros o mercaderías. || **9.** Edificio anejo a la estación en que están las oficinas y dependencias de la misma. || **10.** Edificio donde las empresas de tranvías, autobuses, etc., tienen sus cocheras y oficinas. || **11.** Oficina donde se expiden y reciben despachos de telecomunicación. || **12.** fig. Marcha de gente apostada. || **13.** ASTRON. Detención aparente de los planetas en sus órbitas, por el cambio de sus movimientos directos en retrógrados, o viceversa. || **14.** BIOL. Sitio o localidad cuyas condiciones son apropiadas para que viva y se desarrolle una especie animal o vegetal. || **15.** GEOD. y TOPOGR. Cualquiera de los puntos en que se miden ángulos de una red trigonométrica. || **—de transición.** ART. MIL. La que separa la parte de una línea férrea explotada principalmente por las tropas de ferrocarriles en tiempo de guerra, de la que lo es por la compañía ferroviaria. || *Andar* ESTACIONES, o *las* ESTACIONES. fr. Visitar y orar ante el Santísimo Sacramento. || **2.** fr. fig. y fam. Dar los pasos convenientes para un negocio. || *Vestir con la* ESTACIÓN. fr. Vestir de acuerdo con la temperatura de la estación del año en que uno se encuentra. || **2.**ª acep.: **P.** temporada; **I.** season; **F.** saison; **A.** Jahreszeit; **It.** stagione; **R.** времени года. || 8.ª acep.: **P.** estacão; **I.** station; **F.** gare; **A.** Bahnhof, Station; **It.** stazione; **R.** станция.

ESTACIONAL. (l. *stationālis.*) adj. Propio y peculiar de cualquiera de las estaciones del año. || **2.** ASTRON. Estacionario.

ESTACIONAMIENTO. m. Acción y efecto de estacionarse. Dícese particularmente de los vehículos.

ESTACIONAR. (De *estación.*) tr. Situar en un lugar, colocar, asentar. Ú.t.c.s. || **2.** r. Quedarse estacionario, estancarse. || **3.** ARGENT. Echar los carneros a las ovejas en determinados meses del año.

ESTACIONARIO, RIA. (l. *stationarĭus.*) adj. fig. Que permanece en el mismo estado o situación, sin adelanto ni retroceso. || **2.** ASTRON. Dícese del planeta que está aparentemente detenido en su órbita durante cierto tiempo. || **3.** El que daba los libros en la biblioteca de la universidad de Salamanca. || **P.** estacionário. || **I.** stationary; **F.** stationnaire; **A.** stillstehend, stationär; **It.** stazionario; **R.** неподвижный.

ESTACIONERO, RA. (l. *stationarĭus.*) adj. El que anda con frecuencia las estaciones. Ú.t.c.s.

ESTACÓN. m. aum. de estaca.

* **ESTACONAZO.** m. CUBA. Herida producida en el pie al tropezar. || **2.** CUBA. Pinchazo.

ESTACTE. (l. *stacte,* y éste del gr. στακτή, de στάζω, destilar, caer gota a gota.) f. Aceite esencial oloroso, sacado de la mirra fresca.

ESTACHA. f. Cuerda o cable atado al arpón que se clava a las ballenas. || **2.** MAR. Cabo que desde un buque se da a otro fondeado o a cualquier objeto fijo.

ESTACHE. m. CALÓ. Sombrero de fieltro flexible de alas muy reducidas.

ESTADA. (De *estar.*) f. Mansión o detención que se hace en un lugar o paraje.

ESTADAL. (De *estado.*) m. Medida de longitud equivalente a cuatro varas o 3 m y 334 mm. || **2.** Cinta bendita en algún santuario que se lleva al cuello. || **3.** Estado, 7.ª acep. || **4.** Cerilla que suele tener de largo un estado. || **—cuadrado.** Medida agraria.

ESTADERO. (De *estado.*) m. El encargado por el rey para demarcar las tierras del repartimiento en tiempos pasados.

ESTADÍA. (l. *stativa.*) f. Detención, estancia. || **2.** Cada uno de los días que transcurren después del plazo estipulado para la carga o descarga de un buque mercante. || **3.** Tiempo que permanece el modelo ante el pintor o escultor. || **4.** COM. Por ext., la indemnización que se paga por los días que transcurren de más, de un buque mercante en un puerto. || 2.ª acep.: **P.** demoras; **I.** demurrage, lay-days; **F.** starie; **A.** Liegetage; **It.** estallie; **R.** задержка.

ESTADIO. (l. *stadĭum,* y éste del gr. στάδιον.) m. Recinto con graderías para los espectadores, destinado a competiciones deportivas. || **2.** Lugar público de 125 pasos geométricos que servía para ejercitar los caballos en las carreras y para que practicasen los atletas. || **3.** Distancia o longitud de 125 pasos geométricos, o aproximadamente la octava parte de una milla. || **4.** Período, especialmente cada uno de los tres que se observan en cada acceso de fiebre intermitente. || **P.** estádio; **I.** stadium; **F.** stade; **A.** Stadion; **It.** stadio; **R.** стадион.

ESTADISTA. (De *estado.*) m. Descriptor de la población, riqueza y civilización de un pueblo o país. || **2.** Hombre versado en asuntos de Estado. || **P.** estadista; **I.** statist, statesman; **F.** statisticien; **A.** Staatsmann; **It.** statista; **R.** статистик.

ESTADÍSTICA. (De *estadista.*) f. Ciencia que tiene por objeto el agrupamiento metódico de los hechos sociales que se prestan a una evaluación numérica. || **2.** Estudio de los hechos morales o físicos del mundo que se prestan a numeración o recuento y a comparación de las cifras a ellos referentes. || **P.** estatística; **I.** statistics; **F.** statistique; **A.** Statistik; **It.** statistica; **R.** статистика.

ESTADÍSTICO, CA. adj. Perteneciente a la estadística.

ESTADIZO, ZA. (De *estar.*) adj. Que está mucho tiempo sin moverse.

ESTADO. (l. *stătus.*) m. Situación en que está una persona o cosa, y en especial cada uno de los sucesivos modos de ser de una persona o cosa sujeta a cambios que influyen en su condición. || **2.** Orden, clase, jerarquía y calidad de las personas que componen un reino, una república o un pueblo; como el eclesiástico, el de nobles, el de plebeyos, etc. || **3.** Clase o condición a la cual está sujeta la vida de cada uno. ESTADO *de soltería, de matrimonio, de religión, de miseria, de prosperidad.* || **4.** Cuerpo político de una nación. || **5.** País o dominio de un príncipe o señor de vasallos. || **6.** En el régimen federativo, porción de territorio cuyos habitantes se rigen por leyes propias, aunque sometidos a ciertos asuntos a las decisiones del gobierno general. || **7.** V. *Casa, consejo, golpe, hombre, inquisidor, materia, mayordomo, mesa, prisión, razón, reo, secreto de* ESTADO. || **8.** Medida longitudinal tomada de la estatura regular del hombre, que se ha usado para apreciar alturas o profundidades, y solía regularse en siete pies. || **9.** Medida superficial de 49 pies cuadrados. || **10.** Resumen por partidas generales que resulta de las relaciones hechas por menor, y que ordinariamente se figura en una hoja de papel. ESTADO *de las rentas del vecindario, del ejército.* || **11.** Manutención que acostumbraba dar el rey en ciertos lugares y ocasiones a su comitiva. || **12.** Sitio en que se la servía. || **13.** desus. Casa de comidas que era algo menos plebeya que el bodegón. || **14.** Ministerio de Estado. || **15.** ant. Séquito, corte, acompañamiento. || **16.** ESGR. Disposición y figura en que queda el cuerpo después de haber herido, reparado y desviado la espada del contrario. || **—absoluto.** En los cronómetros o relojes marinos, atraso o adelanto respecto de la hora en el meridiano de comparación. || **—celeste.** ASTROL. El que compete al planeta, según el signo en que se halla, y sus aspectos y configuraciones. || **—civil.** Condición de cada persona en relación con los derechos y obligaciones civiles. || **—común.** Estado general. || **—de alarma.** Situación oficialmente declarada de grave inquietud para el orden público, que implica la suspensión de garantías constitucionales. || **—de guerra.** El de una población en tiempo de guerra, cuando la autoridad civil resigna sus funciones en la autoridad militar. || **2.** El que según ley se equipara al anterior por motivos de orden público, aun sin guerra exterior ni civil. || **—de la inocencia.** Aquel en que Dios crió a nuestros primeros padres en la gracia y justicia original. || **—del reino.** Cualquiera de las clases o brazos de él, que solían tener voto en Cortes. || **—de necesidad.** FOR. Situación de grave peligro o extrema necesidad, en cuyo urgente remedio se excusa o disculpa la infracción de la ley y la lesión económica del derecho ajeno. || **—de prevención.** La primera y menos grave de las situaciones anormales reguladas por la legislación de orden público. || **—de sitio.** Estado de guerra. || **—federal.** El compuesto por estados particulares, cuyos poderes regionales gozan de autonomía y aun de soberanía para su vida interior. || **—general.** Estado llano. || **—honesto.** El de soltera. || **—interesante.** loc. fam. El de la mujer embarazada. || **—llano.** fig. El común de los vecinos de que se compone un pueblo, a excepción de los nobles, los eclesiásticos y los militares. || **—mayor.** MIL. Cuerpo de oficiales encargados en los ejércitos de informar técnicamente a los jefes superiores del ejército, distribuir las órdenes y procurar y vigilar su cumplimiento. || **2.** MIL. Generales y jefes de todos los ramos que componen una división, y punto central donde deben determinarse y vigilarse todas las operaciones de la misma, según las órdenes comunicadas por el estado mayor general y el general comandante de ella. || **3.** MIL. General o gobernador que manda una plaza, teniente de rey, sargento mayor, ayudantes y demás individuos agregados a él. || **—mayor central.** MIL. Organismo superior en el ejército y en la marina. || **—mayor general.** MIL. Conjunto de jefes y oficiales del estado mayor y de los demás cuerpos y servicios auxiliares, que constituyen el cuartel general y la secretaría de campaña del general que ejerce el mando superior sobre las tropas en operaciones. || *Caer uno de su* ESTADO. fr. fig. Perder total o parcialmente el valimiento y conveniencia que tenía. || **2.** fig. y fam. Caer en tierra sin impulso ajeno. || *Causar* ESTADO. fr. Ser definitiva una sentencia, resolución, etc. || **2.** Por ext., tener un hecho efecto decisivo en lo venidero. || *Dar* ESTADO. fr. Colocar el padre de familia, o el que hace sus veces, a los hijos en el estado eclesiástico o en el de matrimonio. || *En* ESTADO *de merecer.* fr. fam. Dícese de la persona que puede aspirar al noviazgo y al casamiento. || *Estar* una cosa *en el* ESTADO *de la inocencia.* fr. fig. y fam. No haberse adelantado nada en ella; hallarse en el mismo ser y estado que al principio. || *Hacer* ESTADO. fr. ant. Dar el rey de comer en mesa común y de balde, o hacer los gastos el tiempo que duraba la jornada en algunos de los sitios reales, a los que eran llamados a ella. || *Mudar* ESTADO. fr. Pasar de un estado a otro; como de secular a eclesiástico, de soltero a casado, etc. || *No estar,* o *no venir, en* ESTADO un pleito. fr. FOR. Faltarle algunos requisitos necesarios para determinada resolución o pretensión. ||

Poner a uno *en* ESTADO. fr. Darle estado. || *Siete* ESTADOS *debajo de tierra.* expr. fig. de que se usa para denotar que una cosa está muy oculta o es difícil de sacar a luz. || **2.** Con los verbos *meter, sepultar,* etc., es una expresión exagerativa con que se intenta amedrentar. || *Tomar* ESTADO. fr. Mudar estado. || **P.** estado; **I.** condition; **F.** état; **A.** Stand, Übersicht; **It.** situazione; **R.** состояние. || 4.ª acep.: **P.** estado; **I.** state; **F.** Etat; **A.** Staat; **It.** stato; **R.** государство.

ESTADOJO. m. AST. y SANT. Estandorio.

ESTADOÑO. m. AST. Estandorjo.

ESTADOUNIDENSE. adj. Natural de los Estados Unidos de América del Norte. Ú.t.c.s. || **2.** Perteneciente o relativo a este país.

ESTAFA. f. Acción y efecto de estafar. || **2.** GERM. Lo que el ladrón da al rufián. || **P.** estafa; **I.** swindling; **F.** escroquerie; **A.** Betrügerei; **It.** truffa; **R.** мошенничество.

ESTAFA. (ital. *staffa,* y éste del ant. alto al. *stapho,* pedal.) f. Estribo, 1.ª acep.

ESTAFADOR, RA. m. y f. Persona que estafa. || **2.** GERM. Rufián que estafa o quita algo al ladrón.

ESTAFAR. tr. Robar a uno valiéndose de engaños. || **2.** FOR. Cometer alguno de los delitos que se caracterizan por el lucro como fin y el engaño o abuso de confianza como medio. || **P.** burlar; **I.** to swindle; **F.** escroquer; **A.** erschwindeln, betrügen; **It.** truffare; **R.** мошенничать.

ESTAFERMO. (ital. *stà fermo,* está firme, sin moverse.) m. Muñeco giratorio al que los corredores, hiriéndole con una lanza, hacían dar vueltas. || **2.** fig. Persona de aspecto fachoso.

ESTAFERO. (De *estafa,* 2.º art.) m. ant. Criado de a pie o mozo de espuelas.

ESTAFETA. (ital. *staffetta.*) f. Correo ordinario que iba a caballo de un lugar a otro. || **2.** Casa u oficina del correo. || **3.** Casa u oficina del correo, donde se entregan las cartas que se envían y se recogen las que vienen de otras partes. || **4.** Correo especial para el servicio diplomático. || **P.** estafeta; **I.** estafet; **F.** estafette; **A.** Stafette; **It.** staffetta; **R.** эстафета.

ESTAFETERO. m. El que cuida la estafeta y hace la distribución de las cartas del correo.

ESTAFETIL. adj. Perteneciente a la estafeta.

ESTAFILOCOCIA. f. MED. Infección producida por estafilococos.

ESTAFILOCOCO. (gr. σταφυλή, racimo, y κόκκος, grano.) m. BOT. Cualquiera de las bacterias de forma redondeada, que se agrupan en racimos.

ESTAFILOMA. (gr. σταφύλωμα.) m. MED. Tumor prominente del globo del ojo.

ESTAFISAGRIA. (l. *staphisagria,* y éste del gr. σταφίς ἀγρία, uva silvestre.) f. Planta ranunculácea, venenosa, de flores en espiga terminal, azules y de cuatro hojas y fruto capsular.

ESTAGIRITA. (l. *stagirītes.*) adj. Natural de Estagira. Ú.t.c.s. || **2.** Perteneciente a esta antigua ciudad de Macedonia, patria de Aristóteles.

* **ESTAJE.** m. C. RICA. Destajo.

ESTAJERO. m. Destajero.

ESTAJISTA. m. Destajista.

ESTAJO. m. Destajo. || **2.** ant. Atajo, 1.ª acep.

ESTALA. (l. *stabŭla,* pl. de *stabŭlum,* de *stāre,* estar.) f. Establo o caballeriza. || **2.** Escala, puerto donde toca una embarcación en su viaje.

ESTALACIÓN. (De *estalo.*) f. Cada una de las categorías en que se dividen los individuos de una comunidad o cuerpo, especialmente en las iglesias catedrales.

ESTALACTITA. (gr. σταλακτίς, -ίδος, que cae gota a gota; de σταλάζω, filtrar, destilar.) f. Concreción pendiente del techo de una caverna, formada por infiltraciones que contienen sales calcáreas, silíceas, etc. || **P.** estalactite; **I.** y **F.** stalactite; **A.** Stalaktit, oberer-Tropfstein; **It.** stalattite; **R.** сталактит.

ESTALAGMITA. (gr. στάλαγμα, -ατος, líquido, filtrado gota a gota.) f. Concreción formada sobre el suelo de una caverna por gotas procedentes de las mismas infiltraciones que forman las estalactitas. || **P.** estalagmite; **I.** y **F.** stalagmite; **A.** Stalagmit, unterer Tropfstein; **It.** stalammite; **R.** сталагмит.

* **ESTALAJE.** (De *estala.*) m. CUBA. Establecimiento nuevo y reducido de agricultura, industria, granjería, etc.

ESTALO. (ital. *stallo,* asiento, y éste del germ. *stall.*) m. ant. Asiento en el coro.

ESTALLANTE. p.a. de estallar. Que estalla.

ESTALLAR. (port. *estalar.*) intr. Henderse o reventar de golpe y con chasquido una cosa. || **2.** Restallar. || **3.** fig. Sobrevenir violentamente alguna cosa. || **4.** fig. Sentir y manifestarse violentamente una pasión del ánimo. || **P.** estalar; **I.** to crack, to explode; **F.** éclater, craquer; **A.** zerknallen; **It.** scoppiare; **R.** взрываться.

ESTALLIDO. (De *estallar.*) m. Acción y efecto de estallar. || *Dar un* ESTALLIDO. fr. Causar ruido extraordinario, al romperse algo con estrépito. || *Estar para dar un* ESTALLIDO. fr. fig. con que se manifiesta el temor de algún daño inminente y grave. || **P.** estalido; **I.** crack, crashing; **F.** éclat, éclatement; **A.** Knall, Krach; **It.** scoppio; **R.** взрыв.

ESTALLO. (De *estallar.*) m. Estallido.

ESTAMBRADO, DA. p.p. de estambrar. || **2.** m. MANCHA. Especie de tejido de estambre.

ESTAMBRAR. tr. Torcer la lana y hacerla estambre.

ESTAMBRE. (l. *stāmen, -ĭnis.*) amb. Ú.m.c.m. Parte del vellón de lana compuesto de hebras o lanas peinadas. || **2.** Hilo formado de estas hebras. || **3.** Urdimbre. || **4.** BOT. Órgano sexual masculino de las plantas fanerógamas. || **—de la vida.** fig. Curso del vivir; la misma vida; ser vital del hombre. || **P.** estambre; **I.** worsted; **F.** laine peignnée; **A.** Wollgarn; **It.** stame, lana pettinata; **R.** шерстяная нить. || 4.ª acep.: **P.** estame; **I.** stamen; **F.** étamine; **A.** Staubfaden; **It.** stame; **R.** тычинка.

ESTAMENTAL. adj. Perteneciente o relativo al estamento.

ESTAMENTO. (b. l. *stamentum,* y éste del l. *stāre,* estar.) m. Cada uno de los cuatro estados; eclesiástico, noble, de los caballeros y de las universidades, que concurrían a las Cortes en la Corona de Aragón. || **2.** Cada uno de los dos cuerpos colegisladores establecidos por el Estatuto Real, que eran el de los próceres y el de los procuradores del reino.

ESTAMEÑA. (l. *staminĕa,* de estambre.) f. Tejido de estambre, generalmente negro, utilizado para hábitos religiosos.

ESTAMEÑETE. m. Especie de estameña ligera.

ESTAMIENTO. (De *estamento.*) m. ant. Estado en que uno se halla y permanece.

ESTAMÍNEO, A. (l. *staminĕus.*) adj. Que es de estambre. || **2.** Perteneciente o relativo al estambre.

ESTAMINÍFERO, RA. (l. *stāmen,* estambre, y *ferre,* llevar.) adj. BOT. Aplícase a las flores que llevan únicamente estambres y a la planta que tienen estas flores.

ESTAMPA. (De *estampar.*) f. Efigie o figura impresa. || **2.** fig. Figura total de una persona o animal. || **3.** fig. Imprenta o impresión. || **4.** Huella. || *Parecer* uno *la* ESTAMPA *de la herejía.* fr. fig. y fam. Ser muy feo, o ir vestido con muy mal gusto. || **P.** gravura; **I.** print; **F.** gravure; **A.** Bild; **It.** stampa; **R.** эстамп, образ.

ESTAMPACIÓN. f. Acción y efecto de estampar.

ESTAMPADO, DA. p.p. de estampar. || **2.** adj. Dícese de los tejidos en que se estampan diferentes labores o dibujos. Ú.t.c.s. || **3.** Dícese del objeto que se fabrica con matriz o molde apropiado mediante presión o percusión. Ú.t.c.s. || **4.** m. Estampación. || 2.ª acep.: **P.** estampado; **I.** textile printing, calico; **F.** toile preinte, indienne; **A.** Zeugdruck, Kattun; **It.** stampato; **R.** штампованный.

ESTAMPADOR. m. El que estampa.

ESTAMPAR. (germ. *stampon,* majar.) tr. Imprimir, sacar en estampas las figuras, dibujos o letras contenidos en un molde. || **2.** Prensar una chapa metálica sobre un molde de acero grabado en hueco obteniendo así un relieve. || **3.** Dejar huella una cosa en otra. || **4.** fam. Arrojar a una persona o cosa haciéndola chocar contra algo. || **5.** fig. Imprimir.

ESTAMPERÍA. f. Oficina en que se estampan láminas. || **2.** Tienda donde se venden estampas.

ESTAMPERO. m. El que hace o vende estampas.

ESTAMPÍA. (De *estampida.*) f. Ú. sólo en la frase *salir de* ESTAMPÍA, que significa hacerlo de repente y de improviso.

ESTAMPIDA. (prov. *estampida,* de *estampir,* y éste del germ. *stampjan.*) f. Estampido. || **2.** COLOM., GUAT., MÉJ. y VENEZ. Carrera rápida e impetuosa. || **3.** AR. Estampidor. || *Dar* ESTAMPIDA. fr. fig. Dar un estallido.

ESTAMPIDO. (De *estampida.*) m. Ruido fuerte y seco como el del disparo de un cañón. || *Dar un* ESTAMPIDO. fr. fig. Dar un estallido. || **P.** estampido; **I.** boom; **F.** éclat, explosion; **A.** Krachen; **It.** scoppio; **R.** выстрел.

ESTAMPIDOR. m. AR. Puntal.

ESTAMPILLA. (d. de *estampa.*) f. Sello que contiene en facsímil la firma y rúbrica de una persona. || **2.** Sello con letrero para estampar en ciertos documentos. || **3.** AMÉR. Sello de correos o fiscal. || **P.** estampilha; **I.** stamp; **F.** estampille; **A.** Stempel; **It.** stampiglia; **R.** печать.

ESTAMPILLADO, DA. p.p. de estampillar. || **2.** Acción y efecto de estampillar.

ESTAMPILLAR. tr. Marcar con estampilla. || **2.** Señalar, marcar con estampilla ciertos títulos de Deuda pública, para distinguirlos entre sus congéneres y aplicarles trato especial.

ESTANCACIÓN. f. Acción y efecto de estancar o estancarse.

ESTANCADO, DA. p.p. de estancar. || **2.** adj. V. *Venta* ESTANCADA.

ESTANCAMIENTO. (De *estancar.*) m. Estancación. || **P.** stagmação; **I.** y **F.** stagnation; **A.** Stockung, Stagniere; **It.** ristagno; **R.** застой.

ESTANCAR. (l. *stagnĭcāre,* frec. de *stagnāre.*) tr. Detener el curso de una cosa. Ú.t.c.r. || **2.** Prohibir la venta libre de una cosa. || **3.** Suspender la marcha de un negocio. || 1.ª y 2.ª aceps.: **P.** estancar, monopolizar; **I.** to stop, to monopolize; **F.** arrêter, monopoliser; **A.** hemmen, stauen, monopolisieren; **It.** ristagnare, monopolizzare; **R.** задерживать.

ESTANCIA. (De *estar.*) f. Mansión, habitación y asiento en un lugar. || **2.** Aposento donde se habita ordinariamente. || **3.** Cada uno de los días que está el enfermo en el hospital y cantidad diaria que devenga. || **4.** Estrofa. || **5.** ARGENT. y CHILE. Hacienda destinada al cultivo y más especialmente a la ganadería. || **6.** CUBA y VENEZ. Casa de campo con huerta y próxima a la ciudad; quinta. || **P.** estância; **I.** stay, sojourn; **F.** séjour; **A.** Aufenthalt; **It.** stanza, soggiorno; **R.** жилище.

ESTANCIERO. m. El propietario de una estancia, o el que cuida de ella.

ESTANCO, CA. (De *estancar.*) adj. MAR. Que no hace aguas por sus costuras. || **2.** m. Prohibición de la venta libre de algunas cosas. || **3.** Sitio donde se venden géneros estancados, especialmente sellos, tabaco y cerillas. || **4.** fig. Depósito, archivo. || **5.** ECUAD. Aguardentería. || **P.** estanco; **I.** stanch; **F.** étanche; **A.** wasserdicht; **It.** stagno; **R.** водонепроницаемый. || 3.ª acep.: **P.** tabacaria; **I.** tabac-shop; **F.** débit de tabac; **A.** Tabakladen; **It.** tabaccheria; **R.** табачная лавка.

ESTANDAROL. m. ant. MAR. Estanterol.

ESTANDARTE. (fr. ant. *estandart,* y éste de *estaindre,* del l. *extendĕre.*) m. Insignia o bandera que usan los cuerpos montados y algunas corporaciones civiles o religiosas. || **—real.** Bandera que se izaba al tope mayor del buque en que se embarcaba una persona real, o a una asta, en el edificio en que se alojaba. || *Alzar,* o *levantar* ESTANDARTE, o ESTANDARTES. fr. fig. Alzar, o levantar, bandera o banderas. || **P.** estandarte; **I.** standard; **F.** étendard; **A.** Fahne; **It.** stendardo; **R.** знамя.

ESTANDORIO. (l. *statōrĭum,* que está derecho.) m. AST. Cada una de las estacas fijas a los lados del carro para sostener los adrales o la carga.

ESTANGURRIA. (De *estrangurria.*)

f. Estranguria. || **2.** Cañoncito o vejiga que suele ponerse para recoger las gotas de la orina el que padece esta enfermedad.

ESTANNÍFERO, RA. (l. *stannum*, estaño, y *ferre*, llevar.) adj. Que contiene estaño u óxido de este metal.

ESTANQUE. (De *estancar.*) m. Receptáculo de agua construido para proveer al riego, criar peces, etc. || **2.** pl. GERM. Silla del caballo. || **P.** reservatório de água; **I.** basin; **F.** bassin, étang; **A.** Wasserbecken, Teich; **It.** stagno; **R.** пруд.

ESTANQUERO. m. El encargado de cuidar de los estanques.

ESTANQUERO, RA. (De *estanco.*) m. y f. Persona encargada de la venta pública de géneros estancados, como tabaco, etcétera.

ESTANQUIDAD. f. Calidad de estanco.

ESTANQUILLERO, RA. m. y f. Estanquero, ra.

ESTANQUILLO. (d. de *estanco.*) m. Estanco, expendeduría de cosas estancadas. || **2.** MÉJ. Mercería o baratillo de poca monta. || **3.** ECUAD. Taberna donde se venden licores y aguardientes.

ESTANTAL. (De *estante.*) m. ALBAÑ. Estribo de pared.

ESTANTALAR. tr. Apuntalar, sostener con estantales.

ESTANTE. (l. *stans, -antis.*) p.a. de estar. Que está presente o permanente en un lugar. || **2.** adj. Aplícase al ganado, en especial lanar, que pasta constantemente dentro del término jurisdiccional en que está amillarado. || **3.** Dícese del ganadero o dueño de este ganado. || **4.** Parado, fijo y permanente en un lugar. || **5.** m. Mueble con anaqueles o entrepaños, y generalmente sin puertas, que sirve para colocar libros, papeles u otras cosas. || **6.** Cada uno de los cuatro pies derechos que sostienen la armadura del batán, en que juegan los mazos. || **7.** Cada uno de los dos pies derechos sobre que se apoya y gira el eje horizontal de un torno. || **8.** MURC. El que en compañía de otros lleva los pasos en las procesiones de Semana Santa. || **9.** AMÉR. Madero incorruptible que hincado en el suelo sirve de sostén al armazón de las casas en las ciudades tropicales. || **10.** MAR. Palo o madero que se ponía sobre las mesas de guarnición para atar en él los aparejos de la nave. Ú.m. en pl. || **P.** armario para livros; **I.** shelf, bookcase; **F.** etagère; **A.** Bücherbrett, Regal; **It.** scaffale; **R.** пребывающий, этажерка.

ESTANTERÍA. f. Juego de estantes o de anaqueles.

ESTANTEROL. (Del m. or. que *estantal.*) m. desus. MURC. Madero que se colocaba como columna en las galeras a popa en la crujía y sobre el cual se afirmaba el tendal.

ESTANTIGUA. (Contracc. de las voces *hueste antigua.*) f. Fantasma o visión que causa pavor. || **2.** fig. y fam. Persona alta y seca, mal vestida.

ESTANTÍO, TÍA. (De *estante.*) adj. Que no tiene curso; detenido o estancado. || **2.** fig. Pausado, tibio, flojo.

ESTANZA. f. ant. Estancia.

ESTAÑADOR. m. El que tiene por oficio estañar.

ESTAÑADURA. f. Acción y efecto de estañar.

ESTAÑAR. (l. *stagnāre*, de *stagnum*, estaño.) tr. Cubrir o bañar con estaño una pieza o vasija de otro metal. || **2.** Soldar una cosa con estaño.

ESTAÑERO. m. El que trabaja en obras de estaño, o las vende.

ESTAÑO. (l. *stannum* y *stagnum*, estaño.) m. Metal blanco, brillante, de estructura cristalina, maleable a la temperatura ordinaria, que al ser frotado despide un olor particular. || **P.** estanho; **I.** tin; **F.** étain; **A.** Zinn; **It.** stagno; **R.** олово.

ESTAÑO. (l. *stagnum.*) m. ant. Laguna.

ESTAQUERO. m. Cada uno de los agujeros hechos en la escalera y varales de los carros y galeras, para meter las estacas. || **2.** MONT. Gamo o ciervo de un año.

ESTAQUILLA. (d. de *estaca.*) f. Espiga de madera o caña para asegurar los tacones del calzado. || **2.** Clavo pequeño de hierro, de figura piramidal y sin cabeza. || **3.** Estaca, clavo largo. || **4.** CHILE. Estaca o palo de los adrales del carro.

ESTAQUILLADOR. (De *estaquillar.*) m. Lezna gruesa y corta.

ESTAQUILLAR. tr. Asegurar una cosa con estaquillas.

ESTAR. (l. *stāre.*) intr. Existir, hallarse, permanecer. Ú.t.c.r. || **2.** Con ciertos verbos reflexivos toma esta forma quitándosela a ellos, y denota grande aproximación a lo que los tales verbos significan. ESTARSE *acabando.* || **3.** Tocar o atañer. || **4.** Refiriéndose a las prendas de vestir, y generalmente seguido de dativo de persona, sentar bien o mal. *Esta chaqueta te* ESTÁ *estrecha.* || **5.** Unido a algunos adjetivos, sentir o tener actualmente la calidad que ellos denotan. ESTAR *contento, serio.* || **6.** Junto con la preposición *a* significa: *a)* Obligarse o estar dispuesto a ejecutar lo que significa el nombre que sigue. ESTAR *a examen. b)* Correr el día del mes que se indica; en este caso suele emplearse la primera persona del plural. ESTAMOS *a quince de agosto.* Al numeral puede substituir el interrogativo *¿a cuántos* ESTAMOS?, que significa: ¿qué día del mes es hoy? *c)* Valer o venderse una cosa a un precio. *Las manzanas* ESTÁN *a siete pesetas.* || **7.** Junto con la preposición *con* denota: *a)* Vivir o avistarse con una persona. *b)* Tener acceso carnal. || **8.** Con la preposición *de*: *a)* Estar ejecutando una cosa o entendiendo en ella. ESTAR *de merienda, de obra. b)* Con algunos nombres substantivos, ejecutar lo que ellos significan, o hallarse en disposición próxima de ello. ESTAR *de viaje.* || **9.** Con la preposición *en: a)* Ser causa o motivo de una cosa. Ú. sólo en tercera persona de singular. *En eso* ESTÁ. *b)* Hablando del coste de alguna cosa, haber costado tanto. *Este traje me* ESTÁ *en cincuenta duros.* || **10.** Junto con la preposición *para* y el infinitivo de algunos verbos, o seguida de algunos substantivos, denota la disposición próxima o determinada de hacer lo que significa el verbo o el substantivo. ESTAR *para morir, no* ESTAR *para bromas.* || **11.** Junto con la preposición *por: a)* No haberse realizado aún, no haberse dejado de realizar, lo que los verbos en infinitivo que le acompañan, significan. ESTAR *por escribir. b)* Hallarse uno casi determinado a hacer alguna cosa. ESTOY *por irme a pescar. c)* Estar a favor de una persona o cosa. ESTOY *por Eduardo.* || **12.** r. Detenerse o tardarse en alguna cosa o en alguna parte. || *Bien* ESTÁ. expr. Está bien. || *¿Dónde* ESTAMOS? loc. a manera de interjección significa la admiración, disgusto o extrañeza que causa lo que se oye o se ve. || ESTÁ *bien.* expr. con que se denota ya aprobación, ya descontento o enojo. || ESTÁN *verdes.* loc. con la cual se zahiere al que aparenta desdeñar lo que no puede obtener. || ESTÁ *que bota.* fr. fam. que se aplica al que está presa de gran indignación. || ESTAR *a juzgado y sentenciado.* fr. FOR. Quedar obligado a oír y consentir la sentencia que se diere. || ESTAR *a la que salta.* fr. fam. Estar siempre dispuesto a aprovechar las ocasiones. || ESTAR *al caer.* fr. fam. Tratándose de horas, estar a punto de sonar la que se indique. ESTÁN *al caer las tres.* Tratándose de sucesos, estar a punto de suceder. ESTÁ *al caer tu ascenso.* || ESTAR *a matar.* fr. fam. Estar muy enemistados dos o más personas. || ESTAR *a oscuras.* fr. fig. y fam. Estar completamente ignorante. || ESTAR uno *a todo.* fr. Tomar sobre sí el cuidado y las resultas de un negocio. || ESTAR uno *bien.* fr. Disfrutar salud o comodidades. || ESTAR *bien* una cosa a uno. fr. Convenirle, serle útil o acomodada: *Aquel oficio le* ESTARÁ *bien a Juanito.* || ESTAR *bien con* uno. fr. Estar bien conceptuado con él; tener buen concepto de él; estar concorde con él. || ESTAR *con* uno. fr. Estar de acuerdo con él. || ESTAR *de más.* fr. fam. Estar de sobra; ser inútil. *Aquí* ESTOY *de más.* || **2.** fr. fam. Estar sin hacer nada. || ESTAR *de ver.* fr. con que se significa el adorno, compostura o curiosidad de una persona o cosa. || ESTAR una cosa *diciéndome cómeme.* fr. fig. y fam. con que se pondera la buena apariencia de un manjar. || ESTAR uno *en* una cosa. fr. Entenderla o estar enterado de ella. || **2.** Creerla, estar persuadido de ella. ESTOY *en que vendrá Luis.* || ESTAR uno *en grande.* fr. Vivir con mucha holgura o gozar mucho predicamento. || **2.** Salirle a uno las cosas a su gusto. || ESTAR *en mí, en ti, en sí.* fr. Estar uno con plena advertencia en lo que dice o hace. || ESTAR uno *en todo.* fr. Atender a un tiempo a muchas cosas sin embarazarse. || ESTARLE a uno *bien empleada* alguna cosa. fr. fam. Merecer la desgracia que le sucede. || ESTAR uno *mal.* fr. No disfrutar conveniencias o comodidades. || ESTAR *mal con* uno. fr. Estar mal conceptuado con él; tener mal concepto de él; estar desavenido con él. || ESTAR, o *no* ESTAR, uno *para* una cosa. fr. fam. Estar en buena o mala disposición para ocuparse de ella. || ESTAR uno *para ello.* fr. fam. Estar en disposición de ejecutar bien una cosa que acostumbra hacer. || ESTAR *por* uno fr. Estar a su favor. || ESTAR una cosa *por ver.* fr. con que se pone en duda su certeza o su ejecución. || ESTARSE *de más.* fr. fam. Estar ocioso. || ESTAR *sobre* uno, o *sobre* un negocio. fr. Instar a uno con frecuencia, o promover un negocio con eficacia. || ESTAR uno *sobre mí, sobre ti, sobre sí.* fr. Estar con serenidad y precaución. || **2.** Tener orgullo y soberbia. || ESTAR *viendo* una cosa. fr. fig. Prever que sucederá. Ú. generalmente en las frases: ESTÁ, o ESTABA, *visto; ¡Lo* ESTABA *viendo!* || ¿ESTÁS? ¿ESTÁIS? *¿*ESTÁ *usted*? exprs. que equivalen a ¿ESTÁS, ESTÁIS, etc., enterado, o enterados? ¿Has, o habéis, comprendido bien? Suele también decirse: ¿ESTAMOS?, en vez de cualquiera de estas formas. || *No* ESTÁN *maduras.* fr. fam. Están verdes. || **P.** estar; **I.** to be; **F.** être; **A.** sein, sich befinden; **It.** èssere, stare; **R.** быть.

ESTARCIDO. (De *estarcir.*) m. Dibujo que resulta en el papel o tela, del picado y pasado por medio del cisquero o brocha. || **P.** estrecido; **I.** stencil; **F.** poncis; **A.** durchgestäubte Zeichnung; **It.** spolverizzo; **R.** тиснёный.

ESTARCIR. (l. *extergēre*, limpiar frotando.) tr. Estampar dibujos pasando una brocha por una chapa en que están previamente recortados. || **P.** estresir; **I.** to stencil; **F.** patronner; **A.** durchbauschen; **It.** spolverare, spolverizzare; **R.** набивать.

ESTARNA. (ital. *starna*, perdiz.) f. Perdiz pardilla.

ESTASIS. (gr. στάσις, detención.) f. MED. Estancamiento de la sangre o de los humores en alguna parte del cuerpo.

ESTATAL. (l. *status*, estado.) adj. Perteneciente o relativo al Estado.

ESTATERA. (l. *statēra.*) f. ant. Peso, balanza.

ESTÁTICA. (gr. στατική, sobrentendiéndose ἐπιστήμη, ciencia.) f. FÍS. Parte de la mecánica que estudia las leyes del equilibrio. || **2.** Conjunto de estas leyes. || **P.** estática; **I.** statics; **F.** statique; **A.** Statik; **It.** stàtica; **R.** статика.

ESTÁTICO, CA. (gr. στατικός, de ἵστημι, dejar fijo.) adj. Perteneciente o relativo a la estática. || **2.** Que permanece en un mismo estado, sin mudanza. || **3.** fig. Que se queda parado de asombro o de emoción.

ESTATISMO. m. Inmovilidad de lo estático.

ESTATISMO. m. Tendencia que exalta la plenitud del poder del Estado en todos los órdenes.

ESTATOCISTO. m. ZOOL. y BIOL. Cavidad revestida de células sensoriales y provistas de uno o más estatolitos que al gravitar sobre aquéllas originan reacciones compensadoras en virtud de las cuales el animal conserva su estabilidad. Existe en los celentéreos, crustáceos y algunos vertebrados.

* **ESTATOR.** (l. *stător*, que detiene.) m. FÍS. En los motores de corriente polifásica, parte fija de la máquina, por oposición a la parte móvil o rotor.

* **ESTATORREACCIÓN.** (De *estator* y *reacción.*) f. FÍS. Forma de propulsión a chorro utilizada en los motores de autorreacción, en los que se produce el proceso termodinámico a presión continua y volumen variable.

* **ESTATORREACTOR.** m. MEC. Motor de propulsión a chorro.

* **ESTATOSCOPIO.** m. FÍS. Barómetro especial que mide hasta las más pequeñas

E variaciones de la presión atmosférica por lo que es usado en la navegación aérea.

ESTATUA. (l. *statŭa*.) f. Figura escultórica de bulto completo que representa principalmente personas del natural o alegóricas. || **—ecuestre.** La que representa una persona a caballo. || *A gran* ESTATUA, *gran basa.* fr. fig. y fam. de que se usa para indicar que a cada cosa debe dársele la importancia que le corresponde. || *Merecer uno una* ESTATUA. fr. de que se usa para ponderar las acciones de una persona. || *Quedarse hecho una* ESTATUA. fr. fig. Quedarse paralizado por el espanto o la sorpresa. || P. estatua; I. y F. statue; A. Statue, Bildsäule; It. statua; R. статуя.

ESTATUAR. tr. Adornar con estatuas.

ESTATUARIA. (l. *statuaría*.) f. Arte de hacer estatuas. || P. estatuária; I. statuary; F. statuaire; A. Bildhauerkunst; It. statuaria; R. скульптура.

ESTATUARIO, RIA. (l. *statuaríus*.) adj. Perteneciente a la estatua. || **2.** Adecuado para una estatua. || **3.** Dícese del mármol propio para hacer estatuas. || **4.** m. El que tiene por oficio hacer estatuas.

ESTATUARIO, RIA. (De *estatuir*.) adj. ant. Estatutario.

ESTATÚDER. (neerl. *stadhouder; de stad*, lugar, y *houder*, teniente.) m. Jefe supremo de las Provincias Unidas en los Países Bajos desde Guillermo el Taciturno hasta 1795. || P. estatuder; I. stadtholder; F. stathouder; A. Statthalter; It. statolder.

ESTATUDERATO. m. Cargo y dignidad de estatúder.

ESTATUIR. (l. *statuĕre*.) tr. Establecer, determinar especialmente lo que debe regir a personas o cosas. || **2.** Demostrar, asentar como verdad una doctrina o un hecho. || P. estatuir; I. to establish; F. statuer; A. bestimmen; It. statuire; R. устанавливать.

ESTATURA. (l. *statŭra*.) f. Altura, medida de una persona desde los pies a la cabeza. || P. estatura; I. stature; F. taille; A. Statur; It. statura; R. рост.

ESTATUTARIO, RIA. adj. Estipulado en los estatutos, referente a ellos.

ESTATUTO. (l. *statūtum*.) m. Norma legal básica para el gobierno de un organismo público o privado. || **2.** Por ext., cualquier ordenamiento eficaz para obligar. || **3.** Ley especial básica para el régimen autónomo de una región dictada por el Estado de que forma parte. || **4.** FOR. En Derecho internacional, régimen jurídico al cual están sometidas las personas o las cosas en relación con la nacionalidad o el territorio. || **—formal.** FOR. Régimen que concierne a las solemnidades de los actos y contratos. || **—personal.** FOR. Régimen jurídico determinado en consideración a la nacionalidad o condición personal del individuo. || **—real.** Ley fundamental del Estado, promulgada en 1834, que rigió en España hasta 1836. || **2.** FOR. Régimen legal determinado en consideración a la naturaleza de las cosas o al territorio en que se hallan enclavadas. || P. estatuto; I. statute; F. statut; A. Statut; It. statuto; R. устав.

ESTAY. (germ. *stag*, tendido.) m. MAR. Cualquiera de los cabos que sujetan la cabeza de un mástil al pie del inmediato. || **—de galope.** MAR. El más alto de todos, que sirve para sujetar la cabeza de los masteleríllos.

ESTE. (anglosajón *east*.) m. Oriente. || **2.** Viento que viene de la parte de oriente. || P. leste; I. east; F. e It. est; A. Ost(en); R. восток.

ESTE, ESTA, ESTO, ESTOS, ESTAS. (l. *iste*, *ista*, *istud*.) Formas de pron. dem. en los tres géneros m., f. y n., y en ambos núms. sing. y pl. Hacen oficios de adjetivos cuando van unidos al nombre; v. gr.: ESTA *vida;* ESTE *libro.* Cuando hacen oficio de substantivo, el m. y el f. se escriben con acento. *Conozco mucho a* ÉSTOS. || ÉSTA designa la población en que está la persona que se dirige a otra por escrito. *Permaneceré en* ÉSTA *dos semanas.* || *En* ÉSTAS *y en* ESTOTRAS, *o En* ÉSTAS *y* ÉSTAS, *o En* ÉSTAS *y las otras.* ms. advs. fams. Entretanto que algo sucede; en el ínterin, mientras esto pasa. || *En esto.* m. adv. Estando en esto, durante esto, en este tiempo. || ÉSTA *y nun-* *ca más*, o *no más.* fr. fam. con que se manifiesta que ha quedado uno escarmentado. || *Por* ÉSTA, o *por* ÉSTAS, *que son cruces.* Especie de juramento que se profiere en son de amenaza al mismo tiempo que se hace una o dos cruces con los dedos pulgar e índice. || *Por* ÉSTAS expr. ant. de amenaza de que usaban los hombres, tomándose las barbas. || adj.: P. este, esta, isto, estes, estas; I. this; F. ce, ci, cet... ci; A. dieser, diese; dieses; It. questo; R. этот, эта, эти.

✶ ESTEAPSINA. f. QUÍM. La lipasa más importante que se halla en el jugo pancreático y es activada por la bilis.

ESTEÁRICO, CA. (gr. στέαρ, sebo.) adj. De estearina.

ESTEARINA. (gr. στέαρ, sebo.) f. QUÍM. Substancia blanca, insípida, fusible a 64,2°, es el componente que da consistencia a los cuerpos grasos. || **2.** Ácido esteárico impuro usado para hacer bujías. || P. estearina; I. stearin; F. stéarine; A. Stearin; It. stearina; R. стеарин.

ESTEATITA. (l. *steatitis*, y éste del gr. στέαρ, στέατος, sebo, grasa sólida.) f. Variedad de talco blanco verdoso, blando y suave, que usan los sastres para hacer señales en las telas. || P., I. e It. esteatite; F. stéatite; A. Specktein; R. жировик.

✶ ESTEATOMA. m. PAT. Acumulación anormal de grasa o de substancia sebácea.

ESTEBA. (l. *stoebe*, y éste del gr. στοιβή.) f. BOT. Hierba gramínea, de hojas ásperas por los bordes y flores verdosas en espiga; es pasto muy apetecido.

ESTEBA. (l. *stipa*, caña.) f. Pértiga gruesa con que se aprietan las sacas de lana unas sobre otras en las embarcaciones.

ESTEBAR. m. Sitio donde se cría mucha esteba, 1.er art.

ESTEBAR. (De *estibar*.) tr. Acomodar y apretar el paño en la caldera para teñirlo.

✶ ESTEFANIO. m. ANAT. Cruce de la sutura coronal y la cresta temporal.

ESTEFANOTE. (De *Stephanotis floribunda*.) m. BOT. VENEZ. Planta apocinácea ornamental.

ESTEGOMÍA. (gr. στέγω, cubrir, y μυῖα, mosca.) f. Mosquito transmisor del espiroqueto que produce en el hombre la fiebre amarilla.

ESTELA. (ital. *stella*, de *stellare*, adornar de estrellas.) f. Rastro que deja tras sí en la superficie del agua la embarcación u otro cuerpo en movimiento o el que deja en el aire un cuerpo luminoso en movimiento. || **2.** Estelaria. || P. sulco (de barco); I. wake, track; F. sillage, houache; A. Kielspur; It. solco; R. след, оставляемый судном.

ESTELA. (l. *stela*, y éste del gr. στήλη.) f. Monumento conmemorativo erigido sobre el suelo en forma de lápida, pedestal o cipo.

ESTELADO. (l. *stellātus*, estrellado.) adj. *Cardo* ESTELADO *corredor*, cierta variedad de cardo.

ESTELAR. (l. *stellāris*.) adj. Sidéreo. || **2.** *Cúmulo* ESTELAR, agrupación de estrellas.

ESTELARIA. (ital. *stellaria*, de *stella*, estrella, por la forma de sus flores.) f. Pie de león. || P. pé-de-leão; I. lady's mantle; F. alchimille; A. Stermiere; It. stellaria; R. одуванчик.

ESTELÍFERO, RA. (l. *stellifĕrus; de stella*, estrella, y *ferre*, llevar.) adj. poét. Estrellado o lleno de estrellas.

ESTELIFORME. adj. De forma de estela.

ESTELIÓN. (l. *stellĭo, -ōnis*.) m. ZOOL. Reptil saurio, que vive en Egipto, en Asia Menor y en algunas islas griegas. || **2.** Piedra que decían hallarse en la cabeza de los sapos viejos y a la que atribuían virtud contra el veneno. || 2.ª acep.: P. estelião; I. toadstone; F. crapaudine, bufonite; A. Knotenstein; It. stellione; R. рептилия.

ESTELIONATO. (l. *stellionātus*.) m. FOR. Fraude que comete el que en un contrato encubre la obligación o carga que pesa sobre la finca, alhaja, etc. || P. estelionato; I. stellionate; F. stellionat; A. Trughandel, It. stellionato; R. подлог.

✶ ESTELITA. f. QUÍM. Aleación ternaria de cromo, volframio y cobalto muy dura e inoxidable, por lo que se emplea mucho en la fabricación de instrumentos quirúrgicos y herramientas diversas.

ESTELO. (l. *stilus*.) m. Columna, poste.

ESTELÓN. m. Estelón, 2.ª acep.

ESTELLÉS, SA. adj. Natural de Estella. || **2.** Perteneciente a esta ciudad de Navarra.

ESTEMA. (l. *stigma*.) m. ant. AR. Pena de mutilación.

ESTEMAR. tr. ant. Imponer la pena de mutilación.

ESTEMPLE. (al. *stempel*.) m. MIN. Ademe.

ESTENDIJARSE. r. ant. Extenderse, estirarse.

ESTENOCARDIA. (gr. στενός, estrecho, y καρδία, corazón.) f. MED. Angina de pecho.

✶ ESTENODO. m. RADIOTEC. Circuito que aprovecha la propiedad d.: resistencia variable de un cristal piezoeléctrico.

ESTENOGRAFÍA. (gr. στενός, estrecho, y γράφω, escribir.) f. Taquigrafía.

ESTENOGRAFIAR. tr. Escribir en estenografía.

ESTENOGRÁFICAMENTE. adv. Por medio de la estenografía.

ESTENOGRÁFICO, CA. adj. Perteneciente o relativo a la estenografía.

ESTENÓGRAFO, FA. m. y f. Persona que sabe o profesa la estenografía.

ESTENORDESTE. m. Punto del horizonte entre el E y el NE, a igual distancia de ambos. || **2.** Viento que sopla de esta parte.

ESTENOSIS. (gr. στενόω, estrechar.) f. Estrechez, estrechamiento.

✶ ESTENOTELÉGRAFO. m. FÍS. Aparato que permite obtener en muy poco tiempo muchas copias de los partes telegráficos sobre el estado del tiempo, de las estaciones meteorológicas.

ESTENTÓREO, A. (l. *stentorĕus*, de *Esténtor*, heraldo del ejército griego en el sitio de Troya, célebre por su voz.) adj. Muy fuerte y retumbante, aplicado al acento o a la voz.

ESTEPA. (ruso *step*.) f. Erial llano y muy extenso, de vegetación herbácea, pobre y discontinua, de tipo xerofítico. || P. estepa; I. y F. steppe; A. Steppe; It. steppa; R. степь.

ESTEPA. (l. *stipes*, ramo.) f. BOT. Nombre de varios arbustos cistáceos, de hojas opuestas, corolas de cinco pétalos y cápsulas de cinco o diez carpelos. || **—blanca.** Estepilla. || **—negra.** Jaguarzo. || **—Juana.** Mata gutífera, de hojas pequeñas, glandulosas, y flores amarillas.

ESTEPAR. m. Lugar o sitio poblado de estepas.

ESTEPARIO, RIA. adj. Propio de las estepas, 1.er art.

ESTEPERO, RA. adj. Que produce estepas. || **2.** m. Sitio en donde se amontonan las estepas en las casas. || **3.** m. y f. Persona que vende estepas.

ESTEPILLA. (De *estepa*, 2.° art.) f. Variedad de estepa, de hojas sentadas blanquecinas, y flores róseas y fruto capsular ovoide.

ESTER. n. p. V. *Libro de* ESTER.

ÉSTER. m. QUÍM. Sal orgánica formada por la substitución del hidrógeno de un ácido orgánico o inorgánico por un radical alcohólico.

ESTERA. (ant. *estuera*, l. *storĕa*.) f. Tejido grueso de esparto, junco, etc., para cubrir el suelo de las habitaciones. || *Cargado de* ESTERAS. loc. fig. y fam. Harto, cansado de aguantar o sufrir. || P. esteira; I. mat; F. natte; A. Matte; It. stuoia; R. цыновка.

ESTERAL. m. p. us. ARGENT. Estero, 2.° art., 2.ª acep.

ESTERAR. tr. Poner tendidas las esteras en el suelo para reparo contra el frío. || **2.** intr. fig. y fam. Vestirse de invierno. Dícese en son de burla aplicándolo al que lo hace antes de tiempo. || P. esteirar; I. to mat; F. natter; A. mit Matten belegen; It. stoiare; R. покрывать цыновками.

✶ ESTERASAS. f. pl. QUÍM. Uno de los grupos de los enzimas hidrolíticos.

ESTERCAR. tr. ant. Estercolar.

✶ ESTERCOBILINA. f. QUÍM. Pigmento que da color a las heces.

ESTERCOLADURA. f. Acción y efecto de estercolar.

ESTERCOLAMIENTO. m. Estercoladura.

ESTERCOLAR. (De *estiércol*.) m. Estercolero, lugar donde se recoge el estiércol.

ESTERCOLAR. (l. *stercorāre*.) tr. Beneficiar las tierras con estiércol. || 2. intr. Expeler las bestias el excremento. || P. estercar; I. to dung; F. fienter, engraisser; A. düngen, misten; It. concimare; R. удобрять.

ESTERCOLERO. m. Mozo que recoge el estiércol. || 2. Lugar donde se recoge el estiércol. || P. estrumeiro; I. dunghill; F. fumier; A. Mistgrube, Düngerhaufen; It. letamaio; R. навозная яма.

ESTERCOLIZO, ZA. adj. Semejante al estiércol o que tiene alguna de sus cualidades.

ESTERCÓREO, A. (l. *stercorĕus*.) adj. Perteneciente a los excrementos.

ESTERCUELO. (De *estercolar*.) m. Operación de echar estiércol en las tierras.

ESTERCULIÁCEO, A. (De *sterculia*, nombre de un género de plantas.) adj. Bot. Dícese de las plantas de la familia de las esterculiáceas. Ú.t.c.s. || 2. f. pl. Bot. Familia de las plantas dicotiledóneas, leñosas o herbáceas, de hojas con estípulas caedizas, flores en inflorescencias y fruto en cápsula o baya.

ESTÉREO. (l. *sterĕon*, y éste del gr. στερεός, sólido.) m. Unidad de medida para leñas; equivale a un metro cúbico.

ESTEREOCOMPARADOR. m. Aparato para determinar el desplazamiento relativo de los cuerpos, valiéndose de la sensación estereoscópica.

★ ESTEREOFÓNICO, CA. adj. En cinematografía sonora, dícese del sistema de grabación que permite la audición como si las voces vinieran de diferentes ángulos.

ESTEREOGRAFÍA. (gr. στερεός, sólido, y γράφω, dibujar.) f. Arte de representar los sólidos en un plano.

ESTEREOGRÁFICO, CA. adj. Perteneciente a la estereografía. || 2. Geom. Dícese de la proyección de la superficie esférica desde un punto de ella sobre un plano perpendicular al diámetro que pasa por dicho punto.

ESTEREÓGRAFO. m. El que profesa o sabe la estereografía.

ESTEREOMETRÍA. (l. *stereometria*, y éste del gr. στερεομετρία.) f. Parte de la geometría que trata de la medida de los sólidos.

ESTEREOMÉTRICO, CA. adj. Perteneciente a la estereometría.

★ ESTEREOMICROSCOPIO. m. Microscopio binocular que da la impresión de relieve cuando se observan con él objetos pequeños.

★ ESTEREOQUÍMICA. f. Quím. Parte de la Química en que se estudia la disposición de los átomos en el espacio para formar las moléculas.

★ ESTEREORRADIÁN. m. Geom. Unidad de medida de ángulos sólidos, equivalente al ángulo sólido con el vértice en el centro de la esfera al que corresponde una porción de la superficie esférica igual al cuadrado del radio de la esfera.

★ ESTEREOSCOPIA. f. Fís. y Fisiol. Sensación de relieve que se produce en la visión binocular normal.

ESTEREOSCÓPICO, CA. adj. Referente al estereoscopio.

ESTEREOSCOPIO. (gr. στερεός, sólido, y σκοπέω, mirar, ver.) m. Instrumento óptico que, por medio de dos imágenes planas de un mismo objeto, tomadas desde dos puntos de vista poco separados entre sí, puestas una al lado de ótra y miradas cada una con un ojo, da la sensación del relieve. || P. estereoscópio; I. stereoscope; F. stéréoscope; A. Stereoskop; It. stereoscopio; R. стереоскоп.

ESTEREOTIPA. f. desus. Estereotipia.

ESTEREOTIPADOR. m. El que estereotipa.

ESTEREOTIPAR. (De *estereotipia*.) tr. Fundir en una plancha, por medio del vaciado, la composición de un molde formado con caracteres movibles. || 2. Imprimir con estas planchas. || P. estereotipar; I. to stereotype; F. stéréotyper; A.

stereotypieren; It. stereotipare; R. стереотипировать.

ESTEREOTIPIA. (gr. στερεός, sólido, y τύπος, molde, modelo.) f. Arte de estereotipar, o de imprimir con planchas estables en lugar de las comunes compuestas de letras sueltas. || 2. Oficina donde se estereotipa. || 3. Máquina de estereotipar. || 4. Repetición involuntaria e intempestiva de un gesto, acción o palabra. || P. estereotipia; I. stereotyping; F. stéréotypie; A. Stereotypie; It. stereotipia; R. стереотипия.

ESTEREOTÍPICO, CA. adj. Perteneciente a la estereotipia.

ESTEREOTOMÍA. (gr. στερεός, duro, sólido, y τομή, talla, sección.) f. Arte de cortar los materiales para su aplicación en la construcción o en las artes.

ESTERERÍA. f. Lugar donde se hacen esteras. || 2. Tienda donde se venden. || P. esteiraria; I. mat-shop; F. natterie; A. Mattenfabrik; It. stuoiaia; R. магазин циновок.

ESTERERO, RA. m. y f. El que tiene por oficio hacer o vender esteras. || P. esteireiro; I. mat-maker; F. nattier; A. Mattenmacher; It. stuoiaio; R. мастер цыновок.

★ ESTERIFICACIÓN. f. Quím. Proceso de formación de un éster por reacción de un ácido orgánico sobre un alcohol.

ESTÉRIL. (l. *sterilis*.) adj. Que no da fruto, o no produce nada. || 2. fig. Dícese del año de cosecha escasa. || 3. m. Min. Parte inútil del subsuelo que se halla interpuesta en el criadero. || P. estéril; I. sterile; F. stérile; A. unfruchtbar; It. stèrile; R. бесплодный.

ESTERILIDAD. (l. *sterilĭtas, -ātis*.) f. Calidad de estéril. || 2. Falta de cosecha. || 3. Med. Falta de la aptitud de fecundar en el macho y de concebir en la hembra. || P. esterilidade; I. sterility; F. stérilité; A. Unfruchtbarkeit; It. sterilità; R. бесплодность.

ESTERILIZACIÓN. f. Acción y efecto de esterilizar.

ESTERILIZADOR, RA. adj. Que esteriliza. || 2. m. Aparato que sirve para esterilizar.

ESTERILIZAR. (l. *sterilis*, estéril.) tr. Hacer estéril. || 2. Med. Destruir los gérmenes patógenos que hay en alguna cosa. || P. esterilizar; I. to sterilize; F. stériliser; A. unfruchtbar machen; It. sterilire; R. стерилизовать.

ESTERILLA. f. dim. de estera. || 2. Galón o trencilla estrecha de hilo de oro o plata. || 3. Pleita estrecha de paja. || 4. Tejido de paja. || 5. Tela rala, especie de cañamazo. || 6. Sal. Encella de pleita. || 7. C. Rica, Chile y Ecuad. Cañamazo, tela de tejido ralo, dispuesta para bordar en ella. || 8. Colom. Especie de carona o sudadero. || 9. Argent. Rejilla para confeccionar asientos. || 10. Chile. Cartulina o cartón calado que se usa para bordados ligeros y pequeños.

ESTERLÍN. m. Bocací.

ESTERLINA. (ingl. *sterling*.) adj. Véase *Libra* esterlina. || P. esterlino; I. pound sterling; F. livre sterling; A. Pfund Sterling; It. sterlina; R. фунт стерлингов.

ESTERNÓN. (gr. στέρνον, de στόρνυμι, extender.) m. Zool. Hueso plano situado en la parte alta anterior del pecho, con el cual se articulan por delante las costillas verdaderas. || 2. Zool. Cada una de las piezas del dermatoesqueleto de los insectos, correspondiente a la región ventral de cada uno de los segmentos del tórax. || P. esterno; I. y F. sternŭm; A. Brustbein; It. sterno; R. грудина.

ESTERO. m. Acción de esterar. || 2. Temporada en que se estera.

ESTERO. (l. *aestuarium*.) m. Terreno inmediato a la orilla de una ría por donde se extienden las aguas en las mareas. || 2. Argent. Terreno bajo pantanoso que abunda en plantas acuáticas. || 3. Chile. Arroyo, riachuelo. || 4. Venez. Aguazal, charca. || 5. Colom. En las costas de Bajo Chocó, canal natural, que enlaza unos con otros ríos de la región.

★ ESTEROL. m. Bioquím. Grupo de alcoholes no saturados de elevado peso molecular que se encuentran en vegetales y animales.

ESTERQUERO. m. Estercolero, 2.ª acep.

ESTERQUILINIO. (l. *sterquilinĭum*.) m. Muladar o sitio donde se juntan inmundicias.

ESTERTOR. (l. *stertĕre*, roncar.) m. Respiración anhelosa, con ronquido sibilante, más propia de los moribundos. || 2. Med. Ruido a que da origen el paso del aire por las vías respiratorias obstruidas por mucosidades. || P. estertor; I. stertor, rattle; F. râle; A. (Todes)Röcheln; It. stertore, ràntolo; R. хрип.

ESTERTOROSO, SA. adj. Que tiene estertor.

★ ESTESIÓMETRO. m. Instrumento para medir la sensibilidad táctil.

ESTESUDESTE. m. Punto del horizonte entre el E y el SE, a igual distancia de ambos. || 2. Viento que sopla de esta parte.

ESTÉTICA. (gr. αἰσθητική, term. f. de -χός, estético.) f. Ciencia que trata de la belleza y de la teoría fundamental y filosófica del arte. || P. estética; I. aesthetics; F. esthétique; A. Aesthetik, Schönheitslehre; It. estètica; R. эстетика.

ESTÉTICAMENTE. adv. De manera estética.

ESTETICISMO. (De *estético*.) m. Amor y culto por la belleza.

ESTÉTICO, CA. (gr. αἰσθητικός, de αἰσθάνομαι, sentir.) adj. Perteneciente o relativo a la estética. || 2. Perteneciente o relativo a la percepción o apreciación de la belleza. || 3. Artístico, bello. || 4. m. Persona dedicada al estudio de la estética. || P. estético; I. esthetic; F. esthétique; A. schöngeistig; It. estètico; R. эстетический.

ESTETOSCOPIA. f. Med. Exploración de los órganos contenidos en lá cavidad del pecho por medio del estetoscopio.

ESTETOSCOPIO. (gr. στῆθος, pecho, y σκοπέω, examinar.) m. Med. Instrumento que sirve para auscultar permitiendo percibir los ruidos normales o anormales del corazón, de la respiración, del intestino, etc.

ESTEVA. (osco *steva*, gemelo del l. *stiva*.) f. Pieza corva y trasera del arado, en la cual apoya la mano el que ara para dirigir la reja y apretarla contra la tierra. || P. esteva; I. plough-handle; F. mancheron; A. Pflugsterz, Grindel; It. stiva; R. рукоятка плуга.

ESTEVADO, DA. adj. Que tiene las piernas torcidas en arco. Ú.t.c.s. || P. cambaio; I. bowlegged; F. cagneux; A. krummbeinig; It. ercolino; R. кривоногий.

ESTEVÓN. m. Esteva.

ESTEZADO, DA. p.p. de estezar. || 2. Correal.

ESTEZAR. (De *tex*.) tr. Curtir las pieles en seco. || 2. And. Poner a uno encendido; cubrirle la piel a golpes. || 3. fig. And. Abusar de uno en punto a dinero.

ESTIAJE. (fr. *étiage*, y éste del l. *aestivaticus*.) m. Caudal mínimo de un río u otra corriente en épocas de sequía. || 2. Período que dura este caudal mínimo.

ESTIBA. (De *estibar*.) f. Atacador, instrumento para atacar los cañones. || 2. Lugar en donde se aprieta la lana en los sacos. || 3. Mar. Colocación conveniente de los pesos de un buque. || 4. Germ. Castigo. || 3.ª acep. P. estiva; I. stowage; F. arrimage; A. Ballast; It. stivaggio; R. банник.

ESTIBADOR. (De *estibar*.) m. Persona que estiba. || 2. Chile. Cargador y descargador de mercancías en los muelles. || 3. Cuba. El encargado de pesar y guardar en los almacenes y embarcar las cajas de azúcar.

★ ESTIBAMINA. f. Quím. Hidruro de antimonio. Es un gas incoloro, venenoso, inestable y de olor repugnante.

ESTIBAR. (l. *stipāre*.) tr. Apretar materiales o cosas sueltas para reducir su volumen. || 2. Germ. Castigar. || 3. Mar. Distribuir convenientemente todos los pesos del buque. || 3.ª acep.: P. estivar; I. to stow; F. arrimer; A. verstauen; It. stivare; R. распределять груз.

ESTIBIA. (l. *stiva*, esteva.) f. Veter. Espibia.

ESTIBINA. (De *estibio*.) f. Mineral de color gris de plomo y brillo metálico in-

E

tenso, formado por la combinación del azufre con el antimonio.

ESTIBIO. (l. *stibĭum*.) m. Antimonio.

★ **ESTICO, CA.** pron. dem. d. de este. Ú. en Ecuador y otros países americanos.

ESTIÉRCOL. (vulg. *estierco*, con la *l* de *estercolar*, del l. *stĕrcus*, *-ŏris*.) m. Excremento de cualquier animal. || 2. Materias orgánicas podridas con que se abonan las tierras. || P. esterco; I. dung, manure; F. fumier, engrais; A. Mist, Dung; It. sterco; R. навоз.

ESTIGIO, GIA. (l. *stygĭus*, y éste del gr. Στύξ, Στυγός.) adj. Aplícase a la laguna Estigia y a lo perteneciente a ella. || 2. fig. y poét. Infernal.

ESTIGMA. (l. *stigma*, y éste del gr. στίγμα, picadura; de στίζω, picar, punzar.) m. Marca o señal en el cuerpo. || 2. TEOL. Llaga impresa milagrosamente en el cuerpo de algunos santos como símbolo de su participación espiritual en la pasión de Cristo. || 3. Marca impresa con hierro candente como pena o como signo de esclavitud. || 4. fig. Señal de infamia o de deshonra. || 5. BOT. Parte del carpelo diferenciado, situada en su extremo libre y destinada a recibir el polen. || 6. Cada uno de los orificios por los cuales comunica con el exterior el sistema respiratorio de los miriópodos, insectos y arácnidos. || 7. MED. Vestigio o signo persistente de una enfermedad congénita o adquirida. || P. estigma; I. stigma, mark; F. stigmate; A. Narbe, Markung; It. stigma; R. клеймо.

★ **ESTIGMATISMO.** m. ÓPT. Ausencia de aberración en un sistema óptico.

ESTIGMATIZADOR, RA. adj. Que estigmatiza. Ú.t.c.s.

ESTIGMATIZAR. (gr. στιγματίζω.) tr. Marcar a uno con hierro candente. || 2. TEOL. Imprimir milagrosamente a una persona las llagas de Cristo. || 3. Afrentar, infamar. || P. estigmatizar; I. to stigmatize; F. stigmatiser; A. stigmatisieren, brandmarken; It. stigmatizzare; R. клеймить.

ESTIL. (l. *stĕrilis*.) adj. ant. Estéril, seco. Ú.c vulgar en Salamanca.

ESTILAR. (De *estilo*.) intr. Usar, acostumbrarse, estar de moda. Ú.t.c.r. || 2. tr. Extender una escritura, despacho, etc., conforme al estilo y formulario que corresponde.

ESTILAR. (l. *stillāre*.) tr. ant. Destilar, gotear. Ú.t.c.intr. Se usa en América, Andalucía y Salamanca.

★ **ESTILBENCENO.** m. QUÍM. Uno de los hidrocarburos aromáticos.

★ **ESTILBENO.** m. QUÍM. Un hidrocarburo aromático.

ESTILBÓN. m. GERM. Borracho.

ESTILETE. (d. de *estilo*.) m. Estilo pequeño. || 2. Púa o punzón. || 3. Puñal de hoja muy estrecha y aguda. || 4. CIR. Tienta formada por una varilla rígida o flexible terminada en una bolita, que se usa para reconocer ciertas heridas. || 3.ª acep.: P. estilete; I. y F. stylet; A. Stilett; It. stiletto; R. стилет.

ESTILICIDIO. (l. *stillicidĭum*.) m. Acto de estar destilando un licor. || 2. Destilación que así mana.

ESTILISTA. com. Escritor que se distingue por lo esmerado y elegante de su estilo. || P. estilista; I. stylist; F. styliste; A. Stilist; It. stilista; R. стилист.

ESTILÍSTICA. f. Estudio del estilo o de la expresión lingüística en general.

ESTILÍSTICO, CA. adj. Perteneciente o relativo al estilo o manera de hablar o escribir.

ESTILITA. (gr. στυλίτης.) adj. Dícese del anacoreta que por mayor austeridad vivía sobre una columna. Ú.t.c.s.

ESTILIZACIÓN. f. Acción y efecto de estilizar.

ESTILIZAR. tr. Conformar a reglas convencionales la representación de un objeto.

ESTILO. (l. *stĭlus*, y éste del gr. στῦλος.) m. Punzón con el cual escribían los antiguos en tablas enceradas. || 2. Gnomon. || 3. Modo, manera, forma. || 4. Uso, costumbre, moda. || 5. Manera de escribir o hablar peculiar de un escritor u orador. || 6. Manera de escribir o de hablar, por lo que respecta a las cualidades accidentales y variables del lenguaje: *Sublime, festivo*. || 7. Carácter especial que

imprime a sus obras el pintor, el escultor, el músico, etc. || 8. BOT. Parte del pistilo que sostiene el estigma. || 9. FOR. Fórmula y método de proceder jurídicamente. || 10. MAR. Punzón sobre el cual se apoya y gira la aguja magnética. || **—antiguo.** CRONOL. El que se usaba en la computación de los años hasta la corrección gregoriana. || **—nuevo.** CRONOL. Modo de computar los años, según la corrección gregoriana. || **—recitativo.** MÚS. El que consiste en cantar recitando. || 11. COLOM. Aparato para preparar la lejía y que consiste en una olla sin fondo, llena de frondas de helecho o de bejuco, con una capa de ceniza, sobre la cual se echa agua que va destilando gota a gota. || 12. URUG. Música y baile típicos. || P. estilo; I. y F. style; A. Stil; It. stile; R. стиль.

ESTILÓBATO. (l. *stylobăta*, y éste del gr. στυλοβάτης.) m. ARQ. Macizo corrido sobre el cual se apoya una columnata. || P. estilóbato; I. y F. stylobate; A. Stylobat; It. stilòbato; R. стилобат.

ESTILOGRÁFICO, CA. (l. *stilus*, del gr. στῦλος, punzón, y γράφω, escribir.) adj. Dícese de la pluma con mango hueco, para depósito de la tinta de donde va bajando paulatinamente a los puntos. || 2. Dícese de lo escrito con esta pluma. || 3. f. Pluma estilográfica. || 3.ª acep.: P. estilográfica; I. fountain pen; F. stylo; A. Füllfeder; It.stilográfica; R.вечная ручка.

★ **ESTILOIDES.** adj. ANAT. Semejante a un estilo. || 2. Dícese de ciertas apófisis largas y delgadas, especialmente la de la parte interior del hueso temporal.

★ **ESTILLA.** f. AR., CUBA, P. RICO y COLOM. Astilla. || 2. Persona aguda y avispada.

★ **ESTILLAZO.** m. P. RICO y COLOM. Astillazo.

ESTIMA. (De *estimar*.) f. Consideración y aprecio que se hace de una persona o cosa. || 2. MAR. Concepto que se forma de la situación del buque por los rumbos y las distancias recorridas. || 3. MAR. Véase *Punto de* ESTIMA. || P. estima; I. esteem; F. estime; A. Achtung, Schätzung; It. stima; R. уважение.

ESTIMABILIDAD. f. Calidad de estimable.

ESTIMABILÍSIMO, MA. adj. sup. de estimable.

ESTIMABLE.(l. *aestimabĭlis*.) adj. Que admite estimación o aprecio. || 2. Digno de aprecio y estima.

ESTIMACIÓN. (l. *aestimatĭo, -ōnis*.) f. Aprecio y valor que se da y en que se tasa una cosa. || 2. Aprecio, consideración, afecto. || **—propia.** Amor propio.

ESTIMADO, DA. p.p. de estimar. || 2. adj. FOR. Dícese de la dote cuya propiedad se transmite al marido, obligado a restituir en su día la cuantía de la estimación.

ESTIMADOR, RA. (l. *aestimātor*.) adj. Que estima. Ú.t.c.s.m.

ESTIMAR. (l. *aestimāre*.) tr. Apreciar, evaluar las cosas. || 2. Por ext., hacer aprecio de una persona o cosa, tenerla en buen concepto. Ú.t.c.r. || 3. Juzgar. || P. estimar; I. to esteem; F. estimer; A. hochachten, wertschätzen; It. stimare; R. ценить.

ESTIMATIVA. (De *estimar*.) f. Facultad del alma racional con que se juzga el aprecio que merecen las cosas. || 2. Instinto.

ESTIMATORIO, RIA. adj. Relativo a la estimación. || 2. FOR. Que fija el precio de una cosa.

ESTIMULACIÓN. m. (l. *stimulatĭo, -ōnis*.) f. ant. Acción y efecto de estimular.

ESTIMULADOR, RA. adj. Que estimula.

ESTIMULANTE. p.a. de estimular. Que estimula. Ú.t.c.s. || 2. m. MED. Agente o medicamento que excita la actividad funcional del organismo.

ESTIMULAR. (l. *stimulāre*.) tr. Aguijonear, picar, punzar. || 2. fig. Excitar vivamente a uno a la ejecución de una cosa; avivar una actividad, función, etc. || P. estimular; I. to stimulate; F. stimuler; A. anreizen, anregen; It. stimolare; R. побуждать.

ESTÍMULO. (l. *stimŭlus*.) m. ant. Aguijada. || 2. fig. Incitamiento para obrar. || 3. FISIOL. Excitación o agente que deter-

mina una reacción en un tejido u órgano. || 4. PSICOL. Todo agente que a través de los sentidos externos o internos determina una reacción de tipo consciente o inconsciente. || P. estímulo; I. stimulus; F. stimulation; A. Ansporn, Anreiz; It. stimolo; R. стимул.

ESTIMULOSO, SA. (l. *stimulōsus*.) adj. ant. Dícese de lo que estimula.

ESTINCO. (De *esquinco*.) m. Lagarto que vive en los arenales del norte de África; es de color amarillento plateado, con siete bandas negras transversas, unos 2 cm de longitud total, sin separación bien determinada entre la cabeza, cuerpo y cola, todo cubierto de escamas planas, patas cortas, con cinco dedos y cola cónica.

ESTÍO. (l. *aestivum tempus*.) m. Estación del año que principia en el solsticio de verano y termina en el equinoccio de otoño. || P. verão; I. summer; F. été; A. Sommer; It. (e)state; R. лето.

ESTIOMENAR. (De *estiómeno*.) tr. MED. Corroer una parte carnosa del cuerpo los humores que fluyen a ella.

ESTIÓMENO. (gr. ἐσθιόμενος, comido.) m. MED. Corrosión de una parte carnosa del cuerpo por los humores que fluyen a ella.

ÉSTIPE. (l. *stipes*.) m. ant. ARQ. Estípite. || 2. BOT. Pie o sustentáculo de un órgano. || 3. Tallo sin ramas terminado en un penacho de hojas.

ESTIPENDIAL. adj. Perteneciente o relativo al estipendio.

ESTIPENDIAR. (l. *stipendiāri*.) tr. Dar estipendio.

ESTIPENDIARIO. (l. *stipendiarĭus*.) m. El que lleva estipendio o sueldo de otro.

ESTIPENDIO. (l. *stipendĭum*.) m. Paga que se da a una persona por su trabajo. || P. estipêndio; I. stipend, pay; F. paie; A. Lohn, Sold; It. stipendio; R. жалованье.

ESTÍPITE. (l. *stipes*, *-ĭtis*, estaca, tronco.) m. ARQ. Pilastra en forma de pirámide truncada con la base motor hacia abajo. || 2. BOT. Tallo largo y no ramificado de algunos árboles como el de las palmeras.

ESTIPTICAR. (De *estíptico*.) tr. MED. Astringir.

ESTIPTICIDAD. f. MED. Calidad de estíptico.

ESTÍPTICO, CA. (l. *stypticus*, y éste del gr. στυπτικός, de στύφω, apretar.) adj. De sabor metálico astringente. || 2. Que padece estreñimiento de vientre. || 3. fig. Estreñido, avaro. || 4. MED. Que tiene virtud de estiptizar.

ESTIPTIQUEZ. f. AMÉR. Estipticidad, estreñimiento.

ESTÍPULA. (l. *stipŭla*, d. de *stipa*.) f. BOT. Cada uno de los apéndices foliáceos filiformes, espinosos o escamosos que tienen algunas hojas en la base del pecíolo.

ESTIPULACIÓN. (l. *stipulatĭo, -ōnis*.) f. Convenio verbal. || 2. FOR. Cláusula. || 3. FOR. Promesa que se hacía y aceptaba de modo verbal.

ESTIPULANTE. p.a. de estipular. Que estipula.

ESTIPULAR. (l. *stipulāre*.) tr. FOR. Hacer contrato verbal; contratar una cosa por medio de estipulación. || 2. Convenir, acordar. || P. estipular; I. to stipulate; F. stipuler; A. stipulieren; It. stipulare; R. условливаться.

ESTIQUE. m. Cincel de boca dentellada.

ESTIQUIRÍN. m. HOND. Buho, 1.ª acep.

ESTIRA. (De *estirar*.) f. Especie de cuchillo de cobre con que los zurradores raen el cuero.

ESTIRACÁCEO, A. (l. *styrăca*, y éste del gr. στύραξ, estoraque.) adj. Dícese de las plantas de la familia de las estiracáceas. Ú.t.c.s. || 2. f. pl. BOT. Familia de plantas dicotiledóneas, árboles o arbustos tropicales, de hojas alternas, flores solitarias o en racimo y fruto casi siempre en baya.

ESTIRADAMENTE. adv. fig. Escasamente. || 2. fig. Con fuerza, con violencia.

ESTIRADO, DA. p.p. de estirar. || 2. adj. fig. Que afecta gravedad y viste con esmero. || 3. fig. Entonado, orgulloso. || 4. fig. Nimiamente económico.

ESTIRAJAR. tr. fam. Estirar.

ESTIRAJÓN. m. fam. Estirón.

ESTIRAMIENTO. m. Acción y efecto de estirar o estirarse.

ESTIRAR. (De *es* y *tirar.*) tr. Alargar una cosa extendiéndola con fuerza para que dé de sí. Ú.t.c.r. || **2.** Planchar ligeramente la ropa. || **3.** fig. Gastar el dinero con parsimonia. || **4.** fig. Alargar, ensanchar un escrito o discurso, una opinión, una jurisdicción. || **5.** r. Desperezarse. || **6.** AMÉR. Matar de un tiro. || **7.** PERÚ. Azotar a un reo. || **8.** PERÚ. Engañar en un trato. || *Mucho* ESTIRAR, *hace hender o quebrar.* ref. que aconseja no ser demasiado exigente. || **P.** estirar; **I.** to stretch; **F.** étirer; **A.** ausstrecken, ausziehen; **It.** stirare; **R.** вытягивать.

ESTIRAZAR. r. fam. Estirar.

ESTIRAZO. m. AR. Especie de narria que se usa en el Pirineo aragonés para arrastrar pesos.

ESTIRÓN. m. Acción de estirar o arrancar con fuerza una cosa. || **2.** Crecimiento en altura. || *Dar uno un* ESTIRÓN. fr. fig. y fam. Crecer mucho en poco tiempo.

ESTIRPE. (l. *stirps, stirpis.*) f. Raíz y tronco de una familia o linaje. || **2.** FOR. En una sucesión hereditaria, conjunto formado por la descendencia de un sujeto. || **P.** estirpe; **I.** stock; **F.** souche lignée; **A.** Stamm, Geschlecht; **It.** stirpe; **R.** род.

ESTIRPIA. f. SANT. Adral.

ESTÍTICO, CA. adj. Estíptico.

ESTITIQUEZ. f. AMÉR. Estiptiquez, estreñimiento.

ESTIVADA. f. Monte o terreno inculto cuya broza se cava y quema para cultivarlo.

ESTIVAL. (ital. *stivale*, bota, y éste del al. *stiefel.*) m. desus. Botín o borceguí de mujer.

ESTIVAL. (l. *aestivālis.*) adj. Perteneciente al estío.

ESTIVO. (ital. *stivale*, bota.) m. GERM. Zapato.

ESTIVO, VA. (l. *aestivus.*) adj. Estival, 2.º art.

ESTIVÓN. (De *estivo*, 1.ᵉʳ art.) m. GERM. Carrera, 1.ᵃ acep.

ESTOCADA. f. Golpe que se tira de punta con la espada o con el estoque. || **2.** Herida que resulta de él. || **P.** estocada; **I.** stoccado; **F.** estocade; **A.** Degenstich; **It.** stoccata; **R.** удар шпагой.

ESTOCADOR. (De *estocar.*) m. ant. Estoqueador.

ESTOCAFÍS. (ingl. *stock fish*, bacalao seco sin sal.) m. Pejepalo.

ESTOCAR. (De *estoque.*) tr. ant. Estoquear.

ESTOFA. (germ. *stopfa*, y éste del l. *stuppa*, estopa.) f. Tejido de labores, por lo común de seda. || **2.** fig. Calidad, clase. *De baja* ESTOFA.

ESTOFADO, DA. p.p. de estofar. || **2.** m. Guiso en el que se condimenta un manjar con aceite, vino o vinagre, ajo, cebolla y diversas especias, puesto todo en crudo y bien tapado. || 2.ᵃ acep.: **P.** estofado; **I.** stew; **F.** etouffée, étuvée; **A.** Gedämpftes, Schmorbraten; **It.** stufato; **R.** штуфадо.

ESTOFADO, DA. p.p. de estofar. || **2.** Aliñado, engalanado, bien dispuesto. || **3.** m. Acción de estofar, 1.ᵉʳ art. || **4.** Adorno resultante de estofar un dorado.

ESTOFADOR, RA. m. y f. Persona que tiene por oficio estofar.

ESTOFAR. (De *estofa.*) tr. Labrar a manera de bordado una tela forrada y acolchada de manera que haga relieve. || **2.** Raer con la punta del garfio el color dado sobre el dorado de la madera para que el oro haga visos. || **3.** Pintar sobre el oro bruñido algunos relieves al temple. || **4.** Dar de blanco a las esculturas en madera que se han de dorar. || **P.** estofar; **I.** to quilt; **F.** broder en application; **A.** sticken, staffieren; **It.** trapuntare; **R.** ткать, вышивать по золотой парче.

ESTOFAR. (l. *extufāre*, del gr. τῦφος, vapor.) tr. Hacer el guiso llamado estofado.

ESTOFO. m. Acción y efecto de estofar lienzos, metales, etc.

ESTOICAMENTE. adv. Con estoicismo.

ESTOICISMO. m. Escuela fundada por Zenón y que se reunía en un pórtico de Atenas. || **2.** Doctrina o secta de los estoicos. || **3.** fig. Fortaleza o dominio

sobre la propia sensibilidad. || **P.** estoicismo; **I.** stoicism; **F.** stoïcisme; **A.** Stoizismus; **It.** stoicismo; **R.** стоицизм.

ESTOICO, CA. (l. *stoĭcus*, y éste del gr. στωϊκός.) adj. Perteneciente al estoicismo. || **2.** Partidario del estoicismo. Ú.t. c.s. || **3.** fig. Que manifiesta indiferencia por el placer y el dolor, que tiene gran entereza ante la desgracia. || **P.** estoico; **I.** stoic, stoical; **F.** stoïcien; **A.** stoisch, Stoiker; **It.** stoico; **R.** стоический.

ESTOL. (l. *stolus*, y éste del gr. στόλος.) m. ant. Acompañamiento o comitiva.

ESTOLA. (l. *stola*, y éste dei gr. στολή, vestido.) f. Vestidura de los griegos y romanos a modo de túnica adornada con una franja que ceñía la cintura y pendía por detrás. || **2.** Ornamento sagrado que consiste en una faja larga de paño adornada de tres cruces, una en medio y dos en los extremos. || **P.** estola; **I.** y **F.** stole; **A.** Stola der Priester; **It.** stola; **R.** туника.

ESTOLIDEZ. (De *estólido.*) f. Falta total de razón y discursos.

ESTÓLIDO, DA. (l. *stolĭdus.*) adj. Falto de razón y discurso. Ú.t.c.s. || **P.** estólido; **I.** stolid; **F.** stupide; **A.** albern; **It.** stòlido; **R.** глупый.

ESTOLÓN. m. aum. de estola. || **2.** Estola muy grande que usa el diácono en las misas de los días feriados de cuaresma.

ESTOLÓN. (l. *stolo*, -ōnis.) m. BOT. Vástago rastrero largo y delgado que a trechos echa raíces que dan origen a nuevas plantas, como en la fresa.

ESTOMA. (gr. στόμα, boca.) m. BOT. Cada una de las aberturas microscópicas del tejido epidérmico de los vegetales superiores, especialmente el de las hojas y partes verdes, por donde se verifica el cambio de gases entre la atmósfera y los espacios intercelulares del parénquima.

ESTOMACAL. (l. *stomăchus*, estómago.) adj. Perteneciente al estómago. || **2.** Que aprovecha al estómago. Ú.t.c.s.m.

ESTOMAGANTE. p.a. de estomagar. Que estomaga.

ESTOMAGAR. (l. *stomachāri.*) tr. Empachar. || **2.** fig. y fam. Causar fastidio o enfado.

ESTÓMAGO. (l. *stomăchus*, y éste del gr. στόμαχος, orificio del estómago.) m. ZOOL. Porción ensanchada del tubo digestivo, situada entre el esófago y el intestino y en cuyas paredes están las glándulas que segregan el jugo gástrico; los alimentos llegan a él por el esófago y pasan al intestino después de haber actuado sobre ellos los fermentos digestivos contenidos en el jugo gástrico. Existe en los gusanos artrópodos, moluscos, procordados y vertebrados. || **2.** V. *Boca del* ESTÓMAGO. || **3.** V. *Empacho de* ESTÓMAGO. || **4.** fig. V. *Sello del* ESTÓMAGO. || —**aventurero.** fig. y fam. Persona que come ordinariamente en mesa ajena. || *Abrazar el* ESTÓMAGO *una cosa.* fr. Recibirla y conservarla bien. || *Asentarse en el* ESTÓMAGO *una cosa.* fr. No digerirse bien. || *De* ESTÓMAGO. loc. fig. y fam. Dícese de la persona constante y de espera. || **2.** fig. Dícese de la persona poco delicada. || *Desconcertarse el* ESTÓMAGO. fr. Perturbarse la digestión. || *Escarbar el* ESTÓMAGO. fr. Padecer cierta desazón o inquietud el estómago con algún ardor que incomoda. || *Hacer buen,* o *mal,* ESTÓMAGO *una cosa.* fr. fig. Causar gusto o desagrado. || *Hacer uno* ESTÓMAGO *a una cosa.* fr. fig. Resolverse a sufrir lo que puede sobrevenir. || *Ladrar el* ESTÓMAGO. fr. fig. y fam. Tener hambre. || *Llevar el* ESTÓMAGO *una cosa.* fr. Sentar bien algunos manjares al estómago. || *No tener uno* nada *en el* ESTÓMAGO. fr. fig. y fam. Ser fácil en revelar y decir lo que se le ha comunicado y confiado. || *Quedar uno* algo *en el* ESTÓMAGO. fr. fig. y fam. No decir todo lo que sabe o siente sobre una materia. || *Relajarse el* ESTÓMAGO. fr. Estragarse o perder sus fuerzas. || *Revolver el* ESTÓMAGO. fr. Removerlo, alterarlo, conmoverlo. || **2.** fig. Causar una cosa aversión, repugnancia o antipatía por innoble, inmoral, etc. || *Tener uno* buen, o *mucho,* ESTÓMAGO. fr. fig. y fam. Sufrir los desaires e injurias que se le hacen sin darse por sentido. || **2.** fr. fig. Ser poco escrupuloso en punto a moralidad. ||

Tener a uno *sentado en el* ESTÓMAGO. fr. fig. y fam. Tener a uno sentado en la boca del estómago. || **P.** estómago; **I.** stomach; **F.** stomac; **A.** Magen; **It.** stòmaco; **R.** желудок.

ESTOMAGUERO. m. Pedazo de bayeta que se pone a los niños sobre el vientre o boca del estómago para el abrigo y reparo, al fajarlos.

★ ESTOMAGUILLO. (d. de *estómago.*) m. CHILE. Carne musculosa que tienen las reses vacunas encima del pecho.

ESTOMATICAL. (De *estomático.*) adj. Estomacal.

ESTOMÁTICO, CA. (l. *stomachĭcus*, y éste del gr. στομαχικός.) adj. ant. Perteneciente al estómago.

ESTOMÁTICO, CA. (gr. στόμα, boca.) adj. Perteneciente a la boca.

ESTOMATICÓN. (De *estomático.*) m. Emplasto que se coloca sobre la región del estómago.

ESTOMATITIS. (gr. στόμα, -ατος, boca, y el suf. -*itis*.) f. MED. Inflamación de la mucosa bucal.

ESTOMATOLOGÍA. (gr. στόμα, -ατος, boca, y λόγος, tratado.) f. MED. Tratado de las enfermedades de la boca, base científica de la odontología.

ESTOMATÓPODO. (gr. στόμα, -ατος, boca, y πούς, ποδός, pie.) adj. ZOOL. Que tiene patas bucales. || m. pl. Orden de crustáceos malacostráceos que tienen cefalotórax pequeño, abdomen grande y fuerte y las branquias sostenidas por los apéndices del abdomen. Miden de 25 a 30 cm de longitud. Abundan en el Mediterráneo. Ú.t. c.s.m.

ESTONCE. (De la prep. l. *ex* y el adv. *tunce*.) adv. ant. Entonces.

ESTONCES. (De *estonce*.) adv. t. ant. Entonces.

ESTONIANO, NA. adj. Estonio.

ESTONIO, NIA. adj. Natural de Estonia. Ú.t.c.s. || **2.** Perteneciente a esta república que se extiende al sur del golfo de Finlandia. || **3.** Lengua hablada por los estonios.

ESTOPA. (l. *stŭppa*.) f. Parte basta del lino o del cáñamo que queda en el rastrillo cuando se peina. || **2.** Tela gruesa tejida con la hilaza de la estopa. || **3.** La rebaba o filamento que aparece en algunas maderas al trabajarlas. || **4.** MAR. Jarcia vieja deshilada que sirve para calafatear. || **P.** estopa; **I.** tow; **F.** étoupe; **A.** Werg, Hede; **It.** stoppa; **R.** пакля.

ESTOPADA. f. Porción de estopa para hilar, para emplastos o para otros usos.

ESTOPEÑO, ÑA. adj. Perteneciente a la estopa. || **2.** Hecho o fabricado de estopa.

ESTOPEROL. (ital. *stoparuolo*.) m. MAR. Clavo corto, de cabeza grande y redonda, que sirve para clavar capas y otras cosas. || **2.** AMÉR. Tachón, tachuela grande dorada o plateada.

ESTOPEROL. (De *estopa*.) m. MAR. Especie de mecha formada de filástica vieja.

ESTOPILLA. (d. de *estopa*.) f. Parte del lino o cáñamo más fina que la estopa. || **2.** Hilado y tela hechos con ella. || **3.** Tela que se fabrica con ese hilado. || **4.** Lienzo o tela semejante a la gasa. || **5.** Tela ordinaria de algodón. || —**de Suiza.** f. Cambray ordinario.

ESTOPÍN. (De *estopa*.) m. ART. Artificio destinado a inflamar la carga de los cañones. || **P.** estopim; **I.** quick-match; **F.** étoupille, étoupin; **A.** Zündschnur; **It.** stoppino; **R.** стопин.

ESTOPÓN. m. Lo más grueso y áspero de la estopa. || **2.** Tejido que se fabrica de este hilado.

ESTOPOR. (ingl. *stopper*, que detiene.) m. MAR. Aparato de hierro para detener la cadena del ancla.

ESTOPOSO, SA. adj. Perteneciente a la estopa. || **2.** fig. Parecido a la estopa. || **3.** CHILE. Fibroso, filamentoso.

ESTOQUE. (al. *stock*, bastón.) m. Espada angosta, con la cual sólo se puede herir de punta. || **2.** Espada angosta, de forma prismática rectangular, que suele llevarse metida en un bastón. || **3.** ÁL. Rejón ancho que se fija en la punta de la aguijada. || **4.** BOT. Planta iridácea de hojas radicales en figura de estoque y flores rojas

E

en espiga terminal. || **—real.** Una de las insignias de los reyes, que en algunas solemnidades se llevaba desnuda delante del monarca. || **P.** estoque; **I.** y **F.** estoc; **A.** Stossdegen; **It.** stocco; **R.** длинная шпага.

ESTOQUEADOR. m. El que estoquea. Dícese especialmente de los toreros que matan los toros con el estoque.

ESTOQUEAR. fr. Herir de punta con la espada o estoque.

ESTOQUEO. (De *estoquear.*) m. Acto de tirar estocadas.

ESTOQUILLO. m. CHILE. Planta ciperácea, con el tallo en forma triangular y que crece en lugares húmedos.

ESTORA. f. Álabe, 2.ª acep.

ESTORAQUE. (l. *styrăca,* y *storax,* y éste del gr. στύραξ.) m. Árbol de la familia de las estiracáceas, de tronco retorcido, hojas alternas, vellosas y blanquecinas por el envés, fruto algo carnoso. De su tronco se obtiene un bálsamo muy oloroso. || 2. Este bálsamo. || **—líquido.** Bálsamo americano, de consistencia pastosa, del cual suele extraerse el ácido cinámico. || **P.** estoraque; **I.** storax-tree; **F.** styrax, storax; **A.** Storaxbaum; **It.** storace.

ESTORBADOR, RA. (l. *exturbător.*) adj. Que estorba.

ESTORBAR. (l. *extŭrbāre.*) tr. Poner obstáculo a la ejecución de una cosa. || 2. fig. Molestar, incomodar. || ESTORBARLE a uno *lo negro.* fr. fig. y fam. No saber leer, o ser poco aficionado a la lectura. || 1.ª y 2.ª aceps.: **P.** estorvar; **I.** to hinder, to trouble; **F.** déranger, entraver; **A.** stören, (ver)-hindern; **It.** disturbare, seccare; **R.** мешать.

ESTORBO. m. Persona o cosa que estorba.

ESTORBOSO, SA. adj. Que estorba. || 2. AR. y LOGR. Dícese del tiempo malo, especialmente del lluvioso.

ESTORCER. (l. *extorquēre.*) tr. ant. Libertar a uno de un peligro o aprieto. Usáb.t.c.intr.

ESTORCIJÓN. (De *estorcer.*) m. ant. Retortijón.

ESTORCIMIENTO. (De *estorcer.*) m. ant. Evasión.

ESTORDECIDO, DA. adj. ant. Estordido.

ESTORDIDO, DA. adj. ant. Aturdido, fuera de sí.

ESTÓRDIGA. f. SAL. Tira de piel que se saca de la pata de una res vacuna para hacer abarcas. || 2. SAL. Faja de tierra larga y estrecha.

ESTORNIJA. (De *es* y *torno.*) f. Anillo de hierro que se pone en el pezón del eje de los carruajes. || 2. Tala, juego de muchachos.

ESTORNINO. (l. *stornus.*) m. Pájaro cantor de cabeza pequeña, pico cónico, cuerpo esbelto con plumaje negro con reflejos metálicos y pintas blancas. Es bastante común en España y se domestica fácilmente. || **P.** estorninho; **I.** starling; **F.** étourneau; **A.** Star; **It.** stornello; **R.** скворец.

ESTORNUDAR. (l. *sternutāre,* frec. de *sternuěre.*) intr. Despedir estrepitosa y violentamente el aire de los pulmones, por una espiración involuntaria y repentina. || **P.** espirrar; **I.** to sneeze; **F.** éternuer; **A.** niesen; **It.** starnutare; **R.** чихать.

ESTORNUDO. m. Acción y efecto de estornudar. || **P.** espirro; **I.** sneezing; **F.** éternuement; **A.** Niesen; **It.** starnuto; **R.** чихание.

ESTORNUTATORIO, RIA. adj. Que provoca a estornudar. Ú.t.c.s.

ESTOTRO, TRA. pron. dem. contracc. de *este, esta,* o *esto,* y *otro* u *otra.*

ESTOVAR. (b. l. *stupha* y *stuba,* hipocausto.) tr. Rehogar.

ESTOZAR. (cat. *tos,* testa.) tr. AR. Desnucar, romper la cerviz. Ú.m.c.r.

ESTOZOLAR. (De *tozuelo.*) tr. AR. y NAV. Estozar. Ú.m.c.r.

ESTRABISMO. (gr. στραβισμός.) m. MED. Desviación de la dirección normal de la mirada de un o, a veces, de ambos ojos, debido generalmente a la defectuosa actuación de los músculos externos del ojo. || **P.** estrabismo; **I.** strabism; **F.** strabisme; **A.** Schielen; **It.** strabismo; **R.** косоглазие.

ESTRABÓN. (l. *strabo, -ōnis,* y éste del gr. στράβων, de στρέφω, volver, torcer.) adj. ant. Bisojo. Usáb.t.c.s.

ESTRABOSIDAD. f. ant. MED. Estrabismo.

ESTRACILLA. (d. de *estraza.*) f. Pedazo pequeño y tosco de algún tejido. || 2. Papel algo más fino que el de estraza.

ESTRADA. (l. *strāta.*) f. Camino o vía por donde se transita. || 2. VIZ. Camino entre dos tapias o setos. || 3. SAL. Tabla sostenida por unas cuerdas, que sirve para poner viandas y otras cosas. || 4. GERM. Sitio donde se sientan las mujeres. || 5. BOL. Porción de terreno gomero en explotación. || 6. BOL. Avenida de árboles gomeros. || **—encubierta.** FORT. Camino cubierto. || *Batir* la ESTRADA. MIL. Reconocer el campo.

ESTRADIOTA. f. Lanza con hierro en ambos extremos, que usaban los estradiotes. || *A la* ESTRADIOTA. m. adv. que indica un modo peculiar de cabalgar.

ESTRADIOTE. (gr. στρατιώτης, soldado.) m. Soldado mercenario de a caballo, procedente de Albania.

* **ESTRADIVARIO.** m. Violín fabricado por el célebre violero italiano del que recibe nombre.

§

ESTRADO. (l. *strātum.*) m. Conjunto de muebles que adornaban las salas en las que las señoras recibían las visitas. || 2. Esta misma sala. || 3. Tarima cubierta con alfombra sobre la cual se pone el trono real o la mesa presidencial en los actos solemnes. || 4. Entablado en que se ponen los panes amasados antes de cocerlos. || 5. pl. Salas de tribunales, donde los jueces oyen y sentencian los pleitos. || 6. FOR. Paraje del edificio en que se administra la justicia, donde se fijan ciertos edictos para conocimiento del público. || *Citar* a uno *para* ESTRADOS. For. Emplazarle mediante edictos, por estar por lo general en rebeldía, para que comparezca ante el tribunal dentro de un plazo señalado. || *Hacer* ESTRADOS. fr. FOR. Dar audiencia los jueces en los tribunales. || 3.ª acep.: **P.** tarima alcatifada; **I.** estrade, dais; **F.** estrade; **A.** Estrade; **It.** strato; **R.** помост.

ESTRAFALARIAMENTE. adv. .fam. De manera estrafalaria.

ESTRAFALARIO, RIA. adj. fam. Desaliñado en el vestido o en el porte. || 2. fig. y fam. Extravagante en el modo de pensar o de obrar. Ú.t.c.s.

ESTRAGADAMENTE. adv. Con desorden y desarreglo.

ESTRAGADOR, RA. adj. Que estraga.

ESTRAGAL. m. SANT. Portal, vestíbulo de una casa.

ESTRAGAMIENTO. (De *estragar.*) m. ant. Estrago. || 2. Desarreglo y corrupción.

ESTRAGAR. tr. Viciar, corromper. Ú.t.c.r. || 2. Causar estrago. || **P.** estragar; **I.** to deprave; **F.** gâter; **A.** verwüsten; **It.** corrompere; **R.** портить.

ESTRAGO. (l. *strages.*) m. Daño hecho en guerra; matanza de gente; destrucción del país o del ejército. || 2. Ruina, daño. || **P.** estrago; **I.** y **F.** ravage; **A.** Verwüstung; **It.** strage; **R.** ущерб.

* **ESTRAGOL.** m. QUÍM. Uno de los éteres aromáticos más importantes. Es insoluble.

ESTRAGÓN. (ár. persa *aṭ-ṭarjun,* y éste del gr. δράκων, dragón; véase *dragoncillo.*) m. BOT. Mata de la familia de las compuestas, con tallos delgados y ramosos, hojas enteras, lanceoladas, y flores en cabezuelas pequeñas, amarillentas. Se usa como condimento.

* **ESTRALLAR.** intr. REP. DOMIN. Estallar, reventar. || 2. REP. DOMIN. Estrellar.

* **ESTRALLÓN.** m. REP. DOMIN. Encontronazo.

* **ESTRAMADOR.** m. MÉJ. Peine para el cabello.

ESTRAMBOTE. (ital. *strambotto.*) m. Conjunto de versos que a veces se añaden al fin de una composición poética, especialmente del soneto.

ESTRAMBÓTICAMENTE. adv. fam. De manera estrambótica.

ESTRAMBÓTICO, CA. adj. fam. Extravagante, sin orden, irregular.

ESTRAMONIO. (l. *stramonĭum.*) m.

BOT. Hierba solanácea, con tallos ramosos, hojas grandes y dentadas; flores grandes, blancas y de un solo pétalo, y fruto como una nuez, espinoso. Toda la planta exhala un fuerte olor. Tanto sus hojas como sus semillas se usan como narcótico y antiespasmódico. || **P.** estramônio; **I.** stramonium; **F.** stramoine; **A.** Stechapfel; **It.** stramonio; **R.** дурман.

ESTRANGOL. (De *estrangular.*) m. VETER. Compresión en la lengua de una caballería causada por el bocado o ramal.

ESTRANGUADERA. f. LEÓN. Cajón que llevan los carros en el arranque de la vara.

ESTRANGUL. m. Lengüeta que se pone en algunos instrumentos de viento.

ESTRANGULACIÓN. (l. *strangulatĭo, -ōnis.*) f. Acción y efecto de estrangular o estrangularse. || 2. Constricción ejercida sobre un órgano, especialmente sobre el cuello para ocasionar la muerte.

ESTRANGULADOR, RA. (l. *strangulātor.*) adj. Que estrangula. Ú.t.c.s.

ESTRANGULAR. (l. *strangulāre.*) tr. Ahogar a una persona o a un animal oprimiéndole el cuello hasta impedir la respiración. Ú.t.c.r. || 2. CIR. Interceptar la comunicación de una parte del cuerpo por medio de presión o ligadura. Ú.t.c.r. || **P.** estrangular; **I.** to strangle; **F.** étrangler; **A.** würgen, erdrosseln; **It.** estrangolare; **R.** душить.

ESTRANGURIA. (l. *stranguria,* y éste del gr. στραγγουρία; de στράγξ, gota, y οὐρέω, orinar.) f. MED. Emisión de la orina gota a gota, con dolor a nivel del esfínter vesical.

ESTRANGURRIA. f. ant. MED. Estanguria.

ESTRAPADA. (ital. *strappata,* y éste del germ. *strap,* tirar.) f. ant. Vuelta de cuerda en el tormento o trampazo.

ESTRAPAJAR. tr. ant. Entrapajar.

ESTRAPALUCIO. m. fam. Estropicio.

* **ESTRAPERLO.** m. neol. fam. Negocio turbio, especialmente operación clandestina y abusiva de compraventa o de mercado negro.

* **ESTRASIJARSE.** r. P. RICO. Enflaquecerse.

ESTRATAGEMA. (l. *strategěma,* y éste del gr. στρατήγημα, de στρατηγέω, mandar un ejército.) f. Ardid de guerra, hecho con astucia y destreza. || 2. fig. Astucia, fingimiento artificioso. || **P.** estratagema; **I.** stratagem; **F.** stratagème; **A.** Kriegslist; **It.** stratagemma; **R.** стратагема.

ESTRATEGA. m. Estratego.

ESTRATEGIA. (l. *strategia,* y éste del gr. στρατηγία, de στρατηγός, general, jefe.) f. Arte de dirigir las operaciones militares. || 2. fig. Arte y maña para dirigir un asunto. || **P.** estratégia; **I.** strategy; **F.** stratégie; **A.** Strategie; **It.** strategia; **R.** стратегия.

ESTRATÉGICAMENTE. adv. Con estrategia.

ESTRATÉGICO, CA. (l. *strategicus,* y éste del gr. στρατηγικός.) adj. Perteneciente a la estrategia. || 2. Que posee el arte de la estrategia. Ú.t.c.s. || **P.** estratégico; **I.** strategic; **F.** stratégique; **A.** strategisch; **It.** stratégico; **R.** стратегический.

ESTRATEGO. (l. *strategus,* y éste del gr. στρατηγός.) m. Persona versada en estrategia.

ESTRATIFICACIÓN. (De *estratificar.*) f. GEOL. Acción y efecto de estratificar o estratificarse. || 2. Disposición de las capas o estratos de un terreno. || **P.** estratificação; **I.** y **F.** stratification; **A.** (Auf)-chichtung; **It.** stratificazione; **R.** наслоение.

ESTRATIFICAR. (l. *strātus,* extendido, y *facěre,* hacer.) tr. GEOL. Formar estratos. Ú.m.c.r.

ESTRATIGRAFÍA. (l. *strātus,* lecho, y del gr. γράφω, describir.) f. GEOL. Parte de la geología que estudia la disposición y caracteres de los estratos y rocas de origen ígneo.

ESTRATIGRÁFICO, CA. adj. GEOL. Perteneciente o relativo a la estratigrafía.

ESTRATO. (l. *strātus,* manta.) m. GEOL. Masa de rocas sedimentarias dispuestas en capas y separadas de sus contiguas por superficies paralelas. || 2. ANAT. Capa o serie de capas, en una parte u órgano. || 3. METEOR. Nube baja que toma la forma de una banda larga y estrecha, paralela al horizonte. || **—cristalino.** GEOL. Terreno que constituye la base de los sedimentos. || **P.** estrato; **I.** stratus; **F.** strate; **A.** Lage, Schicht; **It.** strato; **R.** слой.

* **ESTRATOCÚMULOS.** m. pl. Nubes inferiores en forma de bancos o de techo.

ESTRATOSFERA. (l. *strātus*, extendido, y *sphaera.*) f. METEOR. Región de la atmósfera, superior a la troposfera, y en la cual existe un perfecto equilibrio dinámico y una temperatura casi constante.

ESTRAVE. (fr. *étrave;* en neerl. *steve.*) m. MAR. Remate de la quilla del navío, que va en línea curva hacia la popa.

ESTRAZA. (De *estrazar.*) f. Trapo o desecho de ropa basta. || **2.** V. *Papel de* ESTRAZA. || **P.** trapo; **I.** rag; **F.** chiffon; **A.** Lumpen; **It.** straccio; **R.** тряпка.

ESTRAZAR. (ital. *straziare.*) tr. ant. Despedazar, romper, hacer pedazos.

ESTRAZO. (De *estrazar.*) m. ant. Andrajo, pedazo arrancado de un vestido o ropa.

ESTRECHADURA. (De *estrechar.*) f. ant. Estrechamiento.

ESTRECHAMENTE. adv. Con estrechez. || **2.** fig. Exacta y puntualmente. || **3.** fig. Fuertemente, rigurosamente, con toda eficacia. || **4.** Con cercano parentesco, con íntima relación.

ESTRECHAMIENTO. m. Acción y efecto de estrechar o estrecharse.

ESTRECHAR. (De *estrecho.*) tr. Reducir a menor ancho o espacio una cosa. || **2.** fig. Apretar, reducir a estrechez. || **3.** fig. Precisar a uno, contra su voluntad, a que haga o diga alguna cosa. || **4.** r. Ceñirse, apretarse. || **5.** fig. Cercenar uno el gasto, la habitación, etc. || **6.** fig. Unirse una persona a otra en amistad o parentesco. || ESTRECHARSE uno *con* otro. fr. fig. Hablarle con amistad y persuadirle a que haga lo que le pide. || **P.** estreitar; **I.** to narrow; **F.** étrécir, resserrer; **A.** ein-, verengen; **It.** stringere; **R.** резывать, ускимать.

ESTRECHEZ. (De *estrecho.*) f. Escasez de anchura de alguna cosa. || **2.** Escasez de tiempo. || **3.** Unión o enlace estrecho de una cosa con otra. || **4.** fig. Amistad íntima. || **5.** Escasez notable; falta de lo más necesario para subsistir. || **6.** fig. Recogimiento y austeridad de vida. || **7.** Aprieto, apuro. *Hallarse en gran* ESTRECHEZ. || **8.** MED. Disminución anormal del calibre de un conducto natural. || **P.** estreiteza; **I.** narrowness; **F.** étroitesse; **A.** Enge; **It.** strettezza; **R.** узость.

ESTRECHEZA. f. ant. Estrechez.

ESTRECHÍA. (De *estrecho.*) f. ant. Estrechez.

ESTRECHO, CHA. (l. *strictus.*) adj. Que tiene poca anchura. || **2.** Ajustado, apretado. || **3.** fig. Miserable, tacaño, mezquino. || **4.** Dícese del parentesco cercano y de la amistad íntima. || **5.** fig. Rígido, austero. || **6.** fig. Estrechez, necesidad. || **7.** GEOGR. Paso angosto en el mar comprendido entre dos tierras. || *Al* ESTRECHO. m. adv. A la fuerza. || *Poner* a uno *en* ESTRECHO *de hacer* una cosa. fr. Ponerle en ocasión forzosa para que lo haga. || **P.** estreito; **I.** narrow; **F.** étroit, rétréci; **A.** eng; **It.** stretto; **R.** узкий.

ESTRECHÓN. m. MAR. Socollada.

ESTRECHURA. (De *estrecho.*) f. Estrechez o angostura de un paso o terreno. || **2.** Estrechez, intimidad, vida austera.

ESTREGADERA. (De *estregar.*) f. Cepillo de cerdas cortas y espesas.

ESTREGADERO. m. Sitio o lugar donde los animales se suelen estregar; como peñas, árboles, etc. || **2.** Paraje donde estriegan y lavan la ropa.

ESTREGADURA. f. Acción y efecto de estregar o estregarse.

ESTREGAMIENTO. m. Estregadura.

ESTREGAR. (l. *striga*, de *stringĕre*, rozar.) tr. Frotar, pasar con fuerza una cosa sobre otra. Ú.t.c.r. || **P.** esfregar; **I.** to rub; **F.** frotter; **A.** reiben, scheuern; **It.** stropicciare; **R.** тереть.

ESTREGÓN. (De *estregar.*) m. Roce fuerte, refregón.

ESTRELLA. (l. *stella.*) f. Cualquier astro a excepción de la Luna y el Sol. || **2.** Especie de lienzo. || **3.** Lunar de pelos blancos que tienen algunas caballerías en medio de la frente. || **4.** Figura con que se representan convencionalmente una estrella. || **5.** fig. Signo, hado, destino. || **6.** fig. Persona que sobresale en su profesión por sus dotes excepcionales. || **7.** CUBA y CHILE. Cometa con figura de estrella con que juegan los niños. || **8.** ASTRON. Estrella fija. || **9.** FORT. Fuerte en figura de estrella. || **10.** GERM. Iglesia. || **11.** pl. Pasta de sopa en figura de estrellas. || ESTRELLA *binaria.* ASTRON. Estrella doble. || **—del Norte.** ASTRON. Estrella polar. || **—de mar.** Estrellamar. || **—de rabo.** Cometa, 1.ª acep. || **—doble.** ASTRON. Sistema de dos estrellas enlazadas por la gravitación universal. || **—errante** o **errática.** Planeta. || **—fija.** ASTRON. Cada una de las que parecen guardar siempre la misma distancia sensible entre sí y tienen luz propia. || **—fugaz.** Cuerpo luminoso que suele verse repentinamente en la atmósfera y se mueve a gran velocidad, apagándose pronto. || **—múltiple.** ASTRON. Sistema de más de tres estrellas enlazadas por la gravitación universal. || **—nova.** ASTRON. Estrella temporaria. || **—Polar.** ASTRON. La que está en el extremo de la lanza de la Osa Menor. || **—temporaria.** ASTRON. La que repentinamente adquiere un brillo superior al ordinario durante cierto tiempo. || **—triple.** ASTRON. Sistema de tres estrellas enlazadas por la gravitación universal. || **—variable.** ASTRON. La que aumenta y disminuye de claridad periódicamente. || *Campar* uno *con* su ESTRELLA. fr. fig. Ser feliz. || *Con* ESTRELLAS. m. adv. Poco después de anochecer o antes de amanecer. || *Levantarse* uno *a las* ESTRELLAS. fr. fig. Ensoberbecerse, irritarse. || *Levantarse* uno *con las* ESTRELLAS. fr. fig. Madrugar mucho. || *Nacer* uno *con* ESTRELLA. fr. fig. Tener estrella. || *Poner* uno *por*, o *sobre las* ESTRELLAS a una persona o cosa. fr. fig. Ponderarla con exceso. || *Querer* uno *contar las* ESTRELLAS. fr. fig. y fam. Querer hacer una cosa muy difícil. || *Tener* uno ESTRELLA. fr. fig. Ser dichoso y atraerse la simpatía de las gentes. || *Tomar la* ESTRELLA. fr. MAR. Tomar la altura del polo. || *Unos nacen con* ESTRELLA *y otros estrellados.* fr. proverb. con que se explica la distinta suerte de las personas. || *Ver* uno *las* ESTRELLAS. fr. fig. y fam. Sentir vivo dolor físico, especialmente a causa de un golpe en la cabeza. || **P.** estrela; **I.** star; **F.** étoile; **A.** Stern; **It.** stella; **R.** звезда.

ESTRELLADA. (De *estrella.*) f. Amelo.

ESTRELLADERA. f. p. us. Utensilio de cocina a modo de espumadera plana.

ESTRELLADERO. (De *estrellar.*) m. Instrumento de hierro o de cobre usado por los reposteros a manera de sartén plana, con varias divisiones capaces de caber dos yemas.

ESTRELLADO, DA. p.p. de estrellar. || **2.** adj. De forma de estrella. || **3.** Dícese del animal que tiene una estrella en la frente. || **4.** *Huevo* ESTRELLADO, huevo frito.

ESTRELLAMAR. (De *estrella de mar.*) f. Animal equinodermo de forma de estrella, generalmente de cinco puntas y con dermatoesqueleto formado por placas calcáreas. Vive en el fondo del mar. || **2.** BOT. Hierba plantaginácea, especie de llantén, del que se diferencia por ser las hojas más estrechas, dentadas, y extenderse circularmente sobre la tierra a manera de estrella.

ESTRELLAMIENTO. m. ant. Conjunto de estrellas o porción de cielo correspondiente a un punto o región del globo.

ESTRELLAR. (l. *stellāris.*) adj. Perteneciente a las estrellas.

ESTRELLAR. (De *estrella.*) tr. Sembrar o llenar de estrellas. Ú.m.c.r. || **2.** fam. Hacer pedazos una cosa arrojándola con violencia contra otra. Ú.t.c.r. || **3.** Dicho de los huevos, freirlos. || **4.** Quedar malparado o matarse por efecto de un choque violento. || **5.** fig. Fracasar en un intento por tropezar obstáculos insuperables. || ESTRELLARSE uno *con* otro. fr. fig. Contradecirle oponiéndosele con descomedimiento. || 2.ª acep.: **P.** estrelar; **I.** to shatter; **F.** briser; **A.** zerschellen; **It.** fracassare; **R.** бросать обо что-л., разбивать.

* **ESTRELLATO.** m. AMÉR. Condición de haber alcanzado ser estrella del cine. || **2.** Conjunto de artistas de la pantalla que han alcanzado la categoría de estrellas.

ESTRELLERA. f. MAR. Aparejo real.

ESTRELLERÍA. (De *estrellarse.*) f. Astrología.

ESTRELLERO, RA. (De *estrella.*) adj. Dícese del caballo o yegua que despapa o levanta mucho la cabeza.

ESTRELLÓN. m. aum. de estrella. || **2.** Fuego artificial en figura de una estrella grande. || **3.** Figura de estrella muy grande que se coloca en lo alto de un altar. || **4.** CHILE y HOND. Choque, encontrón.

ESTRELLUELA. f. d. de estrella. || **2.** Rodajita con puntas en que rematan las espuelas y espolines.

ESTREMECEDOR, RA. adj. Que estremece.

ESTREMECER. (l. *ex* y *tremiscĕre*, incoat. de *tremĕre*, temblar.) tr. Conmover, hacer temblar. || **2.** fig. Ocasionar alteración o sobresalto en el ánimo una causa imprevista y extraordinaria. || **3.** r. Temblar repentinamente. || **4.** Sentir un repentino sobresalto. || 3.ª acep.: **P.** estremecer; **I.** to shudder; **F.** tressaillir; **A.** erzittern, erbeben; **It.** trasalire; **R.** сотрясать.

ESTREMECIMIENTO. m. Acción y efecto de estremecer o estremecerse.

ESTREMEZO. (De *estremecer.*) m. AR. Estremecimiento.

ESTREMEZÓN. m. COLOM. Estremecimiento. || **2.** BAD. Escalofrío.

ESTREMULOSO, SA. (De *es* y *tremuloso.*) adj. ant. Trémulo, temeroso, asombrado y tembloroso.

ESTRENA. (l. *strena.*) f. Dádiva, regalo hecho en señal de felicidad o beneficio recibido.

ESTRENAR. (De *estrena.*) tr. Hacer uso por primera vez de una cosa. || **2.** Representar por primera vez una comedia, película u otro espectáculo. || **3.** r. Empezar uno a desempeñar un empleo u oficio. || **4.** Hacer un vendedor la primera transacción de cada día. || 2.ª acep.: **P.** estrear; **I.** to handsel; **F.** étrenner; **A.** aufführen; **It.** fare la prima; **R.** давать премьеру.

* **ESTRENGITA.** f. MINERAL. Fosfato de hierro hidratado que se presenta en agregados de color carmín y lustre vítreo.

ESTRENO. m. Acción y efecto de estrenar o estrenarse. || **P.** estreia; **I.** handsel; **F.** début; **A.** Debüt; **It.** prima; **R.** премьера.

ESTRENQUE. (De *estrinque.*) m. Maroma gruesa hecha de esparto. || **2.** AR. Cadena de hierro que se engancha a las ruedas para que tiren de ella las bestias cuando el carro está atascado.

ESTRENUIDAD. (l. *strenuĭtas, -ātis.*) f. Calidad de estrenuo.

ESTRENUO, NUA. (l. *strenŭus.*) adj. Fuerte, ágil, valeroso, esforzado.

ESTREÑIDO, DA. p.p. de estreñir. || **2.** adj. Que padece estreñimiento. || **3.** fig. Miserable, avaro, mezquino.

ESTREÑIMIENTO. m. Acción y efecto de estreñir o estreñirse. || **P.** obstipação; **I.** y **F.** constipation; **A.** Verstopfung, Hartleibigkeit; **It.** stitichezza; **R.** запор.

ESTREÑIR. (l. *stringĕre*, apretar, comprimir.) tr. Poner el vientre en condiciones de no poder evacuarse. Ú.t.c.r.

ESTREPADA. (prov. *estrepar*, y éste de la raíz germ. *strap*, tirar.) f. Esfuerzo hecho al tirar de un cabo, cadena, etc., particularmente el esfuerzo reunido de diversos operarios. || **2.** MAR. Esfuerzo que para bogar hace cada remero, y el de todos a la vez. || **3.** MAR. Arrancada.

ESTRÉPITO. (l. *strepĭtus.*) m. Ruido considerable, estruendo. || **2.** fig. Obstentación y aparato en la realización de algo. || *Sin* ESTRÉPITO *ni figura de juicio.* loc. FOR. Sin las formalidades de derecho, sumarísimamente. || **P.** estrépito; **I.** crasch, noisiness; **F.** fracas; **A.** Heidenlärm, Getöse; **It.** strèpito; **R.** грохот.

ESTREPITOSAMENTE. adv. Con estrépito.

ESTREPITOSO, SA. adj. Que causa estrépito.

* **ESTREPTOBACILO.** m. MICROBIOL. Bacilos que se presentan en forma de cadenas de bastoncillos.

E

ESTREPTOCOCIA. f. MED. Infección producida por los estreptococos.

ESTREPTOCÓCICO, CA. adj. MED. Perteneciente o relativo a la estreptococia.

ESTREPTOCOCO. (gr. στρεπτός, trenzado, y κόκκος, grano.) m. BOT. Variedad de bacterias patógenas que se presentan asociadas en cadena.

ESTREPTOMICINA. (gr. στρεπτός, trenzado, y μύκη, hongo.) f. MED. Antibiótico soluble en agua, obtenido del cultivo del *Streptomyces griseus*. Se emplea contra la tuberculosis, la gripe, ciertas formas de meningitis, etc.

★ **ESTREPTRICINA.** f. MED. Antibiótico muy activo contra ciertas bacterias y más tóxico que la estreptomicina.

ESTRÍA. (l. *stría*.) f. AR. Mediacaña en hueco, que se suele labrar en algunas columnas o pilastras de arriba abajo. ‖ 2. Por ext., cada una de las rayas en hueco que suelen tener algunos cuerpos. ‖ P. estria; I. flute; F. cannelure, strie; A. Riefe, Rinne; It. stria, scanalatura; R. каннелюра.

ESTRIACIÓN. f. ZOOL. Conjunto de rayas o estrías transversales que tienen las fibras musculares de los artrópodos, y las que forman parte del miocardio y de los músculos de contracción voluntaria de los vertebrados.

ESTRIAR. (l. *striare*.) tr. ARQ. Formar estrías en una cosa. ‖ 2. r. Salir acanalada una cosa o formar estrías.

ESTRIBACIÓN. (De *estribar*.) f. GEOGR. Estribo.

ESTRIBADERO. m. Parte donde estriba o se asegura una cosa.

ESTRIBADOR, RA. adj. ant. Que estriba y se afirma en una cosa.

ESTRIBADURA. f. ant. Acción de estribar.

ESTRIBAR. (De *estribo*.) intr. Descansar el peso de una cosa en otra sólida y firme. ‖ 2. fig. Fundarse, apoyarse. ‖ P. estribar; I. to rest; F. appuyer; A. stützen; It. appoggiare; R. опираться.

ESTRIBERA. (De *estribar*.) f. Estribo. ‖ 2. AR. y SAL. Trabilla del peal que se sujeta al pie. ‖ 3. AR. y SAL. Peal, media sin pie sujeta con una trabilla. ‖ 4. ARGENT. Ación.

ESTRIBERÍA. f. Taller donde se hacen estribos. ‖ 2. Sitio donde se guardan.

★ **ESTRIBERO.** (De *estribo*.) m. ECUAD. El que sirve al jinete yendo él a pie.

ESTRIBERÓN. m. aum. de estribera. ‖ 2. Resalto colocado a trechos sobre el suelo en un paso difícil. ‖ 3. MIL. Paso firme hecho con piedras, zarzas o armazón de madera.

ESTRIBILLO. (d. de *estribo*.) m. Expresión o cláusula con que empiezan algunas composiciones líricas, o que se repite después de cada estrofa. ‖ 2. Bordón, palabra o frase empleada viciosamente y con mucha frecuencia. ‖ P. estribilho; I. refrain; F. refrain, ritournelle; A. Kehrreim, Rafrain; It. ritornello; R. припев.

ESTRIBO. (alto al. *streban*, apoyarse.) m. Pieza pendiente de la ación, y en que el jinete apoya el pie. ‖ 2. Especie de escalón que sirve para subir o bajar de los carruajes. ‖ 3. Chapa de hierro doblada en ángulo recto por sus dos extremos, que sirve a modo de grapa o abrazadera. ‖ 4. Hierro pequeño, en figura de sortija, que se fija en la cabeza de la ballesta. ‖ 5. fig. Apoyo, fundamento. ‖ 6. GERM. Criado, sirviente. ‖ 7. ARQ. Macizo de fábrica, que sirve para sostener una bóveda y contrarrestar su empuje. ‖ 8. ARQ. Contrafuerte. ‖ 9. CARP. Madero colocado horizontalmente sobre los tirantes, y en el que se embarbillan los pares de una armadura. ‖ 10. GEOGR. Ramal corto de montañas que se desprende de una córdillera. ‖ 11. ANAT. Uno de los huesecillos del oído medio. ‖ —vaquero. El de madera y hierro, a veces revestido de cuero, que cubre todo el pie. ‖ Andar, o estar, uno sobre los ESTRIBOS. fr. fig. Obrar con precaución. ‖ Perder uno los ESTRIBOS. fr. Salírsele involuntariamente los pies de los estribos. ‖ 2. fig. Desbarrar, disparatar. ‖ 3. fig. Impacientarse mucho. ‖ Perder uno los ESTRIBOS de la paciencia. fr. fig. Perder los estribos, 3.ª acep. ‖ P. estribo; I. stirrup; F. étrier; A. Steigbügel; It. staffa; R. подножка, стремя.

ESTRIBOR. (danés *styrbord*.) m. MAR. Costado derecho del navío mirando de popa a proa. ‖ P. estibordo; I. starboard; F. tribord; A. Steuerbord; It. tribordo; R. штирборт.

ESTRIBOTE. m. Composición poética antigua en estrofas con estribillo.

ESTRICARSE. (l. *extricāre*.) r. ant. Desenvolverse.

ESTRICIA. (De un deriv. del l. *strictus*, apretado, estrecho.) f. ant. Extremo, estrecho, conflicto.

ESTRICNINA. (gr. στρύχνος, nombre de diversas plantas, casi todas venenosas.) f. QUÍM. Alcaloide cristalino, muy venenoso, que se extrae de la nuez vómica y de otras plantas. Se emplea en medicina como estimulante. ‖ P. estricnina; I. y F. strychnine; A. Strychnin; It. stricnina; R. стрихнин.

ESTRICOTE. m. VENEZ. Vida disoluta y licenciosa.

ESTRICOTE (AL). m. adv. Al retortero o a mal traer.

ESTRICTAMENTE. adv. Precisamente; en todo rigor de derecho.

ESTRICTEZ. ARGENT., CHILE y PERÚ. Calidad de estricto, rigurosidad.

ESTRICTO, TA. (l. *strictus*, p.p. de *stringĕre*, apretar, comprimir.) adj. Estrecho, ajustado enteramente a la necesidad o a la ley. ‖ P. estrito; I. y F. strict; A. streng; It. stretto; R. точный.

ESTRIDENCIA. f. Estridor.

ESTRIDENTE. (l. *stridens, -entis.*) adj. Aplícase al sonido agudo, desapacible y chirriante. ‖ 2. poét. Que causa ruido y estruendo. ‖ P. estridente; I. strident; F. strident; A. schrill; It. stridente; R. пронзительный.

ESTRIDOR. (l. *stridor*.) m. Sonido agudo, desapacible y chirriante. ‖ P. estridor; I. stridor; F. strideur; A. Schrillheit; It. stridore; R. резкий звук.

★ **ESTRIDULANTE.** (l. *stridulus*.) adj. Que produce un sonido agudo, estridente. ‖ 2. Dícese del sonido que producen algunos insectos frotando una contra otra dos partes acanaladas o rugosas de sus élitros.

ESTRIDULAR. intr. Producir estridor, rechinar, chirriar.

ESTRIGA. (l. *striga*.) f. GAL. Copo o porción de lino que se pone de cada vez en la rueca para hilarlo.

ESTRIGE. (l. *striges*, y éste del gr. στρίγξ.) f. Lechuza.

ESTRÍGIL. (l. *strigilis*.) m. ant. Riel.

★ **ESTRILAR.** intr. ARGENT. Irritarse.

ESTRILLAR. (l. *strigilāre*, raspar, rascar.) tr. ant. Restregar, rascar o limpiar con la almohaza los caballos y otras bestias.

ESTRINGA. (l. *stringĕre*, apretar.) f. ant. Agujeta.

ESTRINQUE. (ingl. *string*, cuerda.) m. MAR. Estrenque, 1.ª acep. ‖ 2. ALBAC. y AR. Estrenque, 2.ª acep. ‖ 3. PAL. Cada una de las argollas que llevan las varas del carro para enganchar la caballería.

★ **ESTRIOL.** m. QUÍM. Hormona sexual estrógena de gran influencia sobre el carácter femenino.

★ **ESTRIPAZÓN.** f. AMÉR. CENTRAL. Apretura; destrozo.

ESTRO. (l. *oestrus*, y éste del gr. οἶστρος, tábano, aguijón.) m. Ardoroso y eficaz estímulo con que se inflaman los poetas y artistas al componer sus obras. ‖ 2. VETER. Período de celo o ardor sexual de los mamíferos. ‖ 3. ZOOL. Moscardón. ‖ P. e It. estro; I. inspiration; F. estre; A. dichterische Begeisterung; R. поэтическое вдохновение.

ESTRÓBILO. (l. *strobilus*, y éste del gr. στρόβιλος, piña.) m. BOT. Inflorescencia o infrutescencia formada por un agregado de carpelos abiertos, imbricados, como el de las coníferas.

ESTROBO. (l. *strophus*, y éste del gr. στρόφος, lazo de cuerda.) m. MAR. Pedazo de cabo, que sirve para sujetar el remo al tolete.

ESTROFA. (l. *strŏpha*, y éste del gr. στροφή, vuelta, conversión; de στρέφω, volver.) f. Cualquiera de las partes compuestas del mismo número de versos y ordenadas de modo igual, de que constan algunas composiciones poéticas. ‖ 2. Cualquiera de estas mismas partes, aunque no se ajuste a exacta simetría. ‖ 3. En la lírica coral griega, primera parte del canto lí-

rico. ‖ P. estrofa; I. y F. strophe; A. Strophe; It. strofa; R. строфа.

ESTROFANTO. (gr. στροφή, vuelta, y ἄνθος, flor.) m. BOT. Planta apocinácea, cuyas semillas se emplean en medicina como tónico cardíaco.

ESTRÓFICO, CA. adj. Perteneciente a la estrofa. ‖ 2. Que está dividido en estrofas.

★ **ESTROFOIDE.** f. GEOM. Curva con un punto doble en el origen y una asíntota paralela al eje de las ordenadas.

ESTROMA. (gr. στρῶμα, tapiz.) f. ant. Alfombra, tapiz. ‖ 2. ZOOL. Trama conjuntiva de un órgano o tejido.

★ **ESTROMBO.** m. Género de moluscos de conchas muy hermosas; son propios de los mares de la zona tropical.

★ **ESTRONA.** f. Hormona secretada por el ovario y que produce excitación sexual.

ESTRONCIANA. (De *Strontian*, localidad de Escocia, donde se encontró este mineral.) f. QUÍM. Óxido de estroncio, que se obtiene artificialmente en forma de polvo gris y que en la naturaleza se halla combinado con los ácidos carbónico y sulfúrico.

ESTRONCIANITA. (De *estronciana*.) f. QUÍM. Carbonato de estroncio nativo.

ESTRONCIO. (De *estronciana*.) m. QUÍM. Metal brillante, amarillento, del grupo de los alcalinotérreos, de la densidad del mármol. Es divalente. Su símbolo es Sr y su número atómico, 38. ‖ P. estroncio; I. y F. strontium; A. Strontium; It. stronzio; R. стронций.

ESTROPAJEAR. tr. ALBAÑ. Limpiar en seco o con estropajo las paredes enlucidas.

ESTROPAJEO. m. Acción y efecto de estropajear.

ESTROPAJO. (De un deriv. del l. *stuppa*, estopa.) m. Porción de esparto machacado que sirve para fregar. ‖ 2. BOT. Planta cucurbitácea, cuyo fruto desecado se usa como cepillo de aseo para fricciones. ‖ 3. fig. Desecho o cosa inútil o despreciable. ‖ 4. fig. y fam. *Lengua* de ESTROPAJO, persona que pronuncia mal. ‖ *Servir* de ESTROPAJO. fr. fig. y fam. Servir en los oficios más bajos. ‖ 2. fr. fig. y fam. Ser tratado sin miramiento. ‖ P. esfregão; I. mop; F. torchon, lavette; A. (Stroh) Wischer; It. strofinaccio; R. мочалка.

ESTROPAJOSAMENTE. adv. fig. y fam. Con lengua estropajosa.

ESTROPAJOSO, SA. (De *estropajo*.) adj. fig. y fam. Dícese de la lengua o persona que pronuncia confusamente. ‖ 2. fig. y fam. Dícese de la persona desaseada y andrajosa. ‖ 3. fig. y fam. Dícese de los comestibles que son fibrosos y ásperos.

ESTROPEAR. (ital. *stroppiare*.) tr. Maltratar o deteriorar una cosa. Ú.t.c.r. ‖ 2. tr. Maltratar a uno, dejándolo lisiado. Ú.t.c.s. ‖ 3. Echar a perder cualquier asunto o proyecto. ‖ 4. ALBAÑ. Volver a batir el mortero o argamasa. ‖ P. estropiar; I. to spoil; F. abîmer; A. verderben; It. stroppiare; R. портить.

ESTROPEO. m. Acción y efecto de estropear o estropearse.

ESTROPEZADURA. (De *estropezar*.) f. ant. Tropiezo.

ESTROPEZAR. intr. ant. Tropezar.

ESTROPEZÓN. m. ant. Tropezón.

ESTROPICIO. (De *estropear*.) m. fam. Destrozo, rotura estrepitosa de cosas frágiles y por lo común impremeditada. ‖ 2. Por ext., trastorno ruidoso de no graves consecuencias. ‖ P. estropício; I. crash; F. dégât; A. Geklirr; It. guasto; R. треск, шум.

ESTROPIEZO. m. ant. Tropiezo.

★ **ESTRUACIÓN.** (gr. οἶστρος, pasión violenta, furor.) f. Excitación sexual de los animales en la época de celo.

ESTRUCTURA. (l. *structūra*.) f. Distribución y orden de las partes de un edificio. ‖ 2. Distribución y orden de las partes de un cuerpo. ‖ 3. Distribución y orden con que está compuesta una obra de ingenio. ‖ P. estrutura; I. y F. structure; A. Struktur, Bauart; It. struttura; R. структура, строение.

ESTRUCTURACIÓN. f. Acción y efecto de estructurar.

ESTRUCTURAL. adj. Perteneciente o relativo a la estructura.

E

ESTRUCTURAR. tr. Distribuir, ordenar las partes de una obra o de un cuerpo.

ESTRUENDO. (l. *ex* y *tonitrus*, trueno.) m. Ruido grande. || **2.** fig. Confusión, bullicio. || **3.** fig. Aparato, pompa. || **P.** estrondo; **I.** clatter; **F.** fracas, éclat; **A.** Getöse, Krachen; **It.** fracasso, chiasso; **R.** грохот.

ESTRUENDOSAMENTE. adv. Con estruendo.

ESTRUENDOSO, SA. (De *estruendo.*) adj. Ruidoso, estrepitoso.

ESTRUJADOR, RA. adj. Que estruja. Ú.t.c.s. || **2.** f. Exprimidera.

ESTRUJADURA. f. Acción y efecto de estrujar.

ESTRUJAMIENTO. m. Estrujadura.

ESTRUJAR. (l. *ex* y *torcŭla*, prensa; de *torquĕre*, torcer.) tr. Apretar una cosa para sacarle el zumo. || **2.** Apretar y magullar a uno. || **3.** fig. y fam. Agotar una cosa hasta sacar de ella todo el partido posible. || **P.** espremer; **I.** to squeeze; **F.** pressurer; **A.** auspressen; **It.** sprèmere; **R.** жать.

ESTRUJÓN. (De *estrujar.*) m. Acción y efecto de estrujar. || **2.** Vuelta dada al pie de la uva ya exprimida, echándole porción de agua y apretando bien para sacar el aguapié. || **3.** AND. Acto de prensar la primera vez la aceituna.

ESTRUMPIDO. SAL. p.p. de estrumpir. || **2.** m. SAL. Estallido, estampido, ruido.

ESTRUMPIR. intr. SAL. Hacer explosión.

ESTRUPADOR m. ant. Estuprador.

ESTRUPAR. tr. ant. Estuprar.

ESTRUPO. m. ant. Estupro.

ESTRUZ. (l. *struthĭus*, y éste del gr. στρουθίων.) m. ant. Avestruz.

ESTUACIÓN. (l. *aestuatĭo, -ōnis*, agitación, ardor.) f. Flujo o marea creciente del mar.

ESTUANTE. (l. *aestŭans, -antis.*) adj. Demasiadamente caliente y encendido.

ESTUARIO. (l. *aestuarĭum.*) m. Estero, porción terminal del curso de un río en que se deja sentir la acción de la marea. || **P.** estuário; **I.** estuary; **F.** estuaire; **A.** Wattenmeer; **It.** estuario; **R.** заливные луга.

ESTUCADO. m. Acción y efecto de estucar.

ESTUCADOR. (De *estucar.*) m. Estuquista.

ESTUCAR. tr. Dar a una cosa con estuco o blanquearla con él. || **2.** Colocar sobre un muro, columna, etc., las piezas de estuco moldeadas previamente.

ESTUCO. (De *estuque.*) m. Masa de yeso blanco y agua de cola, que sirve para adornar en relieve obras interiores de arquitectura. || **2.** Pasta de cal y mármol pulverizada de colores, diversos, con que se da el enlucido de las habitaciones. Se pule y barniza, y puede tener mucha duración. || *Ser*, o *parecer*, un ESTUCO, o de ESTUCO. fr. fig. y fam. Mostrarse impasible, no conmoverse por nada. || **P.** estuque; **I.** e **It.** stucco; **F.** stuc; **A.** Stuck; **R.** штукатурка.

ESTUCURÚ. m. C. RICA. Búho grande, del suborden de las estrigiformes.

ESTUCHADO. adj. V. *Azúcar* ESTUCHADO.

ESTUCHE. (cat. y prov., *estug*, y éste del lat. *stŭdĭum*.) m. Caja o envoltura para guardar ordenadamente un objeto o varios; como joyas, instrumentos de cirugía, etc. || **2.** Por ext., cualquiera envoltura que reviste y protege una cosa. || **3.** Conjunto de utensilios que se guardan en el estuche. || **4.** Entre peineros, peine menor que el mediano y mayor que el tallar. || **5.** En algunos juegos de naipes, como el del hombre, cascarela y tresillo, espadilla, malilla y basto, cuando están reunidos en una mano; en el tresillo se llaman también estuche los naipes del palo que se juega, subsiguientes en valor a los tres antedichos, cuando se juntan con ellos en una mano. || **6.** Cada una de las tres cartas de que se compone el estuche de la acepción anterior. || **—del rey.** Cirujano real que tenía el estuche destinado para curar a las personas reales. || **—mayor.** En el tresillo, si el juego es a bastos o a espadas, conjunto de espada, mala, basto y rey;

y si el juego es a oros o copas, se añade a estos cuatro triunfos, el punto. || **—menor.** En el tresillo se diferencia del mayor en que falta la espada. || *Ser* uno *un* ESTUCHE. fr. fig. y fam. Tener habilidad para diversas cosas. || **P.** estojo; **I.** case, etwee; **F.** étui; **A.** Etui, Futteral; **It.** astuccio; **R.** футляр, шкатулка.

ESTUCHISTA. m. Fabricante o constructor de estuches.

ESTUDIADOR, RA. adj. fam. Que estudia mucho.

ESTUDIANTE. p.a. de estudiar. Persona que estudia. Ú.t.c.m. || **2.** m. y f. Persona que actualmente está cursando en un centro docente. || **3.** m. El que estudiaba los papeles a los actores dramáticos. || **—de la tuna.** El que forma parte de una estudiantina. || **P.** estudante; **I.** student; **F.** étudiant; **A.** Student; **It.** studente; **R.** студент.

ESTUDIANTIL. adj. fam. Perteneciente a los estudiantes.

ESTUDIANTINA. f. Cuadrilla de estudiantes que salen por las calles tocando y cantando para divertirse o para recaudar dinero. || **2.** Comparsa de carnaval que imita con sus trajes de los antiguos estudiantes. || **P.** estudiantina; **I.** scholar's company; **F.** étudiantine; **A.** Studentenverein, Studentenkapelle; **It.** studiantina; **R.** студенческий, музыкальный кружок.

ESTUDIANTINO, NA. adj. fam. Perteneciente a los estudiantes. || *A la* ESTUDIANTINA. m. adv. fam. Al uso de los estudiantes.

ESTUDIANTÓN. m. despect. Estudiante aplicado, pero de escaso talento.

ESTUDIANTUELO, LA. m. y f. d. despect. de estudiante.

ESTUDIAR. (De *estudio.*) tr. Ejercitar el entendimiento para adquirir conocimientos. || **2.** Cursar en los centros de enseñanza. || **3.** Aprender de memoria. || **4.** Leer a otra persona lo que ha de aprender. Dícese principalmente con relación al actor dramático. || **5.** PINT. Dibujar de modelo o del natural. || **P.** estudar; **I.** to study; **F.** étudier; **A.** studieren; **It.** studiare; **R.** изучать.

ESTUDIO. (l. *stŭdĭum*.) m. Esfuerzo que pone el entendimiento aplicándose a conocer alguna cosa; y en especial trabajo empleado en aprender y cultivar una ciencia o arte. || **2.** Obra en que un autor estudia y dilucida una cuestión. || **3.** V. *Juez del* ESTUDIO. || **4.** Lugar donde se enseñaba la gramática. || **5.** Pieza donde el abogado o el hombre de letras tiene su librería y estudia. || **6.** Pieza donde los pintores, escultores y arquitectos trabajan, en la cual tienen los modelos, estampas, dibujos y otras cosas necesarias para ejercitar su arte. || **7.** fig. Aplicación, maña, habilidad con que se hace una cosa. || **8.** PINT. Figura o pormenor dibujados, coloridos o modelados, preparatorios para una obra pictórica o escultórica. || **—general.** Universidad, 2.ª y 3.ª aceps. || ESTUDIOS *mayores*. En las universidades, los que se hacían en las facultades mayores. || *Dar* ESTUDIOS a uno. fr. Mantenerle dándole lo necesario para que estudie. || *Hacer* uno ESTUDIO de una cosa. fr. fig. Poner especial cuidado o empeño en ella. || *Tener* ESTUDIOS. fr. Ser persona que ha recibido instrucción, o que tiene una carrera. || **P.** estudo; **I.** study; **F.** étude; **A.** Studium; **It.** studio; **R.** изучение.

ESTUDIOSAMENTE. adv. Con estudio.

ESTUDIOSIDAD. (De *estudioso.*) f. Inclinación y aplicación al estudio.

ESTUDIOSO, SA. (l *studiōsus.*) adj. Dado al estudio.

ESTUFA. (l. *extufāre*, escaldar; véase *estovar.*) f. Hogar encerrado en caja de metal o porcelana, para dar calor a las habitaciones. || **2.** Aposento destinado en los baños termales. || **3.** Invernáculo. || **4.** Armazón de que se usa para secar una cosa o mantenerla caliente poniendo fuego por debajo. || **5.** Aposento recogido, al cual se le da calor artificialmente. || **6.** Especie de enjugador alto, dentro de cual entra la persona que ha de tomar sudores como remedio de algunos males. || **7.** Carroza grande, cerrada y con cristales. || **8.** Es-

tufilla. || ESTUFA *de incubación*, o *de cultivos.* MICROB. Aparato en que la temperatura se mantiene constante, lo que permite el desarrollo de las colonias microbianas sembradas en los medios de cultivo colocados dentro del aparato. || *Criar en* ESTUFA. fr. fig. y fam. Cuidar a uno de manera excesiva. || **P.** estufa; **I.** stove; **F.** étuve; **A.** Ofen; **It.** stufa; **R.** печь.

ESTUFADOR. m. Olla o vasija en que se estofa la carne.

ESTUFAR. (l. *extufāre*, escaldar.) tr. ant. Calentar una pieza.

ESTUFERO. (De *estufa.*) m. Estufista.

ESTUFIDO. m. ALBAC. y MURC. Bufido.

ESTUFILLA. (d. de *estufa.*) f. Manguito pequeño de pieles finas, para abrigar las manos. || **2.** Braserillo para calentar los pies. || **3.** Chofeta.

ESTUFISTA. m. El que tiene por oficio hacer o reparar estufas y otros aparatos de calefacción. || **2.** com. Persona que los vende.

ESTULTAMENTE. adv. Con estulticia.

ESTULTICIA. (l. *stultitĭa.*) f. Necedad, tontería.

ESTULTO, TA. (l. *stultus.*) adj. Necio, tonto.

ESTUOSIDAD. (De *estuoso.*) f. Demasiado calor y enardecimiento.

ESTUOSO, SA. (l. *aestuōsus*, de *aestus*, calor, ardor.) adj. p.us. Caluroso, ardiente. Ú.m. en poesía.

ESTUPEFACCIÓN. (l. *stupefactĭo, -ōnis.*) f. Pasmo o estupor. || **P.** estupefacção; **I.** stupefaction; **F.** stupéfaction; **A.** Bestürzung; **It.** stupefazione; **R.** ошеломление.

ESTUPEFACIENTE. adj. Que produce estupefacción. || **2.** m. Substancia narcótica y analgésica que produce en el individuo un estado artificial de euforia.

ESTUPEFACTIVO, VA. (De *estupefacto.*) adj. Que causa estupor o pasmo.

ESTUPEFACTO, TA. (l. *stupefactus.*) adj. Atónito, pasmado. || **P.** estupefacto; **I.** stupefied; **F.** stupéfait; **A.** erstaunt, sprachlos; **It.** stupefatto; **R.** изумлённый.

ESTUPENDAMENTE. adv. De modo asombroso o admirable.

ESTUPENDO, DA. (l. *stupendus.*) adj. Admirable, asombroso, pasmoso.

ESTÚPIDAMENTE. adv. Con estupidez.

ESTUPIDEZ. (De *estúpido.*) f. Torpeza notable en comprender las cosas. || **2.** Dicho o hecho propio de un estúpido. || **P.** estupidez; **I.** stupidity; **F.** stupidité; **A.** Dummheit; **It.** stupidità; **R.** глупость.

ESTÚPIDO, DA. (l. *stupidus.*) adj. Notablemente torpe para comprender las cosas. Ú.t.c.s. || **2.** Dícese de los dichos o hechos propios de un estúpido.

ESTUPOR. (l. *stupor.*) m. MED. Disminución notable de la actividad de las funciones intelectuales con la apariencia de aniquilación total de las mismas. || **2.** fig. Asombro, pasmo. || **P.** estupor; **I.** stupor; **F.** stupeur; **A.** Betäubung; **It.** stupore; **R.** оцепенение.

ESTUPRADOR. (l. *stuprātor.*) m. El que estupra.

ESTUPRAR. (l. *stuprāre.*) tr. Cometer estupro.

ESTUPRO. (l. *stuprum.*) m. FOR. Acceso carnal del hombre con doncella mayor de doce años y menor de veintitrés, conseguido por la seducción o con abuso de confianza o engaño grave. || **2.** Por ext., se decía también del coito con soltera núbil o con viuda, logrado sin su libre consentimiento.

ESTUQUE. (ant. alto al. *stucchi*, costra, corteza.) m. Estuco.

ESTUQUERÍA. f. El arte de hacer labores de estuco. || **2.** Obra hecha de estuco.

ESTUQUISTA. m. El que hace obras de estuco.

ESTURADO, DA. p.p. de esturar. || **2.** adj. fig. SAL. Quemado, amostazado.

ESTURAR. (l. *extorrēre*, infl. por *aburar.*) tr. Asurar, socarrar. Ú.t.c.r.

ESTURGAR. tr. Alisar el alfarero las piezas de barro por medio de la alaria.

* ESTURINA. f. BIOQUÍM. Protamina de

E los espermatozoos del esturión, de gran poder bactericida.

ESTURIÓN. (l. *sturio*, *-ōnis*). m. ZOOL. Pez ganoideo marino, comestible, de cuerpo alargado, que alcanza hasta 5 m de longitud. Desova en los ríos. Con sus huevos se prepara el caviar. Su carne es comestible, y de la vejiga natatoria seca se obtiene la gelatina llamada cola de pescado. || **P.** esturjão; **I.** sturgeon; **F.** esturgeon; **A.** Stör; **It.** storione; **R.** ocërp.

★ **ESTUSAR.** tr. P. RICO. Azotar, pelar.

ÉSULA. (l. mod. *esŭla*, de *esus*, comido.) f. Lechetrezna.

ESVARAR. (l. *divarāre*, de *varus*, zambo.) intr. Desvarar, resbalar. Ú.t.c.r.

ESVARÓN. m. Acción y efecto de esvararse; resbalón.

ESVÁSTICA. (De *svástica*.) f. Cruz gamada.

ESVIAJE. (De *viaje*, 2.º art.) m. ARQ. Oblicuidad de la superficie de un muro o del eje de una bóveda con relación al frente de que forman parte.

ET. (l. *et*.) conj. ant. *y* o *e*.

ETA. (gr. ἦτα.) f. Nombre de la *e* larga del alfabeto griego.

★ **ETAFORMO.** m. FARM. y QUÍM. Cinamato de bismuto.

ETALAJE. (fr. *étalage*.) m. Parte de la cavidad de la cuba en los altos hornos, inferior al vientre, donde se completa la reducción de la mena por los gases del combustible.

★ **ETANAL.** m. QUÍM. Aldehído etílico que se obtiene por la oxidación del alcohol etílico con bicromato potásico y ácido sulfúrico.

ETANO. (De *éter*.) m. QUÍM. Segundo término de los hidrocarburos saturados acíclicos.

★ **ETANOICO, CA.** adj. QUÍM. Dícese de un ácido que se halla entre los productos líquidos de la destilación seca de la madera.

★ **ETANOL.** m. QUÍM. Alcohol etílico.

ETAPA. (fr. *étape*, y éste del germ. *stapel*, emporio.) f. MIL. Ración de comida que se da a la tropa en campaña o marcha. || **2.** MIL. Cada uno de los lugares en que hace noche la tropa cuando marcha. || **3.** fig. Época o avance parcial en el desarrollo de una obra. || 2.ª aceps: **P.** etapa; **I.** stage, station; **F.** étape; **A.** Etappe; **It.** tappa; **R.** походный паёк, этап.

ETCÉTERA. (l. *et*, y *cetĕra*, pl. de *ceterum*, lo demás.) m. Voz empleada para interrumpir el discurso indicando que en él se omite lo que quedaba por decir. || **P.** etc., (ed-cétera; **I.** y **F.** et caetera; **A.** usw., und so weiter; **It.** eccètera; **R.** и так далее.

★ **ETENO.** m. QUÍM. Gas incoloro, de un olor especial característico, aunque es inodoro cuando es puro; es combustible y se liquida fácilmente.

ÉTER. (l. *aether*, y éste del gr. αἰθήρ.) m. poét. Cielo, los espacios celestes. || **2.** FÍS. Fluido hipotético, invisible, imponderable y elástico, imaginado por los físicos, especialmente para explicar la transmisión de las ondas luminosas y electromagnéticas. || **3.** QUÍM. Óxido de un radical alcohólico. || **4.** ÉTER *etílico*. || —**compuesto**, Éster. || —**etílico.** Líquido transparente, inflamable y volátil, de olor fuerte y sabor picante, que resulta de la reacción del alcohol etílico y el sulfato de etilo. Se emplea en medicina como anestésico y antiespasmódico. || —**sulfúrico.** Éter etílico. || **P.** éter; **I.** ether; **F.** éther; **A.** Aether, Himmelsluft; **It.** ètere; **R.** эфир.

ETÉREO, A. (l. *aetherĭus*.) adj. Perteneciente o relativo al éter. || **2.** poét. Perteneciente al cielo. || **3.** Fís. V. *Onda* ETÉREA. || **P.** etéreo; **I.** ethereal; **F.** éthéré, céleste; **A.** ätherisch; **It.** etèreo; **R.** эфирный.

★ **ETERIO.** m. BOT. Fruto múltiple formado por aquenios sobre un receptáculo.

ETERISMO. m. Pérdida de toda sensibilidad por la acción del éter.

ETERIZACIÓN. f. MED. Acción y efecto de eterizar.

ETERIZAR. tr. MED. Anestesiar, con éter. || **2.** Combinar con éter o impregnar de él una substancia.

ETERNAL. (l. *aeternālis*.) adj. Eterno.

ETERNALMENTE. adv. Eternamente.

ETERNAMENTE. adv. Sin fin, siempre, perpetuamente. || **2.** fig. Por muy dilatado tiempo.

ETERNIDAD. (l. *aeternĭtas*, *-ātis*.) f. Perpetuidad que no tiene principio ni tendrá fin. || **2.** Duración infinita. || **3.** fig. Duración dilatada de siglos y edades. || **4.** Vida del alma humana, después de la muerte. || **5.** FIL. Calidad de eterno. || **P.** eternidade; **I.** eternity; **F.** éternité; **A.** Ewigkeit; **It.** eternità; **R.** вечность.

ETERNIZABLE. adj. Digno de eternizarse.

ETERNIZAR. (De *eterno*.) tr. Hacer durar una cosa demasiado. Ú.t.c.r. || **2.** Perpetuar la duración de una cosa.

ETERNO, NA. (l. *aeternus*.) adj. Que sólo es aplicable propiamente a Dios, que no tuvo principio ni tendrá fin. || **2.** Que no tiene fin. || **3.** V. *Sabiduría* ETERNA. || **4.** TEOL. Padre Eterno. || **5.** FIL. Dícese de lo que se halla fuera de la acción del tiempo. || **6.** fig. Que dura mucho. || **P.** e It. eterno; **I.** eternal; **F.** éternel; **A.** ewig; **R.** вечный.

★ **ETEROCLOROFORMO.** m. QUÍM. Anestésico compuesto de éter y cloroformo, a partes iguales.

ETEROMANÍA. f. MED. Hábito morboso de aspirar vapores de éter.

ETESIO. (l. *etesĭus*, y éste del gr. ἐτήσιος, anual; de ἔτος, año.) adj. V. *Viento* ETESIO. Ú.t.c.s.

ÉTICA. (l. *aethĭca*, y éste del gr. ἠθική, t. f. de -κός, ético.) f. Parte de la filosofía que trata de la moral y de las obligaciones del hombre. || **P.** ética; **I.** ethics; **F.** éthique; **A.** Ethik, Sittenlehre; **It.** ètica; **R.** этика.

★ **ETICARSE.** (De *ético*, por *hético*, tísico.) r. AMÉR. Contraer la enfermedad de la tisis.

ÉTICO, CA. (l. *aethĭcus*, y éste del gr. ἠθικός, de ἦθος, costumbre.) adj. Perteneciente a la ética. || **2.** Moralista, 1.ª y 2.ª aceps.

ÉTICO, CA. adj. Hético. Ú.t.c.s.

★ **ETILBENCENO.** (De *etilo* y *benceno*.) m. QUÍM. Hidrocarburo contenido en el alquitrán de la hulla.

★ **ETILENO.** m. Hidrocarburo de la serie no saturada, con dos átomos de carbono. Gas incoloro contenido en el gas del alumbrado.

ETÍLICO, CA. adj. QUÍM. Que contiene etilo. || **2.** Dícese de los compuestos derivados del etano, como el *alcohol* ETÍLICO, el *éter* ETÍLICO.

ETILO. (De *etano*.) m. QUÍM. Radical formado por carbono e hidrógeno, que se encuentra en muchos compuestos orgánicos y que se puede considerar derivado del etano.

ÉTIMO. (l. *etymon*, y éste del gr. ἔτυμος, verdadero.) m. Raíz o vocablo de que procede otro u otros.

ETIMOLOGÍA. (l. *etymologĭa*, y éste del gr. ἐτυμολογία; de ἔτυμος, verdadero, y λόγος, dicción, palabra, razón.) f. Origen de las palabras, razón de su significación y de su forma. || **2.** Parte de la gramática que estudia aisladamente las palabras consideradas bajo estos aspectos. || **P.** etimologia; **I.** etymology; **F.** étymologie; **A.** Etymologie; **It.** etimologia; **R.** этимология.

ETIMOLÓGICAMENTE. adv. Según la etimología.

ETIMOLÓGICO, CA. (l. *etymologĭcus*, y éste del gr. ἐτυμολογικός.) adj. Perteneciente o relativo a la etimología.

ETIMOLOGISTA. com. Persona que se dedica a investigar la etimología de las palabras. || **P.** etymologista; **I.** etymologist; **F.** étymologiste; **A.** Etymolog; **It.** etimòlogo; **R.** этимологист.

ETIMOLOGIZANTE. p.a. de etimologizar. Que etimologiza.

ETIMOLOGIZAR. tr. Sacar o averiguar etimologías.

ETIMÓLOGO. (gr. ἐτυμολόγος.) m. Etimologista.

★ **ETINO.** m. Acetileno.

ETIOLOGÍA. (gr. αἰτιολογία, de αἰτιολογέω; de αἰτία, causa, y λόγος, tratado.) f. FIL. Estudio de las causas de un orden determinado de efectos. || **2.** MED. Parte de la medicina que tiene por objeto el estudio de las causas de las enfermedades. ||

P. etiologia; **I.** etiology; **F.** étiologie; **A.** Atiologie; **It.** etilogia; **R.** этиология.

ETIOLÓGICO, CA. adj. Perteneciente o relativo a la etiología.

ETÍOPE [ETIOPE]. (l. *aethiops*, *-ŏpis*, y éste del gr. αἰθίοψ; de αἴθω, tostar, y ὄψ, aspecto.) adj. Natural de Etiopía, país de África. Ú.t.c.s. || **2.** Etiópico. || **3.** m. Combinación artificial de azufre y azogue para fabricar bermellón.

ETIOPÍA. n. p. *Aro de* ETIOPÍA, cala, supositorio.

ETIOPIANO, NA. adj. ant. Etíope, 1.ª y 2.ª aceps. Apl. a pers. usáb.t.c.s.

ETIÓPICO, CA. (l. *aethiopĭcus*, y éste del gr. αἰθιοπικός.) adj. Perteneciente a Etiopía.

ETIOPIO, PIA. (l. *aethiopĭus*, y éste del gr. αἰθιόπιος.) adj. Etíope, 1.ª y 2.ª aceps. Apl. a pers. ú.t.c.s.

ETIQUETA. (fr. *étiquette*, y éste de la raíz germ. *stik*, fijar, clavar.) f. Ceremonial de los estilos, usos y costumbres que se deben observar y guardar en las casas reales y en actos públicos solemnes. || **2.** Por ext., ceremonia en la manera de tratarse las personas particulares o en actos de la vida privada, a diferencia de los usos de confianza o familiaridad. || **3.** V. *Clases*, *traje*, *vestido de* ETIQUETA. || **4.** Marbete, 1.ª y 2.ª aceps. || *Estar de* ETIQUETA. fr. Haberse enfriado las relaciones de familiaridad que existían entre dos personas. || **P.** etiqueta; **I.** etiquette; **F.** étiquette; **A.** Etikette; **It.** etichetta; **R.** этикет.

ETIQUETERO, RA. (De *etiqueta*.) adj. Que gasta muchos cumplimientos.

ETIQUEZ. f. MED. Hetiquez.

ETITES. (l. *aetĭtes*, y éste del gr. ἀετίτης, de ἀετός, águila.) f. Concreción de óxido de hierro en pequeñas masas redondeadas y huecas con nódulo suelto en su interior.

ETMOIDAL. adj. Perteneciente al hueso etmoides.

ETMOIDES. (gr. ἠθμοειδές [ὀστέον, hueso]; de ἠθμός, criba, y εἶδος, forma.) adj. ZOOL. Hueso de la cabeza, impar y simétrico, que encaja en la escotadura del frontal, y contribuye a formar la base del cráneo y las fosas nasales.

ETNEO, A. (l. *aetnaeus*.) adj. Perteneciente al Etna.

★ **ETNIA.** f. ANTROP. Conjunto humano caracterizado por sus modalidades lingüísticas, somáticas y culturales con predominio de las primeras.

ÉTNICO, CA. (l. *aethnĭcus*, y éste del gr. ἐθνικός, de ἔθνος, pueblo.) adj. Gentil. || **2.** Perteneciente a una nación o raza. || **3.** GRAM. Gentilicio.

ETNOGRAFÍA. (gr. ἔθνος, pueblo, y γράφω, describir.) f. Parte de la antropología que tiene por objeto la descripción, clasificación y diferenciación de las razas o pueblos. || **P.** etnografia; **I.** ethnography; **F.** ethnographie; **A.** Ethnographie, Völkerbeschreibung; **It.** etnografia; **R.** этнография.

ETNOGRÁFICO, CA. adj. Referente a la etnografía.

ETNÓGRAFO. m. El que profesa o cultiva la etnografía. || **P.** etnógrafo; **I.** ethnographer; **F.** ethnographe; **A.** Ethnograph; **It.** etnògrafo; **R.** этнограф.

ETNOLOGÍA. (gr. ἔθνος, pueblo, raza, y λόγος, tratado.) f. Ciencia que estudia las razas o pueblos, los compara e investiga sus diferencias físicas, psíquicas y las leyes de su desarrollo orgánico. || **P.** etnologia; **I.** ethnology; **F.** ethnologie; **A.** Ethnologie, Völkerkunde; **It.** etnologia; **R.** этнология.

ETNOLÓGICO, CA. adj. Perteneciente o relativo a la etnología.

ETNÓLOGO. m. El que profesa o cultiva la etnología. || **P.** etnologo; **I.** ethnologer, ethnologist; **F.** ethnologue; **A.** Ethnolog, Völkerkundiger; **It.** etnologista; **R.** этнолог.

ETOLIO, LIA. (l. *aetolĭus*.) adj. Natural de Etolia, país de Grecia antigua. Ú.t.c.s.

ETOLO, LA. (l. *aetŏlus*.) adj. Etolio. Ú.t.c.s.

ETOPEYA. (l. *ethopeia*, y éste del gr. ἠθοποιία.) f. RET. Descripción del carácter, acciones y costumbres de una persona. ||

E

P. e **It.** etopeia; **I.** ethopoeia; **F.** éthopée; **A.** Ethologie; **R.** описание характера.

★ **ETRIOSCOPIO.** m. Fís. Aparato con el que se aprecia la intensidad de la radiación del calor terrestre cuando el cielo está despejado y serena la atmósfera.

ETRUSCO, CA. (l. *etruscus*.) adj. Natural de Etruria. Ú.t.c.s. || **2.** Perteneciente a este país de Italia antigua. || **3.** m. Lengua que hablaron los etruscos, y de la cual se conservan inscripciones aún no descifradas.

ETUSA. (gr. αἴθουσα, participio femenino de αἴθω, quemar.) f. Cicuta menor.

EUBEO, A. (l. *euboeus*.) adj. Natural de Eubea, isla del Mar Egeo. Ú.t.c.s. || **2.** Euboico.

EUBOICO, CA. (l. *euboïcus*.) adj. Perteneciente a la isla de Eubea.

EUBOLIA. (gr. εὐθουλία, de εὔθουλος; de εὖ, bien, y βουλή, consejo.) f. Virtud que ayuda a hablar convenientemente, y con prudencia

★ **EUCAIRITA.** f. Mineral. Seleniuro natural de cobre y plata, de brillo metálico y color gris plomizo.

EUCALIPTO. (gr. εὖ, bien, y καλυπτός, cubierto.) m. Árbol mirtáceo, procedente de Australia, de gran talla, con las hojas inferiores opuestas y anchas, y las superiores alternas, estrechas y falciformes, de las cuales se extrae una tintura y una esencia medicinales. Su madera sirve para la construcción y carretería. || **P.** eucalipto; **I.** eucalyptus; **F.** eucalypte, eucalyptus; **A.** Eukalyptus; **It.** eucalitto; **R.** эвкалипт.

EUCARISTÍA. (l. *eucharistia*, y éste del gr. εὐχαριστία, de εὐχάριστος; de εὖ, bien, y χαρίζεσθαι, dar gracias.) f. Sacramento instituido por Jesucristo en la Última Cena, mediante el cual, por las palabras que el sacerdote pronuncia, se transubstancia el pan y el vino en el cuerpo y la sangre de Cristo. || **P.** eucaristia; **I.** Eucharist; **F.** y **A.** Eucharistie; **It.** Eucaristia; **R.** причастие.

EUCARÍSTICO, CA. (l. *eucharisticus*, y éste del gr. εὐχαριστικός.) adj. Perteneciente a la Eucaristía. || **2.** V. *Pan* EUCARÍSTICO. || **3.** Dícese de las obras en prosa o verso cuyo fin es dar gracias.

EUCLIDIANO, NA. adj. Perteneciente o relativo a Euclides o a su método matemático.

EUCOLOGIO. (gr. εὐχή, súplica, y λέγω, escoger.) m. Devocionario que contiene los oficios del domingo y principales fiestas del año.

★ **EUCRASIA.** f. Med. Constitución perfecta.

EUCRÁTICO, CA. (gr. εὔκρατος, bien mezclado.) adj. Med. Dícese del buen temperamento y complexión de una persona, cual corresponde a su edad, naturaleza y sexo.

★ **EUDEMONISMO.** m. Fil. Doctrina moral fundada en la idea de la felicidad que se alcanza con la realización del bien. Esta doctrina fue establecida por Sócrates.

EUDIÓMETRO. (gr. εὐδία, tiempo sereno, y μέτρον, medida.) m. Fís. Tubo de vidrio muy resistente, cerrado por un extremo y con un tapón de metal por el otro, utilizado para analizar los gases, sirviéndose de los efectos químicos de la chispa eléctrica. Sirve igualmente para realizar la síntesis de ciertos cuerpos cuyos componentes son gaseosos.

EUFEMISMO. (l. *euphemismus*, y éste del gr. εὐφημισμός.) m. Ret. Modo de expresar con suavidad y decoro ideas cuya franca expresión sería malsonante o molesta. || **P.** e **It.** eufemismo; **I.** euphemism; **F.** euphémisme; **A.** Euphemismus; **R.** эвфемизм.

EUFEMÍSTICO, CA. adj. Relativo al eufemismo.

EUFONÍA. (l. *euphonia*, y éste del gr. εὐφωνία, de εὔφωνος; de εὖ, bien, y φωνή, voz.) f. Calidad de sonar bien y agradablemente la palabra. || **P.** eufonia; **I.** euphony; **F.** euphonie; **A.** Euphonie, Wohllaut; **It.** eufonia; **R.** благозвучие.

EUFÓNICO, CA. adj. Que tiene eufonía.

EUFORBIÁCEO, A. (l. *euphorbia*, y éste del gr. εὐφόρβιον.) adj. Bot. Aplícase a plantas angiospermas dicotiledóneas, hierbas, arbustos o árboles, de jugos acres

o venenosos y generalmente lechosos; como la lechetrezna y el ricino. Ú.t.c.s.f. || **2.** f. pl. Bot. Familia de estas plantas.

EUFORBIO. (l. *euphorbium*, de *Euforbo*, médico de Juba, segundo rey de Mauritania, que descubrió el uso de esta planta.) m. Planta africana, de tallo carnoso, con espinas muy duras, de la cual se extrae una gomorresina usada en medicina. || **2.** Gomorresina extraída de esta planta y de otras del mismo género. || **P.** euforbio; **I.** euphorbium; **F.** euphorbe; **A.** Wolfsmilch; **It.** euforbio; **R.** молочай.

EUFORIA. (gr. εὐφορία, de εὔφορος; de εὖ, bien, y φέρω, llevar.) f. Capacidad para soportar el dolor y las adversidades. || **2.** Sensación de bienestar, resultante de una salud perfecta. || **3.** Estado de ánimo propenso al optimismo.

EUFÓRICO, CA. adj. Perteneciente o relativo a la euforia.

EUFÓTIDA. (gr. εὖ, bien, y φῶς, φωτός, luz.) f. Roca compuesta de diálaga y feldespato. Sirve como piedra de adorno.

EUFRASIA. (gr. εὐφρασία, alegría.) f. Hierba vellosa, de la familia de las escrofulariáceas, de unos 2 cm de altura; hojas elípticas; flores pequeñas y blancas, con rayas purpúreas y una mancha amarilla que semeja la figura de un ojo.

EUGENESIA. (gr. εὖ, bien, y γένεσις, engendramiento.) f. Aplicación de las leyes biológicas de la herencia al perfeccionamiento de la especie humana.

EUGENÉSICO, CA. adj. Relativo a la eugenesia.

★ **EULAMELIBRANQUIOS.** m. pl. Zool. Orden de lamelibranquios con los filamentos branquiales unidos entre sí y los sifones bien distintos.

★ **EULISINA.** f. Quím. Materia que existe en la bilis.

★ **EUMÉNIDOS.** m. pl. Zool. Grupo de insectos véspidos, solitarios.

EUNUCO. (l. *eunúchus*, y éste del gr. εὐνοῦχος; de εὐνή, lecho, y ἔχω, tener, guardar.) m. Hombre castrado que se destinaba en los serrallos a la custodia de las mujeres. || **2.** En la historia antigua y oriental, favorito de un rey. || **P.** e **It.** eunuco; **I.** eunuch; **F.** eunuque; **A.** Eunuche; **R.** евнух.

EUPATORIO. (l. *eupatoria*, de *Eupátor*, sobrenombre del gran Mitrídates, rey del Ponto, quien hizo uso de esta hierba.) f. Bot. Especie de agrimonia.

EUPEPSIA. (gr. εὐπεψία.) f. Med. Digestión normal.

EUPÉPTICO, CA. adj. Med. Aplícase a la substancia o medicamento que favorece la digestión.

EURASIÁTICO, CA. adj. Perteneciente o relativo a Europa y Asia, consideradas como un todo geográfico.

★ **¡EUREKA!** Exclamación atribuida a Arquímedes, y con la cual se expresa satisfacción por haber hallado o descubierto algo que se busca con afán.

EURIPO. (l. *euripus*, y éste del gr. εὔριπος) m. ant. Estrecho de mar.

EURITMIA. (l. *eurytmia*, y éste del gr. εὐρυθμία.) f. Buena disposición y correspondencia de las diversas partes de una obra de arte. || **2.** Regularidad del pulso. || **P.** euritmia; **I.** eurythmy, eurhytmy; **F.** eurythmie, eurhytmie; **A.** Ebenmass; **It.** euritmia; **R.** эвритмия.

EURÍTMICO, CA. adj. Arq. Perteneciente o relativo a la euritmia.

EURO. (l. *eurus*, y éste del gr. εὖρος.) m. poét. El viento que sopla de Oriente. || **—noto.** poét. Viento intermedio entre el euro y el austro.

EUROPA. n. p. V. *Té* de EUROPA.

○ **EUROPEÍSTA.** com. Partidario de la unidad de Europa o de su hegemonía en el mundo.

EUROPEIZAR. tr. Introducir en un pueblo o comunicar a una persona el carácter, las costumbres y la cultura europeos.

EUROPEO, A. (l. *europaeus*.) adj. Natural de Europa. Ú.t.c.s. || **2.** Perteneciente a esta parte del mundo. || **P.** europeu; **I.** European; **F.** européen; **A.** Europäer; **It.** europeo; **R.** европейский.

○ **EUROPIO.** (l. técnico *europium*, de Europa.) Quím. Elemento químico, perteneciente al grupo de las tierras raras. Su símbolo es Eu y su número atómico 63.

★ **EURRITMIA.** f. Med. Ritmo regular normal.

EUSCALDUNA. (vasco *euskalduna*.) adj. Aplícase al lenguaje vasco. Ú.t.c.s.m.

ÉUSCARO, RA. adj. Perteneciente al lenguaje vascuence. || **2.** m. Lenguaje vascuence.

ÉUSQUERO, RA. adj. Éuscaro. || **2.** m. Éuscaro.

EUSTAQUIO. (Médico italiano del siglo XVI.) n. p. Zool. V. *Trompa de* EUSTAQUIO.

ÉUSTILO. (l. *eustýlos*, y éste del gr. εὔστυλος.) m. Arq. Edificio con columnatas, cuyas columnas centrales tienen seis módulos de intercolumnio y las demás cuatro módulos y medio.

EUTANASIA. (gr. εὖ, bien, y θάνατος, muerte.) f. Med. Muerte sin sufrimiento físico, especialmente la procurada por drogas adecuadas.

★ **EUTÉCTICO, CA.** adj. Fís. Dícese de las aleaciones de punto de fusión mínima.

★ **EUTEXIA (TEMPERATURA DE** o **PUNTO DE).** Fís. Temperatura de fusión de una mezcla o aleación hecha en proporciones tales que presenta un punto de fusión constante y menos elevado que el de cualquier otra mezcla de los mismos cuerpos.

EUTIQUIANISMO. m. Doctrina y secta de los eutiquianos.

EUTIQUIANO, NA. adj. Sectario de Eutiques, heresiarca del siglo V, que no admitía en Jesucristo sino una sola naturaleza. Ú.t.c.s. || **2.** Perteneciente a la doctrina y secta de Eutiques.

EUTRAPELIA. (gr. εὐτραπελία.) f. Virtud de la moderación en las diversiones o recreos. || **2.** Donaire o jocosidad inofensiva. || **3.** Recreo inocente y moderado.

EUTRAPÉLICO, CA. adj. Perteneciente o relativo a la eutrapelia.

EUTROPELIA. f. Eutrapelia.

EUTROPÉLICO, CA. adj. Eutrapélico.

EVACUACIÓN. (l. *evacuatio, -ónis*.) f. Acción y efecto de evacuar. || **P.** evacuação; **I.** y **F.** évacuation; **A.** Ausleerung; **It.** evacuazione; **R.** эвакуация.

EVACUANTE. p.a. de evacuar. Que evacua. || **2.** adj. Med. Evacuativo. Ú.t.c.s.

EVACUAR. (l. *evacuáre*.) tr. Desocupar alguna cosa. || **2.** Expeler un ser orgánico humores o excrementos. || **3.** Desempeñar un informe, un encargo, etc. || **4.** For. Cumplir un trámite. || **5.** Med. Sacar, extraer los humores sobrantes o viciados del cuerpo humano. || **6.** Mil. Dejar una plaza o posición las tropas que allí había. || **7.** Desalojar la población de determinadas comarcas o ciudades. || **P.** evacuar; **I.** evacuate; **F.** évacuer; **A.** ausleeren; **It.** evacuare; **R.** эвакуировать.

EVACUATIVO, VA. adj. Med. Que tiene propiedad o virtud de evacuar. Ú.t.c.s.m.

EVACUATORIO, RIA. adj. Med. Evacuativo. || **2.** Lugar público destinado en las poblaciones para hacer aguas.

EVAD, EVAS, EVAT. defect. ant. que sólo se halla usado en estas personas del presente y del imperativo, y significa *veis aquí, ved, mira, mirad*, y también *sabed*, o *entended*.

EVADIR. (l. *evadére*.) tr. Evitar un daño o peligro inminente; eludir con astucia y arte una dificultad prevista. || **2.** r. Fugarse, escaparse. || **P.** evadir; **I.** to evade; **F.** fuir, éviter; **A.** vermeiden, entgehen; **It.** evàdere; **R.** избегать, уклониться.

EVAGACIÓN. (l. *evagatio, -ónis*.) f. ant. Acción de vaguear. || **2.** fig. Distracción de la imaginación.

EVALUACIÓN. (De *evaluar*.) f. Valuación.

EVALUADOR, RA. adj. Que evalúa.

EVALUAR. (De *e* y *valuar*.) tr. Valorar. || **2.** Apreciar el valor de las cosas no materiales.

EVANESCENTE. (l. *evanéscere*, desvanecerse.) adj. Que se desvanece o esfuma.

EVANGELIARIO. m. Libro litúrgico que contiene los Evangelios escogidos para la misa de cada día del año.

EVANGÉLICAMENTE. adv. Conforme a la doctrina del Evangelio.

EVANGÉLICO, CA. (l. *evangelicus*.) adj. Perteneciente o relativo al Evangelio. ||

E

2. V. *Ley* EVANGÉLICA. ‖ **3.** Perteneciente al Protestantismo. ‖ **4.** Dícese particularmente de una secta formada por la fusión del culto luterano y del calvinista.

EVANGELIO. (l. *evangelĭum*, y éste del gr. εὐαγγέλιον, buena nueva; de εὖ, bien, y ἄγγελος, mensajero.) m. Historia de la vida, doctrina y milagros de Nuestro Señor Jesucristo, repetida en los cuatro volúmenes escritos respectivamente por los cuatro evangelistas, que componen el primer libro canónico del Nuevo Testamento. ‖ **2.** En la misa, capítulo tomado de uno de los cuatro libros de los evangelistas, que se dice después de la epístola y gradual, y al fin de la misa. ‖ **3.** fig. Religión cristiana. *Convertirse al* EVANGELIO. ‖ **4.** fig. y fam. Verdad indiscutible. *Sus palabras son el* EVANGELIO. *Decir el* EVANGELIO. ‖ **5.** pl. Librito muy chico, forrado comúnmente en tela de seda, en que se contiene el principio del Evangelio de San Juan y otros tres capítulos de los otros tres santos evangelistas, el cual se solía poner entre algunas reliquias y dijes a los niños, colgado en la cintura. ‖ EVANGELIOS *abreviados*, o *chicos*. fig. y fam. Los refranes, por la verdad que hay o se supone en ellos. ‖ *Ordenar* a uno de EVANGELIO. fr. Ordenarlo de diácono. ‖ P. evangelho; I. Gospel; F. évangile; A. Evangelium; It. Vangelo, Evangelo; R. евангелие.

EVANGELISTA. (l. *evangelista*.) m. Cada uno de los cuatro escritores sagrados que escribieron el Evangelio. ‖ **2.** Persona destinada para cantar el Evangelio en las iglesias. ‖ **3.** Méj. El que escribe cartas o documentos que necesita la gente que no sabe hacerlo. ‖ P. evangelista; I. evangelist; F. évangéliste; A. evangelist; It. vangelista, evangelista; R. евангелист.

EVANGELISTERO. (De *evangelista*.) m. Clérigo que en algunas iglesias tiene la obligación de cantar el Evangelio en las misas solemnes.

EVANGELIZACIÓN. f. Acción y efecto de evangelizar.

EVANGELIZADOR, RA. adj. Que evangeliza. Ú.t.c.s.

EVANGELIZAR. (l. *evangelizāre*.) tr. Instruir a alguien en la doctrina del Evangelio, predicar la fe o las virtudes cristianas. ‖ P. evangelizar; I. to evangelize; F. évangéliser; A. apostolisieren; It. vangelizzare; R. преподаватель евангелий.

* **EVANTO.** m. MINERAL. Ágata jaspeada.

EVAPORABLE. adj. Que se puede evaporar.

EVAPORACIÓN. (l. *evaporatĭo, -ōnis*.) f. Acción y efecto de evaporar o evaporarse. ‖ P. evaporação; I. evaporation; F. évaporation; A. Ausdünstung, Vaporisation; It. evaporazione, svaporazione; R. испарение.

EVAPORAR. (l. *evaporāre*.) tr. Convertir en vapor. Ú.t.c.r. ‖ **2.** fig. Disipar, desvanecer. Ú.t.c.r. ‖ **3.** r. fig. Desaparecer sin ser notado, fugarse. ‖ P. evaporar; I. to evaporate; F. évaporer; A. verdampfen, evaporieren; It. evaporare, svaporare; R. выпаривать

EVAPORATORIO, RIA. adj. MED. Aplícase al medicamento que hace evaporar.

EVAPORIZAR. tr. Vaporizar. Ú.t.c. intr. y c.r.

* **EVAPOROGRAFÍA.** (De *evaporar*, y el gr. γράφω, escribir, trazar.) f. Fís. Método de reproducción fotográfica fundado en la evaporación de un líquido y el empleo de radiaciones infrarrojas.

EVASIÓN. (l. *evasĭo, -ōnis*.) f. Evasiva. ‖ **2.** Fuga, huida. ‖ **3.** AMÉR. Despacho de un negocio. ‖ P. evasiva; I. evasion; F. évasion; A. Entweichung, Ausbruch; It. evasione; R. побег.

EVASIVA. f. Efugio para eludir una dificultad. ‖ P. e It. evasiva; I. evasive; F. échappatoire; A. Vorwand, Ausflucht; R. отговорка.

EVASIVO, VA. adj. Que incluye una evasiva o la favorece. *Procedimientos* EVASIVOS.

EVASOR, RA. adj. Que se evade.

EVECCIÓN. (l. *evectĭo, -ōnis*, acción de levantarse en el aire.) f. ASTRON. Desigualdad periódica en la forma y posición de la órbita de la Luna, a causa de la atracción del Sol.

* **EVECTANTES.** m. pl. MAT. Coeficientes de una cantidad arbitraria en el desarrollo de la función obtenida al substituir en cualquier invariante de una forma los coeficientes de ésta por los de una nueva forma.

EVENIR. (l. *evenīre*.) impers. ant. Suceder, acontecer.

EVENTO. (l. *eventus*.) m. Acontecimiento, suceso imprevisto o de realización incierta o contingente. ‖ *A todo* EVENTO. m. adv. En previsión de todo lo que pueda suceder.

EVENTUAL. adj. Sujeto a cualquier evento o contingencia. ‖ **2.** Aplícase a los emolumentos anejos a un empleo fuera de su dotación fija. ‖ **3.** Dícese de ciertos fondos destinados a gastos accidentales. ‖ P. e I. eventual; F. éventuel; A. eventuell, zufällig; It. eventuale; R. возможный.

EVENTUALIDAD. f. Calidad de eventual. ‖ **2.** Hecho o circunstancia de realización incierta. ‖ P. eventualidade; I. eventuality, contingency; F. eventualité; A. Eventualität, Möglichkeit; It. eventualità; R. возможность.

EVENTUALMENTE. adv. Incierta o casualmente.

* **EVERNIA.** f. BOT. Género de líquenes parmélidos, propios de las regiones cálidas y templadas.

EVERSIÓN. (l. *eversĭo, -ōnis*.) f. Destrucción, desolación, ruina.

EVICCIÓN. (l. *evictĭo, -ōnis*.) f. FOR. Despojo legal que sufre el poseedor, especialmente el comprador de una cosa, o seria amenaza de este mismo despojo. ‖ **2.** METEOR. Arrastre de una masa de aire primitivamente en calma, por otra dotada de movimiento. ‖ *Prestar la* EVICCIÓN. fr. FOR. Cumplir el vendedor su obligación de defender la cosa vendida, o de sanearla cuando es ineficaz su defensa. ‖ *Salir a la* EVICCIÓN. fr. FOR. Presentarse el vendedor a practicar en juicio esa misma defensa.

EVIDENCIA. (l. *evidentĭa*.) f. Certeza clara, manifiesta, patente, de una cosa. ‖ —moral. Certidumbre de una cosa, de manera que el sentir o juzgar lo contrario sea tenido por temeridad. ‖ P. evidência; I. evidence; F. évidence; A. Evidenz; It. evidenza; R. очевидность.

EVIDENCIAR. (De *evidencia*.) tr. Patentizar la evidencia de una cosa; probar que no sólo es cierta sino evidente.

EVIDENTE. (l. *evidens, -entis*.) adj. Cierto, claro, sin la menor duda. ‖ **2.** Se usa como expresión de asentimiento. ‖ P. e It. evidente; I. evident; F. évident; A. offenbar, augenscheinlich; R. очевидный, ясный.

EVIDENTEMENTE adv. Con evidencia.

EVITABLE. (l. *evitabĭlis*.) adj. Que se puede evitar o debe evitarse.

EVITACIÓN. (l. *evitatĭo, -ōnis*.) f. Acción y efecto de evitar que suceda una cosa.

EVITADO, DA. (l. *evitātus*.) adj. ant. Vitando. Usáb.t.c.s.

EVITAR. (l. *evitāre*.) tr. Apartar, impedir algún daño o molestia. ‖ **2.** Excusar, huir de incurrir en algo. ‖ **3.** Huir de tratar a uno. ‖ P. evitar; I. to avoid; F. éviter; échapper; A. meiden; It. evitare; R. избегать.

EVITERNO, NA. (l. *aevĭternus*.) adj. Que tiene principio, pero no fin; como los ángeles.

EVO. (l. *aevum*.) m. TEOL. Duración de las cosas eternas. ‖ **2.** poét. Duración de tiempo sin término.

EVOCABLE. adj. Que se puede evocar.

EVOCACIÓN. (l. *evocatĭo, -ōnis*.) f. Acción y efecto de evocar. ‖ P. evocação; I. evocation; F. évocation; A. Hervorrufen; It. evocazione; R. воспоминание.

EVOCADOR, RA. adj. Que evoca.

EVOCAR. (l. *evocāre*.) tr. Llamar a las almas de los muertos y a los demonios suponiéndolos capaces de acudir a los conjuros. ‖ **2.** Apostrofar a los muertos. ‖ **3.** fig. Traer alguna cosa a la memoria o a la imaginación. ‖ P. evocar; I. to evoke; F. évoquer; A. anrufen, hervorrufen; It. evocare; R. вызывать.

* **EVODIA.** f. BOT. Género de plantas rutáceas zantoxíleas, propias de las regiones tropicales de Asia y Polinesia.

¡EVOHÉ! (l. *evoe*, y éste del gr. εὐοῖ.) interj. Grito de las bacantes para aclamar o invocar a Baco.

EVOLAR. (l. *evolāre*.) intr. ant. Volar.

EVOLUCIÓN. (l. *evolutĭo, -ōnis*.) f. Acción y efecto de evolucionar. ‖ **2.** Desarrollo gradual de las cosas y de los organismos. ‖ **3.** Movimiento, cambio de formación de tropas o de buques, con fines defensivos u ofensivos. ‖ **4.** fig. Mudanza de conducta, de propósito o de actitud. ‖ **5.** fig. Desarrollo o transformación de las ideas. ‖ **6.** FIL. Doctrina que explica todos los fenómenos cósmicos, químicos y mentales por transformaciones sucesivas de una realidad primera que pasa de lo simple y amorfo a lo compuesto y organizado. ‖ **7.** Transformación. ‖ P. evolução; I. evolution; F. évolution; A. Evolution, Fortbildung; It. evoluzione; R. эволюция.

EVOLUCIONAR. intr. Desenvolverse, desarrollarse los organismos o las cosas. ‖ **2.** Hacer evoluciones la tropa o los buques. ‖ **3.** Mudar de conducta, de actitud o de propósitos.

EVOLUCIONISMO. m. Doctrina basada en la evolución, según la cual la ley general del desarrollo de los seres es la diferenciación acompañada de la integración.

EVOLUCIONISTA. adj. Relativo a la evolución. ‖ **2.** Partidario del evolucionismo. Ú.t.c.s.

EVOLUTIVO, VA. adj. Perteneciente a la evolución.

EVÓNIMO. (l. *evonўmus*, y éste del gr. εὐώνυμος; de εὖ, bien, y ὄνομα, nombre.) m. Bonetero, arbusto celastráceo que sirve para setos.

EX. (l. *ex*.) prep. insep. por regla general, que denota más ordinariamente fuera o más allá de cierto espacio o tiempo: EX*céntrico*; negación o privación: EX*heredar*; encarecimiento: EX*clamar*. ‖ **2.** Antepuesto a nombres de dignidades o cargos y a nombres o adjetivos de persona, indica que ésta ha dejado de ser lo que aquellos significan. ‖ **3.** Forma parte de locuciones latinas usadas en nuestro idioma.

EXABRUPTO. (De *ex abrupto*.) m. Salida de tono; dicho o ademán inconveniente expresado con brusquedad.

EX ABRUPTO. (l. *ex abrupto*, de repente, de improviso.) m. adv. Con viveza y calor; arrebatada en inesperadamente. ‖ **2.** FOR. Arrebatadamente, sin guardar el orden establecido.

EXACCIÓN. (l. *exactĭo, -ōnis*.) f. Acción y efecto de exigir impuestos, multas, deudas, etc. ‖ **2.** Cobro injusto y violento. ‖ P. exacção; I. y F. exaction; A. Erpressung; It. esazione; R. взыскание.

EXACERBACIÓN. (l. *exacerbatĭo, -ōnis*.) f. Acción y efecto de exacerbar o exacerbarse.

EXACERBAMIENTO. m. Exacerbación.

EXACERBAR. (l. *exacerbāre*.) tr. Irritar, causar grave enfado. Ú.t.c.r. ‖ **2.** Agravar una enfermedad, una pasión, una molestia, etc. Ú.t.c.r. ‖ P. exacerbar; I. to exacerbate; F. irriter, exacerber; A. verbittern, verschlimmern; It. esacerbare; R. раздражать.

EXACTAMENTE. adv. Con exactitud.

EXACTITUD. (De *exacto*.) f. Puntualidad y fidelidad en la ejecución de una cosa. ‖ P. exactidão; I. exactness; F. exactitude, justesse; A. Sorgfalt, Genauigkeit; It. esattezza; R. точность.

EXACTO, TA. (l. *exactus*.) adj. Puntual, fiel y cabal. ‖ **2.** V. *Ciencias* EXACTAS. ‖ P. exacto; I. exact; F. exact, ponctuel; A. präzis, genau; It. esatto; R. точный.

EXACTOR. (l. *exactor*.) m. Recaudador de los tributos, impuestos o emolumentos.

* **EXAEDRO.** m. GEOM. Hexaedro.

EXAGERACIÓN. (l. *exaggeratĭo, -ōnis*.) f. Acción y efecto de exagerar. ‖ **2.** Concepto, hecho o cosa que traspasa los límites de lo justo, verdadero o razonable. ‖ P. exageração; I. exaggeration; F. exagération; A. Übertreibung; It. esagerazione; R. преувеличение.

EXAGERADAMENTE. adv. Con exageración.

E

EXAGERADO, DA. p.p. de exagerar. || **2.** adj. Exagerador. || **3** Excesivo, que incluye en sí exageración. *Alabanza* EXAGERADA.

EXAGERADOR, RA. (l. *exaggerātor*.) adj. Que exagera. Ú.t.c.s.

EXAGERANTE. p.a. de exagerar. Que exagera.

EXAGERAR. (l. *exaggerāre*.) tr. Dar proporciones excesivas a una cosa; llevarla más allá de los límites de lo verdadero, natural, ordinario, justo o conveniente. || **P.** exagerar; **I.** to exaggerate; **F.** exagérer; **A.** übertreiben; **It.** esagerare; **R.** преувеличивать.

EXAGERATIVAMENTE. adv. Con exageración.

EXAGERATIVO, VA. adj. Que exagera.

EXAGITADO, DA. (l. *exagitātus*.) adj. ant. Agitado, estimulado.

* EXÁGONO, NA. adj. GEOM. Hexágono. Ú.t.c.s.m.

EXALTACIÓN. (l. *exaltatĭo, -ōnis*.) f. Acción y efecto de exaltar o exaltarse. || **2.** Gloria que resulta de una acción notable. || **P.** exaltação; **I.** y **F.** exaltation; **A.** Erhebung, Erhöhung; **It.** esaltazione; **R.** восторг, экзальтация.

EXALTADO, DA. p.p. de exaltar. || **2.** adj. Que se exalta.

EXALTAMIENTO. (De *exaltar*.) m. Exaltación.

EXALTAR. (l. *exaltāre*.) tr. Elevar a una persona o cosa a mayor auge o dignidad. || **2.** fig. Realzar el mérito de uno con mucho encarecimiento. || **3.** r. Dejarse arrebatar de una pasión. || **P.** exaltar; **I.** to exalt; **F.** exhausser, exalter; **A.** erheben, lobpreisen; **It.** esaltare; **R.** восхищать.

EXALZAR. (De *ex* y *alzar*.) tr. ant. Ensalzar.

EXAMEN. (l. *exāmen*.) m. Indagación exacta y cuidadosa de las cualidades y circunstancias de una cosa o un hecho. || **2.** Prueba de la idoneidad de un sujeto. || **—de conciencia.** Recordación de las palabras, obras o pensamientos en relación con las obligaciones del cristiano. || **—de testigos.** FOR. Diligencia judicial que se toma de los que pueden aclarar lo que se trata de averiguar. || *Libre* EXAMEN. En general, libertad individual de interpretar las materias de fe, y, especialmente, libertad de interpretar los textos bíblicos descartando la autoridad de la Iglesia. || **P.** exame; **I.** inquiry, examen, examination; **F.** examen; **A.** Examen, Prüfung; **It.** esame; **R.** исследование, экзамен.

EXAMINADOR, RA. (l. *examinātor*.) m. y f. Persona que examina. || **—sinodal.** Teólogo o canonista que examina a los que han de ser admitidos a las órdenes sagradas y ejercer los ministerios de párrocos, confesores, etc.

EXAMINAMIENTO. (De *examinar*.) m. ant. Examen.

EXAMINANDO, DA. (l. *examinandus*.) m. y f. Persona que está para ser examinada.

EXAMINANTE. p.a. de examinar. Que examina.

EXAMINAR. (l. *examināre*.) tr. Investigar, escudriñar con diligencia una cosa. || **2.** Reconocer la calidad de una cosa. || **3.** Probar o tantear la idoneidad o suficiencia de los que quieren profesar una facultad, ganar curso en los estudios, etc. Ú.t.c.r. || **P.** examinar; **I.** to examine; **F.** examiner; **A.** prüfen; **It.** esaminare; **R.** исследовать.

EXANGÜE. (l. *exsanguĭnis*; de *ex*, priv., y *sanguis*, sangre.) adj. Desangrado, falto de sangre. || **2.** fig. Sin fuerzas. || **3.** fig Muerto, sin vida.

EXANIMACIÓN. (l. *exanimatĭo, -ōnis*.) f. Privación de las funciones vitales.

EXÁNIME. (l. *exanĭmis*; de *ex*, priv., y *animus*, espíritu.) adj. Sin señal de vida o sin vida. || **2.** fig. Sumamente debilitado, desmayado, sin aliento.

EXANTEMA. (l. *exanthēma*, y éste del gr. ἐξάνθημα, de ἐξανθέω, florecer.) m. MED. Erupción cutánea más o menos rojiza, sin pápulas ni vesículas, que acompaña a ciertas enfermedades. || **P.** exantema;

I. exanthema; **F.** exanthème; **A.** Hautausschlag; **It.** esantema; **R.** сыпь.

EXANTEMÁTICO, CA. adj. MED. Perteneciente al exantema o acompañado de esta erupción. || **2.** MED. V. *Tifus* EXANTEMÁTICO.

EXARCA. (De *exarco*.) m. Gobernador del Imperio Bizantino en las provincias de Italia, con residencia en Rávena. || **2.** En la Iglesia griega, dignidad inmediatamente inferior a la del patriarca.

EXARCADO. m. Dignidad de exarca. || **2.** Tiempo que duraba el gobierno de un exarca y territorio de su jurisdicción. || **3.** Período histórico en que hubo exarcas.

EXARCO. (l. *exarchus*, y éste del gr. ἔξαρχος.) m. Exarca.

EXARDECER. (l. *exardescĕre*.) intr. ant. Enardecer, airarse extremadamente.

EXÁRICO. (ár. *aš-šarīk*, asociado, aparcero.) m. Aparcero o arrendatario moro. || **2.** Siervo de la gleba, de origen moro.

EXASPERACIÓN. (l. *exasperatĭo, -ōnis*.) f. Acción y efecto de exasperar o exasperarse.

EXASPERANTE. p.a. de exasperar. Que exaspera.

EXASPERAR. (l. *exasperāre*.) tr. Irritar una parte dolorida o delicada. Ú.t.c.r. || **2.** fig. Irritar, dar motivo de grande enojo. Ú.t.c.r. || **P.** exasperar; **I.** to exasperate; **F.** exaspérer; **A.** erbittern, erzürnen; **It.** esasperare; **R.** раздражать.

EXAUDIBLE. (l. *exaudibĭlis*.) adj. ant. De naturaleza o calidad para ser oído favorablemente.

EXAUDIR. (l. *exaudīre*.) tr. ant. Oír y atender favorablemente los ruegos.

EXCANDECENCIA. (l. *excandecentĭa*.) f. Irritación vehemente.

EXCANDECER. (l. *excandescĕre*.) tr. Encender en cólera a uno, irritarle. Ú.t.c.r.

EXCARCELABLE. adj. Que puede ser excarcelado.

EXCARCELACIÓN. f. Acción y efecto de excarcelar.

EXCARCELAR. (De *ex*, fuera de, y *cárcel*.) tr. Poner en libertad al preso. Ú.t.c.r.

EXCARCERACIÓN. (l. *ex*, fuera de, y *carcer*, cárcel.) f. p. us. FOR. Excarcelación.

EX CÁTHEDRA. m. adv. l. Desde la cátedra de San Pedro. Dícese de las definiciones hechas por el Papa a toda la Iglesia sobre puntos dogmáticos o de moral. || **2.** fig. y fam. En tono doctoral y enfático.

EXCAVA. f. AGR. Acción y efecto de excavar las plantas para beneficiarlas.

EXCAVACIÓN. (l. *excavatĭo, -ōnis*.) f. Acción y efecto de excavar. || **2.** Cavidad practicada al excavar. || **3.** ARQUEOL. Acto de quitar sistemáticamente la tierra o escombros de antiguos lugares habitados para poner al descubierto los restos arqueológicos. || **P.** escavação; **I.** excavation; **F.** fouille, excavation; **A.** Exkavation, Ausgrabung; **It.** escavazione, scavo; **R.** выкапывание.

EXCAVADOR, RA. adj. Que excava. Ú.t.c.s. || **2.** f. Máquina para excavar.

EXCAVAR. (l. *excavāre*.) tr. Quitar de una cosa sólida parte de su masa o grueso, haciendo hoyo o cavidad en ella. || **2.** Hacer en el terreno hoyos, zanjas, desmontes, pozos o galerías subterráneas. || **3.** AGR. Descubrir y quitar la tierra de alrededor de las plantas para beneficiarlas. || **P.** escavar; **I.** to excavate; **F.** excaver, déchausser; **A.** aushöhlen; **It.** scavare; affossare; **R.** копать, рыть.

EXCEDENCIA. f. Condición de excedente o sobrante. || **2.** Haber que percibe el oficial público que está excedente.

EXCEDENTE. p.a. de exceder. Que excede. || **2.** adj. Excesivo. || **3.** Sobrante, que sobra. Ú.t.c.s.m. || **4.** Dícese del oficial público que temporalmente deja de ejercer el cargo.

EXCEDER. (l. *excedĕre*.) tr. Ser una persona o cosa más grande o aventajada que otra en tal o cual línea. || **2.** intr. Propasarse de lo lícito o razonable. Ú.m.c.r. || **EXCEDERSE** uno *a sí mismo*. fr. Hacer una persona alguna cosa que supere a todo lo que había hecho hasta entonces. || **P.** exceder; **I.** to exceed, to surpass; **F.** excéder,

dépasser; **A.** überschreiten; **It.** eccèdere; **R.** превосходить.

EXCELENCIA. (l. *excellentĭa*.) f. Superior calidad o bondad. || **2.** Tratamiento de respeto y cortesía de algunas personas, por su dignidad o empleo. || *Por* EXCELENCIA. m. adv. Excelentemente. || **2.** Por antonomasia. || **P.** excelência; **I.** y **F.** excellence; **A.** Vortrefflichkeit, Exzellenz; **It.** eccellenza; **R.** превосходство.

EXCELENTE. (l. *excellens, -entis*.) adj. Que sobresale en bondad, mérito o estimación. || **2.** Moneda española de oro del siglo XV. || **3.** Tratamiento honorífico usado antiguamente. || **P.** excelente; **I.** y **F.** excellent; **A.** trefflich, ausgezeichnet; **It.** eccellente; **R.** превосходный.

EXCELENTEMENTE. adv. Con excelencia.

EXCELENTÍSIMO, MA. adj. sup. de excelente. || **2.** Tratamiento y cortesía con que se habla a la persona a quien corresponde el de excelencia.

EXCELSAMENTE. adv. De un modo excelso; alta y elevadamente.

EXCELSITUD. (l. *excelsitūdo*.) f. Alteza suma.

EXCELSO, SA. (l. *excelsus*.) adj. Muy elevado, alto, eminente. || **2.** fig. De singular excelencia. *Ánimo* EXCELSO. || **3.** *El* EXCELSO. El Altísimo. || **P.** excelso; **I.** eminent, high, lofty; **F.** éminent, très haut; **A.** (hoch)ragend, erhaben; **It.** eccelso; **R.** высокий.

EXCÉNTRICAMENTE. adv. Con excentricidad.

EXCENTRICIDAD. (De *excéntrico*.) f. Calidad de excéntrico. || **2.** Dicho o hecho excéntrico. || **3.** Distancia que media entre el centro de la elipse y de la hipérbola y uno de sus focos. || **P.** excentricidade; **I.** eccentricity; **F.** excentricité; **A.** Überspanntheit; **It.** eccentricità; **R.** эксцентричность.

EXCÉNTRICO, CA. (De *ex* y *céntrico*.) adj. De carácter raro, extravagente. || **2.** GEOM. Que está fuera del centro o que tiene un centro diferente. || **3.** f. MEC. Pieza circular de hierro o acero, cuyo eje de rotación no ocupa el centro geométrico; está destinada a transformar un movimiento de rotación en uno de otra clase, especialmente rectilíneo alternativo. Ú.t. c.s.f. || **4.** m. Artista de circo que ejecuta ejercicios extraños. || **—de la espada.** ESGR. Empuñadura cuando está en postura de ángulo agudo. || **P.** excêntrico; **I.** eccentric; **F.** excentrique; **A.** überspannt; **It.** eccèntrico; **R.** эксцентричный.

EXCEPCIÓN. (l. *exceptĭo, -ōnis*.) f. Acción y efecto de exceptuar. || **2.** Cosa que se aparta de la condición o regla general de las demás de su especie. || **3.** FOR. Título o motivo jurídico que el demandado alega para hacer ineficaz la acción del demandante. || **4.** FOR. V. *Testigo mayor de toda* EXCEPCIÓN. || **—dilatoria.** FOR. La que puede ser tratada y resuelta en artículo de previo pronunciamiento, con suspensión entretanto del juicio. || **—perentoria.** FOR. La que se ventila en el juicio y se falla en la sentencia definitiva. || **P.** excepção; **I.** y **F.** exception; **A.** Ausnahme; **It.** eccezione; **R.** исключение.

EXCEPCIONAL. adj. Que forma excepción de la regla general. || **2.** Que se aparta de lo ordinario o que ocurre rara vez. || **P.** excepcional; **I.** exceptional; **F.** exceptionnel; **A.** ausserordentlich; **It.** eccezionale; **R.** исключительный.

EXCEPCIONAR. tr. p. us. Exceptuar. || **2.** FOR. Alegar excepción en el juicio.

EXCEPTACIÓN. (De *exceptar*.) adj. ant. Excepción.

EXCEPTADOR, RA. (De *exceptar*.) adj. ant. Que exceptúa.

EXCEPTAR. (l. *exceptāre*.) tr. ant. Exceptuar.

EXCEPTIVO, VA. adj. Que exceptúa. Que expresa o hace excepción.

EXCEPTO, TA. (l. *exceptus*, retirado.) p.p. irreg. ant. de exceptuar. || **2.** adv. A excepción de, fuera de, menos. || **P.** excepto; **I.** except, excepting; **F.** excepté, hormis; **A.** ausgenommen; **It.** eccetto; **R.** исключая, кроме.

EXCEPTUACIÓN. (De *exceptuar*.) f. Excepción.

EXCEPTUAR. (l. *exceptus*, p.p. de

E *excipĕre*, sacar.) tr. Excluir a una persona o cosa de la regla común. Ú.t.c.r. || **P**. exceptuar; **I**. to except; **F**. excepter; **A**. von der Regel ausschliessen; **It**. eccettuare; **R**. исключать, изымать.

EXCERPTA. (l. *excerpta*, pl. n. p. de *excerptus*, elegido, entresacado.) f. Colección, recopilación, extracto.

EXCERTA. f. Excerpta.

EXCESIVAMENTE. adv. Con exceso.

EXCESIVO, VA. (De *exceso*.) adj. Que excede o sale de la regla. || **P**. excessivo; **I**. excessive; **F**. excessif; **A**. übermässig; **It**. eccessivo; **R**. чрезмерный.

EXCESO. (l. *excessus*.) m. Parte que excede o pasa más allá de la medida o regla. || **2**. Lo que sale de los límites de lo ordinario o de lo lícito. || **3**. Aquello en que una cosa excede a otra. || **4**. Abuso, delito. Ú.m. en pl. || **5**. Exceso de peso. —**de peso, o de equipaje**. Demasía de peso en el equipaje respecto del número de kilogramos que las compañías de ferrocarriles conceden gratuitamente a los viajeros. —**de poder**. For. Acto de la autoridad administrativa en que se extralimita de sus facultades o poderes. || *En* EXCESO. adv. Excesivamente. || *Y otros* EXCESOS. fr. fam. con que se termina una enumeración de cosas reprochables. || **P**. excesso; **I**. excess; **F**. excès; **A**. Uebermass, Ausschreitung; **It**. eccesso; **R**.избыток, иелишек.

EXCIDIO. (l. *excidĭum*.) m. ant. Ruina, asolamiento.

EXCIPIENTE. (l. *excipiens, -entis*, p.a. de *excipĕre*, sacar, tomar.) m. Farm. Substancia neutra que sirve para incorporar o disolver ciertos medicamentos, para darles la forma o calidad convenientes. || **P**. excipiente; **I**. y **F**. excipient; **A**. Auflösungsmittel; **It**. eccipiente.

* **EXCÍPULO**. (l. *excipŭlum*, red de pescar.) m. Bot. Órgano en forma de lámina que bordea la lámina polígera de los líquenes.

EXCITABILIDAD. f. Calidad de excitable.

EXCITABLE. (l. *excitabĭlis*.) adj. Capaz de ser excitado. || **2**. Que se excita fácilmente.

EXCITACIÓN. (l. *excitatĭo, -ōnis*.) f. Acción y efecto de excitar o excitarse. || **2**. Biol. Actividad anormal del organismo producida generalmente por un estímulo o excitante. || **3**. Electr. Acción de excitar una máquina eléctrica haciendo pasar una corriente de origen diverso para producir un flujo magnético.

EXCITADOR, RA. adj. Que produce excitación. || **2**. m. Fís. Aparato para descargar de electricidad un cuerpo sin peligro para el operador. || **3**. Fís. Sistema destinado a engendrar la descarga oscilatoria en las estaciones transmisoras de telegrafía sin hilos. || **P**. excitador; **I**. exciter; **F**. excitateur; **A**. Erreger; **It**. eccitatore; **R**. возбудитель.

EXCITANTE. p.a. de excitar. Que excita. Ú.t.c.s.m. || **2**. Biol. Toda excitación del medio en que se halla una célula, un órgano o un organismo, y que puede producir en éstos un cambio de su equilibrio material o dinámico.

EXCITAR. (l. *excitāre*.) tr. Estimular, provocar, hacer más vivo un sentimiento, una resolución, una actividad vital. || **2**. r. Animarse por el enojo, el entusiasmo, etc. || **3**. Fís. Imanar el núcleo de hierro de los electroimanes que constituyen el elemento inductor en las dínamos y alternadores. || **P**. excitar; **I**. to excite; **F**. exciter; **A**. erregen, aufregen; **It**. eccitare; **R**. возбуждать.

EXCITATIVO, VA. adj. Que tiene virtud de excitar o mover. Ú.t.c.s.m.

EXCLAMACIÓN. (l. *exclamatĭo, -ōnis*.) f. Voz, grito, frase, en que se refleja una emoción del ánimo. || **2**. Ret. Figura que se comete expresando en forma exclamatoria un movimiento del ánimo. || **P**. exclamação; **I**. y **F**. exclamation; **A**. Ausruf; **It**. esclamazione; **R**. восклицание.

EXCLAMAR. (l. *exclamāre*.) intr. Proferir exclamaciones o expresiones vehementes y con viveza desusada, especialmente tratándose de afectos del ánimo. || **P**. exclamar; **I**. to exclaim; **F**. exclamer; **A**. ausrufen; **It**. esclamare; **R**. восклицать.

EXCLAMATIVO, VA. (De *exclamar*.) adj. Exclamatorio.

EXCLAMATORIO, RIA. (De *exclamar*.) adj. Propio de la exclamación. *Tono* EXCLAMATORIO.

EXCLAUSTRACIÓN. f. Acción y efecto de exclaustrar.

EXCLAUSTRADO, DA. p.p. de exclaustrar. || **2**. m. y f. Religioso exclaustrado.

EXCLAUSTRAR. (De *ex*, fuera de, y *claustro*.) tr. Permitir u ordenar a un religioso que abandone el claustro. || **P**. desenclaustrar; **I**. to uncloister; **F**. séculariser; **A**. aus dem Kloster entlassen; **It**. schiostrare; **R**. оставить монашество.

EXCLUIBLE. adj. Que puede ser excluido.

EXCLUIDOR, RA. adj. Que se excluye.

EXCLUIR. (l. *excludĕre*.) tr. Echar a una persona o cosa fuera del lugar que ocupaba. || **2**. No admitir la entrada ni la participación de una persona en un lugar o asunto. || **3**. Descartar o negar la posibilidad de una cosa. || **P**. excluir; **I**. to exclude; **F**. exclure; **A**. ausschliessen; **It**. esclùdere, ributtare; **R**.исключать.

EXCLUSIÓN. (l. *exclusĭo, -ōnis*.) f. Acción y efecto de excluir. || **P**. exclução; **I**. y **F**. exclusion; **A**. Ausschliessung; **It**. esclusione; **R**. исключение.

EXCLUSIVA. (De *exclusivo*.) f. Repulsa para no admitir a uno en un empleo, comunidad, etc. || **2**. Privilegio de hacer algo prohibido a los demás. || **2**.ª acep.: **P**. exclusiva; **I**. exclusivity; **F**. privilège; **A**. Vorzugsrecht; **It**. esclusività; **R**. льгота.

EXCLUSIVAMENTE. adv. Con exclusión. || **2**. Sola, únicamente.

EXCLUSIVE. adv. Exclusivamente. || **2**. Sin tomar en cuenta el último número o elemento mencionado. || **P**. e. exclusive; **F**. en ne comptant pas; **A**. ausschliesslich; **It**.escluso; **R**.исключительно.

EXCLUSIVISMO. (De *exclusivo*.) m. Adhesión obstinada a una cosa, persona o idea, con exclusión de toda otra. || **2**. Prurito de excluir a otros de la participación en algo.

EXCLUSIVISTA. adj. Relativo al exclusivismo. || **2**. Dícese de la persona que practica el exclusivismo. Ú.t.c.s.

EXCLUSIVO, VA. (De *excluso*.) adj. Que excluye o tiene fuerza y virtud para excluir. || **2**. Único, solo. || **P**. exclusivo; **I**. exclusive; **F**. exclusif; **A**. exklusiv(e), ausschliesslich; **It**. esclusivo; **R**. исключающий.

EXCLUSO, SA. (l. *exclūsus*.) p.p. irreg. de excluir.

EXCOGITABLE. (l. *excogitabĭlis*.) adj. Que se puede excogitar, imaginar o discurrir.

EXCOGITAR. (l. *excogitāre*.) tr. Hallar una cosa con el discurso y la meditación. || **P**. excogitar; **I**. to excogitate; **F**. excogiter, imaginer; **A**. ersinnen, ausdenken; **It**. escogitare; **R**. выдумывать, воображать.

EXCOMULGACIÓN. (De *excomulgar*.) f. ant. Excomunión.

EXCOMULGADO, DA. p.p. de excomulgar. || **2**. m. y f. Persona excomulgada. || **3**. fig. y fam. Indino, endiablado. —**vitando**. Aquel con quien no se puede tratar lícitamente en las cosas prohibidas por la excomunión mayor. || **P**. excomungado; **I**. excommunicated; **F**. excommunié; **A**. exkommuniziert; **It**. scomunicato; **R**. отлучённый.

EXCOMULGADOR. m. El que excomulga.

EXCOMULGAMIENTO. (De *excomulgar*.) m. ant. Excomunión.

EXCOMULGAR. (l. *excommunicāre*.) tr. Apartar a uno de la comunión de los fieles y del uso de los sacramentos. || **2**. fig. y fam. Separar en forma violenta o solemne a una persona de una comunidad política, científica, etc. || **P**. excomungar; **I**. to excommunicate; **F**. excommunier; **A**. exkommunizieren, verbannen; **It**. scomunicare; **R**. отлучать.

EXCOMUNICACIÓN. (l. *excommunicatĭo, -ōnis*.) f. ant. Excomunión.

EXCOMUNIÓN. (De *ex*, priv., y *comunión*.) f. Acción y efecto de excomul-

gar. || **2**. Carta o edicto con que se intima y publica la censura. || **3**. Paulina pontificia. —**a matacandelas**. La que se publica en la Iglesia con varias solemnidades, y entre ellas la de apagar candelas metiéndolas en agua. || —**de participantes**. Aquella en que incurren los que tratan con el excomulgado. || **2**. Por ext., otras cosas que se participan por el trato o unión con otros. || —**ferendae sentenciae**. La que impone la autoridad eclesiástica, aplicando a determinada o determinadas personas la disposición de la Iglesia que tiene establecida condena de la falta cometida. || —**latae sentenciae**. Aquella en que se incurre en el momento de cometer la falta previamente condenada por la Iglesia. || —**mayor**. Cuando implica privación de los sacramentos y de las plegarias públicas de la Iglesia. || —**menor**. Implica solamente la privación pasiva de los sacramentos, o sea el derecho a recibirlos. || **P**. excomunhão; **I**. excommunication; **F**. excommunication, anathème, **A**. Kirchenbann, Bannbrief; **It**. scomùnica, scomunicazione; **R**. отлучение.

EXCORIACIÓN. f. Acción y efecto de excoriar o excoriarse. || **P**. excoriação; **I**. y **F**. excoriation; **A**. Hautschrunde, Abschürfung; **It**. escoriazione, scorticatura, spellamento; **R**. ссадина.

EXCORIAR. (l. *excoriāre*, quitar la piel.) tr. Gastar o arrancar la piel de una parte del cuerpo. Ú.m.c.r. || **P**. escoriar; **I**. to excoriate; **F**. excorier; **A**. abschürfen, ritzen; **It**. escoriare; **R**. ссадить.

EXCRECENCIA. (l. *excrescentĭa*.) f. Prominencia anormal o superflua que aparece en la superficie de un organismo animal o vegetal. || **P**. excescência; **I**. excrescency; **F**. excroissance; **A**. Auswuchs; **It**. escrescenza; **R**. нарост, наплыв.

EXCRECIÓN. (l. *excretĭo, -ōnis*.) f. Acción y efecto de excretar.

EXCREMENTAL. (De *excremento*.) adj. Excrementicio.

EXCREMENTAR. tr. Deponer los excrementos.

EXCREMENTICIO, CIA. adj. Perteneciente a la excreción y a las substancias excretadas.

EXCREMENTO. (l. *excrementum*.) m. Materia que despiden de sí los cuerpos por las vías naturales, especialmente las materias fecales. || **2**. El que se produce en las plantas por putrefacción. || **3**. Cualquier materia asquerosa despedida por la boca, nariz, etc. || **P**. excremento; **I**. excrement; **F**. excrément; **A**. Auswurf, Kot; **It**. escremento; **R**. экскременты, кал.

EXCREMENTOSO, SA. adj. Aplícase al alimento que nutre poco y se convierte más que otros en excremento. || **2**. Excrementicio.

EXCRESCENCIA. f. Excrecencia.

EXCRETAR. (De *excreto*.) intr. Expeler el excremento. || **2**. tr. Separar y eliminar de la sangre o de los tejidos del cuerpo substancias superfluas, como la orina, etc. || **P**. excretar; **I**. to excrete; **F**. excréter; **A**. aussondern, ausscheiden; **It**. escretare; **R**. испражняться.

EXCRETO, TA. (l. *excrētus*, p.p. de *excernĕre*, separar, purgar.) adj. Que excreta.

EXCRETOR, RA. adj. Zool. Excretorio. || **2**. Zool. Dícese del conducto por el que salen de las glándulas los productos que están elaborados.

EXCRETORIO, RIA. (De *excreto*.) adj. V. *Vaso* EXCRETORIO. || **2**. Zool. Dícese de los órganos que sirven para excretar.

EXCREX. (l. *excrescĕre*, crecer, extenderse.) m. For. Ar. Donación que un cónyuge hace al otro en consideración a sus prendas personales. En plural se dice *excrez*.

EXCULPACIÓN. f. Acción y efecto de exculpar o exculparse. || **2**. Circunstancia que exculpa. || **P**. exculpação; **I**. exculpation, exoneration; **F**. exculpation; **A**. Entschuldigung, Rechtfertigung; **It**. discolpa, scusa; **R**. извинение.

EXCULPAR. (De *ex culpa*, sin culpa.) tr. Descargar a uno la culpa. Ú.t.c.r.

EXCULLADO, DA. adj. ant. Debilitado, desvirtuado.

EXCURSIÓN. (l. *excursĭo, -ōnis*.) f.

Correría. || **2.** Ida a algún paraje, para estudio, recreo o ejercicio físico. || **3.** FOR. Excusión. || **P.** excursão; **I.** y **F.** excursion; **A.** Ausflug; **It.** escursione; **R.** экскурсия.

EXCURSIONISMO. m. Ejercicio y práctica de las excursiones como deporte o con algún fin científico o artístico.

EXCURSIONISTA. com. Persona que hace excursiones. || **P.** excursionista; **I.** excursionist; **F.** excursionniste; **A.** Ausflügler, Exkursionist; **It.** escursionista; **R.** экскурсант.

EXCUSA. f. Acción y efecto de excusar o excusarse. || **2.** Motivo que se invoca para excusar o excusarse. || **3.** FOR. Excepción o descargo. || **4.** Entre ganaderos, res o cabeza de ganado de horra. || **P.** escusa; **I.** y **F.** excuse; **A.** Entschuldigung, Ausrede; **It.** scusa; **R.** извинение.

EXCUSA. f. Escusa.

EXCUSABARAJA. f. Escusabaraja.

EXCUSABLE. (l. *excusabĭlis.*) adj. Que admite excusa o es digno de ella. || **2.** Que se puede omitir o evitar.

EXCUSACIÓN. (l. *excusatĭo, -ōnis.*) f. Excusa, 1.er art.

EXCUSADA. f. ant. Excusa, 1.er art. 1.ª acep. || *A* EXCUSADAS. m. adv. ant. A escusadas.

EXCUSADAMENTE. adv. Sin necesidad.

EXCUSADERO, RA. adj. ant. Digno de excusa o que puede excusarse.

EXCUSADO, DA. (De *escuso*, escondido, del l. *absconsus.*) adj. Reservado o separado del uso común. || **2.** V. *Puerta* EXCUSADA. || **3.** m. Común, retrete. Reservado o separado, etc. || 3.ª acep.: **P.** comua; **I.** water-closet; **F.** water; **A.** Toilette; **It.** latrina; **R.** туалетный.

EXCUSADO, DA. p.p. de excusar. || **2.** adj. Libre, por privilegio, de pagar tributos. || **3.** Superfluo e inútil. || **4.** Lo que no hay precisión de hacer o decir. || **5.** m. Derecho que tenía la Hacienda real de elegir entre las casas dezmeras de una parroquia, una que pagase los diezmos al rey. || **6.** Cantidad que dichas casas rendían. || **7.** Tribunal en que se decidían los pleitos relativos a las casas dezmeras. || *Pensar en lo* EXCUSADO. fr. fig. con que se nota lo imposible o muy dificultoso de una pretensión.

EXCUSADOR, RA. (l. *excusātor.*) adj. Que excusa. || **2.** m. El que exime y excusa a otro de una carga, servicio, etc., haciéndolo por él. || **3.** FOR. El que sin tener poder del reo ni ser su defensor, lo excusaba.

EXCUSALÍ. m. Delantal pequeño.

EXCUSANO, NA. (De *escuso*, escondido.) adj. ant. Encubierto, escondido.

EXCUSANZA. (De *excusar*.) f. ant. Excusa, 1.er art.

EXCUSAÑA. (l. *absconsus*, escondido.) f. ant. Hombre de campo que en tiempo de guerra desde un paso o vado observaba los movimientos del enemigo.

EXCUSAR. (l. *excusāre*.) tr. Alegar razones para sacar libre a uno de la culpa que se le imputa. Ú.t.c.r. || **2.** Impedir que se ejecute una cosa perjudicial. || **3.** Rehusar hacer una cosa. Ú.t.c.r. || **4.** Eximir del pago de tributos o de un servicio personal. || **5.** Junto con infinitivo, poder evitar, poder dejar de hacer lo que éste significa. EXCUSAS *ir, ya que nada puedes hacer.* || **P.** escusar; **I.** to excuse one's self; **F.** s'excuser; **A.** entschuldigen; **It.** scusarsi; **R.** оправдывать.

EXCUSIÓN. (l. *excussĭo, -ōnis.*) f. FOR. Procedimiento judicial para obtener el pago a expensas de un deudor principal o antepuesto en orden de responsabilidades a otro u otros codeudores.

EXCUSO, SA. adj. ant. Excusado y de repuesto. || **2.** m. Acción y efecto de excusar.

EXEA. (l. *exire*, salir.) m. MIL. Explorador, 1.ª acep.

EXECRABLE. (l. *exsecrabĭlis.*) adj. Digno de execración.

EXECRACIÓN. (l. *exsecratĭo, -ōnis.*) f. Acción y efecto de execrar. || **2.** Pérdida del carácter sagrado de un lugar por profanación o por accidente. || **3.** RET. Figura que consiste en execrar o imprecar. || **P.** execração; **I.** execration, cursing; **F.** exécration, imprication; **A.** Abscheu; **It.** esecrazione; **R.** проклятие.

EXECRADOR, RA. (l. *exsecrātor.*) adj. Que execra. Ú.t.c.s.

EXECRAMENTO. (l. *exsecramentum.*) m. ant. Execración.

EXECRANDO, DA. (l. *exsecrandus.*) adj. Execrable, o que se debe execrar.

EXECRAR. (l. *exsecrāre.*) tr. Condenar y maldecir con autoridad sacerdotal o en nombre de cosas sagradas. || **2.** Abominar. || **3.** Reprobar severamente. || **P.** execrar; **I.** to execrate; **F.** exécrer, abhorrer; **A.** verabscheuen; **It.** esecrare; **R.** проклинать.

EXECRATIVO, VA. adj. Que execra.

EXECRATORIO, RIA. adj. Que sirve para execrar. || **2.** V. *Juramento* EXECRATORIO.

EXEDRA. (l. *exĕdra* o *exhĕdra*, y éste del gr. ἐξέδρα; de ἐξ, fuera, y ἕδρα, silla.) f. ARQ. Construcción descubierta, de planta semicircular, con asientos fijos en la parte interior de la curva.

EXÉGESIS. (gr. ἐξήγησις, de ἐξηγέμαι, guiar, exponer, explicar.) f. Explicación, interpretación de los libros de la Sagrada Escritura. || **P.** exegese; **I.** exegesis; **F.** exégèse; **A.** Bibelauslegung; **It.** esègesi; **R.** истолкование.

EXEGETA. (gr. ἐξηγητής.) m. Intérprete o expositor de la Sagrada Escritura. || **P.** exegeta; **I.** exegete; **F.** exégète; **A.** Exeget, Bibelkenner; **It.** esegeta; **R.** комментатор.

EXEGÉTICO, CA. (gr. ἐξηγητικός.) adj. Perteneciente a la exegesis || **2.** FOR. Aplícase al método expositivo en las obras de Derecho que sigue el orden de las leyes positivas.

EXENCIÓN. (l. *exemptĭo, -ōnis.*) f. Efecto de eximir o eximirse. || **2.** Libertad que uno goza para eximirse de alguna obligación. || **P.** isenção; **I.** exemption; **F.** exemption, affranchissement; **A.** Befreiung, Enthebung; **It.** esenzione; **R.** освобождение (от налога, и т. д.).

EXENTAMENTE. adv. Libremente, con exención. || **2.** Claramente, con franqueza.

EXENTAR. (De *exento*.) tr. Eximir. Ú.t.c.r. || **P.** isentar, eximir; **I.** to exempt; **F.** exempter; **A.** von einer Pflicht befreien; **It.** esentare, esencionare, esimere; **R.** освобождать.

EXENTO, TA. (l. *exemptus*.) p.p. irreg. de eximir. || **2.** adj. Libre, desembarazado de una cosa. || **3.** Aplícase al sitio o edificio que está descubierto por todas partes. || **4.** V. *Jurisdicción* EXENTA. || **5.** Dícese de las personas o cosas no sometidas a la jurisdicción ordinaria. || **6.** ARQ. Dícese de la columna aislada. || **P.** eximido; **I.** exempt; **F.** exempt, dégagé; **A.** ausgenommen, frei; **It.** esente; **R.** свободный.

EXEQUÁTUR. (l. *exsequátur*, que ejecute; de *exsĕqui*, ejecutar, cumplimentar.) m. Pase que da la autoridad civil de un Estado a las bulas y rescriptos pontificios. || **2.** Autorización que otorga al Jefe del Estado a los agentes extranjeros para que puedan ejercer las funciones propias de su cargo.

EXEQUIAL. (l. *exsequiālis.*) adj. ant. Perteneciente o relativo a las exequias. Ú. en Chile.

EXEQUIAS. (l. *exsequĭae.*) f. pl. Honras fúnebres. || **P.** exéquias; **I.** exequies, obsequies; **F.** obsèques, funérailles; **A.** Exequien; **It.** esequie; **R.** похороны.

EXEQUIBLE. (l. *exsĕqui*, conseguir.) adj. Que se puede hacer, conseguir o realizar.

★ **EXERCIÓN.** (l. *exercēre*, ejercitar.) f. MED. Movimiento, irritación, actividad.

EXERCIVO, VA. adj. ant. Que ejerce con actividad y fuerza.

EXERGO. (gr. ἐξ, fuera, y ἔργον, obra, fuera de la obra.) m. NUMISM. Parte de una medalla o moneda donde se pone la leyenda debajo del emblema o figura. || **P.** exergo; **I.** y **F.** exergue; **A.** Exergo; **It.** esergo.

EXFOLIACIÓN. f. Acción y efecto de exfoliar o exfoliarse. || **2.** MIN. Propiedad que tienen algunos minerales de exfoliarse con facilidad en una dirección determinada. || **3.** MED. Caída de la epidermis en forma de escamas.

EXFOLIADOR, RA. adj. CHILE. Aplícase a una especie de cuaderno que tiene

las hojas ligeramente pegadas para poderse desprender con facilidad.

EXFOLIAR. (l. *exfoliāre.*) tr. Dividir una cosa en láminas o escamas. Ú.t.c.r.

EXHALACIÓN. (l. *exhalatĭo, -ōnis.*) f. Acción y efecto de exhalar o exhalarse. || **2.** Estrella fugaz. || **3.** Rayo, centella. || **4.** Vapor o vaho que un cuerpo exhala por evaporación. || **P.** exalação; **I.** y **F.** exhalation; **A.** Ausdünstung; **It.** esalazione; **R.** испарение.

EXHALADOR, RA. adj. Que exhala.

EXHALAR. (l. *exhalāre.*) tr. Despedir gases, vapores u olores. || **2.** fig. Dicho de suspiros, quejas, etc., lanzarlos, despedirlos. || **3.** r. fig. Desalar, 3.er art. || **P.** exalar; **I.** to exhale; **F.** exhaler, émettre, dégager; **A.** ausdünsten; **It.** esalare; **R.** выделять.

EXHAUSTIVO, VA. (l. *exhaustus*, agotado.) adj. Que agota o apura por completo.

EXHAUSTO, TA. (l. *exhaustus*, p.p. de *exhaurīre*, agotar.) adj. Apurado, agotado. || **P.** exausto; **I.** exhausted; **F.** tari, épuisé; **A.** kraftlos, erschöpft; **It.** esausto; **R.** истощённый.

EXHEREDACIÓN. (l. *exheredatĭo, -ōnis.*) f. Acción y efecto de exheredar. || **2.** FOR. Desheredación.

EXHEREDAR. (l. *exheredāre.*) tr. Desheredar.

EXHIBICIÓN. (l. *exhibitĭo, -ōnis.*) f. Acción y efecto de exhibir. || **P.** exibição; **I.** y **F.** exhibition; **A.** Schaustellung; **It.** esibizione; **R.** выставка.

EXHIBICIONISMO. m. Prurito de exhibirse.

EXHIBICIONISTA. com. Persona aficionada al exhibicionismo.

EXHIBIR. (l. *exhibēre.*) tr. Manifestar, mostrar en público. Ú.t.c.r. || **2.** tr. FOR. Presentar escrituras, documentos, pruebas, etc., ante quien corresponda. || **3.** MÉJ. Pagar una cantidad. || **P.** exibir; **I.** to exhibit; **F.** exhiber, montrer, présenter; **A.** vorzeigen, vorstellen; **It.** esibire, presentare; **R.** выставлять.

EXHÍBITA. (l. *exhibĭta*, exhibida.) f. FOR. AR. Exhibición.

EXHORTACIÓN. (l. *exhortatĭo, -ōnis.*) f. Acción de exhortar. || **2.** Palabras con que se exhorta a uno. || **3.** Plática, sermón breve. || **P.** exortação; **I.** y **F.** exhortation; **A.** Ermahnung; **It.** esortazione; **R.** призыв.

EXHORTADOR, RA. (l. *exhortātor.*) adj. Que exhorta. Ú.t.c.s.

EXHORTAR. (l. *exhortāre.*) tr. Inducir a uno con razones y ruegos a que haga o deje de hacer alguna cosa. || **P.** exortar; **I.** to exhort; **F.** exhorter, prier; **A.** ermahnen; **It.** esortare; **R.** убеждать.

EXHORTATIVO, VA. adj. Exhortatorio.

EXHORTATORIO, RIA. (l. *exhortatōrius.*) adj. Perteneciente o relativo a la exhortación.

EXHORTO. (1.ª pers. del sing. del pres. de indic. de *exhortar*; fórmula que el juez emplea en los despachos.) m. FOR. Despacho que libra un juez a otro su igual para que mande dar cumplimiento a lo que le pide. || **P.** precatória; **I.** letters rogatory; **F.** commission rogatoire; **A.** schriftliches Gesuch; **It.** requisitoria; **R.** поручение.

EXHUMACIÓN. f. Acción de exhumar. || **P.** exumação; **I.** y **F.** exhumation; **A.** Ausgrabuung; **It.** esumazione, dissotterramento; **R.** откапывание.

EXHUMADOR, RA. adj. Que exhuma. Ú.t.c.s.

EXHUMAR. (l. *ex*, fuera de, y *humus*, tierra.) tr. Desenterrar un cadáver o restos humanos. || **2.** fig. Desterrar, 2.ª acep. || **P.** exumar; **I.** to disinter, to exhume, to unbury; **F.** exhumer, déterrer; **A.** ausgraben, wieder ausgraben; **It.** esumare, dissotterrare; **R.** выкапывать труп.

EXICIAL. (l. *exitiālis*, de *exitium*, destrucción, muerte.) adj. ant. Mortal.

EXIDA. (De *exir*.) f. ant. Salida.

★ **EXIFOREAR.** (l. *exi foras*, sal fuera.) tr. COLOM. Echar, sacar.

EXIGENCIA. (l. *exigentĭa*.) f. Acción y efecto de exigir. || **2.** Pretensión caprichosa o desmedida. || **P.** exigência; **I.** exigency; **F.** exigence; **A.** Anspruch, Forderung; **It.** esigenza; **R.** требование.

E

EXIGENTE. (l. *exigens, -entis.*) p.a. de exigir. || **2.** adj. Dícese especialmente del que exige caprichosamente o de forma despótica. Ú.t.c.s.

EXIGIBLE. adj. Que puede o debe exigirse.

EXIGIDERO, RA. adj. Exigible.

EXIGIR. (l. *exigĕre.*) tr. Cobrar, sacar de uno por autoridad pública dinero u otra cosa. || **2.** fig. Pedir una cosa, algún requisito necesario para que se haga. || **3.** Demandar imperiosamente. || **P.** exigir; **I.** to exact; **F.** exiger; **A.** fordern, beanspruchen; **It.** esigere; **R.** требовать.

EXIGÜIDAD. (l. *exiguitas, -ātis.*) f. Calidad de exiguo. || **P.** exiguidade; **I.** exiguity; **F.** exiguïté; **A.** Spärlichkeit; **It.** esiguità; **R.** скудость.

EXIGUO, GUA. (l. *exigŭus.*) adj. Insuficiente, escaso. || **P.** exiguo; **I.** exiguous; **F.** exigu; **A.** spärlich; **It.** esiguo; **R.** скудный.

° **EXILAR.** tr. Desterrar. Ú.t.c.r.

° **EXILIADO, DA.** adj. Desterrar, expatriado, emigrado. Ú.t.c.s.

EXILIO. (l. *exilium.*) m. Destierro, 1.ª acep.

EXIMENTE. p.p. de eximir. Que exime. || **2.** adj. V. *Circunstancia* EXIMENTE.

EXIMICIÓN. (De eximir.) f. ant. Exención.

EXIMIO, MIA. (l. *eximĭus.*) adj. Muy excelente. || **P.** exímio; **I.** eximious; **F.** excellent; **A.** vortrefflich; **It.** esimio; **R.** отличный.

EXIMIR. (l. *eximĕre.*) tr. Libertar a uno de una carga, obligación, cuidado, etc. Ú.t.c.r. || **P.** eximir; **I.** to exempt; **F.** exempter; **A.** ausnehmen; **It.** esimere; **R.** освобождать.

EXINANICIÓN. (l. *exinanitio, -ōnis.*) f. Notable falta de vigor o fuerza.

EXINANIDO, DA. (l. *exinanitus,* p.p. de *exinanire,* consumir.) adj. Notablemente falto de fuerzas o vigor.

° **EXINSCRITO, TA.** adj. GEOM. Dícese de la circunferencia y del círculo tangente a uno de los lados de un triángulo y a las prolongaciones de los otros dos.

EXIR. (l. *exire.*) intr. ant. Salir.

EXISTENCIA. (l. *existentia.*) f. Acto de existir. || **2.** Vida del hombre. || **3.** pl. Cosas, especialmente mercancías, que no han tenido aún la salida o empleo a que están destinadas. || **P.** existência; **I.** y **F.** existence; **A.** Existenz, Dasein; **It.** esistenza; **R.** существование.

EXISTENCIAL. adj. Perteneciente o relativo al acto de existir.

° **EXISTENCIALISMO.** (De *existencial.*) f. Tendencia filosófica contemporánea que funda el conocimiento de la realidad en la experiencia inmediata de la propia existencia.

★ **EXISTENCIALISTA.** adj. Que profesa el existencialismo o es partidario de él. Ú.t.c.s. || **2.** Perteneciente o relativo a esta doctrina. || **3.** Escritor que en sus obras da sensación de contingencia y libertad personal.

EXISTENTE. (l. *existens, -entis.*) p.a. de existir. Que existe.

EXISTIMACIÓN. (l. *existimatio, -ōnis.*) f. Acción y efecto de existimar.

EXISTIMAR. (l. *existimāre.*) tr. Hacer juicio de una cosa; tenerla por cierta, aunque no lo sea. || **P.** estimar, avaliar; **I.** to estimate; **F.** estimer, apprécier; **A.** dafürhalten; **It.** esistimare; **R.** полагать, считать.

EXISTIMATIVO, VA. (De *existimar.*) adj. Putativo.

EXISTIR. (l. *existĕre.*) intr. Tener una cosa ser real o verdadero. || **2.** Tener vida. || **3.** Haber, estar, hallarse. || **P.** existir; **I.** to exist; **F.** exister, être; **A.** bestehen, dasein; **It.** esistire; **R.** существовать.

⚔ **EXITISTA.** adj. ARGENT. Dícese de quien sigue al que triunfa o se pone de su parte. Ú.t.c.s.

ÉXITO. (l. *exitus,* de *exire,* salir.) m. Fin o término de un negocio o dependencia. || **2.** Resultado feliz. || **P.** éxito; **I.** issue; **F.** succès, réussite; **A.** Erfolg, Gelingen, gang; **It.** èsito; **R.** успех.

★ **EXITOSO, SA.** (De *éxito.*) adj. ARGENT. Aplaudido, celebrado, que triunfa o tiene éxito.

EX LIBRIS. (Locución latina.) m. Cédula o marca que el poseedor de un libro pone en éste para indicar que es de su pertenencia.

EXOCRINA. (gr. ἔξω, fuera, y κρίνω, segregar.) adj. ZOOL. Dícese de la glándula que tiene conducto excretor.

ÉXODO. (l. *exŏdus,* y éste del gr. ἔξοδος, salida; de ἐξ, fuera de, y ὁδός, camino.) m. Segundo libro del Pentateuco, en que se narra la salida de los israelitas de Egipto. || **2.** fig. Emigración o salida en masa de un pueblo. || **P.** Éxodo; **I.** Exodus; **F.** Exode; **A.** Exodus; **It.** Èsodo; **R.** перемещение.

EXOESQUELETO. (gr. ἔξω, fuera, y *esqueleto.*) m. ZOOL. Dermatoesqueleto.

EXOFTALMÍA. (gr. ἐξ, fuera, y ὀφθαλμός, ojo.) f. MED. Síntoma de varias enfermedades consistente en la situación saliente del globo ocular.

EXOFTÁLMICO, CA. adj. Perteneciente o relativo a la exoftalmía.

EXOFTALMOS. m. MED. Exoftalmía.

★ **EXOGAMIA.** (gr. ἔξω, fuera, y γάμος, matrimonio.) f. Casamiento entre individuos de distinta tribu o grupo familiar. || **2.** BIOL. Fecundación por la unión de elementos que no derivan de la misma célula.

★ **EXÓGENO, NA.** (gr. ἔξω, fuera, y γεννάω, engendrar.) adj. Dícese del órgano que se forma en el exterior de otro, como las esporas de ciertos hongos. || **2.** GEOL. Dícese de las rocas formadas por la acumulación exterior de materiales.

EXONERACIÓN. (l. *exoneratio, -ōnis.*) f. Acción y efecto de exonerar o exonerarse.

EXONERAR. (l. *exonerāre.*) tr. Aliviar, descargar un peso, carga u obligación. Ú.t.c.r. || **2.** Separar o destituir a alguno de un empleo. || **P.** exonerar; **I.** to exonerate; **F.** exonérer; **A.** entlasten, degagieren; **It.** esonerare, esentare; **R.** облегчать.

★ **EXOPODITO.** (gr. ἔξω, fuera, y πούς, pie.) m. HIST. NAT. Una de las divisiones de los apéndices de los crustáceos.

EXORABLE. (l. *exorabilis.*) adj. Dícese del que se deja vencer fácilmente de los ruegos.

EXORAR. (l. *exorāre.*) tr. Pedir, solicitar con empeño. || **P.** exorar; **I.** to entreat; **F.** prier, supplier; **A.** beharrlich bitten; **It.** esorare; **R.** умолять.

EXORBITADAMENTE. adv. Con exorbitancia.

EXORBITANCIA. (l. *exorbitans, -antis,* exorbitante.) f. Exceso notable.

EXORBITANTE. (l. *exorbitans, -antis,* p.a. de *exorbitāre,* salirse del camino, separarse.) adj. Que excede mucho del orden y término regular. || **P.** exorbitante; **I.** y **F.** exorbitant; **A.** übermässig; **It.** esorbitante; **R.** чрезмерный.

EXORCISMO. (l. *exorcismus,* y éste del gr. ἐξορκισμός.) m. Conjuro ordenado por la Iglesia contra el espíritu maligno. || **P.** exorcismo; **I.** exorcism; **F.** exorcisme; **A.** Teufelsbeschwörung; **It.** esorcismo; **R.** заклинание.

EXORCISTA. (l. *exorcista,* y éste del gr. ἐξορκιστής.) m. El que en virtud de orden menor eclesiástica tiene potestad para exorcizar. || **P.** exorcista; **I.** exorciser; **F.** exorciste; **A.** Teufelsbanner; **It.** esorcista; **R.** заклинатель.

EXORCISTADO. m. Orden de exorcista, que es la tercera de las menores.

EXORCIZANTE. p.a. de exorcizar. Que exorciza.

EXORCIZAR. (l. *exorcizāre,* y éste del gr. ἐξορκίζω.) tr. Usar de los exorcismos dispuestos y ordenados por la Iglesia contra el espíritu maligno. || **P.** exorcizar; **I.** to exorcise; **F.** exorciser; **A.** bannen, beschwören; **It.** esorcizzare; **R.** произнсить заклинание.

EXORDIAR. (De *exordio.*) tr. ant. Empezar o principiar.

EXORDIO. (l. *exordium.*) m. Introducción de una composición literaria. || **2.** Primera parte del discurso oratorio, que prepara el ánimo del oyente. || **3.** Preámbulo de un razonamiento. || **P.** exórdio, preambulo; **I.** exordium; **F.** exorde; **A.** Einleitung, Eingang; **It.** esordio; **R.** вступление.

EXORDIR. (l. *exordīri.*) intr. ant. Dar principio a una oración.

EXORNACIÓN. (l. *exornatio, -ōnis.*) f. Acción y efecto de exornar o exornarse.

EXORNAR. (l. *exornāre.*) tr. Adornar, hermosear. Ú.t.c.r. || **2.** Dícese especialmente del lenguaje cuando se le adorna con galas retóricas. || **P.** exornar; **I.** to adorn; **F.** orner; **A.** ausschmücken; **It.** esornare; **R.** украшать.

EXÓSMOSIS [EXOSMOSIS]. (Del gr. ἔξω, fuera, y ὠσμός, acción de empujar o impeler.) f. Fís. Corriente de dentro a fuera, que se establece a través de una membrana, del líquido más denso al menos denso, y simultánea a otra de fuera a dentro llamada endósmosis.

EXOTÉRICO, CA. (l. *exotericus,* y éste del gr. ἐξωτερικός.) adj. Común, accesible para el vulgo, lo contrario de esotérico. Aplícase comúnmente a la doctrina que los filósofos de la antigüedad manifestaban públicamente. || **P.** exotérico; **I.** exoteric; **F.** exotérique; **A.** exoterisch; **It.** esotérico; **R.** обыкновенный.

★ **EXOTÉRMICO, CA.** adj. Fís. Dícese de las reacciones y cambios químicos que se verifican con desprendimiento de calor.

EXOTICIDAD. f. Calidad de exótico.

EXÓTICO, CA. (l. *exoticus,* y éste del gr. ἐξωτικός.) adj. Extranjero, peregrino. Dícese especialmente de las voces, plantas y drogas. || **2.** Extraño, chocante, extravagante. || **P.** exótico; **I.** exotic; **F.** exotique; **A.** exotisch; **It.** esòtico; **R.** экзотический.

EXOTIQUEZ. f. Calidad de exótico.

★ **EXOTISMO.** m. Calidad de exótico. || **2.** Afición a lo exótico.

★ **EXOTOXINA.** f. MED. y BIOQUÍM. Toxina segregada por un microbio y que ejerce su acción fuera y con independencia del mismo.

EXPANDIR. (l. *expandĕre.*) tr. Extender, dilatar, ensanchar. Ú.t.c.r.

EXPANSIBILIDAD. (De *expansible.*) f. Fís. Tendencia que tienen los gases a aumentar de volumen a causa de la fuerza de repulsión que obra entre sus moléculas. || **P.** expansibilidade; **I.** expansibility; **F.** expansibilité; **A.** Ausdehnbarkeit; **It.** espansibilità; **R.** растяжимость.

EXPANSIBLE. adj. Fís. Susceptible de expansión.

EXPANSIÓN. (l. *expansio, -ōnis.*) f. Fís. Acción de extenderse o dilatarse. || **2.** fig. Manifestación efusiva de un afecto o pensamiento. || **3.** HIST. NAT. Prolongación o extensión de un órgano. || **4.** Recreo, solaz. || **P.** expansão; **I.** expansion, extension; **F.** expansion, épanchement; **A.** Ausdehnung; **It.** espansione; **R.** растяжение.

EXPANSIONARSE. r. Desahogar, espontanearse.

EXPANSIVO, VA. (l. *expansus,* extendido.) adj. Que puede o que tiende a extenderse o dilatarse. || **2.** fig. Franco, comunicativo. || **P.** expansivo; **I.** expansive; **F.** expansif, communicatif; **A.** expansiv, ausdehnend; **It.** espansivo; **R.** растяжимый, общительный.

EXPATRIACIÓN. f. Acción y efecto de expatriar o expatriarse.

EXPATRIARSE. (De *ex* y *patria.*) r. Abandonar uno su patria por necesidad o por cualquier otra causa. || **P.** expatriar-se; **I.** to expatriate; **F.** s'expatrier; **A.** auswandern; **It.** spatriarsi; **R.** покидать родину.

EXPAVECER. (l. *expavescĕre.*) tr. ant. Atemorizar, espantar. Usáb.t.c.r.

EXPECTABLE. (l. *exspectabilis.*) adj. Espectable.

EXPECTACIÓN. (l. *exspectatio, -ōnis.*) f. Intensidad con que se espera una cosa. || **2.** Fiesta que se celebra el día 18 de diciembre en honor de la Virgen Nuestra Señora. *De* EXPECTACIÓN. loc. Expectable. || **P.** expectação; **I.** y **F.** expectation; **A.** Erwartung; **It.** espettazione; **R.** ожидание.

EXPECTANTE. (l. *exspectans, -antis,* p.a. de *exspectāre,* observar.) adj. Que espera observando o está a la mira de una cosa. || **2.** FOR. Dícese del hecho, la cosa, la obligación o el derecho de que se tiene conocimiento como venidero.

EXPECTATIVA. (l. *spectātum,* esperando.) f. Cualquier esperanza de conseguir una cosa, si se depara la oportunidad que se desea. || **2.** Posibilidad de conseguir un derecho, herencia, empleo, etc., al ocurrir un suceso que se prevé. || **P.** expectativa; **I.** expectation, expectancy; **F.** expectative;

A. Aussicht, Erwartung; **It.** espettativa, aspettativa; **R.** ожидание.

EXPECTATIVAS. (Del m. or. que *expectativa*.) adj. pl. V. *Cartas, letras*, EXPECTATIVAS.

EXPECTORACIÓN. f. Acción y efecto de expectorar. || **2.** Lo que se expectora. || **P.** expectoração; **I.** expectoration; **F.** expectoration, crachement; **A.** Schleimauswurf; **It.** espettorazione; **R.** отхаркивание.

EXPECTORANTE. adj. MED. Que hace expectorar. Ú.t.c.s.m.

EXPECTORAR. (l. *expectorāre*; de *ex*, fuera de, y *pectus*, pecho.) tr. Arrancar y arrojar por la boca las flemas y secreciones que se depositan en las vías respiratorias. || **P.** expectorar; **I.** to expectorate; **F.** expectorer; **A.** aushusten; **It.** espettorare; **R.** отхаркивать.

EXPEDICIÓN. (l. *expeditio, -ōnis*.) f. Acción y efecto de expedir. || **2.** Desembarazo, prontitud en decir o hacer. || **3.** Despacho, bula, etc., de la curia romana. || **4.** Excursión colectiva con algún fin científico, artístico o deportivo. || **5.** Conjunto de personas que la realizan. || **P.** expedição; **I.** expedition; **F.** expédition, remise; **A.** Versand, Beförderung; **It.** spedizione; **R.** отправление.

EXPEDICIONARIO, RIA. adj. Que lleva a cabo una expedición. *Ejército* EXPEDICIONARIO. Ú.t.c.s. || **P.** expedicionário; **I.** expeditionary; **F.** expéditionnaire; **A.** Expedient; **It.** spedizionario; **R.** экспедиционный.

EXPEDICIONERO. m. El que trata y cuida de la solicitud y despacho de las expediciones que se solicitan en la curia romana.

EXPEDIDAMENTE. adv. ant. Expeditamente.

EXPEDIDO, DA. (De *expedir*.) adj. ant. Expedito, desembarazado.

EXPEDIDOR, RA. m. y f. Persona que expide.

EXPEDIENTAR. tr. Someter a expediente, 8.ª acep.

EXPEDIENTE. (l. *expediens, -entis*, p.a. de *expedīre*, soltar, convenir, dar curso.) m. Negocio que se sigue sin juicio contradictorio en los tribunales. || **2.** Conjunto de todos los papeles correspondientes a un asunto o negocio. || **3.** Arbitrio o pretexto para dar salida a una dificultad. || **4.** Despacho, curso en los negocios o causas. || **5.** Desembarazo, prontitud en las decisiones en los negocios u otras cosas. || **6.** Título, motivo o pretexto. || **7.** Surtimiento, avío, provisión. || **8.** Procedimiento administrativo en que se juzga la actuación de un funcionario. || *Cubrir* uno *el* EXPEDIENTE. fr. Revestirlo de todos los requisitos exigidos para tramitar el negocio. || **2.** fig. y fam. Aparentar que se cumple una obligación. || **3.** fig. Cometer un fraude salvando las apariencias. || *Dar* EXPEDIENTE. fr. Dar pronto despacho a un asunto. || *Instruir* uno *un* EXPEDIENTE. fr. Practicar las diligencias y reunir todos los datos para dar decisión a un asunto o negocio. || **P.** expediente; **I.** proceedings, law-suit; **F.** procédure, diligence, dossier; **A.** Ausweg, Rechtssache, Dossier; **It.** espediente; procedura; **R.** следствие дело, документы.

EXPEDIENTEO. m. Tendencia exagerada a formar expedientes o complicar la instrucción de ellos. || **2.** Tramitación de los expedientes.

EXPEDIR. (l. *expedīre*.) tr. Dar curso y despacho a las causas y negocios. || **2.** Despachar, extender por escrito privilegios, bulas, decretos, etc. || **3.** Pronunciar un auto o decreto. || **4.** Remitir, enviar. || **4.**ª acep.: **P.** expedir; **I.** to send; **F.** expédier, envoyer; **A.** versenden, spedieren; **It.** spedire; **R.** отправлять.

EXPEDITAMENTE. adv. Fácilmente, desembarazadamente.

EXPEDITIVO, VA. (De *expedito*.) adj. Que sirve para despachar prontamente un asunto. || **2.** Que obra con eficacia y rapidez.

EXPEDITO, TA. (l. *expedītus*.) adj. Desembarazado, libre de todo estorbo; pronto para actuar.

EXPELENTE. p.a. de expeler. Que expele.

EXPELER. (l. *expellĕre*.) tr. Arrojar, echar de alguna parte a una persona o,

especialmente, una cosa. || **P.** expelir, expulsar. || **I.** to expel, to eject; **F.** expulser, chasser, rejeter; **A.** ausstossen, auswerfen, abführen; **It.** espèllere; **R.** изгонять.

EXPENDEDOR, RA. adj. Que gasta o expende. Ú.t.c.s. || **2.** m. y f. Persona que vende efectos de otro, particularmente tabaco, sellos, etc. || **3.** FOR. Persona que expende. || **—de moneda falsa.** FOR. El que de forma secreta y cautelosa va introduciendo en el comercio moneda falsa. || **P.** expendedor, gastador; **I.** spender; **F.** débitant, fournaise; **A.** Verkäufer; **It.** espenditore; **R.** продавец.

EXPENDEDURÍA. (De *expendedor*.) f. Tienda en que se vende por menor tabaco u otros efectos monopolizados. || **P.** tabacaria; **I.** shop, cigar-store; **F.** débit, bureau; **A.** Verschleiss, Tabakladen; **It.** spaccio; **R.** табачная лавка.

EXPENDER. (l. *expendĕre*, pesar, pagar.) tr. Gastar, hacer expensas. || **2.** Vender al menudeo. || **3.** Vender objetos de propiedad ajena por encargo de su dueño. || **4.** FOR. Poner en circulación moneda falsa. || **P.** expender; **I.** to spend; **F.** débiter; **A.** ausgeben, verschleissen; **It.** spèndere; **R.** тратить, продавать.

EXPENDICIÓN. f. Acción y efecto de expender.

EXPENDIO. (De *expender*.) m. p. us. Gasto, dispendio. || **2.** ARGENT., MÉJ. y PERÚ. Expedición, venta al menudeo. || **3.** MÉJ. Expendeduría.

EXPENDITAR. tr. CHILE. y MÉJ. Costear, pagar los gastos de alguna gestión o negocio.

EXPENSAS. (l. *expensas*.) f. pl. Gastos, costas. || **2.** FOR. Litisexpensas. || *A* EXPENSAS. m. adv. A costa, por cuenta, a cargo. || **P.** despensas, gastos; **I.** expenses, costs; **F.** frais; **A.** (Un)Kosten Ausgaben; **It.** spese.

EXPERIENCIA. (l. *experientia*.) f. Enseñanza que se adquiere con la práctica o que da la vida misma. || **2.** Experimento. || *La* EXPERIENCIA *es madre de la ciencia.* ref. que recomienda la enseñanza que procede del uso y de la práctica. || **P.** experiència; **I.** experience; **F.** expérience; **A.** Erfahrung; **It.** esperienza; **R.** опыт.

EXPERIMENTACIÓN. f. Acción y efecto de experimentar. || **2.** Modo científico de investigación fundado en el acondicionamiento de los fenómenos para facilitar su estudio. Es fundamental en la ciencia moderna.

EXPERIMENTADO, DA. p.p. de experimentar. || **2.** adj. Dícese de la persona que tiene experiencia.

EXPERIMENTADOR, RA. adj. Que experimenta o hace experiencias. Ú.t.c.s.

EXPERIMENTAL. (De *experiencia*.) adj. Fundado en la experiencia, o que se sabe y alcanza por ella. || **P.** e **I.** experimental; **F.** expérimental; **A.** erfahrungsgemäss; **It.** sperimentale; **R.** опытный.

EXPERIMENTALMENTE. adj. Por medio de la experiencia.

EXPERIMENTAR. (De *experimento*.) tr. Probar y examinar las condiciones o propiedades de una cosa por la práctica o la experimentación. || **2.** En las ciencias fisicoquímicas y naturales, hacer operaciones destinadas a descubrir o demostrar determinados fenómenos o principios científicos. || **3.** Notar, sentir en sí un cambio o modificación orgánica o afectiva; en general, los efectos de un cambio cualquiera. || **4.** Sufrir, padecer. || **P.** experimentar; **I.** to experience; **F.** expérimenter; **A.** experimentieren; **It.** sperimentare; **R.** производить опыты.

EXPERIMENTO. (l. *experimentum*.) m. Acción y efecto de experimentar. || **2.** Determinación voluntaria de un fenómeno u observación del mismo en determinadas condiciones, como medio de investigación. || **P.** experimento; **I.** experiment; **F.** experience, essai, épreuve; **A.** Experiment, Versuch; **It.** sperimento; **R.** опыт, эксперимент.

EXPERTAMENTE. adv. Diestramente, con práctica y conocimiento.

EXPERTICIA. f. VENEZ. Prueba pericial.

EXPERTO, TA. (l. *expertus*, p.p. de *experīre*, experimentar.) adj. Práctico, hábil. || **2.** Perito. || **P.** perito; **I.** expert,

dexterous; **F.** adroit, habile, expert; **A.** sachkundig, erfahren; **It.** esperto, esperimentato; **R.** опытный.

EXPIACIÓN. (l. *expiatio, -ōnis*.) f. Acción y efecto de expiar. || **P.** expiação; **I.** expiation, atonement; **F.** expiation; **A.** Sühne, Abbüssung; **It.** espiazione; **R.** искупление.

EXPIAR. (l. *expiāre*.) tr. Borrar las culpas por medio de algún sacrificio; purificarse de ellas. || **2.** Reparar el delincuente sus delitos sufriendo la pena impuesta por los tribunales. || **3.** fig. Padecer las consecuencias de los desaciertos o malos procederes. || **4.** fig. Purificar una cosa profanada. || **P.** expiar; **I.** to expiate; **F.** expier; **A.** abbüssen, sühnen; **It.** espiare; **R.** искупать.

EXPIATIVO, VA. (l. *expiātum*, supino de *expiāre*, expiar.) adj. Que sirve para la expiación.

EXPIATORIO, RIA. (l. *expiatōrius*.) adj. Que se hace por expiación, o que la produce. || **P.** expiatório; **I.** expiatory; **F.** expiatoire; **A.** Sühn-, (en comp.); **It.** espiatorio; **R.** искупительный.

EXPILAR. (l. *expilāre*.) tr. Robar, despojar.

EXPILLO. m. Matricaria.

EXPIRACIÓN. (l. *expiratio, -ōnis*.) f. Acción y efecto de expirar.

EXPIRANTE. p.a. de expirar. Que expira.

EXPIRAR. (l. *expirāre*.) intr. Morir, 1.ª acep. || **2.** fig. Acabarse, fenecer una cosa. EXPIRAR *el mes, el plazo*. || **P.** expirar; **I.** to expire; **F.** expirer, prendre fin; **A.** ausatmen, sterben, enden; **It.** spirare; **R.** кончаться, умереть.

EXPLANACIÓN. (l. *explanatio, -ōnis*.) f. Acción y efecto de explanar. || **2.** Acción y efecto de allanar un terreno. || **3.** fig. Explicación de un texto o doctrina.

EXPLANADA. (l. *explanāta*, allanada.) f. Espacio de terreno allanado. || **2.** FORT. Declive que se continúa desde el camino cubierto hacia la campaña. || **3.** FORT. Parte más elevada de la muralla sobre cuyo límite se levantan las almenas. || **4.** MIL. Pavimento de una batería. || **P.** esplanada, plataforma; **I.** glacis, platform; **F.** glacis, esplanade; **A.** Ebene, Esplanade; **It.** spianata; **R.** площадка.

EXPLANAR. (l. *explanāre*.) tr. Allanar, poner llana una superficie. || **2.** Construir terraplenes, hacer desmontes, etc., hasta dar al terreno la nivelación o declive convenientes. || **3.** fig. Declarar, explicar. || **P.** aplanar; **I.** to level; **F.** niveler, rendre plan; **A.** ebnen; **It.** spianare; **R.** выравнивать.

EXPLAYADA. adj. BLAS. Dícese del águila que se presenta con las alas extendidas. || **2.** V. *Exployada*.

EXPLAYAR. (De *ex* y *playa*.) tr. Ensanchar, extender. Ú.t.c.r. || **2.** r. fig. Dilatarse, extenderse. || **3.** fig. Esparcirse, irse a divertir al campo. || **4.** fig. Confiarse de una persona comunicándole algún secreto o intimidad. || **P.** esplaiar; **I.** to spread, to extend; **F.** se développer; **A.** ausdehnen, ausbreiten; **It.** estèndersi; **R.** расширять.

EXPLETIVO, VA. (l. *expletīvus*.) adj. Dícese de las voces usadas para hacer más intensa o armoniosa la locución. || **P.** expletivo; **I.** expletive; **F.** explétif; **A.** ausfüllend; **It.** espletivo.

EXPLICABLE. (l. *explicabĭlis*.) adj. Que se puede explicar.

EXPLICABLEMENTE. adv. Con distinción y claridad.

EXPLICACIÓN. (l. *explicatio, -ōnis*.) f. Declaración o exposición de cualquier materia por palabras claras o ejemplos para que se entienda con mayor facilidad. || **2.** Satisfacción dada a una persona o colectividad sobre actos o palabras que exigen ser justificados. || **3.** Revelación de la causa o motivo de alguna cosa. || **P.** explicação; **I.** explication, explanation; **F.** explication; **A.** Erklärung; **It.** esplicazione, spiegazione; **R.** объяснение.

EXPLICADERAS. f. pl. fam. Manera de explicarse o darse a entender cada cual.

EXPLICADOR, RA. (l. *explicātor*.) adj. Que explica o comenta alguna cosa. Ú.t.c.s.

EXPLICAR. (l. *explicāre*.) tr. Declarar,

E

expresar lo que uno piensa o siente. Ú.t. c.r. ‖ **2.** tr. Exponer en forma adecuada para hacerla comprensiva cualquier materia, texto, un problema, etc. ‖ **3.** Enseñar en la cátedra. ‖ **4.** Exculpar palabras o acciones declarando que no hubo en ellas intención de agravio. ‖ **5.** Dar a conocer la causa o motivo de una cosa. ‖ **6.** r. Llegar a comprender la razón de alguna cosa. ‖ **P.** explicar; **I.** to explain, to expound; **F.** exprimer, expliquer, éclaircir; **A.** erklären, auslegen, erläutern; **It.** spiegare, splicare; **R.** объяснять.

EXPLICATIVO, VA. adj. Que explica o sirve para explicar una cosa.

EXPLÍCITAMENTE. adv. Expresa y claramente.

EXPLÍCITO, TA. (l. *explicitus.*) adj. Que expresa clara y determinadamente una cosa. ‖ **P.** explícito; **I.** explicit; **F.** explicite; **A.** ausdrücklich; **It.** esplicito; **R.** ясный.

* **EXPLICOTEAR.** tr. joc. CUBA y P. RICO. Explicar.

EXPLORABLE. adj. Que puede ser explorado.

EXPLORACIÓN. (l. *exploratio, -ōnis.*) f. Acción y efecto de explorar. ‖ **2.** FÍS. Procedimiento de televisión que consiste en dirigir, sobre la imagen u objeto que se quiere televisar, un pincel luminoso muy fino, de modo que recorra todos y cada uno de sus puntos. ‖ **P.** exploração; **I.** y **F.** exploration; **A.** Erforschung; **It.** esplorazione; **R.** исследование.

EXPLORADOR, RA. (l. *explorātor.*) adj. Que explora. Ú.t.c.s. ‖ **2.** m. Soldado que intenta obtener datos sobre los movimientos del enemigo. ‖ **3.** Muchacho afiliado a cierta asociación educativa, patriótica y deportiva. ‖ **4.** MED. Instrumento para extraer una partícula del tejido sólido en que se introduce con propósito diagnóstico. ‖ **P.** explorador; **I.** explorer, explorator; **F.** explorateur; **A.** Forscher; **It.** esploratore; **R.** исследующий.

EXPLORAR. (l. *explorāre.*) tr. Reconocer, registrar, inquirir o averiguar con diligencia una cosa o lugar. ‖ **P.** explorar; **I.** to explore; **F.** explorer; **A.** erforschen; **It.** esplorare; **R.** исследовать.

EXPLORATORIO, RIA. adj. Que sirve para explorar. ‖ **2.** MED. Aplícase al instrumento que sirve para explorar cavidades o heridas en el cuerpo. Ú.t.c.s.m.

EXPLOSIÓN. (l. *explosio, -ōnis.*) f. Acción de reventar un cuerpo violenta y ruidosamente. ‖ **2.** FÍS. Cambio brusco del volumen de un cuerpo por la variación de su estado físico o la formación repentina de gases. ‖ **3.** Estruendo causado por una detonación. ‖ **4.** Dilatación repentina de un gas expelido del cuerpo que lo contiene, sin que éste estalle ni se rompa. ‖ **5.** fig. Manifestación súbita y violenta de ciertos afectos de ánimo. ‖ **6.** GRAM. Final de la articulación o sonido de las consonantes oclusivas. ‖ **P.** explosão; **I.** explosion, outburst; **F.** explosion; **A.** Explosion, Ausbruch; **It.** esplosione; **R.** взрыв.

* **EXPLOSIONAR.** (Voz técnica.) intr. Estallar. ‖ **2.** tr. Hacer estallar.

EXPLOSIVO, VA. Que hace o puede hacer explosión. ‖ **2.** m. QUÍM. Substancia que por el choque, elevación de temperatura o por medio de un fulminante, se incendia con explosión. ‖ **3.** FON. Dícese de la consonante que se pronuncia de un golpe; como la *p.* ‖ **4.** FON. Dícese de la letra que representa este sonido. ‖ **P.** explosivo; **I.** explosive; **F.** explosif; **A.** explosiv; **It.** esplosivo; **R.** взрывчатый.

* **EXPLOSOR.** m. FÍS. y MIN. Aparato eléctrico para producir a distancia la explosión de cualquier carga explosiva.

EXPLOTABLE. adj. Que se puede explotar.

EXPLOTACIÓN. f. Acción y efecto de explotar. ‖ **2.** Beneficio, laboreo de una mina. ‖ **3.** Conjunto de elementos dedicados a una industria o granjería. ‖ **4.** ECON. Unidad económica dedicada al aprovechamiento de las fuentes de riqueza o a su distribución. ‖ 2.ª acep.: **P.** exploração; **I.** working, improving; **F.** exploitation; **A.** Betrieb, Ausbeutung; **It.** lavoro; **R.** эксплуатация.

EXPLOTADOR, RA. adj. Que explota. Ú.t.c.s.

EXPLOTAR. (fr. *exploiter,* de *exploit,* y éste del l. *explicitum,* p.p. de *explicāre,* desplegar, acabar.) tr. Extraer de las minas las riquezas que contienen. ‖ **2.** fig. Sacar utilidad de un negocio o industria. ‖ **3.** fig. Aprovecharse en provecho propio, comúnmente de un modo abusivo, de las cualidades o circunstancias ajenas o de un suceso o incidente cualquiera. ‖ **4.** intr. Estallar, hacer explosión. ‖ **5.** fig. Manifestarse repentina y ostensiblemente un sentimiento antes contenido. ‖ **P.** explotar; **I.** to work; **F.** exploiter; **A.** ausnutzen, ausbeuten; **It.** lavorare; **R.** эксплуатировать, разрабатывать.

EXPLOYADA. (fr. *éployé.*) adj. BLAS. *Águila* EXPLOYADA o que se representa en el escudo con dos cabezas y las alas extendidas.

EXPOLIACIÓN. (l. *exspoliatio, -ōnis.*) f. Acción y efecto de expoliar. ‖ **P.** espoliação; **I.** y **F.** spoliation; **A.** Wiederholung eliner Idee; **It.** spogliazione, spogliamento; **R.** ограбление.

EXPOLIADOR, RA. (l. *exspoliātor.*) adj. Que expolia o favorece la expoliación. Ú.t.c.s.

EXPOLIAR. (l. *exspoliāre.*) tr. Despojar con violencia o con iniquidad.

EXPOLICIÓN. (l. *expolitio, -ōnis.*) f. RET. Figura que consiste en repetir un mismo pensamiento con distintas formas, para dar fuerza o elegancia a la expresión.

* **EXPOLIONATO.** m. ANT. Expoliación.

EXPONEDOR, RA. (De *exponer.*) m. ant. Expositor.

EXPONENCIAL. (De *exponente.*) adj. MAT. V. *Cantidad* EXPONENCIAL.

EXPONENTE. p.a. de exponer. Que expone. Ú.t.c.s. ‖ **2.** m. ÁLG. y ARIT. Número o expresión algebraica colocado en la parte superior y a la derecha de otro número o expresión, para denotar la potencia a la que se ha de elevar. ‖ **3.** Diferencia de una progresión aritmética o razón de una geométrica. ‖ **P.** exponente, expoente; **I.** exponent; **F.** exposant; **A.** Exponent; **It.** esponente; **R.** эвпонент, показатель.

EXPONER. (l. *exponĕre.*) tr. Presentar una cosa para que sea vista. Ú.t.c.intr. en el sentido de manifestar el Santísimo Sacramento. ‖ **2.** Colocar una cosa para que reciba la acción de un agente. ‖ **3.** Dejar abandonado a un niño recién nacido en un paraje público. ‖ **4.** Declarar, interpretar el sentido de una palabra, doctrina, etc., que puede tener varias interpretaciones. ‖ **5.** Arriesgar, poner en peligro de perderse o dañarse. Ú.t.c.r. ‖ **P.** expor; **I.** to expose, to expound; **F.** exposer, interpréter; **A.** vorstellen darlegen; **It.** esporre, dichiarare; **R.** выставлять.

EXPORTABLE. adj. Que se puede exportar.

EXPORTACIÓN. (l. *exportatio, -ōnis.*) f. Acción y efecto de exportar. ‖ **2.** Conjunto de mercaderías que se exportan. ‖ **P.** exportação; **I.** export; **F.** exportation; **A.** Ausfuhr, Export; **It.** esportazione; **R.** вывоз, экспорт.

EXPORTADOR, RA. (l. *exportātor.*) adj. Que exporta. Ú.t.c.s.

EXPORTAR. (l. *exportāre.*) tr. Enviar y vender a un país extranjero los productos de la tierra o de la industria nacionales. ‖ **P.** exportar; **I.** to export; **F.** exporter; **A.** versenden; **It.** esportare; **R.** экспортировать.

EXPOSICIÓN. (l. *expositio, -ōnis.*) f. Acción y efecto de exponer o exponerse. ‖ **2.** Representación en que se pide o reclama algo por escrito a una autoridad. ‖ **3.** Manifestación pública de productos de la tierra o de la industria, o de las artes y ciencias, para estimular la producción, el comercio o la cultura. ‖ **4.** Situación de un objeto con relación a los puntos cardinales del horizonte. ‖ **5.** Espacio durante el cual se expone a la luz una placa fotográfica o un papel sensible para que se impresione. ‖ **6.** MÚS. Parte inicial de una composición, en la que se exponen los temas que han de desarrollarse después. ‖ **—de motivos.** Parte preliminar de una ley que precede a la parte dispositiva. ‖ 3.ª acep.: **P.** exposição; **I.** exhibition; **F.** exposition; **A.** Ausstellung; **It.** esposizione; **R.** выставка.

EXPOSITIVO, VA. (l. *expositivus.*) adj. Que expone, declara o interpreta.

EXPÓSITO, TA. (l. *expositus,* expuesto.) adj. Dícese del que recién nacido fue expuesto en un paraje público. Ú.m.c.s. ‖ **P.** exposto; **I.** foundling; **F.** enfant exposé; **A.** Findelkind; **It.** esposto; **R.** подкидыш.

EXPOSITOR, RA. (l. *expositor.*) adj. Que interpreta, declara o expone una cosa. Ú.t.c.s. ‖ **2.** m. Por antonom., el que explica la Sagrada Escritura, o un texto jurídico. ‖ **3.** m. y f. Persona que concurre a una exposición pública con objetos de su propiedad o industria.

EXPREMIJO. (De *exprimir.*) m. Mesa con ranuras, algo inclinada, para que al hacer queso, escurra el suero.

EXPREMIR. (l. *exprimĕre.*) tr. ant. Expresar.

* **EXPRÉS.** (ingl. *express.*) adj. Dícese del tren expreso. Ú.t.c.s. ‖ **2.** Dícese de la cafetera preparada especialmente para obtener café a presión. Ú.t.c.s. ‖ **3.** MÉJ. Empresa de transportes.

EXPRESAMENTE. adv. De modo expreso.

EXPRESAR. (De *expreso,* claro.) tr. Manifestar con palabras lo que uno quiere dar a entender. ‖ **2.** Dar uno indicio del estado o los movimientos del ánimo por medio de miradas, actitudes, gestos o cualesquier otros signos exteriores. ‖ **3.** Manifestar el artista con viveza y exactitud los afectos propios del caso. ‖ **4.** r. Darse a entender por medio de la palabra. ‖ **P.** expressar; **I.** to express; **F.** exprimer; **A.** ausdrücken, äussern; **It.** esprimere; **R.** выражать.

EXPRESIÓN. (l. *expresio, -ōnis.*) f. Declaración de una cosa para darla a entender. ‖ **2.** Palabra o locución. ‖ **3.** Viveza y exactitud con que se manifiestan los afectos en las artes. ‖ **4.** Cosa que se regala en demostración de afecto. ‖ **5.** Acción de exprimir. ‖ **6.** ÁLG. Conjunto de términos que representan una cantidad. ‖ **7.** FARM. Zumo de substancia exprimida. ‖ **8.** pl. Memorias, recursos. ‖ *Signos de* EXPRESIÓN. MÚS. Iniciales que se emplean en una pieza de música para indicar la matización y efectos. ‖ *Reducir* una cosa *a la mínima* EXPRESIÓN. fr. fig. Disminuirla todo lo posible. ‖ **P.** expressão; **I.** expression, utterance; **F.** expression, manifestation; **A.** Ausdruck, Aeusserung, Erklärung; **It.** espressione; **R.** выражение.

EXPRESIONISMO. m. Tendencia artística y literaria que busca, por reacción contra el impresionismo, el modo de expresar las sensaciones internas.

EXPRESIVAMENTE. adv. De manera expresiva.

EXPRESIVO, VA. (De *expreso.*) adj. Dícese de la persona que manifiesta con gran viveza de expresión lo que siente o piensa, y de la frase, ademán, acto, etc., que expresa mucho o da a entender muy eficazmente una cosa. ‖ **2.** Afectuoso. ‖ **3.** MÚS. V. *Órgano* EXPRESIVO.

EXPRESO, SA. (l. *expressus.*) p.p. irreg. de expresar. ‖ **2.** adj. Claro, especificado. ‖ **3.** V. *Tren* EXPRESO. Ú.t.c.s. ‖ **4.** m. Correo extraordinario. ‖ **5.** adv. Ex profeso, con particular intento. ‖ **6.** AMÉR. Empresa de transportes. ‖ **P.** expresso; **I.** express; **F.** exprès; **A.** ausdrücklich, deutlich; **It.** espresso; **R.** ясный.

* **EXPRESSIVO.** MÚS. Término de la notación musical con la cual se indica que debe ejecutarse con expresión y sentimiento un determinado paraje.

EXPRIMIDERA. f. Instrumento que se usa para estrujar y sacar el zumo de alguna cosa, como frutas, etc.

EXPRIMIDERO. m. Exprimidera.

EXPRIMIR. (l. *exprimĕre.*) tr. Extraer el zumo o líquido de una cosa comprimiéndola. ‖ **2.** fig. Estrujar. ‖ **3.** fig. Expresar, manifestar. ‖ **P.** expremar; **I.** to squeeze; **F.** exprimer; **A.** auspressen, ausdrücken; **It.** sprèmere; **R.** выжимать.

EX PROFESO. m. adv. De propósito, con determinada intención.

EXPROPIACIÓN. f. Acción y efecto de expropiar. ‖ **2.** Cosa expropiada. Ú.m. en pl. ‖ **P.** expropriação; **I.** y **F.** expropriation; **A.** Enteignung; **It.** spropiazione; **R.** экспроприация.

EXPROPIADOR, RA. adj. Que expropia.

EXPROPIAR. (De *ex* y *propio.*) tr.

Desposeer legalmente de una cosa a su propietario. || **P.** expropriar; **I.** to expropriate; **F.** exproprier; **A.** enteignen; **It.** spropriare; **R.** экспроприировать.

EXPUESTO, TA. (l. *expositus*.) p.p. irreg. de exponer. || **2.** adj. Peligroso.

EXPUGNABLE. (l. *expugnabilis*.) adj. Que se puede expugnar.

EXPUGNACIÓN. (l. *expugnatio, -ōnis*.) f. Acción y efecto de expugnar.

EXPUGNADOR, RA. (l. *expugnātor*.) adj. Que expugna. Ú.t.c.s.

EXPUGNAR. (l. *expugnāre*.) tr. Tomar por fuerza de armas una plaza, castillo, etc.

★ **EXPULE.** m. Bot. Méj. Cierta planta cuya raíz es muy usada como diurético.

EXPULSAR. (l. *expulsāre*, intens. de *expellĕre*, expeler.) tr. Expeler. Dícese comúnmente de las personas, en vez de expeler, que se aplica más bien a cosas materiales. || **P.** expulsar; **I.** to expel, to drive out; **F.** expulser, chasser; **A.** vertreiben, abstossen; **It.** espèllere, cacciare; **R.** изгонять.

EXPULSIÓN. (l. *expulsĭo, -ōnis*.) f. Acción y efecto de expeler. || **2.** Acción y efecto de expulsar. || **3.** Esgr. Golpe que da al diestro sacudiendo violentamente con su espada para desarmar al contrario. || **P.** expulsão; **I.** expulsion, expelling; **F.** expulsion; **A.** Vertreibung, Ausweisung; **It.** espulsione, cacciata; **R.** изгнание.

EXPULSIVO, VA. (l. *expulsīvus*.) adj. Que tiene virtud y facultad de expeler. *Medicamento* EXPULSIVO. Ú.t.c.s.m.

EXPULSO, SA. (l. *expulsus*.) p.p. irreg. de expeler y expulsar.

EXPULSOR, RA. adj. Que expulsa. || **2.** m. En algunas armas de fuego, mecanismo para expulsar los cartuchos vacíos.

EXPURGACIÓN. (l. *expurgatĭo, -ōnis*.) f. Acción y efecto de expurgar.

EXPURGADOR, RA. adj. Que expurga. Ú.t.c.s.

EXPURGAR. (l. *expurgāre*.) tr. Limpiar o purificar una cosa. || **2.** fig. Quitar lo nocivo, erróneo, ofensivo, etc., que contiene un libro, un impreso, etc. || **P.** expurgar; **I.** to expurgate, to expunge; **F.** expurger; **A.** säubern; ausmerzen; **It.** espurgare; **R.** очищать.

EXPURGATORIO, RIA. adj. Que expurga o limpia. || **2.** Dícese del índice de los libros que se prohiben.

EXPURGO. (De *expurgar*.) m. Expurgación.

EXQUISITAMENTE. adv. De manera exquisita.

EXQUISITEZ. f. Calidad de exquisito.

EXQUISITO, TA. (l. *exquisitus*.) adj. De singular y extraordinaria invención, primor o gusto. || **P.** delicado; **I.** exquisite; **F.** exquis; **A.** ausgesucht, köstlich; **It.** squisito; **R.** превосходный.

ÉXTASI. m. Éxtasis.

EXTASIARSE. (De *éxtasis*.) r. Arrobarse.

ÉXTASIS. (l. *ecstăsis*, y éste del gr. ἔκστασις.) m. Estado del alma caracterizado interiormente por cierta unión mística con Dios y por un sentimiento de felicidad, de gozo inefable y exteriormente por una inmovilidad casi completa y por una suspensión más o menos completa del uso de los sentidos. || **2.** Estado del alma enteramente embargada por un intenso sentimiento de admiración, alegría, etc. || **3.** Med. Estasis. || **P.** extase; **I.** ecstasy; **F.** extase; **A.** Verzückung; **It.** èstasi; **R.** восторг, экстаз.

EXTÁTICO, CA. (gr. ἐκστατικός.) adj. Que está en éxtasis o lo está con frecuencia. || **P.** estático; **I.** ecstatic; **F.** statique, ravi; **A.** verzückt; **It.** estàtico, estàsito; **R.** восторженный.

EXTEMPORAL. (l. *extemporālis*.) adj. Extemporáneo.

EXTEMPORÁNEAMENTE. adv. Fuera del tiempo oportuno.

EXTEMPORÁNEO, A. (l. *extemporanĕus*.) adj. Impropio del tiempo en que sucede o se hace. || **2.** Inoportuno, inconveniente. || **P.** extemporâneo; **I.** untimely; **F.** extemporane, hors de propos; **A.** unzeitgemäss, unpassend; **It.** estemporàneo; **R.** несвоевременный.

EXTENDER. (l. *extendĕre*.) tr. Hacer que una cosa, aumentando su superficie, ocupe más espacio que antes. || **2.** Desen-

volver lo que está arrollado. || **3.** fig. Dar mayor amplitud a una cosa moral. EXTENDERSE *un cisma*. || **4.** tr. Esparcir, derramar lo que está amontonado o espeso. || **5.** Despachar, poner por escrito un documento. || **6.** r. Ocupar cierta extensión de terreno. || **7.** Ocupar cierta cantidad de tiempo, durar. || **8.** Dilatarse, detenerse mucho en una explicación o narración. || **9.** Propagarse, irse difundiendo una cosa que no depende de la voluntad. || **10.** fig. Alcanzar, llegar la fuerza de una cosa a influir en otras. || **11.** fig. y fam. Ponerse muy hinchado, afectando señorío y poder. || **P.** estender; **I.** to extend, to spread; **F.** étendre, déplier; **A.** ausbreiten, ausdehnen; **It.** estèndere; **R.** вытягивать, расширять.

EXTENDIDAMENTE. adv. Extensamente.

EXTENDIMIENTO. (De *extender*.) m. ant. Extensión. || **2.** ant. fig. Dilatación de una pasión o afecto.

EXTENSAMENTE. adv. Por ext., con extensión.

EXTENSIBLE. adj. Que se puede extender.

EXTENSIÓN. (l. *extensĭo, -ōnis*.) f. Acción y efecto de extender o extenderse. || **2.** Geom. Propiedad de los cuerpos de ocupar una parte mayor o menor del espacio. || **3.** Geom. Medida del espacio ocupada por un cuerpo. || **4.** Lóg. Conjunto de individuos comprendidos en una idea. || **5.** Gram. Hablando del significado de las palabras, ampliación del mismo a otro concepto relacionado con el originario. || **P.** extensão; **I.** extent, extension, extensiveness; **F.** extension, étendue, portée; **A.** Ausdehnung; **It.** estensione; **R.** расширение, площадь.

EXTENSIVAMENTE. adv. De un modo extensivo.

EXTENSIVO, VA. (l. *extensīvus*.) adj. Que se extiende o se puede extender a otras cosas distintas de aquellas a las que ordinariamente se refiere.

EXTENSO, SA. (l. *extensus*.) p.p. irreg. de extender. || **2.** adj. Que tiene extensión. || **3.** Vasto, que tiene mucha extensión. || *Por* EXTENSO. m. adv. Extensamente, circunstanciadamente. || **P.** extenso; **I.** extensive, vast, spacious; **F.** étendu, vaste; **A.** weit(gehend), umfassend; **It.** esteso, ampio; **R.** экстенсивный.

★ **EXTENSÓMETRO.** m. Instrumento para medir la distorsión de los ejemplares o especímenes bajo prueba.

EXTENSOR, RA. (De *extenso*.) adj. Que extiende o hace que se extienda una cosa, aplicable especialmente a los músculos que ejercen esta función en el cuerpo. || **P. e I.** extensor; **F.** extenseur; **A.** Spannschraube; **It.** estensore; **R.** вытяжной.

EXTENUACIÓN. (l. *extenuatĭo, -ōnis*.) f. Enflaquecimiento, debilitación de fuerzas materiales. Ú. en sent. fig. || **2.** Ret. Atenuación, figura consistente en no expresar todo lo que se quiere dar a entender. || **P.** extenuação; **I.** extenuation; **F.** exténuation; **A.** Erschöpfung; **It.** estenuazione; **R.** истощение.

EXTENUAR. (l. *extenuāre*.) tr. Enflaquecer, debilitar. Ú.t.c.r. || **P.** extenuar; **I.** to extenuate; **F.** exténuer, épuiser; **A.** entkräften, abzehren; **It.** estenuare; **R.** истощать.

EXTENUATIVO, VA. adj. Que extenúa.

EXTERIOR. (l. *exterior*.) adj. Que está por la parte de afuera. || **2.** Relativo a otros países. || **3.** m. Superficie externa de los cuerpos. || **4.** Traza, porte de una persona. || **P. e I.** exterior; **F.** extérieur, externe; **A.** äusserlich; **It.** esteriore, esterno; **R.** внешний. || **4.ª** acep.: **P.** aparência; **I.** appearance; **F.** mine, aspect, apparence; **A.** Äusseres, Aussehen; **It.** apparenza; **R.** наружность.

EXTERIORIDAD. (De *exterior*.) f. Cosa exterior o externa. || **2.** Apariencia o aspecto de las cosas. || **3.** Porte de una persona. || **4.** Demostración con que se aparenta un afecto del ánimo. || **5.** Honor o pompa de pura ceremonia. || **2.ª** acep.: **P.** exterioridade; **I.** sight, aspect, outside; **F.** extériorité; **A.** Aussehen; **It.** esteriorità, apparenza; **R.** внешность.

EXTERIORIZACIÓN. f. Acción y efecto de exteriorizar.

EXTERIORIZAR. tr. Hacer patente,

revelar o mostrar algo al exterior. Ú.t.c.r. || **P.** exteriorizar; **I.** to exteriorize; **F.** extérioriser; **A.** äussern; **It.** esteriorizzare; **R.** проявлять.

EXTERIORMENTE. adv. Por la parte exterior; aparentemente.

EXTERMINABLE. adj. Que se puede exterminar.

EXTERMINACIÓN. f. Acción y efecto de exterminar.

EXTERMINADOR, RA. (l. *exterminātor*.) adj. Que extermina. Ú.t.c.s.

EXTERMINAR. (l. *extermināre*.) tr. Expulsar, desterrar. || **2.** fig. Acabar del todo con una cosa. || **3.** fig. Desolar, devastar por fuerza de las armas. || **P.** exterminar; **I.** to exterminate; **F.** exterminer; **A.** ausrotten, vertilgen; **It.** esterminare; **R.** истреблять.

EXTERMINIO. (l. *exterminĭum*.) m. Acción y efecto de exterminar. || **P.** exterminio; **I.** extermination, extirpation; **F.** extermination, destruction; **A.** Vernichtung, Untergang; **It.** esterminio, rovina; **R.** истребление.

EXTERNADO. m. Establecimiento de enseñanza para alumnos externos.

EXTERNAMENTE. adv. Por la parte externa.

EXTERNO, NA. (l. *externus*.) adj. Dícese de lo que obra o se manifiesta al exterior. || **2.** Dícese del alumno que sólo permanece en la escuela o colegio durante las horas de clase. Ú.t.c.s. || **P.** externo; **I.** external; **F.** externe; **A.** äusserlich; **It.** esterno; **R.** внешний.

EX TESTAMENTO. m. adv. l. For. Por el testamento.

EXTINCIÓN. (l. *exstinctĭo, -ōnis*.) f. Acción y efecto de extinguir o extinguirse. || **P.** extinção; **I.** extinction, extinguishment; **F.** extinction, perte totale; **A.** Löschung, Vertilgung; **It.** estinzione, spegnimento; **R.** гашение, угасание.

EXTINGUIBLE. (l. *exstinguibĭlis*.) adj. Que se puede extinguir.

EXTINGUIR. (l. *exstinguĕre*.) tr. Hacer que cese el fuego o la luz. Ú.t.c.r. || **2.** fig. Hacer que cesen o se acaben del todo ciertas cosas que desaparecen gradualmente; como un sonido, un afecto, una vida. Ú.t.c.r. || **P.** extinguir; **I.** to extinguish, to put out; **F.** éteindre, étouffer; **A.** auslöschen, tilgen, vertilgen; **It.** estinguere, spègnere, annientare; **R.** гасить, тушить.

EXTINTIVO, VA. (De *extinto*.) adj. Que causa extinción. || **2.** For. Que hace caducar, perderse o cancelarse una acción o un derecho.

EXTINTO, TA. (l. *exstinctus*.) p.p. irreg. de extinguir. || **2.** adj. Dícese del volcán apagado. || **3.** Argent., Chile y Méj. Muerto, fallecido.

EXTINTOR, RA. adj. Que extingue. || **2.** m. Aparato para extinguir incendios, que desprende un líquido o gas que dificulta la combustión.

EXTIRPABLE. adj. Que se puede extirpar.

EXTIRPACIÓN. (l. *exstirpatĭo, -ōnis*.) f. Acción y efecto de extirpar. || **P.** extirpação; **I.** y **F.** extirpation; **A.** Ausrottung, Amputation; **It.** estirpazione, estirpamento; **R.** искоренение.

EXTIRPADOR, RA. (l. *exstirpātor*.) adj. Que extirpa. Ú.t.c.s. || **2.** m. Agr. Instrumento con cuchillas a modo de rejas, que cortan horizontalmente la tierra y las raíces. || **P.** extirpador; **I.** estirpator; **F.** extirpateur; **A.** Ausschneider; **It.** estirpatore; **R.** экстирпатор.

EXTIRPAR. (l. *exstirpāre*.) tr. Arrancar de raíz o de cuajo. || **2.** fig. Destruir radicalmente una cosa, especialmente los abusos y los vicios. || **P.** extirpar; **I.** to extirpate, to root up; **F.** extirper, déraciner; **A.** ausrotten, entwurzela; **It.** estirpare, sradicare; **R.** искоренять, извлекать.

★ **EXTORNAR.** (De *ex* y *tornar*.) tr. Méj. Pasar una partida del debe al haber, o viceversa, en los libros de comercio.

EXTORNO. m. Parte de prima que el asegurador devuelve al asegurado a consecuencia de algunas modificaciones en las condiciones de la póliza contratada.

EXTORSIÓN. (l. *extorsĭo, -ōnis*.) f. Acción y efecto de usurpar por fuerza una cosa. || **2.** fig. Cualquier perjuicio.

E

E

EXTORSIONAR. tr. Usurpar, arrebatar. ‖ 2. Causar extorsión o daño. ‖ **P.** usurpar; **I.** to extort; **F.** extorsioner; **A.** erpressen, erzwingen; **It.** stòrcere; **R.** вымогать.

EXTRA. (l. *extra.*) Prep. inseparable que significa fuera de, como en EXTRA*muros.* ‖ 2. adj. Extraordinario, óptimo. ‖ 3. m. fam. Adehala, gaje, plus. ‖ 4. CINEMAT. Comparsa o partiquino. ‖ 5. Plato que no figura en el cubierto ordinario. ‖ 6. Persona que presta un servicio accidentalmente.

EXTRACCIÓN. (l. *extractio, -ōnis.*) f. Acción y efecto de extraer. ‖ 2. En el juego de la lotería, acto de sacar algunos números con sus respectivas suertes. ‖ 3. Origen, linaje. ‖ 4. CIR. Operación quirúrgica, manual o instrumental, de arrancar o separar un cuerpo extraño o substancia patológica, u órgano enfermo. ‖ 5. Fís. y Quím. Separación, segregación de alguna de las partes o substancias constitutivas de los cuerpos. ‖ 6. Acto judicial, consistente en sustraer de la posesión del ejecutado los bienes previamente embargados. ‖ **P.** extracção ‖ **I.** extraction; **F.** extraction; **A.** Ausziehen, Entfernen ‖ **It.** estrazione; **R.** извлечение.

★ **EXTRACORRIENTE.** (De *extra* y *corriente.*) f. Fís. Corriente eléctrica inducida en los carretes al empezar y al cesar la corriente que es la que produce la inducción.

EXTRACTA. (l. *extracta,* sacada, extraída.) f. FOR. AR. Traslado fiel de cualquier instrumento público o de una parte del mismo.

EXTRACTADOR, RA. adj. Que extracta. Ú.t.c.s.

EXTRACTAR. (De *extracto.*) tr. Reducir a extracto una cosa; como escrito, libro, etc. ‖ **P.** extractar; **I.** to extract, to abridge, to epitomize; **F.** extraire, résumer; **A.** ausschreiben, ausziehen; **It.** compendiare; **R.** извлекать.

EXTRACTO. (l. *extractus,* p.p. de *extrahĕre,* extraer, sacar.) m. Resumen que se hace de un escrito cualquiera. ‖ 2. Cada uno de los cinco números que salían a favor de los jugadores en la lotería primitiva. ‖ 3. Producto sólido o espeso obtenido por evaporación de un zumo o de una disolución de substancias vegetales o animales. ‖ 4. FOR. Apuntamiento o resumen de un expediente o de pleito contencioso administrativo. ‖ **—de Saturno.** Disolución acuosa del acetato de plomo básico. ‖ **—tebaico.** Extracto acuoso de opio. ‖ **P.** extracto; **I.** extract, abridgment; **F.** extrait, abrégé, sommaire; **A.** Extrakt, Auszug; **It.** estratto; **R.** выдержка, экстракт.

EXTRACTOR, RA. (l. *extractor.*) m. y f. Persona que extrae. ‖ 2. Aparato o pieza de un mecanismo que sirve para extraer. ‖ 3. Instrumento o aparato que sirve para extraer y renovar el aire viciado de un local. ‖ 4. ART. MIL. Mecanismo de las armas de fuego que tiene que sacar de la recámara la vaina del cartucho una vez disparado. ‖ 5. CIR. Instrumento propio para sacar o extraer cuerpos extraños de la profundidad de los tejidos o de alguna cavidad. ‖ **P.** e **I.** extractor; **F.** extracteur; **A.** Sauger; **It.** estrattore; **R.** извлекатель.

EXTRADICIÓN. (l. *ex,* fuera de, y *traditio, -ōnis,* acción de entregar.) f. Entrega de una persona refugiada en un país a las autoridades de otro que la reclaman para juzgarla. ‖ **P.** extradição; **I.** y **F.** extradition; **A.** Auslieferung; **It.** estradizione; **R.** выдача преступника.

EXTRADÓS. (ital. *extradosso.*) m. Superficie convexa o exterior de una bóveda.

EXTRAENTE. p.a. de extraer. Que extrae. Ú.t.c.s.

EXTRAER. (l. *extrahĕre.*) tr. Sacar, poner una cosa fuera de donde estaba. ‖ 2. ÁLG. y ARIT. Averiguar las raíces de una cantidad dada. ‖ 3. FOR. Sacar traslado de un instrumento público o de una parte. ‖ 4. Quím. Separar de un cuerpo o substancia alguno de sus componentes. ‖ **P.** extrair; **I.** to extract, to draw out; **F.** extraire, tirer hors; **A.** extrahieren, herausziehen; **It.** estrarre; **R.** извлекать.

EXTRAJUDICIAL. (De *extra* y *judicial.*) adj. Que se hace o trata fuera de la vía judicial. ‖ **P., I.** y **F.** extrajudicial;

A. aussergerichtlich; **It.** extragiudiziale; **R.** неподсудный.

EXTRAJUDICIALMENTE. adv. Sin las solemnidades judiciales.

★ **EXTRALEGAL.** (De *extra* y *legal.*) adj. Que no es legal, que cae fuera de la ley.

EXTRALIMITACIÓN. f. Acción y efecto de extralimitarse. ‖ **P.** exorbitância; **I.** trespass; **F.** extralimitation; **A.** Überschreitung; **It.** ecceso; **R.** превышение.

EXTRALIMITARSE. (De *extra* y *límite.*) r. fig. Excederse en el uso de facultades o atribuciones. ‖ 2. fig. Abusar de la benevolencia ajena. Ú.t.c.tr. ‖ **P.** exceder-se; **I.** to trespass; **F.** outrepasser, excéder; **A.** ausschreiten; **It.** eccèdere; **R.** превышать (права).

EXTRAMUROS. (l. *extra muros,* fuera de las murallas.) adv. Fuera del recinto de una población.

EXTRANJERÍA. f. Calidad y condición que por las leyes corresponden al extranjero residente en un país. ‖ 2. Conjunto de normas reguladoras de la condición e intereses de los extranjeros en un país.

EXTRANJERISMO. m. Afición desmedida a lo extranjero. ‖ 2. Palabra, frase o giro de un idioma extranjero empleado en español.

EXTRANJERIZAR. tr. Introducir costumbres y gustos extranjeros, mezclándolos con los propios del país. Ú.t.c.r.

EXTRANJERO, RA. (ant. fr. y prov. *estrangier,* y éste del l. *extranearius,* de *extranĕus,* extraño.) adj. Que es o viene de país de otra soberanía. ‖ 2. Natural de una nación con respecto a los naturales de cualquiera otra. ‖ 3. m. Toda nación que no es la propia. ‖ **P.** estrangeiro; **I.** foreigner; **F.** étranger; **A.** Ausländer, Fremde(r); **It.** straniero; **R.** иностранный.

EXTRANJÍA. f. fam. Extranjería. ‖ *De* EXTRANJÍA. loc. fam. Extranjero. ‖ 2. fig. y fam. Extraño o inesperado.

EXTRANJIS (DE). loc. fam. de extranjía. ‖ 2. De contrabando, fraudulentamente.

EXTRAÑA. f. Planta herbácea compuesta de flores grandes y de muy varios colores, que se cultiva por adorno en los jardines. Procede de la China.

EXTRAÑACIÓN. f. Extrañamiento.

EXTRAÑAMENTE. adv. De manera extraña.

EXTRAÑAMIENTO. m. Acción y efecto de extrañar y extrañarse. ‖ **P.** estranhamento; **I.** deportation; **F.** bannissement, exil; **A.** Entfremdung; **It.** bando, esilio.

EXTRAÑAR. (l. *extraneāre.*) tr. Desterrar a país extranjero. Ú.t.c.r. ‖ 2. Apartar, privar a uno del trato que se tenía con él. Ú.t.c.r. ‖ 3. Ver u oir con extrañeza una cosa. Ú.t.c.r. ‖ 4. Sentir la novedad de una cosa que empezamos a usar en contraposición a la que nos es habitual. ‖ 5. AND., y AMÉR. CENTRAL, CHILE, ECUAD., MÉJ. y PERÚ. Echar de menos a alguna persona o cosa. ‖ 6. Afear, reprender. ‖ 7. r. Negarse a hacer alguna cosa. ‖ **P.** exilar; **I.** to deport, to banish; **F.** bannir, éxiler, expatrier; **A.** deportieren, verbannen; **It.** straniare, esiliare; **R.** высылать. ‖ 3.ª acep.: **P.** estranhar; **I.** to be surprised; **F.** s'étonner; **A.** sich wundern; **It.** sorprèndersi; **R.** удивлять.

EXTRAÑERO, RA. (De *extraño.*) adj. ant. Extranjero o forastero.

EXTRAÑEZ. f. Extrañeza.

EXTRAÑEZA. (De *extraño.*) f. Calidad de extraño o extraordinario. ‖ 2. Cosa rara, extraordinaria. ‖ 3. Desavenencia entre los que eran amigos. ‖ 4. Novedad, admiración. ‖ **P.** estranheza; **I.** strangeness; **F.** etrangeté, rareté; **A.** Befremden; **It.** stranezza; **R.** удивление.

EXTRAÑO, ÑA. (l. *extranĕus.*) adj. De nación, familia o profesión distinta de la propia. Ú.t.c.s. ‖ 2. Raro, singular. ‖ 3. Extravagante. ‖ 4. Dícese de lo que es ajeno a la naturaleza o condición de una cosa de la que, no obstante, forma parte. *Pedro es un* EXTRAÑO *en su patria.* ‖ 5. Seguido de la preposición *a,* dícese de lo que no tiene parte en la cosa nombrada tras la preposición. *Jaime permaneció* EXTRAÑO *a aquella conjura.* ‖ *Serle a* uno EXTRAÑA una cosa. fr. No estar práctico en ella. ‖

Hacer un EXTRAÑO *el caballo.* fr. Espantarse impensadamente. ‖ **P.** estranho; **I.** strange; **F.** étrange; **A.** fremd, seltsam; **It.** straniero, estràneo; **R.** чуждый.

★ **EXTRAÑÓN.** adj. CUBA. Dícese del gallo que con frecuencia siente miedo del contrario.

★ **EXTRAÑOSO, SA.** adj. ECUAD. Dícese de quien lo extraña todo.

EXTRAOFICIAL. adj. Oficioso, no oficial.

EXTRAOFICIALMENTE. adv. De modo extraoficial.

EXTRAORDINARIAMENTE. adv. De manera extraordinaria.

EXTRAORDINARIO, RIA. (l. *extraordinarius.*) adj. Fuera del orden o regla natural o común. ‖ 2. V. *Enviado* EXTRAORDINARIO. ‖ 3. FOR. V. *Juicio* EXTRAORDINARIO. ‖ 4. m. Correo especial que se despacha con urgencia. 5. Plato o manjar que se añade a la comida diaria. ‖ 6. Número de un periódico que se publica por algún motivo extraordinario. ‖ **P.** extraordinário; **I.** extraordinary, uncommon; **F.** extraordinaire; **A.** ausserordentlich, seltsam; **It.** straordinario; **R.** необыкновенный.

★ **EXTRAPLANO, NA.** (De *extra* y *plano.*) adj. ART. y OF. Dícese de cosas muy planas y especialmente se aplica a relojes de bolsillo de grueso muy reducido.

★ **EXTRAPOLACIÓN.** f. MAT. Extensión de los valores de una serie a ambos lados de los conocidos.

★ **EXTRAPOLAR.** tr. MAT. Formar una función o fórmula que toma valores dados por observación directa, para valores correspondientes atribuidos a una variable; y con esta función calcular valores no comprendidos entre los extremos dados o conocidos.

EXTRARRADIO. m. Zona que rodea el casco de una población.

★ **EXTRASENSORIAL.** adj. Que está u ocurre más allá o fuera de la percepción usual de los sentidos.

EXTRASÍSTOLE. f. MED. Latido irregular del corazón, seguido de una pausa en las contracciones y comúnmente acompañado de sensación de angustia.

EXTRATÉMPORA. (l. *extra,* fuera de, y *tempora,* los tiempos.) f. Dispensa para que un clérigo reciba las órdenes mayores fuera de los tiempos señalados por la Iglesia.

★ **EXTRATERRESTRE.** (De *extra,* y *terrestre.*) adj. Que se halla u ocurre fuera de la Tierra.

EXTRATERRITORIAL. adj. Dícese de lo que está o se considera fuera del territorio de la propia jurisdicción.

EXTRATERRITORIALIDAD. (De *extra* y *territorio.*) f. Privilegio por el cual el domicilio de los agentes diplomáticos, los buques de guerra, etc., se consideran como si estuviesen fuera del territorio donde se encuentran, para seguir sometidos a las leyes del país de origen.

EXTRAVAGANCIA. (De *extravagante.*) f. Desarreglo en el pensar y en el obrar. ‖ **P.** extravagância; **I.** y **F.** extravagance; **A.** Ausschweifung, Extravaganz; **It.** stravaganza; **R.** сумасбродство.

EXTRAVAGANTE. (l. *extra,* fuera de, y *vagans, -antis,* errante.) adj. Que se hace o dice fuera del común modo de obrar. ‖ 2. Que se viste, habla y procede así. Ú.t.c.s. ‖ 3. f. Cualquiera de las constituciones pontificias posteriores a las clementinas, llamadas extravagantes para indicar que estaban fuera del primer cuerpo de Derecho canónico. ‖ **P.** extravagante; **I.** y **F.** extravagant; **A.** extravagant, überspannt; **It.** stravagante; **R.** экстравагантный.

EXTRAVASACIÓN. f. Acción y efecto de extravasarse. ‖ **P.** extravazação; **I.** y **F.** extravasation; **A.** Ergiessung, Extravasat, **It.** stravasamento; **R.** выливание.

EXTRAVASARSE. (De *extra* y *vaso.*) r. Salirse un líquido de un vaso. Ú. principalmente en medicina. ‖ **P.** extravasar-se; **I.** to extravasate; **F.** s'extravaser; **A.** sich ergiessen, unterlaufen; **It.** stravasarsi; **R.** вытекать.

EXTRAVENAR. (De *extra,* fuera, y *vena.*) tr. Hacer salir la sangre de las venas. ‖ 2. fig. Desviar, sacar de un sitio.

E

EXTRAVERSIÓN. (De *extra*, fuera, y *versio*.) f. Movimiento del ánimo, que cesando en su propia contemplación, sale de sí por medio de los sentidos. || **2.** PSICOL. Término creado por Jung para designar la propensión a vivir hacia afuera.

* **EXTRAVERTIDO, DA.** adj. Relativo a la extraversión o que tiene sus características.

EXTRAVIADO, DA. p.p. de extraviar. || **2.** adj. De costumbres desordenadas. || **3.** Tratándose de lugares, poco transitado, apartado.

EXTRAVIAR. (l. *extra*, y *vía*, camino.) tr. Hacer perder el camino. Ú.t.c.r. || **2.** Poner una cosa en lugar distinto del que debía ocupar. || **3.** No fijar la vista en objeto determinado. || **4.** fig. Pasar en la conversación de una cosa a otra. || **5.** r. No encontrarse una cosa en su sitio e ignorarse su paradero. || **6.** fig. Dejar la forma de vida habitual y tomar otra distinta, comúnmente peor. || **7.** fig. Errar, no acertar. || P. extraviar; I. to mislead, to go astray; F. s'égarer; A. irreführen verwirren, It. traviare, smarrirsi; R. сбивать с пути.

EXTRAVÍO. m. Acción y efecto de extraviar o extraviarse. || **2.** fig. Desorden en las costumbres. || **3.** fig. y fam. Molestia, perjuicio. || P. extravio; I. wandering, error; F. égarement, écart; A. Abweg, Irrung Verlust; It. traviamento, sviamento; R. заблуждение.

EXTREMADAMENTE. adv. Con extremo, por extremo.

EXTREMADANO, NA. adj. ant. Extremeño. Apl. a pers. usáb.t.c.s.

EXTREMADAS. f. pl. Entre ganaderos, tiempo en que están ocupados en hacer el queso.

EXTREMADO, DA. p.p. de extremar. || **2.** adj. Sumamente malo o bueno en su género. || P. extremado; I. extreme; F. extrême; A. übertrieben; It. stremato; R. крайний.

EXTREMAMENTE. adv. En extremo.

EXTREMAR. tr. Llevar una cosa al extremo. || **2.** intr. Entre los ganaderos, se dice de los ganados que van a pasar el invierno a Extremadura. || **3.** r. Poner uno todo el esmero en la ejecución de una cosa. || **4.** NAV. y AR. Hacer la limpieza y arreglo de las habitaciones. || **5.** Separar, apartar una cosa de otra. Ú. solamente entre los ganaderos refiriéndose a la separación de los corderos de las madres. || P. extremar; I. to carry to an extreme; F. pousser à l'extrème; A. übertreiben; It. stremare, esagerare; R. доводить до крайности.

EXTREMAUNCIÓN. (De *extrema*, última, y *unción*.) f. Sacramento de la Iglesia, consistente en la unción con los Santos Óleos a los fieles que se hallan en inminente peligro de muerte. || P. extrema-unção; I. extreme unction; F. extrème-onction; A. letzte Ölung; It. estremauncione; R. благоговение.

EXTREMEÑO, ÑA. adj. Natural de Extremadura. Ú.t.c.s. || **2.** Perteneciente a esta región de España. || **3.** Que habita en los extremos de una región. Ú.t.c.s.

EXTREMIDAD. (l. *extremitas*, *-ātis*.) f. Parte extrema o última de una cosa. || **2.** fig. El grado último a que puede llegar

una cosa. || **3.** pl. Cabeza, pies, manos y cola de los animales. || **4.** Los brazos y piernas en oposición al tronco. || P. extremidade; I. extremity, end; F. extrémité, bout; A. äusserstes Ende; It. stremità; R. предел, конечность.

EXTREMISMO. m. Tendencia a adoptar ideas extremas, especialmente en política.

EXTREMISTA. adj. Dícese del partidario de ideas extremas, especialmente en política. Ú.t.c.s.

EXTREMO, MA. (l. *extrēmus*.) adj. Último. || **2.** V. *Diente* EXTREMO. || **3.** Aplícase a lo más intenso, elevado o activo de cualquiera cosa. *Frío, calor* EXTREMO. || **4.** Excesivo, sumo, mucho. || **5.** V. *Necesidad* EXTREMA. || **6.** Distante. || **7.** Desemejante. || **8.** m. Parte primera o parte última de una cosa, o principio o fin de ella. || **9.** desus. Padrenuestro, 2.ª acep. || **10.** Punto último a que puede llegar una cosa. || **11.** Esmero sumo en una operación. || **12.** Invernadero de los ganados trashumantes, y pastos en que se apacientan en el invierno. || **13.** pl. Manifestaciones exageradas y vehementes de un afecto del ánimo, como alegría, dolor, etc. Ú. principalmente en la frase *hacer* EXTREMOS. || *Con* EXTREMO. m. adv. Muchísimo, excesivamente. || *De* EXTREMO *a* EXTREMO. m. adv. Desde el principio al fin. || **2.** De un extremo al otro su contrario. || *En* EXTREMO. m. adv. Con extremo. || *Ir a* EXTREMO. fr. Pasar los ganados de las dehesas y montes de invierno a los de verano, o al contrario, para tener los pastos necesarios y poderse sustentar en todas las estaciones del año. || *Ir, o pasar, de un* EXTREMO *a otro*. fr. Mudarse casi de repente el orden de las cosas o las ideas u opiniones, pasando a las opuestas. || **2.** Venir después de un tiempo muy frío un calor grande, o al contrario. || *Por* EXTREMO. m. adv. Con extremo. || P. extremo; I. extreme; F. extrême; A. Ende; It. estremo; R. крайний.

* **EXTREMORIENTAL.** adj. Natural de alguno de los países del Extremo Oriente. Ú.t.c.s. || **2.** Perteneciente o relativo al Extremo Oriente.

EXTREMOSO, SA. (De *extremo*.) adj. Que no guarda medio en afectos o acciones. || **2.** Muy expresivo en demostraciones cariñosas. || P. extremoso; I. exaggerated; F. excéssif, outrancier; A. übermässig; It. eccessivo R. непомерный.

EXTRÍNSECAMENTE. adv. De manera extrínseca.

EXTRÍNSECO, CA. (l. *extrinsĕcus*.) adj. Externo, no esencial. || *Valor* EXTRÍNSECO. Dícese del que no es real, sino convencional, por contraposición a intrínseco. || P. extrinseco; I. extrinsic, outward; F. extrinsèque; A. äusserlich; It. strinseco; R. внешний, несущественный.

* **EXTRUSIÓN.** (l. *extrudĕre*, empujar hacia adelante.) f. METAL. Procedimiento particular de reducir a hilo en caliente diferentes metales por medio de una prensa muy potente y una hilera.

EXTURBAR. (l. *exturbare*, echar fuera.) tr. ant. Arrojar o expeler a uno con violencia.

EXUBERANCIA. (l. *exuberantĭa*.) f. Abundancia suma. || P. exuberância; I. exuberancy; F. exubérance; A. Überfülle; It. esuberanza; R. изобилие.

EXUBERANTE. (l. *exubĕrans*, *-antis*, p.a. de *exuberāre*, abundar mucho.) adj. Abundante y copioso con exceso. || P. exuberante; I. exuberant; F. exubérant; A. üppig, strotzend; It. esuberante; R. обильный.

EXUBERAR. (l. *exuberare*; de *ex*, intens., y *uber*, abundante.) intr. ant. Abundar con exceso.

EXUDACIÓN. (l. *exsudatio*, *-ōnis*.) f. Acción y efecto de exudar. || P. exudação; I. exudation; F. exsudation; A. Ausschwitzen; It. essudazione; R. потение.

EXUDADO, DA. (De *exudar*.) p.p. de exudar. || **2.** m. MED. Producto de la exudación, en general, líquido salido patológicamente de los capilares linfáticos o sanguíneos.

EXUDAR. (l. *exudāre*.) intr. ant. Salir un líquido fuera de sus vasos o continentes propios. || P. exudar; I. to exude; F. exuder; A. ausschwitzen; It. essudare; R. потеть.

EXULCERACIÓN. (l. *exulceratio*, *-ōnis*.) f. MED. Acción y efecto de exulcerar o exulcerarse. || P. exulceração; I. exulceration; F. exulcération; A. Eiterung; It. esulcerazione, esulceramento; R. изъязвление.

EXULCERAR. (l. *exulcerāre*.) tr. MED. Ulcerar ligeramente. || P. exulcerar; I. to exulcerate; F. exulcérer; A. zum Schwären bringen; It. esulcerare; R. изъязвить.

EXULTACIÓN. (l. *exultatio*, *-ōnis*.) f. Acción y efecto de exultar. || P. exultação; I. y F. exultation; A. Jubel, Frohlocken; It. esultazione, esultanza; R. ликование.

EXULTAR. (l. *exsultāre*.) intr. Saltar de alegría. || P. exultar; I. to exult; F. exulter; A. jauchzen, frohlocken; It. esultare; R. ликовать.

EXUTORIO. (l. *exūtum*, supino de *exuĕre*, separar, extraer.) m. MED. Úlcera establecida y entretenida para mantener una supuración permanente.

EXVOTO. (l. *ex voto*, por voto.) m. Ofrenda hecha a Dios, a la Virgen o a los Santos, en recuerdo de un beneficio recibido y en agradecimiento por el mismo. También se dio este nombre a las ofrendas que los gentiles hacían a sus dioses.

EYACULACIÓN. f. Acción y efecto de eyacular. || **2.** Acción de expeler o expulsar del cuerpo una secreción, especialmente la seminal. || P. ejaculação; I. ejaculation; F. éjaculation; A. Sammenentleerung; It. eiaculazione; R. извержение семени.

EYACULAR. (l. *eiaculāri*.) tr. Lanzar con rapidez y fuerza el contenido de un órgano o depósito. || **2.** AMÉR. Expeler, evacuar. || P. ejacular; I. to ejaculate; F. éjaculer; A. ausspritzen; It. eiaculare; R. выбрасывать.

EYACULATORIO, RIA. adj. Perteneciente o relativo a la eyaculación.

* **EYECTOR.** m. Aparato que lanza al exterior de una máquina agua u otro líquido cualquiera. || **2.** Mecanismo de algunas armas de fuego que hace saltar fuera los cartuchos vacíos.

EZQUERDEAR. tr. ant. Llevar una arma en el lado izquierdo. || **2.** intr. Torcerse a la izquierda de la visual un muro, una hilera de ladrillos, etc. || **3.** ant. Izquierdear.

F

F. f. Séptima letra del abecedario español y quinta de sus consonantes. Su nom-
bre es *efe*. || **2.** CRONOL. Sexta letra del
calendario eclesiástico romano: señala el
viernes. || **3.** ÁLG. En la representación sim-
bólica de las funciones representa la carac-
terística. || **4.** ELECTR. Abreviatura de *fa-
radio*. || **5.** Fís. Abreviación de *Fahrenheit*. ||
6. QUÍM. Símbolo del flúor.

FA. m. MÚS. Cuarta voz de la escala
musical.

★ **FA.** m. PERÚ. Baile, diversión. || **2.**
ECUAD. Borrachera.

FABA. (l. *faba*.) f. ant. Haba. Ú. en
Aragón, Asturias y Galicia. || **2.** AST. Judía,
alubia.

FABADA. (De *faba*.) f. Potaje de judías con tocino y morcilla, que se come en
Asturias.

FABEACIÓN. f. ant. AR. Acción y
efecto de fabear.

FABEADOR. (De *fabear*.) m. ant. AR.
Cada uno de los consejeros que en el antiguo reino de Aragón votaban con habas.

FABEAR. (De *faba*.) intr. ant. AR.
Votar con habas blancas y negras.

★ **FABISMO.** (l. *faba*, haba.) m. PAT.
Cierta enfermedad producida por las habas.

FABLA. (l. *fabŭla*, de *fari*, hablar.) f.
ant. Habla. || **2.** Imitación convencional del
español antiguo.

FABLABLE. (De *fablar*.) adj. ant.
Decible.

FABLADO, DA. (l. *fabulātus*.) adj. ant.
Con los adverbios *bien* o *mal*, bien o mal
hablado.

FABLADOR, RA. (De *fablar*.) adj.
ant. Hablador. Usáb.t.c.s.

FABLANTE. p.a. ant. de fablar. Que
fabla.

FABLAR. (l. *fabulāre*.) tr. ant. Hablar.

FABLIELLA. (d. de *fabla*, fábula.) f.
ant. Cuento.

FABLISTÁN. (De *fablar*.) adj. ant.
Hablistán. Usáb.t.c.s.

FABLISTANEAR. (De *fablistán*.) intr.
ant. Charlar, hablar mucho y con impertinencia.

FABO. (l. *fagus*.) m. AR. Haya, árbol
cupulífero.

FABORDÓN. (fr. *faux-bourdon*.) m.
MÚS. Contrapunto sobre canto llano. ||
P. fabordó; **I.** false drone; **F.** faux bour-
don; **A.** falscher Bass; **It.** falso bordone.

FÁBRICA. (l. *fabrĭca*.) f. Acción y
efecto de fabricar. || **2.** Lugar donde se
fabrica una cosa. || **3.** Edificio. || **4.** Cual-
quiera construcción de piedra o ladrillo. ||
5. Renta o derecho que se cobra, y fondo
que suele haber en las iglesias para repa-
rarlas y costear los gastos del culto. ||
6. Invención, artificio de algo no material. ||
7. COLOM. Alambique. || **2.ª** acep.: **P.** fá-
brica; **I.** manufacture, mill; **F.** fabrique,
usine; **A.** Fabrik; **It.** fàbbrica; **R.** завод,
фабрика.

FABRICACIÓN. (l. *fabricatio, -ōnis*.)
f. Fábrica, acción y efecto de fabricar. ||
P. fabricação; **I.** manufacturing; **F.** fabri-
cation; **A.** Fabrikation; **It.** fabbricazione;
R. производство.

FABRICADAMENTE. adv. ant. Pulidamente; con artificio y primor.

FABRICADOR, RA. (l. *fabricātor*.)
adj. ant. Fabricante. Ú.t.c.s. || **2.** fig. Que
inventa o dispone una cosa no material.
FABRICADOR *de mentiras*.

★ **FABRICANO, NA.** adj. CHILE. Trabajador de una fábrica. Ú.t.c.s.

FABRICANTE. p.a. de fabricar. Que
fabrica. Ú.t.c.s. || **2.** m. Dueño de una fá-
brica. || **P.** fabricante; **I.** manufacturer,
fabricant; **F.** fabricant; **A.** Fabrikant; **It.**
fabbricante; **R.** фабрикант.

FABRICAR. (l. *fabricāre*.) tr. Hacer
una cosa por medios mecánicos. || **2.** Cons-
truir un edificio, un muro, etc. || **3.** fig.
Hacer o construir una cosa inmaterial. ||
4. Elaborar. || **P.** fabricar; **I.** to manufac-
ture, to fabricate; **F.** fabriquer, construire;
A. (an)fertigen herstellen; **It.** fabbricare;
R. производить.

★ **FÁBRICO.** m. COLOM. Fábrica, alambique.

FABRIDO, DA. (l. *fabrītus*, p.p. de
fabrīre, construir, labrar.) adj. ant. Fabricado, labrado.

FABRIL. (l. *fabrīlis*.) adj. Perteneciente
a las fábricas o a sus operarios. || **P.** fabril;
I. manufacturing; **F.** manufacturier; **A.**
Fabrik-, Handwerks-, (en comp.); **It.** fab-
brile; **F.** фабордской.

FABRILMENTE. adv. ant. Artificiosamente.

FABRIQUERO. m. Fabricante. || **2.**
Persona encargada en las iglesias de la
custodia y la inversión de los fondos dedi-
cados a los edificios y a los ornamentos. ||
3. Operario que trabaja en el carboneo.

FABRO. (l. *faber*, *fabri*.) m. ant. Artífice.

FABUCO. (l. *fagum*, hayuco.) m. Hayuco.

FÁBULA. (l. *fabŭla*.) f. Rumor, ha-
blilla. || **2.** Relación de pura invención. ||
3. Ficción artificiosa con que se encubre
o disimula una verdad. || **4.** Acción ficticia
que se narra o se representa para deleitar. ||
5. Composición literaria, generalmente en
verso, en que por medio de una ficción
alegórica se da una enseñanza útil o moral. ||
6. En los poemas épico y dramático, serie
y desarrollo de los incidentes de que se
compone la acción. || **7.** Mitología. || **8.**
Cualquiera de las ficciones de la mitolo-
gía. || **9.** Objeto de murmuración despre-
ciativa. ||—**milesia.** Cuento o novela in-
moral. || **P.** fábula; **I.** fable, fiction; **F.** fable,
apologue; **A.** Fabel, Märchen; **It.** fàvola;
R. басня.

FABULACIÓN. (l. *fabulatio, -ōnis*.)
f. ant. Conversación, plática.

FABULADOR. (l. *fabulātor*.) m. Fabulista.

FABULAR. (l. *fabulāre*.) tr. ant. Hablar
sin fundamento.

FABULARIO. m. Repertorio de fábulas.

FABULESCO, CA. adj. Propio o característico de la fábula como género literario.

★ **FABULISMO.** m. PERÚ. Facilidad para
componer fábulas o imaginar relatos de
pura invención.

FABULISTA. com. Persona que escribe
fábulas literarias. || **2.** Persona que escribe

acerca de la mitología. || **P.** fabulista; **I.** fa-
bulist, fabler; **F.** fablier, fabuliste; **A.** Fa-
bulist, Fabeldichter; **It.** favolista; **R.** бас-
нописец.

FABULIZAR. tr. ant. Fabular.

FABULOSAMENTE. adv. Fingida-
mente o falsamente. || **2.** fig. Exagerada-
mente.

FABULOSIDAD. (l. *fabulosĭtas, -ātis*.)
f. ant. Falsedad de las fábulas. || **2.** Calidad
de fabuloso.

FABULOSO, SA. (l. *fabulōsus*.) adj.
De pura invención, sin base histórica. ||
2. fig. Extraordinario, increíble. || **P.** fa-
buloso; **I.** fabulous; **F.** fabuleux; **A.** fabel-
haft; **It.** favoloso; **R.** сказочный.

FACA. (ár. *farja*, cuchillo de un palmo.)
f. Cuchillo corvo. || **2.** Cualquier cuchillo
de grandes dimensiones, y con punta.

FACA. (ingl. *hack*, caballo de alquiler.)
f. ant. Jaca.

FACCIÓN. (l. *factĭo, -ōnis*.) f. Parcia-
lidad de gente amotinada. || **2.** Bando,
pandilla, parcialidad. || **3.** Cualquiera de
las partes del rostro humano. Ú.m. en pl. ||
4. Acción de guerra. || **5.** Acto del servicio
militar. || fig. Extraordinario, increíble. || **P.** faction,
coterie; **A.** Faktion, Bande; **It.** fazione; **R.**
мятеж, заговор.

FACCIONAR. (De *facción*, figura.) tr.
ant. Dar figura o forma a una cosa.

FACCIONARIO, RIA. (l. *factionarius*,
de *factĭo*, facción.) adj. Que se declara a
favor de un partido o bando.

FACCIOSO, SA. (l. *factiōsus*.) adj.
Perteneciente a una facción; rebelde ar-
mado. Ú.t.c.s. || **2.** Revoltoso, perturbador
de la paz pública. Ú.t.c.s. || **P.** faccioso;
I. factionist, factiosus; **F.** factieux; **A.**
meuterisch, faktiös; **It.** fazioso; **R.** мятеж-
ный.

FACECIA. (l. *facetĭa*.) f. desus. Chiste
o cuento gracioso.

FACECIOSO, SA. (De *facecia*.) adj.
ant. Chistoso, gracioso.

FACEDERO, RA. (De *facer*.) adj. ant.
Hacedero.

FACEDOR, RA. (De *facer*.) m. y f.
ant. Hacedor.

★ **FACENDA.** (port. *fazenda*.) f. Hacienda en el Brasil.

FACENDERA. (De *facienda*.) f. ant.
Hacendera, trabajo al que debe acudir todo
el vecindario. Ú. en Asturias y León.

FACER. (l. *facĕre*.) tr. ant. Hacer.
Usáb.t.c.r.

FACERA. (l. *faciarĭa*, de *facies*, cara.)
f. Acera, hilera de casas que hay a cada
lado de la calle.

FACERÍA. (De *facero*, fronterizo.) f.
NAV. Terreno de pasto en los linderos de
dos o más pueblos aprovechados por ellos
en común.

FACERIR. (De *fazferir*.) tr. ant. Zaherir.

FACERO, RA. (l. *faciarĭus*, de *facies*,
cara.) adj. ant. Fronterizo. || **2.** NAV. Per-
teneciente a la facería.

FACERUELO. (De *faz*, cara.) m. ant.
Almohada.

FACETA. (fr. *facette*.) f. Cada una de
las caras de un poliedro, cuando son pequeñas, especialmente las de las piedras

preciosas talladas. || **2.** fig. Cada uno de los aspectos que pueden considerarse en un asunto. || **P.** faceta; **I.** facet; **F.** facette; **A.** Fassette; **It.** faccetta; **R.** грань.

★ **FACETADA.** (De *faceto*.) f. Méj. Chiste afectado y sin gracia.

★ **FACETAR.** intr. Méj. Hacer facetadas.

FACETO, TA. (l. *facetus*.) adj. desus. Chistoso. Ú. en Méjico. || **2.** Méj. Amanerado, presuntuoso, melindroso.

FACIA. (l. *facie ad*, con la cara dirigida a tal sitio.) prep. ant. Hacia.

FACIAL. (l. *faciālis*, de *facies*, cara.) adj. Perteneciente al rostro. || **2.** Intuitivo. || **3.** Dícese del ángulo formado en la cara del hombre y otros animales por dos rectas imaginarias que partiendo de los alvéolos del maxilar superior pasa la una por el conducto auditivo y la otra por la frente.

FACIALMENTE. adv. Intuitivamente.

★ **FACICO, CA.** (dims. fams. de *Francisco, ca*.) m. y f. Chile. Personajes secundarios de las funciones de títeres. || **2.** Chile. Apodo que se aplica a los negros.

★ **FACIE.** (l. *facies*, cara.) f. Cara de los cristales en los hornos de vidrio.

FACIENDA. (l. *facienda*, cosas que se han de hacer.) f. ant. Hacienda.

FACIENTE. (l. *faciens, -entis*.) p.a. ant. de facer. Haciente. Usáb.t.c.s.

FACIES. (l. *facies*, cara.) f. Med. Aspecto del semblante característico de una enfermedad. || —**hipocrática.** Aspecto característico del rostro del enfermo próximo a la agonía.

FÁCIL. (l. *facilis*.) adj. Que se puede hacer con poco trabajo. || **2.** Que puede suceder muy probablemente. || **3.** desus. Aplícase al que con ligereza se deja llevar de la opinión ajena, y por lo común se toma en mala parte. || **4.** Aplícase a la mujer frágil, liviana. || **5.** adv. Fácilmente. || **P.** fácil; **I.** easy; **F.** facile, aisé; **A.** leicht; **It.** fàcile; **R.** лёгкий, нетрудный.

FACILIDAD. (l. *facilitas, -ātis*.) f. Disposición para hacer una cosa con poco esfuerzo. || **2.** Ligereza, demasiada condescendencia. || **3.** Ocasión propicia para hacer algo. || *Dar* FACILIDADES. fr. Facilitar la ejecución de algo. || **P.** facilidade; **I.** facility, easiness; **F.** facilité; **A.** Leichtigkeit, Gefälligkeit; **It.** facilità; **R.** лёгкость, нетрудность.

FACILILLO, LLA. adj. d. de fácil. || **2.** En sentido irónico, aplícase a lo que es difícil.

FACÍLIMO, MA. (l. *facillĭmus*.) adj. sup. ant. de fácil.

FACILITACIÓN. f. Acción de facilitar una cosa.

FACILITAR. tr. Hacer fácil o posible la ejecución o consecución de una cosa. || **2.** Proporcionar o entregar. || **P.** facilitar; **I.** to facilitate; **F.** faciliter; **A.** ermöglichen erleichtern; **It.** facilitare; **R.** способствовать.

FACILITÓN, NA. adj. fam. Que todo lo cree fácil. Ú.t.c.s.

FÁCILMENTE. adv. Con facilidad.

FACIMIENTO. (De *facer*.) m. ant. Acción y efecto de hacer una cosa.

FACINA. (l. *fascĭna*.) f. ant. Hacina.

FACINEROSO, SA. (l. *facinorōsus*.) adj. Delincuente habitual. Ú.t.c.s. || **2.** m. Hombre malvado y perverso. || **P.** facineroso; **I.** wicked, facinerous; **F.** malfaiteur; scélérat; **A.** Verbrecher, Bösewicht; **It.** facinoroso; **R.** закоренелый, злодей.

FACINOROSO, SA. (l. *facinorōsus*.) adj. ant. Facineroso. Usáb.t.c.s.

FACIÓN. f. ant. Facción, cualquier rasgo del rostro humano; acción de guerra, y también hechura.

FACIONADO, DA. (De *fación*.) adj. ant. Con los advs. *bien* o *mal*, aplicábase a la persona bien o mal configurada, especialmente en el rostro.

FACISTELO. m. ant. Facistol.

FACISTOL. (b. l. *facistolium*, y éste del germ. *faldastôl*, sillón.) m. Atril grande donde se colocan libros para cantar en las iglesias. || **2.** adj. Cuba y Venez. Engreído, pedante. || **3.** Cuba y P. Rico. Bromista. || **P.** facistol; **I.** lectern; **F.** lutrin; **A.** Chorpult; **It.** leggio; **R.** налой, пюпитр.

★ **FACISTOLERÍA.** (De *facistol*.) f. fig. y fam. Cuba y Venez. Vanidad; afectación

orgullosa en la actitud y el movimiento del cuerpo.

★ **FACÓMETRO.** m. Fís. Instrumento que se usa en óptica para medir el poder refringente de las lentes.

FACÓN. m. aum. de faca. Cuchillo grande de punta aguda, afilada. || **2.** Argent. Daga o puñal grande.

★ **FACOSIS.** f. Med. Mancha negra en un ojo.

FACSÍMIL. m. Facsímile.

FACSÍMILE. (l. *fac*, imper. de *facĕre*, hacer, y *simile*, semejante.) m. Perfecta imitación por reproducción de una firma, dibujo, impreso, etc. || **P.** facsímile; **I.** fac-simile; **A.** Faksimile; **It.** fassimile; **R.** факсимиле.

FACTIBLE. (l. *factibĭlis*.) adj. Que se puede hacer. || **P.** factível; **I.** feasible; **F.** faisable; **A.** tunlich; **It.** fattibile; **R.** выполнимый.

FACTICIO, CIA. (l. *facticius*.) adj. Que se hace por arte y no naturalmente.

FACTITIVO, VA. (l. *factum*, hecho.) adj. Gram. Dícese del verbo o perífrasis verbal cuyo sujeto no ejecuta por sí mismo la acción, sino que la hace ejecutar por otro.

★ **FACTIVO, VA.** (l. *facĕre*, hacer.) adj. Ejecutivo.

FACTOR. (l. *factor*.) m. p. us. El que hace una cosa. || **2.** Agente comercial que trafica en nombre y por cuenta del poderdante. || **3.** Dependiente del comisario de guerra o del asentista para la distribución de víveres en la tropa. || **4.** Empleado en las estaciones de ferrocarril encargado de la recepción, expedición y entrega de las mercancías. || **5.** Álg. y Arit. Cada una de las cantidades que se multiplican. || **6.** Álg. y Arit. Submúltiplo. || **7.** fig. Elemento, concausa. || **P.** factor; **I.** factor, agent; **F.** facteur; **A.** Faktor; **It.** fattore; **R.** агент.

FACTORAJE. m. Factoría; empleo y despacho del factor.

FACTORÍA. f. Empleo y oficina del factor. || **2.** Establecimiento de comercio, especialmente el situado en país colonial. || **3.** Ecuad. Taller de fundición de hierro. || **P.** feitoria; **I.** factory; **F.** factorerie; **A.** Faktorei; **It.** fattoria; **R.** фактория.

FACTORIAL. (De *factor*.) f. Mat. Producto de los *n* primeros números de la serie natural.

FACTÓTUM. (l. *fac*, imper. de *facĕre*, hacer, y *totum*, todo.) m. fam. Persona que desempeña en un establecimiento todos los menesteres. || **2.** fam. Persona entremetida y oficiosa, que se presta a todo género de servicios. || **3.** Persona de toda confianza de otra y que en nombre de ésta despacha sus principales negocios.

FACTURA. (l. *factūra*.) f. Hechura. || **2.** Cuenta que los factores dan del coste y costas de las mercaderías que compran y remiten a sus corresponsales. || **3.** Relación de los objetos o artículos comprendidos en una venta o remesa. || **4.** Cuenta detallada de cada una de estas operaciones. || **5.** Pint. y Esc. Ejecución, acción de ejecutar. || **6.** Argent. Bollo, torta pequeña. || **7.** Ecuad. Comisión que se da en las ventas. || **2.ª** acep.: **P.** factura; **I.** invoice; **F.** facture; **A.** Faktura; **It.** fattura; **R.** фактура.

FACTURACIÓN. f. Acción y efecto de facturar.

FACTURAR. tr. Extender las facturas. || **2.** Comprender en una factura algún artículo. || **3.** Registrar en las estaciones de ferrocarriles equipajes o mercancías para remitirlos a su destino. || **P.** facturar; **I.** to invoice; **F.** facturer; **A.** fakturieren; **It.** fatturare; **R.** выписывать накладные.

★ **FACTURERÍA.** (De *factura*, bollo, torta.) f. Argent. Bollería.

FÁCULA. (l. *facŭla*, antorcha pequeña.) f. Astron. Cada una de las partes más brillantes del disco del Sol.

FACULTAD. (l. *facultas, -ātis*.) f. Potencia física o moral. || **2.** Poder, derecho para hacer alguna cosa. || **3.** Ciencia o arte. || **4.** En las universidades, cuerpo de doctores o maestros de una ciencia. || **5.** Médicos, cirujanos y boticarios de la cámara del rey. || **6.** Licencia o permiso. || **7.** Med. Fuerza, resistencia. || **P.** facultade; **I.** faculty; **F.** faculté, pouvoir; **A.** Fähigkeit, Fakultät; **It.** facoltà; **R.** способность.

FACULTAR. tr. Conceder facultades

o poder para hacer algo. || **P.** facultar; **I.** to authorise; **F.** autoriser; **A.** ermächtigen; **It.** facoltizzare; **R.** чполномочивать.

FACULTATIVAMENTE. adv. Según los principios y reglas de una facultad. || **2.** De modo potestativo.

FACULTATIVO, VA. adj. Perteneciente a una facultad. || **2.** Perteneciente a la facultad, o poder que uno tiene para hacer alguna cosa. || **3.** Dícese del que profesa una facultad. || **4.** Potestativo. || **5.** m. Médico o cirujano. || **P.** facultativo; **I.** facultative; **F.** facultatif; **A.** freigestellt; **It.** facoltativo; **R.** научный.

★ **FACULTO, TA.** adj. Ecuad., Rep. Domin. y Venez. Experto, que tiene facultad o poder para hacer alguna cosa.

FACULTOSO, SA. (De *facultad*, caudal.) adj. ant. Que tiene muchos bienes o caudales.

FACUNDIA. (l. *facundĭa*.) f. Afluencia, facilidad en el hablar. || **P.** facúndia; **I.** fluency, eloquence; **F.** faconde; **A.** Redseligkeit; **It.** facondia; **R.** многословие.

FACUNDO, DA. (l. *facundus*.) adj. Que tiene facundia.

FACHA. (ital. *faccia*, y éste del l. *facies*, faz.) f. fam. Traza, aspecto. || **2.** fam. Mamarracho, adefesio. Ú. a veces c.m. || **3.** Chile. Fachenda. || **4.** Méj. Jactancia. || *Ponerse en* FACHA. fr. Mar. Parar el curso de una embarcación haciendo que las velas obren en sentidos contrarios. || **2.** fam. Ponerse en disposición conveniente para una cosa. || **P.** cara, aspecto; **I.** look, appearance; **F.** mine, air; **A.** äusseres Ansehen; **It.** faccia, aspetto; **R.** внешний вид.

FACHA. (l. vulg. *fascŭla*, por *facŭla*, d. de *fax*, tea.) f. ant. Hacha, vela gruesa de cera, o mecha de esparto y alquitrán.

FACHA. f. ant. Hacha, herramienta para hacer leña.

FACHA. (ant. arag. *faxa*, faja, y éste del l. *fascia*.) f. ant. Faja.

FACHADA. (De *facha*, figura, traza.) f. Aspecto exterior de conjunto que ofrece un edificio por cada uno de sus lados. || **2.** fig. y fam. Aspecto de una persona. || **3.** fig. Portada de los libros. || **P.** fachada; **I.** front, face; **F.** façade, frontispice; **A.** Fassade; **It.** facciata; **R.** фасад.

FACHADO, DA. adj. fam. Con los advs. *bien* o *mal*, que tiene buena o mala figura.

FACHEAR. intr. Mar. Estar o ponerse en facha una embarcación.

FACHENDA. (De *facha*, traza.) f. fam. Vanidad, jactancia. || **2.** m. fam. Fachendoso.

FACHENDEAR. (De *fachenda*.) intr. fam. Hacer ostentación jactanciosa.

FACHENDISTA. (De *fachenda*.) adj. fam. Fachendoso. Ú.t.c.s.

FACHENDÓN, NA. (De *fachenda*.) adj. fam. Fachendoso. Ú.t.c.s.

FACHENDOSO, SA. adj. fam. Que tiene fachenda. Ú.t.c.s.

FACHINAL. m. Argent. Estero o lugar anegadizo cubierto de junco y otra vegetación.

★ **FACHOSEAR.** (De *fachoso*.) intr. Méj. Fachendear.

FACHOSO, SA. adj. fam. De mala facha, de figura ridícula. || **2.** Chile y Méj. Fachendoso.

FACHUDO, DA. adj. Fachoso, que tiene mala facha.

FACHUELA. f. ant. d. de facha, hacha.

FADA. (l. *fata*, de *fatum*.) f. Hada, hechicera. || **2.** Variedad de camuesa pequeña.

FADAR. (De *fado*.) tr. ant. Hadar.

★ **FADER.** (ingl. *fader*, que gradualmente aumenta o disminuye.) m. Radiotec. Potenciómetro usado en cinematografía para regular el volumen de los altavoces.

FADIGA. (De *fadigar*.) f. Ar. Derecho de tanteo y retracto que las leyes del antiguo reino de Aragón reconocen a los poseedores del dominio directo en la enfiteusis. || **2.** Cantidad que algunas veces percibía el dueño directo o el señor por la renuncia de este derecho de prelación.

FADIGAR. tr. Ar. Tantear el precio y valor de una cosa.

★ **FADING.** m. Voz inglesa con que se indica el desvanecimiento periódico de las señales radioeléctricas.

F **FADO.** (l. *fatum*.) m. ant. Hado. || 2. Cierta canción popular portuguesa.

FADRUBADO, DA. adj. ant. Estropeado, descoyuntado.

FAENA. (cat. *feyna*, y éste del l. *facienda*, cosa que se ha de hacer.) f. Trabajo corporal. || 2. fig. Trabajo mental. || 3. Quehacer. Ú. m. en pl. || 4. TAUROM. Actuación del espada ante el toro en el tercio de muerte. || 5. Mala pasada, maniobra en perjuicio de alguien. || 6. CUBA, GUAT. y MÉJ. Trabajo que se hace en una hacienda en horas extraordinarias. || 7. CHILE. Cuadrilla de trabajadores. || 8. ECUAD. Trabajo de campo que se hace por la mañana. || P. faina, tarefa, lide; I. work, labour; F. besogne, ouvrage; A. körperliche Arbeit; It. faccenda; R. работа, дела.

★ **FAENAR.** (De *faena*.) tr. ARGENT. Sacrificar reses y realizar las operaciones precisas para su conservación.

FAENERO, RA. adj. AND. Dedicado a las faenas de la recolección o vendeja de una cosecha. || 2. m. AND. y CHILE. Obrero del campo.

FAETÓN. (Por alusión a *Faetón*, hijo del Sol y de Climene, según la mitología, y conductor del carro de su padre.) m. Carruaje descubierto, de cuatro ruedas, alto y ligero. || P. faetonte ou fáeton; I. phaeton; F. phaéton; A. Phaeton; It. faetòn; R. кладъ, тележка.

★ **FAFARACHAR.** intr. COLOM. Fanfarronear.

○ **FAFARACHERO, A.** adj. y s. AMÉR. Fanfarrón, fachendoso.

FAGÁCEO, A. (De *fagus*, nombre de un género de plantas.) adj. BOT. Dícese de árboles y arbustos angiospermos dicotiledóneos, como la encina y el castaño. Ú.t. c.s.f. || 2. f. pl. BOT. Familia de estas plantas.

★ **FAGEDENIA.** f. MED. Úlcera maligna.

★ **FAGEDÉNICO, CA.** adj. MED. Que corroe las carnes.

FAGOCITO. (gr. φαγεῖν, comer, y κύτος, célula.) m. ZOOL. Cualquiera de las células que se hallan en la sangre y en muchos tejidos animales, capaces de englobar y digerir toda clase de partículas nocivas o inútiles al organismo.

FAGOCITOSIS. f. FISIOL. Función que desempeñan los fagocitos en el organismo.

FAGOT. (fr. *fagot*.) m. MÚS. Instrumento de viento formado por un tubo cónico de madera, que se toca con una boquilla de caña puesta en un tudel encorvado. || 2. Persona que toca este instrumento. || P. fagote; I. bassoon; F. basson, fagot; A. Fagott; It. fagotto; R. фагот.

FAGOTISTA. m. El que toca el fagot.

FAGÜEÑO. (l. *favonius*.) m. AR. Favonio, céfiro.

★ **FAIFA.** f. HOND. Pipa para fumar tabaco.

★ **FAINA.** f. AMÉR. Masa redonda de harina de garbanzos, cocida al horno.

★ **FAINADA.** f. CUBA. Expresión desvergonzada.

★ **FAINO, NA.** adj. CUBA. Sin cultura, rústico.

FAIQUE. m. ECUAD. Árbol de la familia de las mimosáceas.

FAISÁN. (prov. *faizan*, y éste del l. *phasiānus*.) m. Ave gallinácea, algo parecida a un gallo, que lleva en lugar de cresta carnosa un penacho de plumas, los ojos rodeados de una carándula encarnada y la cola muy larga y tendida. Su carne es muy apreciada. || 2. AND. Hongo comestible de color pardo que se cría en los jarales. || P. faisão; I. pheasant; F. faisan; A. Fasan; It. fagiano; R. фазан.

★ **FAISANA.** f. Hembra del faisán.

FAISANERÍA. f. Corral o cercado para los faisanes.

FAISANERO, RA. m. y f. Persona que se dedica a la cría y venta de faisanes.

★ **FAITE.** (ingl. *fighter*, luchador.) m. ECUAD. y PERÚ. Matón, camorrista.

FAJA. (arag. ant. *faxa*, y éste del l. *fascia*.) f. Tira de tela o de tejido de punto, con que se rodea el cuerpo por la cintura. || 2. Cualquiera tira mucho más larga que ancha. || 3. Tira de papel que en vez de sobre se pone a los impresos que han de enviarse por correo. || 4. Insignia propia de algunos cargos. || 5. ARQ. Moldura ancha y de poco vuelo. || 6. ARQ.

Telar liso que se hace alrededor de las ventanas y arcos de un edificio. || 7. BLAS. Pieza de honor horizontal que corta el escudo por el centro. || 8. pl. GERM. Azotes. || *Lo que entra con la FAJA sale con la mortaja*. ref. que declara que las costumbres adquiridas en la niñez perduran toda la vida. || P. faixa; I. girdle, belt; F. bande, ceinture; A. Leibbinde; It. fascia, ciarpa; R. лояс, фаха.

★ **FAJADA.** (De *fajar*.) f. CAN. Embestida, acometimiento. Ú.t. en Cuba. || 2. VENEZ. Chasco, desengaño.

FAJADO, DA. p.p. de fajar. || 2. adj. Dícese de la persona azotada. || 3. BLAS. Dícese del escudo atravesado por una faja. || 4. m. MIN. Madero o tablón que para formar piso se emplea en las minas. || 5. MIN. Madero en rollo empleado en la entibación de los pozos.

FAJADURA. f. Fajamiento. || 2. MAR. Tira de lona alquitranada con que se forran algunos cabos para resguardarlos.

FAJAMIENTO. m. Acción y efecto de fajar o fajarse.

FAJAR. (arag. *fajar*, y éste del l. *fasciāre*.) tr. Ceñir o envolver con faja una parte del cuerpo. Ú.t.c.r. || 2. Envolver al niño con el fajero. || 3. CAN., CUBA, CHILE y PERÚ. Pegar a uno, golpearle. || 4. rec. CUBA. Irse a las manos dos personas. || 5. AMÉR. Pedir dinero prestado. || 6. CUBA. Ponerse a hacer algún trabajo o continuarlo. || 7. MÉJ. Beber un licor. || FAJAR *con* uno. fr. fam. Acometerle con violencia. || P. enfaixar; I. to swathe; F. ceindre, emmaillotter; A. wickeln, einwindeln; It. fasciare; R. завёртывать.

FAJARDO. m. Cubilete de masa de hojaldre, relleno de carne picada y perdigada.

FAJARES. (De *fajo*.) m. pl. ant. Haces o gavillas.

★ **FAJATINA.** f. CUBA. Fajazo.

★ **FAJAZO.** m. ARGENT. Embestida. || 2. ARGENT. fig. Sablazo, acto de pedir y sacar dinero a alguno.

FAJEADO, DA. adj. Que tiene fajas o listas.

★ **FAJEAR.** tr. MAR. Coserle o ponerle todas las fajas a una vela.

FAJERO. m. Faja de punto en que se envuelve a los niños de teta.

FAJILLA. f. d. de faja. || 2. Faja que se pone en los impresos.

FAJÍN. m. d. de faja. || 2. Ceñidor de seda de determinados colores y distintivos, que pueden usar los generales del ejército y ciertos funcionarios.

FAJINA. (arag. *fajina*, y éste del l. *fascina*, de *fascis*, haz.) f. Conjunto de haces de mies que se pone en las eras. || 2. Leña ligera para encender. || 3. SAL. Haza, tierra cercada dedicada al cultivo intensivo, huerta. || 4. MIL. Toque que ordena la retirada de las tropas a sus alojamientos, romper la formación y señalar la conclusión de algún servicio. || 5. FORT. Haz de ramas delgadas muy apretadas, de que se sirven los ingenieros militares para diversos usos. || P. faxina; I. shock, stook; F. faisceaux; A. Reisigbündel; It. fascina; R. связка хвороста.

FAJINA. f. Faena. || 2. ZAM. Prestación personal. || 3. CUBA. Trabajo extraordinario, fuera de la jornada. || 4. ECUAD. Trabajo extraordinario y gratuito.

FAJINADA. f. FORT. Conjunto de fajinas o haces de ramas delgadas. || 2. Obra hecha con ellas.

FAJO. (arag. ant. *faxo*, y éste del l. *fascis*.) m. Haz. || 2. GUIP. Unidad de peso para leñas. || 3. NAV. Unidad longitudinal para medir listones. || 4. pl. Conjunto de ropa con que se viste a los niños recién nacidos. || P. feixe; I. sheaf; F. faisceau, gerbe; A. Bündel; It. fascio; R. связка, пачка.

★ **FAJO.** (De *fajar*.) m. AMÉR. MERID. y MÉJ. Trago de licor.

FAJOL. (cat. *faxol*, y éste del l. *phaseŏlus*, alubia.) m. Alforfón, planta poligonácea.

FAJÓN. aum. de faja. || 2. ARQ. Recuadro ancho de yeso alrededor de los huecos de las puertas y ventanas.

FAJUELA. f. d. de faja.

FALACE. (l. *fallax, -ācis*.) adj. ant. Falaz, engañoso.

FALACIA. (l. *fallacĭa*.) f. Engaño, mentira con que se intenta dañar a otro. || 2. Hábito de emplear falsedades en daño ajeno. || 3. Argumentación viciosa. || P. falacia; I. fallacy; F. fallace, sophisme, A. Trug; It. fallacia; R. обман.

FALAGADOR, RA. (De *falagar*.) m. y f. ant. Persona que falaga.

FALAGAR. (ár. *jalaqa*, mentir, pulir una cosa, componer un discurso.) tr. ant. Halagar.

FALAGO. (De *falagar*.) m. ant. Halago.

FALAGÜEÑAMENTE. adv. ant. Halagüeñamente.

FALAGÜEÑO, ÑA. (De *falagar*.) adj. ant. Halagüeño.

FALAGUERO, RA. adj. ant. Halagüeño.

FALANGE. (l. *phalanx, -angis*, y éste del gr. φάλαγξ.) f. Cuerpo de infantería de los griegos, pesadamente armada, que formaba la principal fuerza de los ejércitos de Grecia. || 2. Cualquier cuerpo de tropa numeroso. || 3. fig. Conjunto numeroso de personas unidas y ordenadas y para un mismo fin. || 4. ZOOL. Cada uno de los huesos de los dedos. || 5. POL. e HIST. Partido político fundado en España en 1933, por José Antonio Primo de Rivera. || P. e It. falange; I. phalanx; F. phalange; A. Phalanx, Stosstrupp; R. фаланга.

FALANGETA. (De *falange*, hueso digital.) f. ANAT. Falange tercera de los dedos.

FALANGIA. f. ZOOL. Falangio o segador, arácnido.

FALANGIANO, NA. (De *falange*, hueso de los dedos.) adj. ZOOL. Perteneciente o relativo a la falange.

FALANGINA. (De *falange*.) f. Falange segunda de los dedos.

★ **FALANGINES.** (De *falange*.) m. pl. ANAT. Extremos de las falanges.

FALANGIO. (l. *phalangium*, y éste del gr. φαλάγγιον.) m. ZOOL. Segador, arácnido. || 2. Planta liliácea con raíz pequeña, hojas largas y estrechas, flores blancas y semillas negras. Los antiguos la estimaron como antídoto contra la picadura del arácnido del mismo nombre. || 2.ª acep.: P. falângio; I. phalangium; F. phalange; A. Zauberblume; It. falangio.

FALANSTERIO. (gr. φάλαγξ falange, y el suf. *terio*, que indica lugar.) m. Edificio social ideado por Fourier para la vida en comunidad de cada una de las falanges en que estaría dividida la sociedad. || 2. Por ext., alojamiento colectivo de numerosa gente. || P. falanstério; I. phalanstery; F. phalanstère; A. Phalansterium; It. falensterio; R. общежитие.

FALÁRICA. (l. *falarĭca*.) f. Lanza arrojadiza que usaron los antiguos.

FALARIS. (l. *phalāris*, y éste del gr. φαλαρίς.) f. Foja, ave zancuda nadadora.

FALAZ. (l. *fallax, -ācis*.) adj. Que tiene el vicio de la falacia. || 2. Aplícase también a todo lo que halaga y atrae con falsas apariencias. || P. falaz; I. fallacious; F. trompeur; A. trügerisch; It. fallace; R. лживый.

FALAZMENTE. adv. Con falacia, de manera falaz.

FALBALÁ. (ital., fr. y port. *falbalá*.) m. Pieza casi cuadrada de la faldilla del cuarto trasero de la casaca. || 2. Farala, adorno en forma de volante. || P. falbalá; I. furbelow; F. falbala; A. Falbel; It. falbalà; R. оборка.

FALCA. (ár. *falga* o *filqa*, cuña de madera.) f. Defecto de una tabla o madero que le impide ser perfectamente lisos o rectos. || 2. AR. y MURC. Cuña. || 3. MAR. Tabla delgada colocada de canto, y de popa a proa, sobre la borda de las embarcaciones menores para dar más altura al agua. || 4. COLOM. Cerco que se pone como suplemento a las pailas. Ú.m. en pl. || 5. ARGENT. Alambique pequeño. || 6. VENEZ. Borde de una caja. || 7. PERÚ. Parte de la obra muerta de una embarcación que se puede quitar cuando convenga. || 8. COLOM. Canoa grande provista de techo.

FALCADO, DA. p.p. de falcar. || 2. adj. Que tiene forma de hoz. || 3. f. AR. Manojo de mies que el segador corta de un solo golpe de hoz.

FALCAR. (l. *falx, falcis*, hoz.) tr. ant. Cortar con la hoz.

F

FALCAR. (De *falca*.) tr. AR. y MURC. Asegurar con cuñas.

FALCARIO. (l. *falcarius*.) m. Soldado romano armado con una hoz.

FALCE. (arag. *falce*, y éste del l. *falx*, *falcis*, hoz.) f. Hoz o cuchillo corvo.

FALCIDIA. (l. *falcidia* [*lex*] de *Falcidius*, el tribuno que dio esta ley.) adj. FOR. V. *Cuarta* FALCIDIA. Ú.t.c.s.

FALCIFORME. (l. *falx*, *falcis*, hoz, y *forma*, forma.) adj. Que tiene forma de hoz.

FALCINELO. (ital. *falcinello*, y éste del l. *falx*, *falcis*, hoz.) m. Ave del orden de los pájaros, poco mayor que una paloma, de pico muy largo, corvo, comprimido y grueso en la punta, patas largas, verdosas, y dedos y uñas muy delgados.

FALCINO. (l. *falcinus*, de *falx*, hoz.) m. AR. Vencejo, pájaro parecido a la golondrina.

★ **FALCÍPARO.** (l. *falx*, *falcis*, hoz, y *parère*, parecer.) m. MED. Especie de hematozoario, parásito de la sangre, que es causa de 'la malaria o paludina.

FALCIRROSTRO, TRA. adj. Dícese de las aves que tienen el pico en forma de hoz.

FALCÓN. (l. *falco*, *-ōnis*.) m. Cañón antiguo.

FALCONERO. (De *falcón*.) m. ant. Halconero.

FALCONETE. (De *falcón*.) m. Culebrina que arrojaba balas hasta de kilo y medio.

FALCÓNIDO, DA. adj. Dícese de aves rapaces diurnas, cuyo tipo es el halcón. Ú.t.c.s. ‖ 2. f. pl. Familia de estas aves.

FALDA. (germ. *falda*, pliegue, seno.) f. Parte de todo vestido talar desde la cintura abajo. Ú.m. en pl. ‖ 2. Parte del vestido de mujer que con más o menos vuelos cae desde la cintura abajo. ‖ 3. Parte de una prenda de vestir que cae suelta. ‖ 4. Hierro del guardabrazo, pendiente del hombro, que protegía el omóplato y parte del pecho. ‖ 5. En la armadura, parte que cuelga desde la cintura abajo. ‖ 6. Carne de la res que cuelga de las agujas. ‖ 7. Regazo. ‖ 8. Ala del sombrero. ‖ 9. fig. Parte inferior de los montes. ‖ 10. pl. fam. Mujer, en oposición al hombre. ‖ P. fralda; I. skirt; F. jupe, basque; A. Schoss, Frauenrock; It. falda, gonnella; R. юбка.

FALDAMENTA. f. Falda. ‖ 2. fam. Falda larga y desgarbada.

FALDAMENTO. m. Faldamenta.

FALDAR. (De *falda*.) m. Parte de la armadura antigua que caía como faldilla.

FALDEAR. tr. Caminar por la falda de un monte.

FALDELLÍN. (De *faldilla*.) m. Falda corta. ‖ 2. Refajo, falda corta y de mucho vuelo. ‖ 3. CUBA, P. RICO y VENEZ. Capa que se pone a los niños para bautizarlos.

FALDEO. m. ARGENT. y CHILE. Faldas de un monte.

FALDERO, RA. adj. Perteneciente o relativo a la falda. ‖ 2. Dícese del perro pequeño. Ú.t.c.s. ‖ 3. fig. Dícese del hombre aficionado a estar entre mujeres. ‖ 4. f. Mujer que se dedica a hacer faldas.

FALDETA. f. d. de falda. ‖ 2. Lienzo con que se cubre en el teatro lo que ha de aparecer a su tiempo.

FALDICORTO, TA. adj. Corto de faldas.

FALDILLAS. (d. de *faldas*.) f. pl. Partes de algunos vestidos que cuelgan de la cintura abajo.

FALDINEGRO, GRA. adj. Dícese del ganado vacuno bermejo por encima y negro por debajo.

FALDISTORIO. (b. l. *faldistorium*, y éste del germ. *faldastôl*, sillón.) m. Asiento especial usado por los obispos en algunas funciones pontificales. ‖ P. faldistório; I. faldstool; F. faldistoire; A. Faldistorium; It. faldistero; R. кресло.

FALDÓN. m. aum. de falda. ‖ 2. Falda suelta al aire. ‖ 3. Parte inferior de alguna ropa. ‖ 4. Piedra de tahona ya gastada, que puesta encima de otra aumenta el peso para moler bien el grano. ‖ 5. ARQ. Vertiente triangular de un tejado. ‖ 6. ARQ. Conjunto de los dos lienzos y del dintel que forma la boca de la chimenea. ‖ *Agarrarse* o *asirse a los* FALDONES de alguno. fr. fig. y fam. Acogerse a su valimiento.

FALDRIQUERA. (De *falda*.) f. Faltriquera.

FALDUDO, DA. adj. Que tiene mucha falda. ‖ 2. m. GERM. Broquel.

FALDULARIO. (De *falda*.) m. Ropa que desproporcionadamente cuelga sobre el suelo.

FALENA. (gr. φάλαινα.) f. ZOOL. Mariposa nocturna, cuyas larvas hilan en los árboles un pelo que las sigue en todas las direcciones, facilitando sus movimientos.

FALENCIA. (l. *fallens*, *-entis*, engañador.) f. Engaño o error que se padece en asegurar una cosa. ‖ 2. ARGENT., CHILE y HOND. Quiebra de un comerciante. ‖ 3. CHILE. Insolvencia.

FALERNO. m. Vino famoso en la antigua Roma, procedente de un campo de la Campania.

FALESCER. (incoat. del l. *fallĕre*.) intr. ant. Faltar.

FALEUCIO. (l. *phaleucium*.) adj. Faleuco. Ú.t.c.s.

FALEUCO. (l. *phalaecus*.) adj. Dícese del verso endecasílabo de la poesía clásica, inventado por Faleco, que constaba de cinco pies. Ú.t.c.s.

FALIBILIDAD. (l. *fallibilis*, falible.) f. Calidad de falible. ‖ 2. Posibilidad de errar una persona. ‖ 3. fig. Aplícase a algunas cosas abstractas. *La* FALIBILIDAD *de la opinión pública*.

FALIBLE. (l. *fallibilis*.) adj. Que puede engañarse o engañar. ‖ 2. Que puede fallar. ‖ P. falível; I. fallible; F. faillible; A. fehlbar; It. fallibile; R. ошибочный.

FÁLICO, CA. adj. Relativo o perteneciente al falo. ‖ P. fálico; I. phallic; F. phallique; A. dem männlichen Glied gehörig; It. fàllico.

FALIDAMENTE. adv. ant. En vano, sin fundamento.

FALIDO, DA. (De *falir*.) adj. ant. Fallido.

FALIMIENTO. (De *falir*.) m. p. us. Engaño, falsedad, mentira.

FALIR. (l. *fallĕre*.) intr. ant. Faltar uno a su palabra o engañar.

FALISCO. m. Verso de la poesía latina, compuesto de tres dáctilos y un espondeo.

FALO. (gr. φαλλός.) m. Pene. ‖ 2. BOT. Hongo gasteromiceto. ‖ 3. MIT. y ARQUEOL. Símbolo de la fuerza generadora masculina. ‖ P. falo; I. y F. phallus; A. Pene; It. fallo; R. мужской половой орган.

FALONDRES (DE). m. adv. MAR., CUBA y VENEZ. De golpe, de repente.

FALOPIO. (n. p. de un célebre cirujano italiano del siglo XVI.) ZOOL. V. *Trompa de* FALOPIO.

FALORDIA. f. AR. Faloria.

FALORIA. (Tal vez del l. *fabularia*, pl. n. de *fabulāris*, fabuloso, falso.) f. AR. Cuento, fábula, mentira.

FALQUÍA. f. ant. Doble cabestro que se ataba al cabezón de las caballerías.

FALSA. (De *falso*.) f. AR. y MURC. Desván. ‖ 2. ALBAC., AR. y MÉJ. Falsilla. ‖ 3. MÚS. Consonancia redundante por exceso o por defecto de un semitono.

FALSAARMADURA. f. Contraarmadura.

FALSABRAGA. (De *falsa* y *braga*.) f. FORT. Muro bajo levantado delante del principal.

FALSADA. (De *falsar*.) f. Calada, vuelo del ave de rapiña.

FALSADOR, RA. (De *falsar*.) adj. ant. Falseador.

FALSAMENTE. adv. Con falsedad.

FALSAR. (l. *falsāre*.) tr. Falsear, salir de una carta que no sea ni triunfo ni rey, en el juego del tresillo, para desorientar a los demás jugadores.

FALSARIO, RIA. (l. *falsarius*.) adj. Que falsea o falsifica una cosa. Ú.t.c.s. ‖ 2. Que acostumbra decir o hacer falsedades. Ú.t.c.s. ‖ P. falsário; I. falsifier, forger; F. faussaire; A. Fälscher; It. falsario; R. фальшивый.

FALSARREGLA. (De *falsa* y *regla*.) f. Falsa escuadra. ‖ 2. AND., PERÚ y VENEZ. Falsilla.

FALSEADOR, RA. adj. Que falsea alguna cosa.

FALSEAMIENTO. m. Acción y efecto de falsear.

FALSEAR. (De *falso*.) tr. Adulterar o contrahacer una cosa material o inmaterial, como ia moneda, la escritura, el pensamiento. ‖ 2. En el juego del tresillo, salir de una carta que no sea triunfo ni rey, para despistar a los contrarios. ‖ 3. Romper la armadura. ‖ 4. ARQ. Desviar un corte ligeramente de la dirección perpendicular. ‖ 5. intr. Perder una cosa su firmeza. ‖ 6. Disonar de las demás una cuerda de un instrumento. ‖ 7. Dejar los guarnicioneros en las sillas de montar hueco para que los asientos de ellas no maltraten a la cabalgadura. ‖ P. falsear; I. to falsify, to counterfeit; F. fausser, contrefaire; A. verfälschen; It. falsificare; R. подделывать.

FALSEDAD. (l. *falsitas*, *-ātis*.) f. Falta de verdad o autenticidad. ‖ 2. Falta de conformidad entre las palabras, las ideas y las cosas. ‖ 3. FOR. Mutación u ocultación de la verdad, ya constituyendo delito, ya causando la nulidad de los actos, según la ley civil. ‖ P. falsidade; I. falsity, falseness; F. fausseté, faux; A. Falschheit, Unwahrheit; It. falsità; R. лживость.

FALSEO. m. ARQ. Acción y efecto de falsear, 4.ª acep. ‖ 2. Corte o cara de una piedra o madero falseados.

FALSETA. f. MÚS. En la música popular de guitarra, floreo que se intercala entre las sucesiones de acordes que sirven de acompañamiento a la copla.

FALSETE. (De *falso*.) m. Corcho para tapar una cuba cuando se quita la canilla. ‖ 2. Puerta pequeña y de una hoja, que comunica dos piezas de una casa. ‖ 3. MÚS. Voz más aguda que la natural. ‖ 4. MÚS. Falseta. ‖ 3.ª acep.: P. falsete; I. e It. falsetto; F. fausset; A. Falsett; R. пробка, затычка.

FALSÍA. (De *falso*.) f. Falsedad, deslealtad, doblez.

FALSIFICACIÓN. f. Acción y efecto de falsificar. ‖ 2. FOR. Delito de falsedad que se comete en documento público, comercial o privado, en moneda, en sellos o marcas. ‖ P. falsificação; I. falsification; F. contrefaçon; A. Fälschung; It. falsificazione; R. подделка.

FALSIFICADOR, RA. adj. Que falsifica. Ú.t.c.s. ‖ P. falsificador; I. counterfeiter; F. contrefacteur, falsificateur; A. Fälscher; It. falsificatore; R. фальсификатор.

FALSIFICAR. (l. *falsificāre*; de *falsus*, falso, y *facĕre*, hacer.) tr. Falsear, adulterar.

FALSILLA. (De *falso*.) f. Hoja de papel con líneas gruesas y muy señaladas, que se pone debajo de otro para que aquéllas, al transparentarse, sirvan de guía al escribir. ‖ P. pauta; I. guide-lines; F. transparent; A. Linienblatt; It. falsariga; R. транспарант.

★ **FALSÍN.** m. VENEZ. Flautín de sonido muy agudo, hecho con tallo de auyama.

FALSO, SA. (l. *falsus*.) adj. Falto de verdad, de realidad o de ley; engañoso, fingido. ‖ 2. Contrario a la verdad. ‖ 3. Falsario. ‖ 4. CHILE., Cobarde, pusilánime. ‖ 5. AR. y NAV. Flojo, haragán. ‖ 6. Dícese de la caballería que tiene resabios. ‖ 7. Dícese de la moneda que imita a la legítima. ‖ 8. Dícese del peón o colmena cuyo trabajo se empezó por el centro. ‖ 9. ARQ. Se aplica a la pieza que suple la falta de dimensiones o de resistencia de otra. ‖ 10. Ruedo de los vestidos talares. ‖ 11. Pieza de refuerzo hecha de la misma tela que se pone interiormente en el vestido. ‖ 12. GERM. Verdugo. ‖ *En* FALSO. m. adv. Falsamente. ‖ 2. Sin la debida seguridad. ‖ P. falso; I. false, untrue; F. faux, fourbe, feint; A. falsch, unecht, treulos; It. falso; R. ложный.

FALSOPETO. (De *falso* y *peto*.) m. ant. Farseto.

FALTA. (l. *fallĭtus*, por *falsus*, p.p. de *fallĕre*, engañar, faltar.) f. Defecto o privación de algo necesario o útil. ‖ 2. Defecto en la obra, quebrantamiento de una obligación. ‖ 3. Ausencia de una persona cuando debiera estar presente y registro de dicha ausencia. ‖ 4. Supresión del menstruo en la mujer. ‖ 5. En el juego de la pelota, caída o golpe de ésta fuera de los límites señalados. ‖ 6. Defecto de la moneda en cuanto al peso. ‖ 7. FOR. Infracción voluntaria de la ley o reglamento. ‖ —de intención. FOR. Circunstancia atenuante determinada por la desproporción

F

entre el propósito delictivo y el mayor daño causado. || *A* FALTA *de pan buenas son tortas.* ref. irónico que aconseja conformarse con lo que se tiene o alcanza, a falta de otra cosa mejor. || *Caer* uno *en* FALTA. fr. fam. No cumplir con su obligación. || *Hacer* FALTA una cosa o persona. fr. Ser precisa para algún fin. || *Sin* FALTA. m. adv. Puntualmente, con seguridad. || **P.** falta; **I.** fault, want; **F.** manque, faute; **A.** Mangel, Fehler; **It.** mancanza, diffeto; **R.** ошибка, недостаток.

FALTANTE. p.a. de faltar. Que falta.

FALTAR. (De *falta.*) intr. No existir algo donde debiera haberlo. || **2.** Acabar, fallecer. || **3.** No corresponder una cosa al efecto que se esperaba de ella. || **4.** No acudir a una cita u obligación. || **5.** Hallarse ausente una persona del lugar en que suele estar. || **6.** No corresponder uno a lo que es, o no cumplir con su deber. || **7.** Dejar de asistir a otro o tratarle con desconsideración. || **8.** desus. Carecer. || FALTAR *poco* para algo. fr. Estar a punto de suceder alguna cosa o de acabar una acción. || *¡No* FALTABA *más!* expr. usada para rechazar una proposición por inadmisible. || *No* FALTABA *más sino que.* fr. que encarece lo extremadamente desagradable o increíble que sería aquello que se enuncia tras la conjunción *que.* || **P.** faltar; **I.** to fail, to be deficient; **F.** manquer, faillir, falloir; **A.** fehlen, mangeln, ausbleiben; **It.** mancare, difettare; **R.** отсутствовать, нехватать.

* **FALTATIVO, VA.** (De *faltar.*) adj. CUBA. Irrespetuoso.

FALTE. m. CHILE. Buhonero, quincallero.

* **FALTEDAD.** f. COLOM. Presunción, petulancia.

* **FALTISTA.** adj. MÉJ. y EL SALV. Faltón, que falta a su obligación. Ú.t.c.s. || **2.** MÉJ. y AMÉR. CENTRAL. Faltante, informal.

FALTO, TA. (De *faltar.*) adj. Defectuoso o necesitado de alguno. || **2.** Escaso, apocado. || **3.** ARGENT. Mentecato, simple. || **4.** COLOM. Fatuo, vanidoso. || **P.** falto; **I.** wanting; **F.** nécessiteux, dépourvu; **A.** mangelhaft, dürftig; **It.** manchèvole; **R.** недостаточный, неимужий.

FALTÓN, NA. adj. fam. Que falta frecuentemente a sus obligaciones, promesas, etc. || **2.** CUBA. Que falta al respeto. || **3.** ARGENT. Inocente, simple.

* **FALTOSA.** adj. PERÚ. Dícese de la chicha sin dulce.

FALTOSO, SA. adj. ant. Falto, necesitado. || **2.** fam. Que no tiene cabales sus facultades.

FALTRERO, RA. (ant. alto al. *alt*, pliegue, seno.) m. y f. p. us. Ladrón, ratero.

FALTRIQUERA. (De *faldriquera.*) f. Bolsillo de las prendas de vestir. || **2.** Bolsillo que se atan las mujeres a la cintura. || **3.** Cubillo de los antiguos teatros madrileños. || *Rascar,* o *rascarse* uno *la* FALTRIQUERA. fr. fig. y fam. Soltar dinero, gastar, comúnmente de mala gana. || **P.** fraldiqueira; **I.** pocket; **F.** poche; **A.** Tasche; **It.** saccoccia, tasca; **R.** карман.

FALÚA. (De *faluca.*) f. Embarcación menor con carroza, para uso de los jefes de marina y algunas autoridades. || **P.** falua; **I.** felucca; **F.** felouque; **A.** Feluke; **It.** feluca; **R.** фелюга.

FALUCA. (ár. *falūka*, embarcación pequeña.) f. ant. Falúa.

FALUCHO. (De *faluca.*) m. Embarcación costanera, con una vela latina. || **2.** ARGENT. Sombrero de dos picos y ala abarquillada usado por los jefes militares y los diplomáticos en días de gala. || **3.** ARGENT. Arracada en forma de trébol. || **4.** P. RICO. Cometa pequeña. || **P.** falucho; **I.** lateener; **F.** felouque; **A.** kleine Feluke; **It.** felucchio; **R.** фелука.

* **FALÚN.** m. GEOL. Depósito marino de arena silícea, políperos y abundancia de restos de conchas.

FALLA. (l. *falla*, de *fallĕre*, engañar, faltar.) f. Defecto material que merma la resistencia de una cosa, especialmente de las telas. || **2.** ARGENT. y COLOM. Fallo, falta de un palo en los juegos de naipes. || **3.** AMÉR. Acción de faltar a la palabra dada. || **4.** GEOL. Quiebra producida en un terreno por algún movimiento geológico. || **5.** MIN. Interrupción de un filón metalífero. || *Sin* FALLA. m. adv. ant. Sin menoscabo.

FALLA. (hol. *falie;* fr. *faille.*) f. Cobertura de la cabeza que usaron las mujeres, la cual dejaba al descubierto el rostro solamente. || **2.** MÉJ. Gorrito de tela fina con que se cubre la cabeza a los niños pequeños.

FALLA. (cat. *falla* y éste del l. *facŭla.*) f. En el reino de Valencia, hoguera que se enciende en las calles la noche de la víspera de San José. En la capital constituyen los objetos destinados a quemarse verdaderas obras de arte, que representan simbólicamente sucesos de actualidad.

FALLADA. f. Acción de fallar, en los juegos de naipes.

FALLADOR, RA. (De *fallar.*) adj. ant. Hallador.

FALLADOR, RA. (De *fallar.*) m. y f. En los juegos de naipes, persona que falla.

FALLAMIENTO. (De *fallar.*) m. ant. Hallazgo, descubrimiento o invención.

FALLANCA. f. Vierteaguas de una puerta o ventana.

FALLAR. (l. *afflāre*, soplar, olfatear, husmear.) tr. ant. Hallar. || **2.** FOR. Decidir, resolver un proceso o litigio. || 2.ª acep.: **P.** sentenciar; **I.** to sentence; **F.** prononcer, arrêter; **A.** richten; **It.** sentenziare; **R.** выносить приговор.

FALLAR. (De *falla*, falta.) tr. En algunos juegos de cartas, echar un triunfo por no tener el palo que se juega. || **2.** intr. Frustrarse una cosa o un intento. || **3.** Perder una cosa su resistencia dejando de servir.

FALLAZGO. (De *fallar.*) m. ant. Hallazgo.

FALLEBA. (ár. *jallāba*, tarabilla.) f. Varilla de hierro acodillada en sus extremos, sujeta en varios anillos y que al girar por medio de un manubrio, cierra ventanas o puertas de dos hojas, asegurándolas. || **P.** tranqueta; **I.** latch; **F.** espagnolette, loquet; **A.** (Fenster) Riegel; **It.** spagnoletta; **R.** шпингалет.

FALLECEDERO, RA. adj. Que puede faltar o fallecer.

FALLECEDOR, RA. (De *fallecer.*) adj. ant. Fallecedero.

FALLECER. (De un incoat. del l. *fallĕre.*) intr. Morir. || **2.** Acabarse una cosa. || **P.** falecer, morrer; **I.** to die; **F.** décéder; trépasser; **A.** sterben, hinscheiden; **It.** decèdere; **R.** умирать, кончаться.

FALLECIDO, DA. p.p. de fallecer. || **2.** adj. ant. Desfallecido, debilitado.

FALLECIENTE. p.a. de fallecer. Que fallece.

FALLECIMIENTO. m. Acción y efecto de fallecer. || **P.** falecimento; **I.** decease; **F.** décès, trépas; **A.** Ableben, Tod; **It.** decesso; **R.** кончина.

* **FALLENQUE.** adj. COLOM. Falto de dinero. Ú.t.c.s.

FALLERO, RA. adj. Perteneciente o relativo a las fallas de Valencia. || **2.** Persona que participa en las fallas valencianas.

FALLERO, RA. (De *falla*, 1.er art.) adj. Dícese de la persona que deja de concurrir con frecuencia a su trabajo. Ú.t.c.s.

FALLIDERO, RA. (De *fallir.*) adj. ant. Perecedero.

FALLIDO, DA. p.a. de fallir. || **2.** adj. Frustrado. || **3.** Quebrado o sin crédito. Ú.t.c.s. || **4.** Dícese de la cantidad, crédito, etcétera, que se considera incobrable. Ú.t.c.s. || **P.** falido; **I.** frustrated; **F.** failli, raté; **A.** fallit; **It.** fallito; **R.** неудавшийся.

FALLIR. (l. *fallĕre.*) intr. Fallecer, faltar, acabarse. || **2.** Falir. || **3.** VENEZ. Quebrar un comerciante.

FALLO. (De *fallar.*) m. Sentencia definitiva del juez. || **2.** Por ext., decisión tomada por persona competente sobre cualquier asunto dudoso. || **3.** Fracaso de un intento, de una cosa, etc. || **4.** Cosa fallida y fracasada. || *Echar* uno *el* FALLO. fr. FOR. Fallar, decidir. || **2.** fig. Desahuciar el médico al enfermo. || **3.** fig. y fam. Juzgar decisivamente acerca de alguna persona o cosa. || **P.** sentença; **I.** judgment; **F.** arrêt; **A.** Richterspruch; **It.** sentenza; **R.** приговор, решение.

FALLO, LLA. (De *fallar.*) adj. En algunos juegos de naipes, falto de un palo. || **2.** m. Falta de un palo en el juego de naipes.

FALLO, LLA. adj. ÁL. y NAV. Falto de fuerzas. || **2.** CHILE. Aplícase al cereal cuya espiga no ha granado por completo. || **3.** fig. y fam. CHILE. Tonto, insensato. || **4.** VENEZ. Falto, carente.

° **FALLO.** m. Falta, frustración, resultado de lo que falla.

* **FALLÓN, NA.** adj. ECUAD. Faltón, que deja con frecuencia de acudir a sus obligaciones.

* **FALLUTO, TA.** adj. P. RICO. Cobarde.

FAMA. (l. *fama.*) f. Noticia o voz común sobre algo. || **2.** Opinión de la gente acerca de una persona. || **3.** Renombre conseguido por un sujeto en su profesión o arte. || **4.** CHILE. Entre tiradores, punto céntrico del blanco. || *Cobra buena* FAMA *y échate a dormir.* ref. que da a entender que el que una vez adquiere buena fama con poco esfuerzo la conserva. || *Dar* FAMA. fr. Acreditar a uno; darle a conocer. || *Es* FAMA. Se dice. || *Unos tienen la* FAMA *y otros cardan la lana.* ref. que advierte que con frecuencia se atribuye a uno lo que otro hizo. || 3.ª acep.: **P.** e **It.** fama; **I.** fame, name, renown; **F.** renommée, renom; **A.** Renommee, Ruhm, Name; **R.** слава.

FAMADO, DA. (De *fama.*) adj. ant. Afamado, famoso.

FAMBRE. (l. *famen, -ĭnis*, por *fames.*) f. ant. Hambre.

FAMBRIENTO, TA. (De *fambre.*) adj. ant. Hambriento.

FAME. (l. *fames.*) f. ant. Hambre.

FAMÉLICO, CA. (l. *famelĭcus.*) adj. Hambriento.

FAMILIA. (l. *familĭa.*) f. Gente que vive en una casa bajo la autoridad del jefe o cabeza de ella. || **2.** Conjunto de criados de una persona aunque no vivan en su casa. || **3.** Conjunto de ascendientes, descendientes, colaterales y afines de un linaje. || **4.** Cuerpo de una orden religiosa. || **5.** Parentela inmediata de uno. || **6.** Prole. || **7.** Conjunto de individuos de la misma condición. || **8.** fam. Grupo numeroso de personas. || **9.** CHILE. Enjambre de abejas. || **10.** REP. DOMIN. y PERÚ. Pariente. || **11.** BOT. y ZOOL. Grupo taxonómico formado por varios géneros poseedores de muchos caracteres comunes. || *Cargar,* o *cargarse de* FAMILIA. fr. fig. y fam. Llenarse de hijos o criados. || *De buena* FAMILIA. loc. Dícese de las personas cuyos antecesores gozan de buen crédito y estimación social. || *En* FAMILIA. m. adv. Sin gente extraña, en la intimidad. || **P.** família; **I.** family; **F.** famille; **A.** Familie; **It.** famiglia; **R.** семья.

FAMILIAR. (l. *familiāris.*) adj. Perteneciente a la familia. || **2.** Dícese de aquello que uno tiene muy sabido. || **3.** Aplícase al trato, llano y sin ceremonias. || **4.** Natural, sencillo. || **5.** m. El que tiene trato frecuente y confiado con uno. || **6.** Criado, sirviente. || **7.** Eclesiástico dependiente y comensal de un obispo. || **8.** Ministro de la Inquisición, que asistía a las prisiones. || **9.** Criado que tienen los colegios para servir a la comunidad. || **10.** En la orden militar de Alcántara, el que por devoción era admitido en ella, ofreciendo gratuitamente la totalidad o parte de sus bienes. || **11.** El que tomaba la insignia o hábito de una orden religiosa. || **12.** Coche de muchos asientos. || **13.** VENEZ. Animal, que según una antigua superstición se enterraba vivo en la entrada del primer corral construido. || **14.** COLOM. Duendecillo en forma de dominguillo. || *Hacerse* FAMILIAR. fr. Familiarizarse, habituarse. || **P.** familiar; **I.** familiar; **F.** familier; **A.** familiär, vertraulich; **It.** familiare; **R.** семейный.

° **FAMILIAR.** m. Pariente, individuo de la familia.

FAMILIARIDAD. (l. *familiarĭtas, -ātis.*) f. Llaneza y confianza con que algunas personas se tratan entre sí. || **2.** Familiatura, empleo de familiar. || **P.** familiaridade; **I.** familiarity; **F.** familiarité; **A.** Familiarität, Vertraulichkeit; **It.** famigliarità; **R.** фамильярность.

FAMILIARIZAR. tr. Hacer familiar o común una cosa. || **2.** r. Acomodarse al trato familiar de uno. || **3.** Acostumbrarse a algunas circunstancias o cosas. FAMILIARIZARSE *con el juego.* || **P.** familiarizar; **I.** to familiarize; **F.** familiariser; **A.** vertraut machen; **It.** familiarizzare; **R.** освоить.

FAMILIARMENTE. adv. Con familiaridad y confianza.

FAMILIATURA. f. Empleo de familiar de la Inquisición. ‖ **2.** Empleo de familiar o de fámulo en un colegio. ‖ **3.** En algunas órdenes, hermandad que uno tenía con ellas.

FAMILIO. m. ant. Familiar, criado.

FAMILIÓN. m. aum. de familia. ‖ **2.** Familia numerosa.

★ **FAMILLEO.** m. Perú y Bol. Limpieza que se hace del terreno alrededor del arbusto de la coca arrancando la maleza que le perjudica.

FAMILLO. m. ant. Familio.

FAMOSAMENTE. adv. De una manera famosa. ‖ **2.** Excelentemente.

FAMOSO, SA. (l. *famōsus.*) adj. Que tiene fama y nombre, tomándose tanto en buena como en mala parte. ‖ **2.** fam. Bueno, excelente en su especie. ‖ **3.** fam. Aplícase a personas o dichos que llaman la atención por su singularidad o extravagancia. ‖ **P.** e **It.** famoso; **I.** famous; **F.** fameux, vanté; **A.** berühmt, famos; **R.** знаменитый.

FÁMULA. (l. *famŭla.*) f. fam. Criada, doméstica.

FAMULAR. (l. *famŭlāris.*) adj. Perteneciente o relativo a los fámulos.

FAMULATO. (l. *famŭlātus.*) m. Ocupación y ejercicio del criado o sirviente. ‖ **2.** Servidumbre, conjunto de criados de una casa.

FAMULICIO. (l. *famulitĭum.*) m. Famulato.

FÁMULO. (l. *famŭlus.*) m. Sirviente de la comunidad de un colegio. ‖ **2.** fam. Criado, doméstico. ‖ **P.** fâmulo; **I.** servant; **F.** valet, domestique; **A.** Diener, Famulus; **It.** servo, famiglio; **R.** слуга.

★ **FAN.** m. Med. Manifestación externa de un carácter físico.

FANAL. (ital. *fanale,* y éste del gr. φανός, antorcha, luz.) m. Farol grande colocado en las torres de los puertos para que durante la noche su luz sirva de señal. ‖ **2.** Cada uno de los grandes faroles colocados en la popa de los buques que servían como insignia del mando. ‖ **3.** Campana transparente que sirve e impide que el aire apague la luz puesta dentro de ella o para atenuar y matizar el resplandor. ‖ **4.** Campana de cristal que sirve para resguardar del polvo lo que se cubre con ella. ‖ **5.** Germ. Ojo, órgano de la visión. ‖ **P.** fánal; **I.** beacon; **F.** fanal, cloche de verre; **A.** Laterne; **It.** fanale; **R.** фонарь.

FANÁTICAMENTE. adv. Con fanatismo.

FANÁTICO, CA. (l. *fanatĭcus.*) adj. Que defiende con apasionamiento, creencias u opiniones religiosas. Ú.t.c.s. ‖ **2.** Preocupado o entusiasmado ciegamente por una cosa. fanático *por el fútbol.* ‖ **3.** Cuba Aficionado a los deportes. ‖ **P.** fanático; **I.** fanatic, zealot; **F.** fanatique; **A.** Fanatiker, Schwärmer; **It.** fanàtico; **R.** фанатичный.

FANATISMO. m. Apasionamiento del fanático. ‖ **2.** Cuba. Conjunto de aficionados a los deportes. ‖ **P.** e **It.** fanatismo; **I.** fanaticism; **F.** fanatisme; **A.** Fanatismus, Schwärmerei; **R.** фанатизм.

FANATIZADOR, RA. adj. Que fanatiza. Ú.t.c.s.

FANATIZAR. tr. Provocar el fanatismo. ‖ **P.** fanatizar; **I.** to fanaticise; **F.** fanatiser; **A.** fanatisieren; **It.** fanatizzare; **R.** приводить в исступление.

★ **FANDANGA.** f. Venez. Faltriquera.

FANDANGO. m. Antiguo baile español muy común todavía entre andaluces. ‖ **2.** Tañido y coplas con que se acompaña. ‖ **3.** fig. y fam. Bullicio, trapatiesta. ‖ **4.** Méj. y Bol. Baile de candil. ‖ **5.** fig. y fam. Chile. Desorden, tumulto. ‖ **6.** fig. y fam. Chile. Barrizal, atolladero.

FANDANGUERO, RA. adj. Aficionado a bailar el fandango, o a asistir a bailes y festejos. Ú.t.c.s.

FANDANGUILLO. m. Baile popular parecido al fandango, y copla con que se acompaña. ‖ **2.** P. Rico. Baile, que es una degeneración del fandango y de las seguidillas.

★ **FANDUCA.** adj. P. Rico. Gordinflona.

FANDULARIO. m. Faldulario.

FANECA. f. Zool. Pez teleósteo marino. Es una especie de bacalao del Cantábrico.

FANEGA. (ár. *fanīqa,* cierta medida para áridos.) f. Medida de capacidad para áridos. ‖ **2.** Porción de áridos que cabe en ella. ‖ **—de tierra.** Medida agraria.

FANEGADA. f. Fanega de tierra. ‖ *A* fanegadas. m. adv. fig. y fam. Con mucha abundancia.

FANEGUERO. m. Ast. El que cobra en renta gran cantidad de fanegas de grano.

★ **FANERA.** f. Anat. Tejido o apéndice córneo de la piel o de las mucosas; como pelos, uñas, dientes, etc.

FANERÓGAMO, MA. (gr. γανερός, aparente, y γάμος, casamiento.) adj. Bot. Dícese de la planta cuyos órganos de la reproducción se presentan en forma de flor, que se distingue a simple vista. Ú.t. c.s.f. ‖ **2.** f. pl. Bot. Tipo de estas plantas.

FANFARREAR. intr. Fanfarronear.

FANFARRIA. (De *fanfarrear.*) f. fam. Baladronada, jactancia. ‖ **2.** m. Ar. Fanfarrón. ‖ **P.** fanfarronice; **I.** swagger, bluster; **F.** fanfaronnade, fanfaronnerie; **A.** Prahlerei; **It.** millanteria; **R.** хвастовство.

FANFARRÓN, NA. (Del m. or. que *fanfantón.*) adj. fam. Que hace alarde de lo que no es, y en particular de valiente. Ú.t.c.s. ‖ **2.** fam. Aplícase a las cosas que tienen mucha apariencia. ‖ **3.** Dícese de una especie de trigo procedente de Berbería que da mucho salvado y poca harina. ‖ **P.** fanfarrão; **I.** boaster; **F.** fanfaron; **A.** Grosstuer, Prahler; **It.** fanfarone, spaccamonti; **R.** хвастун.

FANFARRONADA. f. Dicho o hecho propio de fanfarrón. ‖ **P.** fanfarronada; **I.** fanfaronade, boast, rodomontade; **F.** fanfaronnade; **A.** Pflanz, Aufschneiderei; **It.** fanfaronata; **R.** самохвальство.

FANFARRONEAR. (De *fanfarrón.*) intr. Hablar con arrogancia haciéndose el fanfarrón. ‖ **P.** fanfarronar; **I.** to brag; **F.** se vanter, fanfaronner; **A.** flunkern, aufschneiden; **It.** far il fanfarone; **R.** хвастовство.

FANFARRONERÍA. f. Modo de hablar y de portarse el fanfarrón.

FANFARRONESCA. f. Porte y conducta de los fanfarrones.

FANFURRIÑA. f. fam. Enojo leve y pasajero.

FANGAL [FANGAR]. m. Sitio lleno de fango.

FANGO. (gót. *fani.*) m. Lodo glutinoso y espeso. ‖ **2.** fig. En algunas frases metafóricas, vilipendio, degradación. ‖ **P.** lama; **I.** mud, mire; **F.** fange, boue, bourbe; **A.** Kot, Schmutz, Schlamm; **It.** fango, loto; **R.** тина, грязь.

FANGOSO, SA. adj. Lleno de fango. ‖ **2.** fig. Que tiene la blandura y la viscosidad del fango.

★ **FANGUERO.** m. Méj. y P. Rico. Fango, lodo.

FANO. (l. *fanum.*) m. ant. Temple.

★ **FANOTRÓN.** m. Radiotec. Lámpara rectificadora con gases inertes a baja presión.

FANTASEADOR, RA. adj. Que fantasea.

FANTASEAR. intr. Dejar correr la fantasía o imaginación. ‖ **2.** Preciarse vanamente. ‖ **3.** tr. Imaginar algo fantástico. ‖ **P.** fantasiar; **I.** to fancy; **F.** fantasier, rêver; **A.** phantasieren; **It.** fantasticare; **R.** фантазировать.

★ **FANTASEO.** m. Argent. Acción y efecto de dejar correr libremente la imaginación. ‖ **2.** Sueño de la fantasía totalmente irrealizable.

FANTASÍA. (l. *phantasĭa,* y éste del gr. φαντασία.) f. Facultad que tiene el ánimo de reproducir por medio de imágenes las cosas pasadas o lejanas, de dar a las ideales forma sensible o de idealizar las reales. ‖ **2.** Imagen formada por la fantasía. ‖ **3.** Grado superior de la imaginación. ‖ **4.** Ficción, cuento, novela o pensamiento ingenioso. ‖ **5.** fam. Presunción y gravedad afectada. ‖ **6.** Mús. Composición instrumental sobre motivos de una ópera. ‖ **7.** pl. Granos de perlas que están pegados unos con otros con algún género de división por medio. ‖ **8.** Argent. Antojo, manía. ‖ *De* fantasía. Locución, que en términos de modas, se aplica a los vestidos y adornos que se apartan de las formas corrientes. ‖ *Por* fantasía. loc. adv. Venez. De oído. ‖ **P.** fantasia; **I.** fancy, fantasy; **F.** fantaisie, imagination; **A.** Phantasie, Einbildungskraft; **It.** fantasia; **R.** фантазия.

FANTASIOSO, SA. (De *fantasía,* presunción.) adj. fam. Vano, presuntuoso. ‖ **2.** Amér. Valentón.

FANTASMA. (l. *phantasma,* y éste del gr. φάντασμα.) m. Visión quimérica. ‖ **2.** Imagen de un objeto impresa en la fantasía. ‖ **3.** fig. Persona entonada y presuntuosa. ‖ **4.** fam. Espantajo o persona disfrazada para asustar de noche a la gente. ‖ **P.** e **It.** fantasma; **I.** phantom, ghost; **F.** fantôme; **A.** Phantom, Gespenst; **R.** призрак, фантом.

FANTASMAGORÍA. (gr. φάντασμα, aparición, y άγορεύω, hablar, llamar.) f. Arte de representar figuras por medio de una ilusión óptica. ‖ **2.** fig. Ilusión de los sentidos o figuración vana de la inteligencia.

FANTASMAGÓRICO, CA. adj. Perteneciente o relativo a la fantasmagoría.

FANTASMAL. adj. Perteneciente o relativo al fantasma.

★ **FANTASMATIZACIÓN.** f. Electr. Sistema de comunicación telefónica, consistente en utilizar los dos hilos de un circuito como conductor de ida y los dos hilos de otro circuito como conductor de vuelta de lo que resulta un tercer circuito, que realmente no existe por lo que es llamado fantasma.

★ **FANTASMATOSCOPIO.** m. Fís. Especie de linterna mágica, que sirve para proyectar imágenes fantasmagóricas.

FANTASMÓN, NA. adj. y fam. Lleno de presunción y vanidad. Ú.t.c.s. ‖ **2.** m. aum. de fantasma.

FANTÁSTICAMENTE. adv. Fingidamente, sin realidad. ‖ **2.** fig. Con fantasía y engaño.

FANTÁSTICO, CA. (l. *phantastĭcus,* y éste del gr. φανταστικός.) adj. Quimérico, sin realidad y consistente sólo en la imaginación. ‖ **2.** Perteneciente a la fantasía. ‖ **3.** fig. Presuntuoso. ‖ **P.** fantástico; **I.** fantastic, fanciful; **F.** fantasque; fantastique; **A.** phantastisch, ungeheuer; **It.** fantàstico; **R.** фантастический.

FANTOCHADA. f. fig. Acción propia de fantoche.

FANTOCHE. (fr. *fantoche,* y éste del ital. *fantoccio,* muñeco.) m. Títere, muñeco, sujeto de figura ridícula. ‖ **2.** fig. Fachendoso. ‖ **3.** Chile. Persona que ejerce indebidamente un cargo que no le corresponde. ‖ **P.** títere; **I.** puppet; **F.** marionnette; **A.** Hampelmann; **It.** fantoccio, burattino; **R.** марионетка.

FAÑADO, DA. (De *facer,* hacer, cumplir, y *año.*) adj. Dícese del animal que tiene un año.

FAÑOSO, SA. adj. Cuba, Méj., P. Rico y Venez. Gangoso.

FAQUÍ. m. Alfaquí.

FAQUÍN. (ital. *facchino.*) m. Ganapán, mozo de cuerda. ‖ **P.** carregador; **I.** porter, carrier; **F.** colporteur, portefaix, faquin; **A.** Dientsmann; **It.** facchino; **R.** носильщик.

FAQUIR. (ár. *faqīr,* pobre, hombre religioso que hace voto de pobreza.) m. Santón mahometano que vive de limosna y austeramente. ‖ **P.** faquir; **I.** fakir; **F.** faquir, fakir; **A.** Fakir; **It.** fachiro; **R.** факир.

FAR. (l. *facĕre.*) tr. ant. Hacer.

FARA. (l. *parias.*) f. Zool. Culebra africana, de color gris con manchas negras y de escamas aquilladas a todo lo largo del dorso.

FARABUSTEADOR. (De *farabustear.*) m. Germ. Ladrón diligente.

FARABUSTEAR. (Tal vez del m. or. que *filibustero.*) tr. Germ. Buscar, hurtar rateramente.

★ **FARABUTI.** (ital. *farabutto,* hombre ruin, vil.) adj. fam. Argent. Cursi. Ú.t.c.s.

FARACHA. f. Ar. Espadilla para macerar el lino o el cáñamo.

FARACHAR. tr. Ar. Espadar.

FARAD. m. Fís. Nombre del *faradio* en la nomenclatura internacional.

★ **FARADAÍNA.** f. Quím. Producto de la destilación del caucho.

★ **FARÁDICO, CA.** adj. Fís. Pertene-

F

F ciente o relativo a las teorías de Faraday.

★ **FARADÍMETRO**. m. Fís. Instrumento para medir la electricidad farádica.

FARADIO. (De *Faraday*, n. p. de un físico inglés.) m. Medida de la capacidad eléctrica de un cuerpo que con la carga de un culombio produce un voltio. || **P.** faradio; **I.** y **F.** farad; **A.** Farad; **It.** faradio; **R.** фарада.

★ **FARADIZAR**. tr. Terap. Aplicar a un organismo corrientes inducidas de alta tensión para provocar contracciones musculares favorables para la curación de atrofias y parálisis.

FARALÁ. (De *farfalá*.) m. Volante suelto colocado como adorno en la parte inferior de los vestidos femeninos. || **2.** fam. Adorno de mal gusto.

FARALLO. (ant. *frallar*, del l. *fragŭlāre*, romper.) m. Sal. Migaja de pan.

FARALLÓN. (ant. *frallar*, del l. *fragŭlāre*, romper.) m. Roca alta y tajada que sobresale en el mar y a veces en tierra firme. || **2.** Crestón, parte superior de un filón o de una masa de rocas.

FARAMALLA. f. fam. Charla artificiosa y engañosa. || **2.** fam. Farfolla, cosa de mucha apariencia. || **3.** com. fam. Persona faramallera. Ú.t.c.adj. || **4.** Chile. Fanfarronería. || **5.** Chile. Bambolla, fachenda. || **6.** Amér. Hojarasca, cosa sin importancia. || **P.** faramalha; **I.** cajolery; **F.** enjôlement, bredouillement; **A.** Fackelei; **It.** imbroglio; **R.** заговаривание зубов.

★ **FARAMALLEAR**. (De *faramalla*.) intr. Chile. Farolear.

FARAMALLERO, RA. (De *faramalla*.) adj. fam. Hablador, trapacero. Ú.t.c.s. || **2.** Chile, Méj. y Venez. Fanfarrón, bravucón. || **3.** Chile, Méj. y Venez. Fachendoso, farolero.

FARAMALLÓN, NA. adj. fam. Faramallero. Ú.t.c.s.

FARANDOLA. f. Ar. y Nav. Faralá, volante. || **2.** Mús. Especie de baile de la Provenza.

FARÁNDULA. (al. *fahrender*, vagabundo.) f. Profesión de los farsantes. || **2.** Una de las varias compañías que antiguamente formaban los cómicos. || **3.** fig. y fam. Faramalla, charla trapacera.

FARANDULEAR. intr. Farolear. Ú. más en América, especialmente en Méjico.

FARANDULERO, RA. (De *farándula*.) m. y f. Comediante. || **2.** adj. fig. y fam. Hablador, trapacero, engañador. Ú.m.c.s. || **3.** fig. y fam. Farolero, vanidoso, presumido. Ú. m. en América, especialmente en Méjico.

FARANDÚLICO, CA. adj. Perteneciente a la farándula.

FARANGA. (ár. *farāg*, ociosidad.) f. Sal. Haraganería, dejadez.

★ **FARANGUEAR**. tr. Bol. Esquivar el cuerpo mediante un esguince.

FARAÓN. m. Cualquiera de los antiguos reyes de Egipto. || **2.** Juego de naipes parecido al monte. || **P.** faraó; **I.** Pharaoh; **F.** pharaon; **A.** Pharao; **It.** faraone; **R.** фараон.

FARAÓNICO, CA. adj. Perteneciente o relativo a los faraones.

FARAUTE. (De *haraute*.) m. El portador de mensajes entre personas que están ausentes. || **2.** Rey de armas de segunda clase, que tenían los generales y grandes señores. || **3.** El que al principio de la comedia recitaba la introducción. || **4.** fam. El principal en la disposición de alguna cosa, y más comúnmente el bullicioso. || **5.** Germ. Mandilandín.

FARDA. (ár. *farḍa*, impuesto, obligación.) f. Alfarda, impuesto que pagaban los moros y judíos en los reinos cristianos.

FARDA. (ár. *farḍa*, media carga de una acémila, paquete.) f. Bulto o lío de ropa.

FARDA. (ár. *farḍa*, corte, muesca.) m. Carp. Corte o muesca hecha en un madero para encajar en él la barbilla de otro.

FARDACHO. m. Lagarto, reptil saurio.

FARDAJE. (De *fardo*.) m. Fardería.

FARDAR. (De *fardo*.) tr. Abastecer a uno, especialmente de ropa y vestidos. Ú.t.c.r.

FARDEL. (De *fardo*.) m. Saco que llevan regularmente los pobres, pastores, etcétera, para las cosas comestibles u otras de su uso. || **2.** Fardo. || **3.** fig. y fam. Persona desaliñada. || **P.** fardel; **I.** knapsack;

F. havresac, gibecière; **A.** Tornister; **It.** bisaccia; **R.** мешок.

FARDELEJO. m. d. de fardel.

FARDERÍA. f. Conjunto de cargas o fardos.

FARDERO. (De *fardo*.) m. Ar. Mozo de cordel.

FARDIALEDRA. (anglosajón *feordling*, cuarta parte de una moneda.) f. Germ. Dineros menudos.

FARDIDO, DA. (germ. *hardjan*, endurecer, aguerrir.) adj. ant. Ardido.

FARDO. (De *farda*.) m. Lío grande de ropa u otra cosa, muy apretado, para poder transportarlo. || **P.** fardo; **I.** bale, bundle; **F.** ballot, fardeau; **A.** Pack, Ballen, Last; **It.** pacco, fardello; **R.** тюк, кипа.

FARELLÓN. (Como *farallón* y *farillón*, del ant. *frallar*, l. *fragŭlāre*, romper.) m. Farallón.

FARES. (l. *farus*, candelero tenebrario.) f. pl. Murc. Tinieblas de la Semana Santa.

FARFALÁ. (De *falbalá*.) m. Faralá, planta oxalidácea.

FARFALLÓN, NA. adj. fam. Farfullero, chapucero. Ú.t.c.s.

FARFALLOSO, SA. (De *farfulla*.) adj. Ar. Tartamudo o tartajoso.

★ **FARFALLOTA**. f. P. Rico. Parotiditis.

FARFÁN. (ár. *farhān*, alegre, jovial.) m. Nombre dado en Marruecos a cada uno de los cristianos españoles pertenecientes a ciertas familias que pasaron allí en el siglo VIII, y que volvieron en 1390 a Castilla.

FARFANTE. (ár. *farfār*, ligero, inconstante.) m. fam. Farfantón. Ú.t.c.adj.

FARFANTÓN. (De *farfante*.) m. fam. Hombre hablador, presumido y jactancioso. Ú.t.c.adj.

FARFANTONADA. f. fam. Hecho o dicho propio del farfantón.

FARFANTONERÍA. f. fam. Farfantonada.

FÁRFARA. (l. *farfārus*.) f. Planta herbácea de la familia de las compuestas, de grandes hojas palmeadas y flores amarillas.

FÁRFARA. (ár. *halhala*, tejido sutil y claro.) f. Telilla que tienen los huevos de las aves por la parte interior de la cáscara. || *En* fárfara. m. adv. Sin la cáscara, con sólo la fárfara. || **2.** fig. A medio hacer, en formación.

FARFARO. (al. *pfarrherr*, cura párroco.) m. Germ. Clérigo.

FARFOLLA. (dialect. *morfolla*, y éste del l. *malum folium*.) f. Espata o envoltura de las panojas del maíz, mijo y panizo. || **2.** fig. Cosa de mucha apariencia y de poca entidad.

FARFULLA. (Voz onomatopéyica.) f. fam. Defecto del que habla balbuciente y de prisa. || **2.** com. fam. Persona farfulladora. Ú.t.c.adj.

FARFULLADAMENTE. adv. fam. Con prisa, atropelladamente.

FARFULLADOR, RA. adj. fam. Que farfulla. Ú.t.c.s.

FARFULLAR. (De *farfulla*.) tr. fam. Hablar muy de prisa y atropelladamente. || **2.** fig. y fam. Hacer una cosa con tropelía y confusión. || **P.** balbuciar; **I.** to jabber; **F.** louper; **A.** hudeln; **It.** balbettare; **R.** бормотать.

FARFULLERO, RA. adj. fam. Farfullador. Ú.t.c.s. || **2.** Ecuad. y P. Rico. Fanfarrón, jactancioso. Ú.t.c.s.

FARGALLÓN, NA. adj. fam. Que hace las cosas atropelladamente. Ú.t.c.s. || **2.** Desaliñado y descuidado en el aseo. Ú.t.c.s.

FARILLÓN. m. Farallón.

FARINA. (l. *farīna*.) f. ant. Harina.

FARINÁCEO, A. (l. *farinacĕus*.) adj. Que participa de la naturaleza de la harina, o se parece a ella. || **P.** farináceo; **I.** farinaceous; **F.** farinacé; **A.** mehlig; **It.** farináceo; **R.** мучнистый.

FARINATO. (De *farina*.) m. Sal. Embutido de pan amasado con manteca de cerdo, sal y pimienta.

★ **FARINELA**. f. Bot. Especie de hongos, de aspecto harinoso.

FARINETAS. (De *farina*.) f. pl. Ar. Gacha.

FARINGE. (gr. φάρυγξ, -υγγος.) m. Zool. Porción ensanchada del tubo digestivo de muchos animales situada a continuación de la boca. En el hombre y los

demás mamíferos tienen varias aberturas. || **P.** e **It.** faringe; **I.** y **F.** pharynx; **A.** Rachen; **R.** глотка.

FARÍNGEO, A. adj. Zool. Perteneciente o relativo a la faringe. || **P.** faríngeo; **I.** pharyngeal; **F.** pharyngien; **A.** Schlundkopf- (en comp.); **It.** faringeo.

FARINGITIS. (De *faringe*, y el suf. *itis*, inflamación.) f. Med. Inflamación de la faringe. || **P.** e **It.** faringite; **I.** pharyngitis; **F.** pharyngite; **A.** Rachenkatarrh; **R.** рингит.

FARIÑA. (gall. *fariña*, y éste del l. *farina*, harina.) f. Argent. Harina gruesa de mandioca. || **2.** pl. Ast. Harina de maíz cocida con agua.

★ **FARIÑERA**. f. R. de la Plata. Cuchillo de grandes dimensiones.

FARIÑO, ÑA. adj. Sal. Flojo, liviano; aplícase a las tierras de ínfima calidad.

FARISAICAMENTE. adv. Hipócritamente.

FARISAICO, CA. (l. *pharisaïcus*.) adj. Propio o característico de los fariseos. || **2.** fig. Hipócrita. || **P.** e **It.** farisaico; **I.** pharisaical; **F.** pharisaïque; **A.** pharisäisch; **R.** фарисейский.

FARISAÍSMO. m. Cuerpo, secta, costumbres o espíritu de los fariseos. || **2.** fig. Hipocresía.

FARISEÍSMO. m. Farisaísmo. || **2.** fig. Hipocresía.

FARISEO. (l. *pharisaeus*; éste del gr. φαρισαῖος, y éste de la raíz hebrea *faras*, separar.) m. Miembro de una secta judía que afectaba rigor y austeridad, pero en realidad eludía los preceptos de la ley, y sobre todo, su espíritu. || **2.** fig. Hombre hipócrita. || **3.** fig. y fam. Hombre alto, seco y de mala intención o catadura. || **P.** fariseu; **I.** pharisee; **F.** pharisien; **A.** Pharisäer, Heuchler; **It.** fariseo; **R.** фарисей.

FARMACÉTICO, CA. adj. ant. Farmacéutico.

FARMACÉUTICO, CA. (l. *pharmaceuticos*; éste del gr. φαρμακευτικός, de φαρμακεύω, preparar o administrar drogas.) adj. Perteneciente a la farmacia. || **2.** m. El que profesa la farmacia. || **P.** farmacéutico; **I.** pharmaceutical; **F.** pharmaceutique; **A.** pharmazeutisch; **It.** farmacèutico; **R.** фармацевтический. || **2.ª** acep.: **P.** boticário; **I.** apothecary; **F.** pharmacien, apothicaire; **A.** Apotheker; **It.** farmacista; **R.** фармачевт.

FARMACIA. (l. *pharmacia*, y éste del gr. φαρμακεία.) f. Ciencia que enseña a conocer los cuerpos naturales y preparar las substancias para que sirvan de remedio en las enfermedades o para conservar la salud. || **2.** Profesión de esta ciencia. || **3.** Botica, establecimiento donde se preparan y venden medicinas. || **P.** farmácia; **I.** pharmacy; **F.** pharmacie; **A.** Apotheke, Arznieiladen; **It.** farmacia; **R.** аптека.

FÁRMACO. (l. *pharmăcum*, y éste del gr. φάρμακον.) m. ant. Medicamento.

FARMACOLOGÍA. (gr. φάρμακον, medicamento, y λόγος, tratado.) f. Parte de la materia médica, que trata de los medicamentos.

FARMACOLÓGICO, CA. adj. Perteneciente o relativo a la farmacología.

° **FARMACÓLOGO, A**. m. y f. Persona versada en farmacología.

FARMACOPEA. (gr. φαρμακοποιία; de φάρμακον, medicamento, y ποιέω, hacer.) f. Libro en que se expresan las especies medicinales que se usan más comúnmente, y el modo de prepararlas y combinarlas. || **P.** farmacopeia; **I.** pharmacopoeia; **F.** pharmacopée; **A.** Pharmakopöe; **It.** farmacopea; **R.** фармакопея.

FARMACOPOLA. (l. *pharmacopōla*, y éste del gr. φαρμακοπώλης; de φάρμακον, medicamento, y πωλέω, vender.) m. p. us. Farmacéutico, que profesa o ejerce la farmacia.

FARMACOPÓLICO, CA. (De *farmacopola*.) adj. Perteneciente a la farmacia o a los medicamentos.

FARNACA. (ár. *jarnaqa*, cría de liebre.) f. Ar. Lebrato.

★ **FARNESOL**. m. Quím. Alcohol que se encuentra en las substancias olorosas de los vegetales y tiene aplicación en la preparación de perfumes.

FARO. (l. *pharus*, y éste del gr. Φάρος,

isla de la embocadura del Nilo, que dio su nombre al faro en ella construido.) m. Torre en las costas, con luz en su parte más alta, para servir durante la noche de señal y aviso a los navegantes. || **2.** Farol con potente reverbero. || **3.** fig. Lo que da luz en un asunto, o sirve de guía a la inteligencia. || P. farol; I. lighthouse, pharos; F. phare, fanal, tour a feu; A. Feuerturm, Leuchtturm; It. faro; R. маяк.

FAROL. (De *faro*.) m. Caja formada de vidrios o de otra materia transparente, dentro de la cual se pone luz para alumbrar. || **2.** Cazoleta de aros de hierro, en que ponen las teas encendidas. || **3.** fig. y fam. Fachenda, papelón. || **4.** En el juego, jugada o envite falso hecho para desorientar. || **5.** TAUROM. Lance de capa a la verónica, en que el torero, después de echar la capa al toro, le pasa en redondo sobre su cabeza y la coloca en sus hombros. || **6.** Funda o cubierta de papel para paquetes de picadura de tabaco. || *Medio* FAROL. TAUROM. Suerte de frente con la capa a la verónica, con la que el torero deja este engaño a la espalda, tras de pasarla por encima de la cabeza, generalmente para iniciar otra suerte. || —**de situación.** MAR. Cada uno de los faroles que se encienden de noche en los buques que navegan, de distintos colores, para servir de guía y evitar los abordajes. || *Adelante con los* FAROLES. expr. fig. y fam. con que se manifiesta uno resuelto, o anima a otro, a continuar o perseverar a todo trance en lo ya comenzado. || P. e It. lanterna; I. lantern; F. lanterne, réverbére; A. Latern; R. фонарь.

FAROLA. f. Farol grande, propio para iluminar plazas y paseos públicos. || **2.** Fanal, farol de puerto o de buque. || P. candeeiro; I. street tamp; F. phare, fanal, falot; A. Strassenlampe; It. fanale; R. большой фонарь.

FAROLAZO. m. Golpe dado con un farol. || **2.** AMÉR. CENTRAL y MÉJ. Trago de licor.

FAROLEAR. (De *farol*.) intr. fam. Fachendear, papelonear.

FAROLEO. m. Acción y efecto de farolear.

FAROLERÍA. f. Establecimiento donde se hacen o venden faroles. || **2.** fig. Acción propia de persona farolera.

FAROLERO, RA. (De *farol*.) adj. fig. y fam. Vano, ostentoso, amigo de llamar la atención. Ú.t.c.s. || **2.** m. El que hace faroles o los vende. || **3.** El que tiene cuidado de los faroles del alumbrado. || *Meterse uno a* FAROLERO. fr. fig. y fam. Meterse donde no le llaman. || 2.ª acep.: P. vão, faroleiro; I. lanter-maker; F. lanternier; A. Laternenmacher; It. lanternaio; R. фонарщик.

FAROLILLO. (De *farol*, por la forma del fruto.) m. Planta herbácea, trepadora, sapindácea, de hojas pecioladas de tres en tres, flores axilares de color blanco amarillento y frutos globosos con tres semillas verdosas casi redondas. || **2.** Planta perenne, campanulácea, de flores grandes, campanudas, blancas, rojizas, moradas o jaspeadas.

FAROLÓN, NA. adj. fam. Farolero, ostentoso. Ú.t.c.s. || **2.** m. aum. fam. de farol.

FARÓN. (De *faro*.) m. ant. Fanal, farol puesto en la popa de los buques.

FAROTA. (ár. *jarúta*, mujer charlatana y mentirosa.) f. fam. Mujer descarada y sin juicio.

★ **FAROTEAR.** intr. COLOM. Armar algazara o bullicio.

★ **FAROTO.** m. COLOM. Cierta danza de los indios.

FAROTÓN, NA. (De *farota*.) m. y f. fam. Persona descarada y sin juicio. Ú.t. c.adj.

FARPA. f. Punta aguda que queda al hacer una o varias escotaduras en el borde de algunas cosas, como banderas, estandartes, etc.

FARPADO, DA. adj. Que remata y está cortado en farpas.

FARRA. (l. *fario*.) f. Pez de agua dulce, parecido al salmón, que vive principalmente en el lago de Ginebra.

FARRA. f. ARGENT. y CHILE. Juerga, jarana. || **2.** R. DE LA PLATA. Titeo, burla.

FARRACA. f. SAL. y ZAM. Faltriquera.

FARRAGO. m. desus. Fárrago.

FÁRRAGO. (l. *farrágo*.) m. Conjunto de cosas superfluas y mal ordenadas. || P. farragem; I. farrago, medley; F. farrago, fatras; A. Plunder; It. farràgine; R. груда хлама.

FARRAGOSO, SA. adj. Que tiene fárrago.

FARRAGUISTA. (De *fárrago*.) com. Persona que tiene la cabeza llena de ideas confusas y desordenadas.

FARRAPAS. (Como *jarrepas* [SANT.], del l. *far, farris*, harina y salvado.) f. pl. AST. Fariñas.

FARREAR. intr. ARGENT. y CHILE. Andar de juerga o de parranda.

★ **FARRERO, RA.** adj. CHILE y PERÚ. Jaranero, parrandista, juerguista.

★ **FARRISTA.** adj. AMÉR. Aficionado a farras. Ú.t.c.s. || **2.** AMÉR. Perteneciente o relativo a la farra. || **3.** URUG. Alegre y bullicioso. Ú.t.c.s.

FARRO. (l. *far, farris*.) m. Cebada a medio moler, después de remojada y quitada la cascarilla. || **2.** Semilla parecida a la escanda.

FARROPEA. (De *ferropea*.) f. ant. Arropea.

FARRUCO, CA. (ár. *farrúq*, muy tímido.) adj. fam. Aplícase en muchas provincias a los gallegos o asturianos recién salidos de su tierra. Ú.t.c.s.

FARRUCO, CA. (ár. *fárúq*, valiente.) adj. fam. Valiente, impávido.

★ **FARRUTO, TA.** adj. Encanijado, flaco y enfermizo.

FARSA. (b. l. *farsa*, y éste del l. *farsus*, relleno, henchido.) f. Nombre dado, en lo antiguo, a las comedias. || **2.** Pieza cómica, ordinariamente breve, y sin más objeto que hacer reir. || **3.** Compañía de farsantes. || **4.** despect. Obra dramática desarreglada y chabacana. || **5.** fig. Enredo, tramoya para aparentar o engañar. || P. e It. farsa; I. y F. farce; A. Possenspiel, Burleske; R. фарс.

FARSADOR, RA. (De *farsar*.) m. y f. ant. Farsante.

FARSÁLICO, CA. (l. *farsalícus*.) adj. Perteneciente a Farsalia.

FARSANTA. (De *farsante*.) f. Mujer que tenía por oficio representar farsas.

FARSANTE. (De *farsar*.) m. El que tenía por oficio representar farsas; comediante. || **2.** adj. fig. y fam. Dícese de la persona que finge lo que no siente o pretende pasar por lo que no es. Ú.m.c.s. || P. farsante; I. farce player, player; F. farceur, intrigant; A. Komödiant, Schwindler; It. commediante; R. комедиант.

FARSANTEAR. intr. CHILE. Fachandear.

FARSANTERÍA. f. Calidad de farsante.

FARSAR. (De *farsa*.) intr. ant. Hacer o representar papel de cómico.

★ **FARSEAR.** (De *farsa*.) intr. fam. CHILE. Bromear.

FARSETO. (ital. *farsetto*, y éste del l. *farsus*, relleno.) m. Jubón acolchado o relleno de algodón usado, para resistir sobre él la armadura.

FARSISTA. com. Autor de farsas.

FARTAL. m. ant. Farte.

FARTAR. (De *farsa*.) tr. ant. Hartar.

FARTE. (cat. *fart*, y éste del l. *fartus*, relleno.) m. ant. Frito de masa rellena de una pasta con azúcar, canela y otras especias.

FARTO, TA. (l. *fartus*, relleno.) adj. ant. Harto.

FARTURA. (De *fartar*.) f. ant. Hartura.

★ **FARUCA.** f. REP. DOMIN. Juerga, jarana.

FAS (POR) O POR NEFAS. (l. *fas*, justo, lícito, y *nefas*, injusto.) m. adv. fam. Justa o injustamente; por una cosa o por otra.

FASCAL. (l. *fascális*, de *fascis*, haz.) m. AR. Conjunto de 30 haces de trigo que se amontona en el campo al tiempo de segar, y corresponde a una carga. || **2.** ALM. Cuerda de esparto crudo y sin majar, hecha con trenzado muy flojo. Sirve para hacer maromas.

FASCES. (l. *fasces*, pl. de *fascis*, haz.) f. pl. Insignia del cónsul romano, com-

puesta de una segur en un hacecillo de varas.

★ **FASCIA.** (l. *fascia*, venda, faja, banda.) f. ANAT. Nombre dado a muchas aponeurosis fibrosas o celulosas.

FASCICULADO, DA. adj. BOT. Dícese de las hojas, raíces, pelos, etc., de los vegetales, cuyas partes componentes aparecen reunidas en haz.

FASCÍCULO. (l. *fascícŭlus*, hacecito.) m. Entrega, cada cuaderno de un libro, folleto. || **2.** ANAT. Haz de fibras musculares.

FASCINACIÓN. (l. *fascinatio, -ōnis*.) f. Aojo. || **2.** fig. Engaño o alucinación. || **3.** MED. Hipnotismo. || P. fascinação; I. y F. fascination; A. Bezauberung; It. fascinazione; R. сглаз.

FASCINADOR, RA. (l. *fascinātor*.) adj. Que fascina.

FASCINANTE. p.a. de fascinar. Que fascina.

FASCINAR. (l. *fascināre*.) tr. Aojar, hacer mal de ojo. || **2.** fig. Engañar, alucinar, ofuscar. || P. fascinar; I. to fascinate; F. halluciner, fasciner; A. bezaubern, faszinieren; It. fascinare; R. сглазить, очаровать.

FASCIOSO, SA. adj. ant. Fastidioso.

FASCISMO. (ital. *fascio*, y éste del l. *fascis*, haz.) m. Movimiento político y social, principalmente de juventudes organizadas bajo el signo de las antiguas fasces, que se produjo en Italia después de la segunda guerra mundial. || **2.** Doctrina del partido político italiano de este nombre y de los similares en otros países.

FASCISTA. adj. Perteneciente o relativo al fascismo. || **2.** Partidario de esta doctrina o movimiento social. Ú.t.c.s.

FASCONA. f. ant. Azcona.

FASE. (gr. φάσις, de φαίνω, brillar.) f. ASTRON. Cada una de las diversas figuras con que se ven la Luna y algunos planetas, según los ilumina el Sol. || **2.** fig. Cada uno de los diversos aspectos que presenta un fenómeno natural, o una cosa, doctrina, etcétera. || P. e It. fase; I. y F. phase; A. Phase, Stadium; R. фаза.

FASÉOLO. (l. *phaseŏlus*.) m. ant. Frísol.

FASOL. (cat. *fásol*, y éste del l. *phasŭlus*, por *phaselus*, alubia.) m. Fréjol, judía. Ú.m. en pl.

FASQUÍA. (l. *fastidium*, infl. por *asco*.) f. ant. Asco o hastío, especialmente el que toma de una cosa por su mal olor.

FASQUIAR. (De *fasquía*.) tr. ant. Fastidiar.

FASTA. (De *fata*.) prep. ant. Hasta.

★ **FASTÉN.** adj. P. RICO. Fanfarrón, presuntuoso.

FASTIAL. (l. *fastigium*, remate de un edificio.) m. ant. ARQ. Hastial de un edificio. || **2.** ARQ. Piedra más alta de un edificio.

FASTIDIAR. (De *fastidio*.) tr. Causar asco o hastío una cosa. Ú.t.c.r. || **2.** fig. Disgustar o ser molesto a alguien. || **3.** Perjudicar. || P. enfastiar; I. to disgust, to loathe, to vex; F. ennuyer, degouter; A. anekein, langweilen; It. infastidire, fastidiare; R. надоедать.

° **FASTIDIAR.** tr. Contrariar, perjudicar.

FASTIDIO. (l. *fastidium*.) m. Disgusto que causa el manjar mal recibido del estómago, o el olor desagradable de una cosa. || **2.** fig. Disgusto, hastío, repugnancia. || P. fastio; I. disgust, fastidiousness; F. dégoût, ennuit; A. Widerwillen, Sekkatur; It. fastidio; R. отвращение, докучливость.

FASTIDIOSAMENTE. adv. Con fastidio.

FASTIDIOSO, SA. (l. *fastidiōsus*.) adj. Enfadoso, inoportuno; que causa fastidio. || **2.** Fastidiado, disgustado.

FASTIGIO. (l. *fastigium*.) m. Lo más alto de una cosa que remata en punta. || **2.** fig. Cumbre, la mayor altura de una cosa. || **3.** ARQ. Frontón, remate triangular de una fachada.

FASTÍO. (De *fastidio*.) m. ant. Hastío.

FASTO, TA. (l. *fastus*.) adj. Aplícase al día en que era lícito, en la antigua Roma, tratar los negocios públicos y administrar justicia. || **2.** Dícese del día, año, etc., feliz o venturoso. || **3.** m. Fausto, grande ornato o pompa exterior.

FASTOS. (l. *fastos*, acus. de *fasti*,

F

-ōrum.) m. pl. Entre los antiguos romanos, especie de calendario en que se anotaban por meses y días sus fiestas, juegos y ceremonias. || **2.** fig. Anales o serie de sucesos por orden cronológico. || **P.** fastos; **I.** fasti, annals; **F.** faste, fastes; **A.** Chronik, Jahrbücher; **It.** fasti; **R.** хроника.

FASTOSAMENTE. adv. Fastuosamente.

FASTOSO, SA. (l. *fastōsus.*) adj. Fastuoso.

FASTUOSAMENTE. adv. Con fausto, de manera fastuosa.

★ **FASTUOSIDAD.** (De *fastuoso.*) f. Calidad de fastuoso. || **2.** Suntuosidad, ostentación.

FASTUOSO, SA. (l. *fastuōsus.*) adj. Ostentoso, vano, amigo de fausto, pompa. || **P.** faustuoso; **I.** pompous; **F.** fastueux; **A.** eitel, prunkvoll; **It.** fastoso; **R.** напыщенный.

FATA. (ár. *hattà.*) adv. ant. Hasta.

FATAL. (l. *fatālis.*) adj. Perteneciente al hado, inevitable. || **2.** Desgraciado, infeliz. || **3.** Malo. || **4.** For. Dícese del plazo o término que es improrrogable. || 1.ª y 2.ª aceps.: **P.** fatal; **I.** fatal, unlucky; **F.** fatal, funeste; **A.** unglücklich, verhängnisvoll; **It.** fatale; **R.** роковой.

FATALIDAD. (l. *fatalĭtas, -ātis.*) f. Calidad de fatal. || **2.** Desgracia, desdicha.

FATALISMO. (De *fatal.*) m. Doctrina según la cual todo sucede por las determinaciones ineludibles del hado o del destino. || **2.** Opinión de los que niegan la existencia de la libertad o libre albedrío. || **P. e It.** fatalismo; **I.** fatalism; **F.** fatalisme; **A.** Schicksalsglaube, Fatalismus; **R.** фатализм.

FATALISTA. adj. Que sigue la doctrina del fatalismo. Ú.t.c.s.

★ **FATALIZAR.** (De *fatal.*) tr. CHILE. Derrengar, quebrar a alguna caballería algún miembro. || **2.** r. Sucederle a uno una desgracia que lisia su cuerpo. || **3.** Desgraciarse, cometer algún delito muy grave. || **4.** PERÚ. Experimentar daño después de haber obrado mal.

FATALMENTE. adv. Inevitablemente, forzosamente. || **2.** Desgraciadamente. || **3.** Muy mal.

FATÍDICAMENTE. adv. De manera fatídica.

FATÍDICO, CA (l. *fatidĭcus.*) adj. Aplícase a lo que pronostica el porvenir, más comúnmente si es desgraciado. || **P.** fatídico; **I.** fatidical; **F.** fatidique; **A.** unheimlich, weissagend; **It.** fatídico; **R.** зловещий.

FATIGA. (De *fatigar.*) f. Agitación, cansancio. || **2.** Molestia ocasionada por la respiración frecuente o difícil. || **3.** Náusea. Ú.m. en pl. || **4.** fig. Molestia, penalidad, sufrimiento. Ú.m. en pl. || —**de los metales.** MEC. Disminución de resistencia de piezas metálicas hasta producirse la rotura por presiones inferiores al límite calculado de elasticidad. || **P.** fadiga; **I.** fatigue, toil; **F.** fatigue, halètement; **A.** Mühe, Strapaze; **It.** fatica; **R.** усталость.

FATIGACIÓN. (l. *fatigatio, -ōnis.*) f. Fatiga.

FATIGADAMENTE. adv. Con fatiga.

FATIGADOR, RA. adj. Que fatiga a otro.

FATIGAR. (l. *fatigāre*; de *fatim,* con exceso, y *agĕre,* hacer.) tr. Causar fatiga. Ú.t.c.r. || **2.** Vejar, molestar. || **3.** GERM. Hurtar. || **P.** fatigar; **I.** to fatigue, to tire; **F.** fatiguer, harceler, harasser; **A.** abmatten, ermüden; **It.** affaticare, faticare; **R.** утомлять.

FATIGOSAMENTE. adv. Con fatiga.

FATIGOSO, SA. adj. Fatigado, agitado. || **2.** Que causa fatiga.

FATIMÍ. (ár. *fātimí,* perteneciente o relativo a *Fātima.*) adj. Descendiente de Fátima, hija única de Mahoma. Apl. a pers. ú.t.c.s.

★ **FATNOMA.** f. Alvéolo del diente.

FATO. (l. *fatum.*) m. ant. Hado.

FATO. (ár. *hazz,* porción, lote.) m. ant. Hato.

FATO. m. AR. y EXTR. Olfato. || **2.** AND., EXTR., LEÓN, SAL. y ZAM. Olor, especialmente el desagradable.

FATO, TA. adj. AST., HUESCA y RIOJA. Fatuo. Ú.t.c.s.

FATOR. m. ant. Factor.

FATORAJE. m. ant. Factoría.

FATORÍA. f. ant. Factoría.

FATUIDAD. (l. *fatuĭtas, -ātis.*) f. Falta de razón o de entendimiento. Ú.t.c.s. || **2.** Dicho o hecho necio. || **3.** Presunción, vanidad ridícula.

★ **FATULA.** f. P. RICO. Cucaracha grande.

★ **FATULO, LA.** adj. P. RICO y REP. DOMIN. Dícese del gallo grande y cobarde que no sirve para la pelea.

FATUO, TUA. (l. *fatŭus.*) adj. Falto de razón o de entendimiento. Ú.t.c.s. || **2.** Lleno de presunción o vanidad ridícula. Ú.t.c.s. || **P.** fátuo; **I.** foppish, fatuous; **F.** fat, sot, niais; **A.** albern, geckenhaft; **It.** fatuo; **R.** пустой, самодовольный.

★ **FATUTO, TA.** adj. AMÉR. Neto, puro.

FAUCAL. adj. Perteneciente o relativo a las fauces.

FAUCES. (l. *fauces.*) f. pl. ZOOL. Parte posterior de la boca de los mamíferos, que se extiende desde el velo del paladar hasta el principio del esófago. || **P.** fauces; **I.** gullet, fauces; **F.** gosier, pharinx; **A.** Schlund, Rachen; **It.** fauci; **R.** пасть, гортань.

FAUNA. (De *fauno.*) f. Conjunto de los animales de un país o región. || **2.** Obra que los enumera o describe. || **P., I. e It.** fauna; **F.** faune; **A.** Fauna, Tierwelt; **R.** фауна.

FAUNO. (l. *faunus.*) m. MIT. Semidiós de los campos y selvas. || **P.** fauno; **I.** faun; **F.** faune; **A.** Waldgott; **R.** фавн.

FAURESTINA. f. BOT. CUBA. Árbol de la familia de las mimosáceas, muy copudo, de flores olorosas.

FAUSTO. (l. *fastus.*) m. Grande ornato y pompa exterior; lujo extraordinario. || **P.** fausto; **I.** ostentation; **F.** faste, ostentation; **A.** Prunk; **It.** fasto; **R.** пышность, помпа.

FAUSTO, TA. (l. *faustus.*) adj. Feliz, afortunado.

FAUSTOSO, SA. adj. Fastuoso.

FAUTOR, RA. (l. *fautor.*) m. y f. El que favorece y ayuda a otro. Hoy se usa más generalmente en mala parte. || **P.** fautor; **I.** favourer; **F.** fauteur; **A.** Helfershelfer; **It.** fautore; **R.** пособник.

FAUTORÍA. (De *fautor.*) f. Favor, ayuda.

★ **FAVÉOLA.** (l. *favus,* panal.) f. HIST. NAT. Celdilla, alvéolo.

FAVILA. (l. *favilla.*) f. poét. Pavesa o ceniza del fuego.

FAVO. (l. *favus.*) m. ant. Panal, de la colmena. Ú. en Salamanca. || **2.** MED. Enfermedad cutánea semejante a la tiña. || **3.** MED. Avispero, ántrax.

FAVONIO. (l. *favonĭus.*) m. Céfiro, viento suave y apacible que sopla del Oeste. Ú.m. en poesía.

FAVOR. (l. *favor.*) m. Ayuda que se concede a uno. || **2.** Honra, beneficio, gracia. || **3.** Privanza. || **4.** Expresión de agrado de una mujer. || **5.** Cinta, flor u otra cosa semejante dada por una dama a un caballero. || **6.** Favorito, palo preferente en el juego de naipes. || **7.** REP. DOMIN. Obsequio. || **8.** COLOM. Moño, lazo de cinta. || *A* FAVOR *de.* m. adv. En beneficio de uno. || **2.** A beneficio de, en virtud de. || *De* FAVOR. loc. Dícese de lo que se obtiene gratuitamente. || *Hazme el* FAVOR *de tal cosa.* expr. de cortesía con que se pide algo. Ú.t. con otros tiempos o personas del verbo hacer. || *Tener* uno *a su* FAVOR *a* alguien *o* algo. fr. Servirle a uno de defensa o protección. || **P.** favor; **I.** support; **F.** faveur, aide; **A.** Hilfe, Gefälligkeit; **It.** favore; **R.** помощь. || 2.ª acep.: **P.** favor, graça; **I.** favour, mercy; **F.** faveur, service; **A.** Gunst, Beistand; **It.** grazia; **R.** милость.

FAVORABLE. (l. *favorabĭlis.*) adj. Que favorece. || **2.** Propicio, benévolo. || **P.** favorável; **I.** favourable; **F.** favorable, propice; **A.** günstig; **It.** favorèvole; **R.** благоприятный.

FAVORABLEMENTE. adv. Con favor, benévolamente. || **2.** De conformidad con lo que se espera.

FAVORECEDOR, RA. adj. Que favorece. Ú.t.c.s.

FAVORECER. (De *favor.*) tr. Ayudar, socorrer, amparar a uno. || **2.** Apoyar un intento, empresa u opinión. || **3.** Hacer un favor. || FAVORECERSE *de* una persona o cosa. fr. Acogerse a ella; valerse de su ayuda. || **P.** favorecer; **I.** to favour, to

---

protect, to help; **F.** favoriser, aider; **A.** begünstigen, beschützen; **It.** favorire, favoreggiare; **R.** благоприятствовать.

FAVORECIENTE. p.a. de favorecer. Que favorece.

FAVORIDO, DA. adj. desus. Favorecido.

FAVORITISMO. (De *favorito.*) m. Preferencia dada al favor sobre el mérito o la equidad. || **P. e It.** favoritismo; **I.** favouritism; **F.** favoritisme; **A.** Günstlingswirtschaft; **R.** фаворитизм.

FAVORITO, TA. (De *favor.*) adj. Que es con preferencia estimado y apreciado. || **2.** m. Palo de favor o preferente en el juego de naipes. || **3.** Dícese del caballo o yegua por quien la mayoría apuesta en las carreras. || **4.** m. y f. Persona que priva con algún rey o personaje. || 4.ª acep.: **P. e It.** favorito; **I.** favourite; **F.** favori; **A.** Günstling; **R.** фаворит.

★ **FAXOGRAMA.** m. Escritura radiada.

FAYA. (fr. *faille,* y éste del neerl. *falie,* velo de mujer.) f. Cierto tejido grueso de seda, que forma canutillo.

FAYA. f. SAL. Peñasco, peña grande, y también despeñadero.

FAYADO. (gall. *fayar,* techar.) m. En Galicia, desván por lo común inhabitable.

FAYANCA. f. Postura del cuerpo con poca firmeza para mantenerse.

★ **FAYENZA.** f. Especie de loza fina cubierta de un esmalte opaco, plombífero y estannífero.

★ **FAYUCA.** f. COLOM. Charla insubstancial.

FAZ. (l. *fascis.*) f. ant. Haz, fajo, gavilla.

FAZ. (l. *facĭes.*) f. Rostro o cara. || **2.** Vista o lado de una cosa. || **3.** Anverso, cara de un objeto. || **4.** pl. ant. Mejillas. || FAZ *a* FAZ. Cara a cara. || **P.** rosto, face; **I.** face; **F.** visage, face; **A.** Gesicht, Antlitz; **It.** faccia; **R.** лицо.

FAZ. (l. *facĭes,* cara.) pr. ant. Hacia.

FAZA. (l. *fascia.*) f. ant. Haza.

FAZALEJA. (De un d. del l. *facĭes.*) f. ant. Toalla.

FAZAÑA. (De *facer.*) f. ant. Hazaña.

FAZAÑERO, RA. (De *fazaña.*) adj. ant. Hazañero.

FAZAÑOSO, SA. (De *fazaña.*) adj. ant. Hazañoso.

FAZFERIR. (l. *faciem ferire,* herir en la cara.) tr. ant. Echar en rostro a uno una acusación.

FAZO. m. GERM. Pañuelo de narices.

FAZOLETO. (ital. *fazzoletto.*) m. ant. Pañuelo.

FE. (l. *fides.*) f. La primera de las tres virtudes teologales, por la que sin ver creemos lo que Dios dice y la Iglesia nos propone. || **2.** Confianza, buen concepto que se tiene de una persona o cosa. || **3.** Creencia que se da a las cosas por la autoridad del que las dice. || **4.** Palabra que se da a uno con cierta solemnidad. || **5.** Seguridad, aseveración de que una cosa es cierta. || **6.** Documento que certifica la verdad de una cosa. || **7.** Fidelidad. || —**católica.** Religión católica. || —**de erratas.** IMPR. Lista de erratas que hay en un libro, con la enmienda que de cada una debe hacerse. || —**de livores.** FOR. Diligencia que extiende el escribano en las causas criminales sobre muertes, heridas u otras lesiones corporales. || —**de vida.** Certificación negativa de defunción y afirmativa de presencia. || —**pública.** Autoridad legítima atribuida a notarios, escribanos, agentes de cambio y bolsa, cónsules y secretarios de juzgados, tribunales, etc., para que los documentos que autorizan en debida forma sean considerados como auténticos. || *Buena* FE. Rectitud, honradez. || *Mala* FE. Doblez, alevosía. || *A buena* FE. m. adv. Ciertamente, sin duda. || *A* FE. m. adv. En verdad. || *A* FE *mía.* m. adv. con que se asegura una cosa. || *Dar* FE. fr. Ejercitar la fe pública. || **2.** Asegurar una cosa que se ha visto. || *Hacer* FE. fr. Tener un escrito o dicho los requisitos necesarios para darle crédito. || **P.** fé; **I.** faith; **F.** foi; **A.** Glaube(n); **It.** fede; **R.** вера.·

FE. adv. demostrativo ant. He.

★ **FE.** QUÍM. Símbolo del hierro.

FEALDAD. (De *feo,* según el modelo de beldad.) f. Calidad de feo. || **2.** fig. Torpeza, deshonestidad o acción que parece mal. || **P.** fealdade; **I.** ugliness; **F.** laideur;

A. Hässlichkeit; **It.** bruttezza; **R.** уродство.

FEAMENTE. adv. Con fealdad. ‖ **2.** fig. Torpemente y con acciones indignas.

FEAMIENTO. m. ant. Falsedad.

FEBEO, A. (l. *phoeběus.*) adj. poét. Perteneciente a Febo o al Sol.

FEBLAJE. (De *feble.*) m. Merma que al ser acuñada podía sacar en su peso una moneda.

FEBLE. (l. *flebĭlis,* de *flēre,* llorar.) adj. Débil, flaco. ‖ **2.** Hablando de monedas, y en general de aleaciones de metales, falto de lo estrictamente necesario. Ú.t.c.s.

FEBLEDAD. (De *feble.*) f. ant. Debilidad, flaqueza.

FEBLEMENTE. adv. Flacamente, flojamente, sin firmeza.

FEBO. (l. *Phoebus.*) m. Nombre del fabuloso Apolo, como dios de la luz. En lenguaje poético se toma por el Sol.

FEBRA. (l. *fibra.*) f. ant. Hebra.

FEBRÁTICO, CA. (De *fiebre.*) adj. ant. Febricitante o calenturiento.

FEBRERA. f. Cacera.

FEBRERILLO. m. d. de febrero. Ú. sólo en la loc. de FEBRERILLO *el loco,* para denotar la inconstancia del tiempo en este mes, y en el refrán FEBRERILLO *corto,* con sólo veintiocho días.

FEBRERO. (l. *februarĭus.*) m. Segundo mes del año que, en los comunes, tiene veintiocho días y en los bisiestos veintinueve. ‖ **P.** fevereiro; **I.** February; **F.** février: **A.** Februar; **It.** febbraio; **R.** февраль.

FEBRICITANTE. (l. *febricĭtans, -antis,* p.a. de *febricĭtāre,* tener calentura.) adj. MED. Calenturiento, febril.

FEBRÍCULA. f. Hipertermia prolongada, moderada, casi siempre vespertina, de origen infeccioso o nervioso.

FEBRIDO, DA. adj. ant. Bruñido, resplandeciente.

FEBRÍFUGO, GA. (l. *febris,* calentura, y *fugăre,* hacer huir, ahuyentar.) adj. MED. Que quita las calenturas. Ú.t.c.s.m. ‖ **P.** febrífugo; **I.** febrifuge; **F.** febrifuge; **A.** fieververtreibend; **It.** febbrifugo; **R.** противолихорадочный.

FEBRIL. (l. *febrĭlis.*) adj. Perteneciente a la fiebre. ‖ **2.** fig. Ardoroso, violento. ‖ **P.** febril; **I.** febrile; **F.** fébrile; **A.** fieberhaft; **It.** febbrile; **R.** лихорадочный.

FEBRILMENTE. adv. Con fiebre. ‖ **2.** fig. Con afán, con vehemencia.

FEBRONIANO, NA. adj. Perteneciente a la doctrina de Febronio, canonista alemán del siglo XVIII.

FECAL. (l. *faex, faecis,* hez, excremento.) adj. Perteneciente o relativo al excremento intestinal.

FECIAL. (l. *fecĭālis.*) m. En la Roma antigua, el sacerdote que intimaba la paz y la guerra.

FÉCULA. (l. *faecŭla.*) f. QUÍM. Hidrato de carbono que se encuentra principalmente en las células de las semillas, tubérculos y raíces de muchas plantas. Sirve de alimento del hombre o de los animales. ‖ **P.** fécula; **I.** fecula, starch; **F.** fécule; **A.** Stärke; **It.** fècola; **R.** крахмал.

FECULENTO, TA. (l. *faeculentus.*) adj. Que contiene fécula. ‖ **2.** Que tiene heces.

★ **FECULÓMETRO.** m. Nombre de un aparato que sirve para determinar la riqueza de las féculas.

FECUNDABLE. adj. Suceptible de fecundación.

FECUNDACIÓN. f. Acción de fecundar. ‖ **P.** fecundação; **I.** fecundation; **F.** fécondation; **A.** Befruchtung, Bestäubung; **It.** fecondazione; **R.** оплодотворение.

FECUNDADOR, RA. (l. *fecundātor.*) adj. Que fecunda.

FECUNDAMENTE. adv. Con fecundidad.

FECUNDANTE. p.a. de fecundar. Que fecunda.

FECUNDAR. (l. *fecundāre.*) tr. Fertilizar, hacer productiva una cosa. ‖ **2.** Hacer directamente fecunda o productiva una cosa por vía de generación u otra semejante. ‖ **3.** BIOL. Unirse el elemento reproductor masculino al femenino para dar origen a un nuevo ser. ‖ **P.** fecundar; **I.** to fertilize, to fecundate; **F.** feconder; **A.** befruchten, bestäuben; **It.** fecondare; **R.** оплодотворять.

FECUNDATIVO, VA. adj. Que tiene virtud de fecundar.

FECUNDIDAD. (l. *fecundĭtas, -ātis.*) f. Virtud y facultad de producir. ‖ **2.** Calidad de fecundo. ‖ **3.** Abundancia, fertilidad. ‖ **4.** Reproducción numerosa y dilatada. ‖ **P.** fecundidade; **I.** fecundity; **F.** fécondité; **A.** Fruchtbarkeit; **It.** fecondità; **R.** плодовитость.

FECUNDIZACIÓN. f. Acción y efecto de fecundizar.

FECUNDIZADOR, RA. adj. Que fecundiza.

FECUNDIZANTE. p.a. de fecundizar. Que fecundiza.

FECUNDIZAR. tr. Hacer a una cosa suceptible de producir o de admitir fecundación. ‖ **P.** fecundizar; **I.** to fecundate; **F.** féconder; **A.** fruchtbar machen, befruchten; **It.** fecondare; **R.** оплодотворять.

FECUNDO, DA. (l. *fecundus.*) adj. Que produce o se reproduce por los medios naturales. ‖ **2.** Fértil, abundante, copioso. ‖ **P.** fecundo; **I.** fecund, fertile; **F.** fécond; **A.** fruchtbar; **It.** fecondo; **R.** плодородный.

FECHA. (l. *facta,* f. de *factus,* hecho.) f. Data, indicación de lugar y tiempo en que se hace u ocurre algo. ‖ **2.** Cada uno de los días que transcurren desde uno determinado. ‖ **3.** Tiempo o momento actual. ‖ **—ut retro.** La misma expresada anteriormente en un escrito. ‖ **—ut supra.** La misma del encabezamiento de un escrito. ‖ **P.** f. de data; **I.** y **F.** date; **A.** Datum; **R.** дата.

FECHADOR. m. CHILE y MÉJ. Matasellos. ‖ **2.** MÉJ., GUAT. y CHILE. Sello para marcar fechas.

FECHAR. tr. Poner fecha a un escrito. ‖ **P.** datar; **I.** to date; **F.** dater; **A.** datieren; **It.** datare; **R.** датировать.

FECHO, CHA. (l. *factus.*) p.p. irreg. ant. de facer. Se usó hasta nuestros días en algunos documentos públicos. ‖ **2.** Entidad de los expedientes cuyas resoluciones han sido cumplimentadas. Ú.t.c.s. ‖ **3.** m. Nota que se pone generalmente en las minutas de documentos oficiales y acuerdos, como testimonio de que han sido cumplimentados.

FECHOR. (l. *factor, -ōris.*) m. ant. El que hace alguna cosa.

FECHORÍA. (De *fechor.*) f. Acción mala, hecho vituperable.

FECHURA. (l. *factūra.*) f. ant. Hechura.

FECHURÍA. f. Fechoría.

FEDATARIO. (De *fe* y *datario.*) m. Notario u otro funcionario que goza de fe pública.

FEDEGAR. tr. SAL. Bregar, amasar.

FEDER. (l. *foetēre.*) intr. ant. Heder.

FEDERACIÓN. (l. *foederatio, -ōnis.*) f. Acción de federar. ‖ **2.** Entidad compuesta por los elementos federados. ‖ **3.** Estado federal. ‖ **4.** Poder central del mismo. ‖ **P.** federação; **I.** federation, league; **F.** fédération; **A.** Bund; **It.** federazione; **R.** федерация.

FEDERAL. (l. *foedus, -ěris,* pacto, alianza.) adj. Federativo. ‖ **2.** Federalista. Apl. a pers. ú.t.c.s.

FEDERALISMO. (De *federal.*) m. Espíritu o sistema de confederación entre corporaciones o estados. ‖ **P.** e **It.** federalismo; **I.** federalism; **F.** fédéralisme; **A.** Föderalismus; **R.** федерализм.

FEDERALISTA. adj. Partidario del federalismo. Apl. a pers. ú.t.c.s. ‖ **2.** Federativo.

FEDERAR. tr. Hacer alianza, unión o pacto entre varios. Ú.t.c.r.

FEDERATIVO, VA. adj. Perteneciente a la confederación. ‖ **2.** Aplícase al sistema de gobierno en que varios estados autónomos están sujetos en ciertos casos y circunstancias a las decisiones de un gobierno central.

FEDIENTE. p.a. ant. de feder. Que hiede.

FEDIONDO, DA. adj. ant. Hediondo.

FEDOR. (l. *foetor.*) m. ant. Hedor.

FEEZA. (De *feo.*) f. ant. Fealdad.

FEFACIENTE. (De *fe* y *faciente.*) adj. ant. Fehaciente.

FEFAÚT. (De la letra *f* y de las notas musicales *fa* y *ut.*) m. En la música antigua, indicación del tono que empieza en el

cuarto lugar de la escala diatónica de *do* y se desarrolla según los preceptos del canto llano y del canto figurado.

FÉFERES. m. pl. COLOM., C. RICA, CUBA, ECUAD. y MÉJ. Bártulos, trastos, baratijas.

FEHACIENTE. (De *fefaciente.*) adj. FOR. Que hace fe en juicio.

FEILA. f. GERM. Engaño que usan los ladrones cuando los cogen en un hurto; y es fingirse desmayados.

FEJE. m. LEÓN. Haz, fajo.

FELADIZ. (De *filadiz.*) m. AR. Trencilla, especialmente la usada para atar las alpargatas.

★ **FELANDRIO.** m. BOT. Planta umbelífera acuática, de tallo muy ramoso. ‖ **P.** e **It.** felandrio; **I.** water-dropwort; **F.** phellandrie; **A.** Wasserfenchel.

FELDESPÁTICO, CA. adj. Perteneciente o relativo al feldespato. ‖ **2.** Que contiene feldespato.

FELDESPATO. (al. *feldspat;* de *feld,* campo, y *spat,* espato.) m. Substancia mineral de color blanco, amarillento o rojizo, brillo resinoso o anacarado, que forma parte principal de muchas rocas. Es un silicato de alúmina con potasa, sosa o cal y cantidades pequeñas de magnesia y óxidos de hierro. ‖ **P.** feldespato; **I.** feldspath; **F.** feldspat; **A.** Feldspat; **It.** feldspato; **R.** полевой шпат.

FELIBRE. (prov. *felibre.*) m. Poeta provenzal moderno.

FELICE. (l. *felix, -ĭcis.*) adj. poét. Feliz.

FELICEMENTE. adv. ant. Felizmente.

FELICIDAD. (l. *felicĭtas, -ātis.*) f. Complacencia del ánimo en la posesión de un bien. ‖ **2.** Satisfacción, gusto, contento. ‖ **3.** Suerte feliz. ‖ **P.** felicidade; **I.** happiness; **F.** bonheur, félicité; **A.** Glück; **It.** felicità; **R.** счастье.

FELICITACIÓN. (De *felicitar.*) f. Acción de felicitar. ‖ **P.** felicitação; **I.** congratulation; **F.** félicitation; **A.** Glückwunsch; **It.** felicitazione; **R.** поздравление.

FELICITAR. (l. *felicitāre,* hacer feliz.) tr. Manifestar a una persona la satisfacción que se experimenta con motivo de algún suceso, fausto para ella. Ú.t.c.r. ‖ **2.** Expresar el deseo de que una persona sea feliz. ‖ **P.** felicitar; **I.** to congratulate; **F.** féliciter, souhaiter; **A.** beglückwünschen; **It.** felicitare; **R.** поздравлять.

FÉLIDO. (De *felis,* nombre zoológico.) adj. ZOOL. Dícese de los mamíferos carnívoros digitígrados, de cabeza redondeada y hocico corto, patas anteriores con cinco dedos y posteriores con cuatro, uñas agudas y retráctiles; como el león y el gato. Ú.t.c.s. ‖ **2.** m. pl. ZOOL. Familia de estos animales.

FELIGRÉS, SA. (l. *fil[ĭus] ecclesiae,* hijo de la Iglesia.) m. y f. Persona que pertenece a determinada parroquia, respecto a ella misma. ‖ **2.** fig. p. us. Camarada, compañero. ‖ **P.** freguês; **I.** parishioner; **F.** paroissien; **A.** Pfarrangehörige, Pfarrkind; **It.** parocchiano; **R.** прихожанин.

FELIGRESÍA. (De *feligrés.*) f. Conjunto de feligreses de una parroquia. ‖ **2.** Parroquia. ‖ **3.** Parroquia rural compuesta de diferentes barrios. ‖ **P.** freguesia; **I.** parish; **F.** paroisse; **A.** Pfarrei; **It.** parrocchia; **R.** церковный приход.

FELINO, NA. (l. *felinus.*) adj. Perteneciente o relativo al gato. ‖ **2.** Que parece de gato. ‖ **3.** Dícese de los animales que pertenecen a la familia de los félidos. Ú.t.c.s.m. ‖ **P.** e **It.** felino; **I.** feline; **F.** félin; **A.** katzenartig; **R.** кошачий.

FELIZ. (l. *felix, -ĭcis.*) adj. Que tiene o goza felicidad. Ú.t. en sentido fig. *Estado* FELIZ. ‖ **2.** Que ocasione felicidad. ‖ **3.** Aplicado a las concepciones del entendimiento o a los modos de expresarlas, oportuno, acertado, eficaz. ‖ **4.** Que ocurre o sucede con felicidad. ‖ **P.** feliz; **I.** happy; **F.** heureux; **A.** glücklich; **It.** felice; **R.** счастливый.

FELIZMENTE. adv. Con felicidad. ‖ **2.** Por dicha, por fortuna.

FELÓN, NA. (ital. *fellone,* y éste del germ. *fillon,* azotador.) adj. Que comete felonía. Ú.t.c.s. ‖ **P.** traidor; **I.** felonious; **F.** félon; **A.** treulos, treubrüchig; **It.** fellone; **R.** предатель.

FELONÍA. (De *felón.*) f. Deslealtad, traición, acción fea. ‖ **P.** felonia; **I.** treache-

F

Fry, felony; F. félonie; **A.** Treulosigkeit, Treubruch; **It.** fellonia; **R.** вероломство.

★ FELOPLÁSTICA. f. Arte de representar monumentos en relieves sobre corcho.

FELPA. (al. *felbes*, especie de terciopelo.) f. Tejido que tiene pelo por el haz. || **2. fig.** y **fam.** Zurra de golpes. || **3. fig.** y **fam.** Rapapolvo. || —**larga.** La que es de pelo largo. || **P. e It.** felpa; **I.** plush, shag; **F.** panne, peluche; **A.** Plüsch, Wollsammet; **R.** плюш.

FELPAR. tr. Cubrir de felpa. || **2. fig.** poét. Cubrir con bello u otra cosa a manera de felpa. Ú.t.c.r.

★ FELPEAR. tr. fam. ARGENT. Zurrar o reprender.

FELPILLA. (d. de *felpa*.) f. Cordón de seda con pelo como la felpa, que sirve para bordar y guarnecer vestidos, etc.

FELPO. m. Felpudo, ruedo.

FELPOSO, SA. (De *felpa*.) adj. Cubierto de pelos blandos, entrelazados, de modo que no se distinguen sus hilos. || **2.** Semejante a la felpa.

FELPUDO, DA. (De *felpa*.) adj. Afelpado. || **2.** m. Ruedo, esterilla afelpada. || **2.ª** acep.: **P.** felpa; **I.** doormat; **F.** couvrepied; **A.** (Fuss)Matte; **It.** nettapiedi; **R.** бархатистый.

FELÚS. (ár. *fulūs*, moneda de cobre, dinero, y éste del gr. ὀβολός.) m. En Marruecos, dinero, y especialmente la moneda de cobre de poco valor.

FEMAR. tr. AR. Abonar con fiemo o fimo.

FEMATERO, RA. (De *fiemo*.) m. y f. AR. Persona que se dedica a recoger la basura.

FEMBRA. (l. *femina*.) f. ant. Hembra.

FEMENCIA. (l. *vehementia*.) f. ant. Hemencia.

FEMENCIAR. (De *femencia*.) tr. ant. Hemenciar.

FEMENIL. (l. *femina*, hembra, mujer.) adj. Perteneciente o relativo a la mujer.

FEMENILMENTE. adv. Afeminadamente; con modo propio de la mujer.

FEMENINO, NA. (l. *femeninus*.) adj. Propio de las mujeres. || **2.** Aplícase al ser dotado de órganos para ser fecundado. || **3.** Perteneciente o relativo a este ser. || **4.** fig. Débil, endeble. || **5.** Dícese del género gramatical del nombre de mujer o animal hembra, etc. Ú.t.c.s. || **6.** Perteneciente a este género gramatical. || **P.** feminino; **I.** feminine; **F.** féminin; **A.** weiblich; **It.** femminino; **R.** женский.

FEMENTIDAMENTE. adv. Con falsedad y falta de fe y palabra.

FEMENTIDO, DA. (De *fe* y *mentido*.) adj. Falto de fe y palabra. || **2.** Engañoso, falso, tratándose de cosas. || **P.** fementido; **I.** perfidious; **F.** faux, perfide, déloyal; **A.** falsch, wortbrüchig; **It.** sleale, traditore; **R.** неверный.

FEMERA. (De *fiemo*.) f. AR. Estercolero.

FEMINAL. (l. *feminalis*.) adj. ant. Femenil.

FEMINEIDAD. (De *femíneo*.) f. Calidad de femíneo. || **2.** FOR. Calidad de ciertos bienes, de ser pertenecientes a la mujer.

FEMINELA. f. ART. Pedazo de zalea que cubre el zoquete de la lanada.

FEMÍNEO, A. (l. *feminĕus*.) adj. Femenino, femenil.

FEMINIDAD. f. Conjunto de caracteres propios de la mujer. || **2.** MED. Estado anormal con algunos caracteres sexuales femeninos.

FEMINISMO. (l. *femina*, mujer, hembra.) m. Doctrina social que reclama para la mujer igualdad de derechos que los hombres. || **P.** feminismo; **I.** feminism; **F.** féminisme; **A.** Frauen(rechts)bewegung, Feminismus; **It.** femminismo; **R.** феминизм.

FEMINISTA. adj. Relativo al feminismo. || **2.** com. Partidario del feminismo.

FEMORAL. adj. ZOOL. Perteneciente o relativo al fémur. || **2.** ZOOL. V. *Biceps*, *tríceps* FEMORAL. || **3.** m. Pieza alargada de las patas de los insectos articulada por un extremo con el trocánter y por el otro con la tibia.

FÉMUR. (l. *femur*.) m. Hueso del muslo. || **P.** y **F.** fémur; **I.** femur; **A.** Schenkelknochen; **It.** fèmore.

★ FENACETINA. f. QUÍM. Compuesto

químico que se emplea como antiséptico y como analgésico.

FENAL. (l. *foenum*, heno.) m. AR. Prado, tierra de pastos para los ganados.

★ FENANTRENO. m. QUÍM. Hidrocarburo que se encuentra en el alquitrán de la hulla.

FENAZO. (l. *foenum*, heno.) m. AR. Lastón.

FENCHIDOR, RA. adj. ant. Henchidor.

FENCHIMIENTO. m. ant. Henchimiento.

FENCHIR. tr. ant. Henchir.

FENDA. (De *fender*.) f. Raja o hendidura al hilo en la madera.

FENDEDURA. (De *fender*.) f. ant. Hendedura.

FENDER. (l. *findĕre*.) tr. ant. Hender.

FENDI. m. Efendi.

FENDIENTE. (De *fender*.) m. Hendiente.

FENECER. (incoat. del l. *finīre*.) tr. Poner fin a una cosa. || **2.** intr. Morir. || **3.** Acabarse o tener fin una cosa. || **2.ª** acep.: **P.** morrer; **I.** to die, to decease; **F.** décéder, finir; **A.** enden, beenden, verscheiden; **It.** finire, morire; **R.** умирать.

FENECÍ. m. desus. AND. Estribo, contrafuerte de arco.

FENECIMIENTO. m. Acción y efecto de fenecer.

FENESTRA. (l. *fenestra*.) f. ant. Ventana.

★ FENESTRACIÓN. (l. *fenestrāre*, guarnecer de ventanas.) f. CIR. Acción de practicar aberturas. || **2.** CIR. Corte en forma de abertura en la parte del hueso situada entre el tímpano y la parte interior del oído con el fin de mejorar la audición.

FENESTRAJE. (De *fenestra*.) m. ant. Ventanaje.

FENIANISMO. m. Secta de los fenianos. || **2.** Conjunto de doctrinas que defienden.

FENIANO. (ingl. *fenian*.) m. Individuo de la secta y partido político contrario a la dominación inglesa en Irlanda.

FENICADO, DA. adj. Que tiene ácido fénico.

FENICAR. tr. Echar ácido fénico a una cosa.

FENICE. (l. *phoenix*, -*īcis*.) adj. Fenicio. Apl. a pers. ú.t.c.s.

FENICIANO, NA. adj. ant. Fenicio. Apl. a pers. usáb.t.c.s.

FENICIO, CIA. (l. *phoenicĭus*.) adj. Natural de Fenicia. Ú.t.c.s. || **2.** Perteneciente a este país del Asia antigua. || **P.** fenício; **I.** Phoenician; **F.** phénicien; **A.** Phönizier; **It.** fenicio; **R.** финикийский.

FÉNICO. (gr. φαίνω, brillar, por alusión al gas.) adj. QUÍM. Aplícase a un ácido descubierto por Runge en la brea de la hulla, de la cual se obtiene por destilación fraccionada.

★ FENIGMO. m. MED. Rubicundez de la piel causada por los sinapismos, por la urticaria o por el sarampión.

★ FENILAMINA. f. QUÍM. Líquido oleoso, sumamente tóxico y de olor desagradable. Bajo la influencia de la luz toma un color amarillento pardo.

FÉNIX. (l. *phoenix*.) m. Ave fabulosa, que los antiguos creyeron que era única y que renacía de sus cenizas. Usáb.t.c.f. || **2.** fig. Lo que es exquisito o único en su especie. || **3.** Género de plantas palmáceas. || **4.** ASTRON. Constelación del hemisferio austral. || **P.** fénix; **I.** phoenix; **F.** phénix; **Phönix; It.** fenice; **R.** феникс.

FENOGRECO. (l. *foenum graecum*, heno griego.) m. BOT. Alholva.

FENOL. (gr. φαίνω, brillar.) m. QUÍM. Cuerpo sólido que se extrae por destilación de los aceites del alquitrán. Úsase como antiséptico en medicina.

★ FENOLFTALEÍNA. f. QUÍM. Derivado del fenol que resulta ser un indicador muy valioso en la valoración de ácidos y bases.

FENOMENAL. adj. Perteneciente o relativo al fenómeno. || **2.** Que participa de la naturaleza del fenómeno. || **3.** fam. Tremendo, extraordinariamente grande. || **P.** fenomenal; **I.** phenomenal; **F.** phénoménal; **A.** phänomenal; **It.** fenomenale; **R.** феноменальный, небывалый.

★ FENOMENALISMO. m. FIL. Sistema

filosófico que sólo da importancia a lo que afecta a los sentidos.

FENOMÉNICO, CA. adj. Perteneciente o relativo al fenómeno.

★ FENOMENISMO. m. FIL. Doctrina filosófica que afirma la sola existencia de fenómenos naturales y que no hay más realidad que las sensaciones.

FENÓMENO. (l. *phaenomĕnon*, y éste del gr. φαινόμενον, de φαίνω, aparecer.) m. Toda apariencia o manifestación, así del orden material como del espiritual. || **2.** Cosa extraordinaria y sorprendente. || **3.** fam. Persona o animal monstruoso. || **P.** fenómeno; **I.** phenomenon; **F.** phénomène; **A.** Phänomen; **It.** fenòmeno; **R.** явление.

FENOTÍPICO, CA. adj. Perteneciente o relativo al fenotipo.

FENOTIPO. (gr. φαίνω, aparecer, y τύπος, tipo.) m. BIOL. Conjunto de caracteres hereditarios, cuya aparición se debe a la existencia de sendos genes en cada individuo perteneciente a una determinada especie vegetal o animal.

FEO, A. (l. *foedus*.) adj. Que no tiene belleza ni hermosura. || **2.** fig. Que produce horror o aversión. || **3.** fig. De aspecto malo o desagradable. || **4.** En el juego se dice de las cartas falsas. || **5.** Aplícase al sexo varonil. || **6.** m. fam. Desaire manifiesto, grosero. || **7.** adv. COLOM., MÉJ. y ARGENT. De modo disgustoso o hediondo. || *Dejar* FEO *a* uno. fr. fig. y fam. Desairarle. || *Tocarle a* uno *bailar con la más* FEA. fig. y fam. Tocarle a uno la peor parte. || **P.** feio; **I.** ugly; **F.** laid, vilain; **A.** hässlich; **It.** brutto; **R.** уродливый.

FEOTE, TA. adj. aum. de feo.

FEOTÓN, NA. adj. fam. aum. de feote.

FER. (l. *facĕre*.) tr. ant. Hacer.

FERACIDAD. (l. *feracĭtas*, -*ātis*.) f. Fertilidad, fecundidad copiosa de un terreno. || **P.** feracidade; **I.** feracity; **F.** fertilité; **A.** Fruchtbarkeit; **It.** feracità; **R.** плодородность.

FERAL. (l. *ferālis*.) adj. desus. Cruel, sangriento.

FERAZ. (l. *fĕrax*, -*ācis*, de *ferre*, llevar.) adj. Fértil, copioso de frutos. || **P.** feraz; **I.** feracious; **F.** fertile; **A.** fruchtbar; **It.** ferace; **R.** плодородный.

FERECRACIO. (l. *pherĕcratius*, de *Pherecrates*, poeta griego inventor de este metro.) adj. Dícese de cierto verso de la poesía clásica compuesto de tres pies, el primero y el tercero espondeos, y el segundo dáctilo. Ú.t.c.s.

FEREDAD. (l. *ferĭtas*, -*ātis*.) f. ant. Fiereza.

FERENDAE SENTENTIAE. expr. l. que se usa en la denominación *censura*, o *excomunión* FERENDAE SENTENTIAE, dada a la excomunión impuesta por la autoridad eclesiástica.

FÉRETRO. (l. *ferĕtrum*, de *ferre*, llevar.) m. Ataúd o andas en que se llevan a enterrar los difuntos. || **P.** féretro; **I.** coffin; **F.** bière; **A.** Sarg, Bahre; **It.** fèretro; **R.** гроб.

FERIA. (l. *feria*.) f. Cualquiera de los días de la semana, excepto el sábado y domingo. || **2.** Descanso y suspensión del trabajo. || **3.** Mercado de mayor importancia que el común. || **4.** Fiestas celebradas con tal ocasión. || **5.** Paraje público en que están expuestos los animales, géneros o cosas para este mercado. || **6.** Concurrencia de gente en un mercado de esta clase. || **7.** fig. Trato, convenio. || **8.** MÉJ. Dinero menudo, cambio. || **9.** C. RICA y EL SALV. Añadidura, propina. || **10.** pl. Dádivas o agasajos que se hacen por el tiempo que hay ferias. || FERIAS *mayores*. Las de Semana Santa. || *Cada uno cuenta la* FERIA *como le va en ella*. ref. que denota que cada cual habla de las cosas según el provecho o daño que ha sacado de ellas. || **3.ª** acep.: **P.** feira; **I.** fair; **F.** férie; **A.** Markt, Messe; **It.** fiera; **R.** ярмарка.

FERIADO, DA. p.a. de feriar. || **2.** adj. Dícese del día en que están cerrados los tribunales.

FERIAL. (l. *feriāle*.) adj. Perteneciente a las ferias o días de la semana. || **2.** Perteneciente a feria o mercado. || **3.** Sitio en que tiene efecto.

FERIANTE. (De *feriar*.) adj. Concurrente a la feria para comprar o vender. Ú.t.c.s.

FERIAR. (l. *feriāri*.) tr. Comprar en la feria. Ú.t.c.r. || **2.** Vender, comprar o permutar una cosa por otra. || **3.** Dar ferias, regalar. Ú.t.c.r. || **4.** intr. Suspender el trabajo por uno u varios días, haciéndolos como feriados o de fiesta.

FERIDA. (De *ferir*.) f. ant. Herida.

FERIDAD. (l. *ferĭtas, -ātis*.) f. ant. Fiereza.

FERIDO, DA. p.p. de ferir.

FERIDOR, RA. (De *ferir*.) adj. ant. Que hiere. Usáb.t.c.s.

FERINO, NA. (l. *ferīnus*.) adj. Perteneciente a la fiera o que tiene sus propiedades. || **2.** MED. Tos ferina, tos convulsiva, intermitente y sofocante.

FERIR. (l. *ferīre*.) intr. ant. Herir.

FERLÍN. (anglosajón *feordling*, cuarta parte de una moneda.) m. Moneda antigua.

* **FERMA.** (fr. *ferme*.) f. ARQ. Pieza suelta e inferior de una decoración, que abarca todo el ancho del escenario.

FERMATA. (ital. *fermata*, detención.) f. MÚS. Calderón, frase o floreo que el cantante o músico ejecuta *ad libitum* durante la momentánea suspensión del compás.

FERMENTABLE. adj. Susceptible de fermentación.

FERMENTACIÓN. (l. *fermentatio -ōnis*.) f. Acción y efecto de fermentar. || **P.** fermentação; **I.** y **F.** fermentation; **A.** Gärung; **It.** fermentazione; **R.** дрожжевание.

FERMENTADO, DA. p.a. de fermentar. || **2.** Dícese del pan usual.

FERMENTADOR, RA. adj. Que fermenta.

FERMENTANTE. p.a. de fermentar. Que fermenta o hace fermentar.

FERMENTAR. (l. *fermentāre*.) intr. Producirse un proceso químico por la acción de un fermento, que transforma un cuerpo orgánico muy complejo en otros más simples. || **2.** fig. Agitarse o alterarse los ánimos. || **3.** tr. Hacer o producir la fermentación. || **P.** fermentar; **I.** to ferment; **F.** fermenter; **A.** gären; **It.** fermentare; **R.** фермеитовать.

FERMENTATIVO, VA. adj. Que tiene la propiedad de hacer fermentar.

FERMENTO. (l. *fermentum*.) BIOL. Substancia orgánica coloidal, soluble en el agua y elaborada por las células, que puesta en contacto con otra la`hace fermentar. || **P.** e **It.** fermento; **I.** y **F.** ferment; **A.** Ferment, Gärstoff, Hefe; **R.** закваска, дрожжи.

° **FERMIO.** (De *Fermi*, célebre físico italiano.) m. QUÍM. Nuevo elemento radiactivo transuránico, obtenido por bombardeo con neutrones, cuyo símbolo es Fm, y su número atómico 100.

FERMOSAMENTE. adv. ant. Hermosamente.

FERMOSO, SA. (l. *fermōsus*.) adj. ant. Hermoso.

FERMOSURA. (De *fermoso*.) f. ant. Hermosura.

FERNAMBUCO. (De *Fernambuco*, o *Pernambuco*, provincia del Brasil, de donde procede esta mercancía.) m. *Palo de* FERNAMBUCO.

FERNANDINA. (fr. *ferrandine*.) f. Cierta tela de hilo.

FERNANDINO, NA. adj. Perteneciente o relativo a Fernando VII. || **2.** Partidario de este rey. Ú.t.c.s.

FEROCE. (l. *ferox, -ōcis*.) adj. poét. p. us. Feroz.

FEROCIA. (l. *ferocĭa*.) f. ant. Ferocidad.

FEROCIDAD. (l. *ferocĭtas, -ātis*.) f. Fiereza, crueldad. || **2.** Atrocidad, dicho o hecho insensato. || **P.** ferocidade; **I.** ferocity; **F.** férocité; **A.** Wildheit, Grausamkeit; **It.** ferocità; **R.** свирепость.

FERODO. m. Nombre registrado de un material formado con fibras de amianto e hilos metálicos, empleado principalmente para forrar las zapatas de los frenos.

FERÓSTICO, CA. (De *fiero*.) adj. fam. Irritable y díscolo. || **2.** fam. Feo en alto grado.

FEROZ. (De *feroce*.) adj. Que obra con ferocidad. || **P.** feroz; **I.** ferocious; **F.** féroce; **A.** grausam, wild; **It.** feroce; **R.** свирепый.

FEROZMENTE. adv. Con ferocidad.

FERRA. f. Farra, pez de agua dulce parecido al salmón.

FERRADA. (l. *ferrata*, armada de hierro.) f. Maza armada de hierro, como la de Hércules.

FERRADO, DA. p.a. de ferrar. || **2.** m Medida agraria y de capacidad, usada en Galicia. || **3.** adj. Que está armado de hierro.

FERRADOR. (De *ferrar*.) m. ant. Herrador.

FERRADURA. (De *ferrar*.) f. ant. Herradura.

FERRAJE. m. ant. Herraje.

FERRAMIENTA. (l. *ferramenta*, instrumento de hierro.) f. ant. Herramienta.

FERRAR. (l. *ferrāre*.) tr. Guarnecer con hierro una cosa.

FERRARÉS, SA. adj. Natural de Ferrara. Ú.t.c.s. || **2.** Perteneciente a esta ciudad de Italia.

FERRE. m. AST. Azor, ave rapaz.

FERREAL. adj. SAL. Dícese de una variedad de uva de grano oval y hollejo grueso y encarnado.

FERREÑA. (De *fierro*.) adj. Dícese de la nuez muy desmedrada y muy dura.

FÉRREO, A. (l. *ferrĕus*.) adj. De hierro o que tiene sus propiedades. || **2.** fig. Perteneciente o relativo a la edad o siglo del hierro. || **3.** fig. Duro, tenaz. || **4.** V. *Línea o vía* FÉRREA. || **P.** férreo; **I.** ferreous; **F.** de fer; **A.** eisern; **It.** ferreo; **R.** железный.

FERRER. (cat. y arag. *ferrer*, y éste del l. *ferrarius*, herrero.) m. ant. Ferrero, herrero.

FERRERÍA. (De *ferrero*.) f. Taller en donde se beneficia el mineral de hierro, reduciéndolo a metal. || **—de chamberga.** AL. La que se ocupa en la fabricación de sartenes y objetos análogos.

FERRERO. (l. *ferrarius*.) m. ant. Herrero.

FERRERUELO. (al. *feier hülle*, manto de gala.) m. Capa más bien corta que larga, con sólo cuello sin capilla.

* **FERRESTRETE.** (l. *ferrum*, hierro, y *strictus*, estrecho.) m. MAR. El hierro más diminuto y estrecho que usan los calafates.

FERRETE. (d. de *fierro*.) m. Sulfato de cobre empleado en tintorería. || **2.** Instrumento de hierro que sirve para marcar y poner señal a las cosas.

FERRETEAR. (De *ferrete*.) tr. Ferrar, marcar, afianzar con hierro. || **2.** Labrar con hierro.

FERRETERÍA. (De *ferrete*.) f. Ferrería. || **2.** Comercio de hierro. || **3.** Conjunto de hierros que se venden en las ferreterías. || **4.** CUBA y MÉJ. Quincalla, quincallería. || **2.ª** acep.: **P.** ferrajaria; **I.** hardware store; **F.** commerce de fer; **A.** Eisenwarenhandel; **It.** commercio di ferramenta; **R.** литейная мастерская.

FERRETERO, RA. m. y f. Tendero de ferretería. || **2.** CUBA y MÉJ. Quincallero, quincallera.

* **FERRETREQUE.** m. CUBA. Barullo, desorden.

* **FERRETRETES.** m. pl. COLOM. Trastos, bártulos.

FÉRRICO, CA. (l. *ferrum*, hierro.) adj. QUÍM. Dícese de las combinaciones del hierro en las que este elemento funciona como trivalente.

* **FERRÍFERO, RA.** (l. *ferrum*, hierro, y *ferre*, llevar.) adj. MINERAL. Que contiene hierro.

FERRIFICARSE. (l. *ferrum*, hierro, y *facĕre*, hacer.) r. MIN. Reunirse las partes ferruginosas de una substancia, formando hierro.

* **FERRITA.** f. QUÍM. Una de las formas en que se presenta el hierro puro, que es blanco, dúctil y magnético.

FERRIZO, ZA. (De *ferro*.) adj. De hierro.

FERRO. (l. *ferrum*, hierro.) m. Hierro. || **2.** MAR. Áncora, ancla.

FERROCARRIL. (l. *ferrum*, hierro, y de *carril*, carril de hierro.) m. Camino con dos filas de carriles paralelas, sobre las cuales ruedan los trenes. || **—funicular.** El destinado a subir grandes pendientes y que funciona por medio de cables. || **—metropolitano.** Ferrocarril aéreo o subterráneo, que une diversos barrios de una gran ciudad. || **P.** caminho de ferro; **I.** railway; **F.** chemin de fer; **A.** (Eisen)Bahn; **It.** ferrovia; **R.** железная дорога.

FERROCARRILERO, RA. adj. ARGENT., COLOM. y ECUAD. Ferroviario.

* **FERROCIANURO.** m. QUÍM. Compuesto de hierro, cianógeno y otro metal. || **—potásico.** QUÍM. Compuesto que resulta de la mezcla de una disolución de sulfato ferroso con otra de cianuro potásico.

FERROCINO. (l. *fornicīnus*, bastardo.) m. Sarmiento bastardo.

* **FERROFIX.** (l. *ferrum*, hierro, y *fixum*, fijo.) m. Procedimiento para la soldadura del bronce, ideado por el alemán Pich. || **2.** El producto empleado en esta soldadura.

FERROJAR. (ant. *ferrojo*, y éste del l. *verucŭlum*, infl. por *ferrum*, hierro.) tr. ant. Aherrojar.

FERROLANO, NA. adj. Natural del Ferrol. Ú.t.c.s. || **2.** Perteneciente a esta ciudad gallega.

* **FERROMAGNETISMO.** m. Fís. Permeabilidad magnética análoga a la del hierro, que poseen el níquel, el cobalto y cierto número de aleaciones.

FERRÓN. m. El que trabaja en una ferrería. || **2.** NAV. Arrendatario y maestro de los trabajos en las ferrerías.

FERRONAS. (De *fierro*.) f. pl. GERM. Espuelas.

FERROPEA. (l. *ferrum*, hierro, y *pes, pedis*, pie.) f. ant. Arropea.

* **FERROS.** m. pl. ARGENT. En lenguaje lunfardo, dinero.

FERROSO, SA. (l. *ferrum*, hierro.) adj. QUÍM. Aplícase a las combinaciones del hierro en las que este elemento funciona como bivalente.

FERROVIAL. adj. Ferroviario.

FERROVIARIO, RIA. adj. Perteneciente o relativo a las vías férreas. || **2.** m. Empleado de ferrocarriles. || **2.ª** acep.: **P.** ferroviário, ferrovial; **I.** railroader, railway man; **F.** cheminot; **A.** Eisenbahnarbeiter; **It.** ferroviario; **R.** железнодорожный.

* **FERRUCO, CA.** adj. MÉJ. Mal vestido. || **2.** m. y f. MÉJ. Muchacho, muchacha.

FERRUGIENTO, TA. (l. *ferrūgo, -inis*, herrumbre.) adj. De hierro o con alguna de sus cualidades.

FERRUGÍNEO, A. (l. *ferruginĕus*.) adj. p. us. Ferruginoso.

FERRUGINOSO, SA. (l. *ferrugĭnus*, de *ferrūgo*, orín de hierro.) adj. Dícese del mineral que contiene hierro. || **2.** Aplícase a las aguas minerales en cuya composición entra alguna sal de hierro. || **P.** ferruginoso; **I.** ferruginous; **F.** ferrugineux; **A.** eisenhaltig; **It.** ferrugineo, ferruginoso; **R.** железистый.

FÉRTIL. (l. *fertĭlis*, de *ferre*, llevar.) adj. Aplícase a la tierra que produce mucho. || **2.** fig. Dícese del año en que la tierra produce abundantes frutos, y por ext., del ingenio. || **P.** fértil; **I., F.** e **It.** fertile; **A.** fruchtbar; **R.** плодородный.

FERTILIDAD. (l. *fertĭlitas, -ātis*.) f. Virtud que tiene la tierra para producir copiosos frutos.

FERTILIZABLE. adj. Que puede ser fertilizado.

FERTILIZADOR, RA. adj. Que fertiliza.

FERTILIZANTE. p.a. de fertilizar. Que fertiliza. Ú.t.c.s.

FERTILIZAR. (De *fértil*.) tr. Fecundizar la tierra disponiéndola para que dé frutos copiosos. || **P.** fertilizar; **I.** to fertilize; **F.** fertiliser; **A.** befruchten, fruchtbar machen; **It.** fertilizzare; **R.** делать плодородным.

FÉRULA. (l. *ferŭla*.) f. BOT. Cañaheja. || **2.** Palmatoria, instrumento de castigo usado en tiempos pasados en la escuela. || **3.** CIR. Tablilla flexible y resistente empleada en el tratamiento de las fracturas. || *Estar uno bajo la* FÉRULA *de otro*. fr. fig. Estar sujeto a él. || **P.** canafrecha; **I.** ferule; **F.** férule; **A.** Zuchtrute; **It.** fèrula; **R.** ферула.

FERULÁCEO, A. (l. *ferulacĕus*.) adj. Semejante a la férula o cañaheja.

FERVENCIA. (l. *fervens, -entis*, p.a. de *fervēre*, hervir.) f. Hervencia.

FERVENTÍSIMO, MA. adj. sup. de ferviente.

* **FERVESCENCIA.** (l. *fervescens, -entis*, p.a. de *fervescĕre*, incoativo de *fervĕo*, hervir.) f. Aumento de la temperatura del cuerpo o de la fiebre.

FÉRVIDO, DA. (l. *fervĭdus*.) adj. Ardiente, fervoroso. || **2.** Hirviente.

F

FERVIENTE. (l. *fervens, -entis*.) p.a. ant. de fervir. Que hierve. || **2.** adj. fig. Fervoroso.

FERVIENTEMENTE. adv. Con fervor, celo o eficacia suma.

FERVIR. (l. *fervēre*.) tr. ant. Hervir.

FERVOR. (l. *fervor*.) m. ant. Hervor. || **2.** Calor intenso. || **3.** fig. Celo ardiente y afectuoso hacia las cosas de piedad y religión. || **4.** fig. Eficacia suma con que se hace una cosa. || **P.** fervor; **I.** fervour; **F.** ferveur, ardeur; **A.** Eifer; **It.** fervore, fervenza, fervidezza; **R.** жар, пыл.

FERVORAR. (De *fervor*.) tr. Enfervorizar.

FERVORÍN. (d. de *fervor*.) m. Jaculatoria breve. Ú.m. en pl.

FERVORIZAR. (De *fervor*.) tr. Enfervorizar. Ú.t.c.r.

FERVOROSAMENTE. adv. Con fervor. Ú.m. en lo moral.

FERVOROSO, SA. adj. fig. Que tiene fervor activo y eficaz.

FESCENINO, NA. (l. *fescennīnus*.) adj. Natural de Fescenio. Ú.t.c.s || **2.** adj. Perteneciente a esta ciudad de Etruria.

FESETA. (l. *fessōrium*, con cambio de sufijo.) f. MURC. Azada pequeña.

FESORIA. (l. *fossōria*, por *fossōrium*.) f. AST. Azada pequeña.

FESTA. (l. *festa[dies]*.) f. ant. Fiesta.

FESTEANTE. p.a. ant. de festear. Que festeja.

FESTEAR. tr. ant. Festejar. Ú. en Aragón, Murcia y Valencia.

✻ FESTEJADA. (De *festejar*.) f. fam. AMÉR. Festejo. || **2.** MÉJ. Paliza, somanta, tunda.

FESTEJADOR, RA. adj. Que festeja. Ú.t.c.s.

FESTEJANTE. p.a. de festejar. Que festeja y obsequia a otro.

FESTEJAR. tr. Hacer festejos en obsequio de uno; cortejarle. || **2.** Galantear, cortejar. || **3.** MÉJ. Azotar, golpear, castigar de obra. || **4.** r. Recrearse, divertirse. || **P.** festejar; **I.** to celebrate, to feast; **F.** fêter; **A.** feiern; **It.** festeggiare; **R.** угощать, праздновать.

FESTEJO. (d. de *festa*.) m. Acción y efecto de festejar. || **2.** Galanteo. || **3.** pl. Regocijos públicos. || **P.** festejo; **I.** feast; **F.** fête; **A.** Festlichkeit; **It.** festeggio; **R.** праздничества.

FESTEO. m. ant. Festejo.

FESTERO, RA. (De *festa*.) m. y f. Fiestero. || **2.** m. El encargado en las capillas de música de ajustar las fiestas, avisar a los músicos y pagarlos.

FESTÍN. (fr. *festin*, y éste del ital. *festino*, d. de *festa*, del l. *festa*, fiesta.) m. Festejo particular, con baile, música, banquete, etc. || **2.** Banquete espléndido. || **P.** festín; **I.** feast, banquet; **F.** festin; **A.** Festmahl; **It.** festino; **R.** пир.

FESTINACIÓN. (l. *festinatio, -ōnis*.) f. Celeridad, prisa, velocidad.

FESTINAR. (l. *festināre*.) COLOM., CHILE, HOND., MÉJ. y VENEZ. tr. Apresurar, precipitar, activar.

FESTIVAL. (l. *festivālis*.) adj. ant. Festivo. || **2.** m. Fiesta, especialmente musical.

FESTIVAMENTE. adv. Con fiesta, regocijo y alegría.

FESTIVIDAD. (l. *festivĭtas, -ātis*.) f. Fiesta o solemnidad con que se celebra una cosa. || **2.** Día festivo. || **3.** Agudeza, donaire en el modo de decir. || **P.** festividade; **I.** festivity; **F.** solemnité; **A.** Feierlichkeit; **It.** festività; **R.** праздник.

FESTIVO, VA. (l. *festīvus*.) adj. Chistoso, agudo. || **2.** Alegre, regocijado y gozoso. || **3.** Solemne, digno de celebrarse. || **4.** Dícese del día de fiesta. || 2.ᵃ acep.: **P.** alegre; **I.** gay; **F.** joyeux; **A.** frölich; **It.** festivo; **R.** весёлый. || 4.ᵃ acep.: **P.** festivo; **I.** holiday; **F.** de fête; **A.** feierlich; **It.** festivo; **R.** праздничный.

FESTÓN. (ital. *festone*, der. de *festa*, del l. *festa*, fiesta.) m. Adorno compuesto de flores, frutas y hojas, con que se adornaban las puertas de los templos y las cabezas de las víctimas en los sacrificios de los gentiles. || **2.** Bordado a dibujo en forma de ondas o puntas, que adorna el borde de una cosa. || **3.** ARQ. Adorno a manera de festón. || **P.** festão; **I.** festoon; **F.** feston; **A.** Girlande; **It.** festone; **R.** гирлянда, фестон.

FESTONAR. (De *festón*.) tr. Festonear.

FESTONEADO, DA. p.p. de festonear. || **2.** adj. Que tiene el borde en forma de festón.

FESTONEAR. tr. Adornar con festón. || **2.** Bordar festones.

FETACIÓN. f. Desarrollo del feto, gestación.

FETAL. adj. Perteneciente o relativo al feto.

✻ FETALISMO. (De *fetal*.) m. Persistencia en la vida extrauterina de ciertos caracteres fetales.

FETICIDA. adj. Que ocasiona la muerte de un feto. || **2.** Dícese del que voluntariamente causa la muerte a un feto. Ú.m.c.s.

FETICIDIO. m. Muerte dada violentamente a un feto.

FETICHE. (fr. *fétiche*, y éste del l. *factĭcius*, artificial.) m. Ídolo u objeto de culto supersticioso en algunos pueblos primitivos. || **P.** feitiço; **I.** fetish; **F.** fétiche; **A.** Fetisch, Götzenbild; **It.** feticcio; **R.** фетиш.

FETICHISMO. m. Culto de los fetiches. || **2.** fig. Idolatría, veneración excesiva. || **P.** fetichismo; **I.** fetishism; **F.** fétichisme; **A.** Fetischendienst; **It.** feticismo; **R.** фетишизм.

FETICHISTA. adj. Perteneciente o relativo al fetichismo. || **2.** com. Persona que profesa este culto.

FETIDEZ. (De *fétido*.) f. Hediondez, hedor. || **P.** fetidez; **I.** fetidness; **F.** fétidité; **A.** Gestank, übler Geruch; **It.** fetidezza; **R.** зловоние.

FÉTIDO, DA. (l. *foetĭdus*, de *foetēre*, oler mal.) adj. Hediondo, que despide hedor.

✻ FETIQUISTA. adj. CHILE y COLOM. Fetichista.

FETO. (l. *fetus*.) m. Producto de la concepción de una hembra vivípara, desde que pasa el período embrionario hasta el momento del parto. || **2.** Este mismo producto después de abortado. || **P.** e **It.** feto; **I.** y **F.** fœtus; **A.** Fötus; **R.** зародыш.

FETOR. m. desus. Hedor.

FETUA. (ár. *fatwä*, dictamen sobre una consulta jurídica.) f. Decisión que da al muftí a una cuestión jurídica.

FEÚCO, CA. (De *feo*.) adj. despect. fam. Feúcho.

FEÚCHO, CHA. (De *feo*.) adj. despect. fam. Feo.

FEUDAL. adj. Perteneciente al feudo. || **2.** Perteneciente a la organización política y social fundada en los feudos, y al tiempo de la Edad Media en que éstos estuvieron en vigor. || **P.** feudal; **I.** feodal; **F.** féodal; **A.** feudal, lehnsherrlich; **It.** feudale; **R.** феодальный.

FEUDALIDAD. f. Calidad, condición o constitución del feudo.

FEUDALISMO. m. Sistema y organización feudal. || **P.** e **It.** feudalismo; **I.** feudalism; **F.** féodalité, feudalisme; **A.** Feudalismus; **R.** феодализм.

FEUDAR. (De *feudo*.) tr. ant. Enfeudar, dar algo en feudo. || **2.** Tributar, pagar feudo.

FEUDATARIO, RIA. adj. Sujeto a pagar feudo. Ú.t.c.s. || **P.** feudatário; **I.** feudatory; **F.** feudataire; **A.** lehnpflichtig; **It.** feudatario; **R.** вассал.

FEUDISTA. m. FOR. Autor que escribe sobre la materia feudos.

FEUDO. (germ. *fëhu*, rebaño, propiedad.) m. Contrato por el cual los soberanos y grandes señores concedían en la Edad Media tierras o rentas en usufructo, obligándose al que las recibía a guardar fidelidad de vasallo al donante, prestarle servicios personales y reales. || **2.** Reconocimiento o tributo con cuya condición se concede el feudo. || **3.** Dignidad o heredamiento que se concede en feudo. || **4.** fig. Respeto, vasallaje. || **—ligio.** Aquel en que al feudatario le era prohibido rendir vasallaje a otro señor. || **P.** e **It.** feudo; **I.** fief, feud; **F.** fief; **A.** Leh(e)n; **R.** феод.

FEZ. (l. *faex*.) f. ant. Hez.

FEZ. (Del nombr ár. de *Fez, Fäs*.) m. Gorro de fieltro rojo y de figura de cubilete, usado por moros y egipcios.

FI. m. desus. Hijo.

FÍA. f. EXTR. y SANT. Venta hecha al fiado. || **2.** LOGR. Fianza, fiador.

FIABLE. adj. Dícese de la persona a quien se puede fiar, o de quien se puede responder.

FIADO, DA. p.p. de fiar. || **2.** ant. Seguro y digno de confianza. || *Al* FIADO. m. adv. con que se expresa que uno toma, compra, vende, juega o contrata, sin dar o tomar de presente lo que debe pagar o recibir. || *En* FIADO. m. adv. Debajo de fianza.

FIADOR, RA. m. y f. Persona que fía a otra. || **2.** m. Cordón que llevan algunos objetos para impedir que se pierdan. || **3.** Pasador de hierro para afianzar las puertas por la parte de adentro. || **4.** Cada uno de los garfios que sostienen por debajo los canales de cinc de los tejados. || **5.** Correa que lleva la caballería de mano o de contraguía a la parte de afuera, desde la guarnición a la cama del freno. || **6.** Pieza con que se afirma una cosa para que no se mueva. || **7.** fam. Nalgas de los muchachos, donde reciben el castigo. || **8.** CHILE y ECUAD. Barboquejo. || **9.** CETR. Cuerda larga con que se suelta el halcón y se le obliga a volver. || **P.** fiador; **I.** surety; **F.** répondant; **A.** Bürge; **It.** mallevadore; **R.** поручитель.

FIADORA. f. Mujer que va vendiendo por las casas ropas y alhajas al fiado.

FIADURA. (De *fiar*.) m. ant. Fianza.

FIADURÍA. (De *fiador*.) f. ant. Fianza.

✻ FIAMA. f. AMÉR. MERID. Cierto veneno vegetal.

FIAMBRAR. (De *fiambre*.) tr. Preparar los alimentos que han de comerse fiambres.

FIAMBRE. (De *frío; fiambre*, por *friambre*.) adj. Que después de asado o cocido se ha dejado enfriar para no comerlo caliente. Ú.t.c.s.m. || **2.** fig. y fam. Pasado de tiempo o de la sazón oportuna. *Canción* FIAMBRE. || **3.** ARGENT. Dícese de la reunión, fiesta, etc., desanimada. Ú.t.c.s.m. || **4.** MÉJ. Plato compuesto por ensalada de lechuga, cerdo, aguacate y chiles. || **5.** GUAT. Plato compuesto de varias carnes que se come la víspera del día de los difuntos. || **P.** fiambre; **I.** cold lunch; **F.** froid; **A.** kalte Speise; **It.** antipasto; **R.** холодная.

✻ FIAMBRE. (De *fiar*.) adv. GUAT. Al fiado.

FIAMBRERA. f. Cestón o caja para llevar fiambres. || **2.** Cacerola con tapa bien ajustada, para llevar la comida fuera de casa. || **3.** Aparato formado por varias cacerolas con un braserillo debajo para llevar la comida caliente. || **4.** ARGENT. Fresquera.

✻ FIAMBRERÍA. f. ARGENT. Establecimiento donde se venden fiambres, embutidos, conservas, etc.

FIANZA. (De *fiar*.) f. Obligación que uno contrae de hacer aquello a que otro se ha obligado, en el caso de que éste no lo cumpla. || **2.** Prenda dada al contratante en seguridad del buen cumplimiento de su obligación. || **3.** Cosa que se sujeta a esta responsabilidad. || **4.** Fiador, persona que fía a otra o responde por ella. || **—carcelera.** FOR. La que se da de que aquel a quien se ha dejado salir de la cárcel se presentará siempre que se le mande comparecer. || *Dar* FIANZA. fr. FOR. Presentar ante el juez persona o bienes que quedan obligados a la paga en caso de faltar al principal a su obligación. || **P.** fiança; **I.** security; **F.** caution, garantie; **A.** Bürgschaft; **It.** fidanza; **R.** порука.

FIAR. (l. *fidāre*, por *fidĕre*.) tr. Obligarse uno a cumplir lo que otro promete, o debe, en caso de que no lo haga. || **2.** Vender sin tomar el precio de contado. || **3.** Confiar. || **4.** Dar o comunicar a uno cosa en confianza. Ú.t.c.r. || **5.** COLOM. Pedir fiado. || **6.** intr. Confiar. || *Ser de* FIAR una persona o cosa. fr. Merecer que se confíe en ella. || 2.ᵃ acep.: **P.** fiar; **I.** to trust; **F.** vendre á crédit; **A.** auf Borg verkaufen; **It.** vèndere a crèdito; **R.** продавать в кредит. || 6.ᵃ acep.: **P.** confiar; **I.** to trust; **F.** se fier; **A.** gutsprechen, anvertrauen; **It.** fidare; **R.** доверять.

✻ FIAREIRA. f. VETER. Cierta enfermedad del ganado lanar, que consiste en la inflamación de los intestinos.

FIASCO. (ital. *fiasco*.) m. Mal éxito, fracaso. || **P.** e **It.** fiasco; **I.** failure; **F.** insuccès; **A.** Fiasko; **R.** провал, неудача.

FÍAT. (l. *fiat*, hágase, sea hecho.) m. Consentimiento o mandato para que una cosa tenga efecto.

FIBIELLA. (De un d. del l. *fibla.*) f. ant. Hebilla.

FIBRA. (l. *fibra.*) f. Cada uno de los filamentos que entran en la composición de los tejidos orgánicos vegetales o animales. || 2. Cada uno de los filamentos que presentan en su textura ciertos minerales. || 3. Raíces pequeñas y delicadas de las plantas. || 4. fig. Vigor y energía. || 5. ELECTR. Material aislante fabricado con fibra de madera aglomerada en caliente. || 6. ANAT. Elementos anatómicos de forma alargada, que al reunirse entre sí, forman tejidos especiales. || —textil. La substancia capaz de producir hilos continuos aptos para la fabricación de tejidos, y estos mismos hilos. || P. e It. fibra; I. y F. fibre; A. Faser, Fiber; R. фибра, волокно.

★ FIBRANA. (De *fibra.*) f. Tejido de fibra sintética, producto de la celulosa.

★ FIBRAZÓN. f. MIN. Conjunto de fibras que forman algunos metales en las minas.

★ FIBRILACIÓN. f. Temblor muscular.

FIBRINA. (De *fibra.*) f. QUÍM. Substancia albuminoidea, insoluble en el agua, producida por la coagulación de otra substancia también albuminoidea que se halla disuelta en ciertos líquidos orgánicos; como la sangre, la linfa, etc. || P. e It. fibrina; I. y F. fibrine; A. Farserstoff; R. фибрин.

★ FIBRINÓGENO. m. QUÍM. Proteína sencilla natural que se encuentra en el suero de la sangre, y que al contacto del aire forma la fibrina.

FIBROCARTILAGINOSO. adj. ZOOL. Relativo al fibrocartílago.

FIBROCARTÍLAGO. m. ZOOL. Tejido constituido por fibras cartilaginosas separadas unas de otras por haces de fibras conjuntivas. Es resistente y elástico.

FIBROMA. (De *fibra.*) m. MED. Tumor formado exclusivamente por tejido fibroso.

★ FIBROSIS. f. Formación generalizada de tejido fibroso.

FIBROSO, SA. adj. Que tiene muchas fibras. || P. e It. fibroso; I. fibrous; F. fibreux; A. faserig; R. фиброзный.

FÍBULA. (l. *fíbula.*) f. Hebilla, a manera de imperdible usada por griegos y romanos.

FICANTE. (De *ficar.*) m. GERM. Jugador.

FICAR. (l. *figicāre,* por *figěre,* fijar.) intr. ant. Fincar, hincar, quedar. || 2. tr. GERM. Jugar.

FICCIÓN. (l. *fictio, -ōnis.*) f. Acción y efecto de fingir. || 2. Invención poética. || —de derecho o legal. FOR. La que introduce o autoriza la ley, o la jurisprudencia en favor de alguien. || P. ficção; I. y F. fiction; A. Erdichtung, Verstellung; It. finzione; R. выдумка.

★ FICCIOSO, SA. (De *ficción.*) adj. CHILE. Dícese de la persona que aparenta y finge sentir lo que no siente.

FICE. (l. *phycis,* y éste del gr. φυκίς.) m. ZOOL. Pez marino teleósteo, acantopterigio. Vive cerca de las costas y su carne es apreciada.

FICOIDEO, A. (l. *ficus,* higo, y el gr. εἶδος, forma.) adj. Semejante a las algas.

★ FICOLOGÍA. f. Parte de la botánica que trata de las algas.

FICTICIO, CIA. (l. *fictitius.*) adj. Fingido o fabuloso. || 2. Aparente, convencional. || P. fictício; I. fictitious; F. fictif; A. angeblich, fingiert; It. fittizio; R. мнимый, фиктивный.

FICTO, TA. (l. *fictus.*) p.p. irreg. de fingir.

FICHA. (fr. *fiche.*) f. Pieza pequeña de marfil, madera, hueso, etc., que sirve para señalar los tantos en el juego. || 2. Cada una de las piezas del juego de dominó. || 3. Pieza pequeña de diversas materias a la que se asigna un valor convenido para usarla en substitución de la moneda en algunas casas de negocios. || 4. Célula de cartulina que puede con otras ser clasificada y guardada verticalmente en cajas. || 5. CHILE. Pieza de caucho que representa un valor monetario. || 6. CHILE. Cartón pequeño que en ciertas tiendas se da al cliente con indicación del precio que debe pagar. || 7. CHILE. Punta del pilote que se hinca en tierra. || 8. HOND. Moneda de plata. || 9. fig. ARGENT. y COLOM. Bribón, truhán. || —antropométrica. Cédula en la que se consignan medidas corporales y señales individuales para la identificación de personas sujetas a la vigilancia de la policía. || Ser uno una buena FICHA. fr. fig. y fam. AMÉR. Ser un bribón. || P. ficha; I. chip; F. fiche, jeton; A. Leih-karte, Jeton; It. gettone; R. фишка.

FICHAR. tr. En el juego del dominó, poner la ficha. || 2. Hacer la ficha antropométrica de un individuo. || 3. Ir contando con fichas los géneros que el camarero recibe para servirlos. || 4. fig. y fam. Poner a una persona en el número de aquellas que se miran con prevención y desconfianza. || 5. intr. p. us. COLOM. Morir, expirar.

° FICHAR. tr. Contratar, comprometer a un jugador a actuar en determinado equipo.

FICHERO. m. Caja o mueble donde se guardan ordenadamente las fichas o cédulas.

★ FICHINGO. m. BOL. Cuchillo pequeño.

FIDALGO, GA. (De *fidalgo.*) m. y f. ant. Hidalgo.

FIDECOMISO. m. Fideicomiso.

FIDEDIGNO, NA. (l. *fides,* fe, y *dignus,* digno.) adj. Digno de fe y crédito. || P. fidedigno; I. creditable, trustworthy; F. véridique, digne de foi, croyable; A. glaubwürdig; It. fededegno; R. достоверный.

FIDEERO, RA. m. y f. Persona que fabrica fideos u otras pastas semejantes. || P. aletrieiro; I. vermicelli-maker; F. vermicelier; A. Nudelfabrikant; It. vermicellaio.

FIDEICOMISARIO, RIA. (l. *fideicommissarĭus.*) adj. FOR. Dícese de la persona a quien se destina un fideicomiso. Ú.t.c.s. || 2. FOR. Perteneciente al fideicomiso.

FIDEICOMISO. (l. *fideicommissum;* de *fides,* fe, y *commissus,* confiado.) m. FOR. Disposición testamentaria por la cual el testador deja su hacienda o parte de ella encomendada a la fe de uno para que, en caso y tiempo determinado, la transmita a otro o la invierta del modo que se le señala. || 2. POLÍT. Régimen de administración fiduciaria. || P. fideicomisso; I. trust; F. fidéicommis; A. Fideikommiss; It. fedecommeso; R. фидеикомисс.

FIDEICOMITENTE. com. FOR. Persona que ordena el fideicomiso.

FIDELIDAD. (l. *fidelĭtas, -ātis.*) f. Lealtad, observancia de la fe que uno debe a otro. || 2. Exactitud en la ejecución de una cosa. || P. fidelidade; I. fidelity; F. fidélité; A. Treue; It. fedeltà; R. верность.

FIDELÍSIMO, MA. (l. *fidelissĭmus.*) adj. sup. de fiel. || 2. Dictado de los reyes de Portugal.

FIDEO. (cat. *fideu.*) m. Pasta de harina de trigo, en forma de cuerda delgada, que sirve para sopa. Ú.m. en pl. || 2. fig. y fam. Persona muy delgada. || 3. ARGENT. Burla. || 4. pl. fig. y fam. ARGENT. Desorden, alboroto. || P. macarrão; I. e It. vermicelli; F. vermicelle; A. (Faden)Nudel; R. вермишель.

FIDO, DA. (l. *fidus.*) adj. ant. Fiel.

FIDUCIA. (l. *fiducĭa.*) f. ant. Confianza.

★ FIDUCIAL. (De *fiducia.*) f. TOP. Línea recta marcada en una alidada.

FIDUCIARIO, RIA. (l. *fiduciarĭus.*) adj. FOR. Heredero o legatario a quien el testador manda transmitir los bienes a otra u otras personas, o darles determinada inversión. Ú.t.c.s. || 2. Que depende del crédito y confianza que merezca. || 3. POLÍT. Dícese de la administración o gobierno de determinados territorios por la Organización de las Naciones Unidas, o por algún país a quien ésta ha encomendado tal función. || P. fiduciário; I. fiduciary; F. fiduciaire; A. Treuhänder; It. fiduciario; R. опекун.

FIEBRE. (l. *febris,* de *fervĕre,* hervir.) f. Fenómeno patológico que se manifiesta por elevación de la temperatura normal del cuerpo. || 2. fig. Viva y ardorosa agitación producida por una causa moral. || —aftosa. Glosopeda. || —amarilla. Enfermedad endémica de la costa de las Antillas y del golfo de Méjico. || —de Malta. Fiebre mediterránea. || —eruptiva. La que va acompañada de erupciones cutáneas. || —láctea. La que suele presentarse en la mujer al segundo o tercero día del parto, precursora de la subida de la leche. || —mediterránea. La muy intensa, con temperatura irregular, sudores abundantes, de larga duración y frecuentes recaídas. || —palúdica. La producida por la picadura de un mosquito que abunda en los terrenos pantanosos. || —puerperal. La que padecen algunas mujeres después del parto. || —sincopal. La que se junta con el síncope. || —sinoca o sinocal. La continua sin remisiones bien definidas. || —sintomática. La ocasionada por cualquier enfermedad localizada en un órgano. || —subintrante. La que sobreviene antes de haberse quitado la antecedente. || —tifoidea. Infección intestinal específica, producida por un microbio que determina lesiones en las placas linfáticas del intestino delgado. || P. febre; I. fever; F. fièvre; A. Fieber; It. febbre; R. лихорадка.

FIEL. (l. *fidēlis.*) adj. Que guarda fe. || 2. Exacto, conforme a la verdad. || 3. Que tiene en sí las circunstancias que pide el uso a que se destina. || 4. Por antonom., cristiano que vive en la debida sujeción a la Iglesia Católica. Ú.t.c.s. || 5. m. El encargado de que se hagan algunas cosas con la exactitud y legalidad que exige el servicio público. || 6. Aguja que en las balanzas y romanas, al ponerse vertical, indica la perfecta igualdad en los pesos comparados. || 7. Cada una de las dos piezas de acero que tiene la ballesta. || 8. Cualquiera de los hierrecillos que sujetan algunas piezas de la llave del arcabuz. || 9. Clavillo que asegura las hojas de las tijeras. || P. fiel; I. faithful; F. fidèle; A. treu, gläubig; It. fedele, leale; R. верный.

FIELATO. m. Oficio de fiel. || 2. Oficina del fiel. || 3. Oficina a la entrada de las poblaciones, en la cual se pagan los derechos de consumo.

★ FIELATURA. (De *fielato.*) f. AMÉR. Fielato.

FIELAZGO. (De *fiel.*) m. desus. Fielato.

FIELDAD. (l. *fidelitas, -ātis.*) f. Fielato, oficio de fiel. || 2. Seguridad, custodia.

FIELMENTE. adv. Con fidelidad.

FIELTRAR. tr. Dar a la lana la consistencia del fieltro. || P. feltrar; I. to felt; F. feutrer; A. filzen, verfilzen; It. feltrare; R. валять.

FIELTRO. (germ. *feltar.*) m. Especie de paño no tejido que resulta de conglomerar borra, lana o pelo. || 2. Sombrero, alfombra, etc., hechos de fieltro. || P. e It. feltro; I. felt; F. feutre; A. Filz; R. фетр.

FIEMO. (l. *fimus.*) m. AND., AR., NAV. y RIOJA. Fimo, estiércol.

FIERA. (l. *fera.*) f. Animal salvaje, cruel y carnicero. || 2. fig. Persona cruel y de carácter violento. || 3. ZOOL. Carnívoro. || 4. pl. GERM. Criados de justicia. || Ser una FIERA para, o en, una cosa. fr. fig. y fam. Dedicarse a ella con actividad extraordinaria. || P. fera; I. wild beast; F. bete féroce; A. Raubtier; It. fiera; R. хижный зверь.

FIERABRÁS. (Con alusión al famoso gigante de este nombre que figura en los antiguos libros de caballerías.) m. fig. y fam. Persona perversa e ingobernable. Aplícase comúnmente a niños traviesos. || 2. Matón, espadachín, fanfarrón. || 2.ª acep.: P. pessoa má; I. bully; F. fier-à-bras; A. Wildfang; It. tagliacantoni; R. негодяй.

FIERAMENTE. adv. Con fiereza.

FIEREZA. (De *fiero.*) m. Inhumanidad, crueldad; y en los brutos, saña. || 2. fig. Deformidad que causa desagrado a la vista. || P. fereza; I. savagery, ferocity, fierceness; F. inhumanité, sauvagerie; A. Wildheit, Grausamkeit; It. fierezza, ferità; R. бесчеловечность, жестокость.

FIERO, RA. (l. *ferus.*) adj. Perteneciente o relativo a las fieras. || 2. Duro, intratable. || 3. Feo. || 4. Excesivo, descompasado. || 5. fig. Horroroso, terrible. || 6. Orgulloso, envanecido. || 7. m. Bravata, y amenaza con que uno intenta aterrar a otro. Ú.m. en pl.

FIERRA. (De *fierro.*) f. ant. Herradura de las caballerías. || 2. MÉJ. Hierra, herradero.

FIERRO. (l. *ferrum.*) m. ant. Hierro. || 2. AMÉR. Hierro, marca hecha con hierro candente a persona o animal. || 3. ARGENT. Tenacillas para rizar. || 4. MÉJ. Moneda de un centavo. || 5. ECUAD. Herramientas, útiles. || 6. MÉJ. Dinero.

FIESTA. (l. *festa*, pl. de *festum.*) f. Regocijo o diversión. || **2.** fam. Chanza, broma. || **3.** Día que la Iglesia celebra con mayor solemnidad que otros. || **4.** Día que se celebra alguna solemnidad nacional. || **5.** Solemnidad con que la Iglesia celebra la memoria de un santo. || **6.** Agasajo, caricia u obsequio para ganar la voluntad de alguien o como expresión de cariño. Ú.m. en pl. || **7.** pl. Vacaciones. || **—de guardar.** Día en que hay obligación de oir misa. || **—de precepto.** Se dice de la fiesta de guardar. || *Aguar* o *aguarse la* FIESTA. fr. fig. y fam. Turbar o turbarse cualquier regocijo. || *Estar* uno *de* FIESTA. fr. fam. Estar alegre y de chiste. || *Hacer* FIESTA. fr. Dejar el trabajo un día como si fuera de fiesta. || *No estar* uno *para* FIESTAS. fr. fig. y fam. Estar uno enfadado. || *Quien te hace* FIESTAS *que no te suele hacer, o te quiere engañar, o te ha de menester.* ref. con que se da a entender el cuidado con que uno debe guardarse de los aduladores. || *Santificar las* FIESTAS. fr. Ocuparlas en cosas de Dios. || *Se acabó la* FIESTA. fr. fig. y fam. con que se corta una discusión, manifestando hastío y saciedad. || *Tengamos la* FIESTA *en paz.* expr. fig. y fam. que se emplea para pedir a una persona que no dé motivo de disturbio. || **P.** e **It.** festa; **I.** feast; **F.** fête; **A.** Fest, Feier; **R.** праздник.

* **FIESTEAR.** intr. P. Rico y Perú. Estar de fiesta.

FIESTERO, RA. adj. Amigo de fiestas. Ú.t.c.s.

* **FIFI.** com. C. Rica y Méj. Petimetre, lechuguino. || **2.** m. Rep. Domin. Bolita de vidrio.

* **FIFIA.** f. Méj. Pifia.

FIFIRICHE. adj. C. Rica y Méj. Raquítico, flaco, enclenque. || **2.** C. Rica y Méj. Petimetre.

* **FIFIRIFAO.** (De *pipiripao.*) m. fam. Hond. Convite escaso y malo.

* **FIFIRRICHI.** m. fam. Perú. Fifiriche.

FIGANA. f. Venez. Ave gallinácea, de cuerpo pardo con rayas negras. Se domestica fácilmente.

* **FIGAR.** tr. Rep. Domin. Intentar un gallo picar a otro.

FÍGARO. (Del personaje *Fígaro*, de dos comedias de Beaumarchais.) m. Barbero, el que hace la barba. || **2.** Torera, chaquetilla ceñida al cuerpo. || **3.** Venez. De color azul entre el celeste y el turquí.

FIGLE. (fr. *ophicléide*, y éste del gr. ὄφις, serpiente, y κλείς, llave.) m. Instrumento músico de viento, que consiste en un tubo largo de latón doblado por la mitad. || **2.** Persona que toca este instrumento. || **P.** figle; **I.** ophicleide; **F.** ophicléide; **A.** Ophikleïd; **It.** oficleide; **R.** корнет-а-пистон.

FIGO. (l. *fīcus.*) m. ant. Higo. || *No, que son* FIGOS. expr. fig. y fam. con que se afirma uno en lo que ha dicho y otro duda.

FIGÓN. m. Casa donde se guisan y venden cosas ordinarias de comer.

FIGONERO, RA. m. y f. Persona que tiene figón.

FIGUERAL. m. Higueral.

FIGUERENSE. adj. Natural de Figueras. Ú.t.c.s. || **2.** Perteneciente a esta ciudad catalana.

* **FIGUEROA.** f. Ecuad. Cierto árbol de madera muy fina.

FIGULINO, NA. (l. *figulinus*, de *figŭlus*, alfarero.) adj. De barro cocido.

FIGURA. (l. *figūra.*) f. Forma exterior de un cuerpo. || **2.** Cara, rostro. || **3.** Estatua o pintura que representa el cuerpo de un ser humano o de un animal. || **4.** En el dibujo, la que representa un cuerpo humano. || **5.** Cosa que representa o significa otra. || **6.** Cualquiera de los tres naipes de cada palo que se llaman rey, caballo y sota. || **7.** Nota musical. || **8.** Personaje de obra dramática y actor que lo representa. || **9.** Cambio de colocación de los bailarines en una danza. || **10.** Persona célebre. || **11.** Geom. Espacio cerrado por líneas o superficies. || **12.** Geom. Representación gráfica para la demostración de un teorema o un problema. || **13.** Gram. Construcción gramatical en que se quebrantan las leyes de la sintaxis regular (figura de construcción), o alteración de la estructura de los vocablos (figura de dicción). || **14.** Ret. Cada uno de ciertos modos en la expresión de las ideas por medio de palabras o formas de lenguaje que sugieren imágenes del mundo físico con lo que se consigue dar a la frase elevación, gracia o energía. || **15.** m. p. us. Hombre que afecta gravedad. || **16.** com. Persona ridícula y fea. || **—celeste.** Astrol. Dilineación que expresa la disposición del cielo y estrellas. || **—de bulto.** La hecha de piedra, madera u otra materia. || **—decorativa.** fig. Persona que ocupa un puesto sin ejercer las funciones esenciales. || **—de delito.** For. Definición legal específica de cada delito que señala los caracteres típicos de éste. || **—moral.** La que en las pinturas, representaciones dramáticas o alegorías significa algo no material. || **—penal.** For. Figura del delito. || *Buena,* o *mala,* FIGURA. La de partes bien proporcionadas o al contrario. || **P.** e **It.** figura; **I.** y **F.** figure; **A.** Figur, Gestalt; **R.** фигура, образ.

FIGURABLE. adj. Que se puede figurar.

FIGURACIÓN. (l. *figuratio, -ōnis.*) f. Acción y efecto de figurar o figurarse una cosa.

FIGURADAMENTE. adv. Con sentido figurado.

FIGURADO, DA. p.p. de figurar. || **2.** adj. Aplícase al canto o música cuyas notas tienen diferente valor según su diversa figura. || **3.** Que usa figuras retóricas. || **4.** Dícese del sentido que se da a las palabras distinto del recto y literal. || **5.** Aplícase también a la frase de sentido figurado. || **P.** figurado; **I.** figurative; **F.** figuré; **A.** bildlich, figürlich; **It.** figurato; **R.** фигуральный.

FIGURAL. (l. *figurālis.*) adj. ant. Perteneciente a la figura.

FIGURANTE, TA. (De *figurar.*) m. y f. Comparsa, persona que forma parte de los acompañamientos en las representaciones teatrales.

FIGURAR. (l. *figurāre.*) tr. Trazar y formar la figura de una cosa. || **2.** Aparentar, suponer, fingir. || **3.** intr. Formar parte del número de determinadas personas o cosas. || **4.** Hacer figura, tener autoridad y representación. || **5.** r. Imaginarse, fantasear. || **P.** figurar; **I.** to figure; **F.** figurer; **A.** darstellen, abbilden; **It.** figurare, figureggiare; **R.** изображать.

FIGURATIVAMENTE. adv. De un modo figurado.

FIGURATIVO, VA. (l. *figuratīvus.*) adj. Que es representación o figura de otra cosa. || **P.** e **It.** figurativo; **I.** figurative; **F.** figuratif; **A.** bildlich; **R.** образный.

FIGURERÍA. f. Condición de figurero o gestero. || **2.** Ademán ridículo o afectado. || **3.** Admiración infundada por las cosas que están de moda.

FIGURERO, RA. (De *figura.*) adj. fam. Que tiene costumbre de hacer figurerías o muecas. Ú.t.c.s. || **2.** m. y f. Persona que hace o vende figuras de barro o yeso. || **3.** m. Astrólogo que miraba los aspectos de los planetas.

FIGURILLA, TA. (d. de *figura.*) com. fam. Persona pequeña y ridícula.

FIGURÍN. (d. de *figura.*) m. Dibujo o modelo pequeño para trajes. || **2.** fig. Lechuguino, gomoso, petimetre. || **P.** figurino; **I.** model; **F.** modèle; **A.** Modebild; **It.** figurino; **R.** модная катринка.

FIGURÓN. m. aum. de figura. || **2.** fig. y fam. Hombre entonado, que aparenta más de lo que es. || **3.** fig. y fam. Protagonista de la comedia de figurón. || **—de proa.** Mar. Mascarón de proa.

* **FIGUROSO, SA.** Amér. Extravagante y ridículo en su figura, porte y vestido.

FIJA. (l. *fixa*, t. f. de *fixus*, fijo.) f. desus. Bisagra, gozne para puertas y ventanas. || **2.** Cant. Paleta larga y estrecha. || *Ser una* FIJA alguna cosa. fr. fam. Amér. Tenerla por segura.

FIJACIÓN. f. Acción de fijar. || **2.** Quím. Estado de reposo de las materias después de agitadas por una operación química.

FIJADALGO. (Contracc. de *fija de algo.*) f. ant. Hijadalgo.

FIJADO, DA. p.p. de fijar. || **2.** adj. Blas. Dícese de las partes del blasón que terminan en punta hacia abajo. || **3.** m. Acción y efecto de fijar una imagen fotográfica.

FIJADOR, RA. adj. Que fija. || **2.** m. Albañ. Operario que introduce el mortero entre las piedras y retunde las juntas. || **3.** Carp. Operario que fija las puertas y ventanas en sus cercos. || **4.** Fot. Líquido que sirve para fijar. || **5.** Pint. Líquido que sirve para fijar dibujos trazados con carbón o lápiz.

FIJAMENTE. adv. Con seguridad y firmeza. || **2.** Atenta, cuidadosamente.

FIJANTE. (De *fijar.*) adj. Art. Aplícase a los tiros que se hacen por elevación y utilizando generalmente los morteros.

FIJAR. (De *fijo.*) tr. Asegurar un cuerpo en otro. || **2.** Pegar con engrudo, etc. || **3.** Hacer fija o estable alguna cosa. Ú.t.c.r. || **4.** Determinar, precisar de un modo cierto. || **5.** Aplicar intensamente. FIJAR *la atención.* || **6.** Albañ. Introducir el mortero en las juntas de las piedras. || **7.** Carp. Poner las bisagras y ajustar las puertas y ventanas a los cercos colocados ya en los muros. || **8.** Fot. Hacer que la imagen fotográfica impresionada en una placa quede inalterable a la acción de la luz. || **9.** r. Determinarse, resolverse. || **10.** Atender, reparar, notar. || **P.** fixar; **I.** to fix, to fasten, to clinch; **F.** fixer; **A.** befestigen, festsetzen; **It.** fissare, affissare; **R.** закреплять.

FIJATIVO. m. Fijador, líquido para fijar dibujos.

FIJEZA. (De *fijo.*) f. Firmeza, seguridad de opinión. || **2.** Persistencia, continuidad.

FIJO, JA. (l. *filius.*) m. y f. ant. Hijo.

FIJO, JA. (l. *fixus.*) p.p. irreg. de fijar. || **2.** adj. Firme, asegurado. || **3.** Permanentemente establecido sobre reglas determinadas. || *De* FIJO. m. adv. Fijamente, de seguro. || **P.** fixo; **I.** fixed; **F.** fixe; **A.** fest; **It.** fisso; **R.** твёрдый, устойчивый.

FIJODALGO. (Contracc. de *fijo de algo.*) m. ant. Hijodalgo.

FIL. (De *fiel.*) m. ant. Fiel de romana. || *Estar en* FIL, o *en un* FIL. fr. fig. que denota la igualdad en que se hallan algunas cosas.

FILA. (l. *filum*, hilo.) f. Orden en que están varias personas o cosas colocadas en línea. || **2.** Ar., Nav. y Val. Unidad de medida que sirve para apreciar la cantidad de agua que llevan las acequias. || **3.** fig. y fam. Tirria, odio, antipatía. || **4.** Huesca. Pieza de madera de hilo, con una escuadría cuyos canto y tabla son casi iguales. || **5.** Germ. Cara, rostro. || **6.** Mil. Línea que los soldados forman de frente, hombro con hombro. || **7.** pl. fig. Bando, facción. || **—india.** La que forman varias personas una tras otra. || *En* FILA. m. adv. En línea recta o en alza. || *En* FILAS. m. adv. En servicio activo en el ejército. || **P.** fila; **I.** tier, range, line; **F.** file, rang, rangée; **A.** Reihe, Strang; **It.** fila, filarata; **R.** ряд.

FILÁCIGA. f. ant. Filástica.

* **FILACNO.** m. Bot. Especie de césped muy tupido de la América Meridional.

FILACTERIA. (l. *phylacterĭa*, pl. de *-ĭum*, y éste del gr. φυλακτήριον, amuleto; de φυλάσσω, guardar.) f. Amuleto usado antiguamente. || **2.** Pedazo de piel o pergamino con pasajes de la Escritura que llevaban los judíos atado al brazo izquierdo o a la frente. || **3.** Cinta con inscripciones que suele ponerse en pinturas, escudos de armas, etc.

FILADELFO, FA. (De *Filadelfia*, ciudad de los Estados Unidos, de donde fueron traídas estas plantas.) adj. Bot. Dícese de arbustos de la familia de las saxifragáceas, originarias de América, de tallos fistulosos, hojas opuestas, pecioladas, sencillas y flores regulares, ordinariamente blancas y olorosas. Ú.t.c.s.f. || **2.** f. pl. Familia de estas plantas.

FILADILLO. (De *filado.*) m. ant. Hiladillo.

FILADIZ. (De *filado.*) m. Seda que se saca del capullo roto. || **P.** cadargo; **I.** floss; **F.** filoselle; **A.** Florettseide; **It.** filaticcio; **R.** шелковые.

FILADO, DA. p.p. de filar. || **2.** m. ant. Hilado.

FILADOR, RA. (De *filar.*) m. y f. ant. Hilador.

* **FILAILA.** f. Cuba. Tela de estambre labrada.

FILAMENTO. (b. l. *filamentum*, y éste del l. *filum*, hilo.) m. Cuerpo filiforme. || **P.** e **It.** filamento; **I.** y **F.** filament; **A.** Faden, Faser, Zaser; **R.** волокно.

FILAMENTOSO, SA. adj. Que tiene filamentos.

F

FILAMIENTO. (b. l. *filamentum.*) m. ant. Hilado, acción de hilar.

FILANDÓN. m. AST. y LEÓN. Reunión nocturna de mujeres para hilar.

FILANDRIA. (fr. *filandre*, de *filer*, y éste del l. *filãre*, hilar.) f. ZOOL. Gusano nematelminto, parásito en el aparato digestivo de las aves.

FILANTROPÍA. (gr. φιλανθρωπία, de φιλάνθρωπος, filántropo.) f. Amor al género humano. ‖ **P.** filantropia; **I.** philanthrophy; **F.** philanthropie; **A.** Menschenliebe, Philanthropie; **It.** filantropia; **R.** филантропия.

FILANTRÓPICO, CA. adj. Perteneciente a la filantropia.

FILÁNTROPO. (gr. φιλάνθρωπος, de φίλος, que ama, y ἄνθρωπος, hombre.) m. El que se distingue por el amor a sus semejantes. ‖ **P.** filantropo; **I.** philanthropist, philanthrope; **F.** philanthrope; **A.** Philanthrop, Menschenfreund; **It.** filántropo; **R.** филантроп.

FILAR. (l. *filãre.*) tr. ant. Hilar. ‖ 2. GERM. Cortar sutilmente. ‖ 3. MAR. Arriar progresivamente un cable o cabo que está trabajando.

FILARETE. (fr. *filaret*, y éste del ital. *filaretto*, del l. *filum*, hilo.) m. desus. Red con ropas dentro, colocada a los costados del navío para defensa de las balas enemigas.

FILARIA. (De *filus*, hilo.) Género de nematodos, parásitos del organismo humano y de los animales, patógeno en climas tropicales.

FILARIOSIS. f. Enfermedad producida por la filaria.

FILARMONÍA. (gr. φίλος, que ama, y de *armonia*.) f. Pasión por la música. ‖ **P.** filarmonia; **I.** philharmony; **F.** philharmonie; **A.** musikliebend; **It.** filarmonia; **R.** любовь к музыке.

FILARMÓNICA. f. VIZ. Acordeón. ‖ 2. CHILE. Sociedad coreográfica o de baile. ‖ 3. CHILE. Sala de baile. ‖ 4. CHILE. Baile, danza.

FILARMÓNICO, CA. (De *filarmonia*.) adj. Apasionado por la música. Ú.t.c.s. ‖ **P.** filarmónico; **I.** philharmonic; **F.** philharmonique; **A.** phiharmonisch; **It.** filarmònico; **R.** филармонический.

FILÁSTICA. (De *filo*, hilo.) f. MAR. Hilo de que se forman los cabos y jarcias. ‖ **P.** filástica; **I.** rope-yarn; **F.** fil de caret; **A.** Flossgarn; **It.** filàccica; **R.** нитки.

FILATELIA. (gr. φίλος, amigo y τέλος, impuesto.) f. Arte que trata del conocimiento de los sellos de correos como objeto de colección. ‖ **P.** filatelia; **I.** philately; **F.** philatélie; **A.** Briefmarkenkunde; **It.** filatelia; **R.** филателия.

FILATÉLICO, CA. adj. Relativo a la filatelia.

FILATELISTA. com. Persona que se dedica a la filatelia.

FILATERÍA. (De *filatero*.) f. Verbosidad para embaucar. ‖ 2. Demasía de palabras para explicar un concepto.

FILATERO, RA. (l. *filãtum*, supino de *filãre*, salir hilo a hilo.) adj. Que acostumbra a usar de filaterías. Ú.t.c.s. ‖ 2. GERM. Ladrón que hurta cortando alguna cosa.

★ FILÁTICO, CA. adj. ECUAD. Trapacero. Ú.t.c.s. ‖ 2. COLOM. Caprichoso.

FILAUCÍA. (gr. φιλαυτία, de φίλαυτος, egoísta; de φίλος, amante, y αὐτός, mismo.) f. ant. Amor propio.

FILAUTERO, RA. adj. p. us. Egoísta.

FILAUTÍA. f. p. us. Filaucía.

★ FILAXIA. f. MED. Poder de defensa del organismo contra la infección.

★ FILAZO. m. AMÉR. CENTRAL. Cortada, herida, pinchazo.

FILDERRETOR. (De *filo*, de, y *retor*, cierta tela de algodón.) m. Antigua tela de lana, que se usaba para vestidos sacerdotales.

FILELÍ. (ár. *filãlī*, perteneciente o relativo a *Tafilalt* o *Tafilete*, oasis de Marruecos.) m. ant. Tela muy ligera de lana y seda, que se solía traer de Berbería.

FILENO, NA. (De *Filis*, nombre de mujer el nos poetas bucólicos.) adj. fam. Delicado, afeminado.

FILERA. f. Arte de pesca, que se cala a la entrada de las albuferas, y consiste en varias filas de redes con unas nasas pequeñas en los extremos.

★ FILERO. (De *filo*.) m. MÉJ. Cuchillo para cortar.

FILETE. (fr. y cat. *filet*, y éstos del l. *filum*, hilo.) m. Miembro de moldura, como una lista larga y angosta. ‖ 2. Línea fina que sirve de adorno. ‖ 3. Remate de hilo enlazado que se echa al canto de alguna ropa. ‖ 4. Asador pequeño y delgado. ‖ 5. Solomillo. ‖ 6. Pequeña lonja de carne magra o de pescado sin raspas. ‖ 7. Espiral saliente del tornillo. ‖ 8. EQUIT. Freno pequeño para potros. ‖ 9. ALM. Cuerda de esparto retorcida de dos hilos. ‖ 10. IMPR. Raya sencilla o doble, usada en los impresos, y pieza de metal para imprimirla. ‖ 11. MAR. Cordoncillo de esparto para enjuncar las velas en los buques latinos. ‖ 12. BLAS. Banda, orla, faja, etc., cuando son muy estrechas. ‖ **P.** filete; **I.** fillet, hem; **F.** filet, cordonnet; **A.** Leiste, Filet; **It.** filetto; **R.** полоса.

FILETEAR. tr. Adornar con filetes. ‖ **P.** filetar, filetear; **I.** to fillet; **F.** garnir de filets, fileter; **A.** einsäumen; **It.** filettare; **R.** оторачивать.

FILETÓN. (aum. de *filete*.) m. Entorchado más grueso y retorcido que el ordinario, con que se imitan las flores en los bordados.

FILFA. f. fam. Mentira, engaño, noticia falsa. ‖ 2. MÉJ. Piña.

FILIA. (gr. φίλος, amigo.) Elemento que entra en algunas voces compuestas, para indicar afición, y que se usa como s. f. para expresar apasionada simpatía por algo.

FILIACIÓN. (l. *filatio*, -ōnis, de *filĭus*, hijo.) f. Acción y efecto de filiar. ‖ 2. Procedencia de los hijos respecto los padres. ‖ 3. Dependencia que tienen algunas personas o cosas respecto de otra u otras. ‖ 4. Señas personales de cualquier individuo. ‖ 5. MIL. Registro que en los regimientos se hace de las señas personales del que sienta plaza de soldado. ‖ **P.** filiación; **I.** y **F.** filiation; **A.** Abstammung, Herkunft; **It.** filiazione; **R.** происхождение, род.

FILIAL. (l. *filiãlis.*) adj. Perteneciente al hijo. ‖ 2. Aplícase al establecimiento dependiente de otro. ‖ **P.**, **I.** y **F.** filial; **A.** kindlich; **It.** filiale; **R.** сыновный.

FILIALMENTE. adv. Con amor de hijo.

FILIAR. (l. *filĭus*, hijo.) tr. Tomar la filiación a uno. ‖ 2. r. Inscribirse en el asiento militar. ‖ 3. Afiliarse.

FILIBOTE. (ingl. *fly-boat*; de *fly*, volar, y *boat*, barco; barco mosca.) m. Embarcación semejante a la urca. Ya no está en uso.

FILIBUSTERISMO. m. Partida de los filibusteros, que trabajaba por la emancipación de las posesiones de España en América.

FILIBUSTERO. (ingl. *freebooter*, merodeador.) m. Nombre de ciertos piratas que por el siglo XVII infestaron el Mar de las Antillas. ‖ 2. El que trabajaba por la emancipación de las que fueron provincias ultramarinas de España. ‖ **P.** filibustero; **I.** freebooter, filibuster; **F.** flibustier; **A.** Filibustier, Freibeuter, Seeräuber; **It.** filibustiere; **R.** флибустьер, пират.

FILICIDA. (l. *filius*, hijo, y *caedĕre*, matar.) adj. Que mata a su hijo. Ú.t.c.r.

FILICIDIO. m. Muerte violenta que un padre da a su hijo.

FILICÍNEO, A. (l. *filix*, -*ĭcis*, helecho.) BOT. Dícese de plantas criptógamas pteridofitas, herbáceas o leñosas, con tallo subterráneo horizontal. Ú.t.c.s.f. ‖ 2. f. pl. BOT. Clase de estas plantas, llamadas helechos.

FILIERA. (fr. *filière*, de *fil*, hilo.) f. BLAS. Bordura estrecha.

FILIFORME. (l. *filum*, hilo, y *forma*, forma.) adj. Que tiene forma o apariencia de hilo.

FILIGRANA. (ital. *filigrana*, y éste del l. *filum*, hilo, y *granum*, grano.) f. Obra formada de hilos de oro o plata, unidos con suma delicadeza. ‖ 2. Marca transparente hecha en el papel al fabricarle. ‖ 3. fig. Cosa delicada y pulida. ‖ 4. CUBA. Arbusto silvestre, con hojas ásperas, aromáticas, aovadas, flor menuda y fruto apiñado. ‖ **P.** e **It.** filigrana; **I.** filigree, filigrane, watermark; **F.** filigrane; **A.** Filigran(arbeit); **R.** филигрань.

FILILÍ. (De *fileli.*) m. fam. Delicadeza, primor de alguna cosa.

★ FILIMISCO, CA. adj. fam. COLOM. Melindroso.

FILIPÉNDULA. (l. *filum*, hilo, y *pendŭla*, colgante, pendiente.) f. Hierba de la familia de las rosáceas, con tallos sencillos, hojas divididas en muchos segmentos desiguales, lanceolados y lampiños; flores blancas o ligeramente rosáceas, raíces de mucha fécula astringente, tuberculosas. ‖ **P.** filipendula; **I.** dropwort; **F.** filipendule; **A.** Spierstrauch; **It.** filipèndola.

FILIPENSE. (l. *philippensis.*) adj. Natural de Filipos. Ú.t.c.s. ‖ 2. Perteneciente a esta ciudad de Macedonia.

FILIPENSE. (De *Filipo*, Felipe.) adj. Dícese del sacerdote de la Congregación de San Felipe Neri. Ú.t.c.s.

FILÍPICA. (Con alusión a las arengas de Demóstenes contra *Filipo*, rey de Macedonia.) f. Invectiva, censura acre. ‖ **P.** filípica; **I.** philippic; **F.** philippique; **A.** Philippika; **It.** filippica; **R.** филиппика.

FILIPICHÍN. m. Tejido de lana estampado. ‖ 2. COLOM. Hombre afeminado.

FILIPINA. f. CUBA. Chaqueta de dril, sin solapas.

FILIPINISMO. m. Vocablo o giro propio de los filipinos que hablan la lengua española. ‖ 2. Afición a las cosas propias de Filipinas.

FILIPINISTA. com. Persona que cultiva y estudia las lenguas, costumbres e historia de las Filipinas.

FILIPINO, NA. adj. Natural de las islas Filipinas. Ú.t.c.s. ‖ 2. Perteneciente a ellas. ‖ **P.** filipino; **I.** Philippian; **F.** philippin; **A.** Philippiner; **It.** filippino; **R.** филиппинец.

FILIS. (De *Filis*, nombre poético de mujer.) f. Gracia y delicadeza en hacer o decir las cosas. ‖ 2. Juguetillo de barro muy pequeño que solían usar las mujeres prendido al brazo.

FILISTEO, A. (l. *philistaeus.*) adj. Dícese del individuo de una pequeña nación enemiga de los israelitas, en la costa del Mediterráneo. Ú.t.c.s. ‖ 2. Perteneciente o relativo a los filisteos. ‖ 3. m. fig. Hombre muy corpulento. ‖ **P.** filesteu; **I.** Philistine; **F.** philistin; **A.** Philister; **It.** filisteo; **R.** филистимлянин.

★ FILISTRÍN. m. VENEZ. Pisaverde, currutaco. ‖ 2. REP. DOMIN. Individuo flaco y pequeño.

° FILMAR. tr. Tomar vistas cinematográficas para un filme.

° FILME. m. Película o cinta cinematográfica.

★ FILMÓFONO. m. Aparato propio para sincronizar la música y las películas mudas, convirtiéndolas así en películas sonoras.

★ FILMOLOGÍA. f. Estudio metódico y objetivo del filme o película cinematográfica en todos sus aspectos espirituales.

FILO. (l. *filum.*) m. Arista o borde agudo de un instrumento cortante. ‖ 2. Punto o línea que divide una cosa en dos partes iguales. ‖ 3. GUAT. Traza, apariencia, y también ánimo, brío. ‖ 4. MÉJ. y HOND. Hambre. ‖ —del viento. MAR. Línea de dirección que éste lleva. ‖ —rabioso. El que se da a una arma ligeramente y sin arte. ‖ Dar FILO. Amoldar, afilar. ‖ 2. fig. y fam. ECUAD. Reprender, amonestar. ‖ Dar uno FILO a la lengua. fr. fig. y fam. Murmurar. ‖ De doble FILO. loc. Dícese de las armas blancas que tienen filo por ambas partes. ‖ 2. fig. Dícese de las cosas y acciones que pueden obrar en favor o en contra de lo que se pretende. ‖ Por FILO. m. adv. Cabalmente, en punto. ‖ **P.** fio; **I.** edge; **F.** tranchant, fil; **A.** Schärfe, Schneide; **It.** filo; **R.** лезвие, остриё.

★ FILOBÚS. m. Trolebús, ómnibus de servicio público con dos troles que tocan los hilos por los que pasa la corriente eléctrica.

FILODIO. (gr. φυλλώδης, parecido a una hoja.) m. BOT. Pecíolo muy ensanchado.

FILÓFAGO, GA. (gr. φύλλον, hoja, y φαγεῖν, comer.) adj. ZOOL. Que se alimenta de hojas. Ú.t.c.s.

FILOLOGÍA. (l. *philologĭa*, y éste del gr. φιλολογία.) f. Estudio científico de una lengua y de su desarrollo historicoliterario. ‖ —comparada. Lingüística de un grupo de idiomas. || **P.** filologia; **I.** philology; **F.** philologie; **A.** Philologie; **It.** filologia; **R.** филология.

FILOLÓGICA. (De *filológico.*) f. Filología.

FILOLÓGICAMENTE. adv. Conforme a los principios de la filología.

FILOLÓGICO, CA. (De *filología.*) adj. Perteneciente o relativo a la filología.

FILÓLOGO. (l. *philolŏgus*, y éste del gr. φιλολόγος; de φίλος, que ama, y λόγος, doctrina, erudición.) m. El versado en filología. || **P.** filológo; **I.** philologist; **F.** philologue; **A.** Philolog(e); **It.** filòlogo; **R.** филолог.

FILOMANÍA. (gr. φύλλον, hoja, y μανία, afición desmedida.) f. Superabundancia de hojas en un vegetal.

FILOMELA. (l. *philomela*, y éste del gr. Φιλομήλα; de φίλος, que ama, y μέλος, el canto.) f. poét. Ruiseñor.

FILOMENA. f. poét. Filomela.

FILÓN. (fr. *filon.*) m. MIN. Masa metalífera o pétrea que rellena una antigua quiebra de las rocas de un terreno. || **2.** fig. Materia, negocio, recurso del que se espera sacar mucho provecho. || **P.** filão; **I.** vein; **F.** filon; **A.** Metallader; **It.** filone; **R.** рудная жила.

FILONIO. (l. *philonĭum*, de *Philon*, nombre de un médico.) m. FARM. Electuario compuesto de miel, opio y otros ingredientes.

FILOPOS. m. pl. MONT. Vallas de cuerda que se forman para encaminar por el monte las reses al paraje que se desea.

FILOSEDA. (De *filo*, hilo, y *seda.*) f. Tela de lana y seda. || **2.** Tejido de seda y algodón.

FILOSO, SA. adj. ARGENT., C. RICA y HOND. Afilado, que tiene filo. || **2.** f. Planta cistínea. || **3.** GERM. Espada, arma blanca larga.

FILOSOFADOR, RA. adj. Que filosofa. Ú.t.c.s.

FILOSOFAL. (De *filósofo.*) adj. Dícese de la piedra o substancia con que los alquimistas pretendían hacer oro artificial.

FILOSOFALMENTE. adv. ant. Filosóficamente.

FILOSOFAR. (l. *philosophāri.*) intr. Discurrir acerca de una cosa con razones filosóficas. || **2.** fam. Meditar, reflexionar. || **P.** filosofar; **I.** to philosophize; **F.** philosopher; **A.** philosophieren; **It.** filosofare, filosofeggiare; **R.** философствовать.

FILOSOFASTRO. (l. *philosophaster, -tri.*) m. despect. Falso o pretenso filósofo. || **P.** filosofastro; **I.** philosophaster; **F.** philosophiste; **A.** Philosophaster; **It.** filosofastro, filosofaccio; **R.** ложный философ.

FILOSOFÍA. (l. *philosophĭa*, y éste del gr. φιλοσοφία, de φιλόσοφος, filósofo.) f. Ciencia del conocimiento de las cosas por sus causas o primeros principios. || **2.** fig. Fortaleza o serenidad de ánimo para soportar las vicisitudes de la vida. || **3.** Sistema filosófico, doctrinas de un filósofo. || **—moral.** La que trata de la bondad o malicia de las acciones humanas. || **—natural.** La que investiga las leyes de la naturaleza. || **P.** filosofia; **I.** philosophy; **F.** philosophie; **A.** Philosophie; **It.** filosofia; **R.** философия.

FILOSÓFICAMENTE. adv. Con filosofía.

FILOSÓFICO, CA. (l. *philosophĭcus*, y éste del gr. φιλοσοφικός.) adj. Perteneciente o relativo a la filosofía.

FILOSOFISMO. (De *filósofo.*) m. Falsa filosofía. || **2.** Abuso de esta ciencia.

FILÓSOFO, FA. (l. *philosophus*, y éste del gr. φιλόσοφος; de φίλος, amante, y σοφός, sabio.) adj. Filosófico. || **2.** Afilosofado. || **3.** m. El que estudia, profesa o sabe la filosofía. || **4.** Hombre virtuoso y austero que vive retirado. || **5.** CHILE. Atrevido, insolente. || 3.ª acep.: **P.** filósofo; **I.** philosopher; **F.** philosophe; **A.** Philosoph; **It.** filòsofo; **R.** философ.

* **FILOTE.** m. COLOM. Barbas del maíz. || **2.** adj. fig. COLOM. Dícese del que empieza a echar pelo.

FILOTRÁQUEA. f. ZOOL. Órgano respiratorio de los arácnidos con pared provista de repliegues laminares.

FILOXERA. (gr. φύλλον, hoja, y ξηρός, seco.) f. Insecto hemíptero, parecido al pulgón, que ataca primero a las hojas y después al filamento de las raíces de las vides. || **2.** fig. y fam. Borrachera. || **P.** filoxera; **I.** phylloxera; **F.** phylloxéra, phylloxère; **A.** Reblans; **It.** filossera; **R.** филоксера.

FILOXÉRICO, CA. adj. Relativo a la filoxera.

FILTRACIÓN. (l. *filtratio, -ōnis.*) f. Acción de filtrar o filtrarse. || **P.** filtração; **I.** filtration; **F.** filtration; **A.** Filtrierung; **It.** filtrazione.

FILTRADOR, RA. (De *filtrar.*) adj. Que filtra. Ú.t.c.s. || **2.** m. Filtro, aparato para filtrar.

FILTRANTE. adj. Que filtra o sirve de filtro.

FILTRAR. tr. Hacer pasar un líquido por un filtro. || **2.** intr. Penetrar un líquido a través de un cuerpo sólido. || **3.** Dejar un cuerpo sólido pasar un líquido a través de los poros de aquél. || **4.** r. fig. Hablando de dinero o de bienes, desaparecer furtivamente. || **P.** filtrar; **I.** to filter; **F.** filtrer; **A.** filtrieren; **It.** filtrare; **R.** фильтровать, процеживать.

FILTRO. m. Materia porosa o masa de arena o piedras menudas, a través de la cual se hace pasar un líquido para clarificarlo. Dícese también, por ext., de aparatos similares dispuestos para depurar el gas que los atraviesa. || **2.** Manantial de agua dulce en la costa del mar. || **3.** ÓPT. Pantalla que se interpone al paso de la luz para excluir ciertos rayos. || **4.** ELECTR. Aparato para eliminar determinadas frecuencias en la corriente que lo atraviesa. || **P.** e **It.** filtro; **I.** filter; **F.** filtre; **A.** Filter; **R.** фильтр.

FILTRO. (l. *philtrum*, y éste del gr. φίλτρον.) m. Bebida a la que se atribuía el poder de conciliar el amor de una persona.

FILUDO, DA. adj. CHILE. Que tiene el filo muy agudo.

FILUSTRE. m. fam. Finura, elegancia.

FILVÁN. m. Rebaba sutil que queda en el corte de una herramienta recién afilada.

* **FILLINGO.** m. R. DE LA PLATA. Cuchillo pequeño.

FILLÓ. (gali. *filló*, hojaldre.) m. Fruta de sartén, hecha con harina, yemas de huevo batidas y un poco de leche, frita en manteca. Ú.m. en pl.

FILLOA. (gall. *filloa*, y éste del l. *foliola*, hojuela.) f. Filló. Ú.m. en pl.

FILLOGA. (gall. *filloa*, y éste del l. *foliola*, de *fŏlia*, hoja.) f. ZAM. Morcilla hecha con sangre de cerdo, arroz, canela y azúcar.

* **FIMATOSIS.** f. PAT. Tuberculosis.

FIMBRIA. (l. *fimbrĭa*, de *fiber*, remate.) f. Borde inferior de la vestidura talar. || **2.** Orla de adorno. || **P.** fímbria; **I.** fringe; **F.** frange; **A.** Kleidersaum; **It.** fimbria; **R.** кайма.

FIMO. (l. *fimus.*) m. Estiércol.

FIMOSIS. (gr. φίμωσις.) f. MED. Estrechez del orificio del prepucio, que impide la salida del bálano.

FIN. (l. *finis.*) amb. Término de una cosa. Ú.m.c.m. || **2.** m. desus. Límite, confín. || **3.** Motivo con que se ejecuta una cosa. || **—de fiesta.** Composición literaria corta con la cual se termina un espectáculo teatral. || **2.** fig. Final notable, por lo común impertinente, de una conversación, asunto, etcétera. || **—último.** Aquel a cuya consecución se dirigen la intención y los medios. || *A* FIN *de.* m. conjunt. final. Con objeto de; para. Únese con el infinitivo. || *A* FIN *de que.* m. conjunt. final. Con objeto de que; para que. Únese con el subjuntivo. || *A* FINES del mes, del año, etc. m. adv. En los últimos días de estos períodos de tiempo. || *Al* FIN. m. adv. Por último. || *Dar* FIN a una cosa. fr. Acabarla. || *Dar* FIN de una cosa. fr. Destruirla. || *En* FIN. m. adv. Finalmente. || **2.** En suma. || *En* FIN *de cuentas.* m. adv. En resumen. || *Hasta el* FIN *nadie es dichoso.* loc. proverb. con que se previene contra la alegría prematura. || *Sin* FIN. loc. fig. Innumerable. || **P.** fim; **I.** end, close; **F.** fin, bout; **A.** Ende, Schluss; **It.** fine; **R.** конец. || 3.ª acep.: **P.** motivo; **I.** purpose; **F.** but; **A.** Zweck, Ziel; **It.** fine; **R.** цель.

FINABLE. (De *finar.*) adj. ant. Acabable.

FINADO, DA. p.p. de finar. || **2.** m. y f. Persona muerta.

FINAL. (l. *finālis.*) adj. Que remata o perfecciona una cosa. || **2.** Fin, término. || **3.** f. Última y decisiva competición de un campeonato o concurso. || **P., I.** y **F.** final; **A.** Finale; **It.** finale; **R.** конечный.

FINALIDAD. (l. *finalĭtas, -ātis.*) f. fig. Fin que se persigue en una obra. || **P.** finalidade; **I.** finality; **F.** finalité; **A.** Finalität, Endzweck; **It.** finalità; **R.** цель.

FINALISTA. com. Partidario de la doctrina de las causas finales. || **2.** Cada uno de los que llegan a la prueba final en concursos o certámenes.

FINALIZAR. (De *final.*) tr. Concluir una obra. || **2.** intr. Extinguirse o acabarse una cosa. || **P.** finalizar; **I.** to finish, to end; **F.** finir, achever; **A.** (be)endigen; **It.** finire; **R.** оканчивать.

FINALMENTE. adv. Últimamente, en conclusión.

FINAMENTE. adv. Con finura o delicadeza.

FINAMIENTO. (De *finar.*) m. Fallecimiento.

° **FINANCIACIÓN.** f. Acción y efecto de financiar.

FINANCIAR. (fr. *financer.*) tr. Crear o fomentar una empresa aportando el dinero necesario.

FINANCIERO, RA. (fr. *financier*, de *finances*, hacienda pública.) adj. Perteneciente o relativo a la hacienda pública, a las cuestiones bancarias y bursátiles o a los grandes negocios mercantiles. || **2.** m. y f. Persona versada en la teoría o en la práctica de estas materias. || **P.** financeiro; **I.** financial; **F.** financier; **A.** Finanz(i)er; **It.** finanziario; **R.** финансовый.

FINANZA. (fr. *finances*, de *finer*, finar.) f. ant. Fianza. || **2.** ant. Rescate.

FINAR. (De *fin.*) intr. Fallecer. Usáb.t. en lo antiguo c.r. || **2.** r. Consumirse por algo apeteciéndolo con ansia.

FINCA. (De *fincar.*) f. Propiedad inmueble, rústica o urbana. || **2.** P. RICO, AMÉR. CENTRAL, PERÚ y BOL. Por antonomasia, finca rústica. || **3.** COLOM. Joya, alhaja. || **P.** propriedade imóvel; **I.** real estate, property; **F.** immeuble; **A.** Besitz, Grundstück; **It.** tenuta, fondo; **R.** недвижимая собственность.

FINCABILIDAD. f. Caudal inmueble.

FINCABLE. (De *fincar.*) adj. ant. Restante.

* **FINCADO, DA** p.p. de fincar. || **2** m. ARGENT. Finca rústica.

FINCAR. (De *ficar.*) tr. ant. Hincar. || **2.** intr. Adquirir fincas. Ú.t.c.r. || **3.** COLOM. y ARGENT. Estribar.

FINCHADO, DA. p.p. de finchar. || **2.** adj. fam. Ridículamente vano.

FINCHAR. tr. ant. Hinchar. || **2.** r. fam. Engreírse.

FINCHAZÓN. f. ant. Hinchazón.

FINÉS, SA. (l. *Finnia*, Finlandia.) adj. Dícese del individuo de un pueblo que se extendió por varios países del Norte de Europa, y el cual dio el nombre a Finlandia. Ú.t.c.s. || **2.** Perteneciente a los fineses. || **3.** Finlandés. || **4.** m. Idioma finés. || **P.** finês; **I.** Finlander; **F.** finnois; **A.** Finnländer, Finne; **It.** finlandese; **R.** финн.

FINETA. f. Tela de algodón de tejido diagonal, compacto y fino.

FINEZA. (De *fino.*) f. Pureza y bondad de una cosa. || **2.** Acción o dicho con que uno da a entender el amor que tiene a otro. || **3.** Actividad y empeño amistoso. || **4.** Dádiva pequeña y de cariño. || **5.** Delicadeza. || **P.** fineza; **I.** fineness; **F.** finesse; **A.** Feinheit; **It.** finezza; **R.** хорошее качество. || 2.ª acep.: **P.** dádiva; **I.** kindness, keepsake; **F.** galanterie, prévenance; **A.** Artigkeit, Geschenk; **It.** finezza; **R.** вежливость.

FINGIDAMENTE. adv. Con fingimiento.

FINGIDO, DA. p.p. de fingir. || **2.** adj. Que finge, falso.

FINGIDOR, RA. adj. Que finge. Ú.t.c.s.

FINGIMIENTO. (De *fingir.*) m. Simulación con que se intenta hacer que una cosa parezca lo que no es. || **P.** e **It.** fingimento; **I.** deceit, feint; **F.** feinte, fiction; **A.** Verstellung; **R.** притворство.

FINGIR. (l. *fingĕre.*) tr. Dar a entender lo que no es cierto. Ú.t.c.r. || **2.** Dar existencia ideal a lo que realmente no la tiene. Ú.t.c.r. || **3.** Simular, aparentar. || **P.** fingir,

F

I. to feign; **F.** feindre; **A.** simulieren, vorgeben; **It.** fingere; **R.** притворяться.

FINIBLE. (De *finir*.) adj. Que se puede acabar.

FINIBUSTERRE. (De las palabras latinas *finibus terrae;* lit., en los fines de la Tierra o del mundo.) m. GERM. Término, fin. || **2.** GERM. Horca. || **3.** fam. Colmo; el acabose.

FINIESTRA. (l. *fenĕstra*, ventana.) f. ant. Ventana.

FINIQUITAR. (De *finiquito*.) tr. Terminar, saldar una cuenta. || **2.** fig. y fam. Acabar, concluir, rematar.

FINIQUITO. (De *fin* y *quito*.) m. Remate de las cuentas o certificación de estar ajustadas. || *Dar* FINIQUITO. fr. fig. y fam. Acabar con el caudal o con otra cosa. || **P.** remate; **I.** quittance; **F.** finito, quitus; **A.** Quittung; **It.** quitanza; **R.** окончательный расчёт.

FINIR. (l. *finīre*.) intr. ant. Finalizar, acabar. Ú. en Colombia, Chile y Venezuela.

FINISECULAR. adj. Perteneciente o relativo al fin de un siglo.

FINÍTIMO, MA. (l. *finitĭmus*.) adj. p. us. Cercano, confinante. Dícese de territorios, ciudades, etc.

FINITO, TA. (l. *finitus*, acabado.) adj. Que tiene fin, término, límite.

FINLANDÉS, SA. adj. Natural u oriundo de Finlandia. Ú.t.c.s. || **2.** Perteneciente o relativo a este país de Europa. || **3.** *Idioma* FINLANDÉS.

FINO, NA. (b. l. *finus*, por el l. *finitus*, acabado.) adj. Delicado y de buena calidad. || **2.** Delgado, sutil. || **3.** Dícese de la persona esbelta y de facciones delicadas. || **4.** De exquisita educación. || **5.** Afectuoso. || **6.** Astuto. || **7.** Que hace las cosas con primor y oportunidad. || **8.** Tratándose de metales, muy depurado. || **9.** Dícese del jerez muy seco, y cuya graduación oscila entre los 15 y 17 grados. Ú.t.c.m. || **10.** MAR. Dícese del buque que corta el agua con facilidad. || **11.** pl. Polvo de carbón mineral arrastrado por las aguas durante el lavado. || **P.** fino; **I.** fine, nice; **F.** fin, recherché, mince, délicat; **A.** fein, dünn, zart; **It.** fino, delicato; **R.** хорошего качества. || **4.**ª acep.: **P.** cortés; **I.** gentle, urbane, courteous; **F.** poli, courtois; **A.** gentil, höflich; **It.** fine, delicato; **R.** деликатный, вежливый. || **6.**ª acep.: **P.** astuto; **I.** astucious, cunning; **F.** fin, malin, rusé; **A.** schlau, listig; **It.** astuto; **R.** хитрый.

★ **FINO.** m. REP. DOMIN. Fragmento de loza.

FINOJO. (l. *fenŭcŭlum*, hinojo.) m. ant. Hinojo, rodilla. Usáb.m. en pl.

FINQUERO. m. El que explota una finca rústica en los territorios españoles del Golfo de Guinea.

FINTA. f. Tributo que se pagaba al príncipe en caso de grave necesidad.

FINTA. (l. *fincta*, de *ficta*, con la *n* de *fingĕre*.) f. Amago con intención de engañar a uno. || **2.** ESGR. Amago de golpe para engañar al contrario.

★ **FINTEAR.** tr. ARGENT. Amagar con la espada u otra arma blanca.

FINURA. (De *fino*.) f. Primor, delicadeza, buena calidad. || **2.** Urbanidad, cortesía. || **2.**ª acep.: **P.** finura, cortesía; **I.** courtesy; **F.** urbanité, politesse; **A.** Höflichkeit, Finesse; **It.** finezza; **R.** деликатность.

FINÚSTICO, CA. (De *fino*, con la terminación de *rústico*.) adj. fam. despect. de fino. Que exagera su cortesía.

FINUSTIQUERÍA. f. fam. Calidad de finústico.

FIÑANA. m. Variedad de trigo fanfarrón.

★ **FIÑE.** adj. CUBA. Fuñido, raquítico.

★ **FÍO.** (De *fío*, fío, onomatopeya del canto de esa ave.) m. ZOOL. CHILE. Cierto pájaro insectívoro.

FIOFÍO. (Voz onomatopéyica.) Fío, pájaro insectívoro de Chile.

FIORDO. (escand. *fjord*.) m. Golfo en las costas noruegas, estrecho y profundo, entre montañas de laderas escarpadas.

FIPELA. f. PAT. Inflamación de las glándulas.

★ **FIQUE.** m. COLOM., MÉJ. y VENEZ. Fibra de la pita de que se hacen cuerdas.

★ **FIRIHUE.** m. CHILE. Buñuelo.

FIRMA. (De *firmar;* en b. l. *firma.* `f. Nombre y apellido, o título de una persona, que ésta pone con rúbrica al pie de un documento. || **2.** Conjunto de documentos que se presentan a un jefe para que los firme. || **3.** Acto de firmarlos. || **4.** AR. Uno de los cuatro procesos forales de Aragón, por el cual se mantenía a uno en la posesión de bienes o derechos. || **5.** FOR. AR. Despacho que expedía el tribunal al que se valía de este proceso. || **6.** Razón social, casa de comercio. || **7.** fig. Escritor o artista de nombradía. || **—en blanco.** La puesta en papel blanco, como conformidad anticipada a lo que otro escriba en él. || *Echar una* FIRMA. fr. fig. y fam. Remover con la badila las ascuas del brasero. || *Llevar* uno *la* FIRMA de otro. fr. COM. Tener la representación y dirección de la casa de otro o de una dependencia. || **P.** firma; **I.** signature, subscription; **F.** signature; **A.** Unterschrift; **It.** firma; **R.** подпись.

FIRMAL. (port. *firmal*, y éste del l. *firmus*, firme.) m. Joya en forma de broche.

FIRMAMENTO. (l. *firmamentum*.) m. La bóveda celeste. || **P.** e **It.** firmamento; **I.** y **F.** firmament; **A.** Himmelsgewölbe; **R.** небесный свод.

FIRMAMIENTO. m. ant. Firmeza.

FIRMÁN. (persa *fermān*, orden, rescripto.) m. Decreto soberano en Turquía.

FIRMANTE. p.a. de firmar. Que firma. Ú.t.c.s. || **P.** firmante; **I.** signer, subscriber; **F.** signataire; **A.** Unterzeichner, Signatar; **It.** firmatario; **R.** кто подписывает.

FIRMAR. (l. *firmāre*, afirmar, dar fuerza.) tr. Poner su firma. || **2.** AR. Afirmar, ajustar a una persona para determinados servicios. || **3.** r. Usar de tal o cual nombre o título en la firma. || FIRMAR *en blanco.* fr. Poner uno su firma en papel sin escribir, para que otro escriba en él lo que quiera. || **P.** firmar; **I.** to sign; **F.** signer; **A.** unterschreiben; **It.** segnare, sottoscrivere; **R.** подписывать.

FIRME. (Del adv. l. *firme*, del l. *firmus*.) adj. Estable, fuerte. || **2.** fig. Que no se deja dominar ni abatir. || **3.** FOR. Dícese de la sentencia que causa ejecutoria. || **4.** m. Capa sólida del terreno sobre la cual se cimenta una obra. || **5.** Capa de guijo con que se consolida el piso de una carretera. || **6.** adv. Con firmeza. || **7.** REP. DOMIN. Cumbre de una loma, de una cuesta, etc. || *De* FIRME. m. adv. Con constancia y ardor. || **2.** Con solidez. || **3.** Reciamente. || *En* FIRME. m. adv. En las operaciones comerciales, modo de concertarlas con carácter definitivo. || COM. Dícese de las operaciones de Bolsa que se hacen o contratan a plazo fijo. || ¡FIRMES! MIL. Voz de mando para que se cuadren los soldados. || **P.** firme; **I.** firm, steady; **F.** solide, stable; **A.** fest, beständig; **It.** fermo; **R.** твёрдый, стойкий.

FIRMEDUMBRE. (l. vulgar *firmitumen*, -*minis*, por *fermitūdo*, -*inis*.) f. ant. Firmeza.

FIRMEMENTE. adv. Con firmeza.

FIRMEZA. (De *firme*.) f. Estabilidad, fortaleza. || **2.** fig. Entereza, constancia. || **3.** ARGENT. Cierto baile. || **P.** firmeza; **I.** firmness; **F.** fermeté, stabilité; **A.** Gewissheit, Beständigkeit; **It.** fermezza; **R.** твёрдость.

FIRMÓN. (De *firmar*.) adj. Aplícase al que por interés firma escritos ajenos.

FIRULETE. m. ARGENT. y PERÚ. Adorno superfluo y de mal gusto. Ú.m. en pl.

★ **FIRULÍSTICO, CA.** adj. ANT. Pedante y ridículo por querer ser extremadamente fino.

★ **FISACIO.** m. Pústula de base circular y llena de un pus.

★ **FISALIA.** f. PAT. Célula grande del cáncer.

★ **FISALIZACIÓN.** f. Formación de una espuma permanente por agitación de un líquido con un gas.

FISÁN. (l. *phaselus*, alubia, con cambio de sufijo.) m. SANT. Alubia, judía.

FISBERTA. (De *Fusberta*, nombre de la espada de Reinaldo, según Ariosto y Pulci.) f. GERM. Espada, 1.ª acep.

★ **FISCA.** f. CAN. y VENEZ. Pizca, meaja.

★ **FISCAL.** (l. *fiscālis*.) adj. Perteneciente al fisco o al oficio de fiscal. || **2.** Agente del fisco. || **3.** El que representa y ejerce el ministerio público en los tribunales. || **4.**

fig. El que averigua o delata las operaciones de uno. || **5.** BOL. y CHILE. Seglar que cuida de una capilla rural. || **—de bara.** Alguacil eclesiástico. || **—togado.** Funcionario del cuerpo jurídico militar que representa al ministerio público ante los tribunales superiores militares. || **3.**ª acep.: **P.** y **F.** fiscal; **I.** attorney-general; **A.** Staatsanwalt; **It.** fiscale; **R.** фискальный.

FISCALEAR. tr. ant. Fiscalizar.

FISCALÍA. f. Oficio y empleo de fiscal. || **2.** Oficina o despacho del fiscal.

FISCALIZABLE. adj. Que se puede o se debe fiscalizar.

FISCALIZACIÓN. f. Acción y efecto de fiscalizar.

FISCALIZADOR, RA. adj. Que fiscaliza. Ú.t.c.s.m.

FISCALIZAR. tr. Hacer el oficio de fiscal. || **2.** fig. Criticar y averiguar las acciones de otro. || **2.**ª acep.: **P.** fiscalizar; **I.** to inquire, to censure; **F.** surveiller, censurer; **A.** kontrollieren, anklagen; **It.** fiscaleggiare, criticare; **R.** обвинять.

FISCO. (l. *fiscus*.) m. Erario, tesoro público. || **2.** Moneda de cobre de Venezuela que vale la cuarta parte de un centavo. || **P.** e **It.** fisco; **I.** y **F.** fisc; **A.** Fiskus; **R.** фиск.

FISCORNO. m. Instrumento músico de metal parecido al bugle.

FISGA. f. AST. Pan de escanda. || **2.** AST. Grano de la escanda descascarado.

FISGA. (De *fisgar*.) f. Arpón de tres dientes para pescar peces grandes. || **2.** Burla con palabras irónicas o acciones disimuladas. || **3.** GUAT. Banderilla para torear.

FISGADOR, RA. adj. Que fisga. Ú.t.c.s.

FISGAR. (l. *fixicāre*, clavar, de *fixus*, fijo.) tr. Pescar con fisga o arpón. || **2.** Husmear, indagar. || **3.** Atisbar para ver lo que pasa en la casa del vecino. || **4.** intr. Burlarse de uno disimuladamente. Ú.t.c.r. || **P.** fisgar; **I.** to gig; **F.** harponner; **A.** harpunieren; **It.** fiocinare; **R.** лучить (рыбу).

FISGÓN, NA. adj. Que tiene por costumbre fisgar o hacer burla. Ú.t.c.s. || **2.** Husmeador. Ú.t.c.s.

FISGONEAR. (De *fisgón*.) tr. Fisgar por hábito.

FISGONEO. m. Acción y efecto de fisgonear.

★ **FISIATRÍA.** f. Curación por procedimientos naturales, de las enfermedades.

★ **FISIBLE.** adj. Fís. Que puede ser objeto de fisión.

FÍSICA. (l. *physica*, y éste del gr. φυσική, t. f. de -κός, físico.) f. Ciencia que tiene por objeto el estudio de los cuerpos y sus leyes y propiedades, mientras no cambia su composición. || **—nuclear** o **atómica.** La constituida últimamente a partir del descubrimiento de la radiactividad y teniendo en cuenta la ecuación de Einstein que establece la equivalencia de la masa y de la energía. Ha adquirido ya enorme desarrollo abriendo nuevos e insospechados horizontes a la física. **P.** física; **I.** physics; **F.** physique; **A.** Physik; **It.** física **R.** физика.

FÍSICAMENTE. adv. Corporalmente. || **2.** Real y verdaderamente.

FÍSICO, CA. (l. *physĭcus*, y éste del gr. φυσικός, de φύσις, naturaleza.) adj. Perteneciente a la física. || **2.** Perteneciente a la constitución y naturaleza corpórea. || **3.** CUBA y MÉJ. Delicado, remilgado. || **4.** m. El que profesa la física. || **5.** Exterior de una persona; lo que forma su constitución y naturaleza. || **P.** físico; medical; **F.** physique; **A.** physikalisch; **It.** físico; **R.** физический. || **4.**ª acep.: **P.** físico; **I.** physicist; **F.** physicien; **A.** Physiker; **It.** físico; **R.** внешность.

FISICOQUÍMICA. f. Ciencia que estudia los fenómenos comunes a la física y a la química.

FISICOQUÍMICO, CA. adj. Perteneciente o relativo a la fisicoquímica.

★ **FISIDÁCTILO, LA.** adj. ZOOL. Se aplica a las aves que tienen dedos separados entre sí.

★ **FISINOSIS.** f. PAT. Enfermedad debida a los agentes físicos.

FISIOCRACIA. (gr. φύσις, naturaleza, y κράτος, poder.) f. Sistema económico que atribuía exclusivamente a la naturaleza el

F origen de la riqueza. || **P**. fisiocracia; **I**. physiocracy; **F**. physiocratie; **A**. Physiokratie, Physiokratismus; **It**. fisiocrazia; **R**. физиократия.

FISIÓCRATA. com. Partidario de la fisiocracia. || **P**. fisiocrata; **I**. physiocrat; **F**. physiocrate; **A**. Physiokrat; **It**. fisiòcrate; **R**. физиократ.

★ **FISIOGENIA**. f. Origen y desarrollo naturales del organismo.

★ **FISIOGNOSIA**. f. Ciencia de la naturaleza.

★ **FISIOGRAFÍA**. f. GEOL. Ciencia que estudia las modificaciones de los relieves terrestres. || **P**. fisiografia; **I**. physiography; **F**. physiographie; **A**. Naturbeschreibung; **It**. fisiografia.

FISIOLOGÍA. (l. *physiologia*, y éste del gr. φυσιολογία, de φυσιολόγος, fisiólogo.) f. Ciencia que estudia las funciones de los seres orgánicos. || **P**. fisiologia; **I**. physiology; **F**. physiologie; **A**. Physiologie; **It**. fisiologia; **R**. физиология.

FISIOLÓGICAMENTE. adv. Con arreglo a las leyes de la fisiología.

FISIOLÓGICO, CA. (gr. φυσιολογικός.) adj. Perteneciente a la fisiología. || **P**. physiologico; **I**. physiological; **F**. physiologique; **A**. physiologisch; **It**. fisiològico; **R**. физиологический.

FISIÓLOGO. (l. *physiologus*, y éste del gr. φυσιολόγος, de φύσις, naturaleza.) m. El que estudia o profesa la fisiología. || **P**. fisiólogo; **I**. physiologist; **F**. physiologue, physiologiste; **A**. Physiologe; **It**. fisiòlogo; **R**. физиолог.

FISIÓN. (l. *fissio*, -*ōnis*.) f. Fís. Escisión del núcleo de un átomo, acompañada de liberación de energía.

FISIONOMÍA. (l. *physiognomia*, y éste del gr. φυσιογνωμία, de φυσιογνώμων; de φύσις, naturaleza, y γνώμων, el que distingue.) f. Fisonomía.

★ **FISIOPATOLOGÍA**. f. Estudio del funcionamiento normal y patológico del organismo.

FISIOTERAPIA. (gr. φύσις, naturaleza, y θεραπεία, curación.) f. MED. Método curativo por medio de los agentes naturales. || **P**. fisioterapia; **I**. physiotherapy; **F**. physiothérapie; **A**. Physiotherapeutik; **It**. fisioterapia; **R**. физиотерапия.

★ **FISIPARIDAD**. (De *fisíparo*.) m. EMBRIOL. Forma de reproducción asexual en que un individuo se parte o divide en dos.

★ **FISÍPARO, RA**. (l. *fissus*, hendido, y *parĕre*, parir.) adj. EMBRIOL. Que se reproduce por división o escisión del cuerpo en dos.

FISÍPEDO, DA. (l. *fissipes*, -*ĕdis*; de *fissus*, hendido, y *pes*, pie.) adj. ZOOL. Bisulco. Ú.t.c.s.

★ **FISIQUEAR**. intr. REP. DOMIN. Hablar mal, deformando las palabras.

FISIRROSTRO, TRA. (l. *fissus*, hendidura, y *rostrum*, pico.) adj. ZOOL. Dícese del pájaro que tiene el pico corto, ancho, aplastado y muy hendido. || **2**. m. pl. ZOOL. Suborden de estos animales, al cual pertenece la golondrina.

★ **FISOCELE**. m. MED. Tumor gaseoso del escroto.

FISONOMÍA. (De *fisionomía*.) f. Aspecto particular del rostro de una persona. || **2**. fig. Aspecto exterior de las cosas. || **P**. fisionomia; **I**. physiognomy; **F**. physionomie; **A**. Gesichtsausdruck; **It**. fisonomia; **R**. физиономия.

FISONÓMICO, CA. adj. Perteneciente a la fisonomía.

FISONOMISTA. adj. Dícese del que se dedica al estudio de la fisonomía. Ú.t. c.s. || **2**. Aplícase al que tiene facilidad natural para recordar a las personas por su fisonomía. Ú.t.c.s.

FISÓNOMO. m. Fisonomista.

FISOSTIGMINA. (gr. φῦσα, vejiga, y soplo, y στίγμα, señal.) f. QUÍM. Alcaloide muy venenoso que se extrae del haba del calabar y algunas otras plantas y que se emplea en medicina.

FISÓSTOMO. (gr. φῦσα, vejiga, y στόμα, boca.) adj. ZOOL. Dícese de los peces teleósteos con aletas blandas y flexibles y la vejiga natatoria unida al esófago. Ú.t.c.s. || **2**. m. pl. ZOOL. Suborden de estos animales.

★ **FISTO**. m. COLOM. Fogón de las armas de fuego.

FISTOL. (ital. *fistolo*, diablo.) m. p. us. Hombre ladino y sagaz, más particularmente en el juego. || **2**. MÉJ. Alfiler que se prende como adorno en la corbata.

FÍSTOLA. f. ant. Fístula.

FISTOLAR. (De *fístola*.) tr. ant. Afistolar.

FISTRA. (l. *fistula*, cañafístula.) f. Ameos, planta umbelífera.

FÍSTULA. (l. *fistula*.) f. Arcaduz por donde pasa el agua u otro líquido. || **2**. Instrumento músico de aire, parecido a la flauta. || **3**. CIR. Conducto anormal, ulcerado y estrecho que se abre en la piel o en las mucosas. || **—lagrimal**. Rija. || **P**. fístula; **I**. y **F**. fistule; **A**. Fistel; **It**. fistola; **R**. фистула.

FISTULAR. (l. *fistulāris*.) adj. Perteneciente a la fístula.

FISTULAR. tr. Afistolar.

FISTULOSO, SA. (l. *fistulōsus*.) adj. Que tiene la forma de fístula. || **2**. CIR. Aplícase a las llagas en que se forman fístulas.

FISURA. (l. *fissūra*.) fr. CIR. Fractura longitudinal de un hueso. || **2**. CIR. Grieta en el ano. || **3**. MIN. Hendedura que se encuentra en una masa mineral. || **P**. fisura; **I**. y **F**. fissure; **A**. Spalt, Riss; **It**. fessura; **R**. разрыв.

★ **FITA**. f. CINEMAT. Cada una de las fases de los dibujos animados.

FITO, TA. (l. *fictus*, p.p. de *figĕre*, fijar.) p.p. ant. de fincar. || **2**. m. ant. Hito o mojón.

★ **FITOBIOLOGÍA**. f. BOT. Tratado de la vida de los vegetales.

FITÓFAGO, GA. (gr. φυτόν, vegetal, y φαγεῖν, comer.) adj. Que se alimenta de materias vegetales. Ú.t.c.s. || **P**. fitófago; **I**. phytophagan; **F**. phytophage; **A**. Pflanzenfresser; **It**. fitòfago; **R**. травоядное.

FITOFTIRIO. (gr. φυτόν, planta, y φθορά, corrupción.) adj. ZOOL. Dícese de insectos hemípteros de pequeño tamaño, que viven parásitos en los vegetales. Ú.t. c.s. || **2**. m. pl. ZOOL. Suborden de estos animales.

FITOGRAFÍA. (De *fitógrafo*.) f. Parte de la botánica, que describe las plantas. || **P**. fitografia; **I**. phytography; **F**. phytographie; **A**. Planzenbeschreibung; **It**. fitografia.

FITOGRÁFICO, CA. adj. Perteneciente o relativo a la fitografía.

FITÓGRAFO. (gr. φυτόν, vegetal, y γράφω, describir.) m. El que profesa o sabe la fitografía.

FITOLACÁCEO, A. (De *phytolacca*, nombre de un género de plantas, y éste del gr. φυτόν, vegetal, y *laca*.) ad. BOT. Dícese de una planta angiosperma dicotiledónea, de flores casi siempre hermafroditas, fruto abayado y semilla de albumen amiláceo. Ú.t.c.s.f. || **2**. f. pl. BOT. Familia de estas plantas.

FITOLOGÍA. (gr. φυτόν, vegetal y λόγος, tratado.) f. Botánica. || **P**. fitologia; **I**. phytology; **F**. phytologie; **A**. Pflanzenkunde, Botanik; **It**. fitologia; **R**. фитология.

FITONISA. f. Pitonisa.

★ **FITOPARÁSITO**. m. Parásito vegetal.

FITOPATOLOGÍA. (gr. φυτόν, vegetal, y παθολογία.) f. Estudio de las enfermedades de las plantas.

★ **FITOSIS**. f. Enfermedad producida por bacterias.

★ **FITOTAXIA**. f. Parte de la botánica que abarca la clasificación de los animales.

FITOTECNIA. (gr. φυτόν, planta y τέχνη, arte, industria.) f. Estudio del aprovechamiento de los vegetales.

★ **FITOTELMA**. m. BOT. Medio vegetal muy húmedo en las selvas tropicales y ecuatoriales.

FITOTOMÍA. (gr. φυτόν, vegetal, y τομή, sección.) f. Parte de la botánica que estudia la anatomía de las plantas.

★ **FITOTROFIA**. f. BOT. Forma de nutrición de los vegetales.

FIUCIA. f. ant. Fiducia.

FIUCIAR. (l. *fiduciāre*.) tr. ant. Afiuciar.

FIYUELA. f. LEÓN. Filloga, morcilla.

FIZAR. (l. *fictiāre*, del p.p. *fictus*, de *figĕre*, hincar.) tr. AR. Picar, producir una picadura o mordedura, especialmente los insectos o reptiles.

FIZÓN. (De *fizar*.) m. AR. Aguijón.

FLABELICORNIO. (l. *flabellum*, abanico, y *cornu*, cuerno.) adj. ZOOL. Que tiene las antenas en forma de abanico.

FLABELÍFERO, RA. (l. *flabellifer*, -*ĕri*, que lleva abanico.) adj. Aplícase al que tiene por oficio llevar un abanico grande montado en una vara, en ciertas ceremonias.

FLABELIFORME. (l. *flabellum*, abanico, y *forma*, forma.) adj. En forma de abanico.

FLABELO. m. Abanico grande con mango largo.

FLACAMENTE. adv. Débil, flojamente.

FLACCIDEZ. f. Calidad de fláccido. || **2**. Laxitud, debilidad muscular. || **P**. flacidez; **I**. flaccidity; **F**. flaccidité; **A**. Schlafheit, Kraftlosigkeit; **It**. flaccidezza; **R**. слабость.

FLÁCCIDO, DA. (l. *flaccidus*.) adj. Flaco, flojo, sin consistencia.

FLACO, CA. (l. *flaccus*.) adj. Dícese de la persona o animal de pocas carnes. || **2**. fig. Flojo, sin fuerzas. || **3**. fig. Aplícase al espíritu falto de vigor. || **4**. fig. Endeble, sin fuerzas. || **5**. m. Defecto moral o afición predominante de las personas. || **P**. magro; **I**. lean, meagre; **F**. maigre, faible; **A**. mager, dürr; **It**. magro, flacco; **R**. худой.

★ **FLACUCHENTO, TA**. adj. despect. CHILE. Flacucho.

FLACUCHO, CHA. adj. d. despect. de flaco.

FLACURA. f. Calidad de flaco.

★ **FLACHIQUERO, RA**. m. y f. MÉJ. Persona que extrae la savia de la pita por succión para preparar el pulque.

FLAGELACIÓN. (l. *flagellatio*, -*ōnis*.) f. Acción de flagelar o flagelarse. || **P**. flagelação; **I**. y **F**. flagellation; **A**. Geisselung; **It**. flagellazione; **R**. бичевание.

FLAGELADO, DA. (De *flagelo*.) adj. BIOL. Dícese de la célula o microorganismo que tiene flagelos. Ú.t.c.s.m. || **2**. m. pl. ZOOL. Clase de protozoos provistos de flagelos.

FLAGELADOR, RA. adj. Que flagela. Ú.t.c.s.

FLAGELANTE. p.a. de flagelar. Que flagela. || **2**. m. Hereje de una secta que apareció en Italia en el siglo XIII. || **3**. Disciplinante.

FLAGELAR. (l. *flagellāre*.) tr. Azotar. Ú.t.c.r. || **2**. fig. Fustigar, vituperar.

FLAGELO. (l. *flagellum*.) m. Azote o instrumento destinado para azotar. || **2**. Azote, calamidad, plaga. || **3**. BIOL. Cada una de las prolongaciones finas y muy movibles que tienen algunos microorganismos.

FLAGICIO. (l. *flagitium*. m. ant. Delito grave y atroz.

FLAGICIOSO, SA. (l. *flagitiōsus*.) adj. ant. Que comete muchos y graves delitos.

FLAGRANCIA. (l. *flagrantia*.) f. Calidad de flagrante.

FLAGRANTE. (l. *flagrans*, -*antis*.) p.a. poét. de flagrar. Que flagra. || **2**. adj. Que se está ejecutando actualmente. || *En* FLAGRANTE. m. adv. En el mismo momento de estarse cometiendo un delito.

FLAGRAR. (l. *flagrāre*.) intr. poét. Arder o resplandecer como fuego o llama.

FLAMA. (l. *flamma*.) f. Llama que se eleva de los cuerpos que arden. || **2**. Reverberación de la llama. || **3**. MIL. Adorno que se usó en la parte anterior y superior del morrión y del chacó.

FLAMANTE. (l. *flammans*, -*antis*.) adj. ant. Que arroja llamas. || **2**. Resplandeciente. || **3**. Nuevo, reciente. || **4**. Aplicado a cosas, acabado de hacer o de estrenar. || 3.ª acep.: **P**. flamante; **I**. new, fresh; **F**. flambant, brillant; **A**. funkel-nagelneu; **It**. fiammante; **R**. блестящий.

FLAMEAR. (De *flamma*.) intr. Despedir llamas. || **2**. fig. Ondear las grímpolas y flámulas. || **3**. MED. Quemar alcohol u otro líquido inflamable en superficies o vasijas para esterilizarlas.

FLAMEN. (l. *flamen*.) m. Sacerdote romano destinado al culto de determinada deidad. || **—augustal**. El de Augusto. || **—dial**. El de Júpiter. || **—marcial**. El de Marte. || **—quirinal**. El de Rómulo.

FLAMENCO, CA. (germ. *flaming*.) adj. Natural de Flandes. Ú.t.c.s. || **2**. Perteneciente a dicha región. || **3**. Dícese de

F

lo andaluz algo agitanado. ‖ **4.** Achulado. Ú.t.c.s. ‖ **5.** Aplícase a las personas, especialmente a las mujeres de buenas carnes, cutis terso y bien coloreado. Ú.t.c.s. ‖ **6.** P. Rico y Hond. Delgado, flaco. ‖ **7.** m. Idioma flamenco. ‖ **8.** And. Cuchillo de Flandes. ‖ **9.** Argent. Facón. ‖ **10.** Zool. Ave zancuda, con pico, cuello y patas muy largas. ‖ P. flamengo; I. Flemish; F. flammand; A. flandrisch, Flame; It. fiammingo; R. фламандский.

FLAMENQUERÍA. f. Calidad de flamenco, chulería.

FLAMENQUILLA. (De *flamenco*.) f. Plato mediano, de figura redonda u oblonda. ‖ **2.** Maravilla, planta compuesta de flores medicinales.

FLAMENQUISMO. m. Afición a las costumbres flamencas o achuladas.

FLÁMEO. (l. *flammĕus*.) adj. De la condición de la llama. ‖ **2.** m. Velo de color de fuego que se ponía a las desposadas en la antigua Roma.

FLAMERO. (De *flama*.) m. Candelabro que arroja una gran llama.

FLAMÍGERO, RA. (l. *flammĭger, -ĕra*; de *flamma*, llama, y *gerĕre*, llevar.) adj. Que arroja llamas, o imita su figura. ‖ P. flamígero; I. flamboyant; F. flammigère; A. flammig; It. fiammeggiante; R. огнеды-шащий.

FLÁMULA. (l. *flammŭla*.) f. Especie de grímpola.

FLAN. (fr. *flan*, y éste del germ. *flado*, pastel.) m. Plato de dulce que se hace mezclando yemas de huevo, leche y azúcar, y poniéndolo en el baño María, dentro de un molde. ‖ P. pudim feito com ovos; I. flawn; F. e It. flan; A. Flanden; R. флан.

FLANCO. (fr. *flanc*.) m. Cada una de las dos partes laterales de un cuerpo visto de frente. ‖ **2.** Costado, lado de un buque o de un cuerpo de tropa. ‖ **3.** Fort. Parte del baluarte que hace ángulo entrante con la cortina, y saliente con el frente. ‖ **4.** Fort. Cada uno de los dos muros que unen al recinto fortificado las caras de un baluarte. ‖ —del escudo. Blas. Cualquiera de los dos costados del mismo. ‖ P. flanco; I. side, flank; F. flanc; A. Seite; It. fianco; R. фланг.

FLANDES. n. p. V. *Consejo, hoja de* Flandes. ‖ *¿Estamos aquí, o en* Flandes? expr. fam. ¿Estamos aquí, o en Jauja?

FLANERO. m. Molde en que se cuaja el flan.

FLANQUEADO, DA. p.p. de flanquear. ‖ **2.** adj. Dícese del objeto que tiene a sus flancos o costados otras cosas que le completan. ‖ **3.** Defendido por los flancos. ‖ **4.** Blas. Aplícase a la figura heráldica que parte el escudo del lado de los flancos.

FLANQUEADOR, RA. adj. Que flanquea. Ú.t.c.s

FLANQUEANTE. p.a. de flanquear. Que flanquea.

FLANQUEAR. (De *flanco*.) tr. Estar colocado al flanco o lado de una cosa. ‖ **2.** Mil. Estar colocada una fortificación de manera que con sus fuegos domine a una ciudad, etc. ‖ **3.** Mil. Colocarse al flanco de una fuerza para defenderla o para atacarla. ‖ P. flanquear; I. to flank; F. flanquer; A. flankieren; It. fiancheggiare; R. флянкировать.

FLANQUEO. m. Acción o disposición de una tropa que bate al enemigo por sus flancos.

FLANQUÍS. (fr. *flanchis*.) m. Blas. Sotuer que tiene el tercio de su anchura normal.

FLAÓN. (fr. ant. *flaon*, y éste del germ. *flado*.) m. p. us. Flan, dulce. ‖ **2.** En Menorca, pasta semicircular hecha de harina amasada con manteca de cerdo y cocida al horno.

FLAQUEAR. (De *flaco*.) intr. Debilitarse. ‖ **2.** Amenazar ruina. ‖ **3.** fig. Decaer de ánimo. ‖ P. fraquejar; I. to flag, to faint; F. faiblir, chanceler; A. wanken, schwachwerden; It. infiacchire, scoraggiarsi; R. слабеть.

FLAQUECER. (De *flaco*.) intr. ant. Enflaquecer.

★ **FLAQUENCIA.** f. Ant., Guat. y Colom. Flaqueza.

★ **FLAQUENCO, CA.** adj. Amér. Central. Flacucho.

FLAQUERA. (De *flaco*.) f. Sal. Enfermedad de las abejas, producida por la falta de pasto.

★ **FLAQUERÓN, NA.** adj. Urug. Flacucho.

FLAQUEZA. (De *flaco*.) f. Extenuación, mengua de carnes. ‖ **2.** fig. Debilidad, falta de vigor y fuerzas. ‖ **3.** fig. Acción defectuosa cometida por debilidad, especialmente de la carne. ‖ **4.** Esgr. Tercio flaco. ‖ P. fraqueza; I. weakness, faintness; F. faiblesse; A. Magerkeit, Schwäche; It. fiacchezza; R. худоба.

★ **FLAT.** m. Mar. Cuaderna maestra.

FLATO. (l. *flatus*, viento.) m. Acumulación molesta de gases en el tubo digestivo. ‖ **2.** Amér. Central, Colom., Méj. y Venez. Melancolía, murria, tristeza. ‖ P. flato; I. flatus; F. flatulence; A. Blähung; It. flato; R. вздутие живота.

FLATOSO, SA. adj. Sujeto a flatos.

FLATULENCIA. (b. l. *flatulentia*, y éste del l. *flatus*, viento.) f. Indisposición del flatulento.

FLATULENTO, TA. adj. Que causa flatos. ‖ **2.** Que los padece. Ú.t.c.s.

FLATUOSO, SA. adj. Flatoso.

FLAUTA. (fr. ant. *flaüte*.) f. Instrumento músico de viento, en forma de tubo con varios agujeros circulares. ‖ **2.** m. Flautista. ‖ —dulce. La que tiene la embocadura en el extremo del primer tubo y en forma de boquilla. ‖ —travesera. La que se coloca de través para tocarla. Hacia su mitad está la embocadura en forma de agujero ovalado. ‖ *Y sonó la* flauta; *a veces se completa añadiendo* por casualidad. fr. para indicar que un acierto ha sido casual. ‖ P. flauta; I. y F. flûte; A. Flöte; It. flauto; R. флейта.

FLAUTADO, DA. adj. Semejante a la flauta. ‖ **2.** m. Uno de los registros del órgano, cuyo sonido imita al de las flautas.

FLAUTEADO, DA. adj. De sonido semejante al de la flauta.

★ **FLAUTEAR.** intr. Chile. Tocar la flauta.

FLAUTERO. m. El que hace flautas.

FLAUTILLO. (De *flauta*.) m. Caramillo, flauta de sonido muy agudo.

FLAUTÍN. (d. de *flauta*.) m. Flauta pequeña, de tono agudo y penetrante. ‖ **2.** Persona que toca este instrumento.

FLAUTISTA. com. Persona que toca la flauta. ‖ P. e It. flautista; I. fluter, flutist; F. flûtiste, flûteur, joueur de flute; A. Flötist; R. флейтист.

FLAUTOS. (De *flauta*.) m. pl. fam. Voz usada en la expresión *pitos* flautos, que significa devaneos.

FLAVO, VA. (l. *flavus*.) adj. De color entre amarillo y rojo.

FLÉBIL. (l. *flebĭlis*, de *flēre*, llorar.) adj. Digno de ser llorado. ‖ **2.** Lamentable, triste, lacrimoso. Ú. más en poesía.

★ **FLEBINA.** f. Pigmento que se supone en la sangre venosa.

FLEBITIS. (gr. φλέψ, vena, y el sufijo *itis*, inflamación.) f. Inflamación de las venas.

★ **FLEBOLOGÍA.** f. Anat. Tratado o estudio de las venas.

FLEBOTOMÍA. (gr. φλεβοτομία, de φλεβότομος; de φλέψ, vena, y τέμνω, cortar.) f. Arte de sangrar a un enfermo. ‖ **2.** Sangría, acción de sangrar.

FLEBOTOMIANO. m. Profesor de flebotomía; sangrador.

★ **FLECADURA.** f. Chile. Flocadura.

★ **FLECAR.** tr. P. Rico. Desflecar.

FLECO. (De *flueco*.) m. Adorno compuesto de hilos o cordoncillos colgantes. ‖ **2.** Flequillo del pelo. ‖ **3.** fig. Borde deshilachado por el uso en una tela. ‖ *Ponerse* flecos. fr. fig. y fam. Usar de todos los recursos para conseguir algo. ‖ P. froco; I. fringe, purl, flounce; F. frange; A. Franse, Quaste; It. frangia, nappa; R. чолка.

FLECHA. (fr. *flèche*.) f. Saeta. ‖ **2.** Fort. Obra que suele formarse en tiempo de sitio a las extremidades del glacis para estorbar los aproches. ‖ **3.** Geom. Ságita. ‖ **4.** Astron. Constelación boreal situada al norte del Águila. ‖ **5.** P. Rico. Pértiga, lanza del carruaje. ‖ **6.** fig. y fam. Amér. Muchacha muy nerviosa. ‖ P. frecha; I. dart, arrow; F. flèche; A. Pfeil; It. freccia; R. стрела.

FLECHADOR. m. El que dispara flechas.

FLECHADURA. f. Mar. Conjunto de lechastes de una tabla de jarcia.

FLECHAR. tr. Colocar la flecha en la cuerda del arco para arrojarla. ‖ **2.** Herir o matar a uno con flechas. ‖ **3.** fig. y fam. Inspirar amor repentinamente. ‖ **4.** intr. Tener el arco en disposición para arrojar la flecha.

FLECHASTE. (De *flecha*, como en fr. *enfléchure*, en y *flèche*.) m. Mar. Cada uno de los cordeles horizontales que sirven de escalones a la marinería para subir a lo alto de los palos.

FLECHAZO. m. Acción de disparar la flecha. ‖ **2.** Golpe o herida que ésta causa. ‖ **3.** fig. y fam. Amor que repentinamente se concibe o se inspira.

FLECHERA. f. Embarcación ligera de guerra, usada en Venezuela, y que antiguamente iba montada por indios armados de flechas.

FLECHERÍA. f. Conjunto de muchas flechas disparadas. ‖ **2.** Provisión de flechas.

FLECHERO. m. El que se sirve del arco y de las flechas. ‖ **2.** El que hace flechas.

FLECHILLA. f. d. de flecha. ‖ **2.** Argent. Pasto fuerte que come el ganado cuando está tierno.

★ **FLECHILLAR.** m. Argent. Terreno poblado de flechillas.

FLEGMA. (l. *phlegma*, y éste del gr. φλέγμα, inflamación o su efecto.) f. ant. Flema.

★ **FLEGMAPIRA.** f. Pat. Fiebre mucosa.

FLEGMASÍA. (gr. φλεγμασία, de φλέγω, quemar, arder.) f. Med. Enfermedad que presenta los caracteres de la inflamación.

FLEGMÁTICO, CA. (l. *phlegmatĭcus*, y éste del gr. φλεγματικός.) adj. ant. Flemático.

FLEGMÓN. (l. *phlegmon, -ŏnis*, y éste del gr. φλεγμονή, de φλέγω, inflamarse.) m. ant. Flemón, tumor, inflación aguda.

FLEGMONOSO, SA. (De *flegmón*.) adj. Med. Flemonoso.

FLEJA. (Por *freja*, del l. *fraxa*, deriv. regres. de *fraxinus*, fresno.) f. Ar. Flejar.

FLEJAR. m. Ar. Fresno.

FLEJE. (l. *flexus*, doblado, arqueado.) m. Tira de chapa de hierro con que se hacen aros para cubas y toneles y las balas de ciertas mercancías.

FLEMA. (De *flegma*.) f. Uno de los cuatro humores del cuerpo humano según los antiguos. ‖ **2.** Mucosidad pegajosa que se arroja por la boca. ‖ **3.** fig. Lentitud en las operaciones. ‖ **4.** Quím. Producto acuoso de las substancias orgánicas al ser descompuestas por el calor en aparato destilatorio. ‖ *Gastar* flema. fr. fig. Proceder despacio. ‖ **2.** fig. No alterarse fácilmente. ‖ P. fleuma; I. phlegm; F. flegme; A. Phlegma; It. flemma; R. слизь, мокрота.

FLEMACIA. (De *flema*.) f. Pat. Acumulación de serosidad en la piel. ‖ **2.** Especie de flebitis puerperal.

★ **FLEMAGOGO, GA.** adj. Med. Que sirve para evacuar la pituita. Ú.t.c.s. ‖ **2.** m. Med. Agente que ejerce esta acción.

FLEMÁTICO, CA. adj. Perteneciente a la flema o que participa de ella. ‖ **2.** Tardo y lento en las acciones. ‖ P. fleumático; I. phlegmatic; F. phlegmatique; A. phlegmatisch, kaltblütig; It. flemmàtico; R. хладнокровный.

FLEME. (prov. *flecme*, y éste del l. *phlebŏtomus*.) m. Veter. Instrumento cortante para sangrar las bestias.

FLEMÓN. m. aum. de flema.

FLEMÓN. (De *flegmón*.) m. Tumor en las encías. ‖ **2.** Med. Inflamación aguda del tejido celular. ‖ P. flegmão; I. y F. phlegmon; A. Phlegmone, Blutgeschwür, Zahngeschwür; It. flemmone; R. флегмона.

FLEMONOSO, SA. (De *flemonoso*.) adj. Perteneciente o relativo al flemón.

FLEMOSO, SA. adj. Que participa de flema o la causa.

FLEMUDO, DA. adj. Flemático, calmoso. Ú.t.c.s.

FLEO. m. Especie de gramínea con grumillas fructíferas tiernas.

★ **FLEQUETERÍA.** f. Colom. Trapacería.

★ **FLEQUETERO, RA.** adj. Colom. Trapacero.

FLEQUEZUELO. m. d. de fleco.

F

FLEQUILLO. m. d. de fleco. ‖ 2. Porción de cabello recortado que a manera de fleco cae sobre la frente.

★ **FLETA.** f. COLOM. Friega, fricción. ‖ 2. CUBA. Azotaina.

★ **FLETADA.** f. fam. HOND. Reprimenda o regaño.

FLETADOR. m. El que fleta. ‖ 2. COM. En el contrato de fletamento, el que entrega la carga que ha de transportarse.

FLETAMENTO. m. Acción de fletar. ‖ 2. COM. Contrato mercantil en que se estipula el flete. ‖ P. fretamento; I. charterage; F. affrètement, nolisement; A. Befrachtung; It. noleggio, noleggiamento; R. фрахтование.

FLETAMIENTO. m. ant. Fletamento.

FLETANTE. p.a. de fletar. ‖ 2. m. ARGENT., CHILE y ECUAD. El que da en alquiler una nave o una bestia para transportar personas o mercaderías. ‖ 3. COM. En el contrato de fletamento, el naviero, o quien le represente.

FLETAR. (De flete.) tr. Alquilar la nave o parte de ella para el transporte de mercaderías o de personas. ‖ 2. Embarcar mercaderías o personas en una nave para su transporte. Ú.t.c.r. ‖ 3. ARGENT., CHILE, ECUAD. y MÉJ. Alquilar una bestia de carga, carro o carruaje. ‖ 4. fig. CHILE y PERÚ. Soltar, espetar, dicho de acciones o palabras inconvenientes o agresivas. ‖ 5. CUBA y MÉJ. Marcharse de pronto. ‖ 6. ARGENT. Introducirse en una reunión sin ser invitado. ‖ 7. AMÉR. CENTRAL. Fastidiarse. ‖ P. fretar; I. to freight, to charter; F. affréter, noliser; A. befrachten, chartern; It. noleggiare; R. фрахтовать.

★ **FLETEAR.** intr. CUBA. Atraer a los hombres las meretrices callejeras.

★ **FLETERA.** f. CUBA. Ramera.

★ **FLETERO, RA.** adj. CHILE. Dícese del vehículo alquilado para transportar personas o mercancías. ‖ 2. m. CHILE y MÉJ. El que conduce y gobierna dicho vehículo.

FLEXIBILIDAD. (l. flexibilitas, -ātis.) f. Calidad de flexible. ‖ 2. Disposición que tienen algunas cosas para doblarse fácilmente sin romperse. ‖ 3. fig. Disposición del ánimo a acomodarse fácilmente a un dictamen. ‖ P. flexibilidade; I. flexibleness, pliancy, ductility; F. flexibilité, souplesse; A. Biegsamkeit, Geschmeidigkeit; It. flessibilità; R. гибкость.

FLEXIBLE. (l. flexibĭlis.) adj. Que tiene disposición para doblarse fácilmente. ‖ 2. fig. Dícese del ánimo que tiene disposición a acomodarse fácilmente al dictamen de otro. ‖ 3. m. Cable formado de hilos finos de cobre recubiertos de una capa aisladora, que se emplea para la transmisión de la energía eléctrica en el interior de los edificios. ‖ P. flexível; I. flexible, pliant, supple; F. flexible, souple; A. biegsam, schmiegsam; It. flessibile; R. гибкий.

FLEXIÓN. (l. flexĭo, -ōnis.) f. Acción y efecto de doblar o doblarse. ‖ 2. GRAM. Alteración que experimentan las voces variables con el cambio de desinencias. ‖ P. flexão; I. flection; F. flexion, pliement; A. Beugung, Biegung, Flexion; It. flessione; R. сгиб.

FLEXIONAL. adj. GRAM. Perteneciente o relativo a la flexión.

FLEXOR, RA. (l. flexor.) adj. Que dobla o hace que una cosa se doble con movimiento de flexión.

FLEXUOSO, SA. (l. flexuōsus.) adj. Que forma ondas. ‖ 2. fig. Blando.

FLEXURA. (l. flexus, doblado.) f. Pliegue, curva, doblez.

FLICTENA. (gr. φλύκταινα, de φλύζω, brotar, fluir.) f. MED. Tumorcillo cutáneo, como vejiguilla llena de humor acuoso. ‖ 2. Género de hongos.

phlyctena; F. phlyctène; A. Wasserbläschen; It. flittene; R. волдырь.

° **FLIRTEAR.** intr. Coquetear, galantear.

° **FLIRTEO.** m. Acción de flirtear.

FLOCADURA. (l. floccus, fleco.) f. Guarnición hecha de flecos.

FLOGÍSTICO, CA. adj. QUÍM. Perteneciente o relativo al flogisto.

FLOGISTO. (gr. φλόγιστος, inflamable; de φλογίζω, inflamarse.) m. QUÍM. Principio que se suponía formaba parte de la composición de todos los cuerpos y que se desprendía de ellos durante la combustión.

★ **FLOGÓGENO, NA.** (gr. φλόξ, φλογός, llama, y γεννάω, producir.) adj. MED. Que produce inflamación.

★ **FLOGOPIRA.** f. PAT. Calentura inflamatoria.

FLOGOSIS. (gr. φλόγωσις, de φλογόω, inflamar.) f. MED. Inflamación. ‖ 2. Erisipela.

FLOJAMENTE. adv. Con descuido y negligencia.

FLOJEAR. intr. Obrar con pereza y descuido; aflojar en el trabajo. ‖ 2. Flaquear.

FLOJEDAD. (De flojo.) f. Debilidad y flaqueza en alguna cosa. ‖ 2. fig. Pereza, negligencia. ‖ P. debilidade; I. feebleness; F. nonchalance, faiblesse; A. Kraftlosigkeit, Feigheit; It. floscezza; R. вялость.

FLOJEL. m. Tamo o pelillo sutil que se despide del pelo del paño. ‖ 2. Especie de pelillo de las aves, que aún no llega a ser pluma.

FLOJERA. (De flojo.) f. fam. Flojedad.

FLOJO, JA. (l. fluxus, p.p. de fluĕre, fluir.) adj. Mal atado, poco apretado o poco tirante. ‖ 2. Que tiene poca actividad, fortaleza o vigor. ‖ 3. fig. Perezoso, negligente y tardo en las operaciones. Ú.t.c.s. ‖ 4. fig. Cobarde, pusilánime. ‖ P. froixo, frouxo; I. lax, slack, loose; F. lâche, flasque; A. locker, schlaff, flau, lässig; It. floscio; R. слабый.

★ **FLOJONAZO.** (aum. de flojo.) adj. AND. Holgazán. Ú.t. en el Perú.

FLOJUELO. m. ÁL. y RIOJA. Flojel del paño.

★ **FLOQUE.** m. MAR. Manejo de filásticas.

FLOQUEADO, DA. (l. floccus, flexo.) adj. Guarnecido con fleco.

FLOQUECILLO. m. d. ant. de fleco.

FLOR. (l. flos, floris.) f. Conjunto de los órganos de la reproducción de las plantas fanerógamas, compuesto generalmente de cáliz, corola, estambres y pistilos. ‖ 2. Piropo, requiebro. U.m. en pl. ‖ 3. Lo más escogido de una cosa. ‖ 4. Polvillo que tienen ciertas frutas antes de ser manoseadas. ‖ 5. Nata que hace el vino en lo alto de la vasija. ‖ 6. Irisaciones que se producen en las láminas delgadas de metales, cuando candentes se pasan por el agua. ‖ 7. Parte más sutil y ligera de los minerales, que se pega en la parte superior del alambique. ‖ 8. Entereza virginal. ‖ 9. Juego de envite que se juega con tres naipes; y del que junta tres de un palo se dice que hace flor. ‖ 10. Lance en el juego de la perejila o de la treinta y una, que consiste en tener tres cartas blancas del mismo palo. ‖ 11. Cacho, juego de envite. ‖ 12. En las pieles adobadas, parte exterior, que admite pulimento. ‖ 13. Entre fulleros, trampa que se hace en el juego. ‖ 14. CHILE. Mentira, pequeña mancha blanca que se forma en las uñas. ‖ 15. fam. e irón. CHILE. Excremento humano, de ave, o de animal doméstico. **—completa.** BOT. La que consta de cáliz, corola, estambres y pistilos. ‖ **—de la canela.** loc. fig. y fam. Aplícase para encarecer lo muy excelente. ‖ **—de la edad.** Juventud. ‖ **—de la sal.** Especie de espuma rojiza que produce la sal. ‖ **—de lis.** Forma heráldica de la flor del lirio. ‖ 2. Planta americana de la familia de las amarilidáceas. **—del viento.** BOT. Una de las especies de anemone, con flores violadas. ‖ **—desnuda.** BOT. La que carece de cáliz y corola. ‖ **—de mayo.** Culto especial que se tributa a la Virgen Santísima en todos los días de este mes. ‖ FLORES cordiales. Mezcla de flores en infusión usada como sudorífico. ‖ A FLOR de agua. m. adv. A la superficie, sobre o cerca de la superficie del agua. ‖ A FLOR de tierra. m. adv.

A la superficie, sobre o cerca de la superficie de la tierra. ‖ Morir uno en FLOR. fr. fig. Morir o malograrse de corta edad. ‖ Decir o echar FLORES. fr. Requebrar, decir piropos. ‖ En FLOR. m. adv. fig. En el estado anterior a la madurez, complemento o perfección de una cosa. ‖ P. flor; I. flower; F. fleur; A. Blume; It. fiore; R. цветок.

FLOR. (l. fluŏr, -ōris, flujo.) f. Menstruación de la mujer. ‖ FLORES blancas. Flujo blanco.

FLORA. (l. Flora, diosa de las flores.) f. Conjunto de las plantas de un país o comarca. ‖ 2. Obra que trata de ellas y las enumera y describe. ‖ P., I. e It. flora; F. flore; A. Flora; R. флора.

FLORACIÓN. (De florar.) f. BOT. Florescencia. ‖ 2. Tiempo que duran abiertas las flores de la planta de una misma especie.

FLORADA. f. AR. Entre colmeneros, tiempo que dura una floración.

FLORAINA. (De flor, trampa.) f. GERM. Engaño.

FLORAL. adj. Perteneciente o relativo a la flor.

FLORALES. (l. florāles ludi, juegos florales.) adj. pl. Aplícase a las fiestas o juegos que celebraban los gentiles en honor de la diosa Flora. A su imitación, se establecieron después certámenes poéticos en Provenza y en otras partes.

FLORAR. intr. Dar flor. Dícese de los árboles y las plantas, principalmente de los que se cultivan para recoger sus frutos.

FLORDELISADO, DA. adj. BLAS. Aplícase a las cruces cuyos brazos terminan en flores de lis.

FLORDELISAR. tr. BLAS. Adornar con flores de lis una cosa.

FLOREADO, DA. p.p. de florear. ‖ 2. adj. Dícese del pan que está hecho de la flor de la harina.

FLOREAL. (fr. floréal.) m. Octavo mes del calendario republicano francés.

FLOREAR. tr. Adornar o guarnecer con flores. ‖ 2. Tratándose de la harina, sacar la primera y más sutil. ‖ 3. Disponer el naipe para hacer trampa. ‖ 4. intr. Vibrar, mover la punta de la espada. ‖ 5. Tocar dos o tres cuerdas de la guitarra con tres dedos sucesivamente sin parar. ‖ 6. fam. Echar flores. ‖ 7. AR., CHILE y SAL. Escoger lo mejor de una cosa. ‖ 8. COLOM., GUAT. y HOND. Florecer una planta. ‖ 9. ARGENT. Vanagloriarse.

FLORECEDOR, RA. adj. Que florece.

FLORECER. (De florescer.) intr. Echar flor. Ú.t.c.tr. ‖ 2. fig. Prosperar, crecer en riqueza o reputación. Dícese también de los entes morales; como la justicia, las ciencias, etc. ‖ 3. fig. Existir una persona o cosa insigne en una época determinada. ‖ 4. r. Hablando de algunas cosas, como el queso, pan, etc., ponerse mohosas. ‖ P. florescer; I. to flower, to flourish; F. fleurir, prospérer; A. blühen; It. fiorire; R. цвести.

FLORECIENTE. p.a. de florecer. Que florece. ‖ 2. fig. Próspero.

FLORECIMIENTO. m. Acción y efecto de florecer o florecerse.

FLORENCIA. n. p. Especie de tela de seda.

FLORENTÍN. adj. Florentino. Apl. a pers. ú.t.c.s.

FLORENTINO, NA. (l. florentīnus.) adj. Natural de Florencia. Ú.t.c.s. ‖ 2. adj. Perteneciente a esta ciudad de Italia. ‖ P. florentino; I. Florentine; F. florentin; A. Florentiner; It. fiorentino; R. флорентинец.

FLORENTÍSIMO, MA. (l. florentissĭmus.) adj. sup. de floreciente. Que prospera o florece con excelencia.

FLOREO. (De florecer.) m. fig. Conversación vana y de pasatiempo. ‖ 2. fig. Dicho vano y superfluo empleado para hacer alarde de ingenio, o halagar al oyente, o por mero pasatiempo. ‖ 3. DANZA. En la española, movimiento de un pie en el aire cuando el otro permanece en el suelo. ‖ 4. ESGR. Vibración o movimiento de la punta de la espada. ‖ 5. MÚS. Acción de florear en la guitarra.

° **FLORERÍA.** f. Floristería.

FLORERO, RA. adj. fig. Que usa de palabras chistosas y lisonjeras. Ú.t.c.s. ‖ 2. m. y f. Florista, que vende flores. ‖ 3. m. Vaso para poner flores. ‖ 4. Maceta o tiesto con flores. ‖ 5. Armario, caja o lugar destinado para guardar flores. || 6. GERM. Fullero que hace trampas floreando el naipe. || 7. PINT. Cuadro en que sólo se representan flores. || 3.ª acep.: P. florero; I. flower-vase; F. bouquetier; A. Blumenvase; It. vaso da fiori; R. ваза для цветов.

FLORESCENCIA. f. Eflorescencia. || 2. BOT. Acción de florecer. || 3. Época en que las plantas florecen. || P. florescencia; I. florescence, flowering; F. fleuraison, floraison; A. Blüte, Blütezeit; It. fioritura R. цветение.

FLORESCER. (l. *florescĕre*.) intr. ant. Florecer.

FLORESTA. (b. l. *foresta*, y éste de *foras*, de fuera.) f. Terreno frondoso y ameno, poblado de árboles. || 2. Reunión de cosas agradables y de buen gusto. || P. floresta; I. forest, grove; F. bosquet, bocage; A. Wald, Gebüsch; It. foresta; R. лес.

★ **FLORESTAL.** adj. CHILE. Forestal.

FLORESTERO. m. Guarda de una floresta.

FLORETA. (d. de *flor*.) f. Entre guarnicioneros, bordadura sobrepuesta que sirve de fuerza y adorno en los extremos de las cinchas. || 2. DANZA. En la danza española, movimiento que se hacía con ambos pies.

FLORETADA. (De *florete*.) f. ant. Papirote dado en la frente.

FLORETAZO. m. Golpe dado con el florete. || 2. fig. y fam. MÉJ. Sablazo, petición de dinero.

FLORETE. (fr. *fleuret*, y éste del ital. *fioretto*, del l. *flos*, *floris*.) adj. Dícese del azúcar de flor, y también del papel de primera suerte. || 2. m. Esgrima con espadín. || 3. Espadín destinado a la enseñanza o ejercicio de este juego. || 4. Lienzo o tela entrefina de algodón. || 3.ª acep.: P. florete; I. floret; F. fleuret; A. Fechtdegen, Florett; It. fioretto; R. сахарная пудра.

FLORETEAR. (De *floreta*.) tr. Adornar con flores una cosa. || 2. intr. Manejar el florete. || 3. AMÉR. Echar flores, requebrar. || 4. ARGENT. Enamorar por pasatiempo o coquetería.

FLORETEO. m. Acción y efecto de floretear.

★ **FLORETERO, RA.** adj. P. RICO. Lisonjero, halagüeño.

FLORETISTA. m. El que es diestro en el juego del florete.

FLORICULTOR, RA. (l. *flos*, *floris*, flor, y *cultor*, cultivador.) m. y f. Persona dedicada a la floricultura o cultivo de las flores. || P. floricultor; I. floriculturist; F. fleuriste; A. Blumen züchter; It. floricoltore; R. садовод.

FLORICULTURA. (l. *fios*, *fioris*, flor, y *cultūra*, cultivo.) f. Cultivo de las flores. || 2. Arte que lo enseña. || P. floricultura; I. y F. floriculture; A. Blumenzucht; It. floricoltura; R. цветочное садоводство.

★ **FLORICUNDIO.** m. MÉJ. Flor grande en los tejidos.

FLORIDAMENTE. adv. fig. Con elegancia y gracia.

FLORIDANO, NA. adj. Natural de la Florida. Ú.t.c.s. || 2. Perteneciente a este Estado de América del Norte.

FLORIDEZ. (De *florido*.) f. Abundancia de flores. || 2. Calidad de florido, ameno y galano.

FLORIDO, DA. adj. Que tiene flores. || 2. Aplícase a la letra muy adornada. || 3. fig. Dícese de lo más escogido de alguna cosa. || 4. fig. Se dice del lenguaje o estilo en que abundan las galas retóricas. || 5. V. *Pascua* FLORIDA. || 6. GERM. Rico, opulento. || P. e It. florido; I. florid, flowery; F. fleuri; A. blühend, blumig; R. цветущий.

FLORÍFERO, RA. (l. *florifer*, *-ĕra*; de *flos*, *floris*, flor, y *ferre*, llevar.) adj. Que lleva o produce flores.

FLORÍGERO, RA. (l. *floriger*, *-ĕra*; de *flos*, *floris*, flor, y *gerĕre*, llevar.) adj. poét. Florífero.

FLORILEGIO. (l. *flos*, *floris*, flor, y *legĕre*, escoger.) m. fig. Colección de trozos selectos de obras literarias. || P. florilégio; I. florilegium; F. florilège; A. Gedichtsammlung, Florilegium; It. florilegio; R. сборник избранных произведений.

FLORIMBO. m. CUBA. Madera para entablar.

★ **FLORÍN.** (ital. *fiorino*, moneda floren-

tina marcada con el lirio de los Médicis.) m. Moneda de plata que se usa en algunos países, especialmente en Austria y Holanda. || 2. Moneda de oro mandada acuñar por los reyes de Aragón. || P. florím; I. y F. florin; A. Gulden, Florin; It. fiorino; R. флорин.

★ **FLORIÓN, NA.** adj. COLOM. Fanfarrón, jactancioso.

★ **FLORIPÓN.** m. ARGENT. Floripondio. || 2. COLOM. Excrecencia de llagas.

FLORIPONDIO. m. Arbusto del Perú, de la familia de las solanáceas, de tronco leñoso, hojas grandes, flores solitarias, blancas, de olor delicioso pero perjudicial si se aspira mucho tiempo, y fruto elipsoidal. || 2. fig. despect. Flor grande que suele figurar en adornos de mal gusto.

FLORISTA. com. Persona que fabrica flores de mano. || 2. Vendedor o vendedora de flores. || P. florista; I. flower maker; F. fleuriste; A. Blumenmädchen, Blumenhändler; It. fiorista; R. цветочница.

° **FLORISTERÍA.** f. Tienda de flores.

FLORLISAR. tr. BLAS. Flordelisar.

FLORÓN. m. aum. de flor. || 2. Adorno, hecho a manera de flor muy grande en el centro de los techos de las habitaciones, etcétera. || 3. BLAS. Adorno a manera de flor, que se pone en el círculo de algunas coronas. || 4. fig. Hecho que da lustre y honra. || 5. CUBA. Clavo romano, y el que tiene la cabeza mayor y con adornos en relieve. || 2.ª acep.: P. florão; I. y F. fleuron; A. Blumenrosette; It. fiorone; R. розетка.

FLÓSCULO. (l. *floscŭlus*, florecita.) m. BOT. Cada una de las flores de corona tubulosa que forman parte de una cabezuela. || 2. ZOOL. Cierto órgano que se halla en el ano de algunas luciérnagas. || P. flósculo; I. floret, floscule; F. floscule; A. einzelnes, Blümchen; It. flòsculo.

FLOTA. (fr. *flotte*, del anglosajón *flôta*.) f. Conjunto de barcos mercantes de un país, compañía de navegación o línea marítima. || 2. Conjunto de otras embarcaciones que tienen un destino común. || 3. Conjunto de aparatos de aviación para un servicio determinado. || 4. fig. p. us. Multitud. Ú. en Chile. || 5. fig. y fam. AMÉR. Fanfarronada, y también embuste. P. frota; I. fleet; F. flotte; A. Handelsflotte; It. flotta; R. флот.

FLOTABILIDAD. f. Calidad de flotable.

FLOTABLE. adj. Capaz de flotar. || 2. Dícese del río por donde pueden conducirse a flote maderas u otras cosas, aunque no sea navegable.

FLOTACIÓN. f. Acción y efecto de flotar. || 2. MAR. Línea de flotación. || P. flutuação; I. floatation, flotage; F. flottement, flottaison; A. Flottsein, Wasserlinie; It. flottazione, galleggiamento; R. плавание.

FLOTADOR, RA. adj. Que flota en un líquido. || 2. m. Cuerpo destinado a flotar en un líquido. || 3. Corcho o cuerpo ligero que se echa en un río para observar la velocidad de la corriente y deducir el volumen que fluye por segundo de tiempo. || 4. Aparato que sirve para determinar el nivel de un líquido o para regular la salida del mismo. || P. flutuador; I. floating; F. flotteur; A. Schwimmer; It. galleggiante; R. поплавок.

FLOTADURA. (De *flotar*.) f. Flotación.

FLOTAMIENTO. (De *flotar*.) m. Flotación.

FLOTANTE. p.a. de flotar. Que flota. || 2. adj. Dícese de la costilla que, situada entre los músculos del abdomen, tiene su extremo libre. || 3. Aplícase a la deuda pública no consolidada, que aumenta o disminuye alternativamente. || 4. fam. COLOM. Fanfarrón. Ú.t.c.s.

FLOTAR. (fr. *flotter*, y éste del l. *fluctuāre*.) intr. Sostenerse un cuerpo en equilibrio en la superficie de un líquido o en suspensión, sumergido en un fluido aeriforme. || 2. Ondear en el aire. || P. flutuar; I. to float, to waver; F. flotter, surnager; A. schwimmen; It. flottare, fluttuare; R. плавать.

FLOTAR. tr. ant. Frotar.

FLOTE. (De *flotar*.) m. Flotadura. || *A* FLOTE. m. adv. Manteniéndose sobre el agua. || 2. fig. Con recursos, habilidad o suerte para salir de apuros.

★ **FLOTEAR.** tr. COLOM. Despilfarrar, derrochar.

FLOTILLA. f. d. de flota. || 2. Flota compuesta de buques pequeños. || 2.ª acep.: P. flotilha; I. flotilla; F. flottille; A. Flottille; It. flottiglia; R. флотилия.

★ **FLOTÓMETRO.** m. Fís. Instrumento para medir la densidad de los líquidos.

FLUCTUACIÓN. (l. *fluctuatio*, *-õnis*.) f. Acción y efecto de fluctuar. || 2. fig. Irresolución, indeterminación, vacilación o duda.

FLUCTUANTE. (l. *fluctŭans*, *-antis*.) p.a. de fluctuar. Que fluctúa.

FLUCTUAR. (l. *fluctuāre*, de *fluctus*, ola.) intr. Vacilar un cuerpo sobre las aguas por el movimiento de ellas. || 2. fig. Estar a riesgo de perderse y arruinarse una cosa. || 3. fig. Vacilar o dudar en la resolución de una cosa. || 4. Ondear, ser llevado por las olas. || 5. Oscilar, moverse de un lado a otro dentro de ciertos límites. || P. fluctuar; I. to fluctuate, to waver; F. fluctuer, chanceler; A. hin und her schwanken; It. fluttuare; R. колебаться.

FLUCTUOSO, SA. (l. *fluctuõsus*.) adj. Que fluctúa.

FLUECO. (l. *flõccus*, fleco.) m. ant. Fleco.

FLUENCIA. f. Acción y efecto de fluir. || 2. Lugar donde mana o comienza a fluir un líquido.

FLUENTE. (l. *fluens*, *-entis*.) p.a. de fluir. Que fluye.

FLUIDEZ. f. Calidad de fluido. || P. fluidez; I. fluidity; F. fluidité; A. Flüssigkeit; It. fluidezza; R. расплывчатость.

★ **FLUIDIFICAR.** (De *fluido*, y el l. *facĕre*, hacer.) tr. Transformar en fluido. Ú.t.c.r. || P. fluideficar; I. to fluidify; F. fluidifier; A. verflüssigen; It. fluidificare; R. превращать в жидкость.

FLUIDO, DA. (l. *fluidus*.) adj. Dícese del cuerpo cuyas moléculas tienen entre sí poca o ninguna coherencia y toma siempre la forma del recipiente donde está contenido; como los líquidos o los gases. Ú.t.c.s. || 2. fig. Tratándose del lenguaje, corriente y fácil. || 3. m. ZOOL. Cada uno de ciertos agentes hipotéticos que admiten algunos fisiólogos; como el fluido nervioso y el magnético animal. —**imponderable.** Fís. Cada uno de los agentes invisibles y de naturaleza desconocida considerados como causa inmediata de los fenómenos eléctricos, magnéticos, luminosos y caloríficos. —**elástico.** Fís. Cuerpo gaseoso. || P. e It. fluido; I. fluid; F. fluide; A. Fluid; R. флюид. || 2.ª acep.: P. fluente; I. fluent; F. fluide; A. fliessend; It. fluido; R. гладкий (о стиле).

FLUIR. (l. *fluĕre*.) intr. Correr un líquido o un gas.

FLUJO. (l. *fluxus*.) m. Acción y efecto de fluir. || 2. Movimiento de ascenso de la marea. || 3. Derrame al exterior de un líquido. || 4. QUÍM. Cada uno de los compuestos que se emplean en los laboratorios para fundir minerales y aislar metales. || 5. ECUAD. Gusto, afición. —**blanco.** MED. Excreción anormal procedente de las vías genitales de la mujer. —**de palabras.** fr. Abundancia excesiva de voces. || 2.ª acep.: P. preia-mar; I. flow; F. flux; A. Flut; It. flusso; R. морской прилив. || 3.ª acep.: P. fluxo; I. flux, flow; F. flux; A. fliessen; It. flusso; R. истечение.

FLUMINENSE. adj. Natural de Río de Janeiro. Ú.t.c.s. || 2. Relativo o perteneciente a esta ciudad del Brasil.

★ **FLUOGRAFÍA.** f. Procedimiento fotográfico propio para la reproducción de grabados antiguos, clisés, etc. || 2. Fotografía obtenida por dicho procedimiento.

FLÚOR. (l. *fluor*, de *fluĕre*, fluir.) m. Metaloide gaseoso, más pesado que el aire, de olor sofocante y desagradable y color amarillo verdoso. Posee gran actividad química, ataca a casi todos los metales y metaloides, descompone todas las substancias hidrogenadas, es tóxico, y se extrae de la fluorita. Su símbolo es F; su peso atómico, 19; su número atómico, 9. || 2. QUÍM. Flujo.

★ **FLUORESCEÍNA.** f. QUÍM. Compuesto químico que presenta una intensa fluorescencia verde en disolución alcalina.

FLUORESCENCIA. (De *fluorita*, mineral en que se observó primeramente el

F

fenómeno.) f. Propiedad que tienen algunos cuerpos de mostrarse pasajeramente luminosos, mientras reciben la excitación de ciertas radiaciones. ‖ **P.** fluorescência; **I.** y **F.** fluorescence; **A.** Fluoreszenz; **It.** fluorescenza; **R.** флɥоресценция.

FLUORESCENTE. adj. Perteneciente o relativo a la fluorescencia.

FLUORHÍDRICO. (De *flúor*, y el gr. ὕδωρ, agua.) adj. Quím. Dícese de un ácido muy enérgico, resultante de la combinación del flúor con el hidrógeno.

FLUORINA. f. Fluorita.

FLUORITA. (De *flúor*.) f. Mineral compuesto de flúor y calcio cristalino, compacto y de colores brillantes y variados. Úsase en las artes decorativas, en el grabado de cristal, etc.

* FLUOROBENCENO. m. Quím. Uno de los derivados halogenados aromáticos.

* FLUS. m. Cuba. Flux, terno, traje.

FLUSLERA. f. ant. Fruslera.

FLUVIAL. (l. *fluviālis*, de *fluvius*, río.) adj. Perteneciente a los ríos. ‖ **P., I.** y **F.** fluvial; **A.** Fluss (en comp.); **It.** fluviale; **R.** речной.

* FLUVIÓGRAFO. m. Aparato que sirve para registrar las variaciones del nivel de un río, embalse, etc.

FLUX. (fr. *flux*, y éste del l. *fluxus*, flujo, abundancia.) m. En ciertos juegos, circunstancia de ser de un mismo palo todas las cartas de un jugador. Es mayor o menor según el valor de los naipes. ‖ **2.** Colom. Terno, traje. ‖ *Estar uno a* flux. fr. fig. y fam. Colom. No tener nada. ‖ *Hacer* uno flux. fr. fig. y fam. Consumir enteramente su caudal o el ajeno, dejando sin pagar las deudas. ‖ *Tener* uno flux. fr. fig. y fam. Amér. Tener suerte, ser afortunado.

FLUXIBILIDAD. f. ant. Calidad de fluxible.

FLUXIBLE. (l. *fluxibĭlis*.) adj. desus. Fluido, líquido.

FLUXIÓN. (l. *fluxĭo, -ōnis*.) f. Acumulación morbosa de humores en cualquier órgano. ‖ **2.** Constipado de narices, resfriado. ‖ **P.** fluxão; **I.** y **F.** fluxion; **A.** (Ab-, Aus)Fluss; **It.** flussione; **R.** флюс.

¡FO! interj. de asco.

FOBIA. (gr. φοβία, horror.) Elemento que entra en algunas voces compuestas, como hidroFOBIA, para indicar repulsión o aversión hacia una cosa.

FOCA. (l. *phoca*, y éste del gr. φώκη.) f. Zool. Animal mamífero del orden de los pinnípedos, pisciforme, de cabeza globosa y cuello corto, y todo cubierto de pelo gris. Nada perfectamente, pero en tierra anda con dificultad y arrastrándose. Habita en los mares fríos. ‖ **P.** e **It.** foca; **I.** seal; **F.** phoque; **A.** Robbe, Seehund; **R.** тюлень.

FOCAL. adj. Fís. y Geom. Perteneciente o relativo al foco. *Distancia* FOCAL.

FOCEIFIZA. (ár. *fusaifisa*, mosaico.) f. Género de mosaico árabe, en el cual, pedacitos de vidrio dorado o de colores, figuran árboles, ciudades, flores y otros dibujos.

FOCENSE. (l. *phocensis*.) adj. Natural de Fócida. Ú.t.c.s. ‖ **2.** Perteneciente a este país de la Grecia antigua.

FOCINO. (De *foz*.) m. Aguijada de punta algo corva con que se gobierna al elefante.

FOCO. (l. *fŏcus*, fogón.) m. Fís. Punto donde convergen los rayos luminosos y caloríferos reflejados por un espejo cóncavo o refractados por una lente convergente. ‖ **2.** Fís. Punto, aparato o reflector de donde parte un haz de rayos luminosos o caloríferos. ‖ **3.** Geom. Punto cuya distancia a cualquiera de los de una curva se puede expresar en función racional y entera de las coordenadas de dichos puntos. ‖ **4.** fig. Lugar real o imaginario en que está como reconcentrada alguna cosa y desde el cual se propaga o ejerce influencia. ‖ —**acústico.** Punto donde se concentran las ondas sonoras emitidas dentro de una superficie cóncava al ser reflejada por ésta. ‖ —**aplanático o aplanético.** Fís. Punto desde el cual los rayos divergentes atraviesan una lente sin aberración. ‖ —**conjugado.** Fís. Cada una de las posiciones recíprocas que un punto luminoso y su foco ocupan en el eje principal de una lente o de un foco esférico. ‖ —**virtual.** Fís.

Punto en que concurren las prolongaciones de los rayos luminosos reflejados por un espejo convexo o refractado por una lente cóncava. ‖ **P.** e **It.** foco; **I.** focus; **F.** foyer, centre; **A.** Fokus; **R.** фокус, очаг.

* FOCÓMETRO. m. Fís. Instrumento cuyo objeto es medir la distancia focal de una lente convergente.

FÓCULO. (l. *focŭlus*, d. de *fŏcus*, fogón, hogar.) m. Hogar pequeño. ‖ **2.** Cavidad del ara gentilicia, donde se encendía el fuego.

FOCHA. f. Foja, ave zancuda.

* FOCHE. (De *¡fo!*) adj. pop. Chile. Dícese de las cosas fétidas. ‖ **2.** fig. pop. Chile. Dícese de la persona corrompida, sin esperanza de enmienda. Ú.t.c.s. ‖ **3.** m. pop. Chile. Persona que hiede.

FODOLÍ. (ár. *fuḍūlī*, curioso, entremetido.) adj. desus. Entremetido, hablador; amigo de aconsejar o intervenir donde no le llaman.

* FODONGO, GA. adj. Méj. Sucio. ‖ **2.** m. Méj. Pedo.

FOFADAL. (De *fofo*.) m. Argent. Tremedal.

FOFO, FA. (De *bofo*.) adj. Esponjoso, blando y de poca consistencia.

FOGAJE. (De *fuego*, en el sentido de hogar o casa.) m. Cierto tributo o contribución que pagaban antiguamente los habitantes de casas. ‖ **2.** Ar. Fuego, hogar. ‖ **3.** Argent. y Méj. Fuego, erupción de la piel. ‖ **4.** Argent., Colom., P. Rico y Venez. Bochorno, calor. ‖ **5.** Ecuad. Fogata, llamarada. ‖ **6.** fig. P. Rico. Bochorno, sonrojo, sofoco.

FOGAR. (l. *focāris*.) m. ant. Hogar.

FOGARADA. (De *fogar*.) f. Llamarada.

FOGARATA. f. fam. Fogata.

FOGAREAR. tr. Ast. y Sal. Quemar produciendo llama. ‖ **2.** r. Sal. Abochornarse las plantas, especialmente la vid.

FOGARIL. (De *fogar*.) m. Jaula de aros de hierro, dentro de la cual se enciende lumbre para que ilumine o sirva como señal. ‖ **2.** Fogarín, hogar bajo. ‖ **3.** And. y Ar. Hogar de la cocina.

FOGARÍN. (d. de *fogar*.) m. And. Hogar común que usan los trabajadores del campo.

FOGARIZAR. (De *fogar*.) tr. Hacer fuego con hogueras.

FOGATA. f. Fuego hecho con leña u otro combustible que levanta llama. ‖ **2.** Hornillo o mina de pequeña cavidad, que, cargado de pólvora, sirve para vencer obstáculos pequeños en la nivelación de los terrenos. ‖ **P.** fogueira; **I.** blaze; **F.** fougasse; **A.** Flackerfeuer; **It.** rogo; **R.** огонь.

FOGÓN. (b. l. *foco, focōnis*, y éste del l. *fŏcus*, fuego.) m. Sitio de la cocina para hacer fuego. ‖ **2.** Oído en las armas de fuego como cañones, morteros, etc. ‖ **3.** En las calderas de las máquinas de vapor, lugar destinado a contener el combustible. ‖ **4.** C. Rica, Argent. y Chile. Fuego, fogata. ‖ **5.** Argent. Reunión de paisanos o soldados en torno al fuego. ‖ **6.** Cocinita portátil de los buques. ‖ **P.** fogão; **I.** hearth; **F.** foyer, âtre; **A.** Küchenherd; **It.** focolare; **R.** кухонная плита.

FOGONADURA. (De *fogón*, por comparación con el agujero por donde pasa el tubo del fogón.) f. Mar. Cada uno de los agujeros que tienen las cubiertas de la embarcación para que pasen por ellos los palos a fijarse en sus carlingas. ‖ **2.** Abertura en un piso de madera para dar paso a un pie derecho que sirve de sostén a algún objeto elevado. ‖ **3.** Amér. Parte del poste o viga metida en el suelo o pared. ‖ **4.** Colom. Hoguera, fogón.

FOGONAZO. (De *fogón*, oído de una arma de fuego.) m. Llama que levanta la pólvora cuando prende.

* FOGONEAR. tr. Rep. Domin. Disparar las armas de fuego. ‖ **2.** Cuba. Podrirse la parte soterrada de postes y estacas.

FOGONERO. m. El que cuida del fogón, principalmente en las máquinas de vapor. ‖ **P.** fogueiro; **I.** stoker; **F.** chauffeur; **A.** Feuermann, Heizer; **It.** fochista; **R.** кочегар.

FOGOSIDAD. (De *fogoso*.) f. Ardimiento y viveza en demasía.

FOGOSO, SA. (De *fuego*.) adj. ant. Que quema. ‖ **2.** fig. Ardiente, demasiado vivo.

FOGUEACIÓN. f. Numeración de hogares o fuegos.

FOGUEAR. tr. Limpiar con fuego una arma, lo que se hace cargándola con poca pólvora y disparándola. ‖ **2.** Mil. Acostumbrar a las personas o caballos al fuego de la pólvora. ‖ **3.** fig. Acostumbrar a alguien a las penalidades y trabajos de una ocupación. ‖ **4.** Veter. Cauterizar, restañar la sangre.

FOGUEO. m. Acción y efecto de foguear.

FOGUERA. (l. *focaria*, de *fŏcus*, fuego.) f. ant. Hoguera.

FOGUERO. RA. (l. *focarius*.) adj. ant. Perteneciente al fuego o llama de la hoguera. ‖ **2.** Venez. Pirotécnico.

FOGUEZUELO. m. d. de fuego.

FOIR. (l. *fugĕre*.) intr. ant. Huir.

FOISO, SA. (l. *fossus*, cavado, ahondado.) adj. ant. Hondo.

FOJA. (l. *folĭa*, hojas.) f. ant. Hoja. ‖ **2.** Hoja de papel en un proceso. Ú. en América en el lenguaje corriente.

FOJA. (cat. *folxa*, y éste del l. *fŭlica*, gaviota.) f. Ave zancuda que vuela mal y es nadadora. Su plumaje es negro con reflejos grises, pico grueso, alas anchas, cola corta y pies de color verdoso amarillento, con dedos largos y palmeados.

* FOJO, JA. adj. Méj. Fofo, esponjoso.

FOJUELA. f. ant. Hojuela.

FOLGA. (De *folgar*.) f. ant. Huelga, pasatiempo.

FOLGADO, DA. p.p. de folgar. ‖ **2.** adj. ant. Holgado.

FOLGAMIENTO. (De *folgar*.) m. ant. Huelga.

FOLGANZA. (De *folgar*.) f. ant. Holgura o descanso.

FOLGAR. (l. *follicāre*, de *follis*, fuelle.) intr. ant. Holgar. ‖ **2.** ant. Tener ayuntamiento carnal.

FOLGAZANO, NA. (De *folganza*.) adj. ant. Holgazán.

FOLGO. (l. *follĭcus*, der. regres. de *follĭculus*.) m. Bolsa forrada de pieles, para abrigar los pies y las piernas cuando uno está sentado.

FOLGUÍN. m. ant. Golfín, ladrón que solía ir con otros en cuadrilla.

FOLGURA. (De *folgar*.) f. ant. Holgura.

FOLÍA. (fr. *folie*, de *fol*, y éste del l. *follis*, fuelle.) f. ant. Locura. ‖ **2.** Canto popular de las islas Canarias que se acompaña con la guitarra. ‖ **3.** fig. Cualquier música ligera, de gusto popular. ‖ **4.** pl. Baile portugués que se bailaba entre muchas personas. ‖ **5.** Tañido y mudanza del baile español que solía bailar uno solo con castañuelas.

FOLIÁCEO, A. (l. *foliacĕus*, de *folĭum*, hoja.) adj. Bot. Perteneciente o relativo a las hojas de las plantas. ‖ **2.** Que tiene estructura laminar.

FOLIACIÓN. f. Acción y efecto de foliar. ‖ **2.** Serie numerada de los folios de un escrito o impreso. ‖ **3.** Bot. Acción de echar hojas las plantas. ‖ **4.** Bot. Modo de estar colocadas las hojas en una planta.

* FOLIADO, DA. p.p. de foliar. ‖ **2.** adj. Bot. Que tiene hojas.

FOLIADOR, RA. adj. Que sirve para foliar. Dícese especialmente de las máquinas y aparatos que se emplean para numerar los folios. Ú.t.c.s.

FOLIAR. tr. Numerar los folios de un libro o cuaderno. ‖ **P.** foliar; **I.** to page; **F.** numéroter; **A.** paginieren; **It.** fogliettare; **R.** нумеровать страницы.

FOLIATURA. (l. *foliatūra*.) f. Foliación.

FOLICULAR. adj. En forma de folículo.

FOLICULARIO. (fr. *folliculaire*, y éste del l. *follicŭlus*, folículo.) m. despect. Folletista, periodista.

* FOLICULINA. f. Bioquím. Estrona, hormona sexual femenina que influye en la libido de la mujer y regula la menstruación.

FOLÍCULO. (l. *follicŭlus*.) m. Bot. Fruto sencillo y seco, que se abre sólo por un lado y tiene una sola cavidad que comúnmente encierra varias semillas. ‖ **2.** Zool. Glándula sencilla, en forma de saquito, situada en el espesor de la piel o de las mucosas. ‖ **2.ª** acep.: **P.** folículo; **I.** follicle; **F.** follicule; **A.** Balgfrucht, Samenhülle; **It.** follicolo; **R.** фолликул.

FOLIJONES. (De *folía*, baile.) m. pl. Son y danza que se usaba en Castilla la Vieja.

FOLIO. (l. *folĭum*, hoja.) m. Hoja de libro o cuaderno. || **2.** Titulillo o encabezamiento de las páginas de un libro. || **3.** Hierba dioica enurobiácea, de hojas aovadas y cubiertas de una especie de tomento blanco, tallo algo leñoso, flores conglobadas y semillas casi redondas. || **4.** COLOM. Alfaque. || **5.** COLOM. Monedas que en los bautizos reparte el padrino entre los muchachos a la puerta de la iglesia. **—atlántico.** De grandes dimensiones, que no se dobla por la mitad. **—de Descartes.** GEOM. Curva de tercer grado, con dos ramas infinitas que tienen una asíntota común y se cortan formando un lazo sencillo. || **—vuelto.** Segunda plana de la hoja de un libro que sólo tiene numerada la primera plana. || *De a* FOLIO. fig. y fam. Muy grande, dicho de varias cosas inmateriales. || P. e I. folio; F. feuille; A. Blatt-Buch-seite; It. foglio; R. лист.

FOLÍOLO. (l. *foliŏlum*.) m. BOT. Cada una de las hojuelas de una hoja compuesta.

FOLIÓN. m. Folía, baile portugués muy ruidoso.

FOLKLORE. (Voz inglesa.) m. Conjunto de las tradiciones, creencias y costumbres de las clases populares. || **2.** Ciencia que estudia estas materias. || P. e It. folclore; I. folklore; F. folk-lore; A. Volkskunde; R. фольклор.

FOLKLÓRICO, CA. adj. Perteneciente al folklore.

FOLKLORISTA. m. y f. Persona versada en el folklore.

FOLUZ. (Del mismo or. que *felús*.) f. Cornado, antigua moneda, tercia parte de una blanca.

FOLLA. (De *follar*, destruir.) f. Lance del torneo en que batallan dos cuadrillas desordenadamente. || **2.** Junta o mezcla de muchas cosas diversas, sin orden ni concierto. || **3.** Diversión teatral compuesta de varios pasos de comedia inconexos, mezclados con otros de música.

FOLLADA. (De *follar*, formar en hojas.) f. Empanadilla hueca y hojaldrada.

FOLLADO, DA. p.p. de follar. || **2.** m. SAL. La parte más ancha y holgada de las mangas y de la pechera de la camisa. || **3.** CAN. Arbusto caprifoliáceo, usado en cestería.

FOLLADOR. (De *follar*, soplar con los fuelles.) m. El que afuella en una fragua.

FOLLAJE. (prov. *follatge*, y éste del l. *foliaticum*, de *folĭum*, hoja.) m. Conjunto de hojas de los árboles y plantas. || **2.** Adorno de hojas con que se engalana una cosa. || **3.** fig. Adorno superfluo, complicado y de mal gusto. || **4.** fig. Abundancia de palabras superfluas. || P. folhagem; I. foliage; F. feuillage; A. Laubwerk; It. fogliame; R. листва.

FOLLAJERÍA. f. ant. Follaje, adorno de cogollos y hojas rizadas.

FOLLAR. (l. *follis*, fuelle.) tr. Afollar, soplar con los fuelles. || **2.** r. Soltar una ventosidad sin ruido.

FOLLAR. (l. *folĭum*, hoja.) tr. Formar o componer alguna cosa en hojas.

FOLLAR. (l. *fullăre*, abatanar.) tr. ant. Hollar.

* **FOLLEO.** m. CUBA. Contienda, riña.

* **FOLLEQUE.** m. PERÚ. Automóvil pequeño.

FOLLERO. m. El que hace o vende fuelles.

FOLLETA. (prov. *folheta*, y éste d. del l. *fólia*.) f. ant. Medida de vino que corresponde al cuartillo.

FOLLETERO. m. Follero.

FOLLETÍN. m. d. de folleto. || **2.** Escrito inserto en la parte inferior de las planas de los periódicos, y en el cual se trata de materias extrañas al objeto principal de la publicación; como una novela. || **3.** Novela truculenta, de escaso valor literario. || **2.ᵃ** acep.: **P.** folhetim; **I.** y **F.** feuilleton; **A.** Beiblatt, Feuilleton; **It.** appendice; **R.** газетный подвал.

FOLLETINESCO, CA. adj. Perteneciente o relativo al folletín. || **2.** fig. Complicado y avivador del interés, como suelen ser las novelas que se publican en los folletines.

FOLLETINISTA. com. Escritor de folletines.

FOLLETISTA. com. Escritor de folletos.

FOLLETO. (ital. *foglietto*, y éste del l. *folĭum*, hoja.) m. Obra impresa, no periódica, que no consta de bastantes hojas para formar libro. || P. folheto; I. pamphlet; F. plaquette, brochure; A. Broschüre; It. foglietto, opuscoletto; R. брошюра.

* **FOLLÍN.** m. fig. CHILE. Persona colérica.

FOLLISCA. f. COLOM. y VENEZ. Fullona, pendencia, gresca.

FOLLÓN, NA. (l. *follis*, fuelle.) adj. Flojo, perezoso y negligente. Ú.t.c.s. || **2.** Vano, arrogante, cobarde y de ruin proceder. Ú.t.c.s. || **3.** m. Cohete que se dispara sin trueno. || **4.** Ventosidad sin ruido.

º **FOLLÓN.** m. Alboroto, jaleo, enredo.

* **FOLLONEARSE.** r. CHILE. Expulsar sin hacer ruido una ventosidad.

FOLLONERÍA. (De *follón*.) f. ant. Ruindad en el modo de proceder.

FOLLONÍA. (De *follón*.) f. desus. Vanidad, presunción.

FOLLOSAS. (De *fuelle*.) f. pl. GERM. Calzas.

FOMALHAUT. (ár. *fam al hawt*, boca del pez.) f. ASTRON. Estrella de primera magnitud en la constelación del Pez austral.

FOMENTACIÓN. (l. *fomentatio, -ōnis*.) f. MED. Acción y efecto de fomentar, de aplicar algún fomento. || **2.** MED. Fomento, medicamento líquido que se aplica en paños empapados en él.

FOMENTADOR, RA. adj. Que fomenta. Ú.t.c.s.

FOMENTAR. (l. *fomentăre*.) tr. Dar calor natural o templado que vivifique o preste vigor. || **2.** fig. Excitar, promover una cosa. || **3.** fig. Atizar, dar pábulo a una cosa. || **4.** MED. Aplicar a una parte enferma paños empapados en un líquido. || **5.** AMÉR. Empezar a levantar un ingenio o cafetal. || **6.** CUBA y P. RICO. Fundar, establecer y explotar un negocio. || P. fomentar; I. to foment; F. fomenter, encourager; A. anreizen, beförbern, poussieren; It. fomentare; R. согревать, поощрять.

FOMENTO. (l. *fomentum*, contracc. de *fovimentum*; de *fovēre*, abrigar, calentar.) m. Calor, abrigo o reparo que se da a una cosa. || **2.** Pábulo o materia con que se ceba una cosa. || **3.** fig. Auxilio, protección. || **4.** Medicamento líquido que se aplica en paños exteriormente.

FOMES. (l. *fomes*.) m. Causa que excita y promueve una cosa.

FÓMITE. (l. *fomes, -itis*.) m. desus. Fomes.

FON. m. Unidad de intensidad de sonido. Los ruidos apenas perceptibles tienen uno o dos fones; un ruido fortísimo que causa dolor de oídos ha de ser superior a 125 fones.

FONA. (Voz catalana.) f. desus. Cuchillo en las capas u otras ropas. Ú.m. en pl.

FONACIÓN. (gr. φωνή, voz.) f. Emisión de la voz o de la palabra.

FONCARRALERO, RA. adj. Natural de Fuencarral. Ú.t.c.s. || **2.** Relativo o perteneciente a este pueblo de la provincia de Madrid.

FONDA. (Del m. or. que *fondac*.) f. Establecimiento público donde se da hospedaje y se sirven comidas. || **2.** CHILE. Puesto o cantina en que se sirven comidas y bebidas. || **3.** GUAT. Tienda donde se vende aguardiente. || **4.** R. DE LA PLATA. Restaurante de ínfima categoría. || P. hospedaria; I. hotel, inn; F. hôtel; A. Gasthof, Wirtshaus; It. albergo; R. гостиница.

FONDA. (l. *fúnda*.) f. ant. Honda.

FONDABLE. (De *fondo*.) adj. Aplícase a los parajes marinos donde pueden dar fondo los barcos.

FONDAC. (ár. *fundāq*, hospedería, depósito, alhóndiga.) m. En Marruecos, hospedería y almacén donde se negocia con las mercancías.

FONDADO, DA. (De *fondo*.) adj. Aplícase a los barriles y pipas cuyo fondo se asegura con cuerdas o con flejes de hierro. || **2.** fam. COLOM. Rico, acaudalado.

* **FONDAZO.** m. VENEZ. Pescozón, puñetazo.

FONDEADERO. m. Paraje situado en costa, puerto o ría, de profundidad suficiente para que la embarcación pueda dar fondo. || P. fundeadouro; I. anchoring-place; F. mouillage; A. Ankergrund; It. ancoraggio; R. якорная стоянка.

FONDEADO, DA. p.p. de fondear. || **2.** adj. COLOM., MÉJ. y VENEZ. Rico, acaudalado, que está en fondos.

FONDEAR. tr. Reconocer el fondo del agua. || **2.** Registrar los funcionarios del fisco si una embarcación trae géneros de contrabando. || **3.** fig. Examinar con cuidado una cosa hasta llegar a sus principios. Se aplica también a las personas para cerciorarse de su aptitud o conocimientos. || **4.** MAR. Desarrumar la carga del navío hasta descubrir fondo. || **5.** intr. MAR. Asegurar una embarcación o cuerpo flotante por medio de anclas o pesos. || P. sondar; I. to sound; F. sonder; A. ankern, loten; It. scandagliare; R. измерять глубину. || **5.ᵃ** acep.: P. fundear; I. to anchor; F. mouiller; A. (ver)ankern; It. fondeggiare; R. становиться на якоть.

FONDEARSE. r. AMÉR. Acumular fondos, enriquecerse.

FONDEO. m. Acción de fondear, registrar o reconocer o asegurar una embarcación.

FONDERO. (De *fonda*.) m. ant. Hondero.

* **FONDERO, RA.** (De *fonda*, casa de comidas y hospedaje.) m. y f. PERÚ. Fondista.

FONDEZA. (De *fondo*, hondo.) f. ant. Profundidad.

FONDILLÓN. (De *fondo*.) m. Asiento y madre de la cuba cuando, después de mediada, se vuelve a llenar. || **2.** Vino rancio de Alicante.

FONDILLOS. (De *fondo*.) m. pl. Parte trasera de los calzones o pantalones.

* **FONDILLUDO, DA.** adj. fam. P. RICO y AMÉR. CENTRAL. Que tiene las nalgas voluminosas.

* **FONDÍN.** m. d. de fonda. Casa de comida y hospedaje. || **2.** ARGENT. Fonda de ínfima categoría.

FONDIRSE. (De *fondo*.) r. ant. Hundirse.

FONDISTA. com. Persona que tiene a su cargo una fonda.

FONDO, DA. (l. *fundus*.) adj. ant. Hondo. || **2.** m. Parte inferior de una cosa hueca. || **3.** Hablando del mar, ríos o estanques, superficie sobre la cual está el agua. || **4.** Hondura. || **5.** Extensión interior de un edificio. || **6.** Color o dibujo que cubre una superficie. || **7.** Campo de una tela, pintura, etcétera, sobre el cual resaltan los adornos o manchas. || **8.** Grueso que tienen los diamantes. || **9.** Conjunto de bienes que posee una persona o comunidad. || **10.** Índole. || **11.** Artículo de fondo. || **12.** fig. Lo principal y esencial de una cosa. || **13.** fig. Caudal de una cosa; como de sabiduría, virtud, etcétera. || **14.** Vaca, cantidad de dinero que dos personas juegan en común. || **15.** Cada una de las colecciones, impresos o manuscritos de una biblioteca que ingresan de una determinada procedencia. || **16.** Falda de debajo sobre la cual se arma el vestido. || **17.** Cada uno de los témpanos de la cuba o tonel. || **18.** ÁL. Arte de pesca compuesto de una cuérda a cuyo extremo hay dos anzuelos y un plomo. || **19.** CUBA. Caldera usada en los ingenios. || **20.** MÉJ. Saya blanca que las mujeres llevan debajo de las enaguas. || **21.** MAR. Parte de un buque que va debajo del agua. Ú.t. en pl. || **22.** MAR. Voz de mando para arrojar al mar el ancla. || **23.** COLOM. y CHILE. Paila grande. || **24.** Espacio en que se forman las hileras y ocupan los soldados pecho con espalda. || **25.** pl. Caudales, dinero, papel moneda, etc., perteneciente al tesoro público o al haber de un negociante. || **26.** FOR. En los procesos, la cuestión de derecho substantivo por contraposición a las de trámite y excepciones dilatorias. || *Bajos* FONDOS. fig. La hez de la población. **—muerto, perdido** o **vitalicio.** Capital que se impone a rédito por una o más vidas, quedándose al extinguirse éstas a beneficio del que lo recibió y pagó el rédito. || **Fondos de amortización.** Los destinados a extinguir una deuda o a compensar una depreciación. || **—de garantía.** Reserva que constituyen las empresas mercantiles con el producto mismo de las operaciones, para responder del capital aportado por los socios. || **—de**

F

reptiles. fig. y fam. Fondos secretos de algunos ministerios que se aplican a la captación de voluntades o al simple favor. || **—de reserva.** Cuenta especial de las empresas mercantiles, de valores que se conservan para compensar posibles pérdidas. || **—secretos.** Los créditos autorizados por el presupuesto para gastos de seguridad interior o exterior del Estado, sin sujeción a los requisitos y justificantes de las leyes de la contabilidad. || **—públicos.** Títulos de la deuda pública y otros valores cotizables en la Bolsa. || *A* FONDO. m. adv. Entera y perfectamente. || *Dar* FONDO. fr. MAR. Fondear una embarcación. || *Irse a* FONDO. fr. Hundirse en el agua. || 2. ESGR. Tenderse uno hacia adelante para tirar una estocada. || *Tener buen,* o *mal* FONDO. fr. Ser de buena o mala índole. || **P.** fundo; **I.** bottom; **F.** fond; **A.** Grund, Boden; **It.** fondo; **R.** дно.

FONDÓN. (De *fondo*.) m. Fondillón. || **2.** Lo más bajo, o el fondo, de los brocados de altos.

FONDÓN, NA. adj. fam. y despect. Dícese de la persona que ha perdido la gallardía y la agilidad de la juventud por haber engordado.

FONDONERO, RA. (De *fondón*.) adj. ant. Hondonero.

★ **FONDONGA.** f. VENEZ. Yegua o vaca de mucho vientre.

★ **FONDONGO.** m. CUBA. El trasero, el tafanario.

★ **FONDONGÓN, NA.** adj. MÉJ. Grueso, gordo.

★ **FONDOQUE.** m. CUBA. Trasero abultado.

FONDURA. f. ant. Hondura.

FONÉBOL. (cat. *fonèbol*, y éste del l. *fundíbulum*.) m. Fundíbulo.

FONEMA. (gr. φώνημα, sonido de la voz.) m. GRAM. Cada uno de los sonidos simples del lenguaje hablado, sea letra o sílaba.

FONENDOSCOPIO. (gr. φωνή, sonido; ἔνδον, dentro, y σκοπέω, examinar.) m. Aparato semejante al estetoscopio, más perfeccionado y para audición biauricular.

FONÉTICA. (gr. φωνητική, t. f. de -κός, fonético.) f. Conjunto de los sonidos de un idioma. || **2.** Estudio acerca de los sonidos de uno o varios idiomas. || **P.** fonética; **I.** phonetics; **F.** phonétique; **A.** Phonetik; **It.** fonètica; **R.** фонетика.

FONÉTICO, CA. (gr. φωνητικός.) adj. Perteneciente a la voz humana o al sonido en general. || **2.** Aplícase a todo alfabeto o escritura cuyos elementos o letras representan sonidos. || **3.** Dícese especialmente del alfabeto u ortografía que pretende representar los sonidos con mayor exactitud que la escritura usual.

FONETISMO. m. Conjunto de caracteres fonéticos de un idioma. || **2.** Adaptación de la escritura a la más exacta representación de los sonidos de un idioma.

FONETISTA. com. Persona versada en fonética.

★ **FONÍA.** f. Unidad definida por el mínimo de sonoridad perceptible a una distancia determinada.

★ **FONIATRA.** com. Médico especializado en el tratamiento de las enfermedades de la voz y de la palabra.

FÓNICO, CA. (gr. φωνή, voz.) adj. Perteneciente a la voz o al sonido.

FONIL. (arag. *fonil*, y éste del l. *fúndile*, por *fundíbulum*, embudo.) m. Embudo para envasar líquidos en las pipas.

FONJE. (cat. *fonxe*, y éste del l. *fúngeus*, de *fúngus*, hongo.) adj. p. us. Blando, esponjoso.

° **FONO.** m. Fís. Especie de teléfono. || **2.** CHILE. Auricular, receptor del teléfono.

★ **FONOCÁMPTICA.** f. Fís. Tratado de la reflexión del sonido, como parte de la acústica.

FONOCAPTOR. (gr. φωνή, sonido, y el l. *captor*, -ōris.) m. ELECTR. Aparato que aplicado a un disco de gramófono permite reproducir eléctricamente las vibraciones escritas en el disco.

★ **FONOGÉNICO, CA.** adj. Dícese de la voz o el sonido que reúnen buenas condiciones para su reproducción sonora por medios eléctricos y mecánicos.

FONOGRAFÍA. f. Manera de inscribir sonidos para reproducirlos por medio del fonógrafo.

FONOGRÁFICO, CA. adj. Perteneciente o relativo al fonógrafo.

FONÓGRAFO. (gr. φωνή, voz, y γράφω, escribir.) m. Fís. Instrumento que inscribe sobre un cilindro, generalmente de cera, las vibraciones de la voz humana o de cualquiera otro sonido, y las reproduce. || **P.** fonógrafo; **I.** phonograph; **F.** phonographe; **A.** Phonograph; **It.** fonógrafo; **R.** фонограф.

FONOGRAMA. (gr. φωνή, voz, y γράμμα, letra.) m. Sonido representado por una o varias letras. || **2.** Cada una de las letras del alfabeto.

FONOLITA. (gr. φωνή, sonido, y λίθος, piedra.) f. Roca compuesta de feldespato y de silicato de alúmina; es compacta, de color gris azulado, y se emplea como piedra de construcción.

FONOLOGÍA. (gr. φωνή, voz, y λόγος, tratado.) f. Fonética. || **2.** Rama de la lingüística que estudia los elementos fónicos de una lengua. || **P.** fonologia; **I.** phonology; **F.** phonologie; **A.** Phonologie, Lautlehre; **It.** fonologia; **R.** фонетика.

FONOLÓGICO, CA. adj. Relativo a la fonología.

FONÓLOGO. m. Persona entendida en la fonología.

FONÓMETRO. (gr. φωνή, sonido, y μέτρον, medida.) m. Aparato para medir el sonido. || **P.** fonómetro; **I.** phonometer; **F.** phonomètre; **A.** Schallmesser; **It.** fonòmetro.

FONSADERA. (De *fonsado*, en b. l. *fonsadera*.) f. Servicio personal en la guerra, que se prestaba antiguamente. || **2.** Tributo que se pagaba para atender a los gastos de guerra.

FONSADO. (Del m. or. que *fosado*.) m. Fonsadera. || **2.** Labor del fosado.

FONSARIO. (b. l. *fonsarius*, y éste del l. *fossa*, foso.) m. ant. Foso que circunda las plazas.

FONTAL. (l. *fontālis*.) adj. Perteneciente a la fuente.

FONTANA. (l. *fontāna*.) f. poét. Fuente, manantial. Ú. corrientemente en Santander.

FONTANAL. (l. *fontanālis*.) adj. Perteneciente a la fuente. || **2.** m. Fontanar. || **3.** Sitio que abunda en manantiales.

FONTANAR. (De *fontana*.) m. Manantial.

FONTANELA. (De *fontana*.) f. Cada uno de los espacios membranosos que hay en el cráneo de muchos animales antes de su completa osificación. || **P.** fontanela; **I.** y **F.** fontanelle; **A.** Hirnblättchen; **It.** fontanella; **R.** фонтанель.

FONTANERÍA. (De *fontanero*.) f. Arte de encañar o conducir las aguas para los diversos usos de ellas. || **2.** Conjunto de conductos por donde se conduce el agua.

FONTANERO, RA. (De *fontana*.) adj. Perteneciente a las fuentes. || **2.** m. Artífice que encaña, y conduce las aguas para sus diversos usos. || **2.ª** acep.: **P.** fontanário; **I.** pipelayer; **F.** fontainier; **A.** Rohrleger; **It.** fontaniere; **R.** фонтанный.

FONTANO, NA. (l. *fontānus*.) adj. ant. Fontanal, que pertenece a la fuente.

FONTANOSO, SA. (De *fontana*.) adj. ant. Aplicábase al lugar en que hay muchos manantiales.

FONTE. f. ant. Fuente.

FONTECICA, LLA. f. d. de fuente.

FONTEGÍ. m. Variedad de trigo fanfarrón.

FONTEZUELA. f. d. de fuente.

FONTÍCULO. (l. *fonticŭlus*.) m. CIR. Fuente, llaga abierta artificialmente para curar una enfermedad.

FOÑICO. (l. *folium*, hoja.) m. AND. Hoja seca de maíz.

FOQUE. (neerl. *fok*.) m. MAR. Cada una de las velas triangulares que se orientan y amuran sobre el bauprés; y por antonom., la mayor y principal de ellas. || **2.** fig. y fam. Cuello de camisa almidonado de puntas muy tiesas. || **P.** bujarrona; **I.** jib; **F.** foc; **A.** Klüver; **It.** flocco; **R.** кливер.

★ **FORA.** f. PERÚ. Maíz preparado para la fabricación de la chicha. || **2.** ZOOL. Género de insectos dípteros.

FORADADOR. (De *foradar*.) m. ant. Instrumento con que se horada.

FORADAR. (De *forădo*.) tr. ant. Horadar. Ú.t.c.r.

FORADO, DA. (l. *forātus*, de *forāre*, horadar.) adj. ant. Que está horadado. || **2.** AMÉR. MERID. Horado hecho en una pared.

FORAIDA. (l. *forāre*, agujerear.) f. ant. Hondonada.

FORAJIDO, DA. (l. *foras*, fuera, y *exītus*, salido.) adj. Aplícase a la persona facinerosa que anda fuera de poblado, huyendo de la justicia. Ú.t.c.s. || **P.** forajido; **I.** highwayman, outlaw; **F.** fugitif, malfaiteur; **A.** Strassenräuber; **It.** facineroso; **R.** беглый.

FORAL. adj. Perteneciente al fuero. || **2.** m. En Galicia, tierra o heredad dada en foro o enfiteusis.

FORALMENTE. adv. Con arreglo a fuero.

FORAMBRE. (l. *forāmen*, -ĭnis.) f. ant. Agujero, orificio.

FORAMBRERA. f. ant. Forambre.

FORAMEN. (l. *forāmen*.) m. Agujero o taladro. || **2.** Taladro de la piedra baja de la tahona, por donde entra el palahierro.

FORAMINÍFERO. (De *foramen*.) adj. ZOOL. Dícese de los protozoos rizópodos acuáticos, casi todos marinos, con seudópodos. Sus caparazones forman enormes depósitos en los fondos marinos. Ú.t.c.s. || **2.** m. pl. Orden de estos animales.

FORÁNEO, A. (b. l. *foranĕus*, y éste del l. *foras*, de fuera.) adj. Forastero, extraño. || **2.** RIOJA. Exterior, de fuera. Aplícase a las hojas exteriores de las berzas, lechugas, etc.

★ **FORANES.** m. pl. ARQ. NAV. Puntales del andamio que se coloca al costado del barco en construcción.

★ **FORANGO, GA.** adj. joc. PERÚ. Forastero.

FORANO, NA. (b. l. *foranus*, de *foras*, de fuera.) adj. ant. Foráneo, forastero.

FORAÑO, ÑA. (b. l. *foranus*, y éste del l. *foras*, de fuera.) adj. ant. Exterior, de fuera. || **2.** m. SAL. La tabla que se saca de junto a la corteza del árbol.

FORAS. (l. *foras*.) adv. ant. Fuera.

★ **FORASTERA.** f. CHILE. Veta nueva que se descubre en una mina.

FORASTERO, RA. (ant. fr. *forestier*, de *forest*, y éste del l. *foras*, de fuera.) adj. Que es o viene de fuera del lugar. || **2.** Dícese de la persona que vive o está en un lugar de donde no es nacida ni es vecina. || **3.** fig. Extraño, ajeno. || **P.** forasteiro; **I.** stranger; **F.** étranger; **A.** fremd; **It.** forastiero; **R.** чужестранный.

FORCA. (l. *furca*.) f. ant. Horca.

FORCATE. (arag. *forcat*, y éste del l. *forcatus*, de *fúrca*, horca.) m. ÁL., AR. y RIOJA. Arado con dos varas o timones para que tire de él una sola caballería.

FORCATEAR. tr. ÁL. y RIOJA. Arar con forcate.

FORCAZ. (De *forca*.) adj. Dícese del carromato de dos varas.

FORCEJAR. intr. Hacer fuerza para vencer alguna resistencia. || **2.** fig. Resistir, hacer oposición, contradecir tenazmente. || **P.** forcejear; **I.** to struggle, to strive; **F.** faire force, se débattre; **A.** sich anstrengen; **It.** forzare; **R.** напрягаться.

FORCEJEAR. (De *forcejeo*.) intr. Forcejar, hacer fuerza, y también resistir.

FORCEJEO. m. Forcejo.

FORCEJO. (De *forcejo*.) m. Acción de forcejar.

FORCEJÓN. (De *forcejo*.) m. Esfuerzo violento.

FORCEJUDO, DA. adj. Que tiene y hace mucha fuerza.

FÓRCEPS. (l. *forceps*, tenaza.) m. OBST. Instrumento en forma de tenaza, que se usa para la extracción de las criaturas en los partos difíciles. || **P.** fórceps; **I.** y **F.** forceps; **A.** Geburtszange; **It.** fòrcipe; **R.** щипцы.

FORCIAR. tr. ant. Forzar.

FORCINA. (dialect. *forcina*, y éste del l. *fúscina*, horca. infl. por *fúrca*.) f. ant. Especie de tenedor grande de tres púas.

FORCIR. (l. *fúlcĭre*, apoyar.) tr. ant. Fortalecer o reforzar.

★ **FORCITA.** (De *fuerza*.) f. Explosivo compuesto principalmente de celulosa y nitroglicerina.

FORCHINA. (l. *fúscina*, infl. por *fúrca*.) f. Arma de hierro a modo de horquilla.

FORENSE. (l. *forensis,* de *forum,* foro, plaza pública.) adj. Perteneciente al foro. || **2.** Se dice del médico adscrito oficialmente a un juzgado de instrucción.

FORENSE. (l. *foras,* de fuera.) adj. Forastero.

FORERO, RA. adj. Perteneciente o que se hace conforme a fuero. || **2.** Dueño de finca dada a foro. || **3.** El que paga foro.

FORESTACIÓN. f. Acción y efecto de poblar un terreno con plantas forestales.

FORESTAL. (b. l. *forestalis,* de *foresta,* bosque, y éste del l. *foras,* afuera.) adj. Relativo a los bosques y a los aprovechamientos de leñas, pastos, etc.

FÓRFOLAS. (l. *furfur,* *-ŭris,* caspa.) f. pl. ant. Escamas que se forman en el cuero cabelludo, al modo de caspa gruesa y pegada.

FORIGAR. tr. Ar. Hurgar, hurgonear.

FORILLO. m. En el teatro, telón pequeño que se pone detrás y a la distancia conveniente del telón de foro en que hay puerta.

FORÍNSECO, CA. (l. *forinsĕcus.*) adj. ant. Que está de la parte de fuera.

FORISTA. m. ant. El versado en el estudio de los fueros.

* **FORITO.** m. P. Rico. Fotingo, automóvil, pequeño.

FORJA. (fr. *forge,* y éste del l. *fabrica,* fábrica.) f. Fragua. La llaman así los plateros para distinguirla de la de los herreros. || **2.** Ferrería. || **3.** Acción y efecto de forjar. || **4.** Argamasa, mezcla para la construcción. || **5.** Colom. Anafe. **—catalana.** Fragua que se usaba para la extracción del hierro. || 2.ª acep.: **P.** ferraria; **I.** forge; **F.** forgeage; **A.** Schmiede; **It.** ferriera; **R.** кузница.

FORJADO, DA. p.p. de forjar. || **2.** m. Arq. Entramado, armazón de madera. || **3.** adj. Dícese del hierro trabajado en la fragua.

FORJADOR, RA. adj. Que forja. Ú.t.c.s.

FORJADURA. (De *forjar.*) f. Forja, acción de forjar.

FORJAR. (fr. *forger.*) tr. Dar la primera forma con el martillo a cualquier pieza de metal. || **2.** Fabricar y formar. || **3.** Albañ. Revocar toscamente con yeso o mortero. || **4.** Llenar con bovedillas o tableros de rasilla los espacios que hay entre viga y viga. || **5.** fig. Inventar, fingir, fabricar. || **6.** r. Amér. Central. Hacer uno su agosto, obtener gran provecho. || **P.** forjar; **I.** to forge; **F.** forger; **A.** schmieden, hämmern; **It.** fucinare; **R.** ковать.

* **FORLIPÓN, NA.** adj. Méj. Fanfarrón, jactancioso.

FORLÓN. m. Especie de coche antiguo de cuatro asientos, sin estribos, cerrado con puertecillas, colgada la caja sobre correones entre dos varas de madera.

FORMA. (l. *forma.*) f. Figura o determinación exterior de la materia. || **2.** Disposición o expresión de una potencialidad. || **3.** Fórmula y modo de proceder en una cosa. || **4.** Molde en que se vacía y forma alguna cosa. || **5.** Tamaño de un libro. || **6.** Modo de hacer una cosa. || **7.** Calidades de estilo o modos de expresar las ideas. || **8.** Tratándose de letra, especial configuración que tiene de cada persona, o la usada en país o época determinada. || **9.** Pan ázimo, cortado regularmente en forma circular, que sirve para la comunión de los legos. || **10.** Palabras rituales que aplicadas por el ministro competente a la materia de cada sacramento, integran la esencia de éste. || **11.** Impr. Molde que se pone en la prensa para imprimir una cara de todo el pliego. || **12.** Arq. Formero, arco en que descansa una bóveda vaída. || **13.** Fil. Principio activo que con la materia primaria constituye la esencia de los cuerpos. || **14.** Fil. Principio activo que da a la cosa su entidad, ya substancial, ya accidental. || **15.** For. Requisitos externos o aspectos de expresión en los actos jurídicos. || **16.** For. Cuestiones procesales en contraposición al fondo del pleito o causa. || **17.** Configuración del cuerpo humano, especialmente los pechos y caderas de la mujer. || **18.** Mat. Se da este nombre a toda función racional, entera u homogénea de dos o más variables. || *Dar* forma. fr. Arreglar lo que estaba desordenado. || **2.** Cumplir o ejecutar lo que en principio está acordado hacer. || *De* forma *que.* fr. conjuntiva que indica consecuencia. || *En debida* forma. m. adv. For. Conforme a las reglas del derecho y prácticas establecidas. || *En* forma. m. adv. Con formalidad. || **2.** Como es debido. || **P.** e **It.** forma; **I.** form, shape, fashion; **F.** forme; **A.** Form, Gestalt; **R.** форма, вид.

FORMABLE. (l. *formabilis.*) adj. Que se puede formar.

FORMACIÓN. (l. *formatio, -ōnis.*) f. Acción y efecto de formar. || **2.** Forma, figura exterior de la materia. || **3.** Perfil de entorchado con el que los bordadores guarnecen las hojas de las flores dibujadas en la tela. || **4.** Geol. Conjunto de rocas o masas minerales que presentan caracteres comunes. || **5.** Mil. Reunión ordenada de un cuerpo de tropas. || **P.** formação; **I.** y **F.** formation; **A.** Bildung, Gestaltung; **It.** formazione; **R.** образование.

FORMADOR, RA. (l. *formātor.*) adj. Que forma o pone en orden. Ú.t.c.s.

FORMADURA. (l. *formatūra.*) f. ant. Figura y conformación de una cosa.

FORMAJE. (fr. *fromage,* y éste del l. *formaticum,* de *forma,* forma del queso.) m. Encella. || **2.** Chile. Molde para hacer quesos. || **3.** Méj. Conjunto de formas para el azúcar.

FORMAL. (l. *formalis.*) adj. Perteneciente a la forma, como contrapuesto a esencial. || **2.** Que tiene formalidad. || **3.** Aplícase a la persona seria, amiga de la verdad. || **4.** Expreso, preciso, determinado. || **P.** e **I.** formal; **F.** formel, sérieux; **A.** förmlich, formell; **It.** formale; **R.** формальный, серьёзный.

FORMALDEHÍDO. m. Quím. Aldehído fórmico, gas de olor irritante, soluble en el agua.

FORMALETA. f. Albac. y Colom. Cimbra, armazón para construir un arco o bóveda.

FORMALETE. m. Arq. Medio punto.

FORMALIDAD. (De *formal.*) f. Exactitud, puntualidad y consecuencia en las acciones. || **2.** Cada uno de los requisitos que se han de observar para ejecutar una cosa. || **3.** Modo de ejecutar con la exactitud debida un acto público. || **4.** Seriedad, compostura en algún acto. || **P.** formalidade; **I.** formality; **F.** formalité, gravité; **A.** Formalität, Ernsthaftigkeit; **It.** formalità; **R.** формальность.

FORMALISMO. (De *formal.*) m. Rigurosa aplicación y observancia, en la enseñanza o en la investigación científica, del método y fórmulas preconizados por alguna escuela.

FORMALISTA. (De *formal.*) adj. Dícese del que para cualquier asunto observa con exceso de celo las formas y tradiciones. Ú.t.c.s.

FORMALIZAR. (De *formal.*) tr. Dar la última forma a una cosa. || **2.** Revestir una cosa de los requisitos legales. || **3.** Concretar, precisar. || **4.** r. Ponerse serio, no tolerando lo que se dijo por chanza o sin intención de ofender. || 2.ª acep.: **P.** formalizar; **I.** to formalize; **F.** formaliser; **A.** gesetzmässig erledigen; **It.** formalizzare; **R.** оформлять.

FORMALMENTE. adv. Según la forma debida. || **2.** Con formalidad, expresamente.

° **FORMALOTE.** (aum. de *formal.*) adj. Dícese del muchacho o del joven que se distingue por su formalidad más propia de personas mayores.

FORMANTE. p.a. de formar. Que forma.

FORMAR. (l. *formāre.*) tr. Dar forma a una cosa. || **2.** Unir entre sí diferentes personas o cosas para que hagan aquéllas un cuerpo moral y éstas un todo. || **3.** Componer varias personas o cosas el todo del cual son partes. Ú.t.c.intr. || **4.** Mil. Poner en orden. formar *la* compañía. || **5.** intr. Colocarse una persona en una formación. || **6.** Entre bordadores, perfilar las labores dibujadas en la tela con el torzal o felpilla. || **7.** Criar, educar, adiestrar. || **8.** r. Adquirir una persona más o menos desarrollo, aptitud o habilidad en lo físico o en lo moral. || **P.** formar; **I.** to form; **F.** former; **A.** bilden, entstehen; **It.** formare; **R.** придавать форму.

FORMATIVO, VA. adj. Dícese de lo que forma o da la forma.

FORMATRIZ. (l. *formātrix.*) adj. Formadora.

* **FORMEJAR.** tr. Mar. Asegurar un barco con amarras. || **2.** Mar. Quitar obstáculos de la cubierta de un barco para facilitar la maniobra.

FORMERO. (De *forma.*) m. Arq. Cada uno de los arcos en que descansa una bóveda vaída. || **2.** And. Cimbra.

FORMIATO. m. Quím. Sal que resulta de la combinación del ácido fórmico con una base.

FORMICANTE. (l. *formĭcans, -āntis,* que anda como la hormiga.) adj. Propio de hormiga. || **2.** Lento, tardo. || **3.** Med. Dícese del pulso bajo, débil y frecuente.

FÓRMICO, CA. (l. *formīca,* hormiga.) adj. Quím. Aplícase a un ácido que se encuentra en las hormigas rojas, en las ortigas y que también se produce en la esencia de trementina.

* **FORMICULAR.** (l. *formicula,* d. de *formīca,* hormiga.) adj. Zool. Perteneciente o relativo a la hormiga.

FORMIDABLE. (l. *formidabilis.*) adj. Muy temible y que infunde asombro y miedo. || **2.** Excesivamente grande en su línea, enorme. || **P.** formidável; **I.** formidable, dreadful; **F.** formidable; **A.** ungeheuer, fürchterlich; **It.** formidàbile; **R.** страшный, огромный.

FORMIDAR. (l. *formidāre.*) tr. ant. Temer, recelar.

FORMIDOLOSO, SA. (l. *formidolōsus.*) adj. Que tiene mucho miedo. || **2.** Espantoso, horrible.

FORMOL. m. Quím. Líquido incoloro, de olor fuerte y desagradable, que consiste en una solución acuosa de formaldehído.

FORMÓN. (De *forma.*) m. Instrumento de carpintería semejante al escoplo. || **2.** Sacabocados con que se cortan las hostias y otras cosas de figura circular. || **3.** Rioja. Pieza del arado de hierro sobre la cual se apoyan la vertedera por encima y la reja por delante. || **—de punta corriente.** El que acaba en corte oblicuo. || **P.** formão; **I.** former-chisel; **F.** fermoir, emporte-pièce; **A.** Stemmeisen, Stechbeitel, Holzmeissel; **It.** scarpello; **R.** стамеска.

° **FORMOSANO, NA.** adj. y s. Natural o relativo a la isla asiática de Formosa.

° **FORMOSEÑO, A.** adj. y s. Natural de o relativo a Formosa (Argentina).

FÓRMULA. (l. *formŭla.*) f. Medio práctico propuesto para resolver un asunto o ejecutar una cosa difícil. || **2.** Receta, prescripción facultativa, y también nota de lo que se debe componer una cosa y el modo de hacerla. || **3.** Expresión concreta de una avenencia. || **4.** Mat. Resultado de un cálculo, cuya expresión simplificada sirve para la resolución de todos los casos análogos. || **5.** Quím. Representación simbólica de la composición de un cuerpo por medio de letras y signos determinados. || *Por* fórmula. m. adv. Para cubrir apariencias. || **P.** fórmula; **I.** formula; **F.** formule; **A.** Formel; **It.** fòrmula; **R.** формула.

FORMULAR. (De *fórmula.*) tr. Reducir a términos claros y precisos. || **2.** Recetar. || **3.** Expresar, manifestar. || **P.** formular; **I.** to formulate; **F.** formuler; **A.** formulieren; **It.** formulare; **R.** формулировать.

FORMULAR. adj. Relativo o perteneciente a la fórmula; que tiene cualidades de fórmula.

FORMULARIO, RIA. adj. Relativo o perteneciente a las fórmulas o al formulismo. || **2.** Dícese de lo que se hace por fórmula, cubriendo las apariencias. || **3.** m. Libro o escrito en que se contienen fórmulas. || **P.** formulário; **I.** formulary; **F.** formulaire; **A.** Formular, Arzneibuch; **It.** formulario; **R.** формуляр.

FORMULISMO. m. Excesivo apego a las fórmulas en la resolución de cualquier asunto. || **2.** Tendencia a preferir la apariencia de las cosas a su esencia.

FORMULISTA. adj. Aplícase a la persona partidaria del formulismo. Ú.t.c.s.

FORNÁCEO, A. (l. *furnacĕus,* de *fŭrnus,* horno.) adj. poét. Perteneciente o semejante al horno.

F

FORNACINO, NA. adj. ant. Dícese de las costillas falsas.

FORNALLA. (l. *fornācŭla*.) f. ant. Horno. ‖ **2.** CUBA. Cenicero, parte inferior de un horno.

* **FORNÁTICO, CA.** adj. CHILE. Dícese de la caballería que no responde debidamente a la espuela.

FORNAZO. (l. *fornacĕus.*) m. ant. Hornazo.

FORNECER. (De *fornir.*) tr. desus. Proveer de todo lo necesario.

FORNECIMIENTO. (De *fornecer.*) m. desus. Previsión, dotación, reparo, fortificación y guarnecimiento de una cosa.

FORNECINO, NA. (l. *fornix, -ĭcis*, lupanar.) adj. ant. Decíase del hijo bastardo o del nacido de adulterio. ‖ **2.** AR. Dícese del vástago sin fruto de la vid. Ú.m.c.s.

FORNEL. (cat. *fornell*, y éste del l. *fŭrnĕllus*, de *fŭrnus*, horno.) m. ALBAC., ALM. y JAÉN. Anafe.

FORNELO. (ital. *fornello*, y éste del l. *fŭrnĕllus*, de *fŭrnus*, horno.) m. Chofeta manual de hierro usada en las casas de comunidad para hacer el chocolate.

FORNICACIÓN. (l. *fornicatio, -ōnis*.) f. Acción de fornicar.

FORNICADOR, RA. (l. *fornicātor.*) adj. Que fornica. Dícese del que tiene este vicio. Ú.t.c.s.

FORNICAR. (l. *fornicāre.*) intr. Tener ayuntamiento carnal fuera del matrimonio. Ú.t.c.tr. ‖ **P.** fornicar; **I.** to fornicate; **F.** forniquer; **A.** huren; **It.** fornicare; **R.** развратничать.

FORNICARIO, RIA. (l. *fornicarĭus.*) adj. Perteneciente a la fornicación. ‖ **2.** Que tiene el vicio de fornicar. Ú.t.c.s.

FORNICIO. (b. l. *fornicium*, y éste del l. *fornix, -ĭcis*, lupanar.) m. Fornicación.

FORNICIÓN. (De *fornir.*) f. ant. Abastecimiento o provisión.

FORNIDO, DA. p.p. de fornir. ‖ **2.** adj. Robusto, y de mucho hueso. ‖ **2.ª** acep.: **P.** fornido; **I.** stout; **F.** robuste; **A.** stämmig; **It.** robusto; **R.** коренастый, сильный.

FORNIMENTO. (De *fornir.*) f. ant. Provisión y prevención de las cosas necesarias.

FORNIMIENTO. m. ant. Fornimento, provisión.

FORNIR. (germ. *frumjam*, producir, fabricar.) tr. ant. Fornecer. ‖ **2.** GERM. Arreciar o reformar.

FORNITURA. (fr. *forniture*, de *fournir*, y éste del l. de que *fornir*.) f. IMPR. Porción de letra que se funde para completar una fundición. ‖ **2.** MIL. Correaje y cartuchera de los soldados. Ú.m. en pl. ‖ **3.** Guarnición, adorno, aderezo.

FORNO. (l. *furnus*, horno.) m. ant. Horno.

FORO. (l. *forum*.) m. Plaza donde se trataban en Roma los negocios públicos. ‖ **2.** Por ext., sitio en que los tribunales oyen y determinan las causas. ‖ **3.** Curia, y cuanto concierne al ejercicio de la abogacía. ‖ **4.** Parte del escenario o de las decoraciones teatrales opuestas a la embocadura. ‖ **5.** Contrato consensual por el cual una persona cede a otra, ordinariamente por tres generaciones, el dominio útil de una cosa mediante cierto canon o pensión. ‖ **6.** Canon o pensión que se paga en virtud de este contrato. ‖ **P.** e **It.** foro; **I.** y **F.** forum; **A.** Forum, Gerichtshof; **R.** форум.

* **FORONDO, DA.** adj. fam. CHILE. Orondo, ufano, presumido.

* **FORORO.** m. VENEZ. Mazamorra, especie de gachas de harina de maíz con miel o azúcar.

* **FOROSCOPIO.** m. Aparato fijo para el examen de la visión.

FORQUETA. (d. de *forca*, horquilla.) f. ant. Tenedor para comer. ‖ **2.** ant. Horca empleada en las labores de recolección del trigo.

* **FORRADO, DA.** p.p. de forrar. ‖ **2.** m. ARGENT. Monigote de palo.

FORRADURA. (De *forrar*.) f. ant. Forro.

FORRAJE. (fr. *fourrage*, y éste del germ. *fodr*.) m. Verde que se da al ganado especialmente en la primavera. ‖ **2.** ARGENT., CHILE y MÉJ. Pasto seco conservado para alimentación del ganado, y también los cereales destinados a igual uso. ‖ **3.** Ac-

ción de forrajear. ‖ **4.** fig. y fam. Abundancia y mezcla de muchas cosas de poca substancia. ‖ **P.** forragem; **I.** forage; **F.** fourrage; **A.** Futter, Furage; **It.** foraggio; **R.** фураж.

FORRAJEADOR. (De *forrajear*.) m. Soldado que va a forrajear.

FORRAJEAR. tr. Segar y recoger el forraje. ‖ **2.** MIL. Salir los soldados por pasto para las caballerías. ‖ **P.** forragear; **I.** to forage; **F.** fourrager; **A.** futtern, f(o)uragieren; **It.** foraggiare; **R.** косить траву для корма.

FORRAJERA. (De *forraje*.) f. Red de cuerda utilizada por los soldados de caballería ligera para recoger forraje. ‖ **2.** Cinturón que usan ciertos regimientos montados con el uniforme de gala. ‖ **3.** Cuerda para atar los haces de mies. ‖ **4.** Cordón que los militares de cuerpos montados llevan rodeado al cuello por un extremo, y por el otro sujeto a un botón de la parte anterior del uniforme.

FORRAJERO, RA. adj. Aplícase a las plantas que sirven para forraje.

FORRAR. (fr. *fourrer*, y éste del germ. *ford*.) tr. Poner forro a alguna cosa. ‖ **2.** Cubrir una cosa con funda. ‖ **3.** r. fam. GUAT. y MÉJ. Comer mucho y bien, atiborrarse. ‖ **P.** forrar; **I.** to line; **F.** fourrer; **A.** (aus)füttern, beziehen; **It.** foderare, soppannare; **R.** подшивать.

* **FORREAR.** intr. VENEZ. Resoplar fuertemente un animal. ‖ **2.** CUBA. Engañar.

FORRO. (De *forrar*.) m. Abrigo, resguardo o cubierta con que se reviste una cosa. Dícese especialmente de las telas y pieles que se ponen por la parte interior de las ropas. ‖ **2.** Cubierta del libro. ‖ **3.** MAR. Conjunto de tablones con que se cubre el esqueleto del buque. ‖ **4.** MAR. Conjunto de planchas de cobre o de tablas con que se revisten los fondos de un buque. ‖ **—de catre.** CUBA. Vestidura de lana de un catre de tijera. ‖ De FORRO. m. adv. GUAT. Además. ‖ **2.** CUBA. Clandestinamente, y a veces de gorra. ‖ *Echar un* FORRO a uno. fr. fig. CHILE y PERÚ. Darle un petardo. ‖ *Ni por el* FORRO. expr. fig. y fam. con que se denota ignorancia absoluta sobre una materia. ‖ **P.** forro; **I.** lining, doubling; **F.** doublure; **A.** Futter, Überzug; **It.** fòdera, soppano; **R.** подкладка.

FORRO, RRA. adj. ant. Horro.

FORTACÁN. (De *furtar* y *can*.) m. LEÓN. Ladrón, desagüe abierto en una de las orillas del cauce o acequia de un molino.

* **FORTACHO, CHA.** adj. fam. ARGENT. y CHILE. Fortachón.

FORTACHÓN. (aum. de *fuerte*.) adj. fam. Recio y fornido.

FORTALECEDOR, RA. adj. Que fortalece.

FORTALECER. (De *fortaleza*.) tr. Fortificar. Ú.t.c.r.

FORTALECIMIENTO. m. Acción y efecto de fortalecer o fortalecerse. ‖ **2.** Lo que hace fuerte un sitio o población.

FORTALEZA. (Del prov. *fortaleza*, y éste del l. *fortis*, fuerte.) f. Fuerza y vigor. ‖ **2.** Tercera de las cuatro virtudes cardinales, consistente en vencer el temor y huir de la temeridad. ‖ **3.** Natural defensa que tiene un lugar. ‖ **4.** Recinto fortificado. ‖ **5.** pl. Defecto de las hojas de armas blancas, consistente en unas grietecillas menudas. ‖ **6.** CHILE. Hedor. ‖ **7.** CHILE. Juego de muchachos que consiste en tirar con bolitas a un cuadrado que se hace en el suelo con varios hoyuelos, de suerte que en cada uno de éstos entra una bolita. ‖ **P.** fortaleza; **I.** fortitude; **F.** fermeté; **A.** Kraft, Stärke; **It.** fortitúdine; **R.** сила. ‖ **4.ª** acep.: **P.** fortificação; **I.** fortress; **F.** forteresse; **A.** Festung; **It.** fortezza; **R.** крепость.

¡**FORTE!** Voz ejecutiva con que se manda hacer alto en las faenas marineras.

* **FORTE.** (Voz italiana.) adv. MÚS. Fuerte, en contraposición a piano o suave. ‖ **2.** Pasaje musical en que esto ocurre.

FORTEPIANO. (ital. *forte*, fuerte, y *piano*, suave, dulce con alusión a los sonidos de este instrumento.) m. MÚS. Piano.

FORTEZUELO, LA. adj. d. de fuerte. ‖ **2.** m. d. de fuerte. Fortaleza o recinto fortificado.

FORTIFICACIÓN. (l. *fortificatio,*

-ōnis.) f. Acción de fortificar. ‖ **2.** Obra o conjunto de obras con que se fortifica un lugar o territorio. ‖ **3.** Arquitectura militar. ‖ **—de campaña.** La que se hace para defender por tiempo limitado una posición militar. ‖ **P.** fortificação; **I.** y **F.** fortification; **A.** Befestigung, Festungwerk; **It.** fortificazione; **R.** укрепление.

FORTIFICADOR, RA. adj. Que fortifica.

FORTIFICANTE. p.a. de fortificar. Que fortifica.

FORTIFICAR. (l. *fortificāre*; de *fortis*, fuerte, y *facĕre*, hacer.) tr. Dar vigor y fuerza material o moralmente. ‖ **2.** Hacer fuerte con obras de defensa un sitio cualquiera. Ú.t.c.r. ‖ **P.** fortificar; **I.** to fortify; **F.** fortifier; **A.** verstärken, befestigen; **It.** fortificare; **R.** укреплять.

FORTÍN. (d. de *fuerte*.) m. Una de las obras que se levantan en los atrincheramientos de un ejército para su mayor defensa. ‖ **2.** Fuerte pequeño. ‖ **P.** fortim; **I.** fortle, fortalice; **F.** fortin; **A.** Zitadelle; **It.** fortino; **R.** огневая точка.

FORTÍSIMO, MA. adj. sup. de fuerte.

FORTITUD. (l. *fortitúdo*.) f. ant. Fortaleza.

FORTUITAMENTE. adv. Casualmente.

FORTUITO, TA. (l. *fortuïtus*; de *fors, fortis*, suerte, casualidad.) adj. Que sucede inopinada y casualmente. ‖ **P.** e **It.** fortuito; **I.** fortuitous; **F.** fortuit; **A.** zufällig; **R.** случайный.

FORTUNA. (l. *fortūna*.) f. Divinidad mitológica que distribuía ciegamente los bienes y los males. ‖ **2.** Suerte, hado, azar, ventura. ‖ **3.** Hacienda, capital. ‖ **4.** Borrasca, tempestad. ‖ *Por* FORTUNA. m. adv. Afortunadamente, por casualidad. ‖ *Probar* FORTUNA. fr. Intentar una empresa difícil o dudosa. ‖ *Soplar la* FORTUNA a uno. fr. fig. Sucederle las cosas felizmente. ‖ **2.ª** acep.: **P.** e **It.** fortuna; **I.** y **F.** fortune; **A.** Glück, Zufall; **R.** судьба.

FORTUNADO, DA. p.p. de fortunar. ‖ **2.** adj. ant. Afortunado.

FORTUNAL. (De *fortuna*, desgracia, adversidad.) adj. ant. Peligroso o arriesgado.

FORTUNAR. (l. *fortunāre*.) tr. ant. Afortunar.

FORTUNIO. (l. *fortunĭus*, de *fortuna*, suerte.) m. desus. Felicidad, dicha. ‖ **2.** ant. Infortunio.

FORTUNO, NA. (De *fortunar*.) adj. ant. Fortunoso.

FORTUNÓN. m. fam. aum. de fortuna.

FORTUNOSO, SA. (De *fortuna*, borrasca, desgracia.) adj. desus. Borrascoso, tempestuoso.

FORÚNCULO. m. MED. Furúnculo.

FORZA. f. ant. Fuerza.

FORZADAMENTE. adv. Por fuerza.

FORZADO, DA. p.p. de forzar. ‖ **2.** Ocupado o retenido por fuerza. ‖ **3.** No espontáneo. ‖ **4.** p. us. Forzoso. ‖ **5.** m. Galeote condenado a servir al remo en las galeras, penado. ‖ **5.ª** acep.: **P.** forçado; **I.** galley-slave; **F.** forçat; **A.** Galeerensklave; **It.** galeotto; **R.** каторжник.

FORZADOR. (De *forzar*.) m. El que hace fuerza o violencia a otro, y más comúnmente el que fuerza a una mujer.

FORZAL. (De *fuerza*.) m. Banda o faja maciza de donde arrancan las púas de un peine.

FORZAMENTO. m. ant. Forzamiento.

FORZAMIENTO. m. Acción de forzar.

FORZANTE. p.a. ant. de forzar.

FORZAR. (l. *fortiāre*; y éste del l. *fortis*, fuerte.) tr. Hacer fuerza o violencia física para conseguir un fin que, comúnmente, no se debe conseguir por la fuerza. ‖ **2.** Entrar y rendir a fuerza de armas una plaza. ‖ **3.** Gozar a una mujer contra su voluntad. ‖ **4.** Tomar u ocupar por fuerza una cosa. ‖ **5.** fig. Obligar a que se ejecute una cosa. Ú.t.c.r. ‖ **P.** forçar; **I.** to force; **F.** forcer; **A.** zwingen; **It.** forzare; **R.** принуждать. ‖ **3.ª** acep.: **P.** violentar, violar; **I.** to ravish; **F.** violer; **A.** überwaltigen; **It.** violare; **R.** насиловать.

FORZOSA. (De *forzoso*.) f. Lance en el juego de damas a la española.

FORZOSAMENTE. adv. Por fuerza. ‖ **2.** Violentamente. ‖ **3.** Necesaria e ineludiblemente.

F

FORZOSO, SA. (De *fuerza*.) adj. Que no se puede excusar. || **P.** forçoso; **I.** needful; **F.** forcé; **A.** unvermeidlich; **It.** forzoso; **R.** вынужденный.

FORZUDAMENTE. adv. Con mucha fuerza y empuje.

FORZUDO, DA. adj. Que tiene grandes fuerzas. || **P.** robusto, forte; **I.** strong, vigorous; **F.** fort, vigoureux; **A.** sehr stark; **It.** forzuto; **R.** очень сильный.

FOSA. (l. *fossa*, de *fodĕre*, cavar.) f. Sepultura, hoyo en que se entierra el cadáver. || **2.** ZOOL. Cada una de ciertas cavidades en el cuerpo de los animales. FOSAS *nasales*. || **3.** Depresión que existe en la superficie de algunos huesos. || **4.** SAL. Finca plantada de árboles frutales. || **P.** e **It.** fossa; **I.** grave; **F.** fosse; **A.** Graben, Grube, Gruft; **R.** могила.

FOSADA. (De *fosar*.) f. ant. Foso, hoyo, y también excavación que en los garajes sirve para arreglar desde abajo los motores de los automóviles.

FOSADO. (l. *fossātum*, de *fossāre*, cavar.) m. ant. Hoyo que se abre en la tierra. || **2.** FORT. Foso.

FOSADURA. (De *fosado*.) f. ant. Zanja u hoyo.

FOSAL. (De *fosa*.) m. Cementerio. || **2.** ant. Sepulcro, fosa. Ú. en Aragón.

FOSAR. m. ant. Fosal, cementerio.

FOSAR. (l. *fossāre*.) tr. Hacer foso alrededor de una cosa.

FOSARIO. (De *fosar*.) m. ant. Osario.

FOSCA. (De *fosco*.) f. Calina. || **2.** MURC. Bosque enmarañado.

FOSCO, CA. (l. *fuscus*.) adj. Hosco. || **2.** Obscuro.

*** FOSFAMINA**. f. QUÍM. Fosfuro de hidrógeno, gas incoloro, de olor desagradable y muy venenoso.

FOSFATADO, DA. adj. Que tiene fosfato.

FOSFÁTICO, CA. adj. QUÍM. Perteneciente o relativo al fosfato.

° **FOSFATINA**. f. QUÍM. Alimento compuesto de fosfato de cal, azúcar, fécula y otros ingredientes.

FOSFATO. (De *fósforo*.) m. QUÍM. Sal formada por la combinación del ácido fosfórico con una o más bases. || **P.** e **It.** fosfato; **I.** y **F.** phosphate; **A.** Phosphat; **R.** фосфат.

FOSFATURIA. (De *fosfato*, y el gr. οὖρον, orina.) f. MED. Pérdida excesiva de ácido fosfórico por la orina.

FOSFENO. (gr. φῶς, luz, y φαίνω, aparecer.) m. Sensación visual producida por la excitación mecánica de la retina o por una presión sobre el globo del ojo.

FOSFORADO, DA. (De *fosfor*.) adj. Que contiene fósforo.

FOSFORECER. (De *fósforo*.) intr. Manifestar fosforescencia o luminiscencia. || **P.** fosforecer; **I.** to phosphoresce; **F.** dégager de la phosphorescence; **A.** phosphoreszieren; **It.** fosforéscere; **R.** фосфоресцировать.

FOSFORERA. f. Estuche en que se guardan los fósforos. || **P.** fosforeira; **I.** match-case; **F.** boîte à allumettes; **A.** Streichholzschachte; **It.** portafiammiferi; **R.** спичечница.

FOSFORERO, RA. m. y f. Persona que vende fósforos.

FOSFORESCENCIA. f. Luminiscencia, especialmente la del fósforo. || **P.** fosforescência; **I.** y **F.** phosphorescence; **A.** Phosphoreszenz; **It.** fosforescenza; **R.** фосфоресценция.

FOSFORESCENTE. p.a. de fosforescer. Que fosforece.

FOSFORESCER. intr. Fosforecer.

FOSFÓRICO, CA. adj. Perteneciente o relativo al fósforo. || **2.** Dícese de un ácido compuesto de fósforo, oxígeno e hidrógeno, en su mayor grado de oxidación. || **3.** Dícese de un anhídrido que se prepara quemando fósforo en el aire o en oxígeno secos. Se emplea como deshidratante. || **P.** fosfórico; **I.** phosphoric; **F.** phosphorique; **A.** Phosphor (en comp); **It.** fosfórico; **R.** фосфорический.

FOSFORITA. (De *fósforo*.) f. Mineral compacto o terroso, de color blanco amarillento, formado por el fosfato de cal. Se emplea como abono.

*** FOSFORIZACIÓN**. (De *fosforar*.) f. FISIOL. Influencia del fosfato de cal en la economía animal. || **2.** Formación de este fosfato.

FÓSFORO. (l. *phosphŏrus*, y éste del gr. φωσφόρος, el lucero de la mañana; de φῶς, luz, y φέρω, llevar.) m. Metaloide venenoso, de aspecto como la cera, olor peculiar, muy combustible, que luce en la obscuridad sin desprendimiento apreciable de calor. Se extrae comúnmente de los huesos. || **2.** Trozo de cerilla, madera o cartón, con cabeza de fósforo y un cuerpo oxidante, que sirve para encender luz. || **3.** El lucero del alba. || **4.** fig. y fam. Talento, inteligencia. || **5.** COLOM. Fulminante de un arma de fuego. || **6.** fam. MÉJ. Café con aguardiente. ||—**rojo**. Estado alotrópico del fósforo, que no luce en la obscuridad y es más difícilmente inflamable que el fósforo blanco, y ordinario. || **P.** fósforo; **I.** phosphorus; **F.** phosphore; **A.** Phosphor; **It.** fósforo; **R.** фосфор.

FOSFOROSCOPIO. (De *fósforo*, y el gr. σκοπέω, ver, examinar.) m. FÍS. Instrumento que sirve para averiguar si un cuerpo es o no fosforescente.

FOSFURO. m. QUÍM. Combinación del fósforo con una base.

*** FOSGENO**. m. QUÍM. Gas asfixiante, compuesto de cloro. Respirado daña los pulmones y puede ocasionar la muerte.

*** FOSIA.** f. Sensación subjetiva de luz o color.

FÓSIL. (l. *fossĭlis*, de *fossum*, supino de *fodĕre*, cavar.) adj. Aplícase a la substancia de origen orgánico, más o menos petrificada, que por causas naturales se encuentra en las capas terrestres. Ú.t.c.s.m. || **2.** Por ext., dícese de la impresión, vestigio o molde que denota la existencia de organismos que no son de la época geológica actual. Ú.t.c.s.m. || **3.** fig. y fam. Viejo, anticuado. Ú.t.c.s. || **P.** fóssil; **I.** y **A.** fossil; **F.** fossile; **It.** fòssile; **R.** ископаемое.

FOSILÍFERO, RA. adj. Dícese del terreno que contiene fósiles.

FOSILIZACIÓN. f. Acción y efecto de fosilizarse.

FOSILIZARSE. (De *fósil*.) r. Convertirse en fósil un cuerpo orgánico.

FOSIQUE. m. Fusique.

FOSO. (l. *fossus*, p.p. de *fodĕre*, cavar.) m. Hoyo. || **2.** Piso inferior del escenario. || **3.** En los garajes, excavación que sirve para poder arreglar cómodamente el motor desde abajo. || **4.** FORT. Excavación profunda que circuye la fortaleza.

*** FOSTRÓ.** (De *fox-trot*.) m. joc. P. RICO y VENEZ. Alboroto, bullicio.

*** FÓSULA.** (l. *fossŭla*, d. de *fossa*, fosa.) f. Cualquiera de las numerosas depresiones existentes en las superficies del cerebro.

FOSURA. (l. *fossūra*.) f. ant. Excavación profunda que circuye la fortaleza.

*** FOTALGIA.** f. Dolor en el ojo producido por la luz.

FOTINIANO, NA. adj. Partidario de Fotino, hereje del siglo IV. Ú.t.c.s.

*** FOTISMO.** m. Imagen visual; sensación de color producida por otra sensación procedente de otro sentido.

FOTO. (l. *fautum*, p.p. de *favēre*, ayudar.) m. ant. Confianza.

FOTO. f. apóc. fam. de fotografía, estampa fotográfica.

FOTOCOPIA. f. Fotografía especial obtenida directamente sobre el papel y empleada para reproducir páginas manuscritas o impresas.

FOTOCOPIAR. tr. Hacer fotocopias.

*** FOTOCROMIA.** f. Procedimiento para obtener fotografías de los objetos con sus colores naturales.

FOTOELÉCTRICO, CA. adj. FÍS. Dícese del aparato productor de luz eléctrica, o en el cuál se utiliza ésta como elemento principal. || **2.** Se aplica a los fenómenos de descarga de los cuerpos electrizados en los que intervienen los rayos luminosos.

FOTOFOBIA. (gr. φῶς, φωτός, luz, y φοβέομαι, temer, espantarse.) f. MED. Repugnancia y horror a la luz.

FOTÓFOBO, BA. adj. Que padece fotofobia. Ú.t.c.s.

FOTÓFONO. (gr. φῶς, φωτός, luz, y φωνέω, hablar, sonar.) m. FÍS. Instrumento que se usa para transmitir el sonido por medio de ondas luminosas.

FOTOGÉNICO, CA. (gr. φῶς, φωτός,

luz, y γεννάω, producir.) adj. Que promueve o favorece la acción química de la luz. || **2.** Dícese de lo que tiene buenas condiciones para ser reproducido por la fotografía.

FOTOGRABADO. (gr. φῶς, φωτός, luz, y de *grabado*.) m. Procedimiento de grabar un cliché fotográfico sobre planchas de cinc, cobre, etc., y arte de estampar estas planchas por acción química de la luz. || **2.** Lámina grabada o estampada por este procedimiento. || **P.** fotogravura; **I.** photoengraving, photogravure; **F.** photogravure; **A.** Photogravüre; **It.** fotoincisione; **R.** фотогравюра.

FOTOGRABAR. tr. Grabar por medio de la fotografía.

FOTOGRAFÍA. (gr. φῶς, φωτός, luz, y γράφω, grabar, dibujar, representar.) f. Arte de fijar y reproducir por medio de reacciones químicas, en superficies preparadas, las imágenes recogidas en una cámara obscura. || **2.** Estampa obtenida por medio de este arte. || **3.** Taller en que se ejerce este arte. || **P.** fotografia; **I.** photography; **F.** photographie; **A.** Photographie; **It.** fotografia; **R.** фотография.

FOTOGRAFIAR. tr. Practicar el arte de la fotografía. || **2.** fig. Describir sucesos, cosas o personas, en términos tan precisos que parecen presentarse ante la vista. || **P.** fotografiar; **I.** to photography; **F.** photographier; **A.** photographieren; **It.** fotografare; **R.** фотографировать.

FOTOGRÁFICAMENTE. adv. Por medio de la fotografía.

FOTOGRÁFICO, CA. adj. Perteneciente o relativo a la fotografía.

FOTÓGRAFO. m. El que ejerce la fotografía. || **P.** fotógrafo; **I.** photographer; **F.** photographe; **A.** Photograph; **It.** fotògrafo; **R.** фотограф.

*** FOTOGRAFÓFONO.** m. FÍS. Aparato fonográfico fundado en la propiedad del selenio de hacerse más o menos conductor de la electricidad según la intensidad de la luz.

FOTOGRAMA. m. Cualquiera de las imágenes, considerada aisladamente, que se suceden en una película cinematográfica. || **2.** Fotografía de un terreno tomada con objeto de efectuar un levantamiento topográfico de él, siguiendo el método de las intersecciones.

FOTOGRAMETRÍA. f. Procedimiento para obtener planos de grandes extensiones de terreno por medio de fotografía, tomadas generalmente desde aviones.

*** FOTÓLISIS.** f. QUÍM. Descomposición provocada por la luz, y más particularmente por los rayos ultravioleta.

*** FOTOLITO.** m. Substancia susceptible de descomposición por la acción de la luz.

FOTOLITOGRAFÍA. (gr. φῶς, φωτός, luz, y de *litografía*.) f. Arte de reproducir y fijar dibujos en piedra litográfica, mediante la acción química de la luz sobre substancias preparadas. || **2.** Estampa obtenida por este arte.

FOTOLITOGRAFIAR. tr. Ejercer el arte de la fotolitografía.

FOTOLITOGRÁFICAMENTE. adv. Por medio de la fotolitografía.

FOTOLITOGRÁFICO, CA. adj. Perteneciente o relativo a la fotolitografía.

*** FOTOMATÓN.** m. Aparato automático para obtener varias fotografías de carnet en pocos minutos.

FOTOMETRÍA. (De *fotómetro*.) f. Parte de la óptica que trata de las leyes relativas a la intensidad de la luz y de los métodos para medirla.

FOTOMÉTRICO, CA. adj. Perteneciente o relativo al fotómetro.

FOTÓMETRO. (gr. φῶς, φωτός, luz, y μέτρον, medida.) m. FÍS. Instrumento para medir la intensidad de la luz.

*** FOTÓN.** m. FÍS. Corpúsculo de energía o radiación luminosa precisa para arrancar un electrón de un átomo.

FOTOSFERA. (gr. φῶς, φωτός, luz, y σφαῖρα, esfera.) f. ASTRON. Zona luminosa y más interior de la envoltura gaseosa del Sol.

*** FOTOSÍNTESIS.** f. QUÍM. Formación de un compuesto químico mediante acción de la luz. Denomínase así especialmente a la función realizada por la clorofila de las plantas.

F

FOTOTERAPIA. (gr. φῶς, φωτός, luz, y θεραπεία, curación.) f. MED. Método de curación de las enfermedades por la acción de la luz. || **P.** fototerapia; **I.** phototherapeutics; **F.** photothérapie; **A.** Phototherapie; **It.** fototerapia; **R.** фототерапия.

FOTOTIPIA. f. Procedimiento de reproducir clichés fotográficos sobre una capa de gelatina, con bicromato, extendido sobre cristal o cobre, y arte de estampar estas reproducciones. || **2.** Láminas estampadas por este procedimiento. || **P.** fototipia; **I.** phototypy; **F.** phototypie; **A.** Licht(bild)druck; **It.** fototipia; **R.** фототипия.

FOTOTÍPICO, CA. adj. Relativo a la fototipia.

★ **FOTOTIPO.** m. Fotografía negativa.

FOTOTIPOGRAFÍA. (gr. φῶς, φωτός, luz, y de *tipografía*.) f. Arte de obtener y de estampar clisés tipográficos por medio de la fotografía.

FOTOTIPOGRÁFICO, CA. adj. Perteneciente o relativo a la fototipografía.

★ **FOTOTROPISMO.** (gr. φῶς, φωτός, luz y τρόπος, vuelta.) m. Tropismo debido a la influencia de la luz.

FÓTULA. f. ant. AND. Cucaracha voladora.

FOTUTO. m. CUBA. Caracola que usaban los indios como instrumento de viento. || **2.** AMÉR. MERID. Flauta grande de madera usada por los indios. || **3.** REP. DOMIN. Pito cónico de cartón con boquilla de madera, y también cuerno de res vacuna. || **4.** COLOM. Cualquier tubo con el que se producen sonidos destemplados.

★ **FOTUTO, TA.** adj. P. RICO. Arruinado, empobrecido. || **2.** P. RICO. Enfermo o fastidiado. || **3.** VENEZ. Dícese del fruto no sazonado.

★ **FOX-TERRIER.** (ingl. *fox terrier*.) adj. Dícese de una casta de perros. Ú.t.c.s.

★ **FOX-TROT.** (Voz inglesa; de *fox*, zorra, y *trot*, trote, paso.) m. Baile norteamericano de compás cuaternario.

FOYA. (l. *fovĕa*.) f. ant. Hoya. || **2.** AST. Hornada de carbón.

FOYO. (De *foya*.) m. ant. Hoyo.

FOYOSO, SA. (De *foyo*.) adj. ant. Hoyoso.

FOZ. f. ant. Alfoz.

FOZ. (l. *falx, falcis*.) f. ant. Hoz, instrumento para segar.

FOZ. (l. *faux, faucis*.) f. ant. Hoz, angostura profunda.

FRAC. (al. *frack*.) m. Vestidura de hombre que por delante llega hasta la cintura y por detrás tiene dos faldones. || **P.** fraque; **I.** dress-coat; **F.** e **It.** frac; **A.** Frack; **R.** фрак.

FRACASADO, DA. p.p. de fracasar. || **2.** adj. fig. Dícese de la persona desconceptuada a causa de los fracasos padecidos en sus intentos o aspiraciones. Ú.t.c.s.

FRACASAR. (ital. *fracassare*.) tr. desus. Destrozar. || **2.** intr. Romperse. hacerse pedazos y desmenuzarse una cosa. || **3.** fig. Frustrarse una pretensión o un proyecto. || **4.** Tener un resultado adverso en un negocio. || **4.ª** acep.: **P.** fracassar; **I.** to fail; **F.** échouer; **A.** misslingen; **It.** fracassare; **R.** разбиваться.

FRACASO. (De *fracasar*.) m. Caída o ruina estrepitosa. || **2.** fig. Suceso lastimoso e inopinado. || **3.** Malogro, resultado adverso de un negocio o empresa. || **3.ª** acep.: **P.** e **It.** fracasso; **I.** failure; **F.** insuccès; **A.** Misserfoig; **R.** грохот, провал.

★ **FRACATÁN.** f. SAL. Sinnúmero.

★ **FRACATÚA.** f. SAL. Riña, disputa.

FRACCIÓN. (l. *fractio, -ōnis*, de *fractum*, supino de *frangĕre*, romper.) f. División de una cosa en partes. || **2.** Cada una de las partes o porciones de un todo con relación a él. || **3.** Cociente indicado de dos expresiones algebraicas. || **4.** Número quebrado. || **P.** fracção; **I.** fraction, partie; **A.** Brechen, Fraktion; **It.** frazione; **R.** дробление, доля.

FRACCIONABLE. adj. Que puede fraccionarse.

★ **FRACCIONADO, DA.** p.p. de fraccionar. || **2.** adj. MED. Dícese de las dosis pequeñas y repetidas.

FRACCIONAMIENTO. m. Acción y efecto de fraccionar.

FRACCIONAR. tr. Dividir una cosa en partes o fracciones.

FRACCIONARIO, RIA. (De *fracción*.) adj. ÁLG. y ARIT. Dícese del número quebrado. || **2.** Relativo a las fracciones. Ú.t.c.s.

FRACTURA. (l. *fractūra*.) f. Acción y efecto de fracturar o fracturarse. || **P.** fractura; **I.** y **F.** fracture; **A.** Bruch, Ruptur; **It.** frattura; **R.** разлом.

FRACTURAR. (De *fractura*.) tr. Romper o quebrantar con esfuerzo una cosa. || **P.** fracturar; **I.** to fracture; **F.** fracturer; **A.** (auf-, zer)brechen; **It.** fratturare; **R.** разламывать.

FRADA. f. AST. y SANT. Acción y efecto de fradar.

FRADAR. (De *frade*.) tr. AST. y SANT. Afrailar, podar un árbol sin dejarle ninguna rama.

FRADE. (Por *fradre*, del l. *frater, -tris*, hermano.) m. ant. Fraile.

FRADEAR. (De *frade*.) tr. ant. Meterse fraile.

FRAGA. (l. *fraga*.) f. Frambueso. || **2.** AR. Fresa.

FRAGA. (l. *fraga*, t. f. de *fragus*, segundo elemento de *naufrăgus*, etc.) f. Breñal. || **2.** Madera que en la primera labra se corta para desbastar las piezas.

FRAGA. n. p. V. *Maza de* FRAGA.

FRAGANCIA. (l. *fragantia*.) f. Olor suave y delicioso. || **2.** fig. Buen nombre y fama de las virtudes de una persona. || **P.** fragância; **I.** fragrance; **F.** odeur, parfum; **A.** Wohlgeruch; **It.** fraganza; **R.** благоухание.

FRAGANTE. (l. *fragrans, -antis*, p.a. de *fragrāre*, exhalar olor.) adj. Que despide fragancia; que huele bien. || **2.** Flagrante.

FRAGARIA. (l. *fraga*.) f. Fresa, planta y fruto.

FRAGATA. (ital. *fregata*.) f. Buque de tres palos con cofas, vergas y velas cuadradas en todos ellos. || **2.** CUBA. Vagón alto y cerrado, destinado a carga menuda en ferrocarriles. || **—ligera.** Corbeta. || **P.** fragata; **I.** frigate; **F.** frégate; **A.** Fregatte; **It.** fregata; **R.** фрегат.

FRÁGIL. (l. *fragilis*.) adj. Quebradizo, que con facilidad se hace pedazos. || **2.** fig. Dícese de la persona que cae fácilmente en algún pecado, especialmente contra la castidad. || **3.** fig. Caduco y perecedero. || **P.** frágil; **I.** brittle; **F.** fragile; **A.** zerbrechlich; **It.** fràgile; **R.** ломкий.

FRAGILIDAD. (l. *fragilitas, -ātis*.) f. Calidad de frágil.

FRÁGILMENTE. adv. Con fragilidad.

★ **FRAGMA.** f. BOT. Tabique transversal de un fruto. || **2.** ZOOL. Tabique que, en algunos insectos, cubre el orificio posterior del protórax.

FRAGMENTACIÓN. f. Acción y efecto de fragmentar.

FRAGMENTAR. (De *fragmento*.) tr. Fraccionar, reducir a fragmentos. Ú.t.c.r.

FRAGMENTARIO, RIA. adj. Perteneciente o relativo al fragmento. || **2.** Incompleto, no acabado.

FRAGMENTO. (l. *fragmentum*.) m. Porción pequeña de algunas cosas rotas o partidas. || **2.** fig. Parte de un libro o escrito. || **3.** Trozos o restos de una obra escultórica o arquitectónica. || **P.** fragmento; **I.** y **F.** fragment; **A.** Bruchstück, Fragment; **It.** frammento; **R.** фрагмент, отрывок.

FRAGOR. (l. *fragor*, de la raíz *frag-*, de donde *frangĕre*, romper.) m. Ruido, estruendo. || **P.** fragor; **I.** noise, crash; **F.** fracas; **A.** Getöse, Klirren; **It.** fragore; **R.** шум, грохот.

FRAGOROSO, SA. (De *fragor*.) adj. Fragoso, ruidoso.

FRAGOSIDAD. (De *fragôso*.) f. Aspereza y espesura de los montes. || **2.** Camino o terreno lleno de breñas y asperezas.

FRAGOSO, SA. (l. *fragōsus*.) adj. Áspero, intrincado, lleno de quiebras y malezas. || **2.** Ruidoso, estrepitoso.

FRAGRANCIA. f. ant. Fragancia.

FRAGRANTE. adj. Fragante.

FRAGUA. (l. *fabrica*, de *faber*, artífice.) f. Fogón en que se caldean los metales para forjarlos, y que está provisto de fuelle o de otro aparato análogo. || **P.** frágua; **I.** y **F.** forge; **A.** Feueresse; **It.** fucina; **R.** кузница.

FRAGUADO. m. Acción y efecto de fraguar la argamasa empleada en una obra.

FRAGUADOR, RA. adj. fig. Que fra-

gua, traza y discurre alguna cosa. Tómase en mala parte. FRAGUADOR *de robos*. Ú.t.c.s.

FRAGUANTE (EN). m. adv. ant. En fragante.

FRAGUAR. (l. *fabricāre*.) tr. Forjar, dar forma con el martillo a una pieza de metal. || **2.** fig. Idear, discurrir y trazar la disposición de alguna cosa. Tómase comúnmente en mala parte. || **3.** intr. ALBAÑ. Dicho de la cal, yeso y otras masas, llegar a trabar y a endurecerse consistentemente.

FRAGÜÍN. (De *fraga*.) m. EXTR. Arroyuelo que corre saltando entre piedras por un terreno fragoso.

FRAGURA. f. Fragosidad.

FRAILADA. f. fam. Acción descompuesta cometida por un fraile.

FRAILAR. (De *fraile*.) tr. ant. Enfrailar, hacer fraile a alguno.

FRAILE. (De *fraire*.) m. Nombre que se da a los religiosos de ciertas órdenes. || **2.** Doblez hacia afuera que suele hacer una parte del borde inferior de los vestidos talares. || **3.** Rebajo triangular que se hace en la pared de las chimeneas de campana para facilitar la salida del humo. || **4.** Mogote de piedra con figura algo semejante a la de un fraile. || **5.** desus. En los ingenios de azúcar, bagazo que queda en la caña después de sacarle todo el jugo. || **6.** Dícese de cierta clase de ciruela. || **7.** AND. Montón de mies trillada, dispuesta para aventarla. || **8.** MÁL. Montón de uva ya pisada y apilada en los lagares para formar los pies. || **9.** MURC. La parte alta del ramo donde hilan los gusanos. || **10.** IMPR. Parte del papel que queda en blanco al hacerse la impresión. || **11.** pl. ÁL. y NAV. Planta orquídea con flores en espiga, muy compactas, rojas o blancas jaspeadas. || FRAILE *de misa y olla.* El que no tiene los grados consiguientes a la carrera de cátedras o púlpito, y está destinado para asistir al coro y servicio del altar. || FRAILE *que pide por Dios, pide para dos.* ref. que explica que en las obras de caridad que se hacen con el prójimo, no sólo aprovechan al que las recibe, sino también al que las hace, por el mérito que adquiere con Dios. Dicho en mala parte, quiere significar que el que pide para otro suele quedarse con algo. || **P.** frade; **I.** friar; **F.** moine, frère; **A.** Mönch; **It.** frate; **R.** монах.

FRAILEAR. tr. AND. Afrailar.

FRAILECILLO. m. d. de fraile. || **2.** Ave fría. || **3.** En el torno de la seda, cada uno de los dos zoquetillos hincados en él, donde se asegura el huesecillo de hierro. || **4.** AND. Cada una de las varas con que se sujeta la puente delantera de las correderas en las carretas. || **5.** Cada uno de los palitos que están debajo de las orejeras del arado. || **6.** ZOOL. CUBA. Ave palmípeda de plumaje grisáceo con algunas fajas negras, pico negro, patas amarillas y ojos grandes. || **7.** BOT. CUBA. Arbusto de la familia de las euforbiáceas, de madera blancuzca, ramas tortuosas, hojas alternas, oblongas, flores olorosas, pequeñas y blancas; fruto aovado, amarillo, carnoso, con almendra.

FRAILECITO. m. d. de fraile. || **2.** Juguete que hacen los niños con el hollejo de un haba, dándole figura de capilla de un fraile.

FRAILEGO, GA. adj. ant. Frailesco.

FRAILEJÓN. m. BOT. COLOM., ECUAD. y VENEZ. Planta de la familia de las compuestas, que crece en los páramos y produce una resina muy apreciada.

FRAILENGO, GA. adj. fam. Frailesco.

FRAILEÑO, ÑA. adj. fam. Frailesco.

FRAILERÍA. f. fam. Los frailes en común.

FRAILERO, RA. adj. Propio de los frailes. || **2.** fam. Muy apasionado por los frailes. || **3.** CARP. Dícese de la ventana cuyo postigo va colgado de la misma hoja y no al cerco.

FRAILESCO, CA. adj. fam. Perteneciente o relativo a frailes.

FRAILEZUELO. m. d. de fraile.

FRAILÍA. f. Estado de clérigo regular.

FRAILILLOS. (d. de *fraile*.) m. pl. BOT. Arísaro.

FRAILOTE. m. aum. de fraile.

FRAILUCO. m. despect. Fraile de poco respeto.

FRAILUNO, NA. adj. fam. despect. Propio de fraile.

FRAIRE. (prov. *fraire,* y éste del l. *frater.*) m. ant. Fraile.

FRAJENCO. (germ. *friking, frisking,* jabato.) m. Ar. Cerdo mediano que ni es ya de leche y aún no sirve para la matanza.

* **FRAMBESIA.** f. Pat. Cierta enfermedad cutánea contagiosa, propia de los países cálidos.

* **FRAMBOYÁN.** (fr. *flamboyant,* que flamea.) m. Bot. Árbol de las Antillas, de origen exótico, notable por sus hermosas flores rojas. Es propio para paseos y jardines.

FRAMBUESA. (fr. *framboise,* y éste del gót. *frambesi.*) m. Fruto del frambueso, parecido a la zarzamora, algo velloso, de color carmín, olor fragante y suave, y sabor agridulce muy agradable. || **P.** framboesa; **I.** raspberry; **F.** framboise; **A.** Himbeere; **It.** lampone; **R.** малина.

FRAMBUESO. (De *frambuesa.*) m. Planta rosácea, con tallos delgados, erguidos, doblados en la punta, espinosos y algo garzos; las hojas, verdes por encima, blancas por el envés, partidas en tres o cinco lóbulos; las flores son blancas, axilares, y su fruto es la frambuesa. || **P.** framboeseiro; **I.** raspberry-bush; **F.** framboisier; **A.** Himbeerstrauch; **It.** lampone; **R.** малиновый куст.

FRÁMEA. (l. *framĕa.*) f. Arma usada por los antiguos germanos. Era un asta con un hierro agudo en la punta.

FRANCACHELA. f. fam. Comida de dos o más personas a cualquier hora para regalarse o divertirse regocijadamente.

FRANCALETE. m. Correa con hebilla en un extremo para oprimir o asegurar alguna cosa. || **2.** And. Correa gruesa que une los tirantes al horcate.

FRANCAMENTE. adv. Con franqueza o con franquicia.

FRANCÉS, SA. (prov. *fransés,* y éste del germ. *frank,* libre.) adj. Natural de Francia. Ú.t.c.s. || **2.** Perteneciente a esta nación. || **3.** m. Una de las lenguas neolatinas hablada por este pueblo. || *A la* francesa. m. adv. Al uso de Francia. || **2.** Con los verbos *despedirse, marcharse, irse,* significa sin decir una palabra de despedida. || **P.** francês; **I.** French; **F.** français; **A.** Franzose; **It.** francese; **R.** француз.

FRANCESADA. f. Invasión francesa en España en 1808. || **2.** Dicho o hecho propio y característico de los franceses.

FRANCESILLA. (Por haber venido de Francia.) f. Planta anua, ranunculácea. Tiene flores terminales, grandes, muy variadas de color, y raíces en tubérculos pequeños. Se cultiva en los jardines. || **2.** Ciruela parecida a la damascena. || **3.** Panecillo alargado, de masa muy esponjosa, poco cocido.

FRANCIA. n. p. Seg. V. *Sangre de* Francia.

° **FRANCIO.** m. Quím. Uno de los cuerpos simples, recientemente descubierto. Metal alcalino, cuyo símbolo es Fr y el número atómico 87.

FRANCISCA. (l. *francisca,* especie de hacha de dos filos.) f. ant. Segur.

FRANCISCANO, NA. adj. Dícese del religioso de la orden de San Francisco. Ú.t.c.s. || **2.** Perteneciente a esta orden. || **3.** Parecido en el color al sayal de los religiosos de la orden de San Francisco. || **P.** franciscano; **I.** Franciscan; **F.** franciscain, cordelier; **A.** Franziskaner; **It.** francescano; **R.** францисканец.

FRANCISCO, CA. adj. Franciscano. Apl. a pers. ú.t.c.s.

FRANCMASÓN, NA. (fr. *francmaçon.*) m. y f. Persona que pertenece a la francmasonería. || **P.** franco-mação; **I.** freemason; **F.** francmaçon; **A.** Freimaurer; **It.** frammassone; **R.** франкмасон.

FRANCMASONERÍA. (fr. *francmaçonnerie.*) f. Asociación secreta en que se usan varios símbolos tomados de la albañilería, como escuadras, niveles, etc. Sus fines sólo son conocidos por los altos cargos de la asociación. || **P.** franco-maçonaria; **I.** freemasonry; **F.** francmaçonerie; **A.** Freimaurerei; **It.** frammassoneria; **R.** франкмасонство.

FRANCO, CA. (ant. alto al. *franco,* hombre libre; de l. *francus.*) adj. Liberal, dadivoso y elegante. || **2.** Desembarazado, libre. || **3.** Libre, exento y privilegiado. || **4.** Aplícase a las cosas que están libres de derechos y contribuciones, y a los lugares, puertos, etc., en que se goza de esta excepción. || **5.** Sencillo y leal en su trato. || **6.** En la costa de África, europeo. Apl. a pers. ú.t.c.s. || **7.** Dícese de todos los pueblos antiguos de la Germania inferior. Apl. a pers. ú.t.c.s. || **8.** Lengua que usaron estos pueblos. || **9.** Francés. Apl. a pers. ú.t.c.s. || **10.** Com. Precediendo a las palabras *bordo, vagón, almacén* y otras análogas, y referida a precios, denota que los gastos hechos por una mercancía hasta llegar al lugar que se indica, no son de cuenta del comprador. || **11.** Moneda, unidad monetaria francesa. || **12.** Tiempo que dura la feria en que se vende libre de derechos. || **13.** Entre el vulgo, sello de franqueo. || **P.** e **It.** franco; **I.** frank, open, outspoken; **F.** franc, sincère, **A.** offenherzig, aufrichtig; **R.** свободный, открытый.

* **FRANCOCANADIENSE.** adj. Dícese del individuo de origen francés, nacido en Canadá. Ú.t.c.s. || **2.** Dícese de lo que contiene elementos franceses y canadienses.

FRANCOCUARTEL. m. Blas. Franco cuartel, primer cuartel del escudo.

° **FRANCÓFILO, LA.** adj. Amigo o partidario de los franceses y de sus costumbres y cultura.

FRANCOLÍN. (ital. *francolino.*) m. Ave gallinácea, del tamaño y forma de la perdiz, pero de distinto plumaje, que es negro en la cabeza, pecho y vientre, y gris con pintas blancas en la espalda; tiene un collar castaño.

FRANCOLINO, NA. adj. Chile y Ecuad. Reculo, gallo o gallina que no tiene cola.

FRANCOTE, TA. adj. aum. de franco. || **2.** fam. Dícese de la persona de carácter abierto y que procede con sinceridad y llaneza.

* **FRANCOTIRADOR.** m. Guerrillero.

FRANCHOTE, TA. m. y f. Franchute.

FRANCHUTE. TA. m. y f. despect. Francés.

FRANELA. (fr. *flanelle.*) f. Tejido fino de lana, ligeramente cardado por una de sus caras. || **2.** Cuba y P. Rico. Camiseta de hombre. || **3.** Taurom. Muleta. || **P.** flanela; **I.** flannel; **F.** flanelle; **A.** Franell; **It.** flanella; **R.** фланель.

FRANGE. (l. *frangĕre,* cortar.) m. Blas. División del escudo de armas, hecha con dos diagonales que se cortan en el centro.

FRANGENTE. p.a. de frangir. Que frange. || **2.** m. Acontecimiento fortuito y desgraciado, que coge inesperadamente.

FRANGIBLE. (De *frangir.*) adj. Capaz de quebrarse o partirse.

FRANGIR. (l. *frangĕre.*) tr. Partir o dividir una cosa en pedazos.

FRANGLE. (De *franja.*) m. Blas. Faja estrecha que sólo tiene de anchura la sexta parte de la faja o la decimoctava del escudo.

* **FRANGOLLADO, DA.** p.p. de frangollar. || **2.** adj. Argent. Medio domado.

FRANGOLLAR. (l. *frangĕre,* quebrantar.) tr. ant. Quebrantar el grano del trigo. || **2.** fig. y fam. Hacer una cosa de prisa y mal.

FRANGOLLO. (De *frangollar.*) m. Trigo machacado y cocido. || **2.** Pienso de legumbre o granos triturados que se da al ganado. || **3.** Can. Maíz cocido con leche. || **4.** Cuba y P. Rico. Dulce seco hecho con plátano verde triturado. || **5.** fig. Méj. Comida hecha sin esmero. || **6.** fig. Perú. Mezcolanza, revoltijo. || **7.** Chile. Trigo, cebada o maíz triturados para cocerlos. || **8.** Argent. Locro de maíz muy molido. || **9.** Argent. Acción y efecto de frangollar.

FRANGOLLÓN, NA. (De *frangollar.*) adj. Amér. y And. Dícese de quien hace de prisa y mal una cosa.

FRANGOTE. m. com. Fardo mayor o menor que los regulares de dos en carga. || **2.** Mar. Medida de volumen que fue usada entre los marinos mercantes que hacían viajes a América.

FRANHUESO. (De *frañer* y *hueso.*) m. Zool. Ast. Quebrantahuesos, ave rapaz.

FRANJA. (fr. *frange,* y éste del l. *fimbria,* fimbria.) f. Guarnición tejida de hilo de oro, plata, seda, lino o lana, que sirve para adornar y guarnecer los vestidos y otras cosas. || **2.** Faja, lista o tira en general.

* **FRANJALETE.** m. Méj. Correa que sostiene los tirantes, apoyándose sobre el lomo de la caballería.

FRANJAR. tr. Guarnecer con franjas.

FRANJEAR. (De *franja.*) tr. Franjar.

FRANJÓN. m. aum. de franja.

FRANJUELA. f. d. de franja.

FRANQUEABLE. adj. Que se puede franquear, 3.ª acep.

FRANQUEADO, DA. p.p. de franquear. || **2.** adj. ant. Aplicábase al zapato recortado y desvirado pulidamente.

FRANQUEAMIENTO. (De *franquear.*) m. Franqueo.

FRANQUEAR. (De *franco.*) tr. Librar, libertar, exceptuar a uno de una contribución, tributo u otra cosa. || **2.** Conceder una cosa liberalmente. || **3.** Desembarazar, quitar los impedimentos que estorban el curso de una cosa. || **4.** Pagar previamente en sellos el porte de cualquier objeto que se remite por correo. || **5.** Dar libertad al esclavo. || **6.** r. Prestarse uno fácilmente a los deseos de otro. || **7.** Descubrir uno su interior a otro. || **8.** Mar. Ponerse un buque en franquía. || **P.** franquear; **I.** to affranchise; **F.** affranchir; **A.** freimachen; **It.** affrancare; **R.** освобождать.

FRANQUENIÁCEO, A. (De *Frankenio,* médico sueco del siglo xvii a quien Linneo dedicó estas plantas.) adj. Bot. Dícese de matas y arbustos angiospermos dicotiledóneos, muy ramosos, cuyos frutos capsulares están llenos de semillas diminutas. Ú.t.c.s.f. || **2.** f. pl. Bot. Familia de estas plantas.

FRANQUEO. m. Acción y efecto de franquear, 4.ª y 5.ª aceps.

FRANQUEZA. (De *franco.*) f. Libertad, exención. || **2.** Liberalidad, generosidad. || **3.** fig. Sinceridad, ingenuidad. || 3.ª acep.: **P.** franqueza; **I.** frankness; **F.** franchise; **A.** Freimütigkeit; **It.** franchezza; **R.** освобождение, искренность.

FRANQUÍA. (De *franco.*) f. Situación del buque que tiene paso franco para zarpar o tomar determinado rumbo. Ú. más en las frases *Ponerse en, estar en,* o *ganar* franquía. || *En* franquía. m. adv. fig. y fam. Tratándose de personas, en disposición de hacer lo que quieran, librándose de algún quehacer o compromiso. Ú. también con los verbos *estar* y *ponerse.*

FRANQUICIA. (De *franco.*) f. Exención del pago de ciertos derechos o de ciertos servicios públicos. franquicia *postal.* || **P.** franquia; **I.** franchise; **F.** exemption; **A.** Freiheit, Vorrecht; **It.** franchigia; **R.** освобождение от пошлины.

FRAÑER. (l. *frangĕre.*) tr. ant. Quebrantar. Ú. todavía en Asturias.

FRAO. (cat. *frau.*) m. ant. Ar. Fraude.

FRAQUE. m. Frac.

FRASCA. (ital. *frasca.*) f. Hojarasca y ramas pequeñas de los árboles.

FRASCO. (germ. *flaska.*) m. Vaso de cuello recogido. || **2.** Vaso, generalmente de cuerno, que se usa para llevar la pólvora en la caza. || **3.** Contenido de un frasco. || **4.** Cuba. Medida de capacidad para líquidos, equivalente a 2 litros y 44 centilitros. || **5.** R. de la Plata. Medida de capacidad para líquidos, equivalente a 21 litros y 37 decilitros. || **—cuentagotas.** El que por la forma de su gollete y tapón sirve para verter gota a gota su contenido. || **—de Dewar.** Quím. Recipiente de vidrio para contener líquidos muy fríos. || **—de mercurio.** Peso de tres arrobas de mercurio, que es la cabida de los antiguos frascos de hierro usados como envase en Almadén. || **P.** frasco; **I.** flask, bottle; **F.** flacon; **A.** Fläschchen, Flakon; **It.** fiasco; **R.** флакон.

FRASE. (l. *phrăsis,* y éste del gr. φράσις, de φράζω, hablar.) f. Conjunto de palabras que basta para formar sentido, y especialmente si no llega a constituir una oración cabal. || **2.** Locución enérgica, y por lo común metafórica, con la que se significa más de lo que se expresa, o cosa distinta de lo que indica la letra. || **3.** Modo particular de expresar sus pensamientos cada escritor u orador, y también índole especial de cada lengua. || **—hecha.** La proverbial, y también la de forma inalterable y uso vulgar, que no incluye sentencia alguna. *¡Ahí me las den todas!* || **—musical.** Período de una composición delimi-

F tado por una cadencia y con sentido propio. ||—**proverbial**. La que es de uso vulgar y encierra una sentencia o proverbio. *El buey suelto bien se lame.* || —**sacramental**. fig. La fórmula consagrada por el uso o por la ley para determinadas circunstancias. || **P**. e **It**. frase; **I**. y **F**. phrase; **A**. Phrase, satz; **R**. фраза.

FRASEAR. tr. Formar frases. || **P**. frasear; **I**. to phrase; **F**. phraser; **A**. phrasieren; **It**. fraseggiare.

FRASEOLOGÍA. (gr. φράσις, frase, y λόγος, razón, orden.) f. Modo de ordenar las frases, propio de cada escritor. || **2**. Demasía de palabras. || **P**. fraseologia; **I**. phraseology; **F**. phraséologie; **A**. Phraseologie, Wortschwall; **It**. fraseologia; **R**. фразеология.

FRASEOLÓGICO, CA. adj. Perteneciente o relativo a la frase.

FRASIS. amb. ant. Frase. || **2**. desus. Habla, lenguaje.

FRASQUERA. f. Caja hecha con diferentes divisiones para colocar ajustados los frascos y llevarlos de una parte a otra sin que se rompan.

FRASQUETA. (fr. *frisquette*.) f. IMPR. Cuadro con que en las prensas de mano se sujeta al tímpano el papel que se va a imprimir.

FRASQUETE. m. d. de frasco.

★ **FRASQUITERO, RA**. adj. fam. VENEZ. Embaucador, embustero.

★ **FRASTERO, RA**. adj. pop. CHILE y MÉJ. Forastero.

FRATÁS. m. ALBAÑ. Instrumento para alisar el enlucido, formado por una pequeña tabla, cuadrada o redonda, con un mango central.

FRATASAR. tr. Igualar con el fratás la superficie de un muro.

FRATERNA. (l. *fraterna*, t. f. de *-nus*, fraterno.) f. Represención áspera. || **2**. VENEZ. y P. RICO. Cantaleta. || **3** P. RICO. Trabajo excesivo.

FRATERNAL. (De *fraterno*.) adj. Propio de hermanos. || **P**. e **I**. fraternal; **F**. fraternel; **A**. geschwisterlich, brüderlich; **It**. fraternale; **R**. братский.

FRATERNALMENTE. adv. Con fraternidad.

FRATERNIDAD. (l. *fraternitas, -ātis*.) f. Unión y buena correspondencia entre hermanos o entre los que se tratan como tales. || **2**. En los Estados Unidos, cada una de las agrupaciones de 40 ó 50 estudiantes aproximadamente, que conviven fuera de las universidades. || **P**. fraternidade; **I**. fraternity, brotherhood; **F**. fraternité; **A**. Fraternität, Brüderlichkeit; **It**. fraternità; **R**. братство.

FRATERNIZAR. (De *fraterno*.) intr. Unirse y tratarse como hermanos. || **2**. Simpatizar. || **P**. fraternizar; **I**. to fraternize; **F**. fraterniser; **A**. fraternisieren; **It**. fraternizzare; **R**. брататься.

FRATERNO, NA. (l. *fraternus*; de *frater*, hermano.) adj. Perteneciente a los hermanos. || **2**. Dícese de la reconvención privada y amistosa.

FRATRES. (pl. del l. *frater*, hermano.) m. pl. ant. Tratamiento que se daba a los eclesiásticos que vivían en comunidad.

FRATRÍA. (gr. φρατρία.) m. Entre los antiguos griegos, subdivisión de una tribu que tenía sacrificios y ritos propios. || **2**. Sociedad íntima, hermandad, cofradía.

FRATRICIDA. (l. *fratricida*; de *frater*, hermano, y *caedĕre*, matar.) adj. Que mata a su hermano. Ú.t.c.s.

FRATRICIDIO. (l. *fratricidĭum*.) m. Muerte de una persona ejecutada por su propio hermano. || **P**. fratricídio; **I**. y **F**. fratricide; **A**. Brudermord; **It**. fratricidio; **R**. братоубийство.

FRAUDADOR, RA. (l. *fraudātor*.) adj. ant. Defraudador. Usáb.t.c.s.

FRAUDAR. (l. *fraudāre*.) tr. ant. Cometer fraude o engañar.

FRAUDE. (l. *fraus, fraudis*.) m. Engaño, inexactitud consciente, abuso de confianza, que ocasiona un daño, generalmente material. Se ha usado como femenino. || **2**. FOR. Delito del encargado de vigilar la ejecución de contratos públicos, y aun de algunos privados, al confabularse con la representación de los intereses opuestos. || *En* FRAUDE *de acreedores*. FOR. Dícese

de los actos del deudor, generalmente simulados y rescindibles, que dejan al acreedor sin medio de cobrar lo que se le debe. || **P**. y **F**. fraude; **I**. fraud; **A**. Betrug; **It**. frode; **R**. обман, подлог.

FRAUDULENCIA. (l. *fraudulentía*.) f. Fraude.

FRAUDULENTAMENTE. adv. Con fraude.

FRAUDULENTO, TA. (l. *fraudulentus*.) adj. Engaño, falaz.

FRAUDULOSAMENTE. adv. ant. Fraudulentamente.

FRAUSTINA. f. Cabeza de madera para aderezar las tocas y moños postizos de las mujeres.

FRAY. m. Apócope de fraile. Ú. precediendo al nombre de los religiosos de ciertas órdenes. || **2**. Frey. || FRAY *Modesto nunca fue prior*. fr. proverb. con que se da a entender que no siempre conviene la timidez y el encogimiento, especialmente para lograr cargos o dignidades. || **P**. frei; **I**. brother; **F**. frère; **A**. Bruder (Mönch); **It**. frate, fra; **R**. брат (о монахе).

FRAZADA. (De *frezada*.) f. Manta peluda que se echa sobre la cama. || **P**. cobertor; **I**. blanket; **F**. couverture de lit; **A**. Bettdecke; **I**. coperta; **R**. одеяло.

FRAZADERO. m. El que fabrica frazadas.

FRECUENCIA. (l. *frequentía*.) f. Repetición a menudo de un acto o suceso. || **2**. Fís. Número de ondulaciones de un movimiento vibratorio en la unidad de tiempo. || **3**. ELECTR. Número de ciclos o períodos completos de corriente producidos por un generador de corriente alterna por segundo. || **4**. ELECTR. Corriente de un número entero de ciclos o períodos en el intervalo de tiempo correspondiente. || **5**. MED. Aumento del número normal de palpitaciones cardíacas. || **6**. MAT. Razón del número de veces que ocurre un suceso al número de veces posible. || *Alta* FRECUENCIA. ELECTR. Cualquiera de las frecuencias superiores a 10.000 hertzios. || *Baja* FRECUENCIA. ELECTR. Cualquiera de las frecuencias inferiores a 10.000 hertzios. || **P**. frequência; **I**. frequency; **F**. fréquence; **A**. Frequenz, Häufigkeit; **It**. frequenza; **R**. многократность.

FRECUENTACIÓN. (l. *frecuentatio, -ōnis*.) f. Acción de frecuentar.

FRECUENTADOR, RA. (l. *frequentātor*.) adj. Que frecuenta. Ú.t.c.s.

FRECUENTAR. (l. *frequentāre*.) tr. Repetir un acto a menudo. || **2**. Concurrir con frecuencia a un lugar. || **3**. intr. MÉJ. Confesar y comulgar a menudo. || **P**. frequentar; **I**. to frequent; **F**. fréquenter; **It**. frequentare; **R**. часто повторять.

FRECUENTATIVO. (l. *frequentativus*.) adj. GRAM. Aplícase al verbo que denota acción frecuentemente reiterada o repetida. Ú.t.c.s.

FRECUENTE. (l. *frequens, -entis*.) adj. Repetido a menudo. || **2**. Usual, común. || **P**. e **It**. frequente; **I**. frequent; **F**. fréquent; **A**. häufig, öfter; **R**. частый.

FRECUENTEMENTE. adv. Con frecuencia.

★ **FRECUENTÍMETRO**. m. Fís. Aparato con que se mide la frecuencia de una corriente eléctrica.

FREDOR. (l. *frigdor*.) m. ant. Frío.

FREGACIÓN. (l. *fricatio, -ōnis*.) f. ant. Fricación.

FREGADERO. m. Artefacto donde se ponen los barreños en que se friega.

FREGADO, DA. p.p. de fregar. || **2**. adj. ARGENT. y CHILE. Majadero, importuno, enfadoso, dicho de persona. || **3**. COLOM. Tenaz, terco. || **4**. MÉJ. Bellaco, perverso. || **5**. m. Acción y efecto de fregar. || **6**. fig. y fam. Enredo, embrollo, negocio o asunto poco decente. || **7**. Lance, discusión o contienda desordenada en que puede haber algún riesgo. || **8**. P. RICO. Descarado. || **9**. AMÉR. Anchura, circunferencia o tamaño de un objeto. || **10**. AMÉR. Molestia, pesadez. || *Ser*, o *servir*, uno, *lo mismo para un* FREGADO *que para un barrido*. fr. figs. y fams. Ser materia dispuesta para todo, o para cosas contrarias.

FREGADOR, RA. (l. *fricātor*.) adj. Que friega. Ú.t.c.s. || **2**. m. Fregadero. || **3**. Estropajo, porción de esparto machacado que sirve para fregar.

FREGADURA. (l. *fricatūra*.) f. Fregado, acción y efecto de fregar.

FREGAJO. (De *fregar*.) m. En las galeras, estropajo, esparto para fregar.

FREGAMIENTO. (De *fregar*.) m. Fricación.

★ **FREGANCIA**. (De *fregar*, molestar.) f. COLOM. Molestia, pejiguera.

★ **FREGANDA**. (l. *fricanda*, term. f. de *fricandus*, p. fut. pasivo de *fricāre*, fregar.) f. CHILE. Fregado, molestia, pesadez.

★ **FREGANDERA**. (De *fregar*.) f. MÉJ. Fregona.

FREGAR. (l. *fricāre*, frotar, restregar.) tr. Restregar con fuerza una cosa con otra. || **2**. Limpiar alguna cosa restregándola con estropajo, cepillo, etc., empapado en agua y jabón, u otro líquido adecuado. || **3**. fig. y fam. AMÉR. Fastidiar, molestar. Ú.t.c.r. || **4**. CUBA. Azotar, golpear con cualquier instrumento. || **P**. esfregar; **I**. to rub, to scour; **F**. frotter, laver; **A**.schueren, spülen; **It**. fregare, stropicciare; **R**. мыть, чистить, вытирать.

FREGATA. f. ant. fam. Fregona.

★ **FREGATINA**. (De *fregar*.) f. BOL., PERÚ y CHILE. Molestia, pejiguera.

FREGATRIZ. f. Fregona.

★ **FREGAZÓN**. (De *fregar*.) f. AMÉR. Fregado, molestia.

★ **FREGÓN, NA**. adj. ECUAD. Fregado, importuno, fastidioso. || **2**. ECUAD. y P. RICO. Descarado, fresco.

FREGONA. f. Criada que sirve en la cocina y friega. Ú. generalmente en sentido despectivo. || **2**. P. RICO. Mujer desvergonzada.

FREGONIL. adj. fam. Propio de fregonas.

FREGOTEAR. tr. fam. Fregar de prisa y mal.

FREGOTEO. m. fam. Acción y efecto de fregotear.

★ **FREGUÉS**. m. BOL. Aparcero.

★ **FREIDERA**. f. CUBA y MÉJ. Sartén.

FREIDOR, RA. m. y f. AND. Persona que fríe pescado para venderlo.

FREIDURA. f. Acción y efecto de freir.

FREIDURÍA. (De *freidor*.) f. Tienda donde se fríe pescado para la venta.

FREILA. (De *freile*.) f. Religiosa de alguna de las órdenes militares.

FREILAR. (De *freile*.) tr. ant. Recibir a uno en alguna orden militar.

FREILE. (De *fraile*.) m. Caballero profeso de alguna de las órdenes militares. || **2**. Sacerdote de alguna de ellas.

FREIR. (l. *frigĕre*.) tr. Someter un manjar crudo a la acción del aceite o grasa hirviendo hasta que esté en disposición de poderse comer. || **2**. fig. Molestar de manera pesada e insistente. *Sus chistes me tienen* FRITO. || *Al* FREIR *será el reir, y al pagar será el llorar*. ref. que censura al que da por seguro lo que es ilusorio o contingente, u obra sin previsión y sin tino. || *Echar*, o *mandar* a uno a FREIR *espárragos*. frs. figs. y fams. Despedirle con desprecio y enfado. || **P**. fritar, frigir; **I**. to fry; **F**. frire; **A**. braten (in der Pfanne), backen; **It**. friggere; **R**. жарить.

FREIRA. (De *freire*.) f. Freila, religiosa de una orden militar.

FREIRE. (De *fraire*.) m. Fraile.

FREIRÍA. f. Conjunto de freires.

FRÉJOL. (cat. *fésol*, y éste el l. *phasŭlus*, por *phasēlus*, alubia.) m. Judía, la planta, y también el fruto y la semilla de la misma.

FRÉMITO. (l. *fremitus*.) m. Bramido. || **2**. MED. Estremecimiento o movimiento vibratorio especialmente el que es perceptible por la palpitación.

FRENAR. (l. *frenāre*.) tr. Enfrenar. || **2**. Moderar o parar con el freno el movimiento de un carruaje o de un vehículo. || **P**. enfrenar; **I**. to bridle; **F**. freiner; **A**. bremsen; **It**. frenare; **R**. обуздывать.

★ **FRENASTENIA**. f. Debilidad mental.

FRENERÍA. (De *frenero*.) f. Lugar donde se hacen frenos. || **2**. Tienda en donde se venden.

FRENERO. m. El que hace frenos o los vende.

FRENESÍ. (l. *phrenēsis*.) m. Delirio furioso. || **2**. fig. Violenta exaltación y perturbación del ánimo. || **P**. frenesi; **I**. frenzy;

F. frénésie; **A.** Phrenesie, Tobsucht; **It.** frenesia; **R.** безумие.

FRENESÍA. f. ant. Frenesí.

FRENÉTICAMENTE. adv. Con frenesí.

FRENÉTICO, CA. (l. *phreneticus.*) adj. Poseído de frenesí. || **2.** Furioso, rabioso. || **P.** frenetico; **I.** frenetic; **F.** frénétique; **A.** rasend, tobsüchtig; **It.** frenètico; **R.** безумный.

FRENILLAR. (De *frenillo.*) tr. MAR. Afrenillar.

FRENILLO. (d. de *freno.*) m. Membrana que sujeta la lengua por la línea media de la parte inferior. || **2.** Ligamento que sujeta el prepucio al bálano. || **3.** Cerco de correa o de cuerda ajustado alrededor de la boca del perro, o de otro animal para que no muerda. || **4.** AMÉR. CENTRAL y CUBA. Cada una de las cuerdas o tirantes que lleva la cometa, y que convergen en la cuerda que la sujeta. || **5.** MAR. Cabo o rebenque para diversos usos. || **P.** freio; **I.** fraenum; **F.** filet, frein; **A.** (Zungen) Bändchen; **It.** scilinguágnolo; **R.** уздечка.

FRENO. (l. *frenum.*) m. Instrumento de hierro, que se compone de embocadura, camas y barbada, y sirve para sujetar y gobernar las caballerías. || **2.** Aparato especial que sirve en las máquinas y carruajes para moderar o detener el movimiento. || **3.** fig. Sujeción que se pone a uno para moderar sus acciones. || **4.** ARGENT. Hambre. || —**acodado.** Freno cerrado propio para los potros, porque los lastima menos que los demás. || *Correr* uno *sin* FRENO. fr. fig. Entregarse desordenadamente a los vicios. || **P.** freio; **I.** brake; **F.** frein, mors; **A.** Bremse; **It.** freno; **R.** узда, тормоз.

★ **FRENOBLABIA.** f. Desorden mental.

★ **FRENOCOMIO.** m. Manicomio.

★ **FRENÓGRAFO.** m. Aparato registrador de los movimientos de la membrana del diafragma.

FRENOLOGÍA. (gr. φρήν, inteligencia, y λόγος, tratado.) f. Hipótesis fisiológica del alemán Gall, que considera al cerebro como un agregado de órganos, a cada uno de los cuales corresponde una facultad intelectual, un instinto o un afecto. || **P.** frenologia; **I.** phrenology; **F.** phrénologie; **A.** Phrenologie, Schädellehre; **It.** frenologia; **R.** френология.

FRENOLÓGICO, CA. adj. Perteneciente a la frenología.

FRENÓLOGO. m. El que profesa la frenología. || **P.** frenólogo; **I.** phrenologist; **F.** phrénologue, phrenologiste; **A.** Phrenolog; **It.** frenòlogo; **R.** френолгъ.

FRENÓPATA. m. El que profesa la frenopatía.

FRENOPATÍA. (gr. φρήν, inteligencia, y πάθος, enfermedad.) f. Parte de la medicina que trata de las enfermedades mentales. || **P.** frenopatia; **I.** phrenopathy; **F.** phrénopathie; **A.** Phrenopathie, Geistesstörungslehre; **It.** frenopatia; **R.** френопатия.

FRENTAL. adj. ZOOL. Frontal. || **2.** m. Méj. Frontalera.

★ **FRENTAZO.** m. MÉJ. Chasco.

FRENTE. (de *fruente.*) f. Parte superior de la cara, comprendida entre las cejas y el borde anterior del cuero cabelludo. || **2.** Parte delantera de una cosa. || **3.** En la carta o otro documento, blanco que se deja al principio. || **4.** fig. Semblante. || **5.** FORT. Cada uno de los dos lienzos de muralla que cierran el baluarte y forman un ángulo. || **6.** MIL. Primera fila de la tropa formada o acampada. || **7.** MIL. Línea de territorio continuo en que combaten los ejércitos con cierta duración. || **8.** amb. Fachada de un edificio o lo primero que se ofrece a la vista de una cosa. || **9.** Anverso. || **10.** adv. Enfrente. || —**calzada.** La que es poco espaciosa. || —**de batalla.** MIL. Extensión que ocupa un ejército formado en batalla. || —**único.** fig. Coalición de fuerzas distintas con una dirección común para fines sociales o políticos. || *Arrugar* uno *la* FRENTE. fr. fig. y fam. Mostrar en el semblante enojo, ira o enfado. || *Con la* FRENTE *levantada.* loc. adv. fig. y fam. Con serenidad o con descaro. || *De* FRENTE. m. adv. Con los verbos *llevar, acometer* y otros, significa con gran resolución y actividad. || *Ponerse al* FRENTE. fr.

Hablando de un conjunto de personas, asumir la dirección de ellas. || **P.** e **It.** fronte; **I.** forehead, front, face; **F.** front, visage, façade; **A.** Stirn, Vorderkopf; **R.** лоб, фронт.

★ **FRENTERA.** f. ARGENT. Frontalera.

FRENTERO. m. Almohadilla que se ponía a los niños sobre la frente para que no se lastimasen al caer.

FRENTÓN, NA. adj. Frentudo.

FREO. (cat. *freu*, y éste del l. *fretum*.) m. MAR. Canal estrecho entre dos islas o entre una isla y tierra firme.

FRERE. (fr. *frère*, y éste del l. *frater*, *-tris*, hermano.) m. ant. Freile.

FRES. (De *friso*.) m. AR. Franja. Ú.m. en pl.

FRESA. (fr. *fraise*, y éste del l. *fragĕa*, de *fragum*.) f. Planta rosácea, de tallos rastreros, nudosos y con estolones; hojas pecioladas, vellosas, blancas por el envés; flores pedunculadas, blancas o amarillentas, y fruto casi redondo, rojo, suculento y fragante. || **2.** Fruto de esta planta. || **P.** morango; **I.** strawberry; **F.** fraise; **A.** Erdbeere; **It.** fràgola, fràvola; **R.** земляника.

FRESA. (De *fresar*.) f. Herramienta de movimiento circular continuo, constituida por una serie de buriles o cuchillas que se emplea en las máquinas de labrar metales o fresarlos.

FRESADA. f. Cierta vianda, compuesta de harina, leche y manteca, que se usó antiguamente.

FRESADO, DA. p.p. de fresar. || **2.** Acción y efecto de fresar, 2.ª acep.

FRESADORA. f. Máquina provista de fresas para labrar metales. || **P.** fresadura; **I.** milling machine; **F.** fraiseuse; **A.** Fräsmaschine; **It.** fresatrice; **R.** фрезерный станок.

FRESAL. m. Terreno plantado de fresas. || **P.** morangal; **I.** strawberry patch; **F.** fraisière; **A.** Erdbeerbeet, Erdbeerstaude; **It.** fragolaia, fravolaio; **R.** земляничная грядка.

FRESAR. tr. Guarnecer con freses o fresos. || **2.** Abrir agujeros, y en general, labrar metales con la herramienta llamada fresa. || **3.** ALBAC. Mezclar la harina con el agua antes de amasar.

FRESCA. f. Fresco, frío moderado. Tomar la FRESCA. || **2.** El frescor de las primeras horas de la mañana o de las últimas de la tarde en tiempo caluroso. || **3.** fam. Claridad. *Decir una* FRESCA. || **4.** *Ser* uno *capaz de decir* una FRESCA *al lucero del alba.* fr. fig. y fam. Ser capaz de decírsela a cualquier persona por muy encumbrada que se halle.

FRESCACHÓN, NA. (aum. de *fresco*.) adj. Muy robusto y de color sano. || **2.** MAR. Dícese del viento muy recio que impide llevar orientadas las velas pequeñas.

FRESCAL. adj. Dícese de algunos pescados conservados con poca sal, no enteramente frescos.

FRESCALES. com. fam. Persona fresca, desenvuelta y descocada.

FRESCAMENTE. adv. Recientemente, sin haber mediado mucho tiempo. || **2.** fig. Con frescura y desenfado.

FRESCO, CA. (germ. *frisk*.) adj. Moderadamente frío con relación a nuestra temperatura. || **2.** Reciente. || **3.** fig. Acabado de suceder, reciente. || **4.** Abultado de carnes y blanco y colorado. || **5.** fig. Sereno y que no se inmuta en los peligros y contradicciones. || **6.** fig. y fam. Desvergonzado. Ú.t.c.s. || **7.** fig. Dícese de las telas delgadas y ligeras. || **8.** MAR. Dícese del viento que llena bien el aparejo y permite llevar largas las velas altas. || **9.** m. Frío moderado. || **10.** Frescura. || **11.** Pescado fresco, sin salar. || **12.** Tocino fresco. || **13.** Pintura hecha al fresco. Ú.m. en pl. || **14.** AMÉR. CENTRAL, MÉJ., PERÚ y VENEZ. Refresco, bebida fría. || *Al* FRESCO. m. adv. Al sereno, a la intemperie. || *Estar*, o *quedar* uno FRESCO. fr. fig. y fam. Estar, o quedar mal en un negocio o pretensión. || **P.** e **It.** fresco; **I.** fresh, cool; **F.** frais; **A.** frisch; **R.** свежий. || **2.ª** acep.: **P.** e **It.** recente; **I.** new, fresh; **F.** nouveau, récent; **A.** neu, jung; **R.** новый. || **5.ª** acep.: **P.** fresco; **I.** calm, serene; **F.** serein; **A.** ruhig; **It.** tranquillo; **R.** развязный.

FRESCOR. m. Frescura o fresco. || **2.** PINT. Color rosado que tienen las carnes sanas y frescas.

FRESCOTE, TA. adj. aum. de fresco. || **2.** fig. y fam. Dícese de la persona abultada de carnes que tiene la piel tersa y de buen color.

FRESCURA. (De *fresco*.) f. Calidad de fresco. || **2.** Amenidad de un sitio delicioso y lleno de verdor. || **3.** fig. Desembarazo, desenfado. || **4.** fig. Chanza, dicho picante, respuesta fuera de propósito. || **5.** fig. Negligencia y poco celo. || **6.** fig. Tranquilidad de ánimo.

FRESERA. f. Fresa, planta rosácea. || **2.** Frutero especial para fresas. || **P.** moranguero; **I.** strawberry; **F.** fraisier; **A.** Erdbeerenpflanze; **It.** fragaria; **R.** земляника.

FRESERO, RA. m. y f. Persona que vende fresas.

FRESNAL. adj. Perteneciente o relativo al fresno.

FRESNEDA. (l. *fraxinētum*.) f. Sitio o lugar de muchos fresnos. || **P.** freixal; **I.** ash-grove; **F.** frênaie; **A.** Eschen-Wald; **It.** frassineto; **R.** ясеневая роща.

FRESNILLO. (De *fresno*.) m. BOT. Díctamo blanco.

FRESNO. (l. *fraxinus*.) m. Árbol oleáceo, de tronco grueso, corteza cenicienta y muy ramoso; flores pequeñas y fruto seco con ala membranosa y semilla elipsoidal. La madera es blanca y muy apreciada por su elasticidad. || **P.** freixo; **I.** ash; **F.** frêne; **A.** Esche; **It.** fràssino; **R.** ясень.

FRESO. m. ant. Friso.

FRESÓN. m. Fruto de una fresera semejante a la fresa, pero de volumen mucho mayor, de color rojo amarillento y sabor más ácido.

★ **FRESQUEAR.** (De *fresco*.) intr. CHILE. Hacer o decir frescuras.

FRESQUEDAL. m. Porción de prado o de campo que por ser húmedo mantiene su verdor en la época de agostamiento.

FRESQUERA. f. Especie de jaula que se tiene en sitio ventilado para conservar frescos algunos comestibles o líquidos. || **2.** ARGENT. Fiambrera. || **P.** guarda-comidas; **I.** safe, larder; **F.** garde-manger; **A.** Fliegenschrank; **It.** moscaiola; **R.** холодильник.

FRESQUERÍA. (De *fresco*.) f. AMÉR. Botillería, establecimiento donde se hacen o venden bebidas heladas.

FRESQUERO, RA. m. y f. Persona que conduce o vende pescado fresco.

FRESQUILLA. f. Especie de melocotón o prisco.

FRESQUISTA. m. El que pinta al fresco. || **P.** e **It.** fresquista; **I.** fresco-painter; **F.** fresquiste; **A.** Freskomaler.

FRETE. m. BLAS. Enrejado compuesto de bandas y barras muy estrechas.

FREY. (De *freile*.) m. Tratamiento que se usa entre los religiosos de las órdenes militares.

FREZ. (ár. *fart*, estiércol, fiemo en el vientre.) f. Freza, 1.er art.

FREZA. (De *frez*.) Estiércol o excremento de algunos animales.

FREZA. (De *frezar*, 1.er art.) f. Desove. || **2.** Surco que dejan ciertos peces cuando se restriegan contra la tierra del fondo para desovar. || **3.** Tiempo del desove. || **4.** Huevo de los peces, y pescado menudo recién nacido. || **5.** MONT. Señal u hoyo que hace un animal escarbando u hozando. || **P.** desova; **I.** spawning; **F.** frai; **A.** Laichzeit, Fischbrut; **It.** frega; **R.** метание икры.

FREZA. (De *frezar*, 2.º art.) f. Tiempo en que come el gusano de seda durante cada una de las mudas.

FREZADA. (De *frisar*.) f. Frazada.

FREZADOR. (De *frezar*.) m. ant. Comedor o gastador.

FREZAR. (De *frez*.) intr. Arrojar el excremento los animales. || **2.** Entre colmeneros, arrojar de sí la colmena la inmundicia y heces. || **3.** Desovar. || **4.** Restregarse el pez contra el fondo para desovar. || **5.** MONT. Escarbar u hozar un animal haciendo frezas u hoyos. || **6.** Limpiar las colmenas de las inmundicias del interior.

FREZAR. (l. *fressare*, moler u hacer

F ruido.) intr. Tronchar y comer las hojas los gusanos de seda.

FREZAR. (franco *frisi*, ribete y rizo.) intr. ant. Frisar, acercarse.

FRÍA. (De *frida*, t. f. de *frido*.) f. desus. Fresca, frío moderado.

FRIABILIDAD. f. Calidad de friable.

FRIABLE. (l. *friabilis*, de *friǎre*, desmenuzar.) adj. Que se desmenuza fácilmente. ‖ **P.** friável; **I.** y **F.** friable; **A.** bröckelig; **It.** friàbile; **R.** рыхлый.

FRIALDAD. (De *frío*.) f. Sensación originada de la falta de calor. ‖ **2.** Impotencia para la generación. ‖ **3.** fig. Flojedad en el obrar. ‖ **4.** fig. Necedad. ‖ **5.** fig. Dicho insulso y fuera de propósito. ‖ **6.** fig. Indiferencia, despego. ‖ **P.** frialdade; **I.** coldness, frigidity; **F.** froideur; **A.** Kälte. **It.** fredezza, frigidità; **R.** холод.

FRIALEZA. f. ant. Frialdad.

FRÍAMENTE. adv. Con frialdad. ‖ **2.** fig. Sin gracia ni donaire.

FRIÁTICO, CA. adj. Friolero. ‖ **2.** Frío, necio, sin gracia.

★ **FRICA.** (De *fricar*.) f. fig. CHILE. Soba, tanda de azotes.

FRICACIÓN. (l. *fricatio, -ōnis*.) f. Acción y efecto de fricar.

FRICANDÓ. (fr. *fricandeau*.) m. Cierto guisado de la cocina francesa.

FRICAR. (l. *fricāre*.) tr. Restregar, frotar.

FRICASÉ. (fr. *fricassé*.) m. Guisado de la cocina francesa, cuya salsa se bate con huevos.

FRICASEA. (fr. *fricassée*.) f. desus. Guisado que se hacía de carne ya cocida, friéndola con manteca y sazonándola con especias, y se servía sobre rebanadas de pan. Ú. en Chile.

FRICATIVO, VA. (l. *fricāre*, fregar.) adj. GRAM. Dícese de los sonidos cuya articulación se prolonga haciendo que el aire salga con cierta fricción en los órganos bucales; como la *f*, *s*, *z*, *j*, etc. ‖ **2.** Dícese de la letra que representa este sonido. Ú.t.c.f.

FRICCIÓN. (l. *frictio, -ōnis*.) f. Acción y efecto de friccionar. ‖ **2.** Linimento para friegas. ‖ **P.** fricção; **I.** friction, rubbing; **F.** friction, frottement; **A.** Reibung, Friktion; **It.** frizione; **R.** втирание, массаж.

FRICCIONAR. (De *fricción*.) tr. Restregar, dar friegas.

★ **FRICHICÓ.** CHILE. Abrigo ordinario de mujer.

FRIDO, DA. (l. *frigĭdus*.) adj. ant. Frío.

FRIEGA. (De *fregar*, restregar.) f. Remedio que se hace restregando alguna parte del cuerpo. ‖ **2.** COLOM. y C. RICA. Molestia, fastidio. ‖ **3.** CHILE. Tunda, zurra. ‖ **4.** MÉJ., P. RICO y PERÚ. Regaño, reprimenda. ‖ **P.** esfrega; **I.** y **F.** friction; **A.** Abreibung; **It.** fregagione, fregatura; **R.** растирание.

FRIERA. (De *frío*.) f. Sabañón en los talones.

FRIEZA. f. ant. Frialdad.

FRIGE. adj. ant. Frigio.

FRIGENTE. (l. *frigens, -entis*, p.a. de *frigēre*, estar frío.) adj. ant. Que enfría o se enfría.

FRIGERATIVO, VA. (l. *frigerātum*, supino de *frigerāre*, enfriar, refrescar.) adj. ant. Refrigerativo.

FRIGIDEZ. (De *frígido*.) f. Frialdad.

FRIGIDÍSIMO, MA. adj. sup. de frío.

FRÍGIDO, DA. (l. *frigĭdus*.) adj. poét. Frío.

FRIGIO, GIA. (l. *phrygĭus*.) adj. Natural de Frigia. Ú.t.c.s. ‖ **2.** Perteneciente a este país del Asia antigua. ‖ **P.** frígio; **I.** Phrygian; **F.** phrygien; **A.** Phrygier; **It.** frigio; **R.** фригийский.

★ **FRIGORÍA.** (l. *frigus, -oris*, frío.) f. Fís. Unidad térmica equivalente a la militermia. Puede considerarse como la caloría negativa.

FRIGORIENTO, TA. (l. *frigus, -ŏris*, frío.) adj. ant. Friolento.

FRIGORÍFICO, CA. (l. *frigorifĭcus*; de *frigus, -ŏris*, frío, y *facĕre*, hacer.) adj. Que produce enfriamiento. ‖ **2.** Dícese de las cámaras enfriadas artificialmente para conservar frutas, carnes, etc. Ú.t.c.m. ‖ **3.** m. R. DE LA PLATA. Establecimiento industrial donde se prepara la carne congelada. ‖ **P.** frigorífico; **I.** frigorific; **F.** frigorifique; **A.** Kälte erzeugend; **It.** frigorifico; **R.** холодильный, охлаждающий.

FRIÍSIMO, MA. adj. sup. de frío.

FRÍJOL. (l. *phaseŏlus*.) m. Fréjol.

FRIJOL. m. AMÉR. Fréjol. ‖ **2.** CUBA. Cosa oculta o reservada. ‖ **3.** MÉJ. Chufla, alusión ofensiva. ‖ **4.** MÉJ. pl. Bravatas, fanfarronadas.

FRIJOLAR. m. Terreno sembrado de fríjoles.

★ **FRIJOLEAR.** tr. GUAT. Molestar, fastidiar.

FRIJOLILLO. m. CUBA. Árbol silvestre papilionáceo, de madera fuerte. El fruto sirve de alimento al ganado. ‖ **2.** C. RICA. Eczema en la cabeza de un recién nacido.

★ **FRIJOLIZAR.** tr. PERÚ. Hechizar, embrujar.

FRIJÓN. m. AND. y EXTR. Fréjol.

FRIMARIO. (fr. *frimaire*.) m. Tercer mes del calendario republicano francés, que comprendía desde el 21 de noviembre al 20 de diciembre.

FRINGA. f. HOND. Manta, especie de capote de monte. ‖ **2.** HOND. Persona raquítica.

FRINGILAGO. (l. *fringilla*.) m. ZOOL. Pájaro carbonero, ave común en España.

FRINGÍLIDO. (l. *fringilla*.) adj. ZOOL. Dícese de pájaros conirrostros que en la cara posterior de los tarsos tienen dos surcos laterales; como el gorrión y el jilguero. Ú.t.c.s.m. ‖ **2.** m. pl. ZOOL. Familia de estos animales.

★ **FRINGOLEAR.** tr. CHILE. Zurrar, dar una azotaina.

FRÍO, A. (De *frido*.) adj. Aplícase a los cuerpos cuya temperatura es muy inferior a la ordinaria del ambiente. ‖ **2.** Que causa sensación de frío. ‖ **3.** fig. Impotente, incapaz de engendrar o concebir. ‖ **4.** fig. Que muestra indiferencia o despego hacia una persona o cosa. ‖ **5.** fig. Sin gracia, espíritu ni agudeza. ‖ **6.** fig. Ineficaz, de poca recomendación. ‖ **7.** Disminución notable de calor en los cuerpos; descenso de temperatura, que, por regla general, los contrae y llega a liquidar los gases y a congelar los líquidos. ‖ **8.** Sensación que experimenta el cuerpo animal cuando su temperatura es mucho más elevada que la del ambiente. ‖ **9.** Disminución grande de calor que experimenta total o parcialmente el cuerpo animal por causas fisiológicas o morbosas. ‖ **10.** Bebida enfriada. ‖ **11.** pl. AMÉR. Fiebres intermitentes que comienzan con frío. ‖ *Calenturas de* FRÍO. P. RICO. Tercianas. ‖ **—absoluto.** Temperatura del cero absoluto, equivalente a −273,20 °C. ‖ **—industrial.** Conjunto de procedimientos que se emplean para conservar diversas substancias mediante la congelación o el enfriamiento. ‖ *En* FRÍO. m. adv. Sin preparación, inesperadamente. ‖ *No darle a uno una cosa ni frío ni calor.* fr. fig. y fam. con que se da a entender la indiferencia con que se toma un asunto. ‖ *Quedarse uno* FRÍO. fr. fig. Quedarse aturdido por algún suceso o desengaño inesperado. ‖ **P.** frio; **I.** cold; **F.** froid; **A.** kalt; **It.** freddo; **R.** холодный. ‖ **4.ª** acep. **P.** indiferente; **I.** y **F.** indifferent; **A.** gleichgültig; **It.** indifferente; **R.** равнодушный. ‖ **7.ª** acep.: **P.** frio; **I.** cold; **F.** froid; **A.** Kälte; **It.** freddo; **R.** холод.

★ **FRIOFRÍO.** m. BOT. CUBA. Cierto árbol de la familia de las leguminosas. ‖ **2.** REP. DOMIN. Trocitos de hielo mezclados con jarabe. ‖ **3.** Un juego de niños.

FRIOLENGO, GA. adj. ant. Friolero.

FRIOLENTO, TA. (De *frior*.) adj. Friolero.

FRIOLERA. (De *frior*.) f. Cosa de poca monta o de escasa importancia. ‖ **P.** frioleira; **I.** trifle, bagatelle; **F.** bagatelle, vétille; **A.** Kleinigkeit, Lappalie; **It.** inezia, bagatella; **R.** мелочь, пустяк.

FRIOLERO, RA. (De *frior*.) adj. Muy sensible al frío.

FRIOLIENTO, TA. adj. ant. Friolero.

FRIOLLEGO, GA. adj. ant. Friolero.

FRIÓN, NA. adj. aum. de frío. Falto de gracia.

FRIOR. (l. *frigor*.) m. ant. Frío. Falta o disminución excesiva de calor.

★ **FRIQUITÍN.** m. fam. P. RICO y REP. DOMIN. Figón, bodegón.

★ **FRIS.** m. IND. Enmarañamiento de fibras que se produce en el cardado de la lana.

FRISA. (anglosajón *frise*, rizado.) f. Tela

ordinaria de lana, usada para forros y vestidos de aldeanas. ‖ **2.** FORT. Estacada oblicua que se pone en la berma de una obra de campaña. ‖ **3.** MAR. Tira de cuero, paño, goma, etc., para que ajusten bien dos piezas en contacto. ‖ **4.** LEÓN. Especie de manta de lana fuerte que usan las maragatas para cubrirse la cabeza y que les cuelga hasta más abajo de la cintura. ‖ **5.** ARGENT. y CHILE. Pelos cortos de algunas telas, como el de la felpa. ‖ **6.** P. RICO. Frazada.

FRISADO, DA. p.p. de frisar. ‖ **2.** m. Tejido de seda cuyo pelo se frisaba formando borlillas.

FRISADOR, RA. m. y f. Persona que frisa una tela.

FRISADURA. f. Acción y efecto de frisar.

FRISAR. (germ. *frisi*, ribete, rizo.) tr. Levantar y rizar los pelos de algún tejido. ‖ **2.** p. us. Disminuir. ‖ **3.** MAR. Colocar tiras de cuero, paño, goma, etc., para que ajusten bien dos piezas. ‖ **4.** intr. Congeniar, confrontar. ‖ **5.** fig. Acercarse. FRISABA *con los treinta años*. ‖ **P.** frisar; **I.** to frizzle, to curl; **F.** friser; **A.** rauhen, kräuseln; **It.** frisare, accotonare; **R.** ворсовать.

FRISAR. (l. *frictiāre*, frotar.) tr. Refregar.

FRISIO, SIA. adj. Frisón. Apl. a pers. ú.t.c.s.

FRISO. (ár. *ifríz*, ornamento de arquitectura, y éste quizá del gr. ζωφόρος, con pérdida de la primera sílaba.) m. ARQ. Parte del cornisamento que media entre el arquitrabe y la cornisa. ‖ **2.** Faja de azulejos, tela, papel, etc., con que suele adornarse la parte superior o inferior de las paredes. ‖ **P.** friso; **I.** frieze; **F.** frise; **A.** Fries; **It.** fregio; **R.** фриз.

FRISOL. (l. *phaseŏlus*.) m. Judía.

★ **FRISOLERA.** f. COLOM. Mata de frisol.

FRISÓN, NA. adj. Natural de Frisia. Ú.t.c.s. ‖ **2.** Perteneciente a esta provincia de Holanda. ‖ **3.** Dícese de los caballos que vienen de Frisia, o son de aquella casta, de pies muy fuertes y anchos. Ú.t.c.s. ‖ **4.** fig. Dícese de una cosa grande y corpulenta dentro de otras de su género. ‖ **5.** m. Lengua germánica hablada por los frisones. ‖ **P.** frisão; **I.** Friesian; **F.** frison; **A.** Friese; **It.** frisone.

★ **FRISUDO, DA.** (De *frisa*.) adj. CHILE. Peludo.

FRISUELO. (l. *phaseŏlus*.) m. Frisol, judía.

FRISUELO. (b. l. *frixeolus*, d. de *frixus*, frito.) m. Especie de fruta de sartén.

★ **FRITA.** f. Fusión de materias para fabricar el vidrio.

FRITADA. f. Conjunto de cosas fritas. ‖ **P.** fritada; **I.** fry; **F.** friture; **A.** Gebackenes, Backfische; **It.** frittura, frittume; **R.** жареное блюдо.

★ **FRITAJE.** m. MIN. Combustión de los cuerpos capaces de arder que están formando parte de una mezcla mineral.

FRITANGA. f. Fritada, especialmente la abundante en grasas. A veces se usa en sentido despectivo. ‖ **2.** CHILE. Fatiga, molestia.

★ **FRITANGUERA.** (De *fritanga*.) f. CHILE. Freidora.

FRITAR. (De *frito*.) tr. COLOM. y SAL. Freir. ‖ **2.** MIN. Calcinar las materias vitrificables.

★ **FRITERA.** f. GUAT. Sartén.

★ **FRITERÍA.** f. Puesto de preparación y venta de frituras.

FRITILLAS. (De *frito*.) f. pl. MANCHA. Fruta de sartén.

FRITO, TA. (l. *frictus*.) p.p. irreg. de freir. ‖ **2.** m. Fritada. ‖ **3.** Cualquier manjar frito. ‖ **4.** CHILE. Fruta de sartén. ‖ **5.** VENEZ. El sustento cotidiano. ‖ *Estar* FRITO. fr. fig. y fam. Estar muy fastidiado o molesto.

FRITURA. f. Fritada.

FRIULANO, NA. adj. Natural de Friul. Ú.t.c.s. ‖ **2.** Perteneciente a este país de Italia. ‖ **3.** m. Lengua neolatina, afín al grisón, hablada en Friul.

FRIURA. (De *frío*.) f. desus. Frialdad. Ú. en Burgos, León, Santander y Venezuela. ‖ **2.** MED. Escara producida por el frío.

FRÍVOLAMENTE. adv. Con frivolidad.

FRIVOLIDAD. f. Calidad de frívolo. || **P.** frivolidade; **I.** frivolity; **F.** frivolité; **A.** Frivolität, Leichtsinn; **It.** frivolezza; **R.** легкомыслье.

FRÍVOLO, LA. (l. *frivŏlus*.) adj. Ligero, veleidoso, insubstancial. || **2.** Fútil. || **P.** frívolo; **I.** frivolous; **F.** frivole; **A.** leichtfertig, frivol; **It.** frivolo; **R.** легкомысленный.

FRIVOLOSO, SA. adj. ant. Frívolo.

FRIZ. f. Bot. Flor de haya.

FROGA. (l. *fabrica*.) f. ant. Fábrica de albañilería, especialmente la hecha con ladrillos, a diferencia de la sillería.

FROGAR. (l. *fabricāre*.) intr. ant. Fraguar, fraguarse el argamasa en la construcción.

★ FROMENTARIA. f. Mineral. Cierta piedra cuya estructura afecta la forma de granos de trigo.

FRONCIA. f. Sal. Mata de baleo que se usa para barrer. || **2.** Sal. Trozo de retama.

FRONDA. (De *fronde*.) f. Hoja de una planta. || **2.** Bot. Hoja de los helechos. || **3.** pl. Conjunto de hojas o ramas que forman espesura.

FRONDA. (fr. *fronde*, y éste de l. *funda*, honda.) f. Cir. Vendaje de lienzo, de cuatro cabos y forma de honda, usado en el tratamiento de fracturas y heridas.

FRONDE. (l. *frons, frondis*.) m. Fronda, parte foliácea de los helechos.

FRONDIO, DIA. adj. And. y Colom. Malhumorado, displicente. || **2.** Méj. y Colom. Sucio, desaseado.

FRONDOSIDAD. (De *frondoso*.) f. Abundancia de hojas y ramas.

FRONDOSO, SA. (l. *frondōsus*.) adj. Abundante de hojas y ramas. || **2.** Abundante en árboles que forman espesura. || **P.** frondoso; **I.** leafy, luxuriant; **F.** épais, touffu; **A.** dichtbelaubt; **It.** frondoso, fronzuto; **R.** густолиственный.

★ FRONEMA. f. Porción de corteza cerebral ocupada por los centros de pensamiento o asociación.

FRONTAL. (l. *frontālis*.) adj. Zool. Perteneciente o relativo a la frente. || **2.** m. Paramento de sedas, metal u otra materia con que se adorna la parte delantera de la mesa de altar. || **3.** Hueso frontal. || **4.** Ar. Témpano de la cuba o barril. || **5.** Cuba, Ecuad. y Méj. Frontalera, 1.ª acep. || **6.** Arq. Carrera, viga horizontal que sirve para sostener, sujetar o enlazar otras. || **7.** Entre guitarreros, puntero para perfeccionar los trastes. || **8.** Mar. Propao o barandilla en los buques. || **2.ª** acep.: **P.** frontal; **I.** altar facing, frontal; **F.** frontal, frontail; **A.** Altarschmuck; **It.** frontale; **R.** лобный, фронтальный.

FRONTALERA. (De *frontal*.) f. Correa de la cabezada del caballo, que le ciñe la frente. || **2.** Fajas y adornos que guarnecen el frontal por lo alto y por los lados. || **3.** Sitio donde se guardan los frontales. || **4.** Frontil, 1.ª acep.

FRONTALERO, RA. (De *frontal*.) adj. ant. Fronterizo.

FRONTALETE. m. d. de frontal del altar.

FRONTE. (l. *frons, frontis*.) f. ant. Frente.

FRONTERA. (De *frontero*.) f Confín de un Estado. || **2.** Frontis, fachada. || **3.** Cada una de las fajas que se ponen en el serón por la parte inferior para su mayor firmeza. || **4.** Albañ. Tablero fortificado con barrotes que sirve para sostener los tapiales que forman el molde de la tapia cuando se llega con ella a las esquinas o vanos. || **P.** fronteira; **I.** frontier; **F.** frontière; **A.** Grenze; **It.** frontiera; **R.** граница.

FRONTERÍA. (De *frontero*.) f. ant. Frontera.

FRONTERIZO, ZA. adj. Que está o sirve en la frontera. || **2.** Que está enfrente de otra cosa. || **P.** fronteiriço; **I.** y **F.** limitrophe; **A.** angrenzend; **It.** limitrofo; **R.** пограничный.

FRONTERO, RA. (l. *frons, frontis*, frente.) adj. Puesto o colocado enfrente. || **2.** m. Frontero. || **3.** Jefe militar que mandaba la frontera. || **4.** adv. Enfrente.

★ FRONTÉS, SA. adj. Rep. Domin. Desvergonzado.

FRONTIL. (De *fronte*.) m. Pieza acolchada de materia basta, regularmente de esparto, que se pone a los bueyes entre su frente y la coyunda para que ésta no les moleste. || **2.** Cuba. Parte de la cabezada que cubre la frente de una caballería.

★ FRONTÍN. m. Capirotazo. || **2.** Frontalera, correa de la cabezada o de la brida que ciñe la frente de la caballería.

FRONTINO, NA. adj. Dícese de la bestia que tiene alguna señal en la frente.

FRONTIS. (l. *frons, frontis*, frente.) m. Fachada o frontispicio de un edificio. || **P.** fachada; **I.** frontispiece; **F.** frontispice; **A.** Giebel, Vorderseite; **It.** fronte, facciata; **R.** фронтиспис.

FRONTISPICIO. (l. *frons, frontis*, frente, y *spicĕre*, ver, examinar.) m. Fachada o delantera de un edificio, libro, etcétera. || **2.** fig. y fam. Cara, rostro. || **3.** Arq. Frontón, 5.ª acep.

FRONTÓN. (De *fronte*.) m. Pared principal o frente contra el cual se lanza la pelota en el juego de pie. || **2.** Edificio o sitio dispuesto para jugar a la pelota. || **3.** Parte del muro de una veta donde trabajan los mineros para adelantar horizontalmente la excavación de la mina. En la Argentina, se llama frontón *descabezado* al que desciende algo. || **4.** Parte escarpada de una costa. || **5.** Arq. Remate triangular de una fachada de un pórtico o de una ventana o puerta. || **2.ª** acep.: **P.** frontão; **I.** handball court; **F.** jeu de paume; **A.** Ballspielplatz; **It.** giocco di palla; **R.** стена для игры в мяч.

FRONTUDO, DA. (De *fronte*.) adj. Dícese del animal que tiene mucha frente.

FROTACIÓN. f. Acción de frotar o frotarse.

FROTADOR, RA. adj. Que frota. Ú.t.c.s. || **2.** Que sirve para frotar.

FROTADURA. m. Frotación.

FROTAMIENTO. m. Acción y efecto de frotar o frotarse. || **P.** esfregação; **I.** rubbing; **F.** frottement; **A.** Reibung; **It.** fregamento; **R.** трение.

FROTANTE. p.a. de frotar. Que frota.

FROTAR. (l. *frictus*, p.p. de *fricāre*, fregar.) tr. Pasar una cosa sobre otra con fuerza muchas veces. Ú.t.c.r. || **P.** esfregar, friccionar, roçar; **I.** to rub; **F.** frotter, frictionner; **A.** reiben, frottieren; **It.** fregare, stropicciare; **R.** тереть.

FROTE. (De *frotar*.) m. Frotamiento.

★ FROTIS. m. Med. Toma de exudados entre dos cristales para examinar las bacterias que contienen.

★ FRUCANGA. f. Cuba. Sambumbia con ají.

FRUCTA. f. ant. Fruta.

FRUCTERO, RA. (De *fructo*.) adj. ant. Frutal.

FRUCTIDOR. (fr. *fructidor*.) m. Duodécimo mes del calendario republicano francés, cuyos días primero y último coincidían, respectivamente, con el 18 de agosto y el 16 de septiembre.

FRUCTÍFERAMENTE. adv. Con fruto.

FRUCTÍFERO, RA. (l. *fructifer*, de *fructus*, fruto, y *ferre*, llevar.) adj. Que produce fruto. || **P.** frutífero; **I.** fructiferous; **F.** fructifère; **A.** fruchtbringend; **It.** fruttifero; **R.** плодотворный.

FRUCTIFICABLE. adj. Que puede fructificar.

FRUCTIFICACIÓN. (l. *fructificatĭo, -ōnis*.) f. Acción y efecto de fructificar.

FRUCTIFICADOR, RA. adj. Que fructifica.

FRUCTIFICAR. (l. *fructificāre*; de *fructus*, fruto, y *facĕre*, producir.) intr. Dar fruto los árboles y otras plantas. || **2.** fig. Producir utilidad una cosa. || **P.** frutificar; **I.** to fructify; **F.** fructifier; **A.** Frucht bringen; **It.** fruttificare; **R.** приносить плоды, пользу.

FRUCTO. (l. *fructus*.) m. ant. Fruto.

★ FRUCTOSA. f. Quím. Azúcar que se encuentra en muchas frutas y en la miel.

FRUCTUAL. (l. *fructus*.) adj. ant. Frutal.

FRUCTUARIO, RIA. (l. *fructuarĭus*.) adj. Usufructuario. || **2.** Consistente en frutos. *Renta* fructuaria. || **3.** Dícese del censo que se paga en frutos. || **4.** Chile.

Aplícase a la cosa gravada con el usufructo.

FRUCTUOSAMENTE. adv. Con fruto, con utilidad.

FRUCTUOSO, SA. (l. *fructuōsus*.) adj. Que da fruto o utilidad. || **P.** frutuoso; **I.** fructuous, fruitful; **F.** fructueux; **A.** fruchtreich, einträglich; **It.** fruttuoso; **R.** полезный.

FRUENTE. (l. *frons, frontis*.) f. ant. Frente.

FRUENTE. p.a. de fruir. Que fruye.

FRUGAL. (l. *frugālis*; de *frux, frugis*, fruto de la tierra.) adj. Parco en comer y beber. || **2.** Aplícase también a las cosas en que se manifiesta esa parquedad. *Cena* frugal. || **P.** y **F.** frugal; **I.** frugal, parsimonious; **A.** spärlich, mässig, einfach; **It.** frugale; **R.** умеренный.

FRUGALIDAD. (l. *frugalĭtas, -ātis*.) f. Templanza, moderación en la comida y en la bebida. || **P.** frugalidade; **I.** frugality, thrift, parsimony; **F.** frugalité; **A.** Frugalität, Genügsamkeit, Einfachheit; **It.** frugalità; **R.** воздержность.

FRUGALMENTE. adv. Con frugalidad.

FRUGÍFERO, RA. (l. *frugifer, -ĕri*; de *frux*, fruto, y *ferre*, llevar.) adj. poét. Que lleva fruto. || **P.** frugífero; **I.** frugiferous; **F.** frugifère; **A.** Früchte tragend; **It.** frugifero.

FRUGÍVORO, RA. (l. *frux*, fruto de la tierra, y *vorāre*, comer.) adj. Aplícase al animal que se alimenta de fruto. || **2.** pl. Suborden de mamíferos quirópteros. Son murciélagos de gran tamaño que se alimentan de frutos. || **P.** frugívoro; **I.** frugivorous; **F.** frugivore; **A.** Pflanzenfresser; **It.** frugivoro; **R.** плодоядный.

FRUICIÓN. (l. *fruitĭo, -ōnis*.) f. Goce muy vivo en el bien que uno posee. || **2.** Complacencia, goce en general. || **P.** fruição; **I.** fruition; **F.** jouissance; **A.** Genuss, Wonne; **It.** fruizione; **R.** удовольствие.

FRUIR. (l. *frui*.) intr. Gozar del bien que se ha deseado.

FRUITIVO, VA. (l. *fruĭtus*, p.p. de *frui*, gozar.) adj. Propio para causar placer con su posesión.

FRUMENTARIO, RIA. (l. *frumentarĭus*.) adj. Relativo o perteneciente al trigo y otros cereales. || **2.** m. Abastecedor de trigo del ejército en la Roma antigua.

FRUMENTICIO, CIA. (l. *frumentum*, trigo.) adj. Frumentario.

FRUNCE. (De *fruncir*.) m. Arruga o pliegue, o serie de ellos menudos, que se hacen en una tela fruncidola.

★ FRUNCIDO, DA. adj. Chile. Comedido en el comer y en el beber.

FRUNCIDOR, RA. adj. Que frunce. Ú.t.c.s.

FRUNCIMIENTO. m. Acción de fruncir. || **2.** fig. Embuste y fingimiento.

FRUNCIR. (ant. fr. *froncir*, arrugar.) tr. Arrugar la frente y las cejas en señal de desabrimiento o de ira. || **2.** Recoger el paño u otras telas, haciendo en ellas frunces. || **3.** Estrechar una cosa, reduciéndola a menor extensión. || **4.** fig. y p. us. Tergiversar la verdad. || **5.** r. fig. Afectar compostura, modestia y encogimiento. || **1.ª** y **2.ª** aceps.: **P.** franzir; **I.** to frown, to shirr; **F.** froncer, plisser; **A.** runzeln, fälteln; **It.** raggrottare, pieghettare; **R.** морщить.

FRUSLERA. (l. *frustŭlum*, de *frustum*, desperdicio.) f. Raeduras que salen de las piezas de azófar al tornearlas.

FRUSLERÍA. (De *fruslera*.) f. Cosa de poco valor o entidad. || **2.** fig. y fam. Dicho o hecho de poca substancia. || **P.** bagatela; **I.** trifle; **F.** futilité, bagatelle; **A.** Lappalie; **It.** futilità, inezia; **R.** пустяк, безделица.

FRUSLERO. (Por *fuslero*, del l. *fustilarius*, de *fustis*, como *uslero*.) m. Cilindro de madera que se usa en las cocinas para trabajar y extender la masa.

FRUSLERO, RA. (l. *frustŭlum*, de *frustum*.) adj. Fútil o frívolo.

FRUSTRACIÓN. f. Acción de frustrar o frustrarse.

FRUSTRÁNEO, A. (De *frustrar*.) adj. Que no produce el efecto apetecido.

FRUSTRAR. (l. *frustāre*.) tr. Privar a uno de lo que esperaba. || **2.** Dejar sin efecto un propósito contra la intención de que procura realizarlo. || **3.** Malograr un intento. Ú.t.c.s. || **P.** frustrar; **I.** to frustrate; **F.** frustrer, échouer; **A.** täuschen;

F

It. frustrare; **R.** отнимать надежду, проваливать.

FRUSTRATORIO, RIA. (l. *frustratorius.*) adj. Que hace frustrar o frustrarse una cosa.

FRUTA. (De *fruto.*) f. Fruto comestible de ciertas plantas cultivadas, como la manzana, melocotón, ciruela, etc. || **2.** fig. y fam. Producto de una cosa o consecuencia de ella. || **—del tiempo.** La que se come en la misma estación en que madura. || **2.** fig. Cosa propia de tiempo determinado, como los resfriados en invierno. || **—de sartén.** Masa frita de varios nombres y figuras. || **—prohibida.** fig. Todo aquello que no nos es permitido usar. || **P.** fruta; **I.** y **F.** fruit; **A.** Obst, Frucht; **It.** frutta; **R.** фрукт.

FRUTAJE. m. Pintura de frutas y flores.

FRUTAL. adj. Dícese del árbol que produce fruta. Ú.t.c.s. || **P.** (árvore) frutífero; **I.** fruit-tree; **F.** (arbre) fruitier; **A.** Obstbaum; **It.** (àrbore) fruttale; **R.** фруктовый.

FRUTAR. intr. Dar fruto.

* **FRUTEAR.** intr. COLOM. Frutar, dar fruto. || **2.** ECUAD. Arrancar fruta de los árboles.

FRUTECER. (l *frutescĕre.*) intr. poét. Empezar a echar fruto los árboles y otras plantas.

FRUTERÍA. (De *frutero.*) f. Tienda donde se vende fruta. || **P.** frutaria; **I.** fruitery; **F.** fruiterie; **A.** Obsthandel; **It.** fruttaio; **R.** фруктовый склад.

* **FRUTERÍO.** m. P. RICO, REP. DOMIN. y GUAT. Conjunto de frutos.

FRUTERO, RA. adj. Que sirve para llevar o para contener fruta. || **2.** m. y f. Persona que vende fruta. || **3.** m. Plato para servir la fruta. || **4.** Lienzo con que se cubre la fruta que se pone en la mesa. || **5.** Cuadro o lienzo pintado de diversos frutos. || **6.** Canastillo de frutas imitadas. || 3.ª acep.: **P.** fruteiro; **I.** fruit-basket; **F.** fruitier, panier aux fruits; **A.** Obstkörbchen; **It.** fruttiera; **R.** фруктовый.

FRÚTICE. (l. *frutex, -icis,* arbusto.) m. BOT. Cualquiera planta casi leñosa, semejante a los arbustos; como el rosal.

FRUTICOSO, SA. (l. *froticōsus.*) adj. BOT. Que tiene la naturaleza o calidades del frútice.

FRUTICULTURA. f. Cultivo de los árboles frutales. || **2.** Arte que enseña este cultivo.

FRUTIER. (prov. *frutier,* y éste del l. *fructus,* fruto.) m. desus. Oficial palatino encargado de la frutería.

FRUTÍFERO, RA. adj. ant. Fructífero.

FRUTIFICAR. intr. ant. Fructificar.

FRUTILLA. f. d. de fruta. || **2.** Coco, cuentecilla de las Indias. || **3.** AMÉR. MERID. Especie de fresón originario de Chile. || **4.** C. RICA. Triquinosis. || **—del campo.** BOT. CHILE. Arbusto de la familia de las ramnáceas, de ramas alargadas y derechas.

FRUTILLAR. m. AMÉR. MERID. Sitio o paraje donde se crían las frutillas.

FRUTILLERO. m. AMÉR. MERID. Vendedor ambulante de frutillas.

FRUTO. (l. *fructus.*) f. BOT. Producto del desarrollo del ovario después de la fecundación, en el cual están contenidas las semillas y a cuya formación cooperan con frecuencia el cáliz y otras partes de la flor. || **2.** Cualquiera producción de la tierra que rinde alguna utilidad. || **3.** La del ingenio o del trabajo humanos. || **4.** fig. Utilidad y provecho. || **5.** pl. Producciones de la tierra que se cosechan. || **—de bendición.** Hijo legítimo. || **—del pecado.** Hijo ilegítimo. || FRUTOS *civiles.* FOR. Utilidad que producen las cosas mediante el arrendamiento o contratos equivalentes. || *Dar* FRUTO. fr. Producirlo. || *Sacar* FRUTO. fr. fig. Conseguir efecto favorable de esfuerzos realizados. || **P.** fruto; **I.** y **F.** fruit; **A.** Frucht; **It.** frutto; **R.** плод. || 4.ª acep.: **P.** lucro; **I.** fruit, profit; **F.** profit, gain; **A.** Nutzen, Gewinn; **It.** frutto, profitto; **R.** польза, выгода.

FRUTUOSO, SA. adj. ant. Fructuoso.

* **FTALOCIANINAS.** f. pl. QUÍM. Colorantes verdes y azules muy complejos con iones metálicos.

FU. Bufido de nato. || **2.** interj. de desprecio. || *Hacer* FU. fr. fig. y fam. Salir huyendo. || *Ni* FU *ni fa.* loc. fam. con que se indica que algo es indiferente, que no es ni bueno ni malo.

* **FUÁ.** m. fam. REP. DOMIN. Miedo.

* **FUÁCATA.** f. CUBA. Pobreza, miseria. || ¡FUÁCATA! interj. CUBA. Denota un golpe o caída.

* **FUACATAZO.** m. CUBA y P. RICO. Batacazo.

FÚCAR. (Con alusión a los banqueros alemanes de la familia de *Fugger,* famosos por sus riquezas.) m. fig. Hombre muy rico y hacendoso.

FUCIA. (De *fiucia.*) f. ant. Fiducia.

FUCILAR. (ital. *fucile,* eslabón para pedernal.) intr. Producirse fucilazos en el horizonte. || **2.** Fulgurar, rielar.

FUCILAZO. (De *fucilar.*) m. Relámpago sin trueno que ilumina la atmósfera en el horizonte por la noche.

FUCO. m. RIOJA. Alga de color aceitunado y cubierta de mechones blancos.

* **FUCOSA.** (De *fuco.*) f. QUÍM. Azúcar que se extrae de ciertas algas.

FUCSIA. (De *Fuchs,* botánico alemán del siglo XVI.) f. Arbusto enoteráceo, con ramos lampiños, hojas ovales, agudas y dentadas, y flores de color rojo, colgantes, cáliz cilíndrico, con cuatro lóbulos y corola de cuatro pétalos. Es planta de adorno, originaria de la América Meridional. || **P.** fúchsia; **I.** y **F.** fuchsia; **A.** Fuchsia; **It.** fucsia; **R.** фуксия.

FUCSINA. (De *fucsia,* por el color.) f. Materia colorante sólida, que se emplea para teñir la seda y la lana. || **P.** fuchsina; **I.** y **F.** fuchsine; **A.** Fuchsin; **It.** fucsina; **R.** фуксин.

* **FUCÚ.** m. fam. COLOM. y REP. DOMIN. Mala suerte.

* **FUCUNERO.** m. ECUAD. Tubo usado para avivar el fuego soplando por él.

* **¡FUCHA!** interj. AMÉR. Denota repugnancia o asco. Ú. principalmente en Chile.

FUCHINA. (cat. *fugir,* y éste del l. *fugĕre,* huir.) AR. Escapatoria, fuga.

FUEGO. (l. *fŏcus.*) m. Desprendimiento de calor y luz producido por la combustión de un cuerpo. Los antiguos lo tuvieron por uno de los cuatro elementos de la naturaleza. || **2.** Materia encendida en brasa o llama. || **3.** Incendio. || **4.** Ahumada que se hacía de noche en las atalayas de la costa para advertir si había enemigos o no. || **5.** Efecto de disparar las armas de fuego. || **6.** fig. Hogar. || **7.** fig. Ardor de la sangre con alguna picazón y erupción cutánea. || **8.** FORT. Flanco. || **9.** VETER. Cauterio. || **10.** Fuegos artificiales. **—infernal.** ART. El que se compone de aceite, resina, alcanfor, salitre y otros ingredientes de semejante naturaleza. || FUEGOS *artificiales.* Invenciones de fuego que se usan en la milicia; como granadas y bombas. || **2.** Cohetes y otros artificios de pólvora que se hacen para regocijo. || *A* FUEGO *lento.* m. adv. fig. con que se da a entender el daño que se va haciendo poco a poco y sin ruido. || *Atizar el* FUEGO. fr. fig. Avivar una contienda, fomentar una discordia. || *Donde* FUEGO *se hace, humo sale.* ref. que da a entender que por más ocultas que se hagan las cosas, no dejan de rastrearse. || *Echar* uno FUEGO *por los ojos.* fr. fig. Manifestar gran furor o ira. || *Estar* uno *hecho un* FUEGO. fr. fig. Estar demasiado acalorado por exceso de pasión. || ¡FUEGO! interj. que pondera lo extraordinario de una cosa. || **2.** MIL. Voz con que se ordena disparar. || ¡FUEGO *de Cristo*!, o ¡FUEGO *de Dios*! exprs. con que se denota grande enojo y también lo mismo que con la sola voz ¡FUEGO! || *Huir del* FUEGO *y dar en las brasas.* fr. fig. y fam. Dícese del que procurando evitar un inconveniente o daño, cae en otro. || *Jugar con* FUEGO. fr. fig. Empeñarse imprudentemente en una cosa que puede ocasionar sinsabores. || *Labrar a* FUEGO. fr. VETER. Curar o señalar una parte del animal con hierro candente. || *Meter* FUEGO. fr. fig. Dar animación a una empresa. || *Pegar* FUEGO. Incendiar. || *Romper el* FUEGO. fr. Comenzar a disparar. || **2.** fig. Iniciar una pelea o disputa. || *Si el* FUEGO *está cerca de la estopa, llega el diablo y sopla.* ref. que advierte el riesgo en la demasiada familiaridad entre hombres y mujeres. || *Tocar a* FUEGO. fr. Dar señal de incendio tocando las campanas. || **P.** fogo; **I.** fire; **F.** feu; **A.** Feuer; **It.** fuoco; **R.** огонь.

FUEGUECILLO, TO. m. d. de fuego.

* **FUEGUERO.** (De *fuego.*) m. VENEZ. Pirotécnico. || **2.** ARGENT. Cierto género de pájaros dentirrostros.

FUEGUEZUELO. m. d. de fuego.

° **FUEGUINO, NA.** adj. Natural de la Tierra de Fuego. Ú.t.c.s. || **2.** Perteneciente a esta región sudamericana.

* **FUEL.** (ingl. *fuel,* combustible.) m. Combustible, especialmente para motores de combustión interna. || **2.** QUÍM. Material fisionable con un 0,7 por ciento de uranio. Existe un fuel enriquecido con un 2 por ciento de dicho elemento radiactivo.

FUELGO. (De *folgar.*) m. ant. Aliento.

* **FUEL-OIL.** (Voz inglesa.) m. Combustible líquido que se obtiene como residuo de la destilación del petróleo.

FUELLAR. (arag. *fuella,* y éste del l. *fŏlia,* hoja.) m. Talco de colores con que se adornan las velas rizadas.

* **FUELLAR.** tr. ECUAD. Soplar con el fuelle.

FUELLE. (l. *follis.*) m. Instrumento para recoger aire y lanzarlo con dirección determinada. || **2.** Bolsa de cuero de la gaita gallega. || **3.** Arruga del vestido, casual o hecha a propósito. || **4.** En los carruajes, capota impermeable y plegable. || **5.** Pieza plegable en los lados de bolsos, carteras, etcétera, o en los lados de la cámara fotográfica para regular su profundidad. || **6.** fig. Conjunto de nubes que se dejan ver sobre las montañas. || **7.** fig. y fam. Persona soplona. || **8.** AST. Odre usado en los molinos para envasar harina. || **9.** AR. En los molinos de aceite de Teruel, pila de cantería para recoger los caldos. || **10.** fam. ARGENT. Bandoneón. || **P.** fole; **I.** bellows, blower; **F.** soufflet; **A.** Blasebalg; **It.** soffietto; **R.** воздуходувные мехи.

FUÉLLEGA. f. AND. Huélliga.

FUENTADA. f. fam. Fuente, todo lo que cabe en una fuente o plato para servir viandas.

FUENTE. (l. *fons, fontis.*) f. Manantial de agua. || **2.** Aparato o artificio con que se hace salir el agua en los jardines, calles, plazas, etc. || **3.** Cuerpo de arquitectura hecho de fábrica, piedra, hierro, etc., que sirve para que salga el agua por uno o muchos caños dispuestos en él. || **4.** Pila bautismal. || **5.** Plato grande para servir las viandas. || **6.** Cantidad de vianda que cabe en este plato. || **7.** Vacío que tienen las caballerías junto al corvejón. Ú.m. en pl. || **8.** fig. Fundamento u origen de una cosa. || **9.** fig. Aquello de donde fluye con abundancia un líquido. || **10.** CIR. Exutorio, pequeña llaga artificial abierta con fines terapéuticos. || **11.** CUBA. Tela membranosa en que se envuelve el feto. || **—ascendente.** Surtidor de agua que brota de un terreno. || *Beber* uno *en buenas* FUENTES. fr. fig. y fam. Recibir conocimientos de buenos maestros o adquirir noticias de personas dignas de todo crédito. || **P.** fonte; **I.** fountain, spring; **F.** fontaine, source; **A.** Quelle, Brunnen; **It.** fonte, fontana; **R.** источник, родник.

FUENTEZUELA. f. d. de fuente.

* **FUENTÓN.** m. AMÉR. Lebrillo grande con dos asas.

FUER. m. Apócope de fuero. || *A* FUER *de.* m. adv. A ley de, en razón de, en virtud de, a manera de.

FUERA. (De *fueras.*) adv. A o en la parte exterior de cualquier espacio o término real o imaginario. Pueden anteponérsele las preps. *de, por* y *hacia.* || *De* FUERA. m. adv. Defuera. || *Estar* uno FUERA *de sí.* fr. fig. Estar enajenado y turbado en extremo. || ¡FUERA! interj. ¡Afuera! Ú.t. repetida. Suele emplearse para denotar desaprobación. || **2.** Seguida de un nombre de prenda de vestir, ordena a su dueño que se despoje de ella. ¡FUERA *la chaqueta*! || FUERA *de.* m. adv. conjuntivo; precediendo a substantivos, significa excepto: FUERA *de eso, puedes hacer lo que quieras.* || **2.** Precediendo a verbos, significa además de, aparte de: FUERA *de que puede llegar tarde.* || **P.** fora; **I.** out, off; **F.** hors, dehors; **A.** aussen, hinaus; **It.** fuori, fora; **R.** вне, за, из.

FUERARROPA (HACER). (De *fuera*

y *ropa*.) Frase de mando en las galeras, para que se desnudase la chusma.

FUERAS. (l. *fŏras*, fuera.) adv. ant. Fuera.

★ **FUEREÑO, ÑA.** adj. Méj. Provinciano. || 2. Necio, tonto.

★ **FUERERO, RA.** adj. C. Rica. Foráneo.

★ **FUERINO, NA.** (De *fuera*.) adj. Chile. Foráneo.

FUERISTA. com. Persona muy instruida en los fueros de las provincias privilegiadas. || 2. Persona defensora acérrima de los fueros. || 3. adj. Perteneciente o relativo a los fueros.

FUERO. (l. *forum*. tribunal.) m. Ley o código dados para un municipio durante la Edad Media. || 2. Jurisdicción, poder. Fuero *militar*. || 3. Nombre de algunas compilaciones de leyes. Fuero *Juzgo*. || 4. Privilegio y exención que se conceden a una provincia, ciudad o persona. Ú. m. en pl. || 5. fig. y fam. Arrogancia, presunción. Ú. m. en pl. || 6. For. Competencia a la que legalmente las partes están sometidas y les corresponde por derecho. || —**activo.** For. Aquel de que gozan unas personas para llevar sus causas a ciertos tribunales. || —**de atracción.** For. Dícese cuando por el rango del Tribunal, la calidad del justiciable o la índole del asunto, ha de conocer aquél de cuestiones diferentes, aunque conexas, respecto de las que estrictamente le competen. || —**de la conciencia.** Libertad de la conciencia para aprobar las buenas obras y reprobar las malas. Ú.m. en pl. || —**externo.** Tribunal que aplica las leyes. || —**interno.** Fuero de la conciencia. || —**mixto.** El que participa del eclesiástico y del secular. || *A* fuero. m. adv. Según ley, estilo o costumbre. || *De* fuero. m. adv. De ley, o según la obligación que induce la ley. || P. fóro; I. fuero, statute law; F. loi, statut; It. statuto, privilegio; R. муниципальный закон.

FUERTE. (l. *fortis*.) adj. Que tiene fuerzas. || 2. Robusto, corpulento. || 3. Animoso, varonil. || 4. Duro, que no se deja fácilmente labrar; como el diamante, el acero, etc. || 5. Hablando del terreno, áspero, fragoso. || 6. Dícese del lugar protegido con obras de defensa para resistir los ataques del enemigo. || 7. Entre plateros, monederos y lapidarios, dícese de lo que excede en el peso o ley; y así se llama moneda fuerte, la que tiene algo más del peso que le corresponde. || 8. Dícese del sexo masculino. || 9. fig. Terrible, grave, excesivo. || 10. fig. De mala condición y de genio duro. || 11. fig. Muy vigoroso y activo. || 12. fig. Grande, eficaz, y que tiene fuerza persuasiva. *Argumento* fuerte. || 13. fig. Versado en una ciencia o arte. *Está* fuerte *en historia*. || 14. Gram. Dícese de la forma gramatical que tiene el acento en el tema. || 15. Gram. Dícese de las consonantes caracterizadas por la notable intensidad del esfuerzo muscular exigido para su articulación, como las sordas, *p*, *t*, *k*, etcétera, y las consonantes duras. || 16. Fortaleza, recinto fortificado. || 17. fig. Aquello en que una persona sobresale. *La literatura es su* fuerte. || 18. Mús. Esfuerzo de la voz en el pasaje o nota que señala el signo representado con una *f*. || 19. adv. m. Fuertemente. || 20. Suculentamente. Ú. con los verbos *almorzar, comer, merendar y cenar*. || 21. Chile. Fétido, hediondo. || *Hacerse* fuerte. fr. Fortificarse en algún lugar para defenderse. || 2. fig. Resistirse a condescender en alguna cosa. || P. robusto; I. strong; F. fort; A. stark, kräftig; It. forte; R. сильный. || 16.ª acep.: P. forte; I. fort, fortress; F. fort, forteresse; A. Festung; It. fortezza; R. форт, крепость.

FUERTEMENTE. adv. Con fuerza. || 2. fig. Con vehemencia.

FUERTEZUELO. m. d. de fuerte.

FUERZA. (l. *fŏrtia*, de *fŏrtis*, fuerte.) f. Vigor, robustez y capacidad para mover una cosa que tenga peso o haga resistencia. || 2. Virtud y eficacia natural que las cosas tienen en sí. || 3. Acto de obligar a uno a que dé asenso a una cosa, o a que la haga. || 4. Violencia que se hace a una mujer para gozarla. || 5. Grueso o parte principal, mayor y más fuerte de un todo. || 6. Estado más vigoroso de una cosa. *La*

fuerza *del amor*. || 7. Eficacia. *La* fuerza *de la razón*. || 8. Plaza murada y guarnecida de gente para defensa. || 9. Fortificaciones de esta plaza. || 10. Lista de bocací, u otra cosa fuerte que echan los sastres al canto de la ropa entre la tela principal y el forro. Igualmente faja que se cose para reforzar algún otro tejido. || 11. Esgr. Tercio primero de la espada hacia la guarnición. || 12. For. Agravio que el juez eclesiástico hace a la parte en conocer en su causa, o en el modo de conocer de ella, o en no otorgarle la apelación. || 13. Mec. Toda causa capaz de modificar el estado de reposo o de movimiento de un cuerpo. || 14. Mec. Resistencia, fuerza opuesta a la potencia. || 15. pl. Mil. Gente de guerra y demás aprestos militares. || —**aceleratriz.** La que aumenta la velocidad de un movimiento. || —**animal.** La del ser viviente empleada como motriz. || —**armada.** El ejército o una parte de él. || —**ascensional.** Fís. La que hace elevarse a globos y dirigibles. || —**brutal.** La material, en oposición a la de la razón o del derecho. || —**centrífuga.** Mec. Aquella por la cual un cuerpo tiende a alejarse de la curva que describe en su movimiento y a seguir por la tangente. || —**centrípeta.** Mec. Aquella con que tiende un cuerpo a acercarse al centro en rededor del cual se mueve. || —**de inercia.** Mec. Resistencia que oponen los cuerpos a obedecer a la acción de las fuerzas. || —**de sangre.** Fuerza animal. || 2. Plétora. || —**electromotriz.** Causa que origina una corriente eléctrica entre dos puntos de un circuito. Su intensidad es proporcional a la diferencia de potencial. || —**en conocer.** For. Recurso contra la ingerencia o exceso de atribuciones de los tribunales eclesiásticos. || —**hidráulica.** La fuerza de un líquido, especialmente la del agua que se manifiesta a consecuencia de la diferencia de nivel entre dos puntos de una conducción o por caída natural. || —**irresistible.** For. La que anulando la voluntad del compelido a ejecutar un delito, es circunstancia eximente. || —**liberatoria.** La que legalmente se concede al papel moneda para que puedan pagarse con éste las deudas y obligaciones, cuya cuantía está referida a la moneda acuñada. || —**mayor.** For. La que por no poderse resistir, exime del cumplimiento de alguna obligación. || —**pública.** Agentes de la autoridad encargados de mantener el orden. || —**retardatriz.** La que disminuye la velocidad de un movimiento. || —**viva.** Mec. Energía acumulada de un cuerpo en movimiento, y cuyo valor es la mitad del producto de su masa por el cuadrado de su velocidad. || fuerzas *vivas*. Se dice de las clases y los grupos impulsores de la actividad y la prosperidad, señaladamente del orden económico, en una población, comarca o nación. || *A* fuerza *de*. m. adv. Que seguido de un substantivo o un verbo, indica el modo de obrar empleando con intensidad o abundancia el objeto designado por el substantivo, o reiterando mucho la acción expresada por el verbo. *A* fuerza *de trabajo. A* fuerza *de estudiar, aprendió lo que sabe*. || *A la* fuerza. Por fuerza. || *A la* fuerza *ahorcan*. fr. fam. con que se da a entender que uno se ve obligado a hacer algo contra su voluntad. || *A viva* fuerza. m. adv. Violentamente. || *Cobrar* fuerzas. fr. Convalecer el enfermo o recuperarse poco a poco. || *Hacer* fuerza. fr. Obligar, forzar, violentar. || *Írsele* a uno *la* fuerza *por la boca*. fr. fig. y fam. Ser baladrón. || *Por* fuerza. m. adv. Contra la propia voluntad. || *Sacar* uno fuerzas *de flaqueza*. fr. Hacer esfuerzo extraordinario a fin de lograr aquello para que se considera débil o impotente. || *Ser* fuerza. loc. Ser necesario o forzoso. *Es* fuerza *marchar mañana*. || P. força; I. strenght; might; F. force; pouvoir; A. Kraft, Stärke; It. forza; R. сила, крепость.

FUESA. (De *fosa*.) f. ant. Huesa.

★ **FUETE.** (cat. *fuet*.) m. Cuba. Látigo, azote.

★ **FUFA.** f. Colom. Gentuza.

FUFAR. intr. Dar bufidos el gato.

FUFO. m. Fu. 1.ª acep.

FUFÚ. m. Colom., Cuba y P. Rico. Comida hecha de plátano, ñame o calabaza. || 2. Rep. Domin. Gofio. || 3. fam.

Cuba. Talento. || 4. P. Rico. Brujería, hechicería.

FUGA. (l. *fuga*.) f. Huida apresurada. || 2. La mayor fuerza de una acción, ejercicio, etc. || 3. Salida de gas o líquido por un orificio o abertura producido accidentalmente. || 4. Mús. Composición que gira sobre un tema repetido con cierto artificio por diferentes tonos. || 5. Colom. Migración de peces en grandes cardúmenes. || 6. P. Rico. Manía. || —**de consonantes.** Escrito en que las consonantes se substituyen por puntos. || —**de vocales.** Cuando las que se substituyen por puntos son las vocales. || *Meter en* fuga a uno. fr. fig. y fam. Excitarle para que ejecute alguna cosa. || P. fuga; I. flight; F. fuite, fougue; A. Flucht; It. fuga; R. бегство, побег.

FUGACIDAD. (l. *fugacĭtas*, -*ātis*.) f. Calidad de fugaz.

FUGADA. f. Ráfaga, racha de viento.

FUGAR. (l. *fugăre*.) tr. ant. Poner en fuga o huida. || 2. r. Escaparse, huir.

FUGAZ. (l. *fugax*, -*ācis*.) adj. Que con velocidad huye y desaparece. || 2. fig. De muy corta duración. || P. fugaz; I. fugacious; F. e It. fugace; A. flüchtig; R. беглый, мимолётный.

★ **FUGAZA.** f. Amér. Torta de harina de trigo con cebolla.

FUGAZMENTE. adv. De modo fugaz.

FUGIBLE. (l. *fugibĭlis*.) adj. ant. Que se debe huir.

FÚGIDO, DA. (l. *fugĭtus*, p.p. de *fugĕre*, huir.) adj. ant. Fugaz. Úsase aún en poesía.

FUGIR. (l. *fugĕre*.) intr. ant. Huir.

FUGITIVO, VA. (l. *fugitīvus*.) adj. Que huye escondiéndose. Ú.t.c.s. || 2. Que pasa como huyendo. || 3. fig. Caduco, perecedero; que tiene corta duración. || P. fugitivo; I. fugitive; F. fugitif; A. fliehend, flüchtig; It. fuggitivo; R. убегающий, беглец.

FUGUILLAS. m. fam. Hombre de vivo genio rápido en obrar e impaciente en el obrar de los demás.

FUIDA. (De *fuir*.) f. ant. Huida.

FUIDIZO, ZA. (De *fuida*.) adj. ant. Huidizo, fugitivo.

FUIMIENTO. (De *fuir*.) m. ant. Salida o desamparo.

FUINA. (arag. *fuina*, y éste del l. *fagina*, de *fagus*, haya.) f. Zool. Garduña.

FUIR. (De *fugir*.) intr. ant. Huir.

FUISCA. (gall. y port. *faisca*, y éste del germ. *falaviska*, chispa.) f. ant. Chispa.

FUL. adj. Germ. Falso, fallido.

FULÁN. m. ant. Fulano.

FULANO, NA. (ár. *fulân*, un tal.) m. y f. Voz con que se suple el nombre de una persona, cuando se ignora o no se quiere expresar. || 2. Persona indeterminada o imaginaria. || P. fulano; I. such a one; F. un tel; A. eim gewisser; It. un tale; R. некто.

FULAR. (fr. *foulard*.) m. Tela fina de seda, especie de tafetán. || 2. Pañuelo de seda.

FULASTRE. adj. fam. Chapucero, hecho farfulladamente, de manera tosca y grosera.

FULCIR. (l. *fulcire*.) tr. ant. Sustentar.

FULCRO. (l. *fulcrum*.) m. Punto de apoyo de la palanca. || 2. Bot. Órgano apendicular en las plantas, que facilita la vegetación.

★ **FULE.** m. Venez. Puñetazo.

★ **FULENCO, CA.** (De *fulo*.) adj. Pan. Casi rubio.

FULERO, RA. (De *ful*.) adj. fam. Chapucero, inaceptable, poco útil. || 2. Ar., León y Nav. Falso, embustero o simplemente charlatán y sin seso.

FULGENTE. (l. *fulgens*, -*entis*.) adj. Brillante, resplandeciente. || P. fulgurante; I. refulgent, brilliant; F. éclatant, resplendissant; A. glänzend, leuchtend; It. fulgente, fúlgido; R. блестящий, сияющий.

FÚLGIDO, DA. (l. *fulgĭdus*.) adj. Fulgente.

★ **FULGIR.** (l. *fulgĕre*.) intr. Brillar, resplandecer.

FULGOR. (l. *fulgor*.) m. Resplandor y brillantez con luz propia. || P. fulgor; I. fulgency; F. éclat; A. Schimmer; It. fulgore; R. блеск.

FULGURACIÓN. f. Acción y efecto de fulgurar. || 2. Med. Accidente causado

F por el rayo. || **3.** ASTRON. Erupción brillantísima que se observa en el Sol en conexión con los grupos de manchas.

FULGURANTE. (l. *fulgurans, -antis.*) p.a. de fulgurar. Que fulgura.

FULGURAR. (l. *fulgurāre,* de *fulgur,* relámpago.) intr. Brillar, resplandecer, despedir rayos de luz. || **P.** fulgurar; **I.** to fulgurate, to flash; **F.** fulgurer, briller, resplendir; **A.** ausstrahlen, funkeln; **It.** folgorare; **R.** сверкать, блестеть.

FULGURITA. (De *fulgurar.*) f. Tubo vitrificado producido por el rayo al penetrar en la tierra fundiendo las substancias silíceas que alcanza.

★ **FULGURÓMETRO.** m. Fís. Aparato destinado a medir la intensidad de la electricidad atmosférica.

FULGUROSO, SA. adj. Que fulgura o despide fulgor.

FÚLICA. (l. *fulĭca.*) f. Ave zancuda, especie pequeña de polla de agua; tiene el pico fuerte, grueso y oblicuo hacia la punta; el cuerpo verdoso, fusco por encima y ceniciento por debajo y los dedos guarnecidos de membranas hendidas.

FULIDOR. m. GERM. Ladrón que tiene muchachos para que le abran de noche las puertas.

FULIGINOSIDAD. f. Calidad de fuliginoso.

FULIGINOSO, SA. (l. *fuliginōsus,* de *fulīgo,* hollín.) adj. Denegrido, obscurecido, tiznado.

FULMICOTÓN. m. QUÍM. Algodón pólvora.

FULMINACIÓN. (l. *fulminatĭo, -ōnis.*) f. Acción de fulminar.

★ **FULMINADO, DA** p.p. de fulminar. || **2.** adj. Herido por el rayo.

FULMINADOR, RA. (l. *fulminātor.*) adj. Que fulmina. Ú.t.c.s.

FULMINANTE. (l. *fulmĭnans, -antis.*) p.a. de fulminar. Que fulmina. || **2.** adj. Dícese de las enfermedades muy graves, repentinas, y comúnmente mortales. || **3.** Dícese de las materias que estallan con explosión. Ú.t.c.s.m. || **4.** m. Pistón del arma de fuego.

FULMINAR. (l. *fulmināre,* de *fulmen,* rayo.) tr. Arrojar rayos. || **2.** fig. Arrojar bombas y balas. || **3.** fig. Dicho de sentencias, excomuniones, censuras, etc., dictarlas, impornerlas. || **P.** fulminar; **I.** to fulminate; **F.** fulminer; **A.** blitzen, knallen; **It.** fulminare; **R.** метать молнии.

FULMINATO. (l. *fulmen,* rayo.) m. QUÍM. Cada una de las sales explosivas formadas por el ácido fulmínico con las bases de plata, mercurio, cinc o cadmio. || **2.** Por ext., cualquiera materia explosiva. || **P.** e **It.** fulminato; **I.** y **F.** fulminate; **A.** knallsaures Salz; **R.** взрывчатый.

FULMINATRIZ. (l. *fulminātrix.*) adj. Fulminadora.

FULMÍNEO, A. (l. *fulmĭneus.*) adj. Que participa de las propiedades del rayo.

FULMÍNICO, CA. (l. *fulmen,* rayo.) adj. QUÍM. Dícese de un ácido compuesto de cianógeno y oxígeno.

FULMINOSO, SA. Fulmíneo.

★ **FULO, LA.** AMÉR. MERID. Dícese del negro o mulato cuyo color de la piel no está bien definido. || **2.** PAN. Rubio. || **3.** Que muda de color bajo la influencia de una impresión muy fuerte.

FULLA. f. AR. Mentira. || **2.** VIZ. Barquillo.

★ **FULLEREAR.** (De *fullero.*) intr. CHILE. Echar bravatas o amenazas. || **2.** COLOM. y ARGENT. Fachendear, presumir.

FULLERESCO, CA. adj. Perteneciente a los fulleros o propio de ellos.

FULLERÍA. (De *fullero.*) f. Trampa y engaño en el juego. || **2.** fig. Astucia, cautela y arte con que se pretende engañar. || **3.** COLOM. Ostentación, galanura, presunción. || **P.** fulharia, fulheira; **I.** cheating, cheatery; **F.** tricherie, fourberie, ruse; **A.** Betrügerei, Spielbetrug; **It.** bareria; **R.** обман, плутовство.

FULLERO, RA. adj. Que hace fullerías o trampas en el juego. Ú.t.c.s. || **2.** fam. Chapucero, precipitado. || **3.** CHILE. Presuntuoso, presumido, fanfarrón. || **4.** COLOM. y ECUAD. Farolero, entremetido. || **5.** COLOM. Dícese del niño gracioso y travieso. || **6.** ECUAD. Atolondrado, aturdido. || **P.** fulheiro; **I.** cheater, sharper; **F.** tricheur,

trompeur; **A.** Betrüger, Mogler; **It.** baro; **R.** шулер, обманщик.

★ **FULLINGUE.** adj. CHILE. Dícese del tabaco de mala calidad y de los cigarros hechos con ese tabaco. || **2.** Dícese de la persona enfermiza.

FULLONA. (De *folla.*) f. fam. Pendencia, riña con muchas voces y ruidos.

★ **FUMA.** f. CUBA. Ración de cigarros puros que recibe el obrero que trabaja en su elaboración, además del jornal ordinario. || **2.** CUBA. Cierta clase de vitolas de cigarros puros.

FUMABLE. adj. Que se puede fumar.

FUMADA. f. Porción de humo que se toma de una vez fumando un cigarro. || **2.** fig. y fam. ARGENT. y BOL. Engaño, burla, chasco.

FUMADERO. m. Local destinado a los fumadores. || **P.** fumadouro; **I.** smoking-room; **F.** fumoir; **A.** Rauchzimmer; **It.** fumatoio; **R.** курительная комната.

FUMADOR, RA. adj. Que tiene costumbre de fumar. Ú.t.c.s. || **P.** fumador; **I.** smoker; **F.** fumeur; **A.** Raucher; **It.** fumatere; **R.** курящий.

FUMANTE. (l. *fumans, -antis.*) p.a. de fumar. Que fuma o que humea.

FUMAR. (l. *fumāre,* humear, arrojar humo.) intr. Humear. || **2.** Aspirar y despedir el humo del tabaco que se hace arder en cigarros, en pipa, etc. Se fuma también opio, anís y otras substancias. Ú.t.c.tr. || **3.** r. fig. y fam. Gastar, consumir indebidamente una cosa. || **4.** fig. y fam. Dejar de acudir a una obligación. FUMARSE *la clase.* || **5.** fig. y fam. CUBA. Dominar a uno, chafarle, sobrepujarle. || **P.** fumar; **I.** to smoke; **F.** fumer; **A.** rauchen; **It.** fumare; **R.** курить.

FUMARADA. (De *fumar.*) f. Porción de humo que sale de una vez. || **2.** Porción de tabaco que cabe en la pipa.

FUMARIA. (l. *fumarĭa.*) f. Hierba papaverácea, de hojas tenues, muy divididas y flores azuladas en racimo. Su jugo, que es amargo, se emplea algo en medicina. || **P.** fumaria; **I.** fumitory; **F.** fumeterre; **A.** Erdrauch, Feldraute.

FUMAROLA. (l. *fumarĭola,* pl. n. de *fumarĭolum,* sahumerio.) f. Grieta de la tierra en las regiones volcánicas, por donde salen gases sulfurosos o vapores de agua cargados de ciertas substancias.

★ **FUMAZO.** m. P. RICO. Jumazo, cigarro, fumada.

FUMEAR. (l. *fumigāre.*) intr. ant. Humear.

FUMERO. (l. *fumarĭum.*) m. ant. Humero.

FUMÍFERO, RA. (l. *fumĭfer, -ĕri;* de *fumus,* humo, y *ferre,* llevar.) adj. poét. Que echa o despide humo. || **P.** fumífero; **I.** fumiferous, smoking; **F.** fumant; **A.** rauchend; **It.** fumifero.

FUMIGACIÓN. (l. *fumigatĭo, -ōnis.*) f. Acción de fumigar.

FUMIGADOR, RA. m. y f. Persona que fumiga. || **2.** m. Aparato para fumigar.

FUMIGAR. (l. *fumigāre.*) tr. Desinfectar por medio de humo, gas o vapores adecuados. || **P.** fumigar; **I.** to fumigate; **F.** fumiger; **A.** ausräuchern; **It.** fumicare; **R.** окуривать.

FUMIGATORIO, RIA. adj. Perteneciente o relativo a la fumigación. || **2.** m. Perfumador, vaso para quemar perfumes. || **P.** fumigatório; **I.** fumigatory; **F.** fumigatoire; **A.** Räucher- (en comp.), Rauchfass; **It.** fumigatorio; **R.** окуривающий.

FUMISTA. m. El que hace o arregla cocinas, chimeneas o estufas. || **2.** El que vende estos aparatos. || **P.** e **It.** fumista; **I.** ovenman; **F.** fumiste; **A.** Ofensetzer; **R.** трубочист.

FUMISTERÍA. f. Tienda o taller de cocinas o estufas.

★ **FUMITORIO.** m. ARGENT. y PERÚ. Cierto arbusto que contiene mucha potasa y se emplea en la purificación del azufre y en la fabricación de los jabones.

FUMÍVORO, RA. (l. *fumus,* humo, y *vorāre,* consumir.) adj. Que absorbe el humo o evita que se forme o se desprenda.

FUMO. (l. *fumus.*) m. ant. Humo. || **2.** ant. Fuego, hogar.

FUMOROLA. f. Fumarola.

FUMOSIDAD. (De *fumoso.*) f. Materia del humo.

FUMOSO, SA. (l. *fumōsus.*) adj. Que abunda en humos o los despide en gran cantidad. || **P.** e **It.** fumoso; **I.** fumous, smoky; **F.** fumeux; **A.** rauchig, räucherig; **R.** дымный.

FUNÁMBULO, LA. (l. *funambŭlus;* de *funis,* cuerda, y *ambŭlare,* andar.) m. y f. Volatinero que hace ejercicios en la cuerda o el alambre.

★ **FUNCIA.** f. CHILE y VENEZ. Función, acto público, diversión. || **2.** GUAT. Función o fiesta con banquete o comilona.

FUNCIÓN. (l. *functĭo, -ōnis.*) f. Ejercicio de un órgano o aparato de los seres vivos, máquinas o instrumentos. || **2.** Acción y ejercicio de una facultad u oficio. || **3.** Acto público, diversión o espectáculo a que concurre mucha gente. || **4.** Concurrencia de algunas personas en una casa particular, por cumpleaños o motivo semejante. || **5.** MAT. Cantidad cuyo valor depende del de otra u otras cantidades variables. || **6.** MIL. Acción de guerra || **P.** função; **I.** function; **F.** fonction, emploi; **A.** Funktion; **It.** funzione; **R.** функция. || 3.ª acep.: **P.** festa; **I.** spectacle; **F.** spectacle, soirée; **A.** Festlichkeit; **It.** spettàcolo; **R.** торжество, театральное представление.

FUNCIONAL. adj. Relativo a las funciones, especialmente a las vitales y a las matemáticas. || **2.** Dícese de una clase de arquitectura, en la que la forma se adapta al uso.

★ **FUNCIONALISMO.** m. Doctrina que considera los fenómenos desde un punto de vista dinámico.

FUNCIONAMIENTO. m. Acción de funcionar. || **P.** funcionamento; **I.** functioning; **F.** fonctionnement; **A.** Tätigkeit, Betrieb; **It.** funzionamento; **R.** действие.

FUNCIONAR. intr. Ejecutar una persona, máquina, etc., las funciones que le son propias. || **P.** funcionar; **I.** to work, to operate, to functionate; **F.** fonctionner; **A.** funktionieren; **It.** funzionare; **R.** действовать.

FUNCIONARIO, RIA. (De *funcionar.*) m. y f. Persona que desempeña un empleo público. || **P.** funcionário; **I.** functionary; **F.** fonctionnaire; **A.** Beamte(r); **It.** funzionario; **R.** служащий, чиновник.

FUNCHE. m. CUBA, MÉJ. y P. RICO. Especie de gachas de harina de maíz.

FUNDA. (l. *funda,* bolsa.) f. Cubierto o bolsa con la que se envuelve una cosa para resguardarla y conservarla. || **2.** COLOM. Faldila. || **3.** PAN. Calzón corto, ancho, sin bragueta y con bolsillos al frente. || **4.** pl. VENEZ. Enaguas. || **P.** capa, coberta; **I.** covering, sheath; **F.** taie, fourreau, étui, enveloppe; **A.** Futteral, Überzug, Bezug; **It.** fòdera, fèdera; **R.** покрышка, чехол.

FUNDACIÓN. (l. *fundatĭo, -ōnis.*) f. Acción y efecto de fundar. || **2.** Principio, erección, establecimiento y origen de una cosa. || **3.** Documento en que constan las cláusulas de una institución. || **4.** FOR. Persona jurídica dedicada a la beneficencia, ciencia, etc., que cumple la voluntad de quien la erige. || **P.** fundação; **I.** foundation, establishment; **F.** fondatiòn, création; **A.** Gründung, Stiftung; **It.** fondazione; **R.** основание.

FUNDACIONAL. adj. Perteneciente o relativo a la fundación.

FUNDADAMENTE. adv. Con fundamento.

FUNDADOR, RA. (l. *fundātor.*) adj. Que funda. Ú.t.c.s.

FUNDAGO. (Del m. or. que *fondac.*) m. ant. Almacén donde se guardan algunos géneros.

FUNDAMENTAL. adj. Que sirve de fundamento o es lo principal en una cosa. || **2.** Dícese de la primera piedra que se pone en un edificio. || **3.** GEOM. Aplícase a la línea que, dividida en muchas partes iguales, sirve de fundamento para dividir las demás líneas que se describen en la pantómetra. || **P.** e **I.** fundamental; **F.** fondamental; **A.** grundlegend; **It.** fondamentale; **R.** основной.

FUNDAMENTALMENTE. adv. Con arreglo a los principios y fundamentos de una cosa.

FUNDAMENTAR. tr. Echar los fundamentos o cimientos de un edificio. || **2.** fig. Establecer, asegurar y hacer firme una cosa. || **P**. fundamentar; **I**. to found, to ground; **F**. fonder, baser; **A**. begründen; **It**. fondamentare; **R**. класть фундамент.

FUNDAMENTO. (l. *fundamentum*.) m. Principio o cimiento sobre que se funda un edificio u otra cosa. || **2**. Hablándose de personas, formalidad, seriedad. *Esta mujer no tiene* FUNDAMENTO. || **3**. Razón principal con que se pretende afianzar y asegurar una cosa. || **4**. Fondo o trama de los tejidos. || **5**. fig. Raíz, principio en que estriba y tiene su mayor fuerza una cosa no material. || **P**. fundamento; **I**. foundation, ground-work; **F**. fondement; **A**. Grund, Fundament; **It**. fondamento; **R**. фундамент, основание.

⋆ **FUNDAMENTO**. (De *faldamento*.) m. COLOM. Bolsicón, sayo de bayeta.

FUNDAR. (l. *fundāre*.) tr. Edificar materialmente una ciudad, hospital, etc. || **2**. Apoyar, armar alguna cosa material sobre otra. Ú.t.c.r. || **3**. Instituir un mayorazgo, universidad, obra pía, etc., dándoles rentas y estatutos para que subsistan. || **4**. Establecer, crear. FUNDAR *una sociedad*. || **5**. fig. Apoyar con razones eficaces o con discursos una cosa. FUNDAR *un acuerdo*. Ú.t.c.r. || 4.ª acep.: **P**. fundar; **I**. to found, to institute; **F**. fonder, bâtir, instaurer; **A**. gründen, stiften; **It**. fondare, istituire; **R**. созидать, строить, основывать.

FUNDENTE. (p.a. de *fundir*.) adj. QUÍM. Que facilita la fundición. || **2**. MED. Medicamento que se aplica a ciertos tumores para facilitar su resolución. || **3**. QUÍM. Substancia que se mezcla con otra para facilitar la fusión de ésta.

FUNDERÍA. (De *fundir*.) f. Fundición, fábrica en que se funden metales.

FUNDIBLE. adj. Capaz de fundirse.

FUNDIBULARIO. (l. *fundibulāríus*.) m. Soldado romano que peleaba con honda.

FUNDÍBULO. (l. *fundibŭlum*.) m. Máquina de madera que servía antiguamente para disparar piedras de gran peso.

FUNDICIÓN. f. Acción y efecto de fundir o fundirse. || **2**. Fábrica en que se funden metales. || **3**. Hierro colado. || **4**. IMPR. Surtido o conjunto de todos los moldes o letras de una clase para imprimir. || 2.ª acep.: **P**. fundição; **I**. foundry; **F**. fonte, fonderie; **A**. Giesserei, Hütte; **It**. fonderia; **R**. литейная.

FUNDIDO, DA. p.p. de fundir. || **2**. adj. Dícese del hierro colado y del acero obtenidos por combustión parcial del carbono que tiene el hierro colado. || **3**. CINEMAT. Efecto en virtud del cual se atenúa paulatinamente una imagen o escena.

FUNDIDOR. m. El que tiene por oficio fundir.

⋆ **FUNDILLOS**. m. pl. AMÉR. Fondillo. || **2**. MÉJ. El trasero. Ú.m. en sing.

⋆ **FUNDILLUDO, DA**. adj. CHILE. Que lleva grande la parte trasera de los pantalones. || **2**. fig. CHILE. Calzonazos.

FUNDIR. (l. *fundĕre*.) tr. Derretir y liquidar los metales, los minerales u otros cuerpos sólidos. || **2**. Dar forma en moldes al metal en fusión. FUNDIR *estatuas*. || **3**. r. fig. Unirse intereses, ideas o partidos, antes en pugna. || **4**. fig. y fam. AMÉR. Arruinarse, hundirse. Ú.t.c.r. || **P**. fundir; **I**. to melt, to fuse; **F**. fondre; **A**. schmelzen, giessen; **It**. fòndere; **R**. плавить.

FUNDO, DA. adj. (l. *fundus*, fondo.) adj. ant. Profundo. || **2**. m. FOR. Heredad o finca rústica.

⋆ **FUNDÓN**. COLOM. Traje de montar de las amazonas.

FÚNEBRE. (l. *funĕbris*.) adj. Relativo a los difuntos. || **2**. fig. Muy triste, luctuoso, funesto. || 2.ª acep.: **P**. fúnebre; **I**. mournful; **F**. fúnebre, lugubre; **A**. traurig, düster; **It**. fùnebre; **R**. похотонный.

FÚNEBREMENTE. adv. De un modo fúnebre.

FUNEBRIDAD. (De *fúnebre*.) f. ant. Conjunto de circunstancias que hacen triste una cosa.

FUNERAL. (l. *funerālis*.) adj. Perteneciente a entierro o exequias. || **2**. m. Solemnidad con que se hace un entierro o unas exequias. || **3**. Exequias. Ú.t. en pl. || **P**. funeral; **I**. funeral, funereal; **F**. funéraire; **A**. Leichenbegängnis; **It**. funerale; **R**. похоронный.

FUNERALA (A LA). (De *funeral*.) m. adv. que expresa la manera de llevar las

armas los militares en señal de duelo, con las bocas o las puntas hacia abajo.

FUNERALIAS. f. pl. ant. Funerales.

FUNERARIA. f. Empresa que se encarga de proveer las cajas, coches fúnebres y demás cosas propias de los entierros.

FUNERARIO, RIA. (l. *funerarĭus*.) adj. Funeral.

FUNÉREO, A. (l. *funerĕus*.) adj. poét. Fúnebre.

FUNESTAMENTE. adv. De un modo funesto.

FUNESTAR. (l. *funestăre*.) tr. Mancillar, deslustrar, profanar.

⋆ **FUNESTIDAD**. f. MÉJ. Suceso fúnebre.

FUNESTO, TA. (l. *funestus*.) adj. Aciago; que ocasiona pesares. || **2**. Triste y desgraciado. || **P**. e **It**. funesto; **I**. funest; **F**. funeste; **A**. unheilvoll; **R**. гибельный, пагубный.

FUNESTOSO, SA. adj. ant. Funesto.

FUNGIBLE. (l. *fungĕre*.) adj. Que se consume con el uso.

⋆ **FUNGIR**. intr. CUBA y MÉJ. Substituir a otro. || **2**. fam. CUBA y MÉJ. Mangonear. || **3**. Desempeñar un cargo.

FUNGOSIDAD. (l. *fungosĭtas, -ātis*.) f. CIR. Carnosidad fofa que dificulta la cicatrización de las heridas. || **2**. Porosidad de las cosas esponjosas y parecidas a los hongos.

FUNGOSO, SA. (l. *fungōsus*, de *fungus*, hongo.) adj. Esponjoso, fofo y lleno de poros.

⋆ **FUNÍ**. m. COLOM. Bragueta, portañuela.

FUNICULAR. (l. *funicŭlus*, cuerda.) adj. Aplícase al vehículo o artefacto en el cual la tracción se hace por medio de una cuerda, cable o cadena. Ú.t.c.s. || **2**. Dícese del ferrocarril destinado a subir las pendientes muy marcadas y cuyo funcionamiento se efectúa por medio de cables. Ú.t.c.s. || **3**. ANAT. Perteneciente al cordón espermático. || **P**. e **I**. funicular; **F**. funiculaire; **A**. Seilbahn; **It**. funicolare; **R**. фуникулёр.

FUNÍCULO. (l. *funicŭlus*, cuerda.) m. BOT. Cordoncito que une a la placenta cada uno de los dos óvulos. || **2**. BOT. Conjunto de vasos nutritivos que unen la semilla del pericarpio después de atravesar la placenta. || **3**. ARQ. Adorno propio de la arquitectura románica, consistente en un toro o baquetón retorcido a manera de cable o maroma. || **4**. FISIOL. Cordón espermático. || **5**. TOCOL. Cordón umbilical. || **6**. NEUROL. Fascículo o haz de fibras nerviosas.

⋆ **FUNÍFERO, RA**. (l. *funis*, cuerda, y *ferre*, llevar.) adj. BOT. Que tiene apéndices parecidos a cuerdas. || **2**. f. BOT. Género de plantas timeráceas, arbustos de hojas delgadas y coriáceas y flores diónicas, en racimos.

⋆ **FUNIS**. (l. *funis*, cuerda, sosa.) m. TOCOL. Cordón umbilical.

FUÑADOR. (De *fuñar*.) m. GERM. Pendenciero.

FUÑAR. intr. GERM. Revolver pendencias.

⋆ **FUÑENDA**. f. fam. REP. DOMIN. Calamidad. || **2**. Disgusto, contrariedad.

⋆ **FUÑERA**. f. VENEZ. Gangosidad.

FUÑICAR. intr. Hacer una labor con torpeza o ñoñería.

⋆ **FUÑIDO, DA**. adj. CUBA. Enclenque, enfermizo, débil. || **2**. VENEZ. Reñidor, pendenciero.

FUÑINQUE. adj. CUBA y CHILE. Hablando de personas, débil, tímida o enclenque.

FUÑIQUE. adj. Dícese de la persona inhábil y torpe en sus acciones. Ú.t.c.s. || **2**. Meticuloso, mincha.

⋆ **FUÑIR**. tr. P. RICO, REP. DOMIN. y VENEZ. Molestar. || **2**. CUBA. Encoger, acortar. || **3**. CUBA. Quedarse enclenque. || **4**. ant. COLOM. y VENEZ. Fastidiarse.

⋆ **FUÑO, ÑA**. adj. VENEZ. Gangoso.

⋆ **FUÑÓN, NA**. adj. REP. DOMIN. Fastidioso, molesto.

FURACAR. (l. *forāre*, aguijerear.) tr. ant. Horadar, hacer agujeros.

⋆ **FURANO**. m. QUÍM. Líquido volátil que se encuentra en el alquitrán de la madera de pino.

⁰ **FURCIA**. f. Ramera.

⋆ **FURCIO**. m. ARGENT. Error de bulto cometido por un locutor, actor o recitador.

FURCIÓN. (l. *fruitio, -ōnis*.) f. ant. Infurción, antiguo tributo que se pagaba al señor feudal por el solar de la casa.

FURENTE. (l. *furens, -entis*.) adj. poét. Arrebatado y poseído de furor.

FURFURÁCEO, A. (l. *furfur, furfŭris*, salvado.) adj. Parecido al salvado.

FURGÓN. (fr. *fourgon*, y éste del célt. *frisco*, carruaje.) m. Carro largo y fuerte de cuatro ruedas y cubierto, usado para el transporte. || **2**. Vagón de ferrocarril en que se transportan los equipajes. || 2.ª acep.: **P**. furgão; **I**. baggage-car; **F**. vagon a bagages; **A**. Gepäckwagen; **It**. vagone bagagliaio; **R**. фургон.

⁰ **FURGONETA**. f. Vehículo automóvil, destinado generalmente para el reparto o distribución de mercancías.

FURIA. (l. *furia*.) f. MIT. Cada una de las tres divinidades infernales en que se personificaban los remordimientos. || **2**. Ira exaltada. || **3**. Acceso de demencia. || **4**. fig. Persona muy irritada y colérica. || **5**. fig. Violenta agitación de las cosas insensibles. *La* FURIA *de la tempestad*. || **6**. fig. Prisa y vehemencia con que se ejecuta alguna cosa. || **7**. fig. MÉJ. Copete, cabello revuelto. || *A toda* FURIA. m. adv. Con la mayor eficacia y diligencia. || 2.ª acep.: **P**. I. fury, rage; **F**. furie, colère; **A**. Furie, Raserei; **It**. furia; **R**. фурия, ярость, бешенство.

FURIBUNDO, DA. (l. *furibundus*.) adj. Airado, colérico, muy propenso a endurecerse. || **2**. Que denota furor. Riña FURIBUNDA. || **3**. fig. Delirante, frenético. || **P**. furibundo; **I**. frantic, raging; **F**. furibond; **A**. wütend, rasend; **It**. furibondo; **R**. яростный, разъярённый.

FURIENTE. adj. Furente.

FURIERISMO. m. Sistema utópico de organización social ideado por Fourier, el cual, tomando por base la atracción ejercida por las pasiones entre los hombres, aspira a reunirlos en falansterios, donde cada cual se entregue a sus propias inclinaciones, creyendo que así resultaría una sociedad armónica con abolición de la propiedad y de la familia, y tolerando y aun recomendando la poligamia.

FURIERISTA. adj. Partidario del furierismo. Apl. a pers. ú.t.c.s. || **2**. Perteneciente o relativo a este sistema.

FURIOSAMENTE. adv. Con furia.

FURIOSO, SA. (l. *furiōsus*.) adj. Poseído de furia. || **2**. Loco, violento. || **3**. fig. Violento, terrible. || **4**. fig. Muy grande y excesivo. || **5**. fig. Dícese del toro que en el escudo se representa levantado en sus pies y en forma y situación del león rampante. || **P**. e **It**. furioso; **I**. furious; **F**. furieux; **A**. wütend; **R**. неистовый, бурный.

FURLÓN. m. Forlón.

FURNIA. (l. *furnus*, horno.) f. AND. Bodega bajo tierra. || **2**. CUBA. Sima que desciende verticalmente, y por lo común en terreno peñascoso. || **3**. AMÉR. Sumidero natural.

FURO. (De *furar*, y éste del l. *fŏrāre*, horadar.) m. En los ingenios de azúcar, orificio que en su parte inferior tienen las hormas cónicas de barro cocido, para que salga el agua y melaza al purgar y lavarse los panes de azúcar. || **2**. Punzón de hierro que a golpes se introduce por ese orificio. || **3**. Agujero que esta operación deja en la cabeza del pan. || **4**. Cabeza del pan de azúcar donde está este agujero.

FURO (HACER). (l. *fur, furis*, ladrón.) fr. AR. Ocultar mañosamente una cosa.

FURO, RA. (l. *furo*, hurón.) adj. Dícese de la persona huraña. || **2**. AR. Aplícase al animal fiero sin domar. || **3**. ÁL., AR. y NAV. Furioso.

⋆ **FUROL**. m. REP. DOMIN. Bolsa de cuero que va en la parte delantera de la silla de montar.

FUROR. (l. *furor*.) m. Cólera, ira exaltada. || **2**. En la demencia o delirios pasajeros, excitación violenta. || **3**. fig. Arrebatamiento, entusiasmo del poeta cuando compone. || **4**. fig. Furia, violencia de los elementos desencadenados o prisa y violencia en hacer algo. || **5**. fig. Frenesí, locura. || —**uterino**. MED. Deseo violento

F

e insaciable en la mujer de entregarse a la cópula. ‖ **P.** e **I.** furor; **F.** fureur, emportement; **A.** Wut, Raserei; **It.** furore; **R.** неистовство.

FURRIEL. (De *furrier*.) m. El que estaba encargado en cada compañía de soldados de la distribución del pre, pan y cebada, y de designar personal para el servicio. Solía tener la graduación de cabo de escuadra. ‖ **2.** En las caballerizas reales, oficial que cuidaba de las cobranzas y paga de la gente, y de las provisiones de paja y cebada.

FURRIELA. f. Furriera.

FURRIER. (fr. *fourrier*, y éste del germ. *fodr*, pasto.) m. Furriel.

FURRIERA. (fr. *fourrière*, de *fourrier*, furriel.) f. Oficio de la casa real, a cuyo cargo estaban las llaves, muebles y enseres de palacio y la limpieza de ellos y de las habitaciones.

★ **FURRIÑA** (Del m. or. que *furrusca* y *enfurruñarse*.) f. MÉJ. Coraje, enojo.

★ **FURRIO, RRIA.** adj. VENEZ. Furris, malo, despreciable.

FURRIS. adj. fam. ÁL., AR., MÉJ., NAV. y VENEZ. Mal, despreciable, mal hecho.

FURRUCO. m. VENEZ. Especie de zambomba.

★ **FURRUMALLA.** f. CUBA. Gente de baja estofa. ‖ **2.** CUBA. Por ext., cosa despreciable.

★ **FURRUSCA.** f. COLOM. Riña, pelotera, gresca.

FURTADAMENTE. adv. ant. Hurtadamente.

FURTADOR. (De *furtar*.) m. ant. Ladrón.

FURTAR. (De *furto*.) tr. ant. Hurtar. ‖ **2.** r. ant. Huir, escaparse.

FURTIBLEMENTE. adv. ant. Furtivamente.

FURTIVAMENTE. adv. A escondidas.

FURTIVO, VA. (l. *furtivus*.) adj. Que se hace a escondidas y como a hurto. ‖ **P.** e **It.** furtivo; **I.** furtive; **F.** furtif; **A.** heimlich, verstohlen; **R.** скрытый, тайный.

FURTO. (l. *furtum*.) m. ant. Hurto.

★ **FURUMINGA.** f. fam. CHILE. Embrollo, enredo.

FURÚNCULO. (l. *furunculus*.) m. MED. Divieso.

★ **FURUNDANGA.** f. COLOM. Morondanga; porquería.

★ **FURUNDUNGO.** m. CHILE. Especie de pestiño, de forma piramidal, hecho por lo general de masa de harina, huevos batidos y leche. ‖ **2.** CHILE. Zurullo.

FUSA. (ital. *fusa*.) f. MÚS. Nota musical cuyo valor es la mitad de la semicorchea.

FUSADO, DA. (De *fuso*.) adj. BLAS. Dícese del escudo o pieza cargada de husos.

FUSCA. (l. *fuscus*.) f. Pato negro.

FUSCA. (De *fuisca*.) f. EXTR. y SAL. Maleza, hojarasca.

FUSCAR. (l. *fuscāre*.) tr. ant. Obscurecer, privar de luz y claridad.

FUSCO, CA. (l. *fuscus*.) adj. Obscuro, que carece de luz, y también, color que llega casi a ser negro. ‖ **2.** m. SAL. Tripa gorda que se rellena de manteca o lomo.

FUSELADO, DA. (fr. *fuselé*.) adj. BLAS. Fusado.

★ **FUSELAJE.** m. Cuerpo del avión, de figura fusiforme.

FUSENTES. (l. *fusus*, p.p. de *fundĕre*, derramar.) adj. pl. que se aplicaba a las aguas del Guadalquivir en menguante o cuando vertían hacia el mar.

FUSIBILIDAD. f. Calidad de fusible. ‖ **2.** Propiedad que tienen muchos cuerpos de pasar del estado sólido al líquido por la acción del calor. ‖ **P.** fusibilidade; **I.** fusibility; **F.** fusibilité; **A.** Schmelzbarkeit; **It.** fusibilità; **R.** плавкость.

FUSIBLE. (l. *fusibĭlis*.) adj. Que puede fundirse. ‖ **2.** m. Hilo o chapa metálica fácil de fundirse, que se coloca en algunas partes de las instalaciones eléctricas, para que, fundiéndose, interrumpan la corriente cuando resulta excesiva. ‖ **P.** fusível; **I.** y **F.** fusible; **A.** schmelzbar; **It.** fusibile; **R.** плавкий.

FUSIFORME. (l. *fusus*, huso, y *forma*, figura.) adj. De forma de huso.

FÚSIL. (l. *fusĭlis*.) adj. Fusible.

FUSIL. (ital. *fucile*, y éste del l. *focĭlis*, de *focus*, fuego.) m. Arma de fuego, por-

tátil, destinada al uso de los soldados de infantería. ‖ **P.** fuzil; **I.** gun, rifle, musket; **F.** fusil; **A.** Flinte, Gewehr; **It.** fucile; **R.** ружьё, винтовка.

FUSILAMIENTO. m. Acción y efecto de fusilar. ‖ **P.** fuzilamento; **I.** firing; **F.** fusillade; **A.** Erschiessen; **It.** fucilazione; **R.** расстрел.

FUSILAR. (De *fusil*.) tr. MIL. Ejecutar a una persona con una descarga de fusilería. ‖ **2.** fig. y fam. Plagiar, copiar trozos o ideas de un original sin citar el nombre del autor. ‖ **P.** fuzilar; **I.** to shoot; **F.** fusiller; **A.** erschiessen, füsilieren; **It.** fucilare; **R.** расстреливать.

FUSILAZO. m. Tiro disparado con el fusil. ‖ **2.** Fucilazo.

FUSILERÍA. f. Conjunto de fusiles. ‖ **2.** Conjunto de soldados fusileros.

FUSILERO, RA. (De *fusil*.) adj. Perteneciente o relativo al fusil. ‖ **2.** m. Soldado de infantería. ‖ **—de montaña.** Soldado de tropa ligera. ‖ **2.ª** acep.: **P.** fuzileiro; **I.** fusileer; **F.** fusilier; **A.** Füsilier, Musketier; **It.** fuciliere; **R.** ружейный, стрелок.

FUSIÓN. (l. *fusio*, *-ōnis*.) f. Efecto de fundir o fundirse. ‖ **2.** fig. Unión de intereses, ideas o partidos que antes estaban en pugna. ‖ **3.** Paso del estado sólido al líquido. ‖ **4.** Unión de átomos ligeros a elevadísimas temperaturas con lo que se obtienen átomos más pesados y una gran liberación de energía. Tal ocurre en la unión del deuterio y el tritio para formar átomos de helio en las bombas de hidrógeno. La fusión es la que origina el calor del sol y de las estrellas. ‖ **P.** fusão; **I.** fusion, liquation, melting; **F.** fusion; **A.** Schmelzen; **It.** fusione; **R.** плавление.

FUSIONAR. tr. fig. Producir una fusión, unir, refundir, unificar. Ú.t.c.r.

FUSIONISTA. adj. Partidario de la fusión de intereses, ideas o partidos. Ú.t.c.s.

FUSIQUE. m. Pomo de cuello largo en cuya extremidad hay unos agujeritos por donde sorbe la nariz el tabaco en polvo.

FUSLERA. f. ant. Fruslera.

FUSLINA. (De un der. del l. *fusĭlis*, de *fusus*, fundido.) f. Sitio destinado a la fundición de minerales.

FUSO. (l. *fusus*.) m. ant. Huso. ‖ **2.** BLAS. Losange.

FUSOR. (l. *fusor*, fundidor.) m. Vaso o instrumento que sirve para fundir.

FUSTA. (b. l. *fusta*, y éste del l. *fustis*, palo.) f. Varas, ramas y leña delgada. ‖ **2.** Tejido de lana antiguo. ‖ **3.** Látigo largo y delgado que usan los tronquistas de caballos para castigarlos. ‖ **4.** Buque ligero de remos, con uno o dos palos, que se empleaba con frecuencia como explorador. ‖ **5.** pl. MANCHA. Cantidad que pagaban a los propietarios los dueños de los ganados por que éstos aprovechen las rastrojeras.

FUSTADO, DA. (fr. *fusté*, del ant. *fust*, y éste del l. *fustis*, palo.) adj. BLAS. Aplícase al árbol cuyo tronco es de diferente color que las hojas, o a la lanza o pica cuya asta es de diferente color que el hierro.

FUSTAL. (ár. *Fusṭāṭ*, nombre de una ciudad árabe vecina a la de El Cairo, y hoy englobada en ésta.) m. Fustán.

FUSTÁN. (De *fustal*.) m. Tela gruesa de algodón con pelo en una de sus caras. ‖ **2.** ant. AMÉR. Enaguas o refajo de algodón.

FUSTANCADO, DA. (De *fustanque*.) adj. GERM. Dícese de la persona apaleada.

★ **FUSTANEAR.** tr. VENEZ. Dominar la mujer al hombre.

FUSTANERO. m. El que fabrica fustanes.

FUSTANQUE. (De *fusta*.) m. GERM. Palo, garrote.

★ **FUSTANSÓN.** (De *fustán*.) m. VENEZ. Enaguas blancas.

FUSTAÑO. m. Fustán.

FUSTE. (l. *fustis*, palo.) m. Madera de los árboles. ‖ **2.** Vara, rama larga y estrecha. ‖ **3.** Vara o palo en que está fijado el hierro de la lanza. ‖ **4.** Cada una de las dos piezas de madera que tiene la silla del caballo. ‖ **5.** poét. Silla del caballo. ‖ **6.** fig. Fundamento de una cosa no material. ‖ **7.** fig. Nervio, substancia. *Mujer de poco* FUSTE. ‖ **8.** ARQ. Parte de la columna que media entre el capitel y la basa. ‖ **9.** ECUAD.

y VENEZ. Fustán. ‖ **10.** PERÚ. Falda interior que llevan las mujeres sobre la combinación o el fustán. ‖ **P.** fuste; **I.** wood; **F.** bois; **A.** Holz; **It.** fusto; **R.** древесина. ‖ **8.ª** acep.: **P.** fuste de coluna; **I.** fust, shaft; **F.** fût de collone; **A.** Säulenschaft; **It.** fusto; **R.** ствол колонны.

FUSTERO, RA. adj. Perteneciente al fuste. ‖ **2.** m. Tornero que hace tornos, y también el que hace obras al torno.

FUSTETE. (d. de *fuste*, palo.) m. Arbusto de la familia de las anacardiáceas, ramoso, copudo, de hojas alternas, flores verdosas y semillas redondas y duras. Sus hojas son aromáticas.

FUSTIGACIÓN. f. Acción y efecto de fustigar.

FUSTIGADOR, RA. adj. Que fustiga. Ú.t.c.s.

FUSTIGANTE. p.a. de fustigar. Que fustiga.

FUSTIGAR. (l. *fustigāre*; de *fustis*, palo, y *agĕre*, mover, menear.) tr. Azotar, dar azotes o latigazos. ‖ **2.** fig. Vituperar, censurar con dureza. ‖ **P.** fustigar; **I.** to whip, to fustigate; **F.** fustiger; **A.** auspeitschen; **It.** fustigare; **R.** бичевать.

FUSTO. (De *fuste*.) m. HUESCA. Pieza de madera de hilo, de 5 a 6 m de longitud, con una escuadría de 25 a 38 cm de tabla por 24 a 29 de canto.

FUSTUMBRE. (De *fuste*.) f. ant. Conjunto de varas o palos.

★ **FUSUCO.** m. VENEZ. Cohete.

★ **FUTÁN.** m. fam. REP. DOMIN. Nalgatorio.

FÚTBOL (FUTBOL). (ingl. *football;* y éste de *foot*, pie, y *ball*, pelota.) m. Juego entre dos equipos de once jugadores que consiste en lanzar el balón según determinadas reglas. ‖ **P.** futebol; **I.**, **F.** e **It.** football; **A.** Fussball(spiel); **R.** футбол.

FUTBOLISTA. com. Jugador de fútbol.

FUTBOLÍSTICO, CA. adj. Perteneciente o relativo al fútbol.

★ **FUTEARSE.** r. COLOM. Podrirse las patatas.

FUTESA. (fr. *foutaise*, der. de *foutre*, y éste del l. *futuĕre*, tener trato carnal.) f. Fruslería, nadería.

FÚTIL. (l. *futilis*.) adj. De poco aprecio o importancia. ‖ **P.** fútil; **I.** flimsy, trifling; **F.** e **It.** futile; **A.** geringfügig, belanglos; **R.** ничтожный.

FUTILIDAD. (l. *futilĭtas*, *-ātis*.) f. Poca o ninguna importancia de una cosa, más ordinariamente, de discursos y argumentos. ‖ **P.** futilidade; **I.** futility; **F.** futilité; **A.** Kleinigkeit, Nichtigkeit; **It.** futilità; **R.** ничтожность.

★ **FUTIR.** tr. En las Antillas, fastidiar. Ú.m.c.r.

FUTRAQUE. m. fam. desus. Levita, casaca.

★ **FUTRARSE.** r. ARGENT. Fastidiarse. ‖ **2.** ARGENT. Ensuciarse.

FUTRE. m. CHILE. Lechuguino, o simplemente persona vestida con atildamiento. Ú.t.c.s.

★ **FUTRIACO, CA.** m. y f. despect. P. RICO, REP. DOMIN. y COLOM. Fulano o fulana.

★ **FUTRIR.** tr. COLOM. Fastidiar. Ú.t.c.r.

FUTURA. (l. *futūra*, t. f. de *-rus*, futuro.) f. Derecho a la sucesión de un empleo o beneficio antes de quedar vacante. ‖ **2.** fam. Novia que tiene con su novio compromiso formal.

FUTURARIO, RIA. adj. Dícese de aquello que pertenece a la futura sucesión. ‖ **2.** m. MÉJ. El que tiene la futura o derecho a la sucesión de un empleo.

★ **FUTURISMO.** f. Sistema estéticosocial, renovador, audaz, impresionista, nacionalista, pero opuesto a la tradición y a las reglas de armonía. Fue iniciado en Milán por Marinetti en 1909.

FUTURO, RA. (l. *futūrus*.) adj. Que está por venir. ‖ **2.** GRAM. Tiempo verbal. Ú.t.c.s. ‖ **3.** m. fam. Novio que tiene con su novia compromiso formal. ‖ **—contingente.** Lo que puede suceder o no. ‖ **P.** e **It.** futuro; **I.** future; **F.** futr; **A.** (zu)künftig; **R.** будущий. ‖ **3.ª** acep.: **P.** noivo; **I.** betrofhed; **F.** fiancé; **A.** Verlobter; **It.** fidanzato; **R.** жених.

FUYENTE. p.a. ant. de fuir. Que huye.

G

G. Octava letra del abecedario español, y sexta de sus consonantes. Su nombre es *ge*. Seguida inmediatamente de *e* o *i* suena como la *j*. En cualquier otro caso es sonido consonante velar, parecido al de la *k*, pero sonoro. En las sílabas que forma con la *u* seguida de *e* o *i*, deja de pronunciarse la primera de estas tres vocales; v. gr.: *guerra, guisado.* Cuando la misma vocal *u* tiene sonido en alguna de estas combinaciones, debe llevar diéresis; como en *cigüeña.* ‖ **2.** Fís. Símbolo de la aceleración de la gravedad. ‖ **3.** Metrol. Abreviatura de gramo. ‖ **4.** Mús. Cifra que indica el tono de sol en Alemania y en Inglaterra. ‖ **5.** Cronol. Es la última de las siete letras dominicales: designa el sábado, y el domingo en los años en que este día cae el 7 de enero. ‖ **6.** Fís. Una de las rayas del espectro solar, según la denominación de Fraünhofer; se halla situada en la región del añil.

GA. Quím. Símbolo del galio.

GABACHA. f. Zam. Especie de dengue o esclavina de paño que usan las aldeanas.

GABACHADA. f. Acción propia de gabacho.

GABACHO, CHA. (fr. *gavache*, de *Gave*, nombre de varios torrentes y ríos del Pirineo francés.) adj. Dícese de los naturales de algunos pueblos de las faldas de los Pirineos. Ú.t.c.s. ‖ **2.** Perteneciente a estos pueblos. ‖ **3.** Aplícase al palomo o paloma de casta grande y calzado de pluma. ‖ **4.** fam. despect. Francés. Apl. a pers. ú.t.c.s. ‖ **5.** m. fam. Lenguaje español plagado de galicismos.

GABÁN. (ár. *qabā'*, túnica de hombre, con mangas.) m. Capote con mangas, y a veces con capilla, y por lo regular hecho de paño fuerte. ‖ **2.** Abrigo. ‖ **3.** Méj. Prenda de abrigo, especie de sarape corto. ‖ **4.** P. Rico. Saco, americana, chaqueta. ‖ **P.** gabão; **I.** great-coat; **F.** pardessus; **A.** Überzieher; **It.** gabbano; **R.** пальто.

★ GABANEAR. tr. Amér. Central. Robar, hurtar. Ú.t.c.r.

GABAONITA. adj. Natural de Gabaón, antigua ciudad de la tribu de Benjamín, en Palestina. Ú.t.c.s. ‖ **2.** Perteneciente a esta ciudad.

GABARDA. (Del m. or. que *galabardera*.) f. Ar. Escaramujo.

GABARDINA. (fr. *galvardine*.) f. Ropón con mangas ajustadas, usado por los labradores en algunas comarcas. ‖ **2.** Sobretodo de tela impermeable. ‖ **3.** Tela de tejido diagonal, de que se hace el sobretodo de igual nombre. ‖ **2.ª acep.: P.** gabardina; **I.** y **F.** gabardine; **A.** Regenmantel; **It.** capperone; **R.** габардин.

GABARRA. (ital. y prov. *gabarra*.) f. Embarcación mayor que la lancha, con árbol y mastelero y generalmente con cubierta. Suele ir remolcada. Se usa en las costas para transportes. ‖ **2.** Barco pequeño y chato destinado a la carga y descarga en los puertos. ‖ **P.** e **It.** gabarra; **I.** barge, lighter; **F.** gabare; **A.** (Le)ichter; **R.** баржа.

GABARRERO. m. Conductor de una gabarra. ‖ **2.** Cargador o descargador de ella. ‖ **3.** El que saca leña del monte para venderla.

GABARRO. (l. *crabo, -ōnis*, tábano.) m. Nódulo de composición distinta de la masa de la piedra dentro de la cual se halla. ‖ **2.** Defecto que tienen las telas o tejidos en la urdimbre o trama. ‖ **3.** Pepita, enfermedad de las gallinas. ‖ **4.** Pasta fundida de pez, resina y piedra machacada, que se aplica para llenar las faltas de los sillares. ‖ **5.** fig. Obligación, carga o incomodidad con que se recibe una cosa. ‖ **6.** fig. Error en las cuentas, por malicia o equivocación. ‖ **7.** Sal. Abejón, abejorro, insecto himenóptero. ‖ **8.** fig. Sal. Zángano, holgazán. ‖ **9.** Veter. Enfermedad en los cascos de las caballerías.

GABARRÓN. m. aum. de gabarra.

GABARSE. (prov. *gabar* o del ant. fr. *gaber*, jactarse, y éste del germ. *gabb*, burla.) r. ant. Alabarse.

GABASA. f. Bagasa.

GÁBATA. (l. *gabăta*.) f. Escudilla en que se echaba la comida a cada soldado o galeote.

GABATO, TA. (De *gamo*.) m. y f. And. Cría menor de un año de los ciervos y las liebres.

GABAZO. m. Bagazo.

★ GABEAR. intr. Rep. Domin. Gatear, trepar.

GABEJO. (De *gabicŭlum*, del célt. *gab*, brazado, como *gavilla*.) m. Haz pequeño de paja o de leña.

GABELA. (ár. *qabāla*, impuesto, también or. de *alcabala*.) f. Tributo, impuesto. ‖ **2.** fig. Carga, gravamen. ‖ **3.** Colom. Ventaja, partido. ‖ **P.** gabela; **I.** gabel; **F.** gabelle; **A.** Staatssteuer; **It.** gabella; **R.** налог, пошлина.

★ GABELOSO, SA. adj .Colom. Amigo de tomar ventajas.

★ GABETA. f. P. Rico. Batea propia para recoger arenas auríferas.

GABIJÓN. (De *gabejo*.) m. Ál. y Pal. Haz de paja de centeno después de separado el grano.

GABINA. f. And. fam. Sombrero de copa.

GABINETE. (ital. *gabinetto*, del l. *cavĕa*, jaula.) m. Aposento menor que la sala y generalmente contiguo a ella. ‖ **2.** Pieza en que las señoras reciben visitas de confianza. ‖ **3.** Conjunto de muebles para el aposento del mismo nombre. ‖ **4.** Colección de objetos para ostentación o destinado para estudio de algún arte o ciencia. Gabinete *de química.* ‖ **5.** Cuerpo de ministros del Estado. ‖ **6.** Colom. Mirador, balcón cubierto y cerrado de cristales o persianas. ‖ **7.** Amér. Caja o mueble de un receptor o radio. ‖ *De* Gabinete. loc. que se aplica al que escribe o trata de una materia, conociéndola sólo por teoría. ‖ **P.** gabinete; **I.** y **F.** cabinet; **A.** Kabinett; **It.** gabinetto; **R.** кабинет.

GABITA. f. Ast. Yunta de encuentre.

GABLETE. (fr. *gablet*, y éste del al. *giobel*, cúspide.) m. Arq. Remate formado por dos líneas rectas y ápice agudo, propio del estilo ojival.

GABOTE. m. Ar. Rehilete, volante.

GABRIELES. m. pl. fam. Garbanzos del cocido.

GABUZO. m. León y Zam. Vara seca de brezo, que, encendida, usan para alumbrarse en algunas partes.

GACEL. (ár. *gazāl.*) m. Macho de la gacela.

GACELA. (ár. *gazāla.*) f. Antílope, algo menor que el corzo, que habita en Persia, Arabia y el norte de África. Es celebrada por su gentileza, agilidad y hermosura de sus ojos. Tiene la cola corta, las piernas muy finas, blanco el vientre, leonado el lomo, y las astas encorvadas a modo de lira. ‖ **P.** gazela; **I.** gazelle; **F.** gazelle; **A.** Gazelle; **It.** gazzella; **R.** газель.

GACETA. (ital. *gazzetta*, una moneda y luego un periódico, de *gazza*, urraca, y éste del l. *gaia*, urraca.) f. Papel periódico en que se publican noticias de algún ramo especial de literatura, administración, etc. ‖ **2.** En España, nombre que tuvo durante muchos años el diario oficial del Gobierno. ‖ **3.** fam. Correveidile. ‖ **4.** Colom. Periódico, publicación periódica. ‖ **5.** P. Rico. Cualquiera de las cuerdas o tirantes de la cometa. ‖ *Mentir más que la* gaceta. fr. fig. y fam. Mentir mucho. ‖ **P.** gazeta; **I.** y **F.** gazette; **A.** Gazette; **It.** gazzeta; **R.** газета.

GACETA. (fr. *caissette, cassette*, d. de *caisse*, del l. *capsa*, caja.) f. Caja refractaria en la que se colocan los baldosines que han de cocerse en el horno.

GACETABLE. adj. Decíase del proyecto propio para convertirse en disposición oficial y publicarse como tal en la Gaceta oficial.

GACETERA. f. Mujer que vende gacetas.

GACETERO. m. El que escribe para las gacetas o las vende.

GACETILLA. (d. de *gaceta*, papel periódico.) f. Parte de un periódico destinado a la inserción de noticias cortas. ‖ **2.** Cada una de estas mismas noticias. ‖ **3.** fig. y fam. Persona que lleva y trae noticias de una parte a otra.

GACETILLERO. m. Redactor de gacetillas.

★ GACETÍN. (dim. de *gaceta*.) Méj. Cajetín de imprenta.

GACETISTA. m. Persona aficionada a leer gacetas. ‖ **2.** Persona que habla frecuentemente de novedades.

GACILLA. (De *gaza*.) f. C. Rica. Broche, imperdible, corchete.

GACHA. (l. *coacta*, pl. n. de *coactus*, p.p. de *cogĕre*, cuajar.) f. Cualquiera masa muy blanda casi líquida. ‖ **2.** Colom. y Venez. Cuenco, escudilla de loza o barro. ‖ **3.** pl. Comida compuesta de harina cocida con agua y sal, a veces aliñada con leche o miel. ‖ **4.** fig. y fam. Lodo, barro. ‖ **5.** And. Halagos, caricias, mimos. ‖ *Hacerse uno unas* gachas. fr. fig. y fam. Expresar el cariño con demasiada melosidad. ‖ **P.** papa, massa; **I.** porridge, pap; **F.** bouillie, pâte; **A.** Brei, Papp; **It.** pottiglia, pappa; **R.** каша, масса.

GACHAPO. m. Ast. y León. Caja donde el segador guarda la piedra de afilar la guadaña.

GACHÉ. (Voz gitana.) m. Nombre con que los gitanos designan a los andaluces. ‖ **2.** And. Entre el vulgo, hombre en

G

general, y en especial el querido de una mujer.

GACHETA. f. d. de gacha. || **2.** Engrudo.

GACHETA. (fr. *gâchette*.) f. Palanquita que sujeta el pestillo de algunas cerraduras. || **2.** Cada uno de los dientes que hay en la cola del pestillo.

GACHÍ. (f. gitano de *gachó*.) f. AND. Entre el vulgo, mujer, muchacha.

GACHO, CHA. (l. *coactus*, p.p. de *cogĕre*, recoger, impeler.) adj. Encorvado. || **2.** Dícese del buey o vaca que tiene uno de los cuerpos o ambos inclinados hacia abajo. || **3.** Dícese del caballo o yegua muy enfrenados que tienen el hocico muy metido a pecho. || **4.** Dícese del cuerno retorcido hacia abajo. || **5.** Aplícase al sombrero de copa baja y ala ancha y tendida hacia abajo. || **6.** EXTR. Zurdo. || **7.** P. RICO. Falto de una oreja. || **8.** MÉJ. Entre chóferes, el que trabaja a bajo precio. || **9.** URUG. Sombrero. || *A* GACHAS. m. adv. fam. A gatas.

GACHÓ. m. AND. Gaché.

GACHÓN, NA. (De *gacha*, mimo.) adj. fam. Que tiene gracia, atractivo y dulzura. || **2.** fam. AND. Dícese del niño que se cría con mucho mimo.

GACHONADA. (De *gachón*.) f. fam. Gachinería, gracia, atractivo. || **2.** fam. Acto de gachonería.

GACHONERÍA. (De *gachón*.) f. fam. Gracia, donaire, atractivo. || **2.** AND. fam. Mimo, halago.

GACHUELA. f. d. de gacha.

GACHUMBO. m. AMÉR. Cubierta leñosa y dura de varios frutos, de los cuales hacen vasijas, tazas, etc.

GACHUPÍN. m. Capuchín.

★ **GADAÑO.** m. Instrumento para la pesca de la almeja.

★ **GADEJÓN.** m. SAL. Cada uno de los haces de leña que forman la carga de una caballería.

★ **GADELUPA.** f. Árbol leguminoso de Filipinas, cuya madera es recia y dura.

GADITANO, NA. (l. *gaditānus*, de *Gades*. Cádiz.) adj. Natural de Cádiz. Ú.t.c.s. || **2.** Perteneciente a esta ciudad.

★ **GADO.** m. ZOOL. Género de peces que pertenece al bacalao o abadejo.

○ **GADOLINIO.** m. QUÍM. Elemento químico: metal del grupo de las tierras raras. Su símbolo es Gd.

★ **GADOLINITA.** f. Mineral de las tierras raras, descubierto por Gadolín en 1794.

GAÉLICO, CA. adj. Aplícase a los dialectos de la lengua céltica que se hablan en algunas comarcas de Irlanda y Escocia. Ú.t.c.s.

GAETANO, NA. adj. Natural de Gaeta. Ú.t.c.s. || **2.** Perteneciente a esta ciudad de Italia.

GAFA. (neerl. *gaffel*, horquilla.) f. Instrumento para armar la ballesta. || **2.** Grapa, pieza de metal para unir dos cosas. || **3.** MAR. Especie de tenaza para suspender objetos pesados. || **4.** pl. Los dos ganchos que, sujetos con cuerdas sirven para subir y bajar los materiales en las construcciones. || **5.** Tablilla que se cuelga en la barandilla de la mesa de billar para afianzar la mano izquierda y para poder jugar la bola que está entronerada. || **6.** Enganche con que se afianzan los anteojos detrás de las orejas. || **7.** Anteojos con este género de armadura.

GAFAR. (De *gafa*.) tr. Arrebatar una cosa con las uñas o con un instrumento corvo. || **2.** Lañar, componer con gafas o grapas los objetos rotos, principalmente los de cerámica.

★ **GAFAR.** tr. Maleficiar.

GAFARRÓN. m. AR. y MURC. Pardillo, pájaro conirrostro.

○ **GAFE.** m. fam. Cenizo, persona que trae a otras mala suerte.

GAFEDAD. (De *gafo*.) f. Contracción permanente de los dedos, que impide su movimiento. || **2.** Lepra que mantiene fuertemente encorvados los dedos de las manos y, a veces, los de los pies.

GAFETE. (d. de *gafa*.) m. Corchete, broche.

GAFETÍ. (ár. *gāfetī*, perteneciente al *gāfit*, eupatoria.) m. BOT. Eupatorio.

GAFEZ. f. ant. Gafedad.

GAFO, FA. (Tal vez del m. or. que *gafa*.) adj. Que tiene encorvados y sin movimiento los dedos de las manos o pies. Ú.t.c.s. || **2.** Que padece la lepra llamada gafedad. Ú.t.c.s. || **3.** COLOM., C. RICA y P. RICO. Despeado. Dícese de las caballerías que, por haber andado mucho sin herraduras tienen la planta del casco irritada y dolorida. || **4.** MÉJ. Entumido.

GAFOSO, SA. adj. adj. Gafo.

GAGATE. m. ant. Gagates.

GAGATES. (gr. γαγάτης.) m. ant. Azabache, variedad de lignito.

GAGO, GA. adj. ant. Tartamudo. Ú. en Canarias, Perú, P. Rico y Venezuela.

★ **GAGÚ.** (Voz americana.) m. Árbol corpulento de la Guayana, cuya madera se emplea en construcciones navales.

GAGUEAR. intr. SAL. Susurrar, divulgarse, comenzar a manifestar una cosa. || **2.** CAN., CHILE, PERÚ, P. RICO y VENEZ. Tartamudear.

GAGUERA. f. CAN., CHILE, PERÚ y P. RICO. Tartamudez, gangueo.

★ **GAGUY.** (Voz americana.) m. Árbol de América del Norte.

★ **GAGUILLO.** m. PAN. Gaznate, garganta.

GAICANO. m. ZOOL. Rémora, pez acantopterigio.

GAITA. (ár. *gaita*.) f. Flauta, al modo de chirimía, que se acompaña del tamboril. || **2.** Gaita gallega. || **3.** fig. y fam. Pescuezo. *Asomar* la GAITA. || **4.** fig. y fam. Droga, cosa desagradable. Ú.t., por lo común, con el verbo *ser*. || **5.** fig. y fam. Cosa difícil, molesta o engorrosa. *Es una* GAITA *tener que hacer ese viaje.* || **6.** fig. y fam. Persona delicada, descontentadiza. || **7.** COLOM. Instrumento a modo de clarinete, hecho de una caña en cuyo extremo superior se adapta un cañón de pluma de pavo que sirve de boquilla. || **8.** P. RICO. Cierto árbol de madera blanca que se utiliza para vigas. || **9.** fig. y fam. MÉJ. Refiriéndose a personas, maula. || **10.** com. fam. ARGENT. Nombre que suele darse a los gallegos. || —**gallega.** Instrumento músico de viento formado por un cuero de cabrito a manera de odre, denominado fuelle, al cual van unidos tres tubos de boj; uno delgado, llamado soplete, con una válvula en su base, por el cual se sopla para henchir de aire el fuelle; otro corto, el puntero, especie de dulzaina, y el tercero, más grueso y largo, llamado roncón, que produce un sonido continuado y forma el bajo del instrumento. || **2.** V. *Endecasílabo de* GAITA *gallega o anapéstico*. || —**zamorana.** Instrumento músico rústico de viento a modo de dulzaina, tiene figura de caja cuadrilonga. || *Estar uno de* GAITA. fr. fig. y fam. Estar alegre y contento. || *Templar* GAITAS. fr. fig. y fam. Usar de contemplaciones para concertar voluntades o satisfacer o desenojar a uno. || **P.** gaita; **I.** bagpipe; **F.** cornemuse; **A.** Sackpfeife; **It.** piva; **R.** волынка.

GAITERÍA. (De *gaitero*.) f. Vestido o adorno de varios colores fuertes y contrapuestos y modo de vestir o adornarse con ellos.

GAITERO, RA. (De *gaita*.) adj. fam. Ridículamente alegre, y que usa de chistes poco correspondientes a su edad o estado. Ú.t.c.s. || **2.** fam. Aplícase a los vestidos o adornos de colores demasiado llamativos y extravagantes. || **3.** m. El que tiene por oficio tocar la gaita.

GAJE. (fr. *gage*, prenda, y éste del germ. *wadyan*, apostar.) m. Emolumento que corresponde a un destino o empleo. Ú.m. en pl. || GAJES *del oficio, empleo, etc.* loc. irón. Molestias o perjuicios con motivo del empleo u ocupación. || **P.** salario; **I.** wages, salary; **F.** gages; **A.** Lohn; **It.** salario; **R.** вознаграждение.

GAJERO. adj. ant. Que goza gajes o lleva salario.

★ **GAJILETE.** m. P. RICO. Gajo.

GAJO. m. Rama de árbol, especialmente cuando se halla desprendida del tronco. || **2.** Cada uno de los grupos de uvas en que se divide el racimo. || **3.** Racimo apiñado de cualquier fruta. || **4.** Cada una de las divisiones interiores de varias frutas. || **5.** Cada uno de los dientes o puntas de las horcas, bieldos, etc. || **6.** Ramal de montes derivado de una cor-

dillera principal. || **7.** ARGENT. Esqueje. || **8.** HOND. Mechón de pelo. || **9.** BOT. Lóbulo de la hoja de una planta.

GAJORRO. (De *gajo*.) m. AND. Gañote, garguero. || **2.** AND. Fruta de sartén hecha de harina, huevos y miel y consistente como el barquillo.

GAJOSO, SA. adj. Que tiene gajos o se compone de ellos.

★ **GAL.** m. Unidad cegesimal de aceleración, equivalente a la aceleración de un centímetro por segundo.

GALA. (ant. fr. *gale*, y éste del germ. *wale*, riqueza, ostentación.) f. Vestido rico y lucido. || **2.** Gracia, garbo y bizarría en hacer o decir algo. || **3.** Lo más exquisito y selecto de una cosa. || **4.** ANT. y MÉJ. Obsequio de una moneda de corto valor a quien ha sobresalido en alguna habilidad o como propina. || **5.** pl. Trajes, joyas y otras cosas de lujo que se poseen y ostentan. || **6.** Regalos que se hacen a los que van a contraer matrimonio. || **7.** SAL. Flores de las plantas herbáceas. || **8.** P. RICO. Capa, gasto que hace el padrino en los bautizos. || *De* GALA. loc. Dícese del uniforme o traje de mayor lujo. || *Hacer* GALA *de una cosa*. fr. fig. Preciarse y gloriarse de ella. || **P., I. e It.** gala; **F.** habit somptueux; **A.** Gala, Festkleid; **R.** роскошное платье.

GALAADITA. adj. Natural del antiguo país de Galaad, situado en Palestina, al este del Jordán. Ú.t.c.s. || **2.** Perteneciente a esta región.

GALABARDERA. (ár. *kalb el-ward*, gusano de la rosa, con terminación romance.) f. BOT. Escaramujo, rosal silvestre y su fruto.

GALÁCTICO, CA. adj. ASTRON. Perteneciente o relativo a la Galaxia o Vía Láctea.

GALACTITA. (l. *galactītis*, y éste del gr. γαλακτίτης, lácteo.) f. Arcilla jabonosa que se deshace en el agua, poniéndola de color de leche.

GALACTITES. f. Galactita.

GALACTÓFAGO, GA. (gr. γάλα, -ακτος, leche, y φαγεῖν, comer.) adj. Que se mantiene de leche. Ú.t.c.s.

GALACTÓMETRO. (gr. γάλα, -ακτος, leche, y μέτρον, medida.) m. Instrumento para reconocer la densidad de la leche.

GALACTOSA. f. QUÍM. Azúcar que se prepara mediante hidrólisis de la lactosa.

★ **GALACHA.** f. REP. DOMIN. Gorra de satén. || **2.** Vestido de niño.

GALACHO. m. AR. Barranquera que excavan las aguas al correr por las pendientes del terreno.

GALAFATE. (Del m. or. que *gerifalte*.) m. Ladrón astuto, disimulado y sagaz. || **2.** p. us. Corchete, ministro inferior de justicia. || **3.** p. us. Ganapán, mozo de cordel. || **4.** ÁL. Pillete, haragán, tronera. || **5.** SAL. Chiquillos. || **6.** SAL. Cosas menudas. || **7.** CUBA. Cierto pez plectognato.

GALAICO, CA. (l. *galaicus*.) adj. Gallego, perteneciente a Galicia.

GALAMERO, RA. (Del m. or. que *gulusmero*.) adj. p. us. Goloso.

GALAMPERNA. f. ÁL. Hongo con el sombrerillo atetado de color pardo, carne blanca, de buen olor y sabor.

GALÁN. adj. Apócope de galano. || m. Hombre de buen semblante, bien proporcionado de miembros y airoso. || **3.** El que galantea a una mujer. || **4.** El que en el teatro hace uno de los principales papeles serios, excepto el de barba. || —**de día.** Arbusto solanáceo, propio de América tropical, de hojas apuntadas, lustrosas por encima, pálidas por el envés; flores blancas y por fruto unas bayas esféricas moradas. || —**de noche.** Arbusto ramoso solanáceo, propio de la América tropical, que lleva en su parte superior hojas alternas de olor muy fuerte; flores blancuzcas muy olorosas por la noche, y por fruto unas bayas esféricas de color perla. || **2.** C. RICA. Cacto con flores grandes, blancas y olorosas, que se abren por la noche. || **P.** galã; **I.** spruce; **F.** galant; **A.** geputzt, höflich; **It.** galante; **R.** молодцеватый, кавалер.

GALANAMENTE. adv. Con gala. || **2.** fig. Con elegancia y gracia.

GALANCETE. m. d. de galán. || **2.**

Actor que representa papeles de galán joven.

* **GALANETA.** f. AMÉR. Galanura, adorno.

GALANGA. (ár. *jalaný*, planta de las Indias Orientales.) f. BOT. Planta exótica cingibarácea, de rizoma aromático, amargo y picante. || **2.** Este rizoma, usado antiguamente en medicina. || **3.** Chata, bacín plano que se usa como orinal de cama para los enfermos.

GALANÍA. (De *galán*.) f. Galanura.

GALANO, NA. (De *gala*.) adj. Bien adornado. || **2.** Dispuesto con gusto e intención de agradar. || **3.** Que viste bien, con elegancia. || **4.** fig. Dicho de las producciones del ingenio, elegante y gallardo. || **5.** C. RICA y ZAM. Dicho de las plantas, lozano. || **6.** CUBA. Aplícase a la res de pelo de varios colores. || **7.** f. SAL. Margarita, flor de esta planta.

GALANTE. (fr. *galant*, y éste de *galer*, del germ. *wale*, riqueza, ostentación.) adj. Atento, obsequioso, en especial con las damas. || **2.** Aplícase a la mujer que gusta de galanteos y a la de costumbres licenciosas.

GALANTEADOR. adj. Que galantea. Ú.t.c.s.

GALANTEAR. (De *galante*.) tr. Requebrar a una mujer. || **2.** Procurar captarse el amor de una mujer, especialmente para seducirla. || **3.** fig. Solicitar asiduamente alguna cosa. || **P.** galantear; **I.** to court; **F.** courtiser, faire la cour; **A.** hofieren; **It.** galanteggiare, corteggiare; **R.** ухаживать.

GALANTEMENTE. adv. Con galantería.

GALANTEO. m. Acción de galantear.

GALANTERÍA. (De *galante*.) f. Acción o expresión obsequiosa, o de urbanidad. || **2.** Gracia y elegancia que se advierte en la forma de algunas cosas. || **3.** Liberalidad, bizarría, generosidad. || **P.** galantaria, galanice; **I.** gallantry; **F.** galanterie; **A.** Höflichkeit; **It.** galanteria; **R.** учтивость.

* **GALANTÍA.** (corrup. de *garantía*.) f. CHILE. Entre el vulgo, ventaja o utilidad fuera del salario.

* **GALANTINA.** (fr. *galantine*.) f. Entre cocineros, ave deshuesada y rellena, que se sirve prensada y fría.

GALANURA. (De *galano*.) f. Adorno vistoso o gallardía que resulta de la gala. || **2.** Gracia, gentileza. || **3.** Elegancia en la expresión de los conceptos.

GALAPAGAR. m. Sitio donde abundan los galápagos.

GALÁPAGO. (ár. *qalabbaq* o *qalābaq*, tortuga.) m. Reptil del orden de los quelonios, parecido a la tortuga, pero que tiene los dedos reunidos por membranas, de vida acuática; la cabeza y extremidades son enteramente retráctiles dentro del caparazón. || **2.** Dental, parte del arado, en que entra la reja. || **3.** Polea chata por un lado para poderla fijar cómodamente en un madero. || **4.** Aparato para sujetar fuertemente la pieza que se trabaja. || **5.** Molde para hacer tejas. || **6.** Lingote corto de plomo, estaño o cobre. || **7.** SAL. Trozo de baqueta cosido a las botas de los ganaderos para evitar que entre el agua. || **8.** ALBAÑ. Cimbra pequeña. || **9.** ALBAÑ. Reparo y revestido de los lugares subterráneos de terreno poco macizo para contener las tierras. || **10.** ALBAÑ. Tortada de yeso que se echa en los ángulos salientes de un tejado. || **11.** CIR. Tira de lienzo, cuadrilonga, hendida por los dos extremos, formando por lo común cuatro ramales. || **12.** EQUIT. Silla de montar ligera y sin ningún resalto. || **13.** MAR. Trozo de madera asegurado en uno y otro lado de la cruz de una verga, que sujeta la trinca del cuadernal de la paloma. || **14.** MIL. Testudo, cubierta que formaban los soldados uniendo sus escudos. || **15.** MIL. Máquina antigua de guerra para aproximarse la tropa a los muros guarecida de ella. || **16.** VETER. Enfermedad propia del asno y del caballo, que se desarrolla en el rodete del casco y parte de la corona. || **17.** HOND. y VENEZ. Silla de montar para señora. || **P.** cágado; **I.** fresh-water tortoise; **F.** tortue bourbeuse; **A.** Schildkröte; **It.** testùginep; **R.** черепаха.

GALAPAGUERA. f. Estanque pe-

queño en que se conservan vivos los galápagos.

GALAPATILLO. m. ZOOL. AR. Insecto hemíptero, que ataca a la espiga del trigo.

GALAPERO. m. EXTR. Guadapero, peral silvestre.

GALAPO. m. Pieza de madera, de figura esférica, con unos canales donde se ponen los hilos o cordeles para torcerlos y formar otros mayores o maromas.

GALARDÓN. (De *gualardón*.) m. Premio o recompensa de los méritos o servicios.

GALARDONADOR, RA. adj. Que galardona.

GALARDONAR. (De *galardón*.) tr. Premiar los servicios o méritos de uno.

GALARDONEADOR, RA. adj. ant. Galardonador.

GÁLATA. (l. *galăta*.) adj. Natural de Galacia. Ú.t.c.s. || **2.** Perteneciente a este país de Asia antigua.

* **GALATITA.** f. QUÍM. Substancia dura imputrescible que resulta de la caseína de la leche por la acción del formol, y con la cual se fabrican variados objetos.

GALATITES. f. Galactites.

GALAVARDO. m. ant. Hombre alto, desgarbado e inútil para el trabajo.

GALAXIA. (l. *galaxias*, y éste del gr. γαλαξίας, lácteo.) f. Galactita. || **2.** ASTRON. Sistema estelar de gran complejidad y extensión, a manera de universo-isla independiente. || **3.** Por antonom. la Vía Láctea como sistema de estrellas, nebulosas y conglomerados al que pertenecen el Sol y la Tierra.

GALAYO. (ár. *qulai'a*, castillete, dicho de una roca o colina que lo semeja.) m. En las serranías de Murcia y Cazorla, prominencia de roca pelada en el monte.

GALBANA. (ár. *gabăna*, tristeza, descontento, desánimo.) f. fam. Pereza, desidia.

GALBANA. (ár. *yalbāna*, guisante pequeño.) f. ant. Guisante pequeño. Ú. en Salamanca.

GALBANADO, DA. adj. Del color del gálbano.

GALBANERO, RA. (De *galbana*, pereza.) adj. fam. Galbanoso.

GÁLBANO. (l. *galbanum*.) m. Gomorresina de color gris amarillento y olor aromático que se saca de ciertas plantas umbelíferas de Asia. Se ha usado en medicina y entraba en la composición del perfume quemado por los judíos ante el altar de oro. || **P.** gálbano; **I.** y **F.** galbanum; **A.** Mutterharz; **It.** galbano.

GALBANOSO, SA. (De *galbana*, pereza.) adj. fam. Desidioso, perezoso.

* **GALBO.** m. ARQ. Contorno, línea de perfil de un miembro arquitectónico. || **2.** ARQ. Éntasis.

GÁLBULA. (l. *galbŭlus*, de *galbus*, de color verde claro.) f. Fruto en forma de cono corto, y de base redondeada, a veces carnoso, que producen el ciprés y otras plantas cupresáceas.

* **GÁLBULO.** m. ZOOL. Género de aves trepadoras de América del Sur.

GALCE. m. AR. Gárgol, ranura en el canto de una tabla para machiembrarla con otra. || **2.** AR. Marco o aro.

GALDIDO, DA. (valenciano *galdir*, *engaldir*, gulusmear, tragar.) adj. Gandido, hambriento.

GALDÓN. m. Alcaudón.

GALDOSIANO, NA. adj. Propio y característico de Pérez Galdós, como escritor, o que tiene semejanza con las calidades de sus obras.

* **GALDROPE.** m. MAR. Cabo con el cual se mueve la caña del timón.

GALDRUFA. (ár. *jadrūfa*, peonza.) f. AR. Peonza que bailan los muchachos.

GALDUDO, DA. adj. ant. Galdido.

GÁLEA. (l. *galĕa*.) f. Casco con carrilleras que usaban los soldados romanos.

GALEA. (gr. bizantino *galea*.) f. ant. Galera, embarcación de vela y remo. || **2.** GERM. Carreta, especialmente la de ruedas de madera y sin llantas de hierro.

GALEANA. adj. SAL. Dícese de una especie de uva blanda, de grano grueso y redondo. Ú.m.c.s.

GALEATO. (l. *galeātus*, p.p. de *galeāre*, cubrir o defender con un casco o celada.)

adj. Aplícase al prólogo de una obra, en que se la defiende de las objeciones que se le han puesto o pueden poner.

GALEAZA. (aum. de *galea*.) f. Embarcación antigua de remos y velas con tres mástiles.

GALEGA. (l. mod. *galēga*, y éste del gr. γάλα, leche, y αἴξ, αἴγός, cabra.) f. Planta de la familia de las papilonáceas, de tallos ramosos y herbáceos; hojas compuestas; flores blancas, azuladas o rojizas, y fruto en vaina estriada con muchas semillas. Se ha empleado en medicina y hoy se cultiva en jardines.

* **GALEMBO.** m. COLOM. Gallinazo.

GALENA. (l. *galēna*, y éste del gr. γαλήνη.) f. Sulfuro de plomo nativo de color gris y brillo intenso. Es la mejor mena del plomo. Cristaliza en el sistema regular. Se usó como detector radiofónico. || **P.,** **I.** e **It.** galena; **F.** galène; **A.** Galene; **R.** свинцовый блеск.

GALÉNICO, CA. adj. Perteneciente a Galeno y al que sigue su doctrina.

GALENISMO. m. Doctrina de Galeno, el más famoso médico de la antigüedad después de Hipócrates.

GALENISTA. adj. Partidario del galenismo. Ú.t.c.s.

GALENO. (Por alusión al célebre médico griego del siglo II, *Claudio Galeno*.) m. fam. Médico.

GALENO, NA. (gr. γαληνός, apacible, tranquilo.) adj. MAR. Dícese del viento o brisa que sopla suavemente.

GÁLEO. (l. *galēos*, y éste del gr. γαλεός.) m. ZOOL. Cazón, pez espada.

GALEÓN. (aum. de *galea*.) m. Bajel de guerra o mercante, parecido a la galera y con tres o cuatro palos en los que orientaban, generalmente, velas de cruz. || **2.** Cada una de las naves de gran porte que, saliendo periódicamente de Cádiz, tocaban en puertos determinados del nuevo mundo.

GALEONCETE. m. d. ant. Galeón.

GALEOTA. (De *galea*.) f. Galera menor.

GALEOTE. (De *galea*.) m. El que remaba forzoso en las galeras. || **P.** galeote, galeriano; **I.** galley-slave; **F.** galérien; **A.** Galeerensklave; **It.** galeotto; **R.** каторжник.

GALERA. (De *galea*.) f. Carro para transportar personas, grande, con cuatro ruedas, ordinariamente cubierto con un toldo de lienzo fuerte. || **2.** Cárcel de mujeres. || **3.** Embarcación de vela y remo, muy larga de quilla. || **4.** Crujía o fila de camas en medio de una sala de hospital. || **5.** HOND. y MÉJ. Cobertizo, tinglado. || **6.** fam. ARGENT., CHILE y URUG. Sombrero de copa redondeada y alas abarquilladas. || **7.** ARIT. Separación del dividendo, divisor y cociente, formada por una raya vertical y una horizontal que forman ángulo, para efectuar la operación de dividir. || **8.** CARP. Garlopa grande. || **9.** IMPR. Tabla rectangular en que se ponen las líneas de letras a medida que se componen. || **10.** MIN. Fila de hornos de reverbero en que se colocan varias retortas que se calientan con el mismo fuego. || **11.** ZOOL. Cualquiera de los crustáceos adultos del orden de los estomatópodos. || **12.** pl. Pena de servir remando en las galeras reales, que se imponía a ciertos delincuentes. || **3.ª** acep.: **P.** e It. galera; **I.** galley; **F.** galère; **A.** Galeere; **R.** фургон.

GALERADA. f. Carga que cabe en una galera de ruedas. || **2.** IMPR. Trozo de composición que se pone en una galera o en un galerín. || **3.** Prueba de la composición que se saca para corregirla. || **2.ª** acep.: **P.** granel; **I.** galley; **F.** galée; **A.** Bürstenabzug; **It.** stampone; **R.** гранка.

GALERERO. m. El que gobierna las mulas de la galera, o es dueño de ella.

GALERÍA. (b. l. *galeria*, tal vez del m. or. que *galera*.) f. Pieza larga y espaciosa, adornada de muchas ventanas o sostenida por columnas, que sirve para pasearse o colocar en ella cuadros, adornos, etc. || **2.** Corredor descubierto o con vidrieras, que da luz a las habitaciones interiores de una casa. || **3.** Colección de pinturas. || **4.** Camino subterráneo que se hace en las minas para disfrute, ventilación, comunicación y desagüe. || **5.** El que se hace en otras obras subterráneas. || **6.** Paraíso, conjunto de asientos del piso

G

más alto de algunos teatros. || **7.** Público que concurre al paraíso de un teatro. || **8.** Bastidor en la parte superior de una puerta o balcón para colgar las cortinas. || **9.** Ornato calado o de columnitas en la parte superior de un mueble. || **10.** MAR. Crujía de la cubierta de un buque. || **11.** MAR. Cada uno de los balcones de la popa del navío. || **12.** MIL. Camino estrecho y subterráneo en una fortificación para facilitar el ataque o la defensa. || **13.** MIL. Camino defendido lateralmente por maderos clavados al suelo y techados con tablas cubiertas de materias poco combustibles. || **14.** Archivo, repertorio, etc., de obras dramáticas o liricodramáticas. || **15.** CHILE. Círculo metálico provisto de tornillos, por medio de los cuales se sujetan las bombas y tubos de las lámparas. || **16.** COLOM. y REP. DOMIN. Tienda o almacén de cierta importancia. || —**cubierta.** Construcción debida al hombre primitivo, consistente en una especie de corredor formado por grandes piedras y con techo también de piedra. || **P.** galeria; **I.** gallery; **F.** galerie; **A.** Galerie; **It.** galleria; **R.** галерея.

GALERÍN. m. d. de galera. || **2.** IMPR. Tabla de madera, o plancha de metal, larga y estrecha, donde el cajista pone las líneas de composición.

GALERITA. (l. *galerīta.*) f. ZOOL. Cogujada. || **2.** ARGENT. Sombrero hongo.

GALERNA. (fr. *galerne.*) f. Ráfaga súbita y borrascosa que en la costa septentrional de España suele soplar entre el Oeste y el Noroeste.

GALERNO. m. Galerna.

GALERO. (l. *galērus.*) m. SANT. Especie de sombrero chambergo.

GALERÓN. m. AMÉR. MERID. Romance vulgar que se canta en una especie de recitado. || **2.** VENEZ. Aire popular al son del cual se baila y se cantan cuartetas y seguidillas. || **3.** C. RICA y SALV. Cobertizo, tinglado.

★ GALEROPSIA. f. Claridad o agudeza anormal de la visión.

GALÉS, SA. adj. Natural de Gales. Ú.t.c.s. || **2.** Perteneciente a este país de Inglaterra. || **3.** m. *Idioma* GALÉS, uno de los célticos.

★ GALFARRO. m. VENEZ. Galfarro, pillete.

GALFARRO. m. LEÓN. Gavilán, ave rapaz. || **2.** fig. Hombre ocioso, perdido.

GALGA. f. Piedra grande desprendida de lo alto que baja rodando y dando saltos por una pendiente. || **2.** Piedra voladora. || **3.** HOND. Hormiga amarilla que anda velozmente.

GALGA. (l. *caliga.*) f. Cada una de las cintas cosidas al calzado de las mujeres para sujetarlo a la pierna.

GALGA. (flam. *galg*, viga.) f. Palo grueso y largo atado por los extremos fuertemente a la caja del carro, que sirve de freno. || **2.** Féretro o andas en que se lleva a enterrar a los pobres. || **3.** MAR. El orinque o el anclote con que se refuerza el ancla fondeada. Por ext. se da este nombre a la ayuda que se da al ancla empotrada en tierra. || **4.** MIN. Dos maderos inclinados que por la parte superior se apoyan en el hastial de una excavación y sostienen el huso de un torno de mano.

★ GALGAL. (celta *gal*, piedra.) m. ARQUEOL. Monumento céltico.

GALGO, GA. (l. *gallĭcus* [*canis*].) adj. ZOOL. Se dice de un tipo de perro de caza de cuerpo fino, enjuto y flexible y patas largas, muy aptos para la carrera. Ú.t.c.s. || **2.** SAL. y COLOM. Goloso. || *A la larga, el* GALGO *a la liebre mata.* ref. que enseña que con la constancia se vencen las dificultades. || *¡Échale un* GALGO! expr. fig. y fam. con que se denota la dificultad de alcanzar a una persona, o la de comprender u obtener una cosa. || *No le alcanzarán* GALGOS. expr. fig. y fam. con que se pondera la distancia de algún parentesco. || *Váyase a espulgar un* GALGO. expr. fig. y fam. de que se usa para despedir a uno con desprecio. || **P.** cão galgo; **I.** greyhound; **F.** lévrier; **A.** Windhund; **It.** levriero; **R.** борзой.

★ GALGÓN, NA. adj. ECUAD. Galgo, goloso.

GALGUEAR. tr. LEÓN. Mondar, limpiar las regueras.

★ GALGUEAR. intr. Correr como un galgo o hacer alguna cosa a imitación del galgo. || *Andar* GALGUEANDO. ARGENT. fr. vulg. Campesino al que le falta alguna cosa material y que la busca con ansia sin conseguirlo.

GALGUEÑO, ÑA. adj. Relativo o parecido al galgo.

GALGUERO. m. Cuerda con que se templa la galga del carro.

GALGUERO. m. El que cuida los galgos.

GALGUESCO, CA adj. Galgueño.

GÁLGULO. (l. *galgŭlus.*) m. ZOOL. Rabilargo, pájaro de costumbres muy parecidas a las de la urraca. || **2.** ZOOL. Género de insectos hemípteros, heterópteros, de la familia de los galgúlidos, que presentan tarsos inarticulados.

GALIANA. f. Cañada, vía para ganados trashumantes.

GALIANOS. (De *galiana.*) m. pl. Comida que hacen los pastores con torta cocida a las brasas y guisada después con aceite y caldo.

GALIBAR. (De *gálibo.*) tr. MAR. Trazar con los gálibos el contorno de las piezas de los buques.

GÁLIBO. (De *calibo*, calibre.) m. Arco de hierro en forma de U invertida, que sirve en las estaciones de los ferrocarriles para comprobar si los vagones con su carga máxima pueden circular por los túneles y bajo los pasos superiores. || **2.** fig. Elegancia. || **3.** MAR. Plantilla conforme a la cual se hacen algunas piezas de los barcos. || **4.** fig. ARQ. Buen aspecto de la columna por la acertada proporción de sus dimensiones.

GALICADO, DA. (De *gálico.*) adj. Dícese del lenguaje en que se advierte la influencia francesa.

GALICANO, NA. (l. *gallicānus.*) adj. Perteneciente a las Galias. Hoy se usa principalmente hablando de la Iglesia de Francia. || **2.** Galicado.

GALICIANO, NA. (De *Galicia.*) adj. Gallego, perteneciente o relativo a Galicia.

GALICINIO. (l. *gallicinĭum*; de *gallus*, gallo, y *canĕre*, cantar, por ser la hora en que cantan con frecuencia los gallos.) m. ant. Parte de la noche próxima al amanecer.

GALICISMO. (l. *gallĭcus*, francés.) m. Idiotismo propio de la lengua francesa. || **2.** Vocablo o giro de esta lengua empleado en otra. || **3.** Empleo de vocablos o giros franceses en otro idioma.

GALICISTA. m. Persona que incurre frecuentemente en galicismos. || **2.** adj. Perteneciente o relativo al galicismo.

GÁLICO, CA. (l. *gallĭcus.*) adj. Perteneciente a las Galias. || **2.** MED. Dícese del morbo contagioso que se contrae por el coito. || **3.** m. Sífilis.

GALICOSO, SA. adj. Que padece de gálico. Ú.t.c.s.

GALICURSI. adj. fam. Dícese del lenguaje que abusa de galicismos por afectación de elegancias. || **2.** fam. Dícese de la persona que emplea este lenguaje. Ú.t.c.s.

★ GALIFARDO, DA. adj. ARGENT. Vagabundo. Ú.t.c.s. || **2.** m. VENEZ. Gavilán, 1.ª acep.

GALILEA. (b. l. *galilaea*, y éste del m. or. que *galería.*) f. Pórtico o atrio de las iglesias, con especialidad la parte ocupada con tumbas de próceres o reyes. || **2.** Pieza cubierta, fuera del templo, que servía de cementerio.

GALILEA. (De las palabras de Jesucristo *et ecce praecedit vos in Galilaeam*, según el Evangelio de San Mateo, capítulo XXVIII, 7.) f. En la Iglesia griega, tiempo que media desde la Pascua de Resurrección hasta la Ascensión.

GALILEO, A. (l. *galilaeus.*) adj. Natural de Galilea. Ú.t.c.s. || **2.** Perteneciente a este país de Tierra Santa. || **3.** m. Nombre que por oprobio han dado algunos a Jesucristo y a los cristianos.

GALILLO. (De *gallillo.*) m. Úvula o campanilla. || **2.** fam. Gaznate, gañote.

GALIMA. (ár. *ganima*, rapiña.) f. ant. Hurto frecuente y pequeño.

GALIMAR. (De *galima.*) tr. ant. Arrebatar o robar.

GALIMATÍAS. (fr. *galimatias*, invención jocosa del siglo XVI; de *galli*, gallo, y el gr. μάθεια, enseñanza.) m. fam. Lenguaje obscuro por la impropiedad de la frase o por la confusión de las ideas. || **P.** y **F.** galimatias; **I.** gibberish; **A.** Mischmasch; **It.** cantafera, tantafera; **R.** галиматья.

GALINÁCEO, A. adj. ZOOL. Gallináceo. Ú.t.c.s.

GALINDO, A. adj. ant. Torcido, engarabitado.

★ GALINDRO. m. Cada uno de los travesaños que están colocados a uno u otro extremo de la canoa.

GALIO. (l. *galion*, y éste del gr. γάλιον, de γάλα, leche.) m. Hierba rubiácea, con tallos erguidos, delgados, nudosos y ramosos; hojas lineales, surcadas, casi filiformes y puntiagudas; flores amarillas, y fruto en drupa con dos semillas de figura de riñón.

GALIO. (De *Galia*, por haberse descubierto en Francia.) m. QUÍM. Metal muy raro, de la familia del aluminio, que se suele encontrar en los minerales de cinc. Su símbolo es Ga; su peso atómico 89,72; su número atómico, 31.

★ GALIOSCOPIO. m. Fís. Aparato con el cual por medio del movimiento pendular se demuestra el movimiento de rotación de nuestro planeta.

GALIPARLA. (De *galo* y *parlar.*) f. Lenguaje de los que hablando en castellano emplean voces y giros afrancesados.

GALIPARLANTE. adj. Galiparlista.

GALIPARLISTA. (De *galiparla.*) m. El que emplea la galiparla.

★ GALIPEA. f. BOT. Árbol aromático de la familia de las rutáceas.

GALIPOTE. (fr. *galipot.*) m. MAR. Especie de brea o alquitrán que se usa para calafatear.

GALIZABRA. (De *galea* y *zabra.*) f. Embarcación antigua de vela latina.

GALO, LA. (l. *gallus.*) adj. Natural de la Galia. Ú.t.c.s. || **2.** Perteneciente a dicho país. || **3.** m. Antigua lengua céltica de las Galias.

GALOCHA. (fr. *galoche.*) f. Calzado de madera o de hierro, propio para andar por la nieve, el agua y el lodo. || **2.** AMÉR. Zapato de goma que se pone sobre el ordinario para preservarse de la humedad. || **3.** MAR. Taco de madera para sujetar tablones mientras se clavan. || **P.** tamanco, galocha; **I.** galosh, clog; **F.** galoche; **A.** Galosche; **It.** caloscia, zòccolo; **R.** галоша.

GALOCHA. f. ant. Papalina, gorra con dos puntas.

GALOCHERO. m. El que hace o vende galochas. || **2.** fam. Persona que gasta galochas.

GALOCHO, CHA. adj. Dícese del que es de mala vida. || **2.** fam. Dejado, desmalazado.

GALÓN. (De *gala.*) m. Tejido fuerte a manera de cinta, que sirve para guarnecer vestidos u otras cosas. || **2.** MAR. Listón de madera que guarnece exteriormente el costado de la embarcación al nivel del agua. || **3.** MIL. Distintivo que llevan en el brazo o en la bocamanga las clases, oficiales y jefes del ejército. || **P.** galão; **I.** galloon; **F.** galon; **A.** Borte; **It.** nastro; **R.** галун, нашивка.

GALÓN. (ital. *gallon.*) m. Medida inglesa de capacidad, para los líquidos. Equivale, con corta diferencia, a cuatro litros y medio. || **2.** Medida norteamericana para líquidos, equivalente a 3 litros y 78 centilitros. || **3.** CUBA. Medida para líquidos, equivalente a 3 litros y 66 centilitros.

GALONEADOR, RA. m. y f. Persona que galonea o ribetea.

GALONEADURA. (De *galonear.*) f. Adorno hecho con galones.

GALONEAR. tr. Guarnecer con galones los vestidos u otras cosas. || **2.** CHILE. Calar las cubas, medirlas con una vara o regla.

★ GALONERA. f. CHILE. Varilla usada para medir la capacidad de las cubas.

★ GALONERO, RA. m. y f. Persona que hace o vende galones.

GALONISTA. (De *galón*, distintivo militar.) m. fam. Alumno distinguido de una academia militar, a quien por premio se le concede el uso de las insignias de cabo o sargento, con cierta autoridad sobre sus compañeros.

GALOP. (fr. *galop*, y éste del m. or. que *galopar*.) m. Danza húngara usada también en otros pueblos. ‖ **2.** Música de este baile.

GALOPA. f. Galop.

GALOPADA. f. Carrera a galope.

GALOPANTE. p.a. de galopar. Que galopa. ‖ **2.** adj. fig. Aplícase a la tisis de carácter fulminante.

GALOPAR. (ant. alto al. *ga-laupan*, correr.) intr. Ir el caballo a galope. ‖ **2.** Cabalgar una persona en caballo que va a galope. ‖ **P.** galopar; **I.** to gallop; **F.** galoper; **A.** galoppieren; **It.** galoppare; **R.** галопировать.

GALOPE. (De *galopar*.) m. Equit. La marcha más levantada y veloz del caballo. ‖ **—sostenido** o **medio galope.** Marcha del caballo a galope, pero acompasadamente y sin gran celeridad. ‖ *A,* o *de* GALOPE. m. adv. fig. Con prisa y aceleración. ‖ **P.** galope; **I.** gallop; **F.** galop; **A.** Galopp; **It.** galoppo; **R.** галоп.

★ **GALOPEADA.** f. CHILE. Galopada.

GALOPEADO, DA. p.p. de galopear. ‖ **2.** adj. fam. Hecho de prisa y mal. ‖ **3.** m. fam. Castigo dado a uno con bofetadas. ‖ **4.** AND. Plato compuesto de harina, pimentón, ajo frito, aceite y vinagre.

GALOPEAR. (De *galope*.) intr. Galopar.

GALOPEO. (De *galopear*.) m. ant. Galope.

GALOPILLO. (d. de *galopo*.) m. Criado que sirve en la cocina para los oficios más humildes.

GALOPÍN. (De *galopo*.) m. Cualquier muchacho mal vestido, sucio y desharrapado. ‖ **2.** Pícaro, bribón sin crianza ni vergüenza. ‖ **3.** fig. y fam. Hombre taimado, astuto y de mundo. ‖ **4.** Paje de escoba, muchacho destinado para la limpieza y para aprender el oficio de marinero, en los buques. ‖ **—de cocina.** Galopillo.

GALOPINADA. f. Acción de galopín, pícaro, o de hombre taimado y astuto.

GALOPO. (De *galopar*.) m. Galopín, pícaro, bribón.

GALOTA. (fr. *calotte*, birrete, y éste del l. *calautica*.) f. ant. Papalina.

GALPITO. m. Pollo débil y enfermizo.

GALPÓN. m. Departamento que se destinaba a los esclavos en las haciendas de América. ‖ **2.** AMÉR. MERID. Cobertizo grande con paredes o sin ellas. ‖ **3.** COLOM. Tejar o adobería.

GALÚA. f. MURC. Variedad de mújol. ‖ **2.** CUBA. Bofetada.

★ **GALUBIA.** f. MAR. Pequeña embarcación de poca manga.

GALUCHA. f. COLOM., C. RICA, CUBA, P. RICO y VENEZ. Galope.

GALUCHAR. intr. COLOM., C. RICA, CUBA, P. RICO y VENEZ. Galopar.

GALVÁN. n. p. que se usa en la expr. fig. y fam. *No lo entenderá* GALVÁN, con que se denota que una cosa es muy intrincada y obscura.

GALVÁNICO, CA. adj. Fís. Perteneciente al galvanismo.

GALVANISMO. (De *Galvani*, físico italiano, el primero que observó este fenómeno.) m. Fís. Electricidad desarrollada por el contacto de dos metales diferentes, generalmente el cobre y el cinc, con un líquido interpuesto. ‖ **2.** Fís. Propiedad de excitar, por medio de corrientes eléctricas, movimientos en los nervios y músculos de animales vivos o muertos. ‖ **3.** Parte de la física que estudia el galvanismo.

GALVANIZACIÓN. f. Acción y efecto de galvanizar. ‖ **2.** MED. Aplicación terapéutica de las corrientes continuas mediante el empleo de electrodos especiales, con el fin de acelerar la nutrición de los tejidos y aumentar la sensibilidad de los nervios motores.

GALVANIZAR. tr. Fís. Aplicar el galvanismo a un animal vivo o muerto. ‖ **2.** Aplicar una capa de metal sobre otra empleando el galvanismo. ‖ **3.** Dar un baño de cinc fundido a un alambre, plancha de hierro, etc., para que no se oxide. ‖ **4.** fig. Animar, dar vida momentánea a una so-

ciedad que está en decadencia. ‖ **P.** galvanizar; **I.** to galvanize; **F.** galvaniser; **A.** galvanisieren; **It.** galvanizzare; **R.** гальванизировать.

GALVANO. m. Reproducción, comúnmente artística, hecha por galvanoplastia.

GALVANÓMETRO. (De *galvano* [véase *galvanismo*] y el gr. μέτρον, medida. m. Fís. Aparato que mide la intensidad y determina el sentido de una corriente eléctrica por medio de la desviación que sufre una aguja imantada. ‖ **P.** galvanómetro; **I.** galvanometer; **F.** galvanomètre; **A.** Galvanometer; **It.** galvanòmetro; **R.** гальванометр.

GALVANOPLASTIA. (De *galvano* [véase *galvanismo*] y el gr. πλαστός, modelado; de πλάσσω, formar.) f. Fís. Arte de sobreponer a cualquier cuerpo sólido una capa de un metal disuelto en un líquido, valiéndose de corrientes eléctricas. Por este procedimiento también se preparan moldes para vaciados y para la estampación estereotípica.

GALVANOPLÁSTICA. f. QUÍM. Galvanoplastia.

GALVANOPLÁSTICO, CA. adj. Perteneciente a la galvanoplastia.

GÁLVEZ. n. p. *Mañana ayunará* GÁLVEZ: *a bien que no es hoy.* ref. con que se da a entender que se difiere el cumplimiento de una cosa.

GALLA. (l. *galla*, brote, excrecencia.) f. Remolino que a veces forma el pelo del caballo en los lados del pecho, detrás del codo y junto a la cinchera.

★ **GALLADA.** f. CHILE. Bravata. ‖ **2.** CHILE. Reunión de gente maleante. ‖ **3.** Conjunto de braceros que en las salinas del país trabajan como substitutos.

★ **GALLADO, DA.** adj. CUBA. Dícese de la caballería manchada de blanco y dorado; por ext., aplícase a la persona que tiene manchas blancas en la piel por padecer la enfermedad llamada güito.

GALLADURA. (De *gallar*.) f. Pinta como de sangre, menor que una lenteja, que se halla en la yema del huevo de la gallina fecundada.

GALLAR. (De *gallo*.) tr. Gallear, cubrir el gallo a las gallinas.

GÁLLARA. (l. *gallŭla*, d. de *galla*, brote, excrecencia.) f. Agalla, excrecencia redonda que se forma en el roble y otros árboles.

GALLARDA. (De *gallardo*.) f. Especie de danza de la escuela española, muy airosa. ‖ **2.** Tañido de esta danza. ‖ **3.** IMPR. Carácter de letra menor que el breviario y mayor que la glosilla.

GALLARDAMENTE. adv. Con gallardía.

GALLARDEAR. (De *gallardo*.) intr. Ostentar bizarría y desembarazo en hacer algunas cosas. Ú.t.c.r.

GALLARDETE. (fr. *gaillardet*.) m. MAR. Tira o faja volante que va disminuyendo hasta terminar en punta, y se pone en lo alto de los mástiles de la embarcación. Es distintivo en todo buque de guerra cuando lleva los colores nacionales. Ú.t. como adorno en edificios, calles, etc. ‖ **P.** galhardete; **I.** pennant; **F.** flamme; **A.** Wimpel; **It.** gagliardetto; **R.** вымпел.

GALLARDETÓN. m. MAR. Gallardete rematado en dos puntas, más corto y ancho que el ordinario.

GALLARDÍA. (De *gallardo*.) f. Bizarría, desenfado y buen aire. ‖ **2.** Esfuerzo y arresto en ejecutar las acciones y acometer las empresas.

GALLARDO, DA. (prov. *galhart*.) adj. Desembarazado, airoso, galán. ‖ **2.** Bizarro, valiente. ‖ **3.** fig. Excelente en cosas correspondientes al ánimo.

GALLARETA. (De *gallo*.) f. Foja, ave zancuda nadadora. ‖ *Toma pato por* GALLARETA. fr. fig. y fam. ARGENT. Tomar el rábano por las hojas, confundir una cosa con otra.

GALLARÍN. (De *gallo*, en el juego del monte.) m. ant. Cuenta que se hace doblando siempre el número en progresión geométrica.

GALLAROFA. f. AR. Perfolla.

GALLARÓN. (De *gallo*.) m. Sisón, ave zancuda.

GALLARUZA. (despect. del l. *galēra*,

birrete, montera.) f. Vestido de gente montañesa, con capucha.

★ **GALLARUZA.** f. despect. CUBA. Mujer excesivamente desenvuelta y algo hombruna.

GALLEAR. tr. Cubrir el gallo a las gallinas. ‖ **2.** intr. fig. y fam. Alzar la voz con amenazas y gritería. ‖ **3.** fig. y fam. Sobresalir entre otros. ‖ **4.** METAL. Producirse un galleo.

GALLEGADA. f. Multitud de gallegos. ‖ **2.** Palabra o acción propia de los gallegos. ‖ **3.** Cierto baile de los gallegos. ‖ **4.** Tañido correspondiente a este baile.

GALLEGO, GA. (l. *gallaĭcus*.) adj. Natural de Galicia. Ú.t.c.s. ‖ **2.** Perteneciente a esta región de España. ‖ **3.** Aplícase en Castilla al viento noroeste, porque sopla de la parte de Galicia. Ú.t.c.s. ‖ **4.** despect. ARGENT., BOL. y P. RICO. Español que se traslada a aquellas regiones. Ú.t.c.s. ‖ **5.** m. Dialecto de los gallegos. ‖ **6.** fam. Mozo de cuerda. ‖ **7.** C. RICA. Especie de lagartija que vive en las orillas de los ríos y nada muy rápidamente. ‖ **8.** CUBA y P. RICO. Ave acuática parecida a la gaviota. ‖ **9.** CUBA. Jurel joven.

GALLEGUISMO m. Locución, giro o modo de hablar peculiar de los gallegos.

GALLEO. (De *gallear*.) m. METAL. Desigualdad que se forma en la superficie de algunos metales cuando después de fundidos se enfrían rápidamente. ‖ **2.** TAUROM. Quiebro que ayudado con la capa hace el torero ante el toro, puesta la misma sobre los hombros.

GALLERA. f. Gallinero en que se crían los gallos de pelea. ‖ **2.** Edificio para las riñas de gallos. ‖ **3.** Jaula donde se transportan los gallos de pelea.

GALLERÍA. f. CUBA. Sitio donde se crían los gallos de pelea, y también donde se celebran las luchas de gallos. ‖ **2.** CHILE. Gallada. ‖ **3.** GUAT. Riña de gallos. ‖ **4.** CUBA. Altanería, con astucia, de una persona que trata de engañar a otra. ‖ **5.** CUBA. Egoísmo.

GALLERO. adj. AMÉR. Aficionado a las riñas de gallos. Ú.t.c.s. ‖ **2.** m. Individuo que se dedica a la cría de gallos de pelea. ‖ **3.** CHILE. El que roba mercancías en los ferrocarriles.

GALLETA. (fr. *galet*, *galette*, del ant. *gal*, y éste del célt. *gallos*, piedra.) f. Bizcocho. ‖ **2.** Pasta compuesta de harina, azúcar y a veces huevo, manteca o confituras diversas y cocida al horno. ‖ **3.** fam. Cachete, bofetada. ‖ **4.** Carbón, variedad de antracita. ‖ **5.** MAR. Disco de bordes redondeados en que rematan las astas de banderas. ‖ **6.** MIL. Adorno del chapó y morrión militares. ‖ **7.** ARGENT. y CHILE. Bizcocho. ‖ **8.** fig. y fam. CHILE. Represión. ‖ **9.** fig. y fam. VENEZ. Chasco, burla. ‖ GALLETA *con gorgojo.* CUBA. Hombre casado de edad provecta, que pretende pasar por soltero y joven. ‖ **P.** biscoito; **I.** y **F.** biscuit; **A.** Zwieback, Keks; **It.** galletta; **R.** печенье.

GALLETA. (l. *gallēta*, vasija.) f. Vasija pequeña con un caño torcido. ‖ **2.** ARGENT. Vasija hecha de calabaza, chata, redonda y sin asa. Se usa para tomar mate.

★ **GALLETAZO.** m. fam. CUBA. Galleta, bofetada.

★ **GALLETEAR.** (De *galleta*, represión.) tr. ARGENT. Despedir a un empleado de su destino.

GALLETERÍA. f. Fábrica en que se hacen galletas. ‖ **2.** Tienda donde se venden.

GALLETERO. m. Vasija en que se conservan y sirven las galletas. ‖ **2.** El que trabaja en la fabricación de galletas.

★ **GALLETITA.** (d. de *galleta*.) f. ARGENT. Galleta, especie de pasta dulce y seca. ‖ **2.** Cualquiera de los trozos en que ésta se divide.

★ **GALLIGATO, TA.** (De *gallo* y *gato*.) adj. VENEZ. Listo, hábil, astuto. Ú.t.c.s. ‖ **2.** com. VENEZ. Persona preeminente.

GALLILLO. (l. *gallĕllus*, d. de *galla*.) m. Galillo.

GALLINA. (l. *gallīna*.) f. Hembra del gallo. ‖ **2.** COLOM. Cierta ave de rapiña. ‖ **3.** com. fig. y fam. Persona cobarde, pusilánime y tímida. ‖ **—armada.** Guisado hecho con gallina asada, con tocino y yemas de huevo. ‖ **—ciega.** Juego de mu-

G

chachos, en que vendan los ojos a uno de ellos hasta que coge a otro o le conoce cuando le toca, y entonces éste es el vendado. || 2. Chotacabras. || 3. CHILE. Ave solitaria y nocturna que se alimenta de insectos que caza al vuelo. || —de agua. Foja. || —de Guinea. Gallinácea de plumaje negruzco con manchas blancas, cabeza pelada y cresta ósea. Su carne es muy estimada. || —de mar. Pez acantopterigio comestible. || —de río. Fúlica. || —sorda. Chocha. || GALLINA *en corral ajeno.* fig. y fam. Persona avergonzada o confusa entre gente desconocida. || *Acostarse* uno *con las gallinas.* fr. fig. y fam. Acostarse muy temprano. || *Cantar la* GALLINA. fr. Cacarear el gallo de pelea cuando se siente vencido. || 2. fig. y fam. Confesar uno su equivocación o su falta por verse obligado a ello. || *Cuando meen las* GALLINAS, expr. fig. y fam. con que se denota la imposibilidad de hacer o conseguir una cosa. || *Echar una* GALLINA. fr. Poner huevos a una gallina clueca para que los incube. || *Matar la* GALLINA *de los huevos de* oro. fr. proverb. alusivo a una fábula conocida. Dícese cuando por avaricia de ganar mucho de una vez, se pierde todo. || P. galinha; I. hen; F. poule; A. Henne, Huhn; It. gallina; R. курица.

GALLINÁCEO, A. (l. *gallinacěus.*) adj. Perteneciente a la gallina. || 2. ZOOL. Dícese de las aves caracterizadas por tener dos membranas cortas entre los tres dedos anteriores, un solo dedo en la parte posterior, el pico ligeramente encorvado, y una membrana blanca o azulada delante de cada oído; son poco voladoras y su cuerpo grueso, alas cortas y patas fuertes; como el gallo, la perdiz, el pavo y el faisán. Ú.t.c.s. 3. f. pl ZOOL. Orden de estas aves.

* **GALLINACIENTO, TA.** adj. PERÚ. Dícese de la ropa interior que tiene manchas de suciedad.

GALLINAZA. (l. *gallinacěa,* term. f. de *-cěus.*) f. Aura, gallinazo. || 2. Excremento de las gallinas. || 2.ª acep.: P. galinhaça; I. hen-dung; F. fiente de poule; A. Hühnermist; It. pollina; R. куриный помёт.

GALLINAZO. (l. *gallinacěus.*) m. Aura, especie de buitre americano. || 2. ECUAD. Carne de los costillares de las res vacuna. || 3. COLOM. Aire popular con coplas que se baila estando separados los ejecutantes.

GALLINEJAS. f. pl. Tripas fritas de gallina y otras aves.

GALLINERÍA. (De *gallinero.*) f. Lugar o puesto donde se venden gallinas. || 2. Conjunto de gallinas. || 3. fig. Cobardía.

GALLINERO, RA. (l. *gallinarius y gallinarium.*) adj. Dícese de la albarda que tiene las almohadillas llanas. || 2. CETR. Aplícase a las aves de rapiña cebadas con las gallinas. || 3. m. y f. Persona que trata en gallinas. || 4. m. Lugar o cobertizo donde las aves de corral se crían y se recogen. 5. Conjunto de gallinas que se crían en una granja o casa. || 6. Cesto o cesta donde las gallinas se llevan a vender. || 7. fig. Sitio donde se juntan muchas mujeres. || 8. fig. Lugar donde hay mucha griterío y confusión. || 9. fig. p. us. Cazuela, sitio del teatro a que sólo podían concurrir mujeres. || 10. fig. y fam. Paraíso de los teatros. || 11. ARGENT. Leonera, habitación sucia y desarreglada. || 4.ª acep.: P. galinheiro; I. hen-house; F. poulailler; A. Hühnerstall; It. gallinaio; R. курятник.

GALLINETA. (d. de *gallina.*) f. Fúlica. || 2. Chocha. || 3. ARGENT., COLOM., CHILE y VENEZ. Gallina de Guinea. || 4. ECUAD. Gallo de plumaje parecido al de la gallina. || 5. ECUAD. Gallina fina de pelea.

* **GALLINETO, TA.** adj. COLOM. Valiente, tratándose de personas. || 2. COLOM. Resistente, para calificar exclusivamente a cosas.

GALLINO. (De *gallina.*) m. AND. y MURC. Gallo al que le faltan las cobijas de la cola. || 2. PAN. Baile en compás terpario. || 3. COLOM. Gallo de plumaje con pintas.

GALLINOSO, SA. (De *gallina.*) adj. ant. Pusilánime, cobarde.

* **GALLINSECTOS.** (De *gallina* e *insecto.*) m. pl. Familia de insectos hemípteros.

* **GALLINUELA.** f. CUBA. Cierta ave de

pico largo, plumaje blanco y negro y patas amarillas, que habita en las sabanas y lugares pantanosos.

* **GALLINULA.** (l. *gallinǔle,* polla, gallina tierna.) f. Género de aves zancudas que viven en bandadas en las regiones templadas de Europa.

GALLIPATO. (De *gallo* y *pato.*) m. ZOOL. Batracio del orden de los urodelos; tiene dos filas de dientes en el paladar, comprimida la cola. Vive en los estanques cenagosos y en las fuentes.

GALLIPAVA. (De *gallipavo.*) f. Gallina de una variedad mayor que las comunes. Abunda en Andalucía y Murcia.

GALLIPAVO. (De *gallo* y *pavo.*) m. Pavo. || 2. fig. y fam. Gallo, nota falsa del cantante.

GALLIPUENTE. (De *gallón,* tepe, y *puente.*) m. AR. Puente sin barandas, que se hace en las acequias; suele ser de cañas, cubierto de céspedes.

GALLÍSTICO, CA. adj. Perteneciente o relativo a los gallos y especialmente a las peleas de los mismos.

GALLITO. (d. de *gallo.*) m. fig. El que sobresale. || 2. BOT. Planta escrofulariácea, llamada boca de dragón. || 3. PESCA. Corcho en forma de devanadera, que sirve para amarrar a él los aparejos de pescar. || 4. ECUAD. Pito o silbato de cañas. || 5. MÉJ. Mineral muy rico. || 6. ZOOL. CUBA. Ave zancuda de color rojo obscuro y negro, con espolones en las alas. || 7. ARGENT. Pájaro dentirrostro, de color gris verdoso, el vientre rojo y un copete en la cabeza. 8. COLOM. Rehilete, flechilla que se lanza contra un blanco. || 9. COLOM. Galillo. || 10. P. RICO. Cierto pajarillo negro, muy canoso, que frecuenta los cafetales. || 11. P. RICO. Cierto árbol originario de la India que se cultiva en los jardines por sus hermosas flores. || 12. BOL. Flor del ceibo. || 13. ZOOL. COLOM. y VENEZ. Gallo de roca. || 14. C. RICA. Caballito del diablo. || 15. REP. DOMIN. Trago de ron que se toma con una aceituna en el licor. || —del rey. Budión.

GALLO. (l. *gallus.*) m. Ave del orden de las gallináceas, doméstica, que tiene la cabeza adornada con una cresta roja, carnosa y ordinariamente erguida; pico corto, grueso y arqueado, carúnculas rojas, plumaje abundante, lustroso y frecuentemente con visos irisados; cola de catorce penas cortas y levantadas sobre las que se alzan y prolongan en arco las cobijas, y tarsos armados de espolones largos y agudos. || 2. Pez marino acantopterigio, de cabeza pequeña, boca prominente, cuerpo comprimido, verdoso por encima y plateado por el vientre, aletas pequeñas, figurando la dorsal la cresta de un gallo. || 3. ARQ. Parhilera. || 4. En el juego del monte, las dos segundas cartas que se echan por el banquero. || 5. Molinete, juguete de muchachos. || 6. fig. y fam. Nota falsa que inadvertidamente emite el que canta o habla. || 7. fig. y fam. El que en una casa, pueblo o comunidad todo lo manda y dispone. || 8. fig. y fam. Esputo, gargajo. || 9. AL. Estoque, planta irídea. || 10. ALM. Corcho que flota en el agua para indicar donde se ha fondeado la red. || 11. COLOM. Rehilete, volante. || 12. COLOM., C. RICA y CHILE. Hombre fuerte y valiente. Ú.t. c.adj. || 13. fig. y fam. Hombre ya entrado en años. || 14. PAN. Cinta que pende por delante y por detrás en el traje de pollera. 15. MÉJ. Cosa adquirida de segunda mano. || 16. C. RICA. Corta cantidad de comida. || 17. MÉJ. y ARGENT. Serenata. 18. CHILE. Carro en que van arrolladas las mangas de bomberos. || 19. CHILE. Galillo. || 20. CHILE. En el juego de la pandorga, cada uno de los cuatro reyes. || 21. CHILE. En las salitreras del norte del país, bracero substituido de otros trabajadores. || 22. CHILE. Robo que se hace en los ferrocarriles sacando un poco de cada saco o fardo. || 23. fam. CHILE. Gallito, el que sobresale en algo. || —de monte. ÁL. Grajo. || —de roca. Pájaro dentirrostro que habita en Colombia, Venezuela y Perú. || —silvestre. Urogallo. || *Alzar* uno *el* GALLO. fr. fig. y fam. Manifestar soberbia. || *Como el* GALLO *de Morón,* cacareando *y sin plumas.* expr. fig. y fam. que se aplica a los que conservan algún

orgullo, aunque en la pendencia o negocio que emprendieron queden vencidos. || *En menos que canta un* GALLO. expr. fig. y fam. En un instante. || GALLO *que no canta, algo tiene en la garganta.* ref. que advierte que cuando uno deja de terciar en conversaciones que le atañen, hace sospechar que algo tiene que temer. || *Otro* GALLO *me, te, le, nos, les cantara.* expr. y fam. Mejor sería mi, tu, su, nuestra, vuestra suerte. || *Tener* uno *mucho* GALLO. fr. fig. y fam. Tener soberbia, altanería y vanidad. P. galo; I. cock; F. coq; A. Hahn; It. gallo; R. петух.

GALLOCRESTA. (De *gallo* y *cresta.*) f. Planta medicinal, especie de salvia, con hojas parecidas a la cresta de un gallo y flor encarnada. || 2. Hierba escrofulariácea de flores amarillentas en espiga.

GALLOFA. (gr. χέλυφος, monda.) f. Comida que se daba a los pobres que venían de Francia a Santiago de Compostela pidiendo limosna. || 2. Verdura u hortaliza que sirve para ensalada y menestras. || 3. Cuento de poca substancia; chisme. || 4. Añalejo. || 5. SANT. y VIZ. Panecillo. || 6. SAL. Broma, burla.

GALLOFAR. intr. Gallofear.

GALLOFEAR. (De *gallofo.*) intr. Pedir limosna, viviendo vaga y ociosamente.

GALLOFERO, RA. (De *gallofa.*) adj. Pobretón, holgazán y vagabundo que anda pidiendo limosna. Ú.t.c.s.

GALLOFO, FA adj. Gallofero. Ú.t.c.s.

GALLÓN. m. Tepe. || 2. AR. Pared o cerca hecha de barro mezclado con palitroques.

GALLÓN. (l. *galla,* agalla.) m. ARQ. Cierta labor que en algunos órdenes de arquitectura adorna los boceles. || 2. Adorno que al modo del citado se suele poner en los cabos de los cubiertos de plata. || 3. MAR. Última cuaderna de proa.

* **GALLÓN, NA.** adj. MÉJ. Gallote. Ú.t.c.s.

GALLONADA. (De *gallón,* tepe.) f. Tapia fabricada de gallones o tepes.

GALLOTE, TA. (De *gallo,* ave gallinácea.) adj. CÁD., C. RICA y MÉJ. Desenvuelto, resuelto, de rompe y rasga. Ú.t.c.s. || 2. PAN. Agente de policía urbana.

GALLUDO. m. ZOOL. Especie de tiburón, parecido a la mielga, que abunda en las costas orientales y meridionales de España y en las de Marruecos.

GALLUNDERO, RA. adj. ant. Dícese de la red de pescar esculos.

* **GALLUZA.** f. PAN. Cierta parte del peinado.

GAMA. f. Hembra del gamo, del cual se distingue por la falta de cuernos. || 2. SANT. Cuerno, asta.

GAMA. (gr. γάμμα, tercera letra del alfabeto griego, Γ, con la cual daba principio la serie de los sonidos musicales.) f. MÚS. Escala musical. || 2. MÚS. Tabla o escala con que se enseña la entonación de las notas de la música. || 3. fig. Escala, gradación; aplícase a los colores. || —de frecuencia. ELECTR. Conjunto de frecuencias comprendidas en un intervalo dado. —de ondas. ELECTR. Fracción arbitraria escogida entre los límites de una gama de frecuencia determinada. || —natural. ACÚST. La que comienza en *do.* || P. gama; I. gamut; F. gamme; A. Tonleiter; It. gamma; R. гамма.

GAMADA. (Del nombre de la letra griega Γ, gamma.) adj. Aplícase a la cruz cuyos cuatro extremos se doblan en ángulo recto hacia la derecha.

* **GAMÁRIDOS.** (De *gámaro.*) m. pl. ZOOL. Familia de crustáceos antípodos, llamados comúnmente cangrejos pulga.

* **GAMARILLA.** f. ECUAD. Serreta para las caballerías.

* **GÁMARO.** (l. *gammărus,* cangrejo.) m. Género de crustáceos que comprende especies marinas y de agua dulce.

GAMARRA. (vasc. *gamarra.*) f. Correa de poco más de 1 m de longitud, que pasando por entre los brazos del caballo, va de la silla a la muserola, donde se afianza. Se ha usado para afirmar la cabeza del caballo e impedir que éste despape. || *Media* GAMARRA. Amarra. || P. gamarra; I. check, martingale; F. martingale; A. Sprungriemen; It. camarra; R. шлейка.

G

GAMARZA f. Bot. Alharma. || **2** Sal. Astucia, picardía.

GAMBA (l. *gamba*.) f. ant. Pierna. || **2**. Colom. Protuberancia en el tronco de un árbol. || **3**. Rep. Domin. Curvatura que forman las piernas del patizambo. || **4**. Colom. Girón, andrajo, harapo. Ú. m. en pl.

GAMBA. f. Zool. Crustáceo parecido al langostino; es algo menor y faltan en el caparazón los surcos que hay en aquél. Vive en el Mediterráneo y es comestible muy apreciado.

* **GAMBADO, DA.** adj. Amér. Patituerto.

GAMBAJ. m. Gambax.

GÁMBALO. m. Cierto tejido de lienzo que se usaba antiguamente.

GAMBALÚA. (De *gamba*.) m. fam. Galavardo.

GÁMBARO. (Del m. or. que *cámaro*.) m. Zool. Camarón.

' **GAMBARÓN.** (De *gámbaro*.) m. Aparejo para pescar camarones. || **2**. Vivero para guardarlos.

* **GAMBARSE.** (De *gamba*.) r. Cuba. Encorvársele las piernas a uno.

GAMBAX. (germ. *wamba*, panza, como el ant. fr. *gambais*.) m. Jubón acolchado que se ponía debajo de la coraza.

* **GAMBER.** m. Arte de pesca, formado por una red muy tupida en forma de bolsa, usado en la costa valenciana para la captura de gambas y camarones.

* **GAMBERRISMO.** m. Conjunto de actos propios de los gamberros. || **2**. Afición al libertinaje y a cometer actos propios del gamberro.

GAMBERRO, RRA. adj. Libertino, disoluto. Ú.t.c.s. || **2**. Grosero, mal educado. Ú.t.c.s. || **3**. f. And. Mujer pública.

GAMBESINA. f. Gambesón.

GAMBESÓN. (aum. de *gambax*.) m. Saco acolchado que llegaba hasta media pierna y se ponía debajo de la armadura.

GAMBETA. (De *gamba*.) f. Danza. Movimiento especial que se hace con las piernas, jugándolas y cruzándolas con aire. || **2**. Corveta. || **3**. Argent. y Bol. Esguince. || **4**. Argent. Giro rápido del avestruz cuando huye. || **5**. fig. Argent. Cualquier movimiento análogo de una persona al huir.

* **GAMBETA.** adj. Rep. Domin. Patizambo. Ú.t.c.s.

GAMBETEAR. intr. Hacer gambetas. || **2**. Hacer corvetas el caballo. || **3**. fig. y fam. Argent. Esquivar o hurtar el cuerpo a las dificultades. || **4**. Colom. Correr haciendo curvas. || **5**. Méj. Flamear, agitarse la falda de un vestido. || **6**. tr. Bol. Hurtar, robar.

* **GAMBETEO.** m. Acción de gambetear.

* **GAMBETERO, RA.** adj. Cuba. Dícese del que gambetea.

GAMBETO. (ital. *gambetto*, y éste del célt. *gamba*, *camba*, corva.) m. Capote que llegaba hasta media pierna usado antiguamente por algunas tropas. || **2**. Cambuj, capillo de lienzo que se pone a los niños para que tengan derecha la cabeza.

* **GAMBETO, TA.** adj. Amér. Central. De cuernos gachos.

* **GAMBIA.** f. Colom. Carabato para detener leña en los ríos. || **2**. Bichero.

* **GAMBIAR.** tr. Colom. Hacer uso de la gambia.

GAMBITO. (ital. *gambetto*, zancadilla, y éste d. de *gamba*, gamba.) m. En el juego de ajedrez, lance que consiste en sacrificar al principio de la partida, alguna pieza para lograr una posición favorable.

GAMBOA. f. Agr. Variedad de membrillo injerto, más blanco, jugoso y suave que los comunes.

GAMBOCHO. m. Ál. Juego de la taba o toña.

GAMBOTA. (De *gamba*.) f. Mar. Cada uno de los maderos curvos que forman la bovedilla y son como otras tantas columnas de la fachada o espejo de popa.

GAMBOX. m. Cambuj.

* **GAMBRONA.** f. Urug. Tela basta y muy ordinaria.

GAMBUJ [BUJO, BUX]. m. Cambuj, capillo de lienzo que se pone a los niños para que tengan derecha la cabeza.

GAMBUSINA. f. Murc. Variedad de pera. || **2**. C. Rica. Diversión, jarana. ||

¡GAMBUSINA! interj. Cuba. Se emplea para indicar que uno queda chasqueado.

* **GAMBUSINO.** m. Cuba y Méj. Minero práctico, cateador.

* **GAMELA.** f. Embarcación semejante a la chalana. || **2**. Chile. Vasija grande.

GAMELLA. (célt. *gamba*, *camba*, corva.) f. Arco en cada extremo del yugo que se pone a los bueyes, mulas, etc.

GAMELLA. (De *camella*.) f. Artesa que sirve para dar de comer y beber a los animales, para fregar y otros usos.

GAMELLA. f. Camellón, camelote.

GAMELLADA. f. Lo que cabe en una gamella.

GAMELLEJA. f. d. de gamella.

GAMELLO. m. ant. Camello.

GAMELLÓN. m. aum. de gamella. || **2**. Pila donde se pisan las uvas.

GAMETO. (gr. γαμετή, esposa, γαμέτης, marido.) m. Biol. Cada uno de las células sexuales, femenina y masculina, que se unen para formar el huevo de las plantas y de los animales.

GAMEZNO. m. Gamo pequeño y nuevo.

GAMILLÓN. m. Gamellón, pila donde se pisan las uvas.

GAMITADERA. f. Balitadera.

GAMITAR. intr. Dar gamitidos.

GAMITIDO. m. Balido del gamo o voz que lo imita.

GAMMA. (gr. γάμμα.) f. Tercera letra del alfabeto griego, que corresponde a la que en el nuestro se llama *ge*. || **2**. Unidad de medida equivalente a una millonésima de gramo.

GAMO. (l. *dama*.) m. Mamífero rumiante de la familia de los cérvidos, de pelaje rojizo obscuro salpicado de manchas pequeñas y blancas, cabeza erguida y con cuernos en forma de pala terminada en uno o dos candiles dirigidos hacia adelante o hacia atrás. || P. gamo; I. buck; F. daim; A. Damhirsch, Gemsbock; It. daino; R. лань.

* **GAMOBIO.** m. Hist. Nat. Generación sexual en los casos de alternancia de generación.

* **GAMOGÉNESIS.** f. Biol. Reproducción sexual.

GAMÓN. (gr. γάμος, unión íntima, por la disposición de las raíces de la planta.) m. Planta liliácea, de flores blancas y hojas en figura de espada; raíces tuberculosas, fusiformes e íntimamente unidas por uno de sus extremos.

GAMONAL. m. Tierra en que se crían muchos gamones. || **2**. Amér. Central y Merid. Cacique. || **3**. adj. Amér. Central. Echado a perder. || **4**. Amér. Central. Ostentoso. Ú.t.c.s. || **5**. Amér. Central. Gastador, dadivoso.

GAMONALISMO. m. Amér. Central y Merid. Caciquismo.

GAMONITA. f. Bot. Gamón, planta liliácea de raíz tuberculosa.

GAMONITAL. m. ant. Gamonal.

GAMONITO. (d. de *gamón*.) m. Retoño que echan algunos árboles y plantas alrededor.

GAMONOSO, SA. adj. Abundante en gamones.

GAMOPÉTALA. (gr. γάμος, unión, y de *pétalo*.) adj. Bot. Dícese de las corolas cuyos pétalos están soldados entre sí y de las flores que tienen esta clase de corolas.

GAMOSÉPALO, LA. (gr. γάμος, unión y de *sépalo*.) adj. Dícese de los cálices cuyos sépalos están soldados entre sí, y de las flores que tienen esta clase de cálices.

* **GAMUCERÍA.** (De *gamuza*.) f. Fábrica de pieles de gamuza.

GAMUNO, NA. adj. Aplícase a la piel del gamo.

GAMUSINO. m. Animal imaginario cuyo nombre se usa para dar bromas a los cazadores novatos.

GAMUZA. (l. *camox*, -ōcis.) f. Especie de antílope del tamaño de una cabra grande, con astas negras, lisas y derechas, terminadas a manera de anzuelo; el color de su pelo es moreno. Habita en los Alpes y los Pirineos. Da saltos prodigiosos. || **2**. Piel de la gamuza, que después de adobada queda muy flexible, aterciopelada y de color amarillo pálido. Por ext., otras pieles semejantes. || P. camurça; I. cha-

mois; F. chamois, isard; A. Gemse, Bergreh; It. camoscio; R. замша, серна.

GAMUZADO, DA. adj. De color de la piel de gamuza después de adobada.

GAMUZÓN. m. aum. de gamuza.

GANA. f. Deseo, apetito, propensión natural. || *Abrir*, o *abrirse*, *las* GANAS *de comer*. fr. Excitar o excitarse el apetito. || *Darle a uno la* GANA, o *la real* GANA. fr. fam. En lenguaje poco culto, querer hacer una cosa. || *De buena* GANA. m. adv. Con gusto o voluntad. || *De* GANA. m. adv. Con fuerza o ahinco. || *De mala* GANA. m. adv. Con repugnancia y fastidio. || *Mala* GANA. fr. Indisposición, desazón. || *Tenerle* GANAS a uno. fr. fig. y fam. Desear reñir o pelearse con él. || P. gana, apetite, desejo; I. appetite, hunger, desire; F. appétit, envie, désir; A. Appetit, Esslust, Wunsch; It. voglia, brama, desiderio; R. желание, охота.

GANABLE. adj. Que puede ganarse.

GANADA. (De *ganar*.) f. ant. Ganancia, acción de ganar. Ú. en la Argentina.

* **GANADEAR.** intr. Guat. Traficar en ganado.

GANADERÍA. (De *ganadero*.) f. Copia de ganado. || **2**. Raza especial de ganado, que suele llevar el nombre del ganadero. || **3**. Crianza o tráfico de ganados.

* **GANADERIL.** adj. Argent. Perteneciente o relativo a la ganadería.

GANADERO, RA. adj. Aplícase a ciertos animales que acompañan al ganado. *Perro* GANADERO. || **2**. m. y f. Dueño de ganados, que los cría y trata en ellos. || **3**. El que cuida del ganado. || —**de mayor hierro** o **señal**. En Extremadura y otras provincias, el que tiene mayor número de cabezas.

GANADO, DA. (De *ganar*.) p.p. de ganar. || **2**. adj. Dícese del que gana. || **3**. m. Conjunto de bestias mansas que se apacientan y andan juntas. || **4**. Conjunto de abejas que hay en la colmena. || **5**. fig. y fam. Conjunto de personas. || **6**. Amér. Por antonom., el ganado vacuno. || —**bravo**. El no domado o domesticado. || —**en vena**. El no castrado. || —**mayor**. El que se compone de reses mayores; como bueyes, mulas, yeguas. || —**menor**. El que se compone de reses menores; como ovejas, cabras. || —**menudo**. Las crías del ganado. || —**moreno**. El de cerda. || 3.ª acep.: P. ganhado; I. cattle; F. bétail; A. Vieh; It. bestiame; R. скотовод.

GANADOR, RA. adj. Que gana. Ú.t.c.s. || **2**. m. En las carreras de caballos, boleto de apuestas a ganador.

GANANCIA. f. Acción y efecto de ganar. || **2**. Utilidad que resulta del trato, del comercio o de otra acción. || **3**. Chile, Guat. y Méj. Propina. || GANANCIAS *y pérdidas*. Com. Cuenta en que se anota el aumento o disminución que va sufriendo el capital. || *No le arriendo la* GANANCIA. expr. con que se da a entender que uno está en peligro o expuesto a un trabajo o castigo a que ha dado ocasión. || P. ganância; I. gain; F. gain, lucre; A. Gewinn; It. guadagno; R. прибыль, заработок.

GANANCIAL. adj. Perteneciente o relativo a la ganancia. || **2**. For. Dícese de los bienes adquiridos por cualquiera de los cónyuges durante el matrimonio, no siendo por donación o herencia. Ú.t.c.s.

GANANCIERO, RA. (De *ganancia*.) adj. ant. Granjero; que se ocupa en granjerías.

GANANCIOSO, SA. adj. Que ocasiona ganancia. || **2**. Que la obtiene de un trato, comercio u otra cosa. Ú.t.c.s.

GANAPÁN. (De *ganar* y *pan*.) m. Hombre que gana la vida llevando cargas de un punto a otro. || **2**. fig. y fam. Hombre rudo y tosco.

GANAPIERDE. (De *ganar* y *perder*.) amb. Manera especial de jugar a las damas, en que gana el que logra perder todas las piezas. || **2**. Aplícase a otros juegos en que se conviene que pierda el ganador.

GANAR. (germ. *waidanjan*, segar.) tr. Adquirir caudal o acrecentarlo con cualquier género de industria o trabajo. || **2**. Dicho de juegos, batallas, oposiciones, pleitos, obtener lo que en ellos se disputa. || **3**. Conquistar o tomar una plaza, país o territorio. || **4**. Llegar al sitio o lugar que se pretende. || **5**. Captarse la voluntad de una persona. || **6**. Lograr una cosa, como

G la gloria, el perdón, etc. Ú.t.c.r. ‖ **7.** fig. Aventajar a alguno en algo. ‖ **8.** MAR. Avanzar, acercándose a un objeto o a un rumbo determinado. ‖ **9.** intr. Mejorar, prosperar. ‖ GANAR uno *de comer.* fr. Sustentarse del producto de su trabajo. ‖ **P.** ganhar; **I.** to gain; **F.** gagner; **A.** gewinnen; **It.** guadagnare; **R.** зарабатывать.

★ **GANARÁN.** (3.ª pers. del pl. del fut. imperf. de indic. de *ganar*.) m. CUBA. En el juego del monte, elijan.

GANCHA. f. ALBAC. y LEÓN. Gajo de uvas.

GANCHERO. (De *gancho.*) m. CUENC. El que guía las maderas por el río, sirviéndose de un bichero. ‖ **2.** ARGENT. Persona que hace gancho, que presta ayuda. ‖ **3.** CHILE. Persona que se ocupa en trabajos sueltos. ‖ **4.** ECUAD. Caballería adecuada para montar mujeres.

GANCHETE (A MEDIO). m. adv. fam. A medias, a medio hacer. ‖ *De medio* GANCHETE. m. adv. Desaliñadamente, sin la perfección debida. Ú.t. en Méjico. ‖ *Al* GANCHETE. m. adv. COLOM. De reojo. ‖ **2.** CUBA y VENEZ. En jarras. ‖ *Ir de* GANCHETE. fr. COLOM. Ir de bracete.

GANCHILLO. m. Aguja de gancho. ‖ **2.** Labor o acción de trabajar con aguja de gancho. ‖ **3.** AND. Horquilla para sujetar el pelo.

GANCHO. (gr. γαμψός, curvo, retorcido.) m. Instrumento corvo y puntiagudo, propio para prender o colgar cosas. ‖ **2.** Pedazo que queda en el árbol cuando se rompe una rama. ‖ **3.** Cayado de pastor. ‖ **4.** Sacadilla. ‖ **5.** fig. y fam. Persona que con maña y arte solicita o sonsaca a otra. ‖ **6.** fig. y fam. Rufián. ‖ **7.** fig. y fam. Garrapato, garabato. ‖ **8.** fig. y fam. Atractivo, especialmente hablando de las mujeres. ‖ **9.** COLOM., C. RICA, HOND., MÉJ. y PERÚ. Horquilla para sujetar el pelo. ‖ **10.** AR. y NAV. Almocafre. ‖ **11.** ZAM. Horcón de cinco dientes. ‖ **12.** ECUAD. Silla de montar para mujer. ‖ **13.** ARGENT. Ayuda, auxilio, generalmente en cuestiones amorosas. Suele usarse con el verbo *hacer.* ‖ **14.** CHILE. Brazo de araña o cornucopia. ‖ **15.** CHILE. Rama, ramo, garrancho. ‖ **16.** REP. DOMIN. Entendido, fraudulento en una riña de gallos. ‖ **17.** CHILE. Ladrón que sirve de instrumento para atraer o tomar los objetos. ‖ *Echar* a uno *el* GANCHO. fr. fig. y fam. Atraparle, atraerle con maña. ‖ *Tener* GANCHO. fr. fig. y fam. Se dice de la mujer que se da buena maña para sacar novio. ‖ **P.** gancho; **I.** hook; **F.** crochet; **A.** Haken; Haft; **It.** gancio; **R.** крюк.

GANCHOSO, SA. adj. Que tiene gancho o se asemeja a él. ‖ **2.** m. Cuarto hueso de la segunda fila del carpo.

GANCHUDO, DA. adj. Que tiene forma de gancho. ‖ **2.** ZOOL. Unciforme.

GANCHUELO. m. d. de *gancho.*

GÁNDARA. (port. *gândara.*) f. Tierra baja, inculta y llena de maleza.

GANDAYA. f. Redecilla, tejido de malla de que se hacen las redes.

GANDAYA. f. Tuna, vida holgazana.

★ **GANDICIÓN.** (De *gandir.*) f. PERÚ. Exceso en la comida.

GANDIDO, DA. p.p. de gandir. ‖ **2.** adj. desus. Hambriento, necesitado. ‖ **3.** COLOM., C. RICA, CUBA, MÉJ. y VENEZ. Comilón, hambrón. ‖ **4.** ZAM. Cansado.

GANDINGA. f. Mineral menudo y lavado. ‖ **2.** SEV. Despojo de reses. ‖ **3.** MÁL. Pasa de baja calidad. ‖ **4.** P. RICO. Chanfaina con salsa espesa. ‖ *Buscar la* GANDINGA. fr. fam. Buscar la gandaya, ganarse la vida.

GANDIR. (valenciano *engaldir.*) tr. ant. Comer.

GANDUJADO. (De *gandujar.*) m. Guarnición que formaba fuelles, arrugas o frunces.

GANDUJAR. tr. Encoger, fruncir, plegar.

GANDUL, LA. (ár. *gandūr,* fatuo, ganapán.) adj. fam. Tunante, vagabundo, holgazán. Ú.t.c.s. ‖ **2.** m. Individuo de cierta milicia antigua de los moros. ‖ **3.** Individuo de ciertos pueblos de indios salvajes. ‖ **P.** gandulo, vadio; **I.** idler, loafer; **F.** fainéant; **A.** arbeitsscheu, faul; **It.** ozioso, vagabondo; **R.** лодочный, жизнь.

★ **GANDUL.** m. BOT. CUBA. Guandú, arbusto leguminoso.

GANDULEAR. (De *gandul.*) intr. Holgazanear.

GANDULERÍA. f. Calidad de gandul.

GANDUMBAS. adj. fam. Haragán, dejado, apático. Ú.t.c.s. ‖ **2.** fam. Babieca, tonto, idiota. Ú.m. en América.

★ **GANDUMBAS.** f. pl. VENEZ. Los testículos.

★ **GANDURRO, RRA.** adj. Pícaro, bellaco, ocioso. Ú.t.c.s.

GANETA. f. Jineta, mamífero carnicero de Berbería.

GANFORRO, RRA. adj. fam. Bribón, persona de mal vivir. Ú.t.c.s.

GANGA. (Voz imitativa del canto de esta ave.) f. Ave gallinácea, en forma y tamaño semejante a la perdiz; tiene la gorja negra, en la pechuga un lunar rojo, y lo demás del cuerpo variado de negro, pardo y blanco. ‖ **2.** CUBA. Ave zancuda de la familia de los zarapitos; vive en las aradas. Su carne es estimable. ‖ **3.** AMÉR. MERID. Rancada, ave rapaz.

GANGA. (al. *gang,* filón.) f. MIN. Materia que acompaña a los minerales y que se separa de ellos como inútil. ‖ **2.** fig. Cosa apreciable que se adquiere a poca costa. Ú. mucho en sentido irónico designando cosa despreciable. ‖ **3.** ALM. Arado tirado por una sola caballería. ‖ **4.** MED. Substancia amorfa, intercelular.

★ **GANGA.** (De *ganguear.*) f. CHILE. Gangueo. ‖ **2.** MÉJ. Burla, mofa.

GANGARILLA. f. Compañía antigua de cómicos, compuesta de tres o cuatro hombres y un muchacho para los papeles femeninos.

GANGLIO. (l. *ganglion,* y éste del gr. γάγγλιον.) m. MED. Tumor pequeño en los tendones y en las aponeurosis. ‖ —**linfático.** ZOOL. Cualquiera de los órganos intercalados en el trayecto de los vasos linfáticos y en cuyo interior se forman los linfocitos. ‖ —**nervioso.** ZOOL. Nudo o abultamiento intercalado en el trayecto de los nervios y formado por la acumulación de células nerviosas. ‖ **P.** gânglio; **I.** y **F.** ganglion; **A.** Ganglion; **It.** ganglio; **R.** ганглий.

GANGLIONAR. adj. ZOOL. Perteneciente o relativo a los ganglios.

★ **GANGOCHA.** m. ECUAD. Guangoche, harpillera.

★ **GANGOCHE.** m. C. RICA. Guangoche, harpillera para resguardar de la lluvia el café puesto a secar.

GANGOCHO. m. AMÉR. CENTRAL, CHILE y MÉJ. Guangoche.

★ **GANGOLINA.** f. ARGENT. Barullo, bulla grande.

★ **GANGORDA.** f. REP. DOMIN. Bramante, cordel delgado.

★ **GANGOSEAR.** intr. CHILE. Ganguear.

★ **GANGOSEO.** m. ARGENT. Gangueo.

GANGOSIDAD. f. Calidad de gangoso.

GANGOSO, SA. adj. Que habla gangueado. Ú.t.c.s. ‖ **2.** Dícese de este modo de hablar.

GANGRENA. (l. *gangraena,* y éste del gr. γάγγραινα, de γράω, comer, roer.) f. Desorganización de vida en cualquier tejido de un cuerpo animal, producida por falta de riego sanguíneo, por lesión traumática o por complicación infecciosa de las heridas. ‖ **2.** Enfermedad de los árboles que corroe los tejidos. ‖ **P.** gangrena; **I.** gangrene; **F.** gangrène; **A.** Brand, Knochenbrand; **It.** cancrena; **R.** гангрена.

GANGRENARSE. r. Padecer gangrena una parte del cuerpo o del árbol.

GANGRÉNICO, CA. adj. ant. Gangrenoso.

GANGRENOSO, SA. adj. Que participa de la gangrena.

★ **GANGSTER.** (Voz angloamericana; del ingl. *gang,* cuadrilla, banda, pandilla.) m. Individuo de una banda de contrabandistas de alcohol en los Estados Unidos. ‖ **2.** Bandido, malhechor, forajido, en los Estados Unidos.

★ **GANGSTERISMO.** m. Existencia y actividad de gangsters en una ciudad o región.

GANGUEAR. (Onomatopeya.) intr. Hablar con resonancia nasal por defecto en los conductos de la nariz.

GANGUEO. m. Acción y efecto de ganguear.

GANGUERO, RA. adj. Amigo de procurarse gangas, de buscar ventajas.

GÁNGUIL. (Quizá del ár. *qanŷa,* barco, góndola, galeota.) m. Barco de pesca, con dos proas y una vela latina. ‖ **2.** Arte de arrastre de malla muy estrecha. ‖ **3.** Barco destinado a conducir a alta mar el fango, arena, piedra, etc., que extrae la draga.

GANO. (De *ganar.*) m. ant. Ganancia. ‖ **2.** CHILE. Salario, jornal.

GANOIDEO. adj. ZOOL. Dícese de peces con esqueleto cartilaginoso u óseo, cola heterocerca, boca ventral y escamas con brillo de esmalte, y de forma romboidal; como el esturión. Ú.t.c.s. ‖ **2.** m. pl. ZOOL. Orden de estos animales.

GANOSAMENTE. adv. p. us. Con gana.

GANOSO, SA. adj. Deseoso y que tiene gana de una cosa. ‖ **2.** CHILE. Dícese del caballo brioso y ligero.

GANSADA. f. fig. y fam. Dicho o hecho propio de ganso o necio; majadería.

GANSARÓN. (De *ganso.*) m. Ansarón. ‖ **2.** fig. Hombre alto, flaco y desvaído.

GANSEAR. intr. fam. Hacer o decir gansadas.

★ **GANSILLO.** (d. de *ganso.*) m. CHILE. Ganso silvestre.

GANSO, SA. (al. *gans.*) m. y f. Ave palmípeda doméstica de plumaje gris rayado de pardo, pico anaranjado y pies rojizos. Muy apreciado por su carne y por su hígado. ‖ **2.** Ánsar, ave palmípeda domesticable. ‖ **3.** fig. Persona torpe, que dice o hace tonterías. ‖ **4.** Persona rústica. ‖ **5.** m. Entre los antiguos, ayo, preceptor. ‖ **6.** CHILE. Carne de la res vacuna en la parte superior de la pierna, hacia afuera. ‖ **7.** CHILE. Buey de color parecido al del ganso. ‖ **P.** ganso; **I.** gander, goose; **F.** oie, jars; **A.** Gans; **It.** oca, billo; **R.** гусь, гусак.

GANTA. f. Medida de capacidad para áridos, usada en Filipinas, equivalente a tres litros. ‖ **2.** Medida de capacidad para líquidos, usada en Filipinas, también equivalente a tres litros.

GANTE. (De *Gante,* ciudad de Bélgica, de donde procede esta tela.) m. Especie de lienzo crudo.

★ **GANTERA.** f. MAR. Cualquiera de las piezas rectas que a manera de brazales salen de las amuras de un jabeque o barco semejante, para formar el espolón.

GANTÉS. adj. Dícese del natural de Gante. Ú.t.c.s. ‖ **2.** Perteneciente o relativo a esta ciudad belga.

GANZÚA. (De *gancho.*) f. Garfio de alambre fuerte con que a falta de llave pueden correrse los pestillos de las cerraduras. ‖ **2.** fig. y fam. Persona que tiene maña para sonsacar a otra su secreto. ‖ **3.** fig. y fam. Ladrón que roba con maña lo muy encerrado y escondido. ‖ **4.** GERM. Verdugo, ejecutor de la justicia. ‖ **P.** gazua; **I.** picklock; **F.** rossignol; **A.** Dietrich, Nachschlüssel; **It.** grimaldello; **R.** отмычка.

GANZUAR. tr. p. us. Abrir con ganzúa. ‖ **2.** fig. Sonsacar, sacar con maña.

★ **GANZUERO.** m. MÉJ. Ladrón que abre con ganzúa las cerraduras.

GAÑÁN. (ár. *gannâm,* pastor, el que cuida del *ganam* o ganado.) m. Mozo de labranza. ‖ **2.** fig. Hombre fuerte y rudo.

GAÑANÍA. f. Conjunto de gañanes. ‖ **2.** Casa en que se recogen. ‖ **3.** SAL. Alquería.

GAÑIDO. (l. *gannitus.*) m. Aullido del perro cuando lo maltratan. ‖ **2.** Quejido de otros animales.

GAÑIL. (l. *galla,* excrecencia.) m. Gañote. ‖ **2.** Agallas de los peces.

GAÑÍN. m. AST. y SANT. Hombre de formas suaves, pero falso y de mala intención.

GAÑIR. (l. *gannīre.*) intr. Aullar el perro con gritos agudos y repetidos. ‖ **2.** Quejarse algunos animales con voz semejante al gañido del perro. ‖ **3.** Graznar las aves. ‖ **4.** fig. y fam. Resollar, respirar con ruido las personas. Ú.m. en frases negativas. ‖ **5.** fig. y fam. Hablar con voz muy ronca. ‖ **P.** ganir; **I.** to yelp, to howl; **F.** crier, glapir; **A.** kläffen, heulen; **It.** guaire, mugolare; **R.** выть, завывать.

GAÑIVETE. m. ant. Canivete.

GAÑÓN. m. Gañote.

GAÑOTE. (De *caño*.) m. fam. Garguero o gaznate. || **2.** AND. y EXTR. Fruta de sartén, hecha de masa muy delicada, y de forma del gañote.

GAO. m. GERM. Piojo, parásito de los mamíferos.

GAOLLO. m. PAL. Especie de brezo.

GAÓN. m. MAR. Remo parecido al canalete, que se usa en algunas embarcaciones pequeñas de los mares de la India.

★ **GAÓN.** (hebr. *gaón*, excelencia, soberbia.) m. Entre los judíos y rabinos título honorífico que se daba a los que destacaban en las ciencias.

★ **GAPA.** f. Planta muy buscada por las abejas.

★ **GAPALEAR.** intr. CUBA. Agitarse ante el peligro intentando librarse de él. || **2.** CUBA. fig. Discurrir cómo salir de un aprieto.

GÁRABA. f. SANT. Árgoma, y especialmente la parte más gruesa y leñosa de la misma.

GARABATÁ. f. ant. Caraguatá, trampa, enredo. || **2.** m. BOT. ARGENT. Arbusto leguminoso, cuya madera es dura y se usa para mangos de algunas herramientas.

GARABATADA. f. Acción de garabatear.

GARABATEAR. intr. Echar los garabatos para agarrar una cosa y sacarla de donde está metida. || **2.** Garrapatear, hacer garrapatos. Ú.t.c.tr. || **3.** fig. y fam. Andar por rodeos en lo que se dice o hace.

GARABATEO. m. Acción y efecto de garabatear.

GARABATO. (De *garfa*.) f. Gancho que sirve para tener colgadas algunas cosas, o para asirlas o agarrarlas. || **2.** Almocafre. || **3.** Soguilla pequeña con una estaca corta en cada extremo, para sujetar el hacecillo de lino crudo mientras se dan golpes de mazo para quitarle la gárgola o simiente. || **4.** desus. Bozal, frenillo que se ponía a los perros. || **5.** Garrapato. || **6.** Arado en que el timón se substituye por dos piezas de madera unidas a la cama para que haga el tiro una sola caballería. || **7.** fig. y fam. Aire, garbo y gentileza que tienen algunas mujeres. || **8.** Garfios de hierro sujetos al extremo de una cuerda para sacar objetos caídos en un pozo. || **9.** Palo de madera dura que forma gancho en un extremo. || **10.** pl. Escarabajo, garrapatos en la escritura. || **11.** fig. Acciones descompasadas con dedos y manos. || **12.** Especie de arpón de gran longitud, con garfios retorcidos, que se emplea en Asturias para la pesca de la centolla y de la cámbara. || **13.** CUBA, CHILE y P. RICO. Horca, instrumento de labranza. || **14.** CHILE. Dicho grosero e insulso.

GARABATOSO, SA. adj. Garrapatoso. || **2.** p. us. Que tiene garbo o garabato.

GARABERO. (De *garabo*.) m. GERM. Ladrón que hurta con garabato.

★ **GARABINA.** f. ARGENT. Garambaina.

★ **GARABITA.** f. SANT. Árgoma o aulaga. || **2.** Hiniesta o retama.

GARABITO. m. Asiento en alto y casilla de madera de las vendedoras de frutas y otras cosas en la plaza. || **2.** Gancho, garabato. || **3.** AND. Perro cruzado de pachón y podenco. || **4.** ARGENT. Vagabundo.

GARABO. m. GERM. Apócope de garabato, garfio o gancho.

★ **GARAFATEAR.** tr. COLOM. Abofetear.

★ **GARAGAY.** m. ZOOL. AMÉR. Ave rapaz americana semejante al milano.

GARAJE. (fr. *garage*.) m. Local destinado a guardar automóviles. || **2.** VENEZ. Burdel, lupanar.

GARAMA. (ár. *garāma*, impuesto.) f. En Marruecos, garrama que pagaban las tribus. || **2.** Indemnización colectiva que paga una tribu por los robos cometidos. || **3.** Regalos que se hacen a una familia en alguna fiesta que celebra.

GARAMANTA. (De *garamante*.) adj. Dícese del individuo de un pueblo antiguo de la Libia interior. Ú.t.c.s. || **2.** Perteneciente a este pueblo.

GARAMANTE. (l. *garamantis*.) adj. Garamanta. Apl. a pers. ú.t.c.s.

GARAMBAINA. f. Adorno de mal gusto y superfluo, principalmente en los vestidos. || **2.** pl. fam. Visaje o ademanes afectados o ridículos. || **3.** fam. Rasgos o letras mal formados e ilegibles.

★ **GARAMBETA.** f. P. RICO. Garambaina. Ú.m. en pl.

GARAMBULLO. m. MÉJ. Cierta planta cáctea de tallo ramoso y flores rojas.

GARANDAR. (al. *fahrender*, errante.) intr. GERM. Andar tunando de una parte a otra.

GARANDUMBA. f. AMÉR. MERID. Embarcación grande a manera de balsa para transportar carga siguiendo la corriente de los ríos. || **2.** ARGENT. Mujer muy corpulenta.

GARANTE. (ant. al. *werente*.) adj. Que da garantía. Ú.t.c.s.com. || **2.** m. El que responde de la observancia de un tratado internacional.

GARANTÍA. (De *garante*.) f. Acción y efecto de afianzar lo estipulado. || **2.** Fianza, prenda. || **3.** Cosa que asegura y protege contra algún riesgo o necesidad. || GARANTÍAS *constitucionales*. Derechos que la Constitución de un Estado reconoce a todos los ciudadanos. || **P.** garantia; **I.** guaranty; **F.** garantie; **A.** Garantie, Bürgschaft; **It.** garanzia; **R.** гарантия.

GARANTIR. (De *garante*.) tr. Garantizar.

GARANTIZADOR, RA. adj. Que garantiza.

GARANTIZAR. (De *garante*.) tr. Dar garantía. || **P.** y **F.** garantir; **I.** to guarantee; **A.** gewährleisten; **It.** garantire; **R.** гарантировать.

GARAÑÓN. (De *guarán*.) m. Asno semental. || **2.** Camello padre. || **3.** desus. Caballo semental. Ú. hoy en América Central, Chile y Méjico. || **4.** CAN. Macho cabrío destinado a padre.

GARAPACHO. m. Carapacho, caparazón que cubre las tortugas y otros animales. || **2.** Especie de hortera de madera o corcho, de forma parecida a la concha superior de la tortuga.

GARAPANDA. f. PAL. Arte de pesca a modo de retel.

GARAPIÑA. f. Estado del líquido que se solidifica formando grumos. || **2.** Galón con ondas de realce en uno de sus bordes. || **3.** Tejido especial en galones y encajes. || **4.** CUBA y MÉJ. Bebida muy refrigerante hecha de la corteza de la piña, agua y azúcar.

★ **GARAPIÑADO, DA.** p.p. de garapiñar. || **2.** adj. Parecido a una garapiña. || **3.** Helado especial.

GARAPIÑAR. tr. Poner un líquido en estado de garapiña. || **2.** Bañar golosinas en el almíbar que forma grumos. *Almendras* GARAPIÑADAS.

GARAPIÑERA. f. Vasija que sirve para garapiñar o congelar los líquidos rodeándola de nieve o hielo, con sal, dentro de un cubo de corcho.

GARAPITA. (l. *gallŭla*, agalla.) f. Red tupida y pequeña para coger pececillos.

GARAPITO. m. Insecto hemíptero, oblongo, con las alas cortas e inclinadas a un lado y otro del cuerpo, color fusco rayado de negro en el dorso. Vive sobre las aguas estancadas, en las cuales nada, generalmente de espaldas.

GARAPULLO. m. Rehilete, especie de flechilla.

GARATURA. (ital. *grattatura*, de *grattare*, raspar.) f. Instrumento cortante y corvo con dos manijas para separar la lana de las pieles, rayéndolas.

GARATUSA. f. Lance del juego del chilindrón o pechigonga, que consiste en descartarse de sus nueve cartas el que es mano, quedándose los demás con las suyas. || **2.** fam. Halago y caricia para ganar la voluntad de una persona. || **3.** ESGR. Treta compuesta de nueve movimientos con la espada para herir de estocada en la cara o en el pecho.

★ **GARATUSA.** adj. MÉJ. Presumida, coqueta. Ú.t.c.s.

GARAY. m. Embarcación filipina de uno o dos palos y vela cuadrada de estera.

GARBA. (ant. alto al. *garba*.) f. AR. y MURC. Gavilla de mieses. || **2.** NAV. Hierba para pienso del ganado.

GARBANCERO, RA. adj. Referente al garbanzo. || **2.** m. y f. Persona que trata en garbanzos. || **3.** Persona que vende torrados. || **4.** MÉJ. Criado o criada joven.

★ **GARBANZA.** f. CHILE y MÉJ. Especie de garbanzo, mayor que el común.

GARBANZAL. m. Tierra sembrada de garbanzos.

GARBANZO. (gr. ἐρέβινθος.) m. Planta herbácea papilionácea, de flores blancas y fruto en vaina inflada, pelosa, con una o dos semillas globulosas comestibles. || **2.** Semilla de esta planta, legumbre de mucho consumo en España. || **3.** MÉJ. Garbancero, criado o criada joven. || —**negro.** fig. Persona que entre las de su clase no goza de su consideración por sus condiciones morales o de carácter. | *Por un* GARBANZO *no se descompone la olla.* fr. fig. y fam. usada para despreciar la defección o el disentimiento de una persona del acuerdo de la mayoría. || **2.**ª acep.: **P.** ervanço; **I.** pea; **F.** pois chiche; **A.** Kichererbse; **It.** cece; **R.** турецкий горох.

GARBANZÓN. m. ÁL. Agracejo, planta berberídea.

GARBANZUELO. m. d. de garbanzo. || **2.** VETER. Esparaván, tumor en el corvejón de los solípedos.

GARBAR. tr. AR. Formar las garbas o recogerlas.

GARBEAR. intr. Afectar garbo o bizarría.

GARBEAR. tr. AR. Garbar. || **2.** Robar o andar al pillaje. || **3.** intr. fam. Trampear, buscarse la vida. Ú.t.c.r.

★ **GARBEAR.** intr. BOL. Lloviznar.

GARBERA. (germ. *garba*, gavilla.) f. AND., AR. y MURC. Montón de garbas.

GARBÍAS. m. pl. Guisado de borrajas, bledos, queso fresco, especias finas, flor de harina, manteca de cerdo sin sal y yemas de huevos duros, todo cocido y después hecho tortilla y frito.

GARBILLADOR, RA. adj. Dícese de la persona que garbilla. Ú.t.c.s.

GARBILLAR. (De *garbillo*.) tr. Ahechar grano. || **2.** MIN. Limpiar minerales con el garbillo.

GARBILLO. (l. *cribĕllum*, cribo.) m. Especie de zaranda de esparto con que se garbilla el grano. || **2.** AND. y MURC. Esparto largo y escogido. || **3.** Ahechaduras que resultan en las fábricas de harina y que sirven de alimento al ganado. || **4.** MIN. Criba con aro de esparto y fondo de lona o tela metálica para apartar de los minerales las tierras y gangas. || **5.** MIN. Mineral menudo y limpiado con el garbillo.

GARBÍN. m. Garvín. || **2.** Instrumento de pesca usado para la pesca de la jibia y el pulpo.

GARBINO. (ár. *garbī*, occidental.) m. Sudoeste, viento que sopla de esa parte.

GARBO. (ant. alto al. *garwi*, ornato, atavío.) m. Gallardía, gentileza y disposición del cuerpo. || **2.** fig. Gracia y perfección que se da a las cosas. || **3.** fig. Bizarría, desinterés y generosidad. || **P.** e **It.** garbo; **I.** gracefulness; **F.** élan, démarche; **A.** Anmut; **R.** статность.

GÁRBOLI. m. desus. CUBA. Juego del escondite.

GARBÓN. (De *garba*.) m. VAL. Haz pequeño de leña menuda que se usa para hornos.

GARBÓN. (fr. *garbon*; prov. *garroun*.) m. ZOOL. Macho de la perdiz.

GARBOSAMENTE. adv. Con garbo.

GARBOSO, SA. (De *garbo*.) adj. Airoso, gallardo, bien dispuesto. || **2.** fig. Generoso, desinteresado.

GÁRBULA. (l. *valvŭlus*, vaina, hollejo.) f. SAL. Vaina seca de los garbanzos, que se aprovecha para la lumbre.

GARBULLO. (ital. *garbuglio*.) m. Inquietud y confusión de muchas personas revueltas unas con otras, principalmente si andan a la rebatiña.

★ **GARCEAR.** intr. COLOM. Andar de un sitio para otro.

GARCERO. (De *garza*.) adj. Dícese del halcón que caza garzas. || **2.** VENEZ. Lugar donde abundan las garzas.

GARCETA. (De *garza*.) f. Ave del orden de las zancudas, de penacho corto con dos plumas filiformes, pico recto y largo, cuello muy delgado, buche adornado con plumaje fino y prolongado y

G

tarsos negros. Vive en las orillas de los ríos y lagos. ‖ **2**. Pelo de la sien que cae a la mejilla. ‖ **3**. MONT. Cada una de las puntas inferiores de las astas del venado.

GARCÍA. m. fam. AND., AST. y RIOJA. Zorro, raposo.

★ **GARCILOTE**. m. COLOM. y AMÉR. CENTRAL. Cierta ave zancuda, de plumaje pardo en general, alas negras y cuello de color gris rojizo.

★ **GARCINIA**. f. BOT. Género de plantas clusiáceas.

GARDA. (De *gardar*.) f. GERM. Trueque de una alhaja por otra.

GARDA. f. GERM. Viga, madero largo y grueso.

GARDACHO. m. ÁL. y NAV. Lagarto, reptil saurio.

GARDAMA. f. ÁL. y NAV. Carcoma, insecto cuya larva roe la madera.

GARDAR. tr. ant. Guardar. ‖ **2**. GERM. Cambiar una alhaja por otra.

GARDENIA. (De *Garden*, médico inglés a quien fue dedicada esta planta.) f. Arbusto originario del Asia oriental, de la familia de las rubiáceas, de flores blancas y muy olorosas; fruto en baya de pulpa amarillenta. Es muy ornamental. ‖ **2**. Flor de esta planta. ‖ **P**. gardénia; **I**. e **It**. gardenia; **F**. gardénia; **A**. Gardenie; **R**. гардения.

GARDINGO. (godo *warjan*, guardar.) m. Individuo de uno de los órdenes del oficio palatino entre los visigodos, inferior a los duques y a los condes. Era una especie de ayudante del duque o gobernador de provincia.

GARDO. m. GERM. Mozo.

GARDUBERA. f. ÁL. Cerraja, hierba compuesta.

GARDUJA. f. En las minas de Almadén, piedra que se desecha por no tener ley de azogue.

GARDUÑA. (Quizá del ár. *qarqadûn* o *qarqadawn*, nombre de una rata.) f. Mamífero carnicero algo mayor que la comadreja. Es muy perjudicial porque destruye durante la noche las crías de muchos animales útiles, como gallinas, conejos, etc. ‖ **2**. Sociedad de pícaros organizada para el robo y otros hechos delictivos.

GARDUÑO, ÑA. (De *garduña*.) m. y f. fam. Ratero y ratera que hurta con disimulo.

★ **GARETA**. f. CHILE. Jareta. ‖ **2**. m. COLOM. Individuo patizambo.

GARETE (IR, o IRSE AL.) fr. MAR. Ir una embarcación sin gobierno, a merced del viento o de la corriente. ‖ **2**. fig. CUBA y VENEZ. Trastornarse o extraviarse alguna cosa a la que faltó el rumbo o el gobierno.

★ **GARETEAR**. intr. VENEZ. Navegar río abajo dejándose llevar de la corriente.

GARFA. (ant. alto al. *harfan*, agarrar.) f. Cada una de las uñas corvas que forman la garra de algunos animales. ‖ **2**. Derecho exigido antiguamente para poner guarda en las eras. ‖ **3**. MEC. Pieza que agarra, para sostener colgado, el cable conductor de la corriente para los tranvías, ferrocarriles eléctricos, etc.

GARFADA. (De *garfa*.) f. Acción de intentar agarrar con las uñas, especialmente los animales que los tienen corvas, y por ext., cualquier animal, y aun las personas.

GARFEAR. (De *garfa*.) intr. Echar los garfios para agarrar con ellos una cosa.

GARFIADA. (De *garfio*.) f. Garfada.

★ **GARFIL**. m. pop. MÉJ. Agente de policía.

GARFIÑA. (De *garfiñar*.) f. GERM. Hurto, robo.

GARFIÑAR. (De *garfa*.) tr. GERM. Hurtar, robar.

GARFIO. (De *garfa*.) m. Instrumento de hierro, corvo y puntiagudo, que sirve para enganchar alguna cosa. ‖ **2**. Instrumento para sacar las almejas. ‖ —**de Malgaigne**. CIR. Aparato que sirve para mantener unidos los fragmentos de la rótula fracturada. ‖ **P**. gancho de ferro; **I**. draghook; **F**. crochet; **A**. Haken, Klammer; **It**. graffio; **R**. крюк.

★ **GARFUANA**. f. BOT. Árbol del Brasil, cuya corteza da un tinte amarillo.

GARGAJEADA. (De *gargajear*.) f. Gargajeo.

GARGAJEAR. intr. Arrojar gargajos por la boca.

GARGAJEO. m. Acción y efecto de gargajear.

GARGAJIENTO, TA. adj. Gargajoso. Ú.t.c.s.

GARGAJO. (De la raíz onomatopéyica *garg-*; en gr. γαργαρίζω; en l. *gargarizâre*.) m. Flema casi coagulada que se expele de la garganta. ‖ **P**. gargalho; **I**. phlegm; **F**. crachat, graillon; **A**. Speichel, Auswurf; **It**. sputacchio; **R**. плевок, слизь.

GARGAJOSO, SA. adj. Que se gargajea con frecuencia. Ú.t.c.s.

GARGAL. (De *garla*, agalla, en port. dialectal, y éste del l. *gallûla*, d. de *galla*.) m. CHILE. Agalla del roble.

★ **GARGALISMO**. m. Cualquier aberración sexual contra naturaleza.

GARGALIZAR. (l. *gargaridiâre* o -*zâre*.) intr. ant. Vocear, gritar.

GARGAMILLÓN. m. GERM. Cuerpo, el organismo.

GARGANCHÓN. m. Garguero.

GARGANTA. (Como el ital. *gargatta*, de la onomat. *garg*.) f. Parte anterior del cuello. ‖ **2**. Espacio interno comprendido entre el velo del paladar y la entrada del esófago y de la laringe. ‖ **3**. Voz del cantante. ‖ **4**. fig. Parte por donde el pie está unido con la pierna. ‖ **5**. fig. Cualquier estrechura entre montes, ríos u otros parajes. ‖ **6**. fig. Cuello. ‖ **7**. fig. Ángulo que forma la cama del arado con el dental y la reja. ‖ **8**. AND. Cama del arado. ‖ **9**. ARQ. Parte más delgada y estrecha de las columnas, balaustres y otras piezas semejantes. ‖ **10**. FORT. Abertura menor en las fortificaciones para el uso de la artillería. ‖ —**de polea**. Ranura de la polea, por donde pasa la cuerda. ‖ *Tener a* uno *atravesado en la* GARGANTA. fr. fig. y fam. No poderle tragar. ‖ **P**. garganta; **I**. gullet, throat; **F**. gorge, gosier; **A**. Kehle; **It**. gola, strozza; **R**. горло.

GARGANTADA. f. Porción de cualquier líquido que se arroja de una vez violentamente por la garganta.

GARGANTEAR. intr. Cantar haciendo quiebros con la garganta. ‖ **2**. tr. GERM. Confesar en el tormento. ‖ **3**. MAR. Ligar la gaza de un cuadernal para unirla bien al cuerpo del mismo.

GARGANTEO. m. Acción de gargantear, cantar haciendo gorgoritos.

GARGANTERÍA. (De *gargantero*.) f. ant. Glotonería.

GARGANTERO, RA. (De *garganta*.) adj. ant. Glotón. Usáb.t.c.s.

GARGANTEZ. f. ant. Garganteza.

GARGANTEZA. (De *garganta*.) f. ant. Glotonería.

GARGANTIL. (De *garganta*.) m. Escotadura que tiene la bacía de barbero para ajustarla al cuello del que se afeita.

GARGANTILLA. f. Collar que ciñe la garganta. ‖ **2**. Cada una de las cuentas que se pueden ensartar para formar un collar. ‖ **3**. Alcarraza usada en Filipinas.

GARGANTÓN, NA. adj. ant. Glotón. Usáb.t.c.s. ‖ **2**. m. aum. de garganta. ‖ **3**. Méj. Cabestro o ronzal que se rodea al cuello de la caballería. ‖ **4**. MÉJ. Collar grueso que usan las mujeres. ‖ **5**. COLOM. Actinomicosis, enfermedad del ganado.

GÁRGARA. (De la onomat. *garg*.) f. Acción de mantener un líquido en la garganta, con la boca hacia arriba sin tragarlo y arrojando el aliento, lo cual produce un ruido parecido al del agua que hierve. Ú.m. en pl. ‖ **2**. pl. CHILE, COLOM. y MÉJ. Gargarismo, licor para hacer gárgaras. ‖ *Mandar a* uno *a hacer* GÁRGARAS. fr. fam. Mandarle a freír espárragos.

★ **GARGAREAR**. intr. CHILE, PERÚ y GUAT. Gargarizar.

GARGARISMO. (l. *gargarisma*, y éste del gr. γαργαρισμός.) m. Acción de gargarizar. ‖ **2**. Licor que sirve para hacer gárgaras. ‖ **P**. gargarejo; **I**. gargarism, gargle; **F**. gargarisme; **A**. Gurgeln, Gurgelwasser; **It**. gargarismo; **R**. полоскание.

★ **GARGARITA**. f. dim. de gárgara.) *Hacer* uno GARGARITA. fr. fig. y fam. CHILE. Beber aguardiente en ayunas.

GARGARIZAR. (l. *gargarizâre*, y éste del gr. γαργαρίζω.) intr. Hacer gárgaras.

GÁRGARO. m. VENEZ. Juego del escondite.

GARGAVERO. m. Garguero. ‖ **2**. Instrumento músico compuesto de dos flautas dulces con una sola embocadura.

GÁRGOL. (ár. *gargal*, huevo huero.) adj. Hablando de los huevos, huero.

GÁRGOL. (De *górgola*, caño artístico.) m. Ranura en que se hace encajar el canto de una pieza de carpintería.

GÁRGOLA. (b. l. *gargula*, y éste del l. *gurgulio*.) f. Caño o canal, comúnmente adornado, por donde se vierte el agua de los tejados o de las fuentes. ‖ **P**. gárgula; **I**. gargoyle; **F**. gargouille; **A**. Speier; **It**. gronda; **R**. водосточная труба.

GÁRGOLA. (l. *valvôlus*, hollejo, y *vaina*.) f. Baga, cabecita del lino donde está la linaza. ‖ **2**. ÁL. Vaina de legumbre con uno o dos granos.

★ **GARGOLISMO**. m. GENÉT. Variación genética que puede operarse en el hombre.

GARGOZADA. (De *gorgozada*.) f. ant. Gorgozada, gargantada.

GARGUERO. (Del m. or. que *gargajo*.) m. Parte superior de la tráquea. ‖ **2**. Toda la caña del pulmón.

GARGÜERO. m. Garguero.

GARIBALDINA. f. Blusa de color rojo, como la que usaron el general italiano Garibaldi y sus voluntarios, que estuvo de moda entre las señoras.

★ **GÁRICO**. (De *agárico*.) m. BOT. Hongo del Canadá que se encuentra entre los pinos.

GARIFALTE. m. ant. Gerifalte.

GARIFO, FA. adj. Jarifo. ‖ **2**. ARGENT. Listo, activo. ‖ **3**. C. RICA y ECUAD. Glotón, comilón. ‖ **4**. C. RICA, ECUAD. y PERÚ. Hambriento. ‖ **5**. PERÚ. Mendigo.

GARIGOLA. f. MURC. Caja en que el cazador lleva metido el hurón.

★ **GARIMPAR**. intr. BRASIL. Buscar diamantes en terrenos diamantíferos.

GARIO. m. LEÓN, PAL., SEG. y VALLAD. Bielda, instrumento agrícola. ‖ **2**. SANT. Instrumento agrícola, especie de rastro de madera para recoger el abono. ‖ **3**. ALBAC. Triple garfio para sacar de los pozos, cubos, latas, etc.

GARIOFILEA. (De *gariofilo*.) f. Especie de clavel silvestre.

GARIOFILO. (l. *garyophyllon*, y éste del gr. καρυόφυλλον.) m. ant. Clavo de especia.

★ **GARIPANCHE**. m. CHILE. Juego de naipes.

★ **GARIPANCHERO, RA**. (De *garipanche*.) adj. CHILE. Tahur, jugador. Ú.t.c.s.

★ **GARIPOTA**. f. CHILE. Regalo. ‖ **2**. CHILE. Represión severa.

GARITA. (fr. *garite*, *guérite*; de *se garer*, refugiarse.) f. Torrecilla con ventanillas largas y estrechas, que se coloca en los puntos salientes de las fortificaciones para los centinelas. ‖ **2**. Casilla pequeña de madera que se destina para abrigo de centinelas, vigilantes, guardafrenos, etc. ‖ **3**. Cuarto pequeño que suelen tener los porteros en el portal. ‖ **4**. Excusado, retrete con un solo asiento. ‖ **5**. MÉJ. Puerta, entrada, de la ciudad; oficina donde se recauda el impuesto de consumo. ‖ **6**. ARGENT. Plataforma a modo de púlpito desde donde un guardia urbano dirige el tránsito. ‖ **P**. guarita; **I**. sentry-box; **F**. guérite; **A**. Schilderhaus; **It**. garetta; **R**. сторожевая будка.

★ **GARITEA**. f. ECUAD. y BOL. Embarcación de casco plano.

★ **GARITEAR**. intr. Frecuentar los garitos o casas de juego.

GARITERO. m. El que tiene por su cuenta un garito. ‖ **2**. El que con frecuencia va a jugar a los garitos. ‖ **3**. GERM. Persona encubridora de ladrones. ‖ **4**. MÉJ. Empleado de consumos.

GARITO. (De *garita*.) m. Casa donde concurren a jugar los tahures o fulleros. ‖ **2**. Ganancia que se saca de la casa del juego. ‖ **3**. GERM. Casa.

GARITÓN. (De *garito*.) m. GERM. Aposento o pieza de una casa. ‖ **2**. MÉJ. Garita, puerta, entrada de una ciudad.

GARLA. (De *garlar*.) f. fam. Habla, plática o conversación.

GARLADOR, RA. adj. fam. Que garla o charla. Ú.t.c.s.

★ **GARLANCHA.** f. COLOM. Laya, instrumento agrícola.

GARLANTE. p.a. fam. de garlar. Que garla.

GARLAR. (l. *garrŭlăre*, charlar.) intr. fam. Hablar mucho y con poca discreción.

GARLEAR. (De *garla*.) intr. GERM. Triunfar.

GARLERA. (De *galera*.) f. GERM. Carreta.

★ **GARLERO, RA.** (De *garlar*.) COLOM. Parlero, parlanchín. Ú.t.c.s.

GARLIDO. (De *garlar*.) m. p. us. Chirrido.

GARLITO. m. Especie de nasa a modo de buitrón, con una red en lo más estrecho, dispuesta de manera que el pez que entra no puede ya salir. || 2. fig. y fam. Celada, asechanza.

GARLO. m. GERM. Garla, charla.

GARLOCHA. f. Garrocha.

GARLOCHÍ. m. GERM. Corazón.

GARLÓN. (De *garlo*.) m. GERM. Hablador.

GARLOPA. (neerl. *voorloop*.) f. CARP. Cepillo grande de carpintero que sirve para igualar las superficies de la madera y las juntas de las tablas. || **P.** plaina grande; **I.** long plane; **F.** varloppe, rifflard; **A.** Schlichthobel, Zugmesser; **It.** pialla, barlotta; **R.** фуганок.

GARMA. f. AST. y SANT. Vertiente muy áspera donde es fácil despeñarse.

GARMEJÓN. (dialect. *garmar*, y éste del l. *carmināre*, cardar.) m. SAL. Trípode sobre el cual se espada el lino.

GARNACHA. (De *guarnecer*.) f. Vestidura talar propia de los togados. || 2. Persona que viste la garnacha. || 3. Compañía de cómicos que andaba por los pueblos, y se componía de cinco o seis hombres, una mujer, que hacía de primera dama, y un muchacho que hacía de segunda. || 4. LEÓN. Melena, cabello largo que cae sobre los hombros. || 5. fam. LEÓN. Pescozón. || 6. MÉJ. desus. Tortilla grande con chile u otro manjar.

GARNACHA. (Como el fr. *garnache*, y el ital. *vernaccia*, del l. *hibernacĕa*, de *hibernus*, invierno.) f. Especie de uva roja que tira a morada, muy delicada y muy dulce, de la cual hacen un vino especial. || 2. Este mismo vino. || 3. Género de bebida a modo de garraspada.

★ **GARNACHA.** f. HOND. Fuerza, violencia hecha a uno.

★ **GARNACHEAR.** tr. CHILE. Garnachear.

★ **GARNATADA.** f. P. RICO. Guantada, bofetada.

GARNATO. m. ant. Granate.

★ **GARNATÓN, NA.** adj. CUBA, P. RICO y COLOM. Gaznatón, gritón. || 2. m. CUBA y P. RICO. Bofetada.

★ **GARNICA.** f. BOL. Ají muy picante.

GARNIEL. m. Bolsa de cuero, pendiente del cinto y con varias divisiones. || 2. El mismo cinturón que lleva pendiente esa bolsa. || 3. ECUAD. y MÉJ. Estuche de cuero en que los galleros guardan las navajas que se ponen a los gallos de pelea.

★ **GARNIERITA.** f. MINERAL. Silicato complejo que contiene níquel.

★ **GARNUCHO.** m. MÉJ. Papirote, tonto, bobalicón.

GARO. (l. *garum*, y éste del gr. γάρος.) m. Condimento muy estimado por los romanos, que se preparaba poniendo a macerar en salmuera y con diversos líquidos los intestinos, hígado y otros desperdicios de diversos pescados, como el salmonete. || 2. Pez, hoy desconocido, con que decían los antiguos que se hizo primeramente este condimento.

GARÓ. (fr. *gare*, refugio.) m. GERM. Pueblo, población.

GAROJO. (l. *carylium*, de *caryon*, nuez.) m. SANT. Carozo, panoja de maíz desgranada.

GARONA. n. p. GERM. V. *Juan de* GARONA.

★ **GAROSINA.** f. COLOM. Glotonería.

GAROSO, SA. adj. COLOM. y VENEZ. Hambriento, comilón.

GARPA. (De *grapa*.) f. Carpa, gajo de uvas que se corta de un racimo grande.

GARRA. (célt. *garra*, pierna.) f. Mano o pie del animal cuando están armados de uñas corvas, fuertes y agudas. || 2. fig. Mano del hombre. || 3. MAR. Cada uno de los ganchos del arpeo. || 4. AR. y NAV. Pierna de un animal. || 5. ARGENT. y MÉJ. Extremidad del cuero por donde se afianza en las estacas al estirarlo. || 6. ARGENT., C. RICA, COLOM. y CHILE. Pedazo de cuero endurecido y arrugado. || 7. COLOM. Coracha. || 8. pl. AMÉR. Desgarrones, harapos. || 9. MÉJ. Fuerza muscular. Ú.t. en pl. || *Caer en las* GARRAS *de* uno. fr. fig. Caer en poder de quien se teme grave daño. || *Echar a* uno *la* GARRA. fr. fig. y fam. Atraparle, prenderle. || *Sacar a* uno *de las* GARRAS *de* otro. fr. fig. Libertarle de su poder. || **P.** garra; **I.** claw; **F.** griffe, serre; **A.** Klaue, Tatze; **It.** artiglio; **R.** лапа, коготь.

GARRABERA. f. AR. Variedad de zarzamora.

GARRAFA. (ár. *garrāf*, cántaro.) f. Vasija casi esférica, que remata en un cuello largo y estrecho. —**corchera.** La que se usa siempre dentro de una corchera. || **P.** garrafa; **I.** decanter, carafe; **F.** carafe; **A.** Karaffe; **It.** caraffa; **R.** графин.

GARRAFAL. (De *garrofal*.) adj. Dícese de cierta clase de guindas y cerezas, mayores y más sabrosas que las comunes, y de los árboles que las producen. || 2. fig. Muy grande, exorbitante. *Equivocación* GARRAFAL.

GARRAFIÑAR. (De *garfiñar*.) tr. fam. Quitar una cosa agarrándola.

GARRAFÓN. m. aum. de garrafa. || 2. Damajuana o castaña. || 3. CUBA. Medida de capacidad para líquidos equivalente a 25 botellas. || 4. CUBA. Sinecura importante.

GARRAMA. (Del m. or. que *garama*.) f. Cierta contribución que pagan los mahometanos a sus príncipes. || 2. fam. Robo, pillaje, hurto o esfata. || 3. SAL. Derrama, contribución.

GARRAMAR. (De *garrama*, robo.) tr. fam. Hurtar y agarrar con astucia cuanto se encuentra.

GARRAMPA. (germ. *kramp*, calambre.) f. AR. Calambre.

GARRANCHA. (aum. de *garra*.) f. fam. Espada. || 2. ant. Gancho. Ú. en Aragón y Colombia. || 3. BOT. Espata.

GARRANCHADA. f. Garranchazo.

★ **GARRANCHAR.** (De *garrancho*.) tr. REP. DOMIN. Rasguñar.

GARRANCHAZO. m. Herida o rasgón que se hace con un garrancho o con un gancho.

GARRANCHO. (despect. de *garra*.) m. Parte dura, aguda y saliente del tronco o rama de un árbol. || 2. HOND. Gajo de una cosa seca y dura. || 3. HOND. Mujer libre y despreocupada.

GARRANCHUELO. (De *garrancho*.) m. Planta anua de la familia de las gramíneas, de tallo tendido y acodado, hojas y vainas vellosas, y espigas lineares y largas.

GARRAPATA. (De *garra* y *pata*.) f. ZOOL. Ácaro de forma ovalada que vive parásito sobre ciertos animales. Llegan a ser una plaga para el ganado y animales de corral y pueden transmitir enfermedades graves. || 2. fam. MIL. En los regimientos de caballería, caballo inútil. || 3. fam. MIL. Tropa que cuida y conduce las garrapatas. || 4. CHILE. Persona pequeña y fea. || 5. CHILE. Mujer de baja estofa.

GARRAPATEAR. intr. Hacer garrapatos. Ú.t.c.tr.

GARRAPATERO. m. COLOM., ECUAD. y VENEZ. Ave de pico corvo, pecho blanco y alas negras, que se alimenta de garrapatas que quita al ganado.

GARRAPATO. (De *garabato*.) m. Rasgo caprichoso e irregular hecho con la pluma. || 2. pl. Escarabajo. || **P.** rabisco; **I.** scrawl, pothook; **F.** griffonnage; **A.** Gekritzel; **It.** scarabocchio; **R.** росчерк.

GARRAPATÓN. (De *gazapatón*.) m. Gazapatón.

GARRAPATOSO, SA. adj. Aplícase a la escritura llena de garrapatos.

GARRAPIÑAR. (*garrapiñar*, *garfiñar*, infl. por *rapiña*.) tr. Garrafiñar.

GARRAPO. m. SAL. Cerdo que no ha

cumplido un año. || 2. SAL. Sucio, deseado.

GARRAR. (De *garra*.) intr. MAR. Cejar o ir hacia atrás un buque arrastrando el ancla, por no haber ésta hecho presa en el fondo.

GARRASÍ. m. VENEZ. Calzón usado por los llaneros, abierto a los costados y abotonados hasta la corva.

★ **GARRASPAR.** (De *raspar*.) tr. AGR. Desgranar.

★ **GARRASPERA.** f. pop. Carraspera.

GARREAR. intr. MAR. Garrar. || 2. ARGENT. Desollar las patas de las reses. || 3. fig. y fam. ARGENT. Hurtar, robar. || 4. intr. ARGENT. Gorronear, vivir de gorra, a costa ajena.

★ **GARREO.** m. CHILE. Residuos de carne. || 2. fig. y fam. Acciones ilícitas ejecutadas con las manos.

GARRIA. f. SAL. Prado extenso sin árboles. || 2. SAL. Oveja rezagada.

GARRIDAMENTE. adv. ant. Lindamente, gallardamente.

GARRIDEZA. (De *garrido*.) f. ant. Gallardía. || 2. fig. Elegancia.

GARRIDO, DA. adj. Galano, hermoso, gentil.

GARRIDURA. f. ant. Acción y efecto de garrir.

GARRIR. (l. *garrīre*.) intr. ant. Charlar. || 2. Gritar el loro.

GARRO. (De *garra*.) m. GERM. Mano. || 2. EL SALV. Cierto moho que se da en las plantas.

GARROBA. f. Algarroba, fruto del algarrobo.

GARROBAL. adj. ant. Garrafal. || 2. m. Sitio poblado de algarrobos.

GARROBILLA. (De *garrobo*.) f. Astillas de algarrobo de que se usa con otros ingredientes, para curtir los cueros y darles un color leonado.

GARROBO. m. ant. Algarrobo.

GARROBO. m. C. RICA y HOND. Saurio de piel escamosa, que abunda en las tierras cálidas de las costas y vive en las proximidades de las casas.

GARROCHA. (De *garra*.) f. Vara que en la extremidad tiene un hierro pequeño con un arponcillo. || 2. Vara larga para picar toros con una punta de acero de tres filos, llamada puya.

GARROCHAR. tr. Agarrochar.

GARROCHAZO. m. Herida y golpe dado con la garrocha.

GARROCHEAR. (De *garrocha*.) tr. Agarrochar.

GARROCHISTA. m. Agarrochador.

GARROCHÓN. (aum. de *garrocha*.) m. Rejón, asta con una moharra para rejonear.

GARROFA. f. Algarroba.

GARROFAL. (De *garrofa*.) adj. Garrafal. || 2. m. Garrobal, terreno poblado de algarrobos.

GARROFERO. m. MURC. Algarrobo.

GARRÓN. (De *garra*.) m. Espolón de ave. || 2. Extremo de la pata de la res y de otros animales por donde se cuelga para desollarlos después de muertos. || 3. Gancho que queda de las ramas laterales de otra principal que se corta de un árbol. || 3. AR., MURC. y P. RICO. Calcañar.

★ **GARRONEAR.** tr. ARGENT. Dar con el garrón o calcañar. || 2. fig. Morder, burlarse de uno a espaldas de él. || 2. intr. ARGENT. Gorronear.

★ **GARRONEO.** m. P. RICO. Golpe dado repetidamente con el calcañar.

★ **GARRONUDA.** (De *garrón*.) f. BOL. Especie de palmera, notable por la forma de sus raíces.

GARROTA. (De *garrote*.) f. Garrote. || 2. Cayado, bastón de pastor.

GARROTAL. (De *garrote*.) m. Plantío de olivar hecho con estacas o garrotes de olivos grandes.

GARROTAZO. m. Golpe dado con el garrote.

GARROTE. (De *garra*.) m. Palo grueso y fuerte que se toma para manejarlo. || 2. Estaca, plantón, especialmente del olivo. || 3. Compresión fuerte de las ligaduras retorciendo la cuerda con un palo. || 4. Ligadura fuerte en los brazos o muslos oprimiendo su carne. Fue empleado algunas veces como tormento. || 5. Instrumento para ejecutar a los condenados a muerte,

G

G

que consiste en un aro de hierro sujeto a un madero donde se los estrangula. || **6.** Defecto de un dibujo, debido a falta de continuidad de una línea. || **7.** Pandeo de una pared, en la alineación de los caños de una conducción de agua, etc. || **8.** PAL. y SANT. Cesto que se hace de tiras de palo de avellano. || **9.** SANT. Unidad de medida para leñas, que equivale a media carga. || **10.** MÉJ. Galga para frenar los carros. || **11.** MÉJ. Freno de coche. || **12.** MAR. Palanca con que se da vuelta a la trinca de un cabo. || **P.** garrote; **I.** cudgel; **F.** bâton; **A.** Knebel, Knüttel; **It.** randello; **R.** толстая палка.

GARROTEAR. (De *garrote*.) tr. ant. Apalear. Ú. en América. || **2.** CHILE. Darle a uno en las compras el precio ínfimo u otro menor que el convenido.

GARROTERA. f. MURC. Cada una de las estacas que forman los adrales del carro. || **2.** COLOM. Paliza, tunda de garrotazos.

★ GARROTERO, RA. (De *garrote*.) adj. CHILE. Apaleador. || **2.** fig. CHILE. Mezquino, cicatero. Ú.t.c.s. || **3.** CHILE y ECUAD. Intrépido, resuelto. || **4.** CHILE. Dícese del que tiene costumbre de garrotear, 2.ª acep. || **5.** MÉJ. Guardafreno.

GARROTILLO. (d. de *garrote*.) m. Difteria en la laringe, y a veces en la tráquea y otros puntos del aparato respiratorio que puede ocasionar la muerte por sofocación. Es enfermedad más propia de la primera infancia. || **2.** RIOJA. Palo corvo que se usa para dar un nudo al vencejo al atar los haces de mies. || **3.** ARGENT. En las regiones andinas, granizada de verano.

GARROTÍN. m. Baile que gozó de mucha popularidad a fines del siglo XIX. || **2.** Aparejo de pesca empleado en las costas del norte de África. || **3.** VENEZ. Sombrero de fieltro sin adornos, para señora.

★ GARROTIZA. (De *garrote*.) f. MÉJ. y ECUAD. Paliza.

GARRUBIA. f. Algarroba, semilla de esta leguminosa.

GARRUCHA. (De *carrucha*.) f. Polea. || **2.** VALLAD. y AR. Pasador. || **P.** garrucha; **I.** pulley; **F.** poulie; **A.** Haspel, Blockrolle; **It.** carrucola; **R.** блок, ролик.

★ GARRUCHEAR. tr. fam. CHILE. Robar cosas pequeñas.

GARRUCHO. m. MAR. Anillo que sirve para envergar las velas de cuchillos y para otros usos.

GARRUCHUELA. f. d. de garrucha.

GARRUDO, DA. adj. Que tiene mucha garra. || **2.** Forzudo, vigoroso. || **3.** COLOM. Dícese de la res muy flaca. || **4.** m. CHILE. Por antonom., el diablo.

GARRULADOR, RA. (De *garrular*.) adj. Gárrulo.

GARRULERÍA. f. Charla de persona gárrula.

GARRULIDAD. (l. *garrulītas, -ātis*.) f. Calidad de gárrulo.

★ GARRULIÑOS. (De *gárrulo*.) m. pl. ZOOL. Grupo de pájaros dentirrostros córvidos que, domesticados, aprenden a repetir palabras y cantos.

GÁRRULO, LA. (l. *garrŭlus*.) adj. Aplícase al ave que canta, gorjea o chirría mucho. || **2.** fig. Dícese de la persona muy charlatana. || **3.** fig. Dícese de las cosas que hacen ruido continuado; como el viento. || **4.** Género de pájaros dentirrostros córvidos.

GARSINA. f. GERM. Hurto.

GARSINAR. (De *garsina*.) tr. GERM. Hurtar.

GARÚA. (l. *caligo, -ĭnis*, obscuridad.) f. AMÉR. y MURC. Llovizna. || **2.** P. RICO. Pelea, tumulto.

GARUAR. (De *garúa*.) intr. AMÉR. Lloviznar.

★ GARUFA. f. Parranda, jarana nocturna.

GARUJO. (l. *carylium*, de *caryon*, nuez.) m. Hormigón.

GARULLA. (l. *carylium*, de *caryon*, nuez.) f. Granuja, uva desgranada. || **2.** fig. y fam. Conjunto desordenado de gente. || **3.** AST. Cascajo, conjunto de nueces, avellanas y castañas.

GARULLADA. f. fig. y fam. Garulla, gentío desordenado.

GARULLO. m. SAL. Pavipollo. || **2.** AND., ÁV. y TOL. Pavo destinado a servir

de padre. || **3.** AND., EXTR. y SANT. Variedad de pera silvestre. || **4.** COLOM. Barullo, jaleo grande.

★ GARUPA. (Voz guaraní.) m. Cierto árbol de hojas aromáticas.

GARVÍN. m. Cofia hecha de red, que usaron las mujeres como adorno.

GARZA. (ár. *garsa*.) f. Ave zancuda de cabeza pequeña con moño largo y gris y pico prolongado y negro. Vive a orilla de los ríos, lagos y pantanos. Se alimenta de reptiles, insectos y peces. Abunda en España. || **P.** garça; **I.** heron; **F.** héron; **A.** Reiher; **It.** airone; **R.** серая цапля.

★ GARZAL. m. COLOM. Sitio abundante en garzas.

GARZO, ZA. (Metát. de *zarco*.) adj. De color azulado. Aplícase más comúnmente a los ojos de este color y a las personas que los tienen así. || **2.** m. Agárico.

GARZÓN. (fr. *garçon*.) m. Joven, mancebo, mozo. || **2.** Niño, hijo varón. || **3.** VENEZ. Ave de la especie de las garzas reales, de cabeza sin pluma, pico muy largo, collar rojo, alas negras y vientre blanco. En la mandíbula inferior tiene una especie de bolsa donde deposita el agua.

GARZONEAR. (De *garzón*, galanteador.) tr. ant. Solicitar, enamorar o cortejar.

GARZONERÍA. f. ant. Garzonía.

GARZONÍA. (De *garzón*, galanteador.) f. ant. Acción de solicitar, enamorar o cortejar. || **2.** ALBAC. Acción de acariciarse los animales en celo. || **3.** AND. Celo de los animales salvajes.

GARZOTA. (De *garza*.) f. Ave zancuda de pico grande y negro. El macho tiene en la nuca tres plumas blancas. Habita en los países templados, alimentándose de peces y anfibios. || **2.** Penacho que se usa para adorno.

GARZUL. adj. AND. Dícese del trigo álaga.

GAS. (Palabra inventada por Van Helmont, muerto en 1644.) m. Todo fluido aeriforme a la presión y temperatura ordinarias. || **2.** Carburo de hidrógeno con mezcla de otros gases que se obtiene por la destilación de la hulla y se emplea para alumbrado, calefacción y para obtener fuerza matriz. || **—asfixiante** o **sofocante.** MIL. Cualquiera de los gases de combate que pueden provocar gravísimas lesiones pulmonares. || **—de los pantanos.** QUÍM. Metano. || **—hilarante.** Óxido nitroso de propiedades anestésicas. || **—inerte.** Gas no combinable con otros elementos; como el helio, el neón, el argo, etc. || **—lacrimógeno.** ART. MIL. Cualquiera de los gases de combate irrigantes que producen lagrimeo abundante. || **—pobre.** Mezcla de gases de poder luminoso muy débil, cuyos componentes son el hidrógeno y óxido de carbono. Se produce por la acción del vapor de agua y del aire sobre el carbón candente. || *Cámara de* GAS. Recinto herméticamente cerrado en el que se inyectan gases tóxicos para dar muerte colectiva a prisioneros o detenidos en los campos de concentración. || **P.** gás; **I.** gas; **F.** gaz; **A.** Gas, Leuchtgas; **It.** gas, gasse; **R.** газ.

GASA. (De *Gaza*, ciudad de Palestina, donde tal vez tuvo origen esta tela.) f. Tela de seda o hilo muy clara y sutil. || **2.** Tira de gasa o paño negro con que se rodea el sombrero en señal de luto. || **3.** Banda de tejido muy ralo, esterilizada o impregnada de substancias medicamentosas que se usa en cirugía. || **P.** gaze, gaza; **I.** gauze; **F.** gaze; **A.** Gaze, Mull; **It.** gaza; **R.** газ, марля.

GASAJADO, DA. p.p. de gasajar. || **2.** m. ant. Agasajo.

GASAJAR. (germ. *gasalho*, compañero.) tr. ant. Alegrar, divertir. Usáb.t.c.r.

GASAJO. (De *gasajar*.) m. ant. Agasajo.

GASAJOSO, SA. (De *gasajo*.) adj. ant. Alegre, regocijado, gustoso.

GASCÓN, NA. adj. Natural de Gascuña. Ú.t.c.s. || **2.** Perteneciente a esta antigua provincia de Francia.

★ GASCONADA. (De *gascón*.) f. fam. Fanfarronada.

GASCONÉS, SA. adj. Gascón. Apl. a pers. ú.t.c.s.

★ GASEAR. tr. Saturar de gas un líquido.

GASEIFORME. (De *gas* y *forma* latinizados.) adj. Que se halla en estado de gas.

GASENDISMO. m. Doctrina atomística del P. Gasendi, filósofo francés del siglo XVII.

GASENDISTA. adj. Partidario del gasendismo. Ú.t.c.s.

★ GASEODUCTO. m. Gasoducto, tubería para conducir gases.

GASEOSA. f. Bebida refrescante, efervescente y sin alcohol.

GASEOSO, SA. adj. Gaseiforme. || **2.** Dícese del líquido del que se desprenden gases. || **P.** gasoso; **I.** gaseous; **F.** gazeux; **A.** gashaltig; **It.** gasoso; **R.** газовый.

★ GASFITER. (ingl. *gas-fitter*; de *gas*, gas, y *fitter*, ajustador, instalador.) m. CHILE. Instalador de gas; fumista.

GASIFICACIÓN. f. Acción de pasar un líquido al estado de gas.

GASIFICAR. tr. QUÍM. Transformar en gas los cuerpos químicamente tratados.

★ GASIFISTA. m. CHILE. Lampista.

★ GASINO. m. CHILE. Trabajador en una empresa de gas.

GASISTA. m. Persona que instala y arregla las tuberías y aparatos de gas. || **2.** El obrero empleado en los servicios de alumbrado de gas.

★ GASNACHEAR. tr. CHILE. Llevar ventaja en algún asunto procediendo con habilidad.

★ GASNÉ. (fr. *cache-ner*, bufanda.) m. MÉJ. Pañuelo de seda que sirve de bufanda.

★ GASODUCTO. (De *gas* y el l. *ducĕre*, conducir, hacer pasar.) m. Cañería o canal de conducción de gas desde la fábrica o punto de producción a los centros de utilización.

★ GASOFACTOR. m. Aparato para gasificar la hulla.

GASÓGENO. (De *gas*, y el gr. γεννάω, engendrar.) m. Aparato para obtener gases. || **2.** Aparato instalado en algunos vehículos automóviles, para producir carburo de hidrógeno que se emplea como carburante. || **3.** Mezcla de bencina y alcohol, usado para el alumbrado y para quitar manchas.

★ GAS-OIL. (ingl. *gas oil*, expresión que significa gas de petróleo.) m. Producto de destilación del petróleo que se usa como carburante en los motores de explosión.

GASOLENO. (De *gas* y el l. *oleum*, aceite.) m. Gasolina.

° GASÓLEO. (ingl. *gas-oil*.) m. Producto derivado del petróleo por fraccionamiento y destilación, que se usa como carburante en los motores Diesel.

GASOLINA. f. Mezcla de hidrocarburos, líquida, incolora, muy volátil, fácilmente inflamable, producto de la destilación fraccionada del petróleo. Se usa mucho en los motores de automóviles, aviones, etc. || **P.** gasolina; **I.** gasoline; **F.** gazolène; **A.** Benzin, Gasolin; **It.** gasolina, benzina; **R.** газолин, горючее.

GASOLINERA. f. Lancha automóvil con motor de gasolina. || **2.** Depósito de gasolina para la venta al público.

GASÓMETRO. (De *gas*, y del gr. μέτρον, medida.) m. Instrumento para medir el gas. || **2.** Aparato empleado en las fábricas de gas para que el fluido salga con uniformidad. || **3.** Sitio y edificio donde está el aparato. || **P.** gasómetro; **I.** gasometer; **F.** gazomètre; **A.** Gasmesser; **It.** gazòmetro; **R.** газометр.

GASÓN. (fr. *gazon*.) m. Yesón. || **2.** En algunas partes, terrón muy grande que queda en las fincas al ser aradas. || **3.** AR. Césped, tepe.

★ GASOSCOPIO. m. Aparato para detectar en las minas la presencia de gases inflamables y poder así evitar las explosiones.

★ GASTA. f. MÉJ. Trozo plano de jabón desgastado. || **2.** MÉJ. Raja fina de queso.

GASTABLE. adj. Que se puede gastar.

GASTADERO. m. fam. Sitio o acción en que se gasta una cosa.

GASTADO, DA. p.p. de gastar. || **2.** adj. Debilitado, disminuido, borrado con el uso. || **3.** Dícese de la persona decaída física o moralmente.

GASTADOR, RA. adj. Que gasta mucho dinero. Ú.t.c.s. || **2.** m. En los presidios, el que va condenado a los trabajos públicos. || **3.** MIL. Soldado destinado a los trabajos de hacer trincheras y otros semejantes. || **4.** Mil. Cada uno de los soldados que hay en un batallón destinados principalmente a abrir paso en la marcha.

GASTAMIENTO. m. Acción y efecto de gastarse o consumirse una cosa. || **2.** ant. Gasto.

GASTAR. (l. *vastāre*, infl. por el germ. *wōstjan*, gastar.) tr. Expender o emplear el dinero en una cosa. || **2.** Consumir. Ú.t. c.r. || **3.** Destruir, asolar un territorio. || **4.** Digerir. || **5.** Echar a perder. || **6.** Tener habitualmente. GASTAR *mucho genio.* || **7.** Usar, poseer, llevar. GASTAR *bastón.* || GASTARLAS, expr. fam. Proceder, portarse. *Ya sabes cómo las* GASTA *tu padre.* || **P.** gastar; **I.** to expend, to spend; **F.** dépenser; **A.** ausgeben, verbrauchen; **It.** spèndere; **R.** тратить.

GASTERÓPODO. (gr. γαστήρ, estómago, y ποῦς, ποδός, pie.) adj. Zool. Dícese de los moluscos terrestres o acuáticos que tienen un pie carnoso mediante el cual se arrastran; el cuerpo se halla comúnmente protegido por una concha de una pieza y de forma muy variable, según las especies, casi siempre arrolladas en espiral. Ú.t.c.s. || **2.** m. pl. Zool. Clase de estos moluscos.

GASTO. m. Acto de gastar. || **2.** Lo que se ha gastado o se gasta. || **3.** Fís. Cantidad que un manantial de fluido proporciona en determinada unidad de tiempo. || **—de representación.** Asignación complementaria aneja a ciertos cargos para su más decoroso desempeño, o haberes que perciben algunos funcionarios de elevada categoría que no perciben sueldo. || **—de residencia.** Lo que se abona sobre un sueldo al funcionario público por tener que residir en localidades determinadas. || *Cubrir* GASTOS. fr. Producir una cosa lo bastante para resarcir su coste. || **P.** gasto; **I.** expense; **F.** dépense; **A.** Ausgabe, (Un)Kosten; **It.** spesa; **R.** расход.

GASTOSO, SA. adj. Que gasta mucho.

GASTRALGIA. (gr. γαστήρ, γαστρός, estómago, y ἄλγος, dolor.) f. Med. Dolor de estómago.

GASTRÁLGICO, CA. adj. Perteneciente o relativo a la gastralgia.

GASTRICISMO. m. Denominación genérica de diversos estados morbosos agudos del estómago.

GÁSTRICO, CA. (l. *gastrĭcus*, y éste del gr. γαστήρ, γαστρός, estómago.) adj. Med. Perteneciente al estómago. || **2.** Fisiol. Dícese del jugo segregado en el acto de la digestión por ciertas glándulas de la membrana mucosa del estómago.

* **GASTRINA.** f. Quím. Hormona que se encuentra en la mucosa del píloro y excita la secreción del jugo gástrico.

GASTRITIS. (gr. γαστήρ, γαστρός, estómago, y el sufijo *-itis*, inflamación.) f. Med. Inflamación del estómago.

GASTROENTERITIS. (gr. γαστήρ, γαστρός, estómago, y de *enteritis*.) f. Med. Inflamación simultánea de la membrana mucosa del estómago y de la de los intestinos.

GASTROINTESTINAL. adj. Referente o relativo al estómago y a los intestinos.

* **GASTROLOGÍA.** f. Tratado sobre el arte de cocinar.

GASTRONOMÍA. (gr. γαστρονομία; de γαστήρ, γαστρός, estómago, y νέμω, gobernar, arreglar.) f. Arte de preparar una buena comida. || **2.** Afición a comer regaladamente.

GASTRONÓMICO, CA. adj. Perteneciente o relativo a la gastronomía.

GASTRÓNOMO, MA. m. y f. Persona entendida en el arte de la gastronomía. || **2.** Persona aficionada a la buena mesa.

* **GASTROSCOPIO.** m. Med. Aparato empleado para examinar el interior del estómago.

GASTROVASCULAR. adj. Zool. Aplícase a la única cavidad del cuerpo de los animales celentéreos, en la que se efectúa la digestión de los alimentos. La boca de estos animales está rodeada de varios tentáculos.

GATA. f. Hembra del gato. || **2.** Bot. Gatuña. || **3.** fig. Nubecilla que se pega a los montes y asciende por ellos como gateando. || **4.** fig. y fam. Mujer nacida en Madrid. || **5.** Zool. Cuba. Lija. || **6.** Ál. y Ast. Oruga grande, erizada de pelos largos. || **7.** Mar. Aparejo para suspender el ancla y llevarla a la pendura. || **8.** Mil. Cobertizo con que se cubrían los soldados que se acercaban al muro para minarlo. || **9.** Cuba. Cierto pez de unos 2 m de largo y color rojo, que se cría en el Mar de las Antillas. || **10.** fig. fam. Méj. Moza, sirvienta. || **11.** Chile. Cric o gato. || **12.** Chile. Cigüeña o manubrio. || GATA *de casa.* fig. y fam. Chile. Persona inútil, que no hace lo que le mandan o lo hace mal. || **—de Juan Ramos** o **de Mari Ramos.** fig. y fam. Persona que disimulada y melindrosamente, pretende una cosa, dando a entender que no la desea. || **—parida.** fig. y fam. Persona flaca y extenuada. || *Hacer la* GATA, o *la* GATA *muerta.* fr. fig. y fam. Figurar o afectar humildad o moderación. || **P.** gata; **I.** she-cat; **F.** chatte; **A.** Katzenweibchen; **It.** gatta; **R.** кошка.

GATADA. f. Acción propia de gato. || **2.** Regate o parada repentina que suele hacer la liebre en la carrera cuando la siguen los perros, para que éstos pasen de largo. || **3.** fig. y fam. Acción vituperable hecha con astucia, engaño y simulación.

GATALLÓN, NA. (despect. de *gato*.) adj. fam. Pillastrón, maulón, tunante. Ú.t.c.s.

GATAMUSO, SA. adj. Vallad. Hipócrita, solapado. Ú.t.c.s.

GATAS (A). m. adv. con que se expresa el modo de ponerse o andar una persona con pies y manos. || **2.** Argent. Apenas. || *Salir* uno *a* GATAS. fr. fig. y fam. Librarse con gran trabajo o dificultad de un peligro o apuro.

GATATUMBA. f. fam. Simulación de obsequio, de reverencia, dolor, etc. || **2.** Colom. Calado, labor de aguja.

GATAZO. m. aum. de gato. || **2.** fam. Engaño que se hace a uno para sacarle dinero u otra cosa de valor. || **3.** fam. Méj. Hurto, robo. || *Dar* GATAZO. fr. fig. y fam. Engañar, timar.

GATEADO, DA. adj. Semejante en algún aspecto al del gato. || **2.** Con vetas semejantes a las de los gatos de algalia. *Mármol* GATEADO. || **3.** Argent. Dícese del caballo o de la yegua de pelo rubio con una línea negruzca en el filo del lomo y otras iguales en las patas. || **4.** m. Madera americana muy compacta y veteada, que emplean los ebanistas en muebles de lujo. || **5.** Gateamiento.

GATEAMIENTO. m. Acción de gatear.

GATEAR. intr. Trepar como los gatos, y especialmente por un tronco, valiéndose de los brazos y las piernas. || **2.** fam. Andar a gatas. || **3.** Argent. Requebrar. || **4.** fam. Méj. Enamorar gatas o sirvientas. || **5.** fam. Chile. Andar a gatas con intentos deshonestos. || **6.** tr. fam. Arañar el gato. || **7.** fam. Hurtar, robar. || **8.** Bol. Enamorar a una mujer. || **9.** r. Chile. Germinar el trigo y no poder crecer por falta de humedad o por dureza de la costra de tierra que lo cubre.

GATERA. f. Agujero que se hace para que puedan entrar y salir los gatos. || **2.** Mar. Agujero circular, revestido de hierro y practicado en las cubiertas de los buques, por el cual sale la cadena. || **3.** com. Gatillo, ladronzuelo. || **P.** gateira; **I.** cat's hole; **F.** chatière; **A.** Katzenloch; **It.** gattaiuola; **R.** отверстие в двери для кошек.

GATERA. (quich. *ccatu*, mercado.) f. Bol., Ecuad. y Perú. Revendedora, y más especialmente, verdulera.

GATERÍA. f. fam. Concurrencia de muchos gatos. || **2.** fig. y fam. Reunión de mozos o muchachos mal criados. || **3.** fig. y fam. Simulación de humildad y halago, con que se pretende lograr una cosa.

GATERO, RA. adj. Habitado o frecuentado de gatos. || **2.** Dícese del desván que no es habitable. || **3.** m. y f. Vendedor de gatos. || **4.** El que es aficionado a tener o criar gatos.

GATESCO, CA. adj. fam. Gatuno.

GATILLAZO. m. Golpe que da el gatillo en las armas de fuego.

GATILLO. (De *gato*.) m. Instrumento de hierro a modo de alicates, para extraer muelas y dientes. || **2.** En las armas de fuego portátiles, percusor. || **3.** Parte superior del pescuezo de algunos animales cuadrúpedos. || **4.** Pedazo de carne que se tuerce en la parte superior del pescuezo de algunos animales cuadrúpedos, y cae hacia uno de los lados. || **5.** fig. y fam. Muchacho ratero. || **6.** Pieza de hierro o de madera para unir o trabar lo que se quiere asegurar. || **7.** Pal. Flor de la acacia. || **8.** Chile. Crines largas que se dejan a las caballerías y de las cuales se asen los jinetes para montar. || 2.ª acep.: **P.** gatilho; **I.** trigger; **F.** chien; **A.** Abzug; **It.** cane; **R.** курок.

GATO. (l. *cattus*.) m. Mamífero carnívoro, digitígrado, doméstico, de unos cinco decímetros de largo hasta el arranque de la cola; cabeza redonda, lengua muy áspera, patas cortas con cinco dedos en las anteriores y cuatro en las posteriores, armados de uñas fuertes, agudas y retráctiles; pelaje espeso, suave, de variado color. Es útil en las casas para limpiarlas de ratones. || **2.** Bolso o talego donde se guarda el dinero. || **3.** Dinero que se guarda en él. || **4.** Instrumento de hierro que sirve para agarrar fuertemente la madera y traerla donde se quiere. || **5.** Máquina compuesta de un engranaje de piñón y cremallera, con un trinquete de seguridad, que sirve para levantar grandes pesos a poca altura. || **6.** Instrumento que consta de seis o más garfios de acero, y servía para reconocer y examinar el alma de los cañones y demás piezas de artillería. || **7.** Ratonera, trampa para cazar ratones. || **8.** fig. y fam. Ladrón, ratero que hurta con astucia y engaño. || **9.** fig. y fam. Hombre sagaz, astuto. || **10.** fig. y fam. Hombre nacido en Madrid. || **11.** Sal. Brote de flor en los árboles. || **12.** Seg. Cada una de las abrazaderas de hierro de los armones de los carros en las que se introducen los palos que sujetan la carga. || **13.** Argent. Danza popular de movimientos rápidos. || **14.** Argent. Música que acompaña ese baile. || **15.** Chile. Vasija pequeña forrada de piel y que se llena de agua caliente, para calentarse los pies las personas que están en cama. || **16.** Chile. En el juego del tenderete, el as. || **17.** Hond. Molledo del brazo. || **18.** Argent. Cierto baile de los gauchos porteños, y tonada y canción propia de este baile. || **19.** Méj. Mozo, criado. || **20.** Argent. Gazapo, equivocación, errata de bulto. || **21.** C. Rica. Corcho, árbol cicadáceo de Cuba. || **22.** Méj. Propina. || **23.** Venez. Sífilis. || **24.** Carp. Instrumento de hierro o de madera compuesto de dos planchas con un tornillo para sujetar las piezas de madera que se colocan entre ambas. || **25.** Zool. Nombre que se da a todos los felinos en general. || **—cerval** o **clavo.** Especie de gato, de cabeza gruesa, pelos largos alrededor de la cara, pelaje gris, corto, suave y con muchas manchas negras que forman anillos en la cola. || **—de agua.** Especie de ratonera que se pone sobre un lebrillo de agua, donde caen los ratones. || **—de Algalia.** Mamífero carnívoro oriundo de Asia, de un metro de largo desde la cabeza hasta la cola, de color gris, con fajas transversales negras, estrechas y paralelas, crines cortas en el lomo, y cerca del ano una especie de bolsa donde el animal segrega la algalia. || **—de Angora.** Gato de pelo muy largo, procedente de Angora, en el Asia Menor. || **—montés.** Especie de gato, poco mayor que el doméstico, con pelaje gris rojizo, rayado de bandas negras y cola leonada. Vive en los montes del norte de España. || **—romano.** El que tiene la piel manchada a listas transversales de color pardo y negro. || *Correr como* GATO *por ascuas*, o *por brasas.* fr. fam. Que denota la celeridad con que se huye de un daño o peligro. || *Cuando el* GATO *no está, los ratones bailan.* ref. Cuando se ausentan los superiores, o no vigilan, los inferiores huelgan. || *Cuatro* GATOS. expr. despect. para indicar poca gente y sin importancia. || *Dar* GATO *por liebre.* fr. fig. y fam. Engañar en la calidad de una cosa por medio de otra inferior que se le parece. || GATO *maullador, nunca buen cazador.* ref. que se aplica al que habla mucho y obra poco. || GATO *con guantes no caza ratones.* fr. fig. y fam. con que se expresa lo embarazoso que resulta el uso de ciertos refinamientos al que no está acostumbrado a ellos. || GATO *escaldado del agua fría huye.*

G

ref. que denota que el que ha sufrido daño en lances peligrosos, con dificultad entra en otros aunque sean de menor riesgo. || *Haber* GATO *encerrado*. fr. fig. y fam. Haber causa o razón oculta o secreta, o manejos ocultos. || *Lavarse a lo* GATO. fr. fam. Lavarse sin mojarse apenas, y especialmente hacerlo pasándose por la cara un paño mojado, y || *Llevar el* GATO *al agua*. fr. fig. y fam. Superar una dificultad o arrostrar un riesgo. Ú. más en la frase interrogativa *¿quién lleva el* GATO *al agua?* || P. gato; I. cat; F. chat; A. Kater, Katze; It. gatto; R. KOT.

GATO. (quich. *ccatu*.) m. PERÚ. Mercado al aire libre.
★ GATO, TA. adj. C. RICA. Ojizarco.
GATUÑA. f. Gatuña.
GATUNERO. (De *gatuno*.) m. AND. El que vende carne de contrabando.
GATUNO, NA. adj. Perteneciente o relativo al gato.
GATUÑA. (De *gato*, con alusión a las espinas de la planta, y *uña*.) f. Planta herbácea, de la familia de las papilionáceas, con tallos ramosos, delgados, duros y espinosos; hojas compuestas de tres hojuelas pequeñas; flores solitarias, axilares, rojizas y blancas, y frutos en vainillas ovales. Es muy común en los sembrados.
GATUPERIO. (De *gato*, formada esta voz a semejanza de *vituperio*, *improperio*, *dicterio*, etc.) m. Mezcla desabrida de diversas substancias incoherentes. || 2. fig. y fam. Embrollo, intriga, lío, chanchullo.
★ GAUCHA. f. CHILE. Gabucha.
★ GAUCHA. f. ARGENT. Mujer varonil. || 2. Mujer de conducta irregular.
GAUCHADA. f. ARGENT., CHILE y PERÚ. Acción propia de un gaucho. || 2. ARGENT. fig. Servicio o favor ocasional prestado con buena voluntad. || 3. R. DE LA PLATA. Cuento, chiste. || 4. R. DE LA PLATA. Improvisación en verso. || 5. AMÉR. Treta.
GAUCHAJE. m. ARGENT. y CHILE. Conjunto o reunión de gauchos, y también de plebe.
★ GAUCHAR. r. AMÉR. Gauchear.
★ GAUCHEAR. intr. ARGENT. Practicar el gaucho sus costumbres o imitarle el que no lo es.
GAUCHESCO, CA. adj. Relativo al gaucho; que tiene maneras o semejanzas de gaucho.
★ GAUCHITA. f. ARGENT. Mujer hermosa o bien parecida. || 2. Canción gauchesca.
GAUCHO, CHA. adj. Dícese del hombre natural de las pampas del Río de la Plata en la Argentina, Uruguay y Río Grande do Sul. Ú.m.c.s. para designar a naturales de estas pampas, comúnmente mestizos de español e indios, buenos jinetes, dedicados a la ganadería o a la vida errante. || 2. Relativo o perteneciente a esos gauchos. || 3. ARGENT., CHILE y URUG. Buen jinete o poseedor de otras habilidades propias del gaucho. || 4. ARGENT. Grosero, zafio. || 5. ARGENT. y CHILE. Ducho en tretas, taimado, astuto. || 6. ARGENT. Aplícase a ciertos perros del campo que hacen vida vagabunda. || 7. AMÉR. Dícese del tiro más bajo de la pelota, muy difícil de volver. || 8. m. CHILE. Pájaro dentirrostro de la familia de los tiránidos. || 9. ECUAD. Sombrero pajizo de ala muy grande.
GAUDEAMUS. (l. *gaudeāmus* [alegrémonos], 1.ª pers. del pl. del pres. de subj. de *gaudēre*, alegrarse, regocijarse.) m. fam. Fiesta, regocijo, comida y bebida abundante.
GAUDIO. (l. *gaudĭum*.) m. ant. Gozo.
GAUDÓN. (l. *cauda*, cola.) m. ÁL. Alcaudón, desollador.
★ GAUSIO. m. Fís. En el sistema cegesimal, unidad electromagnética de intensidad del flujo magnético. Es igual a una línea por centímetro cuadrado.
GAUSIÓMETRO. m. Fís. Aparato para medir directamente los campos magnéticos.
★ GAVAJE. m. Sobrealimentación practicada con el empleo de la sonda esofágica.
GAVANZA. f. Flor del gavanzo.
GAVANZO. (De *agavanzo*.) m. Escaramujo, rosal silvestre y su fruto.
GAVERA. (De *gavia*.) f. AND., COLOM., MÉJ. y VENEZ. Gradilla o galápago, molde

para fabricar tejas o ladrillos. || 2. PERÚ. Tapial. || 3. COLOM. Aparato de madera, con varios compartimientos donde se enfría y espesa la miel de cañas.
GAVETA. (ital. *gavetta*, y éste del l. *gabăta*, plato.) f. Cajón corredizo que hay en los escritorios y papeleras. || 2. MURC. Anillo de hierro, o lazo de cuerda, para asegurar los zarzos a las paredes de las barracas donde se crían los gusanos de seda.
GAVIA. (l. *cavĕa*, hoyo y jaula.) f. desus. Jaula, y especialmente la madera en la que se encerraba al loco o furioso. || 2. Zanja para desagüe o linde de propiedades. || 3. SAL. y ZAM. Hoyo o zanja para plantar los árboles o las cepas. || 4. GERM. Casco con que se cubre o defiende la cabeza. || 5. MAR. Vela que se coloca en el mastelero mayor de las naves. || 6. MAR. Por ext., cada una de las velas correspondientes en los otros dos masteleros. || 7. MAR. Cofa de las galeras.
GAVIA. (l. *gavĭa*.) f. Gaviota.
GAVIA. (De *gavilla*.) f. MIN. Cuadrilla de operarios empleados en el trecheo.
GAVIAL. (l. *gaviālis*.) m. ZOOL. Reptil emidosaurio, propio de los ríos de la India, parecido al cocodrilo, de unos 8 m de largo.
★ GAVIAR. intr. CUBA. Echar la espiga o flor el maíz, el arroz y otros vegetales.
GAVIERO. m. MAR. Marinero a cuyo cuidado está la gavia y el registrar cuanto desde ella se alcanza a ver.
GAVIETA. f. MAR. Gavia a modo de garita, puesta sobre la mesana o el bauprés.
GAVIETE. (Tal vez de *gavia*; en prov. *gaviteau*; en ital. *gavitello*.) m. MAR. Madero corvo, robusto y con una roldana en la cabeza, que se coloca en la popa de la lancha para levar con ella un ancla.
GAVILÁN. m. Ave del orden de las rapaces, con plumaje gris azulado en la parte superior del cuerpo, blanco con franjas onduladas de color pardo rojizo en el cuello, pecho y vientre. La hembra es mayor y de plumaje más claro. || 2. Rasguillo que se hace al final de algunas letras. || 3. Cualquiera de los dos lados del pico de la pluma de escribir. || 4. Cada uno de los dos hierros que forman la cruz de la espada y sirven para defender la mano y la cabeza de los golpes del contrario. || 5. Hierro cortante que tiene la aguijada, en el extremo inferior, y sirve para limpiar y desbrozar el arado. || 6. Garfio de hierro que usaban los antiguos para aferrar las naves. || 7. Vilano, flor del cardo. || 8. AND., AMÉR. CENTRAL, CUBA, MÉJ. y P. RICO. Uñero, borde de la uña, especialmente la del dedo gordo del pie que se clava en la carne. || 9. CIR. Vendaje empleado en las heridas y fracturas de la nariz. || 10. CHILE y ARGENT. Tope del mango de cuchillos, puñales, etc. || 11. ARGENT. Ranilla del caballo. || 12. fig. CHILE y ARGENT. Hombre enamorado que persigue a una mujer. || 13. VENEZ. Cierto baile popular. || —**arañiego**. El que se caza con la red llamada arañuelo. || P. gavião; I. sparrow-hawk; F. épervier; A. Sperber; It. sparviere; R. ястреб.
GAVILANA. f. BOT. C. RICA. Planta herbácea de la familia de las compuestas, con tallos derechos; hojas divididas en lóbulos alargados; flores en corimbo, pequeñas y de color amarillo dorado.
GAVILANCILLO. (d. de *gavilán*.) m. Pico o punta corva que tiene la hoja de la alcachofa.
★ GAVILUCHO. m. ZOOL. COLOM. Gavilán, ave rapaz.
GAVILLA. (De un der. del l. *capŭlus*, de *capĕre*, coger; en b. l. *gavella*.) f. Conjunto de sarmientos, cañas, mieses, hierbas, etc., mayor que el manojo y menor que el haz. || 2. fig. Junta de muchas personas, comúnmente de baja suerte. || 3. CUBA. Cuarta parte del manojo. || P. gabela; I. sheaf, gavel; F. gerbe; A. Garbe; Hocke; It. covone; R. CHOꙗ.
° GAVILLADA. (De *gavilla*.) f. GERM. Lo que junta el ladrón como producto de sus robos.
GAVILLADOR. (De *gavillar*.) m. AND. Obrero del cortijo encargado de hacer las gavillas. || 2. GERM. Ladrón que reúne a los que le han de acompañar en el robo.
GAVILLAR. m. Terreno que está cubierto de gavillas.

GAVILLAR. (De *gavilla*.) tr. Agavillar, hacer o formar gavillas. || 2. GERM. Juntar, reunir. || 3. REP. DOMIN. y COLOM. Acometer en pandilla.
GAVILLERO. m. Lugar, sitio o paraje en que se juntan y amontonan las gavillas en la siega. || 2. Línea de gavillas de mies que dejan los segadores tendidas en el terreno segado. || 3. CHILE. Jornalero que con el bieldo echa las gavillas al carro. || 4. REP. DOMIN., VENEZ., COLOM. y ECUAD. Matón, pendenciero, salteador. || 5. REP. DOMIN. Insurrecto.
GAVINA. f. Gaviota. || 2. fam. Sombrero de copa alta.
GAVINOTE. m. ZOOL. Pollo de la gavina.
GAVIÓN. (De *gavia*, jaula para locos.) m. MIL. Cestón de mimbres lleno de tierra, para defender de los tiros enemigos a los que abren trincheras. || 2. Cestón lleno de tierra o piedra que sirve en obras hidráulicas. || 3. fig. y fam. Sombrero grande de copa y ala. || 4. GERM. ARGENT. Chulo, rufián.
GAVIÓN. (l. *gavĭa*.) m. ant. Avión, especie de vencejo. Ú. en Burgos.
GAVIOTA. (De *gavia*.) f. ZOOL. Ave del orden de las palmípedas, de plumaje muy tupido, blanco en general; dorso ceniciento; negras, pero de extremo blanco, las tres penas mayores de las alas; pico anaranjado y pies rojizos. Vive en las costas y se alimenta principalmente de los peces que coge en el mar. || 2. En Barcelona y otros puertos, barca pequeña de motor para viajeros, especie de golondrina de dos pisos. || P. gaviota; I. gull, sea-gull; F. mouette; A. (See)Möve; It. gabbiano; R. чайка.
★ GAVIOTÍN. m. ZOOL. Ave palmípeda que vive en las regiones antárticas, parecida a la gaviota, pero de menor tamaño.
★ GAVITEL. m. Boya que señala un peligro.
GAVOTA. (De *gavot*, habitante o natural de *Gap*, en Francia, de donde procede este baile.) f. Cierto baile entre dos personas, que ya no está en uso. || 2. Música que acompañaba a este baile. || P. gavota; I. gavot; F. gavotte; A. Gavotte; It. gavotta; R. танец.
GAYA. (De *gayo*.) f. Lista de diverso color que el fondo. || 2. Insignia de victoria que se daba a los vencedores. || 3. Urraca, picaza. || 4. GERM. Mujer pública.
★ GAYADO, DA. (De *gayo*.) adj. CUBA. Dícese de la caballería de color dorado con pintas blancas.
GAYADURA. (De *gayar*.) f. Guarnición y adorno del vestido, hecho con listas de otro color.
GAYAR. (De *gaya*.) tr. Adornar una cosa con diversas listas de otro color.
GAYATA. f. AR. Cayada.
GAYERA. f. AST. Variedad de cereza de gran tamaño.
GAYO, YA. (ant. alto al. *gahi*, pronto, vivaracho.) adj. Alegre, vistoso. || 2. m. ant. Grajo, ave semejante al cuervo. Ú. en Álava, Aragón y Navarra.
GAYOLA. (l. *cavĕŏla*, d. de *cavĕa*, jaula.) f. Jaula. || 2. fig. y fam. Cárcel. || 3. AND. Especie de choza sobre palos o árboles, para los guardas de viñas.
GAYOMBA. f. BOT. Arbusto de la familia de las papilionáceas. Sus flores son grandes, olorosas, amarillas; su fruto en vainillas lineales, con 10 ó 12 semillas arriñonadas.
GAYÓN. (De *gaya*, ramera.) m. GERM. Rufián.
GAYUBA. (De *gaya*, vistosa, y de *uva*.) f. Mata de la familia de las ericáceas, tendida, siempre verde y ramosa; hojas elípticas, pecioladas y enteras; flores en racimos terminales, de corola blanca o sonrosada, y fruto en drupa roja y esférica.
★ GAYUMBA. f. REP. DOMIN. Instrumento músico, que se hace sonar golpeándole con dos palillos.
GAZA. (fr. *ganse*; en prov. *ganso*.) f. MAR. Lazo que se forma en el extremo de un cabo y que sirve para enganchar o ceñir una cosa o suspenderla de alguna parte. Ú. en Cuba, Méjico y P. Rico, en el lenguaje común.
GAZA. f. GERM. Gazuza.
GAZAFATÓN. (grecol. *cacemphaton*,

G

dicho malsonante, yerro de lenguaje.) m. fam. Gazapatón.

GAZAPA. (De *gazapo*.) f. fam. Mentira, embuste.

GAZAPATÓN. (Como *gazafatón*.) m. fam. Disparate o yerro en el hablar. || **2.** Expresión malsonante, por inadvertencia o por mala pronunciación.

GAZAPERA. (De *gazapo*.) f. Madriguera que hacen los conejos para guarecerse o criar a sus hijos. || **2.** fig. y fam. Junta de algunas gentes en parajes escondidos para fines poco decentes. || **3.** fig. y fam. Riña o pendencia entre varias personas. || **4.** VETER. Cierta enfermedad del gato, parecida al moquillo del perro. || **P.** covil; **I.** rabbit-hole, rabbit-warren; **F.** terrier; **A.** Kaninchenbau; **It.** conigliera; **R.** кроличья нора.

GAZAPINA. (De *gazapo*.) f. fam. Junta de truhanes y gente ordinaria. || **2.** fam. Pendencia, alboroto.

GAZAPO. (l. *dasypus*, y éste del gr. δασύπους, conejo de pies vellosos.) m. Conejo nuevo. || **2.** fig. y fam. Hombre disimulado y astuto. || **3.** fig. y fam. Gazapa. || **4.** fig. y fam. Yerro por inadvertencia al escribir o al hablar. || **5.** AST. Cierta ave de rapiña. || **6.** P. RICO. Trampa, ardid, engaño. || **P.** caçapo; **I.** young rabbit; **F.** lapereau; **A.** junges Kaninchen; **It.** coniglietto; **R.** молодой кролик.

GAZAPÓN. (De *gazapo*.) m. Garito.

GAZGAZ. m. ant. desus. Burla que se hace de quien se dejó engañar.

GAZMIAR. tr. Gulusmear. || **2.** r. fam. Quejarse, resentirse.

GAZMOL. m. Granillo que sale a las aves de rapiña en la lengua y en el paladar.

GAZMOÑADA. f. Gazmoñería.

GAZMOÑERÍA. (De *gazmoño*.) f. Afectación de modestia, devoción o escrúpulos.

GAZMOÑERO, RA. adj. Gazmoño. Ú.t.c.s.

GAZMOÑO, ÑA. (vasc. *gazmuña*.) adj. Que afecta devoción, escrúpulos y virtudes que no tiene. Ú.t.c.s. || **P.** hipócrita; **I.** bigoted; **F.** tartufe, bigot; **A.** bigott; **It.** bigotto; **R.** лицемерный.

GAZNÁPIRO, RA. adj. Palurdo, simplón, torpe, que se queda embobado con cualquiera cosa. Ú.m.c.s.

GAZNAR. intr. Graznar.

GAZNATADA. f. Golpe violento dado con la mano en el gaznate. || **2.** HOND., MÉJ., P. RICO y VENEZ. Bofetada.

GAZNATAZO. m. Gaznatada, manotada en el gaznate. || **2.** AR., ÁV. y SAL. Bofetada.

GAZNATE. (Tal vez de *gaznar*.) m. Garguero. || **2.** Fruta de sartén en figura de gaznate. || **3.** MÉJ. Dulce hecho de piña o coco.

★ **GAZNATEAR.** tr. COLOM. Abofetear.

GAZNATÓN. m. Gaznatada. || **2.** Gaznate, fruta de sartén.

★ **GAZNATÓN, NA.** adj. MÉJ. Gritón, alborotador.

GAZNIDO. m. ant. Graznido.

GAZOFIA. f. Bazofia.

GAZOFILACIO. (l. *gazophylacium*, y éste del gr. γαζοφυλάκιον; de γάζα, tesoro, y φύλαξ, guarda.) m. Lugar donde se recogían las limosnas, rentas y riquezas del templo de Jerusalén.

GAZPACHERO. m. AND. En los cortijos, el trabajador encargado de hacer la comida a los gañanes.

GAZPACHO. m. Especie de sopa fría que se hace con pedacitos de pan, aceite, vinagre, sal, ajo, cebolla y otros aditamentos. || **2.** Especie de migas que las gentes del campo hacen de la torta cocida con el rescoldo o entre las brasas. || **3.** HOND. Heces, residuos de algunos alimentos. || **4.** P. RICO. Residuo que queda del coco, después de haberlo pelado.

GAZPACHUELO. m. d. de gazpacho. || **2.** Sopa caliente con huevos, batida la yema y cuajada la clara, y aderezada con vinagre o limón.

GAZUZA. (vasc. *gose-utsa*.) f. fam. Hambre. || **2.** C. RICA. Bulla, jaleo. || **3.** GUAT. Plebe, pueblo bajo. || **4.** AMÉR. CENTRAL. Manchita, juego de muchachos. || **5.** com. HOND. Persona que no se deja engañar fácilmente. || **6.** EL SALV. Persona aficionada a arrebatar lo ajeno.

★ **GAZUZO, ZA.** adj. CHILE. Ávido, apetente.

GE. f. Nombre de la letra *g*.

GE. (l. *illi illum gelo*, se lo.) pron. ant. Se, 2.º art.

★ **GE.** QUÍM. Símbolo del germanio.

GEA. (gr. γῆ, tierra.) f. Conjunto del reino inorgánico de un país o región. || **2.** Obra que lo describe.

★ **GEANTRACE.** m. MINERAL. Carbón fósil.

GECÓNIDO. (De *gecko*, nombre de animal.) adj. ZOOL. Dícese de reptiles saurios de pequeño tamaño, con el cuerpo deprimido y cubierto de escamas tuberculosas y cuatro patas con cinco dedos terminados en ventosas que les permiten trepar por las paredes lisas. Ú.t.c.s. || **2.** m. pl. ZOOL. Familia de estos animales.

★ **GEDEONADA.** (De *Gedeón*, personaje quimérico, célebre por sus simplezas y perogrulladas.) f. fam. Inocentada, perogrullada, simpleza.

GEHENA. (l. *gehenna*, que dicen venir del hebr. *gĕ-hinnōm*, valle de hinnōm, Josué XV, 8.) m. Infierno. Es voz de la Sagrada Escritura.

GEJIONENSE. adj. Gijonés. Apl. a pers. ú.t.c.s.

★ **GELASIMO.** m. ZOOL. Género de crustáceos que se caracterizan por la gran desigualdad de sus pinzas.

GELATINA. (l. *gelātus*, helado, congelado.) f. QUÍM. Substancia sólida, incolora, y transparente cuando pura; inodora, insípida y muy coherente; insoluble en agua fría; se obtiene de los huesos, cartílagos, cuernos y raeduras de las pieles de los animales. || **2.** ZOOL. Medusa de las costas de Francia. —seca. La destinada a la alimentación. || **P.** e **It.** gelatina; **I.** gelatine; **A.** Gelatine, Gallert; Sülze; **R.** желатин.

GELATINOSO, SA. adj. Abundante en gelatina o parecido a ella, especialmente por la consistencia. || **P.** e **It.** gelatinoso; **I.** gelatinous; **F.** gélatineux; **A.** gallertartig; sulzig; **R.** студенистый.

★ **GELATINUDO, DA.** adj. PERÚ. Gelatinoso. || **2.** fig. y fam. AMÉR. Indolente, carente de brío y de energía.

GELDRE. (De *Güeldres*.) m. Mundillo, arbusto caprifoliáceo y cada grupo de flores de este arbusto.

GELFE. (De *golof*, tribu negra.) m. Negro de una tribu del Senegal.

GÉLIDO, DA. (l. *gelidus*.) adj. poét. Helado o muy frío.

★ **GELIO.** m. Género de esponjas monaxónidas, frecuentes en el Cantábrico y en el Mediterráneo.

GELO. m. ant. Hielo.

GEMA. (l. *gemma*.) f. Nombre genérico de las piedras preciosas. || **2.** Parte de un madero escuadrado donde, por escasez de dimensiones, ha quedado parte de la corteza. || **3.** Dícese de la sal común que se halla en las minas o procede de ellas. || **4.** BOT. Yema de las plantas. || **P.** gema; **I.** gem; **F.** gemme; **A.** Gemme, Edelstein; **It.** gemma; **R.** драгоценный камень.

GEMACIÓN. (l. *gemmatio*, -ōnis*.) f. Desarrollo de la yema o botón para la producción de una rama, hoja o flor. || **2.** BOT. y ZOOL. Modo de reproducción asexual propio de organismos inferiores consistente en separarse del organismo una pequeña porción del mismo, llamada yema, que se desarrolla hasta formar un individuo semejante al progenitor. || **3.** Forma de multiplicación de una célula en que ésta se divide en dos partes desiguales, ambas nucleadas.

GEMEBUNDO, DA. adj. Que gime profundamente.

GEMELA. (De *diamela*.) f. Jazmín de Arabia, de hojas persistentes, compuestas de siete hojuelas acorazonadas, y flores blancas por dentro, encarnadas por fuera, dobles y muy olorosas.

GEMELO, LA. (l. *gemellus*.) adj. Dícese de cada uno de dos o más hermanos nacidos de un parto. Ú.t.c.s. || **2.** Aplícase a los elementos iguales de distintos órdenes, que aparecen apareados. || **3.** m. pl. Anteojos. || **4.** Juego de dos botones iguales para la camisa. || **5.** ASTRON. Géminis,

constelación zodiacal. || **6.** CARP. Los dos maderos gruesos que se empalman a otro para darle más resistencia y cuerpo. || —de campo. Doble anteojo de alcance apropiado para observar objetos a gran distancia. || —de teatro. Doble anteojo de poco alcance usado en las salas de espectáculos públicos. || **P.** gémeo; **I.** twin; **F.** jumeau; **A.** Zwilling; **It.** gemello; **R.** близнец.

GEMIDO. m. Acción y efecto de gemir.

GEMIDOR, RA. adj. Que gime. || **2.** fig. Que hace cierto sonido parecido al gemido del hombre.

★ **GEMÍFERO, RA.** (l. *gemma*, piedra preciosa, y *ferre*, llevar.) adj. Dícese del lugar y de la mina que encierran gemas o piedras preciosas.

GEMINACIÓN. (l. *gĕminātio*.) f. Acción y efecto de geminar. || **2.** RET. Figura que consiste en repetir inmediatamente una o más palabras. *Vete, vete, y no vuelvas.*

GEMINADO, DA. p.p. de geminar. || **2.** adj. HIST. NAT. Partido, dividido.

GEMINAR. (l. *gemināre*.) tr. ant. Duplicar, repetir.

GEMÍNIDAS. f. pl. ASTRON. Estrellas fugaces cuyo punto radiante está en la constelación de los Gemelos.

GÉMINIS. (l. *gemini*, hermanos gemelos.) m. ASTRON. Tercer signo del Zodíaco, de 30º de amplitud, que el Sol recorre aparentemente durante el último tercio de la primavera. || **2.** ASTRON. Constelación zodiacal en la que se hallan las estrellas Cástor y Pólux. || **3.** FARM. Emplasto compuesto de albayalde y cera, disuelto con aceite rosado y agua común.

GÉMINO, NA. (l. *gĕminus*.) adj. ant. Duplicado, repetido.

GEMÍPARO, RA. adj. Aplícase a los animales o plantas reproducidos por medio de yemas.

GEMIQUEAR. intr. AND. Gimotear.

GEMIQUEO. m. AND. Acción de gemiquear.

GEMIR. (l. *gemĕre*.) intr. Expresar naturalmente, con sonido y voz lastimera, la pena y dolor que aflige al corazón. || **2.** fig. Aullar algunos animales, o sonar algunas cosas de manera parecida al sonido del hombre. || **P.** gemer; **I.** to groan; **F.** gémir; **A.** wimmern, ächzen; **It.** gèmere; **R.** стонать.

GEMONIAS. (l. *gemonĭas*, acus. de -niae, -ārum.) f. pl. Derrumbadero del monte Aventino o del Capitolio en Roma, por el cual se arrojaban desnudos los cadáveres de los criminales ejecutados. || **2.** Castigo por extremo infamante.

GEMOSO, SA. adj. Aplícase a la viga o madera que tiene gema.

★ **GÉMULA.** (l. *gemmŭla*, yemecilla, botoncillo.) f. Yema reproductora.

GEN. (De la raíz del l. *genus*.) m. BIOL. Cada una de las partículas dispuestas en serie lineal y en un orden fijo y constante a lo largo de los cromosomas, y que producen la aparición de los caracteres hereditarios en las plantas y en los animales.

GENCIANA. (l. *gentiāna*.) f. Planta vivaz de la familia de las gencianáceas; de tallo sencillo, hojas grandes, flores amarillas, fruto capsular con muchas semillas y raíz gruesa carnosa, de sabor muy amargo. Empléase en medicina como tónica y febrífuga. || **P.** genciana; **I.** gentian; **F.** gentiane; **A.** Enzian; **It.** genziana; **R.** горечавка.

GENCIANÁCEO, A. (De *genciana*.) adj. BOT. Dícese de hierbas angiospermas dicotiledóneas, lampiñas por lo común, amargas, con hojas opuestas, envainadoras; flores terminales o axilares; frutos generalmente capsulares y semillas con albumen carnoso. Ú.t.c.s. || **2.** f. pl. BOT. Familia de estas plantas.

GENCIANEO, A. adj. BOT. Gencianáceo.

GENDARME. (fr. *gendarme*.) m. Militar destinado en Francia y otros países a mantener el orden y la seguridad públicas. || **2.** MÉJ. Guardia o agente de policía.

GENDARMERÍA. f. Cuerpo de tropa de los gendarmes. || **2.** Cuartel o puesto de gendarmes. || **P.** gendarmeria; **I.** y **F.**

G

gendarmerie; **A.** Polizeimiliz; **It.** gendarmeria; **R.** жандармский.

* **GENE.** m. Biol. Gen.

GENEALOGÍA. (l. *genealogia*, y éste del gr. γενεαλογία; de γενεά, generación, y λόγος, tratado.) f. Serie de progenitores y ascendientes de cada individuo. || **2.** Escrito que la contiene. || **P.** geneaologia; **I.** genealogy; **F.** généalogie; **A.** Genealogie; **It.** genealogia; **R.** генеалогия.

GENEALÓGICO, CA. (gr. γενεαλογικός.) adj. Perteneciente a la genealogía. || *Árbol* GENEALÓGICO. Descripción figurada en forma de árbol, en que se demuestra el linaje de una familia.

GENEALOGISTA. m. El que es versado en genealogías y linajes, y escribe sobre ellos. || **P.** e **It.** genealogista; **I.** genealogist; **F.** généalogiste; **A.** Genealog; **R.** генеалог.

* **GENEANTROPÍA.** f. Tratado sobre el origen de la especie humana.

GENEARCA. (l. *genearcha*, y éste del gr. γενεά, generación, y ἀρχή, principio, origen.) m. ant. Cabeza o principal de un linaje.

GENEÁTICO, CA. (gr. γενεά, nacimiento.) adj. Que pretende adivinar por el nacimiento de los hombres. Ú.t.c.s.

* **GENECOLOGÍA.** f. Biol. Estudio de unidades taxonómicas, tanto desde el punto de vista genético como desde el punto de vista ecológico.

GENERABLE. (l. *generabilis*.) adj. Que se puede producir por generación.

GENERACIÓN. (l. *generatio*, *-ōnis*.) f. Acción y efecto de engendrar. || **2.** Casta, género o especie. || **3.** Sucesión de descendientes en línea recta. || **4.** Conjunto de todos los vivientes coetáneos. *La actual* GENERACIÓN. || **P.** geração; **I.** generation; **F.** génération; **A.** Erzeugung; **It.** generazione; **R.** поколение.

GENERADOR, RA. (l. *generátor*.) adj. Que engendra. Ú.t.c.s. || **2.** Geom. Dícese de la línea o plano que moviéndose engendran una superficie o un sólido. El femenino en esta acepción es generatriz. || **3.** m. En las máquinas, aquella parte de ellas que produce la fuerza o la energía.

GENERAL. (l. *generális*.) adj. Común y esencial a todos los individuos que constituyen un todo, o a muchos objetos aunque sean de naturaleza diferente. || **2.** Común, frecuente, usual. || **3.** Que posee vasta instrucción. || **4.** Med. Que afecta a muchas partes o a la totalidad del organismos. || **5.** m. El que en el ejército tiene empleo superior al del coronel. || **6.** Superior de una orden religiosa. || **7.** En las universidades, seminarios, etc., aula o ciencia donde se enseñaban las cosas. || **8.** Ar. La aduana. || **—de brigada.** Primer grado del generalato en la milicia. || **—de división.** Segundo grado del generalato. || GENERALES *de la Ley*. For. Preguntas que ésta preceptúa para todos los testigos: edad, estado, etc. || *En* GENERAL *o por lo* GENERAL. m. adv. En común, generalmente. || **2.** Sin especificar ni individualizar cosa alguna. || **P.** geral; **I.** general, common; **F.** général; **A.** allgemein; **It.** generale; **R.** общий. || **5.ª** acep.: **P.** e **I.** general; **F.** général; **A.** General; **It.** generale; **R.** генерал.

GENERALA. f. Mujer del general. || **2.** Mil. Toque de tambor, corneta o clarín, para que las fuerzas de una guarnición o campo se pongan sobre las armas. || **3.** Prelada superior de una orden o congregación religiosa.

GENERALATO. m. Oficio o ministerio del general de una orden religiosa. || **2.** Tiempo que dura este oficio o ministerio. || **3.** Empleo o grado de general del ejército. || **4.** Conjunto de generales.

GENERALERO. (De *general*, aduana.) m. Ar. Aduanero.

GENERALIDAD. (l. *generálitas*, *-átis*.) f. Mayoría o casi totalidad de los individuos u objetos que componen una clase o todo sin determinación a persona o cosa particular. || *La* GENERALIDAD *de los niños*. || **2.** Vaguedad o falta de precisión en lo que se dice o escribe. || **3.** Lo que de esa manera se dice o escribe. || **4.** Nombre que se dio en lo antiguo a las Cortes catalanas. || **5.** Gobierno regional autónomo que existió en Cataluña. || **6.** Ar. Comunidad. || **7.** Ar. Derechos de aduana. || **P.** generalidade;

I. generality; **F.** généralité; **A.** Allgemeinheit; **It.** generalità; **R.** общность.

GENERALÍSIMO. (adj. sup. de *general*.) m. Jefe que manda el estado militar en paz y en guerra, con autoridad sobre todos los generales del ejército.

GENERALIZABLE. adj. Que puede generalizarse.

GENERALIZACIÓN. f. Acción y efecto de generalizar.

GENERALIZADOR, RA. adj. Que generaliza.

GENERALIZAR. (De *general*.) tr. Hacer pública o común una cosa. Ú.t.c.r. || **2.** Considerar o tratar en común cualquier cuestión, sin contraerla a caso determinado. || **3.** Abstraer lo que es común y esencial a muchas cosas, para formar un concepto general que las comprenda todas. || **P.** generalizar; **I.** to generalize; **F.** généraliser; **A.** verallgemeinern; **It.** generalizzare; **R.** обобщать.

GENERALMENTE. adv. Con generalidad.

GENERANTE. (l. *generans*, *-ántis*.) p.a. de generar. desus. Que genera.

GENERAR. (l. *generáre*.) tr. Engendrar.

GENERATIVO, VA. (l. *generátum*, supino de *generáre*, engendrar.) adj. Dícese de lo que tiene virtud de engendrar.

GENERATRIZ. (l. *generátrix*.) adj. Geom. Generadora. Ú.t.c.s. || **2.** Fís. Dícese de la máquina que convierte la energía mecánica en eléctrica. Ú.t.c.s.f. || **P.** geratriz; **I.** generant, generatrix; **F.** génératrice; **A.** erzeugende Linie; **It.** generatrice; **R.** образующая.

GENÉRICAMENTE. adv. De un modo genérico.

GENÉRICO, CA. (De *género*.) adj. Común a muchas especies. || **2.** Perteneciente o relativo a un género. || **3.** Distintivo. || **4.** Gram. Perteneciente al género. || **P.** genérico; **I.** generic; **F.** générique; **A.** Gattungs- (en comp.); **It.** genérico; **R.** родовой.

GÉNERO. (l. *genus*, *genĕris*.) m. Especie, 1.ª acep. || **2.** Modo o manera de hacer una cosa. || **3.** Clase. || **4.** En el comercio, cualquier mercancía. || **5.** Cualquier clase de tela. || **6.** Gram. Accidente gramatical que sirve para indicar el sexo de las personas o de los animales y el que se atribuye a las cosas, o bien para indicar que no se les atribuye ninguno. || **7.** Bot. y Zool. Conjunto de especies que tienen cierto número de caracteres comunes. || **P.** género; **I.** genus; **F.** genre; **A.** Geschlecht; **It.** gènere; **R.** род. || **3.ª** acep.: **P.** classe; **I.** sort; **F.** sorte; **A.** Gattung; **It.** sorta; **R.** сорт.

GENEROSAMENTE. adv. Con generosidad.

GENEROSÍA. (De *generoso*.) f. ant. Generosidad.

GENEROSIDAD. (l. *generosĭtas*, *-átis*.) f. Nobleza heredada de los mayores. || **2.** Propensión del ánimo a anteponer el decoro a la utilidad. || **3.** Largueza, liberalidad. || **4.** Valor y esfuerzo en las empresas arduas. || **5.** Grandeza de alma, magnanimidad. || **3.ª** acep.: **P.** generosidade; **I.** generosity; **F.** générosité; **A.** Grossherzigkeit; **It.** generosità; **R.** великодушие.

GENEROSO, SA. (l. *generōsus*.) adj. Noble y de ilustre prosapia. || **2.** Que obra con magnanidad. Ú.t.c.s. || **3.** Liberal, dadivoso y franco. || **4.** Excelente en su especie. || **5.** Dícese del vino fuerte, añejo y mejor elaborado que el común.

GENESIACO, CA [~SÍACO, CA]. adj. Perteneciente o relativo a la génesis.

GENÉSICO, CA. adj. Perteneciente o relativo a la generación.

GÉNESIS. (l. *genĕsis*, y éste del gr. γένεσις, engendramiento, producción.) m. Primer libro del Pentateuco de Moisés, que empieza por la historia de la creación del mundo. || **2.** f. Origen o principio de una cosa. || **3.** Por ext., conjunto de los fenómenos que dan por resultado un hecho. || **P.** Génesis; **I.** Genesis; **F.** Genèse; **A.** Genesis, Entstehung; **It.** Gènesi; **R.** происхождение.

GENESTA. (l. *genesta*.) f. ant. Bot. Hiniesta.

GENÉTICA. (gr. γένεσις, engendramiento, producción.) Parte de la biología

que trata de los problemas de la herencia.

GENÉTICO, CA. adj. Relativo a la genética y a la génesis u origen de las cosas.

GENETLIACA [~TLÍACA]. (l. *genethlíaca*, t. f. de *-cus*, genetliaco.) f. Práctica supersticiosa de pronosticar a uno su buena o mala fortuna por el día en que nace.

GENETLIACO, CA [~TLÍACO, CA]. (l. *genethlíacus*, y éste del gr. γενεθλιακός, de γενέθλη, nacimiento.) adj. Perteneciente a la genetliaca, o que la ejercita. || **2.** Dícese del poema o composición sobre el nacimiento de una persona. || **3.** m. El que practica la genetliaca.

GENETLÍTICO. adj. ant. Genetliaco.

* **GENETOPATÍA.** f. Med. Cualquier enfermedad de los órganos genitales.

* **GENIADA.** f. Chile. Hecho o dicho como expresión de genio fuerte o violento.

GENIAL. (l. *geniális*.) adj. Propio del genio o inclinación de uno. || **2.** Placentero; que causa deleite o alegría. || **3.** Sobresaliente, extremado, que revela genio creador. || **4.** Ingenioso. || **5.** Ar., Sal. y Sant. Genio, índole, carácter. || **P.** e **I.** genial; **F.** génial; **A.** genial, eigentümlich; **It.** geniale; **R.** прирождённый.

GENIALIDAD. (l. *genialĭtas*, *-átis*.) f. Singularidad propia del carácter de una persona. Generalmente se usa en sentido despectivo.

GENIALMENTE. adv. De manera genial.

GENIAZO. m. aum. de genio. || **2.** fam. Genio fuerte.

* **GENICIDIO.** (l. *genus*, género, raza, y *coedĕre*, matar.) m. Exterminio sistemático de un grupo étnico.

* **GÉNICO, CA.** adj. Biol. Perteneciente o relativo a los genes.

GENILLA. (l. *genae*, ojos.) f. ant. Pupila o niña del ojo.

GENIO. (l. *genius*.) m. Índole o inclinación según la cual dirige uno comúnmente sus acciones. || **2.** Disposición para una cosa. || **3.** Grande ingenio, fuerza intelectual extraordinaria con facultad capaz de crear o inventar cosas nuevas y admirables. || **4.** fig. Sujeto dotado de esta facultad. || **5.** Carácter. || **6.** Deidad que suponían los antiguos gentiles engendradora de cuanto hay en la naturaleza. || **7.** En las artes, ángeles o figuras que se colocan al lado de una divinidad, o para representar una alegoría. || GENIO *y figura hasta la sepultura*. ref. que explica no ser fácil mudar de genio. || **P.** génio; **I.** temper, nature; **F.** naturel; **A.** Genie; **It.** indole, naturale; **R.** характер, темперамент. || **3.ª** y **4.ª** aceps.: **P.** génio; **I.** genius; **F.** génie; **A.** Genie; **It.** genio; **R.** гений, талант.

* **GENIOSO, SA.** adj. Chile y Méj. Acompañado del adverbio *mal*, de genio fuerte y violento.

GENIPA. f. Bot. Yagua.

GENISTA. (l. *genista*.) f. Bot. Retama.

GENITAL. (l. *genitális*.) adj. Que sirve para la generación. || **2.** m. Testículo. Ú.m. en pl. || **3.** Órganos de la reproducción.

GENITIVO, VA. (l. *genitĭvus*.) adj. Que puede engendrar y producir una cosa. || **2.** m. Gram. Uno de los casos de declinación. Denota relación de posesión o pertenencia, y en castellano lleva antepuesta la preposición *de*. || **1.ª** y **2.ª** aceps.: **P.** genital, genitivo; **I.** generative, genitive; **F.** engendrer, genitif; **A.** zeugungsfähig, Westfall; **It.** generativo, genitivo; **R.** способный к зачатию, родительный падеж.

GENITOR. (l. *genitor*.) m. El que engendra.

GENITORIO, RIA. adj. ant. Genital.

GENITOURINARIO, RIA. adj. Med. Perteneciente o relativo a las vías y órganos genitales y urinarios.

GENITURA. (l. *genitúra*.) f. ant. Generación. || **2.** ant. Semen o materia de generación.

GENÍZARO, RA. adj. Jenízaro.

GENO. (l. *genus*.) m. ant. Linaje, prosapia.

GENOCIDIO. m. Exterminio o eliminación sistemática de un grupo social por motivo de raza, religión o de política.

* **GENOCITO.** m. Célula sexual.

GENOJO. (l. *genicŭlum*, d. de *genu*, rodilla.) m. ant. Rodilla del ser humano.

GENOL. (cat. y prov. *genoll*, y éste

del l. *genŭcŭlum*, rodilla. m. MAR. Cada una de las piezas que se amadrinan a las varengas para formar las cuadernas de un buque.

GENOLÍ. m. desus. Pasta de color amarillo que se usaba en pintura.

GENOLLO. m. ant. Genojo.

GENOTÍPICO, CA. adj. Perteneciente o relativo al genotipo.

GENOTIPO. (l. *genus* y *typus*.) m. BIOL. Conjunto de los genes existentes en cada uno de los núcleos celulares de los individuos de una determinada especie vegetal o animal. || **2.** Grupo o clase de individuos pertenecientes a tal tipo.

GÉNOVA. n. p. V. *Ciruela de* GÉNOVA.

GENOVÉS, SA. adj. Natural de Génova. Ú.t.c.s. || **2.** Perteneciente a esta ciudad de Italia. || **3.** Por ext., banquero en los siglos XVI y XVII. || **P.** genoves; **I.** Genoese; **F.** genois; **A.** Genueser; **It.** genovese; **R.** генуэзский.

GENOVISCO, CA. adj. ant. Genovés. Apl. a pers. usáb.t.c.s.

GENRO. (l. *gener, -eri*.) m. ant. Yerno, hijo político.

GENT. (fr. *gent*, noble, y éste del l. *genitus*, nacido.) adv. ant. Gentilhombre.

GENTALLA. f. ant. Gentualla.

GENTE. (l. *gens, gentis*.) f. Pluralidad de personas. || **2.** Nación, pueblo. || **3.** Tropa de soldados. || **4.** Nombre colectivo que se da a cada una de las clases que pueden distinguirse en la sociedad. GENTE *del pueblo*. GENTE *rica*. || **5.** fam. Familia o parentela. || **6.** fam. Conjunto de personas que viven reunidas o trabajan a las órdenes de uno. || **7.** ARGENT., COLOM., CHILE y P. RICO. GENTE *decente*, bien portada. || **8.** MAR. Conjunto de los soldados y marineros de un buque. || **9.** pl. Gentiles. Hoy sólo se usa en la expresión *El Apóstol de las* GENTES. || **10.** GERM. Las orejas. || **—de barrio.** La ociosa y holgazana. || **—de bien.** La de buena intención y proceder. || **—del rey.** Galeotes y presidiarios. || **—de medio pelo.** La de clase media no muy acomodada. || **—menuda.** Los niños. || *Ande yo caliente y ríase la* GENTE. ref. que se aplica al que prefiere su gusto o su comodidad, al bien parecer. || **P.** e **It.** gente; **I.** people; **F.** gens; **A.** Leute; **R.** люди.

GENTECILLA. f. d. de gente. || **2.** despect. Gente ruin y despreciable.

GENTIL. (l. *gentilis*.) adj. Idólatra o pagano. Ú.t.c.s. || **2.** Brioso, galán, gracioso. || **3.** Notable. || **4.** ant. Gentilicio, perteneciente o relativo a las gentes o naciones. || **5.** Noble, hidalgo, aristócrata. || **P.** pagäo; **I.** heathen, pagan; **F.** païen; **A.** heidnisch; **It.** gentile; **R.** языческий, весёлый.

GENTILEZA. (De *gentil*, gallardo.) f. Gallardía, garbo y bizarría. || **2.** Desembarazo y garbo en la ejecución de alguna cosa. || **3.** Ostentación, bizarría y gala. || **4.** Urbanidad, cortesía.

GENTILHOMBRE. (De *gentil* y *hombre*.) m. Buen mozo. || **2.** Noble que servía en casa de los reyes. || **3.** Persona que se despachaba al rey con un pliego de importancia, para darle alguna buena noticia. || **4.** El que en la casa de un grande prestaba sus servicios para acompañar al señor o la señora. || **—de boca.** Criado de la casa del rey, en clase de caballero, cuyo destino propio era servir a la mesa del rey. || **—de cámara.** Persona de distinción que acompañaba al rey en ella y cuando salía. || **—de manga.** Criado para servir al príncipe y a los infantes durante la menor edad. || **—de placer.** fam. Bufón. || **P.** gentil-homem; **I.** gentleman; **F.** gentilhomme; **A.** Edelmann; **It.** gentiluomo; **R.** дворянин.

GENTILICIO, A. (l. *gentilitĭus*.) adj. Perteneciente a las gentes o naciones. || **2.** Perteneciente al linaje o familia. || **3.** FOR. Dícese del retracto procedente del parentesco con el vendedor de la cosa. || **4.** GRAM. Aplícase al adjetivo que denota la gente, nación o patria de las personas.

GENTÍLICO, CA. adj. Perteneciente a los gentiles.

GENTILIDAD. (l. *gentilĭtas, -ātis*.) f. Falsa religión que profesan los gentiles o idólatras. || **2.** Conjunto y agregado de todos los gentiles. || **P.** gentilidade; **I.** gentilism;

F. gentilité; **A.** Heidentum; **It.** gentilità; **R.** язычество.

GENTILISMO. (De *gentil*.) m. Gentilidad.

GENTILIZAR. intr. Practicar o seguir los ritos de los gentiles. || **2.** tr. Dar carácter gentílico a alguna cosa.

GENTILMENTE. adv. Con gentileza. || **2.** A manera de los gentiles.

GENTÍO. (De *gente*.) m. Concurrencia de gran número de personas en un lugar. || **P.** gentio; **I.** crowd; **F.** foule; **A.** Menschenmenge; **It.** folla; **R.** толпа.

GENTO, TA. (l. *genitus*, p.p. de *gignĕre*, engendrar.) adj. ant. Gentil, bello, gallardo.

GENTUALLA. f. despect. Gente la más despreciable de la plebe.

GENTUZA. f. despect. Gentualla.

GENUÉS, SA. (l. *Genua*, Génova.) adj. ant. Genovés. Apl. a pers. usáb.t.c.s.

GENUFLEXIÓN. (l. *genuflexĭo, -ōnis*, de *genuflectĕre*, doblar la rodilla, arrodillarse.) f. Acción y efecto de doblar la rodilla, bajándola hacia el suelo ordinariamente en señal de reverencia. || **P.** genuflexão; **I.** genuflection; **F.** génuflexion; **A.** Kniebeugung; **It.** genuflessione; **R.** коленопреклонение.

GENUINO, NA. (l. *genuīnus*.) adj. Puro, propio, natural, legítimo. || **P.** genuíno; **I.** genuine; **F.** génuin; **A.** rein, echt; **It.** genuino; **R.** истинный.

GENULÍ. m. Genolí.

★ GEOBOTÁNICA. (gr. γῆ, tierra, y *botánica*.) f. Ciencia que estudia la relación entre la vida vegetal y el medio terrestre.

★ GEOCARPIA. (gr. γῆ, tierra, y καρπός, fruto.) f. BOT. Maduración de los frutos dentro del suelo.

GEOCÉNTRICO, CA. (gr. γῆ, tierra, y de *céntrico*.) adj. Perteneciente o relativo al centro de la Tierra. || **2.** ASTRON. Aplícase a la altitud y latitud de un planeta visto desde la Tierra. || **3.** ASTRON. Aplícase al sistema de Tolomeo y a los demás que suponían ser la Tierra el centro del Universo.

GEODA. (l. *geōdes*, y éste del gr. γεώδης, térreo.) f. GEOL. Hueco de una roca, tapizado de una substancia generalmente cristalizada.

GEODESIA. (gr. γεωδαισία; de γῆ, tierra, y δαίω, dividir.) f. Ciencia matemática que tiene por objeto determinar la figura y magnitud de todo el globo terrestre y construir los mapas correspondientes. || **P.** geodesia; **I.** geodesy; **F.** géodésie; **A.** Geodäsie, Vermessungskunde; **It.** geodesia; **R.** геодезия.

GEODÉSICO, CA. adj. Perteneciente a la geodesia o concerniente a ella. || **2.** Con relación a distancia, dícese de la más corta que existe entre dos puntos situados sobre una superficie esférica.

GEODESTA. m. Profesor de geodesia. || **2.** Persona que se ejercita habitualmente en ella.

★ GEODINÁMICA. f. Parte de la geología que estudia las fuerzas y los agentes geológicos que modifican el relieve terrestre. || **P.** geodinamica; **I.** geodynamics; **F.** géodynamique; **A.** Geodynamik; **It.** geodinàmica; **R.** геодинамика.

GEÓFAGO, GA. (gr. γῆ, tierra, y φαγεῖν, comer.) adj. Que come tierra. Ú.t.c.s.

GEOFÍSICA. f. Parte de la geología, que estudia la física terrestre. || **P.** geofísica; **I.** geophysics; **F.** géophysique; **A.** Geophysik; **It.** geofisica; **R.** геофизика.

GEOGENIA. (gr. γῆ, tierra, y γένος, nacimiento.) f. Parte de la geología que trata del origen y formación de la Tierra.

GEOGÉNICO, CA. adj. Perteneciente o relativo a la geogenia.

GEOGNOSIA. (gr. γῆ, tierra, y γνῶσις, conocimiento.) f. Parte de la geología que estudia la estructura y composición de las rocas que forman la Tierra.

GEOGNOSTA. (gr. γῆ, tierra, y γνώστης, el que conoce.) m. El que profesa la geognosia o es versado en ella.

GEOGNÓSTICO, CA. adj. Perteneciente o relativo a la geognosia.

GEOGONÍA. (gr. γῆ, tierra, y γονεία, generación.) f. Geogenia.

GEOGÓNICO, CA. adj. Perteneciente o relativo a la geogonía.

GEOGRAFÍA. (l. *geographía*, y éste del gr. γεωγραφία, de γεωγράφος, geógrafo.) f. Ciencia que trata de la descripción de la Tierra. || **—política.** La que trata de la organización y distribución de la Tierra como morada del hombre. || **P.** geografia; **I.** geography; **F.** géographie; **A.** Geographie, Erdkunde; **It.** geografia; **R.** география.

GEOGRÁFICAMENTE. adv. Según las reglas de la geografía.

GEOGRÁFICO, CA. (l. *geographĭcus*, y éste del gr. γεωγραφικός.) adj. Perteneciente o relativo a la geografía.

GEÓGRAFO. (l. *geographus*, y éste del gr. γεωγράφος, de γῆ, tierra, y γράφω, describir.) m. El que profesa la geografía o en ella tiene especiales conocimientos. || **P.** geógrafo; **I.** geographer; **F.** géographe; **A.** Geograph; **It.** geògrafo; **R.** географ.

GEOIDE. (gr. γῆ, tierra, y εἶδος, forma.) m. Forma teórica de la Tierra determinada por la geodesia. || **2.** Espacio linfático dilatado.

GEOLOGÍA. (gr. γῆ, tierra, y λόγος, tratado.) f. Ciencia que estudia la forma exterior e interior del globo terrestre; la naturaleza de las materias que lo componen y su formación, así como los cambios o alteraciones que éstas han experimentado desde de su origen, y su colocación y actual estado. || **P.** geología; **I.** geology; **F.** géologie; **A.** Geologie, Erdbildungskunde; **It.** geologia; **R.** геология.

GEOLÓGICO, CA. adj. Perteneciente o relativo a la geología.

GEÓLOGO. m. El que profesa la geología o en ella tiene especiales conocimientos.

GEOMANCIA [~MANCÍA]. (l. *geomantĭa*, y éste del gr. γεωμαντεία, de γῆ, tierra y μαντεία, adivinación.) f. Especie de magia y adivinación supersticiosa que se vale de los cuerpos terrestres o con líneas, círculos, o puntos hechos en la tierra.

GEOMÁNTICO, CA. adj. Perteneciente a la geomancia. || **2.** m. El que la profesa.

GEOMÉTICO, CA. m. ant. Geomántico.

GEÓMETRA. (l. *geomĕtra*, y éste del gr. γεωμέτρης, de γῆ, tierra, y μετρέω, medir.) m. Persona que profesa la geometría o en ella tiene especiales conocimientos.

GEOMETRAL. adj. Geométrico.

GEOMETRÍA. (l. *geometria*, y éste del gr. γεωμετρία, de γεωμέτρης, geómetra.) f. Parte de las matemáticas que trata de las propiedades y medidas de la extensión. || **2.** Tratado de esta ciencia. || **—algorítmica.** MAT. Aplicación del álgebra a la geometría. || **—analítica.** Parte de las matemáticas que estudia las propiedades de las líneas y superficies representadas por medio de ecuaciones. || **—del espacio.** Parte de la geometría que considera las figuras cuyos puntos no están todos en un mismo plano. || **—descriptiva.** La que tiene por objeto resolver los problemas de la geometría del espacio por medio de operaciones efectuadas en un plano y representar en él las figuras de los sólidos. || **—plana.** Parte de la geometría, que considera las figuras cuyos puntos están todos en un mismo plano. || **—euclidiana.** MAT. La que está fundada en el postulado de Euclides. || **P.** geometria; **I.** geometry; **F.** géométrie; **A.** Geometrie; **It.** geometria; **R.** геометрия.

GEOMÉTRICAMENTE. adv. Conforme al método y reglas de la geometría.

GEOMÉTRICO, CA. (l. *geometrĭcus*, y éste del gr. γεωμετρικός.) adj. Perteneciente a la geometría. || **2.** fig. Muy exacto.

★ GEOMÉTRIDOS. m. pl. ZOOL. Familia de insectos lepidópteros.

GEOMORFÍA. (gr. γῆ, tierra, y μορφή, forma.) f. Parte de la geodesia, que trata de la figura del globo terráqueo y de la formación de los mapas.

GEONOMÍA. (gr. γῆ, tierra, y νόμος, ley.) f. Ciencia que estudia las propiedades de la tierra vegetal.

GEONÓMICO, CA. adj. Perteneciente o relativo a la geonomía.

★ GEOPITECO, CA. adj. ZOOL. Dícese de los monos no trepadores. Ú.t.c.s.

★ GEOPLÁNIDOS. m. pl. Gusanos platelmintos de cuerpo aplanado y largo.

G

GEOPOLÍTICA. f. Ciencia que pretende fundar la política nacional o internacional en el estudio de los factores geográficos, económicos y raciales.

GEOPONÍA. (gr. γεωπονία, de γεωπόνος; de γῆ, tierra, y πόνος, trabajo.) f. Agricultura.

GEOPÓNICA. f. Geoponía.

GEOPÓNICO, CA. (gr. γεωπονικός.) adj. Perteneciente o relativo a la geoponía.

★ **GEOQUÍMICA.** f. Conjunto de los estudios químicos referentes a la corteza terrestre, tanto en su aspecto sólido, como el sólido y el gaseoso.

GEORAMA. (gr. γῆ, tierra, y ὅραμα, acción de ver, espectáculo.) m. Globo geográfico, grande y hueco, sobre cuya superficie interior está trazada la figura de la Tierra, de manera que el espectador colocado en el centro de dicho globo abraza de una ojeada el conjunto de los mares, continentes, etc.

GEORGIANO, NA. adj. Natural de Georgia. Ú.t.c.s. ‖ **2.** Perteneciente a este país de Asia.

GEÓRGICA. (l. georgĭca, y éste del gr. γεωργικός, rural; de γεωργός; de γῆ, tierra, y ἔργον, obra.) f. Obra que tiene relación con la agricultura. Por antonomasia se entienden las de Virgilio.

★ **GEÓRGICO, CA.** (l. georgĭcus.) adj. Perteneciente o relativo a la agricultura.

★ **GEOSAURIOS.** m. pl. Reptiles saurios terrestres en oposición a los acuáticos.

GEOTECTÓNICO, CA. adj. Perteneciente o relativo a la forma, disposición y estructura de las rocas y terrenos que constituyen la corteza terrestre.

★ **GEOTERMÓMETRO.** m. Fís. Aparato para medir, a distintas profundidades, la temperatura del globo terráqueo.

GEÓTICO, CA. (gr. γῆ, tierra.) adj. ant. Perteneciente a la tierra o que se ejecuta con ella.

★ **GEOTRÍA.** f. Zool. Género de peces ciclóstomos del orden de las lampreas.

GEOTROPISMO. m. Biol. Tropismo en que el factor predominante es la fuerza de gravedad.

★ **GEOTROPOSCOPIO.** m. Aparato para demostrar la rotación de la Tierra; es semejante a un giroscopio.

GÉPIDO, DA. (l. gepĭdae.) adj. Dícese de cada uno de los individuos de una antigua ciudad germánica que se juntó a los hunos bajo Atila. Ú.t.c.s.

GERANIÁCEO, A. (De geranio.) adj. Bot. Dícese de hierbas o matas angiospermas dicotiledóneas. Sus flores son solitarias pentámeras y los frutos indehiscentes con una sola semilla, como el geranio. Ú.t.c.s.f. ‖ **2.** f. pl. Bot. Familia de estas plantas.

GERANIO. (l. geranion, y éste del gr. γεράνιον.) m. Planta exótica de la familia de las geraniáceas, con tallos herbáceos y ramosos; hojas opuestas, pecioladas, flores en umbela apretada, y frutos capsulares, cada una con su semilla. Procede del África austral y se cultiva en los jardines. ‖—**de hierro.** Pelargonio de hojas grandes, de olor muy desagradable y de gran belleza. ‖ —**de malva.** Pelargonio de olor de manzanas, y flores blancas, que se cultiva por su aroma. ‖ —**de rosa.** Pelargonio de hojas pequeñas, de olor muy agradable y flores rosadas. Se cultiva para extraer su esencia, muy empleada en perfumería. ‖ —**de sardina.** Ál., Córd. y Nav. geranio de hierro. ‖ P. gerânio; I. geranium, cranesbill; F. géranium; A. Geranium, Storchschnabel; It. geranio; R. герань.

GERBO. m. Jerbo.

GERENCIA. f. Cargo de gerente. ‖ **2.** Gestión que le incumbe. ‖ **3.** Oficina del gerente. ‖ **4.** Tiempo que una persona dura en este cargo. ‖ P. gerência; I. managership; F. gérance; A. Geschäftsführung, Verwaltung; It. gerenza; R. управление.

★ **GERENTA.** f. Argent. Mujer que está al frente de un prostíbulo.

GERENTE. (l. gerens, -entis, p.a. de gerĕre, dirigir.) m. Com. El que dirige los negocios y lleva la firma en una sociedad o empresa mercantil, con arreglo a su constitución. ‖ P. e It. gerente; I. manager; F. gérant; A. Geschäftsführer; R. управляющий.

° **GERIATRA.** m. y f. Médico especialista en enfermedades de la vejez.

GERIATRÍA. (gr. γῆρας, vejez, y ἰατρεία, curación.) f. Parte de la medicina que estudia la vejez y sus enfermedades.

GERIFALCO. m. ant. Gerifalte.

GERIFALTE. (al. geigerfalk; de geiger, buitre, y falke, halcón.) m. Ave del orden de las rapaces, con plumaje pardo con rayas claras en las penas de las alas y cola, y blanquecinas con listas cenicientas en el vientre. Es el halcón mayor que se conoce; fue muy estimado como ave de cetrería, y vive en el norte de Europa. ‖ **2.** Pieza antigua de artillería de muy poco calibre. ‖ **3.** fig. Persona que descuella en cualquier línea. ‖ **4.** Germ. Ladrón, autor de robos. ‖ P. gerifalto; I. gerfalcon; F. gerfaut; A. Jagdfalke; It. girifalco; R. кречет.

★ **GERIÓNIDOS.** m. pl. Zool. Familia de tracomedusas, de tamaño grande.

GERMÁN. adj. Apócope de germano.

GERMANA. (De germano, rufián.) f. Germ. Mujer pública, ramera.

GERMANÍA. (l. germānus, hermano.) f. Jerga o manera de hablar de ladrones y rufianes, que usaban ellos solos. ‖ **2.** Amancebamiento. ‖ **3.** Hermandad formada por los gremios de Valencia, a principios del siglo XVI. Usáb. m. en pl. con ocasión de la guerra que promovieron contra los nobles en el reinó de Valencia, en los primeros años del reinado de Carlos V. ‖ **4.** Germ. Rufianesca. ‖ **5.** fam. Albac., And. y Cuen. Tropel de muchachos. ‖ P. círia, calão; I. jargon; F. argot; A. Diebssprache; It. gergo; R. жаргон, арго.

GERMÁNICO, CA. (l. germanĭcus.) adj. Perteneciente o relativo a la Germania o a los germanos. ‖ **2.** Aplícase al que venció a los germanos y al hijo o descendiente del vencedor. Ú.t.c.s. ‖ **3.** Dícese de algunas cosas pertenecientes a Alemania. ‖ **4.** Dícese de la lengua indoeuropea que hablaron los pueblos germanos. Ú.t.c.s.m.

GERMANIDAD. (l. germanĭtas, -ātis.) f. ant. Hermandad.

GERMANIO. (De Germania, por haberse descubierto en Alemania.) m. Quím. Metal muy raro parecido al bismuto, que se encuentra en los minerales de cinc.

GERMANISMO. (l. Germania, Alemania.) m. Idiotismo propio de la lengua alemana. ‖ **2.** Vocablo o giro de esta lengua empleado en otra. ‖ **3.** Empleo de vocablos o giros alemanes en distinto idioma.

GERMANISTA. m. y f. Persona versada en la lengua y cultura alemanas.

GERMANIZACIÓN. f. Acción y efecto de germanizar.

GERMANIZAR. tr. Hacer tomar el carácter germánico, o inclinación a las cosas germánicas. Ú.t.c.r.

GERMANO, NA. adj. Natural u oriundo de la Germania. Ú.t.c.s.

GERMANO, NA. (l. germānus.) adj. ant. Genuino. ‖ **2.** m. Hermano carnal. ‖ **3.** Germ. Rufián.

° **GERMANÓFILO, LA.** adj. Amigo de los alemanes, partidario de la nación alemana. Ú.t.c.s.

GERMEN. (l. germen.) m. Principio rudimental de un nuevo ser orgánico. ‖ **2.** Parte de la semilla de que se forma la planta. ‖ **3.** Primer tallo que brota de ésta. ‖ **4.** fig. Principio, origen de una cosa material o moral. ‖ **5.** Med. Microorganismo o bacteria. ‖ P. germem; I. germ; F. e It. germe; A. Keim; R. зародыш.

GERMINACIÓN. (l. germinatĭo, -ōnis.) f. Acción de germinar.

GERMINADOR, RA. (l. germinātor.) adj. Que hace germinar.

GERMINAL. (l. germinālis.) adj. Perteneciente al germen. ‖ **2.** m. Séptimo mes del calendario republicano francés.

GERMINANTE. p.a. de germinar. Que germina.

GERMINAR. (l. germināre.) intr. Brotar y comenzar a crecer las plantas. ‖ **2.** Comenzar a desarrollarse las semillas de los vegetales. ‖ **3.** fig. Brotar, crecer, desarrollarse cosas morales o abstractas. ‖ P. germinar; I. to germinate; F. germer; A. (auf)keimen, spriessen; It. germinare; R. зарождаться.

GERMINATIVO, VA. adj. Que puede germinar o causar la germinación.

GERNO. (De genro.) m. ant. Yerno.

★ **GERONTE.** m. Cada uno de los miembros del senado de Esparta, todos de edad avanzada.

° **GERONTOLOGÍA.** f. Rama de la medicina que estudia las enfermedades de la vejez y en general los caracteres y fenómenos propios de dicha edad.

° **GERONTÓLOGO, GA.** Médico especializado en gerontología.

GERUNDENSE. (l. gerundensis, de Gerunda, Gerona.) adj. Natural de Gerona. Ú.t.c.s. ‖ **2.** Perteneciente a esta ciudad.

GERUNDIADA. (De Gerundio, persona que se expresa en estilo hinchado.) f. fam. Expresión gerundiana.

GERUNDIANO, NA. (De Gerundio, persona que se expresa en estilo hinchado.) adj. fam. Aplícase al estilo propio de un gerundio, 2.° art.

GERUNDIO. (l. gerundĭum.) m. Gram. Forma verbal invariable del modo infinitivo, cuya terminación regular es ando en los verbos de la primera conjugación, e iendo en los de segunda y tercera; jugando, bebiendo. Tiene más generalmente carácter adverbial: Estuvo comiendo. A veces se emplea como ablativo absoluto. Hablando un gran orador, acude mucha gente. ‖ P. gerúndio; I. gerund; F. gérondif; A. Gerundium; It. gerundio; R. герундий.

GERUNDIO. (Por alusión a fray Gerundio de Campazas, creación del Padre Isla.) m. fig. y fam. Persona que habla o escribe en estilo hinchado, afectando inoportunamente erudición o ingenio. Aplícase a los escritores y predicadores eclesiásticos.

★ **GERUNDIO.** adj. joc. Cuba. Generoso.

GESNERIÁCEO. (De gesneria, nombre de un género de plantas.) adj. Bot. Dícese de plantas angiospermas dicotiledóneas, herbáceas. Casi todas de países intertropicales, y muchas son ornamentales y muy apreciadas en jardinería. Ú.t.c.s.f. ‖ **2.** f. pl. Bot. Familia de estas plantas.

GESOLREÚT. (De la letra g y de las notas musicales sol, re, ut.) m. En la música antigua, indicación del tono que principia en el quinto grado de la escala diatónica de do y se desarrolla según los preceptos del canto llano y del canto figurado.

GESTA. (l. gesta, hazañas.) f. Conjunto de hechos memorables de algún personaje. ‖ Cantar, romance de gesta. Poesía, romance popular en que se relataban hechos de algún personaje.

GESTACIÓN. (l. gestatĭo, -ōnis.) f. Tiempo que dura la preñez. ‖ **2.** fig. Acción de germinar una idea o algo no material. ‖ **3.** Preñez o embarazo. ‖ **4.** fig. Preparación, incubación. ‖ P. gestação; I. y F. gestation; A. Schwangerschaft, Trächtigkeit; It. gestazione; R. период беременности.

GESTADURA. (De gesto, rostro.) f. ant. Cara o rostro.

★ **GESTANTE.** p.a. de gestar. Que gesta. Ú.t.c.adj. Madre gestante.

★ **GESTAPO.** (Voz alemana abreviada.) f. Nombre dado vulgarmente a la policía secreta organizada en Alemania por el nacionalsocialismo, para perseguir las actividades contrarias al nazismo.

★ **GESTAR.** intr. Estar una mujer embarazada.

GESTATORIO, RIA. (l. gestatorĭus.) adj. Que ha de llevarse a brazos. ‖ **2.** Dícese de la silla portátil que usa el Papa en actos de gran ceremonia.

GESTEAR. intr. Hacer gestos.

GESTERO, RA. adj. Que tiene el hábito o vicio de hacer gestos.

GESTICULACIÓN. (l. gesticulatio, -ōnis.) f. Movimiento del rostro, que indica afecto o pasión.

GESTICULAR. (l. gesticŭlus, d. de gestus, gesto.) adj. Perteneciente al gesto.

GESTICULAR. (l. gesticulāri.) intr. Hacer gestos. ‖ P. gesticular; I. to gesticulate; F. gesticuler; A. gestikulieren, Gebärden machen; It. gesticolare; R. жестикулировать.

GESTICULOSO, SA. adj. Que gesticula.

GESTIÓN. (l. gestĭo, -ōnis.) f. Acción

y efecto de gestionar. || **2**. Acción y efecto de administrar. || **—de negocios**. FOR. Cuasi contrato originado por el cuidado de intereses ajenos sin mandato de su dueño. || **P**. gestão, gerencia; **I**. agency, step; **F**. démarche, gestion; **A**. Tätigkeit, Gestion; **It**. sollecitazione; **R**. хлопоты.

GESTIONAR. (De *gestión*.) tr. Hacer diligencias para el logro de un negocio o de un deseo cualquiera.

GESTO. (l. *gestus*.) m. Expresión del rostro según los afectos del ánimo. || **2**. Movimiento exagerado del rostro por hábito o enfermedad. || **3**. Mueca. || **4**. Semblante, rostro. || **5**. ant. fig. Aspecto o apariencia que tienen algunas cosas inanimadas. || **6**. Acto o hecho. || *Hacer* GESTOS *a una cosa*. fr. fig. y fam. Despreciarla. || *Poner buen, o mal* GESTO. fr. Mostrar contento o enojo en el semblante. || **P**. gesto; **I**. face, grimace; **F**. grimace, mine; **A**. Gebärde, pl. Lazzi; **It**. gesto, smorfia; **R**. выражение лица.

GESTOR, RA. (l. *gestor*, procurador.) adj. Que gestiona. Ú.t.c.s. || **2**. COM. Miembro de una sociedad mercantil que participa en la administración de ésta. || **—de negocios**. FOR. El que sin tener mandato para ello, cuida bienes, negocios o intereses ajenos, en pro de aquel a quien pertenecen. || 2.ª acep.: **P**. gestor; **I**. superintendent, manager; **F**. gérant, administrateur; **A**. Geschäftsführer; **It**. gestore, amministratore; **R**. члравляющий.

GESTUDO, DA. adj. fam. Que acostumbra poner mal gesto. Ú.t.c.s.

GETA. (l. *geta*.) adj. Natural de un pueblo escita situado al este de la Dacia. Ú.t.c.s.m. y en pl.

★ **GETAPÚ**. m. BOL. Cuña.

GÉTICO, CA. (l. *geticus*.) adj. Perteneciente o relativo a los getas.

★ **GETTER**. (Voz inglesa.) m. Producto químico que se coloca en el interior de las válvulas de radio para neutralizar el aire que queda después de haber realizado el vacío.

GETULO, LA. (l. *getŭlus*.) adj. Natural de Getulia, país de África antigua. Ú.t.c.s. y en pl.

★ **GHETTO**. (Voz italiana.) Barrio judío de una ciudad.

GIBA. (l. *gibbus*, joroba.) f. Corcova, joroba. || **2**. fig. y fam. Molestia, incomodidad. || **3**. GERM. Bulto. || **4**. GERM. Alforja. || **P**. giba, corcova; **I**. hump, hunch; **F**. bosse, ennui; **A**. Höcker, Buckel; **It**. gibba, scrigno; **R**. горб, нечдобство.

GIBADO, DA. (De *giba*.) adj. Corcovado, jorobado.

GIBAO. m. V. *Pie de* JIBAO.

GIBAR. (De *giba*.) tr. Corcovar. || **2**. fig. y fam. Fastidiar, vejar, molestar.

GIBELINO, NA. (ital. *ghibellino*, del n. p. de *Weibelingen*.) adj. Partidario de los emperadores de Alemania, en la Edad Media, contra los güelfos, defensores de los papas. Ú.t.c.s. || **2**. Perteneciente o relativo a los gibelinos.

★ **GIBÓN**. m. ZOOL. Género de mamíferos cuadrúmanos antropomorfos. Tienen los brazos muy largos, viven en los árboles y se alimentan de frutas.

GIBOSIDAD. f. Cualquiera protuberancia en forma de giba.

GIBOSO, SA. (l. *gibbōsus*.) adj. Que tiene giba o corcova. Ú.t.c.s.

GIBRALTAREÑO, ÑA. adj. Natural de Gibraltar. Ú.t.c.s. || **2**. Perteneciente a esta ciudad.

★ **GICLEUR**. (Voz francesa.) m. Entre motoristas, vaporizador del carburador de los motores de explosión.

GIENNENSE. adj. Jiennense.

GIGA. (medio alto al. *gige*; en al. mod. *geige*, violín.) f. Baile antiguo que se ejecutaba en compás de seis por ocho con aire acelerado. || **2**. Música correspondiente a este baile. || **3**. ant. Instrumento músico de cuerda.

GIGANTA. (De *gigante*.) f. Mujer que excede de estatura a la generalidad de las demás. || **2**. Girasol.

GIGANTE. (l. *gigas, -antis*.) adj. Gigantesco. || **2**. m. El que excede mucho en estatura a la generalidad de los demás. || **3**. Gigantón, figura grotesca. || **4**. El que excede o sobresale notable**ment**e en ánimo, fuerza, virtud o vicio. || **5**. **pl**. GERM. Los dedos mayores de la mano. || 2.ª acep.: **P**.

e **It**. gigante; **I**. giant; **F**. géant; **A**. Gigant, Riese; **R**. великан.

GIGANTEA. (l. *gigantĕa*, t. f. de -*ĕus*, giganteo.) f. BOT. Girasol.

GIGANTEO, A. (l. *gigantĕus*.) adj. p. us. Gigantesco.

GIGANTESCO, CA. adj. Perteneciente o relativo a los gigantes. || **2**. fig. Excesivo o muy sobresaliente en su línea. || **P**. e **It**. gigantesco; **I**. gigantic, gigantean; **F**. gigantesque; **A**. ungeheuer(lich), riesenhaft; **R**. гигантский.

GIGANTEZ. (De *gigante*.) f. Tamaño que excede mucho de lo regular.

GIGÁNTICAMENTE. adv. ant. Al modo o manera de los gigantes.

GIGÁNTICO, CA. adj. ant. Giganteo.

GIGANTILLA. f. d. de giganta. || **2**. Figura artificial con cabeza y miembros desproporcionados a su cuerpo. || **3**. Por semejanza se llama así a la mujer muy gruesa y baja.

GIGANTINO, NA. adj. ant. Giganteo.

GIGANTISMO. m. MED. Enfermedad del desarrollo caracterizada por un crecimiento excesivo con relación a la talla media de los individuos de la misma edad, especie y raza.

GIGANTÓN, NA. m. y f. aum. de gigante. || **2**. Cada una de las figuras gigantescas que suelen llevarse en algunas procesiones. || **3**. m. Planta compuesta, especie de dalia, de flores moradas.

GIGOTE. (fr. *gigot*, pierna de carnero preparada para comerla.) m. Guisado de carne picada rehogada en manteca. || **2**. Por ext., cualquier otra comida picada en pedazos menudos.

★ **GIGUEAR**. intr. ECUAD. Gimotear.

GIJONENSE. adj. Gijonés. Ú.t.c.s.

GIJONÉS, SA. adj. Natural de Gijón. Ú.t.c.s. || **2**. Perteneciente a esta villa de Asturias.

GIL. adj. fam. ARGENT. Tonto, bobalicón. Ú.t.c.s.

★ **GIL**. m. Individuo de un bando de la montaña santanderina enemigo y rival de los negretes, en tiempos pasados.

GILÍ. (ár. *ŷāhil*, con imela, *ŷihil*, bobo, aturdido, ignorante.) adj. fam. Tonto, lelo.

GILITO. adj. Dícese del fraile descalzo de San Francisco, perteneciente a un convento de San Gil, que existió en Madrid.

GILVO, VA. (l. *gilvus*.) adj. Aplícase al color melado o entre blanco y rojo.

GIMNASIA. (l. *gymnasia*, y éste del gr. γυμνασία, de γυμνάζω, ejercitar.) f. Arte de desarrollar, fortalecer y dar flexibilidad al cuerpo mediante el ejercicio. || **2**. Estos ejercicios mismos tomados en conjunto. || **3**. fig. Práctica o ejercicio que adiestra en cualquier actividad. || **P**. ginástica; **I**. gymnastics; **F**. gymnastique; **A**. Gymnastik, Turnen; **It**. ginnàstica; **R**. гимнастика.

GIMNASIO. (l. *gymnasĭum*, y éste del gr. γυμνάσιον.) Lugar destinado a ejercicios gimnásticos. || **2**. Lugar destinado a la enseñanza pública.

GIMNASTA. (gr. γυμναστής.) Persona que practica ejercicios gimnásticos.

GIMNÁSTICA. (gr. *gymnastica*, t. f. de -*cus*, gimnástico.) f. Gimnasia.

GIMNÁSTICO, CA. (l. *gymnasticus*, y éste del gr. γυμναστικός.) adj. Perteneciente o relativo a la gimnasia.

GÍMNICO, CA. (l. *gymnicus*, y éste del gr. γυμνικός.) adj. Perteneciente a la lucha de los atletas, y a los bailes en que se imitaban estas luchas.

GIMNOSOFISTA. (l. *gymnosophistae*, y éste del gr. γυμνοσοφιστής; de γυμνός, desnudo, y σοφιστής, sabio.) m. Nombre que daban los griegos y romanos a los brahamanes o a algunas de sus sectas.

GIMNOSPERMO, MA. (gr. γυμνός, desnudo, y σπέρμα, simiente.) adj. BOT. Dícese de las plantas fanerógamas cuyos carpelos no llegan a constituir una cavidad cerrada y las semillas quedan al descubierto; como el pino, el ciprés, etc. || **2**. f. pl. BOT. Subtipo de estas plantas.

GIMNOTO. (gr. γυμνός, desnudo.) m. ZOOL. Pez teleósteo del suborden de los fisóstomos, muy parecido a la anguila, que alcanza más de 1 m. de longitud y vive en los ríos de la América Meridional. Produce descargas eléctricas con que para-

liza a los animales que les sirven de alimento.

★ **GIMOQUEAR**. intr. C. RICA. Gimotear o gemiquear.

GIMOTEADOR, RA. adj. Que gimotea.

GIMOTEAR. intr. fam. o despect. de gemir. Dicho del gemir ridículamente, sin bastante motivo.

GIMOTEO. m. fam. Acción y efecto de gimotear.

GINANDRA. (gr. γυνή, mujer, y ἀνήρ, ἀνδρός, hombre.) adj. BOT. Dícese de las plantas con flores hermafroditas que tienen los estambres soldados con el pistilo.

GINDAMA. f. Jindama.

GINEA. (gr. γενεά.) f. ant. Genealogía.

GINEBRA. f. Instrumento de percusión con que se acompaña rudamente un canto popular. || **2**. Cierto juego de naipes.|| **3**. fig. Confusión, desorden, desarreglo. || **4**. fig. Ruido confuso de voces humanas.

GINEBRA. (fr. *genièvre*, y éste del l. *junipĕrus*, enebro.) f. Alcohol de semillas aromatizado con las bayas del enebro.

GINEBRADA. f. Torta pequeña hecha con masa de hojaldre, con los bordes levantados formando picos, rellena con un batido de la misma masa con leche cuajada.

GINEBRÉS, SA. adj. Ginebrino. Apl. a pers. ú.t.c.s.

GINEBRINO, NA. adj. Natural de Ginebra. Ú.t.c.s. || **2**. Perteneciente a esta ciudad de Suiza.

GINECEO. (l. *gynaecĕum*, y éste del gr. γυναικεῖον, de γυνή, mujer.) m. Departamento que los griegos destinaban para habitación de sus mujeres. || **2**. BOT. Pistilo.

GINECOCRACIA. (gr. γυναικοκρατία, de γυναικοκρατέομαι; de γυνή, mujer, y κρατέω, dominar.) f. Gobierno de las mujeres.

GINECOLOGÍA. (gr. γυνή, γυναικός, mujer, y λόγος, tratado.) f. Parte de la medicina que trata de las enfermedades propias de la mujer. || **P**. ginecología; **I**. gynecology; **F**. gynécologie; **A**. Frauenheilkunde; **It**. ginecologia; **R**. гииекология.

GINECOLÓGICO, CA. adj. Perteneciente o relativo a la ginecología.

GINECÓLOGO, GA. m. y f. Persona que profesa la ginecología.

GINESTA. f. Hiniesta, retama.

GINETA. f. Jineta, mamífero carnicero que abunda en Berbería. || **P**. gineta; **I**. genet; **F**. genette; **A**. Bisamkatze, Genettkatze; **It**. genetta; **R**. ласка.

GINGIDIO. (l. *gingidion*, y éste del gr. γιγγίδιον.) m. BOT. Biznaga, planta umbelífera, y cada uno de los piececillos de las flores de esta planta.

★ **GINGIVA**. (l. *gingiva*.) f. Encía.

GINGIVAL. (l. *gingiva*, encía.) adj. Perteneciente o relativo a las encías.

GINOVÉS, SA. adj. ant. Genovés. Apl. a pers. usáb. t.c.s.

★ **GIOBERTITA**. (De *Giobert*. n. p.) f. MINERAL. Carbonato natural de magnesia.

★ **GIPSÍFERO, RA**. adj. Que contiene yeso.

GIRA. (De *girar*.) f. Excursión que efectúa un grupo de personas. || *A la* GIRA. m. adv. MAR. Dícese del buque fondeado con una o dos anclas o amarrado a una boya, de manera que gire presentando siempre la proa al impulso del viento o de la corriente.

GIRADA. (De *girar*.) f. ant. Giro, acción de girar. || **2**. DANZA. Movimiento de baile, consistente en dar una vuelta sobre la punta de un pie teniendo el otro en el aire.

GIRADOR. m. El que gira, librador.

GIRALDA. (De *girar*.) f. Veleta de torre cuando tiene figura humana o de animal. || **P**. cata-vento, grimpa; **I**. weathercock; **F**. girouette; **A**. Wetterfahne, Windfahne; **It**. ventaruola, girella; **R**. флюгер.

GIRALDETE. m. Roquete sin mangas.

GIRALDILLA. f. d. de giralda. || **2**. Baile popular de Asturias y provincias inmediatas.

GIRAMIENTO. (De *girar*.) m. ant. Giro, acción de girar.

GIRÁNDULA. (ital. *girandola*, d. de *giranda*, de *girare*, y éste del l. *gyrāre*, girar.) f. Rueda llena de cohetes que gira

G

despidiéndolos. ‖ **2**. Artificio que se coloca en las fuentes para arrojar el agua con agradable variedad. ‖ **3**. Candelabro de sobremesa con varios brazos.

★ **GIRANTA**. f. Argent. Yiranta, ramera.
GIRANTE. p.a. de girar. Que gira. ‖ **2**. m. ant. Novilunio.

GIRAR. (l. *gyrāre*.) intr. Moverse alrededor o circularmente. ‖ **2**. fig. Desarrollarse una conversación, trato, etc., en torno a un tema. ‖ **3**. Desviarse de la dirección inicial. ‖ **4**. Com. Expedir órdenes de pago. Ú.t.c.tr. girar *una letra*. ‖ **5**. Com. Hacer las operaciones mercantiles de una casa o empresa. ‖ **6**. Mec. Moverse un cuerpo circularmente alrededor de un eje. ‖ **P**. girar; **I**. to turn round; **F**. tourner; **A**. kreisen, sich drehen; **It**. girare; **R**. вращаться.

GIRASOL. (De *girar* y *sol*, por la propiedad que tiene la flor de irse volviendo hacia donde el sol camina.) m. Planta anual oriunda del Perú, de la familia de las compuestas, con tallo herbáceo; hojas alternas; flores terminales que se doblan en la madurez, amarillas; fruto con muchas semillas negruzcas, casi elipsoidales y comestible. ‖ **2**. Ópalo girasol. ‖ **3**. fig. Persona que procura granjearse el favor de los poderosos. ‖ **P**. girassol; **I**. sunflower; **F**. tournesol; **A**. Sonnenblume; **It**. girasole; **R**. подсолнечник.

GIRATORIO, RIA. adj. Que gira o se mueve alrededor. ‖ **2**. f. Mueble con estantes y divisiones que gira alrededor de un eje y se usa en los despachos.

GIRIFALTE. m. Gerifalte.

GIRINO. (l. *gyrīnus*.) m. Coleóptero pentámero, con cuerpo ovalado, de color bronceado muy brillante; dos pares de ojos; patas desiguales, adaptadas las traseras para la natación. Anda rápidamente y traza sobre las aguas estancadas multitud de curvas.

GIRO. (l. *gyrus*, y éste del gr. γῦρος.) m. Movimiento circular. ‖ **2**. Acción y efecto de girar. ‖ **3**. Dirección que se da a una conversación, a un negocio, etc. ‖ **4**. Tratándose del lenguaje o estilo, estructura especial de la frase, o manera de estar ordenadas las palabras para expresar un concepto. ‖ **5**. Amenaza, bravata o fanfarronada. ‖ **6**. Chirlo. ‖ **7**. Com. Movimiento de caudales por medio de letras, libranzas, etc. ‖ **8**. Com. Conjunto de operaciones o negocios de una casa o empresa. ‖ —postal. Giro oficial encargado al correo. ‖ —telegráfico. El que se hace a través de las oficinas de telégrafos. ‖ *Tomar* uno otro giro. fr. fig. Mudar de intento o resolución. ‖ **2**.ª acep.: **P**. giro; **I**. gyre; **F**. tour; **A**. Kreislauf, Wendung; **It**. giro, giramento; **R**. поворот. ‖ **7**.ª acep.: **P**. giro; **I**. draft; **F**. traite, virement; **A**. Tratte, Giro; **It**. cambiale; **R**. вексельный оборот.

GIRO, RA. adj. ant. Hermoso, galán. ‖ **2**. Amér., And. y Murc. Aplícase al gallo que tiene las plumas del cuello y de las alas amarillas. ‖ **3**. Argent. y Chile. Aplícase también al gallo matizado de blanco y negro. ‖ **4**. Méj. Dícese de quien conserva cierta apariencia de resolución o valentía. ‖ **5**. Cuba. Atolondrado, agobiado. ‖ **6**. Guat. Ebrio, borracho.

★ **GIROCOMPÁS**. m. Mar. Giroscopio que por la influencia de la rotación terrestre se orienta en dirección Norte-Sur.

GIROFLÉ. (fr. *girofle*, y éste del l. *garyophyllon*, del gr. καρυόφυλλον.) m. Clavero, árbol mirtáceo que produce el clavo.

GIROLA. (fr. *girolle*, y éste del l. *gyrāre*, girar.) f. Arq. Nave que rodea el ábside en la arquitectura románica y gótica.

GIROLÍ. adj. Dícese del gallo cuyas plumas de las alas y del cuello son de color amarillo verdoso.

GIRÓMETRO. (l. *gyrus*, y éste del gr. γῦρος giro, y μέτρον, medida.) m. Aparato para medir la velocidad de rotación de una máquina.

GIRÓN. m. Perú. Serie de cuadras o manzanas de casas.

GIRONDINO, NA. adj. Dícese del individuo de un partido político que se formó en Francia en tiempos de la Revolución y de este mismo partido. Apl. a pers. ú.t.c.s.

GIRONÉS, SA. adj. ant. Gerundense. Apl. a pers. ú.t.c.s.

GIROSCÓPICO, CA. adj. Dícese de la aguja de bitácora o de marear, en que se ha substituido la acción directriz magnética por la acción de un giroscopio en movimiento rápido.

GIROSCOPIO. m. Fís. Aparato ideado por Foucault en 1852, consistente en un disco que gira sobre un eje libre y demuestra la rotación del globo terrestre. ‖ **2**. Fís. Aparato para apreciar los movimientos circulares del viento. ‖ **3**. Fís. Giróstato. ‖ **P**. giroscópio; **I**. y **F**. gyroscope; **A**. Kreisel; **It**. giroscopio; **R**. жироскоп.

GIRÓSCOPO. m. Fís. Giroscopio.

GIRÓSTATO. (gr. γῦρος, giro, y στατός, estable, fijo.) m. Fís. Aparato constituido principalmente por un volante pesado que gira rápidamente y tiende a conservar el plano de rotación reaccionando contra cualquier fuerza que tienda a apartarlo de dicho plano.

GIRÓVAGO, GA. (l. *gyrovăgus*.) adj. Vagabundo. ‖ **2**. Dícese del monje que por no sujetarse a una vida regular de los anacoretas y cenobitas, iba de uno en otro monasterio. Ú.t.c.s.

GIS. (l. *gypsum*, yeso.) m. Clarión. ‖ **2**. Colom. Pizarrín. ‖ **3**. Méj. Pulque y también cualquier licor incoloro o de color muy débil. ‖ **4**. adj. Méj. Borracho.

GISTE. (al. *gischt*, espuma.) m. Espuma de la cerveza.

GITANADA. f. Acción propia de gitanos. ‖ **2**. fig. Adulación, caricias y engaños con que suele conseguirse lo que se desea.

GITANAMENTE. adv. fig. Con gitanería.

GITANEAR. intr. fig. Halagar con gitanería para conseguir lo que se desea.

GITANERÍA. f. Caricias y halagos hechos con zalamería y gracia, al modo de las gitanas. ‖ **2**. Reunión o conjunto de gitanos. ‖ **3**. Dicho o hecho propio de los gitanos.

GITANESCO, CA. adj. Propio de los gitanos.

GITANISMO. m. Costumbres y maneras propias y peculiares de los gitanos. ‖ **2**. Gitanería, reunión de gitanos. ‖ **3**. Vocablo o giro propio de los gitanos.

GITANO, NA. (De *egiptano*.) adj. Dícese de cierta raza de gentes errantes que se creyó ser descendientes de los egipcios y parecen proceder del norte de la India. Apl. a pers. ú.t.c.s. ‖ **2**. Propio de los gitanos o parecido a ellos. ‖ **3**. Egipcio. Apl. a pers. ú.t.c.s. ‖ **4**. fig. Que tiene gracia y arte para ganarse la voluntad de otro. Ú.t.c.s. ‖ **P**. cigano, gitano; **I**. gipsy; **F**. bohémien; **A**. Zigeuner; **It**. zingaro; **R**. цыган.

GLABRO, BRA. (l. *glaber*.) adj. Calvo, lampiño.

GLACIACIÓN. f. Formación de glaciares en una determinada región y época.

GLACIAL. (l. *glaciālis*.) adj. Helado, muy frío. ‖ **2**. Que hace helar o helarse. ‖ **3**. fig. Frío, desafecto, desabrido. ‖ **4**. Geogr. Dícese de cada una de las dos zonas polares terrestres. ‖ **5**. Geogr. Aplícase a las tierras y mares que están en las zonas glaciares. ‖ **P**., **I**. y **F**. glacial; **A**. eisig; **It**. glaciale; **R**. ледяной.

GLACIALMENTE. adv. fig. Con frialdad o de modo glacial.

GLACIAR. (fr. *glacier*, y éste del l. *glaciarius*, de *glacies*, hielo.) m. Masa de hielo acumulada en las zonas altas de las montañas por encima del límite de las nieves perpetuas y cuya parte inferior se desliza muy lentamente. ‖ **P**. glaciar; **I**. y **F**. glacier; **A**. Gletscher; **It**. ghiacciaio; **R**. ледник.

★ **GLACIARIO, RIA**. (De *glaciar*.) adj. Perteneciente o relativo al hielo y a los heleros. ‖ **2**. Geol. Aplícase al período geológico durante el cual se desarrollaron mucho los heleros en la Europa central y septentrional.

GLACIARISMO. m. Estudio científico de los glaciares.

★ **GLÁCIL**. m. P. Rico. Patio donde se extienden los granos a secar al sol.

GLACIS. (fr. *glacis*, de *glacier*, y éste del l. *glacies*, hielo.) m. Fort. Explanada.

GLADIADOR. (l. *gladiātor*, de *gladius*,

espada.) m. El que en los juegos públicos de los romanos luchaba con otro o con una bestia feroz, hasta quitarle la vida o perderla. ‖ **P**. gladiador; **I**. gladiator; **F**. gladiateur; **A**. Fechter, Gladiator; **It**. gladiatore; **R**. гладиатор.

GLADIATOR. m. Gladiador.

GLADIATORIO, RIA. (l. *gladiatorius*.) adj. Perteneciente a los gladiadores.

GLADIO. (l. *gladius*, espada.) m. Espadaña.

GLADÍOLO [~DIOLO]. (l. *gladiŏlus*.) m. Estoque, género de plantas iridáceas.

GLANDE. (l. *glans, glandis*, bellota.) m. Bálano, parte extrema o cabeza del miembro viril. ‖ **2**. f. ant. Rioja. Bellota, fruto del roble, la encina, etc. ‖ **P**. bálano; **I**. glans penis; **F**. gland; **A**. Eichel; **It**. glande, bàlano; **R**. жёлудь.

GLANDÍFERO, RA. (l. *glandifer;* de *glans, glandis*, bellota, y *ferre*, llevar.) adj. poét. y Bot. Que lleva o da bellotas.

GLANDÍGERO, RA. (l. *glans, glandis*, bellota, y *gerĕre*, llevar.) adj. Glandífero.

GLÁNDULA. f. Bot. Cualquiera de los órganos constituidos esencialmente por células que segregan substancias inútiles y nocivas para las plantas. ‖ **2**. Zool. Cualquiera de los órganos que segregan materias inútiles y nocivas para el animal, como el riñón, o productos que el organismo utiliza en el ejercicio de una determinada función, como el páncreas. Existen glándulas de secreción externa o exocrinas (lacrimales, sudoríparas, etc.); interna o endocrinas (tiroides, hipófisis, timo, suprarrenal, etc.); y mixtas (hígado, páncreas, testículo, ovario, etc.). ‖ **P**. glândula; **I**. gland; **F**. glande; **A**. Drüse; **It**. glàndola; **R**. железа.

GLANDULAR. adj. Propio de las glándulas.

★ **GLANDULARIA**. (De *glándula*.) f. Bot. Verbena, planta verbenácea medicinal.

GLANDULOSO, SA. (l. *glandulosus*.) adj. Que tiene glándulas, o está compuesto de ellas. ‖ **P**. e **It**. glanduloso; **I**. glandulous; **F**. glanduleux; **A**. drüsig; **R**. железистый.

★ **GLARIA**. (l. *glarĕa*, cascajo.) f. Med. Humor viscoso que en ciertos casos segregan las membranas mucosas.

GLASÉ. (fr. *glacé*, de *glacer*, y éste del l. *glacies*, hielo.) m. Tafetán de mucho brillo. ‖ **P**. tafetá, glacé; **I**. glacé silk; **F**. taffetas glacé; **A**. Glanztaffet, Glacé; **It**. glacé, taffetano lùcido; **R**. тафта.

GLASEADO, DA. p.p. de glasear. ‖ **2**. adj. Que imita o se parece al glasé.

GLASEAR. (De *glasé*.) tr. Dar brillo a la superficie de alguna cosa. ‖ **P**. lustrar; **I**. to glaze; **F**. glacer, lustrer; **A**. glasieren, satieren; **It**. lucidare; **R**. лощить.

GLASTO. (l. *glastum*.) m. Planta bienal de la familia de las crucíferas; con tallo herbáceo, ramoso; hojas grandes con orejetas en la base; flores pequeñas, amarillas, en racimos; fruto en vainilla elíptica, negra, y casi plana, con una semilla comprimida.

GLAUCIO. (l. *glaucĕum*.) m. Hierba de la familia de las papaveráceas, con tallos ramosos en la base, lampiños y amarillentos; hojas grandes, elípticas, de borde muy hendido; flores solitarias amarillas, y fruto capsular con semillas aovadas. Crece esta planta en terrenos arenosos y estériles.

GLAUCO. (l. *glaucus*, y éste del gr. γλαυχός, de color verdemar.) adj. Verde claro. ‖ **2**. m. Molusco gasterópodo marino, sin concha, con cuerpo fusiforme. Es de color azul con reflejos nacarados.

° **GLAUCOMA**. m. Med. Enfermedad grave de los órganos de la visión en los que se aprecia una producción exagerada de humores y como consecuencia un aumento de tensión intraocular. ‖ **P**., **I**. e **It**. glaucoma; **F**. glaucome; **A**. grüner Star; **R**. глаукома.

GLAYO. m. Ast. Arrendajo, ave parecida al cuervo.

GLEBA. (l. *gleba*.) f. Terrón que se levanta con el arado. ‖ **2**. Decíase del esclavo afecto a una heredad y que se vendía con ella. ‖ **3**. Ar. Terreno cubierto de césped. ‖ **P**. e **It**. gleba; **I**. clod, lump; **F**. glèbe; **A**. Erdscholle; **R**. глыба.

G

★ GLENA. f. Cavidad poco profunda de un hueso donde encaja articulándose la extremidad de otro.

GLERA. (arag. *glera*, y éste del l. *glarěa*, cantorral.) f. Cascajar, paraje donde abunda el cascajo.

GLICERINA. (gr. γλυκερός, dulce.) f. Líquido incoloro, espeso y dulce, que se encuentra en todos los cuerpos grasos como base de su composición. Se usa en farmacia, en perfumería, y para preparar la nitroglicerina, base de la dinamita. ‖ **P**. e **It**. glicerina; **I**. glycerine; **F**. glycérine; **A**. Glyzerin, Ölruss; **R**. глицерин.

GLICINA. f. Planta leguminosa, enredadera de jardín, con flores azuladas en grandes racimos.

★ GLICINA. f. Quím. Ácido aminoacético, inactivo, de sabor dulce.

GLICONIO. (l. *glyconius*, de *Glycon*, nombre del inventor de este metro.) adj. Dícese de un verso de la poesía clásica compuesto de tres pies. Ú.t.c.s.

★ GLIFO. m. Arq. Cierto adorno acanalado.

GLÍPTICA. (gr. γλύφω, esculpir.) f. Arte de grabar en piedras duras, y también los cuños destinados a la acuñación de monedas y medallas. ‖ **P**. glíptica; **I**. glyptics; **F**. glyptique; **A**. Steinschneidekunst, Glyptik; **It**. glittica; **R**. глиптика.

★ GLIPTOTECA. f. Museo donde se guardan piedras preciosas esculpidas o grabadas. ‖ **P**. gliptoteca; **I**. glyptotheca; **F**. glyptothèque; **A**. Glyptothek; **It**. glittoteca; **R**. глиптотек.

★ GLISERILLO. m. Venez. Guardabrisa.

GLOBAL. adj. Tomado en conjunto.

★ GLOBITOS. m. pl. Argent. Enredadera que se cultiva como planta de adorno.

GLOBO. (l. *globus*.) m. Esfera, cuerpo esférico. ‖ **2**. La Tierra. ‖ **3**. Especie de fanal de cristal con que se cubre a una luz para que no moleste a la vista o por adorno. ‖ **—aerostático**. Aparato aeronáutico compuesto de una bolsa de tela llena de un gas menos pesado que el aire, que puede elevarse en la atmósfera. ‖ **—cautivo**. El que está sujeto con un cable y sirve de observatorio. ‖ **—celeste**. Esfera en cuya superficie se figuran las constelaciones principales. ‖ **—terráqueo**. La Tierra. ‖ **—dirigible**. Globo fusiforme que lleva una o varias barquillas con motores y hélices propulsoras, para hacerle marchar y un timón vertical para guiarlo. ‖ **—sonda**. Globo pequeño no tripulado, con aparatos registradores, que se eleva a gran altura y se emplea para estudios meteorológicos. ‖ *En* GLOBO. m. adv. En conjunto, sin detallar. ‖ *Echar* GLOBOS. fr. fig. y fam. Colom. Cavilar. ‖ **P**. e **It**. globo; **I**. y **F**. globe; **A**. Kugel; **R**. шар.

GLOBOSO, SA. (l. *globōsus*.) adj. De figura de globo.

GLOBULAR. adj. De figura de glóbulo. ‖ **2**. Compuesto de glóbulos. ‖ **P**. e **I**. globular; **F**. globulaire; **A**. kugelig; **It**. globulare; **R**. шаровидный.

GLOBULARIÁCEO, A. (De *globularia*, nombre latino del único género de esta familia de plantas.) adj. Bot. Dícese de las plantas angiospermas dicotiledóneas, hierbas perennes, matas o arbustos, con hojas alternas, flores en cabezuelas, comúnmente terminales, y por frutos cariópsides con semilla de albumen carnoso. Ú.t.c.s.f. ‖ **2**. f. pl. Bot. Familia de estas plantas.

GLÓBULO. (l. *globŭlus*.) m. d. de globo. ‖ **2**. Pequeño cuerpo esférico. ‖ **—blanco**. Zool. Leucocito. ‖ **—rojo**. Zool. Hematíes. ‖ **P**. glóbulo; **I**. y **F**. globule; **A**. Kügelchen; **It**. globulo; **R**. шарик.

GLOBULOSO, SA. adj. Compuesto de glóbulos.

GLORIA. (l. *gloria*.) f. Bienaventuranza eterna. ‖ **2**. Cielo, el empíreo. ‖ **3**. Reputación, fama y honor que resulta a cualquiera por sus buenas acciones y grandes méritos. ‖ **4**. Gusto y placer vehemente. ‖ **5**. Lo que ennoblece o ilustra grandemente una cosa. ‖ **6**. Majestad, esplendor, magnificencia. ‖ **7**. Tejido de seda muy transparente y delgado de que se hacían mantos las mujeres. ‖ **8**. Género de pastel abarquillado. ‖ **9**. En algunas partes de Castilla la Vieja y León, hornillo para calentar y cocer las ollas. ‖ **10**. Estrado hecho sobre un hueco abovedado, en cuyo interior se quema paja u otro combustible para calentar la habitación. ‖ **11**. En los teatros, cada una de las veces que se alza el telón al final de los actos, para que los actores y autores reciban el aplauso del público. ‖ **12**. Pint. Rompimiento de cielo, por el que aparecen ángeles, resplandores, etc. ‖ **13**. m. Cántico o rezo de la misa que comienza con las palabras GLORIA *in excelsis Deo*. ‖ **14**. GLORIA PATRI. ‖ *Estar* uno en *la* GLORIA. fr. fig. y fam. Estar uno muy contento y gozoso. ‖ *Estar* uno *en sus* GLORIAS. fr. fam. Estar uno haciendo una cosa con gran placer y contento. ‖ *Saber a* GLORIA una cosa a uno. fr. fig. y fam. Gustarle mucho su disfrute. ‖ **3**.ª acep.: **P**. glória; **I**. glory; **F**. gloire; **A**. Ruhm, Glorie; **It**. gloria; **R**. рай.

GLORIADO, DA. p. p. de gloriarse. ‖ **2**. m. Amér. Central y Merid. Especie de ponche hecho con aguardiente.

GLORIA PATRI. (expr. l. *gloria al Padre*.) m. Versículo latino que se dice después del padrenuestro y avemaría, y al fin de los salmos e himnos de la Iglesia. ‖ **2**. Cuenta más gruesa que se pone en el rosario para dividir las decenas. ‖ *De* GLORIA PATRI. expr. Amér. De poca estimación, aprecio o valor. Se usa en Méjico.

GLORIAPATRI. m. Gloria Patri.

GLORIAR. (l. *gloriāri*.) tr. Glorificar. ‖ **2**. r. Preciarse demasiado o alabarse de una cosa. ‖ **3**. Complacerse, alegrarse mucho. *El maestro* se GLORÍA *del adelanto de sus alumnos*. ‖ **4**. intr. Cuba. Echar un poco de aguardiente u otro licor en el café, refrescos, etc.

GLORIETA. (fr. *gloriette*, y éste del l. *gloria*.) f. Cenador comúnmente hecho en los jardines. ‖ **2**. Plazoleta redonda, por lo común en un jardín, donde suele haber un cenador. ‖ **3**. Plaza donde convergen varias calles o paseos. ‖ **P**. pesseio público; **I**. summer-house; **F**. gloriette; **A**. Gartenlaube; **It**. fraschetto; **R**. беседка.

GLORIFICABLE. adj. Digno de ser glorificado.

GLORIFICACIÓN. (l. *glorificatĭo, -ōnis*.) f. Alabanza que se da a una cosa digna de honor y estimación. ‖ **2**. Acción y efecto de glorificar o glorificarse.

GLORIFICADOR, RA. (l. *glorificātor*.) adj. Que glorifica. Ú.t.c.s. ‖ **2**. Que da la vida eterna o la gloria.

GLORIFICANTE. p. a. de glorificar. Que glorifica.

GLORIFICAR. (l. *glorificāre*.) tr. Hacer glorioso al que no lo era. ‖ **2**. Reconocer y ensalzar al que es glorioso. ‖ **3**. r. Gloriarse, jactarse. ‖ **P**. glorificar; **I**. to glorify; **F**. glorifier; **A**. rühmen; **It**. glorificare; **R**. славить.

GLORIOSAMENTE. adv. Con gloria.

GLORIOSO, SA. (l. *gloriōsus*.) adj. Digno de honor y alabanza. ‖ **2**. Perteneciente a la gloria o bienaventuranza. ‖ **3**. Que goza de Dios en la gloria, y especialmente cuando ha sobresalido en virtudes y santidad. ‖ **4**. Que se alaba demasiado y con jactancia. ‖ **5**. fig. y fam. Teol. Dícese del cuerpo de quien fue dechado de virtudes. ‖ **6**. Por antonom., la Virgen María. ‖ **7**. fig. Revolución española del año 1868. ‖ **P**. e **It**. glorioso; **I**. glorious; **F**. glorieux; **A**. glorreich, rühmlich; **R**. славный.

GLOSA. (l. *glossa*, lenguaje obscuro, y éste del gr. γλῶσσα, lengua.) f. Explicación o comento de un texto obscuro o difícil. ‖ **2**. Nota que se pone en un instrumento o libro de cuenta y razón para advertir la obligación a que está afecta alguna cosa. ‖ **3**. Nota o reparo que se pone en las cuentas. ‖ **4**. Composición poética al fin de la cual o al de cada una de sus estrofas se hacen entrar rimando y con sentido uno o más versos propuestos. ‖ **5**. Mús. Variación que diestramente ejecuta el músico sobre unas mismas notas pero sin sujetarse rigurosamente a ellas. ‖ **P**. e **It**. glosa; **I**. gloss, scholium; **F**. glose; **A**. Glosse; Randbemerkung; **R**. толкование, глосса.

GLOSADOR, RA. adj. Que glosa. Ú.t.c.s.

GLOSAR. tr. Hacer o escribir glosas. ‖ **2**. fig. Interpretar o tomar en mala parte una palabra, proposición o acto. ‖ **3**. Colom. Reprender. ‖ **P**. glosar; **I**. to gloss, to comment; **F**. gloser; **A**. glossieren, auslegen; **It**. glosare, chiosare; **R**. толковать.

GLOSARIO. (l. *glossarium*.) m. Catálogo de palabras obscuras o desusadas, con explicación de cada una de ellas. ‖ **2**. Vocabulario. ‖ **P**. glossário; **I**. glossary; **F**. glossaire; **A**. Glossar, Vokabular; **It**. glossario; **R**. толковый словарь.

GLOSE. m. Acción de glosar o poner notas en un instrumento o libro de cuenta y razón.

GLOSILLA. f. d. de glosa. ‖ **2**. Impr. Carácter de letra menor que la de breviario.

GLOSOPEDA. (gr. γλῶσσα, lengua, y el l. *pes, pědis*, pie.) f. Veter. Fiebre aftosa que se manifiesta en los ganados por el desarrollo de vesículas o flictenas pequeñas en la boca y entre las pezuñas. ‖ **P**. e **It**. glossopeda; **I**. glossopaeda; **F**. glossopéda; **A**. (Maul-)und Kleuenseuche; **R**. ящур.

GLÓTICO, CA. adj. Zool. Perteneciente o relativo a la glotis.

GLOTIS. (gr. γλωττίς.) f. Zool. Abertura superior de la laringe, en el hombre, y anterior en los animales.

GLOTOLOGÍA. (gr. γλῶττα, lengua.) f. Lingüística.

GLOTÓN, NA. (l. *gluto, -ōnis*.) adj. Que come con exceso y con ansia. Ú.t.c.s. ‖ **2**. m. Animal carnívoro ártico, del tamaño de un zorro grande. ‖ **P**. glutão; **I**. glutton, gormandizer; **F**. glouton; **A**. Vielfrass; **It**. ghiottone; **R**. прожорливый.

GLOTONAMENTE. adv. Con glotonería.

GLOTONEAR. (De *glotón*.) intr. Comer glotonamente.

GLOTONERÍA. f. Acción de glotonear. ‖ **2**. Calidad de glotón. ‖ **P**. glutonaria; **I**. gluttony; **F**. gloutonnerie; **A**. Gefrässigkeit; **It**. ghiottoneria, ghiottornia; **R**. обжорство.

GLOTONÍA. (De *glotón*.) f. ant. Glotonería.

GLOXÍNEA. f. Bot. Planta de jardín, bulbosa, de flores acampanadas, originaria de América del Sur.

GLUCEMIA. (gr. γλύκος, dulzor, y αἷμα, sangre.) f. Fisiol. Presencia del azúcar en la sangre, y más acentuada cuando es excesiva.

GLUCINA. (gr. γλυκύς, dulce.) f. Quím. Óxido de glucinio que entra en la composición del berilo y de la esmeralda. Combinado con los ácidos forma sales de sabor dulce.

GLUCINIO. (De *glucina*.) m. p. us. Quím. Berilio.

GLUCÓGENO, NA. (gr. γλύκος, dulzor, y γεννάω, engendrar.) m. Quím. Hidrato de carbono parecido al almidón, de color blanco, que se encuentra en el hígado y, en menor cantidad, en los músculos, así como en los hongos y otras plantas criptógamas. Es una substancia de reserva que se transforma en glucosa al ser utilizada por el organismo.

GLUCÓMETRO. m. Aparato para apreciar la cantidad de azúcar que tiene un líquido.

GLUCOSA. (gr. γλυκύς, dulce.) f. Quím. Azúcar blanco, cristalizable, muy dulce, muy soluble en agua y poco en alcohol que se halla disuelto en las células de muchos frutos maduros, en el plasma sanguíneo normal y en la orina de los diabéticos. ‖ **P**. glicose; **I**. glucose, glycose; **F**. glycose; **A**. Traubenzucker, Glykose; **It**. glucosio; **R**. глюкоза.

GLUCÓSIDO. m. Quím. Cualquiera de las substancias orgánicas existentes en muchos vegetales, que por la acción de ácidos diluidos dan glucosa y otros cuerpos. Muchos de ellos son venenos enérgicos, y en dosis pequeñísimas se usan como medicamentos.

GLUCOSURIA. (gr. γλύκος, dulzor, y οὖρέω, orinar.) f. Med. Estado patológico del organismo que se caracteriza por la presencia de glucosa en la orina. ‖ **P**. glicosúria; **I**. glycosuria; **F**. glycosurie; **A**. Zuckerharnruhr; **It**. glucosuria; **R**. глюкозурия.

GLUMA. (l. *gluma*.) f. Bot. Cubierta floral de las plantas gramíneas a manera de escamas, insertas debajo del ovario.

GLUTEN. (l. *gluten*, cola.) m. Cualquier substancia pegajosa que sirve para

G

pegar una cosa a otra. || **2**. Bot. Substancia albuminoidea, de color amarillento que se encuentra en las semillas de las gramíneas, junto con el almidón. Constituye una reserva nutritiva para el embrión. || **P**. glúten; **I**. y **F**. gluten; **A**. Kleberleim, Gluten; **It**. glutine; **R**. клейковина.

GLÚTEO, A. (gr. γλουτός, nalga.) adj. Perteneciente a la nalga. || **2**. Zool. Dícese de los tres músculos que forman la nalga. Ú.t.c.s.

GLUTINOSIDAD. f. Calidad de glutinoso.

GLUTINOSO, SA. (l. glutinōsus.) adj. Pegajoso, que tiene virtud de pegar una cosa con otra. || **P**. e **It**. glutinoso; **I**. glutinous, mucous; **F**. glutineux, gluant; **A**. klebrig; **R**. клейкий.

GNEIS. (al. gneiss, del ant. kneiss, hojoso.) m. Roca de estructura pizarrosa e igual composición que el granito.

GNÉISICO, CA. adj. Perteneciente o relativo al gneis.

GNETÁCEO, A. (l. gnetum, nombre de un género de plantas.) adj. Bot. Dícese de plantas gimnospermas, árboles o arbustos, frecuentemente bejucos, de hojas laminares; flores unisexuales, reunidas en inflorescencias ramificadas; frutos abayados. Ú.t.c.s.f. || **2**. f. pl. Bot. Familia de estas plantas.

GNÓMICO, CA. (l. gnomĭcus, y éste del gr. γνωμικός, de γνώμη, sentencia.) adj. Dícese de los poetas que escriben sentencias y reglas de moral en pocos versos, y de las poesías de este género. Apl. a pers. ú.t.c.s.

GNOMO. (gr. γνώμων, de γιγνώσκω, conocer.) m. Ser fantástico, reputado espíritu de la Tierra, imaginado en figura de enano que guardaba o trabajaba los veneros de las minas. || **P**. e **It**. gnomo; **I**. y **F**. gnome; **A**. Gnom, Erdgeist; **R**. гном.

GNOMON. (gr. gnōmon, y éste del gr. γνώμων, de γιγνώσκω, conocer.) m. Estilo vertical por medio de cuya sombra se determinaban el acimut y altura del Sol. || **2**. Indicador de las horas en el reloj solar. || **3**. Entre canteros, escuadra. || **—movible**. Falsa escuadra.

GNOMÓNICA. (l. gnomonĭca, y éste del gr. γνωμονική, t. f. de -xός, gnomónico.) f. Ciencia que trata del modo de hacer los relojes solares.

GNOMÓNICO, CA. (l. gnomonĭcus, y éste del gr. γνωμονικός.) adj. Perteneciente a la gnomónica.

GNOSTICISMO. (De gnóstico.) m. Doctrina filosófica y religiosa de los primeros tiempos de la Iglesia, mezcla de creencias cristianas, judaicas y orientales. Pretendía tener un conocimiento intuitivo y misterioso de las cosas divinas. || **P**. e **It**. gnosticismo; **I**. gnosticism; **F**. gnosticisme, gnose; **A**. Gnosis; **R**. гностицизм.

GNÓSTICO, CA. (l. gnosticus, y éste del gr. γνωστικός, de γιγνώσκω, conocer.) adj. Perteneciente o relativo al gnosticismo. || **2**. Que profesa el gnosticismo. Ú.t.c.s.

* **GOACUAZ**. (Voz americana.) m. Bot. Árbol americano de la familia de las leguminosas del que se obtiene el bálsamo de Tolú.

GOBÉN. (cat. gobern, y éste de gobernar, del l. gŭbĕrnāre.) m. Murc. Palo que sujeta los adrales en la trasera del carro.

GOBERNABLE. adj. Suceptible de ser gobernado.

GOBERNACIÓN. (l. gubernatio, -ōnis.) f. Gobierno, acción de gobernar. || **2**. Ejercicio del gobierno. || **3**. Ministerio de la Gobernación. || **4**. Chile. Casa u oficina del gobernador. || **P**. governação; **I**. government; **F**. gouvernement; **A**. Regierung; **It**. governo; **R**. управление.

GOBERNÁCULO. (l. gubernacŭlum.) m. ant. Mar. Gobernalle.

GOBERNADOR, RA. (l. gobernātor.) adj. Que gobierna. Ú.t.c.s. || **2**. m. Jefe superior de una provincia o territorio que recibe el nombre de gobernador civil, militar o eclesiástico. || **3**. Representante del Gobierno en algún establecimiento público. gobernador del Banco de España. || **4**. Cierto pájaro de América del Sur. || **P**. governador; **I**. governor; **F**. gouverneur;

A. Statthalter; **It**. governatore; **R**. правитель, губернатор.

GOBERNADORA. f. Mujer del gobernador. || **2**. La que gobierna por sí un reino o nación.

GOBERNADORCILLO. (De gobernador.) m. Juez pedáneo en las islas Filipinas, con jurisdicción correccional, de policía y civil, en asuntos de menor cuantía.

GOBERNALLE. (cat. governall, y éste del l. gubernacŭlum, gobernalle.) Mar. Timón de la nave.

GOBERNALLO. (l. gubernacŭlum.) m. ant. Mar. Gobernalle.

GOBERNAMIENTO. (De gobernar.) m. ant. Gobierno, acción de gobernar o gobernarse.

* **GOBERNANTA**. f. Argent. Aya al cuidado de niños pequeños.

GOBERNANTE. p.a. de gobernar. Que gobierna. Ú.m.c.s. || **2**. m. fam. El que se mete a gobernar una cosa.

GOBERNANZA. f. ant. Gobierno, acción de gobernar o gobernarse.

GOBERNAR. (l. gŭbĕrnāre, dirigir la nave.) tr. Mandar con autoridad o regir una cosa. Ú.t.c. intr. || **2**. Dirigir. Ú.t.c.r. || **3**. vulg. Componer, arreglar. || **4**. Obedecer el buque al timón. || **P**. governar; **I**. to govern; **F**. gouverner; **A**. regieren; **It**. governare; **R**. управлять.

GOBERNATIVO, VA. adj. Gubernativo.

GOBERNOSO, SA. (De gobernar.) adj. fam. Que gusta de tener en buen orden la casa y los negocios. || **2**. fam. Que tiene aptitud para ello.

GOBIERNA. (De gobernar.) f. Veleta.

* **GOBIERNISTA**. adj. Amér. Gubernamental.

GOBIERNO. m. Acción y efecto de gobernar o gobernarse. || **2**. Orden de regir o gobernar una nación, provincia, etc. || **3**. Conjunto de los ministros superiores de un Estado. || **4**. Empleo y dignidad de gobernador. || **5**. Distrito o territorio en que tiene jurisdicción el gobernador. || **6**. Edificio en que tiene su despacho u oficina. || **7**. Tiempo que dura el mando o autoridad del gobernador. || **8**. Gobernalle. || **9**. Docilidad de la nave al timón. || **10**. Germ. Freno del caballo. || **11**. And. Manta hecha de retazos de tela retorcidos y entretejidos con hilo fuerte. || **—absoluto**. Aquel en que todos los poderes se hallan reunidos en una sola persona o cuerpo, sin limitación. || **—constitucional**. El que se rige por una ley fundamental o constitución. || **—parlamentario**. Aquel en que los ministros necesitan de la confianza de la cámara o parlamento. || **—presidencialista**. Aquel en que el poder ejecutivo es independiente del legislativo. || **—representativo**. Aquel en que la nación, a través de sus representantes, interviene en la confección de las leyes. || **—totalitario**. El que está organizado en forma de dictadura personal o de grupo y que regula todas las actividades del país. || **P**. e **It**. governo; **I**. government; **F**. gouvernement; **A**. Regierung; **R**. правительство.

GOBIO. (l. gobĭus.) m. Pez teleósteo, acantopterigio, pequeño, con las aletas abdominales colocadas debajo de las torácicas y unidas ambas por los bordes. Es comestible. || **P**. gobião; **I**. gudgeon; **F**. gobie, goujon; **A**. Meergrundel; **It**. gobio; **R**. пескарь.

* **GOBIU**. f. Zool. Especie de serpiente, la mayor que se cría en el Brasil.

GOCE. m. Acción y efecto de gozar o disfrutar una cosa. || **P**. gozo; **I**. enjoyment; **F**. jouissance; **A**. Genuss; **It**. godimento; **R**. наслаждение.

GOCETE. (fr. gousset.) m. Sobaquera de malla sujeta a la cuerda de armar, para proteger las axilas. || **—de lanza**. Rodete de cuero o hierro que se clavaba en la manija de la lanza.

GOCIANO, NA. adj. Natural de Gocia. Ú.t.c.s. || **2**. Perteneciente a esta región de Suecia.

GOCHAPEZA. f. León. Juego de muchachos consistente en meter en un círculo una bola impulsándola con un palo.

GOCHO, CHA. (Voz con que se llama al cerdo.) m. y f. fam. Cochino, na.

GODEÑO, ÑA. (De godo, antiguo noble español.) adj. Germ. Rico o principal.

GODEO. (l. gaudium.) m. desus. Placer, gusto.

GODERÍA. (Del m. or. que godible.) f. Germ. Convite o comida de gorra.

GODESCO, CA. adj. Godible. Apl. a pers. ú.t.c.s.

GODIBLE. (l. gaudium, gozo, alegría.) adj. Alegre, placentero.

GODIZO, ZA. adj. Germ. Godeño.

GODO, DA. (l. gothus, y éste del gót. guthans.) adj. Dícese del individuo de un antiguo pueblo establecido en Escandinavia que acabó con el Imperio romano de Occidente y fundó reinos en Italia y España. Ú.t.c.s. || **2**. Dícese del rico y poderoso, que aunque originario de familias ibéricas, confundido con los godos invasores, formó parte de la nobleza al constituirse el reino godo en España. Ú.t.c.s. || **3**. Germ. Gótico, noble. || **4**. Argent. y Chile. despect. Nombre con que se designaba a los españoles durante la guerra de la Independencia. || **P**. godo, gocho; **I**. Goth; **F**. goth; **A**. Gote(n); **It**. goto; **R**. гот.

GODOY. n. p. Mañana ayunará Godoy: a bien que no es hoy. ref. Mañana ayunará Gálvez, hoy.

GOFIO. m. Argent., Bol., Can., Cuba, Ecuad. y P. Rico. Harina gruesa de maíz, trigo o cebada tostada. || **2**. Venez. Especie de alfajor hecho con harina de maíz o de cazabe y papelón.

GOFO, FA. (ital. goffo; en fr. goffe.) adj. Necio, ignorante y grosero. || **2**. fig. Dícese de la figura enana y baja.

* **GOFRAR**. (fr. graufer.) tr. Estampar, imprimir a fuego sobre telas y libros encuadernados, cinta, papel y otros objetos.

GOJA. (ár. coffa, cesta.) f. ant. Cesta en que se recogen las espigas.

GOL. (ingl. goal, meta.) m. En el juego de futbol y otros semejantes, suerte de entrar el balón en la portería.

GOLA. (l. gula, garganta.) f. Garganta, fauces. || **2**. Pieza de la armadura antigua que cubría y defendía la garganta. || **3**. Insignia de los oficiales militares en determinados actos de servicio, consistente en una media luna de metal pendiente del cuello. || **4**. Gorguera, adorno del cuello que se hacía con lienzo plegado. || **5**. Adorno de tul, encaje, etc., plegado o fruncido, que se usó alrededor del cuello. || **6**. Arq. Moldura cuyo perfil tiene la figura de una S. || **7**. Fort. Entrada desde la plaza al baluarte, o distancia de los ángulos de los flancos. || **8**. Fort. Línea recta, que une los extremos de los flancos en una obra defensiva. || **9**. Geogr. Canal por donde entran los buques en ciertos puertos o rías. || **10**. Colom. y Guat. Especie de cuello que usan las mujeres. || **—inversa** o **reversa**. Arq. La que tiene la convexidad en la parte superior y la concavidad en la inferior. || Hacer gola. fig. fig. Colom. Hacer frente, oponer, resistir. || **P**. garganta; **I**. throat; **F**. gorge; **A**. Schlund; **It**. gola; **R**. горло. **2**.ª acep.: **P**. gorgal; **I**. gorget; **F**. gorgerin; **A**. Ringkragen; **It**. gorgiera.

GOLDE. (l. cŭlter, cuchillo.) m. Nav. Instrumento de labranza, especie de arado.

GOLDRE. (l. cŏrytus, gorytus, y éste del gr. γωρυτός.) m. Carcaj o aljaba en que se llevan las saetas.

° **GOLEAR**. tr. Hacer goles un equipo de futbol al contrario.

GOLES. m. pl. Blas. Gules.

GOLETA. (fr. goëlette, de goéland, golondrina de mar, y éste del bretón goelann.) f. Embarcación fina, de bordas poco elevadas, con dos o tres palos y un cangrejo en cada uno. || **P**. escuna; **I**. shooner; **F**. goëlette; **A**. Schoner; **It**. goletta; **R**. шхуна.

GOLF. m. Juego de origen escocés, que consiste en impeler con diferentes palos, a manera de mazas, una pelota pequeña para introducirla en una serie de agujeros abiertos en terreno cubierto ordinariamente de césped. Gana el jugador que hace el recorrido con el menor número de golpes.

GOLFÁN. (port. golfam.) m. Nenúfar.

GOLFEAR. intr. Vivir a la manera de un golfo.

G

GOLFERÍA. f. Conjunto de golfos o pilluelos. || **2.** Acción propia de un golfo.

GOLFÍN. (De *delfín*, infl. por *golfo*.) m. Zool. Delfín, cetáceo carnívoro.

GOLFÍN. (Metát. de *folguín*.) m. Ladrón que solía ir con otros en cuadrilla.

GOLFO. (l. *colpus*, y éste del gr. κόλπος, seno.) m. Gran porción de mar que se interna en la tierra. || **2.** Toda la extensión del mar. || **3.** Aquella gran extensión de mar que dista mucho de tierra por todas partes y en la cual no se encuentran islas. || **4.** Cierto juego de envite. || **P.** e **It.** golfo; **I.** gulf; **F.** golfe; **A.** Bucht, (Meer)Busen; **R.** залив.

GOLFO. (l. *gomphus*, pernio.) m. Ar. y Murc. Pernio.

GOLFO, FA. (Tal vez de *golfín*, ladrón.) m. y f. Pilluelo, vagabundo.

GOLIARDESCO, CA. adj. Perteneciente o relativo al goliardo. Dícese especialmente de las poesías latinas compuestas por los goliardos sobre temas amorosos, báquicos y satíricos.

GOLIARDO, DA. adj. Dado a la gula y a la vida desordenada; seguidor del vicio y el demonio personificado en el gigante bíblico Goliat. || **2. m.** En la Edad Media, clérigo o estudiante vagabundo que llevaba vida irregular, poniéndose bajo la invocación de cierto obispo Golias, personaje mítico.

GOLILLA. f. d. de gola. || **2.** Adorno hecho de cartón forrado de tafetán, que circunda el cuello y sobre el cual se pone una valona de gasa engomada o almidonada. || **3.** Rodete que cada una de las piezas de un cuerpo de bomba tiene en su extremo con objeto de asegurarlas por medio de tornillos. || **4.** En las gallináceas, plumas que desde la cresta cubren el cuello hasta la línea más horizontal del cuerpo. || **5.** Albañ. Trozo de tubo corto que sirve para empalmar unos con otros los caños de barro. || **6.** Bol. Chalina que usa el gaucho. || **7.** Chile. Estornija, aro de hierro que se pone en el pezón del eje de los carruajes. || **8.** Bol. y Urug. Pañolón doblado y anudado alrededor del cuello que deja caer un trozo triangular sobre la espalda. || **9.** Cuba. Parte superior de la cola de una cometa. || **10.** Amér. Corbata. || **11.** fam. Cuba. Deuda. || **12. m.** fam. Ministro togado que usaba la golilla. También se dio este nombre a los paisanos en contraposición a los militares. || *Ajustar* o *apretar* a uno *la* golilla. fr. fig. y fam. Ponerle en razón; reducirle a que proceda rectamente reprendiéndole o castigándole. || **2.** fig. y fam. Ahorcarle o darle garrote. || **2.ª** acep.: **P.** golitha, collar; **I.** ruff; **F.** golille; **A.** spanischer Halskragen; **It.** facciola; **R.** коlье.

* **GOLILLAR.** intr. Hond. Fingir que se trabaja para justificar un sueldo.

GOLILLERO, RA. m. y f. Persona que tenía por oficio hacer y aderezar golillas para el cuello.

GOLIMBRO, BRA. adj. Bad. Goloso.

GOLIMBRÓN, NA. adj. And. y Sant. Goloso.

GOLMAJEAR. (De *golmajo*.) intr. Rioja. Golosinear.

GOLMAJERÍA. (De *golmajo*.) f. Rioja. Golosina.

GOLMAJO, JA. (De *gola*.) adj. Rioja. Goloso.

GOLONDRERA. (De *golondrino*, soldado.) f. Germ. Compañía de soldados.

GOLONDRINA. (l. *hirundo*, -*inis*.) f. Pájaro fisirrostro común en España desde principios de primavera hasta fines de verano, que después emigra en busca de países templados. Tiene pico negro, corto y alesnado, frente y barba rojizas, cuerpo negro azulado por encima y blanco por debajo, alas puntiagudas y cola larga ahorquillada. || **2.** Zool. Pez teleósteo marino, acantopterigio, de cuerpo fusiforme y de unos 60 centímetros de largo. || **3.** En Barcelona y otros puertos, barca pequeña de motor para viajeros. || **4.** C. Rica y Hond. Hierba rastrera euforbiácea; la leche que segrega se usa para curar los orzuelos. || **5.** Chile. Carro que se utiliza para las mudanzas. || **—de mar.** Ave palmípeda menor que la gaviota, de pico recto y puntiagudo, alas muy largas y cola ahorquillada. Se alimenta de pececillos

y moluscos. || **P.** andorinha; **I.** swallow; **F.** hirondelle; **A.** Schwalbe; **It.** rondinella; **R.** ласточка.

GOLONDRINERA. (De *golondrina*.) f. Celidonia. || **2.** Arete de pesca que se emplea para la captura de los peces llamados golondrinas.

* **GOLONDRINERO.** m. Chile. El que conduce un carro de mudanza llamado golondrina, arrastrado por caballos.

GOLONDRINO. m. Pollo de la golondrina. || **2.** Golondrina, pez marino. || **3.** fig. El que anda de una parte a otra, mudando estaciones como la golondrina. || **4.** fig. Soldado desertor. || **5.** Germ. Soldado, militar sin graduación. || **6.** Med. Infarto glandular en el sobaco, que comúnmente termina supurando.

GOLONDRO. (De *gola*.) m. Deseo y antojo de una cosa. || *Campar de* golondro. fr. fam. Vivir de gorra, a costa ajena.

GOLORITO. (d. del l. *color*, -*ōris*, color.) m. Rioja. Jilguero.

GOLOSA. f. Colom. Infernáculo.

GOLOSAMENTE. adv. Con golosina.

GOLOSEAR. (De *goloso*.) intr. Golosinear.

GOLOSÍA. f. ant. Gula, glotonería.

GOLOSINA. (De *goloso*.) f. Manjar delicado que sirve más para el gusto que para el sustento. || **2.** Deseo y apetito de una cosa. || **3.** fig. Cosa más agradable que útil. || **P.** guloseima, gulosice; **I.** daintiness; **F.** friandise; **A.** Leckerei, Nascherei; **It.** golosità; **R.** лакомство.

GOLOSINAR. intr. Golosinear.

GOLOSINEAR. intr. Andar comiendo o buscando golosinas.

GOLOSMEAR. (De *goloso*.) intr. Gulusmear.

GOLOSO, SA. (l. *gulōsus*.) adj. Aficionado a golosinas. Ú.t.c.s. || **2.** Deseoso por el apetito de una cosa. || **3.** Apetitoso, que excita el apetito. || **4. m.** Chile. Por antonomasia, el perro casero. || *Tener muchos* golosos *una cosa*. fr. Ser muy codiciada o apetecida. || **P.** guloso; **I.** lickerish; **F.** gourmet; **A.** Gourmand; **It.** goloso; **R.** лакомый.

GOLPAZO. m. aum. de golpe. || **2.** Golpe violento o ruidoso.

GOLPE. (Del ant. *golpar*, y éste del ant. *golpo*, del l. *col(a)pus*, golpe.) m. Encuentro repentino y violento de dos cuerpos. || **2.** Efecto del mismo encuentro. || **3.** Abundancia de una cosa. || **4.** Infortunio que acomete de pronto. || **5.** Latido del corazón o de las arterias. || **6.** Pestillo de golpe y puerta provista de este pestillo. || **7.** Entre jardineros, número de pies que se plantan en un hoyo. || **8.** Hoyo en que se pone la semilla o la planta. || **9.** En el juego de trucos y de billar, lance en que se hacen algunas rayas. || **10.** En los torneos y juegos de a caballo, medida del valor de los lances. || **11.** Cartera que cubre los bolsillos. || **12.** Adorno de pasamanería sobrepuesto en un vestido. || **13.** fig. Admiración, sorpresa. || **14.** fig. En las obras de ingenio, parte que tiene más gracia. || **15.** fig. Ocurrencia graciosa y oportuna en la conversación. || **16.** fig. Postura al juego con la cual se acierta. Por ext., se dice de cada uno de los intentos que aventura una persona. || **17.** Méj. Especie de almadana, mazo de hierro. || **18.** Colom. Vuelta de un vestido. || **19.** Venez. Aire popular que se canta y se rasguea con la guitarra de cuatro cuerdas. || **20.** Venez. Trago de licor. || **—de cuerda.** Cuba. El que da el gallo a su adversario junto a la nuca, aturdiéndole repentinamente. || **—de Estado.** Medida violenta que toma uno de los poderes del Estado, usurpando las atribuciones de otro. || **—de fortuna.** Suceso repentino y extraordinario, próspero o adverso. || **—de gracia.** El que se da para rematar al que está gravemente herido. || **2.** fig. Vejamen, injuria con que se consuma la desgracia o la ruina de una persona. || **—de mano.** Mil. Ataque de limitado alcance, efectuado por fuerzas reducidas. || **2.** Tentativa audaz ejecutada con presteza. || **—de mar.** Ola fuerte que quiebra en las embarcaciones, islas, etc. || **—de pecho.** Signo de dolor y de contrición, consistente en darse con el puño en el pecho, en señal de pesar por los

pecados cometidos. || **—de tijera.** Cuba. El que da el gallo a su adversario entre las alas. || **—de tos.** Acceso de tos. || **—de vista.** Ojo, ojeada, mirada. || *A* golpe. m. adv. Agr. Aplícase a la manera de sembrar por hoyos. || *A* golpes. m. adv. A porrazos. || **2.** fig. Con intermitencia. || *Caer de* golpe. fr. fig. Caer de una vez e inesperadamente toda la casa u otra cosa. || *Dar* golpe una cosa. fr. fig. Causar sorpresa. || *De* golpe. m. adv. fig. Prontamente, con brevedad. || *De* golpe *y porrazo*. m. adv. fig. fam. Precipitadamente, sin meditación. || *De un* golpe. m. adv. fig. De una sola vez. || *Errar el* golpe. fr. fig. Frustrarse el efecto de una acción premeditada. || *No dar* golpe. fr. con que se censura al vago u holgazán que deja pasar el tiempo sin trabajar. || *Parar el* golpe. fr. fig. Evitar el peligro que amenazaba. || **P.** golpe; **I.** blow; **F.** coup; **A.** Schlag, Stoss, Puff; **It.** colpo; **R.** удар.

GOLPEADERO. m. Parte donde se golpea mucho. || **2.** Sitio en que choca el agua cuando se despeña. || **3.** Ruido que resulta de muchos golpes continuados.

GOLPEADO, DA. p. p. de golpear. || **2. m.** Germ. Postigo. || **3.** Germ. Puerta. || **4.** adj. Pint. Hecho a pinceladas sueltas.

GOLPEADOR, RA. adj. Que golpea. Ú.t.c.s. || **2. m.** Argent., Colom. y Chile. Aldaba, llamador.

GOLPEADURA. f. Acción y efecto de golpear.

GOLPEAR. tr. Dar repetidos golpes. Ú.t.c.intr. || **2.** Germ. Menudear en una misma cosa. || **3.** Méj. Tocar o llamar a la puerta. || **P.** golpear; **I.** to beat, to strike; **F.** battre, frapper; **A.** schlagen; **It.** colpeggiare, colpire; **R.** ударять, бить.

GOLPEO. (De *golpear*.) m. Golpeadura.

GOLPETE. (d. de *golpe*.) m. Palanca fija en la pared, con que mantiene abierta una hoja de puerta o ventana.

GOLPETEAR. tr. Golpear viva y continuadamente. Ú.t.c.intr.

GOLPETEO. m. Acción y efecto de golpetear.

GOLPETILLO. m. And. Muelle de las navajas, que suena al abrirlas.

* **GOLPIZA.** (De *golpe*.) f. Méj. Paliza, tunda.

GOLUBA. (gót. *glova*.) f. Rioja. Guante tosco para arrancar los cardos de los sembrados.

GOLLERÍA. (De *gula*.) f. Manjar exquisito y delicado. || **2.** fig. y fam. Delicadeza, superfluidad.

GOLLERO. m. Germ. El que hurta en los grandes concursos de gentes.

GOLLETAZO. (De *gollete*.) m. Golpe dado en el gollete de una botella cuando no se puede abrir, para romperla y sacar el contenido. || **2.** fig. Término violento o irregular que se pone a un negocio difícil. || **3.** Taurom. Estocada en el cuello del toro, que penetra en el pecho y los pulmones.

GOLLETE. (l. *gula*, infl. por *cuello*.) m. Parte superior de la garganta, por donde se une a la cabeza. || **2.** Cuello estrecho de algunas vasijas. || **3.** Cuello que traen los donados en sus hábitos.

GOLLIZNO. m. Gollizo.

GOLLIZO. (l. *gula*, infl. por *cuello*.) m. Garganta, estrechura de montes, ríos, etc.

GOLLORÍA. (l. *gula*, infl. por *cuello*.) f. Gollería.

GOMA. (l. *gumma*, *gummi*.) f. Substancia viscosa que fluye de diversos vegetales y después de seca y disuelta en agua, sirve para pegar. || **2.** Tira o banda de goma elástica. || Goma elástica; caucho. || **4.** Tumor esférico o globuloso que se desarrolla en los huesos o en el espesor de ciertos órganos, y es de ordinario de origen sifilítico. || **5.** Amér. Central. Malestar que se experimenta después de pasar una borrachera. || **—adragante** o **tragacanto.** La que fluye del tragacanto. || **—arábiga.** La que producen ciertas acacias muy abundantes en Arabia. || **—ceresina.** La que se saca del cerezo, almendro y ciruelo. || **—elástica.** Caucho. || **—laca.** Cierta substancia resinosa obtenida de varios árboles de la India. || **—quino.** Quino, zumo astringente que se extrae de muchos vegetales. || **P.** goma; **I.** gum, rubber; **F.**

G

gomme; **A.** Gummi; **It.** gomma; **R.** смола, резчна.

GOMAR. (De *goma*.) tr. ant. Engomar.

GOMARRA. f. GERM. Gallina.

GOMARRERO. (De *gomarra*.) m. GERM. Ladrón de aves de corral.

GOMARRÓN. (De *gomarra*.) m. GERM. Pollo de la gallina.

★ **GOMBA**. f. Tambor paraguayo. ‖ **2.** Baile del Paraguay.

GOMECILLO. m. fam. Lazarillo.

GOMEL. adj. Gomer. Ú.t.c.s.

GÓMENA. f. ant. Gúmena.

GOMER. (ár. *gumāra*.) adj. Dícese del individuo de la tribu berberisca de Gomara, una de las más antiguas del África Septentrional. Ú.m.c.s. y en pl. ‖ **2.** Perteneciente a esta tribu.

★ **GOMERA**. f. AMÉR. Tirador que hacen los muchachos con unas gomas y una horquilla.

GOMERO, RA. adj. Relativo o perteneciente a la goma. ‖ **2.** m. AMÉR. Siringa, árbol de la goma o del caucho. ‖ **3.** ARGENT. El que explota la industria de la goma. ‖ **4.** CHILE. Frasco en que se guarda la goma para pegar. ‖ **5.** BOT. Eucalipto.

GOMIA. (l. *gumīa*, comedor, tragón.) f. Tarasca. ‖ **2.** fig. y fam. Persona que come demasiado y con voracidad cuanto le dan. ‖ **3.** fig. y fam. Lo que consume y aniquila.

★ **GOMISTA**. com. Persona que trafica en objetos de goma.

GOMORRESINA. f. Jugo lechoso que fluye naturalmente o por incisión de varias plantas, y se solidifica al aire.

GOMOSERÍA. f. Calidad de gomoso y pisaverde.

GOMOSIDAD. f. Calidad de gomoso.

GOMOSO, SA. (l. *gummōsus*.) adj. Que tiene goma o se parece a ella. ‖ **2.** Que padece gomas. Ú.t.c.s. ‖ **3.** m. Pisaverde, lechuguino, currutaco.

★ **GÓNADA**. f. Glándula sexual masculina o femenina, productora de gametos.

★ **GONALGIA**. f. PAT. Dolor reumático que se fija en la rodilla, en la articulación del fémur, etc.

GONCE. (l. *contus*.) m. Gozne.

GÓNDOLA. (ital. *gondola*.) f. Embarcación pequeña de recreo, sin palos ni cubierta, ordinariamente con una carroza en el centro, y que se usa principalmente en Venecia. ‖ **2.** Cierto carruaje en que pueden viajar muchas personas. ‖ **3.** CHILE y COLOM. Ómnibus de pasajeros. ‖ **P.** gôndola; **I.** gondola; **F.** gondole; **A.** Gondel; **It.** gòndola; **R.** гондола.

GONDOLERO. m. El que tiene por oficio dirigir la góndola.

GONELA. (ital. *gonnella*, d. de *gonna*, saya, y éste del l. *gunna*.) f. Túnica de piel o de seda, generalmente sin mangas, usadas por hombres y mujeres. Usóse mucho antiguamente por las damas aragonesas.

GONETE. (ital. *gonna*, saya.) m. Vestido antiguo de mujer, a modo de zagalejo.

GONFALÓN. (ital. *ganfalone*, y éste del germ. *gundfano*, estandarte.) m. Canfalón.

GONFALONERO. m. Confaloniero.

GONFALONIER. m. Confalonier.

GONFALONIERO. m. Confaloniero.

GONG. (ingl. *gong*, y éste del malayo *gong*.) m. Gongo, batintín o tantán.

GONGO. (De *gong*.) m. Batintín, tantán.

★ **GONGOLÍ**. m. P. RICO. Cierto gusano de anillos escamosos por los que vierte un humor corrosivo. ‖ **2.** Cierto árbol de madera dura y encarnada.

GONGORINO, NA. adj. Que adolece de los vicios del gongorismo. ‖ **2.** Que incurre en ellos. Ú.t.c.s.

GONGORISMO. (De *Góngora*, poeta insigne, príncipe de los culteranos.) m. Culteranismo.

GONGORIZAR. intr. Escribir o hablar en estilo gongorino.

GONIÓMETRO. (gr. γωνία, ángulo, y μέτρον, medida.) m. Instrumento que sirve para medir ángulos. **—de aplicación.** El que consta de dos reglillas acopladas a un círculo graduado, ajustables a un ángulo plano o a un diedro cristalino. **—de reflexión.** El que se funda en la reflexión de los rayos luminosos, bien en las caras

de un cristal o simplemente en un espejito sujeto a un hilo tirante, cuya torsión determina el giro del rayo reflejado en un ángulo medible con gran precisión y aumento desde considerable distancia, procedimiento conocido en los laboratorios como palanca óptica.

GONOCOCIA. f. Enfermedad producida por la infección del gonococo de Neisser.

GONOCÓCICO, CA. adj. Perteneciente o relativo a la gonococia.

GONOCOCO. (gr. γόνος, esperma, y κόκκος, granos.) m. Bacteria patógena en forma de elementos ovoides, que se reúnen en parejas y más raramente en grupos de cuatro o más unidades. Hállase en el interior de las células del pus blenorrágico o del de otras lesiones gonocócicas.

GONORREA. (l. *gonorrhoea*, y éste del gr. γονόρροια; de γόνος, esperma, y ῥέω, fluir.) f. Blenorragia crónica que se manifiesta por un derrame mucoso. ‖ **P.** gonorreia; **I.** gonorrhoea; **F.** gonorrhée; **A.** Tripper; **It.** gonorrea; **R.** гоноррея.

★ **GONZALITO**. m. COLOM. y VENEZ. Pájaro muy parecido al mirlo.

★ **GOOGOL**. m. MAT. Designación de la unidad seguida de cien ceros, propuesta por el matemático norteamericano Eduardo Kasner.

★ **GOOGOLPLEXIO**. m. MAT. Número representado por la unidad seguida de 1000 ceros.

GORBIÓN. m. Gurbión.

GORBIZA. f. AST. Brezo.

GORCIENSE. adj. Natural de Gorza. Ú.t.c.s. ‖ **2.** Perteneciente a esta población de la Lorena, en Francia.

GORDAL. (De *gordo*.) adj. Que excede en gordura a las cosas de su especie.

GORDANA. (De *gordo*.) f. Unto de res.

GORDEZA. (De *gordo*.) f. ant. Grosura.

GORDIANO. adj. fig. Dícese del nudo que ataba al yugo la lanza del carro de Gordio, antiguo rey de Frigia, el cual estaba hecho con tal artificio, según dicen, que no se podían descubrir los dos cabos. ‖ **2.** fig. Aplícase también a cualquier nudo muy enredado o imposible de desatar.

GORDIFLÓN, NA. (De *gordinflón*.) adj. fam. Demasiado grueso, de muchas carnes, pero flojas.

GORDILLO, LLA. adj. d. de gordo. ‖ **2.** TOL. Pieza de madera de sierra.

GORDINFLÓN, NA. (De *gordo* e *inflar*.) adj. fam. Gordiflón.

GORDO, DA. (l. *gurdus*.) adj. Que tiene muchas carnes. ‖ **2.** Muy abultado y corpulento. ‖ **3.** Pingüe, craso y mantecoso. ‖ **4.** Dícese del agua que lleva en disolución muchas sales. ‖ **5.** Dícese del dedo pulgar. ‖ **6.** Que excede del grosor corriente en su clase. ‖ **7.** fam. Dícese del premio mayor de la lotería. Ú.t.c.s. ‖ **8.** m. Sebo o manteca de la carne del animal. ‖ **9.** f. MÉJ. Tortilla de maíz más gruesa que la común. ‖ **10.** PERÚ. Moneda de cobre de dos centavos. ‖ *Algo* GORDO. fr. fam. de que se usa para significar algún suceso de mucha importancia o muy sonado. ‖ *Armarse la* GORDA. fr. fam. Sobrevenir una pendencia ruidosa o trastorno político o social. ‖ **P.** gordo; **I.** fat, fleshy; **F.** gras; **A.** dick, fett; **It.** grasso; **R.** толстый, жирный.

GORDOLOBO. (l. *cauda lupi*, cola de lobo.) m. Planta vivaz de la familia de las escrofulariáceas, de tallo erguido cubierto de borra espesa y ceniciena, hojas blanquecinas, gruesas y vellosas, flores en espiga, de corola amarilla, y fruto capsular. El cocimiento de sus flores se ha empleado en medicina contra la tisis.

GORDOR. m. ant. Gordura. ‖ **2.** ant. Grueso. Ú. en Andalucía.

GORDURA. (De *gordo*.) f. Grasa, tejido adiposo que normalmente existe entre los órganos y alrededor de vísceras importantes. ‖ **2.** Abundancia de carnes y grasas en las personas y animales. ‖ **3.** P. RICO y ARGENT. Crema y nata de la leche. ‖ **P.** gordura; **I.** grease; **F.** embonpoint; **A.** Fett, **It.** grassezza; **R.** толщина.

GORGA. (l. *gurga*, garganta.) f. Alimento para las aves de cetrería. ‖ **2.** AR. Remolino que forman las aguas de los

ríos en algunos lugares excavando en olla las arenas del fondo.

GORGOJARSE. (De *gorgojo*.) r. Agorgojarse.

★ **GORGOJEARSE**. r. CHILE. Gorgojarse.

★ **GORGOJERA**. f. COLOM. Plaga de gorgojos.

GORGOJO. (l. *gurgǔlium*, de *gǔrgǔlio*, *curculio*.) m. ZOOL. Insecto coleóptero tetrámero, de color pardo obscuro, y cuerpo ovalado. Vive en diversas semillas, dentro de las cuales se desarrollan las larvas, que son blancas y muy pequeñas; como se multiplica rápidamente, llega a causar muchos destrozos. Hay muchas especies que se corresponden a los diversos cereales. ‖ **2.** fig. y fam. Persona muy chica. ‖ **P.** gorgulho; **I.** weevil, grub, curculio; **F.** charançon; **A.** Rüsselkäfer; **It.** gorgoglione; **R.** долгоносик.

GORGOJOSO, SA. adj. Corroído del gorgojo.

GORGOMILLERA. (l. *gǔrga*, garganta.) f. ant. Garguero.

GORGÓN. (Del m. or. que el fr. *corégone*.) m. ant. Esguín. ‖ **2.** COLOM. Hormigón, mezcla usada en albañilería.

GORGÓNEO, A. (l. *gorgonǔus*, y éste del gr. γοργόνειος.) adj. Perteneciente a las Gorgonas, epíteto que se aplicaba a las Furias.

GORGOR. (Voz onomatopéyica.) m. Gorgoteo.

GORGORÁN. (ingl. *grogeram*; en fr. *gourgouran*.) m. Tela de seda con cordoncillo, que a veces también se tejía con listas y realces.

GORGOREAR. intr. AND. y CHILE. Gorgoritear.

GORGORETA. f. FILIP. Alcarraza.

GORGORITA. f. Burbuja pequeña. ‖ **2.** fam. Gorgotito. Ú.m. en pl.

GORGORITEAR. (De *gorgorito*.) intr. fam. Hacer quiebros con la voz en la garganta, especialmente al cantar.

GORGORITO. (Del m. or. que *gorgor*.) m. fam. Quiebro que se hace con la voz en la garganta, especialmente al cantar. ‖ **P.** garganteio; **I.** y **F.** roulade; **A.** Triller, Koloratur; **It.** gorgheggio; **R.** трель.

GÓRGORO. m. SAL. Trago o sorbo. ‖ **2.** MÉJ. Burbuja, gorgorita, pompa.

GORGOROTADA. (De *gorgor*.) f. Cantidad de cualquier licor, que se bebe de un golpe.

★ **GORGOTEAR**. (De *gorgor*.) intr. Burbujear.

GORGOTEO. (De *gorgotear*, de *gorgor*.) m. Ruido producido por el movimiento de un líquido o un gas en el interior de alguna cavidad.

GORGOTERO. m. Buhonero que anda vendiendo cosas menudas.

GORGOZADA. (De *gorgozo*, del l. *gurgǔstium*, y éste de *gǔrga*, garganta, y *ustium*, *ostium*, puerta.) f. de sus. Gargantada o espadañada.

GORGUERA. (l. *gǔrga*, garganta.) f. Adorno del cuello, hecho de lienzo plegado y alechugado. ‖ **2.** Gorjal de la armadura. ‖ **3.** BOT. Involucro.

GORGUERÁN. m. ant. Gorgorán.

GORGUZ. (berb. *gergit̤*, lanza.) m. Especie de dardo, venablo o lanza corta. ‖ **2.** Vara larga que lleva en uno de sus extremos un hierro de dos ramas, una recta y otra curva, y que sirve para alcanzar las piñas de los pinos. ‖ **3.** MÉJ. Puya de la garrocha.

GORIGORI. m. fam. Voz con que vulgarmente se alude al canto lúgubre de los entierros.

GORILA. (l. *gorilla*, y éste del gr. γορίλλα, nombre dado en el periplo de Hannón a unas mujeres de una isla del occidente de África, que tal vez fueran monos.) m. Mono antropoformo, de color pardo obscuro y de estatura igual a la del hombre. Es membrudo y muy fiero. Habita en el África a orillas del río Gabón. ‖ **P.** gorila; **I.** e **It.** gorilla; **F.** gorille; **A.** Gorilla; **R.** горилла.

GORJA. (fr. *gorge*, y éste del l. *gǔrga*, garganta.) f. Garganta.

GORJAL. (De *gorja*.) m. Parte de la vestidura sacerdotal que rodea al cuello. ‖ **2.** Pieza de la armadura antigua, que se ajustaba al cuello. ‖ **3.** AND. En algunas razas lanares, repliegue cutáneo en la terminación del cuello, si llega hasta los pechos.

GORJEADOR, RA. adj. Que gorjea.

GORJEAMIENTO. (De *gorjear*.) m. ant. Gorjeo.

GORJEAR. (De *gorja*.) intr. Hacer quiebros con la voz en la garganta. Se dice de la voz humana y de los pájaros. || **2.** ant. Birlarse. Ú. en América. || **3.** r. Empezar a hablar el niño.

GORJEO. (De *gorjear*.) m. Quiebro de la voz en la garganta. || **2.** Articulaciones imperfectas en la voz de los niños. || **P.** trinado; **I.** warble; **F.** gazouillement, gazonillis; **A.** Triller; **It.** gorgheggio; **R.** трель.

GORJERÍA. f. ant. Gorjeo de los niños.

GORLITA. f. Murc. Lazada que se forma en la hebra al retorcerse el hilo.

GORMADOR. m. El que gorma o vomita.

GORMAR. (l. *vomĕre*.) tr. Vomitar.

★ **GOROBETO, TA.** adj. Amér. Jorobado. Ú.t.c.s.

GORRA. f. Prenda para cubrir la cabeza; se hace de tela, piel o punto, con visera o sin ella. || **2.** Gorro de niño. || **3.** Montera de pastor. || Birretina, gorra de pelo usada por algunos militares. || **5.** m. fig. Gorrón. || **6.** Nicar. Sedimento que deja el tiste. || *De* GORRA. m. adv. fam. A costa ajena. || **P.** gorra; **I.** cap; **F.** casquette, bonnet; **A.** Mütze, Kappe; **It.** berretta; **R.** шапка.

GORRADA. (De *gorra*.) f. Gorretada.

★ **GORREAR.** tr. intr. Ecuad. Chicolear, piropear. || **2.** Estar inactivo, ocioso.

★ **GORRERA.** f. Chile. La que encornuda a su marido.

GORRERÍA. (De *gorrero*.) f. Taller donde se hacen gorras o gorros. || **2.** Tienda donde se venden.

GORRERO, RA. m. y f. Persona que tiene por oficio hacer o vender gorros o gorras. || **2.** m. Gorrón.

GORRETA. f. d. de gorra.

GORRETADA. (De *gorreta*.) f. Cortesía hecha con la gorra.

GORRETE. m. d. de gorro.

GORRIATO. m. And., Áv., Các. y Sal. Gorrión.

GORRILLA. f. d. de gorra. || **2.** Sal. Sombrero de fieltro usado por los aldeanos; es de copa baja en forma de cono truncado, ala ancha, acanalada al borde y guarnecida con cinta de terciopelo.

GORRÍN. (De la onomat. *gorr.*) m. Gorrino.

GORRINERA. (De *gorrino*.) f. Pocilga, cochiquera.

GORRINERÍA. f. Porquería, suciedad. || **2.** Cosa propia de gorrinos. || **3.** fig. y fam. Grosería, indecencia.

GORRINO, NA. (De la onomat. *gorr.*) m. y f. Cerdo pequeño menor de cuatro meses. || **2.** Cerdo. || **3.** fig. Persona desaseada o de mal comportamiento en su trato social. Ú.t.c.adj.

GORRIÓN. m. Pájaro, de pico fuerte, cónico y algo doblado en la punta; plumaje gris obscuro. Es muy común y sedentario en España. || **P.** gorriâo; **I.** sparrow; **F.** moineau; **A.** Sperling, Spatz; **It.** pàssero; **R.** воробей.

GORRIONA. f. Hembra del gorrión.

GORRIONERA. (De *gorrión*.) f. fig. y fam. Lugar donde se reúne gente viciosa y mal entretenida.

GORRISTA. (De *gorra*.) adj. Gorrón, que come o vive a costa ajena. Ú.t.c.s.

GORRO. (De *gorra*.) m. Pieza redonda, de tela o de punto, para cubrir la cabeza. || **2.** Prenda que se pone a los niños en la infancia para cubrirles la cabeza y que se les sujeta con cintas debajo de la barba. || —**catalán.** Gorro de lana usado en Cataluña, en forma de manga cerrada por un extremo. || —**frigio.** Gorro semejante al que usaban los frigios. Fue tomado por emblema de la libertad por los revolucionarios franceses de 1793 y más tarde por los republicanos españoles. || *Ponerle a* uno *el* GORRO. fr. Acariciarse en presencia de él una pareja de enamorados haciéndole arrumacos. || **2.** Colom., Chile y Méj. Lo mismo que lo anterior, pero siendo el marido el que presencia las demostraciones de cariño de su mujer a otro hombre. || *Llenársele a* uno *el* GORRO. fr. fig. y fam. Perder la paciencia, no aguantar más. || **P.** gorro; **I.** cap; **F.** bonnet; **A.** runde Kappe; **It.** berretto; **R.** шапка.

GORRÓN. m. Guijarro pelado y redondo. || **2.** Gusano de seda que deja el capullo a medio hacer, a causa de una enfermedad a consecuencia de la cual se arruga y queda pequeño. || **3.** Chicharrón de manteca. || **4.** Mec. Espiga de un eje de maquinaria para servirle de apoyo y facilitar su rotación.

GORRÓN, NA. (De *gorra*.) adj. Que tiene por hábito comer, vivir o divertirse a costa ajena. Ú.t.c.s. || **2.** m. Hombre perdido y envicibado que trata con las gorronas y mujeres de mal vivir. || **3.** Amér. Central. Ú.t.c.adj.

GORRONA. adj. Dícese de la pasa de gran tamaño desecada al sol. || **2.** f. Ramera.

GORRONAL. (De *gorrón*, guijarro pelado.) m. Guijarral.

° **GORRONEAR.** (De *gorrón*.) intr. Hacer el gorrón. Vivir de gorra.

GORRONERÍA. f. Cualidad o acción de gorrón o parásito. || **2.** Conjunto de gorrones. || **3.** Amér. Central. Egoísmo, avaricia.

GORRUENDO, DA. (De *gorrón*, parásito.) adj. ant. Harto o satisfecho de comer.

GORULLO. (De *borullo*.) Burujo, bulto pequeño de partes de una cosa casualmente apelmazadas.

GORULLÓN. m. Germ. Alcaide, jefe de la cárcel.

★ **GOSIPINA.** f. Quím. Materia colorante existente en las semillas del algodonero.

GOSIPINO, NA. (l. *gossypinus*, algodonero.) adj. Dícese de lo que tiene algodón o se parece a él.

GOTA. (l. *gutta*.) f. Partecilla de agua u otro licor. || **2.** Enfermedad constitucional que causa hinchazón muy dolorosa en ciertas articulaciones pequeñas. || **3.** Arq. Cada uno de los pequeños troncos de pirámides o de cono que por adorno se colocan debajo de los triglifos del cornisamento dórico. || **4.** pl. Pequeña cantidad de ron o coñac que se mezcla con el café en la taza. || —**coral.** Epilepsia. || *Sudar* uno *la* GOTA *gorda.* fr. fig. y fam. con que se pondera su afán para conseguir lo que intenta. || **P.** gota; **I.** drop; **F.** goutte; **A.** Tropfen; **It.** goccia; **R.** капля.

★ **GOTARIO.** (De *gota*.) m. Chile. Cuentagotas.

★ **GOTEADERO.** m. Rep. Domin. Goteo.

GOTEADO, DA. p.p. de gotear. || **2.** adj. Manchado de gotas.

GOTEAR. intr. Caer un líquido gota a gota. || **2.** Comenzar a llover gotas espaciadas. || **3.** fig. Dar o recibir una cosa con intermisión. || **P.** Rico y Rep. Domin. Caer de lo alto. || **P.** gotejar; **I.** to drip; **F.** dégoutter; **A.** tröpfeln, triefen; **It.** gocciolare; **R.** капать.

GOTEO. m. Acción y efecto de gotear.

GOTERA. f. Caída continuada de gotas de agua en lo interior de un edificio u otro espacio techado. || **2.** Hendedura o paraje del techo por donde caen. || **3.** Sitio en que cae el agua de los tejados. || **4.** Señal que deja. || **5.** Griseta, enfermedad de los árboles, ocasionada por filtración de agua en el tronco. || **6.** Cenefa o caída de la tela que cuelga alrededor del dosel de una cama, sirviendo de adorno. || **7.** fig. Achaque, indisposición habitual. Ú.m. en pl. || **8.** pl. Amér. Afueras, contornos, alrededores. || **9.** Sant. Alrededor de una casa. || **10.** adv. Chile. Cerca, a pocos pasos. || *Es una* GOTERA. expr. fig. y fam. con que se significa la continuación frecuente y sucesiva de cosas molestas. || *La* GOTERA *cava la piedra.* ref. que enseña que la constancia vence las mayores dificultades. || **P.** goteira; **I.** gutter; **F.** gouttière; **A.** (Dach)Traufe; **It.** gocciolatura; **R.** капель.

★ **GOTERAL.** m. P. Rico y Guat. Abundancia de goteras.

★ **GOTEREAR.** intr. Amér. Caer goterones.

GOTERO. m. Méj. y P. Rico. Cuentagotas.

GOTERÓN. (De *gotera*.) m. Gota muy grande de agua llovediza. || **2.** Arq. Canal que se hace en la cara inferior de la corona de la cornisa, para que el agua de lluvia no corra por el sofito.

GÓTICO, CA. (l. *gothĭcus*.) adj. Perteneciente a los godos. || **2.** Aplícase a lo escrito o impreso en letra gótica. || **3.** Dícese del arte que en la Europa occidental se desarrolla por evolución del románico desde el siglo XII hasta el Renacimiento. Ú.t.c.s. || **4.** fig. Noble, ilustre. || **5.** m. Lengua germánica que hablaron los godos. || —**flamígero.** El estilo ojival caracterizado por la decoración de calados semejantes a las ondulaciones de las llamas. || —**florido.** El de la última época, que se caracteriza por la ornamentación exuberante. || **P.** gótico; **I.** Gothic; **F.** gothique; **A.** gotisch; **It.** gòtico; **R.** готский.

GOTÓN, NA. (l. *gothōnes*, godos.) adj. Godo. Apl. a pers. ú.m.c.s. y en pl.

GOTOSO, SA. adj. Que padece gota. Ú.t.c.s. || **2.** Cetr. Dícese del ave de rapiña que tiene torpes los pies por enfermedad. || **P.** gotoso; **I.** gouty; **F.** goutteux; **A.** gichtisch, kontrakt; **It.** gottoso; **R.** подагрический.

GOYESCO, CA. adj. Propio y característico de Goya, o que tiene semejanza con el estilo de este pintor.

GOZAMIENTO. m. ant. Acción y efecto de gozar una cosa.

GOZANTE. p.a. de gozar. Que goza.

GOZAR. (De *gozo*.) tr. Tener y poseer alguna cosa; como dignidad, renta. Ú.t.c. intr. con la preposición *de.* || **2.** Tener complacencia y alegría de una cosa. Ú.t.c.r. || **3.** Conocer a una mujer, tener acto carnal con ella. || **4.** intr. Sentir placer, experimentar suaves y gratas emociones. || **2.**ª acep. || **P.** gozar; **I.** to enjoy; **F.** jouir; **A.** geniessen; **It.** godere; **R.** обладать.

GOZNE. (De *gonce*.) m. Herraje articulado para fijar las hojas de las puertas y ventanas al quicial y que al abrirlas o cerrarlas giren sobre aquél. || **2.** Bisagra. **P.** gonzo; **I.** hinge; **F.** gond; **A.** (Tür)Angel; **It.** càrdine; **R.** петля.

GOZO. (l. *gaudĭum*.) m. Movimiento del ánimo que se complace en la posesión o esperanza de bienes o cosas apetecibles. || **2.** Alegría. || **3.** fig. Llamarada que levanta la leña menuda y seca cuando se quema. || **4.** pl. Composición poética en loor de la Virgen o de los santos, que se divide en coplas, al final de cada una de las cuales se repite un mismo estribillo. || *El* GOZO *en el pozo.* ref. con que se da a entender haberse malogrado una cosa que se daba por segura. || *No caber* uno *en sí de* GOZO. fr. fig. y fam. No caber de contento. || *Saltar* uno *de* GOZO. fr. fig. y fam. Estar sumamente gozoso. || **P.** gozo; **I.** joy; **F.** joie; **A.** Vergnügen, Lust; **It.** gaudio; **R.** удовольствие.

★ **GOZÓN, NA.** adj. Cuba y Rep. Domin. Aplícase al que lleva una vida regalona, llena de comodidades.

GOZOSAMENTE. adv. Con gozo, jubilosamente.

GOZOSO, SA. adj. Que siente gozo. || **2.** ant. Que se celebra con gozo.

GOZQUE. (De la onomat. *cuz, goz, coz,* para llamar al perro, como *cuzco.*) adj. Dícese de un perro pequeño muy ladrador. Ú.m.c.s.

GOZQUEJO. m. d. de gozque.

GOZQUILLAS. f. pl. ant. Cosquillas.

GOZQUILLO, LLA. m. y f. d. de gozque.

GOZQUILLOSO, SA. adj. ant. Cosquilloso.

° **GRABACIÓN.** f. Acción y efecto de grabar. || **2.** Impresión de discos fonográficos, o de películas cinematográficas sonoras.

GRABADO. (De *grabar*.) m. Arte de grabar. || **2.** Procedimiento para grabar. || **3.** Estampa producida por la impresión de láminas grabadas al efecto. || —**al agua fuerte.** Procedimiento para grabar por medio de la acción mordiente del ácido nítrico sobre una lámina metálica. || —**al agua tinta.** El que se hace al agua fuerte con mezcla de otros líquidos. || —**al barniz blanco.** El realizado por el artista señalando ligeramente en la lámina los trazos que ha de abrir luego el buril. || —**al humo** o **en negro.** El que se hace

G

dibujando con tinta en una lámina rayada en todos los sentidos, y rascando luego lo que queda descubierto. || **—a media tinta.** GRABADO *al agua tinta*. || **—a puntos.** El que resulta de dibujar los objetos con puntos hechos a buril o con una ruedecilla con dientes muy agudos. || **—de estampas** o **en dulce.** El que se hace en planchas de materia que fácilmente reciba la huella del buril. || **—en fondo** o **en hueco.** El que se ejecuta en troqueles de metal, madera o piedras finas para acuñar medallas, sellos, etc. || P. gravura; I. engraving; F. gravure; A. Bild, Stich; It. incisione; R. гравирование.

GRABADOR, RA. (De *grabar*.) m. y f. Persona que profesa el arte de grabado. || P. gravador; I. engraver; F. graveur; A. Bildstecher, Graveur; It. incisore; R. гравёр.

GRABADURA. f. Acción y efecto de grabar.

GRABAR. (neerl. *graven;* en gr. γράφω.) tr. Señalar con incisión o labrar en hueco o en relieve sobre una superficie de piedra, metal, madera, etc., un letrero, figura o representación de cualquier objeto. || **2.** fig. Fijar profundamente en el ánimo un concepto, un sentimiento o un recuerdo. Ú.t.c.r. || **3.** Registrar los sonidos por medio de un disco fonográfico, de una cinta magnetofónica o cualquier otro procedimiento, de manera que se puedan reproducir. || P. gravar; I. to engrave; F. graver; A. stechen, (ein)gravieren; It. incidere; R. гравировать.

GRABAZÓN. f. Adorno sobrepuesto formado de piezas grabadas.

GRACEJADA. f. AMÉR. CENTRAL y MÉJ. Payasada, generalmente de mal gusto.

GRACEJAR. intr. Hablar o escribir con gracejo. || **2.** Decir chistes.

GRACEJO. (De *gracia*.) m. Gracia, chiste y donaire festivo. || **2.** GUAT. y MÉJ. Payaso, bufón. || **3.** C. RICA. Bromista.

GRACIA. (l. *gratia*.) f. Don gratuito de Dios que eleva sobrenaturalmente a la criatura racional en orden a la bienaventuranza eterna. || **2.** Don natural que hace agradable al que lo tiene. || **3.** Cierto donaire y atractivo, independiente de la hermosura del rostro que se advierte en la fisonomía de algunas personas. || **4.** Garbo y donaire en la ejecución de una cosa. || **5.** Don y favor que se hace sin merecimiento particular; concesión gratuita. || **6.** Afabilidad y buen modo en el trato con las personas. || **7.** Benevolencia y amistad de uno. || **8.** Chiste, dicho agudo y discreto. || **9.** Perdón o indulto de pena que concede el Jefe del Estado o el poder público competente. || **10.** Nombre de cada uno. || **11.** En algunas partes, acompañamiento que, después del entierro, va a la casa del difunto, y responso que se reza en ella. || **12.** pl. Divinidades mitológicas; fueron tres y nacieron de Venus. Su poder se extendía sobre cuanto tiene relación con el agrado de la vida. || **—actual.** Auxilio sobrenatural transeúnte, en orden a la bienaventuranza eterna. || **—cooperante.** La que ayuda a la voluntad cuando ésta quiere y practica el bien. || **—de Dios.** fig. Los dones naturales beneficiosos para la vida. || **2.** Entre gente rústica, el pan. || **—de niño.** fam. Dicho o hecho que parece superior a los propios de su edad. || **—habitual.** Cualidad estable sobrenatural infundida por Dios en el espíritu, por lo que lo santifica y hace hijo de Dios y heredero del cielo. || **—operante.** La que antecede al albedrío, y sana el alma o la mueve a querer y obrar el bien. || **—original.** La que infundió Dios a nuestros primeros padres en el estado de la inocencia. || *Caer en* GRACIA. fr. Agradar, complacer. || *Dar* GRACIAS. fr. Manifestar agradecimiento por el beneficio recibido. || *De* GRACIA. m. adv. Gratuitamente, sin premio ni interés alguno. || *En* GRACIA. m. adv. En consideración a alguna gracia o servicio. || *Estar en* GRACIA. fr. Dícese del que, por la santidad de su vida, se cree que son aceptos a Dios. || **2.** Aplícase también a los que están en valimiento con los poderosos. || ¡GRACIAS! expr. elípt. con que expresamos nuestro agradecimiento por algún beneficio o favor. || GRACIAS *a*. m. adv. Con intervención de, por causa de, una

persona o cosa. || ¡GRACIAS *a Dios*! exclam. de alabanza a Dios, o para manifestar alegría por una cosa que se esperaba con ansia y ha sucedido. || *Más vale caer en* GRACIA *que ser gracioso*. ref. que enseña que a veces puede más la fortuna de un sujeto que su propio mérito. || *No estar para* GRACIAS. fr. Estar disgustado y de mal humor. || *¡Qué* GRACIA! expr. con que irónicamente se rechaza la pretensión de alguno. || *Tener* GRACIA una cosa. fr. irón. Ser chocante. || *Y* GRACIAS. expr. fam. con que se da a entender a uno que debe contentarse con lo que ha conseguido. || P. graça; I. grace; F. grâce, gentillesse; A. Grazie, Anmut; It. grazia; R. прелесть.

GRACIABLE. adj. Inclinado a hacer gracias, y agradable en el trato. || **2.** Que se puede otorgar graciosamente.

GRACIADO, DA. (De *gracia*.) adj. ant. Franco, liberal, gracioso.

GRÁCIL. (l. *gracilis*.) adj. Sutil, delgado o menudo.

GRACILIDAD. f. Calidad de grácil.

GRACIOLA. (De *gladiolo*, infl. por *gracia*.) f. Hierba vivaz de la familia de las escrofulariáceas, que vive en terrenos pantanosos, tiene un olor nauseabundo, sabor amargo; es emética y catártica.

GRACIOSAMENTE. adv. Con gracia. || **2.** Sin premio ni recompensa alguna.

GRACIOSIDAD. (l. *gratiositas, -atis*.) f. Hermosura, perfección o excelencia de una cosa, que da gusto y deleite a los que la ven u oyen.

GRACIOSO, SA. (l. *gratiosus*.) adj. Aplícase a la persona o cosa cuyo aspecto tiene cierto atractivo que deleita a los que la miran. || **2.** Chistoso, agudo, lleno de gracia. || **3.** Que se da de balde o de gracia. || **4.** Dictado de los reyes de Inglaterra. || **5.** m. y f. Actor dramático que ejecuta siempre el papel de carácter festivo. || P. gracioso; I. graceful; F. gracieux; A. graziös, zierlich; It. grazioso; R. грациозный.

GRACIR. (De *gracia*.) tr. ant. Agradecer.

GRADA. (De *grado*.) f. Peldaño. || **2.** Asiento a manera de escalón corrido. || **3.** Conjunto de estos asientos en los teatros y otros lugares de espectáculos. || **4.** Tarima que se suele poner al pie de los altares. || **5.** MAR. Plano inclinado hecho de cantería, sobre el cual se construyen o carenan los barcos. || **6.** pl. Conjunto de escalones que suelen tener las grandes edificios delante de su fachada. || **7.** AMÉR. Atrio, espacio ante un edificio. || **8.** ECUAD. Escalera. || **9.** GRADA *del trono*. fr. Soberano poder del monarca. || P. degrau; I. stair; F. marche; A. Treppenstufe, Rangreihe; It. gradino; R. ступенька.

GRADA. (l. *crates*, enrejado o verja.) f. Reja o locutorio de los monasterios de monjas. || **2.** Instrumento para allanar la tierra después de arada. || **—de cota.** La que tiene ramas para alisar la tierra. || **—de dientes.** La que en vez de ramas tiene unas púas.

GRADACIÓN. (l. *gradatio, -onis*.) f. Serie de cosas ordenadas gradualmente. || **2.** MÚS. Período armónico que va subiendo de grado en grado para expresar más un afecto. || **3.** RET. Figura que consiste en juntar en el discurso palabras o frases que, por su significación, vayan como ascendiendo o descendiendo por grados. || P. gradação; I. y F. gradation; A. Abstufung; It. gradazione; R. градация.

GRADADO, DA. (l. *gradatus*.) adj. Que tiene gradas.

GRADAR. tr. Allanar con la grada la tierra después de arada.

GRADECER. (l. *gratus*, grato.) tr. ant. Agradecer.

GRADECILLA. f. d. de grada. || **2.** ARQ. Ánulo, collarino.

GRADEO. m. Acción y efecto de gradar.

GRADERÍA. f. Conjunto o serie de gradas, como las de los altares y las de los anfiteatros.

GRADIENTE. m. Relación de la diferencia de presión barométrica entre dos puntos. || **2.** f. CHILE y ECUAD. Pendiente, declive.

GRADILLA. (d. de *grada*, peldaño.) f.

Escalerilla portátil. || **2.** P. RICO. Zanja que el paso del ganado hace en los caminos.

GRADILLA. (De *grada*, reja.) f. Marco para fabricar ladrillos.

★ **GRADINA.** f. Cincel dentado del escultor.

★ **GRADIOLA.** f. ECUAD. Gladiolo.

GRADÍOLO [GRADIOLO]. m. Gladíolo.

GRADO. (l. *gradus*.) m. Peldaño. || **2.** Cada una de las generaciones que marcan el parentesco entre las personas. || **3.** Derecho que se concedía a los militares para que se les contara la antigüedad de un empleo superior antes de obtenerlo. Últimamente también se concedían sin antigüedad y sólo como honor. || **4.** En las universidades, título y honor que se da al que se gradúa en una facultad o ciencia. GRADO *de bachiller, de doctor*. || **5.** En ciertas escuelas, cada una de las secciones en que sus alumnos se agrupan según su edad, capacidad y conocimiento. || **6.** fig. Cada uno de los diversos estados, valores y calidades que, en relación de menor a mayor, puede tener una cosa. || **7.** Unidad de medida en la escala de varios instrumentos destinados a apreciar la cantidad o intensidad de una energía o de un estado físico. || **8.** ÁLG. Número de orden que expresa el de factores de la misma especie que entran en un término o en una parte de él. || **9.** ÁLG. En una ecuación o en un polinomio reducidos a forma racional y entera, el del término en que la variable tiene mayor exponente. || **10.** FOR. Cada una de las diferentes instancias que puede tener un pleito. || **11.** GEOM. Cada una de las partes iguales, 360, en la división sexagesimal, ó 400 en la centesimal en que se considera dividida la circunferencia. || **12.** GRAM. Manera de significar la intensidad relativa de los calificativos. GRADO *positivo, comparativo, superlativo.* || **13.** pl. Órdenes menores que se dan después de la tonsura, que son como escalones para subir a las demás. || GRADO *de una curva*. MAT. Grado de la ecuación que la representa. || **5.ª** acep.: P. grau; I. degree; F. degré; A. Grad; It. grado; R. степень.

GRADO. (l. *gratus*, grato.) m. Voluntad, gusto. Ú. sólo en las siguientes lócuciones. *A mal de mi, de tu, de su, de nuestro, de vuestro* GRADO. expr. A pesar de mi, de ti, de su, de nuestro, de vuestro deseo. || *De buen* GRADO, o *de* GRADO. m. adv. Voluntaria y gustosamente. || *De mal* GRADO. m. adv. Con repugnancia.

GRADOSO, SA. (De *grado*, voluntad.) adj. ant. Gustoso, agradable.

GRADUABLE. adj. Que puede graduarse.

GRADUACIÓN. f. Acción y efecto de graduar. || **2.** Cantidad proporcional de alcohol que contienen las bebidas espirituosas. || **3.** MIL. Categoría de un militar en su carrera. || P. graduação; I. y F. graduation; A. Gradeinteilung, Titration; It. graduazione; R. градация.

GRADUADO, DA. p.p. de graduar. || **2.** adj. MIL. En las carreras militares se aplica al que tenía grado superior a su empleo.

GRADUADOR. m. Instrumento que sirve para graduar la cantidad o calidad de una cosa. || P. graduador; I. graduator; F. graduateur; A. Gradmesser, Stellzeug; It. graduatore; R. измеритель.

GRADUAL. (l. *gradus*, grado.) adj. Que está por grados o va de grado en grado. || **2.** Dícese de cualquiera de los quince salmos del Salterio, del 119 al 133. || **3.** m. Parte de la misa, que se reza entre la epístola y el evangelio.

GRADUALMENTE. adv. De grado en grado.

GRADUANDO, DA. (De *graduar*.) m. y f. Persona que recibe o está próxima a recibir un grado por la universidad.

GRADUAR. (l. *gradus*, grado.) tr. Dar a una cosa el grado o calidad que le corresponde. || **2.** Apreciar en una cosa el grado o calidad que tiene. || **3.** Señalar en una cosa los grados en que se divide. || **4.** Dividir y ordenar una cosa en una serie de grados correlativos. || **5.** En las universidades, dar el grado y el título de bachiller, licenciado o doctor en una facultad. Ú.t.c.r. || **6.** MIL. En las carreras militares, conceder grado o grados. ‖ **P.** graduar; **I.** to graduate; **F.** graduer; **A.** abstufen, einstellen; **It.** graduare; **R.** градуировать.

GRAFÍA. (gr. γραφή, escritura.) f. Modo de escribir o representar los sonidos, y en especial, empleo de una letra o signo gráfico para representar un sonido dado.

GRÁFICAMENTE. adv. De un modo gráfico.

GRÁFICO, CA. (l. *graphicus*, y éste del gr. γραφικός.) adj. Perteneciente o relativo a la escritura. ‖ **2.** Aplícase a las descripciones, operaciones y demostraciones que se representan por medio de figuras. Ú.t.c.s. ‖ **3.** fig. Aplícase al modo de hablar que expone las cosas con tal claridad que parece como si estuvieran dibujadas. ‖ **4.** f. Representación de datos numéricos de cualquier clase por medio de líneas que hacen visible la relación o gradación que esos datos guardan entre sí. ‖ **P.** gráfico; **I.** graphic, graphical; **F.** graphique; **A.** bildlich, graphisch; **It.** gràfico; **R.** графический.

GRAFILA [GRÁFILA]. (gr. γράφω, escribir, dibujar.) f. Orlita de puntos o líneas que suelen tener las monedas en su anverso o reverso.

GRAFIO. (l. *graphium*, y éste del gr. γραφεῖον, punzón.) m. Instrumento para dibujar y hacer las labores en las pinturas estofadas o esgrafiadas. ‖ **P.** estilo; **I.** graver; **F.** graffití; **A.** Griffel; **It.** graffieto; **R.** штихель.

GRAFIOLES. (l. *graphiŏlum*, d. de *graphium*, punzón.) m. pl. Especie de melindres que se hacen de masa de bizcocho y manteca de vaca en figura de S.

GRAFITO. (gr. γραφίς, -ίδος, lápiz.) m. Mineral de color negro agrisado, lustre metálico, graso al tacto y compuesto casi exclusivamente de carbono. Con él se hacen lapiceros, crisoles refractarios, etc. ‖ **P.** e **I.** grafite; **I.** y **F.** graphite; **A.** Graphit; **R.** графит.

★ **GRAFODRAMA.** m. Ciertos dibujos humorísticos o satíricos, acompañados de una simple palabra.

GRAFOLOGÍA. (gr. γράφω, escribir, y λόγος, tratado.) f. Arte que pretende averiguar por las particularidades de la escritura algunas cualidades psicológicas del que escribe. ‖ **P.** grafología; **I.** graphology; **F.** graphologie; **A.** Graphologie; **It.** grafologia; **R.** графология.

GRAFOLÓGICO, CA. adj. Perteneciente o relativo a la grafología.

GRAFÓLOGO. m. Persona que practica la grafología.

GRAFOMANÍA. f. Manía de escribir o componer libros, artículos, etc.

GRAFÓMANO, NA. adj. Que tiene grafomanía.

GRAFÓMETRO. (gr. γράφω, escribir, y μέτρον, medida.) m. Semicírculo graduado, con dos anteojos, uno fijo y otro móvil, para medir cualquier ángulo en las operaciones topográficas.

★ **GRAFOTIPO.** m. IMPR. Máquina de componer.

GRAGEA. (De *dragea*.) f. Confites muy menudos de varios colores. ‖ **2.** MED. y FARM. Confites medicamentosos; píldoras pequeñas recubiertas de una capa de azúcar. ‖ **3.** COLOM. Mostacilla, munición menuda. ‖ **P.** confeitos miúdos; **I.** sugarplum; **F.** dragée; **A.** Dragee, Zuckerwerk; **It.** confetto; **R.** конфета.

GRAJA. (l. *gracŭla*.) f. Hembra del grajo. ‖ **2.** ZOOL. Pájaro córvido.

GRAJEAR. intr. Cantar o chillar los grajos o los cuervos. ‖ **2.** Formar sonidos guturales el niño que no sabe aún hablar.

GRAJERO, RA. adj. Dícese del lugar donde se recogen y anidan los grajos.

GRAJO. (l. *gracŭlus*.) m. Ave muy semejante al cuervo, con el cuerpo de color violáceo negruzco, el pico y los pies rojos y las uñas grandes y negras. ‖ **2.** fig. p. us. Charlatán, cascante. ‖ **3.** CUBA, COLOM., ECUAD., PERÚ y P. RICO. Olor desagradable que se desprende del sudor, y especialmente de los negros desaseados. ‖ **4.** CUBA. Planta de la familia de las mirtáceas, de olor fétido. ‖ **5.** COLOM. Escarabajo. ‖ **P.** gralho; **I.** rook; **F.** geai; **A.** Krähe, Dohle; **It.** gracchia; **R.** галка, грач.

GRAJUELO. m. d. de grajo.

GRAJUNO, NA. adj. Relativo al grajo o que se le parece.

★ **GRALARIA.** f. ZOOL. Género de pájaros formicáridos, de pico grueso, cola muy corta y plumaje de color verde oliva. Sus especies viven en América tropical.

★ **GRALINA.** f. ZOOL. Género de pájaros sílvidos, de alas puntiagudas, cola ancha y plumaje blanco y negro. Viven en Australia.

GRAMA. (l. *gramen*.) f. Planta medicinal de la familia de las gramíneas, muy común, de flores en espigas filiformes que salen en número de tres o cinco en el extremo de los tallos. ‖ **—del norte.** Planta gramínea medicinal de flores en espiga alargada, floja y muy comprimida. ‖ **—de olor** o **de prado.** Planta gramínea muy olorosa que se cultiva en los prados artificiales. ‖ **P.** grama; **I.** couch-grass; chiendent; **A.** Quecke, Wuchergras; **It.** gramigna; **R.** пырей.

★ **GRAMAJE.** m. Número de gramos que pesa una hoja de papel de un metro cuadrado.

GRAMAL. m. Terreno cubierto de grama.

GRAMALOTE. m. COLOM., ECUAD. y PERÚ. Hierba forrajera de la familia de las gramíneas.

GRAMALLA. (fr. *gramalle*.) f. Vestidura larga hasta los pies, a manera de bata, muy usada en lo antiguo. ‖ **2.** Cota de malla.

GRAMALLERA. (Del m. or. que *caramilleras*.) f. GAL. y LEÓN. Llar.

GRAMAR. (l. *carminăre*, cardar.) AST. y GAL. Dar segunda mano al pan después de amasado.

GRAMÁTICA. (l. *grammatica*, y éste del gr. γραμματικὴ,t. f. de -κός, gramático.) f. Arte de hablar y escribir correctamente una lengua. ‖ **2.** Estudio de la lengua latina. ‖ **—comparada.** La que estudia dos o más idiomas comparándolos entre sí. ‖ **—general.** La que trata de los principios generales o fundamentales de todos los idiomas. ‖ **—parda.** fam. Habilidad natural o adquirida que tienen algunos para manejarse. ‖ **P.** gramática; **I.** grammar; **F.** grammaire; **A.** Grammatik, Sprachlehre; **It.** grammàtica; **R.** грамматика.

GRAMATICAL. (l. *grammaticālis*.) adj. Perteneciente a la gramática.

GRAMATICALMENTE. adv. Conforme a las reglas de la gramática.

GRAMÁTICO, CA. (l. *grammaticus*, y éste del gr. γραμματικός; de γράμμα, letra.) adj. Gramatical. ‖ **2.** m. El entendido en gramática o que escribe de ella. ‖ **2.**ª acep.: **P.** gramático; **I.** grammarian; **F.** grammairien; **A.** Grammatiker, Sprachlehrer; **It.** grammàtico; **R.** грамматический.

GRAMATIQUEAR. tr. fam. despect. Tratar de materias gramaticales.

GRAMATIQUERÍA. f. fam. despect. Cosa que pertenece a la gramática.

★ **GRAMATÓFORA.** f. BOT. Género de algas diatomáceas.

★ **GRAMATÓFORO.** m. ZOOL. Género de reptiles saurios, propios de Australia.

★ **GRAMBO.** m. CHILE. Entre carpinteros, cárcel, mandril.

GRAMIL. (gr. γραμμή, línea.) m. Instrumento compuesto de una tablilla atravesada perpendicularmente por un listón móvil, para trazar paralelas en la madera. ‖ **P.** graminho; **I.** surface gauge; **F.** trusquin; **A.** Parallelreisser; **It.** graffietto; **R.** реймас.

GRAMILLA. (De *gramar*.) f. Tabla vertical con pie, donde se colocan los manojos de lino o cáñamo para agramarlos.

GRAMILLA. f. d. de grama. ‖ **2.** ARGENT. Planta gramínea que se utiliza para pasto.

GRAMÍNEO, A. (l. *graminĕus*.) adj. BOT. Aplícase a las plantas angiospermas monocotiledóneas de tallo cilíndrico, nudoso y generalmente hueco, hojas rectinervias, liguladas, largas y estrechas, flores dispuestas en espiguillas reunidas en espiga, racimo o panícula. Su fruto es un cariópside y su semilla es rica en albumen; como el trigo, el arroz, etc. Ú.t.c.s.f. ‖ **2.** pl. BOT. Familia de estas plantas, de las cuales existen más de 4.000 especies repartidas por todo el mundo.

GRAMO. (gr. γράμμα, escrúpulo.) m. Peso, en el vacío, de un centímetro cúbico de agua destilada, a la temperatura de cuatro grados centígrados. ‖ **P.** grama; **I.** gram; **F.** gramme; **A.** Gramm; **It.** grammo; **R.** грамм.

GRAMÓFONO. (gr. γράμμα, escritura, y φωνή, voz.) m. Instrumento que reproduce las vibraciones de la voz humana o de otro cualquier sonido, inscritas previamente sobre un disco giratorio. ‖ **P.** gramofone; **I.** y **F.** gramophone; **A.** Grammophon; **It.** grammòfono; **R.** граммофон.

★ **GRAMOLA.** f. Nombre industrial de ciertos gramófonos.

GRAMOSO, SA. adj. Perteneciente a la grama. ‖ **2.** Que cría esta hierba.

GRAN. adj. Apócope de grande. Sólo se utiliza en singular, antepuesto al substantivo. GRAN *campaña*. ‖ **2.** Principal o primero en una clase.

GRANA. (De *granar*.) f. Granazón. ‖ **2.** Semilla menuda en varios vegetales, ‖ **3.** Tiempo en que se cuaja el grano de trigo, arroz, etc. ‖ **4.** RIOJA. Frutos de los árboles de monte. ‖ *Dar en* GRANA. fr. Dícese de las plantas cuando se dejan crecer de modo que sólo sirven para semilla.

GRANA. (l. *grannum*.) f. Cochinilla, insecto hemíptero, originario de Méjico, que reducido a polvo se usa en tintorería. ‖ **2.** Quermes, insecto hemíptero parecido a la cochinilla. ‖ **3.** Excrecencia que el quermes forma en la coscoja, de la que se obtiene un color rojo. ‖ **4.** Color rojo obtenido de este modo. ‖ **5.** Paño fino usado para trajes de fiesta.

GRANADA. (l. *granātum*, subentendiéndose *malum*.) f. Fruto del granado, de figura globosa, coronado por un tubo corto y con dientecitos, restos de los sépalos del cáliz; su corteza, de color amarillento rojizo, delgada y correosa, cubre multitud de granos encarnados, jugosos, dulces unas veces, agridulces otras, y cada uno con una pepita blanquecina, algo amarga. Es comestible apreciado y refrescante. Empléase contra las enfermedades de la garganta. ‖ **2.** Bola, generalmente metálica, del tamaño aproximado de una granada natural, llena de pólvora, con una espoleta atacada con un mixto inflamable. ‖ **3.** Proyectil hueco de metal, que contiene un explosivo y se dispara con una pieza de artillería. ‖ **—albar.** Fruto del granado, de granos blancos y muy dulces. ‖ **—cajín.** De granos carmesí, muy gustosa y estimada. ‖ **—de mano.** Granada que se usa en la guerra cargada de varios explosivos. ‖ **—real.** La que se dispara con mortero, por ser poco menos que la bomba. ‖ **—zafarí.** Fruto del granado que tiene cuadrados los granos. ‖ **P.** romã; **I.** pomegranate; **F.** grenade; **A.** Granatapfel; **It.** granata; **R.** гранат.

GRANADAL. m. Tierra plantada de granados.

GRANADERA. f. Bolsa de vaqueta donde llevaban los granaderos las granadas de mano.

GRANADERO. (De *granada*.) m. Soldado de elevada estatura que servía antiguamente para arrojar granadas de mano. ‖ **2.** Soldado de elevada estatura perteneciente a una compañía que formaba a la cabeza del regimiento. ‖ **3.** fig. y fam. Persona muy alta.

GRANADÉS, SA. adj. ant. Granadino. Apl. a pers. úsab. t.c.s.

GRANADÍ. (ár. *garnāṭī*, perteneciente o relativo a Granada.) adj. ant. Granadino. Apl. a pers. úsab. t.c.s.

GRANADILLA. (De *granada*, porque el sabor de sus granos es muy parecido a los de este fruto.) f. Flor de la pasionaria. ‖ **2.** BOT. Planta pasiflorácea, originaria de la América Meridional. ‖ **3.** Fruto de esta planta.

GRANADILLO. (De *granada*, por el color de la madera.) m. BOT. CUBA. Árbol de la familia de las papilionáceas; su fruto en legumbre vellosa, y su madera es dura, de color rojo y amarillo y muy apreciada en ebanistería.

GRANADINA. (De *Granada*.) f. Tejido calado, que se hace con seda retorcida. ‖ **2.** Variedad del cante andaluz, especialmente de Granada.

GRANADINO, NA. adj. Perteneciente

G

al granado o a la granada. || **2.** m. Flor del granado. || **3.** f. Refresco hecho con zumo de granada.

GRANADINO, NA. adj. Natural de Granada. Ú.t.c.s. || **2.** Perteneciente a esta ciudad.

GRANADO. (De *granada*.) m. Bot. Árbol frutal de la familia de las punicáceas, de tronco liso y tortuoso, ramas delgadas, hojas opuestas, oblongas, enteras y lustrosas; flores rojas, casi sentadas, cuyo fruto es la granada.

GRANADO. p.p. de granar. || **2.** adj. fig. Notable y señalado; ilustre y escogido. || **3.** fig. Maduro, experto.

*** GRANAJE.** m. Art. y Of. Acción de granear la pólvora.

GRANALLA. (despect. de *grano*.) f. Granos o porciones menudas a que se reduce un metal para facilitar su fundición.

GRANAR. intr. Formarse y crecer el grano de los frutos en algunas plantas. || **2.** Germ. Enriquecer. || **P.** granar; **I.** to seed, to corn; **F.** grener; **A.** in Samenschiessen; **It.** granare; **R.** созревать.

GRANATE. (l. *granātum*, granada, con alusión al color de sus granos.) m. Piedra fina compuesta de silicato doble de alúmina y de hierro u otros óxidos metálicos. Tiene generalmente color rojo. || **2.** Color rojo obscuro. || **—almandino.** El de color rojo brillante muy usado en joyería. || **—de Bohemia.** El vinoso. || **—noble, oriental** o **sirio.** Granate *almandino*. || **P.** granate; **I.** garnet; **F.** grenat; **A.** Granatstein; **It.** granato; **R.** гранат.

GRANATÍN. (Del m. or. que *granadí*.) m. Cierto género de tejido antiguo.

GRANAZÓN. f. Acción y efecto de granar. || **P.** granar; **I.** seeding; **F.** grenaison; **A.** Körnerbildung; **It.** granigione; **R.** налив зерна.

GRANCÉ. (fr. *garance*, color encarnado, y éste del m. or. que *granza*.) adj. Dícese del color rojo resultante de teñir los paños con la raíz de la rubia o granza.

GRANCERO. m. Sitio en donde se recogen y guardan las granzas de granos y semillas.

GRANCILLA. f. Carbón mineral lavado y clasificado, cuyos trozos reglamentariamente han de tener un tamaño comprendido entre 12 y 15 milímetros.

GRANCOLOMBIANO, NA. adj. Perteneciente o relativo a la Gran Colombia, estado que constituyó Bolívar en el Congreso de Angostura y comprendía los territorios que hoy forman Colombia, Venezuela y el Ecuador.

GRAND. adj. ant. Grande.

GRANDA. f. Gándara.

GRANDÁNIME. adj. ant. Magnánimo.

GRANDE. (l. *grandis*.) adj. Que excede a lo común y regular. || **2.** fig. De la Semana Santa. || **3.** Méj. Cierta edad. || **4.** m. Prócer, magnate, persona de muy elevada nobleza. || **5.** Argent. Premio gordo. || **—de España.** Persona que tenía la preeminencia de poder cubrirse delante del rey o de tomar asiento delante de la reina, y gozaba de otros privilegios anexos a esta dignidad. || *En* grande. adv. Por mayor, en conjunto. || **2.** fig. Con fausto. Ú. con los verbos estar, vivir, etc. || *Sacarse* uno *la* grande. fr. Argent. Tocarle a uno el premio mayor en la lotería. || **P.** grande; **It.** grande; **I.** great; **F.** grand; **A.** gross; **R.** большой.

GRANDECÍA. f. ant. Grandeza.

GRANDEMENTE. adv. Mucho o muy bien. || **2.** En extremo.

GRANDER. (l. *grandēre*.) tr. ant. Engrandecer.

GRANDEVO, VA. (l. *grandaevus*, de *grandis*, crecido, y *aevum*, edad.) adj. poét. Dícese de la persona de mucha edad.

GRANDEZ. f. ant. Grandeza.

GRANDEZA. (De *grande*.) f. Tamaño excesivo de una cosa con relación a las de su género. || **2.** Majestad y poder. || **3.** Dignidad de grande de España. || **4.** Conjunto o concurrencia de los grandes de España. || **5.** Extensión, tamaño. || **P.** grandeza; **I.** greatness, grandeeship; **F.** grandeur, grandesse; **A.** Grösse, Hoheit; **It.** grandezza; **R.** величина, величие.

GRANDEZUELO, LA. adj. d. de grande.

GRANDIFACER. (l. *grandis*, grande, y *facĕre*, hacer.) tr. ant. Engrandecer o hacer grande.

GRANDIFECHO, CHA. p. p. irreg. ant. de grandifacer.

GRANDIFICENCIA. (De *grandifacer*.) f. ant. Grandeza.

GRANDILOCUENCIA. (De *grandilocuente*.) f. Elocuencia muy abundante y elevada. || **2.** Estilo sublime.

GRANDILOCUENTE. (De *grandis*, grande, y *loquens*, *-entis*, que habla.) adj. Que habla o escribe con grandilocuencia.

GRANDÍLOCUO, CUA. (l. *grandilōquus*.) adj. Grandilocuente.

GRANDILLÓN, NA. adj. fam. aum. de grande. || **2.** fam. Que excede desproporcionadamente del tamaño ordinario.

GRANDIOSAMENTE. adv. Con grandiosidad.

GRANDIOSIDAD. (De *grandioso*.) f. Admirable grandeza, magnificencia. || **P.** grandiosidade; **I.** grandiosity; **F.** grandesse, grandiosité; **A.** Grossartigkeit; **It.** grandiosità; **R.** грандиозность.

GRANDIOSO, SA. (De *grande*.) adj. Sobresaliente, magnífico. || **P.** e **It.** grandioso; **I.** grandiose, magnificent; **F.** grandiose; **A.** grossartig, grandios; **R.** величественный.

GRANDISONAR. intr. poét. Resonar, tronar con fuerza.

GRANDÍSONO, NA. (l. *grandisŏnus*.) adj. poét. Altísono.

GRANDOR. (De *grande*.) m. Tamaño de las cosas.

GRANDOTE, TA. adj. fam. aum. de grande.

GRANDULLÓN, NA. adj. fam. Grandillón. Dícese especialmente de los muchachos muy crecidos para su edad. Ú.t.c.s.

GRANDURA. f. ant. Grandor.

GRANEADO, DA. p. p. de granear. || **2.** adj. Reducido a grano. || **3.** Salpicado de pintas. || **4.** Mil. Dícese del fuego que se hace por los soldados individualmente con la mayor prisa y sin intermisión.

GRANEADOR. (De *granear*.) m. Criba de piel usada en las fábricas de pólvora para refinar el grano por segunda vez. || **2.** Lugar de estas fábricas destinado a este efecto. || **3.** Instrumento de acero, achaflanado, y que remata en una curva llena de puntas menudas para granear las planchas que se han de grabar al humo.

GRANEAR. tr. Esparcir el grano o semilla en un terreno. || **2.** Convertir en grano la masa preparada de que se compone la pólvora, pasándola por el graneador. || **3.** Llenar la superficie de una plancha de puntos muy espesos con el graneador, para grabar al humo. || **4.** Sacarle grano a la superficie lisa de una piedra litográfica, para poder dibujar en ella con lápiz litográfico. || **5.** Amér. del Sur. Sobar ligeramente una piel hasta que quede granulejienta y algo esponjosa. || **P.** semear; **I.** to sow (grain); **F.** semer; **A.** säen, körnen; **It.** seminare a spaglio; **R.** разбрасывать, семена.

GRANEL (A). (cat. *granell*, y éste del l. *granellum*, de *granum*.) m. adv. Hablando de cosas menudas, como cereales, etc., sin orden ni medida. Tratándose de género, sin envase, sin empaquetar. || **2.** fig. De montón, en abundancia.

*** GRANELAR.** (De *grano*.) tr. Art. y Of. Preparar las pieles de modo que parezcan graneadas.

*** GRANELERO.** m. Perú. Gacetillero.

GRANERO, RA. adj. Natural de El Grao. Ú.t.c.s. || **2.** Perteneciente a este puerto de Valencia.

GRANERO. (l. *granarium*.) m. Sitio en donde se guarda el grano. || **2.** fig. Territorio donde se cosecha mucho grano. || **P.** celeiro; **I.** granary; **F.** grenier; **A.** Kornkammer; **It.** granaio; **R.** житница.

*** GRANETE.** m. Art. y Of. Instrumento para granear.

GRANÉVANO. m. Tragacanto.

GRANGUARDIA. (De *gran* y *guardia*.) f. Mil. Tropa de caballería, apostada a mucha distancia de un ejército acampado, para vigilar y proteger un sector del frente.

GRANIDO, DA. (De *grano*.) adj. Germ. Rico, adinerado. || **2.** Germ. Paga de contado.

*** GRANÍFUGO, GA.** (De *granizo* y el l. *fugāre*, ahuyentar.) adj. Que evita la caída del granizo.

GRANILLA. f. Granillo que tiene el paño por el revés.

GRANILLERO, RA. (De *granillo*, d. de *grano*.) adj. And. y Mancha. Dícese de los cerdos que se alimentan en el monte de la bellota que encuentran en el suelo durante el tiempo de la montañera.

GRANILLO. m. d. de grano. || **2.** Tumorcillo que se forma encima de la rabadilla a los canarios y jilgueros. || **3.** fig. Utilidad y provecho de una cosa usada. || **4.** Chile. En la provincia de Tarapacá, pan de harina sin cerner. || **—de oveja.** Bot. Planta leguminosa papilionácea.

GRANILLOSO, SA. adj. Que tiene granillos.

GRANÍTICO, CA. adj. Perteneciente al granito o parecido a él. || **2.** Geol. Dícese de un terreno constituido principalmente por el granito. Ú.t.c.s.m. || **3.** Geol. Dícese del período geológico de la primera era terrestre, durante el cual se originaron las grandes formaciones graníticas.

GRANITO. m. d. de grano. || **2.** Roca compacta y dura, compuesta de cuarzo, feldespato y mica. Lo hay de varios colores, según la proporción de sus componentes. Se emplea como piedra de cantería. || **3.** Murc. Huevecito del gusano de seda. || granito *de arena.* fig. Modesto esfuerzo con que se contribuye a una obra. || *Echar un* granito *de sal.* fr. fig. y fam. Añadir alguna especie a lo que se dice o trata, para darle chiste, sazón y viveza. || **2.ª** acep.: **P.** e **It.** granito; **I.** granite; **F.** granit; **A.** Granit; **R.** гранит.

GRANÍVORO, RA. (l. *granum*, grano, y *vorāre*, comer.) adj. Aplícase a los animales que se alimentan de granos.

GRANIZADA. f. Copia de granizo que cae de una vez. || **2.** fig. Multitud de cosas que caen o se manifiestan continuada y abundantemente. || **3.** And. y Chile. Bebida helada.

GRANIZADO. m. Argent. Refresco que se hace con hielo machacado agregándole alguna esencia o jugo de fruta.

*** GRANIZAL.** m. Colom. Granizada.

GRANIZAR. intr. Caer granizo. || **2.** fig. Arrojar algo con ímpetu, menudeando y haciendo que caiga espeso lo que se arroja. Ú.t.c.tr. || **P.** granizar; **I.** to hail; **F.** grêler; **A.** hageln; **It.** grandinare; **R.** сыпаться (о граде).

GRANIZO. (l. *grandinicĕus*, de *grando*, *-inis*.) m. Agua congelada que cae con violencia de las nubes, en granos más o menos duros y gruesos. || **2.** Especie de nieve de materia gruesa que se forma en los ojos entre las túnicas úvea y córnea. || **3.** fig. Granizada, multitud de cosas que caen o se manifiestan continuamente. || **4.** Germ. Muchedumbre de una cosa. || **P.** granizo; **I.** hail; **F.** grêle; **A.** Hagel; **It.** gradine; **R.** град.

GRANJA. (fr. *grange*, y éste del l. *granĭca*, de *granum*.) f. Hacienda de campo, a manera de grande huerta, dentro de la cual suele haber una casería para la gente de labor y el ganado. || **P.** granja; **I.** farm; **F.** ferme; **A.** Gutshof, Meierei; **It.** fattoria; **R.** ферма.

GRANJEABLE. adj. Que se puede granjear.

*** GRANJEADOR, RA.** adj. Méj. Que sabe granjearse o ganarse las voluntades. || **2.** Chile. Ladrón, ratero.

GRANJEAR. (De *granja*.) tr. Adquirir caudal, obtener ganancias traficando con ganados u otros objetos. || **2.** Adquirir, obtener en general. || **3.** Captar, conseguir, atraer. Ú.t.c.r. || **4.** Chile. Estafar, hurtar. || **5.** Mar. Ganar en relación con la distancia o al barlovento.

GRANJEO. m. Acción y efecto de granjear.

GRANJERÍA. (De *granjero*.) f. Beneficio de las haciendas de campo y venta de sus frutos, o cría de ganados, etc. || **2.** fig. Ganancia y utilidad que se obtienen traficando. || **3.** Ecuad. Industria poco digna.

GRANJERO, RA. m. y f. Persona que cuida de una granja. || **2.** Persona que se emplea en granjerías. || **3.** Ecuad. Estafador. Ú.t.c.s. || **P.** granjeiro; **I.** farmer;

G

F. fermier; **A.** Farmer, Meier; **It.** fattore. **R.** фермер.

GRANO. (l. *granum*.) m. Semilla y fruto de las mieses, como el trigo, avena, etcétera. ‖ **2.** Semillas pequeñas de varias plantas. ‖ **3.** Cada una de las semillas o frutos que con otros iguales forma un agregado. ‖ **4.** Parte 'menuda de otras cosas. ‖ **5.** Cada una de las partecillas parecidas a la arena que se perciben en la masa de algunos cuerpos. ‖ **6.** Tumorcillo que se forma en alguna parte del cuerpo. ‖ **7.** En las armas de fuego, pieza que se echaba en la parte del fogón cuando por el uso se había gastado y agrandado, y en ella se volvía a abrir el fogón. ‖ **8.** Dozava parte del tomín, equivalente a 48 mg. ‖ **9.** En las piedras preciosas, cuarta parte de un quilate. ‖ **10.** Cuarta parte del quilate, con que se designa la cantidad de fino de una liga de oro. ‖ **11.** Flor, parte exterior de las pieles que admite pulimento. ‖ **12.** Cada una de las pequeñas protuberancias que agrupadas, cubren la flor de ciertas pieles curtidas y en algunas antes de curtir. ‖ **13.** GERM. Ducado, antigua moneda imaginaria equivalente a once reales. ‖ **14.** FARM. Peso de un grano regular de cebada, equivalente a la vigesimocuarta parte del escrúpulo aproximadamente, 5 cg. ‖ —**de arena.** fig. Auxilio pequeño con que uno contribuye para una obra o fin determinado. ‖ GRANOS *del Paraíso*, BOT. Semillas del amomo. ‖ *Apartar el* GRANO *de la paja*. fr. fig. y fam. Distinguir en las cosas lo substancial de lo que no lo es. ‖ *Ir uno al* GRANO. fr. fig. y fam. Atender a lo substancial omitiendo cuanto no tiene importancia. ‖ *No ser* GRANO *de anís* una cosa. fr. fig. y fam. Tener importancia. ‖ *Un* GRANO *no hace granero, pero ayuda a su compañero.* ref. que recomienda la economía hasta en las cosas de menos valor. ‖ **P.** grão; **I.** grain, seed; **F.** grain; **A.** Korn, Kern; **It.** grano; **R.** зерно.

GRANOLLERENSE. adj. Natural de Granollers. Ú.t.c.s. ‖ **2.** Perteneciente a esta villa de la provincia de Barcelona.

GRANOSO, SA. (l. *granōsus*.) adj. Dícese de lo que en su superficie forma granos.

GRANOTO. (De *grano*.) m. GERM. Cebada.

GRANT. adj. ant. Grande.

GRANUJA. (De un der. del l. *granum*, grano.) f. Uva desgranada y separada de los racimos. ‖ **2.** Granillo interior de la uva, y de otras frutas, que es su simiente. ‖ **3.** fam. Granujería, conjunto de golfos o pilluelos. ‖ **4.** m. fam. Muchacho vagabundo, pilluelo. ‖ **5.** fig. Bribón, pícaro. ‖ **4.ª** acep.: **P.** malandro; **I.** waif; **F.** gamin; **A.** Lump; **It.** birba(nte); **R.** бездельник.

GRANUJADA. f. Acción propia de un granuja.

GRANUJADO, DA. (De *granujo*.) adj. Agranujado.

GRANUJERÍA. f. Conjunto de granujas o de pillos. ‖ **2.** Granujada.

GRANUJIENTO, TA. (De *granujo*.) adj. Que tiene muchos granos, especialmente tratándose de personas y animales.

GRANUJO. m. fam. Grano o tumor pequeño que se forma en cualquier parte del cuerpo.

GRANUJOSO, SA. (De *granujo*.) adj. Dícese de lo que tiene granos.

GRANULACIÓN. f. Acción y efecto de granular o granularse.

GRANULADO, DA. p. p. de granular. ‖ **2.** adj. Granuloso. ‖ **3.** Preparación farmacéutica en forma de granos. ‖ **4.** AMÉR. Azúcar granuloso.

GRANULAR. (De *gránulo*.) adj. Aplícase a la erupción de granos y a las cosas en cuya superficie se forman granos. ‖ **2.** Dícese de las substancias cuya masa forma granos o porciones menudas.

GRANULAR. (De *gránulo*.) tr. QUÍM. Reducir a granillos una masa pastosa. ‖ **2.** r. Cubrirse de granos pequeños alguna parte del cuerpo.

GRÁNULO. (l. *granŭlum*.) m. d. de grano. ‖ **2.** Bolita de azúcar y goma arábiga con muy poca cantidad de algún medicamento. ‖ **P.** grânulo; **I.** y **F.** grânule; **A.** Körnchen; **It.** grànulo; **R.** крупинка.

GRANULOSO, SA. (De *gránulo*.) adj. Granuloso.

GRANZA. (fr. *garance*, y éste del germ. *wratja*, rubia.) f. Rubia, planta tintórea. ‖ **P.** granza; **I.** madder; **F.** garance; **A.** Krapp; **It.** robbia; **R.** марена.

GRANZA. (l. *grandia*, pl. n. de *grandis*.) f. Carbón mineral lavado y clasificado, cuyos trozos han de tener reglamentariamente un tamaño entre los 15 y 25 mm.‖ **2.** pl. Residuos de paja larga y gruesa, espiga, grano sin descascarillar, etc., que quedan del trigo y otras semillas cuando se avientan y acriban. ‖ **3.** Desechos que salen del yeso cuando se cierne. ‖ **4.** Superfluidades de cualquier metal. ‖ **5.** ARGENT. Hormigón concreto.

GRANZÓN. (De *granzas*, 2.ª acep.) m. MIN. Cada uno de los trozos gruesos de mineral que no pasan por la criba. ‖ **2.** VENEZ. Arena gruesa. ‖ **3.** pl. Nudos de la paja que quedan cuando se criba, y que ordinariamente el ganado no come por ser lo más duro de ella.

GRANZOSO, SA. adj. Que tiene muchas granzas.

GRAÑÓN. m. Especie de sémola hecha de trigo cocido en grano. ‖ **2.** El mismo grano de trigo cocido.

GRAO. (cat. *grau*, y éste del l. *gradus*, escalón.) m. Playa que sirve de desembarcadero.

GRAPA. (germ. *krappa*, gancho.) f. Pieza metálica cuyos dos extremos, doblados y aguzados, se clavan para unir o sujetar dos tablas, papeles, etc. ‖ **2.** VETER. Llaga o úlcera transversal que se forma a las caballerías en la parte anterior del corvejón y posterior de la rodilla. ‖ **3.** VETER. Cada una de las excrecencias que se forman a las caballerías en el menudillo y en la cuartilla. ‖ **P.** grampo, gancho; **I.** clamp, clasp; **F.** crampon, agrafe; **A.** Klammer, Krampe; **It.** grappa, agraffa; **R.** скоба, водка.

* GRAPA. (Quizá del ingl. *grape*, uva.) f. ARGENT. Aguardiente de orujo.

* GRAPÓN. m. Especie de escarpia para enganchar las fallebas en los cercos.

GRASA. (l. *crassa*, t. f. de -*sus*, grueso.) f. Manteca o sebo de un animal. ‖ **2.** Goma del enebro. ‖ **3.** Mugre pegado a la ropa por el continuado ludir de la carne. ‖ **4.** Grasilla. ‖ **5.** Lubricante graso. ‖ **6.** QUÍM. Nombre genérico de substancias orgánicas, muy abundantes en los tejidos de plantas y animales, formadas por la combinación de ácidos grasos con la glicerina. ‖ **7.** pl. MIN. Escorias que produce la limpia de un baño metálico antes de hacerse la colada. ‖ **P.** gordura; **I.** grease; **F.** graisse; **A.** Fett; **It.** grascia; **R.** жир, сало.

* GRASAR. intr. PERÚ. Propalarse una noticia.

* GRASARIA. f. Cierta enfermedad de los gusanos de seda.

GRASERA. f. Vasija donde se echa la grasa. ‖ **2.** Utensilio de cocina para recibir la grasa de las piezas que se usan.

GRASERÍA. (De *grasa*.) f. Taller donde se fabrican las velas de sebo. ‖ **2.** ARGENT. Establecimiento industrial donde se sacrifican animales para aprovechar su grasa.

GRASERO. m. MIN. Sitio donde se echan las grasas de un metal.

GRASEZA. f. Calidad de graso. ‖ **2.** ant. Grosura.

GRASIENTO, TA. adj. Untado de grasa. ‖ **P.** gorduroso; **I.** greasy; **F.** graisseux; **A.** fettig, schmierig; **It.** sugnoso; **R.** жирный.

GRASILLA. f. d. de grasa. ‖ **2.** Polvo de sandáraca, de color blanco amarillento, empleado para que la tinta no cale o se corra en el papel cuando se escribe sobre raspado. ‖ **3.** BOT. Cierta planta silvestre, de las lentibulariáceas. Es insectívora y vive en sitios húmedos. ‖ **3.** CHILE. Cierta enfermedad parasitaria de algunas plantas que se cubren con una capa pegajosa producida por un insecto.

GRASO, SA. (l. *crassus*, grueso.) adj. Pingüe, mantecoso y que tiene gordura. ‖ **2.** De la naturaleza de la grasa. ‖ **3.** m. Graseza. ‖ **P.** gorduroso; **I.** fat; **F.** gras; **A.** fett; **It.** grasso; **R.** сальный.

GRASONES. (Del m. or. que *granzas*.) m. pl. Potaje de harina, o trigo machacado, y sal en grano, al que después de cocido se le agrega leche de almendras o de cabras, grañones, azúcar y canela.

GRASOR. (De *graso*.) f. ant. Grosura.

GRASOSO, SA. adj. Que está impregnado de grasa.

GRASPO. m. Especie de brezo.

GRASURA. (De *groso*.) f. Grosura.

GRATA. (De *gratar*.) f. Escobilla metálica para limpiar, raspar o bruñir, como la que usan los plateros o aquella con que se deshollina el cañón de las armas de fuego portátiles.

GRATAMENTE. adv. De manera grata, con agrado.

GRATAR. (prov. *gratar*, y éste del germ. *kratjôn*, rascar.) tr. Limpiar o bruñir con la grata.

GRATIFICACIÓN. (l. *gratificatio, -ōnis*.) f. Recompensa pecuniaria de un servicio eventual. ‖ **2.** Remuneración fija por el desempeño de un servicio o cargo, la cual es compatible con el sueldo. ‖ **P.** gratificação; **I.** reward; **F.** gratification; **A.** Belohnung, Zulage; **It.** gratificazione; **R.** награда.

GRATIFICADOR, RA. (l. *gratificător*.) adj. Que gratifica. Ú.t.c.s.

GRATIFICAR. (l. *gratificăre*, de *gratus*, grato, y *facĕre*, hacer.) tr. Recompensar con una gratificación. ‖ **2.** Dar gusto, complacer.

GRÁTIL. (De *gratil*.) m. MAR. Extremidad u orilla de la vela, por donde se sujeta al palo, verga o nervio correspondiente. ‖ **2.** MAR. Parte central de la verga, donde se afirma un cabo o cadena para envergar la vela.

GRATIL. (b. l. *gratillus*.) Grátil. m.

GRATIS. (l. *gratis*.) adv. De gracia o de balde.

GRATISDATO, TA. (l. *gratis*, sin motivo, y *datus*, dado.) adj. Que se da de gracia, sin mérito de parte del que recibe.

GRATITUD. (l. *gratitūdo*.) f. Sentimiento por el cual nos consideramos obligados a estimar el beneficio que recibimos y a corresponder a él de alguna manera. ‖ **P.** gratidão; **I.** y **F.** gratitude; **A.** Dankbarkeit; **It.** gratitùdine; **R.** благодарность.

GRATO, TA. (l. *gratus*.) adj. Gustoso, agradable. ‖ **2.** Gratuito, gracioso. ‖ **P.** e **It.** grato; **I.** agreeable; **F.** agréable; **A.** angenehm; **R.** приятный.

GRATONADA. f. Especie de guisado de pollos.

GRATUIDAD. f. Calidad de gratuito.

GRATUITAMENTE. adv. De gracia, sin interés. ‖ **2.** Sin fundamento. *Hablar* GRATUITAMENTE.

GRATUITO, TA. (l. *gratuītus*.) adj. De balde o de gracia. ‖ **2.** Arbitrario, sin fundamento. ‖ **P.** e **It.** gratuito; **I.** gratuitous; **F.** gratuit; **A.** unentgeltlich; **R.** даровой.

GRATULACIÓN. (l. *gratulatio, -ōnis*.) f. Acción y efecto de gratular o gratularse.

GRATULAR. (l. *gratulăre*.) tr. Dar el parabién a uno. ‖ **2.** r. Alegrarse, complacerse.

GRATULATORIO, RIA. (l. *gratulatŏrius*.) adj. Dícese del discurso o escrito en que se da a alguien el parabién por un suceso próspero. ‖ **P.** gratulatório; **I.** gratulatory; **F.** congratulatoire; **A.** beglückwünschend; **It.** congratulatorio; **R.** поздравительный (о речи).

GRAVA. (célt. *grava*, arena gruesa.) f. Guijo, conjunto de guijas. ‖ **2.** Piedra machacada con que se cubre y allana el piso de los caminos. ‖ **3.** Mezcla de guijas, arena y a veces arcilla que se encuentra en yacimientos. ‖ **P.** cascalho; **I.** gravel; **F.** cailloutis; **A.** Kiesel, Schottersand; **It.** ghiaia; **R.** гравий.

GRAVAMEN. (l. *gravāmen*.) m. Carga, obligación que pesa sobre alguno. ‖ **2.** Carga impuesta sobre un inmueble o sobre un caudal. ‖ **P.** e **It.** gravame; **I.** charge, lien; **F.** charge, corvée; **A.** Belastung; **R.** бремя, налог.

GRAVANTE. p.a. ant. de gravar. Que grava.

GRAVAR. (l. *gravāre*.) tr. Cargar, pesar sobre una persona o cosa. ‖ **2.** Imponer

G

un gravamen. || 3. P. Rico y C. Rica. Agravarse.

GRAVATIVO, VA. adj. Dícese de lo que grava.

GRAVE. (l. *gravis*.) adj. Dícese de lo que pesa. U.t.c.s.m. || 2. Grande, de mucha entidad o importancia. || 3. Aplícase al que está enfermo de cuidado. || 4. Dícese del pecado mortal. || 5. Circunspecto, serio; que causa respeto. || 6. Dícese del estilo que se distingue por su circunspección, decoro y nobleza. || 7. Arduo, difícil. || 8. Molesto, enfadoso. || 9. Se dice del sonido hueco y bajo, por contraposición al agudo. || 10. Dícese del acento representado por una rayita oblicua en dirección de izquierda a derecha. || 11. Pros. Aplícase a la palabra cuyo acento prosódico carga en su penúltima sílaba. || **P.** grave; **I.** heavy, ponderous; **F.** grave, lourd; **A.** schwer, (ge)wichtig; **It.** grave, pesante; **R.** тяжёлый, серьёзный.

GRAVEAR. (De *grave*, pesado.) intr. Gravitar; descansar un cuerpo sobre otro.

GRAVEDAD. (l. *gravĭtas, -ātis*.) f. Fís. Fuerza que atrae los cuerpos hacia el centro de la Tierra, y varía algo de los polos al ecuador. || 2. Compostura y circunspección. || 3. Enormidad, exceso. || 4. fig. Grandeza, importancia. || **P.** gravidade; **I.** gravity; **F.** gravité; **A.** Schwerkraft, Gravität; **It.** gravità; **R.** тяготение.

GRAVEDOSO, SA. (De *gravedad*.) adj. Circunspecto y serio con afectación.

GRAVEDUMBRE. (l. *gravĭtūdo, -ĭnis*.) f. ant. Aspereza, dificultad.

GRAVEMENTE. adv. Con gravedad. || 2. De manera grave.

GRAVERA. f. Yacimiento de grava.

GRAVESCER. (l. *gravescĕre*.) tr. ant. Agravar.

GRAVEZA. f. ant. Gravedad. || 2. ant. Gravamen, carga.

GRAVIDEZ. (De *grávido*.) f. Preñez, embarazo.

* **GRAVIDISMO.** m. Conjunto de condiciones fisiológicas que caracterizan el estado de embarazo en la mujer.

GRÁVIDO, DA. (l. *gravĭdus*.) adj. poét. Cargado, lleno, abundante. Dícese especialmente de la mujer encinta.

* **GRAVÍGRAFO.** m. Fís. Aparato que señala la intensidad de la gravedad.

GRAVÍMETRO. (l. *gravis*, pesado, y del gr. μέτρον, medida.) m. Fís. Aparato para determinar el peso específico de los líquidos y de los sólidos.

GRAVITACIÓN. f. Acción y efecto de gravitar. || 2. Efecto de la atracción universal, especialmente cuando se ejerce o manifiesta entre los cuerpos celestes. || **P.** gravitação; **I.** y **F.** gravitation; **A.** Gravitation; **It.** gravitazione; **R.** тяготение.

GRAVITAR. (l. *gravĭtas, -ātis*, peso.) intr. Tener un cuerpo propensión a caer sobre otro, por razón de su peso. || 2. Descansar o hacer fuerza un cuerpo sobre otro. || 3. fig. Cargar, imponer una carga.

* **GRAVÍVOLO, LA.** (l. *gravis*, pesado, y *volāre*, volar.) adj. Zool. De vuelo pesado.

GRAVOSO, SA. (De *grave*, pesado.) adj. Molesto, pesado y a veces intolerable. || 2. Que ocasiona gastos.

GRAZNADOR, RA. adj. Que grazna.

GRAZNAR. (l. *gracinare*, de la voz del grajo.) intr. Dar graznidos. || **P.** grasnar; **I.** to croak, to caw; **F.** croasser; **A.** krächzen, quaken; **It.** gracchiare; **R.** каркать.

GRAZNIDO. (De *graznar*.) m. Voz de algunas aves; como el cuervo, el ganso, etc. || 2. fig. Canto desigual y como gritando, que disuena mucho al oído.

GREBA. (fr. *grève*, y éste del célt. *grava*, piedra.) f. Pieza de la armadura antigua, que cubría la pierna desde la rodilla hasta la garganta del pie.

GREBÓN. m. ant. Greba.

GRECA. (De *greco*.) f. Adorno que consiste en una faja más o menos ancha en que se repiten ciertos elementos decorativos, y especialmente líneas que forman ángulos rectos, imitando a una cadena. || 2. Cuba y Venez. Cafetera de filtro. || **P.** grega; **I.** fret; **F.** grecque, méandre; **A.** geradlinige Verzierung; **It.** greca; **R.** орнамент.

GRECANO, NA. (De *greco*.) adj. ant. Griego.

GRECIANO, NA. adj. Griego. || 2. Relativo o perteneciente a Grecia.

GRECISCO, CA. adj. Greguisco.

GRECISMO. (l. *graecus*, griego.) m. Helenismo.

GRECIZANTE. p.a. de grecizar. Que greciza.

GRECIZAR. (l. *graecissāre*.) tr. Dar forma griega a voces de otro idioma. || 2. intr. Usar afectadamente en otro idioma palabras o locuciones griegas.

GRECO, CA. (l. *graecus*.) adj. Griego. Apl. a pers. ú.t.c.s.

GRECOLATINO, NA. adj. Perteneciente o relativo a griegos o latinos, y en especial se dice de lo escrito en griego y en latín o que se refiere a entrambos idiomas. || **P.** greco-latino; **I.** Greco-Latin; **F.** gréco-latin; **A.** griechisch-lateinisch; **It.** grecolatino; **R.** греколатинский.

GRECORROMANO, NA. adj. Perteneciente a griegos y romanos, o compuesto de elementos propios de ambos pueblos juntamente. || **P.** e **It.** greco-romano; **I.** Greco-Roman; **F.** gréco-romain; **A.** griechisch-römisch; **R.** грекопатинский.

GREDA. (l. *creta*.) f. Arcilla arenosa, por lo común de color blanco azulado, usada principalmente para desengrasar los paños. || **P.** greda; **I.** clay; **F.** craie; **A.** Kreide; **It.** creta; **R.** голубая глина, мел.

GREDAL. adj. Aplícase a la tierra que tiene greda. || 2. Terreno abundante en greda.

GREDOSO, SA. adj. Perteneciente a la greda o que tiene sus cualidades.

GREFIER. (fr. *greffier*, y éste del l. *graphium*, puntero.) m. Oficio honorífico de la casa real, según la etiqueta de la de Borgoña, auxiliar del de contralor. || 2. Oficial que asistía a las ceremonias de la toma del collar del toisón de oro.

GREGAL. (l. *graegālis*, de *grex, gregis*, rebaño.) adj. Que anda junto con otros de su especie. Aplícase regularmente a los ganados que pastan y andan en rebaño.

GREGAL. (l. *graegālis*, de *graecus*, griego.) m. Viento que viene de entre levante y tramontana. || **P.** gregal; **I.** northeast wind; **F.** vent grec; **A.** Nordostwind; **It.** greco; **R.** северо-восточной ветер.

* **GREGALIZAR.** intr. Mar. Declinar hacia el nordeste.

* **GREGARINAS.** f. pl. Zool. Orden de protozoos que viven parásitos en animales invertebrados.

GREGARIO, RIA. (l. *gregarĭus*.) adj. Dícese del que está en compañía de otros sin distinción; como el soldado raso. || 2. fig. Dícese del que sigue servilmente las ideas ajenas.

° **GREGARISMO.** (De *gregario*.) m. Zool. Tendencia de ciertos animales a vivir en sociedad con sus congéneres. || 2. Estado de estos animales. || 3. Servilismo, adhesión incondicional de los gregarios.

GREGE. (l. *grex, gregis*, rebaño.) f. ant. Grey.

GREGORIANO, NA. adj. Dícese del canto religioso reformado por el papa Gregorio I. || 2. Dícese del calendario, año, cómputo y era que reformó Gregorio XIII.

GREGORILLO. (De *gorguerilla*, de *gorguera*.) m. Prenda de lienzo que usaron las mujeres para cubrirse cuello, pechos y espaldas.

* **GREGORITO.** m. fam. Cuba. Burla, chasco.

GREGUERÍA. (De *griego*.) f. Algarabía, gritería confusa. || 2. Poema corto en prosa de Ramón Gómez de la Serna un tanto epigramático y de la intención satírica y el rasgo de ingenio que entraña. || 3. Agudeza, imagen en prosa que representa una visión personal y sorprendente de algún aspecto de la realidad.

GREGÜESCOS. (De *griego*.) m. pl. Calzones muy anchos que se usaron en los siglos XVI y XVII.

GREGUISCO, CA. (De *griego*.) adj. Griego, relativo o perteneciente a Grecia.

GREGUIZAR. intr. Grecizar.

GRELO. (l. *gallĕllus*, d. de *galla*, excrecencia.) m. Gal. y León. Nabizas y sumidades tiernas y comestibles de los tallos de nabo.

GREMIAL. adj. Perteneciente a gremio u oficio. || 2. m. Individuo de un gre-

mio. || 3. Paño cuadrado de que usan los obispos, cuando celebran de pontifical y ponen sobre las rodillas en algunas ceremonias. || 4. Paño rectangular, igual en forma, dimensiones y adorno a un frontal de altar, que llevan los tres clérigos del terno de la misa conventual de las iglesias catedrales y en algunas otras.

GREMIO. (l. *gremium*.) m. desus. Regazo. || 2. Unión de los fieles con sus legítimos pastores, y especialmente con el Pontífice Romano. || 3. En las universidades, el cuerpo de doctores y catedráticos. || 4. Corporación formada por los maestros, oficiales y aprendices de un mismo oficio. || 5. Conjunto de personas que tiene un mismo ejercicio, profesión o estado social. || 4.ª acep.: **P.** grémio; **I.** guild; **F.** corps, corporation; **A.** Genossenschaft, Innung, Verein; **It.** corporazione; **R.** корпорация.

* **GRENATE.** m. Bot. Ecuad. Granado.

GRENCHUDO, DA. adj. Que tiene crenchas o greñas. Aplícase principalmente a los animales.

GRENO. (metát. de *negro*.) m. Germ. Negro, individuo de piel negra. || 2. Germ. Esclavo, siervo.

GREÑA. (l. *crinis*.) f. Cabellera revuelta. Ú.m. en pl. || 2. Lo que está enredado y entretejido con otra cosa. || 3. And. y Méj. Porción de mies que se pone en la era para formar la parva. || 4. And. Primer follaje que produce el sarmiento después de plantado. || 5. And. El mismo plantío de viñas en el segundo año. || *Andar a la* greña. fr. fam. Reñir dos o más personas, especialmente mujeres, tirándose de los cabellos. || 2. fig. y fam. Altercar acaloradamente. || *En* greña. m. adv. Méj. En rama, sin purificar o sin beneficiar. || **P.** grenha; **I.** shock; **F.** tignasse; **A.** Zotte; **It.** chioma; **R.** волосы.

GREÑUDO, DA. adj. Que tiene greñas. || 2. m. Caballo recelador en las paradas.

GREÑUELA. (d. de *greña*.) f. And. Sarmientos que forman viña al año de plantados.

GRES. (fr. *grès*, arenisca.) m. Pasta formada por lo común de arcilla figulina y arena cuarzosa que emplea la alfarería para fabricar diversos objetos que, después de cocidos a temperaturas muy elevadas, son resistentes, impermeables y refractarios. || **P.** grés; **I.** sandstone; **F.** e **It.** grès; **A.** Steingut; **R.** песчаник.

GRESCA. (cat. *greesca*, de *greguesca*.) f. Bulla, algazara, jarana. || 2. Riña, pendencia.

* **GRETA.** f. Méj. Escoria, residuo. Ú.m. en pl.

* **GRETEAR.** tr. Méj. Vidriar.

GREUGE. (cat. y prov. *greuge*, de *greujar*, y éste del l. *greviāre*, de *grevis, gravis*, infl. por *levis*.) m. ant. Queja del agravio hecho a las leyes o fueros, que se presentaban ordinariamente en las Cortes de Aragón.

GREVILLO. m. C. Rica. Árbol grande, de hojas anchas y largas, flores rojas o amarillas y semillas oblongas.

GREY. (l. *grex, gregis*, rebaño.) f. Rebaño de ganado menor. || 2. Por ext., ganado mayor. || 3. fig. Congregación de los fieles cristianos bajo sus legítimos pastores. || 4. fig. Conjunto de individuos que tienen algún carácter común. || **P.** grei; **I.** flock, herd; **F.** troupeau, bétail; **A.** Schafherde; **It.** gregge; **R.** стадо.

GRIAL. (ant. fr. *gréal*, y éste del l. *cratalis*, de *crater*, copa.) m. Vaso o plato místico, que en los libros de caballería se supone haber servido para la institución de la Eucaristía. || **P.** graal; **I.** Holy Grail; **F.** graal, gréal; **A.** Gral (heiliges Gefäss); **It.** Griale.

* **GRIBAR.** intr. Mar. Derivar.

GRIDA. (De *gridar*.) f. ant. Grita. Solía tomarse como la señal de llamada para que los soldados tomasen las armas.

GRIDADOR. (De *gridar*.) m. Germ. Gritador o pregonero.

GRIDAR. (l. *quiritāre*, gritar.) tr. ant. Gritar.

GRIDO. (De *gridar*.) m. ant. Grito.

GRIEGO, GA. (l. *graecus*.) adj. Natural u oriundo de Grecia. Ú.t.c.s. || 2. Perteneciente a esta nación. || 3. Lengua griega. || 4. fig. y fam. Lenguaje incomprensible. Ú. principalmente en la frase *Hablar en*

G

GRIEGO. || **4.** fam. Tahur, fullero. || **P.** grego; **I.** Greek, Grecian; **F.** grec; **A.** griechisch, grieche; **It.** greco; **R.** греческий.

GRIEGO. (De *agrio*, como el fr. *griotte*, por *aigrotte*, de *aigre*.) adj. Dícese del guindo garrafal.

GRIESCO. (De *gresca*.) m. ant. Gresco.

GRIESGO. (De *griesco*.) m. ant. Encuentro, pelea, combate.

GRIETA. (De *grietarse*.) f. Abertura longitudinal hecha naturalmente en la tierra o en cualquier cuerpo sólido. || **2.** Hendidura poco profunda en la piel de diversas partes del cuerpo o en algunas membranas mucosas. || **P.** greta; **I.** chink; **F.** lézarde, crevasse; **A.** Riss, Spalt; **It.** crepatura; **R.** трещина.

GRIETADO, DA. adj. Que tiene grietas.

GRIETARSE. (l. *crepitāre*, crepitar.) r. Abrirse la superficie de un cuerpo formándose grietas. || **P.** gretar-se; **I.** to split; **F.** se fendre; **A.** rissig werden; **It.** fèndersi; **R.** трескаться.

GRIETEARSE. r. Grietarse.

GRIETOSO, SA. adj. Lleno de grietas.

GRIFADO, DA. p.p. de grifarse. || **2.** adj. Grifo, 2.º art.

GRIFALTO. (De *gerifalte*.) m. Culebrina de muy pequeño calibre, que se usó antiguamente.

GRIFARSE. r. Engrifarse.

★ **GRIFERÍA.** (De *grifo*.) f. CUBA y P. RICO. Negrería, negrada.

GRIFO, FA. (l. *gryphus*, y éste del gr. γρυπός, encorvado, retorcido.) adj. Dícese del cabello crespo o enmarañado. || **2.** m. Animal fabuloso, de medio cuerpo arriba águila y de medio abajo león. || **3.** Llave colocada en la boca de las cañerías y en los depósitos de líquidos. || **4.** PERÚ. Puesto de venta de gasolina y aceite lubricante. || **5.** PERÚ. Chichería de ínfima categoría. || **6.** MÉJ. Enojado, enfadado. || **7.** COLOM. Engreído, presuntuoso. || 2.ª acep.: **P.** e **It.** grifo; **I.** griffin; **F.** griffon; **A.** Greif; **R.** гриф.

GRIFO, FA. adj. Dícese de la letra aldina. Ú.t.c.s.m.

★ **GRIFO, FA.** adj. ANT. Dícese de las gentes de color.

GRIFÓN. m. Grifo, llave de cañería o de vasija.

GRIGALLO. (De *gran* y *gallo*.) m. Ave gallinácea, mayor que la perdiz y semejante al francolín; tiene el pico negro, el cuerpo pardo negruzco, y cuatro dedos en cada pie. Las hembras tienen el plumaje rojizo, jaspeado de pardo y amarillento.

GRIJA. f. ant. Guija, 1.ª acep.

GRILLA. f. Hembra del grillo. || **2.** CUBA. Cierta clase de tabaco inferior, preparado para ser mascado. || **3.** PAN. Tramposo, mal pagador. || *Esa es* GRILLA. expr. fam. con que uno da a entender que no cree una especie que oye.

GRILLADO, DA. p.p. de grillar y grillarse.

GRILLAR. (l. *grillāre*.) intr. ant. Cantar los grillos.

GRILLARSE. (De *grillo*, tallo.) r. Entallecer, echar tallos las semillas.

★ **GRILLARSE.** r. fam. P. RICO. Escaparse, huir.

GRILLERA. f. Agujero en que se recogen los grillos en el campo. || **2.** Jaula en que se les encierra. || **3.** fig. y fam. Olla de grillos, lugar en que hay gran desorden y confusión.

GRILLERO. m. El encargado de echar o quitar los grillos a los presos en la cárcel.

GRILLETA. (fr. *grillette*, y éste de *grille*, del l. *craticŭla*, rejilla.) f. Rejilla de la celada.

GRILLETE. d. de *grillos*.) m. Arco de hierro, semicircular, con sus extremos sujetados por un perno, para asegurar una cadena al pie de un presidiario, a un punto de una embarcación, etc. || **P.** grilheta; **I.** shackle; **F.** fer de prisonnier; **A.** Fusseisen; **It.** ceppo; **R.** кольцо, кандалы.

GRILLO. (l. *gryllus*.) m. Insecto ortóptero, de color negro rojizo, cabeza redonda y ojos muy prominentes. El macho, al rozar con fuerza los élitros, produce un sonido agudo y monótono. || **2.** fig. Manía. || **3.** ECUAD. Moneda de níquel de 5 centavos. || **4.** fig. y fam. Olla de grillos. || **—cebollero** o **real.** Cortón. || *An-dar a* GRILLOS. fr. fig. y fam. Ocuparse en cosas baladíes. || **P.** grilo; **I.** cricket; **F.** cricri, grillon; **A.** Grille, Heimchen; **It.** grillo; **R.** сверчок.

GRILLO. (l. *gallellus*, de *galla*, excrecencia.) m. Tallo que arrojan las semillas al germinar.

GRILLOS. (fr. *grille*, y éste del l. *craticŭla*, rejilla.) m. Conjunto de dos grilletes con un perno común, que se colocan en los dos pies de los presos para impedirles andar. || **2.** fig. Cualquiera cosa que embaraza y detiene el movimiento.

GRILLOTALPA. m. Cortón, grillo cebollero.

GRIMA. (germ. *grim*, enojado.) f. Desazón, disgusto, horror que causa una cosa. || **P.** desgosto; **I.** fright; **F.** effroi; **A.** Grausen; **It.** spavento.

★ **GRIMA.** f. CHILE. Porción pequeña de alguna cosa, brizna.

★ **GRIMILLÓN.** m. CHILE. Montón confuso, multitud.

GRIMOSO, SA. adj. Que da grima, horroroso.

GRÍMPOLA. (prov. *guimpola*, y éste del germ. *wimpel*, bandera.) f. MAR. Gallardete muy corto que se usa generalmente como cataviento. || **2.** Insignia militar antigua.

GRINALDE. f. Proyectil de guerra, a modo de granada, que se usó antiguamente.

GRINGO, GA. adj. fam. despect. Extranjero, especialmente de habla inglesa. y en general el que habla una lengua que no sea la española. Ú.t.c.s. || **2.** m. fam. Griego, lenguaje difícil de entender.

GRINGUELE. m. CUBA. Planta tiliácea, de tallo fibroso, de color violáceo, hojas grandes aserradas. Es comestible.

GRIÑOLERA. f. Arbusto de la familia de las rosáceas, con hojas pequeñas y enteras, flores rosadas en corimbo y frutos globulares.

GRIÑÓN. (ant. fr. *grénon*, y éste del célt. *grennos*, *grend*, pelo.) m. Toca que se ponen en la cabeza las beatas y las monjas. || **P.** véu de freira; **I.** wimple; **F.** béguin, guimpe; **A.** Busenschleier der Nonnen; **It.** soggolo.

GRIÑÓN. (de *briñón*.) m. Variedad de melocotón pequeño y sabroso.

GRIPAL. adj. MED. Perteneciente o relativo a la gripe.

GRIPE. (fr. *grippe*, y éste del ruso *jrip*, ronquera.) f. MED. Enfermedad epidémica aguda, causada por el bacilo de Pfeiffer, acompañada de fiebre y con manifestaciones variadas, especialmente catarrales. || **P.** gripe, influenza; **I.** grip, influenza; **F.** e **It.** gripe, influenza; **A.** Grippe, Schnupfenfieber; **R.** грипп.

GRIPO. (fr. *grip*, bajel del pirata, y éste del germ. *grípan*, agarrar.) m. Especie de bajel antiguo para transportar mercancías.

GRIS. (germ. *gris*.) adj. Dícese del color que resulta de la mezcla del blanco y negro o azul. Ú.t.c.s. || **2.** fig. Triste, apagado. || **3.** m. Ardilla de Siberia cuya piel es muy estimada en manguitería. || **4.** fam. Frío o viento frío. || **P.** y **F.** gris; **I.** gray; **A.** grau; **It.** grigio; **R.** серый.

GRISA. f. ant. Gris, viento frío.

GRISÁCEO, A. adj. De color que tira a gris.

★ **GRISAR.** (De *gris*.) tr. Pulimentar el diamante.

GRÍSEO, A. adj. De color gris.

GRISETA. (De *gris*.) f. Cierto género de tela de seda con dibujo de labor menuda. || **2.** Enfermedad de los árboles, ocasionada por filtración de agua en lo interior del tronco. || **3.** COLOM. Manola, maja.

GRISGRÍS. (ár. *hirz-hirz*, repetición de un nombre que significa amuleto.) m. Especie de nómina supersticiosa de los moriscos.

GRISMA. (De *brizna*.) f. GUAT. y HOND. Brizna, pizca.

GRISÓN, NA. (l. *grisōnes*.) adj. Natural de un cantón de Suiza, situado en las fuentes del Rin. Ú.t.c.s. || **2.** Perteneciente a este país. || **3.** m. Lengua neolatina hablada en la mayor parte de este cantón.

GRISÚ. (Voz del dialecto valón.) m. Metano desprendido de las minas de hulla que al mezclarse con el aire produce violentas explosiones. || **P.** gás, grisu; **I.** firedamp; **F.** grisou; **A.** Grubengas, Methan; **It.** grisù, metano; **R.** рудничный газ.

GRITA. (De *gritar*.) f. Gritería. || **2.** Algazara o vocería en demostración de desagrado. || **3.** CETR. Voz que el cazador da al azor cuando sale la perdiz. || **—foral.** FOR. Manera de emplazamiento usada en los procesos en Aragón.

GRITADERA. f. ant. Gritadora. Ú. en Venezuela. || **2.** COLOM., CHILE y VENEZ. Gritería.

★ **GRITADERO.** m. REP. DOMIN. Grita, gritería.

GRITADOR, RA. adj. Que grita. Ú.t.c.s.

GRITAR. (l. *quiritāre*, hablar a grandes voces.) intr. Levantar la voz más de lo acostumbrado. || **2.** Manifestar el público desaprobación con demostraciones ruidosas. Ú.t.c.tr. GRITAR *a un jugador.* || **P.** gritar; **I.** to cry; **F.** crier; **A.** schreien; **It.** gridare; **R.** кричать.

GRITERÍA. (De *gritar*.) f. Confusión de voces altas y desentonadas. || **P.** gritaria; **I.** cry; **F.** cris (pl.), criaillerie; **A.** Geschrei; **It.** gridios, vocio; **R.** гам.

GRITERÍO. m. Gritería.

GRITO. (De *gritar*.) m. Voz extremadamente esforzada y levantada. || **2.** Expresión proferida con esta voz. || **3.** Manifestación vehemente de un sentimiento general. || **4.** GERM. Metát. de trigo. || *A* GRITO *herido* o *pelado.* m. adv. A voz en grito. || *Poner el* GRITO *en el cielo.* fr. fig. y fam. Clamar en voz alta, quejándose vehementemente de algo o de alguien. || **P.** grito; **I.** cry; **F.** cri; **A.** Schrei, Ausruf; **It.** grido; **R.** крик.

GRITÓN, NA. adj. fam. Que grita mucho. || **2.** m. CHILE. Individuo que se nombra para dar el grito o voz de partida en las carreras de caballos.

★ **GRITONEAR.** (De *gritón*.) intr. PERÚ. Gritar mucho.

GRO. (fr. *gros*, y éste del l. *grossus*, grueso.) m. Tela de seda sin brillo y de más cuerpo que el tafetán.

GROAR. intr. Croar.

GROENLANDÉS, SA [**GROELANDÉS, SA**]. adj. Natural de Groenlandia. Ú.t.c.s. || **2.** Perteneciente a este país.

GROERA. f. MAR. Agujero hecho en un tablón o plancha, para pasar por él un cabo, un pinzote, etc.

GROFA. (l. *scrofa*, puerca.) f. GERM. Mujer pública.

★ **GROJA.** f. COLOM. Broma, chanza.

★ **GROJEAR.** intr. COLOM. Bromear, estar de groja.

GROJO. m. LOGR. Variedad de enebro.

GROMO. (l. *grumus*, montoncillo.) m. Grumo, yema o cogollo de los árboles. || **2.** AST. Rama de árgoma. || **P.** gomo, rebento; **I.** leafy bud, young shoot; **F.** bourgeon; **A.** Knospe, Baumschössling; **It.** germoglio; **R.** почка, глазок.

GRÓNDOLA. f. ant. Góndola.

GROPOS. m. pl. Cendales o algodones del tintero.

GROS. (cat. *gros*, y éste del l. *grossus*, grueso.) m. Moneda antigua de Navarra. || **2.** Moneda de cobre que estuvo en uso en varios estados alemanes.

GROS (EN). (De *groso*.) m. adv. ant. En grueso, por mayor.

★ **GROS.** (De *groso*.) m. CUBA. Rapé de clase ínfima.

GROSA. f. ant. Gruesa, renta principal de una prebenda de las catedrales.

GROSAMENTE. adv. En grueso, toscamente.

GROSCA. f. ant. Cierta serpiente muy venenosa.

GROSEDAD. f. ant. Grosura, substancia mantecosa. || **2.** ant. Grueso o espesor de una cosa.

GROSELLA. (al. *krausselbeere*, uva espina.) f. Fruto del grosellero, que es una baya globosa de hermoso color rojo, jugosa y de sabor agridulce muy grato. Su jugo es medicinal, y se emplea para preparar bebidas y jalea. || **P.** groselha; **I.** currant; **F.** groseille; **A.** Johannisbeere; **It.** ribes; **R.** смородина.

GROSELLERO. m. BOT. Arbusto de la familia de las saxifragáceas, de tronco ramoso; hojas alternas, pecioladas y divididas en cinco lóbulos; flores de color

G

amarillo verdoso y por fruto la grosella. ||
—silvestre. Uva espina.

★ **GROSELLO.** m. CUBA. Grosellero.

GROSERAMENTE. adv. Con grosería.

GROSERÍA. (De *grosero.*) f. Descortesía, falta grave de atención y respeto. ||
2. Tosquedad, falta de finura en el trabajo manual. || 3. Rusticidad, ignorancia. ||
P. grosseria; I. rudeness, ill-breeding;
F. grossièreté, brusquerie; A. Grobheit,
Ungezogenheit; It. villanata, grossezza;
R. грубость, дерзость.

GROSERO, RA. (De *grueso.*) adj. Basto, ordinario y sin arte. || 2. Descortés, sin
decoro ni urbanidad. U.t.c.s. || P. grosseiro;
I. coarse; F. grossier; A. grob, roh; It.
grossolano; R. неотделанный; 2.ª acep.:
P. grosseiro; I. impolite; F. impoli; A.
unhöflich; It. rozzo, incivile; R. грубый.

GROSEZ. f. desus. Grosura, substancia
grasa o mantecosa.

GROSEZA. (De *grueso.*) f. ant. Grosor,
espesor.

GROSEZUELO, LA. adj. d. de grueso.

GROSICIE [∼SIDAD.] f. ant. Grosura, substancia pingüe o mantecosa.

GROSIENTO, TA. adj. ant. Grasiento.

GROSÍSIMO, MA. adj. sup. de grueso.

GROSO. (De *grueso.*) adj. Dícese del
tabaco fabricado en forma de granos de
mostaza amasando el polvo de las hojas
con aguas olorosas.

GROSOR. m. Grueso de un cuerpo.

GROSULARIA. (l. mod. *grossularĭa,*
grosella.) f. Variedad de granate compuesta
de sílice, alúmina y cal. Es translúcida y
de color verdoso o amarillento.

GROSULARIEO, A. (l. mod. *grossularĭa,* grosella.) adj. BOT. Dícese de arbustitos o matas de la familia de las saxifragáceas, de hojas alternas, sencillas; flores
por lo común en racimo; bayas oblongas
o globosas; y semillas de albumen carnoso
o casi córneo. U.t.c.s.pl.

GROSURA. (De *grueso.*) f. Substancia
grasa o mantecosa, o jugo untuoso y
espeso. || 2. Extremidades y asadura de los
animales.

GROTESCAMENTE. adv. De manera
grotesca.

GROTESCO, CA. (ital. *grottesco,* de
grotta, gruta.) adj. Ridículo y extravagante. || 2. Irregular, grosero y de mal
gusto. || 3. Grutesco. U.t.c.s.m. || P. grotesco; I. y F. grotesque; A. grotesk; It.
grottesco; R. смешной.

GRÚA. (l. *grus, grŭis.*) f. Máquina
compuesta de un aguilón montado sobre
un eje vertical giratorio, y con una o
varias poleas dispuestas para levantar pesos
y llevarlos de un punto a otro, dentro del
círculo que puede describir el brazo. ||
2. Máquina militar antigua usada en el
ataque de las plazas. || P. grua; I. crane;
F. grue; A. Kran, Hebelade; It. gru;
R. лебёдка.

GRUADOR. (De *grŭa,* grulla.) m. ant.
Agorero, présago.

GRUERO, RA. (De *grúa,* grulla.) adj.
ant. Dícese del ave de rapiña inclinada
a echarse a las grullas.

GRUESA. (De *grueso.*) f. Número de
doce docenas. || 2. En los cabildos y capítulos eclesiásticos, renta principal de
cualquier prebenda, sin incluir las distribuciones.

GRUESAMENTE. adv. En grueso, a
bulto. || 2. De un modo grueso. || P. groza;
I. coarsely, grossly; F. grossièrement, en
gros; A. aufs Geratewohl, grob; It. in
grosso; R. двенадцать дюжин.

GRUESO, SA. (l. *grossus.*) adj. Corpulento y abultado. || 2. Grande. || 3. Dícese de la artillería de plaza o sitio compuesta de piezas de gran calibre. || 4. fig.
Aplícase al entendimiento poco agudo. ||
5. fig. Aplícase a la mar en el sentido de
marejada. || 6. C. RICA. Dícese de la mujer
embarazada. || 7. m. Corpulencia o cuerpo
de una cosa. || 8. Parte principal, mayor
y más fuerte de un todo. || 9. Trazo ancho
o muy entintado de una letra. || 10. Espesor
de una cosa. || 11. GEOM. Una de las tres
dimensiones de los sólidos ordinariamente
la menor. || P. grosso; I. bulky, gross;
F. gros, étoffé; A. beleibt, dick; R. толстый. || 10.ª acep.: P. grossura; I.thickness;
F. épaisseur; A. Dicke, Stärke, It. grosso;
R. толщина.

GRUIR. (l. *gruĕre.*) intr. Gritar las grullas.

GRUJIDOR. m. Barreta de hierro cuadrada, con una muesca en cada extremo, de la cual usan los vidrieros para
grujir.

GRUJIR. (fr. *gruger,* y éste del neerl.
gruizen.) tr. Igualar con el grujidor los
bordes de los vidrios.

GRULLA. (l. *gruīlla.* d. de *grus, grŭis.*)
f. Ave zancuda, de paso en España, de
unos 12 cm. de altura, con el pico recto
y cónico, el cuello largo, alas grandes,
cola corta y plumaje gris ceniciento. || 2.
Grúa, antigua máquina de guerra. || 3. pl.
GERM. Polainas. || 4. fig. y fam. Mujer
cortesana. || 5. fig. y fam. MÉJ. Persona
lista o avispada. || 6. ASTRON. Constelación
del hemisferio boreal. || P. grou; I. crane;
F. grue; A. Kranich; It. gru; R. журавль.

GRULLADA. (De *grullo.*) f. Gurullada. || 2. Perogrullada. || 3. fig. y fam. Junta
de alguaciles o corchetes que acompañaban
a los alcaldes cuando iban de ronda.

GRULLERO, RA. (De *grulla.*) adj.
Gruero. || 2. Dícese del halcón hecho a la
caza de grullas.

GRULLO. (De *grulla.*) adj. MÉJ. Aplícase al caballo de color ceniciento. || 2. m.
fam. AND. Paleto, palurdo. || 3. GERM. Alguacil, corchete. || 4. ARGENT. Potro o caballo entero, grande y gordo. || 5. ARGENT.,
MÉJ., CUBA y VENEZ. Peso duro.

GRUMETE. (ingl. *groom,* criado joven.)
m. Marinero de la clase inferior. || 2. GERM.
Ladrón que usa de escala para robar. ||
P. grumete; I. cabin boy; F. matelot,
mousse; A. Schiffsjunge; It. mozzo di
bordo; R. юнга.

GRUMO. (l. *grumus.*) m. Parte de un
líquido que se coagula. || 2. Conjunto de
cosas apiñadas. || 3. Yema o cogollo en los
árboles. || 4. Extremidad del alón del ave. ||
5. ARQ. Motivo de ornamentación compuesto
de follajes que en el estilo ojival
remata las pirámides, pináculos, etc. || P.
coágulo, grumo; I. grume; F. grumeau;
A. Gerinnsel, Klumpen; It. grumo; R.
сгусток.

GRUMOSO, SA. adj. Lleno de grumos, o compuesto de ellos.

GRUÑENTE. (De *gruñir.*) m. GERM.
Cerdo.

GRUÑIDO. (l. *grunnītus.*) m. Voz del
cerdo. || 2. Voz ronca del perro u otros
animales cuando amenazan. || 3. fig. Sonidos inarticulados, roncos, que emite una
persona como señal comúnmente de mal
humor.

GRUÑIDOR, RA. adj. Que gruñe. ||
2. m. GERM. Ladrón que hurta cerdos.

GRUÑIMIENTO. m. Acción y efecto
de gruñir.

GRUÑIR. (l. *grunnīre.*) intr. Dar gruñidos. || 2. fig. Mostrar disgusto y repugnancia
murmurando entre dientes. || 3. Chirriar, rechinar una cosa. || P. grunhir; I. to
grunt; F. grogner; A. grunzen, murren;
It. grugnire; R. хрюкать.

GRUÑÓN, NA. adj. fam. Que gruñe
con frecuencia.

GRUPA. (germ. *kruppa.*) f. Anca de
las caballerías. || 2. CHILE. Las espaldas. ||
P. garupa; I.croup; F. croupe; A. Kruppe;
It. groppa; R. круп.

GRUPADA. (cat. *gropada* y *gropada,*
de *glop,* sorbo, gorgotada.) f. Golpe de
aire o agua impetuoso y violento.

★ **GRUPADA.** (De *grupa.*) f. MÉJ. Cabriola.

★ **GRUPEAR.** intr. ARGENT. Mentir.

GRUPERA. (De *grupa.*) f. Almohadilla
que se pone detrás del borrén trasero de
las sillas de montar, para llevar bultos. ||
2. Baticola.

GRUPO. (ant. alto al. *krop.*) m. Pluralidad de seres o cosas que forman un
conjunto. || 2. PINT. y ESC. Conjunto de
figuras pintadas o esculpidas. || 3. Corrillo
de varias personas. || 4. GERM. y ARGENT.
Embuste, patraña. || 5. MIL. Unidad táctica
del cuerpo de aviación. || P. grupo; I.
group; F. groupe; A. Gruppe; It. gruppo;
R. группа.

GRUTA. (l. *crupta,* y éste del gr.
κρυπτή.) f. Cavidad natural en riscos o
peñas. || 2. Estancia subterránea artificial
que imita los peñascos naturales. || 3. pl.

Antiguos edificios subterráneos en Roma. ||
P. gruta; I. grot; F. grotte; A. Grotte;
It. grotta; R. грот.

GRUTESCO, CA. (De *gruta.*) adj. Relativo o perteneciente a la gruta. || 2. ARQ.
y PINT. Dícese del adorno caprichoso de
bichos, quimeras y follajes. Ú.t.c.s.m.

¡GUA! interj. AMÉR. MERID. Se usa
para expresar temor, admiración y lástima.

★ **GUA.** f. Juego infantil que consiste en
lanzar canicas intentando meterlas en un
hoyo hecho en el suelo.

GUABA. f. AMÉR. CENTRAL y ECUAD.
Guama, fruto del guamo.

GUABA. f. joc. ECUAD. Pie.

★ **GUABA.** m. ANT. Araña peluda, especie de tarántula.

GUABAIRO. m. CUBA. Ave nocturna,
de plumaje de color rojo obscuro veteado
de negro.

GUABÁN. m. CUBA. Árbol silvestre,
meliáceo, cuya madera se utiliza para
mangos de herramientas.

★ **GUABAZO.** m. C. RICA. Bofetada.

GUABICO. m. CUBA. Árbol de la familia de las anonáceas; de fruto en vaina.
Su madera es dura y fina.

GUABINA. f. ANT., COLOM. y VENEZ.
Pez de río, de cuerpo algo cilíndrico y
cabeza obtusa. || 2. COLOM. Aire musical
popular de la montaña. || 3. com. CUBA.
Persona que procura congraciarse con todo
el mundo. || 4. CUBA. Persona miedosa, que
rehuye el peligro.

★ **GUABINEAR.** intr. fam. Procurar quedar bien con todo el mundo.

GUABIRÁ. (Del guaraní.) m. ARGENT.
Árbol grande de tronco liso y blanco,
hojas aovadas, y fruto amarillo del tamaño
de una guinda.

GUABIYÚ. (Voz guaraní.) m. ARGENT.
Árbol mirtáceo, de propiedades medicinales; hojas carnosas, verdinegras; fruto
comestible, del tamaño de una guinda,
negro y dulce.

GUABO. m. BOT. C. RICA y ECUAD.
Guamo. || 2. BOT. C. RICA. Cuasia. || 3.
BOT. ECUAD. Especie de inga, género de
leguminosas, con fruto comestible.

★ **GUABUCHO.** m. P. RICO. Chichón.

GUABUL. m. HOND. Bebida hecha de
plátano maduro, cocido y deshecho en
agua.

GUACA. (Voz quichua.) f. Sepulcro
de los antiguos indios, principalmente de
Bolivia y Perú. || 2. AMÉR. MERID. Tesoro
escondido. || 3. C. RICA y CUBA. Hoyo
donde se depositan frutas verdes para que
maduren. || 4. BOL., C. RICA, CUBA y MÉJ.
Hucha o alcancía. || 5. PERÚ. Adoratorio
de indios. || 6. PERÚ. Huatia, especie de
pachamanca. || 7. CUBA. Reprimenda. || 8.
VENEZ. Úlcera grande. || 9. VENEZ. Solterona fea. || 10. pl. fig. y fam. CHILE.
Diarrea. || *Dar* GUACA. fr. fig. y fam. CUBA.
Sermonear a una persona. || *Tener* GUACA.
fr. fig. y fam. CHILE. Poseer tanta riqueza
que no pueda agotarse.

★ **GUACABINA.** f. CUBA. Provisión de
víveres para el camino. || 2. CUBA. Res
extraña en un rebaño.

★ **GUACABÓ.** m. COLOM. Yuacabó, pájaro insectívoro sudamericano.

GUACAL. (De *huacalli,* voz azteca.)
m. AMÉR. CENTRAL Árbol de la familia de
las bignoniáceas, cuyos frutos redondos
de pericarpio leñoso, después de partidos
por la mitad y extraída la pulpa, se utilizan
como vasija. || 2. AMÉR. CENTRAL. La vasija
así formada. || 3. AMÉR., CAN., COLOM.,
MÉJ. y VENEZ. Especie de cesta o jaula
formada de varillas de madera, para transportar loza, cristal, frutas, etc. || 4. MÉJ.
Especie de angarillas que se usan para
llevar algo a la espalda.

★ **GUACALÓN, NA.** adj. MÉJ. Gritón.

GUACALOTE. m. CUBA. Planta trepadora, papilionácea, de tallos gruesos, con
fuertes espinas; cuyo fruto es una vaina
con dos semillas duras, amarillas, del tamaño de una aceituna. || 2. Fruto de este
bejuco. || 3. CUBA. Fruto de algunos árboles
que utilizan los niños en sus juegos.

★ **GUACAMARI.** f. CUBA. Cierto árbol
silvestre.

GUACAMAYA. f. ant. Guacamayo.
Ú. en la América Central, Colombia y
Méjico. || 2. CUBA. Cierto pez de colores
rojo y amarillo muy vivos, que se cría

G

en los mares antillanos. || **3.** Bot. Cuba y Hond. Espantalobos.

GUACAMAYO. (haitiano *huacamayo.*) m. Especie de papagayo americano, del tamaño de la gallina, con el pico blanco por encima y negro por debajo, con plumaje rojo, azul y amarillo. || **2.** C. Rica. Arbusto de la familia de las papaveráceas.

★ **GUACAMAYO, YA.** adj. Cuba. Aplícase a la res vacuna de color amarillo. || **2.** Cuba. Dícese de todo lo que tenga los colores de la bandera española. || **3.** P. Rico. Aplícase a quien va vestido abigarradamente.

GUACAMOL [~MOLE]. (mejic. *ahuacamulli.*) m. Amér. Central, Cuba y Méj. Ensalada de aguacate.

GUACAMOTE. m. Méj. Yuca, nombre vulgar de algunas especies de mandioca.

★ **GUACAMOTERA.** f. Méj. Mujer que vende yucas.

★ **GUACANCO.** m. Argent. Garrote, palo, bastón.

★ **GUACANO.** m. Colom. Garrote, palo, bastón.

★ **GUACANQUI.** m. Bol. Conjunto de ondulaciones en las cuestas de una loma. || **2.** Bol. Moneda considerada como amuleto para ganar en el juego.

★ **GUACARA.** f. joc. Colom. Gabán o levita.

★ **GUACARNACO, CA.** (quich. *huakar*, garza blanca, y quizá *nakca*, pescuezo.) m. y f. Chile. Persona muy alta, especialmente si es flaca y bobalicona. Ú.t.c. adj. || **2.** Cuba. Persona agreste, mentecata. Ú.t.c. adj.

★ **GUÁCARO, RA.** m. y f. P. Rico. Campesino, aldeano.

★ **GUACATAY.** (quich. *huacatay.*) m. Bot. Perú. Cierta planta herbácea que se usa como condimento.

★ **GUACAY.** m. Ecuad. Canal hecho de canuto de guadra para conducir el agua de lluvia desde los tejados a una vasija.

GUACER. tr. ant. Guarecer o curarse.

GUACIA. f. Acacia. || **2.** Goma de este árbol.

GUÁCIMA. (Voz haitiana.) f. Ant., Colom. y C. Rica. Árbol silvestre que en poco tiempo crece hasta ocho metros de altura y uno de grosor; de corteza obscura, jabonosa; su madera sirve para hormas, yugos, duelas, etc. Su fruto, ovoide, leñoso, erizado y rojo cuando maduro, dulce y también las hojas sirven como alimento al ganado vacuno y de cerda.

GUÁCIMO. m. Colom., Hond. y Venez. Guácima.

GUACO. (Voz americana.) m. Bot. Planta compuesta de la América intertropical, cuyas hojas, en infusión, se consideran muy eficaces contra la picadura de animales venenosos, el reumatismo y aun el cólera. || **2.** Zool. Garza canaria. || **3.** Ave gallinácea de América Central y del Sur, de carne muy apreciada y fácilmente domesticable. || **4.** C. Rica. Ave de la familia de las falcónidas que tiene el cuerpo negro y el vientre blanco. || **6.** Amér. Ídolo generalmente de barro, que suele hallarse en las guacas.

★ **GUACO, CA.** adj. Ecuad. Labihendido. Ú.t.c.s. || **2.** Méj. Mellizo, gemelo. Ú.t.c.s.

★ **GUACURÚ.** m. Bol. Cierta ave nocturna de canto parecido al del cuclillo.

★ **GUACHA.** f. Argent. Rebenque especial. || **2.** Pan. Rodaja.

★ **GUACHACAY.** m. Chile. Guacho o aguardiente.

★ **GUACHACHEAR.** tr. fam. Bol. Dar empujones.

★ **GUACHADA.** (De *guache.*) f. Colom. Vulgaridad.

★ **GUACHAFITA.** f. Venez. Garito, local donde acuden a jugar los tahúres. || **2.** fig. Amér. Desorden, barullo.

GUACHAJE. m. Chile. Hato de terneros separados de sus madres. || **2.** Chile. Por ext., conjunto de terneros flacos. || **3.** fig. y fam. Chile. Conjunto de hijos ilegítimos.

★ **GUACHALOMO.** m. Chile. Solomo.

★ **GUACHAMARÓN.** m. Venez. Valentón, perdonavidas.

★ **GUACHAPEADO, DA.** p.p. de guachapear. || **2.** adj. Hond. Viejo, achacoso.

GUACHAPEAR. (arauc. *huychapén.*) tr. Chile. Hurtar, robar, arrebatar.

GUACHAPEAR. (Voz imitativa.) tr. fam. Agitar con los pies el agua detenida. || **2.** fig. y fam. Hacer algo de prisa y chapuceramente. || **3.** intr. Sonar una chapa de hierro por estar mal sujeta o mal clavada. || **4.** Colom. Rozar. || **5.** p. us. Chile. Retejar.

GUACHAPELÍ. (Voz americana.) m. Bot. C. Rica, Ecuad. y Venez. Árbol mimosáceo, parecido a la acacia; su madera es fuerte, sólida y de color obscuro, muy usada en los astilleros.

★ **GUACHAPITA.** f. Colom. y Venez. Barullo, algazara.

★ **GUACHAQUEAR.** tr. Colom. Hacer bien alguna cosa.

★ **GUACHAR.** tr. Ecuad. Amelgar, hacer surcos para sembrar con igualdad.

GUÁCHARA. f. desus. Cuba y P. Rico. Mentira. || **2.** C. Rica. Instrumento músico consistente en un trozo de caña hueca con piedrecillas o semillas dentro.

GUACHARACA. (Voz cumanagota.) f. Colom. y Venez. Chachalaca. || **2.** Colom. Barba poblada. || **3.** Colom. Cierto instrumento de música popular. || **4.** Colom. y Venez. Cierto aire popular.

★ **GUACHARACA, CA.** adj. Venez. Dícese de la caballería cuyo pelo es de color castaño obscuro, como una variedad del zaino.

GUÁCHARO, RA. adj. Dícese de la persona enfermiza, y comúnmente de la abotagada. || **2.** Ecuad. Huérfano. Ú.t.c.s. || **3.** m. Guacho, cría de un animal, y especialmente polluelo de cualquier clase de pájaros. || **4.** Pájaro dentirrostro de la América Central, de plumaje rojizo y pico corto; es nocturno. || **6.** Sal. Sapo.

GUACHARRADA. f. p. us. Caída de golpe de alguna cosa en el agua o en el lodo.

GUACHARRO. m. Guacho, 8.ª acep.

★ **GUACHASCA.** f. Chile. Guiso de verduras solas.

★ **GUACHEAR.** intr. Colom. Portarse como un guache.

★ **GUACHERE.** m. Cuba. Capirotazo dado en la oreja.

★ **GUACHERNA.** f. Colom. Gentuza. || **2.** Colom. Baile popular al son de instrumentos indígenas; y por ext., comparsa de gente de mal vivir. || **3.** Colom. Zambra, pelotera.

★ **GUACHERO.** m. Venez. Rata negra común.

★ **GUACHERPO, PA.** adj. Bol. Aplícase al animal barrigudo.

★ **GUACHI.** (arauc. *hauchi.*) m. Chile. Esplique. || **2.** Chile. Trampa para cazar pequeños cuadrúpedos. || **3.** Chile. Red en forma de bolsillo. || **4.** fig. Chile. Trampa para perjudicar a alguien.

★ **GUACHIAR.** intr. Colom. Guachear.

★ **GUACHICOLA.** f. Ecuad. Aguardiente de caña.

★ **GUACHINANGA.** (De *guachinango.*) f. Cuba. Tranca para sujetar una puerta o ventana.

GUACHINANGO, GA. (Voz mejicana.) adj. Cuba, Méj. y P. Rico. Astuto, zalamero. Ú.t.c.s. || **2.** Aplícase en La Habana a los oriundos de Méjico, y en Veracruz, a los que son del interior. Ú.t.c.s. || **3.** Cuba y Méj. Pagro.

★ **GUACHINANGUITO** (d. de *guachinango.*) m. Méj. Cierto canto popular.

★ **GUACHIPILÍN.** m. Hond. Yema de huevo. || **2.** El Salv., C. Rica y Hond. Cierto árbol de madera muy fuerte.

GUACHO, CHA. adj. Colom., Argent., Chile y Ecuad. Dícese de la cría que ha perdido la madre. || **2.** Argent. y Chile. Por ext., huérfano, expósito, desmadrado. || **3.** Chile. Descabalado, desparejado. || **4.** Argent. y Chile. Hablando de vegetales, borde que no ha sido injertado. || **5.** Hijo habido fuera de matrimonio. || **6.** Bol. Dícese del huevo que estando entre los empollados, queda sin incubar. || **7.** Amér. Aplícase al animal que no ha sido criado por su madre. || **8.** m. Cría de un animal, y especialmente pollo de cualquier pájaro. || **9.** Albac. y Cuenc.

Niño pequeño, chiquillo. || **10.** Ecuad. Surco. || **11.** Méj. Persona del interior del país, guache. || **12.** Chile. Aguardiente que se saca del último orujo de la uva mezclándole algo de agua. || **13.** Chile. Por ext., cualquier aguardiente ordinario. || **14.** Perú. Parte de un billete de lotería. || **15.** C. Rica y Pan. Especie de sopa espesa de arroz con carne. || **16.** f. pl. Chile. Sandías que un carretero lleva sobre la carga ordinaria para venderlas por su cuenta.

★ **GUACHUCHO.** m. Chile. Guachacay, aguardiente ordinario.

★ **GUADA.** f. Méj. Charco.

GUADAFIONES. (ár. *wazáfa*, trabas del caballo.) m. pl. Maniotas o trabas para sujetar las caballerías.

GUADAL. m. Argent. Extensión de tierra arenosa que, cuando llueve, se convierte en un barrizal. || **2.** Amér. Montecillo de arena que el viento desparrama.

GUADALAJAREÑO, ÑA. adj. Natural de Guadalajara. Ú.t.c.s. || **2.** Perteneciente a esta ciudad.

GUADALMECÍ. m. ant. Guadamecí.

GUADAMACÍ [~MACIL]. m. Guadamecí.

GUADAMACILERÍA. (De *guadamacilero.*) f. Oficio de fabricar guadamaciles. || **2.** Taller donde se fabricaban. || **3.** Tienda en que se vendían.

GUADAMACILERO. m. Fabricante de guadamaciles.

GUADAMECÍ. (ár. *gadāmasī*, perteneciente a Gadamés, ciudad y oasis en el Sahara.) m. Cuero adobado y adornado con dibujos de pintura o relieve. —**brocado.** El dorado o plateado.

GUADAMECIL. m. Guadamecí.

GUADAMECO. m. Cierto adorno que usaron las mujeres.

GUADAÑA. (De *guadañar.*) f. Instrumento para segar a ras de tierra, con un mango largo que forma ángulo con el plano de la cuchilla. || **P.** gadanha; **I.** scythe; **F.** faux; **A.** Sense; **It.** falce; **R.** коса.

GUADAÑADOR, RA. adj. Que guadaña. || **2.** f. Máquina para guadañar.

GUADAÑAR. (germ. *waidanyan.*) tr. Segar el heno o hierba con la guadaña. || **P.** gadanhar; **I.** to scythe; **F.** faucher; **A.** (ab)mähen; **It.** falciare; **R.** косить.

GUADAÑEADOR. m. ant. Guadañero. || **2.** ant. Guadañil.

GUADAÑERO. m. El que siega la hierba con guadaña.

GUADAÑETA. f. Sant. Instrumento para pescar calamares.

GUADAÑIL. m. Guadañero, y más particularmente, el que siega el heno.

GUADAÑO. m. Cád., Cuba y Méj. Bote pequeño con carroza usado en los puertos.

GUADAPERO. (flam. *wald-peer.*) m. Peral silvestre.

GUADAPERO. (De *guardar* y *apero.*) m. Mozo que lleva la comida a los segadores.

GUADARNÉS. (De *guardar*, y *arnés.*) m. Lugar o sitio donde se guardan las sillas y guarniciones de los caballos y mulas. || **2.** Sujeto que cuida de ellos. || **3.** Antiguo oficio honorífico de palacio que estaba al cuidado de las armas. || **4.** Armería, sitio donde se guardan diversos géneros de armas. || **P.** guarda-arnês; **I.** harness room; **F.** sellerie; **A.** Geschirrkammer; **It.** ripostiglio; **R.** место хранения упряжки.

GUADIANÉS, SA. adj. Perteneciente o relativo al río Guadiana. Dícese principalmente de los ganados que se crían en sus riberas.

GUADIJEÑO, ÑA. adj. Natural de Guadix. Ú.t.c.s. || **2.** Perteciente a esta ciudad. || **3.** m. Cuchillo de cierta anchura, con punta y corte por un lado, con una horquilla de hierro en el mango para afianzarlo al dedo pulgar.

GUADO. m. ant. Color amarillo como el de la gualda.

GUADRA. f. Germ. Espada, 1.ª acep.

GUADRAMAÑA. desus. f. Embuste o ficción, treta.

GUADUA. f. Colom., Ecuad. y Venez. Especie de bambú muy grueso y alto, cuyos canutos están llenos de agua. Sirve para la construcción de casas.

G

GUADUAL. m. Colom., Ecuad. y Venez. Sitio poblado de guaduas.

GUÁDUBA. f. Colom., Perú y Venez. Guadua.

★ **GUAFA.** f. Venez. Cerca o seto de bambúes.

GUAGUA. (Voz cubana.) f. Cosa baladí. || 2. Cuba. Insecto muy pequeño, de color blanco o gris, que daña los naranjos, limoneros, etc. || 3. Cuba. Enfermedad cutánea característica por prurito. || m. Colom. Paca, mamífero roedor. || De guagua. m. adv. fam. De balde.

GUAGUA. (Voz quichua.) f. Argent., Bol., Chile, Ecuad. y Perú. Rorro, niño de teta. En el Ecuador es común.

° **GUAGUA.** m. Cuba. Ómnibus para el servicio urbano.

★ **GUAGUA.** m. Guat. Coco, fantasma imaginado para asustar a los niños.

★ **GUAGUAL.** m. Chile. Hombrote, jayán.

★ **GUAGUALÓN, NA, OTE, OTA.** m. y f. aum. de guagua. || 2. Chile. Muchacho que quiere, o a quien se quiere pasar por niño. || 3. Persona de edad con modales de niño. || 4. Chile. Simplote, mentecato.

★ **GUAGUAREAR.** intr. fam. Méj. y Guat. Charlar.

GUAGUASÍ. m. Cuba. Árbol silvestre, rubiáceo, de fruto en forma de aceituna, y de madera quebradiza muy usada en carpintería.

★ **GUAGUATEAR.** (De guagua, niño de teta.) intr. Chile. Llevar un niño en los brazos, mecerlo.

★ **GUAGUATERO, RA.** adj. Chile. Dícese de la mujer que cuida del niño de pecho. || 2. Dícese del hombre que hace niñerías. Ú.t.c.s.

★ **GUAGÜERO, RA.** adj. Cuba. Gorrista. || 2. m. y f. Persona que conduce la guagua u ómnibus, o es empleada, administradora o dueña de ella.

★ **GUAIBOSO, SA.** adj. Cuba. Dícese de la persona que grita y se lamenta mucho. Ú.t.c.s.

★ **GUAICA.** f. Bol. Cuenta del rosario. || 2. Argent. Abalorio. || 3. Venez. Caña muy espinosa.

GUAICÁN. (Voz caribe.) m. Ant. Rémora, pez que se adhiere a los objetos flotantes.

★ **GUAICO.** m. Conjunto de piedras que desde las alturas de la cordillera arrastran los torrentes. || 2. Bol. Basurero.

GUAICURÚ. m. Argent. Planta cuya raíz es medicinal. Tiene tallo áspero estriado, cuadrangular, hojas vellosas y flores moradas en racimo.

★ **GUAIMA.** f. Venez. Lagartija.

★ **GUÁIMARA.** f. Venez. Marimacho.

★ **GUAINA.** m. Chile. Muchacho, adolescente, mancebo.

GUAIÑO. (Voz quichua.) m. Bol. Triste o yaraví, canción dulce y melancólica que suelen entonar los indios.

GUAIRA. (quich. guaira, viento.) f. Hornillo de barro en que los indios del Perú funden los minerales de plata. || 2. Mar. Vela triangular que se enverga al palo solamente. || 3. Amér. Central. Especie de flauta de varios tubos que usan los indios. || 4. Una de las siete caras de cierto dado usado por los indios de Quito.

GUAIRABO. m. Chile. Ave nocturna, zancuda, de plumaje blanco, y cabeza y dorso negros.

★ **GUAIRAJE.** m. Bot. Cuba. Cierto árbol mirtáceo, que florece en abril y cuyo fruto se emplea como alimento para los cerdos.

★ **GUAIRAVO, VA.** adj. Argent. Dícese del plumaje pinto de las aves gallináceas.

GUAIRO. m. Embarcación pequeña y con dos guairas, que se usa en América. || 2. Perú. Búcare.

★ **GUAIRURO.** (De guairo.) m. Perú. Semilla de búcare. || 2. Perú. Especie de judía o fréjol con que los indios fabrican collares.

GUAITA. (germ. wahta, guardia.) f. Mil. Soldado que estaba en acecho durante la noche.

GUAITAR. (germ. wahten, vigilar.) int. ant. Mil. Aguaitar.

GUAJA. com. fam. Pillo, granuja. || 2. Germ. Tambor de regimiento. || 3. f. Bot.

Guaje, árbol de Méjico cuyas legumbres son comestibles. || 4. Zool. Amér. Merid. Garza.

GUAJACA. f. Cuba. Planta silvestre que se enreda y cuelga de ciertos árboles, semejando cabellos gruesos.

GUAJACÓN. m. Cuba. Pececillo de agua dulce, vivíparo. Hay varias especies de distintos colores.

★ **GUAJADA.** (De guaje.) f. Méj. Tontería, sandez.

★ **GUAJANA.** f. Cuba y P. Rico. Varilla de la caña de azúcar, con su penacho.

GUÁJAR. amb. Guájara.

GUÁJARA. (ár. wayâra, lugar donde pasan fieras, cubil, tajo excavado por las aguas de un río.) f. Fragosidad, lo más áspero de una sierra.

GUAJE. (mejic. uaxin.) m. Méj. Especie de acacia. || 2. Hond., Méj. y Chile. Calabaza vinatera, especie de calabaza larga. || 3. Méj. y Hond. Bobo, tonto. Ú.t.c. adj. || 4. pl. Guat. Trastos.

★ **GUAJEAR.** (De guaje.) intr. Méj. Hacerse el bobo para engañar.

GUÁJETE POR GUÁJETE. (ár. wâhid, uno.) expr. adv. fam. Tanto por tanto, una cosa por otra.

★ **GUAJILOTE.** m. Árbol bignoniáceo mejicano, de frutos como pepinos.

★ **GUAJINO, NA.** m. y f. P. Rico. Guarín, lechoncillo.

GUAJIRA. (De guajiro.) f. Cierto canto popular de los campesinos de la isla de Cuba.

GUAJIRO, RA. (yucateco, guajiro, señor.) m. y f. Campesino de la isla de Cuba, y por ext., persona rústica.

★ **GUAJOJÓ.** m. Bol. Cierto pájaro de canto melancólico.

GUAJOLOTE. m. Méj. Pavo, ave gallinácea. || 2. fig. y fam. Méj. Tonto, bobalicón.

¡GUALÁ! (ár. wa-llâh, ¡por Dios!) interj. Por Dios, por cierto. Ú. puesta en boca de mahometanos.

GUALA. f. Chile. Ave palmípeda, de pico verdoso; plumaje rojo obscuro y blanco por el pecho. || 2. Venez. Aura, 2.° art.

★ **GUALAMBEAR.** tr. Colom. Desplumar a uno en el juego.

GUALANDAY. m. Colom. Árbol corpulento, de la familia de las bignonáceas. Sus flores son de color purpúreo.

GUALARDÓN. (germ. widarlôn, recompensa.) m. ant. Galardón.

GUALARDONAR. tr. ant. Galardonar.

GUALATINA. (b. l. galatina, y éste del gr. γαλακτίνη, manjar preparado con leche.) f. Guiso que se compone de manzanas, leche de almendras desleídas con caldo de la olla; especias finas y harina de arroz.

★ **GUALCACHO.** m. Chile. Cierta planta gramínea muy parecida al maíz.

GUALDA. (ingl. weld.) f. Hierba de la familia de las resedáceas, hojas enteras y frutos capsulares. Abunda como planta silvestre y se cultiva para teñir de amarillo dorado con su cocimiento. || P. gauda; I. weld; F. gaude; A. (Färber) Wau; It. guado.

GUALDADO, DA. adj. Teñido con el color de gualda.

GUALDERA. (l. collateralis.) f. Cada uno de los dos tablones laterales que forman una escalera u otras armazones semejantes.

GUALDO, DA. adj. De color de gualda o amarillo.

GUALDRAPA. (l. vastrapes.) f. Cobertura larga, de seda o lana, que cubre o adorna las ancas del caballo o mula. || 2. fig. y fam. Calandrajo desaliñado que cuelga de la ropa. || P. guldrapa; I. horsecloth; F. housse; A. Schabracke; It. gualdrapa; R. попона.

GUALDRAPAZO. (De gualdrapear.) m. Golpe que dan las velas de un buque contra los árboles y jarcias.

GUALDRAPEAR. tr. Poner de vuelta encontrada una cosa sobre otra, como cuando se ponen los alfileres punta con cabeza.

GUALDRAPEAR. (De gualdrapa.) intr. Dar gualdrapazos. || 2. Cuba. Andar el caballo con movimiento uniforme y suave.

GUALDRAPEO. m. Acción de gualdrapear.

GUALDRAPERO. (De gualdrapa.) m. Que anda vestido de andrajos.

★ **GUALETUDO, DA.** adj. C. Rica. Que tiene grandes los pies.

★ **GUALICHO.** m. Argent., Colom. y Chile. Maleficio, embrujamiento. || 2. Argent. Mascota, talismán.

GUALIQUEME. m. Bot. Hond. Árbol leguminoso, que tiene caracteres narcóticos. || 2. Bot. Hond. Búcare.

GUALPUTA. f. Chile. Planta parecida al trébol.

★ **GUALTACO.** m. Bot. Ecuad. Cierto árbol gigantesco de madera muy apreciada.

★ **GUALTATA.** f. Chile. Hierba perenne muy lampiña que se cría en las aguas. Es planta medicinal. || 2. Perú. Planta poligonácea.

★ **GUALLE.** (arauc. hualle, roblecito pequeño.) m. Chile. Cierto árbol que llega a alcanzar los 50 m de altura, de madera muy pesada y dura que se emplea en construcción.

★ **GUALLIPÉN, NA.** adj. Chile. Aplícase a la persona y al animal de piernas torcidas hacia adentro. || 2. fig. Chile. Simplón, tonto.

GUAMA. (De guamo.) f. Colom. y Venez. Fruto del guamo consistente en una legumbre muy larga y comestible. || 2. Colom. Guamo. || 3. Colom. Pie o mano muy grandes. || 4. fig. Colom. Acontecimiento inesperado. || 5. Colom. Casualidad. || 6. Colom. Acumulación de sangre en el cuello del gallo de pelea. || 7. Venez. Chasco, broma pesada. || 8. Venez. Mentira, bola.

GUAMÁ. m. Árbol mimosáceo que se cría en las islas de Cuba y Puerto Rico. Es maderable.

★ **GUAMAZO.** (De guama.) m. Méj. Bofetada, manotazo.

★ **GUAMBAS.** m. C. Rica. Tonto, imbécil, infelizote.

★ **GUAMBIAR.** tr. El Salv. Castigar, zurrar.

★ **GUAMBO.** m. Ecuad. Machete pequeño. || 2. Ecuad. Plátano verde.

★ **GUAMEAR.** intr. Rep. Domin. Trabajar o luchar con exceso.

GUAMIL. m. Hond. Planta que brota en las tierras roturadas sin sembrar. || 2. Méj. Rastrojera. || 3. Hond. Terreno montañoso en donde se repite una siembra.

GUAMO. (Voz haitiana.) m. Árbol americano mimosáceo, leguminoso, de tronco delgado y liso. Se planta para dar sombra al café.

GUAMPA. (Voz quichua.) f. Argent. y Urug. Asta o cuerno del animal vacuno. || 2. Vaso rústico de cuerno.

GUÁMPARO. m. Chile y Argent. Aliara. Vaso de asta de animal vacuno.

★ **GUAMPO.** (Voz araucana.) m. Chile. Embarcación pequeña hecha de un tronco de árbol.

★ **GUAMPUDO, DA.** adj. R. de la Plata y Bol. Cornudo.

★ **GUAMUCHIL.** m. Méj. Especie de acacia.

GUANABÁ. m. Cuba. Ave zancuda de pico ancho y negruzco; la cabeza y parte del cuello negros; dos plumas blancas colgantes; el resto del plumaje ceniciento. Se alimenta principalmente de mariscos. || 2. Amér. Central. Bobalicón, papanatas.

GUANÁBANA. f. Fruta del guanábano, una de las más delicadas de América. || 2. Cuba. Cierto pez que se cría en los mares antillanos.

GUANABANADA. f. Cuba. Champola, bebida compuesta de agua y guanábana con azúcar.

★ **GUANABANISMO.** m. Colom. Sandez, majadería.

GUANÁBANO. (Voz caribe.) m. Árbol de las Antillas, anonáceo, de fruto acorazonado de corteza verdosa, pulpa blanca de sabor muy grato, refrescante y azucarado. || 2. P. Rico. Erizo. || 3. fam. Colom. Cernícalo, papanatas.

GUANABINA. f. Bot. Cuba. Fruto del corojo.

GUANACASTE. (Voz azteca.) m. Amér. Central. Árbol gigantesco mimo-

G

sáceo, de hojas menudas que se cierran durante la noche. Su fruto son unas vainas aplastadas y enroscadas.

GUANACO. (Voz quichua.) m. Mamífero rumiante parecido a la llama que habita en los Andes meridionales. || 2. fig. AMÉR. CENTRAL. Páparo, payo. || 3. fig. AMÉR. CENTRAL y MERID. Tonto, simple. || 4. HOND. Garrobo, reptil nauseabundo y repulsivo de la América Central. || 5. BOL. Parásito arador cuya picadura causa tumores. || 6. fig. CHILE. Individuo que escupe a otro por injuria. || 7. fig. CHILE. Individuo alto, huesudo y desmañado.

GUANAJO. m. ANT. Pavo, ave gallinácea. || 2. fig. AMÉR. Bobo, tonto.

* **GUANAL.** (De guano.) m. AMÉR. Palmar. || 2. PERÚ. Ave marítima.

GUANANA. (Voz americana.) f. CUBA. Ave palmípeda parecida al ganso, aunque más pequeña.

* **GUANARO.** f. Paloma silvestre de Cuba.

* **GUANAY.** m. CHILE. Remero, lanchero. || 2. CHILE. Por ext., jornalero que trabaja en los puertos. || 3. CHILE. Hombre corpulento y forzudo. || 4. CHILE y PERÚ. Ave palmípeda, especie de cuervo marino.

* **GUANCHACO.** m. ZOOL. PERÚ. Chirote, especie de pardillo. || 2. PERÚ. Individuo que entra sin pagar en un salón de espectáculos.

GUANCHE. adj. Dícese del individuo que poblaba las islas Canarias al tiempo de su conquista. Ú.t.c.s. En f. ú. a veces la forma guancha.

* **GUANDAJO, JA.** adj. MÉJ. Mal vestido.

* **GUANDAL.** m. ECUAD. Guadal, lodazal, pantano.

GUANDO. (Voz quichua.) m. COLOM., ECUAD. y PERÚ. Andas, parihuelas.

* **GUANDOCA.** f. COLOM. Cárcel, prisión.

GUANDÚ. (Voz caribe.) m. BOT. C. RICA, CUBA y HOND. Arbusto papilonáceo cuyas hojas sirven de alimento al ganado.

GUANERA. f. Paraje donde se encuentra el guano.

GUANERO, RA. adj. Perteneciente o relativo al guano. || 2. m. El que trabaja en la industria del guano. || 3. MAR. Buque para el transporte del guano.

* **GUANGARA.** (Voz caribe.) f. CUBA. Bulla, algazara. || 2. COLOM. Toda vasija ancha y honda.

GUANGO. m. SAL. Cobertizo largo y estrecho con la techumbre a dos aguas.

* **GUANGO.** m. ECUAD. Peinado de las indias ecuatorianas, con una sola trenza que cae por la espalda. || 2. COLOM. Racimo de plátanos ensartados. || 3. COLOM. y ECUAD. Fajo, haz.

* **GUANGO, GA.** adj. MÉJ. y GUAT. Holgado en demasía. || 2. MÉJ. Pesado, cargante. || 3. REP. DOMIN. Bobo.

GUANGOCHE. m. AMÉR. CENTRAL y MÉJ. Tela basta, especie de arpillera para embalajes. || 2. GUAT. Cada uno de los costales utilizados en la cosecha del café. || 3. HOND. Saco grande de tela ordinaria. || 4. EL SALV. Manta ordinaria. || 5. EL SALV. Bramantes con que se envuelven los bultos de mercancías extranjeras.

GUANGOCHO, CHA. adj. MÉJ. Ancho, holgado. || 2. MÉJ. Abotagado, gordinflón. || 3. m. HOND. Harpillera. || 4. HOND. Costal.

* **GUANGOCHUDO, DA.** adj. MÉJ. Dícese del vestido que resulta demasiado holgado para el que lo lleva.

* **GUANGUERO, RA.** adj. COLOM. Bullanguero. Ú.t.c.s.

* **GUANÍ.** (Voz caribe.) m. CUBA. Especie de colibrí, de plumaje finísimo verde dorado que tornasola el rojizo. Es el pájaro más pequeño y precioso de las Antillas.

GUANÍN. (Voz haitiana.) m. ANT. y COLOM. Entre los colonizadores de América, oro de baja ley fabricado por los indios. || 2. Joya fabricada por los indios con ese metal.

GUANINA. f. CUBA. Planta herbácea papilonácea, cubierta de bello sedoso; sus hojas se pliegan por la noche. Sus semillas tostadas reemplazan al café.

GUANIQUÍ. m. CUBA. Bejuco que cre-

ce en las sierras, cuyo tallo se emplea principalmente para hacer cestos.

* **GUANJURO, RA.** m. y f. HOND. Hijo menor.

GUANO. (Voz quichua que significa estiércol, especialmente el del pájaro.) m. Materia excrementicia de aves marinas que se encuentra acumulada en gran cantidad en las costas y en varias islas del Perú y de Chile. Se utiliza como abono en la agricultura. || 2. Abono mineral fabricado a imitación del guano. || 3. CHILE y PERÚ. Estiércol en general. || 4. CUBA y P. RICO. Dinero. || Meter GUANO. fr. CUBA. Aplicarse al trabajo, afanarse mucho en él. || Tener GUANO. fr. CUBA. Tener dinero.|| P., I., F. e It. guano; A. Guano; R. гуано.

GUANO. m. CUBA. Nombre genérico de unas palmeras de las que existen varias especies. || 2. CUBA. Penca de la palma.

* **GUANOTA.** f. VENEZ. Cierta abeja de color amarillo y desprovista de aguijón.

GUANQUÍ. m. CHILE. Planta dioscoriácea, parecida al ñame; es silvestre y sus tubérculos son comestibles. || 2. Tubérculo de esta misma planta.

GUANTA. f. ECUAD. Guatusa, mamífero roedor. || 2. GERM. Mancebía, lupanar. || 3. MÉJ. Disimulo.

GUANTADA. (De guante, en acep. fig. de mano.) f. Golpe dado con la mano abierta.

GUANTAZO. m. Guantada.

GUANTE. (ant. flam. wante.) m. Prenda para cubrir la mano que suele tener una funda para cada dedo. || 2. Cubierta para proteger la mano, como la que usan los boxeadores y cirujanos. || 3. pl. Agasajo o gratificación, especialmente la que se da sobre el precio en una venta o traspaso. || Arrojar el GUANTE a uno. fr. Desafiarle. || Echar el GUANTE. fig. y fam. Arrojar el guante. || 2. fig. y fam. Alargar la mano para apoderarse de alguna cosa. || Recoger el GUANTE. fr. fig. Aceptar un desafío. || P. luva; I. glove; F. gant; A. Handschuh; It. guanto; R. перчатка.

GUANTELETE. (fr. guantelet, d. de gant, guante.) m. Manopla, pieza de la armadura con la que se guarnecía la mano. || 2. CIR. Vendaje con una venda muy larga, que cubre la mano y los dedos a manera de guante. || P. manopla; I. gauntlet; F. gantelet; A. Panzerhandschuch; It. manòpola; R. нарукавник.

* **GUANTERA.** f. ARGENT. Cajita propia para guardar los guantes.

GUANTERÍA. f. Taller donde se hacen guantes. || 2. Tienda donde se venden. || 3. Arte y oficio de guantero. || P. luvaria; I. glover's shop; F. ganterie; A. Handschuhmacherei, Handschuhfabrik; It. guanteria; R. перчаточная мастерская.

GUANTERO, RA. m. y f. Persona que hace o vende guantes.

* **GUANTÓN.** m. R. DE LA PLATA. Guantada.

* **GUAÑANGA.** f. CHILE. Pena, tristeza. || 2. CHILE. Andrajo.

GUAÑIL. m. CHILE. Arbusto de la familia de las compuestas, con hojas trasovadas-lanceoladas, lampiñas, y flores en panoja.

GUAÑIR. (l. gannīre.) intr. EXTR. Gruñir los cochinillos o lechones.

* **GUAÑUSCO, CA.** adj. ARGENT. Marchito. || 2. Quemado, achicharrado.

GUAO. m. BOT. Arbusto de Méjico, Cuba y del Ecuador, de la familia de las anacardiáceas, con hojas compuestas; flores pequeñas, rojas; la semilla se usa como alimento del ganado de cerda y la madera para hacer carbón.

* **GUAPA.** f. VENEZ. y P. RICO. Changuango, planta. || 2. Cesto pequeño de cañas.

GUAPAMENTE. adv. fam. Con guapeza. || 2. Muy bien.

* **GUAPANGO.** m. MÉJ. Fandango.

* **GUAPARRANDÓN.** m. VENEZ. Valentón, perdonavidas.

* **GUAPE.** adj. C. RICA. Gemelo. Ú.t.c.s.

GUAPEAR. (De guapo.) intr. fam. Ostentar ánimo y bizarría en los peligros. || 2. fam. Hacer alarde de gusto exquisito en el vestir. || 3. CHILE. Fanfarronear, echar bravatas.

GUAPERÍA. f. Acción propia de gua-

po, hombre pendenciero o de galán que corteja a una mujer.

GUAPETÓN, NA. adj. fam. aum. de guapo. || 2. m. Guapo, pendenciero.

GUAPEZA. (De guapo.) f. fam. Bizarría, ánimo en los peligros. || 2. fam. Ostentación en los vestidos. || 3. Acción propia del guapetón o bravo. || 4. CHILE. Bravura, rigidez, austeridad.

* **GUAPIL.** adj. C. RICA. Mellizo, gemelo. Ú.t.c.s.

* **GUAPINOL.** m. Planta leguminosa papilonácea, de la cual se extrae el copal.

GUAPO, PA. adj. fam. desus. Animoso, bizarro y resuelto en los peligros. Ú. en América. Ú.t.c.s. || 2. fam. Ostentoso, galán y lucido en su porte y vestido. || 3. fam. Bien parecido. || 4. m. Hombre pendenciero y perdonavidas. || 5. En el estilo picaresco, galán que corteja a una mujer. || 6. pl. fam. ÁV. y SAL. Adornos, cosas ostentosas e inútiles. || 7. CHILE. Severo y rígido. || 8. ARGENT. Resistente para el trabajo. || 9. CUBA. Enfurecido, encolerizado. A las GUAPAS. loc. fam. VENEZ. Sin trabajo, sin oposición, con toda comodidad. || P. animoso; I. stout, valiant; F. brave, vaillant; A. mutig, tapfer; It. coraggioso, bravo; R. нарядный; || 3.ª acep.: P. guapo; I. pretty, beautiful; F. beau; A. schön, hübsch; It. bello; R. красивый.

* **GUAPORÚ.** (guar. ibapurú.) m. Árbol mirtáceo con cuyo fruto se prepara la bebida llamada chacolí.

GUAPOTE, TA. m. y f. de guapo. || 2. fam. Bonachón, de buen genio. || 2. fam. De buen parecer.

GUAPURA. f. fam. Calidad de guapo, o bien parecido.

* **GUAPURREAR.** tr. COLOM. Azuzar, ahuyentar el ganado; ojear.

* **GUAQUEAR.** intr. AMÉR. Buscar guacas o tesoros.

* **GUAQUERO.** m. Vaso de barro usado por los antiguos peruanos. || 2. AMÉR. El que busca guacas.

GUARA. f. Árbol muy parecido al castaño. || 2. HOND. Guacamayo. || 3. CHILE. Perifollo, garambaina. || 4. GUAT. Aguardiente. || 5. GUAT. Loro hablador.

GUARÁ. (guar. guaraní.) m. AMÉR. MERID. Especie de lobo de las pampas.

* **GUARA.** (quich. huara, pañetes bajos especie de taparrabos.) f. CHILE. Adorno en los vestidos. || 2. CHILE. Adorno, dibujo o labor en tejidos, pinturas, letras, etcétera. || 3. CHILE. Movimiento gracioso del cuerpo. || 4. fig. pl. CHILE. Superfluidades o demasía de palabras en el trato ordinario.

GUARACA. (Voz quichua.) f. COLOM., CHILE, ECUAD. y PERÚ. Honda, zurriago. || 2. CHILE y PERÚ. Cuerda del trompo. || 3. CHILE. Madero o listón que usan los carpinteros cuando entablan. || 4. BOL. Chachalaca.

GUARACARO. m. VENEZ. Planta leguminosa, que crece abrazando en espiral los cuerpos extraños que alcanza. || 2. Semilla de esta planta, que es comestible.

* **GUARACAZO.** m. COLOM. Golpe repentino, imprevisto. || 2. CHILE. Azote dado con la guaraca; chasquido que se da con ella.

GUARACHA. f. CUBA y P. RICO. Baile semejante al zapateado. || 2. CUBA. Orquesta de poca categoría. || 3. P. RICO. Algazara, alboroto. || 4. CUBA. Broma, diversión. || 5. MÉJ. Guarache. || 6. GUAT. Zapatos viejos.

GUARACHE. m. MÉJ. Especie de sandalia tosca de cuero. || 2. MÉJ. Pieza de hule con que se protegen las llantas de los carruajes.

* **GUARACHEAR.** intr. CUBA y P. RICO. Parrandear, ir de juerga. || 2. P. RICO. Bromear.

* **GUARACHERO, RA.** adj. CUBA. Amigo de diversiones y francachelas. || 2. CUBA. Dícese del gallo de pelea hábil en esquivar el golpe del contrario. || 3. P. RICO. Bromista.

* **GUARAGO.** (Voz americana.) m. Árbol del Ecuador, cuya madera se emplea en construcciones navales.

* **GUARAGUA.** f. PERÚ y CHILE. Garbo. || 2. PERÚ y CHILE. Rodeo para manifestar algo. || 3. HOND. Mentira. || 4. pl. CHILE. Perifollos.

G

GUARAGUAO. m. Zool. Ave rapaz diurna, parecida al borní. || **2.** P. Rico. Especie de bejuco. || **3.** Cierto árbol de tronco recto y grueso, de madera obscura y dura. || **4.** P. Rico. Persona egoísta.

GUÁRAMO. m. Venez. Valor, pujanza o bajeza.

GUARÁN. (germ. *wranyo*, caballo padre.) m. Ar. Garañón.

GUARANÁ. (Voz americana del m. or. que *guaraní*.) f. Bot. Amér. Central, Bol. y Par. Paulinia, planta sapindácea. || **2.** Pasta medicinal hecha con las semillas de esta planta. || **3.** Bol., Par. y Amér. Central. Bebida preparada con hojas de esta planta.

★ **GUARANDINGA.** f. Venez. Baratija, cosa de poco valor.

GUARANGO, GA. adj. Argent., Chile y Urug. Incivil, descarado. Ú.t.c.s. || **2.** m. Ecuad. y Perú. Especie de aroma silvestre. || **3.** Venez. Dividivi. || **4.** R. de la Plata y Bol. Sucio, zarrapastroso. || **5.** Cuba. Bohío sin tabiques interiores. || **6.** Cuba y Rep. Domin. Bohío derruido.

GUARANÍ. adj. Dícese del individuo de una raza indígena que se extiende desde el Orinoco al Río de la Plata. Ú.t.c.s. || **2.** Perteneciente a esta raza. || **3.** m. Lengua de esta raza. || **4.** Unidad monetaria del Paraguay.

★ **GUARANINA.** (De *guaraná*.) f. Quím. Substancia idéntica a la cafeína, existente en la planta llamada guaraná.

★ **GUARAÑA.** f. Venez. Un baile popular. || **2.** Venez. Especie de ruleta.

★ **GUARAPALO.** m. Chile. Varapalo. || **2.** fig. Chile. Hombrón rústico y grosero.

★ **GUARAPAZO.** m. Colom. Trago de licor.

★ **GUARAPEADO.** adj. Perú. Ebrio, beodo.

★ **GUARAPEAR.** intr. Perú. Excederse en la bebida.

★ **GUARAPETA.** adj. Cuba. Dado a la bebida. Ú.t.c.s.

GUARAPO. (Voz quichua.) m. Amér. Jugo de la caña de azúcar, que por vaporización produce azúcar. || **2.** Bebida fermentada hecha con este jugo. || **3.** Venez. Jugo fermentado de la piña. || **4.** P. Rico. Bebida muy aguada.

★ **GUARAPO, PA.** adj. Guat. Dícese de la caña que comienza a fermentar.

GUARAPÓN. m. Argent., Chile y Perú. Sombrero de ala ancha que se usa en el campo. || **2.** adj. fam. Amér. Merid. Dícese de la persona gorda y pesada.

★ **GUARATAZO.** m. Venez. Piedra, peñascazo.

GUARDA. (ant. alto al. *warta*.) com. Persona que tiene a su cargo el cuidado y la conservación de una cosa. || **2.** f. Acción de guardar. || **3.** Tutela. || **4.** Observancia o cumplimiento de una ley o mandato. || **5.** Monja que acompaña a los hombres que entran en un convento. || **6.** Carta que en algunos juegos de naipes sirve para reservar la de mejor calidad. || **7.** Cada una de las dos varillas grandes del abanico. Ú.m. en pl. || **8.** Cualquiera de las dos hojas de papel blanco que al encuadernar un libro se ponen al principio y al fin. Ú.m. en pl. || **9.** En las cerraduras, el rodete o hierro que impide pasar la llave para correr el pestillo, y en las llaves, el hueco que hay en el paletón por donde pasa el rodete. Ú.m. en pl. || **10.** Guarnición. || **11.** And. Vaina de la podadera. || **12.** pl. Astron. Nombre vulgar de las dos estrellas posteriores de la Osa Mayor. —**jurado.** El nombrado por la autoridad a propuesta de particulares o corporaciones o empresas, que ha prestado juramento al posesionarse del cargo. || **P.** guarda; **I.** guard, keeper; **F.** garde; **A.** Garde, Wächter; **It.** guardia; **R.** сторож.

GUARDABANDERAS. m. Marinero a cuyo cuidado se confían los efectos llamados de bitácora.

GUARDABARRERA. com. Persona que en las líneas de los ferrocarriles custodia un paso a nivel.

GUARDABARROS. m. Alero de los carruajes para preservar de las salpicaduras del barro. || **P.** guarda-lama; **I.** dashboard, fender; **F.** garde-boue; **A.** Kotflügel; **It.** parafango; **R.** крыло.

GUARDABLE. adj. Que se puede guardar.

GUARDABOSQUE. m. El encargado de guardar los bosques. || **P.** guarda florestal; **I.** forest keeper; **F.** garde forestier; **A.** Waldhüter, Forstwart; **It.** guardabos-chi; **R.** лесник.

GUARDABRAZO. m. Pieza de la armadura antigua que cubría el brazo.

GUARDABRISA. m. Fanal de cristal para preservar las velas de las corrientes de aire. || **2.** Bastidor con cristal en la parte anterior de los automóviles para resguardar a los viajeros del aire que viene de frente. || **P.** pára-brisas; **I.** windshield; **F.** pare-brise; **A.** Windschutzscheibe; **It.** paravento; **R.** ветровое.

★ **GUARDACABO.** m. Mar. Anillo acanalado en su superficie exterior, a la cual se ajusta un cabo, y permite el paso de otro por un dentro sin rozarse.

GUARDACABRAS. com. Cabrero o cabrera.

GUARDACALADA. (De *guarda*, por *buharda*, y calada.) f. Abertura que se hacía en los tejados para formar vertedero que sobresaliese del alero.

★ **GUARDACAMISA.** f. Venez. Camiseta.

GUARDACANTÓN. m. Poste de piedra para resguardar de los carruajes las esquinas de las casas. || **2.** Cada uno de los postes de piedra colocados a los lados de los paseos y caminos para que no salgan de ellos los carruajes. || **3.** Pieza de hierro que corre desde el balancín al pezón de las ruedas delanteras de la galera.

GUARDACARTUCHOS. m. Mar. Caja cilíndrica de cuero para conducir los cartuchos desde el pañol a la pieza.

GUARDACOIMAS. m. Germ. Criado del padre de mancebía.

GUARDACOSTAS. m. Barco especialmente destinado a la persecución del contrabando. || **2.** Buque, generalmente acorazado, para la defensa del litoral. || **P.** guarda-costas; **I.** revenue cutter; **F.** garde-côtes; **A.** Küstenwache; **It.** guardacoste; **R.** таможенное судно.

GUARDACUÑOS. m. El encargado de guardar los cuños o los troqueles en la casa de la moneda.

GUARDADAMAS. m. Empleo de la casa real cuyo principal ministerio era ir a caballo al estribo del coche de las damas. || **2.** adj. Reservado, cauteloso, comedido.

GUARDADO, DA. p.p. de guardar. || **2.** Que observa puntualmente una ley, precepto, etc. Ú.t.c.s. || **3.** Mezquino y apocado. Ú.t.c.s. || **4.** Tutor o curador.

GUARDADOR, RA. adj. Que guarda, cuida mucho de sus cosas. Ú.t.c.s. || **P.** guardador; **I.** watchful; **F.** soigneur; exact; **A.** vorsichtig; ¡**It.** conservatore; **R.** бережливый.

° **GUARDAESPALDAS.** f. Persona encargada de la protección y seguridad de otra, a la que acompaña a todas partes no perdiéndola de vista.

GUARDAFRENOS. m. Empleado de ferrocarriles que tiene a su cargo en los trenes el manejo de los frenos. || **P.** guarda-freio; **I.** brakesman; **F.** garde-frein; **A.** Bremsenwärter; **It.** guardafreni; **R.** тормозной кондуктор.

GUARDAFUEGO. m. Mar. Andamio que se cuelga del costado de un buque, para impedir que las llamas suban cuando se da fuego a los fondos. || **2.** Rejilla o plancha que se coloca delante del fogón de los hornos de fundición.

GUARDAGUAS. m. Mar. Listón que se cuelga sobre cada porta en los costados de un buque, para que no entre el agua que escurren las tablas superiores.

GUARDAGUJAS. m. Empleado de ferrocarriles que tiene a su cargo el manejo de las agujas para los cambios de vía.

GUARDAHÚMO. (De *guarda* y *humo*.) m. Mar. Vela que se coloca en la chimenea del fogón para que el humo no vaya a popa.

GUARDAINFANTE. (De *guarda* e *infante*, por ser prenda con que podían ocultar su estado las mujeres embarazadas.) m. Especie de tontillo muy hueco que se ponían las mujeres debajo de la basquiña. || **2.** Conjunto de los trozos de madera que

se colocan sobre el cilindro de un cabrestante para aumentar su diámetro.

GUARDAÍZAS. m. Germ. Guardacoimas.

GUARDAJA. f. p. us. Guadeja.

GUARDAJOYAS. m. Persona encargada de la guarda y custodia de las joyas de los reyes. || **2.** Sitio donde se guardaban estas joyas.

GUARDALADO. m. Pretil o antepecho.

GUARDALMACÉN. com. Persona que tiene a su cargo la guarda de un almacén.

GUARDALOBO. m. Mata perenne de la familia de las santaláceas. Sus flores son dioicas verdosas o amarillentas, y su fruto en drupa roja y casi seca.

GUARDAMALLETA. (De *guardar* y *malleta*, d. de *malla*.) f. Pieza de adorno que permanece fija en la parte superior del cortinaje.

GUARDAMANGEL. m. Cámara destinada a despensa en los grandes palacios.

GUARDAMANGIER. (fr. *gardemanger*, de *garder*, del germ. *wardon*, y de *manger*, *mangier*, del l. *manducare*, comer.) m. Guardamangel. || **2.** Oficial palatino que estuvo encargado de recibir y distribuir las viandas y provisiones.

GUARDAMANO. m. Guarnición, parte de la empuñadura de la espada o daga, que cubre la mano.

GUARDAMATERIALES. m. En las casas de moneda, el encargado de la compra de materiales para fundiciones.

° **GUARDAMETA.** m. Portero, el jugador de fútbol que defiende la portería o meta.

GUARDAMIENTO. m. ant. Acción de guardar.

GUARDAMIGO. m. Pie de amigo, instrumento a modo de horquilla que impedía a los reos bajar la cabeza.

GUARDAMONTE. m. En las armas de fuego, pieza de metal sobre el disparador, en forma semicircular, para protegerlo. || **2.** Capote de monte. || **3.** Guardabosque. || **4.** Méj. Pedazo de piel que se pone sobre las ancas del caballo para evitar la mancha del sudor. || **5.** Argent. y Bol. Pieza de cuero en la montura para proteger las piernas del jinete.

GUARDAMUEBLES. m. Local destinado a guardar muebles. || **2.** Empleado de palacio que cuidaba de los muebles.

GUARDAMUJER. f. Criada de la reina, que seguía en clase a la dama de honor y estaba encargada de acompañar en el coche a las damas.

GUARDAPAPO. m. Pieza de la armadura antigua, que defendía el cuello y la barba.

GUARDAPELO. m. Medallón, joya en forma de cajita chata.

GUARDAPESCA. m. Buque destinado a vigilar el cumplimiento de los reglamentos de pesca marítima.

GUARDAPIÉS. m. Brial, falda suelta exterior del traje femenil. || **2.** Chile. Folgo.

GUARDAPOLVO. m. Resguardo que se pone encima de una cosa para preservarla del polvo. || **2.** Tejadillo voladizo sobre un balcón o ventana, para desviar las aguas llovedizas. || **3.** Pieza de baqueta, unida al botón de montar y que sobre el empeine del pie. || **4.** Caja o tapa interior de los relojes de bolsillo para mayor resguardo de la máquina. || **5.** pl. En los coches, hierros que van desde la vara de guardia o balancín grande hasta el eje. || **6.** Sobretodo de tela ligera destinado a preservar el traje de manchas y polvo. || **P.** guarda-pó; **I.** dust-guard; **F.** cachepoussière; **A.** Staubdecke, Staubmantel; **It.** spolverino; **R.** пыльник, чехол.

GUARDAPUERTA. f. Antepuerta, repostero o cortina de una puerta.

GUARDAPUNTAS. m. Contera para preservar la punta del lápiz.

GUARDAR. (De *guarda*.) tr. Cuidar y custodiar algo. || **2.** Tener cuidado de una cosa. || **3.** Observar y cumplir lo que se debe por obligación. GUARDAR *la ley*. || **4.** Conservar una cosa. || **5.** No gastar. || **6.** Preservar una cosa de algún daño. || **7.** fig. Tener, observar. GUARDAR *silencio*. || **8.** r. Recelarse y precaverse de un riesgo. || **9.** Poner cuidado en dejar de ejecutar algo que no conviene. *Me* GUARDARÉ *de hablarle.* || ¡GUARDA! interj. de temor o recelo de una cosa. || **2.** Voz con que se advierte a uno que se aparte de un peligro. || GUARDÁRSELA *a uno.* fr. fig. y fam. Diferir para tiempo oportuno la venganza. || *Quien* GUARDA *halla.* ref. con que se recomienda la previsión y la economía. || **P.** guardar; **I.** to keep, to guard; **F.** garder; **A.** bewachen, beschützen; **It.** guardare; **R.** сохранять, беречь.

GUARDARRAYA. f. ANT. Linde. || **2.** CUBA. La calle o pasadizo que se deja en los ingenios y cafetales entre los cuadros de cañaverales y café. || **3.** COLOM. Espacio a modo de calle a los dos lados de setos o vallados para evitar que se propaguen los incendios. || **4.** GUAT. Hito que se fija en los linderos. || **5.** MÉJ. Mojón en las viñas.

GUARDARRÍO. m. ZOOL. Martín pescador.

GUARDARROPA. f. Lugar destinado a la custodia de ropa. || **2.** Armario para guardar la ropa. || **3.** com. Persona que cuida de los lugares donde se guarda la ropa. || **4.** En los teatros, persona encargada de guardar y administrar los efectos de guardarropía. || **5.** BOT. Abrótano. || **P.** guarda-fato, guarda-roupa; **I.** wardrobe; **F.** garde-robe; **A.** Garderobe; **It.** guardaroba; **R.** гардероб.

GUARDARROPÍA. (De *guardarropa.*) f. En el teatro, conjunto de trajes y accesorios para las representaciones escénicas. || **2.** Lugar donde se custodian estos trajes y accesorios. || *De* GUARDARROPÍA. fr. con que se aplica a las cosas que aparentan ostentosamente lo que en realidad no son. || **P.** guarda roupa; **I.** wardrobe; **F.** garde-robe; **A.** Requisitenkammer; **It.** guardaroba; **R.** гардероб.

GUARDARRUEDAS. m. Guardacantón. || **2.** Pieza de hierro, por lo común en forma de S, que se pone a los lados del umbral en las puertas cocheras, para evitar el roce de las ruedas de los vehículos. || **3.** Especie de caja que cubre las ruedas de las locomotoras.

★ **GUARDASELLOS.** m. Funcionario encargado de guardar o custodiar el sello oficial o de alguna corporación. || **P.** guarda-sellos; **I.** keeper of the seals; **F.** gardes-sceaux; **A.** Siegelbewahrer; **It.** guardasigilli; **R.** хранитель печати.

GUARDASILLA. f. Moldura de madera, colocada en la pared para evitar que ésta sea rozada con los respaldos de las sillas.

GUARDASOL. m. p. us. Quitasol.

GUARDATIMÓN. m. MAR. Cada uno de los cañones que solían ponerse en las portas en una y otra banda del timón.

GUARDAVELA. m. MAR. Cabo que rinca las velas de gavia a los calceses de los palos.

GUARDAVÍA. m. Empleado que tiene a su cargo la vigilancia de un trozo de vía férrea. || **P.** guarda-linha; **I.** line-keeper; **F.** garde-voie; **A.** Bahnwärter; **It.** guardavia; **R.** путевой сторож.

GUARDERÍA. f. Ocupación y trabajo del guarda. || **2.** Coste del guarda de una finca rústica. || **3.** Establecimiento benéfico en que se atiende a los niños durante las horas en que sus madres trabajan.

GUARDESA. f. Mujer encargada de guardar una cosa. || **2.** Mujer del guarda.

GUARDIA. (De *guardar.*) f. Conjunto de soldados o gente armada que custodia o defiende una persona o un puesto. || **2.** Defensa, custodia, protección. || **3.** Servicio especial que con cualquiera de estos objetos se encomienda a una o más personas. || **4.** ESGR. Manera de estar en defensa. || —**civil.** La dedicada a perseguir a los malhechores y mantener la seguridad de los caminos y el orden en las poblaciones. || **2.** Individuo de este cuerpo. || —**de honor.** MIL. La que se pone a las personas a quienes corresponde por su dignidad o cargo. || —**marina.** El que es alumno de una escuela naval como aspirante a oficial de la armada. || —**municipal.** El que depende del ayuntamiento, y cuida del orden y del cumplimiento de las ordenanzas municipales. || **2.** Individuo de este cuerpo. || *De* GUARDIA. m. adv. que con los verbos *entrar, estar, salir,* y otros

semejantes, se refiere al cumplimiento de este servicio. || *En* GUARDIA. ESGR. En actitud de defensa. Ú.m. con los verbos *estar y ponerse.* || *Montar la* GUARDIA. fr. MIL. Entrar de guardia la tropa en un puesto. || **P.** guarda; **I.** guard, watch; **F.** garde; **A.** Wache, Garde; **It.** guardia; **R.** охрана.

GUARDIÁN, NA. (De *guardia.*) m. y f. Persona que guarda una cosa y cuida de ella. || **2.** m. Prelado ordinario de uno de los conventos de franciscanos. || **3.** Especie de oficial de mar o contramaestre subalterno. || **4.** MAR. Cable de mejor calidad que los ordinarios para asegurar los barcos pequeños cuando se recela temporal. || **P.** guardião; **I.** guardian; **F.** gardien; **A.** Wächter; **It.** guardiano; **R.** сторож.

GUARDIANÍA. f. Prelacía o empleo de guardián en un convento de franciscanos. || **2.** Tiempo que dura. || **3.** Territorio que tiene señalado cada convento de frailes franciscanos para pedir limosna.

★ **GUARDIERO.** m. CUBA. Encargado de la custodia y vigilancia de una hacienda.

GUARDILLA. f. Buhardilla. || **2.** Habitación contigua al tejado.

GUARDILLA. (De *guardar.*) f. Entre costureras, cierta labor para adornar y asegurar la costura. || **2.** Cada una de las dos púas gruesas del peine. Ú.m. en pl.

GUARDILLÓN. m. Desván corrido entre el techo del último piso del edificio y la armadura del tejado. || **2.** Guardilla pequeña y no habitable.

GUARDÍN. (De *guarda.*) m. MAR. Cabo con que se suspenden las portas de la artillería. || **2.** MAR. Cada uno de los dos cabos o cadenas que van sujetos a la caña del timón para manejarlo.

GUARDOSO, SA. (De *guardar.*) adj. Dícese del que tiene cuidado de no enajenar ni gastar sus cosas. || **2.** Miserable, mezquino y escaso.

★ **GUAREAR.** tr. VENEZ. Embriagar.

★ **GUAREARSE.** r. C. RICA. Embriagarse bebiendo guaro.

GUARECER. (De *guarir.*) tr. Acoger a uno; preservarle de algún mal. || **2.** Guardar, conservar y asegurar una cosa. || **3.** Curar, medicinar. || **4.** Refugiarse en algún sitio para librarse de un peligro. || **P.** guarecer; **I.** to shelter; **F.** protéger; **A.** schützen, verwahren; **It.** ricoverare; **R.** защищать.

GUARECIMIENTO. (De *guarecer.*) m. ant. Guardia, cumplimiento, observancia.

GUARÉN. m. CHILE. Rata de gran tamaño que vive a orillas de las aguas y se alimenta de ranas y pececillos.

GUARENTICIO, CIA. adj. ant. Guarentigio.

GUARENTIGIO, GIA. (ant. alto al. *wèrento,* garante.) adj. FOR. Aplicábase al contrato, escritura o cláusula de ella, en que se daba poder a las justicias para que la hiciesen cumplir y procedieran ejecutivamente contra el obligado.

★ **GUARES.** m. pl. P. RICO. Mellizos, gemelos. || **2.** Iguales o semejantes.

★ **GUARETO, TA.** adj. P. RICO. Igual o semejante.

★ **GUARGAR.** m. PERÚ. Floripondio. || **2.** ECUAD. Bebida preparada con floripondio.

GUARIA. f. C. RICA. Orquídea que adorna los tejados y tapias, de color blanco o rojizo.

GUARIAO. m. CUBA. Ave zancuda, de gran tamaño. Anda en parejas por las ciénagas y orillas de los ríos. Su carne es gustosa.

★ **GUARICARSE.** r. CHILE. Agraviarse, mosquearse.

GUARICHA. f. despect. COLOM., ECUAD. y VENEZ. Hembra, mujer. || **2.** ECUAD. Manceba de un soldado que le sigue de guarnición en guarnición. || **3.** VENEZ. India soltera. || **4.** Vieja taimada y de mala condición. || **5.** COLOM., VENEZ., ECUAD. y PAN. Mujerzuela.

GUARIDA. (De *guarir.*) f. Cueva o espesura donde se refugian los animales. || **2.** Refugio para librarse de un peligro. || **3.** fig. Sitio que uno frecuenta y en que suele hallarse. Tómase por lo común en mala parte.

GUARIDERO, RA. (De *guarir.*) adj. ant. Curable o que se puede curar.

GUARIMÁN. (Voz caribe.) m. Árbol americano, de la familia de las magnoliáceas, con tronco ramoso, hojas persistentes, flores blancas y fruto en baya con muchas semillas. La corteza de sus ramas, de olor y sabor aromático parecido a la canela, se usa para condimentos y medicinas. || **2.** Fruto de este árbol.

GUARIMIENTO. (De *guarir.*) m. ant. Curación.

GUARÍN. (De *guarro.*) m. Lechoncillo, el último nacido en una lechigada.

★ **GUARIQUETÉN.** P. RICO y REP. DOMIN. Camastro. || **2.** Bohío pequeño.

GUARIR. (germ. *warjan,* proteger.) tr. ant. Curar. || **2.** intr. Subsistir o mantenerse.

GUARISAPO. m. CHILE. Renacuajo.

GUARISMO, MA. (ár. *jwārizmī,* sobrenombre, por haber nacido en *Jwārizm,* tierras de Persia, del matemático Muhammad ibn Mūsà, inventor de los logaritmos; véase *algoritmo.*) adj. ant. Numérico. || **2.** m. Cada uno de los signos o cifras arábigas con que se representan los números. || **3.** Cualquiera expresión de cantidad, compuesta de dos o más cifras. || *No tener* GUARISMO. fr. fig. Ser innumerable.

★ **GUARISNAQUI.** m. CHILE. Aguardiente ordinario. || **2.** fig. CHILE. Pobre diablo, pobre hombre.

GUARITOTO. m. VENEZ. Arbusto euforbiáceo, que crece en lugares cálidos y sombríos.

★ **GUARMILLA.** m. ECUAD. Hombre afeminado.

GUARNE. (De *guarnir.*) m. MAR. Cada una de las vueltas de un cabo alrededor de la pieza en que ha de funcionar.

GUARNECEDOR, RA. adj. Que guarnece. Ú.t.c.s.

GUARNECER. (De *guarnir.*) tr. Poner guarnición a alguna cosa. || **2.** Colgar, vestir, adornar. || **3.** Dotar, proveer, equipar. || **4.** ALBAÑ. Revocar las paredes de un edificio. || **5.** MIL. Estar de guarnición.

GUARNECIDO, DA. p.p. de guarnecer. || **2.** m. ALBAÑ. Revoque o entablado con que se revisten las paredes de un edificio.

GUARNÉS. m. Guadarnés. || **2.** MÉJ. Guarniciones de las caballerías.

GUARNICIÓN. (De *guarnir.*) f. Adorno que se pone en los vestidos, colgaduras, etc. || **2.** Engaste de metal en que se engarzan las piedras preciosas. || **3.** Defensa que se pone en las espadas y armas blancas para preservar la mano. || **4.** Tropa que guarnece una plaza, castillo o buque de guerra. || **5.** pl. Conjunto de piezas que en una máquina o fábrica sostienen o completan ciertos cuerpos de las mismas. || **6.** pl. Conjunto de correas que se ponen a las caballerías para montarlas o engancharlas al tiro. || —**de castañete.** La que se forma asentando una tela dócil en ondas alternadas. || **P.** guarnição; **I.** flounce, garniture; **F.** garniture; **A.** Garnitur; **It.** guarnimento; **R.** отделка. || **4.ª** acep.: **P.** tropa de guarnição; **I.** garrison; **F.** garnison; **A.** Garnison; **It.** guarnizione; **R.** гарнизон.

GUARNICIONAR. tr. Poner guarnición en una plaza fuerte.

GUARNICIONERÍA. (De *guarnicionero.*) f. Taller en que se hacen guarniciones para caballerías. || **2.** Tienda donde se venden.

GUARNICIONERO. m. El que hace o vende guarniciones para caballerías. || **P.** correeiro; **I.** saddler; **F.** sellier, harnacheur; **A.** Sattler; **It.** sellaio; **R.** седельник.

GUARNIEL. m. Garniel, bolsa de cuero.

GUARNIGÓN. (l. *coturnix, -īcis,* codorniz.) m. Pollo de la codorniz.

GUARNIMIENTO. (De *guarnir.*) m. desus. Adorno, aderezo, vestidura. || **2.** MAR. Conjunto de varias piezas, cabos o efectos con que se guarnece o sujeta un aparejo en una faena.

GUARNIR. (ant. alto al. *warnôn.*) tr. Guarnecer. || **2.** Colocar los cuadernales en un aparejo.

GUARO. (fr. *gouarouba.*) m. Especie de loro pequeño y muy locuaz.

G

GUARO. m. Amér. Central. Aguardiente de caña.

★ **GUAROLO, LA.** adj. Venez. Zopenco, estúpido.

★ **GUARRASQUEÑO, ÑA.** adj. Hond. Rumboso.

GUARRAZO. m. And. y Sal. Porrazo que se da uno al caer.

GUARRERÍA. f. Porquería, suciedad. || 2. fig. Acción sucia.

GUARRERO. m. Porquerizo.

GUARRILLA. (Como buarillo y buaro, de búho.) f. Ál. Especie de águila pequeña.

GUARRO, RRA. (De la voz con que se llama al cerdo.) m. y f. Cochino, na. Ú.t.c.adj. || 2. Ecuad. Guarrilla.

GUARRO, RRA. (Como buharo y buharro, de búho.) m. y f. Ecuad. Guarrilla.

★ **GUARRÚS.** m. Colom. Bebida preparada con maíz, arroz o azúcar.

¡GUARTE! interj. ¡Guárdate! ¡Cuidado! ¡Guarda!

GUARUMO. m. Amér. Central, Colom., Ecuad., Méj. y Venez. Árbol artocárpeo cuyas hojas producen efectos tónicos sobre el corazón.

GUARURA. f. Venez. Caracol, que usado como bocina, produce un sonido que se oye a gran distancia.

GUASA. (fr. gausse, burla, y éste del l. gavissus, que se divierte.) f. fam. Falta de gracia, sosería; conjunto de cualidades que hacen empalagosa a una persona. || 2. fam. Chanza, burla. || 3. Cuba. Pez ancho, de color verde amarillento con manchas obscuras. Es comestible. || 4. Venez. Baile vivo y agitado. || 2.ª acep.: P. troça; I. jest; F. gouaillerie; A. Scherz; It. freddura; R. шутка.

★ **GUASA.** m. Ecuad. Guazá, alfandoque.

★ **GUASABALO.** m. Zool. Cuba. Especie de rana pequeña y muy chilladora.

GUASÁBARA. f. desus. Colom. y P. Rico. Motín, algarada. || 2. Venez. Pelusa de las tunas y otras plantas. || 3. Colom. y P. Rico. Cierto árbol de madera fuerte y de color encarnado.

○ **GUASAMACO, CA.** adj. Chile. Tosco, grosero.

GUASANGA. (Voz caribe.) f. Amer. Central, Colom., Cuba y Méj. Bulla, algazara, barahúnda.

★ **GUASANGARA.** f. Rep. Domin. Bullicio, escándalo.

★ **GUASANGO.** m. Ecuad. Cierto árbol de buena madera que crece en el litoral. || 2. Guat. Trifulca, pelotera.

GUASASA. (Voz caribe.) f. Cuba. Mosca pequeña que vive en enjambres en lugares húmedos y sombríos.

GUASCA. (Voz quichua.) Amér. Merid. y Ant. Ramal de cuero o soga, que se utiliza como rienda o látigo y para otros usos.

GUASCAZO. m. Azote dado con guasca o cosa semejante.

★ **GUASCOSO, SA.** adj. Ecuad. Flexible, ágil.

★ **GUASCUDO, DA.** adj. Colom. Dícese de la madera fibrosa o correosa.

GUASEARSE. (De guasa.) r. Chancearse.

GUASERÍA. f. Argent. y Chile. Acción grosera, chabacana o baja.

★ **GUASICAMA.** m. Ecuad. Sirviente indígena.

★ **GUASIMOCHO, CHA.** adj. Hond. Rústico, grosero.

★ **GUASIPONGO.** m. Ecuad. Porción de terreno que se entrega a los trabajadores de una hacienda, además del salario convenido.

GUASO, SA. (Voz quichua.) m. y f. Rústico, campesino de Chile. || 2. adj. fig. Argent., Chile y Ecuad. Tosco, grosero, incivil. || 3. Amér. Merid. Lazo corredizo de los indios americanos para la caza y la pesca.

GUASÓN, NA. adj. fam. Que tiene guasa. Ú.t.c.s. || 2. fam. Burlón, chancero. Ú.t.c.s.

★ **GUASQUEAR.** tr. Amér. Dar latigazos.

★ **GUASQUERO.** (De guasca.) m. Chile. Guardavía.

★ **GUASQUILLO.** m. Lazo usado para atar los mazos de tabaco.

GUASTANTE. p.a. de guastar. ant. Que guasta o consume.

GUASTAR. (l. vastāre. infl. por el germ. wōstjan.) tr. ant. Consumir, destruir.

GUASTO. (De guastar.) m. ant. Consunción.

★ **GUASUSA.** f. Cuba. Gazuza, hambre.

GUATA. (ár. waḍḍ'a, poner entretela o forro en el vestido.) f. Manta de algodón en rama. || 2. Cuba. Mentira, embuste. || 3. Colom. Cierta serpiente venenosa.

★ **GUATA.** f. Chile. Barriga. || 2. Chile. Pandeo.

GUATACA. f. Cuba. Azada corta. || 2. fig. Oreja grande. || 3. Cuba y Rep. Domin. Oreja. || 4. Rep. Domin. Golpe pequeño. || 5. com. Cuba. Persona aduladora.

GUATACARE. m. Bot. Venez. Árbol de la familia de las borragináceas, de madera resistente y flexible.

★ **GUATACAZO.** m. P. Rico y Chile. Batacazo.

★ **GUATACO, CA.** adj. Hond. Regordete. || 2. Cuba. Rudo, falto de cultura.

★ **GUATANA.** adj. Argent. Aturdido, distraído. Ú.t.c.s.

★ **GUATAQUEAR.** tr. Cuba. Escardar con la guataca. Adular.

★ **GUATARACO, CA.** adj. Ecuad. Ajado, gastado.

GUATE. m. C. Rica y Hond. Malojo. || 2. Cierta planta lorantácea de Venezuela. || 3. Ecuad. Guata, amigo entrañable. || 4. Colom. Hombre del interior del país. || 5. Colom. Boato, lujo.

★ **GUATEARSE.** r. Hechar panza o barriga.

GUATEMALTECO, CA. adj. Natural de Guatemala. Ú.t.c.s. || 2. Perteneciente a esta república de América.

○ **GUATEMALTEQUISMO.** m. Giro, locución o modo de hablar propio y peculiar de los guatemaltecos.

★ **GUATEPÍN.** m. Méj. Puñetazo en la cabeza.

GUATEQUE. (Voz caribe.) m. Baile bullanguero, y por ext., cualquier jolgorio. || 2. Ecuad. Baile de negros. || 3. Cuba. Fiesta entre amigos en que se canta y baila.

★ **GUATINGA.** adj. Cuba. adulador. Ú. t.c.s.

GUATINÍ. m. Cuba. Tocororo.

★ **GUATIVERE.** (Voz caribe.) m. Cuba y P. Rico. Cualquiera de varias especies de pececillos de colores. || 2. adj. Cuba. Rústico, tosco.

★ **GUATO.** m. Bol. Soga, cuerda.

★ **GUATOCO, CA.** adj. Bol. Regordete. Ú.t.c.s.

GUATÓN, NA. adj. Chile. Barrigudo, de vientre abultado. Ú.t.c.s.

GUATUSA. f. C. Rica, Ecuad. y Hond. Roedor parecido a la paca; su carne es muy gustosa.

★ **GUATUSO, SA.** adj. El Salv. Pelirrubio. Ú.t.c.s.

GUAU. Onomatopeya con que se representa la voz del perro.

GUAUCHO. m. Chile. Arbusto de hoja menuda y gruesa; es muy resinoso y arde fácilmente.

★ **GUAXMOLE.** m. Méj. Guiso de cerdo con guaje.

¡GUAY! (ár. way, interj. que denota conmiseración o asombro.) interj. poét. ¡Ay!

GUAYA. (De guayar.) f. Lloro o lamentación por alguna desgracia.

★ **GUAYA.** f. Venez. Remolino de pelo en la frente del caballo. || 2. Bot. Méj. Melicoca.

GUAYABA. (Voz caribe.) f. Fruto del guayabo, de figura aovada y más o menos dulce. || 2. Jalea que se hace con esta fruta. || 3. Ant., Colom. y El Salv. fig. y fam. Mentira, embuste. || 4. Colom. Grano de café de mala calidad. || 5. Guat. y El Salv. El poder. || 6. Pan. Cosa sin valor. || 7. fig. y fam. Méj. Novia, amante. || 8. Guat. Beso. || 9. Ecuad. Tobillo. || 10. C. Rica. Los ojos, especialmente los saltones.

GUAYABAL. m. Terreno poblado de guayabos.

★ **GUAYABATE.** m. El Salv. Dulce hecho con guayaba.

★ **GUAYABEAR.** intr. fam. P. Rico y Argent. Decir guayabos o embustes, mentir. || 2. Guat. Besar.

GUAYABERA. f. Chaquetilla corta de tela ligera. || 2. Rep. Domin. Ramera.

★ **GUAYABERO, RA.** ad. fam. Cuba. Natural de Sancti Spiritus. Ú.t.c.s. || 2. fig. y fam. Cuba. Embustero. || 3. m. Bot. Guayabo.

★ **GUAYABIRA.** (guar. guayaibí.) m. Árbol de la América del Sur, cuya madera es semejante a la del nogal.

★ **GUAYABITO.** m. Bot. Cuba. Arbustillo silvestre de corteza rosada, madera amarilla, flor blanca, y fruto globuloso. || 2. Cuba. Cierto ratón muy pequeño.

GUAYABO. m. Árbol mirtáceo de América, con tronco torcido y ramoso; hojas elípticas y gruesas; flores blancas, olorosas, axilares y cuyo fruto es la guayaba.

GUAYACA. (Voz quichua.) f. Argent., Bol. y Chile. Bolsillo suelto o taleguilla para guardar monedas o adminículos de fumar. || 2. fig. Amuleto. || 3. adj. Chile. Soso, bobo. Ú.t.c.s.

GUAYACÁN. m. Bot. Guayaco. || 2. Argent. Cierta planta leguminosa. || 3. fam. Cuba y P. Rico. Peso duro, moneda.

GUAYACANA. f. C. Rica. Palo o bastón de guayacán. || 2. Venez. Serpiente venenosa.

GUAYACO. (Voz haitiana.) m. Árbol de la América tropical, cigofiláceo; de tronco grande, ramoso, de corteza gruesa y dura; fruto capsular carnoso. La madera es muy dura y se emplea para la construcción y en ebanistería. || 2. Madera de este árbol. || 3. Perú. fig. Persona muy robusta y sana. || P. e It. guaiaco; I. guaiacum; F. gaïac; A. Gujakbaum; R. гуаяко.

GUAYACOL. m. Principio medicinal del guayaco.

GUAYADERO. (De guayar.) m. ant. Lugar destinado para el lloro o sentimiento en los duelos.

GUAYADO, DA. p.p. de guayar. || 2. adj. Dícese de los cantares que tienen por estribillo ¡guay!, o ¡ay amor!

GUAYAQUIL. adj. Perteneciente a Guayaquil, ciudad de la república del Ecuador. || 2. m. Cacao de Guayaquil.

GUAYAQUILEÑO, ÑA. ad. Natural de Guayaquil. Ú.t.c.s. || 2. Perteneciente a esta ciudad de la república del Ecuador.

GUAYAR. (De ¡guay!) intr. ant. Llorar, lamentarse.

★ **GUAYAR.** (De guayo.) tr. Cuba. Rallar. || 2. Roer, raspar. || 3. intr. Ant. Trabajar mucho. || 4. r. P. Rico. Emborracharse. || 5. Cansarse por exceso de trabajo.

¡GUAYAS! interj. ant. ¡Guay! ¡Ay!

GUAYO. (Voz araucana.) m. Chile. Árbol de la familia de las rosáceas, de madera dura y colorada.

★ **GUAYO.** m. Cuba. Rallo. || 2. Cuba. Peso duro, moneda. || 3. Cuba y P. Rico. Borrachera. || 4. Güira, instrumento músico y música ratonera. || 5. Colom. Calzado ordinario.

GUAYUCO. m. Colom. y Venez. Especie de taparrabo. || 2. P. Rico. Traje de faena de los jornaleros.

★ **GUAYUNGA.** f. Colom. Juego de dos cosas. || 2. Ecuad. Conjunto o reunión de personas o cosas.

GUAYUSA. f. Ecuad. Planta que se parece al mate del Paraguay y cuya infusión reemplaza al té.

GUAZAPA. f. Guat. y Hond. Perinola, peonza pequeña que se hace bailar con los dedos de la mano.

GUAZUBIRÁ. m. Argent. Venado del monte, de color de canela obscuro.

GUBÁN. m. Bote grande usado en Filipinas. Navega con suma rapidez. Por su poco calado puede navegar sobre los bajos y arrecifes.

GUBERNACIÓN. f. ant. Gobernación.

GUBERNAMENTAL. adj. Perteneciente al gobierno del Estado. || 2. Respetuoso para con el gobierno o favorecedor del principio de autoridad.

GUBERNAR. tr. ant. Gobernar.

★ **GUBERNATA.** f. fam. Chile. Acción o efecto de gobernar o dirigir. Suele usarse con el adjetivo mala.

GUBERNATIVAMENTE. adv. Por procedimiento gubernativo.

GUBERNATIVO, VA. adj. Perteneciente al gobierno.

★ **GUBERNISTA.** adj. ARGENT. Perteneciente al gobierno, o relativo a él. ‖ 2. Partidario del gobierno. Ú.t.c.s.

GUBIA. (l. *gubia*, formón.) Formón de media caña, usado para labrar superficies curvas. ‖ P. goiva; I. gouge; F. gouge, gougette; A. Hohleisen; It. sgorbia; R. стамеска.

GUBILETA. (De *gubilete*.) f. ant. Caja o vaso grande en que se metían los gubiletes.

GUBILETE. (fr. *gobelet*, del l. *cūpa*, cuba.) m. ant. Cubilete.

GUEDEJA. (De *vedeja*.) f. Cabellera larga. ‖ 2. Melena de león. ‖ 2.ª acep.: P. juba do leão; I. lion's mane; F. crinière dulion; A. Mähne des Löwens; I. criniera del leone; R. космы.

GUEDEJADO, DA. adj. En forma de guedeja o melena.

GUEDEJÓN, NA. adj. Guedejudo. ‖ 2. m. aum. de guedeja.

GUEDEJOSO, SA. adj. Guedejudo.

GUEDEJUDO, DA. adj. Que tiene muchas guedejas.

★ **GÜEGÜECHO, CHA.** adj. AMÉR. Que padece bocio. ‖ 2. fig. COLOM. Tonto, imbécil. ‖ 3. m. AMÉR. Bocio, papera.

GÜELDO. (fr. *gueldre*.) m. Cebo para pescar, hecho con camarones y otros crustáceos pequeños.

GÜELDRÉS, SA. adj. Natural de Güeldres. Ú.t.c.s. ‖ 2. Perteneciente a esta provincia de Holanda.

GÜELFO, FA. (n. p. al. *Welf*.) adj. Partidario de los papas, en la Edad Media, contra los gibelinos, defensores de los emperadores de Alemania. Ú.t.c.s. ‖ 2. Perteneciente o relativo a los güelfos. ‖ P. e It. guelfo; I. Guelph; F. guelfe; A. Welfe; R. гвельф.

★ **GÜELIO. A.** m. y f. fam. P. RICO. Persona tonta.

GUELTE. (al. *geld*, dinero.) m. Dinero, moneda corriente. ‖ 2. Cuadal, hacienda.

GUELTRE. (al. *gelder*, dineros.) m. Guelte.

GÜELLO. (l. *ocŭlus*.) m. ant. Ojo. Usáb. m. en pl. en Asturias y Aragón.

★ **GÜENGÜE.** m. COLOM. Conejo grande.

GÜEÑA. (De *boeña*, de *bofe*.) f. AR. Embutido hecho con vísceras de cerdo, y algunas carnes gordas.

GUERCHO, CHA. (borgoñón *dwërh*, atravesado.) adj. ant. Bizco. Ú.t.c.s. Ú. en Aragón.

GÜÉRMECES. (germ. *worm*, pus.) m. pl. Enfermedad propia de las aves de rapiña, en la boca, tragadero y oídos, consistente en unos granos pequeños que se hacen llagas.

GUERNESEY. n. p. V. *Azucena de* GUERNESEY. Una cierta clase de azucena.

★ **GÜERO, RA.** adj. MÉJ. Rubio. ‖ 2. MÉJ. Gracioso.

GUERRA. (germ. *wĕrra*, querella.) f. Desavenencia o rompimiento de paz entre dos o más estados o potencias. ‖ 2. Lucha armada entre dos o más naciones o entre bandos de una misma nación. ‖ 3. Pugna entre dos o más personas. ‖ 4. Toda especie de lucha aunque sea en sentido moral. ‖ 5. Cierto juego de billar. ‖ 6. fig. Oposición de una cosa con otra. ‖ —**abierta.** Hostilidad declarada. ‖ —**a muerte.** Aquella en que no se da cuartel. ‖ 2. fig. Lucha sin intermisión. ‖ *Dar* GUERRA. fig. y fam. Causar molestias. ‖ *Declarar la* GUERRA. Notificar una potencia a otra su determinación de tratarla como enemiga. ‖ P. e It. guerra; I. war; F. guerre; A. Krieg; R. война.

GUERREADOR, RA. adj. Que guerrea. Ú.t.c.s.

GUERREANTE. p.a. de guerrear. Que guerrea.

GUERREAR. intr. Hacer guerra. Ú.t.c.r. ‖ 2. fig. Resistir, rebatir o contradecir. ‖ P. guerrear; I. to war; F. guerroyer; A. kämpfen, kriegen; It. guerreggiare; R. воевать.

GUERRERA. f. Chaqueta ajustada que forma parte de los uniformes del ejército.

GUERRERAMENTE. adv. A modo o en forma de guerra.

GUERRERÍA. (De *guerrero*.) f. ant. Arte de la guerra.

GUERRERO, RA. adj. Perteneciente o relativo a la guerra. ‖ 2. Que guerrea. Apl. a pers. ú.t.c.s. ‖ 3. Que es inclinado a la guerra. ‖ 4. fig. y fam. Travieso, que molesta a los demás. ‖ 5. m. Soldado, individuo que sirve en la milicia. ‖ 6. MURC. Herrerillo, pájaro insectívoro. ‖ P. guerreiro; I. warrior; F. guerrier; A. Krieger; It. guerriero; R. воинственый.

GUERRILLA. (d. de *guerra*.) f. Partida de tropa ligera, formada por grupos poco numerosos que hostilizan al enemigo por medio de sorpresas, acechos, etc. ‖ 2. Partida de guerrilleros organizada con el mismo fin. ‖ 3. Juego de naipes entre dos personas. ‖ 4. ARGENT. Pedrea entre muchachos. ‖ P. guerrilha; I. guerrilla; F. guèrrilla; A. Guerilla; It. guerriglia; R. партизанский отряд.

GUERRILLEAR. intr. Pelear en guerrillas.

★ **GUERRILLERA.** f. REP. DOMIN. Especie de guayabera o camisa del campesino antillano.

GUERRILLERO. m. Paisano que sirve en una guerrilla, o es jefe de ella.

GUÍA. (De *guiar*.) com. Persona que conduce y enseña a otra el camino. ‖ 2. El que en los juegos y ejercicios de a caballo conduce a una cuadrilla. ‖ 3. fig. Persona que enseña a otra para hacer lo que se propone. ‖ 4. MIL. Sargento o cabo que dirige la alineación de la tropa. ‖ 5. Manillar. ‖ 6. f. Lo que en sentido figurado dirige o encamina. ‖ 7. Poste que se coloca de trecho en trecho, a los lados de un camino de montaña, para señalar su dirección, especialmente durante las nevadas. ‖ 8. Tratado en que se dan preceptos para encaminar o dirigir en cosas, ya espirituales, ya materiales. ‖ 9. Despacho que lleva el que transporta algunos géneros para que no se los detengan. ‖ 10. Mecha delgada y con pólvora, que sirve para dar fuego a los barrenos, y en los fuegos de artificio. ‖ 11. Sarmiento o vara que, al podar, se deja en las cepas y en los árboles para dirigirlos. También se llama así al tallo principal de algunos árboles. ‖ 12. Palanca que sale oblicuamente de lo alto del eje de una noria para enganchar la caballería, o del de un molino de viento para orientarlo. ‖ 13. Pieza que obliga a otra pieza a seguir un movimiento determinado. ‖ 14. Caballería que va delante de un tiro fuera del tronco. ‖ 15. Cada uno de los extremos del bigote cuando están retorcidos. ‖ 16. Especie de fullería en los naipes. ‖ 17. Varilla exterior del abanico. ‖ 18. VIZC. Pieza de madera de hilo, de roble, de 12 a 14 pies de longitud, y con una escuadría de siete pulgadas de tabla por seis de canto. ‖ 19. MAR. Cualquier cabo o aparejo para mantener un objeto cierta situación. ‖ 20. MIN. Vetilla que algunas veces se reducen los filones y que sirve para hallar la prolongación del criadero. ‖ 21. MÚS. Voz que va delante en la fuga y a la cual siguen las demás. ‖ 22. pl. Riendas para gobernar los caballos de guías. ‖ 23. MED. Sonda acanalada. ‖ 24. Punto anatómico de referencia. ‖ 25. MED. Bujía filiforme que sirve de guía para la introducción de una sonda. ‖ 26. ARGENT. Serie de luces o flores colgantes como adorno, en las fiestas. ‖ P. guia; I. guide, leader; F. guide; A. Führer; It. guida; R. проводник, вожатый.

GUIABARA. f. CUBA. Uvero, planta poligonácea.

GUIADERA. (De *guiar*.) f. Guía de las norias y otros artificios semejantes. ‖ 2. Cada uno de los barrotes paralelos dispuestos para dirigir el movimiento rectilíneo de un objeto.

GUIADO, DA. p.p. de guiar. ‖ 2. adj. Que se lleva con guía o póliza.

GUIADOR, RA. adj. Que guía. Ú.t.c.s.

GUIAJE. (De *guiar*.) m. ant. Seguro, resguardo o salvoconducto.

GUIAMIENTO. m. ant. Acción y efecto de guiar.

GUIAR. (De *guiar*.) tr. Ir delante mostrando el camino. ‖ 2. Hacer que una pieza de una máquina u otro aparato siga un determinado camino. ‖ 3. Dirigir el crecimiento de las plantas dejándoles guías. ‖ 4. Conducir un carruaje. ‖ 5. fig. Dirigir

a uno en algún negocio. ‖ 6. r. Dejarse uno dirigir por otro, o por indicios, señales, etc. ‖ P. guiar; I. to guide; F. guider; A. führen, leiten; It. guidare; R. вести.

★ **GÜICA.** f. fam. CUBA. Miedo.

GUIDAR. (ger. m. *wîtan*.) tr. ant. Guiar.

GUIDO, DA. (al. *gut*, bueno.) adj. GERM. Bueno.

GUIENÉS, SA. adj. Natural de Guiena. Ú.t.c.s. ‖ 2. Perteneciente a esta antigua provincia de Francia.

GUIFA. (ár. *ŷîfa*, cadáver, carne mortecina.) f. AND. Despojo del matadero.

GUIGUÍ. m. Mamífero nocturno de Filipinas, del orden de los roedores, muy parecido a la ardilla.

GUIJA. (l. *aquilia*, t. f. de *aquilĭus*, de *aquĭlus*, obscuro.) f. Piedra pelada y chica en las orillas y cauces de los ríos y arroyos. ‖ 2. BOT. Almorta. ‖ P. seixo; I. pebble; F. caillou; A. Kieselstein; It. ghiaia; R. галька.

GUIJARRAL. m. Terreno abundante en guijarros.

GUIJARRAZO. m. Golpe dado con guijarro.

GUIJARREÑO, ÑA. adj. Abundante en guijarros o perteneciente a ellos. ‖ 2. fig. Aplícase a la persona de complexión dura y fuerte.

GUIJARRO. (De *guija*.) m. Canto rodado, piedra pelada y redonda. ‖ P. calhau; I. cobble; F. galet; A. Feldstein; It. cogolo; R. булыжник.

GUIJARROSO, SA. adj. Dícese del terreno donde hay muchos guijarros.

GUIJEÑO, ÑA. adj. Perteneciente o relativo a la guija, o que participa de su naturaleza. ‖ 2. fig. Duro, empedernido.

GUIJO. (De *guija*.) m. Conjunto de guijas para rellenar los caminos. ‖ 2. Gorrón, extremo de un eje giratorio. ‖ 4. MÉJ. y CUBA. Eje del trapiche. ‖ 5. COLOM. y MÉJ. Eje de una rueda hidráulica.

GUIJÓN. m. Neguijón.

GUIJOSO, SA. adj. Aplícase al terreno en que abunda el guijo. ‖ 2. Guijeño, 1.ª acep.

★ **GÜILA.** f. CHILE. Andrajo.

GUILALO. m. Embarcación filipina de cabotaje de poco calado.

★ **GUILEÑA.** f. Aguileña.

★ **GÜILIGÜISTE.** m. fam. C. RICA. Peso duro.

GUILINDUJES. m. AR. Perendengues, perifollos. ‖ 2. HOND. Arreos con adornos colgantes.

★ **GÜILO, LA.** adj. MÉJ. Tullido, gafo. Ú.t.c.s.

GUILLA. (ár. *gilla*, cosecha.) f. Cosecha copiosa, abundante. ‖ *De* GUILLA. loc. De buena granazón. ‖ 2. En abundancia.

GUILLADURA. f. Chifladura.

GUILLAME. (fr. *guillaume*, y éste del n. p. *Guillaume*.) m. Cepillo estrecho de que usan los carpinteros y ensambladores para hacer los rebajos y otras cosas. ‖ 2. Herramienta de cantero análoga a la anterior. ‖ P. guilherme; I. fillister; F. gillaume; A. Simshobel; It. sponderuola; R. рубанок.

GUILLARSE. r. fam. Irse o huirse. ‖ 2. fam. Chiflarse, quedarse como alelado.

GUILLATÚN. m. CHILE. Ceremonia que ejecutan los araucanos para pedir lluvia o bonanza a la divinidad.

GUILLÍN. m. ZOOL. CHILE. Huillín, especie de nutria.

★ **GUILLO.** m. CUBA. Mentira.

GUILLOMO. m. BOT. Arbusto rosáceo que crece en los peñascales de las montañas.

GUILLOTE. (De *guilla*.) m. Cosechero o usufructuario. ‖ 2. adj. Holgazán. ‖ 3. Bisoño y no impuesto en las fullerías de los tahúres.

GUILLOTINA. (De *Guillotin*, médico francés, inventor de esta máquina.) f. Máquina inventada en Francia para decapitar a los condenados a muerte. ‖ 2. Máquina de cortar papel. ‖ 3. fig. y fam. Procedimiento autorizado por el reglamento de varias Cámaras legislativas para contener la obstrucción. ‖ *De* GUILLOTINA. Dícese de las vidrieras y persianas que para abrirse y cerrarse resbalan a lo largo de las ranuras del cerco, en vez de girar sobre visagras. ‖ P. guilhotina; I. y F.

G

G

guillotine; **A.** Guillotine, Fallbeil; **It.** ghigliottina; **R.** гильотина.

GUILLOTINAR. tr. Decapitar con la guillotina. ‖ **2.** IMPR. Cortar con la guillotina.

GÜIMBA. f. CUBA. Planta anonácea, guabico.

GUIMBALETE. (ant. fr. *guimbelet*, y éste del neerl. *wimbel*.) m. Palanca que da juego al émbolo de la bomba aspirante.

GUIMBARDA. (fr. *guimbarde*, y éste del prov. *guimbardo*, de *guimba*, salto.) f. Cepillo de carpintero de cuchilla estrecha que sirve para labrar el fondo de las cajas y ranuras. ‖ **2.** Baile antiguo.

★ **GÜIMBO.** m. fam. P. RICO. Pedo, ventosidad.

★ **GÜIMO.** m. ZOOL. P. RICO. Conejillo de Indias.

GÜIN. m. CUBA. Vástago que echan algunas cañas muy ligero.

★ **GÜINCA.** adj. CHILE. Amigo.

★ **GÜINCHA.** f. CHILE. Tira larga de alfombra.

GUINCHADO, DA. p.p. de guinchar.‖ **2.** adj. GERM. Perseguido, acosado.

GUINCHAR. (De *guincho*.) tr. Picar o herir con la punta de un palo.

GUINCHO. m. Pincho de palo. ‖ **2.** LOGR. Gancho terminado en punta. ‖ **3.** CUBA. Ave de rapiña de la familia de las falcónidas, de plumaje pardo obscuro y blanco. Se alimenta de peces.

GUINCHÓN. m. Desgarrón. ‖ **2.** Golpe dado con un guincho.

GUINDA. (ant. fr. *guisne*, y el bearnés *guinle*, del gr. βυσσινός, rojo.) f. Fruto del guindo. ‖ **2.** CHILE. Fruslería. ‖ *Echarle* GUINDAS *al pavo.* fr. fig. y fam. que irónicamente indica la facilidad con que uno vence una dificultad. ‖ **P.** ginja; **I.** gean, heart cherry; **F.** guigne; **A.** Weichsel; Sauerkirsche; **It.** amarasca; **R.** вишня.

GUINDA. (De *guindar*.) f. MAR. Altura total de la arboladura de un buque.

★ **GUINDADA.** f. CHILE. Bebida que se hace de guindas.

GUINDADO, DA. p.p. de guindar. ‖ **2.** adj. Compuesto con guindas.

GUINDAL. m. Guindo.

GUINDALERA. f. Sitio plantado de guindos.

GUINDALETA. (De *guindar*.) f. Cuerda de cáñamo o cuero, del grueso de un dedo. ‖ **2.** Pie derecho donde los plateros tienen colgado el peso. ‖ **3.** ALBAC. y AND. Caballería que va de guía en una reata o en un tiro. ‖ **4.** SAL. Cuerda con que se ata por los cuernos al ganado bovino.

GUINDALEZA. (fr. *guinderesse*, y éste del neerl. *windreep*.) f. MAR. Cabo grande y grueso.

GUINDAMAINA. (De *guindar* y *amainar*.) MAR. Saludo que hacen los buques arriando e izando su bandera.

GUINDAR. (ant. alto al. *windan*, izar, torcer.) tr. Subir una cosa que ha de colocarse en alto. Ú.t.c.r. ‖ **2.** fam. Lograr una cosa en competencia con otros. ‖ **3.** fam. Ahorcar. Ú.t.c.r. ‖ **4.** GERM. Aquejar o maltratar. ‖ **5.** intr. LEÓN. Resbalar, escurrirse. ‖ **6.** r. Descolgarse por medio de soga u otro artificio.

GUINDASTE. (De *guindar*.) m. MAR. Armazón de tres maderos en forma de horca. ‖ **2.** MAR. Cada uno de los dos maderos puestos verticalmente al pie de los palos para amarrar los escotines de las gavias.

GUINDILLA. (d. de *guinda*.) f. Fruto del guindillo de Indias. ‖ **2.** Pimiento pequeño y muy picante. ‖ **3.** despect. y fam. Guardia municipal. ‖ **4.** despect. y fam. Polizonte. ‖ **P.** guíndia; **I.** red pepper; **F.** piment d'Inde; **A.** Beisbeere; **It.** pepe indiano; **R.** мелкий, очень горький перец.

GUINDILLO DE INDIAS. m. Planta solanácea, especie de pimiento cultivado en los jardines; de mata ramosa y fruto redondo, encarnado, del tamaño de una guinda y muy picante.

GUINDO. (De *guinda*.) m. Árbol de la familia de las rosáceas, parecido al cerezo, del cual se distingue por su fruto más redondo y comúnmente ácido. ‖ **—griego.** Guindo garrafal, de fruto más grande y más dulce que el del guindo común. ‖ **P.** ginjeira; **I.** gean, mazard tree; **F.**

guignier; **A.** Süssweichselbaum; **It.** amarasco; **R.** вишня.

★ **GUINDO.** (De *guindar*.) m. GUAT. Cuesta empinada.

GUINDOLA. (De *guindar*.) f. MAR. Pequeño andamio volante de tres tablas. ‖ **2.** MAR. Aparato salvavidas con un largo cordel cuyo chicote está sujeto a bordo. ‖ **3.** MAR. Barquilla de la corredera.

GUINEA. (De *Guinea*, región de África, por ser estas monedas hechas con el oro traído de allí.) f. Antigua moneda inglesa.

GUINEA. (Véase *Guinea*, 1.er art.) n. p. V. *Gallina, hierba, maíz* de GUINEA.

★ **GUINEA.** f. Hierba medicinal y forrajera, muy abundante en el Uruguay.

GUINEO, A. adj. Natural de Guinea. Ú.t.c.s. ‖ **2.** Perteneciente a esta región de África. ‖ **3.** Cierto baile de los negros. ‖ **4.** Tañido o son de este baile que se toca con la guitarra. ‖ **5.** CUBA. Cierta variedad de plátano más pequeño que el común.

GUINGA. (De *Guingamp*. ciudad de Bretaña, de donde se importó esta tela.) f. Especie de tela de algodón.

GUINILLA. f. ant. Genilla.

GUINJA. (De *jinja*.) f. Azufaifa.

GUINJO. (De *jinjo*.) m. Azufaifo.

GUÍNJOL. (De *jiljol*.) m. Guinja.

GUINJOLERO. (De *jinjolero*.) m. Guinjo.

★ **GÜIÑA.** f. VENEZ. Mala suerte.

GUIÑADA. (De *guiñar*.) f. Acción de guiñar. ‖ **2.** MAR. Desvío de la proa a un buque a un lado u otro del rumbo.

GUIÑADOR, RA. adj. Que guiña los ojos.

GUIÑADURA. (De *guiñar*.) f. Guiñada.

GUIÑAPIENTO, TA. ad. Guiñaposo.

GUIÑAPO. m. Andrajo o trapo roto, viejo y deslucido. ‖ **2.** fig. Persona que lleva vestido andrajoso. ‖ **3.** fig. Persona envilecida, degradada.

★ **GUIÑAPO.** (Voz quichua.) m. CHILE. Maíz molido que se emplea para hacer chicha.

GUIÑAPOSO, SA. adj. Lleno de guiñapos o andrajos.

GUIÑAR. (fr. *guigner*, y éste del germ. *winkjan*.) tr. Cerrar un ojo momentáneamente quedando el otro abierto. A veces se hace como señal o advertencia disimulada. ‖ **2.** MAR. Dar guiñadas un buque. ‖ **3.** rec. Hacerse guiños o señas con los ojos. ‖ **4.** GERM. Guillarse, irse o huirse. ‖ **5.** GUAT. Tirar con fuerza. ‖ **P.** guinar, piscar os olhos; **I.** to wink; **F.** cligner; **A.** blinzeln, zwinkern; **It.** ammiccare; **R.** мигать.

GUIÑAROL. (De *guiñar*.) m. GERM. Aquel a quien se hace señas con los ojos.

GUIÑO. (De *guiñar*.) m. Guiñada. ‖ **P.** piscadura; **I.** wink; **F.** clignement; **A.** Gesichterschneiden, Zwinkern; **It.** ammicco; **R.** мигание.

º **GUIÑOL.** (fr. *guignol*.) m. Personaje del teatro francés, polichinela. ‖ **2.** Títere. ‖ **3.** Teatro o retablo de títeres.

GUIÑÓN. (De *guiño*.) m. GERM. Seña que se hace con un ojo.

GUIÑOTE. m. Juego de naipes, variante del tute.

GUIÓN. (De *guía*.) adj. Dícese del perro delantero de la jauría. Ú.t.c.s. ‖ **2.** m. Cruz que, como insignia propia, va delante del prelado o de la comunidad. ‖ **3.** Estandarte del rey o de cualquier otro jefe de hueste. ‖ **4.** Pendón pequeño que va delante de algunas procesiones. ‖ **5.** Escrito breve y ordenado que sirve de guía para determinado fin. ‖ **6.** Argumento de una obra cinematográfica. ‖ **7.** El que en las danzas guía la cuadrilla. ‖ **8.** Ave delantera en las bandadas. ‖ **9.** fig. El que va delante, enseña y amaestra a alguno. ‖ **10.** GRAM. Signo ortográfico (-) que se pone al fin del renglón que termina con parte de una palabra cuya otra parte se ha de escribir en el siguiente. Ú.t. para unir las dos partes de alguna palabra compuesta. Y en forma más alargada, se emplea para separar oraciones incidentales en lugar del paréntesis, para indicar el diálogo y para otros varios usos. ‖ **11.** MAR. Parte más delgada del remo. ‖ **12.** MÚS. Señal que se pone al fin de la escala para indicar que se ha de volver a empe-

zar. ‖ **13.** CHILE. Palo corto que se pone formando ángulo para sostener el alero. ‖ **3.ª** acep.: **P.** pendão; **I.** gonfalon; **F.** guidon; **A.** Fahne; **It.** guidone; **R.** штандарт. ‖ **10.ª** acep.: **P.** hifem; **I.** hyphen; **F.** trait d'union; **A.** Bindestrich; **It.** trattegino, lineetta; **R.** тире.

GUIONAJE. (De *guión*.) m. Oficio del guía o conductor.

º **GUIONISTA.** com. Persona que escribe guiones para el cine o la televisión.

GUIPAR. tr. Ver, distinguir. Ú. en estilo bajo o jocoso.

★ **GÜIPIL.** m. MÉJ. Camisa sin mangas que visten las indias.

GUIPUSCOANO, NA. adj. ant. Guipuzcoano.

GUIPUZ. adj. ant. Guipuzcoano.

GUIPUZCOANO, NA. adj. Natural de Guipúzcoa. Ú.t.c.s. ‖ **2.** Perteneciente a esta provincia. ‖ **3.** Uno de los ocho principales dialectos del vascuence.

★ **GUIQUILITE.** m. MÉJ. Añil.

GÜIRA. (Voz americana.) f. Ant. Árbol tropical de la familia de las bignáceas, con tronco torcido y copa clara; fruto globoso, de corteza dura lleno de pulpa blanca con semillas negras. ‖ **2.** Fruto de este árbol. ‖ **3.** ZOOL. Género de aves trepadoras de las cucúlidas, propio de la América del Sur. ‖ **4.** SAL. Calabaza. ‖ **5.** CHILE. Tira de corteza que se usa para atar. ‖ **6.** CUBA. fig. y fam. Cabeza, testa. ‖ **7.** REP. DOMIN. Instrumento musical, güiro. ‖ **8.** adj. HOND. Cobarde.

★ **GÜIRAZO.** m. CUBA. Cabezazo.

GUIRI. (Contracc. del vasc. *Guiristino, Cristino*.) m. Nombre con que, durante las guerras civiles del siglo XIX, designaban los carlistas a los partidarios de la reina Cristina, y después a todos los liberales. ‖ **2.** ÁL. Tojo, planta perenne leguminosa.

GUIRIGAY. (Voz imitativa.) m. fam. Lenguaje obscuro o confuso. ‖ **2.** Gritería y confusión que resulta cuando varios hablan o cantan desordenadamente y a la vez. ‖ **P.** geringonça; **I.** gibberish; **F.** baragouin; **A.** Kauderwelsch; **It.** gergo; **R.** гул голосов.

GUIRINDOLA. f. Chorrera de la camisola.

★ **GUIRIRI.** m. ZOOL. VENEZ. Cierto pato pequeño y gordo que abunda en el Apure.

★ **GUIRITO.** m. BOT. CUBA. Cierta planta solanácea medicinal. ‖ **—de pasión.** BOT. CUBA. Pasionaria. ‖ **—espinoso.** BOT. CUBA. Planta silvestre espinosa parecida a la berenjena.

GUIRLACHE. (fr. *grillage*, de *grille*, parrilla, y éste del l. *craticŭla*, rejilla.) m. Pasta comestible de almendras tostadas y caramelos.

GUIRLANDA. (fr. *guirlande*, y éste del germ. *wieren*.) f. desus. Guirnalda.

GUIRNALDA. (De *guirlanda*.) f. Corona abierta tejida de flores, hierbas o ramas, con que se ciñe la cabeza o usada como simple adorno. ‖ **2.** Tira tejida de flores y ramas que no forma círculo. ‖ **3.** BOT. Perpetua. ‖ **P.** grinalda; **I.** garland; **F.** guirlande; **A.** Blumengehänge, Girlande; **It.** ghirlanda; **R.** гирлянда.

GUIRNALDETA. f. d. de guirnalda.

GÜIRO. m. BOL. y PERÚ. Tallo del maíz verde. ‖ **2.** ANT. Nombre genérico de varios bejucos. ‖ **3.** ANT. Instrumento músico que se hace con el fruto del güiro. ‖ **4.** COLOM. y REP. DOMIN. El mismo instrumento, pero hecho de hojalata. ‖ **5.** CUBA. Amorío, cortejo. ‖ **6.** ECUAD. Fraude, trampa, engaño. ‖ *Coger* GÜIRO. fr. fig. y fam. COLOM. Ratrear, indagar. ‖ **2.** CUBA. Descubrir alguna cosa oculta.

★ **GÜIRO, RA.** m. y f. GUAT. Golfo, chicuelo.

GUIROPA. f. Guisado de carne con patata, u otro semejante. ‖ **2.** AND. Rancho, comida.

GUISA. (germ. *wisa*.) f. Modo o manera o semejanza de una cosa. ‖ **2.** ant. Voluntad, gusto, antojo. ‖ *A* GUISA. m. adv. A modo, de tal suerte.

GUISADAMENTE. adv. ant. Cumplidamente, regladamente.

GUISADO, DA. p.p. de guisar. ‖ **2.** m. Guiso preparado con salsa, después de rehogado el manjar y mezclado comúnmente con cebolla y harina. ‖ **3.** Guiso de pedazos de carne, con salsa y ordinariamente con patatas. || **4.** CUBA. Carne picada con caldo. || **P.** guisado; **I.** stew, ragout; **F.** ragoût; **A.** Ragout; **It.** rago; **R.** полезный.

GUISADOR, RA. adj. Que guisa la comida. Ú.t.c.s.

GUISAMIENTO. (De *guisar*.) m. ant. Aderezo o compostura de una cosa.

GUISANDERO, RA. m. y f. Persona que guisa la comida.

GUISANTAL. m. Tierra sembrada de guisantes.

GUISANTE. m. Planta leguminosa, hortense, papilionácea, con tallos volubles, hojas pecioladas terminadas en zarcillos, flores blancas y legumbres con semillas globosas. || **2.** Semilla de esta planta. —**de olor.** Variedad de almorta trepadora, cultivada en los jardines, con flores de varios colores y excelente aroma. || —**mollar.** Especie de guisantes muy tiernos, que se comen con la vaina. || **P.** ervilha; **I.** pea; **F.** pois; **A.** Erbse; **It.** pisello; **R.** горох.

GUISAR. (De *guisa*.) tr. Preparar los manjares sometiéndoles a la acción del fuego. || **2.** Preparar los alimentos haciéndolos cocer, después de rehogados, con una salsa, cebolla y otros condimentos. || **3.** fig. Ordenar, componer una cosa. || **4.** ant. Adobar o preparar las carnes o pescados para su conservación. || **5.** p. us. Cuidar, disponer, preparar. Ú.t.c.r. || **P.** guisar; **I.** to cook; **F.** cuisiner; **A.** kochen; **It.** condire; **R.** стряпать.

GUISASO. m. CUBA. Nombre genérico de diferentes especies de plantas silvestres, herbáceas y de fruto verde aovado o redondo, erizado de espinas.

★ **GUISCOYOL.** m. BOT. HOND. Cierta palma silvestre espinosa, y de madera negra y dura.

GUISO. (De *guisar*.) m. Manjar guisado. || **2.** CUBA. Maíz tierno picado, cocinado en grano con caldo.

GUISOPILLO. m. Hisopillo.

GUISOPO. m. desus. Hisopo.

GUISOTE. (despect. de *guiso*.) m. Guisado.

GUITA. (l. *vitta*, cinta.) f. Cuerda delgada de cáñamo.

GUITA. (De *dita*.) f. fam. Dinero, bienes, caudal.

GUITAR. tr. Coser o labrar con guita, con cuerda de cáñamo.

GUITARRA. (ár. *qiţāra*, y éste del gr. κιθάρα, cítara.) f. Instrumento músico de cuerda que se compone de una caja de madera, a modo de óvalo estrechado por el medio, con un agujero circular en el centro de la tapa y un mástil con trastes; tiene seis cuerdas que se pulsan con los dedos de la mano derecha, mientras las pisan los de la izquierda. || **2.** Instrumento para quebrantar y moler el yeso hasta reducirlo a polvo. || **3.** VENEZ. Traje de fiesta. || **4.** PERÚ. Niño de teta. || *Venir una cosa como* GUITARRA *en un entierro.* fr. No cuadrar con la sazón en que se emplea. || **P.** viola; **I.** guitar; **F.** guitare; **A.** Gitarre; **It.** chitarra; **R.** гитара.

GUITARRAZO. m. Golpe dado con la guitarra.

GUITARRERO. m. Toque de guitarra repetido o cansado.

GUITARRERÍA. (De *guitarrero*.) f. Taller donde se fabrican guitarras, bandurrias, bandolinas y laúdes. || **2.** Tienda donde se venden.

GUITARRERO, RA. m. y f. Persona que hace o vende guitarras. || **2.** Guitarrista.

GUITARRESCO, CA. adj. fam. Perteneciente o relativo a la guitarra.

GUITARRILLO. m. Instrumento músico de cuatro cuerdas y de forma de guitarra muy pequeña. || **2.** Tiple, guitarrita de voces muy agudas.

GUITARRISTA. com. Persona diestra en el arte de tocar la guitarra. || **2.** ECUAD. Persona aficionada a juergas. Ú.s.t.c adj. || **P.** guitarrista; **I.** guitarist; **F.** guitariste; **A.** Gittarenspieler; **It.** chitarrista; **R.** гитарист.

GUITARRO. (De *guitarra*.) m. Guitarrillo, guitarra muy pequeña.

GUITARRÓN. m. aum. de guitarra. || **2.** fig. y fam. Hombre sagaz y picarón. || **3.** CHILE. Guitarra grande, con unas vein-

ticinco cuerdas. || **4.** fig. y fam. HOND. Ahorcadora.

GUITE. (De *guitar*.) m. ant. Guita, cuerda de cáñamo.

GUITERO, RA. (De *guita*.) m. y f. Persona que hace o vende guita, cuerda de cáñamo.

GUITO, TA. (vasc. *gait*, malo.) adj. AR. Aplícase al animal de carga, falso.

GUITÓN. (fr. *jeton*, ficha.) m. Especie de moneda que servía para tantear.

GUITÓN, NA. (ital. *guitto*, abyecto, y éste del l. *vietus*, débil.) adj. Pícaro pordiosero y vagabundo. Ú.t.c.s.

GUITONEAR. (De *guitón*.) intr. Andarse a la briba sin sujetarse a ningún trabajo. || **P.** vadiar; **I.** to loiter; **F.** gueuser; **A.** landstreichen; **It.** vagabondare; **R.** бродяжничать.

GUITONERÍA. f. Acción y efecto de guitonear.

GUIZACILLO. m. Planta gramínea propia de las regiones cálidas, con las cañas postradas en la base, ramos derechos y flores en espiga densa, terminal.

★ **GUIZACHE.** m. GUAT. Tinterillo.

GUIZAZO. m. CUBA. Pata de gallo, planta gramínea.

GUIZGAR. tr. Enguizgar.

GUIZNAR. intr. desus. Hacer guiños.

GUIZQUE. m. Palo con un gancho en una extremidad. || **2.** AND. Palo con regatón en un extremo y horquilla en el otro, utilizado en las procesiones para descansar las andas.

GUIZQUERO. m. AND. El que lleva las andas en las procesiones.

GUJA. (fr. *vouge*, y éste del célt. *vidubium*, hoz.) f. Lanza con hierro en forma de cuchilla que usaron los archeros.

GULA. (l. *gula*.) f. Exceso en la comida o bebida, y apetito desordenado de comer y beber. || **P.** gula; **I.** gluttony; **F.** gourmandise; **A.** Gefrässigkei; **It.** gola; **R.** обжорство.

GULES. (fr. *gueules*, de *gueule*, y éste del l. *gula*, garganta.) m. pl. BLAS. Color rojo heráldico que en pintura se expresa por el rojo vivo y en el grabado por líneas verticales muy espesas.

GULOSAMENTE. adv. ant. Con gula.

GULOSIDAD. f. Glotonería.

GULOSIDAD. f. p. us. Gula.

GULOSO, SA. (l. *gulōsus*, comedor, tragón.) adj. Que tiene gula o se entrega a ella. Ú.t.c.s.

★ **GULUNCHA.** f. CHILE. Testículo. Ú. m. en pl.

★ **GULUNGUEAR.** intr. COLOM. Colgar, pender.

GULUSMEAR. (De *goloso*) intr. Golosinear, andar oliendo lo que se guisa.

GULUSMERO, RA. adj. Que gulusmea.

GULLERÍA. f. Gollería.

GULLORÍA. f. ZOOL. Calandria, alondra. || **2.** Gollería.

★ **GUMACHA.** f. P. RICO. Mujer que el jinete lleva a la grupa.

GUMAMELA. f. FILIP. Planta malvácea.

★ **GUMARACHO.** m. REP. DOMIN. Hombre despreciable, mamarracho.

★ **GUMARRA.** f. P. RICO. Mujer que el jinete lleva a la grupa. || **2.** joc. COLOM. Gallina. || **3.** REP. DOMIN. Mujer de vida libre.

GÚMENA. (turco arabizado *kūmana* o *gumna*, cable.) f. MAR. Maroma gruesa que en las embarcaciones sirve para varios usos, como atar áncoras, etc.

GUMENETA. f. d. de gúmena.

GUMÍA. (ár. *kummiyya*, faca, cuchillo de punta curva, tal vez así llamado porque se llevaba en el *kumm* o manga.) f. Arma blanca como daga algo encorvada que usan los moros.

GUNNERÁCEO, A. (De *gunnera*, nombre de un género de plantas.) adj. BOT. Dícese de hierbas perennes dicotiledóneas, con inflorescencia en forma de panoja y fruto en drupa. Ú.t.c.s.f. || **2.** f. pl. BOT. Familia de estas plantas.

GURA. f. GERM. La justicia.

GURA. f. Paloma de hermoso color azul y con moño, que vive en Filipinas. || **2.** m. Instrumento de música usado por los hotentotes.

GURAPAS. (ár. *gurāb*, galera, navío.) f. pl. GERM. Galeras, pena de galeras.

GURBIA. (l. *gulbia*, voz de or. céltico.) f. ant. Gubia. Ú. en América. || **2.** COLOM. Hambre. || **3.** C. RICA. Dinero. || **4.** m. COLOM. Hombre hábil, vividor, económico. Ú.t.c.adj. || **5.** MÉJ. Bribón, pícaro.

GURBIO, A. (De *gurbia*.) adj. Dícese de los intrumentos de metal que tienen alguna curvatura.

GURBIÓN. (De *gurbio*.) m. Tela de seda de torcidillo o cordoncillo. || **2.** Cierta especie de trozal grueso usado para guarniciones y bordados.

GURBIÓN. (ár. *furbiyūm*, y éste del gr. εὐφόρβιον.) m. Goma del euforbio.

GURBIONADO, DA. adj. Que se hace con gurbión o torzal grueso.

GURBIOTE. m. NAV. Madroño, fruta parecida al gurbión.

GURDO, DA. (l. *gurdus*.) adj. Necio, simple.

★ **GURGUCIA.** f. REP. DOMIN. Mujer fea y despreciable.

★ **GURGUCIAR.** intr. fam. AMÉR. CENTRAL. Galguear. || **2.** GUAT. Indagar.

★ **GURGUNCHA.** f. fam. HOND. Dinero ahorrado.

★ **GURGUNERA.** f. COLOM. Madriguera, guarida.

★ **GURÍ.** (guaraní *ugiri*, niño.) m. R. DE LA PLATA. Muchacho mestizo.

★ **GÚRIDAS.** f. pl. Familia de aves del orden de las palomas que tienen un gran moño.

★ **GURISA.** f. R. DE LA PLATA. Muchacha mestiza.

GURO. (De *gura*, justicia.) m. GERM. Alguacil, ministro inferior de justicia.

GURÓN. (De *guro*.) m. GERM. Alcaide de la cárcel.

★ **GURRERO.** m. COLOM. Terreno improductivo.

★ **GURRI.** (Voz americana.) m. ZOOL. Pavo silvestre de Colombia.

GURRIATO. (despect. de *gorrión*.) m. Pollo de gorrión. || **2.** LEÓN, SAL. y ZAM. Cerdo pequeño.

GURRUFERO. m. fam. Rocín feo y de malas mañas.

GURRUMINA. (vasc. *gur-mina*.) f. fam. Condescendencia excesiva con la mujer propia. || **2.** CUBA, EXTR., GUAT. y MÉJ. Pequeñeces, fruslerías. || **3.** ECUAD., GUAT. y MÉJ. Cansera, molestia. || **4.** P. RICO y PERÚ. Exigencia. || **5.** BOL. Gente cursi.

GURRUMINO, NA. (De *gurrumina*.) adj. fam. Ruin, desmedrado, mezquino. || **2.** BOL. y PERÚ. Cobarde, pusilánime. || **3.** m. fam. El que tiene gurrumina. || **4.** m. y f. MÉJ. y EL SALV. Chiquillo, muchacho. || **5.** R. DE LA PLATA. Persona enclenque. || **6.** HOND. Persona astuta. || **7.** COLOM. Tristeza, melancolía.

★ **GURRUNERA.** f. VENEZ. Madriguera.

GURULLADA. (De *grullada*.) f. fam. Cuadrilla de gente baladí. || **2.** GERM. Tropa de corchetes y alguaciles.

GURULLO. m. Burujo, bulto pequeño de cualquier materia apelmazada. || **2.** AND. Pasta de harina, agua y aceite que se desmenuza formando unas bolitas.

GURUMELO. (l. *cucumellus*, de *cucumis*, *-ěris*, cohombro.) m. AND. Seta comestible de color pardo que nace en los jarales.

GURUPA. f. Grupa.

·GURUPERA. f. Grupera.

GUROPETÍN. m. Gurupera pequeña.

★ **GURUPIÉ.** (fr. *croupier*.) m. AMÉR. Auxiliar de los banqueros en los garitos. || **2.** P. RICO y ECUAD. Testaferro. || **3.** P. RICO y PERÚ. Criado de confianza.

GUSANEAR. (De *gusano*) intr. Hormiguear.

GUSANERA. (De *gusano*.) f. Llaga o sitio donde se crían gusanos. || **2.** Zanja que se abre cerca de los gallineros en que con diversas materias y desperdicios se fomenta la producción de gusanos que sirven de alimento a las gallinas. || **3.** fig. y fam. Pasión que más reina en el ánimo. || **4.** AND. y AR. Herida en la cabeza.

GUSANERÍA. f. Muchedumbre de gusanos.

GUSANIENTO, TA. adj. Que tiene gusanos. || **P.** verminoso; **I.** wormy; **F.**

G

véreux; **A.** wurmstichig; **It.** vermicoloso; **R.** червивый.

GUSANILLO. m. d. de gusano. || 2. Cierto género de labor menuda que se hace en diversas telas. || 3. Hilo de oro, plata, seda, etc., ensortijado con que se hacen ciertas labores. || 4. AND. Especie de pestiño. || *Matar el* GUSANILLO. fr. fig. y fam. Tomar un poco de aguardiente por la mañana.

GUSANO. (l. *cossānus*, de *cossus* o *cossis*.) m. ZOOL. Cualquiera de las larvas vermiformes de insectos que tienen metamorfosis complicadas. || 2. Lombriz. || 3. Oruga, larva de lepidóptero. || 4.fig. Hombre humilde y abatido. || 5. ZOOL. Cualquiera de los animales invertebrados metazoos, de vida libre o parásitos que tienen el cuerpo alargado, segmentado y con simetría bilateral, sin extremidades articuladas; como la tenia, la lombriz, etc. || 6. pl. Tipo de estos animales. || GUSANO *de la conciencia.* fig. Remordimiento nacido del mal obrar. || —**de luz.** Luciérnaga. || —**de seda.** Larva de un insecto lepidóptero pequeño, que se alimenta de hojas de morera y hace un capullo de seda dentro del cual se transforma en crisálida. || **P.** verme; **I.** worm, caterpillar; **F.** ver; **A.** Wurm; **It.** baco; **R.** червяк.

GUSANOSO, SA. adj. Que tiene gusanos.

GUSARAPIENTO, TA. adj. Que tiene gusarapos. || 2. fig. Muy inmundo, viciado o corrompido.

GUSARAPO, PA. (despect. de *gusano.*) m. y f. Cualquiera de los diferentes animalejos de forma de gusano que se crían en los líquidos.

★ **GUSGO, GA.** adj. MÉJ. Goloso.

GUSTABLE. (l. *gustabilis.*) adj. Perteneciente o relativo al gusto. || 2. CHILE y LEÓN. Gustoso.

GUSTACIÓN. (l. *gustatīo, -ōnis.*) f. Acción y efecto de gustar; probadura.

★ **GUSTADOR, RA.** adj. Que gusta. || 2. AMÉR. Libertino. Ú.t.c.s. || 3. CHILE. Bebedor, borracho. || 4. COLOM. Dícese de la persona agradable y simpática. Ú.t.c.s. || 5. COLOM. y ARGENT. Pangador, hueso usado repetidamente para dar substancia y buen gusto a la comida.

GUSTADURA. f. Acción de gustar.

GUSTAR. (l. *gustāre.*) tr. Sentir y percibir en el paladar el sabor de las cosas. || 2. Experimentar. || 3. intr. Agradar una cosa; parecer bien. || 4. Desear y tener complacencia en una cosa. || **P.** gostar; **I.** to

taste; **F.** goûter; **A.** kosten, schmecken; **It.** gustare; **R.** чувствовать вкус.

GUSTATIVO, VA. adj. Perteneciente al sentido del gusto.

GUSTAZO. m. aum. de gusto. || 2.fam. Gusto grande que uno siente en chasquear o hacer daño a otro.

GUSTILLO. (d. de *gusto.*) m. Dejo o saborcillo que percibe el paladar en algunas cosas, aparte el sabor principal.

GUSTO. (l. *gustus.*) m. Uno de los sentidos corporales con que se percibe el sabor de las cosas. || 2. Sabor que tienen las cosas en sí mismas, o la mezcla de ellas. || 3. Placer o deleite que se experimenta con algún motivo. || 4. Propia libertad, determinación o arbitrio. || 5. Facultad de sentir o apreciar lo bello. || 6. Cualidad, forma o manera que hace bella o fea una cosa. || 7. Manera de sentir o ejecutar la obra artística o literaria en país o tiempo determinado. || 8. Manera de apreciar las cosas cada persona. || 9. Capricho, antojo, diversión. || *A* GUSTO. m. adv. Según agrada o es necesario. || *Dar a uno por el* GUSTO. fr. Obrar según desea. || *De* GUSTOS *no hay nada escrito.* ref. con que se quiere dar a entender que cada cual puede lícitamente sus gustos. || *Despacharse* uno *a su* GUSTO. fr. fam. Hacer o decir sin reparo lo que le acomoda. || *Hay* GUSTOS *que merecen palos.* fr. proverb. con que se afirma que algunos gustos son de todo punto desacertados. || *Ir a* GUSTO *en el machito.* fr. fig. y fam. que se aplica a la persona que rehusa abandonar una situación cómoda y provechosa. || *Tomar* GUSTO *a una cosa.* fr. fig. Aficionarse a ella. || **P.** gosto; **I.** taste; **F.** goût; **A.** Geschmack; **It.** gusto; **R.** вкус.

GUSTOSAMENTE. adv. Con gusto.

GUSTOSO, SA. adj. Sabroso. || 2 Que siente gusto o hace con gusto una cosa. || 3. Agradable, divertido, que causa gusto o placer. || **P.** gostoso; **I.** tasty; **F.** savoureux; **A.** vergnügt; **It.** gustoso; **R.** вкусный.

GUTAGAMBA. f. Árbol de la India, de la familia de las gutíferas, de tronco recto, hojas enteras, pecioladas, y coriáceas; flores masculinas y femeninas separadas, con corola de color rojo amarillento; fruto en baya semejante a una naranja. De este árbol fluye una gomorresina sólida, amarilla, que se emplea en farmacia y en pintura y en la preparación de algunos barnices. || 2. Esta gomorresina.

GUTAPERCHA. (l. *gutta-percha*, y éste del malayo *guetah*, goma, y *perca*, el árbol que la produce.) f. Goma translúcida, sólida, flexible e insoluble en el agua, que se obtiene haciendo incisiones en el tronco de cierto árbol sapotáceo de la India. Tiene gran aplicación en la industria como impermeable y aislante. || 2. Tela barnizada con esta substancia.

★ **GUTARA.** f. C. RICA y VENEZ. Chancleta, sandalia.

GUTIÁMBAR. (l. *gutta* y *ámbar.*) f. Cierta goma de color amarillo, que se emplea para iluminaciones y miniaturas.

GUTÍFERO, RA. (l. *gutta* y *fero.*) adj. BOT. Aplícase a hierbas vivaces, arbustos y árboles angiospermos dicotiledóneos, casi todos originarios de la zona tórrida, con hojas opuestas, enteras; flores terminales o axilares, en panoja o racimo; fruto en cápsulas o en baya, con semillas sin albumen. Segregan jugos resinosos; como la gutapercha y el coranzoncillo. Ú.t.c.s.f. || 2. f. pl. BOT. Familia de estas plantas.

GUTURAL. (l. *gutturālis*, de *guttur*, garganta.) adj. Perteneciente o relativo a la garganta. || 2. GRAM. Dícese de cada una de las consonantes *g*, *j* y *k*, llamadas más propiamente velares. Ú.t.c.s.f. || 3. FON. Aplícase al sonido articulado que se produce por estrechamiento y contracción de la garganta. || 4. FON. Letra que representa a este sonido. Ú.t.c.s.f. || **P.** gutural; **I.**, **F.** y **A.** guttural; **It.** gutturale; **R.** гортанный.

GUTURALMENTE. adv. Con sonido o pronunciación gutural.

★ **GUZGO, GA.** adj. MÉJ. Goloso.

★ **GUZGUEAR.** (De *guzgo.*) intr. MÉJ. Glotonear.

★ **GUZGUERA.** f. MÉJ. Hambre, voracidad.

★ **GUZGUERÍA.** (De *guzgo.*) f. MÉJ. Glotonería.

GUZLA. f. Instrumento de música de una sola cuerda de crin, a modo de rabel, con el cual los ilirios acompañan sus cantos.

GUZMÁN. (godo *gods*, bueno, y *manna*, hombre.) Noble que servía en la armada o en el ejército español con plaza de soldado distinguido.

GUZPATARERO. (De *guzpátaro.*) m. GERM. Ladrón que horada las paredes.

GUZPÁTARO. m. GERM. Agujero, orificio.

GUZPATARRA. f. Cierto juego antiguo de muchachos.

H

H. f. Novena letra del abecedario español, y séptima de sus consonantes. Su nombre es HACHE, y hoy no tiene sonido. Antiguamente se aspiraba en algunas palabras, y aún suele pronunciarse así en Andalucía y Extremadura. || **2.** ASTRON. Abreviatura de hora. || **3.** QUÍM. Símbolo del hidrógeno. || **4.** En electricidad es abreviatura de henrio.

¡HA! interj. ¡Ah!

HABA. (l. *faba.*) f. BOT. Planta herbácea, anual, de la familia de las papilionáceas, con tallo erguido, de un metro aproximadamente, ramoso y algo estriado; hojas paripinnadas, flores blancas o rosáceas manchadas de negro, y legumbre larga y rolliza con cinco o seis semillas oblongas y aplastadas, y con una raya negra en la parte asida a la misma vaina. Las semillas, y aun todo el fruto cuando está verde, es comestible. || **2.** Fruto y semilla de esta planta. || **3.** Simiente de ciertos frutos, como el café, el cacao, etc. || **4.** Cada una de las bolitas blancas y negras con que se hacen ciertas votaciones. || **5.** GEOL. Gabarro, 1.ª acep. || **6.** VETER. Roncha, 1.ª acep. || **7.** Figurilla de porcelana escondida en una rosca o bizcocho, generalmente usado en Pascua. || **8.** Bálano, 1.ª acep. || **9.** AST. Habichuela, judía. || **10.** GERM. Uña, 1.ª acep. || **11.** Trozo de mineral envuelto por la ganga. || **12.** VETER. Tumor que se forma a las caballerías en el paladar. || **—de Egipto.** Colocasia. || **—de las Indias.** Guisante de olor. || **—del Calabar.** BOT. Planta de la familia de las papilionáceas, de la que se extrae la fisostigmina. || **—de San Ignacio.** Arbusto de la familia de las loganiáceas que se cría en Filipinas. || **—panosa.** Variedad del haba común, pastosa, que se emplea como alimento de las caballerías. || *Son* HABAS *contadas.* expr. fig. Dícese de una cosa cierta que no ofrece duda. || **2.** Dícese de cosas que son número fijo y por lo general escaso. || P. fava; I. bean; F. fève; A. Bohne; It. fava; R. 606.

HABADO, DA. adj. Dícese del animal que tiene la enfermedad del haba. || **2.** Aplícase al que tiene en la piel manchas en figura de habas. || **3.** Dícese del ave cuyas plumas de varios colores se entremezclan, formando pintas. || **4.** CUBA y VENEZ. Dícese de los gallos de color blanco y colorado.

* HABANA. f. Tejido de algodón con ligamento de tafetán, usado para forro de bolsillo.

HABANERA. f. Danza propia de La Habana. || **2.** Música de esta danza.

HABANERO, RA. adj. Natural de La Habana. Ú.t.c.s. || **2.** Perteneciente a esta ciudad. || **3.** Indiano. Ú.t.c.s. || P. habanera; I. Havanese; F. havanais; A. Havannier; It. avanese; R. гаванец.

HABANO, NA. adj. Perteneciente a La Habana, y por ext., a la isla de Cuba. Dícese más especialmente del tabaco. || **2.** m. Cigarro puro elaborado en la isla de Cuba.

HABAR. m. Terreno sembrado de habas. || P. faval; I. beanfield; F. champ

de fèves; A. Bohnenfeld; It. faveto; R. участок земли, засеянный бобами.

HÁBEAS CORPUS. (De la frase lat. *Habeas corpus ad subiiciendum,* etc., con que comienza el acto de comparecencia.) m. Derecho de todo ciudadano, detenido o preso, a ser presentado ante el tribunal para que éste decida sobre la validez de la detención. Frase usada en Inglaterra, y hoy admitida en nuestro idioma.

HABEDERO, RA. adj. ant. Que se ha de haber o percibir.

HÁBER. (hebr. *habber,* sabio.) m. Sabio o doctor entre los judíos. Título algo inferior al de rabino o rabí.

HABER. (Del infinit. *haber.*) m. Hacienda, caudal conjunto de bienes y derechos pertenecientes a una persona natural o jurídica. Ú.m. en pl. || **2.** Cantidad que se devenga periódicamente en retribución de servicios personales. || **3.** Parte de la cta. cte. en la que se acreditan o abonan todas las sumas de la persona a quien se abre. || **4.** fig. Cualidades positivas o méritos que se consideran en una persona o cosa, en oposición a las malas cualidades o desventajas. || **—monedado.** Moneda, dinero en especie. || **3.** acep.: P. bens; I. credit; F. actif, avoir; A. Habe, Guthaben, Aktiv; It. avere; R. дебет, состояние.

HABER. (l. *habēre.*) tr. Poseer, tener una cosa. || **2.** Apoderarse alguno de alguna persona o cosa. *Los malhechores no fueron* HABIDOS. || **3.** Verbo auxiliar que sirve para formar los tiempos compuestos. *Yo* HE *amado.* || **4.** Impers. Acaecer, ocurrir, sobrevenir. HUBO *una hecatombe.* || **5.** Verificarse, efectuarse. *Ayer* HUBO *junta.* || **6.** En frases de sentido afirmativo, ser necesario o conveniente aquello que expresa el verbo o cláusula a que va unido por medio de la conjunción *que.* HAY *que pasear.* || **7.** En frases de sentido negativo, ser inútil, inconveniente o imposible aquello que expresa el verbo o cláusula a que va unido por medio de la conjunción *que* o sin ella. *No* HAY *que correr.* || **8.** Estar realmente en alguna parte. HABER *veinte personas en una reunión.* || **9.** Hallarse real o figuradamente. HAY *hombres sin caridad.* || **10.** Denotando transcurso de tiempo, hacer. HA *cinco días.* || **11.** r. Portarse, proceder bien o mal. || HABER *de.* En esta forma es auxiliar de otro verbo, llevándolo al presente de infinitivo, y se ŭesta a diversos conceptos. HE *de salir temprano.* HABRÉ *de conformarme.* || *Allá se las* HAYA, *o se las* HAYAN, *o se lo* HAYA, *o se lo* HAYAN, *o te las* HAYAS, *o te lo* HAYAS, locs. fams. que se usan para denotar que no quiere tener participación en alguna cosa. || *Bien* HAYA. Expresión que se usa en frases exclamativas, como bendición. || HABERLAS o HABERLO, *con* uno. fr. fam. Tratar con él, y especialmente disputar o contender con él. || HABÉRSELAS *con* uno. fr. fam. Disputar o contender con él. || ¡HABRÁSE *visto!* Exclamación de reproche, ante un mal proceder inesperado. || *No* HABER *más.* fr. que, junta con algunos verbos, significa lo sumo o excelente de lo que dice el verbo. *No* HABÍA *más que ver; no* HAY *más que decir.* || *No* HABER *más que pedir.* fr. Ser perfecta

una cosa. || *No* HABER *tal.* fr. No ser cierto lo que se dice o imputa a uno. || *¡No* HAY *más!* Exclamación que se profiere metiendo paz entre los que riñen. || *Si los* HAY. fr. ponderativa. *Es valiente, si los* HAY. || P. haver; I. to possess, to have; F. avoir; A. haben; It. avere; R. иметься.

HABERADO, DA. adj. ant. Dícese del hacendado que tiene haberes o riquezas. || **2.** Que tiene valor o riqueza.

HABERÍO. (De *haber,* 1.er art.) m. Bestia de carga o de labor. || **2.** Ganado o conjunto de animales domésticos. || **3.** ant. Haber, 1.er art., 1.ª acep.

HABEROSO, SA. (De *haber,* 1.er art.) adj. ant. Rico, acaudalado, hacendado.

HABICHUELA. (d. de *haba.*) f. Judía, 1.ª y 2.ª aceps. || P. feijão; I. kidney-bean; F. haricot; A. Brechbohne; It. fagiolo; R. фасоль.

HABIDERO, RA. adj. ant. Que se puede tener o haber.

HABIENTE. p.a. de haber. Que tiene. || **2.** DER. En frases como: HABIENTE O HABIENTES *derecho* o *derecho* HABIENTE O HABIENTES.

HÁBIL. (l. *habĭlis.*) adj. Capaz, inteligente y dispuesto para el manejo de cualquier ejercicio, oficio o ministerio. || **2.** V. *Términos* HÁBILES. || **3.** FOR. Apto para una cosa. || **4.** FOR. V. *Día* HÁBIL.

HABILIDAD. (l. *habĭlĭtas, -ātis.*) f. Calidad de hábil. || **2.** Cada una de las cosas ejecutadas con destreza. || **3.** Tramoya, enredo dispuesto con ingenio y maña. || P. habilidade; I. ability; F. habilité, adresse; A. Gewandtheit Geschicklichkeit; It. abilità; R. проворство.

HABILIDOSO, SA. adj. Que tiene habilidades.

HABILITACIÓN. f. Acción y efecto de habilitar. || **2.** Cargo o empleo de habilitado. || **3.** Oficina del habilitado. || **—de bandera.** Concesión otorgada a los buques extranjeros para comerciar en aguas y puertos nacionales. || P. habilitação; I. y F. habilitation; A. Befähigung; It. abilitazione; R. способность.

HABILITADO, DA. p.p. de habilitar. || **2.** m. Encargado de los intereses de un cuerpo o sociedad. || **3.** En algunos organismos, encargado de pagar los sueldos u honorarios.

HABILITADOR, RA. adj. Que habilita a otro. Ú.t.c.s.

HABILITAR. (l. *habilitāre.*) tr. Hacer una persona o cosa hábil, apta o capaz para aquello que antes no lo era. || **2.** Dar el capital necesario para que uno pueda negociar por sí mismo; comanditar; procurar. || **3.** Facilitar a uno lo que necesita. || **4.** DER. Dar a las personas capacidad civil o de representación, y a las cosas, aptitud o posibilidad legal. || P. habilitar; I. to enable; F. habiliter; A. befähigen ausrüsten; It. abilitare; R. уполномочивать.

HÁBILMENTE. adv. Con habilidad.

HABILOSO, SA. ad. CHILE. Habilidoso.

HABILLADO, DA. (fr. *habiller,* y éste del l. *habiliāre,* de *habĭlis.*) adj. ant. Vestido, adornado.

HABILLAMIENTO. (fr. *habiller,* y

H éste del l. *habiliāre*, de *habílis*.) m. ant. Vestidura, arreo o adorno en el traje.

HABITABILIDAD. f. Cualidad de habitable.

HABITABLE. (l. *habilitabílis*.) adj. Que puede habilitarse.

HABITACIÓN. (l. *habitatio, -ōnis*.) f. Acción u efecto de habitar. || 2. Cualquiera de los aposentos de la casa. || 3. Edificio o parte de él, que se destina para habitarse. || 4. DER. Facultad intransmisible de ocupar en casa ajena las piezas necesarias para sí y para su familia. || 5. HIST. NAT. Región donde naturalmente se cría una especie vegetal o animal, 2.ª y 3.ª aceps. || P. habitação; I. room, dwelling; F. appartement, logis; A. Wohnung, Zimmer; It. abitazione; R. жилище, комната.

HABITÁCULO. (l. *habitacúlum*.) m. Habitación, 3.ª acep.

HABITADOR, RA. (l. *habitāto*.) adj. Que vive o reside en un lugar o casa. Ú.t.c.s.

HABITAMIENTO. (De *habitar*.) m. ant. Habitación, 1.ª acep.

HABITANTE. p.a. de habitar. Que habita. || 2. Cada una de las personas que constituyen la población de un barrio, ciudad, provincia o nación. || P. habitante; I. inhabitant, dweller; F. habitant; A. Einwohner; It. abitante; R. житель.

HABITANZA. (De *habitār*.) f. ant. Habitación.

HABITAR. (l. *habitāre*.) tr. Vivir, morar en un lugar o casa. Ú.t.c. intr. || P. habitar; I. to inhabit, to dwell; F. habiter, vivre, demeurer; A. bewohnen; It. abitare, dimorare; R. проживать, обитать.

HÁBITO. (l. *habítus*, de *habére*, tener.) m. Vestido que denota un estado, ministerio, etc., especialmente el que usan los religiosos y religiosas. || 2. Costumbre adquirida por repetición de actos de la misma especie. || 3. Facilidad que se adquiere por larga o constante práctica en un mismo ejercicio. || 4. Insignia con que se distinguen las órdenes militares. || 5.fig. Cada una de estas órdenes. || 6. V. *Caballero del* HÁBITO. || 7. HÁBITO *de penitencia*. Vestido usado para mortificación del cuerpo. || *Ahorcar los* HÁBITOS. fr. fig. y fam. Dejar el traje eclesiástico o religioso. || 2.fig. y fam. Cambiar de carrera, profesión u oficio. || *Colgar los* HÁBITOS. fr. fig. Ahorcar los hábitos. || *El* HÁBITO *no hace al monje*. ref. que enseña que el exterior no siempre corresponde al interior. || *Tomar el* HÁBITO. fr. Recibir el hábito con las formalidades correspondientes. || P. hábito; I. y F. habit; A. Ordenskleid; It. àbito; R. одежда, форма.

HABITUACIÓN. f. Acción y efecto de habituar o habituarse.

HABITUAL. (l. *habituālis*.) adj. Que se hace, padece o posee con continuación o por hábito. || 2. V. *Pecado* HABITUAL.

HABITUALMENTE. adv. De manera habitual.

HABITUAR. (l. *habituāre*.) tr. Acostumbrar o hacer que uno se acostumbre a una cosa. Ú.m.c.r. || P. habituar; I. to accustom; F. s'accoutumer; A. sich gewöhnen; It. abituarsi; R. приучать.

HABITUD. (l. *habitúdo*.) f. Relación o respecto que tiene una cosa de otra. || 2. ant. Hábito, 2.ª acep.

HABITUDINAL. (l. *habitúdo, -ínis*.) adj. ant. Habitual.

HABIZ. m. Donación de inmuebles hecha bajo ciertas condiciones a las mezquitas o a otras instituciones religiosas de los musulmanes.

HABLA. (l. *fabúla*.) f. Facultad de hablar. *Perder el* HABLA. || 2. Acción de hablar. || 3. Idioma, lenguaje, dialecto. || 4. Razonamiento, oración, arenga. || *Al* HABLA. m. adv. En trato, en comunicación acerca de algún asunto. || P. fazedor; I. maker; F. créateur; A. Schöpfer; It. fattore; R. творец, создатель.

HABLADO, DA. p.p. de hablar. || 2. adj. Con los advs. *bien* o *mal*, comedido o descomedido en el hablar. || 3. V. *Danza* HABLADA. || *Bien* HABLADO. Que habla con propiedad.

HABLADOR, RA. adj. Que habla mucho, demasiado. || 2. Que por impru-

dencia o malicia cuenta todo lo que oye. Ú.t.c.s. || P. faador; I. talker; F. parleur, babillard; A. Schwätzer; It. chiacchierone; R. разговорчивый.

HABLADORZUELO, LA. adj. d. de hablador. Ú.t.c.s.

HABLADURÍA. f. Dicho o expresión inoportuna o impertinente, que desagrada. || 2. Hablilla. || P. tagarelice; I. babbling; F. commérage; A. Geschwätz; It. chiacchiera; R. болтовня.

HABLANCHÍN, NA. adj. fam. Hablador. Ú.t.c.s.

HABLANTE. p.a. de hablar. Que habla. Ú.t.c.s.

HABLANTÍN, NA. adj. fam. Hablanchín. Ú.t.c.s.

HABLAR. (l. *fabŭlāri*.) intr. Darse a entender articulando palabras. || 2. Proferir palabras ciertas aves a quienes puede enseñárseles a remedar las articulaciones de la voz humana. || 3. Conversar. Ú.t. acep. || 4. Perorar. || 5. Tratar, convenir, concertar. || 6. Expresarse de uno u otro modo. HABLAR *bien* o *mal*. || 7. Tener relaciones amorosas. *Pedro* HABLA *con Antonia*. || 8. Murmurar, criticar. || 9. Tratar de una cosa platicando y, por extensión, por escrito. *Los autores no* HABLAN *de este punto*. || 10. Manifestarse con elocuencia muda. *Los cielos y la tierra* HABLAN *de Dios*. || 11. Sonar un instrumento con gran expresión. *Toca la guitarra que la hace* HABLAR. || 12. Parecer real. *Este retrato está* HABLANDO. || 13. tr. Conocer un idioma, emplearlo. || 14. Comunicarse, tratarse de palabra. || HABLAR *alto*. fr. fig. Expresarse con libertad o enojo en una cosa, fundándose en su autoridad o razón. || HABLAR *a tontas y a locas*. fr. fam. Hablar por hablar. Hablar sin reflexión y lo primero que se le ocurre. || HABLAR *claro, fuerte*. fr. fig. Expresarse desnudamente y con libertad. || HABLAR *como un libro*. fr. fig. Explicarse felizmente sobre cualquier asunto. || HABLAR *cristiano*. fr. fig. y fam. Hablar de manera que se entienda. || HABLAR *gordo*. fr. fig. Echar bravatas, amenazando. || HABLAR *uno consigo*. fr. fig. Meditar, discurrir. || P. falar; I. to speak; F. parler; A. sprechen, reden; It. parlare; R. говорить.

HABLILLA. (d. de *habla*.) f. Rumor, cuento, mentira que corre en el vulgo.

HABLISTA. (De *habla*.) com. Persona que se distingue por la pureza, propiedad y elegancia del lenguaje.

HABLISTÁN. (De *hablista*.) adj. fam. Hablanchín.

HABÓN. m. Haba, roncha.

HABÚS. (ár. *hubūs*, bienes de mano muerta.) m. En Marruecos, habiz.

HACA. (ingl. *hack*.) f. Jaca. || ¡Qué HACA! o ¡*Qué* HACA *morena!* expr. fam. que se usa en modo disyuntivo con otra cosa que se desprecia.

HACÁN. (hebr. *hakam*.) m. Sabio o doctor entre los judíos.

HACANEA. (fr. *haquenée*, y éste de *Hackney*, lugar de Inglaterra.) f. Jaca de dos cuerpos.

HACECILLO. m. d. de haz, 1.er art. || 2. BOT. Porción de flores unidas en cabezuela, cuyos pedúnculos están erguidos y casi paralelos y son de igual altura.

HACEDERO, RA. adj. Que puede hacerse. || 2. m. ant. Hacedor. || P. factível; I. feasible; F. faisable; A. tunlich; It. fattibile; R. выполнимый.

HACEDOR, RA. adj. Que hace, causa o ejecuta alguna cosa. Ú.t.c.s. Aplícase únicamente a Dios ya con algún calificativo, como el *Supremo* HACEDOR; ya sin ninguno, como el *Hacedor*. || 2. m. Persona que tiene a su cuidado la administración de una hacienda. || P. fazedor; I. maker; F. créateur; A. Schöpfer; It. fattore; R. творец, создатель.

HACENDADO, DA. p.p. de hacendar. || 2. adj. Que tiene hacienda en bienes raíces. Ú.t.c.s. || 3. ARGENT. Dícese del estanciero que se dedica a la cría de ganado. || 2.ª acep.: P. domo de bens de raiz; I. owner; F. propriétaire; A. Gutsbesitzer; It. proprietario; R. землевладелец.

HACENDAR. tr. Dar o conferir a alguno el dominio de bienes raíces o haciendas. || 2. r. Comprar hacienda una

persona para arraigarse en alguna parte. *Se* HACENDÓ *en Talavera*.

HACENDEJA. f. d. de hacienda.

HACENDERA. (De *hacienda*.) f. Trabajo a que debe acudir todo el vecindario, por ser de utilidad común.

HACENDERÍA. (De *hacendera*.) f. ant. Obra o trabajo corporal.

HACENDERO, RA. adj. Dícese del que procura con aplicación los adelantamientos de su casa y hacienda. || 2. m. En las minas de Almadén, operario que trabaja a jornal por cuenta del Estado.

HACENDILLA. f. d. de hacienda.

HACENDISTA. m. Hombre versado en la Administración o en la Hacienda Pública.

HACENDÍSTICO, CA. adj. Perteneciente o relativo a la Hacienda Pública.

HACENDOSO, SA. (De *hacienda*.) adj. Solícito y diligente en las faenas domésticas. || P. e It. laborioso; I. assiduous; F. laborieux; A. sparsam, arbeitsam; R. деловой.

HACENDUELA. f. fam. d. de hacienda.

HACER. (l. *facĕre*.) tr. Producir una cosa; darle el primer ser. || 2. Fabricar, formar una cosa dándole figura. || 3. Ejecutar, poner por obra una acción o trabajo. HACER *prodigios*. || 4. fig. Dar el ser intelectual; formar algo con la imaginación o concebirlo en ella. HACER *un poema*. || 5. Caber, contener. *Este garrafón* HACE *cien litros*. || 6. Causar, ocasionar. HACER *humo*. || 7. Disponer, aderezar. HACER *la maleta*. || 8. Mejorar, perfeccionar, componer. *Esta bota* HACE *buen vino*. || 9. Juntar, convocar. || 10. Habituar, acostumbrar. Ú.t.c.r. || 11. Industriar o enseñar las aves de caza. || 12. Cortar con arte. HACER *la barba* a uno. Ú.t.c.r. || 13. Junto con algunos nombres, significa la acción de los verbos que se forman de la misma raíz que dichos nombres; y así HACER *burla, burlarse*. || 14. Reducir una cosa a lo que significan los nombres a que va unido. HACER *trozos*. || 15. Usar lo que los nombres significan. HACER *gestos*. || 16. Con nombre o pronombre personal en acusativo, creer o suponer en locuciones como ésta. *Yo* HACÍA *a Juan*, o *yo le* HACÍA *a Juan, de Madrid, en Francia*, etc. || 17. Con la prep. *con* o *de*, proveer, 4.ª acep. HACER a uno *con dinero*. Ú.m.c.r. || 18. Junto con los artículos *el, la, lo* y algunos nombres, denota representar lo que los nombres significan. HACER *el bobo*. || 19. Componer un número o cantidad. *Ocho y ocho* HACEN *dieciséis*. || 20. Obligar a que se ejecute la acción de un infinitivo o de una oración subordinada. *Nos* HIZO *marchar*. || 21. Expeler del cuerpo las aguas mayores y menores. Ú.m.c.intr., y especialmente en las frases. HACER *de cuerpo, de vientre*. || 22. intr. Importar, convenir. || 23. Corresponder, concordar, convenir. *Esto no* HACE *con aquello*. || 24. Con algunos nombres de oficios y la preposición *de*, ejercerlos interina o eventualmente. HACER *de presidente*. || 25. Junto con la prep. *por*, y los infinitivos de algunos verbos, poner cuidado y diligencia para la ejecución de lo que los verbos significan. HACER *por venir*. || 26. También en este sentido suele juntarse con la prep. *para*. HACER *para sí*. || 27. Aparentar, dar a entender lo contrario de lo cierto. || 28. r. Crecer, aumentarse. HACERSE *los sembrados*. || 29. Volverse, transformarse. HACERSE *vinagre*. || 30. Hallarse, existir, situarse. || 31. impers. Experimentarse o sobrevenir una cosa o accidente que se refiere al bueno o mal tiempo. HACE *buen día*. Dícese también en general. *Hace bueno, mal tiempo*. || 32. Haber transcurrido cierto tiempo. HIZO *ayer un mes*. || *Haberla* HECHO *buena*. fr. irón. fam. Haber ejecutado una cosa contraria o perjudicial a determinado fin. *La hemos* HECHO *buena*. || HACER *alguna*. fr. fam. Ejecutar una travesura o mala acción. || HACER *una cosa a mal* HACER. fr. Hacer adrede una cosa mala. || HACER *a todo*. fr. Estar una persona dispuesta para servir en cualquier cometido en el que se la quiera aplicar. || 2. Se usa asimismo para significar la disposición de uno para recibir cualquier cosa que le den. || HACER *buena* una cosa. fr. fig. fam. Probarla o justificarla. || HACERLA. fr. con que se significa que no faltó a lo que debía, a sus obligaciones o al concepto que se tenía formado de él. || HACER *por* HACER. fr. fam. con que se da a entender que se hace una cosa sin utilidad o sin necesidad. || HACER *presentar*. fr. Representar, informar, referir. || 2. Considerar a uno como si lo estuviera en orden a los emolumentos u otros favores. || HACER *que hacemos*. fr. fam. Aparentar que se trabaja cuando en realidad no se hace nada de provecho. || HACER *saber*. fr. Poner en noticia de uno alguna cosa. || HACERSE *a una parte*. fr. Apartarse, retirarse. HACERSE *a un lado*. || HACERSE *con una cosa*. fr. Obtenerla. || HACERSE *con una persona o cosa*. fr. fig. y fam. Dominarla. || HACERSE uno *de rogar*. fr. No acceder a lo que otro pide hasta que no se lo ruega con insistencia. || HACERSE *dura* una cosa. fr. fig. Ser difícil de creer o soportar. || HACERSE *fuerte*. fr. Fortificarse en algún lugar para defenderse de un riesgo. || 2. Mantenerse con tesón en una idea o propósito. || HACÉRSELE *una cosa* a uno. fr. Figurárselo. || HACERSE *memorable*. fr. Adquirir celebridad. || HACERSE *obedecer*. fr. Tener entereza para hacer que se cumpla lo que se manda. || HACERSE uno *olvidadizo*. fr. Fingir que no se acuerda de lo que debiera tener presente. || HACERSE uno *presente*. fr. Ponerse delante de otro de intento para algún fin. || HACERSE *rico*. fr. Adquirir riquezas. || HACERSE *tarde*. fr. Pasarse el tiempo oportuno para hacer una cosa. || HACERSE uno *viejo*. fr. fig. y fam. Consumirse por todo. || HACER *sudar* a uno. fr. fig. y fam. con que se da a entender la dificultad que le cuesta el ejecutar o comprender una cosa. || HACER *una que sea sonada*. fr. fam. con que, en son de amenaza, se anuncia un gran escarmiento o escándalo. || HACER *ver*. fr. Mostrar una cosa, o demostrarla de modo que no quede duda. || HACER *viejo* a uno. fr. con que se da a entender que los que se conocieron en menor edad, se hallan ya hombres. || *Más* HACE *el que quiere que no el que puede*. ref. que enseña que la voluntad tiene la parte principal de las acciones, y que con ella las ejecuta aun el que parace que tiene menos posibilidad. || *No es de* HACER, *o de* HACERSE, una cosa. expr. con que se significa que no es lícita o conveniente la que se va a ejecutar. || *No la* HAGAS *ni la temas*. expr. proverb. con que se da a entender que por aquello que no se haya hecho no se padecerá temor. || *No me* HAGAS *hablar*. expr. de que se usa para contener a uno amenazándole con que se dirá cosa que le pese. || ¿*Qué* HACES?, expr. Mira lo que haces. || ¿*Qué hemos de* HACER? *o ¿qué le hemos de* HACER? *o ¿qué le ha de* HACER? exprs. que se usan para conformarse uno con lo que sucede, dando a entender que no está en su mano el evitarlo. || *Quien* HACE *lo que quiere*, *no* HACE *lo que debe*. ref. que reprende la demasiada libertad en el obrar, que comúnmente hace exceder de lo justo. || *Si no* HAGO *lo que veo, toda me meo*. ref. contra envidiosos e imitadores. || P. fazer; I. to make, to do; F. faire, agir; A. machen, tun; It. fare, agire; R. дѣлать.

HACERA. (l. *faciaria*, de *facia, facies*, cara.) f. Acera.

HACERIR. (l. *faciem ferīre*.) tr. ant. Zaherir.

HACEZUELO. m. de haz, 1.er art.

HACIA. (l. *facie ad*, cara a.) prep. que determina la dirección del movimiento con respecto al punto de su término. Ú.t. metafóricamente. || 2. Alrededor de, cerca de. HACIA *las tres de la tarde*. || HACIA *donde*. m. adv. que denota el lugar hacia el cual se dirige una cosa, o por dónde se ve u oye. || P. rumo a, para; I. toward; F. vers; A. gegen, nach, zu; It. verso; R. к (указывает направление).

HACIENDA. (l. *facienda*, lo que ha de hacerse.) f. Finca agrícola. || 2. Cúmulo de bienes y riquezas que uno tiene. || 3. Labor, faena casera. || 4. ant. Obra, acción, suceso. || 5. ant. Asunto, negocio. || 6. Ministerio de Hacienda. || 7. ARGENT., PAL. y SAL. Ganado. || 8. ARGENT. Conjunto de ganados que hay en una estancia. || —de **beneficio**. Méj. Oficina donde se benefician los minerales de plata. || —**pública**.

Conjunto sistemático de haberes, bienes, rentas, impuestos, etc., correspondientes al Estado para satisfacer las necesidades de la nación. || *Derramar la* HACIENDA. fr. fig. Destruirla, disiparla. || *Hacer buena* HA-CIENDA. fr. irón. que se usa cuando uno ha incurrido en algún desacierto. || *Sanear la* HACIENDA. fr. Pagar las cargas, créditos o gravámenes que tenía contra sí. || HA-CIENDA, *tu dueño te vea*. ref. que indica los perjuicios a que por lo común está sujeto al que fía sus cosas al cuidado de otro. || P. facenda; I. landed property; F. domaine; A. Vermögen; It. tenuta; R. имение. || Hacienda pública: P. fazenda; I. treasury, exchequer; F. finances; A. Finanzen; It. finanza; R. государственное имущество.

HACIENTE. p.a. ant. de hacer. Que hace. Usáb.t.c.s., como en el siguiente ref. HACIENTES *y consientes merecen igual pena*.

HACIMIENTO. m. ant. Acción y efecto de hacer. || —**de gracias**. ant. Acción de gracias. || —**de rentas**. Arrendamiento de ellas hecho a pregón.

HACINA. (l. *fascīna*, de *fascis*, haz.) f. Conjunto de haces colocados apretada y ordenadamente unos sobre otros. || 2. fig. Montón o rimero.

HACINACIÓN. f. Hacinamiento.

HACINADOR, RA. m. y f. Persona que hacina.

HACINAMIENTO. m. Acción y efecto de hacinar o hacinarse.

HACINAR. tr. Poner los haces unos sobre otros formando hacina. || 2. fig. Amontonar, acumular, juntar sin orden. Ú.t.c.s. || P. amontoar; I. to stack; F. entasser; A. schobern, anhäufen; It. affastellare; R. нагромождать.

HACINO, NA. adj. ant. Avaro, mezquino, miserable. || 2. ant. Triste.

HACHA. (l. *facŭla*, tea, hacha.) f. Vela de cera grande y gruesa, con cuatro pabilos. || 2. Manojo de esparto o alquitrán. || 3. Haz de paja liado o atado como fajina. || P. acha; I. torch; F. torche, flambeau; A. Wachsfackel; It. fiàccola; R. толстая восковая свеча.

HACHA. (germ.. *hapya*, dalle.) f. Herramienta cortante, de pala acerada con filo algo curvo y ojo para ensartarla. || 2. Baile antiguo español. || 3. Arma blanca de esta forma. || 4. V. *Lengua, maestro de* HACHA. || —**de abordaje**. MAR. Hacha que servía para clavarse en el costado del buque enemigo al objeto de atraerlo para facilitar el abordaje. || —**de mano**. Destral. || —**de piedra**. Arma prehistórica, formada por una piedra aplanada, tallada por ambas caras. || P. acha; I. axe; F. hache; A. Axt; It. ascia; R. топор.

* **HACHA.** (De *hachita* o *achita*, corrupción chilena de *chita*.) f. CHILE. Cierto juego de muchachos consistente en impulsar con los dedos una bolita contra otra.

* **HACHA.** (Quizá de *alacha*.) f. ZOOL. CHILE. Pez acantopterigio de la familia de los escómbridos, de 65 cm de largo.

* **HACHADOR.** m. CUBA y ARGENT. Hachero, el que trabaja con el hacha.

HACHAR. tr. Hachear.

HACHAZO. m. Golpe dado con el hacha. || 2. Golpe que el toro da con el cuerno, produciendo herida o contusión. || 3. COLOM. Reparada del caballo. || 4. AMÉR. Herida causada por el hacha.

HACHE. f. Nombre de la letra *h*. || Llámale, o llámele usted, HACHE. expr. fig. y fam. Lo mismo es una cosa que otra.

HACHEAR. tr. Desbastar y labrar un madero con el hacha, 2.° art., 1.ª acep. || 2. intr. Dar golpes con el hacha.

HACHERO. m. Candelero para poner el hacha. || 2. ant. Atalaya, 1.ª acep. || 3. MAR. El que está de vigía en un hacho.

HACHERO. m. El que hachea por oficio. || 2. MIL. Gastador. Soldado que abre marcha en los desfiles.

HACHETA. f. d. de hacha.

* **HACHETINA.** f. MINERAL. Ozoquerita.

HACHÍS. m. Composición de sumidades floridas y otras partes de cierta variedad de cáñamo que produce una embriaguez especial.

* **HACHITA.** f. CHILE. Juego de muchachos.

* **HACHITA.** (d. de *hacha*, cierto pez de

Chile.) f. ZOOL. CHILE. Pez acantopterigio, carángido, parecido al hacha.

HACHO. (De *hacha*.) m. Manojo de paja o esparto encendido, para alumbrar. || 2. Leño bañado en materias resinosas, usado para el mismo fin. || 3. GERM. Ladrón. || 4. Sitio elevado cerca de la costa.

HACHÓN. m. Hacha. || 2. Brasero alto fijo sobre un pie, en el que se encienden materias que levantan llamas.

HACHOTE. (aum. de *hacha*.) m. MAR. Vela corta y gruesa usada a bordo en los faroles de combate.

HACHOTE. m. aum. de hacha, 2.° art., 1.ª acep.

HACHUELA. f. d. de hacha. || —**de abordaje**. Hacha de abordaje.

HADA. (l. *fāta*) f. Ser fantástico que se representaba bajo la forma de mujer dotada de poder mágico. || P. fada; I. fairy; F. fée; A. Fee; It. fata; R. фея.

HADADA. f. ant. Hada.

HADADO, DA. p.p. de hadar. || 2. adj. Propio del hado o relativo a él. || 3. Prodigioso, mágico.

HADADOR, RA. adj. ant. Que hada. Usáb.t.c.s.

HADAR. (l. *fatāre*, pronosticar, de *fatum*, hado.) tr. Determinar el hado una cosa. || 2. Anunciar, pronosticar lo que está dispuesto por los hados. || 3. Encantar.

HADARIO, RIA. (De *hada*.) adj. ant. Desdichado.

HADO. (l. *fatum*.) m. Divinidad o fuerza desconocida que, según los gentiles, disponía lo que había de suceder. || 2. Según los filósofos paganos, serie de causas tan encadenadas unas con otras, que necesariamente producen su efecto. || 3. Destino. || 4. Lo que conforme a lo dispuesto por Dios, nos sucede en el decurso del tiempo. || P. fado, destino; I. fate; F. destinée, étoile; A. Schicksal; It. fato; R. рок, провидение.

¡HAE! interj. ant. ¡Ah!.

HAEDO. (l. *fagētum*.) m. AST. y SANT. Hayal.

HAFIZ. (ár. *hafíz*, guardián.) m. Guarda, veedor, conservador. || 2. Entre los musulmanes, varón noble.

° **HAFNIO.** m. QUÍM. Metal de transición de la familia del titanio; fue descubierto en 1923; su símbolo es Hf, y su número atómico 72.

HAGIOGRAFÍA. (De *hagiógrafo*.) f. Historia de las vidas de los santos. || P. hagiografia; I. hagiography; F. hagiographie; A. Hagiographie; It. agiografia.

HAGIOGRÁFICO, CA. adj. Perteneciente a la hagiografía.

HAGIÓGRAFO. (l. *hagiogrăphus*, y éste del gr. ἅγιος, santo y γράφω, escribir). m. Autor de cualquiera de los libros de la Sagrada Escritura. || 2. En la Biblia hebrea, autor de cualquiera de los libros comprendidos en la tercera parte de ella. || 3. Escritor de vidas de santos.

* **HAGIOTERAPIA.** f. Curación milagrosa atribuida a la intercesión de un santo.

* **HAIGA.** m. Nombre que se da irónicamente al automóvil de lujo.

HAITIANO, NA. adj. Natural de Haití. Ú.t.c.s. || 2. Perteneciente a este país de América. || 3.m. Idioma que hablan los naturales de aquel país. || P. e It. haitiano; I. Haitian; F. haïtien; A. aus Haiti; R. гаитский.

* **HAJE.** f. ZOOL. Áspid de Egipto.

¡HALA! (ár. *halá*, interj. para excitar a los caballos.) interj. que se emplea para infundir aliento o dar ánimo. || 2. interj. para llamar. || ¡HALA, HALA!, fr. con que se denota la persistencia en una marcha.

* **HALA.** f. ZOOL. Género de gusanos anélidos poliquetos.

HALACABUYAS. (De *halar* y *cabuyas*.) m. Marinero principiante que no sirve para otra cosa que halar de los cabos.

* **HALACO.** m. AMÉR. CENTRAL. Alaco, trasto.

HALACUERDA. m. despect. MAR. Marinero que sólo entiende de aparejos y labores mecánicas.

HALACUERDAS. (De *halar* y *cuerdas*.) m. Halacabuyas.

H

H

HALAGADOR, RA. adj. Halagüeño, 1.ª acep.

HALAGAR. (De *falagar*.) tr. Dar a uno muestras de afecto o rendimiento con palabras y acciones que puedan serle gratas. || **2.** Dar motivo de satisfacción o envanecimiento. || **3.** Adular. || **4.** fig. Deleitar, agradar. || **P.** afagar; **I.** to flatter; **F.** flatter; **A.** schmeicheln; **It.** lusingare, carezzare; **R.** льстить, расхваливать.

HALAGO. m. Acción y efecto de halagar. || **2.** fig. Cosa que halaga.

HALAGÜEÑAMENTE. adv. Con halago.

HALAGÜEÑO, ÑA. (De *halago*.) adj. Que halaga. || **2.** Que lisonjea o adula. || **3.** Que atrae con dulzura y suavidad. || **P.** afagado; **I.** endearing; **F.** flatteur; **A.** erfreulich; **t.** lusinghiero; **R.** льстивый.

HALAGUERO, RA. adj. Halagüeño.

★ HALAM. (Voz africana.) Mús. Guitarra empleada por los senegaleses.

HALAR. (ant. nórdico, *hala*, tirar, arrastrar.) tr. Mar. Tirar de un cabo, de una lona o de un remo en el acto de bogar. || **2.** And. y Cuba. Tirar hacia sí de una cosa. || **halarse** *el tanto*. fr. fam. e irón. Cuba. Vencer, ganar. || **3.** r. Cuba. Embriagarse. || **P.** alar; **I.** to haul; **F.** haler; **A.** anholen; **It.** alare; **R.** натягивать.

★ HALCIONITAS. m. pl. Hist. Secta herética que pretendía reunir en una misma comunión todas las sociedades que siguen la fe de Cristo sin exigirles profesión alguna determinada. Fue fundada en América del Norte a principios del siglo xix.

HALCÓN. (l. *falco*, *-ōnis*.) m. Zool. Ave rapaz diurna, de unos cuarenta centímetros de largo desde la cabeza a la extremidad de la cola, y muy cerca de nueve centímetros de envergadura; cabeza pequeña, pico fuerte, curvo y dentado en la mandíbula superior; color ceniciento manchado de negro, con pecho y vientre blanquecinos y manchados de gris. La hembra es un tercio mayor que el macho; los dos tienen uñas robustas, vuelo potente; son muy audaces y como se prestan con relativa facilidad a ser domesticados, se empleaban antiguamente en la caza de cetrería. || **abejero.** Especie del género Pernis, con manchas pardas transversas, que se alimenta de abejas y avispas. || **—alcaravanero.** El acostumbrado a perseguir alcaravanes. || **—campestre.** El domesticado que se criaba en el campo entre las gallinas. || **—coronado.** Arpella. || **—garcero.** El que caza garzas. || **—gentil.** Neblí. || **—grullero.** El acostumbrado a cazar grullas. || **—lanero.** Alfaneque. || **—letrado.** Se distingue por tener mayor número de manchas negras. || **—marino.** Es el más fácil de amansarse. De color ceniciento o blanco. Pico grande, corvo, y fuerte al igual que las uñas. || **—montano.** El criado en los montes, que por no haber sido enseñado desde joven era el más zahareño. || **—niego.** El cogido en el nido o recién sacado de él. || **—palumbrario.** Azor. || **—ramero.** El pequeño que salta de rama en rama. || **—redero.** El que se cogió con red. || **—roqués.** Variedad de halcón común de color enteramente negro. || **—soro.** El cogido antes de haber mudado por primera vez la pluma. || **—zorzaleño.** Variedad de neblí con pintas amarillas en el plumaje. || *Abajar, o bajar los* halcones. fr. Cetr. Darles a comer la carne lavada, para que enflaquezcan y puedan volar con más velocidad. || *Si tantos* halcones *la garza combaten, a fe que la han de matar.* ref. con que se denota que si la multitud se conjura contra uno, no hay resistencia que pueda contrastarla. || **P.** falção; **I.** falcon; **F.** faucon; **A.** Falke; **It.** falcone; **R.** сокол.

HALCONADO, DA. adj. Que en alguna cosa se asemeja al halcón.

HALCONEAR. (De *halcón*.) intr. fig. Dar muestra la mujer desenvuelta, con sus miradas y movimientos, de andar a caza de hombres.

HALCONERA. f. Lugar donde se tienen los halcones.

HALCONERÍA. (De *halconero*.) f. Caza que se hace con halcones.

HALCONERO, RA. adj. Dícese de la mujer que halconea y de sus acciones y gestos provocativos. || **2.** m. El que cuidaba de los halcones.

HALDA. (germ. *falda*.) Falda. || **2.** Harpillera grande con que se envuelven y empacan algunos géneros, como el algodón y la paja. || **3.** Haldada. || **4.** V. *Capote, capotillo de dos* HALDAS. || **5.** Ar., Sal. y Vizc. Regazo. || *De* HALDAS *o de mangas.* m. adv. fig. y fam. De un modo u otro. || *Poner* HALDAS *en cinta.* fr. fam. Remangarse uno la falda para poder correr. || **2.** expr. fig. y fam. Prepararse para hacer alguna cosa.

HALDADA. f. Lo que cabe en el halda.

HALDEAR. (De *halda*.) intr. Andar de prisa las personas que usan faldas.

★ HALDEGONES. (aum. despect. de *haldas*.) m. pl. Ál. Falda que cae desigualmente.

HALDERO, RA. adj. desus. Faldero.

HALDETA. f. d. de halda. || **2.** En el cuerpo de un traje, cada una de las piezas que cuelgan desde la cintura hasta un poco más abajo.

HALDINEGRO, GRA. adj. Faldinegro.

HALDRAPOSO, SA. adj. ant. Andrajoso.

HALDUDO, DA. adj. Falduedo.

HALECHE. (l. *halex*, *-ēcis*.) m. Boquerón.

★ HALET. (Voz árabe; de *alay*, elevarse, ser exaltado.) m. Rel. Nombre atribuido por los mahometanos al éxtasis de los derviches.

★ HALICOLIMBO, BA. (gr. *hals*, mar, y *hólymbos*, zambullida.) adj. Zool. Dícese de las aves que se sumergen en el agua del mar.

HALIETO. (l. *haliaeëtus*, y éste del gr. ἁλίαετος; de ἅλς, mar, y αἰτός, águila.) m. Águila pescadora, ave de rapiña que vive preferentemente en las costas y se alimenta de peces.

★ HALIEÚTICA. f. Arte de pescar.

★ HALIEÚTICO, CA. adj. Perteneciente a la pesca.

HALIFA. m. ant. Califa.

HALIFADO. m. ant. Califato.

★ HALIGOTE. m. Zool. Sant. Pez parecido al besugo.

★ HALIMETRÍA. (De *halímetro*.) f. Quím. Método para conocer la proporción de alcohol y extracto seco que contiene la cerveza.

★ HALÍMETRO. m. Quím. Instrumento que sirve para determinar el alcohol y extracto seco de las bebidas alcohólicas.

★ HALIMIO. Bot. Género de plantas cistáceas, como la ardiviela y la alcayuela.

★ HALINATRÓN. m. Quím. Sosa natural que se forma en las paredes húmedas.

★ HALIÓTIDOS. m. pl. Zool. Familia de moluscos gasterópodos, prosobranquios.

★ HALÍPTERO, RA. adj. Zool. Que vuela sobre la superficie del mar.

★ HALISTÉRESIS. f. Reblandecimiento óseo por insuficiencia de sales de cal.

★ HALISTERÉTICO, CA. adj. Perteneciente o relativo a la halistéresis, o de su naturaleza. || **2.** Que padece halistéresis. Ú.t.c.s.

★ HALITA. f. Miner. Silicato hidratado de alúmina, de sesquióxido de hierro y magnesia. || **2.** Miner. Sal gema.

HÁLITO. (l. *halitus*.) m. Aliento que sale por la boca del animal. || **2.** Vapor que una cosa arroja. || **3.** poét. Soplo suave y apacible del aire. || **P.** hálito; **I.** halitus, breath; **F.** haleine; **A.** Atem, Hauch; **It.** àlito, fiato; **R.** дыхание.

★ HALITOSIS. f. Olor anormal del aliento.

★ HALITOSO, SA. (De *hálito*.) adj. Cargado de vapores. || **2.** En forma de vapor. || **3.** Pat. Aplícase a la piel ligeramente sudorosa.

★ HALITUOSO, SA. adj. Halitoso.

HALO. (l. *halus*, y éste del gr. ἅλως.) m. Meteoro luminoso consistente en un cerco de colores pálidos que suele aparecer alrededor de los discos del Sol y de la Luna. || **2.** Círculo, aureola. || **3.** Aureola que forma las secciones de sombra de una imagen fotográfica sacada a contraluz. || **P., I.** y **F.** halo; **A.** Hof; **It.** alone; **R.** ореол.

★ HALOCROMÍA. f. Quím. Fenómeno en virtud del cual algunas substancias incoloras producen sales coloridas al unirse con ácidos.

★ HALODENDRO, DRA. adj. Bot. Dícese del árbol que se cría en terrenos salitrosos.

HALÓFILO. adj. Bot. Dícese de las plantas que viven en terrenos salinos.

★ HALOGENACIÓN. f. Quím. Acción de los halógenos sobre los hidrocarburos aromáticos que da lugar a la formación de compuestos de adición o de substitución en el núcleo o en la cadena lateral.

★ HALOGENADO, DA. adj. Quím. Dícese del compuesto químico que contiene un elemento halógeno.

★ HALOGENHIDRINA. f. Quím. Nombre genérico de los compuestos halógenos.

HALÓGENO, NA. (gr. ἅλς, sal, y γεννάω, engendrar.) adj. Quím. Aplícase a los metaloides que forman sales haloideas.

★ HALOGRAFÍA. f. Quím. Parte de la Química dedicada a la descripción de las sales.

★ HALÓGRAFO, A. (De *halografía*.) m. y f. Cultivador de la halografía.

HALOIDEO, A. adj. Quím. Aplícase a las sales formadas por la combinación de un metal con un metaloide sin ningún otro elemento.

★ HALOISITA. f. Miner. Arcilla de color blanco, blanda y fácil de cortar.

★ HALOLOGÍA. f. Quím. Tratado sobre las sales.

★ HALOLÓGICO, CA. adj. Quím. Perteneciente o relativo a la halología.

★ HALOMEGALIA. f. Med. Hipertrofia del dedo gordo del pie.

★ HALOMETRÍA. (De *halómetro*.) f. Quím. Determinación de la concentración de las disoluciones salinas.

★ HALÓMETRO. m. Quím. Areómetro para determinar las sales de las materias azucaradas.

★ HALOMÓRFICO, CA. adj. Relativo a suelos que se distinguen por la presencia de sales neutras o alcalinas.

HALÓN. m. halo. || **2.** En Cuba, acción y efecto de halar.

HALOQUE. (De *faluca*.) m. Mar. Antigua embarcación pequeña.

★ HALOQUE. adj. Aloque.

★ HALOQUIMIA. f. Quím. Haloquímica.

★ HALOQUÍMICA. f. Quím. Parte de la Química que se ocupa del estudio de las sales.

★ HALORRAGIDÁCEAS. f. pl. Familia de plantas dicotiledóneas herbáceas o arbustáceas, algunas de ellas acuáticas, como la fontanera.

★ HALOSACNA. f. Quím. Sal que se deposita en la orilla del mar y se asemeja a espuma sólida.

★ HALOSTERESIS. Halisteresis.

HALOTECNIA. f. Quím. Tratado sobre la extracción de las sales industriales.

★ HALOTÉCNICO, CA. adj. Perteneciente o relativo a la halotecnia.

★ HALOTRIQUITA. f. Miner. Sulfato alumínico ferroso que se presenta en fibras sedosas.

★ HALOXILINA. f. Quím. Pólvora de mina.

HALOZA. f. Galocha. Calzado de madera o hierro.

★ HALTERIO. m. Balancín usado en los ejercicios gimnásticos. || **2.** pl. Zool. Balancines de los insectos dípteros.

★ HALURGIA. f. Quím. Arte de preparar las sales.

★ HALLACA. f. Hayaca.

HALLADA. f. Hallazgo, acción de hallar.

HALLADO, DA. p.p. de hallar. || **2.** adj. Con los advs. tan, bien o mal, familiarizado o avenido.

HALLADOR, RA. adj. Que halla. Ú. t.c.s. || **2.** Mar. Que recoge en el mar y salva los despojos de naves o de sus cargamentos. Ú.t.c.s.

HALLAMIENTO. (De *hallar*.) m. Hallazgo.

HALLAR. (l. *afflāre*, soplar.) tr. Dar con una persona o cosa sin buscarla. || **2.** Encontrar, 1.ª acep. || **3.** Inventar. || **4.** Observar, notar. || **5.** Averiguar. || **6.** Dar con una tierra o país de que antes no se tenía noticia. || **7.** Conocer, entender en fuerza de una reflexión. ‖ **8.** Estar presente. ‖ **9.** Estar. Hallarse atado. ‖ HALLARSE *bien con una cosa.* fr. Estar contento con ella. ‖ HALLARSE *con una cosa.* fr. Tenerla. ‖ HALLARSE uno *en todo.* fr. Ser entrometido. ‖ *No* HALLARSE uno. fr. Estar molesto, no encontrarse uno a gusto en algún sitio. ‖ HALLÁRSELO uno *todo hecho,* fr. fig. Conseguir lo que se desea sin tener que emplear esfuerzo. ‖ P. achar; I. to find; F. trouver; A. finden; It. trovare; R. находить.

HALLAZGO. (l. *afflatīcum,* de *afflāre,* soplar.) m. Acción y efecto de hallar. ‖ **2.** Cosa hallada. ‖ **3.** Lo que se da a uno por haber hallado una cosa y restituirla a su dueño. ‖ **4.** For. Encuentro casual de cosa mueble ajena, que no sea tesoro oculto. ‖ P. achado; I. finding; F. trouvaille; A. Entdeckung, Fund; It. trovata; R. нахождение.

★ **HALLEFLINTA.** f. Geol. Roca estratificada, que forma uno de los principales elementos del terreno primitivo.

HALLULLA. f. Pan cocido en rescoldo o en tejas o ladrillos bien calientes. ‖ **2.** Chile. Pan hecho de masa más fina y de figura más delgada que el pan común.

HALLULLO. m. Hallulla.

HAMACA. f. Red que colgada por las extremidades, sirve de cama, o conduciéndola dos hombres, de vehículo. Normalmente está hecha de pita. También se hace de lona u otros tejidos resistentes. Es usada en países tropicales. ‖ **2.** Argent. Columpio o mecedora. ‖ **3.** P. Rico. Red gruesa que suelen llevar ciertos tranvías en su parte delantera para barrer estorbos de las vías. ‖ P. rede balonçante; I. hammock; F. hamac; A. Hängematte; It. amaca, branda; R. гамак.

★ **HAMACAR.** tr. Amér. Mecer una hamaca, cuna de niño, etc. Ú.t.c.r.

HAMADRÍA [~DRÍADA]. f. Mit. Hamadríade, driada.

HAMADRÍADE. (l. *hamadryās, ădis,* y éste del gr. ἁμαδρυάς, de ἅμα, con, y δρῦς, encina.) f. Mit. Dríade. ‖ **2.** Zool. Mono de las regiones próximas al mar Rojo.

HÁMAGO. m. Substancia correosa y amarilla de sabor amargo, que labran las abejas. ‖ **2.** fig. Fastidio, náusea.

HAMAMELIDÁCEO, A. (De *hamamelis,* nombre de un género de plantas.) adj. Bot. Dícese de los arbustos y árboles de Asia, América Septentrional y África Meridional, con pelos estrellados, hojas esparcidas y estípulas caedizas; fruto en cápsula; como el ocozol. Ú.t.c.s.f. ‖ **2.** f. pl. Bot. Familia de estas plantas.

★ **HAMAMELINA.** f. Farm. Medicamento preparado con extracto de las hojas de hamamélide.

HAMAQUEAR. (De *hamaca.*) tr. Amér. Mecer. Ú.t.c.r. ‖ **2.** fig. Cuba. Marear a uno, traerle como a un zarandillo.

★ **HAMAQUEO.** m. Amér. Acción y efecto de hamaquear.

HAMAQUERO. m. El que hace hamacas. ‖ **2.** Cualquiera de los conductores de la hamaca cuando va alguien dentro. ‖ **3.** Gancho para sostener la hamaca.

★ **HAMARTRITIS.** f. Pat. Inflamación de todas las articulaciones al mismo tiempo.

★ **HAMBALI.** m. Uno de los cuatro ritos del islamismo ortodoxo.

HAMBRE. (l. *famen, -ĭnis,* por *fames.*) f. Gana y necesidad de comer. ‖ **2.** Escasez de frutos, carestía. ‖ **3.** fig. Deseo ardiente de algo. ‖ —**calagurritana.** La que padecieron los habitantes de la antigua Calagurris (hoy Calahorra) sitiados por los romanos. ‖ —**canina.** Gana de comer extraordinaria, que con nada se satisface. ‖ **2.** Deseo vehementísimo. ‖ —**de tres semanas.** loc. fig. y fam. que se usa cuando uno muestra repugnancia a ciertos manjares por melindre. ‖ —**estudiantina.** fig. y fam. Buen apetito a cualquier hora. ‖ *Andar uno muerto de* HAMBRE. fr. fig. Vivir con estrechez y miseria. ‖ *Apagar,* o *matar el* HAMBRE. fr. fig. Saciarla. ‖ HAMBRE *y valentía.* expr. con que se nota al arrogante y vano que quiere disimular su pobreza. ‖ *Juntarse el* HAMBRE *con las ganas de comer.* fr. fig. que se usa para indicar que se juntan las faltas, necesidades o aficiones de dos personas. ‖ *Ma-*

tarse uno de HAMBRE. fr. fig. Tratarse mal por penitencia o por demasiada cicatería. ‖ *Morir* o *morirse de* HAMBRE. fr. fig. Tener o padecer mucha penuria. ‖ *Perecer,* o *rabiar de* HAMBRE. fr. Morir de hambre. ‖ *Sitiar* a uno *por* HAMBRE. fr. fig. Valerse de la ocasión de que esté en necesidad o apuro, para reducirle a lo que se desea. ‖ P. fome; I. hunger; F. famine, faim; A. Hunger; It. fame; R. голод.

★ **HAMBREADO.** adj. Amér. Hambriento.

★ **HAMBREADOR, RA.** ad. R. de la Plata, acaparador, estraperlista. Ú.t.c.s.

HAMBREAR. tr. Causar a uno o hacerle padecer hambre, impidiéndole la provisión de víveres. ‖ **2.** intr. Padecer hambre. ‖ **3.** Mostrar alguna necesidad, excitando la compasión o mendigando.

HAMBRIENTO, A. (l. *famulentŭs.*) adj. Que tiene mucha hambre. Ú.t.c.s. ‖ **2.** fig. Deseoso. ‖ P. faminto; I. famished; F. affamé; A. hung(e)rig; It. affamato; R. голодный.

HAMBRINA. f. And. Hambre extrema.

HAMBRÍO, A. (De *hambre.*) adj. Sal. Hambriento.

HAMBRÓN, NA. adj. fam. Muy hambriento; que siempre muestra afán por comer. Ú.t.c.s.

HAMBRUNA. f. Amér. Merid. Hambrina.

HAMBRUSIA. f. Colom., P. Rico y Argent. Hambre.

HAMBURGUÉS, SA. adj. Natural de Hamburgo. Ú.t.c.s. ‖ **2.** Perteneciente a esta ciudad alemana.

★ **HAMELIA.** f. Bot. Género de plantas rubiáceas, cincóneas, compuesto de arbustos de hojas caedizas, a veces verticiladas, y flores amarillas o rojas.

HAMEZ. f. Cortadura que a las aves de rapiña se les hace en las alas, por falta de cuidado en la alimentación.

★ **HAMMA.** f. Mar. La más pequeña de las dos piraguas que componen la doble.

HAMO. (l. *hamus.*) m. Anzuelo, arponcillo para pescar. ‖ **2.** Cuba. Red en forma de manga o colador. ‖ P. anzol de pescar; I. fishhook; F. hameçon; A. Angelhaken; It. amo; R. сачок.

HAMPA. f. Género de vida de los pícaros, rufianes y maleantes.

HAMPESCO, CA. adj. Perteneciente al hampa.

HAMPO, PA. adj. Hampesco. ‖ **2.** m. Hampa.

HAMPÓN. adj. Valentón, bravo; bribón, maleante. Ú.t.c.s.

★ **HAMPUDO, DA.** adj. Sant. Fuerte, fornido.

HAMUDÍ. (ár. *hammūdi,* perteneciente o relativo a *Hammūd,* n. p. de persona.) adj. Dícese de los descendientes de Alí ben Hamud que fundaron los reinos de Taifas en Málaga y Algeciras. Ú.t.c.s.

★ **HAMULAR.** (l. *hámulo.*) adj. Que tiene forma de gancho o está guarnecido de ellos.

★ **HAMULO.** (l. *hamŭlus.*) m. Gancho o anzuelo de pequeñas dimensiones.

★ **HAMULOSO, SA.** (l. *hamŭlus.*) adj. Bot. Cubierto de pelos hamiformes.

★ **HANCARA.** f. Bol. Especie de calabaza.

★ **HANCOQUITA.** f. Miner. Silicato de aluminio, hierro y calcio, con algo de plomo, estroncio y manganeso.

★ **HANCSITA.** f. Miner. Sulfato y carbonato de sosa que aparece en forma de diminutos cristales hexagonales.

★ **HANCHINAL.** m. Bot. Méj. Arbolillo de la familia de las litrarieas.

★ **HANDICAP.** (ingl. *handicap,* compensar ventajas en una competición.) m. Ventaja, partido; y especialmente carrera en que uno o más caballos conceden una ventaja en peso, tiempo o distancia para igualar la carrera.

★ **HANEFI.** m. Uno de los cuatro ritos ortodoxos del islamismo.

HANEGA. f. Fanega.

HANEGADA. f. Fanegada.

★ **HANERITA.** f. Miner. Bisulfato de manganeso natural.

★ **HANGADA.** f. Amér. Fangada.

° **HANGAR.** (fr. *hangar,* cobertizo, tinglado.) m. Aviac. Cobertizo, generalmente

abierto, de techo ligero, destinado a guarecer los aparatos de aviación.

★ **HANKSITA.** f. Miner. Hancsita.

★ **HANLINITA.** f. Miner. Hidrofosfato natural de alúmina y estroncio, con algo de bario y flúor.

HANNOVERIANO, NA. adj. Natural de Hannover. Ú.t.c.s. ‖ **2.** Perteneciente a este país de Europa. ‖ P. hanoveriano; I. Hanoverian; F. hanovrien; A. Hannoveraner; It. hannoverese.

HANSA. (Del ant. alto al. *hansa,* compañía.) f. Ana.

HANSEÁTICO, CA. (De *hansa.*) adj. Anseático.

★ **HANUCA.** f. Relig. Fiesta que los judíos modernos celebran anualmente en recuerdo de la victoria lograda por los macabeos sobre los sirios.

HANZO. m. ant. Contento, alegría, placer.

¡HAO! Interj. ant. que se usaba para llamar a uno que estuviese distante. ‖ **2.** m. ant. Fama, renombre.

★ **HAPALE.** m. pl. Zool. Género de mamíferos cuadrumanos con grandes mechones de pelos en las orejas.

HAPÁLIDOS. adj. Zool. Dícese de simios que viven en la América Meridional, como el tití y que se caracterizan por ser los monos más pequeños.

★ **HAPALONIQUIA.** f. Pat. Excesiva blandura de las uñas.

★ **HAPAX.** m. Gram. Palabra o forma gramatical de cuyo empleo sólo puede presentarse un ejemplo.

★ **HAPLOBACTERIA.** f. Bacteria simple, no filamentosa.

★ **HAPLÓCERO.** m. Zool. Género de mamíferos rumiantes cavicornios de la familia de los bóvidos.

★ **HAPLODERMITIS.** f. Pat. Inflamación de la piel.

HAPLOLOGÍA. f. Síncopa de una o de dos sílabas iguales o semejantes: como *cejunto* por *cejijunto.*

★ **HAPLOPATÍA.** f. Enfermedad sin complicaciones.

★ **HAPLOPÉTALO, LA.** adj. Bot. Dícese de las corolas de un solo pétalo.

★ **HAPLÓSTOMO, MA.** adj. Hist. Nat. Que tiene una abertura sencilla.

HARAGÁN, NA. (ár. *fargán,* ocioso, desocupado.) adj. Que excusa y rehuye el trabajo y pasa la vida en ocio. Ú.t.c.s. ‖ P. mandrião; I. lazy, idle; F. fainéant; A. Faulpelz, Stromer; It. fannullone, poltrone; R. лентяй.

HARAGANAMENTE. adv. Con haraganería.

★ **HARAGANDÍA.** f. P.-Rico. Haraganería.

HARAGANEAR. (De *haragán.*) intr. Pasar la vida en ocio; no ocuparse en ningún trabajo. ‖ P. madracear; I. to lazy; F. fainéanter; A. faulenzen; It. poltroneggiare; R. лениться.

HARAGANERÍA. (De *haragán.*) f. Ociosidad, aversión al trabajo.

HARAGANÍA. (De *haragán.*) f. Ociosidad, falta de aplicación al trabajo.

HARAGANOSO, SA. adj. Haragán.

★ **HARAGUAZO.** m. Bot. Venez. Cierto árbol alto, de madera elástica.

★ **HARAKIRI.** (Voz japonesa que significa acción de abrir el estómago o el vientre; de *hara,* estómago, vientre y *kiri,* acción de abrir.) m. Suicidio producido abriéndose el vientre de un tajo.

HARAMBEL. (ár. *al-hanbal,* poyal, tapiz.) m. Arambel.

HARAPIENTO, TA. adj. Haraposo.

HARAPO. m. Andrajo. ‖ **2.** Último aguardiente, ya sin fuerza o de poquísima graduación. ‖ *Andar,* o *estar hecho un* HARAPO. fr. fig. y fam. Llevar muy roto el vestido.

HARAPOSO, SA. adj. Andrajoso, lleno de harapos. ‖ P. andrajoso; I. ragged; F. déguenillé; A. zerlumpt; It. cencioso; R. оборванный.

★ **HARAS.** m. R. de la Plata. Acaballadero.

HARAUTE. (Del ant. alto al. *heriwalto,* heraldo.) m. ant. Rey de armas.

HARBAR. intr. desus. Hacer alguna cosa de prisa y atropelladamente. Usáb. c.tr.

HARBULLAR. tr. Farfullar.

H

HARBULLISTA. adj. p. us. Farfullador. Ú.t.c.s.

HARCA. (ár. *harak*.) f. MIL. En Marruecos, expedición militar; cuerpo de tropas, ejército. || **2**. Partida de rebeldes marroquíes.

* **HARDERÍA**. f. QUÍM. Sulfato de hierro empleado en la composición de algunos esmaltes.

* **HARDISTONITA**. f. MINER. Silicato natural compuesto de calcio y cinc.

HAREM. m. Harén.

HARÉN. (ár. *harim*, lugar vedado, gineceo.) m. Habitación de las mujeres entre los árabes. || **2**. Conjunto de mujeres que viven en un harén.

HARENSE. adj. Natural de Haro, ciudad de la Rioja. Ú.t.c.s. || **2**. Perteneciente a esta ciudad española.

* **HARFANGO**. (sueco, *hurfang*.) m. ZOOL. Ave de rapiña de plumaje blanco, que vive en las regiones del Norte de Europa.

HARIJA. (l. *faricŭla*, de *far*, harina y salvado.) f. Polvillo que suele levantarse del grano al molerlo, o de la harina al cernerla.

HARINA. (l. *farīna*.) f. Polvo que resulta de la molienda de algunas semillas, especialmente de trigo, cebada, centeno y maíz. || **2**. Polvo procedente de algunos tubérculos y legumbres. || **3**. Polvo a que se reducen algunas materias sólidas. || **4**. fam. ANT. Dinero, plata. || —**de madera**. MED. Serrín muy fino usado en cirugía. || —**lacteada**. Polvo compuesto por leche concentrada en el vacío, pan tostado pulverizado y azúcar. || —**de hoja**. CHILE. La que sale sin cerner. || —**fósil**. MINER. Trípoli, variedad de sílice hidratada. || *Estar metido en* HARINA. fr. fig. y fam. Estar empeñado con mucho ahinco en una obra o empresa. || *Hacer buena* o *mala* HARINA. fr. fig. y fam. Obrar bien o mal. || *Hacer* HARINA *una cosa*. fr. fig. Hacerla añicos. || *Ser* una cosa, HARINA *de otro costal*. fr. fig. y fam. Diferir grandemente de otra con la cual se compara. || **P**. farinha; **I**. flour; **F**. farine; **A**. Mehl; **It**. farina; **R**. мука.

HARINADO. m. Harina disuelta en agua.

* **HARINEO**. m. VENEZ. Llovizna.

HARINERO, RA. adj. Perteneciente o relativo a la harina. || **2**. El que trata o comercia en harina. || **3**. Arcón o sitio donde se guarda la harina. || **2.ª** acep.: **P**. farinheiro; **I**. flour-dealer; **F**. farinière; **A**. Mehlhändler; **It**. farinaiolo; **R**. мучной.

* **HARINILLA**. f. dim. de harina. || CHILE. Soma, cabezuela.

HARINOSO, SA. adj. Que tiene mucha harina. || **2**. Farináceo.

HARISCARSE. r. Ponerse arisco.

* **HARKA**. f. Harca.

HARMA. f. BOT. Alharma.

* **HARMALA**. f. BOT. Gamarza o alharma.

* **HARMÓFANO, NA**. m. MINER. Variedad del corindón.

* **HARMOL**. m. QUÍM. Alcaloide resultante de la acción del ácido clorhídrico sobre la harmina.

HARMONÍA. f. Armonía.

HARMÓNICAMENTE. adv. Armónicamente.

HARMÓNICO, CA. adj. Armónico.

HARMONIO. m. MÚS. Armonio.

HARMONIOSAMENTE. adv. Armoniosamente.

HARMONIOSO, SA. adj. Armonioso.

HARMONISTA. com. ant. Armonista.

HARMONIZABLE. adj. Armonizable.

HARMONIZACIÓN. f. MÚS. Armonización.

HARMONIZAR. tr. Armonizar.

* **HARMOTOMA**. f. MINER. Cristianita.

HARNEADURA. (De *harnear*.) f. CHILE. Acción y efecto de harnear.

HARNEAR. tr. CHILE. Cribar, pasar por el harnero.

HARNERERO. m. El que hace o vende harneros.

HARNERO. m. Criba. || —**alpistero**. El que sirve para limpiar el alpiste. || *Estar* uno *hecho un* HARNERO. fr. fig. Tener muchas heridas.

HARNERUELO. m. ARQ. En los techos labrados, paño horizontal que forma el centro.

HARÓN, NA. (ár. *hărūn* o *harūn*, reacio.) adj. Lerdo, perezoso, holgazán. || **2**. Que se resiste a trabajar. || *Sacar* a uno *de* HARÓN. fr. Sacarle de su paso, avivarle. **P**. indolente; **I**. dawdler; **F**. paresseux; **A**. träge; **It**. badalone; **R**. ленивый.

HARONEAR. (De *harón*.) intr. Emperezarse; andar lerdo, flojo o tardo.

HARONÍA. (De *harón*.) f. Pereza, flojedad.

HARPA. f. Arpa. || **P**. harpa; **I**. harp; **F**. harpe; **A**. Harfe; **It**. arpa; **R**. арфа.

HARPADO, DA. adj. Arpado, 1.er art. aserrado.

HARPADO, DA. adj. Arpado, 2.º art. canoro.

HARPAR. tr. Arpar. || **2**. Agarrar con la punta.

HARPÍA. f. Arpía. || **P**. harpia; **I**. harpy; **F**. harpie; **A**. Harpyie; **It**. arpia; **R**. гарпия.

HARPILLERA. f. Arpillera. || **P**. arpillera; **I**. burlap; **F**. serpillière; **A**. Packtuch; **It**. invoglia; **R**. мешковина.

HARQUEÑO. adj. Perteneciente o relativo a la harca. Apl. a pers. ú.t.c.s. En esta voz se aspira la h.

HARRADO. m. El rincón o ángulo entrante que forma la bóveda esquilfada. || **2**. Enjuta, cualquiera de los espacios que deja en un cuadrado el círculo inscripto en él.

* **HARRAT**. (ár. *harrats*.) m. En Marruecos, agricultor.

¡HARRE! interj. y m. ¡Arre!

HARREAR. (De *¡harre!*) tr. Arrear, 1.er art.

HARRIA. f. Arria, recua.

HARRIERÍA. f. Arriería.

HARRIERO. (De *harrear*.) m. Arriero. || **2**. Ave de las Antillas.

HARRUQUERO. m. AND. Arriero.

* **HARTABELLACOS**. m. AGR. Variedad de higo, muy dulce, que se produce en las Canarias.

HARTADA. f. Acción de hartar o hartarse. || **2**. AND. Hartazgo. || *Más vale una* HARTADA, *que dos hambres*. fr. fig. y fam. para disculparse de consumir algo de una vez sin dejar nada para otra ocasión.

* **HARTADURA**. f. VENEZ. Hartazgo.

HARTAR. (De *harto*.) tr. Saciar el apetito de comer o beber. Ú.t.c.r. y como intr. || **2**. Satisfacer el gusto o deseo de una cosa. || **3**. Fastidiar, cansar. Ú.t.c.r. || **4**. Con la prep. *de*, dar, llenar de; y usado reflexivo, repetir o continuar una acción hasta la saciedad. HARTAR *de insultos, de golpes*. || **5**. VENEZ. Insultar. || **6**. GUAT. Calumniar. || **P**. fartar; **I**. to glut; **F**. rassasier; **A**. sättigen; **It**. satollare; **R**. насыщать.

HARTAZGA. f. ant. Hartazgo.

HARTAZGO. (De *hartar*.) m. Repleción resultante de comer o beber en demasía. || *Darse un* HARTAZGO. fr. fam. Comer con mucho exceso. || *Darse* uno *un* HARTAZGO *de una cosa*. fr. fig. y fam. Hacerla con exceso. || **P**. saciedade; **I**. glut; **F**. rassasiement, ventrée; **A**. Sättigung; **It**. satolla; **R**. насыщение.

HARTAZÓN. m. Hartazgo.

* **HARTERA**. f. CUBA. Hartazgo.

HARTÍO. adj. Harto, saciado.

HARTO, TA. (l. *farctus*, saciado.) p.p. irreg. de hartar. Ú.t.c.s. || **2**. adj. Bastante, sobrado. || **3**. adv. Bastante. Harto ayunarás. || **P**. farto; **I**. glutted; **F**. rassasié; **A**. satt; **It**. (ri)sazio, satollo; **R**. сытый.

* **HARTOLANA**. f. SAL. Hierbabuena.

HARTÓN. (De *hartar*.) adj. Dícese del cambur topocho, cuyo fruto se parece a un plátano pequeño. || **2**. AMÉR. CENTRAL. Glotón. || **3**. MÉJ. Fastidioso, cargante. || **4**. m. GERM. Pan.

HARTURA. (De *harto*.) Repleción de alimento. || **2**. Abundancia, copia. || **3**. fig. Logro cabal y cumplido de un deseo o apetito.

HASANÍ. (ár. *hasanī*, perteneciente a *Hasan*.) adj. Aplícase en general a toda moneda marroquí.

* **HASIGLIPAC**. m. MÉJ. Salsa preparada con semillas de calabaza tostada, sazonada con tomate y sal.

HASTA. (De *fasta*.) prep. que denota el término, fin o límite, de lugares, acciones o cantidades. || **2**. Se usa como conjunción copulativa y sirve entonces para denotar ponderación o encarecimiento, equivaliendo a aun o también. || HASTA *luego*. expr. de despedida para corta ausencia. || HASTA *no más*. m. adv. con que se indica grande exceso o demasía. || **P**. até; **I**. until, up to; **F**. jusqu'à; **A**. bis, bis auf; **It**. sino a; **R**. до, пока.

* **HASTER**. m. Medida de capacidad usada en los Países Bajos. Su equivalencia es 4.397 litros.

HASTIAL. (De *fastial*.) m. Fachada de una casa terminada por las dos vertientes del tejado. || **2**. Cara lateral de una excavación. || **3**. fig. Hombrón rústico y grosero.

HASTIAR. (l. *fastidiāre*.) tr. Fastidiar, cansar. Ú.t.c.r.

HASTÍO. (l. *fastidium*.) m. Repugnancia a la comida. || **2**. fig. Disgusto, tedio. || **P**. fastio; **I**. disgust, tediousness; **F**. dégoût, ennui; **A**. Ekel; **It**. disgusto, tedio; **R**. отвращение, досада.

HASTIOSAMENTE. adv. Con hastío.

HASTIOSO, SA. (l. *fastidiōsus*.) adj. Fastidioso.

HATACA. f. Cucharón de palo. || **2**. Palo cilíndrico que servía para extender la masa.

HATADA. (De *hato*.) f. EXTR. Hatería.

HATAJADOR. m. MÉJ. El que guía la recua.

* **HATAJAR**. tr. Dividir el hato o distribuir el ganado en hatajos. Ú.t.c.r.

HATAJO. Atajo, 5.ª y 6.ª aceps.

HATEAR. (De *hato*.) intr. Recoger uno cuando está de viaje, la ropa y objetos de uso más necesario. || **2**. Dar la hatería a los pastores.

HATERÍA. f. Víveres con que se abastece a los pastores, jornaleros, mineros. || **2**. Ropa, ajuar y víveres que éstos llevan.

* **HATERIO**. m. ZOOL. Género de arácnidos salticidos propios de Australia.

HATERO, RA. (De *hato*.) adj. Aplícase a las caballerías mayores y menores que sirven para llevar la ropa y el ajuar de los pastores. || **2**. m. El que está destinado para llevar la provisión de víveres a los pastores. || **3**. m. y f. CUBA. Persona que posee un hato, 5.ª acep.

HATIJO. m. Cubierta de esparto o de otra materia semejante, para tapar la boca de las colmenas o de otro vaso.

HATILLO. m. d. de hato. || *Echar* uno *el* HATILLO *al mar*. fr. fig. y fam. Irritarse, enojarse. || *Coger, tomar* uno *el* HATILLO. fr. fig. y fam. Marcharse, partirse, irse.

HATO. m. (De *fato*, 2.º art.) Pequeño ajuar que uno tiene para uso preciso y ordinario. || **2**. Hatería. || **3**. Sitio donde paran los pastores con el ganado. || **4**. Porción de ganado. || **5**. fig. Junta de gente mala o despreciable. || **6**. Junta o corrillo. || **7**. CUBA y VENEZ. Hacienda de campo destinada a la cría del ganado, principalmente del mayor. || *Andar* uno *con el* HATO *a cuestas*. fr. fig. y fam. Mudar frecuentemente de habitación. || *Liar* uno *el* HATO. fr. fig. y fam. Preparar uno para marchar. || *Menear* a uno *el* HATO. fr. fig. y fam. Zurrarle. || *Revolver el* HATO. fr. fig. y fam. Excitar discordias. || *Perder* uno *el* HATO. fr. fig. y fam. Huir tan apresuradamente que pierde o se le cae lo que trae a cuestas. || **4.ª** acep.: **P**. fato; **I**. herd of cattle; **F**. troupeau; **A**. Viehherde; **It**. branco; **R**. стадо.

* **HATTERIA**. f. ZOOL. Género de reptiles saurios.

* **HAUERITA**. f. MINER. Bisulfuro de manganeso natural, que se presenta en cristalitos negros.

* **HAUMA**. (ár. *hauma*.) f. En Marruecos, barrio.

* **HAUSTORIO**. (l. *haustor*, el que bebe.) m. ZOOL. Órgano con que ciertos protozoarios parásitos se fijan al huésped para nutrirse.

* **HAUSTRO**. m. Cavidad de cada una de las saculaciones del colon.

* **HAUTE**. (fr. *haute*, alta.) m. BLAS. Escudo de armas adornado de cota, donde se pintan las armas de varios linajes.

* **HAUZ**. m. En Marruecos, alfoz o distrito.

HAVAR. (berb. *Hawāra*, n. p. de una

H

tribu.) adj. Dícese del individuo de la tribu berberisca de Havara. Ú.m.c.s. y en pl. ‖ 2. Perteneciente a esta tribu.

HAVARA. adj. Havar. Ú.m.c.s.

HAVO. (l. *favus*, panal.) m. ant. Favo.

HAYA. (l. *fagĕa*, f. del adj. *fagĕus*, de *haya*.) f. Bot. Árbol fagáceo, de tronco grueso y liso, hojas ovaladas y coriáceas, flores masculinas en amento y femeninas en involucro; su madera es ligera y muy resistente. Abunda en los montes de la zona pirenaica y en el sistema Cantábrico; se multiplica fácilmente por semilla y se siembra por primavera, en terrenos frescos. ‖ **P.** faia; **I.** beech-tree; **F.** hêtre; **A.** Buche; **It.** faggio; **R.** бук.

HAYA. (3.ª pers. del pr. subj. de *haber*.) f. Donativo que en las escuelas de baile español hacían antiguamente los discípulos a sus maestros por las pascuas y otras festividades del año.

HAYACA. f. Pastel de harina de maíz relleno de pescado o carne en pedazos pequeños, tocino, pasas, aceitunas, etc., que envueltos en hojas de plátano, se hace en Venezuela.

HAYAL. m. Terreno poblado de hayas. ‖ **P.** faial; **I.** beech forest; **F.** foutelai, hétraie; **A.** Buchenwald; **It.** faggeto; **R.** буковая роща.

HAYEDO. m. Hayal.

HAYENO, NA. adj. ant. Perteneciente al haya.

HAYO. m. Coca, 1.er art. ‖ 2. Mezcla de hojas de coca y sales calizas, que mascan los indios de Colombia.

HAYUCAL. (De *hayuco*.) m. León. Hayal.

HAYUCO. (l. *fagum*.) m. Fruto del haya, de forma triangular. Suele darse como pasto al ganado de cerda.

HAZ. (l. *fascis*.) Porción atada de mieses, leña, etc. ‖ 2. Conjunto de rayos luminosos de un mismo origen. ‖ 3. Méj. Balaguero. ‖ HAZ *de planos*. Geom. Conjunto de planos que pasan por una misma recta. ‖ HAZ *luminoso*. Fís. Conjunto de rayos de luz que parten o se dirigen a un mismo punto. ‖ **P.** feixe; **I.** gavel; **F.** gerbe; **A.** Garbe; **It.** fascina; **R.** сноп.

HAZ. (l. *acies*, ejército.) m. Tropa ordenada en divisiones o formada en fila.

HAZ. (l. *facies*, cara.) f. Cara o rostro. ‖ 2. Cara o superficie principal de una tela o de otra cosa. ‖ HAZ *de la tierra*. fig. Superficie de ella. ‖ *A dos* HACES. m. adv. Con segunda intención. ‖ *A sobre* HAZ. m. adv. Por lo que parece en lo exterior. ‖ *Ser uno de dos* HACES. fr. fig. Decir una cosa y sentir otra.

HAZA. (l. *fascia*, faja.) f. Campo, porción de tierra de labor. ‖ *Mondar la* HAZA. fr. fig. y fam. Desembarazar un sitio, lugar o paraje, a semejanza del labrador cuando levanta la mies.

HAZALEJA. (De *fazaleja*.) f. Toalla.

HAZANA. (De *hacer*.) f. fam. Faena casera, habitual y propia de la mujer.

HAZAÑA. (De *hacer*.) f. Acción o hecho, especialmente hecho ilustre, señalado y heroico. ‖ **P.** façanha; **I.** exploit, prowess; **F.** exploit; **A.** Heldentat, Grosstat; **It.** prodezza, gesta; **R.** подвиг.

HAZAÑAR. (De *hazaña*.) intr. Hacer hazañerías.

HAZAÑERÍA. (De *hazañero*.) f. Cualquiera demostración o expresión fingida e inmotivada de escrúpulo, temor, admiración, etc.

HAZAÑERO, RA. (De *hazaña*.) adj. Que hace hazañerías. ‖ 2. Perteneciente y relativo a ellas.

HAZAÑOSAMENTE. adv. Valerosamente, con heroicidad.

HAZAÑOSO, SA. adj. Aplícase al que ejecuta hazañas. ‖ 2. Dícese de los hechos heroicos.

HAZMERREIR. (De *hacer*, el pron. *me* y *reir*.) m. fam. Persona de figura ridícula y extravagante que sirve de diversión a quienes lo tratan. ‖ **P.** bobo, tolo; **I.** laughingstock; **F.** bouffon, jouet; **A.** Possenreisser; **It.** zimbello; **R.** посмешище.

HAZUELA. f. d. de haza.

HE. (ár. *hā*, he aquí.) adv. que junto con los adverbios *aquí* y *allí*, o con los pronombres *me*, *te*, *la*, *le*, *los*, *las*, *lo*, sirve para señalar o mostrar una persona

o cosa. ‖ 2. interj. ¡Ce! ‖ **P.** eis, ei-lo aqui; **I.** here is, here you have; **F.** voici, voilà; **A.** sieh da, nanu; **It.** ecco, ecco-qui-la; **R.** вот! вон!

HE. (A 1a) loc. ant. A la fe.

★ **HE.** Quím. Símbolo del helio.

HEBDÓMADA. (l. *hebdomāda*, y éste del gr. ἑβδομάς.) f. Semana. ‖ 2. Espacio de siete años.

HEBDOMADARIAMENTE. adv. Semanalmente.

HEBDOMADARIO, RIA. adj. Semanal. ‖ 2. En los cabildos y comunidades religiosas, persona que se destina cada semana para oficiar.

★ **HEBE.** f. Vello del pubis. ‖ 2. Pubertad.

★ **HEBEFRENIA.** f. Pat. Trastorno de las facultades mentales en el tiempo de la pubertad.

★ **HEBELINA.** f. Miner. Silicato de cinc.

HEBÉN. adj. Dícese de cierta variedad de uva blanca, gorda y vellosa. ‖ 2. Dícese también del veduño y vides que la producen. ‖ 3. fig. Aplícase a la persona que es de poca substancia.

HEBETAR. (l. *hebetāre*.) tr. p. us. Embotar.

HEBIJÓN. (De *hebilla*, por contaminación con *aguijón*.) m. Clavo o púa de la hebilla.

HEBILLA. (l. *fibĕlla*.) f. Broche con una patilla y uno o más clavillos en medio, asegurados por un pasador, para ajustar y unir las orejas del calzado, las correas, las cintas, etc. ‖ **P.** fivela; **I.** buckle; **F.** boucle; **A.** Schnalle; **It.** fibbia; **R.** пряжка.

HEBILLAJE. m. Conjunto de hebillas que tiene algún vestido u otra cosa.

HEBILLAR. tr. Poner hebillas en una cosa.

HEBILLERO, RA. m. y f. Persona que hace o vende hebillas.

HEBILLETA. f. d. de hebilla. ‖ *No faltar* HEBILLETA *a una cosa*. fr. fig. y fam. No faltarle hebilla.

HEBILLÓN. m. aum. de hebilla.

HEBILLUELA. f. d. de hebilla.

HEBRA. (l. *fibra*.) f. Porción de hilo que se pone en una aguja. ‖ 2. fig. Hilo del discurso. ‖ 3. poét. Cabello. ‖ 4. Filamento de diversas materias que guardan semejanza con el hilo. ‖ 5. Fibra de carne ‖ 6. Min. Filón. ‖ 7. En la madera, dirección de la fibra. ‖ *Cortar a uno la* HEBRA *de la vida*. fr. fig. Privarle de la vida. ‖ *De una* HEBRA. m. adv. fig. Chile. De un aliento. ‖ *Hacer* HEBRA. fr. Hacer madeja. ‖ *Pegar la* HEBRA. fr. fig. y fam. Trabar accidentalmente conversación, o prolongarla más de lo debido. ‖ **P.** linha para coser; **I.** thread; **F.** fil, brin; **A.** Faden; **It.** agugliata; **R.** нитка.

HEBRAICO, CA. (l. *hebraïcus*.) adj. Hebreo.

HEBRAÍSMO. (l. *hebraismus*.) m. Profesión de la ley antigua o de Moisés. ‖ 2. Giro o modo propio de hablar de la lengua hebrea. ‖ 3. Empleo de tales giros o construcciones en otro idioma.

HEBRAÍSTA. m. El que cultiva la lengua y literatura hebrea.

HEBRAIZANTE. p.a. de hebraizar. Que hebraiza. ‖ 2. m. Hebraísta. ‖ 3. Judaizante.

HEBRAIZAR. intr. Usar hebraismos.

HEBREO. (l. *hebrāeus*.) adj. Dícese del pueblo semítico, que también se llama israelita y judío. Apl. a pers. ú.t.c.s. ‖ 2. Perteneciente o relativo a este pueblo. ‖ 3. Aplícase al que profesa la ley de Moisés. Ú.t.c.s. ‖ 4. Perteneciente a los que la profesan. ‖ 5. m. Lengua de los hebreos. ‖ 6. fig. y fam. Mercader. ‖ 7. fig. y fam. Usurero. ‖ **P.** hebreu; **I.** Hebrew, Jew; **F.** hébreu; **A.** Hebräer; Jude; **It.** ebreo; **R.** еврей.

HEBRERO. m. Herbero, esófago del rumiante.

HEBRERO. (l. *februarius*.) m. ant. Febrero.

HEBROSO, SA. (De *hebra*.) adj. Fibroso.

HEBRUDO, DA. adj. And. y C. Rica. Hebroso.

★ **HECATÓLITA.** f. Miner. Especie de espato nacarado.

HECATOMBE. (l. *hecatombe*, y éste del gr. ἑκατόμβη; de ἑκατόν, ciento, y

βοῦς, buey.) f. Cualquier sacrificio solemne en que se ofrecen muchas víctimas. ‖ 2. fig Matanza, carnicería. ‖ **P.** hecatombe; **I.** hecatomb; **F.** hécatombe; **A.** Hekatombe; **It.** ecatombe; **R.** гекатомба.

HECIENTO, TA. adj. Feculento, que tiene heces.

★ **HECTARA.** f. Méj. Hectárea.

HECTÁREA. f. Medida de superficie que tiene 100 áreas o 10.000 metros cuadrados. ‖ **P.** hectare; **I.** y **F.** hectare; **A.** Hektar; **It.** ettara; **R.** гектар.

HÉCTICO, CA. (l. *hecticus*, y éste del gr. ἑκτικός, habitual.) adj. Pat. Hético. ‖ 2. Aplícase a la fiebre propia de las enfermedades consuntivas. Ú.t.c.s.

HECTIQUEZ. (De *héctico*.) f. Med. Estado morboso crónico, caracterizado por consunción y fiebre héctica.

HECTO. (contracc. irreg. del gr. ἑκατόν, ciento.) Prefijo que entra a formar vocablos expresivos de unidades métricas, con la significación de cien.

★ **HECTOÉDRICO, CA.** adj. Miner. Que tiene seis caras.

HECTÓGRAFO. (De *hecto*, y el gr. γράφω, escribir.) m. Aparato propio para sacar multitud de copias de un escrito o dibujo.

HECTOGRAMO. (De *hecto* y *gramo*.) m. Medida de peso que tiene 100 gramos. ‖ **P.** hectograma; **I.** y **F.** hectogramme; **A.** Hektogramm; **It.** ettogrammo; **R.** гектограмм.

HECTOLITRO. (De *hecto* y *litro*.) m Medida de capacidad que tiene 100 litros. ‖ **P.** hectolitro; **I.** y **F.** hectolitre; **A.** Hektoliter; **It.** ettòlitro; **R.** гектолитр.

HECTÓMETRO. (De *hecto* y *metro*.) Medida de longitud que tiene 100 metros. ‖ **P.** hectómetro; **I.** hectometer; **F.** hectomètre; **A.** Hektometer; **It.** ettòmetro; **R.** гектометр.

HECTÓREO, A. (l. *hectorĕus*.) adj. poét. Perteneciente a Héctor, o semejante a él.

★ **HECTOVATIO.** (De *hecto* y *vatio*.) m. Unidad eléctrica que equivale a 100 vatios.

HECHA. (l. *facta*.) f. Hecho, acto, acción. ‖ *De aquella* HECHA. m. adv. Desde entonces.

HECHICERESCO, CA. adj. Perteneciente a la hechicería.

HECHICERÍA. (De *hechicero*.) f. Arte supersticioso de hechizar. ‖ 2. Hechizo. ‖ 3. Acto de hechizar. ‖ **P.** feiticaria; **I.** witchcraft; **F.** sorcellerie; **A.** Zauberei, Höllenkunst; **It.** fattucchieria; **R.** колдовство.

HECHICERO, RA. (De *hechizo*.) adj. Que practica la hechicería. Ú.t.c.s. ‖ 2. fig. Que atrae y cautiva por su belleza, gracia o buenas cualidades. *Mujer* HECHICERA. ‖ **P.** feiticeiro; **I.** wizard; **F.** sorcier; **A.** Zauberer, Hexenmeister; **It.** fattucchiero; **R.** волшебный.

HECHIZAR. (De *hechizo*.) tr. Privar a alguien de la vida, de la salud o de la razón, o causarle otro daño cualquiera, mediante algún maleficio, según creencia vulgar. ‖ 2. fig. Embelesar, deleitar, atraer. ‖ **P.** enfeitiçar; **I.** to bewitch; **F.** ensorceler; **A.** bezaubern; **It.** ammaliare; **R.** околдовывать.

HECHIZO, ZA. (l. *facticĭus*.) adj. Artificioso o fingido. ‖ 2. De quita y pon, portátil, postizo, superpuesto. ‖ 3. Cualquier cosa de que se valen los hechiceros en sus prácticas de hechicería. ‖ 4. Chile. Dícese de algunos objetos fabricados en el país por oposición a los extranjeros. ‖ 5. m. Maleficio, cosa supersticiosa de que se valen los hechiceros para sus fines. ‖ 6. Bol. Hechura. ‖ 3.ª acep.: **P.** feitiço; **I.** sorcery; **F.** sortilège, charme; **A.** Bezauberung, Hexerei; **It.** fàscino, maleficio; **R.** колдовство.

HECHO, CHA. (l. *factus*.) p.p. irreg. de hacer. ‖ 2. Perfecto, maduro. *Hombre* HECHO. ‖ 3. Con algunos nombres, semejante a las cosas significadas por tales nombres. *Hecho un león*. ‖ 4. Con los adverbios: *bien* o *mal* y aplicado a animales, significa proporción o desproporción de sus miembros entre sí. ‖ 5. V. *Frase*, *ropa* HECHA. ‖ 6. Sólo en masculino, úsase como contestación. *¿Aceptas el plan?* HECHO. ‖ 7. m. Acción u obra. ‖ 8. Asunto

H o materia de que se trata. || **9.** For. Caso sobre que se litiga o que da motivo a la causa. || **10.** For. *Ignorancia de* hecho. *Presunción de* hecho. || **—de armas.** Hazaña o acción señalada en la guerra. || **—probado.** For. El declarado como tal en las sentencias de los tribunales de instancia, y es base para las apreciaciones jurídicas en casación, especialmente en lo criminal. || hechos *de los Apóstoles.* El quinto libro del Nuevo Testamento, escrito por San Lucas. || *A* hecho. m. adv. Seguidamente, sin interrupción hasta concluir. || **2.** Por junto, sin distinción. || *A nuevos* hechos, *nuevos consejos.* ref. que advierte que según las circunstancias, tiempos y costumbres, varían las leyes o la conducta de los hombres. || *De* hecho. m. adv. Efectivamente. || **2.** De veras, con eficacia y buena voluntad. || *De* hecho *y de derecho.* loc. Que además de existir y proceder, existe y procede legítimamente. || *Esto es* hecho. expr. que da a entender haberse verificado enteramente o consumado una cosa. || hecho *y derecho.* loc. que explica que una persona es cabal. || **2.** Real y verdadero. || **8.ª** acep.: **P.** feito; **I.** fact; **F.** fait; **A.** Tat; **It.** fatto; **R.** факт.

HECHOR, RA. (l. *factor, -ōris,* factor.) m. y. f. Chile. Malhechor, malhechora. || **2.** Argent., Chile y Venez. Garañón.

HECHURA. (l. *factūra.*) f. Acción de hacer. || **2.** Cualquier cosa respecto al que la ha hecho. *Somos* hechura *de Dios.* || **3.** fig. Una persona respecto a otra a quien debe cuanto tiene o representa. || **4.** Disposición y organización del cuerpo. || **5.** Figura que se da a las cosas. || **6.** Lo que se paga por la realización de una obra. Se usa especialmente en plural y aplicada a la confección de prendas de vestir. || **5.ª** acep.: **P.** estrutura; **I.** shape; **F.** façon; **A.** Gestalt, Form; **It.** fattura; **R.** структура.

HEDENTINA. (De *hedentino.*) f. Olor malo y penetrante. || **2.** Sitio donde lo hay.

HEDENTINO, NA. (De *hediente.*) adj. Hediondo.

HEDENTINOSO, SA. (De *hedentino.*) adj. ant. Hediondo.

HEDER. (l. *foetēre.*) intr. Arrojar de sí un olor muy malo y penetrante. || **2.** fig. Enfadar, cansar, ser intolerable. || **P.** feder; **I.** to stink; **F.** puer; **A.** stinken; **It.** puzzare; **R.** вонять.

★ HÉDERA. (l. *hedĕra,* hiedra.) f. Bot. Género de plantas araliáceas, arbustos trepadores como la hiedra.

★ HEDERINA. (l. *hedĕra,* hiedra.) f. Quím. Alcaloide que se halla en la semilla de la hiedra.

★ HEDERO. (l. *hedĕra.*) f. Bot. Hiedra.

★ HEDICRO. m. Farm. Ungüento perfumado que sirve para suavizar la piel. || **2.** Zool. Género de insectos himenópteros, de colores muy bellos.

HEDIENTE. (De *heder.*) p.p. de heder. Que hiede.

HEDIENTO, TA. adj. Hediondo.

HEDIONDAMENTE. m. adv. Con hedor.

HEDIONDEZ. f. Cosa hedionda. || **2.** Hedor.

HEDIONDO, DA. (l. *foetēbūndus.*) adj. Que arroja de sí hedor. || **2.** fig. Molesto, enfadoso. || **3.** fig. Sucio y repugnante, torpe y obsceno. || **4.** m. Bot. Arbusto leguminoso de olor desagradable, cuyas hojas se emplean como purgante. || **5.** Argent. Mofeta, zorrillo. || **P.** hediondo, da; **I.** stinking; **F.** puant; **A.** stinkig; **It.** puzzolente; **R.** зловонный.

HEDO, DA. (l. *foedus.*) adj. Feo.

★ HEDONAL. m. Farm. Substancia hipnótica, que produce el sueño.

HEDONISMO. (gr. ἡδονή, el placer.) m. Fil. Doctrina que proclama como fin supremo de la vida el placer.

HEDONISTA. adj. Perteneciente o relativo al hedonismo. || **2.** Partidario del hedonismo. Ú.t.c.s.

HEDOR. (De *fedor.*) m. Olor muy desagradable y penetrante. || **P.** fedor; **I.** stink; **F.** puanteur; **A.** Gestank; **It.** puzzo, fetore; **R.** зловоние.

HEGELIANISMO. m. Sistema filosófico, fundado en la primera mitad del siglo XIX por el alemán Hegel, según el cual, lo Absoluto, que él llama Idea, se manifiesta evolutivamente bajo las formas de naturaleza y de espíritu.

HEGELIANO, NA. adj. Que profesa el hegelianismo. Ú.t.c.s. || **2.** Perteneciente a él.

H E G E M O N Í A . (gr. ἡγεμονία, de ἡγεμών, guía.) f. Hegemonía. || **P.** hegemonia; **I.** hegemony; **F.** hégémonie; **A.** Hegemonie; **It.** egemonia; **R.** рере-мония.

HEGEMÓNICO. adj. Perteneciente o relativo a la hegemonía.

HÉGIRA. (ár. *hiŷra,* emigración.) f. Era de los mahometanos, que se cuenta desde la puesta del Sol del jueves 15 de julio de 622 de la era cristiana, y que se compone de los años lunares de 354 días, intercalando 11 de 355 en cada período de 30 años.

HEGUEMONÍA. (De *hegemonía.*) f. Supremacía que un Estado ejerce sobre otros.

HÉJIRA. f. Hégira.

HELABLE. adj. Que se puede helar.

HELADA. (l. *gelāta,* helado.) f. Congelación de los líquidos producida por la frialdad del tiempo. || **—blanca.** Escarcha. || *Caer* heladas. fr. Helar, 1.ª acep. || **P.** geada; **I.** frost; **F.** gelée, frimas; **A.** Reif, Frost; **It.** gelata; **R.** мороз. ° **HELADERA.** f. Nevera.

HELADERÍA. (De *heladero.*) f. Tienda en que se hacen y se venden helados.

HELADERO. m. Chile. El que tiene una heladería.

HELADIZO, ZA. adj. Que se hiela fácilmente.

HELADO, DA. p.p. de helar. || **2.** adj. Muy frío. || **3.** fig. Suspenso, atónito, pasmado. || **4.** fig. Esquivo, desdeñoso. || **5.** m. Bebida o manjar helado. || **6.** Sorbete. || **7.** And. Azúcar rosado. || **5.ª** y **6.ª** aceps.: **P.** gelado, sorvete; **I.** ice-cream, water-ice; **F.** crème-glacée, sorbet; **A.** Gefrorenes, Glacé; **It.** gelato, sorbetto; **R.** холодный, ледяной.

HELADOR, RA. adj. Que hiela. || **2.** Máquina de hacer helados.

HELADURA. (De *helar.*) f. Atronadura producida por el frío. || **2.** Doble albura.

★ HELAJE. m. Colom. Frío intenso.

HELAMIENTO. m. Acción y efecto de helar o helarse.

HELANTE. p.a. de helar. Que hiela.

HELAR. (l. *gelāre.*) tr. Congelar, cuajar, endurecer por la acción del frío un líquido. Ú.m.c. intr. y c.r. || **2.** fig. Poner o dejar a uno en suspenso, pasmado. || **3.** Ponerse una persona o cosa sumamente fría o yerta. helarse *de frío.* || **4.** Coagularse una cosa que se había liquidado por faltarle el calor necesario para mantenerse en el estado líquido. || **5.** Secarse la savia de las plantas a consecuencia de la congelación. || **6.** Desalentar, acobardar. || **P.** gelar; **I.** to freeze, to ice; **F.** glacer, geler; **A.** frieren, frösteln; **It.** agghiacciare; **R.** замораживать.

★ HELCOMA. f. Úlcera.

HELEAR. (De *hiel.*) tr. Ahelear, 1.ª acep.

HELECHAL. m. Sitio poblado de helechos.

HELECHO. (l. *filictum,* de *filix, -līcis.*) m. Bot. Planta de la clase de las filicales, especie de la familia de las polipodiáceas. || **2.** Planta polipodiácea de rizoma ramoso y frondas tripinnadas de uno o dos metros de longitud, con los soros dispuestos en dos filas paralelas al nervio medio de cada segmento. || **—hembra.** Polipodiácea. Aesplenium filis femina. || **—macho.** Polipodiácea de frondas bipinnadas. Su hoja se emplea como vermífugo. || **P.** feto; **I.** fern; **F.** fougère; **A.** Farnkraut; **It.** felce; **R.** папоротник.

HELENA. (l. *helĕna.*) f. Fuego de Santelmo, cuando se presenta con una sola llama.

HELÉNICO, CA. (gr. Ἑλληνικός.) adj. Griego.

HELENIO. (gr. ἑλένιον.) m. Bot. Planta compuesta, de raíz amarga, usada en medicina.

HELENISMO. (gr. Ἑλληνισμός.) m. Giro o modo de hablar propio de la lengua griega. || **2.** Empleo de tales giros en otro idioma. || **3.** Conjunto de manifestaciones en todos los órdenes de la vida material y espiritual de los antiguos griegos.

HELENISTA. (gr. Ἑλληνιστής.) m. Persona que cultiva la lengua y literatura griegas.

HELENÍSTICO, CA. adj. Perteneciente a los helenistas. || **2.** Dícese del griego alejandrino, particularmente del dialecto macedónico.

HELENIZANTE. p. a. de helenizar. Que heleniza. Ú.t.c.s.m.

HELENIZAR. (De *heleno.*) tr. p. us. Introducir las costumbres, cultura y arte griegos en otra nación.

HELENO, NA. adj. Griego. Ú.t.c.s. || **P.** grego; **F.** hellène; **A.** Hellene; **It.** elleno; **R.** эллинский.

★ HELENÓFILO, LA. (gr. *philos,* amigo) adj. Amigo o partidario de los griegos modernos. Ú.t.c.s.

★ HELENOL. (De *helenio.*) m. Quím. Alcanfor.

HELERA. f. Granillo. || **2.** m. Ecuad. Helero.

HELERO. m. Masa de hielo acumulado en las zonas elevadas de las cordilleras por debajo del límite de las nieves perpetuas. || **2.** Por ext. toda la mancha de nieve. || **P.** geleira; **I.** y **F.** glacier; **A.** Gletscher; **It.** ghiaccioio; **R.** ледник.

HELESPONTIACO, CA [~TÍACO, CA]. (l. *hellespontiācus.*) adj. ant. Helespóntica.

HELESPÓNTICO, CA. (l. *hellespontiăcus.*) adj. Perteneciente o relativo al Helesponto.

HELGADO, DA. (l. *filicātus,* de *filix,* helcho.) adj. Que tiene ralos y desiguales los dientes.

HELGADURA. (De *helgado.*) f. Espacio entre diente y diente. || **2.** Desigualdad de éstos.

HELIACO, CA [~LÍACO, CA]. (l. *heliăcus,* y éste del gr. ἡλιάκος, solar, de ἥλιος, sol.) adj. Dícese del orto u ocaso de un astro, que no es anterior ni posterior en más de una hora al del Sol. || **2.** Perteneciente o relativo al Sol.

HÉLICE. (l. *helix, -icis,* y éste del gr. ἕλιξ, -ικος, espiral.) m. ant. Arq. Voluta. || **2.** Astron. Osa Mayor. Por girar alrededor del polo. || **3.** f. Anat. Parte más externa y periférica del pabellón de la oreja. || **4.** Geom. Curva de longitud indefinida que da vueltas en la superficie de un cilindro. || **5.** Espiral. || **6.** Mar. Conjunto de aletas helicoidales que al girar alrededor de un eje producen una fuerza impulsora. Se utiliza preferentemente en la impulsión de buques y aeronaves. || **4.ª** acep.: **P.** hélice; **I.** helix; **F.** hélice; **A.** Schraube, Flügelschraube; **It.** èlica; **R.** пропеллер.

★ HELICINO, NA. (De *hélice.*) adj. Relativo al caracol. || **2.** Anat. Dícese de las arterias espiroidales del tejido eréctil.

★ HELICLINO, NA. adj. Dícese de la rampa que asciende describiendo una curva.

HÉLICO, CA. (gr. ἑλικός, torcido.) adj. ant. Geom. De figura espiral.

HELICOIDAL. (De *helicoide.*) adj. De figura de hélice.

HELICOIDE. (gr. ἕλιξ, -ικος, espiral, y εἶδος, forma.) m. Geom. Superficie engendrada por una recta que se mueve apoyada en una hélice.

HELICÓN. (l. *Helicon, -ōnis,* y éste del gr. Ἑλικών.) m. fig. Lugar de donde se viene o adonde se va a buscar la inspiración poética. || **2.** Instrumento músico de metal, de grandes dimensiones, cuyo tubo de forma circular, permite colocarlo alrededor del cuerpo.

HELICONA. adj. f. Heliconia.

HELICÓNIDES. (l. *Helicónides,* y éste del gr. Ἑλικωνίδες.) f. pl. Las musas, que según la fábula moraban en el monte Helicón.

★ HELICÓNIDOS. m. pl. Bot. Familia de insectos lepidópteros del Brasil.

HELICONIO, NIA. (l. *heliconius,* y éste gr. ἑλικώνιος.) adj. Perteneciente al monte Helicón o a las Heliconides.

HELICÓPTERO. (gr. ἕλιξ, -ικος, hélice, y πτερόν, ala.) m. Aparato de aviación que se sostiene en el aire por la acción directa de hélices de eje vertical. || **P.** helicóptero; **I.** helicopter; **F.** hélicoptère; **A.** Schraubenflieger; **It.** elicòttero; **R.** автожир.

HELIO. (gr. ἥλιος, sol.) m. Cuerpo, simple, gaseoso, muy ligero y de poca actividad química. Se descubrió en la atmósfera solar y se ha hallado también en la terrestre, en ciertos minerales y en la emanación gaseosa de las aguas nitrogenadas y en la del radio. Símbolo, He.

HELIOCÉNTRICO, CA. (gr. ἥλιος, sol, y *céntrico*.) adj. ASTRON. Aplícase a las medidas y lugares astronómicos que han sido referidos al centro del Sol.

★ **HELIODINÁMICA.** (gr. ἥλιος, sol y *dinámica*.) f. Fís. Rama de la física que estudia el calor solar y sus aplicaciones.

★ **HELIOFILIA.** (gr. ἥλιος, sol, y φίλος, amante.) f. Amor, afición a la luz.

HELIOFÍSICA. (gr. ἥλιος, sol, y φύσις, naturaleza.) f. Tratado de la naturaleza física del Sol.

HELIOFÍSICO, CA. adj. ASTRON. Perteneciente o relativo a la heliofísica.

HELIOGÁBALO. (Por alusión al emperador romano de este nombre, que fue voraz en el comer.) m. fig. Hombre dominado por la gula.

HELIOGRABADO. (gr. ἥλιος, sol, y *grabado*.) m. Procedimiento para obtener, mediante la acción de la luz solar, grabados en relieve. || **2.** Estampa obtenida por este procedimiento. || **P.** heliogravura; **I.** heliogravure; **F.** héliogravure; **It.** eliogravatura; **R.** гелиогравюра.

HELIOGRAFÍA. (gr. ἥλιος, sol, y γράφω, describir.) f. Sistema de transmisión de señales por medio del heliógrafo.

HELIOGRÁFICO, CA. adj. Relativo o perteneciente al heliógrafo o heliografía.

HELIÓGRAFO. (gr. ἥλιος, sol y γράφω, describir.) m. Instrumento destinado a hacer señales telegráficas por medio de la reflexión de un rayo de sol en un espejo plano. || **2.** Instrumento para tomar fotografías del Sol. || **3.** Aparato que registra la duración de la insolación. || **P.** heliógrafo; **I.** heliograph; **F.** héliographe; **A.** Heliograph; **It.** eliògrafo; **R.** гелиограф.

HELIOGRAMA. (gr. ἥλιος, sol, y *grama*, aféresis de telegrama.) m. Despacho telegráfico transmitido por medio del heliógrafo.

HELIÓMETRO. (gr. ἥλιος, sol y μέτρον, medida.) m. Instrumento para medir el diámetro aparente de un astro o las distancias angulares entre dos. || **P.** heliómetro; **I.** heliometer; **F.** héliomètre; **A.** Sonnenmesser; **It.** eliòmetro; **R.** гелиометр.

HELIOSCOPIO. (gr. ἥλιος, sol, y σκοπέω, mirar.) m. Fís. Anteojo convenientemente dispuesto para poder mirar el Sol, y examinar su disco sin ser deslumbrado. || **P.** helioscópio; **I.** helioscope; **F.** hélioscope; **A.** Helioskop, Sonnenfernrohr; **It.** elioscopio; **R.** гелиоскоп.

HELIOSIS. (gr. ἡλίωσις.) f. PAT. Insolación.

HELIÓSTATO. (gr. ἥλιος, sol, y στατός, parado.) m. Instrumento geodésico para hacer señales a larga distancia reflejado en una dirección fija un haz de rayos solares, mediante un espejo movido por un mecanismo de relojería. || **P.** heliostato; **I.** heliostat; **F.** héliostat; **A.** Heliostat; **It.** eliòstato; **R.** гелиостат.

HELIOTELEGRAFÍA. (gr. ἥλιος, sol, y *telegrafía*.) f. Telegrafía por medio del heliógrafo.

HELIOTERAPIA. (gr. ἥλιος, sol, y θεραπεία, curación.) f. Método curativo que consiste en exponer a la acción de los rayos solares todo el cuerpo del enfermo o parte de él.

HELIOTROPIO. (l. *heliotropius*, y éste del gr. ἡλιοτρόπιον.) m. Heliotropo.

HELIOTROPO. (gr. ἡλιότροπος; de ἥλιος, sol, y τρέπω, volver, porque las flores de la planta miran siempre hacia el Sol.) m. BOT. Planta borraginácea de jardín, de flores pequeñas, azuladas y en cimas escorpioideas. Es originaria del Perú. || **2.** MINERAL. Calcedonia de color verde obscuro con manchas rojizas. También se llama jaspe sanguíneo. || **3.** Helióstato en que el espejo es movido a mano,

mediante tornillos. || **P.** heliotrópio; **I.** heliotrope; **F.** héliotrope; **A.** Heliotrop; **It.** eliotropio; **R.** гелиотроп.

HELMINTIASIS. f. MED. Enfermedad producida por los helmintos.

HELMÍNTICO, CA. adj. Relativo a los helmintos. || **2.** Dícese del medicamento que se emplea contra los helmintos.

HELMINTO. (gr. ἕλμινς, -ινθος, gusano.) Gusano, especialmente los parásitos del intestino y del hígado. || **2.** MINER. Variedad de ripiolita. || **P.** helminto; **I.** helminth; **F.** helminthe; **A.** Bandwurm; **It.** elminto.

HELMINTOLOGÍA. (gr. ἕλμινς, -ινθος, gusano, y λόγος, tratado.) f. ZOOL. Parte de la zoología que trata de la descripción y estudio de los gusanos.

HELMINTOLÓGICO, CA. adj. Perteneciente o relativo a la helmintología.

HELOR. (De *hielo*.) m. MURC. Frío intenso y penetrante.

HELVECIO. (l. *helvetius*.) adj. Natural de Suiza.

HELVÉTICO, CA. adj. Helvecio. Apl. a pers. ú.t.c.s.

HEMACRIMO. (gr. αἷμα, sangre, y κρυμός, frío.) adj. ZOOL. Dícese de los animales de sangre fría; como los reptiles, insectos, etc.

★ **HEMACROMA.** (gr. αἷμα, χρῶμα, color.) f. QUÍM. BIOL. Materia colorante roja de la sangre.

★ **HEMADINÁMICA.** (gr. αἷμα, sangre, y *dinámica*.) f. FISIOL. Teoría mecánica de la circulación de la sangre.

★ **HEMADINAMOMETRÍA.** (gr. αἷμα, sangre, y *dinamometría*.) f. MED. Método para medir la presión sanguínea.

★ **HEMADROMÓGRAFO.** m. MED. Instrumento usado para registrar la velocidad de la sangre.

★ **HEMAFEÍNA.** f. QUÍM. Materia parda que resulta de la descomposición de la hematina.

★ **HEMAFOBIA.** (gr. αἷμα, sangre, y φόβος, terror.) f. PAT. Horror a la sangre.

★ **HEMANÁLISIS.** (gr. αἷμα, sangre, y *análisis*.) f. Análisis de la sangre.

★ **HEMASTÁTICA.** (gr. αἷμα, sangre, y *estática*.) f. Parte de la fisiología que estudia las leyes del equilibrio de la sangre en el organismo.

★ **HEMATAREÓMETRO.** m. Instrumento que sirve para medir la presión de los gases en la sangre.

HEMATEMESIS. (gr. αἷμα, -ατος, sangre, y ἔμεσις, vómito.) f. MED. Vómito de sangre.

HEMATERMO. (gr. αἷμα, sangre, y θερμός, caliente.) adj. Dícese del animal de sangre caliente, o sea de temperatura superior a la del medio en que vive; como las aves y los mamíferos.

★ **HEMATIDROSIS.** f. PAT. Sudor de sangre, hemorragia por las glándulas sudoríparas.

HEMATÍE. (gr. αἷμα, -ατος, sangre.) m. ZOOL. Glóbulo rojo que nada en el plasma de los animales de sangre caliente. Da el color rojo característico de la sangre.

★ **HEMATINA.** f. QUÍM. Pigmento ferruginoso contenido en los hematíes de la sangre.

HEMATITES. (l. *haematites*, y éste del gr. αἱματίτης.) f. MINER. Óxido de hierro nativo, de color rojo o pardo, y estructura fibrosa. || **P.** hematite; **I.** bloodstone, hematite; **F.** hématite; **A.** Blutstein, Hämatit; **It.** ematite; **R.** железняк.

★ **HEMATOCATARSIS.** f. Lavado de sangre.

★ **HEMATOCEMIA.** f. PAT. Pérdida de sangre.

★ **HEMATOCITO.** m. Corpúsculo de sangre.

HEMATÓFAGO. (gr. αἷμα, -ατος, sangre, y φαγεῖν, comer.) adj. Que ingiere sangre, que se alimenta con ella. Dícese principalmente de los insectos chupadores.

★ **HEMATOLOGÍA.** (gr. αἷμα, sangre, y λόγος, tratado.) f. Tratado sobre la sangre.

HEMATOMA. (gr. αἷμα, -ατος, sangre.) m. PAT. Tumor producido por la acumulación de sangre extravasada. || **P.** e **I.** hematoma; **F.** hématome; **A.** Blutgeschwulst; **It.** ematoma; **R.** кровяный.

★ **HEMATOSCOPIA.** MED. Examen bacteriológico de la sangre.

HEMATOSIS. (gr. αἱμάτωσις, de αἱματόω, cambiar la sangre.) f. Conversión de la sangre venosa en arterial.

★ **HEMATOSPILIA.** f. MED. Púrpura, mancha de sangre.

HEMATOXILINA. (gr. αἷμα, -ατος, sangre, y ξύλον, madera.) f. Materia colorante de palo campeche muy utilizada en histología.

HEMATOZOARIO. (gr. αἷμα, -ατος, sangre, y ξῷον, animal.) adj. ZOOL. Dícese de los animales que viven parásitos en la sangre de otros. Ú.t.c.s.m.

HEMATURIA. (gr. αἷμα, -ατος, sangre, y οὐρέω, orinar.) f. MED. Fenómeno morboso que consiste en orinar sangre.

HEMBRA. (l. *femina*.) f. Animal del sexo femenino. || **2.** Mujer. || **3.** En las plantas dioicas, el pie que da flores femeninas. || **4.** fig. Pieza con un agujero en que otra se introduce y encaja. || **5.** El mismo agujero. || **6.** Molde. || **7.** Cola de caballo poco poblada. || **P.** femea; **I.** female; **F.** femelle; **A.** Weibchen; **It.** fèmmina; **R.** самка.

HEMBRAJE. m. MÉR. Conjunto de las hembras de un ganado.

HEMBREAR. intr. Mostrar el macho inclinación a las hembras. || **2.** Engendrar más hembras que machos, o sólo hembras.

★ **HEMBRERÍA.** f. ANT. Mujerío.

HEMBRILLA. f. d. de hembra. || **2.** En algunos artefactos, piececita pequeña en que otra se introduce o asegura. || **3.** AND. Sobeo. || **4.** RIOJA y AR. Trigo candeal de grano chico. || **5.** ECUAD. Germen, embrión.

★ **HEMBRIMACHAR.** tr. C. RICA. Machiembrar.

★ **HEMBRITA.** f. HOND. Plátano pequeño y suave.

★ **HEMBRUCA.** f. CHILE. Hembra del jilguero.

HEMBRUNO, NA. adj. Perteneciente a la hembra.

★ **HEMÉLITRO.** m. ZOOL. Ala de insecto cuando es córnea solamente en la base.

HEMENCIA. (De *femencia*.) f. ant. Vehemencia, eficacia.

HEMENCIAR. (De *femencia*.) tr. ant. Solicitar vehemente una cosa.

HEMENCIOSO, SA. (De *hemencia*.) adj. ant. Vehemencia, activo.

★ **HEMERÓBIDOS.** m. pl. ZOOL. Grupo de insectos neurópteros que tienen cuatro alas relativamente grandes y casi iguales de tamaño y forma.

★ **HEMEROCALA.** f. BOT. Género de plantas liliáceas.

★ **HEMERÓLOGO, GA.** m. y f. Autor o autora de un calendario. || **2.** Persona que se ocupa de cuestiones relativas al calendario.

HEMEROTECA. (gr. ἡμέρα, día, y θήκη, caja, depósito.) f. Biblioteca, salón o local donde principalmente se guardan y sirven al público diarios y otras publicaciones periódicas.

HEMICICLO. (l. *hemicyclus*, y éste del gr. ἡμικύκλιον; de ἡμι-, medio, y κύκλος, círculo.) m. Semicírculo. || **2.** Espacio central del salón de sesiones de las Cortes. || **P.** hemiciclo; **I.** hemicycle; **F.** hémicycle; **A.** Halbkreis; **It.** emiciclo; **R.** полукруг.

HEMICRÁNEA. (l. *hemicrania*, y éste del gr. ἡμικρανία; de ἡμι-, medio, y κράνιον, cráneo.) f. MED. Jaqueca.

★ **HEMIÉDRICO, CA.** adj. CRISTALOG. Dícese del cristal que no presenta más que la mitad de las caras de la forma holoédrica correspondiente.

★ **HEMIEDRO.** m. Cristal hemiédrico.

★ **HEMIGAMIA.** f. Carácter de ciertas plantas gramináceas, que dentro de la misma gluma, encierran flores masculinas, femeninas y neutras.

HEMINA. (l. *hemina*, y éste del gr. ἡμίνα.) f. Medida antigua para líquidos. || **2.** Cierta medida de capacidad y agraria de la provincia de León.

HEMIPLEJÍA. (gr. ἡμιπληξία; de ἡμι-, medio, y πλήσσω, herir, golpear.) f. MED. Parálisis de todo un lado del cuerpo. || **P.** hemiplejia; **I.** hemiplegia; **F.** hémiplégie; **A.** Halbseitlähmung; **It.** emiplegia; **R.** паралич.

HEMIPLÉJICO, CA. adj. Pertenecien-

H

te a la hemiplejía o propio de ella. ‖ **2.** Que la padece. Ú.t.c.s.

HEMÍPTERO, RA. (gr. ἡμι-, medio, y πτερόν, ala.) adj. ZOOL. Dícese de los insectos chupadores, casi siempre con cuatro alas y con metamorfosis sencilla; como la chinche, la cigarra y los pulgones. Ú.t.c.s. ‖ **2.** m. pl. ZOOL. Orden de estos insectos. ‖ **P.** hemíptero; **I.** hemipter; **F.** hémiptère; **A.** Halbflüger; **It.** emittero.

HEMISFÉRICO, CA. adj. Perteneciente o relativo al hemisferio. ‖ **P.** hemisférico; **I.** hemispherical; **F.** hémisphérique; **A.** Hemisphärisch; **It.** emisférico; **R.** полусфери ческий.

HEMISFERIO. (l. *hemisphaerĭum*, y éste del gr. ἡμισφαίριον; de ἡμι-, medio y σφαῖρα, esfera.) m. GEOM. Cada una de las dos mitades de la esfera dividida por un plano que pasa por el centro. ‖ **2.** Cada una de las dos mitades de la esfera celeste o terrestre limitadas por el ecuador (hemisferio boreal y austral), o por un meridiano (h. occidental y oriental.) ‖ —**de cerebro o del cerebelo.** Cada una de las dos mitades laterales en que parecen dividirse estos órganos. ‖ **P.** hemisférico; **I.** hemisphere; **F.** hémisphère; **A.** Hemisphäre, Halbkugel; **It.** emisfero; **R.** полушарие.

HEMISFERO. m. ant. Hemisferio.

HEMISTIQUIO. (l. *hemistichium*, y éste del gr. ἡμιστίχιον; de ἡμι-, medio, y στίνος, línea.) m. Mitad o parte de un verso. Dícese especialmente de cada una de las dos partes de un verso separadas o determinadas por una cesura. ‖ **P.** hemistiquio; **I.** hemistich; **F.** hémistiche; **A.** Halbvers; **It.** emistichio.

* **HEMITEO, A.** (gr. ἡμι-, medio y θεός, dios.) m. Semidiós, hijo de una divinidad y de un mortal.

HEMOCIANINA. (gr. αἷμα, sangre, y κυανός, azul.) f. ZOOL. Substancia equivalente en el aspecto fisiológico a la hemoglobina, que toma color azulado cuando se oxida.

HEMOFILIA. (gr. αἷμα, sangre, y φίλος, amigo.) f. Estado morboso generalmente hereditario que se manifiesta por una tendencia a la hemorragia, en desproporción con el agente determinante. ‖ **P.** hemofilia; **I.** hemophilia; **F.** hémophilie; **A.** Hämophilie; **It.** emofilia; **R.** гемофилия.

HEMOGLOBINA. (gr. αἷμα, sangre, y de *glóbulo*, corpúsculo sanguíneo formado por una sola célula.) f. ZOOL. Materia colorante de los glóbulos rojos de la sangre, que sirve de vehículo para transportar el oxígeno del aire al interior de los tejidos. ‖ **P.** hemoglobina; **I.** hemoglobin; **F.** hémoglobine; **A.** Blutfarbestoff; **It.** emoglobina; **R.** гемоглобин.

* **HEMOGLOBINURIA.** f. MED. Presencia de hemoglobina en la orina. ‖ **2.** VETER. Enfermedad del ganado caracterizada por la presencia de la hemoglobina en la orina.

* **HEMÓLISIS.** f. PAT. Disolución de los corpúsculos sanguíneos por acción de bacterias u otras causas.

HEMOPATÍA. (gr. αἷμα, sangre, y πάθος, padecimiento.) f. MED. Enfermedad de la sangre.

HEMOPTÍSICO, CA. adj. MED. Dícese del enfermo atacado de hemoptisis.

HEMOPTISIS. (l. *haemoptysis*, y éste del gr. αἱμόπτυσις; de αἷμα, sangre, y πτύω, expectorar.) f. MED. Hemorragia de la mucosa pulmonar, caracterizada por la expectoración más o menos abundante de sangre. ‖ **P.** hemoptise; **I.** hemoptysis; **F.** hémoptysie; **A.** Dungenblutung; **It.** emottisi; **R.** кровохаркание.

HEMORRAGIA. (l. *haemorrhagia*, y éste del gr. αἱμορραγία; de αἷμα, sangre, y ἥγνυμι, brotar.) f. MED. Flujo de sangre por rotura accidental o espontánea de los vasos. Según cuales sean éstos, se distinguen las hemorragias arteriales, venosas, y capilares. La sangre puede verterse al exterior o derramarse en el interior de los tejidos. La externa puede ser arterial o venosa; la arterial es de sangre roja y la venosa es de sangre negroazulada. ‖ **P.** hemorragia; **I.** hemorrhage; **F.** hémorragie; **A.** Blutsturz, Blutung; **It.** emorragia; **R.** кровотечение.

HEMORROIDA. f. MED. Hemorroide.

HEMORROIDAL. (De *hemorroide*.) adj. MED. Perteneciente a las almorranas. Arteria, sangre hemorroidal. *Venas* HEMORROIDALES.

HEMORROIDE. (l. *haemorrhŏis*, -*ĭdis*, y éste del gr. αἱμορροΐς; de αἷμα, sangre, y ῥέω, fluir.) f. MED. Almorrana. ‖ **P.** hemorróides; **I.** hemorrhoid; **F.** hémorroïde; **A.** Hämorrhoiden; **It.** emorroide; **R.** моррой.

HEMORROISA. f. Mujer que padece flujo de sangre.

HEMORROO. (gr. αἱμόρροος.) m. Ceraste.

HEMOSTASIS. (gr. αἷμα, sangre, y στάσις, fijación.) f. PAT. Práctica de los medios conducentes a cohibir las hemorragias.

HEMOSTÁTICO, CA. (gr. αἷμα, sangre, y στατικός, que detiene.) adj. MED. Dícese del medicamento que se emplea para contener la hemorragia. Ú.t.c.s.m.

* **HEMOSTATO.** m. Aparato para detener la hemorragia.

* **HEMOTACÓMETRO.** m. HISTOL. Instrumento para medir la velocidad de la sangre.

* **HEMOTEXIA.** f. PAT. Desintegración de la sangre.

* **HEMOTIMIA.** f. Tendencia al asesinato.

* **HEMOTÓRAX.** m. Acumulación de sangre en la cavidad torácica, en la pleura especialmente.

* **HEMULÓN.** m. ZOOL. Género de peces acantopterigios, de América central y septentrional, que tienen la propiedad de presentar en el interior de la boca una coloración anaranjada o rojiza.

HENAL. (De *heno*.) m. Henil.

HENAR. m. Sitio poblado de heno.

HENASCO. (De *heno*.) m. SAL. Hierba seca que queda en los prados o entre matas, en verano.

HENAZO. (De *heno*.) m. SAL. Almiar.

HENCHIDOR, RA. adj. Que hinche o llena. Ú.t.c.s.

HENCHIDURA. f. Acción y efecto de henchir.

HENCHIMIENTO. m. Henchidura. ‖ **2.** Suelo de pilas sobre el cual baten los mazos en los molinos de papel. ‖ **3.** MAR. Pieza de madera con que se rellena un hueco de otra principal.

HENCHIR. (l. *implēre*.) tr. Llenar, ocupar con alguna cosa un espacio vacío. ‖ **2.** Llenarse, hartarse de comida o bebida. ‖ **P.** encher; **I.** to fill up; **F.** remplir; **A.** anfüllen; **It.** riempire; **R.** наполнять.

HENDEDOR, RA. adj. Que hiende.

HENDEDURA. (De *hender*.) f. Hendidura. ‖ **P.** fenda, greta; **I.** split; **F.** fente; **A.** Schlitz; **It.** fessura; **R.** трещина.

HENDER. (l. *findĕre*.) tr. Hacer una hendedura. ‖ **2.** fig. Atravesar o cortar un fluido. HENDER *los aires, las aguas.* ‖ **3.** fig. Abrirse paso entre una muchedumbre. ‖ **4.** P. RICO. Emborracharse, embriagarse. ‖ **P.** fender; **I.** to split, to chink; **F.** fendre; **A.** spalten, spleissen; **It.** fèndere; **R.** образовывать трещины.

HENDIBLE. adj. Que se puede hender.

* **HENDIDOR, RA.** adj. CHILE. Hendedor.

HENDIDURA. (De *hendido*, p.p. de *hender*.) f. Abertura prolongada en un cuerpo sólido, cuando no llega a dividirlo del todo. ‖ **P.** fenda; **I.** split; **F.** fente; **A.** Spalt, Riss; **It.** fessura; **R.** расщелина.

HENDIENTE. (De *hender*.) m. ant. Golpe que con la espada u otra arma cortante se tiraba o daba de alto a bajo.

HENDIJA. f. Aféresis de rehendija.

HENDIMIENTO. m. Acción y efecto de hender o henderse.

HENDIR. Hender.

HENDRIJA. (De *hendija*.) f. ant. Rendija.

HENEQUÉN. m. BOT. AMÉR. Pita, agave.

HÉNIDE. (De *heno*.) f. poét. Ninfa de los prados.

HENIFICAR. tr. Segar plantas forrajeras, y secarlas al sol para conservarlas como heno.

HENIL. (l. *fenīle*.) m. AGR. Lugar donde se guarda el heno.

* **HENIQUÉN.** m. CUBA. Henequén.

HENO. (l. *fēnum*.) m. Conjunto de especies vegetales que forman los prados naturales. ‖ **2.** Hierba segada, seca, para alimento del ganado. ‖ **3.** BOT. Planta de la familia de las gramíneas, con cañas finas de unos 20 cm. de largo, hojas estrechas y agudas y flores en panoja abierta. ‖ **P.** feno; **I.** hay; **F.** foin; **A.** Heu; **It.** fieno; **R.** сено.

HENOJIL. (De *hinojo*, rodilla.) m. Cenojil.

HEÑIR. (l. *fingĕre*.) tr. Amasar o sobar la masa con los puños. ‖ **2.** fig. Vencer dificultades.

* **HEPATALGIA.** f. PAT. Dolor de hígado.

HEPÁTICA. (l. *hepatĭca*, t.f. de -*cus*, hepático.) adj. Dícese de la planta de la clase de las hepáticas. ‖ **2.** f. Planta hepática, de frondas pequeñas y coriáceas, que forma céspedes en los lugares húmedos. ‖ **3.** Planta ranunculácea, vivaz, de hojas radicales y flores azuladas, rojizas o blancas. ‖ **4.** f. pl. Clase de plantas briofitas. ‖ **P.** hepática; **I.** liverwort; **F.** hépatique; **A.** Steinleberkraut; **It.** epática.

HEPÁTICO, CA. (l. *hepatĭcus*, y éste del gr. ἡπατικός, de ἧπαρ, hígado.) adj. BOT. Plantas briofitas semejantes a los musgos, que viven en lugares húmedos. ‖ **2.** MED. Que padece del hígado. Ú.t.c.s. ‖ **3.** Perteneciente a esta víscera. ‖ **4.** f. pl. BOT. Clase de las plantas hepáticas.

HEPATITIS. (gr. ἧπαρ, ἧπατος, hígado, y el suf. -*itis*.) f. PAT. Inflamación del hígado. ‖ **P.** hepatite; **I.** hepatitis; **F.** hépatite; **A.** Leberentzündung; **It.** epatite; **R.** гепатит.

HEPATIZACIÓN. (De *hepatizarse*.) f. PAT. Paso de un tejido orgánico a un estado tal que presenta aspecto parecido al del hígado.

* **HEPATÓLICO, CA.** adj. Destructor del tejido hepático.

* **HEPATÓLITO.** m. PAT. Cálculo biliar.

* **HEPATOLOGÍA.** f. MED. Parte de la medicina que trata del hígado y de sus enfermedades.

* **HEPATÓLOGO, GA.** m. y f. Persona versada en hepatología.

* **HEPATOMA.** m. PAT. Tumor del hígado.

* **HEPATOPATÍA.** f. MED. Cualquiera de las enfermedades del hígado.

* **HEPATOPIRITA.** f. MINER. Marcasita.

* **HEPATOTOXINA.** f. BIOQUÍM. Toxina que destruye las células hepáticas.

HEPTACORDO. (l. *heptachordus*, y éste del gr. ἑπτάχορδος; de ἑπτά, siete, y χορδή, cuerda.) m. MÚS. Gama o escala usual compuesta de las siete notas *do, re, mi, fa, sol, la, si.* ‖ **2.** MÚS. Intervalo de séptima en la escala musical. ‖ **P.** heptacordo; **I.** heptachord; **F.** heptacorde; **A.** Heptachord; **It.** ettacordo; **R.** гамма.

* **HEPTACRÓMICO, CA.** adj. Dícese de quien posee la visión plena de los siete colores del espectro.

* **HEPTAEDRO.** m. GEOM. Sólido limitado por siete caras. ‖ **P.** heptaedro; **I.** heptaedron; **F.** heptaédre; **A.** Siebenflächner; **It.** ettaedro.

HEPTAGONAL. adj. De figura de heptágono o semejante a él.

HEPTÁGONO, NA. (l. *heptagōnus*, y éste del gr. ἑπτάγωνος; de ἑπτά, siete, y γωνία, ángulo.) adj. GEOM. Aplícase al polígono de siete lados. Ú.m.c.s.m. ‖ —**regular.** GEOM. El que tiene iguales los siete lados y los siete ángulos. ‖ **P.** heptágono; **I.** heptagon; **F.** heptagone; **A.** Siebeneck; **It.** ettàgono; **R.** семиугольник.

HEPTÁMETRO. adj. poét. Aplícase al verso que consta de siete pies. Ú.t.c.s.

HEPTARQUÍA. (gr. ἑπτά, siete, y ἀρχία, gobierno.) f. País dividido en siete reinos. ‖ **P.** heptarquia; **I.** heptarchy; **F.** heptarchie; **A.** Heptarchie; **It.** ettarchia.

HEPTASILÁBICO, CA. adj. Perteneciente o relativo al heptasílabo.

HEPTASILABO, BA. (gr. ἑπτά, siete, y συλλαβή, sílaba.) adj. Que tiene siete sílabas. *Verso* HEPTASÍLABO. Ú.t.c.s. ‖ **P.** heptassilabo; **I.** heptasyllabe; **F.** heptasyllabe; **A.** siebensilbig (Vers); **It.** ettasillabo.

HEPTATEUCO. (l. *heptateuchus*, y éste del gr. ἑπτάτευχος; de ἑπτά, siete, y τεῦχος, libro.) m. Parte de la Biblia que comprende el Pentateuco y los dos siguientes de Josué, y el de los Jueces.

HER. (De *fer*.) tr. Hacer. Ú. en Salamanca.

HERACLIDA. (l. *heraclidae, -arum*, y éste del gr. Ἡρακλείδης; de Ἡρακλῆς, Hércules.) adj. Descendiente de Heracles o Hércules. Ú.t.c.s.

HERÁLDICA. (De *heráldico*.) f. Blasón, 1.ª acep. ‖ **P.** heráldica; **I.** heraldry; **F.** héraldique; **A.** Wappenkunde; **It.** aràldica; **R.** геральдика.

HERÁLDICO, CA. (De *heraldo*.) adj. Perteneciente al blasón o a la que se dedica a esta ciencia. Ú.t.c.s.

HERALDISTA. (De *heráldica*.) com. Persona versada en la heráldica. ‖ **P. e I.** armorist; **F.** héraldite; **A.** Wappenkundiger; **It.** araldista.

HERALDO. (ant. alto al. *heriwalto*.) m. Rey de armas. ‖ **P.** arauto; **I.** herald; **F.** héraut; **A.** Herold; **It.** araldo; **R.** герольд.

HERAUTE. m. ant. Haraute.

HERBÁCEO, A. (l. *herbacĕus*.) adj. De la naturaleza de la hierba. ‖ **P.** herbáceo; **I.** herbaceous; **F.** herbacé; **A.** grasartig; **It.** erbáceo; **R.** травяной.

HERBADA. f. Bot. Jabonera.

HERBADGO. m. Herbaje.

HERBAJAR. (De *herbaje*.) tr. Apacentar el ganado en una dehesa o prado. Ú.t.c.tr.

HERBAJE. (l. *herbaticus*.) m. Conjunto de hierbas que se crían en los prados y dehesas. ‖ **2.** Derecho que cobran los pueblos por el pasto de los ganados forasteros en sus términos concejiles y por el arrendamiento de los pastos y dehesas. ‖ **3.** Tributo que en la corona de Aragón se pagaba a los reyes al principio de su reinado, por razón y a proporción de los ganados mayores y menores que cada uno poseía. ‖ **4.** Tela de lana, parda, gruesa, áspera e impermeable usada principalmente por la gente de mar. ‖ **P.** hervagem; **I.** herbage; **F.** herbage, prairie; **A.** Weide, Grünfutter; **It.** erbaggio; **R.** пастбище.

HERBAJEAR. tr. e intr. Herbajar.

★ **HERBAJERÍA.** (De *herbaje*.) f. Sal. Prado. ‖ **2.** Sal. Terreno comunal de pastos.

HERBAJERO. m. El que toma en arrendamiento el herbaje de los prados o dehesas. ‖ **2.** El que da en arrendamiento el herbaje de sus dehesas o prados.

HERBAL. (l. *herba*, hierba.) adj. Sal. Cereal, 3.ª acep. Ú.t.c.s.

HERBAR. tr. Aderezar, adobar con hierbas las pieles o cueros. ‖ **2.** ant. Enherbolar.

HERBARIO, RIA. (l. *herbarius*.) adj. Perteneciente o relativo a las hierbas y plantas. ‖ **2.** m. Botánico, 3.ª acep. ‖ **3.** Bot. Colección de plantas secas, colocadas según arte entre cristales, o en libros o papeles. ‖ **2.** Zool. Panza, 3.ª acep. ‖ **—seco.** Bot. Herbario, 3.ª acep.

HERBAZA. f. aum. de hierba.

HERBAZAL. (De *herbaza*.) m. Sitio poblado de hierbas.

HERBECER. (l. *herbescĕre*.) intr. Empezar a nacer la hierba.

HERBECICA, TA. f. d. ant. de hierba.

★ **HERBEDERAS.** f. pl. P. Rico. Acedía, indisposición del estómago por haberse acedado lo que se ha comido.

★ **HERBELLINA.** (De *hierba*.) f. Entre pastores oveja morriñosa que se lleva al pasto para que se recupere con la hierba.

HERBERA. f. ant. Herbero, 1.ª acep.

HERBERO. (l. *herbarius*.) m. Esófago del animal rumiante. ‖ **2.** ant. Mil. Forrajeador.

º **HERBICIDA.** m. Producto químico que impide el desarrollo de las malas hierbas.

★ **HERBIFORME.** (l. *herba*, hierba, y *forma*, figura.) adj. De forma de hierba.

HERBÍVORO, RA. (l. *herba*, hierba, y *vorāre*, comer.) adj. Aplícase a los animales que se alimentan de vegetales, y especialmente al que pace hierbas. Ú.t.c.s. m. ‖ **P.** herbivoro; **I.** herbivorous; **F.** herbivore; **A.** Pflanzenfresser; **It.** erbivoro; **R.** травоядный.

HERBOLAR. (l. *herbŭla*, dim. de *herba*, hierba, en la acep. de veneno.) tr. Enherbolar.

HERBOLARIA. (De *herbolario*.) f. ant. Botánica aplicada a la medicina.

HERBOLARIO, RIA. (l. *herbŭla*, dim. de *herba*, hierba.) adj. Herbario. ‖ **2.** fig. y fam. Botarate, falto de seso. Ú.t.c.s. ‖ **3.** m. El que sin principios científicos se dedica a recoger hierbas y plantas medicinales para venderlas. ‖ **4.** El que tiene tienda en que las vende. ‖ **5.** Tienda donde se venden hierbas medicinales. ‖ **3.ª** acep. ‖ **P.** herbolario; **I.** herbalist; **F.** herboriste; **A.** Kräuterhändler; **It.** erbolaio; **R.** знахарь.

HERBOLECER. (l. *herbŭla*, d. de *herba*, hierba.) intr. Herbecer.

HERBOLIZAR. (l. *herbŭla*, d. de *herba*, hierba.) intr. Herbolizar.

HERBORIZACIÓN. f. Bot. Acción y efecto de herborizar.

HERBORIZADOR, RA. adj. Bot. Que herboriza. Ú.t.c.s.

HERBORIZAR. (De *herbolizar*.) intr. Bot. Andar por montes, valles y campos reconociendo y cogiendo hierbas y plantas.

HERBOSO, SA. (l. *herbōsus*.) adj. Poblado de hierba.

HERCULÁNEO, A. (l. *herculānĕus*.) adj. Herculano.

HERCULANO, NA. (l. *herculānus*.) adj. Hercúleo.

HERCÚLEO, A. (l. *herculĕus*.) adj. Perteneciente o relativo a Hércules, o que en algo se asemeja a él o a sus cualidades. ‖ **P.** hercúleo; **I.** herculean; **F.** herculéen; **A.** herkulisch; **It.** ercùleo; **R.** геркулесовский.

HÉRCULES. (Por alusión a *Hércules*, semidiós, hijo de Júpiter y Alcumena.) m. fig. Hombre de mucha fuerza. ‖ **2.** Astron. Constelación boreal muy extensa, situada al occidente de la Lira, norte del Serpentario y oriente de la Corona boreal. ‖ **3.** ant. Med. Epilepsia.

HEREDAD. (l. *haerēditas, -ātis*.) f. Porción de terreno cultivado perteneciente a un mismo dueño. ‖ **2.** Hacienda de campo, bienes raíces o posesiones. ‖ **3.** ant. Herencia. ‖ **P.** herdade; **I.** landed property; **F.** bien-fonds, propriété; **A.** Erbgut; **It.** tenuta; **R.** имение, поместье.

HEREDADE, DA. p.p. de heredad. ‖ **2.** adj. Hacendado. Ú.t.c.s. ‖ **3.** Que ha heredado.

HEREDAJE. (De *heredar*.) m. ant. Herencia.

HEREDAMIENTO. (De *heredar*.) m. Hacienda de campo. ‖ **2.** ant. Herencia. ‖ **3.** For. Capitulación o pacto, comúnmente con ocasión de matrimonio, en que, según el régimen de algunas regiones, se promete la herencia o parte de ella, o se dispone, por acto entre vivos, la sucesión.

HEREDANZA. (De *heredar*.) f. ant. Heredad.

HEREDAR. (l. *haerēditāre*.) tr. Suceder por disposición testamentaria o legal en los bienes y acciones que tenía uno al tiempo de su muerte. ‖ **2.** Darle a uno heredades, posesiones o bienes raíces. ‖ **3.** Instituir a otro por su heredero. ‖ **4.** ant. Adquirir la propiedad o dominio de un terreno. ‖ **5.** Biol. Sacar los seres vivos los caracteres anatómicos y fisiológicos que tienen sus progenitores. ‖ **P.** herdar; **I.** to inherit; **F.** hériter; **A.** erben; **It.** ereditare; **R.** наследовать.

HEREDERO, RA. (l. *herēditarius*.) adj. Dícese de la persona que por testamento o por ley sucede a título universal en todo o parte de una herencia. Ú.t.c.s. ‖ **2.** Dueño de una heredad o heredades. ‖ **3.** fig. Que saca o tiene las inclinaciones o propiedades de sus padres. ‖ **4.** For. V. *Institución de* heredero. ‖ **—forzoso.** For. El que tiene por ministerio de la ley una parte de herencia que el testador no le puede quitar ni cercenar sin causa legítima de desheredación. ‖ *Instituir* heredero, o *por* heredero, a uno. fr. For. Nombrar a uno heredero en el testamento. ‖ **P.** herderiro, ra; **I.** heir; **F.** héritier; **A.** Erbe; **It.** erede; **R.** наследник.

HEREDÍPETA. (l. *haeredĭpĕta*; de *haeres*, heredero, y *petĕre*, pedir, rogar.) com. Persona que con astucia procura proporcionarse herencias y legados.

HEREDITABLE. (l. *haerēditāre*, heredar.) adj. Que se puede heredar.

HEREDITARIO, RIA. (l. *haeredita-*

rĭus.) adj. Perteneciente a la herencia o que se adquiere por ella. ‖ **2.** V. *As* HEREDITARIO. ‖ **3.** fig. Aplícase a las inclinaciones, costumbres, virtudes, vicios o enfermedades que pasan de padres a hijos.

HEREJA. f. ant. Mujer hereje.

HEREJE. (prov. *eretge*, y éste del l. *haerēticus*.) com. Cristiano que en materia de fe se opone con pertinacia a lo que cree y propone la Iglesia católica. ‖ **2.** fig. y fam. V. *Cara de* HEREJE. ‖ **3.** fig. Desvergonzado, descarado, procaz. ‖ **P.** herege; **I.** heretic; **F.** hérétique; **A.** Ketzer; **It.** erètico; **R.** еретик.

HEREJÍA. (De *hereje*.) f. Error en materia de fe, sostenido con pertinacia. ‖ **2.** fig. Sentencia errónea contra los principios ciertos de una ciencia o arte. ‖ **3.** fig. Palabra gravemente injuriosa contra uno. ‖ **P.** heresia; **I.** heresy; **F.** hérésie; **A.** Ketzerei, Irrlehre; **It.** eresia; **R.** ересь.

HEREJOTE, TA. m. y aum. de hereje.

HERÉN. f. Yeros.

HERENCIA. (l. *hĕrens, -entis*, heredero.) f. Derecho de heredar. ‖ **2.** Conjunto de bienes, derechos y obligaciones que, al morir una persona, son transmisibles a sus herederos o a sus legatarios. ‖ **3.** Biol. Conjunto de caracteres anatómicos y fisiológicos que los seres vivos heredan de sus progenitores. ‖ **4.** For. V. *Adición de la* HERENCIA. ‖ **—yacente.** For. Aquella en que no ha entrado aún el heredero. ‖ *Adir la* HERENCIA. fr. For. Admitirla. ‖ **P.** herança; **I.** inheritance; **F.** héritage; **A.** Erbschaft; **It.** eredità; **R.** наследство.

★ **HEREPO.** Bol. Totuma, vasija hecha con totumo.

★ **HEREQUE.** m. Venez. Enfermedad cutánea. ‖ **2.** Cierta enfermedad del cafeto. ‖ **3.** Venez. Varioloso.

HERESIARCA. (l. *haeresiarcha*, y éste del gr. αἱρεσιάρχης; de αἵρεσις, herejía, y ἄρχω, ser el primero, mandar.) m. Autor de una herejía. ‖ **P.** heresiarca; **I.** heresiarch; **F.** hérésiarque; **A.** Ketzer; **It.** eresiarca.

HERETICAL. adj. Herético.

HERETICAR. (De *herético*.) intr. ant. Sostener con pertinacia una herejía.

★ **HERETICIDAD.** f. Calidad de herético.

HERÉTICO, CA. (l. *haerēticus*, y éste del gr. αἱρετικός.) adj. Perteneciente a la herejía o al hereje. ‖ **P.** herético; **I.** heretical; **F.** hérétique; **A.** ketzerisch; **It.** erètico; **R.** еретический.

★ **HERETIZAR.** intr. Hereticar.

HERIA. f. Feria. ‖ **2.** Germ. Hampa.

HERIDA. (De *herir*.) f. Rotura hecha en las carnes con un instrumento o por efecto de un choque con un cuerpo duro. ‖ **2.** Golpe de las armas blancas al tiempo de herir con ellas. ‖ **3.** fig. Ofensa, agravio. ‖ **4.** fig. Lo que aflige el ánimo. ‖ **5.** Cetr. Paraje donde se abate la caza de volatería, perseguida por un ave de rapiña. ‖ **—contusa.** La causada por contusión. ‖ **—mortal.** La que causa la muerte. ‖ **—penetrante.** La que llega a lo interior de una cavidad del cuerpo. ‖ *Renovar la* HERIDA. fr. fig. Recordar algo que molesta o que causa sentimiento. ‖ *Tocar a uno en la* HERIDA. fr. fig. Referirse a algo de que está resentido. ‖ **P.** ferida; **I.** wound; **F.** blessure; **A.** Wunde, Verletzung; **It.** ferita; **R.** рана.

HERIDO, DA. p.p. de herir. ‖ **2.** adj. Con el adv. *mal*, gravemente herido. Ú.t.c.s. ‖ **3.** V. *Bienes* HERIDOS. ‖ **4.** ant. Sangriento, 4.ª acep.

HERIDOR, RA. adj. Que hiere.

HERIL. (l. *herīlis*, de *herus*, amo.) adj. Perteneciente o relativo al amo.

HERIMIENTO. m. Acción de herir.

HERIR. (l. *ferīre*.) tr. Romper o abrir las carnes del animal con una arma u otro instrumento. ‖ **2.** Golpear, sacudir, batir, dar un cuerpo contra otro. ‖ **3.** Hablando del sol, bañar una cosa, esparcir o tender sobre ella sus rayos. ‖ **4.** Hablando de instrumentos de cuerda, pulsarlos, tocarlos. ‖ **5.** Hablando del oído o de la vista, hacer los objetos impresión en estos sentidos; causar en ellos alguna sensación. ‖ **6.** Hacer fuerza una letra sobre otra para formar sílaba o sinalefa con ella. ‖ **7.** fig. Hablando del alma o del corazón, mover, excitar

H algún afecto. ‖ **8.** fig. Ofender, agraviar. Dícese más comúnmente de las palabras o escritos. ‖ **P.** ferir; **I.** to wound; **F.** blesser; **A.** verletzen, verwunden; **It.** ferire; **R.** ранить.

HERMA. (l. *herma* y *hermes*, y éste del gr. 'Ερμῆς, Mercurio.) m. Busto sin brazos, colocado sobre un estípide.

HERMAFRODITA. (De *hermafrodito*.) adj. Que tiene los dos sexos. ‖ **2.** Aplícase a los individuos de la especie humana y animales de clases inferiores que tienen órganos reproductores masculinos y femeninos. Ú.t.c.s. ‖ **3.** Bot. Aplícase a las flores que reúnen en sí ambos sexos, esto es, los estambres y el pistilo.

HERMAFRODITISMO. m. Calidad de hermafrodita. ‖ **P.** hermafroditismo; **I.** hermaphroditism; **F.** hermaphrodisme; **A.** Doppelgeschlechtigkeit; **It.** ermafrodismo; **R.** гермафродит.

HERMAFRODITO. m. Hermafrodita.

HERMANA. (De *hermano*.) f. GERM. La camisa. ‖ **2.** p. GERM. Las tijeras. ‖ **3.** GERM. Las orejas. ‖

HERMANABLE. adj. Perteneciente al hermano o que puede hermanarse.

HERMANABLEMENTE. adv. Fraternalmente.

HERMANADO, DA. p.p. de hermanar. ‖ **2.** adj. fig. Igual en todo a una cosa. ‖ **3.** fig. CHILE. Semejante, igual.

HERMANAL. (De *hermano*.) adj. Fraternal.

HERMANAMIENTO. m. Acción de hermanar.

HERMANAR. tr. Unir, juntar, uniformar. Ú.t.c.r. ‖ **2.** Hacer a uno hermano de otro en sentido místico o espiritual. Ú.t.c.r. ‖ **P.** irmanar; **I.** to match; **F.** joindre, fraterniser; **A.** verbrüden; **It.** appaiare; **R.** соединять, братать.

HERMANASTRO, TRA. (despect. de *hermano*.) m. y f. Hijo de un cónyuge con respecto al hijo del otro. ‖ **P.** meio irmão; **I.** half-brother, stepbrother; **F.** frère d'un autre lit; **A.** Stiefbruder; **It.** fratellastro; **R.** сводный брат.

HERMANAZGO. (De *hermano*.) m. Hermandad.

HERMANDAD. (l. *germanĭtas*, *-ātis*.) f. Parentesco entre dos hermanos. ‖ **2.** fig. Amistad íntima; unión de voluntades. ‖ **3.** fig. Correspondencia que guardan varias cosas entre sí. ‖ **4.** Cofradía. ‖ **5.** fig. Liga, alianza, confederación entre varias personas. ‖ **6.** fig. Gente aliada y confederada. ‖ *Santa* HERMANDAD. Antigua institución armada española para perseguir a los forajidos. ‖ **P.** irmandade; **I.** fraternity; **F.** fraternité; **A.** Bruderschaft; **It.** fratellanza; **R.** братство.

HERMANDARSE. (De *hermandad*.) Hermanar. ‖ **2.** Hacerse hermano de una comunidad religiosa.

HERMANDINO. m. Individuo de la hermandad popular que a fines del s. XV y comienzos del XVI se alzó en Galicia contra la dominación señorial.

HERMANEAR. intr. Dar tratamiento de hermano.

HERMANECER. intr. Nacerle a uno un hermano.

HERMANÍA. f. ant. Germanía.

HERMANO, NA. m. y f. Nacido de los mismos padres, o del mismo padre o de la misma madre. ‖ **2.** fig. Persona que respecto de otra tiene el mismo padre que ella en sentido moral; como un religioso respecto de otros de su misma orden. ‖ **3.** Lego o donado de una comunidad regular. ‖ **4.** Tratamiento que mutuamente se dan los cuñados. ‖ **5.** fig. Individuos de una hermandad o cofradía. ‖ **6.** fig. Una cosa respecto de otra de la que es semejante. ‖ —**bastardo.** El habido fuera del matrimonio, respecto del legítimo. ‖ —**carnal.** El que lo es de padre y madre. ‖ —**de leche.** Hijo de una nodriza, respecto del ajeno que ésta crió, y viceversa. ‖ —**de madre** o **uterino.** El que es solamente de la madre. ‖ —**mayor.** Nombre que se da en algunas cofradías o asociaciones pías al presidente o presidentes. ‖ —**político.** Cuñado. ‖ *Medio* HERMANO. El que sólo lo es de padre o de madre. ‖ **P.** irmão; **I.** brother, sister; **F.** frère, soeur; **A.** Bruder, Schwester; **It.** fratello, sorella; **R.** брат, сестра.

HERMANUCO. (De *hermano*.) m. despectivo. Donado, 2.ª acep.

HERMENEUTA. m. Persona que profesa la hermenéutica.

HERMENÉUTICA. (gr. ἑρμηνευτική, t. f. de -κός, hermenéutico.) f. Arte de interpretar textos para fijar su verdadero sentido, y especialmente el de interpretar los textos sagrados.

HERMENÉUTICO, CA. (gr. ἑρμηνευτικός, de ἑρμηνεύω, interpretar, explicar.) adj. Perteneciente o relativo a la hermenéutica.

HERMÉTICAMENTE. adv. De manera hermética.

HERMETICIDAD. f. Calidad de hermético.

HERMÉTICO, CA. (De *Hermes*.) adj. Aplícase a las especulaciones, escritos y partidarios que en distintas épocas han seguido ciertos libros de alquimia atribuidos a Hermes, filósofo egipcio que se supone vivió en el siglo XX antes de Jesucristo. ‖ **2.** Dícese de lo que cierra una abertura de modo que no permita pasar el aire ni otra materia gaseosa. ‖ **3.** V. *Sello* HERMÉTICO. ‖ **4.** fig. Impenetrable, cerrado, aun tratándose de cosas inmateriales. ‖ **P.** hermético, ca; **I.** hermetical; **F.** hermétique; **A.** luftdicht; **It.** ermètico; **R.** герметический, скрытный.

* **HERMODÁCTIL.** m. BOT. Quitameriendas. Ú.m. en pl. ‖ **2.** BOT. Subgénero de plantas liliáceas.

HERMODÁTIL. (gr. ἑρμοδάκτυλος; de 'Ερμῆς, Mercurio, y δάκτυλος, dedo.) m. Quitameriendas. Ú. m. en pl.

HERMOSAMENTE. adv. Con hermosura. ‖ **2.** fig. Con propiedad y perfección.

HERMOSEADOR, RA. adj. Que hermosea.

HERMOSEAMIENTO. m. Acción de hermosear.

HERMOSEAR. (De *hermoso*.) tr. Hacer o poner hermosa a una persona o cosa. Ú.t.c.r. ‖ **2.** intr. desus. Ostentar hermosura. ‖ **P.** aformosear; **I.** to embellish; **F.** embellir; **A.** verschönern; **It.** abbellire; **R.** украшать.

HERMOSEO. m. p. us. Hermoseamiento.

* **HERMOSILLA.** f. BOT. Planta campanulácea de raíz carnosa que crece en las orillas de los arroyos y se cultiva en los jardines.

HERMOSO, SA. (l. *formosus*.) adj. Dotado de hermosura. ‖ **2.** Grandioso, excelente y perfecto en su línea. ‖ **3.** Apacible, sereno. ‖ **P.** formoso; **I.** fine, beautiful; **F.** beau, belle; **A.** schön, grossartig; **It.** bello, bella; **R.** красивый.

HERMOSURA. (De *hermoso*.) f. Belleza de las cosas que pueden ser percibidas por el oído o por la vista. ‖ **2.** Por ext., lo agradable de una cosa que recrea por su amenidad u otra causa. ‖ **3.** Proporción noble y perfecta de las partes con el todo, y del todo con las partes; conjunto de cualidades que hacen a una cosa excelente en su línea. ‖ **4.** Mujer hermosa. ‖ *¡Qué* HERMOSURA *de rebusca*, o *de rebusco!* expr. con que se nota al que con poco trabajo quiere conseguir mucho fruto. ‖ **P.** formosura; **I.** beauty; **F.** beauté; **A.** Schönheit; **It.** bellezza; **R.** красота.

* **HERNANDIA.** f. BOT. Género de plantas hernandiáceas propias de las regiones tropicales de Asia y América.

HERNIA. (l. *hernia*.) f. Tumor blando, elástico, sin mudanza de color en la piel, producido por la dislocación y salida total o parcial de una víscera u otra parte blanda, fuera de la cavidad en que se halla ordinariamente encerrada. ‖ **P.** hérnia; **I.** hernia; **F.** hernie; **A.** Bruch, Eingeweidebruch; **It.** ernia; **R.** грыжа.

HERNIADO, DA. adj. Hernioso.

HERNIARIO, A. adj. Perteneciente o relativo a la hernia o concerniente a ella.

HÉRNICO, CA. (l. *hernicus*.) adj. Dícese del individuo de un antiguo pueblo del Lacio. Ú.t.c.s. ‖ **2.** Perteneciente o reltivo a este pueblo de la Antigua Italia.

HERNIOSO, SA. (l. *herniōsus*.) adj. Que padece hernia. Ú.t.c.s.

HERNISTA. m. Cirujano que con particularidad se dedica a curar hernias.

HERODES. n. p. *Andar*, o *ir*, *de* HERODES *a Pilatos*. fr. fig. y fam. Ir de una persona a otra y de mal en peor en un asunto.

HERODIANO, NA. (l. *herodiānus*.) adj. Perteneciente o relativo a Herodes.

HÉROE. (l. *heros*, *-ōis*, y éste del gr. ἥρως.) m. Entre los antiguos paganos, el que creían nacido de un dios o de una diosa y de una persona humana. ‖ **2.** Varón ilustre y famoso por sus virtudes y hazañas. ‖ **3.** El que lleva a cabo una acción heroica. ‖ **4.** Personaje principal en todo poema en que se representa una acción. ‖ **5.** Cualquiera de los personajes de carácter elevado en la epopeya. 2.ª acep.; **P.** heroi; **I.** hero; **F.** héros; **A.** Held, Heros; **It.** eròe; **R.** герой.

* **HEROGONÍA.** f. Historia o filiación de los héroes.

HEROICAMENTE. adv. Con heroicidad.

HEROICIDAD. f. Calidad de heroico. ‖ **2.** Acción heroica. ‖ **P.** heroicidade; **I.** heroicalness; **F.** heroïcité; **A.** Heldenmut; **It.** eroicità; **R.** геройство.

HEROICO, CA. (l. *heroĭcus*, y éste del gr. ἡρωϊκός.) adj. Aplícase a las personas famosas por sus hazañas o virtudes, y, por ext., dícese también de las acciones. ‖ **2.** Perteneciente a ellas. ‖ **3.** Aplícase también a la poesía o composición poética en que con brío y elevación se narran o cantan gloriosas hazañas o hechos grandes y memorables. ‖ **4.** V. *Comedia* HEROICA. ‖ **5.** *Medicamento*, *remedio*, *romance* HEROICO. ‖ **6.** V. *Tiempos* HEROICOS. ‖ *A la* HEROICA. m. adv. Al uso de los tiempos heroicos. ‖ **P.** heroico, ca; **I.** heroic; **F.** heroïque; **A.** heldenmütig; **It.** eroico; **R.** геройческий.

* **HEROICÓMICO, CA.** (Contracción de *heroico* y *cómico*.) adj. Que participa de lo heroico y de lo cómico.

HEROIDA. (l. *herōis*, *-idis*, heroína, y éste del gr. ἡρωΐς.) f. Composición poética en que el autor hace hablar o figurar a algún héroe o personaje célebre.

HEROÍNA. (l. *heroīna*, y éste del gr. ἡρωΐνη.) f. Mujer ilustre y famosa por sus grandes hechos. ‖ **2.** La que lleva a cabo un hecho heroico. ‖ **3.** Protagonista del drama o de cualquier otro poema análogo; como la novela. ‖ **P.** heroína; **I.** heroine; **F.** héroïne; **A.** Heldin; **It.** eroina; **R.** героиня.

* **HEROÍNA.** TERAP. Producto farmacéutico derivado de la morfina que se emplea para combatir la tos de irritación y la disnea; su uso está prohibido.

HEROÍSMO. m. Esfuerzo eminente de la voluntad y de la abnegación, que lleva al hombre a realizar hechos extraordinarios en servicio de Dios, del prójimo o de la patria. ‖ **2.** Conjunto de cualidades y acciones que colocan a uno en la clase de héroe. ‖ **3.** Heroicidad, 2.ª acep. ‖ **P.** heroísmo; **I.** heroism; **F.** heroïsme; **A.** Heldentat; **It.** eroismo; **R.** героизм.

HEROÍSTA. (De *héroe*.) adj. ant. Aplicábase a los poetas épicos. Usáb.t.c.s.

HERPE. (l. *herpes*, y éste del gr. ἕρπης.) amb. Erupción acompañada de escozor, debida al agrupamiento de granitos, de los cuales rezuma un humor, que se secarse forma costras. Ú.m. en pl. ‖ **P.** e **I.** herpes; **F.** herpès; **A.** Flechte; **It.** èrpete; **R.** лишай.

HERPETE. (l. *herpes*, *-ētis*.) m. ant. Herpe.

HERPÉTICO, CA. (l. *herpetĭcus*, y éste del gr. ἑρπηστικός.) adj. MED. Perteneciente o relativo al herpe. ‖ **2.** Que padece esta enfermedad. Ú.t.c.s.

* **HERPÉTIDE.** (gr. ἕρπης, herpe, y εἶδος, aspecto.) f. PAT. Cualquiera de las manifestaciones hepáticas.

HERPETISMO. m. PAT. Predisposición constitucional para el padecimiento de erupciones cutáneas.

* **HERPETO.** m. ZOOL. Género de reptiles ofidios de cuerpo y cola gruesos y hocico con dos prolongaciones flexibles y escamosas.

HERPETOLOGÍA. (gr. ἑρπετόν, reptil, y λέγω, tratar.) f. Tratado de los reptiles.

* **HERPETOMONAS.** m. ZOOL. Género de microparásitos que viven en el intestino de ciertos insectos y en la sangre de animales.

★ **HERPETÓN**. (De *herpe*.) f. PAT. Herpe ambulante.

HERPIL. (De los [s]*erpiles*, del l. *sírpus*, junco.) m. Saco de red de tomiza, con mallas anchas, destinado a portear paja, melones, etc.

★ **HERPOTRICO**. m. BOT. Estado elemental de diversas plantas criptógamas.

HERRADA. (l. *ferrāta*, t. f. de -*tus* herrado.) adj. V. *Agua* HERRADA. ‖ 2. f. Cubo de madera, con grandes aros de hierro o de latón, y más ancho por la base que por la boca. ‖ *Una* HERRADA *no es caldera*. expr. fam. con que, jugando del vocablo, suele uno excusarse cuando ha incurrido en una equivocación o ligero error.

HERRADERO. (De *herrar*.) m. Acción de marcar con el hierro los ganados. ‖ 2. Sitio y tiempo de realizarse esta operación.

HERRADO. (l. *ferrātus*, de hierro.) m. ant. Herrada.

HERRADO, DA. p.p. de herrar. ‖ 2. adj. Férreo, de hierro. ‖ 3. ART. y OF. Operación de herrar.

HERRADOR. (De *ferrador*.) m. El que por oficio hierra las caballerías. ‖ **P**. ferrador; **I**. farrier; **F**. ferrant maréchal; **A**. (Huf)Schmield; **It**. meniscalco; **R**. кузнец.

HERRADORA. f. fam. Mujer del herrador.

HERRADURA. (De *herrar*.) f. Hierro aproximadamente semicircular que se clava a las caballerías en los cascos para que no se les maltraten con el piso. ‖ 2. Resguardo, hecho de esparto o cáñamo, que se pone a las caballerías en pies o manos cuando se deshierran, para que no se les maltraten los cascos. ‖ **P**. ferradura; **I**. horse-shoe; **F**. ferà-cheval; **A**. Hufeisen; **It**. ferro; **R**. подкова.

HERRAJ. (l. *fraces*.) m. Erraj.

HERRAJE. (De *hierro*.) m. Conjunto de piezas de hierro o acero con que se guarnece un artefacto; como puerta, coche, cofre, etc. ‖ 2. Conjunto de herraduras y clavos con que éstas se aseguran. ‖ 3. SANT. Dicho del ganado vacuno, herramienta, 5.ª acep.

HERRAJE. m. Herraj.

HERRAMENTAL. adj. Dícese del lugar en que se guardan o llevan las herramientas. Ú.t.c.s.m.

HERRAMIENTA. (l. *ferramĕnta*, pl. n. de *ferramĕntum*.) f. Instrumento, por lo común, de hierro o acero, con que trabajan los artesanos en las obras de sus oficios. ‖ 2. Conjunto de estos instrumentos. ‖ 3. ant. Herraje, 1.er art., 1.ª acep. ‖ 4. fig. y fam. Cornamenta. ‖ 5. fig. y fam. Dentadura. ‖ **P**. ferramenta; **I**. tool; **F**. outil; **A**. Gerät, Werkzeug; **It**. utensile; **R**. инструмент.

★ **HERRANZA**. f. COLOM. Acción de herrar.

HERRAR. (l. *ferrāre*.) tr. Ajustar y clavar las herraduras a las caballerías, o los callos a los bueyes. ‖ 2. Marcar con un hierro encendido los ganados, artefactos, esclavos o delincuentes. ‖ 3. Guarnecer de hierro un artefacto. ‖ 4. ant. Poner a uno prisiones de hierro. ‖ **P**. ferrar; **I**. to shoe horses; **F**. ferrer; **A**. Pferde beschlagen; **It**. ferrare; **R**. подковывать.

HERRÉN. (l. *farrāgo*, -*inis*.) m. Forraje que se da al ganado. ‖ 2. Herrenal.

HERRENAL. m. Terreno en que se siembra el herrén.

HERRENAR. tr. SAL. Alimentar el ganado con herrén.

★ **HERRENEAR**. tr. SAL. Forrajear el ganado. ‖ 2. SAL. Mantener el ganado con el herrén.

HERREÑAL. (Del dialect. *herreña*, y éste del l. *farrāgo*, -*inis*.) m. Herrenal.

HERRERA. adj. *Cuchar* HERRERA, dada a la cuchara de hierro. ‖ 2. f. fam. Mujer del herrero.

HERRERÍA. (De *ferrería*.) f. Oficio de herrero. ‖ 2. Taller en que se funde o forja y se labra el hierro en grueso. ‖ 3. Taller de herrero. ‖ 4. Tienda de herrero. ‖ 5. fig. Ruido acompañado de confusión y desorden; como el que se hace cuando algunos riñen o se acuchillan. 2.ª acep.: **P**. forja; **I**. y **F**. forge; **A**. Schmiede, Eisenhütte; **It**. ferriera; **R**. кузница.

HERRERILLO. (d. de *herrero*, por el chillido metálico del canto.) m. ZOOL. Pájaro de unos 12 cm de largo, y 2 dm de envergadura. De colores variados repartidos por todo el cuerpo; es muy común en España. Insectívoro. ‖ 2. Pájaro de unos 15 cm de largo y 3 dm de envergadura. Es insectívoro, común en España, y hace el nido de barro y en forma de puchero en los huecos de los árboles.

HERRERO. (l. *ferrarius*.) m. El que tiene por oficio trabajar el hierro. ‖ 2. Herrador. ‖ **P**. ferreiro; **I**. smith; **F**. forgeron; **A**. Schmied; **It**. fabro; **R**. кузнец.

HERRERO. m. GERM. Apócope de herreruelo, 2.º art.

HERRERÓN. m. despect. Ferrero que no sabe bien su oficio.

HERRERUELO. m. d. de herrero. ‖ 2. Pájaro insectívoro *(Parus ater.)* ‖ 3. Soldado de la antigua caballería alemana.

HERRERUELO. m. Ferreruelo.

HERRETE. m. d. de hierro. ‖ 2. Cabo de alambre, hojalata u otro metal, que se pone a las agujetas, cordones, cintas, etc., para que puedan entrar fácilmente por los ojetes. Los hay también de adorno, labrados artísticamente, y se usan en los cabos de los cordones militares, de los de librea y de algunos lazos que llevan las damas.

HERRETEAR. tr. Echar o poner herretes a las agujetas, cordones, cintas, etc. ‖ 2. ant. Marcar o señalar con un instrumento de hierro.

HERREZUELO. m. Pieza pequeña de hierro.

HERRIAL. adj. Variedad de uva gruesa y tinta, de racimos gruesos. ‖ 2. Dícese también de la vid que la produce.

HERRÍN. (l. *ferrīgo*, -*inis*, por *ferrūgo*, -*inis*.) m. Herrumbre.

HERROJO. m. Cerrojo.

HERRÓN. (De *hierro*.) m. Tejo de hierro con un agujero en medio, que en el juego antiguo llamado también herrón, se tiraba desde cierta distancia, con objeto de meterlo en un clavo hincado en la tierra. ‖ 2. Arandela, 1.er art., 2.ª acep. ‖ 3. Barra grande de hierro, que suele usarse para plantar álamos, vides, etc. ‖ 4. COLOM. Hierro o púa del trompo o peón.

HERRONADA. f. Golpe dado con herrón, 3.ª acep. ‖ 2. fig. Golpe violento que dan algunas aves con el pico.

HERROPEA. (l. *ferrum*, hierro y *pes*, *pedis*, pie.) f. ant. Arropea.

HERROPEADO, DA. (De *herropea*.) adj. Que tiene los pies sujetos con prisiones de hierro.

HERRUGENTO, TA. adj. Herrumbroso.

HERRUGIENTO, TA. adj. Herrumbroso.

HERRUMBRAR. (l. *ferrumināre*.) tr. Aherrumbrar.

HERRUMBRE. (l. *ferrūmen*, -*ĭnis*, por *ferrūgo*, -*ĭnis*.) f. Orín, 1.er art. ‖ 2. Gusto o sabor que algunas cosas toman del hierro; como las aguas, etc. ‖ 3. Roya, 1.ª acep. ‖ **P**. ferrugem; **I**. rust; **F**. rouille; **A**. Rost, Schlacke; **It**. rùggine; **R**. ржавчина.

HERRUMBROSO, SA. adj. Que cría herrumbre o está tomado por ella.

HERRUSCA. (De *hierro*.) f. ant. Arma vieja, por lo común, espada o sable.

HERTZIANA. adj. Aplícase a la onda electromagnética de especiales características, usada en las transmisiones por radio.

HÉRULO, LA. (l. *herŭli*.) adj. Dícese del individuo de una nación perteneciente a la confederación de los suevos, que habitó en las costas de la actual Pomerania, tomando parte importante en la invasión del Imperio romano en el siglo V. Ú.m.c.s. y en pl.

HERVENCIA. (De *herver*, hervir.) f. Género de suplicio usado antiguamente, consistente en cocer en calderas a los grandes criminales, que luego se colgaban en escarpias sobre las puertas de la ciudad o en los caminos.

HERVENTAR. (l. *fervens*, -*entis*, herviente.) tr. Meter una cosa en agua u otro líquido, y tenerla dentro hasta que dé un hervor.

HERVER. (l. *fervēre*.) intr. Hervir. Ú. hoy en León y Méjico.

★ **HERVEZÓN**. (De *hervir*.) f. COLOM. Hervidero.

HERVIDERO. m. Movimiento y ruido que hacen los líquidos cuando hierven. ‖ 2. fig. Manantial donde surge el agua con desprendimiento abundante de burbujas gaseosas, que hacen ruido y agitan el líquido. ‖ 3. fig. Ruido que hacen los humores estancados en el pecho por la agitación del aire al tiempo de respirar. ‖ 4. fig. Muchedumbre o copia de personas o de animales. ‖ **P**. fervedoiro; **I**. bubbling; **F**. bouillonnement; **A**. Sieden; **It**. bollimento; **R**. кипение.

HERVIDO, DA. p.p. de hervir. ‖ 2. m. ARGENT., CHILE y VENEZ. Cocido u olla.

HERVIDOR. m. Utensilio de cocina para hervir líquidos. ‖ 2. En los termosifones y otros aparatos análogos, caja de palastro cerrada, por cuyo interior pasa el agua que recibe directamente la acción del fuego.

HERVIENTE. p. a. de hervir, hirviente.

HERVIMIENTO. (De *hervir*.) m. ant. Hervor.

HERVIR. (l. *fervēre*.) intr. Producir burbujas un líquido cuando se eleva suficientemente su temperatura, o por la fermentación. ‖ 2. fig. Hablando del mar, ponerse sumamente agitado, haciendo mucho ruido y espuma. ‖ 3. fig. Con la prep. *en* y ciertos nombres, abundar en las cosas significadas por ellos. HERVIR *en chismes*; HERVIR *en pulgas*. ‖ 4. fig. Hablando de afectos y pasiones, indica su viveza, intención y vehemencia. ‖ **P**. ferver; **I**. to boil; **F**. bouillir; **A**. sieden, aufkochen; **It**. bollire; **R**. кипятить.

HERVITE. V. *Cochite* HERVITE.

HERVOR. (l. *fervor*, -*ōris*.) m. Acción y efecto de hervir. ‖ 2. fig. Fogosidad, inquietud y viveza de la juventud. ‖ 3. ant. fig. Ardor, animosidad. ‖ 4. ant. fig. Fervor, 3.ª acep. ‖ 5. ant. fig. Ahínco, vehemencia, eficacia. ‖ —**de la sangre**. MED. Nombre de ciertas erupciones cutáneas pasajeras y benignas. ‖ *Alzar*, o *levantar*, *el* HERVOR. fr. Empezar a hervir o cocer un líquido. ‖ **P**. fervor; **I**. boiling; **F**. bouillonnement; **A**. Wallung, Aufkochung; **It**. bollore; **R**. кипение.

HERVORIZARSE. tr. Enfervorizarse.

HERVOROSO, SA. (De *hervor*.) adj. Fogoso, impetuoso, ardoroso. ‖ 2. Que hierve o parece que hierve.

★ **HESEMBERGITA**. fr. MINER. Silicato hidratado natural, muy parecido a la euclasa.

★ **HESITA**. f. MINER. Telururo natural de plata.

HESITACIÓN. (l. *haesitatĭo*, -*ōnis*.) f. Duda.

HESITAR. (l. *hasesitāre*.) intr. p. us. Dudar, vacilar.

HESPÉRICO, CA. (De *Hesperia*.) adj. Occidental. Dícese de cada una de las dos Penínsulas, España e Italia. ‖ 2. Hesperio, 2.ª acep.

HESPÉRIDE. (l. *hespérides*, y éste del gr. ἑσπερίδες.) adj. Perteneciente a las hespérides. ‖ 2. f. pl. Pléyades.

★ **HESPERIDINA**. (De *hespéride*.) m. QUÍM. Glucósido que se extrae de la corteza de las naranjas.

HESPERIDIO. (l. mod. *hesperidium*, y éste del clásico *hesperides*.) m. BOT. Fruto carnoso de corteza gruesa, dividido en celdas; como la naranja y el limón.

HESPÉRIDO, DA. adj. poét. Hespéride. ‖ 2. poét. Occidental. Dícese así del nombre del planeta Héspero. ‖ 3. ZOOL. Familia de insectos lepidópteros, diurnos, que viven en las regiones tropicales y cálidas.

HESPERIO, RIA. (l. *hesperĭus*.) adj. Natural de una u otra Hesperia (Italia o España). Ú.t.c.s. ‖ 2. Perteneciente o relativo a ellas.

★ **HESPERIS**. (l. *hespĕris*.) m. BOT. Género de plantas crucíferas, herbáceas, de flores amarillentas y fruto en silicua lineal.

HÉSPERO. (l. *Hespĕrus*, y éste del gr. Ἕσπερος.) m. El planeta Venus cuando a la tarde aparece en el Occidente.

HÉSPERO, RA. adj. Hesperio.

HESPIRSE. (Del m. or. que *hispir*.) r. SANT. Engreírse, envanecerse.

HETAIRA. (gr. ἑταῖρα.) f. Hetera.

HETEO, A. (l. *hethaeus*.) adj. Dícese de un pueblo antiguo que habitó en la tierra o país de Canaá, formando parte

H

H

de la tribu de Judá. Ú.t.c.s. y en pl. ||
2. Perteneciente o relativo a este pueblo.

HETERA. (De *hetaira*, amiga.) f. En
la antigua Grecia, dama cortesana de ele-
vada condición. || **2.** Mujer pública.

* **HETERANDRO, A.** adj. Bot. Que
tiene las anteras o estambres de diversa
forma. || **2.** m. Bot. Planta acuática de la
América septentrional.

* **HETERAXIAL.** adj. Que tiene ejes
unos más largos que otros.

* **HETERECIA.** f. Bot. Estado de ciertos
hongos parásitos que viven un tiempo
sobre una planta y sobre otra en otro.

* **HETERITA.** f. Min. Óxido natural de
manganeso.

* **HETEROAUXINA.** f. Quím. y Bot.
Hormona que favorece el crecimiento de
las plantas.

* **HETEROBLÁSTICO, CA.** adj. Que
se origina en diferentes clases de tejidos.

* **HETEROCARIÓN.** m. Citolog. Célula que contiene núcleos de tipos variados
en un citoplasma común.

* **HETEROCARPEO, A.** adj. Bot. Dícese de las plantas de una misma especie
que producen frutos diferentes.

* **HETEROCÉFALO, LA.** adj. Med.
Dícese del monstruo que tiene dos cabezas diferentes. Ú.t.c.s.

* **HETEROCELULAR.** adj. Compuesto
de células de diferentes clases.

* **HETEROCÉNTRICO, CA.** adj. Dícese de los rayos luminosos que no convergen en un centro.

HETEROCERCA. (gr. ἕτερος, desigual, y κέρκος, cola.) adj. Zool. Dícese
de la aleta caudal de los peces que está
formada por dos lóbulos desiguales.

* **HETEROCERCO, CA.** adj. Hist.
Nat. Que tiene dos lóbulos desiguales.

* **HETEROCÉRIDOS.** m. pl. Zool. Familia de coleópteros de cuerpo ovalado,
antenas pequeñas terminadas en maza, y
patas aptas para cavar.

* **HETEROCÍCLICO, CA.** adj. Quím.
Dícese de aquellos compuestos orgánicos
de cadena cerrada en cuyo anillo hay algún elemento distinto al carbono.

* **HETEROCIGOTO.** m. Biol. Cigoto
resultante de la unión de dos gametos
pertenecientes a distinta especie.

* **HETEROCINESIA.** f. Ejecución por
un individuo de movimientos contrarios
a los que se le indican.

* **HETEROCISIO.** m. Bot. Célula sin
protoplasma llena tan sólo de jugo celular.

* **HETEROCLÁDICO, CA.** adj. Med.
Dícese de la anastomosis entre ramas de
arterias distintas.

HETEROCLITO, TA. (l. *heteroclītus*,
y éste del gr. ἑτερόκλιτος; de ἕτερος, otro,
y κλίνω, declinar.) adj. Aplícase rigurosamente al nombre que no se declina según
la regla común, y en general, a toda locución que se aparta de las reglas grama-
ticales de la analogía. || **2.** fig. Irregular,
extraño y fuera de orden.

* **HETEROCRASIS.** f. Pat. Mezcla de
la sangre con substancias extrañas.

* **HETEROCRINIA.** f. Pat. Secreción
anormal.

* **HETEROCROMATINA.** f. Citolog.
Cromatina densamente colorante que aparece dentro de los cromosomas en forma
de nódulos.

* **HETEROCROMÍA.** (gr. ἕτερος, otro,
y χρωμα, color.) f. Diversidad de color
de una o más partes de una cosa.

* **HETEROCRONO, NA.** adj. Pat. Dícese del pulso cuyos latidos se perciben
a intervalos desiguales.

* **HETERODÁCTILO, A.** (gr. ἕτερος,
otro, y δάκτυλος, dedo.) adj. Zool. Dícese
de los animales cuyos dedos, en una
misma extremidad son desiguales entre sí.

* **HETERODERMO, MA.** adj. Zool.
Dícese de los animales cuya piel no es
uniforme. || **2.** m. pl. Zool. Grupo de
reptiles ofidios con conchas en el dorso y
escamas en el vientre.

* **HETERODINAJE.** Radiotec. Resultante de la superposición de dos o más
ondas de frecuencias distintas.

* **HETERODÍNAMO, MA.** adj. Biol.
Que rige formas diferentes.

* **HETERODINAR.** tr. Radiotec. Superponer dos o más ondas de frecuencias
distintas.

HETERODINO. (gr. ἕτερος, desigual,
y ὀδός, camino.) m. Electr. Receptor que
produce ondas sostenidas de frecuencia
ligeramente diferente de la de las ondas
transmitidas, con objeto de obtener por
batimiento una frecuencia inferior, que
es la que se utiliza para recibir las señales.

* **HETERODONTE.** adj. Zool. Dícese
de los animales cuya dentadura está formada por piezas dentales de diferentes
clases. || **2.** m. pl. Zool. Grupo de anima-
les que presentan el antedicho carácter.

* **HETERODONTO.** m. pl. Zool.
Grupo de moluscos lamelibranquios caracterizados por tener la charnela de la concha
diferentes dientes en ambas valvas.

HETERODOXIA. (gr. ἑτεροδοξία, de
ἑτερόδοξος, heterodoxo.) f. Disconformidad con el dogma católico. Por ext., disconformidad con cualquier doctrina o sistema.

HETERODOXO, XA. (gr. ἑτερόδο-
ξος; de ἕτερος, otro, y δόξα, opinión.) adj.
Hereje, no conforme con el dogma católico.
Por ext., disconformidad con cualquier doc-
trina o sistema. Ú.t.c.s. || **P.** heterodoxo;
I. heterodox; **F.** hétérodoxe; **A.** anders-
gläubig; **It.** eterodosso; **R.** еретический.

* **HETERÓDROMO.** (gr. ἕτερος, otro,
y δρόμος, carrera.) m. Mec. Palanca que
tiene el punto de apoyo entre la potencia y
la resistencia.

* **HETEROEROTISMO.** m. Erotismo
causado por el deseo sexual hacia otro individuo.

* **HETEROFASIA.** f. Pat. Expresión
frecuente de términos impropios, a causa
de una lesión central.

* **HETEROFONÍA.** (gr. ἕτερος, otro, y
φωνή, voz.) f. Pat. Estado anormal de
la voz.

* **HETEROFORIA.** f. Pat. Falta de
paralelismo entre las líneas visuales del
mismo individuo, debido a la insuficiencia de los músculos oculares.

* **HETEROFRASIA.** f. Pat. Parafrasia.

* **HETEROFTALMIA.** f. Pat. Diferencia entre ambos ojos.

* **HETERÓGAMO, MA.** adj. Bot. Dícese de las cabezuelas que presentan flores
de los dos sexos diferentes, y de las plantas
que tienen estas cabezuelas.

HETEROGENEIDAD. f. Calidad de
heterogéneo. || **2.** Mezcla de partes de di-
versa naturaleza en un todo.

HETEROGÉNEO, A. (l. *heterogenĕus*,
y éste del gr. ἑτερογενής, de ἕτερος, otro,
y γένος, género.) adj. Compuesto de par-
tes de diversa naturaleza. || **P.** heterogéneo;
I. heterogeneous; **F.** hétérogène; **A.** vers-
chiedenartig; **It.** eterogèneo; **R.** неодно-
родный.

* **HETEROGENITA.** f. Min. Mineral
amorfo de color negro o pardo constituido
por óxido hidratado de cobalto.

* **HETERÓGINA.** f. Zool. Género de
lepidópteros de pequeño tamaño y antenas
ectinadas. Vive en Aragón y la hembra
no alcanza el pleno desarrollo viviendo en
estado larvario.

* **HETEROGLAUCIA.** f. Formación
anormal de manchas verdes en el cuerpo.

* **HETEROGONIA.** f. Zool. Forma especial de generación alternativa.

* **HETERÓGONO, NA.** adj. Zool. Híbrido.

* **HETERÓGRADO, DA.** adj. De diferente aspecto.

* **HETEROIDEO, A.** adj. Dícese del
individuo cuyas partes tienen aspecto diferente.

* **HETEROLATERAL.** adj. Perteneciente o relativo a lados opuestos.

* **HETERÓLITRO.** adj. Zool. Que tiene
élitros diferentes.

* **HETERÓLOBO, BA.** adj. Bot. Que
se divide en dos lóbulos desiguales.

* **HETEROLOGÍA.** f. Pat. Parte de la
patología que estudia las producciones he-
terólogas.

* **HETERÓLOGO, GA.** adj. De naturaleza distinta a la normal.

* **HETERÓMALO, LA.** adj. Bot. Dícese de la planta en que las pestañas están
colocadas de diferente manera en cada
lado.

HETEROMANCIA [~ **MANCÍA**].
(gr. ἕτερος, otro, y μαντεία, adivinación,
por alusión al vuelo de las aves a uno u otro

lado.) f. Adivinación supersticiosa por el
vuelo de las aves.

* **HETERÓMELO.** m. Zool. Género de
reptiles saurios, de la familia de los escín-
cidos que tienen las extremidades cortas
y carecen de dientes en el paladar.

HETERÓMERO, RA. (gr. ἕτερος,
otro, y μέρος, miembro.) adj. Zool. Dícese
de los insectos coleópteros que tienen
cuatro artejos en los tarsos de las patas del
último par y cinco en los demás; como la
carraleja. Ú.t.c.s. || **2.** m. pl. Zool. Sub-
orden de estos animales.

* **HETEROMETRÍA.** f. Pat. Fenómeno
patológico consistente en la alteración cuan-
titativa de sus partes constituyentes de los
elementos anatómicos sin modificación de
su naturaleza.

* **HETEROMETROPÍA.** f. Diferencia
en la refracción para los dos ojos.

* **HETEROMIARIOS.** m. pl. Zool. Género de moluscos lamelibranquios que
tienen el músculo aductor anterior menos
desarrollado que el posterior.

* **HETEROMORFISMO.** Psicol. Tendencia a considerar a los demás como muy
diferentes de sí mismo, en todos los órdenes.

* **HETEROMORFO, FA.** adj. Bot. Dícese de las hojas, flores, etc., que pueden
afectar formas distintas. || **2.** Zool. Que
presenta forma muy diferente en una misma especie.

* **HETEROMORFOSIS.** f. Biol. Propiedad de algunos animales de substituir
por otros distintos los miembros que han
perdido.

* **HETERONEMEO, A.** adj. Bot. Aplícase a ciertos vegetales que se agrupan para
formar un cuerpo heterogéneo; como los
helechos, los musgos, etc.

* **HETERONEREIDO.** m. Zool. Fase
especial, de alteración morfológica, que
experimentan determinados anélidos marinos, durante el período de su madurez
sexual.

* **HETERÓNIMO, MA.** adj. Gram. Dícese de los nombres que, aunque proceden
de raíces distintas, significan el mismo ser.

* **HETERONOMIA.** f. Imposición de
leyes contrarias a las aspiraciones y costumbres de los individuos.

* **HETERÓNOMO, MA.** (gr. ἕτερος,
otro, y νόμος, ley, costumbre.) adj. Dícese
del que está sometido a un poder extraño
que le impide el libre desarrollo de su
naturaleza.

* **HETEROPÉTALO, LA.** adj. Bot. Dícese de la flor de pétalos desiguales.

* **HETERÓPILO.** m. Bot. Orificio de
los tegumentos seminales, por donde entran los vasos exteriores de la semilla en
el interior de ésta.

* **HETEROPLASIA.** m. Bot. Anomalía
producida al formarse un tejido.

* **HETEROPLASMA.** m. Pat. Tejido
anómalo que se produce en la economía
humana.

* **HETEROPLASTIA.** f. Pat. Operación que consiste en insertar en un individuo tejidos procedentes de otro individuo
distinto.

* **HETEROPLÁSTIDA.** f. Med. Injerto
quirúrgico procedente de un animal.

* **HETERÓPODA.** f. Zool. Género de
arañas propias de las regiones cálidas del
Globo.

* **HETEROPODIA.** f. Fisiol. Diferencia entre uno y otro pie de una misma persona.

* **HETERÓPODO.** (gr. ἕτερος, otro, y
πόδς pie.) adj. Zool. Dícese de los animales cuyos pies son diferentes entre sí.

* **HETERÓPORO, RA.** adj. Fís. y Min.
Que tiene poros distintos en forma, número, etc.

* **HETEROPSIA.** f. Visión desigual de
ambos ojos.

HETERÓPSIDO. (gr. ἕτερος, otro, y
ὄψις, vista.) adj. Dícese de las substancias
metálicas que carecen del brillo propio del
metal. || **2.** Por ext., se dice de las cosas
que presentan un aspecto diferente del que
realmente tienen.

HETERÓPTERO. (gr. ἕτερος, dintin-
to, y πτερόν, ala.) adj. Zool. Dícese de
los insectos del suborden de los heteróp-
teros. || **2.** m. pl. Suborden de insectos
hemípteros cuyas alas anteriores son hemé-

H

litros. Algunos son parásitos como la chinche. Ú.t.c.s.

* **HETERÓPTICA**. f. Visión falsa.

* **HETEROREXIA**. f. MED. Depravación del apetito.

* **HETERORGÁNICO, CA**. adj. Producido por órganos distintos.

* **HETERORRINCO, CA**. adj. ZOOL. Que tiene el pico de forma diferente. || **2**. m. pl. ZOOL. Grupo de aves zancudas que se distinguen por la forma del pico.

* **HETERORRITMO, MA**. adj. MED. Dícese del pulso de ritmo desigual.

HETEROSCIO, CIA. (gr. ἑτερόσκιος; de ἕτερος, otro, y σκιά, sombra.) adj. GEOG. Dícese del habitante de las zonas templadas, el cual al mediodía hace sombra siempre hacia el mismo lado. Ú.t.c.s. y en m. pl.

* **HETEROSCOPIO**. m. Instrumento con el que se determina el grado de estrabismo.

* **HETEROSEXUAL**. adj. Perteneciente o relativo al sexo opuesto.

* **HETEROSITA**. f. MIN. Fosfato hidratado de manganeso y hierro.

* **HETEROSOMÍA**. f. Asimetría corporal.

* **HETEROSPÓREO, A**. adj. BOT. Dícese de las plantas criptógamas equisetíneas que tienen varias clases de esporas. Ú.t.c.s.f. || **2**. f. pl. BOT. Orden de estas plantas.

* **HETEROSTÁTICO, CA**. ELECTR. Dícese del método de medidas eléctricas en el cual se recurre a una electrización auxiliar, extraña a la de los cuerpos de que se trata.

* **HETEROSTÉMONO, NA**. adj. BOT. Dícese de las plantas que tienen desiguales los estambres.

* **HETEROSTILEO, A**. adj. BOT. Dícese de las flores que presentan estilos de diferentes longitudes.

* **HETEROTAXIA**. f. FISIOL. Anomalía grave desde el punto de vista anatómico, pero que permite el libre ejercicio de las funciones vitales.

* **HETEROTERAPIA**. f. Tratamiento de una enfermedad por medicación antagónica a los principales síntomas de la enfermedad.

* **HETEROTERMO, MA**. adj. ZOOL. Dícese de los vertebrados de temperatura variable.

* **HETEROTONÍA**. f. MED. Tensión variable.

* **HETEROTOPIA**. f. MED. Desplazamiento de un órgano o parte del cuerpo.

* **HETEROTOXINA**. f. BIOQUÍM. Toxina formada en el organismo por una causa procedente del exterior.

* **HETEROTRÍQUIDOS**. m. pl. ZOOL. Orden de infusorios ciliados con filamentos delgados y de distintos tamaños.

* **HETEROTROFIA**. f. PAT. Alteración nutritiva caracterizada por cambios químicos que suelen conducir a la muerte celular.

* **HETERÓTROFO, FA**. adj. Que no se nutre por sí mismo; que obtiene el alimento de substancias elaboradas por otros seres vivos.

* **HETEROZOARIO, A**. adj. ZOOL. Dícese de los animales que tienen grandes diferencias entre sí. Ú.t.c.s.

* **HETEROZOICO, CA**. adj. Perteneciente o relativo a otro animal o a otra especie.

* **HETICARSE**. (De hético.) r. P. RICO y REP. DOMIN. Contraer la enfermedad de la tisis.

HÉTICO, CA. (De héctico.) adj. Tísico. Ú.t.c.s. || **2**. Perteneciente a este enfermo. || **3**. V. Fiebre HÉTICA. Ú.t.c.s. || **4**. fig. Que está muy flaco y casi en los huesos. Ú.t.c.s. || —confirmado. El declarado y reconocido por tal.

HETIQUEZ. f. PAT. Hectiquez.

HETRÍA. f. ant. Enredo, mezcla, confusión.

* **HEU**. m. MAR. Buque con un solo palo y una vela, usado en los mares del Norte.

HEURÍSTICA. f. Arte de inventar.

HEURÍSTICO, CA. (gr. εὑρίσκω, hallar, inventar.) adj. Que pertenece o relativo a la heurística.

* **HEVEÍNA**. (De hevé.) f. QUÍM. Substancia oleosa que se extrae del caucho.

* **HEXA**. Prefijo que entra en la formación de muchos vocablos con la significación de seis.

* **HEXACANTO, TA**. adj. Que tiene seis ganchos o púas.

HEXACORALARIO. (gr. ἕξ, seis, y coralario.) adj. ZOOL. Dícese de celentéreos antozoos cuya boca está rodeada por tentáculos en número de seis o múltiplo de seis, como las actinias. Ú.t.c.s. || **2**. m. pl. ZOOL. Orden de estos animales.

* **HEXACORDIO**. m. MÚS. Instrumento de seis cuerdas.

HEXACORDO. (l. hexachordos, y éste del gr. ἑξάχορδος; de ἕξ, seis, y χορδή, cuerda.) m. MÚS. Escala compuesta de seis notas. || **2**. MÚS. Intervalo de sexta en la escala musical. || —mayor. Consta de cuatro tonos y un semitono. || —menor. Compuesto de tres tonos y dos semitonos.

* **HEXACRÓMICO, CA**. adj. Capaz de distinguir solamente seis colores del espectro con exclusión del añil.

* **HEXACTINAL**. adj. Que tiene seis radios o puntas.

* **HEXADACTILISMO**. m. Existencia de seis dedos en la mano o en el pie.

HEXAEDRO. (gr. ἑξάεδρος; de ἕξ, seis, y ἕδρα, cara.) GEOM. Sólido de seis caras. || —regular. Cubo, 2.º art., 3.ª acep. || P. hexaedro; I. hexaedron; F. hexaèdre; A. Würfel, It. esaedro; R. куб.

* **HEXAFÁSICO, CA**. adj. ELECTR. Dícese de la corriente alterna de seis fases, o sea formada por seis corrientes monofásicas.

* **HEXÁFILO, LA**. adj. BOT. Dícese de las plantas con hojas de seis folíolos.

HEXAGONAL. adj. De figura de hexágono o semejante a él. || P. hexagono; I. y F. hexagonal; A. sechseckig; I. esagonale.

HEXÁGONO, NA. (l. hexagōnus, y éste del gr. ἑξάγωνος; de ἕξ, seis, y γωνία, ángulo.) adj. GEOM. Dícese del polígono de seis ángulos y seis lados. Ú.m.c.s.m. || P. hexágono; I. y F. hexagone; A. Sechseck; It. esagono; R. щестиугольник.

* **HEXAMERÓN**. m. Parte del Génesis que trata de la Creación. || **2**. Comentarios sobre los seis primeros capítulos del Génesis y los seis días de la Creación.

HEXÁMETRO. (l. hexamĕtrus, y éste del gr. ἑξάμετρος; de ἕξ, seis, y μέτρον.) adj. V. Verso HEXÁMETRO. Ú.t.c.s. || P. hexametro; I. hexameter; F. hexamètre; A. Hexameter; It. esàmetro; R. гекзаметр.

* **HEXANDRO, DRA**. adj. BOT. Dícese de la flor que tiene seis estambres, y de las plantas con flores de esta clase.

HEXÁNGULO, LA. (gr. ἕξ, seis, y el l. angŭlus, ángulo.) adj. Hexágono.

HEXÁPEDA. (gr. ἑξάπεδον; de ἕξ, seis, y πούς, pie.) f. Toesa.

* **HEXAPÉTALO, LA**. adj. BOT. De seis pétalos.

* **HEXAPTÉRICO**. m. LITURG. Relicario de culto griego formado por un disco donde se representa un serafín con seis alas.

* **HEXASÉPALO**. adj. BOT. De seis sépalos.

HEXASÍLABO, BA. (l. hexasyllăbus, y éste del gr. ἑξασύλλαβος; de ἕξ, seis, y συλλαβή, sílaba.) adj. Que consta de seis sílabas. Verso HEXASÍLABO. Ú.t.c.s.

* **HEXASTILO**. m. ARQ. Pórtico de seis columnas de frente.

* **HEXÁSTOMO, MA**. adj. ZOOL. Que tiene seis bocas u orificios.

* **HEXATÓMICO, CA**. adj. QUÍM. De seis átomos. || **2**. QUÍM. Hexavalente.

* **HEXAVALENTE**. adj. QUÍM. Dícese del cuerpo químico que puede retener o substituir seis átomos de hidrógeno por cada átomo suyo.

HEZ. (l. faex, faecis.) f. Parte de desperdicio en las preparaciones líquidas, que, por ser generalmente térrea y más pesada, se deposita en el fondo de las cubas o vasijas. Ú.m. en pl. || **2**. fig. Lo más vil y despreciable de cualquiera clase. || **3**. pl. Excrementos e inmundicias que arroja el cuerpo por el ano. || P. fezes; I. lees; F. lie; A. Hefe; It. feccia; R. осадок.

HI. com. Hijo. Solamente se usa en la voz compuesta HIdalgo y sus derivados, y en ciertas frases; v. gr. HI de puta, HI de perro.

HÍ. (l. hic.) adv. ant. Allí.

HÍADAS. f. pl. ASTRON. Híades.

HÍADES. (l. hyădes, y éste del gr. ὑάδες, de ὕω, llover.) f. pl. ASTRON. Agrupación de estrellas en la constelación de Toro, en el hemisferio boreal. || P. Hyadas; I. y F. Hyades; A. Hyaden; It. Plèiadi; R. плеяды.

* **HIALEÓN**. m. PAT. Humor viscoso que fluye de ojos y oídos.

* **HIÁLIDOS**. m. pl. ZOOL. Familia de moluscos pterópodos.

* **HIALINA**. f. ZOOL. Género de insectos lepidópteros heteróceros, con las alas anteriores muy transparentes.

HIALINO, NA. (l. hyalīnus, y éste del gr. ὑάλινος, de ὕαλος, vidrio.) adj. Fís. Diáfano como el vidrio o parecido a él. || **2**. MINER. Cuarzo hialino. || P. hialino; I. hialine; F. hyalin; A. durchsichtig; It. ialino; R. прозрачный.

* **HIALIPLASMA**. m. ZOOL. Parte del protoplasma, más claro y transparente.

* **HIALITA**. ART. y OF. Variedad de cristal negro que se fabrica en Bohemia.

* **HIALO**. m. ZOOL. Género de moluscos pterópodos.

* **HIALOGRAFÍA**. f. ART. y OF. Arte de dibujar o pintar valiéndose del hialógrafo.

* **HIALÓGRAFO**. ART. y OF. Instrumento que sirve para copiar en perspectiva los objetos, utilizando la reflexión de éstos en un vidrio.

* **HIALOIDEO**. adj. Que se parece al vidrio, o tiene sus propiedades. || **2**. ANAT. Perteneciente o relativo al humor vítreo.

* **HIALOPLASMA**. m. BIOL. Parte más fluida del protoplasma.

* **HIALÓPTERO, RA**. adj. ZOOL. Que tiene alas transparentes. Ú.t.c.s.

* **HIALOSOMO, MA**. adj. ZOOL. De cuerpo transparente.

* **HIALOTECNIA**. f. Arte de fabricar y de trabajar el vidrio.

* **HIALÓTERO**. m. Instrumento usado para hacer pasar una chispa eléctrica a través de una placa de cristal con el fin de practicar en ésta un orificio.

* **HIALURGIA**. f. Arte de trabajar el vidrio o cristal.

HIANTE. (l. hians, hiantes.) adj. V. Verso HIANTE.

HIATO. (l. hiātus.) m. Cacofonía que resulta del encuentro de vocales en la pronunciación. || P. hiato; I. y F. hiatus; A. Hiatus; It. iato; R. гиатус, зияние.

º **HIBERNACIÓN**. (l. hibernāre, invernar.) f. Estado de letargo a que están sujetos ciertos animales durante el invierno. || **2**. MED. Estado de sopor provocado artificialmente en ciertos enfermos con fines anestésicos o curativos.

* **HIBERNÁCULO**. m. BOT. Órgano protector de las yemas vegetales contra los fríos.

HIBERNAL. (l. hibernālis.) adj. Invernal.

HIBERNÉS, SA. adj. Natural de Hibernia, hoy Irlanda. Ú.t.c.s. || **2**. Perteneciente a esta isla, de Europa antigua.

HIBÉRNICO, CA. adj. Hibernés, 2.ª acep.

HIBERNIZO, ZA. adj. Hibernal.

* **HIBERTIA**. f. BOT. Género de plantas dileniáceas, matas de hojas estrechas, estambres no engrosados en su extremo y ovarios libres.

HIBIERNAL. adj. ant. Hibernal.

HIBIERNAR. (l. hibiernāre.) intr. ant. Ser la estación de invierno.

HIBIERNO. (l. hibernum.) m. Invierno.

HIBLEO, A. (l. hyblaeus.) adj. Perteneciente a Hibla, monte y ciudad de Sicilia antigua.

HIBRIDACIÓN. f. Producción de seres híbridos.

HIBRIDISMO. m. Calidad de híbrido.

HÍBRIDO, DA. (l. hybrĭda, y éste del gr. ὕβρις, injuria.) adj. Aplícase al animal o al vegetal procreado por dos individuos de distinta especie. || **2**. fig. Dícese de todo lo que es producto de elementos de distinta naturaleza. || P. híbrido I. hybrid; F. hybride; A. zwitterhaft; It. ìbrido; R. гибрид.

HIBUERO. m. Higüero.

* **HICACAL**. f. AMÉR. Sitio en que abundan los hicacos.

HICACO. (Voz haitiana.) m. BOT. Ar-

H busto crisobalanáceo, de hojas alternas ovaladas, flores blanquecinas, fruto en drupa, parecido a la ciruela claudia.

★ HICADURA. m. CUBA. Conjunto de hicos con que se suspende una hamaca.

★ HICO. m. CUBA y VENEZ. Ramal de muchos cordones, cada uno de los cuales se ata en el ojo respectivo de las dos cabezas de la hamaca.

HICOTEA. (Voz americana.) f. ZOOL. Reptil quelonio de la familia de los emídidos que se cría en América. Es comestible.

HIDALGAMENTE. adv. m. Con generosidad, con nobleza de ánimo.

HIDALGO, GA. (De *fidalgo*.) m. y f. Persona que por su sangre es de una clase noble y distinguida. Llámase también hidalgo de sangre. ‖ **2.** adj. Perteneciente a un hidalgo. ‖ **3.** fig. Dícese de la persona de ánimo generoso y noble, y de lo perteneciente a ella. ‖ **—de bragueta.** Padre que por haber tenido siete hijos varones consecutivos en legítimo matrimonio, adquiría el derecho de hidalguía. ‖ **—de cuatro costados.** Aquel cuyos abuelos paternos y maternos son hidalgos. ‖ **—de devengar quinientos sueldos.** El que por los antiguos fueros de Castilla tenía derecho a cobrar 500 sueldos en satisfacción de las injurias que se le hacían. ‖ **—de ejecutoria.** El que ha litigado su hidalguía y probado ser hidalgo de sangre. Denomínase así a diferencia del hidalgo de privilegio. ‖ **—de gotera.** El que únicamente en un pueblo gozaba de los privilegios de su hidalguía, de tal manera, que los perdía en mudando su domicilio. ‖ **—de privilegio.** El que lo es por compra o merced real. ‖ **—de solar conocido.** El que tiene casa solariega o desciende de una familia que la ha tenido o la tiene. ‖ **P.** fidalgo; **I.** nobleman; **F.** gentilhomme; **A.** Edelmann; **It.** gentiluomo; **R.** дворянский.

HIDALGOTE, TA. m. y f. aum. de hidalgo.

HIDALGUEJO, JA. m. y f. d. de hidalgo.

HIDALGUEZ. f. Hidalguía.

HIDALGUÍA. f. Calidad de hidalgo, o su estado y condición civil. ‖ **2.** V. *Carta de* HIDALGUÍA. ‖ **3.** V. *Carta ejecutoria de* HIDALGUÍA. ‖ **4.** fig. Generosidad y nobleza de ánimo.

HIDÁTIDE. (gr. ὑδατίς -ίδος.) f. Equinococo. ‖ **2.** Vesícula que lo contiene. ‖ **3.** Quiste hidatídico.

HIDATÍDICO, CA. adj. Perteciente a la hidátide.

★ HIDATIDINA. f. BIOQUÍM. Substancia orgánica de los quistes hidatídicos.

★ HIDÁTODO. m. MED. Humor acuoso del ojo existente entre la córnea y la úvea.

★ HIDATÓGENO, NA. adj. GEOL. Dícese de ciertas rocas formadas por la precipitación química en una solución acuosa.

★ HIDATOIDEO, A. adj. Semejante al agua.

★ HIDATOIDES. m. Humor acuoso.

HIDIONDO, DA. adj. Hediondo.

★ HIDNÁCEOS. (De *hidno*.) m. pl. BOT. Familia de hongos himenomicetos en los que el cuerpo fructífero crece sobre el micelio formando un pie con sombrerete.

★ HIDNO. m. BOT. Género de hongos hidnáceos, comestibles.

HIDRA. (l. *hydra*, y éste del gr. ὕδρα, serpiente acuática.) f. Culebra acuática, venenosa, que suele hallarse cerca de las costas, tanto en el mar Pacífico como en el de las Indias. ‖ **2.** ZOOL. Pólipo de forma cilíndrica parecido a un tubo cerrado por una extremidad y con varios tentáculos en la otra. Se cría en el agua dulce. ‖ **3.** ASTRON. Constelación austral comprendida entre las del León y la Virgen por el norte, y las del Navío y el Centauro por el sur. ‖ **4.** MIT. Monstruo del lago de Lerna, con siete cabezas que renacían a medida que se cortaban, muerto por Hércules, que se las cortó todas de un golpe. ‖ **2.ª** acep.: **P.** hidra; **I.** hydra; **F.** hydre; **A.** Hyder; **It.** idra.

HIDRÁCIDO. m. QUÍM. Ácido binario que resulta de la combinación de un radial negativo simple o compuesto, sin oxígeno, con hidrógeno.

★ HIDRÁCNIDOS. m. pl. ZOOL. Fami-

lia de arácnidos ácaros, acuáticos muy pequeños, que viven parásitos sobre muchos insectos.

★ HIDRAMINA. f. QUÍM. Amoníaco.

★ HIDRANGEA. f. BOT. Género de plantas saxifragáceas, arbustos, árboles, de hojas opuestas, enteras o aserradas y flores muy numerosas. Entre ellas se encuentra la hortensia.

★ HIDRANOSIS. f. PAT. Enfermedad producida por exceso de los líquidos orgánicos.

HIDRARGIRIO. m. Hidrargiro.

HIDRARGIRISMO. m. Intoxicación por mercurio. Es enfermedad frecuente en los obreros de las minas de este metal.

HIDRARGIRO. (l. *hidrargyrus*, y éste del gr. ὑδράργυρος; de ὕδωρ, agua, y ἄργυρος, plata.) m. QUÍM. Mercurio, azogue.

° **HIDRARTROSIS.** f. PAT. Acumulación de líquido seroso en una articulación.

HIDRATACIÓN. f. Acción y efecto de hidratar.

★ HIDRATADO, DA. p.p. de hidratar. ‖ **2.** adj. Que contiene agua.

HIDRATAR. (gr. ὕδωρ, ὕδατος, agua.) tr. QUÍM. Combinar un cuerpo con el agua. Ú.t.c.s. ‖ **P.** hidratar; **I.** to hydrate; **F.** hydrater; **A.** hydratisieren; **It.** idratare; **R.** соединять с водой.

HIDRATO. (De *hidratar*.) m. QUÍM. Combinación de un óxido u otro cuerpo con el agua. ‖ **2.** Cualquier compuesto que contiene en su molécula agua. ‖ **3.** Sufijo que entra en la nomenclatura de las sales dobles. ‖ **—de carbono.** Substancia compuesta de carbono, hidrógeno y oxígeno. ‖ **P.** hidrato; **I.** y **F.** hydrate; **A.** Hydrat; **It.** idrato; **R.** гидрат.

HIDRÁULICA. (l. *hydraulica*, y éste del gr. ὑδραυλική, t. f. de -κός, hidráulico.) f. Parte de la mecánica que estudia el equilibrio y el movimiento de los fluidos naturales, especialmente del agua. ‖ **2.** Arte de conducir, contener y elevar las aguas. ‖ **P.** hidráulica; **I.** hydraulics; **F.** hydraulique; **A.** Hydraulik; **It.** idràulica; **R.** гидравлика.

HIDRÁULICO, CA. (l. *hydraulicus*, y éste del gr. ὑδραυλικός, de ὑδραυλική, órgano hidráulico; de ὕδωρ, agua, y αὐλέω, tocar la flauta.) adj. FÍS. Perteneciente a la hidráulica. ‖ **2.** Que funciona por medio del agua. *Prensa* HIDRÁULICA. ‖ **3.** Que se endurece en contacto con el agua. *Cal* HIDRÁULICA. ‖ **4.** m. El que por profesión o estudio se dedica a la hidráulica.

★ HIDREOLA. f. Máquina hidráulico-neumática para elevar aguas.

HIDRIA. (l. *hydria*, y éste del gr. ὑδρία, cántaro.) f. Vasija grande para agua que usaban los antiguos. ‖ **P.** hidria; **I.** hydria; **F.** hydrie; **A.** Wasserkrug; **It.** idria; **R.** кувшин.

★ HÍDRICO, CA. adj. QUÍM. Aplícase a los cuerpos compuestos que contienen agua o hidrógeno. ‖ **2.** Que necesita gran cantidad de agua. ‖ **3.** Hídrido.

★ HÍDRIDO, DA. adj. Dícese de los animales que viven en el agua. ‖ **2.** m. QUÍM. Cualquier cuerpo compuesto formado por hidrógeno y algún elemento o radical.

★ HIDRIFORME. adj. Parecido a la hidra.

★ HIDRO. (gr. ὕδωρ, agua.) Prefijo que entra en la composición de muchas palabras con la significación de agua. ‖ **2.** QUÍM. Se emplea a menudo para indicar compuestos de hidrógeno.

★ HIDROA. m. MED. Dermatitis caracterizada por erupción vesiculosa sobre manchas rojas.

★ HIDROAÉRICO, CA. adj. Dícese de un ruido que da la auscultación o percusión de las partes que contienen agua o gases.

★ HIDROAEROPLANO. m. Hidroavión.

★ HIDROAVIACIÓN. f. Sistema de locomoción por medio de los hidroaviones.

HIDROAVIÓN. (gr. ὕδωρ, agua, y *avión*.) m. Tipo de avión construido especialmente para despegar y posarse en el agua. En lugar de ruedas lleva uno o varios flotadores. ‖ **P.** hidroavión; **I.** seaplane; **F.** hydravion; **A.** Wasserflugzeug; **It.** idroplano; **R.** гидроплан.

★ HIDROBÁSCULA. f. Aparato que sirve para evitar las pérdidas de agua al paso de los barcos.

★ HIDROBASE. f. Superficie acuática abrigada, destinada al despegue y amaraje de los hidroaviones.

HIDROBIOLOGÍA. (gr. ὕδωρ, agua, y *biologia*.) f. Ciencia que estudia la vida de los animales y de las plantas que pueblan las aguas.

★ HIDROBOMBA. f. MIL. Torpedo lanzado desde un avión al agua, donde es propulsado por un cohete.

★ HIDROCARBONADO, DA. (gr. ὕδωρ, agua, y *carbono*.) adj. Compuesto de agua y carbono.

HIDROCARBURO. m. QUÍM. Cualquiera de los compuestos de la Química orgánica en cuya constitución intervienen el carbono y el hidrógeno exclusivamente. **P.** hidrocarboneto; **I.** hydrocarbon; **F.** hydrocarbure; **A.** Kohlenwasserstoff; **It.** idrocarburo; **R.** углеводород.

★ HIDROCARIDÁCEAS. f. pl. BOT. Familia de plantas monocotiledóneas, formada por varios géneros de plantas acuáticas.

HIDROCEFALIA. (De *hidrocéfalo*.) f. MED. Hidropesía de la cabeza producida por la acumulación de líquido seroso entre las meninges o en los ventrículos cerebrales.

★ HIDROCEFALITIS. f. PAT. Inflamación del cerebro.

HIDROCÉFALO, LA. (gr. ὑδροκέφαλος, de ὕδωρ, agua, y κεφαλή, cabeza.) adj. Dícese del que padece hidrocefalia.

HIDROCELE. (l. *hydrocèle*, y éste del gr. ὑδροκήλη; de ὕδωρ, agua, y κήλη, tumor.) f. MED. Hidropesía de la túnica serosa del testículo.

★ HIDROCERAMIO. m. Vasija porosa para refrescar el agua.

★ HIDROCINCITA. f. MINERAL. Carbonato hidratado de cinc que se presenta en masas concrecionadas o de aspecto terroso y color blanco mate. Abunda en España.

★ HIDROCLIMA. m. Combinación de factores físicos y químicos de las aguas donde viven los organismos acuáticos.

HIDROCLORATO. (gr. ὕδωρ, agua, y de *clorato*.) m. QUÍM. Clorhidrato.

HIDROCLÓRICO, CA. (gr. ὕδωρ, agua, y *clórico*.) adj. QUÍM. Clorhídrico.

★ HIDROCONIO. m. Baño en forma de lluvia. ‖ **2.** Ducha.

★ HIDRODERMIA. f. PAT. Hidropesía de la piel.

★ HIDRODESLIZADOR. m. Hidroplano. Embarcación de fondo plano, impulsada por una hélice aérea.

★ HIDRODIFUSIÓN. f. Difusión de líquidos diferentes entre sí.

HIDRODINÁMICA. (gr. ὕδωρ, agua, y *dinámica*.) f. Parte de la mecánica que estudia el movimiento de los fluidos bajo la acción de las fuerzas a que están sometidos.

HIDRODINÁMICO, CA. adj. Perteneciente o relativo a la hidrodinámica.

HIDROELÉCTRICO, CA. (gr. ὕδωρ, agua, y *eléctrico*.) adj. Relativo a la producción de electricidad por la fuerza hidráulica.

★ HIDROELECTRIZACIÓN. f. Tratamiento por el baño hidroeléctrico.

★ HIDROESCALA. f. Estación de salida o tránsito para hidroaviones. Espacio de agua reservado para las maniobras de llegada y salida de hidroaviones.

★ HIDROEXTRACTOR. m. FÍS. Aparato en que se utiliza la fuerza centrífuga para desecar o evacuar líquidos.

HIDRÓFANA. (gr. ὕδωρ, agua, y φαίνω, brillar.) f. MINER. Ópalo que, sumergido en el agua, adquiere transparencia.

★ HIDRÓFERO. m. Aparato para administrar los baños con una pequeña cantidad de líquido.

★ HIDROFILÁCEAS. f. pl. BOT. Familia de plantas dicotiledóneas propias de América.

HIDROFILACIO. (gr. ὕδωρ, agua, y φυλάσσω, guardar.) m. Concavidad subterránea y llena de agua, de que muchas veces se alimentan los manantiales.

★ HIDROFILIDIOS. m. pl. ZOOL. Familia de insectos coleópteros, la mayoría acuáticos.

HIDRÓFILO, LA. (gr. ὕδωρ, agua, y φίλος, amigo.) m. ZOOL. Coleóptero acuático. ǁ **2.** adj. Que absorbe el agua con gran facilidad. ǁ **P.** hidrófilo; **I.** hydrophilous; **F.** hydrophile; **A.** Wasserfreund; **It.** idrófilo; **R.** гидрофил.

* **HIDRÓFITA.** f. BOT. Cualquier planta acuática. ǁ **2.** BOT. Alga.

* **HIDROFITOGRAFÍA.** f. BOT. Descripción de las plantas acuáticas.

HIDROFOBIA. (l. *hydrophobia*, y éste del gr. ὑδροφοβία, de ὑδροφόβος, hidrófobo.) f. Horror morboso al agua. ǁ **2.** Rabia, 1.ª acep. ǁ **P.** hidrofobia; **I.** hydrophobia; **F.** hydrophobie; **A.** Wasserscheu, Tollwut; **It.** idrofobia; **R.** водобоязнь.

HIDRÓFOBO, BA. (l. *hidrophŏbus*, y éste del gr. ὑδροφόβος, de ὕδωρ, agua, y φόβος, terror.) adj. Que padece hidrofobia. Ú.t.c.s.

* **HIDRÓFONO, NA.** adj. Que suena dentro del agua, o que registran los sonidos producidos dentro del agua. ǁ **2.** m. FÍS. Aparato microfónico, que detecta las fugas en las canalizaciones de agua. ǁ **3.** FÍS. Aparato registrador de los sonidos submarinos, usado para delatar la presencia de los submarinos.

HIDRÓFUGO, GA. (gr. ὕδωρ, agua, y l. *fugěre*, huir.) adj. Dícese de las substancias que evitan la humedad o las filtraciones.

* **HIDROGALA.** m. Mezcla de leche y agua.

* **HIDROGENACIÓN.** (De *hidrogenar*.) f. QUÍM. Combinación de hidrógeno con otro cuerpo. ǁ —**de aceites.** Endurecimiento artificial de aceites por medio de hidrógeno.

* **HIDROGENADO, DA.** adj. QUÍM. Que contiene hidrógeno. ǁ **2.** p.p. de hidrogenar.

* **HIDROGENAR.** tr. QUÍM. Combinar con hidrógeno.

* **HIDROGENIÓN.** m. QUÍM. Átomo de hidrógeno con una carga eléctrica positiva por pérdida de un electrón.

HIDRÓGENO. (gr. ὕδωρ, agua, y γενάω, engendrar.) m. Gas inflamable, incoloro, inodoro y 14 veces más ligero que el aire. Es componente de muchas substancias orgánicas, y combinado con el oxígeno forma el agua. ǁ **P.** hidrógeno; **I.** hydrogen; **F.** hydrogène; **A.** Wasserstoff; **It.** idrògeno; **R.** водород.

* **HIDROGENÓLISIS.** f. QUÍM. Descomposición producida mediante la adición de hidrógeno.

* **HIDROGEOLOGÍA.** f. GEOL. Parte de la geología que estudia la acción de las aguas sobre el globo terrestre.

* **HIDROGNOMONÍA.** f. Estudio de las leyes que presiden el régimen de las aguas en el interior del globo terráqueo.

HIDROGNOSIA. (gr. ὕδωρ, agua, y γνῶσις, conocimiento.) f. Rama del saber, que explica las calidades e historia de las aguas del globo terrestre.

HIDROGOGÍA. (gr. ὕδωρ, agua, y ἀγωγή, conducto, canal.) f. Arte de canalizar aguas.

HIDROGRAFÍA. (De *hidrógrafo*.) f. Parte de la geografía física que estudia las aguas marítimas y terrestres desde el punto de vista físico, químico y biológico. ǁ **P.** hidrografía; **I.** hydrography; **F.** hydrographie; **A.** Hidrographie; **It.** hidrografía; **R.** гидрография.

HIDROGRÁFICO, CA. adj. Perteneciente o relativo a la hidrografía.

HIDRÓGRAFO. (gr. ὕδωρ, agua, y λράφω, describir.) m. El que ejerce o profesa la hidrografía. ǁ **P.** hidrógrafo; **I.** hydrographer; **F.** hydrographe; **A.** Hydrograph; **It.** idrògrafo; **R.** гидрограф.

* **HIDROHIGRÓMETRO.** (gr. ὕδωρ, agua, y de *higrómetro*.) m. FÍS. Aparato que indica el grado de humedad en la atmósfera.

* **HIDROIDE.** adj. Que tiene el aspecto del agua.

* **HIDROIDEO.** adj. Semejante al agua. ǁ **2.** Semejante al sudor.

* **HIDROL.** m. QUÍM. Conjunto de todas las aguas minerales, naturales o artificiales.

* **HIDROLACTÓMETRO.** m. QUÍM. Instrumento usado para determinar la cantidad de agua contenida en la leche.

* **HIDROLADO.** (De *hidrolato*.) m.

FARM. Medicamento compuesto de agua y principios medicinales.

* **HIDROLATO.** (De *hidrol.*) m. FARM. Agua destilada.

* **HIDROLATURO.** (De *hidrolato*.) m. FARM. Infusión de una substancia medicinal en agua.

* **HIDROLINFA.** f. Sangre acuosa de los animales inferiores.

HIDRÓLISIS. (gr. ὕδωρ, agua, y λύσις, disolución.) f. QUÍM. Desdoblamiento de la molécula de ciertos compuestos orgánicos por exceso de agua.

* **HIDRÓLITO, TA.** adj. Soluble en el agua. ǁ **2.** Cristal que contiene mucha agua.

HIDROLOGÍA. (gr. ὕδωρ, agua, y λόγος, tratado.) f. Parte de las Ciencias Naturales que trata de las aguas. ǁ **P.** hidrología; **I.** hydrology; **F.** hydrologie; **A.** Hydrologie; **It.** idrologia; **R.** гидрология.

HIDROLÓGICO, CA. adj. Relativo o perteneciente a la hidrología.

* **HIDRÓLOGO, GA.** m. y f. Persona perita en hidrología. ǁ **P.** hidrólogo; **I.** hydrologist; **F.** hydrologue; **A.** Hydrolog, Wasserbaukundiger; **It.** idrólogo; **R.** гидролог.

HIDROMANCIA [~**MANCÍA**]. (l. *hydromantía*, y éste del gr. ὕδωρ, agua, y μαντεία, predicción.) f. Arte supersticiosa de adivinar por las señales y observaciones del agua. ǁ **P.** hidromancia; **I.** hydromancy; **F.** hydromancie; **A.** Wasserdeuterei; **It.** idromanzia.

* **HIDROMANÍA.** (gr. ὕδωρ, agua, y de *manía*.) f. Delirio que impele a arrojarse al agua. ǁ **2.** Sed insaciable. ǁ **P.** hidromania; **I.** hydromania; **F.** hydromanie; **A.** Hydromanie; **It.** idromania; **R.** гидромания.

HIDROMÁNTICO, CA. adj. Perteneciente a la hidromancia. ǁ **2.** m. y f. Persona que la profesa.

* **HIDROMECÁNICO, CA.** adj. Dícese a los aparatos o máquinas en que se emplea el agua como fuerza motriz.

* **HIDROMEDUSA.** f. ZOOL. Género de reptiles quelonios de cuello largo y cuerpo aplanado. ǁ **2.** p. Clase de celenterios cnidarios, como las medusas.

HIDROMEL [~**MIEL**]. (l. *hidroměli*, y éste del gr. ὑδρόμελι; de ὕδωρ, agua, y μέλι, miel.) m. Aguamiel. ǁ **P.** hidromel, água-mel; **I.** hydromel, mead; **F.** hydromel; **A.** Honig-wasser-Met; **It.** idromele; **R.** медовый напиток.

HIDROMETEORO. (gr. ὕδωρ, agua, y *meteoro*.) m. Meteoro producido por el agua en estado líquido, sólido o de vapor.

HIDRÓMETRA. com. El que sabe y profesa la hidrometría.

HIDROMETRÍA. (De *hidrómetro*.) f. FÍS. Parte de la hidrodinámica, que trata del modo de medir el caudal, la velocidad o la fuerza de los líquidos en movimiento. ° **HIDROMETRÍA.** f. Análisis comparativo de las aguas para determinar su dureza.

HIDROMÉTRICO, CA. adj. Perteneciente o relativo a la hidrometría. ǁ **2.** Dícese del grado de dureza del agua.

* **HIDROMÉTRIDOS.** m. pl. ZOOL. Insectos hemípteros heterópteros, de antenas largas.

HIDRÓMETRO. (gr. ὕδωρ, agua, y μτέρον, medida.) m. FÍS. Instrumento que sirve para medir el caudal, la velocidad, la fuerza, etc., de los líquidos en movimiento. ǁ **2.** Pluviómetro. ǁ **3.** Aparato para medir la altura de los líquidos contenidos en cualquier clase de vasija. ǁ **P.** hidrómetro; **I.** hydrometer; **F.** hydromètre; **A.** Hydrometer; **It.** idròmetro; **R.** гидрометр.

* **HIDROMETRÓGRAFO.** m. FÍS. Hidrómetro que señala, gráfica y automáticamente, la velocidad o la altura de un líquido.

* **HIDROMINERAL.** adj. Perteneciente o relativo a las aguas minerales. ǁ **2.** Que abundan en ellas.

* **HIDROMÓRFICO, CA.** adj. GEOL. Perteneciente a suelos entre dos zonas caracterizados por un exceso de humedad permanente.

* **HIDRONALINA.** f. Aleación compuesta de aluminio con una mezcla de manganeso. Es ligero e inalterable por la acción del agua del mar ni del vapor.

* **HIDRONOSIS.** f. PAT. Enfermedad acompañada de sudor.

HIDRÓPATA. com. MED. El que practica la hidropatía.

HIDROPATÍA. (gr. ὕδωρ, agua, y πάθος, enfermedad.) f. MED. Método terapéutico basado en el empleo del agua como agente curativo. ǁ **P.** hidropatía; **I.** hydropathy; **F.** hydropathie; **A.** Hydropathie; **It.** idropatia; **R.** гидропатия.

HIDROPÁTICO, CA. adj. Perteneciente o relativo a la hidropatía.

HIDROPESÍA. (l. *hydropisis*, y éste del gr. ὕδωψ; de ὕδωρ, agua, y ὤψ, aspecto.) f. PAT. Acumulación anormal de humor seroso en cualquier cavidad del cuerpo animal. ǁ **P.** hidropisia; **I.** dropsy; **F.** hydropisie; **A.** Wassersucht; **It.** idropisia; **R.** водянка.

* **HIDROPICARSE.** r. HOND. Contraer la hidropesía.

HIDRÓPICO, CA. (l. *hydropĭcus*, y éste del gr. ὑδρωπικός.) adj. MED. Que padece hidropesía. Ú.t.c.s. ǁ **2.** fig. Insaciable. ǁ **3.** fig. Muy sediento. ǁ **P.** hidrópico; **I.** hydropic, dropsical; **F.** hydropique; **A.** Wassersüchtiger; **It.** idròpico; **R.** больной водянкой.

* **HIDROPÍPERO.** m. BOT. Correhuela, planta que crece en los sitios húmedos.

HIDROPLANO. (gr. ὕδωρ, agua, y *plano*.) m. Embarcación provista de aletas inclinadas que al marchar, por efecto de la reacción que el agua ejerce contra ellas, sostienen gran parte del peso del aparato. ǁ **2.** Hidroavión.

* **HIDROPLASMA.** m. Estado acuoso del plasma sanguíneo de los tejidos.

* **HIDROPÓNICO, CA.** adj. AGR. Dícese de la agricultura que consiste en cultivar las plantas únicamente en el agua, sin contar con los recursos del suelo.

HIDROPTERÍNEO, A. (gr. ὕδωρ, agua, y πτερόν, ala.) adj. BOT. Dícese de las plantas criptógamas pteridofitas, acuáticas, con tallo horizontal, de cuya cara superior nacen las hojas y de la inferior las raíces. Ú.t.c.s.f. ǁ **2.** f. pl. BOT. Clase de estas plantas.

* **HIDROQUIMIA.** f. QUÍM. Parte de la química que trata especialmente del agua.

* **HIDROQUINONA.** f. Substancia antipirética usada también como revelador fotográfico.

* **HIDROSAURO.** m. pl. Sección de los reptiles saurios, que comprenden los que viven ordinariamente en el agua, como los cocodrilos.

HIDROSCOPIA. (gr. ὕδωρ, agua, y σκοπέω, ver, examinar.) f. Arte de averiguar la existencia y condiciones de las aguas ocultas, examinando previamente la naturaleza y configuración del terreno. ǁ **P.** hidroscopia; **I.** hydroscopy; **F.** hydroscopie; **A.** Quellenfinden; **It.** idroscopia; **R.** гидроскопия.

* **HIDROSCOPIO.** (De ὕδωρ, agua, y σκοπέω, ver.) m. Instrumento para descubrir la presencia del agua.

HIDROSFERA. (gr. ὕδωρ, agua, y σφαῖρα, esfera.) f. Conjunto de las partes líquidas del globo terráqueo.

HIDROSILICATO. m. QUÍM. Silicato hidratado.

* **HIDROSQUESIS.** f. PAT. Supresión del sudor.

HIDROSTÁTICA. (gr. ὕδωρ, agua, y de *estática*.) f. FÍS. Parte de la mecánica que trata del equilibrio de los fluidos. ǁ **P.** hidrostática; **I.** hydrostatics; **F.** hydrostatique; **A.** Hydrostatik; **It.** idrostàtica; **R.** гидростатика.

HIDROSTÁTICAMENTE. adv. Con arreglo a la hidrostática.

HIDROSTÁTICO, CA. adj. Perteneciente o relativo a la hidrostática.

* **HIDROSTATÍMETRO.** m. FÍS. Aparato que marca la velocidad de las aguas mediante los movimientos de una aguja.

* **HIDROSTATO.** (gr. ὕδωρ, agua, y el l. *stāre*, estar de pie.) m. FÍS. Aparato que permite trabajar debajo del agua.

* **HIDROTACTISMO.** m. Influencia del agua sobre los movimientos del espermatozoide.

* **HIDROTALCITA.** f. MINERAL. Hidróxido de alúmina y magnesia.

* **HIDROTAQUÍMETRO.** (gr. ὕδωρ, agua, y de *taquímetro*.) m. Instrumento

H

H

para medir la velocidad de las corrientes de agua.

* **HIDROTAXIS.** f. Movimiento de los organismos relacionado con la humedad.

HIDROTECNIA. (gr. ὕδωρ, agua, y τέχνη, arte,) f. Arte de construir maquinaria hidráulica.

HIDROTERAPIA. (gr. ὕδωρ, agua, y θεραπεία, curación.) f. Método curativo por medio del agua. || **P.** hidroterapia; **I.** hydrotherapeutics; **F.** hydrotherapie; **A.** Wasserheilkunde; **It.** idroterapia; **R.** гидротерапия.

HIDROTERÁPICO, CA. adj. Perteneciente o relativo a la hidroterapia. || **P.** hidroterápico; **I.** hydrotherapeutic; **F.** hydrothérapique; **A.** hydrotherapeutisch; **It.** idroterápico; **R.** гидротерапический.

* **HIDROTERMAL.** adj. GEOL. Dícese de las rocas formadas por la acción conjunta del agua y del calor terrestre.

* **HIDROTÉRMICO, CA.** adj. Perteneciente o relativo al agua y al calor.

* **HIDROTERMOTERAPIA.** f. MED. Procedimiento terapéutico basado en el empleo de agua caliente (baños, duchas, etcétera.)

* **HIDROTÍMETRO.** m. QUÍM. Aparato que sirve para determinar con aproximación el análisis de un agua potable.

HIDROTÓRAX. (gr. ὕδωρ, agua, y θώραξ, tórax.) m. PAT. Hidropesía del pecho.

* **HIDRÓXIDO.** (gr. ὕδωρ, agua, y de óxido.) m. QUÍM. Cada uno de los cuerpos resultantes de la combinación de un metal con uno o más radicales hidróxilos.

HIDRÓXILO. m. QUÍM. Radical formado por un átomo de hidrógeno y otro de oxígeno, que forma parte de muchos compuestos.

* **HIDROZOARIO, RIA.** adj. ZOOL. Dícese de los animales de la clase de los hidrozoarios. || **2.** m. pl. Clase de celentéreos nidarios, de cavidad gastrovascular sencilla, sin faringe, que comunica con el exterior directamente con la boca.

* **HIDRURO.** (De hidrógeno.) m. QUÍM. Cualquiera de los cuerpos formados por la combinación de los radicales simples o compuestos con el hidrógeno.

HIEBRE. f. ant. Fiebre.

HIEDRA. (l. hĕdĕra.) f. Planta trepadora, de la familia de las araliáceas, con tronco y ramos sarmentosos, hojas coriáceas, verdinegras, lustrosas, persistentes, pecioladas, partidas en cinco lóbulos y en forma de corazón las de los ramos superiores; flores de color amarillo verdoso, en umbelas, y fruto en bayas negruzcas del tamaño de un guisante. || **—arbórea.** Hiedra. || **—terrestre.** Planta vivaz de la familia de las labiadas, con tallos duros, de tres a cuatro decímetros, hojas pecioladas en forma de corazón, festoneadas y verdinegras; flores axilares en grupillos separados, de corola azul, y fruto en varias semillas menudas. Se ha empleado en medicina como expectorante. || **P.** hera; **I.** ivy; **F.** ierre; **A.** Efeu; **It.** èdera; **R.** плющ.

HIEL. (l. fel, fĕllis.) f. Bilis. || **2.** V. Vejiga de la HIEL. || **3.** fig. Amargura, aspereza o desabrimiento. || **4.** V. Paloma sin HIEL. || **5.** pl. fig. Trabajos, adversidades, disgustos. || HIEL de la tierra. Centaura menor. || Dar a beber HIELES. fr. fig. y fam. Dar disgustos y pesadumbres. || Echar una la HIEL. fr. fig. y fam. Trabajar con exceso. || **P.** fel; **I.** gall; **F.** fiel; **A.** Galle; **It.** fiele; **R.** желчь.

* **HIELERA.** (De hielo.) f. GUAT. Enfriadera.

HIELO. (l. gĕlu.) m. Agua convertida en cuerpo sólido y cristalino por un descenso suficiente de temperatura. || **2.** Acción de helar o helarse. || **3.** fig. Frialdad en los afectos. || **4.** fig. Pasmo, suspensión del ánimo. || Estar uno hecho un HIELO. fr. fig. y fam. Estar muy frío. || Romper el HIELO. fr. fig. y fam. En el trato personal o en una reunión, quebrantar la reserva, el embarazo o el recelo que por cualquier motivo exista. || **P.** e **It.** gelo; **I.** ice; **F.** glace; **A.** Eis; **R.** лёд.

HIELTRO. m. ant. Fieltro.

* **HIEMACIÓN.** f. Acción de pasar el invierno. || **2.** Propiedad que tienen algunas plantas de desarrollarse en invierno.

HIEMAL. (l. hiemalis, invernal.) adj. Invernal. || **2.** ASTROL. V. Cuadrante HIEMAL. Ú.t.c.s. || **3.** ASTRON. V. Solsticio HIEMAL.

HIENA. (l. hyaena, y éste del gr. ὕαινα.) f. Mamífero carnicero de unos 11 dm aproximadamente desde el hocico a la cola; 7 dm de altura hasta la cruz; pelo áspero, gris con rayas atravesadas, cola corta y pies con cuatro dedos. Vive en Asia y África; es animal nocturno y se alimenta preferentemente de carroña. || **P.** hiena; **I.** hyena; **F.** hyène; **A.** Hyäne; **It.** iena; **R.** гиена.

HIENDA. (l. fĭmĭta.) f. Estiércol.

HIENDA. f. EXTR. y LEÓN. Hendidura.

HIERA. (l. hĕdĕra.) f. ÁL. Hiedra.

HIERA. (Como jera, del l. diāria.) f. desus. Jera o yugada.

HIERARQUÍA. (gr. ἱεραρχία) f. ant. Jerarquía.

HIERÁTICO, CA. (l. hieratĭcus, y éste del gr. ἱερατικός, de ἱερός, sagrado) adj. Perteneciente o relativo a las cosas sagradas o a los sacerdotes. || **2.** Aplícase a cierta escritura de los antiguos egipcios, que era una abreviación de la jeroglífica. || **3.** Aplícase a cierta clase de papel que se traía de Egipto. || **4.** Dícese de la escultura y la pintura religiosas que reproducen formas tradicionales. || **5.** fig. Dícese también del estilo o ademán que tiene o afecta solemnidad extrema, aunque sea en cosas no sagradas. || **P.** hierático; **I.** hieratical; **F.** hiératique; **A.** hieratisch; **It.** ieràtico; **R.** священный.

HIERATISMO. m. Calidad de hierático, 2.ª y 3.ª aceps.

HIERBA. (l. hĕrba.) f. Toda planta pequeña cuyo tallo es tierno. || **2.** Conjunto de muchas hierbas que nacen en un terreno. || **3.** Jardín, 3.ª acep. || **4.** Veneno hecho con hierbas venenosas. Ú.m. en pl. || **5.** V. Queso de HIERBA. || **6.** pl. Entre los religiosos, menestras que les dan a comer y ensalada cocida para colación. || **7.** Pastos que hay en las dehesas para los ganados. || **8.** Hablando de los animales que se crían en los pastos, años. Este potro tiene tres HIERBAS. || **—buena.** Hierbabuena. || **—carmín.** Planta herbácea americana, aclimatada en España, de la familia de las fitolacáceas. || **—de bálsamo.** ÁL. Ombligo de Venus, 1.ª acep. || **—de ballestero.** Eléboro. || **2.** Veneno hecho con un cocimiento de eléboro. || **—de cuajo.** Flor y pelusa del cardo de comer, con la cual se cuaja la leche. || **—de Guinea.** Planta de la familia de las gramíneas, que crece hasta cerca de un metro de altura, con hojas ensiformes, tallo central, y flores hermafroditas. Es planta muy apreciada para pasto del ganado, especialmente caballar, y se propaga con facilidad en las regiones tropicales. || **—del Paraguay.** Especie de acebo con hojas lampiñas. Abunda en la América Meridional. || **2.** Hojas de este arbolito que, secas y empaquetadas, son uno de los principales ramos del comercio del Paraguay. || **—doncella.** Planta herbácea, vivaz, de la familia de las apocináceas, con tallos de seis a ocho decímetros, los estériles reclinados y casi erguidos los floríferos; hojas pedunculadas, lisas, coriáceas, en forma de corazón, algo vellosas en el margen; flores grandes, de corola azul; fruto capsular y semillas membranosas. Se usa en medicina como astringente. || **—fina.** Planta de la familia de las gramíneas, con cañas delgadas, derechas, hojas estrechas y flores rojizas. || **—luisa.** Luisa. || **—melera.** Melera, 1.ª acep. || **—meona.** Milenrama. || **—mora.** Planta herbácea, anual, de la familia de las solanáceas, con tallos ramosos y velludos; hojas lanceoladas, flores axilares, de corola blanca y fruto en baya negra de un centímetro de diámetro. Se ha empleado en medicina como calmante. || **2.** FILIP. Espicanardo, 3.ª acep. || **—pastel.** Glasto. || **—pulguera.** Zaragatona. || **—puntera.** Siempreviva mayor. || **—romana.** Hierba de Santa María. || **—sagrada.** Verbena, 1.ª acep. || **—santa.** Hierbabuena, 1.ª acep. || **—sarracena.** Hierba de Santa María. || **—viejas.** ant. Campos no roturados. || Crecer como la mala HIERBA. fr. fam.

Dícese de los muchachos que crecen, cuando al mismo tiempo no se aplican. || En hierba. m. adv. con que se denota, hablando de los panes y otras semillas, que están aún verdes y tiernos. || Haber pisado uno buena, o mala, HIERBA. fr. Salirle bien, o mal, las cosas. || La mala HIERBA crece mucho. ref. con que se denota festivamente que un mozo está alto y crecido. || Otras HIERBAS. expr. jocosa que se añade después de enumerar enfáticamente los nombres, dictados o prendas de una persona, como para dar a entender que aún le corresponden otros. Narciso es muy caballero, muy galán, muy donoso y otras HIERBAS. || Sentir uno crecer, o nacer, la HIERBA. fr. fig. y fam. Tener gran perspicacia; ser muy advertido. || **P.** erva; **I.** herb, grass; **F.** herbe; **A.** Kraut, Gras; **It.** erba; **R.** трава.

HIERBABUENA. (De hierba y buena.) f. Planta herbácea, vivaz, de la familia de las labiadas, con tallos erguidos, poco ramosos, de cuatro a cinco decímetros; hojas vellosas, elípticas, agudas, nerviosas y aserradas; flores rojizas en grupos axilares, y fruto seco con cuatro semillas. Se cultiva mucho en las huertas, es de olor agradable y se emplea en condimentos. || **2.** Nombre que se da a otras plantas labiadas parecidas a la anterior; como el mastranzo, sándalo y poleo.

HIERBAJO. m. despect. de hierba, 1.ª acep.

HIERBAL. m. CHILE. Herbazal. || **2.** AMÉR. Campo de hierba mate.

HIERBATERO. m. CHILE. Hombre que en las poblaciones vende por menor forraje o hierba verde para animales.

* **HIERBEAR.** intr. ARGENT. Matear, tomar mate.

HIERBEZUELA. f. d. de hierba.

HIERO. (l. ĕrum, por ĕrvum.) m. Yero.

HIERÓDULA. (gr. ἱερόδουλος.) f. Esclava dedicada al servicio de una divinidad, en la antigua Grecia.

HIEROFANTA. (l. hierophanta.) m. Hierofante.

HIEROFANTE. (l. hierophantes, y éste del gr. ἱεροφάντης, de ἱερός, sagrado, y φαίνω, mostrar, enseñar.) m. Sacerdote del templo de Ceres Eleusina y de otros varios de Grecia, que dirigía las ceremonias de la iniciación en los misterios sagrados. || **2.** Por ext., maestro de nociones recónditas.

* **HIEROFILACIO.** m. En la iglesia griega, sacristía donde se ponen los ornamentos sagrados.

HIEROGLÍFICO, CA. (l. hieroglyphicus, y éste del gr. ἱερογλυφικός, de ἱερός, sagrado, y γλύφω, grabar.) adj. Jeroglífico. Ú.t.c.s.

* **HIEROGLIFISMO.** m. Sistema de escritura por medio de jeroglíficos y signos parecidos.

* **HIEROGRAFÍA.** f. Despripción de las cosas sagradas. || **2.** Historia de las religiones.

* **HIERÓGRAFO.** m. El que describe las cosas sagradas. || **2.** Historiador de religiones.

* **HIEROLOGÍA.** f. Tratado o estudio de las cosas sagradas, o de las religiones.

* **HIERÓLOGO.** m. El que trata o escribe de hierología.

HIEROSCOPIA. (gr. ἱεροσκοπία, de ἱεροσκόπος; del pl. ἱερά, víctimas, y σκοπέω, examinar.) f. Aruspicina.

HIEROSOLIMITANO, NA. (l. hierosolymitānus, de Hierosolyma, Jerusalén.) adj. Jerosolimitano.

HIERRA. (De herrar.) f. Herradero, 1.ª acep.

HIERRE. (De herrar.) m. AND. Herradero, 1.ª acep.

HIERREZUELO. m. d. de hierro.

HIERRO. (l. fĕrrum.) m. QUÍM. Metal dúctil, maleable y muy tenaz, de color gris azulado, que puede recibir gran pulimento, siendo el más empleado en las artes y en la industria. || **2.** Marca que con hierro candente se pone a los ganados. || **3.** En la lanza, saeta y otros instrumentos semejantes, pieza de hierro o de acero que se pone en el extremo para herir. || **4.** V. Camino, capillo, corona, edad, geranio, pirita, siglo, voluntad de HIERRO. || **5.** fig. Arma, instrumento o pieza de

H

hierro o acero; como la pica, la reja del arado, etc. || **6.** fig. V. *Bolsa, cabeza de* HIERRO. || **7.** V. *Ganadero de mayor* HIERRO. || **8.** pl. Prisiones de hierro; como cadenas, grillos, etc. || **—albo.** El candente. || **—cabilla.** El forjado en barras redondas más gruesas que las del hierro varilla. || **—carretil.** El forjado en barras de un decímetro de ancho y dos decímetros de grueso. || **—colado,** o **fundido.** El que sale fundido de los altos hornos. || **—cuadradillo.** Barra de hierro forjado de sección cuadrada. || **—de doble T.** El forjado en barras en forma de dos de aquellas letras opuestas por la base. || **—dulce.** El libre de impurezas, que se trabaja con facilidad. || **—espático.** Siderosa. || **—fundido.** Hierro colado. || **—medio tocho.** Hierro tochuelo. || **—palanquilla.** El forjado en barras de sección cuadrada de cuatro centímetros de lado. || **—pirofórico.** Hierro finísimamente dividido que se inflama espontáneamente en contacto con el aire. || **—planchuela.** Hierro arquero. || **—tocho.** El forjado en barras de sección cuadrada de siete centímetros de lado. || **—tochuelo.** El forjado en barras de sección cuadrada de cinco a seis centímetros de lado. || **—varilla.** El forjado en barras redondas de poco diámetro. || *A* HIERRO *y fuego, a sangre y* HIERRO ms. advs. Con todo rigor, sin cuartel. || *Agarrarse uno a un* HIERRO *ardiendo.* fr. fig. y fam. Agarrarse a un clavo ardiendo. || *Librar el* HIERRO. ESGR. Separarse las hojas de las espadas. || *Llevar* HIERRO *a Vizcaya.* fr. fig. Llevar leña al monte. || *Machacar, martillar eɲ* HIERRO *frío.* fr. fig. y fam. No servir de nada la enseñanza que se da, cuando el temperamento que ha de recibirla, es duro y mal dispuesto. || **P.** ferro; **I.** iron; **F.** fer; **A.** Eisen; **It.** ferro; **R.** железо.

★ **HIETOMETRÍA.** (De *hietómetro*.). f. Fís. Pluviometría.

★ **HIETÓMETRO.** m. Fís. Pluviómetro.

★ **HIFA.** f. Bot. Uno de los filamentos que componen el micelio de un hongo.

★ **HIFALTO, TA.** adj. Zool. Aplícase al ave que anda a saltos.

★ **HIFOMICETOS.** pl. Bot. Grupo de hongos deuteromicetos de organización muy sencilla. Son generalmente parásitos de vegetales superiores y entre los cuales se cuentan multitud de mohos y diversas especies patógenas.

HIGA. (De *higo*.) f. Dije de azabache o coral, en figura de puño, que ponen a los niños con la idea supersticiosa de librarlos del mal de ojo. || **2.** Acción que se ejecuta con la mano, cerrado el puño. || **3.** fig. Burla o desprecio. || *Dar* HIGA *la escopeta.* fr. No dar lumbre el pedernal al dispararla. || *Dar* HIGAS. fr. fig. Despreciar una cosa; burlarse de ella. || *Mear claro y dar una* HIGA *al médico.* ref. que indica el que goza de buena salud no necesita del médico. || *No dar por una cosa dos* HIGAS. fr. fig. y fam. Despreciarla.

★ **HIGADENCIA.** (De *hígado*, fastidioso.) f. Amér. Impertinencia, pesadez.

★ **HIGADENCIA.** f. C. Rica. Impertinencia.

HIGADILLA. f. Higadillo.

HIGADILLO. (De *hígado*.) m. Hígado de los animales pequeños, particularmente de las aves.

★ **HIGADITA.** f. Amér. Higadilla de las aves.

HÍGADO. (l. *ficătum*, de *ficus*, higo, moldeado sobre el gr. συκωτός, sazonado con higos.) m. Zool. Víscera voluminosa, propia de los animales vertebrados, que en los mamíferos tiene forma irregular y color rojo obscuro y está situada en la parte anterior y derecha del abdomen; desempeña varias funciones importantes, entre ellas la secreción de la bilis. || **2.** Zool. Cada una de las glándulas simétricas, tubulosas o ramificadas, que comunican con la cavidad digestiva y vierten en ella su producto de secreción, que es un líquido semejante al jugo pancreático de los vertebrados. || **3.** Zool. Glándula de gran tamaño, propia de los moluscos, cuyo conducto excretor desemboca en la cavidad estomacal y vierte en ella un líquido que contiene fermentos digestivos análogos a los del jugo pancreático de los vertebra-

dos. || **4.** V. *Calor, fuego del* HÍGADO. || **5.** fig. Ánimo, valentía. Ú. m. en pl. || *Hasta los* HÍGADOS. expr. fam. que se usa para denotar la intención y vehemencia de un afecto. || *Querer uno a otro los* HÍGADOS. fr. fig. y fam. de que se usa para denotar la crueldad con que uno desea vengarse de otra persona. || **P.** fígado; **I.** liver; **F.** foie; **A.** Leber; **It.** fègato; **R.** печень.

★ **HIGADÓN.** (aum. de *hígado*.) m. Colom. Cierta enfermedad de las aves, en que la cresta les crece exageradamente.

★ **HIGADOSO, SA.** (De *hígado*, fastidioso, impertinente.) adj. Cuba y Amér. Central. Majadero.

HIGAJA. f. desus. Hígado, 1.ª acep. || **2.** desus. Higadillo.

HIGATE. (l. *ficătum*.) m. Potaje que se usaba antiguamente, y se hacía de higos sofreídos primero con tocino, y después cocidos con caldo de gallina y sazonados con azúcar, canela, etc.

★ **HÍGIDO, DA.** adj. Sano, fisiológico.

HIGIENE. (gr. ὑγιεινή, t. f. de ὑγιεινός, de ὑγιής, sano.) f. Parte de la medicina, que tiene por objeto el conservar la salud y precaver las enfermedades. || **2.** fig. Limpieza, aseo en las viviendas y poblaciones. || **—privada.** Aquella de cuya aplición cuida el individuo. || **—pública.** Aquella en cuya aplicación interviene la autoridad, prescribiendo reglas preventivas. || **P.** higiene; **I.** hygiene; **F.** hygiène; **A.** hygiene; **It.** igiene; **R.** гигиена.

HIGIÉNICO, CA. adj. Perteneciente o relativo a la higiene.

HIGIENISTA. adj. Dícese de la persona que se dedica al estudio de la higiene. Ú. t. c. s. || **P.** higienista; **I.** hygienist; **F.** hygiéniste; **A.** Hygieniker; **It.** igienista; **R.** гигиеник.

HIGIENIZAR. tr. Disponer o preparar una cosa conforme a las prescripciones de la higiene.

★ **HIGIOLATRÍA.** f. Atención exagerada a la conservación de la salud propia.

★ **HIGIOLOGÍA.** f. Tratado de la salud, sin carácter práctico de aplicación.

HIGO. (l. *ficus*.) m. Segundo fruto, o el más tardío, de la higuera; es blando, de gusto dulce, por dentro de color más o menos encarnado o blanco, y lleno de semillas sumamente menudas; exteriormente está cubierto de una pielecita verdosa, negra o morada, según las diversas castas que hay de ellos. || **2.** Excrecencia, regularmente venérea, que se forma alrededor del ano, y cuya figura es semejante a la de un higo. Toma también otros nombres, según varía la figura. || **3.** V. *Cambur* HIGO. || **—boñigar.** Higo doñegal. || **—chumbo, de pala,** o **de tuna.** Fruto del nopal o higuera de Indias. || **—doñegal** o **doñigal.** Variedad de higo, de buen tamaño y color. || **—melar.** Variedad de higo, pequeño, redondo, blanco y muy dulce. || **P.** figo; **I.** fig; **F.** figue; **A.** Feige; **It.** fico; **R.** фига.

★ **HIGREMOMETRÍA.** f. Determinación de la substancia seca de la sangre para apreciar la proporción de hemoglobina.

★ **HIGREQUEMA.** f. Sonido de auscultación causado por la presencia de agua.

★ **HIGRO.** (gr. ὑγρός, húmedo.) Prefijo que entra en la formación de muchos vocablos con la significación de humedad.

★ **HIGRODERMIA.** f. Humedad de la piel.

★ **HIGRÓGRAFO.** m. Fís. Higrómetro registrador.

★ **HIGROLOGÍA.** f. Fís. Tratado del agua y otros líquidos. || **2.** Fisiol. Tratado de los diversos humores del cuerpo humano.

★ **HIGRÓLOGO.** m. Persona que se dedica al estudio de la higrología.

HIGROMETRÍA. (De *higrómetro*.) f. Parte de la física que tiene por objeto la determinación de la humedad, especialmente la atmosférica. || **P.** higrometria; **I.** hygrometry; **F.** hygrométrie; **A.** Hygrometrie; **It.** igrometria. **R.** гигрометрия.

HIGROMÉTRICO, CA. adj. Perteneciente o relativo a la higrometría o al higrómetro. || **2.** Dícese del cuerpo muy sensible a los cambios de humedad de la atmósfera.

HIGRÓMETRO. (gr. ὑγρός, húmedo, y μέτρον, medida.) m. Fís. Instrumento para determinar el grado de humedad de la atmósfera. || **P.** higrómetro; **I.** hygrometer; **F.** hygromètre; **A.** Hygrometer; **It.** igròmetro; **R.** гигрометр.

★ **HIGROMETRÓGRAFO.** m. Fís. Higrómetro de cabello que registra sobre una cinta de papel enrollado, los movimientos del índice o aguja debidos a las variaciones del grado de humedad de la atmósfera.

HIGROSCOPIA. (gr. ὑγρός, húmedo, y σκοπέω, examinar.) f. Fís. Higrometría.

HIGROSCOPICIDAD. (De *higroscópico*.) f. Fís. Propiedad de algunos cuerpos inorgánicos, y de todos los orgánicos, de absorber y exhalar la humedad.

HIGROSCÓPICO, CA. (De *higroscopio*.) adj. Que tiene higoscopicidad.

HIGROSCOPIO. (gr. ὑγρός, húmedo, y σκοπέω, examinar.) m. Fís. Instrumento que indica el estado higrométrico del aire, en el cual un pedazo de cuerda de tripa se destuerce por efecto de la humedad y se tuerce por la sequedad, variando la longitud y moviendo la figurilla indicadora que señala en una escala el tiempo probable. || **P.** higroscópio; **I.** y **F.** hygroscope; **A.** Hygroskop; **It.** igroscopio; **R.** гигроскоп.

★ **HIGRÓSTATO.** m. Instrumento que sirve para regular el grado de humedad.

★ **HIGROSTOMÍA.** f. Salivación.

HIGUANA. f. Zool. Iguana.

HIGUERA. (De *higo*.) f. Bot. Árbol de la familia de las moráceas, de mediana altura, madera blanca y endeble, látex amargo y astringente; hojas grandes, lobuladas, verdes y ásperas por encima, grises y ásperas por abajo, e insertas en un pedúnculo bastante largo. || **—breval.** Árbol mayor que la higuera y de hojas más grandes y verdosas, que da brevas e higos. || **—chumba.** Nopal. || **—de Egipto.** Cabrahígo, 1.ª acep. || **—de Indias.** Nopal. || **—del diablo,** o **del infierno.** Higuera infernal. || **—de pala** o **de tuna.** Nopal. || **—infernal.** Ricino. || **—loca, mora,** o **silvestre.** Sicómoro, 1.ª acep. || *Estar en la* HIGUERA. fr. fig. y fam. Estar en Babia. || **P.** figueira; **I.** fig-tree; **F.** figuier; **A.** Feigenbaum; **It.** fico, ficaia; **R.** фиговое дерево.

HIGUERA. n. p. V. *Sal de* HIGUERA.

HIGUERAL. m. Sitio poblado de higueras.

HIGUERETA. f. Ricino.

HIGUERILLA. f. d. de higuera, 1.er art. || **2.** Higuera infernal.

HIGÜERO. m. Güira.

HIGUERÓN. (De *higuera*, 1.er art.) m. Bot. Árbol de la familia de las moráceas, con tronco corpulento, copa espesa, hojas grandes y alternas, fruto de mucho jugo, y madera fuerte, correosa, de color blanco amarillento, muy usada en la América tropical, donde es espontáneo el árbol, para la construcción de embarcaciones.

HIGUEROTE. m. Higuerón.

HIGUERUELA. f. d. de higuera. || **2.** Planta herbácea de la familia de las papilionáceas.

HIGUÍ (AL). loc. fam. Entretenimiento propio de Carnaval que consiste en poner un higo seco suspendido de un palo y que se hace saltar en el aire, mientras los muchachos tratan de cogerlo con la boca.

¡HI, HI, HI!, interj. ¡Ji, ji, ji!

HIJADALGO. f. Hidalga.

HIJASTRO, TRA. (l. *filiaster* y *filiastra*, de *filĭus*, hijo.) m. y f. Hijo o hija de un cónyuge respecto del otro, que no lo procreó. || **P.** enteado; **I.** step-son; **F.** beau-fils; **A.** Stiefsohn; **It.** figliastro; **R.** иасыɲок.

HIJATO. (De *hijo*.) m. Retoño.

★ **HIJEAR.** (De *hijo*.) intr. Hond. Ahijar, retoñar.

HIJO, JA. (l. *filĭus*.) m. y f. Persona o animal respecto de su padre o de su madre. || **2.** fig. Cualquiera persona, respecto del reino, provincia o pueblo de que es natural. || **3.** fig. Persona que ha tomado el hábito de religioso, con relación al patriarca fundador de su orden y a la casa donde lo tomó. || **4.** fig. Cualquiera obra o producción del ingenio. ||

H

5. Nombre que se suele dar al yerno y a la nuera, respecto de los suegros. || **6.** Expresión de cariño entre las personas que se quieren bien. || **7.** m. Lo que procede o sale de otra cosa por procreación; como los retoños o renuevos que echa el árbol por el pie, la caña del trigo, etc. || **8.** Substancia ósea, esponjosa y blanca que forma lo interior del asta de los animales. || **9.** m. pl. Descendientes. || **—bastardo.** El nacido de unión ilícita. || **2.** El de padres que no podían contraer matrimonio al tiempo de la concepción ni al del nacimiento. || **—de algo.** Hidalgo. || **—de bendición.** El de legítimo matrimonio. || **—de confesión.** Cualquiera persona, con respecto al confesor que tiene elegido por director de su conciencia. || **—de Dios.** Teol. El Verbo eterno, engendrado por su Padre. || **2.** Teol. En sentido místico, el justo o el que está en gracia. || **—de familia.** El que está bajo la autoridad paterna o tutelar, y por ext., el mayor de edad que no ha tomado estado y sigue morando en la casa de sus progenitores. || **—de ganancia.** Hijo natural. || **—de la cuna.** El de la inclusa. || **—de la tierra.** El que no tiene padres ni parientes conocidos. || **—del diablo.** El que es astuto y travieso. || **—de leche.** Cualquier persona respecto de su nodriza. || **—del Hombre.** En sentido verdadero se llama así a Jesucristo, porque siendo verdadero Dios, se hizo verdadero hombre, descendiente de hombres. || **—de puta.** expr. injuriosa y de desprecio. || **—de vecino.** El natural de cualquier pueblo, y el nacido de padres establecidos en él. || **—habido en buena guerra.** El habido fuera del matrimonio. || **—incestuoso.** El habido por incesto. || **—legítimo.** El nacido de legítimo matrimonio. || **—mancillado.** Hijo espurio. || **—natural.** El que es habido de mujer soltera y padre libre, que podían casarse al tiempo de tenerle. || **—sacrílego.** El procreado con quebrantamiento del voto de castidad que ligaba al padre, a la madre o a ambos. || **—único.** Por ficción legal y para la excepción o prórroga del servicio militar, se reputa como tal, aunque tenga otros hermanos, al que es sostén de familia pobre. || HIJA de la caridad. Hermana de la Caridad. || Cada uno es HIJO de sus obras. fr. fam de que se usa para denotar que la manera de obrar y la conducta de una persona, le dan mejor a conocer que las noticias de su nacimiento o linaje. || ¡HIJO de Dios! expr. de admiración o extrañeza. || Todos somos HIJOS de Adán. expr. de que se usa para denotar la igualdad de condiciones y linajes de todos los hombres por naturaleza. || P. filho; I. son; F. fils. A. Sohn; It. figlio; R. сын.

HIJODALGO. (De fijodalgo.) Hidalgo.

HIJUCO, CA. m. y f. d. despect. de Hijo, ja.

HIJUELA. (l. filiŏla.) f. d. de hija. || **2.** Cosa aneja o subordinada a otra principal. || **3.** Tira de tela que se pone en una pieza de vestir para ensancharla. || **4.** Colchón estrecho y delgado, que se pone en la cama debajo de los otros para levantar el hoyo producido por el peso del cuerpo. || **5.** Pedazo de lienzo circular que cubre la hostia sobre la patena hasta el momento del ofertorio. || **6.** Cada uno de los canales o regueros pequeños que conducen el agua desde una acequia al campo que se ha de regar, y escurren el sobrante a otros canales de evacuación. || **7.** Camino o vereda que atraviesa desde el camino real o principal a los pueblos u otros sitios algo desviados de él. || **8.** Expedición postal que lleva las cartas a los pueblos que están fuera de la carrera. || **9.** Documento donde se reseñan los bienes que tocan en una partición a uno de los partícipes en el caudal que dejó el difunto. || **10.** Conjunto de los mismos bienes. || **11.** En las carnicerías, póliza que dan los que pesan la carne a los dueños para que por ella se les forme la cuenta de la que venden. || **12.** Simiente que tienen las palmas y palmitos. || **13.** And. Hacecito de leña menuda que se dispone así para venderla por menor. || **14.** Chile. Fundo rústico que se forma de la división de otro mayor. ||

15. Murc. Cuerda, a modo de las de guitarra, que se hace del intestino del gusano de seda, y usan los pescadores de caña para asegurar el anzuelo. || A ti te lo digo, HIJUELA; entiéndelo tú, mi nuera. ref. que se usa cuando, hablando con una persona, se reprende indirectamente a otra para que lo entienda y se corrija. || 3.ª y 4.ª aceps.: P. tira, pequeno colchão; I. widening piece, small mattress; F. bande, petit matelas; A. Streifen, kleine Zwischenmatratze; It. striscia, materassino; R. детице.

HIJUELACIÓN. f. Chile. Acción de hijuelar.

HIJUELAR. (De hijuela.) tr. Chile. Dividir un fundo en hijuelas.

HIJUELERO. (Acep. 8.ª de hijuela.) Peatón, 2.ª acep.

HIJUELO. (l. filiŏlus.) m. d. de hijo. || **2.** En los árboles, retoño.

HILA. (l. fila, pl. n. de filum.) f. Hilera, 1.ª acep. || **2.** Tripa delgada. || **3.** Hebra que se sacaba de un trapo de lienzo usado, y servía, junta con otras, para curar las llagas y heridas. Ú. casi siempre en pl. || **—de agua.** Cantidad de agua que toma de una acequia por un boquete de un palmo cuadrado. El sindicato de riegos de Lorca lo ha fijado en 10 litros y 62 centilitros por segundo. || **—real de agua.** Volumen doble del anterior. || HILAS raspadas. Pelusa que se saca de trapos, raspándolos con tijeras o navaja. || A la HILA. m. adv. Uno tras otro. || P. fileira; I. row, line; F. file, rang; A. Reihe; It. fila; R. ряд.

HILA. f. Acción de hilar. Ya viene el tiempo de la HILA. || **2.** Sant. Tertulia que en las noches de invierno tiene la gente aldeana en alguna cocina grande, al amor de la lumbre, y durante la cual suelen hilar las mujeres.

★ HILACA. m. Bol. Capataz de una hacienda.

HILACHA. f. Hila que se desprende de la tela. || **2.** Méj. Guiñapos, andrajos. || P. fiapo; I. ravel(l)ing scrap; F. effilure; A. Faser; It. filaccia; R. волокно.

★ HILACHENTO, AT. (De hilacha.) adj. Colom. y Chile. Andrajoso roto, deshilado.

HILACHO. m. Hilacha.

HILACHOSO, SA. adj. Que tiene muchas hilachas. || P. fiaposo; I. filementous; F. effilaché; A. faserig; It. filaccioso; R. волокнистый.

HILADA. (De hilo.) f. Hilera, 1.ª acep. || **2.** Arq. Serie horizontal de ladrillos o piedras que se van poniendo en un edificio. || **3.** Mar. Serie horizontal de tablones, planchas del blindaje u otros objetos puestos a tope, uno a continuación de otro. P. fileira; I. row; F. rangée; A. Reihe, Gang; It. filare; R. ряд кирпичей.

★ HILADILLA. Colom. y Venez. Hiladillo.

HILADILLO. (De hilado.) m. Hilo que sale de la maraña de la seda. || **2.** Cinta estrecha de hilo o seda. || P. fiadilho; I. ferret-silk; F. fleuret; A. Florettseide; It. filaticcio; R. полоса.

HILADIZO, ZA. (De hilado.) adj. Que se puede hilar.

HILADO, DA. p.p. de hilar. || **2.** adj. V. Cristal HILADO. || **3.** V. Huevos HILADOS. || **4.** m. Acción y efecto de hilar. || **5.** Porción de lino, cáñamo, seda, lana, algodón, etc., reducida a hilo. || La que se enseña a beber de tierna, enviará el HILADO a la taberna. ref. que advierte que los que se acostumbran a beber, consumen en vino todo lo que ganan.

HILADOR, RA. m. y f. Persona que hila. Se usa principalmente en el arte de la seda. || P. fiandeiro; I. spinner; F. filateur; A. Spinner; It. filatore; R. прядильщик.

HILANDERÍA. (De hilandero.) f. Arte de hilar. || **2.** Fábrica de hilados. || P. fiação; I. spinning-mill; F. filature; A. Spinnerei; It. filatoio; R. прядильная фабрика.

HILANDERO, RA. m. y f. Persona que tiene por oficio hilar. || **2.** m. Paraje donde se hila.

HILANDERUELO, LA. m. y f. de hilandero, ra.

HILAR. (l. filāre.) tr. Reducir a hilo el lino, cáñamo, seda, etc. || **2.** Sacar de

sí sus hebras los insectos, arañas, etc. || **3.** fig. Discurrir, trazar o inferir unas cosas de otras. || **—delgado.** Discurrir con sutileza o proceder con sumo cuidado. || **—tabaco.** Prepararlo para mascar. || P. fiar; I. to spin; F. filer; A. Spinnen; It. filare; R. прясть.

HILARACHA. f. Hilacha.

HILARANTE. (l. hilarans, -antis. p.a. de hilarāre, alegrar, regocijar.) adj. Que inspira alegría o mueve a risa. || **2.** Quím. Gas hilarante.

HILARIDAD. (l. hilarĭtas, -ātis.) f. Expresión tranquila y plácida del gozo, alegría y satisfacción del ánimo. || **2.** Risa y algazara que excita en una reunión lo que se ve o se oye. || P. hilaridade; I. hilarity; F. hilarité; A. Heiterkeit; It. ilarità; R. смех.

★ HILARODIA. (gr. hilarōdia, canción alegre.) f. Composición poética lírico-burlesca, muy popular en Grecia en tiempo de Alejandro.

HILATURA. (De hilar.) f. Arte de hilar lana, algodón, etc.

HILAZA. f. Hilado, 5.ª acep. || **2.** Hilo que sale gordo y desigual. || **3.** Hilo con que se teje cualquier tela. || **4.** ant. Hila, 1.er art., 3.ª acep. || Descubrir uno la HILAZA. fr. fig. y fam. Hacer patente el vicio o defecto que tenía y se ignoraba.

★ HILEMORFISMO. m. Fil. Doctrina que enseña que todos los cuerpos, vivientes o no, están compuestos de materia y forma.

HILEÑA. (De hilo.) f. ant. Hilandera.

HILERA. (De hilo.) f. Orden o formación en línea de un número de personas o cosas. || **2.** Instrumento de que se sirven los plateros y metalúrgicos para reducir a hilo los metales. Es una lámina de acero taladrada con agujeros que van insensiblemente achicándose, para que la barra o cilindro de metal que se hace pasar sucesivamente por cada uno de ellos, desde el mayor al menor, llegue a reducirse a un hilo. || **3.** Hilo o hilaza fina. || **4.** ant. Hilandera. || **5.** Ar. Hueca del huso, por ser donde se afianza la hebra para formarse. || **6.** Arq. Parhilera. || **7.** Mil. Línea de soldados uno detrás de otro. || **8.** pl. Zool. Apéndices agrupados alrededor del ano de las arañas, que sostienen las pequeñas glándulas productoras del líquido de consistencia gomosa que, al secarse en el aire, forma los hilos que estos animales aplican a muy diversos usos. || 2.ª acep.: P. fileira; I. wire-drawer; F. filière; A. Reihe; It. filiera; R. ряд, линия.

HILERO. m. Señal que forma la dirección de las corrientes en las aguas del mar o de los ríos. || **2.** Corriente secundaria o derivación de una corriente principal, haga o no señal en la superficie del agua.

★ HILESINO. m. Zool. Género de insectos coleópteros, tetrámeros, de la familia de los escolítidos, cuyas larvas causan graves destrozos en algunos árboles.

HILETE. m. d. de hilo.

★ HÍLICO, CA. adj. Med. Compuesto de materia.

★ HILIO. Anat. Hilo; punto por donde un vaso entra en un órgano.

HILO. (l. filum.) m. Hebra larga y delgada que se forma retorciendo el lino, lana, cáñamo u otra materia textil. || **2.** Ropa blanca de lino o cáñamo, por contraposición a la de algodón, lana o seda. || **3.** Alambre muy delgado que se saca de los metales con la hilera. || **4.** Hebra de que forman las arañas, gusanos de seda, etc., sus telas y sus capullos. || **5.** Filo. || **6.** fig. Chorro muy delgado y sutil de un líquido. HILO de agua, de sangre. || **7.** fig. Continuación o serie del discurso. Dícese también de otras cosas. El HILO de la risa. || **—bramante.** Bramante, 2.º art., 1.ª acep. || **—de cajas.** El fino, llamado así por venir sus madejas en cajas. || **—de camello.** El que se hace de pelo de camello, mezclado con hilaza. || **—de cartas.** El de cáñamo, más delgado que el bramante. || **—de conejo.** Alambre conejo. || **—de la muerte.** fig. Término de la vida. || **—de la vida.** fig. Curso ordinario de ella. || **—de medianoche** o **de mediodía.** Momento preciso que divide la mitad de la noche o del día. || **—de monjas.** El fino,

llamado así porque lo labraban en conventos de monjas. || **—de perlas.** Cantidad de perlas enhebradas en un hilo. || **—de uvas.** Colgajo de uvas. || **—de velas.** MAR. Hilo de cáñamo, más grueso que el regular, con el cual se cosen las velas de las embarcaciones. || **—primo.** El muy blanco y delicado, con el cual, encerado, se cosen los zapatos delgados y curiosos. || *A* HILO. m. adv. Sin interrupción. || **2.** Según la dirección de una cosa, en línea paralela con ella. || *Al* HILO. m. adv. con que se denota que el corte de las cosas que tienen hebras o venas va según la dirección de éstas, y no cortándolas al través. || *Al* HILO *del viento.* m. adv. VOL. Volando el ave en la misma dirección que el viento. || *Cortar el* HILO. fr. fig. Interrumpir, atajar el curso de la conversación o de otras cosas. || *Cortar el* HILO *de la vida.* fr. Matar, quitar la vida. || *Cortar el* HILO *del discurso.* fr. fig. Interrumpirlo, pasando a tratar de especie inconexa con su objeto o asunto principal. || *De* HILO. m. adv. Derechamente, sin detención. || *Estar cosida una cosa con* HILO *blanco.* fr. fig. y fam. Desdecir y no conformar con otra. || *Estar cosida una cosa con* HILO *gordo.* fr. fig. y fam. Estar hecha con poca curiosidad. || HILO *a* HILO. m. adv. con que se denota que una cosa líquida corre con lentitud y sin intermisión. || *No tocar a* uno *en un* HILO *de la ropa.* fr. fig. No tocar a uno al pelo de la ropa. || *Pender de un* HILO. expr. con que se explica el gran riesgo o amenaza de ruina de una cosa. || **2.** Se usa también para significar el temor de un suceso desgraciado. || *Perder el* HILO fr. fig. Olvidarse, en la conversación o el discurso, de la especie de que se estaba tratando. || *Por el* HILO *se saca el ovillo.* ref. con que se denota que por la muestra y por el principio de una cosa se conoce lo demás de ella. || *Quebrar el* HILO. fr. fig. Interrumpir o suspender la prosecución de una cosa. || *Seguir el* HILO. fr. fig. Proseguir o continuar en lo que se trataba, decía o ejecutaba. || *Tomar el* HILO. fr. fig. Continuar el discurso o conversación que se había interrumpido. || *Vivir al* HILO *del mundo.* fr. fig. y fam. Dejarse llevar de la corriente. || **P.** fio; **I.** thread; **F.** fil. A. Gespinst, Garn, Zwirn, Draht; **It.** filo; **R.** нить.
★ **HILO.** (l. *hilum*, una raya negra de la extremidad de las habas.) m. BOT. Cicatriz que deja en la parte exterior de la semilla, la rotura del funículo. || **2.** BOT. En el óvulo, punto de unión del tegumento con el funículo. || **3.** Orificio que presentan los glóbulos de la fécula.
★ **HILOCARINOS.** m. pl. ZOOL. Grupo de pájaros tenuirrostros que comprende el hilocaris y otros géneros.
★ **HILOCARIS.** m. ZOOL. Géneros de pájaros tenuirrostros de la familia de los troquílidos como los colibríes de la América tropical.
★ **HILÓFERO, RA.** m. BOT. Túnica interior del grano.
★ **HILOGNOSIA.** f. Ciencia o conocimiento de la materia.
★ **HILOGRAFÍA.** f. FIL. Descripción de la materia y de las propiedades de los cuerpos.
★ **HILOLOGÍA.** f. FIL. Estudio de la materia por la observación de los cuerpos simples.
HILOMORFISMO. (gr. ύλη, materia, y μορφή, forma.) m. Teoría ideada por Aristóteles y seguida por la mayoría de los escolásticos, según la cual todo cuerpo se halla constituido por dos principios esenciales, que son la materia y la forma.
★ **HILOMORFO, FA.** adj. Corpóreo o de forma material.
★ **HILOSPÉRMEO, A.** adj. BOT. Dícese de las plantas cuya semilla tiene una pestaña muy larga.
★ **HILOTEÍSMO.** m. FILOS. Doctrina según la cual la materia es Dios y no hay más Dios que el universo.
★ **HILÓTOMO.** m. ZOOL. Género de insectos himenópteros, tentredínidos, que viven en los espinos.
★ **HILOTRIPO.** m. ZOOL. Insecto coleóptero, que vive en las maderas de las casas.

★ **HILOTROPIA.** f. Cambio o renovación de la materia.
★ **HILOZOÍSMO.** m. FIL. Sistema que considera que la materia posee existencia necesaria y está dotada necesariamente de vida. Es como una reminiscencia del animismo primitivo.
HILVÁN. (De *hilo* y *vano*.) m. Costura de puntadas largas con que se une y prepara lo que se ha de coser después de otra manera. || **2.** CHILE. Hilo que se emplea para hilvanar. || *Hablar de* HILVÁN. fr. fig. y fam. Hablar de prisa y atropelladamente.
HILVANAR. tr. Apuntar o unir con hilvanes lo que se ha de coser después. || **2.** fig. Enlazar o coordinar ideas, frases o palabras el que habla o escribe. || **3.** fig. y fam. Trazar, proyectar o preparar una cosa con precipitación.
★ **HIMANTÓCERO, RA.** adj. ZOOL. Que tiene las antenas en forma de látigo.
★ **HIMANTÓPODO, DA.** adj. ZOOL. Dícese de las aves que tienen las patas muy largas.
HIMEN. (l. *hymen*, y éste del gr. ύμήν, membrana.) m. ZOOL. Repliegue membranoso que reduce el orificio externo de la vagina mientras conserva su integridad. || **P.**-himen; **I.** y **F.** hymen; **A.** Hymen; **It.** imene; **R.** гимен.
★ **HIMENEA.** f. BOT. Género de plantas leguminosas cesalpíneas, árboles de flores blancas y grandes y legumbres gruesas e indehiscentes.
★ **HIMENÉLITRO, TRA.** adj. ZOOL. De élitros membranosos.
HIMENEO. (l. *hymenaeus*, y éste del gr. ύμέναιος.) m. Boda, casamiento. || **2.** Epitalamio. || **P.** himeneu; **I.** marriage; **F.** hymen; **A.** Hochzeit; **It.** imeneo; **R.** брак.
★ **HIMENIO.** m. BOT. Membrana en que están localizados los elementos fértiles, productores de esporas en los hongos.
★ **HIMENITIS.** (gr. ύμήν, y el suf. *-itis*, que indica inflamación.) f. Inflamación de una membrana, especialmente del himen.
★ **HIMENOCARPO, PA.** adj. BOT. De fruto membranoso.
★ **HIMENOCONDROIDEO, A.** adj. MED. Dícese de un tejido morboso de consistencia cartilaginosa.
★ **HIMENOFILÁCEAS.** f. pl. BOT. Familia de helechos propios de la zona tropical, constituidos por plantas membranosas y translúcidas formadas por una sola capa de células.
★ **HIMENOGRAFÍA.** f. ANAT. Descripción de las membranas.
★ **HIMENOIDEO, A.** adj. Membranoso.
★ **HIMENOLOGÍA.** (gr. ύμήν, membrana, y λόγος, tratado.) f. ANAT. Tratado de las membranas.
★ **HIMENOMALACIA.** f. Reblandecimiento de las membranas.
★ **HIMENOMICETOS.** m. pl. BOT. Grupo de hongos basidiomicetos, que comprende los que tienen himenio. Según la disposición de los basidios en el himenio se han dividido estos hongos en varias familias.
★ **HIMENOPTERISMO.** m. Estado morboso producido por las picaduras de insectos himenópteros.
HIMENÓPTERO, RA. (gr. ύμηνόππτερος; de ύμήν, membrana, y πτερόν, ala.) ad. ZOOL. De alas membranosas. || **2.** adj. y s. Dícese de los insectos del orden de los himenópteros. || **3.** m. pl. Orden de insectos masticadores de metamorfosis complicada, con dos pares de alas membranosas de nerviación pobre engarzados como si fuera un solo par.
★ **HIMENORRIZO, ZA.** adj. BOT. De raíces membranosas.
★ **HIMENOSPORO, RA.** adj. BOT. Que tiene las semillas encerradas en una membrana.
HIMNARIO. (l. *hymnarium*.) m. Colección de himnos.
HIMNO. (l. *hymnus*, y éste del gr. ύμνος.) m. Composición poética en alabanza de Dios, de la Virgen o de los santos. || **2.** Entre los gentiles, composición poética en loor de sus falsos dioses o de los héroes. || **3.** Poesía cuyo objeto es honrar a un grande hombre, celebrar una victoria u otro suceso memorable, o expresar fogosamente,

con cualquier motivo, impetuoso júbilo o desapoderado entusiasmo. || **4.** Composición músical dirigida a cualquiera de estos fines. || **P.** hino; **I.** hymn; **F.** hymne; **A.** Hymne; **It.** inno; **R.** гимн.
★ **HIMNOLOGÍA.** f. Tratado sobre la poesía hímnica. || **2.** Colección de himnos.
★ **HIMNÓLOGO.** m. Autor de uno o más himnos.
HIMPLAR. intr. Emitir la onza o pantera su voz natural.
HIN. Onomatopeya de la voz del caballo o de la mula.
★ **HINCADA.** f. CUBA. Hincadura. || **2.** CHILE. Genuflexión.
HINCADURA. f. Acción de hincar o fijar algo.
HINCAPIÉ. m. Acción de hincar o afirmar el pie para hacer fuerza. || *Hacer* uno HINCAPIÉ. fr. fig. y fam. Insistir con tesón y mantenerse firme en la propia opinión o en la solicitud de una cosa.
HINCAR. (l. *figcare*, por *figicăre*, de *figĕre*.) tr. Introducir o clavar una cosa en otra. || **2.** Apoyar una cosa en otra como para clavarla. || **3.** RIOJA. Plantar. 2.º art., 1.ª acep. || **4.** intr. ant. Quedar. || **5.** r. Hincarse de rodillas. || **P.** fincar; **I.** to thrust in; **F.** ficher; **A.** aufstemmen, hineinstecken; **It.** ficcare; **R.** вбивать.
HINCO. m. Poste, palo o punta que se hinca en tierra.
HINCÓN. m. Madero o maderos que se afianzan o hincan en las márgenes de los ríos y en los cuales se asegura la maroma que sirve para conducir la barca. || **2.** SAL. Hito o mojón para acotar las tierras.
HINCHA. (De *hinchar*.) f. fam. Odio, encono, rencor, enemistad. || **2.** com. En los deportes, especialmente en el fútbol, partidario exaltado, entusiasta ciego de un bando.
HINCHADAMENTE. adv. m. Con hinchazón.
HINCHADO, DA. p.p. de hinchar. || **2.** adj. fig. Vano, presumido. || **3.** Dícese del lenguaje, estilo, etc., que abunda en palabras y expresiones redundantes, hiperbólicas y afectadas.
★ **HINCHADOR.** m. C. RICA. Árbol, cuya sombra, según el vulgo, causa hinchazón.
HINCHAMIENTO. (De *hinchar*.) m. Hinchazón.
HINCHAR. (De *henchir*, influido por *inflar*.) tr. Hacer que aumente de volumen algún objeto, llenándolo de aire u otra cosa. Ú.t.c.r. || **2.** fig. Aumentar el agua de un río, arroyo, etc. Ú.t.c.r. || **3.** fig. Exagerar, abultar una noticia o un suceso. || **4.** r. Aumentar de volumen una parte del cuerpo, por herida o golpe o por haber acudido a ella algún humor. || **5.** fig. Envanecerse, engreírse, ensoberbecerse. || **P.** inchar; **I.** to inflate; **F.** enfler; **A.** aufblasen, schwellen; **It.** gonfiare; **R.** надувать.
HINCHAZÓN. f. Efecto de hincharse. || **2.** fig. Vanidad, presunción, fatuidad. || **3.** fig. Vicio del estilo o lenguaje hinchado.
HINCHIMIENTO. m. ant. Henchimiento.
HINCHIR. tr. ant. Henchir. Ú. en Salamanca.
º **HINDÚ.** com. Natural de la India asiática. || **2.** Relativo a dicha región.
HINIESTA. (l. *genesta*.) f. Retama.
HINIESTRA. (l. *fenĕstra*.) f. ant. Ventana.
HINNIBLE. (l. *hinnibĭlis*, de *hinnīre*, relinchar.) adj. Capaz de relinchar.
HINOJAL. m. Sitio poblado de hinojos.
HINOJAR. (De *hinojo*, rodilla.) intr. ant. Arrodillar. Usáb.t.c.r.
HINOJO. (l. *fenĕcŭlum*.) m. Planta herbácea de la familia de las umbelíferas, hojas partidas, flores pequeñas y amarillas, y fruto oblongo. Toda la planta es aromática, de gusto dulce, y se usa en medicina y como condimento. || **—marino.** Hierba de la familia de las umbelíferas, con tallos gruesos, hojas carnosas, flores pequeñas de color blanco verdoso. Es planta aromática de sabor algo salado, abundante entre las rocas. || **P.** funcho; **I.** fennel; **F.** fenouil; **A.** Fenchel; **It.** finocchio; **R.** укроп.
HINOJO. (l. *genŭcŭlum*.) m. Rodilla. || *De* HINOJOS. adv. m. De rodillas.

H

HINOJOSA. n.p. V. *Topacio de* HINOJOSA.

HINQUE. (De *hincar*.) m. Juego que ejecutan los muchachos con sendos palos puntiagudos que, con determinadas condiciones, clavan en la tierra húmeda.

* **HINTERLAND.** (ingl. *hinter*, detrás, y *land*, tierra.) m. Territorio que depende, geográfica, económica o políticamente de una región .costera. ‖ **2.** Por ext., se da también el nombre de hinterland al territorio que se comunica con un puerto importante que le sirve de vía comercial.

HINTERO. (l. *finctorium*, por *fictorium*, de *fingĕre*, de heñir.) m. Mesa que usan los panaderos para heñir o amasar el pan.

HIÑIR. tr. ant. Heñir. Ú. en Salamanca.

HIOGLOSO, SA. (De *hioides* y el gr. γλῶσσα, lengua.) adj. Perteneciente o relativo al hioides y a la lengua.

HIOIDEO, A. adj. ZOOL. Perteneciente al hueso hioides.

HIOIDES. (gr. ὑοειδής, que tiene la forma de la letra *u*.) adj. ZOOL. V. *Hueso* HIOIDES. Ú.t.c.s.

* **HIOSCIAMINA.** f. QUÍM. Alcaloide que se extrae del beleño. Se emplea como midriático y contra los estados delirantes.

* **HIPA.** f. ZOOL. Género de crustáceos decápodos, de la familia de los hípidos, cuyas especies, propias de los mares cálidos, se caracterizan por tener el caparazón cubriendo en parte las patas.

* **HIPACIDEMIA.** f. Deficiencia de albúmina en la sangre.

* **HIPÁCTICO, CA.** adj. MED. Laxante, relajador.

* **HIPÁLAGE.** (l. *hypallage*.) f. RET. Figura de construcción que consiste en trocar uno por otro, dos casos dependientes de un verbo.

* **HIPALBUMINOSIS.** f. MED. Deficiencia de la albúmina en la sangre.

* **HIPALGESIA.** f. Disminución de la sensibilidad al dolor.

* **HIPANACINESIA.** f. Deficiencia de la acción mecánica.

* **HIPANTO.** m. BOT. Parte inferior del cáliz, de diferente configuración que la superior. ‖ **2.** BOT. Modo de inflorescencia de la higuera.

HIPAR. intr. Sufrir reiteradamente el hipo. ‖ **2.** Resollar los perros cuando van siguiendo la caza. ‖ **3.** Fatigarse por el mucho trabajo o angustiarse con exceso. ‖ **4.** Gimotear. Pronúnciase aspirando la *h*. ‖ **5.** fig. Desear con ansia, codiciar con demasiada pasión una cosa. ‖ **P.** impar; **I.** to hiccup; **F.** hoqueter; **A.** schlucksen; **It.** singhiozzare; **R.** икать.

* **HIPARGÍREO, A.** adj. BOT. Dícese de los vegetales cuyas hojas tienen un color plateado en la cara inferior.

* **HIPARTERIAL.** adj. Situado debajo de una arteria.

* **HIPAXIAL.** adj. MED. Que está situado debajo del eje del cuerpo.

* **HIPEAR.** intr. COLOM. Hipar.

* **HIPEDONIA.** f. Disminución morbosa del placer en los actos que normalmente lo proporcionan.

* **HIPELIQUIOLOGÍA.** f. VETER. Arte de conocer la edad de las caballerías por la observación de sus dientes.

* **HIPEMIA.** f. Disminución del volumen de la sangre.

* **HIPENA.** f. ZOOL. Insecto lepidóptero nocturno.

HIPER. (gr. ὑπέρ.) prep. insep. que denota exceso, superioridad.

* **HIPERACIDEZ.** f. Grado excesivo de acidez.

* **HIPERACTIVIDAD.** f. Actividad exagerada o excesiva.

* **HIPERACUSIA.** f. PAT. Percepción confusa y dolorosa de ciertos sonidos, sobre todo de los elevados y agudos.

* **HIPERAFIA.** f. MED. Sensibilidad táctil exagerada.

HIPERBÁTICO, CA. adj. Que tiene hipérbaton.

HIPÉRBATO. m. desus. Hipérbaton.

HIPÉRBATON. (l. *hyperbăton*, y éste del gr. ὑπερβατόν, transpuesto.) m. GRAM. Figura de construcción o sintáctica que consiste en alterar el orden regular de las palabras en el discurso. ‖ **P.** hipérbato; **I.** hyperbaton; **F.** hyperbate; **A.** Hyperbaton; **It.** ipèrbato; **R.** гилервáton.

HIPÉRBOLA. (l. *hyperbŏla*, y éste del gr. ὑπερβολή.) f. GEOM. Curva simétrica respecto de dos ejes perpendiculares entre sí, compuesta de dos ramas abiertas; dirigidas en opuestos sentidos, que se aproximan indefinidamente a dos asíntotas. ‖ HIPÉRBOLAS *conjugadas*. Las que tienen las mismas asíntotas y están colocadas dentro de los cuatro ángulos que éstas forman.

HIPÉRBOLE. (l. *hyperbŏle*, y éste del gr. ὑπερβολή; de ὑπέρ, más allá, y βάλλω, arrojar.) f. RET. Figura que consiste en aumentar o disminuir excesivamente la verdad de aquello de que se habla. Se ha usado también como masculino. ‖ **P.** hipérbole; **I.** y **F.** hyperbole; **A.** Hyperbel; **It.** ipèrbole; **R.** гипербола.

HIPERBÓLICAMENTE. adv. Con hipérbole; de manera hiperbólica.

HIPERBÓLICO, CA. (l. *hyperbolĭcus*, y éste del gr. ὑπερβολικός.) adj. Perteneciente a la hipérbola. ‖ **2.** De figura de hipérbola o parecido a ella. ‖ **3.** Perteneciente o relativo a la hipérbole; que la encierra o incluye. ‖ **4.** V. *Paraboloide* HIPERBÓLICO.

* **HIPERBOLIFORME.** adj. De forma de hipérbola.

HIPERBOLIZAR. intr. Emplear hipérboles. ‖ **P.** hiperbolizar; **I.** to hyperbolize; **F.** hyperboliser; **A.** hyperbolisieren; **It.** iperboleggiare; **R.** гиперболизировать.

HIPERBOLOIDE. (De *hipérbola* y el gr. εἶδος, forma.) m. GEOM. Superficie cuyas secciones planas son elipses, círculos o hipérbolas extendiéndose en dos sentidos opuestos. ‖ **2.** GEOM. Sólido comprendido de un trozo de esta superficie. ‖ —**de dos cascos,** o **de dos hojas.** GEOM. El que consta de dos cascos separados con sus convexidades vueltas en sentido opuesto. ‖ —**de un casco,** o **de una hoja.** GEOM. El que consta de una sola pieza que va ensanchándose, a manera de bocina, en dos sentidos opuestos a partir del centro o eje. ‖ —**de revolución.** GEOM. El engendrado por el giro de una hipérbola alrededor de uno de sus ejes.

HIPERBÓREO, A. (l. *hyperborĕus*, y éste del gr. ὑπερβόρειος; de ὑπέρ, más allá, y Βορέας, norte.) adj. Aplícase a las regiones muy septentrionales y de los pueblos, animales y plantas que las habitan. ‖ **2.** Ártico. ‖ **P.** hiperbóreo; **I.** hyperborean; **F.** hyperboréen; **A.** hyperboreisch; **It.** iperbòreo; **R.** гиперборейский.

* **HIPERCATALÉCTICO, CA.** adj. RET. Dícese de la poesía latina o griega que tiene una o dos sílabas de más.

* **HIPERCINESIA.** f. PAT. Irritabilidad nerviosa en su más alto grado.

HIPERCLORHIDRIA. (gr. ὑπέρ, sobre, y de *clorhídrico*.) f. PAT Exceso de ácido clorhídrico en el jugo gástrico.

HIPERCLORHÍDRICO, CA. adj. Que padece hiperclorhidria.

* **HIPERCRIESTESIA.** f. MED. Sensibilidad excesiva al frío.

HIPERCRISIS. (gr. ὑπέρ, sobre, y κρίσις, crisis.) f. MED. Crisis violenta.

HIPERCRÍTICA. f. Crítica exagerada.

HIPERCRÍTICO. (gr. ὑπέρ, más allá, y κριτικός, crítico.) adj. Propio de la hipercrítica o del hipercrítico. ‖ **2.** m. Censor o crítico inflexible que nada perdona.

* **HIPERCROMATISMO.** m. MED. Pigmentación excesiva de la piel.

* **HIPERCROMATOPSIA.** f. PAT. Visión en la cual todos los objetos aparecen coloreados.

* **HIPERDACTILIA.** f. MED. Existencia de mayor número de dedos que el normal.

* **HIPERDIÁSTOLE.** m. PAT. Dilatación activa del corazón.

* **HIPERDINAMIA.** f. FISIOL. Superabundancia de fuerzas físicas.

HIPERDULÍA. (gr. ὑπέρ, sobre, y δουλεία, servidumbre.) f. Culto de hiperdulía.

HIPEREMIA. (gr. ὑπέρ, sobre, y αἷμα, sangre.) f. MED. Abundancia extraordinaria de sangre en una parte del cuerpo. ‖ **P.** hiperemia; **I.** hyperemy; **F.** hyperémie; **A.** Blutfülle; **It.** iperemia; **R.** гиперемия.

* **HIPERESPACIO.** m. MAT. Espacio de cuatro dimensiones según la teoría de la relatividad.

* **HIPERESTENIA.** f. PAT. Funcionamiento exagerado de ciertos tejidos del organismo.

* **HIPERESTEREOSCOPIA.** f. Fís. Procedimiento de fotografía estereoscópica.

HIPERESTESIA. (gr. ὑπέρ, sobre, y αἴσθησις, sensibilidad.) f. Sensibilidad excesiva y dolorosa.

HIPERESTESIAR. tr. Causar hiperestesia. ‖ **2.** r. Padecerla.

HIPERESTÉSICO, CA. adj. Perteneciente o relativo a la hiperestesia.

* **HIPEREXOFORIA.** f. Estrabismo hacia arriba y hacia afuera.

* **HIPEREXTENSIÓN.** f. Extensión excesiva o exagerada.

* **HIPERFÍSICO, CA.** adj. Sobrenatural. ‖ **2.** Metafísico.

* **HIPERFONÍA.** f. Fonación muy alta o enérgica.

* **HIPERFORIA.** f. MED. Elevación de un eje visual sobre el otro.

* **HIPERFRASIA.** f. Locuacidad excesiva y desordenada.

* **HIPERFRENIA.** f. Excitación mental, manía.

° **HIPERFUNCIÓN.** f. Aumento de la actividad funcional de un órgano, especialmente de los glandulares.

* **HIPERGEO.** f. Lugar al aire libre que los antiguos cristianos destinaban a cementerio.

* **HIPERHEDONÍA.** f. MED. Exageración morbosa del sentimiento de placer.

HIPERHIDROSIS. (gr. ὑπέρ, sobre, y ὕδωρ, agua.) f. Exceso de la secreción sudoral, generalizado o localizado en determinadas regiones de la piel, principalmente en los pies y en las manos.

* **HIPERICINA.** f. QUÍM. Materia colorante roja que se extrae de las hojas y de los frutos de la hierba de San Juan o corazoncillo.

HIPERICÍNEO, A. (De *hipérico*.) adj. BOT. Dícese de hierbas, matas, arbustos y árboles, de la familia de las gutíferas, que suelen tener jugo resinoso, con hojas por lo común enteras y opuestas; flores terminales o axilares amarillas, frutos capsulares o abayados, y semillas sin albumen. Ú.t.c.s. ‖ **2.** f. pl. BOT. Familia de estas plantas.

HIPÉRICO. (l. *hyperĭcon*, y éste del gr. ὑπέρικον.) m. Corazoncillo.

* **HIPERLETAL.** adj. Letal en grado extremo.

* **HIPERMATURO, RA.** adj. Que ha pasado del estado normal de madurez.

* **HIPERMEGASOMÍA.** f. Talla y volumen extraordinarios del cuerpo.

HIPERMETAMORFOSIS. (gr. ὑπέρ, sobre, y *metamorfosis*.) f. Metamorfosis que consta de mayor número de fases que la ordinaria, como la de la cantárida.

HIPERMETRÍA. (gr. ὑπερμετρία, de ὑπέρμετρος, desmesurado; de ὑπέρ, más allá, y μέτρον, medida.) f. Figura poética nada recomendable y de muy poco uso, que se comete introduciendo una palabra para acabar con su primera parte un verso y empezar otro con la segunda.

* **HIPÉRMETRO.** adj. Dícese del verso exámetro terminado por una sílaba excesiva.

HIPERMÉTROPE. adj. Que padece hipermetropía. Apl. a pers. ú.t.c.s.

HIPERMETROPÍA. (gr. ὑπέρμετρος, desmesurado, y la terminación *opía*, de *miopía*.) f. MED. Defecto de la visión generalmente congénito, en el que los rayos luminosos, en lugar de enfocarse en la retina, lo hacen detrás de ella.

* **HIPERMIMIA.** f. MED. Exageración de la mímica emotiva.

* **HIPERMNESIA.** f. PAT. Sobreactividad anormal de la memoria.

* **HIPERNEURIA.** f. MED. Sobreactividad nerviosa.

* **HIPERNUTRICIÓN.** f. Sobrealimentación excesiva y efectos morbosos que de ella se derivan.

* **HIPERÓN.** m. Fís. Partícula elemental cuya masa es superior a la del neutrón, pero de vida tan corta que se desintegra en unas diez mil millonésimas de segundo.

H

★ **HIPEROSMIA**. f. MED. Sensibilidad exagerada y excesiva del olfato.

★ **HIPEROVARISMO**. m. PAT. Precocidad sexual en las niñas por exceso de secreción ovárica.

° **HIPERPLASIA**. f. MED. Multiplicación anormal de las células de los tejidos.

★ **HIPERPROSEXIA**. f. Atención exagerada.

★ **HIPERSECRECIÓN**. (gr. ὑπέρ, más allá, y de *secreción*.) f. PAT. Exceso de secreción.

★ **HIPERTELIA**. f. ZOOL. Caso de mimetismo en que la simulación llega a los menores detalles.

HIPERTENSIÓN. f. MED. Tensión excesivamente alta de la sangre en el aparato circulatorio.

★ **HIPERTERMAL**. adj. De temperatura superior a la ordinaria. *Aguas* HIPERTERMALES.

HIPERTERMIA. (gr. ὑπέρ, sobre, y θέρμη, calor.) f. MED. Elevación anormal de la temperatura del cuerpo, por infección u otras causas.

HIPERTÓNICO. (gr. ὑπέρ, sobre, y τόνος, presión.) adj. QUÍM. Dícese de una solución que comparada con otra tiene mayor presión osmótica que ella, siendo igual la temperatura de ambas.

★ **HIPERTÓXICO, CA**. adj. Tóxico en alto grado.

HIPERTROFIA. (gr. ὑπέρ, sobre, y τροφή, nutrición.) f. PAT. Desarrollo anormal de un órgano. || **P**. hipertrofia; **I**. hypertrophy; **F**. hypertrophie; **A**. Hypertrophie nährung; **It**. ipertrofia; **R**. гипертрофия.

HIPERTROFIARSE. (De *hipertrofia*.) r. PAT. Desarrollarse excesivamente un órgano.

HIPERTRÓFICO, CA. adj. MED. Perteneciente o relativo a la hipertrofia.

★ **HIPERVIGILIA**. f. PAT. Perturbación en la asociación de ideas, en la que el enfermo pasa, en la conversación, de un asunto a otro sin motivo lógico.

★ **HIPESTESIA**. f. PAT. Disminución de la sensibilidad táctil.

★ **HIPIATRA**. m. Veterinario.

★ **HIPIATRÍA**. f. Medicina y cirugía veterinaria.

HÍPICO, CA. (gr. ἱππικός, de ἵππος, caballo.) adj. Perteneciente o relativo al caballo. || **P**. hípico; **I**. hippic; **F**. hippique; **A**. Pferd (en comp.); **It**. ippico; **R**. конский.

HIPIDO. m. Acción de hipar o gimotear. Se pronuncia aspirando la h.

★ **HÍPIDOS**. m. pl. ZOOL. Familia de crustáceos decápodos macruros.

HIPISMO. (gr. ἵππος, caballo.) m. Conjunto de conocimientos relativos a la cría y educación del caballo.

★ **HIPITO, TA**. adj. VENEZ. Impaciente, nervioso, maniático.

★ **HIPNÁCEOS**. m. pl. BOT. Familia de plantas muscíneas, con la cofia en forma de capucha.

HIPNAL. (l. *hypnāle*, y éste del gr. ὑπνηλή, soñolienta; de ὕπνος, sueño.) Áspid al cual se atribuía por los antiguos la propiedad de infundir un sueño mortal con su mordedura.

★ **HIPNALGIA**. f. PAT. Dolor que sólo se siente durante el sueño.

★ **HIPNALISMO**. m. Sueño magnético.

★ **HIPNIATRA**. com. Persona que se dedica a la hipniatría.

★ **HIPNIATRÍA**. f. TERAP. Tratamiento de las enfermedades nerviosas por medio del hipnotismo.

★ **HÍPNICO, CA**. adj. Relativo al sueño. || **2**. Que provoca el sueño.

★ **HIPNO**. m. BOT. Género de musgos hipnáceos, de tallos ramosos y fogaje brillante, que se extienden por los bosques sombríos, las rocas, los troncos de los árboles, etc.

★ **HIPNÓBATA**. m. Somnámbulo.

★ **HIPNOFOBIA**. f. Pesadilla terrible.

★ **HIPNOGÉNICO, CA**. Que infunde sueño. || **2**. Que provoca el hipnotismo.

★ **HIPNOLOGÍA**. (gr. ὕπνος, sueño, y λόγος, tratado.) f. Tratado del sueño. || **2**. Parte de la medicina que trata del sueño. || **3**. Tratado de hipnotismo. || **I**. hypnology; **F**. hypnologie; **It**. ipnologia; **R**. гипнология.

★ **HIPNOSCOPIO**. m. Especie de anillo

imanado usado para determinar el grado de sensibilidad hipnótica de un individuo.

HIPNOSIS. (gr. ὑπνόω, adormecer.) f. FISIOL. Estado especial del sistema nervioso parecido al sueño y producido por el hipnotismo. || **P**. hipnose; **I**. hypnosis; **F**. hypnose; **A**. Hypnose; **It**. ipnosi; **R**. гипноз.

★ **HIPNOTERAPIA**. f. Tratamiento de las enfermedades por medio del hipnotismo.

HIPNÓTICO, CA. (gr. ὑπνωτικός, soñoliento.) adj. Perteneciente o relativo al hipnotismo. Ú.t.c.s. || **2**. Medicamento que se da para producir el sueño.

HIPNOTISMO. (gr. ὕπνος, sueño.) m. Conjunto de teorías, técnicas y fenómenos relacionados con la hipnosis, en el cual el sujeto es particularmente sensible a la sugestión. El hipnotismo utiliza procedimientos físicos (miradas penetrantes) y psíquicos (sugestión por la palabra) para producir el hipnotismo. || **P**. hipnotismo; **I**. hypnotism; **F**. hypnotisme; **A**. Hypnotismus; **It**. ipnotismo; **R**. гипнотизм.

HIPNOTIZACIÓN. f. Acción de hipnotizar.

HIPNOTIZADOR, RA. adj. Que hipnotiza. Ú.t.c.s.

HIPNOTIZAR. tr. Producir la hipnosis. || **P**. hipnotizar; **I**. to hypnotize; **F**. hypnotiser; **A**. hypnotisieren; **It**. ipnotizzare; **R**. гипнотизировать.

HIPO. (Voz imitativa.) m. Serie de movimientos inspiratorios espasmódicos, acompañados de un ruido característico debidos a una contracción súbita del diafragma. || **2**. Deseo vehemente. || **3**. Odio, encono. || **P**. soluço; **I**. hiccup; **F**. hoquet; **A**. Schluckauf; **It**. singhiozzo; **R**. икота.

HIPO. (gr. ὑπό, debajo.) Prefijo que denota en grado inferior, en menor cantidad.

★ **HIPÓBOLE**. f. RET. Prolepsis o anticipación, figura en que se previenen las objeciones que pudieran hacerse dándoles una respuesta anticipada.

★ **HIPOBOSCÍDEOS**. m. pl. ZOOL. Familia de insectos dípteros, que se alimentan de sangre, por lo que están provistos de órganos bucales adecuados.

HIPOCAMPO. (l. *hippocampus*, y éste del gr. ἱππόκαμπος; de ἵππος, caballo, y κάμπη, encorvado.) m. ZOOL. Pez teleósteo, lofobranquio, cuya cabeza recuerda la de un caballo. || **I**. hippocampus; **F**. hippocampe; **A**. Seepferdchen; **It**. ippocampo.

★ **HIPOCARPO**. m. BOT. Parte de la planta en que se sostiene el fruto.

HIPOCASTANÁCEO, A. (gr. ὑπό, bajo, y κάστανεος, de castaña.) adj. y s. BOT. Dícese de las plantas de la familia de las hipocastanáceas. || **2**. f. pl. Familia de plantas, árboles o arbustos dicotiledóneos de hojas compuestas palmeadas, flores en panojas y fruto capsular.

HIPOCASTÁNEO, A. adj. BOT. Hipocastanáceo.

HIPOCAUSTO. (l. *hipocaustum*, y éste del gr. ὑπόκαυστον.) m. En los baños romanos, habitación que se caldeaba por debajo del pavimento.

★ **HIPOCELÓMETRO**. m. MIL. Instrumento para reconocer el interior de las piezas de artillería.

HIPOCENTAURO. (l. *hippocentaurus*, y éste del gr. ἱπποκένταυρος; de ἵππος, caballo, y κένταυρος, centauro.) m. Centauro, 1.ª acep.

★ **HIPOCENTRO**. m. Foco de un terremoto. Es un punto subterráneo profundo a partir del cual se propaga el seísmo.

HIPOCICLOIDE. (gr. ὑκό, debajo, y *de cicloide*.) f. GEOM. Línea curva descrita por un punto de una circunferencia que rueda dentro de otra fija, conservándose tangentes.

★ **HIPOCLORATO**. m. QUÍM. Sal formada por la combinación del ácido hipoclórico con una base.

HIPOCLORHIDRIA. f. MED. Escasez de ácido clorhídrico en el jugo gástrico.

HIPOCLORHÍDRICO, CA. adj. MED. Perteneciente o relativo a la hipoclorhidria. || **2**. Que padece hipoclorhidria.

★ **HIPOCOFOSIS**. f. PAT. Dureza de oído, sordera poco apreciable.

HIPOCONDRÍA. (l. *hypochondria*, y éste del gr. ὑποχόνδρια, los hipocondrios.)

f. Depresión morbosa de ánimo a menudo acompañada de melancolía. || **P**. hipocondria; **I**. hypochondria; **F**. hypochondrie; **A**. Hypochondrie; **It**. ipocondria; **R**. ипохондрия.

HIPOCONDRIACO, CA [~DRÍACO, CA]. (gr. ὑποχονδριακός.) adj. Perteneciente a la hipocondría. || **2**. Que padece de esta enfermedad. Ú.t.c.s.

HIPOCÓNDRICO, CA. adj. Perteneciente a los hipocondrios o a la hipocondría.

HIPOCONDRIO. (gr. ὑκοχόνδριον; de ὑπό, debajo, y χόνδρος, cartílago.) m. ANAT. Cada una de las dos partes laterales de la región epigástrica, situada debajo de las costillas falsas. || **P**. hipocôndrio; **I**. hypochondrium; **F**. hypocondre; **A**. Weichen; **It**. ipocondrio; **R**. подвздошие.

HIPOCORÍSTICO, CA. adj. GRAM. Dícese de los nombres que en forma diminutiva, abreviada o infantil se usan como apelativos cariñosos.

HIPOCRÁS. (gr. ὑπό, debajo, y κρᾶσις, mezcla; κεράνυμι, templar el vino con agua.) m. Bebida hecha con vino, azúcar, canela, etc.

HIPOCRÁTICO, CA. (l. *hippocraticus*.) adj. Perteneciente a Hipócrates o a su doctrina.

HIPOCRÉNIDES. (l. *hippocrenides*.) f. pl. Las musas.

★ **HIPOCRÉPIDA**. f. BOT. Planta pailonácea que vive en las regiones mediterráneas.

HIPOCRESÍA. (gr. ὑποκρισία.) f. Fingimiento de cualidades o sentimientos, y especialmente de virtudes religiosas. || **P**. hypocrisia; **I**. hypocrisy; **F**. hypocrisie; **A**. Heuchelei; **It**. ipocrisia; **R**. лицемерие.

★ **HIPOCRISTALINO, NA**. (gr. ὑπό, bajo, y *cristalino*.) adj. GEOL. Dícese de las rocas eruptivas que además de los cristales presentan cierta cantidad de pasta amorfa.

HIPÓCRITA. (l. *hypocrita*, y éste del gr. ὑποκριτής.) adj. Que finge o aparenta lo que no es o lo que no siente. Dícese principalmente del que finge virtud o devoción. || **P**. hipócrita; **I**. y **F**. hypocrite; **A**. Heuchler; **It**. ipòcrita; **R**. лицемерный.

HIPÓCRITAMENTE. adv. Con hipocresía.

★ **HIPOCROMÍA**. f. Pigmentación deficiente.

★ **HIPODÁCTILO**. m. ZOOL. Parte inferior de cada dedo de un ave.

★ **HIPODERMA**. m. ZOOL. Género de insectos dípteros braquíceros, que comprenden moscas cuyas larvas viven bajo la piel de algunos rumiantes.

★ **HIPODERMIA**. f. MED. Conjunto de operaciones consistentes en inyectar medicamentos bajo la piel.

HIPODÉRMICO, CA. (gr. ὑπό, debajo, y δέρμα, piel.) adj. Que está o se pone debajo de la piel.

★ **HIPODERMIS**. f. Tejido celular subcutáneo.

★ **HIPODÍPSICO, CA**. adj. Que calma la sed. Ú.t.c.s.m.

★ **HIPODROMÍA**. f. Arte de conducir los caballos en la carrera.

HIPÓDROMO. (l. *hippodrōmos*, y éste del gr. ἱππόδρομος; de ἵππος, caballo, y δρόμος, carrera.) m. Lugar destinado para carreras de caballos y carros. || **P**. hipódromo; **I**. y **F**. hippodrome; **A**. Hippodrom, Rennbahn; **It**. ippòdromo; **R**. гипподром.

★ **HIPOELÉCTRICO, CA**. adj. RADIOTEC. Dícese del ruido que se produce en los receptores cuando alguna de sus válvulas alcanza el punto de saturación iónica.

HIPÓFISIS. (gr. ὑπόφυσις, crecimiento por debajo.) f. Órgano de secreción interna situado en la excavación de la base del cráneo, llamada silla turca, compuesto de dos lóbulos, uno anterior, glandular, y otro posterior, nervioso. Las hormonas que produce influyen sobre el crecimiento, desarrollo sexual, etc.

★ **HIPÓFORA**. f. RET. Figura consistente en repetir la objeción del contrario antes de refutarla.

★ **HIPOFOSFITO**. m. Sal formada por una base con el ácido hipofosforoso.

★ **HIPOFOSFOROSO**. adj. Ácido producido por la acción del oxígeno sobre el fósforo.

H

★ HIPOFRENIA. f. PAT. Debilidad mental.

° HIPOFUNCIÓN. f. Disminución de la actividad funcional de un órgano, especialmente de los glandulares.

HIPOGÁSTRICO, CA. adj. ZOOL. Perteneciente al hipogastrio.

HIPOGASTRIO. (l. *hypogastrium*, y éste del gr. ὑπογάστριον; de ὑπό, debajo, y γαστήρ, vientre, estómago.) m. Parte inferior del vientre. || **P.** hipogástrio; **I.** hypogastrium; **F.** hypogastre; **A.** Unterleib; **It.** ipogastrio; **R.** подбрюшье.

★ HIPÓGENA. f. ZOOL. Género de insectos coleópteros, heterómeros, que viven en América.

HIPOGÉNICO, CA. (gr. ὑπό, debajo, y γενικός, que se refiere a la generación.) adj. GEOL. Dícese de los terrenos y rocas formados en el interior de la tierra.

HIPOGEO. (l. *hypogaeus*, y éste del gr. ὑπόγαιος, subterráneo; de ὑπό, debajo, y γῆ, tierra.) m. Bóveda subterránea donde los griegos y otras naciones antiguas conservaban sus cadáveres sin quemarlos. || **2.** Capilla o edificio subterráneo. || **P.** hipogeu; **I.** hypogeum; **F.** hypogée; **A.** Totengruft; **It.** ipogeo; **R.** часовня.

HIPOGLOSO, SA. (gr. ὑπό, debajo, y γλῶσσα, lengua.) adj. ANAT. Que está debajo de la lengua. *Nervios* HIPOGLOSOS.

HIPOGLUCEMIA. f. FISIOL. Disminución de la cantidad normal de azúcar contenida en la sangre.

HIPOGRIFO. (gr. ἵππος, caballo, y γρύψ, grifo.) m. Animal fabuloso, mitad caballo y mitad grifo. || **P.** hipogrifo; **I.** hippogriff; **F.** hippogriffe; **A.** Musenross; **It.** ippogrifo.

★ HIPOLOGÍA. (gr. ἵππος, caballo, y λόγος, tratado.) f. Tratado acerca del caballo.

HIPÓLOGO. (gr. ἵππος, caballo, y λογος, tratado.) m. Veterinario de caballos.

HIPÓMANES. (l. *hippománes*, y éste del gr. ἱππομανής, pasión por los caballos.) m. VETER. Humor que fluye de la vulva de la yegua en época de celo.

★ HIPOMANÍA. f. Afición extremada a los caballos.

★ HIPÓMETRO. m. VETER. Instrumento usado para medir la alzada de los caballos.

HIPOMOCLIO [~CLION]. (gr. ὑπομόχλιον; de ὑπό, debajo, y μοχλός, palanca.) m. Fís. Fulcro.

★ HIPOMÓVIL. adj. Dícese del vehículo tirado por caballos.

★ HIPÓNICO. m. MED. Mancha negruzca que aparece debajo de la uña después de que ésta ha sufrido una violenta compresión.

★ HIPOPOTÁMIDOS. m. pl. Familia de mamíferos paquidermos formada por los hipopótamos.

HIPOPÓTAMO. (l. *hippopotāmus*, y éste del gr. ἱπποπόταμος; de ἵππος, caballo, y ποταμός, río.) m. ZOOL. Mamífero ungulado, artiodáctilo, de piel casi desnuda y boca enorme, que vive en los grandes ríos de África. Después del elefante, es el mayor de los cuadrúpedos existentes (hasta cuatro metros de longitud.) En el Senegal existe una especie de menor tamaño: el hipopótamo enano o malí. || **P.** hipopótamo; **I.** hippopotamus; **F.** hippopotame; **A.** Flusspferd; **It.** ippopòtamo; **R.** гиппопотам.

★ HIPOSCENIO. m. Muro del teatro griego, que separaba la orquesta de la escena.

HIPOSO, SA. adj. Que tiene hipo.

HIPÓSTASIS. (l. *hypóstasis*, y éste del gr. ὑκόστασις, de ὑφίστημι, soportar, subsistir.) f. TEOL. Supuesto o persona. Ú. más hablando de las tres personas de la Santísima Trinidad.

HIPOSTÁTICAMENTE. adv. m. TEOL. De un modo hipostático.

HIPOSTÁTICO, CA. (gr. ὑποστατικός.) adj. TEOL. Perteneciente a la hipóstasis. Dícese comúnmente de la unión de la naturaleza humana y divina en la persona de Jesucristo.

★ HIPÓSTAMA. m. BOT. Cuerpo filamentoso que se encuentra debajo del embrión, cuando comienza a desarrollarse.

★ HIPÓSTILO, LA. adj. ARQ. Dícese del edificio cuyo techo está sostenido por columnas.

HIPOSULFATO. (gr. ὑπό, debajo, y *sulfato*.) m. QUÍM. Sal resultante de la combinación del ácido hiposulfúrico con una base.

HIPOSULFITO. (gr. ὑπό debajo, y de *sulfito*.) m. QUÍM. Sal del ácido hiposulfuroso. Los hiposulfitos son agentes reductores.

HIPOSULFÚRICO. adj. QUÍM. Dícese de un ácido inestable, que se obtiene por la combinación del azufre con el oxígeno, y cuyas sales son los hiposulfatos.

HIPOSULFUROSO. (gr. ὑπό, debajo, y *sulfuroso*.) adj. QUÍM. Se dice de uno de los ácidos que se obtienen por la combinación del azufre con el oxígeno, y que es el menos oxigenado de todos.

HIPOTÁLAMO. (gr. ὑπό, debajo, y θάλαμος, tálamo.) m. ANAT. Región del encéfalo situada en la base cerebral, unida por un tallo nervioso a la hipófisis.

★ HIPOTALÁSICA. f. Arte de nadar y de navegar debajo del agua.

HIPOTECA. (l. *hypothēca*, y éste del gr. ὑποθήκη, de ὑποτίθημι, poner debajo.) f. Finca afecta a la seguridad del pago de una crédito. || **2.** FOR. Derecho real que grava bienes inmuebles o buques, sujetándolos a responder del cumplimiento de una obligación o del pago de una deuda. || *¡Buena* HIPOTECA! irón. Persona o cosa poco digna de confianza. || **P.** hipoteca; **I.** mortgage; **F.** hypothèque; **A.** Hypothek; **It.** ipoteca; **R.** ипотека.

HIPOTECABLE. (De *hipotecar*.) adj. Que se puede hipotecar.

HIPOTECAR. tr. Gravar bienes inmuebles sujetándolos al cumplimiento de alguna obligación. || **P.** hipotecar; **I.** to hypothecate, to mortgage; **F.** hipothequer; **A.** verpfänden (Besitr, etc.); **It.** ipotecare; **R.** закладывать.

HIPOTECARIO, RIA. adj. Perteneciente o relativo a la hipoteca. || **2.** Que se asegura con hipoteca.

HIPOTECNIA. (gr. ἵππος, caballo, y τέχνη, arte.) f. Ciencia que trata de la crianza y adiestramiento del caballo.

HIPOTENSIÓN. (gr. ὑπό, bajo, y *tensión*.) f. MED. Tensión excesivamente baja de la sangre en el aparato circulatorio.

HIPOTENUSA. (l. *hypotenūsa*, y éste del gr. ὑποτείνουσα, t. f. del p.a. de ὑποτείνω, tender por debajo.) f. GEOM. Lado opuesto al ángulo recto en un triángulo rectángulo. || **P.** hipotenusa; **I.** hypotenuse; **F.** hypotenuse; **It.** ipotenusa; **A.** Hypotenuse; **R.** гипотенуза.

HIPOTERMIA. (gr. ὑπό, bajo, y θέρμη, calor.) f. MED. Estado habitual o episódico de descenso de la temperatura del cuerpo por debajo de los límites normales.

HIPÓTESI. f. Hipótesis.

HIPÓTESIS. (l. *hypothĕsis*, y éste del gr. ὑπόθεσις.) f. Suposición imaginada, sin pruebas o con pruebas insuficientes, para deducir de ellas ciertas conclusiones que están de acuerdo con los hechos reales. || **P.** hipótesi; **I.** hypothesis; **F.** hypothèse; **A.** Hypothese; **It.** ipòtesi; **R.** предположение.

HIPOTÉTICAMENTE. adv. De manera hipotética; por suposición.

HIPOTÉTICO, CA. (l. *hypotheticus*, y éste del gr. ὑποθετικός.) adj. Perteneciente a la hipótesis o que se funda en ella. || **2.** DIAL. V. *Proposición* HIPOTÉTICA. || **P.** hipotético, ca; **I.** hypothetic; **F.** hypothétique; **A.** hypothetical; **It.** ipotético; **R.** вероятный.

HIPOTIPOSIS. (gr. ὑποτύπωσις, de ὑποτυπόω, modelar; de ὑπό, debajo, y τύπος, tipo.) f. RET. Descripción viva y eficaz de una persona o cosa por medio del lenguaje. || **P.** hipotipose; **I.** hypotyposis; **F.** hypotypose; **A.** Hypotypose; **It.** ipotiposi; словесное описание.

★ HIPOTIROIDISMO. (gr. ὑπό, debajo, y *tiroides*.) m. MED. Insuficiencia de la glándula o cuerpo tiroides. || **2.** Conjunto de trastornos producidos por dicha insuficiencia.

HIPOTÓNICO, CA. (gr. ὑπό, debajo, y de *tónico*.) adj. QUÍM. Dícese de una solución que comparada con otra, tiene menor presión osmótica que ella, siendo iguales las temperaturas de ambas.

★ HIPOTRICOS. m. pl. ZOOL. Orden de infusorios ciliados cuya cara ventral está cubierta de pestañas.

★ HIPOTRICOSIS. f. Falta parcial o total de cabello por vicio de desarrollo.

★ HIPOTROFIA. f. MED. Desarrollo insuficiente del organismo.

★ HIPOVITAMINOSIS. (gr. ὑπό, debajo, y *vitaminosis*.) f. MED. Déficit de una o varias vitaminas. || **2.** Estado morboso debido a este déficit.

★ HIPOZOICO, CA. adj. GEOL. Dícese del terreno situado debajo de otro que contiene restos de seres orgánicos.

★ HIPSIGNATO. m. ZOOL. Género de mamíferos quirópteros.

★ HIPSO. (gr. ὕψος, altura.) Prefijo que significa altura.

★ HIPSOCÉFALO, LA. adj. Que tiene el cráneo elevado. Ú.t.c.s.

★ HIPSOFOBIA. f. Temor morboso a las grandes alturas.

★ HIPSOGRAFÍA. f. Descripción de los lugares elevados.

HIPSOMETRÍA. (De *hipsómetro*.) f. Altimetría. || **2.** Medición de la altitud por la presión atmosférica.

★ HIPSOMETRÍA. f. Fís. Parte de la física que estudia el punto de ebullición de los líquidos a diferentes presiones.

HIPSOMÉTRICO, CA. adj. Perteneciente o relativo a la hipsometría.

HIPSÓMETRO. (gr. ὕψος, altura, y μέτρον, medida.) m. Fís. Termómetro muy sensible dispuesto sobre un depósito de agua y aire, para medir la altitud de un lugar, observando la temperatura a que allí el líquido empieza a hervir. || **P.** hipsómetro; **I.** hypsometer; **F.** hypsomètre; **A.** Höhenmesser; **It.** ipsòmetro; **R.** альтиметр.

★ HIPURGIA. f. Arte de atender y cuidar a los enfermos física y moralmente para intentar su curación.

HIRCANO, NA. (l. *hyrcānus*.) adj. Natural de Hyrcania. Ú.t.c.s. || **2.** Perteneciente a este país del Asia antigua.

HIRCO. (l. *hircus*, macho cabrío.) m. ZOOL. Cabra montés.

HIRCOCERVO. (l. *hircus*, macho cabrío, y *cervus*, ciervo.) m. ZOOL. Animal quimérico compuesto de macho cabrío y ciervo. || **2.** Quimera.

HIRIENTE. p.a. de herir. Que hiere.

HIRMA. (De *hirmar*.) f. Orillo.

HIRMAR. (l. *firmāre*, asegurar.) tr. Afirmar.

HIRSUTISMO. m. MED. Brote anormal de vello recio en lugares de piel generalmente lampiños. Es más frecuente en la mujer.

HIRSUTO, TA. (l. *hirsūtus*.) adj. Dícese del pelo áspero y duro y de lo que está cubierto de pelo de esta clase o de púas y espinas. || **P.** hirsuto; **I.** hirsute; **F.** hérissé, hirsute; **A.** zottig; **It.** irsuto; **R.** взъерошенный.

★ HIRUDINICULTURA. f. Cultivo y multiplicación de las sanguijuelas.

HIRUNDINARIA. (l. *hirundo*, -inis, golondrina.) f. Celidonia, hierba papaverácea.

★ HIRVICIÓN. f. ECUAD. Hervidero, abundancia.

HIRVIENTE. (l. *fervens*, -entis.) p.a. de hervir. Que hierve.

HISCA. (l. *visca*, pl. de *viscum*.) f. Liga, 4.ª acep.

HISCAL. (l. *fiscus*, cesta de mimbre, junco o esparto.) m. Cuerda de esparto de tres ramales.

HISOPADA. f. Rociada de agua echada con el hisopo.

HISOPADURA. f. p. us. Hisopada.

HISOPAR. tr. Hisopear.

HISOPAZO. m. Hisopada. || **2.** Golpe dado con el hisopo.

HISOPEAR. tr. Rociar o echar agua con el hisopo.

HISOPILLO. m. Muñequilla de trapo que, empapada con un líquido, sirve para humedecer la garganta de los enfermos. || **2.** BOT. Mata labiada, aromática y medicinal.

HISOPO. (l. *hyssōpus*; éste del gr. ὕσσωπος, y éste del hebreo, *ezob*.) m. BOT. Mata labiada muy olorosa, que se ha empleado en medicina y perfumería. || **2.** Aspersorio para el agua bendita. || **P.** hissopo; **I.** hyssop; **F.** hysope; **A.** Ysop; **It.** isopo; **R.** иссоп.

HISOPO HÚMEDO. (l. *oesȳpum*, y

H

éste del gr. οἴσυπος.) Mugre que tiene la lana de las ovejas, la cual se recoge cuando se lava la lana, y después de evaporada constituye una materia sólida y untuosa.

HISPALENSE. (l. *hispalensis*, de *Hispălis*, Sevilla.) adj. Sevillano. Apl. a pers. ú.t.c.s.

HISPALIO, IA. adj. p. us. Hispalense.

HISPALO, LA. adj. ant. Hispalense. Apl. a pers. usáb. t.c.s.

HISPANENSE. (l. *hispaniensis*.) adj. Español.

HISPÁNICO, CA. (l. *hispanicus*.) adj. Español. || **2.** Perteneciente o relativo a la antigua Hispania o a los pueblos que formaron parte de ella, y a los que nacieron de estos pueblos en época posterior.

HISPANIDAD. f. Carácter genérico de pueblos de lengua y cultura hispánica. || **2.** Conjunto y comunidad de pueblos hispanos.

HISPANISMO. (De *hispano*.) m. Giro o modo de hablar propio y privativo de la lengua española. || **2.** Vocablo o giro de esta lengua empleado en otra. || **3.** Empleo de giro o vocablos españoles en distinto idioma. || **4.** Afición al estudio de la lengua y literatura españolas y de las cosas de España.

HISPANISTA. (l. *Hispania*, España.) com. Persona versada en la lengua y cultura española. Se da este nombre comúnmente a los que no son españoles.

HISPANIZAR. (De *hispano*.) tr. Españolizar.

HISPANO, NA. (l. *hispănus*.) adj. Hispánico. || **2.** Español. Apl. a pers. ú.t.c.s.

HISPANOAMERICANISMO. m. Doctrina que tiende a la unión espiritual de todos los pueblos hispanoamericanos.

HISPANOAMERICANO, NA. adj. Perteneciente a españoles y americanos o compuesto de elementos propios de ambos países. || **2.** Dícese más comúnmente de las naciones de América en que se habla el español, y de los individuos de raza blanca nacidos o naturalizados en ellas.

★ **HISPANOÁRABE.** adj. Dícese de los árabes nacidos en España, especialmente de los que vivieron en los siglos VIII al XV, y de su cultura, costumbres, etc. || **2.** LIT. Conjunto de producciones en lengua árabe escritas en la España musulmana.

★ **HISPANOCRISTIANO, NA.** adj. Perteneciente o relativo a los reinos cristianos de España en la época de la Reconquista.

HISPANÓFILO, LA. (l. *hispanus*, hispano, y gr. φίλος, amigo.) adj. y s. Dícese del extranjero aficionado al estudio de la lengua, cultura e historia de España. || **P.** hispanófilo; **I.** Hispanophile; **F.** hispanophile; **A.** spanienfreundlich; **It.** ispanòfilo; **R.** испанист.

★ **HISPANÓFONO, NA.** adj. Que habla el español, que se sirve ordinariamente de la lengua española.

HISPANOHABLANTE. adj. Dícese de la persona que tiene como lengua materna el español. Ú.t.c.s.

HÍSPIDO, DA. (l. *hispidus*.) adj. De pelo áspero y duro; hirsuto, erizado.

HISPIR. (De *hispico*.) tr. Esponjar, ahuecar alguna cosa. Ú.t.c.intr. y c.r.

★ **HISTAMINA.** f. QUÍM. Compuesto que se halla en los tejidos orgánicos. Produce dilatación de los capilares y estimula la secreción del jugo gástrico.

★ **HISTÉRESIS.** f. FÍS. En los fenómenos eléctricos y magnéticos, retraso de los efectos debidos a la inercia de la materia, en presencia de la variación de los campos.

★ **HISTERIA.** f. Histerismo.

HISTÉRICO, CA. (l. *hystericus*, y éste del gr. ὑστερικός; de ὑστέρα, la matriz.) adj. Relativo al útero. || **2.** Relativo o perteneciente al histerismo. Ú.t.c.s. Que padece histerismo. || **4.** Histerismo. || **P.** histérico; **I.** hysteric; **F.** histérique; **A.** hysterisch; **It.** istèrico; **R.** истеричный.

★ **HISTÉRIDOS.** m. pl. ZOOL. Familia de coleópteros de tegumentos duros y brillantes.

HISTERISMO. (De *histérico*.) m. MED. Estado patológico, más frecuente en la mujer que en el hombre, en que la excitabilidad emocional y refleja es exagerada. Se caracteriza por convulsiones, parálisis,

sofocaciones, etc. || **P.** histerismo; **I.** hysterics; **F.** hystèrie; **A.** Hysterimus; **It.** isterismo; **R.** истеричность.

HISTEROLOGÍA. (l. *hysterologia*, y éste del gr. ὑστερολογία, de ὑστερολόγος; de ὕστερος, posterior, y λέγω, decir.) f. RET. Figura que consiste en invertir o transtornar el orden lógico de las ideas, diciendo antes lo que debería decirse después. || **2.** f. MED. Suma de conocimientos relativos al útero. || **P.** histerología; **I.** hysterology; **F.** hysterologie; **A.** Hysteron, Proteron; **It.** isterología; **R.** истерология.

★ **HISTIOTERAPIA.** f. CIR. Tratamiento de ciertas enfermedades por medio de injertos de tejidos orgánicos.

HISTOLOGÍA. (gr. ἱστός, tejido, y λόγος, tratado.) f. Parte de la anatomía, que trata del estudio de los tejidos orgánicos. || **P.** histología; **I.** histology; **F.** histologie; **A.** Histologia, Gewebelehre; **It.** istología; **R.** гистология.

HISTOLÓGICO, CA. adj. Perteneciente o relativo a la histología.

HISTÓLOGO. m. Persona versada en histología. || **P.** histologo; **I.** histologist; **F.** histologue; **A.** Histologe; **It.** istòlogo; **R.** гистолог.

HISTORIA. (l. *historia*, y éste del gr. ἱστορία.) f. Narración y exposición verdadera de los acontecimientos pasados y cosas memorables. En sentido absoluto se toma por la relación de los sucesos públicos y políticos de los pueblos; pero también se da este nombre a la de sucesos, hechos o manifestaciones de la actividad humana. HISTORIA *de la literatura, de la filosofía*, etc. || **2.** Conjunto de los sucesos referidos por los historiadores. || **3.** Obra histórica compuesta por un escritor. || **4.** Obra histórica en que se refieren los acontecimientos de un pueblo o de un personaje. || **5.** fig. Relación de cualquier género de aventura o suceso, aunque sea de carácter privado y sin importancia. || **6.** fig. Fábula, cuento o narración inventada. || **7.** fig. fam. Cuento, chisme, enredo. Ú.m. en pl. || **8.** PINT. Cuadro que representa un caso histórico o fabuloso. || —**natural.** Descripción de los tres reinos de la naturaleza. || —**sagrada.** Conjunto de los relatos históricos de la Biblia. || —**universal.** La de todos los tiempos y pueblos del mundo. || *¡Así se escribe la* HISTORIA! loc. que se usa para denotar al que falsea la verdad de un suceso al referirlo. || *Dejarse uno de* HISTORIAS. fr. fig. y fam. Omitir rodeos e ir a lo esencial de una cosa. || *Hacer* HISTORIA. fr. Historiar, escribir historia o referir las vicisitudes de una persona o cosa. || *Pasar una cosa a la* HISTORIA. fr. fig. Perder su actualidad e interés por completo. || **P.** história; **I.** history; **F.** histoire; **A.** Geschichte; **It.** storia, istoria; **R.** история.

HISTORIADO, DA. p.p. de historiar. || **2.** adj. V. *Letra* HISTORIADA. || **3.** fig. y fam. Recargado de adornos o colores mal combinados. || **4.** PINT. Aplícase al cuadro o dibujo compuesto de varias figuras convenientemente colocadas respecto del suceso o escena que representan.

HISTORIADOR, RA. m. y f. Persona que escribe historia. || **P.** historiador; **I.** historian; **F.** historien; **A.** Geschichtschreiber; **It.** stòrico, storiògrafo; **R.** историк.

HISTORIAL. (l. *historiālis*.) adj. Perteneciente a la historia. || **2.** Reseña circunstanciada de los antecedentes de un negocio, o de los servicios o la carrera de un funcionario.

HISTORIALMENTE. adv. De un modo historial.

HISTORIAR. tr. Componer, contar o escribir historias. || **2.** Exponer las vicisitudes por que ha pasado una persona o cosa. || **3.** fam. AMÉR. Complicar, confundir, enmarañar. || **4.** PINT. Pintar o representar un suceso histórico o fabuloso en cuadros, estampas o tapices.

HISTÓRICAMENTE. adv. De un modo histórico.

HISTORICIDAD. f. Veracidad histórica.

HISTÓRICO, CA. adj. Perteneciente a la historia. || **2.** Averiguado, cierto. || **3.** Digno de figurar en la historia por su trascendencia. || **P.** histórico; **I.** historical;

F. historique; **A.** historisch; **It.** stòrico; **R.** исторический.

HISTORIETA. f. Relación breve, cuento, anécdota.

HISTORIOGRAFÍA. f. Arte de escribir la historia. || **2.** Estudio bibliográfico y crítico de los escritos sobre historia y de los autores sobre esta materia. || **P.** historiografía; **I.** historiography; **F.** historiographie; **A.** Historiographie; **It.** storiografía; **R.** историография.

HISTORIOGRÁFICO, CA. adj. Perteneciente o relativo a la historiografía.

HISTORIÓGRAFO. (l. *historiogrǎphus*, y éste del gr. ἱστοριογράφος; de ἱστορία, historia, y γράφω, escribir.) m. El que cultiva la historia o la historiografía.

★ **HISTORIOLOGÍA.** f. Ciencia cuyo objeto es la filosofía de la historia.

★ **HISTORIOSOFÍA.** f. Filosofía de la historia.

★ **HISTOTOMÍA.** f. Disección de los tejidos.

★ **HISTOTROMÍA.** f. MED. Temblor o contracción involuntaria de los músculos.

★ **HISTOZOO.** m. ZOOL. Parásito que vive en los tejidos orgánicos.

★ **HISTRÍCIDOS.** m. pl. ZOOL. Familia de mamíferos roedores que comprende animales armados de púas.

HISTRIÓN. (l. *histrio, -ōnis*.) m. El que representaba disfrazado en la comedia o tragedia antigua. || **2.** despect. El que tiende a conducirse de una manera teatral. || **P.** histrião; **I.** y **F.** histrion; **A.** Possenreisser; **It.** istrione; **R.** гистрион.

HISTRIÓNICO, CA. adj. Propio de histriones.

HISTRIONISA. (De *histrión*.) f. Mujer que representaba o bailaba en el teatro.

HISTRIONISMO. m. Oficio de histrión. || **2.** Conjunto de personas dedicadas a este oficio.

HITA. (l. *ficta*, t. f. de -*tus*, p.p. de *figěre*, clavar.) f. Clavo pequeño sin cabeza. || **2.** Hito, 3.ª acep.

HITACIÓN. f. Acción y efecto de hitar.

HITAMENTE. adv. Atentamente.

HITAR. (De *hito*, 1.er art.) tr. Amojonar.

★ **HITER.** m. Efecto combinado de la humedad y temperatura del aire sobre el cuerpo.

HITO, TA. (l. *fictus*, fijo.) adj. Fijo, firme. || **2.** Inmediato; *casa* HITA, que está unida otra cosa. || **3.** m. Poste de piedra u otra señal clavada en el suelo, que indica el límite de un territorio. || **4.** fig. Punto a que se dirige la puntería para acertar el tiro. || *Dar en el* HITO. fig. Acertar con la dificultad. || *Mirar de* HITO *en* HITO. Fijar estrechamente la mirada. || **3.ª** acep. || **P.** fito; **I.** landmark; **F.** poteau, borne; **A.** Markstein; **It.** limite; **R.** смежный.

HITO, TA. adj. Dícese del caballo negro sin mezcla de otro color.

HITÓN. m. MIN. Clavo grande cuadrado y sin cabeza.

★ **HOACÍN.** m. ZOOL. Pájaro conirrostro de color verde por encima, pecho blanquecino, vientre escarlata, cuello largo y delgado y uñas largas y arqueadas. Vive en la Guayana.

★ **HOACHE.** m. MINER. Tierra blanquísima, especie de caolín, que usan los chinos en la fabricación de porcelana.

HOBACHO, CHA. (ár. *habayyaŷ*, fofo, hinchado.) adj. ant. Hobachón.

HOBACHÓN, NA. adj. Aplícase al que teniendo muchas carnes, es flojo para el trabajo.

HOBACHONERÍA. (De *hobachón*.) f. Pereza, desidia, holgazanería.

HOBO. (Voz caribe.) m. Jobo.

HOCE. f. ant. Hoz. 1.er art.

HOCETE. (d. de *hoz*.) m. MURC. Hocino, 1.er art.

HOCICADA. f. Golpe dado con el hocico o de hocicos.

HOCICAR. (De *hocido*.) intr. Dar con los hocicos en alguna parte. || **2.** tr. Hozar. || **3.** fig. y fam. Besucar. || **4.** fig. Tropezar con un obstáculo o dificultad insuperable. || **5.** Hundir o calar la proa.

HOCICO. (De *hozar*.) m. Parte más o menos prolongada de la cabeza de algu-

H

nos animales, en que están la boca y las narices. || **2.** V. *Pimiento de* HOCICO *de buey.* || **3.** Boca de hombre cuando tiene los labios muy abultados. || **4.** fig. y fam. Cara, 1.ª acep. *Félix tiene buen* HOCICO, *o buenos* HOCICOS. || **5.** fig. y fam. Gesto que denota enojo o desagrado. *Estar con* HOCICO. || *Caer, o dar, de* HOCICOS. fr. fam. Dar con la cara, o caer dando con ella en una parte. || *Meter el* HOCICO *en todo.* fr. fig. y fam. con que se moteja la nimia curiosidad de los que se meten en todas partes, queriéndolo averiguar todo. || *Quitar los* HOCICOS. fr. fig. y fam. Quitar la cara. || *Salir a los* HOCICOS. fr. fig. y fam. Salir a la cara. || P. beiço; I. muzzle; F. museau, mufle; A. Schnauze; It. muso; R. морда.

HOCICÓN, NA. (De *hocico*.) adj. Hocicudo.

HOCICUDO, DA. (De *hocico*.) ad. Dícese de la persona que tiene jeta, 1.er art. || **2.** Que tiene mucho hocico.

HOCINO. (De *hoz*.) m. Especie de hoz para cortar leña o para trasplantar.

HOCINO. m. Terreno que dejan las quebradas de las montañas cerca de los ríos. || **2.** Angostura de un río entre dos montañas.

* **HOCIQUEAR.** tr. Hocicar. || **2.** acep. fam. CHILE. Besar.

* **HOCIQUERA.** f. ARGENT. Parte de la cabeza que rodea el hocico de las caballerías.

* **HOCIQUIRROMO, MA.** (De *hocico* y *romo*.) adj. Que tiene romo el hocico.

* **HOCKEY.** (Voz inglesa de *hook*, gancho.) m. Deporte que se juega entre dos equipos de once jugadores sobre campo de hierba o de hielo; cada jugador está provisto de un palo (stick) con el que impulsa una pelota.

* **HOCO.** m. BOT. Calabacín.

* **HOCOE.** m. BOT. Árbol de Méjico. || **2.** Madera de este árbol.

* **HODECTRÓN.** m. ELECTR. Válvula de vapor de mercurio.

HODÓMETRO. m. Odómetro.

HOGAÑAZO. adv. fam. Hogaño.

HOGAÑO. (l. *hoc anno*, en este año.) adv. fam. En este año, en el año presente. || **2.** Por ext., en esta época, a diferencia de antaño. || P. este ano; I. this present year; F. cette année-ci; A. heuer, diesjährig; It. questo anno; R. в этом году.

HOGAR. (l. *focus*, fuego.) m. Sitio donde se coloca la lumbre en las cocinas, chimeneas, hornos de fundición, etc. || **2.** fig. Casa, domicilio. || **3.** fig. Vida de familia. || P. lar; I. hearth; F. foyer; A. Feuer- (en comp.), Herd; It. focolare; R. очаг.

HOGAREÑO, ÑA. adj. Amante del hogar y de la vida de familia.

HOGARIL. m. MURC. Hogar, fogón.

HOGAZA. (l. *focacia*.) f. Pan grande que pesa más de dos libras. || **2.** Pan de harina mal cernida que contiene algo de salvado. || *La* HOGAZA *no embaraza.* ref. que enseña que lo necesario no debe mirarse como estorbo. || P. fogaça; I. cobloaf; F. pain de ménage; A. Laib Brot; It. pagnotta; R. коврига.

HOGUERA. (l. *focaria*, f. de *focarius*, del fuego.) f. Porción de materias combustibles, que encendidas levantan mucha llama. || P. fogueira; I. bonfire; F. bûcher; A. Scheiterhaufen; It. falò; R. костёр.

HOJA. (l. *fŏlia*, pl. n. de *fŏlium*.) f. Cada una de las partes, generalmente verdes, planas, que nacen de la cubierta externa del tallo y las ramas de los vegetales. || **2.** Pétalo. || **3.** Lámina delgada de cualquier materia, como metal, madera, etc. || **4.** En los libros y cuadernos cada una de las partes iguales que resultan al doblar el papel para formar el pliego. || **5.** Laminilla delgada que se levanta al batir metales. || **6.** Cuchilla de las armas blancas y herramientas. || **7.** Cada una de las capas en que se suele dividir una masa. || **8.** En las puertas, ventanas, etc., cada una de las partes que se abren y cierran. || **9.** Mitad de cada una de las partes principales de que se compone un vestido. || —**envainadora.** La que tiene vainas. || —**aserrada.** Cuando todos los ángulos son agudos. || —**compuesta.** La que está dividida en varias hojuelas separadamente

articuladas. || —**dentada.** Aquella cuyo borde forma ángulos salientes agudos y entrantes redondeados. || —**denticulada.** La de dientes muy finos. || —**de parra.** fig. Aquello con que se procura encubrir alguna acción vergonzosa. || —**de ruta.** Documento expedido por los jefes de estación, para que conste las mercancías que transporta un tren, nombre de los consignatarios, etc. || —**de servicios.** Documento en que constan los antecedentes personales y actos favorables y desfavorables de un funcionario en el ejercicio de su profesión. || —**de borde continuo.** || —**envainadora.** La que tiene vainas. || —**espinosa.** La de dientes terminados en espina. || —**estipulada.** La que tiene estípulas. || —**ligulada.** La que tiene lígula. || —**lobulada.** La que tiene lóbulo. || —**lobulada y partida.** La dividida en hendiduras que llegan al nervio medio. || —**pelminervia.** Aquella en que los nervios irradian al salir del pecíolo. || —**peltada.** La que tiene el pecíolo inserto en su centro. || —**penninervia.** Aquella en que los nervios secundarios salen de los lados del principal. || —**perfoliada o abrazadera.** Según que la base de su limbo rodee todo o una parte del tallo. || —**rectinervia.** La de nervios rectos y sensiblemente paralelos. || —**uninervia.** La de un solo nervio. || *Batir* HOJA. fr. Labrar oro, plata u otro metal, reduciéndolo a planchas u hojas. || *Mudar la* HOJA. fr. fig. y fam. Desistir uno del intento que tenía. || *Poner a uno como* HOJA *de perejil.* fr. fig. y fam. Ponerle como chupa de dómine. || *Quien se pone debajo de la* HOJA, *dos veces se moja.* ref. con que se denota la imprudencia de los que por conseguir una cosa, desatienden otras y las pierden. || *Ser todo* HOJA *y no tener fruto.* fr. fig. y fam. Hablar mucho y sin substancia. || *Volver la* HOJA. fr. fig. Mudar de parecer. || **2.** fig. Faltar a lo prometido. || **3.** fig. Mudar de conversación. || P. folha; I. leaf; F. feuille; A. Blatt; It. foglia; R. лист.

HOJALATA. (De *hoja de lata*.) f. Lámina de hierro o acero, estañada por las dos caras. || P. lata; I. tin plate; F. fer blanc; A. Weissblech; It. latta; R. жесть.

HOJALATERÍA. (De *hojalatero*.) f. Taller en que se hacen piezas de hojalata. || **2.** Tienda donde se venden. || P. latoaria; I. tin-shop; F. ferblanterie; A. Klempnerwerkstatt; It. bottega di lattonaio; R. мастерская жестяника.

HOJALATERO. m. El que tiene por oficio hacer o vender piezas de hojalata.

* **HOJALDA.** f. CHILE y HOND. Hojaldre.

HOJALDE. (l. *foliatilis* [*panis*], de *folium*, hoja.) m. Hojaldre.

HOJALDRA. f. ant. Hojaldre. Ú. en América y Murcia.

HOJALDRADO, DA. p.p. de hojaldrar. || **2.** adj. Semejante al hojaldre.

HOJALDRAR. tr. Dar a la masa forma de hojaldre.

HOJALDRE. (l. *foliatilis*, hojoso.) amb. Masa sobada con manteca que, cocida al horno, hace hojas delgadas superpuestas. || **2.** CUBA. Hogaza o pan, de figura de media naranja, hecho con harina, manteca y azúcar. || P. folhado; I. puf-paste; F. feuilletage; A. Blätterteig; It. sfogliata; R. слоёное тесто.

HOJALDRERO, RA. m. y f. Hojaldrista.

HOJALDRISTA. com. Persona que hace hojaldres.

HOJARANZO. m. Ojaranzo, 1.ª acep. || **2.** Adelfa.

HOJARASCA. (De *hoja*.) f. Conjunto de hojas que han caído de los árboles. || **2.** Demasiada e inútil frondosidad de algunos árboles o plantas. || **3.** fig. Cosa inútil y de poca substancia. || P. folhada; I. withered leaves; F. feuillage tombé; A. gefallenes Laub; It. fogliame caduto; R. опавшая листва.

HOJEAR. tr. Mover o pasar ligeramente las hojas de un libro o cuaderno. || **2.** Pasar las hojas de un libro leyendo de prisa algunos pasajes para tomar de él un ligero conocimiento. || **3.** intr. Tener hoja un metal. || **4.** Moverse las hojas de los árboles. || **5.** COLOM. y GUAT. Hojecer, hechar hojas las plantas. || P. folhear;

I. to turn (leaves); F. feuilleter; A. durchblättern; It. sfogliare; R. перелистывать.

HOJECER. intr. ant. Echar hoja los árboles.

HOJOSO, SA. (l. *foliōsus*.) adj. Que tiene muchas hojas.

HOJUDO, DA. adj. Hojoso.

HOJUELA. (l. *foliŏla*, pl. n. de *foliŏlum*.) f. d. de hoja. || **2.** Fruta de sartén, muy extendida y delgada. || **3.** Cascarilla que queda de la aceituna molida. || **4.** V. *Aceite de* HOJUELA. || **5.** Hoja muy delgada de oro o plata que sirve para galones, bordados, etc. || **6.** BOT. Cada una de las hojas que forma parte de otra compuesta. || **7.** CUBA. Hojaldre, masa hojosa.

¡**HOLA!** Interj. que se emplea para denotar extrañeza placentera o desagradable, para llamar a un inferior, para hacer una represión y a modo de salutación familiar. Ú.t. repetida. || P. olá; I. hello!; F. holà; A. hallo!; It. olà!; R. эй.

* **HOLACANTO.** m. BOT. Género de algas desmidiáceas. || **2.** ZOOL. Género de peces teleósteos acantopterigios.

* **HOLAGOGO.** m. Remedio de tal eficacia que puede expeler todos los humores nocivos.

HOLÁN. m. Holanda, 1.ª acep. Dícese también holán-batista. || **2.** MÉJ. Faralá.

* **HOLANCINA.** f. CUBA. Tela de algodón ligera y transparente, muy adecuada para vestidos de mujer.

HOLANDA. (De *Holanda*, de donde procede esta tela.) f. Lienzo muy fino análogo a la batista. || **2.** Alcohol impuro, procedente de la destilación del vino.

HOLANDÉS, SA. adj. Natural de Holanda. Ú.t.c.s. || **2.** Perteneciente o relativo a esta nación europea. || **3.** V. *Tabaco* HOLANDÉS. || **4.** m. Idioma hablado en Holanda. || *A la* HOLANDESA. m. adv. Al uso de Holanda. || **2.** Dícese de la encuadernación económica en que el cartón de la cubierta va forrado de papel o tela, y de piel el lomo. || P. holandês; I. Hollandish, Dutch; F. hollandais; A. holländisch; It. olandese; R. голландский.

HOLANDETA. f. Holandilla.

HOLANDILLA. (d. de *Holanda*.) f. Lienzo teñido y prensado propio para forros. || **2.** Tabaco holandés.

* **HOLÁRTICO, CA.** adj. Aplícase a la región geográfica que comprende las regiones neártica y paleártica. Ú.t.c.s.f.

HOLCO. (l. *holcus*.) m. Heno blanco, planta graminácea cultivada para formar prados.

* ¡**HOLE!** interj. P. RICO. ¡Hola!

HOLEAR. intr. Usar repetidamente la interjección ¡hola!

HOLGACHÓN, NA. (De *holgar*.) adj. Acostumbrado a pasarlo bien trabajando poco.

HOLGADAMENTE. adv. Con holgura.

HOLGADERO. m. Sitio donde se junta la gente para holgar.

HOLGADO, DA. (De *folgado*.) p.p. de holgar. || **2.** adj. Desocupado. || **3.** Ancho y sobrado. || **4.** fig. Que sin ser rico, vive con bienestar. || **3.**ª acep.: P. folgado; I. loose; F. large; A. weit, geräumig; It. ampio; R. просторный.

HOLGANZA. (De *holgar*.) f. Descanso, quietud. || **2.** Ociosidad. || **3.** Placer, diversión. || P. folgança; I. rest, leisure; F. oisiveté, loisir; A. Müssiggang; It. riposo, oziosità; R. досуг, отдых.

HOLGAR. (l. *follicāre*, soplar, respirar.) intr. Descansar, reposar. || **2.** Estar ocioso, no trabajar. || **3.** Alegrarse de una cosa. Ú.t.c.r. || **4.** Estar sin ejercicio o sin uso alguna cosa. || **2.**ª acep.: P. folgar; I. to be idle; F. ne rien faire; A. müssig sein; It. oziare; R. отдыхать.

HOLGAZÁN, NA. (De *folgazano*.) adj. Vagabundo y ocioso, que no quiere trabajar. Ú.t.c.s. || P. mandrião; I. idler; F. fainéant; A. Tagedieb; It. scioperone; R. лентяй.

HOLGAZANEAR. (De *holgazán*.) intr. Estar ocioso por no querer trabajar.

HOLGAZANERÍA. (De *holgazán*.) f. Ociosidad, haraganería, afición a la holganza.

HOLGAZAR. intr. ant. Holgazanear.

HOLGÓN, NA. (De *holgar*.) adj. Hol-

H

gazán. Ú.t.c.s. || **2.** Amigo de holgarse. Ú.t.c.s.

HOLGORIO. (De *holgar*.) m. fam. Regocijo, diversión bulliciosa. Suele aspirarse la h.

HOLGUETA. (d. de *huelga*.) f. fam. Holgura, diversión entre muchos.

HOLGURA. (De *holgar*.) f. Regocijo, diversión entre muchos. || **2.** Anchura. || **P.** folguedo; **I.** ease; **F.** commodité, aisance; **A.** (Wohl)Behagen; **It.** ampiezza; **R.** простор, развлечение.

★ **HOLICISMO.** m. Fil. Locución común a todos los dialectos de una lengua, o a todas las lenguas.

★ **HOLOBLÁSTICO, CA.** adj. Zool. Que tiene el germen completo.

HOLOCAUSTO. (l. *holocaustum*, y éste del gr. ὁλόκαυστος; de ὅλος, todo, y καυστός, quemado.) m. Sacrificio especial entre los israelitas, en que se quemaba totalmente la víctima. || **2.** fig. Sacrificio, acto de abnegación. || **P.** holocausto; **I.** holocaust; **F.** holocauste; **A.** (Brand)Opfer; |**It.** olocausto; **R.** жертвоприношение.

★ **HOLOCÉFALO, LA.** adj. Med. Que tiene la cabeza completa. || **2.** m. pl. Suborden de peces selacios con una sola abertura branquial en los lados de la cabeza.

★ **HOLODONTE.** adj. Zool. Aplícase a las serpientes que tienen completa la dentadura.

★ **HOLOÉDRICO, CA.** (De *holoedro*.) adj. Miner. Dícese del cristal que tiene todas las caras requeridas por la ley de simetría.

★ **HOLOEDRO.** m. Mineral. Cristal que tiene todas las caras exigidas por la ley de simetría.

★ **HOLOFÁNERO, RA.** adj. Zool. Dícese de las metamorfosis totales de los insectos.

★ **HOLOGONIDIA.** f. Bot. Cuerpo reproductor de un liquen.

HOLÓGRAFO, FA. (l. *holográphus*, y éste del gr. ὁλόγραφος.) adj. For. Ológrafo. Ú.t.c.s.m.

★ **HOLOMETÁBOLO, LA.** adj. Zool. Dícese de los insectos que experimentan metamorfosis completa, pasando a través del estado de ninfa. Ú.t.c.s.

HOLÓMETRO. (gr. ὅλος, todo, y μέτρον, medida.) m. Instrumento que sirve para tomar la altura angular de un punto sobre el horizonte.

★ **HOLOMORFOSIS.** f. Regeneración completa de la substancia perdida.

★ **HOLONERVIADO, DA.** adj. Bot. Dícese de las hojas que tienen nervios laterales muy próximos.

★ **HOLONERVIOSO, SA.** adj. Bot. Dícese de las hojas que tienen un nervio medio, del cual parten los nervios laterales.

★ **HOLOPATÍA.** f. Enfermedad general.

★ **HOLÓPORO, RA.** adj. Hist. Nat. Poroso.

HOLOSÉRICO, CA. (l. *holoserícus*, y éste del gr. ὁλοσηρικός; de ὅγος, todos, y σηρικός, de seda.) adj. ant. Aplícase a los tejidos o ropas de pura seda y sin mezcla de otra cosa.

HOLOSTÉRICO, CA. (gr. ὅλος, todo, y στερεός, sólido.) adj. Fís. Dícese del barómetro aneroide.

HOLOTURIA. (l. *holothuria*, y éste del gr. ὁλοθούριον.) f. Zool. Cualquiera de los equinodermos, perteneciente a la clase de los holotúridos. || **I.** sea cucumber; **F.** concombre de mer, holoturie; **It.** oloturia.

HOLOTÚRIDO. (De *holoturia*.) adj. Zool. Dícese de animales equinodermos de cuerpo alargado y tentáculos retráctiles. Ú.t.c.s. || **2.** m. pl. Zool. Clase de estos animales.

HOLLADERO, RA. (De *hollar*.) adj. Dícese de la parte de un camino por donde ordinariamente se transita.

HOLLADURA. f. Acción y efecto de hollar. || **2.** Derecho que se pagaba por el piso del ganado en un terreno.

HOLLAR. (l. *fullāre*, pisar.) tr. Pisar, comprimir una cosa poniendo sobre ella los pies. || **2.** fig. Abatir, ajar, humillar, etc. || **P.** calcar; **I.** to trample; **F.** fouler; **A.** treten; **It.** calcare, calpestare; **R.** топтать.

HOLLECA. f. Zool. Herrerillo, pájaro insectívoro, que hace el nido de barro y en forma de puchero.

HOLLEJA. f. ant. Hollejo.

HOLLEJO. (l. *follícŭlus*, fuelle pequeño.) m. Pellejo de algunas frutas y legumbres.

HOLLEJUDO, DA. adj. Dícese del fruto que tiene el hollejo duro o áspero.

HOLLEJUELA. f. d. ant. de holleja.

HOLLEJUELO. m. d. de hollejo.

★ **HOLLÍ.** m. Amér. Licor resinoso que se obtiene por incisiones hechas en el tronco de un árbol artacárpeo de Méjico. Tiene un sabor semejante al del cacao.

HOLLÍN. (l. *fullīgo*, -*ĭgĭnis*.) m. Substancia crasa y negra del humo; hollín de chimeneas. || **P.** fuligem; **I.** soot; **F.** suie; **A.** Russ; **It.** fuliggine; **R.** сажа.

★ **HOLLINAR.** tr. Chile. Cubrir de hollín. Ú.t.c.r.

HOLLINIENTO, TA. adj. Que tiene hollín.

★ **HOMALOCÉFALO.** adj. De cabeza plana. Ú.t.c.s. || **2.** m. Zool. Reptil del orden de los saurios que vive en Java.

★ **HOMALOGRAFÍA.** f. Estudio de la anatomía por secciones planas de las partes.

★ **HOMALÓGRAFO.** m. Top. Instrumento que sirve para determinar a la vez la altitud de un punto y la distancia al lugar de observación.

★ **HOMALOIDEO, A.** adj. Zool. Que tiene el cuerpo aplastado.

★ **HOMARO.** m. Zool. Género de crustáceos malacostráceos, decápodos, de la familia de los astácidos, al que pertenece el bogavante.

HOMARRACHE. m. Moharrache.

HOMBRACHO. m. Hombre grueso o corpulento.

HOMBRADA. f. Acción propia de un hombre valiente y generoso.

HOMBRADÍA. (De *hombrada*.) f. Calidad de hombre. || **2.** Esfuerzo, entereza, valor, arrojo.

★ **HOMBRADO, DA.** adj. Chile. Ahombrado, hombruno.

HOMBRE. (l. *hŏmo*, -*ĭnis*.) m. Animal racional. Bajo esta acepción se comprende todo el género humano. || **2.** Varón. || **3.** El que ha llegado a la edad viril o adulta. || **4.** Entre el vulgo, marido. || **5.** Juego de naipes. || **6.** Junto con algunos substantivos por medio de la prep. *de*, el que posee las calidades significadas por los substantivos. HOMBRE *de honor, de tesón*, etc. || —**bueno.** El que pertenecía al estado llano. || **2.** For. El mediador en los actos de conciliación. || —**de bien.** El honrado que cumple puntualmente sus obligaciones. || —**de bigotes.** fig. y fam. El que tiene entereza y severidad. || —**de buena capa.** fig. y fam. El de buen porte. || —**de buenas letras.** El versado en letras humanas. || —**de cabeza.** El que tiene talento. || —**de campo.** El que con frecuencia anda en el campo. || —**de copete.** fig. El de estimación y autoridad. || —**de corazón.** El valiente, generoso y magnánimo. || —**de días.** El anciano. || —**de dinero.** El acaudalado. || —**de distinción.** El de ilustre nacimiento, empleo o categoría. || —**de dos caras.** fig. El que en presencia dice una cosa y en ausencia otra. || —**de edad.** El viejo o próximo a la vejez. || —**de Estado.** El de actitud reconocida para dirigir acertadamente los negocios políticos de una nación. || —**de fondo.** El que tiene gran capacidad. || —**de fondos.** Hombre de dinero. || —**de fortuna.** El que de cortos principios llega a grandes riquezas o empleos. || —**de guerra.** El que sigue la carrera de las armas. || —**de hecho.** El que cumple su palabra. || —**de iglesia.** Clérigo. || —**de la vida airada.** El que vive licenciosamente. || **2.** El que se precia de guapo y valentón. || —**de mar.** Aquel cuya profesión se ejerce en el mar. || —**de mundo.** El que por su trato con toda clase de gentes y por su experiencia y práctica merece esta calificación. || —**de nada.** El que es pobre y de obscuro nacimiento. || —**de negocios.** El que tiene muchos a su cargo. || —**de palabra.** El que cumple lo que promete. || —**de pelea.** Soldado. || —**de pelo en pecho.** fig. y fam. El fuerte y osado. || —**de pro.** El de bien. || **2.** El sabio o útil al público. || —**de puños.** fig. y fam. El robusto, fuerte y valeroso. ||

—**de veras.** El que es amigo de la verdad. || **2.** El serio y enemigo de burlas. || —**espiritual.** El dedicado a la virtud y contemplación. || —**hecho.** fig. El que ha llegado a la edad adulta. || **2.** fig. El instruído o versado en una facultad. || —**interior.** El hombre con relación al alma. || —**liso.** El de verdad, ingenuo, sincero. || —**lleno.** El que sabe mucho. || —**mayor.** El de edad avanzada. || —**público.** El que interviene públicamente en los negocios políticos. || *Pobre* HOMBRE. El de pocos talentos e instrucción. || **2.** El de poca habilidad y sin vigor ni resolución. || *Al* HOMBRE *osado la fortuna le da la mano.* ref. con que se manifiesta que suelen lograrse mejor las cosas, cuando se emprenden sin reparo ni timidez. || *Como un solo* HOMBRE. loc. que expresa la unanimidad con que proceden muchas personas sin previo acuerdo. || *El* HOMBRE *es fuego, la mujer, estopa; llega el diablo y sopla.* ref. que enseña el riesgo que hay en el trato frecuente entre hombres y mujeres, por fragilidad humana. || *El* HOMBRE *pone, o propone, y Dios dispone.* ref. que enseña que el logro de nuestras determinaciones pende precisa y únicamente de la voluntad de Dios. || *Hacer a uno* HOMBRE. fr. fig. y fam. Protegerle eficazmente. || ¡HOMBRE! interj. que indica sorpresa o asombro. Ú. también repetida. || ¡HOMBRE *al agua!* expr. Mar. Ú. para advertir que ha caído alguno al mar. || HOMBRE *honrado, antes muerto que injuriado.* ref. que aconseja preferir la honra a la vida. || HOMBRE *prevenido vale por dos.* ref. que advierte la gran ventaja que lleva en cualquier lance o empeño, el que obra con prevención. || *No hay* HOMBRE *sin* HOMBRE. ref. que denota la dificultad de medrar una persona sin la ayuda de otra. || *Ser uno* HOMBRE *al agua.* fr. fig. y fam. No dar esperanza de remedio en su salud o en su conducta. || *Ser uno mucho* HOMBRE. fr. Ser persona de gran talento e instrucción o de gran habilidad. || *Ser uno muy* HOMBRE. fr. Ser valiente y esforzado. || *Ser uno otro* HOMBRE. fr. fig. Haber cambiado uno mucho en sus calidades, ya físicas, ya morales. || **P.** homem; **I.** man; **F.** homme; **A.** Mann; **It.** uomo; **R.** человек.

HOMBREAR. intr. Querer el joven parecer hombre hecho.

HOMBREAR. intr. Hacer fuerza con los hombros. || **2.** Querer igualarse con otro. Ú.t.c.r. || **3.** Argent. Cargar fardos a hombros. || **4.** fam. Méj. Ayudar, proteger.

HOMBRECILLO. (d. de *hombre*.) m. Lúpulo.

HOMBREDAD. f. ant. Hombradía.

HOMBRERA. f. Pieza de la armadura que cubría los hombros. || **2.** Adorno de los vestidos en la parte de los hombros. || **3.** Pieza de paño almohadillada en las prendas militares, que sirven para sujetar el correaje a veces como insignia del empleo personal jerárquico. || **4.** Hond. Hombrillo de la camisa. || **P.** ombreira; **I.** pauldron; **F.** épaulière; épaulette; **A.** (Schulter-, Achsel)stück; **It.** spallaccio; **R.** наплечник.

HOMBRETÓN. m. aum. de hombre.

HOMBREZUELO. m. d. de hombre.

HOMBRÍA DE BIEN. f. Honradez.

HOMBRILLO. m. Lista o tira de lienzo que refuerza la camisa por el hombro. || **2.** Adorno a modo de hombrera.

HOMBRO. (l. *hŭmĕrus*.) m. Parte superior y lateral del tronco del hombre y de los cuadrumanos, de donde nace el brazo. || **2.** V. *Paño de* HOMBROS. || **3.** Impr. Parte de la letra desde el remate del árbol hasta la base del ojo. || *A* HOMBROS. m. adv. con que se denota que se lleva alguna persona o cosa a cuestas, sobre los hombros del que la conduce. || *Arrimar el* HOMBRO. fr. fig. Trabajar con actividad; ayudar o contribuir al logro de un fin. || *Echar* uno *al* HOMBRO una cosa. fr. fig. Hacerse responsable de ella. || *Encoger* uno *los* HOMBROS. fr. fig. Llevar en paciencia y con la mayor resignación una cosa desagradable, sin moverse a nada ni chistar. || *Encogerse* uno *de* HOMBROS. fr. Hacer el movimiento natural que causa el miedo. || **2.** fig. No saber uno, o no querer, responder a lo que se le pregunta. ||

H

3. fig. Mostrarse o permanecer indiferente ante lo que oye o ve. ‖ **4.** fig. *Encoger los* HOMBROS. ‖ *Estar* HOMBRO *a* HOMBRO. fr. fig. y fam. Codearse. ‖ *Hurtar el* HOMBRO. fr. fig. Excusar el trabajo o la cooperación para el logro de un fin. ‖ *Mirar* a uno *por encima del* HOMBRO, *o sobre el* HOMBRO, o *sobre* HOMBRO. fr. fig. y fam. Tenerle en menos, desdeñarle. ‖ *Sacar* uno *a* HOMBROS *a otro*. fr. fig. Librarle con su favor o poder, o a sus expensas, de un riesgo o apuro; ponerle en salvo. ‖ **P.** ombro; **I.** shoulder; **F.** épaule; **A.** Schulter; **It.** spalla; **R.** плечо.

HOMBRUNO, NA. adj. fam. Dícese de la mujer que por alguna cualidad o circunstancia se parece al hombre, y de las cosas en que estriba esta semejanza. ‖ *Andar* HOMBRUNO; *cara* HOMBRUNA. ant. Clérigo.

HOME. (l. *homo*, *-ĭnis*.) m. ant. Hombre. Ú. en Sevilla y Méjico. **—de leyenda.** ant. Clérigo.

HOMECILLO. m. ant. Homicillo. ‖ **2.** ant. Enemistad, aborrecimiento.

HOMENAJE. (prov. *homenatge*, y éste de l. *hominatĭcum*, de *homo*.) m. Juramento de fidelidad a un soberano o señor. ‖ **2.** Acto o serie de actos que se celebran en honor de una persona. ‖ **3.** fig. Sumisión, respeto. ‖ **4.** CHILE. Don, favor, merced. ‖ **P.** homenagem; **I.** homage; **F.** hommage; **A.** Lehnseid, Huldigung; **It.** omaggio; **R.** чествование.

★ **HOMENAJEAR.** tr. Rendir homenaje. ‖ **2.** CHILE. Agasajar, obsequiar.

★ **HOMEÓGRAFO.** m. Aparato que sirve para reproducir los dibujos.

★ **HOMEOMERÍA.** f. Semejanza que tienen entre sí las partes de un cuerpo.

★ **HOMEÓMERO, RA.** adj. Que consta de las mismas partes que otro ser.

HOMEÓPATA. adj. Aplícase al médico que profesa la homeopatía. Ú.t.c.s.

HOMEOPATÍA. (gr. ὅμοιος, parecido, y πάθος, afección, enfermedad.) f. Sistema curativo que aplica a las enfermedades, en dosis mínimas, las mismas substancias que en mayores cantidades producirían al hombre sano síntomas iguales o parecidos a los que se trata de combatir. ‖ **P.** homeopatia; **I.** homeopathy; **F.** homéopathie; **A.** Homöopathie; **It.** omeopatia; **R.** гомеопатия.

HOMEOPÁTICAMENTE. adv. En dosis diminutas o homeopáticas.

HOMEOPÁTICO, CA. adj. Perteneciente o relativo a la homeopatía. ‖ **2.** fig. De tamaño o cantidad muy diminutos.

★ **HOMEOPRÓFORO.** m. LIT. Cacofonía resultante de comenzar con la misma letra todas las palabras de una frase.

★ **HOMEOTERMO, MA.** adj. ZOOL. Aplícase a los animales cuya temperatura es igual a la del medio ambiente en que viven.

HOMÉRICO, CA. (l. *homerĭcus*.) adj. Propio y característico de Homero o de sus producciones. ‖ **P.** homérico; **I.** Homeric; **F.** homérique; **A.** homerisch; **It.** omèrico; **R.** гомеровский.

★ **HOMERO.** m. Aliso, árbol betuláceo.

HOMICIANO. (De *homicilio*.) m. ant. El que mata a otro.

HOMICIARSE. (De *homicio*.) r. Enemistarse.

HOMICIDA. (l. *homicida*; de *homo*, hombre, y *coedĕre*, matar.) adj. Que causa u ocasiona la muerte de una persona. *Puñal* HOMICIDA. Ú.t.c.s. ‖ **P.** homicida; **I.** murderer; **F.** homicide, meurtrier; **A.** mörderisch; **It.** omicida; **R.** убийственный.

HOMICIDIO. (l. *homicidĭum*.) m. Muerte causada a una persona por otra. ‖ **2.** Por lo común, la ejecutada ilegítimamente y con violencia. ‖ **3.** Cierto tributo que se pagaba en lo antiguo. ‖ **P.** homicidio; **I.** y **F.** homicide. **A.** Mord; **It.** omicidio; **R.** убийство.

HOMICIERO. (De *homiciarse*.) m. El que causa enemistades y discordias.

HOMICILLO. (l. *homicidĭum*.) m. Pena pecuniaria impuesta al que habiendo herido gravemente o muerto a uno, no comparecía ante el juez.

HOMICIO. (l. *homicidĭum*.) m. ant. Homicidio.

HOMILÍA. (l. *homilĭa*, y éste del gr. ὁμιλία, de ὅμιλος, reunión.) f. Plática en que se explican materias de religión. ‖

2. pl. Lecciones del breviario que se rezan en maitines. ‖ **P.** homilia; **I.** homily; **F.** homélie; **A.** Homilie; **It.** omelia; **R.** проповедь.

HOMILIARIO. m. Libro que contiene homilías.

★ **HOMILITA.** f. MINER. Silicato y borato de clacio con algo de hierro.

HOMINAL. (l. *homo*, *-mĭnis*, hombre.) adj. ZOOL. Perteneciente o relativo al hombre.

★ **HOMINIANO, NA.** (l. *homo*, *mĭnis*, hombre.) adj. HIST. NAT. Dícese del género o familia a que pertenece el hombre.

HOMINICACO. (l. *homo*, *-mĭnis*, hombre.) m. fam. Hombre pusilánime, de poca apariencia.

★ **HOMÍNIDO, DA.** adj. Parecido al hombre. Ú.t.c.s.

★ **HOMINÍVORO, RA.** adj. Que devora al hombre.

★ **HOMO.** m. Voz latina que significa hombre. Úsase en antropología, como en HOMO *sapiens*, etc.

★ **HOMO.** (gr. ὅμός, igual, semejante.) Prefijo usado para significar semejanza, parecido, igualdad, etc.

★ **HOMOBRANQUIO, QUIA.** adj. ZOOL. Que tiene las branquias semejantes. ‖ **2.** m. pl. ZOOL. Orden de crustáceos.

★ **HOMOCARPO, PA.** adj. BOT. Dícese del involucro de las sinantéreas cuando se parecen todos los ovarios o frutos.

★ **HOMOCÉNTRICO, CA.** (De *homocentro*.) adj. ZOOL. Concéntrico.

★ **HOMOCENTRO.** m. GEOM. Centro común a dos o más círculos.

HOMOCERCA. adj. ZOOL. Dícese de la aleta caudal de los peces que está formada por dos lóbulos iguales y simétricos.

★ **HOMOCERCO.** adj. Que tiene dos lóbulos iguales.

★ **HOMÓCIGO, GA.** adj. Procedente de células germinales iguales.

★ **HOMOCIGOTO.** m. BIOL. Cigoto resultante de la unión de gametos de la misma especie.

★ **HOMOCLÁDICO, CA.** adj. Dícese de las anastomosis que se forman entre ramas de la misma especie.

★ **HOMOCROMÍA.** f. HIST. NAT. Mimetismo o identificación del color de algunos animales con el del medio que los rodea.

★ **HOMÓCRONO, NA.** adj. Isócrono.

★ **HOMODERMOS.** m. pl. ZOOL. Familia de reptiles ofidios que comprende los de piel semejante.

★ **HOMODESMÓTICO, CA.** adj. Dícese de las fibras nerviosas que unen partes semejantes del sistema nervioso.

★ **HOMODINO, NA.** adj. ELECTR. Que utiliza la misma intensidad.

★ **HOMODROMÍA.** f. FÍS. Parte de la física que trata de las palancas y de las relaciones de sus potencias y resistencias.

★ **HOMÓDROMO, MA.** adj. MEC. Dícese de la palanca en que la potencia y la resistencia actúan a un mismo lado del punto de apoyo.

★ **HOMOFILIA.** f. BIOL. Carácter morfológico que acusa afinidad entre dos especies animales.

★ **HOMÓFILO, LA.** BOT. Dícese de la planta que tiene todas sus hojas semejantes.

HOMOFONÍA. (gr. ὁμοφωνία.) f. Calidad de homófono. ‖ **2.** MÚS. Conjunto de voces o sonidos simultáneos que cantan al unísono.

HOMÓFONO, NA. (gr. ὁμόφωνος; de ὁμός, semejante, y φωνή, sonido.) adj. Dícese de las palabras de igual sonido y distinta significación. ‖ **2.** Dícese del canto o música en que todas las voces tienen el mismo sonido.

★ **HOMOGAMIA.** (De *homógamo*.) f. BOT. Desarrollo simultáneo de los órganos masculinos y femeninos.

★ **HOMOGENADO, DA.** adj. Dícese de lo que ha sido homogenizado.

HOMOGÉNEAMENTE. adv. De modo homogéneo.

HOMOGENEIDAD. f. Calidad de homogéneo. ‖ **P.** homogeneidade; **I.** homogeneity; **F.** homogénéité; **A.** Gleichartigkeit; **It.** omogeneità; **R.** однородность.

HOMOGENEIZAR. tr. Hacer homogéneo.

HOMOGÉNEO, A. (l. *homogenĕus*, y éste del gr. ὁμογενής, de la misma raza.) adj. Que pertenece a un mismo género. ‖ **2.** Dícese del compuesto cuyos elementos son de igual naturaleza o condición. ‖ **P.** homogéneo, homogénea; **I.** homogeneal; **F.** homogène; **A.** homogen; **It.** omogèneo; **R.** однородный.

★ **HOMOGENEOCARPO, PA.** adj. BOT. Que produce frutos homogéneos.

★ **HOMOGENIA.** f. FISIOL. Generación de un ser por dos individuos de la misma especie.

★ **HOMOGÓNICO, CA.** BIOL. Semejante a sus progenitores.

★ **HOMOGRAFÍA.** f. GEOM. Parte de la geometría que trata las propiedades de las divisiones homográficas.

HOMÓGRAFO, FA. (gr. ὁμός, parecido, y γράφω, escribir.) adj. Aplícase a las palabras de distinta significación que se escriben de igual manera; v. gr.: *Haya*, árbol, y *haya*, persona del verbo *haber*.

★ **HOMOLATERAL.** adj. Que está situado o que sucede en el mismo lado.

HOMOLOGACIÓN. f. FOR. Acción de homologar.

HOMOLOGAR. (De *homólogo*.) tr. FOR. Dar firmeza las partes al fallo de los árbitros o arbitradores, en virtud de consentimiento tácito, por haber dejado pasar el término legal para impugnarlo. ‖ **2.** FOR. Confirmar el juez ciertos actos y convenios de las partes, para hacerlos más firmes y solemnes. ‖ **P.** homologar; **I.** to homologate; **F.** homologuer; **A.** gerichtlich bestätigen; **It.** omologare; **R.** утверждать.

★ **HOMOLOGÍA.** f. Calidad de homólogo. ‖ **2.** GEOM. Parte de la geometría que estudia las propiedades de las figuras homológicas. ‖ **3.** ANAT. Estado de dos órganos que por sus conexiones y estructura son los mismos en una y otra región del cuerpo del mismo individuo.

HOMÓLOGO, GA. (l. *homológus*, y éste del gr. ὁμόλογος; de ὁμός, semejante, y λόγος, razón.) adj. GEOM. Aplícase a los lados que en cada una de dos o más figuras semejantes están colocados en el mismo orden. ‖ **2.** LÓG. Dícese de los términos sinónimos o que significan una misma cosa. ‖ **P.** homólogo; **I.** homologous; **F.** homologue; **A.** homolog; **It.** omòlogo; **R.** подобное.

★ **HOMOMIARIOS.** m. pl. ZOOL. Grupo de moluscos lamelibranquios.

★ **HOMOMORFO, FA.** (gr. ὁμός, semejante, y μορφή, forma.) adj. Dícese de los seres que tienen la misma forma.

★ **HOMONEMEO, A.** adj. BOT. Que tiene los filamentos homogéneos.

HOMONIMIA. (l. *homonymia*, y éste del gr. ὁμωνυμία.) f. Calidad de homónimo.

HOMÓNIMO, MA. (l. *homonўmus*, y éste del gr. ὁμώνυμος; de ὁμός, parecido, y ὄνομα, nombre.) adj. Dícese de personas o cosas que llevan igual nombre, y de las palabras de igual forma y distinto significado. ‖ **P.** homónimo; **I.** homonymous; **F.** homonyme; **A.** gleichlautend; **It.** omònimo; **R.** омонимический.

★ **HOMÓNOMO, MA.** adj. Sujeto a las mismas leyes.

★ **HOMOPÉTALO, LA.** adj. BOT. Dícese de las flores de pétalos semejantes.

★ **HOMÓPODO, DA.** adj. ZOOL. Dícese de los animales que tienen igual número de dedos en cada pata.

HOMÓPTERO. (gr. ὁμός, parecido, y πτερόν, ala.) adj. ZOOL. Dícese de insectos hemípteros cuyas alas anteriores son casi siempre membranosas como las posteriores, aunque un poco más fuertes y más coloreadas que éstas, y que tienen el pico recto e inserto en la parte inferior de la cabeza; como la cigarra. Ú.t.c.s. ‖ **2.** m. pl. ZOOL. Suborden de estos animales.

HOMOSEXUAL. (gr. ὁμός, y *sexual*.) adj. Sodomita. Ú.t.c.s.

HOMOSEXUALIDAD. f. Calidad de homosexual.

★ **HOMOTERMO, MA.** adj. FÍS. Isotermo. ‖ **2.** TECN. Que tiene temperatura uniforme. ‖ **3.** ZOOL. Dícese de los animales cuya sangre conserva siempre el mismo grado de calor, independientemente de la temperatura del medio ambiente.

H

* HOMOZOICO, CA. adj. Relativo al mismo animal o a la misma especie.

HOMÚNCULO. (l. *homúnculus*.) m. d. despect. de hombre.

HONCEJO. (l. *falcícŭlus*, de *falx*, hoz.) m. Hocino, 1.er art.

HONDA. (l. *fŭnda*.) f. Tira de cuero, o trenza de lana, cáñamo, esparto u otra materia semejante, para tirar piedras con violencia. Usaban de ella antiguamente en la guerra; pero hoy sólo tiene uso entre los pastores y los muchachos. ‖ **2.** Braga, 2.ª acep. ‖ **P.** funda; **I.** sling; **F.** fronde; **A.** Schleuder; **It.** fionda; **R.** праща.

HONDABLE. adj. Fondable.

HONDADA. (De *honda*.) f. Hondazo.

HONDAMENTE. adv. m. Con hondura o profundidad. ‖ **2.** fig. Profundamente, elevadamente.

* HONDANADA. f. CHILE. Hondonada.

* HONDAR. tr. CHILE y COLOM. Ahondar.

HONDARRAS. (De *hondo*, fondo.) f. pl. RIOJA. Heces que quedan en la vasija donde ha habido un licor.

HONDAZO. m. Tiro de honda.

HONDEADOR. (De *hondear*.) m. GERM. Ladrón que tantea por dónde ha de robar.

HONDEAR. (De *hondo*.) tr. Reconocer el fondo con la sonda. ‖ **2.** Sacar carga de una embarcación. ‖ **3.** GERM. Tantear, 3.ª acep. ‖ **P.** sondar; **I.** to sound; **F.** sonder; **A.** loten; **It.** scandagliare; **R.** измерять.

HONDEAR. intr. Disparar la honda.

HONDERO. m. Soldado que antiguamente usaba de honda en la guerra.

HONDIJO. m. Honda, 1.ª acep.

HONDILLOS. m. pl. Entrepiernas, piezas de tela de la entrepierna en los calzones.

HONDO, DA. (l. *fŭndus*.) adj. Que tiene profundidad. ‖ **2.** Aplícase a la parte del terreno que está más baja que todo lo circundante. ‖ **3.** fig. Profundo, alto o recóndito. ‖ **4.** fig. Tratándose de un sentimiento, intenso, extremado. ‖ **5.** V. *Cante* HONDO. ‖ **6.** m. Parte inferior de una cosa hueca o cóncava. ‖ **P.** profundo; **I.** deep; **F.** profond, bas; **A.** tief; **It.** profondo; **R.** глубокий.

HONDÓN. (De *hondo*.) m. Suelo interior de cualquiera cosa hueca. ‖ **2.** Lugar profundo que se halla rodeado de terrenos más altos. ‖ **3.** Ojo o agujero que tiene la aguja para enhebrarla. ‖ **4.** Parte del estribo donde se apoya el pie. ‖ *Contra* HONDÓN. loc. ant. Hacia abajo. ‖ *Donde hay saca y nunca pon, presto se llega al* HONDÓN. ref. Donde hay saca y nunca pon, presto se acaba el bolsón.

HONDONADA. f. Terreno hondo. ‖ **P.** ribanceira; **I.** dale; **F.** enfoncement, terrain bas; **A.** Niederung; **It.** avvallatura; **R.** дно.

HONDONAL. (De *hondón*.) m. SAL. Prado bajo y húmedo. ‖ **2.** SAL. Juncar.

HONDONERO, RA. (De *hondón*.) adj. ant. Hondo.

HONDURA. (De *hondo*.) f. Profundidad de una cosa. ‖ *Meterse* uno *en* HONDURAS. fr. fig. Tratar de cosas dificultosas sin tener bastante conocimiento de ellas.

HONDUREÑISMO. m. Vocablo o giro especial de la República de Honduras.

HONDUREÑO, ÑA. adj. Natural de Honduras, país de la América Central. Ú.t.c.s. ‖ **2.** Perteneciente a este país.

HONESTAD. (l. *honestas*, *-ātis*.) f. ant. Honestidad.

HONESTAMENTE. adv. m. Con honestidad o castidad. ‖ **2.** Con modestia, decoro o cortesía.

HONESTAR. (l. *honestāre*.) tr. Honrar. ‖ **2.** Cohonestar. ‖ **3.** Portarse con moderación o decencia.

HONESTIDAD. (l. *honestĭtas*, *-ātis*.) f. Compostura, decencia, comedimiento. ‖ **2.** Recato, pudor. ‖ **3.** Cortesía, decoro. ‖ *Pública* HONESTIDAD. Impedimento canónico dirimente para la celebración del matrimonio. ‖ **P.** honestidade; **I.** honesty; **F.** honnêteté, pudeur; **A.** Sittsamkeit, Züchtigkeit; **It.** onestà; **R.** честность.

HONESTO, TA. (l. *honēstus*.) adj. Decente, decoroso. ‖ **2.** Recatado, pudoroso. ‖ **3.** Justo, razonable. ‖ **4.** Honrado. ‖ **5.**

V. *Estado* HONESTO. ‖ **P.** honesto; **I.** honest; **F.** honnête; **A.** ehrbar, sittsam; **It.** onesto; **R.** честный.

HONGARINA. (De *hungarina*.) f. Anguarina.

HONGO. (l. *fŭngus*.) m. BOT. Cualquiera de las plantas talofitas, sin clorofila y de reproducción preferentemente asexual, por esporas. ‖ **2.** Sombrero de fieltro o castor de copa baja, rígida y aproximadamente semiesférica. ‖ **3.** Aparato esporífero de los hongos superiores que sobresale del suelo en el momento de la reproducción y es comestible en algunas especies. ‖ **4.** MED. Excrecencia fungosa que crece en las heridas e impide la cicatrización. ‖ **5.** pl. BOT. Clase de plantas de este nombre. ‖ **—marino.** Anémona de mar. ‖ **—yesquero.** Especie muy común en España. Tiene color canela y carece de sombrerillo. ‖ **P.** fungo; **I.** mushroom; **F.** champignon; **A.** Pilz, Edrschwamn; **It.** fungo; **R.** гриб.

HONGOSO, SA. (l. *fŭngōsus*.) adj. ant. Fungoso. Ú. en Salamanca.

HONOR. (l. *hŏnor*, *-ōris*.) m. Cualidad moral que nos induce a cumplir todos nuestros deberes. ‖ **2.** Gloria o buena reputación. ‖ **3.** Honestidad y recato en las mujeres. ‖ **4.** Obsequio, aplauso, celebridad. ‖ **5.** Dignidad, cargo. Ú.m. en pl. ‖ **6.** m. pl. Dignidad o llave del título de un cargo sin desempeñarlo ni cobrar los gajes. *Tener* HONORES *de capitán general.* ‖ **P.** honra; **I.** honour; **F.** honneur; **A.** Ehre, Würde; **It.** onore; **R.** честь.

HONORABILIDAD. f. Cualidad de la persona honorable. ‖ **P.** honorabilidade; **I.** honourability; **F.** honorabilité; **A.** Ehrenhaftigkeit; **It.** onorabilità; **R.** честность, почтенность.

HONORABLE. (l. *honorabĭlis*.) adj. Digno de ser honrado o acatado.

HONORABLEMENTE. adv. Con honor.

HONORACIÓN. (l. *honoratĭo*, *-ōnis*.) f. Acción y efecto de honrar.

HONORAR. (l. *honorāre*.) tr. p. us. Honrar.

HONORARIO, RIA. (l. *honorarĭus*.) adj. Que sirve para honrar a uno. ‖ **2.** Aplícase al que tiene los honores y no la propiedad de una dignidad o empleo. ‖ **3.** m. Gaje o sueldo de honor. ‖ **4.** Estipendio o sueldo que se da a uno por su trabajo en algún arte liberal. Ú.m. en pl. ‖ **P.** honorário; **I.** honorary; **F.** honoraire; **A.** ehrenvoll; **It.** onorario; **R.** почётный, гонорар.

HONORIFICACIÓN. f. ant. Acción y efecto de honorificar.

HONORIFICADAMENTE. adv. ant. Honoríficamente.

HONORÍFICAMENTE. adv. Con honor. ‖ **2.** Con carácter honorario y sin efectividad.

HONORIFICAR. (l. *honorificāre*.) tr. ant. Honrar.

HONORIFICENCIA. (l. *honorificentía*.) f. ant. Honra, magnificencia.

HONORÍFICO, CA. (l. *honorifĭcus*.) adj. Que da honor. ‖ **P.** honorífico, ca; **I.** honorific; **F.** honorifique; **A.** rühmlich; **It.** onorifico; **R.** почётный.

HONORIS CAUSA. loc. lat. que significa por razón o causa de honor. V. *Doctor* HONORIS CAUSA.

HONOROSO, SA. (l. *honorōsus*.) adj. desus. Honroso.

HONRA. (De *honrar*.) f. Estima y respeto de la dignidad propia. ‖ **2.** Buena fama o reputación. ‖ **3.** Demostración de aprecio. ‖ **4.** Pudor, recato y honestidad en la mujer. ‖ **5.** pl. Oficio solemne que se hace por los difuntos. ‖ *Tener* uno *a mucha* HONRA *una cosa.* fr. Envanecerse, gloriarse de ella. ‖ **P.** honra; **I.** honour, reputation; **F.** honneur, bon nom; **A.** Ehre, Ruhm; **It.** onore; **R.** честь.

HONRABLE. (l. *honorabĭlis*.) adj. ant. Digno de ser honrado.

HONRADAMENTE. adv. Con honradez. ‖ **2.** Con honra.

HONRADERO, RA. adj. p. us. Honrador.

HONRADEZ. (De *honrado*.) f. Calidad de probo. ‖ **2.** Proceder recto, propio del hombre probo. ‖ **P.** honradez; **I.** honesty; **F.** probité; **A.** Redlichkeit, Anständigkeit; **It.** onoratezza; **R.** честность.

HONRADO, DA. (l. *honorātus*.) p.p. de honrar. ‖ **2.** adj. Que obra honradamente.

HONRADOR, RA. adj. Que honra. Ú.t.c.s.

HONRADOTE, TA. adj. aum. de honrado.

HONRAMIENTO. m. Acción y efecto de honrar.

HONRAR. (l. *honorāre*.) tr. Respetar a una persona. ‖ **2.** Enaltecer o premiar su mérito. ‖ **3.** Dar honor o celebridad. ‖ **4.** r. Tener uno a honra ser o hacer alguna cosa. ‖ *Yo a vos por* HONRAR, *vos a mí por encornudar.* ref. que se dice de los que corresponden con ingratitud a los beneficios que se les hacen. ‖ **P.** honrar; **I.** to honour; **F.** honorer; **A.** (be-, ver)ehren; **It.** onorare; **R.** почитать.

HONRILLA. f. dim. de honra. Vergüenza que nos impulsa a hacer o dejar de hacer algo por el qué dirán. *Por la negra* HONRILLA. ‖ **P.** ponto de honra; **I.** punctiliousness; **F.** faux point d' honneur; **A.** falscher Scham; **It.** puntiglio; **R.** страх перед тем, что скажут люди.

HONROSAMENTE. adv. Con honra.

HONROSO, SA. (l. *honorōsus*.) adj. Que da honra. ‖ **2.** Decente, decoroso. ‖ **P.** honroso, sa; **I.** y **F.** honorable; **A.** ehrend; **It.** onorativo; **R.** почётный.

HONTANA. (l. *fontana*.) f. ant. Fuente, 1.ª, 2.ª y 3.ª aceps.

HONTANAL. (De *hontana*.) adj. Aplícase a las fiestas que los gentiles dedicaban a las fuentes. Ú.t.c.s.f. ‖ **2.** m. Hontanar.

HONTANAR. (De *hontana*.) m. Sitio abundante en fuentes o manantiales.

HONTANAREJO. m. d. de hontanar.

HOPA. f. Vestidura o modo de túnica cerrada. ‖ **2.** Loba o saco de los ajusticiados. ‖ **3.** MÉJ. Hopo.

* ¡HOPA! interj. GUAT., COLOM. y URUG. ¡Hola!

HOPALANDA. (b. l. *hopelanda* y *opelanda*; en fr. *houppelande*.) f. Falda grande y pomposa, particularmente la que vestían los estudiantes que iban a las universidades. Ú.m en pl. ‖ **P.** opalanda; **I.** gown; **F.** houppelande; **A.** Deckmantel; **It.** balandrano; **R.** мантия.

HOPEAR. (De *hopo*.) intr. Menear la cola los animales, especialmente la zorra cuando la siguen. ‖ **2.** fig. Corretear, 1.ª acep.

* HOPEAR. (De *¡hopa!*) intr. VENEZ. Llamar a gritos.

* HOPEITA. (De *Hope*, químico inglés.) f. MINER. Fosfato hidratado de cinc de color blanco y brillo vítreo que se presenta en pequeños cristales prismáticos o en masas compactas.

HOPEO. m. Acción de hopear.

* HOPLISTO. m. ZOOL. Género de insectos dípteros que viven en el Brasil.

HOPLITA. m. Soldado griego que llevaba armas pesadas.

HOPLOTECA. f. Oploteca.

* HOPLURO. m. ZOOL. Género de reptiles saurios, de cabeza alargada y cola con espinas.

HOPO. (Del m. or. que el fr. *houppe*.) m. Copete o mechón de pelo. ‖ **2.** Cola que tiene mucho pelo, como la de la zorra, oveja, etc. ‖ *Sudar el* HOPO. fr. fig. y fam. Costar mucho trabajo la consecución de una cosa.

* HOQUE. (ár. *haqq*, retribución, propina.) m. Alboroque.

* HOQUIS (DE). loc. adv. MÉJ. Gratis, de balde.

HORA. (l. *hora*.) f. Cada una de las 24 partes en que se divide el día solar. En el orden civil se cuentan de 12 en 12 horas, desde la medianoche hasta el mediodía, y desde éste hasta la medianoche siguiente. En el uso oficial se cuenta sin interrupción, desde la medianoche a la medianoche inmediata, y en astronomía desde las 12 del día hasta igual hora del día siguiente. ‖ **2.** Tiempo oportuno para una cosa. *Dar y tomar la* HORA. ‖ **3.** Últimos instantes de la vida. Ú.m. con el verbo *llegar. Llegarle a* uno *su* HORA. ‖ **4.** En algunas partes, legua. ‖ **5.** ASTRON. Cada una de las 24 partes iguales en que se considera dividida la línea equinoccial, equivalentes a 15 grados. ‖ **6.** adv. Ahora. ‖ **7.** CHILE. Entre el vulgo, enfermedad ner-

H

viosa que produce una muerte repentina. ||
8. CUBA. Enfermedad, especie de epilepsia,
que ataca a las aves de corral. || **9.** De-
vocionario que contiene el oficio de Nues-
tra Señora y otros rezos. || **10.** Este mismo
oficio. || **—de la modorra.** Tiempo in-
mediato al amanecer, en el que el sueño
carga pesadamente. || **—menguada.** Aque-
lla en que acaece un daño o un fracaso. ||
—santa. Oración que se hace los jueves,
de once a doce de la noche, en recuerdo
de la oración y agonía de Nuestro Señor
en el Huerto. || **—suprema.** La de la
muerte. || **Horas canónicas.** Las diferen-
tes partes del oficio divino que la Iglesia
acostumbra a rezar en distintas horas del
día. || **—muertas.** Las muchas perdidas
en una sola ocupación. || *¡A buena* HORA
mangas verdes! loc. fig. y fam. con que se
denota que una cosa no sirve cuando llega
fuera de oportunidad. || *A la* HORA. m.
adv. Al punto, al instante. || *A la* HORA
horada. loc. fam. A la hora puntual. ||
A todas las HORAS. m. adv. fam. Cada
hora. || *A última* HORA. m. adv. En los
últimos momentos. Úsase principalmente
en los periódicos. || *Dar* HORA. fr. Señalar
plazo o citar tiempo preciso para una
hora. || *Dar la* HORA. fr. Sonar en el
reloj las campanas que la indican. || **2.** fig.
Ser una persona cabal o perfecta. || *De*
HORA *en* HORA. m. adv. Sin cesar. || *En*
HORA *buena.* Con bien, con feli-
cidad. || **2.** Empléase también para denotar
aprobación, conformidad. || *En* HORA *mala,*
o *en mala* HORA. m. adv. que se emplea
para denotar disgusto o desaprobación. ||
Ganar las HORAS. fr. Aprovechar el tiempo,
acelerando las providencias para el logro
de una cosa. || *Hacer* HORA. fr. Ocuparse
en una cosa mientras llega el tiempo se-
ñalado para otro negocio. || *Llegar,* o
llegarse la HORA. fr. fam. Cumplirse el
plazo señalado o el tiempo determinado
para una cosa. || *No ver uno la* HORA
de una cosa. fr. fig. y fam. que encarece
el deseo de que llegue el momento de
hacerla o verla cumplida. || *Por* HORA.
m. adv. En cada hora. || *Por* HORAS. m.
adv. Por instantes. || *Tener uno sus* HORAS
contadas. fr. fig. Estar uno próximo a la
muerte. || *Tomar* HORA. fr. Enterarse del
plazo o tiempo que se señala para una
cosa. || **P.** hora; **I.** hour; **F.** heure; **A.**
Stunde; **It.** ora; **R.** час.

HORACAR. tr. ant. Furacar.

HORACIANO, NA. (l. *horatiānus.*)
adj. Propio o característico de Horacio
como escritor, o que tiene semejanza con
cualquiera de sus dotes o calidades por
que se distinguen sus producciones.

HORACO. (De *horacar.*) m. ant. Agujero.

HORADA. adj. V. *A la hora* HORADA.

HORADABLE. adj. Que se puede
horadar.

HORADACIÓN. f. Acción de horadar.

HORADADO, DA. p.p. de horadar. ||
2. m. Capullo de gusano de seda cuando
está agujereado por ambas partes. || **3.**
Agujero que atraviesa una cosa de parte
a parte.

HORADADOR, RA. adj. Que horada.
Ú.t.c.s.

HORADAR. (De *horado.*) tr. Agujerear
de parte a parte una cosa. || **P.** furar;
I. to bore; **F.** forer; **A.** durchbohren;
It. traforare; **R.** просверливать.

HORADO. (l. *forātus.*) m. Agujero que
atraviesa una cosa. || **2.** Por ext., caverna,
cavidad subterránea.

HORAMBRE. (l. *forāmen, -minis,* agujero.) m. En los molinos de aceite, cada
uno de los agujeros que tienen las guia-
deras de la viga.

HORAMBRERA. (De *horambre.*) f.
ant. Agujero, 1.ª acep.

* **HORÁMETRO.** (De *hora* y *metro.*) m.
Unidad de medida para las aguas de
riego, consistente en la corriente continua
que suministra un metro cúbico por
hora.

HORARIO, RIA. (l. *horarĭus.*) adj. Per-
teneciente o relativo a las horas. || **2.** V.
Ángulo, círculo HORARIO. || **3.** m. Saetilla,
aguja del reloj que señala las horas. ||
4. Reloj. || **5.** Cuadro indicador de las
horas en que deben ejecutarse determina-
dos actos. || **P.** horário, ria; **I.** horary;

F. horaire; **A.** stündlich, Zifferblatt; **It.**
orario; **R.** расписание.

HORCA. (l. *fŭrca.*) f. Conjunto de
tres palos, dos hincados en la tierra y el
tercero encima trabando los dos, en el
cual, a manos del verdugo, morían colga-
dos los condenados a esta pena. || **2.** Palo
con dos puntas y otro que atravesaba,
entre los cuales metían antiguamente
el pescuezo del condenado, paseándole
en esta forma por las calles. || **3.** Instru-
mento de forma parecida que ponen al
pescuezo a los cerdos y perros para que
no entren en las heredades. **4.** Palo que
remata en dos o más púas hechas del mismo
palo o sobrepuestas de hierro, con el cual
los labradores hacinan las mieses, las
echan en el carro, levantan la paja y re-
vuelven la parva. || **5.** Palo que remata en
dos puntas y sirve para sostener las ramas
de los árboles, armar los parrales, etc. ||
—de ajos, o **de cebollas.** Ristra o soga
de los tallos de ajos, o de cebollas, que se
hacen en dos ramales que se juntan por un
lado. || **—pajera.** AR. Aviento. || *Dejar*
HORCA *y pendón.* fr. fig. Dejar en el tronco
de los árboles, cuando se podan, dos ramas
principales. || *Enseñar,* o *mostrar, la* HORCA
antes que el lugar. fr. fig. Anticipar una mala
nueva, o poner inconvenientes y estorbos
para negar una cosa. || *Pasar uno por las*
HORCAS *caudinas.* fr. fig. Sufrir el sonrojo
de hacer por fuerza lo que no quería. ||
Tener HORCA *y cuchillo.* fr. En lo antiguo,
tener derecho y jurisdicción para castigar
hasta con pena capital. || **2.** fig. y fam. Man-
dar como dueño y con grande autoridad. ||
P. e **It.** forca; **I.** gallows, gibbet; **F.** potence;
A. Galgen; **R.** виселица.

HORCADO, DA. adj. En forma de
horca.

HORCADURA. (De *horcado.*) f. Parte
del tronco de los árboles, donde nacen
las ramas. || **2.** Ángulo que forman las
ramas.

* **HORCAJA.** f. CHILE. Horcajadura.

HORCAJADAS (A). (De *horcajo.*) m.
adv. con que se denota la postura del que
va a caballo, con la horcajadura sobre los
lomos de la caballería, echando cada pierna por su lado.

HORCAJADILLAS (A). adv. m. A
horcajadas.

HORCAJADURA. (De *horcajo,* por la
forma.) f. Ángulo formado por los dos
muslos o piernas en su nacimiento.

HORCAJO. (De *horca.*) m. Horca de
madera que se pone al pescuezo de las
mulas para trabajar. || **2.** Confluencia de
dos ríos o arroyos. || **3.** Punto de unión
de dos montañas.

HORCATE. m. Arreo en forma de
herradura que se pone a las caballerías.

HORCO. (De *horca.*) m. Horca de ajos,
o de cebollas.

HORCO. (l. *orcus.*) m. Infierno, 1.ª
acep. || **2.** poét. Infierno, 4.ª acep.

HORCÓN. m. aum. de horca. || **2.** Hor-
ca para sostener las ramas de un árbol, etc.||
3. CUBA. Madero vertical que en las casas
rústicas sirve a modo de columna, para sostener vigas o aleros de tejado.

* **HORCÓN, NA.** adj. MÉJ. Ventajoso
en los tratos.

HORCONADA. f. Golpe dado con el
horcón. || **2.** Lo que se recoge con él de
una vez.

HORCONADURA. f. Conjunto de
horcones.

HORCHATA. (De *hordiate.*) f. Bebida
refrescante que se hace de almendras,
chufas, o de pepitas de sandía, etc., ma-
chacadas y mezcladas con agua y azúcar. ||
P. orchata; **I.** y **F.** orgeat; **A.** Erdmandel-
milch; **It.** orzata; **R.** оршад.

HORCHATERÍA. (De *horchatero.*) f.
Casa o sitio donde se hace horchata. || **2.**
Casa o sitio donde se vende.

HORCHATERO, RA. m. y f. Persona que tiene por oficio hacer o vender
horchata.

HORDA. (Quizá del ár. *'urḍă,* campamento, y éste del turco *ordí* u *ordŭ.*) f. Reunión de salvajes que forman comunidad y
no tienen domicilio. || **P.** horda; **I.** y **F.**
horde; **A.** Horde; **It.** orda; **R.** орда.

* **HORDEICO, CA.** (l. *hordĕum,* cebada.)
adj. QUÍM. Dícese de un ácido graso que
se obtiene en la destilación de la cebada.

HORDIATE. (cat. *ordiat,* y éste del l.
hordeātus, de *hordĕum,* cebada.) m. Cebada
mondada. || **2.** Bebida que se hace de ce-
bada, semejante a la tisana.

HORDIO. (l. *hordĕum.*) ant. Cebada.
Ú. en Aragón.

* **HORERO.** m. BOL. y MÉJ. Horario
de reloj.

HORIZONTAL. adj. Que está en el
horizonte o paralelo a él. *Línea, plano* HO-
RIZONTAL. Apl. a línea, ú.t.c.s. || **2.** ASTRON.
V. *Paralaje* HORIZONTAL. || **3.** PERSP. V.
Plano HORIZONTAL. || **P., I.** y **F.** horizontal;
A. waag(e)recht; **It.** orizzontale; **R.** гори-
зонтальный.

HORIZONTALIDAD. f. Calidad de
horizontal.

HORIZONTALMENTE. adv. m. De
modo horizontal.

HORIZONTE. (l. *horizon, -ōntis,* y
éste del gr. ὁρίζων.) m. Línea que limita
la parte de superficie terrestre visible desde
un punto. || **2.** Parte de superficie terrestre
limitada por esta línea. || **3.** fig. Límite,
esfera, extensión de una cosa. || **—artifi-
cial.** Cubeta llena de mercurio, o espejo
mantenido horizontalmente, que se usa en
algunas operaciones astronómicas. || **—ra-
cional.** GEOGR. Círculo máximo de la esfera celeste, paralelo al horizonte sensi-
ble. || **—sensible.** Horizonte, 2.ª acep. ||
P. horizonte; **I.** y **F.** horizon; **A.** Horizont;
It. orizzonte; **R.** горизонт.

* **HORIZOSCOPIO.** m. MAR. Instrumento que facilita un horizonte artificial,
refiriendo a él las alturas de los astros,
cuando el horizonte visible es muy limitado o se halla muy oculto.

HORMA. (l. *fŏrma.*) f. Molde con que
se fabrica o forma una cosa, principal-
mente el que usan los zapateros. || **2.** Pared
de piedra seca. || **3.** CUBA y PERÚ. Vasija
de barro en que se elabora el pan de
azúcar. || *Hallar* uno *la* HORMA *de su zapato.*
fr. fig. y fam. Encontrar lo que le acomoda
o lo que desea. || **2.** fig. y fam. Dícese
especialmente cuando uno recibe el escar-
miento o castigo que merece. || **P.** forma;
I. mould; **F.** forme; **A.** (Schuh)Form, Leisten; **It.** forma; **R.** форма.

HORMAZA. (l. *formacĕa.*) f. Horma,
2.ª acep.

HORMAZO. m. Golpe dado con una
horma, 1.ª acep.

HORMAZO. (l. *formacĕus,* de *forma,*
molde.) m. Montón de piedras sueltas. ||
2. Tapia o pared de tierra. || **3.** GRAN. y
CÓRD. Carmen, 2.º art.

* **HORMEJAR.** intr. MAR. Asegurar el
buque en el fondeadero por medio del
ancla.

HORMENTO. (l. *fermĕntum,* fermento.)
m. ant. Fermento o levadura.

HORMERO. m. El que hace o vende
hormas.

HORMIGA. (l. *formīca.*) f. Insecto
himenóptero correspondiente a diversas familias de los formícidos. Es de color negro
por lo común, tiene dos estrechamientos
en el cuerpo. Vive en sociedad perfectamente organizada. Hay tres clases de individuos: hembras fecundas, machos y
neutros o hembras estériles. || **2.** Enfer-
medad cutánea que causa comezón. ||
3. pl. GERM. Dados de jugar. || **—argen-
tina.** La especie *Iridomyrmex numilis,* da-
ñina para el campo. || **—blanca.** Termita.
—león. Insecto neuróptero, negro con
manchas amarillas. Vive aislado, abre en la
arena y alimenta sus larvas con hormigas.
Tiene unos 25 mm. de longitud. || **—roja.**
Cualquiera especie de este color. || *Ser
una* HORMIGA. fr. que se dice de la persona
allegadora y vividora. || **P.** formiga; **I.** ant;
F. fourmi; **A.** Ameise; **It.** formica; **R.**
муравей.

HORMIGANTE. (l. *formicans, -āntis,*
picante.) adj. Que causa comezón.

HORMIGO. m. Ceniza criada que se
mezclaba con el azogue para beneficiarlo. ||
2. m. pl. Postre de pan rallado, almendras
machacadas y miel. || **3.** Granillos de sé-
mola que quedan al cernirla.

HORMIGÓN. (De *hormigo,* 2.ª acep.)
m. Mezcla compuesta de piedras menudas,
y mortero de cal y arena. || **—armado.**
Fábrica hecha con hormigón hidráulico
sobre una armadura de barras de hierro
o acero. || **—hidráulico.** El que se hace

con cal hidráulica. || —**pretensado**. El sometído previamente a un tratamiento de tensión que contrarreste las presiones posteriores.

HORMIGÓN. (De *hormiga*.) m. Enfermedad del ganado vacuno. || **2**. Enfermedad de algunas plantas, causada por un insecto que roe las raíces y tallos. || P. betão; I. concrete; F. béton; A. Beton; It. calcestruzzo, béton; R. бетон.

HORMIGONERA. f. Aparato para la confección de hormigón, 1.ª acep.

HORMIGOSO, SA.(l. *formicōsus*.) adj. Perteneciente a las hormigas. || **2**. Dañado de ellas.

HORMIGUEAMIENTO. m. Hormigueo.

HORMIGUEAR. (De *hormiga*.) intr. Experimentar en alguna parte del cuerpo una sensación semejante a la que producirían las hormigas corriendo por ella. || **2**. fig. Bullir, ponerse en movimiento. *La multitud* HORMIGUEA *en el mercado*.

HORMIGÜELA. f. d. de hormiga.

HORMIGUEO. m. Acción y efecto de hormiguear.

* **HORMIGUERA**. (De *hormiguero*.) f. ARGENT. Hormiguillo, enfermedad en los cascos de algunos animales.

HORMIGUERO, RA. adj. Perteneciente a la enfermedad llamada hormiga. || **2**. V. *Hierba* HORMIGUERA. || **3**. V. *Oso* HORMIGUERO. || **4**. m. Lugar donde se crían y se recogen las hormigas. || **5**. Torcecuello. || **6**. fig. Lugar en que hay mucha gente puesta en movimiento. || **7**. GERM. Ladrón que hurta cosas de poco precio. || **8**. GERM. Fullero que juega con dados falsos. || **9**. AGR. Cada uno de los montoncitos de hierbas inútiles o dañinas cubiertos con tierra, que se hacen en diferentes puntos del barbecho para pegarles fuego y beneficiar la heredad. || **2**.ª acep.: P. formigueiro; I. ant-hill; F. fourmilière; A. Ameisenhaufen; It. formicaio; R. муравейник.

HORMIGUESCO, CA. adj. Perteneciente o relativo a la hormiga.

HORMIGUILLA. f. d. de hormiga. || **2**. Cosquilleo, prurito.

HORMIGUILLAR. (De *hormiguillo*.) tr. AMÉR. Revolver el mineral argentífero con el magistral y la sal común para preparar el beneficio.

HORMIGUILLO. (De *hormiga*.) m. Enfermedad que padecen las caballerías en el casco. || **2**. Línea de obreros que se pasan de mano en mano los materiales de una obra. || **3**. AMÉR. Movimiento producido por las reacciones que se efectúan en el beneficio de los minerales por amalgamación. || **4**. La misma unión o incorporación. || *Parecer que* uno *tiene* HORMIGUILLO. fr. fig. y fam. Bullir, estar inquieto, sin sosiego.

HORMIGUITA. f. d. de hormiga.

HORMILLA. (d. de *horma*.) f. Disco de madera o hueso que, forrado, forma un botón.

* **HORMOGONIA**. f. BOT. Conjunto de trocitos de filamento que en las algas nostocáceas se separan de la planta madre, reproducen una nueva planta en cadena.

HORMÓN. m. BIOL. Hormona.

HORMONA.(gr. ὁρμῶν, p.a. de ὁρμάω, excitar, mover.) f. BIOL. Producto de la secreción de ciertos órganos del cuerpo de animales y plantas, que transportado por la sangre o por los jugos del vegetal, excita, inhibe o regula la actividad de otros órganos o sistemas de órganos.

HORMONAL. adj. Referente a las hormonas.

HORNABEQUE. (al. *hornwerk*.) m. Fortificación compuesta de dos medios baluartes, trabados por una cortina.

HORNABLENDA. (al. *hornblende*, blenda córnea; de *horn*, cuerno, y *blende*, blenda.) f. MINERAL. Variedad de anfíbol cristalizado o en gránulos que se encuentra en rocas eruptivas.

HORNACERO. m. Oficial que asiste y tiene a su cuidado la hornaza.

HORNACINA. (De *horno*.) f. Hueco o nicho en forma de arco, practicado en un muro para colocar en él una imagen, estatua, etc. || P. fórnice; I. y F. niche; A. Mauernische; It. nicchia; R. ниша.

HORNACHA. f. ant. Hornaza.

HORNACHO. (De *horno*.) m. Excavación hecha en las montañas para extraer minerales o tierra.

HORNACHUELA. (d. de *hornacha*.) f. Especie de covacha o choza.

HORNADA. f. Lo que se cuece de una vez en un horno. || **2**. fig. y fam. Conjunto de individuos que pertenecen a la misma promoción. HORNADA *de oficiales*. || P. fornada; I. baking; F. fournée; A. Schub-, Backafenvoll; It. fornata; R. выпечка.

HORNAGUEAR. tr. Cavar la tierra para sacar hornaguera. || **2**. AMÉR. Mover una cosa de un lado para otro para hacerla entrar donde apenas puede. || **3**. ref. CHILE. Moverse un cuerpo de un lado a otro.

HORNAGUEO. m. Acción de hornaguear u hornaguearse.

HORNAGUERA. (l. *fornacaría*, t. f. de -*rius*, hornaguero.) f. Carbón de piedra.

HORNAGUERO, RA. (l. *fornacarius*, de *fornax*, horno.) adj. Flojo, holgado. || **2**. Aplícase al terreno en que hay hornaguera.

HORNAJE. m. RIOJA. Precio que se da en los hornos por el trabajo de cocer el pan.

HORNAZA. (l. *fornacĕa*, t. f. de -*cĕus*, fornazo.) f. aum. desp. de horno. || **2**. Horno pequeño de los plateros y fundidores de metales. || **3**. PINT. Color amarillo claro que usan los alfareros para vidriar. || **2**.ª acep.: P. fornalha; I. jeweller's furnace; F. fourneau d'orfèvre; A. Schmelzofen; It. fucina da orèfice; R. тигель.

HORNAZO. (De *fornazo*.) m. Rosca con huevos cocida al horno. || **2**. Agasajo que en los lugares se hace al predicador de la cuaresma el día de Pascua.

HORNEAR. (De *horno*.) intr. Ejercer el oficio de hornero. || **2**. AMÉR. Asar algo al horno.

HORNECINO, NA. adj. Fornecino, bastardo.

* **HORNEGUEAR**. (De *hornaguear*.) tr. CHILE. Mover el brazo o la mano en todos los sentidos.

HORNERA. (De *furnaria*.) f. Plaza o suelo del horno. || **2**. Mujer del hornero.

HORNERÍA. f. Oficio de hornero.

HORNERO, RA. (l. *furnarius*.) m. y f. Persona que tiene por oficio cocer el pan. || **2**. m. ARGENT. Pájaro tenuirrostro, de color pardo, pecho blanco y pico arqueado; construye sus nidos en forma de horno. || P. forneiro, ra; I. baker; F. fournier; A. Bäcker, in; I. fornaio; R. пекарь.

HORNÍA. (De *horno*.) f. SANT. Cenicero contiguo al llar o fogón.

HORNIJA. f. Leña menuda, para quemar en el horno.

HORNIJERO. m. El que acarrea la hornija.

HORNILLA. (De *hornillo*.) Hueco hecho en los hogares, con una rejuela horizontal para sostener la lumbre, y un respiradero inferior para dar entrada al aire. || **2**. Hueco en la pared del palomar para que aniden las palomas.

HORNILLO. (d. de *horno*.) m. Horno manual de barro refractario o metal, que toma generalmente el nombre del combustible que se consume; de gas, de carbón, etc. || **2**. Concavidad de la mina donde se introduce el explosivo. || **3**. MIL. Cajón lleno de pólvora o bombas que se entierra debajo de algún trabajo para hacerlo volar. || —**de atanor**. El usado por los alquimistas.

* **HORNITO**. (d. de *horno*.) m. MÉJ. Cono volcánico pequeño y humeante.

HORNO. (l. *fŭrnus*.) Fábrica para caldear, provista de chimenea y una o varias bocas por donde se introduce lo que ha de ser sometido a la acción del fuego. || **2**. Montón de leña, piedra o ladrillo para la calcinación. || **3**. Aparato con una rejilla en la parte inferior y una abertura en lo alto que sirve para trabajar los metales con la ayuda del calor. || **4**. Boliche. || **5**. Caja de hierro en los fogones de ciertas cocinas, para asar viandas. || **6**. Concavidad en que se crían las abejas fuera de la colmena. || **7**. Vasos que se ajustan en el paredón del colmenar. || **8**. AR. Tahona, 2.ª acep. || *Alto* HORNO. Horno usado para obtener hierro fundido de los minerales de hierro. || —**castellano**. El

de cuba baja y prismática usado en la metalurgia del plomo. || —**de calcinación**. El que sirve para calcinar minerales. || —**de campaña**. Usado para cocer pan en campamentos militares. || —**de copela**. Aquel en que se benefician los minerales de plata. || —**de cuba**. El de cavidad en forma de cuba. || —**de gran tiro**. Con chimenea grande. || *Calentarse el* HORNO. fr. fig. Enardecerse una persona. || *No estar el* HORNO *para bollos*. fr. fig. y fam. No haber oportunidad de hacer una cosa. || P. forno; I. oven; F. four; A. Backofen; It. forno; R. печь.

* **HOROGRAFÍA**. f. Gnomónica.

* **HOROLOGÍA**. f. Ciencia de la medida del tiempo y de los principios en que se funda la construcción de los cronómetros.

* **HOROMETRÍA**. f. Arte de medir el tiempo.

* **HORÓN**. m. Serón redondo y de grandes dimensiones.

HORÓPTER. (gr. ὅρος, límite, y ὀπτήρ, que mira.) m. ÓPT. Línea recta tirada por el punto donde concurren los dos ejes ópticos, paralelamente a la que une los centros de los ojos del observador.

HOROPTÉRICO, CA. adj. ÓPT. Perteneciente al horópter. || **2**. ÓPT. Aplícase al plano que, pasando por el horópter, es perpendicular al eje óptico.

HOROPTERO. m. ÓPT. Horópter.

HORÓSCOPO. (l. *horoscŏpus*, y éste del gr. ὡροσκόπος; de ὥρα, hora, y σκοπέω, examinar.) m. Observación que los astrólogos hacían del estado del cielo al tiempo del nacimiento de uno, por la cual pretendían adivinar los sucesos de su vida. || **2**. Agorero que pronosticaba la suerte de la vida de los hombres por la observación de las horas de los nacimientos. || P. horoscópio; I. y F. horoscope; A. Horoskop; It. oròscopo; R. гороскоп.

HORQUETA. f. d. de horca. || **2**. Horcón. || **3**. Parte del árbol donde forman un ángulo agudo el tronco y una rama. || **4**. ARGENT. fig. Parte donde el curso de un río o arroyo forma ángulo agudo, y terreno que éste comprende.

* **HORQUETEAR**.intr. CHILE. Trabajar con la horqueta. || **2**. COLOM. Enramar.

HORQUETERO. m. MURC. El que hace o vende horquetas, 1.ª acep. || **2**. CHILE. Jornalero que trabaja con la horqueta, transportando gavillas.

HORQUILLA. f. d. de horca. || **2**. Horca, 3.ª acep. || **3**. Enfermedad que hiende las puntas del pelo, y poco a poco lo va consumiendo. || **4**. Alfiler doblado por en medio, que se emplea para sujetar el pelo. || **5**. Pieza de un mecanismo que tiene forma de horca y sirve para sujetar a otra. HORQUILLA *de la bicicleta*. || **6**. CHILE. Grapa. || **4**.ª acep.: P. forquílha; I. hair-pin; F. épingle à cheveux; A. Haarnadel; It. forcina.

HORQUILLADO. p.p. de horquillar. || **2**. m. Acción de horquillar.

HORQUILLADOR. m. AND. Obrero que horquilla.

HORQUILLAR. tr. AND. Ahorquillar las varas de las cepas para que los racimos no toquen el suelo. || **2**. MÉJ. Horcar.

HORRAR. (De *horro*.) tr. ant. Ahorrar. Ú. en América. || **2**. r. GUAT. y HOND. Quedarse horro. Dícese de la vaca, yegua, etc., cuando se les muere la cría.

HORRE (EN). (De *horrar*.) m. adv. A granel.

HORRENDAMENTE. adv. De modo horrendo.

HORRENDO, DA. (l. *horrĕndus*.) adj. Que causa horror. || P. horrendo; I. dreadful; F. affreux; A. schrecklich; It. orrendo; R. ужасный.

HÓRREO. (l. *horrĕum*.) m. Granero. || **2**. AST. Edificio de madera, sobre cuatro pilares al aire, para preservar de humedad el grano.

* **HORRERO**. (De *hórreo*.) m. El que tiene a su cuidado trojes de trigo y lo distribuye.

HORRIBILIDAD. f. Calidad de horrible.

HORRIBILÍSIMO, MA. adj. sup. de horrible.

HORRIBLE. (l. *horribĭlis*.) adj. Horrendo.

H

HORRIBLEMENTE. adv. Horrorosamente.

HORRIDEZ. f. Calidad de hórrido.

HÓRRIDO, DA. (l. *horrĭdus.*) adj. Horrendo.

HORRÍFICO, CA. (l. *horrifícus.*) adj. Horrendo.

HORRIPILACIÓN. (l. *horripilatĭo, -ōnis.*) f. Acción de erizarse los cabellos. || 2. MED. Estremecimiento de frío en ciertas enfermedades.

HORRIPILANTE. p.a. de horripilar. Que horripila.

HORRIPILAR. (l. *horripilāre*; de *horrēre*, estar erizado, y *pilus*, pelo.) tr. Hacer que se ericen los cabellos. Ú.t.c.r. || 2. Causar horror y espanto. Ú.t.c. || **P.** horripilar; **I.** to horripilate; **F.** horripiler; **A.** gruseln; **It.** far rabbrividire; **R.** ужасать.

HORRIPILATIVO, VA. (De *horripilar.*) adj. Dícese de lo que causa horripilación.

HORRISONANTE. adj. Horrísono.

HORRÍSONO, NA. (l. *horrisŏnus*; de *horrēre*, horrorizar, y *sonus*, sonido.) adj. Dícese de lo que con su sonido causa horror. || **P.** horrísono; **I.** horrisonous; **F.** effroyable; **A.** furchtbar tönend; **It.** orrisonante; **R.** зловещий.

HORRO, RRA. (ár. *ḥurr*, libre, no esclavo.) adj. Decíase del esclavo que alcanzaba la libertad. || 2. Libre, desembarazado. || 3. Dícese de la hembra de ganado caballar, lanar, etc., que no queda preñada. || 4. fig. Dícese del tabaco de baja calidad. || 5. m. vulg. MÉJ. y COLOM. Ahorro.

HORROR. (l. *horror, -ōris.*) m. Sentimiento de repulsión causado por algo terrible y repugnante. || 2. fig. Atrocidad, monstruosidad. Ú.m. en pl. || **P.** horror, terror; **I.** horror; **F.** horreur; **A.** Grässlichkeit, Schauder; **It.** orrore; **R.** ужас.

HORRORIZAR. tr. Causar horror. || 2. r. Experimentarlo uno mismo. || **P.** horrorizar; **I.** to horrify; **F.** effrayer; **A.** entsetzen; **It.** inorridire; **R.** ужасать.

HORROROSAMENTE. adv. Con horror.

HORROROSO, SA. adj. Que causa horror. || 2. fam. Muy feo.

HORRURA. f. Suciedad, superfluidad que sale de una cosa. || 2. Escoria. || 3. MIN. Escorias obtenidas en primera fundición susceptibles de beneficio.

*** HORS-D'OEUVRE.** (Expresión francesa.) m. pl. Entremeses. (Es muy usado en las minutas de hoteles.)

HORTAL. (l. *hortuālis.*) m. ant. Huerto. Ú. en Aragón.

HORTALEZA. f. ant. Hortaliza.

*** HORTALÍCERO.** (De *hortaliza.*) m. CHILE. Hortelano.

HORTALIZA. (De *hortal.*) f. Verduras y demás plantas comestibles que se cultivan en las huertas. || **P.** hortaliça; **I.** vegetable; **F.** herbes; **A.** Gemüse, Suppenkräuter; **It.** ortaggio; **R.** зелень.

HORTATORIO, RIA. (l. *hortatorĭus.*) adj. Exhortatorio.

HORTECILLO. m. d. de huerto.

HORTELANA. f. Mujer del hortelano.

HORTELANO, NA. (De *hortelano.*) adj. Perteneciente a huertas. || 2. m. El que tiene por oficio cuidar y cultivar las huertas. || 3. ZOOL. Pájaro fringílico, común en España. || **P.** hortelão; **I.** gardener; **F.** jardinier, maraîcher; **A.** Gärtner; **It.** ortolano; **R.** садовник.

HORTENSE. (l. *hortēnsis.*) adj. Perteneciente a las huertas.

HORTENSIA. (De *Hortensia*, nombre de mujer.) f. Arbusto saxifragáceo de jardín, originario del Japón, de flores en inflorescencias globulosas blancas, rosadas o azuladas, que se cultiva en los jardines. || 2. Flor de esta planta. || **P.** hortênsia; **I.** hidrangea; **F.** hortensia; **A.** Hortensie; **It.** ortensia; **R.** гортензия.

HORTERA. (l. *fortera*, vasija, y éste del l. *fortis*, fuerte.) f. Escudilla o cazuela de palo. || 2. m. desp. Dependiente de comercio.

HORTEZUELA. f. ant. d. de huerta.

HORTEZUELO. m. ant. d. de huerto.

HORTICULTOR, RA. (l. *hortus*, huerto, y *cultor*, cultivador.) m. y f. Persona dedicada a la horticultura.

HORTICULTURA. (l. *hortus*, *horti*, huerto, y *cultūra*, cultivo.) f. Cultivo de huertos y huertas. || 2. Arte que lo enseña. || **P.** horticultura; **I.** y **F.** horticulture; **A.** Gartenbau; **It.** orticoltura; **R.** садоводство.

HORTOLANO. (l. *hortulānus.*) m. Hortelano.

*** HORTONOLITA.** f. MINER. Variedad de peridoto, de color amarillo o amarillo verdoso.

HORUELO. (De *foro*, plaza pública.) m. AST. Lugar de recreo en los pueblos.

HOSANNA. (l. *hossana*, y éste del hebr. *hosī'a-nna*, sálvanos.) f. Exclamación de júbilo usada en la Liturgia católica. || 2. Himno que se canta el Domingo de Ramos.

HOSCO, CA. (l. *fūscus*, obscuro.) adj. Dícese del color muy obscuro, como suele ser el de los indios y mulatos. || 2. Ceñido, áspero.

HOSCOSO, SA. (De *hosco*, áspero.) adj. Erizado, áspero. || 2. Dicho de las reses vacunas, barcino, de pelo bermejo.

¡HOSPA! interj. SANT. ¡Oxte!

HOSPEDABLE. (De *hospedar.*) adj. ant. Digno de ser hospedado.

HOSPEDABLEMENTE. adv. ant. Hospitalmente.

HOSPEDADOR, RA. (l. *hospitātor.*) adj. Que hospeda. Ú.t.c.s.

HOSPEDAJE. (De *hospedar.*) m. Alojamiento y asistencia que se da a una persona. || 2. Cantidad que se paga por estar de huésped. || **P.** hospedagem; **I.** lodging; **F.** logement; **A.** Beherbergung, Unterkunft; **It.** ospitalità; **R.** пристанище.

HOSPEDAMIENTO. m. Hospedaje.

HOSPEDANTE. p.a. de hospedar. Que hospeda.

HOSPEDAR. (l. *hospitāre.*) tr. Recibir uno en su casa a huéspedes; darles alojamiento. Ú.t.c.r. || **P.** hospedar; **I.** to lodge; **F.** loger; **A.** (be)herbergen, logieren; **It.** alloggiare; **R.** приютить.

HOSPEDERÍA. (De *hospedero.*) f. Habitación destinada en las comunidades para recibir a los huéspedes. || 2. Casa que en algunos pueblos tienen las comunidades religiosas para hospedar a los regulares forasteros de su orden. || 3. Casa destinada al alojamiento de visitantes o viandantes, establecida por personas particulares, institutos o empresas. || 4. Hospedaje, 1.ª acep. || 5. ant. Número de huéspedes o tiempo que dura el hospedaje. || 2.ª acep.: **P.** hospedería; **I.** guesthouse; **F.** hôtellerie; **A.** Herberge; **It.** locanda, albergo; **R.** пансион.

HOSPEDERO, RA. m. y f. Persona que tiene a su cargo cuidar huéspedes.

HOSPICIANO, NA. adj. Persona asilada en un hospicio.

HOSPICIO. (l. *hospitĭum.*) m. Casa destinada para albergar y recibir peregrinos y pobres. || 2. Por ext., cualquier asilo de caridad. || 3. Hospedaje. || 4. Hospedería. || **P.** hospício; **I.** hospitium; **F.** hospice; **A.** Hospiz, Armenhaus; **It.** ospizio; **R.** приют.

HOSPITAL. (l. *hospitālis.*) adj. ant. Afable con los huéspedes. || 2. m. Establecimiento en que se curan los enfermos, generalmente pobres. || 3. Casa para recoger pobres y peregrinos por tiempo limitado. || **—de sangre.** El destinado, en campaña, para hacer la primera cura. || 2.ª acep.: **P.** e **I.** hospital; **F.** hôpital; **A.** Spital, Krankenhaus; **It.** ospedale; **R.** госпиталь.

HOSPITALARIAMENTE. adv. Con hospitalidad.

HOSPITALARIO, RIA. (l. *hospitalarĭus.*) adj. Aplícase a las religiones que tienen por instituto el hospedaje. || 2. Que socorre a los extranjeros y necesitados. || 3. Dícese del que acoge con agrado a los que recibe en su casa.

HOSPITALERÍA. (De *hospitalero.*) f. ant. Hospitalidad.

HOSPITALERO, RA. (l. *hospitalarĭus.*) m. y f. Persona encargada del cuidado de un hospital. || 2. Persona caritativa que hospeda en su casa.

HOSPITALICIO, CIA. adj. Perteneciente a la hospitalidad.

HOSPITALIDAD. (l. *hospitālĭtas, -ātis.*) f. Liberalidad que consiste en acoger y prestar asistencia a los necesitados. || 2. Buen recibimiento que se hace a los visitantes. || 3. Estancia de los enfermos en el hospital. || **P.** hospitalidade; **I.** hospitality; **F.** hospitalité; **A.** Gastfreiheit; **It.** ospitalità; **R.** гостеприимство.

HOSPITALIZAR. tr. Llevar a uno al hospital para prestarle asistencia médica. || **P.** hospitalizar; **I.** to hospitalize; **F.** hospitaliser; **A.** Kranke(n) einliefern; **It.** ospitalizzare; **R.** госпитализировать.

HOSPITALMENTE. adv. Con hospitalidad.

HOSPODAR. (ruso *gospodarj*, y éste del gr. δεσπότης, dueño, señor.) m. Nombre que se daba a los antiguos príncipes de Moldavia y de Valaquia.

HOSQUEDAD. f. Calidad de hosco.

HOSTAJE. (prov. *ostatge*, y éste de *oste*, del l. *hospes, -ĭtis*, huésped.) m. ant. Rehén.

HOSTAL. (l. *hospitāle.*) m. Hostería.

HOSTALAJE. (De *hostal.*) m. Hospedaje.

HOSTALERO. (De *hostal.*) m. ant. Mesonero.

HOSTE. (l. *hostis.*) m. ant. Enemigo. || 2. ant. Hueste.

HOSTE. (ital. [h]*oste*, y éste del l. *hospes, -ĭtis.*) m. ant. Hospedador.

HOSTELAJE. (Del ant. fr. *hostel.*) m. ant. Mesón. || 2. ant. Hostalaje.

HOSTELERO, RA. (l. *hospitalarĭus.*) m. y f. Persona que tiene a su cargo una hostería. || **P.** mesoneiro; **I.** innkeeper, host; **F.** hôtelier; **A.** (Gast)Wirt; **It.** locandiere; **R.** трактирщик.

HOSTERERO. m. desus. Hostelero.

HOSTERÍA. (De *hoste*, 2.º art.) f. Casa donde se da de comer y alojamiento a quien pague. || **P.** hospedagem; **I.** inn, hostelry; **F.** auberge; **A.** Gasthaus; **It.** osteria.

HOSTIA. (l. *hostia.*) f. Lo que se ofrece en sacrificio. || 2. Oblea blanca que el sacerdote ofrece en sacrificio en la misa. || 3. Oblea hecha especialmente para comer. || **P.** hóstia; **I.** host; **F.** hostie; **A.** Oblate, Hostie; **It.** ostia; **R.** облатка.

HOSTIARIO. m. Caja en que se guardan hostias no consagradas. || 2. Molde en que se hacen. || **P.** hostiário; **I.** waferbox; **F.** boîte pour les hosties; **A.** Hostienbüchse; **It.** scàtola d'ostie.

HOSTIERO, RA. m. y f. Persona que hace hostias.

HOSTIGADOR, RA. adj. Que hostiga. Ú.t.c.s.

HOSTIGAMIENTO. m. Acción de hostigar.

HOSTIGAR. (l. *fustigāre.*) tr. Azotar, dar latigazos. HOSTIGAR *al caballo.* || 2. fig. Perseguir, molestar. || 3. CHILE. Empalagar un manjar, hastiar, estomagar. || 2.ª acep.: **P.** fustigar; **I.** to vex; **F.** harceler; **A.** züchtigen; **It.** vessare; **R.** мучить.

HOSTIGO. (De *hostigar.*) m. Latigazo. || 2. Parte de la pared o muralla expuesta a la acción de los vientos y lluvias. || 3. Golpe de viento o de agua que maltrata la pared.

HOSTIGOSO, SA. adj. CHILE y GUAT. Empalagoso.

HOSTIL. (l. *hostĭlis.*) adj. Contrario o enemigo. || **P.** hostil; **I.** y **F.** hostile; **A.** feindlich; **It.** ostile; **R.** враждебный.

HOSTILIDAD. (l. *hostilĭtas, -ātis.*) f. Calidad de hostil. || 2. Acción hostil. || 3. Agresión armada de un pueblo, ejército o tropa. *Romper las* HOSTILIDADES. f. MIL. Dar principio a la guerra. || **P.** hostilidade; **I.** hostility; **F.** hostilité; **A.** Feindschaft; **It.** ostilità; **R.** враждебность.

HOSTILIZAR. (De *hostil.*) tr. Hacer daño a enemigos. || **P.** hostilizar; **I.** to hostilize; **F.** hostiliser; **A.** befeinden; **It.** osteggiare; **R.** наносить вред неприятелю.

HOSTILMENTE. adj. Con hostilidad.

HOSTILLA. f. ant. Ajuar.

HOTEL. (fr. *hôtel*, y éste del l. *hospitālis*, de *hospes*, huésped.) m. Fonda de lujo. || 2. Casa aislada de las colindantes y habitada por una sola familia. || 3. MÉJ. Hospital, hostería. || **P.** e **I.** hotel; **F.** hôtel; **A.** Hotel; **It.** albergo; **R.** гостиница.

HOTELERO, RA. adj. Perteneciente o relativo al hotel. || 2. m. y f. Persona que posee o dirige un hotel.

HOTENTOTE, TA. adj. Dícese del individuo de una nación negra que habita cerca del cabo de Buena Esperanza. Ú.t. c.s. || **P.** hotentote; **I.** Hottentot; **F.** hottentot; **A.** Hottentott(e); **It.** ottentotto.

HOTO. (l. *fautus*, favorecido.) m. Confianza, esperanza. || *En* HOTO. m. adv. En confianza.

HOVE. (l. *fagum*, hayuco.) m. ÁL. Hayuco.

★ **HOVERCRAFT.** m. Hoverfoil.

★ **HOVERFOIL.** m. Voz inglesa para designar cierta clase de vehículos que se sostienen y avanzan sobre un colchón de aire.

HOVERO, RA. adj. Overo, ra.

HOY. (l. *hŏdie*.) adv. En el día presente. || **2.** En el tiempo presente. || *De* HOY *a mañana.* m. adv. Muy pronto. || HOY *por* HOY. Actualmente. || *De* HOY *en adelante.* m. adv. Desde este día. || **P.** hoje; **I.** to-day; **F.** aujourd'hui; **A.** heute, jetzt; **It.** oggi; **R.** сегодня.

HOYA. (l. *fovĕa*.) f. Concavidad u hondura grande formada en la tierra. || **2.** Sepultura. || **3.** Llano extenso rodeado de montañas. || **4.** Almáciga. || **P.** fossa; **I.** hole; **F.** fosse; **A.** Grube, Kar; **It.** fossa, motta; **R.** яма.

HOYADA. (De *hoyo*.) f. Terreno bajo que no se descubre hasta estar cerca de él.

HOYANCA. (De *hoya*.) f. fam. Fosa común que hay en los cementerios.

HOYITO. m. d. de hoyo. || *Los* HOYITOS. CUBA y CHILE. Juego parecido al hoyuelo.

HOYO. (De *hoya*.) m. Concavidad en la tierra. || **2.** Concavidad en algunas superficies. *Los* HOYOS *de las viruelas.* || **3.** Sepultura. || **P.** cova; **I.** pit; **F.** trou; **A.** Loch; **It.** bùttero; **R.** углубление.

HOYOSO, SA. adj. Que tiene hoyos.

HOYUELA. f. d. de hoya. || **2.** Hoyo en la parte inferior de la garganta.

HOYUELO. m. d. de hoyo. || **2.** Hoyo en el centro de la mejilla y de la barba. || **3.** Hoyuela. || **4.** Juego de muchachos consistente en meter monedas o bolitas en un hoyo.

HOZ. (l. *falx, falcis*.) f. Instrumento para segar, de hoja curva y cortante. || *Meter la* HOZ *en mies ajena.* fr. fig. Introducirse uno en negocios que no le tocan. || **P.** foz; **I.** sickle; **F.** faucille; **A.** Sichel; **It.** falciola; **R.** серп.

HOZ. (l. *faux, faucis*.) f. Angostura de un valle o un río que corre entre dos sierras.

HOZADA. f. Golpe dado con la hoz. || **2.** Lo que se siega o se coge de una vez con la hoz.

HOZADERO. m. Sitio donde van a hozar puercos y jabalíes.

HOZADOR, RA. adj. Que hoza.

HOZADURA. f. Señal que deja el animal por haber hozado.

HOZAR. (l. *fodiăre*, de *fodere*, cavar.) tr. Mover y levantar la tierra con el hocico, lo que hacen el puerco y el jabalí. Ú.t.c. intr. || **P.** fossar; **I.** to root; **F.** fouger; **A.** stöbern, aufwühlen; **It.** grufolare; **R.** рыть землю.

HU. (l. *ubi*.) adv. l. ant. Donde.

¡HU! ¡HU! ¡HU! interj. Grito con que la chusma de la galera saludaba a las personas importantes que entraban en ella.

HUACA. (Voz quichua.) f. Guaca.

HUACAL. m. Guacal.

★ **HUACALÓN, NA.** MÉJ. adj. Grueso, obeso. || **2.** MÉJ. Gritón.

HUACATAY. (Voz quichua.) m. Especie de hierbabuena americana, usada como condimento.

HUACO. m. Guaco.

HUACHACHE. m. PERÚ. Mosquito molesto, blanquecino.

★ **HUACHAFO, FA.** PERÚ. Cursi, afectado. || **2.** PERÚ. Ridículo, de mal gusto.

★ **HUACHO, CHA.** adj. AMÉR. Guacho.

★ **HUAHUA.** com. PERÚ y ECUAD. Nene, rorro.

★ **HUAICA.** PERÚ. Venta hecha rápidamente.

HUAICO. (Voz quichua.) m. PERÚ. Masa enorme de piedras que se desprenden por las lluvias torrenciales de los Andes.

★ **HUAILLACA.** f. Flauta mejicana de hueso.

HUAIRURO. (Voz quichua.) m. Especie de frísol del Perú, usado para collares por su color coralino.

★ **HUALQUI.** m. PERÚ. Bolsa, morral.

★ **HUALLE.** m. BOT. CHILE. Gualle.

★ **HUALLENTA.** f. CHILE. Bosquecillo de hualles.

★ **HUALLIPÉN.** adj. CHILE. Guallipén. Ú.t.c.s.

★ **HUAMANGA.** (quich. *huamánccaca*, piedra de halcones.) f. MINER. PERÚ. Especie de alabastro yesoso.

★ **HUAMBIZAS.** m. pl. Tribu de indios jíbaros del Perú.

★ **HUANGANA.** f. ZOOL. PERÚ. Especie de pécari.

HUANGO. m. Peinado de las indias ecuatorianas.

★ **HUANOQUINA.** f. QUÍM. Alcaloide contenido en la quina.

HUARACHE. m. MÉJ. Cacle.

★ **HUARAQUEAR.** tr. PERÚ. Hacer girar una cosa en el aire con el fin de darle impulso para arrojarla con fuerza.

★ **HUARAS.** f. pl. ECUAD. Música viva y melancólica.

HUASCA. (Voz quichua.) f. AMÉR. MERID. Guasca.

★ **HUASIPUNGO.** (Voz quichua; de *huasi*, casa, y *pungo*, puerta.) m. ECUAD. Parcela de tierra que los hacendados de la altiplanicie prestan al indio para aprovecharse de sus servicios.

★ **HUATEAR.** tr. PERÚ. Quemar la corteza de un palo.

★ **HUATIA.** f. PERÚ. Guisado de carne, ají, perejil y zumo de naranja agria.

★ **HUBNERITA.** f. MINER. Volframato o tungstato de manganeso. Es muy raro. Preséntase en forma de cristales rómbicos aplastados, de color negruzco.

HUCIA. (l. *fidūcia*, confianza.) f. ant. Confianza.

HUCHA. (fr. *huge, huche*, y éste del germ. *hütte*.) f. Arca grande que tienen los labradores para guardar sus cosas. || **2.** Alcancía. || **3.** Dinero que se alcanza y guarda. || **2.**ª acep.: **P.** hucha; **I.** money-box; **F.** tirelire, magot; **A.** Sparbüchse; **It.** salvadanaio; **R.** копилка.

HUCHEAR. (De *¡hucho!*) intr. Llamar, gritar. Ú.t.c.tr. || **2.** Lanzar los perros en la cacería, dando voces.

¡HUCHO! (De la onomat. *uch*.) interj. ¡Huchohó!

¡HUCHOHÓ! (De *¡hucho!*, y la interj. *¡oh!*) interj. de que se sirven los cazadores de cetrería para llamar a los pájaros y cobrarlos.

HUEBOS. (l. *ŏpus*, necesidad.) m. ant. Necesidad.

HUEBRA. (l. *opĕra*, obra.) f. Yugada, 1.ª acep. || **2.** Par de mulas y mozo que se alquila para trabajar un día entero. || **3.** Barbecho. || **4.** GERM. Baraja de naipes.

HUEBRERO. m. Mozo que trabaja en la huebra. || **2.** El que la da en alquiler.

HUECA. (De *hueco*.) f. Muesca espiral que se hace al huso en la punta delgada para que trabe en ella la hebra que va hilando. || **2.** VENEZ. Azucarillo, esponjado. || **3.** VENEZ. Panal.

★ **HUECADAL.** (De *hueco*.) m. Oquedad.

HUECO, CA. (l. *vacūus*, vacío.) adj. Cóncavo o vacío. Ú.t.c.s. *Alli hay un* HUECO. || **2.** V. *Monte* HUECO. || **3.** fig. Presumido, hinchado. || **4.** Dícese de lo que tiene sonido retumbante y profundo. *Voz* HUECA. || **5.** fig. Dícese del lenguaje, estilo, etc., con que afectadamente se expresan conceptos triviales. || **6.** Mullido y esponjoso. || **7.** Dícese de lo que estando vacío abulta mucho. || **8.** Intervalo de tiempo o lugar. || **9.** V. *Grabado en* HUECO. || **10.** fig. y fam. Empleo vacante. || **11.** AMÉR. En Argentina, terreno baldío en una población. || **12.** ARQ. Abertura en un muro para servir de puerta, ventana, etc. || **P.** oco, vazio; **I.** hollow; **F.** vide, creux; **A.** hohl; **It.** vuoto; **R.** пустой.

★ **HUECOCHO.** m. AMÉR. Instrumento músico de tres notas que usan los indios del Perú.

HUECOGRABADO. (De *hueco* y *grabado*.) m. Procedimiento para obtener fotograbados que pueden tirarse en máquinas rotativas. || **2.** Estampa obtenida por este procedimiento.

★ **HUECÚ.** (apóc. del arauc. *huecuvu*.) m. Sitio cenagoso, generalmente cubierto de hierba en la cordillera del centro y sur de Chile y en el que se hunden los hombres y los animales que en él penetran.

★ **HUECHUENCHE.** m. MÉJ. Danzante vestido con algún traje típico regional o caprichosamente.

HUEGO. m. ant. Fuego.

★ **HUEHUETE.** m. GUAT. Lechuguino, petimetre.

★ **HUEJA.** f. MÉJ. Guaje, especie de calabaza alargada.

★ **HUELAN.** adj. CHILE. Dícese de la madera y de las plantas que no se han secado por completo. || **2.** CHILE. Por ext., aplícase a la madera y a la leña que están húmedas. || **3.** CHILE. Se dice de las hierbas y flores marchitas. || **4.** CHILE. Aplícase a la persona que ha perdido la importancia que tenía.

★ **HUELEFLOR.** (De *oler* y *flor*.) m. P. RICO. Tonto, simple, necio.

★ **HUELEGUISOS.** m. PERÚ. El que busca comidas con gorronería.

★ **HUELEHUELE.** m. vulg. P. RICO. Hueleflor, necio, tonto.

HUÉLFAGO. (l. *follicăre*, de *follis*, fuelle.) m. Enfermedad de los animales, que les hace respirar con dificultad y prisa.

HUELGA. (De *holgar*.) f. Espacio de tiempo en que uno está sin trabajar. || **2.** Cesación en el trabajo de personas empleadas en el mismo oficio, hecho de común acuerdo, con el fin de imponer ciertas condiciones a los patronos. || **3.** Tiempo que media sin labrarse la tierra. || **4.** Recreación que se tiene en el campo o lugar ameno. || **5.** Sitio que convida a la recreación. || **6.** Holgura. || **7.** Huelgo, 3.ª acep. || **8.** V. *Día de* HUELGA. —**de brazos caídos.** Aquella en que los huelguistas, sin abandonar los talleres, no trabajan. || —**del hambre.** Abstinencia voluntaria y total de alimentos no interrumpida hasta conseguir sus pretensiones. || —**general.** La que se plantea simultáneamente en todos los oficios de una o varias localidades. || —**revolucionaria.** La que responde a propósitos de subversión política. || **2.**ª acep.: **P.** folga; **I.** strike; **F.** grève; **A.** Streik; **It.** sciòpero; **R.** забастовка.

HUELGO. (De *holgar*.) m. Alimento, respiración, resuello. || **2.** Holgura, anchura. || **3.** Espacio vacío que queda entre dos piezas que han de encajar una en otra. || *Tomar* HUELGO. fr. Parar un poco para descansar, resollando libremente.

HUELGUISTA. m. El que toma parte en una huelga, 2.ª acep.

HUELGUÍSTICO, CA. adj. Perteneciente o relativo a la huelga, 2.ª acep.

HUELVEÑO, ÑA. adj. Natural de Huelva. Ú.t.c.s. || **2.** Perteneciente a esta ciudad.

HUELLA. (De *hollar*.) f. Señal que deja el pie del hombre o del animal en la tierra por donde ha pasado. || **2.** Acción de hollar. || **3.** Plano del escalón o peldaño en que se asienta el pie. || **4.** Señal que deja una lámina o forma de imprenta en el papel. || **5.** ARGENT. Antiguo baile de gauchos. || —**dactilar.** Impresión dactilar. || *A la* HUELLA. m. adv. A la zaga. || *Seguir las* HUELLAS *de* uno. fr. fig. Seguir su ejemplo, imitarle. || **P.** pegada; **I.** track; **F.** empreinte; **A.** Spur; **It.** orma; **R.** след.

HUÉLLIGA. (De *holligar*, l. *fullicăre*, de *fullăre*, pisar.) f. Huella, 1.ª acep.

HUELLO. (De *hollar*.) m. Sitio o terreno que se pisa. || **2.** Hablando de los caballos, acción de pisar. || **3.** Superficie o parte inferior del casco del animal.

★ **HUEMBÉ.** m. AMÉR. Bejuco muy resistente.

HUEMUL. (Voz araucana.) m. ARGENT. y CHILE. Cuadrúpedo semejante al ciervo, que habita en los Andes.

★ **HUEÑI.** (Voz araucana.) m. CHILE. Niño hijo de araucanos. || **2.** CHILE. Muchacho empleado en el servicio doméstico. || **3.** CHILE. Sirviente o mozo de color muy moreno.

★ **HUEQUEDAD.** (De *hueco*.) f. fig. Vaciedad, vanidad.

★ **HUEQUERA.** f. COLOM. Catarro de ganado vacuno.

★ **HUEQUEZ.** (De *hueco*.) f. fig. Hinchazón, ostentación, bulto.

HUERCA. (De *huerco*.) f. GERM. La justicia.

HUERCO. (l. *hŏrcus*.) m. ant. Infierno. ||

H

2. ant. Muerte. || 3. ant. El demonio. || 4. fig. El que está siempre llorando, triste y retirado en la obscuridad.

HUÉRFAGO. m. Huélfago.

HUERFANIDAD. (De *huérfano*.) m. ant. Orfandad.

HUÉRFANO, NA. (l. *örphănus*, y éste del gr. ὀρφανός.) adj. Dícese de la persona de menor edad a quien han faltado su padre y madre o alguno de los dos. Ú.t.c.s. || 2. ant. Expósito. Ú. en Chile y Perú. || 3. poét. Dícese de la persona a quien han faltado los hijos. || 4. fig. Falto de alguna cosa. || P. orfão; I. orphan; F. orphelin; A. verwaist; It. òrfano; R. сирота.

★ **HUERICARSE.** (arauc. *huerican*, disgustarse.) r. CHILE. Sentirse, agraviarse.

HUERO, RA. (gr. οὔριον[ᾠόν], estéril.) adj. V. *Huevo* HUERO. Hueco, vano, vacío y sin substancia. || *Salir* HUERA *una cosa.* fr. fig. y fam. Malograrse, fracasar. || 3. AMÉR. Podrido. || P. goro; I. empty; F. vide; A. gehaltlos; It. vuoto; R. пустой.

HUERTA. (De *huerto*.) f. Terreno destinado al cultivo de legumbres y árboles frutales. Se distingue del huerto en ser de mayor extensión y en que suele haber menor arbolado. || 2. En algunas partes, toda la tierra de regadío. || *Meter a uno en la* HUERTA. fr. fig. y fam. Engañarle valiéndose de medios que juzgue que redundan en su utilidad. || *Nace en la* HUERTA *lo que no siembra el hortelano.* ref. con que se denota que a pesar de la buena educación, se suelen introducir resabios. || P. horta; I. kitchen garden; F. étendue de terrain arrosable; A. Nutz- Gemüsegarten; It. ortaglia; R. огород.

HUERTANO, NA. adj. Dícese del habitante de algunas comarcas de regadío, como la huerta de Murcia, la de Valencia, etc. Ú.t.c.s.

HUERTERO, RA. m. y f. ant. Hortelano, na. Ú. en Salamanca, Argentina y Perú.

HUERTEZUELA. f. d. de huerta.

HUERTEZUELO. m. d. de huerto.

HUERTO. (l. *hŏrtus.*) m. Sitio de corta extensión en que se plantan verduras, legumbres y principalmente árboles frutales. || P. horto; I. orchard; F. jardin potager; A. Baumgarten; It. orto; R. сад.

HUESA. (l. *fŏssa*, fosa.) f. Sepultura, 2.ª y 3.ª aceps. || *Vienes de la* HUESA *y preguntas por la muerta.* ref. que nota a los que afectan ignorancia de lo que saben.

HUESARRÓN. m. aum. de hueso.

★ **HUESEAR.** (De *hueso.*) intr. AMÉR. CENTRAL. Mendigar. || 2. MÉJ. Entre tipógrafos, trabajar.

★ **HUESECILLO.** m. d. de hueso. —**del oído.** ANAT. Cualquiera de las piezas que forman la cadena ósea del tímpano, y que son: el martillo, el yunque, el lenticular y el estribo.

HUESERA. (De *hueso.*) f. CHILE y LEÓN. Osario.

★ **HUESERIO.** m. PERÚ. Entre comerciantes, mercancías de difícil venta.

★ **HUESERO, RA.** m. y f. GUAT. Persona que solicita empleo. || 2. m. MÉJ. Entre tipógrafos, cajista.

★ **HUESERO, RA.** adj. fam. e irón. CUBA. Aplícase a los vecinos de algunos suburbios de La Habana.

HUESEZUELO. m. d. de hueso.

HUESILLO. m. d. de hueso. || 2. AMÉR. MERID. Durazno secado al sol. || 3. CUBA. Árbol leguminoso de madera amarilla. || 4. AMÉR. Árbol sapindáceo.

HUESO. (l. *ŏssum.*) m. Cada una de las piezas duras que forman el neuroesqueleto de los vertebrados. || 2. Parte dura y compacta que está en lo interior de algunas frutas. || 3. Parte de la piedra de cal que no se ha cocido. || 4. fig. Lo que causa trabajo o incomodidad. || 5. fig. Lo inútil, de poco precio y mala calidad. || 6. fig. Parte ingrata y de menos lucimiento de un trabajo que se reparte entre dos o más personas. || 7. fig. y fam. Persona de carácter desagradable o de trato difícil. || 8. fig. y fam. V. *Bocado*, *carne sin* HUESO. || 9. pl. fam. Mano, 1.ª acep. en locuciones como la siguiente. *Toca esos* HUESOS. || 10. AMÉR. CENTRAL. Destino o empleo oficial, y por ext., empleo en

general. || 11. MÉJ. Entre impresores, trabajo, empleo, y también entre cajistas, original. || 12. P. RICO. Árbol de madera blanca, buena para construcciones. || 13. CUBA. Árbol silvestre, de hojas amarillentas y fruto pequeño y amarillo. || 14. ARGENT. Nombre que los camperos dan a la taba. || —**coronal.** ZOOL. Hueso frontal. || —**cuadrado.** ZOOL. Uno de los huesos del carpo. || —**cuboides.** ZOOL. Uno de los huesos del carpo situado en el borde externo del pie. || —**cuneiforme.** ZOOL. Cada uno de los huesos de forma prismática, a modo de cuñas, que existen en el tarso de los mamíferos. || —**de santo.** Pasta de repostería hecha con harina y huevos, frita en aceite. || —**escafoides.** ZOOL. Hueso del carpo de los mamíferos, que en el hombre es el más externo y voluminoso de la fila primera. || 2. ZOOL. Hueso del tarso de los mamíferos, que en el hombre se articula con el astrágalo y el cuboides. || —**esfenoides.** ZOOL. Hueso enclavado en la base del cráneo de los mamíferos, que concurre a formar las cavidades nasales y las órbitas. || —**etmoides.** ZOOL. Pequeño hueso encajado en la escotadura del hueso frontal de los vertebrados, y que concurre a formar la base del cráneo, las cavidades nasales y las órbitas. || —**frontal.** El que forma la parte anterior y superior del cráneo, y que en la primera edad de la vida se compone de dos mitades que se sueldan después. || —**grande.** ZOOL. Hueso cuadrado. || —**hioides.** ZOOL. Hueso situado a raíz de la lengua y encima de la laringe. || —**innominado.** ZOOL. Cada uno de los dos huesos, situados uno en cada cadera, que junto con el sacro y el cóccix forman la pelvis de los mamíferos; en el animal adulto está constituido por la unión íntima de tres piezas óseas; el íleon, el isquion y el pubis. || —**intermaxilar.** ZOOL. El situado en la parte anterior, media o interna de la mandíbula superior en algunos animales, llamado también incisivo, porque en él se alojan los dientes de este nombre; en la especie humana se suelda con los maxilares superiores, antes del nacimiento. || —**maxilar.** ZOOL. Cada uno de los tres que forman las mandíbulas; dos de ellos la superior y el otro, la inferior. || —**navicular.** ZOOL. Hueso escafoides. || —**occipital.** ZOOL. Hueso del cráneo, correspondiente al occipucio. || —**orbital.** ZOOL. Cada uno de los que forman la órbita del ojo. || —**palomo.** Cóccix. || —**parietal.** ZOOL. Cada uno de los dos situados en las partes media y laterales de la cabeza, los mayores entre los que forman el cráneo. || —**piramidal.** ZOOL. Uno de los que hay en el carpo o muñeca del hombre. || —**plano.** ZOOL. Aquel cuya longitud y anchura son mayores que su espesor. || —**sacro.** ZOOL. Hueso situado en la parte inferior del espinazo, formado por cinco vértebras soldadas entre sí, y que articulándose con los dos innominados forman la pelvis. || —**temporal.** ZOOL. Cada uno de los dos del cráneo de los mamíferos, correspondientes a las sienes. || *A* HUESO. ALBAÑ. m. adv. usado en albañilería para indicar el modo de colocar piedras, ladrillos, etc., bien unidos y sin mortero entre sus juntas. || *Dar uno con sus* HUESOS *en algún lugar.* fr. fig. y fam. Ir a parar a él. || *Dar a uno un* HUESO *que roer.* fr. fig. Darle un empleo o trabajo engorroso y de escasa utilidad. || *Desenterrar los* HUESOS *de uno.* fr. fig. Descubrir los defectos antiguos de su familia. || *Estar uno en los* HUESOS. fig. y fam. Estar uno sumamente flaco. || HUESO *que te cupo en parte, róelo con sutil arte.* ref. que enseña que en las desgracias que nos vienen sin culpa, es necesario estudiar el modo de hacerlas más tolerables. || *La sin* HUESO. fr. La lengua. || *Mondar los* HUESOS. fr. fig. y fam. con que se nota a uno que con poca urbanidad se pone cuanto le ponen. || *No dejar a uno un* HUESO *sano.* fr. fig. y fam. Murmurar de él descubriendo todos sus defectos. || *No poder uno con sus* HUESOS. fr. fig. y fam. Estar rendido de fatiga. || *Podérsele contar a uno sus* HUESOS. fr. fig. y fam. Estar en los huesos. || *Ponerse o quedarse uno en los* HUESOS. fr. fig. Llegar a estar muy flaco y extenuado. || *Roerle*

a uno *los* HUESOS. fr. fig. y fam. Murmurar de él. || *Róete ese* HUESO. expr. fig. y fam. con que se explica que a uno se le encomienda una cosa de mucho trabajo, sin utilidad ni provecho. || *Romperle a uno un* HUESO *o los* HUESOS. fr. fig. y fam. Golpearle fuertemente. || *Ser una cosa un* HUESO. fr. fig. y fam. Ser muy difícil de resolver. || *Soltar la sin* HUESO, fr. fig. y fam. Hablar con exceso. || 2. fig. y fam. Prorrumpir en dicterios. || *Tener uno los* HUESOS *duros.* fr. fig. y fam. que suele emplear el que no admite una ocupación impropia de su edad o circunstancias. || *Tener uno los* HUESOS *molidos.* fr. fig. Estar muy rendido por excesivo trabajo. || P. osso; I. bone; F. os; A. Knochen; It. osso; R. кость.

HUESOSO, SA. adj. Perteneciente o relativo al hueso. || 2. VETER. V. *Esparaván* HUESOSO.

HUÉSPED, DA. (l. *hŏspes*, -ĭtis.) m. y f. Persona alojada en casa ajena. || 2. Mesonero o amo de posada. || 3. V. *Colegial* HUÉSPED. || 4. Persona que hospeda en su casa a uno. || 5. BOT. y ZOOL. El vegetal o animal en cuyo cuerpo se aloja un parásito. || —**de aposento.** Persona a quien se destinaba el uso de una parte de casa en virtud del servicio de aposentamiento de corte. || *El* HUÉSPED *y el pece, a los tres días hiede.* ref. que enseña que los hospedados en alguna casa, deben estar en ella el menor tiempo posible. || HUÉSPEDA *hermosa, mal para la bolsa.* ref. que enseña que en las posadas, cuando la huéspeda es bien parecida, no se repara en el gasto. || *Iránse los* HUÉSPEDES *y comeremos el gallo.* ref. con que se denota que se difiere a uno el castigo que merece, por respeto de los que están presentes, hasta que se vayan. || *No contar con la* HUÉSPEDA. fr. fig. y fam. Echar la cuenta sin la huéspeda. || *Ser un* HUÉSPED *en su casa.* fr. fig. y fam. Parar poco en ella. || HUÉSPED *con sol, ha honor.* ref. con que se da a entender que el caminante que llega temprano y antes que otros a la posada, logra las conveniencias que hay en ella. || P. hóspede; I. guest; F. hôte; A. Gast; It. òspite; R. гость.

HUESTE. (l. *hostis*, enemigo, adversario.) f. Ejército en campaña. Ú. m. en pl. || 2. fig. Conjunto de los partidarios de una persona o de una causa. || P. hoste; I. host; F. armée; A. Heer; It. oste; R. войско.

★ **HUESTE.** adj. HOND. Bien molido.

★ **HUESTEAR.** tr. HOND. Moler bien.

HUESUDO, DA. adj. Que tiene o muestra mucho hueso. || P. ossudo; I. bony; F. ossu; A. (stark)knochig; It. ossuto; R. костлявый.

HUETEÑO, ÑA. adj. Natural de Huete. Ú.t.c.s. || 2. Perteneciente a esta ciudad.

HUEVA. (l. *ŏva*, pl. n. *ŏvum.*) f. Masa que forman los huevecillos de ciertos pescados, encerrada en una bolsa oval. || P. ova de peixe; I. spawn; F. oeufs de poisson; A. Fischei; It. uova di pesce; R. икра.

★ **HUEVADA.** f. P. RICO y GUAT. Conjunto de huevos. || 2. CHILE y PERÚ. Disparate. || 3. MIN. CHILE. Punto de una veta abundante en metal.

HUEVAR. intr. VOL. Principiar las aves a tener huevos.

★ **HUEVEAR.** tr. GUAT. y HOND. Hurtar, robar.

HUEVERA. f. Mujer que trata en huevos. || 2. Mujer del huevero. || 3. Conducto membranoso que tienen las aves desde el ovario hasta cerca del ano, y en el cual se forma la clara y la cáscara de los huevos. || 4. Utensilio de porcelana, loza u otra materia, en forma de copa pequeña, en que se pone para comerlo el huevo pasado por agua. || 5. Utensilio de mesa para servir en él los huevos pasados por agua.

HUEVERÍA. f. Tienda donde se venden huevos.

HUEVERO. m. El que trata en huevos. || 2. Huevera, 4.ª acep.

★ **HUEVETERO.** m. ZOOL. CHILE. Cierta ave rapaz mayor que el varí.

HUEVEZUELO. m. d. de huevo.

HUEVIAR. tr. HOND. Hurtar, robar.

HUÉVIL. m. Planta de Chile, de la familia de las solanáceas, lampiña y de olor fétido; de su palo y hojas se extrae un tinte amarillo, cuya infusión se emplea contra la disentería.

HUEVO. (l. *ŏvum*, por *ovum*.) m. BIOL. Célula resultante de la unión del gameto masculino con el femenino en la reproducción sexual de las plantas y de los animales. || **2.** BIOL. Cuerpo más o menos esférico, procedente de la segmentación de la célula del huevo, que contiene el germen del nuevo individuo. || **3.** Cualquiera de los óvulos de ciertos animales, que son fecundados por los espermatozoides del macho después de haber salido del cuerpo de la hembra y que contienen las materias nutritivas para la formación del embrión. || **4.** Pedazo de madera fuerte con un hueco en medio, de que se sirven los zapateros para amoldar en él la suela. || **5.** Cápsula de cera, de figura ovoide, que llena de agua de olor, se tiraba por festejo en las carnestolendas. || **6.** V. *Berenjena. blanco, meaja, ponche* HUEVO. || **—de Colón.** HUEVO *de Juanelo*. || **—de faltriquera.** Yema. || **—de Juanelo.** fig. Cosa que tiene, al parecer, mucha dificultad y es facilísima después de sabido en qué consiste. || **—de pulpo.** Liebre de mar. || **—duro.** El cocido, con la cáscara en agua hirviendo, hasta llegarse a cuajar enteramente yema y clara. || **—en agua.** AR. Huevo pasado por agua. || **—encerado.** El pasado por agua que no está duro. || **—estrellado.** El que se fríe con manteca o aceite, sin batirlo antes y sin tostarlo por encima. || **—huero.** El que por no estar fecundado por el macho, no produce cría, aunque se eche a la hembra clueca. || **2.** Por ext., el que por enfriamiento u otra causa se pierde en la incubación. || **—mejido.** Yema mejida. || **—partenogenético.** BIOL. El óvulo que se desarrolla sin previa unión con el espermatozoide. || **—pasado por agua.** El cocido ligeramente, con cáscara, en agua hirviendo. || **—dobles.** Dulces de repostería que se hace con yema de huevo y azúcar clarificado. || **—hilados.** Composición de huevos y azúcar que forma hebras o hielos. || **—moles.** Yemas de huevo batidas con azúcar. || **—revueltos.** Los que se fríen en sartén revolviéndolos para que no se unan como en la tortilla. || **—tibio.** GUAT., HOND. y MÉJ. Huevo pasado por agua. || **—de fraile.** MÉJ. Cabalongar. || **—de gallo.** BOT. CUBA. Arbusto solanáceo. || *A* HUEVO. m. adv. con que se indica lo barato que cuestan o se venden las cosas. || *Cacarear y no poner* HUEVO. fr. fig. y fam. Prometer mucho y no dar nada. || *Dar con los* HUEVOS *en la caniza.* fr. fig. y fam. Echar a perder alguna cosa. || *Límpiate que estás de* HUEVO. fr. fig. y fam. con que se nota de lo que uno otro dice o intenta. || *No comer un* HUEVO *por no perder la cáscara.* CHILE. fr. fig. y fam. que se dice del cicatero, sobre todo cuando lo es en la comida. || *No es por el* HUEVO, *sino por el fuero.* ref. con que se significa que uno sigue con empeño un pleito o negocio, no tanto por la utilidad que resulte, cuanto por que prevalezca la razón que le asiste. || *Parecer que uno está empollando* HUEVOS. fr. fig. y fam. Estar apoltronado a la lumbre. || *Parecerse como un* HUEVO *a otro.* fig. Ser una persona o cosa completamente igual a otra. || *Parecerse una cosa a otra como un* HUEVO *a una castaña.* fr. fig. y fam. con que se pondera la desemejanza de cosas que se comparan entre sí. || *Pisando* HUEVOS. m. adv. fig. y fam. Con tiento, muy despacio. Ú. con verbos de movimiento, tales como *andar, venir*, etc. || *Sacar los* HUEVOS. fr. Empollarlos. || *Sórbete ese* HUEVO. expr. fig. y fam. con que se denota la complacencia de que a otro le venga un leve daño. || *Un* HUEVO, *y éste, huero.* expr. que se dice del que no tiene más que un hijo, y éste enfermo. || **P.** ovo; **I.** egg; **F.** oeuf; **A.** Ei; **It.** uovo; **R.** яйчо.

★ HUEVÓN, NA. adj. CHILE. Brutal, estúpido. || **2.** PERÚ y P. RICO. Majadero, necio, pesado. || **3.** VENEZ. Tonto, simple. || **4.** CUBA, MÉJ. y GUAT. Holgazán. vago.

¡HUF! interj. ¡Uf!

★ HUGARDA. f. Cerveza blanca y dulce.

★ HUGONIA. f. BOT. Género de plantas lináceas de hojas alternas, flores en co-

rimbo y fruto carnoso; crecen en la India, África tropical y Oceanía.

HUGONOTE, TA. (fr. *huguenot*, y éste del al. *eidgenossen*, confederado.) adj. Dícese de los que en Francia seguían la secta de Calvino. Ú.t.c.s.

★ HUGRO. m. BOT. Árbol de la familia de las flacurciáceas, de América Central, su madera es fuerte.

★ HUGUITA. f. MINER. Variedad de hidrotalcita.

★ HUIBA. (Voz guaraní.) f. AMÉR. Cierta caña recia de la cual hacen sus flechas los indios del Chaco.

¡HUICH! o **¡HUICHE!** interj. CHILE. Usada para burlarse de uno, o para provocarle, picándole el amor propio.

¡HUICHÍ! o **¡HUICHÓ!** interj. CHILE. ¡Ox!

HUIDA. f. Acción de huir. || **2.** Ensanche y holgura que se deja en agujeros, para poder fácilmente meter o sacar maderos. || **3.** EQUIT. Acción y efecto de apartarse de forma súbita, el caballo, de la dirección en que lo lleva el jinete. || **P.** fuga; **I.** flight; **F.** fuite; **A.** Flucht; **It.** fuga; **R.** побег.

HUIDERO, RA. adj. Huidizo, fugaz. || **2.** m. Trabajador que en las minas de azogue se ocupa en abrir agujeros en que se introducen los maderos para entibar la mina. || **3.** Lugar adonde huyen reses o piezas de caza.

HUIDIZO, ZA. adj. Que huye o es inclinado a huir.

° HUIDO. m. Individuo que anda recelo, como escondiéndose.

HUIDOR, RA. (l. *fugitor*.) adj. Que huye. Ú.t.c.s.

¡HUIFA! interj. de alegría usada en Chile.

★ HUILA. adj. MÉJ. Tullido. || **2.** f. CHILE. Güila, harapo.

★ HUILCALDO. (De *huilcar*.) m. CHILE. Zurcido, hilván.

★ HUILCAR. (arauc. *huilqueñn*, hacer hebras como la miel.) tr. CHILE. Zurcir a la ligera y de manera ordinaria. || **2.** CHILE. Enlizar.

★ HUILÉN. m. BOT. CHILE. Planta compuesta que se usa para teñir de amarillo.

★ HUILHUIL. m. CHILE. Persona andrajosa.

★ HUILIENTO, TA. (De *huila*.) adj. CHILE. Andrajoso, harapiento.

★ HUILMO. BOT. AMÉR. Árbol maderable del Ecuador.

★ HUILOTA. (mejic. *vilotl*, paloma.) f. ZOOL. MÉJ. Especie de tórtola.

★ HUILQUE. (arauc. *huilqui*.) m. CHILE. Zorzal.

HUILTE. m. CHILE. Tallo o troncho del cochayuyo.

★ HUILLA. f. VENEZ. Tapón de corcho.

HUILLÍN. (Voz auracana.) m. Especie de nutria de Chile.

★ HUILLÓN, NA. (De *huir*.) adj. ZOOL. MÉJ., ECUAD., VENEZ. y PERÚ. Huidizo.

HUIMIENTO. m. ant. Huida, 1.ª acep.

★ HUINA. f. CHILE. Cierto gato silvestre.

★ HUINCUL. m. AMÉR. Loma, colina, cerro.

HUINCHA. (Voz quichua.) f. CHILE. Cinta de lana o algodón. || **2.** CHILE. Cinta con que las niñas se ciñen la cabeza para sujetar el pelo. || **3.** CHILE, PERÚ y BOL. Cinta métrica. || **4.** CHILE y PERÚ. Punto de partida en las carreras de caballos.

★ HUINCHARSE. (De *huincha*.) r. fig. AMÉR. Doblarse, encogerse.

★ HUINCHE. (ingl. *winch*.) m. CHILE. Entre marinos, grúa pequeña.

★ HUINCHERO. (De *huinche*.) CHILE. Operario que maneja la grúa.

HUINGÁN. (Voz quichua.) m. BOT. Arbusto siempre verde, con flores muy pequeñas blancas y frutos negruzcos con olor a enebro. Se cría en Chile, perteneciendo a la familia de las anacardiáceas; de sus bayas se hace vino, aguardiente y miel.

★ HUINGUE. m. BOT. CHILE. Piune, arbolillo de propiedades medicinales. || **2.** BOT. ARGENT. Cierto árbol de madera muy estimada.

★ HUIÑA. f. ZOOL. CHILE. Gato montés mayor que el gato doméstico.

★ HUIÑAPU. (Voz americana.) m. PERÚ. Maíz remojado.

★ HUIPAMPA. f. CHILE. Juego de niños parecido a la gallina ciega.

HUIR. (l. *fŭgĭre*, de *fŭgĕre*.) intr. Apartarse con velocidad de personas, animales o cosas, para evitar un daño, disgusto o molestia. Ú.t.c.r. y raras veces con tr. || **2.** Con voces que expresen idea de tiempo, transcurrir o pasar velozmente. || **3.** fig. Alejarse velozmente una cosa. La nave huye del puerto. || **4.** Apartarse de una cosa mala o perjudicial; evitarla. HUIR *de los vicios.* Ú.t.c.tr. || *A* HUIR, *que azotan.* expr. fig. y fam. con que se avisa a uno que se aparte de un riesgo, o de la presencia de una persona que le incomoda. || **P.** fugir; **I.** to flee; **F.** fuir; **A.** fliehen; **It.** fuggire; **R.** убегать.

HUIRA. f. CHILE. Corteza del maqui que sola o torcida en forma de soga, sirve para atar.

HUIRICA. f. CHILE. Sentimiento, resentimiento, ofensa.

★ HUIRICHE. SAL. Chicuelo. || **2.** GUAT. Güiriche.

HUIRO. m. BOT. CHILE. Algas fucáceas. || **2.** PERÚ. Tallo tierno del maíz.

★ HUIROCHURO. m. ZOOL. Pájaro de América del tamaño de un mirlo, de color amarillo; en las alas tiene manchas negras y blancas.

★ HUISACHAR. intr. AMÉR. CENTRAL. Pleitear, litigar.

★ HUISACHE. (mejic. *huixachi*.) fig. y fam. GUAT. Picapleitos. || **2.** MÉJ. Escribiente.

★ HUISACHERÍA. f. AMÉR. CENTRAL. Manía de litigar.

★ HUISCOYOL. (Voz americana.) m. HOND. Palma silvestre muy espinosa.

★ HUISENITA. f. MIN. Borato clorífero magnético ferroso.

★ HUISQUELITE. m. MÉJ. y AMÉR. CENTRAL. Especie de alcachofa.

★ HUISQUIL. m. BOT. AMÉR. CENTRAL. Chayote.

★ HUISU. m. BOL. Especie de arado.

★ HUISUTE. m. HOND. Palo que termina en punta usado como instrumento agrícola.

★ HUITO. adj. PERÚ. Rabón.

★ HUITORO. m. BOL. Entre los indios, juego de pelota.

HUITRÍN. m. CHILE. Colgajo de choclos o mazorcas de maíz.

HUJIER. m. Ujier.

HULANO, NA. m. y f. desus. Fulano, na.

HULE. (mejic. *ulli*.) m. Caucho o goma elástica. || **2.** Tela pintada al óleo y barnizada, que por ser impermeable se usa en múltiples oportunidades. || **3.** pl. AMÉR. CENTRAL. Ligas de goma. || *Haber* HULE. TAUROM. Haber heridas o muerte de algún torero o picador. || **2.ª** acep.: **P.** oleado, encerado; **I.** oil-cloth; **F.** toile cirée; **A.** Wachstuch; **It.** incerata; **R.** клеёнка.

★ HULEREAR. tr. p. us. CHILE. Extender la masa con el hulero, 2.ª acep.

HULERO. m. AMÉR. Trabajador dedicado a recoger caucho. || **2.** CHILE. Rollo o cilindro usado en ciertos oficios.

★ HULITA. f. MINER. Hidrosilicato natural de alúmina, semejante a la delesita.

★ HULOSO, SA. (De *hule*.) adj. AMÉR. CENTRAL. Correoso.

★ HULVICHE. f. MAR. Especie de red usada para la pesca de grandes peces.

HULLA. (fr. *houille*, y éste del germ. *skolla*.) f. Carbón de piedra que se conglutina al arder, y, calcinado en vasos pequeños, da coque. || **—blanca.** fig. Corriente de agua empleada como fuerza motriz. || **P.** hilha; **I.** pit-coal; **F.** houille; **A.** Steinkohle; **It.** litantrace; **R.** каменный уголь.

★ HULLERA. f. Mina de hulla.

HULLERO, RA. adj. Perteneciente o relativo a la hulla.

★ HULLOSO, SA. adj. MIN. Que contiene hulla o es parecido a ella.

¡HUM! interj. desus. ¡Huf!

★ HUMA. f. fam. y despect. CHILE. Humita.

★ HUMACERA. f. VENEZ. y ANT. Humareda.

★ HUMACIÓN. f. p. us. Inhumación.

HUMADA. (l. *fumata*, term. f. de -*tus*, p.p. de *fumare*, humear.) f. Ahumada. || **2.** fam. ARGENT. Humeada.

H

HUMAINA. f. desus. Tela muy basta.
HUMANAL. adj. Humano.
HUMANAMENTE. adv. Con humanidad. ‖ 2. Se usa también para denotar la dificultad o imposibilidad de hacer o creer una cosa. *Eso* HUMANAMENTE *no se puede hacer.*
HUMANAR. tr. Hacer a uno humano, familiar. U.m.c.r. ‖ 2. r. Hacerse hombre. Dícese únicamente del Verbo Divino. ‖ 3. AMÉR. Rebajarse, condescender, resignarse, conformarse.
HUMANIDAD. (l. *humanĭtas, -ātis.*) f. Naturaleza humana. ‖ 2. Género humano. ‖ 3. Propensión a los halagos de la carne. ‖ 4. Fragilidad o flaqueza propia del hombre. ‖ 5. Sensibilidad, compasión de las desgracias ajenas. ‖ 6. Benignidad, mansedumbre. ‖ 7. fam. Gordura, corpulencia. *Antonio tiene grande* HUMANIDAD. ‖ 8. pl. Letras humanas. ‖ P. humanidade; I. humanity; F. humanité; A. Menschlichkeit; It. umanità; R. человечество.
HUMANISMO. m. Cultivo y conocimiento de las letras humanas. ‖ 2. Doctrina de los humanistas del Renacimiento.
HUMANISTA. com. Persona instruida en letras humanas. ‖ P. humanista; I. humanist; F. humaniste; A. Humanist; It. umanista; R. гуманист.
HUMANÍSTICO, CA. adj. Perteneciente o relativo al humanismo o a las humanidades.
★ **HUMANITARIANISMO.** (l. *humanĭtas, -ātis,* humanidad, naturaleza humana.) m. TEOL. Doctrina que niega la naturaleza divina de Jesucristo. ‖ 2. Doctrina que enseña que los deberes y obligaciones del hombre son exclusivamente humanos, dependientes únicamente de las relaciones humanas.
HUMANITARIO, RIA. (l. *humanĭtas,* humanidad.) adj. Que mira o se refiere al bien del género humano. ‖ 2. Benigno, caritativo.
HUMANITARISMO. (De *humanitario.*) m. Humanidad, 5.ª acep.
HUMANIZAR. tr. Humanar, 1.ª acep.‖ 2. r. Ablandarse, desenojarse, hacerse benigno.
HUMANO, NA. (l. *humānus.*) adj. Perteneciente al hombre o propio de él. ‖ 2. V. *Letras* HUMANAS. ‖ 3. V. *Linaje* HUMANO. ‖ 4. V. *Naturaleza* HUMANA. ‖ 5. V. *Respeto* HUMANO. ‖ 6. fig. Aplícase a la persona que se compadece de las desgracias de sus semejantes. ‖ 7. TEOL. Acto humano. ‖ P. humano; I. human; F. humain; A. menschlich; It. umano; R. человеческий.
HUMANTE. p.a. de humar. Que huma.
HUMAR. (l. *fūmāre,* humear.) tr. p. us. Fumar.
HUMARADA. f. Humareda.
★ **HUMARASCA.** f. AMÉR. CENTRAL. Humareda.
HUMARAZO. m. Humazo.
★ **HUMARE.** m. VENEZ. Cesta apropiada para llevar el pescado.
HUMAREDA. f. Abundancia de humo. ‖ P. fumarada; I. great deal of smoke; F. abondance de fumée; A. Rauchwolke; It. fumarata; R. облако дыма.
★ **HUMATÁN.** (De *humo,* borrachera.) m. fam. CUBA. El que acostumbra a emborracharse.
★ **HUMATIL.** (l. *humus,* tierra fecunda.) m. GEOL. Cuerpo orgánico que después de la retirada de los mares quedó enterrado.
★ **HUMATO.** m. QUÍM. Sal formada por la combinación de un ácido húmico con una base.
HUMAZA. f. Humazo.
HUMAZGA. (De *humo,* hogar.) f. Tributo que se pagaba a algunos señores territoriales por cada hogar o chimenea.
HUMAZO. m. Humo denso, espeso. ‖ 2. Humo de lana o papel encendido que se aplica a las narices o a la boca por remedio. ‖ 3. Humo sofocante y venenoso que se hace en los buques para eliminar las ratas. ‖ 4. Humo que se hace a la entrada de la madriguera para hacer salir a las alimañas. ‖ *Dar* HUMAZO a uno. fr. fig. y fam. Hacer de modo que se retire del paraje adonde acostumbraba concurrir e incomodaba.
★ **HUMEADA.** (De *humear.*) f. AMÉR. Fumada, bocanada de humo.

HUMEANTE. p.a. de humear. Que humea.
HUMEAR. (De *fumear.*) intr. Exhalar, arrojar de sí el humo. Ú.t.c.r. ‖ 2. Arrojar una cosa vaho o vapor que se asemeja al humo. ‖ 3. fig. Quedar reliquias de un alboroto, riña o enemistad que hubo en otro tiempo. ‖ 4. fig. Presumir, entonarse. ‖ 5. tr. AMÉR. Fumigar. ‖ 6. AMÉR. Zurrar a uno la badana. ‖ P. fumegar; I. to emit smoke; F. fumer; A. rauchen; It. fumare; R. дымиться.
HUMECTACIÓN. (l. *humectatio, -ōnis.*) f. Acción y efecto de humedecer.
HUMECTANTE. p.a. de humectar. Que humecta.
HUMECTAR. (l. *humectāre.*) tr. Humedecer. ‖ P. humectar; I. to moisten; F. humecter; A. anfeuchten; It. umettare; R. увлажнять.
HUMECTATIVO, VA. (De *humectar.*) adj. Que causa y engendra humedad.
HUMEDAD. (l. *humĭditas, -ātis.*) f. Calidad de húmedo. ‖ 2. Agua de que está impregnado un cuerpo o que, vaporizada, se mezcla con el aire. ‖ 3. VENEZ. y PERÚ. Sentir las consecuencias de alguna cosa. ‖ P. humidade; I. humidity; F. humidité; A. Feuchtigkeit; It. umidità; R. сырость.
HUMEDAL. m. Terreno húmedo.
HUMEDAR. (De *húmedo.*) tr. ant. Humedecer.
HUMEDECER. (De *húmedo.*) tr. Producir o causar humedad en una cosa. Ú.t.c.r.
HÚMEDO, DA. (l. *humĭdus.*) adj. Que participa de la naturaleza del agua. ‖ 2. Ligeramente impregnado de agua o de otro líquido. ‖ 3. FARM. V. *Hisopo* HÚMEDO. ‖ 4. QUÍM. V. *Vía* HÚMEDA. ‖ P. húmido; I. humid; F. humide; A. feucht; It. umido; R. сырой.
★ **HUMEÓN.** m. BOT. Mata compuesta con flores en cabezuela.
HUMERA. (De *humo.*) f. fam. Borrachera. ‖ 2. P. RICO. Humareda.
HUMERAL. (l. *humerāle.*) adj. V. *Velo* HUMERAL. Ú.t.c.s.m. ‖ 2. ZOOL. Perteneciente o relativo al húmero. ‖ 3. m. Paño blanco que se pone sobre los hombros del sacerdote para coger la custodia o el copón. ‖ 3.ª acep.: P. umeral; I. humeral veil; F. huméral; A. Schultertuch; It. omerale; R. плечевой.
HÚMERO. (l. *humĕrus.*) m. ZOOL. Cada uno de los huesos del brazo, que se articula por uno de sus extremos con la escápula y por el otro con el cúbito y el radio.
HUMERO. (De *fumero.*) m. Cañón de chimenea por donde sale el humo. ‖ 2. SAL. Habitación donde se ahuma la matanza para que se cure o sazone. ‖ 3. COLOM. Humareda.
★ **HUMERO, RA.** CHILE. Humitero.
★ **HUMEROCUBITAR.** adj. ANAT. Perteneciente o relativo al húmero y al cúbito.
★ **HUMEROESCAPULAR.** adj. ANAT. Perteneciente o relativo al húmero y a la escápula.
★ **HUMEROMETACARPIANO, NA.** adj. ANAT. Que se refiere al húmero y al metacarpio.
★ **HUMEROOLECRANIANO, NA.** adj. ANAT. Que se refiere al húmero y al olécranon.
★ **HUMERORRADIAL.** adj. ANAT. Perteneciente o relativo al húmero y al radio.
★ **HUMEROSUPRARRADIAL.** (De *húmero,* y del l. *supra,* sobre, y *radial.*) adj. ANAT. Que pertenece al húmero y al radio.
★ **HÚMICO, CA.** (De *humus.*) adj. Relativo al mantillo. ‖ 2. QUÍM. Dícese de un ácido existente en el mantillo.
HUMIDAD. f. desus. Humedad.
★ **HUMIDÍSTATO.** m. Higróstato.
HÚMIDO, DA. adj. poét. Húmedo.
HUMIENTO, TA. (De *humo.*) adj. ant. Ahumado, tiznado. Ú. en Salamanca.
HUMIGAR. tr. ant. Fumigar.
HÚMIL. (l. *humĭlis.*) adj. ant. Humilde.
HUMILDAD. (l. *humilĭtas, -ātis.*) f. Virtud cristiana que consiste en el conocimiento de nuestra miseria. ‖ 2. Bajeza de nacimiento o de cualquier otra especie. ‖ 3. Sumisión, rendimiento. ‖ —**de garabato.** fig. y fam. La falsa y afectada. ‖

P. humildade; I. humility; F. humilité; A. Demut; It. umiltà; R. покорность.
HUMILDANZA. f. ant. Humildad, 1.ª acep.
HUMILDE. (l. *humĭlis.*) adj. Que tiene o ejercita humildad. ‖ 2. fig. Bajo y de poca altura. ‖ 3. fig. Que carece de nobleza.
HUMILDEMENTE. adv. Con humildad.
HUMILDOSAMENTE. adv. ant. Humildemente.
HUMILDOSO, SA. adj. ant. Humilde.
HUMILIACIÓN. f. ant. Humillación.
HUMILIAR. tr. ant. Humillar.
HUMÍLIMO. adj. sup. ant. de húmil.
HÚMILMENTE. adv. Humildemente.
HUMILLACIÓN. (l. *humiliatĭo, -ōnis.*) f. Acción y efecto de humillar o humillarse. ‖ P. humilhação; I. humiliation; F. abaissement, humiliation; A. Demütigung; It. umiliazione; R. унижение.
HUMILLADAMENTE. adv. ant. Humildemente.
HUMILLADERO. (De *humillar.*) m. Lugar devoto que suele haber a las entradas o salidas de los pueblos, con una cruz o imagen.
HUMILLADOR, RA. adj. Que humilla. Ú.t.c.s.
HUMILLAMIENTO. (De *humillar.*) m. ant. Humillación.
HUMILLANTE. p.a. de humillar. Que humilla. ‖ 2. adj. Degradante, depresivo.
HUMILLAR. (l. *humiliāre.*) tr. Postrar, inclinar una parte del cuerpo como la cabeza o rodilla, en señal de sumisión. ‖ 2. fig. Abatir el orgullo o altivez de uno. ‖ 3. r. Hacer actos de humildad. ‖ 4. ant. Arrodillarse o hacer adoración. ‖ P. humilhar; I. to humble; F. humilier; A. demütigen; It. umiliare; R. унижать.
HUMILLO. (d. de *humo.*) m. fig. Vanidad, presunción. Ú.m. en pl. ‖ 2. Enfermedad que suele dar a los cochinos pequeños cuando no es de buena calidad la leche de sus madres.
HUMILLOSO, SA. adj. ant. Humilde.
★ **HUMINA.** (l. *humus,* mantillo.) f.QUÍM. Sal que se obtiene por la acción del ácido sulfúrico sobre el azúcar.
★ **HUMINITA.** (fr. *huminite*.) f. MINERAL. Carbón fósil, variedad de lignito.
★ **HUMIRIA.** (peruano *humiri*.) f. BOT. Género de plantas humiriáceas de cuyo tronco fluye por incisión un líquido encarnado, balsámico.
★ **HUMIRO.** m. PERÚ. Palma que produce el marfil vegetal.
HUMITA. (Voz quichua.) f. ARGENT., CHILE y PERÚ. Pasta compuesta por maíz tierno rallado y condimentado. ‖ 2. Cierto guisado hecho con maíz tierno.
★ **HUMITA.** f. MINERAL. Silicato fluorífero de magnesia que se presenta en cristales de lustre vivo, vítreo y resinoso.
HUMITERO, RA. m. y f. ARGENT., CHILE y PERÚ. Persona que hace y vende humitas, 1.ª acep.
★ **HUMÍVAGOS.** (l. *humus,* suelo, y *vagāri,* ir de un sitio a otro.) m. pl. ZOOL. Subfamilia de reptiles saurios de cuerpo robusto, que viven sobre tierra.
HUMO. (l. *fūmus.*) m. Producto gaseoso de la combustión de materias orgánicas que la presencia de pequeñas partículas de carbón hace visible. ‖ 2. Vapor que exhala cualquier cosa que fermenta. ‖ 3. V. *Manto, negro, tabaco de* HUMO. ‖ 4. pl. Hogares o casas. ‖ 5. fig. Vanidad, presunción. ‖ 6. fig. CUBA. Borrachera. ‖ 7. CUBA. Árbol silvestre de la familia de las rutáceas. ‖ *A* HUMO *de pajas.* m. adv. fig. y fam. Ligeramente, sin reflexión ni consideración. Ú., por lo común, negativamente. ‖ *Bajarle* a uno los HUMOS. fr. fig. y fam. Domar su altivez. ‖ *Dar* HUMO *a narices* a uno. fr. fig. y fam. Darle pesadumbre. ‖ *Hacer* HUMO. fr. fig. y fam. Guisar, componer la comida. ‖ 2. fig. y fam. Permanecer en un lugar. ‖ 3. fig. y fam. Dícese de las chimeneas y fogones, cuando no despiden humo al exterior. ‖ *La del* HUMO. loc. fam. La ida del humo. ‖ *No es nada; que del* HUMO *llora.* ref. que se usa para quitar importancia a lo que parece tenerla. ‖ *Irse todo en* HUMO. fr. fig. Desvanecerse y parar en nada lo que daba grandes esperanzas. ‖ *Pesar el* HUMO.

H

fr. fig. y fam. Extremar la crítica de las cosas. || *Subírsele* a uno el HUMO *a la chimenea.* fr. fig. y fam. Tomarse del vino. || *Subírsele* a uno el HUMO *a las narices.* fr. fig. y fam. Irritarse, enfadarse. || **P.** e **It.** fumo; **I.** smoke; **F.** fumée; **A.** Rauch; **R.** дым.

HUMOR. (l. *hŭmor, -ōris.*) m. Cualquiera de los líquidos del cuerpo del animal. || **2.** fig. Genio, índole, condición. || **3.** fig. Jovialidad, agudeza. || **4.** fig. Buena disposición en que uno se halla para hacer una cosa. || **—ácueo.** ZOOL. Líquido que en el globo del ojo de los vertebrados y cefalópodos se halla delante del cristalino. || **—pecante.** El que se suponía teóricamente que predominaba en cada enfermedad. || **—vítreo.** ZOOL. Masa de aspecto gelatinoso que en el globo del ojo de los vertebrados y cefalópodos se halla detrás del cristalino. || *Buen* HUMOR. Propensión más o menos duradera a mostrarse alegre y complaciente. || *Mal* HUMOR. Aversión habitual o accidental a todo acto de alegría. || *Llevarle* a uno el HUMOR. fr. Seguirle el humor. || *Remover* HUMORES. fr. fig. Inquietar los ánimos; perturbar la paz. || *Remover los* HUMORES. fr. Alterarlos. || **2.** fig. Remover humores. || *Seguirle* a uno el HUMOR. fr. Convenir aparentemente con sus ideas e inclinaciones, para divertirse con él o para no exasperarle. || **P.** humor; **I.** humour; **F.** humeur; **A.** Körpersaft; **It.** umore; **R.** юмор.

HUMORACHO. m. despect. de humor.
HUMORADA. (De *humor,* jovialidad.) f. Dicho o hecho festivo, caprichoso o extravagante. || **P.** gracejo; **I.** pleasant joke; **F.** fantaisie; **A.** Laune; **It.** facezia; **R.** выходка.

HUMORADO, DA. adj. Que tiene humores. Ú. comúnmente con los advs. *bien* o *mal.*
HUMORAL. adj. Perteneciente a los humores.
HUMORISMO. (De *humor.*) m. Estilo literario en que se une la gracia con la ironía y lo alegre con lo triste. || **2.** Doctrina médica según la cual todas las enfermedades resultan de la alteración de los humores. || **P.** humorismo; **I.** humorism; **F.** humorisme; **A.** Humorismus; **It.** umorismo; **R.** юмористический жандр.

HUMORISTA. (De *humor.*) adj. Dícese del autor en cuyos escritos predomina el humorismo. Ú.t.c.s. || **2.** Dícese del médico partidario de la doctrina del humorismo.
HUMORÍSTICAMENTE. adv. De manera humorística.
HUMORÍSTICO, CA. adj. Perteneciente o relativo al humorismo, 1.ª acep.
HUMOROSIDAD. (De *humoroso.*) f. Abundancia de humores.
HUMOROSO, SA. (l. *humorōsus.*) adj. Que tiene humor.
HUMOSIDAD. f. Fumosidad.
HUMOSO, SA. (l. *fūmōsus.*) adj. Que echa de sí humo. || **2.** Dícese del lugar o sitio que contiene humo o donde el humo se esparce. || **3.** fig. Que despide de sí algún vapor.
HUMUS. (l. *humus.*) AGR. Mantillo, 1.ª acep.
* **HUNCO.** m. AMÉR. Junco. || **2.** BOL. Poncho de lana sin flecos.
HUNDIBLE. adj. Que puede hundirse.
HUNDICIÓN. f. ant. Hundimiento.
HUNDIDOR. m. ant. Fundidor.
HUNDIMIENTO. m. Acción y efecto de hundir o hundirse. || **P.** afundamento; **I.** downfall; **F.** effrondement, écroulement; **A.** Einsturz, Versenkung; **It.** sprofondamento, subissamento; **R.** потопление.
HUNDIR. (l. *fŭndĕre.*) tr. Sumir, meter en lo hondo. || **2.** ant. Fundir. || **3.** fig. Abrumar, abatir. || **4.** fig. Confundir a uno, vencerle con razones. || **5.** fig. Destruir, arruinar. || **6.** r. Arruinarse un edificio, sumergirse una cosa. || **7.** fig. Haber disensiones y alborotos en alguna parte. || **8.** fig. y fam. Esconderse o desaparecer una cosa. || **P.** afundar, submergir; **I.** to sink; **F.** enfoncer, écrouler; **A.** versenken, zerstören; **It.** affondare, subissare; **R.** топить.
HUNGARINA. (De *húngaro,* por haber venido de Hungría.) f. ant. Anguarina.
HÚNGARO, RA. adj. Natural de Hungría. Ú.t.c.s. || **2.** Perteneciente a este país

de Europa. || **3.** m. Magiar, 3.ª acep. || *A la* HÚNGARA. m. adv. Al uso de Hungría. || **P.** húngaro; **I.** Hungarian; **F.** hongrois; **A.** Ungar; **It.** ungherese; **R.** венгерский.
HUNO, NA. (l. *hunni.*) adj. con que se designa un pueblo feroz del centro de Asia, que venció a los alanos, pasó con ellos el Don, trastornó el imperio godo de Hermanrico, y en hordas numerosas ocupó el territorio que se extiende desde el Volga hasta el Danubio, haciendo su nombre olvidar el de los escitas. Ú.t.c.s.
* **¡HUPA!** interj. ¡Upa! || **2.** AMÉR. Chuile, ¡ea!
HUPE. (fr. *hupe.*) f. Descomposición de algunas maderas que se convierten en una substancia blanda y esponjosa que exhala un olor parecido al de los hongos.
HURA. f. Grano maligno o carbunclo que sale en la cabeza y que suele ser peligroso. || **2.** Agujero pequeño; madriguera.
HURACÁN. (Voz caribe.) m. Viento muy impetuoso que gira en forma de torbellino, cuyo diámetro crece a medida que avanza apartándose de las zonas tropicales. || **2.** fig. Viento de fuerza extraordinaria. || **3.** AMÉR. Ciclón. || **4.** CHILE. Manantial grande de agua que revienta de repente en una altura. || **P.** furacão; **I.** hurricane; **F.** ouragan; **A.** Orkan; **It.** uragano; **R.** ураган.
HURACANADO, DA. adj. Que tiene la fuerza o los caracteres propios del huracán.
HURACO. (Del m. or. que *furacar.*) m. Agujero.
HURAÑAMENTE. adv. De modo huraño.
HURAÑÍA. (De *huraño.*) f. Repugnancia que uno tiene al trato de gentes.
HURAÑO, ÑA. (Del m. or. que *foráneo,* infl. por *hurón.*) adj. Que huye y se esconde de las gentes. || **P.** insociável; **I.** shy, intractable; **F.** sauvage, insociable; **A.** mistrauisch (menschen)scheu; **It.** ritroso; **R.** нелюдимый.
* **HURE.** m. COLOM. Olla grande de barro cocido, usada para conservar el agua.
* **HUREQUE.** m. COLOM. Huraco.
HURERA. (De *hura.*) f. Agujero, huronera.
HURGADOR, RA. adj. Que hurga. || **2.** m. Hurgón, 2.ª acep.
HURGAMANDERA. f. GERM. Mujer pública.
HURGAMIENTO. m. Acción de hurgar.
HURGAR. (l. *furicāre.*) tr. Menear o remover una cosa. || **2.** Tocar. || **3.** fig. Incitar, conmover. || *Peor es* HURGALLO. fr. fig. y fam. Peor es meneallo. || **P.** remexar; **I.** to stir; **F.** remuer, emouvoir; **A.** wühlen; **It.** frugare, attizzare; **R.** переворачивать.
HURGÓN. (De *hurgar.*) adj. Que hurga. || **2.** m. Instrumento de hierro para remover y atizar la lumbre. || **3.** fam. Estoque.
HURGONADA. f. Acción de hurgonear, 1.ª acep. || **2.** fam. Estocada.
HURGONAZO. Golpe dado con el hurgón. || **2.** fam. Estocada.
HURGONEAR. tr. Menear la lumbre con el hurgón. || **2.** fam. Tirar estocadas.
HURGONERO. m. Hurgón, 2.ª acep.
HURGUETE. (De *hurgar.*) m. CHILE. Hurón, 2.ª acep. Persona que huronea, escudriña o escarba.
HURGUETEAR. tr. ARGENT. y CHILE. Hurgar, escudriñar, huronear.
HURGUILLAS. (De *hurgar.*) com. Persona bullidora y apremiante.
HURÍ. (De *ḥūri,* der. de *ḥūr,* pl. de *ḥawrã,* la que tiene los ojos muy hermosos, calidad con que se describe a la mujer celestial del paraíso islámico.) f. Cada una de las mujeres bellísimas creadas por la fantasía religiosa de los musulmanes, para compañeras de los bienaventurados en su paraíso. || **P.** huri; **I.** y **F.** houri; **A.** Huri; **It.** uri; **R.** богиня.
HURÓN. (l. *fūro, -ōnis,* de *fur, furis.*) m. Pequeño mamífero carnívoro mustélido, de cuerpo largo y flexible, que se emplea en la caza de los conejos. || **2.** fig. y fam. Persona que averigua y descubre lo escondido y secreto. || **3.** fig. y fam. Persona huraña. Ú.t.c.adj. || **4.** m. CHILE.

Horón. || **5.** fig. CHILE. Persona comedora e insaciable. || **P.** furão; **I.** ferret; **F.** furet; **A.** Frett, Waldwiesel; **It.** furetto; **R.** хорек.
HURONA. f. Hembra del hurón, 1.ª acep.
HURONEAR. intr. Cazar con hurón. || **2.** fig. fam. Procurar saber y escudriñar cuanto pasa.
HURONERA. f. Lugar en que se encierra el hurón. || **2.** fig. y fam. Lugar en que uno está oculto o escondido.
HURONERO. m. El que cuida de los hurones.
¡HURRA! (ingl. *hurrah.*) interj. usada para expresar alegría y satisfacción.
HURRACA. (l. *furax,* inclinado a robar.) f. Urraca.
HURRACO. m. Adorno que llevaban las mujeres en la cabeza.
HURTADA. (De *hurtar.*) f. ant. Hurto. || *A* HURTADAS. m. adv. ant. A hurtadillas.
HURTADAMENTE. adv. ant. Furtivamente.
HURTADILLAS (A). (De *hurtada.*) Furtivamente, sin que nadie lo note.
HURTADINEROS. (De *hurtar* y *dinero.*) m. AR. Alcancía, 1.ª acep.
HURTADO, DA. p.p. de hurtar. || **2.** adj. ARQ. V. *Arco de punto de* HURTADO.
HURTADOR, RA. adj. Que hurta. Ú.t.c.s.
HURTAGUA. (De *hurtar* y *agua.*) f. Especie de regadera que tenía los agujeros en el fondo.
HURTAR. (De *hurto.*) tr. Tomar o retener bienes ajenos contra la voluntad de su dueño, sin intimidación en las personas ni fuerza en las cosas. || **2.** No dar el peso o medida en las cosas que se venden. || **3.** fig. Dícese del mar y de los ríos cuando se van entrando en las tierras y se las llevan. || **4.** fig. Tomar dichos, sentencias, versos ajenos dándolos por propios. || **5.** fig. Desviar, apartar. || **6.** r. fig. Ocultarse, desviarse. || **P.** furtar; **I.** to steal, to rob; **F.** voler à la dérobée; **A.** (ab-, ent-) stehlen; **It.** rubare; **R.** красть.
HURTAS (A). (De *hurto.*) m. adv. ant. A hurtadillas.
HURTIBLEMENTE. adv. ant. Furtivamente.
HURTO. (l. *furtum.*) m. Acción de hurtar. || **2.** Cosa hurtada. || **3.** Nombre dado en las minas de Almadén a la galería que se hace a uno y otro lado de la principal, que sirve para facilitar la extracción del mineral, la aireación, etc. || *A* HURTO. A hurtadillas. || *Coger* a uno *con el* HURTO *en las manos.* fr. fig. Sorprenderle en el acto mismo de ejecutar una cosa que quisiera que quedara oculta.
HUSADA. f. Porción de lino, lana o estambre que, ya hilada, cabe en el huso.
HÚSAR. (fr. *hussard,* y éste del servio *husar.*) m. Soldado de caballería vestido a la húngara.
HUSENTES. adj. Fusentes.
HUSERA. Bonetero, 3.ª acep.
HUSERO. m. Cuerna recta que tiene el gamo de un año.
HUSILLERO. m. El que en los molinos de aceite trabaja en el husillo.
HUSILLO. (de *huso.*) m. Tornillo de hierro o madera, muy usado para el movimiento de las prensas y otras máquinas. || **2.** V. *Escalera de* HUSILLO. || **3.** CHILE. Canilla provista de hilo y sin lanzadera que se usa en el telar para tramar.
HUSILLO. m. Conducto por donde se desaguan los lugares inmundos o que pueden padecer inundación.
HUSITA. adj. Dícese del que sigue los errores de Juan de Hus. Ú.t.c.s. || **P.** hussita; **I.** Hussite; **F.** hussite; **A.** Hussit; **It.** ussita.
HUSMA. (gr. ὀσμή, olor.) f. Husmeo. *Andar* uno *a la* HUSMA. fr. fig. y fam. Andar inquiriendo las cosas ocultas.
HUSMAR. (De *husma.*) tr. ant. Husmear.
HUSMEADOR, RA. aj. Que husmea. Ú.t.c.s.
HUSMEAR. (De *husmo.*) tr. Rastrear con el olfato una cosa. || **2.** fig. y fam. Andar indagando una cosa con arte y disimulo. || **3.** intr. Empezar a oler una cosa, especialmente la carne. || **P.** farejar;

H **I.** to scent; **F.** flairer; **A.** beriechen; **It.** fiutare; **R.** разнюхивать.

HUSMEO. m. Acción y efecto de husmear, 1.ª y 2.ª aceps.

HUSMO. (De *husmar*.) m. Olor que despiden de sí las cosas de carne, como tocino, carnero, perdiz, etc., que regularmente suele provenir de que ya empiezan a pasarse. || *Andarse* uno *al* HUSMO. fr. fig. Husmear, 1.ª y 2.ª aceps. || *Estar* uno *al* HUSMO. fr. fig. y fam. Estar esperando la ocasión de lograr su intento. || *Venirse* uno *al* HUSMO. fr. fig. Andarse al husmo.

HUSO. (l. *fūsus*.) m. Instrumento manual, generalmente de madera, de figura redondeada, más largo que grueso, que va adelgazándose desde el medio hacia las dos puntas, y sirve para hilar torciendo la hebra y devanando en él lo hilado. || **2.** Instrumento que sirve para unir y retorcer dos o más hilos. || **3.** Cierto instrumento de hierro, como de medio metro de largo y del grueso de un bellote: tiene en la parte inferior una cabezuela, también de hierro, para que haga contrapeso a la mano, y sirve para devanar la seda. || **4.** V. *Cardo* HUSO. || **5.** BLAS. Losange largo y estrecho. || **6.** MIN. Cilindro de un torno. || **—esférico.** GEOM. Parte de la superficie de una esfera, comprendida entre las dos caras de un ángulo diedro que tiene por arista un diámetro de aquélla. || *Al mal* HUSO *quebrarle la hueca,* o *la pierna.* ref. que, jugando del vocablo, condena o reprende las acciones malas, aun cuando se procure excusarlas con el uso y la costumbre. || *Ser más derecho que un* HUSO. fr. fig. y fam. con que se pondera que una persona o cosa es muy derecha o recta. || **P.** e **It.** fuso; **I.** spindle; **F.** fuseau; **A.** Spindel; **R.** веретено.

HUTA. (fr. *hutte*, y éste del germ. *hütte*.) f. Choza en que se esconden los monteros para echar los perros a la caza cuando pasa por allí. || **2.** f. PERÚ. Uta, enfermedad cutánea.

HUTÍA. (Voz caribe.) f. Mamífero roedor, abundante en las Antillas, con figura semejante a la de la rata. Es comestible y se conocen varias especies.

★ **¡HUTURUTAS!** AMÉR. interj. de impaciencia o desaprobación.

¡HUY! (l. *hui.*) interj. para expresar dolor físico, o asombro pueril.

HUYENTE. p.a. de huir. Que huye.

★ **HUYÓN, NA.** adj. vulg. CUBA, P. RICO y GUAT. Huidor, huidizo.

★ **HUYUYA.** f. CUBA. Especie de hormiga, que no perjudica a las siembras, pica.

★ **HUYUYO, A.** adj. fam. CUBA. Huraño, arisco, salvaje. || **2.** m. ZOOL. CUBA. Pato de precioso plumaje.

★ **¡HUYUYUY!** interj. ¡Huy!

I

I. f. Décima letra del abecedario español y tercera de sus vocales; pronúnciase elevando la lengua en su parte anterior más que para pronunciar la *e*, y cerrando algo más los labios. ‖ **2.** Letra numeral que tiene el valor de uno en la numeración romana. ‖ **3.** DIAL. Signo de la proposición particular afirmativa. ‖ —**griega.** Ye.

★ **IBAPORÚ.** m. BOT. ARGENT. Guaporú.

IBÉRICO, CA. (l. *ibericus.*) adj. Ibero, 2.ª acep. ‖ **P.** ibérico; **I.** Iberic; **F.** ibérique; **A.** iberisch; **It.** ibèrico; **R.** иберийский.

IBERIO, RIA. (l. *iberius.*) adj. Ibero, 2.ª acep.

★ **IBERISMO.** m. Sentimiento de solidaridad entre españoles y portugueses, como representantes de la común raza ibérica.

IBERO, RA (ÍBERO, RA). (l. *iberus.*) adj. Natural de la Iberia europea, hoy España y Portugal, o de la Iberia asiática. Ú.t.c.s. ‖ **2.** Perteneciente a cualquiera de estos países. ‖ **P.** e **It.** ibero; **I.** Iberian; **F.** ibère; **A.** Iberer; **R.** иберийский.

IBEROAMERICANO, NA. adj. Perteneciente o relativo a los pueblos de América que anteriormente pertenecieron a los reinos de Portugal y España. ‖ **2.** Perteneciente a estos pueblos y a España y Portugal. Apl. a pers. ú.t.c.s.

ÍBICE. (l. *ibex, ibicis.*) m. Cabra montés.

IBICENCO, CA. adj. Natural de Ibiza. Ú.t.c.s. ‖ **2.** Perteneciente a esta isla de las Baleares.

IBÍDEM. (l. *ibidem.*) adv. lat. que en índices, notas o citas de impresos, se usa con su propia significación de allí mismo o en el mismo lugar.

★ **IBIJARA.** (Voz americana.) m. ZOOL. Reptil saurio que vive en América.

★ **IBIRA.** ARGENT. Planta bromeliácea textil.

★ **IBIRACOA.** (Voz americana.) f. ZOOL. Serpiente indígena del Brasil, cuya mordedura es mortal.

★ **IBIRAPERE.** m. BOT. ARGENT. Árbol alto y corpulento, de cuya corteza se extrae el tanino.

IBIS. (l. *ibis*, y éste del gr. ἶβις.) f. Nombre de varias aves zancudas de pico largo, delgado y encorvado. La especie más conocida es el ibis sagrado de Egipto, venerada por los antiguos egipcios.

IBÓN. m. AR. Lago de los Pirineos de Aragón.

ICACO. m. Hicaco. ‖ **2.** BOT. AMÉR. m. Arbusto que es frecuente en las Antillas y América Central.

★ **ICAQUILLO.** (d. de *icaco.*) m. BOT. CUBA. Arbusto silvestre de madera dura, compacta, de color castaño.

ICÁREO, A. adj. Icario.

ICARIO, RIA. (l. *icarius.*) adj. Perteneciente a Ícaro.

ICÁSTICO. (gr. εἰκαστικός, relativo a la representación de los objetos.) adj. Natural, sin disfraz o adorno.

★ **ICEBERG.** (Voz inglesa; de *ice*, hielo, y el al. *berg*, montaña.) m. Témpano o masa flotante de hielo desprendido de los glaciares polares.

★ **ICEFIELD.** (Voz inglesa; de *ice*, hielo, y *field*, campo.) m. Campo de hielo. Masa extensa y plana de hielo flotante.

★ **ICIPO.** m. BOT. ARGENT. Especie de bejuco sarmentoso y trepador.

ICNEUMÓN. (l. *ichneumon*, y éste del gr. ἰχνεύμων.) m. Mangosta.

ICNOGRAFÍA. (l. *ichnographia*, y éste del gr. ἰχνογραφία; de ἴχνος, traza, planta, y γράφω, describir.) f. ARQ. Delineación de la planta de un edificio.

ICNOGRÁFICO, CA. adj. ARQ. Perteneciente a la icnografía.

★ **ICOL.** CHILE. Ballena pequeña.

ICONO. (gr. εἰκών.) m. Representación devota de pincel, o de relieve, usada en las iglesias orientales unidas o cismáticas. En particular, se aplica a las tablas pintadas con técnica bizantina, llamadas en Castilla en el siglo XV «tablas de Grecia».

ICONOCLASTA. (gr. εἰκονοκλάστης; de εἰκών, imagen, y κλάω, romper.) adj. Dícese del hereje que niega el culto debido a las sagradas imágenes. Ú.t.c.s. ‖ **P.** e **It.** iconoclasta; **I.** iconoclast; **F.** iconoclaste; **A.** Bilderstürmer; **R.** иконокласт.

★ **ICONÓGENO.** m. Substancia usada en fotografía como revelador.

ICONOGRAFÍA. (l. *iconographia*, y éste del gr. εἰκονογραφία; de εἰκών, imagen, y γράφω, describir.) f. Descripción de imágenes, retablos, estatuas, etc., especialmente antiguos. ‖ **2.** Tratado descriptivo o colección de imágenes o retratos. ‖ **3.** Conjunto de imágenes sobre un personaje o un objeto determinado. ‖ **4.** Manera de representar los personajes históricos. ‖ **P.** iconografia; **I.** iconography; **F.** iconographie; **A.** Bilderkunde, Ikonographie; **It.** iconografia; **R.** иконография.

ICONOGRÁFICO, CA. adj. Perteneciente o relativo a la iconografía.

★ **ICONOLATRÍA.** f. Adoración de imágenes. ‖ **P.** iconolatria; **I.** iconolatry; **F.** iconolatrie; **A.** Bilderverehrung, Iconolatrie; **It.** inonolatria.

ICONOLOGÍA. (gr. εἰκονολογία; de εἰκών, imagen, y λέγω, decir.) f. ESC. y PINT. Representación de las virtudes, vicios y otras cosas con la apariencia de personas. ‖ **2.** Ciencia que estudia las imágenes, emblemas y alegorías que por los artistas han representado a los personajes mitológicos, históricos o religiosos. ‖ **P.** iconologia; **I.** iconology; **F.** iconologie; **A.** Bildererkunde; **It.** iconologia.

ICONOLÓGICO, CA. adj. Perteneciente o relativo a la iconología.

ICONÓMACO. (gr. εἰκονομάχος, de εἰκών, imagen, y μάχομαι, combatir.) adj. Iconoclasta. Ú.t.c.s.

★ **ICONOSCOPIO.** m. Cámara electrónica de televisión empleada para explorar una imagen.

ICONOSTASIO. (gr. εἰκών, imagen, y στάσις, acción de poner.) m. Biombo con puertas colocado delante del altar en las iglesias griegas; se cierra para ocultar al sacerdote durante la consagración.

★ **ICONOTECA.** f. Lugar donde se conservan las imágenes en los museos o iglesias.

ICOR. (gr. ἰχώρ.) m. CIR. En la antigua cirugía, líquido seroso que exhalan ciertas úlceras malignas, sin tener pus. ‖ **P.** icor; **I.** y **F.** ichor; **A.** Jauche; **It.** icore; **R.** гной.

ICOROSO, SA. adj. CIR. Que participa de la naturaleza del icor, o relativo a él.

ICOSAEDRO. (l. *icosahĕdros*, y éste del gr. εἰκοσάεδρος; de εἴκοσι, veinte, y ἕδρα, cara.) m. GEOM. Sólido limitado por 20 caras. ‖ —**regular.** GEOM. Aquel cuyas caras son todas triángulos equiláteros iguales.

★ **ICOSÁGONO.** adj. GEOM. Dícese del polígono que consta de 20 ángulos y 20 lados. Ú.t.c.s.

ICTERICIA. (De *ictérico*.) f. MED. Enfermedad producida por la absorción de la bilis y que se exterioriza por el color amarillento de la piel y de las conjuntivas. ‖ **P.** ictericia; **I.** jaundice; **F.** ictère, jaunisse; **A.** Gelbsucht; **It.** itterizia; **R.** желтуха.

ICTERICIADO, DA. (De *ictericia*.) adj. Ictérico, 2.ª acep. Ú.t.c.s.

ICTÉRICO, CA. (l. *ictericus*, y éste del gr. ἰκτερικός; de ἴκτερος, amarillez.) adj. MED. Perteneciente a la ictericia. ‖ **2.** MED. Que la padece. Ú.t.c.s.

ICTERODES. (gr. ἰκτερώδης, de ἴκτερος, amarillez, y εἶδος, forma, semejanza.) adj. MED. V. *Tifus* ICTERODES.

ICTÍNEO. (gr. ἰχθύς, pez.) m. Buque submarino.

ICTIÓFAGO, GA. (gr. ἰχθυοφάγος, de ἰχθύς, pez, y φαγεῖν, comer.) adj. Que se alimenta de peces. Ú.t.c.s.

ICTIOGRAFÍA. (gr. ἰχθύς, pez, y γράφω, describir.) f. Parte de la zoología que se ocupa de la descripción de los peces. ‖ **P.** ictiografia; **I.** ichthyography; **F.** ichthyographie; **A.** Ichthyographie, Fischbeschreibung; **It.** ittiografia.

ICTIOL. m. Aceite sulfuroso obtenido destilando rocas bituminosas formadas por depósitos de peces fósiles. Úsase en dermatología.

ICTIOLOGÍA. (gr. ἰχθύς, pez, y λόγος, discurso.) f. Parte de la zoología que trata de los peces. ‖ **P.** ictiologia; **I.** ichthyology; **F.** ichyology; **A.** Fischkunde; **It.** ittiologia.

ICTIOLÓGICO, CA. adj. Perteneciente o relativo a la ictiología.

ICTIÓLOGO. m. El que profesa la ictiología.

ICTIOSAURO. (gr. ἰχθύς, pez, y σαῦρος, lagarto.) m. Orden de reptiles marinos fósiles, propios de la Era secundaria. Eran de tamaño gigantesco.

ICHAL. m. Sitio en que hay muchos ichos.

ICHO. (quichua, *ichu.*) m. BOT. Pajón.

★ **ICHUNA.** f. PERÚ. Echona, hoz.

IDA. (De *ido*.) f. Acción de ir de un lugar a otro. ‖ **2.** fig. Ímpetu o acción inconsiderada o impensada. ‖ **3.** ESGR. Acometimiento después de presentar la espada. ‖ **4.** Rastro que con los pies hace la caza en el suelo. ‖ *En dos* IDAS *y venidas.* loc. fig. y fam. Con prontitud. ‖ *La* IDA *del humo*, loc. fam. con que al irse alguno se da a entender el deseo de que no

I

vuelva. || **P.** ida; **I.** departure; **F.** allée; **A.** Gang, Gehen; **It.** andata; **R.** ходьба.

IDALIO, LIA. (l. *idalĭus.*) adj. Perteneciente a Idalia, antigua ciudad de la isla de Chipre, consagrada a Venus. || **2.** Perteneciente a esta deidad del gentilismo.

IDEA (l. *idĕa*, y éste del gr. ἰδέα, forma, apariencia; de ἰδεῖν, ver.) f. Primero y más obvio de los actos del entendimiento, que se limita al simple conocimiento de una cosa. || **2.** Imagen o representación que del objeto percibido queda en el alma. || **3.** Conocimiento puro, racional, debido a las naturales condiciones de nuestro entendimiento. || **4.** Plan y disposición que se ordena en la fantasía para la formación de una obra. || **5.** Intención de hacer una cosa. || **6.** Concepto, opinión o juicio formado de una persona o cosa. || **7.** Ingenio para disponer, inventar y trazar una cosa. || **8.** fam. Manía o imaginación extravagante. Ú.m. en pl. || **Ideas de Platón.** Ejemplares perpetuos e inmutables que de todas las cosas criadas existen, según este filósofo, en la mente divina. || **—universales.** Conceptos formados por abstracción que representan en nuestra mente, reducidas a unidad común, realidades que existen en diversos seres; por ejemplo: hombre, respecto de Pedro, Juan, Antonio, etc., y así todas las especies y los géneros. || **P.** ideia; **I.** e **It.** idea; **F.** idée; **A.** Idee, Begriff; **R.** идея.

IDEACIÓN. (De *idear.*) f. Génesis y proceso en la formación de las ideas.

IDEAL. (l. *ideālis.*) adj. Perteneciente o relativo a la idea. || **2.** Que no es físico, real o verdadero, sino que está en la fantasía. || **3.** V. *Belleza* IDEAL. || **4.** Perfecto en su línea. || **5.** m. Prototipo, ejemplar de perfección. || **P., I.** y **A.** ideal; **F.** idéal; **It.** ideale; **R.** идеальный.

IDEALIDAD. f. Calidad de ideal.

IDEALISMO. (De *ideal.*) m. Condición de los sistemas filosóficos que consideran la idea como principio de existencia y de conocimiento. IDEALISMO *de Platón, de Kant*, etc. || **2.** Actitud para elevar sobre la realidad sensible las cosas descritas o representadas. || **3.** Aptitud de la inteligencia para idealizar. || **P.** e **It.** idealismo; **I.** idealism; **F.** idéalisme; **A.** Idealismus; **R.** идеализм.

IDEALISTA. adj. Dícese de la persona que profesa la doctrina del idealismo. Ú.t.c.s. || **2.** Que se deja llevar por los ideales. Ú.t.c.s.

IDEALIZACIÓN. f. Acción y efecto de idealizar.

IDEALIZADOR, RA. adj. Que idealiza.

IDEALIZAR. (De *idea.*) tr. Elevar las cosas sobre la realidad sensible por medio del entendimiento. || **P.** idealizar; **I.** to idealize; **F.** idéaliser; **A.** verschönern; **It.** idealizzare; **R.** идеализировать.

IDEALMENTE. adv. En la idea o en el discurso.

IDEAR. tr. Formar idea de una cosa. || **2.** Trazar, inventar. || **P.** idear; **I.** to ideate; **F.** se faire une idée, projeter; **A.** ausdenken, ersinnen; **It.** ideare; **R.** выдумывать.

IDEARIO. m. Repertorio de las principales ideas de un autor, doctrina, partido, etc.

IDEÁTICO, CA. (De *idea.*) adj. AMÉR. Venático, extravagante, caprichoso.

ÍDEM. (l. *idem*, el mismo, lo mismo.) Significa como en latín, lo mismo. Se usa para repetir las citas de un autor, y, en las listas, para denotar partidas de la misma especie.

IDÉNTICAMENTE. adv. De manera idéntica.

IDÉNTICO, CA. (De *idem.*) adj. Dícese de lo que en substancia y accidentes es lo mismo que otra cosa con que se compara. || **2.** adj. Muy parecido. || **P.** idêntico; **I.** identical; **F.** identique; **A.** identisch, einerlei; **It.** idèntico; **R.** равнозначный.

IDENTIDAD. (l. *identĭtas, -ātis*, de *idem*, lo mismo.) f. Calidad de idéntico. || **2.** FOR. Hecho de ser una persona o cosa la misma que se supone o se busca. || **3.** MAT. Igualdad que se verifica siempre, sea cualquiera el valor de las variables que su expresión contiene. || **—de persona.** FOR. Ficción de derecho por la cual el heredero se tiene por una misma persona con el causante de la sucesión, en cuanto a los derechos y obligaciones transmisibles, salvo en el caso de beneficio de inventario. || **P.** identidade; **I.** identity; **F.** identité; **A.** Identität; **It.** identità; **R.** идентичность.

IDENTIFICABLE. adj. Que puede ser identificado.

IDENTIFICACIÓN. f. Acción de identificar.

IDENTIFICAR. (De *idéntico*, y el l. *-ficāre*, de *facĕre.*) tr. Demostrar o reconocer la identidad de una persona o cosa con otra. || **2.** Reconocer que una persona o cosa es la misma que se supone o se busca. || **3.** r. FIL. Reducirse en la realidad a una sola cosa otras varias que la razón aprehende como diferentes. || IDENTIFICARSE *uno con otro.* fr. Llegar a tener las mismas creencias, propósitos, deseos, etc. || **P.** identificar; **I.** to identify; **F.** identifier; **A.** identifizieren; **It.** identificare; **R.** опознавать.

IDEO, A. (l. *idaeus.*) adj. Perteneciente al monte Ida. || **2.** Por ext., perteneciente a Troya o Frigia.

* **IDEOGRAFÍA.** f. Representación de la idea, no por el sonido, sino por la imagen o símbolo. || **P.** ideografia; **I.** ideography; **F.** idéographie; **A.** Bilderschrift; **It.** ideografia; **R.** идеография.

IDEOGRÁFICO, CA. (gr. ἰδέα, idea, y γραφικός, que representa.) adj. Aplícase a la escritura por medio de figuras o símbolos.

IDEOGRAMA. (gr. ἰδέα, idea, y γράμμα, letra.) m. Cada uno de los signos de la escritura ideográfica. || **P.** ideograma; **I.** ideogram; **F.** idéogramme; **A.** Begriffszeichen; **It.** ideogramma.

IDEOLOGÍA. (gr. ἰδέα, idea, y λόγος, discurso.) f. Rama de la filosofía que trata del origen y clasificación de las ideas. || **P.** ideologia; **I.** ideology; **F.** idéologie; **A.** Ideologie; **It.** ideologìa; **R.** идеология.

IDEOLÓGICO, CA. adj. Perteneciente a la ideología.

IDEÓLOGO, GA. m. y f. Persona que profesa la ideología. || **2.** Persona ilusa, soñadora.

IDÍLICO, CA. adj. Perteneciente o relativo al idilio.

IDILIO. (l. *idylĭum*, y éste del gr. εἰδύλλιον, d. de εἶδος, forma.) m. Composición poética que tiene por asunto las cosas del campo y los afectos amorosos de los pastores. || **2.** fig. Coloquio amoroso, y por ext. relaciones entre enamorados. || **P.** idilio; **I.** idyl; **F.** idylle; **A.** Idyll; **It.** idillio; **R.** идиллия.

* **IDIOELÉCTRICO, CA.** adj. Aplícase a los cuerpos que se electrizan por frotamiento.

* **IDIÓLATRA.** adj. Dícese del que tiene un amor desordenado a sí mismo. Ú.t.c.s.

IDIOMA. (l. *idiōma*, y éste del gr. ἰδίωμα, de ἴδιος, propio.) m. Lengua de una nación o país. || **2.** Modo particular de hablar de algunos o en algunas ocasiones. IDIOMA *de la corte.* || **P.** e **It.** idioma; **I.** idiom; **F.** idiome; **A.** Idiom, Sprache; **R.** язык, наречие.

IDIOMÁTICO, CA. (gr. ἰδιωματικός, especial.) adj. Propio y peculiar de una lengua determinada.

* **IDIOPLASMA.** m. BIOL. Parte del protoplasma de las células sexuales que determina el carácter de las especies según Naegeli.

IDIOSINCRASIA. (gr. ἰδιοσυγκρασία, de ἴδιος, propio, y σύγκρασις, temperamento.) f. Índole del temperamento y carácter de cada individuo, por la cual se distingue de los demás.

IDIOSINCRÁSICO, CA. adj. Perteneciente o relativo a la idiosincrasia.

* **IDIOSO, SA.** adj. GUAT., MÉJ., ARGENT. y BOL. Ideático, maniático, lunático.

IDIOTA. (l. *idiōta*, y éste del gr. ἰδιώτης.) adj. Que padece de idiotez. Ú.t.c.s. || **2.** Ignorante. || **P.** e **It.** idiota; **I.** y **F.** idiot; **A.** Idiot; **R.** идиот.

IDIOTEZ. (De *idiota.*) f. Trastorno mental caracterizado por la falta congénita y completa de las facultades intelectuales.

IDIOTISMO. (l. *idiotismus*, lenguaje o estilo familiar, y éste del gr. ἰδιωτισμός.) m. Ignorancia. || **2.** GRAM. Manera de hablar contra las reglas de la gramática.

* **IDO.** m. Lengua internacional auxiliar.

* **IDO, DA.** p.p. de ir. || **2.** adj. fam. Muy distraído. || **3.** Chiflado.

IDÓLATRA. (l. *idolatra*, y éste del gr. εἰδωλολάτρης; de εἴδωλον, ídolo, y λατρεία, latría.) adj. Que adora ídolos o dioses falsos. || **2.** fig. Amor excesivo a una persona o cosa. || **P.** idólatra; **I.** idolatrous; **F.** idolâtre; **A.** Götzendiener; **It.** idolatra; **R.** идолопокнник.

IDOLATRANTE. p.a. de idolatrar. Que idolatra.

IDOLATRAR. (De *idólatra.*) tr. Adorar ídolos o falsas deidades. || **2.** fig. Amar excesivamente a una persona o cosa. Ú.t.c. intr. || **P.** idolatrar; **I.** to idolize, to idolatrize; **F.** idolâtrer; **A.** vergöttern; **It.** idolatrare; **R.** боготворить.

IDOLATRÍA. (l. *idolatrĭa*, y éste del gr. εἰδωλολατρεία, de εἰδωλολάτρης, idólatra.) f. Adoración que se da a los ídolos y falsas divinidades. || **2.** fig. Amor excesivo a una persona o cosa. || **P.** idolatria; **I.** idolatry; **F.** idolâtrie; **A.** Götzendienst; **It.** idolatria; **R.** идолопоклонство.

IDOLÁTRICO, CA. (l. *idolatrĭcus.*) adj. Perteneciente o relativo a la idolatría.

IDOLEJO. m. d. de ídolo.

ÍDOLO. (l. *idōlum*, y éste del gr. εἴδωλον.) m. Figura de una falsa deidad a que se tributa adoración. || **2.** fig. Persona o cosa excesivamente amada. || **P.** ídolo; **I.** idol; **F.** idole; **A.** Abgott; **It.** idolo; **R.** идол.

IDOLOGÍA. (gr. εἴδωλον, ídolo, y λόγος, tratado.) f. Ciencia que trata de los ídolos.

IDOLOPEYA. (gr. εἰδωλοποιΐα; de εἴδωλον, imagen, y ποιέω, representar.) RET. Figura que consiste en poner un discurso en boca de una persona muerta.

IDONEIDAD. (l. *idoneĭtas, -ātis.*) f. Calidad de idóneo.

IDÓNEO, A. (l. *idonĕus.*) adj. Que tiene buena disposición para una cosa. || **2.** ARGENT. Persona sin título profesional, pero con autorización legal. || **P.** idóneo; **I.** idoneus; **F.** idoine; **A.** tauglich, geschickt; **It.** idòneo; **R.** способный.

IDOS. m. pl. Idus.

IDUMEO, A. (l. *idomaeus.*) adj. Natural de Idumea. Ú.t.c.s. || **2.** Perteneciente a este país de Asia. || **P.** e **It.** idumeo; **I.** Idumean; **F.** iduméen; **A.** Idumäer.

IDUS. (l. *idus.*) m. pl. En el antiguo calendario romano, el día 15 de marzo, mayo, julio y octubre, y el 13 de los demás meses.

IGLESIA. (l. *ecclesĭa*, y éste del gr. ἐκκλησία, congregación.) f. Congregación de fieles católicos. || **2.** Cada una de las confesiones cristianas acatólicas. || **3.** Conjunto de todos los ministros y fieles de un territorio. || **4.** Cabildo de las catedrales o colegiales. || **5.** Diócesis, territorio y lugares de la jurisdicción del obispo. || **6.** Templo cristiano. || **7.** Inmunidad del que se acoge a su sagrado. || **8.** V. *Cabeza, comunión, llaves de la* IGLESIA. || **9.** V. *Cuerpo, día, hombre de* IGLESIA. || **10.** V. *Arco de* IGLESIA. || **—catedral.** Iglesia principal en que reside el obispo o arzobispo con el cabildo. || **—colegial.** La que se compone de abad y canónigos seculares. || **—conventual.** La de un convento. || **—en cruz griega, en cruz latina.** Según la forma en que se cruzan las naves. || **—mayor.** La principal de cada pueblo. || **—metropolitana.** La que es la sede de un arzobispo. || **—militante.** Congregación de los fieles que viven en este mundo en la fe católica. || **—Oriental.** La que estaba incluida en el Imperio de Oriente. || **2.** La que sigue el rito griego. || **—parroquial.** Parroquia, 1.ª acep. || **—patriarcal.** La que es la sede de un patriarca. || **—primada.** La que es la sede de un primado. || **—purgante.** Congregación de los fieles que están en el Purgatorio. || **—triunfante.** Congregación de los fieles que están ya en la gloria. || *Cumplir con la* IGLESIA. fr. Comulgar los fieles por Pascua florida o de Resurrección. || *Llevar uno a la* IGLESIA *a una mujer.* fr. fig. Casarse con ella. || *Reconciliarse con la* IGLESIA. fr. Volver al gremio de ella el apóstata o hereje que abjuró de su error o herejía. || **P.** igreja; **I.** church;

I

F. église; **A.** Kirche; **It.** chiesa; **R.** церковь.

IGLESIETA. f. d. de iglesia, 6.ª acep.

★ **IGLÚ.** (Voz esquimal.) m. Choza o cabaña, comúnmente de forma más o menos cilindrocónica, hecha de nieve.

IGNACIANO, NA. adj. Perteneciente a la doctrina de San Ignacio de Loyola o a las instituciones por él fundadas.

IGNARO, RA. (l. *ignārus.*) adj. Ignorante.

IGNAVIA. (l. *ignavia.* f. Pereza, desidia. ‖ **P.** ignávia; **I.** laziness; **F.** nonchalance; **A.** Trägheit; **It.** ignavia; **R.** небрежность.

IGNAVO, VA. (l. *ignāvus.*) adj. Indolente, flojo.

ÍGNEO, A. (l. *ignĕus,* de *ignis,* fuego.) adj. De fuego o que tiene alguna de sus calidades. ‖ **2.** De color de fuego. ‖ **P.** ígneo; **I.** igneous; **F.** igné; **A.** feurig; **It.** igneo; **R.** огненный.

IGNICIÓN. (l. *ignītus,* encendido.) f. Acción y efecto de estar un cuerpo ardiendo o incandescente. ‖ **P.** ignição; **I.** y **F.** ignition; **A.** Glühen; **It.** ignizione; **R.** воспламенение.

IGNÍFERO, RA. (l. *ignifer;* de *ignis,* fuego, y *ferre,* llevar.) adj. poét. Que arroja o contiene fuego.

IGNÍFUGO, A. (l. *ignis,* fuego, y *fugĕre,* huir.) adj. Que protege contra el incendio.

IGNIPOTENTE. (l. *ignipŏtens, -entis;* de *ignis,* fuego, y *potens,* poderoso.) adj. poét. Poderoso en el fuego.

IGNITO, TA. (l. *ignītus.*) adj. Que tiene fuego o está encendido.

IGNÍVOMO, MA. (l. *ignivŏmus;* de *ignis,* fuego, y *vomĕre,* vomitar.) adj. poét. Que vomita fuego.

IGNÓBIL. (l. *ignobĭlis.*) adj. ant. Ignoble.

IGNOBILIDAD. (l. *ignobilĭtas, -ātis.*) f. ant. Calidad de ignoble.

IGNOBLE. adj. ant. Innoble.

IGNOGRAFÍA. f. Icnografía.

IGNOMINIA. (l. *ignominia.*) f. Afrenta pública que uno padece. ‖ **P.** e **It.** ignominia; **I.** ignominy; **F.** ignominie; **A.** Schande, Schmach; **R.** позор.

IGNOMINIOSAMENTE. adv. Con ignominia.

IGNOMINIOSO, SA. (l. *ignominiōsus.*) adj. Que es ocasión o causa de ignominia. ‖ **P.** e **It.** ignominioso; **I.** ignominious; **F.** ignominieux; **A.** schmählich; **R.** иозорный.

IGNORACIÓN. (l. *ignoratĭo, -ōnis.*) ant. Ignorancia.

IGNORANCIA. (l. *ignorantĭa.*) f. Falta general de instrucción. ‖ **2.** Falta de conocimiento sobre una materia dada. ‖ **—de derecho.** La que se tiene de la ley. ‖ **—de hecho.** La que se tiene de un hecho. ‖ **—supina.** La que procede de negligencia en aprender lo que debe saberse. ‖ *No pecar* uno *de* IGNORANCIA. Hacer una cosa después de haber sido advertido de que no la debe hacer. ‖ **P.** ignorância; **I.** y **F.** ignorance; **A.** Ignoranz, Unwissenheit; **It.** ignoranza; **R.** невежество.

IGNORANTE. (l. *ignorans, -antis.*) p.a. de ignorar. Que ignora. ‖ **2.** adj. Que no tiene noticia de una cosa. Ú.t.c.s.

IGNORANTEMENTE. adv. Con ignorancia.

IGNORAR. (l. *ignorāre.*) tr. No saber uno muchas cosas o no tener noticias de ellas; carecer de conocimientos. ‖ **P.** ignorar; **I.** not to know; **F.** ignorer; **A.** nichtwissen, ignorieren; **It.** игнорировать; **R.** игнорировать.

IGNOTO, TA. (l. *ignōtus,* de *in,* priv., y *gnōtus,* conocido.) adj. No conocido ni descubierto.

IGORROTE. m. Individuo de la raza aborigen de la isla de Luzón, en las Filipinas. ‖ **2.** Lengua de los igorrotes. ‖ **3.** adj. Perteneciente a éstos o a su lengua.

IGREJA. (l. *eclesia,* por *ecclesia.*) f. ant. Iglesia.

IGUADO, DA. (l. *aequatus.*) p.p. ant. de iguar. ‖ **2.** adj. ant. Igualado.

IGUAL. (l. *aequālis.*) adj. Que no difiere en naturaleza, forma o cantidad o calidad, de otra cosa. *Dos cantidades* IGUALES. ‖ **2.** Proporcionado, en conveniente relación. ‖ **3.** Indiferente. ‖ **4.** Constante, no variable, liso, uniforme. *La ley es* IGUAL *para todos.* ‖ **5.** adj. y s. De la misma

clase, rango, condición, etc. ‖ **6.** MAT. Signo de igualdad (=). ‖ *Al* IGUAL. m. adv. Con igualdad. ‖ *En* IGUAL *de.* m. adv. En vez de, o en lugar de. ‖ *Por* IGUAL o *por un* IGUAL. m. adv. Igualmente. ‖ *Sin* IGUAL. m. adv. Sin par. ‖ **P.** igual; **I.** equal, like; **F.** égal; **A.** gleich, gleichartig; **It.** uguale; **R.** одинаковый, равный.

IGUALA. f. Acción y efecto de igualar o igualarse. ‖ **2.** Composición, ajuste en los tratos. ‖ **3.** Estipendio que se da en virtud de ajuste. ‖ **4.** Listón de madera con que los albañiles reconocen la llanura de las tapias o de los suelos.

IGUALACIÓN. f. Acción y efecto de igualar o igualarse. ‖ **2.** fig. Ajuste, convenio.

IGUALADINO, NA. adj. Natural de Igualada. Ú.t.c.s. ‖ **2.** Perteneciente a esta ciudad.

IGUALADO, DA. p.p. de igualar. ‖ **2.** adj. Aplícase a ciertas aves que han arrojado ya el plumón y tienen igual la pluma. ‖ **3.** Méj. Grosero.

IGUALADOR, RA. adj. Que iguala. Ú.t.c.s.

IGUALAMIENTO. m. Acción y efecto de igualar o igualarse.

IGUALANTE. p.a. ant. de igualar. Que iguala.

IGUALANZA. (De *igualar.*) f. ant. Igualdad. ‖ **2.** ant. Iguala.

IGUALAR. tr. Poner al igual con otra a una persona o cosa. Ú.t.c.r. ‖ **2.** fig. Juzgar a uno como igual a otro. ‖ **3.** Allanar, 1.ª y 2.ª acep. IGUALAR *los caminos.* ‖ **4.** Convenirse con pacto sobre una cosa. Ú.t.c.r. ‖ **5.** intr. Ser una cosa igual a otra. Ú.t.c.r. ‖ **P.** igualar; **I.** to equalize; **F.** égaler, égaliser; **A.** gleichmachen, ausgleichen; **It.** eguagliare, uguagliare; **R.** уравнивать.

★ **IGUALATORIO.** m. Asociación de médicos y clientes mediante una iguala.

IGUALDAD. (l. *aequalĭtas, -ātis.*) f. Condición de ser una cosa igual a otra; calidad de igual. ‖ **2.** MAT. Expresión de la equivalencia de dos cantidades. ‖ **—ante la ley.** Principio que reconoce a todos los ciudadanos capacidad para los mismos derechos. ‖ **P.** igualdade; **I.** equality; **F.** égalité; **A.** Gleichheit, Egalität; **It.** egualità; **R.** равенство.

IGUALEZA. (De *igual.*) f. ant. Igualdad, 1.ª acep.

IGUALITARIO, RIA. (De *igualar.*) adj. Que entraña igualdad o tiende a ella.

IGUALMENTE. adv. Con igualdad. ‖ **2.** Asimismo.

IGUALÓN, NA. adj. Dícese del pollo de la perdiz cuando ya se asemeja a sus padres.

IGUANA. (caribe *ihuana,* o *iuana.*) f. Nombre genérico que se da a unos reptiles saurios parecidos a los lagartos. Están generalmente provistos de una gran papada y de cresta espinosa a lo largo del dorso. Viven en América Central y Meridional, alimentándose de hierbas. Son inofensivos, siendo su carne y sus huevos comestibles.

IGUÁNIDO. adj. ZOOL. Dícese de ciertos reptiles saurios, cuyo tipo es la iguana. ‖ **2.** m. pl. ZOOL. Familia de estos reptiles.

IGUANODONTE. (De *iguana,* y el gr. ὀδών, ὀδόντος, diente.) m. Reptil saurio fósil de hasta 12 m. de longitud que vivió en la Era secundaria. Las extremidades anteriores eran mucho más cortas que las posteriores.

IGUAR. (l. *aequāre,* igualar.) tr. ant. Eguar.

IGUARIA. (port. *iguaria.*) f. Manjar delicado.

IGÜEDO. (De *iguar.*) m. Cabrón, 1.ª acep.

★ **IHS.** Monograma del nombre de Jesucristo, con que se representa el gr. IHΣ.

★ **IHUANCO.** m. PERÚ. Río adventicio.

IJADA. (l. *iliata,* de *ilia,* ijares.) f. Cada una de las cavidades colocadas simétricamente entre las costillas falsas y los huesos de las caderas. ‖ **2.** Dolor o mal que se padece en aquella parte. ‖ **3.** En los peces, parte anterior o inferior del cuerpo. ‖ **P.** ilharga; **I.** flank; **F.** flanc; **A.** Weiche, Leistengegend; **It.** fianco; **R.** подвздошная, впадина.

IJADEAR. tr. Mover aceleradamente las ijadas, por efecto del cansancio.

IJAR. (l. *iliare,* de *ilia,* ijares.) m. Ijada, 1.ª acep.

IJUJÚ. m. Grito de júbilo.

★ **ILACATA.** CHILE. Funcionario elegido por cada agrupación de familias indias para que lleve la representación.

ILACIÓN. (l. *illatĭo, -ōnis.*) f. Acción y efecto de inferir una cosa de otra. ‖ **2.** Trabazón razonable y ordenada de las partes de un discurso. ‖ **3.** LÓG. Nexo entre el consiguiente y las premisas. ‖ **P.** ilação; **I.** inference, illation; **F.** ilation; **A.** Folgerung, Zusammenhang; **It.** ilazione; **R.** следствие.

ILAPSO. (l. *illapsus,* p.p. de *illābi,* insinuarse.) m. Éxtasis contemplativo, durante el cual se suspenden las sensaciones exteriores, quedando el espíritu en estado de arrobamiento.

ILATIVO, VA. (l. *illatīvus.*) adj. Que se infiere o puede inferirse. ‖ **2.** GRAM. V. *Conjunción* ILATIVA.

ILÉCEBRA. (l. *illecĕbra.*) f. Halago engañoso.

ILEGAL. (De *in,* 2.° art., y *legal.*) adj. Que es contra la ley.

ILEGALIDAD. f. Falta de legalidad. ‖ **P.** ilegalidade; **I.** unlawfulness, illegality; **F.** illegalité; **A.** Illegalität; **It.** illegalità; **R.** незаконность.

ILEGALMENTE. adv. Sin legalidad.

ILEGIBLE. (De *in,* 2.° art. y *legible.*) adj. Que no puede o no debe leerse.

ILEGISLABLE. adj. No legislable.

ILEGÍTIMAMENTE. adj. Sin legitimidad.

ILEGITIMAR. (De *ilegítimo.*) tr. Privar a uno de la legitimidad.

ILEGITIMIDAD. (De *ilegítimo.*) f. Falta de algún requisito para ser legítima una cosa. ‖ **P.** ilegitimidade; **I.** illecitimacy; **F.** illégitimité; **A.** Illegimität; **It.** illegittimità; **R.** беззаконие.

ILEGÍTIMO, MA. (l. *illegitĭmus;* de *in,* priv. y *legítimus.*) adj. No legítimo. ‖ **P.** ilegítimo; **I.** unlawful, illegitimate; **F.** illégitime; **A.** ungesetzlich; **It.** illegittimo; **R.** незаконный.

ÍLEO. (l. *ilĕus,* y éste del gr. εἰλεός, cólico violento.) m. MED. Oclusión intestinal a nivel del intestino delgado. ‖ **P.** volvo; **I.** ileus; **F.** iléus; **A.** Ileus; **It.** ileo; **R.** резь.

ILEOCECAL. adj. ANAT. Que pertenece a los intestinos íleon y ciego.

ÍLEON. (gr. εἰλέων, p.a. de εἰλέω, retorcerse.) m. ZOOL. Ultima sección del intestino delgado, que va desde el yeyuno al ciego. ‖ **P.** íleon; **I.** ileum; **F.** iléon, iléum; **A.** (Krumm-, Wickel)darm; **It.** ileo.

ÍLEON. m. ZOOL. Ilion.

ILERCAVÓN, NA. adj. Individuo perteneciente a un antiguo pueblo ibero que se asentó en la Plana de Castellón. Ú.t.c.s. ‖ **2.** Perteneciente a esta región.

ILERDENSE. (l. *ilerdensis.*) adj. Natural de la antigua Ilerda, hoy Lérida. Ú.t.c.s. ‖ **2.** Perteneciente a esta región.

ILERGETE. (l. *ilergētes.*) adj. Individuo perteneciente a un antiguo pueblo ibérico que habitó en gran parte de Huesca y Lérida. Ú.t.c.s. ‖ **2.** Perteneciente a esta región.

ILESO, SA. (l. *illaesus.*) adj. Que no ha recibido lesión, daño. ‖ **P.** ileso; **I.** unhurt, harmless; **F.** sain et sauf; **A.** unverletzt, umbeschädigt; **It.** illeso; **R.** невредимый.

ILETRADO, DA. (De *in,* 2.° art., y *letrado.*) adj. Falto de cultura.

ILIACO, CA [ILÍACO, CA]. adj. Perteneciente o relativo al íleon.

ILIACO, CA [ILÍACO, CA]. (l. *ilĭacus,* y éste del gr. Ἰλιακός, de Ἴλιον, Troya.) adj. Perteneciente o relativo a Ilión o Troya.

ILIBERAL. (l. *illiberālis.*) adj. No liberal.

ILIBERITANO, NA. (l. *illiberritānus.*) adj. Natural de la antigua Ilíberis, que se cree ser Granada. Ú.t.c.s. ‖ **2.** Perteneciente a esta ciudad de la Bética.

ILIBERRITANO, NA. adj. Iliberitano. Apl. a pers. u.t.c.s.

ILICÍNEO, A. (l. *ilex, ilĭcis,* encima.) adj. BOT. Aquifoliáceo.

ILÍCITAMENTE. adv. Contra razón, justicia o derecho.

I

ILICITANO, NA. (l. *illicitānus*, de *Illici*, Elche.) adj. Natural de la antigua Ilici, hoy Elche. Ú.t.c.s. || **2.** Perteneciente a esta población de la España Tarraconense.

ILÍCITO, TA. (l. *illicĭtus*.) adj. No permitido moral ni legalmente. || **P.** ilícito; **I.** illicit; **F.** illicite; **A.** unerlaubt; **It.** illecito; **R.** непозволительный.

ILICITUD. f. Calidad de ilícito.

ILIENSE. (l. *iliensis*.) adj. Troyano. Apl. a pers. ú.t.c.s.

ILIMITABLE. adj. Que no puede limitarse.

ILIMITADAMENTE. adv. Sin limitación.

ILIMITADO, DA. (l. *illimitātus*.) adj. Que no tiene límites. || **P.** ilimitado; **I.** unlimited, boundless, limitless; **F.** illimité; **A.** unbegrentz; **It.** illimitato; **R.** неограниченный.

★ **ILINIO.** m. Quím. Prometio, elemento simple, perteneciente a las tierras raras.

ILION. (l. *ilium*, ijar.) m. Zool. Hueso del coxal que forma el saliente de la cadera.

ILIPULENSE. (l. *ilipulenses*.) adj. Natural de Ilípula. Ú.t.c.s. || **2.** Perteneciente a esta antigua ciudad de la Bética.

ILÍQUIDO, DA. (De *in*, 2.º art., y *líquido*.) adj. Dícese de la cuenta, deuda, etc., que está por liquidar.

ILÍRICO, CA. (l. *illyrĭcus*.) adj. Ilirio.

ILIRIO, RIA. (l. *illyrĭus*.) adj. Natural de Iliria. Ú.t.c.s. || **2.** Perteneciente a esta región de Europa. || **P.** ilirio; **I.** Illyrian; **F.** illyrien; **A.** Illyrier; **It.** illirio.

ILITERARIO, RIA. adj. No literario.

ILITERATO, TA. (l. *illiterātus*.) adj. Ignorante y no versado en ciencias.

ILITURGITANO, NA. (l. *illiturgitānus*.) adj. Natural de Iliturgi. Ú.t.c.s. || **2.** Perteneciente a esta antigua ciudad de la Bética.

ILÓGICO, CA (De *in*, 2.º art., y *lógico*.) adj. Que carece de lógica.

ILOTA. (l. *ilotae*, y éste del gr. εἱλώτης.) com. Esclavo lacedemonio originario de Helos. || **2.** fig. El que se halla desposeído de los derechos ciudadanos. || **P.** hilota; **I.** Helot; **F.** ilote; **A.** Helote, Sklave; **It.** ilota; **R.** беспрАвный.

ILOTISMO. m. Condición de ilota.

ILUDIR. (l. *illudĕre*.) tr. Burlar.

ILUMINACIÓN. (l. *illuminatio*, *-ōnis*.) f. Acción y efecto de iluminar. || **2.** Adorno de muchas luces. || **3.** Cantidad de luz que recibe una superficie. || **4.** Claridad súbita en el espíritu, especialmente de la gracia divina. || **P.** iluminição; **I.** y **F.** illumination; **A.** Beleuchtung, Erleuchtung; **It.** illuminazione; **R.** иллюминация.

ILUMINADO, DA. p.p. de iluminar. || **2.** adj. Alumbrado, 1.er art., 3.ª acep. Ú.m.c.s. y en pl. || **3.** Dícese del miembro de ciertas sectas heréticas, especialmente de la secta masónica y racionalista.

ILUMINADOR, RA. (l. *illuminātor*.) adj. Que ilumina. Ú.t.c.s. || **2.** m. y f. Persona que adorna libros, estampas, etc., con colores.

ILUMINANTE. p.a. de iluminar. Que ilumina.

ILUMINAR. (l. *illumināre*.) tr. Alumbrar. || **2.** Adornar con luces una fachada, un templo, etc. || **3.** Dar color a las figuras, letras, etc., de un libro, de una estampa, etc. || **4.** Poner detrás de las estampas tafetán o papel de color. || **5.** fig. Ilustrar. || **6.** Alumbrar aguas subterráneas. || **7.** Teol. Ilustrar interiormente Dios a la criatura. || **P.** iluminar; **I.** to illumine, to illuminate; **F.** illuminer; **A.** beleuchten, erleuchten; **It.** illuminare; **R.** иллюминировать, освещать.

ILUMINARIA. f. Luminaria, 1.ª acep. Ú.m. en pl.

ILUMINATIVO, VA. adj. Capaz de iluminar.

ILUMINISMO. m. Sistema de los iluminados.

ILUSAMENTE. adj. Engañosamente.

ILUSIÓN. (l. *illusĭo*, *-ōnis*.) f. Representación sin verdadera realidad, sugerido por la imaginación o causada por engaño de los sentidos. || **2.** Esperanza sin fundamento real. || **3.** Ret. Ironía viva y picante. || **P.** ilusão; **I.** y **F.** illusion; **A.** Illusion, Täuschung; **It.** illusione; **R.** иллюзия.

ILUSIONARSE. r. Forjarse ilusiones.

ILUSIVO, VA. (De *iluso*.) adj. Falso, engañoso.

ILUSO, SA. (l. *illūsus*, p.p. de *illudĕre*, burlar.) adj. Engañado. Ú.t.c.s. || **2.** Soñador. || **P.** iluso; **I.** deluded, beguiled; **F.** abusé; **A.** getäuscht; **It.** illuso;· **R.** обманутый.

ILUSORIO, RIA. (l. *illusorĭus*.) adj. Capaz de engañar. || **2.** De ningún valor, de efecto nulo.

ILUSTRACIÓN. (l. *illustratio*, *-ōnis*.) f. Acción y efecto de ilustrar o ilustrarse. || **2.** Estampa o grabado que adorna un libro. || **3.** Publicación, generalmente periódica, con texto, láminas y dibujos. || **P.** ilustração; **I.** y **F.** illustration; **A.** Abbildung, Auszeichnung; **It.** illustrazione; **R.** просвещение.

★ **ILUSTRACIÓN.** f. Movimiento filosófico que propugnaba la secularización de la cultura.

ILUSTRADO, DA. p.p. de ilustrar. || **2.** adj. Dícese de la persona de instrucción, docta.

ILUSTRADOR, RA. (l. *illustrātor*.) adj. Que ilustra. Ú.t.c.s.

ILUSTRANTE. p.a. ant. de ilustrar. Que ilustra.

ILUSTRAR. (l. *illustrāre*.) tr. Dar luz al entendimiento. || **2.** Por analogía, instruir. || **3.** Adornar un impreso con láminas alusivas al texto. || **4.** fig. Hacer ilustre a una persona o cosa. Ú.t.c.r. || **5.** Teol. Iluminar, 7.ª acep. || **P.** ilustrar; **I.** to illustrate; **F.** illustrer, éclairer, illuminer; **A.** aufklären, erläutern; **It.** illustrare, illuminare; **R.** просвещать.

ILUSTRATIVO, VA. adj. Que ilustra.

ILUSTRE. (l. *illustris*.) adj. De distinguida prosapia, origen, etc. || **2.** Insigne, célebre. || **P.** ilustre; **I.** illustrious; **F.** e **It.** illustre; **A.** erlaucht, beruhmt; **R.** знаменитый.

ILUSTREMENTE. adv. De un modo ilustre.

ILUSTREZA. f. ant. Nobleza esclarecida.

ILUSTRÍSIMA. f. Tratamiento que se da a los obispos.

ILUSTRÍSIMO, MA. (l. *illustrissĭmus*.) adj. sup. de ilustre que se da como tratamiento a ciertas personas.

★ **ILLANCO.** Perú. Torrente poco impetuoso.

IMADA. f. Mar. Cada una de las explanadas de madera puestas a uno y otro lado de la quilla para el momento de la botadura del buque.

IMAGEN. (l. *imāgo* *-ĭnis*.) f. Semejanza, apariencia de una cosa. || **2.** Estatua de Jesucristo, de la Santísima Virgen o de un santo. || **3.** Fís. Reproducción de la figura de un objeto por la combinación de los rayos de luz. || **4.** Ret. Representación viva de una cosa por medio del lenguaje. || **5.** Cinemat. Banda de la película destinada a la fotografía. || *Quedar para vestir* IMÁGENES. fr. fig. y fam. que se dice de las mujeres cuando llegan a cierta edad y no se han casado. || **P.** imagem; **I.** y **F.** image; **A.** Bild, Bildnis; **It.** immàgine; **R.** изображение.

IMAGENERÍA. f. desus. Imaginería.

IMAGINABLE. (l. *imaginabĭlis*.) adj. Que se puede imaginar.

IMAGINACIÓN. (l. *imaginatio*, *-ōnis*.) f. Facultad del alma, que representa las imágenes de las cosas reales o ideales. || **2.** Aprensión falsa o discurso de una cosa que no hay en realidad. || *Ni por* IMAGINACIÓN. loc. adv. y fam. Ni por sueños. || **P.** imaginação; **I.** imagination; **F.** fantaisie, imagination; **A.** Einbildungskraft, Phantasie; **It.** immaginazione; **R.** воображение, фантазия.

IMAGINAMIENTO. (De *imaginar*.) m. ant. Acción de ejecutar una cosa.

IMAGINANTE. p.a. ant. de imaginar. Que imagina.

IMAGINAR. (l. *imagināri*.) tr. Formar la imagen de una cosa, representarla mentalmente. || **2.** Sospechar. || **P.** imaginar; **I.** to imagine, to fancy; **F.** imaginer, inventer; **A.** ausdenken, erdichten, sich einbilden; **It.** immaginare; **R.** воображать, выдумывать.

IMAGINARIA. (De *imaginario*.) f. Mil. Guardia que no presta efectivamente el servicio de tal, pero está dispuesta para

prestarlo en caso necesario. || **2.** Soldado que por turno vela en cada dormitorio de un cuartel.

IMAGINARIAMENTE. adv. Por aprensión.

IMAGINARIO, RIA. (l. *imaginarĭus*.) adj. Que sólo existe en la imaginación. || **2.** Decíase del estatuario o pintor de imágenes. || **3.** V. *Cantidad* IMAGINARIA. Úsase t.c.s.f. || **P.** imaginário; **I.** imaginary; **F.** imaginaire; **A.** eingebildet; **It.** immaginario; **R.** мнимый.

IMAGINATIVA. (l. *imaginativa vis*.) f. Potencia o facultad de imaginar. || **2.** Sentido común, facultad interior.

IMAGINATIVO, VA. (De *imaginar*.) adj. Que continuamente imagina o piensa.

IMAGINERÍA. (De *imagen*.) f. Bordado que imita en lo posible la pintura. || **2.** Arte de bordar de imaginería. || **3.** Talla o pintura de efigies sagradas.

IMAGINERO. m. Estatuario o pintor de imágenes.

IMÁGINES. f. pl. desus. de imagen.

IMÁN. (fr. *aimant*, y éste del l. *adāmas*, *-āntis*, diamante.) m. Toda substancia que atrae al hierro, sea por su propia naturaleza, sea en virtud de una propiedad adquirida. || **2.** fig. Atractivo, 3.ª acep. || —**artificial.** Hierro o acero imanado. || **P.** íman; **I.** magnet; **F.** aimant; **A.** Magnet; **It.** imano; **R.** магнит.

IMÁN. (ár. *imām*, jefe.) m. Encargado de presidir y dirigir la oración del pueblo entre los mahometanos.

IMANACIÓN. f. Acción y efecto de imanar o imanarse.

IMANAR. (De *imán*, 1.er art.) tr. Magnetizar, 1.ª acep. Ú.t.c.r.

IMANTACIÓN. f. Imanación.

IMANTAR. tr. Imanar. Ú.t.c.r.

IMBABUREÑO, ÑA. adj. Natural de Imbabura, provincia del Ecuador. Ú.t.c.s. || **2.** Perteneciente a esta provincia.

★ **IMBAQUE.** m. Venez. Vasija chata.

IMBÉCIL. (l. *imbecillis*.) adj. Escaso de razón. Ú.t.c.s. || **2.** p. us. Flaco, débil. || **P.** imbecil; **I.** imbecile; **F.** imbécile; **A.** blödsinnig, geistesschwach; **It.** imbecille; **R.** глупый.

IMBECILIDAD. (l. *imbecillĭtas*, *-ātis*.) f. Escasez de razón. || **2.** p. us. Flaqueza, debilidad.

IMBÉCILMENTE. adv. Con imbecilidad.

IMBELE. (l. *imbellis*.) adj. poét. Incapaz de guerrear, de defenderse. Ú.m. en poesía.

IMBERBE. (l. *imberbis*.) adj. Dícese del joven que no tiene barba. || **P.**, **F.** e **It.** imberbe; **I.** beardless; **A.** bartlos; **R.** безбородый.

IMBIAR. tr. desus. Enviar.

IMBIBICIÓN. (l. *imbibĕre*, embeber.) f. Acción y efecto de embeber.

★ **IMBIBITO, TA.** adj. Méj. y Guat. Comprendido, implícito.

IMBORNAL. (cat. *ambrunal* y el ast. *empruno*, pendiente, l, *in prono*, en pendiente.) Agujero por dónde se vacía el agua de lluvia de los terrados. || **2.** Mar. Agujero en los trancaniles de la embarcación para dar salida a lás aguas. || *Por los* IMBORNALES. loc. fig. y fam. Venez. Por los cerros de Úbeda. || **P.** embornal; **I.** scupper; **F.** dalot; **A.** Speigatt; **It.** imbrunale; **R.** водопроток.

IMBORRABLE. (De *in*, 2.º art., y *borrar*.) adj. Indeleble.

IMBRICADO, DA. (l. *imbricātus*, en figura de teja.) adj. Bot. y Zool. Dícese de las hojas y semillas sobrepuestas entre sí como tejas y escamas.

IMBUIR. (l. *imbuĕre*.) tr. Infundir, persuadir. || **P.** imbuir; **I.** to imbue, to infuse; **F.** influencer, enticher; **A.** einflössen, einflüstern; **It.** infòndere; **R.** влиять, убеждать.

★ **IMBUNCHAR.** tr. Chile. Hechizar, embrujar, engañar, robar con cierta habilidad.

IMBUNCHE. (arauc. *ivumche*.) m. Ser maléfico que roba a los niños para convertirlos en monstruos, según creencia vulgar de los araucanos. || **2.** fig. Chile. Niño feo. || **3.** fig. Chile. Maleficio. || **4.** fig. Chile. Asunto embrollado.

IMBURSACIÓN. f. Ar. Acción y efecto de imbursar.

IMBURSAR. (l. *in*, en, y *bursa*, bolsa.) tr. Ar. Insacular.

IMELA. (ár. *imâla*, inflexión.) f. Fenómeno fonético árabe por el que el sonido de la *a*, cuando es largo, se transforma en *e* o *i*.

★ **IMILLA.** f. Méj. Moza india al servicio de un sacerdote.

IMITABLE. (l. *imitabilis*.) adj. Que se puede imitar. ‖ **2.** Capaz o digno de imitación.

IMITACIÓN. (l. *imitatio*, *-ōnis*.) f. Acción y efecto de imitar. ‖ **P.** imitação; **I.** y **F.** imitation; **A.** Nachahmung, Imitation; **It.** imitazione; **R.** подражание.

IMITADO, DA. p.p. de imitar. ‖ **2.** adj. Hecho o imitado de otra cosa.

IMITADOR, RA. (l. *imitator*.) adj. Que imita. Ú.t.c.s.

IMITANTE. p.a. de imitar. Que imita.

IMITAR. (l. *imitâre*.) tr. Hacer una cosa semejante a otra; tomarla por modelo. ‖ **P.** imitar; **I.** to imitate, to counferfeit; **F.** imiter, contrefaire; **A.** nachahmen, nachbilden; **It.** imitare; **R.** подражать.

IMITATIVO, VA. (l. *imitatîvus*.) adj. Perteneciente a la imitación. *Artes* IMITATIVAS.

IMITATORIO, RIA. (l. *imitatorîus*.) adj. Perteneciente a la imitación.

IMOSCAPO. (l. *imus*, inferior, y *scâpus*, tronco, tallo.) m. Arq. Parte inferior del fuste de una columna.

IMPACIENCIA. (l. *impatientîa*.) f. Falta de paciencia.

IMPACIENTAR. (De *impaciente*.) tr. Hacer que uno pierda la paciencia. ‖ **2.** r. Perder la paciencia.

IMPACIENTE. (l. *impatiens*, *-ēntis*.) adj. Que no tiene paciencia.

IMPACIENTEMENTE. adv. Con impaciencia.

IMPACTO. (l. *impactus*.) m. Choque de un proyectil en el blanco. ‖ **2.** Huella o señal que en él deja.

IMPAGABLE. adj. Que no se puede pagar.

IMPAGO. (De *in*, 2.º art., y *pago*, 3.ᵉʳ art.) adj. fam. Argent. y Chile. Dícese de la persona a quien no se ha pagado.

IMPALPABLE. (De *in*, 2.º art., y *palpable*.) adj. Que no produce sensación al tacto. ‖ **2.** fig. Que apenas la produce.

IMPAR. (l. *impar*.) adj. Que no tiene igual. ‖ **2.** Arit. V. *Número* IMPAR. Ú.t.c.s.

IMPARCIAL. (De *in*, 2.º art., y *parcial*.) adj. Que juzga o procede con imparcialidad. *Juez* IMPARCIAL. Ú.t.c.s. ‖ **2.** Que incluye imparcialidad. *Historia* IMPARCIAL. ‖ **3.** Que no se adhiere a ningún partido. Ú.t.c.s.

IMPARCIALIDAD. (De *imparcial*.) f. Falta de prevención en favor o en contra, al considerar a una persona o cosa. ‖ **P.** imparcialidade; **I.** impartiality; **F.** impartialité; **A.** Objektivität; **It.** imparzialità; **R.** беспристрастие.

IMPARCIALMENTE. adv. Sin parcialidad.

IMPARISÍLABO, BA. adj. Dícese de los nombres griegos y latinos que en los casos oblicuos del singular tienen mayor número de sílabas que en el nominativo.

IMPARTIBLE. adj. Que no puede partirse.

IMPARTIR. (l. *impartîre*.) tr. Repartir, comunicar. ‖ **2.** V. *Auxilio*, IMPARTIR *el*.

IMPASIBILIDAD. (l. *impassibilitas*, *-âtis*.) f. Calidad de impasible. ‖ **P.** impassibilidade; **I.** impassibleness; **F.** impassibilité; **A.** Gleichmut; **It.** impassibilità; **R.** бесстрастность.

IMPASIBLE. (l. *impassîbilis*.) adj. Incapaz de padecer. ‖ **P.** impassível; **I.** y **F.** impassible; **A.** gefühllos, unempfindlich; **It.** impassibile; **R.** бесстрастный, бесчувственный.

IMPASIBLEMENTE. adv. Con impasibilidad.

IMPÁVIDAMENTE. adv. Sin temor ni pavor.

IMPAVIDEZ. (De *impávido*.) f. Denuedo, serenidad, valor ante los peligros. ‖ **2.** Chile y Perú. Insolencia, irrespetuosidad.

IMPÁVIDO, DA. (l. *impavîdus*.) adj. Libre de pavor, sereno. ‖ **2.** Chile. Insolente. ‖ **P.** impávido; **I.** impavid; **F.** intré-

---

pide, serein; **A.** unerschrocken; **It.** impàvido; **R.** бесстрашный.

IMPECABILIDAD. (De *impecable*.) f. Calidad de impecable. ‖ **P.** impecabilidade; **I.** impeccancy; **F.** impeccabilité; **A.** Fehlerlosigkeit; **It.** impeccabilità; **R.** безупречность.

IMPECABLE. (l. *impeccabîlis*.) adj. Incapaz de pecar. ‖ **2.** fig. Exento de tacha. ‖ **P.** impecável; **I.** y **F.** impeccable; **A.** untadelig; **It.** impeccàbile; **R.** безупречный.

IMPEDANCIA. f. Electr. Resistencia que un circuito dotado de capacidad y autoinducción ofrece al paso de una corriente eléctrica alterna.

IMPEDIDO, DA. p.p. de impedir. ‖ **2.** adj. Que no puede usar de los miembros. ‖ **3.** Tullido. ‖ **2.**ᵃ acep.: **P.** impedido; **I.** crippled; **F.** perclus; **A.** krüppelhaft; **It.** impedito; **R.** паралитик.

IMPEDIDOR, RA. (l. *impedîtor*.) adj. Que impide. Ú.t.c.s.

IMPEDIENTE. p.a. de impedir. Que impide. ‖ **2.** adj. V. *Impedimento* IMPEDIENTE.

IMPEDIMENTA. (l. *impedimenta*, pl. n. de *-tum*, impedimento.) f. Bagaje que suele llevar la tropa, impidiendo la celeridad de las marchas y operaciones. ‖ **P.**, **I.** y **F.** impedimenta; **A.** Gepäck, Tross; **It.** salmeria; **R.** обоз.

IMPEDIMENTO. (l. *impedimentum*.) m. Obstáculo, estorbo para una cosa. ‖ **2.** Cualquiera de las circunstancias que hace ilícito o nulo el matrimonio. ‖ **—dirimente.** El que anula el matrimonio. ‖ **—impediente.** El que lo hace ilegítimo, pero no nulo. ‖ **P.** y **It.** impedimento; **I.** impediment; **F.** empêchement; **A.** Hindernis; **R.** препятствие.

IMPEDIR. (l. *impedîre*.) tr. Estorbar, imposibilitar la ejecución de una cosa. ‖ **2.** poét. Suspender, embargar. ‖ **P.** impedir; **I.** to impede, to hinder; **F.** empêcher; **A.** (be-, ver)hindern; **It.** impedire; **R.** мешать.

IMPEDITIVO, VA. (l. *impedîtum*, supino de *impedîre*, impedir.) adj. Dícese de lo que impide o estorba.

IMPELENTE. p.a. de impeler. Que impele. ‖ **2.** V. *Bomba* IMPELENTE.

IMPELER. (l. *impellêre*.) tr. Dar empuje para producir movimiento. ‖ **2.** fig. Estimular. ‖ **P.** impelir; **I.** to impel; **F.** pousser; **A.** antreiben; **It.** impèllere; **R.** толкать.

IMPENDER. (l. *impendêre*.) tr. Gastar, expender.

IMPENETRABILIDAD. (De *impenetrable*.) f. Propiedad de los cuerpos que impide que uno esté en el lugar que ocupa otro.

IMPENETRABLE. (l. *impenetrabîlis*.) adj. Que no se puede penetrar. ‖ **2.** fig. Difícil de entender o de descifrar. ‖ **P.** impenetrável; **I.** impenetrable; **F.** impénétrable; **A.** undurchdringlich; **It.** impenetràbile; **R.** непроницаемый.

IMPENITENCIA. (l. *impaenitentîa*.) f. Obstinación en el pecado. ‖ **—final.** Perseverancia en la impenitencia hasta la muerte.

IMPENITENTE. (l. *impoenitens*, *-entis*.) adj. Que muestra impenitencia. ‖ **P.** e **It.** impenitente; **I.** impenitent; **F.** impénitent; **A.** unbussfertig; **R.** нераскаянный.

IMPENSA. (l. *impensa*, gasto.) f. For. Gasto que se hace en la cosa poseída. Ú.m. en pl.

IMPENSADAMENTE. adv. Sin pensar en ello, sin advertirlo.

IMPENSADO, DA. (De *in*, 2.º art., y *pensado*.) adj. Aplícase a las cosas que suceden sin pensar en ellas o sin esperarlas. ‖ **P.** impensado; **I.** unexpected; **F.** inopiné; **A.** unerwartet, unvermutet; **It.** impensato; **R.** необдуманный.

IMPERADOR, RA. adj. Que impera o manda. ‖ **2.** m. y desus. Emperador, ra.

IMPERANTE. p.a. de imperar. Que impera.

IMPERAR. (l. *imperâre*.) intr. Ejercer la dignidad imperial. ‖ **2.** Mandar, dominar. ‖ **P.** imperar; **I.** to imperate; **F.** impérer; **A.** herrschen; **It.** imperare; **R.** властвовать.

IMPERATIVAMENTE. adv. Con imperio.

IMPERATIVO, VA. (l. *imperatîvus*.)

---

adj. Que impera o manda. Ú.t.c.m. ‖ **2.** V. *Mandato* IMPERATIVO. ‖ **3.** Gram. V. *Modo* IMPERATIVO. ‖ **P.** e **It.** imperativo; **I.** imperative; **F.** impératif; **A.** imperativ; **R.** повелительный.

IMPERATORIA. (l. *imperatoria*, t. f. de *-rîus*, imperatorio.) f. Planta umbelífera de tallo hueco, hojas divididas en tres hojuelas lobuladas, flores blancas y fruto seco en semillas menudas. Es común en España.

IMPERATORIO, RIA. (l. *imperatorîus*.) adj. Perteneciente al Emperador. ‖ **2.** ant. Imperioso.

IMPERCEPTIBLE. (De *in*, 2.º art., y *perceptible*.) adj. Que no se puede percibir.

IMPERCEPTIBLEMENTE. adv. De modo imperceptible.

IMPERDIBLE. adj. Que no puede perderse. ‖ **2.** m. Alfiler que se abrocha metiendo su punta dentro de una cavidad que hay en el otro extremo. ‖ **P.** imperdível; **I.** unlosable; **F.** imperdable; **A.** unverlierbar; **It.** imperdibile; **R.** английская, булавка.

IMPERDONABLE. adj. Que no se puede o debe perdonar. ‖ **P.** imperdoável; **I.** unpardonable; **F.** impardonnable; **A.** unverzeihlich; **It.** imperdonàbile; **R.** непростительный.

IMPERDONABLEMENTE. adv. De modo imperdonable.

IMPERECEDERO, RA. (De *in*, 2.º art., y *perecedero*.) adj. Que no perece. ‖ **2.** fig. Inmortal, eterno.

IMPERFECCIÓN. (l. *imperfectîo*, *-ōnis*.) f. Falta de perfección. ‖ **2.** Falta moral. ‖ **P.** imperfeição; **I.** y **F.** imperfection; **A.** Unvollkommenheit; **It.** imperfezione; **R.** несовершенство.

IMPERFECTAMENTE. adv. Con imperfección.

IMPERFECTO, TA. (l. *imperfectus*.) adj. No perfecto. ‖ **2.** Principiado y no concluido. ‖ **3.** Gram. V. *Futuro*, *pretérito* IMPERFECTO. Ú.t.c.s.m. ‖ **P.** imperfeito; **I.** imperfect; **F.** imparfait; **A.** unvollkommen; **It.** imperfetto; **R.** несовершенный.

IMPERFETO, TA. adj. desus. Imperfecto.

IMPERFORACIÓN. (De *in*, 2.º art., y *perforación*.) f. Med. Defecto orgánico consistente en tener cerrados órganos que para cumplir sus funciones deberían estar abiertos.

IMPERIAL. (l. *imperiâlis*.) adj. Perteneciente al emperador o al imperio. ‖ **2.** f. Tejadillo o cobertura de las carrozas. ‖ **3.** Sitio con asientos que algunos carruajes tienen encima de la cubierta. ‖ **4.** Especie de juego de naipes. ‖ **P.** e **It.** imperial; **F.** impérial; **A.** kaiserlich; **It.** imperiale; **R.** императорский.

IMPERIALISMO. m. Sistema y doctrina de los imperialistas. ‖ **P.** e **It.** imperialismo; **I.** imperialism; **F.** impérialisme; **A.** Imperialismus; **R.** империализм.

IMPERIALISTA. (De *imperial*.) adj. Partidario de extender la dominación de un Estado por medio de la fuerza.

IMPERIAR. (De *imperio*.) intr. ant. Imperar.

IMPERICIA. (l. *imperitîa*.) f. Falta de pericia. ‖ **P.** impericia; **I.** unskilfulness; **F.** impéritie; **A.** Unerfahrenheit; **It.** imperizia; **R.** неопытность.

IMPERIO. (l. *imperîum*.) m. Acción de imperar. ‖ **2.** Dignidad de emperador y tiempo que dura su gobierno. ‖ **3.** fig. Altanería, orgullo. ‖ **4.** Estados sujetos a un emperador. ‖ **5.** Por ext., potencia de alguna importancia, aunque su jefe no se titule emperador. ‖ **6.** Tiempo durante el cual hubo emperadores en un país. ‖ *Mero* IMPERIO. Potestad de ciertos magistrados para imponer penas a los delincuentes con conocimiento de causa. ‖ *Mixto* IMPERIO. Facultad que compete a los jueces para decidir las causas civiles y llevar a efecto sus sentencias. ‖ *Valer un* IMPERIO una persona o cosa. fr. fig. y fam. Ser excelente o de gran mérito. ‖ **P.** império; **I.** y **F.** empire; **A.** Kaisertum, Kaiserreich; **It.** impero; **R.** империя.

IMPERIOSAMENTE. adv. Con imperio o altanería.

IMPERIOSO, SA. (l. *imperiōsus*.) adj. Que manda con imperio. ‖ **2.** Que lleva consigo exigencia.

I

IMPERITAMENTE. adv. Con impericia.

IMPERITO, TA. (l. *imperitus*.) adj. Que carece de pericia.

IMPERMEABILIDAD. f. Calidad de impermeable. ‖ **P**. impermeabilidade; **I**. impermeability; **F**. imperméabilité; **A**. Wasserdichtigkeit; **It**. impermeabilità; **R**. водонепроницаемость.

IMPERMEABILIZACIÓN. f. Acción y efecto de impermeabilizar.

IMPERMEABILIZAR. tr. Hacer impermeable alguna cosa.

IMPERMEABLE. (l. *impermeabĭlis*; de *in*, priv., y *permeabĭlis*, penetrable.) adj. Impenetrable al agua o a otro líquido. ‖ **2**. Sobretodo hecho con tela impermeable. ‖ **P**. impermeável; **I**. impermeable; **F**. imperméable; **A**. undurchdringlich; **It**. impermeàbile; **R**. непромокаемый.

IMPERMUTABILIDAD. f. Calidad de impermutable.

IMPERMUTABLE. (l. *impermutabĭlis*.) adj. Que no puede permutarse.

IMPERSCRUTABLE. (l. *imperscrutabĭlis*.) adj. Inescrutable.

IMPERSONAL. (l. *impersonālis*.) adj. V. *Tratamiento* IMPERSONAL. ‖ **2**. GRAM. V. *Verbo* IMPERSONAL. ‖ **3**. *En o por*, IMPERSONAL. m. adv. Impersonalmente. ‖ **P**. impessoal; **I**. impersonal; **F**. impersonnel; **A**. unpersönlch; **It**. impersonale; **R**. безличный.

★ **IMPERSONALISMO**. VENEZ. Desinterés, desprendimiento.

IMPERSONALIZAR. (De *impersonal*.) tr. GRAM. Usar como impersonal algún verbo que por su índole es personal. Hace calor.

IMPERSONALMENTE. adv. Con tratamiento impersonal. ‖ **2**. GRAM. Sin determinación de persona especialmente cuando se trata de verbos que suelen determinarla; se dice, se cuenta.

IMPERSUADIBLE. adj. No persuadible.

IMPERTÉRRITO, TA. (l. *imperterrĭtus*.) adj. Dícese de aquel a quien nada intimida. ‖ **P**. impertérrito; **I**. dauntless; **F**. intrépide; **A**. unerschrocken; **It**. impertèrrito; **R**. бесстрашный.

IMPERTINENCIA. (l. *impertĭnens, -entis*, impertinente.) f. Dicho o hecho fuera de propósito. ‖ **2**. Nimia susceptibilidad nacida de un humor desazonado. ‖ **3**. Importunidad molesta. ‖ **4**. Curiosidad, nimio cuidado de una cosa. ‖ **P**. impertinência; **I**. y **F**. impertinence; **A**. Fürwitz, Ungezogenheit; **It**. impertinenza; **R**. наглость.

IMPERTINENTE. (l. *impertĭnens, -entis*.) adj. Que no viene al caso. ‖ **2**. Nimiamente susceptible, que se desagrada de todo. Ú.t.c.s. ‖ **3**. m. pl. Anteojos con manija que suelen usar las señoras. ‖ **P**. e **It**. impertinente; **I**., **F**. y **A**. impertinent; **R**. наглый.

IMPERTINENTEMENTE. adv. Con impertinencia.

IMPERTIR. (l. *impertīre*.) tr. Impartir.

IMPERTURBABILIDAD. f. Calidad de imperturbable.

IMPERTURBABLE. (l. *imperturbabĭlis*.) adj. Que no se perturba. ‖ **P**. imperturbável; **I**. y **F**. imperturbable; **A**. unerschütterlich; **It**. imperturbàbile; **R**. невозмутимый.

IMPERTURBABLEMENTE. adv. De manera imperturbable.

★ **IMPÉTIGO**. (l. *impetere*, atacar.) m. MED. Dermatosis aguda y contagiosa. Se caracteriza por la formación de flictenas que al secarse forman costras amarillentas. ‖ **P**. y **F**. impétigo; **I**. impetigo; **A**. Eiterflechte; **It**. impetigine; **R**. кожная болезнь.

ÍMPETO. m. desus. Ímpetu.

IMPETRA. (De *impetrar*.) f. Facultad, permiso.

IMPETRACIÓN. (l. *impetratio, -ōnis*.) f. Acción y efecto de impetrar.

IMPETRADOR, RA. (l. *impetrātor*.) adj. Que impetra. Ú.t.c.s.

IMPETRANTE. p.a. de impetrar. Que impetra.

IMPETRAR. (l. *impetrāre*.) tr. Conseguir una gracia que se ha solicitado. ‖ **2**. Solicitar una gracia con ahinco. ‖ **P**. impetrar; **I**. to impetrate; **F**. impétrer; **A**.

erwirken; **It**. impetrare; **R**. вымаливать.

IMPETRATORIO, RIA. adj. Que sirve para impetrar.

ÍMPETU. (l. *impĕtus*.) m. Movimiento acelerado y violento. ‖ **2**. La misma fuerza o violencia. ‖ **P**. ímpetu; **I**. impetus, impetuosity; **F**. élan; **A**. Wucht, Heftigkeit; **It**. impeto; **R**. порыв, натиск.

IMPETUOSAMENTE. adv. Con ímpetu.

IMPETUOSIDAD. (De *impetuoso*.) f. Ímpetu.

IMPETUOSO, SA. (l. *impetuōsus*.) adj. Violento.

IMPIADOSO, SA. adj. desus. Impiedoso.

IMPÍAMENTE. adv. Sin religión. ‖ **2**. Sin compasión; con dureza.

IMPIEDAD. (l. *impiĕtas, -ātis*.) f. Falta de piedad o de religión. ‖ **P**. impiedade; **I**. impiety; **F**. impiété; **A**. Gottlosigkeit; **It**. empietà; **R**. безбожие.

IMPIEDOSO, SA. (l. *in*, 2.º art., y *pietōsus*, piadoso.) adj. Impío, sin piedad. ‖ **P**. impiedoso; **I**. 1.ª acep.

IMPÍGERO, RA. (l. *impĭger, -gri*.) adj. ant. Activo, pronto, vivo.

IMPINGAR. (l. *impinguāre*.) tr. ant. Lardear una cosa.

IMPÍO, A. (l. *impĭus*.) adj. Falto de piedad. ‖ **2**. fig. Irreligioso. ‖ **3**. V. *Hierba* IMPÍA. Ú.t.c.s. ‖ **P**. impio; **I**. impious; **F**. impie; **A**. gottlos; **It**. empio; **R**. неверующий.

IMPÍREO, A. adj. desus. Empíreo.

IMPLA. (anglosajón *wimpel*, velo, en b. l. *impla*.) f. Toca o velo de la cabeza usado antiguamente. ‖ **2**. Tela de que se hacían estos velos.

IMPLACABLE. (l. *implacabĭlis*.) adj. Que no se puede aplacar o templar. ‖ **P**. implacável; **I**. y **F**. implacable; **A**. unversöhnlich; **It**. implacàbile; **R**. непреклонный.

IMPLACABLEMENTE. adv. Con rigor o enojo.

IMPLANTACIÓN. f. Acción y efecto de implantar.

IMPLANTADOR, RA. adj. Que implanta.

IMPLANTAR. (De *in*, 1.er art., y *plantar*.) Establecer y poner en ejecución doctrinas, instituciones, costumbres nuevas.

IMPLANTÓN. (De *in*, 1.er art., y *plantón*.) m. SANT. Pieza de madera de sierra de determinadas dimensiones.

IMPLATICABLE. (De *in*, 2.º art., y *platicable*.) adj. Que no admite plática o conversación.

IMPLICACIÓN. (l. *implicatĭo, -ōnis*.) f. Contradicción, oposición de los términos entre sí.

IMPLICANCIA. f. AMÉR. Incompatibilidad legal y moral.

IMPLICANTE. p.a. de implicar. Que implica.

IMPLICAR. (l. *implicāre*.) tr. Envolver, enredar. Ú.t.c.r. ‖ **2**. fig. Contener, llevar en sí. ‖ **3**. intr. Impedir, envolver, contradicción. Ú.m. con adverbios de negación. ‖ **P**. implicar; **I**. to implicate; **F**. impliquer; **A**. verwickeln; **It**. implicare; **R**. вмешивать, запутывать.

IMPLICATORIO, RIA. (De *implicar*.) adj. Que envuelve o contiene contradicción.

IMPLÍCITAMENTE. adv. De modo implícito.

IMPLÍCITO, TA. (l. *implicĭtus*.) adj. Dícese de lo que se entiende incluido en otra cosa sin expresarlo. ‖ **P**. implícito; **I**. implicit; **F**. implicite; **A**. mit einbegriffen; **It**. implicito; **R**. подразумеваемый.

IMPLORACIÓN. (l. *imploratĭo, -ōnis*.) f. Acción y efecto de implorar.

IMPLORADOR, RA. adj. Que implora.

IMPLORAR. (l. *implorāre*.) tr. Pedir con ruegos o lágrimas una cosa. ‖ **P**. implorar; **I**. to implore; **F**. implorer; **A**. anflehen; **It**. implorare; **R**. умолять.

IMPLOSIÓN. f. FON. Modo de articulación propio de las consonantes implosivas y, más estrictamente, parte de la pronunciación de los sonidos oclusivos correspondiente al momento en que se forma la oclusión.

IMPLOSIVO, VA. adj. FON. Dícese de la articulación o sonido oclusivo que por ser final de sílaba, como la *p* de *apto*

o la *c* de *néctar*, termina sin la abertura súbita de las consonantes explosivas. ‖ **2**. FON. Dícese de la letra que representa este sonido. Ú.t.c.s.f.

IMPLUME. (l. *implūmis*.) adj. Que no tiene plumas.

IMPLUVIO. (l. *impluvĭum*, de *impluĕre*, llover.) m. Depósito del atrio de las casas romanas donde se recogían las aguas de lluvia que entraban por el compluvio.

IMPOLÍTICA. (De *in*, 2.º art., y *política*.) f. Descortesía.

IMPOLÍTICAMENTE. adv. De manera impolítica.

IMPOLÍTICO, CA. adj. Falto de política.

IMPOLUTO, TA. (l. *impollūtus*.) adj. Limpio.

IMPONDERABLE (De *in*, 2.º art., y *ponderable*.) adj. Que no puede pesarse. ‖ **2**. fig. Que excede a toda ponderación.

IMPONDERABLEMENTE. adv. De modo imponderable.

IMPONEDOR, RA. adj. Imponente. Ú.t.c.s.

IMPONENTE. p.a. de imponer. Que impone. Ú.t.c.s.

IMPONER. (l. *imponĕre*.) tr. Poner carga, obligación u otra cosa. ‖ **2**. Atribuir falsamente a otro una cosa. ‖ **3**. Instruir a uno en una cosa. ‖ **4**. Infundir respeto o miedo. ‖ **5**. Poner dinero a rédito o en depósito. ‖ **6**. IMPR. Disponer para la tirada las planas de composición con sus márgenes. ‖ **P**. impor; **I**. to impose; **F**. imposer; **A**. auferlegen; **It**. imporre; **R**. импонировать.

IMPONIBLE. (De *imponer*.) adj. Que se puede gravar con impuesto o tributo. ‖ **2**. V. *Líquido, riqueza* IMPONIBLE.

IMPOPULAR. (l. *impopulāris*.) adj. Que no es grato a la multitud. ‖ **P**. impopular; **I**. unpopular; **F**. impopulaire; **A**. unbeliebt; **It**. impopolare; **R**. непопулярный.

IMPOPULARIDAD. (De *impopular*.) f. Desafecto, mal concepto en el público.

IMPORTABLE. (l. *importabĭlis*.) adj. ant. Insoportable.

IMPORTACIÓN. (De *importar*.) f. Acción de importar. ‖ **2**. Conjunto de cosas importadas. ‖ **P**. importação; **I**. y **F**. importation; **A**. Import (Waren), Einfuhr; **It**. importazione; **R**. импорт.

IMPORTADOR, RA. adj. Que importa, 5.ª acep. Ú.t.c.s.

IMPORTANCIA. (l. *importans, -antis*, importante.) f. Calidad de importante. ‖ **2**. Representación de una persona por su dignidad. *Hombre de* IMPORTANCIA. ‖ *Darse uno* IMPORTANCIA. fr. Afectar influencia o superioridad. ‖ **P**. importancia; **I**. y **F**. importance; **A**. Wichtigkeit, Bedeutung; **It**. importanza; **R**. важность.

IMPORTANTE. p.a. de importar. Que importa. ‖ **2**. adj. Que es de importancia.

IMPORTANTEMENTE. adv. Con importancia.

IMPORTAR. (l. *importāre*.) intr. Convenir, interesar, hacer al caso. ‖ **2**. tr. Hablando del precio de las cosas, valer tal cantidad. ‖ **3**. Introducir en un país géneros, costumbres, etc. ‖ **4**. Llevar consigo. IMPORTAR *necesidad*. ‖ **P**. importar; **I**. to import; **F**. importer; **A**. einfürhen, importieren; **It**. importare; **R**. импортировать.

IMPORTE. (De *importar*.) m. Cuantía de un precio, crédito, deuda, saldo, etc. ‖ **P**. importe; **I**. value, amount; **F**. montant, valeur; **A**. Betrag, Summe; **It**. importo; **R**. стоимость.

IMPORTUNACIÓN. (De *importunar*.) f. Instancia porfiada y molesta.

IMPORTUNADAMENTE. adv. Con importunación.

IMPORTUNAMENTE. adv. Con importunidad. ‖ **2**. Fuera de tiempo o de propósito.

IMPORTUNAR. (De *importuno*.) tr. Incomodar o molestar.

IMPORTUNIDAD. (l. *importunitas, -ātis*.) f. Calidad de importuno. ‖ **2**. Incomodidad causada por una pretensión o solicitud.

IMPORTUNO, NA. (l. *importūnus*.) adj. Inoportuno. ‖ **2**. Molesto, fastidioso.

IMPOSIBILIDAD. (l. *impossibĭlitas, -ātis*.) f. Falta de posibilidad. ‖ —*física*.

I

La que hay para existir o verificarse una cosa en el orden natural. ‖ **—metafísica.** La que implica contradicción lógica. ‖ **—moral.** La que implica contradicción con una norma moral. ‖ *Imposible de toda* IMPOSIBILIDAD. expr. fam. con que se pondera la imposibilidad de una cosa. ‖ P. impossibilidade; **I.** impossibility; **F.** impossibilité; **A.** Unmöglichkeit; **It.** impossibilità; **R.** невозможность.

IMPOSIBILITADO, DA. p.p. de imposibilitar. ‖ **2.** adj. Tullido.

IMPOSIBILITAR. (De *in*, 2.º art., y *posibilitar*.) tr. Quitar la posibilidad de hacer o conseguir alguna cosa.

IMPOSIBLE. (l. *impossibilis*.) adj. No posible. ‖ **2.** Sumamente difícil. Ú.t.c.s.m. *Pedir eso es pedir un* IMPOSIBLE. ‖ **3.** Inaguantable. Ú. con los verbos *estar* y *ponerse*. ‖ **4.** For. V. *Condición* IMPOSIBLE *de derecho y de hecho*. ‖ **5.** m. Figura consistente en asegurar que antes de que suceda una cosa, han de ocurrir otras que no son posibles. ‖ *Hacer los* IMPOSIBLES. fr. fig. y fam. Apurar todos los medios para el logro de un fin. ‖ P. impossível; **I.** y **F.** impossible; **A.** unmöglich; **It.** impossible; **R.** невозможный.

IMPOSIBLEMENTE. adv. Con imposibilidad.

IMPOSICIÓN. (l. *impositio*, *-ōnis*.) f. Acción y efecto de imponer o imponerse. ‖ **2.** Carga, obligación o tributo que se impone. ‖ **3.** Impostura, 1.ª acep. ‖ **4.** Impr. Composición de cuadros que separan las planas entre sí. ‖ **5.** de manos. Ceremonia que usa la Iglesia para transmitir el Espíritu Santo a los que van a recibir ciertos sacramentos. ‖ P. posição; **I.** y **F.** imposition; **A.** Auflegung; **It.** imposizione; **R.** обложение.

★ **IMPOSITIVO, VA.** Argent. Perteneciente o relativo a impuestos.

IMPOSTA. (l. *imposita*, puesta sobre.) f. Arq. Hilada de sillares algo voladiza, sobre la cual va sentado el arco. ‖ **2.** Arq. Faja que corre horizontalmente en la fachada de los edificios a la altura de los diversos pisos. ‖ **3.** Tablero de una puerta sobre el que se cierra la hoja. ‖ P. e **It.** imposta; **I.** impost; **F.** imposte; **A.** Widerlager.

IMPOSTOR, RA. (l. *impostor*.) adj. Que calumnia. ‖ **2.** Que finge o engaña con apariencia de verdad. Ú.t.c.s. ‖ P. e **I.** impostor; **F.** imposteur; **A.** Betrüger; **It.** impostore; **R.** клеветник.

IMPOSTURA. (l. *impostūra*.) f. Imputación calumniosa. ‖ **2.** Engaño con apariencia de verdad.

IMPOTABLE. adj. Que no es potable.

IMPOTENCIA. (l. *impotentia*.) f. Falta de poder para hacer una cosa. ‖ **2.** Incapacidad de engendrar o concebir. ‖ P. impotencia; **I.** impotence; **F.** impuissance; **A.** Unvermögen; **It.** impotenza; **R.** бессилие.

IMPOTENTE. (l. *impotens*, *-entis*.) adj. Que no tiene potencia. ‖ **2.** Incapaz de engendrar o concebir. Ú.t.c.s.

IMPRACTICABILIDAD. f. Calidad de impracticable.

IMPRACTICABLE. (De *in*, 2.º art., y *practicable*.) adj. Que no se puede practicar. ‖ **2.** Dícese de los lugares que no se pueden pasar.

IMPRECACIÓN. (l. *imprecatio*, *ōnis*.) f. Acción de imprecar. ‖ **2.** Ret. Figura consistente en imprecar. ‖ P. imprecação; **I.** imprecation; **F.** imprécation; **A.** Fluch, Verwünschung; **It.** imprecazione; **R.** проклятие.

IMPRECAR. (l. *imprecāri*.) tr. Desear el mal para alguien manifestándolo por medio de palabras.

IMPRECATORIO, RIA. (De *imprecar*.) adj. Que implica o denota imprecación.

IMPRECISIÓN. f. Falta de precisión.

IMPRECISO, SA. adj. Vago, indefinido.

IMPREGNABLE. adj. Dícese de los cuerpos que pueden ser impregnados.

IMPREGNACIÓN. f. Acción y efecto de impregnar o impregnarse.

IMPREGNAR. (l. *impregnāre*.) tr. Introducir, sin que se combinen, las moléculas de un cuerpo en otro. Ú.m.c.r. ‖ P. impregnar; **I.** to impregnate; **F.** imprégner;

A. (durch-, ein)tränken; **It.** impregnare; **R.** пропитывать.

IMPREMEDITACIÓN. f. Falta de premeditación.

IMPREMEDITADO, DA. adj. No premeditado, irreflexivo.

IMPREMIR. tr. ant. Imprimir.

IMPRENTA. (De *emprenta*.) f. Arte de imprimir, 1.ª acep. ‖ **2.** Taller o lugar donde se imprime. ‖ **3.** Impresión, 3.ª acep. ‖ **4.** V. *Letra*, *libertad*, *metal*, *pie*, *tinta*, *yerro de* IMPRENTA. ‖ **5.** fig. Lo que se publica impreso. ‖ **6.** Colom. Embuste, proyecto. Ú.m. en pl. ‖ P. imprensa; **I.** printing, printing-office; **F.** imprimerie; **A.** (Buch)Druckerei, Presse; **It.** stampa; **R.** печать.

★ **IMPRENTAR.** (De *emprentar*.) tr. Chile. Imprimir. ‖ **2.** Chile. Planchar los cuellos, solapas y perneras de los pantalones.

IMPRESA. f. desus. Empresa.

IMPRESARIO. m. desus. Empresario.

IMPRESCINDIBLE. (De *in*, 2.º art., y *prescindible*.) adj. Dícese de aquello de que no se puede prescindir.

IMPRESCRIPTIBILIDAD. f. Calidad de imprescriptible.

IMPRESCRIPTIBLE. (De *in*, 2.º art., y *prescindible*.) adj. Que no puede prescribir.

IMPRESENTABLE. adj. Que no es digno de ser presentado o de presentarse.

IMPRESIÓN. (l. *impressio*, *-ōnis*.) f. Acción y efecto de imprimir. ‖ **2.** Calidad o forma de letra con que está impresa una obra. ‖ **3.** Obra impresa. ‖ **4.** Marca que una cosa deja en otra apretándola. ‖ **5.** Efecto que causa en un cuerpo otro extraño. ‖ **6.** fig. Movimiento que las cosas causan en el ánimo. *Hacer* IMPRESIÓN una cosa. fr. fig. Fijarse en la imaginación o en el ánimo, conmoviendo eficazmente. ‖ P. impressão; **I.** y **F.** impression; **A.** Eindruck; **It.** impressione; **R.** печатание.

IMPRESIONABILIDAD. f. Calidad de impresionable.

IMPRESIONABLE. adj. Fácil de impresionarse o de recibir una impresión.

IMPRESIONANTE. p.a. de impresionar. Que impresiona.

IMPRESIONAR. (De *impresión*.) tr. Persuadir por un movimiento afectivo, conmover. ‖ **2.** Actuar la luz o dejar que actúe sobre la placa fotográfica. ‖ **3.** Actuar las vibraciones acústicas o dejar que éstas actúen sobre un disco fonográfico. ‖ P. impressionar; **I.** to affet, to influence; **F.** impressionner; **A.** Eindruck machen auf; **It.** impressionare; **R.** производить впечатление.

IMPRESIONISMO. m. Sistema pictórico y escultórico que consiste en reproducir la naturaleza atendiendo más a la impresión que nos produce que a ella misma.

IMPRESIONISTA. adj. Partidario del impresionismo.

★ **IMPRESIVO, VA.** (l. *impressum*.) adj. Fisiol. Dícese de todo agente capaz de producir una sensación fisiológica.

IMPRESO, SA. (l. *impressus*.) p.p. irreg. de imprimir. ‖ **2.** m. Obra impresa. ‖ **2.ª** acep.: P. impresso; **I.** printed matter, print; **F.** imprimé; **A.** Drucksache; **It.** stampato; **R.** печатный.

IMPRESOR. (De *impreso*.) m. Artífice que imprime. ‖ **2.** Dueño de una imprenta. ‖ P. impressor; **I.** printer; **F.** imprimeur, typographe; **A.** (Buch)Drucker; **It.** stampatore; **R.** печатник, типограф.

IMPRESORA. f. Mujer del impresor. ‖ **2.** Propietaria de una imprenta.

IMPRESTABLE. (l. *impraestabilis*.) adj. Que no se puede prestar.

IMPREVISIBLE. adj. Que no se puede prever.

IMPREVISIÓN. f. Falta de previsión. ‖ P. imprevisão; **I.** improvision, improvidence; **F.** imprévoyance; **A.** Unvorsichtigkeit; **It.** imprevisione; **R.** непредусмотрительность.

IMPREVISOR, RA. (De *in*, 2.º art., y *previsor*.) adj. Que no prevé.

IMPREVISTO, TA. adj. No previsto. ‖ **2.** m. pl. En lenguaje administrativo, gastos para los cuales no hay crédito habilitado y distinto.

IMPRIMACIÓN. f. Acción y efecto

de imprimar. ‖ **2.** Conjunto de ingredientes con que se imprima.

IMPRIMADERA. f. Instrumento en forma de cuchilla o media luna, para imprimar.

IMPRIMADOR. m. El que imprima.

IMPRIMAR. (l. *in*, en, y *primus*, primero.) tr. Preparar con los ingredientes necesarios las cosas que han de ser pintadas o teñidas.

IMPRIMÁTUR. (3.ª pers. sing. del pres. subj. del l. *imprimĕre*, imprimir.) m. fig. Licencia que da la autoridad eclesiástica para imprimir un escrito.

★ **IMPRIMIBLE.** adj. Que se puede imprimir.

IMPRIMIDOR. (De *imprimir*.) m. ant. Impresor.

IMPRIMIR. (l. *imprimĕre*.) tr. Señalar en el papel u otra materia análoga, las letras y otros caracteres de las formas, apretándolas en la prensa. ‖ **2.** Estampar un sello u otra cosa en papel, tela, masa, etcétera, por medio de la presión. ‖ **3.** fig. Fijar en el ánimo algún afecto o especie. ‖ P. imprimir; **I.** to print, to stamp; **F.** imprimer; **A.** drucken, prägen; **It.** imprimere; **R.** печатать.

IMPROBABILIDAD. f. Falta de probabilidad.

IMPROBABLE. (l. *improbabilis*.) adj. No probable.

IMPROBABLEMENTE. adv. Con improbabilidad.

IMPROBAR. (l. *improbāre*.) tr. Desaprobar.

IMPROBIDAD. (l. *improbitas*, *-ātis*.) f. Falta de probidad, iniquidad, perversidad.

ÍMPROBO, BA. (l. *improbus*.) adj. Malo, malvado. ‖ **2.** Aplícase al trabajo intensivo. ‖ P. improbo; **I.** wicked; **F.** improbe; **A.** treulos; **It.** improbo; **R.** нечестный.

IMPROCEDENCIA. (De *in*, 2.º art., y *procedencia*.) f. Falta de oportunidad, de fundamento o de derecho.

IMPROCEDENTE. (De *in*, 2.º art., y *procedente*.) adj. No conforme a derecho. ‖ **2.** Inadecuado.

IMPRODUCTIVO, VA. (De *in*, 2.º art., y *productivo*.) adj. Dícese de lo que no produce.

IMPROFANABLE. adj. Que no se puede profanar.

★ **IMPROMPTU.** m. Composición musical que parece ofrecer el carácter de improvisación.

IMPRONTA. (ital. *impronta*, y éste del l. *imprimĕre*, imprimir.) f. Reproducción de imágenes en hueco o de relieve, en cualquier materia blanca y moldeable.

IMPRONUNCIABLE. adj. Imposible de pronunciar o de muy difícil pronunciación. ‖ **2.** Inefable, indecible.

IMPROPERAR. (l. *improperāre*.) tr. Decir a uno improperios.

IMPROPERIO. (l. *improperium*.) m. Injuria grave de palabra y especialmente la empleada para echar en cara una cosa. ‖ **2.** m. pl. Versículos que se cantan en el Oficio de Viernes Santo durante la adoración de la Cruz. ‖ P. e **It.** improperio; **I.** taunt; **F.** injure, impropère; **A.** Schmähung; **R.** брань.

IMPROPIAMENTE. adv. Con impropiedad.

IMPROPIAR. tr. Usar las palabras con impropiedad.

IMPROPIEDAD. f. Falta de propiedad en el lenguaje.

IMPROPIO, PIA. (l. *improprius*.) adj. Falto de las cualidades convenientes. ‖ **2.** Ajeno, extraño. ‖ P. impróprio; **I.** improper, unfit; **F.** impropre; **A.** ungehörig; **It.** improprio; **R.** несвойственный.

IMPROPORCIÓN. f. Desproporción.

IMPROPORCIONADO, DA. (De *in*, 2.º art., y *proporcionado*.) adj. Que carece de proporción.

IMPROPRIAMENTE. adv. desus. Impropiamente.

IMPROPRIEDAD. f. ant. Impropiedad.

IMPROPRIO, PRIA. adj. ant. Impropio.

IMPRORROGABLE. adj. Que no se puede prorrogar.

IMPRÓSPERO, RA. (l. *improsper*, *-ĕri*.) adj. No próspero.

I

IMPRÓVIDAMENTE. adv. Sin previsión.

IMPROVIDENCIA. (l. *improvidentia*.) f. ant. Falta de providencia.

IMPRÓVIDO, DA. (l. *improvĭdus*.) adj. Desprevenido.

IMPROVISACIÓN. f. Acción y efecto de improvisar. || **2**. Cosa improvisada. **3**. Medra rápida, por lo general inmerecida, en la carrera o en la fortuna de una persona. || **P**. improvisação; **I**. y **F**. improvisation; **A**. improvisieren, extemporieren; **It**. improvisazione; **R**. импровизация.

IMPROVISADAMENTE. adv. Improvisamente.

IMPROVISADOR, RA. adj. Que improvisa. Dícese especialmente del que compone versos de repente.

IMPROVISAMENTE. adv. De repente, sin previsión.

IMPROVISAR. (De *improviso*.) tr. Hacer una cosa de pronto, sin estudio ni preparación alguna.

IMPROVISO, SA. (l. *improvīsus*.) adj. Que no prevé o previene. || *En un* IMPROVISO. m. adv. p. us. En un instante.

IMPROVISTO, TA. (De *in*, 2.º art., y *provisto*.) adj. Improvisto. || *A la* IMPROVISTA. m. adv. Improvisamente.

IMPRUDENCIA. (l. *imprudentia*.) f. Falta de prudencia. || **2**. Acción imprudente. || **—temeraria**. For. Punible e inexcusable negligencia, la cual conduce a ejecutar hechos que, de mediar malicia en el actor, serían delitos. || **P**. imprudência; **I**. y **F**. imprudence; **A**. Leichtfertigkeit, Unbesonnenheit; **It**. imprudenza; **R**. неосторожность.

IMPRUDENTE. (l. *imprŭdens, -entis*.) adj. Que carece de prudencia. Ú.t.c.s.

IMPRUDENTEMENTE. adv. Con imprudencia.

IMPÚBER. adj. Impúbero. Ú.t.c.s.

IMPÚBERO, RA. (l. *impūbes, -ĕris*.) adj. Que no ha llegado aún a la pubertad. Ú.t.c.s. || **P**. impúbere; **I**. impuberal; **F**. impubère; **A**. unmannbar; **It**. impube; **R**. малолетний.

IMPUDENCIA. (l. *impudentia*.) f. Descaro, desvergüenza.

IMPUDENTE. (l. *impŭdens, -entis*.) adj. Desvergonzado, sin pudor.

IMPÚDICAMENTE. adv. Deshonestamente. || **2**. Con cinismo, descaradamente.

IMPUDICIA. f. Impudicicia.

IMPUDICICIA. (l. *impudicitĭa*.) f. Deshonestidad.

IMPÚDICO, CA. (l. *impudīcus*.) adj. Deshonesto, sin pudor. || **P**. e **It**. impudico; **I**.unchaste; **F**. impudique; **A**. unkeusch, unzüchtig; **R**. бесстыдный.

IMPUDOR. m. Falta de pudor y de honestidad. || **2**. Cinismo, 2.ª acep.

IMPUESTO, TA. (l. *impositus*.) p.p. irreg. de imponer. || **2**.m. Tributo, carga. || **2**.ª acep.: **P**. imposto; **I**. duty, tax, impost; **F**. impôt; **A**. Abgabe, Steuer; **It**. imposta; **R**. налог.

IMPUGNABLE. adj. Que se puede impugnar.

IMPUGNABLE. adj. ant. Inexpugnable.

IMPUGNACIÓN. (l. *impugnatio, -ōnis*.) f. Acción y efecto de impugnar.

IMPUGNADOR, RA. (l. *impugnātor*.) adj. Que impugna. Ú.t.c.s.

IMPUGNANTE. p.p. de impugnar. Que impugna.

IMPUGNAR. (l. *impugnāre*.) tr. Combatir, contradecir, refutar. || **P**. impugnar; **I**. to impugn; **F**. impugner; **A**. angreifen, anfrechten; **It**. impugnare; **R**. опровергать.

IMPUGNATIVO, VA. adj. Dícese de lo que impugna o sirve para impugnar.

IMPULSAR. (De *impulso*.) tr. Impeler.

IMPULSIÓN. (l. *impulsio, -ōnis*.) f. Impulso.

IMPULSIVIDAD. f. Condición de impulsivo.

IMPULSIVO, VA. (l. *impulsīvus*.) adj. Dícese de lo que impele o puede impeler. || **2**. Dícese del que, llevado de la impresión del momento, procede sin cautela ni reflexión.

IMPULSO. (l. *impulsus*.) m. Acción y efecto de impeler. || **2**. Instigación, sugestión. || **P**. e **It**. impulso; **I**. impulse; **F**.

impulsion; **A**. Trieb, Drang; **R**. импульс, порыв.

IMPULSOR, RA. (l. *impulsor*.) adj. Que impele. Ú.t.c.s.

IMPUNE. (l. *impūnis*.) adj. Que queda sin castigo. || **P**. e **It**. impune; **I**. unpunished; **F**. impuni; **A**. straflos, unbestraft; **R**. безнаказанный.

IMPUNEMENTE. adv. Con impunidad.

IMPUNIDAD. (l. *impunĭtas, -ātis*.) f. Falta de castigo. || **P**. impunidade; **I**. impunity; **F**. impunité; **A**. Straflosigkeit; **It**. impunità; **R**. безнаказанность.

IMPUNIDO, DA. (l. *impunītus*.) adj. ant. Impune.

IMPURAMENTE. adv. Con impureza.

IMPUREZA. (l. *impuritĭa*.) f. Mezcla de partículas extrañas a un cuerpo o materia. || **2**. Falta de pureza o castidad. || **P**. impureza; **I**. impurity; **F**. impureté; **A**. Unreinigkeit; **It**. impurità; **R**. нечистота.

IMPURIDAD. (l. *impurĭtas, -ātis*.) f. Impureza.

IMPURIFICACIÓN. f. Acción y efecto de impurificar.

IMPURIFICAR. tr. Hacer impura a una persona o cosa. || **2**. Causar impureza.

IMPURO, RA. (l. *impūrus*.) adj. No puro. || **P**. impuro; **I**. impure, foul; **F**. impur; **A**. unzüchtig, unlauter; **It**. impuro; **R**. нечистый.

IMPUTABILIDAD. f. Calidad de imputable.

IMPUTABLE. adj. Que se puede imputar.

IMPUTACIÓN. (l. *imputātio, -ōnis*.) f. Acción de imputar. || **2**. Cosa imputada. || **P**. imputação; **I**. y **F**. imputation; **A**. Beschuldigung; **It**. imputazione; **R**. обвинение.

IMPUTADOR, RA. (l. *imputātor*.) adj. Que imputa. Ú.t.c.s.

IMPUTAR. (l. *imputāre*.) tr. Atribuir a uno la culpa, la responsabilidad. || **2**. Señalar la aplicación de una cantidad, sea al entregarla, sea al tomar razón de ella en cuenta.

IMPUTRIBLE. (l. *imputribĭlis*.) adj. desus. Incorruptible.

IN. (l. *in*.) prep. insep. que se convierte en *im* delante de *b* o *p*; en *i*, por *il*, delante de *l*, y en *ir* delante de *r*. Generalmente equivale a *en*, como en *imponer, implantar*, etc. || **2**. Tiene oficio por sí sola en las locuciones latinas usadas en nuestro idioma. v. gr., IN *pártibus*; IN *promptu*, etc.

IN. Prefijo negativo o privativo, latino, que con este mismo valor usamos en castellano con los adjetivos, verbos y substantivos abstractos; como en IN*acabable*, IN*acción*. La *n* final sufre los mismos cambios que la del prefijo anterior.

INABARCABLE. adj. Que no puede abarcarse. Ú.t.m. en sentido figurado.

INABORDABLE. adj. Que no se puede abordar.

INACABABLE. adj. Que no se puede acabar.

INACCESIBILIDAD. (l. *inaccessibilĭtas, -ātis*.) f. Calidad de inaccesible.

INACCESIBLE. (l. *inaccessibĭlis*.) adj. No accesible. || **2**. Topogr. *Altura* INACCESIBLE. || **P**. inaccessível. **I**. y **F**. inaccessible; **A**. unzugänglich; **It**. inaccessibile; **R**. неприступный.

INACCESIBLEMENTE. adv. De modo inaccesible.

INACCESO, SA. (l. *inaccessus*.) adj. Inaccesible.

INACCIÓN. f. Falto de acción, inercia. || **P**. inacção; **I**. inaction; **F**. inaction, inactivité; **A**. Nichtstun; **It**. inazione; **R**. пассивность.

INACENTUADO, DA. adj. Gram. Dícese de la vocal, sílaba o palabra que se pronuncia sin acento prosódico.

INACEPTABLE. adj. No aceptable.

INACTIVIDAD. f. Carencia de actividad.

INACTIVO, VA. (De *in*, 2.º art., y *activo*.) adj. Sin acción o movimiento; ocioso. || **P**. inactivo; **I**. inactive; **F**. inactif; **A**. untätig, müssig; **It**. inattivo, inoperoso; **R**. бездеятельный.

INADAPTABILIDAD. f. Calidad de inadaptable.

INADAPTABLE. adj. No adaptable.

INADAPTACIÓN. f. No adaptación.

INADAPTADO, DA. adj. Dícese del que no se adapta a ciertas condiciones o circunstancias. Apl. a pers. ú.t.c.s.

INADECUACIÓN. f. Falta de adecuación.

INADECUADO, DA. adj. No adecuado.

INADMISIBLE. adj. No admisible. || **P**. inadmissível; **I**. y **F**. inadmissible; **A**. unzulässig; **It**. inammissibile; **R**. недопустимый.

INADOPTABLE. adj. No adoptable.

INADVERTENCIA. f. Falta de advertencia.

INADVERTIDAMENTE. adv. Con inadvertencia.

INADVERTIDO, DA. adj. Dícese del que no advierte o repara en las cosas que debiera. || **2**. No advertido.

INAFECTADO, DA. (l. *inaffectātus*.) adj. No afectado.

INAGOTABLE. (De *in*, 2.º art., y *agotable*.) adj. Que no se puede agotar.

INAGUANTABLE. (De *in*, 2.º art., y *aguantable*.) adj. Que no se puede aguantar o sufrir.

INAJENABLE. (De *in*, 2.º art., y *ajenable*.) adj. Inalienable.

INALÁMBRICO, CA. adj. Aplícase a todo sistema de comunicación eléctrica sin alambres.

IN ALBIS. (l. *in*, en, y *albis*, abl. del pl. de *albus*, blanco.) m. adv. En blanco, 2.ª y 3.ª aceps. Ú.m. con los verbos *dejar* y *quedarse*.

INALCANZABLE. adj. Que no se puede alcanzar.

INALIENABILIDAD. f. Calidad de inalienable.

INALIENABLE. (De *in*, 2.º art., y *alineable*.) adj. Que no se puede enajenar.

INALTERABILIDAD. f. Calidad de inalterable.

INALTERABLE. (De *in*, 2.º art., y *alterable*.) adj. Que no se puede alterar.

INALTERABLEMENTE. adv. Sin alteración.

INALTERADO, DA. adj. Que no tiene alteración.

INAMENO, NA. (l. *inamoenus*.) adj. Falto de amenidad.

INAMISIBLE. (l. *inamissibĭlis*.) adj. Que no se puede perder.

INAMOVIBLE. adj. Que no es movible.

INAMOVILIDAD. (De *in*, 2.º art., y *amovilidad*.) f. Calidad de inamovible.

INANALIZABLE. adj. No analizable.

INANE. (l. *inānis*.) adj. Vano, fútil.

INANICIÓN. (l. *inanitio, -ōnis*.) f. Med. Notable debilidad producida por falta de alimentos o por otras causas. || **P**. inanição; **I**. y **F**. inanition; **A**. Entkräftung; **It**. inanizione; **R**. истощение.

INANIDAD. (l. *inanĭtas, -ātis*.) f. Futilidad.

INANIMADO, DA. (l. *inanimātus*.) adj. Que no tiene alma. || **P**. inanimado; **I**. inanimate; **F**. inanimé; **A**. leblos, entseelt; **It**. inanimato; **R**. безжизненный.

IN ÁNIMA VILI. loc. lat. que significa *en ánima vil*, usada para indicar que los experimentos deben hacerse en animales irracionales antes que en el hombre.

INÁNIME. (l. *inanĭmis*.) adj. p. us. Exánime.

INAPAGABLE. (De *in*, 2.º art., y *apagable*.) adj. Que no puede apagarse.

INAPEABLE. adj. Que no se puede apear. || **2**. fig. Aplícase al que tenazmente se aferra en su dictamen u opinión.

INAPELABLE. (De *in*, 2.º art., y *apelable*.) adj. Dícese de la sentencia o fallo de que no se puede apelar. || **2**. fig. Irremediable, inevitable.

INAPETENCIA. (De *in*, 2.º art., y *apetencia*.) f. Falta de apetito o de gana de comer. || **P**. inapetência; **I**. inappetence; **F**. inappétence; **A**. Appetitlosigkeit; **It**. inappetenza; **R**. без аппетита.

INAPETENTE. (l. *in*, privat., y *appetens, -entis*, que apetece.) adj. Que carece de apetencia.

INAPLAZABLE. adj. Que no se puede aplazar. || **P**. impreterível; **I**. undelayable; **F**. inajournable; **A**. unaufschiebbar; **It**. indifferibile; **R**. неотложный.

INAPLICABLE. (De *in*, 2.º art., y *aplicable.*) Que no se puede aplicar a una cosa, o en una ocasión determinada.

INAPLICACIÓN. f. Desaplicación.

INAPLICADO, DA. adj. Desaplicado.

INAPRECIABLE. (De *in*, 2.º art., y *apreciable.*) adj. Que no se puede apreciar por cualquier causa.|| **P.** inapreciável; **I.** invaluable; **F.** inappréciable; **A.** unschätzbar; **It.** inaprezzàbile; **R.** неоценимый.

INAPRENSIBLE. (I. *inapprehensibilis.*) adj. Que no se puede coger.

INAPRENSIVO, VA. adj. Que no tiene aprensión.

INAPROVECHADO, DA. adj. No aprovechado.

INARMÓNICO, CA. (De *in*, 2.º art., y *armónico.*) adj. Falto de armonía. || **P.** inarmónico; **I.** inharmonic; **F.** inharmonieux; **A.** desharmonisch; **It.** inarmònico; **R.** негармоничный.

INARTICULADO, DA. (I. *inarticulātus.*) adj. No articulado. || **2.** Dícese también de los sonidos de la voz que no forman bien las palabras. || **P.** inarticulado; **I.** inarticulate; **F.** inarticulé; **A.** unartikuliert; **It.** inarticolato; **R.** нечленораз.

IN ARTICULO MORTIS. expr. 1. For. En el artículo de la muerte. || **2.** V. *Matrimonio* IN ARTICULO MORTIS.

INARTIFICIOSO, SA. adj. Sin artificio.

INASEQUIBLE. adj. No asequible. || **P.** inexequível; **I.** unattainable; **F.** impossible à obtenir; **A.** unerreichbar; **It.** inottenibile; **R.** недоступный.

INASIBLE. adj. Que no se puede asir o coger.

INASTILLABLE. adj. Dícese del vidrio que al romperse no produce aristas cortantes.

INATACABLE. (De *in*, 2.º art., y *atacable.*) adj. Que no puede ser atacado. || **P.** inatacável; **I.** unattackable; **F.** inattaquable; **A.** unangreifbar; **It.** inattaccàbile; **R.** ненападающий.

INATENCIÓN. f. Falta de atención.

INATENTO, TA. adj. Desatento, 1.ª acep.

INAUDITO, TA. (I. *inaudītus.*) adj. Nunca oído. || **2.** fig. Monstruoso, vituperable. || **P. e It.** inaudito; **I.** unheard; **F.** inouï; **A.** unerhört, beispiellos; **R.** неслыханный.

INAUGURACIÓN. (I. *inauguratio, -ōnis.*) f. Acto de inaugurar. || **P.** inauguração; **I.** y **F.** inauguration; **A.** Einweihung, Eröffnung; **It.** inaugurazione; **R.** начало.

INAUGURADOR, RA. adj. Que inaugura.

INAUGURAL. adj. Perteneciente a la inauguración. *Oración* INAUGURAL.

INAUGURAR. (I. *inaugurāre.*) tr. Consultar los augures el vuelo de las aves al iniciar una acción. || **2.** Dar principio a una cosa con cierta pompa. || **3.** Abrir de forma solemne un edificio. || **4.** Celebrar el estreno de una obra, monumento, etcétera. || **2.ª** acep.: **P.** inaugurar; **I.** to inaugurate; **F.** inaugurer, ouvrir; **A.** einweihen; **It.** inaugurare; **R.** открывать.

INAVERIGUABLE. (De *in*, 2.º art., y *averiguable.*) adj. Que no se puede averiguar.

INAVERIGUADO, DA. adj. No averiguado.

INCA. m. Rey, príncipe o varón de estirpe regia entre los antiguos peruanos. || **2.** Moneda de oro de la república del Perú, equivalente a 20 soles.

* **INCACHABLE.** Hond. Inútil, que no sirve.

INCAICO, CA. adj. Perteneciente a los incas.

INCALCULABLE. (De *in*, 2.º art., y *calculable.*) adj. Que no puede calcularse. || **P.** incalculável; **I.** y **F.** incalculable; **A.** unberechnbar; **It.** incalcolàbile; **R.** неисчислимый.

INCALER. (I. *incalēre*; de *in*, en, y *calēre*, caler.) intr. ant. Tocar, importar.

INCALIFICABLE. (De *in*, 2.º art., y *calificable.*) adj. Que no se puede calificar. || **2.** Muy vituperable. || **P.** inqualificável; **I.** unqualifiable; **F.** inqualifiable; **A.** unqualifizierbar; **It.** inqualificàbile; **R.** невообразимый.

INCALMABLE. adj. Que no se puede calmar.

INCALUMNIABLE. adj. Que no puede ser calumniado.

INCANDESCENCIA. f. Calidad de incandescente. || **P.** incandescência; **I.** y **F.** incandescence; **A.** Weissglut; **It.** incandescenza; **R.** накал, накаливание.

INCANDESCENTE. (I. *incandescens, -entis*, p.a. de *incandescĕre*, ponerse blanco el metal al fuego vivo.) adj. Candente.

INCANSABLE. adj. Incapaz de cansarse. || **P.** incansável; **I.** indefatigable; **F.** infatigable; **A.** unermüdlich; **It.** infaticàbile; **R.** неутомимый.

INCANSABLEMENTE. adv. Con persistencia o tenacidad que no cede al cansancio.

INCANTABLE. (De *in*, 2.º art., y *cantable.*) adj. Que no se puede cantar.

INCANTACIÓN. (I. *incantatio, -ōnis.*) f. ant. Encanto.

INCAPACIDAD. f. Falta de capacidad o cabida. || **2.** Carencia de entendimiento, preparación, medios u otras circunstancias para un acto. || **3.** For. Carencia de aptitud legal para ejecutar determinados actos. || **P.** incapacidade; **I.** incapacity; **F.** incapacité; **A.** Unfähigkeit; **It.** incapacità; **R.** неспособность.

INCAPACITADO, DA. p.p. de incapacitar. || **2.** adj. Dícese, esencialmente en el orden civil, de los que sufren pena de interdicción.

INCAPACITAR. tr. Hacer imposible a uno la ejecución de cualquier acto. || **2.** For. Declarar la falta de aptitud legal. || **P.** incapacitar; **I.** to incapacitate; **F.** inhabiliter; **A.** unfähig, machen; **It.** incapacitare; **R.** объявлять неправомочным.

INCAPAZ. (I. *incapax.*) adj. Falto de cabida. || **2.** Carente de aptitud o medios. || **3.** Necio, tonto. || **4.** For. Que carece de aptitud legal para ciertos actos. || **P.** incapaz; **I.** y **F.** incapable; **A.** unfähig; untauglich; **It.** incapace; **R.** неспособный.

INCAPEL. (I. 1.er art., y *capel*, del 1. *capellus*, capillo.) m. Ál. Capillo.

INCARDINACIÓN. f. Acción y efecto de incardinar.

INCARDINAR. (b. l. *incardinare*, y éste de *in*, en, y *cardo*, -inis, el quicio.) tr. Admitir un obispo como súbdito suyo a un eclesiástico de otra diócesis. Ú.t.c.r.

INCASABLE. adj. Que no puede casarse. || **2.** Que tiene gran repugnancia al matrimonio.

INCASTO, TA. (I. *incastus*; de *in*, negat., y *castus*, casto.) adj. Que no tiene castidad ni continencia.

INCAUSTO. m. Encausto, 2.ª acep.

INCAUTACIÓN. f. Acción y efecto de incautarse. || **P.** incautação; **I.** attachment; **F.** mise sous séquestre; **A.** Einziehung; **It.** requisizione; **R.** конфискация.

INCAUTAMENTE. adv. Sin cautela, sin precisión.

INCAUTARSE. (I. *in*, en, y *captare*, coger.) r. Tomar posesión una autoridad competente de dinero o bienes de otra clase.

INCAUTO, TA. (I. *incautus.*) adj. Que no tiene cautela. || **P. e It.** incauto; **I.** unwary; **F.** imprécautionné; **A.** unvorsichtig; **R.** неосторожный.

INCENDAJA. (De *encendaja.*) f. Materia combustible a propósito para incendiar. Ú.m. en pl.

INCENDIAR. (De *incendio.*) tr. Causar el incendio de una cosa.

INCENDIARIO, RIA. (I. *incendiarius.*) adj. Que maliciosamente incendia. || **2.** Destinado para incendiar o que puede causar incendio. || **3.** fig. Escandaloso, subversivo. || **P.** incendiário; **I.** incendiary; **F.** incendiaire, brûleur; **A.** Brandstifter; **It.** incendiario; **R.** поджигатель.

INCENDIO. (I. *incendium.*) m. Fuego grande que abrasa lo que no está destinado a arder. || **2.** fig. Afecto que acalora y agita violentamente el ánimo. || **P.** incêndio; **I.** fire; **F.** incendie; **A.** Brand, Feuer; **It.** incendio; **R.** пожар.

INCENSACIÓN. f. Acción y efecto de incensar.

INCENSADA. f. Cada uno de los movimientos del incensario en el acto de incensar. || **2.** fig. Adulación, lisonja.

INCENSAR. (b. l. *incensare*, de *incensum*, incienso.) tr. Dirigir con el incensario el humo del incienso hacia una persona o cosa. || **2.** fig. Lisonjear. || **P.** incensar; **I.** to incense; **F.** encenser; **A.** beräuchern; **It.** incensare; **R.** кадить.

INCENSARIO. m. Braserillo con cadenillas y tapa, que sirve para incensar. || **P.** incensário; **I.** incensory; **F.** encensoir; **A.** Räucherfass; **It.** incensiere; **R.** кадило.

INCENSIVO, VA. (I. *incesivus.*) adj. ant. Que enciende o tiene virtud de encender.

INCENSO. m. ant. Incienso.

INCENSOR, RA. (I. *incensor.*) adj. ant. Incendiario. Usáb.t.c.s.

INCENSURABLE. (De *in*, 2.º art., y *censurable.*) adj. Que no se puede censurar.

INCENTIVO, VA. (I. *incentivus.*) adj. Que mueve o excita a desear o hacer alguna cosa. Ú.m.c.s.m. || **P. e It.** incentivo; **I.** incentive; **F.** stimulant; **A.** (An)Reiz; **R.** возбуждающее.

INCEPTOR. (I. *imceptor, -ōris.*) m. desus. Comenzador.

INCERTEZA. (De *in*, 2.º art., y *certeza.*) f. ant. Incertidumbre.

INCERTIDUMBRE. f. Falta de certidumbre, duda. || **P.** incerteza; **I.** uncertainty; **F.** incertitude, hésitation; **A.** Ungewissheit; **It.** incertezza; **R.** неуверенность.

INCERTINIDAD. (De *in*, 2.º art., y *certinidad.*) f. Incertidumbre.

INCERTÍSIMO, MA. adj. sup. de incierto.

INCERTITUD. (I. *incertitūdo.*) f. ant. Incertidumbre.

INCESABLE. (I. *incessabilis.*) adj. Que no cesa o que no puede cesar.

INCESABLEMENTE. adv. De manera incesable.

INCESANTE. (De *in*, 2.º art., y *cesante.*) adj. Que no cesa. || **P. e It.** incessante; **I.** unceasing; **F.** incessant; **A.** unaufhörlich; **R.** беспрерывный.

INCESANTEMENTE. adv. Sin cesar.

INCESTAR. (I. *incestāre.*) intr. ant. Cometer incesto.

INCESTO. (I. *incestus.*) adj. desus. Incestuoso, 2.ª acep. || **2.** m. Ayuntamiento carnal entre parientes, dentro de los grados en que está prohibido el matrimonio. || **2.ª** acep.: **P. e It.** incesto; **I.** incest; **F.** inceste; **A.** Inzest, Blutschande; **R.** кровосмешение.

INCESTUOSAMENTE. adv. De modo incestuoso.

INCESTUOSO, SA. (I. *incestuōsus.*) adj. Que comete incesto. Ú.t.c.s. || **2.** Perteneciente a este pecado. || **3.** V. *Hijo* INCESTUOSO.

INCIDENCIA. (I. *incidentia.*) f. Lo que sobreviene en el discurso de un asunto o negocio y tiene en él alguna conexión. || **2.** Geom. Caída de una línea, de un cuerpo o de un rayo de luz, sobre otro cuerpo plano, línea o punto. || *Por* INCIDENCIA. m. adv. Accidentalmente. || **P.** incidência; **I.** y **F.** incidence; **A.** Zwischenfall, Insidenz; **It.** incidenza; **R.** событие.

INCIDENTAL. adj. Incidente.

INCIDENTALMENTE. adv. Incidentemente.

INCIDENTE. (I. *incidens, -entis.*) adj. Que sobreviene en el curso de un asunto o negocio; pequeño suceso que interrumpe más o menos el curso de otro. || **2.** Ópt. V. *Rayo* INCIDENTE. || **3.** m. For. Cuestión relacionada con el principal asunto del juicio, sin suspender o suspendiendo el curso de aquél: en este último caso se llama de previo y especial pronunciamiento. || **P. e It.** incidente; **I.** y **F.** incident; **A.** Vorfall, Zwischenfall; **R.** инцидент, случай.

INCIDENTEMENTE. adv. Por incidencia.

INCIDIR. (I. *incidĕre.*) intr. Incurrir en una falta, error, etc. || **2.** Med. Hacer una incisión o cortadura.

INCIENSO. (I. *incênsus*, quemado.) m. Gomorresina aromática que se quema en las ceremonias del culto. || **2.** Mezcla de substancias resinosas que al arder despiden buen olor. || **3.** fig. Lisonja, 1.er art. **—macho** o **hembra**, según que se destile natural o artificialmente, por medio de una incisión, del árbol del incienso. || **P. e It.** incienso; **I.** incense; **F.** encens; **A.** Weihrauch; **R.** ладан.

I

INCIENTE. (l. *insciens*, *-entis*.) adj. ant. Que no sabe.

INCIERTAMENTE. adv. Con incertidumbre.

INCIERTO, TA. (l. *incertus*.) adj. No cierto o no verdadero. || 2. Inconstante, no seguro. || 3. Desconocido, ignorado. || **P**. e **It**. incerto; **I**. uncertain; **F**. incertain, douteux; **A**. ungewiss, unentschieden; **R**. неверный.

INCINERABLE. adj. Que ha de incinerarse. Dícese de los billetes de banco que se retiran para ser quemados.

INCINERACIÓN. f. Acción y efecto de incinerar.

INCINERAR. (l. *incinerāre*; de *in*, en, y *cinis*, *-ěris*, ceniza.) tr. Reducir una cosa a cenizas. Dícese más comúnmente de los cadáveres. || **P**. incinerar; **I**. to incinerate; **F**. incinérer; **A**. (ein)äschern; **It**. incinerare; **R**. испепелять.

INCIPIENTE. (l. *incipiens*, *-entis*, p.a. de *incipěre*, comenzar.) adj. Que empieza.

INCIRCUNCISO, SA. (l. *incircumcīsus*.) adj. No circuncidado. || **P**. incircunciso; **I**. uncircumcised; **F**. incirconcis; **A**. unbeschnitten; **It**. incirconciso; **R**. необрезанный.

INCIRCUNSCRIPTO, TA. (l. *incircumscriptus*.) adj. No comprendido dentro de determinados límites.

INCISIÓN. (l. *incisĭo*, *-ōnis*.) f. Hendidura que se hace con instrumento cortante. || 2. Cesura. || **P**. incisão; **I**. y **F**. incision; **A**. Einschnitt; **It**. incisione; **R**. надрез, разрез.

INCISIVO, VA. (l. *incīsum*, supino de *inciděre*, cortar.) adj. Apto para abrir o cortar. || 2. V. *Diente* INCISIVO. Ú.t.c.s. || 3. fig. Punzante. || **P**. e **It**. incisivo; **I**. incisive; **F**. incisif; **A**. einschneidend; **R**. режущий.

INCISO, SA. (l. *incisus*, p.p. de *inciděre*, cortar.) adj. Cortado, 3.ª acep. || 2. m. GRAM. Cada uno de los miembros que, en los períodos, encierra un sentido parcial. || 3. GRAM. Coma, 1.er art., 1.ª acep. || 2.ª acep.: **P**. e **It**. inciso; **I**. sentence; **F**. incise; **A**. Schnitt Abschnitt; **R**. отрывочный, запятая.

INCISORIO, RIA. (l. *incisorĭus*, de *incisum*, supino de *inciděre*, cortar.) adj. Que puede cortar o una corta. Dícese comúnmente de los instrumentos de cirugía.

INCISURA. f. MED. Escotadura, hendidura.

INCITACIÓN. (l. *incitatĭo*, *-ōnis*.) f. Acción y efecto de incitar. || **P**. incitação; **I**. incitement; **F**. incitation; **A**. Anreizung; **It**. incitazione; **R**. подстрекательство.

INCITADOR, RA. (l. *incitātor*.) adj. Que incita. Ú.t.c.s.

INCITAMENTO. (l. *incitamentum*.) m. Lo que incita.

INCITAMIENTO. m. Incitamento.

INCITANTE. p.a. de incitar. Que incita.

INCITAR. (l. *incitāre*.) tr. Mover vivamente, estimular a uno. || **P**. incitar; **I**. to incite; **F**. inciter; **A**. anreizen; **It**. incitare; **R**. побуждать.

INCITATIVA. (l. *incitativo*.) f. FOR. Provisión que hacía el tribunal superior para que los tribunales ordinarios no agraviasen a las partes.

INCITATIVO, VA. adj. Que incita o tiene virtud de incitar. || 2. FOR. Aguijatorio.

INCIVIL. (l. *incivīlis*.) adj. Falto de cultura.

INCIVILIDAD. f. Falta de civilidad.

INCIVILMENTE. adv. De manera incivil.

INCLASIFICABLE. adj. Que no se puede clasificar.

INCLAUSTRACIÓN. (De *in*, 1.er art., y *claustro*.) f. Ingreso en una orden monástica.

INCLEMENCIA. (l. *inclementĭa*.) f. Falta de clemencia. || *A la* INCLEMENCIA. adv. Al descubierto. || **P**. inclemência; **I**. inclemency; **F**. inclémence; **A**. Unfreundlichkeit; **It**. inclemenza; **R**. безжалостность, непогода.

INCLEMENTE. (l. *inclēmens*, *-entis*.) adj. Falto de clemencia.

INCLÍN. (De *inclinar*, 4.ª acep.) m.

LEÓN y SAL. Inclinación, propensión. || 2. LEÓN y SAL. Índole, temperamento, carácter.

INCLINACIÓN. (l. *inclinatĭo*, *-ōnis*.) f. Acción y efecto de inclinar o inclinarse. || 2. Reverencia que se hace con el cuerpo o con la cabeza. || 3. fig. Afecto, amor. || 4. Dirección que una línea o superficie tiene con relación a otra línea o superficie. || —**de la aguja magnética**. Fís. Ángulo que la aguja imanada forma con el plano horizontal. || **P**. inclinação; **I**. y **F**. inclination; **A**. (Hin)Neigung; **It**. inclinazione; **R**. наклонение.

INCLINADO, DA. p.p. de inclinar. || 2. adj. MEC. V. *Plano* INCLINADO.

INCLINADOR, RA. adj. Que inclina. Ú.t.c.s.

INCLINANTE. (l. *inclīnans*, *-antis*.) p.a. de inclinar. Que inclina o se inclina.

INCLINAR. (l. *inclināre*.) tr. Desviar una cosa de su posición perpendicular a otra o al horizonte. Ú.t.c.r. || 2. fig. Persuadir a uno a que haga o diga lo que dudaba hacer o decir. || 3. intr. Parecerse un tanto un objeto a otro. Ú.t.c.r. || 4. r. Propender a una cosa. *Me* INCLINO *a creerle*.

INCLINATIVO, VA. (l. *inclinatīvus*.) adj. Dícese de lo que inclina o puede inclinar.

ÍNCLITO, TA. (l. *inclỹtus*.) adj. Ilustre, afamado. || **P**. ínclito; **I**. illustrious; **F**. illustre; **A**. berühmt; **It**. inclito; **R**. прославленный.

INCLUIR. (l. *includěre*.) tr. Poner una cosa dentro de otra o dentro de sus límites. || 2. Contener una cosa a otra. || 3. Comprender una cosa menor en otra mayor o una parte en su todo. || **P**. incluir; **I**. to include, to enclose; **F**. inclure, insérer; **A**. einschliessen; **It**. inclùdere; **R**. включать.

INCLUSA. (Del nombre de *Nuestra Señora de la Inclusa* cuya imagen fue colocada en una casa de expósitos de Madrid.) f. Casa donde se recogen y crían a los niños expósitos. || **P**. roda; **I**. foundling-hospital; **F**. asile des enfants trouvés; **A**. Findelhaus; **It**. brefotrofio; **R**. детский приют.

INCLUSA. (l. *inclūsa*, cerrada.) f. ant. Esclusa.

INCLUSERO, RA. adj. fam. Que se cría o se ha criado en la inclusa, 1.er art. Ú.t.c.s.

INCLUSIÓN. (l. *inclusĭo*, *-ōnis*.) f. Acción y efecto de incluir. || 2. Conexión o amistad de una persona con otra.

INCLUSIVAMENTE. adv. Con inclusión.

INCLUSIVE. (l. escolástico, *inclusive*, y éste del l. *inclūsus*, incluso.) adv. Inclusivamente.

INCLUSIVO, VA. (De *incluso*.) adj. Que incluye, o tiene virtud y capacidad para incluir una cosa.

INCLUSO, SA. (l. *inclūsus*.) p.p. irreg. de incluir. Ú.s.c.adj. || 2. adv. Con inclusión de, inclusivamente. || 3. prep. Hasta.

INCLUYENTE. p.a. de incluir. Que incluye.

INCOACIÓN. (l. *inchoatĭo*, *-ōnis*.) f. Acción de incoar.

INCOAR. (l. *inchoāre*.) tr. Comenzar una cosa. Dícese comúnmente de un proceso o pleito. || **P**. incoar; **I**. to inchoate; **F**. commencer; **A**. beginnen, anfangen; **It**. incoare; **R**. начинать.

INCOATIVO, VA. (l. *inchoatīvus*.) adj. Que denota el principio de una cosa o de una acción. || 2. V. *Verbo* INCOATIVO.

INCOBRABLE. (De *in*, 2.° art., y *cobrable*.) adj. Que no se puede cobrar o es de muy dudosa cobranza.

INCOERCIBLE. (De *in*, 2.° art., y *coercible*.) adj. Que no puede ser coercido.

INCOGITADO, DA. (l. *incogitātus*.) adj. desus. Impensado.

INCÓGNITA. (l. *incognĭta*, t. f. de *-tus*, incógnito.) f. MAT. Cantidad desconocida que es preciso determinar en una ecuación. || 2. fig. Causa o razón oculta de un hecho que se examina. || **P**. incógnita; **I**. unknown quantity; **F**. inconnue; **A**. Unbekannte; **It**. incògnita; **R**. неизвестная величина.

INCÓGNITO, TA. (l. *incognĭtus*.) adj. No conocido. || *De* INCÓGNITO. m. adv.

Sin darse a conocer, procurando no ser tratado con el ceremonial que le corresponde.

INCOGNOSCIBLE. (l. *incognoscibĭlis*.) adj. Que no se puede conocer.

INCOHERENCIA. f. Falta de coherencia. || **P**. incoerência; **I**. incoherence; **F**. incohérence; **A**. Zusammenhanglosigkeit; **It**. incoerenza; **R**. бессвязность.

INCOHERENTE. (l. *incohaerens*, *-entis*.) adj. No coherente.

INCOHERENTEMENTE. adv. Con incoherencia.

ÍNCOLA. (l. *incŏla*.) m. Morador o habitante de un pueblo o lugar.

INCOLORO, RA. (l. *incŏlor*, *-ōris*.) adj. Que carece de color.

INCÓLUME. (l. *incolūmis*.) adj. Sano, sin lesión. || **P**. incólume; **I**. unharmed; **F**. indemne; **A**. unversehrt; **It**. incòlume; **R**. здоровый.

INCOLUMIDAD. (l. *incolumitas*, *-ātis*.) f. Estado o calidad de incólume.

INCOMBINABLE. (De *in*, 2.° art., y *combinable*.) adj. Que no puede combinarse.

INCOMBUSTIBILIDAD. f. Calidad de incombustible.

INCOMBUSTIBLE. (De *in*, 2.° art., y *combustible*.) adj. Que no se puede quemar. || 2. fig. Desapasionado. || **P**. incombustível; **I**. y **F**. incombustible; **A**. unverbrennbar, feuersicher; **It**. incombustibile; **R**. несгораемый.

INCOMBUSTO, TA. (De *in*, 2.° art., y *combusto*.) adj. ant. No quemado.

INCOMERCIABLE. (De *in*, 2.° art., y *comerciable*.) adj. Dícese de aquello con lo que no se puede comerciar.

INCOMESTIBLE. (De *in*, 2.° art., y *comestible*.) adj. Que no es comestible. || 2. Incomible.

INCOMIBLE. adj. Que no se puede comer.

INCOMODADOR, RA. adj. Que incomoda. Ú.t.c.s.

INCÓMODAMENTE. adv. Con incomodidad.

INCOMODAR. (l. *incommodāre*.) tr. Causar incomodidad. Ú.t.c.r. || **P**. incomodar; **I**. to incommode; **F**. déranger, gêner; **A**. ärgen, belastigen; **It**. incomodare; **R**. беспокоить.

INCOMODIDAD. (l. *incommoditas*, *-ātis*.) f. Falta de comodidad. || 2. Molestia, 1.ª acep. || 3. Enojo, disgusto. || **P**. incomodidade; **I**. incommodity; **F**. incommodité, gêne; **A**. Unbequemlichkeit; **It**. incomodità; **R**. неудобство.

INCÓMODO, DA. (l. *incommŏdus*.) adj. Que incomoda. || 2. Que carece de comodidad. || 3. m. Incomodidad. || **P**. incómodo; **I**. incommodious, troublesome; **F**. incommode; **A**. unbequem; **It**. incòmodo; **R**. неудобный.

INCOMPARABLE. (l. *incomparabĭlis*.) adj. Que no tiene o admite comparación.

INCOMPARABLEMENTE. adv. Sin comparación.

INCOMPARADO, DA. (l. *incomparātus*.) adj. Incomparable.

INCOMPARTIBLE. adj. Que no se puede compartir.

INCOMPASIBLE. (De *in*, 2.° art., y *compasible*.) adj. Incompasivo.

INCOMPASIVO, VA. (De *in*, 2.° art., y *compasivo*.) adj. Que carece de compasión.

INCOMPATIBILIDAD. (De *in*, 2.° art., y *compatibilidad*.) f. Calidad de incompatible. || 2. Imposibilidad legal para ejercer una función determinada, o para ejercer dos o más cargos a la vez. || **P**. incompatibilidade; **I**. incompatibility; **F**. incompatibilité; **A**. Unverträglichkeit; **It**. incompatibilità; **R**. несовместимость.

INCOMPATIBLE. adj. No compatible con otra cosa.

INCOMPENSABLE. adj. No compensable.

INCOMPETENCIA. f. Falta de competencia o de jurisdicción.

INCOMPETENTE. (l. *incompětens*, *-entis*.) adj. No competente.

INCOMPLEJO, JA. adj. Incomplexo. || 2. ARIT. V. *Número* INCOMPLEJO.

INCOMPLETAMENTE. adv. De modo incompleto.

INCOMPLETO, TA. (l. *incomplētus*.)

adj. No completo. || **P.** e **It.** incompleto; **I.** incomplete; **F.** incomplet; **A.** unvollkommen, lückenhaft; **R.** неполный.

INCOMPLEXO, XA. (l. *incomplēxus.*) adj. Desunido, sin trabazón.

INCOMPONIBLE. adj. No componible.

INCOMPORTABLE. adj. No comportable.

INCOMPOSIBILIDAD. (De *incomposible.*) f. Imposibilidad o dificultad de componerse una persona o cosa con otra.

INCOMPOSIBLE. (De *in,* 2.º art., y *composible.*) Incomponible.

INCOMPOSICIÓN. f. Falta de composición.

INCOMPREHENSIBILIDAD. (l. *incomprehensibilitas, -ātis.*) f. Incomprensibilidad.

INCOMPREHENSIBLE. (l. *incomprehensibilis.*) f. Incomprensible.

INCOMPRENDIDO, DA. adj. Que no ha sido debidamente comprendido. || **2.** Dícese de la persona cuyo mérito no ha sido bien comprendido.

INCOMPRENSIBILIDAD. (De *incomprehensibilidad.*) f. Calidad de incomprensible.

INCOMPRENSIBLE. (De *incomprehensible.*) adj. Que no se puede comprender. || **P.** incompreensível; **I.** incomprehensible; **F.** incompréssible; **A.** unbegreiflich; **It.** incomprensibile; **R.** непонятный.

INCOMPRENSIBLEMENTE. adv. De manera incomprensible.

INCOMPRENSIÓN. f. Falta de comprensión.

INCOMPRESIBILIDAD. f. Calidad de incompresible.

INCOMPRESIBLE. (De *in,* 2.º art., y *compresible.*) adj. Que no se puede comprimir.

INCOMPUESTAMENTE. (De *in,* 2.º art., y *compuestamente.*) adv. ant. Con desaliño. || **2.** ant. fig. Desordenadamente, sin compostura.

INCOMPUESTO, TA. adj. desus. No compuesto. || **2.** desus. Desaseado.

INCOMUNICABILIDAD. (De *in,* 2.º art., y *comunicabilidad.*) f. Calidad de incomunicable.

INCOMUNICABLE. (l. *incommunicabilis.*) adj. No comunicable.

INCOMUNICACIÓN. f. Acción y efecto de incomunicar o incomunicarse. || **2.** For. Aislamiento temporal de procesados o testigos. || **P.** incomunicação; **I.** incommunication; **F.** miseau secret, isolement; **A.** Unterbrechung; **It.** incomunicazione; **R.** изоляция.

INCOMUNICADO, DA. p.p. de incomunicar. || **2.** adj. Que no tiene comunicación. Aplícase generalmente a los presos cuando no se les permite tratar con nadie. || **P.** incomunicado; **I.** incommunicated; **F.** incommuniqué; **A.** in Einzelhaft gesetzt; **It.** incomunicato; **R.** изолированный.

INCOMUNICAR. (De *in,* 2.º art., y *comunicar.*) tr. Privar de comunicación a una persona o cosa. || **2.** r. Aislarse, negarse al trato con otras personas por cualquier causa.

INCONCEBIBLE. (De *in,* 2.º art., y *concebible.*) adj. Que no puede concebirse o comprenderse.

INCONCILIABLE. (De *in,* 2.º art., y *conciliable.*) adj. Que no puede conciliarse.

INCONCINO, NA. (l. *inconcinnus.*) adj. Desordenado, descompuesto.

INCONCLUSO, SA. (De *in,* 2.º art., y *concluso.*) adj. No concluido.

INCONCUSAMENTE. adv. Seguramente, sin disputa ni oposición.

INCONCUSO, SA. (l. *inconcussus.*) adj. Firme, sin duda ni contradicción.

INCONDICIONAL. (De *in,* 2.º art., y *condicional.*) adj. Absoluto, sin restricción. || **2.** m. El adepto a una persona o idea, sin limitación alguna. || **P.** incondicional; **I.** unconditional; **F.** inconditionnel; **A.** unbedingt, bedingunglos; **It.** incondizionato; **R.** безусловный.

INCONDICIONALMENTE. adv. De manera incondicional.

INCONDUCENTE. adj. No conducente para un fin.

* **INCONDUCTA.** Argent. Mala conducta.

INCONEXIÓN. (l. *inconexio, -ōnis.*) f. Falta de conexión de una cosa con otra.

INCONEXO, XA. (l. *inconnexus.*) adj. Que no tiene conexión con una cosa. || **P.** inconexo; **I.** unconnected; **F.** inconnexe; **A.** unzusammenhängend; **It.** sconnesso; **R.** бессвязный.

INCONFESABLE. adj. Dícese de lo que por ser vergonzoso, no puede confesarse.

INCONFESO, SA. (l. *inconfessus.*) adj. Que no confiesa su delito.

INCONFIDENCIA. (De *in,* 2.º art., y *confidencia.*) f. Desconfianza.

INCONFIDENTE. adj. No confidente, 1.ª acep.

INCONFUNDIBLE. adj. No confundible.

INCONGRUAMENTE. adv. Incongruentemente.

INCONGRUENCIA. (l. *incongruentĭa.*) f. Falta de congruencia. || **P.** incongruéncia; **I.** incongruity; **F.** incongruité; **A.** Missverhältnis, Ungereimtheit; **It.** incongruenza; **R.** несоответствие.

INCONGRUENTE. (l. *incongrŭens, -entis.*) adj. No congruente.

INCONGRUENTEMENTE. adv. Con incongruencia.

INCONGRUIDAD. (l. *incongruītas, -ātis.*) f. Incongruencia.

INCONGRUO, GRUA. (l. *incongrŭus.*) adj. Incongruente. || **2.** Dícese de la pieza eclesiástica que no llega a la congrua señalada por el sínodo. || **3.** Dícese del eclesiástico que no tiene congrua.

INCONMENSURABILIDAD. f. Calidad de inconmensurable.

INCONMENSURABLE. (l. *incommensurabĭlis.*) adj. No conmensurable. || **P.** inconmensurável; **I.** y **F.** incommensurable; **A.** masslos; **It.** incommensurabile; **R.** несоизмеримый.

INCONMOVIBLE. adj. Que no se puede conmover o alterar; perenne. || **P.** que não se pode comover; **I.** unshakeable; **F.** inébranlable; **A.** unerschütterlich; **It.** incommovibile; **R.** непоколебимый.

INCONMUTABILIDAD. (l. *incommutabĭlitas, -ātis.*) f. Calidad de inconmutable.

INCONMUTABLE. (l. *incommutabĭlis.*) adj. Inmutable. || **2.** No conmutable. || **P.** inconmutável; **I.** y **F.** incommutable; **A.** unveränderlich; **It.** incommutàbile; **R.** неизменный.

INCONQUISTABLE. (De *in,* 2.º art., y *conquistable.*) adj. Que no se puede conquistar. || **2.** fig. Que no se deja vencer.

INCONSCIENCIA. (l. *inconscientia.*) f. Estado en que el individuo no se da cuenta de las impresiones que recibe o del alcance de sus palabras o acciones; falta de conciencia. || **P.** inconsciencia; **I.** unconsciousness; **F.** inconscience; **A.** Unbewusstsein; **It.** inconscienza; **R.** бессознательность.

INCONSCIENTE. adj. No consciente. Apl. a pers. ú.t.c.s.

INCONSCIENTEMENTE. adv. De manera inconsciente.

INCONSECUENCIA. (l. *inconsequentia.*) f. Falta de consecuencia en lo que se dice o hace. || **P.** inconsequência; **I.** inconsequence; **F.** inconséquence; **A.** Folgewidrigkeit; **It.** inconseguenza; **R.** непоследовательность.

INCONSECUENTE. (l. *inconsĕquens, -entis.*) adj. Inconsiguiente. || **2.** Que procede con inconsecuencia. U.t.c.s.

INCONSIDERACIÓN. (l. *inconsideratio, -ōnis.*) f. Falta de consideración y reflexión. || **P.** inconsideração; **I.** inconsideration, inconsiderateness; **F.** inconsidération; **A.** Unbedachtsamkeit; **It.** sconsideratezza; **R.** необдуманность, опрометчивость.

INCONSIDERADAMENTE. adv. Sin consideración.

INCONSIDERADO, DA. (l. *inconsiderātus.*) adj. No considerado ni reflexionado. || **2.** Inadvertido, que no reflexiona.

INCONSIGUIENTE. adj. No consiguiente.

INCONSISTENCIA. f. Falta de consistencia. || **P.** inconsistência; **I.** inconsistency; **F.** inconsistance; **A.** Bestandlosigkeit; **It.** inconsistenza; **R.** неосновательность.

INCONSISTENTE. (De *in,* 2.º art., y *consistente.*) adj. Falto de consistencia.

INCONSOLABLE. (l. *inconsolabĭlis.*) adj. Que no puede ser consolado o consolarse. || **2.** fig. Que muy difícilmente se consuela. || **P.** inconsolável; **I.** y **F.** inconsolable; **A.** untröstlich; **It.** inconsolàbile; **R.** неутешный.

INCONSOLABLEMENTE. adv. Sin consuelo.

INCONSTANCIA. (l. *inconstantĭa.*) f. Falta de constancia. || **2.** Inestabilidad. || **P.** inconstância; **I.** inconstancy; **F.** inconstance; **A.** Unbeständigkeit; **It.** incostanza; **R.** непостоянность.

INCONSTANTE. (l. *inconstans, -antis.*) adj. Que tiene inconstancia. || **2.** Que muda fácilmente de pensamientos, aficiones, etc. || **P.** inconstante; **I.** y **F.** inconstant; **A.** Unbeständig; **It.** incostante; **R.** непостоянный.

INCONSTANTEMENTE. adv. Con inconstancia.

INCONSTITUCIONAL. (De *in,* 2.º art., y *constitucional.*) adj. No conforme con la constitución del Estado.

INCONSTITUCIONALIDAD. f. Oposición de una ley, de un decreto o de un acto a los preceptos de la Constitución. || **2.** Calidad de inconstitucional.

INCONSTRUIBLE. adj. Que no se puede construir.

INCONSULTAMENTE. adv. m. ant. Inconsideradamente.

INCONSULTO, TA. (l. *inconsultus.*) adj. ant. Que se hace sin consideración o consejo.

INCONSÚTIL. (l. *inconsutĭlis.*) adj. Sin costura. Ú. hablando de la túnica de Jesucristo. || **P.** inconsútil; **I.** seamless; **F.** sans coutures; **A.** nahtlos; **It.** inconsùtile.

INCONTABLE. (De *in,* 2.º art., y *contable.*) adj. Que no puede contarse. || **2.** Muy numeroso.

INCONTAMINADO, DA. (l. *incontaminātus.*) adj. No contaminado.

INCONTENIBLE. adj. Que no se puede contener.

INCONTESTABILIDAD. f. Calidad de incontestable.

INCONTESTABLE. (De *in,* 2.º art., y *contestable.*) adj. Que no se puede impugnar ni dudar con fundamento. || **P.** incontestável; **I.** y **F.** incontestable; **A.** unleugbar; **It.** inconstestàbile; **R.** неоспоримый.

INCONTINENCIA. (l. *incontinentĭa.*) f. Vicio opuesto a la continencia, especialmente en el refrenamiento de las pasiones de la carne. **—de orina.** Enfermedad consistente en no poder retener la orina. || **P.** incontinência; **I.** y **F.** incontinence; **A.** Unkeuschheit; **It.** incontinenza; **R.** невоздержанность.

INCONTINENTE. (l. *incontĭnens, -entis.*) adj. Desenfrenado en las pasiones de la carne. || **2.** Que no se contiene.

INCONTINENTE. adv. Incontinenti.

INCONTINENTEMENTE. adv. Con incontinencia. || **2.** adv. ant. Incontinenti.

INCONTINENTI. (De la loc. l. *in continenti.*) adv. Al instante, prontamente.

INCONTINUO, NUA. (De *in,* 1.er art., y *continuo.*) adj. No interrumpido, continuo.

INCONTRASTABLE. (De *in,* 2.º art., y *contrastable.*) adj. Que no se puede contrastar, vencer o impugnar. || **2.** fig. Que no se deja reducir o convencer.

INCONTRASTABLEMENTE. adv. De modo incontrastable.

INCONTRATABLE. (De *in,* 2.º art., y *contratable.*) adj. Intratable.

INCONTRITO, TA. adj. No contrito.

INCONTROVERTIBLE. (De *in,* 2.º art., y *controvertible.*) adj. Que no admite duda. || **P.** incontrovertível; **I.** incontrovertible; **F.** irréfutable; **A.** unanfechtbar; **It.** incontrovertibile; **R.** неоспоримый.

INCONVENCIBLE. adj. ant. Invencible. || **2.** Que no se deja convencer con razones.

INCONVENIBLE. adj. No conveniente o convenible.

INCONVENIBLEMENTE. adv. ant. Sin conveniencia.

INCONVENIENCIA. (l. *inconvenientĭa.*) f. Incomodidad, desconveniencia. || **2.** Disconformidad. || **3.** Grosería en el trato social. || **P.** inconveniência; **I.** inconvenience, unsuitableness; **F.** inconvenance;

I

A. Ungebühr; **It.** inconvenienza; **R.** неудобство.

INCONVENIENTE. (l. *inconveniens, -entis.*) adj. No conveniente. || **2.** m. Impedimento que hay para hacer una cosa. || **3.** Daño o perjuicio que resulta de ejecutarla, 1.ª acep. || **P.** inconveniente; **I.** inconvenient; **F.** inconvenant; **A.** ungebührlich, unschicklich; **It.** inconveniente; **R.** неудобный. || 2.ª acep.: **P.** e **It.** inconveniente; **I.** hinderance; **F.** inconvénient, difficulté; **A.** Hindernis; Schwierigkeit; **R.** помеха.

INCONVERSABLE. (De *in,* 2.º art., y *conversable.*) adj. Dícese de la persona intratable por su genio o rarezas.

INCONVERTIBLE. (l. *inconvertibilis.*) adj. No convertible.

° **INCORDIAR.** tr. Molestar, fastidiar, causar dificultades.

INCORDIO.(l. *in,* en, y *chorda,* cuerda.) m. MED. Bubón. || **2.** fig. y fam. Cosa molesta. || **P.** incordio; **I.** bubo; **F.** bubon; **A.** Leistenbeule; **It.** bubbone; **R.** бубон.

INCORPORABLE. (l. *incorporabilis.*) adj. ant. Incorpóreo.

INCORPORACIÓN. (l. *incorporatio, -ōnis.*) f. Acción y efecto de incorporar o incorporarse. || **P.** incorporação; **I.** y **F.** incorporation; **A.** Einverleibung; **It.** incorporazione.

INCORPORAL. (l. *incorporālis.*) adj. incorpóreo. || **2.** Aplícase a las cosas que no se pueden tocar.

INCORPORALMENTE. adv. Sin cuerpo.

INCORPORAR. (l. *incorporāre.*) tr. Unir varias cosas para que hagan un todo. || **2.** Levantar la parte superior del cuerpo que está echado. Ú.t.c.r. || **3.** r. Agregarse una o más personas a otras para formar un cuerpo. || **P.** incorporar; **I.** to embody, to incorporate; **F.** incorporer; **A.** einverleiben; **It.** incorporare; **R.** присоединять.

INCORPOREIDAD. f. Calidad de incorpóreo.

INCORPÓREO. (l. *incorporĕus.*) adj. No corpóreo.

INCORPORO. (De *incorporar.*) m. Incorporación.

INCORRECCIÓN. (De *in,* 2.º art., y *corrección.*) f. Calidad de incorrecto. || **2.** Dicho o hecho incorrecto. || **P.** incorrecção; **I.** incorrectness; **F.** incorrection; **A.** Unrichtigkeit, Fehlerhaftigkeit; **It.** incorrezione; **R.** некорректность.

INCORRECTAMENTE. adv. De modo incorrecto.

INCORRECTO, TA. (l. *incorrectus.*) adj. No correcto.

INCORREGIBILIDAD. f. Calidad de incorregible.

INCORREGIBLE. (l. *incorrigibilis.*) adj. No corregible. || **2.** Dícese del que no se quiere enmendar. || **P.** incorrigível; **I.** y **F.** incorrigible; **A.** unverbesserlich; **It.** incorreggibile; **R.** неисправимый.

INCORREGIBLEMENTE. adv. Sin enmienda ni corrección, de modo obstinado.

INCORRUPCIÓN. (l. *incorruptio, -ōnis.*) f. Estado de una cosa incorrupta. || **2.** fig. Pureza de vida y de costumbres. || **P.** incorrupção; **I.** y **F.** incorruption; **A.** Unverweslichkeit; **It.** incorruzione; **R.** нетленность.

INCORRUPTAMENTE. adv. Sin corrupción.

INCORRUPTIBILIDAD. (l. *incorruptibilĭtas, -ātis.*) f. Calidad de incorruptible.

INCORRUPTIBLE. (l. *incorruptibilis.*) adj. No corruptible. || **2.** fig. Que no se puede o es muy difícil de pervertir.

INCORRUPTO, TA. (l. *incorruptus.*) adj. Que está sin corromperse. || **2.** fig. No dañado ni pervertido. || **3.** fig. Dícese de la mujer pura. || **P.** incorrupto; **I.** incorrupt; **F.** non corrompu; **A.** unverwest; **I.** incorrotto; **R.** неиспорченный.

INCRASANTE. p.a. de incrasar. MED. Que incrasa.

INCRASAR. (l. *incrassāre.*) tr. MED. Engrasar.

INCREADO, DA. (l. *increātus.*) adj. No creado.

INCREDIBILIDAD. (l. *incredibilĭtas, -ātis.*) f. Calidad de lo increíble.

INCRÉDULAMENTE. adv. Con incredulidad.

INCREDULIDAD. (l. *incredulĭtas, -ātis.*) f. Repugnancia en creer una cosa. || **2.** Falta de fe o de creencia religiosa. || **P.** incredulidade; **I.** incredulity; **F.** incrédulité; **A.** Unglaube; **It.** incredulità; **R.** недоверие.

INCRÉDULO, LA. (l. *incredŭlus.*) adj. Que no cree lo que debe. || **2.** Que no cree con facilidad y de ligero. || **P.** incrédulo; **I.** incredulous; **F.** incrédule; **A.** ungläubig; **It.** incrèdulo; **R.** недоверчивый.

INCREÍBLE. (l. *incredibilis.*) adj. Que no puede creerse. || **2.** fig. Muy difícil de creer. || **P.** incrível; **I.** incredible; **F.** incroyable; **A.** unglaublich; **It.** incredibile; **R.** невероятный.

INCREÍBLEMENTE. adv. De modo increíble.

INCREMENTAR. (l. *incrementāre.*) tr. Aumentar, acrecentar.

INCREMENTO. (l. *incrementum.*) m. Aumento, 1.ª acep. || **2.** GRAM. Aumento de sílabas que en la lengua latina tienen algunos casos de la declinación o algunos tiempos del verbo. || **3.** GRAM. En español, aumento de sonidos que tienen los vocablos derivados con relación al primitivo. || **P.** e **It.** incremento; **I.** increment; **F.** acroissement, crément; **A.** Zuwachs, Vermehrung; **R.** увеличение.

INCREPACIÓN. (l. *increpatio, -ōnis.*) f. Represión severa.

INCREPADOR, RA. (l. *increpātor.*) adj. Que increpa. Ú.t.c.s.

INCREPANTE. p.a. de increpar. Que increpa.

INCREPAR. (l. *increpāre.*) tr. Reprender con dureza y severidad. || **P.** increpar; **I.** to chide; **F.** blâmer, réprimander; **A.** tadeln; **I.** increpare; **R.** порицать.

INCRIMINACIÓN. f. Acción y efecto de incriminar.

INCRIMINAR. (l. *incrimināre,* acusar.) tr. Acriminar con fuerza e insistencia. || **2.** Exagerar una falta presentándola como crimen.

INCRISTALIZABLE. (De *in,* 2.º art., y *cristalizable.*) adj. Que no se puede cristalizar.

INCRUENTAMENTE. adv. Sin derramamiento de sangre.

INCRUENTO, TA. (l. *incruentus.*) adj. No sangriento. Dícese especialmente del sacrificio de la misa. || **P.** e **It.** incruento; **I.** bloodless; **F.** non sanglant; **A.** unblutig; **R.** бескровный.

INCRUSTACIÓN.(l.*incrustatio,-ōnis.*) f. Acción de incrustar. || **2.** Cosa incrustada. || **P.** incrustação; **I.** y **F.** incrustation; **A.** Inkrustat; **It.** incrostazione; **R.** инкрустация.

INCRUSTANTE. adj. Que incrusta o puede incrustar.

INCRUSTAR. (l. *incrustāre.*) tr. Cubrir la superficie de una cosa con una costra dura. || **2.** Embutir en la superficie lisa y dura de una cosa, piedra, metales, etc., formando dibujos. || **P.** incrustar; **I.** to incrust; **F.** incruster; **A.** einbetten, inkrustieren; **It.** incrostare; **R.** инкрустировать.

INCUBACIÓN. (l. *incubatio, -ōnis.*) f. Acción y efecto de incubar, especialmente referida al acto de empollar las aves. || **2.** MED. Desarrollo de una enfermedad desde que empieza a obrar la causa morbosa hasta que se manifiestan sus efectos al exterior. || **P.** incubação; **I.** y **F.** incubation; **A.** Inkubation; **It.** incubazione; **R.** инкубация.

INCUBADORA. (De *incubar.*) f. Aparato que sirve para la incubación artificial.

INCUBAR. (l. *incubāre.*) intr. Encobar. || **2.** tr. Empollar, 1.er art., 1.ª acep.

ÍNCUBO. (l. *incŭbus.*) adj. Dícese del demonio, que bajo la apariencia de hombre, según la opinión vulgar, tiene trato pecaminoso con una mujer.

INCUESTIONABLE. adj. No cuestionable.

INCULCACIÓN. (l. *inculcatio, -ōnis.*) f. Acción y efecto de inculcar.

INCULCADOR. (l. *inculcātor.*) adj. Que inculca. Ú.t.c.s.

INCULCAR. (l. *inculcāre.*) tr. Apretar una cosa contra otra. Ú.t.c.r. || **2.** fig. Repetir con ahinco una cosa. || **3.** fig.

Infundir, imbuir una cosa en el ánimo de otro. || **4.** IMPR. Juntar demasiado unas letras con otras. || **P.** inculcar; **I.** to inculcate; **F.** inculquer; **A.** einprägen; **It.** inculcare; **R.** твердить.

INCULPABILIDAD. (De *inculpable.*) f. Exención de culpa. || **P.** inculpabilidade; **I.** inculpableness; **F.** inculpabilité; **A.** Schuldlosigkeit; **It.** incolpatilità; **R.** невинность.

INCULPABLE. (l. *inculpabĭlis.*) adj. Que carece de culpa o no puede ser inculpado.

INCULPABLEMENTE. adv. Sin culpa; de un modo que no se puede culpar.

INCULPACIÓN. (l. *inculpatio, -ōnis.*) f. Acción y efecto de inculpar. || **P.** inculpação; **I.** y **F.** inculpation; **A.** Beschuldigung; **It.** incolpazione; **R.** обвинение.

INCULPADAMENTE. adv. Sin culpa.

INCULPADO, DA. (De *in,* 2.º art., y *culpado.*) adj. p. us. Inocente, sin culpa.

INCULPAR. (l. *inculpāre.*) tr. Culpar, acusar a uno de una cosa.

INCULTAMENTE. adv. De un modo inculto.

INCULTIVABLE. (De *in,* 2.º art., y *cultivable.*) adj. Que no puede cultivarse.

INCULTIVADO, DA. (De *in,* 2.º art., y *cultivado,* p.p. de *cultivar.*) adj. ant. Inculto, 1.ª acep.

INCULTO, TA. (l. *incultus.*) adj. Que no tiene cultivo ni labor. || **2.** fig. De modales rústicos o de corta instrucción. || **3.** fig. Hablando del estilo, desaliñado. || **P.** inculto; **I.** inculti, uncultivated; **F.** inculte; **A.** unangebaut; **It.** incolto; **R.** необработанный, некультурный.

INCULTURA. f. Falta de cultivo o de cultura. || **P.** incultura; **I.** y **F.** inculture; **A.** Unbildung, Roheit; **It.** incoltura; **R.** некультурность.

INCUMBENCIA. (De *incumbir.*) f. Obligación que el cargo, empleo, etc., impone. || **P.** incumbência; **I.** incumbency; **F.** charge, devoir; **A.** Obliegenheit; **It.** incombenza; **R.** обязанность.

INCUMBIR. (l. *incumbĕre.*) intr. Estar a cargo de uno una cosa. || **P.** incumbir; **I.** to be incumbent; **F.** incomber; **A.** obliegen; **It.** incòmbere; **R.** тяготить.

INCUMPLIMIENTO. m. Falta de cumplimiento.

INCUMPLIR. tr. No llevar a efecto, dejar de cumplir.

INCUNABLE.(l. *incunabŭla.*) adj. Aplícase a las ediciones hechas desde la invención de la imprenta hasta principios del s. XVI. Ú.t.c.s.m. || **P.** incunábulo; **I.** y **F.** incunable; **A.** Inkunabel, Erstlingsdruck; **It.** incunàbulo; **R.** инкунабула.

INCURABLE. (l. *incurabilis.*) adj. Que no se puede curar. || **2.** Muy difícil de curarse. || **P.** incurável; **I.** y **F.** incurable; **A.** unheilbar; **It.** incuràbile; **R.** неизлэчимый.

IN CURIA. expr. lat. V. *Juez* IN CURIA.

INCURIA. (l. *incuria.*) f. Poco cuidadoso. || **P.** incúria; **I.** carelessness, negligence; **F.** incurie, insouciance; **A.** Sorglosigkeit, Lässigkeit; **It.** incuria; **R.** небрежность.

INCURIOSO, SA. (l. *incuriōsus.*) adj. Descuidado, negligente. Ú.t.c.s.

INCURRIMIENTO. m. Acción y efecto de incurrir.

INCURRIR. (l. *incurrĕre.*) intr. Con la prep. *en,* caer en culpa, error, o merecer pena o castigo a consecuencia de una acción. || **2.** Con la misma prep., causar o atraerse odio, ira, etc. || **P.** incorrer; **I.** to incur; **F.** encourir; **A.** geraten in; **It.** incòrrere; **R.** впадать (в ошибку).

INCURSIÓN. (l. *incursio, -ōnis.*) f. Acción de incurrir. || **2.** MIL. Correría. || 2.ª acep.: **P.** invasão; **I.** y **F.** incursion; **A.** Streifzug; **It.** incursione; **R.** налёт, вторжение.

INCURSO, SA. (l. *incursus.*) p.p. irreg. de incurrir. || **2.** m. p. us. Acontecimiento, 1.ª acep.

INCURVAR. tr. ant. Encorvar.

INCUSACIÓN. (l. *incusatio, ōnis.*) f. ant. Acusación.

INCUSAR. (l. *incusāre.*) tr. Acusar, imputar.

INCUSO, SA. (l. *incūsus.*) adj. Dícese de la moneda o medalla que tiene en hueco por una cara el mismo cuño que por la opuesta en relieve.

★ **INCHÚRBIDO, DA**. P. Rico y Rep. Domin. Soso, tonto, bobo.

INDAGACIÓN. (l. *indagatio, -ōnis*.) f. Acción y efecto de indagar. || P. indagação; I. search, inquiry; F. recherche, perquisition; A. Erforschung; It. indagazione; R. обследование.

INDAGADOR, RA. (l. *indagātor*.) adj. Que indaga. Ú.t.c.s.

INDAGAR. (l. *indagāre*.) tr. Tratar de llegar al conocimiento de una cosa discurriendo por conjeturas y señales. || P. indagar; I. to research; F. rechercher; A. nachforschen; It. indagare; R. обследовать.

INDAGATORIA. (De *indagatorio*.) f. For. Declaración que, acerca del delito que se está averiguando, se toma al presunto reo sin recibirle juramento.

INDAGATORIO, RIA. adj. For. Que tiende o conduce a indagar.

INDEBIDAMENTE. adv. Sin deberse hacer. || **2**. Ilícitamente.

INDEBIDO, DA. (De *in*, 2.º art., y *debido*, p.p. de *deber*.) adj. Que no es obligatorio ni exigible. || **2**. Ilícito, injusto. || **3**. V. *Culto* INDEBIDO. || P. indevido; I. undue; F. indu; A. ungebührlich; It. indébito; R. недозволенный.

INDECENCIA. (l. *indecentia*.) f. Falto de decencia o modestia. || **2**. Acto vituperable. || P. indecência; I. indecency; F. indécence; A. Ungebührlichkeit; It. indecenza; R. неприличие.

INDECENTE. (l. *indecens, -entis*.) adj. Indecoroso, no decente.

INDECENTEMENTE. adv. De modo indecente.

INDECIBLE. (l. *indicibilis*.) adj. Que no se puede decir o explicar. || P. indizível; I. unspeakable; F. indicible, inexprimable; A. unsagbar, namenlos; It. indicibile; R. невыразимый.

INDECIBLEMENTE. adv. De modo indecible.

INDECISIÓN. (De *in*, 2.º art., y *decisión*.) f. Falta de decisión. || P. indecisão; I. indecision; F. indécision; A. Unschlüssigkeit; It. indecisione; R. нерешительность.

INDECISO, SA. (l. *in*, negat., y *decīsus*, decidido.) adj. Pendiente de resolución. || **2**. Perplejo, dudoso.

INDECISORIO. (De *in*, 2.º art., y *decisorio*.) adj. V. *Juramento* INDECISORIO.

INDECLARABLE. adj. Que no se puede declarar.

INDECLINABLE. (l. *indeclinabilis*.) adj. Que necesariamente tiene que hacerse o cumplirse. || **2**. For. Dícese de la jurisdicción que no se puede declinar. || **3**. Gram. Aplícase a las partes de la oración que no se declinan.

INDECORO. m. Falta de decoro.

INDECORO, RA. (l. *indecōrus*.) adj. ant. Indecoroso.

INDECOROSAMENTE. adv. Sin decoro.

INDECOROSO, SA. (De *in*, 2.º art., y *decoroso*.) adj. Que carece de decoro. || P. e It. indecoroso; I. indecent; F. indécent; A. unanständig; R. неприличный.

INDEFECTIBILIDAD. f. Calidad de indefectible.

INDEFECTIBLE. (De *in*, 2.º art., y *defectible*.) adj. Que no puede faltar o dejar de ser. || P. indefectível; I. indefectible; F. indéfectible; A. unfehlbar; It. indefettibile; R. неминуемый.

INDEFECTIBLEMENTE. adv. De modo indefectible.

INDEFENDIBLE. (De *in*, 2.º art., y *defendible*.) adj. Que no puede ser defendido.

INDEFENSABLE. (De *in*, 2.º art., y *defensable*.) adj. Indefendible.

INDEFENSIBLE. (De *in*, 2.º art., y *defensible*.) adj. Indefendible.

INDEFENSIÓN. f. Situación del que está indefenso.

INDEFENSO, SA. (l. *indefensus*.) adj. Que carece de medios de defensa, o está sin ella. || P. indefenso; I. defenceless; F. sans défense; A. wehrlos; It. indifeso; R. беззащитный.

INDEFICIENTE. (l. *indeficiēns, -entis*.) adj. Que no puede faltar.

INDEFINIBLE. (De *in*, 2.º art., y *definible*.) adj. Que no se puede definir. || P. indefinível; I. indefinable; F. indéfinissable; A. unbeschreiblich; It. indefinibile; R. неопределимый.

INDEFINIDAMENTE. adv. De modo indefinido.

INDEFINIDO, DA. (l. *indefinītus*.) adj. No definido. || **2**. Que no tiene término señalado o conocido. || **3**. Gram. V. *Artículo* INDEFINIDO. || **4**. Lóg. Dícese de la proposición que no tiene signos que la determinen. || P. indefinido; I. undefined; F. indéfini; A. unbegrenzt; It. indefinito; R. неопределённый.

INDEHISCENTE. adj. Bot. No dehiscente.

INDELEBLE. (l. *indelebilis*.) adj. Que no se puede borrar o quitar. || P. indelével; I. indelible, ineffaceable; F. ineffaçable; A. unauslöschlich; It. indelèbile; R. неизгладимый.

INDELEBLEMENTE. adv. Sin poderse borrar.

INDELIBERACIÓN. f. Falta de reflexión.

INDELIBERADAMENTE. adv. Sin deliberación.

INDELIBERADO, DA. (l. *indeliberātus*.) adj. Hecho sin deliberación ni reflexión. || P. indeliberado; I. indeliberate; F. indélibéré; A. unüberlegt; It. indeliberato; R. необдуманный.

INDELICADO, DA. adj. Falto de delicadeza.

INDEMNE. (l. *indemnis*.) adj. Exento de daño. || P. indemne; I. unhurt, undamaged; F. indemne; A. schadlos; It. indenne; R. невредимый.

INDEMNIDAD. (l. *indemnitas, -ātis*.) f. Estado o situación del que está libre de padecer daño o perjuicio. || P. indemnidade; I. indemnity; F. indemnité; A. Schadlosigkeit; It. indennità; R. невредимость.

INDEMNIZACIÓN. f. Acción y efecto de indemnizar o indemnizarse. || **2**. Cosa con que se indemniza. || P. indemnização; I. indemnification; F. indemnisation, indemnité; A. Schadloshaltung, Entschädigung; It. indennizzazione; R. возмещение.

INDEMNIZAR. (De *indemne*.) tr. Resarcir de un daño o perjuicio. Ú.t.c.r. || P. indemnizar; I. to indemnify; F. indemniser, dédommager; A. Vergüten; It. indennizzare; R. возмещать убытки.

INDEMORABLE. adj. Que no puede demorarse.

INDEMOSTRABLE. (l. *indemonstrabilis*.) adj. No demostrable.

★ **INDENTACIÓN**. (l. *in*, en, y *-entis*.) f. Muesca o escotadura en un borde.

INDEPENDENCIA. f. Falta de dependencia. || **2**. Libertad, autonomía, especialmente la de un Estado que no depende de otro. || **3**. Entereza, firmeza de carácter. || P. independência; I. independence; F. indépendance; A. Unabhängigkeit; It. indipendenza; R. независимость.

INDEPENDENTE. adj. ant. Independiente.

INDEPENDENTEMENTE. adv. ant. Independientemente.

INDEPENDIENTE. adj. Exento de dependencia. || **2**. Autónomo. || **3**. fig. Que sostiene sus derechos u opiniones, sin que le doblen respetos, halagos o amenazas. || P. independente; I. independent; F. indépendant; A. unabhängig, selbständig; It. indipendente; R. независимый.

INDEPENDIENTEMENTE. adv. Con independencia.

INDEPENDIZAR. tr. Hacer independiente a una persona o cosa. Ú.t.c.r.

INDESCIFRABLE. (De *in*, 2.º art., y *descifrable*.) adj. Que no se puede descifrar. || P. indecifrável; I. undecipherable; F. indéchiffrable; A. unleserlich, rätselhaft; It. indecifràbile; R. неразборчивый.

INDESCRIPTIBLE. (l. *in*, priv., y *descriptum*, supino de *describěre*, describir.) adj. Que no se puede describir. || P. indescritível; I. indescribable; F. indescriptible; A. unbeschreiblich; It. indescrivibile; R. неописуемый.

INDESEABLE. (De *in*, 2.º art., y *deseable*.) adj. No deseable. Aplícase principalmente a la persona que residiendo en territorio extranjero no resulta grata a las autoridades del país de residencia.

INDESIGNABLE. (De *in*, 2.º art., y *designar*.) adj. Imposible o muy difícil de señalar.

INDESTRUCTIBILIDAD. f. Calidad de indestructible.

INDESTRUCTIBLE. (l. *in*, priv., y *destructibĭlis*.) adj. Que no se puede destruir. || P. indestrutível; I. y F. indestructible; A. unzerstörbar; It. indistruttibile; R. нерушимый.

INDETERMINABLE. (l. *indeterminabilis*.) adj. Que no se puede determinar. || **2**. Indeterminado, 2.ª acep.

INDETERMINACIÓN. f. Falta de terminación en las cosas, o de resolución en las personas.

INDETERMINADAMENTE. adv. Sin determinación.

INDETERMINADO, DA. (l. *indeterminātus*.) adj. No determinado o que no implica determinación alguna. || **2**. Dícese del que no se decide a una cosa. || **3**. Álg. V. *Ecuación* INDETERMINADA. || **4**. Gram. V. *Artículo, pronombre* INDETERMINADO. || **5**. Mat. V. *Cuestión* INDETERMINADA. || **6**. Mat. V. *Problema* INDETERMINADO. || P. indeterminado; I. indeterminate; F. indéterminé; A. unbestimmt; It. indeterminato; R. неопределённый.

INDEVOCIÓN. (l. *indevotĭo, ōnis*.) f. Falta de devoción.

INDEVOTO, TA. (l. *indevōtus*.) adj. Falto de devoción. || **2**. No afecto a una persona o cosa.

INDEX. (l. *index*.) adj. desus. Índice, 1.ª acep. Usáb. t.c.s. || **2**. Índice, 6.ª acep.

INDEZUELO, LA. m. y f. d. de indio, 1.ᵉʳ art., 1.ª acep.

INDIA. n. V. *Alcaparra, cámara, caña, carrera, castaño, coco, comisario general, conejillo, higuera, junco, lagarto, melón, sala, zarzaparrilla de* INDIAS. || **2**. V. *Avellana, caña, cedro, jazmín, de la* INDIA. || **3**. V. *Anís estrellado, casa de contratación, gran buitre, gran canciller, haba, palo, pimiento, sol de las* INDIAS. || **4**. fig. Abundancia de riquezas. Ú.m. en pl.

INDIADA. f. Amér. Multitud de indios. || **2**. Amér. Dicho o acción propios de indios. || **3**. Chile. Ímpetu, ira, grande e indomable.

INDIANA. (De *indiano*, 4.ª acep.) f. Tela de lino o algodón, pintada por un lado solamente.

INDIANÉS, SA. adj. Indio, 1.ᵉʳ art., 1.ª acep.

INDIANISTA. (De *indiano*, 4.ª acep.) com. Persona que cultiva las lenguas y literaturas antiguas y modernas, del Indostán. || P. e It. indianista; I. y A. Indianist; F. indianiste.

INDIANO, NA. adj. Natural, pero no originario de América, o sea de las Indias Occidentales. Ú.t.c.s. || **2**. Perteneciente a ellas. || **3**. Perteneciente a las Indias Orientales. || **4**. Dícese del que vuelve rico de América. Ú.t.c.s.

INDICACIÓN. (l. *indicatio, -ōnis*.) f. Acción y efecto de indicar. || P. indicação; I. indication, warning, hint; F. indication, renseignement; A. Anzeige, Hindeutung; It. indicazione; R. указание.

INDICADOR, RA. adj. Que indica o sirve para indicar. Ú.t.c.s. || P. indicador; I. pointer, indicator; F. indicateur; A. Anzeiger, Indikator; It. indicatore; R. указатель.

INDICANTE. p.a. de indicar. Que indica. Ú.t.c.s.

INDICAR. (l. *indicāre*.) tr. Dar a entender o significar una cosa con indicios y señales. || **2**. Exponer o esbozar brevemente. || P. indicar; I. to indicate; F. indiquer, signaler; A. anzeigen, deuten; It. indicare; R. указывать.

INDICATIVO, VA. (l. *indicatīvus*.) adj. Que indica o sirve para indicar. || **2**. Gram. V. *Modo* INDICATIVO. Ú.t.c.s. || P. e It. indicativo; I. indicative; F. indicatif; A. indikativ, andeutend; R. указательный.

INDICCIÓN. (l. *indictio, -ōnis*.) f. Convocación para una junta sinodal o conciliar. || P. indicção; I. indiction; F. convocation, indiction; A. Ansage; It. indizione; R. указание.

ÍNDICE. (l. *index, -icis*.) adj. V. *Dedo*

I

ÍNDICE. Ú.t.c.s. ‖ **2**. m. Indicio o señal de una cosa. ‖ **3**. Enumeración breve por orden de libros, capítulos; etc. ‖ **4**. Catálogo en el que siguiendo un orden determinado, están escritos los autores o materias que se conservan en una biblioteca y que sirve para facilitar el uso de la misma. ‖ **5**. Pieza o departamento donde está el catálogo. ‖ **6**. Aguja o señal de un instrumento graduado que indica alguna cosa. ‖ **7**. Gnomon de un cuadrante solar. ‖ **8**. Número o letra que indica el grado de una raíz. ‖ **—cefálico**. ZOOL. Relación entre la anchura y la longitud máxima del cráneo. ‖ **—de refracción**. DIÓPTR. Relación entre los senos de los ángulos de incidencia y refracción. ‖ **—expurgatorio**. Catálogo oficial en que la Iglesia consigna los libros prohibidos. ‖ **P**. índice; **I**. index; **F**. index, aiguille; **A**. Index, Verzeichnis; **It**. indice; **R**. индекс, каталог.

INDICIADO, DA. p.p. de iniciar. ‖ **2**. adj. Que tiene contra sí la sospecha de haber cometido un delito. Ú.t.c.s.

INDICIADOR, RA. adj. Que indicia. Ú.t.c.s.

INDICIAR. tr. Dar indicios de una cosa por donde puede venir el conocimiento de ella. Ú.t.c.s. ‖ **2**. Indicar.

INDICIARIO, RIA. adj. FOR. Relativo a indicios o derivado de ellos.

INDICIO. (l. *indicium*.) m. Acción o señal que da a conocer lo oculto. ‖ **2**. Circunstancia que dan a un hecho carácter de verosimilitud. ‖ **P**. indicio, sinal; **I**. indication, trace; **F**. indice; **A**. Anzeichen; **It**. indizio; **R**. признак.

INDICIOSO, SA. (De *indicio*.) adj. Sospechoso, 2.ª acep.

ÍNDICO, CA. (l. *indicus*.) adj. Perteneciente a las Indias Orientales.

IN DIEM. expr. lat. FOR. V. *Adicción* IN DIEM.

INDIESTRO, TRA. adj. ant. No diestro ni hábil.

INDIFERENCIA. (l. *indifferentia*.) f. Estado del ánimo en que no se siente inclinación ni repugnancia a un objeto o negocio determinado. ‖ **P**. indeferença; **I**. indifference; **F**. indifférence; **A**. Gleichgültigkeit; **It**. indifferenza; **R**. безразличие.

INDIFERENTE. (l. *indifferens, -entis*.) adj. No determinado por sí a una cosa más que a otra. ‖ **2**. Que no importa que sea o se haga de una o de otra forma.

INDIFERENTEMENTE. adv. Indistintamente.

INDEFERENTISMO. (De *indiferente*.) m. Estado de ánimo en que se ven con indiferencia los sucesos sin decidirse por ninguna doctrina. Aplícase a las creencias religiosas.

INDÍGENA. (l. *indigĕna*.) adj. Originario del país de que se trata. Apl. a pers. ú.t.c.s. ‖ **P**. indígena; **I**. indigenous, native; **F**. indigène; **A**. eingeboren; **It**. indigeno; **R**. туземный.

INDIGENCIA. (l. *indigentia*.) f. Falta de medios para alimentarse, vestirse, etc. ‖ **P**. indigência; **I**. y **F**. indigence; **A**. Armut; **It**. indigenza; **R**. бедность.

INDIGENISMO. m. Exaltación de los caracteres y cultura de ciertos pueblos autóctonos de América, que hoy forman parte de naciones en las que predomina una civilización europea.

INDIGENISTA. adj. Perteneciente o relativo al indigenismo. ‖ **2**. m. y f. Persona partidaria del indigenismo.

INDIGENTE. (l. *indigens, -entis*.) adj. Falto de medios para pasar la vida. Ú.t.c.s.

INDIGERIDO, DA. (De *in*, 2.º art., y *digerido*.) adj. ant. Indigesto.

INDIGESTARSE. (De *indigesto*.) r. No sentar bien una comida. ‖ **2**. fig. y fam. No agradarle a uno alguien.

INDIGESTIBLE. (l. *indigestibĭlis*.) adj. Que no se puede digerir o es muy difícil.

INDIGESTIÓN. (l. *indigestio, -ōni*.) f. Falta de digestión. ‖ **2**. Trastorno que padece el organismo por esta causa. ‖ **P**. indigestão, **I**. y **F**. indigestion; **A**. schlechte, Verdauung; **It**. indigestione; **R**. несварение желудка.

INDIGESTO, TA. (l. *indigestus*.) adj. Que no se digiere o se digiere con dificultad. ‖ **2**. Que está sin digerir. ‖ **3**. fig. Confuso, desordenado.

INDIGETE. adj. Natural de una región de España Tarraconense, al norte de la actual provincia de Gerona. Ú.t.c.s. ‖ **2**. Perteneciente a esta región.

INDIGNACIÓN. (l. *indignatio, -ōnis*.) f. Enojo, enfado vehemente, ira. ‖ **P**. indignação; **I**. y **F**. indignation; **A**. Entrüstung; **It**. indignazione; **R**. негодование.

INDIGNAMENTE. adv. Con indignidad.

INDIGNANTE. (l. *indignans, -antis*.) p.a. de indignar. Que indigna o se indigna.

INDIGNAR. (l. *indignāri*.) tr. Enfadar vehementemente a uno. Ú.t.c.r.

INDIGNIDAD. (l. *indignitas, -ātis*.) f. Calidad de indigno. ‖ **2**. Acción reprobable. ‖ **3**. ant. Indignación. ‖ **4**. FOR. Motivo de incapacidad sucesoria por mala conducta del heredero o legatario hacia el causante. ‖ **P**. indignidade; **I**. unworthiness, indignity; **F**. indignité; **A**. Unwürdigkeit **It**. indegnità; **R**. низость.

INDIGNO, NA. (l. *indignus*.) adj. Que no tiene disposición para una cosa. ‖ **2**. Que no corresponde a las circunstancias de un sujeto, o es inferior a la calidad y mérito de la persona con quien se trata. ‖ **3**. Vil. ‖ **P**. indigno; **I**. unworthy; **F**. indigne; **A**. würdelos; **It**. indegno; **R**. недостойный.

ÍNDIGO. (l. *indĭcus*, de la India.) m. Añil.

INDIJADO, DA. adj. ant. Adornado con dijes.

INDILGAR. tr. ant. Endilgar. Ú. en América.

INDILIGENCIA. (l. *indiligentia*.) f. Falta de cuidado y de diligencia.

INDINAR. tr. fam. Indignar. Ú.t.c.r.

INDINO, NA. adj. fam. Indigno. ‖ **2**. fam. Dícese de la persona, generalmente muchacho, traviesa o descarada.

INDIO, DIA. adj. Natural de las Indias Orientales. Ú.t.c.s. ‖ **2**. Perteneciente a ellas. ‖ **3**. Aplícase al antiguo poblador de las Indias Occidentales, diciéndose también de las cosas. *Traje* INDIO, etc. Apl. a pers. ú.t.c.s. ‖ **4**. m. Metal parecido al estaño. ‖ *¿Somos* INDIOS*?* expr. fam. con que se reconviene a uno cuando quiere engañar.‖ **P**. indio; **I**. Indian; **F**. indien; **A**. Indier; **It**. indiano; **R**. индеец.

INDIO, DIA. (De *índigo*.) adj. De color azul.

INDIRECTA. (l. *indirecta*, t. f. de *-tus*, indirecto.) f. Medio indirecto de que uno se vale para no significar claramente una cosa y darla a entender sin embargo. ‖ **P**. indirecta; **I**. cue, inuendo hint; **F**. insinuation; **A**. Wink, Anspielung; **It**. indiretta; **R**.намёк.

INDIRECTAMENTE. adv. De modo indirecto.

INDIRECTE. adv. lat. V. *Directe ni* INDIRECTE.

INDIRECTO, TA. (l. *indirectus*.) adj. Que no va rectamente a un fin, aunque se encamine a él. ‖ **2**. GRAM. V. *Complemento* INDIRECTO. ‖ **P**. indirecto; **I**. y **F**. indirect; **A**. indirekt; **It**. indiretto; **R**. косвенный.

º **INDISCERNIBLE**. adj. Que no se puede discernir o distinguir.

INDISCIPLINA. (l. *indisciplīna*.) f. Falta de disciplina. ‖ **P**. e **It**. indisciplina; **I**. y **F**. indiscipline; **A**. Zuchtlosigkeit; **R**. недисциплинированность.

INDISCIPLINABLE. (De *in*, 2.º art., y *disciplinable*.) adj. Incapaz de disciplina.

INDISCIPLINADO, DA. p.p. de indisciplinarse. ‖ **2**. Falto de disciplina.

INDISCIPLINARSE. r. Quebrantar la disciplina.

INDISCRECIÓN. f. Falta de discreción. ‖ **2**. fig. Dicho o hecho indiscreto. ‖ **P**. indiscrição; **I**. indiscretion; **F**. indiscrétion; **A**. Taktlosigkeit; **It**. indiscrezione; **R**. бестактность.

INDISCRETAMENTE. adv. Sin discreción.

INDISCRETO, TA. (l. *indiscrētus*.) adj. Que actúa sin discreción. Ú.t.c.s. ‖ **2**. Que se hace sin discreción. ‖ **P**. e **It**. indiscreto; **I**. indiscreet, injudicious; **F**. indiscret; **A**. unvorsichtig, taktlos; **R**. бестактный.

INDISCULPABLE. (De *in*, 2.º art.,

y *disculpable*.) adj. Que no tiene disculpa.

INDISCUTIBLE. adj. No discutible. ‖ **P**. indiscutível; **I**. unquestionable; **F**. indiscutable; **A**. unbestreitbar; **It**. indiscutibile; **R**. неоспоримый.

INDISOLUBILIDAD. f. Calidad de indisoluble. ‖ **P**. indissolubilidade; **I**. indissolubility; **F**. indissolubilité, insolubilité; **A**. Unlöslichkeit; **It**. indissolubilità; **R**. нерастворимость.

INDISOLUBLE. (l. *indissolubĭlis*.) adj. Que no se puede disolver ni desatar.

INDISOLUBLEMENTE. adv. De modo indisoluble.

INDISPENSABILIDAD. f. p. us. Calidad de indispensable.

INDISPENSABLE. adj. Que no se puede dispensar. ‖ **2**. Que es necesario. ‖ **P**. indispensável; **I**. y **F**. indispensable; **A**. unentbehrlich, unerlässlich; **It**. indispensàbile; **R**. необходимый.

INDISPENSABLEMENTE. adv. Forzosa y precisamente.

INDISPONER. (De *in*, 2.º art., y *disponer*.) tr. Privar de la disposición conveniente para un fin. ‖ **2**. Malquistar. Ú.m.c.r. ‖ **3**. Causar indisposición o falta de salud. ‖ **4**. Experimentarla. ‖ **P**. indispor; **I**. to indispose; **F**. indisposer; **A**. unwillig machen; **It**. indisporre; **R**. расстраивать.

INDISPOSICIÓN. f. Falta de disposición y preparación para una cosa. ‖ **2**. Quebranto leve de la salud. ‖ **P**. indisposição; **I**. y **F**. indisposition; **A**. Unwohlsein; **It**. indisposizione; **R**. нерасположение, нездоровье.

INDISPUESTO, TA. p.p. irreg. de indisponer. ‖ **2**. adj. Que se siente indispuesto en la salud.

INDISPUTABLE. (l. *indisputabĭlis*.) adj. Que no admite disputa.

INDISPUTABLEMENTE. adv. Sin disputa.

INDISTINCIÓN. f. Falta de distinción.

INDISTINGUIBLE. (De *in*, 2.º art., y *distinguible*.) adj. Que no se puede distinguir.

INDISTINTAMENTE. adv. Sin distinción.

INDISTINTO, TA. (l. *indistinctus*.) adj. Que no se distingue de otra cosa.

INDIVIDUACIÓN. f. Acción y efecto de individuar.

INDIVIDUAL. adj. Perteneciente o relativo al individuo. ‖ **2**. Propio y característico de una cosa. ‖ **3**. COLOM. Personal. ‖ **P**. e **I**. individual; **F**. individuel; **A**. individuell; **It**. individuale; **R**. индивидуальный.

INDIVIDUALIDAD. (De *individual*.) f. Calidad particular de una persona o cosa por la cual se da a conocer o se señala singularmente. ‖ **P**. individualidade; **I**. individuality; **F**. individualité, individuité; **A**. Individualität; **It**. individualità; **R**. индивидуальность.

INDIVIDUALISMO. (De *individual*.) m. Aislamiento y egoísmo de cada cual. ‖ **2**. Sistema filosófico que considera al individuo como fundamento y fin de todas las leyes políticas y morales. ‖ **3**. Propensión a obrar según el propio albedrío.

INDIVIDUALISTA. adj. Que practica el individualismo. Ú.t.c.s. ‖ **2**. Perteneciente o relativo al individualismo.

INDIVIDUALIZAR. (De *individual*.) tr. Individuar.

INDIVIDUALMENTE. adv. Con individualidad. ‖ **2**. Uno por uno; individuo por individuo.

INDIVIDUAMENTE. adv. Con unión inseparable.

INDIVIDUAR. (De *individuo*.) tr. Especificar, distinguir una cosa de otra por sus cualidades peculiares. ‖ **2**. Determinar individuos comprendidos en una especie.

INDIVIDUIDAD. (l. *individuitas, -ātis*.) f. ant. Individualidad.

INDIVIDUO, DUA. (l. *individŭus*.) adj. Individual. ‖ **2**. Indivisible, 1.ª acep. ‖ **3**. m. Cada ser organizado, animal o vegetal, respecto de la especie a que pertenece. ‖ **4**. Persona perteneciente a una clase o corporación. ‖ **5**. fam. La propia persona, con abstracción de las demás. ‖ **6**. m. y f. fam. Persona cuyo nombre y condición se ignoran o no se quieren decir. ‖ **P**. e **It**. indivíduo; **I**. individual,

F. individu; **A.** Indoviduum; **R.** особь, член.

INDIVISAMENTE. adv. Sin división.

INDIVISIBILIDAD. f. Calidad de indivisible.

INDIVISIBLE. (l. *indivisibĭlis*.) adj. Que no puede ser dividido. || **2**. For. Dícese de la cosa que no admite división. || **P.** indivisível; **I.** y **F.** indivisible; **A.** unteilbar; **It.** indivisibile; **R.** неделимый.

INDIVISIBLEMENTE. (De *in*, 2.º art., y *divisiblemente*.) adv. De manera que no puede dividirse.

INDIVISIÓN. (l. *indivisĭo*, *-ōnis*.) f. Carencia de división. || **2**. For. Estado de condominio.

INDIVISO, SA. (l. *indivisus*.) adj. No separado ni dividido en partes. Ú.t.c.s.

INDIYUDICABLE. (l. *in*, priv., y *diiudicāre*, formar juicio, juzgar.) adj. ant. Que no se puede o no se debe juzgar.

INDO, DA. (l. *indus*.) adj. Indio, 1.er art., 1.ª y 2.ª aceps. Apl. a pers. ú.t.c.s.

INDÓCIL. (l. *indocĭlis*.) adj. Que no tiene docilidad.

INDOCILIDAD. f. Falta de docilidad. || **P.** indocilidade; **I.** indocility; **F.** indocilité; **A.** Ungelenksamkeit; **It.** indocilità; **R.** непокорность.

INDOCTAMENTE. adv. Con ignorancia.

INDOCTO, TA. (l. *indoctus*.) adj. Falto de instrucción, inculto. || **P.** indouto; **I.** unlearned; **F.** ignorant, illetré; **A.** ungelehrt; **It.** indotto; **R.** необразованный.

INDOCTRINADO, DA. adj. ant. Que carece de doctrina o enseñanza.

INDOCUMENTADO, DA. adj. Dícese del que no lleva consigo o carece de documento acreditativo de su personalidad. || **2**. fig. Dícese de la persona sin arraigo. Ú.t.c.s.

★ **INDOCHINO, NA**. adj. Natural de Indochina. Ú.t.c.s. || **2**. Perteneciente o relativo a esta península asiática.

INDOEUROPEO, A. adj. Dícese de cada una de las razas y lenguas procedentes de un origen común y extendidas desde la India hasta el occidente de Europa. || **2**. Dícese también de la lengua y raza que dieron origen a todas ellas. Ú.t.c.s.m. || **P.** indo-europeu; **I.** Indo-European; **F.** indo-européen; **A.** indoeuropäisch; **It.** indoeuropeo; **R.** индоевропейский.

INDOGERMÁNICO, CA. (De *indo* y *germánico*.) adj. Indoeuropeo. || **P.** indogermânico; **I.** Indo-Germanic; **F.** indo-germanique; **A.** indogermanisch; **It.** indogermànico.

ÍNDOLE. (l. *indŏles*.) f. Condición e inclinación natural propia de cada uno. || **2**. Naturaleza, calidad y condición de las cosas || **P.** índole; **I.** character, temper, indiosyncrasy; **F.** naturel; **A.** Wesen; **It.** indole; **R.** характер, нрав.

INDOLENCIA. (l. *indolentĭa*.) f. Calidad de indolente. || **P.** indolência; **I.** indolence; **A.** Lässigkeit, Trägheit, Indolenz; **It.** indolenza; **R.** леность, вялость.

INDOLENTE. (l. *indŏlens*, *-entis*.) adj. Que no se conmueve. || **2**. Flojo. || **3**. Que no duele. || **P.** indolente; **I.** y **F.** indolent; **A.** tatenlos, träge; **It.** indolente; **R.** ленивый.

INDOLENTEMENTE. adv. Con indolencia.

INDOLORO, RA. adj. Que no causa dolor.

INDOMABILIDAD. f. Calidad de indomable.

INDOMABLE. (l. *indomabĭlis*.) adj. Que no se puede domar. || **P.** indomável; **I.** untamable, indomitable; **F.** indomptable; **A.** unbändig; **It.** indomàbile; **R.** непокорный.

INDOMADO, DA. adj. Que está sin domar.

INDOMEÑABLE. (De *in*, 2.º art., y *domeñable*.) adj. desus. Indomable.

INDOMESTICABLE. (De *in*, 2.º art., y *domesticable*.) adj. Que no se puede domesticar.

INDOMESTICADO, DA. adj. No domesticado.

INDOMÉSTICO, CA. (De *in*, 2.º art., y *doméstico*.) adj. Que está sin domesticar.

★ **INDOMÍA**. f. Chile. Novedad, modernismo.

INDÓMITO, TA. (l. *indomĭtus*.) adj. No domado. || **2**. Que no se puede domar. || **3**. fig. Difícil de sujetar o reprimir. || **P.** indómito; **I.** rebellious, untamed; **F.** rebelle, indompté; **A.** widerspenstig; **It.** indòmito; **R.** неукротимый.

INDONESIO, SIA. adj. Perteneciente o relativo a Indonesia. || **2**. Natural de esta región asiática. Ú.t.c.s.

INDOSTANÉS, SA. adj. Natural del Indostán. Ú.t.c.s.

INDOSTÁNICO, CA. adj. Perteneciente o relativo al Indostán. || **P.** indostânico; **I.** Hindu, Hindoo; **F.** indostanien, indostani; **A.** hindostanisch; **It.** indostano; **R.** индостанский.

INDOSTANO, NA. adj. Indostanés.

INDOTACIÓN. f. Falta de dotación.

INDOTADO, DA. (l. *indotātus*.) adj. Que está sin dotar.

★ **INDROMINA**. Méj. Maleficio, hechizo.

INDUBITABLE. (l. *indubitabĭlis*.) adj. Indudable.

INDUBITABLEMENTE. adv. Indudablemente.

INDUBITADAMENTE. adv. Ciertamente, sin duda.

INDUBITADO, DA. (l. *indibitātus*.) adj. Cierto.

INDUCCIÓN. (l. *inductĭo*, *-ōnis*.) f. Acción y efecto de inducir. || **2**. Razonamiento que va de lo particular a lo general, de las partes al todo. || **—eléctrica**. Fís. Acción de las corrientes unas sobre otras. || **—electromagnética**. Fís. Influjo de las corrientes eléctricas sobre los imanes y viceversa. || **—magnética**. Fís. Acción de los imanes, unos sobre otros. || **P.** indução; **I.** y **F.** induction; **A.** Folgerung; **It.** induzione; **R.** подстрекательство.

INDUCIA. (l. *inducia*.) f. Tregua o dilación.

INDUCIDO, DA. p.p. de inducir. || **2**. m. Fís. Circuito que gira en el campo magnético de una dinamo, originándose una corriente por su movimiento de rotación.

INDUCIDOR, RA. adj. Que induce a una cosa. Ú.t.c.s.

INDUCIMIENTO. (De *inducir*.) m. Inducción.

INDUCIR. (l. *inducĕre*.) tr. Instigar, mover a uno. || **2**. Fil. Ascender lógicamente el entendimiento desde el conocimiento de los fenómenos, hechos o casos, a la ley. || **3**. Fís. Producir un cuerpo electrizando fenómenos eléctricos en otro situado a cierta distancia de él. || **P.** induzir; **I.** to induce, to persuade; **F.** induire; **A.** berenden, verleiten; **It.** indurre; **R.** подстрекать.

INDUCTIVO, VA. (l. *inductīvus*.) adj. Que se hace por inducción. || **2**. Perteneciente a ella.

INDUCTOR, RA. (l. *inductor*, *-ōris*, de *inducĕre*.) adj. Que induce. || **2**. m. Fís. En una dinamo o motor eléctrico, el circuito productor del campo magnético que origina la corriente en el inducido.

INDUDABLE. (l. *indubitabĭlis*.) adj. Que no puede dudarse.

INDUDABLEMENTE. adv. De modo indudable.

INDULGENCIA. (l. *indulgentĭa*.) f. Facilidad en perdonar o disimular las faltas o en conceder gracias. || **2**. Remisión que hace la Iglesia de las penas debidas por los pecados. || **—parcial**. Aquella por la cual se perdona parte de la pena. || **—plenaria**. Aquella por la cual se perdona toda la pena. || **P.** indulgência; **I.** y **F.** indulgence; **A.** Ablass, Nachsicht; **It.** indulgenza; **R.** снисходительность, индульгенция.

INDULGENTE. (l. *indulgens*, *-entis*.) adj. Fácil en perdonar o disimular los yerros o en conceder gracias.

INDULGENTEMENTE. adv. De manera indulgente.

INDULTAR. (De *indulto*.) tr. Perdonar a uno el todo o parte de la pena que tiene impuesta. || **2**. Eximir de una ley u obligación. || **P.** indultar; **I.** to free, to forgive; **F.** gracier, faire remise d'une peine; **A.** begnadigen, freisprechen; **It.** indultare; **R.** помиловать.

INDULTARIO. m. Sujeto que, en virtud de una gracia pontificia, podía conceder beneficios eclesiásticos.

INDULTO. (l. *indultus*.) m. Privilegio concedido a uno para que pueda hacer lo que sin él no podría. || **2**. Gracia por la cual el superior remite el todo o parte de una pena, o la conmuta, o exime a uno de la ley o de otra cualquiera obligación. || **3**. V. *Día* de INDULTO. || **P.** e **It.** indulto; **I.** indult, forgiveness; **F.** indult; **A.** Begnadigung, Indult; **R.** помилование, прощение.

INDUMENTARIA. (De *indumento*.) f. Estudio histórico del traje. || **2**. Vestido. 2.ª acep.: **P.** indumentária; **I.** y **F.** costume; **A.** Kleidung; **It.** indumento; **R.** одежда.

INDUMENTARIO, RIA. adj. Perteneciente o relativo al vestido.

INDUMENTO. (l. *indumentum*, de *induĕre*, vestir.) m. Vestidura.

INDURACIÓN. (l. *induratio*, *-ōnis*.) f. Endurecimiento.

INDUSTRIA. (l. *industrĭa*.) f. Destreza o artificio para hacer una cosa. || **2**. Conjunto de operaciones materiales ejecutadas para la obtención, transformación y transporte de los productos naturales. || **3**. Conjunto de las industrias de un mismo o de varios géneros, de todo un país o de parte de él. *La* INDUSTRIA *maderera*. *La* INDUSTRIA *vizcaína*. || *De* INDUSTRIA. m. adv. De propósito. || **P.** indústria; **I.** industry, manufacture; **F.** industrie; **A.** Gewerbe, Industrie; **It.** industria; **R.** промышленность.

INDUSTRIAL. adj. Perteneciente a la industria. || **2**. m. El que vive del ejercicio de la industria. || **P.** e **I.** industrial; **F.** industriel; **A.** industriell; **It.** industriale; **R.** промышленный.

INDUSTRIALISMO. (De *industrial*.) m. Tendencia al predominio indebido de los intereses industriales. || **2**. Mercantilismo.

INDUSTRIALISTA. adj. Partidario del industrialismo.

INDUSTRIALIZACIÓN. f. Acción y efecto de industrializar.

INDUSTRIALIZAR. tr. Hacer que una cosa sea objeto de elaboración. || **2**. Dar preponderancia a las industrias en la economía de una nación.

INDUSTRIAR. (l. *industriāre*.) tr. Instruir, adiestrar a uno. || **2**. r. Ingeniarse, sabérselas componer.

INDUSTRIOSAMENTE. adv. Con industria y maña.

INDUSTRIOSO, SA. (l. *industriōsus*.) adj. Que obra con industria, 1.ª acep. || **2**. Que se hace con industria. || **3**. Que se dedica con ahínco al trabajo.

INEBRIAR. (l. *inebriāre*.) tr. Embriagar.

INEBRIATIVO, VA. (De *inebriar*.) adj. ant. Embriagador.

INEDIA. (l. *inedia*.) f. Estado de una persona que no se alimenta por más tiempo del regular.

INÉDITO. (l. *inedĭtus*.) adj. Escrito y no publicado. || **P.** inédito; **I.** unpublished, unedited; **F.** inédit; **A.** ungedruckt, unveröffentlicht; **It.** inèdito; **R.** неизданный.

INEDUCACIÓN. f. Carencia de educación.

INEDUCADO, DA. adj. Falto de educación.

INEFABILIDAD. (l. *ineffabĭlitas*, *-ātis*.) f. Calidad de inefable.

INEFABLE. (l. *ineffabĭlis*; de *in*, priv., y *affabĭlis*, que se puede decir.) adj. Que con palabras no se puede explicar. || **P.** inefável; **I.** y **F.** ineffable; **A.** unaussprechlich; **It.** ineffàbile; **R.** невыразимый.

INEFABLEMENTE. adv. Sin poderse explicar.

INEFICACIA. (l. *inefficacĭa*.) f. Falta de eficacia y actividad. || **P.** ineficácia; **I.** inefficacy; **F.** inefficacité; **A.** Zwecklosigkeit; **It.** inefficacia; **R.** недействительность.

INEFICAZ. (l. *inefficax*.) adj. No eficaz. || **P.** ineficaz; **I.** inefficacious; **F.** e **It.** inefficace; **A.** Wirkungslos; **R.** недействительный.

INEFICAZMENTE. adv. Sin eficacia.

INELEGANCIA. f. Falta de elegancia.

INELEGANTE. (l. *inelĕgans*, *-antis*.) adj. No elegante.

I

INELUCTABLE. (l. *ineluctabĭlis*.) adj. Inevitable.

INELUDIBLE. (De *in*, 2.º art., y *eludible*.) adj. Que no se puede eludir. || **P**. iniludível; **I**. unavoidable; **F**. inéludable; **A**. unumgänglich, unabwendbar; **It**. ineludibile; **R**. неминуемый.

INELUDIBLEMENTE. adv. De modo ineludible.

INEMBARGABLE. adj. Que no puede ser objeto de embargo.

INENARRABLE. (l. *inenarrabĭlis*.) adj. Inefable. || **P**. inenarrável; **I**. inenarrable; **F**. inénarrable; **A**. unbeschreiblich; **It**. inenarràbile; **R**. несказанный.

INEPCIA. (l. *ineptĭa*.) f. Necedad. || **P**. inépcia; **I**. folly, nonsense; **F**. ineptie; **A**. Ungereimtheit, Albernheit; **It**. inettezza; **R**. нелепость.

INEPTAMENTE. adv. Neciamente; sin aptitud.

INEPTITUD. (l. *ineptitŭdo*.) f. Falta de aptitud o de capacidad. || **P**. ineptidão; **I**. unfitness, ineptitude; **F**. inaptitude, incapacité; **A**. Untauglichkeit; **It**. inettitùdine; **R**. неспособность.

INEPTO, TA. (l. *ineptus*.) adj. No apto o a propósito para una cosa. || **2**. Necio. Ú.t.c.s.

INEQUÍVOCAMENTE. adv. De modo inequívoco.

INEQUÍVOCO, CA. (De *in*, 2.º art., y *equívoco*.) adj. Que no admite duda ni equivocación. || **P**. inequívoco; **I**. unequivocal; **F**. qui n'est point équivoque; **A**. eindeutig, unverblümt; **It**. inequivoco; **R**. безошибочный.

INERCIA. (l. *inertĭa*.) f. Flojedad, inacción. || **2**. Falta de energía física o moral. || **3**. Fís. Incapacidad que tienen los cuerpos de modificar por sí mismos el estado de reposo o movimiento en que se encuentren. || **P**. inércia; **I**. inertia, inertness; **F**. inertie; **A**. Trägheit, Willenslosigkeit; **It**. inerzia; **R**. инерция.

INERME. (l. *inermis*.) adj. Que está sin armas. || **2**. Bot. y Zool. Desprovisto de espinas, pinchos o aguijones. || **P**, **F**. inerme; **I**. disarmed; **A**. unbewaffnet; **It**. inerme; **R**. безоружный.

INERRABLE. (l. *inerrabĭlis*.) adj. Que no se puede errar.

INERRANTE. (l. *inerrans*, *-antis*.) adj. Astron. Fijo y sin movimiento.

INERTE. (l. *iners*, *inertis*.) adj. Que tiene inercia. || **2**. Flojo, desidioso. || **P**, **F**. e **It**. inerte; **I**. inert; **A**. willenlos, träge; **R**. инертный, косный.

INERVACIÓN. f. Fisiol. Acción del sistema nervioso en las funciones de los demás órganos. || **2**. Conjunto de las acciones nerviosas.

INERVADOR, RA. adj. Que produce la inervación.

INESCRUTABLE. (l. *inscrutabĭlis*.) adj. Que no se puede saber ni averiguar. || **P**. inescrutável; **I**. y **F**. inscrutable; **A**. unerforschlich; **It**. inscrutàbile; **R**. непознаваемый.

INESCUDRIÑABLE. (De *in*, 2.º art., y *escudriñable*.) adj. Inescrutable.

INESPERABLE. (De *in*, 2.º art., y *esperable*.) adj. Que no es de esperar.

INESPERADAMENTE. adv. Sin esperarse.

INESPERADO, DA. (De *in*, 2.º art., y *esperado*, p.p. de esperar.) adj. Que sucede sin esperarse. || **P**. inesperado; **I**. unexpected; **F**. inattendu, inespéré; **A**. unerwartet, unerhofft; **It**. inesperato; **R**. неожиданный.

INESTABILIDAD. f. Falta de estabilidad. || **P**. inestabilidade; **I**. instability; **F**. instabilité; **A**. Unbeständigkeit; **It**. instabilità; **R**. неустойчивость.

INESTABLE. adj. No estable.

INESTANCABLE. adj. Que no se puede estancar.

INESTIMABILIDAD. f. Calidad de inestimable.

INESTIMABLE. (l. *inaestimabĭlis*.) adj. Incapaz de ser estimado como corresponde. || **P**. inestimável; **I**. y **F**. inestimable; **A**. unschätzbar; **It**. inestimàbile; **R**. неоценённый.

INESTIMADO, DA. (l. *inaestimātus*.) adj. Que está sin apreciar ni tasar. || **2**. Que no se estima. || **3**. V. *Dote* INESTIMADA.

INEVITABLE. (l. *inevitabĭlis*.) adj. Que no se puede evitar. || **P**. inevitável; **I**. unavoidable; **F**. inévitable; **A**. unvermeidlich, unabwendbar; **It**. inevitàbile; **R**. неизбежный.

INEVITABLEMENTE. adv. Sin poderse evitar.

INEXACTAMENTE. adv. De manera inexacta.

INEXACTITUD. f. Falta de exactitud. || **P**. inexactidão; **I**. inaccuracy; **F**. inexactitude; **A**. Ungenauigkeit; **It**. inesattezza; **R**. неточность.

INEXACTO, TA. (De *in*, 2.º art., y *exacto*.) adj. Que carece de exactitud.

INEXCOGITABLE. adj. Que no se puede excogitar.

INEXCUSABLE. (l. *inexcusabĭlis*.) adj. Que no se puede excusar. || **P**. inexcusável; **I**. y **F**. inexcusable; **A**. unentschuldbar; **It**. inescusàbile; **R**. непростительный.

INEXCUSABLEMENTE. adv. Sin excusa.

INEXHAUSTO, TA. (l. *inexhaustus*.) adj. Que no se agota por su abundancia o plenitud. || **P**. inexuasto; **I**. inexhausted; **F**. inépuisé; **A**. unerschöpft; **It**. inesausto; **R**. неистощимый.

INEXISTENCIA. (l. *in*, en, y *existentĭa*.) f. ant. Existencia de una cosa en otra.

INEXISTENCIA. f. Falta de existencia.

INEXISTENTE. (l. *inexistens*, *-entis*; de *in*, en, y *existens*, existente.) adj. ant. Que existe en otro.

INEXISTENTE. (De *in*, 2.º art., y *existente*.) adj. Que carece de existencia, diciéndose igualmente de aquello que aun cuando existe, se considera totalmente nulo.

INEXORABILIDAD. f. Calidad de inexorable.

INEXORABLE. (l. *inexorabĭlis*.) adj. Que no se deja vencer de los ruegos.

INEXORABLEMENTE. adv. De modo inexorable.

INEXPERIENCIA. (l. *inexperientĭa*.) f. Falta de experiencia.

INEXPERTO, TA. (l. *inexpertus*.) adj. Falto de experiencia. Ú.t.c.s. || **P**. inexperto; **I**. inexpert; **F**. inexpérimenté; **A**. unerfahren, angehend; **It**. inesperto; **R**. неопытный.

INEXPIABLE. (l. *inexpiabĭlis*.) adj. Que no se puede expiar.

INEXPLICABLE. (l. *inexplicabĭlis*.) adj. Que no se puede explicar. || **P**. inexplicável; **I**. y **F**. inexplicable; **A**. unerklärbar; **It**. inesplicàbile; **R**. необъяснимый.

INEXPLICABLEMENTE. adv. De manera inexplicable.

INEXPLICADO, DA. adj. Falto de explicación.

INEXPLORADO, DA. (l. *inexplorātus*.) adj. No explorado.

INEXPRESABLE. adj. Que no se puede expresar.

INEXPRESIVO, VA. (De *in*, 2.º art., y *expresivo*.) adj. Que carece de expresión.

INEXPUGNABLE. (l. *inexpugnabĭlis*.) adj. Que no se deja tomar por la fuerza de las armas. || **2**. fig. Que no se deja vencer ni persuadir. || **P**. inexpugnável; **I**. y **F**. inexpugnable; **A**. uneinnehmbar; **It**. inespugnàbile; **R**. неприступный.

INEXTENSIBLE. adj. Fís. Que no se puede extender.

INEXTENSO, SA. (De *in*, 2.º art., y *extenso*.) adj. Que carece de extensión.

INEXTINGUIBLE. (l. *inextinguibĭlis*.) adj. No extinguible. || **2**. fig. De perpetua duración. || **P**. inextinguível; **I**. inextinguishable, unquenchable; **F**. inextinguible; **A**. unauslöschlich, untilgbar; **It**. inestinguibile; **R**. неугасимый.

IN EXTREMIS. loc. lat. En los últimos instantes de la existencia. || **2**. V. *Matrimonio* IN EXTREMIS.

INEXTRICABLE. (l. *inextricabĭlis*.) adj. Difícil de desenredar.

IN FACIE ECCLESIAE. (Lit., en presencia de la Iglesia.) expr. lat. que se usa hablando del santo sacramento del matrimonio cuando es público y con las ceremonias establecidas.

INFACUNDO, DA. (l. *infacundus*.) adj. No facundo.

INFALIBILIDAD. f. Calidad de infalible. || **P**. infalibilidade; **I**. infallibility; **F**. infallibilité; **A**. Unfehlbarkeit; **It**. infallibità; **R**. непогрешимость.

INFALIBLE. (De *in*, 2.º art., y *falible*.) adj. Que no puede engañar ni engañarse. || **2**. Cierto. || **P**. infalível; **I**. infallible; **F**. infaillible; **A**. unfehlbar; **It**. infallibile; **R**. непогрешимый.

INFALIBLEMENTE. adv. De modo infalible.

INFALSIFICABLE. adj. Que no se puede falsificar.

INFAMACIÓN. (l. *infamatĭo*, *-ōnis*.) f. Acción y efecto de infamar. || **P**. infamação; **I**. defamation; **F**. action de déshonorer; **A**. Verleumdung; **It**. infamazione; **R**. инфамация.

INFAMADAMENTE. adv. De manera infamante.

INFAMADOR, RA. (l. *infamātor*.) adj. Que infama. Ú.t.c.s. || **P**. infamador; **I**. defamer; **F**. diffamateur; **A**. Verleumder; **It**. infamatore; **R**. оскорбитель.

INFAMANTE. p.a. de infamar. Que infama.

INFAMAR. (l. *infamāre*.) tr. Cubrir de ignominia, quitar la fama y el buen nombre a una persona o cosa personificada. Ú.t.c.r. || **P**. infamar; **I**. to defame, to disgrace; **F**. déshonorer; **A**. verleumden, beschimpfen; **It**. infamare; **R**. бесчестить, позорить.

INFAMATIVO, VA. adj. Dícese de lo que infama o puede infamar.

INFAMATORIO, RIA. adj. Dícese de lo que infama. || **2**. V. *Libelo* INFAMATORIO.

INFAME. (l. *infamis*.) adj. Que carece de crédito, honra y estimación. || **2**. Muy malo y vil en su especie.

INFAMEMENTE. adv. Con infamia.

INFAMIA. (l. *infamĭa*.) f. Deshonra, descrédito. || **2**. Vileza, maldad de cualquier forma. || **3**. For. Pérdida o lesión del honor, constituyente de causa modificativa de la capacidad civil. || **P**. infâmia; **I**. infamy; **F**. infamie, opprobe; **A**. Schandtat, Ehrlosigkeit, Schändlichkeit; **R**. позор, бесчестие.

INFAMIDAD. f. ant. Infamia.

INFAMOSO, SA. (De *infamia*.) adj. ant. Infamatorio.

INFANCIA. (l. *infantĭa*.) f. Edad del niño desde que nace hasta los siete años. || **2**. fig. Conjunto de los niños en tal edad. || **3**. fig. Por ext., primer estado de una cosa después de su nacimiento o constitución. || **P**. infância; **I**. infancy, childhood; **F**. enfance; **A**. Kindheit; **It**. infanzia; **R**. детство.

INFANDO, DA. (l. *infandus*.) adj. Torpe o indigno de que se hable de ello.

INFANTA. (De *infante*.) f. ant. Niña durante la infancia. || **2**. Cualquiera de las hijas legítimas del rey, nacidas después del príncipe o de la princesa. || **3**. Mujer de un infante.

INFANTADO. m. Territorio de un infante o infanta, hijos de reyes.

INFANTAZGO. m. ant. Infantado.

INFANTE. (l. *infans*, *-antis*.) m. Niño durante la infancia. || **2**. Cualquiera de los hijos varones y legítimos del rey, nacidos después del príncipe o de la princesa. || **3**. Pariente del rey que por su gracia, obtiene este título. || **4**. Soldado que sirve a pie. || **P**. infante; **I**. infant, child; **F**. enfant; **A**. Infant, Kind; **It**. fanciullo, infante; **R**. инфант.

INFANTEJO. m. d. de infante. || **2**. Niño de coro en algunas catedrales.

INFANTERÍA. (De *infante*, soldado de a pie.) f. Tropa que sirve a pie en la milicia. || **—de línea**. La que en regimientos, batallones, etc., combate como cuerpo principal de las batallas. || **—de marina**. La destinada a dar guarnición a los buques de guerra, arsenales y departamentos marítimos. || **—ligera**. La que con preferencia sirve en guerrillas, avanzadas, etc. || *Ir*, o *quedar* uno de INFANTERÍA. fr. fig. y fam. Andar a pie. || **P**. infantaria; **I**. infantry; **F**. infanterie; **A**. Infanterie, Fussvolk; **It**. infanteria; **R**. пехота.

INFANTESA. f. desus. Infanta.

INFANTICIDA. (l. *infanticĭda*; de *infans*, *-antis*, niño, y *caedĕre*, matar.) adj. Dícese del que mata a un niño o infante. Ú.t.c.s.

INFANTICIDIO. (l. *infanticidĭum*.) m. Muerte dada violentamente a un niño. ||

2. For. Muerte dada al recién nacido por la madre o ascendientes maternos, para ocultar la deshonra de aquélla. || **P.** infanticídio; **I.** y **F.** infanticide; **A.** Kindesmord; **It.** infanticidio; **R.** детоубийство.

INFANTIL. (l. *infantílis*.) adj. Perteneciente a la infancia. || **2.** fig. Inocente cándido. || **P.** infantil; **I.** childlike, infantine; **F.** enfantin; **A.** kindlich; **It.** infantile; **R.** детский.

★ **INFANTILISMO.** m. Calidad de infantil. || **2.** Candor, ingenuidad. || **3.** PATOL. Anomalía del desarrollo de ciertas personas que conservan en la edad adulta caracteres orgánicos y hasta psíquicos propios de la niñez.

INFANTILLO. m. d. de infante. || **Murc.** Cada uno de los niños que cantan en el coro de la catedral.

INFANTINA. f. d. de infanta.

INFANTINO, NA. adj. Infantil.

INFANZÓN, NA. (b. l. *infantio, -ónis*, y éste del l. *infans, -ántis*, infante.) m. y f. Hijodalgo que en su heredamiento tenía potestad y señorío limitados.

INFANZONADO, DA. adj. Propio del infanzón o perteneciente a él.

INFANZONAZGO. m. Solar o territorio del infanzón.

INFANZONÍA. f. Calidad de infanzón.

INFARTAR. tr. Causar un infarto. Ú.t.c.r.

INFARTO. (l. *infartus*, relleno.) m. Med. Infiltración de un tejido por la sangre con cesación circulatoria y sin fenómenos sépticos. || **P.** enfarte; **I.** infarct, infarction; **F.** infarctus engorgement; **A.** Infarkt; **It.** infarto; **R.** инфаркт.

INFATIGABLE. (l. *infatigabílis*.) adj. Incansable.

INFATIGABLEMENTE. adv. Sin fatigarse. || **2.** Con perseverancia tenaz.

INFATUACIÓN. f. Acción y efecto de infatuar o infatuarse. || **P.** enfatuação; **I.** y **F.** infatuation; **A.** eitle Einbildung; **It.** infatuazione; **R.** тщеславие.

INFATUAR. (l. *infatuăre*.) tr. Volver a uno fatuo; engreírle. Ú.t.c.r.

INFAUSTAMENTE. adv. Con infelicidad.

INFAUSTO, TA. (l. *infaustus*.) adj. Desgraciado. || **P.** e **It.** infausto; **I.** unhappy; **F.** funeste; **A.** unglücklich; **R.** несчастный.

INFEBRIL. (De *in*, 2.° art., y *febril*.) adj. Sin fiebre.

INFECCIÓN. (l. *infectio, -ónis*.) f. Acción y efecto de infectar. || **P.** infecção; **I.** y **F.** infection; **A.** Ansteckung, Infektion; **It.** infezione; **R.** инфекция.

INFECCIONAR. (De *infección*.) tr. Inficionar.

INFECCIOSO, SA. adj. Que es causa de infección. || **P.** infeccioso; **I.** infectious; **F.** infectieux, infectant; **A.** ansteckend; **It.** infettivo; **R.** заразный, инфекционный.

INFECIR. (l. *inficĕre*.) tr. ant. Inficionar.

INFECTAR. (l. *infectăre*.) tr. Inficionar. Ú.t.c.r. || **P.** infectar; **I.** y **F.** infecter; **A.** ansteckan, infizieren; **It.** infettare; **R.** заражать.

INFECTIVO, VA. (l. *infectívus*.) adj. Dícese de lo que inficiona o puede inficionar.

INFECTO, TA. (l. *infectus*.) p.p. irreg. de infecir. || **2.** adj. Corrompido, contagioso.

INFECUNDARSE. r. ant. Hacerse infecundo.

INFECUNDIDAD. (l. *infecundítas, -átis*.) f. Falta de fecundidad. || **P.** infecundidade; **I.** infecundity; **F.** infécondité, stérilité; **A.** Unfruchtbarkeit; **It.** infecondità; **R.** бесплодие.

INFECUNDO, DA. (l. *infecundus*.) adj. No fecundo. || **P.** infecundo; **I.** barren, infecund; **F.** infécond; **A.** unfruchtbar; **It.** infecondo; **R.** бесплодный.

INFELICE. adj. poét. Infeliz.

INFELICEMENTE. adv. Infelizmente.

INFELICIDAD. (l. *infelicítas, -átis*.) f. Desgracia. || **P.** infelicidade; **I.** unhappiness, infelicity; **F.** infélicité; **A.** Unglück; **It.** infelicità; **R.** несчастье.

INFELIZ. (l. *infélix, -ícis*.) adj. Desgraciado. Ú.t.c.s. || **2.** fam. Bondadoso y apocado. Ú.t.c.s. || **P.** infeliz; **I.** unhappy,

unlucky; **F.** malheureux; **A.** unglücklich; **It.** infelice; **R.** несчастный.

INFELIZMENTE. adv. Con infelicidad.

INFERENCIA. (De *inferir*.) f. Ilación.

INFERIOR. (l. *inferíor*.) adj. Situado debajo de una cosa o más bajo que ella. || **2.** fig. Que es menos que otra persona o cosa en calidad, cantidad, rango, etc. || **3.** De muy mala calidad. || **4.** Persona sujeta o subordinada a otra. Ú.t.c.s. || **5.** V. *Labio, parte* INFERIOR. || **5.** ASTRON. V. *Meridiano, planeta* INFERIOR. || **P.** inferior; **I.** inferior; **F.** inférieur; **A.** unter, minderwertig; **It.** inferiore; **R.** нижний.

INFERIORIDAD. f. Calidad de inferior. || **P.** inferioridade; **I.** inferiority; **F.** infériorité; **A.** Minderwertigkeit; **It.** inferiorità; **R.** низшее качество.

INFERIR. (l. *inferĕre*, por *inferre*, llevar.) tr. Sacar consecuencia o deducir una cosa de otra. || **2.** Conducir a un resultado. || **3.** Tratándose de ofensas, causarlas. || **P.** inferir; **I.** to infer, to deduce; **F.** inférer, déduire; **A.** folgern, schliessen; **It.** inferire; **R.** выводить, вносить.

INFERNÁCULO. m. Juego de muchachos parecido a la rayuela. Consiste en sacar un tejo con el pie de cierta cuadrícula.

INFERNAL. (l. *infernālis*.) adj. Que es del infierno o perteneciente a él. || **2.** V. *Higuera, piedra* INFERNAL. || **3.** fig. Muy malo o dañoso en su línea. || **4.** Se dice hiperbólicamente de lo que causa sumo disgusto o enfado. *Calor* INFERNAL. || **5.** ART. V. *Fuego* INFERNAL. || **P.** e **I.** y **F.** infernal; **A.** höllisch; **It.** infernale; **R.** адский.

INFERNAR. (l. *infernus*, infierno.) tr. Ocasionar a uno la pena del infierno. || **2.** Irritar. Ú.t.c.r.

INFERNILLO. m. Infiernillo.

INFERNO, NA. (l. *infernus*.) adj. poét. Infernal.

INFESTACIÓN. (l. *infestatio, -ónis*.) f. Acción y efecto de infestar o infestarse.

INFESTAR. (l. *infestăre*.) tr. Causar estragos con hostilidades y correrías. || **2.** Invadir un lugar los animales o plantas perjudiciales. || **3.** Apestar. Ú.t.c.r. || **P.** infestar; **I.** to infest; **F.** infester; **A.** verpesten, verseuchen; **It.** infestare; **R.** заражать.

INFESTO, TA. (l. *infestus*.) adj. poét. Dañoso.

INFEUDACIÓN. f. Enfeudación.

INFEUDAR. tr. Enfeudar.

INFICIENTE. (l. *inficiens, -entis*.) p.a. ant. de infecir. Que inficiona.

INFICIÓN. (l. *infectio, -ónis*.) f. ant. Infección.

INFICIONAR. (De *infición*.) tr. Corromper, contagiar. Ú.t.c.r. || **2.** fig. Corromper con malas doctrinas o ejemplos. Ú.t.c.r.

INFIDEL. (l. *infidélis*.) adj. ant. Infiel, 2.ª acep. Usab. t.c.s.

INFIDELIDAD. (l. *infidelítas, -átis*.) f. Falta de fidelidad. || **2.** Carencia de la fe católica. || **3.** Conjunto de los infieles que no conocen la fe católica. || **P.** infidelidade; **I.** infidelity; **F.** infidélité; **A.** Treulosigkeit, Untreue; **It.** infedeltà; **R.** неверность.

INFIDELÍSIMO, MA. (l. *infidelissimus*.) adj. sup. de infiel.

INFIDENCIA. (l. *in*, priv., y *fidentia*, confianza.) f. Falta a la confianza y fe debida a otro.

INFIDENTE. (l. *in*, priv., y *fidens, -entis*, confiado.) adj. Que comete infidencia. Ú.t.c.s.

INFIDO, DA. (l. *infidus*.) adj. ant. Infiel.

INFIEL. (l. *infidélis*.) adj. Falto de fidelidad. || **2.** Que no profesa la fe verdadera. Ú.t.c.s. || **3.** Falto de exactitud. || **P.** infiel; **I.** unfaithful; **F.** infidèle; **A.** untreu; **It.** infedele; **R.** неверный.

INFIELMENTE. adv. Con infidelidad.

INFIERNILLO. m. Cocinilla, 2.° art., 1.ª acep.

INFIERNO. (l. *infĕrnus*.) m. Lugar destinado por Dios para eterno castigo de los réprobos. || **2.** Tormento y castigo de los condenados. || **3.** Uno de los novísimos del hombre. || **4.** Lugar a donde creían los paganos que iban las almas de los muertos. || **5.** Seno de Abrahán o limbo, donde estaban las almas de los justos esperando la redención. || **6.** Lugar subterráneo donde

se sienta la rueda y artificio con que se mueve la máquina de la tahona. || **7.** V. *Higuera de* INFIERNO. || **8.** fig. Uno de los espacios que se trazan en el suelo en el juego del infernáculo. || **9.** fig. CUBA. Cierto juego de naipes. || **10.** fig. y fam. Lugar de mucha discordia y la misma discordia. *Anda*, o *vete al* INFIERNO, expr. fam. de ira con que se suele rechazar a la persona que importuna. || *Los quintos* INFIERNOS. loc. fig. Lugar muy lejano. || **P.** e **It.** inferno; **I.** hell; **F.** enfer; **A.** Hölle; **R.** ад.

INFIESTO, TA. (l. *infestus*.) adj. ant. Derecho, levantado, inhiesto.

INFIGURABLE. (l. *infigurabílis*.) adj. Inimaginable. Que no puede tener figura corporal.

INFILTRACIÓN. f. Acción y efecto de infiltrar o infiltrarse. || **P.** infiltração; **I.** y **F.** infiltration; **A.** Durchtränkung; **It.** infiltrazione; **R.** инфильтрация.

INFILTRAR. (De *in*, 1.er art., y *filtrar*.) tr. Introducir gradualmente un líquido entre los poros de un sólido. Ú.t.c.r. || **2.** fig. Infundir en el ánimo, ideas, doctrinas, etc. Ú.t.c.r.

ÍNFIMO, MA. (l. *infimus*, sup. de *infĕrus*, inferior.) adj. Que en su situación está muy bajo. || **2.** En el orden y valor de las cosas, dícese de la que es última. || **3.** Dícese de lo más vil y despreciable en cualquier faceta. || **P.** ínfimo; **I.** lowest; **F.** infime; **A.** unterst, niedrigst; **It.** infimo; **R.** нижний, последний.

INFINGIDOR, RA. (De *infingir*.) adj. ant. Fingidor.

INFINGIR. tr. ant. Fingir. Úsáb. t.c.r.

INFINIBLE. (l. *infinibílis*.) adj. Que no se acaba o no puede tener fin.

INFINIDAD. (l. *infinitas, -átis*.) f. Calidad de infinito. || **2.** fig. Gran muchedumbre. || **P.** infinidade; **I.** infinity; **F.** infinité; **A.** Endlosigkeit, Unendlichkeit; **It.** infinità; **R.** бесконечность.

INFINIDO, DA. adj. ant. Infinito.

INFINITAMENTE. adv. De un modo infinito.

INFINITESIMAL. adj. MAT. Aplícase a las cantidades infinitamente pequeñas. || **2.** MAT. V. *Cálculo* INFINITESIMAL. **P.** e **I.** infinitesimal; **F.** infinitésimal; **A.** Infinitesimal; **It.** infinitesimale; **R.** бесконечно малый.

INFINITIVO. (l. *infinitívus*.) adj. GRAM. V. *Modo* INFINITIVO. Ú.t.c.s. || **2.** m. GRAM. Presente de INFINITIVO, o sea voz que da nombre al verbo. || **P.** e **It.** infinitivo; **I.** infinitive; **F.** infinitif; **A.** infinitiv; **R.** инфинитив.

INFINITO, TA. (l. *infinítus*.) adj. Que no tiene ni puede tener fin. || **2.** Muy numeroso y grande. || **3.** m. MAT. Signo en forma de un ocho tendido (∞), que sirve para expresar un valor mayor que cualquier cantidad asignable. || **4.** adv. Muchísimo, excesivamente. || **P.** e **It.** infinito; **I.** infinite; **F.** infini; **A.** endlos, grenzenlos; **R.** бесконечный.

INFINITUD. (l. *infinitúdo*.) f. Infinidad, 1.ª acep.

INFINTA. (l. *in*, intens., y *ficta*, finta.) f. ant. Fingimiento.

INFINTOSAMENTE. adv. ant. Con engaño.

INFINTOSO, SA. (De *infinta*.) adj. ant. Disimulado, engañoso.

INFINTUOSAMENTE. adv. ant. Infintosamente.

INFIRMAR. (l. *infirmăre*, debilitar.) tr. ant. Minorar el valor de una cosa. || **2.** For. Invalidar.

INFLACIÓN. (l. *inflatio, -ónis*.) f. Acción y efecto de inflar. || **2.** fig. Vanidad. || **3.** ECON. Aumento de billetes en circulación, no correspondiente a las exigencias del mercado. Exceso de la oferta del dinero sobre el volumen de mercancías que ofrecer. || **P.** inflação; **I.** y **F.** inflation; **A.** Aufblähung; **It.** enfiagione, inflazione; **R.** надувание, инфляция.

INFLAMABLE. adj. Fácil de inflamarse. || **P.** inflamàvel; **I.** y **F.** inflammable; **A.** entzündbar; **It.** infiammàbile; **R.** легко воспламеняющийся.

INFLAMACIÓN. (l. *inflamatio, -ónis*.) f. Acción y efecto de inflamar o inflamarse. || **2.** MED. Reacción de un tejido al contacto con un agente patógeno caracterizado por aumento de calor, enrojeci-

I

miento, hinchazón y dolor. ǁ **P**. inflama-ção; **I**. y **F**. inflammation; **A**. Entzündung; **It**. infiammazione; **R**. воспаление.

INFLAMADOR, RA. adj. Que inflama.

INFLAMAMIENTO. (De *inflamar*, 3.ª acep.) m. ant. Inflamación.

INFLAMAR. (l. *inflamāre*.) tr. Encender una cosa levantando llama. ǁ **2**. fig. Enardecer las pasiones o afectos del ánimo. INFLAMARSE *de lujuria*. ǁ **3**. r. Producirse inflamación, 2.ª acep. ǁ **4**. Enardecerse una parte del cuerpo. ǁ **P**. inflamar; **I**. to inflame, to set on fire; **F**. enflammer; **A**. entflammen, durchglühen; **It**. infiammare; **R**. воспламенять.

INFLAMATORIO, RIA. adj. MED. Que causa inflamación. ǁ **2**. MED. Que produce estado de inflamación. ǁ **P**. inflamatório; **I**. inflammatory; **F**. inflammatoire; **A**. entzündlich; **It**. infiammatorio; **R**. воспалительный.

INFLAMIENTO. (De *inflar*.) m. Inflación.

INFLAR. (l. *inflāre*; de *in*, en, y *flāre*, soplar.) tr. Hinchar una cosa con aire u otra substancia aeriforme. Ú.t.c.r. ǁ **2**. fig. Exagerar naciones, hechos, etc. ǁ **3**. fig. Engreír. Ú.m.c.r.

INFLATIVO, VA. adj. Que infla o tiene virtud de inflar.

INFLEXIBILIDAD. f. Calidad de inflexible. ǁ **2**. fig. Constancia y firmeza de ánimo para no doblegarse. ǁ **P**. inflexibilidade; **I**. inflexibility; **F**. inféxibilité; **A**. Unbiegsamkeit; **It**. inflessibilità; **R**. негибаемость.

INFLEXIBLE. (l. *inflexibĭlis*.) adj. Incapaz de torcerse o doblarse. ǁ **2**. fig. De ánimo firme y constante.

INFLEXIBLEMENTE. adv. Con inflexibilidad.

INFLEXIÓN. (l. *inflexĭo*, -ōnis.) f. Torcimiento de una cosa que estaba recta. ǁ **2**. Elevación o atenuación hecha con la voz, quebrándola o pasándola de un tono a otro. ǁ **3**. GEOM. Punto de una curva en que cambia de sentido su curvatura. ǁ **4**. GEOM. Cada una de las terminaciones que toman las palabras variables. ǁ **P**. inflexão; **I**. inflection; **F**. inflexion; **A**. Biegung, Beugung; **It**. inflessione; **R**. сгибание.

INFLICTO, TA.(l. *inflictus*.) p.p. irreg. ant. de infligir.

INFLIGIR. (l. *inflĭgĕre*, herir.) tr. Hablando de castigos y penas corporales, imponerlas. ǁ **P**. infligir; **I**. to inflict; **F**. infliger; **A**. auferlegen; **It**. infliggere; **R**. налагать.

INFLORESCENCIA. (De *in*, 1.er art., y *florescencia*.) f. BOT. Orden con que aparecen colocadas las flores al brotar en las plantas. En umbela, en espiga, etc.

INFLUENCIA. (l. *inflŭens*, -entis, influyente.) f. Acción y efecto de influir. ǁ **2**. fig. Poder, autoridad de una persona para con otra u otras. ǁ **P**. influência; **I**. y **F**. influence; **A**. Einfluss; **It**. influenza, influsso; **R**. влияние.

INFLUENTE. (l. *inflŭens*, -entis.) p.a. desus. de influir, influyente.

º **INFLUENZA**. f. Otro nombre de la enfermedad llamada gripe.

INFLUIR. (l. *inflŭĕre*.) tr. Producir unas cosas sobre otras ciertos efectos. ǁ **2**. fig. Ejercer una persona o cosa predominio o fuerza moral en el ánimo. ǁ **3**. fig. Contribuir al éxito de un negocio. ǁ **4**. fig. Inspirar Dios algún efecto o don de su gracia. ǁ **P**. influir; **I**. to influence; **F**. influer, influencer; **A**. einwirken; **It**. influire, influenzare; **R**. влиять.

INFLUJO. (l. *influxus*.) m. Influencia. ǁ **2**. Flujo, 2.ª acep.

INFLUYENTE. p.a. de influir. Que influye.

INFOLIO. m. Libro en folio. ǁ **P**. infólio; **I**. folio; **F**. in-folio; **A**. Folioband, Foliformat; **It**. in-foglio; **R**. ин-фолио.

INFORCIADO. (b. l. *infortiatum*, reforzado.) m. Segunda parte del Digesto o Pandectas de Justiniano.

INFORMACIÓN. (l. *informatĭo*, -ōnis.) f. Acción y efecto de informar o informarse. ǁ **2**. Averiguación jurídica de un hecho o delito. ǁ **3**. Noticia o noticias que uno trata de saber. ǁ **4**. En los periódicos, sección de noticias. ǁ **5**. Pruebas de la calidad y circunstancias necesarias en un

sujeto para un empleo u honor. ǁ **6**. Constituyen la información en el lenguaje del control automático, los impulsos que en la autorregulación analógica se transmiten por el aparato medidor a los diferentes órganos. ǁ **7**. En las máquinas digitales la constituyen los datos formalizados que la máquina recibe y con los cuales realiza sus operaciones. ǁ **—de dominio**. Medio supletorio para inscribir el de bienes en el registro de la propiedad cuando se carece de título escrito. ǁ **—de pobreza**. FOR. La que se hace delante de los jueces y tribunales para obtener los beneficios de la defensa gratuita. ǁ **—de sangre**. Aquella con que se acredita que en la ascendencia y familia de un sujeto concurren las calidades de linaje que se requieren para un determinado fin. ǁ **—parlamentaria**. Averiguación sobre un asunto encargada a una comisión especial. ǁ **—posesoria**. Medio supletorio de inscripción en el que solamente se inscribe la posesión, no el dominio. ǁ *A título de* INFORMACIÓN. Sin responder de la veracidad de la noticia. ǁ **P**. informação; **I**. information, report; **F**.information; **A**.Erkundigung, Auskunft; **It**. informazione; **R**. информация, сообщение.

INFORMADOR, RA. (l. *informātor*.) adj. Que informa. Ú.t.c.s.

INFORMAL. (De *in*, 2.º art., y *formal*.) adj. Que carece de formalidad. Ú.t.c.s.

INFORMALIDAD. f. Calidad de informal. ǁ **2**. fig. Cosa reprimible por informal. ǁ **P**. informidade; **I**. informality; **F**. légèreté; **A**. Leichtfertigkeit; **It**. informalità; **R**. несерьёзность.

INFORMALMENTE. adv. Con informalidad.

INFORMAMIENTO. m. ant. Información, 1.ª acep.

INFORMANTE. p.a. de informar. Que informa. ǁ **2**. m. El que está encargado de hacer la información de limpieza de sangre y calidad de uno. ǁ **P**. informante; **I**. informant, reporter; **F**. rapporteur; **A**. Auskunftsgeber; **It**. informante, relatore; **R**. осведомляющий.

INFORMAR.(l. *informāre*.) tr. Enterar, dar noticia de alguna cosa. Ú.t.c.r. ǁ **2**. FIL. Dar forma substancial a una cosa. ǁ **3**. intr. Dictaminar un cuerpo consultivo o una persona perita. ǁ **4**. Hablar en estrados los fiscales y abogados.

INFORMATIVO, VA. adj. Dícese de lo que informa. ǁ **2**. Dícese de las comisiones, juntas, etc., de carácter consultivo.

INFORME. (De *informar*.) m. Noticia que se da de un negocio o suceso, o acerca de una persona. ǁ **2**. Acción y efecto de informar. ǁ **3**. FOR. Exposición oral que hace el letrado o el fiscal ante el tribunal que ha de fallar el proceso. ǁ **P**. informe; **I**. report; **F**. information, compterendu; **A**. Bericht, Nachricht, Gutachten; **It**. informazione, rendiconto; **R**. доклад, сообщение.

INFORME. (l. *informis*; de *in*, priv., y *forma*, figura.) adj. Que no tiene la forma o perfección que le corresponde. ǁ **2**. De forma vaga e indeterminada.

INFORMIDAD. (l. *informĭtas*, -ātis.) f. Calidad de informe.

INFORTIFICABLE. adj. Que no se puede fortificar.

INFORTUNA. (De *in*, 2.º art., y *fortuna*.) f. ASTROL. Influjo adverso e infausto de los astros.

INFORTUNADAMENTE. adv. Con desgracia.

INFORTUNADO, DA. (l. *infortunātus*.) adj. Desafortunado. Ú.t.c.s.

INFORTUNIO. (l. *infortunĭum*.) m. Suerte desdichada o fortuna adversa. ǁ **2**. Estado desgraciado en que se encuentra una persona. ǁ **3**. Hecho o acaecimiento desgraciado. ǁ **P**. infortúnio; **I**. misfortune; **F**. malheur, malchance; **A**. Missgeschick; **It**. infortunio; **R**. несчастье.

INFORTUNO, NA. (De *in*, 2.º art., y *fortuna*.) adj. ant. Desafortunado.

INFOSURA. f. VETER. Congestión e inflamación subsiguiente del pie. Enfermedad propia de las caballerías.

INFRACCIÓN. (l. *infractĭo*, -ōnis.) f. Quebrantamiento de una ley, pacto o tratado; o de una norma moral, lógica o

doctrinal. ǁ **P**. infracção; **I**. y **F**. infraction; **A**. Überschreitung, Zuwiederhandlung; **It**. infrazione; **R**. нарушение.

INFRACTO, TA. (l. *in*, priv., y *fractus*, quebrantado, abatido.) adj. Que no se conmueve fácilmente. Constante.

INFRACTOR, RA. (l. *infractor*.) adj. Transgresor. Ú.t.c.s.

★ **INFRAESTRUCTURA**. (l. *infra*, debajo de, y de *estructura*.) f. Conjunto de los trabajos subterráneos de una construcción.

IN FRAGANTI. m. adv. En flagrante.

★ **INFRAHUMANO**. (l. *infra*, debajo de, y de *humano*.) adj. Menos o más bajo que humano. Ú. generalmente hablando de pasiones, sentimientos y condiciones.

INFRANGIBLE. (l. *infrangibĭlis*.) adj. Que no se puede quebrar o quebrantar.

INFRANQUEABLE. (De *in*, 2.º art., y *franqueable*.) adj. Imposible o difícil de franquear. ǁ **P**. infranqueável; **I**. insurmountable; **F**. infranchissable; **A**. unpassierbar, unüberwindlich; **It**. insormontàbile; **R**. непроходимый.

INFRAOCTAVA. (l. *infra*, debajo de, y de *octava*.) f. Tiempo que abarca los seis días comprendidos entre el primero y el último de la octava de una festividad de la Iglesia.

INFRAOCTAVO, VA. adj. Aplícase a cualquiera de los días de la infraoctava.

INFRAORBITARIO, RIA. adj. MED. Dícese de lo que está situado en la parte inferior de la órbita del ojo o, inmediatamente debajo.

º **INFRARROJO, JA**. (l. *infra*, debajo de, y *rojo*.) adj. FÍS. Dícese de la zona invisible del espectro solar situado más allá del rojo, y de las radiaciones correspondientes a esta zona.

INFRASCRIPTO, TA. adj. Infrascrito. Ú.t.c.s.

INFRASCRITO, TA. (l. *infra*, debajo de, y *scriptus*.) adj. Que firma al fin de un escrito. Ú.t.c.s. ǁ **2**. Dicho abajo o después de un escrito. ǁ **P**. infra-escrito; **I**. undersigned; **F**. soussigné; **A**. Unterzeichnet; **It**. infrascritto; **R**. приписка.

★ **INFRASONIDO**. (l. *infra*, debajo de, y de *sonido*.) m. Vibración no perceptible al oído humano que produce una onda de frecuencia inferior a 15 oscilaciones por segundo.

INFRECUENCIA. f. Falta de frecuencia. ǁ **2**. Calidad de infrecuente.

INFRECUENTE. adj. Que no es frecuente.

INFRIGIDACIÓN. (l. *infrigidatĭo*, -ōnis.) f. desus. Enfriamiento.

INFRINGIR. (l. *infringĕre*.) tr. Quebrantar.

★ **INFRÓNDIGO, GA**. adj. ECUAD. Borracho. Ú.t.c.s.

INFRUCTÍFERO, RA. (l. *infructifer*, -ĕri.) adj. Que no produce fruto. ǁ **2**. fig. Inútil.

INFRUCTUOSAMENTE. adv. Sin fruto, sin utilidad.

INFRUCTUOSIDAD. (l. *infructuosĭtas*, -ātis.) f. Calidad de infructuoso.

INFRUCTUOSO, SA. (l. *infructuōsus*.) adj. Ineficaz, inútil para algún fin. ǁ **P**. infructuoso; **I**. fruitless; **F**. infructueux; **A**. unnütz; **It**. infruttuoso; **R**. бесполезный.

INFRUGÍFERO, RA. (De *in*, 2.º art., y *frugífero*.) adj. Infructífero.

INFRUTESCENCIA. f. BOT. Fructificación formada por la agrupación de varios frutillos procedentes de las flores de una inflorescencia con apariencia de unidad; como la del moral.

ÍNFULA. (l. *infŭla*.) f. Adorno de lana blanca, a manera de venda, con dos tiras caídas a los lados, con que se ceñían la cabeza los sacerdotes de los gentiles y los suplicantes, y que se ponía sobre las de las víctimas. Usábanlo también en la antigüedad algunos reyes. Ú.m. en pl. ǁ **2**. Cada una de las dos cintas anchas que penden por la parte posterior de la mitra episcopal. ǁ **3**. pl. fig. Presunción o vanidad.

INFUMABLE. (De *in*, 2.º art., y *fumar*.) adj. Dícese del tabaco pésimo. ǁ **2**. Por ext., inaceptable, de mala calidad.

INFUNDADAMENTE. adv. Sin fundamento racional.

INFUNDADO, DA. (De *in*, 2.º art.,

y *fundado*, p.p. de *fundar*.) adj. Que carece de fundamento.

INFUNDIBULIFORME. (l. *infundibŭlum*, embudo, y *forma*, forma.) adj. En forma de embudo.

INFUNDIO. m. fam. Mentira, patraña.

INFUNDIOSO, SA. adj. Mentiroso.

INFUNDIR. (l. *infundĕre*.) tr. ant. Poner un simple o medicamento en un licor por cierto tiempo. ‖ **2**. p. us. Echar un líquido en una vasija u otro recipiente. ‖ **3**. fig. Comunicar Dios al alma un don o gracia. ‖ **4**. fig. Causar en el ánimo un impulso moral o afectivo. ‖ **P**. infundir; **I**. to infuse; **F**. infuser, inspirer; **A**. eingiessen, einflössen; **It**. infòndere; **R**. внушать.

INFURCIÓN. (De *in*, 1.er art., y *furción*.) f. Tributo que en dinero o especie se pagaba al señor de un lugar por razón del solar de las casas.

INFURCIONIEGO, GA. adj. Sujeto al tributo de infurción.

INFURTIR. tr. Enfurtir.

INFURTO, TA. p.p. irreg. de infurtir.

INFUSCAR. (l. *infuscāre; de in*, en, y *fuscus*, obscuro.) tr. ant. Obscurecer, ofuscar.

INFUSIBILIDAD. f. Calidad de infusible.

INFUSIBLE. (De *in*, 2.º art., y *fusible*.) adj. Que no puede fundirse o derretirse.

INFUSIÓN. (l. *infusio, -ŏnis*.) f. Acción y efecto de infundir. ‖ **2**. Acción de echar agua sobre el que se bautiza. ‖ **3**. Acción de extraer de las substancias orgánicas las partes solubles en agua caliente. ‖ **4**. Producto líquido así obtenido. ‖ **P**. infusão; **I**. y **F**. infusion; **A**. Begiessung, Aufguss; **It**. infusione; **R**. внушение.

INFUSO, SA. (l. *infūsus*.) p:p. irreg. de infundir. Solamente se usa hablando de las gracias y dones que Dios infunde en el alma.

INFUSORIO. (l. *infusorĭum*.) ZOOL. Ciliado, animalillo unicelular, imperceptible a simple vista, que vive en los líquidos y está provisto de pestañas vibrátiles. ‖ **P**. infusório; **I**. infusorian; **F**. infusoire; **A**. Infusorien; **It**. infusorio; **R**. инфузория.

INGA. (quich *inca*.) adj. V. *Piedra* INGA. Ú.t.c.s. ‖ **2**. m. Inca. ‖ **3**. Árbol de América semejante al timbó.

INGENERABLE. (l. *ingenerabĭlis*.) adj. Que no puede ser engendrado.

INGENIAR. (De *ingenio*.) tr. Trazar o inventar ingeniosamente una cosa. ‖ **2**. r. Discurrir trazas para conseguir o ejecutar una cosa.

INGENIATURA. (De *ingeniar*.) f. fam. Industria y arte con que se ingenia uno.

INGENIERÍA. f. Arte de aplicar los conocimientos científicos a la invención, perfeccionamiento o utilización de la técnica industrial en todas sus determinaciones. ‖ **P**. engenharia; **I**. engineering; **F**. génie; **A**. Ingenieurwesen; **It**. ingegneria; **R**. инженерное искусство.

INGENIERO. (De *ingenio*.) m. El que profesa la ingeniería. ‖ **—aeronáutico**. El encargado de proyectar y dirigir la construcción de las naves aéreas y dependencias para las mismas. ‖ **—agrónomo**. El que entiende en el fomento, calificación y medición de las fincas rústicas, y en lo referente a la práctica de la agricultura. ‖ **—civil**. El que pertenece a algún cuerpo facultativo no militar dedicado a trabajos y obras públicas. ‖ **—de caminos, canales y puertos**. El dedicado a la traza, ejecución y conservación de obras públicas. ‖ **—de minas**. El que entiende en el laboreo de las minas. ‖ **—de montes**. El que entiende de la cría y aprovechamiento de los montes. ‖ **—de telecomunicación**. El que posee conocimientos especiales en telefonía, telegrafía, radio, etcétera. ‖ **—industrial**. El que entiende en todo lo concerniente a la industria. ‖ **—militar**. El que proyecta y dirige las obras militares. ‖ **—naval**. El que se dedica a toda clase de construcciones navales. ‖ **—textil**. El que entiende especialmente en la industria textil. ‖ INGENIEROS *militares*. Tropas especializadas en cometidos técnicos destinadas a facilitar la acción de las grandes unidades en marcha, en combate o en retirada, cons-

truyendo puentes, ferrocarriles, detectando minas, volando fortificaciones, etc. ‖ **P**. engenheiro; **I**. engineer; **F**. ingénieur; **A**. Ingenieur; **It**. ingegnere; **R**. инженер.

INGENIO. (l. *ingenium*.) m. Facultad para discurrir o crear con prontitud y facilidad. ‖ **2**. Sujeto dotado de esta facultad. ‖ **3**. Habilidad, industria, maña para conseguir o ejecutar una cosa. ‖ **4**. Facultades poéticas y creadoras. ‖ **5**. Máquina o artificio mecánico. ‖ **6**. Cualquier máquina o artificio de guerra. ‖ **7**. Instrumento usado por los encuadernadores para cortar los cantos de los libros. ‖ **8**. INGENIO *de azúcar*. ‖ **9**. AR. Fábrica donde se elabora la cera. ‖ **—de azúcar**. Conjunto de aparatos para moler y obtener el azúcar. ‖ **2**. Finca que contiene el cañamelar y las oficinas de beneficio. ‖ *Afilar*, o *aguzar*, uno *el* INGENIO. fr. fig. Aplicar atentamente la inteligencia para salir de una dificultad. ‖ **P**. engenho; **I**. ingenuity, cleverness; **F**. ingéniosité, esprit; **A**. Ingenium, Geist; **It**. ingegno; **R**. гений, талант.

INGENIOSAMENTE. adv. Con ingenio.

INGENIOSIDAD. (l. *ingeniosĭtas, -ātis*. f. Calidad de ingenioso. ‖ **2**. fig. Idea artificiosa y sutil. Ú. por lo general despectivamente.

INGENIOSO, SA. (l. *ingeniōsus*.) adj. Que tiene ingenio. ‖ **2**. Hecho o dicho con ingenio. ‖ **P**. engenhoso; **I**. ingenious; **F**. ingénieux; **A**. scharfsinnig; **It**. ingegnoso; **R**. талантливый.

INGÉNITO, TA. (l. *ingenĭtus*.) adj. No engendrado. ‖ **2**. Connatural y como nacido con uno. ‖ **P**. ingénito; **I**. innate; **F**. inné; **A**. angeboren; **It**. ingénito; **R**. незачатый.

INGENTE. (l. *ingens, -entis*.) adj. Muy grande. ‖ **P**. e **It**. ingente; **I**. enormous; **F**. énorme; **A**. gross, riesig; **R**. огромный.

INGENUAMENTE. adv. Con ingenuidad o sinceridad.

INGENUIDAD. (l. *ingenuĭtas, -ātis*.) f. Sinceridad, candor, buena fe. ‖ **2**. FOR. Condición personal de haber nacido libre. ‖ **P**. ingenuidade; **I**. ingeniousness; **F**. ingénuité; **A**. Offenherzigkeit; **It**. ingenuità; **R**. наивность.

INGENUO, NUA. (l. *ingenŭus*.) adj. Real, sincero. ‖ **2**. For. Que nació libre y no ha perdido su libertad. Ú.t.c.s. ‖ **P**. ingénuo; **I**. ingenuous; **F**. ingénu, naif; **A**. naiv, harmlos; **It**. ingenuo; **R**. наивный.

INGERENCIA. f. Injerencia.

INGERIDURA. f. Injeridura.

INGERIR. (l. *ingerĕre*.) tr. Introducir por la boca la comida o los medicamentos.

INGESTIÓN. (l. *ingestio, -ŏnis*.) f. Acción de ingerir.

INGIVA. f. ant. Encía.

INGLE. (l. *inguen, -ĭnis*.) f. Parte del cuerpo en que se juntan los muslos con el vientre. ‖ **P**. virilha; **I**. groin; **F**. aine; **A**. Weiche, Schamleiste; **It**. inguine; **R**. пах.

INGLÉS, SA. adj. Natural de Inglaterra. Ú.t.c.s. ‖ **2**. Perteneciente a esta nación de Europa. ‖ **3**. V. *Césped, tafetán* INGLÉS. ‖ **4**. V. *Letra, llave, pimienta* INGLESA. ‖ **5**. m. Lengua INGLESA. ‖ **6**. fam. Acreedor, 1.ª acep. ‖ *A la* INGLESA. m. adv. Al uso de Inglaterra. ‖ **2**. loc. adv. fam. A escote. ‖ **3**. Dícese de cierto tipo de encuadernación. ‖ **P**. inglês; **I**. English; **A**. Engländer; **F**. anglais; **It**. inglese; **R**. английский, англичанин.

INGLESISMO. (De *inglés*.) m. Anglicismo.

INGLETE. (fr. *anglet*, y éste de *angle*, del l. *angŭlus*, ángulo.) m. Ángulo de 45 grados que, con cada uno de los catetos, forma la hipotenusa del cartabón. ‖ **2**. Unión a escuadra de los trozos de una moldura.

INGLETEAR. tr. Formar con ingletes, 2.ª acep.

INGLOSABLE. adj. Que no se puede glosar.

★ INGLUVINA. (De *ingluvies*.) f. QUÍM. Fermento digestivo obtenido de la molleja de algunas aves.

INGOBERNABLE. (De *in*, 2.º art., y *gobernable*.) adj. Que no se puede gobernar.

INGRATAMENTE. adv. Con ingratitud.

INGRATITUD. (l. *ingratitŭdo*.) f. Desagradecimiento, olvido de los favores recibidos. ‖ **P**. ingratidão; **I**. ingratitude, ungratefulness; **F**. ingratitude; **A**. Undankbarkeit; **It** ingratitúdine; **R**. неблагодарность.

INGRATO, TA. (l. *ingrātus*.) adj. Desagradecido. ‖ **2**. Áspero, desagradable. ‖ **3**. Dícese de lo que no corresponde al trabajo que cuesta labrarlo, conservarlo o mejorarlo.

INGRAVIDEZ. f. Calidad de ingrávido.

INGRÁVIDO, DA. (De *in*, 2.º art., y *grave*.) adj. Ligero y tenue como la niebla o la gasa.

INGRE. (l. *inguen, -inis*, ingle.) f. ant. Ingle. Ú. en Burgos.

INGREDIENTE. (l. *ingrediens, -entis*, p.a. de *ingrĕdi*, entrar en.) m. Cualquier cosa que entra con otras en un compuesto cualquiera. ‖ **P**. e **It**. ingrediente; **I**. ingredient; **F**. ingrédient; **A**. Zutat, Ingredienz; **R**. ингредиент.

INGRESAR. (De *ingreso*.) intr. Entrar, 1.ª acep. Dícese particularmente del dinero. Ú.t.c.tr. *Hoy han* INGRESADO *en el banco un millón de pesetas*. ‖ **2**. Entrar a formar parte de una corporación ‖ **P**. ingressar; **I**. to enter, to incase; **F**. entrer, encaisser; **A**. eintreten; **It**. entrare, incassare; **R**. вступать.

INGRESO. (l. *ingressus*.) m. Acción de ingresar. ‖ **2**. Entrada, 1.ª, 2.ª y 3.ª aceps. ‖ **3**. Caudal que entra en poder de uno. ‖ **4**. Pie de altar. ‖ **P**. e **It**. ingresso; **I**. entrance, admission, ingress; **F**. entrée, admission; **A**. Eintritt, Eingang; **R**. вступление.

★ INGUANDIO. m. COLOM. Embuste, infundio.

INGUINAL. (l. *inguinālis*.) adj. Inguinario.

INGUINARIO, RIA. (l. *inguinarĭus*.) adj. Perteneciente a las ingles.

INGURGITACIÓN. (l. *ingurgitatĭo, -ŏnis*.) f. MED. Acción y efecto de ingurgitar.

INGURGITAR. (l. *ingurgitāre; de in*, en, y *gurges, -ĭtis*, abismo, sima.) tr. MED. Engullir.

INGUSTABLE. (l. *ingustabĭlis*.) adj. Que no se puede gustar a causa de su mal sabor.

INHÁBIL. (l. *inhabĭlis*.) adj. Torpe, desmañado. ‖ **2**. Inepto, incapaz, incompetente. ‖ **3**. Inadecuado al fin que se pretende. ‖ **4**. FOR. Dícese del día feriado y también de las horas en que está puesto el Sol, durante las cuales, salvo habilidad expresa, no deben practicarse actuaciones.

INHABILIDAD. f. Falta de habilidad o maña. ‖ **2**. Falta de instrucción, ineptitud. ‖ **3**. Impedimento para un empleo o trabajo. ‖ **P**. inabilidade; **I**. inability, unskilfulness; **F**. inhabilité; **A**. Unfähigkeit; **It**. inabilità; **R**. неловкость, неспособность.

INHABILITACIÓN. f. Acción y efecto de inhabilitar o inhabilitarse. ‖ **2**. Pena aflictiva que priva de algún derecho o incapacita para algún empleo o cargo. ‖ **P**. inhabilitação; **I**. disqualification **F**. déclaration d'inhabilité; **A**. Unfähigkeitsmachung; **It**. inabilitazione; **R**. опорочивание.

INHABILITAMIENTO. (De *inhabilitar*.) m. ant. Inhabilitación, 1.ª acep.

INHABILITAR. (De *in*, 2.º art., y *habilitar*.) tr. Imposibilitar para una cosa. Ú.t.c.r. ‖ **2**. Incapacitar para ejercer un derecho, empleo, etc.

INHABITABLE. (l. *inhabitabĭlis*.) adj. No habitable.

INHABITADO, DA. adj. No habitado.

INHACEDERO, RA. adj. No hacedero.

INHALACIÓN. (l. *inhalatio, -ŏnis*.) f. Acción de inhalar. ‖ **P**. inalação; **I**. y **F**. inhalation; **A**. Einatmung, Inhalation; **It**. inalazione; **R**. вдыхание.

INHALADOR. (De *inhalar*.) m. MED. Aparato para efectuar las inhalaciones.

INHALAR. (l. *inhalāre*.) tr. Aspirar con fines terapéuticos, ciertos gases o líquidos pulverizados. ‖ **2**. intr. Soplar en forma de cruz sobre cada una de las ánforas de los santos óleos cuando se consagran.

INHERENCIA. (l. *inhaerentia*.) f. Calidad de inherente.

I

INHERENTE. (l. *inhaerens, -entis,* p.a. de *inhaerĕre,* estar unido.) adj. Esencial, permanente, que por su naturaleza no se puede separar de otra cosa. || **2.** FIL. Dícese de toda determinación de un sujeto, que constituye un modo de ser intrínseco y no una relación con otra cosa. || **P.** e **It.** inerente; **I.** inherent; **F.** inhérent; **A.** zugehörig, inhärent; **R.** присущий.

INHESIÓN. (l. *inhaesio, -ōnis.*) f. p. us. Apego. || **2.** FIL. Inherencia.

INHESTAR. tr. Enhestar.

INHIBICIÓN. (l. *inhibitio, -ōnis.*) f. Acción y efecto de inhibir o inhibirse.

INHIBIR. (l. *inhibēre.*) tr. FOR. Impedir que un juez prosiga o intervenga en el conocimiento de una causa. || **2.** MED. Suspender transitoriamente una función del organismo mediante la acción de un estímulo. Ú.t.c.r. || **3.** Echarse fuera de un asunto o abstenerse de intervenir en él. || 3.ª acep.: **P.** inhibir-se; **I.** to inhibit oneself; **F.** s'inhiber; **A.** verbieten, untersagen; **It.** inibirsi; **R.** запрещать.

INHIBITORIO, RIA. adj. FOR. Aplícase al despacho, decreto o letras que inhiben a un juez. || **2.** f. Súplica dirigida por una parte al juez competente para que requiera de inhibición al que estima no serlo. || **P.** inibitório; **I.** inhibitory; **F.** inhibitoire; **A.** verbietend; **It.** inibitorio; **R.** запретительный.

INHIESTO, TA. (l. *infēstus,* levantado.) adj. Enhiesto.

INHONESTABLE. adj. p. us. Deshonesto.

INHONESTAMENTE. adv. Deshonestamente.

INHONESTIDAD. (l. *inhonestĭtas, -ātis.*) f. Falta de honestidad o decencia.

INHONESTO, TA. (l. *inhonestus.*) adj. Deshonesto. || **2.** Indecente e indecoroso.

INHONORAR. (l. *inhonorāre.*) tr. ant. Deshonrar.

INHOSPEDABLE. (De *in,* 2.º art., y *hospedable.*) adj. Inhospitable.

INHOSPITABLE. adj. Inhospitalario.

INHOSPITAL. (l. *inhospitālis.*) adj. Inhospitalario.

INHOSPITALARIO, RIA. (De *in,* 2.º art., y *hospitalario.*) adj. Falto de hospitalidad. || **2.** Poco humano para con los extraños. || **3.** Que no ofrece seguridad ni abrigo. *Puerto* INHOSPITALARIO. || **P.** inóspito; **I.** inhospitable; **F.** inhospitalier; **A.** unwirtlich; **It.** inòspite; **R.** негостеприимный.

INHOSPITALIDAD. (l. *inhospitalĭtas, -ātis.*) f. Falta de hospitalidad.

INHÓSPITO, TA. (l. *inhospĭtus.*) adj. Inhospitalario.

INHUMACIÓN. f. Acción y efecto de inhumar. || **P.** inumação; **I.** y **F.** inhumation; **A.** Beerdigung; **It.** inumazione; **R.** погребение.

INHUMANAMENTE. adv. Con inhumanidad.

INHUMANIDAD. (l. *inhumanĭtas, -ātis.*) f. Barbarie, crueldad, falta de humanidad.

INHUMANO, NA. (l. *inhumānus.*) adj. Falto de humanidad, bárbaro, cruel. || **P.** e **It.** inumano; **I.** inhuman; **F.** inhumain; **A.** unmenschlich; **R.** бесчеловечный.

INHUMAR. (l. *inhumāre;* de *in,* en, y *humus,* tierra.) tr. Enterrar, 2.ª acep.

INICIACIÓN. (l. *initiatio, -ōnis.*) m. Acción y efecto de iniciar o iniciarse. || **P.** iniciação; **I.** y **F.** initiation; **A.** Einweihung; **It.** iniziazione; **R.** начинание.

INICIADOR, RA. (l. *initiātor.*) adj. Que inicia. Ú.t.c.s.

INICIAL. (l. *initiālis.*) adj. Perteneciente al origen o principio de las cosas. || **2.** V. *Letra* INICIAL. Ú.t.c.s.f. || **P.** inicial; **I.** initial; **F.** initiale; **A.** anfänglich, initial; **It.** iniziale; **R.** начальный.

INICIAR. (l. *initiāre,* de *initium,* principio.) tr. Admitir a uno a la participación de una cosa secreta; enterarle de ella. || **2.** fig. Instruir en cosas abstractas o de alta enseñanza. || **3.** Comenzar a promover una cosa. || **4.** Recibir órdenes menores. || **P.** iniciar; **I.** to initiate; **F.** initier; **A.** beginnen, einweihen, einleiten; **It.** iniziare; **R.** начинать, наставлять.

INICIATIVA. (De *iniciativo.*) f. Derecho a hacer una propuesta. || **2.** Acto de ejercerlo. || **3.** Acción de adelantarse a los demás en hablar u obrar. || **4.** Cualidad personal que inclina a esta acción. || **P.** iniciativa; **I.** y **F.** initiative; **A.** Antrag; **It.** iniziativa; **R.** инициатива.

INICIATIVO, VA. (De *iniciar.*) adj. Que da principio a una cosa.

INICIO. m. Comienzo, principio.

INICUAMENTE. adv. Con iniquidad.

INICUO, CUA. (l. *iniquus.*) adj. Contrario a la equidad. || **2.** Injusto, malvado. || **P.** iníquo; **I.** iniquitous; **F.** inique; **A.** unbillig, schnöde; **It.** iniquo; **R.** несправедливый.

INIESTA. (l. *genĕsta.*) f. ant. Retama.

INIGUAL. (l. *inaequālis.*) adj. ant. Desigual.

INIGUALADO, DA. adj. Que no tiene igual, impar.

INIGUALDAD. (l. *inaequalĭtas, -ātis.*) f. ant. Desigualdad.

IN ILLO TÉMPORE. loc. lat. que significa en aquel tiempo, usándose en el sentido de en otros tiempos o hace mucho tiempo.

INIMAGINABLE. adj. No imaginable.

INIMICICIA. (l. *inimicitĭa.*) f. ant. Enemistad.

INIMICÍSIMO, MA. adj. sup. de enemigo.

INIMITABLE. (l. *inimitabĭlis.*) adj. No imitable. || **P.** inimitável; **I.** y **F.** inimitable; **A.** unnachahmlich; **It.** inimitàbile; **R.** неподражаемый.

IN INTEGRUM. loc. l. FOR. V. *Restitución* IN INTEGRUM.

ININTELIGIBLE. (l. *inintelligibĭlis.*) adj. No inteligible.

ININTERRUMPIDO, DA. adj. Sin interrupción.

INIQUIDAD. (l. *iniquĭtas, -ātis.*) f. Maldad, injusticia grande. || **P.** iniquidade; **I.** iniquity; **F.** iniquité; **A.** Unbill, Bosheit; **It.** iniquità; **R.** несправедливость.

INIQUÍSIMO, MA. (l. *iniquissĭmus.*) adj. sup. de inicuo.

INJERENCIA. f. Acción y efecto de injerir.

INJERIDURA. (De *injerir.*) f. Parte por donde se ha injertado el árbol.

INJERIR. (l. *inserĕre,* introducir.) tr. fig. Incluir una cosa en otra. || **2.** r. Entrometerse en una dependencia o negocio.

INJERTA. f. Acción de injertar.

INJERTADOR. m. El que injerta.

INJERTAR. (l. *insertāre.*) tr. Injerir en la rama de un árbol, o en su tronco, alguna parte de otro provista de una o más yemas. || **P.** enxertar; **I.** to graft; **F.** greffer; **A.** pfropfen, pelzen; **It.** innestare; **R.** прививать.

INJERTERA. (De *injertar.*) f. Plantación formada de árboles sacados de la almáciga.

INJERTO, TA. (l. *insertus,* introducido.) p.p. irreg. de injertar. || **2.** Parte de una planta con una o más yemas, que aplicada al patrón se suelda con él. || **3.** Acción de injertar. || **4.** Planta injertada. || **—de canutillo.** El que se hace adaptando un rodete o cañuto de corteza, sobre el patrón. || **—de corona,** o de **coronilla.** El que se hace introduciendo una o más púas entre la corteza y la albura del tronco patrón. || **—de escudete.** El que se hace introduciendo entre el fíler y la albura del patrón una yema con parte de la corteza a que está unida, cortada ésta en forma de escudo. || **P.** enxerto; **I.** graft; **F.** greffe, entée; **A.** Propfreis; **It.** innesto; **R.** прививка.

★ **INJONEAR.** tr. PERÚ. Molestar, zaherir.

INJUNDIA. f. fam. Enjundia.

INJURIA. (l. *iniurĭa.*) f. Agravio, ultraje. || **2.** Hecho o dicho contra razón y justicia. || **3.** fig. Daño o incomodidad que causa una cosa. || **P.** injúria; **I.** injury; **F.** injure; **A.** Beleidigung; **It.** ingiuria; **R.** оскорбление.

INJURIADOR, RA. adj. Que injuria. Ú.t.c.s.

INJURIAMIENTO. m. ant. Acción y efecto de injuriar.

INJURIANTE. p.a. de injuriar. Que injuria.

INJURIAR. (l. *iniuriāre.*) tr. Ultrajar, agraviar con obras o palabras. || **2.** Dañar. || **P.** injuriar; **I.** to injure; **F.** injurier; **A.** beleidigen, schmähen; **It.** ingiuriare; **R.** оскорблять.

INJURIOSAMENTE. adv. Con injuria.

INJURIOSO, SA. (l. *iniuriōsus.*) adj. Que injuria. || **P.** injurioso; **I.** injurious; **F.** injurieux; **A.** beleidigend; **It.** ingiurioso; **R.** оскорбительный.

INJUSTAMENTE. adv. Con injusticia, sin razón.

INJUSTICIA. (l. *iniustitĭa.*) f. Acción contraria a la justicia. || **2.** Falta de justicia. || **P.** injustiça; **I.** y **F.** injustice; **A.** Ungerechtigkeit; **It.** ingiustizia; **R.** несправедливость.

INJUSTIFICABLE. (De *in* y *justificable.*) adj. Que no se puede justificar.

INJUSTIFICADAMENTE. adv. De manera injustificada.

INJUSTIFICADO, DA. adj. No justificado. || **P.** injustificado; **I.** unjustified; **F.** injustifié; **A.** ungerechtfertigt; **It.** ingiustificato; **R.** неоправданный.

INJUSTO, TA. (l. *iniustus.*) adj. No justo. Apl. a pers. ú.t.c.s. || **P.** injusto; **I.** injust; **F.** injuste; **A.** ungerecht; **It.** ingiusto; **R.** несправедливый.

★ **INKY.** de. CINEMAT. En el cine, cada una de las lámparas incandescentes empleadas en películas sonoras, por ser más silenciosas. Se emplea en plural, que es inkies.

★ **INLANDSIS.** (Voz escandinava.) m. Glaciares polares que cubren inmensas superficies.

INLLEVABLE. (De *in* y *llevar.*) adj. Que no se puede soportar o tolerar.

INMACULADA. (De *inmaculado.*) f. Purísima.

INMACULADAMENTE. adv. Sin mancha.

INMACULADO, DA. (l. *inmaculātus.*) adj. Que no tiene mancha. || **P.** imaculado; **I.** immaculate; **F.** immaculé; **A.** unbefleckt; **It.** immacolato; **R.** непорочный.

INMADUREZ. f. Falta de madurez.

INMADURO, RA. (De *in* y *maduro.*) adj. ant. Inmaturo.

INMANEJABLE. adj. No manejable. || **P.** intravel; **I.** unmanageable; **F.** inmaniable, intraitable; **A.** unlenksam; **It.** immaneggiabile; **R.** непокорный.

INMANENCIA. f. Calidad de inmanente.

INMANENTE. (l. *immanens, -entis.* p.a. de *immanēre,* permanecer en.) adj. FIL. Se dice de lo que es inherente a algo o va unido inseparablemente a su esencia, aunque pueda distinguirse de ella. || **P.** inmanente; **I., F.** y **A.** immanent; **It.** immanente; **R.** врождённый.

INMARCESIBLE. (l. *immarcescibĭlis.*) adj. Que no se puede marchitar.

INMARCHITABLE. (De *in,* negat., y *marchitar.*) adj. Inmarcesible.

INMATERIAL. (l. *immateriālis.*) adj. No material. || **P.** imaterial; **I.** immaterial; **F.** immatériel; **A.** immateriell, wesenlos; **It.** immateriale; **R.** невещественный.

INMATERIALIDAD. f. Calidad de inmaterial.

INMATURO, RA. (l. *immatūrus.*) adj. No maduro, que no está en sazón.

INMEDIACIÓN. f. Calidad de inmediato. || **2.** FOR. Conjunto de derechos inmediato. || **2.** Conjunto de derechos atribuidos al sucesor inmediato en una vinculación. || **3.** pl. Contorno, terreno que rodea un lugar o población.

INMEDIATAMENTE. adv. Sin interposición de cosa alguna. || **2.** adv. Luego, al instante.

★ **INMEDIATEZ.** f. Calidad de inmediato, proximidad, contigüidad de una cosa a otra.

INMEDIATO, TA. (l. *immediātus;* de *in,* priv., y *medium,* medio.) adj. Contiguo a una cosa. || **2.** Que sucede sin tardanza. || **3.** BIOL. Se dice de los principios orgánicos que entran en la constitución de la célula. || *Darle a uno por las* INMEDIATAS. fr. fig. y fam. Estrechar o apretar a uno con acciones o palabras, que le convencen y dejan sin respuesta. || *De* INMEDIATO. m. adv. ARGENT. Inmediatamente, en seguida. || **P.** imediato; **I.** immediate; **F.** immédiat; **A.** direkt, unmittelbar; **It.** immediato; **R.** соседний.

INMEDICABLE. (l. *immedicabĭlis.*) adj. fig. Que no se puede remediar o curar.

INMEJORABLE. adj. Que no se puede

mejorar. || **P.** imelhorável; **I.** unimprovable; **F.** excellent, qui ne peut être amélioré; **A.** unverbesserlich, prima; **It.** immiglioràbile; **R.** лучшего качества.

INMEJORABLEMENTE. adv. De modo inmejorable.

INMEMORABLE. (l. *immemorabĭlis*.) adj. Inmemorial.

INMEMORABLEMENTE. adv. De modo inmemorial.

INMEMORIAL. (De *in*, negat. y *memoria*.) adj. Tan antiguo, que no hay recuerdo de cuando comenzó. || **2.** Se dice del tiempo antiguo no determinado en los documentos. || **P.** imemorial; **I.** immemorial; **F.** immémorial; **A.** undenklich; **It.** immemoràbile; **R.** незапамятный.

INMENSAMENTE. adv. Con inmensidad.

INMENSIDAD. (l. *immensĭtas, -ātis*.) f. Infinidad en la extensión, atributo de sólo Dios infinito e inmensurable. || **2.** fig. Muchedumbre, extensión grande. || **P.** imensidade; **I.** immensity; **F.** immensité; **A.** Unermesslichkeit; **It.** immensità; **R.** необъятность.

INMENSO, SA. (l. *immensus*.) adj. Que no tiene medida, infinito, ilimitado; y en este sentido es propio de Dios y de sus atributos. || **2.** fig. Muy grande o muy difícil de medirse. || **P.** imenso; **I.** y **F.** immense; **A.** unermesslich; **It.** immenso; **R.** безмерный.

INMENSURABLE. (l. *immensurabĭlis*.) adj. Que no puede medirse. || **2.** fig. De difícil medida.

INMERECIDAMENTE. adv. Sin merecerlo.

INMERECIDO, DA. adj. No merecido. || **P.** imerecido; **I.** unmerited; **F.** immérité; **A.** unverdient; **It.** immeritèvole; **R.** незаслуженный.

INMÉRITAMENTE. adv. Sin mérito, sin razón.

INMÉRITO, TA. (l. *immerĭtus*.) adj. Inmerecido, injusto.

INMERITORIO, RIA. adj. No meritorio.

INMERSIÓN. (l. *immersĭo, -ōnis*.) f. Acción de introducir o introducirse una cosa en un líquido. || **2.** Astron. Entrada de un astro en el cono de la sombra que proyecta otro. || **P.** imersão; **I.** y **F.** immersion; **A.** Tauchung; **It.** immersione; **R.** погружение.

INMERSO, SA. (l. *immersus*, p.p. de *immergĕre*, sumergir.) adj. Sumergido.

INMIGRACIÓN. f. Acción y efecto de inmigrar. || **—golondrina.** Amér. La que llega en ciertas épocas del año, como en la de la recolección de las mieses, y regresa después a su país. || **P.** imigração; **I.** y **F.** immigration; **A.** Einwanderung; **It.** immigrazione; **R.** иммиграция.

INMIGRANTE. p.a. de inmigrar. Que inmigra. Ú.t.c.s. || **P.** imigrante; **I.** y **F.** immigrant; **A.** Einwanderer; **It.** immigrante; **R.** иммигрант.

INMIGRAR. (l. *immigrāee*; de *in*, en, y *migrāre*, irse, pasar.) intr. Llegar a un país para establecerse en él los que se hallaban en otro.

INMIGRATORIO, RIA. adj. Perteneciente o relativo a la inmigración.

INMINENCIA. (l. *imminentĭa*.) f. Calidad de inminente, especialmente hablando de un riesgo. || **P.** iminência; **I.** y **F.** imminence; **A.** Imminenz, drohende Nähe; **It.** imminenza; **R.** неизбежность.

INMINENTE. (l. *imminens, -entis*, p.a. de *imminĕre*, amenazar.) adj. Que amenaza o está para suceder prontamente. || **P.** iminente; **I.** y **F.** imminent; **A.** drohend, bevorstehend; **It.** imminente; **R.** неминуемый.

* INMISCIBLE. (l. *immiscibĭlis*; de *in*, negat., y *miscibŭlis*, lo que se puede mezclar.) adj. Fís. y Quím. Que no puede mezclarse con otra substancia.

INMISCUIR. (der. del l. *immiscuus*, formado como *promiscuus*.) tr. Poner una substancia con otra para que resulte una mezcla. || **2.** fr. fig. Entremeterse, tomar parte en un negocio, cuando no hay razón para ello. || **2.ª** acep.: **P.** imiscuir; **I.** to interfere; **F.** s'immiscer; **A.** sich mischen in; **It.** immischiarsi; **R.** вмешивать.

INMISIÓN. (l. *immissĭo, -ōnis*, acción de echar.) f. Infusión o inspiración.

---

inmóvil; **RIA.** adj. Perteneciente a cosas inmuebles.

INMOBLE. (l. *immobĭlis*.) adj. Que no puede ser movido. || **2.** Que no se mueve. || **3.** Se dice de la fiesta fija que celebra la Iglesia todos los años el mismo día. || **4.** Constante, invariable en los afectos y en las resoluciones.

INMODERACIÓN. (l. *immoderatĭo, -ōnis*.) f. Falta de moderación.

INMODERADAMENTE. adv. Sin moderación.

INMODERADO, DA. (l. *immoderatus*.) adj. Que no tiene moderación. || **P.** imoderado; **I.** immoderate; **F.** immoderé; **A.** unmässig, mutwillig; **It.** smoderato; **R.** неумеренный.

INMODESTAMENTE. adv. Con inmodestia.

INMODESTIA. (l. *immodestĭa*.) f. Falta de modestia. || **P.** imodéstia; **I.** immodesty; **F.** immodestie; **A.** Unbescheidenheit; **It.** immodestia; **R.** нескромность.

INMODESTO, TA. (l. *immodestus*.) adj. No modesto.

INMÓDICO, CA. (l. *immodĭcus*.) adj. Excesivo, inmoderado.

INMOLACIÓN. (l. *immolatĭo, -ōnis*.) f. Acción y efecto de inmolar. || **P.** imolação; **I.** y **F.** immolation; **A.** Opferung; **It.** immolazione; **R.** жертвоприношение.

INMOLADOR, RA. (l. *immolātor*.) adj. Que inmola. Ú.t.c.s.

INMOLAR. (l. *immolāre*.) intr. Sacrificar degollando una víctima. || **2.** Sacrificar, hacer sacrificios. || **3.** r. fig. Dar la vida, la hacienda, etc., en provecho de una persona o cosa. || **P.** imolar; **I.** to immolate; **F.** immoler; **A.** (auf)opfern; **It.** immolare; **R.** приносить в жертву.

INMORAL. (De *in* y *moral*.) adj. Que se opone a la moral y buenas costumbres.

INMORALIDAD. f. Falta de moralidad. || **2.** Acción inmoral. || **P.** imoralidade; **I.** immorality; **F.** immoralité; **A.** Unsittlichkeit, Sittenlosigkeit; **It.** immoralità; **R.** безнравственность.

INMORTAL. (l. *immortālis*.) adj. No mortal, o que no puede morir. || **2.** fig. Que dura tiempo indefinido. || **P.** imortal; **I.** immortal; **F.** immortel; **A.** unsterblich; **It.** immortale; **R.** бессмертный.

INMORTALIDAD. (l. *immortalĭtas, -ātis*.) f. Calidad de inmortal. || **2.** fig. Duración indefinida de una cosa en la memoria de los hombres. || **P.** imortalidade; **I.** immortality; **F.** immortalité; **A.** Unsterblichkeit; **It.** immortalità; **R.** бессмертие.

INMORTALIZAR. (De *inmortal*.) tr. Hacer perpetuo algo en la memoria de las gentes. Ú.t.c.r. || **P.** imortalizar; **I.** to immortalize; **F.** immortaliser; **A.** verewigen; **It.** immortalizzare; **R.** обессмертить.

INMORTALMENTE. adv. De un modo inmortal.

INMORTIFICACIÓN. f. Falta de mortificación.

INMORTIFICADO, DA. adj. No mortificado.

INMOTIVADAMENTE. adv. Sin motivo, sin razón.

INMOTIVADO, DA. (De *in*, negat., *motivado*, p.p. de *motivar*.) adj. Sin motivo.

INMOTO, TA. (l. *immotus*; de *in*, negat., y *mōtus*, movido.) adj. Que no se mueve.

INMOVIBLE. (De *in* y *movible*.) adj. Inmoble, que no se mueve, y en sentido figurado, firme.

INMÓVIL. (De *in*, negat., y *móvil*.) adj. Inmoble, 2.ª y 4.ª aceps.

INMOVILIDAD. (l. *immobilĭtas, -ātis*.) f. Calidad de inmóvil. || **P.** imobilidade; **I.** immobility; **F.** immobilité; **A.** Unbeweglichkeit; **It.** immobilità; **R.** неподвижность.

INMOVILIZACIÓN. f. Acción y efecto de inmovilizar o inmovilizarse.

INMOVILIZAR. tr. Hacer que una cosa quede inmóvil. || **2.** Com. Invertir un caudal en letras de lenta y difícil realización. || **3.** For. Coartar la libre enajenación de los bienes. || **4.** r. Quedarse o permanecer inmóvil.

INMUDABLE. (l. *immutabĭlis*.) adj. Inmutable.

INMUEBLE. (l. *immobĭlis*.) adj. Se dice los bienes raíces o sitios. Ú.t.c.s.m. || **P.**

---

imóvel; **I.** immovable; **F.** immeuble; **A.** Grundbesitz; **It.** immòbile; **R.** недвижимый (об имуществе).

INMUNDICIA. (l. *immundĭtĭa*.) f. Suciedad, porquería. || **2.** fig. Impureza, deshonestidad. || **P.** imundície; **I.** dirt, filth; **F.** immondice; **A.** Schmutz, Dreck; **It.** immondizia; **R.** грязь.

INMUNDO, DA. (l. *immundus*; de *in*, negat., y *mundus*, limpio.) adj. Sucio y asqueroso. || **2.** fig. Impuro. || **3.** Se dice del Espíritu maligno en la Sagrada escritura. || **4.** fig. Se dice de lo que estaba prohibido a los judíos por la ley. || **P.** imundo; **I.** unclean; **F.** immonde; **A.** unsauber, dreckig; **It.** immondo; **R.** грязный.

INMUNE. (l. *immūnis*.) adj. Libre, cargos, gravámenes. || **2.** No atacable por ciertas enfermedades. || **P.** ‑imune; **I.** exempt, immune; **F.** exempté, immunisé; **A.** immun, frei; **It.** immune; **R.** свободный.

INMUNIDAD. (l. *immunĭtas, -ātis*.) f. Calidad de inmune. || **2.** Privilegio local concedido a los templos en virtud del cual los delincuentes no eran condenados en ciertos casos con pena corporal. || **—parlamentaria.** Prerrogativa de los senadores y diputados a cortes, que los exime de ser detenidos, procesados o juzgados, sin orden del respectivo cuerpo legislador, salvo en determinados casos. || **P.** imunidade; **I.** immunity; **F.** immunité; **A.** Immunität; **It.** immunità; **R.** иммунитет.

INMUNIZACIÓN. f. Acción y efecto de inmunizar..

INMUNIZADOR, RA. adj. Que inmuniza.

INMUNIZAR. tr. Hacer inmune. || **P.** imunizar; **I.** to immunize; **F.** immuniser; **A.** immunisieren; **It.** immunizzare; **R.** иммунизировать.

INMUTABILIDAD. (l. *immutabilĭtas, -ātis*.) f. Calidad de inmutable.

INMUTABLE. (l. *immutabĭlis*.) adj. No mudable. || **P.** imutável; **I.** immutable; **F.** immuable; **A.** unveränderlich; **It.** immutàbile; **R.** неизменный.

INMUTACIÓN. (l. *immutatĭo, -ōnis*.) f. Acción y efecto de inmutar o inmutarse.

INMUTAR. (l. *immutāre*.) tr. Alterar o variar una cosa. || **2.** r. fig. Sentir cierta commoción repentina del ánimo, que se manifiesta en el semblante. || **2.ª** acep.: **P.** comover-se; **I.** to change face; **F.** s'émouvoir; **A.** sich erregen; **It.** immutarsi; **R.** расстраивать.

INMUTATIVO, VA. adj. Que inmuta o tiene virtud de inmutar.

INNACIBLE. (l. *innascibĭlis*.) adj. ant. Que no puede nacer.

INNACIENTE. (De *in* y *naciente*.) adj. ant. Que no nace.

INNATISMO. (De *innato*.) m. Sistema filosófico que indica que las ideas son connaturales a la razón y con ella nacen.

INNATO, TA. (l. *innātus*, p.p. de *innasci*, nacer en, producirse.) adj. Connatural y como nacido con el mismo sujeto. || **P.** inato; **I.** innate; **F.** inné; **A.** angeboren; **It.** innato; **R.** врождённый.

INNATURAL. (l. *innaturālis*.) adj. Que no es natural.

INNAVEGABLE. (l. *innavigabĭlis*.) adj. No navegable. || **2.** Se dice también de la embarcación que se halla en tal estado que no puede navegar.

INNECESARIAMENTE. adv. Sin necesidad.

INNECESARIO, RIA. adj. No necesario. || **P.** desnecessário; **I.** unnecessary; **F.** superflu; **A.** unnötig, unnütz; **It.** non necessario; **R.** ненужный.

INNEGABLE. (De *in* y *negable*.) adj. Que no se puede negar. || **P.** inegável; **I.** undeniable; **F.** incontestable; **A.** unleugbar; **It.** innegàbile; **R.** бесспорный.

INNOBLE. (l. *ignobĭlis*.) adj. Que no es noble. || **2.** Se dice en general de lo que es vil y abyecto. || **P.** ignóbil; **I.** y **F.** ignoble; **A.** unedel; **It.** ignòbile; **R.** неблагородный.

INNOCENCIA. f. desus. Inocencia.

INNOCENTE. adj. desus. Inocente.

INNOCUO, CUA. (l. *innocŭus*.) adj. Que no hace daño. || **P.** inócuo; **I.** innocuous, harmless; **F.** inoffensif; **A.** unschädlich; **It.** innocuo; **R.** безвредный.

I

INNOMINABLE.(l. *innominabĭlis*.) adj. p. us. Que no se puede nombrar.

INNOMINADO, DA. (l. *innominātus*.) adj. Que no posee nombre especial. || **2.** ANAT. Cada uno de los dos huesos, uno en cada cadera, que forman con otros la pelvis. Ú.t.c.s. y en general en pl.

INNOTO, TA. adj. ant. Ignoto.

INNOVACIÓN. (l. *innovatio*, -*ōnis*.) f. Acción y efecto de innovar. || **P.** inovação; **I.** y **F.** innovation; **A.** Neuerung; **It.** innovazione; **R.** новшество.

INNOVADOR, RA. (l. *innovātor*.) adj. Que innova. Ú.t.c.s.

INNOVAMIENTO. (De *innovar*.) m. Innovación.

INNOVAR. (l. *innovāre*.) tr. Mudar las cosas, introduciendo novedades.

INNUMERABILIDAD.(l. *innumerabĭlĭtas*, -*ātis*.) f. Muchedumbre grande y excesiva.

INNUMERABLE. (l. *innumerabĭlis*.) adj. Que no se puede reducir a número. || **P.** inumerável; **I.** numberless; **F.** innombrable; **A.** unzählig; **It.** innumeràbile; **R.** бесчисленный.

INNUMERABLEMENTE. adv. Sin número.

INNUMERIDAD. (De *innúmero*.) f. ant. Innumerabilidad.

INNÚMERO, RA. (l. *innŭmĕrus*.) adj. Innumerable.

INOBEDIENCIA. (l. *inobedientĭa*.) f. Falta de obediencia.

INOBEDIENTE. (l. *inobedĭens*, -*entis*.) No obediente.

INOBSERVABLE. adj. Que no puede observarse.

INOBSERVANCIA. (l. *inobservantĭa*.) f. Falta de observancia.

INOBSERVANTE. (l. *inobservans*, -*antis*.) adj. No observante.

INOCENCIA. (l. *innocentĭa*.) f. Estado y calidad del alma limpia de culpa. || **2.** Exención de toda culpa en un delito o mala acción. || **3.** Candor, sencillez. || **P.** inocência; **I.** y **F.** innocence; **A.** Unschuld; **It.** innocenza; **R.** невинность.

INOCENTADA. (De *inocente*.) f. fam. Acción o palabra candorosa o simple. || **2.** fam. Engaño, ridículo en que cae uno por descuido o falta de malicia. || **P.** simpleza; **I.** childishness; **F.** enfantillage; **A.** Dummheit, Einfalt; **It.** dabbenàggine; **R.** наивный поступок.

INOCENTE. (l. *innŏcens*, -*entis*.) adj. Libre de culpa. Ú.t.c.s. || **2.** Se dice de las acciones y cosas que pertenecen a la persona inocente. || **3.** Cándido, fácil de engañar. Ú.t.c.s. || **4.** Que no daña. || **5.** Se dice del niño que no ha llegado a la edad de discreción. Ú.t.c.s. || **P.** inocente; **I.** y **F.** innocent; **A.** einfältig, unschuldig; **It.** innocente; **R.** невинный.

INOCENTEMENTE. adv. Con inocencia.

INOCENTÓN, NA. adj. fig. y fam. aum. de inocente, 3.ª acep.

INOCUIDAD. f. Calidad de innocuo.

INOCULACIÓN. (l. *inoculatio*, -*ōnis*.) f. Acción y efecto de inocular.

INOCULADOR. (l. *inoculātor*.) m. El que inocula.

INOCULAR. (l. *inoculāre*.) tr. MED. Comunicar por medios artificiales una enfermedad contagiosa. Ú.t.c.r. || **2.** fig. Pervertir con el mal ejemplo o falsa doctrina. Ú.t.c.r. || **P.** inocular; **I.** to inoculate; **F.** inoculer; **A.** (ein)impfen; **It.** inoculare; **R.** прививать.

INOCULTABLE. (De *in* y *ocultable*.) adj. Que no se puede ocultar.

INOCUO, CUA. adj. Innocuo.

INODORO, RA. (l. *inodōrus*.) adj. Que no tiene olor. || **2.** Se dice también de los aparatos de variada forma y que se ponen en los excusados y evacuatorios para impedir el paso del mal olor y de las emanaciones de las letrinas. Ú.t.c.s.m || **P.** e **It.** inodoro; **I.** inodorous, scentless; **F.** inodore; **A.** geruchlos; **R.** непахнущий.

INOFENSIVO, VA. (De *in*, 2.º art., y *ofensivo*.) adj. Incapaz de ofender. || **2.** fig. Que no puede molestar ni dañar. || **P.** inofensivo; **I.** inoffensive; **F.** inoffensif; **A.** unschädlich; **It.** inoffensivo; **R.** безобидный.

INOFENSO, SA. (l. *inoffensus*.) adj. ant. Ileso.

INOFICIOSO, SA. (l. *inofficiōsus*.) adj. FOR. Que lesiona los derechos de herencia forzosa. || **2.** AMÉR. Inútil, ocioso, excusado.

INOLVIDABLE. adj. Que no puede o no debe olvidarse.

★ **INONECO, CA.** adj. CHILE. Babieca, simplón.

INOPE. (l. *inops*, -*ŏpis*.) adj. Pobre, indigente.

★ **INOPERANTE.** (fr. *inoperant*.) adj. Ineficaz, que no surte efecto.

INOPIA. (l. *inopĭa*.) f. Indigencia, escasez. || **P.** inópia; **I.** poverty; **F.** indigence; **A.** Dürftigkeit; **It.** inopia; **R.** бедность.

INOPINABLE. (l. *inopinabĭlis*.) adj. No opinable.

INOPINADAMENTE. adv. De modo inopinado.

INOPINADO, DA. (l. *inopinātus*.) adj. Que sucede sin haber pensado en ello, o sin esperarlo. || **P.** inopinado; **I.** unexpected; **F.** inopiné; **A.** unerwartet; **It.** inopinato; **R.** неожиданный.

INOPORTUNAMENTE. adv. Sin oportunidad.

INOPORTUNIDAD.(l. *inopportunĭtas*, -*ātis*.) f. Falta de oportunidad.

INOPORTUNO, NA. (l. *inopportūnus*.) adj. Fuera de tiempo o de propósito. || **P.** inoportuno; **I.** inopportune, untimely; **F.** inopportun; **A.** unzeitig, ungeignet; **It.** inopportuno; **R.** неуместный.

INORANCIA. f. ant. Ignorancia.

INORAR. tr. ant. Ignorar. Ú. en Andalucía, Salamanca, Guatemala y Méjico.

INORDENADAMENTE. adv. De un modo inordenado.

INORDENADO, DA. (De *in* y *ordenado*.) adj. Que no tiene orden, desordenado.

INORDINADO, DA. (l. *inordinātus*.) adj. Inordenado.

INORGÁNICO, CA. (De *in*, 2.º art., y *orgánico*.) adj. Se dice de cualquier cuerpo sin órganos para la vida, como son los minerales. || **2.** fig. Se dice así mismo del mal concertado por faltar al conjunto la ordenación de las partes. || **3.** fig. Se dice de las materias o compuestos que no pertenecen al grupo de los compuestos de carbono. || **4.** Dícese también de la parte de la Química que trata de tales materias o compuestos. || **P.** inorgánico; **I.** inorganical; **F.** inorganique; **A.** anorganisch; **It.** inorgànico; **R.** неорганический.

INORME. adj. ant. Enorme.

INOXIDABLE. (De *in*, 2.º art., y *oxidable*.) adj. Que no se puede oxidar.

IN PÁRTIBUS. expr. l. *In* PÁRTIBUS *infidélibus*.

IN PÁRTIBUS INFIDÉLIUM. (Lit. *en lugares, o paises, de infieles*.) expr. l. V. *Obispo* IN PÁRTIBUS INFIDÉLIUM. || **2.** fam. y fest. Se dice de la persona condecorada con el título de un cargo que realmente no ejerce. Se dice más frecuente sólo *in pártibus*.

IN PÉCTORE. expr. l. V. *Cardenal* IN PÉCTORE. || **2.** loc. fig. y fam. con que da a entender haberse tomado una resolución y tenerla aún reservada.

IN PERPÉTUUM. loc. l. Perpetuamente.

IN PETTO.loc.l. V. *Cardenal* IN PETTO, eclesiástico elevado a cardenal, pero cuya proclamación se reserva el papa hasta el momento oportuno.

IN PROMPTU. expr. l. Se dice de las cosas que están a mano o se hacen de pronto.

IN PÚRIBUS. loc. fam. Desnudo. Es corrupción vulgar de la frase latina *in puris naturálibus*, en estado puramente natural.

INQUEBRANTABLE.(De *in*, 2.º art., y *quebrantable*.) adj. Que dura sin quebranto o que no se puede quebrantar. || **P.** inquebrantável; **I.** irrevocable; **F.** que l'on ne peut briser; **A.** unzerbrechlich; **It.** irrompibile; **R.** несокрушимый.

INQUERIR. tr. ant. Inquirir.

INQUIETACIÓN.(l. *inquietatĭo*, -*ōnis*.) f. ant. Inquietud.

INQUIETADOR, RA. (l. *inquietātor*.) adj. Que inquieta. Ú.t.c.s.

INQUIETAMENTE. adv. Con inquietud.

INQUIETANTE. p.a. de inquietar. Que inquieta.

INQUIETAR. (l. *inquietāre*.) tr. Quitar el sosiego. Ú.t.c.r. || **2.** FOR. Intentar despojar a uno de la pacífica posesión de una cosa, o perturbarle en ella. **P.** inquietar; **I.** to disquiet; **F.** inquiéter; **A.** beunruhigen; **It.** inquietare; **R.** беспокоить.

INQUIETO, TA. (l. *inquiētus*.) adj. Que no está quieto, de índole bulliciosa. || **2.** fig. Desasosegado, de ánimo agitado. || **3.** fig. Por metonimia, se dice de las cosas en que no se ha tenido quietud. || **P.** e **It.** inquieto; **I.** unquiet; **F.** inquiet; **A.** unruhig; **R.** беспокойный.

INQUIETUD. (l. *inquietŭdo*.) f. Falta de sosiego, desazón. || **2.** Alboroto, commoción. || **P.** inquietação; **I.** inquietude, restlessness; **F.** inquiétude; **A.** Unruhe, Sorge; **It.** inquietùdine; **R.** беспокойство.

★ **INQUILINAJE.** m. CHILE. Reunión de inquilinos o colonos. || **2.** CHILE. Inquilinato.

INQUILINATO. (l. *inquilinātus*.) m. Arriendo de una casa o parte de ella. || **2.** Derecho del inquilino en la casa arrendada. || **3.** Tributo relacionado con la cantidad pagada por alquileres. || **P.** inquilinato; **I.** lease, leasehold; **F.** location; **A.** Hausmiete; **It.** affitto; **R.** наём квартиры.

INQUILINO, NA. (l. *inquilīnus*.) m. y f. Persona que habita una casa que ha tomado en alquiler. || **2.** FOR. Arrendatario, generalmente de una finca urbana. || **3.** CHILE. Persona que vive en una finca rústica en la que se le da habitación y una parte del terreno para explotarla por su cuenta, pero con obligación de trabajar en el campo en beneficio del propietario. || **4.** AMÉR. Habitante, morador. || **P.** e **It.** inquilino; **I.** lodger; **F.** locataire; **A.** Mieter; **R.** съёмщик.

INQUINA.(l. *iniquāre*, de *inĭquus*, injusto.) f. Aversión, mala voluntad. || **P.** aversão; **I.** rancor, rancour; **F.** rancune, haine; **A.** Hass, Groll; **It.** avversione; **R.** отвращение.

INQUINAMENTO. (l. *inquinamentum*.) m. Infección.

INQUINAR. (l. *inquināre*.) tr. Manchar, contaminar.

INQUIRIDOR, RA. adj. Que inquiere. Ú.t.c.s.

INQUIRIR. (l. *inquirĕre*.) tr. Indagar, averiguar algo con mucho cuidado. || **P.** inquirir; **I.** to inquire; **F.** rechercher; **A.** (nach)forschen; **It.** inquisire; **R.** исследовать.

INQUISICIÓN. (l. *inquisitĭo*, -*ōnis*.) f. Acción y efecto de inquirir. || **2.** Tribunal eclesiástico establecido para inquirir y castigar los delitos contra la fe. || **3.** Lugar en que se unía el tribunal de la Inquisición. || **4.** Cárcel para los presos sujetos a este tribunal. || *Hacer* INQUISICIÓN. fr. fig. y fam. Separar los papeles inútiles para quemarlos. || **P.** inquisição; **I.** y **F.** inquisition; **A.** Nachforschung, Inquisition; **It.** inquisizione; **R.** расследование.

INQUISIDOR, RA. (l. *inquisĭtor*.) adj. Inquiridor. Ú.t.c.s. || **2.** Juez eclesiástico que entendía en las causas por delitos contra la fe. || **3.** Pesquisidor. || **P.** inquisidor; **I.** inquisitor; **F.** inquisiteur; **A.** Inquisitor, Ketzerrichter; **It.** inquisitore; **R.** инквизитор.

INQUISITIVO, VA. (l. *inquisitivus*.) adj. ant. Que inquiere con cuidado y diligencia las cosas o es dado a ello. || **2.** Perteneciente a la indagación.

INQUISITORIAL. adj. Perteneciente o relativo al inquisidor o a la Inquisición. || **2.** fig. Se dice de los procedimientos que tienen parecido con los del tribunal de la Inquisición.

INQUISITORIO, RIA. adj. Inquisitivo.

INRI. m. Palabra formada con las iniciales de *Iesus Nazarenus Rex Iudaeórum*, rótulo que mandó escribir Poncio Pilato en la cruz del Redentor. || **2.** fig. Nota de burla o de afrenta.

INSABIBLE. adj. Que no se puede saber ni averiguar.

INSACIABILIDAD.f. Calidad de insaciable.

INSACIABLE. adj. De apetitos tan desmedidos que no se pueden saciar. || **P.** insaciável; **I.** y **F.** insatiable; **A.** unersättlich; **It.** insazìàbile; **R.** ненасытный.

INSACIABLEMENTE. adv. Con insaciabilidad.

INSACULACIÓN. f. Acción y efecto de insacular.

INSACULADOR. m. El que insacula.

INSACULAR. (l. *in*, en, y *sacŭlus*, saquito.) tr. Poner en saco, urna, etc., nombres o números para sacar a suerte.

INSALIVACIÓN. f. Acción y efecto de insalivar.

INSALIVAR. (De *in*, 1.er art., y *saliva*.) tr. Mezclar en la boca los alimentos con la saliva.

INSALUBRE. (l. *insalŭbris*.) adj. Malsano, malo para la salud.

INSALUBRIDAD. f. Falto de salubridad.

INSANABLE. (l. *insanabĭlis*.) adj. Que no se puede sanar; incurable.

INSANIA. (l. *insania*.) f. Locura.

INSANO, NA. (l. *insānus*.) adj. Loco, furioso. || **2**. Malsano.

INSATISFECHO, CHA. adj. No satisfecho.

INSCRIBIBLE. adj. FOR. Que puede inscribirse.

INSCRIBIR. (l. *inscribĕre*.) tr. Grabar letreros en metal, piedra, etc. || **2**. Apuntar el nombre de una persona en una lista para un fin determinado. Ú.t.c.r. || **3**. Impresionar, exponer a los rayos luminosos o vibraciones acústicas una superficie preparada para que queden grabados. || **4**. FOR. Tomar razón en algún registro, según la ley de documentos o declaraciones. || **5**. GEOM. Trazar una figura dentro de otra de forma que estén ambas en contacto en algunos puntos. || **P**. inscrever; **I**. to inscribe; **F**. inscrire; **A**. eintragen, einschreiben; **It**. inscrivere; **R**. записывать.

INSCRIPCIÓN. (l. *inscriptio*, -*ōnis*.) f. Acción y efecto de inscribir o inscribirse. || **2**. Escrito grabado en metal, piedra, etc., para conservar recuerdo de una persona o hecho importante. || **3**. Anotación en el gran libro de la deuda pública, en que el Estado se obliga a pagar una renta perpetua correspondiente a un capital recibido. || **4**. Documento de Estado que acredita esta obligación. || **5**. NUMISM. Letrero rectilíneo en las monedas y medallas. || **P**. inscrição; **I**. y **F**. inscription; **A**. Einschreibung; **It**. inscrizione; **R**. запись.

INSCRIPTO, TA. (l. *inscriptus*.) p.p. irreg. Inscrito.

INSCRITO, TA. (De *inscripto*.) p.p. irreg. de inscribir.

INSCRUTABLE. (l. *inscrutabĭlis*.) adj. Inescrutable.

INSCULPIR. (l. *insculpĕre*.) tr. Esculpir.

INSECABLE. adj. Que no se puede secar o es muy difícil de secarse.

INSECABLE. (l. *insecabĭlis*.) adj. Que no se puede cortar.

INSECTICIDA. (l. *insectum*, insecto, y *caĕdere*, matar.) adj. Que sirve para matar insectos. || **2**. m. Producto destinado a la destrucción de insectos dañinos. || **P**. insecticida; **I**. y **F**. insecticide; **A**. Insektenpulver; **It**. insetticida; **R**. уничтожающий насекомых.

INSECTIL. (De *insecto*.) adj. Perteneciente a la clase de los insectos.

★ **INSECTILICIO, CIA**. (De *insecto*, y el l. *illicĕre*, atraer, reducir.) adj. Dícese de la substancia química que provoca en los insectos un desplazamiento hacia un punto donde serán destruidos.

★ **INSECTIVORISMO**. (De *insectívoro*.) m. BOT. Propiedad de ciertas plantas de aprisionar insectos entre sus hojas y nutrirse de ellos.

INSECTÍVORO, RA. (l. *insectum*, insecto, y *vorāre*, devorar.) adj. Se aplica a los animales que se alimentan de insectos. Ú.t.c.s. || **2**. Se aplica también a ciertas plantas que los aprisionan entre sus hojas. || **3**. ZOOL. Se aplica a los mamíferos, unguiculados y plantígrados, provistos de molares a propósito para masticar el cuerpo de los insectos, de que se alimentan. Ú.t.c.s. || **4**. m. pl. ZOOL. Orden de estos animales.

INSECTO. (l. *insectum*.) m. ZOOL. Se aplica al artrópodo de respiración traqueal, con el cuerpo dividido en cabeza, tórax y abdomen, con dos antenas y seis patas. Muchos tienen dos pares de alas y experi-

mentan metamorfosis en su desarrollo. Ú.t.c.s.m. || **2**. m. pl. ZOOL. Clase de estos animales. || **P**. insecto; **I**. insect; **F**. insecte; **A**. Insekt, Kerbtier; **It**. insetto; **R**. насекомое.

INSEGURAMENTE. adv. Sin seguridad.

INSEGURIDAD. f. Falta de seguridad.

INSEGURO, RA. (De *in*, negat., y *seguro*.) adj. Falto de seguridad.

INSENESCENCIA. (l. *in*, negat., y *senescĕre*, envejecer.) f. Calidad de lo que no envejece.

INSENSATEZ. (De *insensato*.) f. Necedad, falta de razón. || **2**. fig. Dicho o hecho insensato. || **P**. insensatez; **I**. stupidity; **F**. manque de bon sens; **A**. Torheit; **It**. insensatezza; **R**. бессмыслица.

INSENSATO, TA. (l. *insensātus*.) adj. Tonto, fatuo. Ú.t.c.s. || **P**. e **It**. insensato; **I**. insensate; **F**. insensé; **A**. sinnlos, töricht; **R**. неразумный.

INSENSIBILIDAD. (l. *insensibilĭtas*, -*ātis*.) f. Falta de sensibilidad. || **2**. fig. Dureza de corazón, falta de sentimientos.

INSENSIBILIZAR. (l. *in*, priv., y *sensibĭlis*, sensible.) tr. Quitar la sensibilidad o privar a uno de ella. Ú.t.c.r.

INSENSIBLE. (l. *insensibĭlis*.) adj. Que no tiene sensibilidad o sentido. || **2**. Privado de sentido por accidente, enfermedad, etcétera. || **3**. Imperceptible. || **4**. fig. Falto de sentimientos, duro de corazón. || **P**. insensível; **I**. y **F**. insensible; **A**. unempfindlich, gefühllos; **It**. insensibile; **R**. нечувствительный.

INSENSIBLEMENTE. adv. De modo insensible.

★ **INSENSIVO**. (De *in* y el l. *sensus*, acción de sentir sensación, sentido.) m. P. RICO. Remedio usado contra el dolor de cabeza, consistente en una rodaja medicamentosa que se pega en la sien.

INSEPARABILIDAD. (l. *inseparabilĭtas*, -*ātis*.) f. Calidad de inseparable.

INSEPARABLE. (l. *inseparabĭlis*.) adj. Que no se puede separar. || **2**. fig. Se dice de lo que se separa con dificultad. || **3**. fig. Se dice de las personas unidas entre sí con lazos de amor o de amistad. Ú.t.c.s. || **P**. inseparável; **I**. inseparable; **F**. inséparable; **A**. untrennbar; **It**. inseparàbile; **R**. неотделимый.

INSEPARABLEMENTE. adv. Con inseparabilidad.

INSEPULTADO, DA. (De *in* y *sepultado*.) adj. ant. Insepulto.

INSEPULTO, TA. (l. *insepultus*.) adj. No sepultado. Se aplica al cadáver. || **P**. insepulto; **I**. unburied; **F**. privé de sépulture; **A**. unbeerdigt; **It**. insepolto; **R**. непогребённый.

INSERCIÓN. (l. *insertio*, -*ōnis*.) f. Acción y efecto de inserir. || **2**. Acción y efecto de insertar. || **P**. inserção; **I**. y **F**. insertion; **A**. Einsetzung, Einschaltung; **It**. inserzione; **R**. включение.

INSERIR. (l. *inserĕre*, introducir.) tr. Insertar. || **2**. Injerir. || **3**. Injertar.

INSERTAR. (l. *insertāre*, frec. de *inserĕre*, injerir.) tr. Incluir una cosa en otra y más particularmente un escrito en otro. || **2**. r. BOT. y ZOOL. Meterse con mayor o menor profundidad un órgano entre las parte de otro o adherirse a su superficie. || **P**. inserir; **I**. to insert; **F**. insérer; **A**. einschalten, einfügen; **It**. inserire; **R** включать.

INSERTO, TA. (l. *insertus*, p.p. de *inserĕre*, introducir, injerir.) p.p. irreg. de inserir.

INSERVIBLE. adj. Que no está en estado de servir.

INSIDIA. (l. *insidĭa*.) f. Asechanza. || **P**. e **It**. insidia; **I**. ambush; **F**. piège; **A**. listige Nachstellung; **R**. козни.

INSIDIADOR, RA. (l. *insidiātor*.) adj. Que insidia. Ú.t.c.s.

INSIDIAR. (l. *insidiāre*.) tr. Poner asechanzas.

INSIDIOSAMENTE. adv. Con insidias.

INSIDIOSO, SA. (l. *insidiōsus*.) adj. Que arma asechanzas. Ú.t.c.s. || **2**. Que se hace con asechanzas. || **3**. Malicioso con apariencia inofensiva. || **4**. MED. Se dice de la enfermedad que con apariencia benigna encierra gravedad.

INSIGNE. (l. *insignis*.) adj. Célebre, fa-

moso. || **P**., **F**. e **It**. insigne; **I**. illustrious; **A**. berühmt; **R**. знаменитый.

INSIGNEMENTE. adv. De modo insigne.

INSIGNIA. (l. *insignĭa*.) f. Señal, divisa honorífica. || **2**. Estandarte de una legión romana. || **3**. Pendón o estandarte de una cofradía o hermandad. || **4**. p. us. Muestra, rótulo de un establecimiento. || **5**. MAR. Bandera de cierta especie que en el palo del buque indica la graduación del jefe que lo manda o de otro que va en él. || **P**. insígnia; **I**. badge, ensign; **F**. insigne, enseigne; **A**. Ehrenzeichen; **It**. insegna; **R**. значок.

INSIGNIDO, DA. (l. *insignītus*, p.p. de *insignīre*, distinguir.) adj. ant. Distinguido, adornado.

INSIGNIFICANCIA. (De *insignificante*.) f. Pequeñez, insuficiencia, inutilidad.

INSIGNIFICANTE. (De *in*, negat., y *significante*.) adj. Baladí, despreciable.

INSIMULAR. (l. *insimulāre*.) tr. ant. Acusar a uno de un delito; delatarlo.

INSINCERIDAD. f. Falta de sinceridad.

INSINCERO, RA. (De *in* y *sincero*.) adj. No sincero, doble.

INSINIA. f. ant. Insignia.

INSINUACIÓN. (l. *insinuatio*, -*ōnis*.) f. Acción y efecto de insinuar o insinuarse. || **2**. FOR. Presentación de un instrumento público ante juez competente, para que interponga su autoridad y decreto judicial. || **3**. RET. Género o parte del exordio en que el orador intenta conseguir la benevolencia o atención de oyentes. || **P**. insinuação; **I**. y **F**. insinuation; **A**. Andeutung; **It**. insinuazione; **R**. намёк.

INSINUADOR, RA. adj. Que insinúa. Ú.t.c.s.

INSINUANTE. p.a. de insinuar. Que insinúa o se insinúa.

INSINUAR. (l. *insinuāre*.) tr. Dar a entender algo, apuntándolo ligeramente. || **2**. FOR. Hacer insinuación legal ante juez competente. || **3**. Introducirse en el ánimo de otro, ganándole. || **4**. fig. Meterse suavemente en el ánimo un afecto, vicio, etc. || **P**. insinuar; **I**. to insinuate; **F**. insinuer; **A**. andeuten; **It**. insinuare; **R**. намекать.

INSINUATIVO, VA. adj. Dícese de lo que tiene virtud o eficacia para insinuar o insinuarse.

INSÍPIDAMENTE. adv. Con insipidez.

INSIPIDEZ. f. Calidad de insípido. || **P**. insipidez; **I**. insipidness; **F**. fadeur, insipidité; **A**. Geschmacklosigkeit; **It**. insipidezza; **R**. безвкусица.

INSÍPIDO, DA. (l. *insipĭdus*.) adj. Sin sabor. || **2**. Que no tiene el grado de sabor que pudiera o debiera. || **3**. fig. Falto de viveza, de espíritu o de gracia.

INSIPIENCIA. (l. *insipientia*.) f. Falta de juicio. Ú.t.c.s.

INSIPIENTE. (l. *insipĭens*, -*entis*.) adj. Falto de sabiduría o ciencia. Ú.t.c.s. || **2**. Que no tiene juicio. Ú.t.c.s.

INSISTENCIA. (l. *insistens*, -*entis*, insistente.) f. Permanencia, reiteración o porfía acerca de algo. || **P**. insistência; **I**. insistence; **F**. instance; **A**. Betonung, Anliegen; **It**. insistenza; **R**. настойчивость.

INSISTENTE. (l. *insistens*, -*entis*.) p.a. de insistir. Que insiste.

INSISTENTEMENTE. adv. Con insistencia.

INSISTIR. (l. *insistĕre*.) intr. Descansar una cosa sobre otra. || **2**. Persistir firme en una cosa; instar con reiteración. || **P**. insistir; **I**. to insist; **F**. insister; **A**. bestehen auf, beharren auf; **It**. insistere; **R**. настаивать.

ÍNSITO, TA. (l. *insĭtus*, p.p. de *inserĕre*, plantar, inculcar.) adj. Propio y connatural a una cosa y como nacido en ella.

INSOBORNABLE. adj. Que no puede ser sobornado.

INSOCIABILIDAD. f. Falta de sociabilidad. || **P**. insociabilidade; **I**. unsociability; **F**. insociabilité; **A**. Ungeselligkeit; **It**. insociabilità; **R**. необщительность.

INSOCIABLE. (l. *insociabĭlis*.) adj. Huraño, incómodo en la sociedad, intratable.

I

INSOCIAL. (l. *insociālis*.) adj. Insociable.

ÍNSOLA. f. ant. Ínsula.

INSOLACIÓN. (l. *insolatio*, *-ōnis*.) f. Enfermedad causada en la cabeza por la exposición prolongada al ardor del sol. || **2**. METEOR. Tiempo que luce el sol sin nubes durante el día. || **P**. insolação; **I**. y **F**. insolation; **A**. Sonnenstich; **It**. insolazione; **R**. солнечный удар.

INSOLAR. (l. *insolāre*.) tr. Poner al sol alguna cosa para facilitar su fermentación o secarla. || **2**. r. Enfermar por el excesivo ardor del sol.

INSOLDABLE. adj. Que no se puede soldar.

INSOLENCIA. (l. *insolentĭa*.) f. Acción desusada y temeraria. || **2**. Descaro. || **3**. Dicho o hecho ofensivo. || **2**.ª acep.: **P**. insolência; **I**. y **F**. insolence; **A**. Frechheit, Anmassung; **It**. insolenza; **R**. наглость.

INSOLENTAR. tr. Hacer a uno insolente y atrevido. Ú.t.c.r.

INSOLENTE. (l. *insŏlens*, *-entis*.) adj. Que comete insolencias. Ú.t.c.s. || **2**. Orgulloso, soberbio. || **P**. e **It**. insolente; **I**. y **F**. insolent; **A**. frech, unverschämt; **R**. наглый.

INSOLENTEMENTE. adv. Con insolencia.

IN SÓLIDUM. (l. *in*, en, y *solĭdum*, todo, total.) m. adv. FOR. Por entero, del todo. Se dice para expresar la facultad que siendo común a dos o más personas debe cumplirse por entero en cada una de ellas.

INSÓLITO, TA. (l. *insolĭtus*.) adj. No común ni ordinario, desacostumbrado. || **P**. insólito; **I**. unwonted; **F**. insolite; **A**. ungewöhnlich; **It**. insòlito; **R**. необычный.

INSOLUBILIDAD. (l. *insolubilĭtas*, *-ātis*.) f. Calidad de insoluble. || **P**. insolubilidade; **I**. insolubility; **F**. insolubilité; **A**. Unlöslichkeit; **It**. insolubilità; **R**. нерастворимость.

INSOLUBLE. (l. *insolubĭlis*.) adj. Que no puede disolverse ni diluirse. || **2**. Que no se puede resolver o desatar.

INSOLUTO, TA. (l. *insolūtus*.) adj. No pagado.

INSOLVENCIA. (De *in* y *solvencia*.) f. Incapacidad de pagar una deuda. || **P**. insolvência; **I**. insolvency; **F**. insolvabilité, insolvence; **A**. Zahlungsunfähigkeit, Insolvenz; **It**. insolvenza; **R**. неплатёжеспособность.

INSOLVENTE. (De *in* y *solvente*.) adj. Que no posee con qué pagar. Ú.t.c.s.

INSOMNE. (l. *insomnis*; de *in*, priv., y *somnus*, sueño.) adj. Que no duerme.

INSOMNIO. (l. *insomnĭum*.) m. Vigilia, desvelo. || **P**. insónia; **I**. sleeplessness; **F**. insomnie; **A**. Schlaflosigkeit; **It**. insonnia; **R**. бессонница.

INSONDABLE. (De *in*, negat., y *sondable*.) adj. Que no se puede sondear. Se aplica al mar cuando no se halla el fondo con la sonda. || **2**. fig. Que no se puede averiguar o saber a fondo. || **P**. insondável; **I**. fathomless; **F**. insondable; **A**. unergründlich; **It**. insondàbile; **R**. бездонный.

INSONORO, RA. (l. *insonōrus*.) adj. Sin sonoridad.

INSOPORTABLE. (De *in* y *soportable*.) adj. Insufrible, intolerable. || **2**. fig. Muy incómodo o molesto. || **P**. insuportável; **I**. y **F**. insupportable; **A**. unerträglich; **It**. insopportèvole; **R**. невыносимый.

★ **INSOSLAYABLE**. adj. (De *in*, negat., y *soslayar*.) adj. Que no se puede soslayar. || **2**. Que no se puede pasar por alto o dar de lado.

INSOSPECHABLE. adj. Que no puede sospecharse.

INSOSPECHADO, DA. adj. No sospechado.

INSOSTENIBLE. adj. Que no se puede sostener. || **2**. fig. Que no se puede defender con razones.

INSPECCIÓN. (l. *inspectĭo*, *-ōnis*.) f. Acción y efecto de inspeccionar. || **2**. Cargo y cuidado de velar sobre una cosa. || **3**. Casa, despacho u oficina del inspector. || **4**. MIL. V. *Revista de* INSPECCIÓN. || **—ocular**. FOR. Examen que hace el juez por sí mismo, y en ocasiones con asistencia de los interesados y de peritos o testigos, de un lugar o de una cosa, para hacer constar en acta o diligencia los resultados de sus observaciones. || **P**. inspecção; **I**. y **F**. inspection; **A**. Kontrolle, Aufsicht; **It**. ispezione; **R**. осмотр.

INSPECCIONAR. (De *inspección*.) tr. Examinar con atención algo.

INSPECTOR, RA. (l. *inspector*.) adj. Que reconoce y examina algo. Ú.t.c.s. || **2**. m. Empleado que inspecciona y vigila un servicio. **—general**. Funcionario a quien corresponde la vigilancia sobre la totalidad de un servicio de Estado y del personal que lo realiza || **P**. e **I**. inspector; **F**. inspecteur; **A**. Aufseher, Inspektor; **It**. ispettore; **R**. инспектор.

★ **INSPECTORÍA**. m. CHILE. Inspección. || **2**. CHILE. Cuerpo de policía bajo el mando de un inspector. || **3**. CHILE. Territorio a que se extiende la vigilancia de dicho cuerpo.

INSPIRACIÓN. (l. *inspiratĭo*, *-ōnis*.) f. Acción y efecto de inspirar. || **2**. fig. Movimiento sobrenatural que comunica Dios a la criatura. || **3**. fig. Efecto de sentir el escritor, el orador o el artista, el eficaz estímulo creador que le hace producir espontáneamente con acierto. || **4**. fig. Cosa inspirada, en cualquiera de las acepciones figuradas de inspirar. || **P**. inspiração; **I**. y **F**. inspiration; **A**. Einatmung, Inspiration; **It**. ispirazione; **R**. вдыхание, вдохновение.

INSPIRADAMENTE. adv. De modo inspirado, con inspiración.

INSPIRADOR, RA. (l. *inspirātor*.) adj. Que inspira. Ú.t.c.s. || **2**. ZOOL. Se dice de los músculos que sirven para la inspiración. || **3**. m. MEC. Aparato que inspira el agua de un depósito para llevarla a una caldera de vapor a fin de alimentar ésta.

INSPIRANTE. p.a. de inspirar. Que inspira.

INSPIRAR. (l. *inspirāre*.) tr. Aspirar, atraer el aire a los pulmones. || **2**. Soplar, con fuelle u otro aparato adecuado y también soplar el viento. || **3**. fig. Infundir en el ánimo afectos, designios, pensamientos, etc. || **4**. fig. Sugerir ideas o especies para la composición de la obra literaria o artística. || **5**. fig. Dar instrucciones a los que redactan publicaciones periódicas || **6**. fig. Iluminar Dios el entendimiento de uno a excitar y mover su voluntad. || **7**. r. fig. Enardecerse el genio del orador, del literato o del artista con la presencia o con el simple recuerdo de algo o de alguien o con el estudio de obras ajenas. || **P**. inspirar; **I**. to inspire; **F**. inspirer; **A**. einatmen; **It**. inspirare; **R**. вдыхать.

INSPIRATIVO, VA. adj. Que tiene poder de inspirar.

INSTABILIDAD. (l. *instabilĭtas*, *-ātis*.) f. Inestabilidad.

INSTABLE. (l. *instabĭlis*.) adj. Inestable.

INSTALACIÓN. f. Acción y efecto de instalar o instalarse. || **2**. Conjunto de cosas instaladas. || **P**. instalação; **I**. y **F**. installation; **A**. Einrichtung, Einstellung; **It**. installazione; **R**. устройство.

INSTALADOR, RA. adj. Que instala, 2.ª y 3.ª aceps. Ú.t.c.s.

INSTALAR. (l. *in*, en, y el germ. *stall*, mansión, estancia; en b. l. *installare*.) tr. Poner en posesión de un empleo o cargo. Ú.t.c.r. || **2**. Colocar, poner, situar. Ú.t. c.r. || **3**. Colocar en un lugar o edificio los enseres o servicios que se han de usar. || **4**. r. Establecerse, avecinarse. || **P**. instalar; **I**. to install; **F**. installer; **A**. einrichten, aufstellen; **It**. installare; **R**. устраивать.

INSTANCIA. (l. *instantĭa*.) f. Acción y efecto de instar. || **2**. Memorial, solicitud. || **3**. Impugnación escolástica de una respuesta dada a un argumento. || **4**. FOR. Cada uno de los grados jurisdiccionales que la ley tiene establecidos para ventilar y sentenciar en jurisdicción expedida, lo mismo sobre el hecho que sobre el derecho, en las substanciaciones judiciales. || **5**. V. *Juez de primera* INSTANCIA. || *De primera* INSTANCIA. m. adv. De un golpe. || **2**. Primeramente, por la primera vez. || **P**. instância; **I**. instancy; **F**. instance; **A**. Instanz, Bittschrift; **It**. istanza; **R**. инстанция.

INSTANTÁNEA. (De *instantáneo*.) f. Plancha fotográfica que se obtiene instantáneamente. || **2**. Estampa de dicha plancha.

INSTANTÁNEAMENTE. adv. En un instante.

INSTANTÁNEO, A. adj. Que dura sólo un instante. || **P**. instantâneo; **I**. instantaneous; **F**. instantané; **A**. Augenbliklich; **It**. istantàneo; **R**. мгновенный.

INSTANTE. (l. *instans*, *-antis*.) p.a. de instar. Que insta. || **2**. m. Segundo, cualquiera de las 60 partes en que se ha dividido la hora. || **3**. fig. Tiempo brevísimo. || *A cada* INSTANTE, o *cada* INSTANTE. m. adv. fig. Frecuentemente. || *Al* INSTANTE. m. adv. Luego, sin dilación. || *Por* INSTANTES. m. adv. Sin cesar, continuamente. || **2**.ª acep.: **P**. instante; **I**. y **F**. instant; **A**. Augenblick, Moment; **It**. istante; **R**. миг.

INSTANTEMENTE. adv. Con instancia.

INSTAR. (l. *instāre*.) tr. Repetir la petición, insistir en ella con ahínco. || **2**. Impugnar escolásticamente la solución dada al argumento. || **3**. intr. Urgir la ejecución de una cosa. || **P**. instar; **I**. to press; **F**. presser; **A**. inständig bitten, drängen; **It**. instare; **R**. умолять.

IN STATU QUO. expr. l. que se emplea para denotar que las cosas están o deben estar en la misma situación que tenían antes.

INSTAURACIÓN. (l. *instauratĭo*, *-ōnis*.) f. Acción y efecto de instaurar.

INSTAURADOR, RA. adj. Que instaura. Ú.t.c.s.

INSTAURAR. (l. *instaurāre*.) tr. Renovar, restaurar. || **2**. Establecer, fundar. || **3**. ARGENT. Iniciar, instruir procesos, reclamaciones, etc. || **P**. instaurar; **I**. to renew; **F**. instaurer; **A**. wiederherstellen; **It**. instaurare; **R**. восстанавливать.

INSTAURATIVO, VA. (l. *instaurativus*.) adj. Se dice de lo que tiene virtud de instaurar. Ú.t.c.s.m.

INSTIGACIÓN. (l. *instigatĭo*, *-ōnis*.) f. Acción y efecto de instigar.

INSTIGADOR, RA. (l. *instigātor*.) adj. Que instiga. Ú.t.c.s. || **P**. instigador; **I**. instigator; **F**. instigateur; **A**. Aufhetzer; **It**. instigatore; **R**. подстрекатель.

INSTIGAR. (l. *instigāre*.) tr. Incitar a uno a que realice algo. || **P**. instigar; **I**. to instigate; **F**. instiguer; **A**. aufstacheln; **It**. instigare; **R**. подстрекать.

INSTILACIÓN. (l. *instillatĭo*, *-ōnis*.) f. Acción y efecto de instilar.

INSTILAR. (l. *instillāre*; de *in*, en, y *stilla*, gota.) tr. Echar poco a poco un licor en otra cosa. || **2**. fig. Introducir insensiblemente algo en el ánimo.

INSTIMULAR. (l. *instimulāre*.) tr. desus. Estimular.

INSTÍMULO. m. desus. Estímulo.

INSTINTIVAMENTE. adv. Por instinto, de una forma instintiva.

INSTINTIVO, VA. adj. Que es obra o resultado del instinto y no del juicio o propósito deliberado.

INSTINTO. (l. *instinctus*.) m. Estímulo interior que induce a los animales a acciones encaminadas a la propia conservación o a la reproducción. || **2**. Impulso del Espíritu Santo, hablando de inspiraciones sobrenaturales. || *Por* INSTINTO. m. Por impulso no deliberado. || **P**. instinto; **I**. y **F**. instinct; **A**. Instinkt, Naturtrieb; **It**. istinto; **R**. инстинкт.

INSTITOR. (l. *institor*.) m. Factor, agente comercial.

INSTITUCIÓN. (l. *institutĭo*, *-ōnis*.) f. Establecimiento o fundación de una cosa. || **2**. Cosa fundada y establecida. || **3**. Cada una de las organizaciones fundamentales de un Estado o sociedad. || **4**. pl. Colección de los principios o elementos de un arte, ciencia, etc. || **5**. Órganos constitucionales del poder soberano de una nación. || **—canónica**. Acción de conferir canónicamente un beneficio. || **—corporal**. Acción de poner a uno en posesión de un beneficio. || **—de heredero**. FOR. Nombramiento que se hace en el testamento del que ha de heredar. || **P**. instituição; **I**. y **F**. institution; **A**. Stiftung, Einrichtung; **It**. istituzione; **R**. учреждение.

INSTITUCIONAL. ad. Perteneciente o relativo a la institución.

INSTITUENTE. p.a. de instituir. Instituyente.

INSTITUIDOR, RA. adj. Que instituye. Ú.t.c.s.

INSTITUIR. (l. *instituĕre*.) tr. Fundar. || **2.** Establecer o dar principio a una cosa. || **P.** instituir; **I.** to institute; **F.** instituer; **A.** einsetzen, errichten; **It.** instituire; **R.** учреждать.

INSTITUTA. (l. *institūia*, instituciones.) f. Compendio del derecho civil de la antigua Roma, compuesta por orden del emperador Justiniano.

INSTITUTO. (l. *institūtum*.) m. Constitución que regula cierta forma de vida o enseñanza de algunas órdenes o congregaciones. || **2.** Corporación científica, artística, docente, etc. || **3.** Edificio en que funciona alguna de estas corporaciones. || **—armado.** Cada uno de los cuerpos militares destinados a la defensa del país o al mantenimiento del orden público. || **—de segunda enseñanza o de enseñanza media.** Establecimiento oficial donde se siguen los estudios del bachillerato. || **P.** e **It.** instituto; **I.** institute; **F.** institut; **A.** Institut, Anstalt; **R.** институт.

INSTITUTOR, RA. (l. *institūtor*.) adj. Instituidor. Ú.t.c.s. || **2.** m. COLOM. Profesor, maestro.

INSTITUTRIZ. (De *instituir*.) f. Maestra que educa e instruye a varios niños en el hogar doméstico. || **P.** preceptora de crianças; **I.** instructress; **F.** institutrice; **A.** Fräulein, Erzieherin; **It.** istitutrice; **R.** наставница.

INSTITUYENTE. p.a. de instituir. Que instituye.

INSTRIDENTE. (l. *instrīdens*, *-entis*.) adj. Estridente.

INSTRUCCIÓN. (l. *instructĭo*, *-ōnis*.) f. Acción de instruir o instruirse. || **2.** Caudal de conocimientos adquiridos. || **3.** Curso que lleva un expediente que se está formando. || **4.** Conjunto de reglas para un fin. || **5.** pl. Órdenes dadas a los agentes diplomáticos o a los jefes de fuerzas navales. || **6.** Reglamento con disposiciones técnicas para el cumplimiento de un servicio administrativo. || **—pública.** La que da al establecimiento docente sostenido por el Estado. || **P.** instrução; **I.** y **F.** instruction; **A.** Instrucktion, Erzichungswewesen; **It.** istruzione; **R.** обучение.

INSTRUCTIVAMENTE. adv. Para instrucción.

INSTRUCTIVO, VA. (De *instructo*.) adj. Se dice de lo que instruye o sirve para instruir. || **P.** instrutivo; **I.** instructive; **F.** instructif; **A.** belehrend; **It.** istruttivo; **R.** поучительный.

INSTRUCTO, TA. (l. *instructus*.) p.p. irreg. ant. de instruir.

INSTRUCTOR, RA. (l. *instructor*.) adj. Que instruye. Ú.t.c.s.

INSTRUIDO, DA. p.p. de instruir. || **2.** adj. Que ha adquirido un caudal apreciable de conocimientos.

INSTRUIDOR, RA. adj. ant. Instructor. Úsáb.t.c.s.

INSTRUIR. (l. *instruĕre*.) tr. Enseñar, doctrinar. || **2.** Comunicar sistemáticamente conocimientos. || **3.** Informar sobre una cosa. || **4.** Dar reglas de conducta. Ú.t.c.r. || **5.** Formalizar un proceso o expediente conforme a las reglas y prácticas de Derecho. || **P.** instruir; **I.** to instruct; **F.** instruire; **A.** belehren, bilden; **It.** istruire; **R.** обучать.

INSTRUMENTACIÓN. f. Acción y efecto de instrumentar. || **P.** instrumentação; **I.** y **F.** instrumentation; **A.** Instrumentierung; **It.** istrumentazione; **R.** оркестровка.

INSTRUMENTAL. adj. Perteneciente a los instrumentos músicos. || **2.** FOR. Perteneciente a los instrumentos o escrituras públicas. || **3.** m. Conjunto de instrumentos de una orquesta. || **4.** Conjunto de los instrumentos propios de un cirujano. || **5.** Uno de los casos de la declinación sánscrita y rusa con el que se denota relación de medio e instrumento.

INSTRUMENTALMENTE. adv. Como instrumento.

INSTRUMENTAR. tr. Arreglar una composición musical para varios instrumentos. || **P.** instrumentar; **I.** to instrumentate; **F.** instrumenter; **A.** instrumentieren,

orchestrieren; It. istrumentare; **R.** оркестровать.

INSTRUMENTISTA. m. Músico de instrumento. || **2.** Fabricante de instrumentos quirúrgicos, músicos, etc.

INSTRUMENTO. (l. *instrumentum*.) m. Conjunto de diversas piezas combinadas adecuadamente para ejecutar algún trabajo en el ejercicio de las artes y oficios. || **2.** Ingenio o máquina. || **3.** Útil de que nos servimos para hacer algo. || **4.** Papel, escritura con que se justifica algo. || **5.** Instrumento médico. || **6.** fig. Lo que es medio para hacer una cosa o conseguir un fin. || **—de cuerda.** Mús. El que lleva cuerdas de tripa o de metal que se hacen sonar al pulsarlas. || **—de percusión.** Mús. El que se hace sonar golpeándolo. || **—de viento.** Mús. El que se hace sonar impeliendo aire dentro de él. || **—músico.** Mús. El que sirve para producir sonidos musicales. || *Hacer* uno *hablar a un* INSTRUMENTO. fr. fig. Tocarlo con gran destreza y expresión. || **P.** instrumento; **I.** y **F.** instrument; **A.** Instrument; **It.** istrumento; **R.** инструмент, орудие.

INSTRUTO, TA. (l. *instructus*.) p.p. ant. de instruir.

INSUAVE. (l. *insuāvis*.) adj. Desapacible a los sentidos, o que causa una sensación áspera o desagradable.

INSUAVIDAD. f. Calidad de insuave.

INSUBORDINACIÓN. f. Falta de subordinación. || **P.** insubordinação; **I.** y **F.** insubordination; **A.** Ungehorsamkeit; **It.** insubordinazione; **R.** неповиновение.

INSUBORDINADO, DA. p.p. de insubordinar. || **2.** adj. Que falta a la subordinación. Ú.t.c.s.

INSUBORDINAR. (De *in* y *subordinar*.) tr. Introducir insubordinación. || **2.** r. Romper la subordinación, sublevarse. || **2.ª** acep.: **P.** insubordinar; **I.** to revolt; **F.** se soulever; **A.** aufwiegeln; **It.** ribellarsi; **R.** возмущать.

INSUBSISTENCIA. f. Falta de subsistencia.

INSUBSISTENTE. adj. No subsistente. || **2.** Falto de razón o fundamento.

INSUBSTANCIAL. (l. *insubstantiālis*.) adj. De escasa substancia.

INSUBSTANCIALIDAD. f. Calidad de insubstancial. || **2.** Cosa insubstancial.

INSUBSTANCIALMENTE. adv. De modo insubstancial.

INSUDAR. (l. *insudāre*.) intr. Afanarse o poner gran trabajo, diligencia, en algo.

INSUFICIENCIA. (l. *insufficientĭa*.) f. Falta de suficiencia o inteligencia. || **2.** Escasez de algo || **P.** insuficiència; **I.** insufficiency; **F.** insuffisance; **A.** Unzulänglichkeit; **It.** insufficienza; **R.** недостаточность.

INSUFICIENTE. (l. *insufficiens*, *-entis*.) adj. No suficiente.

INSUFLACIÓN. (l. *insufflatĭo*, *-ōnis*.) f. MED. Acción y efecto de insuflar. || **P.** insuflação; **I.** y **F.** insufflation; **A.** Einblasung; **It.** insufflazione; **R.** вдувание.

INSUFLAR. (l. *insufflāre*.) tr. MED. Introducir soplando un gas, un líquido, o substancia pulverulenta en una cavidad. || **P.** insuflar; **I.** to insufflate; **F.** insuffler; **A.** einblasen; **It.** insufflate; **R.** вдувать.

INSUFRIBLE. (De *in* y *sufrible*.) adj. Que no se puede sufrir. || **2.** fig. Difícil de sufrir. || **P.** insofrível; **I.** insufferable; **F.** insupportable; **A.** unerträglich; **It.** insoffribile; **R.** невыносимый.

INSUFRIBLEMENTE. adv. De modo insufrible.

INSUFRIDERO, RA. (De *in* y *sufridero*.) adj. desus. Insufrible.

ÍNSULA. (l. *insŭla*.) f. Isla, porción de tierra rodeada de agua por todos los lados. || **2.** fig. Lugar pequeño o gobierno de escasa entidad.

★ INSULACIÓN. (De *ínsula*, isla.) f. ELECTR. Prevención del escape de electricidad mediante cuerpos no conductores.

INSULANO, NA. (l. *insulānus*.) adj. Isleño. Apl. a pers. ú.t.c.s.

INSULAR. (l. *insulāris*.) adj. Isleño. Apl. a pers. ú.t.c.s.

INSULINA. (De *ínsula*.) f. ZOOL. Hormona segregada por la porción endocrina del páncreas, que regula la cantidad de glucosa de la sangre. Sus preparados se emplean contra la diabetes sacarina.

INSULSAMENTE. adv. Con insulsez.

INSULSEZ. f. Calidad de insulso. || **2.** Dicho insulso. || **P.** insipidez; **I.** insipidness; **F.** fadeur, insipidité; **A.** Fadheit; **It.** insulsàggine; **R.** безвкусица.

INSULSO, SA. (l. *insulsus*.) adj. Insípido, falto de sabor. || **2.** fig. Sin gracia. || **P.** e **It.** insulso; **I.** insipid; **F.** fade; **A.** fade, reizlos; **R.** безвкусный.

INSULTADOR, RA. adj. Que insulta. Ú.t.c.s.

INSULTANTE. p.a. de insultar. Que insulta. || **2.** adj. Se aplica a las palabras o acciones con las que se insulta.

INSULTAR. (l. *insultāre*.) tr. Ofender a uno provocándole o enfadándole con palabras o acciones. || **2.** r. Accidentarse. **P.** insultar; **I.** to insult; **F.** insulter; **A.** beschimpfen; **It.** insultare; **R.** оскорблять.

INSULTO. (l. *insultus*.) m. Acción y efecto de insultar. || **2.** Asalto repentino y violento. || **3.** Accidente, indisposición o enfermedad repentina que priva el conocimiento. || **P.** e **It.** insulto; **I.** insult; **F.** insulte; **A.** Beschimpfung; **R.** оскорбление.

INSUMABLE. adj. Que no se puede o es difícil de sumarse; exorbitante.

INSUME. (l. *insumĕre*, gastar, consumir.) adj. Costoso.

INSUMERGIBLE. adj. No sumergible. || **P.** insubmergível; **I.** insubmergible, insubmersible; **F.** insubmersible; **A.** unversenkbar; **It.** insommergibile; **R.** непотопляемый.

INSUMISIÓN. f. Falta de sumisión.

INSUMISO, SA. Inobediente, rebelde.

INSUPERABLE. (l. *insuperabĭlis*.) adj. No superable. || **P.** insuperável; **I.** insurmountable; **F.** insurmontable, insurpassable; **A.** unüberwindlich; **It.** insuperàbile; **R.** непревзойдённый.

INSUPURABLE. adj. p. us. Que no se puede consumir o suparar.

INSURGENTE. (De *insurgir*.) adj. Levantado o sublevado. Ú.t.c.s.

INSURGIR. (l. *insurgĕre*.) intr. ant. Insurreccionarse.

INSURRECCIÓN. (l. *insurrectĭo*, *-ōnis*.) f. Levantamiento, rebelión de un pueblo, nación, etc. || **P.** insurreição; **I.** y **F.** insurrection; **A.** Empörung, Aufstand; **It.** insurrezione; **R.** восстание.

INSURRECCIONAL. adj. Perteneciente o relativo a la insurrección.

INSURRECCIONAR. (De *insurrección*.) tr. Concitar a las gentes para que se subleven contra las autoridades. || **2.** r. Alzarse, levantarse contra las autoridades.

INSURRECTO, TA. (l. *insurrectus*.) adj. Levantado o sublevado contra la autoridad pública. Ú.m.c.s. || **P.** insurrecto; **I.** insurgent, rebel; **F.** insurgé; **A.** aufrührerisch; **It.** insorgente; **R.** повстанец.

INSUSTANCIAL. adj. Insubstancial.

INSUSTANCIALIDAD. f. Insubstancialidad.

INSUSTANCIALMENTE. adv. Insubstancialmente.

INSUSTITUIBLE. (De *in*, en, y *sustituible*.) adj. Que no se puede sustituir. || **P.** insubstituível; **I.** irreplaceable; **F.** insubstituable; **A.** unersetzlich; **It.** insostituibile; **R.** незаменимый.

INTACTO, TA. (l. *intactus*.) adj. No tocado o palpado. || **2.** fig. Que no ha padecido alteración o deterioro. || **3.** fig. Puro. || **4.** fig. No ventilado o de que no se ha tratado. || **P.** intacto; **I.** y **F.** intact; **A.** unberührt; **It.** intatto; **R.** нетронутый.

INTACHABLE. adj. Que no merece tacha. || **P.** irrepreensível; **I.** irreproachable; **F.** irréprochable; **A.** tadellos; **It.** intacciàbile; **R.** безукоризненный.

INTANGIBILIDAD. f. Calidad de intangible.

INTANGIBLE. (De *in* y *tangible*.) adj. Que no se debe ni puede tocar. || **P.** intangível; **I.** y **F.** intangible; **A.** unantastbar; **It.** intangibile; **R.** неосязаемый.

INTEGÉRRIMO, MA. (l. *integerrĭmus*.) adj. sup. de íntegro.

INTEGRABLE. adj. MAT. Que se puede integrar.

INTEGRACIÓN. (l. *integratĭo*, *-ōnis*.) f. Acción y efecto de integrar. || **2.** PSICOL. Liberación de los conflictos internos en el estado psíquico de la persona.

INTEGRAL. (l. *integrālis*.) adj. FIL. Se

I

dice de las partes que componen un todo a distinción de las esenciales, sin las que no puede subsistir una cosa. || **2.** MAT. Se dice del signo (∫) que indica la integración. || **3.** f. MAT. Resultado de integrar una expresión diferencial. || **P. e I.** integral; **F.** intégrale; **A.** vollständig, integral; **It.** integrale; **R.** целостной.

INTEGRALMENTE. adv. De un modo integral.

ÍNTEGRAMENTE. adv. Enteramente. || **2.** Con integridad.

INTEGRANTE. p.a. de integrar. Que integra. || **2.** adj. Integral, que entra en la composición de un todo. || **3.** QUÍM. Se dice de las moléculas parciales más pequeñas en que se puede dividir un cuerpo.

INTEGRAR. (l. integrāre.) tr. Dar integridad a algo. Ú.t.c.r. || **2.** Reintegrar. || **3.** MAT. Conseguir por el cálculo una cantidad de la que se conoce la expresión diferencial. || **P.** integrar; **I.** to integrate; **F.** intégrer; **A.** vervollständigen, ausmachen; **It.** integrare; **R.** составлять.

INTEGRIDAD. (l. integrĭtas, -ātis.) f. Calidad de íntegro. || **2.** Pureza de las vírgenes. || **P.** integridade; **I.** integrity; **F.** intégrité; **A.** Vollständigkeit; **It.** integrità; **R.** целостность.

INTEGRISMO. (De íntegro.) m. Partido político español fundado a fines del siglo XIX y basado en el mantenimiento de la integridad de la tradición española.

INTEGRISTA. adj. Perteneciente o relativo al integrismo. || **2.** com. Partidario del integrismo.

ÍNTEGRO, GRA. (l. intĕger, -gri.) adj. Aquello a que no falta ninguna de sus partes. || **2.** fig. Desinteresado, probo. || **P.** íntegro; **I.** integral; **F.** intègre; **A.** ganz, vollständig; **It.** integro; **R.** цельный.

INTEGUMENTO. (l. integumentum.) m. Envoltura o cobertura. || **2.** fig. Disfraz, fábula.

INTELECCIÓN. (l. intellectio, -ōnis.) f. Acción y efecto de entender.

INTELECTIVA. (l. intellectiva, t. f. de -vus, intelectivo.) f. Facultad de entender.

INTELECTIVO, VA. (l. intellectivus.) adj. Que posee la virtud de entender.

INTELECTO. (l. intellectus.) m. Entendimiento, mente.

INTELECTUAL. (l. intellectuālis.) adj. Perteneciente o relativo al entendimiento. || **2.** Espiritual o sin cuerpo. || **3.** Dedicado sobre todo al cultivo de las ciencias y letras. Ú.t.c.s. || **P.** intelectual; **I.** intellectual; **F.** intellectuel; **A.** intellektuell; **It.** intellettuale; **R.** умственный.

INTELECTUALIDAD. (l. intellectualĭtas, -ātis.) f. Entendimiento, mente. || **2.** fig. Conjunto de personas cultas de un país, o región, etc. || **P.** intelectualidade; **I.** intellectuality; **F.** intellectualité; **A.** Intelligenz, Geistigkeit; **It.** intellettualità; **R.** интеллигенция.

INTELECTUALMENTE. adv. De modo inteletual.

INTELETO. m. desus. Intelecto.

INTELIGENCIA. (l. intelligentia.) f. Facultad intelectiva. || **2.** Facultad de conocer, que se manifiesta de varias formas. || **3.** Conocimiento, acto de entender. || **4.** Sentido en que se puede tomar un dicho o expresión. || **5.** Habilidad, experiencia. || **6.** Trato o compresión de dos o más personas o naciones entre sí. || **7.** Substancia espiritual. || En, o en la, INTELIGENCIA. m. adv. En el concepto, en el supuesto o en la suposición. || **P.** inteligência; **I.** intellect; **F.** intelligence; **A.** Intelligenz, Verständnis; **It.** intelligenza; **R.** ум, разум.

INTELIGENCIADO, DA. (De inteligencia.) adj. Enterado, instruido.

INTELIGENTE. (l. intelligens, -entis.) adj. Sabio, perito, instruido. Ú.t.c.s. || **2.** Dotado con facultad intelectiva. || **P.** inteligente; **I.** y **F.** intelligent; **A.** verständig, klug; **It.** intelligente; **R.** умный.

INTELIGIBILIDAD. f. Calidad de inteligible.

INTELIGIBLE. (l. intelligibĭlis.) adj. Que puede ser entendido. || **2.** Se aplica a lo que es materia de puro conocimiento, sin intervención de los sentidos. || **3.** Que se oye clara y distintivamente. || **P.** inteligível; **I.** y **F.** intelligible; **A.** begreiflich; **It.** intelligibile; **R.** понятный.

INTELIGIBLEMENTE. adv. De modo inteligible.

INTEMPERADAMENTE. adv. ant. Sin templanza.

INTEMPERADO, DA. (l. intemperātus.) adj. p. us. Inmoderado, excesivo.

INTEMPERANCIA. (l. intemperantia.) f. Sin templanza. || **P.** intemperança; **I.** intemperance; **F.** intempérance; **A.** Unmässigkeit; **It.** intemperanza; **R.** невоздержность.

INTEMPERANTE. (l. intemperans, -antis.) adj. Destemplado o falto de templanza.

INTEMPERATURA. (De in y temperatura.) f. ant. Intemperie.

INTEMPERIE. (l. intemperies.) f. Destemplanza o desigualdad del tiempo. || A la INTEMPERIE. m. adv. A cielo descubierto, sin techo. || **P.** intempérie; **I.** bleakness; **F.** intempérie; **A.** Unwetter; **It.** intemperie; **R.** непогода.

INTEMPESTA. (l. intempesta nox.) adj. poét. Se aplica a la noche muy entrada.

INTEMPESTIVAMENTE. adv. De modo intempestivo.

INTEMPESTIVO, VA. (l. intempestīvus.) adj. Que es fuera de tiempo y sazón. || **P. e It.** intempestivo; **I.** untimely; **F.** intempestif; **A.** unzeitig; **R.** несвоевременный.

INTEMPORAL. adj. No temporal, independiente del curso del tiempo.

INTENCIÓN. (l. intentio, -ōnis.) f. Determinación de la voluntad en orden a un fin. || **2.** fig. Instinto dañino de algunos animales a diferencia de lo observado en los de su especie. || **3.** Cautelosa advertencia con que uno habla o procede. || Primera INTENCIÓN. fam. Modo de proceder con franqueza. || Segunda INTENCIÓN. Modo de proceder con doblez. || Curar de primera INTENCIÓN. fr. CIR. Curar por el pronto a un herido. || De primera INTENCIÓN. expr. Se dice de las acciones no definitivas. || Fundar, o tener fundada, INTENCIÓN contra uno. fr. FOR. Asistir o favorecer a uno el derecho común para ejercer una facultad sin necesidad de probarlo. || **P.** intenção; **I.** y **F.** intention; **A.** Absicht; **It.** intenzione; **R.** намерение.

INTENCIONADAMENTE. adv. Con intención.

INTENCIONADO, DA. adj. Que posee alguna intención. Ú. principalmente con los advs. bien, mal, mejor y peor. || **P.** intencionado; **I.** intentioned; **F.** intentionné; **A.** (gut od. schlecht) gesinnt; **It.** intenzionato; **R.** преднамеренный.

INTENCIONAL. (De intención.) adj. Perteneciente a los actos interiores del alma. || **2.** Deliberado.

* **INTENCIONALIDAD.** f. FIL. Carácter intencional.

INTENCIONALMENTE. adv. De manera intencional.

INTENDENCIA. f. Dirección, cuidado y administración de algo. || **2.** Distrito a que se extiende la jurisdicción del intendente. || **3.** Empleo del intendente. || **4.** Oficina del intendente. || **P.** intendência; **I.** administration; **F.** intendance; **A.** Intendenz, Verwaltung, Oberaufsicht; **It.** intendenza; **R.** управление.

INTENDENTA. f. Mujer del intendente.

INTENDENTE. (l. intendens, -entis, p.a. de intendĕre, dirigir, encaminar.) m. Jefe superior económico. || **2.** Jefe de fábrica u otra empresa explotada por cuenta del erario. || **3.** En el ejército y en la marina de guerra, jefe superior de los servicios de administración militar. || **4.** AMÉR. Alcalde jefe de administración municipal.

INTENDER. tr. ant. Entender.

* **INTENDIBLE.** (De in y entender.) adj. CHILE. Inteligible.

INTENSAMENTE. adv. Con intensión.

INTENSAR. tr. Intensificar. Ú.t.c.r.

INTENSIDAD. (De intenso.) f. Grado de energía de un agente natural o mecánico, de una cualidad, etc. || **2.** fig. Vehemencia de los afectos y operaciones del ánimo. || —del sonido o de la voz. Propiedad de los mismos, que depende de la amplitud de las ondas sonoras. || **P.**

intensidade; **I.** intensity; **F.** intensité; **A.** Intensität; **It.** intensità; **R.** интенсивность.

INTENSIFICACIÓN. f. Acción de intensificar.

INTENSIFICAR. (De intenso y el l. facĕre, hacer.) tr. Hacer que algo adquiera más intensidad que la que poseía. Ú.t.c.r.

* **INTENSÍMETRO.** m. FÍS. Aparato con el que se aprecia la intensidad de la corriente que pasa por un conductor.

INTENSIÓN. (l. intensio, -ōnis.) f. Intensidad. || **2.** GRAM. Primera fase de la articulación de un fonema.

INTENSIVAMENTE. adv. Intensamente.

INTENSIVO, VA. (l. intensivus.) adj. Que intensifica.

INTENSO, SA. (l. intensus.) adj. Que tiene intensión. || **2.** fig. Muy vehemente.

INTENTAR. (De intento.) tr. Tener ánimo de hacer algo. || **2.** Prepararlo, iniciar su ejecución. || **3.** Procurar o pretender. || **P.** intentar; **I.** to try, to attempt; **F.** tenter, essayer de; **A.** versuchen; **It.** intentare; **R.** пытаться.

INTENTO, TA. (l. intentus.) m. Propósito, designio. || **2.** Cosa intentada. || De INTENTO. m. adv. De propósito. || **P. e It.** intento; **I.** aim, purpose, intent; **F.** intention, propos; **A.** Absehen, Vorsatz; **R.** попытка.

INTENTONA. f. fam. Intento temerario, especialmente el frustrado.

ÍNTER. adv. Ínterin. Ú.t.c.s. con el artículo el.

ÍNTER. (l. inter.) prep. insep. que significa entre o en medio. || **2.** Se emplea en las locuciones latinas, ÍNTER nos, ÍNTER vivos, etc.

INTERANDINO, NA. (De inter, prep. insep., y Andes, n. p.) adj. Se aplica al tráfico y relaciones entre las naciones o habitantes que están al uno y otro lado de los Andes.

INTERARTICULAR. adj. Que se halla en las articulaciones.

INTERCADENCIA. (De inter, prep. insep., y cadencia.) Desigualdad, inconstancia en las conductas o afectos. || **2.** Desigualdad defectuosa en el lenguaje, etcétera. || **3.** MED. Cierta irregularidad en las pulsaciones, consistente en apreciarse una más en el intervalo que separa dos regulares.

INTERCADENTE. (l. inter, entre, y cadens, -entis, que cae.) adj. Que posee intercadencias.

INTERCADENTEMENTE. adv. Con intercadencia.

INTERCALACIÓN. (l. intercalatio, -ōnis.) f. Acción y efecto de intercalar.

INTERCALADURA. f. Intercalación.

INTERCALAR. (l. intercalāris.) adj. Que está interpuesto, añadido. || **2.** Dícese del día que separa los días críticos en las fiebres intermitentes.

INTERCALAR. (l. intercalāre.) tr. Poner una cosa entre otras. || **P.** intercalar; **I.** to intercalate; **F.** intercaler; **A.** einschalten; **It.** intercalare; **R.** включать.

INTERCAMBIABLE. (De inter, prep. insep. y cambiable.) adj. Se aplica a cada una de las piezas similares que pertenecen a cosas hechas exactamente iguales y que pueden cambiarse entre sí.

INTERCAMBIO. (De inter, prep. insep., y cambio.) m. Igualdad o reciprocidad de servicios o de consideraciones entre corporaciones semejantes de diversos países o del mismo. || **2.** Comercio o relación económica entre dos países. || —de iones. FÍS. y QUÍM. Cambio de iones entre un líquido y un sólido sin destruirse la estructura de éste. Se emplea para purificar el agua, recobrar los metales, etc. || **P.** intercambio, troca; **I.** interchange; **F.** contraéchange; **A.** Austausch, Tauschhandel; **It.** intercambio, scambio; **R.** обмен.

INTERCEDER. (l. intercedĕre.) intr. Rogar o mediar por otro para conseguirle algo o librarle de un mal. || **P.** interceder; **I.** to intercede; **F.** intercéder; **A.** Fürbitte einlengen; **It.** intercèdere; **R.** вступаться.

INTERCELULAR. (l. inter, entre, y célula.) adj. BIOL. Que se halla entre las células.

INTERCEPTACIÓN. f. Acción y efecto de interceptar. || **2.** FÍS. Cesación del curso directo de algo.

INTERCEPTAR. (l. *interceptum*, supino de *intercipĕre*, interrumpir, quitar.) tr. Apoderarse de una cosa antes de que alcance su destino. || **2.** Detener una cosa en el camino. || **3.** Interrumpir una vía de comunicación. || **P.** interceptar; **I.** to intercept; **F.** intercepter, interrompre; **A.** unterbrechen, abfangen, hemmen; **It.** intercettare; **R.** перехватывать.

INTERCESIÓN. (l. *intercesio, -ōnis.*) f. Acción y efecto de interceder. || **P.** intercessão; **I.** y **F.** intercession; **A.** Fürsprache, Fürbitte; **It.** intercessione; **R.** ходатайство.

INTERCESOR, RA. (l. *intercessor.*) adj. Que intercede. Ú.t.c.s.

INTERCESORIAMENTE. adv. Con o por intercesión.

* **INTERCIDENCIA.** (l. *intercidens, -entis*, p.a. de *intercidĕre*, caer en o entre.) f. Mús. En el canto llano bajada de tono sobre la última nota de un canto.

INTERCISO, SA. (l. *intercīsus*, p.p. de *intercidĕre*, cortar por el medio.) adj. Aquel en que por la mañana era fiesta y por la tarde se podía trabajar.

INTERCLUSIÓN. (l. *interclusio, -ōnis.*) f. ant. Acción de encerrar una cosa entre otras.

INTERCOLUMNIO [~LUNIO]. (l. *intercolumnĭum.*) m. ARQ. Espacio entre dos columnas. || **P.** intercolumnio; **I.** intercolumniation; **F.** entre-colonnement; **A.** Säulenweite, Säulenabstand; **It.** intercolonnio; **R.** интерколумный.

* **INTERCONEXIÓN.** (De *inter*, prep. insep., y *conexión*.) f. ELECTR. Conexión de una fuente de energía con otra.

INTERCONTINENTAL. adj. Que llega de un continente a otro, sobre todo de Europa a América.

INTERCOSTAL. (l. *inter*, entre, y *costa*, costilla.) adj. ZOOL. Que se halla entre las costillas.

INTERCURRENTE. (l. *intercurrens, -ēntis.*) adj. MED. Se dice de la enfermedad que sobreviene durante el curso de otra.

INTERCUTÁNEO, A. (De *inter*, prep. insep., y *cutáneo*.) adj. Que se halla entre el cuero y la carne.

INTERDECIR. (l. *interdicĕre*.) tr. Vedar o prohibir.

INTERDENTAL. adj. FON. Se aplica a la consonante que se pronuncia colocando la punta de la lengua entre los bordes de los dientes incisivos, como la z. || **2.** FON. Se aplica a la letra que representa este sonido. Ú.t.c.s.f.

INTERDEPENDENCIA. f. Dependencia recíproca.

INTERDICCIÓN. (l. *interdictio, -ōnis.*) f. Acción y efecto de interdecir. || **—civil.** Privación de derechos civiles declarada judicialmente. || **P.** interdição; **I.** y **F.** interdiction; **A.** Untersagung; **It.** interdizione; **R.** запрещение.

INTERDICTO. (l. *interdictum*.) m. Entredicho. || **2.** FOR. Juicio posesorio, sumario o sumarísimo. || **P.** interdito; **I.** interdict; **F.** interdit; **A.** Interdikt, Kirchenbann; **It.** interdetto; **R.** запрещение.

* **INTERDICTO, TA.** (l. *interdictus*.) adj. CHILE. Sujeto a interdicción.

INTERDIGITAL. (l. *inter*, entre, y *digitus*, dedo.) adj. ZOOL. Se aplica a cualquiera de las membranas, músculos, etc., que se hallan entre los dedos.

INTERÉS. (De *interese*.) m. Provecho, ganancia. || **2.** Valor que tiene en sí una cosa. || **3.** Lucro producido por el capital. || **4.** Inclinación del ánimo hacia un objeto, persona, etc., que le atrae o conmueve. || **5.** pl. Bienes de fortuna. || **6.** Conveniencia o necesidad de carácter colectivo en el orden moral o material. || **—compuesto.** El de un capital al que se van acumulando los réditos, para producir otros. || **—legal.** El que fija la ley. || **—simple.** El de un capital sin agregarle rédito. || **INTERESES a proporción.** Cuenta que consiste en dividir los pagos que se hacen a cuenta de un capital que produce intereses, en dos partes proporcionales a la cantidad del débito y a la suma de los intereses devengados. || **—creados.** Ventajas, comúnmente no legítimas, que gozan varios individuos, en virtud de las cuales se establece entre ellos cierta solidaridad circunstancial. || *Por el* INTERÉS, *lo más feo, hermoso es.* ref. que indica que el interés tuerce la claridad del entendimiento y la rectitud de la voluntad. || **P. e It.** interesse; **I.** interest; **F.** intérêt; **A.** Interesse, Nutzen; **R.** интерес.

INTERESABLE. (De *interesar*.) adj. Interesado.

INTERESADAMENTE. adv. De manera interesada.

INTERESADO, DA. p.p. de interesar. || **2.** adj. Que tiene interés en algo. Ú.t.c.s. || **3.** Que se deja arrastrar del interés o se mueve sólo por él. Ú.t.c.s. || **4.** m. y f. CUBA. Concubinario, o concubina. || **2.ª** acep.: **P.** interessado; **I.** interested; **F.** intéressé; **A.** Interessent; **It.** interessato; **R.** заинтересованный.

INTERESAL. adj. Interesable.

INTERESANTE. adj. Que interesa.

INTERESAR. (De *interés*.) intr. Tener interés de algo. Ú.t.c.r. || **2.** tr. Dar a uno parte en un negocio. || **3.** Hacer tomar parte a uno en los negocios o intereses ajenos como si fueran suyos. || **4.** Cautivar la atención y el ánimo con lo que se dice o escribe. || **5.** Inspirar interés o afecto a una persona. || **6.** Afectar, hacer impresión en el ánimo alguna cosa. || **2.ª** acep.: **P.** interessar; **I.** to interest; **F.** intéresser; **A.** beteiligen; **It.** interessare; **R.** принимать в долю.

INTERESE. (l. *interesse*, importar.) ant. Interés.

INTERESENCIA. (De *interesante*.) f. Asistencia personal a un acto o función.

INTERESENTE. (l. *interesse*, asistir.) adj. Que asiste a los actos de comunidad para poder percibir una distribución que pide asistencia personal.

INTERESTELAR. (l. *inter*, entre, y *stella*, estrella.) adj. Se aplica al espacio entre dos o más astros.

INTERFECTO, TA. (l. *interfectus*, muerto.) adj. FOR. Se dice de la persona muerta violentamente. Ú.m.c.s.

INTERFERENCIA. (l. *inter*, entre, y *ferens, -entis*, p.a. de *ferre*, llevar.) f. Fís. Acción recíproca de las ondas, bien en el agua o en la propagación del sonido, del calor, etc., de que resulta, según las condiciones, aumento, disminución o neutralización del movimiento ondulatorio. || **2.** ELECTR. Perturbación que producen sobre la línea telegráfica o telefónica otras próximas de igual clase o de transporte eléctrico. || **3.** RADIOTEC. Intromisión de un ruido o emisión extraña en una audición determinada. || **P.** interferência; **I.** interference; **F.** interférence; **A.** Interferenz, Schwall; **It.** interferenza; **R.** интерференция.

INTERFERIR. tr. Fís. Causar interferencia. Ú.t.c. intr.

* **INTERFERÓMETRO.** m. Fís. Aparato para medir longitudes según métodos interferenciales sobre la base de una onda luminosa determinada.

* **INTERFLEX.** m. RADIOTEC. Circuito en que la señal captada por un detector es acoplada a la rejilla de un tríodo.

INTERFOLIAR. (l. *inter*, entre, y *folium*, hoja.) tr. Intercalar entre las hojas escritas de un libro otras en blanco.

ÍNTERIN. (l. *intĕrim*.) m. Interinidad. || **2.ª** acep.: **2.** adv. Entretanto o mientras. || **2.ª** acep.: **P.** interim; **I.** meanwhile; **F.** en attendant; **A.** inzwischen; **It.** frattanto; **R.** пока, временно.

INTERINAMENTE. adv. Con interinidad o en el ínterin.

INTERINAR. Desempeñar interinamente un cargo o empleo.

INTERINARIO, RIA. adj. ant. Interino.

* **INTERINATO.** m. ARGENT. Interinidad. || **2.** CHILE y HOND. Empleo o cargo interino.

INTERINIDAD. f. Calidad de interino. || **2.** Tiempo que dura el desempeño interino de un cargo.

INTERINO, NA. (De *ínterin*.) adj. Que trabaja algún tiempo supliendo la falta de otra persona o cosa. || **2.** Dícese del que ejerce un empleo en ausencia de otro. Ú.t.c.s. || **P. e It.** interino; **I.** temporary; **F.** intérimaire; **A.** einstweilig; **R.** временный.

INTERINSULAR. adj. Se dice del tráfico y relaciones de otra índole entre varias islas.

INTERIOR. (l. *interior, -ōris.*) adj. Que está de la parte de adentro. || **2.** Que está muy adentro. || **3.** Dícese de la habitación o cuarto que no tiene vistas a la calle. || **4.** V. *Deuda, fuero, sentido* INTERIOR. || **5.** fig. Que sólo se siente en el alma. || **6.** fig. V. *Hombre* INTERIOR. || **7.** fig. Perteneciente a la nación de que se habla, en contraposición a lo extranjero. *Política* INTERIOR; *comercio* INTERIOR. || **8.** FOR. V. *Polígono* INTERIOR. || **9.** ZOOL. V. *Cuero* INTERIOR. || **10.** m. En los coches de tres compartimientos, el de en medio. || **11.** Ánimo, 1.ª acep. || **12.** La parte interior de una cosa. || **P.** interior; **I.** interior, internal; **F.** interieur; **A.** inner, das Innere; **It.** interiore; **R.** внутренный.

* **INTERIORANO, NA.** adj. PAN. Del interior.

INTERIORIDAD. f. Calidad de interior. || **2.** pl. Cosas privativas, en general secretas, de las personas, familias, etcétera.

* **INTERIORIZADO, DA.** adj. CHILE. Conocedor de los secretos de una persona.

INTERIORMENTE. adv. En lo interior.

INTERJECCIÓN. (l. *interiectio, -ōnis.*) f. GRAM. Voz que forma por sí sola una oración elíptica o abreviada e indica alguna emoción súbita. || **P.** interjeição; **I.** y **F.** interjection; **A.** Ausrufungswort; **It.** interiezione; **R.** междометие.

INTERJECTIVO, VA. adj. GRAM. Perteneciente o relativo a la interjección.

* **INTERLÍNEA.** f. Espacio entre dos líneas. || **P.** interlinha; **I.** interline; **F.** interligne; **A.** Durchschuss; **It.** interlinea; **R.** интерлиньяж.

INTERLINEACIÓN. f. Acción y efecto de interlinear.

INTERLINEAL. (De *inter* y *línea*.) adj. Escrito o impreso entre dos líneas o renglones. || **2.** Se aplica a la traducción interpolada en el texto de forma que cada línea de la versión esté inmediata a la línea correspondiente del original.

INTERLINEAR. (De *inter*, pre. insep., y *línea*.) tr. Entrerrenglonar.

INTERLOCUCIÓN. (l. *interlocutio, -ōnis.*) f. Diálogo, coloquio, conversación.

INTERLOCUTOR, RA. (l. *interlocūtum*, supino de *interlŏqui*, dirigir preguntas, interrumpir.) m. y f. Cada una de las personas que participan en un diálogo. || **P. e I.** interlocutor; **F.** interlocuteur; **A.** Wortführer; **It.** interlocutore; **R.** собеседник.

INTERLOCUTORIAMENTE. adv. FOR. De modo interlocutorio.

INTERLOCUTORIO, RIA. (De *interlocutor*.) adj. FOR. Se dice del auto o sentencia que se da antes de la definitiva. Ú.t.c.s.m.

INTÉRLOPE. (fr. *interlope*, y éste del ingl. *interlope*, contrabandear.) adj. Se dice del comercio fraudulento o de contrabando de una nación en las colonias de otra y de los buques dedicados a este tráfico.

INTERLUDIO. (l. *inter*, entre, y *ludus*, recreo, entretenimiento.) m. Mús. Breve composición que se interpreta al órgano entre las estrofas de un coral, y que actualmente se ejecuta a modo de preludio o de intermedio en la música instrumental.

INTERLUNIO. (l. *interlunĭum*.) m. ASTRON. Tiempo de la conjunción, en que no se ve la Luna. || **P.** interlúnio; **I.** interlunation; **F.** interlune; **A.** Neumond; **It.** interlunio; **R.** новолуние.

INTERMAXILAR. (l. *inter*, entre, y *maxilla*, quijada.) adj. ZOOL. Que se encuentra entre los huesos maxilares. || **2.** ZOOL. Se aplica a cualquiera de los huesos que forman en la mandíbula superior el borde alveolar donde se hallan los incisivos. Ú.t.c.s.

INTERMEDIADO, DA. p.p. De intermediar.

INTERMEDIAR. (De *intermedio*.) intr. Mediar, estar una cosa entre otras.

INTERMEDIARIO, RIA. (de *intermediar*.) adj. Que media entre dos o más personas, especialmente entre el productor y el consumidor. Ú.t.c.s. || **P.** intermediário; **I.** intermediary; **F.** intermédiaire; **A.** Vermittler; **It.** intermediario; **R.** посредник.

I

INTERMEDIO, DIA. (l. *intermedĭus*.) adj. Que se halla en medio de los extremos de lugar o tiempo. || **2.** m. Espacio entre dos momentos o entre dos acciones. || **3.** Baile, música, etc., ejecutado entre los actos de una comedia o de otra pieza de teatro. || **4.** Espacio de tiempo entre dos partes en la representación de una obra de teatro o de otro espectáculo semejante. || **5.** QUÍM. Se aplica al cuerpo que permite o deshace una combinación química. || **2.ª** acep.: **P.** intermédio; **I.** interval; **F.** intermède; **A.** Zwischenzeit, Zwischenraum; **It.** intermedio; **R.** промежуточный.

INTERMINABLE. (l. *interminabĭlis*.) adj. Que no tiene fin.

INTERMINACIÓN. (l. *interminatĭo, -ōnis*.) f. p. us. Amenaza, comminación.

INTERMINISTERIAL. adj. Que se refiere a varios ministerios o los relaciona entre sí.

INTERMISIÓN. (l. *intermissĭo, -ōnis*.) f. Interrupción o cesación de una labor o cosa semejante por algún tiempo.

INTERMISO, SA. (l. *intermissus*.) p.p. irreg. de intermitir. || **2.** adj. Interrumpido.

INTERMITENCIA. (De *intermitente*.) f. Calidad de intermitente. || **2.** MED. Discontinuación de la calentura o de otro cualquier síntoma que cesa y vuelve. || **P.** intermitência; **I.** intermission; **F.** intermittence; **A.** Unterbrechung; **It.** intermittenza; **R.** перерыв.

INTERMITENTE. (De *intermitir*.) adj. Que se interrumpe y vuelve a intervalos. || **2.** Dícese de la fiebre que aparece y desaparece a intervalos. Ú.t.c.s.f.

INTERMITIR. (l. *intermittĕre*.) tr. Suspender algo por algún tiempo.

* INTERMUNDO. (De *inter*, prep. insep., y *mundo*.) m. FÍS. y ASTRON. Espacio entre dos mundos.

INTERNACIÓN. f. Acción y efecto de internar o internarse.

INTERNACIONAL. (De *inter* y *nacional*.) adj. Relativo a dos o más naciones. || **P.** international; **I., F.** y **A.** international; **It.** internazionale; **R.** международный.

INTERNACIONALIDAD. f. Calidad de internacional.

INTERNACIONALISMO. m. Sistema socialista que preconiza la asociación internacional de los obreros.

INTERNACIONALISTA. adj. Partidario del internacionalismo.

INTERNACIONALIZAR. tr. Someter a la autoridad conjunta de varias naciones, territorios o asuntos que antes dependían de un Estado.

INTERNADO, DA. p.p. de internar. || **2.** m. Estado del alumno interno. || **3.** m. Conjunto de alumnos internos.

INTERNAMENTE. adv. Interiormente.

INTERNAR. (De *interno*.) tr. Conducir o trasladar a tierra adentro a una persona o cosa. || **2.** intr. Penetrar, introducirse en el interior. || **3.** r. Avanzar hacia adentro, por tierra o mar. || **4.** fig. Introducirse en los secretos o amistad de uno o profundizar una materia.

INTERNISTA. adj. Se aplica al médico que se ocupa del tratamiento de enfermedades que no requieren intervención quirúrgica. Ú.t.c.s.

INTERNO, NA. (l. *internus*.) adj. Interior. || **2.** Que se halla situado cerca del eje central del cuerpo. || **3.** Se dice del fuero de la conciencia. || **4.** Se dice de los alumnos de medicina o médicos con residencia en los hospitales donde prestan sus servicios. Ú.t.c.s. || **5.** Se aplica al alumno que vive en un establecimiento de enseñanza. Ú.t.c.s.

INTERNODIO. (l. *internodĭum*; de *inter*, entre, y *nodus*, nudo.) m. Espacio entre dos nudos. || **P.** entrenó; **I.** internode, internodio; **It.** internodio; **R.** междоузлие.

ÍNTER NOS. loc. l. que significa entre nosotros.

INTERNUNCIO. (l. *internuntĭus*.) m. El que habla por otro. || **2.** Interlocutor. || **3.** Ministro pontificio que hace las veces de nuncio.

INTEROCEÁNICO, CA. adj. Que pone en comunicación dos océanos.

INTERPAGINAR. (De *inter*, entre, y *página*.) tr. Interfoliar.

INTERPARLAMENTARIO, RIA. (De *inter* y *parlamentario*.) adj. Se aplica a las comunicaciones y organizaciones que enlazan la actividad internacional entre las representaciones legislativas de diferentes estados.

INTERPELACIÓN. (l. *interpellatĭo, -ōnis*.) f. Acción y efecto de interpelar. || **P.** interpelação; **I.** y **F.** interpellation; **A.** Aufforderung; **It.** interpellazione; **R.** интерпелляция.

INTERPELANTE. p.a. de interpelar. Que interpela. Ú.t.c.s.

INTERPELAR. (l. *interpellāre*.) tr. Solicitar el amparo de alguno o acudir a él pidiendo protección. || **2.** Excitar a uno para que dé explicaciones sobre un hecho. || **3.** En el régimen parlamentario, emplear el diputado o senador la palabra para plantear al gobierno un debate fuera de los asuntos de la ley y a las proposiciones.

INTERPLANETARIO, RIA. adj. Se aplica al espacio existente entre dos planetas.

INTERPOLACIÓN. (l. *interpolatĭo, -ōnis*.) f. Acción y efecto de interpolar. || **P.** interpolação; **I.** y **F.** interpolation; **A.** Einschiebung; **It.** interpolazione; **R.** интерполяция.

INTERPOLADAMENTE. adv. Con interpolación.

INTERPOLADOR, RA. adj. Que interpola, sobre todo palabras o frases en un escrito. Ú.t.c.s.

INTERPOLAR. (l. *interpolāre*.) tr. Poner una cosa entre otras. || **2.** Intercalar algunas frases en un manuscrito antiguo o en escritos ajenos. || **3.** Hacer una breve interrupción en la ejecución de una cosa, continuándola después. || **4.** MAT. Colocar entre dos valores conocidos otros que se calculan con sujeción a ciertas reglas.

INTERPONER. (l. *interponĕre*.) tr. Interpolar, **1.ª** acep. || **2.** fig. Poner a uno por medianero. Ú.t.c.r. || **3.** FOR. Formalizar mediante un pedimento ciertos recursos legales. || **P.** interpor; **I.** to interpose; **F.** interposer; **A.** dazwischenstellen; **It.** interporre; **R.** вставлять.

INTERPOSICIÓN. (l. *interposĭtĭo, -ōnis*.) f. Acción y efecto de interponer o interponerse.

INTERPÓSITA PERSONA. loc. l. FOR. El que interviene en un acto jurídico por encargo y en provecho de otro, aparentando hacerlo por cuenta propia.

INTERPRENDER. (l. *inter*, entre, y *prehendĕre*, sorprender.) tr. Tomar por sorpresa una cosa.

INTERPRESA. (l. *inter*, entre, y *prehensa*, t. f. de *-sus*, p.p. de *prehendĕre*, sorprender.) f. Acción de interpretar. || **2.** Acción militar imprevista.

INTERPRETACIÓN. (l. *interpretatĭo, -ōnis*.) f. Acción y efecto de interpretar. || —**auténtica.** FOR. La que hace el mismo legislador de una ley. || —**de lenguas.** Lugar en que se traducen al español documentos y papeles escritos en otro idioma. || —**doctrinal.** FOR. La fundada en las opiniones de los jurisconsultos. || —**usual.** FOR. La autorizada por la jurisprudencia de los tribunales. || **P.** interpretação; **I.** interpretation; **F.** interprétation; **A.** Auslegung, Erklärung; **It.** interpretazione; **R.** толкование.

INTERPRETADOR, RA. (l. *interpretātor*.) adj. Que interpreta. Ú.t.c.s.

INTERPRETANTE. p.a. de interpretar. Que interpreta.

INTERPRETAR. (l. *interpretāre*.) tr. Declarar el sentido de algo, explicar las cosas de los textos poco claros. || **2.** Traducir de un idioma a otro. || **3.** Tomar en buena o mala parte una acción o palabra. || **4.** Atribuir una acción a determinado fin o causa. || **5.** Expresar bien o mal la materia de que se trata. || **6.** Representar un actor su papel. || **7.** Ejecutar una composición musical. || **P.** interpretar; **I.** to interpret; **F.** interpréter; **A.** auslegen, erklären; **It.** interpretare; **R.** толковать.

INTERPRETATIVAMENTE. adv. De manera interpretativa.

INTERPRETATIVO, VA. adj. Que sirve para interpretar algo.

INTÉRPRETE. (l. *interpres, -ĕtis*.) com.

Persona que interpreta. || **2.** Persona que explica a otras, en idioma que comprenden, lo dicho en lengua desconocida. || **3.** fig. Cualquier cosa que sirve para dar a comprender los afectos y movimientos del alma. || **P.** intérprete; **I.** interpreter; **F.** interprète; **A.** Ausleger, Dolmetscher; **It.** intèrprete; **R.** толкователь, переводчик.

INTERPUESTO, TA. p.p. irreg. de interponer.

INTERREGNO. (l. *interregnum*.) m. Espacio de tiempo en que un Estado no tiene soberano. || —**parlamentario.** fig. Intervalo desde que se interrumpen hasta que se reanudan las sesiones de las Cortes. || **P.** e **It.** interregno; **I.** interregnum; **F.** interrègne; **A.** Interregnum; **R.** междуцарствие.

INTERROGACIÓN. (l. *interrogatĭo, -ōnis*.) f. Pregunta. || **2.** Signo ortográfico (¿?) que se coloca al principio y fin de una palabra o frase en señal de pregunta. || **3.** RET. Figura consistente en interrogar, no para pedir respuesta, sino para dar mayor fuerza y vigor a la expresión. || **P.** pergunta; **I.** y **F.** interrogation; **A.** Frage, Befragen; **It.** interrogazione; **R.** вопрос.

INTERROGANTE. p.a. de interrogar. Que interroga. Ú.t.c.s. || **2.** adj. GRAM. Se aplica al signo ortográfico que indica interrogación. Ú.t.c.s. || **2.ª** acep.: **P.** pergunta; **I.** interrogation point; **F.** point d'interrogation; **A.** Fragezeichen; **It.** punto interrogativo; **R.** вопросительный знак.

INTERROGAR. (l. *interrogāre*.) tr. Preguntar. || **P.** perguntar, interrogar; **I.** to interrogate; **F.** interroger; **A.** verhören, befragen; **It.** interrogare; **R.** спрашивать.

INTERROGATIVAMENTE. adv. Con interrogación.

INTERROGATIVO, VA. (l. *interrogatīvus*.) adj. GRAM. Que denota interrogación.

INTERROGATORIO. (l. *interrogatorĭus*.) m. Serie de preguntas, generalmente hechas por escrito. || **2.** Papel que las contiene. || **3.** Acto de dirigirlas a quien las ha de contestar. || **P.** interrogatório; **I.** interrogatory; **F.** interrogatoire; **A.** Verhör, Fragebogen; **It.** interrogatorio; **R.** допрос.

INTERROMPER. (l. *interrumpĕre*.) tr. ant. Interrumpir.

INTERROTO, TA. (l. *interrūptus*.) p.p. irreg. ant. de Interrumpir.

INTERRUMPIDAMENTE. adv. Con interrupción.

INTERRUMPIR. (l. *interrumpĕre*.) tr. Impedir la continuación de algo. || **2.** Suspender, parar por algún tiempo una obra. || **3.** Atravesarse uno con su palabra mientras otro habla. || **P.** interromper; **I.** to interrupt; **F.** interrompre; **A.** unterbrechen; **It.** interròmpere; **R.** прерывать.

INTERRUPCIÓN. (l. *interruptĭo, -ōnis*.) f. Acción y efecto de interrumpir.

INTERRUPTOR, RA. (l. *interruptor, -ōris*.) adj. Que interrumpe. || **2.** m. Aparato que interrumpe una corriente eléctrica en un circuito. || —**de tiempo.** ELECTR. El empleado en telefonía automática para parar, abrir o cerrar un circuito en ciertos momentos. || **P.** interruptor; **I.** interrupting, interrupter; **F.** interrupteur; **A.** Unterbrecher, Interrupter; **It.** interruttore; **R.** прерыватель.

INTERSECARSE. (l. *intersecāre*.) rec. GEOM. Cortarse dos líneas o superficies entre sí.

INTERSECCIÓN. (l. *intersectĭo, -ōnis*.) f. GEOM. Punto común de dos líneas que se cortan. || **2.** GEOM. Encuentro de dos líneas, superficies, o sólidos que se cortan entre sí. La de dos líneas es un punto; la de dos superficies, una línea; y la de dos sólidos una superficie.

INTERSERIR. (l. *interserĕre*; de *inter*, entre, y *serĕre*, sembrar.) tr. ant. Injerir una cosa entre otras.

* INTERSEXUALIDAD. (De *inter*, prep. insep., y *sexualidad*.) f. Coincidencia en un mismo individuo de caracteres físicos de los dos sexos.

* INTERSÍSTOLE. (De *inter*, prep. insep., y *sístole*.) f. FISIOL. Espacio de tiempo desde el final de la sístole auricular al comienzo de la sístole ventricular.

INTERSTICIAL. adj. Se aplica a lo que ocupa los intersticios de un cuerpo o los que haya entre dos o más.

INTERSTICIO. (l. *interstitĭum*.) m. Espacio pequeño que hay entre dos cuerpos o dos partes de un cuerpo. || **2**. Intervalo que debe mediar entre la recepción de dos órdenes sagradas. || **3**. For. Intervalo, 1.ª acep.

º **INTERTRIGO**. m. Dermatosis con inflamación producida por el roce de dos superficies cutáneas.

INTERTROPICAL. (De *inter*, prep. insep. y *trópico*.) adj. Perteneciente o relativo a los países situados entre los dos trópicos, y a sus habitantes.

INTERURBANO, NA. adj. Se aplica a las relaciones y servicios de comunicación entre los barrios de una misma ciudad. || **2**. En los servicios telefónicos, los que ponen en comunicación una red urbana con otra.

INTERUSURIO. (l. *interusurĭum*.) m. For. Interés que se debe a la mujer por la retardación en la restitución de su dote.

INTERVALO. (l. *intervallum*.) m. Espacio o distancia que hay de un tiempo a otro o de un lugar a otro. || **2**. Mús. Diferencia de tono entre los sonidos de dos notas musicales. || —**claro** o **lúcido**. Espacio de tiempo en que dan muestras de cordura los que han perdido el juicio. || **P. e It.**intervallo; **I.**interval; **F.**intervalle; **A.** Zwischenzeit, Intervall; **R.** промежуток.

INTERVENCIÓN. (l.*interventio*,-*ōnis*.) f. Acción y efecto de intervenir. || **2**. Oficina del interventor. || **P.** intervenção; **I.** y **F.**intervention; **A.**Eingriff, Intervention; **It.** intervenzione; **R.** вмешательство.

INTERVENCIONISMO. m. Ejercicio habitual de la intervención en asuntos internacionales. || **2**. Sistema intermedio entre el individualismo y el colectivismo, que confía a la acción del Estado el dirigir la vida económica del país. || **3**. Acción directa y coactiva del Estado en la economía del país.

INTERVENCIONISTA. adj. Que se refiere al intervencionismo. || **2**. Partidario de él. || **3**. Chile. Interventor. Ú.t.c.s.

INTERVENTOR, RA. (De *intervenir*.) adj. Interventor. Ú.t.c.s.

INTERVENIR.(l.*intervenīre*.) intr. Tomar parte en un asunto. || **2**. Interponer uno su autoridad. || **3**. Mediar, interceder por alguien. || **4**. Sobrevenir, ocurrir. || **5**. tr. Examinar y censurar las cuentas con autoridad para ello. || **6**. Tratándose de una letra de cambio, ofrecer pagarla un tercero por cuenta del librador o de cualquiera de los endosantes. || **7**. Fiscalizar una administración, tratándose de aduanas. || **8**. En las relaciones internacionales, dirigir por un tiempo uno o varias potencias algunos asuntos interiores de otra. || **9**. Cir. Operar. || **P.** intervir; **I.** to intervene; **F.** intervenir; **A.** vermitteln, intervenieren; **It.**intervenire; **R.**вмешиваться.

INTERVENTOR, RA. (l. *interventor*.) adj. Que interviene. Ú.t.c.s. || **2**.Empleado que fiscaliza ciertas operaciones a fin de que se hagan con legalidad. || **3**. En las elecciones para diputados, concejales, etc., elector designado por un candidato para vigilar la regularidad de votación y autorizar el resultado de la misma en unión del presidente y demás individuos de la mesa. || **P. e It.** interventor; **I.** controller, supervisor; **F.** interventeur, controleur; **A.** Inspektor; **R.** контролёр, интервент.

ÍNTER VIVOS. (loc. l. que significa *entre vivos*.) V. *Donación* ÍNTER VIVOS.

INTERVOCÁLICO, CA. adj. Se aplica a la consonante que se halla entre dos vocales.

INTERYACENTE. (l. *interiăcens*, -*entis*.) adj. Que yace en medio o entre cosas yacentes.

INTESTADO, DA. (l. *intestātus*.) adj. For. Que muere sin hacer testamento válido. Ú.t.c.s. || **2**. For. Se dice de la sucesión que se verifica por ministerio de la ley y no por testamento. || **3**. m. For. Caudal sobre el cual no existen disposiciones testamentarias.

INTESTINAL. adj. Perteneciente a los intestinos. || **2**. Se dice de la lombriz que se halla en los intestinos del hombre o de los animales.

INTESTINO, NA. (l. *intestīnus*, de *intus*, dentro.) adj. Interno, 1.ª acep. || **2**. fig. Civil, doméstico. || **3**. m. Zool. Conducto membranoso con tejido muscular, que forma parte del aparato digestivo de los gusanos, artrópodos, moluscos, procordados y vertebrados. Se halla a continuación del estómago, en sus paredes hay glándulas secretoras del jugo intestinal para la digestión de los alimentos. || —**ciego**. Zool. Parte del intestino grueso, del hombre y de muchos mamíferos, entre el colon y el intestino delgado. || —**delgado**. Parte del intestino de los mamíferos que es de menor diámetro. || —**grueso**. Parte del intestino de los mamíferos de mayor diámetro. || 3.ª acep.: **P. e It.** intestino; **I.**intestine; **F.**intestin; **A.**Darm; **R.** внутренний.

ÍNTIMA. (De *intimar*.) f. Intimación.

INTIMACIÓN. (l. *intimatio*, -*ōnis*.) f. Acción y efecto de intimar. || **P.** intimação; **I.** intimation, hint; **F.** intimation; **A.** Intimation; **It.** intimazione; **R.** требование.

ÍNTIMAMENTE. adv. Con intimidad.

INTIMAR. (l. *intimāre*.) tr. Declarar, notificar, especialmente con autoridad para ser obedecido. || **2**. r. Introducirse un cuerpo u otra materia por los poros o espacios de otra. || **3**. fig. Meterse en el afecto o ánimo de otro. Ú.t.c. intr. || **P.** intimar; **I.** to summon, to intimate; **F.** intimer; **A.**ankündigen; **It.**intimare; **R.** извещать, требовать.

INTIMATORIO, RIA. adj. For. Se dice de las cartas, letras, etc., con que se intima un decreto u orden.

INTIMIDACIÓN. f. Acción y efecto de intimidar.

INTIMIDAD. f. Amistad íntima. || **2**. Parte personalísima, en general reservada, de asuntos, afecciones, etc., de un sujeto o de una familia. || **P.** intimidade; **I.** intimacy; **F.** intimité; **A.** Intimität, Vertrautheit; **It.** intimità; **R.** интимность.

INTIMIDAR. (l. *intimidāre*; de *in*, en, y *timĭdus*, tímido.) tr. Infundir miedo. Ú.t. c.r. || **P.** intimidar; **I.** to intimidate; **F.** intimider; **A.**einschüchtern; **It.**intimidire; **R.** запугивать.

ÍNTIMO, MA. (l. *intĭmus*.) adj. Más interior o interno. || **2**. Se aplica a la amistad estrecha y al amigo muy querido y de mucha confianza. || **P.** intimo; **I.** intimate; **F.** intime; **A.** intim, vertraut; **It.** intimo; **R.** интимный, близкий.

INTITULACIÓN. (De *intitular*.) f. ant. Título o inscripción.

INTITULAR. (l. *intitulāre*.) tr. Poner título a un libro o escrito. || **2**. Dar un título particular a una persona o cosa. Ú.t.c.r.

INTOCABLE. (De *in* y *tocar*.) adj. desus. Intangible.

INTOLERABILIDAD. (l. *intolerabilĭtas*, -*ātis*.) f. Calidad de intolerable.

INTOLERABLE. (l. *intolerabĭlis*.) adj. Que no se puede tolerar. || **P.** intoleravel; **I.** intolerable, unbearable; **F.** intolérable; **A.** unerträglich; **It.** intollerabile; **R.** невыносимый.

INTOLERANCIA. (l. *intolerantia*.) f. Falta de tolerancia. Se dice más ordinariamente en materia religiosa. || **2**. Terap. Imposibilidad de que un enfermo tolere o soporte un medicamento. || **P.** intolerância; **I.** intolerance; **F.** intolérance; **A.** Unduldsamkeit, Intoleranz; **It.** intolleranza; **R.** нетерпимость.

INTOLERANTE. (l. *intolĕrans*, -*antis*.) adj. Que no tiene tolerancia. Ú.t.c.s.

INTONSO, SA. (l. *intonsus*.) adj. Que no tiene el pelo cortado. || **2**.fig. Ignorante, rústico. Ú.t.c.s. || **3**. fig. Se aplica al ejemplar de una edición o del libro encuadernado sin cortar las barbas a sus pliegos.

INTOXICACIÓN. f. Acción y efecto de intoxicar o intoxicarse. || **P.** intoxicação; **I.** intoxication, poisoning; **F.** intoxication; **A.** Vergiftung; **It.** intossicazione; **R.** интоксикация.

INTOXICAR. (l. *in*, en, y *toxĭcum*, veneno.) tr. Envenenar, emponzoñar. Ú.t.c.r.

INTRADÓS. (fr. *intrados*, y éste del l. *intra*, dentro, y *dorsum*, dorso.) m. Arq. Superficie que en un arco o bóveda queda a la vista por la parte interior del edificio. || **2**. Arq. Cara de una dovela que corresponde a esta superficie.

INTRADUCIBILIDAD. f. Calidad de intraducible.

INTRADUCIBLE. (De *in* y *traducible*.) adj. Que no se puede traducir de un idioma a otro.

★ **INTRAMOLECULAR**. (l. *intra*, dentro, y *molecular*.) adj. Fís. Que está entre las moléculas de una substancia.

INTRAMUROS. (l. *intra*, dentro, y *muros*, murallas.) adv. Dentro de una ciudad, villa o lugar.

★ **INTRAMUSCULAR**. (l. *intra*, dentro, y de *músculo*.) adj. Anat. Que se halla dentro de los músculos.

INTRÁNEO, A. (l. *intranĕus*.) adj. ant. Interno.

INTRANQUILIDAD. f. Falta de tranquilidad. || **P.** intranquilidade; **I.** intranquillity, restlessness; **F.** inquiétude; **A.** Unruhe, Ruhelosigkeit; **It.** inquietùdine; **R.** беспокойство.

INTRANQUILIZADOR, RA.adj. Que intranquiliza.

INTRANQUILIZAR. (De *in* y *tranquilizar*.) tr. Quitar la tranquilidad, inquietar.

INTRANQUILO, LA. (De *in* y *tranquilo*.) adj. Falto de tranquilidad.

º **INTRANSCENDENTE**. (De *in* y *transcendente*.) adj. Que no trasciende. || **2**. fig. De escasa eficacia o valor.

INTRANSFERIBLE. adj. No transferible.

INTRANSIGENCIA. (De *intransigente*.) f. Condición del que no transige con lo que es contrario a sus gustos, hábitos, etc. || **P.** intransigência; **I.** intransigence; **F.** intransigeance; **A.** Unversöhnlichkeit; **It.** intransigenza; **R.** неуступчивость.

INTRANSIGENTE. (De *in* y *transigente*.) adj. Que no transige. || **2**. Que no se presta a transigir.

INTRANSITABLE. (De *in* y *transitable*.) adj. Se dice del lugar en que no se puede transitar.

INTRANSITIVO, VA.(l.*intransitīvus*.) adj. Gram. V. *Verbo* INTRANSITIVO. || **P. e It.** intransitivo; **I.** intransitive; **F.** intransitif; **A.** intransitiv; **R.** непереходный.

INTRANSMISIBLE. (De *in* y *transmisible*.) adj. Que no puede ser transmitido.

INTRANSMUTABILIDAD. f. Calidad de intransmutable.

INTRANSMUTABLE.(De *in* y *transmutable*.) adj. Que no se puede transmutar.

INTRASMISIBLE. adj. Intransmisible.

INTRATABILIDAD. f. Calidad de intratable.

INTRATABLE. (l. *intractabĭlis*.) adj. No tratable, no manejable. || **2**. Se dice de los lugares difíciles de transitar. || **3**. fig. Insociable o de genio áspero. || **P.** intratável; **I.** intractable; **F.** intraitable, inabordable; **A.** ungesellig; **It.** intrattàbile; **R.** нелюдимый.

º **INTRAVENOSO**. adj. Dícese de lo que está o se pone en el interior de una vena.

INTRÉPIDAMENTE. adv. Con intrepidez.

INTREPIDEZ. (De *intrépido*.) f. Arrojo, valor en los peligros. || **2**. fig. Falto de reflexión.

INTRÉPIDO, DA. (l. *intrepĭdus*.) adj. Que no teme en los peligros. || **2**. fig. Que obra o habla sin reflexión. || **P.** intrépido; **I.** intrepid; **F.** intrépide; **A.** furchtlos, unerschrocken; **It.** intrèpido; **R.** бесстрашный.

INTRIBUTAR. (l. *intribūtum*, supino de *intribuĕre*, imponer contribución.) tr. ant. Atributar.

INTRICABLE.(l.*intricabĭlis*.) adj. ant. Intrincable.

INTRICACIÓN. (De *intricar*.) f. ant. Intrincación.

INTRICADAMENTE. adv. ant. Intrincadamente.

INTRICAMIENTO. (De *intricar*.) m. ant. Intrincamiento.

INTRICAR. (l. *intricāre*.) tr. Intrincar. Ú.t.c.r.

INTRIGA. (De *intrigar*.) f. Manejo cauteloso, acción ejecutada con maña para conseguir algo. || **2**. Enredo, embrollo. ||

I

P. intriga; **I.** y **F.** intrigue; **A.** Intrige, Ränkespiel; **It.** intrigo; **R.** интрига, козни.

INTRIGANTE. p.a. de intrigar. Que intriga o suele intrigar. Ú.m.c.s. ‖ **P.** e **It.** intrigante; **I.** intriguer; **F.** intrigant; **A.** ränkevoll, intrigant; **R.** интриган.

INTRIGAR. (l. *intricāre*, enredar, embrollar.) intr. Emplear y usar de intrigas. ‖ **2.** tr. Inspirar viva curiosidad una cosa.

INTRINCABLE. adj. Que se puede intrincar.

INTRINCACIÓN. f. Acción y efecto de intrincar.

INTRINCADAMENTE. adv. Con intrincación.

INTRINCADO, DA. p.p. de intrincar. ‖ **2.** adj. Enredo, complicado.

INTRINCAMIENTO. m. Intrincación.

INTRINCAR. (De *intricar*.) tr. Enredar o enmarañar una cosa. Ú.t.c.r. ‖ **2.** fig. Confundir los conceptos y pensamientos.

INTRÍNGULIS. (I. *in*, en, y *tricŭlis*, abl. de *tricŭlae*, d. de *tricae*, enredos.) m. fam. Intención solapada o razón oculta que se supone en una persona o acción.

INTRÍNSECAMENTE. adv. Interiormente, esencialmente.

INTRÍNSECO, CA. (l. *intrinsĕcus*, interiormente.) adj. Íntimo, esencial.

INTRINSIQUEZA. (De *intrínseco*.) f. Intimidad.

INTRODUCCIÓN. (I. *introductio*, *-ōnis*.) f. Acción y efecto de introducir o introducirse. ‖ **2.** Preparación, disposición, o lo propio para llegar al fin que se desea. ‖ **3.** Exordio, discurso preliminar. ‖ **4.** fig. Entrada y trato familiar e íntimo con una persona. ‖ **5.** Mús. Parte inicial de una obra musical o de cualquiera de sus tiempos. ‖ **6.** Mús. Sinfonía, pieza musical que precede a las óperas y obras teatrales. ‖ **P.** introdução; **I.** y **F.** introduction; **A.** Einführung, Einleitung; **It.** introduzione; **R.** введение.

INTRODUCIDOR, RA. (De *introducir*.) adj. ant. Introductor. Úsáb. t.c.s.

INTRODUCIR. (l. *introducĕre*.) tr. Dar entrada a uno en un lugar. Ú.t.c.r. ‖ **2.** Hacer penetrar una cosa en otra. ‖ **3.** fig. Hacer que uno sea admitido en un lugar, granjearse la gracia, etc., de alguien. Ú. t.c.s. ‖ **4.** fig. Hacer figurar, hacer hablar a un personaje en una obra. ‖ **5.** fig. Hacer adoptar, poner en uso. ‖ **6.** fig. Atraer, ocasionar. Ú.t.c.r. ‖ **7.** r. fig. Meterse uno en lo que no le importa. ‖ **P.** introduzir; **I.** to introduce; **F.** introduire; **A.** einführen, einleiten; **It.** introdurre; **R.** вводить.

INTRODUCTO, TA. (l. *introductus*, introducido.) adj. ant. Instruido, diestro.

INTRODUCTOR, RA. (l. *introductor*.) adj. Que introduce. Ú.t.c.s. ‖ **—de embajadores.** Funcionario o diplomático destinado en algunos Estados para acompañar a los embajadores y ministros extranjeros en ciertos actos de ceremonias, como presentación de credenciales, etc. ‖ **P.** introdutor; **I.** introducer; **F.** introducteur; **A.** Einführer, Chef des Protokolls; **It.** introduttore; **R.** вводящий.

INTRODUCTORIO, RIA. (l. *introductorius*.) adj. ant. Que sirve para introducir.

INTROITO. (l. *introïtus*.) m. Principio de un escrito o de una oración. ‖ **2.** Lo primero que dice el sacerdote en el altar al dar comienzo a la misa. ‖ **P.** intróito; **I.** introit; **F.** introït; **A.** Introitus; **It.** introito; **R.** начало, пропор.

★ INTROJECCIÓN. (l. *intro*, dentro, y *jacĕre*, echar, arrojar.) f. Psicol. Asimilar, hacer propios los ideales, los sentimientos, etc., de otro.

INTROMETERSE. r. ant. Entrometerse.

INTROMISIÓN. f. Acción y efecto de entrometer o entrometerse. ‖ **P.** intromissão; **I.** y **F.** intromission; **A.** Einmischung; **It.** intromissione; **R.** вмешательство.

★ INTROPATÍA. f. Psicol. Identificación con otra persona mediante una corriente de simpatía que hace proyectarse los propios sentimientos sobre ella.

INTROSPECCIÓN. (I. *introspectio*, *-ōnis*.) f. Observación interna del alma. ‖ **2.** Observación de los propios fenómenos psicológicos, en oposición a la observación de las manifestaciones externas.

INTROSPECTIVO, VA. (l. *introspectum*, de *introspicĕre*, mirar por dentro.) adj. Propio de la introspección o relativa a ella.

INTROVERSIÓN. (De *introverso*.) f. Acción y efecto de penetrar el alma humana dentro de sí misma abstrayéndose de los sentidos.

INTROVERSO, SA. (De *introversus*, vuelto hacia dentro.) adj. Se aplica al alma o espíritu que se abstrae de los sentidos y penetra en sí misma.

INTRUSAMENTE. adv. Por intrusión.

INTRUSARSE. (De *intruso*.) r. Apropiarse, sin derecho de un cargo, jurisdicción, etc.

★ INTRUSIDAD. (De *intruso*.) f. Chile. Entremetimiento.

INTRUSIÓN. (l. *intrusio*, *-ōnis*.) f. Acción de introducirse sin derecho, en un cargo, profesión, propiedad, etc.

° INTRUSISMO. m. Se dice del ejercicio ilegal y sin título de una profesión.

INTRUSO, SA. (l. *intrūsus*, p.p. de *intrudĕre*, introducirse.) adj. Que se ha introducido sin derecho. ‖ **2.** Detentador de algo conseguido por intrusión. Ú.t.c.s. ‖ **3.** Que alterna con personas de condición superior a la suya. ‖ **P.** e **It.** intruso; **I.** intruder; **F.** intrus; **A.** Eindringling; **R.** вторгнувшийся.

INTUBACIÓN. f. Med. Procedimiento empleado en el tratamiento de la difteria: consiste en la colocación de un tubo metálico dentro de la laringe para permitir el acceso del aire y evitar la asfixia del enfermo.

INTUICIÓN. (l. *intuitio*, *-ōnis*.) f. Fil. Precepción clara, íntima, inmediata y anterior a todo razonamiento, de una idea o verdad, tal como si estuviera a la vista. ‖ **2.** Teol. Visión beatífica. ‖ **P.** intuição; **I.** y **F.** intuition; **A.** Intuition; **It.** intuizione, intuito; **R.** интуиция.

INTUIR. (l. *intuēre*.) tr. Percibir clara e instantáneamente una idea o verdad tal como si se viera, sin seguir el largo camino del razonamiento.

INTUITIVAMENTE. adv. Con intuición.

INTUITIVO, VA. adj. Perteneciente a la intuición.

INTUITO. (l. *intuĭtus*.) m. Mirada, ojeada. ‖ *Por* INTUITO. m. adv. En atención, por razón.

INTUITU. m. ant. Intuito.

INTUMESCENCIA. (l. *intumescens*, *-entis*, intumescente.) f. Hinchazón, inflamación.

INTUMESCENTE. (l. *intumescens*, *-entis*, p.a. de *intumescĕre*, hincharse.) adj. Que se va hinchando.

INTUSUSCEPCIÓN. (l. *intus*, interiormente, y *susceptio*, *-ōnis*, acción de recibir.) f. Hist. Nat. Modo de crecer los seres orgánicos por los elementos que asimilan, en oposición a los inorgánicos que lo hacen por yuxtaposición.

INULTO, TA. (l. *inultus*.) adj. poét. No vengado o castigado.

INUNDACIÓN. (l. *inundatio*, *-ōnis*.) f. Acción y efecto de inundar o inundarse. ‖ **2.** fig. Multitud excesiva de una cosa. ‖ **P.** inundação; **I.** inundation; **F.** inondation; **A.** Überschwemmung; **It.** inondazione; **R.** наводнение.

INUNDANCIA. (l. *inundantia*.) f. ant. Inundación.

INUNDANTE. p.a. de inundar. Que inunda.

INUNDAR. (l. *inundāre*.) tr. Cubrir el agua los terrenos y a veces las poblaciones. Ú.t.c.r. ‖ **2.** fig. Llenar un país de gentes extrañas o de otras cosas. Ú.t. c.r. ‖ **P.** inundar; **I.** to inundate; **F.** inonder; **A.** überschwemmen; **It.** inondare; **R.** наводнять, затоплять.

INURBANAMENTE. adv. Sin urbanidad.

INURBANIDAD. f. Falta de urbanidad, descortesía.

INURBANO, NA. (l. *inurbānus*.) adj. Falto de urbanidad.

INUSADO, DA. (De *in* y *usado*.) adj. ant. Inusitado.

INUSITADAMENTE. adv. De manera inusitada.

INUSITADO, DA. (l. *insusitātus*.) adj. No usado. ‖ **P.** inusitado; **I.** unusual; **F.**

inusité; **A.** ungebräuchlich; **It.** inusitato; **R.** неупотребительный, необычный.

INÚTIL. (l. *inutilis*.) adj. No útil. ‖ **P.** inútil; **I.** useless; **F.** inutile; **A.** nutzlos, unbrauchbar; **It.** inùtile; **R.** ненужный.

INUTILIDAD. (l. *inutilĭtas*, *-ātis*.) f. Calidad de inútil.

INUTILIZAR. tr. Hacer inútil o vana, una cosa. Ú.t.c.r. ‖ **P.** inutilizar; **I.** to make useless; **F.** inutiliser; **A.** entwerten, nutzlosmachen; **It.** inutizzare; **R.** делать бесполезным.

INÚTILMENTE. adv. Sin utilidad.

IN UTROQUE o **IN UTROQUE JURE.** (Lit. *en uno y otro* o *en uno y otro derecho*.) loc. l. que se emplea para expresar que un licenciado, doctor lo es en ambos derechos, civil y canónico.

INVADEABLE. (De *in* y *vadeable*.) adj. Que no se puede vadear.

INVADIENTE. p.a. de invadir. Que invade.

INVADIR. (l. *invadĕre*.) tr. Acometer, entrar en algún lugar por la fuerza. ‖ **2.** fig. Entrar sin justificación en cuestiones ajenas. ‖ **P.** invadir; **I.** to invade; **F.** envahir, occuper; **A.** überfallen, einfallen; **It.** invadere; **R.** вторгаться.

INVAGINACIÓN. f. Acción y efecto de invaginar. ‖ **2.** Introducción anormal de una parte del intestino en la que le sigue. ‖ **3.** Operación quirúrgica en que se introduce uno de los dos extremos del intestino dividido en el otro para restablecer la continuidad del tubo intestinal.

INVAGINAR. (l. *in*, en, y *vagina*, vaina.) tr. Doblar los bordes de la boca de un tubo o de una vejiga, haciendo que entren en el interior del mismo.

INVALIDACIÓN. f. Acción y efecto de invalidar. ‖ **2.** Inutilidad.

INVALIDAD. (De *inválido*.) f. ant. Nulidad.

INVÁLIDAMENTE. adv. Con invalidación.

INVALIDAR. tr. Hacer inválida o nula una cosa. ‖ **P.** invalidar; **I.** to invalidate; **F.** invalider; **A.** entkräften, ungültigmachen; **It.** invalidare; **R.** делать негодным.

INVALIDEZ. f. Calidad de inválido. ‖ **P.** invalidez; **I.** invalidity; **F.** invalidité; **A.** Ungültigkeit; **It.** invalidità; **R.** инвалидность.

INVÁLIDO, DA. (l. *invalĭdus*.) adj. Que no tiene fuerza ni vigor. Dícese comúnmente de los soldados mutilados o viejos. Ú.t.c.s. ‖ **2.** fig. Nulo y sin valor, por no tener las condiciones exigidas por la ley. ‖ **3.** fig. Sin vigor ni solidez en el entendimiento o en la razón. ‖ **P.** inválido; **I.** invalid; **F.** invalide; **A.** dienstunfähig, invalide; **It.** invàlido; **R.** нетрудоспособный, инвалид.

★ INVAR. m. Aleación de hierro y níquel con pequeñas cantidades de carbono y de cromo. Empléase en aparatos de precisión por su escaso coeficiente de dilatación.

INVARIABILIDAD. f. Calidad de invariable.

INVARIABLE. (De *in* y *variable*.) adj. Que no padece o no ha de padecer variación. ‖ **P.** invariável; **I.** y **F.** invariable; **A.** unveränderlich; **It.** invariàbile; **R.** неизменяемый.

INVARIABLEMENTE. adv. Invariadamente.

INVARIACIÓN. f. Subsistencia permanente y sin variación.

INVARIADAMENTE. adv. Sin variación.

INVARIADO, DA. adj. No variado.

INVASIÓN. (l. *invasio*, *-ōnis*.) f. Acción y efecto de invadir. ‖ **P.** invasão; **I.** y **F.** invasion; **A.** feindlicher, Einfall, Invasion; **It.** invasione; **R.** нашествие.

INVASOR, RA. (l. *invāsor*.) adj. Que invade. Ú.t.c.s.

INVECTIVA. (l. *invectiva*.) f. Discurso o escrito acre y violento contra personas o cosas. ‖ **P.** invectiva; **I.** y **F.** invective; **A.** Schmähung, Schimpfwort; **It.** invettiva; **R.** резкое выступление.

INVEHIR. (l. *invehĕre*.) tr. ant. Hacer o decir invectivas contra uno.

INVENCIBLE. (De *in* y *vencible*.) adj. Que no se le puede vencer. ‖ **P.** invencível; **I.** invincible; **F.** invincible; **A.** unbesiegbar, unüberwindlich; **It.** invincible; **R.** непобедимый.

INVENCIBLEMENTE. adv. De manera invencible.

INVENCIÓN. (l. *inventĭo, -ōnis.*) f. Acción y efecto de inventar. || **2**. Cosa inventada. || **3**. Hallazgo, acción de hallar. || **4**. Engaño. || **5**. RET. Elección y disposición de los argumentos y especies del discurso oratorio. || **—de la Santa Cruz**. Conmemoración que celebra la Iglesia el día 3 de mayo, del hallazgo de la cruz de Nuestro Señor Jesucristo. || **P**. invenção; **I**. y **F**. invention; **A**. Erfindung; **It**. invenzione; **R**. изобретение, выдумка.

INVENCIONERO, RA. (De *invención.*) adj. Inventor. Ú.t.c.s. || **2**. Embustero. Ú.t.c.s.

INVENDIBLE. (l. *invendibĭlis.*) adj. Que no puede venderse.

INVENIBLE. (De *invenir.*) adj. ant. Que se puede hallar o descubrir.

INVENIR. (l. *invenīre.*) tr. ant. Descubrir, hallar.

INVENTACIÓN. (De *inventar.*) f. ant. Invención, acción de inventar.

INVENTADOR, RA. (De *inventar.*) adj. Inventor. Ú.t.c.s.

INVENTAR. (De *invento.*) tr. Hallar o descubrir una cosa nueva o no conocida. || **2**. Hallar, imaginar su obra, el poeta o el artista. || **3**. Fingir hechos falsos; levantar embustes. || **P**. inventar; **I**. to invent; **F**. inventer; **A**. erfinden; **It**. inventare; **R**. изобретать.

INVENTARIAR. tr. Hacer inventario.

INVENTARIO. (l. *inventarium.*) m. Asiento de los bienes y demás cosas pertenecientes a una persona o comunidad hecho con orden o distinción. || **2**. Papel o instrumento en que están escritas dichas cosas. || **P**. inventário; **I**. inventory; **F**. inventaire; **A**. Bestandsaufnahme; **It**. inventario: **R**. инвентарь.

INVENTIVA. (De *inventar.*) f. Facultad y disposición para inventar. || **P**. e **It**. inventiva; **I**. inventiveness; **F**. faculté d'inventer; **A**. Erfindungsgabe; **R**. изобретательность.

INVENTIVO, VA. adj. Que tiene facultad para inventar. || **2**. Se aplica a las cosas inventadas.

INVENTO. (l. *inventum.*) m. Invención.

INVENTOR, RA. (l. *inventor.*) adj. Que inventa. Ú.t.c.s. || **2**. Que finge o discurre a capricho y sin fundamento. Ú.t.c.s. || **P**. e **I**. inventor; **F**. inventeur; **A**. Erfinder; **It**. inventore; **R**. изобретатель.

INVERECUNDIA. (l. *inverecundĭa.*) f. Desfachatez.

INVERECUNDO, DA. (l. *inverecundus;* de *in,* priv., y *verecundĭa,* vergüenza.) adj. Que no tiene vergüenza. Ú.t.c.s.

INVERISÍMIL. (De *in* y *verisímil.*) adj. Inverosímil.

INVERISIMILITUD. (De *in* y *verisimilitud.*) f. Inverosimilitud.

★ **INVERNA**. (Apócope de *invernada.*) f. PERÚ. Estación de invierno del ganado.

INVERNÁCULO. (l. *hibernacŭlum.*) m. Lugar cubierto o abrigado artificialmente para defender las plantas del frío. || **P**. invernadouro; **I**. greenhouse; **F**. serre; **A**. Gewächshaus; **It**. serra; **R**. теплица.

INVERNADA. (De *invernar.*) f. Estación de invierno. || **2**. AMÉR. Invernadero, 2.ª acep.

INVERNADERO. (De *invernar.*) m. Lugar cómodo para pasar el invierno. || **2**. Paraje destinado a pastar el ganado en dicha estación. || **3**. Invernáculo. || **4**. AMÉR. Parajes elevados donde permanece en invierno el ganado para sustraerlo a las inundaciones.

INVERNAL. (De *ivernal.*) adj. Perteneciente al invierno. || **2**. m. Establo en los invernaderos para guardar el ganado.

INVERNAR. (De *ivernar.*) intr. Pasar el invierno en algún lugar. || **2**. Ser tiempo de invierno. || **3**. AMÉR. Permanencia del ganado en las invernadas.

INVERNIZO, ZA. adj. Perteneciente al invierno o que tiene sus propiedades.

INVEROSÍMIL. (De *in* y *verosímil.*) adj. Que no tiene apariencia de verdad. || **P**. inverosímil; **I**. unlikely; **F**. invraisemblable; **A**. unwahrscheinlich; **It**. inverisimile; **R**. невероятный.

INVEROSIMILITUD. (De *in* y *verosimilitud.*) f. Calidad de inverosímil.

INVEROSÍMILMENTE. adv. De manera inverosímil.

INVERSAMENTE. adv. A la inversa.

INVERSIÓN. (l. *inversĭo, -ōnis.*) f. Acción y efecto de invertir. || **2**. MÚS. Colocación de las notas de un acorde en posición distinta de la normal, o modificación de una frase de modo que los intervalos sigan en dirección opuesta a la primitiva. || **3**. QUÍM. Transformación de un azúcar en otro de molécula más sencilla. || **P**. inversão; **I**. y **F**. inversion; **A**. Umkehrung; **It**. inversione; **R**. смещение, вложение.

° **INVERSIONISTA**. com. Dícese de la persona o entidad que hace inversión de capital.

INVERSO, SA. (l. *inversus.*) p.p. irreg. de invertir. || **2**. adj. Alterado. || **3**. Se aplica a la gola arquitectónica que tiene arriba la convexidad y abajo la concavidad.

INVERSOR, RA. adj. Que invierte. || **2**. ELECTR. Dispositivo para la inversión de la corriente alterna, mecánica o electrónicamente.

★ **INVERTASA**. f. QUÍM. Enzima hidrolítico que transforma la sacarosa en glucosa y fructosa.

INVERTEBRADO, DA. (De *in*[1] y *vertebrado.*) adj. ZOOL. Dícese de los animales sin columna vertebral. Ú.t.c.s.m.

INVERTIDO, DA. p.p. de invertir. || **2**. Sodomita, persona cuyo instinto sexual no va de acuerdo con su sexo. || **3**. Se aplica, a la aspillera que es más ancha por la parte exterior que por la interior del muro.

★ **INVERTINA**. f. QUÍM. Diastasa que transforma la sacarosa en glucosa y levulosa.

INVERTIR. (l. *invertĕre.*) tr. Alterar las cosas o el orden de ellas. || **2**. Emplear los caudales o colocarlos en aplicaciones productivas. || **3**. Hablando del tiempo, emplearlo en una u otra materia. || **4**. MAT. Cambiar los lugares que en una proporción ocupan, respectivamente, los dos términos de cada razón. || **P**. inverter; **I**. to invert, **F**. invertir, inverser; **A**. umstürzen; **It**. invertire; **R**. перемещать. || **2**.ª acep.: **P**. aplicar; **I**. to invest; **F**. investir, placer; **A**. aufwenden; **It**. invèrtere; **R**. вкладывать (деньги).

INVESTIDURA. f. Acción y efecto de investir. || **2**. Carácter adquirido con la toma de posesión de ciertos cargos o dignidades.

INVESTIGABLE. (l. *investigabĭlis.*) adj. Que se puede investigar.

INVESTIGABLE. (l. *in,* neg., y *vestigāre,* hallar.) adj. desus. Que no se puede investigar.

INVESTIGACIÓN. (l. *investigatĭo, -ōnis.*) f. Acción y efecto de investigar. **—operatoria**. Técnica matemática para resolver problemas concretos de estrategia militar, y también problemas de orden político, comercial e industrial. || **P**. investigação; **I**. investigation; **F**. recherche; **A**. (Er)Forschung, Nachforschung; **It**. investigazione; **R**. исследование.

INVESTIGADOR, RA. (l. *investigātor.*) adj. Que investiga. Ú.t.c.s.

INVESTIGAR. (l. *investigāre.*) tr. Hacer diligencias para descubrir algo. || **2**. Discurrir, examinar o experimentar a fondo alguna materia o estudio. || **P**. investigar; **I**. to investigate, to search; **F**. faire des recherches; **A**. erforschen, nachforschen; **It**. investigare; **R**. исследовать.

INVESTIR. (l. *investīre.*) tr. Conferir una dignidad o cargo importante. Se emplea con las preps. *con* o *de.*

INVETERADAMENTE. adv. De modo inveterado.

INVETERADO, DA. (l. *inveterātus.*) adj. Antiguo arraigado. || **P**. inveterado; **I**. inveterate; **F**. invétéré, enraciné; **A**. eingewurzelt; **It**. inveterato; **R**. застарелый.

INVETERARSE. (l. *inveterāre.*) r. Envejecerse.

INVIAR. tr. desus. Enviar.

INVICTAMENTE. adv. Victoriosa, incontrastablemente.

INVICTO, TA. (l. *invictus.*) adj. No vencido.

° **INVIDENCIA**. (l. *invidentĭa;* de *in,* privat., y *vidĕo,* ver.) f. Falta de vista. || **2**. fig. Ceguedad intelectual.

INVIDIA. f. ant. Envidia. Ú. en León.

INVIDIAR. tr. ant. Envidiar.

INVIDIOSO, SA. adj. ant. Envidioso. Usáb. t.c.s.

ÍNVIDO, DA. (l. *invĭdus.*) adj. Envidioso.

INVIERNO. (De *ivierno,* infl. por *in-.*) m. Estación del año que comienza astronómicamente en el solsticio de su nombre y termina en el equinoccio de primavera. || **2**. En el Ecuador temporada de lluvias que dura unos seis meses, con ciertas intermitencias. || **3**. La época más fría del año que en el hemisferio septentrional corresponde a los meses de diciembre, enero y febrero, y en el austral a los de junio, julio y agosto. || **4**. COLOM., ECUAD. y AMÉR. CENTRAL. Temporada de lluvias. || **5**. VENEZ. Aguacero. || **P**. invierno; **I**. winter; **F**. hiver; **A**. Winter; **It**. inverno; **R**. зима.

INVIGILAR. (l. *invigilāre.*) intr. Velar, cuidar de alguna cosa con gran solicitud.

INVIOLABILIDAD. f. Calidad de inviolable. || **2**. Prerrogativa personal del monarca declarada en la Constitución del Estado. **—parlamentaria**. Prerrogativa personal de los senadores y diputados, que los exime de responsabilidad por las manifestaciones que hagan y los votos que emitan en el respectivo cuerpo colegislador. || **P**. inviolabilidade; **I**. inviolability; **F**. inviolabilité; **A**. Unverletzbarkeit; **It**. inviolabilità; **R**. неприкосновенность.

INVIOLABLE. (l. *inviolabĭlis.*) adj. Que no se puede violar o profanar. || **2**. Que goza la prerrogativa de inviolabilidad.

INVIOLABLEMENTE. adv. Con inviolabilidad. || **2**. Infaliblemente.

INVIOLADO, DA. (l. *inviolātus.*) adj. Que se conserva con toda su integridad y pureza.

INVIRTUD. f. ant. Falta de virtud; acción contraria a la virtud.

INVIRTUOSAMENTE. adv. ant. Sin virtud, viciosamente.

INVIRTUOSO, SA. (De *in* y *virtuoso.*) adj. ant. Falto de virtud y opuesto a ella.

INVISIBILIDAD. (l. *invisibilĭtas, -ātis.*) f. Calidad de invisible. || **P**. invisibilidade; **I**. invisibility; **F**. invisibilité; **A**. Unsichtbarkeit; **It**. invisibilità; **R**. невидимость.

INVISIBLE. (l. *invisibĭlis.*) adj. Incapaz de ser visto. || **2**. V. *Sombras* INVISIBLES. || **3**. f. MÉJ. Cofia para el pelo. || *En un* INVISIBLE. loc. adv. fig. En un momento. || **P**. invisível; **I**. y **F**. invisible; **A**. unsichtbar; **It**. invisibile; **R**. невидимьн.

INVISIBLEMENTE. adv. De modo que no se ve.

INVITACIÓN. (l. *invitatĭo, -ōnis.*) f. Acción y efecto de invitar. || **2**. Tarjeta con que se invita. || **P**. convite; **I**. y **F**. invitation; **A**. Einladung, Aufforderung; **It**. invitazione; **R**. приглашение.

INVITADO, DA. p.p. de invitar. || **2**. m. y f. Persona que ha recibido invitación para un acto, ceremonia, etc.

INVITADOR, RA. adj. Que invita. Ú.t.c.s.

INVITA MINERVA. loc. lat. que suele usarse en español con su propia significación de contra la voluntad de Minerva o de las musas.

INVITANTE. p.a. de invitar. Que invita. Ú.t.c.s.

INVITAR. (l. *invitāre.*) tr. Convidar, incitar. || **P**. invitar; **I**. to invite; **F**. inviter, engager; **A**. einladen, auffordern; **It**. invitare; **R**. приглашать.

INVITATORIO. (l. *invitatorĭus.*) m. Antífona cantada al principio de los maitines.

INVITO, TA. adj. desus. Invicto.

INVOCACIÓN. (l. *invocatĭo, -ōnis.*) f. Acción y efecto de invocar. || **2**. Parte del poema en que el poeta invoca a un ser sobrenatural verdadero o falso. || **P**. invocação; **I**. y **F**. invocation; **A**. Anrufung; **It**. invocazione; **R**. призыв.

INVOCADOR, RA. (l. *invocātor.*) adj. Que invoca. Ú.t.c.s.

INVOCAR. (l. *invocāre.*) tr. Llamar a uno en su favor. || **2**. Acogerse a una ley, costumbre o razón; alegarla. || **P**. invocar; **I**. to invoke; **F**. invoquer; **A**. anrufen; **It**. invocare; **R**. призывать.

INVOCATORIO, RIA. adj. Que sirve para invocar.

I

INVOLUCIÓN. (l. *involutio*, *-ōnis*, acción de envolver.) f. Biol. Fase regresiva en un proceso biológico o modificación retrógrada de un órgano. || —**senil.** Conjunto de fenómenos de esclerosis y atrofia propios de la vejez. || —**uterina.** Med. Retorno del útero al estado que tenía antes del embarazo.

INVOLUCRAR. (l. *involūcrum*, cubierta, disfraz.) tr. Introducir en los discursos o escritos, cuestiones o temas ajenos a su objeto. || **P.** intercalar; **I.** to involve; **F.** insérer; **A.** Fremdartiges einmengen; **It.** avvòlgere; **R.** вводить посторонние темы.

INVOLUCRO. (l. *involūcrum*.) m. Bot. Verticilo de brácteas, situado en la base de una flor o de una inflorescencia.

INVOLUNTARIAMENTE. adv. Sin voluntad ni consentimiento.

INVOLUNTARIEDAD. f. Calidad de involuntario.

INVOLUNTARIO, RIA. (l. *involuntarius*.) adj. No voluntario. Se dice de los movimientos físicos o morales que suceden independientemente de la voluntad. || **P.** involuntário; **I.** involuntary; **F.** involontaire; **A.** unfreiwillig; **It.** involontario; **R.** невольный.

INVULNERABILIDAD. f. Calidad de invulnerable.

INVULNERABLE. (l. *invulnerabĭlis*.) adj. Que no puede ser herido. || **P.** invulnerável; **I.** invulnerable; **F.** invulnérable; **A.** unverwundbar, unverletzlich; **It.** invulnèrabile; **R.** неуязвимый.

INYECCIÓN. (l. *injectio*, *-ōnis*.) f. Acción y efecto de inyectar. || 2. Fluido inyectado. || —**hipodérmica** o **subcutánea.** La que se efectúa a través de la piel en el tejido subcutáneo. || —**intramuscular.** La que se aplica en el espesor de un músculo. || —**intravenosa.** La que introduce el líquido en una vena. || **P.** injecção; **I.** y **F.** injection; **A.** Einspritzung, Injektion; **It.** iniezione; **R.** инъекция, вливание.

INYECTABLE. adj. Se dice de los medicamentos preparados para emplearlos en inyecciones. Ú.m.c.m.

INYECTAR. (l. *iniectāre*.) tr. Introducir a presión un gas, líquido, etc., en un cuerpo.

INYECTOR. m. Aparato para introducir el agua en las calderas de vapor, aspirándola del depósito. || 2. Med. Instrumento para inyecciones. || **P.** e **I.** injector; **F.** injecteur; **A.** Injektor, Spritzdüse; **It.** iniet(ta)tore; **R.** инжектор.

INYUNCTO, TA. (l. *iniunctus*.) p.p. irreg. ant. de inyungir.

INYUNGIR. (l. *iniungĕre*.) tr. ant. Prevenir, imponer, mandar.

IÑIGUISTA. (De *San Íñigo* o *Ignacio de Loyola*, fundador de la Compañía de Jesús.) adj. Jesuita. Ú.t.c.s.

★ **IODO.** m. Quím. Yodo. Elemento químico, uno de los halógenos, muy conocido por su uso como antiséptico en forma de tintura.

ION. (gr. ἰόν, que va.) m. Quím. Radical simple o compuesto que se disocia de las substancias al disolverse éstas y da a las disoluciones carácter de conductividad eléctrica. || 2. Electr. Átomo o grupo de átomos cargados positiva o negativamente. || —**de hidrógeno.** Fís. y Quím. Protón. || —**de hidroxilo.** Fís. y Quím. Es de carga negativa y su presencia es una característica de las soluciones alcalinas. || —**gramo.** Fís. y Quím. Masa de un ion, expresada en gramos por la suma de masas atómicas de que está compuesto. || **P.** íon; **I.** y **F.** ion; **A.** Ion; **It.** ione; **R.** йон.

★ **IONIZACIÓN.** (De *ion*.) f. Quím. Electrólisis. || 2. Fís. atómica. Separación total o parcial de los electrones corticales de un átomo por la acción de reacciones químicas o por la desintegración espontánea en las substancias radiactivas. || —**de la atmósfera.** Formación de iones en las capas atmosféricas situadas a más de cien kilómetros.

★ **IONIZAR.** t. Fís. y Quím. Disociar en iones. || 2. r. Fís. y Quím. Recibir un cuerpo la influencia de la ionización.

★ **IONOSFERA.** (De *ion* y *esfera*.) f. Capa superior de la atmósfera situada entre los

ochenta y mil doscientos kilómetros de altura, con abundancia de iones y muy electrizada.

IOTA. (gr. ἰῶτα.) f. Novena letra del alfabeto griego que corresponde a nuestra *i*.

IPECACUANA. (Voz de los indios americanos, que significa raíz nudosa.) f. Planta fruticosa rubiácea, de América Meridional, de raíz cilíndrica llena de anillos salientes poco separados y es muy empleada en medicina como emética, tónica, purgante y sudorípara. || 2. Raíz de esta planta. || —**de las Antillas.** Bot. Arbusto asclepiadáceo, de flores de color de azafrán. Su raíz se emplea como emético. || 2. Raíz de dicha planta.

★ **IPERITA.** f. Quím. Gas vesicante, también llamado gas mostaza que produce inflamación y quemaduras en la piel que se transforman después en grandes ampollas.

IPIL. (Voz tagala.) m. Bot. Árbol grande, leguminoso, de Filipinas, de madera dura, compacta, de tono amarillo, que con los años se obscurece y es muy apreciada en la construcción de muebles.

ÍPSILON. (gr. ὕψιλόν; lit. *y* pura, simple.) f. Vigésima letra del alfabeto griego correspondiente a nuestra *y*.

IPSO FACTO. loc. lat. Inmediatamente.

IPSO JURE. loc. lat. For. Por ministerio de la ley.

IR. (l. *ire*.) intr. Moverse de un lugar a otro. Ú.t.c.r. || 2. Venir, acomodarse, ajustarse bien o mal una cosa con otra. || 3. Caminar de acá para allá. || 4. Distinguirse una persona de otra. ¡*Lo que* VA *del padre al hijo!* || 5. Se emplea para indicar hacia dónde se dirige un camino. || 6. Extenderse una cosa de un lugar a otro. || 7. Obrar, proceder. || 8. Con la prep. *por*, declinarse un substantivo o conjugarse un verbo como otro que sirve de modelo. || 9. En varios juegos de naipes, entrar, jugar. || 10. Considerar las cosas por un aspecto especial o dirigirlas a un determinado fin. || 11. Con los gerundios de algunos verbos intensifica la significación durativa de la acción de dichos verbos. || 12. Junto con el participio pasivo de los verbos transitivos, significa padecer su acción, y con el de los reflexivos, ejecutarla. || 13. En la acepción anterior, cuando el participio sea el del verbo *apostar*, se omite. Así: VAN *veinte duros a que doy en el blanco*, equivale a van apostados veinte duros, etc. || 14. Con la prep. *a* y un infinitivo, indica disponer para la acción del verbo con que se junta. || 15. Con la misma prep. y algunos substantivos con artículo o sin él, concurrir habitualmente. || 16. Con la prep. *con*, tener o llevar lo que el nombre significa. || 17. Con la prep. *contra*, perseguir, y también pensar lo contrario de lo que significa el nombre a que se aplica. IR *contra corriente*. || 18. Con la prep. *en*, interesar, importar. || 19. Con la prep. *por*, seguir una carrera o profesión. || 20. Con la misma prep., ir a traer un objeto. IR *por leche*. || 21. r. Morirse o estarse muriendo. || 22. Salirse un líquido insensiblemente del recipiente que lo contiene. Se dice también del mismo recipiente que lo contiene. || 23. Perder el equilibrio, deslizarse. *Se* VAN *los pies*. || 24. Gastarse, perderse una cosa. || 25. Desgarrarse una tela y también envejecerse. || 26. Ventosear, zullarse involuntariamente. || 27. Con la prep. *de*, y hablando de cartas de baraja, descartarse de una o varias. *A eso* VOY o VAMOS. loc. fam. que usa aquel a quien recuerdan algo que debía decir y de lo cual parecía haberse olvidado. || ¡*Allá* IRÁS! loc. equivalente a enviar a uno en hora mala. || ¡*Cuánto* VA! con que se expresa la duda de que va a verificarse algo y es la fórmula de apostar a que se verifique. || *Estar* IDO. fr. fig. y fam. Estar loco, alelado. || IR *adelante*. fr. fig. y fam. No detenerse. || IR *alto*. fr. fig. Se dice de los ríos y arroyos crecidos. || IR *a una*. fr. Procurar dos o más personas de común acuerdo ejecutar algo con el mismo fin. || IR *bien*. fr. fig. y fam. Hallarse en buen estado. || IR *con uno*. fr. fig. y fam.

Ser de su opinión o dictamen. || 2. fig. y fam. Estar a su favor. || IR uno *descaminado*. fr. Apartarse del camino. || 3. fig. Apartarse de la verdad o razón. || IR *largo*. fr. con que se indica que algo tardará en realizarse. || IR *lejos*. fr. fig. Estar distante de lo que se dice, se hace o se quiere dar a entender. || 4. Conseguir notables adelantos. || IR *mal*. fr. Encontrarse en mal estado. || IR *pasando*. fr. fig. y fam. con que se significa que uno se mantiene en el mismo estado de salud o conveniencia, sin especial mejoría. || IR uno *perdido*. fr. fig. con que se confiesa la desventaja en las competencias, especialmente en juegos de habilidad. || IRSE *allá*. fr. Ser, valer, importar lo mismo una cosa que otra. || IRSE *muriendo*. fr. fig. y fam. Ir o caminar muy despacio, con desmayo. || IRSE *por alto*. fr. En los juegos de trucos y billar hacer saltar la bola por encima de la tablilla. || IR uno *sobre una cosa*. fr. fig. Seguir un negocio sin perderlo de vista. || IR *sobre* uno. fr. fig. Seguirle de cerca para hacerle daño. || IR *tirando*. fr. fam. Sobrellevar las adversidades y trabajos que se presentan en la vida. || IR *y venir en una cosa*. fr. fig. y fam. Insistir en ella revolviéndola continuamente en la imaginación. || IR *zumbando*. fr. fig. Ir con violencia o suma ligereza. || *Ni* VA *ni viene*. expr. fig. y fam. con que se explica la irresolución de una persona. || *Quien tanto* VA *a casar*, o VA *engañado* o VA *a engañar*. ref. con que se advierte cuánto conviene que se conozcan y traten las personas que se han de casar, para el acierto de los matrimonios. || ¿*Quién* VA? ¿*Quién* VA *allá*? expr. de que se usa cuando se descubre, especialmente de noche, un bulto y no se ve quién es. || *Sin* IRLE ni *venirle* a uno. expr. fig. y fam. Sin importarle aquello de que se habla. || *Sin* IR *más lejos*. fr. fig. con que se indica no ser necesario buscar más datos o informes que los que están a la vista. || *VAMOS claros*. expr. fam. con que se manifiesta el deseo de que la materia de que se trata se explique con sencillez. || ¡VAYA! interj. fam. que se emplea para expresar leve enfado, para indicar aprobación o para contener o excitar. Ú.t. repetida. || VÁYASE *lo uno por lo otro*. expr. fam. con que se da a entender que una de las cosas de que se trata puede ser compensación de la otra. || **P.** ir; **I.** to go; **F.** aller, marcher; **A.** gehen, reisen, ziehen; **It.** andare, ire; **R.** идти, ходить.

IRA. (l. *ira*.) f. Pasión del alma que mueve a indignación y enojo. || 2. Deseo de injusta venganza. || 3. Deseo de venganza, según orden de justicia. || 4. fig. Furia de los elementos. || 5. pl. Repetición de actos de saña o venganza. || *A* IRA *de Dios no hay cosa fuerte*. ref. con que se da a entender que a Dios nada le resiste. || *Descargar la* IRA *en uno*. fr. fig. Desfogarla. || ¡IRA *de Dios!* exclam. de que se usa para manifestar la extrañeza que causa algo, especialmente cuando se teme que sus malos efectos vayan contra nosotros. || *Llenarse uno de* IRA. fr. Enfadarse o irritarse mucho. || **P.** e **It.** ira; **I.** ire, anger; **F.** ire, colère; **A.** Zorn, Unwille; **R.** гнев, ярость.

★ **IRACA.** f. Colom. Palma que se emplea para tejer sombreros. || 2. fig. Colom. Sombrero.

IRACUNDIA. (l. *iracundĭa*.) f. Propensión a la ira. || 2. Cólera o enojo.

IRACUNDO, DA. (l. *iracundus*.) adj. Propenso a la ira. Ú.t.c.s. || 2. fig. y poét. Se dice de los elementos alterados.

IRADO, DA. p.p. ant. de irarse.

★ **IRANÍ.** adj. y s. Iranio.

IRANIO, NIA. adj. Perteneciente o relativo al Irán. || 2. Natural del Irán. Ú.t.c.s. || **P.** iranio; **I.** Iranian; **F.** iranien; **A.** Iranier; **It.** irànico; **R.** иранский.

★ **IRAQUÍ.** adj. y s. Natural del Irak. || 2. Perteneciente o relativo a este país asiático.

IRARSE. (De *ira*.) r. ant. Airarse.

IRASCENCIA. (l. *irascentĭa*.) f. ant. Iracundia.

IRASCIBILIDAD. f. Calidad de irascible. || **P.** irascibilidade; **I.** irassibility; **F.** irascibilité; **A.** Jähzorn; **It.** irascibilità; **R.** раздражительность.

IRASCIBLE. (l. *irascibĭlis*.) adj. Propenso a irritarse.

IRASCO. (Quizá del l. *hircus*, contaminado con el suf. *asco*.) m. ÁL., AR. y NAV. Macho cabrío.

IRENARCA. (l. *irenarcha*, y éste del gr. εἰρηνάρχης; de εἰρήνη, paz, y ἄρχω, gobernar.) m. Entre los romanos, magistrado que cuidaba del orden público.

★ **IRIBÚ.** (guar. *iribú*.) m. ZOOL. R. DE LA PLATA. Aura, especie de buitre.

★ **IRIBUACABIRAY.** (guar. *iribú acabiray*, cabeza pelada.) m. ZOOL. AMÉR. Variedad del iribú.

IRIDÁCEO, A. (De *iris*, nombre de un género de plantas.) adj. BOT. Se aplica a las hierbas angiospermas monocotiledóneas, con rizomas, tubérculos o bulbos, hojas estrechas, flores de ovario ínfero y fruto en cápsula. ‖ 2. f. pl. BOT. Familia de estas plantas.

ÍRIDE. (l. *iris*, -*ĭdis*, iris, a causa del color azul violado de las flores de esta planta.) f. Lirio hediondo.

IRÍDEO, DA. (l. *iris*, -*ĭdis*, lirio.) adj. BOT. Iridáceo.

IRIDIO. (l. *iris*, -*ĭdis*, y éste del gr. ἴρις, iris.) m. Metal blanco amarillento, quebradizo, poco fusible, más pesado que el oro. Se encuentra unido al platino y al rodio y su disolución en el ácido clorhídrico presenta distintos matices. ‖ P. irídio; I. iridium; F. iride; A. Iridium; It. iridio; R. иридий.

IRIDISCENTE. (l. *iris*, -*ĭdis*, iris.) adj. Que muestra o refleja los colores del iris. ‖ P. e I. iridescente; I. y F. iridescent; A. iridisierend; R. радужный.

IRIENSE. adj. Natural de Iria Flavia. Ú.t.c.s. ‖ 2. Perteneciente a este pueblo de la provincia de Coruña.

IRIS. (l. *iris*, y éste del gr. ἴρις.) m. Arco de colores que a veces se forma en las nubes al refractarse o reflejarse la luz del sol en las gotas de la lluvia. En determinadas posiciones se observa también este arco en las cascadas y pulverizaciones de agua bañadas por el sol. ‖ 2. Ópalo noble. ‖ 3. ZOOL. Disco membranoso del ojo de los vertebrados y cefalópodos, en cuyo centro está la pupila. ‖ —**de paz.** fig. Persona que apacigua discordias. ‖ 2. fig. Acontecimiento que influye para dar fin a un disturbio. ‖ P. arco-iris; I. rainbow; F. iris, arc-en-ciel; A. Regenbogen; It. iride, arcobaleno; R. радуга.

IRISACIÓN. f. Acción y efecto de irisar. ‖ 2. pl. Vislumbre que se observa en las láminas delgadas de los metales cuando se pasan por el agua, estando candentes.

IRISAR. intr. Presentar un cuerpo fajas variadas o reflejos coloreados de luz. ‖ P. irisar; I. to iridesce; F. iriser; A. schillern; It. iridare; R. сиять всеми цветами радуги.

IRITIS. f. MED. Inflamación del iris.

IRLANDA. (De *Irlanda*, isla de donde proceden estas telas.) f. Cierto tejido de lana y algodón. ‖ 2. Cierta tela fina de lino.

IRLANDÉS, SA. adj. Natural de Irlanda. Ú.t.c.s. ‖ 2. Perteneciente a esta isla. ‖ 3. m. Lengua de los irlandeses. ‖ P. irlandés; I. Irish; F. irlandais; A. Irländer, irländisch; It. irlandese; R. ирландец.

IRLANDESCO, CA. adj. ant. Irlandés. Apl. a pers. usáb.t.c.s.

IRONÍA. (l. *ironia*, y éste del gr. εἰρωνεία.) f. Burla fina y disimulada. ‖ 2. Figura retórica consistente en dar a entender lo contrario de lo que se dice. ‖ P. ironia; I. irony; F. ironie; A. Ironie; It. ironia; R. ирония.

IRÓNICAMENTE. adv. Con ironía.

IRÓNICO, CA. (l. *ironicus*.) adj. Que implica ironía, o concerniente a ella. ‖ P. irónico; I. ironic; F. ironique; A. ironisch; It. irònico; R. иронический.

IRONISTA. com. Persona que habla o escribe con ironía.

IRONIZAR. tr. p. us. Hablar con ironía.

IROQUÉS, SA. Dícese del individuo de una raza indígena de la América Septentrional. Ú.t.c.s. ‖ 2. Perteneciente a esta raza. ‖ 3. m. Lengua iroquesa. ‖ P.

iroqueze; I. Iroquois; F. iroquois; A. Irokese; It. irochese; R. ирокез.

IRRACIONABILIDAD. (De *irracionable*.) f. p. us. Irracionalidad.

IRRACIONABLE. (l. *irrationābĭlis*.) adj. ant. Irracional.

IRRACIONABLEMENTE. adv. ant. Irracionalmente.

IRRACIONAL. (l. *irrationālis*.) adj. Que carece de razón. Como substantivo, úsase para significar el bruto o animal a diferencia del hombre. ‖ 2. Opuesto a la razón o que va fuera de ella. ‖ 3. MAT. Se dice de las raíces o cantidades radicales que no pueden expresarse exactamente con números enteros ni fraccionarios. ‖ P. irracional; I. irrational; F. irrationnel; A. unvernünftig; It. irrazionale; R. неразумный.

IRRACIONALIDAD. f. Calidad de irracional.

IRRACIONALMENTE. adv. De modo irracional.

IRRADIACIÓN. f. Acción y efecto de irradiar. ‖ 2. FISIOL. y PATOL. Dispersión de los impulsos nerviosos fuera de su camino normal. ‖ P. irradiação; I. y F. irradiation; A. (Be-, Aus)Strahlung; It. irradiazione; R. излучение.

IRRADIAR. (l. *irradiāre*.) tr. Despedir un cuerpo rayos de luz, calor, etc., en todas direcciones. ‖ 2. Someter un cuerpo a la acción de ciertos rayos. ‖ P. irradiar; I. to irradiate; F. irradier; A. (an-, aus-, be)strahlen; It. irradiare, irraggiare; R. излучать.

IRRAZONABLE. adj. No razonable.

IRREALIDAD. f. Calidad de lo que no es real.

IRREALIZABLE. (De *in* y *realizable*.) adj. Que no se puede realizar. ‖ P. irrealizável; I. unfeasible; F. irréalisable; A. unausführbar; It. irrealizzàbile; R. неосуществимый.

IRREBATIBLE. (De *in* y *rebatible*.) adj. Que no se puede rebatir.

IRRECONCILIABLE. (De *in* y *reconciliable*.) adj. Se dice del que no quiere volver a la paz y amistad con otro. ‖ P. irreconciliável; I. irreconcilable; F. irréconciliable; A. unversöhnlich; It. irreconciliàbile; R. непримиримый.

IRRECORDABLE. adj. Que no puede recordarse.

IRRECUPERABLE. (l. *irrecuperabĭlis*.) adj. Que no puede recuperarse. ‖ P. irrecuperável; I. irrecoverable; F. irrécuperable; A. unwiderbringlich; It. irrecuperàbile; R. невозвратимый.

IRRECUSABLE. (l. *irrecusabĭlis*.) adj. Que no se puede recusar.

★ **IRREDENTISMO.** (De *irredento*.) m. POLÍT. Doctrina según la cual un país debe reincorporar a su territorio todas las comarcas que por sus costumbres, su lengua y su cultura le corresponden, aunque en un momento dado se hallen bajo el dominio de otra potencia.

IRREDENTO, TA. (l. *in*, prep. negat., y *redemptus*, p.p. de *redimĕre*, redimir.) adj. Que permanece sin redimir. Se dice especialmente del territorio que una nación pretende anexionarse por razones históricas, de lengua, raza, etc.

IRREDIMIBLE. (De *in* y *redimible*.) adj. Que no se puede redimir. ‖ 2. Se aplica al censo perpetuo que por pacto no podía redimirse nunca. ‖ P. irredimível; I. irredeemable; F. irrachetable; A. uneinlösbar; It. irredimìbile; R. не подлежащий выкупу.

IRREDUCIBLE. (De *in* y *reducible*.) adj. Que no se puede reducir. ‖ 2. FISIOL. Se aplica al acto fisiológico que no se puede explicar por otros más simples.

IRREDUCTIBILIDAD. f. Calidad de irreductible.

IRREDUCTIBLE. (De *in*, negat., y *reductible*.) adj. Irreducible.

IRREDUCTIBLEMENTE. adv. De modo irreductible.

IRREEMPLAZABLE. adj. No reemplazable.

IRREFLEXIÓN. f. Falta de reflexión. ‖ P. irreflexão; I. thoughtlessness; F. irréflexion; A. Unverstand; It. irriflessione; R. необдуманность.

IRREFLEXIVAMENTE. adv. Con irreflexión.

IRREFLEXIVO, VA. (De *in* y *reflexivo*.) adj. Que no reflexiona. ‖ 2. Que se dice o hace sin reflexión.

IRREFORMABLE. (l. *irreformabĭlis*.) adj. Que no se puede reformar.

IRREFRAGABLE. (l. *irrefragabĭlis*.) adj. Que no se puede contrarrestar.

IRREFRAGABLEMENTE. adv. De modo irrefragable.

IRREFRENABLE. (De *in* y *refrenable*.) adj. Que no se puede refrenar.

IRREFUTABLE. (l. *irrefutabĭlis*.) adj. Que no se puede refutar.

IRREGLAMENTABLE. adj. Que no se puede reglamentar.

IRREGULAR. (De *in*, 2.º art., y *regular*.) adj. Que va fuera de regla. ‖ 2. Que no sucede ordinariamente. ‖ 3. Que ha incurrido en una irregularidad canónica, o tiene un defecto que le incapacita para ciertas dignidades. ‖ 4. GEOM. Se dice del polígono y poliedro que no son regulares. ‖ 5. GRAM. Se dice de la palabra derivada que no se ajusta en su formación a la regla general. ‖ P. e I. irregular; F. irrégulier; A.unregelmässig, abnorm; It. irregolare; R. неправильный.

IRREGULARIDAD. f. Calidad de irregular. ‖ 2. Impedimento canónico para recibir las órdenes o ejercerlas por ciertos defectos naturales o por delitos. ‖ 3. fig. y fam. Malversación, desfalco, etc., en la administración pública o privada. ‖ P. irregularidade; I. irregularity; F. irrégularité; A. Unregelmässigkeit; It. irregolarità; R. неправильность.

IRREGULARMENTE. adv. Con irregularidad.

IRREIVINDICABLE. adj. No reivindicable.

IRRELIGIÓN. (l. *irreligĭo*, -ōnis.) f. Falta de religión.

IRRELIGIOSAMENTE. adv. Sin religión.

IRRELIGIOSIDAD. (l. *irreligiosĭtas*, -ātis.) f. Calidad de irreligioso.

IRRELIGIOSO, SA. (l. *irreligiōsus*.) adj. Falto de religión. Ú.t.c.s. ‖ 2. Que se opone al espíritu de la religión. ‖ P. e It. irreligioso; I. irreligious; F. irreligieux; A. ungläubig; R. неверующий.

IRREMEDIABLE. (l. *irremediabĭlis*.) adj. Que no se puede remediar. ‖ P. irremediável; I. irremediable; F. irrémédiable; A. unvermeidlich; It. irremediàbile; R. непоправимый.

IRREMEDIABLEMENTE. adv. Sin remedio.

IRREMISIBLE. (l. *irremissibĭlis*.) adj. Que no se puede remitir o perdonar. ‖ P. irremissível; I. irremissible; F. irrémissible; A. unverzeihlich; It. irremissibile; R. непростительный.

IRREMISIBLEMENTE. adv. Sin remisión o perdón.

IRREMUNERADO, DA. (l. *irremunerātus*.) adj. No remunerado.

IRRENUNCIABLE. (De *in* y *renunciable*.) adj. Que no se puede renunciar.

IRREPARABLE. (l. *irreparabĭlis*.) adj. Que no se puede reparar. ‖ P. irreparável; I. irreparable; F. irréparable; A. unersetzlich; It. irreparàbile; R. непоправимый.

IRREPARABLEMENTE. adv. Sin arbitrio ni poder para reparar un daño.

IRREPREHENSIBLE. (l. *irreprehensibĭlis*.) adj. desus. Irreprensible.

IRREPRENSIBLE. (De *irreprehensible*.) adj. Que no merece represión. ‖ P. irreprehensível; I. irreprehensible; F. irrépréhensible; A. untadelig; It. irreprensibile; R. безукоризненный.

IRREPRENSIBLEMENTE. adv. Sin motivo de represión.

IRREPRESENTABLE. adj. Se aplica a las obras de carácter dramático que no se pueden o no se deben representar.

IRREPRIMIBLE. adj. Que no se puede reprimir.

IRREPROCHABILIDAD. f. Calidad de irreprochable.

IRREPROCHABLE. adj. Que no puede ser reprochado.

IRREQUIETO, TA. (l. *irrequietus*.) adj. desus. Inquieto, continuo.

IRRESCINDIBLE. (De *in* y *rescindible*.) adj. Que no puede rescindirse.

IRRESISTIBLE. (l. *irresistibĭlis*.) adj. Que no se puede resistir. ‖ P. irresistível;

I. irresistible; F. irrésistible; **A.** unwiderstehlich; **It.** irresistibile; **R.** непреодолимый.

IRRESISTIBLEMENTE. adv. Sin poderse resistir.

IRRESOLUBLE. (l. *irresolubílis*.) adj. Que no se puede resolver o determinar. ‖ **2.** p. us. Irresoluto.

IRRESOLUCIÓN. f. Falta de resolución. ‖ **P.** irresolução; **I.** irresolution; **F.** irrésolution; **A.** Unschlüssigkeit; **It.** irresoluzione; **R.** нерешительность.

IRRESOLUTO, TA. (l. *irresolūtus*.) adj. Falto de resolución. Ú.t.c.s.

★ **IRRESPETAR.** (De *in*, negat., y *respetar*.) tr. COLOM. No respetar, desacatar.

★ **IRRESPETO.** (De *irrespetar*.) m. COLOM. Falta de respeto, desacato.

IRRESPETUOSO, SA. adj. No respetuoso.

IRRESPIRABLE. (l. *irrespirabílis*.) adj. Que no puede respirarse. ‖ **2.** Que es difícil o malo de respirar. ‖ **P.** irrespirável; **I.** y **F.** irrespirable; **A.** unatembar; **It.** irrespirabile; **R.** го чем нельзя дышать.

IRRESPONSABILIDAD. f. Calidad de irresponsable. ‖ **2.** Impunidad que resulta de no residenciar a los que son responsables. ‖ **P.** irresponsabilidade; **I.** irresponsability; **F.** irresponsabilité; **A.** Unzurechnungsfähigkeit; **It.** irresponsabilità; **R.** без, ответственность.

IRRESPONSABLE. (De *in* y *responsable*.) adj. Se aplica a quien no se puede exigir responsabilidad.

IRRESTAÑABLE. adj. Que no se puede restañar.

IRRESUELTO, TA. (De *in* y *resuelto*.) adj. Irresoluto.

IRRETRACTABLE. (l. *irretractabílis*.) adj. p. us. No retractable.

IRRETROACTIVIDAD. f. Principio jurídico que rechaza el efecto retroactivo de las leyes, salvo declaración expresa de éstas, o que es favorable al reo, en lo penal.

IRREVERENCIA. (l. *irreverentía*.) f. Falta de reverencia. ‖ **2.** Dicho o hecho irreverente. ‖ **P.** irreverência; **I.** irreverence; **F.** irrévérence; **A.** Unerherbietigkeit; **It.** irriverenza; **R.** непочтительность.

IRREVERENCIAR. tr. No tratar con la debida reverencia; profanar.

IRREVERENTE. (l. *irreverens, -entis*.) adj. Contrario a la reverencia o respeto debido. Ú.t.c.s. ‖ **P.** irreverente; **I.** irreverent; **F.** irrévérent; **A.** unerherbietig, rücksichtslos; **It.** irriverente; **R.** непочтительный.

IRREVERENTEMENTE. adv. Sin reverencia.

IRREVERSIBILIDAD. f. Calidad de irreversible.

IRREVERSIBLE. adj. No reversible. ‖ **2.** QUÍM. Se aplica a la reacción química en la cual los productos originados no reaccionan entre sí para regenerar las substancias primitivas.

IRREVOCABILIDAD. f. Calidad de irrevocable.

IRREVOCABLE. (l. *irrevocabílis*.) adj. Que no se puede revocar. ‖ **P.** irrevogável; **I.** irrevocable; **F.** irrévocable; **A.** unwiderruflich; **It.** irrevocàbile; **R.** непреложный.

IRREVOCABLEMENTE. adv. De manera irrevocable.

IRRIGACIÓN. (l. *irrigatío, -ōnis*.) f. Acción y efecto de irrigar. ‖ **P.** irrigação; **I.** y **F.** irrigation; **A.** Bewässerung; **It.** irrigazione; **R.** орошение.

IRRIGADOR. (l. *irrigātor*.) m. MED. Instrumento que sirve para irrigar. ‖ **P.** irrigador; **I.** irrigator; **F.** irrigateur; **A.** Irrigator, Spülapparat; **It.** irrigatore; **R.** ирригатор.

IRRIGAR. (l. *irrigāre*, regar, rociar.) tr. MED. Regar con un líquido parte del cuerpo. ‖ **2.** Regar. ‖ **P.** irrigar; **I.** to irrigate; **F.** irriguer; **A.** begiessen, (be)spülen; **It.** irrigare; **R.** орошать.

IRRISIBLE. (l. *irrisibílis*.) adj. Digno de risa y desprecio.

IRRISIÓN. (l. *irrisío, -ōnis*.) f. Burla para provocar la risa a costa de una persona o cosa. ‖ **2.** fam. Persona o cosa que puede ser o es objeto de esta burla o risa. ‖ **P.** irrisão; **I.** irrision, derision; **F.** dérision; **A.** Hohnlachung; **It.** irrisione, derisione; **R.** насмешка.

IRRISORIAMENTE. adv. Por irrisión.

IRRISORIO, RIA. (l. *irrisorius*.) adj. Que provoca risa y burla.

IRRITABILIDAD. (l. *irritabilítas, -ātis*.) f. Propensión a irritarse fácilmente y con violencia. ‖ **2.** BIOL. Propiedad fundamental del protoplasma y en general de la materia viva de reaccionar a los estímulos externos. ‖ **3.** MED. Sensibilidad exagerada de un órgano. ‖ **P.** irritabilidade; **I.** irritability; **F.** irritabilité; **A.** Reizbarkeit; **It.** irritabilità; **R.** раздражительность.

IRRITABLE. (l. *irritabílis*.) adj. Capaz de irritación o de irritabilidad.

IRRITABLE. (De *irritar*, 2.° art.) adj. Que se puede anular o invalidar.

IRRITACIÓN. (l. *irritatío, -ōnis*.) f. Acción y efecto de irritar o irritarse, 1.er art. ‖ **P.** irritação; **I.** y **F.** irritation; **A.** Reizung, Erregung; **It.** irritazione, irritamento; **R.** раздражение.

IRRITACIÓN. f. FOR. Acción y efecto de irritar, 2.° art. ‖ **P.** anulação; **I.** y **F.** invalidation; **A.** Ungültigmachung; **It.** annullazione; **R.** аннулировать.

IRRITADOR, RA. (l. *irritātor*, de *irritāre*, irritar, 1.er art.) adj. Que irrita o excita. Ú.t.c.s.

ÍRRITAMENTE. adv. Inválidamente.

IRRITAMIENTO. (l. *irritamentum*.) m. Irritación, 1.er art.

IRRITANTE. p.a. de irritar, 1.° y 2.° arts. Que irrita.

IRRITAR. (l. *irritāre*.) tr. Hacer sentir ira. Ú.t.c.s. ‖ **2.** Excitar vivamente otros afectos o inclinaciones naturales. Ú.t.c.r. ‖ **3.** MED. Causar excitación morbosa en un órgano. Ú.t.c.r. ‖ **P.** irritar; **I.** to irritate; **F.** irriter; **A.** erbosen, (auf)regen; **It.** irritare; **R.** раздражать.

IRRITAR. (l. *irritāre*, de *irritus*, vano.) tr. FOR. Anular, invalidar. ‖ **P.** anular; **I.** to annul, to void; **F.** annuler; **A.** widerrufen; **It.** invalidare; **R.** аннулировать.

ÍRRITO, TA. (l. *irritus*; de *in*, priv., y *ratus*, válido.) adj. Inválido, sin fuerza de obligar, nulo.

IRROGACIÓN. f. Acción y efecto de irrogar.

IRROGAR. (l. *irrogāre*.) tr. Tratándose de daños, perjuicios o pérdidas, causar, acarrear. Ú.t.c.r. ‖ **P.** irrogar; **I.** to cause; **F.** causer; **A.** zufügen, schädigen; **It.** irrogare; **R.** причинять.

IRROMPIBLE. (De *in* y *rompible*.) adj. Que no se puede romper.

IRRUIR. (l. *irruĕre*.) tr. Invadir un lugar, acometer con ímpetu.

IRRUMPIR. (l. *irrumpĕre*.) intr. Entrar con violencia en un lugar.

IRRUPCIÓN. (l. *irruptío, -ōnis*.) f. Acontecimiento impetuoso e impensado. ‖ **2.** Invasión. ‖ **P.** irrupção; **I.** y **F.** irruption; **A.** Durchbruch; **It.** irruzione; **R.** вторжение.

IRUNÉS, SA. adj. Natural de Irún. Ú.t.c.s. ‖ **2.** Perteneciente a esta ciudad.

★ **¡IS!** interj. C. RICA. ¡Puah! ¡puf!.

ISABELINO, NA. adj. Perteneciente o relativo a cualquiera de las reinas que se llamaron Isabel, en España o Inglaterra. ‖ **2.** Se dice de la moneda española con el busto de Isabel II. ‖ **3.** Hablando de caballos, el de tono perla o entre blanco y amarillo.

ISAGOGE. (l. *isagŏge*, y éste del gr. εἰσαγωγή, de εἰσάγω, introducir.) f. Introducción, exordio.

ISAGÓGICO, CA. (l. *isagogīcus*, y éste del gr. εἰσαγωγικός.) adj. Perteneciente a la isagoge.

★ **ISANGAS.** f. pl. ARGENT. Especie de espuertas. ‖ **2.** PERÚ. Nasas usadas en la pesca de camarones.

ISATIS. m. Zorro ártico, menor que el europeo y con pelo espeso, largo y fino, blanco en invierno y pardusco en verano. Hay una variedad que nunca cambia de tono y es el zorro azul.

ISBA. f. Vivienda de madera en algunos pueblos septentrionales del antiguo continente.

★ **ISCATÓN.** (mejic. *ichcatón*; de *ichcatl*, algodón, y *tontli*, sufijo de diminutivo.) m. MÉJ. Algodoncillo.

★ **ISCLE.** (mejic. *ichtli*.) m. MÉJ. Estopa del maguey sin limpiar.

ISIACO, CA [ISÍACO, CA]. adj. Perteneciente a Isis o a su culto.

ISIDORIANO, NA. adj. Perteneciente a San Isidoro. ‖ **2.** Se aplica a ciertos monjes jerónimos, instituidos por Fray Lope de Olmedo y aprobados por el papa Martín V, que, entre otras, tuvieron la casa de San Isidoro del Campo, en Sevilla. Ú.t.c.s.

ISIDRO, DRA. m. y f. En Madrid, aldeano, incauto.

ISÍPULA. f. desus. Erisipela.

ISLA. (l. *insŭla*.) f. Porción de tierra rodeada de agua por todas partes. ‖ **2.** Manzana de casas. ‖ **3.** fig. Conjunto de árboles o monte de poca extensión, que está aislado y no junto al río. ‖ **4.** fig. CHILE. Lugar próximo al río, y que anteriormente estaba bañado por las aguas de éste o lo es actualmente en las crecidas. ‖ **5.** MAR. Superestructura situada a una de las bandas en la cubierta de vuelo de los portaaviones donde están instalados el puente de mando, el palo de señales, los proyectores, etc. ‖ *En* ISLA. m. adv. Aisladamente. ‖ **P.** ilha; **I.** island, isle; **F.** île; **A.** Insel; **It.** isole; **R.** остров.

ISLAM. (ár. *islām*, entrega a la voluntad de Dios.) m. Islamismo. ‖ **2.** Conjunto de pueblos que siguen esta religión.

ISLÁMICO, CA. adj. Perteneciente o relativo al Islam.

ISLAMISMO. (De *islam*.) m. Serie de dogmas y preceptos que constituyen la religión de Mahoma. ‖ **P.** islamismo; **I.** Islam, Islamism; **F.** islamisme; **A.** Islamismus; **It.** islamismo; **R.** исламизм.

ISLAMITA. adj. Que profesa el islamismo. Apl. a pers. ú.t.c.s.

ISLAMIZAR. intr. Adoptar la religión y usos de los islámicos. Ú.t.c.r.

ISLÁN. m. Especie de velo, guarnecido de encajes, con que antiguamente se cubrían la cabeza las mujeres cuando no llevaban manto.

ISLANDÉS, SA. adj. Natural de Islandia. Ú.t.c.s. ‖ **2.** Perteneciente a esta isla del norte de Europa. ‖ **3.** m. Idioma hablado en Islandia.

ISLANDIA. n. p. V. *Espato de* ISLANDIA.

ISLÁNDICO, CA. adj. Islandés, perteneciente o relativo a Islandia.

ISLARIO. m. Descripción de las islas de un mar, continente o nación. ‖ **2.** Mapa en que se representan.

ISLEÑO, ÑA. adj. Natural de una isla. Ú.t.c.s. ‖ **2.** Perteneciente a una isla.

ISLEO. (De *isla*.) m. Isla pequeña situada a la inmediación de otra mayor. ‖ **2.** Porción de terreno rodeada de otros de distinta clase o de una corona de peñascos u obstáculos diversos.

ISLETA. f. d. de isla.

ISLILLA. (De *astilla*.) f. Sobaco, axila. ‖ **2.** Clavícula.

ISLOTE. m. Isla pequeña y despoblada. ‖ **2.** Peñasco grande rodeado de mar.

ISMAELITA. (l. *ismaelita*, adj.) Descendiente de Ismael. Dícese de los árabes. Ú.t.c.s. ‖ **2.** Sarraceno. Apl. a pers. ú.t.c.s.

ISOBARA. f. Línea isobárica.

ISOBÁRICO, CA. (gr. ἴσος, igual, y βάρος, pesadez.) adj. Dícese de varios lugares que tienen la misma presión atmosférica. ‖ **2.** Se aplica principalmente a las líneas que pasan por lugares de la superficie terrestre de igual altura media barométrica.

★ **ISÓBARO, RA.** adj. Fís. Dícese de los cuerpos que tienen el mismo peso o masa. ‖ **2.** QUÍM. Dícese de los elementos del mismo peso atómico, pero de distinto número atómico.

★ **ISOCORA.** adj. Dícese de la transformación térmica que experimenta un cuerpo sin variación de volumen, porque todo el calor que se ha suministrado al cuerpo se ha utilizado en aumentar su energía interna.

ISOCRONISMO. (De *isócrono.*) m. Fís. Igualdad de duración en los movimientos de un cuerpo.

ISÓCRONO, NA. (gr. ἰσόχρονος; de ἴσος, igual, y χρόνος, tiempo.) Fís. Se dice de los movimientos que se efectúan en tiempos iguales.

ISÓFAGO. m. desus. Esófago.

★ **ISOFLORA.** adj. ECOLOG. Se dice de

la línea que une los puntos geográficos en los que crecen las mismas especies de plantas de un grupo taxonómico. Ú.t.c.s.

* **ISOGAMIA**. f. BIOL. Reproducción sexual en que los dos gametos son iguales.

ISOGLOSA.(gr. ἴσος, igual, y γλῶσσα, lengua.) adj. Se aplica a la línea que en un atlas lingüístico pasa por todos los puntos en que se manifiesta un mismo fenómeno. Ú.t.c.s.f.

ISÓGONO, NA. (gr. ἴσος, igual, y γωνία, ángulo.) adj. Fís. Se dice de los cuerpos cristalizados, de ángulos iguales. || 2. Fís. En los mapas magnéticos, las líneas que unen los puntos de igual declinación magnética.

* **ISOGRAMA**. m. TECNOL. Diagrama que representa cualidades o circunstancias iguales referidas a cosas distintas.

* **ISOLEUCINA**. f. QUÍM. Uno de los aminoácidos más importantes encontrados en la hidrólisis de las proteínas.

* **ISOMENAL**. adj. METEOR. Se aplica a la línea o diagrama que representa igualdad de promedios mensuales, especialmente de la temperatura. Ú.m.c.s.f.

ISOMERÍA. f. Calidad de isómero. || 2. QUÍM. Fenómeno mediante el cual ciertos compuestos tienen la misma composición química presentando, sin embargo, propiedades físicas y químicas distintas.

ISÓMERO, RA. (gr. ἰσομερής; de ἴσος, igual, y μέρος, parte.) adj. Se dice de los cuerpos que con la misma composición química tienen diferentes propiedades físicas. || 2. METEOR. Se dice de la línea que une los puntos para los cuales un fenómeno meteórico en un tiempo determinado se manifiesta en igual proporción.

ISOMORFISMO. (De isomorfo.) m. MINERAL. Calidad de isomorfo.

ISOMORFO, FA. (gr. ἴσος, igual, y μορφή, forma.) adj. MINERAL. Se dice de los cuerpos de distinta composición química y la misma forma cristalina, y que pueden cristalizarse asociados.

* **ISOPELETIERINA**. f. QUÍM. Alcaloide encontrado en la corteza de la raíz del granado.

ISOPERÍMETRO, TRA. (gr. ἴσος, igual, y περίμετρος, contorno.) adj. GEOM. Se dice de las figuras de distinta forma e igual perímetro.

ISÓPODO. (gr. ἴσος, igual, y πούς, ποδός, pie.) adj. ZOOL. Se aplica a los crustáceos de cuerpo deprimido, con los apéndices del pleon de aspecto foliáceo. Viven en las aguas dulces o en el mar, y a veces en los lugares húmedos. Ú.t.c.s. || 2. m. pl. ZOOL. Orden de estos animales.

* **ISOPRENO**. m. QUÍM. Caucho sintético derivado del butanodieno.

* **ISÓPTER**. m. OFTALM. Cada curva del campo visual que indica igualdad de agudeza visual.

ISOQUÍMENO, NA. (gr. ἴσος, igual, y χειμαίνειν, sentir el frío del invierno.) adj. METEOR. Se aplica a la línea que pasa por todos los puntos de la Tierra con la misma temperatura media en el invierno.

ISÓSCELES. (l. isosceles, y éste del gr. ἰσοσκέλης; de ἴσος, igual, y σκέλος, pierna.) adj. GEOM. Se aplica al triángulo con dos lados iguales. || 2. GEOM. Se dice del trapecio con los lados no paralelos iguales.

ISOTERMO, MA. (gr. ἴσος, igual, y θερμός, caliente.) adj. Fís. De igual temperatura. || 2. METEOR. Se aplica a la línea que pasa por todos los puntos de la Tierra de igual temperatura media anual.

ISÓTERO, RA. (gr. ἴσος, igual, y θέρος, verano.) adj. METEOR. Se dice de la línea que pasa por todos los puntos de la Tierra que tienen la misma temperatura media en verano.

* **ISOTONÍA**. f. Disposición de dos líquidos del mismo equilibrio molecular. || 2. Fís. Igualdad de presión osmótica entre dos disoluciones.

ISOTÓNICO, CA. adj. QUÍM. Se aplica a las soluciones que a igual temperatura tienen la misma presión osmótica. || 2. Fís. Se aplica a las disoluciones que tienen igual presión osmótica.

* **ISÓTONOS** . adj pl. QUÍM. Aplícase a los núcleos de los elementos químicos de igual número de neutrones.

ISÓTOPO. (gr. ἴσος, igual, y τόπος, lugar.) m. Fís. Cuerpo que ocupa el mismo lugar que otro en el sistema periódico por tener ambos las mismas propiedades químicas, pero de diferente constitución y peso de sus átomos.

* **ISQUEMIA**. f. MED. Suspensión de la circulación arterial y estado en que quedan las partes que no reciben riego sanguíneo.

ISQUIÁTICO, CA. adj. Perteneciente al isquion.

ISQUION.(gr. ἰσχίον.) m. ZOOL. Hueso que en los mamíferos adultos se une al ilion y al pubis para originar el hueso innominado y forma la parte posterior de éste.

ISRAELÍ. (De Israel.) adj. Natural o ciudadano del Estado de Israel. Ú.t.c.s. || 2. Perteneciente a dicho Estado.

ISRAELITA.(l. israelita.) adj. Hebreo, 1.ª y 4.ª aceps. Apl. a pers. ú.t.c.s. || 2. Natural de Israel. Ú.t.c.s. || 3. Perteneciente a este reino.

ISRAELÍTICO, CA. (l. israelíticus.) adj. Israelita, 3.ª acep.

* **ISTAPALUCA**. f. MÉJ. Madera de construcción que se labra en el pueblo de Iztapalucan, de donde la viene el nombre.

* **ISTIA**. f. PERÚ. Chicha de yuca.

ISTMEÑO, ÑA. adj. Natural de un istmo.

ÍSTMICO, CA. adj. Perteneciente o relativo al istmo.

ISTMO. (l. isthmus, y éste del gr. ἰσθμός.) m. GEOGR. Lengua de tierra que une dos continentes o una península con un continente. || —de las fauces. ZOOL. Abertura entre la parte posterior de la boca y la faringe; por arriba se halla el velo del paladar; por los lados, los pilares de éste y por abajo la base de la lengua. || —del encéfalo. ZOOL. Parte del encéfalo en que se unen el cerebro, el cerebelo y el bulbo.

ISTRIAR. tr. Estriar.

* **ISUATE**.(mejic. ixhuatl.) m. BOT. MÉJ. Especie de palma, con cuya corteza se hacen colchones.

ITA. adj. Aeta. Ú.t.c.s.

ITABO. m. CUBA. Terreno encharcado en tiempo de lluvia.

* **ITACATE**. (mejic. itacalt.) m. MÉJ. Provisiones para el viaje.

ITALIANISMO. m. Giro o modo de hablar propio y privativo de la lengua italiana. || 2. Vocablo de esta lengua empleado en otra. || 3. Empleo de vocablos y giros italianos en otro idioma.

ITALIANIZAR. tr. Hacer tomar carácter italiano o inclinación a las cosas italianas. Ú.t.c.r.

ITALIANO, NA. adj. Natural de Italia. Ú.t.c.s. || 2. Perteneciente a esta nación de Europa. || 3. Dícese de la ensalada formada por hierbas con pechugas de aves, etc. || 4. m. Lengua italiana. || A la ITALIANA. m. adv. A estilo de Italia. || P. e It. italiano; I. Italian; F. italien; A. Italiener, italienisch; R. итальянец, итальянский.

ITALICENSE.(l. italicensis.) adj. Natural de Itálica. Ú.t.c.s. || 2. Perteneciente a esta ciudad de la Bética.

ITÁLICO, CA. (l. itālus.) adj. Italiano, más particularmente perteneciente o relativo a Italia antigua. Ú.t.c.s. || 2. Se aplica a la letra bastardilla. Ú.t.c.s. || 3. Italicense. Apl. a pers. ú.t.c.s.

ÍTALO, LA. (l. itālus.) adj. Italiano. Apl. a pers. ú.t.c.s. y casi siempre en poesía.

ITAR. (l. iectāre, iactāre, echar.) tr. ant. Echar.

ÍTEM.(l. item, del mismo modo, también.) adv. que se usa para hacer distinción de artículos o capítulos en la escritura u otro instrumento y también como señal de adición. Se dice también ÍTEM más. || 2. m. fig. Cada uno de los artículos o capítulos. || 3. fig. Añadidura.

ITERABLE. (l. iterabilis.) adj. Capaz de repetirse.

ITERACIÓN.(l. iteratio, -ōnis.) Acción y efecto de iterar.

ITERAR. (l. iterāre.) tr. Repetir.

ITERATIVO, VA. (l. iterativus.) adj. Que tiene la condición de repetirse o reiterarse.

* **ITERBIO**. (De Itterby, pueblo de Suecia.) m. QUÍM. Elemento químico metálico, trivalente, perteneciente a las tierras raras. Su símbolo es Yb; su peso atómico, 173,50, y su número atómico, 70.

ITERICIA. f. ant. Ictericia.

ITINERARIO, RIA. (l. itinerarius, de iter, itinĕris, camino.) adj. Perteneciente a caminos. || 2. m. Descripción y dirección de un camino, expresando los lugares y posadas por donde se ha de transitar. || 3. p. us. Derrotero, 1.ª acep. || 4. MIL. Partida que se adelanta para preparar alojamiento a la tropa que va de marcha. || P. itinerário; I. itinerary; F. itinéraire; A. Fahrplan, Itinerar; It. itinerario, R. дорожный, маршрут.

ITRIA. (De itrio.) f. Óxido de itrio, substancia blanca, terrosa e insoluble en el agua, y que se extrae de minerales poco comunes.

ITRIO. (De Itterby, pueblo de Suecia.) m. Metal que forma un polvo brillante y negruzco.

IVERNAL. (l. hibernālis.) adj. ant. Invernal.

IVERNAR. (l. hibernāre.) intr. ant. Invernar.

IVIERNO. (l. tempus hibĕrnum.) m. Invierno.

* **IXTLE**. m. MÉJ. Pita, hilo.

IZA. (De izar.) f. GERM. Ramera.

IZADO, DA.p.p. de izar. || 2.m. GERM. El que está amancebado.

* **IZAPI**. (guar. icapi.) m. BOT. AMÉR. Árbol que durante la estación de calor despide de su copa abundante humedad.

IZAR. (neerl. hissen.) tr. MAR. Hacer subir alguna cosa tirando de la cuerda de que está colgada y que pasa por un punto más elevado. || P. içar; I. to hoist, to haul up; F. hisser; A. aufziehen, hissen; It. issare; R. поднимать.

IZGONCE. m. ant. Esconce.

IZGONZAR. tr. ant. Esconzar.

IZOTE. (mejic. iczotl.) m. BOT. Árbol liliáceo, de América Central, especie de palma, de flores blancas olorosas que se comen en conserva. En España se cultiva en los jardines.

IZQUIERDA. (De izquierdo.) f. Mano izquierda. || 2. Hablando de colectividades políticas, la más exaltada y radical de ellas y que guarda menos respeto a las tradiciones del país. || P. esquerda; I. left-hand; F. gauche; A. die linke Hand; It. sinistra; R. левая рука.

IZQUIERDAR. (De izquierdo.) intr. fig. Apartarse del dictamen de la razón y el juicio.

IZQUIERDISTA. f. Partidario de la izquierda o grupo político de opiniones radicales.

IZQUIERDO, DA. (Del m. or. que esquerro.) adj. Se aplica a la mano contraria a la derecha. || 2. Se aplica a lo que mira hacia la mano izquierda o está de este lado. || 3. Se dice de lo que desde el eje de la vaguada de un río cae a mano izquierda de quien se sitúa mirando hacia donde corren las aguas. || 4. Zurdo. || 5. Se aplica a la caballería que saca los pies o manos hacia fuera y mete rodillas adentro. || 6. fig. Torcido.

J

J. f. Undécima letra del abecedario español y octava de las consonantes. Se lee *jota* y su sonido es una fuerte aspiración. || **2.** Fís. Símbolo del julio, unidad de trabajo.

JABA. (Voz caribe.) f. Cuba. Especie de cesta, hecha de tejido de junco o yagua. || **2.** Amér. Especie de cajón de forma enrejada para transportar loza.

★ **JABADO, DA.** adj. prov. Murc. De plùmaje de dos o tres colores. || **2.** Cuba y Venez. Se aplica a las aves de corral con el plumaje blanco y pardo o negro. || **3.** Cuba. Se dice de la persona cuya opinión vacila entre dos bandos.

JABALCÓN. (De *jabalón*.) m. Arq. Madero ensamblado en uno vertical para apear otro horizontal o inclinado. || **3.** Colom. Barranco.

JABALCONAR. tr. Formar con jabalcones el tendido del tejado. || **2.** Sostener con jabalcones un vano o voladizo.

JABALÍ. (ár. *ŷabalī*, montaraz.) m. Mamífero paquidermo, común en España, es variedad salvaje del cerdo con la cabeza aguda, las orejas tiesas, el pelaje de color gris uniforme y los colmillos grandes y salientes. || **2.** Amér. Saíno. || **—alunado.** Aquel que tiene los colmillos tan crecidos por viejo que casi forman media luna y no puede herir con ellos. || **P.** javali; **I.** wild-boar; **F.** sanglier; **A.** Eber, Wildschwein; **It.** cinghiale; **R.** дикий кабан.

JABALÍN. m. ant. Jabalí. Ú. en Andalucía y Salamanca.

JABALINA. (De *jabalín*.) f. Hembra del jabalí.

JABALINA. (fr. *javeline*, y éste del célt. *gabalos*, lanza.) f. Arma, que se empleaba en la caza mayor. || **2.** Dep. Vara con punto de hierro que el atleta lanza lo más lejos posible en prueba de fuerza y destreza.

JABALINERO, RA. (De *jabalín*.) adj. Sal. Se aplica al perro adiestrado en la caza del jabalí.

JABALÓN. (ár. *ŷamalūn*, techo abovedado.) m. Arq. Jabalcón.

JABALONAR. tr. Jabalconar.

JABALUNO, NA. (De *jabalí*.) adj. Se dice de una piedra caliza de color obscuro. Ú.t.c.s.f.

JABARCÓN. m. ant. Arq. Jabalcón.

JABARDEAR. intr. Dar jabardos las colmenas.

JABARDILLO. (d. de *jabardo*.) m. Bandada grande de insectos o avecillas. **2.** fig. y fam. Remolino de gente que origina ruido.

JABARDO. m. Enjambre pequeño que da la colmena como segunda cría del año, o como primera si está débil. || **2.** fig. y fam. Jabardillo, gran remolino de gente.

JABATO. m. Hijo pequeño o cachorro de jabalí.

JABEBA. f. Ajabeba.

JABECA. (ár. *sabika*, lingote.) f. Min. Horno de destilación, empleado antes en Almadén.

JÁBECA. (ár. *šabaka*, red.) f. Jábega, red larga, que se tira desde tierra.

JABEGA. f. Jabeba.

JÁBEGA. (De *jábeca*.) f. Red grande, con un copo y dos bandas de las que se tira desde tierra por medio de cabos largos.

JÁBEGA. (De *jabeque*.) f. Embarcación parecida al jabeque, pero menor. Se emplea para pescar.

JABEGOTE. m. Cada uno de los hombres que tiran de la jábega.

JABEGUERO, RA. adj. Perteneciente a la jábega. || **2.** m. Pescador de jábega.

JABELGAR. tr. ant. Jalbegar. Ú.m. en Salamanca.

JABEQUE. (ár. *šabbāk*, barco para pescar con red.) m. Embarcación costera de tres palos y velas latinas, que navega también a remo.

JABEQUE. (ár. *habat*, huella o señal de herida.) m. fig. y fam. Herida hecha con arma blanca en el rostro. Ú. m. con el verbo *pintar*.

JABERA. f. Especie de cante popular andaluz.

JABÍ. (ár. *ša'bī*, variedad de la manzana primaveral.) adj. Se dice de una especie de manzana silvestre. Ú.t.c.s. || **2.** Se aplica a cierta clase de uva pequeña que se produce en el antiguo reino de Granada. Ú.t.c.s.

JABÍ. (Voz americana.) m. Bot. Árbol de la América intertropical, papilionáceo, de tronco liso, fruto en vainas muy estrechas, madera dura, rojiza, compacta, apreciada en la construcción naval por ser incorruptible debajo del agua.

JABILLO. (De *jabi*, 2.º art.) m. Árbol de América tropical, euforbiáceo, de fruto en caja que se abre con ruido. Tiene un jugo lechoso deletéreo y su madera, blanda, se emplea para hacer canoas.

★ **JABÍN.** m. Méj. Jabí, árbol leguminoso.

JABINO. (l. *sabina*.) m. Variedad enana del enebro.

JABLE. (fr. *jable*.) m. Gárgol en que se encajan las tiestas de las tapas de tonéles y botas.

JABÓN. (l. *sapo, -ōnis*.) m. Pasta resultante de la combinación de un álcali con los ácidos de aceite u otro cuerpo graso; es soluble en el agua. Sirve para lavar. || **2.** fig. Cualquiera otra masa de uso semejante aunque no esté compuesta como el jabón común. || **3.** Farm. Compuesto medicinal, resultante de la acción del amoniaco u otro álcali, o de un óxido metálico, sobre aceites, grasas o resinas, y que a veces se mezcla con substancias que producen saponificación. || **4.** Cuba. Jaboncillo. || **5.** Zool. Cuba y P. Rico. Pez de cuerpo oblongo y comprimido, de mandíbula inferior muy saliente y con la piel con un humor espumoso como el Jabón. || **—blando.** Aquel en que la potasa es el álcali; se distingue por su color obscuro y su consistencia de ungüento. || **—de Palencia.** fig. y fam. Pala con que las lavanderas golpean la ropa. || **2.** fig. y fam. Zurra de palos. || **—bruto.** Chile. El más ordinario. || **—de sastre.** Esteatita blanca que emplean los sastres para señalar en la tela. || **—duro.** Aquel en que la sosa es el álcali y tiene mucha consistencia. || *Dar* jabón a uno. fr. fig. y fam. Adularle. || *Dar* a uno un jabón. fr. fig.

fam. Castigarle ásperamente. || *En* jabón m. adv. Amér. En preparación. || **P.** sabão;· **I.** soap; **F.** savon; **A.** Seife; **It.** sapone; **R.** мыло.

★ **JABONADA.** f. Chile. Jabonadura. || **2.** Méj. Reprimenda.

JABONADO, DA. p.p. de jabonar. || **2.** m. Jabonadura, acción de jabonar. || **3.** Conjunto de ropa blanca que se ha de jabonar o se ha jabonado.

JABONADOR, RA. adj. Que jabona. Ú.t.c.s.

JABONADURA. f. Acción y efecto de jabonar. || **2.** pl. Agua que queda mezclada con el jabón y la espuma. || **3.** Espuma que se forma al jabonar. || *Dar* a uno *una* jabonadura. fr. fig. y fam. Dar a uno un jabón.

JABONAR. tr. Estregar la ropa con jabón y agua para limpiarla o ablandarla. || **2.** Humedecer la barba con agua y jabón para afeitarla. || **3.** fig. y fam. Dar un jabón. || **P.** ensaboar; **I.** to soap; **F.** savonner; **A.** (ab)seifen, waschen; **It.** insaponare; **R.** намыливать.

JABONCILLO. (d. de *jabón*.) m. Pastilla de jabón duro mezclado con alguna substancia aromática. Se emplea en tocador. || **2.** Árbol de América, sapindáceo, de fruto carnoso, amargo, semejante a la cereza; la pulpa, produce con el agua una especie de jabón que se emplea para lavar la ropa. || **3.** Cuba. Calalú, bejuco de hojas dentadas, que algunos usan para limpiar la dentadura. || **4.** Farm. Jabón medicinal. || **5.** Chile. Jabón que se emplea para afeitar la barba. || **6.** Cuba. Capa de terreno arcilloso que en época de lluvia mantiene la tierra encharcada perjudicando los cultivos. || **7.** Cuba. Jabón, pez. || **—de sastre.** Jabón de sastre.

JABONERA. f. Mujer que hace o vende jabón. || **2.** Caja para el jabón en lavabos y tocadores. || **3.** Bot. Planta herbácea, cariofilácea, de hojas con tres nervios muy prominentes, de fruto capsular con diversas semillas. El zumo y la raíz de esta planta hacen espuma con el agua y sirven para lavar la ropa. || **4.** Planta de la misma familia que la anterior, de flores blancas en corimbos muy prietos. Su fruto es seco y capsular. || **—de la Mancha.** Jabonera, 4.ª acep.

JABONERÍA. (De *jabonero*.) f. Fábrica de jabón. || **2.** Tienda de jabón.

JABONERO, RA. adj. Perteneciente o relativo al jabón. || **2.** Se dice del toro de piel blanca sucia tirando a amarillenta. || **3.** m. El que fabrica o vende jabón. || **4.** Ecuad. Se aplica a las bestias que resbalan al andar.

JABONETA. f. Jabonete.

JABONETE. m. Jaboncillo, jabón de olor.

JABONOSO, SA. adj. Que es de jabón o tiene naturaleza de tal.

JABORANDI. m. Árbol poco elevado, originario del Brasil, rutáceo, de fruto capsular con cinco divisiones. Sus hojas son semejantes en el color y el sabor a las del naranjo.

★ **JABUCO.** m. Cuba. Cesto redondo de boca estrecha.

J

★ JABUDO, DA. adj. COLOM. Grande.

JACA. (De *haca*.) f. Caballo cuya alzada no alcanza siete cuartas. || **2.** Planta urticácea, originaria de la India. Es árbol copudo que se emplea en la construcción naval. || **3.** PERÚ. Yegua de escasa alzada. || —**de dos cuerpos.** La que acercándose a las siete cuartas es por su robustez capaz del mismo servicio que el caballo de alzada. || **P.** faca; **I.** nag; **F.** bidet; **A.** Gaul; **It.** cavallino; **R.** лошадка.

JACAL. (mejic. *xacalli*.) m. MÉJ. Choza.

★ JACALÓN. m. MÉJ. Cobertizo.

JÁCARA. (Quizá del verbo ár. *ŷakkara*, hacer rabiar, molestar a uno.) f. Romance alegre en que generalmente se narran hechos de la vida airada. || **2.** Cierta música para cantar y bailar. || **3.** Especie de danza, formada al tañido propio de la jácara. || **4.** Junta de gente alegre que anda metiendo ruido y cantando por las calles. || **5.** fig. y fam. Molestia, por alusión a la que causan los que cantan de noche por las calles. || **6.** fig. y fam. Mentira, patraña. || **7.** fig. y fam. Cuento, razonamiento.

JACARANDÁ. m. CHILE. Árbol bignoniáceo, de flores azules, muy cultivado en parques y jardines. Es propio de la América tropical.

JACARANDAINA. f. GERM. Jacarandina.

JACARANDANA. (De *jácara*.) f. GERM. Rufianesca o junta de rufianes o ladrones. || **2.** GERM. Lenguaje de rufianes.

JACARANDINA. f. GERM. Jacarandana. || **2.** GERM. Jácara. || **3.** GERM. Modo particular de cantarla los jaques.

JACARANDINO, NA. adj. GERM. Perteneciente a la jacarandina.

JACARANDO, DA. adj. Propio de la jácara o relativo a ella. || **2.** m. Jácaro, guapo y baladrón.

JACARANDOSO, SA. (De *jacarando*.) adj. fam. Alegre, desenvuelto.

★ JACARÉ. m. ZOOL. AMÉR. Caimán.

JACAREAR. intr. Cantar jácaras frecuentemente. || **2.** fig. y fam. Andar por las calles armando y metiendo ruido. || **3.** fig. y fam. Molestar con palabras.

JACARERO. m. Persona que anda cantando jácaras. || **2.** fig. y fam. Alegre y chancero.

JACARISTA. m. Jacarero.

JÁCARO, RA. (Del m. or. que *jácara*.) adj. Perteneciente o relativo al guapo o baladrón. || **2.** m. El guapo y baladrón. || *A lo* JÁCARO. m. adv. Con afectación, con bizarría en traje o modo.

JÁCENA. (ár. *ḥāşina*, que fortalece o defiende.) f. ALIC. Madero de hilo, de 36 palmos de largo y escuadría de 18 pulgadas de lado. || **2.** En Baleares, viga de pinabete. || **3.** ARQ. Viga maestra.

JACER. (l. *iacēre*.) tr. ant. Tirar o arrojar.

JACERINA. (De *jacerino*.) f. Cota de malla.

JACERINO, NA. (De *jazarino*.) adj. Se dice de la cota de malla.

JACILLA. (l. *iacīlia*, pl. n. de *iacīle*, de *iacēre*, yacer.) f. Señal que deja una cosa en la tierra donde ha permanecido algún tiempo.

JACINTINO, NA. (l. *hyacinthinus*.) adj. Violado. Ú.m. en poesía.

JACINTO. (l. *hyacinthus*, y éste del gr. ὑάκινθος.) m. Planta anual liliácea, de hojas largas, flores olorosas, fruto capsular con tres divisiones y varias semillas negras casi redondas. Se cultiva en los jardines. || **2.** Flor de esta planta. || **3.** Circón. ||—**de Ceilán.** Circón. ||—**de Compostela.** Cuarzo cristalizado de tono rojo obscuro. ||—**occidental.** Topacio. ||—**oriental.** Rubí. || **P.** jacinto; **F.** jacinthe; **A.** Hyazinthe; **It.** giacinto; **R.** гиацинт.

★ JACIO. m. BOT. VENEZ. Planta euforbiácea perteneciente al género hevea.

JACO. (de *šakk*, loriga de mallas apretadas.) m. Cota de malla de manga corta y que no pasaba de la cintura.

JACO. (De *jaca*.) m. Caballo pequeño y ruin. || **2.** AMÉR. Tortuga pequeña.

JACOBEO, A. adj. Perteneciente o relativo al apóstol Santiago.

JACOBINISMO. m. Doctrina de los jacobinos.

JACOBINO, NA. (fr. *jacobin*.) adj. Se dice del individuo del partido más cruel de Francia en la época de la Revolución y de este mismo partido. Apl. a pers. ú.t.c.s. || **2.** Por ext. se dice del demagogo partidario de la revolución violenta. Ú.m. c.s. || **P.** jacobino; **I.** Jacobin; **F.** jacobino; **A.** jakobinisch, Jakobiner; **It.** giacobino; **R.** якобинц..

JACOBITA. adj. Monofisita. Ú.t.c.s. || **2.** Partidario de la restauración en el trono de Inglaterra de Jacobo II Estuardo o sus descendientes. Ú.t.c.s. || **3.** Perteneciente o relativo a la política de los que pretenden esta restauración.

★ JACÓN. m. C. RICA. Cuártago de paso.

JACONTA. f. BOL. Especie de puchero de carne, con tubérculos, que se come en carnaval.

★ JACOTE. m. AMÉR. Jobo.

★ JACRA. (ár. *cucar*, del persa *xacar*, azúcar.) f. QUÍM. Especie de azúcar obtenido del vino de la palmera y del coco.

JACTANCIA. (l. *iactantia*.) f. Alabanza propia, desordenada y presuntuosa. || **P.** jactància; **I.** boasting; **F.** jactance; **A.** Aufschneiderei; **It.** iattanza; **R.** хвастовство.

JACTANCIOSAMENTE. adv. Con jactancia.

JACTANCIOSO, SA. (De *jactancia*.) adj. Se dice del que se jacta. Ú.t.c.s.

JACTANTE. (l. *iactans, -antis*.) p.a. ant. de jactarse. Que se jacta.

JACTAR. (l. *iactāre*.) tr. ant. Mover. || **2.** r. Alabarse uno presuntuosamente de alguna cosa. || **P.** jactar-se; **I.** to vaunt; **F.** se vanter; **A.** prahlen; **It.** millantarsi; **R.** хвалить.

JACTURA. (l. *iactūra*.) f. ant. Quiebra, pérdida.

★ JACÚ. m. BOL. Pan, plátano o yuca con que se comen los demás manjares.

JACULATORIA. (l. *iaculatoria*, t. f. de *-rius*, jaculatorio.) f. Oración breve dirigida al cielo con vivo fervor. || **P.** jaculatòria; **I.** ejaculatory prayer; **F.** éjaculation; **A.** Stossgebet; **It.** giaculatoria; **R.** молитва.

JACULATORIO, RIA. (l. *iaculatorius*, de *iaculāri*, lanzar.) adj. Breve, fervoroso.

JÁCULO. (l. *iaculum*.) m. Dardo, arma arrojadiza.

JACHALÍ. (Voz americana.) m. Árbol de la América intertropical, anonáceo, de copa redonda, ramas abundantes, fruto sabroso de corteza amarillenta. Su madera, sumamente dura, es apreciada en ebanistería.

★ JACHIMAICHAI. m. ECUAD. Baño que dan los indios a un cadáver antes de enterrarlo.

★ JACHUDO, DA. adj. ECUAD. Forzudo, musculoso. || **2.** Terco, tenaz.

JADA. (l. *asciata*, de ascia.) f. AR. Azada.

JADE. (chino *jud*.) m. Piedra dura, de aspecto jabonoso, blanquecina o verdosa con manchas moradas o rojizas. Es un silicato de magnesia y cal con escasas porciones de alúmina y óxidos de hierro y de manganeso.

JADEANTE. p.a. de jadear. Que jadea.

JADEAR. (De *ijadear*.) intr. Respirar con fuerza como consecuencia de algún trabajo violento. || **P.** arquejar; **I.** to pant; **F.** haleter; **A.** schnauben, nach Luft schnappen; **It.** ansare; **R.** запыхаться.

JADEO. m. Acción de jadear.

JADIAR. (De *jada*.) tr. AR. Cavar con la jada.

JADRAQUE. (ár. *ḥaḍrat*, excelencia, señoría.) m. Tratamiento que dan los musulmanes a los sultanes y príncipes.

JAECERO, RA. m. y f. Persona que hace jaeces.

JAÉN. (De *Jaén*, de donde procede esta uva.) adj. Se aplica a una variedad de uva blanca algo crecida. Ú.t.c.s. || **2.** Se dice asimismo de la vid y del veduño que la producen.

JAENERO, RA. adj. Jaenés.

JAENÉS, SA. adj. Natural de Jaén. Ú.t.c.s. || **2.** Perteneciente a esta ciudad.

JAEZ. (ár. *ŷahāz*, aparejo, equipo.) m. Cualquier adorno de las caballerías. Ú.m. en pl. || **2.** Adorno de cintas para las crines de las caballerías en días de fiesta. || **3.** fig. Calidad o propiedad de una cosa. || **4.** GERM. Ropa o vestidos. || **P.** jaez;

I. harness; **F.** harnais; **A.** (Pferde)Geschirr; **It.** bardatura; **R.** украшение на упряжи.

JAEZAR. (De *jaez*.) tr. Enjaezar.

JAFÉTICO, CA. adj. Se aplica a los pueblos y razas que descienden de Jafet, tercer hijo de Noé. || **2.** Perteneciente a estos pueblos o razas.

JAGA. (gall. y port. *chaga*, y éste del l. *plaga*, golpe.) f. ant. Llaga.

JAGUA. (mejic. *xahualli*.) f. Árbol de la América intertropical, rubiáceo, de tronco recto, flores olorosas, fruto como un huevo de ganso, drupáceo, de corteza cenicienta y pulpa agridulce con muchas semillas pequeñas. Su madera es fuerte y de color amarillento. || **2.** Fruto de este árbol. || **3.** COLOM. Jaguilla. || **4.** AMÉR. Arenilla ferruginosa que queda al lavar el oro.

JAGUADERO. (ant. *ejaguar*, del l. *exaquāre*, desaguar.) m. ant. Desaguadero.

★ JAGUANI. m. VENEZ. Cestilla para conservar víveres.

JAGUAR. (Voz americana.) m. Félido de gran tamaño, rufáceo, con la piel con manchas negras. Vive en toda la América Central y Meridional.

JAGUARZO. (ár. *šaqwāş*, variedad de la jara.) m. BOT. Arbusto cistáceo, ramoso, de hojas algo viscosas, flores blancas y fruto capsular, pequeño y liso. Abunda en el centro de España.

★ JAGUAY. m. BOT. CUBA. Árbol de madera amarilla empleada en ebanistería. || **2.** PERÚ. Balsa.

★ JAGÜEL. m. AMÉR. Jagüey, balsa grande en que se recoge el agua. || **2.** AMÉR. Pozo sin brocal.

JAGÜEY. m. BOT. CUBA. Bejuco moráceo, que crece enlazándose con otro árbol al que mata por fuerte que sea. || **2.** AMÉR. Balsa, pozo lleno de agua. || **3.** ZOOL. Mosquito que abunda en las costas de Cuba. || **4.** fig. CUBA. Persona traidora y desleal.

★ JAGÜILLA. f. CUBA. Árbol rubiáceo de fruto carnoso y madera dura empleada en carpintería.

JAHARÍ. (ár. *ša'arī*, peludo, velloso.) adj. Se aplica a una especie de higo que se cría en Andalucía. Ú.t.c.s.

JAHARIZ. m. ant. Jaraíz.

JAHARRAL. (ár. *ḥaŷar*, piedra.) m. AND. Lugar de mucha piedra suelta.

JAHARRAR. (ár. *ḥawāra*, greda blanca.) tr. Cubrir con una capa de yeso o mortero el paramento de una fábrica de albañilería.

JAHARRO. m. Acción y efecto de jaharrar.

JAHUAY. m. ECUAD. Canturía triste de los indios.

JAIBA. f. CUBA. Especie de cangrejo de concha casi blanca. || **2.** CHILE. Cámbaro. || **3.** ZOOL. CUBA. Cangrejo de río. || **4.** adj. CUBA y P. RICO. Listo, astuto. Ú.t.c.s. || *Hacer una* JAIBA. fr. fig. y fam. AMÉR. Caer de espaldas un mal remero cuando con la pala en vez de remar azota el aire.

★ JAIBERÍA. f. P. RICO. Astucia.

JAIQUE. (ár. *ḥā'ik*.) m. Especie de capa con capucha usada en Berbería.

★ JAITA. f. fig. CHILE. Burla. || *Hacerle la* JAITA a uno. CHILE. Burlarse de él colocando las manos extendidas a continuación de la nariz como tocando la flauta.

★ JAIZUBIA. f. AMÉR. Jaiba.

★ JAJÁ. m. AMÉR. Chajá. || **2.** adj. REP. DOMIN. Tacaño.

¡JA, JA, JA! interj. con que se denota la risa.

★ JALA. f. COLOM. Borrachera.

★ JALADO, DA. adj. CUBA. Ebrio, borracho.

JALAPA. (De *Xalapa*, ciudad de Méjico, de donde procede esta planta.) f. Planta convolvulácea americana parecida a la enredadera de campanillas. || **2.** Raíz de esta planta, cuyo jugo resinoso se emplea en medicina. || **P.** jalapa; **I.** y **F.** jalap; **A.** Jalappenwinde; **It.** gialappa; **R.** ялапа.

★ JALAPATO. m. PERÚ. Diversión en la cual se descabeza un pato.

JALAR. tr. fam. Halar. || **2.** fam. Tirar, atraer. || **3.** fam. C. RICA. Hacer el amor. || **4.** PERÚ. Desaprobar en el examen. || **5.** REP. DOMIN. Enflaquecer. || **6.** r. AMÉR. Emborracharse. || **7.** AMÉR. Irse.

J

* JALATOCLE. (mejic. *xal-atoctli*, de *xalli*, arena, y *atoctli*, atocle.) m. MÉJ. Tierra arenosa que dejan las avenidas.

JALBEGADOR, RA. adj. Se dice del que jalbega. Ú.t.c.s.

JALBEGAR. (l. *exalbicāre*, blanquear.) tr. Enjalbegar. ‖ **2.** fig. Afeitar o componer el rostro con afeites. Ú.t.c.r.

JALBEGUE. (De *jalbegar*.) m. Blanqueo hecho con cal o arcilla blanca. ‖ **2.** Lechada de cal para blanquear o enjalbegar. ‖ **3.** fig. Afeite de las mujeres para blanquear el rostro.

* JALCA. f. PERÚ. Altura en la cordillera.

* JALDA. f. P. RICO. Falda de un monte.

JALDADO, DA. adj. Jalde.

JALDE. (ant. fr. *jalne*, y éste del l. *galbinus*, de color verde claro.) adj. Amarillo subido.

JALDETA. f. ant. Faldeta. Ú. en Salamanca.

JALDO, DA. adj. Jalde.

JALDRE. m. CETR. Color jalde.

JALE. m. MÉJ. Jal, piedra pómez.

JALEA. (fr. *gelée*.) f. Conserva transparente, hecha del zumo de frutas. ‖ **2.** FARM. Cualquier medicamento azucarado preparado con una materia vegetal o animal, y que enfriándose toma consistencia gelatinosa. ‖ **—del agro.** Conserva de cidra. ‖ **—real.** Substancia, a modo de papilla blanquecina, elaborada por las abejas para la alimentación de las larvas hasta el tercer día y de la reina durante toda su vida. Es la fuente más rica de ácido pantoténico, lo que le da propiedades rejuvenecedoras. ‖ *Hacerse* uno *una* JALEA. fr. fig. y fam. Mostrarse extremadamente afectuoso de puro enamorado. ‖ P. geleia; I. jelly; F. gelée; A. Obstgelee; It. gelatina di frutta; R. желе.

JALEADOR, RA. adj. Se dice del que jalea. Ú.t.c.s.

JALEAR. (De ¡hala!) tr. Llamar a los perros para cargar o seguir la caza. ‖ **2.** Animar con palmadas y ciertas expresiones a los que bailan, etc. ‖ **3.** AND. Ojear, espantar la caza. ‖ **4.** CHILE. Fastidiar, molestar. ‖ **5.** CHILE. Mofarse. ‖ P. animar; I. to encourage; F. exciter; A. (an) hetzen; It. aizzare; R. поощрять.

JALECO. (turco *yalak*, chupa.) m. Jubón de paño de color, puesto sobre la camisa, abierto por delante; era prenda del traje servil entre los turcos. Lo vestían siempre los cristianos cautivos.

JALEO. m. Acción y efecto de jalear. ‖ **2.** Cierto baile andaluz. ‖ **3.** Tonada y coplas de este baile. ‖ **4.** fam. Jarana, diversión ruidosa. ‖ **5.** AND. Ojeo. ‖ **6.** AMÉR. CENTRAL. Amorío. ‖ **4.ª** acep.: P. algazarra; I. revelry, carousal; F. vacarme, tapage; A. Radau; It. chiasso; R. оживление.

* JALERA. f. CUBA. Borrachera.

JALETINA. f. Gelatina. ‖ **2.** Especie de jalea fina y transparente que se consigue cociendo cola de pescado con una fruta o substancias animales, y azúcar.

JALIFA. (Del m. or. que *califa*.) Autoridad suprema del protectorado español en Marruecos, que ejercía los poderes por delegación del sultán y desempeñaba las funciones que a éste competían. ‖ **2.** En Marruecos lugarteniente que sustituye a un funcionario.

JALIFATO. m. Dignidad de jalifa. ‖ **2.** Territorio bajo el gobierno del jalifa.

JALIFIANO, NA. adj. Se dice de lo que corresponde a la autoridad del jalifa.

JALISCIENSE. adj. Natural de Jalisco. Ú.t.c.s. ‖ **2.** Perteneciente a este Estado de la república mejicana.

* JALISCO, CA. adj. MÉJ. Borracho. ‖ **2.** m. MÉJ. Sombrero de paja confeccionado en Jalisco.

JALMA. (l. *sagma*, y éste del gr. σάγμα.) f. Enjalma.

JALMERÍA. f. Arte u obra de los jalmeros.

JALMERO. (De *jalma*.) m. Enjalmero.

JALÓN. (fr. *jalon*.) m. TOPOGR. Vara con regatón de hierro para determinar puntos fijos cuando se levanta un plano en un terreno. ‖ **2.** AMÉR. Tirón. ‖ **3.** MÉJ. Trago. ‖ **4.** BOL. Trecho. ‖ **5.** fig. AMÉR. Etapa. ‖ **6.** AMÉR. CENTRAL. Pretendiente, novio. ‖ *De un* JALÓN. m. adv.

MÉJ. y P. RICO. De una vez. ‖ P. baliza; I. levelling pole; F. jalon; A. Absteckpfahl; It. biffa; R. веха, вешка.

* JALONA. adj AMÉR. CENTRAL. Coqueta, voluble. Ú.t.c.s.

JALONAR. tr. Alinear por medio de jalones. ‖ **2.** fig. AMÉR. Avanzar por etapas. ‖ P. balizar; I. to level; F. jalonner; A. abpfählen; It. biffare; R. намечать вехами.

* JALONEAR. MÉJ. Tirar.

JALOQUE. (ár. *šarūq* o *šalūk*, viento de Levante.) m. Sudeste, siroco.

* JALPACAR. tr. MÉJ. Lavar en bateas la lama mineral.

* JALLO, LLA. adj. Quisquilloso. ‖ **2.** Jactancioso.

JALLULLO. m. AND. Hallullo.

* JAMAGÜEY. m. BOT. AMÉR. Planta leguminosa. Crece espontánea en Cuba, con su fruto se ceban los cerdos y su madera se emplea en las construcciones.

* JAMAICA. f. COM. Madera estimada procedente de la isla de su nombre. ‖ **2.** MÉJ. Venta de caridad para sacar dinero para algún fin benéfico. ‖ **3.** CUBA. Berenjena de huevo.

JAMAICANO, NA. adj. Natural de Jamaica. Ú.t.c.s. ‖ **2.** Perteneciente a esta isla de América.

* JAMAQUEO. m. CUBA. Acción y efecto de jamaquear.

JAMAR. tr. fam. Comer.

JAMÁS. (l. *iam magis*, ya más.) adv. Nunca. Pospuesto a este adverbio y a *siempre*, refuerza el sentido de una y otra voz. ‖ P. y F. jamais; I. never; A. niemals; It. mai, giammai; R. никогда.

JAMBA. (fr. *jambe* y éste del célt. *camba*, pierna.) f. ARQ. Cualquiera de las dos piezas verticales labradas que sostienen el dintel de las puertas y ventanas. ‖ P. jamba; I. jamb; F. jambage; A. Türpfosten; It. stipite; R. косяк.

* JAMBADO, DA. adj. MÉJ. Comilón. ‖ **2.** MÉJ. Empachado.

JAMBAJE. m. ARQ. Conjunto de dos jambas y el dintel que forman el marco de una ventana o puerta. ‖ **2.** Todo lo perteneciente a la ornamentación de las jambas y el dintel.

* JAMBAR. tr. MÉJ. Molestar.

* JAMBAZÓN. fr. MÉJ. Hartazgo.

* JAMBE. m. GUAT. Cierto baile popular.

JÁMBICO, CA. adj. Yámbico.

JAMBO. m. ant. Yambo, pie de poesía griega y latina.

JAMBÓN. (De *jamba*.) m. ant. Jamón.

* JAMBÓN, NA. MÉJ. Fastidioso.

JAMBRAR. (l. *examināre*, enjambrar.) tr. AR. Enjambrar.

* JAMBRUNA. f. P. RICO. Hambruna.

JAMELGO. (l. *famelicus*, hambriento.) m. fam. Caballo flaco y hambriento.

JAMERDANA. (De *jamerdar*.) f. Paraje donde se tira la inmundicia de los vientres de las reses en el matadero.

JAMERDAR. (l. *ex*, priv., y *merda*, excremento.) tr. Limpiar los vientres de las reses. ‖ **2.** fam. Lavar de prisa y mal.

JAMETE. (b. gr. ἑξάμιτος, de seis lizos.) m. Rica tela de seda, entretejida, en ocasiones, de oro.

JAMETERÍA. (ár. *ḥammād*, que elogia desmedidamente, con terminación española.) f. MURC. Zalamería.

* JAMICHE. m. COLOM. Montón de materiales deteriorados. ‖ **2.** Cascajo.

JÁMILA. (ár. *ẏamila*, agua que corre de las aceitunas apiladas.) f. Alpechín.

* JAMO. m. PESCA. CAN. Aro de hierro con red y con mango de madera que sirve para extraer los peces de los viveros. ‖ **2.** CUBA. Hamo, red de pesca en forma de manga.

JAMÓN. (De *jambón*.) m. Carne curada de la pierna del cerdo. ‖ **—en dulce.** El que cocido en vino blanco se toma fiambre. ‖ *Un* JAMÓN *con chorreras.* loc. irónica con que se da contestación al que pide mucho más de lo que se le puede dar o está muy lejos de merecer. ‖ P. presunto; I. ham; F. jambon; A. Schinken; It. prosciutto; R. окорок, ветчина.

JAMONA. (De *jamón*.) adj. fam. Se aplica a la mujer gruesa y no muy joven. Ú.t.c.s.

* JAMONCILLO. m. MÉJ. Dulce de leche.

* JAMPARO. m. MAR. COLOM. Chalupa, canoa.

* JAMPIRUNCO. m. PERÚ. Curandero ambulante.

* JAMPUDO, DA. adj. Grueso, robusto.

JAMÚAS. f. pl. LEÓN. Jamugas.

JAMUGA. f. Jamugas.

JAMUGAS. (célt. *sambūca*.) f. pl. Silla de tijera que se coloca sobre las caballerías para montar cómodamente a mujeriegas.

JAMURAR. tr. Achicar el agua con bateas. ‖ **2.** COLOM. Dar una mano a la ropa que se lava.

JAMUSCAR. tr. ant. Chamuscar.

* JAN. m. CUBA. Estaca con que se hacen hoyos para plantar o sembrar. ‖ *Ensartarse en los* JANES. fr. fig. y fam. CUBA. Meterse en un mal negocio.

* JANANE. adj. GUAT. Falto de algún diente o pedazo de labio. Ú.t.c.s.

* JANASI. m. CUBA. Árbol de madera muy resistente y dura.

JÁNDALO, LA. (De la palabra *andaluz*, pronunciada burlescamente.) adj. fam. Se dice de los andaluces por su pronunciación gutural. Ú.t.c.s. ‖ **2.** En Castilla, Asturias y otras regiones del Norte, se aplica al que volviendo de Andalucía trae la pronunciación de allí.

* JANDINGA. f. CUBA. Cierto guisado de hígado. ‖ **2.** REP. DOMIN. Fiesta de gente inculta.

* JANE. adj. HOND. Falto de diente o de un pedazo de labio. Ú.t.c.s.

* JANEAR. tr. CUBA. Hincar janes en tierra. ‖ **2.** Pararse de repente un cuerpo que estaba en movimiento. ‖ **3.** CUBA. Estacionarse.

JANGADA. f. fam. Salida o idea necia fuera de tiempo. ‖ **2.** fam. Trastada. ‖ **3.** Balsa, armadía. ‖ **3.** AMÉR. Balsa de popa cuadrada empleada en Brasil, formada de cinco troncos fuertemente unidos. ‖ **4.** BOT. AMÉR. Árbol tiliáceo propio del Brasil; con su madera se hacen jangadas o balsas.

JANGUA. (Del chino *chun*, barco.) f. Embarcación pequeña armada en guerra, empleada en los mares de Oriente.

* JANICHE. adj. HOND. y SALV. Falto de un diente o un pedazo de labio. Ú.t.c.s.

JANSENISMO. m. Doctrina de Cornelio Jansen, heresiarca holandés del siglo XVII, que exageraba la influencia de la gracia divina para obrar el bien menguando la libertad humana. ‖ P. jansenismo; I. Jansenism; F. jansénisme; A. Jansenismus; It. giansenismo; R. янсенизм.

JANSENISTA. adj. Sectario del jansenismo. Ú.t.c.s. ‖ **2.** Perteneciente o relativo al jansenismo.

* JAPECANGA. f. BOT. BRASIL. Variedad de zarzaparrilla.

JAPÓN. n. p. V. *Barniz*, *níspero*, *zumaque del* JAPÓN.

JAPÓN, NA. adj. Japonés. Apl. a pers. ú.t.c.s.

JAPONENSE. adj. Japonés. Apl. a pers. ú.t.c.s.

JAPONÉS, SA. adj. Natural del Japón. Ú.t.c.s. ‖ **2.** Perteneciente a este país de Asia. ‖ **3.** m. Idioma japonés. ‖ P. japonés; I. Japanese; F. japonais; A. Japaner, japanisch; It. giapponese; R. японский, японец.

JAPÓNICA. adj. V. *Tierra* JAPÓNICA. ‖ **2.** QUÍM. Se aplica al ácido formado al dejar al aire libre una solución amoniacal de catequina.

JAPUTA. (ár. *šabbūt*.) f. ZOOL. Pez teleósteo, acantopterigio, de color plomizo, cabeza pequeña, boca con dientes finos. Vive en el Mediterráneo y es de carne apreciada.

* JAPUTAMO. m. ZOOL. BOL. Filaria, gusano parásito.

JAQUE. (persa *šāh*, rey.) m. Lance del juego de ajedrez en que el rey o la pieza principal de un jugador están amenazados por alguna pieza del otro, quien tiene obligación de avisarlo. ‖ **2.** Palabra con que lo avisa. ‖ ¡JAQUE! interj. con que se avisa a uno que se ataque. ‖ *Tener a* uno *en* JAQUE. fr. Tenerle bajo el miedo de una amenaza. ‖ P. xeque; I. check; F. échec; A. Schach; It. scacco; R. шах.

JAQUE. (ár. *šaij*, jeque.) m. fam. Valentón.

JAQUE. (ár. *šaqq*, mitad de una cosa.) m. Especie de peinado liso que usaron las mujeres. ‖ 2. AR. Cada una de las dos bolsas de las alforjas.

★ **JAQUÉ.** m. MÉJ. Chaqué.

JAQUEAR. tr. Dar jaques en el juego de ajedrez. ‖ 2. fig. Hostigar al enemigo.

JAQUECA. (ár. *šaqīqa*, migraña.) f. Dolor de cabeza que ataca a intervalos y en general a un lado de ella. ‖ *Dar* a uno *una* JAQUECA. fr. fig. y fam. Fastidiarle con lo pesado de una conversación. ‖ P. enxaqueca; I. y F. migraine; A. Migräne; It. emicrania; R. мигрень.

JAQUECOSO, SA. (De *jaqueca*.) adj. fig. Fastidioso, cargante.

JAQUEL. (De *jaque*, en el ajedrez.) m. BLAS. Escaque, cuadrado que resulta de las divisiones de un escudo cortado y partido por lo menos dos partes.

★ **JAQUEL.** adj. MÉJ. Cajel, se aplica a una clase de naranja.

JAQUELADO, DA. (De *jaquel*.) adj. BLAS. Dividido en escaques. ‖ 2. Se aplica a las piedras preciosas labradas con facetas cuadradas.

JAQUERO. m. Peine pequeño que servía para hacer el peinado jaque.

JAQUÉS, SA. adj. Natural de Jaca. Ú.t.c.s. ‖ 2. Perteneciente a esta ciudad.

JAQUETA. (De *jaco*, 1.er art.) f. ant. Chaqueta.

JAQUETILLA. f. Jaqueta más corta que la corriente.

JAQUETÓN. m. ZOOL. Tiburón parecido al marrajo, de dientes planos, aserrados en los bordes. Vive en todos los mares. Tal vez por su tamaño y dentadura sea el tiburón más temible.

JAQUETÓN. m. fam. aum. de jaque, valentón.

JAQUETÓN. m. Jaqueta mayor que la común.

JÁQUIMA. (ár. *šakīma*, cabezada.) f. Cabezada de cordel, para atar bestias y llevarlas. ‖ 2. GUAT. y SAL. Borrachera. ‖ 3. P. RICO. Estafa.

JAQUIMAZO. m. Golpe dado con la jáquima. ‖ 2. fig. y fam. Chasco grave dado a uno.

JAQUIMERO. m. El que hace o vende jáquimas.

★ **JAQUIMÓN.** CHILE. Jáquima sencilla. ‖ 2. ECUAD. Ronzal del caballo. ‖ 3. CUBA. Jáquima con tornillo de hierro de modo que la cuerda o el cuero no pueda enroscarse aunque dé vueltas.

JAQUIR. (Tal vez del l. *iacŭi*, pret. de *iacĕre*.) tr. ant. Dejar, desamparar.

JAR. (aféresis del cat. *pixar*, der. del l. *mixi*, pret. de *mingĕre*, mear.) intr. GERM. Orinar.

JARA. (ár. *ša'rā'*, mata, breña.) f. Arbusto siempre verde, cistáceo, de hojas viscosas, de haz lampiña de color verde obscuro y envés velloso, flores grandes, fruto capsular donde se hallan las semillas; es abundante en los montes del centro y mediodía de España. ‖ 2. Palo de punta aguzada que se emplea como arma arrojadiza. ‖ 3. MÉJ. Flecha. ‖ 4. BOL. Alto en una marcha. ‖ 5. MÉJ. Entre charros, la policía. ‖ —**blanca.** Estepilla. ‖ —**cerval** o **cervuna.** Mata semejante a la jara, pero con las hojas con pecíolo, y sin manchas en la base de los pétalos. Abunda en España. ‖ —**criolla.** BOT. CUBA. Árbol silvestre de madera dura y compacta. ‖ —**estepa.** Mata semejante a la jara, pero menor, de hojas verdes por encima y cenicientas por el envés y fruto en cápsula pentagonal. Crece en toda España. ‖ P. esteva; I. rock-rose; F. ciste; A. Zistrose; It. imbrèntina; R. xapa.

JARABE. (ár. *šaráb*, bebida.) m. Bebida que se hace cociendo azúcar en agua hasta que se espese y añadiendo zumos refrescantes o substancias medicinales de que toma nombre. ‖ 2. fig. Cualquier bebida demasiado dulce. ‖ 3. MÉJ. Baile popular mejicano semejante al andaluz. ‖ —**de pico.** fr. fig. y fam. Palabras sin substancia, promesas que no se han de cumplir. ‖ —**gatuno.** MÉJ. Baile popular que parece derivarse del zapateado gitano o andaluz. ‖ P. xarope; I. sirup, syrup; F. sirop; A. Sirup, Zuckersaft; It. sciroppo; R. сироп.

JARABEAR. tr. Dar o mandar el médico tomar jarabes. ‖ 2. r. Tomar jarabes.

JARACALLA. f. Alondra.

★ **JARACATAL.** m. GUAT. Abundancia, multitud.

★ **JARACOLITO.** m. AMÉR. Baile de los indios peruanos.

JARAÍZ. (ár. *šahrīy*, cisterna, estanque.) m. Lagar. ‖ 2. En algunas partes, lagar pequeño.

JARAL. m. Lugar lleno de jaras. ‖ 2. fig. Lo que está muy enredado.

JARAMAGO. (l. *siser amarĭcum*, sisimbrio, amargo.) m. Planta herbácea crucífera, de tallo ramoso desde la base, fruto en vainas delgadas y con muchas semillas, es común entre los escombros. ‖ P. saramago; I. hedge-mustard; F. roquette; A. Meerrettich; It. ruchetta; R. редис.

JARAMEÑO, ÑA. adj. Perteneciente al río Jarama y sus riberas. ‖ 2. Se dice de los toros criados en las riberas del Jarama, celebrados por su bravura.

JARAMUGO. (De *saramugo*.) m. Pececillo nuevo de cualquier especie.

JARANA. (De *jacarandana*.) f. fam. Se dice de la diversión bulliciosa de gente ordinaria. ‖ 2.fam. Tumulto. ‖ 3.fam. Trampa. ‖ 4.fam. ANT., COLOM., VENEZ. y CHILE. Chanza, burla. ‖ 5. HOND. Trampa, deuda. ‖ 6. P. RICO y ECUAD. Baile popular. ‖ 7. MÉJ. Baile de gente del pueblo. ‖ P. algazarra; I. carousal; F. tapage, vacarme; A. Radau; It. cagnara; R. шумное веселье.

JARANDINA. f. GERM. Jacarandina.

JARANEAR. intr. fam. Andar en jaranas. ‖ 2. CUBA. Burlarse. ‖ 3. GUAT. Contraer deudas. ‖ 4. P. RICO. Bailar. ‖ 5. COLOM. Molestar. ‖ 6. C. RICA. Estafar.

JARANERO, RA. adj. Se dice del aficionado a las jaranas. ‖ 2. AMÉR. CENTRAL. Tramposo.

JARANO. adj. V. *Sombrero* JARANO. Ú.t.c.s.

JARAPOTE. m. AND. y AR. Jaropeo.

JARAPOTEAR. tr. AND. y AR. Jaropear.

★ **JARATAR.** tr. ECUAD. Cercar.

JARAZO. m. Golpe o herida causada con la jara.

★ **JARBACA.** f. C. RICA. Maíz quebrantado.

JARCIA. (ár. *sarsiya*, cuerda que sujeta el mástil.) f. Carga de muchas cosas para un uso o fin. ‖ 2. Aparejos y cabos de un buque. Ú. m. en pl. ‖ 3. Conjunto de instrumentos y redes para pescar. ‖ 4. fig. y fam. Conjunto de cosas diversas o de una misma especie, pero sin orden. ‖ 5. CUBA. Cuerda gruesa de henequén. ‖ 6. CUBA y MÉJ. Cordel. ‖ —**muerta.** MAR. La que está siempre fija y sujeta los palos. ‖ 2.ª acep.: P. enxárcia; I. tackle, rigging; F. agrès; A. Tauwerk; It. sartiame; R. такелаж, оснастка.

JARCIAR. tr. Enjarciar.

★ **JARCIO, CIA.** adj. MÉJ. Borracho.

JARDÍN. (fr. *jardin*, y éste del al. *garte*, en.) m. Terreno donde se cultivan plantas bellas por sus flores. ‖ 2. En buques, letrina, retrete. ‖ 3. Mancha que afea la esmeralda. ‖ 4. GERM. Tienda de mercader o feria. ‖ 5. BOT. AMÉR. Madama, planta de los jardines. ‖ —**botánico.** Terreno destinado para cultivar las plantas para el estudio de la botánica. ‖ —**de infantes.** ARGENT. Colegio para párvulos. ‖ P. jardim; I. garden; F. jardin; A. Garten; It. giardino; R. сад.

JARDINERA. f. La que por oficio cuida el jardín. ‖ 2. Mujer del jardinero. ‖ 3. Mueble de diferente forma dispuesto con macetas de adorno. ‖ 4. Carruaje de cuatro ruedas cuya caja imita ser de mimbres. ‖ 5. Coche abierto usado en verano en los tranvías. ‖ 6. COLOM. Jubón o saco ‖ 7. CHILE. Marquesina. 4.ª acep.: P. jardineira; I. basketcarriage; F. jardinière; A. Kremser; It. giardiniera; R. садовница.

JARDINERÍA. (De *jardinero*.) f. Arte de cultivar los jardines.

JARDINERO. m. El que por oficio cuida el jardín. ‖ P. jardineiro; I. gardener; F.jardinei; A. Gärtner; It. giardiniere; R. садовник.

★ **JAREA.** f. MÉJ. Hambre, gazuza.

★ **JAREAR.** intr. BOL. Detenerse.

★ **JAREARSE.** r. MÉJ. Morirse de hambre. ‖ 2. MÉJ. Evadirse, huir. ‖ 3. MÉJ. Bambolearse.

JARETA. (ár. *šarīṭ*, cuerda, cinta.) f. Costura que se hace en la ropa de modo que quede un hueco para meter por él una cinta o cordón. ‖ 2. MAR. Red de cabos o enrejado de madera que cubría el alcázar para detener lo que pudiera soltarse de la arboladura durante una función. ‖ 3. MAR. Cabo que se amarra de obenque a obenque para asegurar los palos cuando la obencadura se afloja por el temporal. ‖ 4. MAR. Cabo que sujeta el pie de las arraigadas y la obencadura pasando por debajo de la cofa. ‖ 5. VENEZ. Contratiempo. ‖ 2.ª acep.: P. bainha; I. tuck; F. ourlet; A. (Hohl)-Saum; It. guaina; R. рубец.

★ **JARETE.** m. VENEZ. Canalete, remo.

JARETERA. f. Jarretera.

JARETÓN. (De *jareta*.) m. Dobladillo ancho.

JARICAR. (ár. *šarīk*, socio, aparcero.) intr. MURC. Reunir en un mismo caz las hilas de agua de varios propietarios para regar cada uno con el total durante el tiempo proporcional al caudal dado por cada uno.

JARICO. m. CUBA. Jirotea, macho de la tortuga.

★ **JARICHI.** m. BOL. Lazo que, por adorno, se ponen las mujeres en las trenzas.

JARIFE. m. Jerife.

JARIFIANO, NA. adj. Jerifiano.

JARIFO, FA. (ár. *šarīf*, noble, excelente.) adj. Rozagante, adornado, compuesto.

JARILLO. (d. de *jaro*.) m. Jaro, aro, planta aroidea.

★ **JARIPEO.** m. BOL. Acción de cabalgar un toro.

JARIQUE. (Del m. or. que *jaricar*.) m. ÁL. Número de ganado de cerda que puede pastar gratuitamente en los montes comunales, y cuota que se ha de pagar por las que excedan del número señalado. ‖ 2. MURC. Convenio entre los regantes para jaricar un caudal de agua. ‖ 3. MURC. Acción y efecto de jaricar.

JARO. m. Aro, planta aroidea, especie de serpentaria.

JARO. (De *jara*.) m. Mancha espesa de los montes bajos. ‖ 2. ÁL. Roble pequeño.

JARO, RA. adj. Se aplica al animal de pelo rojizo, en especial al cerdo y al jabalí. Ú.t.c.s.

★ **JAROCHAR.** intr. COLOM. Retozar.

JAROCHO, CHA. (l. *ferox, -ōcis*.) m. y f. En algunas provincias, persona de ademanes bruscos e insolentes. Ú.t.c. adj. ‖ 2.MÉJ. Campesino de la costa de Veracruz. ‖ 3.adj. COLOM. Brioso, arrogante.

JAROPAR. tr. fam. Dar a uno jaropes o medicinas. ‖ 2. fig. y fam. Disponer y dar en forma de jarope otro licor que no sea de botica.

JAROPE. (Del m. or. que *jarabe*.) m. Jarabe. ‖ 2. fig. y fam. Trago amargo o bebida fastidiosa.

JAROPEAR. tr. fam. Jaropar.

JAROPEO. m. fam. Uso excesivo de jaropes.

JAROSO, SA. adj. Lleno de jaras.

JARQUÍA. (ár. *šarqiyya*, parte oriental.) f. ant. Territorio al este de una gran ciudad y dependiente de ella.

JARRA. (ár. *ŷarra*, vasija de barro para agua.) f. Vasija generalmente de loza, de boca ancha y con una o dos asas. ‖ 2. En Jerez, recipiente de hojalata de doce litros y medio de capacidad, que sirve para el trasiego de vinos. ‖ *De* JARRAS, o *en* JARRA, o *en* JARRAS. m. adv. que indica la postura que se toma encorvando los brazos y poniendo las manos en la cintura. ‖ P. jarra; I. jar; F. jarre; A. Wasserkrug; It. giara; R. глиняный кувшин.

JARRAR. tr. fam. Jaharrar.

JARRAZO. m. aum. de jarro. ‖ 2. Golpe dado con el jarro o jarra.

JARREAR. intr. fam. Sacar con frecuencia agua o vino con el jarro. ‖ 2. fam. y p. us. Golpear, dar jarrazos. ‖ 3. fig. Llover copiosamente.

JARREAR. tr. fam. Jaharrar.

JARRER, RA. (De *jarro*.) m. y f. ant. Tabernero, ra.

JARRERO. m. El que hace o vende jarros. ‖ 2. El que cuida del agua o vino que en ellos se coloca.

J

JARRETA. f. d. de jarra.

JARRETAR. (De *jarrete*.) tr. ant. Desjarretar. || **2.** fig. Enervar, debilitar. Ú.t.c.r.

JARRETE. (fr. *jaret, jarret*, y éste de *jarre*, del célt. *garra*, pata.) m. Corva de la pierna del hombre o el corvejón de los animales. || **2.** COLOM. Talón, calcañar. || **3.** Parte alta y carnuda de la pantorrilla hacia la corva. || 3.ª acep.: P. jarrete; **I.** hock, gambrel; **F.** jarret; **A.** Kniekehle; **It.** garetto; **R.** подколенок.

JARRETERA. (fr. *jarretière*, de *jarret*, jarrete.) f. Liga con su hebilla para sujetar la media o el calzón por el jarrete. || **2.** Orden militar instituida en Inglaterra. || **3.** COLOM. Ulceración producida por las niguas. || P. jarreteira; **I.** garter; **F.** jarretière; **A.** Strumpfband; **It.** giarrettiera; **R.** подвязка.

JARRITA. f. d. de jarra. || *Hacer la* JARRITA. fr. fig. y fam. Hacer ademán de pagar algún gasto común, llevándose la mano al bolsillo del chaleco.

JARRO. (De *jarra*.) m. Vasija de barro, loza, etc., a modo de jarra y sólo con una asa. || **2.** Cantidad de líquido que cabe en ella. || **3.** AR. Medida de capacidad para el vino, octava parte del cántaro. || **4.** fam. AR. El que grita al hablar, especialmente si es mujer. || **5.** REP. DOMIN. Sirvienta. || **6.** REP. DOMIN. Muchacha plebeya. || *Echarle* a uno un JARRO de *agua fría.* fr. fig. y fam. Quitarle una esperanza halagüeña o el entusiasmo de que estaba animado. || P. jarro; **I.** jug; **F.** pot à l'eau, aiguière; **A.** Henkelkrug, Kanne; **It.** boccale; **R.** кувшин с одной ручкой.

JARRÓN. (aum. de *jarro*.) m. Pieza arquitectónica en forma de jarro para decorar edificios, escaleras, etc., ordinariamente se coloca sobre un pedestal. || **2.** Vaso generalmente de porcelana que se usa para adorno. || P. jarrão; **I.** vase; **F.** gras pot, vase; **A.** grosse Blumenvase; **It.** vaso; **R.** в азон.

JARROPA. adj. Se aplica a la res cabría de pelo castaño tostado.

JASA. (De *jasar*.) f. Sajadura.

JASADOR. (De *jasar*.) m. Sajador o sangrador.

JASADURA. (De *jasar*.) f. Sajadura.

JASAR. tr. Sajar.

JASPE. (l. *iaspis*, y éste del gr. ἴασπις.) m. Piedra silícea de grano fino, opaca, de colores variados, según las cantidades que lleve de alúmina y hierro oxidado o carbono. || **2.** Mármol veteado. || P. y **F.** jaspe; **I.** jasper; **A.** Jaspis; **It.** diaspro; **R.** яшма.

JASPEADO, DA. p.p. de jaspear. || **2.** adj. Veteado o salpicado como el jaspe. || **3.** m. Acción y efecto de jaspear.

JASPEAR. tr. Pintar imitando las salpicaduras de jaspe. || **2.** r. VENEZ. Amostazarse. || P. jaspear; **I.** to marble; **F.** jasper; **A.** marmorieren; **It.** diasprare; **R.** красить под яшму.

★ JASPIAR. tr. GUAT. Comer.

JASPÓN. (De *jaspe*.) m. Mármol de grano grueso a veces blanco y otras con manchas rojas o amarillas.

JASTRE. m. ant. Sastre.

★ JATEAR. tr. SAL. Fajar al niño. || **2.** EL SALV. Estibar. || **3.** tr. C. RICA. Porfiar.

JATEO, A. adj. MONT. Se aplica al perro raposero. Ú.t.c.s.

JATIB. (ár. *jaṭīb*, orador, predicador.) m. En Marruecos, predicador encargado de dirigir la oración del viernes y pronunciar el sermón.

JATIVÉS, SA. adj. Perteneciente o relativo a Játiva. || **2.** Natural de esta población de Valencia. Ú.t.c.s.

JATO, TA. m. y f. Ternero, ra.

¡JAU! interj. para animar a algunos animales, sobre todo a los toros.

JAUDO, DA. adj. RIOJA. Jauto.

JAUJA. (Por alusión al pueblo y a la provincia de igual nombre en el Perú, célebres por la bondad del clima y riqueza del territorio.) f. Nombre aplicado a todo lo que quiere presentarse como tipo de prosperidad y abundancia. || *¿Estamos aquí, o en* JAUJA? expr. fam. con que se reprende una acción o un dicho indecoroso.

JAULA. (ant. fr. *jaiole*, y éste del l. *caveŏla*, jaula.) f. Caja hecha con listones de madera, mimbres, etc., para encerrar animales pequeños. || **2.** Encierro con rejas de hierro para asegurar las fieras. || **3.** Embalaje de tablas o listones colocados distantes unos de otros. || **4.** MIN. Armazón generalmente de hierro, que se emplea en los pozos de las minas para subir y bajar operarios y materiales. || **5.** P. RICO. Coche o furgón policíaco para conducir delincuentes. || **—de ardilla.** ELECTR. Devanado compuesto de conductores dispuestos según las generatrices de un cilindro. || **—de Faraday.** ELECTR. Blindaje en forma de jaula, de paredes formadas por una tela espesa o plancha de cobre o aluminio, que sirve para proteger los aparatos o circuitos de toda inducción exterior de las ondas electromagnéticas. || P. gaiola; **I.** cage, bird-cage; **F.** cage; **A.** Käfig; **It.** gabbia; **R.** клетка.

JAULERO. (De *jaula*.) m. AND. Cazador de perdices con reclamo.

JAULILLA. (d. de *jaula*.) f. Adorno usado antiguamente para la cabeza a modo de red.

JAULÓN. m. aum. de jaula.

JAURÍA. f. Conjunto de perros que cazan guiados por el mismo perrero. || P. matilha de cães; **I.** pack of hounds; **F.** meute; **A.** Meute, Koppel; **It.** muta di cani; **R.** свора собак.

JAUTO, TA. (l. *fatŭus*.) adj. AR. Insípido y sin sal.

JAVANÉS, SA. adj. Natural de Java. Ú.t.c.s. || **2.** Perteneciente a esta isla del archipiélago de la Sonda. || **3.** m. Lengua hablada por los javaneses. || P. javenês; **I.** Javanese; **F.** javanais; **A.** Javaner; **It.** giavanese; **R.** яванский.

JAVERA. f. Jabera.

JAVO, VA. adj. Javanés. Apl. a pers. ú.t.c.s.

★ JAYAJABICO. m. CUBA. Arbusto cuya madera, dura y compacta, empléase para hacer bastones.

JAYÁN, NA. (Quizá del ár. *ḥayyān*, animoso, lleno de vida.) m. y f. Persona grande y robusta. || **2.** m. GERM. Rufián que los demás respetan.

★ JAYARO, RA. adj. ECUAD. Grosero, mal educado.

★ JAYO. m. BOT. VENEZ. Malanga, planta hortense.

JAZARÁN. m. Jacerina.

JAZARINO, NA. (ár. *ŷazā'irī*, perteneciente o relativo a la ciudad de Argel.) adj. ant. Argelino. Apl. a pers. usáb.t.c.s.

JAZMÍN. (ár.-persa, *yāsimīn*.) m. BOT. Arbusto oleáceo de jardín, de flores blancas muy olorosas. || **2.** Flor de este arbusto. || **—amarillo.** Arbusto oleáceo de flores amarillas. || **—de España.** Variedad de jazmín con flores mayores y más olorosas que el común. || **2.** Flor de este arbusto. || **—de la India.** Gardenia. || **—de la tierra.** BOT. CUBA. Planta trepadora de olor penetrante. || **—del Cabo.** BOT. ARGENT. Gardenia. || P. jasmim; **I.** jasmine, jessamine; **F.** jasmin; **A.** Jasmin; **It.** gelsomino; **R.** жасмин.

JAZMÍNEO, A. (De *jazmín*.) adj. BOT. Se aplica a las plantas, matas y arbustos oleáceos, de cáliz persistente y fruto en baya con dos semillas. Ú.t.c.s.f. || **2.** f. pl. BOT. Familia de estas plantas.

JAZMINERO. m. AND. Jazmín, 1.ª acep.

★ ¡JE! interj. PAN. Exclamación que indica distintos estados de ánimo.

JEA. f. Tributo que antiguamente se pagaba por introducir los géneros de tierra de moros en Castilla y Andalucía.

JEBE. (ár. *šabb*.) m. Alumbre. || **2.** COLOM., PERÚ y CHILE. Caucho. || **3.** VENEZ. Garrote.

JEBUSEO, A. (l. *iebusaeus*, y éste del hebr. *yabūsi*, el de la gente o nación de Jebús.) adj. Se dice del individuo de un pueblo bíblico que tenía por capital a Jebús, después Jerusalén. Ú.t.c.s. || **2.** Perteneciente a este pueblo.

JEDA. (l. *fēta*, preñada.) adj. f. SANT. Se aplica a la vaca recién parida que está criando.

JEDAR. (l. *fetāre*, preñarse.) tr. SANT. Parir, expeler el feto concebido. Se aplica a la vaca y a la cerda.

JEDIVE. (persa-ár. *jadīw* o *jidīw*, señor.) m. Título que se daba al virrey de Egipto.

JEDREA. f. fam. Ajedrea.

JEFA. (De *jefe*.) f. Superiora o cabeza de un cuerpo u oficio.

JEFATURA. f. Cargo o dignidad de jefe. || **2.** Puesto de guardias de seguridad mandados por un jefe.

JEFE. (fr. *chef*, y éste del l. *caput*, cabeza.) m. Superior de un cuerpo u oficio. || **2.** Adalid de un partido o corporación. || **3.** En el ejército y en la marina, categoría superior a la de capitán e inferior a la de general. || **4.** BLAS. Cabeza o parte alta del escudo de armas. || **5.** CUBA y MÉJ. Señor, caballero. || **—de administración.** Funcionario de categoría administrativa civil, inmediatamente superior a la de Jefe de negociado. || **—de día.** MIL. Cualquiera de los que se turnan por día en la vigilancia. || **—de negociado.** Funcionario de categoría administrativa civil, inmediatamente superior a la de oficial. || **—superior de administración.** Funcionario que es o ha sido subsecretario, director general, o desempeña o ha desempeñado cargo civil asimilado a éstos. || *Mandar* uno *en* JEFE. fr. Mandar como cabeza principal. || *Quedar* uno JEFE. fr. CHILE. Perder en el juego todo lo que se tiene. || P. chefe; **I.** head, chief; **F.** chef; **A.** Chef, Vorsteher; **It.** capo; **R.** начальник, шеф.

★ JEGÜITERA. f. MÉJ. Sementera con mucho jegüite.

JEHOVÁ. (hebr. *Jahvé*, nombre del Ser absoluto y eterno.) m. Nombre de Dios en la lengua hebrea.

JEITO. (gall. *xeito*, y éste del l. *iactum*, tirada.) m. Red empleada en el Atlántico para pescar anchoa y sardina.

JEJA. (l. *sasia*, que es como debe leerse en Plinio, 18, 141, en vez de *asia*.) f. En las provincias españolas de Levante, trigo candeal.

¡JE, JE, JE! interj. con que se denota risa.

JEJÉN. (Voz haitiana.) m. Insecto díptero, menor que el mosquito, de picada más irritante. Encuéntrase en las playas del mar de las Antillas. || **2.** HOND. Especie de cucaracha. || **3.** ZOOL. COLOM. Broma, molusco lemelibranquio. || **4.** MÉJ. Copia, abundancia.

★ JELENCO, CA. adj. MÉJ. Tonto.

★ JELENQUE. m. CUBA. Disputa, riña.

JELIZ. (ár. *ŷallās*, con imela *ŷallīs*, aposentador de oficio.) m. Oficial que en el antiguo reino de Granada recibía, guardaba y vendía en almoneda la seda que traían personas particulares.

JEMAL. adj. Que tiene la longitud del jeme.

JEME. (l. *semis*, medio.) m. Distancia que existe desde la extremidad del dedo pulgar a la del índice separando ambos lo más posible. Se emplea como medida. || **2.** fig. y fam. Palmito, rostro de mujer.

★ JEMIQUEAR. (cat. y val. *gemec*, gemido.) m. Gimoteo.

★ JEMIQUEO. m. CHILE. Gimoteo, lloriqueo.

JENABE. (l. *sinapi*.) m. Mostaza.

JENABLE. m. Jenabe.

JENGIBRE. (l. *zingĭbĕri*, y éste del gr. ζιγγίϐερι.) m. BOT. Planta de la India, cingibitácea, de rizoma aromático. Se emplea en medicina y como especia. || **2.** Rizoma de esta planta. || P. gengibre; **I.** ginger; **F.** gingembre; **A.** Ingwer; **It.** zènzero; **R.** имбирь.

★ JENICRE. adj. HOND. Falto de algún diente.

★ JENIGUANO, NA. adj. CUBA. Pequeño, raquítico. Ú.t.c.s. || **2.** ZOOL. CUBA. Pez menor que la jeniguana.

JENIQUÉN. m. CUBA. Henequén, pita.

★ JENISERO. m. BOT. NICAR. Samán, árbol americano parecido al cedro del Líbano.

JENÍZARO, RA. (turco *yeniŷeri[k]*, tropa nueva.) adj. ant. Se decía del hijo de padres de diversa nación. Usáb.t.c.s. || **2.** fig. Mezclado de dos especies o cosas. || **3.** m. Soldado de infantería de la antigua guardia del emperador turco. || **4.** Se dice del descendiente de cambujo y china o de chino y cambuja. Ú.t.c.s. || **5.** fam. MÉJ. Gendarme. || 3.ª acep.: P. misturado; **I.** Janizary; **F.** mélangé; **A.** Janitscher, Abkömmling; **It.** giannizzero; **R.** турецкий солдат.

JEQUE. (ár. *šaij*, anciano, señor, jefe.)

m. Entre los musulmanes y los pueblos orientales, régulo que gobierna como soberano o como feudatario.

JEQUE. m. AR. Jaque, 3.er art., 2.ª acep.

JERA. (l. *diaria*.) f. SAL. Obrada, jornal. || 2. ZAM. Ocupación. || 3. fig. EXTR. Yugada.

JERA. (fr. [*bonne*] *chère*, buena cara.) f. Regalo, gusto, complacencia y también comida exquisita. || 2. ÁL. Buena cara, afectuosidad.

JERAPELLINA. (De *harapo*.) f. Vestido viejo y andrajoso.

JERARCA. (gr. ἱεράρχης; de ἱερός, santo, y ἄρχω, mandar.) m. Superior y principal en la jerarquía eclesiástica. || P. jerarca; I. hierarch; F. hiérarque; A. Hierarch; It. gerarca; R. иерарх.

JERARQUÍA. (De *hierarquía*.) f. Orden entre los diversos coros de los ángeles y los grados de la Iglesia. || 2. Por ext., orden de otras personas y cosas. || P. jerarquia; I. hierarchy; F. hiérarchie; A. Rangordnung; It. gerarchia; R. иерархия.

JERÁRQUICAMENTE. adv. De manera jerárquica.

JERÁRQUICO, CA. (gr. ἱεραρχικός.) adj. Perteneciente o relativo a la jerarquía.

JERARQUIZAR. tr. Organizar alguna cosa con jerarquía.

JERBO. (ár. *yarbū'*, por *yarbū'*, variedad de rata.) m. Mamífero roedor, de pelaje leonado, del tamaño de una rata, miembros anteriores muy cortos y posteriores muy largos, por lo que salta mucho. Vive en África.

JEREMIADA. (De *Jeremías*.) f. Lamentación o excesiva muestra de dolor.

JEREMÍAS. (Del nombre del profeta *Jeremías* en alusión a los célebres trenos.) com. fig. Persona que siempre se está lamentando.

* **JEREMIQUEO.** m. fam. CUBA, P. RICO, PERÚ y CHILE. Lloriqueo, gimoteo.

JEREZ. m. Vino blanco y de fina calidad que se cría y elabora en la zona que abarca los términos de Jerez de la Frontera, Puerto de Santa María y Sanlúcar de Barrameda.

JEREZANO, NA. adj. Natural de Jerez. Ú.t.c.s. || 2. Perteneciente a las poblaciones de ese nombre.

JERGA. (l. *sērica*, de seda.) f. Tela gruesa y tosca. || 2. Jergón, colchón de paja. || 3. Pieza de paño que se coloca sobre las cabalgaduras. || *Estar, dejar,* o *poner*, una cosa en JERGA. fr. fig. y fam. Haberla empezado y no estar perfeccionada.

JERGA. (De la raíz onomatopéyica *garg-*, como el l. *garrire*, gorjear.) f. Lenguaje especial que usan entre sí los individuos de ciertas profesiones, toreros, estudiantes, etc. || 2. Jerigonza, lenguaje difícil de entender. || *Meter* jerga. fr. fig. GUAT. Hablar mucho e insubstancialmente. || P. xerga; I. jargon; F. argot, jargon; A. Gaunersprache; It. gergo; R. жаргон.

JERGAL. adj. Propio de la jerga o jerigonza.

JERGÓN. (aum. de *jerga*, 1.er art.) m. Colchón de paja o esparto y sin bastas. || 2. fig. y fam. Vestido mal hecho y sin ajustar al cuerpo. || 3. fig. y fam. Persona gruesa y pesada. || 4. CHILE. Alfombra ordinaria. || P. enxergão; I. y F. paillasse; A. Strohsack; It. pagliericcio; R. тюфяк.

JERGÓN. (Del m. or. que *circón*.) m. Circón de color verdoso que se emplea en joyería. || 2. ZOOL. PERÚ. Serpiente venenosa.

JERGUETA. f. d. de jerga, tela gruesa y ordinaria. || 2. CHILE.

JERGUILLA. (d. de *jerga*, 1.er art.) f. Tela delgada de seda o lana, o mezcla de ambas, semejante en el tejido a la jerga. || 2. CHILE. Carne de la res vacuna a ambos lados del cogote hasta los brazuelos.

JERIBEQUE. m. Guiño, visaje. Ú.m. en pl.

JERICÓ. n. p. V. *Rosa de* JERICÓ.

* **JERICOPLEAR.** tr. GUAT. Fastidiar, molestar.

JERIFE. (ár. *šarif*, noble, ilustre.) m. Descendiente de Mahoma por su hija Fátima, esposa de Alí. || 2. Individuo de la dinastía reinante de Marruecos. || 3. Jefe superior de la ciudad de La Meca antes

de que Ben Seud conquistara la ciudad. || P. xerife; I. sherif; F. chérif; A. Scherif; It. sceriffo; R. шериф, арабский князь.

JERIFIANO, NA. adj. Perteneciente o relativo al jerife. || 2. Se decía en lenguaje diplomático del sultán de Marruecos.

JERIGONZA. (De *jerga*.) f. Jerga, lenguaje familiar que usan para sí ciertos individuos de ciertos oficios. || 2. fig. y fam. Lenguaje de mal gusto difícil de entender. || 3. fig. y fam. Acción extraña y ridícula. || *Andar en* JERIGONZAS. fr. fig. y fam. Andar en rodeos peligrosos. || P. gerigonça; I. slang; F. argot; A. Rotwelsch; It. gergo; R. жаргон.

JERIGONZAR. (De *jerigonza*.) tr. ant. Hablar con obscuridad y rodeos.

JERINGA. (l. *syringa*, y éste del gr. σῦριγξ, tubo.) f. Instrumento formado por un tubo con un émbolo que hace ascender primero y arroja después un líquido cualquiera. Se emplea para enemas e inyecciones. || 2. Instrumento de igual clase para meter materias blandas, aunque no líquidas. || 3. fig. y fam. Molestia, importunación. || —de Javel. Para los lavados uretrales sin sonda. || —de Luer. Jeringa de cristal con émbolo cilíndrico. || —de Pravaz. La primitiva para inyecciones hipodérmicas. || P. seringa; I. syringe; F. seringue; A. Klystierspritze; It. siringa; R. шприц.

JERINGACIÓN. f. fam. Acción de jeringar.

JERINGADOR, RA. adj. fam. Que jeringa. Ú.t.c.s.

JERINGAR. tr. Arrojar por medio de la jeringa el líquido con fuerza al lugar destinado. || 2. Introducir con la jeringa un líquido en el intestino para limpiarlo y regarlo. Ú.t.c.r. || 3. fig. y fam. Molestar. Ú.t.c.r.

JERINGATORIO. m. fam. Jeringación. || 2. CHILE. Jeringazo.

JERINGAZO. m. Acción de arrojar el líquido metido en la jeringa. || 2. Líquido así arrojado.

JERINGUILLA. (De *jeringa*, porque los tallos de la planta se emplean para hacer flautas, jeringas, etc.) f. BOT. Arbusto saxifragáceo, de flores fragantes, de muchos estambres y cuatro o cinco pistilos. || 2. Flor de esta planta. || P. jeringuilha; I. syringa; F. séringat; A. Zimtröschen; It. siringa.

JERINGUILLA. f. d. de jeringa. || Jeringa pequeña en la que se enchufa una aguja hueca de punta aguda cortada a bisel y sirve para inyectar medicinas.

JEROGLÍFICA. (De *jeroglífico*.) f. desus. Mote, sentencia breve y con misterio.

JEROGLÍFICO, CA. (De *hieroglífico*.) adj. Se aplica a la escritura que emplea signos ideográficos en vez de fonéticos. La usaron los egipcios y otros pueblos de la antigüedad. || 2. m. Cada uno de los caracteres usados en dicha escritura. || 3. Conjunto de signos y figuras para expresar una frase, en general por juego de ingenio o pasatiempo. || 2.ª acep.: P. jeroglífico; I. hieroglyph; F. hiéroglyphe; A. Hieroglyphe, Schriftbild; It. geroglifico; R. иероглиф.

JERONIMIANO, NA. adj. Perteneciente a la orden de San Jerónimo.

JERÓNIMO, MA. adj. Se aplica al religioso de la orden de San Jerónimo. Ú.t.c.s. || 2. Jeronimiano.

JEROSOLIMITANO, NA. (De *hierosolimitano*.) adj. Natural de Jerusalén. Ú.t.c.s. || 2. Perteneciente a esta ciudad de Palestina.

JERPA. (De *serpa*.) f. Sarmiento delgado y estéril que echan las vides por la parte inferior.

JERRICOTE. m. Guisado o potaje compuesto de almendras, azúcar, salvia, y jengibre, cocido todo en caldo de gallina.

º **JERSEY.** m. Especie de chaqueta de punto. pl. Jerseis.

JERTAS. f. pl. GERM. Las orejas.

JERUGA. (l. *siliqua*.) f. Vaina, 2.ª acep.

JERUSALÉN. n. p. V. *Comisario general, Cruz de* JERUSALÉN.

* **JERUZA.** f. fam. GUAT. y HOND. Cárcel.

JERVIGUILLA. f. d. desus. de jervilla.

JERVILLA. f. Servilla.

JESÉ. n. p. V. *Vara de* JESÉ.

JESNATO, TA. (l. *Iesus*, Jesús, y *na-*

tus, nacido.) adj. Se dice del que desde su nacimiento fue dedicado a Jesús. Ú.t.c.s.

JESUCRISTO. (De *Jesús* y *Cristo*.) m. Nombre del Hijo de Dios hecho hombre. || 2. ¡JESUCRISTO! interj. que manifiesta extrañeza. || P. Jesus-Cristo; I. Jesus Christ; F. Jésus-Christ; A. Jesus Christus; It. Gesù Cristo; R. Иисус Христ.

JESUITA. adj. Se dice del clérigo regular de la Compañía de Jesús, fundada por San Ignacio de Loyola. Ú.t.c.s. || P. jesuíta; I. jesuit; F. jésuite; A. Jesuit; It. gesuita; R. иезуит.

JESUÍTICO, CA. adj. Perteneciente a la Compañía de Jesús.

JESÚS. (l. *Iesus*, del hebr. *Yehosuá*, Salvador.) m. Nombre que se da a la segunda persona de la Santísima Trinidad, hecha hombre, para redimir al género humano. —Nazareno. JESÚS. || *Decir los* JESUSES. fr. ant. Ayudar a bien morir. || *En un decir* JESÚS, o *en un* JESÚS. expr. fam. En un instante. || *Hasta verte* JESÚS *mío*. expr. fam. Hasta terminar el líquido de un vaso porque hubo tiempo en que alguno de éstos llevaban en el fondo la cifra IHS. || *JESÚS, mil veces!* expr. con que se manifiesta espanto o aflicción. || *Sin decir* JESÚS. loc. adv. fig. con que se indica la muerte instantánea de una persona. || P., I. y A. Jesus; F. Jésus; It. Gesù; R. Иисус.

JESUSEAR. intr. fam. Repetir a menudo el nombre de Jesús. || 2. tr. GUAT. Atribuir un hecho a una persona.

JETA. (ár. *jaṭm*, hocico, pico, nariz.) f. Boca saliente por su configuración o por labios abultados. || 2. fam. Cara, rostro. || 3. Hocico de cerdo. || 4. Grifo, de una cañería. || 5. AR. Espita, canuto de una cuba. || *Estar* uno *con tanta* JETA. fr. fig. y fam. Mostrar en el semblante enojo. || *Estirar la* JETA. fr. CHILE. Morir. || 2. R. DE LA PLATA. Poner mala cara.

JETA. f. ant. Seta. Ú. en Andalucía.

JETAR. (arag. *jetar*, y éste del l. *iectāre*, *iactāre*, arrojar.) tr. ant. Jitar. || 2. AR. Desleír algo en cosa líquida.

JETAZO. (De *jeta*, 1.er art.) m. AR. y MURC. Mojicón, golpe con el puño en la cara.

* **JETEAR.** tr. ARGENT. Comer de gorra.

JETO. (De *jetar*.) m. AR. Colmena vacía y untada con agua miel para que vayan a ella los enjambres. || 2. BOT. HOND. Árbol cuyas frutas son parecidas a las aceitunas.

JETÓN, NA. adj. Jetudo. Ú.t.c.s. || 2. CHILE. Tonto, simple.

JETUDO, DA. adj. Se dice del que tiene jeta. || 2. m. COLOM. Especie de dorada del río Cauca.

JI. (gr. χῖ.) f. Vigésima segunda letra del alfabeto griego. En el latín viene representada por la *ch* y en los idiomas neolatinos con estas mismas letras, o sólo con *c* o *qu*, como en el español.

* **JIBARA.** f. REP. DOMIN. Mujer liviana.

* **JIBARADA.** f. P. RICO. Dicho o hecho propio de un jíbaro.

* **JIBAREAR.** intr. REP. DOMIN. Coquetear.

JÍBARO, RA. adj. AMÉR. Campesino, silvestre. Apl. a pers. ú.t.c.s. || 2. MÉJ. Se aplica al descendiente de hombre albarazado y mujer calpamula o de calpamulo y albarazada. Ú.t.c.s. || 3. REP. DOMIN. Cimarrón. || 4. ANT. y MÉJ. Huraño. || 5. CUBA y P. RICO. Dícese del sombrero de campo fabricado de palma. || 6. HOND. Se dice del hombre alto y robusto. Ú.t.c.s.

* **JIBE.** m. CUBA. Tamiz, cedazo. || 2. CUBA. Esponja.

JIBIA. (l. *sēpia*.) f. ZOOL. Cefalópodo dibranquial, decápodo. Tiene diez tentáculos, dos más largos con ventosas en el extremo, los otros ocho las tienen en toda su longitud. Es comestible. || 2. Jibión. 1.ª acep.

JIBIÓN. m. Pieza caliza de la jibia que utilizan los plateros para hacer moldes y tiene otros varios usos industriales. || 2. En las costas de Cantabria, calamar.

JIBRALTAREÑO, ÑA. adj. Gibraltareño.

* **JICAMO.** m. REP. DOMIN. Cuerda delgada.

* **JICAQUE.** adj. GUAT. y HOND. Inculto.

JÍCARA. (mejic. *xicalli*, vaso hecho de

J

la corteza del fruto de la güira.) f. AMÉR. Vasija pequeña hecha de la corteza del fruto de la güira, y usada como la taza del mismo nombre en España. || **2**. Vasija pequeña que se emplea para tomar chocolate. || **3**. MÉJ. Escudilla pintada al gusto chinesco. || **4**. MÉJ. Arquilla en que se llevan frutas, panecillos, etc. || **5**. HOND. y GUAT. Calabaza. || **6**. fam. C. RICA. Rostro, faz. || **7**. fam. MÉJ. Cabeza calva. || 2.ª acep.: **P**. xícara; **I**. chocolate-cup; **F**. tasse à chocolat; **A**. Schokoladenschale; **It**. chicchera; **R**. чашка для шоколада.

JICARAZO. m. Golpe dado con la jícara. || **2**. Propinación alevosa de veneno.

JÍCARO. (De *jícara*.) m. HOND. Güira. || **2**. El SALV. Jícara, calabaza. || **3**. CUBA y AMÉR. CENTRAL. Escudilla.

JICARÓN. m. aum. de jícara.

★ **JICO**. m. CUBA y VENEZ. Cordel de hamaca.

JICOTE. (mejic. *xicotli*.) m. Avispa gruesa de Honduras, de cuerpo negro y vientre amarillo. || **2**. HOND. Panal de dicha avispa.

JICOTEA. f. CUBA. Hicotea, tortuga americana.

★ **JICOTERA**. f. AMÉR. Nido de avispas. || **2**. MÉJ. Panal de jicotes.

★ **JIDDISH**. m. Jerga de los sefardíes con cierta base eslava.

JIENNENSE. adj. Jaenés. Apl. a pers. ú.t.c.s.

JIFA. (ár. *ŷifa*, carne mortecina, carroña.) f. Desperdicio que se arroja en el matadero al destazar las reses.

JIFERADA. f. Golpe con el jifero.

JIFERÍA. (De *jifero*.) f. Ejercicio de matar y desollar reses.

JIFERO, RA. (De *jifa*.) adj. Perteneciente al matadero. || **2**. fig. y fam. Sucio, soez. || **3**. m. Cuchillo para descuartizar las reses. || **4**. El que mata y descuartiza las reses.

JIFÍA. (l. *xiphías*, y éste del gr. ξιφίας, de ξίφος, espada.) f. Pez espada.

★ **JIGA**. f. Giga.

★ **JIGO**. m. C. RICA. Regalo de cumpleaños.

JIGOTE. m. Gigote.

★ **JIGRA**. f. AMÉR. Jiquera. || **2**. COLOM. y VENEZ. Mochila.

★ **JIGUA**. f. BOT. Árbol de Cuba, cuya madera se emplea en ebanistería.

★ **JIGÜE**. m. CUBA. Duende enano, cuya cabellera sale de las aguas según creencia supersticiosa.

★ **JIGUILETE**. m. Jiquilete.

★ **JIGUILLO**. m. BOT. AMÉR. Plata plumbagínea. || *Comer* JIGUILLO. fr. P. RICO. Conversar dos novios.

JIJALLAR. m. Monte poblado de jijallos.

JIJALLO. (De *sisallo*.) m. AMÉR. planta del género y usos de la barrilla.

JIJAS. (Quizá del m. or. que *chicha*, 1.er art.) f. pl. LEÓN y SAL. Brío, fuerzas.

JIJEAR. (Del grito *jij*.) intr. SAL. Lanzar jijeos.

JIJEO. (De *jijear*.) m. SAL. Grito con que los mozos concluyen los cantares sobre todo en las rondas.

¡JI, JI, JI! interj. con que se indica risa.

★ **JIJÍN**. m. BOT. CUBA. Árbol semejante a la caoba.

JIJONA. f. Variedad de trigo de Málaga, que se cría en La Mancha y Murcia.

★ **JILACHO**. m. VENEZ. y AMÉR. CENTRAL. Hilacho.

★ **JILEAR**. tr. MÉJ. Limpiar por hileras los sembrados.

JILECO. m. Jaleco.

JILGUERA. f. Hembra del jilguero.

JILGUERO. (De *silguero*.) m. Pájaro común en España, de pico cónico y delgado. Su plumaje es en el lomo pardo, blanco con una mancha delgada en la cara, un collar ancho en el cuello y negras con extremos blancos las plumas de la cola. Es fácil de domesticar, canta bien y puede cruzarse con el canario. || **P**. pintassilgo; **I**. goldfinch; **F**. chardonneret; **A**. Distelfink, Stieglitz; **It**. cardellino; **R**. щегол (птица).

★ **JILIBIOSO, SA**. adj. CHILE. Quejumbroso, llorón. || **2**. Melindroso, dengoso. || **3**. Dícese del caballo que difícilmente se deja ensillar y montar por inquieto y movido.

JILMAESTRE. (al. *schirrmeister*, maestro del arnés.) m. ART. Teniente mayoral, suplente de éste en el gobierno de los caballos o mulas en el transporte de piezas.

★ **JILO**. m. AMÉR. Hilo. || **2**. *De* JILO. m. adv. AMÉR. Decididamente.

JILOTE. (mejic. *xilotl*.) m. AMÉR. CENTRAL y MÉJ. Mazorca de maíz con los granos sin cuajar.

JIMAGUA. adj. CUBA. Mellizo. Ú.t.c.s. com.

JIMELGA. (l. *gemĕllĭcus*, de *gemellus*, gemelo.) f. MAR. Refuerzo de madera que se coloca a los palos, vergas, etc.

JIMENZAR. (De *simiente*.) tr. AR. Quitar la simiente al lino o cáñamo seco, para ponerlo en agua.

JIMIA. f. Simia.

JIMIO. m. Simio.

★ **JIMIQUEAR**. intr. P. RICO. Lloriquear, gimotear.

JINDAMA. (Del caló.) f. GERM. Miedo, cobardía.

JINEBRO. (l. *iūnĭpĕrus*, *iĭnĭpĭrus*.) m. ant. Enebro. Ú. en Álava.

JINESTADA. f. Salsa que se hace de leche, especias, harina de arroz, etc.

JINETA. (ár. *ŷarnaiṭ*, variedad del gato de algalia.) f. Mamífero carnicero, de cuerpo esbelto, patas cortas, pelaje amarillento con rayas negras en el cuerpo. Abunda en Berbería, donde lo domestican para suplir al gato común, pero exhala un olor casi insoportable para los europeos. || **P**. gineta; **I**. genet; **F**. genette; **A**. Bisam, Genettkatze; **It**. giannetta; **R**. ласка.

JINETA. (De *jinete*.) f. Arte de montar a caballo llevando los estribos cortos y piernas dobladas y en posición vertical desde la rodilla abajo. Se usa en el modo adverbial *a la* JINETA. || **2**. ARGENT. Galón, distintivo militar.

JINETADA. (De *jinete*.) f. p. us. Acto de vanidad impropio del que lo hace.

JINETE. (ár. *zanāta*, nombre de una tribu berberisca, famosa por su destreza en la equitación.) m. Soldado de a caballo que antiguamente luchaba con lanza y adarga. || **2**. El que cabalga. || **3**. El diestro en la equitación. || **4**. Caballo para montar a la jineta. || **5**. Caballo bueno y castizo. **6**. CUBA. Individuo que da sablazos. || **P**. ginete; **I**. horseman; **F**. cavalier; **A**. Reiter; **It**. cavaliere; **R**. всадник.

JINETEAR. intr. Pasear a caballo alardeando de gala y primor. || **2**. CHILE. Entre militares, mandar sin tener jineta, esto es, sin nombramiento. || **3**. tr. GUAT., HOND. y MÉJ. Domar caballos cerriles. || **4**. MÉJ., HOND. y BOL. Montar toros. || **5**. MÉJ. Disponer de dinero ajeno. || **6**. r. COLOM. Montarse.

★ **JINETEARIO**. m. MÉJ. Mal jinete.

JINGLAR. intr. Moverse como en el columpio.

JINGOÍSMO. (ingl. *jingo*, partidario de una política exterior agresiva.) m. Patriotería exaltada que incita a la lucha contra los demás países.

JINGOÍSTA. adj. Partidario del jingoísmo. Ú.t.c.s. com.

JINJA. (De *jingo*.) f. ant. Jínjol.

JINJO. (l. *zizŷphum*, y éste del gr. ζίζυφον.) m. ant. Jinjolero.

JÍNJOL. (De *jinjo*.) m. Azufaifa.

JINJOLERO. (De *jínjol*.) m. Azufaifo.

★ **JINQUETEAR**. intr. P. RICO. Luchar, reñir. Ú.t.c.s.

★ **JIÑA**. f. CUBA. Cosa pequeña, pizca.

★ **JIOTE**. (mejic. *xolt*.) m. MÉJ. Empeine, enfermedad cutánea.

★ **JIPA**. m. fam. COLOM. Sombrero de jipijapa.

★ **JIPAR**. intr. AMÉR. Hipar, jadear.

★ **JIPATEARSE**. r. VENEZ. Acobardarse, atemorizarse, dejarse ganar del miedo hasta mudar de color.

★ **JIPATO, TA**. adj. AMÉR. De semblante enfermizo. || **2**. CUBA. Dícese de las frutas que han perdido aroma y sabor. || **3**. Enfermo del hígado.

★ **JIPE**. m. MÉJ. Jipa, jipi.

JIPIJAPA. (De *Jipijapa*, pueblo del Ecuador.) f. Tira fina y flexible sacada de las hojas del bombonaje. Se usa en diversos lugares de América Meridional para tejer petacas, sombreros, etc. || **2**. m. Sombrero de jipijapa. || **3**. adj. CUBA. Se aplica al tejido parecido al de jipijapa.

★ **JIPUCHO, CHA**. adj. VENEZ. Paliducho.

★ **JIQUIATO**. m. CUBA. Sitio lleno de jiquíes.

JIQUILETE. (mejic. *xiuhquilitl*.) m. BOT. Planta papilionácea, del género del añil, común en las Antillas. Macerando en agua las hojas de esta planta y echando el líquido filtrado con una disolución de cal, se obtiene añil de gran calidad.

★ **JIQUIPIL**. m. AMÉR. Unidad agraria que equivale a 80 hectáreas y es usada en Méjico.

JIRA. (neerl. *scheuren*, desgarrar.) f. Pedazo grande y largo que se rasga o corta de una tela.

JIRA. (fr. [*bonne*] *chère*, buena cara.) f. Banquete o merienda, en especial las campestres.

JIRAFA. (Del m. or. que *azorafa*.) f. Mamífero rumiante, jiráfico, indígena de África, de 5 metros de altura, cuello largo y esbelto, cuernos poco desarrollados y cubiertos por la piel, miembros posteriores menores que los anteriores, pelaje entre amarillento y rubio. || **2**. ASTRON. Constelación boreal en las proximidades del polo. || **P**. girafa; **I**. giraffe; **F**. girafe; **A**. Giraffe; **It**. giraffa; **R**. жирафа.

JIRAPLIEGA. (gr. ἱερά, santa, y πίκρα, especie de antídoto; en b. l. *girapigra*.) f. FARM. Electuario purgante compuesto de acíbar, miel clarificada y otros ingredientes.

JIRASAL. (Quizá del ár. *qarāsiyà*, especie de ciruela o cereza.) f. Fruto de la yaca semejante a la chirimoya y erizado de púas blandas.

JIREL. (ár. *ŷilāl*, caparazón, baste.) m. Gualdrapa rica de caballo.

★ **JIRICAYA**. f. MÉJ. Flan de crema de huevo, leche, canela y azúcar.

JÍRIDE. (l. *xyris*, *-ĭdis*, y éste del gr. ξυρίς, lirio hediendo.) f. BOT. Íride, planta de hojas radicales.

★ **JIRO, RA**. adj. CUBA. Giro, dícese del gallo con plumas amarillas en el cuello y en las alas y negras en el resto del cuerpo.

JIROFINA. f. Salsa hecha de bazo de carnero, pan tostado y otros ingredientes.

JIROFLÉ. m. Giroflé.

JIRÓN. (De *jira*, 1.er art.) m. Faja que se pone en el ruedo del sayo o saya. || **2**. Pedazo desgarrado de una ropa. || **3**. Pendón que remata en punta. || **4**. fig. Parte o porción pequeña de un todo. || **5**. BLAS. Figura triangular que llega hasta el centro del escudo. 2.ª acep.: **P**. girão; **I**. rag; **F**. bordure; **A**. Fetzen; **It**. brindello; **R**. лоскут.

JIRONADO, DA. adj. Roto, hecho jirones. || **2**. Adornado de jirones. || **3**. BLAS. Se aplica al escudo dividido en ocho triángulos.

JIRPEAR. tr. AGR. Cavar las cepas de las vides alrededor, dejando un hoyo donde se retiene el agua al regar o llover.

JISCA. (celt. *sesca*.) f. Carrizo.

JISMA. (De *cisma*.) f. ant. Cuento o chisme.

JISMERO, RA. (De *jisma*.) adj. ant. Cuentero.

JITAR. (l. *iectare*, *iactare*, echar.) tr. ant. Vomitar. || **2**. AR. Echar. Ú. ya solamente en las montañas.

★ **JITOMATE**. (mejic. *xic-tomatl*; de *xictli*, ombligo, y *tomatl*, tomate.) m. MÉJ. Variedad de tomate muy rojo.

★ **JIU-JITSU**. m. Lucha japonesa basada en el conocimiento de la anatomía, actitudes y movimientos del cuerpo humano, que permite el triunfo de la destreza y agilidad sobre la fuerza bruta. Actualmente constituye un deporte nacional y aun internacional.

¡JO! interj. ¡So!

JOB. n. p. V. *Lágrimas*, *libro de* JOB. || **2**. m. Por antom., hombre de gran paciencia.

★ **JOBEAR**. intr. VENEZ. y P. RICO. Faltar a clase.

★ **JOBEO**. m. PERÚ. Curación por frotación efectuada por los curanderos.

★ **JOBILLO**. m. BOT. ANT. Árbol terebintáceo semejante al jobo. || *Comer* JOBILLOS. fr. P. RICO. Hacer novillos.

JOBO. (De *hobo*.) m. BOT. Árbol americano anacardiáceo, de hojas alternas, de fruto amarillo parecido a la ciruela. || **2**.

GUAT. Especie de aguardiente. || **3**. COLOM. Cebo para sujetar una res, un demente, etcétera, y por ext., palo recio. || *Comer* JOBOS. fr. P. RICO. No acudir adonde se debía, en particular faltar a clase.

JOCALIAS. (b. l. *iocalia*.) f. pl. ant. AR. Alhajas de iglesia.

JOCÓ. (Voz del Congo.) m. Orangután.

★ **JOCO, CA.** (mejic. *xococ*, agrio.) adj. EL SALV. y MÉJ. Agrio, acre. Se aplica a las frutas fermentadas. || **2**. m. BOL. Hoco.

★ **JOCOATOLE.** m. MÉJ. Bebida de átole ácida.

★ **JOCOQUE.** m. MÉJ. Nata agria, leche cortada.

JOCOSAMENTE. adv. Chistosamente.

JOCOSERIO, RIA. adj. Que participa de las cualidades de jocoso y serio.

JOCOSIDAD. f. Calidad de jocoso. || **2**. Chiste. || **P**. jocosidade; **I**. jocosness; **F**. badinage, plaisanterie; **A**. Spass, Schäkerei; **It**. giocosità; **R**. шутливость.

JOCOSO, SA. (l. *iocōsus*.) adj. Gracioso, festivo.

★ **JOCOYOTE.** m. MÉJ. El hijo menor de una familia.

JOCUNDIDAD. (l. *iucundĭtas*, -*ātis*.) f. Alegría, apacibilidad.

JOCUNDO, DA. (l. *iucundus*.) adj. Plácido, alegre.

★ **JOCHATERO.** m. BOL. Caudillo político.

★ **JOCHEAR.** tr. BOL. Azuzar, irritar, molestar.

JOFAINA. (ár. *ŷufaina*, platillo hondo, escudilla.) f. Vasija en forma de taza, de escasa profundidad, se emplea sobre todo para lavarse la cara y las manos. || **P**. bacia; **I**. washbowl; **F**. cuvette; **A**. Waschbecken; **It**. catino; **R**. умывальный таз.

JOFOR. (ár. *ŷufūr*, pl. de *ŷafr*, adivinación.) m. Entre los moriscos, pronóstico.

JOGLAR. (l. *ioculāris*.) m. ant. Juglar.

JOGLERÍA. (De *joglar*.) f. ant. Pasatiempo, placer.

JOGUER. (l. *iacŭi*, pret. perfecto de *iacĕre*.) intr. ant. Acostarse.

JOJOTO. m. VENEZ. Fruto de maíz en leche. || **2**. adj. CUBA. Se aplica a ciertos frutos pasados. || **3**. VENEZ. Dícese de los frutos sin sazonar. || **4**. REP. DOMIN. Anémico.

★ **JOLA.** f. MÉJ. Dinero, moneda.

★ **JOLES.** m. pl. AMÉR. CENTRAL. Dinero, monises.

JOLGORIO. m. fam. Holgorio.

JOLITO. (ital. *giolito*.) m. Calma, suspensión. || *En* JOLITO. m. adv. Burlado, chasqueado. Ú. con los verbos, *dejar*, *quedarse* y *volverse*.

JOLOANO, NA. adj. Natural de Joló. Ú.t.c.s. || **2**. Perteneciente a cualquiera de las islas que forman este archipiélago de Oceanía.

JOLLÍN. (De *hollín*.) m. fam. Gresca, diversión ruidosa.

★ **JOMA.** f. MÉJ. Joroba.

★ **JOMADO, DA.** adj. MÉJ. Jorobado, corcovado.

★ **JOMAR.** tr. MÉJ. Encorvar, jorobar.

★ **JONDEAR.** tr. AMÉR. CENTRAL. Tirar, arrojar. Ú.t.c.r. || **2**. r. MÉJ. Acobardarse. || **3**. Revelar un secreto. || **4**. P. RICO. Lanzarse hacia adelante, ir al fondo.

JÓNICO, CA. (l. *ionicus*, y éste del gr. ἰωνικός.) adj. Natural de Jonia. Ú.t. c.s. || **2**. Perteneciente o relativo a las regiones de este nombre de Grecia y Asia antiguas. || **3**. ARQ. Se dice de la columna con el capitel adornado con volutas. || **4**. ARQ. Se dice del orden arquitectónico que tiene la columna de unos nueve módulos de diámetro de altura, el capitel con volutas y denticulos en la cornisa. || **5**. m. Pie de la poesía griega y latina compuesto de cuatro sílabas. Se divide en mayor y menor; en el mayor son largas las dos primeras y breves las otras, en el menor al contrario. || **6**. Dialecto jónico, uno de los cuatro principales de la lengua griega. || **P**. jónico; **I**. Ionian; **F**. jonique ionien; **A**. jonisch, Jonier; **It**. iònico; **R**. ионический.

JONIO, NIA. (l. *ionius*, y éste del gr. Ἰωνία, la Jonia.) adj. Jónico, natural de Jonia. Apl. a pers. ú.t.c.s.

★ **JONJA.** f. Burla que se hace remedando a una persona.

JONJABAR. tr. fam. Engatusar, lisonjear. || **2**. GERM. Apurar, inquietar.

★ **JONJERA.** f. CHILE. Necedad, majadería.

★ **JONJERO, RA.** adj. MÉJ. Burlón.

★ **JONJOLEAR.** tr. COLOM. Mimar, consentir.

JONJOLÍ. m. ant. Ajonjolí.

JOPARSE. (De *¡jopo!*) r. AR. y RIOJA. Irse, escapar.

★ **JOPEAR.** tr. MÉJ. Conducir ganado guiándolo por medio de gritos y voces. || **2**. GUAT. Espantar, echar, oxear animales. ¡JOPO! interj. fam. ¡Hopo!

★ **JOPO.** ARGENT. Tupé en el peinado. || **2**. BOL. Alfiler grande para sujetar el pelo.

JORA. (De *sora*.) f. AMÉR. MERID. Maíz para hacer chicha. || **2**. AMÉR. Maíz con el grano rojo claro. || **3**. CHILE. Por ext., maíz majado

JORCAR. (l. *furca*, instrumento para aventar el trigo, horca.) tr. EXTR. Ahechar.

JORCO. m. EXTR. Fiesta algo libre de gente vulgar.

JORDÁN. (Por alusión al río *Jordán*, santificado por el bautismo del Salvador.) m. fig. Lo que remoza y purifica. || *Ir* uno *al* JORDÁN. fr. fig. y fam. Remozarse o convalecer.

JORFE. (ár. *ŷurf*, acantilado.) m. Muro para sostener tierras, ordinariamente de piedra en seco. || **2**. Peñasco que forma despeñadero.

★ **JORGA.** f. ECUAD. Grupo de gente maleante o de mal vivir.

JORGE. m. ZOOL. Abejorro, 2.ª acep.

JORGOLÍN. m. GERM. Compañero o criado de rufián.

JORGOLINO. m. GERM. Jorgolín.

JORGUÍN, NA. (Tal vez del vasc. *sorguiña*, bruja.) m. y f. Persona que hace hechicerías.

JORGUINERÍA. (De *jorguín*.) f. Hechicería.

★ **JORJA.** f. MÉJ. Sombrero de paja.

JORNADA. (l. *diurnus*, propio del día.) f. Camino que se anda regularmente en un día. || **2**. Todo el camino o viaje aunque pase de un día. || **3**. Expedición militar. || **4**. Época veraniega en que se traslada el cuerpo diplomático a distinta residencia y también algún ministro, para seguir manteniendo relaciones con aquél. || **5**. Tiempo de duración del trabajo diario de los obreros. || **6**. fig. Lance, ocasión. || **7**. fig. Tiempo que dura la vida del hombre. || **8**. fig. Tránsito del alma de ésta a la otra vida. || **9**. fig. Acto del poema dramático español. || *A grandes*, o *a largas*, JORNADAS. m. adv. fig. Con presteza. || *Caminar* uno *por* sus JORNADAS. fr. fig. Proceder con reflexión en un negocio. || **P**. jornada; **I**. one-day march; **F**. journée, trajet; **A**. Tagereise; **It**. giornata; **R**. день, рабочий день.

JORNAL. (l. *diŭrnāle* de *diŭrnus*.) m. Lo que gana el trabajador por cada día de trabajo. || **2**. Este mismo trabajo. || **3**. Medida de tierra empleada en parte de España. || *A* JORNAL. m. adv. Mediante determinado salario diario. Se aplica al trabajo realizado de este modo, a diferencia del ajustado a destajo. || **P**. salário do dia; **I**. day-wages; **F**. salaire journalier; **A**. Löhnung; **It**. paga giornaliera; **R**. подённая работа.

JORNALAR. tr. Ajornalar.

JORNALERO, RA. m. y f. Persona que trabaja a jornal. || **P**. jornaleiro; **I**. day-labourer; **F**. journalier; **A**. Tagelöhner, Lohnarbeiter; **It**. giornaliere; **R**. подёнщик.

★ **JORO.** m. VENEZ. Canasto pequeño.

JOROBA. (ár. *ḥudūba*, giba.) f. Corcova. || **2**. fig. fam. Impertinencia enfadosa. || **P**. corcova; **I**. hump; **F**. bosse; **A**. Buckel; **It**. gobba; **R**. горб.

JOROBADO, DA. p.p. de jorobar. || **2**. adj. Corcovado. Ú.t.c.s.

JOROBADURA. f. Acción y efecto de jorobar.

JOROBAR. (De *joroba*, 2.º art.) tr. fig. y fam. Gibar, fastidiar. Ú.t.c.r.

JOROBETA. m. fam. Jorobado, 2.ª acep.

★ **JORÓN.** m. PAN. Desván.

★ **JORONCHE.** adj. AMÉR. Corcovado, jorobado.

★ **JORONGO.** m. AMÉR. Poncho, capote que usan los campesinos mejicanos || **2**. MÉJ. Colcha, frazada de lana.

★ **JOROPO.** m. VENEZ. Cierto baile de los llaneros.

JORRAR. (De *jorro*.) tr. ant. Remolcar.

JORRO. (ár. *ŷarr*, arrastre.) m. V. *Red de* JORRO. || *A* JORRO. m. adv. MAR. A remolque.

★ **JORRO, RRA.** adj. ECUAD. Dícese de la tela que pierde color con el uso. || **2**. CUBA. Aplícase al tabaco que no arde o lo hace con mucha dificultad.

★ **JORUNGAR.** tr. VENEZ. Molestar. || **2**. intr. VENEZ. Hurgonear.

★ **JORUNGO, GA.** adj. CUBA. Fastidioso. || **2**. intr. VENEZ. Gringo, extranjero. Ú.t.c.s.

JOSA. (ár. *ḥušša*, jardín, vergel.) f. Heredad sin cerca, plantada de vides y árboles frutales.

JOSEFINO, NA. adj. Perteneciente o relativo a los individuos llamados José; especialmente se aplica a los de las congregaciones de San José. Ú.t.c.s. || **2**. CHILE. Se dice de los individuos de la sociedad de obreros de San José. Ú.t.c.s. || **3**. CHILE. Clerical.

JOSTRA. (De *jostrar*, y éste del l. *sŭbstrāre*, echar abajo.) f. ant. Suela, 1.ª acep. || **2**. ÁL. Suela del mismo cuero que las abarcas y como refuerzo de ellas. || **3**. LEÓN. Mancha, -1.er art., 1.ª acep.

JOSTRADO, DA. (l. *sŭbstrāre*, echar abajo.) adj. Se dice del virote guarnecido de un cerco de hierro, al modo de las puntas de las lanzas de justar y con la cabeza redonda.

JOSUÉ. n. p. V. *Libro de* JOSUÉ.

JOTA. (l. *iota*, y éste del gr. ἰῶτα.) f. Nombre de la letra *j*. || **2**. Cosa mínima. Ú. siempre con negación. || *No entender* uno, o *no saber*, JOTA, o *una* JOTA. fr. fig. y fam. Ser ignorante en algo. || **P**. nome de letra j; **I**. name of the letter j; **F**. nom de la lettre j; **A**. Name des spanischen J; **It**. nome della lèttera j; **R**. хота.

JOTA. (arag. *jotar*, y éste del l. *saltāre*.) f. Baile popular de Aragón, usado también en Navarra y parte de Levante. || **2**. Música para dicho baile. || **3**. Copla que se entona con esa música. En general consta de cuatro versos octosílabos.

JOTA. f. AMÉR. MERID. Ojota.

JOTA. (ár. *futta*, potaje, sopa.) f. Potaje de bledos y otras verduras sazonadas con hierbas olorosas y especias, con caldo de olla.

JOTE. m. Especie de buitre de Chile. || **2**. CHILE. Cometa grande y de forma cuadrada. || **3**. CHILE. Persona desagradecida. || **4**. fig. CHILE. Apodo que se decía a los clérigos como injuria.

★ **JOTO.** m. COLOM. Maleta. || **2**. adj. MÉJ. Afeminado, hablando de un hombre.

JOULE. m. FÍS. Nombre del julio, unidad de medida del trabajo eléctrico, en la nomenclatura internacional.

JOVADA. (De *jugada*.) f. AR. Terreno que un par de mulas pueden arar en un día.

JOVAR. (l. *iŭvāre*, ayudar.) tr. ant. Remolcar.

JOVEN. (l. *iuvĕnis*.) adj. De poca edad. Ú.t.c.s. || **2**. V. *Dama* JOVEN. —**de lenguas.** En algunos Estados europeos, funcionario de la categoría de entrada en la carrera de intérpretes para el extranjero al servicio de las misiones diplomáticas establecidas en países orientales. || **P**. jovem; **I**. young; **F**. jeune; **A**. jung; **It**. giovane; **R**. молодой.

JOVENADO. (De *joven*.) m. En algunas órdenes religiosas tiempo que están los religiosos o religiosas, después de la profesión, bajo la dirección de un maestro. || **2**. Casa o cuarto que ocupan.

JOVENETE. (d. de *joven*.) m. Jovencito petulante.

JOVENZUELO, LA. adj. d. de joven.

JOVIAL. (l. *ioviālis*.) adj. Perteneciente a Jove o Júpiter. || **2**. Alegre, apacible. || **P**. jovial; **I**. gay, merry, cheerful; **F**. joyeux, gai; **A**. munter, heiter; **It**. giovale; **R**. весёлый.

JOVIALIDAD. (De *jovial*.) f. Alegría y apacibilidad de genio. || **P**. jovialidade; **I**. joviality, gaiety; **F**. jovialité, gaieté; **A**. Frohsinn; **It**. giovialità; **R**. весёлость.

JOVIALMENTE. adv. Con jovialidad.

JOYA. (fr. *joie*, y éste del l. *gaudium*, gozo.) f. Pieza de oro, plata o platino,

J

con perlas o sin ellas. Sirve de adorno, especialmente de las mujeres. || 2. Agasajo realizado por reconocimiento o como premio de algún servicio. || 3. Brocamantón. || 4. fig. Persona o cosa de gran valía. || 5. ARQ. y ART. Astrágalo, cordón anular que adorna la columna o el cañón. || 6. pl. Conjunto de ropas y joyas que lleva cuando se casa una mujer. || **P**. jóia; **I**. jewel; **F**. joyau, bijou; **A**. Juwel, Kleinod; **It**. gioiello, gioia; **R**. драгоценность.

JOYANTE. adj. Se dice de la seda fina y brillante.

JOYEL. (De *joya*.) m. Joya pequeña.

JOYELERO. (De *joyel*.) m. Guardajoyas, individuo que custodia las joyas de los reyes.

JOYERA. (De *joya*.) f. La que tiene una joyería.

JOYERÍA. (De *joyero*.) f. Trato y comercio de joyas. || 2. Tienda donde se venden. || 3. Taller en que se construyen | **P**. joalharia; **I**. jewellery; **F**. bijouterie; **A**. Juwelenhandel; **It**. gioielleria; **R**. ювелирный магазин.

JOYERO. (De *joya*.) m. El que tiene tienda para vender o taller para labrar joyas. || 2. Estuche o caja para guardar joyas. | **P**. joalheiro; **I**. jeweller; **F**. joaillier, bijoutier; **A**. Juwelier; **It**. gioielliere; **R**. ювелир.

JOYO. (l. lŏlium.) m. Cizaña, planta gramínea de los sembrados.

★ **JOYOLINA**. f. fam. GUAT. La cárcel.

JOYÓN. m. aum. de joya.

JOYOSA. (fr. *joyeuse*, nombre de la espada de Carlomagno, y las de los otros caballeros.) f. GERM. Espada.

JOYUELA. f. d. de joya.

★ **JUÁCARA**. f. COLOM. Cuácara.

★ **JUAGAR**. tr. AR., COLOM. y MÉJ. Enjuagar.

★ **JUAGAZA**. f. COLOM. Meloja de los trapiches o ingenios.

JUAGUARZO. m. Jaguarzo.

JUAN. m. GERM. Cepo de iglesia. || 2. V. *Don* JUAN. || 3. V. *Hierba de San* JUAN. || 4. V. *Hierbas del señor San* JUAN. || 5. V. *Polvos de* JUANES. || 6. V. *Preste* JUAN. || 7. fig. y fam. V. *Gata de* JUAN *Ramos*. || —**de buen alma**. fam. Buen Juan. || —**de Garona**. fam. Piojo, 1.ª acep. || —**Díaz**. GERM. Candado o cerradura. || —**Dorado**. GERM. Moneda de oro. || —**Lanas**. fam. Hombre apocado que se presta con facilidad a todo cuanto se quiere hacer de él. || —**Machir**. GERM. Machete. || —**Palomo**. fam. Hombre que no se vale de nadie, ni sirve para nada. || —**Platero**. GERM. Moneda de plata. || —**Tarafe**. GERM. Tarafe. || *Buen* JUAN. fam. Hombre sencillo y fácil de engañar. || *A* JUAN *de la Torre la baba le corre*. ref. contra los que se dejan adular. || *Duerme*, JUAN, *y yace, que tu asno pace*. ref. que da a entender el descuido y sosiego con que puede vivir el que ha despachado lo que está a su cargo. || *Hacer San* JUAN. fr. fam. Despedirse los mozos asalariados antes de cumplir el tiempo de su ajuste. || JUAN *Palomo; yo me lo guiso y yo me lo como*. ref. con que se censura al egoísta que no cuenta con nadie para partir el provecho de lo que hace. || *Otra al dicho* JUAN *de Coca*. expr. fig. y fam. con que se nota la importuna repetición de una cosa.

★ **JUANCHEAR**. tr. COLOM. Andar de amoríos.

★ **JUANCHO**. f. fam. ARGENT. Juan Lanas.

★ **JUANEAR**. tr. fam. ARGENT. Engañar, burlar.

JUANELO. n. p. fig. V. *Artificio, huevo de* JUANELO.

JUANERO. (De *juan*.) m. GERM. Ladrón que abre cepos de iglesias.

★ **JUANESCA**. f. ECUAD. Comida propia de Jueves Santo. || 2. Confusión.

JUANETE. (port. *juanête*.) m. Pómulo muy abultado. || 2. Hueso del nacimiento del dedo grueso del pie cuando sobresale mucho. || 3. MAR. Cada una de las vergas que se cruzan sobre las gavias y las velas que se envergan en aquéllas. || 4. VETER. Sobrehueso que se origina en la cara inferior del tejuelo del casco de las caballerías. || 5. HOND. Cadera. | **P**. joanete; **I**. bunion; **F**. pommette; **A**. Backenknochen; **It**. zigomo; **R**. выдающиеся скулы.

JUANETERO. m. MAR. Marinero encargado de la maniobra de los juanetes.

JUANETUDO, DA. adj. Que tiene juanetes o abultamientos huesosos.

JUANILLO. (d. de *Juan*.) m. PERÚ. Propina, soborno. || 2. CHILE. Alboroque.

★ **JUAPAO**. m. VENEZ. Latigazo, varazo.

JUARDA. (l. *sordes*, suciedad, inmundicia.) f. Suciedad de las telas por no quitarles la grasa que tenían al fabricarlas.

JUARDOSO, SA. adj. Que tiene juarda.

★ **JUAY**. m. MÉJ. Cuchillo.

JUBA. f. Aljuba.

JUBADA. (De *jubo*, 2.° art.) f. AR. Jovada.

JUBETE. (Del m. or. que *jubón*.) m. Coleto con malla de hierro empleado por los soldados españoles hasta fines del siglo XV.

JUBETERÍA. Tienda donde se vendían jubetes y jubones. || 2. Oficio de jubetero.

JUBETERO. m. El que hacía jubetes y jubones.

JUBILACIÓN. (l. *iubilatio, -ōnis*.) f. Acción y efecto de jubilar o jubilarse. || 2. Haber pasivo para la persona jubilada. | **P**. aposentação; **I**. retirement; **F**. retraite; **A**. Ruhestand; **It**. giubilazione; **R**. выход в отставку.

JUBILADO, DA. p.p. de jubilar. || 2. adj. Se aplica al que ha sido jubilado. Ú.t.c.s. || 2. CUBA. Sagaz, práctico. || 3. COLOM. Pobrete, infeliz. || 4. COLOM. Lelo. || **P**. jubilado; **I**. retired; **F**. rétraité; **A**. ausser Dienst; **It**. giubbilato; **R**. пенсионер.

JUBILANTE. p.a. ant. de jubilar. Que se alegra o jubila.

JUBILAR. adj. Perteneciente al jubileo.

JUBILAR. (l. *iubilāre*.) tr. Disponer, por vejez y largos servicios, generalmente con derecho a pensión, el cese de un funcionario civil en el ejercicio de su carrera. || 2. Por ext., dispensar a una persona por razón de su edad de los trabajos que le incumben. || 3. fig. y fam. Desechar una cosa por inútil. || 4. intr. Alegrarse. Ú.t.c.r. || 5. r. Conseguir la jubilación. Usáb.t.c.r.intr. || 6. COLOM. Venir a menos, decaerse. || 7. GUAT. y VENEZ. Hacer novillos. || 8. r. CUBA y MÉJ. Instruirse en un negocio o asunto. || 9. COLOM. Enloquecer, alelarse. | **P**. jubilar; **I**. to retire; **F**. retraiter; **A**. pensioneren; **It**. giubbilare; **R**. давать отставку.

JUBILEO. (l. *iubilaeus;* del hebr. *yobel*, júbilo.) m. Fiesta pública que celebraban los israelitas al terminar cada período de siete semanas de años. En dicho año ni se sembraba ni se segaba, los esclavos hebreos, con sus mujeres y niños recobraban la libertad y los predios que habían sido vendidos volvían a sus antiguos dueños. || 2. Entre los cristianos, indulgencia plenaria, solemne, concedida por el Papa en ciertos tiempos y en algunas ocasiones. || 3. fig. Entrada y salida frecuente de muchas personas en un lugar. || —**de caja**. El que se concede bajo la obligación de dar una limosna. || *Ganar el* JUBILEO. fr. Hacer las diligencias necesarias para conseguir las indulgencias correspondientes. || *Por* JUBILEO. m. adv. fig. y fam. Rara vez. | **P**. jubileu; **I**. jubilee; **F**. jubilé; **A**. Jubelfest; **It**. giubileo; **R**. юбилей.

JÚBILO. (l. *iubilum*.) m. Viva alegría, especialmente la manifestada exteriormente. | **P**. júbilo; **I**. rejoicing; **F**. réjouissence; **A**. Jubel; **It**. giubbilo; **R**. ликованье.

JUBILOSAMENTE. adv. Con júbilo.

JUBILOSO, SA. (De *júbilo*.) adj. Alegre, lleno de júbilo.

JUBILLO. m. Regocijo público de algunos pueblos de Aragón, consistente en correr por las calles un toro con bolas de pez y resina encendida en las astas. || 2. Toro que se corría de esta manera.

★ **JUBITO**. CUBA. Hombre pequeño y flaco.

JUBO. m. Culebra pequeña común en Cuba. Vive entre las piedras y la maleza.

JUBO. (l. *iūgum*.) m. AR. Yugo.

JUBÓN. (Del m. or. que *chupa*.) m. Vestidura que cubre desde los hombros hasta la cintura, ajustada al cuerpo. || 2. *Buen* JUBÓN *me tengo en Francia*. expr. fig. y fam. que se aplica al que presume de tener algo que no le puede servir.

JUBONERO. m. El que tiene por oficio hacer jubones.

JÚCARO. m. Árbol de las Antillas, de tronco liso, fruto parecido a la aceituna y madera durísima.

★ **JUCHAR**. tr. REP. DOMIN. Provocar.

★ **JUCHE**. m. C. RICA. Joche, flor olorosa parecida al jazmín del Cabo. || 2. f. C. RICA. Alcahueta.

JUDAICA. (De *judaico*.) f. Púa de equino fósil de forma globular, siempre con un piececillo que le unía a la concha del animal. Hállanse en las rocas jurásicas y cretáceas, y por su forma se han empleado como amuletos.

JUDAICO, CA. (l. *iudaīcus*.) adj. Perteneciente o relativo a los judíos.

JUDAÍSMO. Hebraísmo, profesión de la ley antigua de Moisés.

JUDAIZACIÓN. f. Acción y efecto de judaizar.

JUDAIZANTE. p. a. de judaizar. Que judaíza. Ú.t.c.s.

JUDAIZAR. (l. *iudaizāre*.) intr. Abrazar la religión de los judíos. || 2. Practicar ritos de la religión judaica.

JUDAS. (por alusión a *Judas* Iscariote, por quien fue vendido Jesús a los judíos) m. fig. Hombre alevoso y traidor. || 2. Gusano de seda que se engancha al subir el embojo y muere colgado sin hacer su capullo. || 3. V. *Alma, árbol, beso de* JUDAS. || 4. fig. Muñeco de paja que se pone en algunos lugares durante la Semana Santa y después lo queman. || 5. CHILE. Inspector de trabajos en los ferrocarriles, maestranzas y otras instituciones. || *Estar hecho, o parecer*, uno un JUDAS. fr. fig. y fam. Tener el vestido roto y sucio.

JUDEA. n. p. V. *Bálsamo, betún de* JUDEA.

JUDERÍA. f. Barrio destinado para los judíos. | **P**. judiaria; **I**. Jewry; **F**. juiverie; **A**. Judenviertel; **It**. ghetto; **R**. гетто.

JUDEZNO, NA. m. y f. ant. Judihuelo o hijo de judío.

JUDGADOR. (De *judgar*.) m. ant. Juez.

JUDGAR. (l. *iudicāre*.) tr. ant. Juzgar.

JUDÍA. (ár. *ŷudiyā*, alubia.) f. BOT. Planta papilionácea, hortense, de tallos volubles, hojas trifoliadas, flores blancas y legumbres largas y aplastadas. Hay muchas variedades. || 2. Fruto y semilla de dicha planta. || 3. En el juego del monte cualquier naipe de figura. || —**de careta**. Planta procedente de China, papilionácea, semejante a la judía, de semillas pequeñas. || 2. Fruto y semilla de esta planta. | **P**. feijão; **I**. kidneybean; **F**. haricot; **A**. Bohne; **It**. fagiuolo; **R**. боб, фасоль.

JUDIADA. f. Acción propia de judíos. || 2. p. us. Conjunto de judíos. || 3. fig. y fam. Acción inhumana. || 4. fig. y fam. Lucro excesivo y escandaloso.

JUDIAR. m. Tierra sembrada de judías.

JUDICACIÓN. (l. *iudicatio, -ōnis*.) f. ant. Acción de juzgar.

JUDICANTE. (De *judicar*.) m. AR. Cada uno de los jueces que condenaban o absolvían a los ministros de justicia denunciados.

JUDICAR. (l. *iudicāre*.) tr. ant. Juzgar.

JUDICATIVO, VA. (l. *iudicatīvus*.) adj. ant. Que juzgado puede hacer juicio de algo.

JUDICATURA. (l. *iudicatūra*.) f. Ejercicio de juzgar. || 2. Dignidad o empleo de juez. || 3. Tiempo que dura. || 4. Cuerpo integrado por los jueces de un país. | **P**. judicatura; **I**. y **F**. judicature; **A**. Richtergewalt; **It**. giudicatura; **R**. профессия судьи.

JUDICIAL. (l. *iudiciālis*.) adj. Perteneciente al juicio, a la administración de justicia o a la judicatura. | **P**. e **I**. judicial; **F**. judiciaire; **A**. gerichtlich; **It**. giudiziale; **R**. судебный.

JUDICIALMENTE. adv. Por autoridad o procedimiento judicial.

JUDICIARIO, RIA. (l. *iudiciarius*.) adj. ant. Judicial. || 2. Se aplica a la astrología o antigua ciencia de los astros que pretendía pronosticar los sucesos futuros por la situación de los planetas. Ú.t.c.s. || 3. Perteneciente a esta ciencia. || 4. m. El que sigue esta vana ciencia.

JUDICIO. (l. *iudicium*.) m. ant. Juicio

JUDICIOSAMENTE. adv. ant. Juiciosamente.

JUDICIOSO, SA. (De *judicio.*) adj. ant. Juicioso.

JUDIEGO, GA. adj. ant. Perteneciente a los judíos. || **2.** Se dice de la aceituna aprovechada para hacer aceite, mas no para comer.

JUDIHUELA. f. d. de judía.

JUDIHUELO. m. d. de judío.

JUDÍO, A. (l. *iudaeus*, y éste del hebr. *yehūdī*, de la tribu de Judá.) adj. Hebreo, israelita. Apl. a pers. ú.t.c.s. || **2.** Natural de Judea. Ú.t.c.s. || **3.** Perteneciente a este país del Asia antigua. || **4.** fig. Avaro, usurero. || **5.** m. Judión. || **6.** Cuba y P. Rico. Garrapatero, ave cucúlida. || *Cegar como la* judía *de Zaragoza llorando duelos ajenos.* expr. con que se moteja al que sin obligación se interesa demasiado de los asuntos ajenos. || **P.** judeu; **I.** Jew; **F.** juif; **A.** Jude; **It.** giudeo, ebreo; **R.** еврей.

JUDIÓN. m. Cierta variedad de judía, de hoja mayor y más redonda y vainas más anchas.

JUDIT. n. p. V. *Libro de* Judit.

* **JUDO.** m. Versión moderna del jiujitsu, que constituye un sistema de educación física y moral.

* **JUDÚ.** m. Rep. Domin. Baile popular haitiano.

JUEGO. (l. *iŏcus.*) m. Acción y efecto de jugar. || **2.** Ejercicio de recreo sometido a reglas en el que se gana o pierde. || **3.** Juego de naipes, en sentido absoluto. || **4.** Conjunto de cartas que se dan a cada jugador en el juego de naipes. || **5.** Disposición que une dos cosas, que sin separarse pueden tener movimiento. || **6.** Dicho movimiento. || **7.** Número de cosas relacionadas entre sí y que sirven al mismo fin. || **8.** En los carruajes de ruedas cada una de las dos armazones, compuestas de un par de aquéllas, su eje y otras piezas. || **9.** Visos y cambiantes que resultan de la caprichosa disposición de algunas cosas. || **10.** Seguido de la prep. *de* y de ciertos nombres, casa o sitio en que se juega o lo que dichos nombres significan. || **11.** fig. Habilidad para conseguir o estorbar una cosa. || **—a largo.** El de pelota cuando se dirige de persona a persona. || **—carteado.** Cualquiera de los naipes que no esté de envite. || **—de alfileres.** Juego de niños que consiste en empujar cada jugador con la uña del dedo pulgar, sobre cualquier superficie plana, intentando formar cruz con otro alfiler que hace suyo si logra formarla. || **—de compadres.** fig. y fam. Modo de proceder de dos personas que estando de acuerdo, aparentan lo contrario para conseguir algo. || **—de cubiletes.** fig. y fam. Industria con que se trata de engañar a uno tratando de hacerle creer una mentira. || **—de envite.** Aquel en que se apuesta dinero sobre un lance determinado. || **—de ingenio.** Ejercicio de entretenimiento en que se trata de resolver una dificultad propuesta con medios sujetos a ciertas reglas. || **—de la campana.** Juego infantil en que dos niños de espalda y sujetándose los brazos imitan el volteo de la campana. || **—del oráculo.** Juego en el cual varias personas preguntan a otra en forma de verso y ésta responde en el mismo metro. || **—de los cantillos.** El que juegan los niños con cinco piedrecillas lanzándolas en el aire para recogerlas. || **—de manos.** Acción de darse palmadas las personas por afecto o diversión. || **2.** Agilidad de manos por la cual se engaña a los espectadores con varios entretenimientos. || **3.** f. Acción ruin mediante la cual se hace desaparecer en poco tiempo una cosa que estaba a la vista. || **—de naipes.** Cada uno de los que juegan con ellas. || **—de niños.** fig. Modo de proceder sin consecuencia. || **—de palabras.** Artificio de combinar con donaire palabras de sentido equívoco o de emplear dos o más que sólo se diferencian en alguna o algunas letras. || **—de pelota.** Juego entre dos o más personas, mediante el cual se arroja una pelota con la mano, pala o cesta, de unas a otras o haciéndola rebotar en una pared. || **—de prendas.** Diversión en la cual se manda hacer a uno una cosa y de no realizarla bien paga prenda. || **—de suerte.** Cada uno de aquellos cuyo resultado no depende de la habilidad sino de la suerte. || **—público.** Casa donde se juega con tolerancia de la autoridad. || **—del árbol.** Electr. Movimiento realizado por el árbol de algunas máquinas eléctricas en igual dirección que su eje y es perjudicial en las dínamos de discos. || **—de las chinatas.** Cuba. Juego de los cantillos. || **—del peuco.** Chile. Juego de chicos en que uno hace de ave de rapiña e intenta llevar por fuerza uno a uno a los demás que están en hilera. || **Juegos florales.** Concurso poético instituido en la Provenza y después por Don Juan I de Aragón en Cataluña. Aún se celebra en algunas partes con premio de flores simbólicas para el poeta ganador. || **—malabares.** Ejercicios de agilidad y destreza practicados en general como espectáculo, mediante varios objetos en equilibrio inestable, lanzándolos a lo alto para recogerlos, etc. || **2.** Combinación artificiosa de objetos que deslumbra a los espectadores. || *Cerrar el* juego. fr. En el dominó hacer la jugada que impida la continuación. Ú.t. el verbo c.r. || *Conocerle* a uno *el* juego. fr. fig. Penetrar su intención. || *Dar bien,* o *mal el* juego. fr. Tener favorable o contraria la suerte. || *Dar* juego. fr. fig. y fam., con que se indica que un asunto tendrá más efecto que el esperado. || *Desgraciado en el* juego, *afortunado en amores.* fr. fam. que se dice al que pierde en el juego, bien como ironía o como consuelo. || *Despintársele* a uno *el* juego. fr. Engañarse por estar la pinta equivocada, tomando un palo por otro. || *En* juego. Con los verbos, *estar, poner, andar,* etc., se indica que intervienen las cosas que se mencionan en el intento que se indica. || *Hacer* juego. fr. Mantenerlo o perseverar en él. || **2.** Entre jugadores, decir aquel a quien le corresponde las cualidades que tiene. || **3.** fig. Corresponder una cosa con otra en orden, proporción y simetría. || juego *de manos,* juego *de villanos.* ref. que censura la excesiva familiaridad de jugar y tocarse con las manos unas personas a otras. || **P.** jogo; **I.** play, game; **F.** jeu; **A.** Spiel, Scherz; **It.** gioco, giuoco; **R.** игра.

JUEGUEZUELO. m. d. de juego.

* **¡JUEPUCHA!** interj. Urug. ¡Caramba!

JUERA. (l. *ioiarium* [*cribum*], por *loliarium,* de cizaña.) f. Extr. Harnero espeso de esparto para limpiar o ahechar el trigo.

JUERGA. f. fam. Huelga, holgorio. || **2.** En Andalucía, diversión bulliciosa con cante y baile. || **P.** borga; **I.** wassail; **F.** bambochade; **A.** Kneiperei; **It.** gozzoviglia; **R.** попойка.

JUERGUISTA. adj. Aficionado a las juergas y diversiones bulliciosas. Ú.t.c.s. || **P.** boémio; **I.** merry-maker; **F.** noceur; **A.** Bummler, Nachtschwärmer; **It.** ribottone; **R.** гуляка.

JUEVES. (l. *Iŏvis* [*dies*], día consagrado a Júpiter.) m. Quinto día de la semana. || **—de comadres.** El penúltimo antes de carnaval. || **—de compadres.** El anterior al de comadres. || **—gordo** o **larguero.** El inmediato a las carnestolentas. || **—de la Cena.** ant. Jueves *Santo.* || *No ser cosa del otro* jueves. fr. fig. y fam. No ser extraordinario aquello de lo que se habla || **P.** quinta feira; **I.** Thursday; **F.** jeudi; **A.** Donnerstag; **It.** giovedì; **R.** четверг.

JUEZ. (l. *iūdex, -ĭcis.*) m. El que tiene autoridad y potestad para juzgar y sentenciar. || **2.** En las juntas públicas y certámenes literarios el encargado de que se observen las leyes impuestas en ellos y distribuir los premios. || **3.** El nombrado para resolver una duda. || **4.** Magistrado supremo del pueblo de Israel desde que éste se estableció en Palestina hasta que aceptó la monarquía. || **—ad quem.** For. Juez a quien se interpone la apelación de otro inferior. || **—a quo.** For. Juez de quien se apela para ante el superior || **—arbitrador.** Aquel en quien las partes se comprometen para que ajuste sus diferencias. || **—conservador.** Eclesiástico o secular nombrado para defender de violencias a una iglesia, comunidad o establecimiento privilegiado. || **—delegado.** El que por comisión de otro conoce las causas que se le someten según la forma señalada en la delegación. || **—de palo.** fig. y fam. El que es torpe e ignorante. || **—de primera instancia y de instrucción.** El ordinario de un partido o distrito que conoce en primera instancia de los asuntos civiles no cometidos por la ley a los Jueces municipales, y dirige la instrucción de sumarios en materia criminal. || **—de raya.** Argent. El que falla sobre el resultado en una carrera de caballos. || **—lego.** Juez municipal no letrado sobre todo si actúa como substituto del de primera instancia. || **—municipal.** El que con duración temporal y sin necesidad de que sea letrado ejerce en un municipio o distrito jurisdicción penal sobre faltas, civil en casos de menor cuantía, y actos de conciliación y dirige el registro del estado civil de las personas. || **—ordinario.** El que en primera instancia conoce las causas y pleitos. || **2.** Juez eclesiástico, vicario del obispo. || **3.** Por anton. el mismo obispo. || *A* jueces *galicianos, con los pies en las manos.* ref. contra los jueces que se dejan sobornar || **P.** juiz; **I.** judge; **F.** juge; **A.** Richter; **It.** giùdice; **R.** судья.

JUGADA. f. Acción de jugar el jugador cada vez que ha de hacerlo. || **2.** Lance de juego que con ello se origina. || **3.** fig. Acción mala e inesperada. || *Hacer* uno *su* jugada. fr. fig. y fam. Hacer un buen negocio. || **P.** jogada; **I.** play; **F.** coup au jeu, tour; **A.** Stich; **It.** giuocata; **R.** ход (в какой-л игре).

JUGADERA. (De *jugar.*) f. Lanzadera.

* **JUGADO, DA.** p.p. de jugar. || **2.** Méj. y Colom. Experto, ducho.

JUGADOR, RA. adj. Se dice del que juega. Ú.t.c.s. || **2.** Que tiene vicio de jugar. Ú.t.c.s. || **3.** Se dice del que tiene habilidad para jugar. Ú.t.c.s. || **—de manos.** El que hace juegos de manos. || *El mejor* jugador, *sin cartas.* expr. fig. y fam. con que se denota que se ha dejado de incluir en un negocio o diversión al que tiene mayor interés, inteligencia y destreza. || **P.** jogador; **I.** player; **F.** joueur; **A.** Spieler; **It.** giocatore; **R.** игрок.

JUGANTE. p.a. de jugar. Que juega.

JUGAR. (l. *iŏcāri.*) intr. Hacer algo con alegría y sólo para entretenerse. || **2.** Travesear. || **3.** Entretenerse, tomar parte en juegos sometidos a reglas, mediando o no el interés. || **4.** Tomar parte en juegos sometidos a reglas no para divertirse sino para satisfacer una inclinación viciosa o para ganar dinero. || **5.** Ejecutar el jugador un acto propio del juego cada vez que le toca intervenir en él. || **6.** En ciertos juegos de naipes, entrar. || **7.** Con la preposición con, burlarse de alguno. || **8.** Ponerse un objeto, formado de piezas, en movimiento para el objeto a que está destinado. Ú.t.c.tr. || **9.** Hablando de armas blancas o de fuego, usarlas. || **10.** Intervenir o tomar parte en un negocio. || **11.** tr. Llevar a cabo las partidas de juego. || **12.** tr. Hablando de cartas, fichas o piezas, hacer en las jugadas uso de ellas. || **13.** Perder al juego. *Pedro ha* jugado *cuanto poseía.* || **14.** Dar a los miembros corporales el movimiento que les es natural. || **15.** Saber manejar las armas. || **16.** Arriesgar, aventurar. || **17.** Chile y Argent. Moverse fácilmente una cosa que está dentro de otra o que encaja en ella. || *¡Bien* juega *quien mira!* loc. con que se reprende a los mirones de juego cuando notan o advierten alguna mala jugada. || jugar *a las bonicas.* fr. que se emplea cuando dos personas se echan la pelota de una mano a otra, sin dejarla caer. Se dice también de los juegos en que no media interés. || jugar *a dos ases.* fr. fig. Ecuad. y Perú. Jugar con dos barajas, proceder con doblez. || jugar *fuerte,* o *grueso.* fr. Aventurar al juego grandes cantidades. || jugar *limpio.* fr. fig. Jugar sin engaños. || **2.** fig. y fam. Proceder en un negocio con lealtad. || *Ni* juega *ni da de barato.* fr. fig. y fam. que indica que uno actúa con total indiferencia, sin tomar partido. || **P.** folgar; **I.** to play; **F.** jouer; **A.** spielen; **It.** giuocare; **R.** играть.

JUGARRETA. (De *jugar.*) f. fam. Jugada mal hecha. || **2.** fig. y fam. Truhanada. || **2.ª** acep.: **P.** jogada mal feita; **I.** trick;

J **F.** mauvais tour; **A.** Schelmenstreich, Betrügerei; **It.** tiro mancino; **R.** плохо сыгранная партия.

JUGLÁNDEO, A. (l. *iuglans, -andis,* nuez, nogal.) adj. Bot. Yuglandáceo.

JUGLAR. (De *joglar.*) adj. Picaresco. ‖ **2.** Juglaresco. ‖ **3.** m. El que en los tiempos medievales divertía en plazas y palacios con recitados, canciones, juegos y habilidades. ‖ **4.** ant. Trovador. ‖ **3.ª** acep.: **P.** jogral; **I.** juggler; **F.** jongleur; **A.** Possenreisser; **It.** giullare; **R.** жонглёр.

JUGLARA. adj. f. ant. de juglar. ‖ **2.** f. Juglaresca.

JUGLARERÍA. f. desus. Juglería.

JUGLARESA. f. Mujer juglar.

JUGLARESCO, CA. adj. Propio del juglar, relativo a él.

JUGLARÍA. f. Juglería.

JUGLERÍA. f. Ademán o modo propio de los juglares.

JUGO. (l. *sūcus.*) Zumo de las substancias animales o vegetales conseguido por presión, destilación o cocción. ‖ **2.** fig. Lo provechoso, útil y substancial de cualquier cosa material o inmaterial. ‖ **—gástrico.** Zool. Líquido ácido que segregan ciertas glándulas del estómago, que tiene pepsina que actúa sobre las materias albuminoideas de los alimentos. ‖ **—pancreático.** Zool. Líquido alcalino que segrega la porción exocrina del páncreas, y llega por un conducto al intestino. ‖ **P.** suco; **I.** juice; **F.** jus; **A.** Saft; **It.** succo; **R.** сок.

JUGOSIDAD. (l. *sūcosĭtas, -ātis.*) f. Calidad de jugoso.

JUGOSO, SA. (l. *sūcōsus.*) adj. Se dice de lo que tiene jugo. ‖ **2.** fig. Substancioso. ‖ **3.** Pint. Se dice del colorido sin sequedad y del dibujo sin rigidez. ‖ **P.** sucoso; **I.** juicy; **F.** juteux; **A.** saftig; **It.** sugoso; **R.** сочный.

JUGUETE. (d. de *juego.*) m. Objeto bonito para entretenerse los niños. ‖ **2.** Chanza o burla. ‖ **3.** Composición musical o pieza teatral breve. ‖ **4.** Persona o cosa que se maneja por fuerza material o moral. ‖ *Por* JUGUETE. m. adv. fig. Por chanza o entretenimiento. ‖ **P.** brinquedo; **I.** toy; **F.** jouet; **A.** Spielerei, Spielzeug; **It.** trastullo; **R.** игрушка.

JUGUETEAR. (De *juguete.*) intr. Entretenerse jugando y retozando. ‖ **P.** brincar; **I.** to toy; **F.** batifoler, folâtrer; **A.** spielen, schäkern; **It.** scherzare, giocolare; **R.** шалить.

JUGUETEO. m. Acción de juguetear.

JUGUETERÍA. f. Comercio de juguetes. ‖ **2.** Lugar donde se venden.

JUGUETERO, RA. adj. desus. Juguetón.

JUGUETÓN, NA. (De *juguetear.*) adj. Se dice de la persona o del animal que retoza o juguetea muy a menudo.

★ JUI. m. Zool. P. Rico. Avecilla de alas y lomo obscuros, vientre blanco, cola cuadrada y pico cónico.

JUICIERO. (De *juicio.*) m. ant. El que juzgaba sin base para ello.

JUICIO. (l. *iudícium.*) m. Facultad del alma mediante la cual distingue el hombre el bien del mal y lo verdadero de lo falso. ‖ **2.** Lóg. Operación del entendimiento consistente en comparar dos ideas para conocer y determinar sus relaciones. ‖ **3.** Estado de la razón sana opuesta a la locura. ‖ **4.** Opinión, parecer o dictamen. ‖ **5.** Pronóstico de los sucesos del año. ‖ **6.** fig. Seso, cordura. ‖ **7.** Conocimiento de una causa en que el juez pronunciará sentencia. ‖ **8.** Teol. El que Dios hace del alma en el instante de su muerte. Es una de las postrimerías del hombre. ‖ **9.** Teol. Juicio final. ‖ **—contencioso.** For. El que se lleva ante el juez cuando varias partes litigan entre sí sobre ciertos derechos. ‖ **—contradictorio.** Proceso que se instruye para justificar los merecimientos para ciertas recompensas. ‖ **—convenido.** Aquel en que estando de acuerdo acreedor y deudor sólo buscan la solemnidad de allanamiento para reconocer la deuda. ‖ **—declarativo.** El que se sigue con plenas garantías en materia civil y termina por sentencias que causa ejecutoria entre litigantes acerca del asunto controvertido. ‖ **—de desahucio.** El sumario lanzado contra el que como arrendatario o precarista,

tiene bienes ajenos sin ningún título o sólo por el de arriendo ya caducado. ‖ **—de Dios.** Cada una de las pruebas que deseando averiguar la verdad se realizaban antiguamente. ‖ **—de faltas.** For. El que versa sobre infracciones de bandos de buen gobierno o ligeras trasgresiones del código penal. ‖ **—de mayor cuantía.** El declarativo de tramitación más solemne que versa sobre derechos inestimables pecuniariamente u objetos de valor superior al límite procesal que actualmente es de 20.000 pesetas. ‖ **—de menor cuantía.** El declarativo intermedio entre el de mayor cuantía y el verbal. ‖ **—oral.** For. Período decisivo del proceso penal en que se exponen directamente las pruebas y alegaciones ante el tribunal sentenciador. ‖ **—plenario.** For. El posesorio en que se trata del derecho de las partes para declarar la posesión a favor de una de ellas, o reconocer el derecho que tiene en la propiedad. ‖ **—posesorio.** For. Aquel en que se convierte la mera posesión de una cosa. ‖ **—universal.** El que liquida y parte una herencia o el caudal de un quebrado o concursado. ‖ **2.** Teol. El que realizará Jesucristo de todos los hombres al fin del mundo. ‖ **—verbal.** El declarativo de grado inferior que se sigue ante la justicia municipal. ‖ *Justos* JUICIOS *de Dios.* expr. Decretos ocultos de la divina Justicia. ‖ *Amontonarse el* JUICIO. fr. fig. y fam. Ofuscarse la razón por enojo o error. ‖ *Asentar el* JUICIO. fr. Empezar a tener cordura. ‖ *Cargar* uno *el* JUICIO *en* alguna cosa. fr. fig. Detener en ella la consideración. ‖ *Entrar en* JUICIO *con* uno. fr. Pedirle y tomarle cuenta de lo que se le ha entregado y ha practicado en cumplimiento de su obligación. ‖ *Estar* uno *en su* JUICIO. fr. Tener cabal el entendimiento para actuar con conocimiento y advertencia. ‖ *Estar* uno *fuera de* JUICIO. fr. Padecer enfermedad de manía o locura. ‖ **2.** Estar cegado por alguna pasión. ‖ *Falto de* JUICIO. loc. Se aplica al que es demente, o posee algún arrebato o pasión que le embarga el discernimiento y del que lo tiene en muy escasa medida. ‖ *Parecer* uno *en* JUICIO. fr. For. Deducir ante el juez la acción o derecho que tiene o las excepciones que excluyen la acción contraria. ‖ *Pedir* uno *el* JUICIO. fr. For. Comparecer ante el juez a proponer sus acciones y derechos. ‖ *Privarse* uno *de* JUICIO. fr. Volverse loco. ‖ *Quitar el* JUICIO, alguna cosa. fr. fig. y fam. Causar gran admiración. ‖ *Ser* una cosa *un* JUICIO. fr. fig. Ser de admirar. ‖ *Suspender* uno *el* JUICIO. fr. No determinarse a resolver en una duda. ‖ *Tener* uno *el* JUICIO *en los calcañares,* o *en los talones.* fr. fig. y fam. Portarse sin cordura. ‖ *Volver* a uno *el* JUICIO. fr. Hacérselo perder. ‖ **P.** juizo; **I.** judgment; **F.** jugement; **A.** Urteil, Meinung; **It.** giudizio; **R.** мнение.

JUICIOSAMENTE. adj. Con juicio.

JUICIOSO, SA. adj. Se dice del que procede con cordura. Ú.t.c.s. ‖ **2.** Hecho con juicio. ‖ **P.** judicioso; **I.** judicious; **F.** judicieux; **A.** vernünftig; **It.** giudizioso; **R.** разумный.

º JUJEÑO, A. adj. y subs. Natural de Jujuy, en la República Argentina.

JUJEO. (De *jujear,* del grito *juj.*) m. Sant. Jijeo.

★ JULA, JULAS. m. pl. Bol. Comparsa de indios que bailan danzas guerreras.

JULEPE. (*yullâb,* palabra persa arabizada, jarabe.) m. Poción de aguas destiladas, jarabes y otras materias medicinales. ‖ **2.** Juego de naipes en que se pone un fondo y se señala triunfo volviendo una carta tras repartir tres a cada jugador. Por cada baza se gana la tercera parte del fondo, y quien no hace ninguna queda obligado a reponer el fondo. ‖ **3.** fig. fam. Castigo. ‖ **4.** Amér. Merid. Susto, miedo. ‖ **5.** Méj. Trabajo, penalidad. ‖ *Dar* JULEPE a uno. fr. Dejarle sin baza. ‖ *Llevar* uno JULEPE. fr. Quedarse sin baza.

★ JULEPEAR. tr. fam. Reprender. ‖ **2.** Méj. Fastidiar. ‖ **3.** Chile. Presentir un peligro.

JULIANO, NA. adj. Perteneciente a Julio César o instituido por él. ‖ **2.** Per-

teneciente al conde Julián. ‖ **3.** Se dice de la sopa de hierbas conservadas secas.

JULIO. (l. *iulĭus.*) m. Séptimo mes del año según nuestro cómputo. ‖ **P.** julho; **I.** July; **F.** juillet; **A.** Juli; **It.** luglio; **R.** июль.

JULIO. (De *Joule,* nombre de un célebre físico.) m. Unidad de medida del trabajo eléctrico, equivalente al producto de un voltio por un colombio.

JULO. m. Res o caballería que va delante de las demás en la recua.

★ ¡JUM! interj. Amér. ¡Hum!

JUMA. f. fam. Jumera, borrachera.

★ JUMACA. f. Méj. Cuchara de madera.

JUMARSE. r. vulg. Emborracharse. Ú. m. en América.

★ JUMEADO, DA. adj. Perú. Jumo, borracho.

★ JUMEL. m. Algodón egipcio, de fibra muy larga.

JUMENTA. (De *jumento.*) f. Asna, hembra de asno.

JUMENTAL. (l. *iumentālis.*) adj. Perteneciente al jumento.

JUMENTIL. adj. Jumental.

JUMENTO. (l. *iumentum.*) m. Asno. ‖ **P.** jumento; **I.** donkey; **F.** âne; **A.** Esel; **It.** àsino; **R.** осёл.

JUMERA. f. fam. Humera.

★ JUMETREAR. tr. Bol. Importunar, fastidiar.

★ JUMO, MA. adj. Méj., P. Rico, Ecuad. y Venez. Borracho. ‖ **2.** m. P. Rico y Rep. Domin. Borrachera.

JUNCÁCEO, A. (De *juncus,* nombre de un género de plantas.) adj. Bot. Se aplica a las hierbas angiospermas monocotiledóneas, de terrenos húmedos, generalmente vivaces. Ú.t.c.s.f. ‖ **2.** f. pl. Bot. Familia de estas plantas.

JUNCADA. f. Fruta de sartén, de figura cilíndrica a modo de junco. ‖ **2.** Juncar. ‖ **3.** Veter. Medicamento preparado con manteca de vaca, miel y cocimiento de adormideras que se usaba en veterinaria contra el muermo.

JUNCAL. adj. Perteneciente o relativo al junco. ‖ **2.** And. Gallardo. ‖ **3.** m. Juncar.

JUNCAR. m. Lugar lleno de junqueras.

JÚNCEO, A. (l. *iuncĕus,* de junco.) adj. Bot. Juncáceo.

JUNCIA. (l. *iuncĕa,* parecida al junco.) f. Planta herbácea, vivaz, ciparácea; es medicinal y olorosa. Abunda en los lugares húmedos. ‖ *La* JUNCIA *de Alcalá, que llegó tres días después de la función.* expr. fig. y fam. con que se critica todo lo que viene tarde o pasada la ocasión. ‖ *Vender* JUNCIA. fr. fig. Echar bravatas. ‖ **P.** junça; **I.** galingale; **F.** souchet; **A.** Zypergras; **It.** cunzia.

★ JUNCA. f. Guat. La comida.

JUNCIAL. m. Lugar lleno de juncias.

JUNCIANA. f. fig. y fam. Hojarasca, jactancia vana.

JUNCIERA. (De *juncia.*) f. Vaso de barro de tapa agujereada que sale el olor de las hierbas o raíces aromáticas que se colocan en ella en infusión con vinagre.

JUNCINO, NA. (l. *iuncĭnus.*) adj. De juncos o compuesto de ellos.

JUNCIR. (l. *iungĕre.*) tr. ant. Yungir. Ú. en Álava.

JUNCO. (l. *iuncus.*) m. Bot. Planta juncácea, de tallos cilíndricos, flexibles; crece en los lugares húmedos. ‖ **2.** Cada uno de los tallos de ella. ‖ **3.** Bastón, especialmente el que es delgado. ‖ **4.** Bot. Planta ciparácea, abundante en España, de flores pequeñas situadas cerca del ápice del tallo. ‖ **5.** Bot. Amér. Narciso. ‖ **—florido.** Bot. Arbusto butomáceo, que se cría en Europa en los lugares pantanosos. Sus hojas se emplean como aperitivo en medicina, y las raíces y serillas contra mordeduras de serpientes. ‖ **—marinero, marino** o **marítimo.** Planta juncácea, que crece espontánea en los lugares húmedos ‖ **P.** junco; **I.** rush; **F.** jonc; **A.** Binse, Rohrstock; **It.** giunco; **R.** тростник, камыш.

JUNCO. (chino *chun,* barco.) Especie de embarcación pequeña, usada en las Indias Orientales.

JUNCOSO, SA. (l. *iuncōsus.*) adj. Parecido al junco. ‖ **2.** Se dice del terreno que da juncos.

J

★ JUNGLA. (ingl. *jungle*, del indostaní *jangla*.) f. Terreno inculto y pantanoso cubierto de maleza y altas hierbas.

JUNGLADA. f. Lebrada.

★ JUNICHE. m. Bol. Puchero que se guarda de un día para otro.

JUNIO. (l. *iunius*.) m. Sexto mes del año en el calendario gregoriano. || **P.** junho; **I.** June; **F.** juin; **A.** Juni; **It.** giugno; **R.** июнь.

JÚNIOR. (l. *iunior*, más joven.) m. Religioso joven, que después de profesar está aún sujeto al maestro de novicios. || **2.** Más joven, novato. || **3.** Ú. a veces junto al nombre o apellido para distinguir al hijo del padre de igual nombre.

JUNÍPERO. (l. *iuniperus*.) m. Enebro. || **2.** fig y fam Colom. Hombre necio, zopenco. || **P.** zimbro; **I.** juniper; **F.** genévrier; **A.** Wacholder; **It.** ginepro; **R.** можжевельник.

JUNO. (Del nombre de la diosa así llamada.) f. Astron. Asteroide descubierto por Harding en 1804.

JUNQUERA. f. Junco, planta júncea de lugares húmedos.

JUNQUERAL. m. Juncar.

JUNQUILLO. (d. de *junco*.) m. Planta de jardinería, especie de narciso, de tallo semejante al junco. || **2.** Junco de Indias. || **3.** Arq. Moldura más delgada que el bocel. || **4.** P. Rico. Cadenilla de oro que llevan las mujeres al cuello. || **P.** junquilho; **I.** jonquil; **F.** jonquille; **A.** Spanischrohr; **It.** giunchiglia; **R.** жонкиль.

JUNTA. (De *juntar*.) f. Reunión de varias personas para hablar de un asunto. || **2.** Cada una de las sesiones que se celebran. || **3.** Todo que forman varias cosas unidas. || **4.** Unión de dos o más cosas. || **5.** Conjunto de individuos que dirigen los asuntos de una colectividad. || **6.** Juntura, parte en que se unen dos cosas. || **7.** Pieza de cartón, cáñamo, etc., que se coloca en la unión de dos partes de un aparato, recipiente o máquina para impedir el escape del cuerpo fluido que contienen. || **8.** Arq. Espacio que queda entre las superficies de las piedras o ladrillos contiguos a una pared y que se rellena con yeso o mezcla. || **9.** Arq. Cada una de dichas superficies. || **10.** Mar. Empalme, costura. || **—administrativa.** La que rige los intereses peculiares de un pueblo que forma en unión de otros un municipio. || **—arbitral.** Tribunal administrativo que entiende en defraudaciones. || **—de descargos.** Tribunal que interviene en el cumplimiento de los testamentos y últimas voluntades de los reyes. || **—municipal.** Reunión de concejales con un número igual de vocales asociados para la aprobación de los presupuestos y asuntos importantes. || *Retundir* JUNTAS. fr. Albañ. Rellenar con argamasa fina las llagas de un muro. || **P.** junta; **I.** council, meeting; **F.** junte, comité; **A.** Versammlung; **It.** giunta, consiglio; **R.** собрание.

JUNTADOR, RA. adj. ant. que junta. Se usaba t.c.s.

JUNTADURA. (De *juntar*.) f. ant. Juntura.

JUNTAMENTE. adv. Con unión de dos o más cosas en un mismo sujeto o lugar. || **2.** adv. A un mismo tiempo.

JUNTAMIENTO. m. ant. Acción y efecto de juntar o juntarse.

JUNTAR. (l. *iunctare*.) tr. Unir unas cosas con otras. || **2.** Congregar. Ú.t.c.r. Acopiar. || **3.** Entornar las puertas y ventanas. || **4.** r. Acercarse mucho a uno. || **5.** Acompañarse de uno || **6.** Tener acto carnal. || **7.** Amancebarse. || **P.** juntar; **I.** to join, to couple, to unite; **F.** joindre, assembler; **A.** vereinigen, verbinden; **It.** congiungere; **R.** соединять.

JUNTERA. (De *junta*, empalme.) f. Garlopa cuyo hierro ocupa la mitad del ancho de la caja cuya otra mitad resalta permitiendo afirmar la herramienta en el canto de la pieza que junta.

JUNTERILLA. f. Juntera pequeña para principiar los rebajos.

JUNTERO. m. Individuo de la junta que en septiembre de 1843 promovió en Barcelona la revolución que terminó en noviembre del mismo año.

★ JUNTIÑA. f. Rep. Domin. Amistad firme y continuada.

JUNTO, TA. (l. *iunctus*.) p.p. irreg. de juntar. || **2.** adj. Unido, cercano. || **3.** adv. Con la prep. *a*, cerca de || **4.** adv. Juntamente, a la vez. || *En* JUNTO. m. adv. En total.

JUNTORIO. m. Cierta especie de antiguo tributo.

JUNTURA. (l. *iunctura*.) f. Lugar en que se unen dos o más cosas. || **—claval.** Zool. Unión de dos huesos entrando el uno en el otro a manera de clavo. || **—nodátil** o **nudosa.** Zool. La que forman dos huesos entrando en la cavidad del uno la cabeza o nudo del otro, permitiendo el movimiento. || **—serrátil.** Zool. La que tiene dos huesos en figura de dientes de sierra, de modo que las puntas del uno entran en los huesos del otro. || **P.** junctura; **I.** joint, joining; **F.** jointure, joint; **A.** Gelenk, Verbindung; **It.** giuntura; **R.** место соединения. шов.

JUNZA. f. Murc. Juncia.

JUÑIR. (l. *iungere*.) tr. Ar. Uncir.

★ JUPA. f. C. Rica. Calabaza redonda. || **2.** Hond. Cabeza.

★ JUPIAR. tr. Pan. Azuzar a los perros. || **2.** Jalear. || **3.** r. Amér. Central. Emborracharse.

JÚPITER. (Del dios *Júpiter*.) m. Planeta conocido desde muy antiguo es el mayor de cuantos componen el sistema solar. || **2.** Arq. Estaño, metal brillante del color de la plata.

JUPITERINO, NA. adj. Perteneciente o relativo al dios mitológico Júpiter.

★ JUPÓN, NA. adj. Amér. Central. Cabezón.

★ JUQUE. (mejic. *xoctli*, marmita.) m. C. Rica y El Salv. Zambomba y zambombo.

JUR. (l. *ius, iuris*.) m. ant. Derecho.

JURA. (De *jurar*.) f. Acto solemne en que los Estados por medio de sus representantes reconocen y juran obediencia a su príncipe. || **2.** Acción de jurar la bandera. || **3.** Juramento, 1.ª acep. || **4.** m. Guat. Guardia, policía. || JURA *mala, en piedra caiga.* ref. que indica que aunque se haya jurado, no debe ejecutarse lo malo.

JURADERÍA. f. ant. Juraduría.

JURADERO, RA. (l. *iuratorius*.) adj. Se dice de la iglesia donde antiguamente se solía acudir a prestar juramento solemne.

JURADO, DA. p.p. de jurar. || **2.** adj. Se aplica al enemigo que tiene firme propósito de serlo. || **3.** Que ha prestado juramento al encargarse del desempeño de una función. || **4.** Tribunal no profesional ni permanente, de origen inglés, que determina y declara el hecho justificable o la culpabilidad del acusado. || **5.** Cada uno de los individuos que forman dicho tribunal. || **6.** Cada uno de los individuos que forman el tribunal en exámenes, etc. || **7.** Conjunto de dichos individuos. || **4.ª** acep.: **P.** jurado; **I.** y **F.** jury; **A.** Schwurgericht, Jury; **It.** giurato; **R.** заклятый (враг).

JURADOR, RA. (l. *iurator*.) adj. Que tiene vicio de jurar. Ú.t.c.s. || **2.** For. Se dice del que declara en juicio con juramento. Ú.t.c.s.

JURADORÍA. f. ant. Juraduría.

JURADURÍA. f. Oficio y dignidad de jurado.

JURAMENTAR. tr. Tomar juramento a uno. || **2.** r. Obligarse con juramento.

JURAMENTO. (l. *iuramentum*.) m. Afirmación o negación de una cosa, poniendo a Dios por testigo, en sí mismo o en sus criaturas. || **2.** Voto o reniego. || **—asertorio.** Aquel con que se afirma la verdad de algo presente o pasado. || **—decisorio** o **deferido.** For. Aquel que una parte pide a la otra dentro o fuera del juicio, obligándose a pasar por lo que ésta jure. || **—execratorio.** Maldición que uno se echa a sí mismo de no ser verdad lo que se dice. || **—falso.** El realizado con mentira. || **—indecisorio.** Aquel en que las afirmaciones sólo se aceptan en cuanto perjudican al jurado. || **—judicial.** For. El que el juez toma de oficio o a pedimento de la parte. || **—supletorio.** For. El que se pide a la parte a falta de otras pruebas. || **P.** juramento; **I.** oath; **F.** serment; **A.** Eid (schwur); **It.** giuramento; **R.** присяга, клятва.

JURAMIENTO. ant. m. Juramento.

JURANTE. p.a. de jurar. Que jura.

JURAR. (l. *iurare*.) tr. Afirmar o negar una cosa poniendo a Dios por testigo. || **2.** Reconocer solemnemente la soberanía de un príncipe. || **3.** Someterse igualmente a los preceptos constitucionales de un país, estatutos de las órdenes religiosas, deberes de determinados cargos, etc. || **4.** intr. Echar votos o reniegos. || JURAR *en falso.* fr. Asegurar con juramento lo que se sabe que no es verdad. || JURÁRSELA o JURÁRSELAS, uno a otro. fr. fam. Asegurar que se ha de vengar de él. || **P.** jurar; **I.** to swear; **F.** jurer; **A.** schwören; **It.** giurare; **R.** клясться, присягать.

JURÁSICO, CA. adj. Geol. Se aplica al terreno sedimentario de la región del Jura en Francia. Ú.t.c.s. || **2.** Perteneciente a este terreno. || **3.** Dícese del período geológico de la era secundaria, que sigue al triásico y precede al cretáceo.

JURATORIA. (l. *iuratoria*. t. f. de *-rius*, juratorio.) adj. For. Dícese de la caución que hace el pobre sin fiador para salir de la cárcel jurando volver a ella cuando se le indique. || **2.** f. Lámina de plata o plana de pergamino en que estaba escrito el principio de cada uno de los cuatro evangelios y sobre la cual ponían las manos los magistrados de Aragón para hacer el juramento.

JURATORIO. (l. *iuratorius*.) m. Instrumento en que constaba el juramento de los magistrados de Aragón.

JURDANO, NA. adj. Natural de las Jurdes. Ú.t.c.s. || **2.** Perteneciente a este territorio.

JURDÍA. (Quizá del ár. *zaradiyya*, cosa hecha de mallas.) f. Especie de red para pescar.

JUREL. (gr. σαῦρος; en fr. *saurel*.) m. Pez teleósteo marino, acantopterigio, de cuerpo carnoso, con escamas pequeñas, dos aletas de grandes espinas en los costados y cola extensa y ahorquillada.

★ JUREL. m. Cuba. Miedo. Ú. con los verbos tener y coger. || **2.** Cuba. Borrachera.

JURERO, RA. adj. Chile y Perú. Se dice del que jura en falso.

★ JURGA. f. Cuba. Baile al compás de dos por cuatro.

JURGINA. f. Jurguina.

JURGUINA. f. Jorquina.

JURÍDICAMENTE. adv. En forma de juicio o de derecho. || **2.** Por la vía judicial. || **3.** Con arreglo a lo señalado por la ley. || **4.** En términos propios de derecho, en lenguaje legal.

JURIDICIAL. (l. *iuridicialis*.) adj. ant. Judicial.

JURIDICIDAD. (De *jurídico*.) f. Tendencia favorable al predominio de las soluciones de estricto derecho en asuntos políticos y sociales.

JURÍDICO, CA. (l. *iuridicus*.) adj. Que atañe o se ajusta al derecho. || **P.** jurídico; **I.** lawfull; **F.** juridique; **A.** juristisch; **It.** giuridico; **R.** судебный.

★ JURIES. m. pl. Amér. Tribu de indios que ocuparon parte del territorio actual de la República Argentina.

JURIO. m. ant. Derecho perpetuo de propiedad.

JURISCONSULTO. (l. *iurisconsultus*.) m. El que profesa con título la ciencia del derecho dedicándose particularmente a escribir sobre él y a resolver las consultas legales que se le proponen. || **2.** Jurisperito. || **P.** jurisconsulto; **I.** jurisconsult; **F.** juriste, légiste; **A.** Jurist; **It.** giureconsulto; **R.** юрисконсульт.

JURISDICCIÓN. (l. *iurisdictio, -onis*.) f. Poder que tiene uno para gobernar y poner en ejecución las leyes y aplicarlas en juicio. || **2.** Término de un lugar o provincia. || **3.** Territorio en que el juez ejerce las facultades que posee. || **—acumulativa.** For. Aquella mediante la cual un juez conoce la prevención de las mismas causas que otro. || **—contenciosa.** La ejercida en forma de juicio sobre pretensiones o derechos contrapuestos de las partes litigantes. || **—contencioso-administrativa.** La que conoce de los recursos contra las decisiones definitivas de la administración. || **—delegada.** La que ejerce uno en

J lugar de otro por comisión que se le da para un asunto y tiempo determinado. || **—exenta**. La que no depende de la ordinaria, en el derecho canónico. || **—forzosa**. For. La que no se puede declinar. || **—ordinaria**. For. La procedente del fuero común, en contraposición a la privilegiada. || **—voluntaria**. Aquella en la que el juez o tribunal da la solemnidad a actos jurídicos o dicta ciertas resoluciones rectificables en materia civil o mercantil. || *Atribuir* JURISDICCIÓN. fr. Asignarla la ley o someterla las partes a juez que legalmente careciera de competencia. || *Declinar la* JURISDICCIÓN. fr. For. Pedir a un juez que se reconozca como incompetente y se inhiba del seguimiento de un pleito. || *Prorrogar la* JURISDICCIÓN. fr. For. Extenderla a cosas y personas que antes no comprendía. || *Reasumir la* JURISDICCIÓN. fr. For. Suspender el superior o quitar por algún tiempo la que tenía otro, ejerciéndola por sí mismo. || *Refundir,* o *refundirse, la* JURISDICCIÓN. fr. For. Quedar sometidos a un juez o tribunal negocios de que conocían dos o más. || **P**. jurisdição; **I**. jurisdiction; **F**. juridiction; **A**. Gerichtsbarkeit; **It**. giurisdizione; **R**. судебнаявлять.

JURISDICCIONAL. adj. Perteneciente a la jurisdicción.

JURISPERICIA. (l. *iurisperitia*.) f. Jurisprudencia.

JURISPERITO. (l. *iurisperītus*; de *ius, iuris*, derecho, y *perītus*, perito.) m. El que conoce en toda su extensión el derecho civil y canónico. || **P**. jurisperito; **I**. jurisprudent; **F**. légiste; **A**. Jurist; **It**. giurisperito; **R**. юрист, законовед.

JURISPRUDENCIA. (l. *iurisprudentia*.) f. Ciencia del derecho. || **2**. Enseñanza doctrinal que deriva de los fallos de autoridades gubernativas o judiciales. || **3**. Norma de juicio que suple omisiones de la ley y está fundada en las prácticas seguidas en casos análogos. || **P**. jurisprudencia; **I**. y **F**. jurisprudence; **A**. Jurisprudenz, Rechtswissenschaft; **It**. giurisprudenza; **R**. юриспруденция.

JURISPRUDENTE. (l. *iurisprūdens, -entis*.) m. Jurisperito.

JURISTA. (l. *ius, iuris*, derecho.) m. El que estudia o profesa la ciencia del derecho. || **2**. El que tiene derecho a una cosa. || **P**. jurista; **I**. jurist; **F**. juriste; **A**. Rechtsbeflissene(r); **It**. giurista; **R**. юрист.

JURO. (l. *ius, iuris*.) m. Derecho perpetuo de propiedad. || *A juro*. m. adv. Colom. De juro. || *Caber el* JURO. fr. Tener cabimiento en la relación por antelación. || *De* JURO. m. adv. Ciertamente, por fuerza. || *De*, o *por,* JURO *de heredad*. m. adv. Perpetuamente; para pasar de padres a hijos.

★ **JURÓN**. m. Ecuad. Gallinero.

★ **JURUPARIS**. m. Colom. Especie de trompeta india.

JUSBARBA. (l. *Jovis barba*, barba de Júpiter.) f. Brusco, 2.ª acep.

JUSELLO. (l. *iuscellum*, caldo, salsa.) m. Potaje hecho de carne, perejil, queso y huevos.

JUSENTE. f. ant. Yusente.

JUSI. m. Tela de Filipinas, clara como gasa y con listas de colores fuertes.

JUSMESO, SA. (l. *deorsum*, abajo, y *missus*, metido.) p.p. irreg. de jusmeterse.

JUSMETERSE. (l. *deorsum*, abajo, y *mittěre*, meter.) r. Ar. Someterse.

JUSTA. (De *justar*.) f. Pelea a caballo y con lanza. || **2**. fig. Certamen en una rama del saber.

JUSTA. f. Germ. La justicia.

JUSTADOR. (De *justar*.) m. El que justa.

JUSTAMENTE. adv. Con justicia. || **2**. Cabalmente. || **3**. Ajustadamente. || **4**. adv. para indicar la exactitud de un sitio o tiempo en que sucede una cosa.

JUSTAR. (l. *iūxtāre*, de *iuxta*, junto.) intr. Pelear en las justas.

JUSTEDAD. f. Calidad de justo. || **2**. Igualdad o justa correspondencia de una cosa.

JUSTICIA. (l. *iustitia*.) f. Virtud que inclina a dar a cada uno lo suyo. || **2**. Atributo de Dios por el cual arregla todo en número, peso y medida. Comúnmente

se entiende por la divina disposición con que castiga las culpas. || **3**. Una de las cuatro virtudes cardinales, consistente en arreglarse a la suprema justicia y voluntad de Dios. || **4**. Derecho, razón. || **5**. Conjunto de virtudes que hacen bueno al que las posee. || **6**. Lo que se ha de hacer según razón. || **7**. Pena o castigo público. || **8**. Ministro que ejerce justicia. || **9**. Poder judicial. || **10**. fam. Castigo de muerte. || **—commutativa**. La que regula la proporción que debe existir entre las cosas cuando se cambian por otras. || **—distributiva**. La que determina la proporción que ha de existir en la distribución de recompensas y castigos. || **—mayor de Castilla, de la casa del rey** o **del reino**. Dignidad de las primeras del reino que gozaba de grandes derechos y a la cual se comunicaba toda la autoridad real para averiguar y castigar los delitos. || **—ordinaria**. For. La jurisdicción común en contraposición a la de privilegio y fuero. || **—original**. Inocencia en que Dios crió a nuestros primeros padres. || *Administrar* JUSTICIA. fr. For. Aplicar las leyes en los juicios civiles y criminales y hacer cumplir las sentencias. || *De* JUSTICIA. m. adv. Debidamente, según la razón. || *Hacer* JUSTICIA a uno. fr. Obrar en razón con él o tratarle según su mérito. || *Ir por* JUSTICIA. fr. Poner pleito. || ¡JUSTICIA *de Dios!* exclam. para dar a entender que lo que ocurre se considera obra de la justicia de Dios. || **2**. Imprecación ante un hecho injusto pidiendo la justicia de Dios. || JUSTICIA *mas no*, o *y no, por mi casa*. ref. que indica que todos piden que sean castigadas las culpas menos cuando son ellos los culpables. || *La* JUSTICIA *de enero*. expr. fam. que da a entender que muchos jueces no permanecen en el rigor que ostentan cuando comienzan sus cargos. || *Oír en* JUSTICIA. fr. For. Escuchar un juez o tribunal los descargos del funcionario a quien impuso alguna corrección. || *Pedir en* JUSTICIA. fr. For. Poner demanda ante el juez competente. || *Poner por* JUSTICIA a uno. fr. Demandarle ante el juez. || *Tenerse* uno *a la* JUSTICIA. fr. Rendirse a ella. || **P**. justiça; **I**. y **F**. justice; **A**. Justiz, Gerechtigkeit, gerechtsbarkeit; **It**. giustizia; **R**. правосудие.

JUSTICIABLE. adj. Que puede o debe someterse a la acción de los tribunales de justicia. Se aplica principalmente a ciertos hechos.

JUSTICIADOR. (De *justiciar*.) m. ant. El que hace justicia.

★ **JUSTICIALISMO**. m. Argent. Sistema político creado por el general Perón y basado en la justicia social.

JUSTICIAR. (De *justicia*.) tr. ant. Ajusticiar.

JUSTICIAZGO. m. Empleo o dignidad de justicia.

JUSTICIERO, RA. adj. Se dice del que observa y hace observar la justicia. || **2**. Que observa la justicia en el castigo.

JUSTIFICABLE. adj. Que se puede justificar.

JUSTIFICACIÓN. (l. *iustificatio, -ōnis*.) f. Conformidad con lo justo. || **2**. Probanza que se hace de la inocencia de una persona, acto o cosa. || **3**. Prueba convincente de una cosa. || **4**. Santificación interior del hombre por la gracia, con la cual se hace justo. || **5**. Impr. Justa medida del largo que han de tener los renglones que se colocan en el componedor. || **P**. justificação; **I**. y **F**. justification; **A**. Rechtfertigung; **It**. giustificazione; **R**. оправдание.

JUSTIFICADAMENTE. adv. Con justicia y equidad. || **2**. Con verdad y exactitud.

JUSTIFICADO, DA. p.p. de justificar. || **2**. adj. Conforme a justicia. || **3**. Que obra según justicia y razón.

JUSTIFICADOR, RA. adj. Que justifica. || **2**. m. Santificador.

JUSTIFICANTE. p.a. de justificar. Que justifica. Ú.t.c.s.m.

JUSTIFICAR. (l. *iustificāre*.) tr. Hacer Dios justo a uno dándole la gracia. || **2**. Probar una cosa con razones convincentes. || **3**. Rectificar o hacer justa una cosa. || **4**. Arreglar una cosa exactamente. || **5**. Probar la inocencia de uno en lo que

se dice de él. Ú.t.c.r. || **6**. Impr. Igualar el largo de las líneas. || **P**. justificar; **I**. to justify; **F**. justifier; **A**. rechtfertigen; **It**. giustificare; **R**. оправдывать.

JUSTIFICATIVO, VA. adj. Que sirve para justificar una cosa.

JUSTILLO. (d. de *justo*.) m. Prenda interior sin mangas que ciñe el cuerpo y no baja de la cintura.

JUSTINIANEO, A. adj. Dícese de los cuerpos legales del tiempo del emperador Justiniano y del derecho que ellos contienen.

JUSTIPRECIACIÓN. f. Acción y efecto de justipreciar.

JUSTIPRECIAR. (De *justo* y *precio*.) tr. Apreciar a tasar una cosa.

JUSTIPRECIO. (De *justipreciar*.) m. Aprecio o tasación de una cosa.

JUSTO, TA. (l. *iustus*.) adj. Se dice del que obra según justicia y razón. || **2**. Arreglado a justicia y razón. || **3**. Que vive según la ley de Dios. Ú.t.c.s. || **4**. Exacto, que no tiene en número, peso o medida, ni más ni menos que lo que debe tener. || **5**. Apretado o que ajusta bien con otra cosa. || **6**. Germ. Jubón. || **7**. adv. Justamente. || **8**. Apretadamente. || *Al* JUSTO. m. adv. Ajustadamente. || **2**. Cabalmente. || *En* JUSTOS *y en verenjustos*. m. adv. fig. y fam. Con razón o sin ella. || *En justo y creyente*. loc. adv. Al punto, aceleradamente. || *Pagar* JUSTOS *por pecadores*. fr. Pagar los inocentes las penas que han cometido otros. || **P**. justo; **I**. just; **F**. juste; **A**. gerecht; **It**. giusto; **R**. верный.

JUTA. (Voz americana.) f. Ave palmípeda, variedad del ganso doméstico que crían los indios del Ecuador.

JUTÍA. f. Cuba. Hutía.

★ **JUTUTO**. m. Rep. Domin. Fotuto, caracola.

★ **JUVENADO**. m. Chile. Jovenado.

JUVENAL. (l. *iuvenālis*.) adj. Juvenil. Dícese de los juegos instituidos por Nerón cuando se cortó la barba (a la ofreció a Júpiter, y del día que añadió Calígula a las saturnales para que los jóvenes lo celebrasen.

JUVENCO, CA. (l. *iǔvencus*.) m. y f. ant. Novillo, lla.

JUVENECER. (l. *iuvenescěre*.) tr. ant. Rejuvenecer. Usáb. t.c.r.

JUVENIBLE. adj. ant. Juvenil.

JUVENIL. (l. *juvenīlis*.) adj. Perteneciente a la juventud.

JUVENTUD. (l. *iuventus, -ūtis*.) f. Edad que media entre la niñez y la edad viril. || **2**. Conjunto de jóvenes. || **P**. juventude; **I**. youth; **F**. jeunesse; **A**. Jugend; **It**. ventù, giovinezza; **R**. молодость.

JUVIA. f. Árbol mirtáceo, indígena de Venezuela, majestuoso, alto y corpulento; su fruto tiene una almendra muy jugosa de la cual se saca un aceite excelente, es del tamaño de una cabeza humana y muy pesado. || **2**. Fruto de este árbol.

★ **JUYUYO, YA**. adj. Cuba. Huraño. || **2**. m. Zool. Cuba. Joyuyo.

JUZGADO. (De *juzgar*.) m. Junta de jueces que dan sentencia. || **2**. Tribunal con un juez. || **3**. Término de su jurisdicción. || **4**. Lugar donde se juzga. || **5**. Juricatura, cargo de juez. || **P**. julgado; **I**. y **F**. tribunal; **A**. Gerichtshof; **It**. tribunale; **R**. суд.

JUZGADOR, RA. (De *juzgar*.) adj. Que juzga. Ú.t.c.s.

JUZGADURÍA. (De *juzgador*.) f. ant. Judicatura, cargo de juez.

JUZGAMIENTO. m. ant. Acción y efecto de juzgar.

JUZGAMUNDOS. (De *juzgar* y *mundo*.) com. fig. y fam. Persona murmuradora.

JUZGANTE. p.a. de juzgar. Que juzga.

JUZGAR. (De *judgar*.) Deliberar, el que posee autoridad para ello, sobre la culpabilidad de alguno, o de la razón que le asiste en un asunto y sentenciar lo procedente. || **2**. Creer una cosa, formar dictamen. || **3**. Fil. Afirmar la relación que existe entre dos cosas comparándolas. || *Estar a* JUZGADO *y sentenciado*. fr. For. Quedar obligado a oir y consentir la sentencia que se diere. || **P**. julgar; **I**. to judge; **F**. juger; **A**. (be-, ab)urteilen, richten, **It**. giudicare; **R**. судить.

K

K. f. Duodécima letra del abecedario español, y novena de sus consonantes. Su nombre es *ka*. Se emplea en voces de procedencia extranjera. || **2.** CRONOL. Letra que indica las calendas en el calendario romano. || **3.** QUÍM. Símbolo del potasio.

KA. f. Nombre de la letra *k*.

★ **KAISER.** m. Título de algunos emperadores alemanes.

★ **KAKEMONO.** m. Pintura japonesa sobre material arrollable.

★ **KAKI.** m. BOT. Níspero del Japón || **2.** Fruta de dicho árbol.

★ **KAMANI.** m. AMÉR. MERID. Indígena que cuida los sembrados de las haciendas.

KAN. (turco y persa *jãn*, título que a veces ha designado al soberano.) m. Príncipe o jefe entre los tártaros.

★ **KANCHA.** f. AMÉR. MERID. Aprisco rodeado con un vallado.

KANTIANO, NA. adj. Perteneciente o relativo al kantismo. Apl. a pers. ú.t.c.s.

KANTISMO. m. Sistema filosófico del alemán Kant, fundado en la crítica del entendimiento y de la sensibilidad.

KAPPA. (gr. χάππα.) f. Décima letra del alfabeto griego, corresponde en el nuestro a la *k;* en el latín e idiomas neolatinos ha sido sustituida generalmente por la *c.*

★ **KAYIKÍ.** m. Libro sagrado de los japoneses.

★ **KC.** ELECTR. Abreviatura de kilociclo.

KÉFIR. (Voz caucásica.) m. Leche artificialmente fermentada que contiene ácido láctico, alcohol y ácido carbónico.

KERMES. (ár. *qirmiz*, grana, cochinilla.) m. Quermes.

★ **KERMESE.** f. Verbena, fiesta popular. || **2.** Fiesta de carácter benéfico con rifas, tómbolas, etc.

★ **KIF.** m. Cierta preparación de la planta del cáñamo indio usada para fumar en algunos países.

KILI. (gr. χίλιοι, mil.) pref. Kilo. Kiliárea.

KILIÁREA. (De *kili* y *área*.) f. Extensión que tiene 1.000 áreas.

KILO. (Del m. or. que *kili*.) Voz que con la significación de mil, úsase como prefijo de vocablos compuestos. || **2.** m. Kilogramo. || **3.** fam. CUBA. Moneda de un centavo.

KILOCICLO. m. ELECTR. Unidad de frecuencia empleada en radiodifusión que equivale a mil oscilaciones por segundo. || —**segundo.** RADIOTEC. Frecuencia de mil períodos por segundo.

KILOGRÁMETRO. m. MEC. Unidad de trabajo mecánico capaz de levantar un kilogramo a un metro de altura. || —**por segundo.** MEC. Unidad de potencia mecánica equivalente al esfuerzo necesario para levantar un kilogramo de peso a la altura de un metro en un segundo de tiempo.

KILOGRAMO. (De *kilo* y *gramo*.) m. Peso de 1.000 gramos. || **P.** quilograma; **I.** kilogram; **F.** kilogramme; **A.** Kilogramm; **It.** chilogramma, kilogrammo; **R.** килограмм.

KILOLITRO. (De *kilo* y *litro*.) m. Medida de capacidad que tiene 1.000 litros, o sea un metro cúbico.

KILOMÉTRICO, CA. adj. Perteneciente al kilómetro. || **2.** De larga duración. || **3.** Dícese del billete que autoriza a recorrer por ferrocarril un cierto número de kilómetros en un espacio determinado de tiempo.

KILÓMETRO. (De *kilo* y *metro*.) m. Medida de longitud que tiene 1.000 metros. || —**cuadrado.** Medida de superficie que es un cuadrado de un kilómetro de lado. Tiene un millón de metros cuadrados.

★ **KILOPONDIO.** m. FÍS. Unidad de fuerza o peso, en el sistema técnico, y es igual a la fuerza con que es atraído hacia la Tierra el kilogramo patrón, al nivel del mar y a 45° de latitud.

★ **KILOVAR.** m. ELECTR. Mútiplo del var; equivale a mil voltioamperios reactivos.

KILOVATIO. (De *kilo* y *vatio*.) m. ELECTR. Unidad electromagnética que equivale a mil vatios. || KILOVATIO-*hora*. FÍS. Trabajo realizado durante una hora, cuando éste es de mil julios por segundo.

★ **KIMONA.** f. CUBA. Quimono.

★ **KIN.** m. FÍS. Unidad cegesimal de velocidad lineal, que es el centímetro por segundo.

★ **KINASA.** f. QUÍM. Substancia que convierte en forma activa los enzimas que a veces se encuentran en forma inactiva.

KIOSCO. m. Quiosco.

KIRIE. (gr. Κύριε, vocat. de Κύριος, Señor.) m. Deprecación que se hace al Señor, llamándole con esta palabra griega, al principio de la misa, después del introito. Ú. m. en pl. || *Llorar los* KIRIES. fr. fig. y fam. Llorar mucho.

KIRIELEISÓN. (gr. Κύριε, ¡oh Señor! y ἐλέησον, ten piedad.) m. Kirie. || **2.** fam. Canto de entierros y oficio de difuntos. || *Cantar el* KIRIELEISÓN. fr. fig. y fam. Pedir misericordia.

★ **KIRIELEISÓN, NA.** adj. fam. CHILE. Tonto, necio.

★ **KIRSCH.** m. Licor alcohólico que se obtiene por destilación del zumo fermentado de cerezas.

★ **KLISTRON.** m. ELECTR. Dispositivo termoiónico, para ampliación de oscilaciones y multiplicación de frecuencias.

KRAUSISMO. m. Sistema filosófico del alemán Krause. Se funda en la conciliación entre el teísmo y el panteísmo.

KRAUSISTA. adj. Perteneciente o relativo al krausismo. Apl. a pers. ú.t.c.s.

★ **KRIPTÓN.** m. QUÍM. Uno de los gases nobles, como todos ellos monoatómico, univalente e inerte.

★ **KRITA.** f. FÍS. Unidad de peso de los gases que equivale al peso en el vacío de un litro de gas hidrógeno a 0° de temperatura.

KURDO, DA. adj. Curdo. Apl. a pers. ú.t.c.s.

★ **KVA.** FÍS. Abreviatura del kilovoltioamperio.

L

L. Decimotercera letra del abecedario español y décima de sus consonantes. Su nombre es *ele*. || **2.** Letra numeral que en la numeración romana equivale a 50. || **3.** Com. Abreviatura de la palabra libra, en la doble significación de peso y unidad monetaria. || **4.** Liturg. Abreviatura de la voz *lectio*, lección. || **5.** Mat. Abreviatura de logaritmo neperiano.

LA. (l. *illa*.) Gram. Artículo determinado en su forma femenina y singular. || **2.** Gram. Acusativo del pronombre personal de la tercera persona, femenino y singular, puede emplearse en forma enclítica.

LA. (V. *fa*.) m. Mús. Sexta voz de la escala musical. .

★ **LAB.** m. Fermento de jugo gástrico que coagula la leche.

LÁBARO. (l. *labărum*.) m. Estandarte que usaban los emperadores romanos desde el tiempo de Constantino y por su orden se puso la cruz y el monograma de Cristo formado de las dos primeras letras de este nombre en griego. || **2.** Este mismo monograma. || **3.** Por ext., la cruz sin el monograma.

LABE. (l. *labes*.) f. p. us. Mancha, plaga.

LABEO. m. p. us. Labe.

★ **LABERINTERO.** adj. Perú. Embrollón.

LABERÍNTICO, CA. (l. *labyrinthicus*.) adj. Perteneciente o relativo al laberinto || **2.** fig. Enmarañado, confuso.

LABERINTO. (l. *labyrinthus*, y éste del gr. λᴏϐϭρινθος.) m. Lugar formado artificiosamente con calles, encrucijadas y plazuelas, para que confundiéndose dentro no se encuentre la salida. || **2.** fig. Cosa confusa, enredada. || **3.** Composición poética de tal artificio que pueden leerse los versos a su derecho, al revés y de otras formas, sin perder por ello el sentido. || **4.** Zool. Parte interna del oído de los vertebrados. || **5.** Perú. Escándalo. || **P.** labirinto; **I.** labyrinth; **F.** labyrinthe; **A.** Labyrinth, Irrgarten; **It.** laberinto; **R.** лабиринт.

LABIA. (De *labio*.) f. fam. Verbosidad persuasiva y gracia al hablar.

LABIADA. (De *labio*.) adj. Bot. Se aplica a la corola gamopétala irregular dividida en dos labios, de los cuales el superior está formado por dos pétalos y el inferior por tres. Por ext. se aplica a las flores de igual corola.

LABIADO, DA. (De *labio*.) adj. Bot. Se dice de las plantas angiospermas dicotiledóneas, hierbas, matas y arbustos de hojas opuestas y fruto con cuatro aquenios. Ú.t.c.s.f. || **2.** f. pl. Bot. Familia de estas plantas.

LABIAL. (l. *labiālis*.) adj. Perteneciente a los labios. || **2.** Fon. Se dice de la consonante cuya pronunciación depende principalmente de los labios, tal como la *b*. || **3.** Fon. Se aplica a la letra que representa dicho sonido. Ú.t.c.s.f

LABIALIZAR. tr. Fon. Dar carácter labial a un sonido.

LABIÉRNAGO. (l. *labŭrnĭcus*, de *labŭrnus*, codeso.) m. Arbusto o arbolillo oleáceo, de flores de corola blanquecina

y fruto en drupa del tamaño del guisante.

LABIHENDIDO, DA. adj. Se dice del que tiene hendido o partido el labio superior.

LÁBIL. (l. *labĭlis*.) adj. Que resbala o se desliza fácilmente. || **2.** Frágil, caduco. || **3.** Quím. Se dice del compuesto fácil de transformar en otro más estable. || **4.** Fís. Se aplica al electrodo en forma de rodillo que, al verificarse la electrización, está desviándose constantemente.

LABILIDAD. f. Calidad de lábil. || **2.** Quím. Inestabilidad química.

LABIO. (l. *labium*.) m. Cada una de las dos partes exteriores, carnosas, movibles de la boca que cubren la dentadura. Se llaman superior e inferior. || **2.** fig. Borde de algunas cosas. || **3.** fig. Órgano del habla. Se emplea en sing. o en pl. || **—leporino.** El superior del hombre cuando está hendido, con la forma del que tiene la liebre. || *Morderse* uno los labios. fr. fig. y fam. Morderse la lengua. Ú.t con negación. || **2.** fig. y fam. Violentarse para aguantar la indignación o la risa. || *No descoser*, o *despegar*, uno *los* labios, o *sus* labios. fr. fig. Callar, no hablar. || *Sellar el labio*, o *los* labios. fr. fig. Callar, suspender las palabras. || **P.** lábio; **I.** lip; **F.** lèvre; **A.** Lippe; **It.** labbro; **R.** губа.

LABIODENTAL. adj. Fon. Se dice de la consonante cuya articulación se hace acercando el labio inferior a los dientes incisivos superiores. || **2.** Fon. Se aplica a la letra que representa este sonido. Ú.t.c.s.f.

★ **LABIOSEAR.** tr. Amér. Central. Halagar con zalamerías.

★ **LABIOSIDAD.** f. Ecuad. y Amér. Central. Zalamería.

★ **LABIOSO, SA.** adj. Hond. Que tiene mucha labia. || **2.** Hond. Adulador.

LABIRINTO. m. ant. Laberinto.

LABOR. (l. *labor*, -ōris.) f. Trabajo. || **2.** Adorno hecho a mano o tejido en la tela, o ejecutado de otro modo en otras cosas. Ú. frecuentemente en pl. || **3.** Obra de coser, bordar, etc., que ocupa a las mujeres. || **4.** Con el artículo *la*, escuela de niñas cuando aprenden a hacer labor. || **5.** Labranza, especialmente la de las tierras que se siembran. Refiriéndose a las otras operaciones agrícolas. Ú.m. en pl. || **6.** Cada una de las vueltas de arado o cavas que se dan a la tierra. || **7.** Millar de tejas o ladrillos, entre tejeros. || **8.** Cada uno de los grupos de productos en las fábricas de tabaco. || **9.** Simiente del gusano de seda en algunas partes. || **10.** Min. Excavación. Ú.m. en pl. || **11.** Guat. y El Salv. Finca rústica de escasa extensión. || **—blanca.** La realizada en lienzo por las mujeres. || *Hacer* labores. fr. Ar. Tomar las medidas para la consecución de una cosa. || *Meter* en labor *la tierra*. fr. Labrarla. || **P.** labor; **I.** labor; **F.** labeur; **A.** Arbeit; **It.** lavoro; **R.** работа, дело.

LABORABLE. adj. Dícese de lo que se puede trabajar. || **2.** Dícese también del día de trabajo o lectivo.

LABORADOR. (l. *laborātŏr*, -ōris.) m. ant. Trabajador, labrador.

LABORAL. adj. Perteneciente o relativo al trabajo, en su aspecto económico, jurídico y social.

LABORANTE. (l. *labŏrans*, -antis.) p.a de laborar. Que labora. || **2.** m. Conspirador que se propone algún empeño político.

LABORAR. (l. *labŏrāre*.) tr. labran. || **2.** intr. Intrigar con algún designio.

LABORATORIO. (De *laborar*.) m. Oficina en que los químicos realizan sus trabajos. || **2.** Por ext., oficina o taller donde se efectúan trabajos de carácter técnico o investigaciones científicas. || **P.** laboratório; **I.** laboratory; **F.** laboratoire; **A.** Laboratorium; **It.** laboratorio; **R.** лаборатория.

LABOREAR. (De *labor*.) tr. Labrar o trabajar una cosa. || **2.** Min. Hacer excavaciones en una mina. || **3.** intr. Mar. Pasar y correr un cabo por la roldana de un motón.

LABOREO. (De *laborar*.) m. Cultivo del campo. || **2.** Mar. Orden de los llamados cabos de labor para el manejo de las vergas, velamen, etc. || **3.** Min. Arte de explorar las minas, haciendo las excavaciones precisas y extrayendo las menas aprovechables. || **4.** Min. Conjunto de estas labores.

LABORERA. adj. Se dice de la mujer hábil en las labores de manos.

LABORIO. m. Labor o trabajo.

LABORIOSAMENTE. adv. Con laboriosidad.

LABORIOSIDAD. (De *laborioso*.) f. Aplicación o inclinación al trabajo.

LABORIOSO, SA. (l. *laboriōsus*.) adj. Trabajador, aficionado al trabajo. || **2.** Penoso. || **P.** e **It.** laborioso; **I.** laborious; **F.** laborieux; **A.** arbeitsam, emsig; **R.** трудолюбивый.

LABOROSO, SA. (De *labor*.) desus. Laborioso.

LABRA. f. Acción y efecto de labrar piedra, madera, etc.

LABRADA. (De *labrar*.) f. Tierra arada, dispuesta para sembrarla. || **2.** pl. Germ. Hebillas.

LABRADERO, RA. adj. Proporcionado a la labor y que se puede labrar.

LABRADÍO, A. (De *labrado*.) adj. Labrantío. Ú.t.c.s.m.

LABRADO, DA. p.p. de labrar. || **2.** adj. Se dice de las telas con labor en contraposición de las lisas. || **3.** m. Labra. || **4.** Campo labrado. Ú.m. en pl. || **5.** pl. Germ. Botines o borceguíes.

LABRADOR, RA. n. p. V. *Piedra de* labrador.

LABRADOR, RA. (l. *laborātŏr*, -ōris.) adj. Que labra la tierra. Ú.t.c.s. || **2.** Que trabaja o es a propósito para ello. || **3.** m. y f. Persona que posee una hacienda y la cultiva por su cuenta. || **4.** Germ. La mano. || **5.** Méj. Huebrero. || labrador *chuchero, nunca buen apero.* ref. con que se denota que el labrador que se distrae en la caza, adelanta poco en la labranza. || **P.** lavrador; **I.** ploughman, farmer; **F.** laboureur; **A.** Bauer, Landmann; **It.** aratore, coltivatore; **R.** земледелец.

LABRADORESCO, CA. adj. Perteneciente al labrador o propio de él.

L

LABRADORIL. adj. Labradoresco.

LABRADORITA. (De Labrador, región de la América Septentrional donde primeramente se encontró dicho mineral.) f. Feldespato laminar de color gris, iridiscente, que entra en la composición de diferentes rocas.

LABRADURA. (De labrar.) f. ant. Labor.

LABRANDERA. f. Mujer que sabe labrar o hacer labores mujeriles.

LABRANTE. (De labrar.) m. p. us. Cantero, picapedrero. || 2. p. us. Hachero, que corta con el hacha.

LABRANTÍN. (De labrante.) adj. Se dice de la tierra de labor. Ú.t.c.s.m.

LABRANTÍO, A. (De labrante.) adj. Dícese del campo o tierra de labor. Ú.t. c.s.m.

LABRANZA. (De labrar.) f. Cultivo de los campos. || 2. Hacienda de campo o tierras de labor. || 3. Labor en cualquier oficio. || P. lavoura; I. ploughing; F. labourage; A. Feldarbeit, Ackerbau; It. coltura; R. земледелие.

LABRAR. (l. laborāre.) tr. Trabajar en el oficio. || 2. Trabajar una materia poniéndola en forma para usar de ella. || 3. Cultivar la tierra. || 4. Arar. || 5. Llevar una tierra en arrendamiento. || 6. Edificar, construir edificios. || 7. Coser, bordar o hacer otras labores mujeriles. || 8. fig. Hacer, formar. || 9. intr. fig. Causar gran impresión en el ánimo una cosa, especialmente cuando es gradual y durable. || 4.ª acep.: P. lavrar; I. to plough; F. labourer; A. bauen, (aus)-ackern; It. laborare la terra; R. обрабатывать, пахать.

LABRERO, RA. adj. Se dice de las redes de cazonal.

LABRIEGO, GA. (l. labor, -ōris.) m. y f. Labrador rústico.

LABRIO. (l. labrum, infl. por labium.) m. desus. Labio.

LABRO. (l. labrum.) m. ant. Labio. || 2. ZOOL. Labio superior de los insectos, aparente en los masticadores y confuso a veces o modificado en los demás. || 2. En ciertos moluscos, parte de la abertura de la concha.

LABRUSCA. (l. labrusca.) f. Vid silvestre.

LACA. (ár. lakk, nombre de varias drogas que tiñen de rojo.) f. Substancia resinosa, quebradiza encarnada, que se forma en las ramas de varios árboles de la India con la exudación producida por las picaduras de ciertos insectos y los restos de los mismos que mueren envueltos en el líquido que hacen fluir. || 2. Barniz duro y brillante fabricado con dicha substancia, muy empleado por chinos y japoneses. || 3. Por ext. objeto barnizado con laca. || 4. Color rojo extraído de la cochinilla, de la raíz de la rubia o del palo del Pernambuco. || 5. Substancia aluminosa colorida empleada en pintura. || 6. CHILE. Costra, postilla. || P. laca; I. lac; F. laque; A. Lack; It. lacca; R. лак.

* LACAYA. f. BOL. Casa o cabaña sin techo.

LACAYIL. adj. desus. Lacayuno.

LACAYO, YA. adj. desus. Lacayuno || 2. m. Cada uno de los soldados de a pie que acompañaban a los caballeros durante la guerra. || 3. Criado de librea que acompaña a su amo a pie. || 4. Mozo de espuelas. || 2.ª acep.: P. lacaio; I. lackey; F. laquais; A. Lakai, Bediente(r); It. lacchè; R. лакей.

LACAYUELO. m. d. de lacayo.

LACAYUNO, NA. adj. fam. Propio de lacayos.

LACEAR. tr. Adornar con lazos. || 2. Atar con lazos. || 3. Disponer la caza para que venga al tiro. || 4. Tomar la caza menor con lazos. || 5. CHILE. Lazar. || 6. ARGENT. Azotar con el lazo.

LACEDEMÓN. adj. Lacedemonio. Apl. a pers. ú.t.c.s.

LACEDEMONIO, NIA. (l. lacedaemonius.) adj. Natural de Lacedemonia. Ú.t. c.s. || 2. Perteneciente a este país de la antigua Grecia.

LACENA. f. Aféresis de alacena.

LACERACIÓN. (l. laceratĭo, -ōnis.) f. Acción y efecto de lacerar.

LACERADO, DA. p.p. de lacerar o

lastimar. || 2. adj. Infeliz, desdichado. || 3. Lazarino. Ú.t.c.s.

LACERADOR. (De lacerar, 2.º art.) m. ant. Acostumbrado a trabajos.

LACERANTE. p.a. de lacerar o lastimar. Que lacera.

LACERAR. (l. lacerāre.) tr. Lastimar, herir. Ú.t.c.r. || 2. fig. Dañar, vulnerar. || P. lacerar; I. to lacerate; F. lacérer; A. zerreissen; It. lacerare; R. раздирать.

LACERAR. (De laceria.) intr. Padecer, pasar trabajos.

LACERAR. intr. ant. Lacerar, padecer.

LACERIA. (De lázaro.) f. Miseria, pobreza. || 2. Trabajo, molestia.

LACERÍA. f. Conjunto de lazos, especialmente en labores de adorno.

LACERIO. m. ant. Laceria.

LACERIOSO, SA. adj. Que padece miseria.

LACERO. m. Persona diestra en manejar el lazo para apresar toros, caballos, etcétera. || 2. El que se dedica a coger con lazos la caza menor.

LACERTO. (l. lacertus.) m. ant. Lagarto.

LACERTOSO, SA. (l. lacertōsus.) adj. Musculoso, fornido.

LACETANO, NA. (l. lacetānus.) adj. Natural de Lacetania. Ú.t.c.s. || 2. Perteneciente a esta región.

LACINIA. (l. lacinia, franja, tira.) f. BOT. Cada una de las tirillas largas en que se dividen las hojas o los pétalos de algunas plantas. || 2. ARQ. Cierta clase de moldura formada de hojas en el estilo ojival.

LACINIADO, DA. adj. BOT. Que tiene lacinias.

LACIO, CIA. (l. flaccĭdus.) adj. Marchito. || 2. Flojo, sin vigor. || 3. Se dice del cabello sin ondas ni rizos.

LACIVO, VA. adj. desus. Lascivo.

LACÓN. (gr. λάκων.) adj. p. us. Lacónico. Apl. a pers. ú.t.c.s.

LACÓN. (Voz gallega.) m. Brazuelo del cerdo y en especial su carne curada.

LACÓNICAMENTE. adv. Breve y concisamente.

LACÓNICO, CA. (l. laconicus, y éste del gr. λακωνικός, espartano, lacedemonio.) adj. Laconio, 2.ª acep. || 2. Breve, conciso. || 3. Que habla o escribe de dicha forma. || 2.ª y 3.ª aceps.: P. lacónico; I. laconic; F. laconique; A. lakonisch; It. lacònico; R. лаконический.

LACONIO, NIA. (l. laconĭus.) adj. Natural de Laconia. Ú.t.c.s. || 2. Perteneciente a este país de Grecia.

LACONISMO. (l. laconismus, y éste del gr. λακωνισμός.) m. Calidad de lacónico. || P. e It. laconismo; I. laconism; F. laconisme; A. Lakonismus, Kürze; R. лаконизм.

LACRA. f. Reliquia o señal de una enfermedad o achaque. || 2. Defecto o vicio físico o moral. || 3. ARGENT. y P. RICO. Costra formada en una úlcera. || 4. VENEZ. Úlcera, llaga.

* LACRADOR. m. CHILE. Sello destinado a estampar en el lacre.

LACRAR. (De lacra.) tr. Dañar la salud de uno, pegarle la enfermedad. Ú.t. c.r. || 2. fig. Dañar a uno en sus intereses.

LACRAR. tr. Cerrar con lacre.

LACRE. (De laca.) m. Pasta sólida y coloreada de goma laca y trementina, que se emplea, derretida, para cerrar y sellar cartas, documentos, etc. || 2. fig. adj. De color rojo. Ú.m. en América. || 3. CUBA. Árbol de madera ligera, de color de carne y cuya corteza da una resina parecida al lacre. || 4. CUBA. Especie de cera de la abeja criolla que se emplea como vulneraria y antiespasmódica. Llámase también lacre de colmena. || P. lacre; I. sealing-wax; F. cire à cacheter; A. Siegellack; It. ceralacca; R. сургуч.

LÁCRIMA. f. ant. Lágrima.

LACRIMABLE. adj. ant. Lagrimable.

LACRIMACIÓN. (l. lacrimatĭo, -ōnis.) f. ant. Derramamiento de lágrimas.

LACRIMAL. adj. Perteneciente a las lágrimas.

LACRIMAR. (l. lacrimāre.) intr. ant. Llorar, derramar lágrimas.

LACRIMATORIO, RIA. (l. lacrimatorius.) adj. V. Vaso LACRIMATORIO. Ú.t.c.s.

LACRIMÓGENO, NA. (l. lacrima, lágrima, y el gr. γεννάω, engendrar.) adj. Que origina lacrimeo. Se aplica especialmente a ciertos gases.

LACRIMOSAMENTE. adv. De manera lacrimosa.

LACRIMOSO, SA. (l. lacrimōsus.) adj. Que tiene lágrimas. || 2. Que mueve a llanto. || P. e It. lacrimoso; I. tearful; F. larmoyant; A. tränend, rührig; R. слезливый.

LACTACIÓN. (l. lactatĭo, -ōnis.) f. Acción de mamar.

* LACTAGOGA. f. BIOQUÍM. Una de las hormonas existentes en el lóbulo anterior de la glándula pituitaria o hipófisis, que son estimulantes del crecimiento y de casi todas las demás glándulas endocrinas.

LACTANCIA. (l. lactantĭa.) f. Lactación. || 2. Período de la vida en que mama el niño. || —mercenaria. Lactancia por la nodriza. || —mixta. Empleo simultáneo de la lactancia artificial y de la materna o mercenaria. || —artificial. Empleo del biberón o de otro medio similar. || P. lactação; I. y F. lactation; A. Stillen, Säugezeit; It. allattamento; R. лактация.

LACTANTE. (l. lactans, -antis.) p.a. de lactar. Que lacta. || 2. com. Niño en el período de lactancia.

LACTAR. (l. lactāre, de lac, lactis, leche.) tr. Amamantar. || 2. Criar con leche. || 3. Mamar, nutrirse de leche. || P. lactar; I. to nurse; F. allaiter; A. säugen; It. allattare; R. кормить грудью.

LACTARIO, RIA. (l. lactarĭus.) adj. p. us. Lechoso, se aplica a las plantas y frutos que tienen un jugo blanco semejante a la leche.

* LACTASA. f. BIOQUÍM. Uno de los enzimas hidrolíticos, que transforma la lactosa en glucosa y galactosa.

LACTATO. m. QUÍM. Cuerpo que resulta combinando el ácido láctico con un radical simple o compuesto.

LACTEADO, DA. (De lácteo.) adj. V. Harina LACTEADA.

LÁCTEO, A. (l. lactĕus.) adj. Perteneciente a la leche o parecido a ella. || 2. ASTRON. V. Vía LÁCTEA. || 3. MED. Dícese de la fiebre que se presenta en la mujer al segundo o tercer día del parto y anuncia la subida de la leche. || 4. MED. Se dice de la costra que se forma en la cara y alrededor de las orejas en la primera dentición. || P. lácteo; I. lacteous, milky; F. lacté; A. milchig; It. làtteo; R. молочный.

LACTESCENCIA. f. Calidad de lactescente.

LACTESCENTE. (l. lactescens, -entis.) adj. De aspecto de leche.

LACTICÍNEO, A. (l. lacticĭna, de lac, lactis, leche.) adj. Lácteo.

LACTICINIO. (l. lacticinĭum.) m. Leche o manjar preparado con ella.

LACTICINOSO, SA. (De lacticinio.) adj. Lechoso, lácteo.

LÁCTICO. (l. lac, lactis, leche.) adj. QUÍM. Perteneciente o relativo a la leche. || 2. V. Ácido LÁCTICO.

LACTÍFERO, RA. (l. lactifer, -ĕri; de lac, lactis, leche, y ferre, llevar.) adj. ZOOL. Se dice de los conductos por donde pasa la leche para llegar a los pezones de las mamas.

LACTINA. (l. lactĭna, blanca como la leche.) f. QUÍM. Azúcar de leche.

LACTÓMETRO. m. Galactómetro.

LACTOSA. (l. lactōsa, lechosa.) f. QUÍM. Lactina.

* LACTOSUERO. (l. lac, lactis, leche, y de suero.) m. BIOQUÍM. Suero de un animal al que se inyecta leche de otro. || BIOQUÍM. Producto del desdoblamiento del lactoplasma, formado por una solución acuosa de sal y lactosa.

LACTUCARIO. (l. lactucarĭus, de lactūca.) m. FARM. Jugo lechoso, que se obtiene de la lechuga espigada haciendo incisiones en el tallo.

LACTUMEN. (l. lac, lactis, leche.) m. MED. Enfermedad de los niños que maman y se manifiesta en las llagas y costras que les salen en el cuerpo y cabeza.

LACTUOSO, SA. adj. ant. Lácteo.

LACUNARIO. (l. lacunarĭum.) m. ARQ. Lagunar, hueco entre los maderos de un techo artesonado.

L

LACUSTRE. (l. *lacus*, lago, con la term. de *palustre*.) adj. Perteneciente a los lagos. || **P., F.** e **It.** lacustre; **I.** lacustral; **A.** See (en comp.); **R.** оэ́рный.

LACHA. f. Haleche.

LACHA. f. fam. Vergüenza, pundonor.

★ **LACHO, CHA.** m. y f. CHILE y PERÚ. Amante. Ú.t.c.adj. || **2.** m. CHILE y PERÚ. Lechuguino.

LADA. (l. *lada*.) f. Jara, arbusto cistíneo.

LÁDANO. (l. *ladănum*.) m. Producto resinoso que fluye espontáneamente de las hojas y ramas de la jara.

LADEADO, DA. p.p. de ladear. || **2.** adj. BOT. Se aplica a las hojas, flores, espigas, etc., cuando todas miran a un mismo lado. || **2.** ARGENT. Se aplica a la mujer fea, y en sentido figurado a la pervertida. Ú.t.c.s. || **P.** ladeado; **I.** inclined; **F.** penché; **A.** schief; **It.** inclinato; **R.** наклонный.

LADEAR. tr. Inclinar una cosa hacia un lado. Ú.t.c. intr. y c.r. || **2.** intr. Andar por las laderas. || **3.** fig. Declinar del camino derecho. || **4.** r. fig. Inclinarse a una cosa. || **5.** fig. Estar una persona o cosa al igual de otra. || **6.** fig. y fam. CHILE. Enamorarse. || LADEARSE *con* uno. fr. fig. y fam. Andar o ponerse a su lado. || **2.** Empezar a enemistarse con él. || **P.** ladear; **I.** to incline; **F.** pencher; **A.** zur Seite neigen; **It.** inclinare; **R.** наклонять.

LADEO. m. Acción y efecto de ladear o ladearse.

LADERA. (De *ladero*.) f. Declive de un monte o de una altura. || **2.** COLOM. Ribera de un río. || **P.** ladeira; **I.** slope; **F.** versant; **A.** (Berg)Abhang; **It.** declivio; **R.** горный склон.

LADERÍA. f. Llanura pequeña en la ladera de un monte.

LADERO, RA. (De *lado*.) adj. Lateral. || **2.** AMÉR. Dícese del caballo que va tirando de un carruaje a la derecha del pertiguero. || **3.** m. fig. y fam. AMÉR. MERID. Compañero, camarada.

LADI. f. Título de honor que se da en Inglaterra a las señoras de la nobleza.

LADIERNO. (l. *alaternus*.) m. Aladierna.

LADILLA. (l. *blatella*, de *blattŭla*.) f. Insecto anopluro de color amarillento que vive parásito en las partes vellosas del cuerpo humano. || **2.** Cebada ladilla. || *Pegarse* uno *como* LADILLA. fr. fig. y fam. Arrimarse a uno molestándole. || **P.** ladilha; **I.** crab-louse; **F.** morpion; **A.** Filzlaus; **It.** piattone; **R.** площица.

LADILLO. (d. de *lado*.) m. Parte de la caja del coche a cada uno de los lados de las puertecillas y cubre el brazo de quienes están dentro. || **2.** IMPR. Composición breve que suele colocarse en el margen de la plana, generalmente para indicar el contenido del texto.

LADINAMENTE. adv. De un modo ladino.

LADINO, NA. (l. *latīnus*, latino.) adj. ant. Se dice del romance o castellano antiguo. || **2.** Se dice del que habla otros idiomas además del suyo. || **3.** fig. Astuto, taimado. || **4.** FILOL. Rético. || **6.** AMÉR. Se aplica al indio o negro que habla correctamente el castellano. || **7.** COLOM. y REP. DOMIN. Parlanchín, charlatán. || **3.ª** acep.: **P.** ladino; **I.** sly; **F.** rusé; **A.** schlau; **It.** scaltro; **R.** лукавый.

LADO. (l. *latus*.) m. Costado o parte del cuerpo de la persona o animal comprendida entre el brazo y el hueso de la cadera. || **2.** Lo que está a la derecha o a la izquierda de un todo. || **3.** Costado o mitad del cuerpo del animal desde el pie a la cabeza. || **4.** Cualquiera de los parajes situados alrededor de un cuerpo. || **5.** Estera que se coloca arrimada a las estacas de los lados de los carros para que no salga por ellos la carga. || **6.** Anverso o reverso de una medalla. || **7.** Cada una de las dos caras de una tela. || **8.** Sitio, lugar. || **9.** Línea genealógica. || **10.** fig. Cada uno de los aspectos que puede considerarse de una persona o cosa. || **11.** fig. Modo, medio o camino que se toma o para una cosa. || **12.** GEOM. Cada una de las dos líneas que forman un ángulo. || **13.** GEOM. Cada una de las líneas que limitan un polígono. || **14.** GEOM. Arista

de los poliedros regulares. || **15.** GEOM. Generatriz de la superficie lateral del cono y del cilindro. || **16.** fig. Favor, protección. || **17.** pl. fig. Personas que protegen a otra. || **18.** fig. Personas que están junto a otras aconsejándolas e influyen en su ánimo. || *Al* LADO. m. adv. Muy cerca. || *A un* LADO. loc. adv. con que se advierte que se deje paso. || *Comerle un* LADO a uno. fr. fig. y fam. Hacerle un gasto continuo comiendo a su costa. || *Dar de* LADO, a uno. fr. fig. y fam. Dejar su trato, huir de él. || *Dejar a un* LADO una cosa. fr. fig. Omitirla en la conversación. || *Echar a un* LADO. fr. fig. Hablando de un negocio, concluir. || *Hacerse* uno *a un* LADO. fr. Apartarse. || *Ir* LADO *a* LADO. fr. que indica la igualdad de varias personas cuando se pasean juntas. || *Mirar de* LADO, o *de medio* LADO. fr. fig. Mirar con desprecio. || **2.** fig. Mirar con disimulo. || **P.** lado; **I.** side; **F.** côté; **A.** Seite; **It.** lato; **R.** бок, сторона.

LADÓN. m. Lada.

LADRA. f. Acción de ladrar. || **2.** MONT. Conjunto de ladridos de los perros al encontrarse con una res.

LADRADOR, RA. (l. *ladrātor*.) adj. Que ladra.

LADRADURA. f. ant. Ladra.

LADRAL. (l. *laterālis*, lateral.) m. AST. y SANT. Adral. Ú. m. en pl.

LADRANTE. p.a. de ladrar. Que ladra.

LADRAR. (l. *latrāre*.) intr. Dar ladridos el perro. || **2.** fig. y fam. Amenazar sin acometer. || **3.** fig. y fam. Motejar. Aunque no siempre, pero de ordinario implica malignidad. || **P.** ladrar; **I.** to bark; **F.** aboyer; **A.** bellen; **It.** abbaiare; **R.** лаять.

LADRIDO. (De *ladrar*.) m. Voz que forma el perro, parecida a la onomatopeya guau. || **2.** fig. y fam. Murmuración, censura. || **P.** ladrido; **I.** barking; **F.** aboi, aboiement; **A.** Bellen, Gebell; **It.** abbaiamento; **R.** лай.

LADRIELLO. m. ant. Ladrillo.

LADRILLADO, DA. p.p. de ladrillar. || **2.** m. Solado de ladrillos.

LADRILLADOR. (De *ladrillar*.) m. Enladrillador.

LADRILLAR. m. Lugar donde se hacen ladrillos.

LADRILLAR. (De *ladrillo*.) tr. Enladrillar.

LADRILLAZO. m. Golpe dado con un ladrillo.

LADRILLEJO. m. d. de ladrillo. || **2.** Juego de mozos que consiste en colgar un ladrillo próximo a la puerta de una casa y moverlo desde lejos para que dé en la puerta y crean los de dentro que llaman a ella.

LADRILLERO, RA. m. y f. Persona que hace ladrillos. || **2.** m. El que los vende.

★ **LADRILLETE.** m. dim. de ladrillo. || **2.** HOND. Ladrillito, juego de muchachos.

LADRILLO. (l. *iaterĕllus*, d. de *later*, *-ĕris*.) m. Masa de arcilla, en forma de paralelepípedo, que sirve, cocida, para construir muros, solar, etc. || **2.** fig. Labor en figura de ladrillo que tienen algunos tejidos. || —**de composición.** CHILE. Baldosa. || —**de chocolate.** fig. Pasta de chocolate hecha en figura de ladrillo. || **P.** ladrilho; **I.** brick; **F.** brique; **A.** Klinker, Bauziegel; **It.** mattone; **R.** кирпич.

LADRILLO. (l. *latro*.) m. GERM. Ladrón, individuo que roba.

LADRILLOSO, SA. adj. Que es de ladrillo o se le asemeja.

LADROCINIO. (De *latrocinio*.) m. ant. Latrocinio.

LADRÓN, NA. (l. *latro*, *-ōnis*.) adj. Que roba. Ú.t.c.s. || **2.** m. Portillo que se hace para sangrar un río o aceña, etc. || **3.** Toma clandestina de electricidad. || **4.** Pavesa encendida que pegada a la vela la hace correrse. || **5.** V. *Cueva de* LADRONES. || **6.** fig. IMPR. Lardón, 1.ª acep. || **7.** ELECTR. Pieza con dos agujas con las que puede establecerse una conexión. || —**cuatrero.** Ladrón de bestias. || *El buen* LADRÓN. San Dimas, uno de los dos malhechores crucificados con Jesucristo. || *El mal* LADRÓN. Uno de los malhechores crucificados con Jesucristo y que murió sin

arrepentimiento. || *Hacer el* LADRÓN *fiel*. fr. fig. Confiarse de uno poco seguro. || **2.** fig. Ostentar sencillez para inspirar confianza. || *Piensa el* LADRÓN *que todos son de su condición*. ref. que indica que solemos sospechar de otro lo mismo que nosotros hacemos. || **P.** ladrão; **I.** thief; **F.** voleur; **A.** Dieb; **It.** ladro; **R.** вор.

LADRONAMENTE. adv. fig. Disimuladamente.

LADRONCILLO. m. d. de ladrón. LADRONCILLO *de agujeta, después sube a burbuleta*. ref. que indica que se empieza a robar por poco y después se roba mucho.

LADRONEAR. intr. Vivir de robos.

LADRONERA. f. Sitio donde se esconden los ladrones. || **2.** Ladrón, portillo para robar el agua de una presa. || **3.** Ladrocinio. || **4.** Alcancía, hucha.

LADRONERÍA. (De *ladronera*.) f. Ladrocinio.

★ **LADRONERÍO.** m. ARGENT. Lugar de ladrones. || **2.** ARGENT. Abundancia de robos.

LADRONESCA. f. fam. Conjunto de ladrones.

LADRONESCO, CA. adj. fam. Perteneciente a los ladrones.

LADRONÍA. (De *ladrón*.) f. ant. Ladrocinio.

LADRONICIO. m. Latrocinio.

LADRONZUELO, LA. m. y f. d. de ladrón. || **2.** Ratero, ra, que roba cosas de escaso valor.

LAGAÑA. f. Legaña. || —**de perro.** BOT. ARGENT. Planta herbácea, de flores amarillas, cuyo fruto da un jugo venenoso.

LAGAÑOSO, SA. adj. Legañoso.

LAGAR. (De *lago*.) m. Recipiente donde se pisa la uva para sacar el mosto. || **2.** Sitio donde se prensa la aceituna para obtener el aceite o donde se machaca la manzana para obtener la sidra. || **3.** Edificio con lagar. || **4.** Suerte de tierra poco extensa y donde hay artefactos para obtener el aceite. || **P.** lagar; **I.** wine-press; **F.** pressoir; **A.** Kelter, Weinkeller; **It.** torchio; **R.** давильня.

LAGAREARSE. r. SAL. Hacerse lagarejo.

LAGAREJO. m. d. de lagar. || *Hacer* LAGAREJO. fr. fig. y fam. Maltratarse la uva que se lleva para comer.

LAGARERO. m. El que trabaja en el lagar.

LAGARETA. f. Lagarejo. || **2.** Charco de agua u otro líquido. || **3.** AND. Pocilga.

LAGARTA. (l. *lacarta*, por *lacerta*.) f. Hembra del lagarto. || **2.** Mariposa, cuya oruga origina estragos en los árboles, constituyendo a veces una plaga. El macho es menor que la hembra; tiene antenas plumosas que en la hembra son sencillas. || **3.** fig. y fam. Mujer pícara y taimada. Ú.t.c.adj.

LAGARTADO, DA. adj. Alagartado.

LAGARTEAR. tr. CHILE. Agarrar a uno de los lagartos o músculos del brazo para impedir su movimiento y vencerlo.

LAGARTEO. m. CHILE. Acción de lagartear.

LAGARTERA. f. Madriguera del lagarto.

LAGARTERANO, NA. adj. Perteneciente o relativo al pueblo de Lagartera. || **2.** m. y f. Natural de este pueblo de Toledo.

LAGARTERO, RA. adj. Se dice del animal que caza lagartos. || **2.** m. GUAT. Burdel.

LAGARTEZNA. f. ant. Lagartija.

LAGARTIJA. (d. de *lagarta*.) f. Especie de lagarto pequeño, común en España, ligero y espantadizo; se alimenta de insectos y vive entre los escombros y en los huecos de las paredes. || —**negra.** ZOOL. ARGENT. Especie de lagartija de color negruzco.

LAGARTIJERO, RA. adj. Se dice de los animales que cazan y comen lagartijas.

LAGARTIJO. m. d. de lagarto. || **2.** PERÚ y VENEZ. Lagartija. || **3.** MÉJ. Lechuguino. || *Comer* uno LAGARTIJO. fr. fig. y fam. P. RICO y CHILE. Estar muy flaco.

LAGARTO. (l. *lacartus*, por *lacertus*.) m. Reptil terrestre, saurio, de cuerpo largo y casi cilíndrico, cola cónica, piel con láminas escamosas, útil a la agricultura

L

por los insectos que devora. ‖ **2.** Músculo del hombre entre el hombro y el codo. ‖ **3.** fig. y fam. Hombre pícaro. Ú.t.c. adj. ‖ **4.** fig. y fam. Espada roja, insignia de la orden de caballería de Santiago. ‖ **5.** GERM. Ladrón del campo. ‖ **6.** GERM. Ladrón que cambia de vestido para que lo desconozcan. ‖ **7.** AMÉR. Lagarto de Indias. ‖ **8.** CUBA. Pez salmónido. ‖ **9.** ECUAD. Comerciante que vende caro. ‖ **10.** URUG. Cinturón para guardar dinero. ‖ ¡LAGARTO! interj. que se usa entre los supersticiosos cuando oyen la palabra culebra y en general para espantar la mala suerte. Úsase más repetida. —**colorado.** ZOOL. ARGENT. Reptil saurio semejante a la iguana, de hermoso color con manchas negras; su carne se utiliza como alimento y su grasa como medicina. ‖ **P.** lagarto; **I.** lizard; **F.** lézard; **A.** Grüneder, Eidechse; **It.** lucerta; **R.** ящерица.

LAGO. (l. *lacus.*) m. Gran masa de agua permanente depositada en hondonadas del terreno, con comunicación al mar o sin ella. ‖ —**de leones.** Lugar subterráneo, cueva en que los encerraban. ‖ **P.** e **It.** lago; **I.** lake; **F.** lac; **A.** Landsee; **R.** озеро.

LAGOPO. (l. *lagŏpus*, y éste del gr. λαγώπους; de λαγώς, liebre, y πούς, pie.) m. BOT. Pie de liebre.

LAGOSTA. f. ant. Langosta.

LAGOSTÍN. m. ant. Langostín.

LAGOSTO. m. ant. Lagosta.

LAGOTEAR. (gót. *laigon*, lamer.) intr. fam. Hacer halagos para conseguir algo. Ú.t.c.tr.

LAGOTERÍA. (De *lagotero.*) f. fam. Zalamería para congraciarse con alguien o conseguir algo.

LAGOTERO, RA. (De *lagotear.*) adj. fam. Que hace lagoterías. Ú.t.c.s.

LÁGRIMA. (l. *lacrȳma.*) f. Cada una de las gotas de humor que segrega la glándula lagrimal y que vierten los ojos. Ú. m. en pl. ‖ **2.** fig. Gota de humor que destilan las vides y otros árboles tras la poda. ‖ **3.** fig. Porción muy corta de cualquier licor. ‖ **4.** pl. fig. Pesadumbre, dolores. ‖ **5.** CHILE. Almendra, pieza de cristal que pende de las lámparas, etc. ‖ **6.** GUAT. En lenguaje germano, ratero. ‖ —**de Batavia** o **de Holanda.** Gota de vidrio fundido que en el agua fría se templa como el acero tomando la forma de pera. ‖ LÁGRIMAS *de cocodrilo.* fig. Las que derrama una persona aparentando dolor. ‖ —**de David** o **de Job.** Planta gramínea, originaria de la India, que se cultiva en los jardines. De sus simientes se hacen collares y rosarios. ‖ —**de Moisés.** fig. y fam. Piedras con que se apedrea a uno. ‖ LÁGRIMAS *de María.* BOT. MÉJ. Dulcamara, planta solanácea. ‖ *Correr las LÁGRIMAS.* fr. Correr por las mejillas del que llora. ‖ *Deshacerse* uno *en* LÁGRIMAS. fr. fig. Llorar amargamente. ‖ *Lo que no va en* LÁGRIMAS *va en suspiros.* expr. fig. y fam. con que se da a entender que unas cosas se compensan con otras. ‖ *Llorar* uno *con* LÁGRIMAS *de sangre* una cosa. fr. fig. Arrepentirse de algo angustiosamente. ‖ *Saltarse,* o *saltársele,* a uno *las* LÁGRIMAS. fr. Echar a llorar de improviso, enternecerse. ‖ **P.** lágrima; **I.** tear; **F.** larme; **A.** Träne; **It.** làcrima; **R.** слеза.

LAGRIMABLE. (l. *lacrimabĭlis.*) adj. Digno de ser llorado.

LAGRIMACER. intr. Lagrimar.

LAGRIMAL. (De *lágrima.*) adj. Se dice de los órganos de secreción y excreción de las lágrimas. ‖ **2.** Se dice de la fístula del ojo llamada rija. ‖ **4.** m. Extremidad del ojo próxima a la nariz. ‖ **5.** AGR. Úlcera que se forma en la axila de las ramas cuando se despegan algo del tronco.

LAGRIMAR. (De *lágrima.*) intr. Llorar, verter lágrimas.

LAGRIMEAR. intr. Secretar con frecuencia lágrimas la persona que llora fácilmente.

LAGRIMEO. m. Acción de lagrimear. ‖ **2.** Flujo independiente de toda emoción del ánimo que no poder pasar las lágrimas desde el lagrimal a las fosas nasales o por ser muy abundante la secreción.

LAGRIMÓN. m. aum. de Lágrima.

LAGRIMÓN, NA. (De *lagrimar.*) adj. ant. Lagrimoso, pitarroso.

LAGRIMOSO, SA. (l. *lacrimōsus.*) adj. Se dice de los ojos tiernos y húmedos por achaque, vicio de la naturaleza, o por llorar. ‖ **2.** Se dice de la persona o animal que tiene así los ojos. ‖ **3.** Lacrimoso, lloroso. ‖ **4.** Se dice de la planta que destila lágrimas.

★ **LAGUA.** (Voz americana.) ·f. PERÚ y BOL. Especie de puches o gachas hechas con fécula de patatas heladas.

LAGUNA. (l. *lacūna.*) f. Depósito natural de agua, en general dulce y menor que el lago. ‖ **2.** fig. En un escrito hueco en que se dejó de poner algo o en que algo ha desaparecido por acción del tiempo u otra causa. ‖ **3.** Defecto, vacío de continuidad de un conjunto o serie. ‖ **P.** lagoa; **I.** lagoon; **F.** lagune; **A.** Lagune, Teich; **It.** laguna; **R.** лагуна.

LAGUNAJO. (despect. de *laguna.*) m. Charco que queda en el campo tras haber llovido.

LAGUNAR. m. ant. Lagunajo.

LAGUNAR. (l. *lacunar, -āris.*) m. ARQ. Cada uno de los huecos que dejan los maderos que constituyen el techo artesonado.

LAGUNAZO. m. Lagunajo.

LAGUNERO, RA. adj. Perteneciente a la laguna. ‖ **2.** m. CHILE. El que cuida de las lagunas.

LAGUNERO, RA. adj. Natural de La Laguna. Ú.t.c.s. ‖ **2.** Perteneciente a dicha ciudad canaria.

LAGUNOSO, SA. (l. *lacunōsus.*) adj. Abundante en lagunas.

º **LAICADO.** m. Condición y conjunto de los fieles que no son clérigos.

LAICAL. (l. *laicālis.*) adj. Perteneciente a los legos.

LAICISMO. (De *laico.*) m. Doctrina que defiende la independencia del hombre o de la sociedad, y más particularmente del Estado, de la influencia religiosa.

LAICIZACIÓN. f. Acción y efecto de laicizar.

LAICIZAR. tr. Hacer laico o independiente de toda influencia religiosa.

LAICO, CA. (l. *laicus.*) adj. Lego, que no tiene órdenes clericales. Ú.t.c.s. ‖ **2.** Se dice de la escuela en que no se da enseñanza religiosa. ‖ **P.** leigo; **I.** laic; laical; **F.** laïc, laïque; **A.** weltlich; **It.** laico; **R.** светский.

LAIDAMENTE. adv. ant. Vergonzosamente.

LAIDO, DA. (ant. al. *laid,* desagradable.) adj. ant. Afrentoso. ‖ **2.** Feo, afeado.

LAILÁN. m. ant. Subasta.

LAIRÉN. adj. Se dice de una uva de grano crecido y hollejo duro, es buena para conservarla. Se aplica también a las cepas y al veduño de dicha especie. ‖ **2.** m. VENEZ. Cierta raíz comestible.

LAÍSMO. m. Vicio de los laístas.

LAÍSTA. adj. GRAM. Se dice de los que repiten siempre *la* o *las* en el acusativo y en el dativo del pronombre *ella.* Ú.t.c.s.

LAJA. (l. epigráfico *lausia*; en b. l. *lausa,* losa.) f. Lancha, piedra lisa y poco gruesa. ‖ **2.** MAR. Bajo de piedra a modo de meseta llana. ‖ **3.** HOND. y CHILE. Piedra arenisca, cortante. ‖ **4.** HOND. Arenilla de fregar.

LAJA. (l. *laxus,* flojo.) f. ant. Traílla, cuerda conque se sujeta al perro en las cacerías. ‖ **2.** COLOM. Cuerda más fina que el lazo.

★ **LAJERO.** m. AMÉR. Perro que resiste mucho en la carrera.

LAMA. (l. *lama.*) f. Cieno blando, suelto y pegajoso, que se encuentra a veces en el fondo de los ríos o mares o en los lugares donde ha habido agua por largo tiempo. ‖ **2.** Ova. ‖ **3.** AND. Arena muy menuda para mezclar con cal. ‖ **4.** MIN. Lodo de mineral molido, que se deposita en el fondo de los canales por donde corre el agua que sale de los aparatos de trituración de las menas. ‖ **5.** CHILE. Verdín, capa verde de plantas criptógamas que se forma en las aguas dulces estancadas. ‖ **6.** HOND. Musgo. ‖ **7.** BOL. Moho, cardenillo. ‖ **P.** lama; **I.** mire, mud; **F.** bone, fange; **A.** Sumpfkot; **It.** limo; **R.** грязь, ил.

LAMA. (l. *lamina.*) f. Lámina. ‖ **2.** Tela de oro o plata en que los hilos de estos metales forman el tejido y brillan por su haz sin pasar al envés. ‖ **3.** CHILE. Tejido de lana con flecos en los bordes. ‖ **4.** CHILE. Chaño. ‖ **5.** CHILE. Tejido de lana generalmente, negro, con flecos.

LAMA. (tibetano, *blama.*) m. Sacerdote de los tártaros occidentales, cercanos a la China.

LAMAÍSMO. m. Secta del budismo en el Tíbet.

LAMAÍSTA. com. Sectario del lamaísmo.

º **LAMBAREAR.** intr. CUBA. Vagar de un sitio a otro ociosa y continuamente.

LAMBDA. (gr. λάμβδα.) f. Undécima letra del alfabeto griego, que corresponde a nuestra *ele.*

★ **LAMBEDOR, RA.** adj. ARGENT. Adulón, rastrero. Ú.t.c.s. ‖ **2.** m. ARGENT. Terreno que lame el ganado.

LAMBEL. (fr. *lambel.*) m. BLAS. Pieza que tiene la figura de una faja con tres caídas parecidas a las gotas de la arquitectura. Suele ponerse en la parte superior del escudo para señalar que son las armas del hijo segundo, y no del heredero. ‖ **P., I.** y **F.** lambel; **A.** Turnierkragen; **It.** lambello.

★ **LAMBELAMBE.** m. CUBA. Especie del árbol leguminoso dividivi.

LAMBEO. (fr. *lambeau.*) m. BLAS. Lambel.

★ **LAMBEOJOS.** com. P. RICO y REP. DOMIN. Persona aduladora, rastrera y servil. Ú.t.c.adj.

★ **LAMBEPLATOS.** (l. *lambĕre,* lamer, y de plato.) com. fig. y fam. CHILE. Lameplatos. ‖ **2.** fig. y fam. AMÉR. Pordiosero.

LAMBER. (l. *lambĕre,* lamer.) tr. ant. Lamer. Ú. en América, León y Salamanca.

LAMBICAR. tr. ant. Alambicar.

LAMBIDA. f. ant. Lamedura. Úsase en Chile.

★ **LAMBIDO, DA.** (l. *lambĭtus,* el acto de lamer.) adj. AMÉR. Presumido. Ú.t.c.s. ‖ **2.** P. RICO, REP. DOMIN. y COLOM. Descarado.

★ **LAMBISCONEAR.** tr. MÉJ. Adular.

★ **LAMBISQUEAR.** intr. fam. HOND. Buscar los muchachos golosinas. ‖ **2.** MÉJ. Adular.

LAMBISTÓN, NA. (De *lamber.*) adj. SANT. Goloso, lamerón.

★ **LAMBÓN, NA.** adj. fam. COLOM. Adulador.

LAMBREQUÍN. (fr. *lambrequin.*) m. BLAS. Adorno que rodea el escudo y representa las cintas con que se adornaba el yelmo o la tela fija en él para defender la cabeza del sol. Ú. m. en pl. ‖ **P.** lambrequim; **I.** y **F.** lambrequin; **A.** Wappenzierde; **It.** lambrecchino; **R.** фриз.

★ **LAMBRICHE.** adj. MÉJ. Adulador. Ú.t.c.s.

LAMBRIJA. f. Lombriz. ‖ **2.** fig. y fam. Persona muy delgada.

LAMBRUCIO, CIA. adj. fam. Goloso, glotón.

★ **LAMBRUSCO, CA.** adj. CHILE y MÉJ. Tragón, goloso.

★ **LAMBRUSQUEAR.** intr. MÉJ. Golosinear.

★ **LAMECULOS.** com. vulg. Adulón, quitamotas, persona servil.

LAMEDAL. m. Lugar donde hay mucha lama o cieno.

LAMEDOR, RA. adj. Que lame. Ú.t.c.s. ‖ **2.** m. Jarabe. ‖ **3.** fig. Halago falso para suavizar el ánimo de aquel a quien se pretende dar un disgusto. ‖ *Dar* LAMEDOR. fr. fig. y fam. Entre jugadores, hacerse el perdedizo para que empicándose el contrario se le gane más seguramente.

LAMEDURA. f. Acción o efecto de lamer.

LAMELIBRANQUIO. (l. *lamella,* laminilla, y el gr. βράγχιον, agalla.) adj. ZOOL. Se aplica al molusco marino o de agua dulce, de simetría bilateral, pie ventral en forma de hacha y con una concha bivalva. Ú.t.c.s.m. ‖ **2.** m. pl. Clase de estos animales.

LAMENTABLE. (l. *lamentabĭlis.*) adj. Digno de ser sentido o llorado. ‖ **2.** Que infunde tristeza y horror.

LAMENTABLEMENTE. adv. Con lamentos, de manera lamentable.

LAMENTACIÓN. (l. *lamentatio, -ōnis.*)

L

f. Queja dolorosa, junto con llantos y muestras de dolor. ‖ **2**. Cada una de las partes del canto lúgubre de Jeremías, llamadas trenos. ‖ **P**. lamentação; ‖ **F**. lamentation; **A**. Wehklage; **It**. lamentazione; **R**. вопль.

LAMENTADOR, RA. (l. *lamentātor*.) adj. Que lamenta o se lamenta. Ú.t.c.s.

LAMENTANTE. p.a. ant. de lamentar. Que lamenta o se lamenta.

LAMENTAR. (l. *lamentāre*.) tr. Sentir una cosa con llantos y demás demostraciones de dolor. Ú.t.c. intr. y c. r. ‖ **P**. lamentar; **I**. to lament, to grieve; **F**. lamenter, déplorer; **A**. bejammern; **It**. lamentare; **R**. плакать.

LAMENTO. (l. *lamentum*.) m. Lamentación, queja dolorosa.

LAMENTOSO, SA. adj. Que prorrumpe en quejas y lamentos. ‖ **2**. Lamentable, triste.

★ **LAMEOJOS**. com. P. Rico. Persona aduladora.

LAMEPLATOS. (De *lamer* y *plato*.) com. fig. y fam. Persona golosa. ‖ **2**. fig. y fam. Persona que se alimenta de sobras.

LAMER. (l. *lambĕre*.) tr. Pasar repetidas veces la lengua por una cosa. Ú.t.c.s. ‖ **2**. fig. Tocar suavemente una cosa. ‖ *Dejar* a uno *que* LAMER. fr. fig. y fam. Causarle un daño que no puede remediarlo rápidamente. ‖ *Llevar* o *tener* uno *que* LAMER. fr. fig. y fam. Haber recibido un mal que no puede remediarse pronto. ‖ **P**. lamber; **I**. to lick; **F**. lécher; **A**. lecken; **It**. leccare; **R**. лизать.

LAMERÓN, NA. (De *lamer*.) adj. fam. Laminero, goloso.

LAMETÓN. m. Acción de lamer con ansia.

LAMIA. (l. *lamīa*, y éste del gr. λαμία.) f. Monstruo que se decía poseer rostro hermoso de mujer y cuerpo de dragón. ‖ **2**. Zool. Especie de tiburón de la misma familia que el cazón y la tintorera. Encuéntrase en los mares españoles.

LAMIDO, DA. p.p. de lamer. ‖ adj. fig. Se dice del que es flaco y también del pálido y limpio. ‖ **3**. fig. Relamido. ‖ **4**. fig. p. us. Gastado con el roce o el uso. ‖ **5**. Pint. Se aplica a lo terso y liso por sobra de esmero y trabajo.

LAMIENTE. p.a. de lamer. Que lame.

LAMÍN. (De *lamer*.) m. Ar. Golosina, manjar delicado.

LÁMINA. (l. *lamina*.) f. Plancha delgada de metal. ‖ **2**. Plancha de metal en la que se dibuja un grabado para estamparlo. ‖ **3**. Estampa, efigie o figura estampada. ‖ **4**. Pintura en cobre. ‖ **5**. fig. Plancha delgada o chapa de cualquier materia. ‖ **6**. Bot. Parte ensanchada de las hojas, pétalos y sépalos. ‖ **7**. Zool. Parte delgada y plana de los huesos, cartílagos y membranas de los seres orgánicos. ‖ **8**. fam. Colom. Belitre, pécora. ‖ *Buena*, o *mala* LÁMINA. fig. Buena o mala estampa. Se aplica a algunos animales. ‖ **P**. lâmina; **I**. plate; **F**. lame; **A**. Metallplatte; **It**. lama; **R**. металлическая пластинка.

LAMINADO, DA. p.p. de laminar. ‖ **2**. adj. Guarnecido de láminas. ‖ **3**. m. Acción y efecto de laminar.

LAMINADOR. m. Máquina formada en esencia de dos cilindros que girando en sentido contrario comprimen masas reduciéndolas a láminas o planchas. ‖ **2**. El que por oficio hace láminas de metal.

LAMINAR. adj. Que tiene forma de lámina. ‖ **2**. Se dice de la estructura de un cuerpo cuando sus láminas u hojas están paralelas y sobrepuestas.

LAMINAR. tr. Tirar láminas o planchas en el laminador. ‖ **2**. Guarnecer con láminas. ‖ **P**. laminar; **I**. to laminate; **F**. laminer; **A**. walzen; **It**. laminare; **R**. прокатывать.

LAMINAR. (De *lamín*.) tr. Ar. Lamer.

LAMINERA. (De *laminero*, 2.º art.) f. Ar. Abeja que se adelanta a las demás al olor del pasto agradable.

LAMINERO, RA. adj. Se dice del que hace láminas. Ú.t.c.s. ‖ **2**. Que guarnece relicarios de metal. Ú.t.c.s.

LAMINERO, RA. (De *laminar*, lamer.) adj. Goloso. Ú.t.c.s.

LAMINOSO, SA. (l. *laminōsus*.) adj. Dícese de los cuerpos de textura laminar. ‖ **2**. Zool. Dícese del tejido laminoso.

LAMISCAR. tr. fam. Lamer aprisa y con ansia.

LAMOSO, SA. adj. Que tiene o cría lama.

LAMPA. (Voz quichua.) f. Chile y Perú. Azada de los mineros.

LAMPACEAR. tr. Mar. Enjugar con el lampazo la humedad de las cubiertas de las embarcaciones.

LÁMPARA. (l. *lampas*, *-ădis*.) f. ant. Lámpara.

LAMPANTE. adj. And. Se dice del aceite de oliva más puro.

LAMPAR. (l. *lampadāre*.) intr. Alampar. Ú.t.c.r. ‖ **2**. P. Rico. Holgazanear.

LÁMPARA. (De *lámpada*.) f. Utensilio para dar luz provisto de uno a varios mecheros si es de combustible líquido, de una o varias boquillas si es de gas, o de una o varias bombillas si es eléctrica. ‖ **2**. Elemento de los aparatos de radio semejante en su origen a la lámpara eléctrica de incandescencia. ‖ **3**. Cuerpo que da luz. ‖ **4**. Mancha de aceite en la ropa. ‖ **5**. Ramo de árbol que los jóvenes ponen en las puertas en manifestación de regocijo o de amores. ‖ **—aflígistica**. Fís. Lámpara de seguridad o de los mineros. ‖ **—Catkin**. Electr. Tipo de lámpara en que el ánodo hace al mismo tiempo de ampolla. ‖ **—de bayoneta**. Electr. La eléctrica de incandescencia que se une mediante un enchufe al portalámparas. ‖ **—de cuarzo**. Fís. Tubo de cuarzo en que se ha hecho el vacío y mediante la corriente se iluminan los vapores de mercurio contenidos en él. ‖ **—de esmaltador**. Aquella con cuya llama, activada por la acción del soplete, se funden los metales, para esmaltarlos, los plateros y orífices. ‖ **—de los mineros** o **de seguridad**. Candileja en que un cilindro de tela metálica impide el paso de la llama y la inflamación de los gases explosivos que puede haber en las minas de hulla. ‖ **—eléctrica**. Fís. Tipo esencial de lámpara que por la acción de la corriente eléctrica produce luz. ‖ **—fluorescente**. Electr. Lámpara tubular en la que la luz, parecida a la del día, se produce dentro de una especie de tubo de Geissler recubierto interiormente de una substancia fluorescente. ‖ *Atizar la* LÁMPARA. fr. fig. y fam. Volver a echar el vino en los vasos para beber. ‖ *Quebrar la* LÁMPARA. fr. fig. y fam. Venez. Echarlo todo a perder. ‖ **P**. lâmpada; **I**. lamp; **F**. lampe; **A**. Lampe; **It**. làmpada; **R**. лампа.

LAMPARERÍA. (De *lamparero*.) f. Taller en que se hacen lámparas. ‖ **2**. Lugar donde se venden. ‖ **3**. Almacén en que se arreglan y guardan.

LAMPARERO, RA. m. y f. Persona que hace o vende lámparas. ‖ **2**. Persona que cuida de las lámparas.

★ **LAMPARIENTO, TA**. adj. Perú. Se aplica a la ropa con lamparones.

LAMPARILLA. f. d. de lámpara. ‖ **2**. Mariposa, candelilla que se coloca en aceite. ‖ **3**. Plato o lugar en que se pone ésta. ‖ **4**. Álamo temblón. ‖ **5**. Tejido de lana delgada con que se hacían capas de verano. ‖ **6**. Cuenc. Retel. ‖ **—momperada**. La que se distingue de la común por su tejido más fino y por ser lustrosa.

LAMPARÍN. m. Cerco de metal que se pone en las iglesias a la lamparilla. ‖ **2**. Chile. En algunos lugares, candil. ‖ **3**. Perú. Quinqué, lámpara de petróleo.

LAMPARISTA. com. Lamparero.

★ **LAMPARO, RA**. adj. Colom. Pelón, sin dinero. Ú.t.c.s.

LAMPARÓN. m. aum. de lámpara. ‖ **2**. Lámpara, mancha de grasa en la ropa. ‖ **3**. Med. Escrófula en el cuello. ‖ **4**. Veter. Enfermedad de los solípedos, con tumores linfáticos en varios lugares. ‖ **5**. Méj. Muermo. ‖ **6**. Chile. Ubrera.

★ **LAMPAROSO, SA**. adj. Escrofuloso. ‖ **2**. Rep. Domin. Lampariento, asqueroso.

LAMPATÁN. m. China. Raíz medicinal de una especie de zarzaparrilla que se cría en China y en América.

LAMPAZO. (l. *lappācĕus*.) m. Planta compuesta de tallo grueso y flores purpúreas cuyo cáliz tiene escamas con espinas en anzuelo. ‖ **2**. Mar. Manojo o borlón de filásticas de largo variable y que sirve principalmente para enjugar la humedad

de los costados y cubiertas de los buques. ‖ **3**. Min. Escobón de ramas verdes atadas en un palo y que mojado en agua refresca las paredes y dirige la llama en los hornos de fundición de plomo. ‖ **4**. Colom. y Venez. Latigazo. ‖ **5**. Chile. Punta de cable que sirve para mariscar erizos. ‖ **6**. Chile. Costero, madera de árbol más cercana a la corteza.

LAMPEAR. tr. Chile y Perú. Remover la tierra con la lampa.

★ **LAMPEAR**. tr. Chile. Encuadrar, desbastar.

LAMPEÓN. (De *lampión*.) m. Lampión.

★ **LAMPINO, NA**. adj. Chile. Lampiño.

LAMPIÑO, ÑA. adj. Se aplica al hombre sin barba. ‖ **2**. Que tiene escaso vello o pelo. ‖ **3**. Bot. Falto de pelos.

LAMPIÓN. (fr. *lampion*, d. de *lampe*, lámpara.) m. Farol, caja de vidrios con luz en su interior.

LAMPO. (l. *lampāre*, brillar.) m. poét. Resplandor pronto y fugaz, como el relámpago.

★ **LAMPÓN, NA**. adj. Colom. Hambriento.

LAMPOTE. (fr. *lampas*.) m. Cierta tela de algodón fabricada en Filipinas. ‖ **2**. Bot. Méj. Cierta planta compuesta.

LAMPREA. (l. *lamprēda*, *lamprēra*.) f. Zool. Pez ciclóstomo de cuerpo liso y viscoso que vive asido a las peñas, a las que se adhiere haciendo el vacío con la boca. Su carne es riquísima. ‖ **2**. Pez de río semejante a la lamprea de mar, pero menor, y que tiene separadas las aletas dorsales. De ordinario vive en las aguas estancadas y en ríos de escasa corriente. Es comestible. ‖ **P**. lampreia; **I**. lamprey; **F**. lamproie; **A**. Neunauge; **It**. lampreda; **R**. минога.

★ **LAMPREA**. f. Venez. Úlcera, llaga.

LAMPREADA. f. Guat. Tunda de lampreazos.

LAMPREADO, DA. p.p. de lamprear. ‖ **2**. m. Guiso chileno con charquí y otros ingredientes.

LAMPREAR. (De *lamprea*, por guisarse como se guisa tal pescado.) tr. Guisar una vianda, asada o frita primero y después cocida en vino o agua con azúcar o miel, añadiéndole algo de agrio al servirla. ‖ **2**. Guat. Azotar.

LAMPREAZO. m. Latigazo.

LAMPREHUELA. f. d. de lamprea. ‖ **2**. Lampreílla.

LAMPREÍLLA. f. Pez de río, semejante a la lamprea de agua dulce en forma y color, pero incapaz de adherirse a los cuerpos sumergidos; sus aletas dorsales se tocan. Es comestible.

LAMPUGA. (fr. *lampuge*.) f. Pez marino acantopterigio. Dentro del agua parece dorado, aunque es verde con manchas anaranjadas y en el vientre, plateado. La aleta de la cola es verde, la que va de la cabeza a la cola amarilla y las restantes pajizas. Es poco apreciada su carne.

LAMPUGUERA. (De *lampuga*.) f. Arte de pesca mixto de nasas y red de cerco.

LANA. (l. *lana*.) f. Pelo de ovejas y carneros, sirve para hacer tejidos. ‖ **2**. Pelo de otros animales parecido a la lana. ‖ **3**. Tejido de lana y vestido que se hace con él. ‖ **4**. El Salv. Persona tramposa. ‖ **5**. m. Guat. y Hond. Persona de la clase más baja. ‖ **6**. Méj. f. pl. Dinero. ‖ **7**. Méj. Mentiras. ‖ **—de caídas**. La que tienen los ganados en las piernas. ‖ **—en barro**. En las fábricas de paños, la más pura. ‖ *Aunque vestido de* LANA *no soy borrego*. fr. proverb. que da a entender que uno no es de la condición que aparenta. ‖ *Batir la* LANA. fr. Extr. Esquilar el ganado lanar. ‖ *Cardarle* a uno *la* LANA. fr. fig. y fam. Reprenderle con aspereza. ‖ **2**. fig. y fam. Ganarle mucho en el juego. ‖ *Ir por* LANA *y volver trasquilado*. ref. que indica que uno ha sufrido pérdida en aquello que creía encontrar ganancia. ‖ *Lavar la* LANA a uno. fr. fig. y fam. Averiguar la conducta de una persona dudosa para sacar la verdad. ‖ *Poca* LANA *y ésa en zarzas*. ref. que indica que se tiene poco y ello con mucho trabajo. ‖ **P**. lã; **I**. wool; **F**. laine; **A**. Wolle; **It**. lana; **R**. шерсть.

LANADA. (De *lana*.) f. Art. Instrumento para limpiar y refrescar el alma de las piezas de artillería después de dispararlas.

LANADO, DA. (l. *lanātus*.) adj. Lanuginoso.

LANAR. (l. *lanāris*.) adj. Dícese del ganado o res que tiene lana.

LANARIA. (l. *lanaria herba*, hierba lanera porque se usa para limpiar lana.) f. Jabonera, planta cariofílea que abunda en los sembrados.

LANCÁN. m. Embarcación filipina, sin batangas y de una sola pieza. Se emplea para llevar cargas y camina a remolque.

LANCE. m. Acción o efecto de lanzar. || 2. Acción de echar la red para pescar. || 3. Pesca que se saca de una vez. || 4. Evento, ocasión crítica. || 5. En el poema dramático, o cualquier otro análogo, situación interesante o notable. || 6. Riña, quimera. || 7. En el juego, cada una de las acciones notables que ocurren en él. || 8. Arma lanzada por la ballesta. || 9. TAUROM. Suerte de capa. || 10. CHILE. Marro, esguince. || —de fortuna. Casualidad, accidente inesperado. || *A pocos* LANCES. m. adv. A breve tiempo. || *De* LANCE. m. adv. Se dice de lo que se compra barato aprovechando una coyuntura. || *Echar un buen*, o *mal* LANCE. fr. fig. y fam. Conseguir su intento, o frustrársele sus propósitos. || *Jugar* uno *el* LANCE. fr. Manejar un negocio que exige sagacidad. || *Sacar* LANCE. fr. fig. y fam. CHILE. Esquivar un cuerpo para evitar el golpe. || *Tener pocos* LANCES una cosa. fr. fig. y fam. Ser poco agradable o divertido. || *Tirarse un* LANCE. fr. fig. y fam. ARGENT. Arriesgarse. || 4.ª acep.: **P.** transe; **I.** chance; **F.** accident; **A.** Zufall; **It.** caso; **R.** момент опасности.

LANCEADO, DA. (l. *lanceātus*, de *lancěa*, lanza.) adj. BOT. Lanceolado.

LANCEAR. (l. *lanceāre*.) Alancear.

LANCÉOLA. (l. *lanceŏla*, lancilla, por la forma de la hoja.) f. Llantén menor.

LANCEOLADO, DA. (l. *lanceolātus*.) ad. BOT. Se dice de lo que tiene figura semejante al hierro de la lanza. Se aplica a las hojas y lóbulos de las plantas.

LANCERA. f. Armero para las lanzas.

LANCERÍA. f. Conjunto de lanzas. || 2. Tropa de lanceros.

LANCERO. (l. *lanceārius*.) m. Soldado que lucha con lanza. || 2. El que usa o lleva lanza. || 3. El que hace lanzas. || 4. Lancera. || 5. pl. Baile de figuras, semejante al rigodón. || 6. Música de dicho baile. || **P.** lanceiro; **I.** lancer; **F.** lancier; **A.** Lanzenreiter; **It.** lanciere; **R.** улан.

* **LANCERO.** (De *lance*, suerte de capa.) adj. CHILE. Que hace regates.

LANCETA. (d. de *lanza*.) f. Instrumento empleado para sangrar abriendo una cisura en la vena y también para abrir tumores, etc. || **P.** lanceta; **I.** lancet; **F.** lancette; **A.** Lanzette; **It.** lancetta; **R.** ланцет.

LANCETADA. f. Acción de herir con la lanceta. || 2. Abertura así hecha.

LANCETAZO. m. Lancetada.

LANCETERO. m. Estuche para las lancetas. || 2. CUBA y P. RICO. Mosquito.

LANCILLA. f. d. de lanza.

LANCINANTE. p.a. de lancinar. || 2. adj. Se dice del dolor semejante al que produciría una herida de lanza.

LANCINAR. (l. *lancināre*.) tr. Desgarrar. Ú.c.t.r.

LANCURDIA. f. Trucha pequeña.

LANCHA. (l. *planca*, tabla plana.) f. Piedra naturalmente lisa y de poco grueso. || 2. Bote grande de vela y remo o de vapor para ayudar las faenas de fuerza en los buques y para transportar carga y pasajeros en el interior de los puertos o puntos próximos de la costa. || 3. La mayor de las embarcaciones menores que llevan a bordo los buques grandes. || 4. Bote, barco pequeño. || 5. Barca. || 6. Cierto armadijo compuesto de unos palillos para cazar perdices. || —**bombardera, cañonera u obusera.** La que se hace para llevar mortero, cañón u obús montado, y batir más de cerca al enemigo. || —**auxilio.** La grande que algunos gremios de mareantes tienen dispuesta en algunos puertos para prestar ayuda a las embarcaciones que la necesitan. || —**rápida.** MAR. Embarcación que forma parte de

las fuerzas sutiles de las marinas de guerra. Es de reducido tamaño y puede alcanzar velocidades excepcionales. || 3.ª acep.: **P.** lancha; **I.** launch; **F.** chaloupe; **A.** Schaluppe; **It.** lancia; **R.** лодка.

LANCHADA. f. Carga que lleva cada vez una lancha.

LANCHAJE. m. Transporte de mercaderías en lanchas u otras embarcaciones menores y flete que se paga por él.

LANCHAR. m. Cantera de donde se sacan las lanchas de piedra. || 2. Lugar en que abundan.

* **LANCHAR.** intr. ECUAD. Nublarse el cielo. || 2. ECUAD. Helar, escarchar. || 3. tr. VENEZ. Lincear.

LANCHAZO. m. Golpe dado de plano con una lancha de piedra.

LANCHERO. m. Conductor o patrón de una lancha.

LANCHO. m. desus. Lancha, 1.er art., 1.ª acep.

LANCHÓN. m. aum. de lancha.

LANCHUELA. f. d. de lancha, 1.er art., 1.ª acep.

LANDA. (célt. *landa*, tierra.) f. Grande extensión de tierra llana en que sólo se crían plantas silvestres.

LANDE. (l. *glans*, *glandis*, bellota.) f. ant. Glande, bellota. Ú. en Álava y Asturias.

LANDGRAVE. (al. *landgraf*; de *land*, país y *graf*, conde.) m. Título de honor y dignidad que usaron algunos señores de Alemania.

LANDGRAVIATO. m. Dignidad de landgrave. || 2. Territorio del landgrave.

LANDÓ. (fr. *landau*, y éste de *Landau*, n. p. de una ciudad del Palatinado bávaro.) m. Coche de cuatro ruedas con capota delantera y trasera para usarlo descubierto o cerrado.

LANDRE. (dialec. *landra*, con la *e* de *lande*.) f. Tumor del tamaño de una bellota que se forma en los parajes glandulosos. || 2. Bolsa que se hace para llevar escondido el dinero.

LANDRECILLA. (d. de *landre*.) f. Pedacito de carne redondo que se halla en varias partes del cuerpo, como en medio de los músculos del muslo, etc.

LANDRERO, RA. adj. Se dice del mísero que ahucha el dinero en la landre. || 2. GERM. Ladrón que al cambiar algún dinero recibe el ajeno y no da el suyo. || 3. GERM. El que roba abriendo la ropa donde sabe que hay dinero.

LANDRILLA. (d. de *landre*.) f. Cresa de ciertos dípteros, se fija debajo de la lengua y en las fosas nasales de algunos mamíferos. || 2. Cada uno de los granos que se forman por su picadura.

LANERÍA. (De *lanero*.) f. Casa donde se vende lana.

LANERO, RA. adj. (l. *lanarius*.) adj. Perteneciente o relativo a la lana. || 2. m. El que negocia en lanas. || 3. Almacén donde se tienen las lanas.

LANERO, RA. (l. *laniarius*, carnicero, de *laniāre*, despedazar.) adj. CETR. Halcón lanero.

LANGA. (ital. *ling*.) f. Truchuela, bacalao curado.

* **LÁNGARA.** adj. Méj. Listo, sagaz.

* **LÁNGARO, RA.** adj. ARGENT. Larguirucho. || 2. Méj. Goloso, glotón. || 3. ARGENT. Pesado.

LANGARUTO, TA. (despect. de *largo*.) adj. fam. Larguirucho.

* **LANGARUZO, ZA.** adj. Méj. Ventajoso.

LANGOR. m. ant. Languor.

LANGOSTA. (De *lagosta*.) f. ZOOL. Insecto ortóptero acrídico, gris amarillento, es fitófago, y en circunstancias dadas se multiplica extraordinariamente formando grandes nubes que arrasan comarcas enteras. Hay varias especies. || 2. Crustáceo decápodo macruro, con las patas terminadas en pinzas pequeñas, cuatro antenas, dos centrales cortas y dos laterales largas; su carne es manjar delicado. || 3. fig. y fam. Lo que destruye o consume una cosa. || **P.** lacusta; **I.** locust; **F.** sauterelle; **A.** Heuschrecke; **It.** cavelletta; **R.** саранча. || 2.ª acep.: **P.** lagosta; **I.** spiny lobster; **F.** langouste; **A.** Languste; **It.** arigusta; **R.** лангуст, омар.

* **LANGOSTERO, RA.** adj. Se dice de

la gente que pesca langosta y de las embarcaciones y utensilios dedicados a ello. || 2. m. ARGENT. Peón de la Defensa Agrícola que se ocupa en destruir la langosta.

LANGOSTÍN. m. Langostino.

LANGOSTINO. (De *langosta*.) m. Crustáceo decápodo marino macruro, de carapacho poco consistente que cambia de color por la cocción. Su carne es apreciada. || **P.** langostino; **I.** prawn; **F.** langoustine; **A.** Garnelle; **It.** gamberetto; **R.** креветка.

LANGOSTÓN. (aum. de *langosta*.) m. Insecto ortóptero, semejante a la langosta; de color verde esmeralda y de antenas largas. Vive en los árboles.

* **LANGUCIAR.** tr. CHILE. Golosear, golosinear.

LANGUEDOCIANO, NA. adj. Perteneciente o relativo al Languedoc.

LÁNGUIDAMENTE. adv. Con languidez.

LANGUIDECER. intr. Adolecer de languidez, perder el espíritu o el vigor.

LANGUIDEZ [∼**DEZA**]. (De *lánguido*.) f. Flaqueza. || 2. Falta de energía. || **P.** languidez; **I.** languidness; **F.** langueur; **A.** Mattigkeit; **It.** languore; **R.** упадок сил.

LÁNGUIDO, DA. (l. *languĭdus*.) adj. Flaco, delicado. || 2. De poco espíritu o valor.

LANGUOR. (l. *languor*, -ōris.) m. Languidez.

LANÍFERO, RA. (l. *lanifer*, -ěri; de *lana*, lana, y *ferre*, llevar.) adj. poét. Que lleva o tiene lana.

LANIFICACIÓN. f. Lanificio.

LANIFICIO. (l. *lanificĭum*.) m. Arte de labrar la lana. || 2. Obra de lana.

LANILLA. (d. de *lana*.) f. Pelillo que tiene el paño por la haz. || 2. Tejido de lana fina y de poca consistencia.

LANÍO, A. (De *lana*.) adj. Lanar.

* **LANOLINA.** f. Substancia grasa que se extrae de la lana de las ovejas.

LANOSIDAD. (l. *lanosĭtas*, -ātis.) f. Pelusa suave de las hojas de algunas plantas, frutas, etc.

LANOSO, SA. (l. *lanōsus*.) adj. Lanudo.

LANSQUENETE. (al. *landsknecht*; de *land*, tierra, y *knecht*, servidor.) m. Soldado de infantería alemana que peleó también en el ejército español en tiempos de la casa de Austria.

LANTACA. f. Especie de culebrina de poco calibre usado en Oriente.

* **LANTÁNIDOS.** m. pl. QUÍM. Llámanse así los 14 elementos de las tierras raras que siguen al lantano y forman un grupo especial de metales de propiedades muy parecidas.

LANTANO. (gr. λανθάνω, estoy oculto.) m. Metal de color plomizo y raro en la naturaleza. Arde con facilidad.

LANTEJA. f. Lenteja.

LANTEJUELA. f. Lentejuela.

LANTERNA. (l. *lanterna*.) f. ant. Linterna.

LANTERNO. (l. *alatěrnus*, aladierna.) m. AR. Aladierna.

LANTERNÓN. m. ant. aum. de lanterna.

LANTISCO. m. ant. Lentisco. Ú. en Andalucía.

LANUDO, DA. adj. Que tiene mucha lana o vello. || 2. fig. VENEZ. Rústico, tosco. || 3. m. CUBA. Árbol silvestre de madera dura, fina y de color amarillento obscuro.

LANUGINOSO, SA. (l. *lanuginōsus*.) adj. Que tiene lanosidad.

LANZA. (l. *lancěa*.) f. Arma ofensiva compuesta de un asta o palo largo con un hierro fijo y puntiagudo en el extremo. || 2. Vara unida por uno de los extremos al juego delantero de un carruaje que sirve para darle dirección. A ambos lados se colocan las caballerías del tronco. || 3. Tubo de metal con que se rematan las mangas de las bombas para dirigir el chorro de agua. || 4. C. RICA. com. Usurero. || *Correr* LANZAS. fr. Correr en los torneos los justadores armados y a caballo combatiéndose con las lanzas. || *Deshacer la* LANZA. fr. En los torneos, sacar la lanza fuera de la rectitud que conviene para lograr el bote. || *Estar con la* LANZA *en*

L

ristre. fr. fig. Estar dispuesto para una empresa o para contestar resueltamente. || *Hincar,* o *meter, la* LANZA *hasta el regatón.* fr. fig. y fam. Apretar a uno con fuerza para hacerle daño. || *No romper* LANZAS *con nadie.* fr. fig. Ser enemigo de riñas. || *Quebrar* LANZAS. fr. fig. Reñir, enemistarse dos personas. || *Romper* LANZAS. fr. fig. Quitar las dificultades que impiden la ejecución de una cosa. || **2.** Con la prep. *por,* salir en defensa de una persona o cosa. || *Ser uno una* LANZA. fr. fig. y fam. AMÉR. Ser hábil. || **P.** lança; **I.** y **F.** lance; **A.** Speer; **It.** lancia; **R.** копьѐ.

LANZACABOS. (De *lanzar* y *cabo.*) adj. Se dice del cañón pequeño que dispara un proyectil con un cabo delgado que sirve de guía u otro más grueso unido a él.

LANZADA. f. Golpe dado con la lanza. || **2.** Herida que se hace con ella. || **3.** Unidad empleada para la venta de adobes y consta de 220 de éstos. || —**de a pie.** TAUROM. Suerte antigua mediante la cual esperaba el diestro al toro de rodillas con una lanza muy fuerte con el cuerpo afirmado en un hoyo abierto en el suelo y de forma que al atacarle el toro éste se clavaba. || —**de moro** o **zurdo.** expr. que se emplea como imprecación deseándole a uno un mal.

LANZADA. (De *lanzar.*) f. Movimiento que se enseña al caballo obligándole a saltar hacia adelante sobre las patas traseras y con las delanteras en el aire.

LANZADERA. (De *lanzar.*) f. Instrumento de figura de barquichuelo que usan para tramar los tejedores. || **2.** Pieza de figura semejante de las máquinas de coser. || **3.** Instrumento parecido, pero sin canilla, empleado en labores femeninas. || *Parecer uno una* LANZADERA. fr. fig. y fam. Andar de acá para allá en continuo movimiento. || **P.** lançadeira; **I.** shuttle; **F.** navette; **A.** Weberschiffchen; **It.** spola; **R.** челнок.

LANZADOR, RA. adj. Que lanza o arroja. Ú.t.c.s.

LANZAFUEGO. (De *lanzar* y *fuego.*) m. ART. Botafuego, palo con que se aplicaba la mecha encendida a las piezas de artillería.

LANZALLAMAS. m. Aparato usado en las guerras modernas para lanzar chorros de líquido inflamado a corta distancia.

LANZAMIENTO. m. Acción de lanzar una cosa. || **2.** FOR. Despojo de una posesión por fuerza judicial. || **3.** MAR. Proyección que tiene el codaste por la popa y la roda por la proa, sobre la longitud de la quilla. || **P.** lançamento; **I.** throwing; **F.** jet; **A.** Werfen; **It.** lanciamento; **R.** бросание.

LANZAR. (l. *lanceāre.*) tr. Arrojar. Ú.t.c.r. || **2.** Soltar. Se emplea mucho hablando de aves. || **3.** Vomitar el contenido del estómago. || **4.** AGR. Echar, brotar las plantas sus raíces, flores, frutos. || **5.** FOR. Despojar a uno de la posesión de algo. || **P.** lançar; **I.** to throw; **F.** lancer; **A.** werfen; **It.** lanciare; **R.** бросать, метать.

LANZATORPEDOS. adj. Se dice del tubo por donde se lanzan los torpedos.

LANZAZO. m. Lanzada.

LANZÓN. m. aum. de lanza. || **2.** Lanza corta y gruesa que usaban los guardas de las viñas.

LANZUELA. (l. *lanceŏla.*) f. d. de lanza.

⌐ LAÑA. (l. *lamna, lamĭna.*) f. Grapa o pieza metálica cuyos extremos se unen para sujetar dos cosas.

LAÑA. f. Coco verde.

LAÑADOR. (De *lañar,* 1.ᵉʳ art.) m. El que compone con lañas o grapas objetos rotos comúnmente de barro o loza.

LAÑAR. (De *laña.*) tr. Trabar, unir por medio de lañas una cosa.

LAÑAR. (l. *laniāre.*) tr. GAL. Abrir el pescado para salarlo.

LAODICENSE. (l. *laodicensis.*) adj. Natural de Laodicea. Ú.t.c.s. || **2.** Perteneciente a esta ciudad del Asia antigua.

LAOSIANO, NA. adj. y subs. Natural o relativo a Laos (Asia).

LAPA. (gr. λάπη.) f. Nata que varios vegetales criptógamos forman en la superficie de algunos líquidos. || **2.** CHILE. Concubina de soldado. || **3.** CHILE. Jofaina de

madera. || **4.** HOND. Guacamayo. || **5.** VENEZ. Paca, mamífero roedor sudamericano.

LAPA. (l. *lepas, -ădis,* y éste del gr. λεπάς.) f. ZOOL. Molusco gasterópodo de concha cónica que vive fuertemente asido a las piedras de las costas. Sus especies son variadas y comestibles, pero poco estimadas.

LAPA. (l. *lappa.*) f. Lampazo, 1.ª acep. || **2.** NAV. Almorejo.

LAPACHAR. m. Terreno cenagoso o demasiado húmedo.

LAPACHO. m. Árbol bignoniáceo, cuya madera fuerte se emplea en construcción y ebanistería. || **2.** Dicha madera.

LÁPADE. f. Lapa, molusco gasterópodo que vive asido a las rocas del mar.

★ **LAPALAPA.** f. MÉJ. Llovizna.

LAPAROTOMÍA. (gr. λαπάρα, epigastrio, y τομή, sección.) f. CIR. Operación quirúrgica en que se abren las paredes abdominales y el peritoneo.

★ **LAPE.** (arauc. *lápen.*) adj. CHILE. Apelmazado, hablando de lanas, hilos, etc.

★ **LAPE.** adj. CHILE. Dícese de la fiesta animada y alegre.

★ **LAPICERA.** f. ARGENT. y CHILE. Lapicero. || **2.** CHILE. Portaplumas.

LAPICERO. m. Instrumento en que se coloca el lápiz para emplearlo. || **2.** Lápiz, barrita de grafito que sirve para dibujar o escribir. || **P.** lapiseira; **I.** pencil-case, pencil-holder; **F.** porte-crayon; **A.** Bleistifthalter; **It.** matitatoio; **R.** карандаш.

LÁPIDA. (l. *lapis, -ĭdis.*) f. Piedra llana en que de ordinario se pone una inscripción. || **P.** lápida; **I.** tablet; **F.** marbre; **A.** Steintafel; **It.** làpida; **R.** каменная плита.

LAPIDACIÓN. (l. *lapidatio, -ōnis.*) f. Acción y efecto de lapidar.

LAPIDAR. (l. *lapidāre.*) tr. Apedrear, matar a pedradas. || **2.** COLOM. y HOND. Labrar piedras preciosas. || **P.** lapidar; **I.** to lapidate; **F.** lapider; **A.** steinigen; **It.** lapidare; **R.** избивать камнями.

LAPIDARIO, RIA. (l. *lapidarius.*) adj. Perteneciente a las piedras preciosas. || **2.** Perteneciente o relativo a las inscripciones que se ponen en las lápidas. || **3.** m. El que por oficio labra piedras. || **4.** El que comercia con ellas. || **5.** TECN. Especie de trípode en que los lapidarios bruñen las piedras preciosas. || **6.** f. ARQ. Parte de la arquitectura que trata de la talla y colocación de las piedras en las fábricas. || **P.** e **It.** lapidario; **I.** lapidary; **F.** lapidaire; **A.** lapidar; **R.** лапидарный.

LAPÍDEO, A. (l. *lapidĕus.*) adj. De piedra o perteneciente a ella.

LAPIDIFICACIÓN. f. QUÍM. Acción y efecto de lapidificar o lapidificarse.

LAPIDIFICAR. (l. *lapis, -ĭdis,* piedra, y *facĕre,* hacer.) tr. QUÍM. Convertir en piedra. Ú.t.c.r.

LAPIDÍFICO, CA. adj. QUÍM. Que lapidifica.

LAPIDOSO, SA. (l. *lapidōsus.*) adj. Lapídeo.

LAPILLA. (l. *lappa.*) f. Cinoglosa.

LAPISLÁZULI. (l. *lapis,* piedra, y del ár. *lâzŭrd,* por *lâzawʌrd,* azul.) m. Mineral de color azul fuerte. Es silicato de alúmina mezclado con sulfato de cal y sosa. Se emplea en ornamentación y pintura. || **P.** lápis-lazúli; **I.** lapis-lazuli; **F.** lapis lazuli; **A.** Lasurstein; **It.** lapislàzzuli; **R.** ляпис-лазурь.

LAPITA. (l. *lapītha.*) m. Individuo de un pueblo en los tiempos de la Grecia heroica; vivía cerca del Olimpo y se hizo famoso en las luchas con los centauros.

LÁPIZ. (l. *lapis,* piedra.) m. Nombre genérico de varias substancias minerales, empleadas generalmente para dibujar. || **2.** Barrita de grafito entre madera que se emplea para escribir o dibujar. || —**de color.** Composición hecha de varios colores dándole la figura de puntas de lápiz y sirve para pintar al pastel. || **P.** lápis; **I.** y **F.** crayon; **A.** Bleistift; **It.** lapis; **R.** карандаш.

LAPIZAR. m. Mina o cantera de lápiz de plomo.

LAPIZAR. tr. Dibujar o rayar con lápiz.

LAPO. (l. *alăpa.*) m. fam. Cintarazo, varazo. || **2.** AR., CHILE y MÉJ. Bofetada. ||

3. fig. Trago o chisguete. || **4.** VENEZ. El que se deja engañar por otro.

LAPÓN, NA. adj. Natural de Laponia. Ú.t.c.s. || **2.** Perteneciente a dicho país. || **3.** m. Lengua que emplean los lapones.

LAPSO, SA. (l. *lapsus.*) adj. ant. Que ha incurrido en un error o delito. || **2.** m. Paso o transcurso. || **3.** Curso de un espacio de tiempo. || **4.** Caída en una culpa o error.

LAPSUS CÁLAMI. expr. lat. que se emplea con significación de error cometido al correr de la pluma.

LAPSUS LINGUAE. expr. lat. que se emplea para significar tropiezo o error de lengua.

LAQUE. (Voz araucana.) m. CHILE. Boleadoras.

★ **LAQUE.** m. BOL. Maíz blando, molido, con sal, queso y carne.

LAQUEADO, DA. adj. Cubierto con laca.

LAR. (l. *lar.*) m. MIT. Cada uno de los dioses de la casa u hogar. Ú.m. en pl. || **2.** Hogar, fogón. || **3.** pl. fig. Casa propia u hogar.

LARARIO. (l. *lararium.*) m. Entre los gentiles, lugar destinado en casa para adorar a los dioses domésticos.

★ **LARCA.** f. ARGENT. Acequia.

★ **LARDAR.** tr. Lardear.

LARDEAR. tr. Untar con grasa lo que se asa. || **2.** Pringar, echar pringue hirviendo a alguien.

LARDERO, RA. (l. *lardarĭus.*) adj. Dícese del jueves inmediato al carnaval.

LARDO. (l. *lardum.*) m. Lo gordo del tocino. || **2.** Grasa de los animales.

LARDÓN. (de *ladrón.*) m. IMPR. Pedacito de papel que queda en la frasqueta y que al tirar el pliego, por hallarse entre éste y la forma, hace que no salga estampada alguna parte de él. || **2.** IMPR. Adición hecha al margen del original o en las pruebas.

LARDOSO, SA. (De *lardo.*) adj. Grasiento.

LARGA. (De *largo.*) f. Pedazo de suela o fieltro que los zapateros colocan en la horma para que el zapato salga más largo. || **2.** El más largo de los tacos de billar. || **3.** Dilación. Se emplea con el verbo *dar* y en pl. || **4.** TAUROM. Lance en que se saca al toro de la suerte de vara corriéndolo con el capote extendido.

LARGAMENTE. adv. Cumplidamente. || **2.** fig. Sin estrechez. || **3.** fig. Francamente. || **4.** ant. Por largo tiempo.

LARGAR. (De *largo.*) tr. Soltar, dejar libre. Dícese ordinariamente de lo que es molesto. || **2.** Aflojar, ir soltando poco a poco. Úsase mucho en la marina. || **3.** MAR. Desplegar la bandera, las velas, etcétera. || **4.** r. fam. Irse uno con disimulo. || **5.** MAR. Hacerse la nave a la mar, o separarse de otra nave o de la tierra. || **6.** CUBA. Tirar con violencia. || **7.** intr. R. DE LA PLATA. Partir en las carreras. || **8.** ARGENT., CHILE y P. RICO. Decidirse. || **9.** LARGARLA. fr. fig. y fam. CUBA. Morir. || **P.** largar; **I.** to loosen; **F.** lâcher; **A.** losmachen; **It.** largare; **R.** отпускать.

LARGARIA. f. ant. Largo, longitud.

LARGICIÓN. (l. *largitio, -ōnis.*) f. desus. Dádiva, regalo.

LARGO, GA. (l. *largus.*) adj. Que tiene más o menos largor. || **2.** Que tiene largo excesivo. || **3.** fig. Liberal, dadivoso. || **4.** fig. Copioso, abundante. || **5.** fig. Dilatado, extenso. || **6.** fig. Pronto, expedito, que hace en abundancia lo que indica el verbo. || **7.** fig. y fam. Astuto, listo. || **8.** fig. Aplicado en plural en cualquiera división del tiempo, se toma por muchos. || **9.** m. Largor. || **10.** MÚS. Uno de los movimientos fundamentales de la música, equivale a lento. || **11.** MÚS. Composición o parte de ella escrita en este movimiento. || **12.** adv. Sin escasez. || **13.** CUBA. Dícese de la hoja de tabaco que por su calidad se destina para capa del cigarro puro. || *A la* LARGA. m. adv. Según el largo de una cosa. || **2.** Pasado mucho tiempo. || **3.** Lentamente. || *A lo* LARGO. m. adv. En sentido de la longitud de una cosa. || **2.** A lo lejos, a mucha distancia. || *Dar cinco de* LARGO. fr. En el juego de bolos, pasar de la raya hasta donde se puede

L

llevar la bola. || De LARGO. m. adv. Con vestiduras talares. || De LARGO *a* LARGO. m. adv. A todo su largor. || ¡LARGO!, o ¡LARGO *de ahí*, o *de aquí*! expr. con que se despacha a las personas. || LARGO *y tendido*. expr. fam. Con profusión. || **P.** longo; **I.** y **F.** long; **A.** lang; **It.** lungo; **R.** длинный.

LARGOMIRA. (De *largo* y *mirar*.) m. Catalejo.

LARGOR. (De *largo*.) m. Longitud, dimensión de una línea o la mayor de las dos dimensiones de una superficie.

LARGUEADO, DA. (De *largo*.) adj. Listado.

LARGUERO, RA. (De *largo*.) m. Cada uno de los dos palos que se colocan a los lados de un trabajo de carpintería. || **2.** Cabezal, almohada larga. || **3.** CHILE. Latoso.

LARGUEZ. f. ant. Largueza.

LARGUEZA. (De *largo*.) f. Largura. || **2.** Liberalidad.

LARGUIRUCHO, CHA. (despect. de *largo*.) adj. fam. Se dice de las personas o cosas muy largas respecto de su ancho o grueso.

LARGURA. f. Largor.

LÁRICE. (l. *larix, -ícis*.) m. Alerce.

LARICINO, NA. Perteneciente al lárice.

LARIJE. (De *alarije*.) adj. Se dice de una variedad de uva de color rojo que dan ciertas cepas de sarmientos duros.

LARINGE. (gr. λάρυγξ, -υγγος.) f. ZOOL. Órgano tubular, constituido por cartílagos. Por un lado comunica con la faringe y por el otro con la tráquea. Rudimentario en las aves, forma parte del aparato de la fonación de los mamíferos. || **P.** e **It.** laringe; **I.** y **F.** larynx; **A.** Kehlkopf, Kehle; **R.** гортань.

LARÍNGEO, A. adj. Perteneciente o relativo a la laringe.

LARINGITIS. (De *laringe* y el sufijo *itis*, inflamación.) f. Inflamación de la laringe.

LARINGOLOGÍA. f. Parte de la patología que estudia las enfermedades de la laringe.

LARINGÓLOGO. m. Especialista en enfermedades de la laringe.

LARINGOSCOPIA. (De *laringoscopio*.) f. MED. Exploración de la laringe y partes próximas a ella.

LARINGOSCOPIO. (gr. λάρυγξ, laringe, y σκοπέω, examinar.) m. MED. Instrumento empleado en laringoscopia.

° **LARINGOTOMÍA.** f. Incisión practicada en la laringe.

LARRA. (Voz vascuence.) f. ÁL. Prado.

LARVA. (l. *larva*, fantasma.) f. ZOOL. Cualquiera de los animales jóvenes que saliendo de las cubiertas del huevo son capaces ya para vivir al aire libre y que en general tienen forma distinta a la del estado adulto a la que llegarán en virtud de metamorfosis. || **P.**, **I.** e **It.** larva; **F.** larve; **A.** Larve; **R.** личинка.

LARVADO, DA. (l. *larvātus*, enmascarado.) adj. MED. Se dice de las enfermedades que presentan síntomas diferentes a su naturaleza.

LARVAL. (l. *larvālis*.) adj. Perteneciente a la larva.

LAS. (l. *illas*, pl. f. de *ille*.) Forma del artículo determinado en género femenino y número plural. || **2.** Acusativo de la tercera persona en género femenino y número plural del pronombre personal. Puede usarse como sufijo y no admite preposición. Esta forma no debe emplearse en dativo.

LASAÑA. (ital. *lasagna*.) f. Oreja de abad, fruta de sartén en forma de hojuela.

LASARSE. (l. *lassāre*.) r. ant. Cansarse.

LASCA. (ant. alt. al. *laska*.) f. Trozo pequeño desprendido de una piedra. || AND. Lonja, cosa larga poco gruesa desprendida de otra.

★ **LASCADURA.** f. MÉJ. Lastimadura, rozadura.

LASCAR. (l. *laxāre*, desenvolver, desatar.) tr. MAR. Aflojar poco a poco un cabo.

★ **LASCAR.** tr. MÉJ. Lastimar.

LASCIVAMENTE. adv. Con lascivia.

LASCIVIA. (l. *lascivia*.) f. Propensión

a los deleites carnales. || **P.** lascívia; **I.** lasciviousness; **F.** lascivité; **A.** Geilheit; **It.** lascivia; **R.** сладострастие.

LASCIVO, VA. (l. *lascīvus*.) adj. Perteneciente a la lascivia o sensualidad. || **2.** Que tiene este vicio. Ú.t.c.s. || **3.** Errático, alegre.

LASCIVOSO, SA. (l. *lasciviōsus*.) adj. ant. Lascivo.

LASEDAD. (De *laso*.) f. ant. Lasitud.

★ **LASER.** m. (sigla inglesa.) Fís. Dispositivo mediante el cual se obtienen intensísimos rayos de luz coherente en virtud de un fenómeno de resonancia, promovido al excitar cristales, tales como el rubí sintético con impurezas de cromo.

LASERPICIO. (l. *laserpitĭum*.) m. Planta herbácea, umbelífera, de tallo ramoso. || **2.** Semilla de dicha planta.

LASITUD. (l. *lassitūdo*.) f. Desfallecimiento, cansancio.

LASO, SA. (l. *lassus*.) adj. Cansado, falto de fuerzas. || **2.** Flojo y macilento. || **3.** Se dice del hilo de lino, seda, etc., sin torcer.

LASTAR. (gót. *laistian*, pagar, ceder.) tr. Suplir lo que otro debe pagar, con el derecho de reintegrarse. || **2.** fig. Padecer en pago de una culpa.

LÁSTIMA. (De *lastimar*.) f. Compasión por los males de otro. || **2.** Objeto que excita la compasión. || **3.** Quejido, lamento. || **4.** Cualquier cosa que causa disgusto. || *Dar*, o *hacer*, LÁSTIMA. fr. Causar compasión. || *Llorar* LÁSTIMAS. fr. fig. y ram. Exagerarlas. || **P.** lástima; **I.** y **F.** compassion; **A.** Mitleid; **It.** pietà; **R.** жалость.

★ **LASTIMADA.** f. GUAT. y MÉJ. Lastimadura.

LASTIMADOR, RA. adj. Que lastima o hace daño.

LASTIMADURA. f. Acción y efecto de lastimar.

LASTIMAMIENTO. m. ant. Lastimadura.

LASTIMAR. (l. *blasphemāre*, calumniar, blasfemar y éste del gr. βλασφημέω.) tr. Herir o hacer daño. Ú.t.c.r. || **2.** Compadecer. || **3.** fig. Agraviar. || **4.** r. Dolerse del mal de uno. || **5.** Quejarse, dar muestras de dolor. || **P.** ferir, danificar; **I.** to hurt; **F.** blesser; **A.** verschren; **It.** ferire; offèndere; **R.** повреждать.

LASTIMERAMENTE. adv. De un modo lastimero.

LASTIMERO, RA. adj. Se dice de las quejas, lágrimas, etc., que mueven a compasión. || **2.** Que hace daño.

★ **LASTIMÓN.** m. CUBA y P. RICO. Lastimadura, rozadura.

LASTIMOSAMENTE. adv. De un modo lastimoso.

LASTIMOSO, SA. adj. Se dice de lo que mueve a compasión o lástima.

LASTO. (De *lastar*.) m. Recibo o carta de pago que se da al que paga por otro para que pueda a su vez cobrar de él.

LASTÓN. m. Planta perenne graminea, de caña estriada.

LASTRA. (ital. *lastra*.) f. Lancha, piedra lisa y plana.

LASTRAR. tr. Poner el lastre a la embarcación. || **2.** fig. Afirmar una cosa cargándola de peso. Ú.t.c.r.

LASTRE. (De *lastra*.) m. Piedra de mala calidad que se halla en la superficie de la cantera y que sólo sirve para mampostería.

LASTRE. (ant. al. *last*, peso.) m. Piedra, arena o cosa de peso colocado en el fondo de la embarcación para que ésta se hunda en el agua lo conveniente. || **2.** fig. Juicio, madurez. || **P.** lastre; **I.** ballast; **F.** lest; **A.** Ballast; **It.** zavorra; **R.** балласт.

LASTREAR. tr. desus. Lastrar.

LASTRÓN. m. aum. de lastre. Piedra de la superficie de las canteras.

LASÚN. m. Locha.

LATA. (germ. *latta*, tableta, lancha.) f. Hoja de lata. || **2.** Envase de hojalata. || **3.** Tabla delgada sobre la que se aseguran las tejas. || **4.** Discurso o conversación fastidiosa. || **5.** R. DE LA PLATA. Sable, arma blanca semejante a la espada. || **6.** AMÉR. CENTRAL. Mequetrefe. || *Estar en la* LATA. fr. fig. COLOM. Estar arruinado. || **P.** lata; **I.** tin-plate; **F.** fer-blanc; **A.** Eisenblech; **It.** latta; **R.** жесть.

★ **LATA.** (germ. *latta*, vigueta.) Madero sin labrar, menor que el cuartón. || **2.** CUBA. Palo grueso sobre horquetas de quita y pon para impedir el paso en las cercas. || **3.** VENEZ. Vara de chaparro. || **4.** ARGENT. Arbusto leguminoso. || —**de pobre.** BOT. ARGENT. Árbol piparáceo, empleado allí para techar ranchos. || **P.** lata; **I.** lath; **F.** latte; **A.** Latte; **It.** piana.

LATAE SENTENTIAE. expr. lat. con que se indica la excomunión en que se incurre al cometer la falta que condena la Iglesia, sin necesidad de imposición personal expresa.

LATAMENTE. adv. Difusamente. || **2.** fig. Por ext., en sentido lato.

LATANIA. (Nombre indígena.) f. Planta de la isla de Borbón cultivada en Europa en invernáculos. Sus pecíolos tienen aguijones verdes hasta la mitad de su longitud.

LATASTRO. (l. *later*, ladrillo.) m. ARQ. Plinto.

LATAZ. (gr. λάταξ, nutria.) m. Nutria que vive a orillas del Pacífico septentrional. Es semejante a la de Europa, pero mayor y de pelo más fino.

LATEBRA. (l. *latĕbra*.) f. Escondrijo, cueva.

LATEBROSO, SA. (l. *latebrōsus*.) adj. Que se oculta y no se deja ver.

LATENTE. (l. *latens, -entis*.) adj. Oculto. || **2.** Se dice del dolor fuerte. || **3.** Fís. Se dice del calor que origina en los cuerpos, sin aumento de temperatura, una alteración molecular.

LATERAL. (l. *laterālis*.) adj. Perteneciente o al lado de una cosa. || **2.** fig. Lo que no viene por línea recta. || **3.** FON. Se aplica al sonido articulado en cuya pronunciación la lengua impide la salida del aire por el centro de la boca. || **4.** FON. Se dice de la letra que representa este sonido. Ú.t.c.s.f. || **P.** e **I.** lateral; **F.** latéral; **A.** seitlich; **It.** laterale; **R.** боковой.

LATERALMENTE. adv. De lado. || **2.** De uno y otro lado.

LATERANENSE. (l. *lateranensis*.) adj. Perteneciente al templo de San Juan de Letrán.

LATERÍA. f. AMÉR. Hojalatería.

LATERO, RA. adj. Latoso.

LÁTEX. (l. *latex*, leche.) m. BOT. Jugo de algunos vegetales que circula por los vasos laticíferos. De él se obtienen sustancias variadas, el caucho, etc. En algunas plantas es venenoso, en otras acre; el del árbol de la leche es utilizable como alimento.

LATICÍFERO. adj. BOT. Se aplica a los vasos de los vegetales que conducen el látex.

LATIDO, DA. p.p. de latir. || **2.** m. Ladrido entrecortado que da el perro al seguir a la caza o cuando sufre algún dolor repentino. || **3.** Golpe producido por la diástole del corazón contra el pecho, y de las arterias periféricas contra los tejidos que las cubren. Puede ser apreciado por el tacto, vista o aparatos adecuados. || **4.** Golpe doloroso en ciertas partes inflamadas muy sensibles, por la diástole de las arterias que la riegan. || —**capilar.** El de algunos vasos capilares en determinadas dolencias. || —**venoso.** El de algunas venas, en casos patológicos.

LATIENTE. p.a. de latir. Que late.

LATIFUNDIO. (l. *latifundium*; de *latus*, ancho, y *fundus*, finca rústica.) m. Finca rústica de gran extensión. || **2.** PERÚ. Embrollo.

LATIFUNDISTA. com. Persona que posee uno o varios latifundios.

LATIGADERA. (De *látigo*.) f. AND. Soga para sujetar el yugo contra el pértigo de la carreta.

LATIGAZO. m. Golpe dado con el látigo. || **2.** fig. Golpe parecido al latigazo. || **3.** Chasquido del látigo. || **4.** fig. Daño impensado que se hace a uno. || **5.** fig. Represión inesperada y áspera. || **6.** CUBA. Cierta figura de la danza. || **P.** lategada; **I.** whip; **F.** coup de fouet; **A.** Peitschenhieb; **It.** frustata; **R.** удар бичом.

LÁTIGO. m. Azote largo, delgado, de cuerda o cuero con que se aviva a las caballerías. || **2.** Cordel para afianzar al peso lo que se va a pesar. || **3.** Cuerda o

L

correa con que se asegura la cincha. ‖ **4.** CHILE. Tira de cuero. ‖ **5.** CHILE. Meta de las carreras de caballos. ‖ **6.** PERÚ. Jinete. ‖ *Salir al* LÁTIGO. fr. fig. y fam. CHILE. Terminar una tarea. ‖ **P.** látego; **I.** whip; **F.** fouet; **A.** Peitsche; **It.** frusta; **R.** кнут, бич.

LATIGUEAR. intr. Dar chasquidos con el látigo. ‖ **2.** ECUAD. y HOND. Azotar.

LATIGUEO. m. Acción de latiguear.

LATIGUERA. f. Látigo, cuerda o correa de la cincha. ‖ **2.** PERÚ. Azotaina.

LATIGUERO. m. El que hace o vende látigos.

LATIGUILLO. m. d. de látigo. ‖ **2.** Estolón, vástago rastrero de algunas plantas, que en tierra forma un nuevo pie. ‖ **3.** ELECTR. Ligadura con hilo de cobre estañado llamado hilo de retención, que sujeta el hilo conductor con el aislador.

LATÍN. (l. *latine,* en latín.) m. Lengua del Lacio hablada por los antiguos romanos y usada hoy por la Iglesia católica. De ella se deriva la española. ‖ **2.** Voz o frase latina empleada en escrito español. Suele tomarse en mala parte. Ú. m. en pl. ‖ —**clásico.** El de los escritores del siglo de oro de la literatura latina. ‖ —**moderno.** El empleado por los escritores en la Edad Moderna. ‖ —**rústico** o **vulgar.** El hablado por el vulgo de los pueblos latinos. ‖ *Bajo* LATÍN. El escrito después de la caída del Imperio romano y durante la Edad Media. ‖ *Saber* LATÍN, o *mucho* LATÍN. fr. fig. y fam. Ser avisado y astuto. ‖ **P.** latim; **I.** y **F.** latin; **A.** Latein; **It.** latino; **R.** латынь.

LATINAJO. m. fam. despect. Latín malo. ‖ **2.** fam. despect. Latín, voz o expresión latina empleada en castellano. Ú. m. en pl.

LATINAMENTE. adv. En lengua latina.

LATINAR. intr. Hablar o escribir en latín.

LATINEAR. intr. Latinar. ‖ **2.** fam. Emplear con frecuencia voces o frases latinas hablando o escribiendo español.

LATINIDAD. (l. *latinitas, -ātis.*) f. Latín, lengua latina. ‖ *Baja* LATINIDAD. Bajo latín.

LATINIPARLA. (De *latín* y *parlar.*) f. Lenguaje de los que emplean voces latinas, aunque españolizadas.

LATINISMO. m. Giro propio de la lengua latina. ‖ **2.** Empleo de tales giros o construcciones en otro idioma.

LATINISTA. com. Persona versada en lengua y literatura latina.

LATINIZACIÓN. f. Acción y efecto de latinizar.

LATINIZADOR, RA. adj. Que latiniza.

LATINIZANTE. p.a. de latinizar. Que latiniza. Ú.t.c.s.

LATINIZAR. (l. *latinizāre.*) tr. Dar forma latina a voces de otra lengua. ‖ **2.** intr. fam. Latinear, usar frases latinas hablando o escribiendo en castellano.

LATINO, NA. (l. *latīnus.*) adj. Natural del Lacio o de cualquiera de los pueblos de la antigua Roma. Ú.t.c.r. ‖ **2.** Perteneciente a ella. ‖ **3.** Que sabe latín. Ú.t.c.s. ‖ **4.** Perteneciente o propio de la lengua latina. ‖ **5.** Se dice de la Iglesia de Occidente. ‖ **6.** Suele decirse también de los naturales de los pueblos de Europa en que se hablan lenguas derivadas del latín y de lo perteneciente a ellos. ‖ **7.** MAR. Dícese de la vela triangular.

LATIR. (l. *glattīre.*) intr. Dar latidos el perro. ‖ **2.** Ladrar. ‖ **3.** Dar latidos el corazón, las arterias y a veces los capilares. ‖ **4.** tr. VENEZ. Dar la lata, fastidiar. ‖ LATIRLE a uno una cosa. fr. Méj. Presentirla. ‖ **3.**ª acep.: **P.** latir; **I.** to beat; **F.** battre; **A.** schlagen; **It.** bàttere; **R.** биться.

LATIRISMO. (De *lathyrus sativus,* nombre botánico de la almorta.) m. MED. Intoxicación producida por la harina de almorta. Se manifiesta principalmente por parálisis crónico de las piernas.

LATÍSIMAMENTE. adv. Muy latamente.

LATITANTE. p.a. ant. de latitar. Que está oculto o escondido.

LATITAR. (l. *latitāre,* frec. de *latēre.*) intr. ant. Esconderse, ocultarse.

LATITUD. (l. *latitūdo.*) f. La menor de las dos dimensiones principales que tienen las cosas o figuras planas. ‖ **2.** Toda la extensión de un reino, tanto en ancho como en largo. ‖ **3.** ASTRON. Distancia desde la Ecliptica a cualquier punto considerado en la esfera celeste hacia uno de los polos. ‖ **4.** GEOGR. Distancia de un punto de la superficie terrestre al Ecuador, contada por grados de su meridiano. ‖ **P., I.** y **F.** latitude; **A.** Breite, Breitengrad; **It.** latitùdine; **R.** ширина, широта.

LATITUDINAL. (l. *latitūdo, -ĭnis,* latitud.) adj. Que se extiende a lo ancho.

LATITUDINARIO, RIA. (l. *latitūdo, -ĭnis.*) adj. TEOL. Se aplica al que sostiene que puede haber salvación fuera de la Iglesia católica. Ú.t.c.s.

LATITUDINARISMO. m. TEOL. Doctrina de los latitudinarios.

LATO, TA. (l. *latus.*) adj. Dilatado. ‖ **2.** fig. Se aplica al sentido que por extensión se da a una palabra y que no es el que riguramente le corresponde. ‖ **P.** largo; **I.** extensive; **F.** étendu; **A.** weitläufig; **It.** lato; **R.** пространный.

LATÓN. (De *lata,* hoja de metal.) m. Aleación de cobre y cinc, de color amarillento, y que puede tener gran brillo. ‖ **2.** BOL. y COLOM. Sable o chafarote. ‖ **3.** P. RICO. Cubo de hojalata para agua. ‖ **P.** latão; **I.** brass, latten; **F.** laiton; **A.** Messing; **It.** ottone; **R.** латунь.

LATÓN. m. AR. Fruto del latonero. Ú.m. en pl.

LATONERÍA. (De *latonero,* 1.er art.) f. Taller donde se hacen cosas de latón. ‖ **2.** Tienda donde se venden.

LATONERO. m. El que hace o vende obras de latón. ‖ **2.** COLOM. Hojalatero.

LATONERO. (Del m. or. que *lodoño.*) m. AR. Almez.

LATOSO, SA. (De *lata,* tabarra.) adj. Pesado, fastidioso.

LATRÉUTICO, CA. (gr. λατρευτικός.) Perteneciente o relativo a la latría.

LATRÍA. (l. *latria,* y éste del gr. λατρεία, adoración.) f. Reverencia, culto que se debe únicamente a Dios. Ú.t.c. adj.

LATRINA. f. ant. Letrina.

LATROCINANTE. p.a. de latrocinar. Que latrocina.

LATROCINAR. (l. *latrocināri.*) intr. p. us. Dedicarse al robo o latrocinio.

LATROCINIO. (l. *latrocinium.*) m. Hurto o costumbre de hurtar o defraudar a los demás en sus intereses.

LATVIO, VIA. adj. Natural de Latvia. Ú.t.c.s. ‖ **2.** Perteneciente a esta región o república.

★ **LAUCAR.** (arauc. *laum,* pelearse, y la parte. *ca,* que significa hacer.) tr. CHILE. Pelar, quitar o perder el pelo o la lana.

★ **LAUCÓN.** m. CHILE. Peladura circular por la caída del pelo y otras causas. ‖ *A* LAUCONES. m. adv. CHILE. A tijeretazos, a trechos. Se aplica al pelo mal cortado.

LAUCHA. (Voz araucana.) ARGENT. y CHILE. Ratoncillo común. ‖ **2.** fig. CHILE. Especie de vagoneta empleada en las minas de hulla. ‖ **3.** fig. CHILE. En algunos lugares, lo que cabe en dicha vagoneta. ‖ **4.** fig. CHILE. En el juego del tenderete, el tres de cualquier palo. ‖ **5.** fig. CHILE. Entre plomeros y hojalateros, alambre de acero que penetra fácilmente donde se mete. ‖ **6.** fig. m. ARGENT. y URUG. Hombre listo.

★ **LAUCHÓN.** m. CHILE. Joven algo crecido y delgado.

LAÚD. (ár. *al-ʿūd.*) m. Instrumento músico que se toca hiriendo las cuerdas. Su parte inferior es cóncava y prominente. ‖ **2.** Embarcación pequeña del Mediterráneo, de un palo con vela latina. ‖ **3.** Tortuga marina con concha coriácea, con siete líneas salientes a lo largo del carapacho, que se asemejan a las cuerdas de laúd. ‖ **P.** alaúde; **I.** lute; **F.** luth; **A.** Laute; **It.** liuto; **R.** лютня.

LAUDA. f. Laude, lápida sepulcral.

LAUDABLE. (l. *laudabĭlis.*) adj. Digno de alabanza. ‖ **P.** laudável; **I.** praiseworthy; **F.** louable; **A.** lobenswert; **It.** lodèvole; **R.** похвальный.

LAUDABLEMENTE. adv. De modo laudable.

LÁUDANO. m. Preparación compuesta de vino blanco, opio, azafrán y otras substancias. ‖ **2.** Extracto de opio.

LAUDAR. (l. *laudāre.*) FOR. Fallar, dictar sentencia el juez o árbitro o el amigable componedor.

LAUDATIVAMENTE. adv. ant. De modo laudativo.

LAUDATIVO, VA. (l. *laudatīvus.*) adj. ant. Laudatorio.

LAUDATORIA. (l. *laudatoria,* t. f. de -*rius,* laudatorio.) f. Escrito u oración en alabanza a las personas o cosas.

LAUDATORIO, RIA. (l. *laudatorĭus.*) adj. Que alaba o contiene alabanza.

LAUDE. (l. *lapis, -ĭdis.*) f. Lápida que se coloca sobre una sepultura y de ordinario con una inscripción.

LAUDE. (l. *laus, laudis.*) pl. Una de las partes del oficio divino, que se dice después de los maitines.

LAUDEMIO. (b. l. *laudemium,* y éste del l. *laus, laudis.*) m. FOR. Derecho que se paga al señor del dominio directo al enajenar las tierras y posesiones dadas a enfiteusis.

LAUDO. (De *laudar.*) m. FOR. Fallo que dictan los árbitros o amigables componedores.

★ **LAUEGRAMAS.** f. pl. QUÍM. y FÍS. Imágenes de difracción que se obtienen al dirigir un haz muy fino de rayos X sobre un cristal muy delgado.

★ **LAULAO.** m. VENEZ. Cierto baile de los indios del Alto Orinoco.

LAUNA. (l. *lamina;* en cat. *llauna.*) f. Lámina o plancha de metal. ‖ **2.** Arcilla magnesiana que con el agua forma una pasta homogénea e impermeable. Se emplea en Andalucía para cubrir techos y azoteas.

LAURÁCEO, A. (De *lauro.*) adj. Parecido al laurel. ‖ **2.** BOT. Se dice de las plantas angiospermas dicotiledóneas, arbóreas generalmente. Ú.t.c.s.f. ‖ **3.** f. pl. BOT. Familia de estas plantas.

LAUREADO, DA. p.p. de laurear. ‖ **2.** adj. Se dice del que ha sido recompensado con honor y gloria. Aplícase principalmente a los que obtienen la cruz de San Fernando y a esta misma insignia. Ú.t.c.s.

LAUREANDO. (l. *laureandus,* el que ha de coronarse de laurel.) m. Graduando.

LAUREAR. (l. *laureāre.*) tr. Coronar con laurel. ‖ **2.** fig. Premiar, honrar.

LAUREDAL. m. Lugar lleno de laureles.

LAUREL. (fr. *laurier,* y éste del l. *laurearĭus.*) m. Árbol siempre verde, laureáceo, de tronco liso. Sus hojas son usadas para condimento. Son coriáceas, aromáticas, oblongas y lustrosas por el haz. Tanto éstas como los frutos entran en preparaciones farmacéuticas. ‖ **2.** fig. Corona, triunfo. ‖ **3.** BOT. ARGENT. Árbol de madera dura, del que hay varias especies. ‖ **4.** BOT. CUBA. Árbol de fruto algo escamoso que sirve de alimento a los cerdos. ‖ **5.** CUBA. Cierto árbol magnoliáceo. ‖ —**alejandrino.** BOT. Arbusto siempre verde-liliáceo; fue importado de Alejandría y se cultiva en algunos jardines. ‖ —**comino.** BOT. COLOM. Árbol de madera incorruptible. ‖ **P.** loureiro; **I.** laurel; **F.** laurier; **A.** Lorbeerbaum; **It.** lauro; **R.** лавр.

LAURENTE. m. Oficial de las fábricas de papel que atiende a las tinas con las formas y hace los pliegos.

LÁUREO, A. (l. *laurus.*) adj. De laurel o de hoja de laurel.

LAURÉOLA [LAUREOLA]. (l. *laureŏla.*) f. Corona de laurel con que se premiaban las acciones heroicas o se coronaban los sacerdotes de los gentiles. ‖ **2.** Adelfilla. ‖ —**hembra.** Mata timeleácea. Se ha empleado en medicina como purgante la infusión de su corteza y de sus frutos.

LAURÉOLA. f. Auréola.

LAURETANO, NA. (l. *Lauretum,* Loreto.) adj. Perteneciente a Loreto, ciudad de Italia. ‖ **2.** Se dice de la letanía de la Virgen que suele rezarse después del rosario.

LAURÍFERO, RA. (l. *laurifer, -ĕri;* de *laurus,* laurel, y *ferre,* llevar.) adj. poét. Que produce o lleva laurel.

LAURÍNEO, A. (De *laurino.*) adj. BOT. Lauráceo. Ú.t.c.s.f.

LAURINO, NA. (l. *laurinus.*) adj. Perteneciente al laurel.

LAURO. (l. *laurus.*) m. Laurel. || **2.** fig. Gloria, triunfo.

LAUROCERASO. (l. *laurus*, laurel, y *cerásus*, cereza.) m. Árbol exótico, rosáceo, de fruto semejante a la cereza. Se cultiva en Europa y de sus hojas se obtiene por destilación un agua muy venenosa que se emplea en medicina y perfumería.

LAUS DEO. loc. lat. que significa gloria de Dios, y se emplea al terminar una obra.

LAUTAMENTE. adv. p. us. Espléndidamente.

LAUTO, TA. (l. *lautus.*) adj. p. us. Rico, opulento.

LAVA. (ital. *lava.*) f. Materias derretidas o en fusión que arrojan los volcanes al tiempo de la erupción. En estado sólido y frío se emplea en la construcción de edificios y en otros usos. || **P., I.** e **It.** lava; **F.** lave; **A.** Lava; **R.** лава.

LAVA. (De *lavar.*) f. **Min.** Operación de lavar los metales para limpiarlos de impurezas.

LAVABO. (l. *lavábo*, lavaré, primera palabra del versículo 6.º del salmo XXV que se dice en el ofertorio de la misa.) m. Mesa comúnmente de mármol, con jofaina para la limpieza y aseo personal. || **2.** Cuarto destinado a este aseo. || **P., F.** e **It.** lavabo; **I.** washstand; **A.** Waschtisch; **R.** умывальник.

* **LAVACARA.** m. **Ecuad.** Jofaina, palangana.

LAVACARAS. (De *lavar* y *cara.*) com. fig. y fam. Persona aduladora.

LAVACIÓN. (l. *lavatío, -ónis.*) f. Lavadura o loción. Ú.m. en farmacia.

LAVACRO. (l. *lavacrum.*) m. desus. Baño, acción de bañar o bañarse. || **2.** El agua que se emplea para ello y también la pila donde se baña.

LAVADA. f. Lavabo, pintura a la aguada. || **2.** **Chile.** Lava o baños de metales.

LAVADERO. m. Lugar en que se lava. || **2.** **Amér.** Paraje del lecho de un río o arroyo donde se recogen arenas auríferas y se lavan agitándolas en una batea. || **P.** lavadouro; **I.** laundry, washing-place; **F.** lavoir; **A.** Waschplatz; **It.** lavatoio; **R.** прачечная.

LAVADIENTES. (De *lavar* y *diente.*) m. p. us. Enjuague, vaso para enjuagarse.

LAVADO, DA. p.p. de lavar. || **2.** m. Lavadura, acción de lavar. || **3.** Pintura a la aguada con un solo color. || **4.** **Cuba.** Se dice del ganado de pelo bermejo que tira a blanco.

LAVADOR, RA. (l. *lavátor.*) adj. Que lava. Ú.t.c.s. || **2.** m. Instrumento de hierro empleado para limpiar armas de fuego. || **3.** **Guat.** Lavabo. || **4.** **Amér. Merid.** Oso hormiguero.

° **LAVADORA.** (Forma fem. de *lavador.*) f. Utensilio doméstico mecánico para lavar la ropa. || **2.** **Colom.** Lavandera, mujer que lava la ropa.

LAVADURA. f. Lavamiento. || **2.** Lavazas. || **3.** Composición hecha de agua, aceite y huevos, batiéndolos juntos. Con ella se templa la piel para hacer guantes.

LAVAFRUTAS. m. Recipiente con agua para lavar las frutas y enjuagarse los dedos al final de las comidas.

* **LAVAGALLOS.** m. **Colom.** y **Venez.** Ron o aguardiente de la peor clase. Ú.t.c. adj.

LAVAJAL. m. ant. Lavajo.

LAVAJE. (De *lavar.*) m. Lavado de lanas.

LAVAJO. (De *navajo.*) m. Charca de agua llovediza que se seca pocas veces.

LAVAMANOS. m. Depósito de agua con grifos, pila, etc., para lavarse las manos.

LAVAMIENTO. m. Acción o efecto de lavar o lavarse.

LAVANCO. (De *lavar.*) m. Pato bravío.

LAVANDERÍA. (De *lavandero.*) Establecimiento en que lavan la ropa.

LAVANDERO, RA. m. y f. Persona que lava la ropa por oficio.

LAVÁNDULA. (l. lavandula, t. f. de -*dus*, p. de fut. de *laváre.*) f. Espliego.

LAVAOJOS. m. Copita de cristal de forma propia para adaptarse a la órbita del ojo a fin de aplicar a éste un líquido medicamentoso.

* **LAVAPLATOS.** **Hond.** Planta cuyas hojas se emplean para lavar trastos.

LAVAR. (l. *laváre.*) tr. Limpiar una cosa con agua. Ú.t.c.r. || **2.** Dar los albañiles la última mano al blanqueo bruñéndolo con un paño mojado. || **3.** Dar color a un dibujo con aguadas. || **4.** fig. Purificar, quitar una mancha. || **5.** **Min.** Purificar con agua los minerales. || **P.** lavar; **I.** to wash; **F.** laver; **A.** waschen; **It.** lavare; **R.** мыть.

LAVATIVA. (De *lavativo.*) f. Ayuda, clister. || **2.** Jeringa o cualquier instrumento manual que se emplea para echar ayudas o clísteres. || **3.** fig. y fam. Molestia, incomodidad. || **P.** clister; **I.** clyster; **F.** lavement; **A.** Klistier; **It.** lavativo; **R.** клизма.

LAVATIVO, VA. adj. ant. Se dice de lo que lava o puede lavar.

LAVATORIO. (l. *lavatoríum.*) m. Acción de lavar o lavarse. || **2.** Ceremonia de Jueves Santo, consistente en lavar los pies a algunos pobres. || **3.** Ceremonia de la misa en que el sacerdote se lava los dedos después de preparar el cáliz. || **4.** Cocimiento medicinal para limpiar una parte externa del cuerpo. || **5.** Lavamanos. || **6. R. de la Plata, Chile** y **C. Rica.** Lavabo. || **P.** lavatorio; **I.** lavation, lavement; **F.** lavage; **A.** Waschung; **It.** lavamento; **R.** омовение.

* **LAVAZA.** f. **Chile.** Espuma de jabón. || **2.** Caldo o sopa mal preparado.

LAVAZAS. f. pl. Agua sucia con las impurezas de lo que se lavó en ella.

LAVE. (De *lavar.*) m. **Min.** Lava, baño que se da a los metales para quitarles las impurezas.

LAVIJA. f. **And.** y **Burg.** Clavija.

LAVIJERO. m. **And.** Clavijero.

LAVOTEAR. tr. fam. Lavar aprisa y mal. Ú.t.c.r.

LAVOTEO. m. Acción de lavotear o lavotearse.

LAXACIÓN. (l. *laxatío, -ónis.*) f. Acción y efecto de laxar.

LAXAMIENTO. (l. *laxamentum.*) m. Laxación o laxitud.

LAXANTE. p.a. de laxar. Que laxa. || **2.** m. Medicamento para mover el vientre.

LAXAR. (l. *laxáre.*) tr. Aflojar, ablandar. Ú.t.c.r. || **P.** laxar; **I.** to loosen; **F.** lâcher; **A.** abspannen; **It.** lassare; **R.** ослаблять.

LAXATIVO, VA. (l. *laxatívus.*) adj. Que laxa o puede laxar. Ú.t.c.s.m.

LAXIDAD. (l. *laxítas, -átis.*) f. Laxitud.

LAXISMO. m. Sistema o doctrina en que domina la moral relajada o laxa.

LAXISTA. com. Partidario del laxismo.

LAXITUD. f. Calidad de laxo. —**de una línea eléctrica.** Fís. Estado que ofrecen los conductores que forman la línea cuando la flecha de la catenaria sobrepasa a la longitud normal. Sus causas son las variaciones de temperatura y las sobrecargas.

LAXO, XA. (l. *laxus.*) adj. Flojo o que no tiene la tensión que debe. || **2.** fig. Dícese de la moral relajada.

LAY. (fr. *lai*, y éste del irlandés *laid*, canción.) m. Composición poética provenzal o francesa, que relata una leyenda o historia de amores generalmente en versos cortos.

LAYA. (vasc. *laya.*) f. Pala fuerte de hierro con mango de madera que se emplea para labrar la tierra y revolverla. A veces tiene varias puntas y en la parte superior del mango, una manija atravesada.

LAYA. (fr. *laie*, y éste del germ. *laida*, camino.) f. Calidad, especie.

LAYADOR, RA. m. y f. Persona que laya.

LAYAR. tr. Labrar la tierra con la laya.

LAYETANO, NA. (l. *laietánus.*) adj. Natural de Layetania. Ú.t.c.s. || **2.** Perteneciente a esta región.

LAZADA. (De *lazo.*) f. Atadura que se hace con hilo o cinta de forma que tirando de uno de los cabos puede soltarse con facilidad. || **2.** Lazo, nudo con cintas de adorno. || **P.** laçada; **I.** bowknot, loop; **F.** nœud; **A.** Schleife, Schlinge; **It.** cappio, lacciatura; **R.** бант.

LAZAR. (l. *laqueáre*, enlazar.) tr. Sujetar con lazo. || **2.** **Méj.** Enlazar.

LAZARETO. (veneciano *lazareto*, ant. *nazareto*, de *Nazareth*, infl. por *lázaro*.) m. Hospital fuera del poblado donde hacen cuarentena los que vienen de lugares infectados o sospechosos de enfermedad contagiosa. || **2.** Hospital de leprosos. || **3.** **Chile.** Hospital de variolosos. || **P.** lazareto; **I.** y **F.** lazaret; **A.** Lazarett; **It.** lazzaretto; **R.** карантинный барак.

LAZARILLO. (d. de *Lázaro*, n. p. Tomóse del principal personaje de la novela *Lazarillo de Tormes*, que siendo adolescente servía de guía a un ciego.) m. Muchacho que guía a un ciego.

LAZARINO, NA. (De *lázaro.*) adj. Que padece el mal de San Lázaro. Ú.t.c.s.

LAZARISTA. m. El que pertenece a la orden hospitalaria de San Lázaro, dedicada a asistir a leprosos.

LÁZARO. (De *Lázaro*, el mendigo de la parábola evangélica.) adj. ant. Lazarino. Úsáb.t.c.s. U. en Venezuela. || **2.** m. Pobre andrajoso. || *Estar hecho un* LÁZARO. fr. Estar cubierto de llagas.

LAZAROSO, SA. (De *lázaro.*) adj. Lazarino. Ú.t.c.s.

LAZDRAR. intr. ant. Lazrar.

LAZO. (l. *laqueus.*) m. Atadura o nudo de cintas o cosa semejante que sirve de adorno y se hace dejando a veces los dos cabos pendientes. || **2.** Adorno hecho de un metal imitando el lazo de la cinta. || **3.** Diseño que se hace con boj u otras plantas en los cuadros de los jardines. || **4.** Cualquiera de los enlaces artificiosos y figurados que hacen los danzantes. || **5.** Lazada o nudo hecho de modo que queda desatarse fácilmente. || **6.** Cuerda de hilos de alambre retorcido con la lazada corrediza que se emplea para conejos. Se hace también de cerda para cazar perdices y otras aves. || **7.** Cuerda o trenza con una lazada corrediza en uno de sus extremos que sirve para sujetar a ciertos animales tirándosela a los pies o a la cabeza. || **8.** Cordel con que se asegura la carga. || **9.** En la ballestería, rodeo que con los caballos se hace a la res para obligarla a ponerse a tiro del que espera. || **10.** fig. Ardid o artificio engañoso. || **11.** fig. Unión. || **12.** **Arq.** Adorno de líneas y florones enlazados unos con otros. || **13.** **Hond.** y **Méj.** Cuerda. || **14.** **Cuba.** Cierta figura de la habanera. || —**ciego.** El que se emplea en la ballestería para cazar reses sin verlas. || *Armar* LAZO. fr. fig. y fam. Poner asechanzas. || *Caer* uno *en el* LAZO. fr. fig. y fam. Ser engañado con un ardid. || *Roer* uno *el* LAZO. fr. fig. y fam. Huir del peligro en que estaba. || *Tender* a uno *un* LAZO. fr. fig. Atraerle con engaño para causarle un mal. || **P.** laço; **I.** tie, bond; **F.** lacet; **A.** Schleife, Schlinge; **It.** laccio, cappio; **R.** бант, ласо.

LAZRADAMENTE. adv. ant. Con lacería o trabajo.

LAZRADOR. (De *lazrar.*) m. ant. El que padece miserias.

LAZRAR. (De *lacerar*, 2.º art.) intr. ant. Padecer trabajos y miserias.

LAZULITA. f. Lapislázuli.

LE. (l. *illi*, dat. de *ille.*) Dativo del pronombre personal de tercera persona en género masculino y femenino y número singular. Se emplea también como acusativo del mismo pronombre, en igual número y en género masculino. No admite preposición y en ambos oficios puede colocarse como sufijo.

LEAL. (l. *legális.*) adj. Que guarda la debida fidelidad a las personas o cosas. Ú.t.c.s. || **2.** Se dice asimismo de las acciones de un hombre fiel. || **3.** Dícese de ciertos animales domésticos que muestran fidelidad al hombre. || **4.** Aplícase a las caballerías que no son falsas. || **5.** Fidedigno, verídico, leal, en el trato o en el desempeño de un cargo. || *De los* LEALES *se hinchan los hospitales.* ref. que indica que las personas más dignas de premio son muchas veces abandonadas a su escasa fortuna. || **P.** leal; **I.** loyal, faithful; **F.** loyal; **A.** treu; **It.** leale; **R.** верный.

LEALDAD. f. ant. Lealtad.

LEALMENTE. adv. Con lealtad. || **2.** Con legalidad.

LEALTAD. (l. *legálitas, -átis.*) f. Cum-

L

plimiento de lo que exigen las leyes de la fidelidad y del honor. || **2.** Amor o gratitud que muestran algunos animales al hombre. || **3.** Legalidad, verdad. || **P.** lealtade; **I.** loyalty, fealty; **F.** loyauté; **A.** Loyalität; **It.** lealtà; **R.** верность.

LEALTANZA. f. ant. Lealtad.

LEBANIEGO, GA. adj. Natural de Liébana. Ú.t.c.s. || **2.** Perteneciente a esta comarca de la provincia de Santander.

LEBECHE. (ár. *labǎy*, viento entre poniente y ábrego.) m. Viento del sudoeste en el litoral del Mediterráneo.

★ **LEBELLO.** m. HOND. Especie de cangrejo marino.

LEBENÍ. (ár. *labaní*, pertenciente o relativo a la leche.) m. Bebida moruna preparada con leche agria.

LEBERQUISA. (al. *leberkies*; de *leber*, hígado, por el color, y *kies*, pirita.) f. Pirita magnética.

★ **LEBISA.** f. CUBA. Levisa, nombre de un pez y de un árbol.

LEBRADA. f. Cierto guiso de liebre.

★ **LEBRANCHO.** CUBA. Lisa grande.

LEBRASTA. f. ant. Lebrato.

LEBRASTO. m. ant. Lebrato.

LEBRASTÓN. (De *lebrasto*.) m. Lebrato.

LEBRATO. m. Liebre nueva o de poco tiempo.

LEBRATÓN. m. Lebrato.

LEBREL, LA. (fr. *levrier*, y éste del l. *leporarius*, lebrero.) adj. Dícese del perro con el labio superior y las orejas caídas y el cuerpo largo, que es muy a propósito para cazar liebres. Ú.t.c.s. || **2.** pl. ASTRON. Constelación boreal situada entre la Osa Mayor y el Boyero. || **P.** lebrel; **I.** greyhound; **F.** lévrier; **A.** Windhund; **It.** levriere; **R.** борзая собака.

LEBRERO, RA. (l. *leporarius*, de *lepus, -ōris*, liebre.) adj. Aficionado a las carreras de liebres. || **2.** Se dice del perro que caza liebres. Ú.t.c.s. || **3.** m. CUBA. Árbol melastomáceo, de madera dura que se emplea para hacer mangos de instrumentos.

LEBRIJANO, NA. adj. Natural de Lebrija. Ú.t.c.s. || **2.** Perteneciente a esta villa.

LEBRILLO. (l. *labĕllum*, vasija, infl. por *labrum*.) m. Vasija de barro vidriado o metálica, que se emplea para lavar la ropa, para baños de pies y otros usos. || **P.** alguidar; **I.** earthen pan; **F.** terrine; **A.** Waschnapf; **It.** conca, mastello; **R.** миска.

LEBRÓN. m. aum. de liebre. || **2.** fig. y fam. Hombre tímido y cobarde. || **3.** adj. MÉJ. Grande, valentón. || **4.** MÉJ. Insolente. || **5.** MÉJ. Sujeto aprovechado y mañoso.

LEBRONCILLO. (De *lebrón*.) m. Lebrato.

LEBRUNO, NA. adj. Perteneciente a la liebre o semejante a ella.

★ **LEC.** m. MÉJ. Calabaza.

LECANOMANCIA [~ **MANCÍA**]. (gr. λεκανο μαντεία; de λεκάνη, cazuela, lebrillo, y μαντεία, adivinación.) f. Arte supersticioso de adivinar por el sonido producido por las piedras preciosas u otros objetos al caer en una zafa.

LECCIÓN. (l. *lectio, -ōnis*.) f. Lectura, acción de leer. || **2.** Inteligencia e interpretación de un texto. || **3.** Cualquiera de los trozos tomados de la Escritura, Santos Padres, vida de los santos, que se cantan en la misa y en los maitines. || **4.** Conjunto de conocimientos teóricos o prácticos que en cada vez da a sus discípulos el maestro. || **5.** Cada uno de los capítulos en que están divididos algunos libros. || **6.** Lo que señala el maestro al alumno para estudiar. || **7.** Discurso que en oposiciones a beneficios eclesiásticos o a cátedras se compone dentro de los términos prescritos sobre un punto. || **8.** fig. Cualquiera amonestación, acción ajena, etc., que nos enseña el modo de comportarnos. || *Dar la* LECCIÓN. fr. Decirla el discípulo al maestro. || *Dar* LECCIÓN. fr. Explicarla el maestro. || *Dar a uno una* LECCIÓN. fr. fig. hacerle comprender la falta que ha cometido corrigiéndole con dureza. || *Tomar la* LECCIÓN. fr. Oírsela el maestro al discípulo. || **2.** fig. Aprender de otro, para escarmiento propio. || *Tomar* LECCIÓN. fr. Ejecutar con el maestro un arte para

adiestrarse en ella. || **4.ª** acep.: **P.** lição; **I.** lesson; **F.** leçon; **A.** Lektion; **It.** lezione; **R.** урок.

LECCIONARIO. m. Libro de coro con las lecciones de los maitines.

LECCIONISTA. com. Maestro o maestra que da lecciones en casas particulares.

LECIÓN. f. ant. Lección.

LECIONARIO. m. ant. Leccionario.

★ **LECITINA.** f. QUÍM. Substancia grasienta contenida en la yema del huevo, en el cerebro, en los nervios, etc.

★ **LECO.** m. VENEZ. Grito fuerte para llamar.

LECTISTERNIO. (l. *lectisternium*.) m. Culto que los romanos gentiles tributaban a los dioses y consistía en poner en el templo una mesa con manjares y alrededor las estatuas de las deidades que ellos imaginaban invitadas al banquete.

LECTIVO, VA. (l. *lectum*, supino de *legĕre*, leer.) adj. Se dice del día o tiempo destinado para enseñar en las universidades y demás centros de enseñanza.

LECTOR, RA. (l. *lector, -ōris*.) adj. Que lee. Ú.t.c.s. || **2.** m. El que enseña teología, filosofía o moral en las comunidades religiosas. || **3.** Profesor auxiliar de idiomas extranjeros, cuya lengua materna es la que enseña. || **P.** leitor; **I.** reader; **F.** lecteur; **A.** Leser; **It.** lettore; **R.** читатель.

LECTORADO. m. Orden de lector, segunda de las menores.

LECTORAL. (De *lector*.) Se dice de la canonjía de oficio que se concede a un doctor en teología, con la obligación de explicar la Escritura. Ú.t.c.s. || **2.** Se dice del canónigo que obtiene dicha canonjía. Ú.t.c.s.

LECTORALÍA. f. Canonjía lectoral.

LECTORÍA. f. Empleo de lector en las comunidades religiosas.

LECTUARIO. m. ant. Letuario.

LECTURA. (l. *lectūra*.) f. Acción de leer. || **2.** Obra o cosa leída. || **3.** En las universidades, materia que un catedrático explica a sus discípulos. || **4.** Lección o interpretación de un texto, y también discurso que se pronuncia en las oposiciones a cátedras. || **5.** Lectoría en algunas comunidades religiosas. || **6.** Cultura o conocimiento de una persona. || **7.** Letra de imprenta de un grado más que la de entredós y de uno menos que la atanasia. || —*de planos.* TOP. Parte de la topografía que enseña a descifrar los signos que en los mapas y planos se usan, y en particular a reconstruir en la imaginación los accidentes del terreno que representan y a calcular distancias y pendientes. || **P.** leitura; **I.** reading, lecture; **F.** lecture; **A.** Lektüre; **It.** lettura; **R.** чтение.

LECHA. (De *leche*.) f. Licor seminal de los peces. || **2.** Cada una de las dos bolsas que lo contienen.

LECHADA. (De *leche*, por el color.) f. Masa muy fina de cal, o de yeso y cal mezclada con arena que se emplea para blanquear paredes y para unir piedras o hiladas de ladrillo. || **2.** Masa suelta obtenida de moler el trapo para hacer papel. || **3.** Líquido que tiene cuerpos insolubles muy divididos. || **4.** MÉJ. Rebaba. || —*de culén.* CHILE. Emulsión. || **P.** argamassa; **I.** whitewash; **F.** mortier; **A.** Brei; **It.** malta; **R.** мел.

LECHAL. (De *leche*.) adj. Se dice al animal que aún mama. Ú.t.c.s. || **2.** Lechoso, dicho de las plantas y frutos que dan un zumo blanco. || **3.** m. Este mismo zumo.

LECHAR. (l. *lactāris*.) adj. Lechal, animal que aún mama. || **2.** Lechoso. || **3.** Se dice de la hembra cuyos pechos tienen leche. || **4.** Que cría o tiene la propiedad de criar leche en las hembras de especies vivíparas.

★ **LECHAR.** ECUAD. Lactar.

LECHAZA. f. Lecha.

° **LECHAZO.** m. Cordero lechal.

LECHE. (l. *lac, lactis*.) f. Líquido blanco que segregan las mamas de las hembras de los mamíferos para servir de alimento a los hijos o crías. || **2.** BOT. Látex. || **3.** Jugo blanco que se extrae de algunas semillas menudas y parduscas. || **4.** Con la prep. *de* y algunos nombres de animales, significa que éstos maman aún. || **5.** Con la prep. *de* y algunos nombres de hembras

de animales vivíparos, indica que se tienen a éstas para aprovechar la leche que dan. || **6.** fig. Primera educación o enseñanza que se da a uno. || **7.** BOL. Caucho, goma elástica. || —*virginal.* Cierto licor para el afeite del rostro. || —*de Venus.* BOT. CUBA. Variedad de malva de flores amarillas y blancas. || *Como una* LECHE. loc. fam. con que se indica que un manjar está muy tierno. || *Dar a leche.* fr. Entregar un ganadero a otro un rebaño de ovejas para que las ordeñe y mantenga por su cuenta abonando al dueño un tanto por cabeza. || *Estar uno con la* LECHE *en los labios.* fr. fig. y fam. Faltarle los conocimientos del mundo que da la experiencia. || **2.** fig. y fam. Ser principiante en una profesión. || *Estar en* LECHE. fr. fig. Estar todavía cuajándose los frutos o plantas, o faltarles mucho para la madurez. || *Lo que en la* LECHE *se mama, en la mortaja se derrama.* ref. con que se denota que todo cuanto se inculca de niño perdura toda la vida. || *Mamar una una cosa en la* LECHE. fr. fig. y fam. Aprenderla en los primeros años de la vida. || **P.** leite; **I.** milk; **F.** lait; **A.** Milch; **It.** latte; **R.** молоко.

LECHECILLAS. (De *leches*.) f. pl. Mollejas de cabrito, cordero, etc. || **2.** Asadura, entrañas de animal.

LECHERA. (De *lechero*.) f. La que vende leche. || **2.** Vasija para la leche. || **3.** Vasija en que se sirve. || **4.** ARGENT. Vaca lechera. || —*de la Plata.* Cada una de las plantas herbáceas de un grupo de euforbios. Estas hierbas tienen varias aplicaciones curativas. || **P.** leiteira; **I.** dairywoman; **F.** laitière; **A.** Milchhändlerin; **It.** lattaia; **R.** молочница.

LECHERA. (l. *lectuaria*. t. f. de -*rius*, de *lectus*, lecho.) f. ant. Litera.

LECHERÍA. (De *lechero*.) f. Sitio donde se vende leche. || **2.** CHILE. Vaquería, sitio donde hay vacas y se vende leche. || **3.** ARGENT. Establecimiento donde se sirve leche, café y otras bebidas, y también pasteles. || **P.** leitaria; **I.** dairy; **F.** laiterie; **A.** Molkerei; **It.** latteria; **R.** молочная.

LECHERO, RA. (l. *lactarius*.) adj. Que tiene leche o algunas de sus propiedades. || **2.** Se dice de los animales hembras que se tienen para la producción de leche. || **3.** fam. Logrero. || **4.** m. El que vende leche. || **5.** CUBA. Se dice del que aprovecha las ocasiones para sacar alguna ventaja. || **6.** BOT. ECUAD. Árbol euforbiáceo que utilizan los indios para hacer sus chozas. || **7.** BOT. CUBA. Planta silvestre de hojas largas de cuya corteza fluye leche por incisión.

LECHERÓN. m. AR. Vasija para recoger la leche los pastores. || **2.** AR. Mantilla en que se envuelve a los niños después de nacer. || **3.** BOT. ARGENT. Árbol euforbiáceo cuya madera se emplea en carpintería.

LECHETREZNA. f. Planta euforbiácea, cuyo jugo es lechoso, acre, y se emplea en medicina. Son muchas sus especies, sobre todo herbáceas.

LECHIGA. (l. *lectica*, litera, cama portátil.) f. ant. Féretro en que se llevaban los muertos a enterrar.

LECHIGADA. (De *lechiga*, cama.) f. Conjunto de animalillos que nacen en el mismo parto y se crían juntos. || **2.** fig. y fam. Cuadrilla de personas de un mismo género de vida, comúnmente de condición picaresca.

LECHIGADO, DA. (De *lechiga*, cama.) adj. ant. Metido en la cama.

★ **LECHIGUANA.** (quich. *llachihuana*.) f. ZOOL. AMÉR. MERID. Insecto himenóptero, véspedo, de cuya miel se dice que es venenosa. || **2.** AMÉR. MERID. Panal de una especie de avispas que hacen sus colmenas con madera reducida a pasta y cuelgan de los árboles. || **3.** Miel que producen.

LECHÍN. adj. Se dice de una especie de olivo cultivado en Écija, que produce mucha aceituna. Ú.t.c.s.m. || **2.** Se aplica a la aceituna de dicho olivo.

LECHINO. (l. *licinium*.) m. Clavo de hilas que se coloca en las úlceras y heridas para facilitar la supuración. || **2.** Grano o divieso pequeño que sale a las caballerías debajo de la piel.

LECHO. (l. *lectum.*) m. Cama con colchones, sábanas, etc., para dormir y descansar. || **2.** Especie de escaño en que los orientales y romanos se inclinaban para comer. || **3.** Cama, mullido de paja, hierba u otras plantas que se pone en los establos para que el ganado descanse. || **4.** fig. En los carros o carretas, cama o suelo donde se pone la carga. || **5.** fig. Madre de río, o terreno por donde corren sus aguas. || **6.** fig. Fondo, con relación al del mar o al de un lago. || **7.** fig. Porción de algunas cosas extendidas horizontalmente sobre otras. || **8.** ARQ. Superficie de una piedra sobre la que se asienta otra. || **9.** GEOL. Estrato o capa de los terrenos sedimentarios. || P. leito; I. bed; F. lit; A. Bett; It. letto; R. кровать, постель.

LECHÓN. (De *leche.*) m. Cochinillo que mama. || **2.** Por ext., puerco macho de cualquier tiempo. || **3.** fig. y fam. Hombre sucio, puerco. Ú.t.c.adj.

LECHONA. f. Hembra del lechón o cerdo. || **2.** fig. y fam. Mujer sucia, puerca. Ú.t.c.adj.

LECHOSA. (De *leche.*) f. Papaya. || **2.** BOT. CUBA. Planta euforbiácea de hojas ovales, llamada así por el jugo lechoso que tiene.

LECHOSO, SA. (l. *lactōsus.*) adj. Que tiene apariencia o cualidades de la leche. || **2.** Se dice de las plantas y frutos que poseen un jugo parecido a la leche. || **3.** VENEZ. Lechero, afortunado. || **4.** ECUAD. Lecherón.

* LECHUCEO. m. PERÚ. Acción y efecto de lechucear.

* LECHUCERO, RA. adj. VENEZ. Callejero nocturno. || **2.** m. PERÚ. Automóvil para el servicio nocturno y chófer que lo conduce.

LECHUGA. (l. *lactūca.*) f. Planta hortense cuyas hojas se comen en ensalada. || **2.** Lechuguilla, cabezón o puño de camisa que se usó en el siglo XVI. || **3.** Cada uno de los fuellecillos formados en la tela semejando a las hojas de la lechuga. || **4.** BOT. CUBA. Arbusto silvestre de madera dura y elástica. || **5.** CUBA. y P. RICO. Billete monetario. || **—romana.** Variedad de la cultivada. || **—silvestre.** BOT. Planta compuesta, semejante a la lechuga. Es planta común en España, de látex abundante, muy amargo, de olor desagradable que se emplea en substitución del opio. || **—cimarrona.** BOT. CUBA. Planta aroidea, cuyas hojas sobrenadan en los ríos. || *Como una* LECHUGA. fr. fig. y fam. que se dice de la persona lozana. || *Esa* LECHUGA *no es de su huerto.* expr. fig. y fam. con que se moteja al que usa como suyas las agudezas de otro. || *Ser más fresco que una* LECHUGA. fr. fig. Se dice del que es muy descarado. || P. alface; I. lettuce; F. laitue; A. Lattich; It. lattuga; R. салат-латук.

LECHUGADO, DA. adj. Se dice de lo que tiene forma o figura de lechuga.

LECHUGUERO, RA. (l. *lactucarīus.*) m. y f. Persona que vende lechugas.

LECHUGUILLA. (d. de *lechuga.*) f. Lechuga silvestre. || **2.** Cuello alechugado. || **3.** CUBA. Lechuga cimarrona. || **—de agua.** BOT. CUBA. Planta salviniácea que flota en los ríos y lagunas. || **2.** P. RICO. Planta acuática de agua dulce.

LECHUGUINA. (De *lechuguino.*) f. fig. y fam. Mujer joven que se compone mucho y sigue al detalle la moda. Ú.t.c.adj.

LECHUGUINO. (d. de *lechuga.*) f. Lechuga pequeña antes de ser transplantada. || **2.** Conjunto de lechuguinos. || **3.** fig. y fam. Muchacho imberbe que galantea aparentando ser todo un hombre. Ú.t.c.adj. || **4.** fig. y fam. Hombre joven que se compone mucho y sigue la moda con rigor. Ú.t.c.adj.

LECHUZA. f. Ave rapaz y nocturna, semejante al búho, pero menor. Su plumaje es suave, amarillento pintado de blanco, gris y negro por encima. Su cabeza es redonda, los ojos grandes y el pico corto y encorvado en la punta. Se alimenta de insectos, pajarillos y pequeños roedores. || **2.** fig. Mujer que se asemeja a la lechuza en alguna de sus propiedades. Ú.t.c.adj. || **3.** GERM. Ladrón que roba de noche. || **4.** MÉJ. Ramera. || **5.** VENEZ. Carruaje viejo y destartalado. || **6.** CHILE. En las minas, el tiro que se pierde. || **7.**

com. CHILE. Persona rubia o que tira a albina. || P. coruja; I. barn-owl; F. effraie, chouette des clochers; A. Schleiereule; It. civetta; R. совa.

LECHUZO. (De *lechuza.*) m. fig. y fam. El que anda en comisiones o es enviado para ejecutar despachos de apremio y otros semejantes. || **2.** fig. y fam. Hombre que se asemeja en algunas condiciones a las lechuzas. Ú.t.c.adj.

LECHUZO, ZA. (De *leche.*) adj. Se dice del muleto que no llega al año. Ú.t.c.s.

* LECHUZÓN. m. ZOOL. AMÉR. Nacurutú.

LEDAMENTE. adv. Con alegría. Ú.m. en poesía.

LEDANÍA. (l. *lītania.*) f. ant. Letanía.

LEDANÍA. (l. *limitanĕa.* t. f. de -*nĕus,* de *limes,* límite.) f. ant. Límite.

LEDO, DA. (l. *laetus.*) adj. Alegre, plácido. Ú.m. en poesía.

LEDONA. (l. *ledo, -ōnis.*) f. ant. MAR. Flujo diario del mar.

LEDRO, DRA. (Tal vez metát. de *lerdo.*) adj. GERM. Bajo, ruin.

LEEDOR, RA. (De *leer.*) adj. Lector, que lee. Ú.t.c.s.

LEER. (l. *legĕre.*) tr. Pasar la vista por lo escrito o impreso haciéndose cargo de lo que allí se expresa, pronunciando o no las palabras representadas. || **2.** Explicar sobre un texto un profesor alguna materia. || **3.** Entender o interpretar un texto. || **4.** Decir el discurso llamado lección en las oposiciones y otros ejercicios literarios. || **5.** Tratándose de música, pasar la vista por el papel en que está impresa haciéndose cargo del valor de las notas. || **6.** fig. Penetrar en el interior de uno por lo que aparece exteriormente, o llegar al conocimiento de algo oculto que le haya sucedido. || P. ler; I. to read; F. lire; A. lesen; It. léggere; R. читать.

LEGA. (l. *laica,* t. f. de -*lus,* lego.) f. Monja profesa exenta de coro, que sirve en los trabajos caseros. || **2.** PAN. Hembra de los pájaros canoros.

LEGACÍA. f. Empleo de legado. || **2.** Negocio del que se encarga un legado. || **3.** Territorio en que un legado ejerce sus funciones. || **4.** Tiempo que dura el cargo de su legado.

LEGACIÓN. (l. *legatĭo, -ōnis.*) f. Legacía. || **2.** Cargo que da un gobierno a una persona para que le represente ante otro gobierno extranjero. || **3.** Conjunto de los empleados que tiene el legado a sus órdenes. || **4.** Casa u oficina del legado. || P. legação; I. legation; F. légation; A. Legation, Gesandtschaft; It. legazione; R. миссия.

LEGADO. (l. *legātus.*) m. Manda que en un testamento o codicilo hace un testador a una o varias personas naturales o jurídicas. || **2.** Por ext., lo que se transmite a los sucesores. || **3.** Sujeto que una suprema potestad eclesiástica o civil envía a otra para tratar un negocio. || **4.** En la milicia de la antigua Roma, el jefe de cada legión. || **5.** Persona eclesiástica que por orden del Papa hace sus veces en un concilio, o ejerce sus facultades en un país o provincia. || **—a látere.** Cardenal enviado por el Sumo Pontífice con grandes facultades para que lo represente cerca de un príncipe o gobierno cristiano o en un concilio. || P. legado; I. legacy; F. légat; A. Legat; It. legato; R. завет.

LEGADOR. (De *legar,* 2.° art.) m. Sirviente que ata las reses para que las esquilen.

LEGADURA. (l. *ligatūra.*) f. Cuerda, correa, etc., empleada para atar o liar.

LEGAJO. (De *legar,* atar.) m. Atado de papeles o conjunto de los que se han reunido sobre una misma materia. || P. rolo; I. file; F. liasse; A. Faszikel; It. fascio; R. связка, кипа бумаг.

LEGAL. (l. *legālis.*) adj. Indicado por la ley y conforme a ella. || **2.** Verídico, fiel en el cumplimiento de su cargo. || **3.** PERÚ. Excelente, el mejor en su línea. || P. e I. legal; F. légal; A. gesetzmässig; It. legale; R. законный.

LEGALIDAD. (De *legal.*) f. Calidad de legal. || **2.** Régimen político estatuido por el Estado. || P. legalidade; I. legality; F. légalité; A. Gesetzmässigkeit; It. legalità; R. законность.

LEGALISTA. adj. Se dice del que antepone a todo el cumplimiento literal de la ley.

LEGALIZACIÓN. f. Acción de legalizar. || **2.** Certificado o nota sellada o firmada que acredita la autenticidad de un documento o firma.

LEGALIZAR. tr. Dar estado legal a algo. || **2.** Comprobar la autenticidad de un documento o firma. || P. legalizar; I. to legalize; F. légaliser; A. beglaubigen; It. legalizzare; R. узаконить.

LEGALMENTE. adv. Conforme a la ley. || **2.** Lealmente.

LEGAMENTE. adv. Sin ciencia ni conocimientos.

LÉGAMO. (De *légano.*) m. Cieno, barro pegajoso. || **2.** Parte arcillosa de las tierras laborables. || P. lodo; I. mud; F. vase, limon; A. Schlamm; It. limaccio; R. грязь, тина.

LEGAMOSO, SA. adj. Se dice de lo que tiene légamo.

LEGANAL. m. Charca de légano.

LÉGANO. (De la raíz célt. *lig.*) m. Légamo.

LEGANOSO, SA. adj. Se dice de lo que tiene mucho légano.

LEGAÑA. (De un der. del l. *lĕma.*) f. Humor que procede de la mucosa de las glándulas de los párpados. || P. remela; I. bleariness; F. chassie; A. Augenbutter; It. cispa; R. глазной гной.

LEGAÑIL. adj. p. us. Legañoso.

LEGAÑOSO, SA. adj. Que tiene muchas legañas. Ú.t.c.s.

LEGAR. (l. *legāre.*) tr. Dejar a alguna persona alguna manda en el testamento. || **2.** Enviar a uno como legado. || **3.** Transmitir cultura, costumbres, etc. || P. legar; I. to bequeath; F. léguer; A. hinterlassen; It. legare; R. завещать.

LEGAR. (l. *ligare.*) tr. ant. Ligar o atar. || **2.** Juntar, reunir.

LEGATARIO, RIA. (l. *legatarīus.*) m. y f. Persona favorecida por el testador con una o varias mandas.

LEGENDA. (l. *legenda,* cosas que deben leerse.) f. Historia de la vida de un santo.

LEGENDARIO, RIA. (De *legenda.*) adj. Perteneciente o relativo a las leyendas. || **2.** m. Libro de vidas de santos. || **3.** Colección o libro de leyendas cualesquiera. || P. lendário; I. legendary; F. légendaire; A. sagenhaft; It. leggendario; R. легендарный.

LEGIBLE. (l. *legibĭlis.*) adj. Que se puede leer.

LEGIÓN. (l. *legĭo, -ōnis.*) f. Cuerpo de tropa romana formado de infantería y caballería. Cada una se dividía en diez cohortes. || **2.** Nombre dado a algunos cuerpos de tropas. || **3.** fig. Número indeterminado y copioso de personas o espíritus. || P. legião; I. legion; F. légion; A. Legion; It. legione; R. легион.

LEGIONARIO, RIA. (l. *legionarĭus.*) adj. Perteneciente a la legión. || **2.** En los ejércitos actuales, soldado de algún cuerpo de los que llevan nombre de legión.

LEGIONENSE. (l. *legionensis.*) adj. Leonés. Apl. a pers. ú.t.c.s.

LEGISLABLE. adj. Que puede o debe legislarse.

LEGISLACIÓN. (l. *legislatĭo, -ōnis.*) f. Conjunto de leyes que gobiernan un Estado o referentes a una materia determinada. || **2.** Ciencia de las leyes. || P. legislação; I. legislation; F. législation; A. Gesetzgebung; It. legislazione; R. законодательство.

LEGISLADOR, RA. (l. *legislātor, -ōris.*) adj. Que legisla. Ú.t.c.s.

LEGISLAR. (De *legislador.*) intr. Dar o establecer las leyes.

LEGISLATIVO, VA. (De *legislar.*) adj. Aplícase al derecho de hacer leyes. || **2.** Se aplica al cuerpo de leyes. || **3.** Autorizado por una ley.

LEGISLATOR. m. ant. Legislador.

LEGISLATURA. f. Tiempo en que funcionan los cuerpos legislativos. || **2.** Período de sesiones de las Cortes. || **3.** AMÉR. Parlamento, asamblea legislativa. || P. e It. legislatura; I. legislatorial term; F. législature; A. Legislaturperiode; R. легислатура.

LEGISPERITO. (l. *legisperĭtus.*) m. Jurisperito.

L

L

LEGISTA. (l. *lex*, *legis*, ley.) m. Profesor en leyes y jurisprudencia. || 2. El que estudia leyes o jurisprudencia. || P. legista; I. legist; F. légiste, juriste; A. Jurist. It. legista, giurisperito; R. законовед.

LEGÍTIMA. (l. *legitima*, t. f. de -*mus*, legítimo.) f. For. Porción de la herencia de que el testador no puede disponer libremente por asignarla la ley a determinados herederos. || 2. Pesca. Porción de red en las almadrabas de buche. || —**estricta.** For. Parte de la total que ha de dividirse en partes iguales.

LEGITIMACIÓN. f. Acción y efecto de legitimar.

LEGITIMADOR, RA. adj. Que legitima.

LEGÍTIMAMENTE. adv. Con legitimidad, debidamente.

LEGITIMAR. (De *legítimo*.) tr. Probar o justificar la verdad de una cosa o calidad de una persona o cosa de acuerdo con las leyes. || 2. Hacer legítimo al hijo que no lo era. || 3. Habilitar para un empleo a una persona de suyo inhábil. || P. legitimar; I. to legitimate; F. légitimer; A. legitimieren; It. legittimare; R. придавать законную силу.

LEGITIMARIO, RIA. (fr. *légitimaire*.) adj. Perteneciente a la legítima. || 2. For. Que tiene derecho a la legítima. Ú.t.c.s.

LEGITIMIDAD. f. Calidad de legítimo.

LEGITIMISTA. adj. Partidario de un príncipe o dinastía por pensar que tiene derecho a reinar. Ú.t.c.s.

LEGÍTIMO, MA. (l. *legitimus*.) adj. Conforme a las leyes. || 2. Cierto en cualquier línea. || 3. Se dice del hijo fruto del matrimonio legítimo. || P. legítimo, genuino; I. legitimate, legal; F. légitime; A. ehrlich; It. legittimo; R. законный.

LEGO, GA. (l. *laícus*, y éste del gr. λαϊκός, popular.) adj. Que no ha recibido órdenes clericales. || 2. Falto de letras. || 3. m. El que no tiene opción a las sagradas órdenes, aun siendo profeso en los conventos de religiosos. || P. leigo; I. laic; F. lai; A. weltlich; It. laico; R. светский.

LEGÓN. (l. *ligo*, -*ōnis*, azadón.) m. Especie de azadón de forma diversa.

LEGRA. (l. *ligŭla*, cucharilla.) f. Cir. Instrumento usado para legrar. || 2. Herramienta con mango de madera y punta en forma de gancho que emplean los almadreñeros para ahuecar las almadreñas.

LEGRACIÓN. f. Cir. Acción de legrar.

LEGRADURA. f. Cir. Legración. || 2. Cir. Efecto de legrar.

LEGRAR. (De *legra*.) tr. Cir. Raer los huesos separando la membrana fibrosa que los cubre o la parte más externa de la substancia ósea. || 2. Raer la mucosa del útero.

LEGRÓN. m. aum. de legra. || 2. Legra mayor que la ordinaria.

LEGUA. (b. *leuca*.) f. Medida itineraria que en España es de 20.000 pies, que equivalen a 5.752 metros y 7 decímetros. || —**cuadrada.** Cuadrado de una legua de lado. || —**de posta.** La de 4 kilómetros. || —**de veinte al grado, marina o marítima.** La que equivale a 5.555 metros y 55 centímetros. || —**oriental.** Argent. La que tiene 60 cuadras orientales y equivale a 5.154 metros. || *A la* legua, *a* legua, *a* leguas, *de cien* leguas, *de mil* leguas, *de muchas* leguas, *desde media* legua. ms. advs. figs. Desde muy lejos. || *Por doquiera su legua de mal camino.* || *Tener una cosa su legua de mal camino.* refs. que indican que en todo lo que se intente hacer se topan dificultades. || P. légua; I. league; F. lieue; A. Meile, Wegstunde; It. lega; R. лига.

LEGUARIO, RIA. adj. Perteneciente o relativo a la legua. || 2. Bol. y Chile. Piedra miliar o miliaria.

LEGULEYO. (l. *legulēius*.) m. El que trata de leyes conociéndolas escasamente.

LEGUMBRE. (l. *legŭmen*, -*ĭnis*.) f. Todo género de fruto o semilla que se cría en vainas. || 2. Por ext. hortaliza. || 3. Chile. Cualquier guiso de legumbre verde o seca. || P. legume; I. e It. legume; F. légume; A. Gemüse; R. овощь.

★ LEGUMBRERA. f. Chile. Ensaladera.

LEGUMINOSO, SA. (l. *leguminŏsus*.) adj. Bot. Se aplica a las hierbas, matas, árboles y arbustos angiospermos dicotiledóneos, con hojas con estípulas, flores amariposadas en muchas especies y fruto en legumbre sin albumen. Ú.t.c.s.f.

LEÍBLE. adj. Legible.

LEÍDA. (De *leer*.) f. Lectura, acción de leer.

LEIDEN. n. p. Fís. V. *Botella de* Leiden.

LEÍDO, DA. p.p. de leer. || 2. adj. Se dice del que ha leído mucho y es persona de grandes conocimientos. || leído y escribido. loc. fam. Se dice del que presume de culto.

LEIJAR. (l. *laxāre*.) tr. ant. Dejar.

LEILA. (ár. *laila*, noche.) f. Fiesta o baile nocturno entre moriscos.

LEIMA. (gr. λεῖμμα.) m. Uno de los semitonos de la música griega.

LEÍSMO. m. Empleo de la forma *le* del pronombre, como única en el acusativo singular masculino.

LEÍSTA. adj. Gram. Se dice de los que aseguran que *le* debe ser el único acusativo masculino del pronombre él. Ú.t.c.s.

LEJA. (De *lejar*.) f. ant. Manda. || 2. Ar. Tierra que al cambiar el curso de un río queda a un lado acreciendo la heredad lindante. || 3. Murc. Vasar, anaquel.

LEJANÍA. (De *lejano*.) f. Parte remota o distante de un sitio, de un paisaje, etc.

LEJANO, NA. (De *lejos*.) adj. Distante.

LEJAR. (l. *laxāre*, aflojar.) tr. ant. Dejar, legar.

LEJAS. (l. *laxas*, t. f. de *laxus*.) adj. pl. Lejanas. Se emplea casi exclusivamente en la expresión *de* lejas *tierras*.

LEJÍA. (l. *lixiva*.) f. Agua en que se han disuelto álcalis o sus carbonatos. 2. fig. y fam. Represión fuerte o satírica. P. lixivia; I. lye; F. lessive; A. Lauge; It. lisciva; R. исавель.

LEJÍO. (l. *lixivum*.) m. Lejía empleada en tintorería.

LEJÍSIMOS. (sup. de *lejos*.) adv. Muy lejos.

LEJITOS. (d. de *lejos*.) adv. Algo lejos.

LEJOS. (l. *laxos*, t. m. pl. de *laxus*.) adv. A gran distancia. || 2. m. Aspecto que tiene una persona a cierta distancia. || 3. fig. Semejanza, vislumbre de una cosa. || 4. Pint. Lo que en un grabado o dibujo se representa distante. || *A lo* lejos, *de* lejos, *de muy* lejos, *desde* lejos. ms. advs. A larga distancia. || P. longe; I. far; F. loin; A. weit, fern; It. lontano; R. далеко.

LEJUELOS. adv. d. de lejos.

LEJURA. (De *lejos*.) f. ant. Lejanía. Úsase todavía en algunos países de América.

LELILÍ. (ár. *lā ilāh illā Allāh*, no hay Dios sino Allāh, que es la profesión de fe islámica, pronunciada con imela.) m. Vocería que lanzan los moros al entrar en combate o en fiestas y zambras.

LELO, LA. (Tal vez del l. *laevŭlus*, d. de *laevus*, tonto.) adj. Fatuo, tonto. Ú.t.c.s.

LEMA. (l. *lemma*, y éste del gr. λῆμμα.) m. Argumento que precede a algunos escritos literarios para indicar brevemente el asunto de la obra. || 2. Letra o mote que se coloca en los emblemas y empresas para hacerlos más comprensibles. || 3. Tema de un discurso. || 4. Palabras que se escriben como contraseña en los pliegos cerrados para, después del fallo, averiguar el nombre de los autores. || 5. Mat. Proposición que ha de demostrarse antes de establecer un teorema. || P. lema; I. motto; F. lemme; A. Motto; It. lemma; R. девиз, лемма.

LEMÁN. (ant. fr. *laman*, por *lodeman*, o *lodman*, y éste del hol. *loodsman*, piloto.) m. ant. Piloto práctico.

LEMANAJE. (De *lemán*.) m. ant. Pilotaje, derecho que pagan ciertos barcos en algunos puertos y entradas de ríos.

LEMANITA. (De *Lemānus*, nombre latino del lago de Ginebra, en cuyas cercanías se encontró el mineral.) f. Jade.

LEMBARIO. (De *lembo*.) m. Soldado que luchaba en los bajeles.

LEMBO. (l. *lembus*, y éste del gr.

λέμβος.) m. ant. Barco de velas y remos.

LEMBRAR. (De *nembrar*, y éste de *membrar*, del l. *memŏrāre*, recordar.) tr. ant. Recordar, traer algo a la memoria. || 2. ant. Excitar a uno a que tenga presente alguna cosa. Usáb.t.c.r.

LEME. (Tal vez del ingl. *helm*.) m. ant. Timón de la nave.

LEMERA. (De *leme*.) f. ant. Mar. Limera.

LEMNÁCEO, A. (gr. λέμνα, lenteja de agua.) adj. Bot. Se aplica a las plantas angiospermas monocotiledóneas, acuáticas y natátiles. Ú.t.c.s.f. || 2. f. pl. Bot. Familia de estas plantas.

LEMNÍCOLA. (l. *lemnicŏla*.) adj. Habitante de la isla de Lemnos. || 2. Lemnio, natural de dicha isla.

LEMNIO, NIA. (l. *lemnius*.) adj. Natural de Lemnos. Ú.t.c.s. || 2. Perteneciente a esta isla del mar Egeo.

LEMNISCATA. (l. *lemniscāta*, adornada con la cinta llamada *lemnisco*.) f. Curva plana de figura semejante a un ∞.

LEMNISCO. (l. *lemniscus*, y éste del gr. λημνίσκος.) m. Cinta o corbata que en señal de recompensa honorífica llevaban las coronas y palmas de los atletas vencedores.

LEMOSÍN, NA. adj. Natural de Limoges o de su antigua provincia. Ú.t.c.s. || 2. Perteneciente a dicha población o provincia. || 3. m. Lengua de oc. || 4. Lengua usada por los lemosines.

LÉMUR. (l. *lemŭres*.) m. Género de mamíferos cuadrumanos con los dientes incisivos de la mandíbula inferior inclinados hacia adelante, las uñas planas, menos las del incise de las extremidades torácicas. Son frugívoros y viven en Madagascar. || 2. pl. Mit. Genios generalmente tenidos por malos entre romanos y etruscos. || 3. fig. Fantasmas, duendes.

LEMURIAS. (l. *lemuria*.) f. pl. Fiestas nocturnas en la antigua Roma en honor de los lémures.

LEN. (De *lene*.) adj. Entre hilanderas se dice del hilo o seda de hebras dobladas por poco torcidas.

LENA. (Por *alena*, de *alenar*, como el cat. *alenar*, del l. *anhelāre*, respirar.) f. Aliento, vigor.

LENA. (l. *lena*.) f. ant. Alcahuete, celestina.

LENCERA. (l. *lintearia*.) f. Mujer que trata o vende lienzos. || 2. Mujer del lencero.

LENCERÍA. (De *lencero*.) f. Conjunto de lienzos o tráfico que se hace con ellos. || 2. Tienda de lienzos. || 3. Lugar de una población en que hay varias tiendas de este género. || 4. Lugar en colegios, hospitales, etc., en que se coloca la ropa blanca. || P. lençaria; I. linen; F. linge; A. Leinenzeug; It. biancheria; R. бѣлье, бѣльевые ткани.

LENCERO. (l. *lintearius*.) m. Mercader de lienzos.

★ LENCO, CA. adj. Hond. Tartamudo. Ú.t.c.s.

LENDEL. (dialect. del l. *limitĕllus*, *limes*, -*ĭtis*, límite.) m. Huella circular que deja la caballería en el suelo al dar vueltas a una noria o máquina similar.

LENDERA. f. ant. Linde.

LENDRERA. (De *liendre*.) f. Peine de púas finas y espesas para limpiar la cabeza.

LENDRERO. m. Lugar con liendres.

LENDROSO, SA. adj. Que tiene liendres.

LENE. (l. *lenis*.) adj. Suave o blando al tacto. || 2. Dulce, benévolo. || 3. Leve.

LENEAS. (l. *lenaeas*, acus. pl. f. de *lenaeus*, y éste del gr. λήναια.) f. pl. Fiestas atenienses en honor de Baco durante las cuales se celebraban certámenes dramáticos.

LENGUA. (l. *lingua*.) f. Órgano muscular que se halla en la boca de los vertebrados y sirve para gustar, deglutir y articular los sonidos de la voz. || 2. Conjunto de palabras y modo de hablar de una nación o pueblo. || 3. Intérprete, persona conocedora de varios idiomas, que explica a otros lo que se dice en un idioma extraño a ellos. Ú.t.c.m. || 4. Noticia que se procura para un fin. || 5. Badajo de la campana. || 6. Lengüeta, fiel de la balanza o romana. || 7. Cada una de las provin-

L

cias en que está dividida la jurisdicción de la orden de San Juan. || **8.** CHILE. Cada uno de los cinco ovarios del erizo de mar. || **—aglutinante.** Idioma en que predomina la aglutinación. || **—cerval** o **cervina.** BOT. Helecho papilináceo que crece en los sitios sombríos. Sus frondas son pecioladas, enteras y lanceoladas, con un escote obtuso en la base. || **—de buey.** Planta anual borraginácea; es vellosa y abunda en los sembrados. || **—de escorpión.** fig. Persona murmuradora. || **—de estropajo.** fig. y fam. Persona balbuciente que pronuncia o habla mal. || **—de fuego.** Cada una de las llamas que descendieron en Pentecostés sobre los Apóstoles. || **2.** Cada una de las llamas del incendio. || **—de gato.** Planta chilena rubiácea; se emplea en tintorería. || **2.** Bizcocho duro, alargado y delgado. || **—de loro.** PATOL. Lengua seca y fija, propia de los estados febriles. || **2.** BOT. CHILE. Planta orquídea. || **3.** fig. CHILE. Persona que pronuncia mal. || **—del agua.** Orilla de la tierra que toca el agua del mar, de un río, etc. || **2.** Línea horizontal adonde llega el agua en un cuerpo metido o que flota en ella. || **—de oc.** La que antiguamente se hablaba en el mediodía de Francia y cultivaron los trovadores, llamada asimismo provenzal y lemosín. En la denominación de LENGUA *de oc* se comprende también el catalán antiguo. Oc, en la lengua que de tal palabra toma nombre, significa *sí.* || **—de sierpe.** fig. Lengua de escorpión. || **2.** FORT. Obra exterior que se hace delante de los ángulos salientes del camino cubierto. || **—de tierra.** Trozo de tierra largo y estrecho que penetra en el mar, río, etc. || **—de vaca.** BOT. CUBA y P. RICO. Planta liliácea, común en lugares áridos; sus hojas dan una buena fibra textil. || **—de víbora.** Diente fósil de tiburón. || **2.** fig. Lengua mala. || **—franca.** La que es mezcla de dos o más, en que se entienden personas de pueblos distintos. || **—madre.** Aquella de la que han nacido o derivado otras. || **—materna.** La que se habla en un país, respecto de los naturales de él. || **—viva.** La hablada actualmente en un país o nación. LENGUAS *hermanas.* Las que derivan de una misma lengua madre. || *Mala* LENGUA. fig. Persona murmuradora. || *Media* LENGUA. fig. y fam. Persona que pronuncia con imperfección por defecto de la lengua. || **2.** fig. y fam. La misma pronunciación imperfecta. || *Malas* LENGUAS. fig. y fam. El común de los murmuradores. *A malas* LENGUAS, *tijeras.* fr. fam. con que se amenaza a los murmuradores. || *Andar en* LENGUAS. fr. fig. y fam. Decirse mucho de una persona. || *Atar la* LENGUA. fr. fig. Impedir el decir una cosa. || *Buscar la* LENGUA a uno. fr. fig. y fam. Incitarle a reñir. || *Echar la* LENGUA, o *Echar la* LENGUA *de un palmo, por* una cosa. fr. fig. y fam. Desearla con ansia. || *Hablar con* LENGUA *de plata.* fr. fig. Solicitar una cosa por medio de dinero. || *Hacerse* LENGUAS. fr. fig. Alabar a personas o cosas. || *Irse,* o *Írsele* a uno *la* LENGUA. fr. fig. y fam. Decir lo que no quería o debía decir. || *Largo de* LENGUA. loc. fig. Que habla con imprudencia o con desvergüenza. || *Ligero de* LENGUA. loc. fig. Que sin ninguna consideración dice cuanto se le ocurre. || *Morderse* uno *la* LENGUA. fr. fig. Contenerse en hablar. || *Pegársele a* uno *la* LENGUA *al paladar.* fr. fig. y fam. No poder hablar por turbación o pasión de ánimo. || *Sacar la* LENGUA a uno. fr. fig. y fam. Burlarse de él. || *Tener* uno una cosa *en la* LENGUA. fr. fig. y fam. Estar a punto de decirla. || **2.** fig. fam. Desear acordarse de algo que parece estar a punto de revivir en la memoria. || *Tener* uno *mala* LENGUA. fr. fig. Ser jurador, blasfemo. || *Tirar de la* LENGUA a uno. fr. fig. y fam. Tentarle para que diga lo que debe callar. || *Trabarse la* LENGUA. fr. fig. Impedirse el normal uso de ella por accidente o enfermedad. || **P.** língua; **I.** tongue; **F.** langue; **A.** Zunge; **It.** lingua; **R.** язык.

★ **LENGUACHUTA.** adj. BOL. Tartamudo. Ú.t.c.s.

LENGUADETA. f. Lenguado pequeño.

LENGUADO. (De *lengua,* por la for-

ma.) m. ZOOL. Pez teleóstero, anacanto, de cuerpo muy comprimido. Vive echado siempre del mismo lado en el fondo del mar o en los ríos. Su carne es alimento muy fino. || **P.** linguado; **I** y **F.** sole; **A.** Seezunge; **It.** soglia; **R.** камбала.

LENGUAJE. (prov. *lenguatge,* y éste del l. *linguaticum,* de *língua.*) m. Conjunto de sonidos articulados con que el hombre expresa lo que siente o piensa. || **2.** Idioma hablado por un pueblo o nación o parte de ella. || **3.** Manera de expresarse. || **4.** Estilo de hablar y escribir de cada uno. || **5.** fig. Conjunto de señales que dan a entender una cosa. || **—vulgar.** El usual, a diferencia del literario o del técnico. || **P.** linguagem; **I.** language; **F.** langage; **A.** Sprache, Rede; **It.** linguaggio; **R.** язык, речь.

LENGUARADA. f. Lengüetada.

LENGUARAZ. adj. Hábil en dos o más lenguas. Ú.t.c.s. || **2.** Deslenguado.

★ **LENGUAS.** m. pl. Indios que vivían en el Chaco en tiempos de la conquista.

LENGUATÓN, NA. adj. SANT. Lenguaraz, deslenguado.

LENGUAZ. (l. *linguax, -ācis.*) adj. Que habla mucho, con necedad.

LENGUAZA. (aum. de *lengua.*) f. Buglosa.

★ **LENGUAZO.** m. GUAT. Chisme, calumnia.

LENGUDO, DA. adj. p. us. Lenguaraz, deslenguado.

LENGÜEAR. tr. ant. Espiar, preguntar por uno, tomando noticia de él.

LENGÜETA. f. d. de lengua. || **2.** Epiglotis. || **3.** Fiel de la balanza y más propiamente de la romana. || **4.** Cuchillo de acero que forma parte del ingenio de los encuadernadores. || **5.** Laminilla de metal que tienen algunos instrumentos músicos de viento y algunas máquinas hidráulicas. || **6.** Hierro en forma de anzuelo de las garrochas, saetas, etc. || **7.** Horquilla para trampas de cazar pájaros. || **8.** Cierta moldura o adorno, llamado así por su figura. || **9.** Barrera para agrandar los agujeros hechos con el berbiquí. || **10.** Tira de piel que tienen los zapatos en el cierre bajo los cordones. || **11.** ARQ. Tabique pequeño para fortificar las bóvedas o separar los cañones de algunas chimeneas. || **12.** CARP. Espiga prolongada que se labra a lo largo del canto de una tabla o un tablón. || **13.** CIR. Compresa larga y estrecha para amputaciones, etc. || **14.** AMÉR. Charlatán. || **15.** AMÉR. Lenguaraz, deslenguado. || **16.** CHILE. Cuchillo para cortar papel. || **17.** Méj. Cucharetero. || **—de chimenea.** Tabiquillo para separar los cañones de chimenea.

LENGÜETADA. (De *lengüeta.*) f. Acción de tomar algo con la lengua o lamerla con ella.

LENGÜETERÍA. f. Conjunto de los registros del órgano que tienen lengüeta. || **2.** p. REP. DOMIN. Habladurías.

LENGÜEZUELA. f. d. de lengua.

LENGÜICORTO, TA. adj. fam. Tímido al hablar, reservado.

LENGÜILARGO, A. (De *lengua* y *largo.*) adj. fam. Lenguaraz, deslenguado. Ú.t.c.s.

★ **LENGÜINO, NA.** adj. REP. DOMIN. Chismoso.

★ **LENGÜITA.** f. AMÉR. Lengüezuela.

LENIDAD. (l. *lenitas, -ātis.*) f. Blandura en exigir el cumplimiento de los deberes o en castigar las faltas.

LENIENTE. p. a. ant. de lenir. Que lenifica. Ú.t.c.s.

LENIFICACIÓN. f. Acción y efecto de lenificar.

LENIFICAR. (l. *lenis,* suave, y *facĕre,* hacer.) tr. Suavizar.

LENIFICATIVO, VA. (De *lenificar.*) adj. Lenitivo.

LENIR. (l. *lenīre.*) tr. ant. Lenificar.

LENITIVO, VA. (De *lenir.*) adj. Que tiene virtud de suavizar. || **2.** m. Medicamento que ablanda o suaviza. || **3.** fig. Medio para mitigar el sufrimiento del ánimo.

LENIZAR. (De *lene.*) tr. p. us. Lenificar.

LENOCINIO. (l. *lenocinium.*) m. Alcahuetería, acción de alcahuetear.

LENÓN. (l. *leno, -ōnis.*) m. ant. Alcahuete, tercero.

LENTAMENTE. adv. Con lentitud.

LENTE. (l. *lens, lentis.*) amb. Cristal con caras cóncavas o convexas usado en varios instrumentos ópticos. Ú.m.c.m. || **2.** Cristal para míopes o présbitas. || **3.** pl. Cristales de igual clase con armadura para colocarlos cómodamente ante los ojos. || **—bicóncava.** Fís. La que tiene cóncavas ambas caras. || **—biconvexa.** Fís. La que tiene convexas las dos caras. || **—cóncavo-convexa.** Fís. La que tiene una cara cóncava y la otra convexa. || **—condensadora.** Fís. Lente o serie de lentes que condensan los rayos de un foco luminoso aumentando la intensidad de la luz. || **—convergente.** Fís. La que hace concurrir en un punto todos los rayos luminosos que la atraviesan. || **—electrónica.** Fís. Campo magnético o electrostático que concentra o dispersa los rayos catódicos que están bajo su influencia. || **—magnética.** Fís. Bobina circular emplazada diametralmente en el eje del microscopio de rayos catódicos. || **P.** e **It.** lente; **I.** lens; **F.** lentille; **A.** (Glas)Linse; **R.** оптическое стекло.

LENTECER. (l. *lentescĕre.*) intr. Ablandarse una cosa. Ú.t.c.r.

LENTEJA. (l. *lenticŭla.*) f. Planta herbácea, papilionácea, de semillas discoides y pequeñas muy alimenticias. || **2.** Fruto de esta planta. || **3.** Pesa, en forma de lenteja, en que remata la péndola del reloj. || **—acuática** o **de agua.** Planta lemnácea que flota en las aguas estancadas. Sus frondas, agrupadas de tres en tres, tienen la forma y tamaño de la lenteja. || **P.** lentilha; **I.** lentil; **F.** lentille; **A.** Linse; **It.** lenticchia; **R.** чечевица.

LENTEJAR. Campo sembrado de lentejas.

★ **LENTEJÓN.** m. ARGENT. Legumbre similar a la lenteja, pero mayor que ella.

LENTEJUELA. f. d. de lenteja. || **2.** Planchita redonda de plata u otra materia que se coloca como adorno en los trajes.

LENTEZA. (De *lento.*) f. ant. Lentitud.

LENTEZUELA. f. d. de lente.

LENTICULAR. (l. *lenticulāris.*) adj. Que tiene forma semejante a la semilla de la lenteja. || **2.** m. ZOOL. Pequeña apófisis del yunque, mediante la cual este huesecillo se articula con el estribo. Ú.t. c.adj.

LENTIGO. (l. *lentigo, -ĭnis.*) m. MED. Lunar, peca.

LENTISCAL. m. Terreno lleno de lentiscos.

LENTISCINA. (l. *lentiscĭnus,* de lentisco.) f. ant. Almáciga, resina del lentisco.

LENTISCO. (l. *lentiscus.*) m. Mata o arbusto siempre verde, de la familia de las anacardiáceas, abundante en España, de madera rojiza, dura y aromática. De las ramas se saca almáciga y de los frutos aceite para el alumbrado.

LENTITUD. (l. *lentitūdo.*) f. Tardanza y pausa con que se realiza una cosa. || **P.** lentidão; **I.** slowness; **F.** lenteur; **A.** Langsamkeit; **It.** lentezza; **R.** медленность.

LENTO, TA. (l. *lentus,* de *lenīre,* ablandar, calmar.) adj. Tardo o pausado en el movimiento o en la ejecución de algo. || **2.** Poco eficaz. || **3.** SAL. Blanco, tierno. || **4.** SAL. Liento. || **5.** FARM. y MED. Pegajoso. || **P.** lento, demorado; **I.** slow, sluggish; **F.** lent, peu actif; **A.** schleichend, langsam; **It.** leno, lento; **R.** медленый.

LENTOR. (l. *lentor.*) m. ant. Flexibilidad o correa de los árboles o arbustos. || **2.** MED. Viscosidad que cubre los dientes y la parte interior de los labios de los enfermos de calenturas tíficas.

LENTURA. (De *lento.*) f. ant. Lentor, flexibilidad o correa de los árboles y arbustos.

LENZAL. (De *lienzo.*) adj. ant. De lienzo.

LENZUELO. (l. *linteŏlum.*) m. Pieza de lienzo fuerte que se emplea para llevar la paja de las eras y otros usos.

LEÑA. (l. *ligna,* pl. n. de *lignum,* leño.) f. Parte de los árboles o matas que se destina para la lumbre. || **2.** fig. y fam. Castigo, paliza. || **—muerta.** La seca y

L

que ha caído de los árboles. ‖ **—rocera.** La que dan las rozas. ‖ **—viva.** La que se corta del árbol. ‖ *Cargar de* LEÑA *a* uno. fr. fig. y fam. Darle de palos, apalearle. ‖ *Echar* LEÑA *al fuego.* fr. fig. Poner medios para acrecentar un mal. ‖ **2.** Dar incentivo a un afecto o vicio. ‖ *La* LEÑA, *cuanto más seca más arde.* ref. que indica que la lascivia es a veces más fuerte en los viejos que en los jóvenes. ‖ *Llevar* LEÑA *al monte.* fr. fig. y fam. con que se critica a los que dan algo a quien lo tiene ya en abundancia. ‖ **P.** lenha; **I.** firewood; **F.** bois à brûler; **A.** Brennholz; **It.** legna; **R.** дрова.

LEÑADOR, RA. (l. *lignator, -ōris.*) m. y f. Persona empleada en cortar leña. ‖ **2.** Leñero, que vende leña. ‖ **P.** lenhador, lenheiro; **I.** woodman; **F.** bûcheron; **A.** Holzhacker; **It.** boscaiuolo; **R.** дровосек.

LEÑAME. m. Madera, parte sólida de los árboles bajo la corteza. ‖ **2.** Provisión de leña.

LEÑAR. (l. *lignāri.*) tr. AR. Hacer o cortar leña.

★ **LEÑATEAR.** tr. COLOM. Leñar.

★ **LEÑATEO.** m. AMÉR. CENTRAL. Depósito de leña.

LEÑATERO. m. Leñador. ‖ **2.** ZOOL. ARGENT. Pájaro carpintero. ‖ **3.** BOT. CUBA. Especie de bejuco que crece en terrenos áridos; sus flores son ricas en miel y sus tallos amargos son medicinales.

LEÑAZO. (De *leño.*) m. fam. Garrotazo.

LEÑERA. (l. *lignaria,* t. f. de *-rius,* leñero.) f. Lugar destinado para guardar o hacinar leña.

LEÑERO. (l. *lignārius.*) m. El que vende leña. ‖ **2.** El que compra leña para una casa o comunidad. ‖ **3.** Leñera.

LEÑO. (l. *lignum.*) m. Trozo de árbol cortado y sin ramas. ‖ **2.** Madera, parte sólida del árbol bajo la corteza. ‖ **3.** fig. y poét. Nave, embarcación. ‖ **4.** fig. y fam. Persona de escaso talento y habilidad.

LEÑOSO, SA. (l. *lignōsus.*) adj. Se aplica a la parte más dura de los vegetales. ‖ **2.** Hablando de árboles, arbustos, etcétera, que tiene la consistencia de la madera.

LEO. (l. *leo.*) m. ASTRON. León, quinto signo del zodíaco que el sol recorre aparentemente al mediar el verano.

LEÓN. (l. *leo, -ōnis.*) m. ZOOL. Mamífero carnívoro, félido, de un metro de alto aproximadamente, tiene la cabeza grande, los dientes y las uñas fuertes, el macho tiene larga melena que le cubre la nuca y el cuello y crece con los años. ‖ **2.** fig. Hombre audaz y valeroso. ‖ **3.** fig. CHILE. Puma. ‖ **4.** fig. CHILE. Juego entre los muchachos. En él uno tiene 14 piedrecitas que se llaman perros y el otro una llamada león. ‖ **5.** GERM. Rufián. ‖ **6.** ASTRON. Quinto signo o parte del Zodíaco. ‖ **7.** ASTRON. Constelación zodiacal que en algunos tiempos debió coincidir con el signo de este nombre, pero ahora por el movimiento retrógrado de los puntos equinocciales se halla delante del mismo signo un poco hacia oriente. ‖ **— de pava.** MAR. Figura de tabla de este animal que llevaban los buques de guerra españoles. ‖ **—marino.** Mamífero pinnípedo con una especie de cresta carnosa y unas bolsas junto a la nariz que hincha a su arbitrio. ‖ **—miquero.** AMÉR. CENTRAL. Eirá. ‖ *No es tan bravo* o *fiero el* LEÓN *como lo pintan.* ref. que indica que una persona no es tan temible como se suponía o un negocio es menos difícil de lo que se pensaba. ‖ **P.** leão; **I.** y **F.** lion; **A.** Löwe; **It.** leone; **R.** лев.

LEONA. f. Hembra del león. ‖ **2.** fig. Mujer audaz, valiente e imperiosa. ‖ **3.** pl. GERM. Las calzas.

LEONADO, DA. adj. De color rubio obscuro, parecido al del pelo del león.

LEONERA. f. Lugar en que se encierran los leones. ‖ **2.** fig. y fam. Casa de juego. ‖ **3.** fig. y fam. Aposento desarreglado que hay de ordinario en las casas y más en las de familia numerosa. ‖ **4.** fig. y fam. COLOM. Taifa. ‖ **5.** PERÚ. Reunión de personas que hablan a la vez y apenas se entienden. ‖ **6.** fig. y fam. ARGENT., ECUAD. y P. RICO. Cárcel.

LEONERÍA. (De *león.*) f. Bizarría, fieros, bravata.

LEONERO. m. Persona que cuida de los leones en la leonera. ‖ **2.** fig. y fam. Tablajero o gariteiro. ‖ **3.** adj. CHILE. Dícese del perro adiestrado en la caza de pumas.

LEONÉS, SA. adj. Natural de León. Ú.t.c.s. ‖ **2.** Perteneciente al antiguo reino de León.

LEÓNICA. adj. ZOOL. Dícese de la vena ranina, situada en la parte inferior de la lengua. Ú.t.c.s.

LEÓNIDAS. f. pl. ASTRON. Estrellas fugaces cuyo punto radiante está en la constelación del León.

LEONINA. f. Especie de lepra en que la piel toma el aspecto de la del león.

LEONINO, NA. (l. *leonīnus.*) adj. Perteneciente o relativo al león. ‖ **2.** FOR. Se dice del contrato en que todas las ventajas van para una de las partes. ‖ **P.** e **It.** leonino; **I.** leonine; **F.** léonin; **A.** leoninisch; **R.** львиный.

LEONINO. (De *Leonius,* poeta latino francés del siglo XII.) adj. Dícese del verso latino empleado en la Edad Media, cuyas sílabas finales forman consonancia con las últimas de su primer hemistiquio.

LEOPARDO. (l. *leopardus.*) m. Mamífero carnicero; su aspecto es de un gato grande, de pelaje blanco en el pecho y vientre y rojizo con manchas negras y redondas en casi todo el cuerpo. Vive en los bosques de Asia y África y a pesar de su magnitud trepa fácilmente a los árboles. Es cruel y sanguinario. ‖ **P.** e **It.** leopardo; **I.** leopard; **F.** léopard; **A.** Leopard; **R.** леопард.

LEOPOLDINA. (Del nombre del capitán general don *Leopoldo* O'Donnell, que introdujo esta prenda en el uniforme del Ejército.) f. Ros más bajo que el ordinario y sin orejeras.

LEPAR. (De *pelar.*) tr. GERM. Pelar, apoderarse de lo ajeno con engaño o violencia.

LEPE. n. p. *Saber más que* LEPE. fr. proverb. Ser muy perspicaz. Se dice en alusión a don Pedro de Lepe, obispo de Calahorra, autor del libro *Catecismo Católico.*

★ **LEPE.** m. VENEZ. Capirotazo en la oreja. ‖ **2.** VENEZ. Trago de licor.

★ **LEPERADA.** f. MÉJ. Acción grosera.

LÉPERO, RA. adj. AMÉR. CENTRAL y MÉJ. Se dice del individuo poco decente. Ú.t.c.s. ‖ **2.** CUBA. Astuto. ‖ **3.** HOND. Pícaro. ‖ **4.** ECUAD. Arruinado. ‖ **5.** m. ECUAD. Individuo de la ínfima clase social.

★ **LEPIDIA.** f. CHILE. Indigestión, diarrea. ‖ **2.** Especie de cólera.

LEPIDIO. (l. *lepidĭum,* y éste del gr. λεπίδιον.) m. Planta perenne crucífera, que abunda en los terrenos húmedos y sus hojas, de sabor picante, se emplean en medicina contra el escorbuto y mal de piedra.

★ **LEPIDOLITA.** f. MINERAL. Fluosilicato hidratado complejo, mica del litio, uno de los minerales más importantes de dicho metal.

LEPIDÓPTERO. (gr. λεπίς, -ίδος, escama, y πτερόν, ala.) adj. ZOOL. Dícese de los insectos que tienen la boca chupadora con una trompa que se arrolla en espiral y cuatro alas con escamitas imbricadas; tienen metamorfosis completa. En estado de larva se llama oruga y son masticadores; sus ninfas son las crisálidas, fase de desarrollo que muchas de ellas pasan dentro de un capullo. Ú.t.c.s.m. ‖ **2.** m. pl. ZOOL. Orden de estos insectos. ‖ **P.** lepidóptero; **I.** lepidopteran; **F.** lépidoptère; **A.** Schmetterling; **It.** lepidòttero; **R.** лепидоптеры.

LEPISMA. (gr. λέπισμα, escama.) f. Insecto tisanuro, de antenas prolongadas, cuerpo con escamas plateadas muy tenues, abdomen terminado en tres cerdillas articuladas, pies cortos y una uña en cada tarso. Es nocturno. Desde América se ha extendido por todo el mundo; roe cuero, papel y azúcar.

LEPORINO, NA. (l. *leporīnus.*) adj. Perteneciente a la liebre.

LEPRA. (l. *lepra,* y éste del gr. λέπρα.) f. Enfermedad infecciosa crónica, carac-

terizada por síntomas cutáneos y nerviosos. ‖ **2.** Enfermedad, más comúnmente de los cerdos, producida por el cisticerco de la tenia común, manifestándose en pequeños puntos blancos en los músculos de dichos animales. ‖ **P.** lepra; **I.** leprosy; **F.** lèpre; **A.** Aussatz; **It.** lebbra; **R.** проказа.

LEPROSERÍA. f. Lazareto, hospital de leprosos.

LEPROSO, SA. (l. *leprōsus.*) adj. Que padece lepra. Ú.t.c.s.

LEPTORRINO, NA. (gr. λεπτός, fino, delgado, y ῥίς, ῥινός, nariz.) adj. Se dice del que posee nariz larga y delgada. ‖ **2.** ZOOL. Se aplica a los animales con el pico u hocico saliente y delgado.

LERA. f. Helera.

LERCHA. f. Junquillo con que se ensartan aves o peces muertos para llevarlos de un lugar a otro.

LERDA. f. VETER. Lerdón.

LERDAMENTE. adv. Con tardanza.

LERDEZ. (De *lerdo.*) f. ant. Pesadez, tardanza.

LERDO, DA. (l. *lurĭdus,* cárdeno; en b. l. *lurdus,* pesado.) adj. Pesado y torpe al andar. Se aplica generalmente a las bestias. ‖ **2.** fig. Tardo para comprender. ‖ **3.** GERM. Cobarde, pusilánime. ‖ 2.ª acep.: **P.** lerdo; **I.** dull; **F.** lourd, poltron; **A.** schwerfällig; **It.** capocchio; **R.** еуклюжий.

LERDÓN. (De *lerda.*) m. VETER. Tumor sinovial que padecen las caballerías junto a la rodilla.

★ **LERÉN.** m. REP. DOMIN. Llerén. ‖ **2.** fig. REP. DOMIN. Quídam.

★ **LERENDO, DA.** adj. MÉJ. Tonto, necio.

LERENSE. adj. Perteneciente o relativo al río Lérez. ‖ **2.** fig. Pontevedrés. Apl. a pers. ú.t.c.s.

LERIDANO, NA. adj. Natural de Lérida. Ú.t.c.s. ‖ **2.** Perteneciente a esta ciudad.

LERNEO, A. (l. *lernaeus.*) adj. Perteneciente a la ciudad o a la laguna de Lerna. ‖ **2.** Aplícase a las fiestas que se celebraban en esta ciudad de la Argólida en honor de Baco, Ceres y Proserpina. Ú.t.c.s.

LES. (l. *illīs.* dat. de pl. de *ille.*) Dativo del pronombre personal de tercera persona del género masculino o femenino y número plural. Se puede emplear como sufijo y no admite preposición. Es grave incorrección emplear en este caso para el género masculino la forma *los,* propia del acusativo, y tampoco ha de emplearse en femenino *las.*

LESBIANO, NA. adj. Lesbio. Apl. a pers. ú.t.c.s.

LESBIO, BIA. (l. *lesbĭus.*) adj. Natural de Lesbos. Ú.t.c.s. ‖ **2.** Perteneciente a esta isla del Mediterráneo.

★ **LESEAR.** intr. CHILE. Tontear, bobear.

LESIÓN. (l. *laesĭo, -ōnis.*) f. Daño corporal causado por golpe, enfermedad o herida. ‖ **2.** fig. Cualquier daño o perjuicio. ‖ **3.** FOR. Daño causado en las ventas al no hacerlas en su justo precio. ‖ **—enorme.** Perjuicio resultante de haber sido engañado en algo más o menos de la mitad de lo justo. ‖ **—grave.** FOR. La que causa pérdida o inutilidad de un miembro o le incapacita para trabajar más de treinta días. ‖ **—menos grave.** FOR. La que tiene una duración de quince a treinta días. ‖ **P.** lesão; **I.** lesion; **F.** lésion; **A.** Verletzung; **It.** lesione; **R.** поражение.

LESIONADOR, RA. adj. El que lesiona.

LESIONAR. tr. Causar lesión. Ú.t.c.r.

LESIVO, VA. (De *leso.*) adj. Que causa daño o puede causarlo.

LESNA. (De *alesna.*) f. Lezna.

LESNORDESTE. m. Viento medio entre el este y el nordeste. ‖ **2.** Parte que se halla hacia el punto de donde sopla este viento.

LESO, SA. (l. *laesus,* p.p. de *laedĕre,* dañar, ofender.) adj. Agraviado, lastimado. Se dice principalmente de lo que ha recibido el daño. ‖ **2.** Hablando del juicio o de la imaginación, perturbado, trastornado.

LESO, SA. adj. ARGENT., BOL. y CHILE. Tonto. Ú.t.c.s.

L

* **LESQUÍN.** m. Hond. Liquidámbar.
LESSUESTE. m. Viento medio entre el leste y el sueste. || **2.** Región que se halla hacia donde sopla tal viento.
LEST. m. ant. Leste.
LESTE. (De *el este, al este.*) m. Mar. Este, oriente, levante.
LESTRIGÓN. (l. *lestrygŏnes.*) m. Individuo antropófago que según la mitología habitaba en Sicilia y Campania. Ú. m. en pl.
LETAL. (l. *letālis,* de *letum,* muerte.) adj. Mortífero, que puede causar la muerte. Ú. m. en poesía.
LETAME. (l. *laetāmen.*) m. Tarquín, basura y cieno con que se abona la tierra.
LETANÍA. (l. *litania* y éste del gr. λιτανεία.) f. Rogativa, consistente en una serie de invocaciones a la Santísima Trinidad, a Jesucristo, a la Virgen y a los Santos. En el mismo sentido. Ú. en pl. || **2.** Procesión hecha regularmente por una rogativa cantando las letanías. Ú. en pl. en el mismo sentido. || **3.** fig. y fam. Lista, enumeración seguida de muchos nombres, locuciones o frases. || **—de la Virgen** o **lauretana.** Deprecación a la Virgen consistente en una serie de atributos y títulos honoríficos colocados en orden que se suele recitar después del rosario. || *Letanías mayores.* Procesión de rogativa que se hace en la Iglesia católica el día de San Marcos Evangelista cantando las letanías señaladas. || **—menores.** Procesión de rogativa que se hace los tres días antes de la Ascensión. || **P.** litania; **I.** litany; **F.** litanie; **A.** Litanei **It.** litania; **R.** литания.
LETARGIA. (l. *lethargia,* y éste del gr. ληθαργία.) f. ant. Letargo.
LETÁRGICO, CA. (l. *lethargĭcus,* y éste del gr. ληθαργικός.) adj. Med. Que padece letargo. || **2.** Med. Perteneciente a esta enfermedad.
LETARGO. (l. *lethargus,* y éste del gr. λήθαργος; de λήθη, olvido, y αργός, inactivo.) m. Med. Síntoma de varias enfermedades nerviosas, infecciones o tóxicas; se caracteriza por un estado de somnolencia. || **2.** fig. Torpeza, insensibilidad, enajenación del ánimo. || **P.** letargo; **I.** lethargy; **F.** léthargie; **A.** Lethargie; **It.** letargia; **R.** оцепенение.
LETARGOSO, SA. (De *letargo.*) adj. Que aletarga.
LETEO, A. (l. *lethaeus,* y éste del gr. ληθαῖος, que hace olvidar; de λήθη, olvido.) adj. Perteneciente al Lete o Leteo, río del olvido, o que tiene alguna de las cualidades que la mitología atribuye a este río.
LETICIA. (l. *laetitĭa.*) f. ant. Alegría, deleite.
LETIFICANTE. (l. *laetifĭcans, -āntis.*) p.a. de letificar. Que letifica.
LETIFICAR. (l. *laetifĭcāre;* de *laetus,* alegre, y *facĕre,* hacer.) tr. Alegrar. || **2.** Animar, dar vida, movimiento.
LETÍFICO, CA. (l. *laetifĭcus.*) adj. Que alegra.
LETIGIO [LETIJO]. m. ant. Litigio.
LETÓN, NA. adj. Se aplica a un pueblo de raza lituana, al que pertenecen casi todos los habitantes de Curlandia. || **2.** Se dice también de cada uno de los habitantes de este pueblo. Ú.t.c.s. || **3.** Perteneciente o relativo a dicho pueblo. || **4.** m. Lengua hablada en Curlandia.
LETOR, RA. adj. ant. Lector. Usáb. t.c.s.
LETRA. (l. *littĕra.*) f. Cada uno de los signos con que se representan los sonidos y articulaciones de un idioma. || **2.** Cada uno de estos sonidos o articulaciones. || **3.** Forma de la letra o modo especial de escribir propio de una persona, país o tiempo determinado. || **4.** Pieza de metal fundida en forma de prisma rectangular con una letra o figura cualquiera relevada en una de las bases, para que pueda estamparse. || **5.** Conjunto de dichas piezas. || **6.** Sentido exacto de las palabras que se emplean en un texto en diferencia del sentido figurado. || **7.** Especie de romance corto cuyos primeros versos se suelen glosar. || **8.** Conjunto de palabras puestas en música para cantar a diferencia de la misma música. || **9.** Lema o mote que se pone en los emblemas o empresas.

10. Letra de cambio. || **11.** fig. y fam. Sagacidad y astucia para manejarse. || **12.** pl. Los diversos ramos del humano saber. || **13.** Orden, provisión o rescripto, especialmente hablando de los que se expiden en materias eclesiásticas. || **—abierta.** Carta de crédito y orden que se da a favor de uno para que se franquee el dinero que pida sin limitación. || **—bastarda.** La de mano, inventada en Italia; es inclinada hacia la derecha y rotunda en las curvas. || **—bastardilla.** La de imprenta que imita la bastarda. || **—capital.** Letra mayúscula empleada como inicial. || **—consonante.** Gram. Aquella en cuya pronunciación los órganos de la palabra forman en algún punto de canal vocal un contacto que corta el paso del aire espirado, como en la *p,* o una estrechez que le hace salir con fricación, como la *f, s, z.* || **—corrida.** Serie de letras hechas con soltura. || **2.** Impr. La que está trastocada y cambiada, ordinariamente en los principios y finales de línea por descuido de los prensistas. || **—cursiva.** La de mano que se liga mucho para escribir de prisa. || **—de cambio.** Com. Documento mercantil que comprende el giro de cantidad cierta en efectivo que hace el librador a la orden del tomador al plazo que se expresa y a cargo del pagador con indicación de la procedencia del valor de que se trata y del lugar en que ha de efectuarse el pago. || **—de dos puntos.** Impr. Mayúscula empleada en los carteles o principios de capítulo, que está fundida dos líneas del cuerpo de su grado. || **—de mano.** La que se escribe con pluma, lápiz, etc., a diferencia de la de molde. || **—de molde.** La impresa. || **—doble.** Consonante representada con dos signos, como la *ch,* o que procede de la unión de dos como la *ñ.* || **—dominical.** En el cómputo eclesiástico, la que señala los domingos entre las siete. *A, B, C, D, E, F,* y *G.,* que se emplean para designar los días de la semana. El año bisiesto tiene dos: una hasta el 24 de febrero, y otra hasta el fin del año. || **—florida.** La mayúscula abierta en lámina con algún adorno alrededor. || **—gótica.** La de forma rectilínea y angulosa, empleada especialmente en Alemania. || **—historiada.** Mayúscula con adornos y figuras. || **—inglesa.** Letra más inclinada que la bastarda y cuyos gruesos y perfiles resultan de la mayor o menor presión de la pluma con que debe ser muy delgada. || **—inicial.** Aquella con que empieza una palabra, un verso, etc. || **—magistral.** Letra bastarda grande hecha con todas las reglas caligráficas. || **—mayúscula.** La de mayor tamaño y distinta figura que se emplea como inicial de todo nombre propio, en principio de período, después de punto final, etcétera. || **—media.** Gram. Cualquiera de las consonantes, *b, d, g,* llamadas ordinariamente oclusivas sonoras. || **—menuda.** fig. y fam. Astucia. || **—metida.** Letras de poca anchura y poco separadas entre sí. || **—minúscula.** La que es menor y de figura distinta que la mayúscula y se emplea constantemente en la escritura menos en los casos en que se ha de emplear la mayúscula. || **—muda.** Se dice de la letra que no se pronuncia, como la *h.* || **—muerta.** fig. Escrito con alguna prescripción que no se cumple o no tiene efecto. Generalmente se dice de las leyes, tratados, etc. || **—negrilla.** Letra especial gruesa que se destaca de los tipos ordinarios. Ú.t.c.s. || **—numeral.** La que representa número. || **—pancilla.** Letra redonda de los libros de coro. || **—pelada.** La que no tiene rasgos ni adornos. || **—redonda** o **redondilla.** La de mano o de imprenta que es derecha y circular. || **—sencilla.** Cualquiera de las que no se consideran como dobles. || **—tenue.** Consonante que se pronuncia con más suavidad que otras. || **—tirada.** La del que escribe con facilidad y soltura, trazando las letras de un solo golpe enlazando unas con otras. || **—titular.** Impr. Mayúscula para portadas, carteles, etc. || **—versalita.** Impr. Mayúscula del tamaño de la minúscula o de caja baja en la misma fundición. || **—vocal.** La pronunciada mediante simple aspiración haciendo vibrar

la laringe, sin que halle a su paso por la boca obstáculo que lo modifique. En español son cinco, *a, e, i, o, u.* || **Letras divinas.** La Biblia o Sagrada Escritura. || **—expectativas.** Despachos reales o bulas pontificias que contienen la gracia de la futura de empleo, dignidad, beneficio, etcétera, a favor de un individuo. || **—humanas.** Literatura, particularmente la griega o latina. || **—obedienciales.** Documento mediante el cual un superior de instituto religioso dispone el viaje de un súbdito suyo y éste acredita la razón de su viaje. || **—patentes.** Edicto público o mandamiento del príncipe sobre una materia importante. || *Dos,* o *cuatro* LETRAS. fig. y fam. Escrito breve, especialmente carta o esquela. || *Primeras* LETRAS. Arte de leer o escribir y conocimientos elementales de la cultura primaria. || *A la* LETRA. m. adv. Según la significación natural de las palabras. || **2.** Enteramente y sin variación. || **3.** fig. Puntualmente. || *Apurar una* LETRA. Juego de prendas en que ha de decir sin demora cada jugador, por turno un nombre que empiece por la letra convenida. || *Atarse a la* LETRA. fr. fig. Atenerse al texto exactamente. || *La* LETRA *con sangre entra.* ref. que indica que para aprender algo no se ha de escatimar trabajo. || *Las* LETRAS *no embotan la lanza.* fr. fig. que enseña no ser opuesto al valor, el estudio y la literatura. || LETRA *por* LETRA. loc. fig. adv. Enteramente. || *Protestar una* LETRA. fr. com. Requerir ante el notario al que no quiera pagarla para recobrar el importe. || *Seguir uno las* LETRAS. fr. Estudiar, dedicarse a las ciencias. || **P.** letra; **I.** letter; **F.** lettre, caractère; **A.** Buchstabe; **It.** lèttera; **R.** буква.
LETRADA. f. fam. Mujer del letrado o abogado.
LETRADO, DA. (l. *litterātus.*) adj. Sabio, docto. || **2.** fam. Que presume de discreto y habla sin fundamento. || **P.** letrado; **I.** learned; **F.** lettré; **A.** gelehrte; **It.** letterato; **R.** ученый.
LETRADURA. f. ant. Literatura.
LETRADURÍA. (De *letrado.*) f. ant. Dicho inútil, expresado con cierta presunción.
LETREAR. tr. ant. Deletrear.
LETRERO, RA. (l. *litterārius.*) adj. ant. Letrado. || **2.** m. Inscripción o conjunto de palabras escritas para notificar o publicar una cosa. || **2.ª** acep.: **P.** letreiro; **I.** placard; **F.** écriteau; **A.** Aufschrift; **It.** cartello; **R.** вывеска.
LETRILLA. (d. de *letra.*) f. Composición poética de versos cortos que se pone en música. || **2.** Composición poética, amorosa, festiva o satírica, dividida en estrofas al final de las cuales se repite como estribillo el pensamiento o concepto general de la composición.
LETRINA. (l. *latrina.*) f. Lugar destinado en las casas para arrojar las inmundicias y expeler los excrementos. || **2.** fig. Cosa sucia y asquerosa. || **P.** e **It.** latrina; **I.** y **F.** latrine; **A.** Privé; **R.** отхожее место.
LETRÓN. m. aum. de letra.
LETRUDO, DA. (De *letra.*) adj. ant. Letrado. Usáb.t.c.s. Ú. en Chile.
LETUARIO. (l. *electuarium.*) m. Especie de mermelada.
LETURA. f. ant. Lectura.
LEUCEMIA. (gr. λευκός, blanco, y αῖμα, sangre.) f. Med. Enfermedad que se caracteriza por el color blanco de la sangre. Se calcula actualmente un aumento de 100.000 defunciones por leucemia, aumento que se considera consecuencia de las experiencias radiactivas.
* **LEUCINA.** f. Quím. Uno de los aminoácidos, esencial para el desarrollo de los animales.
LEUCOCITEMIA. (De *leucocito,* y el gr. αῖμα, sangre.) f. Med. Aumento de leucocitos en la sangre.
LEUCOCITO. (gr. λευκός, blanco, y κύτος, célula.) m. Zool. Cada una de las células esferoidales, incoloras, con citoplasma viscoso y de movimientos amiboides, de función fagocitaria. Se hallan en la sangre y en la linfa, pueden atravesar los vasos y llegar a diversas partes del cuerpo.
° **LEUCOCITOSIS.** f. Pat. Aumento

L

pasajero de glóbulos rojos en la sangre.

LEUCOFEO, A. (l. *leucophaeus*, y éste del gr. λευκόφαιος; de λευκός, blanco, y φαιός, gris.) adj. desus. De color gris o ceniciento.

° **LEUCOMA.** f. Manchita blanca, causa de opacidad en la córnea.

LEUCOPLAQUIA. (gr. λευκός, blanco, y πλάξ, πλακός, placa.) f. Enfermedad en la que aparecen manchas blancas en las mucosas bucal y lingual.

LEUCORREA. (gr. λευκός, blanco, y ρέω, fluir.) f. MED. Flujo blanco.

★ **LEUCOTOMÍA.** f. CIR. Operación de seccionar la substancia blanca en el centro oval del lóbulo frontal del cerebro, para desunir ciertas fibras nerviosas con el fin de curar o aliviar ciertas enfermedades mentales.

LEUDAR. (l. *levitāre*, frec. de *levāre*, levantar.) tr. Dar fermento a la masa con levadura. || **2.** r. Fermentar la masa con levadura.

LEUDE. (germ. *leudis*, hombre; en al. *leute*, gente.) m. En la monarquía gótica militar que seguía libremente al rey en la guerra percibiendo por ello un sueldo.

LEUDO, DA. (l. *lĕvitus*, por *levātus*, levantado.) adj. Se dice de la masa o pan fermentado con levadura.

LEVA. (De *levar*.) f. Partida de las embarcaciones del puerto. || **2.** Recluta o enganche de gente para el servicio de un Estado. || **3.** Acción de irse o levarse. || **4.** Espeque, especie de palanca. || **5.** MEC. Álabe, diente de rueda de batán o mecanismo semejante. || **6.** COLOM. Ronca, amenaza jactanciosa. || **7.** f. COLOM. y AMÉR. CENTRAL. Treta, ardiz. || *Irse a* LEVA *y a monte.* fr. fig. y fam. Escaparse, retirarse. || *No haber* LEVAS *con uno.* fr. fam. No haber ni el traza o subterfugio que resulte. || 2.ª acep.: P. e It. leva; I. levy; F. levée; A. Levee; R. выход из гавани.

★ **LEVA.** f. fam. y despect. CUBA. Chaqueta.

LEVADA. (De *levar*.) f. En la cría de los gusanos de seda porción que se muda a otra parte. || **2.** ESGR. Molinete que se hace con las lanzas, espadas, etc., antes de ponerse en guardia. || **3.** ESGR. Ida y venida, o bien de una vez juegan los dos que esgrimen.

LEVADERO, RA. (De *levar*.) adj. Que se ha de cobrar o exigir.

LEVADIZO, ZA. (De *levar*, levantar.) adj. Que se levanta o puede levantarse por medio de algún artificio, para volverlo a bajar. Úsase más hablando de puentes.

LEVADOR. (l. *levator*, *-ōris*.) m. El que leva. || **2.** Operario que recibe el pliego en las fábricas de papel, lo coloca en un fieltro tapándolo con otro y así forma una pila que prensará. || **3.** GERM. Ladrón que huye rápido después de robar. || **4.** GERM. Ladrón que emplea muchas tretas para hurtar. || **5.** MEC. Álabe, diente de rueda de batán o cualquier otro mecanismo semejante.

LEVADURA. (l. *lĕvātūra*, de *levāre*, levantar.) f. BOT. Nombre genérico de ciertos hongos unicelulares, que se reproducen por gemación o división. Sus enzimas pueden descomponer diversos cuerpos orgánicos, en particular los azúcares. || **2.** Cualquiera masa constituida principalmente por dichos microorganismos y que puede hacer fermentar el cuerpo con que se le mezcla. || **3.** Tabla que se asierra de un madero para dejarlo en el tamaño deseado. || P. levedura; I. yeast, barm, leaven; F. levure; A. Hefe; It. lièvito; R. дрожжи.

LEVAMIENTO. (l. *levamentum*.) m. ant. Levantamiento, sedición.

LEVANTADA. f. Acción de levantarse o dejar la cama y vestirse. || **2.** Dejar la cama donde se estuvo enfermo.

LEVANTADAMENTE. adv. Con elevación.

LEVANTADIZO, ZA. (De *levantar*.) adj. ant. AR. Levadizo.

LEVANTADO, DA. p.p. de levantar. || **2.** adj. fig. Elevado, sublime.

LEVANTADOR, RA. adj. Que levanta. Ú.t.c.s. || **2.** Amotinador. Ú.t.c.s.

LEVANTADURA. f. ant. Levantamiento.

LEVANTAMIENTO. m. Acción y efecto de levantar o levantarse. || **2.** Alborotador popular. || **3.** Sublimidad. || **4.** AR. Ajuste de cuentas. || —**topográfico.** TOP. Conjunto de operaciones para trazar el plano de un terreno. Se llama *regular* cuando se hace con todo detalle y *expedito* cuando no es preciso mucha exactitud.

LEVANTAR. (l. *levans*, *-antis*, p.a. de *levāre*, alzar, levantar.) tr. Mover de abajo hacia arriba una cosa. Ú.t.c.r. || **2.** Poner algo en lugar más alto que aquel en que antes estaba. Ú.t.c.r. || **3.** Poner verticalmente lo que estaba tendido. Ú.t.c.r. || **4.** Separar una cosa de otra a la cual estaba adherida. Ú.t.c.r. || **5.** Hablando de los ojos, la mirada, la puntería, dirigirlos hacia arriba. || **6.** Quitar una cosa de donde está. || **7.** Alzar, retirar la cosecha del campo. || **8.** Construir, edificar. || **9.** En los juegos de naipes, separar la baraja en dos o más partes. || **10.** Abandonar un lugar llevándose lo que hay en él para trasladarse a otro lugar. || **11.** Mover, hacer que salte la caza del lugar en que estaba. Ú.t.c.r. || **12.** Dicho de ciertas cosas que forman bulto sobre otras, producirlas. || **13.** fig. Erigir, instituir. || **14.** fig. Aumentar, dar a una cosa mayor incremento o precio. || **15.** fig. Dar más fuerza a la voz. || **16.** fig. Hacer que cesen ciertas penas impuestas por autoridad competente. || **17.** fig. Sublevar. Ú.t.c.r. || **18.** fig. Ensalzar. || **19.** fig. Impulsar hacia cosas altas. || **20.** fig. Esforzar, vigorizar. || **21.** fig. Reclutar, alistar para el ejército. || **22.** fig. Ocasionar, mover. Ú.t.c.r. || **23.** fig. Imputar maliciosamente una cosa falsa. || **24.** EQUIT. Llevar al galope el caballo. || **25.** EQUIT. Llevarlo engallado y sobre el cuarto trasero. || **26.** r. Sobresalir, elevarse sobre un plano. || **27.** Dejar la cama en que se estaba. || **28.** Vestirse, dejar la cama en que se ha estado enfermo. || **29.** CHILE. Barbechar. || *Levantar a uno hacia arriba, o tan alto.* fr. fig. Irritarle. || P. levantar; I. to raise; F. lever, hauser; A. aufheben; It. levare, alzare; R. поднимать.

LEVANTE. (l. *levans*, *-antis*.) m. Oriente, punto cardinal del horizonte por donde sale el Sol. || **2.** Viento que sopla de la parte oriental. || **3.** Países de la parte oriental del Mediterráneo. || **4.** Nombre genérico de las comarcas mediterráneas de España y más particularmente los antiguos reinos de Valencia y Murcia. || P. e It. levante; I. East, Levant; F. levant, orient; A. Morgen, Osten; R. восток.

LEVANTE. (De *levantar*.) m. CHILE. Derecho que paga al dueño de un terreno el que corta maderas en él para beneficiarlas por su cuenta. || **2.** MIN. Operación de levantar las cañerías de los hornos de aludeles para limpiarlos y recoger el azogue que haya en ellos. || **3.** HOND. Calumnia. || **4.** CHILE. Acción de acuñar con tierra la parte que queda debajo y al lado de los durmientes en las líneas férreas. || **5.** VENEZ. En las faenas de vaquería, acción de levantar el ganado. || **6.** P. RICO. Levantamiento, motín. || *De* LEVANTE. m. adv. En disposición de efectuar un viaje o mudanza o sin haber fijado residencia.

LEVANTINO, NA. adj. Natural de Levante. Ú.t.c.s. || **2.** Perteneciente a la parte oriental del Mediterráneo.

LEVANTISCO, CA. (De *levante*, 1.er art.) adj. Levantino. Apl. a pers. ú.t.c.s.

LEVANTISCO, CA. (De *levantar*, amotinar.) adj. De genio inquieto y turbulento.

LEVAR. (l. *lĕvāre*, levantar.) tr. ant. Levantar. || **2.** MAR. Hablando de anclas, recoger, suspender la que está fondeada. || **3.** r. GERM. Moverse o irse. || **4.** MAR. Hacerse a la vela.

LEVE. (l. *levis*.) adj. Ligero, de poco peso. || **2.** fig. De escasa importancia. || P. ligeiro, leve; I. light; F. léger; A. leicht; It. lieve; R. лёгкий.

LEVEDAD. (l. *levĭtas*, *-ātis*.) f. Calidad de leve. || **2.** Inconstancia de ánimo y ligereza en las cosas.

LEVEMENTE. adv. Ligeramente. || **2.** fig. Venialmente.

LEVENTE. (turco *lāwandī*, corrup-

ción del levantino, con el significado de guerrero.) m. Soldado de marina turco.

LEVIATÁN. (l. *Leviathan*, y éste del hebr. *liwyatan*, enorme monstruo acuático.) m. Monstruo marino descrito en el libro de Job, y que los Santos Padres entienden en el sentido moral de demonio.

LEVIDAD. (l. *levĭtas*, *-ātis*.) f. ant. Levedad.

LEVIGACIÓN. (l. *levigatio*, *-ōnis*.) f. Acción y efecto de levigar.

LEVIGAR. (l. *levigāre*.) tr. Desleír en agua una substancia en polvo para separar la parte más tenue de la más gruesa que queda en el fondo.

LEVIRATO. (l. *levir*, cuñado.) m. Precepto de la ley mosaica, que obliga al hermano del que murió sin descendencia a casarse con la viuda.

LEVÍSIMO, MA. adj. sup. de leve.

LEVITA. (l. *levita*.) m. Israelita de la tribu de Leví, dedicado al servicio del templo. || **2.** Diácono. || P. e It. levita; I. Levite; F. lévite; A. Levit; R. левит.

LEVITA. (fr. *lévite* y éste del m. or. que *levita*, 1.er art.) f. Vestidura moderna de hombre, ceñida al cuerpo y con mangas, y cuyos faldones se cruzan por delante. || P. batina; I. frock coat; F. redingote; A. Überrock; It. sapràbito; R. сюртук.

LEVÍTICO, CA. (l. *leviticus*.) adj. Perteneciente a los levitas. || **2.** fig. Aficionado a la Iglesia o supeditado a los eclesiásticos. || **3.** m. Tercer libro del Pentateuco de Moisés que habla de las ceremonias, sacrificios, etc. || **4.** fig. fam. Ceremonial de una función.

LEVITÓN. (aum. de *levita*, 2.º art.) m. Levita más larga, más holgada, y de paño más grueso que la ordinaria.

★ **LEVO.** CHILE. Antigua división de los indios mapuches o araucanos.

LEVOGIRO, RA. (l. *laevus*, izquierdo, y *gyrāre*, girar.) adj. QUÍM. Se dice del cuerpo que desvía hacia la izquierda la luz polarizada.

LEVOSA. f. fam. y fest. Levita larga de abrigo.

★ **LEVULOSA.** f. QUÍM. Cetosa que se encuentra en muchos frutos a los que comunica su sabor dulce. Tiene el mismo valor alimenticio que la glucosa.

LEXIARCA. (gr. ληξίαρχος; de λῆξις, proceso, y ἀρχός, jefe.) m. Cada uno de los seis magistrados atenienses que llevaban el padrón de ciudadanos que tenían la edad para administrar sus bienes.

LÉXICO, CA. (gr. λεξικός; de λέξις, lenguaje, palabra.) adj. Perteneciente o relativo al léxico o vocabulario de una lengua o de una región. || **2.** m. Diccionario de la lengua griega. || **3.** Por ext., diccionario de otra lengua. || **4.** Conjunto de voces, modismos, y giros de un autor. || 3.ª acep.: P. léxicon; I. lexicon, F. lexique; A. Lexikon, Wörterbuch; It. lèssico; R. лексикон.

LEXICOGRAFÍA. (De *lexicógrafo*.) f. Arte de componer léxicos o diccionarios, coleccionando todas las palabras del idioma y fijando el sentido y empleo de las mismas.

LEXICOGRÁFICO, CA. adj. Perteneciente o relativo a la lexicografía.

LEXICÓGRAFO. (gr. mod. λεξικο-γράφος; del gr. λεξικός, léxico, y λρἀφω, escribir.) m. Colector de todos los vocablos que han de figurar en un léxico. || **2.** El versado en lexicografía.

LEXICOLOGÍA. (gr. λεξικός, diccionario, y λόγος, tratado.) f. Tratado de lo relativo a la analogía y etimología de los vocablos sobre todo para hacerlos figurar en un léxico o diccionario.

LEXICOLÓGICO, CA. adj. Perteneciente o relativo a la lexicología.

LEXICÓLOGO. m. El versado en lexicología.

LEXICÓN. m. Léxico.

LEY. (l. *lex*, *lēgis*.) f. Regla y norma constante e invariable de las cosas nacida de la causa primera o de sus propiedades. || **2.** Precepto que dicta la autoridad superior para mandar o prohibir algo de acuerdo con la justicia y para el bien de los gobernados. || **3.** En el régimen constitucional, disposición votada por las Cortes y sancionada por el Jefe del Estado. || **4.** Religión, ley. || **5.** Lealtad, fidelidad, amor. Ú. generalmente con los verbos *tener* y *tomar*. || **6.** Calidad, peso o medida que según la ley han de tener los géneros. || **7.** Cantidad de oro o plata finos en las ligas de barras, alhajas, monedas, fijada por las leyes. || **8.** Cantidad de metal contenida en una mena. || **9.** Estatuto o condición establecida para un acto particular. || **10.** Conjunto de leyes, o cuerpo del derecho civil. || **11.** Cada una de las disposiciones comprendidas, como última división en los códigos antiguos equivalentes a los artículos de las actuales. || —**adjetiva.** Dícese comúnmente de la procesal y de la penal por cuanto rigen la aplicación y castigan la violencia de las demás. || —**caldaria.** La que ordenaba la prueba antigua de inocencia del agua hirviendo. || —**de bases.** La que sólo contiene normas generales sobre una materia. || —**de Dios.** Todo aquello que es arreglado a la voluntad divina y a la recta razón. || —**de duelo.** Reglas establecidas sobre desafíos. || —**de la trampa.** fam. Embuste. || —**de acción de las masas.** Quím. Aquella según la cual la velocidad de una reacción química es proporcional a las masas activas. || —**del embudo.** fig. y fam. La empleada con desigualdad, aplicándola estrictamente a unos y ampliamente a otros. || —**del encaje.** fam. Dictamen que forma discrecionalmente el juez sin atender a lo que determinan las leyes. || —**de Moisés.** Precepto y ceremonias que Dios dio al pueblo de Israel por medio de Moisés para su gobierno y el culto divino. || —**escrita.** Preceptos que Dios escribió en las tablas que dio a Moisés en el monte Sinaí. || —**marcial.** For. La de orden público, una vez declarado el estado de guerra. || **2.** Ley o bando de tipo penal o militar aplicados en dicha situación. || —**natural.** La que nos dicta la recta razón, en contraposición a las leyes positivas, indicándonos lo que debe o no debe hacerse. || —**orgánica.** La derivada de la Constitución de un Estado y que contribuye a su más perfecta observancia. || —**recopilada.** Cualquiera de las incluidas en la Nueva o Novísima Recopilación. || —**suntuaria.** La destinada a poner tasa en los gastos. Ú.m. en pl. || —**de Avogadro.** Fís. Principio según el cual la presión osmótica es la misma cuando el número de moléculas disueltas es igual en el mismo volumen. || —**de Biot y Savart.** Fís. La que indica que la acción de una corriente rectilínea sobre un polo magnético es directamente proporcional a la intensidad de aquélla y a la masa de éste, inversamente proporcional al cuadrado de las distancias entre ambos. || —**de Boyle.** Fís. La ley según la cual a igualdad de temperatura, los volúmenes de los gases están en razón inversa de la presión. || —**de Brewster.** Fís. Aquella según la cual la tangente del ángulo de polarización es numéricamente igual al índice de refracción del medio. || —**de Curie.** Fís. Aquella según la cual la susceptibilidad magnética de una substancia paramagnética es inversamente proporcional a su temperatura absoluta. || —**de Charles** o **de Gay-Lussac.** Fís. La que indica que a presión constante y a la temperatura de 0°C., todos los gases aumentan 1/273 de su volumen por cada grado que aumente su temperatura. || —**de Dalton.** Fís. Aquella según la cual aunque el volumen de un gas absorbido por un líquido es constante, su peso varía con la presión. || —**de Dulong y Petit.** Fís. La que indica que el producto del calor específico de los cuerpos simples en estado sólido por la capacidad calorífica es una constante que vale aproximadamente 63. || —**de Faraday.** Ley según la cual la fuerza electromotriz inducida en un circuito uniforme cerrado es igual a la derivada con respecto al tiempo, cambiada de signo, del flujo de inducción magnética abarcado. || —**de Charles-Gay-Lussac.** El volumen de una masa invariable de gas, a presión constante, es directamente proporcional a su temperatura absoluta. || —**de Hooke.** Fís. Ley según la cual dentro del período elástico los alargamientos son proporcionales a las ten-

siones que los originan. || —**de Laplace.** Fís. Ley que indica la acción de una cantidad de magnetismo sobre un elemento de corriente. || —**de Lenz.** Fís. Aquella según la cual el sentido de una corriente eléctrica inducida es tal que su fuerza electromotriz tiende siempre a oponerse a la causa que la origina. || —**de Mariotte.** Fís. La que dice que a temperatura constante el volumen de una masa gaseosa varía inversamente a la presión. || —**de Newton.** Fís. Ley según la cual dos cuerpos se atraen en razón directa de sus masas y en razón inversa del cuadrado de la distancia entre ambos. || —**de Pascal.** Fís. La que enseña que la presión aplicada a un punto de una masa líquida se transmite igualmente en todas las direcciones. || —**de Ohm.** Fís. La que dice que la intensidad de una corriente eléctrica es directamente proporcional a la fuerza electromotriz de la corriente e inversamente proporcional a la resistencia del circuito. || —**de la inversa de los cuadrados.** Fís. Ley según la cual la intensidad de radiación del calor, luz, sonido, etc., emitida por un punto emisor varía inversamente con el cuadrado de la distancia. || —**de Kirchhoff.** Fís. Son dos: 1.ª En todo nudo de una red de corrientes se efectúa que la suma de intensidades que concurren a él es igual que la suma de las que de él parten. 2.ª En un circuito cerrado la suma algebraica de las fuerzas electromotrices es igual al de los productos de las intensidades por las resistencias correspondientes. || —**de Stefan.** Fís. La que señala que la radiación total emitida por un cuerpo negro en unidad de tiempo es proporcional a la cuarta potencia de su temperatura absoluta. || *A la* LEY. m. adv. fam. Con propiedad y esmero. || *A toda* LEY. m. adv. Con sujeción a lo debido o a cualquier género de prescripción o regla. || *Bajar la* LEY. fr. Disminuir la parte más valiosa de un metal o mineral respecto al volumen o al peso. || *Bajo la* LEY. loc. Se dice del oro o plata que tiene mayor cantidad de otros metales que la permitida por la ley. || *Con todas las de la* LEY. m. adv. Sin omisión de ninguno de los requisitos indispensables para el buen acabamiento. || *Dar la* LEY. fr. fig. Servir de modelo en ciertas cosas. || **2.** fig. Obligar a uno a hacer lo que quiere otro, aun contra su deseo. || *De buena* LEY. loc. fig. De perfectas condiciones morales o materiales. || *Echar* LEY, o *toda la* LEY, a uno. fr. Condenarle, usando con él de todo el rigor de la ley. || *Hecha la* LEY, *hecha la trampa.* expr. fam. con que se da a entender que la malicia de los hombres idea medios y excusas para eludir un precepto apenas ha sido impuesto. || *Subir de* LEY. fr. Aumentar la parte más valiosa de un metal o de un mineral respecto al volumen o al peso. || *Tenerle a* uno LEY. fr. Quererle, amarle. || *Venir contra* una LEY. fr. Quebrantarla. || P. lei; I. law; F. loi; A. Gesetz; It. legge; R. закон.

LEYENDA. (l. *legenda*, ger. de de *legĕre*, leer.) f. Acción de leer. || **2.** Obra que se lee. || **3.** Historia de la vida de uno o más santos. || **4.** Relación de sucesos que tienen más de maravillosos que de históricos. || **5.** Composición poética en que se narra un suceso de esta clase. || **6.** Numism. Letrero que rodea la figura en las monedas o medallas. || **7.** Chile. Recitación de defectos o cargos supuestos, hecha por mero entretenimiento en ciertos juegos de naipes que son de pura recreación. || —**áurea.** Compilación de vidas de santos hecha por Jacobo de Vorágine en el siglo XIII. || 4.ª acep.: P. conto; I. legend; F. légende; A. Sage; It. leggenda; R. легенда.

LEYENDARIO, RIA. adj. Legendario. **LEYENTE.** p.a. de leer. Que lee. Ú.t. c.s.

LEZDA. (l. *licita*, t. f. de *licitus*, lícito.) f. Impuesto, especialmente el que se pagaba por las mercancías.

LEZDERO. m. El encargado de cobrar la lezda.

LEZNA. (De *lesna*.) f. Instrumento que está formado de un hierrecillo con punta sutil y mango de madera y que emplean

los zapateros y otros artesanos para agujerear, coser, etc. || P. sovela; I. awl; F. alène; A. Ahle; It. lèsina; R. шило.

LEZNE. adj. Deleznable.

LÍA. (De *liar*.) f. Soga de esparto machacado, tejida como trenza, a propósito para atar los fardos, cargas, etc.

LÍA. (célt. *liga, lega*, sedimento.) f. Heces. Ú.m. comúnmente en pl. || *Estar uno hecho una* LÍA. fr. fig. y fam. Estar bebido, o poseído del vino.

LIANZA. (l. *ligans, -antis*, p.a. de *ligāre*, liar.) f. ant. Alianza. || **2.** Chile. Cuenta corriente de una persona en una tienda.

LIAR. (De *ligar*.) tr. Atar o asegurar los fardos con lías. || **2.** Envolver algo atándolo con cuerdas, cintas, etc. || **3.** Formar los cigarrillos envolviendo el tabaco en papel de fumar. || **4.** fig. y fam. Engañar a uno envolviéndole en un compromiso. Ú.t.c.r. || LIARLAS. fr. fig. y fam. Huir, escaparse uno rápidamente. || **2.** fig. y fam. Morir, expirar. || P. ligar; I. to bind; F. lier; enveloper; A. (fest)binden; It. legare; R. связывать.

LIARA. f. Aliara.

LIÁSICO, CA. (ingl. *layers*, estratos.) adj. Geol. Se dice del terreno sedimentario que sigue en edad al Triásico y está formado por estratos o capas delgadas. Ú.t.c.s. || **2.** Geol. Perteneciente a este terreno.

LIATÓN. (despect. de *lía*, 1.er art.) m. Soguilla, trencilla de esparto.

LIAZA. f. Conjunto de lías para atar las corambres de vino, aceite y cosas similares. || **2.** Conjunto de mimbres para la fabricación de botas en la tonelería de Andalucía.

LIBACIÓN. (l. *libatio, -ōnis*.) f. Acción de libar. || **2.** Ceremonia religiosa de los antiguos paganos, consistente en derramar un vaso de vino después de probarlo. || P. libação; I. y F. libation; A. Libation, Trankopfer; It. libazione; R. возлияние.

LIBAMEN. (l. *libāmen*.) m. Ofrenda en el sacrificio.

LIBAMIENTO. (l. *libāmentum*.) m. Materia o especies libadas en los sacrificios antiguos.

LIBÁN. (l. *ligāmen*.) m. p. us. Cuerda de esparto.

LIBAR. (l. *libāre*.) tr. Chupar suavemente el jugo de una cosa. || **2.** Hacer la libación para el sacrificio. || **3.** A veces, sacrificar, ofrecer sacrificio. || **4.** Probar un licor.

LIBATORIO. (l. *libatorĭum*.) m. Vino con que los antiguos romanos hacían las libaciones.

LIBELA. (l. *libella*.) f. Moneda de plata, la menor que usaron los romanos.

LIBELAR. (De *libelo*.) tr. ant. Escribir refiriendo una cosa. || **2.** For. Hacer pedimentos.

LIBELÁTICO, CA. (l. *libellaticus*, de *libellus*, carta, información.) adj. Se dice de los cristianos de la Iglesia primitiva que para librarse de la persecución se procuraban certificado de apostasía. Ú.t. c.s.

LIBELDO. m. ant. Libelo.

LIBELISTA. m. Autor de uno o varios libelos o escritos satíricos o infamatorios.

LIBELO. (l. *libellus*, d. de *liber*, libro.) m. Escrito en que se denigra a personas o cosas. Generalmente se le aplica el calificativo de infamatorio. || **2.** For. Petición o memorial. || *Dar* LIBELO *de repudio* a una cosa. fr. fig. Renunciar a ella. || P. libelo; I. libel; F. libelle; A. Schmähschrift; It. libello; R. пасквиль.

LIBÉLULA. (l. *libellŭlus*, librito, por la disposición de las alas como las hojas de un libro.) f. Caballito del diablo. **2.** Zool. Género de insectos de ojos grandes, tórax bien desarrollado y alas largas. || P. libélula; I. dragon-fly; F. libellule; A. Libelle; It. libéllula; R. стрекоза.

LIBER. (l. *liber*, película entre la corteza y la madera del árbol.) m. Bot. Parte del cilindro central de las plantas angiospermas dicotiledóneas formada por hacecillos de vasos fibrosos.

LIBERACIÓN. (l. *liberatio, -ōnis*.) f. Acción de poner en libertad. || **2.** Qui-

L tanza. || 3. Cancelación o declaración de la caducidad de las cargas que real o en apariencia gravan un inmueble. || 4. CHILE. Exención de pago de derechos de aduana. || P. liberação; I. liberation, deliverance; F. délivrance; A. Befreiung, Freilassung; It. liberazione; R. освобождение.

LIBERADO, DA. (l. *liberātus*.) adj. COM. Se aplica a las acciones cuyo valor no se paga pecuniariamente porque está cubierto por cosas aportadas o por servicios prestados a la sociedad.

LIBERADOR, RA. (l. *liberātor*.) adj. Libertador. Ú.t.c.s.

LIBERAL. (l. *liberālis*.) adj. Que obra con liberalidad. || 2. Se aplica a la cosa hecha así. || 3. Pronto en ejecutar cualquier cosa. || 4. Dícese del arte que requiere principalmente el ejercicio del entendimiento. || 5. Partidario de la libertad política en los Estados. Apl. a pers. ú.t. c.s. || P., I. y A. liberal; F. libéral; It. liberale; R. великодушный, либерал.

LIBERALIDAD. (l. *liberalĭtas, -ātis*.) f. Virtud moral que inclina a hacer a los demás partícipes de los propios bienes sin esperar recompensa. || 2. Generosidad.

LIBERALISMO. m. Doctrina profesada por los partidarios del sistema liberal. || 2. Partido que forman entre sí. 3. Sistema político-religioso que proclama la independencia del Estado en sus funciones y organizaciones, de todas las regiones positivas. || P. e It. liberalismo; I. liberalism; F. libéralisme; A. Liberalismus; R. либерализм.

LIBERALIZAR. tr. Hacer liberal en el orden político a una persona o cosa. Ú.t.c.r.

LIBERALMENTE. adv. Con liberalidad. || 2. Con presteza y brevedad.

LÍBERAMENTE. adv. ant. Libremente.

LIBERAR. (l. *liberāre*.) tr. Libertar, eximir de una obligación a alguien.

LIBERATORIO, RIA. adj. Que tiene el poder de liberar o eximir.

LÍBERO, RA. (l. *liber, libĕra*.) adj. ant. Libre.

LIBÉRRIMO, MA. (l. *liberrĭmus*.) adj. sup. de libre.

LIBERTAD. (l. *libertas, -ātis*.) f. Facultad del hombre de obrar de una u otra forma o de no obrar, por lo que es responsable de sus actos. || 2. Estado del que no es esclavo. || 3. Estado del que no está prisionero. || 4. Falta de sujeción y subordinación. || 5. Facultad de que se goza en las naciones bien dirigidas, de hacer y decir cuanto no se oponga a las leyes y buenas costumbres. || 6. Prerrogativa, licencia. Ú.m. en pl. || 7. Condición de las personas no obligadas por su estado al cumplimiento de ciertos deberes. || 8. Desenfreno, contravención a las leyes y buenas costumbres. Ú.t. en pl. || 9. Licencia u osada familiaridad. || 10. Exención de etiquetas. || 11. Desembarazo, despejo. || 12. Facilidad natural para hacer las cosas con destreza. Aplícase particularmente a los pintores y grabadores que poseen habilidad en el manejo del pincel o del buril. || **—condicional.** Beneficio de abandonar la prisión que puede concederse a los penados próximos al fin de su condena y que se comprometen a observar buena conducta. || **—de comercio.** Facultad de comprar y vender sin estorbo alguno. || **—de conciencia.** Permiso para poder abrazar cualquier religión sin ser presionado por la autoridad pública. || 2. Desenfreno contra las buenas costumbres. || **—de cultos.** Derecho de practicar públicamente los actos de la religión que se profesa. || **—de imprenta.** Derecho de imprimir cuanto se quiera sin someterse a censura. || **—del espíritu.** Dominio sobre las pasiones. || **—provisional.** Situación que pueden tener los procesados al no someterlos durante la causa a prisión preventiva. || *Apellidar* LIBERTAD. fr. Pedir el que está injustamente detenido en esclavitud, que se le declare libre. || *Poner a uno en* LIBERTAD *de una obligación.* fr. fig. Eximirle de ella. || *Sacar a* LIBERTAD *la novicia.* fr. Examinar el juez eclesiástico su voluntad a solas y en lugar donde sin caer en nota, pueda libremente salirse del convento. || P. liberdade ;I. li-

berty, freedom; F. liberté; A. Freiheit; It. libertà; R. свобода.

LIBERTADAMENTE. adv. Con libertad, con descaro.

LIBERTADO, DA. p.p. de libertar. || 2. adj. Osado, atrevido. || 3. Libre, sin sujeción.

LIBERTADOR, RA. adj. Que liberta. Ú.t.c.s. || P. libertador; I. liberator; F. libérateur; A. Befreier; It. liberatore; R. освободитель.

LIBERTAR. (De *liberto*.) tr. Poner a uno en libertad, sacarlo de la prisión o de la esclavitud. Ú.t.c.r. || 2. Eximir a uno de una obligación o deuda. Ú.t.c.r. || 3. Preservar. || 4. CUBA. En el juego de monte, hacerse cargo un apunte de la carta o apuesta del otro designándola para ganarla o pagarla si el banquero lo autoriza. || P. libertar; I. to free, to liberate; F. délivrer; A. befreien; It. liberare, affrancare; R. освобождать.

LIBERTARIO, RIA. adj. Defensor de la libertad total y por consiguiente con la supresión de todo gobierno y de toda ley.

LIBERTICIDA. (De *libertad*, y el l. *caedĕre*, matar.) adj. Que quita o anula la libertad.

LIBERTINAJE. (De *libertino*.) m. Desenfreno en hechos o en palabras. || 2. Falto de respeto a la religión. || P. libertinagem; I. debauchery; F. libertinage; A. Ausschweifung, Ungebundenheit; It. libertinaggio; R. распущенность.

LIBERTINO, NA. (l. *libertinus*.) adj. Dícese de la persona entregada al libertinaje. Ú.t.c.s. || 2. m. y f. Hijo de liberto y el mismo liberto. || P. e It. libertino; I. libertine; F. libertin; A. liederlich; R. распутный.

LIBERTO, TA. (l. *libertus*.) m. y f. Esclavo a quien se ha concedido la libertad, respecto de su patrono. || P. liberto; I. freed; F. affranchi; A. Freigelassene(r); It. affrancato; R. вольноотпущенник.

LÍBICO, CA. (l. *libycŭus*.) adj. Perteneciente a Libia.

LIBÍDINE. (l. *libĭdo, -ĭnis*.) m. Lujuria, lascivia.

LIBIDINOSAMENTE. adv. De una forma libidinosa.

LIBIDINOSO, SA. (l. *libidinōsus*.) adj. Lujurioso, lascivo. || P. libidinoso; I. lewd; F. libidineux, lascif; A. lüstern; It. libidinoso; R. похотливый.

LÍBIDO. (l. *libĭdo, -ĭnis*.) f. MED. y PSICOL. La tendencia sexual considerada por algunos como origen de las más varias manifestaciones de la actividad psíquica.

LIBIO, BIA. (l. *libyus*.) adj. Natural de Libia. Ú.t.c.s. || 2. Perteneciente a esta región del África antigua.

LIBÓN. m. AR. Manantial en que el agua sale a borbollones. || 2. AR. Laguna o depósito de agua.

LIBRA. (l. *libra*.) f. Peso antiguo dividido en 16 onzas, de unos 460 gramos, que fue usado en España hasta la implantación del sistema métrico decimal. || 2. Moneda imaginaria que varía según los países. || 3. En los molinos de aceite peso que sirve para oprimir la pasta. || 4. Medida de capacidad que contiene una libra de un líquido. || 5. ASTRON. Séptimo signo o parte del Zodíaco, de 30 grados de amplitud, que el Sol recorre aparentemente al comenzar el otoño. || 6. ASTRON. Constelación zodiacal que en algún tiempo se supone que coincidió con el signo de dicho nombre, pero que hoy se halla delante de dicho signo un poco hacia oriente. || 7. CUBA. Hoja de tabaco de la mejor clase. || 8. PERÚ. Unidad monetaria que vale 10 soles. || 9. PERÚ. Copa grande de pisco. || **—esterlina.** Moneda inglesa de oro que equivale, a la par, a 25 pesetas. || *Entrar pocas, o pocos en* LIBRA. fr. fig. y fam. No poderse contar sino pocas de las cosas de que se trata. || P. libra; I. pound; F. livre; A. Pfund; It. libbra; R. фунт.

LIBRACIÓN. (l. *libratio, -ōnis*.) f. Movimiento de oscilación de un cuerpo ligeramente perturbado en su equilibrio, hasta que lo recupera lentamente. || 2. ASTRON. Movimiento aparente de la Luna, como de balanceo, mediante el cual la

región de nuestro satélite que mira hacia la Tierra abarca en el curso del tiempo más de un hemisferio. || P. libração; I. y F. libration; A. Schwingung; It. librazione; R. колебание.

LIBRACO. m. despect. Libro despreciable.

LIBRACHO. m. despect. Libraco.

LIBRADO, DA. p.p. de librar. || 2. m. y f. Persona contra la que se envía una letra de cambio.

LIBRADOR, RA. (l. *liberător*.) adj. Que libra. Ú.t.c.s. || 2. m. Cogedor ordinariamente de hojalata con que ponen en el peso las mercancías secas para pesarlas.

LIBRAMIENTO. m. Acción y efecto de librar, sacar o preservar de un mal o peligro. || 2. Orden que se da por escrito para que pague otra persona una cantidad en dinero o género. || P. livramento; I. warrant; F. mandat; A. Befreiung; It. òrdine; R. избавление.

LIBRANCISTA. m. El que tiene libranzas a su favor.

LIBRANTE. p.a. de librar. Que libra.

LIBRANZA. (De *librar*.) f. Orden de pago, dada ordinariamente por carta, contra quien tiene fondos a disposición del que la escribe. Cuando es a la orden, equivale a la letra de cambio. || 2. Libramiento, orden de pago. || P. livrança; I. draft; F. mandat; bon; A. Anweisung; It. mandato di pagamento; R. чек.

LIBRAR. (l. *liberāre*.) tr. Sacar o preservar a uno de un trabajo, mal, etc. Ú.t. c.r. || 2. Poner o fundar la confianza en una persona o cosa. || 3. Construido con ciertos substantivos, dar o expedir lo que ellos significan. || 4. COM. Expedir letras de cambio, libranzas, etc., a cargo de uno que posea fondos a disposición del librador. || 5. intr. Salir la religiosa a hablar al locutorio. || 6. Parir la mujer. || 7. fam. Disfrutar los trabajadores del día de descanso semanal. || 8. CIR. Echar la placenta la mujer que está de parto. || *A bien, o a buen,* LIBRAR. loc. adv. Lo menos mal que pudo o puede suceder. || LIBRAR *bien, o mal.* fr. Salir feliz, o infelizmente de un asunto. || LIBRAR *en uno o en una cosa.* fr. Fundar, confiar. || LIBRAR *la puerta.* fr. CUBA. En el juego del monte advertir al jugador que no pierde ni gana con la carta que está en puerta. || P. livrar; I. to deliver; F. délivrer; A. befreinen; It. liberare; R. избавлять.

LIBRATORIO. (De *librar*, 5.ª acep.) m. Locutorio de convento o de cárcel.

LIBRAZO. m. Golpe dado con un libro.

LIBRE. (l. *liber*.) adj. Que posee facultad para obrar o no obrar. || 2. Que no es esclavo. || 3. Que no está preso ni prisionero. || 4. Licencioso, insubordinado. || 5. Atrevido. || 6. Disoluto, deshonesto. || 7. Suelto. || 8. Se dice del edificio o del lugar aislado. || 9. Exento, dispensado. || 10. Soltero. || 11. Independiente. || 12. Desembarazado de un daño o peligro. || 13. Que tiene ánimo para decir lo que conviene a su estado u oficio. || 14. Se dice de los sentidos o miembros del cuerpo que tienen expedito el ejercicio de sus funciones. || P. livre; I. free; F. libre; A. frei; It. libero; R. свободный.

LIBREA. (fr. *livrée*, lo que es dado; especialmente vestido dado por el amo al criado; de *livrer*, y éste del l. *liberāre*, librar.) f. Traje que algunos señores o entidades dan a los criados, uniforme y con distintivos. || 2. fig. Paje o criado con librea. || 3. MONT. Pelaje de venados y otras reses. || P. libré; I. livery; F. livrée; A. Livree; It. livrea; R. ливрея.

LIBREAR. tr. Vender o repartir una cosa por libras.

LIBREAR. (De *librea*.) tr. p. us. Adornar. Ú.t.c.r.

LIBRECAMBIO. m. Libre cambio.

LIBRECAMBISMO. m. Doctrina que defiende el libre cambio.

LIBRECAMBISTA. adj. Partidario del libre cambio. Ú.t.c.s. || 2. Perteneciente o relativo al libre cambio.

LIBREDUMBRE. f. ant. Libertad.

LIBREJO. m. d. de libro. || 2. despect. Libraco.

LIBREMENTE. adv. Con libertad.

LIBREPENSADOR, RA. adj. Partidario del librepensamiento. Ú.t.c.s.

LIBREPENSAMIENTO. (De *libre* y *pensamiento*.) m. Doctrina que reclama para la razón individual la independencia completa de todo criterio sobrenatural en materia religiosa.

LIBRERÍA. f. Biblioteca. || **2.** Tienda donde se venden libros. || **3.** Ejercicio o profesión de librero. || **P.** livraria; **I.** bookseller's; **F.** librairie; **A.** Buchhandlung; **It.** libreria; **R.** книжный магазин.

LIBRERIL. adj. Perteneciente o relativo al comercio de libros.

LIBRERO. m. El que tiene por oficio la venta de libros.

LIBRESCO, CA. adj. Perteneciente o relativo al libro. || **2.** Se dice del autor que se inspira en la lectura de los libros y no en la realidad de la vida o de la naturaleza.

LIBRETA. f. d. de libra. || **2.** Pan de una libra, en algunos lugares.

LIBRETA. (De *libro*.) f. Cuaderno en que se escriben anotaciones o cuentas. || **2.** Cartilla con notas relativas a una persona. || **P.** librinha; **I.** note-book; **F.** livret; **A.** Notizbuch; **It.** libretto; **R.** записная книжка.

LIBRETE. m. d. de libro. || **2.** Maridillo.

LIBRETÍN. m. d. de librete.

LIBRETISTA. com. Autor de uno o más libretos.

LIBRETO. (ital. *libretto*.) m. Obra dramática escrita para ser puesta en música toda ella como en la ópera, o en parte como la zarzuela.

LIBRILLO. m. Lebrillo.

LIBRILLO. m. d. de libro. || **2.** Cuaderno de papel de fumar. || **3.** Libro, tercera cavidad del estómago de los rumiantes. || **—de cera.** Porción de cerilla plegada en varias formas pero principalmente en la de librillo que sirve para llevar con facilidad luz a cualquier sitio. || **—de oro** o **plata.** El que sirve para que los batihojas coloquen los panes de oro o plata entre hojas de papel con minio para que no se peguen las láminas de metal.

LIBRO. (l. *liber, libri*.) m. Reunión de numerosas hojas de papel, vitela, etcétera, impresas que se han encuadernado o cosido juntas, y metidas entre cubiertas formando un volumen. || **2.** Obra literaria o científica con extensión para formar volumen. || **3.** Cada una de las partes principales en que suele dividirse una obra científica o literaria y los códigos de gran extensión. || **4.** Libreto. || **5.** fig. Impuesto. || **6.** Zool. La tercera de las cavidades del estómago de un rumiante. || **7.** Para los efectos legales todo impreso no periódico que tiene 200 o más páginas. || **—amarillo, azul, blanco, rojo,** etc. Libro con documentos diplomáticos y que en ciertos casos publican los gobiernos. El color del libro varía según el país. || **—antifonal** o **antifonario.** El de coro que contiene todas las antífonas del año. || **—copiador.** El que en las casas de comercio sirve para copiar en él la correspondencia. || **—de acuerdo.** For. Libro en que hace constar un tribunal resoluciones de aplicación general u otras que no sean la substanciación, vista o fallo de pleitos y causas. || **—de asiento.** El que se emplea para apuntar lo que interesa tener presente. || **—de caja.** El que poseen los hombres de negocio para anotar la entrada y salida del dinero. || **—de coro.** Libro grande en que están escritos los salmos, antífonas, etc., que se cantan en el coro, con sus notas de canto. || **—de cuentas ajustadas.** Prontuario de contabilidad elemental, dispuesto en diversidad de tablas de fácil uso. || **—de Esdras.** Cada uno de los dos libros del Antiguo Testamento escritos por Esdras y Nehemías, en los que se relata la libertad del pueblo hebreo, de la cautividad de Babilonia y el regreso a Jerusalén. || **—de Ester.** Libro del Antiguo Testamento que narra la historia de la esposa del rey Asuero, de estirpe judía, que libró a su pueblo de la proscripción general. || **—de fondo.** Los que ha impreso por su cuenta un librero o los que ha adquirido en gran número y tiene a la venta. || **—de horas.** El que contiene las horas canónicas. || **—de inventarios.** Com. En el que periódicamente se han de hacer constar los bienes y derechos de activo y todas las deudas y obligaciones de pasivo de una persona natural o jurídica y el balance general. || **—de Job.** Libro perteneciente al Antiguo Testamento que contiene la historia de las grandes pruebas a las que sometió Dios a este hombre santo y pacientísimo. || **—de Josué.** Libro canónico escrito por Josué en que refiere la conquista de la Tierra de Promisión siendo él caudillo del pueblo hebreo. || **—de Judit.** Libro del Antiguo Testamento que narra la libertad de Betulia gracias al valor de dicha heroína. || **—de la Sabiduría.** Libro del Antiguo Testamento que trata de la sabiduría creada e increada. || **—de las cuarenta hijas.** fig. y fam. Baraja de naipes. || **—de la vida.** fig. Teol. Conocimiento de Dios relativo a los elegidos y en el que se consideran escritos los nombres de los predestinados a la gloria. || **—de los jueces.** Libro canónico del Antiguo Testamento que contiene la historia del pueblo hebreo mientras fue gobernado por caudillos llamados jueces. || **—de los Macabeos.** Cada uno de los dos libros canónigos del Antiguo Testamento que contienen la historia de Judas Macabeo y de sus hermanos y de sus guerras contra los reyes de Siria en defensa de su religión y de su patria. || **—de los Proverbios.** Libro del Antiguo Testamento en que Salomón enseña a todos los hombres los deberes para con Dios y para con el prójimo. || **—de los Reyes.** Cada uno de los cuatro del Antiguo Testamento que contienen la historia del establecimiento de la anarquía y la serie de reyes antes y después de la división del reino en los dos de Judá e Israel. || **—de mano.** El manuscrito. || **—de memoria.** El que se emplea para apuntar en él lo que no se desea fiar a la memoria. || **—de música.** El que sirve para apuntar en él las notas de música para tocar y cantar composiciones musicales. || **—de Rut.** Libro canónico del Antiguo Testamento que narra la historia de esta mujer moabita, ejemplo de virtudes. || **—de surtido.** Cada uno de los que reciben los libreros para venderlos por comisión. || **—de texto.** El señalado por el profesor de una asignatura para sus alumnos. || **—de Tobías.** Libro del Antiguo Testamento que contiene un ejemplo de caridad y de humildad en la historia de este santo varón. || **—diario.** Com. En el que se van anotando día a día todas las operaciones del comerciante relativas a su giro o tráfico. || **—entonatorio.** El empleado para entonar en el coro. || **—maestro.** Libro principal en que se apuntan las noticias pertenecientes al gobierno económico de una casa. || **2.** Mil. El que contiene las filiaciones y partidas de un soldado. || **—mayor.** Libro maestro. || **2.** Com. Aquel en que, por debe y haber, ha de llevar el comerciante, con orden de fechas, las cuentas corrientes con las personas u objetos bajo cuyos nombres están abiertas. || **—moral.** Cada uno de los cinco libros de la Sagrada Escritura llamados en particular, los Proverbios, el Eclesiastés, el Cantar de los Cantares, la Sabiduría y el Eclesiástico, que abundan en máximas sabias y edificantes. Ú.m. en pl. || **—penador.** En algunos pueblos el que tiene la justicia para sentar las penas en que se condena a los que traspasan con el ganado los límites de los sitios vedados. || **—procesionario.** El que se lleva en las procesiones con las oraciones que se han de cantar o rezar. || **—ritual.** El que enseña el orden de las sagradas ceremonias y administración de los sacramentos. || **—sagrado.** Cada uno de los de la Sagrada Escritura recibidos por la Iglesia. Ú.m. en pl. || **—talonario.** El que sólo contiene libranzas, recibos, células, etcétera, de los cuales cuando se cortan queda una parte encuadernada que sirve de comprobante. || **—verde.** fig. y fam. Aquel en que se escriben noticias particulares y curiosas de algunos países y personas y en especial de los linajes y de lo que tienen de bueno o malo. || **2.** fig. y fam. Persona que hace tales averiguaciones. || *Gran* libro. El que llevan las oficinas de la deuda pública para anotar las inscripciones nominativas de las rentas perpetuas a cargo del Estado, pertenecientes a corporaciones o personas particulares. || *Cantar a* libro *abierto*. fr. fig. Cantar de pronto, sin preparación, una composición musical. || *Hablar como un* libro. fr. fig. Hablar con autoridad y elegancia. || *Hacer* un libro *nuevo*. fr. fig. y fam. Empezar a corregir sus vicios con una vida ordenada. || **2.** fig. y fam. Introducir novedades. || *Meterse* uno *en* libros *de caballerías*. fr. fig. Mezclarse en lo que no le importa. || *No estar* una cosa *en* libros *de* uno. fr. fig. y fam. Serle extraña una materia o pensar de distinta manera. || *Quemar* uno *sus* libros. fr. fig. de que se usa para esforzar la propia opinión o contrariar la ajena. || *Quemársele los* libros a uno. fr. fig. y fam. Argent. Ignorar una cosa, equivocarse en algo. || **P.** livro; **I.** book; **F.** livre; **A.** Buch; **It.** libro; **R.** книга.

LIBROTE. m. aum. de libro.

LICANTROPÍA. (gr. λυκανθρωπία, de λυκάνθρωπος, licántropo.) f. Med. Manía consistente en pensar el enfermo que está convertido en lobo imitando los aullidos de este animal. || **2.** Med. Zoantropía.

LICÁNTROPO. (gr. λυκάνθρωπος; de λύκος, lobo, y ἄνθρωπος, hombre.) m. El afectado de licantropía.

LICEÍSTA. com. Socio de un liceo.

LICENCIA. (l. *licentĭa*.) f. Facultad o permiso para realizar una cosa. || **2.** Documento en que consta la licencia. || **3.** Excesiva libertad en obrar o decir. || **4.** Grado de licencia. || **5.** Claustro de licencias. || **6.** pl. Las que se dan por tiempo indefinido a los eclesiásticos por sus superiores para celebrar, predecir, etcétera. || **—absoluta.** Mil. La que se concede a los militares eximiéndoles totalmente del servicio. || **—poética.** La autorizada infracción de las leyes del lenguaje al componer una obra poética, fundándose en el uso de los buenos escritores y en la aprobación de las preceptistas. || *Tomarse* uno *la* licencia. fr. Hacer uno independientemente algo sin pedir la licencia que necesitaba para realizarlo. || **P.** licença; **I.** licence; **F.** permission; **A.** Erlaubnis; **It.** licenza; **R.** лицензия.

LICENCIADILLO. (d. de *licenciado*.) m. fig. y fam. El que andaba vestido de hábitos clericales y resultaba ridículo en sus acciones y persona.

LICENCIADO, DA. p.p. de licenciar. || **2.** adj. Se aplica al que se las da de entendido. || **3.** Dado por libre. || **4.** m. y f. Persona que ha obtenido en una facultad el grado que le pone en condiciones de ejercerla. || **5.** Tratamiento dado a los abogados. || **6.** Soldado que tiene ya la licencia absoluta. || **—Vidriera.** fig. Persona excesivamente delicada y tímida. || 4.ª acep.: **P.** licenciado; **I.** licenciate; **F.** licencié; **A.** Lizentiat; **It.** licenziato; **R.** лиценциат.

LICENCIAMIENTO. m. Licenciatura, acción de recibir el grado de licencia. || **2.** Acción y efecto de licenciar a los soldados.

LICENCIAR. (l. *licentiāre*.) tr. Dar permiso o licencia. || **2.** Despedir a uno. || **3.** Conferir el grado de licenciado. || **4.** Dar a los soldados la licencia absoluta. || **5.** r. Hacerse licencioso. || **6.** Tomar el grado de licenciado. || 2.ª acep.: **P.** licenciar; **I.** to dismiss; **F.** congédier; **A.** entlassen; **It.** licenziare, congedare; **R.** увольнять.

LICENCIATURA. (l. *licentiātum*, supino de *licentiāre*, licenciar.) f. Grado de licenciado. || **2.** Acto de recibirlo. || **3.** Estudios para conseguir dicho grado.

LICENCIOSAMENTE. adv. Con demasiada libertad.

LICENCIOSO, SA. (l. *licentiōsus*.) adj. Disoluto, atrevido.

LICEO. (l. *Lyceum*, y éste del gr. Λύκειον.) m. Uno de los tres antiguos gimnasios de Atenas, donde enseñó Aristóteles. || **2.** Escuela aristotélica. || **3.** Nombre de algunas sociedades literarias o de recreo. || **4.** Chile. Instituto de segunda

L

enseñanza. || **5.** Méj. Escuela de instrucción primaria. || **P.** liceu; **I.** lyceum; **F.** lycée; **A.** Lyzeum; **It.** liceo; **R.** средняя школа.

LICIO, CIA. (l. *lycĭus*.) adj. Natural de Licia. Ú.t.c.s. || **2.** Perteneciente a este país de Asia antigua.

LICIÓN. f. ant. Lección.

LICIONARIO. m. ant. Leccionario.

LICITACIÓN. (l. *licitatĭo, -ōnis.*) f. For. Acción y efecto de licitar.

LICITADOR. (l. *licitātor.*) m. El que licita.

LÍCITAMENTE. adv. Justa, legítimamente.

LICITANTE. p.a. de licitar. Que licita.

LICITAR. (l. *licitāri.*) tr. Ofrecer precio por una cosa en subasta o almoneda.

LÍCITO, TA. (l. *licĭtus.*) adj. Justo, permitido. || **2.** Que es de la ley o calidad mandada. || **P.** lícito; **I.** licit; **F.** licite; **A.** zulässig, erlaubt; **It.** lècito; **R.** дозволенный.

LICITUD. f. Calidad de lícito.

LICNOBIO, BIA. (gr. λυχνόβιος; de λύχνος, lámpara, y βίος, vida.) adj. Se dice del que hace día de la noche, o sea que vive con luz artificial. Ú.t.c.s.

★ LICOPINA. f. Quím. Pigmento vegetal que se encuentra en el tomate.

LICOPODÍNEO, A. (De *licopodio.*) adj. Bot. Se aplica a las plantas criptógamas pteridofitas, que se distinguen de otros vegetales de igual grupo por la ramificación dicótoma de sus tallos y raíces. Ú.t.c.s.f. || **2.** f. pl. Bot. Clase de estas plantas.

LICOPODIO. (gr. λύχος; lobo, y πούς, ποδός, pie.) m. Planta licopodínea, comúnmente rastrera, crece ordinariamente en lugares húmedos y sombríos. || **P.** licopódio; **I.** lycopodium; **F.** lycopode; **A.** Bärlapp; **It.** licopodio; **R.** ликоподий.

LICOR. (l. *liquor.*) m. Cuerpo líquido. || **2.** Bebida obtenida por destilación, maceración o mezcla de diversas substancias y compuesta de alcohol, agua, azúcar y esencias variadas. || **—de Condy.** Quím. Solución de permanganato de sodio o calcio empleado como desinfectante. || **P.** licor; **I.** liquor; **F.** liqueur; **A.** Likör; **It.** liquore; **R.** жидкость, ликёр.

LICORERA. f. Utensilio de mesa para colocar botellas de licor y a veces las copas donde se sirve.

LICORISTA. com. Persona que hace o vende licores.

LICOROSO, SA. (De *licor.*) adj. Se aplica al vino aromático y espiritoso.

LICTOR. (l. *lictor, -ōris.*) m. Ministro de justicia entre los romanos, precedía con las fasces o cónsules y otros magistrados. || **P.** e **I.** lictor; **F.** licteur; **A.** Liktor; **It.** littore; **R.** ликтор.

LICUABLE. (l. *licuabílis.*) adj. Liquidable.

LICUACIÓN. (l. *liquatĭo, -ōnis.*) f. Acción y efecto de licuar o licuarse. || **2.** Fís. Licuefacción.

LICUANTE. p.a. de licuar. Que licua.

LICUAR. (l. *licuāre.*) tr. Liquidar, convertir en líquido. Ú.t.c.r. || **2.** Min. Fundir un metal sin derretir las otras materias con que está mezclado, para separarlo de ellas. Ú.t.c.r. || **3.** Fís. Convertir en líquido un cuerpo sólido o gaseoso. || **P.** liquefazer; **I.** to liquefy; **F.** liquéfier; **A.** verflüssigen; **It.** liquefare; **R.** превращать в жидкое состояние.

LICUECER. (l. *licuescĕre.*) tr. ant. Licuar. Usáb.t.c.r.

LICUEFACCIÓN. (l. *licuefactum,* supino de *liquefacĕre,* liquidar.) f. Acción y efecto de licuefacer o licuefacerse. || **2.** Fís. Fenómeno inverso a la vaporización mediante el cual un gas pasa al estado líquido.

LICUEFACER. (l. *licuefacĕre.*) tr. Licuar.

LICUEFACTIVO, VA. (l. *licuefactus,* liquidado.) adj. Que tiene virtud de licuar.

LICUOR. m. ant. Licor.

LICURGO, GA. (Por alusión a *Licurgo,* famoso legislador espartano.) adj. fig. Inteligente, astuto. || **2.** m. fig. Legislador.

LICHERA. (l. *lectuaría,* t. f. de -*rĭus,* propio del lecho.) f. En ciertos lugares manta o cobertor del lecho.

LID. (l. *lis, litis.*) f. Combate, pelea. || **2.** fig. Disputa, contienda de razones y argumentos. || *En buena* LID. loc. adv. Por buenos medios. || **P.** lide; **I.** fight; **F.** combat; **A.** Kampf, Gefecht; **It.** lizza; **R.** сражение.

° LÍDER. (ingl. *laeder,* jefe.) m. Guía, jefe o conductor, y más especialmente el que lo es de una colectividad, agrupación o partido político.

LIDIA. f. Acción y efecto de lidiar.

LIDIADERO, RA. adj. Que puede lidiarse o correrse.

LIDIADOR, RA. (l. *litigātor.*) m. y f. Persona que lidia. || **P.** lidador; **I.** fighter; **F.** combattant; **A.** Kämpfer; **It.** combattente; **R.** боец.

LIDIANTE. p.a. de lidiar. Que lidia.

LIDIAR. (l. *litigăre,* luchar.) intr. Batallar, pelear. || **2.** fig. Hacer frente a uno, oponerse. || **3.** fig. Tratar, comerciar con una o más personas que causan molestia. || **4.** tr. Burlar al toro luchando con él y esquivando sus ataques hasta darle muerte. || **P.** lidar; **I.** to fight; **F.** combattre; **A.** kämpfen; **It.** combàttere; **R.** сражаться.

LIDIO, DIA. (l. *lydĭus.*) adj. Natural de Lidia. Ú.t.c.s. || **2.** Perteneciente a este país de Asia antigua.

★ LIDIOSO, SA. adj. Venez. Fastidioso, majadero.

LIEBRASTÓN. (De *liebratón.*) m. Lebrato.

LIEBRATICO. m. Lebrato.

LIEBRATÓN. (De *liebre.*) m. Librastón.

LIEBRE. (l. *lĕpus, -ŏris.*) f. Mamífero roedor de pelaje suave y espeso, de cabeza proporcionalmente pequeña, hocico estrecho, orejas muy largas y extremidades posteriores más largas que las anteriores. Es tímida, veloz y abundante en España. Su carne es comestible y su piel mejor que la del conejo. || **2.** fig. y fam. Hombre cobarde y tímido. || **3.** Astron. Pequeña constelación meridional al Occidente del Can Mayor. || **—corrida.** Méj. Mujer libre. || **—de mar** o **marina.** Zool. Molusco gasterópodo, de cuerpo desnudo, pero con concha oculta, tiene cuatro tentáculos. || *Comer* uno *la* LIEBRE. fr. fig. y fam. Ser cobarde. || *Donde menos se piensa, salta la* LIEBRE. ref. que denota el suceso repentino de las cosas inesperadas. || *Seguir* uno *la* LIEBRE. fr. fig. y fam. Continuar averiguando algo por los indicios que se tienen de ello. || **P.** lebre; **I.** hare; **F.** lièvre; **A.** Hase; **It.** lepre; **R.** заяц.

LIEBRECILLA. f. d. de liebre. || **2.** f. Aciano menor.

LIEBREZUELA. f. d. de liebre.

LIEGO, GA. adj. Lleco. Ú.t.c.s.

LIENDRE. (l. *lens, lendis.*) f. Zool. Huevo del piojo adherido a los pelos. || *Cascarle,* o *machacarle,* a uno *las* LIENDRES. fr. fig. y fam. Aporrearle. || **2.** fig. y fam. Reprenderle con fuerza. || **P.** lêndea; **I.** nit; **F.** lente; **A.** Nisse; **It.** lèndine; **R.** гнида.

LIENTERA. f. Med. Lientería.

LIENTERÍA. (l. *lintería,* y éste del gr. λειεντερία; de λεῖος, liso, y ἔντερον, intestino.) f. Med. Diarrea de alimentos mal digeridos.

LIENTÉRICO, CA. (l. *lienterĭcus.*) adj. Med. Perteneciente a la lientería. || **2.** Med. Que la padece. Ú.t.c.s.

LIENTO, TA. (l. *lentus.*) adj. Húmedo, poco mojado.

LIENZA. (De *lienzo.*) f. Lista o tira estrecha de cualquier tela. || **2.** Chile. Cordón fino y resistente, de hilo o algodón, que se vende en madejas y tiene varias aplicaciones.

LIENZO. (l. *lintěum.*) m. Tela que se fabrica de lino, cáñamo o algodón. || **2.** Pañuelo de lienzo o algodón para limpiar el sudor y las narices. || **3.** Pintura sobre lienzo. || **4.** Fachada del edificio que se extiende a uno y otro lado. || **5.** Fort. Porción de muralla de cubo a cubo, de baluarte a baluarte. || **P.** lenço; **I.** linen cloth; **F.** toile de lin o de chanvre; **A.** Linnen; **It.** tela; **R.** полотно.

LIEVA. (De *lievar.*) f. ant. Acción de llevar una cosa.

LIEVAR. (De *levar,* infl. por *lievo.*) tr. ant. Llevar.

LIEVE. (l. *lĕvis,* leve.) adj. ant. Leve.

LIFARA. f. fam. Ar. Alifara.

LIGA. (De *ligar.*) f. Cinta o banda elástica para asegurar las medias o los calcetines. || **2.** Venda o faja. || **3.** Muérdago. || **4.** Materia viscosa del muérdago y otras plantas, con que se untan juncos para cazar pájaros. || **5.** Unión o mezcla. || **6.** Confederación entre Estados para defenderse de sus enemigos o para atacarlos. || **7.** Por ext., agrupación de individuos para algún designio común. || **8.** Cantidad de cobre mezclada con oro o plata para fabricar monedas o alhajas. || **9.** Germ. Amistad. || **10.** Hond. Ligación. || **11.** Ecuad. Amigo inseparable. || **12.** fam. R. de la Plata. Suerte, fortuna. Se emplea con el verbo *tener.* || **13.** Colom. Hurto, sisa. || **P.** liga; **I.** garter; **F.** jarretière; **A.** Strumpfband; **It.** legaccio; **R.** подвязка; || **6.ª** acep.: **P.** confederação; **I.** league; **F.** ligue; **A.** Bund; **It.** lega; **R.** лига, союз.

LIGACIÓN. (l. *ligatĭo, -ōnis.*) f. Acción y efecto de ligar. || **2.** Liga, mezcla, unión.

LIGADA. f. Mar. Ligadura, **1.ª** acep.

LIGADO, DA. p.p. de ligar. || **2.** m. Unión o enlace de las letras en la escritura. || **3.** Mús. Unión de dos puntos sosteniendo el valor de ellos, y nombrando sólo el primero. || **4.** Mús. Modo de ejecutar sin interrupción unas notas diferentes, en contraposición al picado.

LIGADURA. (l. *ligatūra.*) f. Vuelta que se da apretando algo con liga, venda u otro medio. || **2.** Acción y efecto de ligar, **5.ª** acep. || **3.** fig. Sujeción, unión con que está sujeta una cosa. || **4.** Cir. Venda o cinta con que se aprieta. || **5.** Mús. Artificio para ligar la disonancia con la consonancia de forma que no cause el mal efecto que por separado causaría. || *Doble* LIGADURA. Quím. Ligadura de dos valencias que une a dos átomos de un compuesto químico. || **P.** ligadura; **I.** y **F.** ligature; **A.** Ligatur; **It.** legatura; **R.** перевязка.

LIGAGAMBA. (De *ligar* y *gamba.*) f. ant. Ligapierna.

LIGALLERO. m. Ar. Individuo de la junta de gobierno del ligallo.

LIGALLO. (De *liga,* unión.) m. Ar. Junta de ganaderos y pastores que anualmente se reunían para tratar de asuntos de su industria.

LIGAMAZA. (De *ligar.*) f. Viscosidad, y particularmente la materia pegajosa que envuelve las semillas de ciertas plantas.

LIGAMEN. (l. *ligāmen,* atadura.) m. Maleficio mediante el cual se suponía que quedaba ligada la facultad de la generación. || **2.** Impedimento para contraer matrimonio que supone otro no disuelto legalmente.

LIGAMENTO. (l. *ligamentum.*) m. Ligación, acción de ligar. || **2.** Cordón fibroso muy homogéneo de gran resistencia que liga los huesos de las articulaciones. || **3.** Zool. Pliegue membranoso que sostiene la posición propia de cualquier órgano del cuerpo de un animal. || **P.** e **It.** ligamento; **I.** y **F.** ligament; **A.** Muskelband; **R.** перевязка.

LIGAMENTOSO, SA. adj. Que tiene ligamentos.

LIGAMIENTO. m. Acción y efecto de ligar. || **2.** fig. Unión, conformidad de voluntades.

LIGAPIERNA. (De *ligar* y *pierna.*) f. ant. Liga, cinta para asegurar las medias.

LIGAR. (l. *ligăre.*) tr. Atar. || **2.** Alear, mezclar metales. || **3.** Mezclar cierta cantidad de otro metal con oro o plata cuando se bate moneda o se fabrican alhajas. || **4.** Unir. || **5.** fig. Usar un maleficio para hacer a uno según superstición, impotente para la generación. || **6.** fig. Obligar. Ú.t.c.r. || **7.** intr. En ciertos juegos de naipes, unir dos o más cartas adecuadas al lance. || **8.** r. Confederarse. || **9.** Cuba. Comprometer la venta de toda o parte de la recolección antes de realizarla conviniendo un precio inalterable. || **10.** fam. R. de la Plata. Corresponder en suerte algo. Ú.t.c.r. || **11.** Colom. Sisar, hurtar. || **12.** Argent. Corresponderse dos personas. || **13.** Cuba, P. Rico y Méj. Mirar, curiosear. || **14.** P. Rico, Rep. Domin., Guat. y Perú. Realizarse un deseo. || **15.**

L

ARGENT. Tener buena suerte en el juego. || **P.** ligar; **I.** to attach; **F.** lier, attacher; **A.** anknüpfen; **It.** legare; **R.** перевязывать.

LIGARZA. (De *ligar*.) f. **AR.** Legajo.

LIGATERNA. f. **BURG., CUENC.** y **PAL.** Lagartija.

LIGATURA. f. ant. Ligadura.

LIGAZÓN. (l. *ligatĭo*, *-ōnis*.) f. Enlace de una cosa con otra. || **2. MAR.** Cualquiera de los maderos que enlazan para componer las cuadernas de un buque.

LIGERAMENTE. adv. Con ligereza. || **2.** De paso, levemente. || **3.** fig. De ligero.

LIGEREZ. f. ant. Ligereza.

LIGEREZA. (De *ligero*.) f. Presteza, agilidad. || **2.** Levedad. || **3.** fig. Inconstancia, inestabilidad. || **4.** fig. Hecho o dicho de alguna importancia pero irreflexivo. || **P.** ligereza; **I.** ligtness; **F.** légèreté; **A.** Leichtigkeit; **It.** leggerezza; **R.** лёгкость.

LIGERO, RA. (De un der. del l. *levis*, en gr. ἐλαχύς.) adj. Que pesa poco. || **2.** Ágil, pronto. || **3.** Se dice del sueño que se interrumpe fácilmente. || **4.** Leve, de escasa importancia. || **5.** fig. Tratándose de alimentos el fácilmente digerible. || **6.** fig. Inconstante, voltario. || **7.** adv. **AMÉR. CENTRAL** y **MERID.** Pronto en seguida. || *A la* LIGERA. m. adv. De prisa, ligeramente. || **2.** fig. Sin aparato ni ostentación. || **3.** fig. Sin reflexión. || **P.** ligeiro; **I.** light; **F.** léger; **A.** leicht; **It.** leggiero; **R.** лёгкий.

LIGERUELO, LA. adj. d. de ligero. || **2.** Dícese de la uva temprana.

LIGIO. (ant. franco *lèdig*; en b. l. *ligius*.) adj. Se dice del feudo en que el feudatario queda íntimamente unido al señor sin poder reconocer otra subordinación semejante.

LIGNÁLOE. (l. *lignum alŏes*, palo de áloe.) m. ant. Lináloe.

LIGNARIO, RIA. (l. *lignarĭus*.) adj. De madera o perteneciente a ella.

★ **LIGNINA.** f. **QUÍM.** Substancia constituida por pentosanas y compuestos aromáticos.

LIGNITO. (l. *lignum*, leño.) m. Carbón fósil que no da cuego al calcinarse en vasos cerrados. Es combustible de mediana calidad.

LIGNUM CRUCIS. (l. *lignum*, madero, y *crucis*, de la cruz.) m. Relíquia de la cruz de Nuestro Señor Jesucristo.

LIGÓN. (l. *ligo*, *-ōnis*.) m. Especie de azada con mango largo y encorvado.

LIGONA. f. **AR.** Ligón.

★ **LIGROÍNA.** f. **QUÍM.** Éter de petróleo; es buen disolvente y se le emplea para lavado en seco.

LIGUA. f. Hacha de armas empleada en Filipinas.

LIGUANO, NA. adj. **CHILE.** Se dice de los carneros de lana gruesa y larga, de lo perteneciente a ellos o a su lana y de lo fabricado con ella.

LIGUILLA. (d. de *liga*.) f. Cierta clase de liga o venda estrecha.

LÍGULA. (l. *ligŭla*, lengüeta.) f. **BOT.** Estípula entre el limbo y el pecíolo de las hojas de las gramíneas. || **2. MED.** Epiglotis. || **3. ZOOL.** Lengüeta del labio inferior de los insectos.

LIGUR. (l. *ligur*.) adj. Ligurino. Natural de Liguria. Ú.t.c.s.

LIGURINO, NA. (l. *ligurīnus*.) adj. Natural de Liguria. Ú.t.c.s. || **2.** Perteneciente a este país de la Italia antigua.

LIGÚSTICO, CA. (l. *ligustĭcus*.) adj. Ligurino, perteneciente o relativo a Liguria.

LIGUSTRE. m. Flor del ligustro.

LIGUSTRINO, NA. adj. Perteneciente al ligustro.

LIGUSTRO. (l. *ligustrum*.) m. Alheña, arbusto oleáceo.

LIJA. (De *lijar*, 1.er art.) f. **ZOOL.** Pez selacio, escuálido, de cuerpo casi cilíndrico, voraz, del que se utiliza la carne, la piel y el aceite que se saca de su hígado. || **2.** Piel seca de este pez o de otro selacio, que se emplea para pulir metales y maderas. || **3.** Papel de lija. || **4.** adj. **MÉJ.** Listo, astuto. || *Darse* LIJA. fr. fig. y fam. **CUBA.** Darse importancia. || **P.** lixa; **I.** dogfish; **F.** rousette; **A.** Blaunhai; **It.** gatuccio; **R.** акула.

LIJADURA. (De *lijar*, 2.° art.) f. **SANT.** Lesión, imperfección de una parte del cuerpo.

LIJAR. (l. *illīsus*.) tr. Pulir una cosa con lija o papel de lija.

LIJAR. tr. ant. Lisiar, lastimar. Ú. en Santander.

LIJO, JA. adj. ant. Lijoso.

LIJOSAMENTE. (De *lijoso*.) adv. Suciamente.

LIJOSO, SA. (De *lijo*.) adj. ant. Sucio. || **2. CUBA.** Vanidoso.

LILA. (De *lilac*.) f. Arbusto oleáceo, de flores de color morado en racimos piramidales. Es originario de Persia y se cultiva en los jardines. || **2.** Flor de dicho arbusto. || **3.** Color morado claro. || **4.** adj. **Tonto, fatuo.** Ú.t.c.s. || **P.** lilás; **I.** lilac; **F.** lilas; **A.** Flieder; **It.** lilla; **R.** сирень.

LILA. (De *Lille*, ciudad de Flandes, de donde llegó dicha tela.) f. Tela de lana de varios colores.

LILAC. (ár. *lilāk*, y éste corrupción del persa *lilaý* o *lilang*, indigo.) f. Lila. 1.er art.

LILAILA. f. Lelilí.

LILAILA. f. Fileli. || **2.** fam. Astucia, treta. Ú.m. en pl.

LILAO. m. fam. Ostentación vana en el porte, palabras o acciones.

★ **LILE.** adj. **CHILE.** Débil, paralítico, trémulo. || **2.** m. **CHILE.** En Chiloé, cierta clase de patata.

★ **LILI.** adj. **CHILE.** Lile.

LILIÁCEO, A. (l. *liliacěus*, parecido al lirio.) adj. **BOT.** Se aplica a las plantas angiospermas monocotiledóneas, generalmente herbáceas, anuales o perennes, de fruto capsular con muchas semillas. Ú.t. c.s.f. || **2.** f. pl. **BOT.** Familia de estas plantas.

LILILÍ. m. Lelilí.

LILIO. (l. *lilium*.) m. ant. Lirio.

LILIPUTIENSE. (Por alusión a los fantásticos personajes de *Lil-liput*, imaginados por el novelista Swift en sus *Viajes de Gullivier*.) adj. fig. Se aplica a la persona muy endeble y pequeña. Ú.t.c.s.

LIMA. (ár. *lima*.) f. Fruto del limero de forma esferoidal aplanada, de corteza lisa y amarilla, comestible, de sabor un tanto dulce. || **2.** Limero, 2.ª acep.

LIMA. (l. *lima*.) f. Instrumento de acero templado, de superficie ligeramente estriada, propio para desgastar o alisar metales. || **2.** fig. Corrección de las obras en particular de las del entendimiento. || —**muza.** Lª de grano de picadura más fina. || —**sorda.** La embotadura con plomo que apenas hace ruido al limar. || **2.** fig. Lo que sin darse cuenta va consumiendo una cosa. || **P.** e **It.** lima; **I.** file; **F.** lime; **A.** Feile; **R.** напильник.

LIMA. (l. *lima*, t. f. de *-mus*.) f. **ARQ.** Madero colocado en el ángulo diedro que forman dos vertientes de una cubierta, y en el que se apoyan los pares cortos de la armadura. || **2. ARQ.** Dicho ángulo diedro. || —**hoya.** ARQ. Dicho ángulo cuando es entrante. || —**tesa.** ARQ. Dicho ángulo cuando es saliente.

LIMA. (port. *lima*, *limosa*, fr. *limaçe*.) f. **GERM.** Camisa.

LIMACO. (l. *limax*, *-ācis*, babosa.) m. **ÁL.** y **AR.** Limaza.

LIMADOR. adj. Que lima; se aplica principalmente al que tiene el oficio de limar. Ú.t.c.s.

LIMADURA. (l. *limatūra*.) f. Acción y efecto de limar. || **2.** pl. Partes menudas que se sacan con la lima del metal. || **2.ª** acep.: **P.** limadura; **I.** filings; **F.** limure, limaille; **A.** Feilen; **It.** limaglia; **R.** металлические опилки.

LIMALLA. (fr. *limaille*.) f. Conjunto de limaduras.

LIMAR. (l. *limāre*.) tr. Cortar, alisar con la lima los metales. || **2.** fig. Pulir una obra. || **3.** fig. Debilitar una cosa material o inmaterial.

LIMATÓN. m. Lima redonda y gruesa. || **2. COLOM., CHILE** y **HOND.** Lima, madero en el ángulo diedro de una cubierta. || **3. CUBA.** Uno de los dos maderos delgados en que se apoyan las limas.

LIMAZA. (l. *limax*, *-ācis*, babosa.) f. Babosa, molusco gasterópodo abundante en las huertas.

LIMAZO. (l. *limacěus*, de *limax*, babosa.) m. Babaza o viscosidad.

LIMBO. (l. *limbus*.) m. Lugar donde estaban las almas de los justos y patriarcas antiguos esperando la redención del género humano. || **2.** Lugar donde van los que, antes del uso de la razón, mueren sin recibir el bautismo. || **3.** Borde de una cosa, especialmente orla de una vestidura. || **4.** Corona graduada que llevan los instrumentos destinados a medir ángulos. || **5. ASTRON.** Contorno aparente de un astro. || **6. BOT.** Lámina, parte ancha de las hojas, sépalos y pétalos de las plantas. || *Estar uno en el* LIMBO. fr. fig. y fam. Estar distraído, alelado, pendiente de algo y sin poder resolverlo. || **P., I.** e **It.** limbo; **F.** limbe; **A.** Vorhölle; **R.** лимб; 6.ª acep.: **P.** e **It.** limbo; **I.** limb; **F.** limbe; **A.** Blattscheide; **R.** лимб.

LIMEN. (l. *limen*.) m. poét. Umbral. || **2. FISIOL.** Grado menor de estímulo que produce una sensación. || —**absoluto.** FISIOL. El menor límite posible de perceptibilidad de la sensación. || —**relativo.** FISIOL. Límite menor de la sensibilidad discerniente.

★ **LIMENSO.** m. **CHILE.** Melón redondo, de color anaranjado, con pintas o rayas blancas y muy oloroso. || **2.** fig. **CHILE.** Individuo, especialmente niño empalagoso.

LIMEÑO, ÑA. adj. Natural de Lima. Ú.t.c.s. || **2.** Perteneciente a esta ciudad de América.

LIMERA. (De *lemera*.) f. **MAR.** Abertura en la bovedilla de popa para el paso de la cabeza del timón. || **P.** limeira; **I.** rudder-hole, helm-port; **F.** jaumière; **A.** Ruderkoker; **It.** losca.

LIMERO, RA. m. y f. Persona que vende limas, 1.er art., 1.ª acep. || **2.** m. **BOT.** Árbol rutáceo, de tronco liso, originario de Persia. Se cultiva en España. Su fruto es la lima.

LIMETA. (d. español del ár. *limma*, frasco, botella.) f. Botella de vientre ancho y corto y cuello largo. || **2. ECUAD.** Media botella de aguardiente. || **3.** fig. y fam. **ARGENT.** Frente. || **4. ARGENT.** Cabeza, en particular la calva. || *No es soplar y hacer* LIMETAS. fr. fig. y fam. **CHILE.** Indica que una cosa no es tan fácil como aparenta.

LIMISTE. (fr. *limestre*.) m. Cierta clase de paño que se fabricaba en Segovia.

LIMITABLE. (l. *limitabĭlis*.) adj. Que puede limitarse.

LIMITACIÓN. (l. *limitatĭo*, *-ōnis*.) f. Acción y efecto de limitar o limitarse. || **2.** Término o distrito. || **3. MAT.** Nombre que recibe la expresión matemática que representa los valores extremos que puede tomar una variable.

LIMITADAMENTE. adj. Con limitación.

LIMITADO, DA. p.p. de limitar. || **2.** adj. Se aplica al que tiene poco entendimiento.

LIMITÁNEO, A. (De *límite*.) adj. Perteneciente o relativo a los límites o fronteras de un país o provincia.

LIMITAR. (l. *limitāre*.) tr. Poner límites a un lugar. || **2.** fig. Acortar. Ú.t. c.r. || **3.** fig. Fijar la máxima extensión que puede poseer la jurisdicción, autoridad, derechos de uno, etc. || **P.** limitar; **I.** to limit; **F.** limiter; **A.** begrenzen; **It.** limitare; **R.** ограничивать.

LIMITATIVO, VA. adj. Que limita, reduce. || **2. FOR.** Se aplica en especial a los derechos reales que cercenan la plenitud del dominio.

LÍMITE. (l. *limes*, *-ĭtis*.) m. Término, lindero de estados, posesiones, etc. || **2.** fig. Fin. || **3. MAT.** Término del que no puede pasar el valor de una cantidad. || —**de elasticidad.** Fís. Máxima tensión que puede producir la deformación elástica de un cuerpo. || —**de audibilidad.** ACÚST. Valores extremos de la frecuencia de las ondas perceptibles por el oído humado. || **P.** limite; **I.** limit; **F.** limite, borne; **A.** Grenze; **It.** limite, confine; **R.** граница, предел.

LIMÍTROFE. (l. *limitrŏphus*, y éste del l. *limes*, *-ĭtis*, límite, y del gr. τρέφω, alimentar.) adj. Confinante.

L

LIMO. (l. *limus*.) m. Lodo o légamo. ‖ **P.** limo; **I.** slime, mud; **F.** boue, fange; **A.** Kot, Schlamm; **It.** limaccio; **R.** тина.

★ **LIMO.** m. Bot., Colom. y Chile. Limero, árbol auranciáceo.

LIMÓN. (ár. *laimûn*.) m. Fruto del limonero, de forma ovoide, pezón saliente en la base y corteza de color amarillo. ‖ **2.** Limero, 1.er art., 2.ª acep. ‖ **3.** Méj. Ruedecilla del limón. ‖ **4.** Cuba. Mal bailador. ‖ —**ceutí.** Variedad del limón muy olorosa. ‖ **P.** limão; **I.** lemon; **F.** citron; **A.** Zitrone; **It.** limone; **R.** лимон.

LIMÓN. (De *leme*.) m. Limonera. ‖ **2.** Cuba, Chile y Argent. Cada uno de los maderos paralelos que forman la armazón de las carretas. ‖ **3.** Argent. y Chile. Zanca, madero que sirve de apoyo a los peldaños de la escalera. ‖ *Falso* limón. Arq. Pieza que embutida en un muro sostiene por dicho lado los peldaños de la escalera.

LIMONADA. (De *limón*, 1.er art.) f. Bebida preparada con agua, azúcar y zumo de limón. ‖ —**de vino.** Sangría, bebida de agua, limón y vino. ‖ —**purgante.** Citrato de magnesia disuelta en agua con azúcar. ‖ —**seca.** Polvos de ácido cítrico y azúcar con que se puede hacer una limonada disolviéndolos en agua. ‖ **P.** limonada; **I.** lemonade; **F.** limonade; **A.** Limonade; **It.** limonata; **R.** лимонад.

LIMONADO, DA. adj. De color de limón.

LIMONAR. m. Lugar plantado de limones.

★ **LIMONARIA.** f. Hond. Arbusto de flores olorosas cultivado en los jardines.

★ **LIMONCILLO.** m. Bot. Árbol mirtáceo, cuyas hojas tienen cierto olor a limón y cuya madera se emplea en ebanistería.

★ **LIMONENO.** m. Quím. Hidrocarburo que se encuentra en las esencias de naranja, limón, lima, apio, abeto, etc.

LIMONERA. (De *limón*, de igual significado.) f. Cada una de las dos varas de un coche. Ú.m. en pl.

LIMONERO, RA. m. y f. Persona que vende limones. ‖ **2.** m. Bot. Árbol rutáceo, de copa abierta, originario de Asia y muy cultivado en España. Su fruto es el limón.

LIMONERO, RA. (De *limón*, 2.º art.) adj. Se dice de la caballería que va a varas en el carro. Ú.t.c.s.

★ **LIMONITA.** f. Mineral. Mineral de hierro apto para el beneficio de este metal.

LIMOSIDAD. f. Calidad de limoso. ‖ **2.** Sarro de la dentadura.

LIMOSÍN. adj. ant. Lemosín. Apl. a pers. usáb.t.c.s.

LIMOSNA. (De *alimosna*.) f. Lo que por amor de Dios se da para socorrer una necesidad. ‖ **P.** esmola; **I.** alms; **F.** aumône; **A.** Almosen; **It.** limòsina; **R.** подаяние.

LIMOSNADERO, RA. adj. ant. Limosnero.

LIMOSNADOR, RA. m. y f. ant. Persona que da limosna.

LIMOSNEAR. intr. Pordiosear, mendigar.

LIMOSNERA. f. Escarcela en que se llevaba el dinero para las limosnas.

LIMOSNERO, RA. adj. Caritativo, que da limosna con frecuencia. ‖ **2.** Argent. Pordiosero. ‖ **3.** m. Encargado de recoger y repartir limosnas. ‖ **4.** El que en los palacios de reyes, prelados, etc., reparte las limosnas.

LIMOSO, SA. (l. *limōsus*.) adj. Lleno de limo o lodo.

LIMPIA. (De *limpiar*.) f. Limpieza, acción de limpiar. ‖ **2.** Derecho que pagan los buques en los puertos donde efectúan la limpieza. ‖ **3.** Méj., Pan. y Bol. Zurra.

LIMPIABARROS. m. Utensilio que colocado a la entrada de las casas sirve para que se limpien el barro del calzado los que llegan.

LIMPIABOTAS. m. El que por oficio limpia él calzado. ‖ **P.** limpabotas; **I.** boot-black; **F.** brosseur; **A.** Schuhputzer; **It.** lustrino; **R.** чистильщик сапог.

LIMPIACHIMENEAS. (De *limpiar* y *chimeneas*.) m. El que por oficio deshollina chimeneas.

LIMPIADERA. (De *limpiar*.) f. Cepillo de carpintero. ‖ **2.** Aguijada de labrador.

LIMPIADIENTES. (De *limpiar* y *dientes*.) m. Mondadientes. ‖ **2.** Hond. Copalillo cuya resina puede substituir al alcanfor. ‖ **3.** Hond. Dicha resina.

LIMPIADOR, RA. adj. Que limpia. Ú.t.c.s.

LIMPIADURA. f. Limpieza, acción de limpiar. ‖ **2.** pl. Desperdicios o basura de una cosa que se limpia.

LIMPIAMENTE. adv. Con limpieza. ‖ **2.** fig. Hablando de ciertos juegos o habilidades, con gran destreza. ‖ **3.** fig. Sinceramente. ‖ **4.** fig. Con integridad, sin interés.

LIMPIAMIENTO. (De *limpiar*.) m. Limpieza, acción de limpiar.

LIMPIANTE. p.a. ant. de limpiar. Que limpia.

LIMPIAPARABRISAS. m. Mecanismo que se adapta en la parte exterior del parabrisas de un coche y con un movimiento de vaivén aparta las gotas de lluvia o la nieve que cae sobre él.

★ **LIMPIAPLATA.** adj. Chile. Dícese de la hierba llamada cola de caballo, empleada para limpiar plata. Ú.t.c.s.f.

LIMPIAPLUMAS. m. Paño, o cepillito para limpiar plumas de escribir.

LIMPIAR. (l. *limpidāre*.) tr. Quitar la suciedad de una cosa. Ú.t.c.r. ‖ **2.** fig. Purificar. ‖ **3.** Echar de un lugar a los que son perjudiciales. ‖ **4.** fig. Quitar a los árboles las ramas pequeñas que le dañan. ‖ **5.** fig. y fam. Hurtar, robar. ‖ **6.** fig. y fam. Ganar dinero en el juego. ‖ **7.** Chile. Escardar. ‖ **8.** Méj. y Pan. Castigar, azotar. ‖ **9.** R. de la Plata. Matar a una persona. ‖ **P.** limpar; **I.** to clean; **F.** nettoyer; **A.** reinigen, säubern; **It.** pulire; **R.** чистить.

LIMPIAUÑAS. m. Instrumento para limpiar las uñas.

LIMPIDEZ. f. poét. Calidad de límpido.

LÍMPIDO, DA. (l. *limpĭdus*.) adj. poét. Limpio, puro, sin mancha.

LIMPIEDAD. (De *limpio*.) f. ant. Limpieza.

LIMPIEDUMBRE. f. ant. Limpieza.

LIMPIEZA. f. Calidad de limpio. ‖ **2.** Acción y efecto de limpiar o limpiarse. ‖ **3.** fig. Hablando de la Virgen Santísima, su Inmaculada Concepción. ‖ **4.** fig. Pureza, castidad. ‖ **5.** fig. Integridad en los negocios. ‖ **6.** fig. Precisión en ejecutar las cosas. ‖ **7.** fig. Observación estricta de las reglas en los juegos. ‖ —**de bolsa.** fig. y fam. Falta de dinero. ‖ —**de corazón.** fig. Rectitud, sinceridad. ‖ —**de sangre.** Calidad de no tener mezcla ni raza de moros, judíos, herejes ni penitenciados. ‖ **P.** limpeza; **I.** cleanliness; **F.** propreté; **A.** Reinlichkeit; **It.** pulitezza; **R.** чистота.

LIMPIO, PIA. (l. *limpĭdus*.) adj. Sin mancha o suciedad. ‖ **2.** Que no tiene mezcla. Suele decirse de los granos. ‖ **3.** Habitualmente aseado y pulcro. ‖ **4.** Se dice de las personas o familias sin mezcla ni raza de moros, judíos, herejes o penitenciados. ‖ **5.** fig. Exento de cosa que dañe. ‖ **6.** fig. y fam. Se aplica al que lo ha perdido todo en el juego. Suele usarse con los verbos *dejar* y *quedar*. ‖ **7.** adv. Limpiamente. ‖ *En* limpio. m. adv. En substancia, deducidos desperdicios y gastos. ‖ **2.** En claro, sin tachones ni enmiendas. ‖ **P.** limpo; **I.** clean, neat; **F.** propre, net; **A.** rein, sauber; **It.** pulito; **R.** чистый, опрятный.

LIMPIÓN. (De *limpiar*.) m. Limpiadura ligera. ‖ **2.** fam. El encargado de la limpieza de una cosa. ‖ **3.** fig. y fam. Colom. y Venez. Paño de limpiar. ‖ **4.** Perú. Rollo de tabaco para limpiar la dentadura. ‖ **5.** Colom. Reprimenda. ‖ *Date un* limpión. expr. fig. y fam. con que se indica a uno que no logrará lo que desea.

LINÁCEO, A. (De *lino*.) adj. Bot. Se dice de las hierbas, matas o arbustos angiospermos dicotiledóneos, de fruto con cuatro o cinco divisiones y ocho o diez celdillas con otras tantas semillas. Ú.t.c. s.f. ‖ **2.** f. pl. Bot. Familia de estas plantas.

LINAJE. (prov. *liñatge*, y éste del l. *lineaticum*, de *linea*.) m. Ascendencia o descendencia de cualquier familia. ‖ **2.** fig. Clase o condición de una cosa. ‖ **3.**

pl. Vecinos nobles reconocidos como tales e incorporados en la nobleza. ‖ —**humano.** Conjunto de todos los hombres. ‖ **P.** linhagem; **I.** lineage; **F.** lignage, lignée, descendance; **A.** Stamm, Geschlecht; **It.** lignaggio, stirpe; **R.** род, происхождение.

LINAJISTA. m. El que sabe o escribe de linajes.

LINAJUDO, DA. adj. Se dice del que es o se precia de ser de gran linaje. Ú.t.c.s.

LINÁLOE. (De *lignáloe*.) m. Áloe.

LINAMEN. (De un der. del l. *lignum*, leño.) m. ant. Ramaje.

LINAO. m. Especie de juego de pelota, en la isla de Chiloé, en Chile.

LINAR. m. Tierra sembrada de lino.

LINARIA. (De *lino*.) f. Planta herbácea escrofulariácea, de hojas semejantes a la del lino; vive en terrenos áridos.

LINAZA. (l. *linacĕa*, de *linum*.) f. Simiente de lino en forma de granillos, duros y brillantes. Molida de una harina muy usada en cataplasmas. Se obtiene de ella un aceite secante de gran empleo en la fabricación de pinturas y barnices, y con agua da un mucílago empleado en la industria. ‖ **2.** Chile. Lino, planta textil.

LINCE. (l. *lynx*, *lyncis*, y éste del gr. λύγξ.) m. Mamífero carnicero, felino, con pelaje bermejo y orejas puntiagudas terminadas en un pincel de pelos negros. Vive sobre todo en el centro y norte de Europa. ‖ **2.** fig. Persona aguda. Ú.t.c.s. ‖ **3.** Usado como adjetivo aplicado a la vista, perspicaz. **P.e It.** lince; **I.** y **F.** lynx; **A.** Luchs; **R.** рысь.

LINCEAR. (De *lince*, sagaz, perspicaz.) tr. fig. y fam. Descubrir lo que apenas puede verse.

LINCEO, A. (l. *lyncĕus*.) adj. Perteneciente al lince. ‖ **2.** fig. y poét. Perspicaz.

LINCURIO. (l. *lincurium*, y éste del gr. λυγκούριον; de λύγξ, lince, y οὖρον, orina.) m. Piedra conocida de los antiguos que creían era la orina del lince petrificada, y según unos es la belemnita, y según otros, la turmalina.

LINCHAMIENTO. m. Acción de linchar.

LINCHAR. (De *Lynch*, magistrado de Carolina del Sur en el siglo xvii.) tr. Ejecutar a un criminal tumultuariamente y sin proceso. ‖ **P.** linchar; **I.** to lynch; **F.** lyncher; **A.** lynchen; **It.** linciare; **R.** линчевать.

LINDAMENTE. adv. Primorosamente.

★ **LINDANO.** m. Quím. Derivado halogenado de los hidrocarburos que es un poderoso insecticida.

LINDANTE. p.a. de lindar. Que linda.

LINDAÑO. (l. *limitănĕus*, de *limes*, *-ĭtis*, límite.) m. ant. Linde.

LINDAR. (l. *limitāris*, de *limes*, *ĭtis*, linde.) m. p. us. Umbral.

LINDAR. (l. *limitāre*, limitar.) tr. Estar contiguos dos territorios, terrenos, etc.

LINDAZO. (De *linde*.) m. Linde, sobre todo el señalado con mojones o por medio de un ribazo.

LINDE. (l. *limes*, *-ĭtis*.) amb. Límite, término. ‖ **2.** Línea que divide las heredades entre sí.

LINDEL. m. Lintel.

LINDERA. f. Linde, o conjunto de lindes de un terreno.

LINDERÍA. f. Lindera.

LINDERO, RA. (De *linde*.) adj. Que linda con una cosa. ‖ **2.** m. Linde. ‖ **3.** Hond. Hito o mojón. ‖ *Con* linderos *o arrabales.* loc. adv. fig. y fam. Refiriendo algo con demasiada prolijidad. ‖ **P.** confinante; **I.** contiguous; **F.** limitrophe; **A.** angrenzend; **It.** limitrofo; **R.** смежный, межа.

LINDEZA. f. Calidad de lindo. ‖ **2.** Hecho o dicho gracioso. ‖ **3.** pl. irón. Insultos o improperios.

LINDO, DA. (l. *legitimus*, completo, perfecto.) adj. Hermoso. ‖ **2.** fig. Bueno, perfecto, cabal ‖ **3.** m. fig. y fam. Hombre afeminado, que cuida demasiado de su compostura. ‖ *De lo* lindo. m. adv. Lindamente, a las mil maravillas. ‖ **2.** Mucho, con exceso. ‖ **P.** lindo; **I.** pretty; **F.** mignon; **A.** niedlich; **It.** leggiadro; **R.** красивый.

LINDÓN. (De *linde*.) m. Caballete en que los hortelanos colocan las esparragueras y otras plantas.

L

LINDURA. f. Lindeza.

LÍNEA. (l. *linĕa*.) f. GEOM. Extensión considerada en una de sus dimensiones. || 2. Medida longitudinal equivalente a cerca de dos milímetros. || 3. Raya. || 4. Renglón. || 5. Vía terrestre, marítima o aérea. || 6. Servicio regular de vehículos con un itinerario determinado. || 7. Clase, especie. || 8. Línea equinoccial. || 9. Serie de personas unidas por parentesco. || 10. fig. Término, límite. || 11. ESGR. Cada una de las distintas posiciones que toma la espada de un contendiente respecto a la del otro. || 12. MIL. Formación de tropas en orden de batalla. || 13. MIL. Dirección que toman adaptándose al terreno las grandes unidades de combate. || —**aritmética.** GEOM. Una de las que se señalan en la pantómetra para dividir en partes iguales una línea recta. || —**cordométrica.** GEOM. Una de las que se señalan en la pantómetra con divisiones que representan las diferentes cuerdas de un círculo. || —**curva.** GEOM. La que no es recta en ninguna de sus porciones. || —**de circunvalación.** La férrea que enlaza unas con otras, las distintas estaciones de ferrocarril de una misma población. || 2. FORT. La fortificada que construye el ejército sitiador a su retaguardia. || —**de contravalación.** FORT. La que forma el ejército sitiador para impedir la salida de los sitiados. || —**de doble curvatura.** GEOM. La que no puede trazarse en un mismo plano. || —**de flotación.** MAR. La que separa la parte sumergida del casco de un buque de la que no lo está. || —**de la Tierra.** PERSP. Intersección en un plano horizontal de proyección por otro vertical. || 2. PERSP. Intersección común del plano geométrico y del plano óptico. || —**del fuerte.** MAR. La curva que pasa por los puntos de mayor anchura de todas las cuadernas de un buque. || —**de los ápsides.** ASTRON. Eje mayor de la órbita de un planeta. || —**de los nodos.** ASTRON. Intersección del plano de la órbita de un planeta con la Eclíptica. || —**del viento.** MAR. La de dirección que éste lleva. || —**equinoccial.** GEOG. Ecuador terrestre. || —**estereográfica.** MAR. Curva cuyas ordenadas son los diversos calados, y cuyas abscisas son los pesos que se han de embarcar para producir aquéllos. || —**estereométrica.** GEOM. La que se suele señalar en la pantómetra con indicación de los lados de los cinco poliedros regulares cuando se conoce el radio de la esfera circunscrita. || —**geométrica.** GEOM. La que suele señalarse en la pantómetra, con divisiones que señalan los lados de los polígonos regulares, hasta el dodecágono inclusive, cuando se conoce el radio del círculo circunscrito. || —**maestra.** ALBAÑ. Cada una de las fajas de yeso o de mezcla hechas en la pared para igualar su superficie. || —**meridiana.** ASTRON. Intersección del plano horizontal con un meridiano. || —**metálica.** GEOM. La que se señala en la pantómetra con divisiones que indican las distintas alturas de prismas de igual base y del mismo peso en diversos metales o también el peso de éstos para un prisma de altura y base conocidas. || —**neutra.** FÍS. Sección media de un imán con relación a los polos. || —**obsidional.** FORT. Cualquiera de las dos que para su seguridad y defensa hace el ejército que sitia una plaza. || —**quebrada.** GEOM. La que sin ser recta está formada de varios segmentos de recta. || —**recta.** Orden y sucesión de generación de padres a hijos. || 2. GEOM. La más corta entre dos puntos. || —**telefónica** o **telegráfica.** Conjunto de aparatos e hilos conductores del teléfono o telégrafo. || —**transversal.** Serie de parientes no nacidos unos de otros, sino enlazados por descender de un ascendiente común. || 2. GEOM. La que atraviesa a otras. || *A LÍNEA tirada.* fr. IMPR. Se dice de la composición que ocupa todo el ancho de la plana. || *Correr la LÍNEA.* fr. MIL. Recorrer los puestos que forman la de un ejército. || *Echar líneas.* fr. fig. Discurrir los medios para conseguir algo. || P. linha; I. line; F. ligne; A. Linie, Zeile, Reihe; It. linea; R. линия.

LINEAL. (l. *lineālis*.) adj. Perteneciente a la línea. || 2. Se dice del dibujo realizado solamente con líneas. || 3. Se dice de la perspectiva en que sal el contorno va formado por líneas. || 4. BOT. y ZOOL. Largo y delgado como una línea. || P., I. y A. linear; F. linéaire; It. lineaire; R. линейный.

LINEAMENTO. (l. *lineamentum*.) m. Delineación o dibujo de un cuerpo, mediante el cual se conoce su figura. ||

LINEAMIENTO. m. Lineamento.

LINEAR. (l. *lineāris*.) adj. BOT. y ZOOL. Lineal, largo, delgado.

LINEAR. (l. *lineāre*.) tr. Tirar líneas. || 2. Bosquejar.

LÍNEO, A. (l. *linĕus*.) adj. BOT. Lináceo. Ú.t.c.s.f.

LINERO, RA. (l. *linarĭus*.) adj. Perteneciente o relativo al lino.

LINFA. (l. *lympha*.) f. ZOOL. Parte del plasma sanguíneo, que atraviesa las paredes de los vasos capilares, se difunde por los tejidos, recoge las substancias producidas por la actividad de las células y entra en los vasos linfáticos hasta incorporarse en la sangre. || 2. Vacuna, pus de la vacuna. || 3. poét. Agua. || P. linfa; I. lymph; F. lymphe; A. Lymphe; It. linfa; R. лимфа.

° **LINFAGITIS.** f. Inflamación de los vasos linfáticos.

LINFÁTICO, CA. (l. *lymphatĭcus*.) adj. Que abunda en linfa. Ú.t.c.s. 2. Perteneciente o relativo a este humor. || P. linfático; I. lymphatic; F. lymphatique; A. lymphatisch; It. linfático; R. лимфатический.

LINFATISMO. m. Disposición orgánica con predominio del sistema linfático, con tendencia a la inflamación de los ganglios y a la degeneración tuberculosa y escrofulosa.

LINFOCITO. (l. *lympha*, linfa, y el gr. χύτος, célula.) m. ZOOL. Leucocito pequeño, de núcleo redondeado; se halla en la sangre de los vertebrados y más abundantemente en la linfa.

★ **LINGO.** m. PERÚ. Juego infantil del salto.

LINGOTE. (fr. *lingot*, y éste del ingl. *ingot*.) m. Trozo o barra de metal en bruto. || 2. Cada una de las barras de hierro que balancean la estiba del buque. || P. lingote; I. ingot; F. lingot; A. Matallbarren; It. lingotto; R. болванка.

° **LINGOTERA.** f. Molde donde se echa el metal fundido para obtener lingotes.

LINGUAL. (l. *lingua*, lengua.) adj. Perteneciente a la lengua. || 2. FON. Se dice de los sonidos que se pronuncian con el ápice de la lengua. || 3. FON. Se dice de la letra que representa este sonido. Ú.t.c.s.f.

LINGUE. (arauc. *lige*.) m. Árbol chileno, lauráceo, de madera flexible, fibrosa y de gran duración; se emplea para vigas, muebles, etc., y su corteza en el curtido del cuero. || 2. Corteza de este árbol.

LINGÜETE. (fr. *linguet*.) m. Barra corta y fuerte de hierro, que impide el movimiento de retroceso de un cabrestante o de otra máquina.

LINGÜISTA. (l. *lingua*, lengua.) m. El versado en lingüística.

LINGÜÍSTICA. f. Ciencia del lenguaje. || 2. Estudio comparativo y filosófico de las lenguas. || —**sincrónica** o **estática.** La que estudia el carácter de los hechos observados en un estado determinado del lenguaje, independientemente de su evolución en el transcurso del tiempo. || P. limgüística; I. linguistics; F. linguistique; A. Linguistik, Sprachwissenschaft; It. linguistica; R. лингвистика.

LINGÜÍSTICO, CA. adj. Perteneciente o relativo a la lingüística.

LINIAVERA. f. ant. Carcaj.

LINIMENTO. (l. *linimentum*, de *linĕre*, untar suavemente.) m. FARM. Preparación hecha con bálsamos y aceites para ser aplicada en fricciones.

LINIMIENTO. m. FARM. Linimento.

LINIO. m. Liño.

LINO. (l. *linum*.) m. Planta herbácea, anual, linácea. De su tallo se extraen abundantes fibras que se utilizan para producir la linaza. || 2. Materia textil que se obtiene de los tallos de esta planta. || 3. Tela hecha de lino. || 4. fig. y poét. Vela de la nave. || 5. P. RICO y ARGENT.

Linaza, semilla de lino. || 6. CUBA. Alga fluvial. || —**bayal.** Variedad de lino que se siembra en otoño y da linaza más fina y blanca. || —**caliente.** Variedad de lino que se siembra en primavera. || P. linho; I. flax, linen; F. lin; A. Lein; It. lino; R. лён.

★ **LINÓGRAFO, FA.** m. y f. CHILE. Linotipista.

LINÓLEO. (De *lino*, y el l. *olĕum*, aceite.) m. Tela fuerte e impermeable de yute cubierto con una capa comprimida de corcho en polvo con aceite de linaza bien oxidado.

LINÓN. (De *lino*.) m. Tela de hilo muy ligera, clara y muy engomada. || —**de algodón.** Tela de algodón parecida a la anterior.

LINOTIPIA. (ingl. *linotype*.) f. IMPR. Máquina de componer provista de un crisol que funde el metal en piezas, cada una de las cuales contiene las letras de una línea.

LINOTIPISTA. IMPR. Persona que maneja una linotipia.

LINTEL. (l. *limitellus*, d. de *limes*, *-itis*, límite.) m. Dintel.

LINTERNA. (De *lanterna*.) f. Farol fácil de llevar en la mano, con una cara de vidrio y una asa en la opuesta. || 2. ARQ. Fábrica de figura varia que se pone como remate en algunos edificios y sobre las medias naranjas de las iglesias. || 3. Faro. || 4. MEC. Rueda formada por dos discos paralelos fijos en el mismo eje y unidos en la circunferencia con barrotes cilíndricos en donde engranan los dientes de otra rueda. || 5. ZOOL. R. DE LA PLATA. Especie de cocuyo. || —**mágica.** Aparato óptico para proyectar sobre una pantalla figuras pintadas en vidrio o celuloide. || —**sorda.** Aquella cuya luz va oculta por una pantalla opaca que fácilmente se corre a voluntad del portador. || F. lanterna; I. lantern; F. lanterne; A. Laterne, Leuchte; R. ручной фонарь.

LINTERNAZO. m. Golpe dado con una linterna. || 2. fig. y fam. Golpe dado con otro instrumento cualquiera.

LINTERNERO. m. El que hace linternas.

LINTERNÓN. m. aum. de linterna. || 2. MAR. Farol de popa.

★ **LINUDO, DA.** adj. CHILE. Dícese del animal de pelo largo y grueso.

LINUEZO. (De *lino*.) m. fam. Linaza.

★ **LINYERA.** (ital. *lingeria*.) f. ARGENT. Saco para guardar la ropa. || 2. m. ARGENT. Jornalero que anda buscando trabajo. || 3. ARGENT. Por ext., vagabundo.

LIÑA. (l. *linĕa*.) f. ant. Línea. || 2. ARGENT. Cordón o hilo de anzuelo. || 3. PESCA. Aparejo para los peces pequeños.

LIÑO. (De *liña*.) m. Línea de árboles u otras plantas. || 2. PAR. Medida superficial de 75 centiáreas.

LIÑUELO. (l. *lineŏlus*, d. de *linum*, lino.) m. Ramal, cabo de cuerda, soga, etcétera.

LÍO. (De *liar*.) m. Porción de ropa o de otras cosas atadas. || 2. fig. y fam. Embrollo. || *Hacerse uno un LÍO.* fr. fig. y fam. Embrollarse. || P. pacote; F. paquet; A. Pack, Bündel; It. pacco, fardello; R. связка.

★ **LIONERO, RA.** adj. CHILE. Alborotador, amotinado.

LIONÉS, SA. adj. Natural de Lyón. Ú.t.c.s. || 2. Perteneciente a esta ciudad de Francia.

LIORNA. (De *Liorna*, puerto y ciudad de Italia.) f. fig. y fam. Algazara, confusión.

LIOSO, SA. (De *lío*.) adj. fam. Embrollador. Se aplica también a las cosas. || P. enredador; I. entangler; F. qui embrouille; A. Verwirrungsstifter; It. arruffatore; R. путаный.

★ **LIPA.** (fr. pop. *lipper*, comer y beber.) f. fam. VENEZ. Barriga.

★ **LIPASA.** f. QUÍM. Fermento contenido en el jugo pancreático, que desdobla las grasas en glicerina y ácidos grasos.

★ **LIPEGÜE.** m. NICAR., HOND. y GUAT. Alipogo.

LIPEMANÍA. (gr. λύπη, tristeza, y μανία, locura.) f. MED. Melancolía, monomanía en que dominan las afecciones morales tristes.

L

LIPEMANIACO, CA [~**MANÍACO, CA**]. adj. MED. Que padece de lipemanía. Ú.t.c.s.

LIPES. (Del territorio de Bolivia, del mismo nombre.) f. Piedra lipes, sulfato de cobre, vitriolo azul.

★ **LIPIDIAR.** tr. MÉJ. Importunar, fastidiar.

★ **LÍPIDOS.** m. pl. BIOQUÍM. Lipoides.

LIPIS. f. Lipes.

★ **LIPOCROMO.** m. BIOQUÍM. Cualquiera de los pigmentos que dan color a las grasas orgánicas.

° **LIPODISTROFIA.** f. MED. Fusión o desaparición de la grasa de alguna parte del cuerpo. ‖ **—progresiva** o **cefalotorácica**. MED. Fusión de la grasa de la mitad superior del cuerpo, conservándose y aumentando la de la mitad inferior.

LIPOIDEO, A. (gr. λίπος, grasa, y εἶδος, forma.) adj. Se dice de toda substancia que tiene aspecto de grasa.

★ **LIPOIDES.** m. pl. BIOQUÍM. Substancias grasas muy difundidas en el organismo, principalmente en el sistema nervioso. Mézclanse con las proteínas y regulan la permeabilidad celular.

LIPOMA. (gr. λίπος, grasa, y del suf. oma, que en medicina significa tumor.) m. MED. Tumor formado de tejido adiposo.

★ **LIPÓN, NA.** adj. VENEZ. Barrigón, barrigudo.

★ **LIPOSA.** f. BIOQUÍM. Fermento que se halla en la sangre y actúa sobre las grasas.

LIPOTIMIA. (gr. λιποθυμία; de λείπω, abandonar, y θυμός, ánimo, sentido.) f. MED. Pérdida súbita y pasajera del sentido y del movimiento con palidez del rostro y debilidad de la respiración y circulación.

LIQUEN. (l. lichen.) m. BOT. Cuerpo resultante de la asociación simbiótica de hongos con algas unicelulares. Crece en lugares húmedos sobre rocas o cortezas de los árboles en forma de costras grises, pardas, rojizas o amarillentas. ‖ P., I. y F. lichen; A. Flechte; It. lichene; R. лишай.

LIQUIDABLE. adj. Que se puede liquidar o es fácil de liquidarse.

LIQUIDACIÓN. f. Acción y efecto de liquidar o liquidarse. ‖ 2. COM. Venta por menor, de carácter accidental, con gran rebaja de precios, que hace una casa de comercio por circunstancias especiales. ‖ P. liquidação, saldo; I. liquefaction, liquidation; F. liquefaction, liquidation; A. Plüssigmachen, Ausverkrauf; It. liquefazione, liquidazione; R. ликвидация.

LIQUIDADOR, RA. adj. Que liquida una cuenta. Ú.t.c.s.m.

LIQUIDÁMBAR. (De líquido y ámbar.) m. Bálsamo líquido o viscoso, de color amarillo rojizo, aromático y de sabor acre, que procede del ocozol.

LÍQUIDAMENTE. adv. Con liquidación.

LIQUIDAR. (l. liquidāre.) tr. Hacer líquido un cuerpo sólido o gaseoso. Ú.t.c.r. ‖ 2. fig. Hacer ajuste formal de una cuenta. ‖ 3. fig. Poner término a una cosa a un estado de cosas, desistir de un empeño. ‖ 4. Ruptura de relaciones personales. ‖ 5. COM. Hacer ajuste final de cuentas una casa de comercio. ‖ 5. COM. Vender mercancías en liquidación. ‖ 6. CUBA, P. RICO y ARGENT. Destruir. ‖ P. liquefazer; I. to liquefy; F. liquéfier; A. schmelzen; It. liquefare; R. превращать в жидкое состояние.

LIQUIDEZ. f. Calidad de líquido.

LÍQUIDO, DA. (l. liquidus.) adj. Se dice del cuerpo cuyas moléculas tienen escasa cohesión por lo cual no tienen forma propia y se adaptan a la forma de la cavidad que las contiene y se ponen siempre a nivel. Ú.t.c.s.m. ‖ 2. Se dice del saldo o cuantía que resulta de la comparación del cargo con la data. Ú. c.s.m. ‖ 3. GRAM. Dícese de la consonante que, precedida de una muda y seguida de una vocal, forma sílaba con ellas, como clase. ‖ 4. AMÉR. Exacto, justo. ‖ **—imponible.** Cuantía fijada oficialmente a la riqueza del contribuyente como base para señalar su cuota tributaria. ‖ P. líquido; I. liquid; F. liquide; A. flüssig; It. liquido; R. жидкий.

LIRA. (l. lyra, y éste del gr. λύρα.) f. Instrumento músico que fue usado por los antiguos. Tenía sobre un marco varias cuerdas que se pulsaban con ambas manos. ‖ 2. Combinación métrica de cinco versos, de los cuales riman el primero y tercero, y el segundo, cuarto y quinto. Son heptasílabos el primero, tercero y cuarto, y endecasílabos los otros dos. ‖ 3. Combinación métrica formada por seis versos de distinta medida y en la que riman alternamente los cuatro primeros y los últimos entre sí. ‖ 4. fig. Instrumento que por ficción poética se dice hace sonar el poeta lírico. ‖ 5. fig. Inspiración de un determinado poeta. ‖ 6. ASTRON. Notable constelación septentrional. ‖ 7. fam. GUAT. Caballo malo. ‖ P. e It. lira; I. y F. lyre; A. Leier; R. лира.

LIRA. (ital. lira, y éste del l. libra.) f. Moneda italiana de plata, equivalente a la par a una peseta.

LIRADO, DA. adj. BOT. De figura de lira, 1.er art., 1.ª acep.

LIRIA. f. Liga, materia viscosa.

LÍRICA. (l. lyrīca, t. f. de -cus, lírico.) f. Poesía lírica.

LÍRICO, CA. (l. lyrīcus.) adj. Perteneciente a la lira o a la poesía propia para el canto. ‖ 2. Dícese de uno de los tres principales géneros en que se divide la poesía, comprende aquellas composiciones en que el poeta canta sus propios afectos. ‖ 3. Se dice del poeta que cultiva este género de poesía. Ú.t.c.s. ‖ 4. Propio de la poesía lírica o conveniente para ella. ‖ P. lírico; I. lyric; F. lyrique; A. gefühlselig; It. lirico; R. лирический.

LIRIO. (l. lilium, y éste del gr. λείριον.) m. BOT. Planta herbácea, iridácea, de flores terminales, de seis pétalos azules, morados o blancos. ‖ 2. CUBA. Arbolillo antillano llamado en Santo Domingo atababa y en el Ecuador y Perú, suche. ‖ **—de agua.** Cala, planta acuática aroidea. ‖ **—hediondo.** Planta semejante al lirio, pero de tallo más sencillo y flores malolientes de tres pétalos azules y tres amarillos. ‖ P. lírio; I. lily; F. lis; A. Lilie; It. giglio; R. ирис.

LIRISMO. (De lira.) m. Cualidad de lírico, inspiración lírica. ‖ 2. Abuso de las cualidades características de la poesía lírica y empleo indebido del estilo lírico. ‖ 3. ARGENT. Fantástico, irrealizable.

LIRÓN. (l. glis, gliris.) m. Mamífero roedor parecido al ratón de cola muy larga, que vive en los montes, se alimenta de los frutos de los árboles y pasa el invierno adormecido. ‖ 2. fig. Persona dormilona. ‖ 3. VENEZ. Mamífero marsupial anfibio. ‖ Dormir uno como un LIRÓN. fr. fig. y fam. Dormir mucho. ‖ P. arganaça, arganaz; I. dormouse; F. loir, lérot; A. Siebenschläfer; It. ghiro; R. сурок.

LIRÓN. (l. lyron, y éste del gr. λύρων.) m. Alisma.

LIRÓN. (Del m. or. que latón, 2.° art.) m. MURC. Almeza.

LIRONDO. adj. Se emplea en la loc. fig. y fam. Mondo y LIRONDO, que significa limpio, sin añadiduras.

LIRONERO. (Del m. or. que latonero, 2.° art.) m. MURC. Almez.

LIS. (fr. lis, y éste del l. lilium.) m. Lirio. ‖ 2. BLAS. Flor de lis, forma herádica de la flor del lirio.

LISA. (Tal vez del m. or. que locha; véase lasin.) f. ZOOL. Pez teleósteo fluvial, fisóstomo, semejante a la locha, de carne insípida, abunda en los ríos del centro de España. ‖ 2. Mújol.

LISAMENTE. adv. Con lisura. ‖ LISA y llanamente. Sin rodeos. ‖ 2. FOR. Sin interpretación, entendiéndose las palabras tal y como se dicen.

LISAR. (l. laesum, supino de laedēre, dañar.) tr. ant. Lisiar.

LISBOETA. adj. Lisboenés.

LISBONENSE. adj. Lisbonés. Apl. a pers. ú.t.c.s.

LISBONÉS, SA. (l. Lisbōna, Lisboa.) adj. Natural de Lisboa. Ú.t.c.s. ‖ 2. Perteneciente a esta ciudad de Portugal.

LISERA. f. MURC. Caña gruesa que sujeta transversalmente las que forman un cañizo. ‖ 2. MURC. Bohordo de la pita.

LISERA. (Del m. or. que el fr. lisière.) f. FORT. Berma.

LISIADO, DA. p.p. de lisiar. ‖ 2. adj. Se dice de la persona que tiene algún defecto orgánico. Ú.t.c.s. ‖ 3. Excesivamente aficionado a una cosa o deseo de alcanzarla. ‖ P. aleijado; I. lame, crippled; F. estropié, éclopé; A. krüppelhaft; It. invàlido, storpio; R. увечный.

LISIADURA. f. Acción y efecto de lisiar o lisiarse.

LISIAR. (l. laesiare de laesus, dañado.) tr. Producir lesión en el organismo. Ú.t.c.r. ‖ P. aleijar, estorpiar, lesar; I. to lame; F. estropier, écloper; A. verletzen; It. storpiare; R. калечить.

LISIMAQUIA. (l. lysimachĭa, y éste del gr. λυσιμάχιον.) f. Planta herbácea, primulácea, con hojas opuestas o en verticilos y flores amarillas en umbelas terminales. Crece en los lugares húmedos.

★ **LISÍMETRO.** m. QUÍM. Aparato propio para determinar la solubilidad de las substancias. ‖ 2. FÍS. Instrumento empleado para medir la cantidad de agua filtrada a través del suelo.

★ **LISINA.** f. QUÍM. Uno de los aminoácidos encontrados en la hidrólisis de las proteínas.

★ **LISIO.** m. REP. DOMIN. Defecto.

LISIÓN. (l. laesĭo, -ōnis, lesión.) f. ant. Lesión. Ú. en el Ecuador.

LISIS. (gr. λύσις, disolución.) f. MED. Período de remisión gradual de la fiebre y en general del estado de la enfermedad.

LISO, SA. (gr. λισσός.) adj. Igual, sin realces, sin adornos. ‖ 2. Se dice de las telas sin labrar y de los vestidos sin ningún adorno. ‖ 3. En las tabernas se dice de los vasos tan anchos en la base como en la boca. Ú.c.s.m. ‖ 4. GERM. Desvergonzado, atrevido. Ú. en Guatemala, Honduras y Perú. ‖ 5. m. GERM. Raso o tafetán. ‖ 6. MIN. Cara plana y extensa de una roca. ‖ 7. pl. En Holanda, alcohol impuro. ‖ 8. Se dice de la persona ingenua, sencilla. ‖ LISO y llano. loc. que se aplica a los negocios que no tienen dificultad. ‖ P. liso; I. smooth; F. lisse; A. glatt; It. liscio; R. гладкий.

LISOL. m. Líquido rojo parduzco mezclable con agua, alcohol y bencina. Es desinfectante e insecticida.

LISONJA. (ant. fr. losenge, adulación.) f. Alabanza afectada e interesada. ‖ P. lisonja; I. flattery; F. flatterie; A. Schmeichelei; It. lusinga; R. лесть.

LISONJA. f. BLAS. Losange.

LISONJAR. tr. ant. Lisonjear.

LISONJEADOR, RA. adj. Lisonjero. Ú.t.c.s.

LISONJEANTE. p.a. de lisonjear. Que lisonja.

LISONJEAR. (De lisonja, 1.er art.) tr. Adular. ‖ 2. Dar causa de envanecimiento. Ú.t.c.r. ‖ 3. fig. Deleitar, agradar. Aplícase a las cosas inmateriales. Ú.t.c.r. ‖ P. lisonjear; I. to flatter; F. flatter; A. schmeicheln; It. lusingare; R. льстить.

LISONJERAMENTE. adv. Con lisonja. ‖ 2. Agradablemente.

LISONJERÍA. (De lisonjero.) f. ant. Lisonja, adulación.

LISONJERO, RA. adj. Que lisonja. Ú.t.c.s. ‖ 2. fig. Que deleita.

LISOR. m. ant. Lisura.

LISTA. (germ. lista.) f. Tira, faja estrecha y larga. ‖ 2. Señal larga y estrecha o línea formada por combinación de un color con otro especialmente en los tejidos. ‖ 3. Catálogo. ‖ **—civil.** Dotación asignada en el presupuesto del Estado para el monarca y su familia. ‖ **—de correos.** Oficina en las casas de correos a la cual se dirigen cartas y paquetes que han de recoger personalmente los destinatarios. ‖ **—grande.** Relación completa de los números sorteados en la lotería. ‖ **—negra.** Relación secreta con los nombres de personas o entidades que consideran vitandas. ‖ Pasar LISTA. Llamar en alta voz para que respondan las personas a quienes se nombra. ‖ Vender LISTA. fr. CUBA. Enamorar a una persona o pasar frente a ella. ‖ P. e It. lista; I. strip, list; F. bande, liste; A. Liste; R. полоса.

LISTADO, DA. p.p. de listar. || **2.** adj. Que origina o tiene listas. || **3.** CHILE. Res vacuna con el pelo presenta rayas verticales de tono más obscuro. || **4.** CUBA y VENEZ. Cierta tela rayada.

LISTAR. (De *lista*.) tr. Alistar, inscribir en lista.

LISTEADO, DA. adj. Listado.

LISTEL. (De *lista*.) m. ARQ. Filete, miembro de moldura en forma de lista estrecha y larga. || **2.** ARQ. Se dice también de la parte lisa de una columna comprendida entre dos estrías. || **3.** NUMISM. Reborde circular de las medallas y monedas.

LISTERO. m. El encargado de hacer la lista de los que trabajan juntos o concurren en una junta.

LISTEZA. f. Calidad de listo, sagacidad.

LISTÍN. m. Lista extractada de algo. || **2.** REP. DOMIN. Periódico.

LISTO, TA. (al. *listig*.) adj. Diligente, expedito. || **2.** Dispuesto para realizar algo. || **3.** Sagaz. || **4.** AMÉR. ¡LISTO! interj. ¡Bien! ¡Se acabó! || **P.** e **It.** lesto; **I.** ready; **F.** prêt, adroit; **A.** flink, klug; **R.** проворный, ловкий.

LISTÓN. (aum. de *lista*.) m. Cinta de seda más estrecha que la colonia. || **2.** ARQ. Listel. || **3.** CARP. Pedazo de tabla angosto para marcos y otros usos. || **4.** adj. Dícese del toro que tiene una lista más clara que el resto por encima de la columna vertebral y en toda su longitud. || **5.** CHILE. Cinta de lana usada por las mujeres de pueblo para envolver sus trenzas. || **3.ª** acep.: **P.** listel, ripa; **I.** ribbon, lath; **F.** ruban étroit, listel; **A.** Leiste, band; **It.** assicella, listello; **R.** деревянная рейка.

LISTONADO, DA. p.p. de listonar. || **2.** m. CARP. Obra o entablado hecho de listones.

LISTONAR. tr. CARP. Hacer un entablado de listones.

LISTONERÍA. f. Conjunto de listones.

LISTONERO, RA. m. y f. Persona que hace listones.

LISURA. (De *liso*.) f. Igualdad y tersura en la superficie de un cuerpo. || **2.** fig. Ingenuidad, sinceridad. || **3.** fig. GUAT. y PERÚ. Palabra o acción grosera. || **4.** PERÚ. Malicia, coquetería.

* **LISURERO, RA.** adj. PERÚ. Liso, desvergonzado.

LITA. (l. *lytta* y éste del gr. λύττα, rabia.) f. Landrilla, especialmente la del perro.

LITACIÓN. (l. *litatio*, -ōnis.) f. Acción y efecto de litar.

* **LITANODO.** m. FÍS. Substancia con la que se hace el ánodo o elemento negativo de una pila o acumulador.

LITAR. (l. *litāre*.) tr. Ofrecer un sacrificio agradable a la Divinidad.

LITARGE. m. Litargirio.

LITARGIA. f. ant. Letargia.

LITARGIRIO. (l. *lithargўrum*, y éste del gr. λιθάργυρος; de λίθος, piedra, y ἄργυρος, plata.) m. Óxido de plomo fundido en láminas o escamas de lustre vítreo. || **—de oro.** El de color y brillo semejante a los de este metal. || **—de plata.** El que contiene una cantidad de plata bastante para ser beneficiada.

LITE. (l. *lis*, *litis*.) f. FOR. Pleito, litigio.

LITERA. (l. *lecturia*, t. f. de *-rius*, de *lectus*, lecho.) f. Vehículo antiguo a manera de caja de coche y con dos varas laterales que se afianzaban en dos caballerías, una delante y otra detrás. || **2.** Cada una de las camas fijas en los camarotes de los buques. || **3.** MÉJ. Coche, carruaje. || **P.** leiteira; **I.** litter; **F.** litière; **A.** Sänfte; **It.** lettiga; **R.** паланкин.

LITERAL. (l. *litterālis*.) adj. Conforme a la letra del texto o al sentido exacto y propio de las palabras. || **2.** Se dice de la traducción en que se vierten todas las palabras del original, y por su orden. || **P.** e **I.** literal; **F.** littéral; **A.** wörtlich; **It.** letterale; **R.** буквальный.

LITERALIDAD. f. Calidad de literal.

LITERALMENTE. adv. Conforme a la letra o al sentido literal.

LITERARIAMENTE. adv. Según las reglas de la literatura.

LITERARIO, RIA. (l. *litterarĭus*.) adj.

Perteneciente o relativo a la literatura. || **P.** literario; **I.** literary; **F.** littéraire; **A.** literarisch; **It.** letterario; **R.** литературный.

LITERATO, TA. (l. *litterātus*.) adj. Se dice de la persona entendida en literatura o de quien la cultiva. Ú.t.c.s.

LITERATURA. (l. *litteratūra*.) f. Arte bello que emplea la palabra como instrumento. Comprende las producciones poéticas y demás obras en que se hallan elementos estéticos. || **2.** Teoría de las composiciones literarias. || **3.** Conjunto de trabajos literarios de una nación, de una época o de un género. || **4.** Por ext. conjunto de obras que tratan sobre un arte o ciencia. || **5.** Conjunto de conocimientos adquiridos en el estudio. || **—de cordel.** Pliegos de cordel. || **P.** literatura; **I.** literature; **F.** litterature; **A.** Literatur; **It.** letterature; **R.** литература.

LITERERO. m. Vendedor o alquilador de literas. || **2.** El que guía una litera.

LITERÍA. f. Oficio de la casa real que cuidaba de las literas.

LITIASIS. (gr. λιθίασις, de λιθιάω, tener mal de piedra; de λίθος, piedra.) f. Mal de piedra. || **—biliar.** Formación de cálculos en la vegiga de la hiel.

LÍTICO, CA. (gr. λιθικός, de λίθος, piedra.) adj. Perteneciente o relativo a la piedra. || **2.** QUÍM. Dícese del ácido úrico.

LITIGACIÓN. (l. *litigatĭo*, -ōnis.) f. Acción y efecto de litigar.

* **LITIGADOR, RA.** adj. CHILE. Litigante. Ú.t.c.s.

LITIGANTE. (l. *litigans*, -antis.) p.a. de litigar. Que litiga. Ú.m.c.s. || **P.** e **It.** litigante; **I.** litigant; **F.** plaideur; **A.** Prozessführender; **R.** тяжущийся.

LITIGAR. (l. *litigāre*.) tr. Pleitear, disputar en juicio una cosa. || **2.** intr. fig. Altercar. || **P.** litigar; **I.** to plead, to litigate; **F.** plaider; **A.** prozessieren; **It.** litigare; **R.** судиться.

LITIGIO. (l. *litigĭum*.) m. Pleito, disputa en juicio. || **2.** fig. Disputa. || **P.** litigio; **I.** litigation; **F.** litige; **A.** Rechtsstreit; **It.** lite, litigio; **R.** тяжба.

LITIGIOSO, SA. (l. *litigiōsus*.) adj. Dícese de lo que está en pleito; y, por ext., de lo que está en duda. || **2.** Propenso a mover litigios.

LITINA. (gr. λιθίνη, pétrea.) f. Óxido alcalino parecido a la sosa que se halla en algunos minerales y en ciertas aguas medicinales.

LITIO. (gr. λιθίον, piedrecita.) m. Metal de color blanco de plata, tan ligero que flota en el agua, la nafta y el petróleo. Con el oxígeno forma la litina.

LITIS. (l. *lis*, *litis*.) f. FOR. Lite.

LITISCONSORTE. (De *litis* y consorte.) com. FOR. Persona que litiga por la misma causa que otra, formando ambas una parte.

LITISCONTESTACIÓN. (De *litis* y contestación.) f. FOR. Trabamiento de la contienda del juicio por medio de la contestación a la demanda, de lo que resulta un especial estado jurídico del asunto.

LITISEXPENSAS. (De *litis* y expensas.) f. pl. FOR. Gastos originados en el seguimiento de un pleito o litigio. || **2.** Por ext. fondos asignados para atender a sus gastos a personas que no disponen libremente de su caudal.

LITISPENDENCIA. (De *litis* y pendencia.) f. Estado del pleito antes de terminado. || **2.** FOR. Estado litigioso ante otro juez o tribunal del asunto puesto o que se intenta poner subjúdice.

LITOCÁLAMO. (gr. λίθος, piedra, y κάλαμος, caña.) m. Caña fósil.

LITOCLASA. (gr. λίθος, piedra, y κλάσις, rotura.) f. GEOL. Grieta en las rocas.

LITOCOLA. (gr. λιθοκόλλα, de λίθος, piedra, y κόλλα, cola.) f. Betún hecho con polvos de mármol, pez y claras de huevo que se emplea para pegar las piedras.

* **LITOCROMÍA.** f. Arte de producir litográficamente cuadros al óleo.

LITÓFAGO, GA. (gr. λίθος, piedra, y φαγεῖν, comer.) adj. Se dice de los moluscos que hacen en las rocas sus habitaciones.

LITOFOTOGRAFÍA. (gr. λίθος, piedra, y de *fotografía*.) f. Fotolitografía.

LITOFOTOGRAFIAR. tr. Fotolitografiar.

LITOFOTOGRÁFICAMENTE. adj. Fotolitográficamente.

LITOGENESIA. (gr. λίθος, piedra, y γένεσις, origen.) f. Parte de la geología que estudia las causas que han dado origen a las rocas.

LITOGRAFÍA. (gr. λίθος, piedra, y γράφω, dibujar.) f. Arte de grabar en piedra para multiplicar un dibujo o escrito. || **2.** Cada uno de dichos ejemplares. || **3.** Taller donde se efectúa. || **P.** litografía; **I.** lithography; **F.** lithographie; **A.** Lithographie; **It.** litografia; **R.** литография.

LITOGRAFIAR. (De *litografía*.) tr. Dibujar o escribir en piedra.

LITOGRÁFICO, CA. adj. Perteneciente a la litografía. || **2.** Se dice de cierto tipo de piedra o mármol arcilloso sobre cuya superficie lisa se labra o dibuja lo que se desea estampar.

LITÓGRAFO. m. El que ejerce el arte de la litografía.

LITOLOGÍA. (gr. λιθολογία, de λιθόλογος,' litólogo.) f. Parte de la geología, que estudia las rocas.

LITOLÓGICO, CA. adj. Perteneciente o relativo a la litología.

LITÓLOGO. (gr. λιθόλογος; de λίθος, piedra, y λέγω, tratar.) m. El que profesa la litología o posee conocimientos especiales de ella.

* **LITOPÓN.** m. QUÍM Mezcla de sulfato bárico y sulfato de cinc, obtenida por precipitación de una disolución de sulfato de cinc con sulfuro bárico.

LITORAL. (l. *litorālis*.) adj. Perteneciente a la orilla o costa de mar. || **2.** m. Costa de un mar, país o territorio.

LITOSFERA. (gr. λίθος, piedra, y σφαῖρα, esfera.) f. GEOL. Capa sólida exterior de la Tierra.

LITOTE. (l. *litōtes*, y éste del gr. λιτότης, de λιτός, tenue.) f. RET. Atenuación, figura retórica en que no se expresa todo lo que quiere dar a entender o en negar lo contrario de lo que se quiere afirmar.

LITOTOMÍA. (l. *lithotomía*, y éste del gr. λιθοτομία, acción de cortar piedra.) f. CIR. Operación de abrir la vegiga para extraer un cálculo.

LITOTRICIA. (gr. λίθος, piedra, y del l. *tritum*, supino de *terĕre*, triturar.) f. CIR. Operación de reducir a pedazos muy menudos dentro de la vejiga de la orina los cálculos a fin de que puedan salir por la uretra.

LITRÁCEO, A. (l. *lythrum*, nombre de un género de plantas.) adj. BOT. Se dice de las hierbas y arbustos angiospermos dicotiledóneos de hojas enteras, flores hermafroditas y fruto en cápsulas con semillas angulosas. Ú.t.c.s.f. || **2.** f. pl. BOT. Familia de estas plantas.

LITRARIEO, A. (l. *lythrum*, nombre científico de la salicaria, derivado del gr. λύθρον, sangre empolvada, con parece ser el color de las flores.) adj. BOT. Litráceo.

LITRE. (arauc. *lithe*, árbol de mala sombra.) m. Árbol chileno, anacardiáceo, de cuyos frutos se fabrica la chicha; su madera es muy dura. Su sombra y el contacto de sus ramas producen sarpullido especialmente en las mujeres y niños. || **2.** fam. CHILE. Enfermedad provocada por las ramas de este árbol.

LITRO. (gr. λίτρα, libra.) m. Unidad de capacidad del sistema métrico decimal que equivale prácticamente a un decímetro cúbico. || **2.** Cantidad de árido o de líquido que cabe en tal medida. || **P.** e **It.** litro; **I.** liter; **F.** litre; **A.** Liter; **R.** литр.

* **LITROSO, SA.** adj. CHILE. Enfermo de salpullido ocasionado por el contacto con las ramas del litre.

LITUANO, NA. adj. Natural de Lituania. Ú.t.c.s. || **2.** Perteneciente a este país de Europa. || **3.** m. Lengua eslava hablada en Lituania.

LITUO. (l. *litŭus*.) m. Instrumento de música que usaron los romanos, especie de trompeta. || **2.** Cayado o báculo que usaban los augures como insignia de su dignidad.

LITURGIA. (l. *liturgĭa*, y éste del gr. λειτουργία, servicio público.) f. Orden y forma que ha aprobado la Iglesia para

L celebrar los oficios divinos y especialmente el santo sacrificio de la misa. ‖ **P.** liturgia; **I.** liturgy; **F.** liturgie; **A.** Liturgie, Kirchendienst; **It.** liturgia; **R.** литургия.

LITÚRGICO, CA. (gr. λειτουργικός.) adj. Perteneciente a la liturgia.

LIUDAR. intr. ant. Leudar. Ú. en Colombia y Chile.

LIUDO, DA. adj. ant. Leudo. Ú. en Andalucía, Colombia y Chile. ‖ **2.** CHILE. Flojo, laxo, lacio.

★ **LIUTO.** (arauc. *ligh*, blanco, y *thuvúr*, polvo, porque la fécula de esta planta es un polvo blanco.) m. BOT. CHILE. Planta amarilídea, de cuya raíz se obtiene una harina blanca, ligera y nutritiva, empleada como alimento de enfermos.

LIVIANAMENTE. adv. Deshonestamente. ‖ **2.** Con ligereza. ‖ **3.** fig. Superficialmente.

LIVIANDAD. f. Calidad de liviano. ‖ **2.** fig. Acción liviana.

LIVIANEZ. f. ant. Livianeza.

LIVIANEZA. (De *liviano*.) f. ant. Lividad.

LIVIANO, NA. (l. *lĕviānus*, de *lĕvis*.) adj. Leve, ligero. ‖ **2.** fig. Fácil, inconstante. ‖ **3.** fig. Leve, de escasa importancia. ‖ **4.** fig. Lascivo. ‖ **5.** m. Pulmón, bofe. ‖ **6.** Burro que guía a la recua. ‖ **7.** f. Canto popular andaluz. ‖ **8.** REP. DOMIN. Plato de bofes u otras vísceras de vaca o cerdo. ‖ **P.** leviano; **I.** light, fickle; **F.** léger, inconséquent; **A.** lüstern, gering, leicht; **It.** leggero; **R.** лёгкий.

LIVIDECER. intr. Ponerse lívido.

LIVIDEZ. f. Calidad de lívido.

LÍVIDO, DA. (l. *lividus*.) adj. Amoratado, que tira a morado.

LIVONIO, NIA. adj. Natural de Livonia. Ú.t.c.s. ‖ **2.** Perteneciente a este país de Rusia.

LIVOR. (l. *livor, -ōris*, color cárdeno.) m. Color cárdeno. ‖ **2.** fig. Malignidad, odio.

LIXIVIACIÓN. f. Acción y efecto de lixiviar.

LIXIVIAR. (l. *lixivia*, lejía.) tr. QUÍM. Tratar una substancia compleja por un disolvente para obtener la parte soluble de ella.

LIZA. (De *lisa*.) f. Mújol.

LIZA. (fr. *lice*, y éste del germ. *listja*.) f. Campo dispuesto para lidiar dos o más personas. ‖ **2.** Lid. ‖ **P.** liça, lice; **I.** ring, arena; **F.** lice, arène; **A.** Kampfplatz; **It.** lizza; **R.** поприще, бой.

LIZA. (l. *licia*, pl. n. de *licium*.) f. AR. Hilo de cáñamo grueso.

LIZAR. (De *liso*.) tr. ant. Alisar.

LIZO. (l. *licium*.) m. Hilo fuerte empleado en urdimbre para ciertos tejidos. Ú.m. en pl. ‖ **2.** Cada uno de los hilos con que los tejedores dividen la urdimbre para que pase la lanzadera con la trama. ‖ **3.** CHILE. Palito que reemplaza a la lanzadera de los telares. ‖ **P.** liço; **I.** heddle; **F.** lisse; **A.** Webschaft; **It.** liccio; **R.** ochosa.

LO. (l. *illum*, acus. de *ille*.) Artículo determinado, en género neutro. ‖ **2.** Acusativo, en número singular del pronombre personal de tercera persona, masculino o neutro. Puede usarse como sufijo; no admite preposición.

LO. m. MAR. Cada una de las relingas de las velas redondas.

LOA. f. Acción y efecto de loar. ‖ **2.** Prólogo del teatro antiguo para dedicar palabras de elogio a quien estaba dedicada la función o para encarecer el mérito de los farsantes, etc. ‖ **3.** Poema dramático breve en que se celebra a una persona o un acontecimiento. ‖ **P.** loa; **I.** praise; **F.** louange; **A.** Lob; **It.** lode; **R.** хвала.

LOABLE. (l. *laudabilis*.) adj. Laudable.

LOABLEMENTE. adv. De un modo digno de alabanza.

LOADERO, RA. (l. *laudatorius*.) adj. ant. Laudable.

LOADOR, RA. (l. *laudātor, -ōris*.) adj. Que loa. Ú.t.c.s.

LOAMIENTO. (De *loar*.) m. ant. Loa, acción de loar o alabar.

LOÁN. m. Medida agraria usada en Filipinas equivalente a 79 centiáreas.

LOANDA. (De *Loanda* o San Pablo de *Loanda*, capital de Angola, donde es endémica esta enfermedad.) f. Especie de escorbuto.

LOANZA. (De *loar*.) f. ant. Loa, acción de loar o alabar.

LOAR. (l. *laudāre*.) tr. Alabar. ‖ **P.** louvar; **I.** to praise; **F.** louer; **A.** loben; **It.** lodare; **R.** хвалить.

LOBA. (l. *lūpa*.) f. Hembra del lobo. ‖ **2.** Lomo entre surco y surco, no movido por el arado. ‖ *Lo que la* LOBA *hace, al lobo le place.* ref. que indica la facilidad con que se aúnan los que tienen las mismas inclinaciones y costumbres.

LOBA. (gr. λώπη, especie de manto de piel.) f. Sotana, vestidura talar de los eclesiásticos y antiguos estudiantes.

LOBADA. f. MURC. Loba, 1.er art., 2.ª acep.

LOBADO. (l. *lŭpātus*, de *lŭpus*, lobo.) m. VETER. Tumor carbuncoso que padecen en los encuentros las caballerías y en el mismo sitio y en la papada, el ganado vacuno, lanar y cabrío.

LOBADO, DA. (De *lobo*, lóbulo.) adj. BOT. y ZOOL. Lobulado.

LOBAGANTE. m. Bogavante, crustáceo marino, especie de langosta.

LOBANILLO. (Del m. or. que *lobado*, 1.er art.) m. Tumor o bulbo superficial, formado en cualquier parte del cuerpo y que ordinariamente no es doloroso. ‖ **2.** Excrecencia leñosa cubierta de corteza formada en el tronco o ramas de un árbol.

LOBARRO. (De *lobo*.) m. MURC. Lobina.

LOBATO. m. Cachorro de lobo.

LOBATÓN. (aum. de *lobato*.) m. GERM. Ladrón que roba ovejas o carneros.

LOBEAR. intr. fig. Andar al acecho y persecución de una presa.

LOBELIÁCEO, A. (De *lobelia*, nombre de un género de plantas dedicado al botánico *Lobel*.) adj. BOT. Se aplica a las hierbas o matas angiospermas dicotiledóneas, afines a las campanuláceas, generalmente con látex, lechosa, y de fruto seco. Ú.t.c.s.f. ‖ **2.** f. pl. BOT. Familia de estas plantas.

LOBERA. f. Monte en que por su espesura hacen guarida los lobos.

★ **LOBERÍA.** f. PERÚ. Sitio donde hacen su vida en tierra las focas o lobos marinos.

LOBERO, RA. adj. Perteneciente o relativo a los lobos. ‖ **2.** m. El que caza lobos para cobrar lo señalado por dicha matanza. ‖ **3.** fam. Espantanublados, apodo dado al tunante que decía tener poder sobre los nublados.

LOBEZNO. (l. *lŭpīcius*, de *lŭpus*, lobo.) m. Lobo pequeño. ‖ **2.** Lobato.

LOBINA. (l. *lŭpina*.) f. Róbalo.

★ **LOBIZÓN.** m. URUG. Animal fabuloso al que se le atribuían formas en extremo caprichosas.

LOBO. (l. *lŭpus*.) m. Mamífero carnicero semejante al perro, de pelo gris obscuro, orejas tiesas, cola larga y tiesa, es rapaz y muy dañino para la caza y animales domésticos. A veces ataca al hombre. En los lugares donde abundan suelen ser cazados a manadas. ‖ **2.** Locha de color verdoso en el lomo. ‖ **3.** Garfio fuerte de hierro que empleaban desde lo alto de la muralla los sitiados. ‖ **4.** Máquina empleada en hilandería para limpiar y desenlazar algodón. ‖ **5.** fig. y fam. Borrachera, embriaguez. ‖ **6.** GERM. Ladrón, persona que roba. ‖ **7.** ASTRON. Constelación austral debajo de Libra y al occidente de Escorpión. ‖ **8.** ECUAD. Zorra, mamífero carnicero. ‖ —**cebado.** BLAS. El que lleva cordero u otra presa en la boca. ‖ —de **mar.** fig. y fam. Marino viejo y de gran experiencia. ‖ —**escorchado.** BLAS. El de color de gules, que se da a dicho animal cuando se le representa como desollado. ‖ LOBOS *de una camada.* expr. fig. y fam. Personas que por tener los mismos intereses no se hacen daño entre sí. Se aplica en general en mal sentido. ‖ *De lo contado come el* LOBO. ref. que indica que por más que se resguarda una cosa no siempre se logra su seguridad. ‖ *Desollar,* o *dormir,* uno el LOBO. fr. fig. y fam. Dormir mientras dura la borrachera. ‖ *Esperar el* LOBO *carne.* fr. fig. y fam. Esperar algo de quien todo lo desea para sí. ‖ *Quien con* LOBOS *anda, a aullar se enseña.* ref. con que se expresa el poderoso influjo de las malas compañías. ‖ *Tener el* LOBO *por las orejas.*

fr. fig. Hallarse excesivamente perplejo. ‖ *Un* LOBO *a otro no se muerden.* ref. con que se expresa que las personas que poseen idénticos intereses no se perjudican entre sí. ‖ **P.** lobo; **I.** wolf; **F.** loup; **A.** Wolf; **It.** lupo; **R.** волк.

LOBO. (gr. λοβός.) m. BOT. y ZOOL. Lóbulo.

LOBO, BA. adj. MÉJ. Zambo, hijo de negro e india o al contrario. Ú.t.c.s. ‖ **2.** CHILE. Huraño, esquivo. ‖ **3.** MÉJ. Astuto, cauteloso.

LOBOSO, SA. Se dice del terreno en que se crían los lobos.

LÓBREGO, GA. (l. *lūbricus*, resbaladizo.) adj. Obscuro, tenebroso. ‖ **2.** fig. Triste. ‖ **P.** lóbrego; **I.** murky, obscure; **F.** obscur, sombre; **A.** düster; **It.** atro, lúgubre; **R.** мрачный.

LOBREGUECER. tr. Hacer lóbrega una cosa. ‖ **2.** intr. Anochecer, venir la noche.

LOBREGUEZ. (De *lóbrego*.) f. Obscuridad, falta de luz.

LOBREGURA. (De *lóbrego*.) f. Lobreguez.

LÓBRIGO, GA. adj. ant. Lúbrico, lujurioso.

LOBULADO, DA. adj. BOT. y ZOOL. En figura de lóbulo. ‖ **2.** BOT. y ZOOL. Que tiene lóbulos.

LÓBULO. (De *lobo*, 2.° art.) m. Cada una de las partes que, en forma de ondas, sobresalen en el borde de una cosa. ‖ **2.** ZOOL. Perilla de la oreja. ‖ **3.** BOT. y ZOOL. Porción redondeada y saliente de un órgano cualquiera.

LOBUNO, NA. adj. Perteneciente o relativo al lobo.

LOCACIÓN. (l. *locatio, -ōnis*.) f. FOR. Arrendamiento. ‖ LOCACIÓN *y conducción.* For. Contrato de arrendamiento.

LOCADOR, RA. (l. *locātor*, de *locāre*, logar.) m. y f. VENEZ. Arrendador, ra, persona que da algo en arrendamiento.

LOCAL. (l. *locālis*.) adj. Perteneciente al lugar. ‖ **2.** Municipal o provincial, por oposición a general o nacional. ‖ **3.** m. Lugar cercado o cerrado y cubierto.

LOCALIDAD. (l. *localitas, -ātis*.) f. Calidad de las cosas que las determina a lugar fijo. ‖ **2.** Lugar o pueblo. ‖ **3.** Local, 3.ª acep. ‖ **4.** Cada una de las plazas o asientos en los locales destinados a espectáculos públicos. ‖ **2.**ª acep.: **P.** localidade; **I.** locality; **F.** localité; **A.** Ort; **It.** località; **R.** местность.

LOCALISMO. (De *local*.) m. Excesiva preocupación de uno por el lugar en que ha nacido. ‖ **2.** Vocablo o locución que tienen uso exclusivo en determinada localidad.

LOCALIZACIÓN. f. Acción y efecto de localizar o localizarse.

LOCALIZAR. (De *local*.) tr. Fijar, encerrar en determinados límites. Ú.t.c.r. ‖ **2.** Averiguar el lugar en que se halla una persona o cosa.

LOCAMENTE. adv. Con locura. ‖ **2.** Excesivamente, sin providencia ni moderación.

★ **LOCAR.** tr. AMÉR. Logar, alquilar.

★ **LOCARIAS.** m. fam. AMÉR. Loco, aturdido.

LOCATARIO, RIA. (l. *locatarius*, de *locāre*, logar.) m. y f. Arrendatario, ria.

º **LOCATIS.** adj. Alocado, de poco juicio.

LOCATIVO, VA. (l. *locāre*, logar.) adj. Perteneciente o relativo al contrato de locación o arriendo. ‖ **2.** Se aplica al caso de la declinación que expresa la relación de lugar. Ú.t.c.s.m.

LOCIÓN. (l. *lotio, -ōnis*.) f. Lavadura, acción de lavar. Ú.m. en FARM. ‖ **2.** Producto preparado para la limpieza del cabello.

★ **LOCK-OUT.** (De las voces inglesas *lock*, cerrar, y *out*, expulsar.) Paro impuesto por los patronos.

LOCO, CA. (port. *louco*.) adj. Que ha perdido la razón. Ú.t.c.s. ‖ **2.** De poco juicio, disparatado. Ú.t.c.s. ‖ **3.** Se aplica a la aguja imantada que se mantiene fija en la dirección norte. ‖ **4.** fig. Que excede en mucho de lo ordinario o presumible, tomado siempre en buena parte. ‖ **5.** fig. Hablando de las ramas de los árboles, vicioso. ‖ **6.** Fís. Se aplica a la brújula cuando pierde la propiedad de señalar el norte magnético y de las poleas u otras partes de las máquinas cuando giran inútilmente. ‖ **7.** Med. Se dice de las viruelas que no tienen malignidad. ‖ **—de atar.** fig. y fam. Persona que procede como loca. ‖ **—perenne.** Persona que no está nunca en su juicio. ‖ **2.** fig. y fam. Persona que siempre está de chanza. **—de verano.** Argent. Chiflado, extravagante. ‖ *Al* loco *y al aire, darles calle.* ref. que advierte que se deben evitar contiendas con personas de genio violento. ‖ *Cada* loco *con su tema.* ref. que explica el apego que cada uno tiene a su opinión. ‖ *El* loco, *por la pena es cuerdo.* ref. que indica que el castigo corrige los vicios, aun de los que carecen de razón. ‖ *Estar* loco *de contento.* fr. fig. y fam. Estar excesivamente alegre. ‖ *Más sabe el* loco *en su casa que el cuerdo en la ajena.* ref. que indica que en los asuntos propios más sabe el que se ocupa de ellos habitualmente, aunque sea poco inteligente, que el que desde fuera pretende dirigirlos. ‖ *Un* loco *hace ciento.* ref. que explica el poderoso influjo del mal ejemplo. ‖ **P.** doido, louco; **I.** mad; **F.** fou; **A.** Irrer; **It.** pazzo; **R.** сумасшедший.

LOCO CITATO. loc. lat. En el sitio citado. Se emplea en citas, referencias, etcétera.

LOCOMOCIÓN. (l. *locus,* lugar y *motio, -ōnis,* movimiento.) f. Traslación de un lugar a otro. ‖ **P.** locomoção; **I.** y **F.** locomotion; **A.** Ortsveränderung; **It.** locomozione; **R.** передвижение.

LOCOMOTOR, RA. (l. *locus,* lugar, y *motor,* el que mueve.) adj. Propio para la locomoción. ‖ **2.** f. Máquina sobre ruedas y movida por vapor, motor térmico o electricidad, arrastra los vagones de un tren. ‖ *Aparato* locomotor. f. Fisiol. Conjunto de órganos que intervienen en la locomoción. ‖ **P.** e **I.** locomotor; **F.** locomoteur; **A.** Lokomotor, Lokomotive; **It.** locomotore; **R.** двигательный.

LOCOMOTRIZ. adj. f. Locomotora, propia para la locomoción.

LOCOMOVIBLE. (l. *locus,* lugar, y de *móvil.*) adj. Locomóvil. Ú.t.c.s.f.

LOCOMÓVIL. (l. *locus,* lugar, y de *móvil.*) adj. Que puede llevarse de un lugar a otro. Se aplica especialmente a las máquinas de vapor que pueden trasladarse por sí mismas. Ú.t.c.s.f. ‖ **P.** locomóvel; **I.** locomotive; **F.** locomobile; **A.** Lokomobile; **It.** locomobile; **R.** передвижение.

LOCRENSE. (l. *locrensis.*) adj. Natural de Lócrida. Ú.t.c.s. ‖ **2.** Perteneciente a este país de la Grecia antigua.

★ **LOCRIO.** m. Rep. Domin. Guisado de arroz con carne de cerdo o pollo y condimentado con salsa de tomate, etc.

LOCRO. (Voz quichua.) m. Guisado de carne, patatas, maíz y otros ingredientes. Se come en la América Meridional. ‖ **2.** Argent. Trigo cocido, solo o con carne. ‖ **3.** fig. Chile. Labor femenina mal hecha, tosca. ‖ **4.** fig. y fam. Chile. Enamoramiento, matrimonio en proyecto.

LOCUACIDAD. (l. *loquacĭtas, -ātis.*) f. Calidad de locuaz.

LOCUAZ. (l. *loquax, -ācis.*) adj. Que habla mucho o demasiado.

LOCUCIÓN. (l. *locutĭo, -ōnis.*) f. Modo de hablar. ‖ **2.** Frase. ‖ **3.** Conjunto de dos o más palabras que no forman oración perfecta.

LOCUELA. (l. *loquēla,* de *loqui,* hablar.) f. Modo particular de hablar de cada uno.

LOCUELO, LA. adj. d. de loco. Ú.t.c.s. ‖ **2.** fam. Se aplica a la persona de pocos años, viva y atolondrada. Ú.t.c.s.

LOCURA. (De *loco.*) f. Privación del juicio o del uso de la razón. ‖ **2.** Gran desacierto. ‖ **3.** fig. Exaltación del ánimo por un gran afecto. ‖ *Quien de* locura *enferma, tarde o nunca sana.* ref. que denota lo poco que puede esperarse de quienes no son juiciosos. ‖ **P.** loucura; **I.** madness; **F.** folie; **A.** Irrsinn; **It.** pazzia; **R.** безумие.

LOCUTOR, RA. (l. *locūtor.*) m. y f. Persona que habla ante el micrófono en las estaciones de radiotelefonía o televisión.

LOCUTORIO. (l. *locūtor,* el que habla.) m. Habitación que se destina en los conventos y cárceles para hablar con las monjas o presos. ‖ **2.** En las estaciones

telefónicas departamento para el uso individual del teléfono por el público. ‖ **2.ª**acep.: **P.** locutório; **I.** locutory; **F.** parloir; **A.** Fensprechzelle; **It.** locutorio; **R.** приёмная.

LOCHA. (De *loche.*) f. Zool. Pez teleósteo fisóstomo, de boca grande con seis barbillas en el labio superior y aletas no pareadas. Se cría en ríos y lagos de agua fría y su carne es muy fina. ‖ **2.** fig. Venez. Moneda de níquel de doce centavos y medio.

LOCHE. (fr. *loche,* y éste del ingl. *loach.*) m. Locha.

★ **LODACERO.** m. Ecuad. Lodazal.

LODACHAR. m. Lodazal.

LODAZAL. m. Lugar lleno de lodo.

LODAZAR. m. Lodazal.

LODIENTO, TA. (De *lodo.*) adj. ant. Lodoso.

LODO. (l. *lūtum,* barro.) m. Barro, mezcla de tierra y agua, especialmente la de lluvia. ‖ *Poner a uno de* lodo. fr. Enlodarle. ‖ **2.** fig. Ofenderle. ‖ *Salir del* lodo *y caer en el arroyo.* ref. que se aplica a quien por evitar un mal pequeño cae en otro peor. ‖ **P.** lodo, lama; **I.** mud, slime; **F.** boue, fange; **A.** Schlamm; **It.** loto, fango; **R.** тина.

LODOÑERO. m. Guayaco.

LODOÑO. (De un der. de l. *lotos,* y éste del gr. λωτός.) m. Nav. Almez.

LODOSO, SA. (l. *lŭtosus.*) adj. Lleno de lodo.

★ **LOES.** m. Geol. Material sedimentario arcilloso, de origen eólico y color amarillo.

LOFOBRANQUIO. (gr. λόφος, penacho y el pl. βράγχια, branquias.) adj. Zool. Se dice de los peces teleósteos que tienen las branquias en forma de penacho. Ú.t.c.s.m. ‖ **2.** m. pl. Zool. Suborden de estos animales.

★ **LOGA.** f. Amér. Central. Loa, alabanza. ‖ **2.** Chile. Loa, breve composición poética.

LOGADERO. (l. *locatarius.*) m. ant. El que toma en alquiler o arrendamiento una cosa.

LOGANIÁCEO, A. (De *logania,* nombre de un género de plantas dedicado a *Logan,* viajero inglés del siglo XVII.) adj. Bot. Se aplica a unas plantas exóticas angiospermas dicotiledóneas, hierbas, arbustos o arbolillos de hojas enteras y opuestas. Ú.t.c.s.f. ‖ **2.** f. pl. Bot. Familia de estas plantas.

LOGAR. (l. *lŏcālis.*) m. ant. Lugar.

LOGAR. (l. *locāre.*) tr. ant. Alquilar, dar en arriendo una cosa. ‖ **2.** Ar. Ajustar a una persona para que realice cierto trabajo por cierto precio. Ú.t.c.r.

LOGARÍTMICO, CA. adj. Mat. Perteneciente a los logaritmos.

LOGARITMO. (gr. λόγος, razón, y ἀριθμός, número.) m. Mat. Exponente a que hay que elevar una cantidad positiva para que resulte un número determinado. ‖ **—decimal.** Mat. El que tiene por base el número 10. ‖ **—neperiano.** Mat. El que tiene por base el número trascendente *e.* (=2,17828I...).

LOGIA. (ital. *loggia,* y éste del alt. alto al. '*laubia,* cuna.) f. Lugar donde se celebran asambleas de francmasones. ‖ **2.** Asamblea de francmasones. ‖ **P.** loja; **I.** lodge; **F.** loge; **A.** (Freimaurer-)Loge; **It.** loggia; **R.** ложа.

LÓGICA. (l. *logĭca,* y éste del gr. λογική, t. f. de -κός, lógico.) f. Disciplina filosófica que estudia los principios formales del conocimiento humano, las formas y las leyes más generales del pensamiento. ‖ **—natural.** Disposición natural para discurrir acertadamente. ‖ **—parda.** Gramática parda. ‖ **P.** lógica; **I.** logic; **F.** logique; **A.** Logik; **It.** lògica; **R.** логика.

LOGICAL. adj. ant. Lógico, perteneciente a la lógica.

LÓGICAMENTE. adv. Según las normas de la lógica.

LÓGICO, CA. (l. *logĭcus,* y éste del gr. λογικός; de λόγος, razón, discurso.) adj. Perteneciente a la lógica. ‖ **2.** Que la conoce y la estudia. Ú.t.c.s. ‖ **3.** Se dice de toda consecuencia natural y legítima.

LOGIS. (fr. *logis,* alojamiento, y éste del m. or. que *logia.*) m. Usado solamente en la denominación «mariscal de logis» que antiguamente se daba al encargado de alojar la tropa de caballería.

° **LOGÍSTICA.** f. Art. Mil. Ciencia del estado mayor, estrategia. ‖ **2.** Art. Mil. En los Estados Unidos, técnica de movimiento y del transporte y arte de conducir en el campo de batalla a los hombres, material y avituallamiento. ‖ **3.** Lógica matemática o simbólica.

° **LOGÍSTICA.** f. Lóg. Rama de la lógica que emplea en sus deducciones el método y el simbolismo matemático.

★ **LOGÍSTICO, A.** adj. Relativo a la logística, 1.° y 2.° art.

LOGOGRÍFICO, CA. adj. Perteneciente o relativo al logogrifo. ‖ **2.** Obscuro, difícil de entender.

LOGOGRIFO. (gr. λόγος, palabra, lenguaje, y γρῖφος, red.) m. Enigma en que para dar con la palabra que es la solución, hay que formar antes otras, haciendo combinaciones diversas con las letras de aquélla según ciertas indicaciones.

LOGOMAQUIA. (gr. λογομαχία; de λόγος, palabra, y μάχομαι, luchar.) f. Discusión en que se atiende a las palabras y no al fondo del asunto.

★ **LOGOPEDIA.** f. Ciencia mediante la cual se corrigen los defectos de pronunciación especialmente en los niños.

★ **LOGOS.** m. Fil. y Rel. Palabra, discurso o argumento y su concepto racional o concepto metafísico de la filosofía griega. Posteriormente pasó al cristianismo como idea teológica con sentido de Verbo divino.

LOGRAR. (l. *lŭcrāre,* ganar.) tr. Conseguir o alcanzar lo que se intenta. ‖ **2.** Gozar una cosa. ‖ **3.** r. Llegar a su perfección alguna cosa. ‖ **P.** lograr; **I.** to gain, to obtain; **F.** obtenir, atteindre; **A.** erreichen; **It.** ottenere, riuscire; **R.** достигать.

LOGREAR. intr. Emplearse en dar o recibir a logro.

LOGRERÍA. f. Ejercicio de logrero.

LOGRERO, RA. m. y f. Persona que da dinero a logro. ‖ **2.** Persona que retiene los frutos para venderlos después a mayor precio. ‖ **3.** m. Persona que trata de lucrarse sin reparar en el medio. Ú.m. en América. ‖ **4.** Chile. Gorrón. ‖ **5.** Chile. Persona que logra dinero de otro generalmente por medios poco delicados. ‖ **6.** Argent. Logrón, aprovechado. ‖ **7.** Argent., Urug., Chile y Colom. Gorrista.

LOGRO. (l. *lŭcrum.*) m. Acción y efecto de lograr. ‖ **2.** Lucro. ‖ **3.** Usura. ‖ *Dar a* logro *una cosa.* fr. Prestarla con usura. ‖ **P.** lucro; **I.** gain, profit; **F.** obtention, réusitte; **A.** Gewinn; **It.** ottenimento, reuscimento; **R.** достижение.

LOGROÑÉS, SA. adj. Natural de Logroño. Ú.t.c.s. ‖ **2.** Perteneciente a esta ciudad.

LOGUER. (De *loguero.*) m. ant. Salario, alquiler.

LOGUERO. (l. *locarium,* alquiler, de *lŏcus,* lugar.) m. ant. Loguer. ‖ **2.** Ar. El que se loga o ajusta para un trabajo.

LOICA. (Voz araucana.) f. Pájaro chileno parecido al estornino, aunque mayor que él. Es fácilmente domesticable y su canto es dulce y melodioso. ‖ **2.** fig. Chile. Mentira, engaño.

LOINA. f. Ál. y Nav. Pez pequeño de río.

LOÍSMO. m. Vicio de emplear el pronombre *lo* en función de dativo.

LOÍSTA. adj. Gram. Se dice del que emplea siempre la forma *lo* del pronombre para el acusativo masculino. Ú.t.c.s.

★ **LOJA.** Cuba. Aguají.

LOJANO, NA. adj. Natural de Loja, ciudad y provincia del Ecuador. Ú.t.c.s. ‖ **2.** Perteneciente o relativo a esta ciudad o provincia.

LOJEÑO, ÑA. adj. Natural de Loja. Ú.t.c.s. ‖ **2.** Perteneciente a esta ciudad de la provincia de Granada.

LOLIO. (l. *lolĭum.*) m. ant. Loyo.

LOMA. (De *lomo.*) f. Altura pequeña y prolongada.

LOMADA. f. ant. Loma. Ú. en Argentina.

LOMAR. tr. Germ. Dar.

LOMBA. (De *lombo.*) f. León y Sant. Loma.

LOMBARDA. f. Bombarda, máquina militar. ‖ **2.** Variedad de berza, no tan cerrada como el repollo, aunque parecida a él, y de tono tirando a morado.

L

L

LOMBARDADA. f. Tiro de lombarda.
LOMBARDEAR. tr. Disparar las lombardas contra un lugar.
LOMBARDERÍA. f. Conjunto de lombardas.
LOMBARDERO. m. Soldado que disparaba las lombardas.
LOMBÁRDICO, CA. adj. Lombardo, perteneciente o relativo a Lombardía.
LOMBARDO, DA. adj. Natural de Lombardía. Ú.t.c.s. || **2.** Perteneciente a este país de Italia. || **3.** Longobardo. Apl. a pers. ú.t.c.s. y más en pl. || **4.** m. Banco de crédito sobre mercancías.
LOMBARDO, DA. (Quizá de *lombo*.) adj. Se dice del toro castaño, cuya parte superior media del tronco es de color más claro que el resto.
LOMBO. (l. *lŭmbus*, lomo.) m. ant. Lomo. Ú. en Salamanca.
★ **LOMBRICERA.** f. Bot. Méj. Hierba lombriguera.
LOMBRIGÓN. m. aum. de lombriz.
LOMBRIGUERA. (l. *lŭmbrīcārius*, de *lŭmbrĭcus*, lombriz.) adj. Se aplica a una hierba medicinal compuesta usada como estomacal y vermífuga. Ú.t.c.s.f. || **2.** f. Agujero que hacen las lombrices en el suelo.
LOMBRIZ. (l. *lŭmbrīcus*.) f. Zool. Gusano anélido de cuerpo cilíndrico, alargado y blando, con los segmentos provistos de cerdas quitinosas. Vive en lugares húmedos y ayuda a la formación del mantillo, transformando en parte la tierra que toma al alimentarse y que después expulsa. ||
—**intestinal.** Gusano nematelminto, de forma de lombriz, que vive parásito en el intestino del hombre y de algunos animales. || —**solitaria.** Tenia. || P. minhoca, lombriga; I. earthworm; F. lombric, ver de terre; A. Wurm, Regenwurm; It. lombrico; R. червь.
LOMEAR. intr. Mover el lomo los caballos, encorvándolo con violencia. || **2.** Bol. Desentenderse de una cosa, rehuirla.
LOMERA. f. Correa que se pone al lomo de la caballería para mantener en su lugar las demás piezas. || **2.** Piel o tela colocada en el lomo del libro para la encuadernación en media pasta. || **3.** Caballete, parte horizontal y más elevada del tejado.
LOMETA. (De *loma*.) f. Altozano, montículo.
★ **LOMIBAYO, YA.** adj. Cuba. Dícese de la res vacuna con el pelo del lomo y costillares casi blanco sobre fondo negro.
LOMIENHIESTO, TA. (De *lomo* y *enhiesto*.) adj. Alto de lomos. || **2.** fig. y fam. Engreído, presuntuoso. || *Andar* LOMIENHIESTO. fr. Andar holgando.
LOMILLERÍA. f. Amér. Merid. Taller en que se hacen los lomillos, coronas, riendas, etc. || **2.** Tienda donde se venden. || **3.** Amér. Merid. Conjunto del recado de montar.
★ **LOMILLERO, RA.** m. y f. Amér. Merid. Persona que hace o vende lomillos, lazos, riendas, etc.
LOMILLO. (d. de *lomo*.) m. Labor de costura o bordado hecha con dos puntadas cruzadas. || **2.** Parte superior de la albarda en que queda por lo interior un hueco adaptado al lomo de la caballería. || **3.** Ar. Solomillo. || **4.** Amér. Pieza del recado de montar formado por dos almohadas y que se aplica sobre la carona. || **5.** pl. Aparejo con dos almohadillas largas que dejan libre el lomo de las caballerías.
LOMINHIESTO, TA. adj. Lomienhiesto.
LOMO. (l. *lŭmbus*.) m. Parte inferior y central de la espalda. Ú.m. en pl. || **2.** Todo el espinazo de los cuadrúpedos. || **3.** Carne del cerdo de esta parte del animal. || **4.** Parte del libro opuesta al corte de las hojas. || **5.** Parte por donde doblan a lo largo de la pieza las pieles, tejidos, etcétera. || **6.** Tierra que levanta el arado entre surco y surco. || **7.** En los instrumentos cortantes, parte opuesta al filo. || **8.** pl. Las costillas. || **9.** Argent. Reverso de los naipes de la baraja. || *A* LOMO. m. adv. que con los verbos *traer, llevar,* y otros, significa llevar cargas en bestias. || *Arar los* LOMOS. fr. Agr. Dar los surcos claros cuando la primera reja se ha dado yunta para sembrar los lomos y rajarlos

después al cubrir la simiente. || *Rajar los* LOMOS. fr. Agr. Llevar el arado por medio de ellos echando cada mitad en los cursos que están al pie. || P. lombo, dorso; I. loin, back; F. lombes, dos; A. Lende; It. lombo, còstola, dorso; R. поясница.
LOMOSO, SA. adj. ant. Perteneciente al lomo.
LOMUDO, DA. adj. Que tiene grandes lomos.
LONA. (De *Olonne*, población marítima de Francia, donde se tejía dicha clase de lienzo.) f. Tela fuerte de algodón o cáñamo, para velas de navío, toldos, tiendas de campaña, etc. || **2.** Méj. Harpillera. || P. lona; I. sailcloth; F. toile à voile; A. Zelttuch; It. olona, tela da vele; R. брезент.
LONCO. m Chile. Pescuezo. || **2.** Chile. La segunda de las cavidades del estómago de los rumiantes.
LONCHA. f. Lancha, piedra lisa, plana y delgada. || **2.** Lonja, cosa larga, ancha y delgada.
LONDINENSE. (l. *londinensis*.) adj. Natural de Londres. Ú.t.c.s. || **2.** Perteneciente a esta ciudad de Inglaterra.
LONDRÉS, SA. adj. ant. Londinense. Apl. a pers. usáb.t.c.s.
LONDRINA. f. Tela de lana que se hacía en Londres.
LONETA. f. Chile. Lona delgada que se emplea en velas de botes y otros usos. || **2.** Cuba. Tejido blanco de algodón para toldos, pantalones de obreros, etc.
LONGA. (l. *longa*, larga.) f. Mús. Nota de música antigua, que valía cuatro compases o dos breves.
LONGADURA. (l. *longus*, largo.) ant. Largura.
LONGAMENTE. adv. ant. Largamente, por largo tiempo.
LONGANIMIDAD. (l. *longanimĭtas, -ātis*.) f. Grandeza y constancia de ánimo en las adversidades.
LONGÁNIMO, MA. (l. *longanĭmis*.) adj. Magnánimo, constante.
LONGANIZA. (l. *lucanĭca*, de *lucanĭcus botŭlus*, infl. por *longus*.) f. Pedazo largo de tripa angosta rellena de carne de cerdo, picada y adobada. || P. linguiça, salchicha comprida; I. kind of sausage; F. (espèce de) saucisse; A. Schlackwurst; It. lugànica; R. колбаса.
LONGAR. (De *luengo*.) adj. p.us. Largo. || **2.** V. Panal LONGAR.
LONGARES. (De *alongar*.) m. Germ. Hombre cobarde.
LONGAZO, ZA. adj. aum. de luengo.
LONGEVIDAD. (l. *longaevĭtas, -ātis*.) f. Largo vivir.
LONGEVO, VA. (l. *longaevus*, de *longus*, largo, y *aevum*, tiempo, edad.) adj. Muy anciano.
LONGINCUO, CUA. (l. *longinqŭus*.) adj. Distante, lejano.
LONGÍSIMO, MA. (l. *longissĭmus*.) adj. sup. de luengo.
LONGITUD. (l. *longitŭdo*.) f. La mayor de las dimensiones principales que tienen las cosas o figuras planas en contraposición a la menor llamada latitud. || **2.** Astron. Arco de la Eclíptica comprendido de oeste a este entre el punto equinoccial de Aries y el círculo perpendicular a ella que pasa por un punto de la esfera. || **3.** Geog. Distancia de un lugar respecto al primer meridiano contada en grados del Ecuador. || —**de onda.** Fís. Distancia entre dos puntos correspondientes a una misma fase en dos ondas consecutivas. || —**de rotura.** Cantidad necesaria de hilo, en kilómetros, para que se rompa por su propio peso. || P. longitude; I. length; F. longeur; A. Länge; It. longitùdine; R. длина.
LONGITUDINAL. adj. Perteneciente a la longitud. || **2.** Hecho o colocado en el sentido de ella.
LONGITUDINALMENTE. adv. A lo largo.
LONGO, GA. (l. *lŏngus*, largo.) adj. ant. Luengo.
★ **LONGO, GA.** m. y f. Ecuad. Indio o india joven.
LONGOBARDO, DA. (l. *longobardus*.) adj. Se aplica al individuo de un pueblo perteneciente a la confederación de los suevos que se estableció al norte de Italia.

Ú.t.c.s.m. y en pl. || **2.** Perteneciente a los longobardos. || **3.** Lombardo, natural de Lombardía o perteneciente a este país de Italia. Apl. a pers. ú.t.c.s.
LONGOR. (De *luengo*.) m. ant. Longitud.
LONGUERA. (De *luengo*.) f. Porción de tierra, larga y angosta.
LONGUERÍA. (De *luengo*.) f. Dilación.
LONGUETAS. (De *luengo*.) f. pl. Cir. Tiras de lienzo, sencillas, dobles o triples que se aplican en fracturas y amputaciones.
LONGUEZA. (De *luengo*.) f. ant. Largura.
LONGUEZUELO, LA. adj. ant. d. de luengo.
LONGUÍSIMO, MA. adj. sup. Longísimo.
LONGUISO. (l. *longus*, apartado, lejano.) m. Germ. Longares.
LONGURA. (De *luengo*.) f. ant. Longitud.
LONJA. (De *loncha*.) f. Cualquiera cosa larga, ancha y poco gruesa que se corta o separa de otra. || **2.** Pieza de vaqueta con que en los carruajes se afianzan los balancines menores al mayor. || **3.** Argent. Cuero descarnado y pelado. || **4.** R. de la Plata. Extremidad del látigo o rebenque. || P. talhada, fatia; I. slice; F. longe; A. Scheibe; It. lunga; R. торговая биржа.
LONJA. (germ. *laubja*, glorieta.) f. Edificio público en que comerciantes y mercaderes se juntan para sus tratos. || **2.** Almacén donde se coloca la pila de lana esquilada. || **3.** Tienda de cacao, azúcar, etcétera. || **4.** Atrio de entrada de templos y otros edificios.
★ **LONJAZO.** m. R. de la Plata. Golpe dado con la lonja, 1.er art., 4.ª acep.
LONJEAR. (De *lonja*, tienda.) tr. ant. Almacenar.
★ **LONJEAR.** tr. Argent. Rapar el pelo de una piel hasta dejarla hecha lonja, 2.º art., 3.ª acep. || **2.** Azotar con una lonja o cuero.
LONJETA. f. d. de lonja, 1.er art. || **2.** Cenador de jardín.
LONJISTA. com. Persona que tiene lonja o tienda de azúcar y otros comestibles.
LONTANANZA. (ital. *lontananza*, de *lontano*, y éste de un der. del l. *longus*, largo.) f. Pint. Términos de un cuadro más distantes del plano principal. || *En* LONTANANZA. m. adv. A lo lejos. || P. longes, fondos dum quadro; I. distance, background; F. arrière-plan; A. Fernsicht; It. lantananza; R. дальний план.
LOOR. (De *loar*.) m. ant. Alabanza.
LÓPEZ. n. patronímico. *Esos son otros* LÓPEZ. expr. fig. y fam. con que se da a entender que una cosa no tiene ninguna relación con otra, aunque tengan cierto parecido.
LOPIGIA. f. Alopecia.
LOPISTA. com. Persona que posee especiales conocimientos de la vida y obras de Lope de Vega. Ú.t.c.adj.
LOQUEAR. (De *loco*.) intr. Decir o hacer locuras. || **2.** fig. Regocijarse con demasiado ruido y alboroto.
LOQUERA. f. La que por oficio cuida locas. || **2.** Jaula de locos. || **3.** Amér. Locura, manía.
★ **LOQUERÍA.** f. Chile y Perú. Manicomio.
LOQUERO. m. El que por oficio cuida locos. || **2.** Argent. Casa de locos. || **3.** fam. Argent. Bullicio, gritería. || P. enfermeiro de luocos; I. keeper of madmen; F. gardien de fous; A. Irrenwärster; It. guardiano di pazzi; R. надзиратель.
LOQUESCO, CA. (De *loco*.) adj. Alocado. || **2.** fig. Chancero. || *A la* LOQUESCA. loc. adv. A modo de locos.
LOQUIOS. (gr. λοχεῖα, de λόχος, parto.) m. pl. Líquido que sale durante el puerperio por los órganos genitales de la mujer.
LORA. f. Colom., C. Rica, Hond. y Chile. Loro, papagayo. || **2.** Chile. Hembra del loro. || **3.** fig. y fam. Chile. Mujer habladora.
LORANTÁCEO, A. (gr. λῶρον, tira, y ἄνθος, flor.) adj. Bot. Se aplica a las plantas angiospermas dicotiledóneas, casi parásitas o parásitas, con flores masculinas

y femeninas separadas, y fruto en baya. Están siempre verdes. Ú.t.c.s.f. || **2**. f. pl. BOT. Familia de estas plantas.

LORCHA. f. Barca ligera y rápida que navega a vela y remo. Se emplea en la China para la navegación de cabotaje. Es de menos porte y eslora que el junco.

LORCHA. f. GAL. Haleche.

LORD. (ingl. *lord*, señor.) m. Título de honor dado en Inglaterra a los individuos de la primera nobleza y a los que desempeñan algunos altos cargos. En pl. lores.

LORDOSIS. (gr. λόρδωσις.) f. Corcova con prominencia anterior.

LORENÉS, SA. adj. Natural de Lorena. Ú.t.c.s. || **2**. Perteneciente a esta provincia de Francia.

LORENZANA. (De *Lorenzana*, en Galicia.) f. Lienzo grueso fabricado en el pueblo de este nombre.

LORIGA. (l. *lorīca*.) f. Coraza hecha con láminas de acero. || **2**. Armadura de caballo para el uso de la guerra. || **3**. Pieza circular de hierro para reforzar los bujes de las ruedas de los carruajes.

LORIGADO, DA. (l. *loricātus*.) adj. Armado con loriga. Ú.t.c.s. || **2**. P. RICO. Se aplica a la gallina o gallo gris con pintas blancas.

★ **LÓRIGO, GA**. adj. P. RICO. Lorigado.

★ **LORIGÓN**. m. aum. de loriga. || **2**. Loriga grande cuyas mangas no pasaban del codo.

LORIGUERO, RA. (l. *loricarīus*.) adj. Perteneciente a la loriga.

LORIGUILLO. (De *loro*, 2.º art.) m. Lauréola hembra.

LORO. (malayo, *lori*.) m. Papagayo, particularmente el de plumaje con fondo rojo. || **2**. HOND. Papagayo menor que la lora. || **3**. fig. CHILE. Individuo enviado para rastrear con disimulo alguna cosa o lanzar alguna especie. || **4**. fig. y fam. CHILE. El primer palanquero de un tren. || **5**. fig. y fam. CHILE. Orinal de cristal para los enfermos que no pueden levantarse de la cama. || **6**. fig. y fam. CHILE. Tormento aplicado a los reos para obligarles a que hablen. || **7**. CUBA, P. RICO y VENEZ. Especie de escaro de coloración brillante y cabeza algo aplastada. || **8**. ARGENT. Peterebí, árbol maderable. || **9**. CHILE. Moco. || **10**. VENEZ. Navaja corta y puntiaguda. || —**del Brasil**. Paraguay, papagayo del Paraguay, de color verde esmeralda. || **P**. papagaio, loiro; **I**. parrot; **F**. perroquet; **A**. Papagei; **It**. pappagallo; **R**. попугай.

LORO, RA. (l. *laurus*, laurel, por el color obscuro de sus hojas y fruto.) adj. De color amulatado o de un moreno muy obscuro. || **2**. m. Lauroceraso.

★ **LOROCO**. m. BOT. GUAT. y EL SALV. Arbusto apocináceo.

LORQUINO, NA. adj. Natural de Lorca. Ú.t.c.s. || **2**. Perteneciente a esta ciudad.

LORZA. f. Alhorza.

LOS. (l. *illos*, pl. m. de *ille*.) Forma del artículo determinado en género masculino y número plural. || **2**. Acusativo del pronombre personal de tercera persona en género masculino y número plural. Se puede emplear como sufijo y no admite preposición.

LOSA. (celtolat., *lausia*, losa.) f. Piedra llana y poco gruesa, casi siempre labrada, que se emplea para solar y otros usos. || **2**. Trampa formada por losas pequeñas para atrapar aves o ratones. || **3**. fig. Sepulcro, sepultura. || *Echar* uno una LOSA *encima*. fr. fig. Afirmar que se guardará un secreto rigurosamente. || *Echar* a uno una LOSA *sobre el corazón*. fr. fig. Causarle una gran pena. || **P**. lousa; **I**. flagstone; **F**. dalle; **A**. Deckfliese; **It**. lastra; **R**. каменная плита.

LOSADO, DA. p.p. de losar. || **2**. m. Enlosado, suelo con losas.

LOSANGE. (fr. *losange*, y éste del l. epigráfico [*lapides*] *lausiae*, losas.) m. Figura de rombo colocado de forma que uno de los ángulos agudos quede de pie y el opuesto por cabeza.

LOSAR. (De *losa*.) tr. Enlosar.

LOSETA. f. d. de losa. || **2**. Losa, 2.ª acep. || *Coger* a uno *en la* LOSETA. fr. fig. fam. Engañarle con astucia.

LOSILLA. f. d. de losa. || **2**. Losa, 2.ª acep.

LOSINO, NA. adj. Natural del valle de Losa. Ú.t.c.s. || **2**. Perteneciente a él.

LOTA. (De *lote*.) f. AND. Porción de pescado que se subasta en los lugares de arribo de los barcos pesqueros. || **2**. AND. Lugar en que se lleva a cabo tal subasta.

LOTE. (ant. al. *laut*.) m. Cada una de las partes en que se divide un todo para distribuirlo entre varios. || **2**. Lo que corresponde a cada uno en la lotería o en otros juegos en que se sortean sumas desiguales. || **3**. Dote en el juego de naipes. || **4**. En las exposiciones y ferias de ganados grupo de animales de caracteres análogos. || **5**. CUBA. Saldo, resto de mercancías que se venden a menor precio para liquidarlas. || **P**. lote; **I** y **F**. lot; **A**. Anteil, Partie; **It**. lotte; **R**. доля, часть.

★ **LOTE**. adj. ARGENT. En el lenguaje lunfardo, zote. Ú.t.c.s.

LOTERÍA. (De *lotero*.) f. Especie de rifa, hecha con autoridad pública. || **2**. Juego público en que se premian con diversas cantidades varios billetes sacados a la suerte. || **3**. Juego casero en que se imita la LOTERÍA *primitiva*. || **4**. Lugar en que se venden los billetes de lotería. || *Caerle*, o *tocarle*, a uno la LOTERÍA. fr. fig. Tocarle uno de los mayores premios de ella. Dícese también en sentido irónico. || **P**. lotaria; **I**. lottery; **F**. loterie; **A**. Lotterie; **It**. lotteria; **R**. лотерея.

LOTERO, RA. (De *lote*.) m. y f. Persona que tiene a su cargo el despacho de billetes de la lotería.

★ **LOTIFICAR**. tr. GUAT. Lotear, dividir en lotes.

LOTIFORME. adj. Que tiene forma de loto.

LOTO. (l. *lotos*, y éste del gr. λωτός.) m. Planta acuática ninfeácea, de hojas muy grandes, flores terminales, solitarias, olorosas y de color blanco azulado. Abunda en las orilla del Nilo. || **2**. Flor de esta planta. || **3**. Fruto de la misma. || **4**. BOT. Árbol de África, ramnáceo, cuyo fruto, que es una drupa rojiza, tiene la carne un tanto dulce y que según la mitología hacía que los extranjeros que lo comían olvidaran su patria. || **5**. Fruto de este árbol.

LOTÓFAGO, GA. (gr. λωτοφάγος; de λωτός, loto, y φαγεῖν, comer.) adj. Dícese del individuo de ciertos pueblos que habitaban en la costa septentrional de África y se alimentaban principalmente con los frutos del árbol llamado loto. Ú.t.c.s.m. y más en pl.

★ **LOTONERO**. m. CUBA. Variedad de almez.

LOVANIENSE. adj. Natural de Lovaina. Ú.t.c.s. || **2**. Perteneciente a esta ciudad de Bélgica.

LOXODROMIA. (gr. λοξός, oblicuo, y δρόμος, carrera.) f. NAÚT. Curva en la superficie terrestre que origina un mismo ángulo en la intercesión con todos los meridianos y sirve para la navegación en rumbo constante.

LOXODRÓMICO, CA. adj. MAR. Perteneciente o relativo a la loxodromia.

LOZA. (l. *lautia*, ajuar.) f. Barro fino, cocido y barnizado, del que están fabricados los platos, tazas, etc. || **2**. Conjunto de estos utensilios. || *Ande la* LOZA. expr. fig. y fam. con que se da a entender la algazara que hay cuando la gente está contenta y alegre. || **P**. louça; **I**. earthenware; **F**. faïence; **A**. Steingut; **It**. maiòlica; **R**. фаянс.

LOZANAMENTE. adv. Con lozanía.

LOZANEAR. (De *lozano*.) intr. Ostentar lozanía. Ú.t.c.r. || **2**. Obrar con ella.

LOZANECER. (De *lozano*.) intr. ant. Lozanear.

LOZANÍA. (De *lozano*.) f. Mucho verdor y frondosidad en las plantas. || **2**. Viveza y gallardía en los hombres y animales. || **3**. Orgullo. || **P**. louçania, viço; **I**. luxuriance, bloom; **F**. luxuriance, vigueur; **A**. Üppigkeit; **It**. lussuria; **R**. пышность.

LOZANO, NA. (port. *loução*.) adj. Que tiene lozanía.

LÚA. (de *luva*.) f. Especie de guante hecho de esparto y sin separaciones para los dedos. || **2**. MANCHA. Zurrón de piel para llevar el azafrán || *Tomar por la* LÚA. fr. MAR. Dicho de las embarcaciones, perder el gobierno por recibir las velas

el viento para la parte de sotavento, por donde no están amuradas.

★ **LUÁN**. (arauc. *luan*, guanacol.) adj. CHILE. Se dice del color amarillento y del gris claro.

LUBIGANTE. m. Bogavante, crustáceo.

LUBINA. (l. *lūpina*, t. f. de *lūpīnus*.) f. Róbalo.

LUBRICACIÓN. f. Acción y efecto de lubricar.

LUBRICADOR, RA. adj. Lubrica.

LÚBRICAMENTE. adv. Con lubricidad.

LUBRICÁN. (De *lūpus*, lobo, y *canis*, perro, infl. por *lóbrego*.) m. Crepúsculo.

LUBRICANTE. p.a. de lubricar. || **2**. adj. Se aplica a toda substancia útil para lubricar. || Ú.t.c.s.m.

LUBRICAR. (l. *lubricāre*.) tr. Hacer lúbrica o resbaladiza una cosa.

LUBRICATIVO, VA. adj. Que sirve para lubricar.

LUBRICIDAD. (l. *lubricĭtas, -ātis*.) f. Calidad de lúbrico.

LÚBRICO, CA. (l. *lubrīcus*.) adj. Resbaladizo. || **2**. fig. Propenso a un vicio y particularmente a la lujuria. || **3**. fig. Lascivo. || 2.ª acep.: **P**. lúbrico; **I**. lubricous, lewd; **F**. lubrique; **A**. unzüchtig, unkeusch; **It**. lúbrico; **R**. похотливый.

LUBRIFICACIÓN. f. Lubricación.

LUBRIFICANTE. p.a. de lubrificar. || **2**. Lubricante. Ú.t.c.s.m.

LUBRIFICAR. tr. Lubricar.

LUCANO, NA. (l. *lucānus*.) adj. Natural de Lucania. Ú.t.c.s. || **2**. Perteneciente a esta provincia de la Italia antigua.

LUCAS. m. pl. GERM. Los naipes.

LUCEMBURGUÉS, SA. adj. desus. Luxemburgués.

LUCENCIA. (l. *lucens, -entis*, p.a. de *lucĕre*, lucir.) f. ant. Claridad, resplandor.

LUCENSE. (l. *lucensis*.) adj. Luqués. Apl. a pers. ú.t.c.s.

LUCENTÍSIMO, MA. adj. sup. de luciente.

LUCENTOR. (De *luciente*.) m. Cierto afeite que usaron las mujeres para el rostro.

LUCERA. (De *luz*.) f. Ventana o claraboya en la parte alta de los edificios.

LUCERNA. (l. *lucerna*.) f. Araña grande para alumbrar. || **2**. Lumbrera para la luz o la ventilación. || **3**. Milano. || **4**. p.us. Luciérnaga. || **5**. GERM. Candela, vela para alumbrar.

° **LUCERNARIA**. (l. *lucĕrna*, lámpara.) f. ZOOL. Género de celenterios cnidarios que tienen el cuerpo en forma de cáliz.

LUCERNO. (De *lucerna*.) m. GERM. Candelero para sostener una vela.

LUCÉRNULA. (l. *lucernŭla*, lamparilla.) f. Neguilla, planta cariofílea abundante en los sembrados.

LUCERO. (De *luz*.) m. El planeta Venus. || **2**. Cualquier astro de los que resultan más brillantes. || **3**. Postigo para dar paso a la luz. || **4**. Lunar grande y blanco en la frente de algunos cuadrúpedos. || **5**. fig. Lustre, esplendor. || **6**. fig. y poét. Cada uno de los ojos de la cara. Ú.m. en pl. || —**molendero**. COLOM. El lucero del alba o de la mañana. || **P**. luzeiro; **I**. morning star; **F**. étoile du matin; **A**. Morgenstern; **It**. stella del mattino; **R**. яркая звезда.

LUCIANESCO, CA. adj. Perteneciente o relativo a Luciano. || **2**. Con dotes o cualidades semejantes a las de este autor.

LUCIBLE. (l. *lucibĭlis*.) adj. ant. Resplandeciente.

LUCIDAMENTE. adv. Con lucimiento.

LUCIDEZ. f. Calidad de lúcido. || **P**. lucidez; **I**. brilliancy; **F**. lucidité; **A**. Klarheit; **It**. lucidità; **R**. ясность ума.

LÚCIDO, DA. (l. *lucidus*.) adj. poét. Luciente. || **2**. fig. Claro en el estilo, en el razonamiento, etc. || **3**. Se dice del intervalo de lucidez de los locos.

LUCIDO, DA. p.p. de lucir. || **2**. adj. Que hace las cosas con gracia y esplendor.

LUCIDOR, RA. adj. Que luce.

LUCIDURA. (De *lucir*.) f. Blanqueo que se da a las paredes.

LUCIENTE. (l. *lucens, -entis*.) p.a. de lucir. Que luce.

L

LUCIÉRNAGA. (l. *lŭcĕrnŭla*, d. de *lŭcĕrna*, luz.) f. Zool. Insecto coleóptero, notable por la diferencia morfológica que existe entre ambos sexos. El macho es de tono amarillento pardusco, la cabeza oculta en el tórax, patas finas y largas. La hembra, algo mayor, semejante a un gusano, de abdomen prolongado cuyos tres últimos anillos dan una luz fosforescente de color blanco verdoso. || **P.** pirilampo; **I.** glow-worm; **F.** luciole, bête a feu; **A.** Glühwürmchen; **It.** lucciola; **R.** светлякъ.

LUCIÉRNAGO. m. ant. Luciérnaga.

LUCIFER. (l. *Lucifer*, -*ĕri*.) m. El príncipe de los ángeles rebeldes. || **2.** Lucífero, el lucero de la mañana. || **3.** fig. Hombre soberbio y maligno.

LUCIFERAL. (De *Lucifer*.) adj. ant. Soberbio, maligno.

★ **LUCIFERASA.** f. Quím. Uno de los enzimas que provocan la oxidación; existe en las luciérnagas y actúa sobre la luciferina para producir luz.

LUCIFERINO, NA. adj. Perteneciente a Lucifer.

LUCÍFERO, RA. (l. *lucifer*; de *lux*, *lucis*, luz, y *ferre*, llevar.) adj. poét. Resplandeciente, que da luz. || **2.** m. El lucero de la mañana. || **3.** Colom. Fósforo, cerilla.

LUCÍFUGO, GA. (l. *lucifŭgus*; de *lux*, *lucis*, luz, y *fugĕre*, huir.) adj. poét. Que huye de la luz.

LUCILINA. f. Petróleo.

LUCILLO. m. Lucillo.

LUCILLO. (l. *lŏcellus*, d. de *lŏcus*, lugar.) m. Urna de piedra en que se entierran personas distinguidas.

LUCIMIENTO. m. Acción de lucir. || *Quedar uno con* lucimiento. fr. fig. Salir airoso en cualquier trabajo.

LUCINA. (l. *luscinia*.) f. ant. Ruiseñor.

LUCIO. (l. *lucius*.) m. Pez acantopterigio semejante a la perca, de cuerpo verdoso comprimido, de fuertes aletas; vive en los ríos y lagos, y su carne es estimada.

LUCIO, CIA. (l. *lucĭdus*.) adj. Terso, lúcido. || **2.** m. Cada uno de los lagunajos que quedan al retirarse las aguas de las marismas.

LUCIÓN. m. Reptil saurio, gris, con tres manchas negras en el lomo, sin extremidades; al verse sorprendido se coloca tan rígido que se quiebra fácilmente.

LUCIR. (l. *lucēre*.) intr. Brillar, resplandecer. || **2.** fig. Sobresalir. Ú.t.c.r. || **3.** fig. Corresponder notoriamente el provecho al trabajo. || **4.** tr. Iluminar. || **5.** Manifestar el adelantamiento, riqueza, etc. || **6.** Enlucir. || **7.** r. Adornarse esmeradamente. || **8.** fig. Quedar con lucimiento. || **P.** luzir; **I.** to shine; **F.** luire, briller; **A.** leuchten, scheinen; **It.** lùcere; **R.** блестеть, сверкать.

LUCO. (l. *lucus*.) m. ant. Bosque o selva de árboles espesos.

LUCRAR. (l. *lucrāre*.) tr. Lograr, conseguir. || **2.** r. Sacar provecho de un negocio.

LUCRATIVO, VA. (l. *lucrativus*.) adj. Que origina utilidad o ganancia.

★ **LUCRATORIO, RIA.** (l. *lucrātor*, -*ōris*, el que gana.) adj. Legisl. Se dice del interés exigido a aquel a quien se presta dinero u otra cosa fungible.

LUCRO. (l. *lucrum*.) m. Ganancia o provecho que se obtiene de algo. || —**cesante.** For. Ganancia que se regula por la que podría producir el dinero durante el tiempo que se ha dado en empréstito. || —**naciente.** El que produce el dinero en manos del que lo ha tomado prestado. || **P.** e **It.** lucro; **I.** y **F.** lucre; **A.** Gewinn; **R.** нажива.

LUCRONIENSE. (l. *Lucronium*, Logroño.) adj. Logroñés. Apl. a pers. ú.t.c.s.

LUCROSO, SA. (l. *lucrōsus*.) adj. Que da lucro.

LUCTUOSA. (l. *luctuōsa*, t. f. de -*sus*, luctuoso.) f. Derecho que se pagaba en ciertas provincias a los señores y prelados cuando fallecían sus súbditos y era una alhaja del muerto, señalada por éste en el testamento o elegida por el señor.

LUCTUOSAMENTE. adv. Con tristeza y llanto.

LUCTUOSO, SA. (l. *luctuōsus*, de *luctus*, llanto.) adj. Triste y digno de llanto. ||

P. lucroso; **I.** sad, sorrowful; **F.** triste, douloureux; **A.** traurig; **It.** luttuoso; **R.** траурный.

LUCUBRACIÓN. (l. *lucubratio*, -*ōnis*.) f. Acción y efecto de lucubrar. || **2.** Vigilia y tarea consagrada al estudio. || **3.** Obra o producto de dicho trabajo.

LUCUBRAR. (l. *lucubrāre*.) tr. Trabajar velando y aplicando obras ingeniosas.

LÚCUMA. (quich., *rucma*.) f. Fruto del lúcumo. || **2.** Lúcumo.

LÚCUMO. (De *lúcuma*.) m. Árbol sapotáceo, de Chile y Perú, cuyo fruto, del tamaño de una manzana pequeña, se conserva en paja antes de comerlo.

LUCHA. (l. *lucta*.) f. Pelea entre dos, en que abrazados ambos, trata cada uno de dar con el otro en tierra. || **2.** Lid, combate. || **3.** fig. Contienda. || —**grecorromana.** Dep. Lucha cuerpo a cuerpo entre dos que tratan de poner a su contrario de espaldas en el suelo con arreglo a determinadas reglas. || —**japonesa.** Dep. Jiujitsu y su versión más moderna el judo. || —**libre.** Dep. Combate cuerpo a cuerpo entre dos combatientes en que pueden emplearse todos los recursos. || **P.** luta; **I.** struggle; **F.** lutte; **A.** Kampf, Streit; **It.** lotta; **R.** борьба.

LUCHADOR, RA. (l. *luctātor*.) m. y f. Persona que lucha.

LUCHAR. (l. *lŭctāre*.) intr. Contender dos personas a brazo partido. || **2.** Pelear. || **3.** fig. Disputar, bregar.

LUCHARNIEGO, GA. (De *nocharniego*.) adj. Se aplica al perro adiestrado para cazar de noche.

LUCHE. m. Chile. Infernáculo.

LUCHE. (Voz araucana.) m. Alga marina de Chile; es comestible.

LUDA. f. Germ. Mujer.

LUDADA. f. Especie de adorno mujeril o venda para la frente usado antiguamente.

LUDIA. (De *ludiar*.) f. Extr. Levadura, masa fermentada que se mezcla con otra para hacerla fermentar.

LUDIAR. (De *liudar*.) tr. Extr. Leudar. Ú.t.c.r.

LUDIBRIO. (l. *ludibrĭum*.) m. Escarnio, mofa. || **P.** ludíbrio; **I.** mockery; **F.** risée; **A.** Spott; **It.** ludibrio; **R.** издевательство.

LÚDICRO, CRA. (l. *ludĭcrus*.) adj. Relativo o perteneciente al juego.

LUDIMIENTO. m. Acción y efecto de ludir.

LUDIO, DIA. (De *ludiar*.) adj. Extr. Leudo.

LUDIO, DIA. adj. Germ. Bellaco. || **2.** m. Germ. Ochavo, cuarto, moneda de cobre.

LUDIÓN. (l. *ludio*, -*ōnis*, juglar, por la figurita que se coloca de lastre.) m. Aparatito destinado a demostrar la teoría del equilibrio de los cuerpos sumergidos en líquidos; está formado de una bolita hueca y lastrada con un orificio pequeño en la parte inferior por donde al sumergirse en agua, penetra ésta en mayor o menor cantidad según la presión que se ejerce en la superficie del agua.

LUDIR. (Tal vez del l. *ludĕre*, jugar.) Frotar una cosa con otra.

★ **LUDO.** (ital. *ludo*, juego, y éste del l. *ludus*.) m. Argent. Cierto juego de origen indio.

LUDRIA. (l. *lŭtrĕa*, de *lŭtra*.) f. Ar. Nutria.

LÚE. (l. *lues*.) f. Infección.

LUEGO. (l. *lŏco*, a la sazón.) adv. Prontamente, sin dilación. || **2.** Después. || **3.** conj. ilat. con que se denota la deducción o consecuencia que se infiere de un antecedente. || **4.** Chile, Guat. y Méj. Cerca. || **5.** Colom., Méj. y P. Rico. De vez en cuando. || *Con tres* luegos. loc. adv. fig. y fam. A toda prisa. || *De* luego *a* luego. m. adv. Sin la menor dilación. || *Desde* luego. m. adv. Inmediatamente, sin tardanza. || **2.** Sin duda. || luego *no más.* m. adv. Argent. En seguida, sin demora. || **P.** logo; **I.** presently, then; **F.** ensuite; **A.** sogleich, dannach, sodann; **It.** sùbito, dopo; **R.** тотчас, после.

★ **LUEGUITO.** adv. dim. de luego, muy usado en América, en seguida. || ¡LUEGUITO! interj. irón. Nunca, de ningún modo.

LUELLO. (l. *lŏlĭum*, cizaña.) m. Ar. Joyo.

LUENGA. (De *luengo*.) f. ant. Dilación, tardanza.

LUENGAMENTE. adv. ant. Largamente.

LUENGO, GA. (l. *lŏngus*, largo.) adj. Largo. || **2.** Germ. Principal, el más importante. || *En* luengo. m. adv. De largo a largo.

LUEÑE. (l. *lŏnge*, lejos.) adj. ant. Distante, lejano, apartado.

LUGANO. (l. *lucānus*, del bosque.) m. Pájaro fringílido, del tamaño de un jilguero, de plumas verdosas, manchado de negro y ceniza, amarillo en el cuello, pecho y extremidades de las remeras y timoneras. La hembra es más cenicienta. Imita el canto de otros pájaros, y se acomoda fácilmente a la cautividad.

LUGAR. (De *logar*, 1.er art.) m. Espacio ocupado o que puede ser ocupado por un cuerpo. || **2.** Sitio o paraje. || **3.** Ciudad, aldea, villa. || **4.** Población pequeña, menor que villa, mayor que aldea. || **5.** Pasaje, texto, sentencia, expresión de un autor o de un libro. || **6.** Tiempo, oportunidad. || **7.** Puesto, empleo, oficio o ministerio. || **8.** Causa, motivo para hacer algo. || **9.** Sitio que ocupa cada nombre en una serie ordenada de ellos. || **10.** En Galicia, casería dada en arriendo. || **11.** Chile. Letrina, excusado. || —**acasarado.** En Galicia, conjunto de heredades alrededor de la casa que habita el colono que las cultiva. || —**religioso.** Lugar donde hay una persona sepultada. || lugares *comunes*. Principios generales de los que se obtienen las pruebas y argumentos. || **2.** Expresiones triviales, o ya muy empleadas en casos análogos. || —**teológicos.** Fuentes de las que extrae la teología sus principios y argumentos. || *Como mejor haya* lugar *de derecho*, o *en derecho*. loc. adv. For. Se usa en los pedimentos para indicar que se desea más de lo que pide la parte y se la favoreza con cuanto permite el derecho. || *Despoblarse el* lugar. fr. fig. Salir casi toda la gente de un pueblo. || *En su* lugar, *descanso.* Mil. fr. con que se autoriza a que un soldado adopte una posición más cómoda apoyando el arma en el suelo. || *Hacer* lugar. fr. Dejar libre un lugar o parte de él. || *Hacerse* uno lugar. fr. fig. Hacerse estimar o atender. || *No ha* lugar. For. expr. con que se dice que no se accede a lo que se pide. || *Tener* lugar. fr. Tener cabida. || **2.** Poseer el tiempo necesario para hacer alguna cosa. || **3.** Suceder, acontecer una cosa. 2.ª acep. || **P.** lugar; **I.** place; **F.** lieu, endroit; **A.** Ort, Stelle, Platz; **It.** luogo; **R.** место.

LUGAREJO. m. de de lugar.

LUGAREÑO, ÑA. adj. Natural de un lugar o población pequeña. Ú.t.c.s. || **2.** Que vive en un lugar pequeño. Ú.t.c.s. || **3.** Perteneciente a las poblaciones pequeñas y característico de ellas.

LUGARETE. m. d. de lugar.

LUGAROTE. m. aum. de lugar.

LUGARTENENCIA. f. Cargo de lugarteniente.

LUGARTENIENTE. (De *lugar* y *teniente*, el que tiene el lugar, el puesto.) m. El que posee autoridad para hacer las veces de otro superior en un empleo o ministerio.

LUGDUNENSE. (l. *lugdunensis*.) adj. Lionés.

★ **LUGE.** m. Dep. Especie de trineo pequeño.

LUGRE. (ingl. *lugger*.) m. Embarcación pequeña con tres palos, velas al tercio y gavias volantes.

LÚGUBRE. (l. *lugŭbris*.) adj. Triste, melancólico. || **P.** lúgubre; **I.** mournful; **F.** lugubre; **A.** traurig; **It.** lugubre; **R.** скорбный, мрачный.

LÚGUBREMENTE. adv. De modo lúgubre.

LUGUÉS, SA. adj. Natural de Lugo. Ú.t.c.s. || **2.** Perteneciente a esta ciudad.

LUICIÓN. (l. *luitio*, -*ōnis*.) f. Redención de censos.

LUIR. (l. *luĕre*.) tr. Redimir, quitar censos.

LUIR. tr. Mar. Ludir. Ú.t. en Méjico. || **2.** Chile. Arrugar, ajar. || **3.** Chile. Bruñir, pulir el alfarero las vasijas de barro. || **4.** Chile. Rozarse una cosa con otra, gastarse por dicho roce. || **5.** Chile. En Chiloé, resbalarse, escurrirse.

LUIS. (fr. *louis*, de *Louis XIII*, en cuyo tiempo comenzaron a acuñarse dichas monedas.) m. Moneda de oro francesa de 20 francos.

LUISA. (Por haberse dedicado la planta a la reina María *Luisa*, esposa de Carlos IV.) f. Planta fruticosa, verbenácea, de flores pequeñas con corolas blancas; es originaria del Perú, se cultiva en los jardines y tiene olor a limón, muy agradable.

LUISMO. (De *luir*, 1.er art.) m. Laudemio.

LUJACIÓN. f. Luxación.

LUJO. (l. *luxus*.) m. Demasía en el adorno y en el regalo. **—asiático.** El extremado. || **P.** luxo; **I.** luxury; **F.** luxe; **A.** Luxus; **It.** lusso, sfarzo; **R.** роскошь.

LUJOSAMENTE. adv. Con lujo.

LUJOSO, SA. adj. Que tiene o gasta lujo. || **2.** Se aplica a las cosas con que se ostenta el lujo. || **P.** luxuoso; **I.** luxurious; **F.** luxueux; **A.** luxuriös, verschwenderisch; **It.** sfarzoso; **R.** роскошный.

LUJURIA. (l. *luxuria*.) f. Vicio consistente en el uso ilícito o desordenado de los deleites carnales. || **2.** Exceso o demasía en algunas cosas. || **P.** luxúria; **I.** lewdness; **F.** luxure; **A.** Wollust; **It.** lussuria; **R.** сладострастие.

LUJURIANTE. (l. *luxurians, -antis*.) p.a. de lujuriar. Que lujuria. || **2.** adj. Muy lozano, vicioso, con demasiada abundancia.

LUJURIAR. (l. *luxuriāre*.) intr. Cometer el pecado de lujuria. || **2.** Ejercer los animales el acto de la generación.

LUJURIOSAMENTE. adv. Con lujuria.

LUJURIOSO, SA. (l. *luxuriōsus*.) adj. Dado o entregado a la lujuria. Ú.t.c.s. || **P.** luxurioso; **I.** lewd; **F.** luxurieux; **A.** unzüchtig; **It.** lussurioso; **R.** сладострастный.

LULA. (l. *loligo*.) f. En Galicia, calamar.

* **LULÉ.** adj. R. DE LA PLATA. Dícese del indio de un pueblo establecido al sur del Chaco. Ú.t.c.s. || **2.** Perteneciente a este pueblo. || **3.** Idioma de estos indios.

LULIANO, NA. adj. Perteneciente o relativo a Raimundo Lulio y a sus doctrinas.

LULISMO. m. Doctrina filosófica de Raimundo Lulio.

LULISTA. adj. Partidario del lulismo. Ú.t.c.s.

* **LULO, LA.** adj. CHILE. Lelo. || **2.** CHILE. Largo, delgado, flaco.

* **LULLIR.** tr. C. RICA. Ludir.

LUMA. (Voz araucana.) f. Árbol chileno, mirtáceo, de madera dura, pesada y resistente. || **2.** Madera de dicho árbol. || **3.** CHILE. Palo de luma para pértigo.

LUMADERO. m. GERM. Diente de hombre o animal.

LUMAQUELA. (ital. *lumachella*, caracolillo.) f. Mármol lumaquela.

LUMBAGO. (l. *lumbāgo*, de *lumbus*, lomo.) m. Dolor reumático en los lomos.

LUMBAR. (l. *lumbāre*, de *lumbus*, lomo.) adj. ZOOL. Perteneciente a los lomos y caderas.

* **LUMBETA.** f. CHILE. Especie de plegadera usada por los encuadernadores.

LUMBO. (l. *lumbus*.) m. ant. Lomo.

LUMBRADA. f. Cantidad de lumbre.

LUMBRAL. (l. *limināre*, de *limen, -inis*, umbral.) m. Umbral.

LUMBRARADA. (De *lumbrerada*.) f. Lumbrada.

LUMBRARIA. f. ant. Lumbrera, luminaria.

LUMBRE. (l. *lūmen, -inis*.) f. Leña o cualquier otra materia combustible encendida. || **2.** En las armas de fuego de chispa, pieza que hiere al pedernal. || **3.** Parte anterior de la herradura. || **4.** Espacio de una puerta, ventana, etc., que da paso a la luz. || **5.** Luz, natural o artificial. || **6.** fig. Esplendor, claridad. || **7.** pl. Conjunto de eslabón, yesca y pedernal para encender lumbre. || LUMBRE *del agua*. Superficie del agua. || *A* LUMBRE *de pajas*. m. adv. fig. y fam. con que se da a entender la escasa duración de algo. || *Dar* LUMBRE. fr. Echar chispas el pedernal herido del eslabón. || **2.** fig. Conseguir lo que se intentaba con disimulo. || **3.** fig. y fam. Prestar

un fumador su cigarrillo encendido para que otro lo encienda. || *Ni por* LUMBRE. m. adv. fig. y fam. De ningún modo. || *Ser* una persona o cosa *la* LUMBRE *de los ojos* de uno. fr. fig. Estimarla mucho. || **P.** lume; **I.** fire, light; **F.** feu, lumière; **A.** Feuer, Licht; **It.** fuoco, lume; **R.** огонь.

LUMBRERA. (l. *lūmināria*, pl. de *lūminare*.) f. Cuerpo que despide luz. || **2.** Abertura en el techo de una habitación para comunicar con el exterior y proporcionar luz y ventilación. || **3.** Abertura del cepillo del carpintero para que salgan las virutas arrancadas. || **4.** fig. Persona insigne por sus virtudes y ciencia. || **5.** MAR. Escotilla que da luz y ventilación a determinadas partes del buque. || **6.** pl. fig. Los ojos. || **7.** MÉJ. Palco. || **P.** lumieira; **I.** luminary, dormer-window; **F.** lumière, lucarne; **A.** Leuchtfeuer; **It.** luminare, abbaino; **R.** светящееся тело.

LUMBRERADA. (De *lumbrera*.) f. Lumbrarada.

LUMBRERÍA. (De *lumbre*.) f. ant. Alumbramiento, acción de alumbrar.

LUMBRICAL. (l. *lumbrīcus*, lombriz.) adj. Se aplica a cualquiera de los cuatro músculos con forma de lombriz que sirven en el pie y mano para el movimiento de los dedos menos del pulgar.

LUMBROSO, SA. (l. *luminōsus*.) adj. Luminoso, sa.

* **LUMEN.** Fís. Unidad de flujo luminoso. Es el flujo luminoso procedente de un sesentavo de centímetro cuadrado de abertura de un manantial patrón, y comprendido dentro de un ángulo sólido de un estereorradián.

LUMIA. f. Ramera.

LUMIACO. (De *limaco*.) m. SANT. Babosa, linaza.

LUMINACIÓN. (l. *luminatio, -ōnis*.) f. ant. Iluminación. || **2.** Cantidad de luz representada por el producto de la iluminación de una superficie por el tiempo que ésta permanece iluminada.

LUMINADOR, RA. (De *luminar*.) m. y f. ant. Iluminador, ra.

* **LUMINAL.** m. QUÍM. Derivado que se obtiene condensando el derivado correspondiente del éster malónico con la urea; se emplea como hipnótico.

LUMINAR. (l. *luminăre, -āris*.) m. Cualquiera de los astros luminosos. || **2.** fig. Lumbrera, persona insigne. || **P.** luminar; **I.** luminary; **F.** luminaire; **A.** Himmelsleuchte; **It.** luminare; **R.** светило.

LUMINAR. (l. *luminăre*.) tr. ant. Iluminar.

LUMINARIA. (l. *luminaria*, pl. de *-āre*, luminar.) f. Luz que se coloca en las fachadas de los edificios en señal de fiesta pública. Ú.m. en pl. || **2.** Luz que arde continuamente delante del Santísimo Sacramento. || **P.** luminária; **I.** luminary; **F.** lampion; **A.** Festbeleuchtung; **It.** luminaria; **R.** плошка.

LUMÍNICO, CA. (l. *lumen, -inis*, luz.) adj. Perteneciente o relativo a la luz. || **2.** m. Fís. Principio o agente hipotético de los fenómenos de la luz.

LUMINISCENCIA. (l. *lumen, -inis*.) f. Propiedad de despedir luz sin elevación de temperatura y visible casi sólo en la obscuridad, como la de las luciérnagas, en minerales de uranio, etc. || **2.** ELECTR. Propiedad de los gases enrarecidos de emitir luz al ser atravesados por una corriente eléctrica. || **3.** Fís. Luz conseguida sin elevación de temperatura que pueden obtenerse química, eléctrica o mecánicamente. || **—azulina.** Fís. Luminosidad que se observa en ciertas válvulas rectificadoras al vacío entre filamentoplaca debida a la existencia de aire dentro de la válvula a través de alguna porosidad. || **—negativa.** Fís. La próxima al cátodo observada en los tubos de Geissler bajo determinada tensión y enrarecimiento. || **—residual.** Fís. La que persiste en la pantalla fluorescente de un tubo de rayos catódicos después de ser retirada la luz excitadora. || **P.** luminiscência; **I.** luminiscence; **F.** luminescence; **A.** Nachleuchten; **It.** luminiscenza; **R.** люминисценция, свечение.

* **LUMINISCENTE.** adj. Fís. Dícese de la corriente en un gas que se descarga en un tubo de neón o en una lámpara fluorescente, que tiene lugar a presiones de unos pocos milímetros de mercurio.

LUMINOSAMENTE. adv. De manera luminosa.

LUMINOSIDAD. f. Calidad de luminoso.

LUMINOSO, SA. (l. *luminōsus*.) adj. Que despide luz. || **P.** luminoso; **I.** luminous; **F.** lumineux; **A.** glänzend; **It.** luminoso; **R.** светящийся.

LUMINOTECNIA. (l. *lumen, -inis*, y de τέχνη, arte.) f. Arte de la iluminación con luz artificial para fines industriales, artísticos y decorativos.

LUNA. (l. *Lūna*.) f. Astro, satélite de la Tierra. || **2.** Luz nocturna de este astro reflejada de la que le llega del Sol. || **3.** Lunación. || **4.** Satélite de un planeta primario. || **5.** Cristal de un espejo y el de una vidriera o escaparate. || **6.** Luneta, cristal de los anteojos. || **7.** Pez luna. || **8.** fig. Efecto que causa la Luna en los dementes y en otros enfermos. || **9.** AR. Patio abierto o descubierto. || **10.** GERM. La camisa. || **11.** GERM. Rodela. || **—creciente.** ASTRON. La Luna desde su conjunción hasta el plenilunio. || **—de miel.** fig. Temporada subsiguiente a la boda o primeros tiempos de matrimonio. || **—en lleno** o **llena.** ASTRON. La Luna en el tiempo de su oposición con el Sol en que presenta su disco totalmente iluminado. || **—menguante.** ASTRON. La Luna desde el plenilunio hasta su conjunción. || **—nueva.** ASTRON. La Luna en el tiempo de su conjunción con el Sol. || *Media* LUNA, Figura que representa a la Luna al empezar a crecer y al final del cuarto menguante. || **2.** Adorno que tiene esta figura. || **3.** fig. Islamismo, mahometismo. || **4.** Imperio turco. || **5.** Desjarretadera. || **6.** ARGENT. Especie de bizcocho hojaldrado, de forma de media luna. || **7.** CUBA, AMÉR. CENTRAL, VENEZ. y CHILE. Trozo de vidrio que se coloca en la cola de una cometa para cortar la cuerda de otra. || *A la* LUNA *de Paita.* m. adv. fig. y fam. CHILE y PERÚ. A la Luna de Valencia. || *A la* LUNA *de Valencia.* m. adv. fig. y fam. Frustradas las esperanzas de lo que se deseaba. Ú. con los verbos *dejar* y *quedarse*. || *Estar uno de buena* o *mala* LUNA. fr. AMÉR. Estar de buen o mal humor. || *Ladrar a la* LUNA. fr. fig. y fam. Manifestar neciamente ira contra alguna persona o cosa a quien no se puede causar daño. || *Pedir la* LUNA. fr. fam. Pedir algo casi imposible. || *Tener* uno LUNAS. fr. fig. y fam. Sentir perturbación en el tiempo de las variaciones de la Luna. || **P.** lua; **I.** moon; **F.** lune; **A.** Mond; **It.** luna; **R.** луна, месяц.

LUNACIÓN. (l. *lunatio, -ōnis*.). f. ASTRON. Tiempo que emplea la Luna desde una conjunción con el Sol hasta la siguiente. || **P.** lunação; **I.** lunation; **F.** lunaison; **A.** Mondwechsel; **It.** lunazione; **R.** лунный месяц.

LUNADA. (De un der. del l. *clunis*, nalga.) f. ant. Pernil del puerco.

LUNADO, DA. (l. *lunātus*.) adj. De figura o forma de media luna.

LUNANCO, CA. (Del m. or. que *lunada*.) adj. Se dice de los caballos y otros cuadrúpedos que tienen un anca más alta que la otra.

LUNAR. (De *luna*.) Pequeña mancha en la piel debida a la acumulación de pigmento. || **2.** fig. Nota o mancha que queda a uno tras hacer algo vituperable. || **3.** fig. Defecto de poca importancia. || **P.** mancha; **I.** mole; **F.** tache; **A.** Muttermal; **It.** macchia; **R.** родинка.

LUNAR. (l. *lunāris*.) adj. Perteneciente a la Luna. Año, mes, ciclo lunar.

* **LUNAREJO, JA.** adj. ARGENT. y CHILE. Dícese del animal que presenta lunares en distintos lugares de su piel. || **2.** COLOM. Dícese de cualquiera que tenga lunares.

LUNARIO, RIA. (De *luna*.) adj. Perteneciente o relativo a las lunaciones. || **2.** m. Calendario.

LUNÁTICO, CA. (l. *lunatĭcus*.) adj. Que padece locura a intervalos. Ú.t.c.s. || **P.** lunático; **I.** moon-struck, lunatic; **F.** lunatique; **A.** lunatisch, mondsüchtig, grillenhaft; **It.** lunático; **R.** лунатик.

LUNECILLA. f. Media luna para adorno femenil.

L

LUNEL. (fr. *lunel*.) m. BLAS. Figura en forma de flor formada por cuatro medias lunas unidas por sus puntas.

LUNES. (l. *lunae* [*dies*], día consagrado a la Luna). m. Segundo día de la semana. ‖ *Cada* LUNES *y cada martes.* fr. Con mucha frecuencia. ‖ P. segunda-feira; I. Monday; F. lundi; A. Montag; It. lunedi; R. понедельник.

LUNETA. (d. de *luna*.) f. Cristal de los anteojos. ‖ 2. Butaca de patio de los teatros. ‖ 3. ARQ. Bocateja. ‖ 4. ARQ. Lunero. ‖ 5. FORT. Baluarte pequeño y generalmente aislado. ‖ P. luneta; I. lens; F. lunette; A. Brillenglas; It. occhiale; R. стекло очков.

LUNETO. m. ARQ. Bovedilla en forma de media luna, abierta en la bóveda principal para darle luz.

LUNFA. m. ARGENT. En lenguaje lunfardo, ladrón.

LUNFARDISMO. m. Palabra o dicho propio de lunfardo.

LUNFARDO. m. ARGENT. Ratero, ladrón. ‖ 2. ARGENT. Chulo, rufián. ‖ 3. Lenguaje propio de gente de mal vivir de Buenos Aires y sus alrededores.

★ **LUNFO.** m. fam. CHILE. Parte comestible de la planta marina americana llamada cochayuyo.

LUNGO, GA. (l. *longus*.) adj. ant. Largo.

LUNILLA. f. Lunecilla.

LÚNULA. (l. *lunŭla*, d. de *luna*.) f. Espacio blanquecino semilunar en la raíz de las uñas. ‖ 2. Soporte para el viril de la custodia. ‖ 3. GEOM. Figura formada por dos arcos de círculo que se cortan con la concavidad hacia el mismo lado.

º **LUPA.** f. Lente de aumento. ‖ 2. Lente de corto foco con un mango u otra montura adecuada para facilitar su uso. ‖ P. lupa; I. y F. loupe; A. Vergrösserungsglas; It. lente; R. лупа.

LUPANAR. (l. *lupānar*.) m. Mancebía, casa de prostitutas. ‖ P. lupanar; bordel; I. whore-house; F. lupanar; A. Hurenhaus; It. bordello; R. публичный дом.

LUPANARIO, RIA. (l. *lupanarĭus*.) adj. Perteneciente al lupanar.

LUPERCALES. (l. *lupercalia*, de *Lupercus*, el dios Pan.) f. pl. Fiestas que celebraban los romanos en el mes de enero en honor del dios Pan.

LUPIA. (l. *lupĕa*, de *lŭpus*, lobo.) f. Lobanillo, tumor. ‖ 2. COLOM. Poco dinero. ‖ 3. com. HOND. Brujo, curandero. ‖ P. e It. lupia; I. wen; F. loupe; A. Talggeschwulst; R. опухоль.

LUPICIA. f. Alopecia.

LUPINO, NA. (l. *lupīnus*.) adj. Perteneciente o relativo al lobo. ‖ 2. m. Género de plantas leguminosas, papilionáceas, con más de un centenar de especies, entre ellas el altramuz.

LUPULINO. m. Polvo resinoso amarillo y brillante que rodea los aquenios bajo las escamas en los frutos del lúpulo y se emplea como tónico medicinal.

LÚPULO. (l. *lŭpŭlus*, lobito.) m. BOT. Planta trepadora, cannabácea, común en España, de hojas semejantes a las de la vid y fruto en forma de piña globosa. Los frutos desecados se emplean para aromatizar y dar a la cerveza sabor amargo ‖ P. lúpulo; I. hops; F. houblon; A. Hopfen; It. lùppolo; R. хмель.

LUPUS. (l. *lŭpus*, lobo, por la índole corrosiva de la enfermedad.) m. Enfermedad cutánea grave, originada por tubérculos que ulceran y destruyen las partes atacadas.

LUQUÉS, SA. adj. Natural de Luca. Ú.t.c.s. ‖ 2. Perteneciente a esta ciudad de Italia.

LUQUETE. (De *aluquete*.) m. Alguaquida. ‖ 2. Ruedecilla de limón o naranja que se coloca en el vino para darle sabor. ‖ 3. fig. CHILE. Porción de terreno que se deja sin arar por haber endurecido. ‖ 4. fig. CHILE. Espacio más o menos redondo formado en la cabeza, o por calvicie, o por enfermedad, etc. ‖ 5. fig. CHILE. Tizne o agujero de fumar redondeada en la ropa. ‖ 6. fig. CHILE. Manchón aislado en los campos, sembrados, etc.

LUQUETE. m. ARQ. Casquete esférico que cierra la bóveda vaída.

★ **LURIO, RIA.** adj. MÉJ. Tonto, loco. ‖ 2. MÉJ. Pedante, fatuo.

LURTE. (vasc. *elur*, nieve). m. AR. Alud.

LUSCO, CA. (l. *luscus*.) adj. ant. Tuerto, o que ve muy poco.

LUSETANO, NA. adj. Dícese a la antigua facción de Navarra acaudillada por el señor de Lusa y de los individuos que la formaban. Apl. a pers. ú.t.c.s.

LUSITÁNICO, CA. adj. Perteneciente o relativo a los lusitanos.

LUSITANISMO. (De *lusitano*.) m. Giro o modo de hablar propio de la lengua portuguesa. ‖ 2. Uso de giros o vocablos portugueses empleados en otro idioma.

LUSITANO, NA. (l. *lusitānus*.) adj. Natural de Lusitania. Ú.t.c.s. ‖ 2. Perteneciente a esta región de la España antigua. ‖ 3. Portugués. Apl. a pers. ú.t.c.s.

LUSO, SA. adj. Lusitano. Apl. a pers. ú.t.c.s:

º **LUSTRABOTAS.** m. ARGENT. Limpiabotas.

LUSTRACIÓN. (l. *lustratĭo, -ōnis*.) f. Acción y efecto de lustrar, o antigua ceremonia expiatoria de los gentiles. ‖ P. lustração; I. y F. lustration; A. Reinigung; It. lustrazione; R. полирование.

LUSTRAL. (l. *lustrālis*.) adj. Perteneciente a la lustración.

LUSTRAMIENTO. m. desus. Acción de lustrar, dar lustre a una cosa.

LUSTRAR. (l. *lustrāre*.) tr. Purificar los gentiles mediante ciertas ceremonias las casas que suponían impuras. ‖ 2. Dar lustre y brillantez a una cosa. ‖ 3. Andar por un país o comarca. ‖ P. lustrar; I. to lustrate, to gloss; F. lustrer; A. wichsen; It. lustrare; R. полировать.

LUSTRE. (De *lustrar*.) m. Brillo de las cosas bruñidas o tersas. ‖ 2. fig. Esplendor, gloria. ‖ P. lustre; I. luster, splendor; F. éclat; A. Glanz; It. lustro, splendore; R. блеск.

LÚSTRICO, CA. (l. *lustrĭcus*.) adj. Perteneciente a la lustración. ‖ 2. poét. Perteneciente al lustro.

LUSTRINA. (De *lustre*.) f. Tela vistosa tejida de seda con oro o plata que fue utilizada para ornamentos religiosos. ‖ 2. Tela de gran brillo y semejante a la alpaca. ‖ 3. CHILE. Betún para dar brillo al calzado. ‖ P. lustrina; I. lustring; F. lustrine; A. Lüster; It. lustrino; R. люстрин.

LUSTRO. (l. *lustrum*.) m. Espacio de cinco años. ‖ P. e It. lustro; I. luster, lustrum; F. lustre; A. Lustrum; R. пятилетие.

LUSTROSAMENTE. adv. Con lustre.

LUSTROSO, SA. adj. Que tiene brillo.

LUTADO, DA. adj. ant. Enlutado.

LÚTEA. (l. *lutĕa*.) f. Oropéndola.

LUTECIO. m. QUÍM. Cuerpo simple, perteneciente al grupo de las tierras raras.

LÚTEO, A. (l. *lutĕus*.) adj. De lodo.

LUTERANISMO. (De *luterano*.) m. Secta de Lutero. ‖ 2. Cuerpo de los sectarios de Lutero. ‖ P. e It. luteranismo; I. Lutheranism; F. luthéranisme; A. Luthertum; R. лютеранство.

LUTERANO, NA. adj. Que sigue las ideas de Lutero. Ú.t.c.s. ‖ 2. Perteneciente o relativo a Lutero.

LUTO. (l. *luctus*.) m. Signo exterior de duelo, en ropas principalmente por la muerte de una persona. ‖ 2. Vestido negro llevado por la muerte de uno. ‖ 3. Duelo, aflicción. ‖ 4. pl. Paños y demás objetos fúnebres que se ponen durante las exequias. ‖ *Aliviar el* LUTO. fr. Llevarlo menos riguroso. ‖ *Medio* LUTO. El que no es riguroso. ‖ P. luto; I. mourning, grief; F. deuil; A. Trauer; It. lutto; R. траур.

★ **LUTOCAR.** m. CHILE. Carrito de mano para la recogida de basuras.

LUTOSO, SA. (De *luto*.) adj. Luctuoso.

LUTRIA. (l. *lŭtrĕa*, de *lŭtra*.) f. Nutria.

LUVA. (gót. *lōfa*.) f. ant. Lúa.

LUVIA. f. ant. Lluvia. Ú. en Salamanca y Méjico.

★ **LUX.** m. FÍS. Unidad de iluminación cuya abreviatura es lx, y corresponde a la iluminación que recibe una superficie de un metro cuadrado a la que llega perpendicularmente el flujo de un lumen.

LUXACIÓN. (l. *luxatĭo, -ōnis*.) f. CIR. Dislocación de un hueso. ‖ P. luxação; I. y F. luxation; A. Luxation; It. lussazione; R. вывих.

LUXEMBURGUÉS, SA. adj. Natural de Luxemburgo. Ú.t.c.s. ‖ 2. Perteneciente a esta ciudad o región de Europa.

LUZ. (l. *lux, lucis*.) f. Agente físico, forma de energía que ilumina los objetos y los hace visibles. ‖ 2. Claridad que irradian los cuerpos en combustión o incandescencia. ‖ 3. Utensilio empleado para alumbrar. ‖ 4. fig. Noticia, aviso. ‖ 5. fig. Modelo, persona o cosa capaz de ilustrar. ‖ 6. fig. El día. ‖ 7. fig. y fam. Dinero, moneda. ‖ 8. ARQ. Cada una de las ventanas o troneras por las que entra luz a un edificio. Ú.m. en pl. ‖ 9. ARQ. Dimensión horizontal interior de un vano o habitación. ‖ 10. PINT. Punto desde el que se iluminan todos los objetos pintados en un lienzo. ‖ 11. pl. fig. Ilustración, cultura. ‖ 12. FÍS. Resultado fisiológico del movimiento vibratorio de las moléculas de los cuerpos bajo forma de ondas. ‖ 13. FÍS. Conjunto de ondas electromagnéticas de longitud comprendida entre 0,7 o 0,4 diezmilésimas de milímetro, susceptibles de impresionar nuestros órganos visuales. ‖ 14. MÉJ. Fiestas nocturnas. ‖ —**artificial.** Luz conseguida por medios artificiales. ‖ —**cenicienta.** Claridad que ilumina la parte obscura del disco lunar antes y después del novilunio; débese a la luz reflejada por la Tierra. ‖ —**cenital.** La que se recibe del techo. ‖ —**de arco.** FÍS. La conseguida por la chispa eléctrica al saltar entre los extremos de los carbones de la lámpara de arco voltáico. ‖ —**de Bengala.** Fuego artificial que despide claridad muy viva y de colores diversos. ‖ —**de la razón.** fig. Conocimiento que tenemos de las cosas por el natural discurso. ‖ —**de luz.** La que recibe una habitación no directamente, sino por medio de otra. ‖ —**Drummond** o de **Drummond.** FÍS. Luz muy intensa obtenida por incandescencia de la cal viva calentada por la llama del soplete oxhídrico. ‖ —**eléctrica.** La obtenida por medio de la electricidad. ‖ —**natural.** La que no es artificial. ‖ —**negra.** Radiaciones ultravioleta invisibles, que excitan la fluorescencia de ciertas substancias. ‖ —**primaria.** PINT. La que procede inmediatamente del cuerpo luminoso. ‖ —**polarizada.** FÍS. La que después de atravesar un cristal de espato de Islandia o un nicol presenta propiedades distintas de la luz natural y ordinaria. ‖ —**refleja** o **secundaria.** PINT. La resultante de la iluminación proveniente de la primaria. ‖ —**zodiacal.** Vaga claridad de aspecto fusiforme que en algunas noches de la primavera y otoño se advierte tras el ocaso o poco antes del orto del Sol. ‖ *Media* LUZ. La que es escasa. ‖ *Primera* LUZ. La recibida directamente del exterior. ‖ *A buena* LUZ. m. adv. fig. Atentamente. ‖ *A primera* LUZ. m. adv. fig. Al amanecer. ‖ *A toda* LUZ, o *a todas* LUCES. m. adv. fig. De todos modos. ‖ *Dar a* LUZ. fr. Publicar una obra. ‖ 2. Parir la mujer. ‖ *Dar* LUZ. fr. Alumbrar el cuerpo luminoso, o disponer paso para la luz. ‖ 2. fig. Echar luz. ‖ *Echar* LUZ. fr. fig. Recobrar vigor. Ú. m. con negación. ‖ 2. fig. Alumbrar el entendimiento. ‖ *Entre dos* LUCES. m. adv. fig. Al amanecer o al anochecer. ‖ 2. fig. y fam. Se dice del que ha bebido mucho. ‖ *Hacer dos* LUCES. fr. Alumbrar a dos luces a un tiempo. ‖ *Rayar la* LUZ *de la razón.* fig. Ir entrando en el uso de la razón. ‖ *Sacar a* LUZ. fig. Descubrir lo que estaba oculto. ‖ *Salir a* LUZ. fr. fig. Ser producida una cosa. ‖ 2. fig. Publicarse una cosa. ‖ 3. fig. Descubrir lo oculto. ‖ *Ver la* LUZ. fr. Hablando de personas, nacer. ‖ P. luz; I. light, F. lumière; A. Licht; It. luce; R. свет.

LUZ. (l. *lucius*.) m. desus. Merluza.

LUZBEL. m. Lucifer, el príncipe de los ángeles rebeldes.

LL

LL. f. Decimocuarta letra del abecedario español y undécima de las consonantes. Aunque doble por su figura es sencilla por su sonido. En la escritura es indivisible. Su nombre es *elle*.

LLÁBANA. (l. *lamina*, lámina.) f. Ast. Laja tersa y resbaladiza.

LLACA. f. Especie de zarigüeya de Chile y Argentina de pelaje ceniciento. Es del tamaño de un ratón.

LLAGA. (l. *plaga*.) f. Úlcera, 1.ª acep. || 2. fig. Cualquier infortunio que causa dolor y pesadumbre. || 3. Albañ. Junta entre dos ladrillos de una misma hilada. || *Indignarse la* LLAGA. fr. Ar. Irritarse o enconarse. || *La mala* LLAGA *sana, la mala fama mata*. ref. que indica lo difícil que es borrar la mala opinión. || **P.** chaga; **I.** sore; **F.** plaie; **A.** Wunde; **It.** piaga; **R.** язва.

LLAGADOR, RA. adj. ant. Que llaga. Ú.t.c.s.

LLAGAMIENTO. (De *llagar*.) m. ant. Llaga.

LLAGAR. (l. *plagāre*.) tr. Hacer o producir llagas.

LLAGOSO, SA. adj. ant. Que tiene llagas.

LLAMA. (l. *flamma*.) f. Masa gaseosa en combustión que se eleva de los cuerpos que arden. || 2. fig. Fuerza de una pasión o deseo. || **P.** chama; **I.** flame; **F.** fiamme; **A.** Flamme; **It.** fiamma; **R.** пламя.

LLAMA. (l. *lama*.) f. Terreno pantanoso en el que se detiene el agua que en él brota.

LLAMA. (Voz quichua.) f. Mamífero rumiante camélido, variedad del guanaco, pero menor. Es propio de América Meridional. Se aprovechan su leche, cuero, carne y pelo. Sirve como bestia de carga. Ú.t.c.s.m., sobre todo en América.

LLAMADA. (De *llamar*.) f. Llamamiento, acción de llamar. || 2. Señal que en los escritos sirve para llamar la atención hacia una nota o advertencia. || 3. Además para llamar a uno con el fin de engañarle o distraerle de otro fin principal. || 4. Invitación para inmigrar dirigida al futuro emigrante con el envío del billete para el viaje, denominado LLAMADA. || 5. Mil. Toque de caja u otro instrumento para que la tropa entre en formación. || 6. Mil. Señal para parlamentar. || 7. Radiotelec. Operación de una estación emisora para comunicar con otras. || 8. Méj. Cobardía. || *Batir* LLAMADA. fr. Mil. Tocar LLAMADA para hacer honores, los tambores, cornetas, etc. || **P.** chamar; **I.** call, appeal; **F.** appel; **A.** Aufruf, Anruf; **It.** chiamata; **R.** зов, призыв.

LLAMADERA. (De *llamar*.) f. Aguijada, pica de boyero.

LLAMADO, DA. p.p. de llamar. || 2. m. Llamamiento, acción de llamar. || *Muchos son los* LLAMADOS *y pocos los escogidos*. fr. con que se significa que el número de los que logran una cosa es menor que el de los que aspiran a ella.

LLAMADOR, RA. (l. *clamātor*.) m. y f. Persona que llama. || 2. m. Avisador, persona que lleva avisos. || 3. Aldaba, aldabón. || 4. Aparato que avisa las llamadas de una estación telegráfica. || 5. Botón del timbre eléctrico. || **P.** chamador; **I.** caller, knocker; **F.** poussoir; **A.** Rufer, Türklopfer; **It.** chiamatore, battocchio; **R.** вестник.

LLAMAMIENTO. m. Acción de llamar. || 2. Inspiración con que Dios mueve los corazones. || 3. Acción de atraer un humor de una parte a otra del cuerpo. || 4. For. Designación legítima de personas para una sucesión o herencia.

LLAMANTE. p.a. de llamar. Que llama.

LLAMAR. (l. *clamāre*.) tr. Dar voces o hacer señales a uno para que venga o atienda. || 2. Invocar mental u oralmente. || 3. Citar. || 4. Nombrar, apellidar. || 5. Traer, inclinar algo hacia un lado. || 6. fig. Atraer una cosa hacia alguna parte. || 7. For. Hacer llamamiento o designación de personas para una sucesión, cargo, etcétera. || 8. intr. Excitar la sed. || 9. Hacer sonar la aldaba de una puerta. || 10. tr. Tener tal nombre y apellido. || 11. Mar. Hablando del viento, cambiar de dirección. || 12. Chile, Colom. y C. Rica. Faltar a la palabra. || 13. Méj. Amilanarse. || **P.** chamar; **I.** to call; **F.** appeler; **A.** anrufen, klopfen, schellen; **It.** chiamare; **R.** звать, окликать.

LLAMARADA. (l. *flammāre*, de *flamma*, llama.) f. Llama que levanta el viento. || 2. fig. Encendimiento momentáneo del rostro. || 3. fig. Movimiento repentino y breve del ánimo.

LLAMARGO. (l. *lamarĭcus*, de *lama*, lodo.) m. Llamazar.

★ **LLAMARÓN.** m. Colom. y Chile. Llamarada.

LLAMATIVO, VA. adj. Se dice del manjar que excita la sed. Ú.m.c.s.m. || 2. fig. Que llama demasiado la atención.

LLAMAZAR. (De *llama*, 2.º art.) m. Terreno pantanoso.

LLAMBRIA. (l. *lamina*.) f. Parte de una peña que origina un plano inclinado y difícil de pasar.

★ **LLAME.** (arauc. *llami*, estera.) m. Chile. Lazo o trampa para la caza de pájaros.

LLAMEANTE. p.a. de llamear. Que llamea.

LLAMEAR. intr. Echar llamas.

★ **LLAMÓN, NA.** adj. Méj. Cobarde.

LLANA. (l. *plana*.) f. Herramienta compuesta de una plancha metálica y una asa con que los albañiles extienden y allanan el yeso o la argamasa. || *Dar de* LLANA. fr. Pasarla por encima del yeso o la argamasa para extenderlos sobre un paramento. || **P.** trolha; **I.** trowel; **F.** truelle; **A.** Kelle, Glätteisen; **It.** cazzuola; **R.** мастерок.

LLANA. (l. *plana*, t. f. de -*nus*, llano.) f. Plana, cara de una hoja de papel. || 2. Llanada.

LLANADA. (l. *planāta*, t. f. de -*tus*, allanado.) f. Llanura, terreno llano.

LLANAMENTE. adv. fig. Con ingenuidad y sencillez. || 2. fig. Con llaneza.

LLANCA. f. Chile. Mineral de cobre de un tono verde azulado. || 2. Chile. Pedrezuelas de dicho mineral que emplean aún los indios como adorno.

LLANDE. (l. *glans*, *glandis*, bellota.) f. Glande, bellota.

LLANERO, RA. (De *llana*, 2.º art., 2.ª acep.) m. y f. Habitante de las llanuras.

LLANEZA. (l. *planitia*.) f. fig. Sencillez, moderación en el trato. || 2. fig. Familiaridad, igualdad en el trato con todos. || 3. fig. Sencillez notable en el estilo. || *Alabo la* LLANEZA. expr. irón. con que se critica al que emplea familiaridad con quienes ha de tratar con respeto. || **P.** lhaneza; **I.** simplicity; **F.** simplicité; **A.** Einfachkeit; **It.** semplicità; **R.** простота.

LLANISCO, CA. adj. Natural de Llanes. Ú.t.c.s. || 2. Perteneciente a esta ciudad de Asturias.

LLANO, NA. (l. *planus*.) adj. Extendido, sin altos ni bajos. || 2. Allanado, conforme. || 3. fig. Accesible, sin presunción. || 4. fig. Libre, franco. || 5. fig. Se dice del vestido sin adornos. || 6. fig. Claro, evidente. || 7. fig. Corriente, sin dificultad. || 8. fig. Pechero o que no goza de fuero privilegiado. || 9. fig. Dícese del estilo sencillo. || 10. fig. Grave, aplicado a las palabras que se acentúan en la penúltima sílaba. || 11. For. Hablando de finanzas o depósitos, dícese de quien no puede declinar la jurisdicción del juez a quien pertenece el conocimiento de estos actos. || 12. m. Llanura, planicie. || 13. pl. En las calcetas, punto en que no se crece ni mengua. || 14. Amér. Grandes llanuras de Venezuela y al este de Colombia. || *A la* LLANA. m. adv. fig. Llanamente. || 2. fig. Sin ceremonia, sin aparato. || 3. For. Se aplica a la puja que se hace abiertamente. || *De* LLANO, o *de* LLANO *en* LLANO. ms. advs. figs. Clara y llanamente. || **P.** lhano; **I.** flat, plain; **F.** plat, simple; **A.** eben, flach, glatt; **It.** piano, piatto; **R.** гладкий, ровный.

LLANOTE, TA. adj. aum. de llano.

LLANTA. (l. *planta*.) f. Planta, especialmente la de semillero o plantel. || 2. Berza que no repolla y de hojas grandes que se van arrancando a medida que crece la planta.

LLANTA. (Por *yanta*, del fr. *jante*, y éste del célt. *cambita*, de *camba*, curva.) f. Cerco exterior de las ruedas de carros y coches. || 2. Pieza de hierro más ancha que gruesa. || **P.** aro; **I.** tire; **F.** jante; **A.** Felge; **It.** cerchio; **R.** железная шина.

LLANTAR. tr. ant. Plantar.

LLANTEAR. (De *llanto*.) intr. ant. Llorar, plañir.

LLANTÉN. (l. *plantāgo*, -*ĭnis*.) m. Planta herbácea, plantaginácea, común en los lugares húmedos y su cocimiento se emplea en medicina. || —**mayor**. Llantén. || —**menor**. Planta de la misma familia que la anterior. Abunda en los prados.

LLANTERA. f. fam. Llorera.

LLANTERÍA. f. Llanto ruidoso y continuado de varias personas. Ú.m. en América.

LLANTINA. f. fam. Llorera.

LLANTO. (l. *planctus*.) m. Efusión de lágrimas acompañada de sollozos. || 2. Cuba. Canto melancólico popular entre guaji-

LL

ros. || **3.** CHILE. Lágrima. || *El* LLANTO, *sobre el difunto.* expr. fig. con que se aconseja hacer las cosas inmediatamente después de la causa que las motiva. || P. pranto; I. weeping; F. pleurs, larmes; A. Weinen, Tränen; It. pianto; R. плач.

LLANURA. (De *llano*.) f. Igualdad de la superficie de una cosa. || **2.** Terreno sin altos ni bajos. || P. planicie; I. plain; F. plaine; A. Flaschland, Ebene; It. piamoza; R. ровность.

LLAPA. (Voz quichua.) f. Yapa. || **2.** ARGENT. Yapa o adehala.

LLAPAR. tr. MIN. Yapar.

LLAPINGACHO. m. Tortilla de queso que se hace en Perú. || **2.** ECUAD. Rapingacho.

LLAR. (l. *lar, laris*, hogar.) m. AST. y SANT. Fogón de la cocina. || **—alto.** SANT. El que se halla sobre un poyo. || **—bajo.** SANT. El que se encuentra en el mismo suelo de la cocina.

LLAR. (De *ollar*, de olla.) f. pl. Cadena de hierro, en el cañón de la chimenea con un garabato para colgar la caldera.

LLARETA. f. Planta de Chile, umbelífera, que destila de su tallo una resina transparente empleada como estomacal y estimulante y para curar heridas.

★ **LLARETA.** f. CHILE y BOL. Estiércol de llama usado como combustible.

★ **LLATIR.** intr. AMÉR. Latir el perro.

★ **LLAUCHA.** f. AMÉR. Mineral de plomo argentífero.

LLAULLAU. m. Hongo chileno que se cría en los árboles y es comestible.

★ **LLAUQUE.** m. CHILE. Porción de carne menuda que el carnicero da al que le ayuda en su tarea. || **2.** CHILE. Lo que en un reparto corresponde a cada uno.

★ **LLAUQUETU.** m. CHILE. Tajada de carne.

★ **LLAUTO.** m. CHILE. Rodete que los indios quichuas llevan a la cabeza ciñéndola.

LLAVE. (l. *clavis*.) f. Instrumento ordinariamente de metal con guardas para correr y descorrer el pestillo de una cerradura. || **2.** Instrumento para apretar o aflojar las tuercas en los tornillos. || **3.** Instrumento para facilitar o impedir el paso de un fluido por un conducto. || **4.** Mecanismo para disparar las armas portátiles. || **5.** Instrumento de metal para dar cuerda a los relojes. || **6.** Aparato que en algunos instrumentos músicos abre y cierra el paso del aire originando diferentes sonidos. || **7.** Cuña que sujeta dos piezas de madera o de hierro. || **8.** Cierto instrumento con que los dentistas arrancan las muelas. || **9.** IMPR. Corchete. || **10.** fig. Medio para descubrir lo oculto. || **11.** fig. Principio que permite descubrir otras cosas. || **12.** fig. Cosa fundamental en la defensa de otra. || **13.** fig. Medio para apartar los estorbos que se oponen a un fin. || **14.** MIN. Porción de roca en forma de arco para servir de fortificación en las minas. || **15.** MÚS. Clave musical. || **16.** MÉj. Cran. || **17.** pl. MÉJ. Los cuernos del toro. || **—capona.** fam. Llave del gentilhombre de la cámara del rey. || **—de chispa.** La que origina la explosión de la pólvora inflamando parte de ella. || **—de la mano.** Distancia entre las extremidades del pulgar y del meñique con la mano totalmente abierta. || **—del pie.** Distancia desde lo alto del empeine hasta el fin del talón. || **—de paso.** La que se intercala en una tubería. || **—de percusión** o **de pistón.** La que determina la explosión de la pólvora en las armas de chispa. || **—de tuerca.** Herramienta en forma de horquilla para apretar las tuercas de los tornillos. || **—dorada.** La que usaban los gentileshombres. || **—falsa.** La hecha furtivamente para abrir una cerradura. || **—inglesa.** La que tiene graduables las partes que se han de adaptar a la tuerca. || **2.** Arma de hierro en forma de eslabón con agujeros para el paso de cuatro dedos y que, una vez cerrado el puño, sirve para golpear. || **—maestra.** La hecha de tal forma que abre y cierra todas las cerraduras de una casa. || LLAVES *de la Iglesia.* fig. Potestad espiritual para la dirección de los fieles. || *Ahí te quedan las* LLAVES. expr. fig. con que se da a entender que se deja el gobierno de un negocio sin dar razón de su estado. || *Debajo de* LLAVE. expr. con que se explica que algo está bien guardado. || *Debajo de siete* LLAVES. expr. fig. que denota que una cosa está muy guardada. || *Echar la* LLAVE. fr. Cerrar con ella. || **2.** fig. Echar el sello. || *Falsear la* LLAVE. fr. Hacer otra semejante para usarla furtivamente. || *Perder las* LLAVES. fr. fig. y fam. C. RICA. Estar con diarrea. || *Recoger* uno *las* LLAVES. fr. fig. y fam. Irse el último de un lugar. || *Torcer la* LLAVE. fr. Darle vueltas en la cerradura para abrir y cerrar. || P. chave; I. key; F. clef; A. Schlüssel, It. chiave; R. ключ.

★ **LLAVERA.** f. CHILE. Ama de llaves.

LLAVERIZO. (De *llavero*.) m. ant. El que cuidaba de las llaves.

LLAVERO, RA. m. y f. Persona que tiene a su cargo la custodia y el uso de las llaves de una plaza, iglesia, etc. || **2.** m. Anillo de metal para llevar las llaves. || P. chaveiro; I. claviger, keeper of the keys; F. porteclefs; A. Schlüsselbund; It. chiavaio; R. ключарь.

★ **LLAVÍN.** m. Llave pequeña para abrir el picaporte o descorrer el pestillo.

LLE. pron. ant. Le.

LLECO, CA. (b. l. *froccus*, tierra inculta.) adj. Se dice de la tierra o campo que jamás ha sido labrado. Ú.t.c.s.

LLEGA. (De *llegar*.) f. AR. Acción y efecto de recoger o juntar.

LLEGADA. f. Acción y efecto de llegar, 1.ª acep. || P. chegada; I. arrival; F. arrivée; A. Ankunft; It. arrivo; R. прибытие.

LLEGADO, DA. p.p. de llegar. || **2.** adj. ant. Cercano.

LLEGAMIENTO. (De *llegar*.) m. ant. Allegamiento.

LLEGAR. (l. *plicāre*, plegar.) intr. Venir, arribar a un lugar. || **2.** Durar hasta un tiempo determinado. || **3.** Tocar por su turno una cosa o acción a uno. || **4.** Alcanzar el fin a que se aspira. || **5.** Verificarse, empezar a correr un determinado tiempo. || **6.** Ascender, subir. || **7.** Junto con algunos verbos tiene la significación del verbo a que se une. Llegó a comprender, llegó a ver. || **8.** tr. Allegar, juntar. || **9.** Arrimar una cosa a otra. || **10.** Acercarse una cosa a otra. || **11.** Ir a lugar determinado que esté cercano. || **12.** Unirse, adherirse. || *Llegar y besar.* fr. fig. y fam. que indica la prontitud en lograr algo. || *No* LLEGAR una *persona o cosa a otra.* fr. fig. No igualarla en cualidades. || P. chegar; I. to arrive; F. arriver; A. ankommen, gelangen; It. arrivare; R. прибывать.

LLEIVÚN. m. Planta chilena ciperácea, que crece en lugares húmedos.

LLENA. (De *llenar*.) f. Crecida que hace salir de madre a un río.

LLENAMENTE. adv. Copiosa y abundantemente.

★ **LLENANTE.** f. VENEZ. Marea alta.

LLENAR. (De *lleno*.) tr. Ocupar con algo un espacio vacío. Ú.t.c.r. || **2.** fig. Ocupar dignamente un empleo. || **3.** fig. Parecer bien, satisfacer una cosa. || **4.** fig. Fecundar el macho a la hembra. || **5.** fig. Colmar, cargar con abundancia. || **6.** intr. Hablándose de la Luna, llegar al plenilunio. || **7.** fam. Hartarse de comida o bebida. || **8.** fig. y fam. Irritarse tras haber aguantado cierto tiempo. || P. encher; I. to fill; F. remplir; A. anfüllen; (in-, er-, aus)füllen; It. riempire; R. наполнять.

LLENERA. (l. *plenaría*, t. f. de -*rius*, llenero.) f. ant. Llenura.

LLENERAMENTE. adv. ant. Plenamente.

LLENERO, RA. (l. *plenaríus*.) adj. Cumplido, pleno, cabal.

LLENEZ. f. desus. Lleneza.

LLENEZA. (De *lleno*.) f. ant. Llenura.

LLENO, NA. (l. *plenus*.) adj. Ocupado, henchido de una cosa. || **2.** fig. Se aplica al hombre que sabe mucho. || **3.** ASTRON. Se aplica a la Luna en su plenitud. || **4.** BLAS. Dícese del escudo o figura que lleva un esmalte distinto del su campo en dos tercios de su anchura. || **5.** MAR. Se dice del casco o cuaderna de gran capacidad. || **6.** m. Plenilunio, tratándose de la Luna. || **7.** Concurrencia que ocupa todas las localidades de un teatro, circo, etcétera. || **8.** fam. Abundancia de algo. || **9.** fig. Perfección o último complemento de una cosa. || **10.** pl. MAR. Figura de los fondos del buque, casi redonda. || **11.** MAR. Parte del casco entre los raceles. || *De* LLENO, o *de* LLENO *en* LLENO. ms. advs. Enteramente. || P. cheio, pleno; I. fuli; F. plein; A. voll, vollbesetzt; It. pieno; R. наполненый.

LLENURA. (De *lleno*.) f. Copia, abundancia grande.

★ **LLEPU.** m. CHILE. Cesto a modo de fuente, usado para medir.

LLERA. (l. *glarĕa*, cantorral.) f. Glera.

★ **LLERÉN.** m. BOT. CUBA. Planta amarantácea, de largos pecíolos, y de tubérculos comestibles.

LLETA. f. Tallo recién nacido de la semilla o bulbo de una planta.

LLEUDAR. tr. Leudar.

★ **LLEULLE.** adj. CHILE. De poca habilidad, inútil. Ú.t.c.s. || **2.** CHILE. Hablando de soldados, recluta o bisoño. Ú.t.c.s.

LLEVA. (De *llevar*.) f. Llevada.

LLEVADA. f. Acción y efecto de llevar.

LLEVADERO, RA. (De *llevar*, tolerar.) adj. Fácil de sufrir, tolerable.

LLEVADOR, RA. adj. Que lleva. Ú. t.c.s.

LLEVANZA. f. Acción y efecto de llevar una finca en arrendamiento.

LLEVAR. (ant. *lievo*, del l. *lĕvāre*, levantar.) tr. Transportar, conducir una cosa de un lugar a otro. || **2.** Cobrar el precio de algo. || **3.** Producir, dar fruto las plantas. || **4.** Separar con violencia una cosa de otra. || **5.** Tolerar, sufrir. || **6.** Inducir, persuadir a uno. || **7.** Guiar, indicar. || **8.** Traer puesto el vestido, etc., o en los vestidos, dinero, papeles, etc. || **9.** Meter a alguien en el trato o amistad de otro. || **10.** Lograr. || **11.** Manejar el caballo. || **12.** En ciertos juegos de naipes ir a robar con un número determinado de puntos o cartas. || **13.** Tener una finca en arrendamiento. || **14.** Con nombres que indican tiempo, contar, pasar. Llevaba seis años de secretaria. || **15.** Con algunos participios haber realizado la acción del verbo de tales participios. || **16.** Con la prep. *por* y algunos nombres ejecutar las acciones que ellos significaban. || **17.** Con el dativo de persona o cosa y con el acusativo que exprese medida, tiempo, etc., exceder una persona o cosa a otra en la cantidad que indica dicho nombre. *Mi hermana* LLEVA *dos años* a la tuya. || **18.** Cuidar, encargarse de algo. || **19.** ARIT. Reservar las decenas de una suma o multiplicación parcial para unirlas a la suma o producto del orden inmediato superior. || LLEVAR uno *adelante* una *cosa.* fr. Seguir lo que ha emprendido. || LLEVAR uno *consigo.* fr. fig. Hacerse acompañar de una o más personas. || LLEVAR *las de perder.* fr. fam. Estar en desventaja. || LLEVAR *lo mejor*, o *lo peor.* fr. Ir. consiguiendo ventaja o al contrario en la competencia. || LLEVAR uno *por delante* una cosa. fr. fig. Tenerla presente para dirigir sus operaciones. || LLEVARSE *bien* o *mal.* fr. fam. Congeniar o no. || P. levar; I. to carry, to bear; F. porter; A. hinbringen, tragen; It. portare; R. носить.

★ **LLILLE.** adj. CHILE. En Chiloé, se dice de cierta patata alargada, blanca y colorada, y buena para asarla al rescoldo. Ú.t.c.s.

★ **LLIMO, MA.** adj. CHILE. Se dice de la persona o animal de orejas pequeñas. || **2.** CHILE. En ciertos lugares, desorejado.

★ **LLIPIHUE.** m. CHILE. En Chiloé, pestañas.

★ **LLOCO.** m. CHILE. Rebanada de zapallo seco. || **2.** Chicharrones que en la matanza del cerdo reparte el dueño entre parientes y vecinos.

LLOICA. f. fam. CHILE. Loica.

★ **LLONGO.** m. CHILE. Hongo, seta.

★ **LLOQUENA.** f. BOL. y PERÚ. Palo con un hierro afilado en uno de sus extremos, que se usa para pescar en el lago Titicaca.

★ **LLORA.** f. VENEZ. Velación de un cadáver.

LLORADERA. f. despect. Acción de llorar mucho por poco motivo.

★ **LLORADO, DA.** m. VENEZ. y COLOM. Canción del llanero.

LLORADOR, RA. (l. *plorātor*.) adj. Que llora. Ú.t.c.s.

LLORADUELOS. (De *llorar* y *duelo*.)

LL

com. fig. y fam. Persona que llora frecuentemente sus infortunios.

LLORAMICO. m. d. de lloro.

LLORANTE. p.a. ant. de llorar. Que
llora.

LLORAR. (l. *plōrāre*.) intr. Derramar
lágrimas. Ú.t.c. tr. ‖ **2.** fig. Caer el licor
gota a gota o destilar. Ú.t.c.tr. ‖ **3.** tr. fig.
Sentir una cosa vivamente. ‖ **4.** fig. Encarecer lástimas o necesidades, generalmente con fines interesados. ‖ *El que no*
LLORA *no mama.* ref. que indica que para
conseguir algo hay que pedirlo repetidamente. ‖ LLORARLE a uno *una cosa.* fr.
CHILE. Sentarle a uno muy bien una cosa. ‖
P. chorar; **I.** to weep; **F.** pleurer; **A.**
weinen; **It.** piàngere; **R.** плакать.

LLOREDO. (l. *laurētum*.) m. Lauredal.

LLORERA. f. Lloro fuerte y continuado.

★ **LLORETAS.** com. C. RICA. Llorón,
llorica.

LLORICA. com. Persona que llora frecuentemente y por motivos fútiles.

LLORIQUEAR. (De *llorico*, d. de
lloro.) intr. Gimotear. ‖ **P.** choramingar;
I. to snivel; **F.** pleurnicher; **A.** winseln;
It. piagnucolare; **R.** хныкать.

LLORIQUEO. (De *lloriquear*.) m. Gimoteo.

LLORO. m. Acción de llorar. ‖ **2.** Llanto. ‖ **P.** choro; **I.** weeping; **F.** pleurs; **A.**
Weinerei; **It.** pianto; **R.** плач.

LLORÓN, NA. adj. Perteneciente o
relativo al llanto. ‖ **2.** Que llora mucho y
con facilidad. Ú.t.c.s. ‖ **3.** Se dice del
sauce con ramas flexibles y péndulas.
Ú.m.c.s. ‖ **4.** m. Penacho de plumas largas,
péndulas como las ramas de un sauce
llorón. ‖ **5.** f. Plañidera. ‖ **6.** CHILE. Dícese
de la pluma de sombrero de mujer que
cae como las ramas de un sauce. ‖ **2.**ª

acep.: **P.** chorão; **I.** weeper, mourner; **F.**
pleurard, pleurnicheur; **A.** Trauerweide;
It. piangitore; **R.** часто плачущий.

★ **LLORONA.** BOL. Espuela vaquera
grande. ‖ **2.** CUBA. Arbusto ericáceo con
flores en racimos colgantes. ‖ **3.** P. RICO.
Lechuza. ‖ **4.** P. RICO. Reinamora, pájaro. ‖ **5.** pl. ARGENT. Espuelas grandes de
gaucho.

LLOROSAMENTE. adv. Con lloro.

LLOROSO, SA. (De *lloro*.) adj. Que
tiene señales de haber llorado. ‖ **2.** Se dice
de las cosas que causan llanto, tristeza. ‖
P. choroso; **I.** weeping; **F.** pleureux; **A.**
weinerlich; **It.** piagnoloso; **R.** заплаканный.

LLOSA. (l. *clausa*, cerrada.) f. AST.,
SANT. y VIZC. Terreno labrantío cerrado
y en general cercano a la casa a que pertenece.

LLOTRAR. tr. ant. Quillotrar. Usáb.
t.c.r.

LLOTRO. (Falso análisis de *quillotro*.)
m. ant. Quillotro.

LLOVEDIZO, ZA. (De *llover*.) adj. Se
dice de los techos o cubiertas que, por
defecto, dejan pasar la lluvia. ‖ **2.** Se aplica
asimismo al agua de la lluvia.

LLOVER. (l. *plŏvĕre*, por *plŭĕre*.) intr.
Caer agua de las nubes. Ú. a veces como
tr. ‖ **2.** fig. Caer sobre uno algo con abundancia. Ú. a veces como tr. ‖ **3.** r. Calarse
con las lluvias las cubiertas o los techos. ‖
A secas y sin LLOVER. loc. adv. fig. y fam.
Sin aviso ni preparación. ‖ *Como* LLOVIDO.
loc. adv. fig. De modo inesperado. ‖ LLO-
VER *sobre mojado.* fr. fig. Llegar trabajos
sobre trabajos. Ú. a veces como tr. ‖ **P.**
chover; **I.** to rain; **F.** pleuvoir; **A.** regnen;
It. piòvere; **R.** идти (о дожде).

LLOVIDO, DA. p.p. de llover. ‖ **2.** Polizón, el que embarca clandestinamente
para ultramar.

LLOVIOSO, SA. adj. Lluvioso.

LLOVIZNA. (l. *pluvicina*, de *plŭvia*.)
f. Lluvia menuda que cae blandamente. ‖
P. chovisco; **I.** dizzle; **F.** bruine; **A.**
Sprühregen; **It.** acquerùgiola; **R.** измо-
рось.

LLOVIZNAR. (De *llovizna*.) intr. Caer
gotas menudas de las nubes.

LLUBINA. f. Lubina.

LLUECA. (De la onomat. *cloc*, l. *clocca*.)
adj. Clueca. Ú.t.c.s. ‖ *Echar una* LLUECA.
fr. Preparar el nido a la gallina llueca
y colocarla sobre los huevos para que los
incube. ‖ **P.** choca; **I.** brooding hen; **F.**
couveuse (poule, etc.); **A.** Gluckhenne; **It.**
chioccia; **R.** наседка.

★ **LLULLO (ESTAR COMO).** fr. fig.
CHILE. Estar muy flojo.

★ **LLUQUI.** adj. ECUAD. Zurdo.

★ **LLURO, RA.** adj. ECUAD. Picado de
viruelas.

LLUVIA. (l. *plŭvia*.) f. Acción de llover. ‖ **2.** Agua llovediza. ‖ **3.** Dícese del
agua que cae de las nubes. ‖ **4.** CHILE.
Ducha, aparato o dispositivo para bañarse.‖
5. BOT. P. RICO. Arbusto de flores azules
y fruto drupáceo de color amarillo anaranjado. ‖ **6.** fig. Abundancia extraordinaria de algo. ‖—**de estrellas.** Aparición
de muchas estrellas fugaces en una parte
del cielo. ‖—**elotera.** MÉJ. Lluvia menu-
da y pertinaz. ‖ **3.**ª acep.: **P.** chuva; **I.** rain;
F. pluie; **A.** Regen; **It.** pioggia; **R.** дождь.

LLUVIAL. (De *lluvia*.) adj. ant. Pluvial.

LLUVIANO, NA. adj. ant. Decíase del
terreno recién mojado por la lluvia.

LLUVIOSO, SA. (l. *pluviōsus*.) adj.
Dícese de la región y del tiempo en que
llueve mucho. ‖ **P.** chuvoso; **I.** rainy; **F.**
pluvieux; **A.** regnerisch; **It.** piovoso; **R.**
дождливый.

M

M. f. Decimoquinta letra del alfabeto español y duodécima de sus consonantes. Se nombra *eme*. ‖ **2.** Letra numeral que vale mil en la numeración romana. ‖ **3.** Es abreviatura de Mediodía en Astronomía y minúscula de otras palabras como metro, masculino, etc.

★ **MABÍ.** m. Amér. Árbol pequeño de cuya corteza amarga se hace una bebida de este mismo nombre.

★ **MABINGA.** f. Méj. Estiércol. ‖ **2.** Cuba. Tabaco de mala calidad.

★ **MABITA.** com. Venez. Persona desgraciada, desafortunada.

MABOLO. m. Árbol de la familia de las ebenáceas que se cultiva en Filipinas, con flores dioicas, solitarias axilares unas y otras terminales en espiga y fruto parecido al melocotón, pero de carne dura y desabrida.

MACA. f. Señal que aparece en la fruta por golpe o daño recibido. ‖ **2.** Daño ligero de las telas, vestidos, cuerdas, etc. ‖ **3.** fig. y fam. Disimulación, engaño. ‖ **P.** maca; **I.** bruise; **F.** cotissure (des fruits); **A.** Druckfleck am Obst; **It.** ammaccatura; **R.** изъян, дефект.

MACA. f. fam. Aféresis de hamaca.

MACABEO. Sobrenombre de la familia hebrea fundada por Matatías.

MACABRO, BRA. (ár. *maqâbir*, tumbas, cementerio.) adj. Se dice de lo repulsivo y feo de la muerte. ‖ **P.** e **It.** macabro; **I.** y **F.** macabre; **A.** schaurig; **R.** похоронный.

MACACA. f. Hembra del macaco.

MACACO. m. Hond. Moneda macuquina del valor de un peso.

MACACO, CA. m. y f. Nombre de diversos monos catirrinos con cola y hocico saliente y aplastado. ‖ **2.** Cuba y Chile. Feo, deforme. ‖ **3.** P. Rico y Argent. Necio, tonto. ‖ **P.** macaco; **I.** y **F.** macaque; **A.** Makako; **It.** macacco; **R.** макака.

★ **MACACOA.** f. Venez. Tristeza, murria.

MACADAM. m. Macadán.

MACADAMIZAR. tr. Pavimentar con macadam. ‖ **P.** macadamize; **I.** to macadamize; **F.** macadamiser; **A.** makadamisieren; **It.** macadamizzare; **R.** покрывать шоссе макадамом.

MACADÁN. m. Pavimento de piedra machacada que se aglomera con rodillos compresores.

MACAGUA. f. Ave rapaz diurna, mayor que el halcón que habita en los países cálidos de América donde los indígenas la llaman burlón por la forma de su cantar. ‖ **2.** Serpiente venenosa de casi dos metros de largo y dos decímetros de grueso que vive en Venezuela en las regiones próximas al mar. ‖ **3.** Bot. Árbol silvestre de la isla de Cuba, de la familia de las moráceas, de flores blancas y fruto del tamaño y forma de una bellota. ‖ **4.** R. de la Plata. Cierta hierba de propiedades medicinales especialmente contra el veneno de los ofidios. ‖ **—amarilla.** Bot. Planta artocárpea del trópico americano que tiene madera de color amarillo. **—de costa.** Bot. Planta rubiácea de la zona tropical americana. **—terciopelo.** Zool. Serpiente venenosa de color negro aterciope-

lado propia de las zonas de mayor altitud en Venezuela.

MACAGÜITA. f. Bot. Palmera espinosa que se cría en Venezuela y cuyo fruto es un coquillo casi negro con pintas blanquecinas. ‖ **2.** Fruto de dicho árbol.

★ **MACALINA.** f. Quím. y Terap. Alcaloide del macal utilizado como la quinina.

MACANA. f. Arma ofensiva de forma de machete, hecha con madera dura y filo de pedernal que usaban los indios americanos. ‖ **2.** Cuba. Garrote de madera dura y pesada. ‖ **3.** fig. Artículo de comercio sin fácil salida. ‖ **4.** fig. Ar. Broma, burla. ‖ **5.** Argent. y Chile. Mentira disfrazada con artificio. ‖ **6.** Colom. Palmera de madera fina y resistente. ‖ **7.** Bol. y Venez. Cierto tejido de algodón.

MACANAZO. m. Golpe dado con la macana. ‖ **2.** fig. y fam. Amér. Lata, fastidio, cosa pesada.

MACANCHE. adj. Sal. Delicado de salud, enfermizo.

★ **MACANDA.** m. Colom. Intríngulis. ‖ **2.** P. Rico. Hechicería, brujería.

MACANDÓN. m. ant. Camandulero.

MACANUDO, DA. (De *macana*.) Chocante por lo extraordinario y grande. ‖ **2.** Chile. Disparatado. ‖ **3.** Ecuad. Arduo, difícil.

★ **MACAQUEAR.** intr. Argent. Realizar gestos afectados, hacer monadas.

MACAR. tr. ant. Magullar. ‖ **2.** r. Comenzar a pudrirse las frutas.

★ **MACARANA.** m. Zool. Loro americano.

MACARELO. m. Hombre pendenciero y camorrista.

MACARENO, NA. adj. Vecino del barrio de la Macarena, en Sevilla. U.t.c.s. ‖ **2.** fam. Guapo, majo, bravucón.

MACAREO. m. Fenómeno que se produce en la desembocadura de algunos ríos levantando gran oleaje durante las mareas más vivas. ‖ **2.** Ventolinas muy variables.

MACARRO. m. Panecillo de forma alargada y de una libra de peso. ‖ **2.** Bollo casero de pan y aceite. ‖ **3.** adj. Ál. Pasado, podrido, refiriéndose a frutas.

MACARRÓN. (ital. *maccheroni*, y éste del gr. μακάρια, pasta.) m. Tubo o canuto largo de pasta alimenticia hecha de harina de trigo. ‖ **2.** Mostachón. ‖ **3.** Mar. Extremo de las cuadernas que sobresale en la cubierta. Ú.m. en pl. ‖ **P.** macarrão; **I.** y **F.** macaroni; **A.** Makkaroni; **It.** maccheroni; **R.** макароны.

MACARRONEA. f. Composición burlesca en que se mezclan palabras latinas con otras de lenguas vulgares, dándoles terminación latina.

MACARRÓNICAMENTE. adv. De manera macarrónica.

MACARRÓNICO, CA. adj. Aplícase a la macarronea, al lenguaje vulgar, de mal gusto que falta a las leyes gramaticales y al latín muy defectuoso. ‖ **P.** macarrónico; **I.** macaronic; **F.** macaronique; **A.** makaronisch; **It.** maccheronico; **R.** макаронический.

★ **MACATRULLO, LLA.** adj. Ar. Torpe, tonto.

MACAUREL. f. Zool. Serpiente no

venenosa de Venezuela y aunque más pequeña que la tragavenado, es muy parecida a ella.

MACAZUCHIL. m. Bot. Planta piperácea cuyo fruto empleaban los mejicanos para perfumar las bebidas en que entraba el cacao.

MACEADOR. m. Persona que macea.

MACEAR. tr. Golpear con el mazo o la maza. ‖ **2.** intr. fig. Machacar, porfiar insistentemente, importunar. ‖ **3.** fig. Argent. Atravesar o apostar en el juego.

MACEDÓN, NA. (l. *macĕdon*.) adj. Macedonio. Apl. a pers. ú.t.c.s.

MACEDÓNICO, CA. (l. *macedonĭcus*.) adj. Macedonio, 2.ª acep.

MACEDONIO, NIA. (l. *macedonĭus*.) adj. Natural de Macedonia. Ú.t.c.s. ‖ **2.** Perteneciente a aquel reino antiguo. ‖ **3.** Ensaladas de legumbres aderezadas con vinagre.

MACELO. (l. *macĕllum*, mercado de carne.) Matadero, lugar donde se mata y desuella el ganado. ‖ **P.** matadouro; **I.** slaughterhouse; **F.** abattoir; **A.** Schlachthaus; **It.** ammazzatoio; **R.** бойня.

MACEO. m. Acción y efecto de macear.

MACERACIÓN. (l. *maceratio*, *-ōnis*.) f. Acción y efecto de macerar o macerarse. ‖ **P.** maceração; **I.** maceration; **F.** macération; **A.** Kasteiung; **It.** macerazione; **R.** размачивание, мацерация.

MACERAMIENTO. (De *macerar*.) m. Maceración.

MACERAR. (l. *macerāre*.) tr. Ablandar una cosa, estrujándola, golpeándola o manteniéndola sumergida en un líquido. ‖ **2.** Mortificar, extenuar la carne con penitencias. ‖ **3.** Farm. Extraer de una substancia a la temperatura ordinaria las partes solubles. ‖ **P.** macerar; **I.** to macerate; **F.** macérer; **A.** kasteien; **It.** macerare; **R.** размачивать.

MACERINA. f. Mancerina.

MACERO. m. El que lleva la maza delante de las corporaciones o personas que usan esta señal de dignidad. ‖ **P.** maceiro; **I.** macebearer; **F.** massier; **A.** Stabträger; **It.** mazziere.

MACETA. f. Empuñadura de algunas herramientas. ‖ **2.** Martillo de mango corto de los canteros y albañiles. ‖ **3.** Amér. Cachiporra o mazo para clavar estacas.

MACETA. (ital. *mazzetto*, mazo de flores.) f. Vasija de barro cocido con agujeros en el fondo y que llena de tierra sirve para criar plantas. ‖ **2.** Pie para ramilletes de flores artificiales. ‖ **3.** Gran. El vaso grande de vino. ‖ **4.** Bot. Corimbo. ‖ **5.** Méj. Cabellera, pelo. ‖ **6.** Animal caballar que tiene nudos en las rodillas y pies. Ú.m.c.adj. ‖ **P.** maceta; **I.** flower-pot; **F.** pot à fleurs; **A.** Blumentopf; **It.** vaso da fiori; **R.** цветочный горшок.

MACETERO. m. Mueble para colocar macetas.

MACETÓN. m. aum. de maceta, 2.º art.

MACIA. f. Macis.

MACICEZ. f. Calidad de macizo.

★ **MACIES.** (l. *macies*.) f. Pat. Enflaquecimiento.

MACILENTO, TA. (l. *macilentus*.) adj.

M

Flaco, pálido, triste, descolorido, mustio. ‖ **P.** macilento; **I.** wan, lean, withered; **F.** maigre, blême; **A.** abgezehrt, fahl; **It.** macilento; **R.** бледный, худой.

MACILLO. d. de mazo. ‖ **2.** Pieza del piano que actuando como mazo pequeño y a impulso de la tecla hiere la cuerda correspondiente.

★ **MACIO.** m. Bot. Cuba. Espadaña.

MACIS. (l. *macis*.) f. Corteza reticulada y olorosa de la nuez moscada.

MACIZAMENTE. adv. Con macicez.

MACIZAR. tr. Rellenar un hueco de forma que quede sólido. ‖ **2.** Ast. y Sant. Arrojar macizo al agua durante el acto de pescar.

MACIZO, ZA. (l. *massa*, masa, y éste del gr. μᾶζα.) adj. Lleno, firme, sólido. ‖ **2.** fig. Sólido y bien fundado. ‖ **3.** Conjunto de montañas generalmente rocosas. ‖ **4.** fig. Conjunto de construcciones cercanas. ‖ **5.** fig. Agrupación de plantas que decoran los cuadros de los jardines. ‖ **6.** Arq. Parte de una pared entre dos vanos. ‖ **7.** Sant. Sardina en salmuera que se conserva en barriles. ‖ **8.** Amér. Canastillo de flores. ‖ **9.** Mar. Pieza de madera para rellenar los huecos de las cuadernas en toda la extensión de la línea de flotación. ‖ **P.** maciço; **I.** massive; **F.** massif; **A.** massiv; **It.** massiccio; **R.** плотный, крепкий.

MACO, CA. (l. *maccus*, tonto, estúpido.) adj. Bellaco. ‖ **2.** Cuba. Aretillo. ‖ **3.** P. Rico. Ojo, órgano de la visión.

MACOCA. f. Ar. y Sal. Golpe dado en la cabeza con los nudillos. ‖ **2.** f. Bot. Variedad de breva grande que se cría en Murcia.

★ **MACOCA.** f. Colom. Machete estropeado.

MACOLLA. f. Conjunto de tallos, flores o espigas nacidos de un mismo pie.

MACOLLAR. intr. Amacollar, formar macolla las plantas. ‖ **2.** fig. Chile. Atesorar, guardar.

MACÓN. m. Entre apicultores, panal sin miel, reseco y de color obscuro. ‖ **2.** Ál. Propóleos. ‖ **3.** m. fig. Colom. Grandote.

MACONA. f. Banasta grande o cesta sin asas.

★ **MACRO.** (gr. μακρός.) Prefijo que significa grande.

★ **MACROBIOSIS.** f. Longevidad.

MACROBIÓTICA. (gr. μακρός, largo, y βιωτική, t. f. de -ικός, relativo a la vida.) Arte de vivir muchos años por medio de reglas higiénicas.

MACROCEFALIA. f. Calidad de macrocéfalo.

MACROCÉFALO, LA. (gr. μακροκέφαλος; de μακρός, grande, y κεφαλή, cabeza.) adj. Dícese de todo animal de cabeza desproporcionada con relación al cuerpo y a la especie a que pertenecen. Ú t.c.s. ‖ **2.** Med. Se dice de los niños que tienen excesivamente voluminosa su cabeza. ‖ **3.** Bot. Se dice de las semillas cuyos cotiledones están unidos a un cuerpo mayor que el resto del embrión. ‖ **P.** macrocéfalo; **I.** macrocephalous; **F.** macrocéphale; **A.** grossköpfig, makrokephalisch; **It.** macrocéfalo; **R.** большеголовый.

★ **MACROCISTO.** (gr. μακρός, grande, y κυστις, vejiga.) m. Med. Quiste voluminoso.

★ **MACROCITO.** m. Pat. Glóbulo rojo de gran tamaño encontrado en la sangre en casos de anemia grave.

MACROCOSMO. (gr. μακρός, grande, y κόσμος, mundo.) m. Según cierta filosofía, el Universo considerado como un organismo provisto de cuerpo y alma. ‖ **2.** *El* Macrocosmos. El Universo considerado desde un punto de vista contrapuesto al de lo microscópico.

MACROSCÉLIDO. m. Zool. Género de mamíferos insectívoros que tienen la nariz prolongada en forma de trompa.

MACROSCÓPICO, CA. (gr. μακρός, grande, y σκοπέω, ver.) adj. Biol. Lo que se ve a simple vista y se emplea por oposición a microscópico.

MACRURO, RA. (gr. μακρός, grande, y οὐρά, cola.) adj. Zool. Dícese de los crustáceos decápodos que tienen el abdomen muy desarrollado y que termina en una aleta caudal en forma de abanico, como el bogavante y la langosta.

MACSURA. (ár. *maqsūra*, reservado, clausura.) f. Lugar reservado en una mezquita, para el califa o el imán o para sepulcro de un santón.

MACUACHE. m. Indio mejicano miserable sin instrucción ni elementos de vida.

MACUBA. f. Tabaco de excelente calidad que se produce en la población del mismo nombre en la Martinica. ‖ **2.** Zool. Insecto coleóptero de tres a cuatro centímetros de largo, de color verde bronceado que se encuentra en los sauces y álamos blancos y que por su olor almizcleño se emplea para aromatizar el rapé. ‖ **3.** Cuba. Tabaco muy aromático.

MACUCA. f. Planta umbelífera de flores pequeñas y blancas y fruto parecido al anís. ‖ **2.** Arbusto rosáceo silvestre parecido al peral, de fruto pequeño, colorado e insípido. ‖ **3.** Fruto de este árbol.

MACUCO, CA. ad. Chile. Taimado, astuto. ‖ **2.** Argent. y Colom. Muchacho grandullón. ‖ **3.** Ecuad. Viejo, inservible. ‖ **4.** Bol. Martineta, especie de perdiz.

MÁCULA. (l. *macŭla*.) f. Mancha o señal que se hace en un cuerpo. ‖ **2.** fig. Cosa que deslustra y desdora. ‖ **3.** fig. y fam. Engaño, trampa. ‖ **4.** Astron. Cualquier parte obscura del Sol u otro astro. ‖ **P.** mácula; **I.** stain; **F.** macule; **A.** Makel; **It.** màcula; **R.** пятно.

MACULAR. (l. *maculāre*.) tr. Manchar una cosa; quitar la buena fama. ‖ **2.** Impr. Salir manchado el pliego de la imprenta.

MACULATURA. (l. *maculātus*.) f. Impr. Pliego mal impreso que se desecha.

MACULOSO, SA. (l. *maculōsus*.) adj. ant. Lleno de manchas. ‖ **2.** Pat. Relativo a las manchas o máculas o que se presenta en esta forma.

MACUPA. f. Planta que se cultiva como frutal y medicinal en Filipinas.

MACUQUERO. m. El que clandestinamente se dedica a extraer metales de minas abandonadas. ‖ **2.** P. Rico. Persona avispada y astuta.

MACUQUINO, NA. adj. Se aplica a la moneda cortada y esquinada de plata y oro que circuló hasta la mitad del siglo XIX.

MACUTENO. m. Méj. Ladrón, ratero.

MACUTO. (Voz caribe.) m. Mochila de soldado. ‖ **2.** Cesto cilíndrico de caña, con asa en la boca que llevan los pordioseros en Venezuela para recoger las limosnas.

MACHA. f. Molusco marino comestible que se encuentra en las costas de Chile.

★ **MACHA.** (De *macho*.) f. Amér. Marimacho, mujer fuerte y varonil.

MACHACA. f. Instrumento que sirve para machacar. ‖ **2.** com. fig. Persona molesta, fastidiosa por su conversación inoportuna y necia. ‖ **3.** ¡*Dale* MACHACA! expr. fam. con que se reprueba la terquedad de uno.

MACHACADERA. (De *machacar*.) f. Instrumento para machacar.

MACHACADO, DA. p.p. de machacar. ‖ **2.** adj. Min. Aplícase al metal nativo que se encuentra en hojas delgadas entre las rocas de los filones.

MACHACADOR, RA. adj. Que machaca. ‖ **2.** m. Máquina para triturar piedra.

MACHACANTE. m. Soldado destinado a servir a un sargento. ‖ **2.** vulg. Duro, moneda de cinco pesetas. ‖ **3.** Cuba. Ayudante de chófer.

MACHACAR. tr. Quebrantar o deformar una cosa a golpes. ‖ **2.** intr. fig. Insistir, porfiar pesadamente. ‖ **3.** Perú. Remojar un barbecho. ‖ **P.** pilar, moer, machucar; **I.** to crush; **F.** broyer, piler; **A.** zermalhen, zerstossen; **It.** pestare, macinare; **R.** бить, дробить.

MACHACÓN, NA. adj. Inoportuno, pesado, que repite las cosas o insiste porfiadamente.

MACHACONERÍA. f. fam. Importunación, insistencia, pesadez.

MACHADA. f. Hato o rebaño de machos de cabrío. ‖ **2.** fig. y fam. Sandez, necedad.

MACHADO, DA. p.p. de machar. ‖ **2.** m. Hacha propia para cortar madera.

★ **MACHAMARTILLO (A).** m. adv. Con gran firmeza y solidez.

MACHAQUEO. m. Acción y efecto de machacar.

MACHAQUERÍA. (De *machacar*.) f. Inoportunidad, pesadez.

MACHAR. (De *macho*, mazo grande de herrería.) tr. Machacar.

★ **MACHAR.** (De *macho*, animal del sexo masculino.) intr. Machonear.

MACHEAR. int. Engendrar los animales más machos que hembras.

MACHERA. (De *macho*, 1.er art.) f. Extr. Criadero de alcornoques. ‖ **2.** f. Piedra mágica que según la fábula convertía en ave al que la miraba.

MACHERO. (De *macho*, 1.er art.) m. Extr. Planta nueva de alcornoque. ‖ **2.** Extr. Alcornoque joven que aún no se explota. ‖ **3.** Méj. Establo para ganado mular. ‖ **4.** P. Rico. Persona que pasa el rato con bromas o pasatiempos.

MACHETA. (Del m. or. que *machete*.) f. León y Sal. Destral.

MACHETAZO. m. Golpe dado con el machete.

MACHETE. (d. de *macho*.) m. Arma, ancha, pesada, de un solo filo y más corta que la espada. ‖ **2.** Cuchillo grande para desmontar o cortar la caña de azúcar. ‖ **3.** Amér. Pez del Río de la Plata. ‖ **4.** Especie de guitarra portuguesa. ‖ **P.** e **I.** machete; **F.** coutelas; **A.** Seitengewehr, Hackmesser; **It.** coltellaccio; **R.** тесак.

MACHETEAR. (De *machete*.) tr. Amachetear. ‖ **2.** Mar. Clavar estacas. ‖ **3.** Chile. Robar la pericia del dinero de los reos. ‖ **4.** Cuba. Vender los objetos a bajo precio. ‖ **5.** Colom. Machacar, porfiar.

MACHETERO. m. El que desmonta a golpes de machete los pasos embarazados con árboles. ‖ **2.** El que corta las cañas de azúcar. ‖ **3.** Ant. Revolucionario de la época colonial. ‖ **4.** Méj. Trabajador.

MACHI. com. Chile. Curandero de oficio.

MÁCHICA. f. Harina de maíz tostado que mezclado con azúcar y canela comen los indios peruanos. ‖ **2.** Ecuad. Harina de cebada tostada.

★ **MACHICHA.** f. Baile de origen brasileño que fue muy popular en Europa a principios del siglo actual.

MACHIEGA. (De *macho*, animal del sexo masculino.) adj. Dícese de la única abeja en cada colmena que es fecundada por los zánganos.

MACHIHEMBRAR. (De *macho* y *hembra*.) tr. Carp. Ensamblar dos piezas de madera a caja y espiga o a ranura y lengüeta. ‖ **2.** P. Rico. Amancebarse. ‖ **P.** ensamblar; **I.** to dovetail; **F.** assembler, accoupler; **A.** spunden, anfalzen, zusammenfügen; **It.** caprugginare; **R.** вставлять в пазы.

MACHÍN. m. ant. Hombre rústico. ‖ **2.** Mit. Cupido o dios del Amor. ‖ **3.** Colom. y Venez. Mico. ‖ **4.** Colom. Amancebamiento.

MACHINA. (fr. *machine*; éste del l. *machĭna*, y éste del gr. μηχανή.) f. Cabria o grúa grande utilizada en puertos y arsenales. ‖ **2.** Máquina para clavar estacas. ‖ **3.** P. Rico. Tiovivo.

MACHINETE. m. Murc. Machete.

MACHÍO, A. (De *macho*.) adj. Se dice del vegetal infecundo. ‖ **2.** m. Sal. Erizo sin castaña y únicamente con parte leñosa.

MACHO. (l. *mascŭlus*.) m. Animal del sexo masculino. ‖ **2.** Mulo. ‖ **3.** Planta que fecunda a otra. ‖ **4.** Pieza que entra dentro de otra. ‖ **5.** Parte del corchete que se engancha a la hembra. ‖ **6.** fig. Hombre necio. ‖ **7.** adj. fig. Fuerte, robusto. ‖ **8.** Arq. Pilar de fábrica. ‖ **9.** Cuba. Grano de arroz que queda con cáscara entre los demás ya limpios. ‖ **10.** Hond. Tortilla amasada con queso que se da a los niños. ‖ **11.** Maslo de la cola de los cuadrúpedos. ‖ **12.** Cada una de las borlas de las chaquetillas de luces de los toreros. ‖ **13.** Puerco, lechón. ‖ **14.** Estrofa generalmente de tres versos que se canta al final de las coplas de estilo flamenco. ‖ **15.** adj. fig. Fuerte, robusto. ‖ —**cabrío.** Cabrón, macho de la cabra. ‖ —**de aterrajar.** Tornillo de acero para labrar las roscas de las tuercas. ‖ —**del timón.** Mar. Cada uno de los pinzones fijos en la madre del timón que encajan en las hembras que hay en el canto exterior del codaste. ‖ —**de parada.** El cabrío enseñado a estarse quieto para que el ganado no se desparrame ni extra-

M

víe. || **P.** macho; **I.** male; **F.** mâle; **A.** mämliches Tier; **It.** maschio; **R.** мужского пола. || 2.ª acep.: **P.** macho; **I.** mule; **F.** mulet; **A.** Maultier; **It.** mulo; **R.** мул.

MACHO. (l. *marcŭlus*, d. de *marcus*.) Mazo grande para forjar el hierro. || 2. Banco para el yunque pequeño en las herrerías. || 3. Yunque cuadrado. || 4. P. Rico. Modorra.

MACHÓN. (aum. de *macho*, pilar de fábrica.) m. Madero del marco de Soria de 5 metros de largo.

MACHORRA. (De *machorro*.) f. Hembra estéril. || 2. Sal. Oveja que se mata en los pueblos para celebrar una boda u otra fiesta. || 3. Méj. Marimacho. || 4. Chile. Llama, mamífero rumiante.

MACHORRO, RRA. (De *macho*, animal del sexo masculino.) adj. Estéril, infructífero.

MACHOTA. f. Machote, 1.er art., 1.ª acep.

MACHOTA. f. fam. And. y Méj. Marimacho.

MACHOTE. (De *macho*, mazo grande de herrero.) m. despect. Especie de mazo. || *A* machote. adv. A golpe de mazo. || 2. adj. Valentón. Ú.t.c.s. || 3. Chile. De modo burdo o muy grosero.

MACHOTE. (mejic. *machiotl*, señal, comparación, ejemplo, dechado.) m. Méj. Señal que se pone para medir los destajos en las minas. || 2. Hond. Borrador, modelo.

MACHUCADOR, RA. adj. Que machuca.

MACHUCADORA. f. Acción y efecto de machucar. || 2. Confusión, magullamiento.

MACHUCAMIENTO. m. Machucadura.

MACHUCAR. (De *machar*.) tr. Golpear, herir, magullar una cosa. || 2. Cuba. Lavar mal la ropa. || 3. P. Rico. Fatigar o cansar la caballería adiestrándola. || **P.** machucar; **I.** to crumple; **F.** froisser, meurtrir; **A.** zerstampfen, zerquetschen; **It.** spiegazzare; **R.** ударить.

MACHUCHO, CHA. adj. Sosegado, juicioso. || 2. Avanzado en días. || **P.** machucho; **I.** mature; **F.** posé, rassis; **A.** ruhig, gelassen; **It.** assennato; **R.** разумный.

MACHUELO. m. d. de macho, mulo. || 2. Germen. Parte de la semilla de que se forma la nueva planta. || 3. Corazón del ajo. || 4. Chile. Sábalo o alosa.

MACHUNO, NA. adj. ant. Perteneciente o relativo al animal macho. || 2. fig. y fam. Paterno.

MADAGAÑA. f. ant. Fantasma, espantajo.

MADAMA. f. Voz españolizada de la francesa *madame*, empleada como cortesía, equivalente a señora. || 2. R. de la Plata. Partera, comadrona. || 3. Argent. Dueña de un prostíbulo.

MADAMISELA. (fr. *mademoiselle*.) f. Damisela.

MADAPOLÁN. (De *Madapolám*, pueblo de la India.) m. Tela de algodón, de mejor calidad que el percal. || **P.**, **F.** e **It.** madapolam; **I.** madapollam; **R.** мадеполам.

MADEFACCIÓN. (l. *madefactio*, -ōnis.) f. Farm. Acción de humedecer ciertas substancias para preparar con ellas algún medicamento.

MADEJA. (l. *mataxa*.) f. Hilo recogido en vueltas iguales para poderlo devanar fácilmente. || 2. fig. Mata de pelo. || 3. fig. y fam. Hombre flojo y delgado. || 4. Tecnol. Cantidad unitaria de algodón hilado del sistema catalán que se usa en toda España y cuya longitud es de 500 canas, es decir, 777,5 metros. || **—sin cuenta.** fig. y fam. Cosa que está enredada, confusa o desordenada. || 2. fig. y fam. Persona sin orden ni concierto. || *Enredar, o enredarse la* madeja. fr. fig. Complicación de un negocio, de un asunto o de un estado de cosas. || *Hacer* madeja. fr. fig. Hacer como hilos o hebras los líquidos por estar coagulados. || **P.** meada, madeixa; **I.** skein; **F.** écheveau; **A.** Strähne; **It.** matassa; **R.** моток.

MADEJETA. f. d. de madeja.

MADEJUELA. f. d. de madeja.

MADERA. (l. *materia*.) f. Parte sólida o leñosa de los árboles. || 2. Pieza de madera labrada, propia para obras de carpintería. ||

3. Materia de que se compone el casco de las caballerías. || 4. fig. y fam. Disposición natural para determinada actividad. || **—alburente.** La predispuesta a corromperse e impropia para la construcción. || **—anegadiza.** La que no flota. || **—brava.** La dura y saltadiza. || **—del aire.** Asta o cuerno de cualquier animal. || **—de hilo.** La que se labra a cuatro caras. || **—de sierra.** La que resulta de subdividir la enteriza. || **—de trepa.** Aquella cuyas vetas forman ondas y otras figuras. || **—enteriza.** El mayor madero encuadrado que se puede sacar de un tronco. || *Aguar la* madera. fr. fig. Entre madereros, echarla al río, para que la corriente la transporte. || *A media* madera. m. adv. Cortada hasta la mitad de su grueso. || *No holgar la* madera. fr. fig. y fam. Trabajar sin descanso. || *Saber o a la* madera. fr. fig. y fam. Tener iguales condiciones que los padres. || *Sangrar la* madera. fr. fig. Hacer incisiones en los árboles resinosos para que salga la resina. || *Ser uno de mala* madera *o tener* uno *mala* madera. fr. fig. y fam. Rehusar el trabajo, ser perezoso o de condición aviesa. || **P.** madera; **I.** wood; **F.** bois; **A.** Holz; **It.** legno; **R.** древесина.

MADERABLE. adj. Dícese del árbol, bosque, etc., que da madera útil para construcciones o para ebanistería.

MADERACIÓN. f. p. us. Maderamen.

MADERADA. f. Conjunto de maderos transportados por un río.

MADERAJE. m. Conjunto de maderas empleadas en un edificio o en una construcción. || **P.** maderamiento; **I.** timbering; **F.** charpente; **A.** Holzwerk, Gebälk; **It.** legname; **R.** деревянный остов.

MADERAMEN. m. Maderaje.

MADERAMIENTO. (De *maderar*.) m. ant. Enmaderamiento.

MADERAR. (De *madera*.) tr. ant. Enmaderar.

MADERERÍA. (De *maderero*.) Lugar o establecimiento donde se almacena y vende la madera.

MADERERO. m. Persona que comercia o trata en madera. || 2. Conductor de armadías o maderadas. || 3. Carpintero.

MADERERO, RA. adj. Perteneciente o relativo a la industria de la madera.

MADERISTA. m. Ar. Maderero.

MADERO. (De *madera*.) m. Pieza larga de madera en rollo o escuadra. || 2. Pieza de madera de hilo propia para la construcción. || 3. fig. Embarcación. || 4. fig. y fam. Persona necia, torpe o insensible. || 5. Amér. y Chile. Palito de caña o coligüe que forma la armazón de la cometa. || **—barcal.** El rollizo, de cualquier longitud, de doce o más pulgadas de diámetro. || **—cachizo.** Madero grueso y serradizo. || **—cosido.** El que está reforzado con otros por medio de tornillos. || **—de cuenta.** Mar. Cada una de las piezas de madera sobre las que se funda el casco de un buque. || **—de repleno.** El que entra en un entramado de suelo o bóveda. || **—de suelo.** Viga o vigueta.

MADERUELO. m. d. de madero.

★ **MADIA.** f. Bot. Planta compuesta de cuya semilla se extrae aceite aromático. Es propia de Chile y Brasil.

MADIANITA. (l. *madianīta*.) adj. Dícese del individuo de un pueblo bíblico descendiente de Madián, hijo de Abrahám y de su segunda esposa Cetura. Ú.m.c.s. y pl.

¡MADIÓS! interj. ant. ¡Pardiez!

MADOR. (l. *mădor*.) m. Ligera humedad que baña el cuerpo sin llegar a ser sudor. || **P.** mador; **I.** moistness; **F.** moiteur; **A.** leichte Hautausdünstung; **It.** madore; **R.** влажность (кожи).

MADOROSO, SA. adj. Que tiene mador.

MADRÁS. m. Tejido asargado de seda y algodón, fabricado en Madrás, ciudad de India. || 2. Cuba. Tela de algodón rayada.

MADRASTRA. (despect. de *madre*.) f. Mujer del padre respecto de los hijos que éste tiene de matrimonio anterior. || 2. fig. Cosa que daña o molesta. || **P.** madrastra; **I.** step-mother; **F.** marâtre; **A.** Stiefmutter; **It.** matrigna; **R.** мачеха.

MADRAZA. f. fam. Madre excesiva-

mente mimosa y condescendiente con sus hijos.

MADRE. (l. *māter*, -*tris*.) f. Hembra que ha parido. || 2. Hembra respecto de sus hijos. || 3. Título dado a las religiosas. || 4. Mujer que gobierna un hospital o casa de recogimiento. || 5. fam. Mujer anciana del pueblo. || 6. fig. Causa u origen de una cosa. || 7. fig. Todo aquello en que figuradamente concurre alguna circunstancia de la maternidad. || 8. Acequia principal. || 9. Alcantarilla o cloaca maestra. || 10. Cauce por donde corren las aguas de un río o arroyo. || 11. Heces del vino, vinagre y mosto. || 12. Madero principal de armazones, máquinas, etc. || 13. Aplícase a la lengua de la que se derivan otras. || 14. Mar. Pieza o piezas centrales que forman los palos de un buque. || 15. Cuba. Carbonera o pila de leña para ser carbonizada. || **—de clavo.** Madreclavo. || **—de familia.** Mujer casada o viuda, cabeza de su casa. || **—del cacao.** Hond. Acacia falsa que abriga las matas de cacao. || **—de leche.** Nodriza. || **—de niños.** Med. Enfermedad parecida a la alferecía o a la gota coral. || **—política.** Suegra, madre de un cónyuge respecto al otro. || *Ciento y la* madre. fr. ponderativa usada para significar que había en algún sitio demasiadas personas. || *Esa es o no es la* madre *del cordero.* fr. que se usa para indicar que una cosa es, o no es, la razón real o positiva de un hecho o suceso. || *Sacar de* madre *a uno.* fr. fig. y fam. Hacerle perder a uno la paciencia. || *Salir de* madre. fr. fig. Exceder mucho de lo ordinario. || **P.** mãe; **I.** mother; **F.** mère; **A.** Mutter; **It.** madre; **R.** мать.

MADREARSE. (De *madre*, 11.ª acep.) r. Ahilarse el mosto, la levadura, etc.

MADRECILLA. (d. de *madre*.) f. Huevera de las aves.

MADRECLAVO. (De *madre* y *clavo*.) m. Clavo de especia que ha estado dos años en el árbol.

MADREÑA. (De *madera*.) f. Almadreña, zueco.

MADREPERLA. (De *madre* y *perla*.) f. Zool. Molusco lamelibranquio bivalvo, de concha casi circular, color pardo verdoso con radios blancos, que vive en los mares tropicales de Asia, América y Oceanía y que se pesca para sacar las perlas. En algunas partes como en el Japón se las cría en parques especiales para obtener las llamadas perlas artificiales. || **P.** madrepérola; **I.** mother-of-pearl; **F.** huitre perlière; **A.** Perlmutter; **It.** madreperla; **R.** жемчужница (раковина).

MADRÉPORA. f. Pólipo de los mares intertropicales que forma un polipero pétreo, arborescente y poroso de naturaleza calcárea que llega a formar escollos e islas en el Océano Pacífico. || 2. El mismo polípero. || **P.** madrépora; **I.** madrepore; **F.** madrépore; **A.** Sternkoralle; **It.** madrèpora; **R.** мадрепор.

MADREPÓRICO, CA. adj. Que pertenece o se refiere a la madrépora.

MADRERO, RA. adj. Se dice de quien está demasiado encariñado con su madre.

MADRESELVA. (De *madre* y *selva*.) f. Planta caprifoliácea de hojas ovales y flores olorosas en cabezuela que terminan en un largo pedúnculo con corola amarillenta y partida por el borde en cinco lóbulos. || 2. Bot. Nombre vulgar de diferentes especies de plantas caprifoliáceas pertenecientes a las loniceras. || **P.** madresilva; **I.** honey-suckle; **F.** chèvre-feuille; **A.** Geissblatt, Jelängerjelieber; **It.** caprifoglio; **R.** жимолость.

MADRIGADO, DA. (l. *matrix*, -*ícis*, de *mater*, madre.) adj. Aplícase a la mujer casada en segundas nupcias. || 2. Se dice de las personas prácticas y experimentadas. || 3. Dícese del macho de ciertos animales y en particular del toro que ha padreado.

MADRIGAL. m. Composición poética breve en que se expresa con galanura y ligereza un afecto o pensamiento delicado y que se suele escribir en silva. || 2. Composición polifónica profana para voces solas que estuvo en boga en Europa durante los siglos XVI y XVII. || **P.**, **I.** y **F.** madrigal; **A.** Madrigal; **It.** madrigale; **R.** мадригал.

MADRIGALESCO, CA. (De *madri-*

M

gal.) adj. fig. Elegante y delicado en la expresión de los afectos. || **2.** Perteneciente al madrigal.

MADRIGUERA. (l. *matricarĭa.*) f. Cueva en que habitan ciertos animales. || **2.** Lugar en que se oculta la gente de mal vivir. || **P.** madrigoa, madrigueira; **I.** lair, den; **F.** halot, terrier, repaire; **A.** Bau wilder Tiere; **It.** tana; **R.** логово, нора.

MADRILEÑO, ÑA. adj. Natural de Madrid. || **2.** Perteneciente a esta villa.

MADRILLA. (l. *matricŭlus.*) f. AR. Boga, pez comestible que abunda en los ríos.

MADRILLERA. (De *madrilla.*) f. AR. Instrumento utilizado para pescar peces.

MADRINA. (l. *matrīna*, de *mater*, *-tris.*) f. Mujer que asiste o presenta a otra persona en la recepción de un Sacramento o a una religiosa al profesar. || **2.** La que asiste a ciertos actos como la entrega de una bandera, botadura de un barco. || **3.** fig. Protectora. || **4.** Poste o puntal. || **5.** Correa que enlazan los bocados de las caballerías que forman pareja en un tiro. || **6.** Yegua que guía una recua. || **7.** ant. fam. Alcahueta, celestina. || **8.** SAL. Cordel fuerte que sujeta al yugo el novillo bravo, emparejándolo con el manso. || **9.** VENEZ. Manada pequeña de ganado manso que sirve para guiar o reunir el bravío. || **10.** HOND. Animal manso que se ata con otro para domarlo. || **11.** MAR. Pieza de madera con que se refuerza otra. || **—de guerra.** Mujer que sostiene correspondencia y acoge bajo su protección amistosa a un militar durante la guerra. || **P.** madrinha; **I.** godmother; **F.** marraine; **A.** Patin, Taufzeugin; **It.** madrina; **R.** крёстная мать.

MADRINAZGO. m. Acto de asistir como madrina. || **2.** Cargo de madrina.

MADRINERO, RA. adj. VENEZ. Aplícase al ganado que sirve de madrina.

MADRIZ. (l. *matrix*, *-ĭcis.*) f. ant. Matriz.

MADRONA. f. Madre, cloaca o alcantarilla. || **2.** Madraza.

MADRONCILLO. (d. de *madroño.*) m. Fresa, fruto de la planta del mismo nombre.

MADROÑAL. m. Terreno plantado de matroños.

MADROÑERA. f. Madroñal. || **2.** BOT. Madroño, arbusto.

MADROÑERO. m. BOT. MURC. Madroño, arbusto ericáceo, de fruto rojo, comestible.

MADROÑO. m. Arbusto ericáceo de hojas lanceoladas, persistentes y coriáceas, flores blanquecinas y fruto esférico, rojo y comestible. || **2.** Fruto de este arbusto. || **3.** Borlita o adorno de forma semejante al fruto del madroño. || **P.** medronheiro; **I.** madroña; **F.** arbousier; **A.** Erdbeerbaum; **It.** corbèzzolo; **R.** земляничное дерево.

MADROÑUELO. m. d. de madroño. ★ **MADROTA.** (aum. despec. de *madre.*) f. AMÉR. Ama o dueña de un prostíbulo.

MADRUGADA. (De *madrugar.*) f. Alba, resplandor que anuncia la salida del Sol. || **2.** Acción de madrugar. || *De* MADRUGADA. m. adv. Al amanecer. || **P.** madrugada; **I.** dawn, daybreak; **F.** aube; **A.** Tagesanbruch; **It.** alba; **R.** рассвет.

MADRUGADOR, RA. adj. Acostumbrado a madrugar. Ú.t.c.s. || **2.** ZOOL. AMÉR. Pájaro dentirrostro que vive en Méjico. || **P.** madrugador; **I.** early-riser; **F.** matineux; **A.** Frühaufsteher; **It.** mattiniero; **R.** рано встающий.

MADRUGAR. intr. Levantarse temprano. || **2.** fig. Ser diligente, anticiparse, ganar tiempo.

MADRUGÓN, NA. (De *madrugar.*) adj. Madrugador. || **2.** Madrugada grande.

MADRUGUERO, RA. adj. ant. Madrugador. Ú. en Andalucía.

MADURACIÓN. (l. *maturatĭo*, *-ōnis*, acción de apresurarse.) f. Acción y efecto de madurar. || **2.** MED. Formación de pus o activación del proceso curativo. || **P.** duração; **I.** ripeness; **F.** maturation; **A.** Reife, Zeitigung; **It.** maturazione; **R.** вызреванье.

MADURADERO. m. Terreno apropiado para la maduración de los frutos.

MADURADOR, RA. adj. Que hace madurar.

MADURAMENTE. adv. Con madurez.

MADURAMIENTO. (De *madurar.*) m. ant. Maduración.

MADURANTE. p.a. de madurar.

MADURAR. (l. *maturāre*, apresurarse.) tr. Dar madurez a los frutos. || **2.** Meditar y poner a punto un proyecto, una idea. || **3.** CIR. Activar la supuración en los tumores. || **4.** intr. Ir sazonándose los frutos. || **5.** CIR. Ir haciéndose la supuración de un tumor. || **P.** madurez; **I.** to ripen, to mature; **F.** mûrir; **A.** reifen; **It.** maturare; **R.** созревать.

MADURATIVO, VA. adj. Que tiene virtud de madurar. || **2.** m. Medio empleado para captarse la voluntad de uno. || **3.** MED. Se dice de las cataplasmas u otros medios empleados para acelerar o favorecer el proceso curativo.

MADURAZÓN. (l. *maduratĭo*, *-ōnis.*) f. ant. Madurez.

MADUREZ. (De *maduro.*) f. Sazón de los frutos. || **2.** fig. Juicio prudente; sensatez en el proceder de una persona. || **3.** Edad adulta. || **P.** madurez; **I.** ripeness; **F.** maturité; **A.** Reife; **It.** maturità; **R.** зрелость.

MADUREZA. f. Madurez.

MADURGAR. (l. *maturĭcāre*, de *maturāre*, apresurarse.) intr. ant. Madurgar.

MADURO, RA. (l. *maturus.*) adj. Que está en sazón. || **2.** Juicioso, prudente. || **3.** Aplícase a la persona entrada en años. || **4.** Se dice de la edad viril cuando se aproxima a la ancianidad. || **5.** ÁL. Tonto, pazguato. || **6.** C. RICA. Dolorido, maltratado. || **P.** maduro; **I.** ripe; **F.** mûr; **A.** reif; **It.** maturo; **R.** спелый, зрелый.

MAES. (l. *magis.*) adv. ant. Más. || **2.** conj. advers. Mas, pero.

MAESA. f. ant. Maestra. || **2.** Abeja maestra, reina o machiega. || **3.** SAL. Convite que tiene que pagar a los compañeros de viaje la persona que por primera vez llega a una población.

MAESE. m. ant. Maestro. || **—coral.** Juego de manos de los prestidigitadores.

MAESIL. (De *maesa.*) m. Maestril.

MAESILLA. (d. de *maesa.*) f. Cordel que se mueve sobre una garrucha para subir o bajar los lizos de un par de bolillos de pasamanería. Ú.m. en pl.

MAESO. m. ant. Maestro.

MAESTRA. (l. *magistra.*) f. Mujer que enseña una ciencia o un arte, especialmente las primeras letras. || **2.** Mujer del maestro. || **3.** fig. Cosa que enseña o instruye, como por ejemplo: La historia es la maestra de la vida. || **4.** Mujer que dirige un taller. || **5.** ALBAÑ. Listón de madera que se coloca verticalmente para servir de guía en la construcción de una pared. || **6.** ALBAÑ. Hilera de piedras para señalar la superficie que ha de llenar el empedrado. || **—escuela** o **de primeras letras** o **de primera enseñanza.** La que con título oficial tiene como misión dirigir la educación y enseñanza primaria de la niñez. || **P.** mestra; **I.** teacher, mistress; **F.** maîtresse d'école; **A.** Lehrerin; **It.** maestra; **R.** учительница.

MAESTRADAMENTE. adv. ant. Con maestría.

MAESTRADGO. m. ant. Maestrazgo.

MAESTRADO, DA. p. ant. de maestrar. || **2.** adj. ant. Mañoso, artificioso, diestro.

MAESTRAJE. m. ant. Cargo de maestre en una embarcación.

MAESTRAL. (l. *magistrālis.*) adj. Perteneciente o relativo al maestre o al maestrazgo. || **2.** Magistral. || **3.** MAR. Aplícase al viento que sopla con violencia del N o del NO en la costa francesa mediterránea.

MAESTRALIZAR. intr. MAR. Declinar la brújula hacia la parte de donde sopla el viento maestral.

MAESTRAMENTE. adv. Con maestría, con destreza, con habilidad.

MAESTRANTE. (De *maestrar.*) m. Cualquiera de los caballeros de la maestranza.

MAESTRANZA. (De *maestrante.*) f. Sociedad de caballeros cuyo principal objeto fue ejercitarse en equitación y manejo de las armas a caballo. || **2.** Conjunto de talleres y oficinas donde se construyen y reparan los montajes y demás útiles de la artillería terrestre y marítima. || **3.** Local ocupado por estos talleres. || **4.** Conjunto

de empleados y obreros que trabajan en estos talleres. || **5.** BOT. PERÚ. Cierta planta verbenácea de adorno.

MAESTRAR. (l. *magistrāre.*) tr. ant. Amaestrar.

MAESTRAZGO. m. Dignidad de maestre. || **2.** Territorio de la jurisdicción del maestre. || **3.** ant. Oficio de maestro en algún arte. || **P.** mestria. **I.** mastership; **F.** maîtrise; **A.** Meisterschaft; **It.** maestrato; **R.** звание, мастера.

MAESTRE. (l. *magister.*) m. Superior de cualquiera de las órdenes militares. || **2.** MAR. Persona que mandaba el barco después del capitán. || **—de campo.** Oficial superior en la milicia que mandaba los ejércitos. || **—de hostal.** El que cuidaba del gobierno económico en la casa real de Aragón. || **—de jarcia.** MAR. Persona encargada de la jarcia y cabos en los buques. || **—de plata.** El que en los antiguos buques que hacían los viajes a las Indias se encargaba de la recepción, conducción y entrega de la plata que venía para España. || **—de raciones** o **de víveres.** Persona encargada de la provisión y distribución de los víveres para la marinería y tropa de los buques. || **—racional.** Ministro real que tenía la razón de la Hacienda en cada uno de los estados de la antigua corona de Aragón.

MAESTREAR. tr. Intervenir con otros, como maestro en una operación. || **2.** Podar la vid larga para preservarla de las heladas, hasta el tiempo de hacer la poda perfecta. || **3.** ALBAÑ. Hacer las maestras en una pared. || **4.** intr. fam. Hacer o presumir de maestro.

MAESTREESCUELA. (De *maestre* y *escuela.*) m. Maestrescuela.

MAESTREGICOMAR. m. ant. Maese coral.

MAESTREPASQUÍN. m. ant. Pasquín.

MAESTRESA. (De *maestre.*) f. ant. Dueña, señora.

MAESTRESALA. (De *maestre* y *sala.*) m. Criado principal encargado de la presentación y distribución de los manjares en la mesa y que gustaba de los mismos para precaver de los venenos a su amo.

MAESTRESCOLÍA. f. Dignidad propia del maestrescuela.

MAESTRESCUELA. (De *maestreescuela.*) m. Dignidad de algunas catedrales, que antiguamente estaba encargado de la enseñanza de las ciencias eclesiásticas. || **2.** En algunas universidades, cancelario.

MAESTRÍA. (De *maestro.*) f. Arte y destreza en enseñar o realizar algo. || **2.** Título de maestro. || **3.** Grado de maestro en las órdenes regulares. || **4.** ant. Engaño, artificio, estratagema. || **5.** ant. Remedio, medicamento. || **6.** MAR. Cargo y ejercicio de maestre. || **—de la cámara.** Empleo y oficina que hubo antiguamente en palacio. || **P.** mestria; **I.** mastery, skill; **F.** adresse, maîtrise; **A.** Meisterwürde; **It.** maestria; **R.** мастерство.

MAESTRIL. (De *maestra.*) Celdilla del panal en la cual se transforma en insecto perfecto la larva de la abeja machiega, maesa o reina.

MAESTRILLO. m. d. de maestro. || *Cada* MAESTRILLO *tiene su librillo.* ref. que indica la variedad en los modos de proceder de los hombres.

MAESTRO, TRA. (l. *magĭster*, *-tri.*) adj. Aplícase a la obra de relevante mérito. || **2.** fig. Se dice del irracional adiestrado. || **3.** m. y f. El que enseña una ciencia, arte u oficio y principalmente las primeras letras. || **4.** Persona que es perita en alguna materia. || **5.** El que ejerce su oficio independientemente y enseña a aprendices.|| **6.** Título dado a los religiosos encargados de enseñar y que sirve también para condecorar a los beneméritos. || **7.** Compositor de música o director de alguna agrupación musical. || **8.** El que tenía el grado mayor en filosofía, obtenido en una universidad. || **—aguañón** o **de ribera.** Constructor de obras hidráulicas. || **—concertador.** El que enseña o repasa, comúnmente al piano, a cada uno de los cantantes la parte de música que les corresponde, y organiza el conjunto de las voces antes de la ejecución de la obra. || **—de hacha.** Carpintero de ribera. || **—de ceremonias.** El que dirige el ceremonial de un palacio. || **—de escue-**

M

la. El que con título oficial tiene como misión dirigir la educación y enseñanza primaria de la niñez. ‖ **— del sacro palacio.** Empleado del palacio pontificio que se encarga de la censura de los libros. ‖ **—de obras.** Persona que dirige a los albañiles en la construcción de edificios. ‖ *Palo* MAESTRO. MAR. Palo mayor de una embarcación. ‖ 3.ª acep.: **P.** mestre; **I.** master; **F.** maître; **A.** Meister, Lehrer; **It.** maestro; **R.** мастер.

★ **MAFARSEN.** m. QUÍM. Derivado por oxidación del salvarsán que se utiliza en el tratamiento de la sífilis.

MAGACÉN. (ár. *majzan*, lugar para guardar cosas.) m. ant. Almacén.

MAGALLÁNICO, CA. adj. Perteneciente o relativo al estrecho de Magallanes.

MAGANCEAR. intr. COLOM y CHILE. Holgazanear, remolonear.

MAGANCERÍA. (De *magancés*.) f. Habilidad en provecho propio y en perjuicio del prójimo; engaño, perfidia, picardía, trapacería. ‖ **P.** engano, trapaça; **I.** swindle; **F.** tromperie, fourberie; **A.** Betrügerei, Schwindelei; **It.** inganno, astuzia; **R.** обман, мошенничество.

MAGANCÉS. (Por alusión al traidor Galalón, natural de *Maganza*.) adj. Traidor, astuto, dañino, avieso, bellaco.

MAGANCIA. (Del m. or. que *magancés*.) f. CHILE. Magancería.

MAGANCIERO, RA. adj. CHILE. Magancés.

MAGANEL. (l. *mangânum*, y éste del gr. μάγγανον, máquina de guerra.) m. Máquina militar que se utilizaba para derribar murallas.

MAGANTO, TA. adj. Triste, enfermizo, pensativo, macilento.

MAGANZÓN, NA. adj. fam. COLOM. y C. RICA. Mangón, remolón, haragán.

MAGAÑA. f. Ardid, astucia, treta, engaño. ‖ 2. Defecto de fundición en el alma de los cañones de artillería.

MAGAÑA. f. AND. y SANT. Legaña.

MAGAÑOSO, SA. adj. AND. y SANT. Legañoso.

MAGAR. conj. ant. Maguer.

MAGARZA. f. BOT. Matricaria.

MAGARZUELA. (d. de *magarza*.) f. BOT. Manzanilla hedionda.

★ **MAGAZINE.** (Voz inglesa.) m. Revista en la que predominan las ilustraciones sobre el texto, destinada al gran público.

MAGDALENA. f. Bollo pequeño de confitería de forma de lanzadera. ‖ 2. Mujer penitente o muy arrepentida de sus pecados. ‖ *Estar hecha una* MAGDALENA. fr. fam. Estar desconsolada y lacrimosa. ‖ *No está la* MAGDALENA *para tafetanes.* loc. fig. y fam. que se usa para·dar a entender que por estar enfadado o disgustado no se halla uno dispuesto para conceder una gracia.

MAGDALEÓN. (gr. μαγδαλιά, miga de pan, masa.) m. FARM. Rollito largo y delgado que se hace de un emplasto.

MAGIA. (l. *magia*, de *magus*, mago.) f. Ciencia o arte que enseña a realizar cosas extraordinarias y admirables con la ayuda de seres naturales o de fuerzas secretas de la naturaleza. ‖ 2. fig. Encanto o atractivo con que una cosa deleita o suspende. ‖ **—blanca** o **natural.** La que por medio de causas naturales obra efectos que parecen sobrenaturales. ‖ **—negra.** Arte supersticioso que pretende obrar cosas extraordinarias con ayuda del demonio. ‖ **P.** magia; **I.** magic; **F.** magie; **A.** Magie, Zauberei; **It.** magia; **R.** магия.

MAGIAR. adj. y s. Húngaro. ‖ 2. adj. ETNOGR. Dícese del individuo de un pueblo mogol que fundó el reino de Hungría. Ú.t.c.s. ‖ 3. Perteneciente a los magiares. ‖ 4. m. Lengua hablada por los magiares.

MÁGICA. (l. *magíca*.) f. Magia. ‖ 2. Mujer que ejerce la magia. ‖ 3. Encantadora, hechicera.

MÁGICO, CA. (l. *magícus*.) adj. Perteneciente a la magia. ‖ 2. Extraordinario, maravilloso, estupendo. ‖ 3. m. y f. Persona que profesa y ejerce la magia. ‖ 4. Encantador. ‖ **P.** mágico; **I.** magic; **F.** magique; **A.** zauberhaft; **It.** màgico; **R.** магический.

MAGÍN. (De *maginar*.) m. fam. Imaginación.

MAGINAR. tr. ant. Imaginar.

MAGISTERIAL. adj. Relativo al magisterio.

MAGISTERIO. (l. *magisterium*.) m. Enseñanza y gobierno que el maestro ejerce con sus discípulos. ‖ 2. Cargo o profesión de maestro. ‖ 3. Conjunto de los maestros de una nación, provincia, etc. ‖ 4. ALQ. Precipitado. ‖ 5. ALQ. Elixir al que se le atribuía la propiedad de transformar los metales ordinarios en oro y plata. ‖ 6. fig. Afectación en hablar o en obrar. ‖ **P.** magistério; **I.** professorship; **F.** professorat; **A.** Lehramt; **It.** magistero; **R.** преподавание.

MAGISTRADO. (l. *magistrātus*.) m. Persona que ejerce autoridad superior en el orden civil principalmente en la judicatura. ‖ 2. Cargo o dignidad de juez o ministro superior. ‖ 3. Miembro de una sala de audiencia territorial o provincial, o del Tribunal Supremo de Justicia. ‖ **P.** magistrado; **I.** magistrate; **F.** magistrat; **A.** Richter, Magisratsperson; **It.** magistrato; **R.** магистрат.

MAGISTRAL. (l. *magistrālis*.) adj. Perteneciente o relativo al magisterio. ‖ 2. Que se realiza con maestría. ‖ 3. Título de la iglesia colegial de Alcalá de Henares, porque tienen que ser doctores en teología todos sus individuos. ‖ 4. Se dice de ciertos instrumentos que por su precisión sirven para comprobar los ordinarios de su especie. ‖ 5. adj. Una de las cuatro canonjías de oficio e individuo que la obtiene. Ú.t.c.s. ‖ 6. m. FARM. Medicamento que sólo se obtiene por prescripción facultativa. ‖ 7. MIN. Reactivo muy útil para el beneficio de los minerales de plata. ‖ 8. FORT. Línea formada por la parte más elevada del parapeto en un atrincheramiento. ‖ **P.** y **F.** magistral; **I.** masterly; **A.** meisterhaft; **It.** magistrale; **R.** магистральный.

MAGISTRALÍA. f. fam. Canonjía magistral.

MAGISTRALMENTE. adv. Con maestría. ‖ 2. Con tono de maestro.

MAGISTRATURA. (l. *magistrātus*, magistrado.) f. Cargo y dignidad de magistrado. ‖ 2. Conjunto de magistrados. ‖ 3. Tiempo que dura el cargo de magistrado. ‖ **P.** e **It.** magistratura; **I.** magistracy; **F.** magistrature; **A.** Richteramt, Richterstand; **R.** магистратура.

MAGLACA. (ár. *maglaqa*, cierre.) f. ant. GRAN. Compuerta de canal, presa, etc.

MAGMA. (gr. μάγμα, pasta exprimida.) m. Residuo que queda al exprimir el zumo o jugo de una substancia. ‖ 2. Masa espesa, viscosa y gelatinosa. ‖ 3. GEOL. Masa mineral de las profundidades de la Tierra y cuya solidificación ha dado origen a las rocas eruptivas. ‖ **—reticulado.** OBST. Tejido conjuntivo embrionario, que al principio del embarazo se forma entre el amnios y el corion.

★ **MAGNALIO.** m. QUÍM. Aleación del aluminio con un dos por ciento de magnesio.

MAGNÁNIMAMENTE. adv. Con magnanimidad.

MAGNANIMIDAD. (l. *magnanīmitas, -ātis*.) f. Grandeza y elevación de ánimo.

MAGNÁNIMO, MA. adj. Que tiene magnanimidad. ‖ **P.** magnânimo; **I.** magnanimous; **F.** magnanime; **A.** grossmütig, edelgesinnt; **It.** magnànimo; **R.** великодушный.

MAGNATE. (l. *magnātus*.) m. Persona principal por su cargo y su poder. ‖ **P.**, **I.** e **It.** magnate; **F.** magnat; **A.** Magnat; **R.** магнат.

MAGNESIA. (gr. Μαγνησία, *Magnesia*, comarca de Grecia.) f. Substancia blanca, terrosa, ligeramente alcalina cuyas sales aparecen disueltas en algunos manantiales, entran en la composición de muchas rocas, y combinada con ciertos ácidos, forma sales de propiedades purgantes. ‖ **—blanca.** Carbonato hidratado de magnesio. ‖ **—calcinada.** Forma ordinaria del óxido de magnesio. ‖ **—efervescente.** Mezcla de carbonato hidratado de magnesio, bicarbonato de sosa y ácido tartárico. ‖ **P.** magnésia; **I.** e **It.** magnesia; **F.** magnésie; **A.** Magnesia, Bittererde; **R.** магнезия.

MAGNESIANO, NA. adj. QUÍM. Que contiene magnesia.

MAGNÉSICO, CA. adj. Que perte-

nece al magnesio y sus compuestos. ‖ 2. MINERAL. Que tiene por base la magnesia. ‖ 3. GEOL. Aplícase a los compuestos de rocas que contienen magnesia.

MAGNESIO. (De *magnesia*.) m. Metal blanco, maleable, dúctil, ligero, que al contacto de una llama arde, produciendo una luz muy brillante, que substituye a la solar en la fotografía.

MAGNESITA. (De *magnesia*.) f. MINERAL. Espuma de mar. ‖ 2. Giobertita o carbonato de magnesio.

MAGNÉTICO, CA. (l. *magneticus*.) adj. Perteneciente o relativo al imán o que tiene sus propiedades. ‖ 2. Perteneciente al magnetismo animal. ‖ **P.** magnético; **I.** magnetic; **F.** magnétique; **A.** magnetisch; **It.** magnètico; **R.** магнитный.

MAGNETISMO. (l. *magnes-ētis*, imán.) m. Propiedad atractiva de la piedra imán. ‖ 2. Conjunto de fenómenos producidos por la influencia de ciertas corrientes eléctricas. ‖ **—animal.** Acción que una persona ejerce sobre el sistema nervioso de otra y que produce en ésta fenómenos hipnóticos. ‖ **—terrestre.** Acción que ejerce la Tierra sobre las agujas imanadas si éstas pueden moverse libremente y que toman aproximadamente la dirección Norte-Sur. ‖ **P.** e **It.** magnetismo; **I.** magnetism; **F.** magnétisme; **A.** Magnetismus; **R.** магнетизм.

★ **MAGNETITA.** f. MINERAL. Óxido ferroso férrico que cristaliza en el sistema regular; atrae el hierro, por lo que se la llama *imán natural*. Es de color negruzco y muy pesado.

MAGNETIZACIÓN. f. Acción y efecto de magnetizar.

MAGNETIZADOR, RA. m. y f. Persona o cosa que magnetiza.

MAGNETIZAR. (l. *magnes, -ētis*, la piedra imán.) tr. Convertir un cuerpo en imán. ‖ 2. Someter a una persona por medio de ciertas prácticas a los efectos del magnetismo animal. ‖ 3. Atraer o dominar a una persona.

MAGNETO. m. FÍS. Generador de corriente eléctrica continua de alto potencial, en el que un imán natural crea el campo magnético inductor. Es usado principalmente en los automóviles.

★ **MAGNETOFÓN.** m. ELECTR. Magnetófono.

★ **MAGNETÓFONO.** m. FÍS. Aparato para registrar y grabar el sonido, basado en la reversibilidad de las acciones magnética y eléctrica de un circuito del que forma parte un electroimán.

★ **MAGNETÓMETRO.** m. FÍS. Aparato para determinar las fuerzas atractivas de las varias clases de imán. ‖ **P.** magnotómetro; **I.** magnetometer; **F.** magnétomètre; **A.** Magnetometer; **It.** magnetòmetro; **R.** магнитометр.

★ **MAGNETÓN.** m. FÍS. Unidad elemental de momento magnético o átomo elemental de magnetismo.

★ **MAGNETRÓN.** m. RADIOTEC. Lámpara diodo utilizada para la emisión de ondas ultracortas en la que la corriente electrónica es regulada por un campo magnético.

MAGNIFICADOR, RA. adj. Que magnifica.

MAGNÍFICAMENTE. adv. Con magnificencia. ‖ 2. Perfectamente, muy bien.

MAGNIFICAR. (l. *magnificāre*.) tr. Engrandecer, alabar, ensalzar. ‖ 2. FÍS. Aumentar la imagen de los objetos por medio de instrumentos ópticos.

MAGNÍFICAT. (l. *magnificat*, magnifica, alaba, primera palabra del canto.) m. Canto que dirigió al Señor la Virgen Santísima cuando visitó a su prima Santa Isabel y que se reza o canta al final de las vísperas.

MAGNIFICENCIA. (l. *magnificentia*.) f. Esplendidez, liberalidad. ‖ 2. Ostentación y grandeza. ‖ **P.** magnificència; **I.** y **F.** magnificence; **A.** Herrlichkeit, Pracht; **It.** magnificenza; **R.** щедрость.

MAGNIFICENTE. adj. Magnífico.

MAGNIFICENTÍSIMO, MA. (l. *magnificentissimus*.) adj. sup. de magnificente.

MAGNÍFICO, CA. (l. *magnificus*.) adj. Grandioso, espléndido. ‖ 2. Excelente, admirable. ‖ 3. Título de gran honor a personas ilustres. ‖ **P.** magnífico; **I.** magnificent; **F.** magnifique; **A.** herrlich, prachtvoll; **It.** magnifico; **R.** великолепный.

MAGNÍLOCUO, CUA. (l. *magnilŏquus*, de *magnus*, grande, y *loqui*, hablar.) adj. ant. Grandílocuo.

MAGNITUD. (l. *magnitŭdo*.) f. Extensión o tamaño de un cuerpo. || **2.** Grandeza o importancia de una cosa. || **3.** MAT. Todo lo que puede aumentar o disminuir. || **4.** ASTRON. Tamaño aparente de las estrellas señalado por la intensidad de su brillo. || **P.** e **I.** magnitude; **F.** grandeur; **Erhabenheit; It.** magnitúdine; **R.** величина.

MAGNO, NA. (l. *magnus*.) adj. Grande. Aplícase como epíteto a algunas personas ilustres: San Gregorio Magno. || **2.** Se dice de la capa que ponen las autoridades aclesiásticas superiores para asistir con el cabildo a actos capitulares y oficios divinos. || **3.** ASTRON. Dícese de la conjunción de los planetas Júpiter y Saturno que suele ocurrir cada 19 años aproximadamente.

MAGNOLIA. (De Pedro *Magnol*, botánico francés.) f. BOT. Árbol magnoliáceo de jardín de hojas grandes, persistentes y coriáceas, con hermosas flores blancas y muy olorosas. || **2.** Flor y fruto de este árbol. || **P.** magnolia; **I.** e **It.** magnolia; **F.** magnolier; **A.** Magnolie; **R.** магнолия.

MAGO, GA. (l. *magus*, y éste del gr. μάγος.) adj. Dícese del sacerdote del mazdeísmo o religión de Zoroastro. || **2.** Aplícase a quien ejerce la magia. || **3.** Dícese de los tres reyes que fueron a adorar a Jesús en Belén. || **4.** CAN. Campesino. Ú.t.c.s. || **2.ª** acep.: **P.** e **It.** mago; **I.** magician; **F.** mage; **A.** Zauberer, Magier; **R.** mar.

MAGOSTA. f. SANT. Magosto.

MAGOSTO. m. Hoguera para asar castañas en el campo. || **2.** Castañas asadas en la hoguera.

★ **MAGOTE.** m. ZOOL. Especie de mono macaco que vive en algunas regiones de Europa y se distingue por su vivacidad e inteligencia. || **2.** com. CAN. Persona inculta, carente de urbanidad.

MAGRA. (l. *macra*.) Lonja de jamón.

★ **MAGREB.** m. Nombre que se da en Marruecos al momento de la puesta del Sol. || **2.** Oración que se hace en este momento. || **3.** ár. Magreb. Marruecos.

MAGRECER. (l. *macrescĕre*.) tr. ant. Enmagrecer. Úsáb.t.c.intr. y c.r.

MAGREZ. f. Calidad de magro.

MAGREZA. f. ant. Magrez.

MAGRO, GRA. (l. *macer, macra*.) adj. Flaco, enjuto, delgado. || **2.** Carne magra del cerdo junto al lomo.

MAGRUJO, JA. adj. ant. Magro.

MAGRURA. f. Magrez.

★ **MAGUADO, DA.** adj. AMÉR. Desilusionado, chasqueado, defraudado.

MAGUER. conj. Aunque. || **2.** adv. A pesar.

MAGUERA. conj. Maguer.

MAGÜETO. TA. m. y f. Novillo o novilla de dos o tres años, especialmente cuando no están domados.

MAGÜEY. m. CUBA. Pita, planta textil. || **2.** ECUAD. Tallo delgado de la pita.

MAGUILLO. m. Manzano silvestre, de fruto pequeño y poco sabroso y que cultivado produce mejor fruto. Se emplea generalmente para injertar en él.

★ **MAGÜITO, TA.** adj. SAL. Dócil, humilde. || **2.** SAL. Que finge o aparenta lo que no es o lo que no siente.

MAGUJO. m. MAR. Descalcador.

MAGULADURA. (De *magular*.) f. ant. Magulladura.

MAGULAR. tr. ant. Magullar.

MAGULLADURA. f. Efecto de magullar. || **P.** contusão; **I.** bruise; **F.** meurtrissure; **A.** Quetschung; **It.** Ammacatara; **R.** ушиб.

MAGULLAMIENTO. m. Acción de magullar.

MAGULLAR. (De *magular*.) tr. Causar a un cuerpo contusión, pero no herida, comprimiéndolo u golpeándolo violentamente. || **2.** P. RICO y PERÚ. Ajar. || **P.** magoar; **I.** to bruise; **F.** meurtrir; **A.** quetschen; **It.** ammaccare; **R.** ушибить.

MAGUNTINO, NA. adj. Natural de la ciudad alemana de Maguncia. || **2.** Perteneciente a esta ciudad.

★ **MAHARAJÁ.** (Voz sánscrita: *gran príncipe*.) m. Título aplicado a los príncipes de la India.

MAHARÓN, NA. (ár. *mahrŭm*, que no tiene suerte.) adj. ant. Infeliz, desdichado, infortunado.

MAHARRANA. (ár. *moharrama*, cosa prohibida.) f. AND. Tocino fresco.

★ **MAHATMA.** (Voz sánscrita: *granalma*.) m. Título que en la India moderna reciben los jefes espirituales de la escuela teosófica.

MAHERIMIENTO. m. ant. Acción y efecto de maherir.

MAHERIR. (l. *manu ferĭre*.) tr. Señalar, prevenir, buscar.

MAHOMA. n. p. *Horro* MAHOMA, *y diez años por servir*. ref. con el que irónicamente se alude al que piensa estar pronto desligado de una obligación cuando en realidad le falta aún mucho tiempo para verse libre de ella.

MAHOMETANO, NA. adj. Que profesa la religión fundada por Mahoma. || **2.** Perteneciente o relativo a Mahoma o a su secta.

MAHOMÉTICO, CA. adj. Relativo a la secta o religión de Mahoma.

MAHOMETISMO. m. Religión monoteísta fundada por Mahoma en la Arabia y que se extendió por otros países. || **P.** maometismo; **I.** Mohammedanism; **F.** mahométisme; **A.** Mohammedanismus; **It.** maomettismo; **R.** магометанство.

MAHOMETISTA. adj. Mahometano. || **2.** Dícese del mahometano bautizado que vuelve a su antigua religión.

MAHOMETIZAR. intr. Profesar el mahometismo. || **2.** tr. Convertir al mahometismo.

MAHÓN. (Del puerto baleárico de *Mahón*.) m. Tela fuerte de algodón de color anteado, que al principio se fabricó en la ciudad china de Nanquín.

MAHONA. (turco *magǔna*, lanchón.) Embarcación turca de transporte.

MAHONÉS, SA. adj. Natural de la ciudad de Mahón. || **2.** Perteneciente a esta ciudad. || **3.** Dícese de una salsa hecha con yema de huevos y aceite crudo.

MAHONESA. (De *Mahón*, n. p.) f. Planta crucífera de jardín, de hojas trasovadas y ásperas, flores pequeñas, numerosas y moradas. || **2.** Plato aderezado con salsa mahonesa.

MAHOZMEDÍN. (De *mazmodina*.) m. ant. Maravedí de oro.

MAICERÍA. AMÉR. f. Almacén o establecimiento donde se vende maíz.

MAICERO. m. Dueño o empleado de una maicería. || **2.** adj. AMÉR. Relativo o perteneciente al maíz. || **3.** m. COLOM. Cierta especie de aní.

MAICILLO. (De *maíz*.) m. Planta gramínea parecida al mijo y cuyo fruto es el único alimento de algunos lugares de los aborígenes de América Central y Meridional. || **2.** CHILE. Tierra gruesa y arenisca que se usa para pavimentar patios y jardines.

MAÍDO. (De *mayar*.) m. Maullido.

★ **MAIGO.** com. AMÉR. Hermafrodita.

MAÍLLA. f. Fruto del maíllo.

MAÍLLO. m. BOT. Maguillo.

MAIMÓN. (turco *mimūn*, mano.) m. Mico, mono de cola larga. || **2.** adj. Dícese de un bollo o roscón de bizcocho, especie de mazapán relleno de conservas. || **3.** Especie de sopa de aceite que se hace en Andalucía.

MAIMONISMO. m. Sistema filosófico del judío español Maimónides y sus discípulos.

MAINEL. m. ARQ. Miembro arquitectónico, largo y delgado, que divide verticalmente un hueco de dos partes. || **2.** Barandilla de escalera. || **3.** CUBA. Listón de madera o de hierro, horadado, por donde pasan las cabillas.

MAITÉN. m. CHILE. Árbol celastráceo de hojas muy apetecidas por el ganado vacuno, y de madera dura de color anaranjado.

MAITENCITO. m. CHILE. Juego de muchachos parecido a la gallina ciega.

MAITINADA. (De *maitines*.) f. Alborada y también música al aire libre durante el tiempo de amanecer, para festejar a una persona. || **2.** fam. Madrugada importuna.

MAITINANTE. m. Clérigo que en las catedrales tiene la obligación de asistir a maitines.

MAITINES. (l. *matutĭnus*, de la mañana.) m. pl. Primera de las horas canónicas que se rezaba y aún se reza en muchas iglesias, antes de amanecer y que generalmente consta de tres nocturnos. || **P.** matinas; **I.** matins; **F.** matines; **A.** Frühmette; **It.** mattutino.

★ **MAITU.** m. CHILE. Envoltorio, manojo.

MAÍZ. (caribe *mahis*.) m. Planta gramínea de tallo grueso; hojas largas y puntiagudas; flores femeninas axilares y granos amarillos y gruesos muy nutritivos de los que se extrae la fécula tan recomendada para estómagos de convalecientes. Se usa para la alimentación humana y de los animales y en la industria se destina a la obtención de aceites para la preparación de barnices y jabonería. Es planta originaria de América. || **2.** Grano de esta planta. **—de Guinea** o **morocho.** Planta gramínea de flores en panoja, con cuyas simientes se preparan diferentes alimentos y bebidas. || **—negro.** Panizo de Daimiel. **—pinto.** CHILE. El que da el grano de varios colores. || **—pululo.** CHILE. El que al tostarlo revienta y se abre a modo de flor blanca. || *Coger* a uno *asando* MAÍZ. CUBA. Cogerlo infraganti, cogerlo con las manos en la masa. || **P.** maís; **I.** maize, corn; **F.** maïs; **A.** Mais, Welschkorn; **It.** grano turco, mais; **R.** маис, кукуруза.

MAIZAL. m. Terreno sembrado de maíz.

MAJA. (De *majar*.) f. AND. Mano de almirez. || **2.** CHILE. Majadura de manzanas para fabricar sidra. || **3.** CUBA. fig. y fam. Persona holgazana.

MAJÁ. (Voz *caribe*.) m. ZOOL. Ofidio culebriforme, no venenoso, de color amarillento que vive en la isla de Cuba.

MAJADA. (l. *maculāta*, de *macŭla*, malla, red.) f. Lugar donde se recogen el ganado y los pastores. || **2.** Estiércol de los animales. || **3.** SANT. Braña o prado de los puertos en la cordillera. || **4.** ARGENT. Hato de ganado lanar. || **P.** malhada; **I.** sheepcot; **F.** bergerie; **A.** Schäferei, Hürdenschlag; **It.** ovile; **R.** загон.

MAJADAL. (De *majada*.) m. Lugar de pasto propio para el ganado lanar y menor. || **2.** Terreno beneficiado con estiércol por haber servido de majada.

MAJADEAR. intr. Hacer noche el ganado en una majada. || **2.** Abonar la tierra con estiércol.

MAJADERÍA (De *majadero*.) f. Tontería, dicho o hecho necio o imprudente. || **P.** tolice; **I.** nonsense; **F.** sottise; **A.** Albernheit; **It.** sciocchezza; **R.** глупость.

MAJADERICO (De *majadero*.) m. Guarnición usada antiguamente en los vestidos. || **2.** Majaderillo.

MAJADERILLO, TO. (d. de *majadero*.) m. Bolillo o palillo torneado que sirve para hacer encajes.

MAJADERO, RA. (De *majar*.) adj. fig. Necio, pesado y molesto. || **2.** m. Mano de almirez o de mortero. || **3.** Maza para majar. || **4.** Majaderillo. || **P.** tolo; **I.** simpleton; **F.** sot; **A.** Tölpel; **It.** goffo; **R.** глупый.

MAJADO, DA. (p. p. de majar. ||) m. CHILE. Trigo o maíz remojado en agua caliente que se tritura comiéndole guisado de distintas maneras. || **2.** CHILE. Guiso o postre hecho de este trigo o maíz.

MAJADOR, RA. adj. Que maja. Ú.t.c.s.

MAJADURA. f. Acción y efecto de majar. || **2.** ant. fig. Azote, castigo.

MAJAGRANZAS. (De *majar* y *granzas*.) m. fig. y fam. Hombre necio, pesado y molesto.

MAJAGUA. (Voz *caribe*.) f. BOT. Árbol malváceo americano, de tronco recto y grueso, hojas acorazonadas, flores purpúreas y fruto amarillo. Su madera fuerte y correosa se usa para lanzas y jalones, y del líber de los vástagos nuevos se hacen sogas. || **2.** CUBA y PAN. Tira de líber que se obtiene de la managua.

MAJAGUAL. m. Sitio poblado de majaguas.

MAJAGÜERO. m. CUBA. Persona que hace sogas de majagua.

★ **MAJAGÜILLA.** f. AMÉR. Árbol maderable parecido a la majagua, pero de menores dimensiones.

MAJAL. m. Banco de peces.

M

★ **MAJAMAMA.** f. CHILE. Engaño, enredo.

MAJAMIENTO. (De *majar*.) Majadura.

★ **MAJANILLO.** m. Gesto, ademán.

MAJANO. m. Montón de cantos. || **2.** ARGENT. Cerdo silvestre.

MAJAR. (l. *malleăre*, de *mallěus*, martillo.) tr. Machacar. || **2.** fig. y fam. Molestar, importunar. || P. malhar; I. to pound; F. broyer; A. zerstossen; It. macinare; R. толочь.

⁰ **MAJARETA.** adj. Se dice del individuo que está algo chiflado.

★ **MAJARETERO, RA.** adj. REP. DOMIN. Habilidoso.

★ **MAJASERA.** f. AMÉR. Holgazanería. || **2.** CUBA. Ocupación tranquila, reposada.

★ **MAJENCA.** f. MURC. Acción de majencar.

MAJERÍA. f. Conjunto o reunión de majos.

MAJESTAD. (l. *maiestas*, *-ātis*.) f. Magnificencia, grandeza, gravedad suprema que es capaz de infundir admiración y respeto. || **2.** Título que se da a Dios y también a emperadores y reyes. || *Su Divina* MAJESTAD, Dios. || P. majestade; I. majesty; F. majesté; A. Majestät; It. maestá; R. величие.

MAJESTOSO, SA. adj. Majestuoso.

MAJESTUOSAMENTE. adv. Con majestad.

MAJESTUOSIDAD. f. Calidad de majestuoso.

MAJESTUOSO, SA. adj. Que tiene majestad.

MAJEZA. f. fam. Calidad de majo. || **2.** Alarde y ostentación de dicha calidad.

MAJILLA. (l. *maxilla*, mejilla.) f. ant. Mejilla.

MAJO, JA. adj. Dícese de la persona que afecta algo de libertad y guapeza propia de la gente ordinaria. || **2.** fam. Ataviado, lujoso. || **3.** fam. Lindo, hermoso. || **4.** BOL. Cierto género de palmeras ceríferas.

MAJOLAR. (l. *malleolāris*.) m. Lugar poblado de majuelos. || **2.** Terreno recién plantado de vides.

MAJOLAR. (De *majuela*, correa con que se atan los zapatos.) tr. ant. Ajustar los zapatos con lazos o correas.

MAJOLETA. f. Fruto del majoleto.

MAJOLETO. (d. de *majuelo*.) m. Marjoleto.

★ **MAJOMA.** adj. AMÉR. Majadero, necio, impertinente.

MAJORANA. f. ant. Mejorana.

MAJORCA. f. Mazorca.

★ **MAJÚA.** f. CUBA. Mujer insignificante.

MAJUELA. f. Fruto del majuelo.

MAJUELA. f. Correa de cuero para ajustar los zapatos.

MAJUELO. (De un d. del l. *myxa*, ciruelo silvestre.) m. Arbusto espinoso, de fruto rojo y algo dulce. || **—lampiño.** BOT. Arbusto no espinoso, rosáceo, más alto que el majuelo común, oriundo del Japón y que se cultiva en el sudeste de Europa por su flor temprana y vistosa; se emplea en España para injertarlo con el majuelo común.

MAJUELO. (l. *malleolus*.) m. Viña nueva que aún da fruto. || **2.** RIOJA. Cepa nueva.

MAJZÉN. (ár. *majzan*.) m. Gobierno central o autoridad suprema de Marruecos.

MAL. adj. Apócope de malo. || **2.** m. Negación del bien. || **3.** Lo que se aparta de lo lícito y honesto. || **4.** Daño u ofensa que se recibe en la persona o en los bienes. || **5.** Desgracia, calamidad. || **6.** MED. Enfermedad, dolor físico. || **7.** HOND. y PERÚ. Epilepsia. || **—caliente.** COLOM. Erisipela del ganado vacuno. || **—de altura.** Estado morboso debido a la disminución de la presión atmosférica que sufren las personas al subir a las montañas o en las ascensiones en globo. || **—de bubas.** Bubas. || **—de corazón.** Epilepsia. || **—francés.** Gálico. || **—de madre.** Histerismo. || **—de Loanda.** Especie de escorbuto endémico en Angola. || **—de la tierra.** Nostalgia. || **—de los siete días.** CUBA. Enfermedad de tétano, que suele atacar a los niños recién nacidos y de la que muchos mueren. || **—de mar.** Mareo. || **—de ojo.** Superstición de males que puede recibir una persona por ser mirada por otra de cierta manera. || **—de orina.** Enfermedad en el aparato urinario que produce incontinencia o dificultad en la excreción de la orina. || **—de piedra.** El que ocasiona los cálculos en las vías urinarias. || **—de Pott.** Nombre genérico de las afecciones inflamatorias tuberculosas de la columna vertebral. || **—perforante.** Ciertas lesiones tegumentarias que tienden a profundizar. || **—de San Antón.** Especie de erisipela maligna. || **—de San Lázaro.** Elefancía. || *De* MAL *a* MAL *o por* MAL. m. adv. Por fuerza. || *Echar a* MAL una cosa. loc. Emplearla mal, despreticarla. || *Del* MAL, *el menos.* expr. fam. que aconseja que entre dos males se elija el menor. || *Hacer* MAL una cosa. Ser nociva, dañar. || *Llevar* uno *a* MAL una cosa. Formar queja de ella, resentirse. || *Parar en* MAL. fr. Tener un fin desgraciado. || ¡MAL haya! exclamación imprecatoria. || 2.ª acep.: P. y F. mal; I. evil; A. Schaden, Bose; It. male; R. зло, вред.

MAL. (l. *male*.) adv. Contrariamente a lo debido; de mala manera; desacertadamente. || **2.** Contrariamente a lo que se requiere. || **3.** Difícilmente, con desacierto, con dificultad. || *De* MAL *en peor.* m. adv. Cada vez más desacertado. || MAL *que bien.* loc. adv. De buena o mala gana; bien o mal hecho.

MALA. (ant. alto al. *malha*, bolsa.) f. Valija del correo de Francia y de Inglaterra. || **2.** Este mismo correo. || P. mala; I. mail; F. malle, valise; A. Postbeutel; It. valigia postale; R. почтовая сумка.

MALA. f. Malilla, carta del estuche en ciertos juegos de naipes como el tresillo y que es la segunda en valor.

MALABAR. adj. Natural de Malabar. || **2.** Perteneciente a este país. || **3.** Lengua de los malabares. || **4.** Escamoteo, ejercicio de destreza.

MALABÁRICO, CA. adj. Perteneciente o relativo a Malabar.

MALABARISMO. m. Juegos malabares, ejercicios de agilidad y destreza.

MALABARISTA. com. Persona que hace juegos malabares, prestidigitador, escamoteador. || **2.** CHILE. Persona que quita o roba una cosa con astucia. || P. escamoteador, malabarista; I. juggler; F. jongleur; A. Jongleur; It. giocoliere; R. жонглер, фокумик.

★ **MALABATRO.** m. BOT. Árbol de la costa Malabar de la India, de hojas grandes que se utilizan como estimulantes. || **2.** Aceite de este mismo árbol.

MALACATE. (mejic. *malacatl*, cosa giratoria.) Especie de cabrestante que movido por una caballería, se suele usar para sacar el mineral de las minas. || **2.** HOND. y MÉJ. Huso, instrumento manual para hilar.

MALACIA. (l. *malacia*, y éste del gr. μαλακία, blandura, debilidad.) f. MED. Perversión del apetito, deseo de comer cosas impropias para la nutrición, como tierra, yeso, carbón, etc. || **2.** MED. Reblandecimiento.

MALACITANO, NA. (l. *malacitānus*.) adj. Malagueño. Apl. a pers. ú.t.c.s.

★ **MALACODERMOS.** m. pl. ZOOL. Insectos coleópteros de tegumentos blandos y aspecto de gusanos y que en algunas especies son fosforescentes o luminosos, como la luciérnaga.

MALACOLOGÍA. (gr. μαλακός, blando, y λόγος, tratado.) f. ZOOL. Tratado de los moluscos.

MALACOLÓGICO, CA. adj. Relativo o perteneciente a la macología.

★ **MALACOMA.** m. Tumor reblandecido.

MALACONSEJADO, DA. (De *mal y aconsejado.*) adj. Dícese del que llevado de malos consejos obra desatinadamente. Ú.t.c.s.

★ **MALACOPLAQUIA.** (gr. μαλακός, blando, y πλας, πλακός, placa.) f. Placas blancas que se forman en una mucosa.

MALACOPTERIGIO. (gr. μαλακός, blando, y πτερύγιον, aleta.) adj. Dícese de los peces teleósteos caracterizados por tener los radios de las aletas blandos y articulados como el salmón, barbo, etc. || **2.** pl. Antiguo orden de estos peces que hoy se denominan fisóstomos y anacantos. || **—abdominal.** ZOOL. Peces que tienen un par de aletas detrás del abdomen, como el salmón. || **—ápodo.** Que carece de aletas abdominales como el congrio. || **—torácicos.** ZOOL. Que tienen las aletas abdominales debajo de las branquias, por lo que se denominan también subranquiales, como el bacalao.

MALACOSTUMBRADO, DA. (De *mal y acostumbrado.*) adj. Que tiene malos hábitos, malas costumbres. || **2.** Que está muy mimado.

★ **MALACRIANZA.** f. AMÉR. Ineducación, grosería.

MALACUENDA. (De *mala y cuenda.*) f. Harpillera. || **2.** Hilaza de estopa.

MALAESTANZA. (De *mala y estanza.*) f. ant. Indisposición, malestar.

MALAFA. f. Almalafa.

MÁLAGA. m. Vino dulce que se elabora con las uvas que se producen en la tierra de Málaga.

MALAGANA. (De *mala y gana.*) f. fam. Desfallecimiento, desmayo. || **2.** ECUAD. Persona tarda y pesada.

MALAGAÑA. f. AR. Armazón de palos clavados en tierra y cruzados por arriba con ramas de aliagas, que sirven para enjambrar.

MALAGRADECIDO, DA. adj. AMÉR. Desagradecido.

MALAGUEÑA. f. Aire popular de la provincia de Málaga algo parecido al fandango. || **2.** Copla de cuatro versos que se canta con este aire.

MALAGUEÑO, ÑA. adj. Natural de Málaga, también se dice malacitano. || **2.** Perteneciente o relativo a esta ciudad.

MALAGUÉS, SA. adj. ant. Malagueño. Apl. a pers. usáb.t.c.s.

MALAGUETA. (De *Malagueta*, costa de África donde se comerciaba con esta semilla.) f. Fruto de un árbol tropical, mirtáceo, pequeño y de olor y sabor aromáticos que se usa como especia. || **2.** Árbol que da este fruto.

★ **MALAL.** (Voz araucana.) m. Fortín, estacada.

MALAMENTE. adv. Mal, de mala manera.

MALANDANTE. (De *mal y andante.*) adj. Desafortunado, malaventurado, infeliz.

MALANDANZA. (De *malo y andanza.*) f. Mala fortuna, desgracia, desventura. || P. desgraça; I. mischance; F. malheur; A. Unglück; It. sventura; R. несчастье.

MALANDAR. m. Cerdo que no se destina para entrar en vara e ir a la montonera.

★ **MALANDRIA.** (l. *malandría.*) f. PAT. Especie de elefantiasis.

MALANDRÍN, NA. (prov. *malandrin*, y éste del l. *male*, mal, y el neerl. *slenteren*, vagabundear.) adj. Maligno, malvado, bellaco. || P. malandrim; I. rascal, scoundrel; F. malandrin; A. Übeltäter; It. malandrino; R. мошенник.

★ **MALANGA.** adj. AMÉR. Dícese de quien no tiene valor. || **2.** com. AMÉR. Persona de poca habilidad en su profesión u oficio. || **3.** m. CUBA. Sombrero de paja.

MALAQUITA. (l. *malachites.*) f. Carbonato natural de cobre tan duro como el mármol que cristaliza en el sistema monoclínico. Es susceptible de pulimento y se emplea para chapear muebles de lujo y tallar objetos de adorno. || **—azul.** MIN. Azurita. || **—verde.** Malaquita.

MALAR. (l. *mala*, mejilla.) adj. ANAT. Perteneciente a la mejilla. || **2.** ANAT. Pómulo.

MALARIA. (ital. *mala aria*, mal aire.) f. Paludismo.

MALATERÍA. (De *malato.*) f. Edificio destinado antiguamente a hospital de leprosos.

MALATÍA. (De *malato.*) f. Gafedad, lepra. || **2.** ant. Enfermedad en general.

MALATO, TA. (l. *male habitus.*) adj. Gafo, leproso. Ú.t.c.s. || **2.** ant. Enfermo, indispuesto, malo. Usáb.t.c.s.

★ **MALATOGO, GA.** adj. CUBA. Muy malo, pésimo.

MALAVENIDO, DA. adj. Mal avenido.

★ **MALAVENO.** m. MAR. Madera que procede de árboles de los archipiélagos del sur de Asia y que es incorruptible.

MALAVENTURA. f. Desventura, infortunio, desgracia, desdicha.

MALAVENTURADO, DA. adj. Desgraciado, infeliz, de mala ventura.

M

MALAVENTURANZA. (De *malaventura*.) Desdicha, infelicidad.

MALAVÉS. (De *mal*, 2.º art., y *avés*.) adv. ant. Malavez.

MALAVEZ. (De *malavés*.) adv. ant. Apenas.

MALAYO, YA. adj. Dícese del individuo de raza mogoloide que vive en la península de Malaca (de donde le viene el nombre), en las islas del archipiélago de la Sonda y en la Oceanía Occidental, que por eso se llama Malasia. Ú.t.c.s. ‖ 2. Perteneciente o relativo a los malayos. ‖ 3. m. Lengua malaya.

MALBARATADOR, RA. adj. Que malbarata. Ú.t.c.s.

MALBARATAR. tr. Malvender la hacienda. ‖ 2. Malgastar, dilapidarla. ‖ P. malbaratar; I. to squander; F. gaspiller; A.verschwenden; It.scipare; R.расточать.

MALBARATILLO. m. Baratillo, tienda o puesto en que se venden cosas de poco precio.

MALBARATO. m. Acción de malbaratar. ‖ 2. Despilfarro, derroche, prodigalidad.

MALCARADO, DA. adj. Que tiene mala cara y aspecto repulsivo.

MALCASADO, DA. p.p. de malcasar. ‖ 2. Dícese del cónyuge que no cumple los deberes que le impone el matrimonio. Pide siempre el verbo ser.

MALCASAR. tr. Casar desacertadamente a una persona, o sea, sin las circunstancias requeridas para su felicidad matrimonial. Ú.t.c.intr. y c.r. ‖ P. malcasar; I. to mismate in marriage; F. mésallier; A. schlecht verheiraten; It. maritarsi male; R. неудачно женить.

MALCASO. (De *malo* y *caso*.) m. Traición, acción infame.

MALCOCINADO. m. Menudo de las reses. ‖ 2. Lugar donde se vende.

MALCOMER. tr. Comer poco o con poco gusto.

MALCOMIDO, DA. p.p. de malcomer. ‖ 2. adj. Que está poco alimentado.

MALCONSIDERADO, DA. adj. Desconsiderado.

MALCONTENTADIZO, ZA. adj. Descontentadizo.

MALCONTENTO, TA. adj. Descontento. ‖ 2. Revoltoso, inquieto, rebelde. ‖ 3. m. Determinado juego de naipes. ‖ P. malcontente; I. discontented; F. malcontent, mécontent; A. unzufrieden; It. malcontento; R. недовольный.

MALCORAJE. (l. *mercurialis*.) m. BOT. Mercuriale, planta euforbiácea medicinal.

★ **MALCORAZÓN.** adj. C. RICA. Que se complace en hacer daño, inhumano, duro.

MALCORTE. (De *malo* y *corte*.) m. Aprovechamiento ilegal de un monte, faltando a las ordenanzas y estatutos.

MALCREER. (De *mal* y *creer*.) tr. ant. Dar crédito a alguno ligeramente.

º **MALCRIADEZA.** f. AMÉR. Mala educación.

MALCRIADO, DA. p.p. de malcriar. Que le falta buena educación; grosero, descortés.

MALCRIAR. tr. Educar mal a los hijos, consintiéndolos y mimándolos demasiado.

MALDAD. (l. *malĭtas*, -*ātis*, de *malitia*, sobre el modelo de *bonĭtas*, -*ātis*.) f. Calidad de malo. ‖ 2. Acción injusta o mala. ‖ P. maldade; I. wickedness; F. méchanceté; A. Bosheit, Schlechtigkeit; It. malvagità; R. злость.

MALDADOSAMENTE. adv. ant. Con malicia, con maldad.

MALDADOSO, SA. adj. Acostumbrado a cometer maldades. Ú.t.c.s. ‖ 2. Que tiene o implica maldad. ‖ 3. MÉJ. y CHILE. Travieso.

MALDECIDO, DA. p.p de maldecir. ‖ 2. adj. Se dice de la persona de mala índole. Ú.t.c.s.

MALDECIDOR, RA. adj. Que maldice, que murmura o habla mal de alguien. Ú.t.c.s.

MALDECIMIENTO. m. ant. Acción de maldecir, murmurar o hablar mal de alguna persona.

MALDECIR. (infinit. de *maldecir*.) m. ant. Maldición.

MALDECIR. (l. *maledicĕre*.) tr. Echar maldiciones contra persona o cosas. ‖ 2. intr. Hablar mal de alguien denigrándole. ‖ P. maldiçoar; I. to curse; F. maudire; A. verfluchen; It. maledire; R. проклинать.

MALDICIENTE. (l. *maledicens*, -*entis*.) p.a. de maldecir. Que maldice. ‖ 2. Difamador, detractor.

MALDICIENTEMENTE. adv. ant. Con maledicencia.

MALDICIÓN. (l. *maledictĭo*, -*ōnis*.) f. Imprecación para manifestar enojo y aversión hacia una persona o cosa, o deseo de que le venga un daño al prójimo. ‖ 2. ant. Murmuración. ‖ *Caer la* MALDICIÓN *a* uno. fr. fam. Cumplirse la que le han echado. ‖ P. maldição; I. curse; F. malédiction; A. Verwünschung, Fluch; It. maledizione; R. проклятие.

MALDITA. f. fam. La lengua. ‖ 2. CUBA. Divieso. ‖ 3. VENEZ. fam. Llaga pequeña en las piernas y pies. ‖ *Soltar uno la* MALDITA. fr. fam. Decir con poco respeto lo que siente.

MALDITAMENTE. adv. fam. Muy mal.

MALDITO, TA. (l. *maledictus*.) p.p. irreg. de maldecir. ‖ 2. adj. Perverso, de malas costumbres. ‖ 3. Condenado por la justicia divina. ‖ 4. De mala calidad, ruin. ‖ 5. MÉJ. Indecente, soez, ordinario. ‖ MALDITO *de cocer*. expr. fig. y fam. Aplicado a las personas tercas y de malas condiciones. ‖ P. maldito; I. cursed; F. maudit; A. verflucht; It. maledetto; R. проклятый, злой.

★ **MALDONITA.** f. MINERAL. Cuerpo formado por la combinación del bismuto con el oro.

MALEABILIDAD. f. Calidad de maleable. ‖ 2. Fís. Propiedad de la materia de ser laminada.

MALEABLE. (l. *mallĕus*, martillo.) adj. Dícese de los metales que pueden por acción del batido extenderse en planchas o láminas. ‖ P. maleável, dúctil; I. malleable; F. malléable; A. geschmeidig, biegsam; It. maleabile, dolce; R. ковкий, гягучий.

MALEADOR, RA. adj. Maleante. Ú.t.c.s.

MALEANTE. adj. Que malea. ‖ 2. adj. Burlador, maligno. Ú.t.c.s. ‖ 3. m. Individuo de mala conducta que tiene antecedentes penales.

MALEAR. (De *malo*.) tr. y r. Dañar o echar a perder una cosa. ‖ 2. Pervertir uno a otro. ‖ 3. ANAT. adj. Dícese del músculo regulador del hueso del oído llamado martillo. ‖ P. corromper; I. to pervert, to corrupt; F. gâter, pervertir; A. verderben; It. malmenare, corrómpere; R. портить, подделывать.

★ **MALECIENTO, TA.** adj. CHILE. Dícese del terreno cubierto de maleza.

MALECÓN. m. Murallón o terraplén de defensa contra las aguas. ‖ P. molhe; I. dike; F. jetée; A. Damm; It. banchina; R. дамба.

MALEDICENCIA. (l. *maledicentĭa*.) f. Acción de maldecir, de hablar con mordacidad.

MALEFICENCIA. (l. *maleficentĭa*.) f. Hábito de hacer mal.

MALEFICIAR. (De *maleficio*.) tr. Causar daño. ‖ 2. Hechizar, embrujar.

MALEFICIO. (l. *maleficĭum*.) m. Daño causado por arte de hechicería. ‖ 2. Hechizo con que se pretende causarlo. ‖ P. maleficium; I. witchcraft; F. maléfice; A. Verhexung; It. maleficio; R. колдовство.

MALÉFICO, CA. (l. *maleficus*.) adj. Que hace daño con maleficios. ‖ 2. Que ocasiona o puede ocasionar daños. ‖ 3. Hechicero, brujo. ‖ P. maléfico; I. maleficent; F. maléfique; A. unheilbringend; It. maléfico; R. колдовский.

★ **MALEICO, CA.** m. QUÍM. Cuerpo sólido, inodoro, incoloro e insípido, formado por la acción del calor sobre el ácido málico. Es soluble en el agua y en el éter.

★ **MALEINIZAR.** tr. Inocular con la maleína.

MALEJO, JA. adj. d. de malo.

MALENCOLÍA. (De *melancolía*, infl. por *mal*.) f. ant. Melancolía.

MALENCÓLICO, CA. adj. ant. Melancólico.

MALENCONÍA. (De *malencolía*.) f. ant. Melancolía. Ú. en Salamanca y Santander.

MALENCÓNICO, CA. (De *malenconía*.) adj. ant. Melancólico. Ú. en Salamanca.

MALENCONIOSO, SA. (De *malenconía*.) adj. desus. Melancólico.

MALENTRADA. (De *mala* y *entrada*.) f. Derecho que se pagaba al ingresar en la cárcel.

★ **MALEO.** m. ANAT. Martillo (hueso del oído). ‖ 2. PAT. Muermo.

MALEOLAR. adj. ZOOL. Perteneciente al tobillo o maléolo. ‖ 2. De forma de martillo.

MALÉOLO. (l. *mallĕolus*, martillejo.) m. ZOOL. Tobillo.

MALERO, RA. adj. PERÚ. Hechicero, brujo. Ú.t.c.s.

MALESTAR. (De *mal* y *estar*.) m. Incomodidad, desazón, indisposición. ‖ P. mal-estar; I. malaise, discomfort; F. malaise; A. Unbehagen, Unwohlsein; It. malèssere; R. недомогание.

MALETA. (d. de *mala*, valija del correo.) f. Cofre pequeño de cuero o lona, para llevar ropa u otras cosas. ‖ 2. Manga, maleta manual que se cierra con cordones. ‖ 3. GERM. Mujer pública que un rufián lleva consigo con fines de lucro. ‖ 4. m. fam. Que practica con torpeza su profesión. ‖ 5. GERM. Ladrón que para robar se encierra en cofre o bulto y del que sale en el momento oportuno. ‖ 6. ECUAD. Lío de ropa. ‖ 7. COLOM., CUBA y P. RICO. Joroba. ‖ 8. GUAT. Bellaco, despreciable. ‖ *Hacer* uno *la* MALETA. fr. fig. y fam. Prepararse lo necesario para un viaje. ‖ 2. Dejar algún empleo o cargo. ‖ *Largar* o *soltar* uno *la* MALETA. fr. fig. CHILE. Morir. ‖ P. maleta; I. suitcase; F. malle; A. Koffer; It. valigia; R. чемодан.

★ **MALETA.** adj. MÉJ. Perverso, malo.

MALETERO. m. El que hace o vende maletas. ‖ 2. Persona que transporta maletas o equipajes.

MALETÍA. (De *malatia*.) f. ant. Malicia o malignidad de una cosa nociva a la salud.

MALETÍN. m. d. de maleta. ‖ —*de grupa*. El usado por los soldados de caballería.

MALETÓN. m. aum. de maleta. ‖ 2. fig. y fam. COLOM. Persona jorobada, jibosa.

★ **MALETÓN, NA.** m. y f. VENEZ. Becerro destetado.

★ **MALEVO, VA.** adj. ARGENT. Malvado, malhechor.

MALEVOLENCIA. (l. *malevolentĭa*.) f. Mala voluntad. ‖ P. malevolência; I. illwill; F. malveillance; A. Übelwollen; It. malevolenza; R. злое чувство.

MALÉVOLO, LA. (l. *malevŏlus*.) adj. Propenso a hacer mal.

MALEZA. (l. *malitia*.) f. Exceso de hierbas malas en los sembrados. ‖ 2. Espesura de arbustos. ‖ P. maleza; I. brushwood; F. broussailles; A. Gestrauch; It. macchie; R. сорная трава.

MALFACER. (l. *malefacĕre*.) tr. ant. Obrar mal.

MALFACIENTE. p.a. ant. de malfacer.

MALFADADO, DA. (De *malo* y *fado*.) adj. ant. Malhadado.

MALFECHO. (l. *malefactus*, p.p. de *malefacĕre*, hacer mal.) m. ant. Malhecho.

MALFECHOR. (l. *malefactor*.) m. ant. Malhechor.

MALFEITA. (l. *malefacta*, pl. n. de -*tum*, acción mala.) f. ant. Daño, maldad.

MALFETRÍA. (l. *malefactor*, malhechor.) f. ant. Maldad, hecho malo.

MALFORMACIÓN. f. MED. Anomalía congénita de los órganos.

MALGACHE. adj. Natural de Madagascar. Ú.t.c.s. ‖ 2. Perteneciente a esta isla.

MALGAMA. (l. *malāgma*, y éste del gr. μάλαγμα, de μαλάσσω, ablandar.) f. QUÍM. Amalgama, combinación del mercurio con otros metales.

M

MALGASTADOR, RA. adj. Que malgasta. Ú.t.c.s.

MALGASTAR. tr. Gastar el dinero, el tiempo, la paciencia, etc., en cosas superfluas o malas. ‖ **P.** malgastar; **I.** to misspend; **F.** dissiper; **A.** verschwenden; **It.** dissipare; **R.** расточать.

° **MALGENIADO, DA.** adj. AMÉR. De mal genio, corajudo, irritable. Ú.t.c.s.

★ **MALGENIO.** adj. AMÉR. Irascible, cascarrabias.

° **MALGENIOSO, SA.** adj. AMÉR. Irritable, de mal genio. Ú.t.c.s.

MALGRANADA. (l. *malum granatum*.) f. ant. GRAN. Fruto del granado.

MALHABLADO, DA. (De *mal*, 2.° art., y *hablado*.) adj. Desvergonzado o atrevido en el hablar. Ú.t.c.s.

MALHADADO, DA. (De *malfadado*.) adj. Desdichado, infeliz.

MALHECHO, CHA. (l. *malefactus*.) adj. Aplícase a persona de cuerpo contrahecho o mal formado. ‖ **2.** m. Acción mala o fea.

MALHECHOR, RA. (l. *malefactor, -ōris*.) adj. Que comete un delito o está habituado a cometerlos. Ú.t.c.s. ‖ **P.** malfeitor; **I.** malefactor; **F.** malfaiteur; **A.** Übeltäter; **It.** malfattore; **R.** злодейский.

MALHERIR. tr. Herir gravemente.

MALHETRÍA. f. ant. Malfetría.

MALHOJO. (l. *malum folium*, hoja mala.) m. Parte del follaje de las plantas que se desechan.

MALHUMOR. m. Mal humor.

MALHUMORADO, DA. p.p. de malhumorar. ‖ **2.** adj. Que tiene malos humores. ‖ **3.** Que está de mal humor, desabrido.

MALHUMORAR. tr. Poner a uno de mal humor.

MALICIA. (l. *malitĭa*.) f. Calidad de malo, maldad. ‖ **2.** Inclinación a lo malo. ‖ **3.** Perversidad. ‖ **4.** Calidad que hace una cosa perjudicial y maligna. ‖ **5.** Solapa y bellaquería que se hace para ocultar la intención con que se procede. ‖ **6.** Interpretación siniestra de las cosas. ‖ **7.** Penetración, sagacidad. ‖ **8.** Sospecha, recelo. ‖ **9.** Expresión satírica, ofensiva y picante. ‖ **10.** CHILE. Licor espiritoso que en poca cantidad se echa a otra bebida. ‖ **P.** malícia; **I.** malice; **F.** malignité; **A.** Bosheit; **It.** malizia; **R.** каверзность.

MALICIABLE. adj. Que puede maliciarse.

MALICIADOR, RA. adj. p. us. Que malicia.

MALICIAR. tr. Sospechar, presumir algo con malicia. Ú.t.c.s. ‖ **2.** Malear. ‖ **P.** maliciar; **I.** to suspect; **F.** se douter; **A.** argwöhnen; **It.** diffidare; **R.** подозревать.

MALICIOSAMENTE. adv. Con malicia.

MALICIOSO, SA. (l. *malitĭōsus*.) adj. Que echa las cosas a mala parte o las interpreta con malicia. Ú.t.c.s. ‖ **2.** Que lleva malicia. ‖ **P.** malicioso; **I.** malicious; **F.** malicieux; **A.** boshaft, schadenfroh; **It.** malizioso; **R.** злобный.

★ **MÁLICO, CA.** adj. Que pertenece al ácido málico o a sus sales. ‖ *Ácido* MÁLICO. QUÍM. Compuesto orgánico que existe en las hojas y otras partes de las plantas y principalmente en los frutos ácidos (manzana, membrillo, etc.).

★ **MALIGNA.** f. CUBA. Calentura extremadamente grave.

MALIGNAMENTE. adv. Con malignidad.

MALIGNANTE. p.a. de malignar.

MALIGNAR. (l. *malignāre*.) tr. Viciar, malear. ‖ **2.** fig. Hacer mala una cosa. ‖ **3.** r. Corromperse, empeorarse.

MALIGNIDAD. (l. *malignĭtas, -atis*.) f. Propensión o inclinación a obrar mal. ‖ **2.** Calidad de maligno. ‖ **P.** malignidade; **I.** malignity, malignancy; **F.** malignité; **A.** Schädlichkeit; **It.** malignità; **R.** злонамеренность.

MALIGNO, NA. (l. *malignus*.) adj. Inclinado o propenso a obrar o pensar mal. Ú.t.c.s. ‖ **2.** De índole perniciosa. ‖ **P.** e **It.** maligno; **I.** malignant; **F.** malin; **A.** boshaft; **R.** злой.

MALILLA. (d. de *mala*.) f. Carta que en algunos juegos de naipes es la segunda en valor. ‖ **2.** Juego de naipes en que se la malilla la carta superior en cada palo. ‖ **3.** fig. Comodín que sirve para diversos fines.

★ **MALILLERO, RA.** adj. PERÚ. Entremetido que frustra un plan.

MALINA. (b. l. *malina*, y éste del l. *malus*, malo.) f. ant. Reflujo diario del mar.

MALINGRAR. (fr. *malingre*, enfermizo.) tr. p. us. Malignar.

★ **MALINO, NA.** (l. *malignus*.) adj. fam. Maligno.

MALINTENCIONADO, DA. (De *mal*, 2.° art., e *intencionado*.) adj. Que tiene mala intención. Ú.t.c.s.

MALMANDADO, DA. (De *mal*, 2.° art., y *mandado*.) adj. Desobediente o que hace las cosas con desgana. Ú.t.c.s.

MALMARIDADA. (De *mal* y *maridar*.) adj. Mujer que falta a los deberes del matrimonio.

MALMARRIENTO, TA. adj. TER. Que se nota algo enfermo, malucho.

MALMETER. (De *mal* y *meter*.) tr. Malgastar, malbaratar. ‖ **2.** Inducir a uno a hacer cosas malas. ‖ **3.** Desconceptuar, malquistar.

MALMIRADO, DA. (De *mal*, 2.° art., y *mirado*.) adj. Malquisto, desconceptuado. ‖ **2.** Descortés, grosero. ‖ **P.** malquisto; **I.** ill-famed; **F.** malfamé; **A.** unbeliebt; **It.** malvisto; **R.** неуважаемый.

MALO, LA. (l. *malus*.) adj. Falto de bondad. ‖ **2.** Contrario a la ley moral. ‖ **3.** Nocivo a la salud. ‖ **4.** Inclinado al mal, de mala vida. ‖ **5.** Enfermo. ‖ **6.** Desagradable, molesto. ‖ **7.** Travieso, revoltoso. ‖ **8.** fam. Malicioso, bellaco. ‖ **9.** Deteriorado, deslucido. ‖ **10.** Con el artículo *lo* y el verbo *ser*, dificultad u obstáculo para el logro de algo. ‖ **11.** Usado como interjección denota reprobación de alguna cosa. ‖ **12.** *El* MALO. El demonio. Ú.m. en pl. ‖ *A* MALAS. m. adv. Con enemistad. ‖ *De* MALAS. Con desgracia especialmente en el juego. ‖ *Por* MALAS *o por buenas*. A la fuerza. ‖ **P.** mau, má; **I.** bad; **F.** mauvais; **A.** schlecht, unartig, maliziös; **It.** cattivo; **R.** плохой.

MALOCA. (arauc. *malocán*.) f. AMÉR. Invasión en tierra de indios, con pillaje y exterminio. ‖ **2.** Mala partida.

MALOGRAR. (De *mal*, 2.° art., y *lograr*.) tr. Perder, desperdiciar, desaprovechar una cosa. ‖ **2.** r. Frustrarse lo que se pretendía. ‖ **3.** No conseguir el perfeccionamiento o desarrollo normal. ‖ **P.** malograr; **I.** to lose, to miss; **F.** perdre, échouer; **A.** vereiteln, scheitern, fehlschlagen; **It.** frustrare; **R.** терять, не использовать.

MALOGRO. m. Efectos de malograrse algo.

★ **MALOILO.** (l. *malum*, manzana.) m. QUÍM. Extracto de camuesa.

MALOJA. f. CUBA. Malojo.

MALOJAL. VENEZ. Plantío de manojos.

MALOJERO, RA. m. CUBA. Persona que siembra, corta, transporta o vende maloja.

MALOJO. (De *malhojo*.) m. VENEZ. Maíz forrajero.

MALOLIENTE. adj. Que huele mal.

MALÓN. (Voz araucana.) m. AMÉR. MERID. Ataque inesperado de los indios. ‖ **2.** fig. Felonía inesperada. ‖ **3.** fig. y fam. CHILE. Asalto por cariño o burla.

★ **MALONEAR.** intr. URUG. Realizar un malón, maloquear.

★ **MALÓNICO, CA.** adj. QUÍM. Dícese de un ácido que se encuentra en la remolacha. ‖ **2.** Dícese del anhídrido que es el subóxido de carbono.

★ **MALONILO.** m. QUÍM. Radical bivalente del ácido malónico.

MALOQUEAR. tr. Tratándose de indios, hacer correrías.

★ **MALOQUERO.** (De *maloca*.) adj. AMÉR. Indígena ladrón. Ú.t.c.s. ‖ **2.** El que comercia con indígenas ladrones.

MALPARADO, DA. p.p. de malparar. ‖ **2.** adj. Que ha sufrido importante menoscabo.

MALPARANZA. (De *malparar*.) f. ant. Menoscabo de una cosa.

MALPARAR. (De *mal*, 2.° art., y *parar*.) tr. Maltratar, poner en mal estado.

MALPARIDA. f. Mujer que malparió recientemente.

MALPARIR. (De *mal*, 2.° art., y *parir*.) intr. Abortar, parir antes de tiempo.

MALPARTO. (De *malo* y *parto*.) m. Aborto, parto prematuro. ‖ **P.** aborto; **I.**

abortion, miscarriage; **F.** avortement, fausse couche; **A.** Fehlgeburt, Abortus; **It.** aborto, sperimento; **R.** аборт, искусственные.

★ **MALPENSADO, DA.** adj. Que forma mal concepto de las cosas o personas sin suficiente fundamento.

MALPIGIÁCEO, A. (De *malpighia*, género de plantas, dedicado a *Malpighi*, naturalista italiano.) adj. BOT. Aplícase a plantas dicotiledóneas, arbustos o matas que viven en países intertropicales y tienen flores hermosas agrupadas en corimbos o racimos y fruto seco o abayado dividido en tres celdillas con una sola semilla. Ú.t.c.s. ‖ **2.** pl. BOT. Familia de estas plantas.

★ **MALQUEDA.** m. fam. Persona que deja incumplidas sus promesas o falta a su deber.

MALQUERENCIA. (De *mala* y *querencia*.) f. Mala voluntad a una persona, antipatía, ojeriza.

MALQUERER. (De *mal*, 2.° art., y *querer*.) tr. Tener antipatía, mala voluntad u ojeriza a una persona o cosa.

MALQUERIENTE. p.a. de malquerer. Que quiere mal a otro.

MALQUISTAR. (De *malquisto*.) tr. Poner mal a una persona con otra. Ú.t.c.r.

MALQUISTO, TA. (De *mal*, 2.° art., y *quisto*.) adj. Que está mal con una o varias personas.

MALROTADOR, RA. adj. Que malrota. Ú.t.c.s.

MALROTAR. (l. *manu rupta*, de mano rota.) tr. Disipar, destruir o malgastar la hacienda.

MALSANO, NA. (De *mal*, 2.° art., y *sano*.) adj. Nocivo a la salud. ‖ **2.** Enfermizo, de poca salud.

MALSÍN. (De *malsinar*.) m. El que cizaña a otro. Soplón.

MALSINAR. (l. *male*, mal, y *signāre*, señalar.) tr. ant. Murmurar de alguno o acusarle.

MALSINDAD. f. ant. Acción y efecto de malsinar.

MALSINERÍA. (De *malsinar*.) f. ant. Malsindad.

MALSONANTE. adj. Que suena mal. ‖ **2.** Dícese de la palabra o expresión que ofende los oídos de personas honestas.

MALSONAR. (De *mal*, 2.° art., y *sonar*.) intr. Sonido desagradable o malo.

MALSUFRIDO, DA. (De *mal*, 2.° art., y *sufrido*.) adj. Que no sabe sufrir.

MALTA. (ingl. *malt*; en al. *malz*.) m. Cebada germinada y tostada que se emplea para la fabricación de la cerveza y como substitutivo del café. Se usa también en farmacia. ‖ **2.** AMÉR. Cerveza de primera clase.

MALTA. n. p. en la fr. *fiebre de* MALTA. También llamada fiebre mediterránea, enfermedad contagiosa que se caracteriza por su larga duración, frecuentes recaídas, fiebre muy alta y temperatura irregular.

★ **MALTA.** f. Betún fósil, pastoso que se aglutina fácilmente. ‖ **2.** ZOOL. Pez acantopterigio de los mares tropicales de América.

★ **MALTA.** f. m. ECUAD. Vasija de barro circular y de boca estrecha.

★ **MALTASA.** f. QUÍM. Fermento que transforma la maltosa en glucosa y que se encuentra en la saliva, en los jugos digestivos, en el arroz y en algunos hongos.

MALTÉS, SA. adj. Natural de Malta. Ú.t.c.s. ‖ **2.** Perteneciente o relativo a esta isla.

★ **MALTINA.** f. QUÍM. Principio activo del malta que se usa como antidispéptico.

★ **MALTÓN, NA.** adj. BOL., ECUAD. y PERÚ. Grandullón, pero que todavía no ha alcanzado su completo desarrollo.

MALTOSA. f. QUÍM. Producto azucarado que se obtiene de la descomposición del almidón por medio de la diastasa. Es cristalizable, y se le llama *azúcar de* MALTA.

MALTRABAJA. (De *mal*, 2.° art., y *trabajar*.) com. Persona poco trabajadora, perezosa, haragana.

MALTRAEDOR, RA. (De *maltraer*.) adj. ant. Perseguidor o represor. Ú.t.c.s.

MALTRAER. (De *mal* y *traer*.) tr. Maltratar, injuriar.

★ **MALTRAÍDO, DA.** adj. CHILE y PERÚ. Descuidado en el vestir, desaliñado.

M

MALTRAPILLO. (De *malo* y *trapillo*.) m. Andrajoso, pilluelo, golfo.

MALTRATAMIENTO. m. Acción y efecto de maltratar.

MALTRATAR. tr. Tratar mal de palabra u obra. Ú.t.c.s. || **2.** Menoscabar, echar a perder. || **P.** maltratar; **I.** to mistreat, to wrong; **F.** maltraiter; **A.** misshandeln; **It.** maltrattare; **R.** дурно обращаться.

MALTRATO. (De *maltratar*.) m. Maltratamiento.

MALTRECHO. (De *mal*, 2.° art., y *trecho*.) adj. Maltratado, malparado.

MALTUSIANISMO. m. Teoría de Malthus, según la cual la población del mundo crece en progresión geométrica, mientras los alimentos aumentan solamente en progresión aritmética. || **2.** Conjunto de teorías y prácticas anticoncepcionistas.

MALTUSIANO, NA. adj. Partidario de la teoría de Malthus. || **2.** Relativo al maltusianismo.

MALUCO, CA. adj. Natural de las islas Malucas. Ú.t.c.s. || **2.** Relativo a estas islas.

MALUCO, CA. adj. Malucho. || **2.** COLOM. Desabrido, insípido.

MALUCHO, CHA. adj. fam. Que está algo malo.

★ **MALUQUEZA.** f. PAN. Malestar, dolencia. || **2.** Fealdad. || **3.** VENEZ. Maldad, perversidad.

★ **MALURA.** f. CHILE, malestar.

MALVA. (l. *malva*.) f. Planta malvácea de tallo velludo y ramoso, hojas lobuladas y flores violáceas que se emplean como infusión pectoral. || **—arbórea, loca, real** o **rósea.** Planta malvácea de jardín de tallo recto y flores grandes encarnadas, blancas o rosadas que forman una espiga en lo alto del tallo. || *Ser uno como una* MALVA. fr. fig. y fam. Ser dócil, bondadoso, apacible. || **P.** e **It.** malva; **I.** mallow; **F.** mauve; **A.** Malve; **R.** мальва.

MALVÁCEO, A. (De *malvacĕus*). Dícese de las plantas angiospermas, hierbas, matas y algunos árboles, de hojas alternas con estípulos, flores axilares y fruto seco. Ú.t.c.s.f. || **2.** f. pl. BOT. Familia de estas plantas.

MALVADAMENTE. adv. Con maldad, con injusticia.

MALVADO, DA. adj. y s. Muy malo, perverso. || **P.** malvado; **I.** wicked, mischievous; **F.** méchant; **A.** grundschlecht; **It.** malvagio; **R.** злодейский.

MALVAR. m. Campo poblado de malvas.

MALVAR. (l. *male facĕre*, hacer mal.) tr. Corromper o viciar a una persona, haciéndola mala.

MALVARROSA. f. Malva rósea.

MALVASÍA. (De *Malvesie*, isla griega.) Uva grande y olorosa que produce una variedad de vid que los catalanes en la época de las Cruzadas trajeron de la isla de Quío. || **2.** Vino hecho de esta misma uva. || **P.** malvasia; **I.** malmsey; **F.** malvoisie; **A.** Malvarier; **It.** malvasia.

MALVAVISCO. (l. *malvaviscus*.) m. Planta malvácea, perenne, de hojas vellosas, ovaladas, lobuladas y dentadas. Su raíz se emplea como emoliente. || **P.** malvaísco; **I.** marsh-mallow; **F.** guimauve; **A.** Eibisch; **It.** bismalva; **R.** алтея.

MALVENDER. tr. Vender a bajo precio, con poca o ninguna utilidad.

MALVERSACIÓN. f. Acción y efecto de malversar. || **2.** m. Hurto, por quien los administra, de caudales del erario público. || **P.** malversação; **I.** y **F.** malversation; **A.** Veruntreuung; **It.** malversazione; **R.** растрата.

MALVERSADOR, RA. adj. Que malversa. Ú.t.c.s.

MALVERSAR. (l. *male*, mal, y *versāre*, volver.) tr. Gastar ilícitamente los caudales ajenos quien los administra. || **P.** malversar; **I.** to embezzle; **F.** malverser; **A.** unterschlagen; **It.** malversare; **R.** растрачивать чужие деньги.

MALVESTAD. (l. *maleficĭtas*, *-atis*, de *maleficĭum*.) f. ant. Maldad.

MALVEZAR. (De *mal*, 2.° art., y *vezar*.) tr. Acostumbrar mal. Ú.t.c.r.

° MALVINERO. com. Natural de, o relativo a las islas Malvinas (Argentina).

MALVIS. (ingl. *malvis*; en fr. *mauvis*.) m. ZOOL. Tordo de pico y patas negros

y plumaje verde obscuro que vive en el norte de Europa y que emigra al África en el otoño.

MALVIVIENTE. (De *mal*, 2.° art., y *viviente*.) adj. ant. Dícese del hombre de mala vida.

MALVIVIR. intr. Vivir mal.

MALVIZ. m. Malvís.

MALLA. (l. *macŭla*, malla de red.) f. Cuadrilátero que constituye el tejido de la red. || **2.** Tejido metálico de anillos o eslabones enlazados que formaban las cotas y armaduras defensivas. || **3.** Cada uno de estos anillos o eslabones. || **4.** Tejido semejante al de la malla. || **5.** Traje de punto ceñido al cuerpo que usan algunos artistas, como acróbatas, etc. || **6.** BLAS. Pieza cuadrada con un espacio vacío interior de igual figura. || **7.** MAR. Cada vuelta que se da para amarrar ciertos cabos gruesos. || **8.** MAR. Unión de la cadena del ancla al buque. || **P.** malha; **I.** network, mesh; **F.** maille; **A.** Masche; **It.** maglia; **R.** кольчуга.

MALLADA. f. ant. Majada.

MALLADAR. (De *mallada*.) intr. ant. Majadear, hacer noche el ganado en una majada.

MALLAR. tr. ant. Armar a uno con cota de malla. || **2.** intr. Hacer malla. || **3.** Enmallarse.

MALLAR. (l. *malleāre*, de *mallĕus*, martillo.) tr. AST. y SAL. Majar, machacar.

★ **MALLECHOR.** m. QUÍM. Cobre blanco o argentán, es una aleación de latón y níquel. Es duro, poco oxidable y por su color blanco sustituye a veces a la plata.

MALLERO, RA. m. y f. Persona que hace malla. || **2.** MAR. m. Modelo para hacer las mallas.

★ **MALLETA.** f. Cuerda de cáñamo para el tiro de algunas redes de pescar.

MALLETE. m. d. de mallo. || **2.** MAR. Trozo de madera en forma de cuña para dar seguridad y estabilidad a las armaduras o a la artillería en los barcos de guerra. || **3.** Dado del eslabón de una cadena. || **4.** ECUAD. Muesca hecha en un puntal para apoyar en él las vigas de un edificio.

MALLETO. (De *mallo*.) m. Mazo para batir el papel en los molinos.

MALLO. (l. *mallĕus*.) m. Mazo, martillo de madera. || **2.** Juego en que se hacen correr por el suelo unas bolas dándoles con un mazo de mango largo. || **3.** Terreno para este juego. || **4.** CHILE. Patatas guisadas con cebolla y ají. || **5.** CHILE. En Chiloé. Patatas hervidas.

MALLORQUÉS, SA. adj. ant. Mallorquín. Ú.t.c.s. usáb.t.c.s.

MALLORQUÍN, NA. adj. Natural de Mallorca. Ú.t.c.s. || **2.** Perteneciente o relativo a esta isla balear. || **3.** Dialecto catalán que se habla en esta isla.

MAMA. (l. *mamma*.) f. fam. Madre. || **2.** Teta de los mamíferos. || **2.ª** acep.: **P.** teta de mamíferos; **I.** breast; **F.** mamelle; **A.** Brustdrüse; **It.** mamella, poppa; **R.** мама, вымя.

MAMÁ. f. fam. Mama, 1.ª acep.

MAMACALLOS. (De *mamar* y *callos*.) m. fig. y fam. Hombre tonto y apocado.

MAMACONA. (Voz americana.) f. Cada una de las mujeres vírgenes y ancianas dedicadas al servicio y cuidado de las vírgenes del Sol, en los templos incas antiguos. || **2.** BOL. Jáquima que se pone a las caballerías de reata.

MAMADA. f. fam. Acción de mamar. || **2.** Cantidad de leche mamada cada vez. || **3.** ARGENT. Borrachera. || **4.** AMÉR. Venta conseguida con facilidad.

MAMADERA. (De *mamar*.) f. Instrumento para descargar el pecho de las mujeres durante la lactancia. || **2.** CUBA. Pezón de goma del biberón. || **3.** CHILE y ECUAD. Biberón. || **P.** mamadeira; **I.** breast-pump; **F.** téterelle; **A.** Brusthütchen; **It.** zampilletto; **R.** соска.

MAMADO, DA. adj. vulg. Borracho, ebrio. || **2.** CUBA. Tonto, mentecato, mamarracho.

MAMADOR, RA. adj. Que mama. Se dice del que mama para descargar el pecho de las mujeres.

★ **MAMALÓN, NA.** adj. CUBA y VENEZ. Holgazán, haragán.

MAMANCONA. (De *mamacona*.) f. CHILE. Mujer gorda y anciana.

MAMANDURRIA. (De *mamar*.) f.

AMÉR. MERID. Sueldo cobrado sin merecerlo, sinecura.

MAMANTE. p.a. de mamar. Que mama.

MAMANTÓN, NA, adj. Animal que aún mama.

MAMAR. (l. *mammāre*.) tr. Extraer chupando con los labios y la lengua la leche de los pechos. || **2.** fam. Engullir, tragar. || **3.** fig. Aprender algo o adquirir cualidades morales en la infancia. || **4.** fig. y fam. Obtener algo sin méritos para ello. || MAMARSE a uno. fr. fig. y fam. Vencerlo, engañarlo. || **5.** AMÉR. MERID. Emborracharse. || **6.** COLOM. Deshacer un trato. || **P.** mamar, sugar o leite; **I.** to suck; **F.** téter; **A.** saugen; **It.** poppare; **R.** сосать грудь.

MAMARIO, RIA. adj. ZOOL. Perteneciente a las mamas o tetas de las hembras y a las tetillas de los machos.

MAMARÓN. (De *mamar*.) m. Persona que se hace la tonta para participar en actos para los que no tiene invitación. || *Ir a* MAMARONES, fr. CÓRD. Concurrir los trabajadores a otra finca, sin previa invitación, a los bailes o juegos que se celebran.

MAMARRACHADA. f. fam. Conjunto de mamarrachos. || **2.** Acción ridícula y defectuosa.

★ **MAMARRACHAR.** tr. CUBA. Tomar parte en fiestas de juegos de mamarrachos.

MAMARRACHISTA. com. fam. Persona que hace mamarrachos.

MAMARRACHO. (De *moharracho*.) m. fam. Figura o cosa defectuosa y ridícula. || **2.** Informal que es indigno de respeto.

MAMBÍS. m. Cubano insurrecto contra España durante la guerra de la independencia de aquella isla. || **2.** AMÉR. Greda que los indígenas de América Meridional mascan mezclada con la coca.

MAMBLA. (l. *mammŭla*, d. de *mamma*, teta.) f. Montecillo en forma de teta de mujer.

MAMBRÚ. m. MAR. Chimenea del fogón de los buques.

MAMELÓN. (De *mama*, teta.) m. Montículo en forma de pezón de teta. || **2.** Cumbre de igual forma. || **3.** BIOL. Eminencia carnosa semejante al pezón en las cicatrices ulcerosas.

MAMELONADO, DA. adj. CIR. Con mamelones.

★ **MAMELUCA.** f. CHILE. Ramera, mujer pública.

MAMELUCO. (ár. *mamlūk*, esclavo.) m. Soldado privilegiado de la guardia personal de los sultanes de Egipto. || **2.** fig. y fam. Hombre necio y bobo. || **3.** AMÉR. MERID. Traje de niño en una pieza sola, usado para dormir. || **4.** HOND. Calzón bombacho. || **P.** mameluco; **I.** mameluke; **F.** mameluk, mamelouk; **A.** Mameluck; **It.** mammalucco; **R.** мамелюк.

MAMELLA. (l. *mamīlla*.) f. Apéndice carnoso, largo y ovalado, que cuelga del cuello de algunos animales ovinos.

MAMELLADO, DA. adj. Con mamellas.

★ **MAMERRO, RRA.** adj. P. RICO. Maravilloso, estupendo.

MAMERTO. m. ECUAD. y ARGENT. Tonto, bobalicón.

★ **MAMESO.** m. BOL. Inquietud, zozobra.

MAMEY. (Voz caribe.) m. BOT. Árbol gutífero americano que alcanza 15 metros de altura, de tallo recto y fruto redondo con corteza verdosa y pulpa amarilla, sabrosa y aromática. || **2.** Fruto de este árbol. || **3.** Árbol sapotáceo americano, que crece hasta 30 metros de altura, de tronco grueso y copa cónica, con pulpa roja dulce y suave. De su almendra se extrae un aceite que se usa para evitar la caída del cabello. || **4.** Fruto de este árbol.

MAMÍA. adj. Dícese de la cabra con sola una ubre.

MAMÍFERO, RA. (l. *mamma*, teta, y *ferre*, llevar.) adj. ZOOL. Clase de animales cuyas hembras alimentan a sus crías con la leche de sus mamas. Ú.t.c.s. || **2.** m. pl. ZOOL. Clase de estos animales. || **P.** mamífero; **I.** mammal; **F.** mammifère; **A.** Säugetier; **It.** mammifero; **R.** млекопитающий.

MAMILA. (l. *mamīlla*.) f. ZOOL. Teta de la hembra, menos el pezón. || **2.** Tetilla del hombre.

M

MAMILAR. adj. Zool. Perteneciente o relativo a la mamila.

★ **MAMILARIA.** f. Bot. Género de plantas cactáceas de tallo corto y globuloso, lleno de mamelones o verrugas.

★ **MAMITA.** f. C. Rica. Hombre afeminado, marica.

MAMOLA. (ár. ma'mūla, [caricia] fingida.) f. Burla o caricia que se hace pasando la mano por debajo de la barba a una persona. ‖ *Hacer a uno la* MAMOLA. fr. Darle golpes debajo de la barba en señal de burla o mofa. ‖ 2. fig. y fam. Engaño que se hace a uno con caricias fingidas.

MAMÓN, NA. adj. Que aún mama. Ú.t.c.s. ‖ 2. Que mama mucho. ‖ 3. m. Vástago que arrojan los árboles y que les chupa la savia y amengua el fruto. ‖ 4. Bot. Árbol sapindáceo de América intertropical muy corpulento. ‖ 5. Fruto de este árbol. ‖ 6. Méj. Bizcocho blando y esponjoso. ‖ 7. Hond. Garrote. ‖ 8. Cuba. Tabaco de la segunda cosecha.

MAMONA. f. Mamola. ‖ 2. Ecuad. Borrachera.

★ **MAMONCITO, TA.** adj. d. de mamón. Ú.t.c.s. ‖ 2. m. P. Rico. Cochinillo.

MAMOSO, SA. adj. Que mama mucho. 2. Dícese de una especie de panizo.

MAMOTRETO. (gr. μαμμόθρεπτος.) m. Libro o cuaderno de anotaciones. ‖ 2. fig. fam. Libro o legajo muy abultado.

MAMPARA. (De *mamparar*.) f. Cancel portátil que se pone con un bastidor o sujeto al marco de las puertas de las habitaciones.

MAMPARAR. (l. *manu parāre*, detener con la mano.) tr. ant. y vulg. Amparar Ú.t.c.s.

MAMPARO. (De *mampara*.) m. Mar. Tabique para dividir en compartimientos lo interior de un buque. ‖ **—estanco.** Mar. Pared transversal que aísla los espacios de un barco y que impide el paso del agua entre los mismos. ‖ **P.** antepara, anteparo; **I.** bulk-head; **F.** cloison; **A.** Schott; **It.** paratia; **R.** перегородка.

MAMPASTOR. m. ant. Mampostor.

MAMPELAÑO. m. ant. Mamperlán.

MAMPERLÁN. m. Listón de madera para guarecer el borde de los peldaños de la escalera. ‖ 2. And. Escalón especial de madera.

MAMPERNAL. m. ant. Mamperlán.

MAMPESADA. (De *man*, mano, y *pesada*.) f. ant. Pesadilla.

MAMPESADILLA. (De *mampesada*.) f. ant. Pesadilla.

MAMPIRLÁN. m. Murc. Mamperlán.

★ **MAMPLE.** m. P. Rico. Ron malo.

★ **MAMPLORA.** (Por *manfiora*, de *manfiorita*, corrupción de *hermafrodita*.) m. Hond. Sodomita.

MAMPORRO. (De *mano* y *porra*.) m. Golpe que hace poco daño.

★ **MAMPOSTA.** m. y f. Rep. Domin. Persona boba, papanatas.

MAMPOSTEAR. (De *mampuesta*.) tr. Arq. Trabajar en mampostería.

MAMPOSTERÍA. (De *mampostero*.) f. Obra de albañilería hecha con piedras o ladrillos sin regularidad. ‖ 2. Oficio de mampostero. ‖ **—concertada.** La que se hace con mampuestos toscamente labrados para que ajusten mejor. ‖ **—ordinaria.** La que se hace con argamasa. ‖ **—seca.** La que se hace sin argamasa. ‖ **P.** alvenaria; **I.** mansonry; **F.** maçonnerie; **A.** Mauerwerk; **It.** muramento; **R.** каменная кладка.

MAMPOSTERO. (De *mampuesto*.) m. El que trabaja en obras de mampostería. ‖ 2. Recaudador o administrador de tributos o limosnas. ‖ 3. And. Mampuesto, parapeto.

★ **MAMPOSTIAL.** m. P. Rico. Dulce de coco con azúcar mascabado.

MAMPOSTOR. m. ant. Mampostero, 2.ª acep.

MAMPOSTORÍA. (De *mampostor*.) f. ant. Mampostería, 2.ª acep.

MAMPRESAR. (l. *manus*, mano, y *pressāre*, oprimir.) tr. Empezar a domar las caballerías cerriles.

★ **MAMPUCHO, CHA.** adj. Ecuad. Rechoncho. ‖ 2. m. Colom. Hombre afeminado, marica.

MAMPUESTA. (De *mampuesto*.) f. Hilada, serie horizontal de ladrillos en la construcción de un edificio.

MAMPUESTO, TA. (De *mano* y *puesto*.) adj. Dícese del material empleado en mampostería. ‖ 2. m. Piedra sin labrar que se coloca con la mano. ‖ 3. Reparo, parapeto. ‖ 4. Amér. Objeto sólido en que se apoya el arma de fuego para mejor apuntar. ‖ *De* MAMPUESTO. m. adv. De repuesto.

★ **MAMUA.** f. Argent. Borrachera.

MAMUJAR. tr. Mamar sin gana abandonando el pecho a cada momento.

★ **MAMULA.** f. Bot. Órgano de reproducción de los líquenes que nace en su tallo.

MAMULLAR. (De *mamar*.) tr. Mascar o comer haciendo los mismos gestos que al mamar. ‖ 2. fig. y fam. Mascullar.

MAMUT. (ruso siberiano *mamut*.) m. Clase de elefante fósil, contemporáneo del hombre prehistórico. Tenía los colmillos curvos y el cuerpo cubierto de pelo largo.

MAN. f. ant. Apócope de mano. ‖ *A* MANsalva. m. adv. A mano salva, con seguridad, sin peligro.

★ **MAN.** m. Idioma hablado en Guatemala muy relacionado con el cachiquel.

MANÁ. (l. *manna*, y éste el hebr. *man*.) m. Alimento milagroso que Dios envió en el desierto a los israelitas. ‖ 2. Líquido azucarado que se solidifica rápidamente y que fluye de algunos árboles como el fresno y el eucalipto, y es algo purgante. ‖ 3. Bol. y Perú. Dulce de maní, o de pepitas de calabaza. ‖ **—líquido.** Substancia gomosa, de aspecto de miel que fluye de un arbusto asiático y que se emplea como purgante. ‖ **P.** maná; **I.** y **It.** manna; **F.** manne; **A.** Manna; Erdbrot; **R.** манна.

° **MANA.** m. Amér. Manantial.

★ **MANACINA.** f. Quím. Alcaloide tóxico que se obtiene del manacá y tiene aplicaciones en medicina para combatir la sífilis y el reumatismo.

MANADA. (l. *mināri*, conducir.) f. Rebaño al cuidado de un pastor. ‖ 2. Conjunto de animales de una especie que andan reunidos.

MANADA. f. Porción de hierba, trigo, etc., que se coge de una vez con la mano.

MANADERO. m. Pastor de una manada de ganado.

MANADERO, RA. adj. Que mana. ‖ 2. m. Manantial.

★ **MANAJÚ.** (Voz caribe). m. Amér. Árbol gutífero silvestre propio de Cuba, cuya resina se emplea para curar heridas.

MANANTE. p.a. de manar. Que mana.

MANANTIAL. (De *manante*.) adj. Se dice del agua que mana. ‖ 2. m. Nacimiento de las aguas. ‖ 3. fig. Origen y principio de alguna cosa. ‖ **P.** manancial; **I.** spring, source; **F.** source; **A.** Quelle; **It.** sorgente; **R.** ключевой.

MANANTÍO, A. (De *manante*.) adj. Que mana. Ú.t.c.s.

★ **MANAQUÍN.** m. Zool. Pájaro dentirrostro de América, de bello plumaje y tamaño pequeño.

MANAR. (l. *manāre*.) intr. Brotar un líquido de alguna parte. Ú.t.c.s. ‖ 2. fig. Abundar, tener copia de una cosa. ‖ **P.** manar; **I.** to spring; **F.** sourdre; **A.** entspringen, (ent)quellen; **It.** sòrgere, sgorgare; **R.** хлынуть.

MANARE. m. Cedazo tejido de caña amarga o espina, que se usa en Venezuela.

MANATÍ. (Voz caribe). m. Zool. Mamífero sirénido, semejante a la foca, con miembros torácicos muy desarrollados en forma de aleta; vive en los estuarios de los ríos atlánticos de América y su carne y grasa son muy estimadas. ‖ 2. Tira de la piel de este mamífero, que, seca, se utiliza para hacer bastones y látigos.

MANATO. m. Manatí.

MANAZA. f. aum. de mano.

★ **MANCACABALLOS.** m. Chile. Cierto insecto coleóptero que pica a las caballerías dentro del casco.

MANCAMIENTO. m. Acción de mancar o mancarse. ‖ 2. Falta, mancamiento.

★ **MANCAPOTRILLO.** m. Argent. Arbusto muy espinoso.

MANCAR. (De *manco*.) tr. Herir a uno en una o en ambas manos de modo que quede privado de su uso normal. Ú.t.c.r. ‖ 2. p. us. Hacer manco o defectuoso. ‖ 3. intr. Disminuir la fuerza del viento o

de las olas. ‖ **P.** mancar, aleijar; **I.** to maim, lame; **F.** estropier, manquer; **A.** verstümmeln; **It.** storpiare; **R.** портить.

MANCARRÓN, NA. adj. aum. de manco. ‖ 2. Chile. Se dice de la persona que se ha inutilizado para el trabajo.

MANCEBA. (De *mancebo*.) f. Concubina, querida, amante. ‖ **P.** manceba; **I.** concubine; **F.** concubine, maîtresse; **A.** Kebsweib; **It.** concubina; **R.** любовница.

MANCEBETE. m. d. de mancebo.

MANCEBEZ. f. ant. Mancebía, juventud.

MANCEBÍA. (De *mancebo*.) f. Casa de prostitución o de mujeres públicas o mundanas. ‖ 2. Travesura propia de mozos. ‖ 3. Mocedad, diversión deshonesta.

MANCEBO. m. Mozo joven. ‖ 2. Hombre soltero. ‖ 3. Dependiente o empleado en ciertos oficios o artes, como el auxiliar del farmacéutico. ‖ **P.** mancebo; **I.** youth; **F.** garçon; **A.** Knabe; **It.** ragazzo; **R.** молодой, человек.

★ **MANCELLADERO, RA.** (De *mancellar*.) adj. ant. Mancilladero.

MANCELLAR. (l. *macella*, manchita.) tr. ant. Amancillar.

MANCELLOSO, SA. (De *mancellar*.) adj. ant. Maligno, malicioso.

MÁNCER. (l. *manzer*, y éste del hebr. *mamzer*.) m. Hijo de prostituta. Ú.t.c.adj.

MANCERA. (l. *manicearia*, de *manicae*, mango.) f. Esteva, 1.ª acep.

MANCERINA. (De *Mancera*, nombre de un virrey del Perú.) Plato con una abrazadera circular en el centro, donde se coloca la jícara para servir el chocolate.

MANCIL. m. Germ. Mandil, criado de rufianes o mujeres públicas.

MANCILLA. (l. *mancella*, por *macella*, de *macŭla*, infl. por *mancus*.) f. fig. Mancha, desdoro, deshonra.

MANCILLADERO, RA. adj. ant. Que mancilla.

MANCILLADO, DA. p.p. de mancillar. ‖ 2. Dícese del hijo bastardo.

MANCILLAMIENTO. m. ant. Acción y efecto de mancillar.

MANCILLAR. tr. Manchar. ‖ 2. Deslucir, afear.

MANCILLOSO, SA. adj. ant. Lleno de mancilla, o que mueve a lástima.

MANCIPACIÓN. (l. *mancipatio, -ōnis*.) f. Enajenación solemne de una propiedad en presencia de cinco testigos. ‖ 2. Venta y compra. ‖ **P.** mancipação; **I.** y **F.** mancipation; **A.** Veräusserung; **It.** mancipazione; **R.** манципация.

MANCIPAR. (l. *mancipāre*.) tr. Sujetar, hacer esclavo a uno. Ú.t.c.s.

MANCO, CA. (l. *mancus*.) adj. Falto de un brazo o mano o que tiene perdido su uso. Ú.t.c.s. ‖ 2. fig. Defectuoso, incompleto. ‖ 3. Mar. Se decía del bajel que no tenía remos. ‖ 4. m. Chile. Caballo malo, flaco. ‖ *No ser cojo ni* MANCO. fr. fig. y fam. Ser inteligente y experimentado en lo que se trata. ‖ **P.** manco; **I.** one-handed, one-armed; **F.** manchot; **A.** einarmig; **It.** monco; **R.** однорукий.

MANCOMÚN (DE). (De *man*, mano, y *común*.) m. adv. De acuerdo, unida o solidariamente. ‖ 2. Der. Acción y efecto de obligarse dos o más personas en un mismo asunto de forma que sean apremiadas en el cumplimiento al mismo tiempo.

MANCOMUNADAMENTE. adv. de mancomún.

MANCOMUNADA, DA. adj. For. V. *Obligación* MANCOMUNADA.

MANCOMUNAR. tr. Unir, asociar personas, caudales o fuerzas para el mismo fin. Ú.t.c.r. ‖ 2. Der. Obligar a varias personas de mancomún, a la ejecución o pago de algo. ‖ **P.** alhar; **I.** to unite, to associate; **F.** associer; **A.** vereinigen; **It.** accomunare; **R.** объединять.

MANCOMUNIDAD. (De *mancomún*.) f. Acción y efecto de mancomunar o mancomunarse. ‖ 2. Asociación, legalmente constituida, de municipios o provincias para servicios que les son comunes.

MANCORNAR. (De *mano* y *cuerno*.) tr. Sujetar una res vacuna, fijándole los cuernos en el suelo sin movimiento. ‖ 2. Atar con cuerda un cuerno y la mano del mismo lado de una res vacuna para evitar que huya. ‖ 3. Colocar la mano de la res que está en el suelo sobre el cuerno del mismo lado, impidiendo que se levante. || **4.** Atar las reses por los cuernos para que anden juntas. || **5.** fig. y fam. Unir dos cosas de la misma especie.

MANCUERDA. f. Tormento que se aplicaba para obligar a confesar al supuesto reo, y consistente en atarle una cuerda que se apretaba dando vueltas a una rueda.

MANCUERNA. (De *mancornar*.) f. Pareja de animales o cosas mancornadas. || **2.** Correa para mancornar animales. || **3.** CUBA. Trozo del tallo de la planta de tabaco, con dos hojas adheridas al mismo. || **4.** FILIP. Pareja de presidiarios encadenados. || **5.** pl. MÉJ. Par de gemelos para puños de camisa.

MANCHA. (l. *mancŭla*, de *macŭla*, infl. por *mancus*, falto.) f. Señal que se hace en un cuerpo ensuciándolo. || **2.** Parte de alguna cosa, con distinto color del general de la misma. || **3.** Trozo de terreno que se distingue de los próximos por alguna calidad. || **4.** Conjunto de plantas en un terreno que se diferencian de las demás. || **5.** fig. Deshonra, desdoro. || **6.** ASTRON. Mácula. || **7.** ECUAD. Enfermedad del cacao. || **8.** ARGENT. Carbunclo del ganado. || **9.** MAR. Extensión más o menos grande de mar en la que el color de las aguas es distinto del común o general. || **10.** MED. Marca o huella que deja en un cuerpo una substancia como sangre, esperma, etc., y que a veces ilustra a la justicia en los casos médico-legales. || **11.** VETER. Enfermedad contagiosa del ganado vacuno. —**amarilla.** MED. Mácula lútea. || —**azul** o **cerúlea.** Línea de congestión producida en la piel al ser rascada con las uñas. || P. mancha; I. stain, spot; F. tache, souillure; A. Fleck(en); It. macchia; R. пятно.

MANCHA. n. p. V. *Jabonera de la* MANCHA.

MANCHA. (Del m. or. que *manga*.) f. Ar. Fuelle de la fragua o del órgano.

MANCHADIZO, ZA. adj. Que se mancha fácilmente.

MANCHADO, DA. p.p. de manchar. || **2.** adj. Que tiene manchas.

MANCHADOR. (De *manchar*, 2.º art.) m. AR. Entonador, palanquero.

★ **MANCHANCHA.** f. ARGENT. Reparto de monedas a los chicos en las bodas y bautizos.

MANCHAR. (l. *mancŭlāre*, por *macŭlāre*, infl. por *mancus*.) tr. Hacer manchas en alguna cosa. Ú.t.c.s. || **2.** fig. Deslustrar la buena fama de una persona, familia o linaje. Ú.t.c.r. || **3.** PINT. Meter las masas de claro y obscuro para unirlas y empastarlas. || P. manchar; I. to stain, to spot; F. salir, tacher; A. beflecken, besudeln; It. macchiar; R. пачкать, марать.

MANCHAR. (De *mancha*, fuelle.) tr. AR. Entonar o dar viento al fuelle de las fraguas o de los órganos.

MÁNCHARRAS. f. pl. V. *Cháncarras* MÁNCHARRAS.

MANCHEGO, GA. adj. Natural de la región española de La Mancha. || **2.** Perteneciente a esta región. || **3.** V. *Seguidillas* MANCHEGAS. Ú.t.c.s.

★ **MANCHETA.** f. Título atrayente de un artículo periodístico.

MANCHÓN. m. aum. de mancha, 1.er art. || **2.** En sembrados y matorrales, trozo en el que las plantas nacen muy espesas. || **3.** Parte de tierra laborable que se deja por un año para pasto del ganado.

★ **MANCHONERO.** m. HOND. El que trabaja el añil.

MANCHOSO, SA. adj. ÁL. y AR. Que se mancha con facilidad, manchadizo.

MANCHÚ. adj. Natural de Manchuria. Ú.t.c.s. || **2.** Perteneciente a esta región de Asia.

MANCHUELA. f. d. de mancha, 1.er art.

MANDA. (De *mandar*.) f. Donación u oferta hecha a otro. || **2.** Legado que se hace en un testamento. || **3.** CHILE. Voto hecho a Dios. || P. oferta; I. bequest; F. legs; A. Schenkung, Legat; It. làscito; R. дар.

MANDACIÓN. f. ant. Jurisdicción y facultad.

MANDADERA. f. Mujer que sirve a una comunidad o a un particular para hacer mandados. || **2.** Demandadera.

MANDADERÍA. (De *mandadero*, procurador.) f. ant. Mensaje o embajada.

MANDADERO, RA. (l. *mandatarius*.) adj. Bienmandado. || **2.** m. y f. Demandadero, ra.

MANDADO, DA. p.p. de mandar. || **2.** m. Orden, mandamiento. || **3.** Comisión que se da en lugar distinto de aquel en que ha de ser desempeñada.

MANDADOR, RA. (l. *mandātor*.) m. y f. ant. Persona que manda.

MANDAMIENTO. (De *mandar*.) m. Orden o precepto de un superior a un inferior. || **2.** Cualquiera de los preceptos del Decálogo o de la Iglesia. || **3.** DER. Despacho u orden escrita del juez. || P. mandamiento; I. command; F. commandement; A. Befehl, Erlass; It. comandamento; R. приказ.

MANDANGA. f. Flema, tardanza, indolencia, pachorra.

MANDANTE. p.a. de mandar. || **2.** FOR. Persona que en el contrato llamado mandato, confía a otra la gestión de algún negocio.

MANDAR. (l. *mandāre*.) tr. Ordenar, imponer un precepto. || **2.** Legar algo en el testamento. || **3.** Prometer algo. || **4.** Enviar. || **5.** Encargar, encomendar a alguien una cosa. || **6.** EQUIT. Dominar el caballo. || **7.** intr. Regir, gobernar. || **8.** r. Moverse, manejarse uno por sí mismo. || **9.** En los edificios, comunicarse una pieza con otra. || **10.** CUBA. Marcharse solapadamente de un lugar. || **11.** Servirse de una escalera, puerta, etc. || P. mandar; I. to command, to order; F. mander, envoyer, commander; A. verordnen, anbefehlen; It. comandare, mandare; R. приказывать, командовать.

MANDARÍN. (indo *mantrin*, consejero.) m. Nombre dado por los europeos al alto funcionario civil o militar de la China imperial. || **2.** fig. y fam. Persona que ejerce un cargo y es tenido por poco. || **3.** FILOL. Uno de los dialectos principales del idioma chino. || P. mandarín; I. y F. mandarin; A. Mandarin; It. mandarino; R. мандарин.

MANDARINA. (De *mandarín*.) adj. Dícese de la lengua culta de la China. Ú.t.c.s. || **2.** adj. Dícese de una variedad de naranja pequeña de pulpa dulce y cáscara fácil de separar. Ú.t.c.s. || **3.** ARGENT. Mujer mandona.

★ **MANDARINO.** m. BOT. Árbol originario de China, cuyo fruto es la mandarina.

MANDARRIA. f. MAR. Martillo de hierro que se emplea para calafatear.

MANDATARIO. (l. *mandatarius*.) m. DER. Persona que gestiona los asuntos de otra en virtud del contrato consensual, llamado mandato. || **2.** COLOM. El que gobierna o manda. || P. mandatario; I. proxi, mandatary; F. mandataire; A. Bevollmächtigter; It. mandatario; R. чполно-моченный.

MANDATO. (l. *mandātum*.) m. Orden o precepto. || **2.** Ceremonia eclesiástica del lavatorio de los pies del día de Jueves Santo y sermón que con este motivo se predica. || **3.** Contrato consensual por el cual una persona confía a otra la gestión de sus negocios. || **4.** Representación de los diputados, concejales, etc., en virtud de elección. ||—**apostólico.** Escrito prescriptivo o prohibitivo, expedido por el Papa. —**internacional.** Tutela conferida por un organismo internacional autorizado y que un Estado ejerce sobre un pueblo de cultura o educación política atrasadas. || P. mandato, ordem; I. mandate, order; F. ordre, mandement; A. Mandat, Geheiss; It. mandato; R. мандат, приказ.

★ **MANDÉLICO, CA.** adj. Dícese del ácido de esencia de almendras amargas.

MANDERECHA. f. Mano derecha.

★ **MANDEVILLEA.** f. BOT. Planta trepadora parecida al jazmín.

MANDÍ. (Voz guaraní.) m. ZOOL. AMÉR. Especie de bagre de carne muy delicada en el Río de la Plata.

★ **MANDIBLE.** adj. SAL. Servicial, obediente.

MANDÍBULA. (l. *mandibŭla*, de *mandĕre*, mascar.) f. ZOOL. Quijada. || **2.** Cada pieza córnea de la que forman el pico de las aves. || **3.** Cada una de las dos piezas duras que otros animales tienen alrededor de la boca, o a los lados de ella y que les sirven

para la prensión de los alimentos. || *Reir a* MANDÍBULA *batiente.* fr. fam. Reir a carcajadas, con risa estrepitosa. || P. mandíbula; I. mandible, jaw; F. mandibule; A. Kiefer; It. mascella; R. челюсть.

MANDIBULAR. adj. Perteneciente a la mandíbula.

MANDIL. (l. *mantile*.) m. Prenda de tela fuerte o cuero que cuelga del cuello hasta por debajo de las rodillas. || **2.** Prenda que usan las mujeres para cubrir la delantera de la falda. || **3.** Insignia que usan los masones. || **4.** Trozo de bayeta para limpiar los caballos. || **5.** Red de pescar de mallas estrechas. || **6.** CHILE. Babero. **7.** CHILE. Paño que se pone al caballo en el lomo debajo de la silla. || P. mandil; I. apron; F. tablier; A. Schurzfell; It. grembiule; F. фартук.

MANDILADA. f. GERM. Junta de criados de rufianes.

MANDILANDÍN. m. GERM. Criado de prostitutas o de rufianes.

MANDILANDINGA. (De *mandilandín*.) f. GERM. Picaresca, hampa, truhanería.

MANDILAR. tr. Limpiar el caballo con un paño o mandil.

MANDILEJO. m. d. de mandil.

MANDILETE. (De *mandil*.) m. Pieza de la armadura que protegía la mano. || **2.** ART. Portezuela que cierra la tronera de una batería.

MANDILÓN. (aum. de *mandil*.) m. fig. y fam. Hombre apocado y cobarde.

MANDINGA. adj. Dícese de los negros sudaneses que viven en el Alto Níger. Ú.t.c.s. || **2.** Lenguaje de los mandingas. **3.** MURC. Baldragas. || **4.** ARGENT. Pateta, el diablo. || **5.** ARGENT. fig. y fam. Encantamiento, brujería.

MANDIOCA. (guaraní *mandiog*.) f. Arbusto euforbiáceo de América tropical, de raíz napiforme, que posee un látex venenoso y que se volatiliza por desecación. De esta raíz se extrae la tapioca. || **2.** Harina de la raíz de este arbusto.

MANDO. (De *mandar*.) m. Autoridad o poder superior sobre los subordinados. || **2.** Persona u organismo que tiene dicha autoridad. || **3.** MEC. Botón, palanca, etc., por el cual se pone en funcionamiento o se regula un mecanismo de ciertas instalaciones. || P. mando; I. command; F. commandement; A. Befehl; It. comando; R. власть.

MANDOBLE. (De *man*, mano, y *doble*.) m. Golpe violento o cuchillada que se da esgrimiendo el arma con ambas manos. || **2.** fam. Espada grande. || **3.** fig. Amonestación o represión áspera.

★ **MANDOLINA.** f. MÚS. Instrumento músico de cuerda parecido al laúd.

MANDÓN, NA. adj. Que ostenta y usa del mando más de lo debido. Ú.t.c.s. || **2.** m. Antiguamente, jefe de tropa irregular. || **3.** Capataz de mina en América. **4.** CHILE. El que da la voz de partida en las carreras de caballos a la chilena.

MANDRA. (l. *mandra*, y éste del gr. μάνδρα.) f. ant. Majada donde se recogen los pastores.

MANDRACHE. m. Mandracho.

MANDRACHERO. (De *mandracho*.) m. En algunas partes, garitero que tiene juego público en su casa.

MANDRACHO. (despect. de *mandra*.) m. En algunas partes, casa de juego público o tablaje.

MANDRÁGORA. (l. *mandragŏra*, y éste del gr. μανδραγόρας.) f. BOT. Planta solanácea, sin tallo, con hojas anchas, flores de mal olor y fruto en baya ovoide, que se usó antiguamente como narcótico. || P. mandrágora; I. mandragora; F. mandragore; A. Alraun; It. mandràgora; R. мандрагора.

MANDRÁGULA. f. fam. Mandrágora.

MANDRIA. (De *mandra*.) adj. Apocado, pusilánime. Ú.t.c.s. || **2.** AR. Holgazán.

MANDRIAL. (De *mandra*.) m. ant. Madrigal.

MANDRIEZ. (De *mandria*.) f. ant. Flaqueza, falta de ánimo.

MANDRIL. (Voz de la Guinea.) m. Mono catirrino cinomorfo que vive en el África occidental. Tiene rayas azules a los lados de la nariz y callosidades rojas en las caderas.

M

MANDRIL. (fr. *mandrin*; en ingl. *mandrel.*) m. Pieza cilíndrica en que se asegura lo que se ha de tornear. || **2.** CIR. Vástago que, introducido en ciertos instrumentos huecos, facilita su penetración en determinadas cavidades.

MANDRÓN. m. Bola grande que, como proyectil de guerra se arrojaba con la mano. || **2.** Máquina que en la guerra servía para arrojar piedras.

★ **MANDUBI.** m. ARGENT. Cacahuete.

MANDUCACIÓN. (l. *manducatio, -ōnis.*) f. fam. Acción de manducar.

MANDUCAR. (l. *manducāre.*) intr. fam. Comer, tomar alimento. Ú.t.c.s.

MANDUCATORIA. (De *manducar.*) f. fam. Comida, sustento.

MANDURRIA. f. ant. Bandurria. Ú. en Álava y en Aragón.

MANEA. (De *manear.*) f. Maniota.

MANEAR. (De un der. del l. *manus,* mano.) tr. Poner maneas a las bestias. || **2.** Manejar. || **3.** r. MÉJ. Tropezar, enredándose los pies. || **4.** CHILE. Maniatarse. || **5.** CHILE. Embarazarse en un apuro. || **P.** pear; **I.** to hobble a horse; **F.** entraver; **A.** fesseln (Tiere); **It.** impastoiare; **R.** стреноживать (лошадь).

MANECILLA. f. d. de mano. || **2.** Broche para cerrar algunas cosas, especialmente devocionarios. || **3.** Signo de figura de mano, con el índice extendido para llamar la atención. || **4.** Saetilla que en los relojes y otros instrumentos señalan horas, grados, etc. || **5.** Zarcillo de las plantas trepadoras. || **2.ª** acep.: **P.** maozinha; **I.** clasp; **F.** fermoir, aiguille; **A.** Schliesshaken; **It.** fermaglio; **R.** застёжка.

MANEJABLE. ad. Fácil de manejar.

MANEJADO, DA. p.p. de manejar. || **2.** adj. PINT. Con los adv. *bien* o *mal,* pintado con soltura o sin ella.

MANEJAR. (l. *manica,* de *manus,* mano.) tr. Traer una cosa entre las manos. || **2.** Gobernar los caballos según arte. || **3.** Gobernar, dirigir. || **4.** Dar movimiento a una cosa con la mano. || **5.** r. Moverse después de estar impedido. || **P.** manejar; **I.** to handle; **F.** manier; **A.** handhaben; **It.** maneggiare; **R.** править.

MANEJO. m. Acción y efecto de manejar o manejarse. || **2.** Arte de manejar los caballos. || **3.** fig. Gobierno y dirección de un negocio. || **4.** Intriga, ardid, treta. || **P.** manejo; **I.** handling; **F.** maniement; **A.** Handhabung, Bedienung; **It.** maneggio; **R.** обращение.

MANEOTA. (De *manea.*) f. Maniota.

MANERA. (l. *manuaría.*) f. Forma particular con que se ejecuta una cosa. || **2.** Porte y modales. || **3.** Bragueta. || **4.** Abertura de las sayas para alcanzar la faltriquera. || **5.** Calidad o clase de las personas. || **6.** Carácter que un pintor o escultor da a sus obras. || *A la* MANERA *a semejanza.* || *En gran* MANERA. m. adv. En alto grado, mucho, muy. || *Sobre* MANERA. m. adv. Excesivamente, en extremo. || **P.** maneira; **I.** manner; **F.** manière; **A.** Art, Weise; **It.** maniera; **R.** способ, манера.

★ **MANERISMO.** m. Amaneramiento en el arte.

MANERO, RA. (l. *manuaríus,* de *manus,* mano.) adj. Manuable. || **2.** Dícese del azor o halcón enseñados a venir a las manos.

MANES. (l. *manes.*) m. pl. MIT. Dioses infernales a quienes se tenía por purificadores de las almas. || **2.** fig. Sombras o almas de los muertos. || **P.** e **I.** manes; **F.** mânes; **A.** Schatten, Manen; **It.** mani; **R.** маны.

MANEZUELA. f. d. de mano. || **2.** Broche de ciertas cosas. || **3.** Mango o manubrio de herramientas.

MÁNFANOS. m. LEÓN. Trozos de pan echado en la salsa de los guisos para apurarla.

MANFERIDOR. (De *manferir.*) m. ant. Contraste.

MANFERIR. (l. *manu ferire,* tocar, sacudir con la mano.) tr. ant. Maherir.

MANFLA. f. fam. Concubina, querida. || **2.** MANCHA. Lechona vieja que ha parido. || **3.** GERM. Mancebía, burdel, lupanar.

★ **MANFLORICO, CA.** adj. COLOM. y VENEZ. Afeminado.

MANFLOTA. (De *manfla.*) f. GERM. Burdel, lupanar.

MANFLOTESCO, CA. (De *manflota.*) adj. Que frecuenta los burdeles.

MANGA. (l. *manica.*) f. Parte del vestido para cubrir el brazo. || **2.** Parte del eje de un carro donde voltea la rueda. || **3.** Maleta manual, abierta por los extremos. || **4.** Tubo largo de goma, cuero o lona. || **5.** Red de forma cónica para pescar. || **6.** Tela de forma cónica para filtrar líquidos. || **7.** Partida de gente armada. || **8.** Arcabuceros que guarnecían las plazas. || **9.** Anchura mayor de un buque. || **10.** Nube en forma de embudo, que se extiende desde la parte inferior de un cúmulo hasta la superficie del mar o de un lago. || **11.** ARGENT., CUBA y CHILE. Espacio comprendido entre palanqueras o estacadas convergentes hasta la entrada de un corral o embarcadero, a donde se conducen animales. || **—boba.** La que no tiene puño y es ancha y abierta. || **—de agua.** Aguacero repentino con fuerte viento. || **—de viento.** Remolino de viento. || *En* MANGAS *de camisa.* Estar vestido completamente de medio cuerpo abajo, y con la camisa solamente, o con camisa y chaleco, de la cintura para arriba. || *Hacer* MANGAS *y capirotes.* fr. fig. y fam. Resolver una cosa con prontitud y caprichosamente. || *Ser de* MANGA *ancha o tener* MANGA *ancha.* fr. fig. y fam. Se dice del confesor demasiado indulgente con los penitentes, o del individuo que no da importancia a los defectos propios o ajenos. || *Tirar la* MANGA a uno. fr. fig. ARGENT. Pedir dinero, mangar, sablear. || *Traer* una cosa *en la* MANGA. fr. fig. y fam. Tenerla pronta y a la mano. || **P.** manga; **I.** sleeve; **F.** manche; **A.** Ärmel; **It.** mànica; **R.** рукав.

MANGA. (Voz malaya.) f. BOT. Árbol de los países intertropicales, variedad del mango, y con el fruto sin escotadura. || **2.** Fruto de este árbol. || **—brava.** BOT. Árbol apocináceo de los países tropicales, de corteza y hojas purgantes y semilla venenosa, de la que se obtiene un aceite.

★ **MANGABA.** f. BOT. BOL. Planta apocinácea de cuyo jugo se obtiene caucho.

MANGACHAPUY. m. BOT. Árbol dipterocarpáceo de Filipinas, de fruto en forma de nuez coronada con dos alas. Su madera, muy resinosa, se emplea en la construcción naval.

MANGADA. (De *manga.*) f. SAL. Extensión de tierra de labor o de prado, largo y estrecho.

MANGADO, DA. (l. *manicātus.*) adj. ant. De mangas largas.

★ **MANGADOR, RA.** m. y f. R. DE LA PLATA. Sablista, petardista.

MANGAJARRO. m. fam. Manga muy larga y sucia.

★ **MANGAJO.** m. Baldragas. || **2.** PERÚ. Persona desgarbada.

MANGAJÓN, NA. adj. SAL. Destrozón, andrajoso.

MANGANA. (l. *mangānum,* y éste del gr. μάγγανον.) f. Lazo arrojado a las manos de una bestia para derribarla y sujetarla. || **2.** ARQUEOL. Máquina guerrera antigua para lanzar piedras. || **3.** MÉJ. Trampa, engaño.

★ **MANGANATO.** m. QUÍM. Sal resultante de combinar el ácido mangánico con una base.

MANGANEAR. tr. Echar manganas. || **2.** MÉJ. Rapiñar. || **3.** PERÚ. Fastidiar, importunar. || **4.** VENEZ. Mangonear.

MANGANEO. m. Reunión de personas para divertirse en manganear.

MANGANESA. (al. *manganerz,* mineral de manganeso.) f. Mineral negruzco empleado en la industria para la obtención del oxígeno y preparación del cloro. Es el peróxido de manganeso y se llama vulgarmente jabón de vidrieros, debido a la propiedad que tiene de decolorar la pasta del vidrio.

MANGANESIA. f. Manganesa.

MANGANESO. m. QUÍM. Metal duro y quebradizo, de color y brillo acerados, muy oxidable, lo que hace que sólo se conserve sumergido en nafta o petróleo. Tiene mucha aplicación en la fabricación de aceros. || **P.** manganês; **I.** e **It.** manganese; **F.** manganèse; **A.** Mangan; **R.** марганец.

MANGANETA. f. AR. Red para cazar pájaros. || **2.** HOND. Treta, ardid.

★ **MANGÁNIDOS.** m. pl. MINER. Minerales que forma el manganeso y sus combinaciones.

MANGANILLA. (d. de *mangana.*) f. Engaño, ardid de guerra, sutileza de manos. || **2.** Máquina antigua de guerra para batir muros. || **3.** EXTR. Vara larga a la que, con una cuerda, se sujeta otra más corta para varear las encinas. || **P.** manganilha; **I.** trickery, chicanery; **F.** manigance; **A.** Kniff; **It.** tràpola, cavalleta; **R.** ловушка.

★ **MANGANINA.** f. QUÍM. Aleación de manganeso, cobre y níquel, empleada para resistencias eléctricas.

★ **MANGANOLITA.** f. MINERAL. Silicato natural de manganeso.

★ **MANGANOSO, SA.** adj. QUÍM. Dícese del primer grado de oxigenación del manganeso.

° **MANGANTE.** adj. Sablista, pedigüeño. Ú.t.c.s. || **2.** Dícese de la persona que se distingue por su frescura y desvergüenza.

MANGANZÓN, NA. adj. AMÉR. Manganzón. Ú.t.c.s.

° **MANGAR.** tr. GERM. Pedir, mendigar. || **2.** CUBA. Burlarse de uno.

★ **MANGAZO.** m. PAN. y VENEZ. Puñetazo, revés.

MANGLA. (l. *macŭla,* mancha.) f. ant. Tizón u honguillo parásito de los cereales. || **2.** En Sierra Morena, ládano o producto resinoso que fluye de la jara.

MANGLAR. m. Terreno de la zona tropical que cubren las aguas durante las mareas. || **2.** Terreno poblado de mangles.

MANGLE. (Voz caribe.) m. BOT. Arbusto rizoforáceo, cuyas ramas largas y extendidas descienden hasta arraigar en el suelo. Es propio de los países intertropicales y sus hojas, fruto y corteza se emplean en las tenerías. || **2.** MEC. Máquina usada para el apresto de tejidos de lino y algodón, por la presión que ejercen sobre ellos unos cilindros. || **—blanco.** Árbol verbenáceo de América, muy corpulento, que también echa raíces aéreas, y su fruto, aunque amargo, es comestible. || **P.** mangue; **I.** mangrove-tree; **F.** manglier; **A.** Mangrovebaum; **It.** manglio; **R.** манглис.

MANGO. (l. *manicus.*) m. Parte por donde se coge con la mano un utensilio para usar de él. || **P.** cabo duma ferramenta; **I.** handle; **F.** manche; **A.** Stiel, Schaft; **It.** mànico; **R.** ручка.

MANGO. (De *manga,* 2.º art.) m. BOT. Árbol terebintáceo de la India y de los países intertropicales, de fruto oval, aromático y comestible. || **2.** Fruto de este árbol.

MANGÓN. (l. *mango, -ōnis.*) m. Revendedor.

MANGÓN, NA. (De *manga,* 1.er art.) adj. MURC. Grandillón. || **2.** MURC. Holgazán, remolón.

★ **MANGÓN.** (De *manga,* corral, dehesa.) m. ARGENT. Potrero pequeño, cerco para encerrar ganado.

MANGONADA. f. Golpe dado con el brazo y la manga.

MANGONEAR. (De *mangón.*) intr. Vagabundear sin saber qué hacerse. || **2.** Entremeterse uno donde no le llaman. || **3.** despec. Dirigir, mandar. || **4.** P. RICO y MÉJ. Hurtar, rapiñar.

MANGONEO. m. fam. Acción y efecto de mangonear, 2.ª acep.

MANGONERO, RA. adj. fam. Que le gusta mangonear, entremetido.

★ **MANGORRERA.** ARGENT. Cuchillo pequeño.

MANGORRERO, RA. (De *manga,* 1.er art.) adj. fam. Que generalmente anda entre las manos. || **2.** fig. y fam. De poca estimación o inútil. || **3.** Dícese del cuchillo mal forjado y tosco.

MANGORRILLO. (De *mango.*) m. Mancera o esteva del arado.

MANGOSTA. f. Cuadrúpedo carnicero que ataca a roedores y serpientes. || **P.** mangusta; **I.** mongoose; **F.** mangouste; **A.** Manguste; **It.** mangosta; **R.** мангуст.

MANGOSTÁN. m. (Voz malaya.) BOT. Arbusto gutífero de las Molucas, de hojas agudas y lustrosas, flores rojas termina-

les y fruto comestible muy estimado. ||
P. mangostão; **I.** mangosteen; **F.** mangoustan; **A.** Mangostane; **It.** mangostano;
R. мангостан.

MANGOTE. m. fam. Manga ancha y
larga. || **2.** Manga postiza que usan en el
trabajo algunos oficinistas. || **P.** manguito; **I.** over-sleeve; **F.** fausse manche;
A. Schmutzärmel; **It.** manicotto; **R.** широкий длинный рукав.

* **MANGRINO, NA.** Colom. Raquítico,
débil.

* **MANGRULLO.** m. Atalaya dispuesta
en las ramas de un árbol.

MANGUAL. (l. *manuālis*, manual.) m.
Arma ofensiva medieval que se usaba como
látigo y que consistía en unas bolas de hierro unidas a un mango por cadenas también de hierro. || **2.** Instrumento formado
por dos palos, uno más corto que el otro
y unidos por una correa, utilizado para
desgranar a golpes cereales y legumbres.

MANGUARDIA. f. Arq. Pared o murallón para reforzar lateralmente los estribos de un puente.

MANGUEAR. tr. Argent. Acosar el
ganado para que entre en la manguera. ||
2. Amér. Ojear o espantar la caza. || **3.** Chile. Cargar al caballo contrario, en las carreras, empujándolo hacia la orilla. || **4.**
Chile. Conducir a alguien hacia el término que se desea.

MANGUERA. (De *manga*.) f. Manga
de lona alquitranada para sacar el agua de
las embarcaciones. || **2.** Manga de bomba
o de riego. || **3.** Tubo de ventilación. ||
4. Argent. Corral cercado para recoger
el ganado. || **P.** curral, mangueira; **I.** scupper-hose; **F.** manche d'arrosage; **A.**
Schlauch, Röhre; **It.** manichetta; **R.**
шланг.

MANGUERO. m. Persona encargada
del manejo de las mangas de las bombas. ||
2. Méj. Árbol terebintáceo de sabroso
fruto.

* **MANGUERO, RA.** m. y f. R. de la
Plata. Petardero, sablista.

MANGUETA. (d. de *manga*, 1.ᵉʳ art.)
f. Vejiga para echar ayudas o lavativas. ||
2. Barra rígida que puede girar apoyada en
un punto. || **3.** Tubo que en los retretes
une el sifón con el conducto de bajada. ||
4. Madero que enlaza el par con el tirante,
o con el puente, en la armadura del tejado. ||
5. Instrumento de fundidor para impedir
que la tizna vaya demasiado deprisa.

MANGUILLA. f. d. de manga. ||
2. Chile. Mangote, manga suelta que
suelen llevar las mujeres para no manchar
los brazos durante el trabajo. || **3.** Chile.
Manga suelta de punto o gasa que las mujeres usan en verano para llevar los brazos
descubiertos.

MANGUITA. (De *manga*, 1.ᵉʳ art.) f.
Funda.

MANGUITERÍA. (De *manguitero*.) f.
Peletería.

MANGUITERO. (De *manguito*.) m.
Peletero.

MANGUITO. (De *manga*, 1.ᵉʳ art.) m.
Rollo de piel usado por las señoras para
abrigar las manos. || **2.** Media manga que
usan las damas y que ajustada va desde el
codo hasta la muñeca. || **3.** Tubo metálico
para reforzar los cañones, vergas, etc. ||
4. Tubo para empalmar dos piezas iguales, y cilíndricas. || **5.** Bizcocho grande en
figura de rosca. || **P.** manguito; **I.** muff;
F. manchon; **A.** Muff; **It.** manicotto;
R. муфта.

MANÍ. (Voz caribe.) m. Cacahuete. ||
2. Cuba. Cierto baile de negros.

MANÍA. (l. *mania*, y éste del gr. μανία.) f. Trastorno mental violento que se
caracteriza por un delirio general. || **2.** Extravagancia. || **3.** Deseo desordenado. ||
4. Ojeriza. || **—persecutoria.** Preocupación de ser objeto de mala voluntad de
una o de varias personas. || **P.** e **I.** mania;
F. manie; **A.** Wahnsinn; **It.** mania; **R.**
мания.

* **MANIABIERTO, TA.** adj. Que tiene
la mano abierta. || **2.** fig. y fam. Espléndido, generoso, amigo de ayudar.

MANIACO, CA [~NÍACO, CA]. adj.
y s. Que padece manía, enajenado. || **P.** maníaco; **I.** maniac; **F.** maniaque; **A.** wahnsinnig; **It.** maniaco; **R.** маниак.

MANIALBO, BA. (De *mano* y *albo*.)

adj. Dícese del caballo o yegua calzados
de ambas manos.

MANIATAR. tr. Atar las manos. || **P.** maniatar; **I.** to handcuff, to manacle; **F.** emmenotter; **A.** die Hände fesseln; **It.** ammanettare; **R.** связывать руки.

* **MANIATE.** m. Ecuad. Maniota, atadura.

MANIÁTICO, CA. adj. Que tiene manías.

MANIBLAJ. m. Germ. Mandilandín,
criado de mujeres públicas.

MANIBLANCO, CA. (De *mano* y *blanco*.) adj. Manialbo. || **2.** De manos finas y
blancas.

* **MANICARIA.** f. Bot. Palmera que
crece en los pantanos intertropicales de
América.

MANICOMIO. (gr. μανία, locura, y
κομέω, cuidar.) m. Hospital para locos, o
para maniáticos. || **P.** manicómio; **I.** madhouse, bedlam; **F.** maison de santé; **A.**
Irrenanstalt; **It.** manicomio; **R.** сумасшедший дом.

MANICORDIO. m. Monacordio, instrumento músico de teclado.

MANICORTO, TA. (De *mano* y *corto*.)
adj. fig. y fam. Poco generoso. Ú.t.c.s.

MANICURO, RA. (De *mano* y *curar*.)
m. y f. Persona cuyo oficio es cuidar las
manos y principalmente las uñas. || **2.** Cuidado de las manos y las uñas.

MANIDA. (l. *manēre*, permanecer.) f.
Guarida o lugar donde se cobija y hace
mansión una persona o animal. || **2.** Germ.
Casa. || **P.** morada; **I.** resort; **F.** repaire;
A. Lagerstätte; **It.** dimora, covo; **R.** убежище, логово.

MANIDO, DA. adj. p.p. de *manir*.
2.° art. || **2.** Sobado, pasado de sazón. ||
3. Vulgar. || **4.** Escondido, oculto.

* **MÁNIDOS.** m. pl. Familia de mamíferos desdentados, nocturnos; se alimentan de insectos, principalmente de hormigas.

MANIEGO, GA. (De *mano*.) adj. Ambidextro.

MANIFACERO, RA. (l. *manus*, mano, y *facere*, hacer.) adj. fam. Persona revoltosa, entrometida y mangoneadora.

MANIFACTURA. f. Manufactura. ||
2. Forma y hechura de las cosas.

MANIFECERO, RA. adj. Ar. Manifacero.

MANIFESTACIÓN. (l. *manifestatio*,
-ōnis.) f. Acción de manifestar. || **2.** Despacho librado a las personas que lo solicitaban al ser juzgados y que lo extendía el
Justicia Mayor o lugarteniente del mismo
en Aragón. || **3.** Reunión pública, generalmente al aire libre, en la que los asistentes
expresan sus deseos y sentimientos. ||
—naval. Exhibición de buques de guerra
que hace una nación, en tiempo de paz,
como apoyo a sus reclamaciones o gestiones que siguen la vía diplomática. ||
P. manifestação; **I.** manifestation; **F.** manifestation; **A.** Offenbarung; **It.** manifestazione; **R.** манифестация.

MANIFESTADOR, RA. (l. *manifestātor*.) adj. Que manifiesta. || **2.** Dosel para
colocar el Santísimo Sacramento en la adoración de los fieles.

MANIFESTAMIENTO. (De *manifestar*.) m. ant. Manifestación.

MANIFESTANTE. (De *manifestar*.)
com. Persona que toma parte en alguna
manifestación.

MANIFESTAR. (l. *manifestāre*.) tr.
Declarar, dar a conocer. Ú.t.c.r. || **2.** Poner a la vista, descubrir. || **3.** Exponer a la
adoración de los fieles el Santísimo Sacramento. || **4.** Poner en libertad al reo que
lo solicitaba, en virtud del despacho o manifiesto del Justicia Mayor de Aragón. ||
P. manifestar; **I.** to manifest; **F.** exposer;
manifester; **A.** offenbaren; **It.** manifestare;
R. заявлять.

MANIFESTATIVO, VA. adj. Que
lleva en sí el poder de manifestar.

MANIFICENCIA. f. ant. Magnificencia.

MANIFIESTAMENTE. adv. Con evidencia, claramente.

MANIFIESTO, TA. (l. *manifestus*.)
p.p. irreg. de manifestar. || **2.** adj. Claro,
patente, notorio. || **3.** Dícese del Santísimo
Sacramento cuando se expone a la adoración de los fieles. || **4.** m. Escrito que una

persona o agrupación dirige a la opinión
pública. || **5.** Com. Documento suscrito y
presentado por el capitán del buque en la
Aduana extranjera en que recala el barco y en el que consta la clase, cantidad,
procedencia y destino de las mercancías
que lleva a bordo. || **6.** For. Presentar los
autos, para que puedan examinarlos las
partes. || *Poner de* manifiesto *una cosa*.
fr. Exponerla al público, manifestarla. ||
P. manifesto; **I.** manifest; **F.** manifeste;
A. sichtlich; **It.** manifesto; **R.** очевидный, манифест.

MANIGERO. (b.l. *menagerius*, y éste
del l. *mināre*, conducir.) m. Capataz de
una cuadrilla de trabajadores agrícolas.

MANIGORDO. (De *mano* y *gordo*.) m.
C. Rica. Ocelote, especie de leopardo.

MANIGUA. f. En las Antillas, terreno
cubierto de malezas. || **2.** fig. Cuba. Juego
de azar realizado entre personas de confianza en casas particulares.

MANIGUETA. f. Manija, mango, puño o manubrio de algún instrumento o
utensilio.

MANIJA. (l. *monilia*, pl. n. de *monile*,
pulsera.) f. Maniota. || **2.** Abrazadera o anillo metálico para sujetar algo.

MANIJA. (l. *manícǔla*, manecita y mango.) f. Especie de guante de cuero que
utilizan los segadores en la mano izquierda
para no cortarse con la hoz. || **2.** Mango
de ciertas herramientas y utensilios. || **2.ª**
acep.: **P.** punho; **I.** handle; **F.** poignée;
A. Handkurbel; **It.** mànico; **R.** ручка.

MANILA. n.p. V. *Mantón de* Manila.

* **MANILA.** f. Colom. y Amér. Central. Cordel delgado.

MANILARGO, GA. adj. Que tiene
largas las manos. || **2.** fig. Dadivoso, liberal.

MANILENSE o **MANILEÑO, ÑA.**
adj. Natural de Manila. Ú.t.c.s. || **2.** Relativo a esta ciudad.

MANILEÑO, ÑA. adj. Natural de Manila. Ú.t.c.s. || **2.** Perteneciente a esta ciudad.

MANILUVIO. (l. *manus*, mano y *luēre*, bañar.) m. Baño medicinal de la mano.
Ú.m. en pl. || **P.** maniluvio; **I.** hand-bath;
F. maniluve, manuluve; **A.** Handbad;
It. maniluvio.

MANILLA. (l. *monilia*, pl. de *-le*.) f.
Pulsera, para la muñeca. || **2.** Anillo metálico para aprisionar la muñeca. || **3.** Can.
Cuadernillo de cinco pliegos de papel. ||
P. manilha; **I.** manocle; **F.** menotte; **A.**
Handschellen; **It.** manina; **R.** браслет,
ручка.

MANILLAR. m. Pieza de la motocicleta o bicicleta, que sirve para dirigir la
máquina.

MANIOBRA. (De *mano* y *obra*.) f.
Operación ejecutada con las manos. ||
2. Mil. Evoluciones y movimientos que
ejecuta la tropa para la realización de un
ejercicio. || **3.** Manejo y artificio con que
uno entiende en un negocio. || **4.** Mar.
Conjunto de los cabos o aparatos de una
embarcación, de uno de sus palos, vergas, etc. || **5.** Mar. Faena que se realiza a
bordo con ellos. || **6.** Mar. Arte de gobernar
una embarcación. || **7.** Operaciones realizadas en estaciones o cruces de vías para regular el paso de los trenes. || **8.** Operaciones
que se hacen con otros vehículos para el
cambio de dirección o de posición. ||
2.ª acep.: **P.** manobra; **I.** maneuver;
manoeuvre; **F.** manœuvre; **A.** Manover;
It. manovra; **R.** манёвры.

MANIOBRAR. intr. Realizar maniobras. || **P.** manobrar; **I.** to manoeuvre;
F. manœuvrer; **A.** manövrieren; **It.** manovrar; **R.** маневрировать.

MANIOBRERO, RA. adj. Que maniobra. || **2.** Dícese de la tropa que evoluciona con soltura y del jefe que la manda.

MANIOBRISTA. adj. Mar. Dícese
del que sabe y ejecuta maniobras.

MANIOTA. (De *maneota*.) f. Cuerda o
cadena para atar a una caballería.

* **MANIPODIO.** m. fam. Alcahuetería,
intriga.

MANIPULACIÓN. f. Acción y efecto
de manipular. || **P.** manipulação; **I.** y **F.**
manipulation; **A.** Behandlung, Handhabung; **It.** manipolazione; **R.** манипуляция.

MANIPULADOR, RA. adj. Que manipula. Ú.t.c.s. || **2.** Aparato telegráfico transmisor.

MANIPULANTE. p.a. de manipular. Que manipula. Ú.t.c.s.

MANIPULAR. (l. *manipŭlus*, de *manus*, mano.) tr. Operar con las manos. || **2.** fig. y fam. manejar los negocios o mezclarse en los ajenos. || **P.** manipular; **I.** to manipulate; **F.** manipuler; **A.** behandeln, manipulieren; **It.** manipolare; **R.** манипулировать.

MANIPULEO. m. fig. y fam. Acción y efecto de manipular un negocio.

MANÍPULO. (l. *manipŭlus.*) m. Ornamento sagrado más corto que la estola y que se sujeta sobre la manga del alba en el antebrazo izquierdo. || **2.** Enseña de los romanos, consistente en un manojo de hierba atado en el extremo de un palo, substituido más tarde por un estandarte con una mano abierta en lo alto del asta. || **3.** Cada compañía o sección de las veinticinco en que se dividía la cohorte romana. || **P.** manípulo; **I.** maniple; **F.** manipule; **A.** Manipel; **It.** manìpolo; **R.** манипула.

MANIQUEÍSMO. m. Secta religiosa del siglo III, fundada por Manes, que admitía la existencia de dos principios eternos y absolutos: el del bien y el del mal.

MANIQUEO. (l. *manichaeus.*) adj. Dícese de quien sigue el maniqueísmo. || **P.** maniqueu; **I.** Manichean; **F.** manichéen; **A.** Manichäer; **It.** manicheo; **R.** манихей.

MANIQUETE. (l. *manica*, manga.) m. Mitón de tul con labores y calados. || **2.** Manija para cubrir la mano del segador hasta la mitad de los dedos.

MANIQUÍ. (flam. *mannekin*, hombrecito.) m. Figura movible, articulada, empleada especialmente por escultores y pintores. || **2.** Armazón en figura de cuerpo humano usado para probar o arreglar prendas de vestir. || **3.** Mujer que luce los vestidos de última moda, y que también se conoce con el nombre de modelo. || **4.** fig. Persona sin carácter y abúlica. || **P.** manequim; **I.** manikin; **F.** mannequin; **A.** Schneider-Gliederpuppe; **It.** manichino; **R.** манекен.

MANIR. (l. *manēre.*) intr. ant. Quedar, permanecer.

MANIR. (gót. *manvjar*, preparar, adobar.) tr. Ablandar las carnes u otros manjares, durante algún tiempo, para que estén tiernos y sazonados antes de condimentarlos. || **P.** macerar; **I.** to mellow; **F.** mortifier; **A.** mürbe machen; **It.** frollare; **R.** тушить (мясо).

MANIRROTO, TA. (De *mano* y *roto.*) adj. Derrochador, pródigo, demasiado liberal. Ú.t.c.s. || **P.** manirroto; **I.** spendthrift; **F.** prodigue, gaspilleur; **A.** verschwenderisch; **It.** sprecone; **R.** расточительный.

MANIRROTURA. (De *manirroto.*) f. ant. Liberalidad excesiva, prodigalidad.

* **MANIS.** m. ZOOL. Mamífero desdentado que vive en madrigueras que hace en el suelo.

* **MANIS.** m. fam. MÉJ. Amigo, compañero.

MANITA. f. Substancia azucarada del maná que se encuentra en algunos vegetales como el fresno, algas y varias setas.

MANITO. m. Maná que se usa como purgante de los niños.

MANIVACÍO, A. adj. fam. Que viene o se va sin llevar nada en las manos, como algún presente, ofrenda, don, etc.

MANIVELA. (fr. *manivelle.*) f. Manubrio, cigüeña. || **P.** manivela; **I.** crank; **F.** manivelle; **A.** Kurbel, Tretkurbel; **It.** manovella; **R.** рукоятка.

MANJAR. (cat. *menjar*, y éste del l. *manducāre*, comer.) m. Cualquier comestible. || **2.** fig. Recreo que da vigor al espíritu. || **—blanco.** Plato de pechuga de gallina, harina de arroz, azúcar y leche. || **2.** Plato de postre hecho con leche, almendras, azúcar y harina de arroz. || **—imperial.** Plato compuesto de harina de arroz, yemas de huevo y leche. || **—lento.** Postre hecho con yemas batidas, leche y azúcar. || **—real.** Plato como el manjar blanco, sustituyendo la pechuga por pierna de carnero y coloreado con azafrán. || **P.** manjar; **I.** food; **F.** mets; **A.** Gericht, Speise; **It.** vivanda; **R.** кушанье, яство.

MANJAREJO. m. d. de manjar.

MANJARETE. m. d. de manjar. || **2.** AMÉR. Plato hecho de maíz rallado, leche y azúcar.

MANJELÍN. m. Peso de 254 miligramos que se usa en la India Oriental para apreciar los diamantes.

MANJOLAR. (De *mano* y *jaula.*) tr. CETR. Llevar sujeta el ave en jaula, cesta o mano.

MANJORRADA. (De *manjar.*) f. despect. Gran cantidad de manjares ordinarios.

MANJÚA. f. SANT. Cardumen, banco de peces. || **2.** ZOOL. CUBA y MÉJ. Pececillo teleósteo que nada en bandadas grandes y es de carne muy estimada.

MANLEVAR. (l. *manum levāre*, alzar la mano [para jurar].) tr. ant. Cargarse de deudas.

MANLIEVA. (De *manlevar.*) f. Tributo que se recogía de casa en casa o de mano en mano.

MANLIEVE. m. ant. Manlieva.

MANO. (l. *manus.*) f. Parte del cuerpo humano comprendida desde la muñeca hasta la punta de los dedos. || **2.** En ciertos animales extremidad cuyo dedo pulgar puede oponerse a los otros. || **3.** En los cuadrúpedos, pie delantero. || **4.** Trompa de elefante. || **5.** Cada uno de los lados en que cae o sucede una cosa respecto de la situación de otra. || **6.** Saetilla del reloj. || **7.** Habilidad, destreza. || **8.** Tratándose de casamiento, persona de la mujer pretendida por esposa. || **9.** Majadero para desmenuzar una cosa. || **10.** Rodillo de piedra para moler el cacao, maíz, etc. || **11.** Capa de barniz o pintura. || **12.** Conjunto de cinco cuadernillos de papel. || **13.** Cardas unidas y aparejadas para cardar el paño. || **14.** Lance entero de varios juegos. || **15.** El primero en orden de los que juegan. || **16.** Cada vuelta que dan los cazadores recorriendo un sitio para buscar la caza. || **17.** Medio para alcanzar una cosa. || **18.** fig. Número de personas unidas para un fin. || **19.** fig. Vez o vuelta en una labor material. || **20.** fig. Poder, mando, facultad. || **21.** fig. Auxilio, socorro. || **22.** Reprensión, castigo. || **23.** CANT. Cada uno de los asideros que se dejan en los paramentos de los sillares, para poder levantarlos con facilidad, y que se cortan después de sentados. || **24.** CHILE. Conjunto de cuatro objetos de una misma clase. || **25.** ECUAD. Conjunto de seis objetos pequeños, como nueces, patatas, etc. || **26.** AMÉR. CENTRAL y MÉJ. Gajo de plátanos. || **27.** COLOM. Tiempo, ocasión. || **28.** P. RICO. Pieza de baile. || **29.** MED. Instrumento precursor del fórceps. || **—de azotes, coces,** etc. fig. Vuelta de azotes, coces, etc. || **—de cazo.** fig. y fam. Persona zurda. || **—de gato.** fig. y fam. Aliño del cutis y corrección que hace de una obra alguna persona entendida; también utensilio de tocador que usaban las señoras para aplicarse afeites. || **—de jabón.** Baño que con agua y jabón se le da a la ropa para lavarla. || **—de justicia.** Insignia de poder real. || **—de obra.** Trabajo manual que se emplea en una obra. || **—de santo.** fig. y fam. Remedio eficaz y rápido. || **—diestra.** Mano derecha. || **—oculta.** fig. Persona que secretamente interviene en un asunto. || **—perdida.** Pliegos de papel que hay que añadir a la resma para sustituir los que se inutilizaron en la tirada. || **Manos largas.** Persona que pretende golpear a otra. || **—libres.** Poseedores de bienes que no están ni amortizados ni vinculados. || **—limpias.** Integridad con que se desempeña un cargo. || **2.** Ciertos emolumentos que además del sueldo se perciben justamente. || **—muertas.** Poseedores de bienes en quienes se perpetúa el dominio por no poder enajenarlos. || *Abrir la* MANO. fr. fig. Admitir dádivas o regalos y dar con liberalidad; moderar el rigor. || *Abrir la* MANO *al caballo.* fr. EQUIT. Darle libertad aflojando las riendas. || *A dos* MANOS. m. adv. fig. y fam. Con toda voluntad. || *A la* MANO. m. adv. fig. Manifestar que una cosa es fácil de conseguir o alcanzar. || *A la* MANO *de Dios.* expr. que indica la determinación con que se ha emprendido una cosa. || *Alargar la* MANO. fr. Presentársela a otra persona, solicitando la suya. || *Alzar la* MANO. fr. fig. Levantarla amenazando. || *Alzar las* MANOS *al cielo.* fr. fig. Levantarlas pidiendo a Dios un favor o beneficio. || *A* MANO. m. adv. Sin otro instrumento que la mano. || **2.** Cerca. || **3.** Artificialmente. || *A* MANO *abierta.* fig. Con liberalidad. || *A* MANO *airada.* Violentamente. || *A* MANO *armada.* Con gran empeño, resueltamente. || *A* MANOS *llenas.* Liberalmente. || *Bajar la* MANO. fr. fig. Abaratar la mercancía. || *Bajo* MANO *o por debajo de la* MANO. Ocultamente. || *Besar la* MANO. fr. usada de palabra o por escrito como signo de urbanidad. || *Caer en* MANOS de uno. fr. fig. y fam. Caer en su poder, quedar sometido a su arbitrio. || *Cantar* uno *en la* MANO. Ser muy astuto, tener mucha picardía. || *Cargar la* MANO. fr. fig. Insistir con empeño una cosa. || **2.** Tener rigor con alguno. || **3.** Ganancia excesiva en la venta de alguna cosa o derecho abusivo en un negocio. || *Cargar* uno *la* MANO en una cosa. fr. fig. y fam. Echar excesivamente algo en comidas, medicamentos u otra composición. || *Cerrar* uno *la* MANO. fr. fig. Ser mezquino y miserable. || *Con las* MANOS *en la cabeza.* loc. adv. Con gran descalabro y desaire. || *Con las* MANOS *en la masa.* loc. adv. fam. En el acto de estar haciendo una cosa. || *Con las* MANOS *vacías.* m. adv. No conseguir lo que se pretendía. || *Con* MANO *pesada.* m. adv. fig. Con dureza y rigor. || *Correr la* MANO. fr. Ir muy de prisa la mano que ejecuta una cosa. || *Dar de* MANOS. fr. Caer de bruces. Incurrir en un defecto. || *Dar la* MANO a uno. Alargársela. || **2.** Ampararle, favorecerle. || *Dar la última* MANO. Repasar una obra para perfeccionarla. || *Darse las* MANOS. fr. fig. Unirse para una empresa dos o más personas. || **2.** Reconciliarse. || *De* MANO *a* MANO. De uno a otro, sin intermediarios. || *Dejar de la* MANO. Abandonar. || *De* MANOS *a boca.* m. adv. fam. De repente. || *De primera* MANO. loc. fig. Del primer vendedor. || *De segunda* MANO. loc. fig. Del segundo vendedor. || *Echar la* MANO o *las* MANOS a una persona o cosa. fr. Asirla, prenderla. || *Echar una* MANO a una cosa. Ayudar a su ejecución. || *Ensuciar* o *ensuciarse* uno *las* MANOS. fr. fig. y fam. Robar disimuladamente. || **2.** Dejarse uno sobornar. || *Estar en la* MANO. fr. fig. Tener una cosa a cargo de una persona que puede manejarla o hacerla bien. || *Ganar* a uno *por la* MANO. fr. fig. Anticipársele en lograr una cosa. || *Hacer a dos* MANOS. fr. fig. Manejarse astutamente en los negocios, sacando siempre utilidad. || *Imponer las* MANOS. Realizar la ceremonia litúrgica denominada imposición de manos. || *Írsele* a uno *la* MANO. fr. fig. Hacer con la mano una acción involuntaria. || *Lavarse* uno *las* MANOS. fr. fig. Justificarse, echándose fuera de un negocio en que hay inconveniente. || *Limpio de* MANOS. Íntegro, puro. || *Llegar a las* MANOS. Reñir pelear. || MANO *a* MANO. m. adv. fig. Juntamente con otra persona; en compañía, con familiaridad o confianza. || MANO *sobre* MANO. m. adv. fig. Ociosamente, sin hacer nada. || *Meter la* MANO en una cosa. Apropiarse ilícitamente de parte de ella. || *Mudar de* MANOS. fr. fig. Pasar una cosa o negocio de una persona a otra. || *No dejar* una cosa *de la* MANO. fr. fig. Continuarla con empeño. || *No saber lo que se trae entre* MANOS. fr. fig. y fam. Incapacidad para aquello en que se ocupa o de que se está encargado. || *Poner las* MANOS *en el fuego.* fr. fig. con que se asegura la verdad o certeza de una cosa. || *Poner* MANOS *violentas en uno.* DER. Maltratar de obra a un eclesiástico. || *Por su* MANO. exp. fig. Por sí mismo. || *Si a* MANO *viene.* exp. fig. Acaso, tal vez. || *Sentar* o *asentar la* MANO *en uno.* fr. fig. y fam. Castigarle con golpes. || **2.** fig. y fam. Reprenderle con severidad. || *Soplarse las* MANOS. fr. fig. Quedar burlado en la pretensión de una cosa. || *Tener* MANO *con uno.* fr. fig. Tener influjo con él. || *Tener* MANO *en una cosa.* fr. fig. Intervenir e influir en ella. || *Tener* MANO *izquierda.* fr. fig. fam. Tener habilidad o astucia para resolver situaciones difíciles. || *Traer a la* MANO. fr. Se dice de los perros que traen la caza u otra cosa a la mano del cazador dueño de él. || *Traer entre* MANOS alguna cosa. fr. fig. Manejarla, estar entendiendo actualmente en ella. || *Una* MANO *atrás y*

M

otra delante. Sin ocupación, empleo ni cargo alguno. || *Untar la* MANO a uno. fr. fig. y fam. Sobornarle. || *Vivir uno de, o por sus* MANOS. fr. fig. y fam. Mantenerse de su trabajo. || **P.** mão; **I.** hand; **F.** main; **A.** Hand; **It.** mano; **R.** рука.

MANOBRA. (De *mano* y *obra*.) f. MURC. Material para hacer una obra.

MANOBRE. (De *mano* y *obra*.) m. MURC. Peón de mano.

MANOBRERO. (De *mano* y *obrero*.) m. Operario que cuida los brazales de las acequias.

MANOJAR. tr. ant. Manosear.

MANOJEAR. tr. CUBA y CHILE. Poner en manojos las hojas de tabaco.

MANOJERA. f. Conjunto de manojos de sarmientos secos para ser quemados.

★ **MANOJERO.** m. CUBA. Acción de manojear.

MANOJO. (l. *manucŭlus,* por *manipŭlus*.) m. Hacecillo que se puede coger con la mano de una sola vez. || **2.** fig. Atajo, conjunto, copia. || **3.** CUBA. Atado de tabaco en rama de un peso aproximado de dos libras. || *A* MANOJOS. m. adv. Abundantemente. || **P.** manojo; **I.** bundle; **F.** botte, poignée; **A.** Bündel; **It.** mazzo, fascetto; **R.** горсть, пучок.

MANOJUELO. m. d. de manojo.

MANOLO, LA. m. y f. Mozo o moza del pueblo bajo de Madrid, que se distinguía por su desenfado.

MANOMÉTRICO, CA. adj. Fís. Perteneciente o relativo al manómetro. || **2.** Que varía con la presión.

MANÓMETRO. (gr. μανός, ligero, poco denso, y μέτρον, medida.) m. Fís. Instrumento que sirve para medir la tensión de los fluidos aeriformes. El destinado a medir la presión atmosférica, se denomina barómetro, y el construido para medir presiones negativas, vacuómetro. || **P.** manómetro; **I.** manometer; **F.** manomètre; **A.** Manometer; **It.** manòmetro; **R.** манометь.

MANOPLA. (l. *manupŭla,* por *manipŭla,* t. f. de *-lus*; de *manus,* mano.) f. Pieza de la armadura antigua para guarnecer la mano. || **2.** Látigo corto de los cocheros para avivar a las bestias. || **3.** ÁL. Manaza o manota. || **4.** SAL. Tira de suela empleada por los zapateros para no lastimarse las manos. || **5.** CHILE. Instrumento de hierro utilizado para dar con más fuerza puñetazos o puñadas. || **P.** manopla; **I.** guantlet; **F.** gantelet; **A.** Panzerhandschuh; **It.** manòpola; **R.** рукавица.

MANOSEADOR, RA. adj. Que manosea.

MANOSEAR. (De *mano*.) tr. Tocar, tentar mucho una cosa, ajándola o desluciéndola. || **P.** manusear; **I.** to handle, to finger, to rumple; **F.** manier, chiffonner, remanier; **A.** betasten, abgreifen; **It.** palpeggiare; **R.** щупать, трогать.

MANOSEO. m. Acción y efecto de manosear.

MANOTA. f. aum. de mano.

MANOTADA. (De *manota*.) f. Golpe dado con la mano.

MANOTAZO. (De *manota*.) m. Manotada.

MANOTEADO, DA. p.p. de manotear. || **2.** m. Manoteo.

MANOTEAR. (De *manota*.) tr. Dar manotadas. || **2.** intr. Hacer movimientos o ademanes con las manos durante la conversación. || **3.** VENEZ. Robar, hurtar.

MANOTEO. m. Acción y efecto de manotear.

MANOTÓN. (De *manota*.) m. Manotada.

MANQUEAR. intr. Mostrar uno su manquedad o fingirla.

MANQUEDAD. (De *manco*.) f. Falta de mano o brazo. || **2.** Impedimento del uso de cualquiera de estos miembros. || **3.** fig. Falta, defecto.

MANQUERA. (De *manco*.) f. Manquedad.

MANRESANO, NA. adj. Natural de Manresa. || **2.** Perteneciente o relativo a esta ciudad.

MANSALVA (A). (De *mano* y *salva*.) m. adv. Sin ningún peligro, sobre seguro.

MANSAMENTE. adv. Con mansedumbre. || **2.** fig. Lentamente. || **3.** fig. Sin hacer ruido, quedito, suavemente.

MANSEDAD. (De *manso*.) f. ant. Mansedumbre.

MANSEDUMBRE. (l. *mansuetŭdo, -ĭnis*.) f. Suavidad y benignidad de carácter. || **2.** fig. Apacibilidad. Aplícase a las cosas insensibles y a los racionales. || **P.** mansidão; **I.** gentleness, mildness; **F.** mansuétude; **A.** Milde, Sanftmut; **It.** mansuetùdine; **R.** мягкость, кротость.

MANSEJÓN, NA. adj. Dícese de los animales que son muy mansos.

MANSEQUE. m. Baile infantil de Chile.

MANSESOR. m. ant. Testamentario.

MANSEZA. (De *manso*.) f. ant. Mansedumbre.

MANSIÓN. (l. *mansio, -ōnis*.) f. Detención o estancia en una parte. || **2.** Albergue, morada. || **P.** mansão; **I.** abode; **F.** séjour, demeure; **A.** Aufenthalt, Wohnsitz; **It.** stanza; **R.** остановка, жилище.

·MANSIONARIO. (l. *mansionarĭus,* huésped.) adj. ant. Decíase de los eclesiásticos que vivían en el claustro.

MANSITO. adj. d. de manso, 2.º art. || **2.** adv. Mansamente, quedito, sin ruido.

MANSO. (l. *mansum,* p.p. de *manēre,* permanecer.) m. Masada. || **2.** Cada uno de los bienes inmuebles, que libres de cargas, poseían los curatos y algunos monasterios.

MANSO, SA. (l. *mansus,* p.p. de *manēre,* permanecer.) adj. Suave, benigno. || **2.** Se dice de los animales que no son bravos. || **3.** Sosegado, apacible. || **4.** m. Res que sirve de guía a las demás de un rebaño. || **P.** manso; **I.** y **A.** mild; **F.** doux; **It.** soave, benigno; **R.** кроткий.

MANSUEFACTO, TA. (l. *mansuefactus,* p.p. de *mansuefacĕre,* amansar.) adj. ant. Decíase de los animales que, bravos por naturaleza, habían sido amansados.

MANSUETO, TA. (l. *mansuētus*.) adj. ant. Manso, 2.º art.

MANSURRÓN, NA. adj. fam. Manso con exceso.

MANTA. (De *manto*.) f. Prenda rectangular de tejido tupido y grueso de lana o algodón, que sirve para abrigarse en la cama, viajes, etc. || **2.** Pieza suelta que usa la gente del pueblo para abrigarse. || **3.** Tela ordinaria de algodón que se fabrica y utiliza en Méjico. || **4.** Cubierta de abrigo para las caballerías. || **5.** Costal de pita usado en las minas americanas. || **6.** fig. Paliza, zurra de golpes. || **7.** Cada pluma de las doce que tiene el ave de rapiña después de las aguaderas. || **8.** CUBA. Pañuelo grande de abrigo. || **9.** ARGENT. Poncho. || **10.** BOL. Entre mineros, mancha argentífera delgada y extensa. || **11.** Tablero blindado para resguardarse del tiroteo enemigo. || **12.** MAR. Vela muy grande. || **13.** Porción de mar cubierta de sargazo. || *A* MANTA *de Dios.* Con abundancia. || *A* MANTA. m. adv. Modo de regar cubriendo el terreno con una capa de agua. || *Liarse uno la* MANTA *a la cabeza.* fig. Atropellar por todo. || *Tirar de la* MANTA. fig. y fam. Descubrir lo que había interés en mantener secreto. || **P.** manta; **I.** blanket; **F.** couverture; **A.** Bettdecke, Überbett; **It.** coperta; **R.** одеяло.

★ **MANTACA.** f. CHILE. Manta de hilos gruesos que usan los campesinos.

★ **MANTADA.** f. CHILE. Lo que cabe en una manta.

MANTATERILLA. f. Tela de urdimbre de bramante y trama de tirillas de paño o cosa análoga.

MANTEADOR, RA. adj. Que mantea. Ú.t.c.s.

MANTEAMIENTO. m. Acción y efecto de mantear.

MANTEAR. (De *manta*.) tr. Levantar violentamente en el aire a un hombre o mamarracho, tirando varias personas de las orillas de una manta, haciéndole saltar en la misma. || **2.** ARGENT. y P. RICO. Maltratar a uno entre varios.

MANTEAR. (De *manto*.) intr. MURC. Salir mucho de casa las mujeres, callejear. || **2.** r. CHILE. Convertirse en manto una veta de metal.

MANTECA. (l. *mantĭca,* saco.) f. Gordura de los animales especialmente del cerdo. || **2.** Substancia grasa y oleosa de la leche. || **3.** Pomada. || **4.** Substancia crasa de algunos frutos. || **5.** fig. AND. Nata, par-

te principal y más estimada de cualquier líquido. |—**artificial.** Margarina. || —**de antimonio.** Tricloruro de antimonio. || —**de cacahuete.** Papilla muy nutritiva de la semilla de cacahuete tostada. || —**de cacao.** Grasa obtenida de las almendras de cacao descascarilladas. || —**de papel.** Pasta empleada como corrosivo y que se obtiene con ácido nítrico y papel sin cola. || —**de vaca.** Mantequilla. || *Como* MANTECA. fig. Muy suave, blando. || *El que asó la* MANTECA. Personaje proverbial que sirve de comparación con las personas que discurren neciamente. || **2.**ª acep.: **P.** manteiga; **I.** butter; **F.** beurre; **A.** Butter, Schmalz; **It.** burro; **R.** масло, сало.

MANTECADA. f. Rebanada de pan untada con mantequilla y azúcar. || **2.** Bollo de harina de flor, mantequilla, huevos y azúcar. Son famosas las de Astorga.

MANTECADO, DA. m. Bollo amasado con manteca de cerdo. || **2.** Sorbete o helado hecho de huevos, leche y azúcar.

MANTECÓN. (De *manteca*.) m. fig. y fam. Sujeto regalón y delicado. Ú.t.c.adj.

MANTECOSO, SA. adj. Que tiene mucha manteca. || **2.** Parecido a la manteca. || **3.** P. RICO. Impertinente, cargante, fastidioso. || **P.** manteigoso; **I.** buttery; **F.** gras, onctueux; **A.** fett, butterig; **It.** butirroso; **R.** жирный.

MANTEHUELO. m. d. de manto.

MANTEÍSTA. m. El que asistía a las escuelas públicas con sotana y manteo. || **2.** Alumno externo de seminario concilar.

MANTEL. (l. *mantēle*.) Pieza de lino para cubrir la mesa para comer. || **2.** Lienzo mayor con que se cubre la mesa del altar. || **3.** BLAS. Pieza triangular del escudo cortinado. || **4.** CHILE. Nube espesa que cubre la cima de un monte. || *A* MANTELES. m. adv. En mesa cubierta con manteles. || *Levantar los* MANTELES. fig. y fam. Alzar la mesa. || **P.** mantel; **I.** tablecloth; **F.** nappe; **A.** Tischtuch; **It.** mantile; **R.** скатерть.

MANTELADO, DA. adj. Dícese del escudo abierto por dos diagonales que, partiendo de los ángulos de la punta, se reunen cerca del jefe. || **2.** Dícese de las aves cuyo plumaje es de color distinto en la parte superior del cuerpo que en el resto.

MANTELERÍA. f. Juego de mantel y servilletas.

MANTELETA. (De *mantelete*.) f. Especie de esclavina grande, usada por las mujeres para abrigo o adorno. || **P.** mantelete; **I.** mantlet; **F.** mantelet; **A.** Schultertuch; **It.** mantelletto; **R.** вязаная накидка.

MANTELETE. (De *mantel*.) m. Vestidura eclesiástica con dos aberturas para sacar los brazos. || **2.** BLAS. Adorno heráldico que representa la tela o malla que desde el casco protegía el cuello y parte de la espalda. || **3.** MIL. Tablero blindado que antiguamente servía de resguardo contra los tiros del enemigo.

MANTELO. (l. *mantellum,* mano.) m. Especie de delantal que cubre la saya, casi por completo, y es utilizado por algunas aldeanas. || **2.** ZOOL. Molusco lamelibranquio de tamaño pequeño.

MANTELLINA. f. Mantilla que usan las mujeres para cubrirse la cabeza.

MANTENCIÓN. f. fam. Manutención.

MANTENEDOR, RA. m. y f. Persona encargada de mantener un torneo, justa, etcétera. || **2.** Individuo del jurado en los certámenes literarios. || **3.** Persona que en estos certámenes pronuncia el discurso en nombre del jurado.

MANTENENCIA. f. Acción y efecto de mantener. || **2.** Acción y efecto de sostener. || **3.** Alimento, víveres.

MANTENER. (l. *manu tenēre*.) tr. Proveer del alimento necesario. || **2.** Conservar una cosa en su estado. || **3.** Proseguir en lo que se ejecuta. || **4.** Defender una opinión o sistema. || **5.** Sostener un torneo, justa, etc. || **6.** Alimentarse. || **7.** DER. Amparar a uno en la posesión de una cosa. || **P.** manter; **I.** to maintain; **F.** entretenir; **A.** unterhalten; **It.** mantenere; **R.** поддержать, кормить.

★ **MANTENIDO.** m. MÉj. El que vive a expensas de su mujer, y en general, el que vive a expensas de otro.

MANTENIENTE (A). m. adv. Con

M

toda la fuerza de la mano. ‖ **2**. Con ambas manos.

MANTENIMIENTO. m. Efecto de mantener o mantenerse. ‖ **2**. Manjar o alimento. ‖ **3**. pl. Víveres ‖ **P**. manutenção; **I**. maintenance; **F**. entretien; **A**. Unterhalt; **It**. mantenimento; **R**. поддержка.

MANTEO. (De *mantear*, 1.er art.) m. Manteamiento.

MANTEO. (l. *mantellum*, manto.) m. Capa larga de cuello estrecho que usan los eclesiásticos sobre la sotana, y que fue usada por los estudiantes. ‖ **2**. Falda de paño o bayeta, solapada por delante. ‖ **P**. manto; **I**. mantelone; **F**. manteau; **A**. Priestermantel; **It**. mantello; **R**. одежда католического священника.

MANTEQUERA. f. Mujer que hace o vende manteca. ‖ **2**. Vasija para hacer la manteca. ‖ **3**. Vasija para servir la manteca a la mesa. ‖ **P**. manteigeira; **I**. butterdish; **F**. beurrier baratte; **A**. Butterbüchsc; **It**. piatto da burro; **R**. маслобойна.

MANTEQUERO, RA. adj. Perteneciente o relativo a la manteca. ‖ **2**. m. Corojo, substancia grasa del fruto cocido de una especie de palma americana, que emplean los negros como manteca. ‖ **3**. m. El que hace o vende manteca. ‖ **4**. Mantequera, 3.ª acep.

MANTEQUILLA. f. d. de manteca. ‖ **2**. Grasa de la leche separada por agitación o batimiento. ‖ **3**. Pasta de manteca de vaca batida con azúcar. ‖ **P**. manteiga; **I**. butter; **F**. beurre; **A**. Süssbutter; **It**. burro; **R**. масло.

MANTEQUILLERA. f. AMÉR. Mantequera.

MANTEQUILLERO. m. AMÉR. Mantequero.

★ **MANTEQUILLOSO, SA**. adj. P. RICO. Quisquilloso, quejumbroso.

MANTERA. f. Mujer que hacía mantos para mujeres. ‖ **2**. La que hace mantos. ‖ **3**. La que los vende.

MANTERO. m. El que hace o vende mantas.

MANTÉS, SA. adj. fam. Pícaro, pillo. Ú.t.c.s.

★ **MANTÍCORA**. f. ZOOL. Insecto coleóptero, de gran tamaño, áptero, de color negro y grandes mandíbulas que vive en la parte meridional de África.

MANTILLA. (l. *mantellum*, manto.) f. Prenda de seda, tul o encaje, que utilizan las mujeres para cubrirse la cabeza. ‖ **2**. Pieza con que se envuelve a los niños encima de los pañales. ‖ **3**. Paño para cubrir el lomo de las caballerías. ‖ **4**. IMPR. Paño que se pone en el tímpano de las prensas de mano o que envuelve los cilindros de las máquinas de imprimir, al objeto de que la letra no padezca y salga bien la impresión. ‖ **5**. m. HOND. Persona cobarde. ‖ *Estar en* MANTILLAS *una cosa*. fr. fig. y fam. Estar en los principios o poco adelantada. ‖ *Haber salido* uno *de* MANTILLAS. fr. fig. y fam. Tener conocimiento y edad para gobernarse por sí mismo. ‖ **P**. mantilha; **I**. mantilla; **F**. mantille; **It**. mantiglia; **R**. головной.

MANTILLEJA. f. d. de mantilla. 1.ª acep.

MANTILLO. (De *manta*.) m. Capa orgánica del suelo, formada en gran parte por la descomposición de materias animales y vegetales. ‖ **2**. Abono resultante de la fermentación del estiércol.

MANTILLÓN, NA. adj. y s. MURC. Sucio, desaliñado. ‖ **2**. MÉJ. Sinvergüenza.

★ **MANTILLÓN**. m. C. RICA y AMÉR. MERID. Gualdrapa que como sudadero se coloca debajo del aparejo o silla.

MANTINIENTE. adv. ant. SAL. Manteniente.

★ **MANTIS**. m. ZOOL. Género de insectos ortópteros, de la familia de los mántidos, cuya principal especie es el mantis común o mantis religiosa.

MANTISA. (l. *mantissa*, añadidura.) f. MAT. Fracción decimal que sigue a la característica de un logaritmo.

MANTO. (l. *mantum*.) m. Ropa suelta que a modo de capa sirve a las mujeres para cubrirse de pies a cabeza. ‖ **2**. Capa que se usó en algunas naciones. ‖ **3**. Especie de mantilla grande. ‖ **4**. La que algunos religiosos llevan sobre la túnica. ‖ ☙Ropa talar que en algunos colegios llevan

sus individuos y alumnos. ‖ **6**. Rica vestidura de ceremonia que, como una capa, cubre todo el cuerpo, llegando hasta el suelo. ‖ **7**. Fachada de la campana de una chimenea. ‖ **8**. fig. Lo que encubre una cosa. ‖ **9**. MIN. Capa de mineral poco espesa y horizontal. ‖ **10**. ZOOL. Repliegue cutáneo que en los moluscos y algunos gusanos envuelve su cuerpo. ‖ —**capitular**. Vestidura exterior que usan los caballeros de las órdenes militares para juntarse en capítulo. ‖ —**de la Virgen**. Nombre vulgar de ciertas plantas de la familia de las aroídeas. ‖ —**ducal**. BLAS. El de escarlata forrado de armiños y en forma de tapiz, sobre el cual se representan los escudos de armas de los más altos dignatarios. ‖ *Debajo de mi* MANTO *al rey mato*. ref. para a entender que cada uno es dueño de pensar lo que quiera para sus adentros. ‖ **P**. e **It**. manto; **I**. mantle; **F**. manteau; **A**. Mantel; **R**. накидка, плащ.

MANTÓN. m. Pañuelo grande de abrigo. ‖ —**de Manila**. El de seda y bordado.

MANTÓN, NA. adj. Mantudo.

MANTORNAR. tr. AR. Binar, dar segunda reja a las tierras.

MANTUANO, NA. (l. *mantuānus*.) adj. Natural o relativo a Mantua, ciudad de Italia. Ú.t.c.s. ‖ **2**. VENEZ. Noble de alcurnia.

MANTUDO, DA. (De *manta*.) adj. Dícese del ave cuando está con las alas caídas como arropándose con ellas. ‖ **2**. HOND. Mamarracho, máscara.

MANTUVIÓN (DE). m. adv. ant. De antuvión.

MANUABLE. (l. *manus*, mano.) adj. Fácil de manejar.

MANUAL. (l. *manualis*.) adj. Ejecutado con las manos. ‖ **2**. Manuable. ‖ **3**. De fácil ejecución. ‖ **4**. m. Libro que contiene los ritos sacramentales. ‖ **5**. m. Libro en el que se compendian las cosas más substanciales de una materia. ‖ **6**. m. Libro o cuaderno de notas. ‖ **7**. Libro mercantil para anotar provisionalmente las partidas. ‖ **8**. pl. Determinados emolumentos que perciben los eclesiásticos asistiendo al coro. ‖ **9**. fig. Dícese de la persona dócil y apacible. ‖ **10**. MAR. El puño del remo. ‖ **6**.ª acep.: **P**. manual; **I**. manual, handbook; **F**. manuel; **A**. Handbuch; **It**. manuale; **R**. нотная тетрадь.

MANUALMENTE. adv. Con las manos.

MANUBRIO. (l. *manubrium*.) m. Empuñadura o manija de un instrumento. ‖ **2**. Empuñadura o pieza generalmente metálica, de dos ramas, empleada para hacer girar una rueda o eje de una máquina. ‖ **3**. ZOOL. Parte tubulosa del cuerpo de las medusas, que cuelga de la umbrela y de la que salen los tentáculos. ‖ **P**. manivela; **I**.winch; **F**. manivelle; **A**. Kurbel; **It**. manubrio; **R**. рукоятка (для вращения).

MANUCODIATA. (javanés *mānuq diwātā*, ave de los dioses.) f. Ave del Paraíso.

MANUELA. f. En Madrid, coche descubierto de alquiler, con dos asientos y tirado por un caballo.

MANUELINO, NA. adj. Dícese del estilo arquitectónico de la época del rey Manuel I de Portugal.

MANUELLA. (fr. *manuelle*, y éste del l. *manuālis*, manual.) f. Barra o palanca del cabrestante.

MANUFACTURA. (b. l. *manufactura*, y éste del l. *manus*, mano, y *factūra*, hechura.) f. Obra hecha total o principalmente a mano. ‖ **2**. Establecimiento industrial donde se fabrica algo. ‖ **P**. manufactura; **I**. y **F**. manufacture; **A**. Manufaktur; **It**. manifattura; **R**. мануфактура.

MANUFACTURAR. (De *manufactura*.) tr. Fabricar una cosa por medios mecánicos.

MANUFACTURERO, RA. adj. Perteneciente a la manufactura.

MANUMISIÓN. (l. *manumissio, -ōnis*.) f. Acción y efecto de manumitir. ‖ **P**. manumissão; **I**. y **F**. manumission; **A**. Freilassung. **It**. manumissione; **R**.освобождение (от рабства).

MANUMISO, SA. (l. *manumissus*.) p.p. irrg. de manumitir. ‖ **2**. adj. Horro, liberto.

MANUMISOR, RA. (l. *manumissor*.) m. y f. FOR. Persona que manumite.

MANUMITIR. (l. *manumittĕre*.) tr. FOR. Dar libertad al esclavo. ‖ **P**. manumitir; **I**. to manumit, to enfranchise; **F**. affranchir; **A**. freimachen, loslassen; **It**. manomèttere, affrancare; **R**. освобождать.

MANUSCRIBIR. (l. *manus*, mano, y *scribĕre*, escribir.) tr. Escribir a mano.

MANUSCRITO, TA. (l. *manus*, mano, y *scriptus*, escrito.) adj. Escrito a mano. ‖ **2**. m. Papel o libro escrito a mano, particularmente el que tiene algún valor o antigüedad. ‖ **P**. manuscripto; **I**. manuscript; **F**. manuscrit; **A**. Handschrift; **It**. manoscritto; **R**. рукописный.

MANUTENCIÓN. (De *manutener*.) f. Acción y efecto de mantener o mantenerse. ‖ **2**. Conservación y amparo. ‖ **P**. manutenção; **I**. maintenance, sustenance; **F**. manutention, entretien; **A**. Unterhalt; **It**. manutenzione, mantenimento; **R**. содержание.

MANUTENENCIA. f. ant. Manutención.

MANUTENER. (l. *manu*, en la mano, y *tenēre*, guardar.) tr. Mantener o amparar.

MANUTIGIO. (l. *manutigĭum*.) m. Fricción ligera practicada con la mano.

MANUTISA. f. BOT. Minutisa.

MANVACÍO, CÍA. adj. Manivacío.

MANZANA. (De *mazana*.) f. Fruto del manzano. ‖ **2**. Pomo de la espada. ‖ **3**. Conjunto aislado de casas contiguas en las poblaciones. ‖ **4**. Manzanilla de las casas, balcones, etc. ‖ **5**. ARGENT. y CHILE. Espacio cuadrado de terreno edificado o por edificar, circunscrito por calles en todos los lados. ‖ **6**. ARGENT. Nuez o prominencia que forma la laringe en la garganta. ‖ —**asperiega**. La aplastada y de sabor agrio que se emplea para la fabricación de la sidra. ‖ —**de la discordia**. fig. Lo que es ocasión de discordia. ‖ —**reineta**. La gruesa, amarillenta, muy sabrosa y bastante aromosa. ‖ —**rosa**. HOND. Árbol mirtáceo de fruto muy agradable. ‖ **P**. maçã; **I**. apple; **F**. pomme; **A**. Apfel; **It**. pomo, mela; **R**. яблоко.

MANZANAL. m. Manzanar. ‖ **2**. Manzano.

MANZANAR. m. Terreno plantado de manzanos.

MANZANERA. (De *manzana*.) f. BOT. Maguillo. ‖ **2**. ZOOL. Insecto lepidóptero pequeño, cuya larva vive en el interior de las manzanas.

MANZANERO, RA. ad. Dícese del animal que busca los manzanos para comer las manzanas.

MANZANETA. (d. de *manzana*.) f. ÁL. Gayuba.

MANZANIL. adj. Dícese de las frutas que por su forma y color son semejantes a las manzanas.

MANZANILLA. (d. de *manzana*.) f. Hierba de la familia de las compuestas, de flores en cabezuelas con centro amarillo y circunferencia blanca. ‖ **2**. Flor de esta planta. ‖ **3**. Infusión de estas flores, usada como antiespasmódica y estomacal. ‖ **4**. Remate en forma de manzana que sirve de adorno en camas, balcones, etc. ‖ **5**. Especie de aceituna pequeña. ‖ **6**. Parte carnosa y saliente que tienen por debajo las patas de los mamíferos. ‖ **7**. Vino blanco aromático que se hace en Andalucía. ‖ **8**. Parte inferior y redonda de la barba. ‖ **9**. CHILE. Primera y cuarta cavidad del estómago de los rumiantes. ‖ **10**. HOND. Planta que produce una almendra de la que se hace jabón. ‖ —**bastarda**. Planta compuesta parecida a la manzanilla común y a la que substituye en medicina. ‖ —**europea**. Planta de la misma familia que la manzanilla común. ‖ —**fina**. Planta de la misma familia, con flores muy olorosas y de un color amarillo fuerte. ‖ —**hedionda**. Planta de la misma familia, pero de un olor desagradable. ‖ —**loca**. Planta de la misma familia, con flores en cabezuelas amarillas, empleada en tintorería. ‖ **P**. macela; **I**. chamomile; **F**. camomille; **A**. Kamille; **It**. camomilla; **R**. ромашка.

MANZANILLERO, RA. m. y f. AND. Persona que se dedica a coger manzanilla en Sierra Nevada, para venderla.

MANZANILLO. (d. de *manzano*.) adj. V. *Olivo* MANZANILLO. Ú.t.c.s. ‖ **2**. Árbol euforbiáceo americano, de fruto semejante

M

a una manzana, con pulpa leñosa y hueso muy duro. El jugo y el fruto son venenosos.

MANZANITA. f. d. de manzana. || **—de dama.** Ar. Acerola.

MANZANO. (De *manzana*.) m. Árbol rosáceo de hojas ovaladas, flores sonrosadas en umbela y fruto en pomo, llamado manzana. Hay muchas variedades, que se dedican unas para el consumo de la fruta y otras para la fabricación de sidra. || **2.** Méj. Plátano. || **—rosal.** Bot. Jambosero. || **P.** macieira; **I.** apple-tree; **F.** pommier; **A.** Apfelbaum; **It.** pomo; **R.** яблоня.

MAÑA. (l. *manus*, mano.) f. Destreza, habilidad. || **2.** Astucia o artificio. || **3.** Vicio o mala costumbre. || **4.** Manojo pequeño. || **5.** And. y Sant. Impertinencia de niños que lloran con facilidad. || *Darse* uno MAÑA. fr. Ingeniarse, disponer sus negocios con habilidad. || **P.** manha; **I.** skill, craft; **F.** habilité, adresse; **A.** Gewandtheit; **It.** destrezza; **R.** ловкость.

MAÑANA. (l. *mane*.) f. Tiempo que transcurre desde que amanece hasta mediodía. || **2.** Tiempo futuro, próximo a nosotros. || **3.** adv. En el día después de hoy. || **4.** fig. En tiempo venidero. || **5.** fig. Presto, antes de mucho tiempo. || *De* MAÑANA. m. adv. En las primeras horas del día, al amanecer. || *Pasado* MAÑANA. m. adv. En el día después de mañana. || *Tomar la* MAÑANA. fr. Madrugar. || **P.** manhã; **I.** morning; **F.** matin; **A.** Vormittag, Morgen; **It.** mattino; **R.** утро.

MAÑANEAR. (De *mañana*.) intr. Madrugar habitualmente. || **2.** Diferir para el día siguiente, o sea, para mañana, lo que no se atreve uno a negar, pero sin intención de conceder.

MAÑANERO, RA. (De *mañana*.) adj. Madrugador. || **2.** Perteneciente o relativo a la mañana.

MAÑANICA, TA. f. d. de mañana, 1.ª acep. || **2.** Principio de la mañana.

★ MAÑANITA. f. Prenda femenina, especie de blusa o capa que se usa al levantarse de la cama.

MAÑEAR. tr. Disponer una cosa con maña. || **2.** intr. Proceder mañosamente.

MAÑERA. (De *mañero*, 2.° art.) f. ant. Machorra, 1.ª acep.

MAÑERÍA. (De *mañero*, 2.° art.) f. Esterilidad en las hembras o en las tierras. || **2.** Derecho que tenían los reyes y señores de suceder en los bienes a los que morían sin sucesión legítima.

MAÑERÍA. (De *mañero*, 2.° art.) f. ant. Astucia, engaño.

MAÑERO, RA. (De *maña*.) adj. Sagaz, astuto. || **2.** Fácil de tratarse, ejecutarse o manejarse.

MAÑERO, RA. (l. *manus*, mulo.) adj. ant. Estéril.

★ MAÑERUELO, LA. adj. d. de mañero, 1.er art.

★ MAÑIGAL. m. Chile. Sitio poblado de mañíus.

MAÑIÚ. m. Bot. Chile. Árbol que alcanza mucha altura y es de madera muy apreciada.

MAÑO, ÑA. (l. *germānus*, hermano.) m. y f. fig. y fam. Aragonés. || **2.** Ar. Expresión de cariño entre personas que se quieren bien.

MAÑO, ÑA. (l. *magnus*.) adj. ant. Grande.

MAÑOCO. m. Tapioca. || **2.** Masa cruda de harina de maíz que comían los indios de Venezuela.

MAÑOSAMENTE. adv. Con habilidad y destreza. || **2.** Maliciosamente.

° MAÑOSEAR. tr. Amér. Proceder con maña y astucia.

MAÑOSO, SA. adj. Que tiene maña. || **2.** Que se hace con maña. || **3.** Que tiene mañas o resabios. || **P.** manhoso; **I.** skilful; **F.** adroit; **A.** geschickt; **It.** destro; **R.** ловкий.

MAÑUELA. f. Maña con astucia y mala fe. || **2.** com. pl. fig. Persona cauta y astuta.

MAORÍ. adj. Individuo de raza polinésica, habitante en Nueva Zelanda. Ú. más c.s. m. y en pl.

MAPA. (l. *mappa*, mantel, plano de finca rústica.) m. Representación en una superficie plana, de la Tierra o parte de ella. || **2.** f. fam. Lo que sobresale en algo. || **—agronómico.** El que representa la fertilidad y situación de las tierras. || **—ce-**

leste. El que representa el firmamento o bóveda celeste. || **—físico.** El que representa exclusivamente los detalles y accidentes naturales. || **—mudo.** El que no lleva escrito ningún nombre. || *Llevarse la* MAPA. fr. fam. Aventajarse en alguna línea. || *No estar en el* MAPA. fr. fig. y fam. Ser desusada una cosa, o ser extraordinaria. || **P.** mapa; **I.** map; **F.** carte; **A.** Landkarte; **It.** carta; **R.** карта (географическая).

MAPACHE. (mejic. *mapach*.) m. Zool. Mamífero carnicero de América del Norte, del tamaño del tejón, cuya piel grisácea se usa en peletería.

MAPAMUNDI. (De *mapa* y del l. *mundi*, del mundo.) m. Mapa que en dos hemisferios representa la superficie de la Tierra. || **2.** m. fam. Chile. Nalgas, posaderas. || **P.** mapa-múndi; **A.** map of the world; **F.** mappemonde; **A.** Erdkarle; **It.** mappamondo; **R.** карта полушарий.

MAPANARE. f. Culebra de Venezuela que ataca al hombre y es muy venenosa.

★ MAPIANGO. m. Méj. Persona molesta e inútil.

★ MAPIRE. m. Colom. Cesto de palma.

MAPOLA. f. Bot. Arbusto que crece en las Filipinas y tiene hermosas flores. || **2.** Cachada o golpe dado en un trompo con la púa de otro.

MAPUCHE. adj. Araucano.

MAPUEY. m. Bot. Amér. Ñame, planta herbácea, de raíz tuberculosa, parecida a la batata; es comestible.

MAPURITE. (caribe *maipurí*.) m. Mofeta de América Central de cuerpo amarillento y cola blanca, con una faja obscura a lo largo del lomo.

MAQUE. m. Laca, barniz duro y brillante. || **2.** Zumaque del Japón. || **3.** Méj. Charol.

MAQUEAR. tr. Adornar con maque o laca. || **2.** Méj. Charolar, barnizar.

★ MAQUERO. m. Perú. Cuna.

MAQUETA. (ital. *machietta*.) f. Modelo plástico en tamaño reducido de una obra arquitectónica. || **2.** Diseño de una obra decorativa. || **3.** Bosquejo pequeño y primero de una obra escultórica.

MAQUI. (Voz araucana.) m. Arbusto liliáceo de Chile, cuyo fruto dulce y astringente se emplea en confituras. || **2.** Corteza aromática y astringente de las raíces de un árbol de India.

MAQUIAVÉLICO, CA. adj. Perteneciente al maquiavelismo.

MAQUIAVELISMO. m. Doctrina de Maquiavelo, según la cual todas las grandes acciones encierran su propia moral. || **2.** Sistema político atribuido a Maquiavelo, por el que no debe repararse en los medios para alcanzar el fin propuesto. || **3.** fig. Modo de proceder con doblez, astucia y perfidia. || **P.** maquiavelismo; **I.** Machiavelism; **F.** machiavélisme; **A.** Machiavellismus; **It.** machiavellismo; **R.** макиавелизм.

MAQUIAVELISTA. adj. Que sigue las máximas de Maquiavelo. Ú.t.c.s.

MAQUILA. (ár. *makīla*, medida de capacidad.) f. Porción de grano, harina o aceite, que corresponde al molinero por la molienda. || **2.** Medida con que se maquila. || **3.** Medio celemín. || **4.** Hond. Medida de peso de cinco arrobas.

MAQUILAR. tr. Cobrar el molinero la maquila.

MAQUILERO. m. Encargado de cobrar la maquila. || **2.** Sant. Medio celemín.

MAQUILÓN. m. ant. Maquilero.

° MAQUILLAJE. m. Acción y efecto de maquillar o maquillarse. || **2.** Teatr. y Cinemat. Retoque de las facciones practicado por especialistas como medio de caracterización.

★ MAQUILLAR. tr. y r. Pintar el rostro, hermosearlo con afeites. || **2.** Caracterizar por medio de retoque de las facciones para representar debidamente el papel en el teatro y en el cine.

MÁQUINA. (l. *machina*, y éste del gr. μηχανή.) f. Instrumento o aparato para realizar un trabajo. || **2.** Tramoya de los teatros. || **3.** fig. y fam. Edificio grande y suntuoso. || **4.** Traza, proyecto de pura imaginación. || **5.** En algunas partes de América, automóvil. || **6.** fig. y fam. Multitud y abundancia. || **7.** Chile. Asalto que varias personas dan a otra. || **8.** Entre comer-

ciantes, juego de compadres. || **—de vapor.** La que funciona por la fuerza expansiva del vapor de agua. || **—de Wimshurst.** Fís. Aparato para generar electricidad estática en los laboratorios. || **—eléctrica.** La destinada a producir electricidad o a aprovecharla para cualquier uso industrial. || **—hidráulica.** La que se mueve por la acción del agua. || **—neumática.** La destinada a extraer el aire u otro gas de un espacio cerrado. || **P.** máquina; **I.** y **F.** machine; **A.** Maschine; **It.** màcchina; **R.** машина.

MAQUINACIÓN. (l. *machinatīo*, *-ōnis*.) f. Intriga o trama oculta y con mal fin.

MAQUINADOR, RA. (l. *machinātor*.) adj. Que maquina. Ú.t.c.s.

MAQUINAL. (l. *machinalis*.) adj. Perteneciente a los efectos y movimientos de la máquina. || **2.** fig. Dícese de los actos y movimientos ejecutados sin deliberación.

MAQUINALMENTE. adv. fig. De modo maquinal, sin deliberación.

MAQUINANTE. p.a. de maquinar. Que maquina.

MAQUINAR. (l. *machināri*.) tr. Tramar, urdir ocultamente.

MAQUINARIA. f. Arte que enseña a fabricar máquinas. || **2.** Conjunto de máquinas para un fin. || **3.** Mecánica, aparato o resorte interior de un artefacto. || **P.** maquinaria; **I.** machinery; **F.** machinerie; **A.** Maschinerie; **It.** macchinario; **R.** машинное оборудование.

MAQUINISMO. m. Mecanismo. || **2.** Empleo predominante de las máquinas en la industria moderna.

MAQUINISTA. com. Persona que inventa o fabrica máquinas. || **2.** La que las gobierna, dirige o maneja. || **P.** maquinista; **I.** engineer; **F.** machiniste; **A.** Maschinist; **It.** macchinista; **R.** машинист.

★ MAQUIS. m. Terreno cubierto de arbustos y de matorral. || **2.** Formación vegetal propia de la región mediterránea, equivalente a la garriga. || **3.** Individuo que durante la segunda Guerra Mundial perteneció al movimiento de resistencia francés, frente a los alemanes que ocupaban su país. || **4.** Por extensión se aplica a todo individuo del movimiento secreto de resistencia de cualquier país.

MAR. (l. *mare*.) amb. Masa de agua salada que cubre la mayor parte de la Tierra. || **2.** Cada una de las partes en que se considera dividida. || **3.** fig. Abundancia extraordinaria. || **4.** fig. Nombre que se da a algunos lagos. || **—ancha** o **alta mar.** Parte del mar alejada de la costa. || **—bonanza.** Mar en calma. || **—cerrada.** La que comunica con el Océano por medio de un canal o estrecho. || **—de fondo** o **de leva.** Gran agitación de las aguas del mar. || *Hablar de la* MAR. Hablar de cosas imposibles. || *Hacerse a la* MAR. Alejarse el barco de la costa. || **P.** mar; **I.** sea; **F.** mer; **A.** Meer; **It.** mare; **R.** море.

★ MARÁ. f. Zool. Cierto roedor de piel sedosa y carne comestible, llamado también liebre de Patagonia, por vivir en esta región argentina.

MARABÚ. (ár. *marbūt*, santo, asceta.) m. Ave zancuda, parecida a la cigüeña, con un plumaje muy apreciado para usarlo de adorno. Vive en África y Asia. || **2.** Adorno hecho de este plumaje. || **3.** Especie de muselina de seda, fabricada con hilos de torsión especial.

MARABUTO. m. Morabito, ermita de un santón mahometano.

MARACA. (guaraní *mbaracá*.) f. Ant., Colom. y Venez. Instrumento musical formado por una calabaza seca con piedrecillas o semillas en su interior y un mango de palo. || **2.** Chile y Perú. Juego de azar que se realiza con tres dados que en vez de puntos tienen figuras. || **3.** Chile. Prostituta, ramera.

★ MARACÁ. m. Ídolo de los brasileños en forma de calabaza. || **2.** Bálsamo precioso usado en Brasil y Perú. || **3.** Vasija para conservarlo.

MARACANÁ. m. Argent. Guacamayo, variedad de papagayo.

MARACAYÁ. m. Amér. Tigrillo.

MARACUCHO, CHA. adj. Venez. Natural de Maracaibo. Ú.t.c.s. || **2.** Relativo o perteneciente a esta ciudad venezolana.

M

MARACURE. m. Bot. Bejuco de Venezuela que se utiliza en la preparación del curare.

MARAGATERÍA. f. Conjunto de maragatos.

MARAGATO, TA. adj. y s. Natural de la Maragatería, comarca natural de León. || 2. Perteneciente a esta comarca. || 3. Astorgano. || 4. Adorno llevado antiguamente por las mujeres en el escote.

* **MARANGUANGO**. m. Colom. Bebedizo.

* **MARANTA**. f. Bot. Género de plantas propias de la América tropical de cuyos tubérculos se extrae almidón y fécula.

MARANTÁCEO, A. (De maranta, nombre de un género de plantas.) adj. Que se asemeja a la maranta. || 2. f. pl. Familia de plantas monocotiledóneas, cuyo tipo es la maranta.

MARAÑA. (l. vorago, -ínis, abismo.) f. Maleza, espesura de arbustos. || 2. Conjunto de hebras bastas que forman la parte exterior de los capullos de seda. || 3. Tejido hecho con esta maraña. || 4. Coscoja, árbol parecido a la encina. || 5. fig. Enredo de los hilos o del cabello. || 6. fig. Lance intrincado y difícil. || 7. Embuste que enreda o descompone un negocio. || 8. Colom. Gratificación pequeña. || 9. Germ. Ramera. || P. enredo; I. jungle, jumble; F. brouillamini; A. Wirrwarr; It. macchia, matazza; R. заросль, кустарник.

MARAÑAL. (De maraña.) m. Coscojar.

MARAÑAR. (De maraña.) tr. Enmarañar. U.t.c.r.

MARAÑERO, RA. adj. y s. Amigo de marañas, enredador. U.t.c.s.

MARAÑÓN. m. Bot. Árbol terebintáceo de las Antillas de la América Central, cuyo fruto es de forma de nuez y almendra comestible.

* **MARAÑÓN, NA**. adj. Colom. y Venez. Se aplica a todas las aves de color rojo claro.

MARAÑOSO, SA. adj. Marañero, na. U.t.c.s. || 2. adj. p.us. Enmarañado, enredado, embrollado.

* **MARAÑUELA**. f. Bot. Cuba. Capuchina. || 2. Flor de esta planta.

* **MARAÑUELO**. m. Can. Correhuela, mata convolvulácea de flores acampanadas.

* **MARAPA**. f. Méj. Fruto del jobo. || 2. Venez. Bebida refrescante que se prepara con este fruto.

MARASMO. (gr. μαρασμός.) m. Med. Enflaquecimiento del cuerpo humano en grado extremo. || 2. fig. Paralización, suspensión, atonía, inmovilidad. || P. e It. marasmo; I. marasmus; F. marasme; A. Verfall; R. маразм.

* **MARASMOLITA**. f. Mineral. Variedad de blenda o sulfuro de cinc. Cristaliza en tetraedros; es transparente y de color amarillo.

MARAVEDÍ. (ár. murābiṭī, de los almorávides.) m. Moneda española antigua, que tuvo diferentes calificativos y valores. || 2. Tributo que pagaban los aragoneses de siete en siete años a los reyes de Aragón. || 3. P. Rico y Colom. Planta de costa. || —alfonsí o blanco. Moneda castellana de plata. || —burgalés. Moneda de vellón de los reinos de Asturias, Castilla y León, durante el siglo XIII y cuyo valor era la sexta parte del maravedí de plata. || —de oro. Moneda de los reinos anteriores, pero acuñada en oro y que circuló también en el siglo XIII. || —novén o viejo. Moneda castellana de vellón que circuló durante los siglos XIV, XV y XVI. || —nuevo. Antigua moneda de vellón castellana que valía la séptima parte de un real de plata.

MARAVEDINADA. f. Medida antigua de capacidad para áridos.

MARAVETINO. m. ant. Maravedí.

MARAVILLA. (l. mirabilia, cosas admirables.) f. Suceso o cosa extraordinaria que causa admiración. || 2. Admiración. || 3. Bot. Planta compuesta cuyas flores dan un cocimiento usado como antiespasmódico. || 4. Especie de enredadera con flores azules que se cultivan en los jardines. || 5. Guat. Multitud. || 6. Dondiego, planta originaria del Perú cuyas flores fragantes se abren al anochecer y se cierran al salir el sol. || —de indias. Planta convolvulácea de América Meridional llamada vulgarmente enredadera de campanillas. || —del mundo. Cada una de las siete obras arquitectónicas que antiguamente eran más admirables. || A las mil maravillas. m. adv. De modo perfecto, exquisito. || A maravilla. Maravillosamente. || Por maravilla. Por casualidad. || Ser una maravilla. fr. fig. Ser una cosa excelente y singular. || P. maravilha; I. marvel, wonder; F. merveille; A. Wunderding; It. maraviglia; R. чудо.

MARAVILLAR. (De maravilla.) tr. Admirar. Ú.t.c.r.

MARAVILLOSA. f. Astron. Mira, estrella variable de la constelación de la Ballena.

MARAVILLOSAMENTE. adv. De forma maravillosa.

MARAVILLOSO, SA. adj. Extraordinario, admirable, excelente. || P. maravilhoso; I. marvellous; F. merveilleux; A. wunderbar; It. maraviglioso; R. чудесный.

* **MARAY**. m. Chile. Cada una de las dos piedras que forman las tahonas, trapiches, etc.

MARBETE. (ár. marbaṭ o marbiṭ, lo que se ata a algo.) m. Cédula adherida a las mercancías para indicar la marca de fábrica, precio, cualidades, contenido, etc. || 2. Cédula que se pega en los equipajes de ferrocarril, indicando número de registro y punto de destino. || 3. Orilla, filete, perfil.

MARCA. (Del medio alto al. mark, señal.) f. Provincia, distrito fronterizo. || 2. Instrumento para medir la estatura de las personas o la alzada de las caballerías. || 3. Medida fija del tamaño que debe tener una cosa. || 4. Señal hecha en una persona, animal o cosa para diferenciarla de las demás. || 5. Instrumento con que se marca. || 6. Acción de marcar. || 7. Cicatriz, señal. || 8. Mar. Punto fijo en la costa para saber la situación de la embarcación. || 9. Germ. Prostituta, ramera. || 10. Dep. Límite máximo alcanzado en cualquier aspecto de la actividad humana, especialmente en los deportes. || De marca. fig. Que sobresale en su línea. || De marca mayor. expr. fig. Lo que es excesivo en su línea. || P. e It. marca; I. mark; F. marque; A. Marke, Merkmal; R. пограничный район, отметка.

MARCACIÓN. f. Mar. Acción y efecto de marcar o marcarse. || 2. Mar. Ángulo formado por un rumbo determinado del buque, con la visual dirigida a un punto. || 3. Argent. Hierra, herradero, acción de marcar el ganado.

MARCADAMENTE. adv. Señaladamente.

º **MARCADOR, RA**. adj. Que marca. Ú.t.c.s. || 2. m. Muestra para marcar o bordar letras en cañamazo. || 3. Contraste, el empleado público encargado de contrastar. || 4. Impr. El encargado de poner los pliegos de papel en las máquinas. || 5. Impr. Tablero donde uno a uno se van poniendo los pliegos al marcar. || 6. Dep. Aparato en que se marcan los tantos de las competiciones deportivas, instalado en los lugares donde éstas se celebran. Los hay de varios tipos, los que funcionan a mano, mecánicos y eléctricos. || P. marcador; I. marker; F. marqueur; A. Stempler; It. marchiatore; R. маркировщик.

MARCAR. tr. Poner una marca o señal a alguna cosa. || 2. Bordar las iniciales u otra señal en las ropas. || 3. fig. Señalar a uno distinguiendo en él alguna cualidad. || 4. Aplicar, destinar. || 5. Impr. Ajustar la colocación de los pliegos de papel en las máquinas de imprimir. || 6. Mar. Determinar una marcación. || 7. Dep. Contrarrestar un jugador el juego de su respectivo contrario. || 8. Realizar la marcación de un buque. || 9. Señalar con la mano o batuta los compases, partes o divisiones de los movimientos de una pieza musical. || —el paso. Mil. Mover rítmicamente los pies sin avanzar. || P. marcar; I. to mark; F. marquer; A.(kenn)zeichnen, markieren; It. marcare; R. отмечать.

* **MARCASITA**. (ár. marqašīta.) f. Pirita.

MARCEADOR. m. Marcero.

MARCEAR. tr. Esquilar las bestias al empezar la primavera. || 2. intr. Hacer el tiempo propio del mes de marzo.

* **MARCELIANISMO**. m. Herejía del siglo IV, promovida por Marcelo, obispo de Ancira.

MARCELIANISTA. adj. Partidario del marcelianismo. Ú.t.c.s.

MARCELINO, NA. adj. ant. Marzal.

MÁRCENA. (l. margo, -inis.) f. Ál. y Logr. Margen entre dos heredades para no pisar el campo ajeno. || 2. Amelga.

MARCENAR. (De márcena.) intr. Trazar márcenes, amelgar.

MARCEÑO, ÑA. adj. Propio del mes de marzo.

MARCEO. (De marcear.) m. Corte que hacen los colmeneros al entrar la primavera, para quitar lo reseco y sucio de la parte inferior de los panales.

MARCERO, RA. adj. Marceador.

MARCESCENTE. (l. marcescens, -entis, que se deseca.) adj. Bot. Dícese de las hojas y de los cálices y corolas que se secan o marchitan sin caerse.

MARCIAL. (l. martiālis, de Marte.) adj. Perteneciente a la guerra. || 2. fig. Bizarro, varonil, franco. || 3. Farm. Dícese de los preparados y substancias en que entra el hierro. || 4. Preparación de polvos aromáticos con la que antiguamente se aderezaban los guantes. || 5. pl. En la Roma antigua, ministros públicos del dios Marte. || 6. Juegos en honor de Marte, en la antigua Roma.

MARCIALIDAD. f. Calidad de marcial.

MARCIANO, NA. adj. Perteneciente o relativo al planeta Marte. || 2. Supuesto habitante de dicho planeta.

MARCIO, CIA. (l. martius.) adj. ant. Marcial.

MARCIONISTA. adj. Aplícase al sectario o partidario del heresiarca Marción cuya doctrina se fundaba en la oposición entre el Dios del Antiguo y Nuevo Testamento.

MARCO. (germ. mark.) m. Peso antiguo de oro y plata, equivalente a 230 gramos. || 2. Patrón o tipo para las pesas y medidas. || 3. Moneda alemana. || 4. Medida que deben tener los maderos, según su clase. || 5. Herramienta para marcar los árboles que se van a cortar. || 6. Cerco que rodea algunas cosas o en el que se encajan. || 7. Cartabón, instrumento que utilizan los zapateros para medir la piel. || —hidráulico. Arqueta sin tapa y con unos tubos o caños de distintos diámetros para graduar la salida del agua. || —real. Medida superficial de 400 estadales cuadrados. || 2. Sistema de plantación en el que cada cuatro plantas corresponden a los vértices de un cuadrado. || 6.ª acep.: P. quadro; I. frame; F. cadre; A. Rahmen; It. cornice; R. марка, рама.

MÁRCOLA. (l. marcŭlus, martillo.) f. Asta que tiene en la punta un hierro a manera de formón con un gancho lateral parecido a un hocino y que se emplea para limpiar y desmarojar los olivos.

MARCOLADOR, RA. m. y f. Persona que limpia y desmaroja con la márcola.

MARCOMANO, NA. (l. marcomānnus.) adj. Natural de Marcomania país que comprendía la mayor parte de Bohemia. Ú.t.c.s. || 2. Perteneciente o relativo a esta región.

MARCONIGRAMA. m. Radiograma.

MARCHA. f. Acción de marchar. || 2. Toque de tambor o clarín para que desfile la tropa o para rendir los supremos honores militares. || 3. Grado de celeridad en la marcha de un buque, locomotora, etc. || 4. Pieza de música, de ritmo muy determinado, para indicar el paso de las tropas, o de un cortejo. || 5. Hoguera que se hace en la Rioja a las puertas de las casas, para manifestar regocijo. || 6. Tabla que sirve para dar impulso a la rueda de un torno al aire. || 7. Cuba. Paso suave y asentado del caballo, levantando a un tiempo la pata y la mano del mismo lado. || 8. Mil. Toque para que la tropa salga de paseo. || 9. Mec. Regularidad en el funcionamiento de una máquina. || —del juego. Carácter propio de él y leyes que lo reglamentan. || —real. Marcha nacional española, que se toca en honor del Santísimo Sacramento, del Jefe del Estado o de alguna representación análoga. || A marchas forzadas. m. adv. Mil. Caminando más de lo acostumbrado. || *Batir la* MARCA. Tocarla. || *Sobre la* MARCHA. Inmediatamente, en el acto. || P. marcha; I. march, walk; F. marche, cours; A. Marsch, Abfahrt; It. marcia; R. ход.

* **MARCHADO**. m. ARGENT. Paso de la caballería de balanceo suave y acompasado y más ligero que el corriente.

* **MARCHADOR, RA**. adj. AMÉR. Andarín, que anda mucho sin cansarse.

MARCHAMADOR. m. ant. Marchamero.

MARCHAMAR. (De *marchamo*.) tr. Poner marchamo a los géneros, bultos o fardos.

MARCHAMERO. m. El que tiene por oficio marchamar.

MARCHAMO. (ár. *maršam*.) m. Señal que ponen los aduaneros en los bultos o fardos. || 2. Instrumento para marcar el sello en la Aduana o en una casa comercial. || 3. R. DE LA PLATA. Impuesto que se cobra por cada res muerta en el matadero. || P. marchamo; I. custom-house mark; F. marque de douane; A. Zollsiegel; It. marchio; R. пометка, таможкнь.

* **MARCHANTA (A LA)**. loc. ARGENT. A la rebatiña.

* **MARCHANTAJE**. m. P. RICO. Clientela.

MARCHANTE. (fr. *marchand*, y éste del m. or. que *mercante*.) adj. Mercantil. || 2. m. Traficante. || 3. AND. y AMÉR. Parroquiano, el que acostumbra a comprar en una misma tienda.

MARCHANTERÍA. f. p. us. Marchantía.

MARCHANTÍA. (De *marchante*.) f. p. us. Mercancía.

MARCHAPIÉ. (fr. *marchepied*.) m. MAR. Cabo que pende a lo largo de las vergas y que sirve para sostenerse la marinería. || 2. Estribo en un carruaje.

MARCHAR. (fr. *marcher*, y éste del germ. *marhan*.) intr. Andar, caminar, partir. || 2. Moverse un artefacto o vehículo. Ú.t.c.r. || 3. MIL. Caminar la tropa con cierto orden. || 4. Funcionar o desenvolverse una cosa. || 5. R. DE LA PLATA. fig. Aligerar una cosa. || P. marchar; I. to march, to walk, to start; F. marcher, partir; A. marschieren It. marciare, andare, andàrsene; R. вянуть, шагать.

MARCHARIPÉ. m. AND. Afeite o pintura en el rostro de las mujeres.

MARCHITABLE. adj. Que puede marchitarse.

MARCHITAMIENTO. m. Acción de marchitarse.

MARCHITAR. (De un der. del l. *marcidus*, marchito.) tr. Ajar, quitar y ponerse mustios los vegetales. Ú.t.c.r. || 2. fig. Enflaquecer, perder el vigor, la hermosura, etc. || P. murchar; I. to wither; F. flétrir; A. verwelken; It. appassire; R. вянуть, увядать.

MARCHITEZ. f. Calidad de marchito.

MARCHITO, TA. (De *marchitar*.) adj. Ajado, falto de vigor y lozanía.

MARCHITURA. f. ant. Marchitez.

MARCHOSO, SA. adj. (De *marcha*.) adj. Airoso, gentil, garboso. || 2. AND. Dícese del que anda con gallardía, pero con plebeya afectación. || 3. Persona del pueblo bajo andaluz que se distingue por sus juergas y galanteos de la vida airada. Ú.t.c.s.

MARDAL. m. MURC. Morueco, carnero padre.

MARDANO. (l. *maritus*, marido.) m. AR. Morueco.

MAREA. (De *marear*.) f. Movimiento periódico y alternativo de ascenso y descenso de las aguas del mar, debido a las acciones atractivas del Sol y de la Luna. || 2. Viento suave que sopla del mar. || 3. Parte de la ribera del mar invadida por las aguas en el flujo o pleamar. || 4. Rocío, llovizna. || 5. Inmundicia que se barre y limpia de las calles, facilitando con agua su arrastre. || 6. CHILE. Neblina que viene del mar. || —viva. MAR. Aguas vivas o crecientes del mar en los equinoccios o en los novilunios y plenilunios. || —muerta. MAR. Aguas muertas o mareas menores, en los cuartos de la Luna. || P. maré; I. tide; F. marée; A. Ebbe und Flut; It. marea; R. прилив и отлив (моря).

MAREADOR. m. GERM. Ladrón que trueca la moneda falsa por la buena.

MAREAJE. m. Arte o profesión de navegar o marear. || 2. Rumbo de una embarcación. || 3. Aparejo peculiar y distintivo de un buque. || 4. MAR. Acción de marear las velas.

MAREAMIENTO. m. Acción y efecto de marear.

MAREANTE. p. a. de marear. Que marea. || 2. adj. Que profesa el arte de la navegación. Ú.t.c.s. || 3. m. pl. Grupo de colegiados que en un distrito marítimo se auxilian en casos de avería.

MAREAR. (De *mar*.) tr. Dirigir y gobernar una embarcación. || 2. Vender al menudeo las mercancías. || 3. Averiarse las mercancías en el mar. || 4.r. Sentir mareo. || 5. fig. y fam. Enfadar, fastidiar, molestar. || 6. AND. Rehogar. || 7. P. RICO y MÉJ. Engañar, embaucar.

MAREJADA. (De *marea*.) f. Gran agitación de las olas. || 2. Movimiento impetuoso de gente reunida. || 3. Rumor y murmuración del público que suele preceder al alboroto.

MAREMÁGNUM. m. fam. Mare mágnum.

MARE MÁGNUM. (Lit. *mar grande*.) expr. latina fig. y fam. Abundancia, grandeza, confusión. || 2. fig. y fam. Muchedumbre confusa de personas o cosas.

MAREMOTO. (Formado a imitación de terremoto; l. *mare*, mar, y *motus*, movimiento.) m. Sacudida violenta de las aguas del mar, producida por un movimiento sísmico del fondo marino y que en las costas da origen a grandes inundaciones.

MARENGO. (De *mar*.) m. prov. AND. Jabegote, persona que tira de la jábega, red grande y pesada.

MAREO. m. Malestar general, caracterizado por sudores fríos, náuseas, vértigos y pulso débil. || 2. fig. y fam. Enfado, molestia, ajetreo. || P. mareo; I. seasickness; F. mal de mer; A. Seekrankheit, Schwindel; It. mareggio; R. морская болезнь.

MAREÓGRAFO. (De *marea*, y el gr. γράφω, escribir.) m. MAR. Instrumento que en un sistema de coordenadas va señalando sobre el papel la altura de las aguas durante las mareas.

MAREOSO, SA. adj. Que marea, 4.ª acep.

MARERO. (De *mar*.) adj. Viento que viene de la parte del mar.

MARETA. f. Movimiento de las olas del mar al iniciarse o al sosegarse la borrasca. || 2. fig. Rumor de muchedumbre al levantarse o sosegarse. || 3. Alteración del ánimo. || —sorda. La alteración de las olas no causada por el viento en el lugar en que se siente.

MARETAZO. m. Golpe de mar.

* **MAREY**. m. BOT. AMÉR. CENTRAL. Anacardo.

MÁRFAGA. (De *márfega*.) f. Marga o jerga usada para sacas, jergones, etc. || 2. RIOJA. Cobertor de cama.

* **MARFANIL**. m. QUÍM. Un clorhidrato que se emplea contra la gangrena gaseosa y el tétanos producidos por gérmenes anaerobios.

MÁRFEGA. (ár. *mirfaqa*, cojín.) f. Márfaga. || 2. AR. Jergón hecho de esta tela.

MARFIL. (ár. 'azm al-fil, el hueso del elefante.) m. Parte dura, blanca y susceptible de cremoso pulimento, de los dientes de los mamíferos, debajo del esmalte. Se emplea en la industria en artes decorativas, principalmente el procedente de los colmillos del elefante. || —artificial. Pasta de celuloide que imita al marfil natural. || —fósil. El que se obtiene de los colmillos del mamut. || —vegetal. Producto obtenido de las semillas de ciertas palmeras que se utiliza para la fabricación de botones. || P. marfim; I. ivory; F. ivoire; A. Elfenbein; It. avorio; R. слоновая кость.

MARFILEÑO, ÑA. adj. De marfil. || 2. Perteneciente o relativo al marfil.

* **MARFILINA**. f. Compuesto que imita al marfil.

MARFUZ, ZA. (ár. *marfūḍ*, desechable.) adj. Repudiado, desechado, despreciado. || 2. Engañoso, falaz.

MARGA. (l. *marga*.) f. Roca grisácea, compuesta de carbonato de cal y arcilla en proporciones casi iguales, empleada co-

mo enmienda de los terrenos. || —bituminosa. La impregnada de hidrocarburos. || —terrosa. La que es poco coherente. || P. marga; I. marl; F. marne; A. Mergel; It. marga; R. мергель.

MARGA. (De *márfega*.) f. Jerga para hacer sacas, jergones, etc.

MARGAJITA. f. Marcasita. || 2. MÉJ. Polvos de salvadera.

MARGAL. m. Terreno en que abunda la marga.

MARGALLÓN. (l. *margăris*, dátil del palmito.) m. Palmito palma de hojas en forma de abanico. || 2. Tallo de esta planta.

MARGAR. tr. Abonar un terreno con marga.

* **MARGÁRICO, CA**. adj. QUÍM. Dícese del ácido obtenido de la saponificación del cianuro de cetilo.

MARGARINA. (gr. μάργαρον, perla, por el color.) f. QUÍM. Substancia formada por la mezcla íntima de palmitina y estearina, obtenida de las grasas y aceites vegetales y empleada como substitutivo de la mantequilla. || 2. PERÚ. Mantequilla falsificada.

MARGARITA. (l. *margarita*, y éste del gr. μαργαρίτης.) f. Perla. || 2. ZOOL. Caracol marino pequeño de concha rosada, convexa por encima y casi plana por debajo. || 3. Planta herbácea compuesta, de cabezuelas amarillas en el centro y blancas en la circunferencia. || 4. BOT. Maya, planta compuesta que abunda en los prados. || 5. BOT. ECUAD. Jacinto, planta liliácea. || 6. MAR. Nudo dado a cualquier cabo cuando faltan cordones para asegurarlo. || 7. MINER. Silicato hidratado de alúmina y cal de color claro y lustre nacarado, especie de mica. || *Media* MARGARITA. MAR. La mitad de la vuelta de ese nombre. || *Echar* MARGARITAS *a puercos*. fr. fig. Emplear la delicadeza o generosidad en la persona que no las conoce o no sabe apreciarlas. || P. margarita; I. daisy; F. marguerite; A. Massliebchen, Gänseblümchen; It. magherita; R. жемчуг, маргаритка.

MARGARITEÑO, ÑA. adj. Natural de Santa Margarita. Ú.t.c.s. || 2. Perteneciente a esa isla del Mediterráneo.

* **MARGARITÍFERO**. adj. Dícese de los moluscos que producen perlas.

* **MARGARODITA**. f. MINER. Especie de mica irisada.

* **MARGARODO**. m. ZOOL. Mariposa pequeña muy dañina para algunos árboles, que es común en Cuba.

* **MARGAY**. m. ZOOL. Mamífero felino, parecido a un gato, propio de América Meridional.

MARGEN. (l. *margo* -ĭnis.) amb. Extremidad, orilla. || 2. Espacio en blanco que queda alrededor de una página impresa o manuscrita. || 3. Apostilla. || 4. fig. Oportunidad, ocasión, motivo para un acto o suceso. || 5. COM. Beneficio obtenido en las ventas. || *A media* MARGEN. m. adv. Con espacio en blanco igual a la mitad longitudinal de la página. || *Andarse uno por las* MÁRGENES. fr. fig. Andarse por las ramas. || *Dar margen*. fr. fig. Dar motivo u ocasión. || *Estar* o *quedarse al* MARGEN. No tener intervención en determinado asunto. || P. margem; I. margin, bank; F. marge, bord, rive; A. Rand, Ufer; It. màrgine, riva; R. край, берег, пола (бумаги).

MARGENAR. (De *margen*.) tr. Marginar.

* **MARGESÍ**. m. PERÚ. Inventario de los bienes de una corporación.

MARGINADO, DA. p.p. de marginar. || 2. adj. BOT. Que tiene reborde.

MARGINAL. adj. Perteneciente al margen. || 2. Que está al margen.

MARGINAR. (l. *margo*, -ĭnis, margen.) tr. Apostillar. || 2. Hacer o dejar márgenes en el papel o cualquier otra materia donde se escribe o se imprime. || 3. Festonear. || P. marginar; I. to margin; F. marginer; A. Rand(en comp); It. marginare; R. оставить поля.

MARGOMAR. (Palabra formada sobre el ár. *marqūm*, bordado, recamado.) tr. ant. Bordar.

MARGOSO, SA. adj. Dícese del terreno o roca en cuya composición entra la marga.

MARGRAVE. (al. *mark-graf*; de *mark*, marca, frontera, y *graf*, conde.) m. Título

M de dignidad de algunos príncipes alemanes.

MARGRAVIATO. m. Dignidad de margrave. || **2.** Territorio del margrave.

MARGUERA. f. Barrera o veta de marga. || **2.** Sitio donde se deposita la marga.

* **MARGULLO.** m. GAL., CUBA y VENEZ. Acodo.

MARÍA. (hebr. *Miriam.*) f. Nombre de la Madre de Dios. || **2.** Moneda de plata española del siglo XVII que valía doce reales de vellón. || **3.** fam. Vela blanca que se pone en lo alto del tenebrario. || **4.** AGR. Enfermedad propia del castaño que ocasiona la pérdida de muchos árboles. || **5.** COLOM. Árbol gutífero que produce una substancia muy usada en medicina, denominada resina de María. || **6.** pl. *Las tres* MARÍAS. ASTRON. El cinturón de Orión.

* **MARIACHE** o **MARIACHI.** m. MÉJ. Música popular del país. || **2.** Conjunto que interpreta esta música.

MARIAL. adj. Dícese de algunos libros que contienen alabanzas de la Santísima Virgen María. Ú.t.c.s.

MARIANO, NA. adj. Perteneciente a la Virgen María o a su culto.

MARICA. f. n. p. fam. f. d. de María. || **2.** Urraca. || **3.** En el juego del truque, la sota de oros. || **4.** m. fig. Hombre afeminado o de poco ánimo o esfuerzo.

MARICASTAÑA. n. p. Personaje proverbial que simboliza la antigüedad muy remota. Empléase generalmente en la frase: *en tiempos de* MARICASTAÑA.

* **MARICELA.** f. VENEZ. Aire y baile popular.

* **MARICO.** m. VENEZ. y COLOM. Marica, hombre afeminado.

MARICÓN. m. fig. y fam. Marica, hombre afeminado. Ú.t.c.s. || **2.** fig. y fam. Sodomita.

* **MARICONGO.** m. BOT. P. RICO. Variedad de plátano.

MARIDABLE. adj. Dícese de la vida y unión que debe existir entre los esposos, y de lo correspondiente a ellos.

MARIDABLEMENTE. adv. Con vida, unión y afecto maridable, es decir, de esposos.

MARIDAJE. (De *maridar.*) m. Unión, enlace y afecto de esposos. || **2.** Unión, analogía o conformidad de unas cosas con otras.

MARIDAL. (l. *maritālis*; de *marītus*, marido.) adj. ant. Maridable.

MARIDANZA. f. EXTR. Vida que da el marido a la mujer. Úsase con los adjetivos *buena* o *mala*.

MARIDAR. (l. *maritāre*.) intr. Casar o contraer matrimonio. || **2.** Hacer vida marital. || **3.** tr. fig. Enlazar, unir.

MARIDAZO. (aum. despect. de *marido*.) m. fam. Gurrumino, marido demasiado condescendiente.

MARIDILLO. (d. de *marido*.) m. Rejuela, calentapiés o braserillo enrejado.

MARIDO. (l. *maritus*.) m. Hombre casado, con respecto a la mujer. || *No es nada, que matan a mi* MARIDO. ref. que zahiere a quienes no dan importancia a las cosas graves. || **P.** marido; **I.** husband; **F.** mari; **A.** Ehemann; **It.** marito; **R.** муж, супруг.

MARIGUANA [~HUANA]. f. MÉJ. Cáñamo común, y especialmente sus hojas desecadas, fumadas como tabaco que producen un efecto narcótico. || **2.** AMÉR. Tabaco silvestre.

* **MARIJUANA.** f. COLOM. Juguete, figurilla.

MARIMACHO. (De *Mari*, apóc. de *María*, y de *macho*.) m. fam. Mujer que por su aspecto y acciones parece un hombre.

MARIMANDONA. (De *Mari*, apóc. de *María*, y de *mandón*.) f. Mujer autoritaria y caprichosa que quiere que se haga siempre su voluntad.

MARIMANTA. (De *Mari*, apóc. de *María*, y de *manta*.) f. fam. Fantasma con el que se pone miedo a los niños.

* **MARIMARI.** m. AMÉR. Saludo corriente entre los indios chilenos.

MARIMARICA. m. fam. Marica, hombre afeminado.

MARIMBA. (Voz africana.) f. Tambor usado por algunos negros de África. || **2.** AMÉR. En diferentes puntos del continente

americano, tímpano o xilófono de gran tamaño.

* **MARIMBEAR.** intr. GUAT. Mover las orejas una bestia.

* **MARIMBERO, RA.** adj. AMÉR. CENTRAL. Poco diestro.

* **MARIMONDA.** f. ZOOL. AMÉR. En varios países de América, una clase de mono. || **2.** VENEZ. Mujer desgreñada. || **3.** VENEZ. Borrachera.

MARIMOÑA. f. BOT. Francesilla, planta que se cultiva en los jardines.

MARIMORENA. f. fam. Camorra, riña, pelea.

MARINA. n. p. de mujer que entra en la formación de muchos refranes, como *A* MARINA *duélele el tobillo, y sánanle el colodrillo*, ref. usado para significar lo inadecuada de ciertos medios para conseguir el fin que se pretende. || *Si* MARINA *bailó, tome lo que halló.* ref. que advierte el peligro a que se exponen las mujeres en ciertos bailes.

MARINA. (l. *marina*, t. f. de -*nus*, marino.) f. Tierra que limita con el mar. || **2.** Pintura o cuadro que representa el mar. || **3.** Ciencia o arte de navegar. || **4.** Conjunto de los buques de una nación. || **5.** Conjunto de personas que sirven en la marina de guerra. **—de guerra.** Armada, fuerzas militares marítimas de un Estado. **—mercante.** Conjunto de buques de un Estado que se emplean en el comercio marítimo. || **4.ª** acep.: **P.** marinha; **I.** marine, navy; **F.** marine; **A.** Marine, Seemacht; **It.** marina; **R.** побережье, флот.

MARINAJE. Ejercicio de la marinería. || **2.** Conjunto de los marineros.

* **MARINAMO, MA.** adj. CHILE. Se dice del pollo o gallina que tiene cinco dedos en una o ambas patas, y por extensión de las personas que tienen un dedo de más o los tienen deformados. Ú.t.c.s.

MARINANTE. (De *marinar.*) m. desus. Marinero.

MARINAR. (De *marino.*) tr. Dar cierta sazón al pescado para conservarlo. || **2.** Dotar de tripulación al buque apresado por el apresador. || **3.** Tripular nuevamente una embarcación.

MARINEAR. intr. Practicar el oficio marinero.

MARINERA. f. Blusa del marino y prenda de vestir en los trajes de niño. || **2.** Baile popular del Perú, Ecuador y Chile.

MARINERADO, DA. (De *marinero*.) adj. Tripulado o equipado.

MARINERAZO. (aum. de *marinero*.) m. Individuo muy experimentado y práctico en las cosas del mar.

MARINERÍA. (De *marinero*.) f. Profesión y ejercicio de hombre de mar. || **2.** Conjunto de marinos.

MARINERO, RA. (De *marina*.) adj. Dícese de la embarcación fácil de gobernar. || **2.** Aplícase a lo que pertenece a la marina o a los marineros. || **3.** m. Persona inteligente en marinería. || **4.** El hombre de mar que sirve en las maniobras de las embarcaciones. || **5.** Argonauta, molusco que al nadar se asemeja a una barquita. **6.** CUBA. Maricón, sodomita. **—de agua dulce.** El que ha navegado poco y en aguas tranquilas. **—hecho.** El que por su práctica o inteligencia, es muy entendido en su profesión. **—matalote.** El torpe en su oficio. || *A la* MARINERA. m. adv. A la marinesca. || **4.ª** acep.: **P.** marinheiro; **I.** mariner, sailor; **F.** marin; Matrose; **It.** marinaio; **R.** матрос, моряк.

MARINESCO, CA. (De *marino.*) adj. Perteneciente o relativo a los marineros. || *A la* MARINESCA. m. adv. A estilo o costumbre de los marineros.

MARINISMO. m. Gusto poético, semejante al culteranismo, iniciado por el poeta italiano Marini, y que se propagó por Europa a principios del siglo XVII.

MARINISTA. adj. Dícese del pintor de marinas. Ú.t.c.s.

MARINO, NA. (l. *marīnus.*) adj. Perteneciente al mar. || **2.** BLAS. Dícese de ciertos animales fabulosos que tienen cola de peces, como las sirenas. || **3.** m. Persona titulada para gobernar o dirigir una embarcación de gran porte. || **4.** El que sirve en la marina.

MARIOL. (cat. *mariol*, y éste de *María*.) m. p. us. Maricón.

MARIOLOGÍA. f. Tratado de lo referente a la Virgen María.

MARIÓN. m. ZOOL. Esturión, pez marino comestible, con cuyas huevas se prepara el caviar.

MARIÓN. (De *María*.) m. ant. Mariol.

MARIONA. f. Especie de danza antigua. || **2.** Música de la misma.

° **MARIONETA.** f. Muñeco o títere que se mueve por medio de cuerdas, hilos, etc.

MARIOSO. adj. p. us. Amaricado.

MARIPÉREZ. f. Moza, horquilla de las trébedes para asegurar el rabo de la sartén.

MARIPOSA. f. Insecto lepidóptero. || **2.** ZOOL. Pájaro de Cuba muy pequeño, de hermosos y brillantes colores y canto melodioso. || **3.** Candelilla que flota sobre el aceite para obtener luz. || **4.** Luz encendida a este efecto. || **5.** BOT. ECUAD. y MÉJ. Variedad de orquídea. || **6.** COLOM. y HOND. Juego de muchachos. || **7.** MEC. Tuerca que funciona con la presión de los dedos. **—de la col.** Insecto cuyas orugas produce enormes daños en las coles. **—de la muerte.** Calavera, insecto que sobre el dorso del tórax tiene un dibujo parecido a una calavera. **—de la seda.** Aquella cuyas orugas producen la seda. **P.** borboleta; **I.** butterfly; **F.** papillon; **A.** Schmetterling. **It.** farfalla; **R.** бабочка.

MARIPOSADO, DA. adj. BLAS. Papelonado.

MARIPOSEADOR, RA. adj. PERÚ. Que mariposea.

MARIPOSEAR. (De *mariposa*, por alusión a la veleidad de este insecto.) intr. fig. Variar con frecuencia de opiniones. || **2.** fig. Andar insistentemente en torno de alguien.

° **MARIPOSÓN.** m. Galanteador versátil.

MARIQUITA. (d. de *marica*.) f. ZOOL. Insecto coleóptero, de cuerpo semiesférico, cabeza pequeña; es de color encarnado brillante por encima, con puntos negros en los élitros. Se alimenta de pulgones. || **2.** Insecto hemíptero, de cuerpo aplastado, estrecho y oval, cabeza pequeña triangular y élitros que cubren todo el abdomen. Abunda en España. || **3.** Perico, papagayo de color verde. || **4.** m. fam. Marica, hombre afeminado. **P.** joaninha; **I.** ladybug; **F.** coccinelle; **A.** Marienkäfer; **It.** coccinella; **R.** божья.

MARISABIDILLA. (De *Mari*, contrac. de *María*, y de *sabidilla*.) f. fam. Mujer sabihonda o que presume de sabia.

* **MARISCA.** f. Amor de atracción sexual.

MARISCADOR, RA. adj. y s. Que recoge mariscos.

MARISCAL. (germ. *marahskalk*; *marah*, caballo, y *skalk*, el que cuida.) m. Oficial preeminente en la milicia antigua, inferior al condestable. || **2.** El que antiguamente tenía el cargo de aposentar las caballerías. || **3.** Albéitar, veterinario. || **4.** Grado superior de la milicia en algunos países. **—de campo.** Oficial general, llamado hoy general de división. || **P.** marechal; **I.** marshall; **F.** maréchal; **A.** Marschall; **It.** mariscalco; **R.** маршал.

MARISCALA. f. Mujer del mariscal.

MARISCALATO. Dignidad y empleo de mariscal.

MARISCALÍA. f. Mariscalato.

MARISCANTE. adj. GERM. Que marisca o hurta.

MARISCAR. intr. Coger mariscos. || **2.** GERM. Hurtar, coger algo ajeno sin violencia ni intimidación.

MARISCO. (l. *mare*, -*is*, el mar.) m. Molusco o crustáceo marino comestible. || **2.** GERM. Lo que se hurta. || **P.** marisco; **I.** shell; **F.** coquillage; **A.** Seemuschel; **It.** conchiglia; **R.** морская ракушка.

MARISMA. (l. *maritima*; de *mare*, el mar.) f. Terreno bajo y pantanoso que se inunda por las aguas del mar o de las rías. || **P.** marisma; **I.** marsh; **F.** maremme; **A.** Sumpfwiese; **It.** maremma; **R.** низменный берег, затопляемый приливом.

MARISMEÑO, ÑA. adj. Perteneciente o relativo a la marisma o propio de la misma.

MARISMO. (De *marisma*.) m. Orzaga, planta fruticosa de flores verdosas.

MARISQUERO, RA. m. y f. Persona que pesca mariscos. || **2.** Persona que los vende.

MARISTA. adj. Dícese del individuo que pertenece al Instituto de Hermanos Maristas para la educacion cristiana de la juventud. ‖ 2. Dícese del religioso que pertenece a la congregación de los sacerdotes de la Sociedad de María o Padres Maristas. ‖ 3. Perteneciente a una u otra de dichas congregaciones.

MARITAL. (l. *maritālis*.) adj. Perteneciente al marido o relativo a la vida conyugal. ‖ P., I. y F. marital; A. ehelich; It. maritale; R. супружеский.

MARITATA. (Voz aimará.) f. CHILE. Canal con el fondo cubierto de pellejos de carnero que recoge el mineral pulverizado. ‖ 2. CHILE. Cedazo de tela metálica usado en los establecimientos mineros. ‖ 3. pl. AND., GUAT. y HOND. Trebejos, baratijas, chismes.

MARÍTIMO, MA. (l. *maritīmus*.) adj. Perteneciente o relativo al mar, por su naturaleza, proximidad, relación política, etc. ‖ P. marítimo; I. y F. maritime; A. maritim; It. marittimo; R. морской.

MARITORNES. (Por alusión a la moza de la venta del *Quijote*.) f. fig. y fam. Moza de servicio, ordinaria, fea y hombruna.

MARIZARSE. (l. *mas, maris*, macho.) r. SAL. Amarizarse, copularse el macho y la hembra del ganado lanar. ‖ 2. intr. fig. Sestear, el mismo ganado.

MARJAL. (ár. *marŷ*, pradera.) m. Terreno bajo y pantanoso.

MARJAL. (ár. *marŷaʼ*, medida agraria.) m. Medida agraria equivalente a 5 áreas y 25 centiáreas.

MARJOLETA. f. Fruto del marjoleto.

MARJOLETO. (De *majoleto*.) m. BOT. Espino arbóreo con las ramas inferiores muy espinosas, flores en corimbo, fruto ovalado y madera dura que abunda en Sierra Nevada. ‖ 2. Majuelo, espino de flores blancas y fruto rojo.

★ **MARLO.** m. AMÉR. MERID. Panoja de maíz desgranada.

MARLOTA. (ár. *mallūṭa* o *mullūṭa*, y éste del gr. *μηλωτή*, variedad del vestido.) f. Prenda de vestir morisca a modo de sayo, que aún se usa en algunos festejos de España.

MARLOTAR. tr. p. us. Metát. de malrotar.

★ **MARMAJA.** f. MINERAL. COLOM. y MÉJ. Pirita.

MARMÁRICO, CA. (l. *marmaricus*.) adj. Perteneciente o relativo a Marmárica, región del África antigua, entre Cirenaica y el Bajo Egipto.

★ **MARMATITA.** f. MINERAL. Compuesto resultante de la mezcla del protosulfato de hierro con sulfuro de cinc.

MARMELLA. f. Mamella, apéndice carnoso del cuello de algunos animales.

MARMELLADO, DA. adj. Mamellado.

MARMESOR. (b. l. *manumissor*, y éste del l. *manumittēre*, manumitir.) m. ant. Albacea.

MARMITA. f. Olla metálica con tapadera ajustada y una o dos asas. ‖ P. marmita; I. kettle, pot; F. marmite; A. Austreiber, Kocher; It. marmitta, pèntola; R. чугунок, котёл.

MARMITÓN. (De *marmita*.) m. Galopín o ayudante de cocina en los buques mercantes.

MÁRMOL. m. Piedra caliza metamórfica de textura compacta y cristalina, susceptible de pulimento, que mezclada con otras substancias adquiere diferentes colores figurando manchas o vetas. ‖ 2. Objeto de mármol. ‖ 3. Obra artística de mármol. ‖ 4. IMPR. Platina de la prensa. ‖ 5. Plancha de hierro para labrar las piezas en las fábricas y hornos de vidrio. ‖ —**brecha.** El formado por fragmentos irregulares trabados por una pasta homogénea. ‖ —**brocatel.** El que presenta vetas y manchas de diversos colores. ‖ —**estatuario.** El blanco empleado para hacer estatuas. ‖ —**lumaquela.** El que contiene muchos fragmentos de conchas y otros fósiles. ‖ —**serpentino.** El que tiene parte de serpentina o es parecido a ella. ‖ P. mármore; I. marble; F. marbre; A. Marmor; It. marmo; R. мрамор.

MARMOLEJO. (d. de *mármol*.) m. Columna pequeña.

MARMOLEÑO, ÑA. adj. Marmóreo.

MARMOLERÍA. f. Conjunto de mármoles de un edificio. ‖ 2. Obra de mármol. ‖ 3. Taller donde se trabaja el mármol.

MARMOLILLO. m. Guardacantón, guardarruedas. ‖ 2. fig. Zote, ignorante, torpe.

MARMOLISTA. m. Persona que trabaja o vende mármoles. ‖ P. marmoreiro; I. marble-cutter; F. marbrier; A. Marmorschleifer; It. marmoraio; R. работающий по мрамору.

MÁRMOR. (l. *marmor*.) m. ant. Mármol.

MARMORACIÓN. (l. *marmoratio*, -ōnis*, obra de mármol.) f. Estuco.

MARMÓREO, A. (l. *marmorēus*.) adj. Que es de mármol. ‖ 2. Semejante en alguna cualidad al mármol. ‖ P. marmóreo; I. marmorean; F. marmoréen; A. marmorn; It. marmòreo; R. мраморный.

MARMOROSO, SA. (l. *marmorōsus*.) adj. Marmóreo.

MARMOSA. f. Especie de zarigüeya de tamaño de lirón, cuyas crías al nacer apenas tienen el volumen de un guisante. ‖ 2. Mamífero mesurpial de aspecto y tamaño de una rata.

MARMOSETE. (Tal vez del fr. *marmouset*, monigote.) m. Grabado alegórico que se suele poner al final de un libro o de un capítulo.

MARMOTA. (ár. *marbūḍa*, acurrucada, tumbada.) f. Mamífero roedor, herbívoro, del tamaño de un gato, de pelo espeso y cabeza gruesa y aplastada, que vive en los más altos montes de Europa y pasa el invierno dormido en su madriguera. ‖ 2. Gorra de abrigo que han usado mujeres y niños. ‖ 3. fig. Persona que duerme mucho. ‖ P. marmota; I. marmot; F. marmotte; A. Murmeltier; It. marmotta; R. сурок.

MARMOTEAR. intr. AR. Barbotar.

MARO. (l. *marum*, y éste del gr. *μᾶρον*.) m. Planta herbácea, labiada, de hojas lanceoladas, flores purpúreas, de olor fuerte y sabor amargo, que se usa como excitante y antiespasmódico. ‖ 2. Amaro, salvia usada contra las úlceras.

MAROCHA. f. HOND. Muchacha sin juicio, locuela, atolondrada.

MAROJAL. m. Terreno poblado de marojos o melojos.

MAROJO. (l. *malum folium*, mala hoja.) m. Hojas que sólo son aprovechadas por el ganado. ‖ 2. Planta muy parecida al muérdago, que es parásita de los olivos. ‖ 3. Melojo.

MAROLA. f. Marejada. ‖ 2. Tendencia de las aguas a formar olas.

MAROMA. (ár. *mabrūma*, cuerda retorcida.) f. Cuerda gruesa de cáñamo o esparto. ‖ 2. AMÉR. Función de volatineros. ‖ 3. CHILE, COLOM. y CUBA. Ejercicio de volatinero. ‖ *Andar uno en la* MAROMA. fr. fig. Tener partido o favor para una cosa. ‖ P. maroma; I. rope; F. corde, câble; A. Seil, Tau; It. cavo; R. канат.

★ **MAROMEAR.** intr. C. RICA y CHILE. Trabajar el volatinero en la maroma. ‖ 2. fig. AMÉR. Vacilar, dudar. ‖ 3. fig. AMÉR. Inclinarse a uno u otro bando, según las circunstancias. ‖ 4. HOND. Columpiarse en una hamaca. ‖ 5. CHILE. Hacer pruebas de equilibrio. ‖ 6. CHILE y PERÚ. fig. Contemporizar.

° **MAROMERO.** m. AMÉR. Volatinero. ‖ 2. AMÉR. Político inconstante y versátil.

MARÓN. (De *marión*, 1.er art.) Esturión.

MARÓN. (l. *mas, maris*, macho.) m. ZOOL. Morueco.

MARONITA. (l. *maronita*.) adj. Miembro de la comunidad cristiana del Líbano. Ú.t.c.s.

★ **MAROTA.** f. MÉJ. Marimacho.

★ **MAROTE.** m. VENEZ. Maniota.

★ **MAROTE.** m. ARGENT. Baile y canción popular.

★ **MAROTO.** m. SAL. Carnero padre.

MARQUÉS. (marca, distrito fronterizo.) m. Señor que antiguamente estaba al frente de una marca o frontera de su nación. ‖ 2. Título nobiliario intermedio entre el duque y conde. ‖ P. marquês; I. y F. marquis; A. Marquis; It. marchese; R. маркиз.

MARQUESA. f. Mujer o viuda de un marqués o la que goza por sí de este título. ‖ 2. Marquesina de la tienda de campaña. ‖ 3. CHILE. Catre de madera fina y tallada.

MARQUESADO. m. Título de marqués. ‖ 2. Territorio sobre el que recaía este título o en el que ejercía su jurisdicción un marqués. ‖ 2.ª acep.: P. marquesado; I. marquisate; F. marquisat; A. Markgrafschaft; It. marchesato; R. титул маркиза.

MARQUESINA. (De *marquesa*.) f. Cubierta o cobertizo que se coloca sobre puertas, escalinatas, etc., para resguardarlas de la lluvia. ‖ 2. Pabellón o cubierta que se coloca sobre la tienda de campaña para guardarse de la lluvia. ‖ P. marquesinha; I. marquee; F. marquise; A. Schutzdach; It. tettoia; R. навес, маркиза.

MARQUESITA. f. MINERAL. Marcasita.

MARQUESOTA. (De *marqués*.) f. Cuello alto y muy almidonado que usaban los hombres como prenda de adorno. ‖ 2. COLOM. Presa hecha en un río para detener los peces.

MARQUESOTE. m. aum. despect. de marqués. ‖ 2. HOND. Torta de harina de arroz, maíz y huevos, azúcar, etc., de figura de rombo, cocida al horno. ‖ 2. MÉJ. Azúcar rosado.

MARQUETA. (De *marca*.) f. Pan de cera sin labrar. ‖ 2. ECUAD. Pasta de chocolate sin labrar. ‖ 3. CHILE. Fardo de tabaco en rama.

MARQUETERÍA. (fr. *marqueterie*.) f. Ebanistería. ‖ 2. Arte de efectuar trabajos calados en madera. ‖ 3. Taracea. ‖ 3.ª acep.: P. marchetería; I. marquetry; F. marqueterie; A. Marketerie; It. intarsio; R. маркетри.

MARQUIARTIFE. f. GERM. Artife.

MARQUIDA. f. GERM. Ramera, mujer pública.

MARQUILLA. f. d. de marca. ‖ *Papel de* MARQUILLA. Papel de tina de tamaño medio entre el de marca y el de marca mayor. ‖ 2. Papel de tina blanco, lustroso y grueso que se utiliza para dibujar.

MARQUISA. f. GERM. Marquida, mujer pública.

MARQUISTA. m. En Jerez de la Frontera, persona que sin tener bodega, se dedica a la venta de vinos por ser propietario de una o de varias marcas.

MARRA. (De *marrar*.) f. Falta de una cosa donde debiera estar, especialmente la de una cepa en una viña, de un olivo en un olivar, etc.

MARRA. (l. *marra*.) f. Almádena.

MÁRRAGA. (De *márfega*.) f. Marga, jerga para sacas, jergones, etc.

MARRAGÓN. (De *márraga*.) m. RIOJA. Jergón, colchón de esparto, paja, etc.

MARRAGUERO. m. ÁL. Colchonero.

MARRAJO, JA. adj. Dícese del toro o del buey malicioso que sólo arremete a golpe seguro. ‖ 2. fig. Astuto, cauto, taimado, de mala intención. ‖ 3. Tiburón. ‖ 4. MÉJ. Avaro, miserable, tacaño.

MARRAMAO. m. Gato y onomatopeya de su maullido en la época del celo.

MARRAMIAU. m. Marramao.

MARRAMIZAR. intr. Hacer el gato marramaos.

★ **MARRAMUNCIA.** f. fam. VENEZ. Marrullería.

MARRANA. f. Hembra del marrano. ‖ 2. fig. y fam. Mujer desaseada y sucia. Ú.t.c.adj. ‖ 3. La mujer que se porta mal o con vileza. Ú.t.c.adj. ‖ P. marrã; I. sow; F. truie; A. Zuchtsau; It. toria; R. свинья (самка).

MARRANA. (De *marrano*, madero de prensa o rueda.) f. Eje de la rueda de la noria.

MARRANADA. (De *marrano*, 1.er art.) f. fig. y fam. Cochinada.

MARRANALLA. (De *marrano*, 1.er art.) f. fig. y fam. Canalla, gente ruin.

MARRANCHO. m. NAV. Marrano, puerco.

MARRANCHÓN, NA. m. y f. Marrano o lechón.

★ **MARRANEAR.** tr. COLOM. Engañar.

MARRANERÍA. f. fig. y fam. Marranada.

MARRANILLO. (d. de *marrano*.) m. Cochinillo.

MARRANO. (ár. *muharran*, prohibido, vedado, aplicado al cerdo.) m. Puerco. ‖ 2. fig. y fam. Hombre desaseado y sucio.

M

M

Ú.t.c.adj. ‖ **3**. El que se porta mal o con bajeza. Ú.t.c.adj. ‖ **4**. fig. Se aplicaba despectivamente a los judíos que ocultamente judaizaban. ‖ **P**. marrano; **I**. hog; **F**. cochon porc; **A**. Schwein; **It**. maiale; **R**. боров.

MARRANO. (b. l. *marrenum*.) m. Madero fuerte empleado en ciertas armazones y en algunas máquinas. ‖ **2**. Cada uno de los maderos que forman la cadena del fondo de un pozo.

MARRAQUETA. f. CHILE. Pan de forma parecida a la de la bizcochada. ‖ **2**. Conjunto de panes pequeños que se cuecen en una sola pieza, aunque separados por una incisión que permite separarlos fácilmente después.

MARRAR. (germ. *marrjan*, errar.) intr. Faltar, errar. Ú.t.c.tr. ‖ **2**. fig. Desviarse de lo recto. ‖ **P**. errar; **I**. to fail; **F**. rater; **A**. fehlen, irren; **It**. farfiasco; **R**. промахнуться.

MARRAS. (ár. *marra*, una vez.) adv. Antaño, en tiempo pasado. ‖ *De* MARRAS. loc. que precedida de un nombre o de artículo neutro *lo*, denota, que lo significado por éstos ocurrió en tiempo u ocasión anterior a la que se alude.

MARRASQUINO. (ital. *maraschino; de marasca*, cereza amarga, y éste del l. *amárus*, amargo.) m. Licor que se obtiene del jugo de ciertas cerezas amargas y azúcar en abundancia.

★ **MARRAZO**. (De *marra*, almádena.) m. Hacha de dos bocas para cortar leña. ‖ **2**. Machete corto.

MARREAR. tr. Golpear con la marra o almádena.

MÁRREGA. f. AR. Márfega. ‖ **2**. RIOJA. Jergón.

MARRIDO, DA. (germ. *marrjan*, molestar, afligir.) adj. ant. Amarrido.

MARRILLO. (d. de *marro*.) m. Palo corto y algo grueso.

MARRO. (De *marrar*.) m. Juego que se realiza tirando el marrón contra un bolo hincado en el suelo. ‖ **2**. Regate o ladeo del cuerpo que se hace para no ser cogido y burlar a quien acosa. ‖ **3**. Palo con que se juega a la tala. ‖ **4**. Juego en que los que lo ejecutan se dividen en dos bandos y procuran atraparse unos a otros. ‖ **5**. Falta o yerro. ‖ **6**. MÉJ. Mazo.

MARRÓN. m. Piedra con que se juega al marro, 1.ª acep. ‖ **2**. P. RICO. Martillo grande.

MARRONAZO. m. TAUROM. Acción de fallar o marrar una suerte en el toreo, principalmente en la de varas, cuando por no picar bien, la garrocha resbala sobre el lomo del toro.

MARROQUÍ. (ár. *marrākuši*, perteneciente o relativo a *Marrākuš* o *Marrūkuš*.) adj. Natural de Marruecos. Ú.t.c.s. ‖ **2**. Perteneciente a este país. ‖ **3**. Tafilete y lustroso. ‖ **P**. marroquino; **I**. moroco; **F**. marocain; **A**. marokkanisch; **It**. marochino; **R**. марокканский.

MARROQUÍN, NA. adj. Marroquí, 1.ª y 2.ª aceps. Apl. a pers. ú.t.c.s.

★ **MARROQUINERÍA**. f. CHILE. Taller de tapicería.

MARRUBIAL. m. Terreno cubierto de marrubios.

MARRUBIO. (l. *marrubium*.) m. Planta herbácea, labiada, con tallos cuadrangulares y pelosos, hojas ovaladas y rugosas, flores blancas en espiga y fruto seco. ‖ **P**. marroio; **I**. horehound; **F**. marrube; **A**. Andorn; **It**. marrobbio.

MARRUECO. m. CHILE. Portañuela, bragueta.

MARRUECO, CA. adj. Marroquí, 1.ª y 2.ª aceps. Apl. a pers. ú.t.c.s. ‖ **2**. P. RICO. Cobarde.

MARRULLA. f. Marrullería.

MARRULLERÍA. f. Astucia para halagar a quien se pretende engañar.

MARRULLERO, RA. adj. y s. Que usa de marrullerías. ‖ **P**. marralheiro; **I**. cajoler; **F**. cajoleur; **A**. Schlaumeier; **It**. scaltro; **R**. льстец.

MARSELLÉS, SA. adj. Natural de la ciudad francesa de Marsella. Ú.t.c.s. ‖ **2**. Perteneciente a esta ciudad. ‖ **3**. m. Chaquetón de paño burdo con adornos sobrepuestos de pana o pañete.

MARSELLESA. f. Himno nacional francés que popularizaron los federales marselleses.

MÁRSICO, CA. adj. Perteneciente o relativo a los marsos.

MARSO, SA. (l. *marsus*.) adj. Dícese del individuo de un pueblo de la Italia antigua, junto al lago Tucino. Ú.t.c.s. ‖ **2**. También se aplica a los individuos de un antiguo pueblo germánico. Ú.t.c.s. ‖ **3**. Perteneciente a estos pueblos.

MARSOPA. (l. *marsúppa*, y éste del gr. μάρσιππος, saco.) f. ZOOL. Cetáceo parecido al delfín, de gran tamaño, conocido también por el nombre de cerdo de mar, es propio de todos los mares y se entra en los ríos persiguiendo a las lampreas y salmones. ‖ **P**. marsopa; **I**. porpoise; **F**. marsouin; **A**. Braunfisch; **It**. porco marino; **R**. касатка.

MARSOPLA. f. Marsopa.

MARSUPIAL. (l. *marsupium*, bolsa.) adj. ZOOL. Dícese del mamífero no placentario cuya hembra tiene una bolsa abdominal en la piel donde las crías terminan su desarrollo. Ú.t.c.s.

MARTA. n. p. de mujer. ‖ **la piadosa**. fig. Mujer hipócrita y gazmoña. ‖ **2**. CHILE. Mujer o niña piadosa que en una congregación religiosa ayuda en los quehaceres domésticos. ‖ *Bien canta* MARTA *cuando está harta*. ref. que explica la alegría del que está satisfecho.

MARTA. f. ZOOL. Mamífero carnicero mustélido de cuerpo delgado, cabeza pequeña y piel muy apreciada. ‖ **2**. Piel de este animal. ‖ **cebellina** o **cibelina**. La que vive en las regiones septentrionales; es muy sanguinaria y algo menor que la común y su piel, por su finura, es de las más estimadas. ‖ **2**. Piel de este animal. ‖ **P**. marta; **I**. marten; **F**. martre; **A**. Marder; **It**. màrtora; **R**. куница.

MARTAGÓN. (fr. *martagon*; en ital. *martagone*.) m. Planta liliácea de jardín, cuya raíz bulbosa se usa como medicinal. Sus hojas son radicales y lanceoladas y sus flores de color róseo, preséntanse en racimos terminales.

MARTAGÓN, NA. m. y f. fam. Persona muy astuta y difícil de engañar.

★ **MARTAJAR**. tr. HOND. y MÉJ. Partir el maíz en la piedra.

MARTE. (l. *Mars, -tis*.) m. Planeta de nuestro sistema solar, exterior a la órbita terrestre y el más próximo a ella, de color rojizo. ‖ **2**. Dios de la guerra entre los antiguos romanos. ‖ **3**. fig. La guerra. ‖ **4**. Hierro, entre los antiguos alquimistas. ‖ **P**. e **It**. Marte; **I**., **F**. y **A**. Mars; **R**. Марс.

MARTEL. (fr. *martel*, y éste del l. *martellus*, martillo.) m. ant. Martelo.

MARTELO. (ital. *martelo*, y éste del l. *martellus*, martillo.) m. Celos. ‖ **2**. Pena que en ellos se origina. ‖ **3**. Enamoramiento, galanteo.

MARTELLINA. f. Martillo dentado de dos bocas que utilizan los canteros.

MARTES. (l. *Martis dies*, día consagrado a Marte.) m. Tercer día de la semana, que sigue al lunes. ‖ **P**. terça-feira; **I**. Tuesday; **F**. mardi; **A**. Dienstag; **It**. martedi; **R**. вторник.

MARTILLADA. f. Golpe dado con el martillo.

MARTILLADO, DA. p.p. de martillar. ‖ **2**. m. GERM. Camino, vía. ‖ *Coger*, o *tomar las del* MARTILLADO. fr. GERM. Coger las de Villadiego.

MARTILLADOR, RA. adj. Que martilla. Ú.t.c.s. ‖ **2**. ECUAD. Rematador o persona encargada de realizar el remate en una subasta.

MARTILLAR. tr. Batir o dar golpes con el martillo. ‖ **2**. fig. Atormentar, oprimir. ‖ **3**. intr. GERM. Caminar. ‖ **P**. martelar; **I**. to hammer; **F**. marteler; **A**. hämmern; **It**. martellare; **R**. ковать.

MARTILLAZO. m. Golpe dado fuertemente con el martillo.

MARTILLEAR. tr. Martillar, 1.ª acep.

MARTILLEJO. m. d. de martillo.

MARTILLEO. m. Acción y efecto de martillear. ‖ **2**. fig. Ruido áspero parecido al producido con repetición por el martillo.

MARTILLERO. m. CHILE. Persona que está al frente de un martillo o establecimiento para vender efectos en pública subasta, o que es dueño de él.

MARTILLO. (l. *martellus*.) m. Herramienta de percusión, compuesta por una cabeza metálica y un mango generalmente de madera. ‖ **2**. ANAT. Huesecillo del oído medio. ‖ **3**. Templador, llavecita que sirve para templar algunos instrumentos de cuerda. ‖ **4**. Establecimiento para subastar efectos, y en que un martillazo indica la realización de la venta. ‖ **5**. fig. El que persigue una cosa con el fin de acabar con ella. ‖ **6**. GERM. Martillado, camino. ‖ **7**. CUBA. Unión de dos cuerpos de un edificio en ángulo recto. ‖ **8**. ELECTR. Pieza de hierro que oscila en ciertos interruptores de corriente. ‖ **de acopar**. Instrumento cuyo brazo termina en una semiesfera. ‖ **mecánico**. El que funciona impulsado por energía mecánica. ‖ **pilón**. El de gran tamaño y peso, utilizado para la forja de metales. ‖ *A* MARTILLO. m. adv. A golpes de martillo. ‖ *A macha* MARTILLO. m. adv. fig. Con poco primor, pero sólidamente. ‖ **2**. fig. Con firmeza. ‖ **P**. martelo; **I**. hammer; **F**. marteau; **A**. Hammer; **It**. martello; **R**. молот.

MARTÍN. n. p. de varón. ‖ *San* MARTÍN. fam. Temporada en que se sacrifican los cerdos. ‖ *Llevarle* o *venirle* a uno su *San* MARTÍN. fr. fig. y fam. para dar a entender que le llegará el momento de sufrir y padecer a quien ha procedido mal.

MARTINA. f. ZOOL. Pez fisóstomo parecido al congrio, de carne comestible.

MARTÍN DEL RÍO. m. Martinete, 1.er art. ‖ **cazador**. ZOOL. Ave trepadora que vive en Australia y cuyo canto parece una carcajada. ‖ **pescador**. ZOOL. Ave trepadora que se alimenta de pececillos, por lo que vive a orillas de ríos y lagos.

MARTINENCO. (De *San Martín*, por la época en que maduran.) adj. MURC. Dícese de una variedad de higos pequeños y que maduran más tarde que los ordinarios.

★ **MARTINETA**. f. ZOOL. AMÉR. Ave sudamericana, también conocida por el nombre de perdiz de las Pampas.

MARTINETE. (d. de *martín* [*del río*].) m. Ave zancuda y de paso que vive junto a los ríos y se alimenta de peces y sabandijas. ‖ **2**. Penacho de plumas de estas aves.

MARTINETE. (De *martillo*.) m. Macillo del piano. ‖ **2**. Mazo grande para batir metales o abatanar los paños. ‖ **3**. Edificio industrial donde hay estos mazos. ‖ **4**. Máquina para clavar estacas debajo del agua. ‖ **5**. Antigua máquina de guerra para lanzar piedras. ‖ **6**. Palillo que hiere las cuerdas del clavicordio. ‖ **7**. Cante de los andaluces gitanos sin acompañamiento de guitarra. ‖ *Picar de* MARTINETE. fr. EQUIT. Picar al caballo volviendo el talón contra los ijares. ‖ **2**.ª acep.: **P**. martelo grande; **I**. tilt-hammer; **F**. martinet; **A**. Hüttenhammer; **It**. martinello; **R**. копер.

MARTINGALA. (fr. *martingale*.) f. Cada una de las calzas que antiguamente llevaban los hombres de guerra debajo de los quijotes. Ú.m. en pl. ‖ **2**. Cierto lance en el juego del monte. ‖ **3**. Artimaña, astucia, artificio. ‖ **4**. P. RICO. Cosa de buen agüero.

MARTINIANO, NA. adj. Perteneciente o relativo al patriota cubano José Martí, a su doctrina o a su obra.

MARTÍNICO. m. fam. Duende. ‖ **del agua**. ÁL. Martín pescador.

MARTINIEGA. f. Tributo que se pagaba el día de San Martín.

MÁRTIR. (l. *martyr*, y éste del gr. μάρτυρ.) com. Persona que padece muerte por amor a Jesucristo o a su doctrina, defendiendo la religión verdadera. ‖ **2**. Por ext., persona que muere o padece mucho por otras causas. ‖ **3**. Persona que sufre o padece trabajos duros y penosos. ‖ *Antes* MÁRTIR *que confesor*. fr. fig. y fam. para explicar la obstinación mostrada por algunas personas que se niegan a declarar algo. ‖ **P**. mártir; **I**. y **F**. martyr; **A**. Märtyrer; **It**. màrtire; **R**. мученик.

MARTIRIAL. adj. Perteneciente o relativo a los mártires.

MARTIRIAR. (De *martirio*.) tr. ant. Martirizar.

MARTIRIO. (l. *martyrĭum*.) m. Muerte o tormentos sufridos por causa de la religión o por otro ideal. ‖ **2**. Sufrimiento intenso y agudo. ‖ **3**. Trabajo largo y muy penoso. ‖ **P**. e **It**. martirio; **I**. martyrdom; **F**. martyre; **A**. Märtyrertod; **R**. мука, мучение.

MARTIRIZADOR, RA. adj. Que martiriza. Ú.t.c.s.

MARTIRIZAR. (l. *martyrizāre*.) tr. Atormentar a alguien o quitarle la vida por causa de su fe religiosa. ‖ **2.** fig. Afligir. Ú.t.c.r. ‖ **P.** martirizar; **I.** to martyr; **F.** martyriser; **A.** martern; **It.** martirizzare; **R.** мучить.

MARTIROLOGIO. (gr. μάρτυρ, mártir, y λόγος, tratado.) m. Catálogo de los mártires. ‖ **2.** Por ext., el de todos los santos conocidos. ‖ **P.** martirológio; **I.** martyrology; **F.** martyrologe; **A.** Martyrologium; **It.** martirologio; **R.** мартиролог.

MARUCHO. m. CHILE. Pollo castrado o capón que cría la pollada. ‖ **2.** fig. CHILE. Mozo que va montado en la madrina o yegua caponera.

★ **MARUGA.** f. CUBA. Instrumento músico también llamado maracá.

MARULLO. m. Mareta, marejadilla repetida.

★ **MARUNGA.** f. P. RICO. Cualquier baile popular.

★ **MARUSA.** f. VENEZ. Saco, morral.

MARXISMO. m. Doctrina de Carlos Marx, fundador del socialismo moderno y base del comunismo contemporáneo. ‖ **2.** Movimiento político y social que pretende implantar en el mundo la dictadura del proletariado.

MARXISTA. adj. Partidario o que profesa la doctrina de Carlos Marx. Ú.t.c.s. ‖ **2.** Perteneciente o relativo al marxismo.

MARZADGA. f. Tributo antiguo que se pagaba en el mes de marzo.

MARZAL. adj. Perteneciente al mes de marzo. ‖ **2.** Aplícase al trigo tremesino que se siembra en la primavera.

MARZANTE. m. Mozo que canta o pide las marzas. Ú.m. en pl.

MARZAPÁN. (ital. *marzapane*.) m. Mazapán.

MARZAS. f. SANT. Canciones que en las aldeas cantan los mozos por las noches, alabando a los dueños de las casas, a la primavera, etc. ‖ **2.** Obsequio de manteca, chorizo, morcilla, etc., que dan en las casas a los marzantes.

MARZO. (l. *martius*.) m. Tercer mes del año, que tiene treinta y un días. *Cuando* MARZO *mayea, mayo marcea.* ref. que da a entender que suele ocurrir que cuando hace buen tiempo en marzo, lo hace malo en mayo. ‖ MARZO *marceador, que de noche llueve y de día hace sol.* ref. que alude a lo variable e inconstante del tiempo en este mes. ‖ **P.** março; **I.** March; **F.** mars; **A.** März; **It.** marzo; **R.** март.

MARZOLETA. f. Fruto del marzoleto.

MARZOLETO. m. BOT. Marjoleto, majuelo.

MAS. m. Peso de Filipinas utilizado para metales preciosos, equivalente a 3 gramos y 622 miligramos.

MAS. (cat. *mas*, y éste del l. *mansum*, p.p. de *manēre*, permanecer.) m. En algunas partes, masada.

MAS. (De *maes*.) conj. advers. Pero.

MÁS. (De *maes*.) adv. Denota mayor cantidad o intensidad y forma el comparativo de superioridad en los adjetivos, adverbios y oraciones subordinadas comparativas de superioridad. ‖ **2.** A veces denota aumento sobre una determinada cantidad. ‖ **3.** Asimismo denota idea de preferencia. ‖ **4.** Ú. como substantivo. El más y el menos. ‖ **5.** Signo de adición o suma. ‖ *A lo* MÁS. m. adv. A lo sumo. ‖ *A* MÁS. m. adv. Por añadidura. ‖ *A* MÁS *y mejor.* m. adv. que denota intensidad o plenitud de acción. ‖ *De* MÁS. De sobra. ‖ *Ni* MÁS *ni menos.* loc. adv. Justamente, sin faltar ni sobrar. ‖ *Por* MÁS *que.* loc. adv. con que se pondera lo difícil de conseguir o ejecutar una cosa, aun haciendo los mayores esfuerzos. ‖ *Aunque.* ‖ *Sin* MÁS *ni* MÁS. m. adv. Sin consideración, por sorpresa. ‖ *Tener sus* MÁS *y sus menos.* loc. Tener cualidades y defectos, ventajas e inconvenientes. ‖ **P.** mais além; **I.** more; **F.** plus; **A.** mehr, ferner, noch, länger; **It.** più; **R.** более, больше.

MASA. (l. *massa*.) f. Mezcla consistente, espesa y blanda que se obtiene incorporando un líquido a una materia pulverizada. ‖ **2.** La resultante de agua, levadura y harina para hacer el pan. ‖ **3.** Volumen, conjunto, reunión. ‖ **4.** Multitud. ‖ **5.** fig. Totalidad de bienes o de otra cosa. ‖ **6.** Fís. Cantidad de materia que tiene un cuerpo. ‖ **7.** Cantidad de electricidad que tiene un cuerpo o una partícula. ‖ **8.** MIL. Masita, cantidad retenida para vestuario. ‖ **9.** AMÉR. CENTRAL y MERID. Hojaldre, pastelillo. ‖ **—acromática.** BIOL. Porción no colorable de la figura cariocinética. ‖ **—coral.** Orfeón. ‖ **—de la sangre.** Toda la sangre del cuerpo encerrada en sus vasos. ‖ **—específica.** La masa de la unidad de volumen de una substancia. ‖ **—magnética.** Cantidad de magnetismo de un imán, o sea, la intensidad de su fuerza atractiva. ‖ **—social.** Conjunto de personas que pierden sus características individuales y actúan colectivamente en sus actos sociales. ‖ *Hacer a uno la* MASA *aguada.* fr. CHILE y PERÚ. Engañarlo, jugarle una mala pasada. ‖ **P.** massa; **I.** dough, paste; **F.** pâte, masse; **A.** (Brot)Teig, (Un)Masse; **It.** massa, pasta; **R.** масса.

MASA. (b. l. *mansa*, mansión, y éste del l. *mansus*, p.p. de *manēre*, permanecer.) f. AR. Masada.

★ **MASACOTE.** m. AMÉR. Mazacote, pasta de residuos de azúcar refinado.

MASADA. (b. l. *mansata*, y éste del m. or. que *masa*, 2.º art.) f. Casa de campo con tierras de labor y ganados.

MASADERO. m. Colono o vecino de una masada.

MASAGETA. (l. *massagēta*.) adj. Dícese del individuo de un pueblo que vivía al este del Mar Caspio y que era descendiente de los escitas. Ú.t.c.s. y en pl.

MASAJE. (fr. *massage*, de *masser*, amasar.) m. TERAP. Procedimiento curativo consistente en presionar o friccionar con las manos u otros aparatos especiales, algunas partes del cuerpo, principalmente las masas musculares.

MASAJISTA. (De *masaje*.) com. Persona dedicada a hacer masajes.

MASAMUDA. (ár. *Maṣmūda*, nombre de una tribu berberisca.) adj. Dícese del individuo de la tribu berberisca de Masmuda, una de las más antiguas e importantes de África del Norte y que dio origen a los almohades.

MASAR. (l. *massāre*.) tr. Amasar.

★ **MASATO.** f. AMÉR. Bebida de variada preparación según los lugares, pero en la que suelen entrar maíz o arroz, coco o plátano, azúcar y agua.

MASCABADO, DA. adj. Dícese del azúcar envasado con su melaza.

MASCADA. f. Mascadura. ‖ **2.** CHILE. Bocado, porción de comida que cabe en la boca de una vez. ‖ **2.** Porción de tabaco que se toma de una vez para mascarlo. ‖ **3.** MÉJ. Pañuelo de seda para el cuello. ‖ *Largar la* MASCADA. fr. fam. En algunas partes de América, vomitar.

MASCADIJO. m. Substancia aromática, corrientemente vegetal, que se mastica para perfumar el aliento.

MASCADOR, RA. adj. Que masca. Ú.t.c.s. ‖ **2.** Masticador, instrumento para triturar los alimentos.

MASCADURA. f. Acción de mascar. ‖ **2.** HOND. Pan o bollo que se toma con chocolate o café. ‖ **3.** MAR. Rozadura que por cualquier cosa se hace en un cabo.

MASCAR. (l. *masticāre*, masticar.) tr. Partir, desmenuzar la comida con la dentadura. ‖ **2.** fig. y fam. Mascullar. ‖ **3.** AMÉR. CENTRAL. Masticar el tabaco. ‖ **P.** mascar; **I.** to chew; **F.** mâcher; **A.** (zer) kauen; **It.** masticare; **R.** жевать.

MÁSCARA. (ár. *masjara*, bufonada, antifaz.) f. Figura de cartón, tela, etc., con que uno se cubre el rostro para no ser conocido. ‖ **2.** Traje extravagante que se utiliza para disfrazarse. ‖ **3.** Careta de colmenero. ‖ **4.** com. Persona enmascarada. ‖ **5.** fig. Pretexto, disfraz. ‖ **6.** AR. Tizne. ‖ **7.** pl. Reunión de gentes enmascaradas. ‖ **8.** Mojiganga, fiesta con disfraces ridículos. ‖ **9.** Mascarada. ‖ **—antigás.** MIL. Careta para evitar la respiración de gases nocivos. ‖ *Quitar a uno la* MÁSCARA. fr. fig. Desenmascararle. ‖ *Quitarse uno la* MÁSCARA. Dejar de disimular y decir lo que se siente. ‖ **P.** máscara; **I.** mask; **F.** masque; **A.** Maske; **It.** màschera; **R.** маска.

MASCARADA. f. Fiesta o sarao de máscaras. ‖ **2.** Comparsa de máscaras. ‖ **P.** mascarada; **I.** masquerade; **F.** mascarade; **A.** Maskerade; **It.** mascherata; **R.** маскарад.

MASCARAR. (De *máscara*.) tr. ant. Enmascarar. ‖ **2.** AR. Tiznar, manchar con tizne.

MASCARERO, RA. m. y f. Persona que vende o alquila los vestidos de máscara.

MASCARETA. f. d. de máscara.

MASCARILLA. (d. de *máscara*.) f. Antifaz que solamente cubre la parte superior del rostro. ‖ **2.** Vaciado que se saca del rostro de una persona, especialmente de un cadáver. ‖ **3.** CIR. Aparato para anestesiar que sólo cubre la boca y orificios de la nariz. ‖ *Quitarse uno la* MASCARILLA. fr. fig. Decir sin disimulo lo que se siente. ‖ **P.** mascarilha; **I.** mask; **F.** masque; **A.** Larve, Augenmaske; **It.** màschera; **R.** полумаска.

MASCARÓN. m. aum. de máscara. ‖ **2.** Cara fantástica usada como adorno arquitectónico. ‖ **—de proa.** Figura de adorno colocada en lo alto del tajamar de los buques. ‖ Últ. acep.: **P.** y **F.** mascaron; **I.** figurehead; **A.** Galionsfigur; **It.** mascherone; **R.** большая маска.

★ **MASCASEBO.** m. VENEZ. Lechuguino, petimetre.

★ **MASCÓN.** m. HOND. Estropajo.

★ **MASCÓN, NA.** adj. MÉJ. Aprovechado, egoísta. ‖ **2.** Jactancioso.

º **MASCOTA.** f. Persona o cosa que vulgarmente se cree que trae buena suerte.

MASCUJADA. f. Acción de mascujar.

MASCUJADOR, RA. adj. p. us. Que mascuja.

MASCUJAR. (despect. de *mascar*.) tr. fam. Mascar mal o con dificultad. ‖ **2.** fig. y fam. Mascullar.

MASCULILLO. (De *más* y *culillo*, d. de *culo*.) m. Juego de muchachos en el que dos ponen a otros dos de modo que el trasero del uno dé en el del otro. ‖ **2.** fig. Golpe, porrazo.

MASCULINIDAD. f. Calidad del sexo masculino, o lo que es exclusivo de él.

MASCULINO, NA. (l. *masculīnus*.) adj. Dícese del ser dotado de órganos para fecundar. ‖ **2.** Perteneciente o relativo a este ser. ‖ **3.** fig. Varonil, enérgico. ‖ **4.** GRAM. V. *Género* MASCULINO. ‖ **P.** masculino; **I.** masculine; **F.** masculin; **A.** männlich; **It.** mascolino; **R.** мужественный.

MÁSCULO, LA. (l. *masculus*.) adj. ant. Masculino. ‖ **2.** Varón, macho.

MASCULLAR. (despect. de *mascar*.) tr. fam. Hablar entre dientes o pronunciar mal las palabras. ‖ **P.** resmungar; **I.** to mumble; **F.** marmotter; **A.** murmeln; **It.** tartagliare; **R.** шамкать.

MASECORAL. m. Maese coral, juego de manos.

MASEJICOMAR. m. Masecoral.

MASELUCAS. m. pl. GERM. Los naipes.

º **MASER.** (sigla inglesa por *Amplificación de Microondas Estimulando la Emisión de Radiaciones*.) m. Fís. Dispositivo mediante el cual una substancia que puede determinadas reservas de energía es capaz de liberarla al recibir una señal de radio, de modo que, además de resultar ésta detectada, puede reforzarse considerablemente.

MASERA. (De *masa*.) f. Artesa grande para amasar. ‖ **2.** Piel o lienzo en que se amasa la torta. ‖ **3.** Paño para abrigar la masa al objeto de que fermente. ‖ **4.** ZOOL. Crustáceo marino del Cantábrico.

MASERÍA. f. Masada.

MASETERO. (gr. μασητήρ, masticador.) m. ANAT. Músculo elevador de la mandíbula inferior de los vertebrados, situado en la parte posterior de la mejilla. Ú.t.c.s.

★ **MASI.** f. BOL. Especie de ardilla americana.

MASÍA. (De *más*, 2.º art.) f. AR. y CAT. Masada.

MÁSICO. (l. *massicum*.) m. Vino famoso de la Roma antigua que procedía del Monte Másico, entre la Campania y el Lacio.

MASICORAL. m. Masecoral.

MASICOTE. (fr. *massicot*, y éste del español *mazacote*.) m. Óxido de plomo, obtenido al hacer pasar una corriente de aire sobre el metal fundido. Es de color amarillo.

MASIENO, NA. (l. *masiēnus*.) adj. Dícese del individuo perteneciente a un pueblo de la antigua Bética. Ú.t.c.s. || **2.** Perteneciente a este pueblo.

MASÍLICO, CA. adj. Perteneciente al país de los masilos o masilios.

MASILIENSE. (l. *massiliensis*.) adj. Marsellés o natural de Massilia, hoy Marsella. Apl. a pers. ú.t.c.s.

MASILIO, LIA. adj. Individuo perteneciente a un antiguo pueblo de Numidia, hoy Argelia. || **2.** Perteneciente a este pueblo. || **3.** Por extensión, mauritano. Apl. a pers. ú.t.c.s.

MASILO. LA. adj. Masilio. Apl. a pers. ú.t.c.s.

MASILLA. (d. de *masa*.) f. Pasta de tiza y aceite de linaza, usada por los vidrieros para sujetar los cristales. || **P.** betume; **I.** y **F.** mastic; **A.** Glaserkitt; **It.** màstice; **R.** замазка.

MASITA. (d. de *masa*.) **MIL.** Dinero que se retiene del haber de cabos y soldados para proveerlos de zapatos, ropa interior, etc. || **2.** BOL. y ARGENT. Pastelillo de dulce.

° **MASITA.** f. AMÉR. Pastel.

MASIVO, VA. (fr. *massif*.) adj. MÉD. Dícese de las dosis fuertes y cuantiosas de los medicamentos y que por extensión se aplica a infecciones, venenos, etc.

MASLO. (l. *masculus*.) m. Tronco de la cola de los cuadrúpedos. || **2.** BOT. Tallo o astil de un vegetal.

MASÓN. m. aum. de masa, 1.er art. || **2.** Bollo hecho de harina y agua sin cocer, con que se ceban aves.

MASÓN, NA. (fr. *maçon*, y éste del l. *machĭo*, -ōnis, albañil.) Francmasón, na.

MASONERÍA. (De *masón, francmasón*.) f. Francmasonería. || **P.** maçonaria; **I.** freemasonry; **F.** francmaçonnerie; **A.** Freimaurerei; **It.** frammassoneria; **R.** масонство.

MASÓNICO, CA. (De *masón*, 2.° art.) adj. Perteneciente o relativo a la masonería. Signos masónicos.

★ **MASONITA.** f. MINER. Silicato hidratado de aluminio, con óxido de hierro.

MASOQUISMO. (Del novelista austríaco *Sacher-Masoch*.) Perversión sexual del que goza genésicamente al ser humillado o maltratado por persona del otro sexo. || **2.** Perversión sexual en que el apetito venéreo necesita de flagelaciones y golpes para ser excitado.

MASORA. (hebr. *masōrah*, tradición.) f. Doctrina crítica de los rabinos sobre el texto bíblico, para conservar su verdadera interpretación.

MASORETA. (De *masora*.) m. Doctor hebreo que se dedicó a la masora o examen crítico de la Biblia para fijar la verdadera interpretación del texto sagrado.

MASORÉTICO, CA. adj. Perteneciente o relativo a la masora o a los masoretas.

★ **MASOTERAPIA.** f. Tratamiento de las enfermedades por medio de masajes.

MASOVERO. (b. l. *masoverius*, y éste del l. *mansĭo*, mansión.) m. AR. Masadero. || **2.** En Cataluña, labrador que vive en masía ajena y cultiva sus campos anejos a la misma.

MASTE. (germ. *mast*, mástil.) m. ant. Mástil.

★ **MASTEAR.** tr. MAR. Colocar la arboladura de un barco.

MASTEL. (ant. fr. *mastel*, y éste del germ. *mast*, mástil.) m. ant. Maslo, tronco de la cola de los mamíferos. || **2.** Palo derecho con que se sostiene una cosa.

MASTELEO. (ant. fr. *mastereau*, *masterel*, y éste del ant. fr. *mast*, del germ. *mast*, mástil.) m. ant. Mastelero.

MASTELERILLO. (d. de *mastelero*.) m. MAR. Palo menor colocado sobre los masteleros. || **—de juanete.** MAR. El que se pone sobre el mastelero de gavia y sostiene los juanetes. || **—de juanete de popa.** MAR. El que va sobre el mastelero de gavia. || **—de juanete de proa.** MAR. El que va sobre el mastelero de velacho. || **—de juanete mayor.** MAR. El del juanete de popa. || **—de perico.** MAR. El que va sobre el mastelero de sobremesana y sostiene el perico.

MASTELERO. (De *masteleo*.) m. MAR. Palo menor que se coloca en las embar-

caciones sobre cada uno de los palos mayores. || **—de gavia.** MAR. El que va sobre el palo mayor y sostiene la verga y la vela de gavia. || **—de juanete.** MAR. Mastelerillo de juanete. || **—de perico.** MAR. Mastelerillo de perico. || **—de popa.** MAR. Mastelero de gavia. || **—de proa.** MAR. Mastelero de velacho. || **—de sobremesana.** MAR. El que va sobre el palo mesana y sostiene la verga y vela de sobremesana. || **—de velacho.** MAR. El que va sobre el palo trinquete. || **—mayor.** MAR. Mastelero de gavia. || MASTELEROS *de gavia*. MAR. El de gavia y el de velacho.

★ **MÁSTIC.** m. Substancia fácilmente moldeable usada para impermeabilizar junturas.

MASTICACIÓN. f. Acción y efecto de masticar los alimentos para deglutirlos.

MASTICADOR. (De *masticar*.) m. Mastigador. || **2.** Instrumento para triturar los alimentos y que utilizan las personas de mala catadura.

MASTICAR. (l. *masticāre*.) tr. Mascar. **2.** fig. Rumiar o meditar. || **P.** mascar; **I.** to chew; **F.** mastiquer, mâcher; **A.** kauen, Zerkauen; **It.** masticare; **R.** жевать.

MASTICATORIO, RA. adj. Que sirve para ser masticado. Se aplica especialmente a lo que se mastica con un fin medicinal. || **3.** Perteneciente o relativo a la masticación.

MASTICINO, NA. (l. *mastichĭnus*.) adj. Perteneciente o relativo al mástique.

MÁSTICIS. (l. *mastíce*.) m. ant. Mástique.

★ **MÁSTICO.** m. Mástique, almáciga.

MASTIGADOR. (De *mastigar*.) m. Freno de tres anillas sueltas que se le pone al caballo para excitarle la salivación y el apetito.

MASTIGAR. (l. *masticāre*, mascar.) tr. ant. Masticar.

★ **MASTIGÓFORO.** adj. ZOOL. Microorganismo animal que se mueve por flagelos. Ú.t.c.s. || **2.** m. Funcionario de los juegos olímpicos, encargado de castigar al que faltaba al reglamento de los mismos. || **3.** Oficial que precedía a los jueces de los combates en los juegos públicos y que era portador de una vara o azote para abrir paso.

MÁSTIL. (De *mástel*.) m. Palo de una embarcación. || **2.** Mastelero. || **3.** Tallo leñoso y grueso de una planta. || **4.** Palo derecho para sostener una cosa. || **5.** La parte barbada del astil de pluma. || **6.** Faja que los indios usan en lugar de calzones. || **7.** MÚS. Parte más estrecha de algunos instrumentos de cuerda. || **P.** mastro; **I.** mast; **F.** mât; **A.** Mastbaum; **It.** àlbero; **R.** мачта.

MASTÍN, NA. (l. *mansuetīnus*, de *masuētus*, domesticado.) adj. Aplícase al perro de cuerpo recio, pecho ancho, patas robustas y pelo lanoso y largo. Ú.t.c.s. || **2.** GERM. Criado de justicia, alguacil judicial. || **P.** mastim; **I.** mastiff; **F.** mâtin; **A.** Fleischerhund; **It.** mastino; **R.** пёс.

MÁSTIQUE. (l. *mastíche*, y éste del gr. μαστίχη.) m. Almáciga, resina extraída del lentisco. || **2.** Masilla para igualar superficies que se han de pintar o decorar. || **—americano.** Resina molle extraída de una planta terebintácea.

★ **MASTITIS.** f. PAT. Inflamación de la mama generalmente de carácter infeccioso.

MASTO. (De *maste*.) m. AR. Patrón, árbol en que se pone un injerto. || **2.** AR. Animal macho, especialmente entre las aves de corral.

MASTOCÉFALO, LA. adj. BOT. Se dice de los hongos que en su sombrerillo tienen prominencias en forma de pezones.

MASTODONTE. (gr. μαστός, pezón, mama y ὀδούς, ὀδόντος, diente, dientes con pezones.) m. Mamífero fósil, parecido al elefante, aunque de tamaño casi doble y cuyos restos se encuentran en los terrenos terciarios.

★ **MASTOIDEO, A.** adj. ANAT. Perteneciente o relativo a la apófisis mastoidea.

MASTOIDES. (gr. μαστοειδής; de μαστός, mama, y εἶδος, forma.) adj. ANAT. Dícese de la apófisis del hueso temporal que está situado detrás y debajo de la oreja. Ú.t.c.s.m.

★ **MASTOIDITIS.** f. MED. Inflamación de las células óseas de la apófisis mastoides,

producida generalmente por una otitis supurada.

★ **MASTOTECA.** f. ZOOL. Repliegue cutáneo que cubre las mamas de algunos mamíferos.

★ **MASTOTOMÍA.** f. CIR. Incisión quirúrgica de la mama.

MASTRANTO. (l. *mentastrum*.) m. Mastranzo.

MASTRANZO. (De *mastranto*.) m. BOT. Planta herbácea labiada que crece en las orillas de las corrientes de agua, es aromática y medicinal y se usa también contra los insectos parásitos. Sus hojas sentadas y elípticas tienen la haz vellosa y las flores pequeñas en espiga terminal.

MASTUERZO. (De *nastuerzo*.) m. Planta herbácea, crucífera hortense, de sabor picante que se utiliza como ensalada y forraje. || **2.** Berro, planta crucífera de lugares aguanosos cuyas hojas se comen en ensalada. || **3.** fig. Hombre torpe, necio. Ú.t.c.adj. || **4.** ECUAD. y PERÚ. Planta trepadora con hojas que se suelen comer en ensalada.

MASTURBACIÓN. (*masturbatĭo*, *-ōnis*.) f. Acción y efecto de masturbarse. || **P.** masturbação; **I.** y **F.** masturbation; **A.** Onanie; **It.** masturbazione; **R.** мастурбация.

MASTURBARSE. (l. *masturbāre*.) r. Procurarse solitariamente goces sexuales.

MASVALE. m. Malvasía.

MATA. (l. *matta*, cubierta.) f. Planta de tallo leñoso y ramificado, que vive varios años. || **2.** Pie o ramita de una hierba. || **3.** Lentisco. || **4.** Terreno poblado de árboles de una misma especie. || **5.** CUBA. Árbol o arbusto. || **6.** MÉJ. Monte pequeño. || **7.** VENEZ. Grupo de árboles en una llanura. || **—de la seda.** Arbusto asclepiadáceo propio de Africa y riberas mediterráneas. || **—de pelo.** Conjunto o porción de pelo o cabello. || **—parda.** Chaparro de encina o roble. || **—rubia.** Coscoja, encina achaparrada. || *Saltar* uno *de la* MATA. fr. fig. y fam. Darse a conocer el que estaba oculto. || *Seguir* a uno *hasta la* MATA. fr. fig. y fam. Perseguir a uno de manera tenaz y con ahinco. || *Ser todo* MATAS *y por rozar*. fr. fig. y fam. que se dice del negocio enredado que con dificultad se desenmaraña o aclara. || **P.** mata; **I.** shrub; **F.** arbrisseau; **A.** Strauch; **It.** macchia; **R.** куст, побег.

MATA. (fr. *matte*.) f. MIN. Sulfuro múltiple formado al fundir menas azufrosas, crudas o calcinadas de manera incompleta, y que debe fundirse nuevamente para obtener el metal o metales que contiene. || **2.** MIN. Pedazo de mineral que después de haber experimentado alguna modificación por efecto del calor, sale del horno sin acabar de fundirse.

MATA. (De *matar*.) f. Matarrata. || **2.** En el juego de la matarrata, el siete de oros y de espadas.

MATABUEY. (De *matar* y *buey*.) f. BOT. Amarguera, planta umbelífera. || **2.** ZOOL. CHILE. Insecto coleóptero grande y negro.

★ **MATABURROS.** m. CUBA. Diccionario.

MATACABRAS. (De *matar* y *cabra*.) m. Bóreas, viento norte, especialmente cuando es muy fuerte y frío.

MATACALLOS. (De *matar* y *callo*.) m. Planta americana de Chile y Ecuador, semejante a la siempreviva, y cuyas hojas se emplean para curar los callos.

MATACÁN. (De *matar* y *can*.) m. Compuesto venenoso para matar perros. || **2.** Nuez vómica. || **3.** Piedra de ripio que a pesar de su gran tamaño puede cogerse con la mano. || **4.** Liebre que ha sido corrida por los perros. || **5.** En el juego llamado cuca y matacán, el dos de bastos. || **6.** FORT. Obra voladiza en lo alto de un muro, torre o puerta fortificada con parapeto y suelo aspillerado. || **7.** MURC. Encina nueva. || **8.** HOND. Ternero grueso.

MATACANDELAS. (De *matar* y *candela*.) m. Instrumento en forma de cucurucho, fijo en el extremo de una caña o vara para apagar las luces colocadas en sitio elevado.

MATACANDIL. (De *matar* y *candil*.) m. BOT. Planta crucífera, anual, propia de los terrenos húmedos. Su tallo, de dos a tres centímetros, es liso; sus hojas, pecioladas, y sus flores, pedunculadas y amarillas. Se ha usado contra el escorbuto. ‖ **2.** ZOOL. MURC. Langosta, crustáceo marino comestible.

MATACANDILES. (De *matacandil*.) m. BOT. Planta liliácea que es común de los terrenos secos y sueltos. Sus hojas radiales, son largas y estrechas; sus flores moradas y en espiga, y su fruto capsular con semillas esféricas.

* **MATACANTOS.** m. Instrumento usado en guarnicionería para matar los cantos vivos de los cortes.

MATACÍA. (De *matar*.) f. AR. Matanza de animales para el consumo.

MATACIÓN. f. p. us. Matanza.

MATACHÍN. (ár. *mutawaӯӯihīn*, enmascarado.) m. Hombre ridículamente disfrazado. ‖ **2.** Danza formada por matachines. ‖ *Dejar* a uno *hecho un* MATACHÍN. fr. fig. y fam. Avergonzarle. ‖ **P.** magarefe; **I.** merry-andrew; **F.** matassin; **A.** Schlächter; **It.** mattaccino; **R.** забияка.

MATACHÍN. (De *matar*.) m. Jifero, encargado de matar y descuartizar las reses. ‖ **2.** fig. y fam. Hombre pendenciero, camorrista.

* **MATADA.** f. HOND. Caída.

MATADERO. m. Lugar donde se sacrifica el ganado destinado al consumo o abasto público. ‖ **2.** fig. y fam. Trabajo muy fatigoso e incómodo. ‖ **3.** Lugar peligroso. ‖ **4.** CHILE. Testuz de los gallos, en las riñas de éstos. ‖ **P.** matadoiro ou matadouro; **I.** slaughterhouse; **F.** abattoir; **A.** Schlachthaus; **It.** macello; **R.** бойня.

MATADOR, RA. adj. Que mata. Ú.t.c.s. ‖ **2.** m. En el juego del hombre, una carta cualquiera de las tres del estuche. ‖ **3.** m. TAUROM. Espada, torero encargado de estoquear al toro.

MATADURA. (De *matar*.) f. Herida o llaga hecha a la bestia por ludirle el aparejo. ‖ **2.** ECUAD. Estudiante torpe, desaplicado. ‖ **3.** P. RICO. Trampa, deuda. ‖ *Dar* a uno *en las* MATADURAS. fr. fig. y fam. Zaherirle con lo que le produce mayor pesadumbre. ‖ **P.** matadura; **I.** sore; **F.** plaie; **A.** Sattelwunde; **It.** guidalesco; **R.** потёртость.

MATAFALÚA. (ár. [*al-ḥa*]*bbat al-ḥaluwa*, el grano dulce; el anís.) f. ant. Matalahúva. Ú. en Aragón.

* **MATAFIOL.** m. MAR. Batafiol. ‖ **2.** MAR. Cabo con que se aferran algunas velas. ‖ **3.** Cabo para atirantar el toldo.

MATAFUEGO. (De *matar* y *fuego*.) m. Instrumento o aparato empleado para apagar los fuegos. ‖ **2.** Bombero.

MATAGALLEGOS. (Porque molesta mucho con sus espinas a los segadores.) m. Arzolla, planta con el cáliz muy espinoso. ‖ **2.** CUBA. Especie de panatela muy empalagosa.

MATAGALLINA. (De *matar* y *gallina*.) f. LOGR. Torvisco, planta timeleácea, cuya corteza sirve para cauterios.

MATAGALLOS. m. Aguavientos, planta labiada.

* **MATAGUARO.** m. ZOOL. VENEZ. Cierto pez fluvial.

* **MATAGUSANO.** m. HOND. y GUAT. Conserva de corteza de naranja y miel.

MATAHAMBRE. m. CUBA. Especie de mazapán. ‖ **2.** ARGENT. Carne de res vacuna o especie de embutido de dicha carne. ‖ **3.** ECUAD. Cierta clase de alubias pequeñas.

MATAHOMBRES. (De *matar* y *hombre*.) m. MURC. Carraleja, insecto semejante a la cantárida.

MATAHÚMOS. (De *matar* y *humo*.) m. ant. Despabiladeras.

MATAJUDÍO. (De *matar* y *judío*.) m. ZOOL. Mujol, pez mediterráneo muy apreciado por su carne y sus huevas.

MATALAHÚGA. (Del m. or. que *matafalúa*.) f. BOT. Anís, planta umbelífera y semilla de la misma.

MATALAHÚVA. (Del m. or. que *matafalúa*.) f. Matalahúga.

MATALOBOS. (De *matar* y *lobo*.) m. BOT. Acónito, planta ranunculácea, venenosa, usada en medicina.

MATALÓN, NA. adj. Dícese de la caballería flaca y que generalmente tiene mataduras. Ú.t.c.s. ‖ **P.** pileca; **I.** jade;

F. rosse; **A.** Schindmähre; **It.** rozza; **R.** кляча.

MATALOTAJE. (fr. *matelotage*, marinería.) m. Provisión de víveres en las embarcaciones. ‖ **2.** fig. y fam. Conjunto de objetos desordenados. ‖ **3.** AMÉR. Provisiones y equipaje que se lleva a lomo en los viajes terrestres. ‖ **P.** matalotagem; **I.** victualage; **F.** victuaille; **A.** Schiffsproviant; **It.** vettovaglia; **R.** запас провизии на судне.

MATALOTE. adj. Matalón. Ú.t.c.s.

MATALOTE. (fr. *matelot*.) m. MAR. El primero y el último de los buques que forman una columna y que se llaman matelote de proa y de popa respectivamente.

* **MATAMATA.** f. ZOOL. AMÉR. Tortuga americana de las aguas estancadas que se distingue por sus protuberancias y cuello alargado.

* **MATAMBO.** m. Baile popular de la Argentina.

MATAMBRE. f. Carne de reses vacunas sacada entre el cuero y el costillar, o fiambre o embutido de la misma carne.

MATAMIENTO. m. ant. Acción de matar o matarse.

MATAMOROS. (De *matar* y *moro*.) adj. Valentón.

MATAMOSCAS. m. Instrumento para matar moscas, o tiras de papel, tela, etc. impregnadas de materias pegajosas para atrapar las moscas. ‖ **2.** Insecticidas propios para matar estos dípteros.

MATANCERO, RA. adj. Natural de Matanzas. Ú.t.c.s. ‖ **2.** Perteneciente o relativo a esta ciudad. ‖ **3.** CHILE y PERÚ. Carnicero, matarife o jifero.

* **MATANGARAO.** m. BOT. Árbol rutáceo de Filipinas de corteza y fruto aromáticos.

MATANTE. p.a. ant. de matar. Que mata. Usáb.t.c.s.

* **MATANUECES.** m. CHILE. Instrumento para partir las nueces.

MATANZA. f. acción y efecto de matar. ‖ **2.** Faena de matar los cerdos, salar sus carnes y hacer con ellas embutidos. ‖ **3.** Época del año en que suele realizarse esta faena. ‖ **4.** Mortandad de personas ejecutada en una batalla, asalto, etc. ‖ **5.** Carnes de cerdo diferentemente preparadas. ‖ **6.** Ganado de cerda destinado para el sacrificio. ‖ **7.** fig. y fam. Instancia, porfía, empeño. ‖ **8.** VENEZ. Matadero, rastro. ‖ **9.** AMÉR. CENTRAL. Tienda donde se vende carne, carnicería. ‖ **4.**ª acep.: **P.** matança; **I.** slaughter, butchery; **F.** tuerie, massacre; **A.** Gemezel, Blutbad; **It.** carneficina, strage; **R.** массовые убийства.

* **MATAOJO.** m. BOT. AMÉR. Árbol sapotáceo americano cuyo humo irrita mucho los ojos.

MATAPALO. m. BOT. Árbol americano, moráceo, parásito, que produce un látex parecido al caucho y cuya corteza sirve para hacer sacos.

* **MATAPERICO.** m. COLOM. y CUBA. Capirote, capirotazo.

MATAPERRADA. f. fam. Acción del mataperros.

MATAPERROS. (De *matar* y *perro*.) m. fig. y fam. Muchacho callejero, travieso, inquieto.

MATAPIOJOS. (De *matar* y *piojo*.) m. ZOOL. COLOM. y CHILE. Caballito del diablo, libélula. ‖ **2.** BOT. Hierba piojera.

MATAPOLVO. (De *matar* y *polvo*.) m. Lluvia o riego pasajero y menudo que casi no moja el suelo.

MATAPOLLO. (De *matar* y *pollo*.) m. MURC. Torvisco mata timeleácea de fruto en baya, cuya corteza se usa para cauterios.

MATAPULGAS. (De *matar* y *pulga*.) f. BOT. Mastranzo.

MATAR. (l. *mactāre*, sacrificar.) tr. Quitar la vida. Ú.t.c.r. ‖ **2.** Herir a la bestia con el roce del aparejo u otro arnés. ‖ **3.** Apagar luz, fuego, cal, brillo, color, etc. ‖ **4.** En los juegos de cartas, echar una carta superior al contrario. ‖ **5.** Tratándose de naipes, señalarlos para hacer trampas. ‖ **6.** fig. Alterar la salud. ‖ **7.** Redondear o achaflanar las aristas, vértices, esquinas, etc. ‖ **8.** fig. Molestar o desazonar a uno con necedades. ‖ **9.** fig. Trabajar con ahínco para conseguir lo deseado. ‖ **10.** fig. Violentar, estrechar. ‖ **11.** fig. Aniquilar, ex-

tinguir. ‖ **12.** r. fig. Acongojarse por no poder conseguir lo que se pretende. ‖ *Estar a* MATAR con uno. fr. fig. Estar muy irritado o enemistado con él. ‖ MÁTALAS *callando*. com. fig. y fam. Persona que secretamente y con maña procura conseguir su intento. ‖ MATARSE *por* una cosa. Afanarse mucho por conseguirla. ‖ ¡*Que me* MATEN! expr. fam. de que se usa para asegurar la verdad de una cosa. ‖ **P.** matar; **I.** to kill, to slaughter, to extinguish; **F.** tuer, abattre, éteindre; **A.** töten, ermorden; **It.** uccidere, estinguere; **R.** убивать, уничтожать.

MATARIFE. (De *matar*.) m. Matachín, jifero oficial que mata y descuartiza las reses.

MATARONÉS, SA. adj. Natural de Mataró, ciudad de Cataluña. Ú.t.c.s. ‖ **2.** Perteneciente a esta población catalana o a su comarca.

MATARRATA. f. Juego de naipes, variedad del truque.

MATARRATAS. m. Compuesto tóxico preparado para matar estos roedores. ‖ **2.** fam. Aguardiente muy fuerte y de ínfima calidad.

* **MATARROTOS.** CHILE. Casa de préstamos.

MATARRUBIA. f. BOT. Mata rubia.

* **MATASANO.** m. BOT. AMÉR. CENTRAL. Planta rutácea cuyos frutos tienen propiedades narcóticas.

MATASANOS. (De *matar* y *sano*.) m. fig. y fam. Curandero o mal médico.

MATASAPO. m. CHILE. Juego de muchachos parecido al de la apatusca.

MATASELLOS. (De *matar* y *sello*.) m. Estampilla para inutilizar los sellos de las cartas en las oficinas de Correos.

MATASIETE. (De *matar* y *siete*.) m. fig. y fam. Perdonavidas, fanfarrón, perdonavidas, hombre preciado de valiente.

* **MATASUEGRAS.** m. Juguete o artificio de diferentes formas plegables y extensibles para causar sorpresa en determinado momento.

* **MATATÁN.** m. Tambor de los caribes.

* **MATATUDO, DA.** adj. De hocico largo. ‖ **2.** GUAT. Valiente.

MATAZÓN. f. COLOM. y VENEZ. Matanza, mortandad, carnicería. ‖ **2.** CUBA. Matanza de animales para el abasto.

* **MATAZONERO, RA.** m. y f. Carnicero, vendedor de carne en una carnicería.

MATE. (Por *jaque mate*, y éste del persa *chah mat*, rey muerto.) m. Lance del juego de ajedrez que pone término a la partida al no tener defensa alguna uno de los reyes. ‖ **2.** En algunos juegos de naipes, cualquiera de las tres cartas del estuche, o sea, matador. ‖ **3.** adj. Sin brillo, amortiguado. ‖ *Dar* MATE a uno. fr. fig. Burlarse de él con risa. ‖ *Dar* MATE *ahogado*. fr. En el juego de ajedrez, impedir el movimiento del rey, pero sin darle jaque. ‖ **P.** mate do xadrez; **I.** checkmate; **F.** mat; **A.** Schachmatt; **It.** scacco matto; **R.** шах имат. ‖ **3.**ª acep.: **P.** embaçado; **I.** dull; **F.** mat; **A.** matt, glanzlos; **It.** smorzato; **R.** матовый.

MATE. (Voz quichua.) m. BOT. Planta aquifoliácea, llamada también yerba mate o té del Paraguay. ‖ **2.** Hojas secas de esta planta e infusión de las mismas, que en América Meridional se toma como si fuera café. ‖ **3.** PERÚ y CHILE. Calabaza que, seca, vaciada y convenientemente cortada, sirve para tomar el mate, o para otros usos domésticos. ‖ **4.** Vasija o jícara de mate y también de coco o de otro fruto semejante. ‖ **5.** CUBA. Bejuco de tallos trepadores. ‖ **6.** fam. R. DE LA PLATA. La cabeza. ‖ **7.** pl. CHILE. Cierto juego de muchachos. ‖ —*cimarrón* o *amargo*. El que se toma sin azúcar. ‖ *Cebar el* MATE. fr. AMÉR. MERID. Echar en el mate, puesta ya en él la hierba y el azúcar, el agua caliente suficiente y necesaria para la infusión. ‖ **2.**ª acep.: **P., F.** e **It.** mate; **I.** maté; **A.** Maté; **R.** mat.

MATEAR. tr. Sembrar las simientes o plantar las matas a cierta distancia unas de otras. ‖ **2.** intr. Macollar el trigo y otros cereales echando muchos hijuelos. Ú.t.c.r. ‖ **3.** Registrar las matas el perro o el ojeador para levantar la caza. ‖ **4.** tr. AMÉR. Tomar mate. ‖ **5.** AMÉR. Mezclar un líquido con un mate, para regar, bañar, etc.

M

★ **MATEÍNA.** f. QUÍM. Alcaloide de la hierba mate, semejante a la cafeína y a la teína.

MATEMÁTICA o MATEMÁTICAS. (l. *mathematica*, y éste del gr. μαθηματική, t. f. de -κός, matemático.) f. y pl. Ciencia que trata de la cantidad, ya sea en abstracto, matemáticas puras, sea relacionada a objetos o fenómenos determinados, matemáticas aplicadas o mixtas. ‖ **P.** matemática; **I.** mathematics; **F.** mathématique; **A.** Mathematik; **It.** matemàtica; **R.** математика.

MATEMÁTICAMENTE. adv. Exactamente, conforme a las reglas de las matemáticas.

MATEMÁTICO, CA. (l. *mathematicus*, y éste del gr. μαθηματικός; de μάθημα, ciencia.) adj. Perteneciente o relativo a las matemáticas. ‖ **2.** fig. Exacto, preciso. ‖ **3.** m. Persona que se dedica al estudio y enseñanza de las matemáticas.

MATEMATISMO. m. Tendencia moderna de quienes pretenden tratar los problemas filosóficos, según el espíritu y método propios de la matemática, es decir, en términos cuantitativos de masa y movimiento.

MATERCARIA. f. ant. Matricaria.

MATERIA. (l. *materia*.) f. Substancia extensa, divisible, impenetrable e inerte, susceptible de toda clase de formas. ‖ **2.** Substancia corpórea en oposición a espíritu. ‖ **3.** Muestra de letra que los niños copian en la escuela. ‖ **4.** Pus. ‖ **5.** fig. Tema o punto de que se trata. ‖ **6.** fig. Causa, motivo, ocasión. ‖ **7.** Asunto de una obra literaria o científica. ‖ **8.** FIL. En metafísica, uno de los dos elementos que componen la substancia; es aquello de que una cosa está hecha y no tiene realidad por sí misma, necesitando una forma que la actualice. ‖ **9.** Fís. Substancia de que está compuesto el universo físico, que se caracteriza por la propiedad de la gravitación y por ser indestructible en condiciones normales. ‖ —**amilácea.** QUÍM. Substancia que constituye los granos de almidón y de las féculas. ‖ —**colorante.** QUÍM. Substancia coloreada para fijarla sobre los tejidos, después de ser disuelta en un líquido. ‖ —**córnea.** Substancia semitransparente de color grisáceo o negro, que forma las uñas, cascos, pezuñas y cuernos. ‖ —**de Estado.** Lo perteneciente al gobierno, conservación, etc., de los Estados. ‖ —**de sacramento.** Elemento sensible y acto externo que constituyen la forma de los Sacramentos, como el agua en el Bautismo. ‖ —**farmacéutica.** Conjunto de las substancias de que se sacan los medicamentos. ‖ —**médica.** Parte de la Terapéutica que estudia los medicamentos. ‖ —**prima o primera materia.** Las que son necesariamente indispensables en una industria para ser manufacturadas. ‖ *Cocer o cocerse las* MATERIAS. fr. Llegar a corromperse por completo los humores de las heridas o postemas para poder reventar o ser abiertas. ‖ *En* MATERIA *de.* Tratándose de. ‖ *Entrar en* MATERIA. fr. Empezar a tratar un asunto. ‖ **P.** materia; **I.** matter; **F.** matière; **A.** Stoff, Materie; **It.** materia; **R.** материя.

MATERIAL. (l. *materialis*.) adj. Perteneciente o relativo a la materia. ‖ **2.** Opuesto al espíritu. ‖ **3.** Relativo a la naturaleza física del hombre. ‖ **4.** fig. Grosero, basto, sin agudeza ni ingenio. ‖ **5.** Conjunto de cosas necesarias en un trabajo o que entran en una construcción. ‖ **6.** Conjunto de cosas o instrumentos necesarios para desempeñar un servicio o ejercer una profesión. ‖ **7.** fig. Que da demasiada importancia a las cosas del cuerpo. ‖ **8.** VENEZ. Prolijo, minucioso. ‖ **9.** ARGENT. Mampostería. ‖ *Es* MATERIAL. expr. fam. Lo mismo da; es indiferente o igual. ‖ **P.** material; **I.** material; **F.** matériel; **A.** materiell, stofflich sachlich; **It.** materiale; **R.** материальный.

MATERIALIDAD. f. Calidad de material. ‖ **2.** Sonido de las palabras. *Sólo atiende a la* MATERIALIDAD *de las palabras.* ‖ **3.** Apariencia de las cosas o superficie exterior. ‖ **4.** TEOL. Substancia física y material de las acciones, ejecutadas con ignorancia inculpable o falta del conocimien-

to necesario para que sean buenas o malas moralmente.

MATERIALISMO. (De *material*.) m. Doctrina filosófica que admite como única substancia la materia, negando la espiritualidad e inmortalidad del alma humana y negando también las leyes metafísicas.

MATERIALISTA. adj. Partidario del materialismo. Ú.t.c.s. ‖ **2.** m. Persona que vende materiales de construcción.

MATERIALIZAR. tr. Considerar como material una cosa inmaterial. ‖ **2.** r. Ir abandonando las cosas espirituales por las materiales.

MATERIALMENTE. adv. Con materialidad. ‖ **2.** TEOL. Con ignorancia y falta de advertencia para que sean buenas o malas las acciones.

MATERNAL. adj. Materno. De ordinario se dice de las cosas del espíritu.

MATERNALMENTE. adv. Con amor de madre.

MATERNIDAD. (De *materno*.) f. Estado o calidad de madre. Tiene uso principal refiriéndose a la Santísima Virgen. ‖ **2.** Hospital de parturientas o asilo de niños pequeños. ‖ **3.** Tratamiento que se da a las Superioras de algunas órdenes religiosas. ‖ **P.** maternidade; **I.** maternity; **F.** maternité; **A.** Mutterschaft; **It.** maternità; **R.** материнство.

★ **MATERNIZAR.** tr. Preparar la leche de vaca de manera que adquiera propiedades que la hagan semejante a la de la mujer.

MATERNO, NA. (l. *maternus*.) adj. Perteneciente a la madre. ‖ **2.** Dícese de la lengua de una región o país respecto a los habitantes del mismo.

★ **MATERNOLOGÍA.** f. MED. Parte de la higiene que trata de los cuidados que deben tenerse con los niños pequeños.

MATERO, RA. adj. AMÉR. MERID. Aficionado a tomar mate. Ú.t.c.s.

★ **MATETE.** m. Masa inconsistente que resulta al mezclar substancias deshechas en un líquido. ‖ **2.** fig. y fam. R. DE LA PLATA. Reyerta, disputa.

★ **MATIALINO.** m. AMÉR. Árbol silvestre cubano de madera fina, semejante a la caoba y que es muy estimada en ebanistería.

MATICO. m. Planta piperácea, originaria de América Meridional, y cuyas hojas se utilizan como astringentes. ‖ **2.** CHILE. Hojas del pañil. ‖ **3.** ZOOL. BOL. Tordo de color anaranjado.

MATIDEZ. f. Calidad de mate. ‖ **2.** MED. Sonido mate percibido en la percusión.

MATIEGO, GA. adj. ant. Criado entre matas, rústico. ‖ *A la* MATIEGA. m. adv. Toscamente, rudamente.

MATIHUELO. (d. de *Matías*.) m. Dominguillo, muñeco con un contrapeso en la base para estar siempre en pie.

MATINA. f. ant. Matino.

MATINAL. adj. Matutinal. ‖ **2.** f. Espectáculo celebrado por la mañana.

MATINES. m. pl. ant. Maitines.

MATINO. (l. *matutinum*.) m. ant. Mañana, 1.ª acep.

MATIZ. m. Unión de varios colores mezclados en cantidades proporcionales. ‖ **2.** Cada una de las gradaciones que puede tener un color. ‖ **3.** fig. Rasgo y tono de diversos colores y expresión en las obras literarias. ‖ **P.** matiz; **I.** tinge, shade; **F.** nuance; **A.** Nuance, Schattierung; **It.** sfumatura; **R.** оттенок.

★ **MATIZADOR, RA.** adj. Persona que matiza. ‖ **2.** m. Instrumento usado en las obras de paja de colores.

MATIZAR. (De *matiz*.) tr. Armonizar los diferentes colores de las cosas. ‖ **2.** Dar a un color determinado matiz. ‖ **3.** fig. Graduar delicadamente sonidos, expresiones, etc.

MATO. m. Matorral. ‖ **2.** ZOOL. VENEZ. Especie de lagarto que suele andar empinado. ‖ **3.** P. RICO. Cabalonga, haba de San Ignacio.

MATOJO. m. despect. de mata. Planta de tallo bajo, ramificada y leñosa. ‖ **2.** Mata quenopodiácea, barrillera, de tallos ramosos y articulados; hojas estrechas, crasas y puntiagudas, y flores verduscas, en espiga terminal. ‖ **3.** CUBA. Renuevo de un árbol cortado. ‖ **4.** COLOM. Matorral.

MATÓN. (De *matar*.) m. fig. y fam. Espadachín, pendenciero, bravucón.

★ **MATONEAR.** tr. AMÉR. CENTRAL. Asesinar.

MATONISMO. (De *matón*.) Conducta de quien desea imponer su voluntad por la amenaza y el terror.

MATORRAL. m. Terreno inculto lleno de matas y malezas. ‖ **2.** Conjunto de matas.

MATORRALEJO. m. d. de matorral.

MATORRO. m. SANT. Matojo, despectivo de mata. ‖ **2.** COLOM. Matorral.

MATOSO, SA. adj. Lleno y cubierto de matas.

MATRACA. (ár. *miṭraqa*, martillo.) f. Rueda de tablas dispuestas en forma de aspa y con macitos que producen gran ruido al girar y que se usa en Semana Santa para sustituir a las campanas. ‖ **2.** Instrumento de madera con uno o varios mazos que por percusión produce un ruido desagradable. ‖ **3.** fig. y fam. Burla o insistencia molesta sobre un tema. ‖ *Dar* MATRACA *a uno.* fr. Burlarse de él con insistencia. ‖ **P.** matraca; **I.** rattle; **F.** crécelle; **A.** Klapper; **It.** raganella; **R.** трещотка.

MATRACALADA. f. Muchedumbre de gente revuelta y bulliciosa.

MATRACO, CA. adj. fam. AR. Baturro, tosco, rústico. Ú.t.c.s.

MATRAQUEAR. intr. fam. Hacer ruido continuado y molesto con la matraca. ‖ **2.** fig. y fam. Dar matraca.

MATRAQUEO. m. fam. Acción y efecto de matraquear.

MATRAQUISTA. com. fig. y fam. Persona que da matraca, 3.ª acep.

MATRAZ. (Tal vez del ár. *maṭara*, vasija, del gr. μετρητής, medida ordinaria para los líquidos, en l. *metreta*.) m. Vasija esférica de vidrio, de cuello angosto y recto usada en los laboratorios químicos. ‖ —**aforado.** QUÍM. El que sirve para determinar el volumen de los líquidos. ‖ —**de Erlenmeyer.** El de forma cónica, fondo plano y cuello ancho. ‖ —**tubulado.** El que tiene un tubo lateral. ‖ **P.** matrás; **I.** matrass; **F.** matras; **A.** Glaskolben; **It.** matraccio; **R.** стеклянная колба.

★ **MATRERAJE.** m. URUG. Bandidaje, bandolerismo.

MATRERAMENTE. adv. Con matrería.

★ **MATREREAR.** intr. ARGENT. y URUG. Hacer vida de bandolero por los montes.

MATRERÍA. (De *matrero*.) f. Perspicacia astuta, penetración, sagacidad. ‖ **2.** AMÉR. MERID. Vagabundeo. ‖ **3.** CUBA. Marrullería.

MATRERO, RA. adj. Astuto, ladino, diestro y experimentado. ‖ **2.** AMÉR. Receloso, suspicaz. ‖ **3.** AMÉR. MERID. Dícese del individuo que anda por los montes huyendo de la justicia.

MATRIARCADO. (l. *mater*, *-tris*, y el gr. ἄρχω, mandar.) m. SOCIOL. Época y sistema social de organización primitiva, que aún existe hoy en algunas regiones o pueblos y que se basa en la primacía de la madre y del parentesco por línea materna.

MATRICARIA. (l. *matricaris herba*.) f. BOT. Planta herbácea anual, compuesta, de tallo ramoso, hojas pecioladas, flores en cabezuelas y fruto seco. Es olorosa y sus flores cocidas proporcionan una infusión empleada como antiespasmódica.

MATRICIDA. (l. *matricida*; de *mater*, madre, y *caedere*, matar.) com. Persona que mata a su madre.

MATRICIDIO. (l. *matricidium*.) m. Delito de matar una persona a su madre. ‖ **P.** e **It.** matricidio; **I.** y **F.** matricide; **A.** Muttermord; **R.** матереубийство.

MATRÍCULA. (l. *matricula*.) f. Lista de los nombres de las personas que para un fin determinado se inscriben oficialmente. ‖ **2.** Documento que acredita esta inscripción. ‖ —**de buques.** Registro que en las comandancias de marina se lleva sobre los dueños, dimensiones, clases y características de los buques mercantes de aquella jurisdicción. ‖ —**de honor.** La que se otorga en los centros docentes a los alumnos excelentes que ya han obtenido la calificación de sobresaliente en las asignaturas. ‖ —**de mar.** Alistamiento de ma-

M

rineros y demás gente de mar. ‖ **2**. Conjunto de esta gente alistada. ‖ **P**. matrícula; **I**. matriculation; **F**. matricule; **A**. Matrikel; **It**. matricola; **R**. список.

MATRICULADO, DA. p.p. de matricular. ‖ **2**. adj. Dícese de quien está inscrito en una matrícula o registro, especialmente en la matrícula de mar. Ú.t.c.s.

MATRICULADOR, RA. m. Persona que matricula.

MATRICULAR. tr. Inscribir o hacer inscribir a uno nominalmente en la matrícula. ‖ **2**. MAR. Inscribir las embarcaciones mercantes nacionales en el respectivo registro del departamento marítimo. ‖ **3**. Inscribir los vehículos, como automóviles, motos, bicicletas, carros, etc., en sus respectivos registros. ‖ **4**. r. Hacer que inscriban a uno en la matrícula.

MATRIMONESCO, CA. adj. fest. Matrimonial.

MATRIMONIAL. (l. *matrimoniālis*.) adj. Perteneciente o relativo al matrimonio.

MATRIMONIALMENTE. adv. Según el uso y costumbre de los casados. ‖ **2**. Como marido y mujer.

MATRIMONIAR. intr. Contraer matrimonio, casar. En Chile ú. sólo como r.

MATRIMONIO. (l. *matrimonium*.) m. Unión perpetua de un hombre y una mujer, que se concierta por determinados ritos o formalidades legales. ‖ **2**. Sacramento que une indisolublemente a los contrayentes, según las prescripciones de la Iglesia. ‖ **3**. fam. Marido y mujer. ‖ **4**. VENEZ. Tela ancha para sábanas. ‖ **5**. P. RICO. Plato de arroz con alubias. ‖ **—canónico**. El celebrado según los cánones de la Iglesia. ‖ **—civil**. El que se contrae según la ley civil y sin presencia del párroco. ‖ **—clandestino o a yuras**. El que se celebraba sin la presencia del párroco y testigos. ‖ **—de conciencia**. El que por motivos graves se celebra y mantiene en secreto con autorización del ordinario. ‖ **—in extremis o in artículo mortis**. El celebrado cuando uno de los contrayentes está en peligro de muerte. ‖ **—morganático**. El contraído entre un príncipe y una mujer de linaje inferior, o viceversa, en el cual cada cónyuge conserva su condición anterior. También se llama *de la mano izquierda*, porque en la ceremonia nupcial el esposo da a su esposa la mano izquierda. ‖ **—mixto**. El que se celebra entre personas de distinta religión. ‖ **—rato**. El celebrado legítimamente y con solemnidad, pero que no ha llegado a consumarse. ‖ *Constante el* MATRIMONIO. loc adv. FOR. Durante el matrimonio. ‖ *Consumar el* MATRIMONIO. fr. Tener los casados legalmente el primer acto carnal. ‖ **P**. matrimónio; **I**. marriage; **F**. mariage, ménage; **A**. Ehe, Verheiratung; **It**. matrimonio; **R**. брак.

MATRIMOÑO. m. ant. Matrimonio. Ú. en Ecuador.

MATRITENSE. (De *Matritum*, forma latinizada del nombre de Madrid.) adj. Madrileño. Apl. a pers. ú.t.c.s.

MATRIZ. (l. *matrix -īcis*.) f. Víscera de la hembra de los mamíferos en que se desarrolla el feto hasta verificarse el parto. ‖ **2**. Molde en que se funden objetos de metal que han de ser idénticos, como las letras de imprimir, botones, ciertos cuños, etc. ‖ **3**. Bloque de metal empleado en las operaciones de estampado. ‖ **4**. Tuerca. ‖ **5**. Parte del libro talonario que queda encuadernada al cortar o separar los talones que lo forman. ‖ **6**. Rey de codornices. ‖ **7**. ÁLG. Grupo de objetos representados por números o letras, que constituyendo series de igual número de elementos, forman columnas y filas y gozan de diversas propiedades que se estudian en la teoría de determinantes. ‖ **8**. MIN. Roca en cuyo interior se ha formado un mineral. ‖ **9**. adj. fig. Principal, generadora, materna. ‖ **10**. fig. Dícese de la escritura que, para cotejo del original y de los traslados, se queda archivada. ‖ **—de la una**. ANAT. Zona posterior de la dermis subungular, donde se produce el crecimiento de la uña. ‖ **P**. matriz; **I**. womb, matrix; **F. e It.** matrice; **A**. Gebärmutter; **R**. матка.

MATRONA. (l. *matrōna*.) f. Madre de familia, virtuosa y respetable. ‖ **2**. Comadre y especialmente la autorizada para asistir a los partos. ‖ **3**. Mujer que en los fielatos, aduanas, barcos, etc., están encargadas para registrar a las mujeres. ‖ **P. e It.** matrona; **I**. matron; **F**. matrone; **A**. Matrone, Hebamme; **R**. мать семейства.

MATRONAL. (l. *matronālis*.) adj. Perteneciente o relativo a la matrona.

MATRONAZA. (De *matrona*.) f. Madre de familia, corpulenta y grave.

MATULA. f. p.us. Torcida, mecha.

★ **MATULO**. m. CUBA. Bulto grande, especialmente de tabaco en rama. ‖ **2**. fig. y fam. CUBA. Persona rechoncha.

MATUNGO, GA. adj. ARGENT. y CUBA. Matalón, caballería vieja, flaca, débil, desmedrada.

MATURRANGA. f. Treta, marrullería. Ú.m. en pl. ‖ **2**. HOND. Picardía, delito. ‖ **3**. GERM. Ramera.

MATURRANGO, GA. adj. AMÉR. MERID. Dícese del mal jinete. ‖ **2**. CHILE. Persona tosca y pesada en sus movimientos. ‖ **3**. PERÚ. Se dice del caballo flaco y malo.

★ **MATURRANGUERO, RA**.adj. AMÉR. Astuto, marrullero, pícaro.

MATUSALÉN. (Por alusión a la longevidad del patriarca hebreo de este nombre.) m. Persona de mucha edad.

MATUSALENO, NA. (De *Matusalén*.) adj. desus. Longevo. ‖ **2**. desus. Muy antiguo.

MATUTE. m. Introducción fraudulenta de géneros en una población o Estado. ‖ **2**. Género así introducido. ‖ **3**. Casa de juego prohibido.

MATUTEAR. intr. Introducir matute.

MATUTERO, RA. m. y f. Persona dedicada a matutear.

MATUTINAL. (l. *matutinālis*.) adj. Matutino.

MATUTINO, NA. (l. *matutīnus*.) adj. Perteneciente o relativo a las primeras horas del día. ‖ **2**. Que se hace o que ocurre por la mañana.

MAULA. f. Cosa inútil, despreciable. ‖ **2**. Retal. ‖ **3**. Engaño, dolo. ‖ **4**. com. fig. y fam. Persona tramposa o mala pagadora. ‖ **5**. Cristiano español que durante la dominación árabe, alcanzaba la libertad para abrazar o profesar el mahometismo. ‖ *Ser uno buena* MAULA. fr. fig. y fam. Ser bellaco y taimado. ‖ **4**.ª acep.: **P**. maula; **I**. malingerer; **F**. vaurien, fourbe; **A**. Taugenichts; **It**. gattone, piantachiodi; **R**. шулер.

MAULAR. intr. Maullar. Solamente se usa en lenguaje festivo y siempre acompañado del verbo *paular*.

MAULERÍA. (De *maulero*.) f. Tienda donde se venden retales diferentes. ‖ **2**. Hábito o condición de quien emplea maulas o engaños.

MAULERO, RA. (De *maula*.) m. y f. Persona cuyo oficio es vender retazos de tela. ‖ **2**. Persona embustera y engañadora. ‖ **3**. ECUAD. Prestidigitador.

MAULÓN. m. aum. de maula. Persona holgazana o tramposa.

MAULLADOR, RA. adj. Que maulla mucho.

MAULLAR. intr. Dar maullidos el gato. ‖ **P**. miar; **I**. to mew; **F**. miauler; **A**. miauen; **It**. miagolare; **R**. мяукать.

MAULLIDO. m. Voz del gato, parecida a la palabra miau. ‖ **P**. maullido; **I**. mewing; **F**. miaulement; **A**. Miauen; **It**. miagolio; **R**. мяуканье.

MAÚLLO. m. Maullido.

MAURACA. f. AND. Moraga, acción de asar al aire libre peces pequeños o frutas secas.

MAURE. m. Chumbe, faja para ceñir a la cintura del tipoy.

MAURITANO, NA. adj. De Mauritania. Ú.t.c.s. ‖ **2**. Perteneciente a esta antigua región del norte de África.

MAURO, RA. (l. *maurus*.) adj. desus. Moro.

MAUSEOLO. m. Mausoleo.

MÁUSER. m. Fusil de repetición inventado por al armero alemán Guillermo Mauser.

MAUSOLEO. (l. *mausolēum*, sepulcro de Mausolo, rey de Caria, que mandó erigir su mujer Artemisa.) m. Sepulcro suntuoso y magnífico. ‖ **P**. mauséléu; **I**.mausoleum; **F**. mausolée; **A**. Mausoleum; **It**. mausoleo; **R**. мавзолей.

MAVORCIO, CIA. (l. *mavortīus*.) adj. poét. Perteneciente a la guerra.

MAVORTE. (l. *Mavors*, *-tis*.) m. poét. Nombre de Marte, usado poéticamente.

★ **MAXILA**. (l. *maxilla*.) f. ZOOL. Pieza situada inmediatamente detrás de las mandíbulas de algunos artrópodos.

MAXILAR. (l. *maxillāris*; de *maxilla*, quijada.) adj. Perteneciente o relativo a la mandíbula o quijada. Ú.t.c.s. ‖ **P**. maxilar; **I**. maxillary; **F**. maxillaire; **A**. Kiefer; **It**. mascellare; **R**. челюстной.

MÁXIMA. (l. *maxima*.) f. Regla o proposición admitida en general por todos los que profesan una ciencia o facultad. ‖ **2**. Sentencia que contiene un precepto moral. ‖ **3**. Norma de conducta a la que debe ajustarse el proceder. ‖ **4**. MÚS. Nota que en la música antigua equivalía a dos longas. ‖ **P**. máxima; **I**. maxim; **F**. maxime; **A**. Grundsatz; **It**. màssima; **R**. максима.

★ **MAXIMALISTA**. adj. En la ideología comunista, partidario de las reivindicaciones máximas, frente a los minimalistas o mencheviques.

MÁXIMAMENTE. adv. Principalmente, en primer lugar.

MÁXIME. (l. *maxime*.) adv. Principalmente.

MÁXIMO, MA. (l. *maximus*.) adj. sup. de Grande. ‖ **2**. Dícese de lo más grande en su especie. ‖ **3**. Límite superior o extremo a que puede llegar una cosa. ‖ **4**. ARIT. V. MÁXIMO *común divisor*. ‖ **5**. ASTROL. Conjunción máxima de Júpiter y Saturno. ‖ **6**. GEOM. V. *Círculo* MÁXIMO *de la esfera*. ‖ **7**. MAT. El valor mayor posible a que puede llegar una variable o una función.

MÁXIMUM. (l. *maximum*, lo más grande.) Máximo, 3.ª acep.

MAXMORDÓN. m. desus. Hombre de poca estima, pasmado y sin discurso, pero que solapadamente procura lograr lo que desea.

MAYA. (De *mayo*, época de la floración.) f. BOT. Planta compuesta, de flor única, terminal de centro amarillo y corola blanca o matizada de rojo; su fruto seco y casi esférico tiene una sola semilla. Abunda en los prados. ‖ **2**. Niña que en algunos pueblos visten galanamente el día de la Cruz de Mayo, para pedir dinero a los transeúntes. ‖ **3**. Persona que se disfraza ridículamente para hacer reír al pueblo en las funciones públicas. ‖ **4**. ZOOL. Crustáceos decápodos como las centollas y arañas de mar.

MAYA. f. Juego de muchachos en la provincia de Álava en el que se esconden los participantes, menos uno, que cuida de un objeto, generalmente una piedra, y cuyo lance consiste en llegar a la maya antes que el encargado de cuidarla; cuando éste se separa de la misma para descubrir a los escondidos.

MAYA. adj. Se dice del individuo de las tribus indias que hoy habitan en Yucatán y otras regiones limítrofes. Ú.t.c.s. ‖ **2**. Perteneciente o relativo a estas tribus. ‖ **3**. m. Lengua hablada por los mayas.

★ **MAYACÁCEAS**. f. pl. BOT. Clase de plantas monocotiledóneas que comprenden de varias especies americanas.

MAYADOR, RA. (De *mayar*.) adj. Maullador.

★ **MAYAGUA**. HOND. Colilla del cigarro.

MAYAL. (l. *malleăre*, golpear.) m. Palo de molino, noria o malacate, del cual tira la caballería. ‖ **2**. Instrumento formado por dos palos de diferente longitud, con el que se desgrana el centeno dando golpes sobre él.

MAYAR. intr. Maullar.

MAYEAR. intr. Hacer el tiempo primaveral propio del mes de Mayo.

MAYESTÁTICA, CA. adj. Propio de la majestad o relativo a ella.

MAYETAD. (l. *medietas*, *-ātis*.) f. ant. Mitad.

MAYETO. m. CÁD. Viñador de pequeño caudal.

º **MAYÉUTICA**. f. MED. Tocología. ‖ **2**. FIL. Método socrático en el que por preguntas formuladas con habilidad, se lleva al interlocutor al descubrimiento de la verdad que se le quiere enseñar, y que tiene cierta analogía con los auxilios prestados

M

a la parturienta por la partera. ‖ **3.** PED. Arte de alumbrar el maestro en el discípulo nociones que éste poseía sin saberlo.

MAYIDO. (De *mayar*.) m. Maullido.

MAYO. (l. *maius*.) m. Quinto mes del año. ‖ **2.** Palo alto y adornado que durante el mes de Mayo se pone en algún lugar público y junto al que se celebran diversos festejos. ‖ **3.** Enramada que ponen los enamorados a la puerta de sus novias. ‖ **4.** pl. Música y canto con que los mozos obsequian a las solteras la última noche de Abril. ‖ **5.** CUBA. Pájaro ictérido de color negro y de costumbres parecidas a las de los estorninos. ‖ *Are quien aró, que ya* MAYO *entró.* ref. para advertir que deben hacerse las labores antes de este mes. ‖ MAYO *hortelano, mucha paja y poco grano.* ref. que manifiesta el probable resultado de la cosecha cuando en el mes de Mayo llueve mucho. ‖ *Para* MAYO. loc. fig. y fam. CHILE. Para las calendas griegas. ‖ **P.** maio; **I.** May; **F.** mai; **A.** Mai; **It.** maggio; **R.** май.

★ **MAYOCOL.** m. MÉJ. Capataz, mayordomo.

MAYÓLICA. (ital. *majolica*, y éste del l. *Maiorĭca*, Mallorca, donde tuvo origen esta manufactura.) f. Loza común con esmalte metálico que se fabricó antiguamente por los árabes y españoles, quienes la introdujeron luego en Italia, generalizándose en esta nación. ‖ —**inglesa.** Cerámica de pasta blanda, opaca y recubierta de barniz cristalino. ‖ **P.** majólica; **I.** majolica; **F.** majolique; **A.** Majolika; **It.** maiòlica; **R.** майолика.

MAYONESA. (fr. *mayonnaise*, y éste de *mahonesa*, de *Mahón*.) f. Salsa mahonesa. ‖ **2.** Plato aderezado con dicha salsa.

MAYOR. (l. *maior*, -*ōris*.) adj. comp. de grande. Que excede a una cosa en tamaño o en calidad. ‖ **2.** Superior o Jefe de un cuerpo o de una comunidad. ‖ **3.** Oficial primero de una oficina. ‖ **4.** En algunos ejércitos, graduación equivalente a comandante. ‖ **5.** pl. Antepasados de una persona. ‖ **6.** Término o proposición primera de un silogismo. ‖ **7.** Clase superior de Gramática en la que se estudiaba la prosodia. ‖ **8.** ant. Caudillo, jefe de guerra. ‖ —**general.** Oficial que está encargado del detalle del servicio en un ejército. ‖ **2.** En los departamentos, escuadras y apostaderos, el jefe que desempeña funciones semejantes a las de los de Estado Mayor en el ejército. ‖ —**que.** MAT. Signo que tiene la figura (>), y que colocado entre dos cantidades, indica que la primera es mayor. ‖ *Alzarse, subirse o levantarse a* MAYORES. fr. fig. Ensoberbecerse elevándose más de lo que corresponde. ‖ *Por* MAYOR. m. adv. Sumariamente o sin especificar las circunstancias. ‖ **2.** En cantidad grande. ‖ Se autorizan las dos formas: *por* MAYOR, *al por* MAYOR. ‖ **P.** maior; **I.** greater; **F.** majeur; **A.** grösser; **It.** maggiore; **R.** больший.

MAYORA. f. Mujer del mayor.

MAYORADGO. (l. *maioratĭcus*, de *maior*.) m. ant. Mayorazgo.

MAYORAL. (De *mayor*.) m. Pastor principal que cuida los rebaños. ‖ **2.** El que gobierna el tiro en una diligencia y otros carruajes. ‖ **3.** El capataz de una cuadrilla de segadores o trabajadores. ‖ **4.** El que administra o gobierna los hospitales de San Lázaro. ‖ **5.** Mampostero encargado de administrar o gobierna los hospitales de San Lázaro. ‖ **5.** Mampostero recaudador de impuestos o rentas. ‖ **6.** GERM. Alguacil, menor funcionario de justicia. ‖ **7.** GERM. Corregidor, alcalde, gobernador. ‖ **8.** ARGENT. Conductor de tranvía. ‖ **P.** maioral; **I.** head shepherd; **F.** maître berger; **A.** Oberschäfer; **It.** pastore capo; **R.** старший пастух.

MAYORALA. f. Mujer del mayoral. ‖ **2.** ant. Superiora.

MAYORALÍA. f. Rebaño pastoreado por un mayoral. ‖ **2.** Salario o jornal ganado por un mayoral.

MAYORANA. (l. *amarăcus*, en b. l. *maioraca* y *maiorana*.) f. Mejorana.

MAYORAR. tr. ant. Dar mayor o mejor porción.

MAYORAZGA. f. Dama que posee un mayorazgo. ‖ **2.** La sucesora de él. ‖ **3.** Mujer del mayorazgo.

MAYORAZGO. (De *mayoradgo*.) m. Institución antigua que perpetuaba en una familia la propiedad de ciertos bienes. ‖ **2.** Conjunto de estos bienes. ‖ **3.** Poseedor de los mismos. ‖ **4.** Hijo mayor de un mayorazgo. ‖ **5.** Primogénito de cualquiera persona. ‖ **6.** Primogenitura. ‖ —**alternativo.** El que su fundador establece para que se sucedan alternadamente las líneas por él designadas. ‖ —**de agnación artificial.** FOR. Aquel en que, el fundador llamando a la sucesión varones de varones, establece que si no tiene agnación propia o si ésta se rompe en el transcurso del tiempo, entre a poseer un cognado o una hembra, o un extraño y desde allí en adelante se suceda de varón en varón, con exclusión de las hembras y de sus líneas. ‖ —**de agnación rigurosa o verdadera.** FOR. Aquel en que se suceden sólo los varones de la sucesión por línea masculina. ‖ —**de femineidad.** FOR. Aquel en que sólo se suceden las hembras o son preferidas a los varones. ‖ —**de masculinidad.** FOR. El que no admite más que varones aunque éstos sean descendientes de hembra. ‖ —**electivo.** Aquel en que el poseedor puede elegir sucesor. ‖ —**incompatible.** FOR. El que no puede estar juntamente con otro en la misma persona. ‖ —**irregular.** FOR. El que no sigue las reglas regulares y tiene por ley única la voluntad del fundador. ‖ —**saltuario.** FOR. El que sin atender a la línea, busca para la sucesión al individuo que tiene las cualidades prevenidas en los llamamientos. ‖ **P.** morgado; **I.** y **F.** majorat; **A.** Majoratserbe; **It.** maggiorasco; **R.** майорат.

MAYORAZGÜELO, LA. m. y f. d. de mayorazgo.

MAYORAZGUETE, TA. m. y f. d. despect. de mayorazgo.

MAYORAZGUISTA. m. FOR. Persona que escribe o trata de mayorazgos.

MAYORDOMA. f. Mujer del mayordomo. ‖ **2.** Mujer que ejerce funciones de mayordomo.

MAYORDOMADGO. (De *mayordomo*.) m. ant. Mayordomía.

MAYORDOMAZGO. (De *mayordomadgo*.) m. ant. Mayordomía.

MAYORDOMBRE. (De *mayor*, *de*, y *hombre*.) m. ant. AR. Prohombre.

MAYORDOMBRÍA. (De *mayordombre*.) f. ant. AR. Oficio de prohombre.

MAYORDOMEAR. (De *mayordomo*.) tr. Administrar o gobernar una casa o una hacienda.

MAYORDOMÍA. f. Cargo de administrador o de mayordomo. ‖ **2.** Oficina del mayordomo.

MAYORDOMO. (l. *maior*, mayor, y *domus*, de casa.) m. Criado principal, encargado del gobierno económico de una casa o hacienda. ‖ **2.** Oficial nombrado en las cofradías o congregaciones para el gobierno de ellas y satisfacer los gastos. ‖ **3.** Cada uno de los individuos de ciertas cofradías religiosas. ‖ **4.** AMÉR. Criado, sobrestante, director o vigilante de ciertos trabajadores. ‖ —**de Estado.** Persona que en la casa real estaba encargada del cuidado de la servidumbre del estado de los caballeros. ‖ —**de fábrica.** El recaudador de los derechos de fábrica. ‖ —**de propios.** El que administra los caudales y propios de un pueblo. ‖ —**de semana.** El que durante una semana y bajo las órdenes del mayordomo mayor, servía en la casa real y a veces suplía a dicho mayordomo mayor. ‖ —**mayor.** Jefe principal de palacio a cuyo cargo corría el cuidado y gobierno de la casa del rey. ‖ **P.** maiordomo; **I.** steward; **F.** majordome; **A.** Majordomus; **It.** maggiordomo; **R.** мажордом, дворецкий.

MAYORÍA. f. Calidad de mayor. ‖ **2.** Parte mayor de los componentes de una asamblea. ‖ **3.** Mayor número de votos. ‖ **4.** Mayor edad. ‖ **5.** MIL. Oficina del sargento mayor. ‖ **6.** MAR. Oficina del mayor general. ‖ —**absoluta.** La que consta de más de la mitad de los votos. ‖ —**de cantidad.** Aquella en que se computan los votos en razón del interés respectivo que representa cada votante. ‖ —**relativa.** La que está formada por el mayor número de votos, no relacionado con el total de éstos, sino con relación al número que obtiene cada una de las personas o cuestiones votadas a la vez. ‖ **P.** maioria; **I.** majority;

F. majorité; **A.** Majorität, Mehrheit; **It.** maggiorità; **R.** большинство.

MAYORIDAD. (l. *majorĭtas*, -*ātis*.) f. Mayoría, **1.**ª y **4.**ª aceps.

MAYORINO. (l. *maiorīnus*.) m. ant. Merino, juez nombrado por el rey para un territorio en el que tenía amplia jurisdicción.

MAYORISTA. m. Comerciante que vende al por mayor. ‖ **2.** En los estudios de Gramática, el que estaba en la clase de mayores. ‖ **3.** adj. Dícese del comercio en el que se compra o vende al por mayor.

MAYORMENTE. adv. Especialmente, principalmente.

MAYORMIENTRE. adv. ant. Mayormente.

★ **MAYU.** m. BOT. CHILE. Árbol maderable propio de la isla de Juan Fernández.

MAYUETA. f. SANT. Fresa silvestre.

MAYÚSCULO, LA. (l. *majuscŭlus*.) adj. Que excede algo a lo ordinario en su especie. ‖ **2.** Aplícase a la letra de mayor tamaño que la minúscula, con que se inicia todo nombre propio y toda palabra después de punto, etc. Ú.t.c.s. ‖ **P.** maiúsculo; **I.** capital (letter); **F.** majuscule; **A.** Majuskel; **It.** maiuscolo; **R.** огромный.

MAZA. (l. *mattĕa*.) f. Arma antigua de palo y guarnecida de hierro, o solamente de hierro en forma de bastón. ‖ **2.** Insignia de los maceros en los actos públicos u oficiales. ‖ **3.** Pelota con mango de madera para golpear el bombo. ‖ **4.** Pieza que en el martinete golpea sobre la cabeza de los pilotes. ‖ **5.** Instrumento de madera semejante a la maza antigua, que se usa para machacar el lino y para otros usos. ‖ **6.** Extremo más grueso de los tacos de billar. ‖ **7.** Tronco o cosa pesada en que se sujeta la cadena de los simios para evitar la huida de los mismos. ‖ **8.** Lo que por diversión se pone prendido en los vestidos de una persona para burlarse de ella, o atado a la cola de los perros. ‖ **9.** ant. Cubo de la rueda. Ú. en CHILE. ‖ **10.** fig. y fam. Persona pesada y molesta. ‖ **11.** fig. y fam. Persona que tiene grande autoridad en lo que dice. ‖ **12.** fig. y fam. Palabras sentenciosas o verdades desnudas que impresionan a quien las oye. ‖ **13.** CUBA. Pieza escopleada donde encajan los rayos de la rueda. ‖ —**de fraga.** Martinete, máquina para clavar estacas en ríos y mares. ‖ —**sorda.** BOT. Espadaña, planta tifácea. ‖ *La* MAZA *y la mona.* fr. fig. y fam. usada para calificar a dos personas que siempre se ven juntas. ‖ **P.** maça; **I.** club; **F.** masse, massue; **A.** Klopfkeule; **It.** mazza; **R.** палица, булава.

MAZACOTE. (aum. despest. de *masa*, **1.**ª acep.) m. Barrilla, cenizas que contienen sosa. ‖ **2.** Hormigón, mezcla de piedras y mortero de cal y arena. ‖ **3.** ARGENT. Pasta formada con los residuos de azúcar, que, al refinarla, queda adherida a las paredes de la caldera, y por analogía a toda masa espesa y pegajosa. ‖ **4.** fig. Cualquier objeto de arte tosco. ‖ **5.** fig. y fam. Hombre molesto y pesado. ‖ **6.** fig. y fam. Guisado o vianda dura, seca y pegajosa.

º **MAZACOTUDO.** adj. AMÉR. Amazacotado.

★ **MAZACUATE.** m. MÉJ. Boa o cualquier cosa gruesa y larga.

MAZADA. f. Golpe que se da con la maza o mano. ‖ *Dar* MAZADA a uno. fr. fig. y fam. Hacerle o causarle daño o perjuicio grave.

MAZAGATOS. (De *maza*, **8.**ª acep., y *gato*.) n.p. *Andar*, o *haber*, *la de* MAZAGATOS. fr. fig. y fam. Haber mucho ruido, riña o pendencia.

MAZAMORRA. (despect. de *masa*.) f. Comida hecha a modo de poleadas de harina de maíz con miel o azúcar que se come mucho en el Perú. ‖ **2.** Bizcocho averiado. ‖ **3.** Galleta rota que se aprovecha para hacer la calandraca. ‖ **4.** ARGENT. Maíz blanco partido y hervido que se come con leche o sin ella y también con azúcar, parecido al arroz con leche. ‖ **5.** fig. y fam. Cosa reducida a trozos menudas. ‖ **6.** fig. y fam. CHILE. Pronunciación confusa de las letras y un cierto sonido incorrecto. ‖ **7.** P. RICO y BOL. Irritación de los dedos de los pies.

MAZANA. (l. *matiāna mala*, una especie de manzanas.) f. ant. Manzana.

M

MAZANETA. (De *mazana*.) f. Pieza en figura de manzana que antiguamente se solía poner en las joyas.

MAZAPÁN. (De *marzapán*.) m. Pasta de harina de almendras y azúcar, cocida al horno. || **2.** Miga de pan para enjugar los dedos de los obispos, después de haber bautizado a los príncipes. || **P.** maçapão; **I.** marchpane; **F.** massepain; **A.** Marzipan; **It.** marzapane; **R.** марципан.

MAZAR. (De *maza*.) tr. Golpear la leche dentro de un odre para separar la manteca. || **2.** ant. Golpear una cosa para quebrarla.

MAZARÍ. (ár. *maṣri*, egipcio.) adj. Se dice de las baldosas o ladrillos cuadrados utilizados para pavimentar. Ú.t.c.s.m.

MAZAROTA. (fr. *masselotte*; de *masse*, masa.) f. Masa de metal que queda en la parte alta de los moldes al fundir los metales.

MAZARRÓN. adj. AR. Se aplicaba al que defraudaba al fisco, por no pagar algún derecho de pasaje. Usáb.t.c.s. || **2.** AR. Pena en que el mismo incurría y que consistía en la pérdida de lo que transportaba.

MAZAZO. m. Mazada.

MAZDEÍSMO. (persa *Mazda*, sobrenombre del rey del cielo, o principio del bien.) m. Religión de los antiguos persas, que admite la existencia de dos principios divinos; uno bueno, Ormuz, y otro malo, Ahrimán. El primero, creador, y el segundo, destructor.

MAZMODINA. (ár. *maṣmūdiyya*, perteneciente o relativo a la tribu berberisca de los *Maṣmūda* o *Masamudas*.) f. Moneda de oro de los almohades y que circuló en algunos reinos cristianos.

MAZMORRA. (ár. *maṭmūra*, sima, caverna, calabozo.) f. Prisión subterránea. || **P.** masmorra; **I.** dungeon; **F.** cachot; **A.** Turmverlies; **It.** càrcere sotterràneo; **R.** застенок.

MAZNAR. tr. Amasar o estrujar alguna cosa con las manos. || **2.** Machacar el hierro candente.

MAZO. (De *maza*.) Martillo grande de madera. || **2.** Porción o manojo de cosas formando grupos. || **3.** Cierta suerte en el juego de la primera. || **4.** fig. Hombre pesado, molesto y fastidioso. || **5.** AR. Badajo de la campana. || **—rodero.** MAR. El de forma prismática y de bocas redondeadas usado en los barcos para hacer estopas machacando cabos. || *A* MAZO *y escoplo.* m. adv. Firme, indeleblemente. || **P.** maço; **I.** mallet; **F.** maillet; **A.** Klöpfel; **It.** maglio; **R.** деревянный молот.

MAZONADO, NA. p.p. de mazonar. || **2.** adj. BLAS. Dícese de la figura heráldica en la obra de sillería.

MAZONADURA. f. ant. Acción de mazonar.

MAZONAR. (ant. *mazón*, y éste del l. *machĭo, -ōnis*, albañil.) tr. ant. Hacer obras de mazonería.

MAZONEAR. tr.p.us. Apisonar o macerar.

MAZONERA. (De *mazonar*.) f. ant. ARQ. Recuadro.

MAZONERÍA. (De *mazonar*.) f. Fábrica de cal y canto. || **2.** Obra de relieve. || **3.** ant. Bordado de oro y plata de realce. || **4.** ant. Conjunto de piezas de plata y oro propias para el servicio de las iglesias.

MAZONERO. (De *mazonar*.) m. AR. Albañil.

MAZORCA. f. Husada. || **2.** Espiga en la que los frutos se crían muy juntos alrededor de un eje, como la de maíz. || **3.** Baya del cacao. || **4.** Cierta labor de los balaustres de algunos balcones en su mitad, por donde son más gruesos. || **5.** CHILE. Gobierno tirano y despótico. || **6.** PERÚ. Cuerno de un animal. || **2.ª** acep.: **P.** fusada; **I.** ear; **F.** épi; **A.** Ähre; **It.** spica; **R.** кукурузный початок.

★ MAZORGANO. adj. Que va siempre unido al substantivo *cámbaro* para significar un crustáceo marino, braquiuro, cuyo último par de patas termina en paleta natatoria.

MAZORQUERO. m. CHILE. Individuo que forma parte de una mazorca o gobierno despótico.

MAZORRAL. adj. Grosero, rudo. || **2.** IMPR. Dícese de la composición sin cuadrados.

MAZORRALMENTE. adv. Ruda, groseramente.

★ MAZOTE. m. COLOM. Golpe o palmada que el vencedor da al vencido en cierto juego de muchachos.

MAZUELO. m. d. de mazo. || **2.** Mano o mango como el que sirve para tocar el morterete.

MAZURCA. (polaco *mazurca*, de *Mazuria, Massuria*.) f. Danza de origen polaco que se baila con ritmo moderado al compás de tres por cuatro. || **2.** Música de esta danza.

ME. (l. *me*, acus. de *ego*, yo.) Dativo o acusativo del pronombre personal de primera persona, para ambos géneros y en singular. Se puede usar como sufijo: ME *oyó; óye*ME. No admite preposición.

MEA. (De *mear*.) f. fam. Voz que dice el niño para indicar que quiere orinar.

MEADA. (De *mear*.) f. Cantidad de orina expelida de una vez. || **2.** Sitio mojado por una meada o señal que hace.

MEADERO. (De *mear*.) m. Urinario. || **2.** AMÉR. y CHILE. Pene, miembro viril.

MEADOS. (De *mear*.) m. pl. Orines.

MEADURA. f. p.us. Meada, 1.ª acep.

MEAJA. (l. *medialia*, pl. n. de *medĭalis*, medio.) f. Moneda antigua castellana que valía la mitad del naravedí burgalés. || **2.** Antiguo derecho que los jueces cobraban a las partes en las ejecuciones. || **—de huevo.** Galladura.

MEAJA. (De *miaja*.) f. Migaja.

MEAJUELA. f. d. de meaja, 2.º art. || **2.** Cada una de las pequeñas piezas pendientes en los sabores del freno para excitar la segregación de la saliva del caballo.

MEANDRO. (l. *Meandros*, y éste del gr. Μαίανδρος, nombre de un río del Asia Menor, célebre por su curso tortuoso.) m. Sinuosidades o recovecos de un río o camino. || **2.** ARQ. Línea o dibujo sinuoso que se emplea como motivo ornamental.

MEAR. (l. *meiàre*.) intr. Orinar. Ú.t.c.tr. y c.r. || **P.** mijar; **I.** to urinate, to piss; **F.** pisser; **A.** pissen; **It.** orinare, pisciare; **R.** испускать мочу.

MEATAD. f. ant. Mitad.

MEATO. (l. *meātus*.) m. ZOOL. Cada uno de ciertos conductos u orificios del cuerpo, particularmente los conductos auditivo y urinario. || **2.** BOT. Cada espacio hueco intercelular de los tejidos parenquimatosos de los vegetales. || **P.** e **It.** meato; **I.** meatus; **F.** méat; **A.** Gang; **R.** канал, проход.

MEAUCA. (franco *mauwe*, gaviota.) f. Gaviota de plumaje agrisado en el dorso y alas, y blanco en el pecho y vientre, pico amarillo y pies pajizos. Abunda en las costas españolas.

MECA. (ár. *Makka*, n. p. de la famosa ciudad.) f. Usado en la loc. fig. y fam. *De la ceca a La* MECA, que significa de una parte a otra; de aquí para allá. || **2.** CHILE. Excremento humano. || **3.** PERÚ y ECUAD. Prostituta, ramera.

MECÁNICA. (l. *mechanica*, y éste del gr. μηχανική, sobreentendiéndose τέχνη, arte.) f. Parte de la Física que estudia el movimiento y el equilibrio y las fuerzas que pueden producirlos. Se divide en racional y aplicada o también en estática y dinámica. || **2.** Resorte interior o aparato que mueve un artefacto o ingenio. || **3.** fig. y fam. Cosa ruin y despreciable. || **4.** fig. y fam. Acción baja e indecorosa. || **5.** MIL. Policía interior y manejo de los efectos de los soldados o faenas cuarteleras. || **—animal.** VETER. Estudio de los movimientos ejecutados por los animales en su consideración con las leyes mecánicas. || **—celeste.** ASTRON. Ciencia que estudia los movimientos de los astros. || **P.** mecánica; **I.** mechanics; **F.** mécanique; **A.** Mechanik; **It.** meccànica; **R.** механика.

MECÁNICAMENTE. adv. De modo mecánico.

MECANICISMO. m. Doctrina biológica y metafísica que intenta explicar los fenómenos vitales por las leyes mecánicas de los cuerpos inorgánicos. || **2.** Materialismo.

MECÁNICO, CA. (l. *mechanĭcus*, y éste del gr. μηχανικός; de μηχανή, máquina.) adj. Relativo a la mecánica. || **2.** Perteneciente a los oficios manuales. || **3.** Que se

ejecuta por una máquina o un mecanismo. || **4.** fig. Bajo o indecoroso. || **5.** m. El que tiene por profesión la mecánica. || **6.** Obrero o persona dedicada al arreglo o manejo de máquinas. || **6.ª** acep.: **P.** mecânico; **I.** mechanician; **F.** mécanicien; **A.** Mechaniker; **It.** macchinista; **R.** механический, механик.

MECANISMO. (l. *mechanisma*, y éste del gr. μηχανή, máquina.) m. Estructura o artificio de un cuerpo y combinación de las piezas o partes que lo constituyen. || **2.** Medios prácticos empleados en las artes. || **P.** mecanismo; **I.** mechanism; **F.** mécanisme; **A.** Mechanismus; **It.** meccanismo; **R.** механизм.

★ MECANIZACIÓN. f. Acción y efecto de mecanizar. || **2.** Conjunto de medios mecánicos empleados para suplir la mano del hombre.

° MECANIZAR. tr. Convertir en mecanismo. || **2.** Reemplazar la actividad humana o la fuerza animal por medios mecánicos. || **3.** Efectuar con máquinas lo que antes se hacía a mano en una industria.

MECANO, NA. adj. Natural de la Meca. Ú.t.c.s. || **2.** Perteneciente a esta ciudad árabe.

★ MECANO. m. Juguete para niños consistente en un conjunto más o menos numeroso de piezas metálicas con las cuales pueden armarse máquinas en miniatura.

MECANOGRAFÍA. (De *mecanógrafo*.) f. Arte de escribir a máquina. || **P.** dactilografia; **I.** typewriting; **F.** dactylographie; **A.** Machineuschrift; **It.** dattilografia; **R.** машинопись.

MECANOGRAFIAR. tr. Escribir con máquina.

MECANOGRÁFICO, CA. adj. Perteneciente o relativo a la mecanografía.

MECANÓGRAFO, FA. (gr. μηχανή, máquina, y γράφω, escribir.) m. y f. Persona cuyo oficio es mecanografiar.

MECANOTERAPIA. (gr. μηχανή, máquina, y θεραπεία, cuidado, curación.) f. Procedimiento terapéutico consistente en el empleo de aparatos especiales que producen movimientos activos o pasivos para la curación o alivio de ciertas enfermedades.

MECAPAL. (mejic. *mecapalli*.) m. Faja de cuero, con dos cuerdas en los extremos, que utilizan los mozos de cuerda y los indios mejicanos para llevar cargas a cuestas.

MECATE. (mejic. *mecatl*.) m. AMÉR. y FILIP. Cordel, bramante o cuerda de pita. || **2.** AMÉR. fig. Persona grosera. || **3.** MAR. Cordel o cabo que no sea de cáñamo.

★ MECATEADA. f. fam. AMÉR. Zurra, azotaina.

★ MECATEAR. tr. AMÉR. Atar alguna cosa con mecates. || **2.** VENEZ. Adular.

★ MECATERÍA. f. MÉJ. Taller del mecatero.

★ MECATERO. m. MÉJ. El que fabrica mecates.

MECEDERO. m. Mecedor (instrumento para mecer líquidos).

MECEDOR, RA. adj. Que mece o sirve para mecer. || **2.** Instrumento de madera que se utiliza para mecer líquidos. || **3.** Columpio.

MECEDORA. f. Silla de brazos con pies curvados que sirve para poder mecerse quien se sienta en ella. || **P.** cadeira de balanço; **I.** y **F.** rocking-chair; **A.** Schaukelstuhl; **It.** dondolona; **R.** крело-качалка.

MECEDURA. f. Acción de mecer o mecerse.

MECENAS. (Por alusión a Cayo Cilnio *Mecenas*, amigo de Augusto y protector de las letras y de los literatos.) m. fig. Persona poderosa que protege a los artistas y literatos.

MECENAZGO. m. Calidad de mecenas. || **2.** Protección dispensada por una persona a un escritor o artista.

MECER. (l. *miscēre*, mezclar.) tr. Agitar, mover o menear un líquido para que se mezcle. || **2.** Mover compasadamente de una parte a otra. Ú.t.c.r. || **3.** acep.: **P.** mexer; **I.** to rock; **F.** remuer; **A.** balancieren; **It.** dondolare; **R.** качать.

MECO, CA. adj. MÉJ. Dícese de ciertos animales de color bermejo con mezcla de negro. || **2.** m. y f. MÉJ. Indio salvaje.

M

MECONIO. (l. *meconǐum*, y éste del gr. μηκώνιον.) m. Alhorre, excremento de los recién nacidos. || 2. FARM. Jugo de cabeza de adormidera.

MECHA. (l. *myxa*, y éste del gr. μύξα.) f. Cinta o cuerda retorcida y combustible de las velas, bujías y algunos aparatos de alumbrado. || 2. Tubo de algodón que relleno de pólvora se utiliza para pegar fuego a minas y barrenos. || 3. Cuerda de cáñamo que preparada convenientemente, servía para prender la carga de las antiguas armas de fuego. || 4. Tejido de algodón impregnado de ciertas substancias químicas que se usa para prender el cigarro. || 5. Atado de hilas que se emplea para curar ciertas enfermedades y operaciones quirúrgicas. || 6. Lonjilla de tocino o jamón para mechar carne, aves y otras cosas. || 7. MAR. Espiga de ensamblaje. || 8. MAR. Alma de un palo macho para adaptar o amadrinar otras piezas y reforzarlas de forma conveniente. || 9. Mechón, hilos, pelos, hebras, etc., unidos. || 10. AMÉR. En diferentes naciones, burla, broma. || 11. CHILE. Púa de vueltas o espiras de los barrenos, taladros, etc. || —de seguridad. La de cáñamo embreado que, impregnada con pólvora en la parte interior, para propagar lentamente el fuego de un extremo a otro, se introduce en la carga del barreno. || *Aguantar* uno la MECHA. fr. fig. y fam. Llevar o sufrir resignadamente una contrariedad, un peligro o una reprimenda. || *Alargar* uno la MECHA. fr. fig. y fam. Aumentar la paga. || 2. fig. y fam. Alargar voluntariamente una gestión o un negocio, por un fin particular. || *A toda* MECHA. loc. fig. y fam. Con mucha rapidez. || **P.** mecha; **I.** wick; **F.** mèche; **A.** Zünder, (Lampen) Docht; **It.** stoppino; **R.** фитиль.

MECHAR. tr. Introducir lonjillas de tocino en la carne u otras viandas que se han de empanar. || 2. GERM. Escamotear.

MECHAZO. m. MIN. Combustión de una mecha sin inflamar el barreno. Ú. comúnmente en la frase *Dar* MECHAZO.

MECHERA. (De *mechar*.) adj. Dícese de la aguja de mechar. Ú.t.c.s. || 2. Ladrona de comercios que oculta entre las faldas lo que ha robado. || 3. VENEZ. Mujer burlona, bromista. || 4. MEC. Máquina empleada en las hilaturas para operaciones de estirar, torcer o arrollar.

MECHERO. m. Canutillo donde se coloca la mecha o torcida para alumbrar. || 2. Cañón de los candeleros en que se coloca la mecha. || 3. Boquilla de los aparatos de alumbrado. || 4. Encendedor mecánico de bolsillo. || 5. MÉJ. Mechón de cabellos erizados. || 7. VENEZ. Hombre bromista, burlón. Ú.t.c.adj. || **P.** mecheiro; **I.** burner; **F.** bec de lampe; **A.** Lampentülle; **It.** luminello; **R.** трубка для фитиля.

MECHINAL. (De *mecha*, 7.ª acep.) m. Agujero que se deja en los edificios para colocar los andamios. || 2. fig. y fam. Habitación muy pequeña.

* **MECHO.** m. COLOM. Cabo de vela próximo a extinguirse.

MECHOACÁN. (De *Michoacán*, Estado de Méjico.) m. BOT. Raíz de una planta vivaz, convolvulácea, cuya fécula se usa como purgante. Es originaria de Méjico. || —negro. Jalapa.

MECHÓN. m. aum. de mecha. || 2. Porción de pelos, hierbas o hilos. || 2.ª acep.: **P.** mechón; **I.** tuft, lock, mop; **F.** touffe; **A.** Büschel, Strähne; **It.** ciocca; **R.** прядь.

* **MECHONEAR.** (De *mechón*.) tr. AMÉR. Tirar de las greñas. || 2. AMÉR. Mesar el cabello.

MECHOSO, CHA. adj. Que tiene abundantes mechas. || 2. AMÉR. Andrajoso, harapiento.

MECHUSA. (De *mecha*.) f. GERM. Cabeza. || 2. acep.

MEDA. (l. *mēta*, montón.) GAL. y ZAM. Hacina de mies, almiar.

MEDALLA. (l. *metallum*, metal.) f. Pieza de metal batida o acuñada, con alguna figura, emblema o símbolo. || 2. Medallón, bajorrelieve redondo u ovalado. || 3. Condecoración, distinción honorífica, premio, etc., concedido en certámenes o exposiciones. || 4. fig. y fam. Doblón de

a ocho. || 5. NUMISM. Moneda antigua ya en desuso. || **P.** medalha; **I.** medal; **F.** médaille; **A.** Medaille; **It.** medaglia; **R.** медаль.

MEDALLÓN. m. aum. de medalla. || 2. Bajorrelieve de forma elíptica o redonda. || 3. Joya en forma de caja pequeña, para guardar objetos de recuerdo, como retratos, rizos, etc. || **P.** medalhão; **I.** medallion; **F.** médaillon; **A.** Medaillon; **It.** medaglione; **R.** медальон.

* **MEDANAL.** m. AMÉR. Terreno cenagoso de cierta extensión.

MÉDANO. (l. *mētǔla*, con cambio de sufijo.) m. Duna. || 2. Banco de arena a flor de agua en el mar. || 3. CHILE. Pantanal, terreno cenagoso.

MEDANOSO, SA. adj. Que tiene médanos.

MEDAÑO. (De *meda*.) m. Médano.

* **MEDERO.** (l. *metarius*.) GAL. Hacina de gavillas de sarmientos. || 2. ZAM. Hacina de centeno ya desgranado.

MEDIA. (De *media*, supliendo *calza*.) f. Calzado de punto que cubre el pie y la pierna. || 2. De manera general en Matemáticas, significa valor que equidista de los extremos de una serie dada. || —aritmética. MAT. Número que se obtiene sumando varias cantidades y dividiendo la suma por el número de ellas. || —asnal. fig. Media usada antiguamente, más fuerte que las regulares. || —diferencial. MAT. Cantidad que forma proporción aritmética con otras dos y equivale a su semisuma. || —proporcional o geométrica. MAT. Cantidad que forma proporción geométrica entre otras dos y equivale a la raíz cuadrada de su producto. || *Tener* MEDIAS. loc. En el juego del mus, reunir tres cartas o naipes del mismo valor. || **P.** meia; **I.** stocking; **F.** bas; **A.** Strumpf; **It.** calza; **R.** чулок.

MEDIACAÑA. (De *media* y *caña*.) f. Moldura cóncava de perfil semicircular. || 2. Listón de madera liso o con molduras, para guarnecer frisos, etc. || 3. Formón de boca arqueada. || 4. Lima de forma semicilíndrica terminada en punta. || 5. Tenacillas para rizar el pelo. || 6. Taco de billar de punta semicircular. || 7. Pieza de la serreta apoyada en la nariz del caballo. || 8. IMPR. Filete de dos rayas, una gruesa y otra fina. || 9. AMÉR. Antiguo baile criollo, semejante y del mismo origen que el pericón.

* **MEDIACINTA.** f. REP. DOMIN. Machete.

MEDIACIÓN. (l. *mediatio*, -ōnis.) f. Acción de mediar. || **P.** mediação; **I.** mediation; **F.** médiation; **A.** Vrmittelung; **It.** mediazione; **R.** посредничество.

MEDIADO, DA. p.p. de mediar. || 2. adj. Dícese de lo que solamente contiene la mitad de su cabida. || *A* MEDIADOS, del mes, del año, etc. loc. adv. Hacia la mitad del tiempo que se indica. || *Pedir sobrado por salir* MEDIADO. ref. que indica que conviene pedir mucho para conseguir poco.

MEDIADOR, RA. (l. *mediātor*.) adj. Que media. Ú.t.c.s. || **P.** medianeiro; **I.** mediator; **F.** médiateur; **A.** Vermittler; **It.** mediatore; **R.** посредник.

MEDIAL. (De *medio*.) adj. Se dice de la consonante interior de una palabra. || 2. Perteneciente o relativo al medio o la mitad.

° **MEDIALUNA.** f. Desjarretadera. || 2. Especie de fortificación. || 3. Bollo o panecillo en forma de media luna.

MEDIANA. (l. *mediāna*, t. f. de *-nus*, mediano.) f. En el juego del billar, taco mayor que los corrientes. || 2. Correa para atar el barzón al yugo de las yuntas. || 3. Caña delgada, colocada a la punta de la caña de pescar. || 4. SAL. Pan de cuatro libras. || 5. GEOM. Línea notable del triángulo que une un vértice con la mitad del lado opuesto. || 6. MAT. En una serie de valores determinados, el que tiene exactamente tantos por encima como por debajo de él.

MEDIANAMENTE. adv. No muy bien; de manera mediana. || 2. Sin tocar en los extremos.

MEDIANEDO. (De *mediano*.) m. ant. Línea divisoria en que se pone el mojón del deslinde de un término.

MEDIANEJO, JA. adj. fam. d. de mediano. Menos que mediano.

MEDIANERÍA. (De *medianero*.) f. ant. Medianía. || 2. Pared común a dos construcciones contiguas. || 3. Seto vivo o cerca común que deslinda dos fincas rústicas. || 4. P. RICO. Aparcería.

MEDIANERO, RA. (De *mediano*.) adj. Que está en medio de otras cosas. || 2. Dícese de quien intercede o media por alguien. Ú.m.c.s. || 3. m. Dueño de un edificio que tiene medianería con otro. || 4. Mediero o persona que va a medias en la explotación de algo. || 5. P. RICO, VENEZ. y ARGENT. Aparcero. || 6. ARGENT. Colindante, confinante.

MEDIANEZA. (De *mediano*.) f. ant. Mediania.

MEDIANÍA. (De *mediano*.) f. Término medio entre dos extremos. || 2. fig. Persona que carece de relieve, de cualidades relevantes. || 2.ª acep.: **P.** mediania; **I.** mediocrity; **F.** médiocrité; **A.** Mittelmase; **It.** mediocrità; **R.** среднего качества.

MEDIANIDAD. f. Mediania.

MEDIANIL. (De *mediano*.) m. Parte de una haza de tierra situada entre la hondonada y la cabezada. || 2. Medianería, 2.ª acep. || 3. IMPR. El crucero más estrecho de la forma o molde que deja el espacio blanco de las márgenes interiores.

MEDIANISTA. m. En los estudios antiguos de gramática, el que estaba en la clase de medianos.

MEDIANO, NA. (l. *mediānus*, del medio.) adj. De calidad intermedia. || 2. Intermedio en tamaño, calidad, etc. || 3. fig. y fam. Casi malo. || 4. CHILE. Pequeño, el menor. || 5. m. pl. En los estudios antiguos de gramática, el que trataba del uso y construcción de las partes de la oración. || **P.** mediano; **I.** mean, medial; **F.** moyen; **A.** mittelmässig; **It.** mezzano; **R.** средний.

MEDIANOCHE. (De *media* y *noche*.) f. Hora en que el Sol se encuentra en el lugar opuesto al del mediodía. || 2. fig. Bollo pequeño relleno de carne. || **P.** meianoite; **I.** midnight; **F.** minuit; **A.** Mitternach; **It.** nezzanotte; **R.** полночь.

MEDIANTE. (l. *medians*, *-antis*.) p.a. de mediar. Que media. || 2. adv. En atención, por razón, respecto. || 3. f. MÚS. Grado tercero de las escalas diatónicas, que determina el modo.

MEDIAR. (l. *mediāre*.) int. Llegar a la mitad de una cosa. || 2. Rogar, interceder por alguien. || 3. Interponerse entre personas que riñen, para conciliarlos. || 4. Estar una cosa en medio de otras. || 5. Hablando del tiempo, transcurrir. || 6. Ocurrir entremedias alguna cosa. || 7. tr. ant. Tomar el término medio. || **P.** mediar; **I.** to mediate, to intercede; **F.** moyenner, intercéder; **A.** vermitteln; **It.** mediare; **R.** быть посредником.

MEDIASTINO. (l. *mediastīnus*; de *medius*, en medio, y *stāre*, estar.) m. ZOOL. Espacio irregular entre las pleuras y que divide al pecho en dos partes laterales. || 2. BOT. División muy delgada de las plantas crucíferas, que separa el fruto en dos partes.

MEDIATAMENTE. adv. Con mediación de alguna cosa.

MEDIATIZACIÓN. f. Acción y efecto de mediatizar.

MEDIATIZAR. (De *mediato*.) tr. Privar al Gobierno de un Estado de la autoridad suprema que pasa a depender de otro, aunque conservando aquél la soberanía nominal.

MEDIATO, TA. (l. *mediātus*, p.p. de *mediāre*, mediar.) adj. Dícese de aquello que en lugar, tiempo o grado, está próximo a una cosa, mediando otra entre las dos. || 2. Indirecto. || **P.** e **It.** mediato; **I.** mediate; **F.** médiat; **A.** mittelbar; **R.** посредственный.

MEDIATOR. (l. *mediātor*, mediador.) m. Hombre, juego de naipes, en el que se elige palo de triunfo.

* **MEDIATRIZ.** f. GEOM. Perpendicular a un segmento rectilíneo en su punto medio. || —de un triángulo. Cada una de las tres perpendiculares a los lados trazadas por los puntos medios.

MÉDICA. f. Mujer del médico. || 2. Mujer autorizada legalmente para profesar y ejercer la medicina.

MEDICABLE. (l. *medicabĭlis.*) adj. Que se puede curar con medicinas.

MEDICACIÓN. (l. *medicatĭo, -ōnis.*) f. Empleo metódico de los medicamentos con un fin terapéutico. ‖ **2.** MED. Conjunto de medicamentos y medios curativos para un mismo fin. ‖ **P.** medicação; **I.** medication; **F.** médication; **A.** Arzneigebrauch; **It.** medicazione; **R.** лечение.

MEDICAMENTO. (l. *medicamentum.*) m. Substancia que puede producir un efecto curativo. ‖ **—heroico.** Remedio heroico, extremo. ‖ **P.** e **It.** medicamento; **I.** medicament; **F.** médicament; **A.** Arzneimittel, Medikament; **R.** лекарство.

MEDICAMENTOSO, SA. (l. *medicamentōsus.*) adj. Con propiedades de medicamento, como son la leche, ciertos vinos, etc.

MEDICAR. (l. *medicāre.*) tr. ant. Medicinar. Usáb.t.c.r.

MEDICASTRO. (despec. de *médico.*) m. Médico incompetente. ‖ **2.** Curandero. ‖ **P.** e **It.** medicastro; **I.** medicaster; **F.** médicastre; **A.** Quacksalber; **R.** лекаришка.

MEDICINA. (l. *medicīna.*) f. Ciencia que cura y previene las enfermedades del cuerpo humano. ‖ **2.** Medicamento. ‖ **—legal.** Las ciencias médicas aplicadas para ilustrar pericialmente a los tribunales de justicia. ‖ **P.** e **It.** medicina; **I.** medicine; **F.** médecine; **A.** Heilkunde, Medizin; **R.** медицина.

MEDICINABLE. adj. Medicable. ‖ **2.** desus. Medicinal.

MEDICINAL. (l. *medicinālis.*) adj. Perteneciente a la medicina. ‖ **2.** Dícese de ciertos vinos y de otras substancias medicamentosas.

MEDICINALMENTE. adv. Conforme a lo requerido por la medicina.

MEDICINAMIENTO. m. Acción y efecto de medicinar.

MEDICINANTE. (De *medicinar.*) m. Curandero. ‖ **2.** Estudiante de medicina, que sin tener el título, se anticipa a visitar enfermos.

MEDICINAR. (l. *medicināre.*) tr. Administrar medicinas al enfermo. Ú.t.c.r.

MEDICIÓN. f. Acción y efecto de medir. ‖ **P.** medição; **I.** meausurement; **F.** mesurage, mesuration; **A.** Messung, Abmessung; **It.** misurazione; **R.** измерение.

MÉDICO, CA. (l. *medĭcus.*) adj. Perteneciente o relativo a la medicina. ‖ **2.** m. y f. Persona cuya profesión es la medicina. ‖ **—cirujano.** Médico que realiza operaciones quirúrgicas. ‖ **—de cabecera.** El que asiste de continuo a un enfermo. ‖ **—espiritual.** Quien dirige la conciencia y espíritu de otra persona. ‖ **—forense.** El que está oficialmente adscrito a un juzgado de Instrucción. ‖ **P.** médico; **I.** medical; **F.** médical; **A.** arzneilich; **It.** medico; **R.** врачебный. ‖ 2.ª acep.: **P.** médico; **I.** physician; **F.** médecin, docteur; **A.** Arzt; **It.** mèdico; **R.** врач.

MÉDICO, CA. (gr. μηδικός.) adj. Medo. Perteneciente o relativo a la antigua región del Asia denominada Media.

MEDICUCHO. (despect. de *médico.*) m. Medicastro.

MEDIDA. (De *medir.*) f. Expresión comparativa de dimensiones o cantidades. ‖ **2.** Acción de medir. ‖ **3.** Unidad para medir. ‖ **4.** Clase y número de sílabas de que ha de constar el verso. ‖ **5.** Cinta de igual longitud que la estatua o imagen de algún santo, y que lleva generalmente estampada su figura y nombre. ‖ **6.** Correspondencia o proporción entre dos cosas. ‖ **7.** Prevención, disposición. ‖ **8.** Prudencia, cordura. ‖ **—común.** Cantidad que cabe exactamente cierto número de veces en cada una de otras dos o más de la misma especie que se comparan entre sí. ‖ **—de seguridad.** Disposiciones que adoptan algunas legislaciones, para reprimir acciones delictivas. ‖ *Ajustadme* o *ajústeme usted esas* MEDIDAS. fr. fig. y fam. que se usa cuando alguno se contradice al hablar, o cuando las cosas que se hacen no tienen la debida proporción. ‖ *A* MEDIDA *del deseo.* m. adv. para explicar que han salido las cosas a uno según sus deseos. ‖ *Colmarse* o *llenarse la* MEDIDA. fr. fig. Agotarse el sufrimiento en la persona que recibe constantemente disgustos o agravios. ‖ *Tomarle* a uno *las* MEDIDAS. fr. fig. Formar un juicio exacto de lo que es una persona. ‖ *Tomar* uno sus MEDIDAS. fr. fig. Preparar las cosas de forma que no se malogre un negocio. ‖ **P.** medida; **I.** measure; **F.** mesure; **A.** Mass; **It.** misura; **R.** мера.

MEDIDAMENTE. adv. Con medida, con prevención.

MEDIDOR, RA. (l. *metitor, -ōris.*) adj. Dícese del que mide. Apl. a pers. ú.t.c.s. ‖ **2.** m. Fiel medidor, oficial que asiste a la medida de granos y líquidos. ‖ **3.** PERÚ y CHILE. Contador de electricidad, gas, agua, etc. ‖ **P.** medidor; **I.** measurer; **F.** mesureur; **A.** Messer; **It.** misuratore; **R.** измерительный.

MEDIERO, RA. m. y f. Persona que hace o vende medias. ‖ **2.** Cada persona que va a medias con otra en la explotación de un negocio agrícola o pecuario. ‖ **P.** mediero; **I.** hosier; **F.** tricoteur; **A.** Strumpfwirker; **It.** calzettaio; **R.** ткач.

MEDIEVAL. (De *medio* y *evo.*) adj. Relativo o perteneciente a la edad media de la Historia. ‖ **P.** medievo; **I.** medieval; **F.** médiéval; **A.** mitteralterlich; **It.** medievale; **R.** средневековый.

MEDIEVALIDAD. f. Calidad o carácter de medieval.

MEDIEVALISTA. com. Persona especializada en cuestiones medievales.

MEDIEVO. (De *medio* y *evo.*) m. Edad Media.

MEDINÉS, SA. adj. Natural de cualquiera de las poblaciones que tienen por nombre Medina. Ú.t.c.s. ‖ **2.** Relativo a cualquiera de dichas poblaciones.

MEDIO, DIA. (l. *medĭus.*) adj. Igual a la mitad de una cosa. ‖ **2.** Se dice del estilo elegante y expresivo, pero que no alcanza el grado de lo sublime o elevado. ‖ **3.** Medieval o de los tiempos medios. ‖ **4.** m. Parte de una cosa equidistante de los extremos. ‖ **5.** Persona que en magnetismo o espiritismo, presume de que en ella se manifiesten los fenómenos magnéticos o espiritistas. ‖ **6.** Sesgo o corte que se toma en un negocio o dependencia. ‖ **7.** Diligencia o acción para conseguir algo. ‖ **8.** Elemento en que vive o se desenvuelve un ser. ‖ **9.** Moneda mejicana antigua. ‖ **10.** Moderación entre los extremos. ‖ **11.** p.us. Gemelo, mellizo. ‖ **12.** Quebrado cuyo denominador es el 2. ‖ **13.** MAT. Cada uno de los términos segundo y tercero de una proporción. ‖ **14.** LOG. En el silogismo, razón para probar una cosa. ‖ **15.** pl. Caudal o rentas que uno posee. ‖ **16.** BIOL. Conjunto de condiciones físicas y químicas exteriores, o de circunstancias que influyen en el desarrollo y actividades fisiológicas del mismo. ‖ **17.** TAUROM. Tercio correspondiente al centro del ruedo. ‖ **18.** fig. Conjunto de personas y circunstancias entre las que vive un individuo. ‖ **19.** adv. No del todo. MEDIO *cocido.* ‖ **—caña.** Mediacaña. ‖ **—línea.** IMPR. Espacio de una fundición, de anchura igual a la mitad del cuerpo. ‖ **—partida.** MAR. Segundo y sexto rumbos de cada cuadrante. ‖ **—y extrema razón.** GEOM. Se dice de la división de un segmento rectilíneo en dos partes tales que una de ellas sea medio proporcional entre el segmento entero y la otra parte. ‖ **—medio de cultivo.** MICROBIOL. Substancia dentro de la cual se siembran y desarrollan determinados microorganismos. ‖ **—dispersante.** FÍS. y QUÍM. Medio en el cual está dispersa una substancia en estado coloidal. ‖ **—entalle.** ART. y OF. En la técnica del grabado, entalles de desigual longitud, de extremidades afinadas y parte media más gruesa. ‖ **—geográfico.** Conjunto de factores ecológicos de una región desde el punto de vista del desarrollo de los vegetales y animales y de su habitabilidad por el hombre. ‖ **—interno.** Conjunto de las condiciones vitales que rodean las células en el interior de un ser vivo pluricelular. ‖ **—punto.** ARQ. Arco de medio punto. ‖ *Corto de* MEDIOS. loc. adv. Escaso de caudal. ‖ *De medio a* MEDIO. loc. adv. En el centro o en la mitad. ‖ **2.** Completamente, de todo punto. ‖ *Echar por en* MEDIO. fr. fig. y fam. Tomar una resolución para salir de una dificultad, sin preocuparse de los inconvenientes o de los obstáculos. ‖ *Entrar de por* MEDIO. Mediar entre dos personas desavenidas. ‖ *Meterse de por* MEDIO o *en* MEDIO. fr. Interponerse para solucionar o apaciguar una disputa o riña. ‖ *Quitarse* uno *de en* MEDIO. fr. fig. y fam. Apartarse de un lugar o dejar un negocio, para evitar compromisos o disgustos. ‖ *Tomar el* MEDIO o *los* MEDIOS. fr. Usar o aprovecharse de ellos poniéndolos en práctica para conseguir lo que se propone. ‖ **P.** médio; **I.** half; **F.** moitié; **A.** halb; **It.** metà; **R.** средний. ‖ 6.ª acep.: **P.** meio; **I.** mean; **F.** moyen; **A.** Mittel; **It.** modo; **R.** средство. ‖ 7.ª acep.: **P.** ambiente: **I.** medium; **F.** milieu; **A.** Milieu; **It.** mezzo; **R.** медиум.

MEDIOCRE. (l. *mediŏcris.*) adj. Mediano.

MEDIOCREMENTE. adj. Medianamente.

MEDIOCRIDAD. (l. *mediocrĭtas, -ātis.*) f. Estado de una cosa entre lo bueno y lo malo, entre lo grande y pequeño. ‖ **2.** fig. Persona de mediana inteligencia.

MEDIODÍA. (De *medio* y *día.*) m. Hora en que el Sol alcanza el punto más elevado del horizonte. ‖ **2.** GEOGR. Sur, punto cardinal opuesto al norte. ‖ **3.** MAR. Sur, viento austral. ‖ **—medio.** Momento en que queda dividido en dos partes iguales el día civil medio. ‖ *Hacer* MEDIODÍA. fr. Detenerse para comer el que va de viaje. ‖ **P.** meio-dia; **I.** noon; **F.** midi; **A.** Mittag; **It.** mezzodi; **R.** полдень.

MEDIOEVAL. adj. Medieval.

MEDIOEVO. m. Medievo.

MEDIOMUNDO. (De *medio* y *mundo.*) m. Arte de pesca, empleado en el norte de España, y que consiste en una bolsa de red cosida a un aro que por medio de unas bolitas pende de una gaza adosada a un palo para su fácil manejo.

MEDIOPAÑO. (De *medio* y *paño.*) m. Tejido de lana delgado y de menos duración que el paño.

* **MEDIOPELO.** adj. AMÉR. Mulato, hijo de blanco y negra o viceversa.

MEDIQUILLO. m. Medicucho. ‖ **2.** FILIP. Persona que sin tener título facultativo, está autorizado para ejercer la medicina.

MEDIR. (l. *metīri.*) tr. Determinar la longitud, superficie o volumen de una cosa. ‖ **2.** Examinar los versos para comprobar si tienen la medida correspondiente a los de su clase. ‖ **3.** Comparar una cantidad con otra. ‖ **4.** r. fig. Moderarse o contenerse en realizar o decir una cosa. ‖ MEDIRSE uno *consigo mismo.* fr. fig. Conocerse bien y acomodarse a sus facultades. ‖ **P.** medir; **I.** to measure; **F.** mesurer; **A.** messen; **It.** misurare; **R.** мерить.

MEDITABUNDO, DA. (l. *meditabundus.*) adj. Que reflexiona o medita en silencio.

MEDITACIÓN. (l. *meditatĭo, -ōnis.*) f. Acción y efecto de meditar. ‖ **P.** meditação; **I.** meditation; **F.** méditation; **A.** Betrachtung; **It.** meditazione; **R.** обдумывание.

MEDITADOR, RA. adj. Que medita.

MEDITAR. (l. *meditāri.*) tr. Aplicar el pensamiento atentamente a la consideración de una cosa. ‖ **2.** Discurrir los medios para conseguir alguna cosa o realizar un proyecto. ‖ **P.** meditar; **I.** to meditate; **F.** méditer; **A.** betrachten (nach) sinnen; **It.** meditare; **R.** обдумывать.

MEDITATIVO, VA. (l. *meditativus.*) adj. Referente a la meditación o propio de ella.

MEDITERRÁNEO, A. (l. *mediterrăněus;* de *medĭus,* medio, y *terra,* tierra.) adj. Que está rodeado de tierra. Ú.t.c.s.m. ‖ **2.** p.us. Dícese de lo que está en lo interior de un territorio. ‖ **3.** Perteneciente al mar de este nombre o a las regiones que baña. ‖ **P.** mediterrâneo; **I.** mediterranean; **F.** méditerrané; **A.** Mittelmeer; **It.** mediterràneo; **R.** внутренний.

MÉDIUM. (l. *medĭum, medio.*) com. Medio, persona que en espiritismo o magnetismo presume de manifestarse en ella los fenómenos espiritistas o magnéticos.

MEDO, DA. (l. *medus.*) adj. Natural de Media región del Asia antigua. Ú.t.c.s. ‖ **2.** Perteneciente a esta región.

MEDRA. (De *medrar.*) f. Aumento,

M progreso. ‖ **2.** VENEZ. Condición favorable para que un animal medre con cualquier alimento.

MEDRANA. f. fam. Miedo, cobardía, temor.

MEDRANZA. (De *medrar.*) f. ant. Medra.

MEDRAR. (l. *meliorāre,* mejorar, acrecentar.) intr. Crecer, mejorar los seres vivos. ‖ **2.** fig. Mejorar de fortuna, reputación, etc. ‖ ¡MEDRADOS *estamos!* expr. irón. que expresa el disgusto o la sorpresa por una cosa inesperada.

MEDRIÑAQUE. m. Tejido filipino fabricado con fibras de abacá, burí, etc., usado para forrar y ahuecar los vestidos femeninos. ‖ **2.** Especie de zagalejo corto.

MEDRO. m. Medra. ‖ **2.** Adelantamiento, progreso, disposición para crecer.

MEDROSAMENTE. adv. Con miedo, con temor.

MEDROSÍA. (De *medroso.*) f. ant. Miedo permanente.

MEDROSO, SA. (De *medoroso,* del l. *metor, -ōris,* de *metus,* sobre el modelo de *timor, -ōris.*) adj. Pusilánime, temeroso por cualquier cosa. Ú.t.c.s. ‖ **2.** Que infunde o causa miedo. ‖ **P.** medroso; **I.** fearful; **F.** peureux; **A.** furchtsam; **It.** pauroso; **R.** боязливый.

MEDULA [MÉDULA]. (l. *medulla.*) f. Substancia adiposa que se encuentra en el interior de algunos huesos de los animales. ‖ **2.** BOT. Tejido esponjoso de las raíces y tallos de las plantas fanerógamas, encerrado en un cilindro vascular. ‖ **3.** fig. La parte esencial o substanciosa de una cosa. —**espinal.** ZOOL. Prolongación del encéfalo desde el agujero occipital hasta la región lumbar. ‖ —**oblonga** u **oblongada.** Parte superior de la medula espinal del hombre, llamada también bulbo raquídeo. ‖ **P.** medula; **I.** marrow; **F.** moelle; **A.** Mark; **It.** midolla; **R.** мозг.

MEDULAR. (l. *medullāris.*) adj. Perteneciente o relativo a la medula. ‖ **2.** Parenquimatoso.

★ **MEDULIZACIÓN.** f. FISIOL. Producción del tejido medular de los huesos. ‖ **2.** PATOL. Atrofia de la medula compacta, con descalcificación y reabsorción del tejido.

MEDULOSO, SA. (l. *medullōsus.*) adj. Que tiene medula.

MEDUSA. (De *Medusa,* por la cabellera.) f. Animal marino acalefo de forma de campana o sombrilla, provisto de tentáculos y comúnmente adornado de vivos colores. ‖ **2.** ZOOL. Cualquier ser adulto de los lentéreos acalefos. ‖ *Cabeza de* MEDUSA. fr. fig. Tener la cabellera ensortijada.

MEDUSEO, A. (l. *medusaeus.*) adj. Perteneciente o relativo a la famosa hechicera llamada Medusa que tenía serpientes por cabellos, según la fábula.

MEFISTOFÉLICO, CA. Perteneciente o relativo a Mefistófeles. ‖ **2.** Diabólico, perverso. ‖ **3.** Propio o digno de Mefistófeles.

MEFÍTICO, CA. (l. *mephiticus.*) adj. Se dice de lo que respirado puede ser nocivo, especialmente cuando es fétido. ‖ **P.** mefítico; **I.** mephitic; **F.** méphitique; **A.** mefitisch, giftig; **It.** mefitico; **R.** зловонный.

★ **MEGADINA.** f. Fís. Unidad cegesimal de fuerza, equivalente a un millón de dinas.

MEGÁFONO. (gr. μέγας, grande, y φωνέω, elevar la voz.) m. Aparato acústico especie de bocina de gran tamaño, para aumentar el sonido, especialmente cuando se habla para que oigan a gran distancia.

★ **MEGAJULIO.** m. Fís. Unidad de energía, equivalente a un millón de julios.

MEGALÍTICO, CA. adj. Propio o relativo al megalito. ‖ **P.** megalítico; **I.** megalithic; **F.** mégalithique; **A.** megalithisch; **It.** megalitico; **R.** мегалитический.

MEGALITO. (gr. μέγας, grande, y λίθος, piedra.) Monumento construido con grandes piedras sin labrar por los hombres prehistóricos.

★ **MEGALOCEFALIA.** f. Condición de un cráneo de exagerada cuantía.

MEGALOMANÍA. (gr. μεγάλον, [de μέγας, grande], y μανία, locura.) f. Manía o delirio de grandezas.

MEGALÓMANO, NA. adj. Que padece megalomanía.

MÉGANO. m. Médano.

MEGARENSE. (l. *megarensis.*) adj. Natural de la ciudad de la antigua Grecia, llamada Mégara. Ú.t.c.s. ‖ **2.** Relativo o perteneciente a esta ciudad griega.

MEGATERIO. (gr. μέγας, grande, y θήριον, bestia.) m. Mamífero desdentado, fósil, de longitud aproximada de seis metros y dos de altura; cola de medio metro de diámetro en su arranque y de dos metros de longitud; patas cortas y cuerpo muy grueso, era herbívoro y vivía en la América del Sur al comienzo del período Cuaternario.

★ **MEGATÓN.** (gr. μέγας, grande, que usado como prefijo en la composición de nombres de medidas tiene el significado de un millón; y de *ton,* tonelada.) m. Unidad de poder explosivo aplicada a las bombas atómicas, equivalente a 1.000.000 de toneladas de TNT (trinitrotolueno).

★ **MEGAVATIO.** m. Fís. Unidad de trabajo eléctrico equivalente a 1.000 kilovatios o 1.000.000 de vatios.

MEGE. (cat. *metge,* y éste del l. *mēdicus.*) m. ant. Médico, facultativo.

MEGO, GA. (l. *magicus.*) adj. Manso, tratable, apacible.

MEGUEZ. (De *mego.*) f. p. us. Halago, caricia.

MEHALA. (ár. *maḥalla,* campamento.) En Marruecos, cuerpo de ejército regular.

★ **MEHARÍ.** m. ZOOL. Dromedario de África, muy sobrio y muy veloz.

★ **MEHARISTA.** Soldado a caballo de las tropas coloniales africanas, cuya montura es el meharí.

MEIGO, GA. (gall. y leonés *meigo,* y éste del l. *magicus.*) m. y f. GAL. y LEÓN. Brujo, ja.

★ **MEIOSIS.** f. BIOL. Reducción de los cromosomas en la mitosis.

MEÍSMO. (ant. *meesmo,* y éste del l. *metipsīmus.*) adj. ant. Mismo.

MEITAD. (l. *mediĕtas, -ātis.*) f. ant. Mitad.

MEJANA. (l. *mediānus,* lo que está en medio.) f. Isleta en un río.

MEJEDOR. (De *mejer.*) m. ZAM. Mecedor, instrumento para mecer líquidos.

★ **MEJENCIA.** f. C. RICA. Borrachera.

MEJER. (dialect. *mejer,* y éste del l. *miscēre,* mezclar.) tr. ZAM. Mecer un líquido.

MEJICANISMO. m. Vocablo, giro o modo de hablar propio y peculiar de los mejicanos.

MEJICANO, NA. adj. Natural de Méjico. Ú.t.c.s. ‖ **2.** Perteneciente a esta nación americana. ‖ **3.** Idioma azteca. ‖ **P.** mexicano; **I.** Mexican; **F.** mexicain; **A.** Mexicaner; **It.** messicano; **R.** мексиканский.

MÉJICO. n. p. V. *Anona, té, unto de* Méjico.

MEJIDO, DA. p.p. de mejer. ‖ **2.** adj. Se dice del huevo o yema del mismo batido y disuelto en leche o agua caliente, utilizado como medicamento en las afecciones catarrales.

MEJILLA. (l. *maxilla.*) f. Cada una de las prominencias del rostro humano que están debajo de los ojos. ‖ **P.** face; **I.** cheek; **F.** joue; **A.** Backe, Wange; **It.** guancia, mascella; **R.** щека.

MEJILLÓN. (l. *mytilus,* almeja.) m. ZOOL. Molusco lamelibranquio marino, comestible, bivalvo, de color negro azulado, que vive en los mares europeos asido a las rocas por medio de los filamentos del biso que son sedosos y muy fuertes. ‖ **P.** mexilhão; **I.** mussel, muscle; **F.** moule; **A.** Miesmuschel; **It.** mitilo, dàttero di mare; **R.** съедобная ракушка.

MEJOR. (l. *melĭor.*) adj. comp. de bueno. Superior a otra cosa en alguna cualidad. ‖ **2.** adv. comp. de bien. ‖ **3.** Antes o más, denotando idea de preferencia. ‖ *A lo* MEJOR. loc. adv. fam. para anunciar o prevenir un hecho o dicho inesperado o desagradable. ‖ *En* MEJOR. m. adv. Más bueno, más alto. ‖ *Lo* MEJOR *es enemigo de lo bueno.* fr. que indica que muchas veces perdemos el bien que tenemos o que podemos conseguir, por el afán de mejorar. ‖ MEJOR *que* MEJOR. expr. Mucho mejor. ‖ *Tanto* MEJOR *o tanto que*

MEJOR. expr. Mejor todavía. ‖ **P.** melhor; **I.** better; **F.** meilleur, mieux; **A.** besser; **It.** meglio; **R.** лучший.

MEJORA. (De *mejorar.*) f. Medra, progreso o aumento de una cosa. ‖ **2.** Puja, aumento en la subasta que se ofrece por una cosa. ‖ **3.** FOR. Porción de los bienes que deja el testador a favor de alguno de sus herederos, además de la legítima. ‖ **4.** FOR. Apelación ante el tribunal superior, razonando el recurso interpuesto. ‖ **5.** Gastos útiles y reproductivos hechos en propiedad ajena, por quien tiene respecto de ella, algún derecho como la posesión, el usufructo o el arrendamiento. ‖ **6.** CHILE. Partida de algunos juegos en que intervienen cuatro personas. ‖ **P.** melhora; **I.** improvement; **F.** amélioration; **A.** Verbesserung; **It.** miglioramento; **R.** улучшение.

MEJORABLE. adj. Que se puede mejorar.

MEJORAMIENTO. m. Acción y efecto de mejorar.

MEJORANA. (De *mayorana.*) f. Planta labiada, de hojas aovadas, flores en espiga y fruto seco con semillas redondas. Se cultiva en los jardines por su olor agradable y se usa como antiespasmódica. ‖ —**silvestre.** Hierba labiada, semejante a la anterior, muy común en España y que recibe también el nombre de tomillo blanco. ‖ **P.** manjerona; **I.** marjoram; **F.** marjolaine; **A.** Majoran; **It.** maggiorana; **R.** майоран.

MEJORAR. (l. *meliorāre.*) tr. Hacer pasar una cosa a otro estado mejor. ‖ **2.** Recobrar la salud perdida o quebrantada. ‖ **3.** Pujar, licitar en las subastas. ‖ **4.** FOR. Dejar en el testamento una mejora. ‖ **5.** intr. Restablecerse de una enfermedad. ‖ **6.** Ponerse el tiempo más benigno. ‖ **7.** Conseguir un lugar superior al que se tenía. Ú.t.c.r. ‖ **P.** melhorar; **I.** to improve; **F.** améliorer; **A.** verbessern; **It.** migliorare; **R.** улучшать.

MEJORÍA. (De *mejora.*) f. Mejora, medra. ‖ **2.** Alivio en una enfermedad o padecimiento. ‖ **3.** Superioridad de una cosa con relación a otra. ‖ *Por* MEJORÍA, *mi casa dejaría.* ref. que indica la inclinación que se tiene para mejorar de fortuna.

MEJUNJE. (ár. *ma'ŷûn,* amasado, para designar un electuario o pasta medicinal.) m. Cosmético o droga formada por la mezcla de varios ingredientes. ‖ **2.** AMÉR. Embrollo, enredo, chanchullo.

MELA. f. VALL. Ingrediente que forma alguna materia colorante con pez derretida para marcar el ganado lanar. ‖ **2.** SAL. Gota de miel que destila la bellota marcada.

MELADA. (De *melar.*) f. Rebanada de pan, tostada y empapada en miel. ‖ **2.** Pedazos de mermelada seca.

MELADO, DA. adj. De color de miel. ‖ **2.** CUBA. Se dice de la caballería que tiene pelo lustroso con visos de color de miel de abejas. ‖ **3.** Torta pequeña, rectangular de miel y cañamones. ‖ **4.** AMÉR. Jarabe obtenido del jugo purificado de la caña de azúcar.

MELADUCHA. (De *melado.*) adj. Dícese de una especie de manzana dulzona y poco substanciosa. Ú.t.c.s.

MELADURA. f. Melado.

MELÁFIDO. (gr. μέγας, negro, y *fido,* terminación de la palabra *pórfido.*) Roca volcánica compuesta de feldespato, augita y algo de hierro magnético, que es de color negruzco y se emplea en construcción.

MELAMPO. m. Candelero con pantalla, que en el teatro utiliza el traspunte.

MELANCOLÍA. (l. *melancholia,* y éste del gr. μελαγχολία, negra bilis.) f. Depresión del ánimo triste, profunda y permanente. ‖ **2.** Monomanía en que dominan las afecciones morales de tristeza y de indiferencia. ‖ **P.** melancolia; **I.** melancholy; **F.** mélancolie; **A.** Melancholie, Schwermut; **It.** melanconia; **R.** меланхолия, тоска.

MELANCÓLICAMENTE. adv. Con melancolía.

MELANCÓLICO, CA. (l. *melancholicus,* y éste del gr. μελαγχολικός.) adj. Relativo o perteneciente a la melancolía. ‖ **2.** Que tiene melancolía. Ú.t.c.s. ‖ **P.** melancólico; **I.** melancholic; **F.** mélancolique; **A.** schwermütig; **It.** melancònico; **R.** меланхолический.

M

MELANCOLIZAR. (De *melancólico*.) tr. Entristecer, desanimar o afligir a uno haciendo algo que cause pena.

MELANCONÍA. f. ant. Melancolía.

MELANCONIOSO, SA. (De *melanconía*.) adj. desus. Melancólico.

MELANDRO. (l. *meles*, tejón.) m. ZOOL. AST. Tejón, mamífero carnicero que habita o vive en madrigueras profundas.

MELANINA. (gr. μέλας, μέλανος, negro.) f. BIOL. Substancia orgánica de color negro o pardo negruzco, que da color a las células de la piel, a los cabellos, etc., de los animales vertebrados.

MELANITA. (gr. μέλας, μέλανος, negro.) f. Variedad del granate, negra, muy brillante y opaca.

MELANÓFORO. (gr. μέλας, μέλανος, negro, y φορός, el que lleva.) m. ZOOL. Célula que contiene melanina.

MELANOSIS. (gr. μέλάνωσις, negrura.) f. MED. Alteración de los tejidos orgánicos que se caracteriza por el color obscuro que presentan. || 2. AGR. Enfermedad de las hojas de la vid. || **—verdadera.** Melanosis cuyo pigmento es la melanina. || **—falsa.** Melanosis producida por otro pigmento distinto de la melanina.

MELANURIA. (gr. μέλας, μέλανος, negro, y οὐρέω, orinar.) f. Enfermedad que se manifiesta por el color negro de la orina.

MELAPIA. (l. *melapium*, y éste del gr. μῆλον, manzana, y ἄπιον, pera.) f. Variedad de la manzana común, intermedia entre la asperiega y la camuesa.

MELAR. (De *miel*.) adj. Que sabe a miel. Ú.t.c.s. y hablando de los trigos. Ú. m. en pl. || 2. Dícese de la caña de azúcar y también del higo pequeño, blando y muy dulce.

MELAR. (l. *mellāre*.) intr. En los ingenios de azúcar, dar la segunda cochura al zumo de la caña para que adquiera la consistencia de la miel. || 2. Hacer las abejas la miel y depositarla en los panales. Ú.t.c.tr. || 3. tr. VALL. Marcar el ganado lanar después de esquilado, con pez derretida.

MELARQUÍA. f. desus. Melancolía.

MELASTOMATÁCEO, A. (gr. μέλας, negro, y στόμα, boca.) adj. BOT. Dícese de las plantas dicotiledóneas que viven en países intertropicales, son semejantes a las mirtáceas, pero diferentes de éstas por carecer de glándulas productoras de aceite esencial. Ú.t.c.s.f. || 2. BOT. Familia de estas plantas.

MELAZA. (aum. despec. de *miel*.) f. Líquido espeso, dulce y de color pardo, que resulta o queda de la cristalización del azúcar. || 2. MURC. Heces de la miel. || P. melaço; I. molasses; F. mélasse; A. Melasse, Zuckersirup; It. melassa; R. патока, меласса.

MELCA. (l. [*herba*] *melica*, por *medica*.) f. BOT. Zahína.

MELCOCHA. (De *miel* y *cocha*.) f. Miel concentrada y caliente que, echada en agua fría y sobada luego, queda muy correosa. || 2. Cualquier pasta comestible hecha con ella.

MELCOCHERO. m. Persona que hace o vende melcocha.

° **MELCOCHUDO.** adj. AMÉR. Correoso, como la melcocha.

MELDAR. tr. ant. Leer, aprender. || 2. ant. Decir, enseñar.

MELDENSE. adj. Natural de Melde, antigua ciudad de las Galias. Ú.t.c.s. || 2. Perteneciente o relativo a esta ciudad.

★ **MELDÚ.** m. CHILE. Harina tostada hecha con más cantidad de linaza que de trigo. || 2. CHILE. Manjar o pan hecho con esta clase de harina.

MELECINA. f. ant. y hoy vulg. Medicina. Ú. en León, Salamanca y Méjico.

MELECINAR. tr. ant. Medicinar.

MELECINERO, RA. (De *melecina*.) m. y f. ant. Curandero, ra.

MELENA. f. Cabello largo, suelto y colgante. || 2. Cabello que cae por atrás y cuelga sobre los hombros. || 3. Crin del león. || 4. Melenera colocada en la frente del buey cuando se le unce al yugo. || *Andar a la* MELENA. fr. fig. y fam. Andar a la greña. || *Hacer venir* o *traer* a uno a *la* MELENA. fr. fig. y fam. Obligarle a uno a realizar una cosa que no quería hacer. || *Venir a la*

MELENA. fr. fig. y fam. Sujetarse. || P. melena; I. mane; F. crinière; A. Mähne; It. chioma, criniera; R. шевелюра.

MELENA. (gr. μέλαινα, negra.) f. MED. Fenómeno morboso que consiste en evacuar sangre negra por cámaras, debido a hemorragia de algún órgano interno, como estómago, intestinos, etc. || 2. MAR. Fango negro y nauseabundo que se descubre en algunos lugares cuando baja la marea. || **—falsa** o **espuria.** MED. Melena de los niños de pecho, en que la sangre procede del pezón de la madre o de la nodriza.

MELENERA. (De *melena*, 1.er art.) f. Parte superior del testuz de los bueyes. || 2. Almohadilla o piel que se pone a los bueyes en el testuz, al uncirlos, para que no les roce la coyunda.

MELENO. adj. Se dice del toro que tiene una melena o mechón grande sobre la frente. || 2. m. fam. Payo, campesino, hombre del campo.

MELENUDO, DA. (De *melena*, cabello largo.) adj. Que tiene largo y abundante cabello.

MELERA. f. Mujer que vende miel. || 2. Daño que sufren los melones, debido al granizo o a la lluvia. || 3. BOT. Lengua de buey. || 4. BOT. Planta leguminosa, viscosa y pegajosa, llamada también pegamoscas.

MELERO. (l. *mellarius*, colmenero.) m. El que vende o trata la miel. || 2. Lugar donde se guarda la miel.

MELGA. f. COLOM. y CHILE. Amelga. || 2. En algunos lugares de Chile, surco resbaladizo para andar en suelo mojado, hacen los chicos para patinar. || 3. HOND. Parte pequeña de un trabajo no terminado.

MELGACHO. (despect. de *mielga*, pez selacio.) m. Lija, pez de piel muy áspera.

MELGADO, DA. adj. fig. AMÉR. Se dice a los hijos nacidos con mucha diferencia de tiempo, uno de otro. || 2. Se dice de las personas o cosas que debiendo estar juntas, quedan separadas.

MELGAR. m. Campo donde abundan las mielgas.

MELGAR. tr. CHILE. Amelgar. || 2. CHILE. Resbalar por la melga, deportivamente.

MELGO, GA. adj. Mielgo.

MELIÁCEO, A. (gr. μελία, fresno). adj. Aplícase a los árboles y arbustos dicotiledóneos, de hojas compuestas y alternas, flores en panoja y fruto capsular; como el cinamomo y la caoba. Ú.t.c.s.f. || 2. pl. BOT. Familia de estas plantas.

★ **MELIBIOSA.** f. QUÍM. Uno de los hidratos de carbono, disacárido, isómero de la lactosa, y que se obtiene por hidrólisis de la rafinosa.

MÉLICO, CA. (l. *melicus*, y éste del gr. μελικός.) adj. Perteneciente al canto. || 2. Relativo o perteneciente a la poesía lírica.

MELÍFERO, RA. (l. *mellifer, -ĕri*; de *mel, mellis*, miel, y *ferre*, llevar.) adj. poét. Que lleva o tiene miel. || 2. Insecto himenóptero de cuerpo velloso, lo mismo que sus patas posteriores con las que atrapa la miel de que se alimentan.

MELIFICADO, DA. p.p. de melificar. || 2. ad. Melífluo.

MELIFICADOR. (De *melificar*.) m. CHILE. Aparato de latón, para extraer la miel, separada de la cera.

MELIFICAR. (l. *mellificāre*; de *mel, mellis*, miel, y *facĕre*, hacer.) tr. Hacer las abejas la miel, o sacarla de las flores. Ú.t.c.intr.

MELIFLUAMENTE. adv. fig. Dulcemente, con suavidad y delicadeza.

MELIFLUENCIA. f. fig. Calidad de melífluo.

MELIFLUIDAD. f. Melifluencia.

MELIFLUO, FLUA. (l. *mellifluus*; de *mel, mellis*, miel, y *fluĕre*, fluir, destilar.) adj. Que tiene miel o es parecido a ella. || 2. Suave, dulce, delicado. || P. melífluo; I. mellifluous; F. mielleux; A. honigsüss; It. mellifluo; R. медоносный.

MELILOTO. (l. *melilōtos*, y éste del gr. μελίλωτος.) m. BOT. Planta papilionácea, cuyas flores amarillas y olorosas se utilizan como emolientes.

MELILOTO, TA. adj. Dícese de la persona abobada e insensata. Ú.t.c.s.

MELILLENSE. adj. Natural de Melilla.

Ú.t.c.s. || 2. Perteneciente o relativo a esta ciudad africana.

MELINDRE. (l. *mellitŭlus*, d. de *mellitus*, dulce como la miel.) m. Fruta de sartén, hecha con miel y harina. || 2. Dulce de pasta de mazapán, bañado con azúcar blanco. || 3. Bocadillo, cinta muy estrecha. || 4. fig. Delicadeza afectada en palabras, ademanes y acciones. || 4.ª acep.: P. melindre; I. finicality; F. minauderie; A. Ziererei; It. smanceria; R. медовый пряник.

MELINDREAR. intr. Hacer melindres, 4.ª acep.

MELINDRERÍA. (De *melindrero*.) Costumbre de melindrear.

MELINDRERO, RA. adj. Melindroso. Ú.t.c.s.

MELINDRILLO. (d. de *melindre*.) m. MURC. Melindre, 3.ª acep.

MELINDRIZAR. intr. Melindrear.

MELINDROSAMENTE. adv. Con afectación, con melindre.

MELINDROSO, SA. (De *melindre*, 4.ª acep.) adj. Que afecta exagerada delicadeza en ademanes y expresiones. Ú.t.c.s.

MELINITA. (l. *melinus*, y éste de gr. μηλινός, amarillento.) f. Explosivo cuyo componente principal es el ácido pícrico.

MELINO, NA. (l. *melīnus*.) adj. Natural de Melo, isla del Mar Egeo, hoy llamado Milo. Ú.t.c.s. || 2. Perteneciente a esta isla. || 3. Se dice de la tierra de alumbre que se sacaba de esta isla y se empleaba para preparar algunas pinturas.

MELIÓN. m. Pigargo, ave rapaz que se alimenta de reptiles.

MELIS. adj. Dícese de una variedad del pino negral muy estimada en carpintería. Ú.t.c.s.

MELISA. (gr. μέλισσα, abeja, por ser planta de que gustan estos insectos.) f. Toronjil. || *Esencia de* MELISA. Líquido amarillento de olor a limón y sabor ardiente que se obtiene destilando toronjil con vapor de agua.

MELISMA. (gr. μέλισμα, canto.) m. Canción o melodía breve. || 2. MÚS. Floritura o adorno que se sobrepone a la línea principal de la melodía. || 3. MÚS. pl. Sucesión de varias notas cantadas sobre una misma sílaba.

MELITO. (gr. μελίτων, bebida hecha con miel.) m. FARM. Jarabe hecho con miel y una substancia medicamentosa.

MELOCOTÓN. (l. *malum cotonĭum*, membrillo, en cuyo tronco suele injertarse el pérsico para obtener las mejores variedades del melocotonero.) m. Melocotonero. || 2. Fruto de este árbol, drupa esférica y amarilla con un surco profundo que ocupa media circunferencia, de carne olorosa y sabor muy agradable y hueso duro y rugoso que contiene una almendra muy amarga. || **—abridor.** El que no tiene el hueso adherido a la carne. || **—romano.** El de tamaño grande que tiene el hueso colorado. || P. pêssego; I. peach; F. pêche; A. Pfirsich; It. pesca; R. персик.

MELOCOTONAR. m. Campo plantado de melocotoneros.

MELOCOTONERO. m. Árbol rosáceo, variedad del pérsico, y cuyo fruto en drupa es el melocotón. || P. pessegueiro; I. peach tree; F. pêcher; A. Pfirsichbaum; It. pesco, pèrsico; R. персиковое дерево.

MELODÍA. (l. *melodia*, y éste del gr. μελῳδία; de μέλος, música, y ᾠδή, canto.) f. Suavidad y dulzura de la voz o de un instrumento músico. || 2. MÚS. Parte de la música, que estudia el tiempo con relación al canto, y la elección y número de sonidos, y la forma en que han de producirse moduladamente, para que el canto resulte agradable. || 3. MÚS. Composición en que se desarrolla una idea musical, independientemente de su acompañamiento. Ú. en oposición a armonía o unión de sonidos diferentes y simultáneos. || 4. MÚS. Cualidad del canto, que, según las reglas musicales, agrada al oído. || 5. LIT. Combinación de frases que tanto en verso como en prosa, son agradables al oído. || P. melodia; I. melod;; F. mélodie; A. Melodie, Wohlklang; It. melodia; R. мелодия.

★ **MELÓDICA.** f. MÚS. Instrumento semejante al clavicordio y con un registro de flauta.

MELÓDICO, CA. adj. Relativo o per-

M

teneciente a la melodía. ‖ **P.** melódico; **I.** melodic; **F.** mélodique; **A.** melodisch; **It.** melódico; **R.** мелодический.

MELODIOSAMENTE. adv. De manera melodiosa.

MELODIOSO, SA. (De *melodía*.) adj. Dulce y agradable al oído.

MELODRAMA. (gr. μέλος, canto con acompañamiento de música, y δράμα, drama, tragedia.) m. Drama con acompañamiento musical; ópera. ‖ **2.** Libreto de la ópera. ‖ **3.** Drama popular de acción complicada y jocosa para conmover al auditorio por su emoción y curiosidad, y que se representa con música o sin ella. ‖ **P.** melodrama; **I.** melodrame; **F.** mélodrame; **A.** Melodrama, Singspiel; **It.** melodramma; **R.** мелодрама.

MELODRAMÁTICAMENTE. adv. De manera melodramática.

MELODRAMÁTICO, CA. adj. Perteneciente al melodrama. ‖ **2.** Se dice de lo que participa de las cualidades y defectos del melodrama.

MELODREÑA. (De *amoladera*.) adj. Dícese de la piedra de afilar o amolar.

MELOGRAFÍA. (gr. μέλος, canto acompañado de música, y γράφω, escribir.) f. Arte de escribir música.

MELOJA. f. Lavaduras de miel.

MELOJAR. m. Terreno poblado de melojos.

MELOJO. (l. *malum folium*, hoja mala.) m. Bot. Árbol cupulífero, semejante al roble albar, con hojas aovadas, vellosas en el envés y bellota solitaria o en grupos pares.

MELOLONTA. (gr. μηλολόνθη, variedad de escarabajo.) m. Zool. Insecto coleóptero, cuyas larvas se alimentan de las raíces de los vegetales y son por tanto nocivos para la agricultura.

MELOMANÍA. (gr. μέλος, canto con acompañamiento de música, y μανία, manía.) f. Afición exagerada a la música.

MELÓMANO, NA. (De *melomanía*.) m. y f. Persona de afición desmedida a la música.

MELÓN. (l. *melo, -ōnis*.) m. Planta herbácea cucurbitácea de tallos tendidos, hojas pecioladas, flores solitarias y fruto elipsoidal de carne olorosa y dulce. ‖ **2.** Fruto de esta planta. ‖ **3.** fig. y fam. Rudo, necio, ignorante, bellaco. ‖ **4.** La cabeza de una persona, singularmente si está calva. ‖ **cantalupo.** El que procede del pueblo italiano del mismo nombre, y que tiene la carne anaranjada y muy dulce. ‖ **—de agua.** En algunas partes, sandía. ‖ **—de indias o de la China.** El de corteza amarilla, delgada, quebradiza y de carne muy dulce. ‖ *Catar el* MELÓN. fr. fig. y fam. Sondear o tantear a una persona o cosa. ‖ *Decentar el* MELÓN. fr. fig. de que se usa para aludir al riesgo de que una cosa salga mal después de empezada. ‖ **P.** melão; **I.** y **F.** melon; **A.** Melone; **It.** mellone; **R.** дыня.

MELÓN. (l. *meles*, tejón.) m. Meloncillo, mamífero carnicero.

MELONAR. m. Sitio sembrado de melones. ‖ **P.** meloal; **I.** bed of melons; **F.** melonniere; **A.** Melonenbeet; **It.** poponaia; **R.** бахча.

MELONCETE. m. d. de melón, 1.er art.

MELONCILLO. m. d. de melón, 1.er art. ‖ **—de olor.** Melón de Indias o de la China.

MELONCILLO. (De *melón*, 2.º art.) m. Mamífero carnicero nocturno, semejante a la mangosta, de cola tan larga como el cuerpo y terminada en un mechón de pelos que se utilizan para hacer pinceles. Se alimenta principalmente de pequeños roedores y vive en España.

MELONERO, RA. m. y f. Persona que siembra, vende o guarda melones.

MELOPEA. f. Melopeya. ‖ **2.** vulg. Borrachera.

MELOPEYA. (l. *melopoeia*, y éste del gr. μελοποιία, de μελοκούς; de μέλος, canto, y ποιεῖν, hacer.) f. Mús. Arte de producir melodías. ‖ **2.** Entonación rítmica empleada en declamación y recitación. ‖ **P.** melopeia; **I.** melopoeia; **F.** melopée; **A.** Melodienkunst; **It.** melopea; **R.** речитатив.

MELOSIDAD. f. Calidad de meloso. ‖ **2.** Materia melosa. ‖ **3.** fig. Suavidad, dul-

zura y blandura de una cosa no material.

MELOSILLA. f. Enfermedad de la encina que daña a la bellota y la hace caer.

MELOSO, SA. (l. *mellōsus*.) adj. De calidad o naturaleza de la miel. ‖ **2.** fig. Blando, suave. Aplícase comúnmente al discurso u oración. ‖ **P.** meloso; **I.** honeyed, luscious; **F.** mielleux; **A.** Honigsüs; **It.** meloso, melato; **R.** медовый.

MELOTE. m. Residuo final en la fabricación del azúcar. ‖ **2.** Murc. Conserva preparada con miel.

MELQUISEDECIANO, NA. adj. Se dice del individuo de una secta antigua, que suponía a Melquisedec, superior a Jesucristo. Ú.t.c.s. ‖ **2.** Perteneciente o relativo a esta secta.

MELSA. (ant. alto al. *milzi*.) f. Ar. Bazo. ‖ **2.** fig. Ar. Lentitud, flema, pachorra ‖ **P.** baço; **I.** spleen; **F.** rate; **A.** Milz; **It.** milza; **R.** селезёнка.

★ **MELUZA.** f. Amér. Zumo de la caña de azúcar o de la miel que se pega a las manos o a la ropa.

MELVA. f. Zool. Corvina o pez parecido al bonito, del que difiere, por las aletas dorsales que tiene muy separadas.

MELLA. (De *mellar*.) f. Rotura o hendidura en el filo de un arma o herramienta o en el borde de un objeto. ‖ **2.** Vacío que queda en una cosa por falta de la que lo ocupaba. ‖ **3.** fig. Merma, menoscabo. ‖ *Hacer* MELLA. fr. fig. Causar efecto un consejo, una súplica o una represión. ‖ **2.** fig. Ocasionar pérdida o menoscabo. ‖ **P.** falha; **I.** notch, nick; **F.** brèche, hoche; **A.** Zahnlücke, Scharte; **It.** tacca, breccia; **R.** зазубрина, пробел.

MELLADO, DA. p.p. de mellar. ‖ **2.** adj. Dícese de aquel a quien faltan uno o más dientes. Ú.t.c.s.

MELLADURA. (De *mellar*.) f. Chile. Mella. ‖ **2.** Acción y efecto de mellar y mellarse.

MELLAR. (l. *gemĕllare*, igualar, de *gemĕllus*, gemelo.) tr. Hacer mellas. Ú.t.c.r. ‖ **2.** fig. Menoscabar o disminuir una cosa no material.

MELLIZA. (l. *mel, mellis*, miel.) f. Cierta clase de salchichón preparado con miel.

MELLIZO, ZA. (l. *gemellīcius*, de *gemĕllus*, gemelo) adj. Gemelo, hermano nacido con otro en el mismo parto. Ú.t.c.s. ‖ **2.** Bot. Hermano. ‖ **P.** gémeo; **I.** twin; **F.** jumeau; **A.** Zwilling; **It.** gemello; **R.** двойной, близнец.

MELLOCO. m. Bot. Planta baseláceo de los lugares fríos de la sierra ecuatoriana cuyos tubérculos feculentos son comestibles. ‖ **2.** Tubérculo de esta planta.

MELLÓN. (l. *malleŏlus*, manojo de esparto u otra materia inflamable impregnada con pez.) m. Manojo de paja encendida a manera de hachón.

MEMBRADO, DA. p.p. ant. de membrar. ‖ **2.** adj. ant. Famoso, memorable, célebre.

MEMBRADO, DA. (fr. *membré*, y éste del l. *membrum*, miembro.) adj. Blas. Aplícase a las piernas de las águilas y otras aves, que tienen diferente esmalte que el resto del cuerpo.

MEMBRANA. (l. *membrāna*.) f. Piel delgada a modo de pergamino. ‖ **2.** Bot. y Zool. Tejido o agregado de tejidos, que cubre algún órgano de los seres vivientes. ‖ **3.** fig. Lámina muy delgada de una substancia. ‖ **—alantoides.** Zool. Una de las que cubren el feto de algunos animales. ‖ **—caduca.** Membrana blanda que durante la preñez, tapiza la cavidad uterina y envuelve el feto. ‖ **—celular.** Biol. Envoltura de la célula. ‖ **—fónica.** Fís. La que vibra en un receptor telefónico. ‖ **—mucosa.** Zool. La que tapiza varias cavidades tubulares del cuerpo de los animales. ‖ **—nictitante.** Zool. Túnica semitransparente que forma el tercer párpado de las aves, de algunos peces y de ciertos anfibios. ‖ **—nuclear.** Biol. La que envuelve el núcleo y separa el nucleoplasma y citoplasma. ‖ **—pituitaria.** Anat. La que reviste la cavidad de las fosas nasales y segrega el moco, y en la que se produce la sensación del olfato. ‖ **—semipermeable.** Fís. La que permite el paso del disolvente, pero es impermeable a las substancias disueltas. ‖ **—serosa.** Anat. La que

recubre cavidades del cuerpo de los animales, que no están en comunicación con el exterior. ‖ **—timpaniforme.** Zool. Repliegue en la base y en la bifurcación de los bronquios, que al tensarse contribuye al canto de las aves. ‖ **—virginal.** Anat. Himen. ‖ **—vitelina.** Embriol. Envoltura externa del óvulo. ‖ *Falsa* MEMBRANA. Med. Producción patológica, no organizada, que cubre ciertos tejidos lesionados en contacto con el exterior y que sólo tiene apariencia de membrana, y cuya constitución generalmente es de fibrina y detrito de elementos celulares. ‖ **P.** e **It.** membrana; **I.** y **F.** membrane; **A.** Membran, Häutchen; **R.** перепонка, оболочка.

MEMBRANÁCEO, A. (l. *membranacĕus*.) adj. Bot. y Zool. Membranoso, 2.ª acep.

MEMBRANOSO, SA. adj. Compuesto de membranas. ‖ **2.** Parecido a la membrana.

MEMBRANZA. (De *membrar*.) f. ant. Memoria o recuerdo.

MEMBRAR. (l. *memorāre*.) tr. ant. Acordar, traer a la memoria de otro alguna cosa. Usáb.m.c.r.

MEMBRETE. (ant. f. *membret*, de *membrer*, y éste del l. *memorāre*, recordar.) m. Memoria o anotación provisional que se hace de una cosa. ‖ **2.** Aviso, recordatorio o nota por escrito. ‖ **3.** Nombre o título de una persona o corporación, puesto a la cabeza o al pie del escrito que a la misma se dirige. ‖ **4.** Nombre o título de una persona, oficina o corporación, que se estampa en la parte superior del papel de cartas o en el sobre, facturas, etc. ‖ 3.ª acep.: **P.** anotação; **I.** heading; **F.** en-tête; **A.** Titelkopf, Briefkopf; **It.** titolo; **R.** заголовок, штамп.

MEMBRILLA. f. Variedad de membrillo, de carne dulce y fina, y de forma más achatada que el membrillo corriente.

MEMBRILLAR. m. Terreno plantado de membrillos. ‖ **2.** Membrillo, 1.ª acep.

MEMBRILLATE. m. Carne de membrillo.

MEMBRILLERO. m. Membrillo, 1.ª acep. ‖ **P.** marmeleiro; **I.** quince-tree; **F.** cognassier; **A.** Quittenbaum; **It.** cotogno; **R.** айва.

★ **MEMBRILLETE.** m. Perú. Planta silvestre, de hoja semejante a la del membrillo.

MEMBRILLO. (l. *melimēlum*, pera dulce, y éste del gr. μελίμηλον.) m. Arbusto frutal, rosáceo, muy ramoso, y de fruto en pomo, cuyas semillas sirven para hacer bandolinas. ‖ **2.** Fruto de este arbusto. ‖ *Carne de* MEMBRILLO. Confitura que se hace con este fruto. ‖ *Crecerá el* MEMBRILLO *y mudará el pelillo.* ref. por el que se entiende que las cosas se perfeccionan y cambian con el tiempo. ‖ **P.** marmeleiro; **I.** quince; **F.** coing; **A.** Quitte; **It.** cotogna; **R.** айвовое дерево.

MEMBRUDAMENTE. ad. Con fuerza y robustez.

MEMBRUDO, DA. adj. Fornido, con vigor y robustez.

MEMELA. f. Hond. Tortilla de harina de maíz con cuajada y dulce, cocida en hojas frescas de plátano. ‖ **2.** Méj. Tortilla delgada de maíz.

MEMENTO. (l. *memento*, acuérdate.) m. Cada una de las dos partes u oraciones del canon de la misa, en que se hace conmemoración de los fieles vivos y difuntos. ‖ *Hacer* uno sus MEMENTOS. fr. fig. Detenerse a discurrir y estudiar lo que a uno le interesa.

MEMEZ. (De *memo*.) f. Simpleza, mentecatez.

MEMNÓNIDA. (l. *memnonides*.) f. Mit. Cada una de las aves que, según la fábula, iban desde Egipto hasta Troya, al sepulcro de Memnón, maltratándose e hiriéndose unas a otras al tercer día después de volar alrededor de dicho sepulcro. Ú.m. en pl.

MEMO, MA. adj. Mentecato, tonto, simple. Ú.t.c.s.

MEMORABLE. (l. *memorabīlis*.) adj. Digno de ser recordado.

MEMORANDO, DA. (l. *memorandus*.) Memorable.

º **MEMORANDO.** m. Lo que ha de ser recordado, conjunto de cosas que deben recordarse. || **2**. Librito en que se apuntan esas cosas que deben recordarse.

MEMORÁNDUM. (l. *memorandum*, cosa que debe tenerse en la memoria.) m. Librito de apuntes. || **2**. Comunicación diplomática, menos solemne que la memoria o nota, generalmente sin firmar, en la cual se recapitulan hechos y razones que hay que tener en cuenta en la resolución de algún hecho grave. || **3**. CHILE. Resguardo bancario. || **P**. memorando; **I**. notebook; **F**. mémorandum; **A**. Gedenkbuch; **It**. agenda; **R**. меморандум.

MEMORAR. (l. *memorāre*.) tr. Recordar una cosa o hacer memoria de ella. Ú.t.c.r.

MEMORATÍSIMO, MA. (l. *memoratissimus*.) adj. sup. Celebradísimo, digno de ser recordado siempre.

MEMORATIVO, VA. adj. Conmemorativo.

MEMORIA. (l. *memoria*.) f. Potencia del alma por medio de la cual se recuerda lo pasado o se retiene lo adquirido en ideas o impresiones, especialmente las que afectan al espíritu. || **2**. Recuerdo, hecho digno de memoria. || **3**. Monumento que perpetúa la gloria o el recuerdo de una cosa. || **4**. Obra pía que una persona funda y en la que se conserva su memoria. || **5**. Relación de íos trabajos, actos o gastos hechos por una corporación o negociado, como una especie de inventario sin formalidad. || **6**. Escrito al que se remitía el testador, para que se cumpliese o tuviese en cuenta, como parte integrante del testamento. || **7**. Exposición de hechos, motivos o datos, referentes a un asunto. || 8. Disertación escrita. || **9**. pl. Saludo afectuoso a una persona ausente por medio de un tercero. || **10**. Libro o cuaderno para apuntar una cosa que hay que tener presente. || **11**. Relación escrita de algunos acontecimientos particulares, para ilustrar la historia. || **12**. Anillos que se colocan en el dedo para recordarnos algo. || —**artificial**. Mnemotecnia. || —**de gallo o de grillo**. fig. y fam. Persona de poca memoria. || *Borrar o borrarse de la* MEMORIA. fr. fig. Olvidarse del todo. || *Caerse* una cosa *de la* MEMORIA. fr. fig. Olvidarse uno de ella. || *Conservar la* MEMORIA *de una cosa*. Tenerla presente, acordarse de ella. || *De* MEMORIA. m. adv. Reteniendo puntualmente lo que se oyó o se leyó. || *Flaco de* MEMORIA. loc. Desmemoriado, olvidadizo. || *Hablar de* MEMORIA. fr. fig. y fam. Decir irreflexivamente lo primero que se le ocurre. || *Hacer* MEMORIA. fr. Acordarse, recordar. || *Raer de la* MEMORIA. fr. fig. Olvidarse de la especie que se va decir. || *Recorrer la* MEMORIA. fr. Hacer reflexión para recordar lo ocurrido. || *Refrescar la* MEMORIA. fr. fig. Volver a recordar lo que se tenía olvidado. || **P**. memória; **I**. memory; **F**. mémoire; **A**. Gedächtnis, Erinnerung; **It**. memoria; **R**. память.

MEMORIAL. (l. *memoriālis*.) m. Libro o cuaderno de apuntaciones. || **2**. Escrito en que se solicita una gracia, justificando los méritos en que se apoya la petición. || **3**. Publicación o boletín oficial de alguna corporación o colectividad. || —**ajustado**. FOR. Apuntamiento en que constaba todo el hecho de un pleito o causa. || *Haber perdido los* MEMORIALES. fr. fig. y fam. Haber perdido la memoria de alguna cosa. || **2**.ª acep.: **P**. memoria; **I**. petition; **F**. placet; **A**. Bittschrift; **It**. memorial; **R**. докладная записка.

MEMORIALESCO, CA. adj. fest. Perteneciente al memorial o relativo a él.

MEMORIALISTA. m. Persona cuya ocupación u oficio es escribir memoriales u otros documentos.

MEMORIÓN. m. aum. de memoria. || **2**. adj. Memorioso. Ú.t.c.s.

MEMORIOSO, SA. (l. *memoriōsus*.) adj. Que tiene una memoria feliz. Ú.t.c.s.

MEMORISMO. m. Sistema pedagógico en el que se da más importancia a la memoria que a la inteligencia.

MEMORISTA. adj. Memorioso. || **2**. Que pertenece al memorismo. || **3**. Defensor de este sistema pedagógico.

MEMOROSO, SA. adj. ant. Memorioso.

MENA. (Del m. or. que *mina*, criadero

de metales.) f. MIN. Mineral metalífero, tal como se extrae del criadero. || **P**. minério; **I**. ore; **F**. minerai de fer; **A**. Erz; **It**. minerale greggio; **R**. руда.

MENA. (l. *maena*, anchoa, y éste del gr. μαίνη.) f. ZOOL. Pez marino acantopterigio, que se encuentra en las costas del Mediterráneo y cuya carne, aunque comestible, es poco estimada. || **2**. MAR. Tamaño de un cabo medido por su circunferencia.

MENA. (l. *minae*, almenas.) f. ant. Almena.

MENA. f. FILIP. Vitola, medida para diferenciar los cigarros puros por su tamaño.

MÉNADE. (l. *maenas, -ădis*, y éste del gr. μαινάς, furiosa.) f. Bacante o sacerdotisa de Baco que en la celebración de los misterios del dios daba muestras de frenesí. || **2**. fig. Mujer descompuesta, frenética.

* **MENADIONA**. f. QUÍM. Vitamina obtenida sintéticamente, de gran actividad antihemorrágica.

MENADOR, RA. (De *menar*.) m. y f. MURC. Persona que mena o da vueltas a la rueda para recoger la seda.

MENAJE. (fr. *ménage*.) m. Conjunto de muebles de una casa. || **2**. Material pedagógico de una escuela.

MENAR. (l. *mināri*, llevar, conducir.) tr. MURC. Dar vueltas a la rueda para recoger la seda.

* **MENARQUÍA**. f. Menstruación. || **2**. Época de la actividad genital femenina.

MENAZA. (l. *miniaciae*, amenazas.) f. ant. Amenaza.

MENAZAR. (De *menaza*.) tr. ant. Amenazar.

MENCIÓN. (l. *mentio, -ōnis*.) f. Recuerdo o memoria, que se hace de una persona o cosa. || —**honorífica**. Recompensa o distinción, inferior al premio o al accésit. || *Hacer* MENCIÓN. fr. Nombrar o recordar a una persona o cosa; hacer referencia de la misma. || **P**. menção; **I**. y **F**. mention; **A**. Erwähnung; **It**. menzione; **R**. упоминание.

MENCIONAR. tr. Hacer mención de una persona o cosa. || **2**. Recordar, referir o contar algo para que se tenga noticia de ello.

* **MENCHEVIQUE**. adj. Aplicábase a los que al comienzo de la revolución rusa se contentaban con un programa mínimo de reformas, en contraposición a los bolcheviques partidarios del programa máximo.

* **MENCHUCA**. f. CHILE. Mentira, jácara.

MENDACIDAD. (l. *mendacĭtas, -ātis*.) f. Costumbre de mentir. || **2**. Calidad de mendaz.

MENDACIO. (l. *mendacĭum*.) m. ant. Mentira, embuste y algunas veces equivocación, error.

MENDAZ. (l. *mendax, -ācis*.) adj. Mentiroso. Ú.t.c.s.

° **MENDELEVIO**. m. QUÍM. Elemento químico transuránico obtenido al bombardear el einstenio-253 con partículas alfa de alta energía.

MENDELIANO, NA. adj. Perteneciente o relativo al mendelismo.

MENDELISMO. m. Conjunto de leyes acerca de la herencia de los caracteres de los seres orgánicos, derivados de los experimentos realizados por Mendel, fraile agustino austriaco, sobre el cruzamiento de diferentes variedades de guisantes. || **2**. Teoría de las leyes de Mendel para interpretar las variaciones de las especies.

MENDICACIÓN. (l. *mendicatio, -ōnis*.) f. Mendiguez.

MENDICANTE. (l. *mendĭcans, -antis*, p.a. de *mendicāre*, mendigar.) adj. Que mendiga o pide limosna. Ú.t.c.s. || **2**. Aplícase a las órdenes religiosas como: franciscanos, carmelitas, agustinos, etc., cuyos miembros, ni individual ni colectivamente pueden tener o poseer bienes, y que por instituto, viven de limosna. || **P**. e **It**. mendicante; **I**. mendicant; **F**. mendiant; **A**. Bettler; **R**. нищенствующий.

MENDICIDAD. (l. *mendicĭtas, -ātis*.) f. Estado y condición de mendigo. || **2**. Acción de mendigar, por vicio o por necesidad. || **P**. mendicidade; **I**. mendicity;

F. mendicité; **A**. Bettelei; **It**. mendicità; **R**. нищенство.

MENDIGANTA. (De *mendigante*.) f. Mendiga.

MENDIGANTE. p.a. de mendigar. Que mendiga. Ú.t.c.s. || **2**. adj. Mendicante. Ú.t.c.s.

MENDIGAR. (l. *mendicāre*.) tr. Pedir limosna. || **2**. fig. Solicitar el favor de uno con importunidad y humillación. || **3**. Pedir algo a título de limosna. || **P**. mendigar; **I**. to beg; **F**. mendier; **A**. betteln; **It**. mendicare; **R**. нищенствовать.

MENDIGO, GA. (l. *mendĭcus*.) m. y f. Persona que habitualmente pide limosna.

MENDIGUEZ. f. Mendicidad, 2.ª acep.

MENDOCINO, NA. adj. desus. Que cree en agüeros; supersticioso.

° **MENDOCINO, NA**. adj. Natural de Mendoza, villa perteneciente a la provincia de Álava, o de la ciudad argentina de este mismo nombre.

MENDOSAMENTE. adv. Equivocada o mentirosamente.

MENDOSO, SA. (l. *mendōsus*.) adj. Errado, mentiroso o equivocado.

MENDRUGO. m. Pedazo de pan duro o deshechado. || **2**. adj. y fam. Tonto, zoquete, rudo. || *Buscar* uno MENDRUGOS *en cama de galgos*. fr. fig. y fam. Acudir en la necesidad a otra persona que está aún más necesitada. || **P**. mendrugo; **I**. crust of bread; **F**. morceau de pain; **A**. Krume, Bröckel; **It**. seccherello; **R**. кусок хлеба.

* **MENEADO, DA**. p.p. de menear. || **2** adj. VENEZ. Borracho.

MENEADOR, RA. adj. Que menea. Ú.t.c.s.

MENEAR. (l. *mināre*, conducir.) tr. Agitar o mover una cosa. Ú.t.c.r. || **2**. fig. Gobernar, dirigir o guiar una dependencia o negocio. || **3**. r. fig. y fam. Hacer una cosa con diligencia, o también andar de prisa. || *Peor es* MENEALLO. fr. fig. y fam. para denotar lo peligroso que es tratar de un asunto que habiendo originado disgustos, no tiene remedio. || **P**. menear; **I**. to stir; **F**. remuer; **A**. schwenken (um)rühren; **It**. rimenare; **R**. двигать, шевелить.

MENEGILDA. (aféresis del n. p. *Hermenegilda*.) f. fam. En Madrid y otras partes criada de servicio.

MENEO. m. Acción o efecto de menear o menearse. || **2**. ant. Trato y comercio. || 3. fig. y fam. Vapuleo.

MENÉS, SA. adj. Natural del valle de Mena en la provincia de Burgos. Ú.t.c.s. || **2**. Perteneciente a este valle.

MENESTER. (prov. *menestier*, y éste del l. *ministērium*.) m. Necesidad o falta de una cosa. || **2**. Empleo, ejercicio, ocupación. || **3**. pl. Necesidades corporales precisas a la naturaleza. || **4**. fam. Cosas necesarias para un fin. || *Compra lo que no has* MENESTER, *y venderás lo que no podrás excusar*. ref. que reprende los gastos superfluos. || *Haber* MENESTER *una cosa*. fr. Necesitarla. || *No haber* uno MENESTER *andadores*. fr. fig. y fam. No necesitar de la ayuda ajena. || *Ser* MENESTER. fr. fig. Ser precisa una cosa o tener necesidad de ella. || *Todo es* MENESTER: *Migar y sorber*. ref. que indica que para conseguir lo que se intenta es preciso no omitir nada, aunque parezca de pequeña utilidad. || **P**. mister; **I**. need; **F**. nécessité; **A**. Notwendigkeit; **It**. bisogno; **R**. нужа.

MENESTEROSO, SA. (De *menester*.) adj. Falto, necesitado, que carece de una o muchas cosas. || **P**. necessitado; **I**. needy; **F**. nécessiteux; **A**. (hilfs)bedürftig; **It**. bisognoso; **R**. нуждающийся.'

MENESTRA. (l. *ministra*, servir a la mesa.) f. Guisado de hortalizas y trozos de carne, jamón, etc. || **2**. Legumbre seca. Ú.m. en pl. || **3**. Ración de legumbres, cocidas o guisadas que se da a la tropa, a los reclusos, etc.

MENESTRAL, LA. (l. *ministeriālis*, de *ministerium*, servicio.) m. y f. Persona que tiene un oficio mecánico con que ganarse la vida.

MENESTRALERÍA. f. Calidad de menestral.

MENESTRALÍA. f. Conjunto o cuerpo de menestrales.

MENESTRETE. (De *ministro*, corche-

M

te.) Mar. Instrumento de hierro para arrancar clavos.

MENESTRIL. m. ant. Ministril, el que en las funciones de iglesia u otras solemnidades, tocaba algún instrumento de viento.

MENFITA. (l. *memphites*, y éste del gr. μεμφίτης.) adj. Natural de Menfis, célebre ciudad del antiguo Egipto. Ú.t.c.s. || **2.** f. Ónice de capas blancas y negras, apropiado para camafeos.

MENFÍTICO, CA. adj. Perteneciente o relativo a la ciudad de Menfis.

MENGA. (De *Dominga*.) n. p. ¿*Si encontrará* menga *cosa que le venga?* fr. proverb. usado para zaherir al descontentadizo.

MENGAJO. (De *pingajo*.) m. Murc. Jirón o pedazo de ropa que va colgando.

★ **MENGALA.** f. Amér. Central. Muchacha india o mujer joven del pueblo.

MENGANO, NA. (ár. *man kān*, quien sea, cualquiera.) m. y f. Voz que se usa con el mismo sentido que fulano y zutano, pero siempre después del primero y antes que el segundo al aplicarlo a tercera persona real o imaginaria.

MENGE. (cat. o prov. *menge*, *metge*, y éste del l. *medicus*.) m. ant. Médico.

MENGÍA. (De *menge*.) f. ant. Medicamento o remedio.

MENGUA. f. Acción y efecto de menguar. || **2.** Falta de una cosa que está sin acabar. || **3.** Pobreza, carencia o escasez de una cosa. || **4.** fig. Descrédito, deshonra, especialmente la que procede de falta de valor. || **P.** míngua; **I.** decrease; **F.** décroissance; **A.** Einbusse, Abnehmen; **It.** scemamento; **R.** недостаток.

MENGUADAMENTE. adv. Deshonrada o cobardemente, con falta de crédito o reputación.

MENGUADO, DA. p.p. de menguar. || **2.** Cobarde, pusilánime. Ú.t.c.s. || **3.** Simple, tonto, falto de juicio. Ú.t.c.s. || **4.** Miserable, mezquino, ruin. Ú.t.c.s. || **5.** m. Cada uno de los puntos que se embeben al hacer media.

MENGUAMIENTO. (De *menguar*.) m. Mengua.

MENGUANTE. p.a. de menguar. Que mengua. || **2.** adj. Astron. Cuarto, luna menguante. Cuarta fase lunar. || **3.** Mar. Flujo descendente de las aguas marinas. || **4.** Estiaje de los ríos y arroyos. || **5.** fig. Decadencia o decrecimiento de una cosa. || —de la Luna. Intervalo entre el plenilunio y el novilunio. || 5.ª acep.: **P.** minguante; **I.** decrease; **F.** décroissant; **A.** Verringerung; **It.** decrescenza; **R.** уменьшающийся.

MENGUAR. (l. *minuāre*, por *minuěre*, disminuir.) intr. Disminuir o irse consumiendo alguna cosa. || **2.** Hacer los menguados en las calcetas o medias. || **3.** Decrecer la parte iluminada de la Luna. || **4.** tr. Amenguar.

MENGUE. m. fam. Diablo.

MENHIR. (célt. *men*, piedra, e *hir*, larga.) m. Monumento megalítico formado por una piedra larga hincada verticalmente en el suelo.

MENINA. (De *menino*.) f. Señora que desde temprana edad entraba en palacio para servir a la reina o a las infantas niñas.

MENINGE. (l. *meninga*, y éste del gr. μῆνιγξ, -ιγγος, membrana.) f. Zool. Cualquiera de las tres membranas, duramadre, piamadre y aracnoides, que envuelven el encéfalo y la medula espinal. || **P.** e **It.** meninge; **I.** meninx; **F.** méninge; **A.** Hirnhaut; **R.** мозговая оболочка.

MENÍNGEO, A. adj. Propio de las meninges, o perteneciente a ellas.

MENINGITIS. (De *meninge* y el suf. *itis*, inflamación.) f. Med. Inflamación de las meninges. || **P.** e **It.** meningite; **I.** meningitis; **F.** méningite; **A.** Hirnhautentzündung; **R.** менингит.

MENINGOCOCO. (gr. μῆνιγξ, -ιγγος, membrana, y κόκκος, grano.) m. Med. Microbio que se presenta generalmente en forma de coco, casi siempre encerrado en globulillos de pus, y que es agente de la meningitis denominada cerebroespinal epidémica.

MENINO. (b.l. *meninus*, y éste del l. *minor*, menor.) m. Caballero que desde

pequeño, entraba en palacio a servir a la reina o a los príncipes niños. || **2.** Murc. Sujeto pequeño y remilgado.

MENIPEO, A. adj. Perteneciente o relativo a Menipo, escritor de la antigua Grecia.

MENIQUE. adj. Meñique. Ú.t.c.s.

MENISCO. (gr. μηνίσκος, media luna; de μήνη, luna.) Vidrio con una cara cóncava y otra convexa. || **2.** Fís. Superficie libre del líquido contenido en un tubo estrecho, que es cóncava o convexa, según moje o no las paredes del tubo. || **3.** Anat. Nombre de varios fibrocartílagos de forma semilunar, que sirven para adaptar las superficies óseas a las articulaciones, como los de la articulación de la rodilla. || **4.** Geom. Cuerpo de revolución engendrado por un segmento circular al girar alrededor de su cuerda.

MENISPERMÁCEO, A. (gr. μήνη, luna, y σπέρμα, semilla, por la figura de las semillas de esta planta.) adj. Bot. Dícese de las plantas angiospermas, dicotiledóneas, arbustos sarmentosos y flexibles, con hojas alternas, flores pequeñas y frutos capsulares, como la raíz de Levante. Ú.t.c.s. || **2.** f. pl. Bot. Familia de estas plantas.

MENJUÍ. m. Benjuí.

MENJUNJE. m. Menjurje.

MENJURJE. m. Mejunje.

★ **MENOFANIA.** (gr. μήν, μηνός, mes, y φαίνω, aparecer.) f. Aparición de la menstruación al llegar la pubertad.

MENOLOGIO. (gr. μηνολόγιον; de μήν, mes, y λόγιον, cuadro.) m. Martirologio de los cristianos griegos, ordenado por meses.

MENONIA. f. Mit. Memnónida.

MENONITA. adj. Se aplica a los herejes disidentes de los anabaptistas que aceptan las doctrinas del reformador holandés Mennón.

MENOPAUSIA. (gr. μήν, mes, y παῦσις, cesación.) f. Cesación natural de la menstruación en la mujer, al llegar la edad crítica, generalmente, de los cuarenta y cinco a los cincuenta años. || **P.** e **It.** menopausa; **I.** menopause; **F.** ménopause; **A.** Menopause, Klimaterium; **R.** менопауза.

★ **MENOPLANIA.** (gr. μήν, mes, y πλάνη, extravío.) f. Fisiol. Flujo sangriento anormal, que substituye a la menstruación de la mujer.

MENOR. (l. *minor*, -*ōris*.) adj. comp. de pequeño, en el sentido de tener menos cantidad que otra cosa de la misma especie. || **2.** Menor de edad. Ú.t.c.s. || **3.** Religioso de la orden franciscana. || **4.** Arq. Sillar en que el paramento es más corto que la entrega. || **5.** pl. En los antiguos estudios de Gramática, clase tercera, en la que se enseñaban las oraciones y construcciones más fáciles de latín. || **6.** f. Lóg. Segunda proposición de un silogismo. || —que. Signo matemático (<) que colocado entre dos cantidades, expresa que la primera es menor que la segunda. || *Por* menor *o al por* menor. m. adv. usado cuando se quiere expresar que las cosas se venden por menudo. || **2.** Menudamente, con prolijidad, por extenso. || **P.** menor; **I.** lesser; **F.** mineur, moindre; **A.** kleiner, minder; **It.** minore; **R.** меньший, младший.

MENORACIÓN. f. ant. Minoración.

MENORAR. (l. *minorāre*, disminuir.) tr. ant. Minorar.

MENORETA. (De *menor*.) f. ant. Monja franciscana.

MENORETE. adj. fam. d. de menor, que se usa solamente en los modos adverbiales familiares *al* menorete, o *por el* menorete, que valen lo mismo que *a lo menos*, o *por lo menos*.

MENORGAR. (l. *minoricāre*, de *minorāre*, disminuir.) tr. ant. Menorar.

MENORÍA. (De *menor*.) f. Inferioridad y subordinación, respecto a otro y en grado inferior a él. || **2.** Menor edad. || **3.** fig. Tiempo de la menor edad de una persona.

MENORIDAD. (De *menor*.) f. ant. Menoría, 2.ª y 3.ª aceps.

MENORISTA. m. En los antiguos estudios de Gramática, el que estaba en la clase de menores. || **2.** Clérigo que ha recibido las órdenes menores. || **3.** com.

Amér. En algunas repúblicas suramericanas, comerciante que vende al por menor. || **4.** adj. Chile y Argent. Perteneciente al comercio menudo.

MENORQUÉS, SA. adj. ant. Menorquín. Apl. a pers. usáb.t.c.s.

MENORQUÍN, NA. adj. Natural de Menorca. Ú.t.c.s. || **2.** Perteneciente o relativo a esta isla mediterránea.

MENORRAGIA. (gr. μήν, mes, y ῥήγνυμι, romper, brotar.) f. Med. Hemorragia de la matriz, durante el período menstrual, o sea, menstruación excesiva.

MENOS. (l. *minŭs*.) adv. comp. Denota la idea de menor cantidad, de inferior cualidad, de falta o disminución. Puede unirse al nombre, al adjetivo, al verbo, a otros adverbios y a modos adverbiales. || **2.** A veces denota indeterminada limitación de una cantidad expresa: *Vinieron* menos *de treinta*. || **3.** Con algunos verbos como desear, querer, etc., denota idea opuesta a la de preferencia: menos *quiero perder la honra que la opulencia*. || **4.** También se usa como substantivo. El más y el menos. || **5.** Mat. Signo de la resta o substracción (—). || **6.** adv. Excepto, salvo. Todo menos eso. *Al, a lo, o por lo*, menos. m. adv. con que se denota una excepción. || *A que no sea otra cosa o que no sea más. Dígame a lo, o por lo*, menos *su domicilio*. || *A* menos *que*. m. adv. A no ser que. *De* menos. loc. adv. que denota falta de número, peso o medida. *Te han devuelto un duro de* menos. || *En* menos. m. adv. En menor grado o cantidad. || *Lo* menos. expr. Igualmente, tan o tanto como otra persona o cosa. || **P.** menos; **I.** less; **F.** moins; **A.** minder, weniger, ausser; **It.** meno; **R.** меньше, менее.

MENOSCABADOR, RA. adj. Que menoscaba.

MENOSCABAR. (De *menos* y *cabo*.) tr. Mermar, disminuir, reducir una cosa, quitándola una parte. Ú.t.c.r. || **2.** fig. Deteriorar, deslucir, ajar, alguna cosa. || **3.** fig. Causar descrédito o mengua en la honra o en la fama. || **P.** menoscabar; **I.** to diminish; **F.** diminuer; **A.** vermindern; **It.** scemare; **R.** уменьшить.

MENOSCABO. m. Efecto de menoscabar. || **2.** For. Daño que se sigue al contrayente, que falta a lo estipulado en el contrato.

MENOSCUENTA. (De *menos* y *cuenta*.) f. Descuento o pago parcial de una cuenta.

MENOSPRECIABLE. adj. Digno de menosprecio.

MENOSPRECIABLEMENTE. adv. Con desdén o menosprecio.

MENOSPRECIADOR, RA. adj. Que menosprecia. Ú.t.c.s.

MENOSPRECIAMIENTO. (De *menospreciar*.) m. ant. Menosprecio.

MENOSPRECIANTE. p.a. ant. de menospreciar. Que menosprecia.

MENOSPRECIAR. (De *menos* y *preciar*.) tr. Tener a una persona o cosa en menos de lo que vale o merece. || **2.** Despreciar. || **P.** menosprezar; **I.** to despise; **F.** déprécier; mépriser; **A.** verachten; geringschätzen; **It.** sprezzare; **R.** недооценивать.

MENOSPRECIATIVO, VA. adj. que denota o implica desprecio o desdén.

MENOSPRECIO. (De *menospreciar*.) m. Poca estimación, poco aprecio. || **2.** Desprecio, desdén.

MENOSTASIA. (gr. μήν, mes, y στάσις, detención.) f. Med. Retención del menstruo en la mujer, por obstaculizarlo mecánicamente a la salida.

MENSAJE. (prov. *messatge*, y éste del l. *missaticum*, de *missus*, enviado.) m. Recado de palabra que envía una persona a otra. || **2.** Comunicación oficial entre los poderes legislativo y ejecutivo, o entre los cuerpos colegisladores. || **3.** Comunicación escrita de carácter político o moral que una colectividad dirige a un poder público. || —de la corona. Discurso que el Monarca pronuncia ante las Cámaras reunidas en el recinto de una de ellas. || **P.** mensagem; **I.** message; **F.** message, commission; **A.** Botschaft, Auftrag; **It.** messaggio; **R.** послание.

MENSAJERÍA. (De *mensajero*.) f. ant.

Mensaje, || **2.** Carruaje público de servicio periódico. || **3.** Empresa que tiene establecido este servicio. Ú. en pl. || **4.** Buques que periódicamente realizan transportes marítimos entre puertos determinados.

MENSAJERO, RA. (De *mensaje*.) adj. Que lleva un mensaje. || **2.** Se dice de la carta que se envía a una persona ausente. || **3.** Dícese de la paloma utilizada para enviar mensajes, ya que por su instinto es capaz de volver a su palomar desde largas distancias. || **4.** m. y f. Persona que lleva un recado o despacho a otra. || **P.** mensageiro; **I.** messenger; **F.** messager; **A.** Sendbote; **It.** messaggero; **R.** гонец, посыльный.

MENSIL. adj. ant. Mensual.

★ **MENSO, SA.** adj. Méj. Tonto, bobo.

MENSTRUACIÓN. f. Acción de menstruar. || **2.** Menstruo, sangre que mensualmente evacuan las mujeres y hembras de algunos animales. || **—climatérica.** Med. Tiempo de la primera regla menstrual. || **—vicaría.** Flujo menstrual suplementario por un órgano distinto de la vagina. || **P.** menstruação; **I.** y **F.** menstruation; **A.** Monasbsfluss; **It.** menstruazione; **R.** менструация.

MENSTRUAL. (l. *menstruālis*.) adj. Perteneciente o relativo al menstruo.

MENSTRUALMENTE. adv. Mensualmente o con evacuación menstrual.

MENSTRUANTE. (l. *menstruans, -antis*.) p.a. de menstruar. Que menstrua. Ú.t.c.s.

MENSTRUAR. (De *menstruo*.) intr. Evacuar el menstruo.

MENSTRUO, TRUA. (l. *menstruus*, de *mensis*, mes.) adj. Menstruoso, 1.ª acep. || **2.** Menstruación, acción de menstruar. || **3.** Sangre que mensualmente evacuan las mujeres y hembras de ciertos animales. || **4.** Quím. Disolvente o excipiente líquido.

MENSTRUOSO, SA. adj. Perteneciente o relativo al menstruo. || **2.** Dícese de la mujer que está con el menstruo. Ú.t.c.s.

MENSUAL. (l. *mensuālis*.) adj. Que se repite cada mes. || **2.** Que dura un mes. || **P.** mensal; **I.** monthly; **F.** mensuel; **A.** monatig; **It.** mensuale; **R.** месячный.

MENSUALIDAD. (De *mensual*.) f. Sueldo o salario de un mes. || **2.** Amér. Mesada. || **P.** mensalidade; **I.** monthly salary; **F.** mensualité; **A.** Monatsgehalt; **It.** mesata; **R.** месячный, заработок.

MENSUALMENTE. adv. Por meses o cada mes.

MÉNSULA. (l. *mensŭla*, mesita.) f. Apoyo o repisa para sustentar alguna cosa. || **2.** Arq. Miembro arquitectónico o adorno que sobresale de la vertical, para sostener o recibir alguna cosa. || **P.** mísula; **I.** bracket; **F.** piédouche; **A.** Kragstein; **It.** mènsola; **R.** консоль.

MENSURA. (l. *mensūra*.) f. Medida.

MENSURABILIDAD. (De *mensurable*.) f. Calidad de mensurable.

MENSURABLE. (l. *mensurabĭlis*.) adj. Que se puede medir.

MENSURADOR, RA. (l. *mensurātor*.) Que mensura. Ú.t.c.s.

MENSURAL. (l. *mensurālis*.) adj. Que sirve para medir.

MENSURAR. (l. *mensurāre*.) tr. Medir. || **2.** ant. fig. Contemplar, juzgar, considerar.

MENTA. (l. *menta*.) f. Hierbabuena. || **—piperita.** Planta labiada semejante a la hierbabuena, con sabor característico que recuerda a la pimienta, y que se emplea como estimulante y espasmódico y para obtener del mentol o esencia de menta, de innumerables aplicaciones en medicina y perfumería. || **P.** hortelã-pimienta; **I.** mint; **F.** menthe; **A.** Minze; **It.** menta; **R.** мята.

MENTADO, DA. p.p. de mentar. || **2.** adj. Que tiene fama, celebridad o renombre.

MENTAL. (l. *mentālis*.) adj. Perteneciente o relativo a la mente. || **P., I.** y **F.** mental; **A.** geistig; **It.** mentale; **R.** мысленный.

MENTALIDAD. f. Actividad o capacidad mental. || **2.** Cultura y modo de pensar que caracteriza a una persona, pueblo o generación.

MENTALMENTE. adv. Con la mente o pensamiento solamente.

MENTAR. (De *mente*.) tr. Nombrar o mencionar una cosa.

MENTASTRO. (l. *mentastrum*.) m. Mastranzo.

MENTE. (l. *mens, mentis*.) f. Potencia intelectual del alma. || **2.** Pensamiento, voluntad, designio. || *Tener en la* MENTE *una cosa*. fr. Tenerla pensada o prevenida. || **P.** e **It.** mente; **I.** mind; **F.** entendeur; **A.** Verstand; **R.** ум, разум.

MENTECAPTO, TA. (l. *mente captus*, falto de mente.) adj. ant. Mentecato. Usáb.t.c.s.

MENTECATADA. f. Mentecatería.

MENTECATERÍA. (De *mentecato*.) f. Necedad, falta de juicio, tontería.

MENTECATEZ. f. Mentecatería.

MENTECATO, TA. (De *mentecapto*.) adj. Tonto, simple, falto de juicio. Ú.t.c.s. || **2.** De escaso juicio y poca inteligencia. Ú.t.c.s. || **P.** mentecapto; **I.** silly; **F.** fou; **A.** töricht; **It.** mentecatto; **R.** глупый.

MENTESANO, NA. (l. *mentesānus*.) adj. Natural de Mentesa. Ú.t.c.s. || **2.** Perteneciente o relativo a cualquiera de las ciudades de este nombre de la España antigua.

MENTIDERO. (De *mentir*.) m. fam. Lugar o sitio donde se reúne la gente ociosa para conversar o murmurar.

MENTIDO, DA. p.p. de mentir. || **2.** adj. Engañoso, mentiroso, embustero.

MENTIR. (l. *mentīri*.) intr. Decir o dar por cierto lo contrario de lo que se sabe, se cree o se piensa. || **2.** Inducir a error. || **3.** Falsificar algo. || **4.** Fingir o disfrazar una cosa, para hacer que se parezca a otra. Ú.m. en poesía. || **5.** Desdecir una cosa de otra o no conformarse con ella. || **6.** tr. Faltar a lo prometido o pactado. || *El* MENTIR *pide memoria*. ref. que enseña que fácilmente se descubre a quien tiene la costumbre de mentir, por las inconsecuencias en que suele incurrir, con suma facilidad. || MIENTE *más que habla*. expr. empleada para ponderar lo mucho que uno miente. || ¡MIENTO!, exclam. empleada para corregirse a sí mismo, cuando se advierte que se ha equivocado. || **P.** y **F.** mentir; **I.** to lie; **A.** lügen; **It.** mentire; **R.** лгать.

MENTIRA. (De *mentir*.) f. Expresión, dicho o manifestación contraria a lo que se piensa, se cree o se sabe. || **2.** Errata en un escrito, especialmente en manuscritos. || **3.** fig. y fam. Manchita blanca que suele aparecer en las uñas. || **4.** fig. y fam. Chasquido o crujido producido en las articulaciones de los dedos de las manos, al estirarlos o retorcerlos. || **—oficiosa.** La que se dice para servir o agradar a uno. || *Coger* a uno *en* MENTIRA. fr. fam. Comprobar que ha mentido. || *Decir* MENTIRA *para sacar verdad*. fr. Fingir que se sabe una cosa, para hacer que quien de hecho la sabe, nos la manifieste. || *La* MENTIRA *no tiene pies*. ref. que indica lo fácil que es descubrirla. || *Parece* MENTIRA. expr. hiperbólica, para dar a entender la sorpresa, extrañeza o admiración que una cosa nos produce. || **P.** mentira; **I.** lie, falsehood; **F.** mensonge; **A.** Lüge, Trug; **It.** menzogna; **R.** ложь.

MENTIRIJILLAS (DE). m. adv. De mentirillas.

MENTIRILLA. f. d. de mentira. || *De* MENTIRILLAS. m. adv. De burlas.

MENTIRÓN. m. aum. de mentira.

MENTIROSAMENTE. adv. Fingidamente, con falsedad o con engaño.

MENTIROSO, SA. (De *mentira*.) adj. Que tiene costumbre de mentir. Ú.t.c.s. || **2.** Aplícase al libro o escrito que tiene muchas erratas o errores. || **3.** Engañoso, aparente, fingido. || *Más pronto se coge al* MENTIROSO *que al cojo*. ref. que manifiesta la facilidad con que son descubiertas las mentiras. || **P.** mentiroso; **I.** liar, story-teller; **F.** menteur; **A.** lügenhaft, verlogen; **It.** menzognero; **R.** лживый.

MENTÍS. (2.ª per. de pl. del pres. de indic. del verbo *mentir*.) m. Voz injuriosa o denigrante usada para desmentir a una persona. || **2.** Hecho o demostración que niega o contradice categóricamente un aserto. || **P.** mentis; **I.** lie; **F.** démenti; **A.** Dementi; **It.** smentita; **R.** опровержение.

MENTOL. m. Quím. Alcohol secunda-

rio que contiene la esencia de menta y forma su parte sólida.

★ **MENTOLADO, DA.** adj. Que contiene mentol.

MENTÓN. (fr. *menton*, y éste del l. *mentum*, barba.) m. Barbilla o prominencia de la mandíbula inferior. || **2.** Bot. Proyección basal de algunas flores orquídeas.

MENTOR. (Por alusión al amigo de Ulises, *Méntor*, cuya figura tomó Minerva, según Homero, para instruir y guiar a Telémaco.) m. fig. Consejero o guía de otro. || **2.** fig. El que sirve de ayo o preceptor.

★ **MENÚ.** m. Lista de los platos de una comida.

MENUCELES. (l. *minutiae*, menudencias.) m. pl. Ar. Minucias, diezmos de los frutos menores.

MENUCIA. f. ant. y vulgar. Minucia.

MENUDAMENTE. adv. Con pequeñez extrema. || **2.** Circunstancialmente, con menudencia.

MENUDEAR. (De *menudo*.) tr. Realizar una cosa muchas veces, repetidamente. || **2.** intr. Suceder una cosa con frecuencia. || **3.** Contar o referir las cosas muy por menudo o por menor. || **4.** Contar menudencias o cosas sin importancia. || **P.** amiudar; **I.** to reiterate; **F.** réitérer; **A.** oft wiederholen; **It.** ripètere; **R.** повторять.

MENUDENCIA. (De *menudo*.) f. Pequeñez de una cosa. || **2.** Esmero, exactitud y escrupulosidad con que se reconoce y considera una cosa. || **3.** Cosa de la que, por su poca estimación y aprecio, no debe hacerse caso. || **4.** pl. Despojos de las canales del tocino destrozado. || **5.** Despojos y embutidos que se sacan del cerdo. || **6.** Colom. y Méj. Menudillos de las aves. || **3.ª** acep.: **P.** minudência; **I.** trifle; **F.** minutie; **A.** Kleinigkeit; **It.** minuzia; **R.** мелочность.

MENUDEO. m. Acción de menudear. || **2.** Venta al por menor.

MENUDERO, RA. m. y f. Persona que trata, vende o arrienda los menudos.

MENUDILLO. (d. de *menudo*.) m. Articulación entre la caña y la cuartilla de los cuadrúpedos. || **2.** pl. Vísceras o entrañas de las aves. || **3.** Ar. Moyuelo.

MENUDO, DA. (l. *minūtus*, p.p. de *minuĕre*, reducir, achicar.) adj. Chico, pequeño o delgado. || **2.** Despreciable o de escasa importancia. || **3.** Plebeyo, vulgar. || **4.** Exacto, minucioso en el examen y reconocimiento de las cosas. || **5.** Dícese del dinero, especialmente en monedas pequeñas. || **6.** Se aplica al carbón mineral lavado cuyos trozos no han de exceder de doce milímetros. Ú.t.c.s. || **7.** pl. Entrañas, manos y sangre de las reses que se matan. || **8.** Vientre, alones, pies y mollejas de las aves. || **9.** Monedas divisionarias que suelen traerse sueltas. || *A la* MENUDA *o por* MENUDO. m. adv. Con mucha frecuencia, circunstancialmente, particularmente. || **2.** En las ventas y compras, por mínimas partes. || **P.** miúdo; **I.** small; **F.** menu, mince; **A.** klein, schmal; **It.** minuto; **R.** мелкий, маленький.

MENUZA. (l. *minuza*, minucia.) f. ant. Pedazo o trozo pequeño de alguna cosa que se rompe o quiebra.

MENUZAR. (De *menuza*.) tr. ant. Desmenuzar.

MENUZO. (De *menuza*.) m. Pedazo pequeño.

MEÑIQUE. (l. *minĭmus*, el menor de todos.) adj. Dícese del más pequeño de los dedos. Ú.t.c.s. || **2.** fam. Muy pequeño. || **P.** meiminho; **I.** little (finger); **F.** petit doigt; **A.** kleiner Finger; **It.** mignolo; **R.** мизинец.

★ **MEOCUIL.** m. Méj. Oruga que se cría en las pencas del maguey y que los indios comen con gusto.

MEOLLADA. (De *meollo*.) f. And. Sesos de una res.

MEOLLAR. (De *meollo*.) m. Mar. Cordel formado por varias filásticas torcidas que tiene diferentes usos de las embarcaciones.

MEOLLO. (l. *medulla*.) m. Seso, encéfalo. || **2.** Médula. || **3.** Substancia o fondo de una cosa. || **4.** fig. Juicio o entendimiento. || *No tener* MEOLLO *una cosa*. fr. fig. y fam. Carecer de substancia. || **2.ª** acep.: **P.** míolo; **I.** marrow; **F.** moelle;

M

A. Knochenmark; **It.** midollo, midolla; **R.** мозг.

MEOLLUDO, DA. adj. Que tiene mucho meollo.

MEÓN, NA. adj. Que mea mucho o con frecuencia. Ú.t.c.s. || **2.** Se aplica a la niebla de la que, sin ser llovizna, se desprenden gotas pequeñas. || **3.** f. fam. Mujer, y especialmente la niña recién nacida.

MEQUETREFE. (ár. *mugaṭraf*, orgulloso, petulante.) m. fam. Hombre entremetido, enredador y bullicioso, de poco provecho.

★ **MERALGIA.** f. Med. Dolor en el muslo. || **2.** Neuralgia del nervio cutáneo del fémur.

MERAMENTE. adv. Solamente, sin mezcla de ninguna otra cosa.

MERAR. (l. *merum*, vino puro.) tr. Mezclar dos líquidos para aumentar la calidad o para templársela. Especialmente se aplica a la mezcla del agua y vino. || **P.** merar; **I.** to mix; **F.** couper; **A.** Flüssigkeiten mischen; **It.** inaquaer; **R.** смѣшивать.

MERCA. (De *mercar*.) f. fam. Compra.

MERCACHIFLE. m. Buhonero. || **2.** despec. Mercader de poca importancia.

MERCADANTE. (ital. *mercadante*.) m. Mercader, 1.ª acep.

MERCADANTESCO, CA. (De *mercadante*.) adj. ant. Mercantil.

MERCADANTÍA. (De *mercadante*.) f. ant. Mercancía.

MERCADEAR. (De *mercado*.) intr. Comerciar, hacer trato o comercio de mercancías.

MERCADER. (De *mercadero*.) m. Persona que comercia o trata con géneros vendibles o mercancías. || **2.** Germ. Ladrón que anda siempre entre comerciantes. —**de grueso.** Comerciante al por mayor. || **mercader** *que su trato no entienda, cierre la tienda.* ref. para censurar a los que comercian en materias que no entienden o que no saben bien su oficio. || **P.** mercader; **I.** merchant, dealer; **F.** marchand; **A.** Kaufmann; **It.** mercatante; **R.** торговец.

MERCADERA. f. Mujer que comercia con mercancías. || **2.** Mujer del mercader.

MERCADERÍA. (De *mercader*.) f. Mercancía. || **2.** Germ. Hurto o cosa robada.

MERCADERIL. adj. Perteneciente o relativo al mercader.

MERCADERO. (l. *mercatorius*.) m. ant. Mercader.

MERCADO. (l. *mercātus*.) m. Contratación pública en lugar y día señalado para ello. || **2.** Lugar destinado para este comercio. || **3.** Concurrencia de gente en un mercado. || **4.** Plaza o país de significada importancia comercial. || **5.** Cosa o cantidad comprada. Ú. siempre después de los adverbios malo o bueno en el sentido de escaso o abundante. —**común.** Fusión progresiva de las economías de diversos estados europeos. —**negro.** Tráfico clandestino de mercancías prohibidas o vendidas a precio superior al legal. || *Poder vender* uno *en un buen* MERCADO. fr. fig. Ser sagaz y astuto. || 2.ª acep.: **P.** mercado; **I.** market; **F.** marché; **A.** Markt(platz); **It.** mercato; **R.** рынок, базар.

MERCADOR. (l. *mercātor*.) m. ant. Mercader.

MERCADORÍA. f. ant. Mercancía.

MERCADURA. (l. *mercatūra*.) f. ant. Mercancía.

MERCADURÍA. f. Mercadería, mercancía.

MERCAL. m. Metical.

MERCANCEAR. (De *mercancía*.) intr. ant. Comerciar.

MERCANCÍA. (De *mercar*.) f. Trato de comprar y vender géneros. || **2.** Cualquier género vendible. || **3.** Toda cosa mueble que se hace objeto de trato o venta. || 3.ª acep.: **P.** mercancia; **I.** goods, merchandise; **F.** marchandise; **A.** Ware; **It.** merce; **R.** товар.

MERCANTE. (l. *mercans, -antis*.) p.a. de mercar. Que merca. Ú.t.c.s. || **2.** adj. Mercantil. || **3.** Se aplica al buque destinado a transportar mercancías. || **4.** Dícese del marino que pertenece a estos buques. || **5.** m. Mercader.

MERCANTESCO, CA. adj. ant. Mercantil.

MERCANTIL. (De *mercante*.) adj. Perteneciente o relativo al mercader, a la mercancía o al comercio. || **P.** mercantil; **I., F.** e **It.** mercantile; **A.** Kaufmännisch; **R.** торговый, товарный.

MERCANTILISMO. m. Espíritu mercantil o tendencia a considerar desde un punto de vista mercantil aun las cosas que no deben ser objeto de comercio. || **2.** Sistema económico que en primer lugar atiende al desarrollo del comercio, principalmente al de exportación, y según el cual, la riqueza de una nación, se funda principalmente en la abundancia o posesión de metales preciosos.

MERCANTILISTA. adj. Partidario del mercantilismo. || **2.** Experto en derecho mercantil. Ú.t.c.s.

MERCANTILIZAR. tr. Infundir el mercantilismo.

MERCANTILMENTE. adv. Según los usos y costumbres del comercio.

MERCANTIVO, VA. adj. Mercantil.

MERCANTIVOL. (De *mercantivo*.) adj. Dícese de género de letra usado antiguamente entre comerciantes.

MERCAR. (l. *mĕrcāri*, comprar.) tr. Comprar. Ú.t.c.r.

MERCED. (l. *merces, -ēdis*.) f. Premio o recompensa que se da por el trabajo. || **2.** Dádiva, o cualquier beneficio gracioso. || **3.** Voluntad o arbitrio de uno. || **4.** Tratamiento o título de cortesía. || **5.** Orden religiosa mendicante, fundada por San Pedro Nolasco e instituida por Jaime I el Conquistador, para redimir cautivos. || **6.** ant. Misericordia, perdón. || **7.** For. Renta o precio en el contrato de arrendamiento. —**de agua.** Repartimiento de ella para el uso de los vecinos de un pueblo. || *A* merced, o *a* mercedes. m. adv. Sin salario conocido; a voluntad de un señor. || *Darse* o *entregarse a* merced. fr. Darse o entregarse a discreción. || *Entre* merced *y señoria*. loc. adv. fig. y fam. que se usa para significar que una cosa no es ni sobresaliente ni despreciable, sino mediana. || *Estar* uno *a* merced *de* otro. fr. Estar enteramente a expensas de otro. || *Estar* uno *para hacer* mercedes. fr. fig. y fam. Estar de buen gusto, de buena condición. || *La* merced *de Dios.* expr. con la que se designaba la fritada de huevos y torreznos con miel. || ¡merced! o ¡muchas mercedes!. expr. Gracias. || **P.** merced; **I.** mercy; **F.** merci, grâce; **A.** Lohn, Gnade; **It.** mercede; **R.** милость, дар.

MERCEDARIO, RIA. (l. *mercedarius*.) adj. Dícese del religioso o religiosa de la Orden de Nuestra Señora de la Merced. Ú.t.c.s.

MERCENARIO, RIA. (l. *mercenarius*.) adj. Se dice de la tropa que sirve a un país extranjero por cierto estipendio. || **2.** Mercedario. Ú.t.c.s. || **3.** Asalariado. Ú.t.c.s. || **4.** Trabajador y en general todo el que trabaja en el campo. || **5.** El que sirve por estipendio. || **6.** El que sirve por otro un empleo o ministerio por el salario que le da. || **P.** mercenario; **I.** mercenary; **F.** mercenaire; **A.** Lohnarbeiter; **It.** mercenario; **R.** наёмный.

MERCENDEAR. tr. ant. Hacer merced o gracia.

MERCENDERO, RA. (De *mercendear*.) adj. ant. El que hacía o recibía merced. || **2.** m. ant. Mercader o persona que comercia o trata con mercancías.

MERCERÍA. (De *mercero*.) f. Comercio de cosas menudas y de poco valor. || **2.** Conjunto de artículos de esta clase. || **3.** Tienda o lugar en que se venden. || **P.** merceria; **I.** haberdashery; **F.** mercerie; **A.** Kurzwaren; **It.** merceria; **R.** галантерея.

★ **MERCERIZAJE.** m. Operación consistente en sumergir el tejido de algodón en solución concentrada de sosa, con lo que las fibras del tejido se contraen y se hacen más resistentes y brillantes y toman después mejor el color.

MERCERIZAR. (Del nombre del químico inglés John *Mercer*, inventor del procedimiento.) tr. Operación de impregnar los hilos y tejidos de algodón con solución de sosa cáustica para darles mayor brillo y resistencia.

MERCERO, RA. (l. *merciarius*, der. de *merx*, mercancía.) m. y f. Persona que ejercita la mercería dedicándose a la venta de cosas de poco valor.

MERCULINO, NA. adj. ant. Perteneciente o relativo al miércoles.

MERCURIAL. (l. *mercuriālis*.) adj. Relativo o perteneciente al dios mitológico Mercurio o al planeta de este mismo nombre. || **2.** Perteneciente al mercurio. || **3.** m. Farm. Preparado de mercurio. || **4.** f. Bot. Planta herbácea euforbiácea, de hojas y flores verdosas, cuyo zumo se ha empleado como purgante.

MERCÚRICO, CA. adj. Quím. Perteneciente o relativo al mercurio.

MERCURIO. (l. *Mercurius*.) m. Planeta más próximo al Sol y que, como Venus, presenta fases y brilla a veces como lucero matutino y otras como lucero vespertino. || **2.** Metal pesado, de color blanco brillante y en estado líquido a la temperatura ordinaria. —**dulce.** Calomelanos. || 2.ª acep.: **P.** mercúrio; **I.** mercury; **F.** vif argent; **A.** Quecksilber; **It.** mercurio; **R.** ртуть.

MERCHÁN. (fr. *marchand*, comerciante.) adj. desus. Apócope de Merchante.

MERCHANDÍA. f. ant. Mercancía.

MERCHANIEGO, GA. adj. ant. Se aplicaba al ganado que se llevaba a ferias y mercados para ser vendido.

MERCHANTE. (fr. *marchand*, comerciante.) adj. Mercante. || **2.** m. Persona que compra y vende sin tener tienda fija.

MERCHANTERÍA. f. ant. Oficio o empleo de merchante. || **2.** ant. Mercancía. 1.ª acep.

MERDELLÓN, NA. (De *mierda*.) m. y f. fam. Criado o criada que sirve desaseadamente.

MERDOSO, SA. (De *mierda*.) adj. Sucio, asqueroso, lleno de inmundicia.

MERE. (l. *mere*.) adv. Meramente.

MERECEDOR, RA. adj. Que merece.

MERECER. (l. *merēre*.) tr. Hacerse digno de premio o de castigo. || **2.** Lograr, conseguir. || **3.** Tener cierta estimación una cosa. || **4.** intr. Ser digno de premio, hacer méritos. || merecer *bien de* uno. fr. Ser acreedor a su reconocimiento o gratitud. || *No* merecer uno *descalzar* a otro. frs. fig. y fam. No servir uno para descalzar a otro. || **P.** merecer; **I.** to merit, to deserve; **F.** mériter; **A.** verdienen; **It.** meritare; **R.** заслуживать.

MERECIDAMENTE. adv. Dignamente, con justicia.

MERECIDO, DA. p.p. de merecer. || **2.** Castigo que uno se ha ganado. *Llevará su* merecido.

MERECIENTE. p.a. de merecer. Que merece.

MERECIMIENTO. m. Acción y efecto de merecer. || **2.** Mérito, acción digna de premio o de castigo.

MERENDAR. (l. *merĕndāre*.) intr. Tomar la merienda. || **2.** En algunas partes, comer al mediodía. || **3.** Acechar con disimulo lo que otro hace o escribe. || **4.** tr. Tomar en la merienda tal o cual cosa. || merendarse uno *una cosa*. fr. fig. y fam. Lograrla o hacerla suya. || **P.** merendar; **I.** to lunch; **F.** goûter; **A.** jausen, vespern; **It.** merendare; **R.** закусить.

MERENDERO, RA. adj. Únese al substantivo *cuervo* en la denominación *cuervo* merendero con que se designa al grajo. || **2.** m. Sitio o lugar donde se merienda. || **3.** Establecimiento en que se sirven meriendas para las gentes que lo frecuentan.

MERENDILLA, TA. f. d. de merienda.

MERENDILLAR. intr. Extr. Merendar.

MERENDOLA. f. Ar. y Murc. Merendona.

MERENDONA. f. aum. de merienda. || **2.** fig. Merienda espléndida y copiosa.

MERENGUE. (fr. *meringue*.) m. Dulce de claras de huevos y azúcar y cocido al horno. || **2.** Rep. Domin., Venez. y Colom. Un baile muy animado. || **3.** fig. Chile. Alfeñique o persona delicada. || **P.** merengue; **I.** y **F.** meringue; **A.** Meringel; **It.** meringa; **R.** меренга.

MERETRICIO, CIA. (l. *meretricius*.) adj. Perteneciente o relativo a las meretrices. || **2.** m. Unión carnal con una meretriz.

MERETRIZ. (l. *merĕtrix, -ícis*.) f. Ramera, mujer pública. || **P.** meretriz; **I.** meretrix; **F.** famme publique; **A.** Lustdirne; **It.** meretrice; **R.** публичная женщина.

MEREY. m. Bot. Marañón.

MERGÁNSAR. (l. *mergus ánser*.) m. Mergo.

MERGO. (l. *mergus*.) m. Cuervo marino. || **2.** Cualquier ave anseriforme del género mergus.

★ **MERICARPIO.** m. Bot. Cada uno de los aquenios que forman el fruto de las plantas umbelíferas.

MERIDEÑO, ÑA. adj. Emeritense. Apl. a pers. ú.t.c.s. || **2.** Natural de la ciudad venezolana denominada Mérida. Ú.t.c.s.

MERIDIANA. (l. *meridiāna*, t. f. de *-nus*, meridiano.) f. Camilla, cama para estar medio vestido en ella. || **2.** Sofá sin respaldo ni brazos, utilizado como asiento y para tenderse en él. || **3.** Siesta hecha después de comer. || **4.** Astron. Línea meridiana.

MERIDIANO, NA. (l. *meridiānus*; de *meridíes*, el mediodía.) adj. Perteneciente o relativo a la hora del mediodía. || **2.** fig. Clarísimo, luminoso. || **3.** m. Astron. Círculo máximo de la esfera celeste que pasa por los polos del mundo y por el nadir y cenit del punto de la Tierra a que se refiere. || **4.** Geogr. En la esfera terrestre, cualquier círculo máximo que pasa por los polos. || **5.** Geom. Línea de intersección de una superficie de revolución con un plano que pasa por su eje. || **6.** Anteojo astronómico giratorio, destinado a observar la culminación de los astros. || **—del ojo.** Ópt. Plano que pasa por el eje óptico. || **—inferior.** Astron. Semicírculo máximo que pasa por el nadir del observador y cuyo diámetro va de polo a polo. || **—magnético.** Fís. Círculo máximo de la esfera en cuyo plano se encuentra la línea de los polos magnéticos. || **—superior.** Astron. Semicírculo máximo que pasa por el cenit del observador y cuyo diámetro une los dos polos. || *Primer* meridiano. El que se toma arbitrariamente, para determinar sobre el Ecuador la longitud geográfica de cada lugar de la Tierra. || *A la* meridiana. m. adv. A la hora del mediodía. || *Plano* meridiano. Plano que pasa por el eje de la Tierra. || **P.** e **I.** meridiano; **I.** meridian; **F.** méridien; **A.** mittägig; **R.** полуденный, меридиан.

MERIDIÓN. (l. *meridíes*.) m. ant. Mediodía.

MERIDIONAL. (l. *meridionālis*.) adj. Perteneciente o relativo al Sur o Mediodía. Apl. a pers. ú.t.c.s.

MERIENDA. (l. *merĕnda*, lo que se merece.) f. Comida ligera que se hace antes de la cena. || **2.** En algunas partes, comida tomada al mediodía. || **3.** fig. y fam. Corcova. || **—de negros.** fig. y fam. Confusión y desorden en que nadie se entiende. || *Juntar* meriendas. fr. fig. y fam. Juntar, unir los intereses. || **P.** merenda, lauche; **I.** lunch; **F.** goûter; **A.** Vesperbrot, Jause; **It.** merenda; **R.** полдник.

MERINDAD. f. Territorio de la jurisdicción del merino. || **2.** Cargo u oficio de merino. || **3.** Distrito con una ciudad o villa importante, que defendía y dirigía los intereses de los pueblos de su demarcación.

MERINERO, RA. adj. Perteneciente o relativo a los rebaños trashumantes, formados generalmente por ganado merino.

MERINO, NA. (l. *maiorīnus*, algo mayor.) adj. Dícese de una raza de ganado ovino de lana muy fina, corta y rizada. Ú.t.c.s. || **2.** m. Juez de nombramiento regio con jurisdicción amplia sobre un territorio; se le llamaba merino *mayor*, para diferenciarlo del merino *menor*, nombrado por aquél y con jurisdicción muy limitada. || **3.** El que cuida del ganado y sus pastos. || **4.** Tejido de cordoncillo fino, de lana escogida y peinada. || **P.**, **I.** e **It.** merino; **F.** mérine; **A.** Merino; **R.** мериносовый, меринос.

MERIÑAQUE. (De *medriñaque*.) m. Miriñaque.

MÉRITAMENTE. adv. Merecidamente.

MERITAR. intr. p. us. Hacer méritos.

MERITÍSIMO, MA. (l. *meritissĭmus*.) adj. sup. de mérito. Dignísimo, merecedor de una cosa.

MÉRITO. (l. *merĭtum*.) m. Acción digna de premio o de castigo. || **2.** Resultado de las buenas acciones que dan valor a una persona. || **3.** Lo que da valor a las cosas. || **—de condigno.** Teol. Merecimiento de las obras sobrenaturales realizadas por el que está en gracia de Dios. || **—de congruo.** Teol. Merecimiento de las buenas obras sobrenaturales ejercitadas por el que está en pecado mortal, y que, aunque no pueden darle derecho a la gloria, por faltarle la gracia, suelen servir de congruencia para que Dios misericordiosamente le confiera auxilios para poder salir del estado en que se halla. || **MÉRITOS** *del proceso.* For. Conjunto de pruebas y razones que resultan de él, y que orientan al Tribunal para fallar. || *De* mérito. loc. Notable, recomendable. || *Hacer* mérito. fr. fig. Hacer mención. || *Hacer* méritos. fr. fig. Procurar lograr una pretensión con servicios, diligencias y obsequios. || **P.** mérito; **I.** merit; **F.** mérite; **A.** Verdienst, Werti; **It.** mèrito; **R.** заслуга.

MÉRITO, TA. (l. *merĭtus*.) adj. ant. Digno, merecedor, benemérito.

MERITORIAMENTE. adv. Merecidamente, de una manera digna.

MERITORIO, RIA. (l. *meritorĭus*.) adj. Digno de premio o galardón. || **2.** m. Persona que trabaja sin sueldo, solamente para hacer méritos y obtener luego cargo remunerado. || **3.** Aprendiz de un despacho. || **P.** e **It.** meritorio; **I.** meritorious, praiseworthy; **F.** méritoire; **A.** verdienstvoll; **R.** похвальный.

MERLA. (l. *merŭla*.) f. Mirlo, pájaro túrdido.

MERLETA. (fr. *merlette*, d. de *merle*, y éste del l. *merŭla*, mirlo.) f. Blas. Cualquiera de las aves que se representan en los escudos.

MERLÍN. n. p. usado en la fr. proverb. *Saber más que* Merlín. Saber más que Lepe. Se dice por alusión al hechicero escocés Merlín, con existencia más legendaria que histórica.

MERLÍN. (neerl. *marlijn, marling*, o *meerling*.) m. Mar. Cabo delgado de cáñamo alquitranado muy empleado a bordo para diferentes usos.

MERLO. (l. *merŭlus*.) m. Zorzal marino pez lábrido de carne poco apreciada.

MERLO. m. ant. Fort. Merlón.

MERLÓN. (ital. *merlone*.) m. Fort. Trozo de parapeto entre dos cañoneras.

MERLUZA. (l. *maris lucĭus*.) f. Zool. Pez marino anacantino de cuerpo simétrico, alargado y carne blanca muy apreciada como comestible sano y delicado. || **2.** fig. y fam. Borrachera, chispa. || **P.** merluza; **I.** merluce; **F.** merluche, colin; **A.** (See-Meer)hecht, Hechtdorsch; **It.** nasello, merluzzo; **R.** мерлан.

MERMA. (ár. *marmī*, lo que se desecha o descuenta de las mercancías, como envases, etc.) f. Acción y efecto de mermar. || **2.** Porción que se consume, disminuye, se substrae o sisa de alguna cosa. || **P.** merma; **I.** loss, decrease; **F.** déchet, diminution; **A.** Abzug, Gewichtsmanko; **It.** scemamento; **R.** убыль, урон.

MERMADOR, RA. adj. Que merma.

MERMAR. (De *merma*.) intr. Bajar, o disminuirse una cosa o consumirse una parte de lo que antes tenía. Ú.t.c.r. || **2.** tr. Quitar a uno parte de aquello que le corresponde. || **P.** minguar; **I.** to diminish; **F.** diminuer; **A.** abnehmen, vermindern; **It.** scemare; **R.** уменьшаться.

MERMELADA. (l. *melimēlum*, membrillo.) f. Conserva de membrillos u otras frutas con miel o azúcar. || *Brava* mermelada. expr. fig. y fam. para notar de despropósito una cosa mal hecha o mal dicha. || **P.** marmelada; **I.** marmalade; **F.** marmelade; **A.** Marmelade; **It.** marmellata; **R.** варенье.

MERO. (l. *merŭlus*.) m. Zool. Pez marino acantopterigio que llega a alcanzar un metro de longitud, de carne muy apreciada y que vive principalmente en el Mediterráneo. || **P.** mero; **I.** grouper; **F.** merle; **A.** Heiligenbutte; **It.** labro, donzella.

MERO, RA. (l. *merus*.) adj. Puro, simple, sin mezcla; especialmente en sentido moral e intelectual. || **P.** simple; **I.** mere, pure; **F.** pur, simple; **A.** lauter, rein; **It.** mero; **R.** чистый, без примеси.

MERODE. m. ant. Merodeo.

MERODEADOR, RA. adj. Que merodea. Ú.t.c.s.

MERODEAR. (De *merode*.) intr. Mil. Separarse algunos soldados del grupo en que marchan, para explorar el terreno y los caseríos, apoderándose de lo que puedan coger. || **2.** Por extensión, vagar por los campos, viviendo de lo que se roba. || **P.** saquear, roubar; **I.** to maraud; **F.** marauder, chaparder; **A.** marodieren, plündern; **It.** saccheggiare, predare; **R.** мародерствовать.

MERODEO. m. Acción y efecto de merodear.

MERODISTA. com. Persona que merodea.

★ **MERÓSTOMAS.** m. pl. Animales marinos artrópodos que tienen una ranura ventral que es su boca.

MEROVINGIO, GIA. adj. Perteneciente a la dinastía de los primeros reyes de Francia. || **2.** Se dice de los reyes de esta dinastía. Ú.t.c.s.

MERQUÉN. (arauc. *medquén*.) m. Chile. Ají con sal para condimentar los alimentos, y que se lleva ya preparado en los viajes.

MERUÉNDANO. m. Ast. y León. Arándano.

MES. (l. *mēnsis*.) m. Cada uno de las doce divisiones del año. || **2.** Tiempo comprendido entre un día determinado hasta otro de igual fecha del mes siguiente. || **3.** Menstruo de las mujeres. || **4.** Mensualidad. || **—anomalístico.** Astron. Período de tiempo entre dos apogeos lunares. || **—apostólico.** Cada uno de los que pasaba o tocaba la dataría romana, la presentación de los beneficios y prebendas eclesiásticas de España, hasta que, por concordato de 1753, pasó al rey este derecho. || **—lunar periódico.** Tiempo que tarda la Luna en dar una vuelta alrededor de la Tierra. || **—lunar sinódico.** Tiempo transcurrido entre dos conjunciones de la Luna y el Sol. || **—mayor.** El último del embarazo de la mujer. || **—ordinario** o **del Obispo.** Aquel en que correspondía al ordinario la presentación de beneficios o prebendas eclesiásticas. || **—solar astronómico.** Tiempo que tarda el Sol en recorrer aparentemente un signo del Zodíaco. || *Meses mayores.* Los últimos del embarazo de la mujer. || **2.** Entre los agricultores, los inmediatos y anteriores a la cosecha. || *Caer* uno *en el* mes *del obispo.* fr. fig. y fam. Llegar a tiempo oportuno para conseguir lo que se propone. || **P.** mês; **I.** month; **F.** mois; **A.** Monat; **It.** mese; **R.** месяц.

MESA. (l. *mēnsa.*) f. Mueble formado por una tabla lisa sostenida por uno o varios pies. || **2.** La Sagrada Eucaristía que se toma en la Mesa del altar. || **3.** Conjunto de personas que dirigen asambleas, corporaciones o colegios electorales. || **4.** Conjunto de negocios que pertenecen a un oficial de oficina, de secretaría, etc. || **5.** Meseta, rellano de escalera. || **6.** Terreno elevado, llano y extenso, rodeado de valles o barrancos. || **7.** Rentas de la Iglesia, del Prelado o dignidades eclesiásticas o de las órdenes militares. || **8.** Plano principal del labrado de una piedra preciosa. || **9.** Cara de una hoja de arma blanca. || **10.** Megalito constituido por una piedra horizontal sostenida por otra vertical. || **11.** Largueros que forman la armazón de un ingenio de encuadernador. || **12.** Partida del juego del billar o de trucos. || **13.** Tanto que se paga por ella en estos juegos y en otros. || **14.** fig. Comida. || **—de altar.** Altar donde se coloca el ara. || **—de batalla.** Aquella que en las oficinas de correos, sirve para clasificar la correspondencia. || **—de milanos.** fig. y fam. Aquella en que habitualmente falta o escasea la comida. || **—de noche.** Mueble pequeño que se coloca al lado de la cama. || **—franca.** Aquella en que se da de comer a todos los que llegan, sin distinción de ningún género. || **—gallega.** fig. y fam. Aquella en que falta el pan. || **—maestral.** En las órdenes militares, encomienda respectiva al maestre o a cualquier ciudad, villa o dependencia suya. || **—revuelta.** Dibujo o trabajo caligráfico que representa diversos objetos en estudiado desorden. || **—tra-**

M

viesa. La que se coloca en el testero de una comunidad donde se sientan los superiores. || *Media* o *segunda* MESA. La redonda que suele haber en las fondas y casas de comidas, y cuyo precio es menor que el de la principal. || *A* MESA *puesta.* m. adv. Sin trabajo ni gasto. || *Levantar la* MESA. Quitar los manteles de la mesa después de haber comido. || *Levantarse* uno *de la* MESA. Abandonar el sitio que ocupaba en ella para comer. || *Poner la* MESA. Cubrirla con los manteles colocando sobre ellos los cubiertos y después cosas necesarias para la comida. || *Sentarse a la* MESA. Colocarse sentado junto a ella para comer. || *Tener* a uno *a* MESA *y mantel.* fr. fig. Darle de comer diariamente. || **P.** mesa; **I.** y **F.** table; **A.** Tisch; **It.** tàvola; **R.** стол.

MESADA. f. Aquello que se da o paga cada mes. || **—de supervivencia.** Haber pasivo que antes consistía en dos pagas del sueldo mensual del cuasante, para las familias de los funcionarios que no dejan otro derecho o pensión. Actualmente ha sido muy modificado. || **—eclesiástica.** Derecho o regalía que la Corona cobraba en las Indias, cuando presentaba eclesiásticos para un beneficio, calculando los ingresos de un mes, por los del quinquenio anterior y cobrándolo un cuatrimestre después de la toma de posesión.

MESADURA. f. Acción de mesar o mesarse.

MESALINA. (Por alusión a *Mesalina*, esposa de Claudio, emperador romano.) f. fam. Mujer poderosa o aristócrata y de costumbres disolutas.

MESANA. (ital. *mezzana*.) f. MAR. Mástil de popa en el buque de tres palos. || 2. MAR. Vela que, envergada en un cangrejo, se coloca en este mástil. || **P.** mezena; **I.** mizen-mast; **F.** artimon; **A.** Besanmast; **It.** mezzana; **R.** бизань-мачта.

MESAR. (l. *messum*, supino de *metĕre*, segar, cercenar.) tr. Arrancar o estrujar los cabellos o las barbas con las manos.

MESCABAR. tr. ant. Menoscabar.

MESCABO. m. ant. Menoscabo.

MESCLADOR, RA. (De *mesclar*.) adj. ant. Calumniador. Usáb.t.c.s.

MESCLAMIENTO. (De *mesclar*.) m. ant. Mezcla.

MESCLAR. (b. l. *misculāre*, y éste del l. *miscĕre*.) tr. ant. Mezclar. Usáb.t.c.r. || 2. ant. Calumniar.

MESCOLANZA. (ingl. *mescolanza*.) f. fam. Mezcolanza.

MESE. f. ant. Mies.

MESEGUERÍA. (De *meseguero*.) f. Guarda de las mieses. || 2. Repartimiento que se hace entre los agricultores para pagar esta guarda. || 3. Tanto que corresponde a cada uno.

MESEGUERO, RA. (l. *messicārius*, de *messis*, mies.) adj. Perteneciente a las mieses. || 2. m. Persona que guarda las mieses. || 3. Ar. El que guarda las viñas.

MESENTÉRICO, CA. adj. Perteneciente o relativo al mesenterio.

MESENTERIO. (gr. μεσεντέριον; de μέσος, medio, y ἔντερον, intestino.) m. ZOOL. Repliegue del peritoneo que une el estómago y el intestino con las paredes abdominales.

MESERAICO, CA. (gr. μέσος, medio, y ἀραιὰ γαστήρ, intestino delgado.) adj. ZOOL. Mesentérico.

MESERO. (De *mes*.) m. Persona que después de haber sido aprendiz, se ajusta a trabajar y cobra por meses. || 2. adj. HOND. Se dice del ganado menor de un año de edad. Ú.t.c.s.

MESETA. (d. de *mesa*.) f. Porción de piso horizontal al final de un tramo de escalera. || 2. Terreno elevado, llano y de gran extensión. || 3. En los caminos de hierro, tramo horizontal de vía entre dos pendientes contrarias. || 2.ª acep.: **P.** meseta; **I.** tableland, plateau; **F.** plateau; **A.** Hochebene; **It.** altipiano; **R.** плоскогорье.

MESIADO. m. Mesiazgo.

MESIÁNICO, CA. adj. Perteneciente o relativo a Mesías.

MESIANISMO. m. Doctrina relativa al Mesías. || 2. fig. Confianza desmedida o infundada en un agente bienhechor que se espera.

MESÍAS. (l. *messias*, y éste del hebr. *masih̲*, ungido.) m. El Hijo de Dios, Salvador y descendiente de David, prometido por los profetas al pueblo hebreo. || 2. fig. Sujeto real o imaginario en cuyo advenimiento se pone una confianza desmedida. || *Esperar* uno *al* MESÍAS. fr. fig. Esperar a alguna persona que ya llegó, dicho por alusión a los judíos, que no reconocen al Mesías en Jesucristo. || **P.** Mesias; **I.** Messiah; **F.** Messie; **A.** Messias; **It.** Messia; **R.** мессия.

MESIAZGO. m. Dignidad de Mesías.

MESIDOR. (fr. *messidor*, y éste del l. *messis*, mies, y el gr. δωρέω, dar.) m. Décimo mes del calendario republicano francés, que comprendía desde el 20 de Junio al 19 de Julio.

MESILLA. f. d. de mesa. || 2. Dinero que diariamente daba el rey a sus criados cuando estaban de jornada. || 3. fig. Represión que se daba con poca seriedad en colegios y universidades. || 4. Meseta, 1. acep. || 5. Losa o piedra superior de un antepecho o balaustrada. || **—corrida.** ARQ. Meseta de escalera entre dos tramos paralelos. || **—quebrantada.** Meseta de escalera que está entre dos tramos contiguos.

MESILLO. (d. de *mes*.) m. Primera menstruación que baja a las mujeres después del parto.

MESINÉS, SA. adj. Natural de Mesina. Ú.t.c.s. || 2. Perteneciente a esta ciudad italiana de Sicilia.

MESINGO, GA. adj. SAL. Delicado, débil. || 2. SAL. Melindroso, vanidoso.

MESMEDAD. (De *mesmo*.) f. fam. Naturaleza, virtualidad, esencia. U. únicamente en la frase pleonástica *por su misma* MESMEDAD, cuyo significado es: sin ayuda ni intervención de nadie.

MESMERISMO. m. Doctrina del magnetismo animal, expuesta por el médico alemán Mesmer.

MESMO, MA. (De *meismo*.) adj. ant. y fam. Mismo. || *Eso* MESMO. loc. ant. Del mismo modo, igualmente.

MESNADA. (prov. *maisnada*, y éste de l. *mansionāta*, de *mansio*, -ōnis, mansión.) f. Compañía de gente de armas que antiguamente servían al rey o a algún caballero importante. || 2. fig. Compañía, congregación, junta.

MESNADERÍA. f. Sueldo del mesnadero.

MESNADERO. adj. Se dice del caballero descendiente de una mesnada. || 2. m. El que servía en la mesnada.

★ MESOBLASTO. m. BIOL. Capa media de las tres que forman el embrión primitivo.

MESOCARPIO. (gr. μέσος, medio, y καρπός, fruto.) BOT. Capa media de las tres que forman el pericarpio de los frutos carnosos, como el melocotón.

MESOCEFALIA. f. Calidad de mesocéfalo.

MESOCÉFALO. (gr. μέσος, medio, y κεφαλή, cabeza.) adj. Dícese de la persona cuyo cráneo tiene proporciones intermedias entre la braquicefalia y la dolicocefalia. || 2. Protuberancia situada en la parte inferior y media del cerebro.

MESOCRACIA. (gr. μέσος, medio, y κράτος, fuerza, poder.) f. Forma de gobierno en que tiene preponderancia la clase media. || 2. fig. Burguesía.

MESOCRÁTICO, CA. adj. Perteneciente o relativo a la mesocracia.

MESODÉRMICO, CA. ad. ZOOL. Perteneciente o relativo al mesodermo.

MESODERMO. (gr. μέσος, medio, y δέρμα, piel.) m. ZOOL. Hoja o capa media entre las tres que forman las células del blastodermo después de haberse segmentado. || 2. BOT. Parte de la corteza de un vegetal situada entre la corteza suberosa y la cubierta herbácea.

★ MESOMORFO, FA. adj. Fís. Dícese de ciertos cuerpos que, en determinadas condiciones de presión y temperatura pasan al estado llamado de cristales líquidos.

★ MESOMORFOSIS. f. BIOL. Fenómeno de regeneración interna de ciertas glándulas sin manifestaciones externas.

MESÓN. (l. *mansio*, -ōnis.) m. Casa en que mediante el pago correspondiente, se da albergue a viajeros, carruajes y ca-

ballerías. || *Estar* una casa *como* MESÓN o *parecer un* MESÓN. fr. Tener numerosos huéspedes o gentes extrañas. || **P.** meson, estalagem; **I.** inn; **F.** auberge; **A.** Wirtshaus; **It.** osteria, albergo; **R.** трактир.

★ MESÓN. m. Fís. y QUÍM. Partícula eléctrica elemental de carga positiva o negativa o bien neutra, de masa menor que la del protón, pero 207 veces mayor que la del electrón.

MESONAJE. m. Lugar, calle o barrio donde hay muchos mesones.

MESONERO, RA. adj. Perteneciente o relativo al mesón. || 2. m. y f. Dueño o patrón de un mesón. || **P.** hospedal; **I.** inn-keeper; **F.** aubergiste; **A.** Gastwirt; **It.** oste; **R.** трактирщик.

MESONIL. adj. Perteneciente o relativo al mesón o a los mesoneros.

MESONISTA. adj. Mesonero, 1.ª acep.

MESOTÓRAX. (gr. μέσος, medio, y θώραξ, pecho.) m. ANAT. Parte media del pecho. || 2. ZOOL. Segmento medio del tórax de los insectos.

MESQUINO, NA. adj. ant. Mezquino.

MESTA. (l. *mixta*, p.p. de *miscĕre*, mezclar.) f. Sociedad o junta de ganaderos que cuidaba de los pastos y de la crianza de sus ganados mayores y menores que vendían para el abastecimiento común. || 2. pl. Aguas de más de una corriente en el lugar de su confluencia.

MESTAL. m. Terreno poblado de mestos y otros arbustos.

MESTENCO, CA. (De *mesta*.) adj. ant. Mostrenco.

MESTEÑO, ÑA. adj. Perteneciente o relativo a la mesta. || 2. Mostrenco.

MESTER. m. ant. Menester. Ú. aún en Salamanca. || 2. ant. Arte, oficio. || **—de clerecía.** Género literario medieval, cultivado por los clérigos, por oposición al de Juglaría o de los cantores populares. || 2. Especialmente el género poético de Gonzalo de Berceo y sus discípulos. || **—de juglaría.** Poesía medieval de los juglares.

MESTICIA. (l. *moestitia*.) f. Tristeza.

MESTIZAJE. m. ARGENT. Acción de mestizar.

★ MESTIZAJE. m. Cruzamiento de razas. || 2. Conjunto de mestizos. || 3. ARGENT. Acción de mestizar.

MESTIZAR. (De *mestizo*.) tr. Adulterar o corromper las castas por la cópula de individuos de distinta casta.

MESTIZO, ZA. (l. *misticius*; de *mixtus*, mixto.) adj. Dícese de la persona nacida de padres de distinta raza, especialmente si el padre es blanco y la madre india, o de padre indio y madre blanca. Ú.t.c.s. || 2. Se dice del animal o vegetal resultante del cruzamiento de dos razas. || **P.** mestiço; **I.** mestizo, mestee; **F.** métis; **A.** Halbblut, Mischling; **It.** meticcio; **R.** метис.

MESTO. (l. *mixtus*, mixto, mestizo.) m. Árbol mestizo de alcornoque y encina. || 2. Rebollo, árbol cupulífero. || 3. Aladierna. || 4. ÁL. Mezcla de varias semillas, como habas, yeros, titos, etc.

MESTRUAL. adj. ant. Menstrual.

MESTRUO. m. ant. Menstruo.

MESTUERZO. m. ant. Mastuerzo.

MESTURA. (l. *mistūra*.) f. ant. Mezcla. || 2. AR. Mezcla de trigo y centeno.

MESTURAR. (De *mestura*.) tr. ant. Misturar. || 2. ant. Revelar o publicar un secreto que debía guardarse por quien lo descubre. || 3. ant. Delatar, denunciar.

MESTURERO, RA. (De *mestura*.) adj. ant. Que revelaba o descubría un secreto que se le había confiado. Usáb.t.c.s.

MESURA. (l. *mensūra*.) f. Compostura y gravedad en el semblante y en la actitud. || 2. Cortesía reverencia, respeto. || 3. Comedimiento, moderación. || 4. ant. Templanza. || **P.** mesura; **I.** composedness; **F.** moderation; **A.** Mässigung; **It.** misura; **R.** серьёзность.

MESURADAMENTE. adv. Poco a poco, con circunspección y prudencia.

MESURADO, DA. p.p. de mesurar. || 2. adj. Moderado, circunspecto. || 3. Templado, parco. || 4. ant. Proporcionado, de manera que nada falte ni sobre.

MESURAMIENTO. (De *mesurar*.) m. ant. Mesura, 3.ª acep.

MESURANTE. p.a. ant. de mesurar. Que medía o igualaba las cosas.

M

MESURAR. (l. *mensurāre*.) tr. Infundir mesura. || **2.** ant. Medir. Ú. en Ecuador. || **3.** ant. fig. Considerar. || **4.** r. Moderarse, contenerse.

META. (l. *meta*.) f. Pilar cónico que en el circo romano señalaba cada extremo de la espina. || **2.** Término final de una carrera. || **3.** fig. Fin que se desea conseguir o alcanzar. || **4.** En algunos deportes, como el fútbol, portería. || **3.ª** acep.: **P.** e **It.** meta; **I.** meta, goal; **F.** but; **A.** Ziel, Grenze; **R.** цель, мишень.

META. f. SANT. Mayueta.

META. (gr. μετά) prep. insep. que con el significado de *junto a*, *entre*, *después* o *con* es usado en la formación de compuestos como META*tórax*, META*física*, etc.

METABÓLICO, CA. adj. BIOL. Perteneciente o relativo al metabolismo.

METABOLISMO. (gr. μεταβολή, cambio.) m. BIOL. Conjunto de transformaciones o cambios químicos y biológicos que continuamente se efectúan en el organismo y que se manifiestan en dos fases opuestas; una de carácter constructor, anabólico, y la otra de carácter destructor o catabólico. || **2.** QUÍM. Catálisis. || **P.** e **It.** metabolismo; **I.** metabolism; **F.** métabolisme; **A.** Stoffwechsel; **R.** метаболизм, обмен.

METACARPIANO, NA. ad. Dícese de cada uno de los cinco huesos del metacarpo. || **2.** Perteneciente o relativo al metacarpo.

METACARPO. (gr. μετακάρπιον; de μετά, después, y καρπός, carpo.) m. ZOOL. Parte de la mano, comprendida entre la muñeca y los dedos, que está formado por cinco huesos.

METACÉNTRICO, CA. adj. Perteneciente o relativo al metacentro.

METACENTRO. (gr. μετά, más allá, y κέντρον, centro.) m. Punto de intersección de la vertical que pasa por el centro de gravedad y el de empuje en la posición de equilibrio de un cuerpo flotante, y la vertical que pasa por el centro de empuje, en una posición cualquiera.

METAD. f. ant. Mitad.

METAFÍSICA. (gr. μετὰ φυσικά, después de la física.) f. Parte de la filosofía que trata de la esencia real y total del ser y de sus propiedades, principios y causas primeras. || **2.** fig. Modo de discurrir con demasiada sutileza. || **3.** fig. Lo que así se discurre. || **P.** metafísica; **I.** metaphysics; **F.** métaphysique; **A.** Metaphysik; **It.** metafisica; **R.** метафизика.

METAFÍSICAMENTE. adv. De modo metafísico.

METAFÍSICO, CA. adj. Perteneciente o relativo a la metafísica. || **2.** fig. Abstracto, obscuro y difícil de comprender. || **3.** m. Persona que profesa la metafísica.

METÁFORA. (l. *metaphŏra*, y éste del gr. μεταφορά, traslación) de μετά, más allá, y φέρω, llevar.) f. RET. Tropo que consiste en trasladar el sentido recto de las palabras en otro figurado, en virtud de una comparación tácita. ||—**continuada.** RET. Alegoría en que unas palabras se toman en sentido recto y otras en sentido figurado. || **P.** metáfora; **I.** metaphor; **F.** métaphore; **A.** Metapher; **It.** metáfora; **R.** метафора.

METAFÓRICAMENTE. adv. De forma metafórica, por medio metafórico.

METAFÓRICO, CA. (gr. μεταφορικός.) adj. Perteneciente o relativo a la metáfora, que la incluye o que abunda en esta clase de tropos.

METAFORIZAR. tr. Usar de metáforas o alegorías.

METAGOGE. (gr. μεταγωγή, traslación.) f. RET. Metáfora consistente en la aplicación de voces significativas de cualidades o propiedades de los sentidos a los seres inanimados, como *reírse el campo*.

METAL. (fr. *métal*, y éste del l. *metallum*.) m. Cuerpo simple, sólido, excepto el mercurio, a la temperatura ordinaria, buen conductor del calor y de la electricidad y que se caracteriza por su brillo especial. || **2.** Azófar o latón. || **3.** fig. Timbre de voz. || **4.** fig. Condición o calidad de una cosa. || **5.** BLAS. Oro y plata, que representan los colores amarillo y blanco respectivamente. ||—**blanco.** Alea-

ciones diferentes que imitando el color de la plata, se obtienen mezclando cobre, níquel y cinc. ||—**campanil.** Bronce de campanas. ||—**de espejos.** Aleación dura formada por cobre, estaño, plomo o antimonio, susceptible de recibir pulimento como el de los espejos. ||—**de imprenta.** Aleación compuesta por plomo y antimonio y que se usa para los caracteres de imprenta y planchas de estereotipia. ||—**fusible.** Aleaciones de bajo punto de fusión que se aplican en electricidad para evitar corto circuitos. ||—**machacado.** Oro o plata naturales, que en hojas delgadas suelen encontrarse en las rocas de los filones. ||—**monel.** Aleación de níquel, cobre y pequeñas cantidades de hierro, manganeso y silicio, que se oxida difícilmente. || **P.** e **I.** metal; **F.** métal; **A.** Metall; **It.** metal; **R.** металл.

METAL. m. ant. Metical.

METALADA. f. CHILE. Cantidad de metal explotable que contiene una veta.

METALADO, DA. adj. ant. Metálico. || **2.** fig. Impuro, mezclado.

METALARIO. (l. *metallarĭus*.) m. El que trata en metales y el artífice que los trabaja.

METALEPSIS. (gr. μετάληψις, cambio.) f. RET. Metonimia consistente en tomar el antecedente por el consiguiente, o al contrario, trasladando a veces el sentido de una oración completa, por ejemplo, *acuérdate de lo que me ofreciste*, por *cúmplelo*.

METALERO. m. Metalario. || **2.** adj. CHILE. Metalífero. || CHILE, PERÚ y BOL. Aplícase a diferentes cosas que tienen relación con los metales.

METÁLICA. (De *metálico*.) f. Metalurgia.

METÁLICO, CA. (l. *metallĭcus*.) adj. De metal o perteneciente a él. || **2.** Perteneciente a medallas. || **3.** m. Metalario. || **4.** Dinero amonedado, a diferencia del papel moneda. || **P.** metálico; **I.** metallic; **F.** métallique; **A.** metallisch; **It.** metallico; **R.** металлический.

METALÍFERO, RA. (l. *metallifer*, *-ĕri*; de *metallum*, metal, y *ferre*, llevar.) adj. Que contiene metal.

METALINO, NA. adj. De metal.

METALISTA. (De *metal*, 1.er art.) m. Metalario.

METALISTERÍA. (De *metalista*.) f. Arte de trabajar en metales.

METALIZACIÓN. f. Acción y efecto de metalizar o metalizarse. || **P.** metalisação; **I.** metallization; **F.** métallisation; **It.** metallizzazione; **R.** металлизация.

METALIZAR. tr. QUÍM. Hacer que un cuerpo adquiera propiedades metálicas. || **2.** Cubrir algunas cosas con una ligera capa de metal o impregnarlas de él. || **3.** r. Convertirse una cosa en metal o impregnarse de él. || **4.** fig. Llegar uno a ser tan interesado, que no se preocupa más que por el dinero.

* **METALOGRAFÍA.** f. Descripción o tratado de los metales. || **2.** Ciencia que estudia la estructura de los metales y sus aleaciones.

METALOIDE. (De *metal*, y el gr. εἶδος, forma.) m. QUÍM. Cuerpo simple, distinto de los metales, mal conductor del calor y de la electricidad y que combinado con el óxido forma compuestos ácidos o neutros, pero no sales salificables.

* **METALOIDEO, A.** adj. Perteneciente a los metaloides o propio de ellos.

METALOTERAPIA. (gr. μέταλλον, metal, y θεραπεία, curación.) f. MED. Empleo de los metales en terapéutica externa o tratamiento de ciertas enfermedades.

METALURGIA. (gr. μεταλλουργός, minero; de μέταλλον, metal, y ἔργον, trabajo.) f. Arte de extraer, purificar y trabajar los metales que pueden ser elaborados. || **P.** metalurgia; **I.** metallurgy; **F.** métallurgie; **A.** Metallurgie; **It.** metallurgia; **R.** металлургия.

METALÚRGICO, CA. adj. Perteneciente o relativo a la metalurgia. || **2.** m. Persona que trabaja este arte. || **3.** Persona que en general trabaja en metales.

METALURGISTA. m. Metalúrgico, 2.ª acep.

METALLA. (l. *metalla*, metales.) f. Trozos pequeños de hojas de oro con que

los doradores sanean o restauran las partes del dorado que quedan descubiertas.

METAMÓRFICO, CA. adj. GEOL. Dícese del mineral o de la roca en que ha habido metamorfismo.

METAMORFISMO. (De *metamorfosis*.) m. GEOL. Transformación natural ocurrida en minerales o rocas después de su consolidación primitiva.

METAMORFOSEAR. (De *metamorfosis*.) tr. Transformar. Ú. t. c. r.

METAMORFÓSEOS. m. desus. Metamorfosis.

METAMORFOSI. f. Metamorfosis.

METAMORFOSIS. (l. *metamorphōsis*, y éste del gr. μεταμόρφωσις, de μεταμορφόω, transformar.) f. Transformación, cambio de una cosa en otra. || **2.** fig. Mudanza o cambio de un estado a otro. || **3.** ZOOL. Cambio o mudanza de forma que experimentan los insectos y otros animales durante su desarrollo y desenvolvimiento. || **P.** metamorfose; **I.** metamorphosis; **F.** métamorphose; **A.** Metamorphose, Wandlung; **It.** metamorfosi; **R.** метаморфоза.

* **METANAL.** m. QUÍM. Aldehído que se obtiene industrialmente por oxidación parcial del metanol.

METANO. (gr. μέθυ, vino.) m. QUÍM. Primer hidrocarburo de la serie grasa. Es un gas incoloro, producido por la descomposición de las primeras materias vegetales, se desprende del cieno de los pantanos y del fondo de los minas de carbón; mezclado con el aire es inflamable. || **P.** e **It.** metano; **I.** methane; **F.** gas des marais; **A.** Grubengas; **R.** метан.

* **METANOL.** m. QUÍM. Alcohol metílico, también llamado espíritu de madera, que se obtiene corrientemente por la destilación seca de la madera a unos 400 grados centígrados.

* **METAPLASMA.** m. Parte del contenido de una célula que no es materia viva.

METAPLASMO. (l. *metaplasmos*, y éste del gr. μεταπλασμός, transformación.) m. GRAM. Alteración de una palabra por adición, supresión o cambio de lugar de los sonidos. || **2.** Cualquiera de las figuras de dicción.

METAPSÍQUICA. (gr. μετά, después, más allá, y ψυχικ, t. de -κός, psíquico.) f. FIL. Estudio de los fenómenos psíquicos o físicos, como la telepatía, la clarividencia, etc., que exceden los límites de conciencia normal y de los que hasta la fecha no se han hallado explicaciones satisfactorias.

METÁSTASIS. (gr. μετάστασις, cambio de lugar.) f. MED. Cambio de localización de un padecimiento o enfermedad que se reproduce en órganos distintos de donde se manifestó primeramente.

METATARSIANO. adj. Dícese de cada uno de los cinco huesos del metatarso.

METATARSO. (gr. μετά, después, y τάρσος, tarso.) m. ANAT. Parte del pie comprendido entre el tarso y los dedos, o esqueleto de la planta del pie. || **2.** ZOOL. Primer artejo del tarso en los insectos. || **3.** ZOOL. Sexto artejo de las patas ambulatorias en los arácnidos.

METATE. (mejic. *metatl*.) m. Piedra cuadrada o abarquillada en forma de teja, que en Méjico se utiliza para moler el maíz y otros granos y que en España se usa para labrar el chocolate a brazo.

METÁTESIS. (l. *metathĕsis*, y éste del gr. μετάθεσις; de μετά, en otro lugar, y θέσις, colocación.) f. GRAM. Metaplasmo que consiste en la alteración del orden de los sonidos de un vocablo, como en *perlado* por *prelado*.

METATIZAR. (gr. μετατίθημι, poner en otro lugar.) tr. Escribir o pronunciar una palabra cambiando de lugar uno o más sonidos o letras.

METATÓRAX. (De *meta*, prep. insep., y *tórax*.) m. ZOOL. Tercer segmento del tórax de los insectos.

* **METAZOARIO.** m. ZOOL. Animal que posee, como los vertebrados, órganos celulares diferenciados.

METAZOO. (De *meta*, 2.º art., y ξῷον, animal.) adj. Dícese de los animales cuyo cuerpo está formado por un número grandísimo de células diferenciadas y que se agrupan formando tejidos, órganos y apa-

M

ratos. Ú.t.c.s.m. || **2.** m. pl. Subreino de estos animales.

METECO. (gr. μέτοικος, extranjeros.) adj. Extranjero que en la antigua Grecia se establecía en Atenas, sin gozar de todos los derechos de ciudadanía. Usáb. t.c.s. || **2.** Advenedizo, extranjero, persona residente en diferente lugar de donde nació. Ú.t.c.s.

METEDOR, RA. (De *meter.*) m. y f. Persona que introduce una cosa en otra. || **2.** Persona que mete contrabando. || **3.** m. Paño que se pone a los niños pequeños bajo el pañal. || **4.** IMPR. Tablero en que se pone el papel que va a imprimirse.

METEDURÍA. (De *metedor.*) f. Acción de meter contrabando.

METEMPSICOSIS [~PSÍCOSIS]. (l. *metempsichôsis*, y éste del gr. μετεμ-ψύχωσις; de μετεμψυχόω, hacer pasar una alma a distinto cuerpo.) f. Doctrina religiosa y filosófica de origen oriental, según la cual el alma del hombre después de la muerte transmigra a otros cuerpos más o menos perfectos, de acuerdo a los merecimientos de su vida anterior.

METEMUERTOS. (De *meter* y *muerto.*) m. Empleado del teatro encargado de retirar los muebles en las mutaciones escénicas. || **2.** fig. Persona entremetida, oficiosa e impertinente.

METEÓRICO, CA. adj. Perteneciente o relativo a los meteoros.

METEORISMO. (De *meteoro.*) m. MED. Hinchazón del vientre por acumulación de gases en el tubo digestivo.

METEORITO. (De *meteoro.*) m. Aerolito.

METEORIZACIÓN. f. AGR. Acción y efecto de meteorizarse la tierra. || **2.** MED. Producción del meteorismo.

METEORIZAR. tr. MED. Causar meteorismo. || **2.** AGR. Recibir la tierra la influencia de los meteoros. || **3.** MED. Padecer meteorismo.

METEORO [METÉORO]. (gr. μετέωρος, elevado, en el aire.) m. Cualquiera de los fenómenos aéreos, acuosos, luminosos o eléctricos que se observan en la atmósfera, y aun los de origen no bien conocido, como el aerolito. || P. meteoro; I. meteor; F. météore; A. Meteor; It. meteora; R. метеор.

METEOROLOGÍA. (gr. μετεωρολογία.) f. Parte de la física que estudia los meteoros. || P. meteorologia; I. meteorology; F. météorologie; A. Meteorologie; It. meteorologia; R. метеорология.

METEOROLÓGICO, CA. (gr. μετεωρολογικός.) adj. Perteneciente a la meteorología o a los meteoros.

METEOROLOGISTA. com. Persona que profesa la meteorología o posee conocimientos especiales de ella.

METER. (l. *mittĕre.*) tr. Encerrar o introducir una cosa dentro de otra. Ú.t.c.s.|| **2.** Introducir contrabando. || **3.** Promover o levantar chismes, enredos, etc. || **4.** Con las palabras ruidos, miedo, etc., ocasionar. || **5.** Inducir a alguna persona a determinado fin. || **6.** En diferentes juegos, como en el tresillo, atravesar triunfo. || **7.** En cualquier juego, poner o atravesar el dinero que se ha de jugar. || **8.** Embeber o encoger en las costuras de una prenda, la tela sobrante, para si más adelante conviniese alargarla o ensancharla. || **9.** Presentar, con las palabras solicitud, memorial, etc. || **10.** Engañar, haciendo creer una especie falsa. || **11.** Apretar o estrechar las cosas, para que en poco espacio quepan muchas. || **12.** Poner, I.ª acep. || **13.** MAR. Cargar o aferrar las velas. || **14.** r. Introducirse en algún lugar sin ser llamado. || **15.** Introducirse en el trato o comunicación con una persona. ||**16.** Dejarse llevar con pasión de una cosa o cebarse en ella. || **17.** Desembocar un arroyo o un río, en otro o en el mar. || **18.** Arrojarse a los enemigos con las armas en la mano. || **19.** En el juego de la cascarela, ceder la polla o puesta, para reponerla antes de elegir el palo. || **20.** Con nombres de oficios, profesiones o estado, seguirlo. || **21.** Introducirse mucho un cabo, promontorio o lengua de tierra, en el mar, o estar éste mucho en la tierra. || *Estar* uno *muy* METIDO *con* una persona. fr. fig. Tener gran intimidad con ella. || *Estar* uno *muy* METIDO *en* una cosa. fr.

fig. Estar muy empeñado en conseguirla y lograrla. || METERSE uno *con otro.* fr. Armarle camorra. || METERSE uno *donde no le llaman,* fr. fig. Mezclarse en lo que no le incumbe. || METERSE uno *en todo.* fr. fig. y fam. Introducirse en cualquier asunto, emitiendo su parecer, sin que se lo hayan pedido. || *No me* METO *en nada.* expr. para manifestar que no tiene intervención ni parte en cosas, cuyas consecuencias se teme. || P. meter; I. to put in; F. mettre, introduire; A. hinein(bringen, -legen, -schieben, -tun), stecken; It. mèttere; R. класть, вводить.

METESILLAS Y SACAMUERTOS. (De *meter* y *silla,* y de *sacar* y *muerto.*) m. Metemuertos.

METICAL. (ár. *miṭqāl,* peso, nombre de la más antigua unidad del sistema ponderal árabe, equivalente a cuatro gramos y cuarto, y sinónimo de dinar.) m. Moneda de Marruecos equivalente a 40 céntimos de peseta. || **2.** Moneda de vellón española del siglo XIII.

METICÓN, NA. adj. Fisgón y entrometido.

METICULOSAMENTE. adv. De forma o manera meticulosa.

METICULOSIDAD. f. Calidad de meticuloso.

METICULOSO, SA. (l. *meticulôsus.*) adj. Medroso, pusilánime, miedoso. Ú.t. c.s. || **2.** Escrupuloso, concienzudo, prolijo.

★ **METICHE.** m. Méj. Metemuertos, entrometido.

METIDILLO. m. Metedor, paño colocado debajo del pañal de los niños pequeños.

METIDO, DA. p.p. de meter. || **2.** Abundante en ciertas cosas. Metido en carnes. || **3.** m. Puñetazo dado a otro en el arca del cuerpo. || **4.** Lejía que se hacía con orines o excrementos de las aves, para sacar la grasa de los paños sucios. || **5.** Tela embebida en las costuras de una prenda. || **6.** Metedor, paño bajo el pañal de los niños. || **7.** fig. y fam. Represión o refutación hecha de manera vigorosa o desconsiderada. || **8.** ARGENT. Enamorado apasionadamente.

★ **METIJÓN, NA.** adj. Meticón, fisgón y entrometido.

★ **METILAMINA.** f. QUÍM. Amina que es un gas muy parecido al amoníaco, más soluble que éste, de olor nauseabundo. Tiene reacción alcalina enérgica y da con el cobre una coloración azul celeste.

★ **METILBENCENO.** m. QUÍM. Líquido parecido al benceno que se extrae de los aceites ligeros de la hulla.

METÍLICO, CA. (De *metilo.*) adj. QUÍM. Dícese de los compuestos que contienen metilo. || **2.** V. *Alcohol* METÍLICO.

METILO. (gr. μέθυ, vino, y ὕλη, madera.) m. QUÍM. Radical monovalente, constituido por un átomo de carbono y tres de hidrógeno, y que entra en la composición del alcohol metílico y de otros cuerpos.

METIMIENTO. m. Acción y efecto de meter una cosa en otra. || **2.** fam. Influencia, ascendencia, privanza.

★ **METLAPIL.** (mejic. *metla-pill;* de *metlatl, metate,* y *pilli,* hijo, ayuda.) m. Méj. Rodillo con que se muele el maíz en el metate.

METÓDICAMENTE. adv. Ordenadamente, con método.

METÓDICO, CA. (l. *methodicus.*) adj. Hecho con método. || **2.** Que procede con método. || P. metódico; I. methodic; F. méthodique; A. methodisch; It. metòdico; R. методический.

METODISMO. m. Doctrina de una secta protestante, que pretende haber descubierto un nuevo método para la salvación del alma, y afecta gran rigidez de principios. || **2.** MED. Sistema antiguo que atribuía todas las enfermedades a la estrechez o dilatación de los poros.

METODISTA. adj. Perteneciente o relativo al metodismo. || **2.** Dícese de quien profesa el metodismo. Ú.t.c.s.

METODIZAR. tr. Poner método y orden en todas las cosas.

MÉTODO. (l. *methôdus,* y éste del gr. μέθοδος.) m. Modo de hacer o decir las cosas ordenadamente. || **2.** Modo de obrar, hábito, que cada uno tiene. || **3.** FIL. Pro-

cedimiento o marcha racional seguida para llegar al conocimiento de la verdad y enseñalarla. || **de Siemens Martin.** SIDERURG. Método para la fabricación del acero, consistente en calentar en un horno de hogar abierto una cantidad de fundición junto con chatarra y óxido de hierro en proporciones muy precisas. || **real.** Vía administrativa de un Estado para tramitar a la Santa Sede las preces de los fieles. || P. método; I. method; F. méthode; A. Methode; It. mètodo; R. метод.

METODOLOGÍA. (gr. μέθοδος, método, y λόγος, tratado.) f. Ciencia del método. || **2.** Investigación o tratado de los métodos de enseñanza.

METOMENTODO. com. fam. Persona entrometida o que se mete en todo.

METONIMIA. (l. *metonymia,* y éste del gr. μετωνυμία; de μετά, cambio, y ὄνομα, nombre.) f. RET. Tropo consistente en designar una cosa con el nombre de otra, tomando el efecto por la causa o viceversa, el continente por el contenido, el autor por sus obras, etc.; por ejemplo: el laurel, por la gloria. || P. metonimia; I. metonymy; F. métonymie; A. Metonymie; It. metonimia; R. метонимия.

METONÍMICO, CA. (l. *metonymicus,* y éste del gr. μετωνυμικός.) adj. Perteneciente a la metonimia o que la contiene.

METOPA [MÉTOPA]. (l. *metōpa,* y éste del gr. μετόπη; de μετά, entre, y ὀπή, agujero.) f. ARQ. Espacio comprendido entre dos triglifos en el friso dórico. || **2.** ZOOL. Crustáceos, de palpos pequeños, que se encuentra en diferentes mares. || P. metopa; F. métope; I. metope; A. Metope; It. mètopa; R. метопы.

METOPOSCOPIA. (gr. μετωποσκόπος, fisonomista; de μέτωπον, frente, y σκοπέω, examinar.) f. Adivinación supuesta de lo futuro, examinando las líneas del rostro. || **2.** MED. Estudio o examen del semblante, en especial de la frente.

METRA. f. ÁL. y SANT. Fresa de monte silvestre.

METRALLA. (fr. *mitraille.*) f. Conjunto de trozos de hierro, clavos y balas, que se cargan las piezas de artillería. || **2.** MIN. Conjunto de pedazos menudos de hierro colado que salta fuera de los moldes al hacer los lingotes. || P. metralha; I. y F. mitraille; A. Schrot, Kartätschenladung; It. mitraglia; R. картечь.

METRALLAZO. m. Disparo artillero hecho con metralla.

° **METRALLETA.** f. Arma de fuego portátil que repite automáticamente los disparos.

METRETA. (l. *metrēta,* y éste del gr. μετρητής.) f. Medida antigua para líquidos usada por los griegos y romanos. || **2.** Vasija que fue usada para guardar vino o aceite.

MÉTRICA. (l. *metrica.*) f. Arte que trata de la versificación y de las combinaciones que en los versos pueden formarse. || P. métrica; I. metrics; F. métrique; A. Metrik; It. mètrica; R. метрика, стихосложение.

MÉTRICAMENTE. adv. Con sujeción a las reglas y medidas del metro.

MÉTRICO, CA. (l. *metricus,* y éste del gr. μετρικός; de μέτρον, medida.) adj. Perteneciente o relativo al metro o a la medida. Sistema métrico decimal. || **2.** Perteneciente al metro o medida del verso. Arte métrica.

METRIFICACIÓN. (De *metrificar.*) f. Versificación.

METRIFICADOR, RA. (De *metrificar.*) m. y f. Versificador, ra.

METRIFICAR. (l. *metrum,* metro, verso, y *facĕre,* hacer.) intr. Versificar. Ú.t.c.tr. || P. metrificar; I. to metrify, to versify; F. metrifier; A. Verse machen; It. versificare; R. слагать стихи.

METRIFICATURA. (De *metrificar.*) f. ant. Medida de versos.

METRISTA. (De *metro.*) com. Metrificador, ra.

METRITIS. (gr. μέτρα, matriz, y el sufijo *itis,* inflamación.) f. MED. Inflamación de la matriz.

METRO. (gr. μέτρον, medida.) m. Verso, con relación a la medida peculiar que corresponde a cada clase de versos. || **2.** Unidad de longitud, base del sistema

M

métrico decimal. Según los cálculos primeros se le definía como la diezmillonésima parte del cuadrante del meridiano terrestre que pasa por París. Mediciones posteriores han demostrado que las primeras fueron inexactas; por lo que se define mejor como la distancia entre dos trazos hechos sobre una barra de platino iridiado que se conserva en la Oficina Internacional de Pesas y Medidas en París. || **3.** desus. Norma, modelo. || **—cuadrado.** Cuadrado de un metro de lado. || **cúbico.** Cubo cuya arista es un metro. || 2.ª acep.: **P.** e **It.** metro; **I.** meter, metre; **F.** mètre; **A.** Meter; **R.** метр.

METRO. m. Apócope de metropolitano, ferrocarril subterráneo en las grandes ciudades.

METROLOGÍA. (gr. μέτρον, medida, y λόγος, tratado.) f. Ciencia que estudia los sistemas de pesas y medidas.

METRÓNOMO. (gr. μέτρον, medida, y νόμος.) m. Aparato mecánico que mide el tiempo e indica exactamente el movimiento de una pieza musical.

METRÓPOLI. (l. metropólis, y éste del gr. μητρόπολις; de μήτηρ, madre, y πόλις, ciudad.) f. Ciudad principal, cabeza de provincia o Estado. || **2.** La nación con relación a sus colonias. || **3.** Iglesia arzobispal de la que dependen otras sufragáneas. || **P.** metrópole; **I.** metropolis; **F.** métropole; **A.** Hauspststadt, Grossstadt; **It.** metròpoli; **R.** метрополия.

METRÓPOLIS. f. ant. Metrópoli.

METROPOLITANO, NA. (l. metropolitánus.) adj. Perteneciente o relativo a la metrópoli. || **2.** Arzobispal. || **3.** m. El arzobispo, respecto a sus obispos sufragáneos. || **4.** Ferrocarril o tranvía subterráneo o aéreo, que une los diferentes barrios de una gran ciudad, utilizado generalmente para el transporte de viajeros.

METRORRAGIA. (gr. μήτρα, matriz, y ῥήγνυμι, romper, brotar.) f. Hemorragia de la matriz, fuera del período menstrual.

★ **MEUCAR.** intr. CHILE. Dar cabezadas vencido del sueño.

MEYA. f. Noca.

MEYOR. adj. comp. ant. Mejor.

MEYORAMIENTO. m. ant. Mejoramiento.

MEZCAL. (mejic. mexcalli.) m. Variedad de pita. || **2.** Licor incoloro o aguardiente que se saca de esta planta.

MEZCLA. f. Acción y efecto de mezclar. || **2.** Agregación de substancias que químicamente no se combinan. || **3.** Tejido de hilos diferentes en clase y color. || **4.** ant. fig. Chisme, cuento. || **5.** ALBAÑ. Argamasa, mortero. || **P.** mezcla, mistura; **I.** mixture; **F.** mélange; **A.** (Bei-Ver), Mischung; **It.** mistura; **R.** смесь.

MEZCLABLE. adj. Susceptible de mezclarse.

MEZCLADAMENTE. adv. Con mezcla de varias cosas.

MEZCLADO, DA. p.p. de mezclar. || **2.** adj. ant. Epiceno. || **3.** m. Tejido que antiguamente se hacía con mezclas.

MEZCLADOR, RA. m. y f. Persona que realiza mezclas. || **2.** ant. Persona cuentista, chismosa. || **3.** f. Máquina que se utiliza para mezclar.

MEZCLADURA. (De mezclar.) Mezcla.

MEZCLAMIENTO. (De mezclar.) m. Mezcla.

MEZCLAR. (De mesclar.) tr. Unir, juntar, incorporar una cosa con otra. Ú.t.c.r. || **2.** ant. fig. Enemistar las personas con chismes y enredos. || **3.** r. Meterse o introducirse uno entre otros. || **4.** Enlazarse las familias o linajes unos con otros. || MEZCLARSE uno en una cosa. fr. fig. Tomar parte en su dirección o manejo. || MEZCLARSE una cosa en otra. fr. fig. Introducirse o participar en ella. || **P.** mezclar, misturar; **I.** to mix; **F.** mélanger; **A.** vermischen; **It.** mescclear; **R.** смешивать.

MEZCLILLA. (d. de mezcla.) f. Tejido de menos cuerpo que la mezcla.

MEZCOLANZA. (De mescolanza.) f. fam. Mezcla extraña, confusa o ridícula.

MEZNADA. f. ant. Mesnada.

MEZQUINAMENTE. adv. Pobre o miserablemente. || **2.** Con avaricia y mezquindad.

MEZQUINDAD. f. Calidad de mezquino. || **2.** Cosa ridícula y mezquina. || **P.** mesquinharia; **I.** stinginess; **F.** lésinerie; **A.** Knauserei; **It.** spilorceria; **R.** скупость.

MEZQUINO, NA. (ár. miskin, pobre, desgraciado.) adj. Indigente, pobre, necesitado. || **2.** Miserable, avaro, tacaño. || **3.** Diminuto, pequeño. || **4.** Desgraciado, infeliz, desdichado. || **5.** m. En el medievo, siervo de la gleba de raza española. || **6.** COLOM., HOND. y MÉJ. Verruga. || **P.** mesquinho; **I.** stingy; **F.** mesquin; **A.** knauserig; **It.** spilorcio; **R.** бедный, скупой.

MEZQUITA. (ár. masyid, templo u oratorio musulmán.) f. Edificio en que los mahometanos practican sus ritos religiosos. || **2.** GERM. Taberna. || **P.** mesquita; **I.** mosque; **F.** mosquée; **A.** Moschee; **It.** moschea; **R.** мечеть.

MEZQUITAL. m. Terreno poblado de mezquites.

MEZQUITE. m. BOT. Árbol americano parecido a la acacia, de cuyas hojas se extrae un jugo que se emplea en las oftalmías. || **2.** Madera de este árbol. || **3.** Baile popular mejicano.

MI. m. MÚS. Tercera nota de la escala musical.

MI. (l. mihi, dat. de ego, yo.) Forma del genitivo, dativo y acusativo del pronombre personal de primera persona para ambos géneros y número singular. Ú. siempre con preposición.

MI, MIS. adj. posesivo, apócope de mío, mía, míos, mías. Siempre se emplea antepuesto al nombre. || **P.** meu, minha, meus, minhas; **I.** my; **F.** mon, ma, mes; **A.** mein(e), mir, mich; **It.** mio, miei, mia, mie; **R.** ми, мий, меня, мне.

MÍA. (ár. mi'a, centenar.) f. Cuerpo de tropa indígena regular marroquí al servicio de España.

MIADOR, RA. (De miar.) adj. Maullador.

MIAGAR. intr. SAL. Miar.

MIAJA. f. Meaja, antigua moneda española.

MIAJA. f. Migaja.

MIALGIA. (gr. μῦς, μυός, músculo, y ἄλγος, dolor.) f. MED. Dolor muscular, miodimia.

MIALMAS (COMO UNAS). (De mi y alma.) expr. fam. de agrado y satisfacción aplicado a personas o cosas.

MIAÑAR. intr. Miar, maullar.

MIAR. (De miau.) intr. Maullar.

MIASMA. (gr. μίασμα; de μιαίνω, manchar.) m. Efluvio o emanación nociva, desprendida de cuerpos enfermos o materias en putrefacción. Ú.m. en pl. || **P., I.** e **It.** miasma; **F.** miasme; **A.** Miasma; **R.** миазм.

MIASMÁTICO, CA. adj. Que contiene o produce miasmas. || **2.** Originado por los miasmas.

MIAU. Onomatopeya del maullido del gato. || **2.** m. Maullido.

MICA. (l. mica.) f. Silicato múltiple de colores variados, caracterizado por exfoliarse en láminas transparentes y elásticas, que se rayan con la uña. Es componente de varias rocas. || **P., I., F.** e **It.** mica; **A.** Glimmer; **R.** слюда.

MICA. f. Hembra del mico. || **2.** GUAT. Borrachera, mona. || **3.** GUAT. Coqueta, mujer vanidosa que procura agradar.

MICÁCEO, A. adj. Que contiene mica o se asemeja a ella.

MICACITA. f. Roca compuesta de cuarzo y mica de textura pizarrosa, que se emplea en el firme de los caminos y para techar.

MICADO. (japonés mi, sublime, y cado, puerta.) m. Nombre del emperador del Japón.

MICCIÓN. (l. mictio, -ónis.) f. Acción de mear. || **P.** micção; **I.** y **F.** miction; **A.** Harnentleerung; **It.** mizzione; **R.** мочеиспускание.

★ **MICELA.** f. Fís. y QUÍM. Cada uno de los agregados moleculares constitutivos de la fase dispersa de un sistema coloidal. || **2.** BIOQUÍM. Tagma.

MICELIO. (gr. μύκη, hongo.) m. BOT. Aparato nutritivo o talo de los hongos, el cual en muchos de ellos es subterráneo.

MICÉNICO, CA. adj. Perteneciente o

relativo a Micenas, antigua ciudad de Argólida.

MICER. (ital. messer, mi señor.) m. Título honorífico del antiguo reino de Aragón, que se aplicaba también a los letrados del archipiélago balear.

MICETOLOGÍA. f. Micología.

MICO. (Voz cumanagota.) m. Mono de cola larga. || **2.** fig. y fam. Individuo lujurioso. || **—capuchino.** COLOM. Mono capuchino. || **—maicero.** COLOM. Cara-blanca. || Dar o hacer MICO. Faltar a una cita o incumplir un compromiso. || Quedar uno hecho un MICO. fr. fig. y fam. Quedar corrido, avergonzado. || **P.** macaco; **I.** monkey; **F.** singe; **A.** Miko; **It.** micco; **R.** самец.

MICOLOGÍA. (gr. μύκη, hongo, y λόγος, tratado.) f. Parte de la botánica que estudia los hongos.

MICÓLOGO, GA. m. y f. Persona que estudia la micología, o tiene en ella especiales conocimientos.

★ **MICORRIZA.** f. BOT. Simbiosis de las raíces de las plantas superiores con un hongo basidiomiceto.

MICOSIS. (gr. μύκη, hongo.) f. MED. Infección causada por hongos parásitos en el organismo humano, animal o vegetal. || **2.** PAT. Nombre genérico de enfermedades producidas por hongos.

MICRA. (gr. μικρός, pequeño.) f. Medida de longitud equivalente a una milésima de milímetro, empleada especialmente en las observaciones microscópicas.

★ **MICROANÁLISIS.** (gr. μικρός, pequeño, y análisis.) m. QUÍM. Análisis químico basado en reacciones muy sensibles que se practica con pequeñísimas cantidades de materia con ayuda de aparatos especiales.

★ **MICROBALANZA.** (gr. μικρός, pequeño, y balanza.) f. Fís. Balanza usada en microanálisis. Algunas aprecian hasta diezmillonésimas de gramo.

MICROBIO. (gr. μικρόβιος; de μικρός, pequeño, y βίος, vida.) m. Nombre genérico de los seres microscópicos animales o vegetales que nacen y viven en los organismos, en el agua y en el aire y en el suelo. || **P.** micróbio; **I.** y **F.** microbe; **A.** Mikrobe, Spaltpilz; **It.** microbio; **R.** микроб.

MICROBIOLOGÍA. (De microbio, y el gr. λόγος, tratado.) f. Parte de la Biología que estudia los microbios.

MICROBIOLÓGICO, CA. adj. Perteneciente o relativo a la microbiología.

MICROCEFALIA. f. Calidad de microcéfalo. || **2.** MED. Pequeñez del cráneo, coincidente con la atrofia del cerebro y algunas veces acompañada de idiotez.

MICROCÉFALO, LA. (gr. μικροκέφαλος; de μικρός, pequeño, y κεφαλή, cabeza.) adj. Dícese del animal, cuya cabeza es de menor tamaño que el normal de la especie a que pertenece, y en general a cualquier ser que tenga la cabeza desproporcionada con relación al cuerpo, por la pequeñez de aquella.

MICROCOCO. (gr. μικρός, pequeño, y κόκκος, grano.) m. BOT. Bacteria esférica del tipo coco, que se presenta aislada de las demás de su especie.

MICROCOPIA. f. Copia fotográfica en tamaño muy reducido, para cuyo examen se utilizan aparatos ópticos que la amplían considerablemente. || **2.** Reproducción de textos por ese procedimiento.

MICROCOSMO. (gr. μικρόκοσμος; de μικρός, pequeño, y κόσμος, mundo.) m. En opinión de algunos filósofos, el hombre considerado como fiel espejo y resumen del universo o macrocosmo. || **2.** Conjunto de los seres y partículas materiales del Universo, invisibles por su reducido tamaño. || **P.** e **It.** microcosmo; **I.** microcosm; **F.** microcosme; **A.** Mikrokosmos; **R.** микрокосм.

★ **MICROCURIE.** m. Unidad de medida de radioactividad equivalente $3,7 \cdot 10^4$ desintegraciones por segundo, o sea la millonésima de un curie.

★ **MICROFACIES.** (gr. μικρός, pequeño, y facies.) f. GEOL. Asociación de una roca dura, de los caracteres mineralógicos y paleontológicos, observados con el microscopio.

★ **MICROFARADIO.** m. Fís. Unidad de

capacidad eléctrica que equivale a la millonésima del faradio.

★ MICROFILME. (gr. μικρός, pequeño, y *filme.*) m. Película fotográfica que permite reunir en un espacio extremadamente reducido una serie de imágenes que reproducen documentos de la más variada índole como cartas, libros, planos, dibujos, etcétera.

MICRÓFITO. (gr. μικρός, pequeño, y φυτόν, planta.) m. Bot. Microbio de naturaleza vegetal.

MICRÓFONO. (gr. μικρός, pequeño, y φωνή, voz.) m. Aparato que aumenta la intensidad del sonido. ‖ **2.** Aparato que por medio de una membrana vibratil u otros procedimientos hace variar la resistencia de un circuito eléctrico y transforma las vibraciones sonoras en oscilaciones eléctricas o viceversa y amplifica los sonidos. ‖ **P.** microfone; **I.** y **F.** microphone; **A.** Mikrophon; **It.** micrófono; **R.** микрофон.

MICROGRAFÍA. (De *micrógrafo.*) f. Descripción de objetos pequeñísimos vistos con el microscopio. ‖ **2.** Arte de grabar o escribir caracteres microscópicos. ‖ **3.** Escritura de letra microscópica.

MICROGRÁFICO, CA. adj. Perteneciente o relativo a la micrografía.

MICRÓGRAFO. (gr. μικρός, pequeño, y γράφω, describir.) m. Persona que profesa la micrografía o está versado en ella. ‖ **2.** Instrumento que graba o escribe caracteres microscópicos.

MICROMÉTRICO, CA. adj. Perteneciente al micrómetro o relativo a la micrometría.

MICRÓMETRO. (gr. μικρός, pequeño, y μέτρον, medida.) m. Instrumento óptico y mecánico para medir cantidades lineales o angulares muy pequeñas. ‖ **2.** Fís. Micra o micrón.

MICROMILÍMETRO. (gr. μικρός, pequeño, y *milimetro.*) m. Medida de longitud equivalente a la millonésima del milímetro o a la milésima de la micra, por lo que también se le denomina *micromil* o *milimetrón.* ‖ **2.** Biol. La misma micra o micrón.

MICRÓN. (gr. μικρόν, neutro de μικρός, pequeño.) m. Fís. Unidad micrométrica de longitud, equivalente a la milésima parte del milímetro.

★ MICROONDAS. f. pl. Ondas electromagnéticas del orden de un centímetro de longitud engendrados mediante osciladores de lámparas de vacío.

MICROORGANISMO. (gr. μικρός, pequeño, y *organismo.*) m. Microbio.

MICRÓPILO. (gr. μικρός, pequeño, y κύλη, puerta.) m. Bot. y Zool. Abertura u orificio del óvulo por el cual pasa el elemento fecundante en animales y vegetales.

MICROSCÓPICO, CA. adj. Perteneciente o relativo al microscopio. ‖ **2.** Hecho con ayuda del microscopio. ‖ **3.** Que sólo puede verse con ayuda del microscopio debido a su pequeñez. ‖ **4.** Se dice, por extensión, de lo que es muy pequeño.

MICROSCOPIO. (gr. μικρός, pequeño, y σκοπέω, ver, examinar.) m. Aparato o instrumento óptico que, por la combinación de sus lentes, amplía extraordinariamente los objetos imperceptibles a simple vista, y permite su examen y observación. ‖ —**electrónico.** El que en lugar de rayos luminosos, utiliza rayos catódicos que permiten obtener aumentos hasta de 500.000 diámetros y se emplea mucho en metalografía. ‖ —**micrométrico.** El que sirve para medidas de alta precisión. ‖ —**polarizante.** El que se utiliza en mineralogía para determinar los minerales por sus propiedades ópticas. ‖ —**solar.** El que en un cuarto obscuro, mediante la luz solar, reflejada en un espejo y concentrada por uno o más lentes, hace aparecer sobre una superficie blanca las imágenes muy aumentadas de los objetos que se examinan. ‖ **P.** microscópio; **I.** y **F.** microscope; **A.** Mikroskop; **It.** microscopio; **R.** микроскоп.

★ MICROSURCO. (gr. μικρός, pequeño, y *surco.*) m. Ranura extremadamente fina en la superficie de ciertos discos de gramófono que permite audiciones de larga duración. ‖ **2.** El mismo disco cuyas estrías finísimas y muy próximas unas a otras permiten registrar en muy poco espacio gran cantidad de sonidos.

MICRÓTOMO. (gr. μικρός, pequeño, y τέμνω, cortar.) m. Instrumento para cortar objetos en láminas pequeñísimas, propias para ser observadas y estudiadas con el microscopio.

MICURÉ. m. Especie de zarigüeya de medio metro de longitud de cuerpo, y otro tanto de cola, con grandes orejas y pelo negruzco o amarillo.

MICHA. (De *miza.*) f. fam. Gata o hembra del gato.

MICHINO, NA. m. y f. Gato, gata.

MICHO. (De *mizo.*) m. fam. Gato, mamífero doméstico que persigue a los ratones.

MIDA. (gr. μίδας.) m. Brugo.

MIDA. (De *medir.*) f. ant. Medida. Ú. en Aragón.

MIDRIASIS. (gr. μυδρίασις.) f. Med. Dilatación anormal de la pupila con inmovilidad del iris.

MIEDO. (l. *metus.*) m. Perturbación angustiosa causada en el ánimo por la idea de un peligro real o imaginario. ‖ **2.** Recelo de que suceda lo contrario de lo que se desea. ‖ —**cerval.** fig. El grande o excesivo. ‖ —**insuperable.** Der. El que imponiéndose a la voluntad de uno, con amenaza de un mal igual o mayor, le impulsa a cometer un delito; puede ser causa de anulación de un contrato y es circunstancia eximente de responsabilidad criminal. ‖ **P.** medo; **I.** fear, fright; **F.** peur, crainte; **A.** Furcht, Angst; **It.** paura; **R.** страх, боязнь.

MIEDOSO, SA. (De *miedo.*) adj. fam. Medroso, temeroso. Ú.t.c.s.

MIEL. (l. *mel, mellis.*) f. Substancia viscosa, amarillenta y muy dulce, que elaboran las abejas transformando en su estómago el jugo que liban de las flores y que luego depositan en las celdillas de sus panales para alimentación de las crías. ‖ **2.** Jarabe saturado que se obtiene entre dos cocciones sucesivas en la fabricación del azúcar. ‖ —**blanca.** And. miel de abejas. ‖ —**de barrillos.** La que sale del pan de azúcar en el blanqueo. ‖ —**de caña** o **caña.** La que se destila del zumo de las cañas dulces al cuajar los pilones de azúcar. ‖ —**de caras.** La última que destila el azúcar después de cocer el barro. ‖ —**de claros.** La que se hace volviendo a cocer de nuevo las espumas del azúcar. ‖ —**de palo.** C. Rica y Pan. Miel silvestre. ‖ —**de purga.** Amér. Miel de caña sin purificar. ‖ —**negra.** And. Miel de caña. ‖ —**rosada.** Preparación farmacéutica hecha con miel de abejas batida con agua de rosa hasta adquirir consistencia de jarabe. ‖ —**silvestre.** La que hacen las abejas en los huecos de los árboles y de las peñas. ‖ —**virgen.** La más pura que fluye de los panales sin prensarlos ni derretirlos. ‖ fig. y fam. *Hacerse* uno *con la* miel *en los labios.* fr. fig. y fam. Privarle de lo que empezaba a gustar. ‖ miel *sobre hojuelas.* expr. fig. y fam. con que se expresa que una cosa cae muy bien sobre otra. ‖ *Vender* miel *al colmenero.* fr. dicha del que vende sus géneros a quien está sobrado de ellos, o quién pretende dar noticias de una cosa a quien está más enterado que él. ‖ **P.** mel; **I.** honey; **F.** miel; **A.** Honig; **It.** miele; **R.** мёд.

★ MIELADA. (De *miel.*) f. Quím. Líquido azucarado que algunas veces aparece en las hojas de los tilos y otras plantas.

MIELGA. (l. *melica*, de *medica* [*herba*], hierba de la medicina.) f. Bot. Planta papilionácea, leguminosa, con vainas en espiral y simiente arriñonada, que se usa mucho como forraje y que abunda en los sembrados. ‖ —**azafranada.** Variedad diferente a la común por tener los tallos rastreros, flores azafranadas y vainas en forma de media luna. ‖ —**marina.** Especie que tiene los vástagos leñosos y las hojas en forma de caña y cubierta de borra. ‖ —**real.** Planta leguminosa propia de los peñascales de la isla de Ibiza y cuyas vainas dan soldando una o dos vueltas de hélice. ‖ **P.** melga; **I.** wild lucerne; **F.** luzerne; **A.** Luzerne; **It.** cedrángola; **R.** люцерна.

MIELGA. f. Zool. Pez selácio, escuálido, que vive en los mares tropicales y templados, muy abundante en el litoral español, y de carne comestible con piel gruesa y parduzca que se emplea como la de la lija.

MIELGA. (De *amelga.*) Agr. Amelga.

MIELGA. (l. *merga*, horca.) f. Agr. Bielgo.

MIELGO, GA. (l. *gemellicus*, de *gemellus*, gemelo.) adj. Mellizo.

MIELÍTICO, CA. adj. Que padece mielitis. ‖ **2.** Relativo o perteneciente a la mielitis.

MIELITIS. (gr. μυελός, medula, y el sufijo *itis*, que significa inflamación.) f. Med. Inflamación de la medula espinal y trastorno medular degenerativo.

MIELSA. f. prov. Melsa.

MIEMBRO. (l. *membrum.*) m. Cualquiera de las extremidades del hombre o de los animales. ‖ **2.** Órgano sexual o de la generación en el hombre y algunos animales. ‖ **3.** Persona que forma parte de una comunidad o corporación. ‖ **4.** Parte de un todo que está unida con él. ‖ **5.** Parte o trozo de una cosa que está separado de ella. ‖ **6.** Arq. Cada una de las partes principales de un edificio. ‖ **7.** Mat. Cada una de las expresiones de una ecuación o de una desigualdad, separadas por los signos =, <, o >, respectivamente. ‖ —**podrido.** fig. Individuo indiano de una comunidad o que ha sido expulsado de ella. ‖ —**viril.** Pene. ‖ **P.** e **It.** membro; **I.** member; **F.** membre; **A.** Glied, Körperteil; **R.** член.

MIENTA. f. Ast. y Sant. Menta.

MIENTE. (l. *mens, mentis.*) f. ant. Pensamiento, mente. Ú. en pl. en algunas frases. ‖ **2.** ant. Gana o voluntad. ‖ *Caer en* mientes o *en las* mientes. fr. Imaginarse una cosa, caer en la imaginación. ‖ *Parar* o *poner* mientes *en una cosa.* fr. Considerar o meditar sobre ella con particular atención y cuidado. ‖ *Traer* una cosa *a las* mientes. fr. Recordarla. ‖ *Venírsele* a uno una cosa *a las* mientes. fr. Ocurrírsele.

MIENTRA. (De *dementira.*) adv. Mientras. ‖ *De* mientra o *en* mientra. m. adv. Mientras.

MIENTRAS. (De *mientra.*) adv. y conj. Durante el tiempo en que; en tanto, entre tanto. Ejemplos: *Yo trabajo* mientras *él juega. Yo te quiero* mientras *tú me adorces.* ‖ —**más** o **menos.** m. adv. Cuando más o menos. ‖ **P.** enquanto, entretanto; **I.** while, whilst; **F.** tandis que; **A.** während, solange; **It.** mentre, intanto che; **R.** между тем, пока.

MIENTRE. (De *demientre.*) adv. ant. Mientras.

MIERA. (l. [*pix*] *mera*, pez líquida.) f. Aceite espeso, amargo y de color obscuro que se extrae de las bayas y ramas de enebro, y se emplea como medicinal, principalmente por los pastores para curar la roña del ganado. ‖ **2.** Trementina del pino.

MIÉRCOLES. (l. *Mercuri* [*dies*], día de Mercurio.) m. Cuarto día de la semana. ‖ —**de Ceniza** o **Corvillo.** Primer día de la Cuaresma. ‖ —**Santo.** El de la Semana Santa. ‖ **P.** quarta-feira; **I.** Wednesday; **F.** mercredi; **A.** Mittwoch; **It.** mercoledì; **R.** среда.

MIERDA. (l. *merda.*) f. Excremento humano y, por extensión, el de algunos animales. ‖ **2.** fig. y fam. Grasa, porquería, suciedad. ‖ **3.** Cosa despreciable o inútil. ‖ **4.** com. Persona despreciable. ‖ —**de gallina.** Cuba. Nombre de varias plantas herbáceas. ‖ **P.** merda, excremento; **I.** dirt, excrement; **F.** merde, excrement; **A.** Menschenkot; **It.** merda, sterco; **R.** экскременты.

MIERLA. (l. *merula.*) f. ant. Mirla, pájaro.

MIERRA. f. Narria, caja o escalera del carro.

MIES. (l. *messis.*) f. Cereal maduro, de cuya semilla se obtiene la harina para fabricar el pan. ‖ **2.** En el norte de España y en las regiones montañosas, valles cerrados donde tienen los habitantes sus sembrados. ‖ **3.** Tiempo de la siega y recolección de cereales. ‖ **4.** fig. Muchedumbre convertida o próxima a convertirse al Catolicismo. ‖ **5.** pl. Los sembrados. ‖ **P.** mies; **I.** ripe grain; **F.** moisson; **A.** Saat, Ernte; **It.** messe; **R.** зрелые злаки, урожай.

MIGA. (l. *mica.*) f. Migaja, porción pequeña de alguna cosa. ‖ **2.** Parte interior del pan rodeada por la corteza. || **3.** ant. Papilla de los niños. || **4.** fig. y fam. Substancia y virtud interior de las cosas físicas. || **5.** fig. y fam. Entidad y substancia principal de una cosa moral. || **6.** pl. Trozos pequeños de pan humedecido con agua y frito con alguna clase de grasa. || *Hacer buenas* o *malas* MIGAS con uno. fr. fig. y fam. Entenderse bien o mal con ella. || *Hacerle* a uno MIGAS. fr. fig. y fam. Hacerle a uno polvo. || *Helársele* a uno *las* MIGAS *entre la boca y la mano.* fr. fig. y fam. Malogrársele un negocio o alguna cosa que parecía estar conseguida o que prometía feliz resultado. || *No estar* uno, o *no ser para dar* MIGAS *a un gato.* fr. fig. y fam. Ser o servir para muy poco. || 2.ª acep.: **P.** migalha; **I.** crumb; **F** mie; **A.** (Brot) Krume; **It.** mollica; **R.** хлебный мякиш.

MIGA. (Aféresis de *amiga*, 3.ª acep.) f. AND. Escuela de niñas.

MIGAJA. (d. de *miga.*) f. Parte o porción pequeña de una cosa. || **2.** Parte más pequeña del pan que se desmenuza al partirlo. || **3.** fig. Pequeña parte de una cosa inmaterial. || **4.** fig. Nada o casi nada. || **5.** pl. Las del pan. || **6.** fig. Desperdicios o sobras de uno de que se sirven otros. || *Las* MIGAJAS *del fardel a veces saben bien.* ref. que da a entender que las cosas de poca importancia que suelen despreciarse, pueden ser de provecho en algunas ocasiones. || *Reparar* uno *en* MIGAJAS. fr. fig. y fam. Detenerse en cosas de poca importancia, en lugar de atender a las que verdaderamente la tienen. || **P.** migalha; **I.** scrap, bit, chip; **F.** miette; **A.** Krümchen; **It.** briciola, rimasuglio; **R.** крошка.

MIGAJADA. f. Migaja, 1.ª acep.

MIGAJÓN. (aum. de *migaja.*) m. Miga de pan o parte de la misma. || **2.** fig. y fam. Substancia y virtud interior de una cosa. || **3.** ARQ. En los antiguos monumentos, parte inferior de una construcción. || **4.** CHILE. Prendedura o galladura del huevo.

MIGAJUELA. f. d. de migaja.

MIGAR. tr. Desmenuzar el pan para hacer migas o cosa semejante. || **2.** Echar migas en un líquido cualquiera.

MIGRACIÓN. (l. *migratio, -ōnis.*) f. Emigración. || **2.** Acción y efecto de pasar de un país a otro para residir en él, razas o pueblos enteros. || **3.** Viaje periódico de las aves de paso. || **4.** ZOOL. Cambio de residencia de los animales, debido al instinto de conservación, al régimen alimenticio, a la reproducción, etc.

MIGRAÑA. (l. *hemicranĭa*, y éste del gr. ἡμικρανία; de ἡμι, medio, y κρανίον, cráneo.) f. Jaqueca.

MIGRATORIO, RIA. (l. *migrātor*, el que emigra.) adj. Perteneciente o relativo a las migraciones. || **2.** Perteneciente o relativo a las aves de paso.

* **MIGUELEÑO, ÑA.** adj. HOND. Descortés, descomedido.

* **MIGUELERO, RA.** adj. AMÉR. CENTRAL. Enamoradizo.

MIGUELETE. (De *miquelete.*) m. Antiguo fusilero montañés de Cataluña. || **2.** Individuo perteneciente a la milicia foral de Guipúzcoa.

MIGUERO, RA. adj. Relativo a las migas. || **2.** Persona muy aficionada a las migas.

MIHRAB. (ár. *miḥrāb*, nicho de oratorio.) m. Hornacina o nicho adonde deben mirar los que oran en las mezquitas y en el que se coloca la persona que preside la ceremonia.

MIJERO. (l. *milliarĭum.*) m. ant. Milla, medida itineraria. || **2.** ant. Columna o poste indicador de las millas en los caminos.

MIJO. (l. *milĭum.*) m. Planta gramínea con flores en panojas terminales. || **2.** Semilla de esta planta. || **3.** En algunas partes, maíz. || **—ceburro.** Trigo candeal. || **P.** milho; **I.** y **F.** millet; **A.** Hirse; **It.** miglio; **R.** просо.

MIL. (l. *mille.*) adj. Diez veces ciento. || **2.** Milésimo, 1.ª acep. || **3.** fig. Se dice del número o cantidad indefinidamente grande. || **4.** m. Signo o conjunto de signos, que representan el número mil. || **5.** Millar, 1.ª acep. Ú.m. en pl. || *A las* MIL *y quinientas.* Demasiado tarde. || *Las* MIL *y quinientas.* fig. y fam. Las lentejas por la gran cantidad de ellas que entran en una escudilla.

MILAGRERÍA. (De *milagrero.*) f. Narración o cuento de cosas y hechos maravillosos que el vulgo considera como milagros.

MILAGRERO, RA. adj. Se dice de quien toma y propaga como milagros, cosas que suceden naturalmente. || **2.** Se aplica también a quien finge milagros. || **3.** fam. Milagroso, 2.ª acep.

MILAGRO. (De *miraglo.*) m. Hecho sensible y sobrenatural, exclusivo del poder divino. || **2.** Suceso o cosa rara, extraordinaria y maravillosa. || **3.** Exvoto. || *Colgar* a uno *el* MILAGRO. fr. fig. Imputarle o atribuirle algún acto vituperable. || *Hacer* uno MILAGROS. fr. fig. Hacer más de lo que se puede o excederse en alguna industria o habilidad. || *Hágase el* MILAGRO *y hágalo el diablo.* ref. para dar a entender que lo interesante es conseguir lo que se pretende sin tener en cuenta quien lo ha hecho. || **2.** Denota también que corrientemente no suelen preocupar mucho los medios, sino el logro del fin. || *Vivir* uno *de* MILAGRO. fr. fig. Vivir con mucha dificultad. || **2.** fig. Haber escapado de un peligro grande. || **P.** milagre; **I.** y **F.** miracle; **A.** Wunder; **It.** miràcolo; **R.** чудо.

MILAGRÓN. (aum. de *milagro.*) m. fam. Aspaviento, extremo.

MILAGROSAMENTE. adv. Por milagro o sobre el orden ordinario de las cosas. || **2.** De modo que causa admiración y suspensión de ánimo.

MILAGROSO, SA. (De *milagro.*) adj. Que excede a las fuerzas de la naturaleza. || **2.** Que obra o hace milagros. || **3.** Asombroso, pasmoso, maravilloso. || **P.** milagroso; **I.** miraculous; **F.** miraculeux; **A.** wunderbar; **It.** miracoloso; **R.** чудесный.

MILAMORES. (De *mil* y *amor.*) f. BOT. Hierba anual valerianácea, de tallo ramoso, hojas lanceoladas, flores blancas o rojas y fruto seco. Se cría espontáneamente en lugares pedregosos y se cultiva en los jardines.

MILÁN. m. Tela de lino que se fabrica en la capital italiana de dicho nombre.

MILANÉS, SA. adj. Natural de Milán. Ú.t.c.s. || **2.** Relativo o perteneciente a esta ciudad. || **3.** GERM. Pistolete.

MILANO. (l. *milus*, por *milvus.*) m. Ave rapaz falcónida, de cola y alas muy largas, abundante en España, y que preferentemente se alimenta de roedores pequeños, insectos y carroña. || **2.** Azor, ave de rapiña. || **3.** ZOOL. Pez marino acantopterigio, fusiforme, con aletas pectorales muy desarrolladas que le permiten salir fuera del agua dando revuelos. || **—golondrina.** ZOOL. Nauclero. || *Cola de* MILANO. Manera de ensamblar dos piezas unidas por una tercera, cuyo corte presenta el aspecto de dos trapecios regulares que están unidos por sus lados menores. || **P.** milhano; **I.** kite; **F.** milan; **A.** Gabelweihe; **It.** nibbio; **R.** коршун.

* **MILCAO.** m. CHILE. Pan que se hace con patatas ralladas. || **—del monte.** BOT. CHILE. Cierto hongo comestible.

MILDEU. m. Mildiu.

MILDIU. (ingl. *mildew.*) m. Enfermedad de la vid, producida por un hongo microscópico que ataca el tallo, las hojas y el fruto.

MILENARIO, RA. (l. *millenarĭus.*) adj. Perteneciente al número mil o millar. || **2.** Se dice de los que creían que Jesucristo reinaría sobre la Tierra por tiempo de mil años antes del juicio final. Ú.t.c.s. || **3.** Espacio de mil años. || **4.** Dícese de los que creían que el fin del mundo y el juicio final acaecería en el año 1000 de la Era Cristiana. Ú.t.c.s. || **5.** Día en que se cumplen uno o más milenios de algún suceso famoso y fiestas con que se conmemora.

MILENARISMO. m. Doctrina o creencia de los milenarios, 2.ª y 3.ª aceps.

MILENIO. m. Período de mil años. || **P.** milénio; **I.** millennium; **F.** millénaire; **A.** Jahrtausend; **It.** millennio; **R.** тысячелетие.

MILENO, NA. (l. *millēnus.*) adj. Se dice de las telas cuya urdimbre consta de mil hilos.

MILENRAMA. (De *mil*, *en* y *rama.*) f. Planta herbácea compuesta, abundante en España, con flores cuyo cocimiento se ha usado como tónico y astringente. || **P.** mil-em-rama; **I.** yarrow; **F.** mille-feuille; **A.** Schafgarbe; **It.** millefoglie; **R.** тысячелистник.

MILENTA. (l. *mille.*) adj. ant. Mil. || **2.** m. fam. Millar.

MILEÓN. m. Águila ratera.

MILÉSIMO, MA. (l. *millesĭmus.*) adj. Que ocupa el lugar último en una serie ordenada de mil. || **2.** Aplícase a cada una de las mil partes iguales en que se divide un todo. Ú.t.c.s.

MILESIO, SIA. (l. *milesĭus.*) adj. Natural de Mileto. Ú.t.c.s. || **2.** Perteneciente o relativo a este antigua ciudad griega de la región de Jonia.

MILGRANA. (l. *mille grāna*, mil granos.) f. ant. Granada, fruto del granado.

MILGRANAR. (De *milgrana.*) m. Campo plantado de grandos.

MILHOJAS. (De *mil* y *hoja.*) f. Milenrama.

MILI. (l. *mille*, mil.) Prefijo usado en el sistema métrico decimal, con la significación de la milésima parte.

MILIAR. (l. *miliarĭus*, de *milĭum*, mijo.) adj. Del tamaño o la forma de un grano de mijo. || **2.** MED. Dícese de la erupción de vejiguillas del tamaño de los granos de mijo, y de la fiebre que la acompaña. Ú. frecuentemente c.s.f. || **P.** miliar; **I.** milliary; **F.** miliaire; **A.** frieselartig; **It.** miliare; **R.** проссовидный.

MILIAR. (l. *miliāre*, de *mille*, mil.) adj. Se dice de la piedra, columna, etc., que antiguamente indicaba la distancia de mil pasos.

MILIARIO, RA. (l. *miliarĭus.*) adj. Perteneciente o relativo a la milla. || **2.** Miliar, 2.º art.

MILIBAR. m. Unidad de presión equivalente a la milésima del bar.

MILICIA. (l. *militĭa.*) f. Arte de hacer la guerra y de disciplinar a los soldados para ella. || **2.** Tropa o gente de guerra. || **3.** Servicio o profesión militar. || **4.** Coros de los ángeles. || **—nacional.** Conjunto de individuos del orden civil, que organizados militarmente, se dedicaban a la defensa del sistema de gobierno. || **—provincial.** Cuerpos destinados a servicios menos activos que los del ejército. Ú.m. en pl. || **—urbana.** Nombre que en cierta época se da a la milicia nacional. || **P.** milícia; **I.** militia; **F.** milice; **A.** Miliz; **It.** milizia; **R.** военное искусство, милиция.

MILICIANO, NA. adj. Perteneciente a la milicia. || **2.** m. Individuo de una milicia.

* **MILICURIE.** m. Unidad de medida de radiactividad equivalente a $3{,}7 \cdot 10^7$ desintegraciones por segundo.

* **MILIGRADO.** m. Unidad de medida de ángulo, equivalente a la milésima del grado.

MILIGRAMO. (De *mili* y *gramo.*) m. Medida de peso equivalente a la milésima parte del gramo. || **P.** miligrama; **I.** milligram; **F.** milligramme; **A.** Milligram; **It.** milligrammo; **R.** миллиграмм.

MILILITRO. (De *mili* y *litro.*) m. Medida de capacidad, equivalente a la milésima parte del litro.

MILÍMETRO. (De *mili* y *metro.*) m. Medida de longitud, equivalente a la milésima parte del metro. || **P.** milímetro; **I.** millimetre; **F.** millimètre; **A.** Millimeter; **It.** millimetro; **R.** миллиметр.

* **MILIMICRA.** f. FÍS. Unidad muy pequeña de longitud equivalente a la milésima de la micra.

MILITANTE. (l. *militans, -antis.*) p.a. de militar. Que milita. Ú.t.c.s. || **2.** adj. en Iglesia militante, significando la congregación de los fieles cristianos que viven en este mundo. || **P.** e **It.** militante; **I.** y **F.** militant; **A.** kämpfend; **R.** воинствующий.

MILITAR. (l. *militāri.*) adj. Que pertenece a la milicia o a la guerra. || **2.** Se aplica al vestido seglar de casaca. || **3.** m. Persona que profesa o se dedica a la milicia. || **—de cuchara.** Llámase así al que no se ha formado en Academia, sino que ha empezado su vida militar en el cuartel como simple soldado. || 3.ª acep.: **P.** militar; **I.** military, soldier; **F.** militaire; **A.** Militär; **It.** militare; **R.** военный.

MILITAR. (l. *militāri.*) intr. Servir en la guerra o profesar la milicia. || **2.** fig.

Pertenecer a un partido o colectividad. || **3.** Concurrir en una cosa alguna circunstancia particular.

MILITARA. f. fam. Esposa, viuda o hija de militar.

° **MILITARADA.** f. Rebelión militar contra la autoridad civil, sin graves motivos que la justifiquen.

MILITARISMO. m. Predominio del elemento militar en el Gobierno de un Estado.

MILITARISTA. adj. Relativo o perteneciente al militarismo. || **2.** Partidario del militarismo. Ú.t.c.s.

MILITARIZACIÓN. f. Acción y efecto de militarizar.

MILITARIZAR. tr. Inculcar la disciplina o el espíritu militar. || **2.** Organizar la disciplina militar y someter a la misma.

MILITARMENTE. adv. De conformidad al estilo y leyes militares o de la milicia.

MÍLITE. (l. miles, -itis.) m. Soldado.

MILMILLONÉSIMO, MA. adj. Se dice de cada una de las mil millones de partes iguales de un todo. Ú.t.c.s. || **2.** Lo que ocupa el último lugar de una serie ordenada de mil millones.

MILO. m. Ast. Lombriz.

MILOCA. (despect. de milano.) Ave rapaz, nocturna, muy parecida al buho, que ordinariamente vive en las peñas y se alimenta de animales pequeños.

MILOCHA. (De miloca.) f. En algunas partes, cometa, juguete que sujeto con una cuerda hacen volar los muchachos.

★ **MILOGUATE.** m. Méj. Caña del maíz.

MILONGA. f. Amér. Tonada y baile popular con acompañamiento de guitarra.

★ **MILONGUEAR.** intr. fam. Argent. Visitar frecuentemente las milongas o bailes públicos.

MILONGUERO, RA. m. y f. Persona que toca, canta o baila milongas. || **2.** Argent. Persona aficionada a los bailes populares.

MILORD. (ingl. my, mi, y lord, señor.) m. Tratamiento dado a los lores o señores de la nobleza inglesa. || **2.** Birlocho con capota, muy bajo, ligero y tirado por un caballo.

MILPA. (mejic. milli, heredad, y pan, en, sobre.) f. Amér. Central y Méj. Tierra que se destina al cultivo del maíz y a veces de otras semillas.

★ **MILPEAR.** intr. Méj. Cultivar la tierra. || **2.** Méj. Brotar el maíz.

MILPIÉS. (De mil y pie.) m. Cochinilla. || **2.** Nombre vulgar de los miriápodos.

★ **MILRAYAS.** m. Tejido tintado en madeja, que presenta una serie de líneas muy juntas.

MILLA. (l. milía, pl. de mille.) f. Medida itineraria, usada principalmente por los marinos y equivalente a 1852 metros. || **2.** Antigua medida itineraria romana equivalente a ocho estadios, cuarta parte de la legua. || P. milha; I. mile; F. mille; A. Meile; It. miglio; R. миля.

MILLACA. f. Bot. Cañota.

MILLAR. (l. milliăre.) m. Conjunto de mil unidades. || **2.** Signo (Ⅱ) para indicar que son millares los guarismos que le preceden. || **3.** Cantidad de cacao que según las diferentes localidades es de tres libras y media o algo más. || **4.** Espacio de terreno que en las dehesas permite mantener dos hatos de ganado o mil ovejas. || **5.** Número grande, indeterminado. Ú.m. en pl. || **—cerrado.** Signo del millar que precedido y seguido de una raya horizontal, se colocaba antiguamente para indicar las partidas fallidas. || **—en blanco.** Signo del millar que sin precederle ni seguirle ninguno otro, servía antiguamente para indicar las partidas dudosas. || P. milhar; I. thousand; F. millier; A. Tausend; It. migliaio; R. тысяча.

MILLARADA. (De millar.) f. Cantidad como de un millar aproximadamente, que se usa en sentido ponderativo. || A MILLARADAS. m. adv. fig. A millares; innumerables veces.

MILLO. (l. milĭum, mijo.) m. Mijo. || **2.** Can. y Sal. Maíz. || **3.** Amér. En algunas partes de Chile mala hierba que crece en el trigo. || **4.** Chile. En otras partes, sal que se echa a perder en el agua. || **5.** Colom. Flauta rústica hecha con caña de mijo.

MILLÓN. (ital. milione, y éste del l. mille, mil.) m. Mil millares. || **2.** fig. Número muy grande indeterminado. || **3.** pl. Tributo antiguo que los reinos pagaban al rey sobre el consumo de las seis especies, vino, vinagre, aceite, carne, jabón y velas de sebo. || P. milhão; I. y F. million; A. Million. It. milione. R. миллион.

MILLONADA. f. Cantidad como de un millón.

MILLONARIO, RIA. (De millón.) adj. Que tiene millones, que es acaudalado, poderoso. Ú.t.c.s. || P. milionário; I. millionaire; F. millionnaire; A. Millionär; It. milionario; R. миллионер.

MILLONÉSIMO, MA. adj. Aplícase a cada una del millón de partes iguales en que ha sido dividido un todo. Ú.t.c.s. || **2.** Que ocupa el lugar último de una serie ordenada de un millón.

MIMADOR, RA. adj. Que mima.

MIMAR. (De mimo.) tr. Hacer caricias y halagos. || **2.** Tratar con caricias y excesivo regalo y condescendencia a alguna persona, especialmente, si es niño. || P. mimar; I. to pet, to indulge; F. gâter; A. hätscheln, verzärteln; It. accarezzare, viziare; R. ласкать, баловать.

MIMBRAL. (De mimbre.) f. Mimbreral.

MIMBRAR. (De mimbre.) tr. Abrumar, humillar, molestar. Ú.t.c.s.

MIMBRE. (De mimbre.) amb. Mimbrera, arbusto cuyas ramitas se emplean en cestería. || **2.** Cada una de las varitas flexibles de la mimbrera. || P. vimeiro; I. y F. osier; A. (Bach) Weide; It. vinco; R. ивовый куст.

MIMBREAR. intr. Agitarse o moverse con la flexibilidad del mimbre. Ú.t.c.r.

MIMBREÑO, ÑA. adj. De naturaleza de mimbre.

MIMBRERA. (De mimbre.) f. Bot. Arbusto salicíneo, cuyas ramitas flexibles y de madera blanca se emplean en trabajos de cestería. || **2.** Mimbreral. || **3.** Nombre vulgar de determinadas y varias especies de sauces.

MIMBRERAL. m. Sitio o terreno poblado de mimbreras.

MIMBRÓN. m. Mimbre o mimbrera.

MIMBROSO, SA. adj. Perteneciente al mimbre. || **2.** Cosa hecha de mimbres. || **3.** Abundante en mimbres.

MIMESIS. (l. mimēsis, y éste del gr. μίμησις; de μιμέομαι, imitar, remedar.) f. Ret. Imitación de la forma de hablar, de los gestos y ademanes de una persona, generalmente para burlarse de ella.

MIMÉTICO, CA. adj. Relativo o perteneciente al mimetismo.

MIMETISMO. (gr. μιμέομαι, imitar.) m. Biol. Propiedad de algunos animales y plantas de asemejarse en color y forma a los seres y objetos inanimados del medio en que viven, para disimular su presencia o para protegerse.

MÍMICA. (l. mimĭca, t. f. de -cus, mímico.) f. Arte de representar, imitar o darse a entender por medio de ademanes o gestos. || P. mímica; I. mimicry; F. mimique; A. Mimik; It. mimica; R. мимика.

MÍMICO, CA. (l. mimĭcus.) adj. Perteneciente al mimo y a su arte. || **2.** Perteneciente a la mímica. || **3.** Imitativo.

MIMO. (l. mimus, y éste del gr. μῖμος.) m. Actor o bufón que entre griegos y romanos imitaba a otras personas, tanto en la escena como fuera de ella. || **2.** Farsa o representación teatral, ligera y festiva, generalmente obscena, entre los antiguos griegos y romanos. || **3.** Halago, cariño o expresiva demostración de ternura. || **4.** Condescendencia excesiva con que se suele tratar a los niños. || P. e It. mimo; I. mime, buffoon; F. mime; A. Mimiker; R. ласка.

MIMÓGRAFO. (l. mimogrăphus, y éste del gr. μιμογράφος.) m. Autor de mimos o farsas. || **2.** Persona que tiene conocimientos de la mimografía o tratado de la mímica o de los mimos.

MIMOSA. (l. mimus, y éste del gr. μῖμος, imitador, aludiendo a la aparente sensibilidad de alguna de estas plantas.) f. Género de plantas exóticas, herbáceas o leñosas, que comprende muchas especies, algunas de ellas muy notables, por la propiedad que tienen sus hojas de contraerse al tocarlas o agitarlas, como la MIMOSA pú-

dica o vergonzosa, que es cultivada como planta de adorno.

MIMOSÁCEO, A. (De mimosa.) adj. Bot. Se dice de las plantas angiospermas, dicotiledóneas, de fruto en legumbre, hojas compuestas, y flores con estambres libres y generalmente ramificados, como la acacia y la sensitiva. Ú.t.c.s.f. || **2.** f. pl. Bot. Familia de estas plantas.

MIMOSAMENTE. adv. Con cariño y mimo.

MIMOSO, SA. (De mimo.) adj. Melindroso, consentido y regalón.

MINA. (l. mina, y éste del gr. μνᾶ.) f. Antigua moneda y unidad de peso griega, equivalente a cien dracmas.

MINA. (célt. mein, metal en bruto.) f. Criadero o lugar abundante en algún mineral. || **2.** Excavación hecha para extraer algún mineral. || **3.** Galería o paso subterráneo para diferentes fines. || **4.** Barrita de alguna materia como la plombagina, que se coloca en los lapiceros y con la cual se escribe, dibuja o raya. || **5.** fig. Empleo, oficio o negocio, que con escaso trabajo proporciona pingües ganancias. || **6.** Lo que abunden en cosas estimables o útiles. || **7.** Amér. fig. Mujer de la que se lucra un rufián. || **8.** Fort. Galería subterránea donde se coloca pólvora para volar o derribar muros, fortificaciones, puentes, etc. || **9.** Mar. Mina submarina. || **—ludia.** Germ. Cobre. || **—mayor.** Germ. El oro. || **—Menor.** Germ. La plata. || **—submarina.** Torpedo fijo o a la deriva que se emplea para la defensa de puertos, radas y canales, contra los ataques de los buques, o bien como medio de ofensiva contra los mismos. Según el agente que provoque su explosión, se denominan eléctricas, magnéticas, etc. || Denunciar una MINA. fr. Acudir a la autoridad competente el descubridor de una mina o el que quiere alguna que está abandonada, para registrarla a su nombre y asegurarse así los derechos de propiedad de la misma. || Encontrar uno o una MINA. fr. fig. Hallar el medio de vivir o enriquecerse con poco trabajo. || Volar la MINA. fr. fig. Descubrir alguna cosa que estaba oculta o secreta. || **2.** fig. Romper y explicar su sentimiento el que ha estado callándolo mucho tiempo. || P. mina; I y F. mine; A. Mine, Bergwerk; It. miniera; R. шахта, рудник.

MINADA. (l. minăre, llevar.) f. Ál. Conjunto de reses vacunas, destinada a la labranza en una localidad. || **2.** Ál. Sociedad en que se aseguran las reses de la minada.

MINADOR, RA. adj. Que mina. || **2.** Se dice del buque destinado a colocar minas submarinas. Ú.t.c.s. || **3.** m. Persona que abre minas o que dirige estas excavaciones.

MINAL. adj. Perteneciente a la mina o excavación.

MINAR. (De mina, 2.° art.) tr. Abrir galerías o caminos subterráneos. || **2.** fig. Hacer diligencias en grado máximo, para conseguir alguna cosa. || **3.** fig. Consumir, destruir lentamente. || **4.** Mil. Colocar minas para volar muros, fortificaciones, o detener el avance del enemigo. || **5.** Mar. Colocar minas para impedir el paso de buques enemigos. || P. minar; I. to undermine; F. miner; A. untergraben; It. minare; R. делать подкоп.

MINAZ. (l. minax, -ācis.) adj. ant. Que amenaza.

MINCIO. m. ant. Minción, luctuosa.

MINCIÓN. (l. minutĭo, -ōnis, disminución.) f. ant. Luctuosa.

MINCIÓN. f. ant. Mención.

MINDANGO, GA. (Variante de pendanga o pindonga.) adj. Murc. Despreocupado, camandulero, socarrón.

MINDANGUEAR. (De mindango.) intr. Murc. Gandulear, pindonguear.

MINDONIENSE. adj. Natural de Mondoñedo. Ú.t.c.s. || **2.** Perteneciente a esta ciudad.

★ **MINEAR.** intr. Colom. Buscar oro en las minas.

MINERA. f. ant. Mina, criadero de algún mineral. || **2.** And. Canción de los mineros de ritmo triste y arrastrado.

MINERAJE. m. Labor y beneficio de las minas.

MINERAL. (De minero.) adj. Pereneciente o relativo al numeroso grupo de seres inorgánicos o a alguna de sus partes. || **2.** Se dice de los cuerpos que en disolución llevan substancias minerales. || **3.** m. Substancia inorgánica que se halla en la superficie o en el interior de la corteza terrestre, especialmente, aquellas cuya explotación es interesante. || **4.** Origen y principio de las fuentes. || **5.** Parte útil de la explotación minera. || **6.** fig. Principio, fundamento u origen que produce alguna cosa en abundancia. || **7.** MÉJ. Pueblo en que hay minas. ||—**dormido.** PERÚ. Entre los antiguos mineros, vetas que estaban sin explotar o beneficiar. || **P.** e **I.** mineral; **F.** minéral; **A.** Mineral; **It.** minerale; **R.** минералъ, минерал.

MINERALIZACIÓN. f. Acción y efecto de mineralizar.

MINERALIZAR. tr. MIN. Comunicar una substancia a otra, en el seno de la tierra, las condiciones de mineral. Ú.t.c.r. **2.** r. Cargarse las aguas subterráneas de substancias minerales.

MINERALOGÍA. (De *mineral*, y el gr. λόγος, tratado.) f. Parte de la Historia Natural que estudia los minerales. || **P.** mineralogía; **I.** mineralogy; **F.** minéralogie; **A.** Gesteinslehre; **It.** mineralogia; **R.** минералогия.

MINERALÓGICO, CA. adj. Perteneciente a la mineralogía o relativo a ella.

MINERALOGISTA. com. Persona que profesa o es versado en la mineralogía.

MINERÍA. (De *minero*.) f. Arte de trabajar o explotar las minas. || **2.** Conjunto de personas que se dedican a este trabajo. || **3.** Conjunto de facultativos que forman cuerpo para atender a todo lo relativo a la explotación de las minas. || **4.** Conjunto de las minas de una nación o región.

MINERISTA. m. desus. El que busca minas.

MINERO, RA. (De *mina*, 2.º art.) adj. Perteneciente a la minería. || **2.** m. Persona que trabaja en las minas. || **3.** El que las beneficia o especula en ellas. || **4.** La misma mina o criadero. || **5.** fig. Principio, origen o nacimiento de una cosa. || **6.** fig. ARGENT. Ratón, mamífero roedor. || **2.ª** acep.: **P.** mineiro; **I.** miner; **F.** minier; **A.** Grubenarbeiter, Bergmann; **It.** minatore; **R.** рудничный, шахтёр.

MINEROMEDICINAL. adj. Se dice del agua mineral usada como medicina.

MINERVA. (l. *Minerva*.) f. La inteligencia o la mente, que se supone residir en la cabeza y de la cual, según la mitología, nació armada la diosa de la sabiduría, Minerva. || **2.** Procesión del Santísimo, que en las dominicas después del Corpus, sale sucesivamente de cada parroquia, y cuyo origen proviene de la congregación del Santísimo Cuerpo de Cristo, que se estableció en Roma en la Iglesia que ocupaba el mismo sitio donde estuvo el templo pagano dedicado a Minerva. || **3.** IMPR. Prensa tipográfica movida a pedal o eléctricamente, empleada para tirar impresos pequeños.

* **MINERVISTA.** com. Tipógrafo que trabaja en una minerva, 3.ª acep.

MINGA. (quich. *minc'ay*, alquilar gente.) f. CHILE. Mingaco. || **2.** PERÚ Chapuza que en días festivos realizan los obreros en una heredad a cambio de un poco de chicha, aguardiente, o coca.

MINGACO. (quich. *min'acuy*, alquiler para el trabajo.) m. CHILE. Reunión de personas para hacer un trabajo en común, sin otra remuneración que una comilona.

MINGITORIO, RIA. (l. *mingĕre*, mear.) adj. Perteneciente o relativo a la micción. || **2.** m. Urinario en forma de columna.

MINGLANA. (De *mingrana*.) f. ant. Granada, fruto del granado.

MINGO. (Aféresis ant. de *Domingo*.) n. p. de varón. *Más galán que* MINGO. expr. fig. y fam. Se dice del hombre muy ataviado y compuesto.

MINGO. m. Bola que al comenzar cada mano del juego de billar, se coloca en la cabecera de la mesa. || **2.** COLOM. Tercero en el juego de tresillo. || **3.** CUBA. Juego de muchachos, en que se emplean bolitas. || *Poner el* MINGO. fr. fam. Distinguirse, sobresalir. || **2.** *Tomar* a uno *por* MINGO. fr. fig. y fam. Hacerle objeto de burlas.

MINGRANA. (De *milgrana*.) f. ant. Granada, fruta del granado.

MINGUA. f. ant. Mengua.

MINGUADO, DA. p. p. del ant. minguar. || **2.** adj. Menguado, cobarde, tonto, miserable, ruin.

MINGUAR. intr. ant. Menguar.

MINIAR. (l. *miniāre*, pintar con minio o bermellón.) tr. PINT. Pintar de miniatura.

MINIATURA. (De *miniar*.) f. Pintura de pequeñas dimensiones, generalmente hecha sobre superficies delicadas, con colores desleídos en aguas de goma. || **P.** e **It.** miniatura; **I.** y **F.** miniature; **A.** Miniatur; **R.** миниатюра.

MINIATURISTA. com. Pintor de miniaturas.

MINIFUNDIO. (contracc. del l. *minĭmus*, y *fundus*, fundo, heredad.) Finca rústica minúscula, cuya pequeñez impide que su cultivo sea remunerador.

MÍNIMA. (l. *minima*, t. f. de *-mus*, mínimo.) f. Cosa muy pequeña. || **2.** MÚS. Nota o figura cuyo valor es la mitad de la semibreve.

MINIMISTA. m. Estudiante de la clase de mínimos en los antiguos estudios de la gramática.

° **MINIMIZAR.** tr. Empequeñecer una cosa, reducirla a su mínima extensión o tamaño. || **2.** fig. Menospreciar una cosa, quitarle importancia o valor.

MÍNIMO, MA. (l. *minĭmus*.) adj. sup. de pequeño. || **2.** Dícese de lo menor en su especie. || **3.** Minucioso. || **4.** Se dice del religioso o religiosa de la orden de San Francisco de Paula. Ú.t.c.s. || **5.** m. MAT. El valor más pequeño que puede tener una variable. || **6.** Límite inferior a que puede reducirse una cosa. || **7.** pl. Segunda de las clases en que se dividía antiguamente la gramática y en la que se enseñaban los géneros y las primeras oraciones. || **8.** C. RICA. Cobarde, flojo. || **P.** mínimo; **I.** least; **F.** minime; **A.** kleinste(r); **It.** minimo; **R.** минимальный.

MÍNIMUM. (l. *minĭmum*, la menor parte.) m. Mínimo, 6.ª acep.

MININA. f. fam. Gata.

MININO. m. fam. Gato.

MINIO. (l. *minĭum*.) m. Óxido de plomo de color rojo anaranjado que se utiliza para pintar el hierro y otros metales.

MINISTERIAL. adj. Perteneciente al ministerio o a alguno de los ministros encargados de su despacho. || **2.** Se dice de quien en las Cortes o en la prensa apoya habitualmente a algún ministerio. Ú.t.c.s.

MINISTERIALISMO. m. Condición de ministerial, 2.ª acep.

MINISTERIALMENTE. adv. Con ministerio y facultades y oficios de ministro.

MINISTERIO. (l. *ministerium*.) m. Gobierno del Estado, considerado en el conjunto de los distintos departamentos. || **2.** Cargo de ministro. || **3.** Tiempo que dura su ejercicio. || **4.** Cuerpo de ministros del Estado. || **5.** Cada uno de los departamentos en que se divide la gobernación del Estado y que actualmente en España son los siguientes: Ministerio de Asuntos Exteriores, de la Gobernación, de Justicia, de Hacienda, del Ejército, de Marina, del Aire, de Educación Nacional, de Trabajo, de Agricultura, de Industria, de Comercio, de Obras Públicas, de Información y Turismo, de la Vivienda, Secretaría General del Movimiento y Subsecretaría de la Presidencia. ||—**público** o **fiscal.** El que representa la ley como defensor de la sociedad y del público ante los tribunales de justicia y cuya función es atribuida al fiscal. || **P.** ministério; **I.** ministry, cabinet; **F.** ministère, cabinet; **A.** Ministerium, Kabinett; **It.** ministero, cabinetto; **R.** министерство, кабинет.

MINISTRA. (l. *ministra*.) f. La que ministra alguna cosa. || **2.** Mujer del ministro. || **3.** Prelada de religiosas trinitarias.

MINISTRABLE. adj. Persona que reúne condiciones para ser ministro, y aún no lo ha sido.

MINISTRACIÓN. f. ant. Acción de ministrar.

MINISTRADOR, RA. (l. *ministrātor*.) adj. Que ministra. Ú.t.c.s.

MINISTRANTE. p.a. de ministrar. Que ministra. || **2.** Practicante de clínica u hospital.

MINISTRAR. (l. *ministrāre*.) tr. Servir o ejercer un oficio o ministerio. Ú.t.c. intr. || **2.** Dar, suministrar alguna cosa.

MINISTRER. m. Ministril. 3.ª acep.

MINISTRIL. m. Ministro inferior de justicia. || **2.** Persona que en algunas solemnidades religiosas tocaba un instrumento de viento. || **3.** El que tañía por oficio instrumentos de cuerda o de viento.

MINISTRO. (l. *minister*, *-tri*.) m. El que ministra alguna cosa. || **2.** Agente o autoridad judicial. || **3.** Empleado para la resolución de los negocios políticos y económicos. || **4.** Jefe de un departamento ministerial. || **5.** Enviado, comisionado. || **6.** Cualquier representante o agente diplomático. || **7.** Ordinario en un convento de religiosos. || **8.** En las casas y colegios de jesuitas, segundo prelado que cuida del gobierno económico. || **9.** Oficial inferior o alguacil, encargado de la ejecución de los mandatos judiciales. || **10.** El que ayuda a misa. || **11.** En las misas solemnes, el diácono y el subdiácono. || **12.** Persona o cosa que ejecuta los mandatos, proyectos o deseos de otro. ||—**consultante.** El del Consejo, que en las consultas de los viernes sometía al Rey o al pleno del Consejo, el caso consultado y el dictamen sobre el mismo, para su aprobación o modificación. ||—**de capa y espada.** Consejero que por no ser letrado, solamente tenía voto en los negocios consultivos y de gobierno. ||—**de Dios.** Sacerdote cristiano. ||—**de jornada.** El que durante las vacaciones del Jefe de Estado, somete a la firma de éste, los decretos tomados por el Consejo. ||—**de la Corona.** En el régimen monárquico, ministro encargado de un departamento ministerial. ||—**de la Orden Tercera.** Superior de dicha orden, encargado de la gobernación de los negocios de la misma. ||—**de la tabla.** Cada uno de los que componían el tribunal de la Tabla del Consejo. ||—**del sacramento.** El que en nombre de Cristo y haciendo sus veces, lo administra. ||—**general.** En la orden de San Francisco, general o prelado de la orden. ||—**plenipotenciario.** Diplomático que ocupa el segundo puesto o categoría en la embajada a que pertenece y que aún presentando sus cartas credenciales al Jefe del Estado, ante el cual se acredita, sólo puede tratar con sus ministros; por eso generalmente se le denomina *enviado extraordinario*. ||—**residente.** Agente diplomático de categoría inmediatamente inferior a la de ministro plenipotenciario. ||—**sin cartera.** El que sin estar al frente de un departamento ministerial, participa de la responsabilidad general política del Gobierno. || *Primer* MINISTRO. Ministro superior, que el rey solía nombrar para el despacho de los negocios del Estado. || **2.** El jefe del Gobierno o presidente del Consejo de ministros. || **P.** e **It.** ministro; **I.** minister; **F.** ministre; **A.** Minister; **R.** министр.

MINO. Voz que se usa para llamar al gato.

* **MINO, NA.** m. y f. ARGENT. fig. Amante.

MINORACIÓN. (l. *minoratĭo*, *-ōnis*.) f. Acción y efecto de minorar o minorarse.

MINORAR. (l. *minorāre*; de *minor*, menor.) tr. Acortar, disminuir, reducir a menos una cosa. Ú.t.c.r.

MINORATIVO, VA. adj. Que minora o puede minorar. || **2.** MED. Se dice del remedio que purga suavemente.

MINORÍA. (l. *minor*, menor.) f. Conjunto de votos contrarios a la opinión del mayor número de votantes en una junta o asamblea. || **2.** Fracción de un cuerpo deliberante que ordinariamente vota en contra de la mayoría de sus individuos. || **3.** Parte menor de los componentes de una colectividad. || **4.** Menoría de edad. || **5.** Parte de la población de un Estado, que difiere de la mayoría de ella, por su raza, religión o lengua.

MINORIDAD. (De *minoría*.) f. Minoría, 4.ª acep. || **P.** menoridade; **I.** minority; **F.** minorité; **A.** Minderjährigkeit; **It.** minorità; **R.** несовершеннолетие.

MINORISTA. m. Clérigo de menores. || **2.** Comerciante por menor. || **3.** adj. Aplícase al comercio por menor.

M

MINORITA. m. Menor, religioso de la Orden de San Francisco.

★ **MINORITARIO, RIA.** adj. Que está en minoría.

MINSTRAL. adj. Maestral, viento intermedio entre el poniente y tramontana.

MINTROSO. adj. ant. Mentiroso, embustero.

MINUCIA. (l. *minutia*; de *minūtus*, pequeño.) f. Menudencia, cosa de poco valor, cortedad. || **2.** pl. Diezmo de las frutas y producciones de poca importancia, que se pagaba como pie de altar. || **P.** minucia; **I.** trifle; **F.** minutie; **A.** Kleinigkeit; **It.** minuzia; **R.** мелочь, пустяк.

MINUCIOSAMENTE. adv. Con minuciosidad, circunstanciadamente.

MINUCIOSIDAD. f. Calidad de minucioso.

MINUCIOSO, SA. (De *minucia*, menudencia.) adj. Que se detiene en las cosas más pequeñas o en los menores detalles. || **P.** minucioso; **I.** minute; **F.** minutieux; **A.** kleinlich, minuziös; **It.** minuzioso; **R.** кропотливый.

MINUÉ. (fr. *menuet*.) m. Baile francés de movimiento moderado que estuvo de moda en el siglo XVIII. || **2.** Composición musical de compás ternario para acompañar este baile.

MINUENDO. (l. *minuendus*, p.p. de fut. de *minuĕre*, disminuir.) m. ÁLG. y ARIT. Cantidad de la que ha de restarse otra.

MINUETE. m. Minué.

MINÚSCULO, LA. (l. *minuscŭlus*.) adj. De pequeñas dimensiones o de muy poca cantidad. || **2.** Se dice de la letra empleada constantemente en la escritura y que se diferencia por el tamaño y, en general, por la figura de la letra mayúscula. Ú.t.c.s. || **2.ª** acep.: **P.** minuscula; **I.** y **F.** minuscule; **A.** kleiner Buchstabe; **It.** minùscola; **R.** строчная.

MINUTA. (l. *minūta*, pequeña, ligera.) f. Extracto o borrador de un contrato, escritura, etc., que luego se copiará o extenderá con las formalidades debidas. || **2.** Borrador de una orden, exposición u oficio para pasarlo luego en limpio. || **3.** Borrador original que queda en una oficina de todos los comunicados expedidos por la misma. || **4.** Apuntación de una cosa para tenerla presente. || **5.** Cuenta que de sus honorarios presentan los abogados y curiales. || **6.** Lista o catálogo de personas o de cosas. || **7.** CHILE. Comercio de compraventa de objetos de poco valor y usados. || —**rubricada.** La que rubrica el funcionario público que mandó extenderla sin trámites preparatorios, o sin acuerdo previo. || **P.** e **It.** minuta; **I.** rough draft; **F.** minute, brouillon, menu; **A.** Entwurf; **R.** черновик.

MINUTAR. (De *minuta*.) tr. Hacer el borrador o minuta de una consulta, contrato o escritura.

MINUTARIO. m. Cuaderno en que el notario pone las minutas o borradores de las escrituras o documentos otorgados ante él.

MINUTERO. m. Manecilla que señala los minutos en el reloj.

MINUTISA. (l. *minūtus*, pequeño, diminuto.) f. Planta cariofilácea que se cultiva en los jardines por la belleza de sus flores.

MINUTO, TA. (l. *minūtus*, pequeño.) adj. Menudo. || **2.** Se dice del cambio o valor relativo de las monedas en países diferentes o de las de distinta especie de un mismo país. || **3.** m. Sexagésima parte de un grado de círculo. || **4.** Sexagésima parte de una hora. || **P.** e **It.** minuto; **I.** y **F.** minute; **A.** Minute; **R.** крошечный, минута.

★ **MIÑAQUE.** m. CHILE. Encaje labrado con aguja.

MIÑARSE. (De *eliminarse*.) r. GERM. Irse, marcharse.

MIÑÓN. (fr. *mignon*.) m. Antiguo soldado de tropa ligera destinado a la persecución de contrabandistas y ladrones o a la custodia de los bosques reales. || **2.** Individuo de las milicias forales de Vizcaya y Álava.

MIÑÓN. (l. *minium*, minio.) m. En algunas regiones, escoria del hierro. ||

2. MIN. VIZ. Mena de hierro de aspecto terroso.

MIÑONA. (fr. *mignonne*.) f. IMPR. Carácter de letra de siete puntos.

MIÑOSA. f. En algunas partes, lombriz.

MÍO, MÍA, MÍOS, MÍAS. (l. *meus*.) Pronombre posesivo de primera persona en género masculino y femenino y ambos números singular y plural. En la primera forma. Ú.t.c. neutro. || *A MÍA sobre tuya.* m. adv. A golpes, apresuradamente. || *Con lo MÍO me ayude Dios.* fr. proverb. usado para manifestar que única y solamente contamos con aquello que legítimamente nos corresponde. || *De MÍO.* m. adv. Sin valerse de nadie; con sólo mi genio, industria o recursos. || **2.** Por mi naturaleza. || *Esta es la MÍA.* fr. fig. y fam. Tener ocasión para lograr lo que se pretende. || *Lo MÍO, MÍO, y lo tuyo de entrambos,* ref. para manifestar la desordenada avaricia de algunos que quieren participar de los bienes de los demás, sin padecer mengua de ninguna clase en los suyos. || **P.** meu, minha, meus, minhas; **I.** mine; **F.** mien, mienne; **A.** mein, meine, meinig(e); **It.** mio, mia, miei, mie; **R.** мой.

MÍO. Voz familiar usada para llamar al gato.

MIOCARDIO. (gr. μῦς, μυός, músculo, y καρδία, corazón.) ZOOL. Parte muscular del corazón situada entre el endocardio y el pericardio, en los vertebrados.

MIOCARDITIS. f. MED. Inflamación del miocardio.

MIOCENO. (gr. μεῖον, menos, καινός, reciente.) adj. Se dice del terreno perteneciente al período de la era terciaria, posterior al oligoceno y anterior al plioceno. Ú.t.c.s. || **2.** GEOL. Perteneciente a este terreno.

MIODINIA. (gr. μῦς, μυός, músculo, y ὀδύνη, dolor.) f. MED. Dolor de los músculos.

MIOGRAFÍA. (gr. μῦς, μυός, músculo, y γράφω, describir.) f. Parte de la anatomía que trata de la descripción de los músculos.

MIOLEMA. (gr. μῦς, μυός, músculo, y λέμμα, túnica.) m. ZOOL. Sarcolema.

MIOLOGÍA. (gr. μῦς, μυός, músculo, y λόγος, tratado.) f. Parte de la anatomía descriptiva que trata de los músculos.

MIOMA. (gr. μῦς, μυός, y la terminación -*oma*, tumor.) m. MED. Tumor que se forma en los músculos.

MIOPE. (l. *myops*, y éste del gr. μύωψ; de μύω, cerrar, y ὤψ, ojo.) adj. Que por exceso de refracción de la luz en el ojo, tiene necesidad de acercarse mucho a los objetos para verlos bien. Ú.t.c.s. || **P.** miope; **I.** short-sighted; **F.** myope; **A.** kurzsichtig, myopisch; **It.** miope; **R.** близорукий.

MIOPÍA. f. Corto de vista; imperfección o defecto del miope.

MIOSIS. (gr. μύω, guiñar los ojos.) f. MED. Contracción anormal permanente de la pupila del ojo.

MIOSOTA. (l. *myosōta*, y éste del gr. μυοσωτή, oreja de ratón.) f. Raspilla.

MIQUELETE. (d. de *Miquelot* de Prats, antiguo jefe de esta tropa.) m. Miquelete.

MIQUERO. (De *mico*, porque trepa por las ramas de los árboles en persecución de los monos.) adj. ZOOL. Se aplica en algunas regiones de América a una especie de aguará, denominado también león miquero.

MIQUIS (CON). (b. l. *michi*, por el l. *mihi*, dat. de *ego*, yo.) loc. fam. de forma pleonástica. Conmigo.

MIRA. (De *mirar*.) f. Pieza que en ciertos instrumentos sirve para dirigir visuales. || **2.** Pieza que en las armas de fuego sirve para asegurar la puntería. || **3.** Ángulo de la parte superior de la adarga. || **4.** En las fortalezas antiguas, obra que por su elevación permitía ver bien el terreno. || **5.** En las fortalezas antiguas, obra avanzada. || **6.** fig. Intención, designio o propósito. || **7.** ALBAÑ. Cada uno de los renglones que al levantar un muro se fijan verticalmente para asegurar en ellos la cuerda que va señalando las hiladas. || **8.** TOPOGR. Regla graduada que se coloca verticalmente en los puntos del terreno que se quiere nivelar. || **9.** pl. MAR. Los dos cañones grandes situados en el castillo

a uno y a otro lado del bauprés. || *Andar, estar,* o *quedar,* uno *a la* MIRA. fr. fig. Observar con cuidado y atención la marcha de un negocio o asunto. || *Poner la* MIRA *en una cosa.* fr. fig. Hacer la elección de ella e intentar conseguirla. || **P.** e **It.** mira; **I.** aim, sight; **F.** mire, but; **A.** Visier, Zielen; **R.** прицел.

MIRA. (l. *mira*, maravillosa.) f. ASTRON. Estrella importante de la constelación de la Ballena.

MIRABEL. (fr. *mirabelle*.) m. Planta herbácea quenopodiácea; de forma piramidal que se cultiva en los jardines por su hermoso aspecto. || **2.** BOT. Girasol.

MIRABLE. (l. *mirabĭlis*.) adj. ant. Admirable.

MIRABOLANO. m. Mirobálano.

MIRABOLANOS. m. Mirobálanos.

MIRACLO. m. ant. Milagro.

MIRACULOSAMENTE. adv. ant. Milagrosamente.

MIRACULOSO, SA. (l. *miraculōsus*.) adj. Milagroso.

MIRADA. f. Acción de mirar. || **2.** Modo de mirar. || **P.** mirada; **I.** look, glance; **F.** regard; **A.** Blick; **It.** sguardo; **R.** взгляд.

MIRADERO. (De *mirar*.) m. Persona o cosa que es objeto de la atención pública. || **2.** Lugar desde donde se mira.

MIRADO, DA. p.p. de mirar. || **2.** adj. Dícese de la persona cauta, circunspecta y reflexiva. Suele usarse con alguno de los adverbios *muy, tan, más, menos.* || **3.** Merecedor de bueno o mal concepto. En este sentido sigue siempre a los adverbios *bien, mal, mejor, peor.*

MIRADOR, RA. (l. *mirātor.*) adj. Que mira. || **2.** m. Corredor o galería para explayar la vista. || **3.** Balcón cerrado de cristales. || **4.** P. RICO. Caseta que se construye en el terrado o azotea de una casa. || **3.ª** acep.: **P.** galeria; **I.** mirador, bay-window; **F.** véranda; **A.** Balkon; **It.** balcone con invetriata; **R.** балкон.

MIRADURA. (De *mirar*.) f. Mirada.

MIRAGLO. (l. *miracŭlum*.) m. ant. Milagro.

MIRAGUANO. m. Palmera de poca altura, que crece en las regiones cálidas de América y Oceanía, y tiene hojas grandes en forma de abanico y por fruto una baya seca llena de una materia parecida al algodón, que se emplea para rellenar almohadas y colchones. || **P.** sumáuma; **I.** y **F.** kapok; **A.** Kapok; **It.** kapoc; **R.** пальма.

MIRAMAMOLÍN. (ár. *amīr al-mu'minīn*, príncipe de los creyentes, título del califa.) m. Califa, más particularmente cualquiera de los califas almohades.

MIRAMELINDOS. m. Balsamina, planta geriánácea medicinal.

MIRAMIENTO. m. Acción de mirar, atender o considerar algo. || **2.** Respeto, atención, circunspección. || **2.ª** acep.: **P.** miramento; **I.** respect; **F.** égard, considération; **A.** Achtung, Rücksicht; **It.** riguardo; **R.** рассматривание, уважение.

MIRANDA. (De *mirar*.) f. Paraje alto desde donde se descubre una gran extensión de terreno.

MIRANDÉS, SA. adj. Natural de Miranda de Ebro. Ú.t.c.s. || **2.** Perteneciente a esta villa de la provincia de Burgos.

MIRANTE. p.a. de mirar. Que mira.

MIRAR. (l. *mirāre*.) tr. Fijar la vista con atención en un objeto. Ú.t.c.r. || **2.** Tener uno por fin alguna cosa en lo que ejecuta. MIRA por sus hijos. || **3.** Observar las acciones de uno. || **4.** Apreciar, atender una cosa. || **5.** Estar situado una cosa enfrente de otra. || **6.** Concernir, pertenecer. || **7.** fig. Pensar, juzgar. || **8.** fig. Cuidar y proteger a una persona o cosa. || **9.** fig. Inquirir, reconocer una cosa. || *Bien* MIRADO. m. adv. Si se considera con detenimiento. || ¡MIRA! interj. para avisar o amenazar a uno. || MIRA *lo que haces.* expr. con que se avisa al que va a ejecutar una cosa mala o arriesgada, para considerar antes las consecuencias de lo que intenta. || MÍRAME *y no me toques.* expr. fig. y fam. Aplícase a las personas nimiamente delicadas y también a las cosas de poca resistencia. || ¡MIRA *quién habla!* expr. con que se nota a uno el mismo defecto de que él habla contra otro. || MIRAR *bien a* uno. fr. fig. Tenerle afecto. || MIRAR *mal a* uno. fr. fig. Tenerle aversión. || MIRAR *por una persona o cosa.* fr. Ampararla, cuidar de ella. || MIRAR una cosa *por encima.* fr. fig. mirarla ligeramente. || *Quien adelante no* MIRA, *atrás se queda.* ref. que advierte cuán conveniente es prevenir las contingencias que pueden tener las cosas, antes de emprenderlas. || *Quien más* MIRA, *menos ve.* ref. con que se advierte que la excesiva suspicacia induce muchas veces a error. || **P.** mirar; **I.** to look at; **F.** regarder; **A.** ansehen, besehen, (an) blicken, betrachten; **It.** guardare; **R.** глядѣть, смотрѣть.

MIRASOL. (De *mirar* y *sol.*) m. Bot. Girasol.

MIRIA. (gr. μυρία, pl. n. de μυρίος, innumerable, diez mil.) Voz usada como prefijo de vocablos compuestos con la significación de diez mil, en el sistema métrico decimal. MIRIÁmetro.

MIRÍADA. (gr. μυριάς, άδος.) f. Cantidad muy grande, pero indefinida.

MIRIÁMETRO. (De *miria* y *metro.*) m. Medida de longitud, equivalente a diez mil metros.

MIRIÁPODO. adj. Zool. Miriópodo. Ú.t.c.s. || **P.** miriápode; **I.** myriopod; **F.** myriapode; **A.** Tausendfüsser, Myriopodet; **It.** miriápodo; **R.** многоножки.

MIRIFICAR. (l. *mirificáre.*) tr. p. us. Hacer asombroso o admirable; enaltecer.

MIRÍFICO, CA. (l. *mirifícus.*) adj. poét. Admirable, maravilloso.

MIRILLA. f. d. de mira. || **2.** Abertura practicada en la pared o en la puerta, para observar quién llama. || **2.** Ventanillo. || **3.** Pequeña abertura en algunos instrumentos topográficos para dirigir visuales.

★ **MIRINGE.** f. Anat. Membrana timpánica.

MIRIÑAQUE. m. Alhajuela de poco valor.

MIRIÑAQUE. (De *meriñaque.*) m. Zagalejo interior de tela rígida y a veces con aros, que han solido usar las mujeres. || **2.** Cuba. Tela de algodón muy rala, usada para el bordado con estambre. || **3.** Argent. Armadura de hierro que llevan las locomotoras en la parte delantera para apartar los obstáculos.

MIRIÓPODO. (gr. μυριόπους, -ποδος; de μυρίοι, innumerables, y πούς, ποδός, pie.) adj. Zool. Dícese de los animales artrópodos terrestres con respiración traqueal, y cuerpo dividido en numerosos anillos, cada uno de los cuales lleva uno o dos pares de patas. Ú.t.c.s. || **2.** m. pl. Zool. Clase de estos animales.

MIRÍSTICA. (gr. μυριστικός, oloroso; de μυρίζω, perfumar.) f. Bot. Árbol miristáceo de la India, con tronco recto, corteza negruzca y copa espesa y redondeada; hojas alternas; flores monoicas, blancas, inodoras y fruto en baya globosa cuya semilla es la nuez moscada.

MIRISTICÁCEO, A. (De *myristica,* nombre de un género de plantas.) adj. Bot. Dícese de árboles angiospermos dicotiledóneos, dioicos, casi todos originarios de países tropicales, de hojas sencillas y enteras, flores apétalas y fruto carnoso. Ú.t.c.s.f. || **2.** f. pl. Bot. Familia de estas plantas.

MIRLA. (De *mierla.*) f. Mirlo, pájaro cantor. || **2.** Germ. Oreja, parte externa del oído.

MIRLAMIENTO. m. Acción de mirlarse.

MIRLAR. tr. ant. Embalsamar.

MIRLARSE. (De *mirlo.*) r. fam. Entonarse afectando gravedad y señorío en el rostro.

MIRLO. (De *mirla.*) m. Pájaro dentirrostro, fácilmente domesticable, que aprende a imitar los sonidos y aun la voz humana. El macho es negro y la hembra de color pardo obscuro. || **2.** fig. y fam. Gravedad y afectación en el rostro. || *Ser algo o alguien un* MIRLO *blanco.* loc. fig. Ser de rareza extraordinaria. || *Soltar uno el* MIRLO. fr. fig. y fam. Empezar a hablar. || **P.** melro; **I.** blackbird; **F.** merle; **A.** Amsel, Merle; **It.** merlo; **R.** дроздъ.

MIROBÁLANO. (l. *mirobalánum,* y éste del gr. μυροβάλανος; de μύρον, perfume, y βάλανος, bellota.) m. Árbol de la India, de la familia de las combretáceas. Sus frutos son, negros, rojos o amarillos y

---

parecidos en forma y tamaño unos a la ciruela y otros a la aceituna, se usan en medicina y en tintorería. || **2.** Fruto de este árbol.

MIROBÁLANOS. m. Mirobálano.

MIROBRIGENSE. (l. *mirobrigensis.*) adj. Natural de la antigua Miróbriga, hoy Ciudad Rodrigo. Ú.t.c.s. || **2.** Perteneciente a esta ciudad de la antigua Lusitania.

MIRÓN, NA. adj. Que mira, y más particularmente, que mira demasiado o con curiosidad. Ú.m.c.s. || **2.** Dícese especialmente del que presencia una partida de juego sin tomar parte en ella.

MIRRA. (l. *myrrha,* y éste del gr. μύρρα.) f. Gomorresina en forma de lágrimas, de gusto amargo, aromática, roja, semitransparente, frágil y brillante en su estructura. Proviene de un árbol de Arabia y Abisinia. || **—líquida.** Licor gomoso y oloroso que sale de los árboles nuevos que producen la mirra ordinaria. || **P.** e **It.** mirra; **I.** myrrh; **F.** myrrhe; **A.** Myrrhe; **R.** мирра.

MIRRADO, DA. (l. *myrrhātus.*) adj. Compuesto o mezclado con mirra.

MIRRAST. m. ant. Mirrauste.

MIRRAUSTE. (ant. fr. *mi-rost,* medio tostado.) m. Salsa que generalmente se hacía de leche de almendras, pan rallado, azúcar y canela, y que espesada, se ponía a cocer con palominos ya medio asados y cortados en pequeños pedazos.

★ **MIRRINGA.** f. Cuba. Mirra. 2.º art.

★ **MIRRINGO, GA.** m. y f. Colom. Chico, muchacho.

MIRRINO, NA. (l. *myrrhínus.*) adj. De mirra o parecida a ella.

MIRSINÁCEO, A. (gr. μυρσίνη, mirto.) adj. Bot. Dícese de las plantas angiospermas dicotiledóneas, con hojas esparcidas, sin estípulas, flores regulares, hermafroditas y fruto en baya. Son propias de los países tropicales. Ú.t.c.s.f. || **2.** f. pl. Bot. Familia de estas plantas.

MIRTÁCEO, A. (l. *myrtacĕus.*) adj. Bot. Dícese de árboles y arbustos agiospermos dicotiledóneos, casi todos tropicales, en cuyas hojas y en las cortezas de las ramas suele haber glándulas pequeñas y transparentes llenas de aceite esencial. Sus flores son blancas y encarnadas, el fruto, capsular con diversas semillas sin albumen; como el clavero y el eucalipto. Ú.t.c.s.f. || **2.** f. pl. Bot. Familia de estos árboles y arbustos.

MIRTÍDANO. (l. *myrtidānum.*) m. **2.** Vinillo hecho de las bayas del mirto.

MIRTINO, NA. (l. *myrtinus.*) adj. De mirto o parecido a él.

MIRTO. (l. *myrtus,* y éste del gr. μύρτος.) m. Arrayán. || **P.** murta; **I.** myrtle; **F.** myrte; **A.** Myrte; **It.** mirto; **R.** мирт.

MIRUELLA. (l. *merúla.*) f. Ast. y Sant. Mirla, 1.ª acep.

MIRUELLO. (l. *merúlus.*) m. Ast. y Sant. Mirlo, 1.ª acep.

MIRZA. (persa *mirza* o *mirzā,* abreviación de *amîr-zāda,* hijo de príncipe, calificación aplicada luego a los nobles y personas intruidas.) m. Título honorífico entre los persas equivalente al de señor entre nosotros.

MISA. (l. *missa.*) f. Sacrificio incruento, en que bajo las especies de pan y vino, ofrece el sacerdote al Eterno Padre el cuerpo y sangre de Jesucristo. || **2.** Orden del presbiterado. || **—cantada.** La que celebra con canto un sacerdote, sin diácono ni subdiácono. || **—conventual.** La mayor que se dice en los conventos. || **—de campaña.** La que se celebra al aire libre para un gran concurso de gente. || **—de cuerpo presente.** La que se dice por lo regular estando presente el cadáver. || **—de difuntos.** La señalada por la Iglesia para que se diga por ellos. || **—del alba.** La que celebra al romper el día. || **—del gallo.** La que se dice a media noche, al comenzar la madrugada de Navidad. || **—de réquiem.** Misa de difuntos. || **—mayor.** que se canta a determinada hora del día y por concurrir todo el pueblo. || **—parroquial.** La que se celebra en las parroquias los domingos y fiestas de guardar, y se aplica por todos los feligreses. || **—rezada.** La que se celebra sin canto. || **—solemne.** La cantada, en la que acom-

---

pañan al sacerdote el diácono y el subdiácono. || **—votiva.** La que no siendo propia del día se puede decir en ciertos días por devoción. || **—gregorianas.** Las que en sufragio de un difunto se dicen durante 30 días seguidos. || *Ayudar a* MISA. fr. Cooperar al santo sacrificio, respondiendo y sirviendo al celebrante. || *Cantar* MISA. fr. Decir la primera MISA un nuevo sacerdote. || *Como en* MISA. loc. fig. En profundo o en completo silencio. || *Decir* MISA. fr. Celebrar el sacerdote este santo sacrificio. || *No saber uno de la* MISA *la media.* fr. fig. y fam. Ignorar una cosa o no poder dar razón de ella. || *Quien se levanta tarde, ni oye* MISA *ni come carne.* ref. que reprende a los perezosos. || **P.** missa; **I.** mass; **F.** messe; **A.** Messe; **It.** messa; **R.** месса.

MISACANTANO. (De *misa* y *cantar.*) m. Clérigo que, ordenado de todas órdenes, celebra misa, particularmente si es la primera. || **2.** Germ. El gallo.

MISAL. (b. l. *missâlis,* y éste del l. *missa,* misa.) adj. Aplícase al libro en que se contiene el orden y modo de celebrar la misa. Ú.m.c.s. || **2.** Impr. Grado de letra entre peticano y parangona. || **P.** missal; **I.** mass-book; **F.** missel; **A.** Messbuch; **It.** messale; **R.** требник.

MISANTROPÍA. (gr. μισανθρωπία.) f. Calidad de misántropo.

MISANTRÓPICO, CA. adj. Perteneciente o relativo a la misantropía.

MISÁNTROPO. (gr. μισάνθρωπος; de μισέω, odiar, y ἄνθρωπος, hombre.) m. El que manifiesta aversión al trato humano, y manifiesta con todos un humor tétrico y desapacible. || **P.** misántropo; **I.** y **F.** misanthrope; **A.** Menschenhasser, Misanthro; **It.** misàntropo; **R.** мизантроп.

MISAR. intr. fam. Decir misa. || **2.** fam. Oír misa.

MISARIO. m. Acólito o muchacho destinado para ayudar a misa.

MISCELÁNEA. (l. *miscellanĕa.*) f. Mezcla y entretejimiento de unas cosas con otras. || **2.** Escrito en que se tratan distintas materias inconexas y mezcladas. || **P.** miscelânea; **I.** medley; **F.** mélange, pêle-mêle; **A.** Vermischtes; **It.** miscellànea; **R.** смесь чего-л.

MISCELÁNEO, A. (l. *miscellanĕus.*) adj. Mixto, vario, compuesto de cosas distintas.

MISCIBLE. (l. *miscĕre,* mezclar.) adj. Mezclable.

MISERABILÍSIMO, MA. adj. sup. de miserable.

MISERABLE. (l. *miserabílis.*) adj. Desdichado. || **2.** Abatido, sin valor ni fuerza. || **3.** Avariento, mezquino. || **4.** Perverso, abyecto, canalla. || **P.** miserável; **I.** miserable; **F.** misérable; **A.** elend(ig), miserabel; **It.** miseràbile; **R.** жалкий.

MISERABLEMENTE. adv. Desgraciada y lastimosamente. || **2.** Escasamente, con avaricia, poquedad y miseria.

MISERACIÓN. (l. *miseratio, -ōnis.*) f. Misericordia, compasión.

MISERAICO, CA. adj. Zool. Meseraico.

MÍSERAMENTE. adv. Miserablemente.

MISERANDO, DA. (l. *miserandus.*) adj. Digno de miseración.

MISEREAR. (De *mísero.*) intr. fam. Portarse o gastar con escasez y miseria.

MISERERE. (l. *miserēre,* ten compasión.) m. Salmo cincuenta, que empieza con esta palabra. || **2.** Canto solemne que se hace del mismo en las tinieblas de la Semana Santa. || **3.** Función de cuaresma en que se canta dicho salmo. || **4.** Med. Cólico MISERERE.

MISERIA. (l. *miseria.*) f. Desgracia, infortunio. || **2.** Estrechez, falta de lo necesario. || **3.** Avaricia, mezquindad y demasiada parsimonia. || **4.** Plaga pedicular, producida de ordinario por el sumo desaseo. || **5.** fig. y fam. Cosa corta. *Me dio una* MISERIA. || **P.** miséria; **I.** misery; **F.** misère; **A.** Jammer, Elend; **It.** miseria; **R.** нищета.

MISERICORDIA. (l. *misericordia.*) f. Virtud que inclina el ánimo a compadecerse de las miserias ajenas. || **2.** Atributo divino en virtud del cual, sin sentir tristeza o compasión por los pecados y miserias de sus criaturas, Dios los perdona y

M

remedia. ‖ **3.** Porción pequeña de alguna cosa. ‖ **4.** Puñal con que se daba el golpe de gracia al enemigo. ‖ **5.** Pieza en los asientos de los coros de las iglesias para descansar disimuladamente. ‖ **P.** misericòrdia; **I.** mercy; **F.** miséricorde; **A.** Barmherzigkeit, Mitleid; **It.** misericordia; **R.** милосердие.

MISERICORDIOSAMENTE. adv. Piadosamente, con misericordia.

MISERICORDIOSO, SA. (De misericordia.) adj. Dícese del que se conduele de las miserias ajenas. Ú.t.c.s.

MISERIUCA. f. d. despect. de miseria.

MÍSERO, RA. (l. miser, -a.) adj. Miserable, abatido, avariento, infeliz.

MÍSERO, RA. adj. fam. Aplícase a la persona que gusta de oir muchas misas. ‖ **2.** fam. Dícese del sacerdote que no tiene más obvención que el estipendio de la misa.

MISÉRRIMO, MA. (l. miserrĭmus.) adj. sup. de mísero.

★ **MISIÁ.** f. Amér. Tratamiento equivalente a señora.

★ **MISIL.** m. Ingenio o cohete teledirigido, de alcance medio o intercontinental, cuyas aplicaciones son numerosas y especialmente bélicas. ‖ **P.** missil; **I.**, **F.** e **It.** missile; **A.** Missil.

MISIO, SIA. (l. mysĭus.) adj. Natural de Misia. Ú.t.c.s. ‖ **2.** Perteneciente a esta región del Asia antigua.

MISIÓN. (l. missĭo, -ōnis.) f. Acción de enviar. ‖ **2.** Poder que se da a alguna persona de ir a desempeñar algún cometido. ‖ **3.** Salida que hacen los religiosos de lugar en lugar, predicando el Evangelio. ‖ **4.** Serie o conjunto de sermones fervorosos que predican los misioneros. ‖ **5.** Cada uno de estos sermones o actos. ‖ **6.** Comisión temporal dada por un gobierno a un diplomático. ‖ **7.** Territorio en que predican los misioneros. ‖ **8.** Lo que se señala a los segadores para sustento, de pan, carne y vino, por cierta cantidad de trabajo o tiempo. ‖ 2.ª y 3.ª aceps.: **P.** misión; **I.** y **F.** mission; **A.** Mission, Busspredigt; **It.** missione; **R.** миссия, проповедь.

MISIONAL. adj. Perteneciente o relativo a los misioneros o a las misiones.

MISIONAR. intr. Predicar o dar misiones en las peregrinaciones evangélicas o en tierras de infieles. Ú.t.c.tr.

MISIONARIO. m. Misionero, 2.ª acep. ‖ **2.** Persona enviada con un encargo.

MISIONERO, RA. adj. Perteneciente o relativo a la misión evangélica. ‖ **2.** m. Eclesiástico que en tierra de infieles enseña y predica la religión cristiana. ‖ **3.** m. y f. Persona que predica el Evangelio en las misiones. ‖ 2.ª acep.: **P.** missionário; **I.** missionary; **F.** missionaire; **A.** Missionar, Glaubensprediger; **It.** missionario; **R.** миссионер.

MISIONERO, RA. adj. Natural de Misiones, territorio de la República Argentina. Ú.t.c.s. ‖ **2.** Perteneciente o relativo a este territorio.

MISIONES. n. p. ARGENT. Cedro de Misiones. Especie de cedro que forma bosques inmensos en las vertientes de los ríos Paraná y Uruguay.

MISIVO, VA. (l. missum, supino de mittĕre, enviar.) adj. Dícese del papel escrito que se envía a uno. Ú.m.c.s.f.

MISMAMENTE. adv. fam. Cabalmente, precisamente.

MISMÍSIMO, MA. adj. sup. fam. de mismo.

★ **MISMITO.** adj. dim. fam. de mismo.

MISMO, MA. (De meísmo.) adj. que denota ser una persona o cosa la que se ha visto o de que se ha hablado y no otra. ‖ **2.** Semejante o igual. ‖ **3.** Por pleonasmo se añade a los pronombres personales y algunos adverbios para dar más energía a lo que se dice. ‖ Así MISMO. m. adv. De este o del mismo modo. ‖ **2.** También. ‖ Por lo MISMO. m. adv. A causa de ello, por esta razón. ‖ **P.** mesmo; **I.** same; **F.** même; **A.** selbst, nähmlich, (der-, die-, das) selbe; **It.** medèsimo; **R.** тот же, тот самый.

★ **MISO, SA.** adj. ECUAD. Mismo.

★ **MISOGAMIA.** f. Aversión al matrimonio.

★ **MISÓGAMO, MA.** adj. Enemigo del matrimonio.

MISOGINIA. (gr. μισογυνία.) f. Aversión u odio a las mujeres.

MISÓGINO. (gr. μισόγυνος; de μισέω, odiar, y γυνή, mujer.) adj. Que odia a las mujeres. Ú.t.c.s.

MISONEÍSMO. (gr. μισέω, odiar, y νέος, nuevo.) m. Aversión a las novedades.

MISONEÍSTA. adj. Partidario del misoneísmo.

MÍSPERO. (ant. níespero, del l. mespĭlus y mespĭlum.) m. AL., BURG. y LOGR. Níspero, el árbol y su fruto.

MISTAGÓGICO, CA. (l. mystagogĭcus.) adj. Perteneciente al mistagogo. ‖ **2.** Por ext., dícese también del discurso o escrito que pretende revelar alguna doctrina oculta.

MISTAGOGO. (l. mistagōgus, y éste del gr. μυσταγωγός.) m. Sacerdote de la gentilidad grecorromana, que iniciaba en los misterios. ‖ **2.** Catequista que explica los misterios sagrados.

MISTAMENTE. (De misto.) adv. FOR. Mixtamente.

MISTAR. tr. Musitar. Ú.m. con negación.

MISTELA. f. Bebida hecha con aguardiente, agua, azúcar y algo de canela. ‖ **2.** Líquido resultante de la adición de alcohol al zumo de uva en cantidad suficiente para que no se produzca la fermentación de aquél.

★ **MISTELERA.** (De mistela.) f. CHILE. Licorera.

MISTERIAL. adj. ant. Misterioso.

MISTERIALMENTE. adv. ant. Misteriosamente.

MISTERIO. (l. mysterĭum.) m. Arcano o cosa secreta en cualquier religión. ‖ **2.** En la religión cristiana, cosa inaccesible a la razón y que debe ser objeto de fe. ‖ **3.** Cualquier cosa muy recóndita. ‖ **4.** Negocio secreto o muy reservado. ‖ **5.** Cada uno de los pasos de la sagrada vida, pasión y muerte de Nuestro Señor Jesucristo, considerados separadamente. ‖ **6.** Cualquier paso de éstos o de la Sagrada Escritura, cuando se representan con imágenes. ‖ **7.** pl. Ceremonias secretas de cultos paganos. ‖ Hablar uno de MISTERIO. fr. Hablar cautelosa y reservadamente. ‖ **P.** mistério; **I.** mystery; **F.** mystère; **A.** Mysterium; **It.** mistero; **R.** тайна.

MISTERIOSAMENTE. adv. Secretamente; con misterio.

MISTERIOSO, SA. adj. Que encierra misterio. ‖ **2.** Aplícase al que hace misterios y da a entender cosas recónditas donde no las hay.

MÍSTICA. (l. mystĭca, t. f. de -cus, místico.) f. Parte de la teología, que trata de la vida espiritual y contemplativa y del conocimiento y dirección de las almas. ‖ **P.** mística; **I.** mystic doctrine; **F.** mystique; **A.** Mystik; **It.** mistica; **R.** мистика.

MÍSTICAMENTE. adv. De un modo místico. ‖ **2.** Misteriosamente. ‖ **3.** Espiritualmente.

MISTICISMO. (De místico.) m. Estado de la persona que se dedica mucho a Dios o a las cosas espirituales. ‖ **2.** Estado extraordinario de perfección religiosa, que consiste en cierta unión inefable del alma con Dios por el amor. ‖ **3.** Doctrina religiosa o filosófica que enseña la comunicación inmediata y directa entre el hombre y la divinidad. ‖ **P.** e **It.** misticismo; **I.** mysticism; **F.** mysticisme; **A.** Mystizismus; **R.** мистичизм.

MÍSTICO. (Quizá del ár. musaṭṭaḥ, barcón cubierta en forma de azotea.) m. Embarcación costanera de tres palos con velas latinas, que se usa en el Mediterráneo.

MÍSTICO, CA. (l. mystĭcus, y éste del gr. μυστικός.) adj. Que incluye misterio o razón oculta. ‖ **2.** Perteneciente a la mística. ‖ **3.** Muy entregado a la vida espiritual. Ú.t.c.s. ‖ **4.** Que escribe o trata de mística. Ú.t.c.s. ‖ **5.** COLOM., ECUAD. y P. RICO. Afectado, pedante. ‖ **P.** místico; **I.** mystic; **F.** mystique; **A.** mystisch; **It.** mistico; **R.** мистический.

MISTICÓN, NA. adj. fam. Que afecta mística y santidad. Ú.t.c.s.

MISTI FORI. loc. l. Mixti fori.

MISTIFORI. m. Mixtifori.

MISTILÍNEO, A. (De misto y línea.) adj. GEOM. Mixtilíneo.

MISTIÓN. (l. mistĭo, -ōnis.) f. Mixtión.

★ **MISTIQUERÍA.** f. P. RICO. Gazmoñería, afectada modestia.

MISTO. (gr. μύστης, iniciado en los misterios.) m. El que estaba iniciado en los Pequeños Misterios del culto esotérico eleusino, en Grecia y Roma.

MISTO, TA. (l. mistus.) adj. Mixto. Ú.t.c.s.

MISTRAL. (prov. mistral, y éste del l. magistrālis.) adj. Minstral. Ú.t.c.s.

MISTURA. (l. mixtura.) f. Mixtura. ‖ **2.** BOL. Ramillete de flores.

MISTURAR. (De mistura.) tr. Mixturar.

MISTURERO, RA. (De misturar.) adj. Mixturero. Ú.t.c.s. ‖ **2.** m. y f. BOL. Ramilletero, ra.

MITA. f. Repartimiento que en América se hacía por sorteo en los pueblos de indios, para sacar el número de vecinos que debían ocuparse en los trabajos públicos. ‖ **2.** Tributo que pagaban los indios de Perú. ‖ **3.** CHILE. Vez. Turno. ‖ **4.** MITIN. En la provincia de Tarapacá, ración de agua que le toca a cada uno. ‖ **5.** BOL. Cosecha de la hoja de coca. ‖ **6.** ARGENT. Tropa de ganado vacuno que se transporta.

MITAD. (De meitad.) f. Cada una de las dos partes iguales en que se divide un todo. ‖ **2.** Medio, punto de una cosa equidistante de sus extremos. ‖ Cara MITAD. fam. Consorte, cónyuge. Ú.m. con algún posesivo. ‖ MITAD a MITAD. m. adv. Por partes iguales. ‖ Plantar, o poner a uno en MITAD del arroyo. fr. fig. y fam. Echarle a la calle. ‖ **P.** metade; **I.** half; **F.** moitié; **A.** Hälfte, Mitte; **It.** metà; **R.** половина.

MITADENCO. adj. Dícese del censo frumentario, que se paga en dos especies, mitad y mitad. ‖ **2.** m. Mezcla de trigo y centeno, mitad y mitad.

MITÁN. m. Holandilla, lienzo para forros.

★ **MITAYAR.** tr. PERÚ. Cazar.

★ **MITAYERO.** m. PERÚ. Cazador.

MITAYO. (De mita.) m. Indio que en América daban los pueblos por sorteo y repartimiento para el trabajo. ‖ **2.** Indio que llevaba lo recaudado de la mita. ‖ **3.** PERÚ. En la región oriental, caza.

MÍTICO, CA. (l. mythĭcus, y éste del gr. μυθικός.) adj. Perteneciente o relativo al mito.

MITIGACIÓN. (l. mitigatĭo, -ōnis.) f. Acción y efecto de mitigar o mitigarse.

MITIGADAMENTE. adv. De manera mitigada.

MITIGADOR, RA. (l. mitigātor.) adj. Que mitiga. Ú.t.c.s.

MITIGANTE. p.a. de mitigar. Que mitiga.

MITIGAR. (l. mitigāre; de mitis, apacible, suave, y agĕre, hacer.) tr. Moderar, aplacar o suavizar una cosa rigurosa y áspera. Ú.t.c.r. ‖ **P.** mitigar; **I.** to mitigate; **F.** mitiger; **A.** mildern, lindern; **It.** mitigare; **R.** смягчать.

MITIGATIVO, VA. (l. mitigatĭvus.) adj. Que mitiga o tiene virtud de mitigar.

MITIGATORIO, RIA. (l. mitigatorĭus.) adj. Mitigativo.

★ **MITILICULTURA.** f. Cultivo del mejillón y de la almeja en instalaciones marítimas adecuadas.

★ **MITIMITI.** adv. CHILE. Mitad y mitad; por partes iguales. ‖ **2.** adj. fig. CHILE. Hermafrodita. Ú.t.c.s.

MITIN. (ingl. meeting.) m. Reunión donde se discuten públicamente asuntos políticos y sociales.

★ **MITIQUERO, RA.** adj. ARGENT. Melindroso. ‖ **2.** CHILE. Gazmoño, hazañero.

MITO. (gr. μύθος.) m. Fábula, ficción alegórica, por lo común de carácter religioso. ‖ **2.** Por ext., cosa inverosímil. ‖ **P.** e **It.** mito; **I.** myth; **F.** mythe; **A.** Mytheus; **R.** миф.

★ **MITO.** m. ARGENT. Resina de los algarrobos.

MITÓGRAFO, FA. (gr. μύθος, mito, y γράφω, escribir.) m. y f. Persona que escribe sobre mitos, supersticiones, etc.

MITOLOGÍA. (l. mythologĭa, y éste del gr. μυθολογία; de μύθος, fábula, y λόγος, tratado.) f. Historia fabulosa de los dioses y héroes de la gentilidad. ‖ **P.** mitologia; **I.** mythology; **F.** mythologie; **A.** Mythologie, Götterlehre; **It.** mitologia; **R.** мифология.

MITOLÓGICO, CA. (l. *mythologĭcus*, y éste del gr. μυθολογικός.) adj. Perteneciente a la mitología. || **2.** m. Mitologista.

MITOLOGISTA. m. Autor de una obra mitológica, o persona versada en la mitología.

MITÓLOGO. (gr. μυθολόγος.) m. Mitologista.

MITÓN. (fr. *miton*.) m. Especie de guante de punto, que sólo cubre desde la muñeca inclusive hasta el nacimiento de los dedos. || **P.** mitene; **I.** mitt; **F.** mitaine; **A.** Fäustling; **It.** mezzo guanto; **R.** митенка.

MITOSIS. f. BIOL. Modalidad de la división de la célula llamada también cariocinesis que empieza en los cromosomas del núcleo y luego se divide el citoplasma quedando por fin constituidas dos células hijas.

MITOTE. (mejic. *mitotl*.) m. Especie de baile de los indios americanos, formando corro y bebiendo de rato en rato hasta que se embriagaban. || **2.** AMÉR. Fiesta casera. || **3.** AMÉR. Melindre, aspaviento. || **4.** Bulla, pendencia. || **5.** MÉJ. Chisme, enredo.

MITOTERO, RA. adj. fig. AMÉR. Que hace mitotes o melindres. Ú.t.c.s. || **2.** fig. AMÉR. Bullanguero, amigo de diversiones. Ú.t.c.s. || **3.** MÉJ. Chismoso, enredador.

MITÓTICO, CA. adj. BIOL. Perteneciente o relativo a la mitosis.

MITRA. (l. *mitra*, y éste del gr. μίτρα.) f. Toca o adorno de la cabeza, que usaban los persas. || **2.** Toca alta y apuntada con que en las grandes solemnidades se cubren la cabeza los arzobispos, obispos y algunos otros eclesiásticos. || **3.** fig. Dignidad de arzobispo u obispo. || **4.** fig. En algunas partes, territorio de su jurisdicción. || **5.** fig. Cúmulo de las rentas de una diócesis o archidiócesis, de un obispo o arzobispo. || **6.** fig. Obispillo o rabadilla de las aves. || **7.** ZOOL. Género de moluscos gasterópodos prosobranquios que tienen la concha alargada y con repliegues oblicuos. || **P.** e **It.** mitra; **I.** miter, mitre; **F.** mitre; **A.** Mitra, Bischofsmütze; **R.** митра.

MITRADO, DA. p.p. de mitrar. || **2.** adj. Dícese de las personas que pueden usar mitra. || **3.** m. Arzobispo u obispo.

MITRAL. (De *mitra*.) adj. ZOOL. Dícese de la válvula que existe entre la aurícula y el ventrículo izquierdos del corazón. || **2.** Semejante a una mitra.

MITRAR. (De *mitra*.) intr. fam. Obtener un obispado.

MITRIDATISMO. (De *mitridato*.) m. Inmunidad contra la acción de los venenos alcanzada por habituación administrada.

MITRIDATO. (De *Mitridates*, rey del Ponto, muerto en el año 65 a. de J.C., que desde joven se dedicó al estudio de los venenos.) m. FARM. Antídoto de la antigua farmacopea, compuesto principalmente de opio, agárico y aceite de víbora.

MÍTULO. (l. *mitŭlus*.) m. ZOOL. Mejillón.

★ **MIURA.** m. Toro de la ganadería que fue fundada por Antonio Miura, y que se distingue por su bravura y peligrosidad. || **2.** fig. Persona de mala intención.

MIXEDEMA. (gr. μύξα, moco, y οἴδημα, hinchazón.) f. MED. Edema producido por infiltración de substancia mucosa en la piel, y a veces en los órganos internos, a consecuencia de la insuficiencia funcional de la glándula tiroidea.

★ **MIXOMATOSIS.** f. Cierta enfermedad que ataca a los conejos.

★ **MIXOMICETOS.** m. pl. BOT. Cierto orden de hongos.

★ **MIXTA.** f. P. RICO y REP. DOMIN. Comida de bodegón de un solo plato con que van mezcladas legumbres con carne y arroz.

MIXTAMENTE. (De *mixto*.) adv. FOR. Correspondiendo a los dos fueros, eclesiástico y civil.

★ **MIXTEAR.** tr. URUG. Hacer a uno objeto de burla.

MIXTELA. (De *mixto*.) f. Mistela.

★ **MIXTIFICACIÓN.** f. Acción de mixtificar.

★ **MIXTIFICAR.** tr. Engañar.

MIXTI FORI. (l. *mixtus*, mezclado, y *forum*, tribunal.) loc. 1. De Aplícabase a los delitos de que podían conocer el tribunal eclesiástico y el seglar. || **2.** fig. Dícese

de las cosas o hechos de naturaleza difícil de deslindar con suficiente claridad.

MIXTIFORI. (De *mixti fori*.) m. fam. Embrollo o mezcla de cosas heterogéneas.

MIXTILÍNEO, A. (De *mixto* y *línea*.) adj. GEOM. Dícese del ángulo formado por una línea recta y otra curva. || **2.** GEOM. Dícese de la figura cuyos lados son rectos unos y curvos otros.

MIXTIÓN. (l. *mixtĭo*, -*ōnis*.) f. Mezcla, mixtura. || **2.** BLAS. Púrpura, color heráldico. || **P.** mistura; **I.** mixture; **F.** mixtion, mixture; **A.** Gemisch; **It.** mistione; **R.** смесь.

MIXTO, TA. (l. *mixtus*.) adj. Mezclado. || **2.** Compuesto de varios simples. Ú.m.c.s.m. || **3.** Mestizo, resultante del cruzamiento de razas. || **4.** ARIT. Dícese del número compuesto de entero y quebrado. || **5.** Dícese del tren compuesto por unos vagones para viajeros y otros para mercancías. || **6.** GEOM. Mixtilíneo. || **7.** Fósforo, cerilla. || **8.** ART. Cualquiera de las mezclas inflamables que se usan en la guerra. || **9.** Que manifiesta dos o más caracteres distintos. || **10.** AMÉR. Nombre dado a un pajarillo de plumaje pardo y canto agradable. || **11.** URUG. Bobo, mentecato. || **12.** pl. P. RICO. Primeros gastos que origina algún asunto. || **P.** e **It.** misto; **I.** mixed; **F.** miyte; **A.** (ge-, ver-)mischt; **R.** смешанный.

MIXTURA. (l. *mixtūra*.) f. Mezcla. || **2.** Pan de varias semillas. || **3.** FARM. Poción compuesta de varios ingredientes. || **4.** PERÚ y CHILE. Flores que se envían de regalo o se reparten en las fiestas.

MIXTURAR. (De *mixtura*.) tr. Mezclar.

MIXTURERO, RA. adj. Que mixtura. Ú.t.c.s. || **2.** m. y f. PERÚ. Ramilletero, ramilletera.

MIZ. Voz que se usa para llamar al gato. || **2.** Mizo, 1.er art.

MIZA. (De *miz*.) f. fam. Micha.

MIZAR. (ár. *mizār*.) f. ASTRON. Estrella en la constelación de la Osa Mayor.

MIZCAL. m. En Marruecos, metical, moneda que equivale a cuarenta céntimos a la par.

MÍZCALO. (De *almizcle*.) m. Hongo comestible muy jugoso, de sabor almizclado.

MIZO. (De *miz*.) f. fam. Micho.

MIZO, ZA. adj. GERM. Manco o izquierdo.

★ **MNÉMICO, CA.** adj. Relativo a la memoria.

MNEMÓNICA. (l. *mnemonĭca*, y éste del gr. μνημονική.) f. Mnemotecnia.

MNEMOTECNIA. (gr. μνήμη, memoria, y τέχνη, arte.) f. Arte que procura el desarrollo de la memoria. || **2.** Método por medio del cual se fijan los conocimientos en la memoria basándose en la asociación de ideas.

MNEMOTÉCNICA. f. Mnemotecnia.

MNEMOTÉCNICO, CA. adj. Perteneciente a la mnemotecnia. || **2.** Que sirve para auxiliar a la memoria.

MOA. f. GERM. Moneda.

MOABITA. (l. *moabīta*, y éste del hebr. *mō'abî*, perteneciente a Moab, hijo de Lot.) adj. Natural de la región de Moab, en la Arabia Pétrea, al oriente del Mar Muerto. Ú.t.c.s. || **2.** Perteneciente a esta región.

MOARÉ. m. Muaré.

MOBILIARIO, RIA. (fr. *mobiliaire*.) adj. Mueble. Aplícase comúnmente a los efectos públicos al portador o transferibles por endoso. || **2.** m. Moblaje. || **2.ª** acep.: **P.** mobilia; **I.** furniture, household-goods; **F.** mobilier, bahut; **A.** Hausgerät, Mobiliar; **It.** mobilia, arredi; **R.** мебель.

MOBLAJE. m. Conjunto de muebles de una casa.

MOBLAR. (De *mueble*.) tr. Amueblar.

MOBLE. (l. *mobĭlis*.) adj. Móvil.

★ **MOCA.** m. Café de muy buena calidad.

MOCADERO. m. ant. Mocador, moquero.

MOCADOR. (De *mocar*.) m. Moquero.

MOCANTE. m. GERM. Mocador.

MOCAR. (De *moco*.) tr. Sonar, limpiar los mocos. Ú.t.c.r.

MOCÁBARE. m. Almocábare.

MOCARRA. com. fam. Mocoso, sa, niño atrevido y malmandado. || **2.** Mozo poco experimentado.

MOCARRO. m. fam. Moco que por descuido cuelga de las narices. || *Santo* MOCARRO. fam. Cierto juego de niños.

★ **MOCASÍN.** m. Calzado hecho de piel sin curtir, usado por los indios americanos.

★ **MOCATO, TA.** adj. REP. DOMIN. Echado a perder, averiado.

MOCEAR. intr. Ejecutar acciones propias de gente moza. || **2.** Extralimitarse en travesuras deshonestas.

MOCEDAD. (De *mozo*.) f. Época de la vida humana que comprende desde la pubertad hasta la edad adulta. || **2.** Travesura o desorden propio de mozos. || **3.** Diversión deshonesta y licenciosa. || **4.** Conjunto de mozos. || **P.** mocidade; **I.** youth; **F.** jeunesse; **A.** Jugendzeit; **It.** giovinezza; **R.** юность.

MOCEJÓN. m. ZOOL. Molusco lamelibranquio, cuya concha tiene las valvas casi negras y más largas que anchas. Vive adherido a las rocas de la costa.

MOCEÑA. f. desus. Morceña.

MOCERIL. (De *mocero*.) adj. Mocil, propio de gente moza.

MOCERÍO. m. Conjunto de mozos o de mozas. || **2.** Gente soltera.

MOCERO. (De *moza*.) adj. Dado a la lascivia y trato de las mujeres. Ú.t.c.s.

MOCETE. (De *mozo*.) m. AR. y RIOJA. Mozalbete.

MOCETÓN, NA. (aum. de *mozo*.) m. y f. Persona joven alta y corpulenta.

MOCIL. adj. Propio de gente moza.

MOCIÓN. (l. *motĭo*, -*ōnis*.) f. Acción y efecto de moverse o ser movido. || **2.** fig. Alteración e inclinación del ánimo. || **3.** Inspiración interior de Dios al alma. || **4.** Proposición que se sugiere en una junta que delibera. || **5.** Vocal u otro signo que acompaña a las consonantes en las lenguas semíticas. || **4.ª** acep.: **P.** moção; **I.** y **F.** motion; **A.** Antrag; **It.** mozione; **R.** предложение.

MOCITO, TA. (d. de *mozo*.) adj. Que está en el principio de la mocedad. Ú.t.c.s.

MOCO. (l. *mŭccus*.) m. Humor espeso y pegajoso que segregan las membranas mucosas, y especialmente el que fluye de la nariz. || **2.** Materia pegajosa y medio fluida que forma grumos dentro de un líquido. || **3.** Dilatación candente de la extremidad del pabilo encendido. || **4.** Escoria que sale del hierro encendido cuando se amartilla. || **5.** Porción derretida de las velas, que corre a lo largo de ellas. || **6.** MAR. Cada una de las perchas pequeñas que penden de la cabeza del bauprés para servir de guía a los cabos que aseguran el balatón. || **7.** fig. y fam. Borrachera. || **8.** CHILE. Florescencia, a manera de fleco, de algunos árboles. || —*de pavo*. Apéndice carnoso y eréctil que esta ave tiene sobre el pico. || **2.** Planta herbácea, de adorno, de la familia de las amarantáceas. || **3.** MÉJ. Amaranto. || *Caérsele* a uno el MOCO. fr. fig. y fam. Ser simple o poco advertido. || *Llorar* a MOCO *tendido*. fr. fig. y fam. Llorar sin tregua. || *No ser una cosa* MOCO *de pavo*. fr. fig. y fam. No ser despreciable. || *Quitar* a MOCO. fam. Darle de bofetadas. || **P.** moco; **I.** mucus, snot; **F.** morve; **A.** Nasenschleim, Rotz; **It.** moccio; **R.** слизь из носу.

★ **MOCO, CA.** (quich. *mocco*.) adj. CHILE. Tartamudo.

★ **MOCONTULLO.** m. PERÚ. Hueso que da substancia a la comida.

MOCOSO, SA. (l. *mŭccōsus*.) adj. Que tiene las narices llenas de mocos. || **2.** fig. Aplícase, en son de censura o desprecio, al niño atrevido o malmandado, y también al mozo imprudente. Ú.m.c.s. || **3.** fig. De poco valor o importancia.

MOCOSUELO, LA. adj. d. de mocoso, 2.ª acep. Ú.m.c.s.

★ **MOCUÑO.** m. COLOM. Trampa para cazar alimañas.

MOCHA. (De *mocho*.) f. Reverencia que se hacía inclinando la cabeza. || **2.** ÁL. Cabeza, 1.ª acep. || **3.** CHILE. Especie de machete, usado en agricultura.

MOCHACHO, CHA. (De *mocho*.) m. y f. ant. Muchacho.

MOCHADA. (De *mocha*.) f. Topetada.

° **MOCHALES.** m. fam. Persona chiflada, sin juicio, medio loca.

MOCHAR. (De *mocho*.) tr. Dar mochadas o topetadas. || **2.** P. RICO. Cortar mal

Mo imperfectamente. || **3.** fam. ARGENT. Cercenar. || **4.** Sisar, hurtar, defraudar.

MOCHAZO. m. Golpe dado con el mocho de la escopeta u otra arma parecida.

MOCHE. V. *A troche y* MOCHE.

MOCHETA. (De *mocho.*) f. Extremo grueso, romo y opuesto a la parte punzante o cortante de ciertas herramientas, como el hacha. || **2.** Rebajo en el marco de las puertas y ventanas, donde encaja el renvalso. || **3.** ARQ. Ángulo diedro entrante en la esquina de una pared, o el resultante de encontrarse un plano superior con un paramento vertical. || **4.** ARQ. Telar del vano de una puerta o ventana.

MOCHETE. m. Cernícalo, ave de rapiña.

MOCHIL. (De *mocho.*) m. Muchacho que sirve para llevar o traer recados a los mozos del campo. || **2.** CUBA. Muchacho encargado de suministrar al tabaquero el tabaco con que se llenan los cigarros puros.

MOCHILA. (De *mochil.*) f. Caparazón que en la jineta se lleva escotado de los arzones. || **2.** Caja de tabla delgada, forrada de cuero que, sujeta a la espalda con correas, usaban los soldados para llevar el equipo. || **3.** Morral, saco o zurrón de los cazadores y excursionistas. || **4.** Provisión de víveres que cada soldado llevaba consigo en campaña. || **5.** MÉJ. Maleta, cofre pequeño. || **3.**ª acep.: **P.** mochila; **I.** haversack; **F.** sac, havresac; **A.** Tornister, Rucksack; **It.** zaino; **R.** рюкзак.

MOCHILERO. m. El que servía en el ejército llevando las mochilas.

MOCHILLERO. m. Mochilero.

MOCHÍN. (De *bochín.*) m. Verdugo, ejecutor de la justicia. || **P.** verdugo, carrasco; **I.** executioner; **F.** bourreau; **A.** Henker, Scharfrichter; **It.** giustiziere; **R.** росток, побег.

MOCHO, CHA. (l. *mũtĩlus.*) adj. Dícese de todo aquello a que falta la punta o la debida terminación. || **2.** fig. y fam. Pelado o cortado el pelo. || **3.** Dícese del trigo que no tiene aristas. || **4.** fig. CHILE. Dícese del religioso motilón y de la religiosa lega. Ú.t.c.s. || **5.** m. Remate grueso y romo de un instrumento largo. || **6.** SALV. Abuelo, ascendiente. || **7.** ARGENT. Ficha colocada indebidamente en el juego de dominó por no casar con la anterior. || **8.** COLOM. Rocín, caballo de mala traza. || **P.** mocho; **I.** cropped, blunt; **F.** émoussé, tronqué; **A.** stumpf; **It.** smussato; **R.** тупой.

★ **MOCHONGADA.** f. MÉJ. Payasada.

MOCHUELO. (De *mocho.*) m. Ave rapaz y nocturna, de plumaje muy suave, de color leonado; cabeza redonda, pico corto y encorvado y ojos grandes de iris amarillo. Es común en España y se alimenta ordinariamente de roedores y reptiles. || **2.** fig. y fam. Asunto o trabajo difícil o enojoso, de que nadie quiere encargarse. Ú.m. en las frases *cargar* uno *con el* MOCHUELO; *echarle,* o *tocarle* a uno *el* MOCHUELO. || **3.** IMPR. Omisión de una o más palabras, frase, etc., que al componer comete el cajista. || *Cada* MOCHUELO *a su olivo.* fr. proverb. con que se indica que ya es hora de recogerse o de que cada cual se esté en su puesto. || **P.** mocho; **I.** owlet; **F.** hibou; **A.** Steinkauz; **It.** barbagianni; **R.** сова.

MOCHUELO. (l. *modiŏlus,* herrada.) m. Cierta vasija usada antiguamente.

MODA. (l. *modus,* modo, manera.) f. Uso, modo o costumbre que está en boga durante algún tiempo. Entiéndese principalmente de los recién introducidos. || *Estar de* MODA *una cosa.* fr. Usarse o estilarse una prenda de vestir, tela, color, etc., o practicarse generalmente una cosa. || *Salir una* MODA. fr. Empezar a usarse. || **P.** e **It.** moda; **I.** fashion; **F.** mode; **A.** Mode; **R.** мода.

★ **MODADO, DA.** adj. COLOM. Precedido de los adverbios *bien* o *mal,* de buenos o malos modales.

MODAL. adj. Perteneciente o relativo al modo, o que lo incluye. || **2.** m. pl. Acciones externas con que cada cual da a conocer su buena o mala educación. || **2.**ª acep.: **P.** modos; **I.** manners; **F.** manières; **A.** Manieren, Benehmen; **It.** modi; **R.** манеры.

MODALIDAD. (De *modal.*) f. Modo de ser o de manifestarse una cosa. || **2.** MÚS.

Manera de constituirse el modo y el tono. || **P.** modalidades; **I.** modality; **F.** modalité; **A.** Modalität; **It.** modalità; **R.** особенность.

MODÉJAR. adj. desus. Mudéjar.

MODELADO, DA. p.p. de modelar. || **2.** m. Acción y efecto de modelar.

MODELADOR, RA. adj. Que modela.

MODELAR. (De *modelo.*) tr. Formar de una materia plástica una figura o adorno. || **2.** PINT. Presentar con exactitud el relieve de las figuras. || **3.** r. fig. Ajustarse a un modelo. || **P.** modelar; **I.** to model; **F.** modeler; **A.** formen, modellieren; **It.** modellare; **R.** моделировать.

MODELISTA. m. Operario encargado de los moldes para el vaciado de piezas de metal, cemento, etc. || **2.** com. Persona que hace modelos.

MODELO. (ital. *modello,* y éste del l. *modŭlus,* molde.) m. Ejemplar o forma que se sigue en la ejecución de una obra artística o en otra cosa. || **2.** En las obras de ingenio y en las acciones morales, ejemplar digno de ser imitado. || **3.** Representación en pequeño de alguna cosa. || **4.** ESC. Figura de barro, yeso, o cera, que después se ha de reproducir en marmol, madera o metal. || **5.** f. Mujer que exhibe prendas de vestir en tiendas de modas. || —*vivo.* Persona, por lo común desnuda, que sirve para el estudio en el dibujo. || **P.** modelo; **I.** model; **F.** modèle: **A.** Muster, Modell; **It.** modello; **R.** модель, образец.

MODENÉS, SA. adj. Natural de Módena. Ú.t.c.s. || **2.** Perteneciente a esta ciudad de Italia.

MODERACIÓN. (l. *moderatio, -ōnis.*) f. Acción y efecto de moderar o moderarse. || **2.** Cordura, templanza en palabras o acciones. || **P.** moderação; **I.** moderation; **F.** modération; **A.** Mässigung; **It.** moderazione; **R.** умеренность.

MODERADAMENTE. adv. Con moderación; sin exceso. || **2.** Mediana y razonablemente.

MODERADO, DA. p.p. de moderar. || **2.** adj. Que tiene moderación. || **3.** Que se mantiene en el medio entre los extremos.

MODERADOR, RA. (l. *moderātor.*) adj. Que modera. Ú.t.c.s. || **2.** Dícese del poder ejercido por el jefe supremo del Estado.

MODERAMIENTO. (l. *moderamentum.*) m. ant. Moderación.

MODERANTE. p.a. de moderar. Que modera. || **2.** m. En algunas antiguas universidades, el que presidía las academias en que los estudiantes se adiestraban en los ejercicios escolásticos.

MODERANTISMO. m. Partido de los moderados. || **2.** Costumbre de obrar con moderación.

MODERAR. (l. *moderāre.*) tr. Templar, arreglar una cosa, evitando los excesos. Ú.t.c.r.

MODERATIVO, VA. adj. Que modera o tiene virtud para moderar.

MODERATORIO, RIA. (De *moderar.*) adj. Que templa o reduce a lo justo las cosas en que hay exceso.

MODERNAMENTE. adv. Recientemente; de poco tiempo a esta parte.

MODERNIDAD. f. Calidad de moderno.

MODERNISMO. m. Afición desmedida a lo moderno con menosprecio de lo antiguo, especialmente en artes y literatura. || **2.** RELIG. Conjunto de errores religiosos propalados como conquista de la ciencia moderna, que partiendo de la exégesis bíblica racionalista se basan en el subjetivismo y agnosticismo kantiano y en el pragmatismo. Fue condenado por Pío X en su encíclica *Pascendi,* en 1907.

MODERNISTA. adj. Perteneciente o relativo al modernismo. Apl. a pers. ú.t.c.s.

MODERNIZAR. tr. Dar aspecto moderno a cosas antiguas.

MODERNO, NA. (l. Casiodoro, *modernus,* y éste de *modo,* poco ha, sobre el modelo *hodiernus.*) adj. Que existe desde hace poco tiempo. || **2.** Dícese de la edad histórica que sigue a la Edad Media. || **3.** Que ha sucedido recientemente. || **4.** Dícese de una persona que lleva poco tiempo en el desempeño de un cargo. || **5.** fig. HOND. Pesado, torpe en sus movimientos. || **6.** En los colegios y otras comunidades, el que es

nuevo. || **7.** pl. Los que viven en la actualidad o han vivido hace poco tiempo. || *A la* MODERNA, o *A lo* MODERNO. m. adv. Según uso MODERNO. || **P.** e **It.** moderno; **I.** modern; **F.** moderne; **A.** modern, zeitgemäss; **R.** современный.

MODESTAMENTE. adv. Con modestia y compostura.

MODESTIA. (l. *modestia.*) f. Virtud que modera y regla las acciones externas, conteniendo al hombre en los límites de su condición y estado. || **2.** Recato en el porte y en la estimación que muestra uno de sí mismo. || **3.** Honestidad, decencia en las acciones o palabras. || **P.** modestia; **I.** modesty; **F.** modestie; **A.** Bescheidenheit; **It.** modestia; **R.** скромность.

MODESTO, TA. (l. *modestus.*) adj. Que tiene modestia. Ú.t.c.s. || **P.** e **It.** modesto; **I.** modest; **F.** modeste; **A.** bescheiden; **R.** скромный.

MÓDICAMENTE. adv. Con escasez o estrechez; con moderación.

MODICIDAD. (l. *modicĭtas, -ātis.*) f. Calidad de módico.

MÓDICO, CA. (l. *modĭcus.*) adj. Moderado, escaso, limitado.

MODIFICABLE. adj. Que puede modificarse.

MODIFICACIÓN. (l. *modificatio, -ōnis.*) f. Acción y efecto de modificar o modificarse. || **2.** BIOL. Cualquier cambio que, sin llegar a ser hereditario, se produce en los caracteres anatómicos o fisiológicos de un ser vivo como consecuencia de influencias del medio. || **P.** modifição; **I.** y **F.** modification; **A.** Veränderung; **It.** modificazione; **R.** изменение.

MODIFICADOR, RA. (l. *modificātor.*) adj. Que modifica. Ú.t.c.s.

MODIFICANTE. p.a. de modificar. Que modifica. Ú.t.c.s.

MODIFICAR. (l. *modificāre.*) tr. Reducir las cosas a un cierto estado o calidad en que se distingan unas de otras. Ú.t.c.r. || **2.** Reducir las cosas a los términos justos. Ú.t.c.r. || **3.** Transformar o cambiar una cosa mudando alguno de sus accidentes. || **4.** FIL. Dar un nuevo modo de exitir a la substancia. || **P.** modificar; **I.** to modify; **F.** modifier; **A.** umgestalten, verändern; **It.** modificare; **R.** видоизменять.

MODIFICATIVO, VA. adj. Que modifica o sirve para modificar.

MODIFICATORIO, RIA. adj. Que modifica.

MODILLÓN. (ital. *modiglione,* y éste del l. *mũtĩlio, -ōnis,* aum. de *mũtũlus,* mojón.) m. ARQ. Saliente, generalmente en forma de ménsula, con que se adorna por la parte inferior el vuelo de una cornisa. || **P.** modilhão; **I.** modillion; **F.** modillon; **A.** Kragstein; **It.** modiglione; **R.** кронштейн.

MODIO. (l. *modius,* y éste del gr. μόδιος.) m. Medida para áridos, que usaron los romanos, equivalente a unos nueve litros.

MODISMO. m. Expresión propia y privativa de una lengua, que se suele apartar en algo de las reglas gramaticales.

MODISTA. (De *moda.*) com. Persona que tiene por oficio hacer prendas de vestir para señoras. || **2.** f. La que tiene tienda de modas. || **P.** modista; **I.** dressmaker; **F.** couturière; **A.** Schneiderin, Modistin; **It.** sarta; **R.** модистка.

★ **MODISTERÍA.** f. AMÉR. Tienda de modas.

MODISTILLA. (d. de *modista.*) fam. Modista de poco valer en su arte. || **2.** fam. Oficiala o aprendiza de modista.

★ **MODISTO.** m. Sastre que confecciona trajes de señora.

MODO. (l. *modus.*) m. Forma variable que puede recibir o no un ser, sin que se cambie su esencia. || **2.** Moderación o templanza en hablar o obrar. || **3.** Urbanidad o decencia en el porte. Ú.m. en pl. || **4.** Manera particular de hacer una cosa. || **5.** GRAM. Cada una de las distintas maneras generales de expresarse la significación del verbo. || **6.** MÚS. Disposición de los sonidos que forman una escala musical. || **7.** MAT. En una serie de valores, el que aparece con mayor frecuencia. || —**adverbial.** GRAM. Locución que hace oficio de adverbio. || *Al,* o *a* MODO.

m. adv. Como o semejantemente. || **P.** e
It. modo; **I.** y **F.** mode; **A.** Art; **R.** способ.

MODORRA. (De *modorro*.) f. Sueño
muy pesado. || **2.** Hora de la MODORRA. ||
3. MIL. Segundo de los cuartos en que
para los centinelas se dividía la noche. ||
4. VETER. Enfermedad del ganado lanar
por la presencia de cisticercos de cierto
helminto en el cerebro de las reses. || **P.**
modorra; **I.** drowsiness; **F.** assoupissement;
A. Benommenheit; **It.** sonnolenza; **R.**
глубокий сон.

MODORRAR. tr. Causar modorra. ||
2. r. Ponerse la fruta blanda y cambiar
de color como para pudrirse.

MODORRILLA. (De *modorra*.) f. fam.
MIL. Tercero de los cuartos en que para
los centinelas se dividía la noche.

MODORRILLO. m. Cierta clase de
vasija usada antiguamente.

MODORRO, RRA. (port. *modorro*.)
adj. Que padece el accidente del modorra. ||
2. Dícese del operario que se ha azogado
en las minas. Ú.t.c.s. || **3.** Dícese de la
fruta que muda de color y empieza a
fermentar. || **4.** fig. Inadvertido, ignorante,
lerdo. Ú.t.c.s.

MODOSIDAD. f. Calidad de modoso.

MODOSO, SA. adj. Que guarda modo
y compostura en su conducta y ademanes.

MODREGO. m. fam. Sujeto desmañado y que no tiene habilidad ni gracia
para nada.

MODULACIÓN. (l. *modulatio*, -*ōnis*.)
f. Mús. Acción y efecto de modular. || **2.**
ELECTR. Modificación de la frecuencia o
amplitud de las ondas eléctricas para la
mejor retrasmisión de las señales. || **P.**
modulação; **I.** y **F.** modulation; **A.** Modulation, Tonwandlung; **It.** modulazione;
R. модуляция.

MODULADOR, RA. (l. *modulātor*.)
adj. Que modula. Ú.t.c.s.

MODULANTE. (l. *modŭlans*, -*antis*.)
p.a. de modular. Que modula.

MODULAR. (l. *modulāre*.) intr. Variar
de modos en el habla o en el canto, dando
con afinación los tonos correspondientes. ||
2. RADIOTEC. Imprimir una modulación
a las ondas continuas que radia una emisora mediante las corrientes variables pro-
ducidas por un micrófono modulador. ||
P. modular; **I.** to modulate; **F.** moduler;
A. modulieren; **It.** modulare; **R.** модулировать.

MÓDULO. (l. *modŭlus*.) m. ANTROP.
Medida comparativa de las partes del
cuerpo humano en los tipos étnicos de
cada raza. || **2.** ARQ. Medida que se usa
para las proporciones de los cuerpos arqui-
tectónicos y suele ser el radio de la parte
inferior de la columna. || **3.** HIDRÁUL.
Aparato que regula la cantidad de agua
que entra en una acequia o canal, o la
que pasa por un caño u orificio. || **4.** MAT.
Cantidad que sirve de medida o tipo de
comparación en determinados cálculos. ||
5. MAT. Divisor entero necesario entre
números congruentes para que éstos lo
sean. || **6.** MAT. Razón constante entre los
logaritmos de un mismo número tomados
en bases diferentes. || **7.** MÚS. Modula-
ción. || **8.** NUMISM. Diámetro de una me-
dalla o moneda. || MÓDULO *de Young.* Mó-
dulo de elasticidad longitudinal. || **P.**
módulo; **I.** y **F.** module; **A.** Modul, Mass,
Zahl; **It.** mòdulo; **R.** модуль.

* MODULÓMETRO. m. Aparato usado
en las emisoras de radio para medir la
modulación.

MODULOSO, SA. (De *módulo*.) adj.
p.us. Cadencioso, armonioso.

MODURRIA. (De *modorra*.) f. ant.
Bobería.

MODUS VIVENDI. loc. l. Modo de
vivir, base o regla de conducta, arreglo,
ajuste o transacción entre dos partes.
Dícese especialmente de pactos internacionales o acuerdos diplomáticos de carácter interino.

MOER. m. Mauré.

MOFA. (De *mofar*.) f. Burla y escarnio
que se hace de una persona o cosa con
palabras o señales exteriores. || **P.** mofa;
I. mock; **F.** moquerie; **A.** Gespött, Verhöh-
nung; **It.** beffa; **R.** насмешка.

MOFADOR, RA. adj. Que se mofa.
Ú.t.c.s.

MOFADURA. (De *mofar*.) f. Mofa.

MOFANTE. p.a. de mofar. Que se
mofa. Ú.t.c.s.

MOFAR. intr. Hacer mofa. Ú.m.c.r.
Usáb.t.c.tr. || **P.** mofar; **I.** to mock; **F.**
se moquer; **A.** verspotten; **It.** beffare; **R.**
насмехаться.

MOFETA. (neerl. *muf*, que huele a
moho.) f. Cualquiera de los gases per-
niciosos que se desprenden de las minas
y otros sitios subterráneos. || **2.** Mamífero
carnicero mustélido, parecido a la comadreja. Vive en la América Meridional y
segrega un líquido de olor repugnante.

MOFLETE. m. fam. Carrillo demasiadamente grueso y carnoso.

MOFLETUDO, DA. adj. Que tiene
mofletes.

MOFLIR. tr. ant. Comer, mascar.

MOGATAZ. (ár. *mugaṭṭas*, bautizado.)
adj. Dícese del moro que servía a España
como soldado en los antiguos presidios
de África. Ú.t.c.s.

MOGATE. (ár. *mugaṭṭí*, que cubre, cubierta.) m. Baño que cubre alguna cosa,
y especialmente el barniz que usan los
alfareros.

MOGATO, TA. adj. Mojigato. Ú.t.c.s.

MOGO. m. ant. y hoy vulg. Moho.

MOGOL, LA. (turco *mugal*.) adj. Mon-
gol. Natural de la Mogolia. Ú.t.c.s. || **2.**
Perteneciente o relativo a este país asiá-
tico. || **3.** m. Lengua de los mogoles. ||
Gran MOGOL. Título de los soberanos de
una dinastía mahometana en la India.

MOGÓLICO, CA. adj. Mongólico. ||
2. Perteneciente al Gran Mogol.

* MOGOLLA. f. COLOM. Salvado muy
fino. || **2.** ARGENT. y CHILE. Ganga, prove-
cho. || **3.** CUBA. Recortes de hojas de taba-
co que se llenan los cigarros puros.

MOGOLLÓN, NA. adj. p.us. Holga-
zán, vago, gorrón. || **2.** m. Entremeti-
miento. || *De* MOGOLLÓN. m. adv. fam. De
gorra. || **2.** Gratuitamente, de balde. || *Ha-
cerse* uno *el* MOGOLLÓN. VENEZ. Hacerse
uno el tonto o el desentendido.

MOGÓN, NA. (De un der. del l.
mutilus y *muticus*, mutilado.) adj. Dícese
de la res vacuna a la cual falta un asta,
o la tiene despuntada.

* MOGOSO, SA. (De *mogo*, moho.) adj.
fam. COLOM. y CHILE. Mohoso.

MOGOTE. (vasc. *muga*, mojón.) m.
Montículo aislado, cónico y con remate
en punta roma. || **2.** Montón de haces en
forma piramidal. || **3.** Cada una de las
dos cuernas de los gamos o venados que
alcanzan un palmo de largo. || **4.** COLOM.
Tepe, trozo de césped. || **5.** P. RICO. Mon-
tón, bulto, lío. || **P.** monticulo; **I.** knoll; **F.**
butte, mote; **A.** Erdhügel; **It.** monticello;
R. бугор.

* MOGOYA. adj. PAN. Tonto, simple.

MOGROLLO. (De *mogollón*.) m. Go-
rrista. || **2.** fam. Sujeto tosco y sin urba-
nidad.

MOHADA. f. Mojada, medida agraria
catalana equivalente a 49 áreas.

* MOHÁN. m. COLOM. Hechicero, brujo.

MOHARRA. (Quizá del ár. *muḥarrab*,
aguzado.) f. Hierro o punta de la lanza. ||
2. PERÚ. Rejón que servía en las corridas
de toros. || **3.** ZOOL. Mamífero quiróptero
de los filostómidos.

MOHARRACHE. m. Moharracho.

MOHARRACHO. (ár. *muḥarraǧ*, risible, bufón.) m. Persona que se disfraza
ridículamente para entretener a los demás.||
2. fig. y fam. Mamarracho.

* MOHATO, TA. adj. CUBA. Dícese de
la caballería que tiene el pelo de color de
chocolate claro.

MOHATRA. (ár. *mujāṭara*, venta con
riesgo.) f. Venta fingida y fraudulenta. ||
2. Fraude, engaño.

MOHATRANTE. p.a. de mohatrar.
Que mohatra.

MOHATRAR. intr. Hacer mohatras.

MOHATRERO, RA. m. y f. Persona
que hace mohatras.

MOHATRÓN, NA. m. y f. Mohatrero, ra.

MOHECER. (De *moho*.) tr. Enmohecer.
Ú.t.c.r.

MOHEDA. (ár. *magīda*, espesura, herbazal.) f. Monte alto, con jarales y maleza.

MOHEDAL. m. Moheda.

MOHEÑA. adj. BOT. Dícese de la ortiga de ojas ovales, y que en el mismo pie
tiene las flores masculinas y femeninas.

MOHIENTO, TA. adj. Mohoso.

MOHÍN. (De *mofa*.) m. Mueca o gesto.

MOHÍNA. (De *mohín*.) f. Enojo o
enfado.

MOHINDAD. f. Mohína.

MOHÍNO, NA. (De *mohín*.) adj. Triste,
melancólico, disgustado. || **2.** Dícese del
macho o mula hijos de caballo y burra. ||
3. Dícese de las caballerías y reses vacunas
que tienen el pelo, principalmente el hoci-
co, de color muy negro. Ú.t.c.s. || **4.** m. Ra-
bilargo, ave de costumbres parecidas a la
urraca. || **5.** En el juego, aquel contra el
cual van todos los demás. || **6.** En el juego
del revesino, partido que se hace a aquel
contra quien van los demás, dándole algu-
nas ventajas. || **P.** mofino; **I.** fretful;
F. boudeur; **A.** missgelaunt; **It.** mogio;
R. грустный.

MOHO. (alto al. *muff*.) m. BOT. Cualquiera de los hongos de tamaño muy pequeño que viven en los medios orgánicos,
provistos de un micelio filamentoso y ramificado, del cual sale un vástago que ter-
mina en un esporangio. || **2.** Capa que se
forma en la superficie de un cuerpo metá-
lico por alteración química de su materia. ||
3. fig. Desidia o dificultad de trabajar,
debida al ocio excesivo. || *No criar* MOHO
una *cosa*. fr. fig. y fam. Traerla en continuo
uso. || **P.** mofo, bolor; **I.** moss, mould;
F. moisi, moisissure; **A.** Moos, Schimmel;
It. mufa, musco; **R.** плесень, ржавчина.

MOHOSO, SA. adj. Cubierto de mo-
ho. || **2.** CUBA. En algunas partes se dice de
la persona que no toma parte en las fiestas
y corridas de San Juan, etc.

MOHÚR. m. Moneda de oro de la
India inglesa.

MOISÉS. n. p. V. *Ley de* MOISÉS. || **2.**
fig. y fam. *Lágrimas de* MOISÉS.

° **MOISÉS.** m. Cuna de mimbres para
los niños de pecho.

MOJÁBANA. f. Almojábana.

MOJADA. f. Acción y efecto de mojar
o mojarse. || **2.** fam. Herida con arma pun-
zante. || **3.** MURC. Sopa que se empapa
en cualquier licor.

MOJADA. (b. l. *modiata*, y éste del
l. *modius*, modio.) f. Medida agraria usada
en Cataluña, que tiene cerca de 49 áreas.

MOJADO, DA. p.p. de mojar. || **2.** adj.
fig. Dícese del papel de poca importancia
o que prueba poco para un asunto. ||
3. GRAM. Dícese del sonido pronunciado
con un conato relativamente amplio del
dorso de la lengua contra el paladar.

MOJADOR, RA. adj. Que moja. Ú.t.
c.s. || **2.** m. Recipiente pequeño de vidrio
o de metal con una esponja empapada de
agua para mojarse la punta de los dedos
el que maneja papeles, y también para
mojar los sellos antes de pegarlos. || **3.** IMPR.
Depósito de agua limpia en que se moja
el papel antes de la impresión.

MOJADURA. f. Acción y efecto de
mojar o mojarse.

MOJAMA. (Del m. or. que *almojama*.)
f. Cecina de atún.

* MOJANAZO. m. VENEZ. Maleficio,
hechizo.

MOJAR. (l. *mŏlliāre*, por *mŏllīre*, ablandar.) tr. Humedecer una cosa con agua
u otro líquido. Ú.t.c.r. || **2.** fig. y fam.
Dar de puñaladas a uno. || **3.** intr. fig.
Introducir o tener parte en un negocio. ||
4. fig. y fam. CHILE. Acompañar un canto
con algún instrumento. || **5.** P. RICO. So-
bornar. || **P.** molhar; **I.** to wet; **F.** mouiller,
tremper; **A.** befeuchten; **It.** inumidire;
R. смачивать.

MOJARRA. (De *moharra*.) f. Pez teleósteo acantopterigio, con el cuerpo ovalado
comprimido lateralmente, de color obscuro
con tres manchas negras; cabeza ancha y
ojos grandes. Se pesca en las costas de
España y es de carne estimada. || **2.** Lancha
pequeña al servicio de las almadrabas. ||
3. AMÉR. y AND. Cuchillo ancho y corto.

MOJARRILLA. (d. de *mojarra*.) com.
fam. Persona que siempre está de chanza
y buen humor.

MOJE. (De *mojar*.) m. Caldo de cual-
quier guisado. || —**crudo.** CUBA. Caldo
o salsa de zumo de limón, ají picante, ajos
machacados, cebolla y aceite o manteca.

M

MOJEL. (ital. *morsello*, rebenque, y éste d. del l. *morsus*, mordisco.) m. MAR. Cada una de las cajetas de meollar, que sirven para dar vueltas al cable y al virador cuando se leva el ancla.

MOJERA. f. Mostajo.

MOJETE. (De *mojar*.) m. AR. y MURC. Salsa.

MOJÍ. (ár. *muhšá*, con imela *muhší*, relleno de varias cosas.) adj. Se usa en la denominación *cazuela* MOJÍ, dada a una torta cuajada, hecha en cazuela con queso, pan rallado, berenjenas, miel, y otras cosas.

MOJÍ. m. Mojicón, 3.ª acep.

MOJICÓN. (Del m. or. que *moji*.) m. Especie de bizcocho hecho ordinariamente de mazapán y azúcar, cortado en trozos y bañado. || 2. Especie de bollo fino que suele usarse para tomar chocolate. || 3. fam. Golpe que se da en la cara con el puño.

MOJIGANGA. f. Fiesta pública que se hace con varios disfraces ridículos. || 2. Obrilla dramática muy breve y jocosa. || 3. fig. Cualquier cosa ridícula y burlesca. || 4. P. RICO y REP. DOMIN. Promesa o amenaza sin valor. || **P.** mascarada, moixiganga; **I.** masquerade; **F.** mascarade; **A.** Maskerade; **It.** mascherata; **R.** маскарад.

MOJIGATERÍA. f. Calidad de mojigato. || 2. Acción propia de él.

MOJIGATEZ. f. Mojigatería, calidad de mojigato.

MOJIGATO, TA. adj. Disimulado, que finge humildad o cobardía para lograr su intento. Ú.t.c.s. || 2. Beato, hazañero. Ú.m.c.s. || **P.** fingido; **I.** prudish; **F.** menette; **A.** Henchler; **It.** bacchettone; **R.** лицемерный.

MOJIL. adj. Mojí, 1.er art.

MOJINETE. m. Albardilla o tejadillo que se pone en los muros. || 2. Caballete de un tejado. || 3. ARGENT. Frontón triangular de la fachada de un rancho u otra construcción semejante. || 4. CHILE. Hastial de un edificio. || 5. CUBA. Cadera muy abultada de las personas gruesas.

MOJINETE. (d. sincopado de *mojicón*.) m. p. us. Golpecito en la cara para acariciar a los niños.

★ **MOJINGA.** f. CHILE. Broma pesada, burla.

MOJINO, NA. (De *mojí*.) adj. Cazuela mojina. V. MOJÍ, *cazuela* MOJÍ.

MOJO. (De *mojar*.) m. Moje. || 2. ant. Remojo. Ú. en Salamanca. || 3. BOL. Guiso parecido a la carbonada. || 4. CUBA. Bebida de ron, limón y gaseosa, con azúcar.

MOJÓN. (l. *mútŭlo*, *-ōnis*, aum. de *mŭtŭlus*, montón.) m. Señal permanente que se pone para fijar linderos y fronteras. || 2. Por ext., señal que se coloca en despoblado para que sirva de guía. || 3. Chis, tángano. || 4. Montón de cosas. || 5. Porción compacta de excremento humano que se expele de una vez. || **P.** baliza; **I.** landmark; **F.** borne, poteau; **A.** Grenzstein; **It.** tèrmine; **R.** межевой знак.

MOJÓN. (De *mojar*.) m. Catavinos, el que prueba los vinos.

MOJONA. (De *mojonar*.) f. Acción de medir o amajonar las tierras.

MOJONA. (De *mojón*, catavinos.) f. Antigua renta municipal, consistente en el tributo que se pagaba por la medida del vino u otra cosa.

MOJONACIÓN. (De *mojonar*.) f. Amojonamiento.

MOJONAR. (De *mojón*, señal que delimita.) tr. Amojonar.

★ **MOJONAZGO.** (De *mojón*, señal que delimita.) m. CHILE. Peaje, portazgo.

MOJONERA. f. Sitio donde se ponen los mojones. || 2. Serie de mojones que dividen dos términos o jurisdicciones.

MOJONERO. (De *mojón*, catavinos.) m. Aforador.

★ **MOJOSERA.** f. COLOM. Hambre canina.

★ **MOKA.** m. Café muy estimado procedente de Moka, en la Arabia.

MOL. adj. ant. *Mole*, muelle, delicado, blando.

★ **MOL.** (Abreviación de *molécula*.) m. Fís. y QUÍM. Molécula gramo: cantidad de una substancia cuyo peso es el número de gramos expresado por su peso molecular.

MOLA. (l. *mola*.) f. Harina de cebada,

tostada y mezclada con sal, que los gentiles echaban en la frente de la res y en la hoguera en que ésta había de ser quemada en el sacrificio.

MOLA. (l. *mola*, masa carnosa de la matriz.) f. Masa carnosa que en algunos casos se forma dentro de la matriz, ocasionando las apariencias de la preñez. Dícese también MOLA *matriz*.

MOLADA. (De *muela*.) f. Porción de color que se muele de una vez con la moleta. || 2. ÁL. Cantidad de aceituna que se muele de una vez.

★ **MOLALIDAD.** f. QUÍM. Número de moles de soluto en 1.000 gramos de disolvente.

MOLAR. (l. *molāris*.) adj. Perteneciente o relativo a la muela. || 2. Apto para moler. || 3. Dícese de cada uno de los dientes posteriores a los caninos y que sirven para moler o triturar alimentos. Ú.t.c.s.

★ **MOLARIDAD.** (De *mol*, molécula gramo.) f. Número de moles o moléculas gramo de un cuerpo disuelto, correspondiente a 1000 gramos del disolvente.

★ **MOLASA.** f. GEOL. Roca típica de principios del terciario alpino, especie de arenisca de grano grueso, que a veces consta de conglomerado con cantos de diverso tamaño.

★ **MOLCACHO.** m. BOT. Cierta hierba que se cría en Chile.

MOLCAJETE. (mejic. *mulcaxitl*, escudilla.) m. Mortero grande de piedra o de barro cocido, con tres pies cortos.

★ **MOLCATE.** m. MÉJ. Mazorca de maíz muy pequeña.

★ **MOLDADO.** m. ARQ. Rebajo de las puertas y ventanas. || **—a martillo.** Figura cóncava hecha en una pieza sirviéndose de la bigornia.

MOLDAR. (l. *modŭlāre*, medir.) tr. Amoldar. || 2. Moldurar.

MOLDAVO, VA. adj. Natural de Moldavia. Ú.t.c.s. || 2. Perteneciente a este antiguo principado danubiano.

MOLDE. (De *moldar*.) m. Pieza o conjunto de piezas acopladas, que tiene hecha en hueco la figura que quiere darse a la materia fundida o blanda, que en él se vacía. || 2. Cualquier instrumento, aunque no sea hueco, con que se estampa o da forma o cuerpo a una cosa; y así se llaman MOLDES las letras de imprenta. || 3. fig. Persona que por llegar al sumo grado en algo, puede servir de modelo o norma en ella. || 4. IMPR. Conjunto de letras o forma ya dispuesta para imprimir. || 5. AMÉR. Patrón para cortar prendas de vestir. || *De* MOLDE. loc. Dícese de lo impreso a distinción de lo manuscrito. || 2. m. adv. fig. A propósito, con oportunidad. || 3. fig. Bien, perfectamente. || **P.** molde; **I.** mould; **F.** moule; **A.** Modell, Matrize; **It.** modello; **R.** форма.

MOLDEADO, DA. p.p. de moldear. || 2. m. Acción y efecto de moldear.

MOLDEADOR, RA. adj. Que moldea. Ú.t.c.s.

MOLDEAMIENTO. m. Acción y efecto de moldear.

MOLDEAR. (De *molde*.) tr. Moldurar. || 2. Sacar el molde de una figura. || 3. Vaciar, formar un objeto por medio de un molde.

MOLDERO. (De *molde*.) m. ant. Impresor o estampador.

MOLDURA. (De *molde*.) f. Parte saliente de perfil uniforme, que sirve de adorno en obras de arquitectura, carpintería, etc. || 2. ECUAD. Marco de un cuadro. || **P.** moldura; **I.** moulding; **F.** moulure; **A.** (Ge)Sims; **It.** modanatura; **R.** карниз.

MOLDURA. (l. *mŏlĭtūra*, de *mŏlĕre*, moler.) f. ÁL. Moltura, maquila.

★ **MOLDURAJE.** m. CHILE. Conjunto de molduras de una habitación, sala, edificio, etc.

MOLDURAR. tr. Hacer molduras.

MOLE. (l. *mollis*.) adj. Muelle, delicado, suave, blando.

MOLE. (l. *moles*.) f. Cosa de gran bulto o corpulencia. || 2. Bulto grande.

MOLE. (mejic. *mulli*.) m. Guisado de carne usado en Méjico. Es guisado propio del guajolote o pavo. || **—verde.** El que se hace con salsa de chiles y tomates verdes.

MOLÉCULA. (d. del l. *moles*, mole.)

f. Agrupación definida y ordenada de átomos, de volumen pequeñísimo, que se considera como primer elemento inmediato de la composición de los cuerpos. Es la partícula menor que de un cuerpo puede existir con los caracteres químicos propios del mismo. || **P.** molécula; **I.** molecule; **F.** molécule; **A.** Molekül, Ur-Teilchen; **It.** molecola; **R.** молекула.

MOLECULAR. adj. Perteneciente o relativo a las moléculas. || 2. Fís. Dícese de la atracción que ejercen recíprocamente todas las moléculas de un cuerpo.

MOLEDERA. (De *moler*.) f. Piedra en que se muele. || 2. fig. y fam. Cansera, molestia.

MOLEDERO, RA. adj. Que se ha de moler o puede molerse.

MOLEDOR, RA. adj. Que muele. Ú.t.c.s. || 2. fig. y fam. Dícese de la persona necia que cansa o fatiga con su pesadez. Ú.t.c.s. || 3. m. Cada uno de los cilindros del trapiche o molino en que se machacan las cañas en los ingenios de azúcar.

MOLEDURA. (l. *mŏlĭtūra*.) f. Molienda, acción de moler. || 2. Molimiento, fatiga.

MOLEJA. (l. *molĭcŭla*, d. de *mola*, carnosidad.) f. ant. Molleja, estómago muscular de las aves.

MOLEJÓN. (aum. de *moleja*.) m. Mollejón, piedra de amolar redonda, que gira sobre una artesa con agua. || 2. CUBA. Farallón, roca a flor de agua.

MOLENDERO, RA. (De *molienda*.) m. y f. Persona que muele o lleva que moler a los molinos. || 2. m. El que muele y elabora el chocolate. || 3. C. RICA. Tabla o mesa donde se muele alguna cosa.

MOLEÑA. (De *moleño*.) f. Pedernal, variedad de cuarzo.

MOLEÑO, ÑA. (De *muela*.) adj. Dícese de la roca buena para hacer piedras de molino.

MOLER. (l. *mŏlĕre*.) tr. Quebrantar un cuerpo triturándolo hasta hacerlo polvo. || 2. CUBA. Exprimir la caña de azúcar en el trapiche. || 3. fig. Cansar o fatigar mucho materialmente. *Estoy* MOLIDO *de tanto andar*. || 4. fig. Destruir, maltratar. *Me va a* MOLER *a golpes*. || 5. fig. Molestar gravemente. || **P.** moer; **I.** to grind; **F.** moudre; **A.** mahlen, zermalmen; **It.** macinare; **R.** молоть.

MOLERO. (l. *molarĭus*.) m. El que hace o vende ruedas de molino.

MOLESTADOR, RA. adj. Que molesta. Ú.t.c.s.

MOLESTAMENTE. adv. Con molestia, insistencia y pesadez.

MOLESTAR. (l. *molestāre*.) tr. Causar molestia. Ú.t.c.r. || **P.** molestar; **I.** to weary; **F.** déranger, molester, ennuyer; **A.** belästigen, stören; **It.** seccare; **R.** беспокоить, надоедать.

MOLESTIA. (l. *molestĭa*.) f. Perturbación, extorsión. || 2. Enfado, fastidio. || 3. Desazón producida por cierta falta de salud. || 4. Falta de comodidad. || **P.** moléstia; **I.** weariness; **F.** dérangement, ennui; **A.** Belästigung, Mühe; **It.** seccàggine; **R.** беспокойство.

MOLESTO, TA. (l. *molestus*.) adj. Que causa molestia. || 2. fig. Que la siente.

MOLESTOSO, SA. adj. ant. Molesto, que causa molestia. Ú. aún en Andalucía y América.

MOLETA. f. d. de muela. || 2. Piedra comúnmente de mármol, para moler drogas, colores, etc. || 3. En la fábrica de cristales, aparato para alisarlos y pulirlos. || 4. BLAS. Figura de estrella con un círculo en su interior. || 5. IMPR. Instrumento para moler la tinta en el tintero. || 2.ª acep.: **P.** moleta; **I.** muller; **F.** molette; **A.** Reibkeule, Schleifrolle; **It.** macinella; **R.** маленький жёрнов.

MOLIBDENO. (l. *molybdaena*, y éste del gr. μολύβδαινα; de μόλυβδος, plomo.) m. Metal de color y brillo plomizos, maleable, quebradizo y difícil de fundir; empléase en la fabricación de aceros especiales.

MOLICIE. (l. *mollities*, de *mollis*, blando.) f. Blandura, calidad de blando. || 2. fig. afición al regalo, afeminación. || **P.** moleza; **I.** softeness, effeminacy; **F.** mollesse; **A.** Weichheit; **It.** molleza, effeminatezza; **R.** мягкость, вялость.

MOLIDO, DA. p.p. de moler. || **2.** adj. V. *Oro* MOLIDO.

MOLIENDA. (l. *molenda*, cosas que se han de moler.) f. Acción de moler. || **2.** Porción o cantidad de caña de azúcar, trigo, etc., que se muele de una vez. || **3.** El mismo molino. || **4.** Temporada que dura la operación de moler la aceituna o la caña de azúcar. || **5.** fig. y fam. Molimiento, cansancio. || **6.** fig. y fam. Cosa que causa molestia. || **P.** moenda; **I.** grinding; **F.** mouture; **A.** Mahlen; **It.** macinatura; **R.** помол.

MOLIENTE. p.a. de moler. Que muele.

MOLIFICABLE. adj. Susceptible de molificarse.

MOLIFICACIÓN. f. Acción y efecto de molificar o molificarse.

MOLIFICANTE. p.a. de molificar. Que molifica.

MOLIFICAR. (l. *mollificāre*; de *mollis*, blando, y *facĕre*, hacer.) tr. Ablandar o suavizar. Ú.t.c.r.

MOLIFICATIVO, VA. adj. Que molifica o tiene virtud de molificar.

MOLIMIENTO. m. Acción de moler. || **2.** fig. Fatiga, cansancio, molestia.

MOLINADA. (De *molino*.) f. fam. Molienda que se hace de una vez del trigo que se calcula es necesario en una casa para pasar una temporada.

MOLINAJE. m. MURC. Lo que se paga en el molino para moler.

MOLINAR. m. Sitio donde están los molinos.

MOLINEJO. m. d. de molino.

MOLINERA. f. Mujer del molinero. || **2.** La que tiene su cargo un molino. || **3.** La que trabaja en él. || **4.** ZOOL. CHILE. Cierta avecilla de color pardo obscuro con manchas blancas en el pecho.

MOLINERÍA. f. Conjunto de molinos. || **2.** Industria molinera.

MOLINERO, RA. (l. *molinarius*.) adj. Perteneciente al molino o a la molinería. || **2.** m. El que tiene a su cargo un molino. || **3.** El que trabaja en él. || **2.ª** acep.: **P.** moleiro; **I.** miller; **F.** meunier; **A.** Müller; **It.** mugnaio; **R.** мельник.

MOLINÉS, SA. adj. Natural de Molina de Aragón. Ú.t.c.s. || **2.** Perteneciente a esta ciudad.

MOLINETE. m. d. de molino. || **2.** Ruedecilla giratoria con aspas que se pone en las vidrieras de una habitación para renovar el aire. || **3.** Movimiento circular que se hace con un bastón, espada, etc., para defenderse. || **4.** Juguete de niño; consiste en una varilla en cuya punta hay una cruz o una estrella de papel que giran movidas por el viento. || **5.** DANZA. Figura de baile, en que todos, asidos de las manos, formaban círculo que giraba. || **6.** MAR. Especie de torno horizontal colocado de babor a estribor, a proa del palo trinquete. || **7.** MÉJ. Girándula, rueda de cohetes. || **8.** COLOM. Torno en las minas. || **9.** TAUROM. Complemento de un pase de pecho o natural por bajo en que el diestro gira en redondo casi tocando la cabeza del toro, preparándose para un nuevo pase. || **—eléctrico.** Aparato que sirve para demostrar el poder de las puntas o propiedad que tienen de dejar escapar la electricidad. || **—hidráulico.** Aparato que sirve para demostrar la presión ejercida por los líquidos sobre las paredes laterales de los recipientes que los contienen. || **4.ª** acep.: **P.** molinete; **I.** pin-wheel; **F.** moulinet; **A.** Windrädchen; **It.** molinello; **R.** вентилятор.

MOLINILLO. (d. de *molino*.) m. Instrumento pequeño para moler. || **2.** Platillo cilíndrico con una rueda gruesa y dentada en su extremo inferior, el cual se hace girar entre las manos para batir el chocolate y otras cosas.

MOLINISMO. m. Doctrina teológica sobre el libre albedrío y la gracia, del jesuita español Luis Molina.

MOLINISTA. adj. Partidario del molinismo. Apl. a pers. ú.t.c.s. || **2.** Perteneciente a él. || **3.** Hállase también usado por molinosista.

MOLINO. (l. *molīnum*.) m. Máquina para moler, compuesta de una muela, una solera y los mecanismos que transmiten y regularizan el movimiento producido por una fuerza motriz; como el agua, el vien-

to, etc. || **2.** Cualquier artefacto para quebrantar, machacar, laminar o estrujar alguna cosa. || **3.** Casa o edificio en que hay molino. || **4.** fig. Persona muy inquieta y bulliciosa. || **5.** fig. Persona muy molesta. || **6.** fig. y fam. La boca, por que en ella se muele la comida. || **7.** GERM. Tormento que se causaba al reo. || **—arrocero.** El que sirve para limpiar el grano de arroz de la película que le cubre. || **—de sangre.** El movido por fuerza animal. || **—de viento.** El movido por el viento, con unas aspas grandes colocadas en la parte exterior del edificio. || MOLINOS *de viento*. fig. Enemigos imaginarios. || **P.** moinho; **I.** mill; **F.** moulin; **A.** Mühle; **It.** molino; **R.** мельница.

MOLINOSISMO. m. Especie de quietismo, doctrina herética del sacerdote español del siglo XVII, Miguel Molinos.

MOLINOSISTA. adj. Partidario del molinosismo. Apl. a pers. ú.t.c.s. || **2.** Perteneciente a él.

MOLITIVO, VA. (l. *mollītum*, supino de *mollīre*, ablandar, suavizar.) adj. Dícese de lo que molifica o tiene virtud de molificar.

MOLO. m. CHILE. Malecón.

★ **MÓLOC.** m. ECUAD. Puré de patatas.

★ **MOLOLOA.** f. HOND. Conversación ruidosa.

MOLÓN. (De *muela*.) m. ÁL. Piedra grande de figura algo aproximada a la esférica, que se desprende de la cantera al barrenar. || **2.** ÁL. Trozo de piedra sin labrar. || **3.** NAV. Rueda de molino.

★ **MOLÓN, NA.** adj. MÉJ. y GUAT. Fastidioso, importuno, molesto.

MOLONDRA. (De *mole*.) f. ÁL. y MURC. Cabeza grande.

MOLONDRO. (Del m. or. que *molón*.) m. fam. Hombre poltrón, perezoso e ignorante.

MOLONDRÓN. m. fam. Molondro. || **2.** ÁL. Golpe dado en la cabeza o con la cabeza. || **3.** VENEZ. Hombre gordinflón. || **4.** VENEZ. Herencia o suma cuantiosa.

★ **MOLONQUEAR.** tr. EL SALV. Moler a uno a golpes.

MOLOSO, SA. (l. *molossus*.) adj. Natural de la antigua Molosia. Ú.t.c.s. || **2.** Perteneciente a esta ciudad de Epiro. || **3.** Dícese de cierta casta de perros procedentes de Molosia. Ú.t.c.s. || **4.** m. Pie de la poesía griega y latina, compuesto de tres sílabas largas.

★ **MOLOTE.** m. CUBA y MÉJ. Alboroto. || **2.** Moño que se hacen las mujeres con el cabello.

★ **MOLOTERA.** f. GUAT. y HOND. Molote, alboroto.

MOLSA. f. ant. Lana o pluma de colchón.

MOLSO, SA. adj. ÁL. y VIZC. Abultado y deforme. || **2.** Desgarbado, desaseado.

MOLTURA. (l. *molitūra*.) f. Molienda. || **2.** AR. Maquila, porción de lo que se muele que corresponde al molinero.

MOLTURACIÓN. f. Acción y efecto de molturar.

MOLTURADOR. m. El que moltura.

MOLTURAR. (De *moltura*.) tr. Moler, especialmente el grano.

MOLUSCO. (l. *molluscus*, blando, mollar.) adj. ZOOL. Dícese de animales metazoos con tegumentos blandos, de cuerpo no segmentado en los adultos, en algunos protegido por una concha; su simetría bilateral, no siempre es perfecta como el caracol y la jibia. Ú.t.c.s.m. || **2.** m. pl. Tipo de estos animales. || **P.** molusco; **I.** mollusc; **F.** mollusque; **A.** Molluske, Weichtier; **It.** mollusco; **R.** моллюск.

MOLLA. (l. *mollis*, blando.) f. Parte magra de la carne. || **2.** MURC. Molledo, miga del pan.

MOLLAR. (De *molla*.) adj. Blando y fácil de partir o quebrantar. || **2.** Dícese de las cosas que dan mucha utilidad sin carga considerable. || **3.** fig. y fam. Dícese del que es fácil de engañar o convencer.

MOLLE. (quich. *molli*.) m. BOT. Árbol de mediano tamaño, de la familia de las anacardiáceas, propio de América Central y Meridional. Tiene hojas fragantes, coriáceas; flores en espigas axilares, y frutos rojizos. || **2.** Árbol de Bolivia, el Ecuador y Perú, de la misma familia que el anterior

y cuyo fruto se emplea para fabricar una especie de chicha.

MOLLEAR. (De *molla*.) intr. Ceder una cosa a la fuerza o presión. || **2.** Doblarse a causa de su blandura.

MOLLEDO. (De *molla*.) Parte carnosa y redonda de un miembro, especialmente la de los brazos y pantorrillas. || **2.** Miga de pan.

MOLLEJA. (Por *moleja*, del l. *molicŭla*, derivado de *mola*, carnosidad interior.) f. d. de molla. || **2.** Apéndice carnoso, formado ordinariamente por infarto de las glándulas. || **3.** ZOOL. Estómago muscular de las aves, muy robusto, especialmente en las granívoras.

MOLLEJÓN. (De *molejón*.) m. Piedra de amolar, redonda con eje horizontal, y que gira sobre una artesa con agua.

MOLLEJÓN. (De *molleja*.) m. fam. Hombre muy gordo y flojo. || **2.** fig. y fam. Hombre muy blando de genio.

MOLLEJUELA. f. d. de molleja.

MOLLENTAR. (l. *molliens*, -*entis*, p.a. de *mollīre*, ablandar.) tr. ant. Amollentar. Usáb.t.c.r.

MOLLERA. (De *molla*.) f. Parte más alta del casco de la cabeza. || **2.** fig. Caletre, seso. || **3.** ZOOL. Fontanela situada en la parte más alta de la frente. || *Cerrado de* MOLLERA. loc. fig. Rudo, de cortos alcances. || *Duro de* MOLLERA. Porfiado, terco.

MOLLERO. m. fam. Molledo, parte carnosa.

MOLLERÓN. (De *mollera*.) m. GERM. Casco de acero.

MOLLESCER. (l. *mollescĕre*.) tr. ant. Ablandar.

MOLLESCIENTE. p. a. ant. de mollescer. Que ablanda.

MOLLETA. (De *mollete*, 1.er art.) f. Torta de pan de la flor de la harina, que a veces se amasa con leche. || **2.** En algunas partes, pan moreno y de inferior calidad.

MOLLETAS. f. pl. Despabiladeras.

MOLLETE. (l. *mollis*, blando, tierno.) m. Panecillo ovalado, esponjado y de poca cochura. || **2.** En algunas partes, molledo del brazo. || **3.** BOL. Pan de munición.

MOLLETE. m. Moflete.

MOLLETERO, RA. m. y f. Persona que hace o vende molletes.

MOLLETUDO, DA. adj. Mofletudo.

MOLLEZ. f. ant. Molleza.

MOLLEZA. (l. *mollitia*.) f. ant. Molicie.

MOLLICIO, CIA. (l. *mollis*.) adj. Muelle, delicado, blando, suave.

MOLLIDURA. (De *mollir*.) f. ant. Mollicie.

MOLLIFICAR. tr. Molificar.

MOLLINO, NA. (De *muelle*, 1.er art.) adj. Dícese del agua de lluvia que cae menuda y blandamente. || **2.** f. Mollizna, llovizna.

MOLLIR. (l. *mollīre*.) tr. ant. Amollentar.

MOLLIZNA. (De *mollina*.) f. Llovizna.

MOLLIZNAR. (De *mollizna*.) intr. Llovisnar.

MOLLIZNEAR. intr. Mollizna.

MOMA. f. MÉJ. Gallina ciega, juego de muchachos.

MOMEADOR, RA. adj. Que momea.

MOMEAR. intr. Hacer momos, gestos ridículos.

MOMENTÁNEAMENTE. adv. Inmediatamente, sin detención alguna. || **2.** Por muy poco tiempo.

MOMENTÁNEO, A. (l. *momentanĕus*.) adj. Que se pasa luego; de muy breve duración. || **2.** Que se ejecuta prontamente. || **P.** momentâneo; **I.** momentary; **F.** momentané; **A.** augenblicklich; **It.** momentàneo; **R.** моментальный, мгновенный.

MOMENTO. (l. *momentum*.) m. Mínimo espacio de tiempo. || **2.** Por ext., importancia, entidad o peso. || *Cosa de poco* MOMENTO. **3.** MEC. Producto de la intensidad de una fuerza por su distancia a un punto o una línea, o por la distancia de su punto de aplicación de un plano. || **—angular.** Fís. En un vector, producto de la velocidad angular por el radio. || **—de inercia.** MEC. Suma de los productos que resultan de multiplicar el volumen de cada elemento de un cuerpo por el cuadrado de su distancia a una línea fija. || **—de una fuerza.** MEC. Producto de la

M

intensidad de una fuerza por la distancia de su punto de aplicación a un plano. ‖ **—virtual.** MEC. Producto de una fuerza por el camino que puede recorrer su punto de aplicación en un tiempo infinitamente pequeño. ‖ *Al* MOMENTO. Inmediatamente. ‖ *A cada* MOMENTO, o *cada* MOMENTO. m. adv. Continuamente, con mucha frecuencia. ‖ *De* o *por el* MOMENTO. Por de pronto. ‖ *Por* MOMENTOS. m. adv. Sucesiva y continuamente. ‖ **P.** e **It.** momento; **I.** y **F.** moment; **A.** Augenblick; **R.** момент.

MOMERÍA. (De *momero*.) f. Ejecución de cosas o acciones burlescas. ‖ **2.** Gesto, figura, acción burlesca.

MOMERO, RA. (De *momo*.) adj. Que hace momerías, gestos o figuras. Ú.t.c.s.

MOMIA. (ár. *mūmiyá*, amalgama o betún con que los egipcios embalsamaban los cadáveres.) f. Cadáver que naturalmente o por preparación artificial se deseca con el transcurso del tiempo sin entrar en putrefacción. ‖ **2.** fig. Persona muy seca y morena. ‖ **P.** múmia; **I.** mmumy; **F.** momie; **A.** Mumie; **It.** mummia; **R.** мумия.

MOMIFICACIÓN. f. Acción y efecto de momificar o momificarse.

MOMIFICAR. tr. Convertir en momia un cadáver. Ú.m.c.r.

MOMIO, MIA. (De *momia*.) adj. Magro y sin gordura. Ú.t.c.s.m. ‖ **2.** m. fig. Lo que se da u obtiene de más. ‖ **3.** fig. Ganga. ‖ *De* MOMIO. m. adv. fig. y fam. De balde.

★ MOMITA. f. MÉJ. Juego parecido al de la gallina ciega. ‖ **2.** COLOM. Cierto juego de trompos.

MOMO. (l. *momus*.) m. Gesto, figura o mofa, que se ejecuta regularmente para divertir. ‖ **P.** momice; **I.** grin; **F.** grimace; **A.** Grimasse; **It.** smorfia; **R.** гримаса.

MOMÓRDIGA. (l. *momordi*, pret. de *mordēre*, morder, por la escotadura que tiene la hoja.) f. Balsamina, planta cucurbitácea, originaria de América.

★ MOMOROCO, CA. adj. GUAT. Tosco, grosero.

★ MOMOSCLE. (mejic. *momoztli*.) m. MÉJ. Especie de túmulo funerario.

MOMPERADA. adj. Dícese de la lamparilla de tejido más fino que la ordinaria, prensada y lustrosa.

MONA. f. Hembra del mono. ‖ **2.** Mamífero cuadrumano, con pelaje de color pardo amarillento, nalgas sin pelo y callosas, y cola muy corta. ‖ **3.** fig. y fam. Persona que hace las cosas por imitar a otra. ‖ **4.** fig. y fam. Borrachera, embriaguez. ‖ **5.** fig. y fam. Persona ebria. ‖ **6.** Juego de naipes, en que se oculta una. Los jugadores van deshaciéndose de las que forman pareja, y el que queda al final sin poder hacerla, pierde el juego. ‖ **7.** Cierto refuerzo que se ponen los lidiadores de a caballo en la pierna derecha. ‖ **8.** AR. y MURC. Gusano de seda que no hila. ‖ **9.** CHILE. Cualquier figura que aparenta ser del sexo femenino. ‖ **10.** CHILE. Maniquí para trajes y vestidos de mujer. ‖ **11.** HOND. Persona o cosa mala en su clase. ‖ **12.** MÉJ. Hombre cobarde. ‖ **13.** REP. DOMIN. Gallo de prueba de entre los de pelea. ‖ **14.** CUBA. Cometón sin flecos de papel. ‖ *Aunque la* MONA *se vista de seda*, MONA *se queda.* ref. Que enseña que la mudanza de fortuna no suele ser bastante para ocultar los principios bajos. ‖ *Corrido como una* MONA. loc. fig. y fam. Burlado y avergonzado. ‖ *Dormir* uno *la* MONA. loc. fig. y fam. Dormir estando borracho. ‖ *Andar, estar,* o *salir una cosa como la* MONA. fr. fig. y fam. ARGENT. Andar, estar, o salir mal. ‖ *Pillar uno una* MONA. fr. fig. y fam. Embriagarse. ‖ **P.** mona; **I.** female monkey; **F.** guenon; **A.** Äffin; **It.** scimmia; **R.** обезьяна (самка).

MONA. (ár. mu'*na*, provisiones de boca.) f. Hornazo, torta guarnecida de huevos cocidos. ‖ **—de Pascua.** La que por costumbre se regala en algunos pueblos el día de Pascua.

MONACAL. (l. *monachālis*.) adj. Perteneciente o relativo a los monjes.

MONACATO. (l. *monāchus*, monje.) m. Estado o profesión de monje. ‖ **2.** Institución monástica. ‖ **P.** e **It.** monacato; **I.** monachism, monkhood; **F.** monachis-

me; **A.** Mönchswessen, Mönchtum; **R.** монашество.

MONACILLO. (l. *monāchus*, monje.) m. Niño que ayuda a misa y otros ministerios del altar.

MONACORDIO. (De *monocordio*.) m. Instrumento músico de teclado, parecido a la espineta.

MONADA. f. Acción propia de mono. ‖ **2.** Gesto afectado y enfadoso. ‖ **3.** Cosa pequeña, delicada y primorosa. ‖ **4.** fig. Acción impropia de persona formal. ‖ **5.** fig. Halago, zalamería. ‖ **6.** fig. Monería, cosa o acción graciosa. ‖ **P.** macacada; **I.** apishness; **F.** singerie, mignardise; **A.** Affenstreich, Kinderei; **It.** scimieria; **R.** обезьянничанье.

MÓNADA. (l. *monas, -ădis*, y éste del gr. μονάς, unidad.) f. Cada uno de los seres indivisibles, pero de naturaleza distinta, que componen el universo, según el sistema de Leibniz. ‖ **2.** ZOOL. Cualquiera de los protozoos flajelados, vivientes en las aguas estancadas y provistos de dos o tres flagelos. ‖ **P.** mónada; **I.** monad; **F.** monade; **A.** Monade; **It.** mònade; **R.** монада.

MONADELFOS. adj. pl. BOT. Dícese de los estambres de una flor que están soldados entre sí formando un solo haz. Ú. sólo en pl.

MONADISMO. m. FIL. Sistema filosófico de Leibnitz según el cual todo el Universo está formado por nómadas o seres individuales, inextensos e indivisibles.

MONADOLOGÍA. (De *mónada*, y del gr. λόγος, doctrina.) f. Teoría de las mónadas.

MONAGO. (l. *monăchus*.) m. fam. Monaguillo.

MONAGUILLO. (d. de *monago*.) m. Monacillo.

★ MONANTO, TA. adj. BOT. Que tiene una sola flor.

MONAQUISMO. (l. *monăchus*, monje.) m. Monacato.

MONARCA. (l. *monarcha*, y éste del gr. μονάρχης; de μόνος, único, y ἄρχω, reinar.) m. Príncipe soberano de un Estado.

MONARQUÍA. (l. *monarchía*, y éste del gr. μοναρχία.) f. Estado regido por un monarca. ‖ **2.** Forma de gobierno en que el poder supremo corresponde con carácter vitalicio a un príncipe. ‖ **3.** fig. Tiempo durante el cual ha perdurado en un país este régimen político.

MONÁRQUICAMENTE. adv. Según el sistema monárquico.

MONÁRQUICO, CA. (gr. μοναρχικός.) adj. Perteneciente o relativo al monarca o a la monarquía. ‖ **2.** Partidario de la monarquía. Ú.t.c.s. ‖ **P.** monárquico; **I.** monarchic; **F.** monarchique; **A.** monarchisch; **It.** monàrchico; **R.** монархический.

MONARQUISMO. m. Adhesión a la monarquía.

MONASTERIAL. (l. *monasteriālis*.) adj. Perteneciente al monasterio.

MONASTERIO. (l. *monasterĭum*, y éste del gr. μοναστήριον.) m. Casa o convento, donde viven en comunidad los monjes. ‖ **2.** Por ext., cualquier casa de religiosos o religiosas. ‖ **P.** monasterio; **I.** monastery; **F.** monastère; **A.** Kloster; **It.** monastero; **R.** монастырь.

MONÁSTICAMENTE. adv. Según las reglas monásticas.

MONÁSTICO, CA. (l. *monasticus*, y éste del gr. μοναστικός.) adj. Perteneciente al estado de los monjes o al monasterio. ‖ **P.** monástico; **I.** monastic; **F.** monastique; **A.** klösterlich; **It.** monàstico; **R.** монастырский, монашеский.

★ MONAXIAL. adj. Que tiene un solo eje.

MONDA. f. Acción y efecto de mondar. **2.** Tiempo a propósito para la limpia de los árboles. ‖ **3.** Mondadura. ‖ **4.** Exhumación de huesos que de tiempo en tiempo se hacía en las parroquias de Madrid, cuando se enterraba en ellas. ‖ **5.** La que se hace en un cementerio en el tiempo prefijado. ‖ **6.** CUBA y P. RICO. Zurra, paliza.

MONDA. (l. *mundus Cerĕris*, cesta llena de panes que se llevaba a los sacrificios de Ceres.) f. Ofrenda de cera que varios pueblos circunvecinos a Talavera de la Reina, hacen a la imagen de Nuestra

Señora del Prado de dicha ciudad. ‖ **2.** pl. Fiestas públicas que se celebran con dicho motivo.

★ MONDACAPULLO. m. CUBA. Nombre dado a un árbol de madera excelente.

MONDADERAS. (De *mondar*.) f. pl. Despabiladeras.

MONDADIENTES. (De *mondar* y *diente*.) m. Instrumento acicular que se usa para limpiar los dientes. ‖ **P.** palito para dentes; **I.** toothpick; **F.** cure-dents; **A.** Zahnstocher; **It.** curadenti; **R.** зубочистка.

MONDADOR, RA. adj. Que monda. Ú.t.c.s.

MONDADURA. (De *mondar*.) f. Monda, acción de mondar. ‖ **2.** Cáscara, despojo de la cosa que se monda. Ú.m. en pl.

MONDAOÍDOS. (De *mondar* y *oído*.) m. Mondaorejas.

MONDAOREJAS. (De *mondar* y *oreja*.) m. Escarbaorejas.

MONDAPOZOS. m. Pocero que monda o limpia pozos.

MONDAR. (l. *mŭndăre*.) tr. Limpiar o purificar una cosa quitándole lo extraño o superfluo. ‖ **2.** Limpiar el cauce de un río, canal, etc. ‖ **3.** Podar, escamondar. ‖ **4.** Quitar la cáscara a las frutas, la piel a los tubérculos o la vaina a las legumbres. ‖ **5.** Cortar a uno el pelo. ‖ **6.** fig. y fam. Quitar a uno lo que tiene, especialmente el dinero. ‖ **7.** Hablando del pecho o de la garganta, carraspear repetidamente para limpiarlos interiormente. ‖ **8.** CUBA y COLOM. Azotar mucho. ‖ **9.** fig. CUBA. Alcanzar alguna victoria o ganancia completa sobre alguien. ‖ **P.** mondar; **I.** to clean; **F.** monder; **A.** (ab-, aus)schälen; **It.** mondare; **R.** подрезывать.

MONDARAJAS. (De *mondar*.) f. pl. fam. Mondaduras, principalmente de patatas, naranjas, manzanas o frutas análogas.

MONDARIA. f. Mundaria, mujer mundana.

MONDEJO. (Quizá de *bandujo*.) m. Cierto relleno de la panza del puerco o del carnero. ‖ **2.** adj. MÉJ. Tonto, simple.

MONDO, DA. (l. *mŭndus*.) adj. Limpio y libre de cosas superfluas. ‖ MONDO y *lirondo*, loc. fig. y fam. Limpio, sin añadidura alguna.

MONDÓN. (De *mondar*.) m. Tronco de árbol sin corteza.

MONDONGA. f. despect. Criada zafia y rústica.

MONDONGO. (De *mondejo*.) m. Intestino y panza de las reses, y especialmente del cerdo. ‖ **2.** fam. Los del hombre. ‖ **3.** fig. GUAT. Adefesio, adorno feo.

★ MONDONGUERA. f. CUBA. Mondonga. ‖ **2.** P. RICO. Mujer muy gorda y pesada. ‖ **3.** VENEZ. Cierto pez.

MONDONGUERÍA. (De *mondonguero*.) f. Tienda en que se venden mondongos.

MONDONGUERO, RA. m. y f. Persona que vende mondongos. ‖ **2.** La que los guisa o prepara.

MONDONGUIL. adj. fam. Perteneciente o relativo al mondongo.

MONEAR. (De *mono*.) intr. fam. Hacer monadas. ‖ **2.** CHILE. Alardear de hacer una cosa como despertando envidia. ‖ **3.** r. HOND. Trabajar con tesón. ‖ **4.** rec. HOND. Andar a golpes varias personas.

MONECILLO. m. ant. Monacillo. ‖ **2.** en Andalucía y Murcia.

MONEDA. (l. *monēta*.) f. Signo representativo del precio de las cosas para hacer efectivo los contratos y cambios. ‖ **2.** Pieza metálica, generalmente en forma de disco y acuñada con el busto del soberano o el sello del gobierno que tiene la fábrica, y que sirve de medida común para el precio de las cosas y para facilitar los cambios. ‖ **3.** fig. y fam. Dinero, caudal. ‖ **4.** ECON. Conjunto de signos representativos del dinero circulante en cada país. ‖ **—amonedao** o **contante y sonante.** Moneda metálica. ‖ **—corriente.** La legal y usual. ‖ **—cortada.** La que no tiene cordoncillo, ni adorno ni leyenda en el canto. ‖ **2.** La que no tiene forma circular o está realmente cortada. ‖ **—de soplillo.** La de cobre, de escaso valor, que circuló en España en el siglo XVII. ‖ **—de vellón.** La española de cobre o de plata y cobre del siglo XVIII. ‖ **—divisio-**

naria o **fraccionaria**. La que equivale a una fracción exacta de la unidad monetaria legal. || **—fiduciaria**. La que representa un valor que intrínsecamente no tiene. || **—metálica**. Dinero en especie, para distinguirlo del papel moneda. || **—trabucante**. La que tiene algo más del peso legal. || *Buena* MONEDA. La de oro y plata. || *Labrar* o *acuñar* MONEDA. fr. Fabricarla. || *Correr la* MONEDA. fr. fig. Pasar sin dificultad en el comercio. || **2**. fig. Haber abundancia de dinero en el público. || *Pagar en la misma* MONEDA. fr. Ejecutar una acción por correspondencia a otra, o por venganza. || P. meda; I. money; F. monnaie; A. Münze; It. moneta; R. монета.

MONEDADO, DA. p. p. de monedar. || **2**. adj. ant. Decíase del haber consistente en moneda, en dinero, en especie.

MONEDAJE. m. Derecho que se pagaba al soberano por la fabricación de moneda. || **2**. Tributo de doce dineros por libra que sobre los bienes muebles y raíces impuso el rey Don Pedro II.

MONEDAR. (De *moneda*.) tr. Amonedar.

MONEDEAR. (De *moneda*.) tr. Amonedar.

MONEDERÍA. f. Oficio de monedero.

MONEDERO. adj. Perteneciente o relativo a la moneda. || **2**. m. El que fabrica moneda. || **3**. Portamonedas. || **—falso**. El que acuña moneda falsa.

º **MONEGASCO, CA**. (ital. *monegasco*, y éste de *Monoeci* [*Portus o Arx Herculis*], nombre latino de *Mónaco*.) adj. Natural de Mónaco. Ú.t.c.s. || **2**. Perteneciente o relativo a esta ciudad o a su principado.

MÓNERA. (gr. μονήρης, estructura sencilla, único, solitario.) f. ZOOL. Microorganismo hipotético que fue considerado erróneamente como carente de núcleo.

MONERÍA. (De *mono*.) f. Monada, acción propia de mono. || **2**. fig. Gesto o acción graciosa de los niños. || **3**. fig. Cualquier cosa fútil o que suele ser enfadosa en personas mayores.

MONESCO, CA. adj. fam. Propio de los monos o de las monas, o parecidos a sus gestos.

MONESTERIAL. adj. ant. Monasterial.

MONESTERIO. m. ant. Monasterio.

MONETARIO, RIA. (l. *monetarius*.) adj. Perteneciente o relativo a la moneda. || **2**. m. Colección de monedas y medallas. || **3**. Conjunto de estantes o tablas donde se colocan ordenadamente las monedas y medallas. || **4**. Pieza o sala donde se guardan los estantes que contienen las series de las monedas y medallas. || P. monetário; I. monetary; F. monétaire; A. Münz (en comp.); It. monetario; R. нумизматический.

MONETIZACIÓN. f. Acción y efecto de monetizar.

MONETIZAR. (l. *moneta*, moneda.) tr. Dar curso legal como moneda a billetes de banco u otros signos pecuniarios. || **2**. Amonedar. || P. amoedar; I. to monetise; F. monétiser; A. ausmünzen; It. monetare; R. пускать в обращение.

MONFÍ. (ár. *munfi*, por *munfà*, desterrado, bandido.) m. Moro o morisco que formaba parte de las cuadrillas de salteadores en Andalucía, después de la Reconquista. Ú.m. en pl.

MONFORTINO, NA. adj. Natural de Monforte de Lemos. Ú.t.c.s. || **2**. Perteneciente a esta ciudad.

★ **MONGA**. f. P. RICO. Gripe, catarro gripal.

MONGO. m. PAN. Puñetazo.

MONGOL. (De *mogol*.) adj. Natural de Mongolia. Ú.t.c.s. || **2**. Perteneciente a este país. || **3**. m. Lengua de los mongoles.

MONGÓLICO, CA. adj. Mongol, perteneciente a Mongolia.

MONGOLISMO. m. Enfermedad que se inicia en la vida embrionaria y luego se manifiesta en el aspecto mongoloide del rostro. Suele ir acompañada de un retraso mental. Tiene analogías con el cretinismo.

MONGOLODE. adj. Dícese de las personas de la raza blanca con algunos rasgos físicos, y especialmente por la oblicuidad de los ojos, que recuerdan los de la raza mongólica. Ú.t.c.s.

★ **MONGUEAR**. tr. PAN. Dar un puñetazo.

★ **MONGUERA**. f. P. RICO. Cierta clase de parálisis. || **2**. Pereza, negligencia.

MONIATO. m. Boniato.

MONICACO. m. despect. Hominicaco. || **2**. COLOM. Hombre beato, pero hipócrita.

MONICIÓN. (l. *monitio*, *-ōnis*.) f. Admonición.

MONIGOTE. (despect. d. de *monáchus*, monje.) m. Lego de convento. || **2**. fig. y fam. Persona ignorante y ruda que nada vale ni representa. || **3**. fig. y fam. Muñeco o figura ridícula hecha de trapo o cosa parecida. || **4**. fig. y fam. Pintura o estatua mal hecha. || **5**. CHILE. Seminarista o estudiante que usa sotana.

MONILLO. m. Jubón de mujer, sin faldillas ni mangas.

MONIMIÁCEO, A. adj. BOT. Dícese de plantas leñosas angiospermas dicotiledóneas, con hojas opuestas o verticiladas, flores comúnmente unisexuales, carpelos con un sólo óvulo, y fruto indehiscente. Ú.t.c.s.f. || **2**. f. pl. BOT. Familia de estas plantas.

MONÍN, NA. adj. d. de mono, na. Ú.t.c.s.

MONIPODIO. (De *monopolio*.) m. Convenio de personas que se confabulan para fines ilícitos.

MONÍS. f. Cosa pequeña o pulida. || **2**. AR. Especie de masa hecha de huevos y azúcar, como las melindres. || **3**. m. fam. Pecunia; moneda o dinero.

MONISMO. (gr. μόνος, solo, único.) m. Sistema filosófico que trata de reducir los seres y fenómenos del Universo a una idea o substancia única material o espiritual. Llámase así por antonomasia el materialismo evolucionista de Haeckel.

MONISTA. m. Partidario del monismo.

MÓNITA. (Del libro apócrifo de advertimientos a los jesuitas, titulado *Monita Privata Societatis Iesu*.) f. Artificio, maña, astucia, con suavidad y halago.

MONITOR. (l. *monitor*, *-ōris*.) m. El que amonesta o avisa. || **2**. Cierto subalterno que acompañaba en el foro al orador romano. || **3**. Esclavo que acompañaba a su señor en las calles para recordarle los nombres de las personas a quienes iba encontrando. || **4**. Barco de guerra artillado, acorazado y con espolón de acero a proa, que navega casi sumergido para ofrecer menos blanco vulnerable, y con pequeño calado para hacer el servicio de exploración por vías fluviales. No se usa. || **5**. CHILE. Ayudante de un profesor o maestro para cuidar de algunos estudiantes y tomarles la lección. || **6**. CINEMAT. El que en los estudios cinematográficos coloca los micrófonos y dirige la sonoridad y el nivel del sonido. || P. e I. monitor; F. moniteur; A. Ratgeber; It. monitore; R. наставник.

★ **MONITORA**. f. PERÚ. Pava, marmita, olla grande.

MONITORIA. f. Monitorio, amonestación o advertencia eclesiástica.

MONITORIO, RIA. (l. *monitorius*.) adj. Dícese de lo que sirve para avisar o amonestar, y de la persona que lo hace. || **2**. m. Monición, amonestación o advertencia que el Papa, los obispos y prelados dirigen a los fieles para la averiguación de ciertos hechos o para señalarles normas de conducta, principalmente en relación con circunstancias de actualidad.

MONJA. (l. *monácha*.) f. Religiosa de algunas de las órdenes aprobadas por la Iglesia, que se liga por votos solemnes. || **2**. pl. fig. Partículas encendidas que quedan cuando se quema un papel, y se van apagando poco a poco. || *Hacerse* uno *de las* MONJAS. fr. fig. y fam. CHILE. Fingir o aparentar que ignora algo que es muy sabido. || P. monja; I. nun; F. nonne; A. Nonne; It. mònaca; R. монахиня.

MONJE. (l. *monáchus*, y éste del gr. μοναχός, solitario.) m. Solitario o anacoreta. || **2**. Individuo de alguna de las órdenes religiosas, sujeto a una regla común y que vive en un monasterio fuera de poblado. || **3**. Religioso de alguna de las órdenes monacales. || **4**. ZOOL. Paro carbonero. || P. monge; I. monk, friar; F. moine; A. Mönch; Klosterbruder; It. mònaco, frate; R. монах.

MONJÍA. (De *monje*.) f. Derechos, beneficio y plaza que el monje, como tal, tiene en su monasterio.

MONJIL. adj. Propio de las monjas, o relativo a ellas. || **2**. m. Hábito de monja. || **3**. Traje de lana que usaban por luto las mujeres. || **4**. Manga perdida propia de este traje y de algunos otros que fueron usados.

MONJÍO. m. Estado de monja. || **2**. Entrada de una monja en religión.

MONJITA. f. d. de monja. || **2**. Avecilla de la Argentina que tiene gris blanquecino el lomo, las alas y la cola; blanco el pecho y negra la cabeza, como si llevara una toca.

MONO. (gr. μόνος.) Voz usada como prefijo de vocablos compuestos, con la significación de único o uno sólo; como en MONOcultivo.

MONO, NA. adj. fig. y fam. Pulido, delicado o gracioso. || **2**. REP. DOMIN. Envanecido, engreído. || **3**. AMÉR. Alazán dorado, dícese de los animales. || **4**. AMÉR. Rubio, de cabellos de color de oro. Dícese de las personas. || **5**. COLOM. De color bermejo. || **6**. m. y f. GUAT. Gallo o gallina sin cola. || **7**. m. ZOOL. Nombre genérico con que se designa a cualquiera de los animales del suborden de los simios. || **8**. fig. Persona que hace gestos parecidos a los del mono. || **9**. fig. Joven de poco seso y afectado en sus modales. || **10**. fig. Figura humana o de animal modelada, pintada o dibujada. || **11**. fig. Traje de faena de tela fuerte y de color sufrido que consta de cuerpo y pantalones en una sola pieza, para proteger el vestido corriente y es usado por muchas clases de obreros. || **12**. fig. CHILE. Pila o montón, comúnmente en forma piramidal, de frutos o de otras cosas vendibles que se exponen en los mercados. || **13**. CHILE. Pedazo o trozo de sandía tempranera o de otra fruta semejante. || **14**. CHILE. Pieza cóncava de tablas o de duelas, en forma de balde grande, para transportar la uva al lagar. || **15**. CHILE. En algunas poblaciones mineras, lulo, o pedazo de metal envuelto en sebo, que los mineros roban de las minas introduciéndolo en el recto. || **16**. fig. CHILE. Persona que imita a otra en sus acciones o palabras. Ú.t.c.s.f. || **17**. PERÚ. Individuo de nacionalidad china. || **18**. fam. PERÚ y ECUAD. Bacín. || **19**. m. pl. CHILE. Trastos que tienen los pobres en sus casas. || **—sabio**. El adiestrado en varios ejercicios para exhibirlos en circos y barracas. || **2**. TAUROM. Mozo que cuida del caballo del picador y le presta servicio en la plaza. || *Quedarse* uno *hecho un* MONO. fr. fig. Quedarse corrido o avergonzado. || **7**.ª acep.: P. mono; I. monkey; F. singe; A. Affe; It. scimia; R. обезьяна (самец).

★ **MONOBLEPSIA**. f. PAT. Afección de la vista por la cual se ve más distintamente con un solo ojo que usando ambos. || **2**. Ceguera para los colores excepto uno de ellos.

★ **MONOCARRIL**. m. Vía férrea de un solo raíl. Ú.t.c.adj.

MONOCERONTE. m. Monocerote.

MONOCEROTE. (l. *monocĕros*, *-ōtis*, y éste del gr. μονόκερως; de μόνος, único, y κέρας, cuerno.) m. Unicornio, animal fabuloso.

★ **MONOCICLO, CLA**. adj. De un solo ciclo. || **2**. Que describe un solo círculo. || **3**. Velocípedo de una sola rueda.

MONOCLAMÍDEO, A. (gr. μόνος, único, y χλαμύς, *-ύδος*, clámide, manto.) adj. BOT. Dícese de las plantas angiospermas dicotiledóneas cuyas flores tienen cáliz pero carecen de corola; como las urticáceas. Ú.t.c.s.f.

MONOCORDIO. (gr. μονόχορδον; de μόνος, único, y χορδή, cuerda.) m. Instrumento músico, antiguo de caja armónica, como la guitarra, y una sola cuerda tendida sobre varios puentecillos fijos o movibles que la dividen en porciones desigua-

M les, correspondientes con las notas de la escala.

MONOCOTILEDÓN. (gr. μόνος, único, κοτυληδών, cavidad.) adj. Bot. Monocotiledóneo.

MONOCOTILEDÓNEO, A. (De *monocotiledón.*) adj. Bot. Dícese del vegetal cuyo embrión posee un solo cotiledón. Ú.t.c.s.f. || **2.** f. pl. Bot. Grupo taxonómico constituido por las plantas angiospermas cuyo embrión tiene un solo cotiledón.

★ MONOCROMADOR. m. Fís. Especie de espectrómetro para obtener luz monocromática, mediante la colocación de una estrecha rendija en el plano de la imagen que aisla una estrecha banda espectral.

MONOCROMO, MA. (gr. μονόχρωμος.) adj. De un solo color.

MONÓCULO, LA. (l. *monocŭlus.*) adj. Que tiene un solo ojo. Ú.t.c.s. || **2.** m. Lente para un solo ojo. || **3.** Cir. Vendaje que se aplica a uno solo de los dos ojos. || 2.ª acep.: **P.** monóculo; **I.** y **F.** monocle; **A.** Monokel, Einglas; **It.** monòcolo; **R.** одноглазый, монокль.

⁰ MONOCULTIVO. m. Cultivo único o predominante de un vegetal en determinada región.

MONODIA. (gr. μονῳδία; de μόνος, solo, único, y ῳδή, canto.) f. Mús. Canto en que interviene una sola voz con acompañamiento musical.

MONÓDICO, CA. adj. Perteneciente o relativo a la monodia.

MONOFÁSICO, CA. (gr. μόνος, único, y de *fase.*) adj. Fís. Se dice de la corriente eléctrica alterna, simple, es decir, que posee una sola fase de oscilación.

MONOFILO, LA. (gr. μονόφυλλος; de μόνος, uno solo, y φύλλον, hoja.) adj. Bot. Dícese de los órganos de las plantas que constan de una sola hojuela o de varias soldadas entre sí.

MONOFISISMO. m. Herejía de los monofisitas.

MONOFISITA. (gr. μόνος, único, y φύσις, naturaleza.) adj. Dícese del hereje que negaba en Jesucristo hay dos naturalezas, divina y humana. Ú.m.c.s. y en pl. || **2.** Perteneciente o relativo a estos herejes o a su doctrina.

★ MONOFOTO. f. Máquina y procedimiento de artes gráficas para la composición que se sirve de la fotografía y no de los tipos metálicos de la monotipia.

MONOGAMIA. (l. *monogamĭa*, y éste del gr. μονογαμία.) f. Calidad de monógamo. || **2.** Régimen familiar que prohibe la pluralidad de esposas. || **P.** monogamia; **I.** monogamy; **F.** monogamie; **A.** Monogamie, Einweiberei; **It.** monogamia; **R.** моногамия.

MONÓGAMO, MA. (l. *monogămus*, y éste del gr. μονόγαμος; de μόνος, único, y γάμος, matrimonio.) adj. Casado con una sola mujer. Ú.t.c.s. || **2.** Que se ha casado una sola vez. Ú.t.c.s. || **3.** Zool. Dícese de los animales en que el macho sólo se aparea con una hembra.

★ MONOGENIA. f. Biol. Reproducción por segmentación.

MONOGENISMO. (gr. μονογενής, de una sola especie; de μόνος, único, y γένος, origen.) m. Doctrina antropológica, según la cual todas las razas humanas descienden de un tipo primitivo y único. || **2.** Doctrina biológica, según la cual todos los tipos vivientes derivan de un mismo elemento anatómico primitivo.

MONOGENISTA. m. Partidario del monogenismo.

★ MONOGONIA. f. Biol. Reproducción axesual.

MONOGRAFÍA. (gr. μόνος, único, y γράφω, escribir.) f. Descripción o tratado especial de determinada parte de una ciencia, o de algún asunto particular. || **P.** monografia; **I.** monography; **F.** monographie; **A.** Monographie; **It.** monografia; **R.** монография.

MONOGRÁFICO, CA. adj. Perteneciente o relativo a la monografía.

MONOGRAFISTA. com. Persona que escribe monografías.

MONOGRAMA. (l. *monogramma*, y éste del gr. μόνος, único, y γράμμα, letra.) m. Cifra, enlace de dos o más letras iniciales de nombres o apellidos, usados como abreviatura. || **P.** e **It.** monogramma; **I.** monogram; **F.** monogramme; **A.** Monogramm; **R.** монограмма.

MONOICO, CA. (gr. μόνος, único, y οἶκος, casa.) adj. Bot. Dícese de las plantas que tienen separadas las flores de cada sexo, aunque en un mismo pie.

★ MONOLEPSIS. m. Transmisión a la descendencia de los caracteres de un progenitor con exclusión de los del otro.

MONOLÍTICO, CA. adj. Perteneciente o relativo al monolito. || **2.** Que está hecho de una sola piedra.

MONOLITO. (l. *monolĭthus*, y éste del gr. μονόλιθος; de μόνος, único, y λίθος, piedra.) m. Monumento de piedra de una sola pieza. || **P.** monólito; **I.** monolith; **F.** monolithe; **A.** Monolith; **It.** monolito; **R.** монолит.

MONOLOGAR. intr. Recitar monólogos.

MONÓLOGO. (gr. μονολόγος; de μόνος, único, y λόγος, discurso, narración.) m. Soliloquio. || **2.** Obra dramática en que habla un solo personaje. || **P.** monólogo; **I.** y **F.** monologue; **A.** Monolog; Alleingespräch; **It.** monòlogo; **R.** монолог.

MONOMANÍA. (gr. μόνος, único, y μανία, manía.) f. Locura o delirio parcial sobre una sola idea o un solo orden de ideas. || **2.** Preocupación o afición desmedida que se reprende o afea en persona de cabal juicio. || **P.** e **I.** monomania; **F.** monomanie; **A.** monomanie, fixe Idee; **It.** monomania; **R.** пункт помешательства.

MONOMANIACO, CA [**-NÍACO, CA**]. ad. Que padece monomanía. Ú.t.c.s.

MONOMANIÁTICO, CA. adj. Monomaníaco.

MONOMAQUIA. (l. *monomachĭa*, y éste del gr. μονομαχία.) f. Duelo o desafío singular o de uno a uno.

MONOMETALISMO. (gr. μόνος, único, y de *metal.*) m. Sistema monetario en que rige un patrón único.

MONOMETALISTA. (gr. μόνος, único, y μετάλλον, metal.) com. Partidario del monometalismo. Ú.t.c.adj.

MONOMIARIO. (gr. μόνος, único, y μυάριον, músculo.) adj. Zool. Dícese de los moluscos lamelibranquios que tienen un solo músculo aductor para cerrar la concha.

MONOMIO. (gr. μόνος, único, y νομός, división.) m. Álg. Expresión algebraica que consta de un solo término. || **P.** monómio; **I.** y **F.** monôme; **A.** Monom; **It.** monomio; **R.** одночлен.

MONONA. (De *mona.*) adj. fam. con que se encarece la gracia de una mujer, especialmente si es niña o muy joven.

MONOPASTOS. (De *monospastos.*) m. Garrucha simple, que funciona sola e independiente.

MONOPÉTALO, LA. (gr. μόνος, único, y πέταλον, pétalo.) adj. Bot. De un solo pétalo. Dícese de las flores o de sus corolas.

MONOPLANO. (gr. μόνος, único, y de *plano.*) m. Aeroplano con sólo un par de alas que forman un mismo plano.

★ MONOPLAZA. adj. Dícese del avión que tiene una sola plaza. Ú.t.c.s.m.

MONOPOLIO. (l. *monopolĭum*, y éste del gr. μονοπώλιον; de μόνος, solo, y πωλέω, vender.) m. Aprovechamiento exclusivo de alguna industria o comercio. || **2.** Convenio hecho entre los mercaderes de vender los géneros a un determinado precio. || **P.** monopólio; **I.** monopoly; **F.** monopole; **A.** Monopol, Alleinhandel; **It.** monopolio; **R.** монополия.

MONOPOLISTA. com. Persona que ejerce monopolio.

MONOPOLIZADOR, RA. adj. Que monopoliza. Ú.t.c.s.

MONOPOLIZAR. (De *monopolio.*) tr. Tener o atribuirse uno el exclusivo aprovechamiento de una industria, facultad o negocio. || **P.** monopolizar; **I.** to monopolize; **F.** monopoliser; **A.** monopolisieren; **It.** monopolizzare; **R.** монополизировать.

MONÓPTERO, RA. (l. *monoptĕros*, y éste del gr. μονόπτερος; de μόνος, único, y πτερόν, ala.) adj. Arq. Aplícase al edificio redondo, que tiene, en vez de muros, un círculo de columnas que sustentan el techo.

⁰ MONOPTONGAR. tr. Reducir a vocal simple un diptongo.

MONORQUIDIA. (gr. μόνορχις; de μόνος, único, y ὄρχις, testículo.) f. Med. Existencia de un solo testículo en el escroto.

MONORRIMO, MA. (gr. μονόρρυθμος; de μόνος, único, y ρυθμός, ritmo.) adj. De una sola rima.

MONORRÍTMICO, CA. adj. De un solo ritmo.

MONOSABIO. m. Mono sabio, mozo que cuida del caballo del picador.

MONOSÉPALO, LA. (gr. μόνος, único, y de *sépalo.*) adj. Bot. De un solo sépalo. Aplícase a las flores o a sus cálices.

MONOSILÁBICO, CA. adj. Gram. Perteneciente o relativo al monosílabo.

MONOSÍLABO, BA. (l. *monosyllăbus*, y éste del gr. μονοσύλλαβος; de μόνος, único, y συλλαβή, sílaba.) adj. Gram. Aplícase a la palabra de una sola sílaba. Ú.t.c.s.m. || **P.** monosílabo; **I.** monosyllable; **F.** monosyllabe; **A.** einsilbig; **It.** monosillabo; **R.** односложный.

MONOSPASTOS. (gr. μόνος, único, y σπάω, traer, tirar.) m. Monopastos.

MONOSPERMO, MA. (gr. μόνος, único, y σπέρμα, semilla.) adj. Bot. Dícese del fruto que tiene una sola semilla.

MONÓSTROFE. (l. *monostrŏphus*, y éste del gr. μονόστροφος; de μόνος, único, y στροφή, estrofa.) f. Composición poética de una sola estrofa o estancia.

MONOSTRÓFICO, CA. adj. Perteneciente o relativo a la monóstrofe.

MONOTE. (De *mono.*) m. fam. Persona que está abstraída y fija en un punto, como un hito. || **2.** Riña, alboroto, motín.

MONOTEÍSMO. (gr. μόνος, único, y Θεός, Dios.) m. Doctrina teológica de los que reconocen un solo Dios. || **P.** monoteísmo; **I.** monotheism; **F.** monothéisme; **A.** Monotheismus; **It.** monoteismo; **R.** монотеизм.

MONOTEÍSTA. adj. Que profesa el monoteísmo. Ú.t.c.s. || **2.** Perteneciente o relativo al monoteísmo.

MONOTELISMO. (De *monotelita.*) m. Herejía del siglo VII, que admitía en Cristo las dos naturalezas divina y humana, pero sólo una voluntad divina.

MONOTELITA. (gr. μονοθελῆται; de μόνος, uno solo, y θέλω, querer.) adj. Partidario del monotelismo. Ú.t.c.s. || **2.** Perteneciente o relativo a esta herejía.

MONOTIPIA. (De *monotipo.*) f. Impr. Procedimiento de composición tipográfica por medio del monotipo.

MONOTIPO. (gr. μόνος, único, y τύπος, tipo, letra.) m. Impr. Máquina de componer que funde y compone los caracteres sueltos. || **2.** adj. Hist. Nat. Dícese de los géneros cuyas especies forman un grupo de caracteres bien definidos.

MONÓTONAMENTE. adv. Con monotonía.

MONOTONÍA. (l. *monotonia*, y éste del gr. μονοτονία.) f. Uniformidad, igualdad de tono en el que habla, en la voz, en la música, etc. || **2.** fig. Falta de variedad. || **P.** monotonia; **I.** monotony; **F.** monotonie; **A.** Monotonie, Einförmigkeit; **It.** monotonia; **R.** монотонность.

MONÓTONO, NA. (l. *monotŏnos*, y éste del gr. μονότονος; de μόνος, único, y τόνος, sonido.) adj. Que adolece de monotonía. || **P.** monótono; **I.** monotonous; **F.** monotone; **A.** eintönig, monoton; **It.** monòtono; **R.** монотонный.

MONOTREMA. (gr. μόνος, único, y τρῆμα, orificio.) adj. Zool. Dícese de los mamíferos ovíparos que tienen cloaca como la de las aves, pico y huesos caracoides; sus crías chupan la leche que se derrama de las mamas, que carecen de pezón; como el ornitorrinco. Ú.t.c.s. || **2.** m. pl. Zool. Orden de estos animales.

★ MONOTRÓPICO, CA. ad. Quím. Monótropo.

★ MONOVALENTE. adj. Quím. Univalente, dícese del cuerpo que tiene una sola valencia de combinación.

MONOVERO, RA. adj. Natural de Monóvar, villa de la provincia de Alicante. Apl. a pers. ú.t.c.s. || **2.** Perteneciente o relativo a esta villa.

MONÓXILO. (gr. μονόξυλος; de μόνος, único, y ξύλον, leño.) m. Barco hecho de un solo tronco o leño.

MONSEÑOR. (ital. *monsignore.*) m. Título de honor que se da en Italia a los prelados eclesiásticos y de dignidad, y en Francia se dio al Delfín y a otros sujetos de alta dignidad. || **P.** monsenhor; **I.** y **F.** monseigneur; **A.** Monseigneur, Euer Gnaden; **It.** monsignore; **R.** монсеньёр.

MONSERGA. (fr. *mensonge*, mentira, del l. *mentionĭca*, ficción, de *mentĭo, -ōnis.*) f. fam. Lenguaje confuso y embrollado. || **P.** algaravia; **I.** rigmarole; **F.** galimatias; **A.** Kauderwelsch, Geschwätz; **It.** filastrocca; **R.** галиматья.

MONSTRO. m. desus. Monstruo.

MONSTRUO. (l. *monstrum.*) m. Producción contra el orden regular de la naturaleza. || **2.** Cosa excesivamente grande o extraordinaria. || **3.** Persona o cosa muy fea. || **4.** Persona muy cruel y perversa. || **5.** Versos sin sentido que el maestro compositor escribe para indicar al libretista dónde ha de colocar el acento en los cantables. || **P.** monstro; **I.** monster; **F.** monstre; **A.** Scheusal, Missgeburt; **It.** mostro; **R.** чудовище.

MONSTRUOSAMENTE. adv. Con monstruosidad.

MONSTRUOSIDAD. (De *monstruoso.*) f. Desorden grave en la proporción que deben tener las cosas según lo natural o regular. || **2.** Suma fealdad o desproporción en lo físico o en lo moral. || **P.** monstruosidade; **I.** monstrosity; **F.** monstruosité; **A.** Scheusslichkeit; **It.** mostruosità; **R.** чудовищность.

MONSTRUOSO, SA. (l. *monstruōsus.*) adj. Que es contra el orden natural. || **2.** Excesivamente grande o extraordinario. || **3.** Enormemente vituperable o execrable. || **P.** monstruoso; **I.** monstruous; **F.** monstrueux; **A.** scheusslich, ungeheuer(lich); **It.** mostruoso; **R.** чудовищный.

MONTA. f. Acción y efecto de montar. || **2.** Acaballadero. || **3.** Suma de varias partidas. || **4.** Valor y estimación intrínseca de una cosa. || **5.** MIL. Señal que se hace con el clarín en la guerra para que monte la caballería. || **6.** CUBA. Época de cruzar caballo y yegua. || 3.ª acep.: **P.** montada; **I.** amount; **F.** montant; **A.** Belauf, Betrag; **It.** ammonto, totale; **R.** верховая езда.

MONTACARGAS. (De *montar* y *carga*, a imitación del fr. *monte-charge.*) m. Ascensor destinado para elevar pesos o mercancías. || **P.** monta-elevador para cargas; **I.** hoist, elevator; **F.** monte-charge; **A.** Lastenaufzug, Elevator; **It.** montacàrichi; **R.** грузовой подъёмник.

MONTADA. (De *montar.*) f. Desveno. || **2.** COLOM. y CHILE. Montura. || **3.** MÉJ. y AMÉR. CENTRAL. Gendarmería de a caballo.

MONTADERO. m. Montador, poyo para montar fácilmente en las caballerías. || **P.** montadorvio; **I.** mounting-block; **F.** montoir; **A.** Aufsteigeblock; **It.** montatoio; **R.** подставка.

MONTADGAR. (De *montadgo.*) tr. ant. Montazgar.

MONTADGO. (b. l. *montatĭcum*, y éste del l. *mons, montis*, monte.) m. ant. Montazgo.

MONTADO, DA. p.p. de montar. || **2.** adj. Aplícase al que sirve en la guerra a caballo. Ú.t.c.s. || **3.** Dícese del caballo dispuesto para poderlo montar.

MONTADOR. m. El que monta. || **2.** Poyo para montar fácilmente en las caballerías. || **3.** Cualquier cosa que sirve a este fin. || **4.** Operario especializado en el montaje de máquinas o aparatos. || **5.** HOND. Amazona, traje femenino propio para montar a caballo. || 4.ª acep.: **P.** cavaleiro; **I.** mounter; **F.** monteur; **A.** Monteur; **It.** montatore; **R.** всадник.

MONTADURA. f. Acción y efecto de montar o montarse. || **2.** Montura, conjunto de los arreos de una cabalgadura. || **3.** Engaste o guarnición de metal que sujeta lo que se engasta.

MONTAJE. m. Acción y efecto de montar, en su acepción de armar las piezas de un aparato o máquina. || **2.** pl. Cureña o afuste de las piezas de artillería. || **3.** CINEMAT. Operación para la coordinación y ajuste de los planos de una película. || **—en zigzag.** ELECTR. Conexión en estrella de los arrollamientos polifásicos en los que cada rama se compone de arrollamientos de fase diferente. || **P.** montagem; **I.** assembling, mounting; **F.** montage; **A.** Montage; **It.** montatura, montaggio; **R.** монтаж.

MONTAMBANCO. (De *montar, en*, y *banco.*) m. ant. Saltaembanco.

MONTANEAR. intr. Pastar bellota o hayuco el ganado de cerda en montes o dehesas.

MONTANERA. (De *montano.*) f. Pasto de bellota o hayuco que toma el ganado de cerda en montes o dehesas. || **2.** Tiempo en que está pastando. || *Estar* uno en MONTANERA. fr. fig. y fam. Tener alimento bueno y muy abundante durante una temporada.

MONTANERO. m. Guarda de monte o dehesa.

MONTANISMO. m. Herejía de Montano, en el siglo II, que se decía enviado de Dios para perfeccionar la religión.

MONTANISTA. (l. *montanistae*, de *Montanus*, nombre propio.) adj. Partidario del montanismo. Apl. a pers. ú.t.c.s. || **2.** Perteneciente a él.

MONTANO, NA. (l. *montānus.*) adj. Perteneciente o relativo al monte.

MONTANTADA. (De *montante.*) f. Jactancia vana. || **2.** Muchedumbre.

MONTANTE. (De *montar.*) adj. BLAS. Dícese de los crecientes cuyas puntas están hacia el jefe del escudo, y de las abejas y mariposas que se figuran en éste, volando hacia lo alto. || **2.** m. Espadón de grandes gavilanes, que es preciso esgrimir con ambas manos. || **3.** Pie derecho de una máquina o armazón. || **4.** ARQ. Listón o columnita que divide el vano de una ventana. || **5.** ARQ. Ventana sobre la puerta de una habitación. || **6.** f. MAR. Flujo o pleamar. || **7.** HOND. Alboroto, motín. || **8.** P. RICO y CHILE. Suma, importe. || **9.** REP. DOMIN. Cohete. || 3.ª acep.: **P.** montante; **I.** standard; **F.** montant, **A.** Pfosten; **It.** sostegno; **R.** свая.

MONTANTEAR. intr. Jugar el montante en el juego de la esgrima. || **2.** fig. Hablar con jactancia.

MONTANTERO. m. El que peleaba con montante.

MONTAÑA. (l. *montanĕa*, de *mons, montis.*) f. Monte, grande elevación de terreno. || **2.** Territorio cubierto y erizado de montes. || **3.** ant. Monte de árboles, arbustos o matas no cultivado. Ú. en Chile y Perú. || **4.** fig. Montón grande de cosas. || **—de pinos.** GERM. Mancebía, lupanar. || **—rusa.** Camino ondulado, por el cual, gracias al declive, se desliza sobre rieles un vehículo que ocupan las personas por diversión. || **P.** montanha; **I.** mountain; **F.** montagne; **A.** Berg, Gebirge; **It.** montagna; **R.** гора.

MONTAÑERO, RA. m. y f. Persona que practica el montañismo.

MONTAÑÉS, SA. adj. Natural de una montaña. Ú.t.c.s. || **2.** Perteneciente o relativo a la montaña. || **3.** Natural de la Montaña. Ú.t.c.s. || **4.** Perteneciente a esta región de la antigua tierra de Burgos, hoy provincia de Santander. || **5.** m. AND. Por ext., vendedor de vinos por menor. || **P.** montanhés; **I.** mountaineer; **F.** montagnard; **A.** Gebirgsbewohner; **It.** montanaro; **R.** горец.

MONTAÑESISMO. m. Amor a las cosas características de la montaña.

MONTAÑETA. f. d. de montaña.

MONTAÑISMO. m. Alpinismo, conjunto de deportes de montaña.

MONTAÑOSO, SA. (De *montaña.*) adj. Perteneciente o relativo a las montañas. || **2.** Abundante en ellas.

MONTAÑUELA. f. d. de montaña.

MONTAR. (l. *montāre*, de *mons, montis*, monte.) intr. Ponerse o subirse encima de una cosa. Ú.t.c.r. || **2.** Subir en un caballo o en otra cabalgadura. Ú.t.c.tr. y c.r. || **3.** Cabalgar. Ú.t.c.tr. || **4.** fig. Ser una cosa de importancia o consideración. || **5.** tr. Multar, exigir multa por haber entrado en el monte los ganados. || **6.** Acaballar. || **7.** En las cuentas subir a una cantidad total la suma de las partidas diversas. || **8.** Armar o poner en su lugar las piezas de cualquier aparato o máquina. || **9.** Tratándose de piedras preciosas, engastar. || **10.** Hablando de armas de fuego portátiles, ponerlas en condiciones de disparar. || **11.** Amartillar. || **12.** MAR. Mandar un barco. || **13.** MAR. Tener un buque, o poder llevar en sus baterías, algunos cañones. || **14.** MAR. Tratándose de un cabo, promontorio, etc., doblarle. || **15.** fig. MÉJ. Humillar, avasallar. || *Tanto* MONTA. Expr. usada para indicar que una cosa es equivalente a otra. || **P.** montar; **I.** to mount; **F.** monter; **A.** steigen, besteigen; **It.** montare; **R.** сидеть верхом.

MONTARAZ. adj. Que se ha criado en los montes o está hecho a andar por ellos. || **2.** fig. Dícese del genio y propiedades agrestes, groseras y feroces. || **3.** m. Guarda de montes o heredades. || **4.** SAL. Mayordomo de campo, capataz que tiene a su cargo las labores y los ganados. || 2.ª acep.: **P.** montaraz; **I.** wild; **F.** sauvage; **A.** wild; **It.** rozzo; **R.** горный; || 3.ª acep.: **P.** montaraz; **I.** forester; **F.** garde-champêtre; **A.** Förster; **It.** guardaboschi; **R.** нелюдимый.

MONTARAZA. f. SAL. Guardesa de montes o heredades. || **2.** SAL. Mujer del montaraz.

MONTAZGAR. (De *montadgar.*) tr. Cobrar y percibir el montazgo.

MONTAZGO. (l. *montatĭcum*, de *mons, montis.*) m. Tributo pagado por el tránsito de ganado por un monte.

MONTE. (l. *mŭns, mŭntis*, por *mons, montis.*) m. Grande elevación natural de un terreno. || **2.** Tierra inculta cubierta de árboles, arbustos o matas. || **3.** fig. Grave estorbo que se halla en los negocios, difícil de superar. || **4.** fig. y fam. Cabellera muy espesa y desaseada. || **5.** Cartas que en ciertos juegos de naipes o fichas que en el del dominó, quedan para robar después de haber repartido a cada jugador las que le tocan. || **6.** Cierto juego de envite y azar. || **7.** Banca, cantidad de dinero que constituye el depósito de ese juego. || **8.** CUBA y P. RICO. Campo, campiña fuera de poblado. || **9.** MÉJ. Hierba, pasto. || **10.** GERM. Mancebía, lupanar. || **—alto.** El poblado de árboles grandes. || **—bajo.** El poblado de arbustos o matas. || **2.** Estos arbustos o matas. || **—blanco.** El descuajado y destinado a la repoblación. || **—cerrado.** Moheda. || **—de Venus.** Pubis de la mujer. || **—hueco.** Oquedal. || **—pardo.** Encinar. || **2.** Prominencia en la palma de la mano, a la raíz de cada dedo. || **—de piedad.** Establecimiento público que hace préstamos a módico interés, sobre ropas o alhajas. || **—público.** Terreno inculto, lleno de vegetación, perteneciente al Estado, provincia o municipio. || *Andar* uno *a* MONTE. fr. fig. Andar fuera de poblado huyendo de la justicia. || **2.** fig. y fam. Dejar de concurrir por algún tiempo, sin motivo conocido, a donde solía ir con frecuencia. || **3.** fig. y fam. Andar en MALOS pasos. || *Apostar un* MONTE. fr. EXTR. Entresacar, limpiar y podar las matas bajas de un monte para que formen un monte alto. || *No todo el* MONTE *es orégano.* fr. fig. que da a entender que, aunque lo parezca, no todo lo que se supone es fácil. || **P.** e **It.** monte; **I.** mount; **F.** mont; **A.** Berg; **R.** гора.

MONTEA. f. Acción de montear, de buscar y perseguir la caza. || **2.** ARQ. Dibujo de tamaño natural o con las dimensiones acotadas, que se hace de una obra arquitectónica, para hacer el despiezo, sacar las plantillas y señalar los cortes. || **3.** ARQ. Estereotomía. || **4.** ARQ. Sagita de un arco o bóveda.

MONTEADOR. m. El que montea o traza la montea de una obra.

MONTEAR. (De *monte.*) tr. Buscar y perseguir la caza en los montes. || **2.** COLOM. Andar buscando minas por los montes. || **3.** URUG. Talar. || **4.** CUBA. Airear el agua de lluvia para que gane en potabilidad. || **5.** VENEZ. Charlar descomedidamente.

MONTEAR. tr. ARQ. Trazar la montea de una obra. || **2.** ARQ. Voltear o formar arcos.

MONTELEVA. (De *montar* y *levar.*) f. Usado en la denominación *almadraba de* MONTELEVA, para designar la almadraba que se hace al paso de los atunes.

MONTENEGRINO, NA. adj. Natural de Montenegro. Ú.t.c.s. || **2.** Perteneciente a este país, incorporado hoy a Yugoslavia.

MONTEPÍO. (De *monte pío.*) m. Depósito de dinero formado por los individuos de un cuerpo o sociedad para socorros

M

mutuos. || **2.** Establecimiento público o particular fundado con el propio objeto. || **3.** PERÚ. Viudedad, porción de alimentos o cantidad anual que se asigna a las viudas.

MONTERA. (De *monte*.) f. Prenda para abrigo de la cabeza. || **2.** Cubierta de cristales sobre un patio, galería, etc. || **3.** Cubierta convexa que tapa la caldera de un alambique donde se reúnen los vapores de la destilación para que entren en el serpentín. || **4.** MAR. Monterilla, vela triangular que se larga sobre los últimos juanetes. || **5.** BOL. Sombrero cónico y adornado que usan los indios. || **6.** HOND. Borrachera.

MONTERA. f. Mujer del montero.

MONTERERÍA. f. Sitio donde se hacen monteras. || **2.** Tienda donde se venden.

MONTERERO, RA. m. y f. Persona que hace o vende monteras.

MONTERÍA. (De *montero*.) f. Caza de jabalíes, venados y otras fieras que llaman caza mayor. || **2.** Arte de cazar. || **3.** CUBA. Trozos de ave fiambre que se guisan con caldo. || **4.** BOL. y ECUAD. Embarcación pequeña, usada para descender los rabiones de los ríos. || **P.** montaria; **I.** hunting; **F.** vénerie; **A.** Jagdkunst; **It.** venazione; **R.** суконный.

MONTERILLA. f. d. de montera. || **2.** MAR. Vela triangular que en tiempo bonancible se larga sobre los últimos juanetes. || **3.** m. *Alcalde de* MONTERILLA.

MONTERO, RA. adj. ant. Montés. || **2.** m. y f. Persona que busca y persigue la caza en el monte. || **3.** CUBA. Guardián que recorre el monte para examinar el estado del ganado. || **—de cámara** o **de Espinosa.** Criado distinguido de la casa real de Castilla, cuyo oficio era quedarse por la noche en la pieza inmediata a la cámara donde dormían las personas reales, para guardarlas. Debía ser hidalgo y natural u originario de la villa de Espinosa, de la provincia de Burgos. || **—mayor.** Jefe palaciego que estaba encargado de dirigir las cacerías regias.

MONTERÓN. m. aum. de montera.

MONTERREY. m. Especie de pastel abarquillado.

MONTERUCA. f. despect. de montera.

MONTÉS. adj. Que anda, está o se cría en el monte.

MONTESA. adj. f. poét. Montés.

MONTESA. n. p. V. *Cruz de* MONTESA.

MONTESCO. m. Individuo de una familia de Verona, rival de la de los Capeletos. Ú.m. en pl.

MONTESINO, NA. adj. Montés. || **2.** ant. fig. Agreste, huraño.

MONTEVIDEANO, NA. adj. Natural de Montevideo. Ú.t.c.s. || **2.** Perteneciente a esta ciudad del Uruguay.

★ MONTGOLFIER. m. AERONÁUT. Nombre de los primeros globos aerostáticos que se elevaban llenos de aire caliente.

MONTÍCULO. (l. *monticŭlus*.) m. Monte pequeño, natural o artificial y, por lo común, aislado. || **P.** montículo; **I.** monticle; **F.** monticule; **A.** Hügel; **It.** monticello; **R.** холм.

MONTILLA. m. fig. Vino de Montilla.

MONTILLANO, NA. adj. Natural de Montilla, ciudad de la provincia de Córdoba. Ú.t.c.s. || **2.** Perteneciente a esta ciudad.

MONTIÑA. f. ant. Montaña.

MONTO. m. Monta, suma de varias partidas.

MONTÓN. (De *monte*.) m. Conjunto de cosas puestas sin orden unas encima de otras. || **2.** fig. y fam. Número considerable en frases como ésta: *Te voy a contar un* MONTÓN *de cosas*. || **3.** CHILE. Juego de muchachos que consiste en derribar desde cierta distancia, un montón de cosas pequeñas. || **4.** adv. COLOM. y CHILE. *A* MONTONES. Abundantemente. || **—de tierra.** fr. fig. y fam. Persona muy anciana o achacosa. || *A* MONTÓN. m. adv. fig. A bulto. || *A*, de, o en MONTÓN. m. adv. fig. y fam. Juntamente; sin separación o distinción. || *A* MONTONES. m. adv. fig. y fam. Abundantemente, sobradamente. || *Ser uno del* MONTÓN. fr. fig. y fam. Ser adocenado y vulgar. || **P.** montão; **I.** heap; **F.** tas, amas, monceau; **A.** Haufen, grosse Menge; **It.** mucchio; **R.** куча.

MONTONERA. (De *montón*.) f. Grupo de gente de a caballo, que guerrea contra las tropas del gobierno en alguno de los

estados de la América del Sur. || **2.** COLOM. Almiar, tresnal. || **3.** P. RICO. Lío, montón, cúmulo.

MONTONERO. (De *montón*.) m. El encargado de apuntar en las eras lo que cada labrador recolectaba, para deducir el diezmo que le correspondía pagar. || **2.** El que careciendo de valor para sostener una lucha cuerpo a cuerpo, la provoca cuando se encuentra rodeado de sus partidarios. || **3.** Individuo de la montonera, o partidario de ella. || **4.** CHILE y PERÚ. Guerrillero.

★ MONTONERO, RA. adj. MÉJ. Camorrista, pendenciero.

MONTOREÑO, ÑA. adj. Natural de Montoro. Ú.t.c.s. || **2.** Perteneciente a esta ciudad.

MONTOSO, SA. (l. *montōsus*.) adj. Montuoso.

★ MONTUBIO, BIA. adj. ECUAD. y PERÚ. Campesino de la costa. || **2.** ECUAD. y PERÚ. Montaraz, agreste, inculto. Ú.t.c.s. || **3.** AMÉR. Rudo, huraño. Ú.t.c.s.

★ MONTUNERÍA. f. COLOM. Cortedad, apocamiento.

MONTUNO, NA. adj. Perteneciente o relativo al monte. || **2.** CUBA y VENEZ. Rústico, tosco.

MONTUOSIDAD. f. Calidad de montuoso.

MONTUOSO, SA. (l. *montuōsus*.) adj. Relativo a los montes. || **2.** Abundante en ellos. || **P.** e It. montuoso; **I.** mountainous; **F.** montueux; **A.** bergig, hügelich; **R.** горный.

MONTURA. (De *montar*.) f. Cabalgadura, bestia en que se cabalga. || **2.** Conjunto de los arreos de una caballería de silla. || **3.** Montaje, acción de montar un aparato. || **4.** Soporte mecánico de los instrumentos astronómicos empleados en la observación celeste. || **5.** Soporte de los lentes o gafas. || **—acimutal.** ASTRON. Lo que permite mover el instrumento horizontal y verticalmente. || **—ecuatorial.** ASTRON. La paraláctica graduada para medir diferencialmente las coordenadas del astro observado, y provista de aparato de relojería muchas veces. || **—paraláctica.** ASTRON. La que permite seguir el movimiento diurno de los astros mediante un solo movimiento rotatorio del telescopio, refractor o reflector. || **P.** montada; **I.** riding-horse; **F.** monture; **A.** Reitpferd; **It.** cavalcatura; **R.** животное для верховой езды.

MONUELO, LA. adj. d. de mono. || **2.** Aplícase generalmente al mozalbete afectado y sin seso. Ú.t.c.s. || **3.** CUBA. Chuchumeco.

MONUMENTAL. (l. *monumentālis*.) adj. Perteneciente o relativo al monumento. || **2.** fig. y fam. Muy excelente en su línea.

MONUMENTO. (l. *monumentum*.) m. Obra pública de arquitectura, escultura o grabado, puesta en memoria de una acción heroica u otra cosa singular. || **2.** El altar o aparato que el Jueves Santo se dispone en las iglesias, para colocar en él, en una arquita, la segunda hostia que se consagra en la misa de aquel día. || **3.** Objeto o documento de utilidad para la historia. || **4.** Obra científica, artística o literaria, memorable por su extraordinario mérito. || **5.** Sepulcro. || **P.** e It. monumento; **I.** y **F.** monument; **A.** Denkmal, Monument; **R.** памятник.

MONVIEDRÉS. adj. ant. Murviedrés. Apl. pers. usáb.t.c.s.

MONZÓN. (ár. *mawsim*, estación del año propicia para navegar.) amb. Viento periódico que sopla en ciertos mares, particularmente en el Océano Índico, unos meses en dirección del mar al continente y otros en la opuesta. || **P.** monção; **I.** monsoon; **F.** mousson; **A.** Passatwind; **It.** monsone; **R.** муссон.

MOÑA. f. Muñeca, figurilla de mujer que sirve de juguete a las niñas, o de maniquí para trajes de mujer.

MOÑA. (De *moño*.) f. Lazo con que se adornan la cabeza las mujeres. || **2.** Adorno de cintas, plumas o flores, colocado en la divisa de los toros. || **3.** Lazo de cintas negras que se ponen los toreros en la coleta. || **4.** AND. Gorro muy adornado con que se cubre la cabeza de los niños de pecho. || **5.** CHILE. Cierto peinado de mujer sujeto con horquillas. || **6.** fig. COLOM. Orgullo, altivez.

MOÑA. (De *mohína*.) f. ant. Enfado, desazón o tristeza. || **2.** fig. y fam. Borrachera, embriaguez.

MOÑAJO. m. despect. de moño.

MOÑO. (l. *mundus*, adorno de mujer.) m. Rodete que se hacen con el cabello las mujeres para tenerlo recogido o por adorno. || **2.** Lazo de cintas. || **3.** Grupo de plumas que sobresale en la cabeza de algunas aves. || **4.** pl. Adornos femeninos superfluos o de mal gusto. || **5.** CHILE. Copete del caballo. || **6.** COLOM. Capricho. || **7.** CHILE. Cima o cumbre de algunas cosas. || **8.** ARGENT. Corbata parecida a un moño. || *Hacerse uno el* MOÑO. fig. y fam. Peinarse. || *Ponérsele a uno una cosa en el* MOÑO. fr. fig. y fam. Antojársele. || *Ponerse uno* MOÑOS. fr. fig. y fam. Atribuirse méritos, alardear. || **P.** monho; **I.** y **F.** chignon; **A.** Haarwulst, (Haar)Schopf; **It.** crocchia; **R.** узел (волос).

MOÑÓN, NA. adj. Moñudo. || **2.** fam. COLOM. Caprichoso.

MOÑUDO, DA. adj. Que tiene moño. Apl. a las aves.

★ MOQUE. m. COLOM. Resina.

MOQUEAR. intr. Echar mocos.

MOQUEO. (De *moquear*.) m. Secreción nasal abundante.

MOQUERO. m. Pañuelo para limpiarse los mocos.

MOQUETA. (fr. *moquette*.) f. Tela fuerte de lana, cuya trama es de cáñamo, usada para hacer alfombras y tapices. || **P.** moqueta; **I.** y **F.** moquette; **A.** Mokette; **It.** mocchetta; **R.** плюш.

MOQUETE. (De *moco*.) m. Puñada dada en el rostro, especialmente en las narices.

MOQUETEAR. intr. fam. Moquear frecuentemente.

MOQUETEAR. tr. Dar moquetes.

★ MOQUILLENTO, TA. adj. PERÚ y COLOM. Que padece la enfermedad catarral llamada moquillo.

MOQUILLO. (d. de *moco*.) m. Enfermedad catarral de algunos animales, especialmente en los perros y gatos jóvenes. || **2.** Pepita, enfermedad de las gallinas. || **3.** ECUAD. Nudo corredizo con que se sujeta el labio superior del caballo para domarlo.

★ MOQUINGANA. f. ECUAD. Panal de miel que fabrican las abejas en las ramas de los árboles.

★ MOQUIÑAÑA. f. ZOOL. ECUAD. Una avispa muy pequeña. || **2.** Panal que hace esta avispa.

MOQUITA. f. Moco nasal claro.

MOR. f. Aféresis de amor. || *Por* MOR *de*. loc. Por amor de.

MORA. (l. *mora*.) f. FOR. Dilación o tardanza en cumplir una obligación; por lo común, la de pagar una cantidad. || **2.** FOR. Demora, tardanza en el cumplimiento de una obligación.

MORA. (l. *mōra*, pl. n. de *mōrum*.) f. Fruto del moral. || **2.** Fruto de la morera, muy parecido al anterior. || **3.** Zarzamora, fruto de la zarza. || **4.** MÉJ. Morera o moral. || **5.** HOND. Frambuesa. || **6.** BOT. P. RICO, C. RICA y ARGENT. Cierto árbol de madera de color amarillo anaranjado, muy estimada en tintorería. || **7.** BOT. ARGENT. Cierto árbol urticáceo, de fruto en drupa, dulce y pequeño, y madera de color rojizo, con vetas más obscuras, muy dura y pesada. || **8.** BOT. Bala de fusil. || **P.** e It. mora; **I.** mulberry; **F.** mûre; **A.** Maulbeere; **R.** тутовая ягода.

MORABETINO. m. ant. Maravedí. || **2.** Moneda almoravide, de plata, muy pequeña.

MORABITO. (ár. *murābiṭ*, ermitaño, religioso profeso en una rábida.) m. Mahometano que profesa cierto estado religioso, parecido en su forma exterior al de los anacoretas o ermitaños cristianos. || **2.** Especie de ermita, en despoblado, en que vive un morabito.

MORABUTO. m. Morabito.

MORÁCEO, A. (l. *morus*, moral.) adj. BOT. Dícese de árboles y arbustos angiospermos dicotiledóneos que tienen hojas alternas con estípulas, flores unisexuales; y sus frutos son pequeñas drupas; como el moral y la higuera. Ú.t.c.s.f. || **2.** f. pl. BOT. Familia de estas plantas.

MORACHO, CHA. (De *mora*, fruto del moral.) adj. Morado bajo. Ú.t.c.s.

MORADA. (De *morar*.) f. Casa o habitación. ‖ **2.** Residencia algo continuada en algún lugar. ‖ **P.** habitação, morada; **I.** abode; **F.** demeure; **A.** Wohnung, Wohnsitz; **It.** dimora; **R.** жилище.

MORADO, DA. (De *mora*.) adj. De color entre carmín y azul. Ú.t.c.s. ‖ **2.** fig. ARGENT. Flojo, cobarde, pusilánime. ‖ **P.** morado; **I.** purple; **F.** violet; **A.** veilchenblau; **It.** violetto; **R.** фиолетовый.

MORADOR, RA. (l. *morātor*.) adj. Que habita en un lugar. Ú.t.c.s.

MORADURA. (De *morado*.) f. AR. Equimosis, cardenal.

MORADUX. m. Almoradux.

MORAGA. (Quizá del ár. *muḥraqa*, cosa quemada, fuego, holocausto.) f. Manojo que forman las espigaderas. ‖ **2.** AND. Acto de asar con fuego de leña y al aire libre frutas secas, sardinas u otros peces. ‖ **3.** RIOJA. Matanza del puerco.

MORAGO. m. Moraga, 1.ª acep. ‖ **2.** RIOJA. Tajada del lomo del cerdo que en las moragas o matanzas se come tostada a la lumbre.

MORAL. (l. *morālis*.) adj. Perteneciente o relativo a la moral. ‖ **2.** Que no puede ser apreciado por los sentidos, sino por el entendimiento o por la conciencia. ‖ **3.** Que no concierne al orden jurídico sino al fuero interno o al respeto humano. ‖ **4.** f. Ciencia que trata del bien en general, y de las acciones humanas en orden a su bondad o malicia. ‖ **5.** Conjunto de facultades del espíritu, por contraposición a lo físico. ‖ **6.** Ánimo, confianza en sí mismo. ‖ **P.**, **I.** y **F.** moral; **A.** moralisch; **It.** morale. **R.** моральный.

MORAL. (De *mora*.) m. BOT. Árbol de la familia de las moráceas, de flores unisexuales, separadas las masculinas de las femeninas. Su fruto es la mora. ‖ **2.** Árbol ecuatoriano tropical, de la familia de las moráceas, de madera incorruptible. ‖ **3.** Dícese de una variedad de higuera, llamada también sicómoro.

MORALEJA. (De *moral*.) f. Enseñanza provechosa que se deduce de un cuento, fábula, etc. ‖ **P.** e **I.** moral; **F.** moralité, sens moral; **A.** Nutzanwendung; **It.** morale; **R.** мораль (басни, рассказа и т. п.).

MORALIDAD. (l. *moralĭtas, -ātis*.) f. Conformidad con los preceptos de la sana moral. ‖ **2.** Cualidad de las acciones humanas que las hace buenas. ‖ **3.** Moraleja. ‖ **P.** moralidade; **I.** morality; **F.** moralité; **A.** Sittlichkeit; **It.** moralità; **R.** моральность.

MORALISTA. m. Profesor de moral. ‖ **2.** Autor de obras de moral. ‖ **3.** El que estudia moral. ‖ **4.** Clérigo que se ordena sin haber estudiado más que latín y moral. ‖ **P.** e **It.** moralista; **I.** moralist; **F.** moraliste; **A.** Moralist; **R.** моралист.

MORALIZACIÓN. f. Acción y efecto de moralizar o moralizarse.

MORALIZADOR, RA. adj. Que moraliza. Ú.t.c.s.

MORALIZAR. (De *moral*.) tr. Reformar las malas costumbres enseñando las buenas. Ú.t.c.r. ‖ **2.** intr. Hacer reflexiones morales. ‖ **P.** moralizar; **I.** to moralize; **F.** moraliser; **A.** moralisieren; **It.** moralizzare; **R.** читать мораль.

MORALMENTE. adv. Según las reglas de la moralidad. ‖ **2.** Según el juicio general de los hombres.

＊ MORALÓN. m. P. RICO. Árbol que alcanza considerable altura y cuya madera es muy estimada por su solidez y por ser susceptible de pulimento.

MORANZA. (De *morar*.) f. Morada.

MORAPIO. m. Vino tinto.

MORAR. (l. *morāre*.) intr. Residir de asiento en un lugar. ‖ **P.** morar; **I.** to dwell; **F.** demeurer; **A.** wohnen, hausen; **It.** dimorare; **R.** жить.

MORATINIANO, NA. adj. Propio y característico de cualquiera de los dos Moratines, o que tiene semejanza con las dotes o calidades de dichos escritores o de sus obras.

MORATO. (De *moro*.) adj. Dícese del trigo álaga, cuyos granos son obscuros.

MORATORIA. (del l. *moratorius*, t. f. de *-rius*, dilatorio.) f. Plazo que se otorga para solventar una deuda vencida. Se dice especialmente de la disposición que difiere el pago de impuestos, contribuciones, etc.

MORAVEDÍ [~VEDÍN, ~VIDÍ]. m. ant. Maravedí.

MORAVO, VA. adj. Natural de Moravia. Ú.t.c.s. ‖ **2.** Perteneciente a esta región checoslovaca. ‖ **3.** m. Idioma moravo.

MORBÍ. m. ant. Maravedí.

MORBIDEZ. f. Calidad de mórbido, blando, muelle. ‖ **P.** morbidez; **I.** morbidness; **F.** morbidesse; **A.** Mürbheit; **It.** morbidezza; **R.** слабость.

MORBIDECA. f. desus. Morbidez.

MORBIDIDAD. f. Número proporcional de personas que enferman en población y tiempo determinados.

MORBIDIL. m. ant. Maravedí.

MÓRBIDO, DA. (l. *morbĭdus*.) adj. Que padece enfermedad o la produce. ‖ **2.** Blando, delicado, suave. ‖ **P.** mórbido; **I.** morbid; **F.** morbide; **A.** mürbe, weich; **It.** mòrbido; **R.** слабый, нежный.

MORBÍFICO, CA. (l. *morbĭficus*, de *morbus*, enfermedad, y *facĕre*, hacer.) adj. Que contiene el germen de las enfermedades, o las ocasiona.

MORBILIDAD. f. Morbidad.

MORBO. (l. *morbus*.) m. Enfermedad. ‖ **—comicial.** MED. Epilepsia. ‖ **—gálico.** MED. Bubas o gálico. ‖ **—regio.** MED. Ictericia.

MORBOSIDAD. f. Calidad de morboso. ‖ **2.** Conjunto de casos patológicos que determinan el estado sanitario de un país.

MORBOSO, SA. (l. *morbōsus*.) adj. Enfermo. ‖ **2.** Que produce enfermedad, o concierne a ella. ‖ **P.** morboso; **I.** diseased; **F.** malade; **A.** krank, krankhaft; **It.** morboso; **R.** больной.

MORCA. (l. *amurca*.) f. AR. Hez del aceite.

MORCACHO. m. AR. Morcajo.

MORCAJO. m. Tranquillón.

MORCAR. (De *morueco*.) tr. Amurcar.

MORCEGUILLA. f. Excremento de los murciélagos.

MORCELLA. (De *moscella*.) f. Chispa que salta del pabilo de una luz.

MORCEÑA. f. ant. Morcella. Ú. en Salamanca.

MORCIGUILLO. (dialect. *morciego*, *murciego*, y éste del l. *mus, muris* y *caecus*.) m. Murciélago.

MORCILLA. (De *morcón*.) f. Tripa rellena de sangre cocida y condimentada con cebolla, arroz, especias, etc. ‖ **2.** Tripa o piltrafa envenenada que fue usada para matar los perros callejeros. ‖ **3.** fig. y fam. Añadidura abusiva de palabras de su invención, que hacen los comediantes. ‖ **4.** fig. y fam. Mentira, bola. Ú. en Cuba. ‖ **—ciega.** La que se hace con la parte cerrada del intestino ciego. ‖ **P.** morcela; **I.** blood pudding; **A.** Blut-Brat-Schweinswurst; **It.** sanguinaccio; **R.** кровяная, колбаса.

＊ MORCILLERA. f. Sarta de morcillas. ‖ **2.** VENEZ. Espolonazo en las riñas de gallos. ‖ **3.** VENEZ. Molestia, contrariedad.

MORCILLERO, RA. m. y f. Persona que hace o vende morcillas. ‖ **2.** fig. y fam. Actor que añade palabras de su invención. ‖ **3.** fig. y fam. Persona mendaz, embustera. Ú. en Cuba.

MORCILLO. (De *murecillo*.) m. Parte carnosa del brazo, desde el hombro hasta cerca del codo.

MORCILLO, LLA. (b. l. *mauricellus*, d. de *maurus*, moro, con referencia al color negro.) adj. Dícese del caballo o yegua de color negro con viso rojizo.

MORCILLÓN. m. aum. de morcilla. ‖ **2.** Estómago de la res relleno como la morcilla. ‖ **3.** CHILE. Especie de relleno forrado de cuero, que se ponía al fuste delantero de las sillas de montar. ‖ **4.** CHILE. Postizo de forma prolongada, que usan las mujeres para levantar el peinado.

MORCÓN. (vasc. *morco*, tripa hinchada.) m. Morcilla hecha del intestino ciego. ‖ **2.** Bandujo, tripa grande rellena de carne picada. ‖ **3.** fig. y fam. Persona gruesa, pequeña y floja. ‖ **4.** fig. y fam. Persona desaseada.

MORCUERO. m. Mejano.

MORDACIDAD. (l. *mordacĭtas, -ātis*.) f. Calidad de mordaz. ‖ **P.** mordacidade; **I.** mordacity; **F.** mordacité; **A.** Bissigkeit; **It.** mordacità; **R.** едкость.

° MORDAGA. f. Borrachera.

MORDANTE. (fr. *mordant*; de *mordre*, morder.) m. IMPR. Regla doble que usaron los cajistas para sujetar el original en el divisorio, y señalar la línea que iban componiendo.

MORDAZ. (l. *mordax, -ācis*.) adj. Que corroe o tiene actividad corrosiva. ‖ **2.** Áspero, picante y acre al gusto. ‖ **3.** fig. Que murmura o critica con acritud o malignidad. ‖ **4.** fig. Que ofende con maledicencia y acritud. ‖ **5.** fig. Propenso a la mordacidad.

MORDAZA. (De *morder*.) f. Instrumento puesto en la boca para impedir el hablar. ‖ **2.** ART. Aparato para disminuir el retroceso de las piezas de artillería. ‖ **3.** MAR. Máquina que detiene o impide la salida de la cadena del ancla. ‖ **4.** VETER. Instrumento formado de dos piezas semicilíndricas de madera con que se sujeta la parte alta del escroto, para evitar derrames en la castración. ‖ **P.** mordaça; **I.** gag; **F.** báillon; **A.** (Mund)Knebel, Maulkorb; **It.** mordacchia; **R.** кляп.

MORDAZMENTE. adv. Con mordacidad y acrimonia.

MORDEDOR, RA. adj. Que muerde. ‖ **2.** fig. Que murmura. ‖ **P.** mordedor; **I.** biter; **F.** mordeur; **A.** Beisser, Spötter; **It.** morditore; **R.** кусающий.

MORDEDURA. f. Acción de morder. ‖ **2.** Daño ocasionado con ella. ‖ **3.** GEOM. descrip. Muesca que deja en un cuerpo su intersección con otro que no le atraviesa. ‖ **P.** mordedura; **I.** bite; **F.** morsure; **A.** Biss; **It.** morso; **R.** укус.

＊ MORDELÓN, NA. adj. COLOM. y VENEZ. Dícese del animal que muerde con frecuencia o tiene una gran propensión a morder. ‖ **2.** MÉJ. Dícese del policía que se deja sobornar.

MORDENTE. (ital. *mordente*; de *mordere*, morder.) m. Mordiente, substancia que sirve de intermedio para fijar los colores en las telas y otras cosas. ‖ **2.** MÚS. Adorno del canto que consiste en una doble apoyatura. ‖ **3.** MÚS. Quiebro.

MORDER. (l. *mordēre*.) tr. Apretar con los dientes una cosa clavándolos en ella. ‖ **2.** Mordicar. ‖ **3.** Hacer presa una cosa en otra. ‖ **4.** Gastar insensiblemente, o poco a poco. ‖ **5.** Corroer el agua fuerte la parte dibujada de la plancha o la lámina. ‖ **6.** fig. Murmurar hiriendo y ofendiendo en la fama. ‖ **7.** IMPR. Impedir la impresión algún borde de la frasqueta, por cubrir una parte del molde o interponerse entre éste y el papel. ‖ **8.** fig. y fam. CUBA. Engañar, estafar. ‖ **P.** morder; **I.** to bite; **F.** mordre; **A.** beissen; **It.** mòrdere; **R.** кусать.

MORDICACIÓN. (l. *mordicatĭo, -ōnis*.) f. Acción y efecto de mordicar.

MORDICANTE. (l. *mordĭcans, -antis*.) p.a. de mordicar. Que mordica. ‖ **2.** adj. Acre, corrosivo, que causa picazón. ‖ **3.** fig. Dícese de la persona que critica las costumbres, gustos, etc., de las demás, pero sin dañar la honra.

MORDICAR. (l. *mordicāre*.) tr. Punzar o picar como mordiendo. ‖ **P.** picar; **I.** to peck, to gnaw; **F.** picoter; **A.** prickeln, stechen; **It.** mordicare; **R.** покалывать.

MORDICATIVO, VA. (l. *mordicatīvus*.) adj. Que mordica o tiene virtud de mordicar.

＊ MORDIDA. f. MÉJ. Hurto, ratería. ‖ **2.** CUBA. Engaño, estafa.

MORDIDO, DA. p.p. de morder. ‖ **2.** adj. fig. Menoscabado, desfalcado.

＊ MORDIDURA. f. CHILE y MÉJ. Mordedura.

MORDIENTE. p.a. de morder. Que muerde. ‖ **2.** m. Substancia que en tintorería y estampación sirve para fijar los colores. ‖ **3.** Agua fuerte con que se muerde una lámina o plancha para grabarla. ‖ **4.** pl. GERM. Las tijeras. ‖ **2.**ª acep.: **P.** mordente; **I.** y **F.** mordant; **A.** Beize; **It.** mordente; **R.** едкое средство.

MORDIHUÍ. (De *morder*.) m. Gorgojo, insecto coleóptero que vive en las semillas de los cereales.

MORDIMIENTO. (De *morder*.) m. Mordedura.

＊ MORDISCADA. f. CHILE. Mordisco.

MORDISCAR. tr. Morder frecuente o ligeramente. ‖ **2.** Morder, 1.ª y 6.ª aceps.

MORDISCO. m. Acción y efecto de mordiscar. ‖ **2.** Mordedura en un cuerpo vivo sin causar grave lesión. ‖ **3.** Pedazo que se quita de una cosa mordiéndola. ‖ **4.** ODONT. Impresión de los dientes en un

M

MORDISQUEAR. intr. Mordiscar.

MOREDA. (l. *morēta*, pl. n. de -*tum*, de *morus*, moral.) f. Moral, árbol móreo. || 2. Moreral.

MOREL DE SAL. (De *mora*, fruto del moral.) m. PINT. Cierto color morado carmesí, usado para pintar al fresco.

MORELLANO, NA. adj. Natural de Morella. Ú.t.c.s. || 2. Perteneciente a esta ciudad.

MORENA. (De *murena*.) f. ZOOL. Pez teleósteo marino, fisóstomo, parecido a la anguila.

MORENA. f. Hogaza hecha de harina con salvado.

MORENA. (vasc. *muru*, montón.) f. Montón de mieses segadas, hecho sobre el mismo rastrojo. || 2. Montón de piedras y barro formado por un glaciar.

MORENERO. (De *moreno*, morenillo.) m. Muchacho que en el rancho de esquileo lleva el píato o la cazuela del morenillo.

MORENILLO. (De *moreno*, por el color.) m. Masa de carbón molido y vinagre, con que los esquiladores curan las cortaduras.

MORENITO. (De *moreno*.) m. AND. Bebida compuesta de café, ron y azúcar.

MORENO, NA. (De *moro*.) adj. Aplícase al color obscuro que tira a negro. || 2. Hablando del color de la piel, el menos claro en la raza blanca. || 3. fig. y fam. Negro, de raza negra. || 4. Dícese del azúcar que es de color obscuro. || 5. CUBA. Mulato, 1.ª acep. Apl. a pers. ú.t.c.s. || 6. m. Morenillo. || P. moreno; I. brown; F. brun; A. (dunkel)braun; It. bruno; R. смуглый.

MORENOTE, TA. adj. aum. de moreno.

MÓREO, A. (l. *morus*, el moral.) adj. BOT. Moráceo.

MORERA. (De *mora*.) f. BOT. Árbol moráceo, cuyo fruto es la mora. || —**blanca**. Morera. || —**negra**. Moral. || P. amoreira; I. mulberry-tree; F. mûrier; A. Maulbeerbaum; It. moro; R. тутовое дерево.

MORERAL. m. Sitio plantado de moreras. || P. amoreiral; I. mulberry-plantation; F. mûrieraire; A. Maulbeerpflanzung; It. gelseto; R. тутовая роща.

MORERÍA. f. Barrio habitado por moros en algunas poblaciones. || 2. País o territorio propio de moros.

MORETÓN. (De *morado*.) m. fam. Equimosis.

MORFA. (De *morfea*.) f. Hongo parásito que destruye las hojas y ramas de los naranjos y limoneros.

★ **MORFAR**. tr. R. DE LA PLATA. Comer.

MORFEA. (b. l. *morphea*.) adj. VETER. Albarazo, o blanca morfea.

MORFEO. (l. *Morpheus*, y éste del gr. Μορφεύς.) m. Dios del sueño en la mitología griega y romana.

MORFINA. (De *Morfeo*, dios del sueño, a causa de la virtud soporífera de esta substancia.) f. Alcaloide sólido, muy amargo y venenoso, que se extrae del opio, y se emplea en medicina como soporífero y anestésico. || P. morfina; I. morphine, morphia; F. morphine; A. Morphin, Morphium; R. морфий.

MORFINISMO. m. Estado morboso producido por el abuso de la morfina o del opio.

MORFINOMANÍA. f. Uso indebido y persistente de la morfina o del opio.

MORFINÓMANO, NA. adj. Que tiene el hábito de abusar de la morfina. Ú.t.c.s.

★ **MORFOGENIA**. f. BIOL. Tratado de las leyes de la evolución de los seres orgánicos en relación con la forma que presentan en las distintas épocas de su vida.

MORFOLOGÍA. (gr. μορφή, forma, y λόγος, tratado.) f. Parte de la biología que trata de la forma de los seres orgánicos y de sus transformaciones. || 2. GRAM. Tratado de las formas de las palabras. || P. morfologia; I. morphology; F. morphologie; A. Morphologie, Formenlehre; It. morfologia; R. морфология.

MORFOLÓGICO, CA. adj. Perteneciente o relativo a la morfología.

★ **MORFOSIS**. f. BIOL. Fenómeno de crecimiento en algunos animales que produce la muda del tegumento o envoltorio.

MORGA. (l. *amurca*.) f. Alpechín. || 2. Coca de Levante.

★ **MORGALLA**. f. VENEZ. Piltrafa, residuo.

MORGANÁTICO, CA. (gót. *morgjan*, restringir.) adj. Dícese del matrimonio contraído entre un príncipe y una mujer de linaje inferior, o viceversa, en el cual cada cónyuge conserva su anterior condición. || 2. Dícese de quien contrae este matrimonio. || P. morganático; I. morganatic; F. morganatique; A. morganatisch; It. morganàtico; R. морганатический.

MORGAÑO. m. AR. Musgaño.

MORIÁNGANO. m. CAN. Fresa.

MORIBUNDO, DA. (l. *moribundus*.) adj. Que está muriendo o muy cercano a morir. Apl. a pers. ú.t.c.s. || P. moribundo; I. dying; F. moribond; A. sterbend; It. moribondo; R. умирающий.

MORICHAL. m. Terreno poblado de moriches. || 2. VENEZ. Manantial. || 3. Villa, quinta, casa de campo.

MORICHE. m. Árbol de la América intertropical, de la familia de las palmas, con tronco liso y recto; fruto en baya aovada. || 2. Pájaro americano domesticable, de pluma negra y luciente y muy estimado por su canto.

★ **MORIDERA**. (De *morir*.) f. VENEZ. Tristeza, melancolía. || 2. Desmayo.

★ **MORIDERO**. (De *morir*.) m. COLOM. y ECUAD. Paraje insalubre.

MORIEGO, GA. (De *moro*.) adj. Moruno. || 2. AR. Dícese de la tierra que perteneció a los moriscos.

MORIGERACIÓN. (l. *morigeratio*, -ōnis.) f. Templanza o moderación en las costumbres. || P. morigeración; I. temperance; F. tempérance; A. Sittenreinheit; It. morigerazione; R. воздержность.

MORIGERADO, DA. p.p. de morigerar. || adj. Bien criado; de buenas costumbres. || 2.ª acep.: P. morigerado; I. temperate; F. bien élevé; A. wohlerzogen; It. morigerato; R. умеренный.

MORIGERAR. (l. *morigerāre*; de *mos*, *moris*, costumbre, y *gerĕre*, hacer.) tr. Templar, o moderar los excesos. Ú.t.c.r.

MORILLA. (d. de *maura*.) n. p. Arremangóse, o arremetió, MORILLA, y comiéronla los lobos. ref. que reprende a quien se meten en riesgos superiores a sus fuerzas.

MORILLA. (ant. alto al. *morhila*.) f. Cagarria.

MORILLERO. m. Mochil.

MORILLO. (d. de *moro*, por las figuras con que suelen estar adornados.) m. Caballete de hierro para sustentar la leña en el hogar. || 2. CHILE. Construcción de ladrillos o de otro material, en el hogar para sustentar la leña, ollas, etc. || 3. CHILE. Madero que se atraviesa sobre una acequia, zanja, etc., para que sirva de puente. || 4. CHILE. Madero o tabla que se atraviesa sobre la carreta para aumentar su capacidad. || 5. CHILE. Madero fuerte, redondo, que se hace rodar por el suelo para llevar sobre él una cosa de mucho peso.

MORINGA. f. BOT. Ben. || 2. CUBA. Coco, fantasma.

MORINGÁCEO, A. (De *moringa*.) adj. BOT. Dícese de las plantas leñosas angiospermas dicotiledóneas, que tienen hojas pinadas y flores pentámeras y cigomorfas; como el ben. Ú.t.c.s.f. || 2. f. pl. BOT. Familia de estas plantas.

MORIONDO, DA. (l. *mas*, *maris*, el morueco.) adj. Dícese de la oveja en celo.

MORIR. (l. *mŏrĭre*, por *mŏri*.) n. Acabar o fenecer la vida. || 2. fig. Fenecer o acabar del todo cualquier cosa. || 3. fig. Sentir violentamente algún afecto, pasión u otra cosa. MORIR *de pena*, *de risa*. || 4. fig. Hablando del fuego, la luz, etc., apagarse. Ú.t.c.r. || 5. fig. Cesar una cosa en su curso o acción. MORIR *el río*. || 6. fig. En algunos juegos se dice de los lances, que, por no saber quién los gana, se dan por no ejecutados. || 7. fig. En el juego de la oca, dar con los puntos del dado a la casilla donde está pintada la muerte. || 8. r. Morir, cesar de vivir. || 9. fig. Quedarse insensible un miembro del cuerpo, como si estuviera muerto. || MORIR, o MORIRSE uno *por una persona*. fr. fig. Ser muy aficionado a ella. || MORIR uno *vestido*. fr. fig. y fam. Morir violentamente. || ¡MUERA! interj. con que se manifiesta aversión a una persona o cosa. Empléase generalmente en motines y asonadas. Ú.t.c.s. || P. morrer; I. to die; F. mourir; A. sterben; It. morire; R. умирать.

MORISCO, CA. adj. Moruno. || 2. Dícese de los moros que después de la Reconquista se quedaron en España bautizados. Ú.t.c.s. || 3. Perteneciente a ellos. || 4. MÉJ. Dícese del descendiente de mulato y europea o de mulata y europeo. Ú.t.c.s. || 5. MÉJ. Aplícase al animal que no engorda aunque se alimente bien. || P. mouro; I. moorish; F. moresque; A. maurisch; It. moresco; R. мориск.

MORISMA. f. Secta de los moros. || 2. Multitud de moros.

MORISQUETA. f. Ardid propio de moros. || 2. fig. y fam. Acción con que uno pretende engañar, burlar o despreciar a otro. || 3. Arroz cocido con agua y sin sal. || 4. CHILE, ARGENT., PERÚ y VENEZ. Mueca, mohín.

MORITO. m. Falcinelo.

MORLACO, CA. adj. Natural de Morlaquía. Ú.t.c.s. || 2. Perteneciente a este país. || 3. Que finge tontería o ignorancia. Ú.t.c.s. || 4. m. AMÉR. Patacón, moneda de un peso. || 5. COLOM. Caballo viejo y con mataduras. || 6. pl. BOL. Dinero, hacienda.

MORLÉS. m. Tela de lino fabricada en Morlés, ciudad de Bretaña.

MORLÓN, NA. adj. Morlaco, 3.ª acep. Ú.t.c.s.

MORMÓN, NA. m. y f. Persona que profesa el mormonismo.

MORMÓNICO, CA. adj. Perteneciente o relativo al mormonismo.

MORMONISMO. m. Secta religiosa establecida en los Estados Unidos, que propugna la poligamia. || 2. Conjunto de máximas, ritos y costumbres de esta secta.

MORMULLAR. intr. Murmurar.

MORMULLO. m. Murmullo.

MORMURAR. intr. ant. Murmurar. Ú. en Méjico.

MORO, RA. (l. *maurus*.) adj. Natural de la parte de África Septentrional que constituyó la antigua Mauritania. Ú.t.c.s. || 2. Perteneciente a esta parte de África o a sus naturales. || 3. Dícese del indígena de Mindanao y de otras islas de la Malasia. Ú.m.c.m. || 4. Dícese del caballo o yegua de pelo negro con una estrella o mancha blanca en la frente y calzado de una o de dos extremidades. || Por ext., mahometano. || 6. fig. y fam. Aplícase al vino que no está aguado. || 7. fig. y fam. Dícese de quien no ha sido bautizado. || 8. ARGENT. Negro manchado de blanco. || 9. COLOM. Castaño obscuro mezclado con blanco. || 10. ECUAD. Alazán y blanco. || 11. VENEZ. Blanco con manchas castañas. || 12. CUBA. Blanco con visos obscuros. || 13. HOND. Tordo, tordillo, de pelo mezclado de blanco y negro. || *Haber MOROS en la costa*. fr. fig. y fam. con que se recomienda la precaución y cautela. || P. mouro; I. Moor; F. more, maure; A. Maure, Mohr; It. moro; R. мавр.

MOROCADA. (De *morueco*.) f. Topetada de carnero.

★ **MOROCO**. m. BOL. Mano de almirez.

★ **MOROCOTA**. f. COLOM., VENEZ. y P. RICO. Onza de oro.

MOROCHO, CHA. (quich. *muruchu*.) adj. BOT. Dícese de una especie de maíz americano. Ú.t.c.s.m. || 2. fig. y fam. AMÉR. Aplícase a la persona robusta y bien conservada. || 3. CHILE. Corpulento y rechoncho. || 4. ECUAD. Hablando de madera, carbón, etc., seco, duro. || 5. CHILE. Pelado al rape. || 6. ARGENT., PERÚ y URUG. Moreno, trigueño. || 7. VENEZ. Gemelo, mellizo. || 8. HOND. Labihendido. || 9. m. CHILE. Maíz pelado con azúcar, que se toma como postre.

MOROJO. m. Madroño, fruto de este arbusto.

★ **MOROLO, LA**. adj. HOND. Cándido, simplón.

MORÓN. (vasc. *muru*, montón.) m. Montecillo de tierra. || P. montinho; I. mound; F. monticule; A. kleiner Hügel; It. monticello; R. насыпь.

★ **MORONA**. (De *desmoronar*.) f. COLOM. Borona, migaja de pan.

MORONCHO, CHA. adj. Morondo.

MORONDANGA. f. fam. Mezcla de cosas inútiles y de escasa importancia.

M

MORONDO, DA. adj. Pelado o mondado de cabello o de hojas.

★ **MORONGA.** f. Méj. y Hond. Morcilla. ‖ 2. Méj. y Hond. Salchicha.

MORONÍA. f. Alboronía.

★ **MORONITA.** f. Geol. Roca silícea formada por diatomeas.

MOROSAMENTE. adv. Con tardanza o morosidad.

MOROSIDAD. (l. *morosĭtas, -ātis.*) f. Lentitud, dilación, demora. ‖ 2. Falta de actividad o puntualidad.

MOROSO, SA. (l. *morōsus.*) adj. Que incurre en morosidad. ‖ 2. Que la denota o implica.

MORQUERA. f. Hisopillo, planta aromática y medicinal.

MORRA. (Del m. or. que *morro*, cosa redonda parecida a la cabeza.) f. Parte superior de la cabeza.

MORRA. (ital. *morra.*) f. Juego entre dos personas que a un mismo tiempo dicen cada una un número que no pase de 10 e indican otro con los dedos de la mano, y gana el que acierta el número que resulta de la suma de los indicados por los dedos. ‖ 2. El puño, que en este juego vale cero. ‖ —**muda.** El mismo juego cuando se hace simplemente a pares o nones.

MORRA. (De *morro*, voz usada para llamar al gato.) Voz usada para llamar a la gata.

MORRADA. (De *morra.*) f. Golpe dado con la cabeza, especialmente al toparse dos, una con otra. ‖ 2. fig. Guantada, bofetada.

MORRAL. (De *morro*, saliente que forman los labios.) m. Talego con el pienso y que se cuelga de la cabeza de las bestias, para que coman. ‖ 2. Saco usado por soldados, cazadores, etc. que suele llevarse colgado a la espalda. ‖ 3. fig. y fam. Hombre zote y grosero. ‖ 4. Mar. Vela rastrera que largan los jabeques en la punta del botalón, con vientos flojos en popa. ‖ P. embornal; I. nose-bag; F. musette; A. Jagdtasche; It. sacco; R. торба.

MORRALLA. f. Boliche, jabega pequeña y pescado menudo que se pesca con esta red. ‖ 2. Multitud de gente de escaso valer. ‖ 3. fig. Conjunto o mezcla de cosas despreciables. ‖ 4. Méj. Dinero menudo.

MORRENA. f. Geol. Morena, montón de piedras formado en el borde del helero.

MORREO. (De *morro*, saliente que forman los labios.) m. Juego de muchachos en que el que pierde ha de sacar con la boca un palillo clavado en la tierra.

MORRERAS. (De *morro.*) f. pl. Ar. Pupa, erupción en los labios.

MORRILLA. (d. de *morra*, cabeza.) f. En algunas partes, alcaucil o alcachofa silvestre.

MORRILLO. (d. de *morro.*) m. Porción carnosa en la parte superior y anterior del cuello de las reses. ‖ 2. fam. Por ext., cogote abultado. ‖ 3. Canto rodado. ‖ 4. Méj. Palo redondo que llevan al hombro los cargadores.

MORRIÑA. (De *murria*, tristeza.) f. Comalia. ‖ 2. fig. y fam. Tristeza o melancolía.

MORRIÑOSO, SA. adj. Que tiene morriña. ‖ 2. Raquítico, enteco, enfermizo.

MORRIÓN. (De *morra.*) m. Armadura de la parte superior de la cabeza, en forma de casco. ‖ 2. Prenda del uniforme militar, a manera de sombrero de copa sin alas y con visera. ‖ 3. Cetr. Especie de vahído o mareo que sufren las aves de altanería. ‖ P. morrião; I. morion, helmet; F. morion; A. Sturmhaube; It. morione; R. шлем.

MORRO. (port. *morro*; ant. fr. *morre.*) m. Cualquiera cosa redonda. Morro *de la escopeta*. ‖ 2. Monte o peñasco pequeño y redondo. ‖ 3. Guijarro pequeño y redondo. ‖ 4. Monte o peñasco escarpado en la costa. ‖ 5. Saliente que forman los labios, especialmente los abultados. ‖ 6. Rep. Domin. La cabeza. ‖ 7. Rep. Domin. Jícara, fruto del jícaro. ‖ 8. El Salv. Güira. ‖ 9. Méj. Burla, mofa. ‖ *Estar de* morro, *o de* morros *dos o más personas.* fr. fig. y fam. Estar enfadados. ‖ 5.ª acep.: P. morro; I. blubber-lip; F. grosses lèvres; A. dicke Lippe; It. labbrone; R. голыш.

MORRO. Voz que se suele usar para llamar al gato.

★ **MORROCOTA.** (De *morrocotudo.*) f.

fam. Colom. y Venez. Morocota, onza de oro.

MORROCOTUDO, DA. adj. fam. De mucha importancia o dificultad.

MORROCOY. (Voz cumanagota.) m. Zool. Morrocoyo. ‖ 2. Venez. El que es tardo y pesado para hacer una cosa.

MORROCOYO. (De *morrocoy.*) m. Galápago americano, con el carapayo muy convexo, rugoso, de color obscuro y con cuadros amarillos. ‖ 2. fig. Cuba. Persona gruesa, deforme o de miembros toscos. ‖ 3. P. Rico. El encargado de limpiar los depósitos de inmundicias.

MORRÓN. (De *morro*, saliente que forman los labios.) adj. Dícese del pimiento que es más grueso, dulce y carnoso que los de otras clases.

MORRÓN. m. fam. Golpe.

MORRONCHO, CHA. adj. Murc. Manso, apacible.

MORRONGA. f. fam. Gata, hembra del gato. ‖ 2. fig. Méj. Moza, sirvienta.

MORRONGO. m. fam. Gato. ‖ 2. fig. Méj. Mozo, sirviente. ‖ 3. fig. Méj. Hoja de tabaco enrollada para fumar.

★ **MORRONGUEAR.** intr. Amér. Chupar y beber. ‖ 2. fam. Chile. Dormitar.

MORROÑA. f. fam. Morronga.

MORROÑO. m. fam. Morrongo.

★ **MORROÑOSO, SA.** adj. Amér. Dícese de las personas o de las plantas mal desarrolladas, débiles o raquíticas. ‖ 2. Guat. y Hond. Áspero, rugoso. ‖ 3. Amér. Central. Roñoso, egoísta, cicatero.

MORRUDO, DA. adj. Que tiene morro. ‖ 2. Bezudo, hocicudo. ‖ 3. Ar. Goloso. ‖ 4. Argent. Dícese de la persona fornida y vigorosa.

MORSA. (dinamarqués *mar*, mar, y *ros*, caballo: caballo de mar.) f. Mamífero carnicero muy parecido a la foca, que vive en el mar; tiene dos largos caninos que se prolongan fuera de la mandíbula superior. ‖ P. e I. morsa; I. walrus, morse; F. morse; A. Walross, Seepferd; R. морж.

MORSANA. f. Arbolillo de Asia y África, de la familia de las cigofiláceas. Su fruto en cápsula tiene muchas semillas. Sus brotes tiernos se comen encurtidos.

MORTADELA. (ital. *mortadella*, y éste al l. *myrtātum* [*farcimen*], sazonado con bayas de mirto.) f. Embutido muy grueso hecho con carne de cerdo y de vaca picada con tocino.

MORTAJA. (l. *mortualĭa*; de *mortŭus*, muerto.) f. Vestidura en que se envuelve el cadáver para el sepulcro. ‖ 2. fig. Amér. Hoja de papel con que se lía el tabaco del cigarrillo. ‖ —**de esparto.** fig. Petate, esterilla de palma. ‖ P. mortalha; I. shroud, winding-sheet; F. linceul, suaire, mortaise; A. Leichentuch; It. lenzuolo mortuorio; R. саван.

MORTAJA. (fr. *mortaise.*) fr Muesca, 1.ª acep.

MORTAJAR. tr. desus. Amortajar.

MORTAL. (l. *mortālis.*) adj. Que está sujeto a la muerte. ‖ 2. Por antonom., dícese del hombre. Ú.m.c.s. ‖ 3. Que ocasiona o puede ocasionar muerte. ‖ 4. Dícese del pecado que priva al hombre de la gracia santificante. ‖ 5. Dícese también de las pasiones que mueven a desear a uno la muerte. *Odio* MORTAL. ‖ 6. Que tiene apariencia de muerto. ‖ 7. Muy cercano a morir, o que parece estarlo. ‖ 8. fig. Fatigoso, abrumador. ‖ 9. fig. Decisivo, concluyente. ‖ 10. fig. Dícese del salto que dan los volatineros lanzándose de cabeza y tomando vuelta en el aire para caer de pie. ‖ P. e I. mortal; F. mortel; A. sterblich; It. mortale; R. смертный.

MORTALDAD. (l. *mortālĭtas, -ātis.*) f. ant. Mortandad.

MORTALIDAD. (l. *mortālĭtas, -ātis.*) f. Calidad de mortal. ‖ 2. Número proporcional de defunciones en población o tiempo determinado. ‖ P. mortalidade; I. mortality; F. mortalité; A. Mortalität, Sterblichkeit; It. mortalità; R. смертность.

MORTALMENTE. adv. De muerte. ‖ 2. Con deseo de ella; de modo que la cause.

MORTANDAD. (De *mortaldad.*) f. Multitud de muertes causadas por epidemia, cataclismo o guerra. ‖ P. mortandade; I. slaughter; F. massacre; A. grosse Sterblichkeit; It. carnificina; R. большая смертность.

MORTECINO, NA. (l. *morticīnus.*) adj. Dícese del animal muerto naturalmente y de su carne. ‖ 2. fig. Bajo, débil y sin vigor. ‖ 3. fig. Que está casi muriendo o apagándose. ‖ 2.ª acep.: P. apagado; I. pale, extinguishing; F. languissant, faible; A. blass, halbtot; It. morticino; R. павший, дохлый.

MORTERA. (De *mortero.*) f. Especie de cuenco de madera usado para beber o llevar la merienda.

MORTERADA. f. Porción de vianda o salsa que de una vez se prepara en el mortero. ‖ 2. Art. Porción de proyectiles que se disparaban de una vez con el mortero.

MORTERETE. m. d. de mortero. ‖ 2. Pieza pequeña y antigua de artillería. ‖ 3. Pieza pequeña de hierro, que usaban para salvas en las festividades. ‖ 4. Pieza de cera, en forma de vaso con su mecha, que servía para iluminar los altares o teatros. ‖ 5. Escopleadura que tenían las cureñas antiguas de artillería en las teleras de contera. ‖ 6. Almirez o algún utensilio parecido, a cuyo son baila la gente rústica.

★ **MORTERITO.** m. Amér. Pájaro canoro de la familia de los fringílidos, de vistoso plumaje, que vive en América Meridional.

MORTERO. (l. *mortarĭum.*) m. Vaso de cavidad semiesférica destinado a machacar en él especias, drogas, etc. ‖ 2. Pieza de artillería para lanzar bombas. Es de gran calibre y de corta longitud. ‖ 3. Piedra plana, circular y de gran espesor, que forma el suelo del alfarje. ‖ 4. Albañ. Argamasa. ‖ 5. Blas. Bonete redondo de terciopelo que usaron ciertos ministros de justicia, y que colocaban sobre el escudo de sus armas. ‖ P. morteiro; I. mortar; F. mortier; A. Mörtel; It. mortaio; R. ступа.

MORTERUELO. m. d. de mortero. ‖ 2. Juguete que usan los muchachos, semiesferilla hueca que se pone en la palma de la mano y la hieren con un bolillo para producir diversos sonidos. ‖ 3. Guisado de hígado de cerdo machacado con especias y pan rallado.

MORTÍFERO, RA. (l. *mortĭfĕrus*; de *mors, mortis*, muerte, y *ferre*, llevar.) adj. Que ocasiona o puede ocasionar la muerte. ‖ P. mortífero; I. mortiferous; F. mortifère; A. tödlich; It. mortifero; R. смертоносный.

MORTIFICACIÓN. (l. *mortificatio, -ōnis.*) f. Acción y efecto de mortificar o mortificarse. ‖ 2. Lo que mortifica. ‖ P. mortificação; I. y F. mortification; A. Kasteiung; It. mortificazione; R. умерщвление плоти.

MORTIFICADOR, RA. (l. *mortificātor.*) adj. que mortifica.

MORTIFICANTE. p.a. de mortificar. Que mortifica.

MORTIFICAR. (l. *mortificāre.*) tr. Med. Privar de vitalidad a alguna parte del cuerpo. Ú.t.c.r. ‖ 2. fig. Domar las pasiones castigando el cuerpo. Ú.t.c.r. ‖ 3. fig. Afligir o causar pesadumbre o molestia. Ú.t.c.r. ‖ P. mortificar; I. to mortify; F. mortifier; A. kasteien, peinigen; It. mortificare, frollare; R. умерщвлять плоть.

MORTIGUAR. (l. *mortificāre.*) tr. ant. Amortiguar, mortificar.

MORTINATO, TA. adj. Dícese de la criatura que nace muerta. Ú.t.c.s.

MORTIS CAUSA. (loc. l. que significa *por causa de muerte.*) loc. l. For. Aplícase a la donación que se hace para después del fallecimiento del donante. ‖ 2. For. Aplícase al testamento y a determinados actos de liberalidad, cuyo fin está determinado por la muerte y sucesión del causante.

★ **MORTUAL.** f. Hond. Herencia.

MORTUORIO, RIA. (l. *mortŭus*, muerto.) adj. Perteneciente o relativo al muerto o a las honras fúnebres. ‖ 2. m. Preparativos o actos convenientes para el entierro de un difunto. ‖ 3. Ál. Lugar en el cual hubo una población desaparecida por completo. ‖ P. mortuário; I. mortuary; F. mortuaire; A. Leichen-Sterbe (en comp.); It. mortuario; R. похоронный.

MORUCHO. m. Novillo embolado para que los aficionados lo lidien.

MORUECO. (l. *mas, maris*, macho.) m. Carnero padre.

M

MÓRULA. (l. *morŭla*, d. de *mora*.)f. ant. Demora o detención muy breve.

★ **MORULLA.** f. Méj. Morcilla.

MORUNO, NA. adj. Moro, 2.ª acep. ‖ **2.** Cuba. Dícese de un calzado campesino de vaqueta. ‖ P. mourisco; I. Moorish; F. moresque; A. maurisch; It. moresco; R. мавританский.

MORURO. m. Especie de acacia de la isla de Cuba, cuya corteza se emplea en el curtido de pieles.

MORUSA. f. fam. Dinero, moneda corriente o bienes. ‖ **2.** Venez. y P. Rico. Porción de cabello enmarañado.

MOSAICO, CA. (l. *Moses*, Moisés.) adj. Perteneciente a Moisés. ‖ **2.** Arq. Salomónico.

MOSAICO, CA. (gr. μουσεῖον, propio de las musas.) adj. Aplícase a la obra taraceada de piedras o vidrios, comúnmente de varios colores. Ú.t.c.s.m. ‖ **2.** Biol. Dícese de la herencia en que la influencia paterna predomina en un sentido y la materna en otro. ‖ **—de madera o de metal.** Taracea. ‖ P. e It. mosaico; I. mosaic; F. mosaïque; A. Mosaik; R. мозаичный.

MOSAÍSMO. m. Ley de Moisés. ‖ **2.** Civilización mosaica.

MOSCA. (l. *mŭsca*.) f. Insecto díptero, muy común y molesto, de unos seis milímetros de largo, de cuerpo negro, cabeza elíptica, más ancha que larga, ojos salientes, alas transparentes cruzadas de nervios, patas con ventosas, y boca en forma de trompa. ‖ **2.** Pelo que nace al hombre entre el labio inferior y el comienzo de la barba. ‖ **3.** fam. Dinero, moneda corriente o bienes. ‖ **4.** fig. y fam. Persona molesta e impertinente. ‖ **5.** fig. y fam. Desazón picante que molesta. ‖ **6.** Astron. Constelación celeste cerca del polo antártico. ‖ **7.** Zool. Cualquiera de los insectos dípteros del suborden de los braquíceros. ‖ **8.** pl. fig. y fam. Chispas que saltan de la lumbre. ‖ **9.** Chile. Mancha pequeña que empaña la luna de los espejos. ‖ **10.** fig. Méj. Polizón, viajero clandestino. ‖ **—de burro.** Insecto díptero, de color pardo amarillento que vive parásito en las caballerías.‖ **—en leche.** fig. y fam. Mujer morena vestida de blanco. ‖ **—muerta.** fig. y fam. Persona, al parecer, de ánimo apagado, pero que no pierde la ocasión de su provecho. ‖ moscas *blancas.* fig. y fam. Copos de nieve que van cayendo por el aire. ‖ moscas *volantes.* Med. Enfermedad de la vista, por efecto de la cual se cree ver cruzar delante de los ojos diversas motas. ‖ *Aflojar* uno *la* mosca. fr. fig. y fam. Dar o gastar dinero a disgusto. ‖ *Aramos, dijo la* mosca *al buey.* ref. que se aplica a los que se jactan de la participación que tienen en una obra, cuando en realidad poca o ninguna les corresponde. ‖ *Cazar* moscas. fr. fig. y fam. Ocuparse en cosas inútiles. ‖ *Con la* mosca *en la oreja.* fr. fig. y fam. que se aplica al que está receloso y prevenido para evitar alguna cosa. ‖ *Más* moscas *se cogen con miel que con hiel.* ref. que enseña ser la amabilidad más el mejor medio para atraerse las voluntades. ‖ *Picarle* a uno *la* mosca. fr. fig. y fam. Sentir o venirle a la memoria una especie que le desazona. ‖ *Por si las* moscas. loc. fam. Por si acaso. ‖ *Sacudir* uno *las* moscas. fr. fig. y fam. Mosquear, 8.ª acep. ‖ P. e It. mosca; I. fly; F. mouche; A. Fliege; R. муха.

MOSCABADO, DA. adj. Mascabado.

MOSCADA. (l. *muscum*, almizcle.) adj. Dícese de la nuez de la mirística, que se usa como condimento.

MOSCADERO. (De *mosca*.) m. ant. Mosqueador, 1.ª acep.

MOSCARDA. f. Especie de mosca, de color ceniciento, con una mancha dorada en la parte anterior de la cabeza, ojos encarnados y pintado el abdomen con unos cuadros parduscos. Se alimenta de la carne muerta, sobre la cual deposita la hembra sus larvas ya nacidas. ‖ **2.** En algunas partes, cresa o huevecillos que pone la reina de las abejas.

MOSCARDEAR. intr. En algunas partes, poner la reina de las abejas la moscarda o huevecillos en las abejas.

★ **MOSCARDINA.** f. Enfermedad que algunas veces ataca al gusano de seda.

MOSCARDÓN. (De *moscarda*.) m.

Especie de mosca grande de color pardo obscuro, muy vellosa, que deposita sus huevos entre el pelo de los rumiantes y solípedos. ‖ **2.** Moscón, 2.ª acep. ‖ **3.** Avispón, avispa grande. ‖ **4.** Abejón, juego entre tres sujetos. ‖ **5.** fig. y fam. Hombre impertinente y molesto. ‖ P. mosção; I. bot-fly; F. grosse mouche; A. Hummel, Schmeissfiege; It. tafano; R. овод.

MOSCARETA. (De *mosca*.) f. Pájaro de pico delgado, poco más corto que la cabeza y encorvado en la punta; plumaje negruzco en el lomo, rojizo en la pechuga y blanco junto a la rabadilla. Es común en España, tiene canto agradable y se alimenta de moscas y otros insectos que caza al vuelo. ‖ **2.** Murc. Papamoscas, pájaro domesticable.

MOSCARRÓN. m. fam. Moscardón.

MOSCATEL. (l. *muscum*, almizcle.) adj. Dícese de la uva blanca o morada, de grano redondo y sumamente dulce y aromática. Ú.t.c.s.m. ‖ **2.** Dícese también del viñedo que la produce y del vino que de ella se obtiene. ‖ P. moscatel; I. muscat, muscatel; F. vin muscat; A. Muskateller; It. moscatello; R. мускат.

MOSCATEL. (De *mosca*, desazón.) m. fig. y fam. Hombre pesado e importuno. ‖ **2.** En algunas partes, zagalón. ‖ **3.** Tonto, pazguato.

MOSCELLA. (l. *myxa*, mecha, infl. por *centella*.) f. Morcella.

MOSCO. CA. (De *mosca*.) adj. Chile. Dícese del caballo o yegua de color muy negro y algún que otro pelo blanco. ‖ **2.** m. Mosquito. ‖ **3.** Ecuad. y Colom. Mosca. ‖ **4.** Chile. Abeja. ‖ **5.** P. Rico. Moscón.

MOSCÓN. m. Especie de mosca, mayor que la común. ‖ **2.** Especie de mosca zumbadora, de cabeza leonada y color azul obscuro con reflejos brillantes, que deposita sus huevos en las carnes frescas. ‖ **3.** Arce, árbol aceríneo. ‖ **4.** fig. y fam. Hombre que con porfía y fingimiento logra lo que desea. ‖ **5.** fig. y fam. Mosca, 4.ª acep. ‖ P. mosção; I. large fly; F. grosse-mouche; A. Brummfliege; It. moscone; R. мясная муха.

MOSCONA. (De *moscón.*) f. Mujer desvergonzada.

MOSCONEAR. (De *moscón.*) tr. Importunar. ‖ **2.** intr. Porfiar para lograr un propósito fingiendo ignorancia.

MOSCONEO. m. Acción de mosconear.

★ **MOSCOVIA.** f. Cuba. Vaqueta, cuero de ternera curtido muy suave.

MOSCOVITA. adj. Natural de Moscovia. Ú.t.c.s. ‖ **2.** Perteneciente a esta región rusa. Ú.t.c.s. ‖ **3.** Ruso. Apl. a pers. ú.t.c.s.

MOSCOVÍTICO, CA. adj. Perteneciente o relativo a los moscovitas.

MOSÉN. (cat. *mosen*, mi señor.) m. Título que se daba a los nobles de segunda clase y a los clérigos en el antiguo reino de Aragón.

MOSOLINA. f. Sant. Aguardiente.

MOSQUEADO, DA. (De *mosca*.) adj. Sembrado de pintas. ‖ **2.** Chile. Aplícase a todo objeto ensuciado por las moscas.

MOSQUEADOR. m. Especie de abanico, para espantar las moscas. ‖ **2.** fig. y fam. Cola de una caballería o res vacuna.

MOSQUEAR. tr. Espantar las moscas. Ú.t.c.r. ‖ **2.** fig. Replicar uno resentido y como picado de alguna especie. ‖ **3.** fig. Azotar, vapulear. ‖ **4.** r. fam. Apartar de sí violentamente los estorbos. ‖ **5.** fig. Resentirse uno por el dicho de otro. ‖ **6.** Cuba. Ensuciar las moscas una cosa. Ú.t.c.r. ‖ **7.** intr. Cuba. Llenarse de moscas una cosa. ‖ **8.** Cuba. Complicarse un asunto. ‖ **9.** Méj. Viajar en calidad de mosca o polizón. ‖ **10.** Chile. Alejarse, apartarse, irse.

MOSQUEO. m. Acción de mosquear o mosquearse.

★ **MOSQUERÍO.** m. Argent., Colom. y Méj. Hervidero de moscas. ‖ **2.** Argent., Colom. y Méj. Mosquero.

MOSQUERO. (l. *muscarium*.) m. Haz de hierba o conjunto de tiras de papel atado al extremo de un palo para espantar las moscas, o que empegado se cuelga del techo para recogerlas y matarlas. ‖ **2.** And. Fleco que se pone en las cabezadas y jáquimas para que las caballerías se espanten las moscas. ‖ **3.** Chile. Hervidero de moscas. ‖ P. mosqueiro; I. fly-trap; F. émouchétte; A. Fliegenwedel, Mückengarn; It. pigliamosche; R. мухоловка.

MOSQUEROLA. adj. Mosqueruela. Ú.t.c.s.

MOSQUERUELA. (l. *muscum*, almizcle.) adj. Dícese de una especie de pera redonda, de piel roja en parte y carne dulce. Ú.t.c.s. ‖ **2.** f. Pájaro dentirrostro de la América Central.

MOSQUETA. (l. *muscum.*) f. Rosal con tallo flexible, muy espinoso, hojas lustrosas, compuestas y flores blancas, pequeñas y olorosas.

MOSQUETAZO. m. Tiro que sale del mosquete. ‖ **2.** Herida hecha con este tiro.

MOSQUETE. (fr. *mousquet*, d. del l. *musca*, mosca.) m. Arma de fuego antigua, que se dispara apoyándola sobre una horquilla. ‖ **2.** Méj. Patio del teatro. ‖ P. mosquete; I. musket; F. mousquet; A. Muskete, Luntengewehr; It. moschetto; R. мушкет.

★ **MOSQUETEAR.** (De *mosca*.) intr. fam. Amér. Curiosear.

★ **MOSQUETERA.** f. Bol. Mujer que en un baile no es solicitada por nadie para bailar.

MOSQUETERÍA. f. Tropa formada de mosqueteros. ‖ **2.** En los antiguos corrales de comedias, conjunto de mosqueteros, 2.ª acep. ‖ **3.** Bol. y Argent. Conjunto de personas que mosquetean o curiosean.

MOSQUETERIL. adj. fam. Perteneciente a la mosquetería de los antiguos corrales de comedias.

MOSQUETERO. m. Soldado armado de mosquete. ‖ **2.** En los antiguos corrales de comedias, el que las veía de pie desde la parte posterior del patio. ‖ P. mosqueteiro; I. musketeer; F. mousquetaire; A. Musketier; It. moschettiere; R. мушкетёр.

★ **MOSQUETERO, RA.** adj. Bol. Ocioso. ‖ **2.** m. y f. Persona amiga de curiosear.

MOSQUETÓN. (De *mosquete*.) m. Arma de fuego portátil de menor longitud que el fusil. ‖ **2.** Anilla que se abre y cierra mediante un muelle.

MOSQUIL. adj. Perteneciente o relativo a la mosca. ‖ **2.** m. Sal. Sitio donde se recogen las caballerías huyendo de las moscas.

MOSQUILLÓN. m. ant. Moscón, 4.ª acep.

MOSQUINO, NA. adj. Mosquil, perteneciente a la mosca.

MOSQUITA. (d. de *mosca*.) f. Pájaro muy parecido a la curruca. ‖ **—muerta.** fig. y fam. Mosca muerta.

MOSQUITERA. f. Mosquitero.

MOSQUITERO. m. Colgadura de cama, hecha de gasa, para impedir el acceso de los mosquitos. ‖ P. mosquiteiro; I. mosquito-net; F. moustiquaire; A. Moskitonetz; It. zanzariere; R. полог от москитов.

MOSQUITO. (De *mosco*.) m. Insecto díptero, de tres o cuatro milímetros de largo, cuerpo cilíndrico, de color pardusco, cabeza con dos antenas y una trompa recta armada de un aguijón; patas largas y muy finas, y dos alas transparentes. La hembra chupa la sangre de las personas y de los animales de piel fina. ‖ **2.** Zool. Cualquiera de los insectos dípteros del suborden de los nematóceros. ‖ **3.** Larva de la langosta. ‖ **4.** fig. y fam. El que con frecuencia va a la taberna. ‖ **5.** Cuba. Infiernito. ‖ P. mosquito; I. gnat, mosquito; F.moustique; A. Moskito, Stechmücke; It. zanzara; R. комар, москит.

MOSTACERA. f. Tarro en que se prepara y sirve la mostaza para la mesa.

MOSTACERO. m. Mostacera.

MOSTACILLA. (d. de *mostaza*.) f. Munición del tamaño de la semilla de mostaza que se emplea para la caza de animales pequeños, como pájaros, etc. ‖ **2.** Abalorio de cuentecillas muy menudas. ‖ **3.** fam. Venez. Dinero necesario para una cosa. ‖ **4.** Cuba. La planta del tabaco recién nacida. ‖ **5.** Argent. Mozalbete que pretende hombrear.

MOSTACHO. (ital. *mostacchio*, y éste del gr. μύσταξ, el labio superior.) m. Bigote, pelo que nace sobre el labio superior. ‖ **2.** fig. y fam. Mancha o chafarrina en la cara. ‖ **3.** Cualquiera de los cabos gruesos con que se asegura el bauprés a las bandas. ‖ P. bigode; I. mustache; F. moustache; A. Schnurrbart; It. mustacchio; R. усы.

MOSTACHÓN. m. Bollo pequeño hecho con pasta de almendra, azúcar y canela.

MOSTACHOSO, SA. adj. Adornado de mostachos.

MOSTAGÁN. (De *mosto*.) m. fam. Vino, 1.ª acep.

MOSTAJO. (l. *mustăce*.) m. Mostellar.

MOSTAZA. (De *mosto*.) f. Planta crucífera, de hojas alternas, flores amarillas en espiga y fruto en silicuas con varias semillas, cuya harina se usa en medicina y como condimento. || **2.** Semilla de esta planta. || **3.** Salsa hecha con esta semilla. || **4.** Mostacilla, 1.ª acep. || —**blanca**. Planta semejante a la mostaza común, con semillas de color blanco amarillento. || —**silvestre**. Planta parecida a la mostaza común. || *Subírsele* a uno la MOSTAZA *a las narices.* loc. fam. Irritarse, enojarse. || **P.** mostardeira; **I.** mustard; **F.** moutarde, sénevé; **A.** Senf, Mostrich; **It.** mostarda; **R.** горчица.

MOSTAZAL. m. Terreno poblado de mostaza.

MOSTAZO. m. Mosto fuerte y pegajoso. || **2.** Mostaza, 1.ª acep.

★ ¡MOSTE! interj. ¡Moxte!

MOSTEAR. intr. Destilar las uvas el mosto. || **2.** Echar el mosto en las cubas. || **3.** Remostar, echar mosto en el vino añejo. Ú.t.c.intr.

MOSTELA. (cat. *mosta*, manojo, ambuesta, y éste del célt. *ambibosta*.) f. Haz o gavilla. || **P.** feixe, molho; **I.** sheaf; **F.** gerbe; **A.** Garbe, Bündel; **It.** covone; **R.** сноп.

MOSTELERA. f. Lugar donde se guardan las mostelas.

MOSTELLAR. (cat. *mostell*, y éste del l. *mūstum*.) m. Árbol rosáceo, de fruto ovoide, rojo y dulce, y cuya madera blanquecina se emplea en ebanistería y tornería. Es común en los bosques de España.

MOSTÉN. adj. Apócope de Mostense.

MOSTENSE. adj. fam. Premostratense. Apl. a pers. ú.t.c.s.

MOSTILLO. (d. de *mosto*.) m. Masa de mosto cocido, que suele condimentarse con anís, canela y clavo. || **2.** Mosto agustín. || **3.** Salsa que se hace de mosto y mostaza.

MOSTO. (l. *mŭstum*.) m. Zumo exprimido de la uva, antes de fermentar. || **2.** CUBA, P. RICO y COLOM. Heces de la miel, residuo fétido del zumo de la caña. || —**agustín**. Masa de mosto cocido con harina y especia fina, a la que suelen agregarse trozos de diversas frutas. || —**muerto**. CUBA. Mezcla de agua y miel hervida en el alambique, y el que resulta después de la destilación. || —**vivo**. CUBA. La propia mezcla, con menor cantidad de agua, y que se bate una vez al día hasta que empieza a fermentar. || **P.** e **It.** mosto; **I.** must; **F.** moût; **A.** Most; **R.** сусло.

MOSTRABLE. (l. *mostrabĭlis*.) adj. Que se puede mostrar.

MOSTRACIÓN. (l. *monstratĭo*, *-ōnis*.) f. ant. Acción de mostrar.

MOSTRADO, DA. p.p. de mostrar. || **2.** Acostumbrado a una cosa.

MOSTRADOR, RA. (l. *monstrātor*.) adj. Que muestra. Ú.t.c.s. || **2.** m. Mesa o tablero que hay en las tiendas para presentar los géneros. || **3.** Esfera de reloj. || **4.** Dícese del dedo índice. || **2.ª** acep.: **P.** mostrador; **I.** counter, stand; **F.** comptoir; **A.** Ladentisch, Schanktisch; **It.** banco; **R.** указывающий, прилавок.

MOSTRANZA. (De *mostrar*.) f. ant. Muestra.

MOSTRAR. (l. *monstrāre*.) tr. Manifestar o exponer a la vista una cosa; enseñarla para que se vea. || **2.** Explicar, dar a conocer una cosa. || **3.** Hacer patente un efecto. || **4.** Dar a entender con las acciones una calidad del ánimo. MOSTRAR *piedad, cariño.* || **5.** r. Portarse uno como corresponde a su dignidad o calidad, o darse a conocer de alguna manera. || **P.** mostrar; **I.** to show; **F.** montrer; **A.** vorzeigen, angeben, sehen lassen; **It.** mostrare; **R.** показывать.

MOSTRENCO, CA. (De *mestenco*.) adj. Dícese de los bienes muebles o semovientes que por carácter de dueño conocido pasan a ser propiedad del Estado. || **2.** fig. y fam. Dícese del que no tiene casa, ni señor conocido. || **3.** fig. y fam. Igno-

rante o tardo en el discurrir o aprender. Ú.t.c.s. || **4.** fig. y fam. Dícese del sujeto muy gordo y pesado. Ú.t.c.s. || **5.** VENEZ. Caballo cerril que se caza en las sabanas. || **6.** IMPR. Composición o trabajo inutilizado por culpa del autor. || **P.** mostreuco; **I.** abeyant; **F.** jacent; **A.** herrenlos; **It.** senza proprietario.

MOSTRO. m. desus. Monstruo.

MOTA. (fr. *motte*.) f. Nudillo o granillo que se forma en el paño. || **2.** Partícula de hilo o cosa semejante que se pega a los vestidos. || **3.** fig. Defecto de poca entidad en las cosas inmateriales. || **4.** Pella de tierra con que se cierra el paso del agua en una acequia. || **5.** Eminencia de poca altura, que se levanta sola en un llano. || **6.** Ribazo o linde de tierra con que se detiene el agua o se cierra un campo. || **7.** fig. AND. Moneda de cobre. || **8.** fig. y fam. ARGENT. y CHILE. El pelo crespo y corto de los individuos de raza negra. || **9.** fig. AND. Porción pequeña de lana suelta y apelmazada. || **10.** fig. VENEZ. Pelusa que adhería a la simiente contiene la cápsula del algodonero. || **11.** CUBA. Cualquier porción de materia lanuda, y, especialmente, la borra del algodón. || **12.** P. RICO y MÉJ. Borla para empolvar la cara. || **13.** AMÉR. Pinta o señal parecida. || **14.** MÉJ. Marihuana. || *A la* MOTA. m. adv. CUBA. Se emplea para denotar que la mata de café se planta sacándola del plantel entera con sus raíces y la tierra que las cubre, a diferencia de cuando se planta de almácigo.

MOTACÉN. m. AR. Almotacén.

MOTACILA. (l. *motacilla*.) f. ZOOL. Aguzanieves.

MOTAR. (De *escamotear*.) tr. GERM. Hurtar, robar.

MOTE. (cat. o fr. *mot*, y éste del b. l. *mŭttum*, gruñido.) m. Sentencia breve que encierra un misterio que necesita explicación. || **2.** La que llevaban como empresa los antiguos caballeros en las justas y torneos. || **3.** Frase o tema inicial de un pasatiempo literario, entre damas y galanes de los siglos XVI y XVII. || **4.** El pasatiempo mismo. || **5.** Apodo. || **6.** pl. Aleluyas o versillos que acompañan a los nombres de los participantes en el juego de los estrechos. || **7.** CHILE. Error hablado o escrito, en el uso de las voces. || **8.** ECUAD. Epígrafe, título. || **9.** CHILE y PERÚ. Chapurrado. || **10.** adj. CHILE. Tartamudo. || **P.** mote; **I.** e **It.**motto; **F.** devise, sentence; **A.** Sinnspruch, Motto; **R.** изречение, прозвище.

MOTE. (quich. *mutti*, maíz cocido.) m. Maíz desgranado y cocido con sal. || **2.** CHILE. Guiso o postre de trigo deshollejado, triturado y cocido en lejía. || **3.** fig. CHILE. Pececillo pequeño que se come entero y en cantidad. || *Pelar* MOTE. fr. fig. y fam. CHILE. Desollar el prójimo.

★ MOTEADO, DA. adj. fam. CHILE. Lleno de motes. Se aplica al escrito o impresos que tiene muchos errores o erratas.

MOTEAR. tr. Salpicar de motas una tela. || **2.** PERÚ. Chapurrar.

MOTEJADOR, RA. adj. Que moteja. Ú.t.c.s.

MOTEJAR. tr. Censurar las acciones de uno con motes o apodos. || **P.** motejar; **I.** to nickname; **F.** traiter de; **A.** verspotten; **It.** motteggiare; **R.** давать прозвища.

MOTEJO. m. Acción de motejar.

MOTERO, RA. adj. CHILE. Que vende mote, 2.º art., 1.ª acep. Ú.m.c.s.m. || **2.** CHILE. Aficionado a comer mote, 2.º art. || **3.** CHILE. Perteneciente o relativo al mote. || **4.** fig. y fam. CHILE. Dícese de la persona despreciable. || **5.** m. y f. CHILE. La persona que vende mote.

★ MOTERO, RA. adj. CHILE. Que comete errores o motes. || **2.** PERÚ. Dícese del individuo que habla mal el castellano.

★ MOTETA. f. ECUAD. La cabeza.

MOTETE. (fr. *motet*, y éste del mol. l. *mŭttum*, gruñido.) m. Breve composición musical para cantar en las iglesias. || **2.** Apodo, baldón, denuesto. || **3.** AMÉR. Especie de cuévano. || **4.** HOND. y C. RICA. Lío, envoltorio. || **P.** motete; **I.** y **F.** motet; **A.** Motacilla; **It.** mottetto; **R.** мотет.

MOTIL. (De *motilar*.) m. Mochil.

MOTILAR. (l. *mutilāre*, cercenar.) tr. Cortar el pelo, rapar lo.

MOTILÓN, NA. (De *motil*.) adj. Pelón, que no tiene pelo o que tiene muy poco.

Ú.t.c.s. || **2.** m. fig. y fam. Lego, religioso que no tiene opción a las sagradas órdenes. || **3.** BOT. ECUAD. Cierto árbol maderable.

MOTILONA. (De *motilón*.) f. fig. y fam. Lega.

★ MOTILONES. m. pl. Tribu de indios de Colombia y Venezuela.

MOTÍN. (fr. *mutin*, y éste de *meute*, del l. *movita*, movimiento.) m. Movimiento desordenado de una muchedumbre, comúnmente contra la autoridad constituida. || **P.** motim; **I.** mutiny, riot; **F.** émeute; **A.** Meuterei; **It.** ammutinamento; **R.** бунт.

MOTIVACIÓN. f. Acción y efecto de motivar o explicar el motivo de una cosa. || **2.** MÉJ. Motivo.

MOTIVADOR, RA. adj. Que motiva.

MOTIVAR. tr. Dar motivo para una cosa. || **2.** Explicar la razón o motivo que se ha tenido para hacer una cosa. || **P.** motivar; **I.** to motive; **F.** motiver; **A.** verursachen; **It.** motivare; **R.** мотивировать.

MOTIVO, VA. (l. *motivus*; de *motum*, supino de *movĕre*, mover.) adj. Que mueve o tiene eficacia o virtud para mover. || **2.** Dícese de la causa impulsiva que determina la voluntad. || **3.** m. Causa o razón de una cosa. || **4.** MÚS. Tema de una composición. || **5.** fig. CHILE. Melindres mujeriles. || *De mi, tu, su, nuestro, vuestro* MOTIVO *propio.* m. adv. Con resolución libre y voluntaria. || **P.** e **It.** motivo; **I.** motive; **F.** motif; **A.** Ursache, Anlass; **R.** основание, мотив.

MOTO. (Tal vez de *mota*.) m. Hito o mojón.

MOTO. f. Apóc. de motocicleta.

★ MOTO, TA. adj. HOND. y EL SALV. Huérfano. || **2.** CHILE. Rabón.

★ MOTOBOMBA. f. Fís. Bomba aspirante impelente que funciona mediante un motor de explosión o eléctrico.

MOTOCICLETA. (l. *motus*, movido, y *cyclus*, círculo, con aféresis del gr. κύκλος, mismo.) f. Vehículo de dos ruedas, una tras otra, propulsado por un motor de explosión.

★ MOTOCICLISMO. m. Deporte de la motocicleta.

MOTOCICLISTA. com. Conductor de una motocicleta. || **P.** e **It.** motociclista; **I.** motorcyclist; **F.** motocycliste; **A.** Motor(rad)-fahrer; **R.** мотоциклист.

★ MOTODROMO. m. Pista de las carreras de motocicletas y de todo vehículo automóvil.

MOTOLITA. (De *motocila*.) f. Aguzanieves.

MOTOLITO, TA, adj. Necio, bobalicón. Ú.t.c.s. || *Vivir uno de* MOTOLITO. fr. fig. Mantenerse a expensas de otro.

MOTÓN. m. MAR. Garrucha de diversas formas y tamaños por donde pasan los cabos.

★ MOTÓN, NA. adj. REP. DOMIN. Res o animal joven al que ya apuntan los cuernos.

MOTONAVE. f. Nave de motor.

MOTONERÍA. (De *motón*.) f. MAR. Conjunto de cuadernales y motones para el laboreo de los cabos de un buque.

MOTOR. (l. *motor*.) adj. Que produce movimiento. Ú.t.c.s. || **2.** m. Máquina destinada a producir movimiento a expensas de otra fuente de energía. El motor se llama eléctrico, térmico, hidráulico, atómico, etc., según la fuente de energía. || *El primer* MOTOR. Por autonom., Dios, el Ser Supremo. || **P.** e **I.** motor; **F.** moteur; **A.** Motor; **It.** motore; **R.** двигательный, мотор.

MOTORA. f. Embarcación menor provista de motor.

MOTORISMO. m. Deporte de los aficionados a viajar en vehículo automóvil, y especialmente en motocicleta.

MOTORISTA. com. Persona que guía un vehículo automóvil. || **2.** Persona aficionada al motorismo. || **3.** Entrenador motociclista. || **4.** CUBA. Conductor del tranvía eléctrico. || **P.** e **It.** motorista; **I.** motorist; **F.** automobiliste; **A.** Automobilfahrer (-rin), motorista; **R.** вагоновожатый.

MOTORIZAR. tr. Dotar de medios mecánicos de tracción o transporte a un ejército, industria, etc.

★ MOTRICIDAD. (De *motriz*.) f. FISIOL. Acción del sistema nervioso central que determina la contracción muscular.

MOTRIL. (De *motil*.) m. Muchacho del servicio de una tienda. || **2.** Mochil.

M

M

MOTRIZ. (De *motor*.) adj. f. Motora. *Causa* MOTRIZ.

MOTU PROPRIO. (Lit., de *motivo proprio*.) m. adv. l. Voluntariamente; de propia y libre voluntad. || 2. m. Bula pontificia o cédula real expedida de este modo.

MOVEDIZO, ZA. adj. Fácil de moverse o ser movido. || 2. Inseguro, que no está firme. || 3. fig. Inconstante.

MOVEDOR, RA. adj. Que mueve. Ú.t.c.s.

MOVEDURA. (De *mover*.) f. p. us. Movimiento, acción de mover o moverse. || 2. Aborto, acción de abortar.

MOVENTE. (l. *movens*, *-entis*.) p.a. ant. de mover. Moviente.

MOVER. (l. *movēre*.) tr. Hacer que un cuerpo pase de un lugar a otro o de una posición a otra distinta. Ú.t.c.r. || 2. Por ext., menear una cosa o parte de algún cuerpo. || 3. fig. Dar motivo para una cosa; incitar a ella; y por ext., dícese de los efectos del ánimo que inclinan a hacer una cosa. 4. fig. Seguido de la preposición *a*, causar u ocasionar. MOVER *a lástima*. || 5. fig. Alterar, conmover. || 6. fig. Excitar o dar principio a una cosa no movida. 7. fig. Abortar. Ú.t.c.intr. || 8. AGR. Empezar a brotar las plantas por la primavera. || 9. ARQ. Arrancar, principiar el arco o la bóveda. || **P.** mover; **I.** to move; **F.** mouvoir; **A.** bewegen, antreiben; **It.** mòvere; **R.** двигать.

MOVIBLE. adj. Que puede moverse por sí o por ajeno impulso. || 2. fig. Inconstante, voluble. || 3. ASTROL. Dícese de cualquiera de los cuatro signos zodiacales, Aries, Cáncer, Libra y Capricornio, porque en ellos se cambia de una estación del año a otra. || **P.** móvivel; **I.** movable; **F.** mobile; **A.** beweglich, verstellbar; **It.** movible; **R.** подвижный.

MOVICIÓN. f. fam. Acción de moverse, movimiento. || 2. vulg. Aborto.

MOVIDO, DA. p.p. de mover. || 2. adj. CHILE. Dícese del huevo puesto en fárfara. || 3. GUAT. y HOND. Enteco, raquítico.

MOVIENTE. p.a. de mover. Que mueve. || 2. adj. Dícese del estado o territorio que en lo antiguo rendía vasallaje a otro. || 3. BLAS. Dícese de la pieza que arranca de cualquiera de los bordes del escudo y se dirige hacia la parte interior.

MÓVIL. (l. *mobĭlis*.) adj. Movible, que puede moverse o ser movido. || 2. Que no tiene estabilidad o permanencia. || 3. m. Lo que mueve o impulsa una cosa. 4. MEC. Cuerpo en movimiento. || **P.** móvel; **I.** movable; **F.** mobile; **A.** beweglich; **It.** mòbile; **R.** подвижный, двигатель.

MOVILIDAD. (l. *mobilĭtas*, *-ātis*.) f. Calidad de movible.

MOVILIZACIÓN. f. Acción y efecto de movilizar. || **P.** mobilização; **I.** mobilization; **F.** mobilisation; **A.** Mobilmachung; **It.** mobilizzazione; **R.** мобилизация.

MOVILIZAR. (De *móvil*.) tr. Poner en actividad tropas, etc. || 2. Incorporar a filas, poner en pie de guerra tropas u otros elementos militares. || **P.** mobilizar; **I.** to mobilize; **F.** mobiliser; **A.** mobilisieren; **It.** mobilizzare; **R.** мобилизовать.

★ **MOVILÓFONO.** m. Aparato radiotelefónico, emisor y receptor, para comunicarse entre sí estaciones móviles en coches, autos, etc.

MOVIMIENTO. (De *mover*.) m. Acción y efecto de mover o moverse. || 2. Estado de los cuerpos cuando cambian de lugar. 3. Variedad bien ordenada de las líneas en el dibujo, y el claroscuro de una figura o composición. || 4. En los cómputos mercantiles y estadísticos, alteración numérica en el estado en un tiempo determinado. 5. fig. Alteración, inquietud. || 6. fig. Primera manifestación de un efecto o pasión. 7. fig. Variedad y animación en el estilo literario. || 8. ASTRON. Adelanto o atraso de un reloj en un intervalo dado. || 9. ESGR. Cambio rápido en la posición del arma. || 10. MÚS. Velocidad del compás. || 11. POLÍT. Agitación política en pro de una idea. || **—acelerado.** MEC. Aquel en que la velocidad aumenta en cada instante. || **—de rotación.** Aquel en que un cuerpo se mueve alrededor de un eje. || **—de traslación.** ASTRON. El de los astros a lo largo de sus órbitas. || 2. MEC. El de los cuerpos que siguen curvas de gran radio

con relación a su propio tamaño. || **—retardado.** MEC. Aquel en que la velocidad va disminuyendo. || **—retrógrado.** ASTRON. El real o aparente de un astro en sentido contrario al directo. || **—uniforme.** MEC. Aquel en que es constante la velocidad. || **—uniformemente acelerado.** MEC. Aquel en que la velocidad aumenta proporcionalmente al tiempo transcurrido. || **—uniformemente retardado.** MEC. Aquel en que la velocidad disminuye proporcionalmente al tiempo transcurrido. || **—variado.** MEC. Aquel en que no es constante la velocidad. || *Hacer* MOVIMIENTO. fr. ARQ. Separarse levemente de su posición natural de equilibrio toda una obra o parte de ella. || **P.** e **It.** movimento; **I.** motion, movement; **F.** mouvement; **A.** Bewegung, Verker; **R.** движение.

MOXA. (chino *mok-sa*.) f. MED. Mecha de algodón, u otra substancia inflamable, que se quema sobre la piel con un fin terapéutico. || 2. MED. Cauterización de la piel por este medio.

¡**MOXTE!** interj. usada para rechazar a una persona o cosa que molesta o daña.

MOYA. (De *Moya*, apellido español.) m. CHILE. Fulano, persona indeterminada.

★ **MOYACAZO.** m. CHILE. Ganancia fraudulenta en el juego.

MOYANA. (fr. *moyenne*, y éste del l. *mediānus*.) f. Pieza antigua de artillería. || 2. fig. y fam. Mentira o ficción.

MOYANA. (Del m. or. que *moyuelo*.) f. Pan hecho con salvado para darlo a los perros.

MOYO. (l. *modĭus*.) m. Medida de capacidad de 16 cántaras, equivalente a 258 litros.

★ **MOYOTE.** m. MÉJ. Mosquito.

MOYUELO. m. Salvado muy fino, que se obtiene apurando la harina.

MOZA. (De *mozo*.) f. Criada que sirve en menesteres humildes. || 2. Mujer que mantiene trato ilícito con alguno. || 3. Pala con que las lavanderas golpean la ropa. || 4. Pieza de las trébedes, en forma de horquilla, en que se asegura el mango de la sartén. || 5. En algunos juegos, última mano. || 6. CHILE. Último baile o canto en una fiesta o reunión. || *Buena* MOZA. Mujer de gallarda presencia. || *Real* MOZA. Buena moza. || **P.** moça; **I.** maidservant; **F.** servante; **A.** Magd, Mädchen; **It.** serva, domèstica; **R.** служанка.

MOZALBETE. m. d. de mozo. || 2. Mozo de pocos años.

MOZALBILLO. m. d. de mozo. || 2. Mozalbete.

MOZALLÓN, NA. m. y f. Persona moza y robusta.

MOZANCÓN, NA. m. y f. Persona moza, alta y fornida.

★ **MOZANDERO, RA.** (De *mozo*.) adj. PERÚ. Enamoradizo.

MOZÁRABE. (ár. *musta'rab*, arabizado.) adj. Dícese del cristiano que vivió antiguamente entre los moros de España. Ú.t.c.s. || 2. Perteneciente o relativo a los mozárabes. || 3. Aplícase particularmente al rito y misa que usaron los mozárabes. 4. ARQUEOL. Dícese de un estilo artístico, continuación del visigodo con influencias arábigas.

MOZARABÍA. f. Gente mozárabe de una ciudad o región.

MOZARRÓN, NA. m. y f. aum. de mozo, za.

MOZCORRA. f. fam. Ramera.

MOZO, ZA. (Del m. or. que *mocho*.) adj. Joven. Ú.t.c.s. || 2. Soltero, célibe. Ú.t.c.s. || 3. Mocero. || 4. m. Hombre que sirve en las casas o al público en oficios humildes. || 5. Individuo sujeto a servicio militar, desde que se alistad hasta que ingresa en la caja de reclutamiento. || 6. Cuelgacapas. || 7. Gato, felino. || 8. Tentemozo, puntal o arrimo. || 9. AND. Moza, pieza de las trébedes. || 10. GERM. Garabato. || 11. MIN. Sostén sobre que gira la palanca de un fuelle. || **—de cuerda.** El que se pone en los parajes públicos con un cordel al hombro dispuesto a llevar bultos. || **—de escuadra.** Individuo de una milicia catalana contra malhechores. || **—de espuela.** Espolique. || **—de esquina.** Mozo de cordel. || **—de estoques.** El que cuida de las espadas

del matador de toros. || *Buen* MOZO. Hombre de gallarda presencia. || **P.** moço; **I.** youth, lad; **F.** jeune fille, jeune homme; **A.** Knabe, Bursche; **It.** giòvane; **R.** молодой, юный. || 4.ª acep.: **P.** servente; **I.** manservant, waiter, porter; **F.** garçon; **A.** (Haus)Knecht; **It.** garzone, camariere, fattorino; **R.** работник.

★ **MOZÓN, NA.** adj. aum. de mozo. Ú.m.c.s. || 2. PERÚ. Bromista, burlón. Ú.m.c.s.

★ **MOZONADA.** f. fam. ECUAD. Chiquillada.

MOZUELO, LA. m. y f. d. de mozo. || 2. En algunas partes, muchacho.

MU. Onomatopeya con que se representa la voz del toro y de la vaca. || 2. Mugido.

MU. f. Sueño, acto de dormir. Palabra que se usa en frases dirigidas a los niños invitándoles a dormir.

MUARÉ. (fr. *moiré*.) m. Tela fuerte tejida de manera que forma aguas.

MUCAMA. f. AMÉR. Sirvienta, criada.

MUCAMO. m. AMÉR. Servidor, criado.

MÚCARA. f. MAR. Conjunto de bajos que no velan. || 2. MAR. Fondo sucio. 3. CUBA. Piedra que se encuentra a nivel de la superficie de un terreno y amengua el valor de éste.

★ **MUCEPO.** m. HOND. Tristeza, decaimiento de ánimo.

MUCETA. (ital. *mozzetta*, y éste del al. *mütze*, bonete.) f. Esclavina que cubre el pecho y la espalda, y que usan como señal de su dignidad los prelados, doctores, etcétera. || **P.** mozeta; **I.** e **It.** mozzetta; **F.** mosette, mozette; **A.** Mozett; **R.** пелеринка.

MUCILAGINOSO, SA. adj. Que contiene mucílago o presenta alguna de sus propiedades.

MUCILAGO [**MUCÍLAGO**]. (l. *mucílago*.) m. Substancia viscosa más o menos transparente, que se halla en algunas partes de ciertos vegetales, o se prepara disolviendo en agua materias gomosas. || **P.** mucilagem; **I.** y **F.** mucilage; **A.** Pflanzenschleim; **It.** mucillàggine; **R.** слизь.

★ **MUCINA.** f. Albuminoide que se encuentra en las secreciones salivales o mucosas.

★ **MUCO.** (Voz quichua.) m. CHILE y BOL. Maíz mascado que se hace fermentar para fabricar la chicha.

★ **MUCOSA.** f. ANAT. Membrana mucosa.

MUCOSIDAD. (De *mucoso*.) f. Materia glutinosa semejante al moco. || **P.** mucosidade; **I.** mucosity; **F.** mucosité; **A.** Schleim; **It.** mucosità; **R.** слизь.

MUCOSO, SA. (l. *mucōsus*.) adj. Semejante al moco. || 2. Que tiene mucosidad o la produce. || 3. Dícese de la membrana que tapiza cavidades del cuerpo de los animales que comunican con el exterior. Ú.t.c.s. || **P.** e **It.** mucoso; **I.** mucous; **F.** muqueux; **A.** schleimig; **R.** слизистый.

★ **MUCRE.** adj. CHILE. Acre, áspero, agrio.

MUCRONATO, TA. (l. *mucronātus*; de *mucro*, *-ōnis*, punta.) adj. Terminado en punta. || 2. ZOOL. Xifoides.

MÚCURA. (Voz cumanagota.) m. Ánfora de barro usada por los venezolanos para conservar el agua fresca. || 2. fig. COLOM. Persona tonta y bobalicona.

★ **MUCUTO.** m. COLOM. Hucha, alcancía.

★ **MUCUY.** m. MÉJ. Tórtola.

MUCHACHADA. f. Acción propia de muchachos, reprensible en los adultos. || 2. ARGENT. Conjunto o reunión de muchachos.

MUCHACHEAR. intr. Hacer o ejecutar cosas propias de muchachos.

MUCHACHERÍA. f. Muchachada. || 2. Muchedumbre de muchachos que alborotan.

★ **MUCHACHERÍO.** m. REP. DOMIN. Muchachería, 2.ª acep.

MUCHACHEZ. f. Estado y conjunto de propiedades de muchacho.

MUCHACHIL. adj. De muchachos, o propio de ellos.

MUCHACHO, CHA. (De *mochacho*.) m. y f. Niño o niña que mama. || 2. Niño o niña que no ha llegado a la adolescencia. 3. Mozo o moza que sirve de criado. || 4. fam. Persona que se halla en la mocedad. Ú.t.c.adj. || 5. CHILE. Barrilete, instru-

M

mento de hierro que usan los carpinteros y otros artífices. || **6**. CHILE. Medio pie derecho que se coloca en tabiques y entramados. || **7**. CHILE. Cárcel, barra de madera con dos salientes entre los que se comprimen dos o más piezas de madera encoladas para que se peguen. || **8**. CHILE. Pie derecho de cercados de tablas. || **9**. CHILE. Correa que sirve para atar a la caballería. || **10**. CHILE. En las zapaterías, hueco para recibir el tacón del zapato y descalzarse. || **11**. ARGENT. Tentemozo del carro. || **12**. PERÚ. Candelero portátil de los mineros. || **13**. ECUAD. Repisa para colocar el candelero. || **14**. adj. CUBA. Aplícase al negro y a la negra para no ofenderles nombrándoles su color. || **2.ª** acep.: P. rapaz; I. boy, lad; F. gosse, gamin, garçon; A. Junge, Bube; It. fanciullo, ragazzo; R. мальчик, девочка.

MUCHACHUELO, LA. m. y f. d. de muchacho.

MUCHEDUMBRE. (l. *multitūdo, -inis.*) f. Abundancia y multitud de personas o cosas.

* **MUCHETA**. f. ARGENT. Jamba de una puerta o ventana.

MUCHIGUAR. (l. *multĭfĭcāre.*) tr. ant. Amuchiguar.

* **MUCHILA**. f. AMÉR. Mochila.

* **MUCHITANGA**. f. CUBA. Baile popular. || **2**. PERÚ. Muchedumbre de gente grosera.

MUCHO, CHA. (l. *mŭltus.*) adj. Abundante, numeroso, o que excede a lo ordinario. || **2**. adv. Con abundancia, en alto grado, en gran número o cantidad. || **3**. Antepónese a otros adverbios denotando idea de comparación. MUCHO *más*, MUCHO *antes*. || **4**. En estilo familiar hace veces de adverbio de afirmación. || **5**. Con los tiempos del verbo *ser*, o en cláusulas interrogativas, admirativas o exclamativas, precedido de la partícula *que*, y a veces seguido también de la misma, denota idea de dificultad o extrañeza. MUCHO *será que no llueva hoy*. || **6**. Empleado con verbos expresivos de tiempo, denota larga duración. *Tardará* MUCHO *en venir*. || *Ni con* MUCHO. loc. que expresa la gran diferencia que hay de una cosa a otra. || *Ni* MUCHO *menos*. loc. con que se niega una cosa o se encarece su inconveniencia. || **P**. muito; **I**. much; **F**. beaucoup; **A**. viel, zahlreich; **It**. molto; **R**. многочисленный, много.

* **MUCHOTE**. adv. fam. VENEZ. Mucho.

MUDA. f. Acción de mudar una cosa. || **2**. Conjunto de ropa blanca que se muda de una vez. || **3**. Cierto afeite que el rostro. || **4**. Tiempo o acto de mudar las aves sus plumas. || **5**. Acto de mudar periódicamente ciertos animales, la epidermis y echar otra nueva. || **6**. Cámara en que se ponen las aves de caza para que muden sus plumas. || **7**. Nido para las aves de caza. || **8**. Paso de un timbre de voz a otro al entrar en la pubertad. || **4.ª** acep.: P. e It. muda; **I**. mo(u)lt, mo(u)lting-time; **F**. mue; **A**. Mauserzeit, **R**. линяние (птиц).

MUDABLE. (l. *mutabĭlis.*) adj. Que muda con gran facilidad.

MUDADA. f. AND. Mudanza de casa. || **2**. AMÉR. Muda, conjunto de ropa que se muda de una vez.

MUDADIZO, ZA. adj. Mudable, inconstante.

* **MUDAI**. m. CHILE. Chicha de maíz o de cebada.

MUDAMENTE. adv. Callada y silenciosamente.

MUDAMIENTO. (De *mudar*.) m. Mudanza.

MUDANCIA. f. ant. Mudanza. Ú. en Salamanca.

MUDANZA. (De *mudar*.) f. Acción y efecto de mudar o mudarse. || **2**. Traslación que se hace de una casa o de una habitación a otra. || **3**. Cierto número de movimientos que se hacen a compás en los bailes. || **4**. Inconstancia de los afectos o de las opiniones. || **5**. MÚS. Cambio convencional del nombre de las notas en el solfeo antiguo para poder representar el SI cuando aún no tenía nombre. || *Hacer* MUDANZA, o MUDANZAS. fr. fig. Portarse con inconsecuencia; ser inconstante en amores. || **1.ª** y **2.ª** aceps.: **P**. mudança; **I**. change, removal; **F**. changement, déménagement; **A**. Wandlung, Umzug; **It**. mu-

tamento, sgomberamento; **R**. перемена, изменение.

MUDAR. m. BOT. Arbusto de la India, de la familia de las asclepiadáceas, cuya raíz tiene un jugo muy usado por los naturales del país como emético y contraveneno.

MUDAR. (l. *mūtāre.*) tr. Dar o tomar otro ser o naturaleza, otro estado, figura, lugar, etc. || **2**. Dejar una cosa y tomar en su lugar otra. || **3**. Apartar de un sitio o empleo. || **4**. Efectuar las aves la muda de la pluma. || **5**. Soltar periódicamente la epidermis y producir otra nueva. || **6**. Efectuar un muchacho la muda de la voz. || **7**. fig. Variar, cambiar. || **8**. r. Dejar un modo de vida o un afecto por otro. || **9**. Tomar otra ropa, comúnmente la blanca, dejando la que se llevaba. || **10**. Dejar la casa que se habita y pasar a vivir en otra. || **11**. fam. Irse uno del lugar en que estaba. || **12**. fam. Proveer, exhonerar el vientre. || **P**. mudar; **I**. to change; **F**. changer; **A**. auswechseln; **It**. mutare, cangiare; **R**. менять. || **4.ª** y **5.ª** aceps.: **P**. mudar; **I**. to mo(u)lt, to mew; **F**. muer; **A**. wechseln; mausern; **I**. mudare; **R**. линять.

MUDÉJAR. (ár. *mudaýyan*, musulmán a quien se consentía seguir viviendo entre los vencedores cristianos a cambio de un tributo.) adj. Dícese del mahometano que, sin mudar de religión, se quedaba a vivir entre los cristianos. Ú.t.c.s. || **2**. Perteneciente a los mudéjares. || **3**. Dícese del estilo arquitectónico que floreció desde el siglo XIII hasta el XVI, caracterizado por la combinación de elementos románicos y góticos con elementos ornamentales árabes.

* **MUDENCO, CA**. (De *mudo*.) adj. AMÉR. CENTRAL. Tartamudo. || **2**. Tonto, mentecato. Ú.t.c.s.

MUDEZ. (De *mudo*.) f. Imposibilidad física de hablar. || **2**. fig. Silencio deliberado y persistente. || **P**. mudez; **I**. dumbness; **F**. mutisme; **A**. Stummheit; **It**. mutezza; **R**. немота.

MUDO, DA. (l. *mūtus.*) adj. Privado físicamente de la facultad de hablar. Ú.t. c.s. || **2**. Muy silencioso o callado. || **3**. ECUAD. Mudenco, tonto. || **4**. ASTROL. Dícese de los signos Cáncer, Escorpión y Piscis. || *Hacer* una cosa *hablar a los* MUDOS. fr. fig. con que se pondera la eficacia de una especie. || *Quedar* uno MUDO *de asombro*. fr. fig. y fam. que se usa para expresar la gran admiración que ha producido un hecho, un dicho, etc. || **P**. mudo; **I**. mute, dumb; **F**. muet; **A**. stumm; **It**. muto; **R**. немой.

MUÉ. m. Muaré.

MUEBDA. (l. *mŏvĭta*, de *mŏvēre.*) f. ant. Movimiento, impulso.

MUEBLAJE. m. Moblaje.

MUEBLAR. tr. Amueblar.

MUEBLE. (ant. *moeble*, del l. *movĭbile*.) adj. Dícese de los bienes que se pueden trasladar de una parte a otra. Ú.m.c.s. || **2**. m. Cualquiera de los enseres, efectos o alhajas que adornan las casas. || **3**. BLAS. Cada una de las piezas pequeñas que se representan en el escudo. || **4**. P. RICO. Cosa inútil o invendible. || **P**. móvel; **I**. movable, furniture; **F**. meuble; **A**. Möbel; **It**. mòbile; **R**. движимый.

MUEBLERÍA. f. Taller en que se hacen muebles. || **2**. Tienda en que se venden.

MUEBLISTA. com. Persona que hace o vende muebles. Ú.t.c.adj. || **P**. marceneiro; **I**. furniture maker; **F**. tapissier; **A**. Möbelhändler; **It**. mobiliere; **R**. мебельщик.

MUECA. (fr. *moquer*, burlarse, de la onomat. *moc*.) f. Contorsión del rostro, generalmente burlesca. || **P**. esgar; **I**. grimace, grin; **F**. grimace; **A**. Fratze, Grimasse; **It**. smorfia, smusata; **R**. гримаса, ужимка.

MUECÍN. m. Almuecín.

MUELA. (l. *mŏla.*) f. Disco de piedra que se hace girar rápidamente sobre la solera, para moler lo que entre ambas piedras se interpone. || **2**. Piedra en forma de disco, que, haciéndola girar, se usa para afilar cualquier clase de herramientas. || **3**. Cada uno de los dientes posteriores a los caninos. || **4**. Cerro escarpado y con cima plana. || **5**. Cerro artificial. || **6**. BOT. Almorta. || **7**. Cantidad de agua

que basta para hacer girar una rueda de molino. || **8**. Unidad de medida para apreciar la cantidad de agua que llevan las acequias. || **9**. fig. Rueda o corro. || **10**. CUBA. Persona tramposa. || **11**. adj. HOND. Tacaño, mezquino. Ú.t.c.s. || **—cordal** o **del juicio**. Cada una de las que en la edad viril nacen en las extremidades de las mandíbulas del hombre. || *Echar* uno *las* MUELAS. fr. fam. que además de su sentido recto, tiene el fig. de sentir vivo disgusto. || *Haberle salido* a uno *la* MUELA *del juicio*. fr. fig. Ser prudente. || **P**. mó; **I**. millstone; **F**. meule; **A**. Mühle, Mühlstein; **It**. mola; **R**. жорнов, точильный камень. || **3.ª** acep.: **P**. dente molar; **I**. molar; **F**. molaire; **A**. Molar (zahn); **It**. molare; **R**. коренной зуб.

MUELAR. m. Tierra sembrada de muelas o almortas.

* **MUELERO, RA**. (De *muela*.) m. y f. PERÚ. Dentista sin título.

MUELO. (De *muela*.) m. Montón, y especialmente el de forma cónica, que se forma con el grano después de límpio en la era.

MUELLAJE. m. Impuesto que se cobra a toda embarcación que da fondo.

MUELLE. (l. *mŏllis.*) adj. Delicado, suave, blando. || **2**. Voluptuoso. || **3**. m. Pieza elástica, ordinariamente de metal, de la que se utiliza la fuerza que hace para recobrar su posición natural cuando ha sido separada de ella. || **4**. Adorno compuesto de varios relicarios o dijes, que las mujeres distinguidas llevaban pendiente a un lado de la cintura. || **5**. pl. Tenazas grandes que usan en las casas de moneda para agarrar los rieles y tejos durante la fundición. || *Flojo de* MUELLES. loc. fig. y fam. Dícese de la persona o animal que no resiste la necesidad de hacer aguas mayores o menores. || **P**. mole; **I**. soft; **F**. mou; **A**. weich; **It**. molle; **R**. мягкий. || **3.ª** acep.: **P**. mola; **I**. spring; **F**. ressort; **A**. Feder; **It**. molla; **R**. пружина.

MUELLE. (l. *moles*, dique, murallón.) m. Obra construida a la orilla del mar o de un río para facilitar el embarque y desembarque. || **2**. Andén alto en las estaciones de ferrocarril para la carga y descarga de mercancías. || **P**. molhe; **I**. mole, quay; **F**. quai; **A**. Hafendamm; **It**. molo; **R**. пристань.

MUELLEMENTE. adv. Delicada y suavemente.

* **MUENDA**. (De *mondar*.) f. COLOM. Zurra, paliza.

* **MUENGA**. f. CHILE. Molestia.

* **MUEQUEAR**. intr. VENEZ. Hacer muecas o visajes.

MUER. m. Muaré.

MUERA. (l. *mūria*, sal.) f. Sal.

MUÉRDAGO. (l. *mŏrdĭcus*, mordaz.) m. Planta lorantácea, parásita, siempre verde, que vive sobre los troncos y ramas de los árboles. || **P**. agárico; **I**. mistletoe; **F**. gui; **A**. Mistel; **It**. vischio; **R**. омела.

MUERDISORBE (A). m. adv. A muerde y sorbe, mordiendo y sorbiendo.

MUERDO. m. fam. Acción y efecto de morder. || **2**. fam. Bocado.

MUÉRGANO. (De *órgano*.) m. desus. Órgano, instrumento músico. || **2**. COLOM. Objeto inútil, antigualla. || **3**. COLOM. y VENEZ. Persona de mal aspecto. || **4**. COLOM., ECUAD. y VENEZ. Quidam.

MUÉRGANO. (l. *mūricus*, de *murex, -icis*, molusco de la púrpura.) m. desus. Muergo.

MUERGO. (l. *mūricus*, de *murex, -icis*.) m. ZOOL. Navaja, molusco lamelibranquio, común en las costas de España.

MUERMO. (l. *morbus*, enfermedad.) m. VETER. Enfermedad virulenta y contagiosa de las caballerías, caracterizada principalmente por ulceración y flujo de la mucosa nasal e infarto de los ganglios linfáticos próximos. || **2**. CHILE. Género de árboles rosáceos de madera muy apreciada. || **—común**. ant. Paperas. || **P**. mormo; **I**. glanders; **F**. morve; **A**. Rotz; **It**. moccio; **R**. сап, зоб.

MUERMOSO, SA. adj. Dícese de la caballería que tiene muermo.

MUERTE. (l. *mŏrs, mŏrtis.*) f. Cesación o término de la vida. || **2**. Separación del cuerpo y del alma, una de las cuatro postrimerías del hombre. || **3**. Homicidio,

M

asesinato. || **4.** Figura del esqueleto humano como símbolo de la muerte. || **5.** fig. Destrucción, aniquilamiento, ruina. || **—a mano airada.** Muerte violenta. || **—civil.** Pena privativa de derechos, propia de legislaciones antiguas. || **—chiquita.** Estremecimiento nervioso, convulsión instantánea. || **—eterna.** TEOL. La condenación eterna que sufre el que muere en pecado mortal. || **—natural.** La que viene por enfermedad y no por lesión ninguna traumática. || **—senil.** La que viene por pura vejez. || **—violenta.** Asesinato. || *Buena* MUERTE. La contrita y cristiana. || *A* MUERTE. m. adv. Hasta morir uno de los contendientes. || *A* MUERTE *o a vida.* m. adv. con que se denota el peligro de una medicina u operación quirúrgica a que se acude como último remedio. || **2.** fig. Se usa para demostrar el riesgo de cualquier cosa que se ha determinado ejecutar, dudando de su eficacia. || *De mala* MUERTE. loc. fig. y fam. De poca importancia, despreciable. || *De* MUERTE. m. adv. fig. Implacablemente, con ferocidad. Ú. con los verbos *odiar, perseguir,* etc. || *Estar* uno *a la* MUERTE. fr. Hallarse en peligro inminente de morir. || *Hasta la* MUERTE. loc. con que se explica la firme resolución de permanecer constante. || *Luchar* uno *con la* MUERTE. fr. fig. Estar por mucho tiempo en agonía. || *Ser* una cosa *una* MUERTE. fr. fig. y fam. Ser en extremo molesta e insufrible. || *Volver* uno *de la* MUERTE *a la vida.* fr. fig. Restablecerse de una enfermedad gravísima. || **P.** e **It.** morte; **I.** death; **F.** mort, décès, trépas; **A.** Tod, Ableben; **R.** смерть, кончина.

* **MUERTEJO, JA.** adj. ECUAD. Que se finge enfermo para no acudir al trabajo.

* **MUERTERÍA.** f. CUBA y CHILE. Empresa funeraria.

MUERTO, TA. (l. *mŏrtŭus.*) p.p. irreg. de morir. || **2.** fam. Ú. con significación transitiva, como si procediese del verbo *matar. He* MUERTO *un conejo.* || **3.** adj. Que está sin vida. Apl. a per. ú.t.c.s. || **4.** Paralizado, sin movimiento. || **5.** Aplícase al yeso o a la cal apagados con agua. || **6.** Apagado, poco activo o marchito. Dícese de los colores y de los genios. || **7.** m. CHILE. Viga maestra. || **8.** P. RICO. Artículo comercial que no se vende. || *Desenterrar los* MUERTOS. fr. fig. y fam. Murmurar de ellos. || *Echarle* a uno *el* MUERTO. fr. fig. Atribuirle la culpa de una cosa. || *El* MUERTO *al hoyo, y el vivo al bollo.* ref. que indica que, a pesar del sentimiento por la muerte de las personas más amadas, es preciso comer y volver a los afanes de la vida. || **2.** Ú.t. para censurar a los que olvidan demasiado pronto al muerto. || *Estar* uno MUERTO por una persona o cosa. fr. fig. y fam. Amarla o desearla con vehemencia. || *Hacerse* uno *el* MUERTO. fr. fig. Permanecer quieto y silencioso, para pasar inadvertido. || *Levantar un* MUERTO. fr. fig. Cobrar en el juego una puesta que no se ha hecho. || *Más* MUERTO *que vivo.* loc. Casi privado de acción por susto, temor o espanto. Ú. con los verbos *estar, quedarse,* etc. || *Ni* MUERTO *ni vivo.* loc. ponderativa con que se indica que una persona o cosa no parece, por más que se la busca. || 3.ª acep.: **P.** e **It.** morto; **I.** dead; **F.** mort; **A.** tot, gestorben; **R.** мёртвый.

MUESCA. (De *moscar,* y éste del l. *morsicāre,* morder.) f. Concavidad que hay o se hace en una cosa para encajar otra. || **2.** Corte que en forma semicircular se hace como señal al ganado vacuno en la oreja. || **P.** entalhe; **I.** notch; **F.** mortaise; **A.** Einschnitt, Kerbe; **It.** intaccatura; **R.** паз, гнездо.

MUESCAR. tr. SAL. Hacer muescas al ganado vacuno.

MUESO. (l. *mōrsus.*) m. ant. Bocado. || **2.** fig. y fam. Cierto dolor de vientre que durante el puerperio suelen tener las paridas.

MUESO, SA. (l. *morsus,* p.p. de *mordēre,* morder.) adj. Dícese del cordero que nace con las orejas muy pequeñas.

MUESTRA. (De *mostrar.*) f. Rótulo de las tiendas que indica la naturaleza del comercio. || **2.** Pequeña cantidad de una mercancía que se enseña para darla a conocer. || **4.** Ejemplar o modelo que se ha de copiar o imitar. || **5.** fig. Señal, demostración, indicio. || **6.** Parte extrema de una pieza de paño, donde va la marca de la fábrica. || **7.** Porte, ademán, postura. || **8.** Esfera del reloj. || **9.** En algunos juegos de naipes, carta que se enseña para indicar el palo de triunfo. || **10.** Primera señal de fruto en las plantas. || **11.** Paradas que hace el perro para levantar la caza. || **12.** MIL. Revista. || *Hacer* MUESTRA. fr. Manifestar, aparentar. || *Para* MUESTRA *basta un botón.* fr. con que se denota que en prueba de lo que se dice, basta aducir un solo caso de entre los muchos que se podrían citar. || *Por la* MUESTRA *se conoce el paño.* expr. fig. y fam. con que se da a entender que una cosa es indicio por el cual se infiere cómo son las demás de su especie. || **2.** fig. y fam. Dícese de las personas cuando son juzgadas únicamente por alguno de sus actos. || 2.ª acep.: **P.** amostra; **I.** sample, **F.** échantillon; **A.** Muster; **It.** campione; **R.** вывеска.

MUESTRARIO. m. Colección de muestras.

MUÉVEDO. (l. vulg. *movĭtus;* de *movēre,* mover.) m. Feto abortado.

MUFLA. (fr. *moufle,* y éste de la raíz *muf,* soplar.) f. Hornillo semicilíndrico, o en forma de copa que se coloca dentro de un horno para reconcentrar el calor hasta conseguir la fusión de diversos cuerpos. || **P.** mufla; **I.** muffle; **F.** moufle; **A.** Muffel; **It.** muffola; **R.** муфель.

MUFLIR. tr. GERM. Moflir.

MUFTÍ. (ár. *muftī,* que da fetuas, jurisconsulto.) m. Jurisconsulto musulmán con autoridad pública.

MUGA. (vasc. *muga,* mojón.) f. Mojón, término o límite.

MUGA. (De *mugar.*) f. Desove. || **2.** Fecundación de las huevas, en los peces y en los anfibios.

MUGAR. (l. *mūcāre,* de *mūcus,* moco.) intr. Desovar. || **2.** Fecundar las huevas.

MUGIDO. (l. *mugītus.*) m. Voz del toro y de la vaca. || **P.** mugido; **I.** bellowing; **F.** mugissement; **A.** Brüllen, Gebrüll; **It.** muggito; **R.** мычанье.

MUGIDOR, RA. adj. Que muge.

MUGIENTE. p.a. de mugir. Que muge.

MÚGIL. (l. *mugil.*) m. ZOOL. Mujol.

MUGIR. (l. *mugire.*) intr. Dar mugidos la res vacuna. || **2.** fig. Bramar, manifestar con voces violentas la ira, y también hacer ruido estrepitosamente el viento, el mar, etcétera. || **P.** y **F.** mugir; **I.** to bellow; **A.** brüllen; **It.** mugghiare; **R.** мычать.

MUGRE. (der. regres. de *mugriento.*) f. Suciedad grasienta de la lana, vestidos, etc. || **P.** imundicie, sujidade; **I.** dirth, filth; **F.** crasse; **A.** Schmutz, Fellfleck; **It.** grassume, sucidume; **R.** жирная, грязь.

MUGRIENTO, TA. (l. *mūcorentus,* de *mūcor, -ōris.*) ad. Lleno de mugre.

MUGRÓN. (l. *mergus,* mugrón de la vid.) m. Sarmiento que sin cortarlo de la vid, se entierra para que arraigue y produzca nueva planta. || **2.** Vástago de otras plantas. || **P.** merguhlão de videira; **I.** layer; **F.** provin; **A.** Absenker; **It.** barbatella; **R.** черенок.

MUGROSO, SA. (l. *mūcorōsus,* de *mūcor, -ōris,* mugre.) adj. Mugriento.

MUGUETE. (fr. *muguet, muguette,* y éste del l. *muscum,* almizcle.) m. Planta vivaz de la familia de las liliáceas, con sólo dos hojas radicales, elípticas. Abunda en los montes de España.

MUHARRA. f. Moharra.

MUIR. (l. *mulgēre.*) tr. AR. Ordeñar, extraer la leche de la ubre.

MUITO, TA. adj. ant. Mucho.

MUJADA. f. Mojada, medida agraria catalana de unas 49 áreas.

MUJALATA. (ár. *mujālata,* mezcla, asociación.) f. En Marruecos, asociación agrícola, comúnmente constituida por un musulmán con un cristiano o judío.

MUJER. (l. *mulier, -ĕris.*) f. Persona del sexo femenino. || **2.** La que ha llegado a la edad de la pubertad. || **3.** La casada con relación al marido. || **—de digo y hago.** Mujer fuerte y resuelta. || **—de gobierno.** Criada encargada del gobierno económico de la casa. || **—de su casa.** La que es diligente y exacta en el gobierno y disposición de su casa, familia y hacienda. || *Compuesta no hay* MUJER *fea.* ref. que denota que el aseo y compostura encubren la fealdad. || *Con la* MUJER *y el dinero, no te burles, compañero.* ref. que enseña el recato y cuidado que se debe tener con el uno y con la otra. || *La* MUJER *buena, de la casa vacía hace llena.* ref. que ensalza a la buena madre de familia que con orden y economía hace prosperar la casa. || *La* MUJER *compuesta, quita al marido de otra puerta.* ref. que recomienda a la mujer el aseo y compostura moderados. || *La* MUJER *placera dice de todos y todos de ella.* ref. que expresa los vicios y peligros de las mujeres que paran poco en casa. || *La* MUJER *y el vidrio siempre están en peligro.* ref. que pondera el cuidado que la mujer ha de tener de su honestidad y recato. || *La* MUJER *y el vino, sacan al hombre de tino.* ref. que encarece la necesidad de no dejarse dominar por la liviandad ni por la embriaguez. || MUJER, *viento y ventura, pronto se mudan.* ref. que indica la inestabilidad de estas tres cosas. || *Ni* MUJER *de otro, ni coces de potro.* ref. que advierte los peligros de tener trato con mujer ajena. || *Ser* MUJER. fr. Haber llegado una moza a estado de menstruar. || *Tomar* MUJER. fr. Contraer matrimonio con ella. || **P.** mulher; **I.** woman, wife, mate; **F.** femme, épouse; **A.** Frau, Weib, Gattin; **It.** donna, fèmmina, moglie; **R.** женщина, жена.

MUJERCILLA. (d. de *mujer.*) f. Mujer de poca estimación y porte. Dícese de la que se ha echado al mundo.

* **MUJEREAR.** intr. P. RICO y COLOM. Andar frecuentemente en parrandas con mujeres.

* **MUJERENGO.** adj. ARGENT. y AMÉR. CENTRAL. Afeminado. || **2.** ARGENT. Mujeriego.

MUJERERO. adj. AMÉR. Mujeriego, mocero.

MUJERIEGO, GA. adj. Mujeril. || **2.** Dícese del hombre dado a mujeres. || **3.** m. Conjunto de mujeres. || *A la* MUJERIEGA. m. adv. Cabalgando sentado como las mujeres y no a horcajadas.

MUJERIL. adj. Perteneciente o relativo a la mujer. || **2.** Afeminado.

MUJERILMENTE. adv. Afeminadamente.

MUJERÍO. m. Mujeriego, conjunto de mujeres.

MUJERONA. f. aum. de mujer. La que es muy alta y corpulenta, y también la matrona respetable.

MUJERUCA. f. despect. de mujer.

MUJERZUELA. f. d. de mujer. || **2.** Mujercilla.

MÚJOL. (l. *mugil.*) m. ZOOL. Pez teleósteo acantopterigio, con cabeza aplastada por encima, hocico corto, dientes muy pequeños y ojos medio cubiertos por una membrana translúcida y cuerpo casi cilíndrico. Abunda principalmente en el Mediterráneo, y su carne y sus huevas son muy apreciadas.

MULA. (l. *mula.*) f. Hembra del mulo. || **2.** adj. ARGENT. Apócope de mulata. Ú. t.c.s. || **3.** MÉJ. Cojín que usan los cargadores. || **4.** MÉJ. Persona informal. || **5.** ARGENT. Fraude, engaño. || **6.** MÉJ. Maula, mercancía invendible. || **7.** HOND. Vergüenza. || **8.** COLOM. Pipa de hierro con una boquilla de madera. || **9.** C. RICA. Borrachera. || **10.** pl. BOL. Cierto juego de muchachos. || *Echar la* MULA. fr. MÉJ. Regañar, insultar. || *Hacer* uno *la* MULA. fr. fig. y fam. Hacerse el remolón. || *En la* MULA *de San Francisco.* loc. adv. Andando. || *Ni* MULA *con tacha, ni mujer sin raza.* ref. que advierte la ventaja de que la mujer venga de buena madre. || **P.** e **It.** mula; **I.** she-mule; **F.** mule; **A.** Mauleselin; **R.** самка, мула.

MULA. f. Múleo. || **2.** Calzado actual de los papas, parecido el múleo.

MULADA. f. Hato de ganado mular.

MULADAR. (De *muradal.*) m. Lugar o sitio donde se echa el estiércol. || **2.** fig. Lo que ensucia o inficiona material o moralmente. || **P.** muladar; **I.** dunghill; **F.** fumier, tas d'ordures; **A.** Misthaufen; **It.** letamaio; **R.** навозная куча.

MULADÍ. (ár. *muwalladī,* mestizo de árabe y extranjera.) adj. Dícese del cristiano español que durante la dominación árabe en España, vivía entre los mahometanos y abrazaba su religión. Ú.t.c.s.

MULANTE. m. desus. Mozo de mulas.

MULAR. (ár. *mulāris*.) adj. Perteneciente o relativo al mulo o la mula.

MULATA. (De *mulato*.) f. Zool. Crustáceo decápodo, braquiuro, de color pardo obscuro muy común en las costas del Cantábrico. Su cuerpo es casi cuadrado y muy deprimido y las patas anteriores cortas, con pinzas gruesas.

★ MULATA. (De *mulato*.) f. Guat. Cierta flor heliántacea muy hermosa.

MULATEAR. (De *mulato*.) intr. Chile. Ponerse ya morena la fruta que cuando madura es negra. || 2. Cuba. Divertirse con mulatas.

MULATERO. m. El que alquila mulas. 2. Mozo de mulas. || 3. Cuba. Hombre blanco inclinado a las mulatas.

MULATIZAR. intr. Tener el color del mulato.

MULATO, TA. (ár. *muwallad*, mestizo; véase *muladí*.) adj. Aplícase a la persona que ha nacido de negra y blanco, o al contrario. Ú.t.c.s. || 2. De color moreno. || 3. Por ext., moreno en su línea. || 4. m. y f. ant. Muleto, ta. || 5. m. Amér. Mineral de plata de color obscuro o verde cobrizo. || 6. Taurom. Dícese del toro de color mate, feo y pardusco. || P. mulato, I. e It. mulatto; F. mulâtre; A. Mulatte; R. мулатский, мулат.

★ MULECÓN, NA. adj. Cuba. Dícese del muchacho negro que ya ha dejado de ser niño.

★ MULENGO, GA. adj. fam. Cuba. Mulato. Ú.t.c.s.

MÚLEO. (l. *mullĕus calcĕus*.) m. Calzado que usaban los patricios romanos; de color purpúreo, puntiagudo, con la punta vuelta hacia atrás.

MULÉOLO. (l. *mullĕŏlus*.) m. Múleo.

MULEQUE. m. Cuba. Así se llamó al esclavo africano de siete a diez años de edad. || 2. Cuba y R. de la Plata. Muchacho de color.

MULERO. adj. Dícese del caballo aficionado a las mulas. || 2. m. Entre labradores, mozo de mulas. || 3. R. de la Plata. Mular, perteneciente a las mulas. 4. Argent. Embustero, engañador. 5. Argent. Fanfarrón. || 6. Pan. Zurriago.

MULETA. (de *mula*.) f. Palo con un travesaño en un extremo, que sirve para apoyarse al andar los cojos o impedidos. 2. Bastón que lleva pendiente a lo largo un paño o capa encarnada, de que se sirve el torero para engañar al toro, haciéndole bajar la cabeza para matarlo. || 3. fig. Cosa que ayuda en parte a mantener otra. || 4. fig. Porción pequeña de alimento que se toma antes de la comida regular. 5. Mar. Embarcación pequeña, larga y estrecha empleada para la pesca en la costa valenciana. || P. muleta; I. crutch; F. béquille; A. Krücke; It. gruccia; R. костыль.

MULETADA. (De *muleto*.) f. Hato de ganado mular, ordinariamente cerril y poca edad.

★ MULETAZO. m. Taurom. Pase de muleta.

MULETERO. m. Mulatero.

MULETILLA. (De *muleta*.) f. Muleta del torero. || 2. Especie de botón largo, para sujetar la ropa. || 3. Bastón cuyo puño forma travesaño. || 4. fig. Bordón, estribillo. || 5. Travesaño en el extremo de un palo como el de la muleta. || 6. Min. Clavo con cabeza en forma de cruz, que se fija en un hastial para atar las cuerdas precisas en el levantamiento del plano de una mina. || 4.ª acep.: P. estribilho; I. burden, refrain; F. dada, refrain; A. Flickwort, Refrain; It. ritornello; R. припев, рефрен.

MULETILLERO, RA. m. y f. Persona que usa muletillas o bordones en la conversación.

MULETO, TA. m. y f. Mulo pequeño, de poca edad o cerril.

MULETÓN. (fr. *molleton*, y éste del l. *mollis*, muelle.) m. Tela suave y afelpada, usada para prendas de vestir y de abrigo.

MULIER. f. ant. Mujer.

MULILLA. (De *mula*, calzado actual del Papa.) Múleo.

★ MULILLAS. f. pl. Tiro de tres mulas que arrastran fuera de las plazas cada uno de los toros que van siendo lidiados a

medida que son muertos por los toreros.

★ MULISA. f. Perú. Una especie de canción.

★ MULITO. m. Zool. Méj. Guajalote, pavo.

MULO. (l. *mūlus*.) m. Zool. Híbrido resultante del apareamiento del asno con la yegua o del caballo con la burra. || —castellano. El que nace de garañón y yegua. || P. mu, macho; I. mule; F. mulet; A. Maulesel; It. mulo; R. мул.

★ MULÓN, NA. adj. Chile. Dícese del niño que tarda más de lo normal en aprender a hablar. || 2. Chile. Tartamudo.

MULQUÍA. (ár. *mulkiyya*, cosa relativa a la propiedad.) f. En Marruecos, documento autorizado por testigos, que acredita la legítima posesión de un terreno.

★ MULQUITE. m. Guat. Mazorca pequeña de maíz.

MULSO, SA. (l. *mulsus*, p.p. de *mulcēre*, endulzar.) adj. Mezclado con miel o azúcar.

MULTA. (l. *multa*.) f. Pena pecuniaria que se impone por una falta o delito. || P. multa, coima; I. mulct, fine; F. amende, petit ban; A. Strafgeld, Busse; It. multa, pena; R. штраф.

MULTAR. (l. *multāre*.) tr. Imponer a uno pena pecuniaria, por exceso o delito cometido.

MULTI. (l. *multus*, mucho.) Voz que en castellano sólo tiene uso como prefijo para expresar la idea de multiplicidad; como en MULTIforme.

MULTICAULE. (l. *multicaulis*; de *multus*, mucho, y *caulis*, tallo.) adj. Bot. Dícese de la planta que amacolla mucho.

MULTICOLOR. (l. *multicŏlor*, -ōris; de *multus*, mucho, y *color*, color.) adj. De muchos colores.

★ MULTICOPISTA. m. Máquina o aparato con el que pueden obtenerse muchas copias rápidamente de escritos, dibujos, etc.

★ MULTIELECTRÓDICO, CA. (l. *multus*, mucho y *electrodo*.) adj. Electr. Que tiene muchos electrodos.

MULTIFLORO, RA. (l. *multiflōrus*; de *multus*, mucho, y *flor, floris*, flor.) adj. Bot. Que produce o encierra muchas flores.

MULTIFORME. (l. *multiformis*; de *multus*, mucho, y *forma*, figura.) adj. Que tiene muchas o varias formas.

MULTILÁTERO, RA. (l. *multilatĕrus*; de *multus*, mucho y *latus*, -ĕris, lado.) adj. Geom. Aplícase a los polígonos de más de cuatro lados.

MULTIMILLONARIO, RIA. adj. Dícese de la persona cuya fortuna asciende a muchos millones.

MULTÍPARA. (l. *multum*, mucho, y *parĕre*, parir.) adj. Dícese de las hembras que tienen varios hijos de un solo parto. || 2. Obstr. Dícese la mujer que ha tenido más de un parto.

MÚLTIPLE. (l. *multĭplex*.) adj. Vario, de muchas maneras; opuesto a simple. || 2. Que posee varios elementos de la misma clase. || P. multíplice; I. multiple, complex; F. multiple, nombreux; A. vielfältig, mehrfach; It. mùltiplo, vario; R. сложный, разнообразный.

MULTIPLICABLE. (l. *multiplicabĭlis*.) adj. Que se puede multiplicar.

MULTIPLICACIÓN. (l. *multiplicatio*, -ōnis.) f. Acción y efecto de multiplicar o multiplicarse. || 2. Álg. y Arit. Operación de multiplicar. || P. multiplicação; I. y F. multiplication; A. Multiplikation, vervielfältigung; It. moltiplicazione; R. умножение.

MULTIPLICADOR, RA. (l. *multiplicātor*.) adj. Que multiplica. Ú.t.c.s. || 2. Álg. y Arit. Aplícase al factor que indica las veces que el otro, o multiplicando, se ha de tomar como sumando. Ú.m.c.s. || P. multiplicador; I. multiplier; F. multiplicateur; A. Multiplikator; It. moltiplicatore; R. множитель.

MULTIPLICANDO. (l. *multiplicandus*.) adj. Álg. y Arit. Aplícase al factor que ha de ser multiplicado. Ú.m.c.s.

MULTIPLICAR. (l. *multiplicāre*.) tr. Aumentar considerablemente el número de los individuos de una especie. Ú.t.c.r. y muchas veces c. intr. || 2. Álg. y Arit. Hallar el producto de dos factores. || 3. r.

Afanarse, desvelarse. || P. multiplicar; I. to multiply; F. multiplier; A. multiplizieren, vervielfältigen; It. moltiplicare; R. умножать, множить.

MULTIPLICATIVO, VA. adj. Que multiplica o aumenta. || 2. Germ. Múltiplo. Ú.t.c.s.

MULTÍPLICE. (l. *multiplex*, -ĭcis.) adj. Múltiple.

MULTIPLICIDAD. (l. *multiplicĭtas*, -ātis.) f. Calidad de múltiple. || 2. Muchedumbre, abundancia excesiva.

MULTIPLICO. m. ant. Efecto de multiplicar o acrecentarse una cosa.

MÚLTIPLO, PLA. (l. *multĭplus*.) adj. Mat. Dícese del número que contiene a otro varias veces exactamente. Ú.t.c.s. || P. múltiplo; I. y F. multiple; A. Vielfache, Multiplum; It. mùltiplo; R. кратный.

MULTITUD. (l. *multitŭdo*, -ĭnis.) f. Número grande de personas o cosas. || 2. fig. Vulgo, plebe, masa popular. || P. multidão; I. crowd; F. multitude, foule; A. Menschenmenge; It. moltitùdine, folla; R. толпа.

★ MULTITUDINARIO, RIA. adj. Que forma una multitud. || 2. Que es propio o característico de las multitudes.

★ MULULE. m. Bot. Hond. Arbusto cuyas hojas cocidas usan los labriegos para curarse la morriña.

MULLA. f. ant. Acción de mullir o muñir.

MULLICAR. (l. *mollicāre*, de *mollīre*, ablandar.) tr. Sal. Mullir, remover la tierra alrededor de la planta.

MULLIDA. (De *mullir*, esponjar, ahuecar.) f. Montón de juncos, paja, etc., para cama del ganado. Ú.t.c.adj.

MULLIDO, DA. p.p. de mullir. || 2. m. Cosa blanda que se puede mullir y que sirve para rellenar colchones, asientos, etc.

MULLIDOR. (De *mullir*, muñir.) m. ant. Muñidor.

MULLIDOR, RA. adj. Que mulle, ahueca o esponja una cosa. Ú.t.c.s.

MULLIR. (l. *mollīre*, ablandar.) tr. Ahuecar y esponjar una cosa. || 2. Disponer las cosas industriosamente para conseguir un intento. || 3. Agr. Cavar ahuecando la tierra alrededor de las cepas. || P. amollir; I. to fluff, to soften; F. amollir; A. auflockern; It. mollificare; R. размягчать.

MULLIR. tr. ant. Muñir.

MULLO. (l. *mullus*.) m. Zool. Salmonete.

MULLO. m. Amér. Abalorio.

★ MUMUGA. Hond. Desperdicios del tabaco.

MUNA. (ár. *muno*, del m. or. que *mona*.) f. En Marruecos, suministro de víveres que tienen obligación de dar a los enviados del sultán o del gobernador, las ciudades y las tribus del campo.

MUNCHO, CHA. adj. ant. y hoy vulg. Mucho. Ú. en Méjico.

MUNDANAL. adj. Mundano.

MUNDANALIDAD. f. Mundanería, calidad de mundano.

MUNDANAMENTE. adv. De modo mundano.

MUNDANEAR. (De *mundano*.) intr. Atender demasiado a las pompas y placeres de este mundo.

MUNDANERÍA. f. Calidad de mundano. || 2. Acción mundana.

MUNDANO, NA. (l. *mundānus*.) adj. Relativo o perteneciente al mundo. || 2. Dícese de la persona que atiende con exceso a las pompas y placeres de este mundo. || 3. Dícese de la mujer pública o de mala vida. || P. mundano; I. worldly; F. mondain; A. weltlich; It. mondano; R. мирской.

MUNDARIA. f. ant. Mujer mundana. Usáb.t.c.adj.

MUNDIAL. (l. *mundiālis*.) adj. Perteneciente o relativo a todo el mundo.

MUNDICIA. (l. *munditia*.) f. Limpieza.

MUNDIFICACIÓN. f. Acción y efecto de mundificar.

MUNDIFICANTE. (l. *mundifĭcans*, -antis.) p.a. de mundificar. Que mundifica.

MUNDIFICAR. (l. *mundificāre*; de *mundus*, limpio, y *facĕre*, hacer.) tr. Limpiar, purgar, purificar una cosa. Ú.t.c.r.

MUNDIFICATIVO, VA. adj. Aplícase al medicamento que tiene virtud de mundificar.

MUNDILLO. (d. de *mundo*, por la forma.) m. Calentador o enjugador que por arriba remata en arcos de madera. || 2. Almohadilla cilíndrica que usan las mujeres para hacer encaje. || 3. Arbusto caprifoliáceo, muy ramoso, con hojas divididas en tres o cinco lóbulos, flores blancas agrupadas, y fruto en baya carnosa de color rojo y con una sola semilla. || 4. Cada uno de los grupos de flores de este arbusto.

MUNDINOVI. (ital. *mundi nouvi*, mundos nuevos.) m. Mundonuevo.

MUNDO. (l. *mundus*.) m. Conjunto de todas las cosas creadas. || 2. Tierra, el planeta que habitamos. || 3. Totalidad de los hombres; género humano. || 4. Sociedad humana. || 5. Parte de la sociedad humana, caracterizada por alguna cualidad común a todos sus individuos. *El* MUNDO *laboral.* || 6. Vida secular, en contraposición a la monástica. *Apartarse del* MUNDO. || 7. En sentido ascético, uno de los enemigos del alma, que son los placeres, pompas y vanidades terrenas que nos apartan de Dios. || 8. Esfera con que se representa el globo terráqueo. || 9. Baúl mundo. || 10. GERM. Cara, rostro. || 11. BOT. Mundillo, arbusto caprifoliáceo. —**antiguo.** Las tierras conocidas por los antiguos, de Europa, Asia y África. || 2. Sociedad humana durante el período histórico de la Edad Antigua. —**centrado.** BLAS. Esfera rodeada de un círculo máximo horizontal y un semicírculo vertical en la parte superior, con una cruz encima, símbolo de majestad. || —**mayor.** Macrocosmo. || —**menor.** Microcosmo. || *El Nuevo* MUNDO. América. || *El otro* MUNDO. La otra vida que esperamos después de ésta. || *Medio* MUNDO. loc. fig. y fam. Mucha gente. || *Todo el* MUNDO. loc. fig. La generalidad de las personas. *Todo el* MUNDO *lo cree.* || *Un* MUNDO. fig. y fam. Muchedumbre. || *Andar el* MUNDO *al revés.* fr. fig. y fam. Estar las cosas trocadas de como deben ser. || *Desde que el* MUNDO *es* MUNDO. expr. fig. y fam. para explicar continuación en la ejecución de una cosa. || *Echar el* MUNDO *a uno.* fr. Separarle del trato de las gentes. || *Echarse al* MUNDO. fr. fig. Seguir las malas costumbres y placeres. || 2. fig. Prostituirse la mujer. || *En este* MUNDO *cansado, ni hay bien cumplido ni mal acabado.* ref. que advierte la inconstancia y volubilidad de las cosas terrenas. || *Entrar* uno *en el* MUNDO. fr. Presentarse en la sociedad. || *Hundirse el* MUNDO. fr. fig. Ocurrir un cataclismo. || *Irse por el* MUNDO *adelante, o por esos* MUNDOS. fr. con que se denota el despecho por una cosa que obliga a ausentarse inconsideradamente. || *Morir al* MUNDO. fr. Apartarse de él enteramente, renunciando a sus bienes y placeres. || *No ser uno de este* MUNDO. fr. fig. Estar totalmente abstraído de las cosas terrenas. || *Ponerse* uno *el* MUNDO *por montera.* fr. fig. y fam. No tener en cuenta para nada la opinión de los hombres; no hacer caso del qué dirán. || *Rodar* MUNDO, o *por el* MUNDO. fr. fig. y fam. Caminar por muchas tierras sin hacer mansión en ninguna. || *Tener* MUNDO, o *mucho* MUNDO. fr. fam. Saber por experiencia lo bastante para no dejarse llevar de las primeras impresiones. || *Venir* uno *al* MUNDO. fr. Nacer. || *Ver* MUNDO. fr. fig. Viajar por varias tierras y países. || P. mundo; I. world; F. monde; A. Welt, Weltall; It. mondo; R. мир, свет.

* **MUNDOLOGÍA.** f. Experiencia que permite gobernarse en la vida por el conocimiento adquirido del mundo y de los hombres.

MUNDONUEVO. (De *mundo* y *nuevo*, a semejanza de *mundinovi*.) m. Cosmorama portátil o colección de figuras de movimiento, que se lleva por las calles para diversión de la gente. || 2. P. RICO. Dulce de harina de maíz.

MUNICIÓN. (l. *munitio*, *-ōnis*.) f. Pertrechos y bastimentos necesarios en un ejército o en una plaza de guerra. || 2. Granos de plomo con que se cargan las escopetas para caza menor. || 3. Carga de las armas de fuego. || 4. HOND. Uniforme de soldado. —**de boca.** MIL. Víveres y forrajes para el sustento de hombres y caballerías. —**de guerra.** MIL. Todo género de armas ofensivas y defensivas y demás pertrechos. || *De* MUNICIÓN. loc.

Dícese de lo que el Estado suministra por contrata a la tropa. || 2. fig. y fam. Dícese de lo que está hecho de prisa y sin esmero. || P. munição; I. y F. munition; A. Kriegsbedarf, Munition; It. munizione; R. припасы, снаряжение.

MUNICIONAMIENTO. m. Acción de municionar.

MUNICIONAR. tr. Proveer y abastecer de municiones una plaza o a los soldados.

* **MUNICIONERA.** f. COLOM. y CHILE. Perdigonera.

MUNICIONERO, RA. (De *munición*.) m. y f. Proveedor, proveedora.

MUNICIPAL. (l. *municipālis*.) adj. Perteneciente o relativo al municipio. || 2. m. Guardia municipal. || 3. CHILE. Concejal. P., I. y F. municipal; A. munizipal, städtisch; It. municipale; R. муниципальный.

MUNICIPALIDAD. (De *municipal*.) f. Municipio, ayuntamiento.

MUNICIPALIZACIÓN. f. Acción y efecto de municipalizar.

MUNICIPALIZAR. tr. Asignar al municipio un servicio público.

MUNÍCIPE. (l. *municeps*, *-ipis*.) m. Vecino de un municipio.

MUNICIPIO. (l. *municipĭum*.) m. Entre los romanos, ciudad principal y libre que se gobernaba por sus propias leyes y cuyos vecinos podían obtener los derechos de la ciudad de Roma. || 2. Conjunto de habitantes de un mismo término jurisdiccional, regido por un ayuntamiento. || 3. El mismo ayuntamiento. || 4. El término municipal. || P. municipio; I. municipium; F. municipe; A. Gemeinderat; (Stadt) Gemeinde; It. municipio; R. муниципия.

* **MUNIDAD.** f. Estado en que fácilmente se puede recibir una infección.

* **MUNIDO, DA.** (l. *munitus*, p.p. de *munire*, fortificar.) adj. AMÉR. Defendido, fortificado.

MUNIFICENCIA. (l. *munificentĭa*.) f. Generosidad espléndida. || 2. Largueza, liberalidad del rey o de un magnate. || P. munificência; I. y F. munificence; A. Freigebigkeit; It. munificenza; R. щедрость.

MUNIFICENTÍSIMO, MA. (l. *munificentissĭmus*.) adj. sup. de munífico.

MUNÍFICO, CA. (l. *munifĭcus*.) adj. Que ejerce la liberalidad con esplendidez. || P. munífico; I. munificent; F. munifique; A. freigebig; It. munifico; R. щедрый, великодушный.

MUNITORIA. (l. *munitum*, supino de *munire*, fortalecer, defender.) f. Arte de fortificar y defender una plaza.

* **MUNUNEQUE.** m. fam. MÉJ. Halago, caricia.

MUNÚSCULO. (l. *munuscŭlum*.) m. Regalo insignificante.

MUÑECA. f. Parte del cuerpo humano, en donde se articula la mano con el antebrazo. || 2. Figurilla de mujer que sirve de juguete a las niñas. || 3. Maniquí para vestidos de mujer. || 4. Pieza pequeña de trapo en que se envuelve algún ingrediente para que no se mezcle con el líquido en que se cuece o empapa. || 5. Lío de trapo, redondeado, que se embebe de un líquido para barnizar, para refrescar la boca de un enfermo, etc. || 6. Hito, mojón. || 7. fig. y fam. Mozuela frívola y presumida, si se toma en mala parte, y niña o mujer linda y delicada, si se toma en buena parte. || 8. ARGENT. Parte de las manos de un cuadrúpedo angulado comprendida entre el casco y la canilla. || 9. R. DE LA PLATA. Mazorca de maíz cuando empieza a sazonarse. || *Menear* uno *las* MUÑECAS. fr. fig. y fam. Trabajar mucho y con viveza en una obra. || *Tener* MUÑECA. fr. fig. y fam. ARGENT. Tener influencia o ser muy hábil. || P. munheca; I. wrist; F. poignet; A. Handgelenk; It. polso; R. запястье. || 2.ᵃ acep.: P. boneca; I. doll; F. poupée; A. Puppe; It. bàmbola; R. кукла.

MUÑECO. (De *muñeca*.) m. Figurilla de hombre hecha de pasta, madera, trapos, etc. || 2. fig. y fam. Mozuelo afeminado e insubstancial. || *Tener* MUÑECOS *en la cabeza.* fr. fig. Abrigar pretensiones superiores al propio valer. || 2. Forjarse ilusiones desmedidas atribuyéndoles valor de realidades. || P. boneco; I. puppet; F. marionnette; A. Marionette; It. burattino; R. кукла.

MUÑEIRA. (gall. *muiñeira*, molinera.) f. Baile popular de Galicia. || 2. Son con que se baila.

MUÑEQUEAR. intr. ESGR. Jugar las muñecas meneando las manos a una y otra parte. || 2. CHILE. Empezar a echar la muñequilla el maíz y otras plantas semejantes. || 3. URUG. Asir a uno con fuerza de la muñeca para obligarle a soltar algo que tiene en la mano. || 4. ARGENT. Porfiar. || 5. AMÉR. Poner uno en juego su influencia. || 6. COLOM. y URUG. Darse maña.

MUÑEQUERA. (De *muñeca*.) f. ant. Manilla, pulsera. || 2. Manilla, frecuentemente de cuero, en la cual se lleva sujeto un reloj.

MUÑEQUERÍA. (De *muñeca*.) f. fam. Exceso o demasía en los adornos y vestidos afeminados. || 2. ARGENT. Tienda de muñecas. || 3. Gran cantidad de éstas.

MUÑEQUILLA. f. d. de muñeca. || 2. CHILE. Mazorca tierna del maíz y plantas semejantes, cuando empieza a formarse. || 3. CHILE. Muñeca, bolsita o lío de trapo que encierra algún ingrediente.

MUÑIDOR. (De *muñir*.) m. Criado de cofradía, que avisa a los hermanos los actos o ejercicios a los que deben concurrir. || 2. Persona que gestiona activamente para concertar tratos o fraguar intrigas, etcétera.

MUÑIR. (l. *monēre*, amonestar, avisar.) tr. Llamar o convocar a las juntas o a otra cosa. || 2. Concertar, disponer, manejar.

* **MUÑO.** m. CHILE. Harina de trigo y maíz tostado que se lleva como provisión de alimento en los viajes largos.

MUÑÓN. (fr. *moignon*.) m. Parte de un miembro cortado que permanece adherida al cuerpo. || 2. El músculo deltoides y la región del hombro limitada por él. || 3. ART. Cada una de las dos piezas cilíndricas que sirven para sostener el cañón en la cureña, permitiéndole girar en un plano vertical a fin de arreglar la puntería. || P. coto; I. stump; F. moignon; A. Stumpf; It. moncone, monchino; R. обрубок.

MUÑONERA. f. ART. Rebajo semicircular que tiene cada una de las gualderas de la cureña, para alojar el muñón de la pieza de artillería.

MUQUICIÓN. (De *muquir*.) f. GERM. Comida.

MUQUIR. (De *comer*.) r. GERM. Comer.

MUR. (l. *mus*, *mūris*.) m. ant. Ratón, mamífero roedor.

MURA. f. Aféresis de amura.

MURADAL. (l. *mūrātāle*, de *mūrātus*.) m. Muladar.

MURADOR, RA. (l. *mus*, *mūris*, el ratón.) adj. ant. Decíase del gato diestro en cazar ratones.

MURAJES. (fr. *mouron*; en cat. *morrons*.) m. pl. Hierba de la familia de las primuláceas, con tallos tumbados, hojas opuestas, aovadas y sentadas; flores pedunculadas, axilares, solitarias, de corolas rojas en una variedad y azules en otra, y fruto capsular con muchas semillas.

MURAL. (l. *murālis*.) adj. Perteneciente o relativo al muro. || 2. Aplícase a las cosas que, extendidas, ocupan una parte de pared o muro. *Cartel* MURAL. || 3. Dícese de la corona cuyo remate está figurado por torres almenadas.

MURALLA. (l. *muralia*, pl. n. de *murālis*, mural.) f. Muro que rodea una plaza fuerte o protege un territorio. || 2. MÉJ. Casa de vecindad que tiene sólo una puerta a la calle. || 3. ZOOL. Lámina espesa que limita la parte central de un pólipero. || P. muralha; I. wall, rampart; F. muraille, rempart; A. (Stadt)Ring, -Stadtmaner, Festungswall; It. muraglia, cerchia; R. городская стена.

MURALLÓN. m. aum. de muralla. || 2. Muro robusto.

MURAR. (l. *murāre*.) tr. Cercar y guarnecer con muro una ciudad, fortaleza, etcétera.

MURAR. tr. Cazar el gato a los ratones. || 2. AST., LEÓN y PAL. Acechar el gato al ratón.

MURCEGUILLO. (d. del dialect. *murciego*, del l. *mus*, *mūris*, y *caecus*, ratón ciego.) m. Murciélago.

MURCEO. m. GERM. Tocino.

M

MURCIANO, NA. adj. Natural de Murcia. Ú.t.c.s. ‖ **2.** Perteneciente a esta ciudad y antiguo reino.

MURCIAR. (De *murcio*.) tr. Hurtar, robar.

MURCIÉGALO. (l. *mus*, *mŭris*, ratón, y *caecŭlus*, cieguecito.) m. Murciélago.

MURCIÉLAGO. (De *murciégalo*.) m. ZOOL. Quiróptero insectívoro que tiene los dedos de las manos muy largos y unidos por una membrana que le permite volar. Se alimenta de insectos. Es nocturno y pasa el día colgado cabeza abajo. ‖ **2.** CUBA. Cierto pez. ‖ **P.** morcego; **I.** bat, flittermouse; **F.** chauvesouris; **A.** Fledermaus; **It.** pipistrello; **R.** летучая мышь.

MURCIELAGUINA. f. Estiércol de los murciélagos. Es uno de los abonos más apreciados.

MURCIGALLERO. (De *murciégalo*.) m. GERM. Ladrón que hurta a prima noche.

MURCIGLERO. (De *murciégalo*.) m. GERM. Ladrón que hurta a los que están durmiendo.

MURCIO. (De *murciégalo*.) m. GERM. Ladrón.

MURECILLO. (l. *muricĕllus*, de *mus*, *mŭris*, ratón.) m. ZOOL. Músculo, parte fibrosa del cuerpo.

MURENA. (l. *muraena*, y éste del gr. μύραινα.) f. Morena, pez fisóstomo, comestible, de cuerpo casi cilíndrico.

MUREÑO. (vasc. *muru*, montón.) m. AR. Majano.

MURETE. m. d. de muro.

MURGA. (l. *amurca*.) f. Alpechín.

MURGA. f. fam. Compañía de músicos malos, que a pretexto de ciertas festividades, toca a las puertas de las casas acomodadas, con la esperanza de recibir algún obsequio o propina.

MURGÓN. m. Esguín.

MURGUISTA. m. Músico que forma parte de una murga.

MURIA. (vasc. *muru*, montón.) m. LEÓN. Montones de cantos; especie de majanos.

MURIACITA. (Del m. or. que *muriato*.) f. Anhidrita.

MURIÁTICO, CA. (De *muriato*.) adj. Quím. Clorhídrico.

MURIATO. (l. *muria*, salmuera.) m. Quím. Colhidrato.

MÚRICE. (l. *murex*, *-ĭcis*.) m. ZOOL. Molusco gasterópodo marino con pie oprimido. Segrega, como la púrpura, un licor muy usado en tintorería por los antiguos. ‖ poét. Color de púrpura.

MÚRIDO. (l. *mus*, *mŭris*, ratón.) adj. ZOOL. Dícese de mamíferos roedores, que tienen los incisivos inferiores agudos y tres o cuatro molares tuberculosos, el hocico largo y puntiagudo y la cola larga y escamosa. Ú.t.c.s.m. ‖ **2.** m. pl. ZOOL. Familia de estos roedores.

MURMUJEAR. intr. fig. y fam. Murmurar o hablar quedo. Ú.t.c.tr.

MURMULLAR. (De *murmullo*.) intr. Murmurar.

MURMULLO. (De *murmurio*.) m. Ruido confuso que se hace hablando. ‖ **2.** Murmurio. ‖ **P.** murmúrio; **I.** whisper, murmur; **F.** murmure; **A.** Gesäusel, Gemurmel; **It.** mormorio; **R.** журчанье.

MURMURACIÓN. (l. *murmuratĭo, -ōnis*.) f. Conversación en perjuicio de un ausente. ‖ **P.** murmuração; **I.** evil-speaking; **F.** médisance; **A.** üble Nachrede; **It.** mormorazione; **R.** злословие, пересуды.

MURMURADOR, RA. (l. *murmurātor*.) adj. Que murmura. Ú.t.c.s.

MURMURANTE. p.a. de murmurar. que murmura.

MURMURAR. (l. *murmurāre*.) intr. Hacer ruido blando y apacible la corriente de las aguas, el viento, las hojas de los árboles, etc. ‖ **2.** Hablar entre dientes, manifestando queja o disgusto. Ú.t.c.tr. ‖ **3.** fig. y fam. Conversar en perjuicio de un ausente, censurando su conducta. Ú.c. tr. ‖ **P.** murmurar; **I.** to murmur; **F.** murmurer; **A.** murren, murmeln, wispeln; **It.** mormorare; **R.** рокотать, журчать.

MURMUREAR. intr. ant. Murmurar.

MURMUREO. (De *murmurear*.) m. Murmurio continuado.

MURMURIO. (l. *murmur*.) m. Acción y efecto de murmurar.

★ **MURMURÓN, NA.** adj. CHILE y ECUAD. Murmurador. Ú.t.c.s.

MURO. (l. *murus*.) m. Pared o tapia. ‖ **2.** Muralla. ‖ **3.** GERM. Broquel o escudo. ‖ **—supersónico.** FÍS. Gran resistencia que el aire opone al avance de un cuerpo dotado de movimiento cuando su velocidad es superior a la del sonido. ‖ **P.** e **It.** muro; **I.** wall; **F.** mur; **A.** Mauer, Wand; **R.** стена.

★ **MURQUE.** (Voz araucana.) m. CHILE. Harina tostada.

MURRA. f. Zarzamora y su fruto. Ú. en algunas partes de Chile.

MURRIA. (De *murrio*.) f. fam. Especie de tristeza, melancolía y abatimiento. ‖ **P.** melancolia, tristeza; **I.** surliness; **F.** tristesse, spleen; **A.** Trübsinn, Missmut; **It.** tristezza, malinconia; **R.** грусть, меланхолия.

MURRIA. (l. *muria*, salmuera.) f. Medicamento muy astringente, compuesto de ajos, vinagre y sal, de que se usó como antipútrido.

MÚRRINO, NA. (l. *murrhĭnus*.) adj. Aplícase a una especie de copa, taza o vaso muy estimado en la antigüedad, y cuya materia aún no es bien conocida.

★ **MURRIÑA.** f. HOND. Morriña. ‖ **2.** ARGENT. Suciedad, roña. ‖ **3.** Conjunto de prendas sucias.

MURRIO, RRIA. adj. Que tiene murria o tristeza.

★ **MURRUNDANGA.** f. C. RICA. Enredo, embrollo.

★ **MURRUÑOSO, SA.** adj. CUBA. Diminuto.

MURTA. (l. *mŭrta*.) f. BOT. Arrayán. ‖ **2.** Murtón. ‖ **3.** GERM. Aceituna.

MURTAL. m. Sitio poblado de murtas.

MURTILLA. (d. de *murta*.) f. Arbusto chileno mirtáceo, con las ramas opuestas, las hojas pequeñas, ovaladas, lustrosas y duras, las flores blancas y por fruto una baya roja, de olor agradable e intenso y sabor grato. ‖ **2.** Fruto de este arbusto. ‖ **3.** Licor fermentado que se hace con este fruto.

MURTINA. f. Murtilla.

MURTÓN. (De *murta*.) m. Fruto del arrayán.

MURUCUYÁ. (guar. *mburucuñá*.) f. BOT. Granadilla o pasionaria.

MURUECO. m. Morueco. ‖ **2.** ant. Ariete, antigua máquina de guerra.

★ **MURUMACA.** f. CUBA. Gesticulación burlesca.

★ **MURUSA.** f. VENEZ. Guedeja enmarañada de cabello.

MURVIEDRÉS, SA. adj. Natural de Murviedro. Ú.t.c.s. ‖ **2.** Perteneciente a esta ciudad.

MUS. (Voz vasca.) m. Cierto juego de naipes y de envite. ‖ *No hay* MUS. fr. con que se niega lo que se pide.

MUS. Voz usada en la loc. adv. fig. y fam. *Sin decir tus ni* MUS, que significa sin chistar, sin decir palabra.

MUSA. (l. *musa*, y éste del gr. μοῦσα.) f. Cada una de las deidades que, según la fábula, protegían las ciencias y las artes liberales, especialmente la poesía. ‖ **2.** fig. Numen o inspiración del poeta. ‖ **3.** fig. Ingenio poético propio de cada poeta. *La* MUSA *de Cervantes*. ‖ **4.** fig. Poesía. ‖ **5.** pl. fig. Ciencias y artes liberales, especialmente humanidades o poesía. ‖ *Entender la* MUSA *a uno*. fr. fig. Conocer su intención o malicia. ‖ *Soplarle a uno la* MUSA. fr. fig. y fam. Estar inspirado. ‖ **2.** fig. y fam. Tener buena suerte en el juego. ‖ **P.** e **It.** musa; **I.** y **F.** muse; **A.** Muse; **R.** муза.

MUSÁCEO, A. (De *Musa*, célebre médico de Augusto, a quien se han dedicado estas plantas.) adj. BOT. Dícese de hierbas angiospermas monocotiledóneas, perennes; hojas alternas, simples y enteras; flores irregulares con pedúnculos axilares o radicales y por frutos bayas o drupas con semillas amiláceas o carnosas; como el banano. Ú.t.c.s.f. ‖ **2.** f. pl. BOT. Familia de estas plantas.

MUSAICO, CA. adj. desus. Mosaico, traceado de piedras o vidrios.

MUSAR. (ital. *musare*, estar ocioso.) intr. ant. Esperar, aguardar.

MUSARAÑA. (l. *musaranĕus*.) f. ZOOL. Musgaño. ‖ **2.** Por ext., cualquier insecto o animal pequeño. ‖ **3.** fig. y fam. Figura

---

contrahecha o fingida de una persona. ‖ **4.** fig. y fam. Nubecilla que se suele poner delante de los ojos. ‖ **5.** CUBA y REP. DOMIN. Murumaca. ‖ **—de agua.** ZOOL. Mamífero de la familia de los soricidos. ‖ *Mirar uno a las* MUSARAÑAS. fr. fig. y fam. Mirar a otra parte que a la que debe, por distraído. ‖ *Pensar uno en las* MUSARAÑAS. fr. fig. y fam. No atender a lo que se hace o se dice. ‖ **P.** musaranho; **I.** shrewmouse; **F.** musaraigne; **A.** (Wand)Spitzmaus; **It.** muserágnolo; **R.** зверёк, насекомое.

MUSCARIA. (l. *muscaria* sobreentendiéndose *avis*.) f. ZOOL. Moscareta.

° **MUSCARINA.** f. Alcaloide muy venenoso que contienen ciertas setas y el pescado putrefacto.

MUSCÍCAPA. (l. *musca*, mosca, y *capĕre*, coger.) f. ZOOL. Moscareta.

★ **MÚSCIDOS.** m. pl. Familia de insectos dípteros, entre los cuales se encuentra como más característica la mosca común.

★ **MUSCÍNEAS.** f. pl. Tipo de plantas criptógamas, llamadas también briofitas que forman un grupo que puede considerarse intermedio entre las pteridofitas y las talofitas.

MUSCO. m. Musgo, planta briofita.

MUSCO, CA. (persa *musk*, l. *muscus*, y éste del ár. *misk*, almizcle.) adj. De color pardo obscuro.

MUSCULAR. adj. Perteneciente a los músculos. ‖ **P.** muscular; **I.** muscular; **F.** musculaire; **A.** Muskel (en comp.); **It.** muscolare; **R.** мышечный.

MUSCULATURA. f. Conjunto y disposición de los músculos.

MÚSCULO. (l. *muscŭlus*.) m. ZOOL. Cualquiera de los órganos carnosos formados por haces de fibras contráctiles y que son los órganos activos de la locomoción en el hombre y en los animales. ‖ **2.** ZOOL. Rorcual. ‖ **—abductor.** ZOOL. El capaz de ejecutar una abducción. ‖ **—aductor.** ZOOL. El capaz de ejecutar una aducción. ‖ **—complexo.** ZOOL. Uno de los principales para el movimiento de la cabeza. ‖ **—del sastre.** ANAT. Músculo sartorio. ‖ **—estriado.** El que está formado por fibras musculares estriadas. ‖ **—gemelo.** ZOOL. Cada uno de los dos que concurren al movimiento de la pierna. Ú.m. en pl. ‖ **—glúteo.** ZOOL. Cada uno de los tres que forman la nalga. ‖ **—liso.** El que está formado por fibras musculares lisas. ‖ **—lumbrical.** ANAT. Cada uno de los cuatro de forma de lombriz, que sirven para el movimiento de todos sus dedos menos el del pulgar. ‖ **—sartorio.** ANAT. Uno de los del muslo. ‖ **—serrato.** ZOOL. El que tiene dientes a modo de sierra. ‖ **—subcapsular.** ZOOL. El que está debajo de la escápula y aprieta el brazo contra las costillas. ‖ **P.** músculo; **I.** y **F.** muscle; **A.** Muskel; **It.** mùscolo; **R.** мускул, мышца.

MUSCULOSO, SA. (l. *musculōsus*.) adj. Aplícase a la parte del cuerpo que tiene músculos. ‖ **2.** Que tiene los músculos muy abultados. ‖ **P.** musculoso; **I.** musculous; **F.** musculeux; **A.** muskulös, kräftig; **It.** muscoloso; **R.** мускулистый.

MUSELINA. (fr. *mousseline*, y éste de *Mosul*, ciudad de Mesopotamia.) f. Tela fina y poco tupida. ‖ **P.** musselina; **I.** muslin; **F.** mousseline; **A.** Musselin; **It.** mussolina; **R.** муслин.

MUSEO. (l. *museum*, y éste del gr. μουσεῖον.) m. Edificio destinado para el estudio de las ciencias, letras humanas y artes liberales. ‖ **2.** Lugar donde se guardan objetos notables pertenecientes a las ciencias y a las artes. ‖ **P.** museu; **I.** museum; **F.** musée; **A.** Museum; **It.** museo; **R.** музей.

MUSEOGRAFÍA. (gr. μουσεῖον, museo, y γράφω, escribir.) f. Estudio de la construcción, organización, instalación e historia de los museos.

MUSEQUÍ. (fr. *musequin*.) m. ant. Espaldar, parte de la coraza que resguarda la espalda.

MUSEROLA. (fr. *muserolle*.) f. Correa de la brida que da vuelta al hocico del caballo por encima de la nariz.

MUSGAÑO. (De *musgo*.) m. Pequeño mamífero insectívoro, semejante a un ratón, de hocico largo y puntiagudo.

M

MUSGO. (l. *muscus*.) m. Cada una de las plantas briofitas, con hojas bien desarrolladas y provistas de pelos rizoides, que tienen un tallo parenquimatoso. Crecen abundantemente en lugares sombríos sobre las piedras, cortezas de árboles, el suelo y aun dentro del agua. || 2. Conjunto de estas plantas que cubren una determinada superficie. *Pared cubierta de* MUSGO. || 3. pl. BOT. Clase de estas plantas. || —**marino**. Coralina. || **P.** musgo; **I.** moss; **F.** mousse; **A.** Moos; **It.** musco, muschio; **R.** MOX.

MUSGO, GA. adj. Musco, de color pardo obscuro.

MUSGOSO, SA. (l. *muscōsus*.) adj. Perteneciente o relativo al musgo. || 2. Cubierto de esta planta.

MÚSICA. (l. *musica*, de *musa*, musa.) f. Melodía y armonía, y las dos combinadas. || 2. Sucesión de sonidos modulados para recrear el oído. || 3. Concierto de instrumentos o voces, o de ambas cosas a la vez. || 4. Arte de combinar los sonidos de la voz humana o de los instrumentos, o de unos y otros juntamente, de suerte que despierte en el ánimo determinado sentimientos. || 5. Compañía de músicos que tocan o cantan juntos. || 6. Composición musical. || 7. Colección de papeles en que están escritas las composiciones musicales. || 8. Por antífrasis, ruido desagradable. || 9. fig. Música celestial. || —**brava**. P. RICO y COLOM. Música ratonera. || —**celestial**. fig. y fam. Palabras elegantes y promesas vanas. || —**coreada**. La compuesta para cantar a coro. || —**de cámara**. La destinada a ser ejecutada por una sola persona o por un conjunto que no supere el doble quinteto. || —**electrónica**. La producida por medios electrónicos. || —**instrumental**. La compuesta sólo para instrumentos. || —**llana**. Canto llano. || —**mensurable**. Canto mensurable. || —**papayera**. COLOM. Música ratonera. || —**ratonera**. fig. y fam. La mala o compuesta de malas voces o instrumentos. || —**rítmica**. La de instrumentos de cuerda. || —**vocal** o **armónica**. La compuesta para voces solas o acompañadas de instrumentos. || —**y acompañamiento**. loc. fig. y fam. Gente de menor calidad en un concurso, a distinción de la principal. || *Con buena* MÚSICA *se viene*. expr. fig. y fam. con que se nota al que pide una impertinencia. || *Con la* MÚSICA *a otra parte*. expr. fig. y fam. con que se despide al que viene a incomodar. || *Dar* MÚSICA *a un sordo*. fr. fig. y fam. Trabajar en vano para persuadir a uno. || *Ir la* MÚSICA *por dentro*. fr. fig. y fam. Andar o ir por dentro la procesión. || *No entender una* LA MÚSICA. fr. fig. y fam. Hacerle el desentendido de lo que no le conviene oír. || *Para* MÚSICA *vamos, dijo la zorra*. ref. con que se nota al que, con pretexto de diversión, embaraza al que está ocupado en asunto serio. || **P.** música; **I.** music; **F.** musique; **A.** Musik; **It.** música; **R.** музыка.

MUSICAL. adj. Perteneciente o relativo a la música.

MUSICALIDAD. f. Calidad o carácter musical.

MUSICALMENTE. adv. Conforme a las reglas de la música.

★ **MUSICANGA**. f. CUBA. Música ratonera.

★ **MUSICANTE**. m. Músico instrumentista.

MUSICASTRO. m. despect. de músico.

MÚSICO, CA. (l. *musicus*, y éste del gr. μουσικός.) adj. Perteneciente o relativo a la música. || 2. m. y f. Persona que ejerce, profesa o sabe el arte de la música. || 3. COLOM. Persona que se embriaga con frecuencia. || 4. MÉJ. Persona hipócrita, falsa. || 5. m. AMÉR. CENTRAL. Mal jinete. || **P.**, **I.** y **F.** musical; **A.** musikalisch; **It.** musicale; **R.** музыкальный. || 2.ª acep.: **P.** músico; **I.** musician; **F.** musicien; **A.** Musiker; **It.** músico; **R.** музыкант.

MUSICÓGRAFO, FA. (gr. μουσικός, música, y γράφω, escribir.) m. y f. Persona que se dedica a escribir obras sobre la música.

MUSICOLOGÍA. f. Estudio científico de la teoría y de la historia de la música.

MUSICÓLOGO, GA. m. y f. Persona versada en la musicología.

MUSICOMANÍA. f. Melomanía, pasión exagerada por la música.

MUSICÓMANO, NA. m. y f. Melómano, que padece musicomanía.

★ **MUSICOTERAPIA**. f. Tratamiento de algunas enfermedades nerviosas por medio de la música.

MUSIQUERO. m. Mueble para colocar en él partituras y libros de música. || 2. CHILE y ANT. Fastidioso, pesado, latoso. || 3. m. y f. URUG. Murguista.

MUSIRSE. (l. *mucēre*.) r. ÁL. Enmohecerse, ajarse.

MUSITAR. (l. *mussitāre*.) intr. Susurrar o hablar entre dientes. || **P.** mussitar; **I.** to mumble, to mutter; **F.** marmotter; **A.** murmeln, zischeln; **It.** mussitare; **R.** бормотать, шептать.

★ **MUSIVARIA**. f. Ciencia que trata de los mosaicos.

MUSIVO. (l. *musīvus*, mosaico.) adj. usado en la denominación *oro* MUSIVO, con que se designa el bisulfuro de estaño, de color de oro, que se emplea en pintura y para otros usos. || 2. De mosaico. || 3. Dispuesto en forma de mosaico.

MUSLIME. (ár. *muslim*, que se entrega a Dios, que profesa el Islam.) adj. Musulmán. Apl. a pers. ú.t.c.s.

MUSLÍMICO, CA. adj. Perteneciente a los muslimes.

MUSLO. (l. *músculus*.) m. Parte de la pierna desde las junturas de las caderas hasta la rodilla. || **P.** coxa; **I.** thigh; **F.** cuisse; **A.** (Ober)Schenkel, Dickbein; **It.** coscio; **R.** ляжка.

MUSMÓN. (l. *musmo*, -ōnis.) m. ZOOL. Especie de carnero salvaje de Córcega y Cerdeña que suele ser considerado como el antecesor del carnero doméstico.

MUSQUEROLA. adj. Mosquerola. Ú.t.c.s.

MUSTACO. (De *mosto*.) m. Bollo o torta de harina amasada con mosto, manteca, etc.

★ **MUSTANGO**. m. MÉJ. Caballo salvaje.

¡**MUSTE!** interj. ¡Uste!

MUSTELA. (l. *mustēla*.) f. ant. ZOOL. Comadreja, mamífero carnicero nocturno muy perjudicial a la cría de las aves. || 2. ZOOL. Tiburón muy parecido al cazón, de poco más de un metro de largo. Su carne es comestible y su piel se utiliza como lija.

MUSTIAMENTE. adv. Tristemente, con melancolía.

MUSTIARSE. r. Marchitarse.

MUSTIO, TIA. (l. *mustĭdus*, por *músteus*.) adj. Melancólico, triste. || 2. Lánguido, marchito. Dícese especialmente de las plantas y flores. || 3. MÉJ. Hipócrita, falso. || **P.** murcho; **I.** sad, withered; **F.** fané, morne; **A.** traurig, düster; **It.** mesto, afato; **R.** печальный, вялый.

★ **MUSUCO, CA**. adj. HOND. De pelo rizado y crespo.

MUSULMÁN. (turco y persa *muslimān*, y éste del ár. *muslin*, que profesa el Islam.) adj. Mahometano. Apl. a pers. ú.t.c.s. || **P.** muçulmano; **I.** Mussulman, Moslem; **F.** musulman; **A.** Moslem; **It.** musulmano; **R.** мусульманский.

MUTA. (fr. *meute*.) f. Jauría, grupo de perros de caza.

MUTABILIDAD. (l. *mutabilĭtas*, -ātis.) f. Calidad de mudable. || **P.** mutabilidade; **I.** mutableness; **F.** mutabilité; **A.** Veränderlichkeit; **It.** mutabilità; **R.** переменчивость.

MUTABLE. (l. *mūtabĭlis*.) adj. ant. Mudable.

MUTACIÓN. (l. *mutatĭo*, -ōnis.) f. Mudanza, acción de mudar. || 2. Cambio de la decoración escénica. || 3. Destemple de la estación en determinado tiempo del año. || 4. BIOL. Cualquiera de los cambios que aparecen bruscamente en el fenotipo de un ser vivo y que se transmiten por herencia a los descendientes.

★ **MUTACIONISMO**. m. Teoría biológica según la cual las especies vivientes derivan unas de otras por mutación.

MUTANZA. (l. *mutāre*.) f. ant. Mudanza.

MUTATIS MUTANDIS. loc. l. Cambiando lo que se debe cambiar.

MUTILACIÓN. (l. *mutilatĭo*, -ōnis.) f. Acción y efecto de mutilar o mutilarse. || **P.** mutilação; **I.** y **F.** mutilation; **A.** Verstümmelung; **It.** mutilazione; **R.** калечение.

MUTILADO, DA. p.p. de mutilar. || 2. adj. Que ha sufrido mutilación. Ú.t.c.s.

MUTILADOR, RA. adj. Que mutila.

MUTILAR. (l. *mutilāre*.) tr. Cercenar una parte del cuerpo, y más particularmente del cuerpo viviente. Ú.t.c.r. || 2. Cortar una porción de otra cualquier cosa. MUTILAR *el discurso, el escrito*. || **P.** mutilar; **I.** to mutilate; **F.** mutiler; **A.** verstümmeln; **It.** mutilare; **R.** калечить.

MÚTILO, LA. (l. *mutĭlus*.) adj. Dícese de lo que está mutilado.

MUTIS. (l. *mutāre*, mudar de lugar.) m. Voz que se usa en el teatro para hacer que un actor se retire de la escena. || 2. El acto de retirarse. *Hacer* MUTIS. fr. Callar.

MUTISMO. (l. *mutus*, mudo.) m. Silencio voluntario o impuesto. || **P.** e **It.** mutismo; **I.** muteness; **F.** mutisme; **A.** Stummheit, Schweigen; **R.** немота, молчание.

MUTUAL. adj. Mutuo.

MUTUALIDAD. f. Calidad de mutual. || 2. Régimen de prestaciones mutuas en que se basan determinadas asociaciones. || 3. Denominación de algunas de estas asociaciones. MUTUALIDAD *de funcionarios*. || **P.** mutualidade; **I.** mutuality; **F.** mutualité; **A.** Gegenseitigkeit; **It.** mutualità; **R.** взаимность.

★ **MUTUALISMO**. m. Sistema de asociaciones basadas en la mutualidad. || 2. ECON. y POLÍT. Sistema político y económico de estructuración de la sociedad, ideado por Proudhon. || 3. BIOL. Asociación simbiótica de dos seres.

MUTUALISTA. adj. Perteneciente o relativo a la mutualidad. || 2. com. Accionista de una mutualidad o sociedad de socorros mutuos. || 3. ZOOL. Dícese del organismo simbiótico que vive asociado con otros, de los cuales no es parásito. Ú.t.c.s.

MUTUAMENTE. adv. Con recíproca correspondencia.

MUTUANTE. (l. *mutŭans*, -antis, p.a. de *mutŭāre*, prestar.) com. Persona que da el préstamo en el contrato de mutuo.

MUTUARIO, RIA. m. y f. Mutuatario, ria.

MUTUATARIO, RIA. (l. *mutuātus*, p.p. de *mutuāri*, tomar prestado.) m. y f. Persona que recibe el préstamo en el contrato de mutuo.

★ **MÚTULO**. m. ARQ. Adorno del cornisamento en el arte dórico, que tiene la misma anchura del triglifo.

MUTUO, TUA. (l. *mutŭus*.) adj. Aplícase a lo que recíprocamente se hace entre dos o más personas, animales o cosas. Ú.t.c.s. || 2. Dícese de la enseñanza que los alumnos más adelantados dan a sus compañeros bajo la dirección del maestro. || 3. Dícese del giro oficial entre los diversos puntos donde el Gobierno lo tiene autorizado. || 4. m. FOR. Contrato real en que se da dinero u otra cosa fungible, obligándose el que lo recibe a restituir otra tanta cantidad de igual género en día señalado. || **P.** mútuo; **I.** mutual; **F.** mutuel; **A.** gegenseitig, mutuell; **It.** mutuo; **R.** обоюдный.

MUY. (l. *multun*.) adv. que se antepone a nombres adjetivos, adjetivos, participios, adverbios y modos adverbiales, para denotar en ellos grado superlativo de significación. MUY *bueno*, MUY *ligero*. || **P.** mui, muito; **I.** very, most; **F.** très, fort; **A.** sehr, zuviel; **It.** molto, assai; **R.** очень, весьма.

MUZ. (ital. *muso*, hocico.) m. MAR. Extremidad superior y más avanzada del tajamar.

MUZA. f. ant. Muceta.

★ **MUZA**. (De *muzo*, gato.) f. ZOOL. CHILE. Gata.

MUZÁRABE. adj. Mozárabe. Apl. a pers. ú.t.c.s.

MUZO, ZA. (Quizá del l. *morsus*, p.p. de *mordēre*, morder.) adj. Dícese de la lima que presenta grano de picadura más fina. Ú.t.c.s.f.

★ **MUZO**. m. BOT. COLOM. Árbol muy apreciado en ebanistería.

MY. (gr. μῦ.) f. Duodécima letra del alfabeto griego, que corresponde a la *m* en el nuestro.

N

N. f. Decimosexta letra del abecedario español, y decimotercia de sus consonantes. Su nombre es *ene*. ‖ **2.** Signo con que se suple a veces en lo escrito el nombre propio de personas que no se sabe o no se quiere expresar. ‖ **3.** Álg. y Arit. Exponente de una potencia indeterminada. ‖ **4.** Geog. Abreviatura de Norte. ‖ **5.** Quím. Símbolo del nitrógeno.

NA. (ant. *enna*, por *en la*.) ant. En la.
★ **NA.** Quím. Símbolo del sodio.

NABA. (l. *napa*, nabo.) f. Planta bienal crucífera, de unos cinco decímetros de altura, con hojas grandes, ásperas, gruesas, rugosas, las radicales partidas en tres lóbulos y enteras las superiores; flores pequeñas, amarillas, en espiga; fruto seco en vainillas con muchas semillas menudas, sabor picante. ‖ **2.** Raíz de esta planta.

NABAB. (ár. *nawāb*.) m. Gobernador de una provincia en la India mahometana. ‖ **2.** fig. Hombre sumamente rico.

NABABO. m. Nabab.

NABAL. adj. Nabar.

NABAR. adj. Perteneciente a los nabos. ‖ **2.** m. Tierra sembrada de nabos.

NABATEO, A. (l. *nabathaeus*.) adj. Dícese del individuo de un pueblo nómada de la Arabia Petrea. Ú.t.c.s. ‖ **2.** Perteneciente a este pueblo.

NABATO. m. Germ. Espinazo.

NABERÍA. f. Conjunto de nabos. ‖ **2.** Potaje hecho con ellos.

NABÍ. (ár. *nabī*, profeta.) m. Entre los árabes, profeta.

NABICOL. (De *nabo* y *col*.) m. Bot. Naba.

NABINA. f. Semilla del nabo.

NABIZA. f. Hoja tierna del nabo, cuando empieza a crecer. Ú.m. en pl. ‖ **2.** Raícillas tiernas de la naba.

NABLA. (l. *nabla*, y éste del gr. νάβλα.) f. Antiguo instrumento músico, semejante a la lira.

NABO. (l. *napus*.) m. Planta anual, crucífera, de unos seis decímetros de altura, con hojas grandes, partidas en tres lóbulos las radicales, y enteras, las superiores; flores en espiga terminal, pequeñas y amarillas; fruto seco en vainillas con 15 ó 20 semillas, y raíz carnosa, comestible. ‖ **2.** Raíz de esta planta. ‖ **3.** Cualquiera raíz gruesa y principal. ‖ **4.** fig. Tronco de la cola de las caballerías. ‖ **5.** Germ. Embargo. ‖ **6.** Arq. Cilindro vertical en el cual se apoyan las diversas piezas de una armazón. ‖ **7.** Mar. Palo. ‖ **8.** Mar. Cebolla.
—**gallego.** Naba. ‖ *Arráncate*, NABO. Cierto juego de muchachos. ‖ **P.** nabo; **I.** turnip; **F.** navet; **A.** Rübe; **It.** navone; **R.** pena.

NABORÍ. com. Indio americano empleado en el servicio doméstico.

NABORÍA. f. Repartimiento que en América se hacía al principio de la conquista, de cierto número de indios, para el servicio personal. ‖ **2.** Naborí.

NÁCAR. m. Capa interna de las tres que forman la concha de los moluscos, que a veces produce reflejos irisados característicos. ‖ **P.** nácar; **I.** y **F.** nacre; **A.** Perlmutter; **It.** madreperla; **R.** перламутр.

NÁCARA. (ár. *naqqāra*, tambor o timbal.) f. Timbal usado antiguamente en la caballería.

NÁCARA. f. ant. Nácar. Ú. en León.

NACARADO, DA. adj. Del color y brillo del nácar. ‖ **2.** Adornado con nácar.

NACÁREO, A. adj. Nacarino.

NACARIGÜE. m. Hond. Potaje de carne y pinole.

NACARINO, NA. adj. Propio del nácar o parecido a él.

NACARÓN. m. Nácar de inferior calidad.

NACASCOLO. (mejic. *nacazcolotl*.) m. Amér. Central. Dividivi.

NACATAMAL. m. Hond. Tamal relleno de carne de cerdo.

NACATAMALERA. f. Hond. La que hace y vende nacatamales.

NACATETE. m. Méj. Pollo que aún no ha echado la pluma.
★ **NACATÓN.** m. Méj. Pollo sin plumas.

NACELA. (fr. *nacelle*, y éste del b. l. *navicella*, de *navis*, nave.) f. Arq. Escocia, moldura cóncava. ‖ **P.** nacela; **I.** scotia; **F.** scotie; **A.** Hohlkehle; **It.** scozia; **R.** жолоб.

NACENCIA. (l. *nascentia*, nacimiento.) f. ant. Nacimiento. Ú. en León y Salamanca. ‖ **2.** fig. Bulto o tumor en cualquier parte del cuerpo.

NACER. (l. *nascĕre*.) intr. Salir el animal del vientre materno. ‖ **2.** Salir del huevo un animal ovíparo. ‖ **3.** Brotar un vegetal de su semilla. ‖ **4.** Salir el vello, pelo o pluma en el cuerpo del animal, o las hojas, flores, frutos o brotes en la planta. ‖ **5.** Descender de una familia o linaje. ‖ **6.** fig. Aparecer un astro en el horizonte. ‖ **7.** fig. Tomar principio una cosa de otra. ‖ **8.** fig. Brotar las fuentes, los ríos. ‖ **9.** fig. Criarse en un hábito o costumbre. ‖ **10.** fig. Inferirse una cosa de otra. ‖ **11.** fig. Sobrevenir de repente una cosa que estaba oculta. ‖ **12.** fig. Junto con las preposiciones *a* o *para*, tener una cosa o persona propensión natural para un fin. ‖ **13.** r. Entallecerse una raíz o semilla al aire libre. ‖ **14.** Dícese de la ropa cuando, por estar cosida muy al borde de la tela se abre por la costura, desprendiéndose los hilos de la orilla. ‖ *Desnudo* NACÍ, *desnudo me hallo: ni pierdo ni gano.* ref. con que se explica la conformidad del que no ambiciona ganancias materiales. ‖ *Haber* NACIDO *uno en tal día.* fr. fig. y fam. Haberse librado en aquel día de un peligro de muerte. ‖ *Haber* NACIDO *uno tarde.* fr. fig. y fam. con que se le nota la falta de experiencia para dar consejo. ‖ *No con quien* NACES *sino con quien paces.* ref. que enseña que el trato hace más que el origen en orden a las costumbres. ‖ *Yo* NACÍ *primero.* expr. con que se amonesta a uno para contenerle cuando se adelanta a otro indebidamente. ‖ **P.** nascer, brotar, principiar, originar-se; **I.** to be born, to sprout, to come (forth, out, up), to grow, to rise, to appear, to spring; **F.** naître, provenir, descendre, sourdre, commencer, sortir; **A.** geboren werden, entstehen, hervorkeimen, aufgehen, entstehen, ausfallen, entspriessen; **It.** nàscere, uscire, allignare, germinare, venire alla luce, levarsi, scaturire, spuntare; **R.** рождаться, появляться насвет.

NACIANCENO, NA. adj. Natural de Nacianzo. Ú.t.c.s. ‖ **2.** Perteneciente a esta ciudad de Asia antigua.

NACIDA. (De *nacer*.) f. Nacencia o landre.

NACIDO, DA. p.p. de nacer. ‖ **2.** adj. Connatural y propio de una cosa. ‖ **3.** Propio, a propósito para una cosa. ‖ **4.** Dícese de cualquiera de los seres humanos que han pasado, o de los que al presente existen. Ú.m.c.s. y en pl. ‖ **5.** Dícese del feto con figura humana que una vez desprendido del seno materno vive, al menos, veinticuatro horas. ‖ **6.** m. Divieso o nacencia. ‖ *Bien* NACIDO. De noble linaje. Suele decirse del que lo da a entender con sus obras. ‖ *Mal* NACIDO. Dícese del que en sus acciones manifiesta su bajo nacimiento, o su condición aviesa. ‖ **P.** nascido; **I.** born; **F.** né; **A.** angeboren; **It.** nato; **R.** рождённый.

NACIENCIA. (l. *nascentía*, nacimiento.) f. ant. Nacencia.

NACIENTE. (l. *nascens, -entis*.) p.a. de nacer. Que nace. ‖ **2.** adj. fig. Que empieza a manifestarse. ‖ **3.** Blas. Dícese del animal cuya cabeza o cuello salen por encima de una pieza del escudo. ‖ **4.** m. Oriente. ‖ **P. e It.** nascente; **I.** nascent, rising, growing; **F.** naissant; **A.** entstehend; **R.** нарождающийся.

NACIMIENTO. m. Acción y efecto de nacer. ‖ **2.** Por antonom., el de Jesucristo. ‖ **3.** Lugar donde brota un manantial. ‖ **4.** El manantial mismo. ‖ **5.** Lugar donde tiene uno su origen. ‖ **6.** Principio de una cosa o tiempo en que empieza. ‖ **7.** Representación de Nuestro Señor Jesucristo en el portal de Belén. ‖ **8.** Origen y descendencia de una persona en orden a su calidad. ‖ *De* NACIMIENTO. expr. adv. que explica que un defecto físico se padece porque se nació con él. ‖ **P.** nascimento; **I.** birth; **F.** naissance; **A.** Geburt; **It.** nascimento, nàscita; **R.** рождение.

NACIÓN. (l. *natio, -ōnis*.) f. Conjunto de los habitantes de un país regido por el mismo gobierno. ‖ **2.** Territorio de ese mismo país. ‖ **3.** fam. Nacimiento. Ciego de nación. ‖ **4.** Conjunto de personas de un mismo origen étnico y que comúnmente hablan un mismo idioma y tienen una tradición común. ‖ **P.** nação; **I.** y **F.** nation; **A.** Nation, Volk; **It.** nazione; **R.** нация.

NACIONAL. adj. Perteneciente o relativo a una nación. ‖ **2.** Natural de una nación, en contraposición a extranjero. Ú.t.c.s. ‖ **3.** m. Individuo de la milicia nacional. ‖ **P.** nacional; **I.** y **F.** national; **A.** einheimisch, national; **It.** nazionale; **R.** национальный.

NACIONALIDAD. (De *nacional*.) f. Carácter nacional. ‖ **2.** Estado propio de la persona nacida o naturalizada en una nación. ‖ **P.** nacionalidade; **I.** nationality; **F.** nationalité; **A.** Nationalität; **It.** nazionalità; **R.** национальность.

NACIONALISMO. (De *nacional*.) m. Apego a la propia nación y a cuanto le

N

pertenece. || **2.** Doctrina que exalta en todos los órdenes la personalidad nacional completa. || **P.** nacionalismo; **I.** nationalism; **F.** nationalisme; **A.** Nationalgefühl; **It.** nazionalismo; **R.** национализм.

NACIONALISTA. adj. Partidario del nacionalismo. Ú.t.c.s.

NACIONALIZACIÓN. f. Acción y efecto de nacionalizar.

NACIONALIZAR. (De *nación*.) tr. Naturalizar. || **2.** Hacer que pasen a manos de los naturales de un país bienes que estaban en poder de extranjeros. || **3.** Hacer que pasen a ser estatales propiedades, industrias o servicios explotados anteriormente por particulares. || **P.** nacionalizar; **I.** to nationalize; **F.** nationaliser; **A.** einbürgern; **It.** nazionalizzare; **R.** национализировать.

NACIONALMENTE. adv. Según la índole o costumbre de una nación.

★ **NACIONALSINDICALISMO.** m. POLÍT. e HIST. Movimiento político español, iniciado por José Antonio Primo de Rivera, fundamento del régimen que en España sustituyó a la II República.

NACO. m. AMÉR. Andullo de tabaco.

NACRE. m. ant. Nácar.

NACRITA. (fr. *nacrite*.) f. Variedad de talco, de brillo igual al del nácar, y cristalizable.

NACHO, CHA. (l. *nasus*, nariz.) adj. AST. Chato o romo de nariz. Ú.t.c.s. || **2.** f. pl. GERM. Nares.

NADA. (l. [*res*] *nata*.) f. El no ser, o la carencia absoluta de todo ser. || **2.** Cosa mínima. || **3.** Pron. indet. Ninguna cosa. || **4.** Poco o muy poco en cualquier línea. || **5.** adv. De ninguna manera. || *Ahí es* NADA. *Ahí que no es* NADA. exprs. figs. y fams. con que se pondera una cosa que no se considera tan grande o importante. || NADA *menos*, o NADA *menos que eso*. m. adv. con que se niega con encarecimiento una cosa. || *No ser* NADA. fr. fig. con que se pretende minorar un daño. || *Por* NADA. loc. Por ninguna cosa, con negación absoluta. || **2.** fig. Por cualquier cosa. Por nada ríes. || **P.** nada; **I.** nothing; **F.** rien; **A.** nichts; **It.** nulla, niente; **R.** ничто, небытие.

NADADERA. (l. *natatoria*, f. de *natatorius*.) f. Calabaza o vejiga para aprender a nadar.

NADADERO. (l. *natatorium*.) m. Lugar a propósito para nadar.

NADADOR, RA. (l. *natātor*.) adj. Que nada. Ú.t.c.s. || **2.** m. y f. Persona diestra en nadar.

NADADURA. (l. *natatūra*.) f. ant. Acción de nadar.

NADAL. (l. *natális*.) m. ant. Navidad. || **2.** ant. AST. Tiempo inmediato a ella.

NADANTE. (l. *natans*, *-antis*.) p.a. de nadar. Que nada. Ú.m. en poesía.

NADAR. (l. *natāre*.) intr. Mantenerse una persona o un animal sobre el agua y avanzar por ella sin tocar el fondo. || **2.** Flotar en un líquido cualquiera. || **3.** Sobrenadar. || **4.** fig. Abundar en una cosa. || **5.** fig. y fam. Estar una cosa muy holgada dentro de otra. Dícese regularmente con relación al vestido o al calzado. || **P.** nadar; **I.** to swim; **F.** nager; **A.** schwimmen; **It.** nuotare; **R.** плавать.

NADERÍA. (De *nada*.) f. Cosa de poca importancia.

NADGADA. (l. *natica*, nalga.) f. ant. Nalgada. 2.ª y 3.ª aceps.

NADI. (l. *nati*, los nacidos.) pron. indet. ant. Nadie.

NADIE. (De *nadi*.) pron. indet. Ninguna persona. || **2.** m. fig. Persona insignificante. || **P.** ninguém; **I.** nobody; **F.** personne; **A.** niemand; **It.** nessuno; **R.** никто.

NADILLA. pron. indet. d. fam. de nada. || **2.** m. fig. Hombre de nada.

NÁDIR. (ár. *nāzir*, veedor, inspector.) m. En Marruecos, el que administra los bienes de una fundación pía.

NADIR. (Del ár. *nāzir*, correspondiente u opuesto [al cenit].) m. ASTRON. Punto de la esfera celeste diametralmente opuesto al cenit. ||—**del Sol.** ASTRON. Punto de la esfera celeste diametralmente opuesto al que ocupa el centro del Sol. || **P.**, **I.**, **F.** e **It.** nadir; **A.** Nadir, Fusspunkt; **R.** надир.

NADO, DA. (l. *natus*.) p.p. irreg. ant. de nacer.

NADO (A). m. adv. Nadando.

NAFA. (ár. *nafha*, soplo aromático, olor.) f. MURC. Azahar. Ú. sólo en la locución *agua de* NAFA.

NAFRA. (De *nafrar*.) f. ÁR. Matadura.

NAFRAR. (ant. alto al. *narva*, cicatriz.) tr. AR. Matar.

NAFTA. (ár. *naft*, betún, y éste del l. *naphta*.) f. Líquido incoloro, volátil, inflamable y más ligero que el agua. Comúnmente se obtiene del petróleo. Es un carburo de hidrógeno muy usado como disolvente del caucho y en la fabricación de barnices. || **P.** e **It.** nafta; **I.** naphtha; **F.** naphte; **A.** Naphtha, (Erd-, Berg-, Stein)öl; **R.** нефть.

NAFTALINA. (De *nafta*.) f. Hidrocarburo sólido, procedente del alquitrán de la hulla. Úsase como desinfectante y en la fabricación de colorantes.

★ **NAFTOL.** m. QUÍM. Fenol derivado de la naftalina.

NAGUA. f. Enagua. Ú.m. en pl.

NAGUAL. m. MÉJ. Brujo, hechicero. || **2.** HOND. El animal que una persona tiene de compañero inseparable.

NAGUAPATE. m. HOND. Planta crucífera cuyo cocimiento se usa contra las enfermedades venéreas.

NAGUATLATO, TA. adj. Dícese del indio mejicano que sabía hablar la lengua naguatle y servía de intérprete entre españoles e indígenas. Ú.t.c.s.

NAGUATLE. adj. Nahuatle.

NAGÜELA. f. ant. Casa pajiza o pobre.

★ **NAGUILÓN.** adj. GUAT. Afeminado.

NAHUATLE. adj. Aplícase a la lengua principalmente hablada por los indios mejicanos. Ú.t.c.s.m.

NAIFE. (ár. *nā'if*, excelente.) m. Cierto diamante de calidad superior.

NAIPE. (ár. *nā'ib*, el que representa, o del ár. *lā'ib*, el que juega.) m. Cada una de las cartulinas rectangulares, con un dibujo uniforme por una cara y pintados en la otra cierto número de objetos o figuras correspondientes a cada uno de los cuatro palos de la baraja. || **2.** fig. Baraja. || *Acudir el* NAIPE *a* uno. fr. Acudirle el juego. || *Dar bien al* NAIPE. fr. Ser favorable la suerte. || *Dar el* NAIPE. fr. Tener buena suerte en el juego. || *Estar como el* NAIPE. fr. fig. y fam. Estar muy flaco. || **2.** fig. y fam. Estar una cosa muy blanda por haberla manoseado mucho. || **P.** naipe; **I.** (playing-)card; **F.** carte; **A.** (Spiel)Karte; **It.** carta (da gioco); **R.** игральная карта.

NAIPERA. f. ÁL. Mujer que trabaja en la fabricación de naipes.

NAIPESCO, CA. adj. Perteneciente o relativo a los naipes.

NAIRE. (sánscr. *nêtra*, conductor; de *ni*, guiar.) m. El que cuida los elefantes y los adiestra. || **2.** Título de dignidad entre los malabares.

★ **NAIS.** m. ZOOL. Género de gusanos oligoquetos que viven entre las algas de agua dulce.

NAJA. (Voz sánscrita.) f. Género de ofidios venenosos, al que pertenece la cobra y el áspid de Cleopatra.

NAJA. (ár. *nahā*, encaminarse, dirigirse a un lugar.) f. GERM. Ú. en la fr. fig. y fam. *Salir de* NAJA. Marcharse precipitadamente.

¡NAJENCIA! (De *naja*, 2.º art.) interj. GERM. ¡Largo!

NAJERANO, NA. adj. Natural de Nájera. Ú.t.c.s. || **2.** Perteneciente a esta ciudad.

NAJERINO, NA. adj. Najerano. Apl. a pers. ú.t.c.s.

NALCA. f. CHILE. El pecíolo del pangue.

NALGA. (l. *natica*, de *nates*.) f. Cada una de las dos porciones carnosas que constituyen el trasero. Ú.m. en pl. || **P.** nalga; **I.** buttock; **F.** fesse; **A.** Hinterbacke; **It.** nàtica; **R.** ягодица.

NALGADA. f. Pernil. || **2.** Golpe dado con las nalgas. || **3.** Golpe recibido en ellas. || 2.ª acep.: **P.** nalgada; **I.** spank; **F.** fessée; **A.** Schlag auf den Hintern; **It.** sculacciata; **R.** шлепок.

NALGAR. adj. Perteneciente o relativo a las nalgas.

NALGATORIO. m. fam. Conjunto de ambas nalgas.

NALGÓN, NA. adj. HOND. Nalgudo.

NALGUDO, DA. adj. Que tiene gruesas las nalgas.

NALGUEAR. intr. Mover exageradamente las nalgas al andar.

NAMBIMBA. f. MÉJ. Pozole muy espumoso, hecho de masa de maíz, miel, cacao y chile.

NAMBIRA. f. HOND. Mitad de una calabaza que sirve para usos domésticos después de quitada la pulpa.

NAMORAR. tr. ant. Aféresis de enamorar.

NANA. f. ant. Mujer casada, madre. || **2.** fam. Abuela. || **3.** En algunas partes, canto para arrullar a los niños. || **4.** MÉJ. Niñera. || **5.** MÉJ. Nodriza.

NANA. (quich. *nanay*, dolor.) f. ARGENT. y CHILE. Pupa.

NANACATE. m. MÉJ. Hongo, seta.

NANCE. m. BOT. HOND. Arbusto de la familia de las malpigiáceas, que da un fruto pequeño, sabroso y aromático. || **2.** BOT. Fruto de esta planta.

NANCEAR. (Por *enancear*, de *enanzar*, avanzar.) intr. HOND. Coger.

NANCER. m. CUBA. Nance.

NANEAR. (De *nano*.) intr. Anadear.

NANGO, GA. adj. MÉJ. Forastero; tonto, necio.

NANITA. f. El *año de la* NANITA. expr. fam. El tiempo incierto y muy antiguo.

NANJEA. f. BOT. Árbol de Filipinas, de la familia de las moráceas, cuyo fruto es de forma oval, y su madera, fina y amarilla, se usa para fabricar instrumentos de música.

NANO, NA. (l. *nanus*.) adj. ant. Enano. Usáb.t.c.s. Ú. en León y Salamanca.

NANQUÍN. m. Tela fina de algodón, amarilla, que se fabricó en la población china del mismo nombre.

NANSA. f. Nasa. || **2.** Estanque pequeño para tener peces.

NANSÚ. m. Tela de algodón, superior al lienzo, pero inferior a la batista.

NANTAR. (l. *in ante*.) tr. ant. AST. Aumentar o acrecentar.

NAO. (cat. *nau*, y éste del l. *navis*.) f. Nave.

NAOCHERO. m. ant. Nauclero.

NAONATO, TA. (De *nao* y *nato*, nacido.) adj. Dícese de la persona nacida en una embarcación que navega. Ú.t.c.s.

★ **NAOS.** f. ARQ. Parte central de los templos griegos, donde eran colocadas las estatuas de los dioses. || **2.** Nave destinada a los fieles en las actuales iglesias griegas.

NAPA. f. GERM. Nalga.

★ **NAPANGO.** m. AMÉR. Mestizo.

NAPEA. (l. *napaea*, y éste del gr. ναπαῖος, perteneciente a los bosques.) f. MIT. Ninfa de los bosques.

NAPELO. (l. dialect. *napéllus*, d. de *napus*, nabo.) m. Anapelo.

NAPEO, A. adj. Propio de las napeas o relativo a ellas.

NAPIAS. (germ. *nabja*, pico.) f. pl. fam. Narices.

★ **NAPO.** m. ZOOL. MÉJ. Buitre americano.

NAPOLEÓN. (Por el busto de *Napoleón* que llevaban las primeras monedas de esta clase que circularon en España.) m. Moneda francesa de plata que tuvo curso en España.

NAPOLEÓNICO, CA. adj. Perteneciente o relativo a Napoleón.

NAPOLITANA. (De *napolitano*.) f. En el juego de naipes de los tres sietes, conjunto de as, dos y tres de un mismo palo. || **2.** En el revesino, conjunto de los cuatro ases, o de tres ases y el caballo de copas.

NAPOLITANO, NA. (l. *napolitānus*.) adj. Natural de Nápoles. Ú.t.c.s. || **2.** Perteneciente a esta ciudad y antiguo reino. || **3.** Dícese de una especie de higos, muy sabrosos y de piel negra, y de la higuera que los produce. || **P.** napolitano; **I.** Neapolitan; **F.** napolitain; **A.** Neapolitaner; **It.** napoletano; **R.** неаполитанский.

NAQUE. m. Compañía antigua de cómicos que constaba de dos hombres solamente.

NARANGO. m. AMÉR. CENTRAL. Moringa.

NARANJA. (ár. *nāranŷa*, y éste del persa.) f. Fruto del naranjo, de forma globosa, de color entre rojo y amarillo. Es comestible, jugosa y de sabor agridulce muy agradable. || **2.** Bala de cañón usada antiguamente. ||—**agria.** Variedad que

N

tiene el gusto entre agrio y amargo. ||
—**cajel**. Naranja zajarí. || —**china**. Variedad cuya piel es más lisa y delgada que
todas las otras. || —**dulce**. Variedad casi
encarnada y de gusto agridulce delicado. ||
—**mandarina** o **tangerina**. Variedad
pequeña, aplastada, de pulpa muy dulce. ||
—**sanguina**. La que tiene la pulpa de
color rojizo. || —**zajalí**. Variedad producida del injerto del naranjo dulce sobre el
borde. || *Media* NARANJA. fig. y fam. La
esposa o persona que se adapta perfectamente al gusto y carácter de otra. || 2. ARQ.
Cúpula. || ¡NARANJAS! interj. con que se
denota el asombro. || ¡NARANJAS *de la China*!
interj. para negar, equivalente a nones. ||
No se ha de exprimir tanto la NARANJA *que
amargue el zumo*. ref. que se enseña la moderación para no llevar las cosas al extremo. || P. laranja; I. y F. orange; A. Pomeranze, Apfelsine, Orange; It. arancia;
R. апельсин.

NARANJADA. f. Agua de naranja. ||
2. fig. y fam. Dicho o hecho grosero. ||
P. laranjada; I. orangeade; F. orangeade,
orangeat; A. Orangeade; It. aranciata;
R. оранжад.

NARANJADO, DA. adj. Anaranjado.

NARANJAL. m. Sitio plantado de naranjos.

NARANJAZO. m. Golpe dado con una
naranja.

NARANJERA. f. Trabuco naranjero.

NARANJERO, RA. adj. Perteneciente
o relativo a la naranja. || 2. Dícese del caño
cuyo diámetro interior es de 8 a 10 centímetros. || 3. m. y f. Persona que vende
naranjas. || 4. En algunas partes, naranjo.

NARANJILLA. (d. de *naranja*.) f. Naranja verde y pequeña.

NARANJILLADA. f. ECUAD. Bebida
que se prepara con el jugo de la naranjilla.

NARANJO. (De *naranja*.) m. BOT.
Árbol de la familia de las rutáceas, siempre
verde, florido y con fruto, tronco liso y
ramoso; hojas alternas, ovaladas y lustrosas.
Se cultiva mucho en España. Su flor es el
azahar y su fruto la naranja. || 2. Madera
de este árbol. || 3. fig. y fam. Hombre
rudo o ignorante. || P. laranjeira; I. orange-tree; F. oranger; A. Orange(n)baum; It.
arancio; R. апельсиновое дерево.

NARBONENSE. (l. *narbonensis*.) adj.
Narbonés, 2.ª acep.

NARBONÉS, SA. adj. Natural de
Narbona. Ú.t.c.s. || 2. Perteneciente a esta
ciudad de Francia.

NARCEÍNA. (gr. νάρκη, entorpecimiento.) f. Alcaloide que se obtiene del opio;
es uno de los mejores medicamentos hipnóticos.

NARCETINA. f. QUÍM. Álcali derivado
de la narcotina.

* **NARCISISMO**. m. Manía del que presume de narciso, 2.º art.

NARCISO. (l. *narcissus*, y éste del gr.
νάρκισσος.) m. Planta herbácea, anual, exótica, amarilidácea, con hojas radicales largas, estrechas y puntiagudas: flores blancas
o amarillas, olorosas, con perigonio partido
en seis lóbulos iguales y corona central
acampanada; fruto capsular y raíz bulbosa.
Se cultiva en los jardines. || 2. Flor de
esta planta. || P. e It. narciso; I. narcissus;
F. narcisse; A. Narzisse; R. нарцисс.

NARCISO. m. fig. El que cuida demasiado de su adorno y compostura, o se
precia de galán y hermoso, como enamorado de sí mismo.

NARCOSIS. (gr. νάρκωσις.) f. Producción del narcotismo; modorra, embotamiento de la sensibilidad.

NARCÓTICO, CA. (gr. ναρκωτικός;
de ναρκόω, adormecer.) adj. MED. Dícese
de las substancias que producen sopor;
como el cloroformo, el opio, etc. Ú.t.c.
s.m. || P. narcótico; I. narcotic; F. narcotique; A. betäubend, narkotisch; It. narcótico; R. наркотик.

NARCOTINA. (De *narcótico*.) f. Alcaloide que se extrae del opio, es sólido,
transparente, inodoro, insoluble en el agua.
Su acción narcótica es muy débil.

NARCOTISMO. m. Estado de sopor
producido por el uso de los narcóticos. ||
2. MED. Conjunto de efectos producidos
por el narcótico.

NARCOTIZACIÓN. f. Acción y efecto de narcotizar.

NARCOTIZADOR, RA. adj. Que narcotiza.

NARCOTIZAR. tr. Producir narcotismo. Ú.t.c.r.

NARDINO, NA. (l. *nardinus*.) adj.
Compuesto por nardos, o que participa
de sus calidades.

NARDO. (l. *nardus*, y éste del gr.
νάρδος.) m. Espicanardo. || 2. Planta de
la familia de las liliáceas, con tallo sencillo
y derecho, hojas radicales y flores blancas
muy olorosas, especialmente de noche, con
el perigonio en forma de embudo. || 3.
Confección aromática que se preparaba
antiguamente con el extracto de las raíces
del nardo índico. || —**índico**. Nardo.
P. e It. nardo; I. y F. nard; A. Narde,
Tuberose; R. нард.

NARES. (l. *nares*.) f. pl. GERM. Las
narices.

NARGUILE. (ár. *nārǧíla*.) m. Pipa
para fumar, que usan los orientales, compuesta de un recipiente en que se quema
el tabaco, un vaso con agua perfumada y
un tubo largo y flexible.

NARIGADA. f. ECUAD. Polvo o pulgarada.

NARIGÓN, NA. adj. Narigudo. Ú.t.
c.s. || 2. m. aum. de nariz. || 3. Agujero en
la ternilla de la nariz.

* **NARIGONEAR**. tr. CUBA. Horadar la
nariz de una res vacuna.

NARIGUDO, DA. adj. Que tiene grandes las narices. Ú.t.c.s. || 2. De figura
de nariz.

NARIGUERA. f. Pendiente que se
ponen algunos indios en la ternilla de la
nariz.

NARIGUETA. f. d. de nariz.

NARIGUILLA. f. d. de nariz.

NARIZ. f. Órgano olfativo externo que
forma en la cara una prominencia notable
entre la frente y la boca. Tiene dos orificios
que ponen en comunicación las fosas nasales con el exterior. || 2. Cada uno de los
dos orificios de la nariz. || 3. Sentido del
olfato. || 4. Olor, aroma de un vino. || 5.
Parte saliente o aguda de algunas cosas. ||
6. Cañón de la retorta, del alambique, etc. ||
—**aguileña**. La delgada y algo corva. ||
—**perfilada**. La perfecta y bien formada. || —**respingona**. Aquella cuya punta
tira hacia arriba. || NARICES *remachadas*.
Las llanas o chatas. || *Darle a uno en la
NARIZ una cosa*. loc. Percibir su olor. || 2.
fig. fam. Sospechar, barruntar algo. || *Dejar
a uno con tantas NARICES, o con un palmo
de NARICES*. Chasquearle o defraudarle. ||
P. nariz; I. nose; F. nez; A. Nase; It. naso;
R. нос.

NARIZÓN, NA. adj. fam. Narigudo.
Ú.t.c.s. || 2. m. aum. de nariz.

NARIZOTA. f. aum. de nariz.

NARIZUDO, DA. adj. fam. MÉJ. Narigudo.

NARRA. (Voz tagala.) m. BOT. Árbol
de Filipinas, de la familia de las papilionáceas, de unos 20 metros de altura, tronco
recto, hojas alternas, flores blancas en racimos axilares, y fruto en vaina casi circular, con una semilla negruzca y arriñonada. || 2. Madera de este árbol.

NARRA. f. ÁL. Galga del carro.

NARRABLE. (l. *narrabilis*.) adj. Que
puede ser narrado o contado.

NARRACIÓN. (l. *narratio*, -*ōnis*.) f.
Acción y efecto de narrar. || 2. RET. Parte
del discurso retórico en que se refieren los
hechos. || P. narração; I. narration; F. narration, récit; A. Erzählung; It. narrazione;
R. рассказ, повествование.

NARRADOR, RA. (l. *narrător*.) adj.
Que narra. Ú.t.c.s.

NARRAR. (l. *narrăre*.) tr. Contar, referir lo sucedido. || P. narrar; I. to narrate;
F. raconter; A. erzählen, berichten; It. narrare; R. рассказывать.

NARRATIVA. (l. *narrativa*, t. f. de
-*vus*, narrativus.) f. Narración. || 2. Habilidad en referir las cosas.

NARRATIVO, VA. (l. *narrativus*.) adj.
Perteneciente o relativo a la narración.

NARRATORIO, RIA. adj. Narrativo.

NARRIA. (vasc. *narria*.) f. Cajón o escalera de carro, para llevar arrastrando
cosas de gran peso. || 2. fig. y fam. Mujer
gruesa y pesada.

NARVAL. (sueco *narhval*.) m. Cetáceo

de unos seis metros de largo, con cabeza
grande, hocico obtuso, boca pequeña,
cuerpo robusto, liso, brillante, con dos
aletas pectorales y cola grande y ahorquillada. || P. y F. narval; I. narwhal; A. Narwal
Einhornfisch; It. narvalo; R. нарвал.

NARVASO. m. AST. y SANT. Caña del
maíz con su follaje, que se guarda para alimento del ganado vacuno.

NASA. f. Arte de pesca consistente en un cilindro de juncos entretejidos, con una especie de embudo dirigido
hacia adentro. || 2. Arte parecido al anterior,
formado por una manga de red y ahuecado
por aros de madera. || 3. Cesta de boca
estrecha donde los pescadores echan la
pesca. || 4. Cesto o vasija, a modo de tinaja,
para guardar pan, harina, etc. P. e
It. nassa; I. fishpond, bag-net; F. nasse;
A. (Fang-Fisch)Reuse, Fischkorb R.
верша.

NASAL. (l. *nasālis*; de *nasus*, nariz.)
adj. Perteneciente o relativo a la nariz. ||
2. GRAM. Dícese del sonido en cuya pronunciación la corriente espirada sale por la
nariz. || 3. GRAM. Dícese de la letra que
representa este sonido. Ú.t.c.s.f. || P., I. y
F. nasal; A. nasal; It. nasale; R. носовой.

NASALIDAD. f. Calidad de nasal.

NASALIZACIÓN. f. Acción de nasalizar.

NASALIZAR. tr. FON. Hacer nasal o
pronunciar como tal un sonido.

NASARDO. (l. *nasus*, nariz.) m. Uno
de los registros del órgano, así llamado
porque imita la voz de un hombre gangoso.

NASCENCIA. (l. *nascentia*.) f. ant. Nacencia.

NASCER. (l. *nascĕre*.) intr. ant. Nacer.

NASCIMIENTO. m. ant. Nacimiento.

NASO. (l. *nasus*.) m. fam. y fest. Nariz
grande.

NASOFARÍNGEO, A. adj. MED. Dícese de lo que está situado en la faringe por
encima del velo del paladar y detrás de
las fosas nasales.

NASÓN. m. aum. de nasa.

NASTUERZO. (l. *nasturtium*.) m. Mastuerzo.

NASUDO, DA. adj. p. us. Narigudo.

NATA. (l. *matta*, manta.) f. Substancia
espesa, untuosa, blanca o amarillenta, que
forma una capa sobre la leche que se deja
en reposo. || 2. Substancia espesa de algunos licores que sobrenada en ellos. || 3.
fig. Lo principal y más estimado en cualquier línea. || 4. MIN. AMÉR. Escoria de
la copelación. || 5. pl. Nata batida con
azúcar. || 6. Natillas. || P. nata; I. cream;
F. crème; A. Sahne, Rahm; It. panna;
R. пенка, сливки.

NATA. (l. *[res] nata*, cosa nacida.) pron.
indet. ant. Nada.

NATACIÓN. (l. *natatio*, -*ōnis*.) f. Acción y efecto de nadar. || 2. Arte de nadar. ||
P. natação; I. swimming; F. natation;
A. Schwimmen; It. nuoto; R. плавание.

NATAL. (l. *natālis*.) adj. Perteneciente
al nacimiento. || 2. Nativo. || 3. m. Nacimiento. || 4. Día del nacimiento de una
persona.

NATALICIO, CIA. (l. *natalitius*.) adj.
Perteneciente al día del nacimiento. Ú.t.
c.s.m.

NATALIDAD. (De *natal*.) f. Número
proporcional de nacimientos en población
y tiempo determinados. || P. natalidade;
I. birth rate; F. natalité; A. Geburtenzahl;
It. natalità; R. рождаемость.

NATÁTIL. (l. *natatilis*.) adj. Capaz de
nadar o flotar sobre las aguas.

NATATORIO, RIA. (l. *natatorius*.)
adj. Perteneciente a la natación. || 2. Que
sirve para nadar. || 3. Aplícase al lugar
destinado para nadar o bañarse. || P. natatório; I. natatory; F. natatoire; A. Schwimm-
(en comp.); It. natatorio; R. плаватель-
ный.

NATERÓN. (De *nata*.) m. Requesón.

NATILLAS. (d. de *natas*.) f. pl. Plato
de dulce hecho de yemas de huevo, leche
y azúcar. || P. doce de leite; I. custard;
F. créme; A. Creme; It. zabaione; R.
сбитые.

NATÍO, A. (l. *nativus*.) adj. Natural,
nativo. || 2. m. Nacimiento, naturaleza. ||
De su NATÍO. m. adv. Naturalmente.

NATIVIDAD. (l. *nativitas*, -*ātis*.) f. Nacimiento, y especialmente el de Jesucristo,

N el de la Virgen María y el de San Juan Bautista. || **2.** Navidad. || **P.** natividade; **I.** nativity, Christmas; **F.** Noël; **A.** Christfest; **It.** natività, Natale; **R.** Рождество Христово.

NATIVO, VA. (l. *nativus*.) adj. Que nace naturalmente. || **2.** Perteneciente al país o lugar en que uno ha nacido. || **3.** Natural, nacido. || **4.** Innato, conforme a la naturaleza de cada cosa. || **5.** Dícese de los metales y otros minerales que se encuentran puros en la naturaleza. || **P.** e **It.** nativo; **I.** native; **F.** natif; **A.** angeboren, nativ; **R.** природный, туземец.

NATO, TA. (l. *natus*.) p.p. irreg. de nacer. || **2.** adj. Aplícase al título de honor o al cargo anejo a un empleo o a la calidad de un sujeto.

NATRAL. m. CHILE. Terreno poblado de natris.

NATRI. (Voz araucana.) m. Arbusto solanáceo, de dos o tres metros de altura, con hojas aovadas y puntiagudas, y flores blancas. Es natural de Chile.

★ NATROALUNITA. f. MINERAL. Sulfato natural de alúmina y sosa.

NATRÓN. (ár. *natrun*, nitro, y éste del gr. νίτρον.) m. Sal blanca, translúcida, cristalizable, eflorescente. Es el carbonato sódico usado en la fabricación de jabón, vidrio y tintes. || **2.** Barrilla.

NATURA. (l. *natura*.) f. Naturaleza. || **2.** Partes genitales. || **3.** MÚS. Escala natural del modo mayor. || *A, o de* NATURA. m. adv. Naturalmente.

NATURAL. (l. *naturalis*.) adj. Perteneciente a la naturaleza o conforme a la calidad de las cosas. || **2.** Nativo, originario de un pueblo o nación. Ú.t.c.s. || **3.** Hecho con verdad y sin artificio. || **4.** Ingenuo, sin doblez. || **5.** Dícese también de las cosas que imitan a la naturaleza. || **6.** Regular y que comúnmente sucede. || **7.** Que se produce por solas las fuerzas de la naturaleza. || **8.** Aplícase a los señores de vasallos. || **9.** FILIP. Dícese del hijo de padre y madre indígenas, para diferenciarlo del mestizo. || **10.** MÚS. Dícese de la nota sin sostenido ni bemol. || **11.** m. Genio, índole de cada uno. || **12.** Instinto de los animales irracionales. || **13.** ESC. y PINT. Forma exterior de una cosa que se toma por modelo para la pintura y escultura. || *Al* NATURAL. m. adv. Sin arte, pulimento o variación. || **14.** BLAS. Dícese de las flores y animales que están con sus colores propios. || *Copiar del* NATURAL. fr. ESC. y PINT. Copiar el modelo vivo. || NATURAL *y figura, hasta la sepultura.* ref. Genio y figura, hasta la sepultura. || *Quebrarle a uno el* NATURAL. fr. fig. Quebrarle la condición. || **P.** e **I.** natural; **F.** naturel; **A.** natürlich, unverfalscht; **It.** naturale; **R.** природный, натуральный.

NATURALEZA. (De *natural.*) f. Esencia y propiedad característica de cada ser. || **2.** En Teología, estado natural del hombre, por oposición al estado de gracia. || **3.** En sentido moral, luz que nace con el hombre y le hace capaz de discernir el bien del mal. || **4.** Conjunto de todos los seres que componen el universo. || **5.** Principio universal de todas las operaciones naturales. || **6.** Virtud o propiedad de las cosas. || **7.** Por ext., calidad y disposición de los negocios. || **8.** Instinto o inclinación de las cosas, en orden a su conservación. || **9.** Fuerza o actividad natural. || **10.** Sexo, especialmente en las hembras. || **11.** Origen según la ciudad o país en que se ha nacido. || **12.** Natural. || **13.** Calidad que da derecho a ser tenido por natural de un pueblo. || **14.** Privilegio concedido a los extranjeros para gozar de los derechos propios de los naturales. || **15.** Especie, género, clase. || **16.** Complexión o temperamento. || **17.** Señorío de vasallos. || **18.** ESC. y PINT. Natural, **13.ª** acep. || **—muerta.** PINT. Cuadro que representa animales muertos o cosas inanimadas. || *Ser uno desfavorecido, o poco favorecido, por la* NATURALEZA. fr. Carecer de las gracias y dotes naturales. || **P.** natureza; **I.** y **F.** nature; **A.** Natur, Wesen; **It.** natura; **R.** природа, натура.

NATURALIDAD. (l. *naturalitas, -atis.*) f. Calidad de natural. || **2.** Ingenuidad y sencillez en el modo de proceder. || **3.** Conformidad de las cosas con las leyes

ordinarias. || **4.** Naturaleza. || **5.** Derecho inherente a los naturales de un país. || **P.** naturalidade; **I.** naturality; **F.** naturalité; **A.** Natürlichkeit; **It.** naturalità; **R.** естественность.

NATURALISMO. (De *natural.*) m. Sistema filosófico que consiste en atribuir todas las cosas a la naturaleza como primer principio. || **2.** Escuela literaria del siglo XIX, opuesta al romanticismo. || **P.** e **It.** naturalismo; **I.** naturalism; **F.** naturalisme; **A.** Vernunftglaube; **R.** естественность.

NATURALISTA. adj. Perteneciente o relativo al naturalismo. || **2.** Que profesa este sistema filosófico. Ú.t.c.s. || **3.** com. Persona versada en las ciencias naturales. || 3.ª acep.: **P.** e **It.** naturalista; **I.** naturalist; **F.** naturaliste; **A.** Naturforscher; **R.** натуралистический.

NATURALIZACIÓN. f. Acción y efecto de naturalizar o naturalizarse.

NATURALIZAR. (De *natural.*) tr. Admitir en un país, como si de él fuera natural, a un extranjero. || **2.** Conceder oficialmente a un extranjero los derechos de los naturales de un país. || **3.** Introducir y emplear en un país, como si fueran naturales de él, cosas de otros países. Ú.t.c.r. || **4.** Aclimatar un animal o vegetal para vivir y perpetuarse en un país distinto del de su origen Ú.t.c.r. || **5.** r. Vivir en un país persona extranjera como si de él fuera natural. || **6.** Adquirir los derechos de los naturales de un país. || **P.** naturalizar; **I.** to naturalize; **F.** naturaliser; **A.** einbürgern; **It.** naturalizzare; **R.** натурализировать.

NATURALMENTE. adv. Probablemente, consecuentemente. || **2.** Por naturaleza. || **3.** Con naturalidad. || **4.** De conformidad con las leyes de la naturaleza.

NATURISMO. (De *natura.*) m. Doctrina que preconiza el empleo de los agentes naturales para la conservación de la salud y el tratamiento de las enfermedades.

NATURISTA. com. Persona que profesa y practica el naturismo.

NAUCLERO. (l. *nauclerus*, y éste del gr. ναύκληρος.) m. ant. Patrón o piloto de la nave.

NAUCHEL. (De *naucher.*) m. ant. Nauclero.

NAUCHER. (prov. *naucher*, y éste del l. *nauclerus*, piloto.) m. ant. Nauclero.

NAUFRAGANTE. p.a. de naufragar. Que naufraga.

NAUFRAGAR. (l. *naufragare*.) intr. Irse a pique o perderse la embarcación. Dícese también de las personas que van en ella. || **2.** fig. Salir mal un negocio. || **P.** naufragar; **I.** to wreck; **F.** naufrager; **A.** Schiffbruch erleiden; **It.** naufragare; **R.** потерпеть, кораблекрушение.

NAUFRAGIO. (l. *naufragium*.) Pérdida de una embarcación en mar, río o lago. || **2.** MAR. Buque naufragado, con peligro para los navegantes. || **3.** fig. Pérdida grande. || **P.** naufrágio; **I.** wreck; **F.** naufrage; **A.** Schiffbruch; **It.** naufragio; **R.** кораблекрушение.

NÁUFRAGO, GA. (l. *naufragus*.) adj. Que ha padecido naufragio. Apl. a pers. ú.t.c.s. || **2.** m. Tiburón. || **P.** náufrago; **I.** ship-wrecked; **F.** naufragé; **A.** Schiffbrüchige(r); **It.** nàufrago; **R.** потерпевший кораблекрушение.

NAUMAQUIA. (l. *naumachia*, y éste del gr. ναυμαχία.) f. Combate naval que como espectáculo se daba entre los antiguos romanos en un estanque o lago. || **2.** Este mismo estanque o lago artificial preparado para este espectáculo.

★ NAURAR. intr. VENEZ. Comenzar a granar el maíz.

NÁUSEA. (l. *nausea*.) f. Basca, ansia de vomitar. Ú.m. en pl. || **2.** fig. Repugnancia que causa una cosa. Ú.m. en pl. || **P.** náusea; **I.** nausea; **F.** nausée; **A.** Ekel, Brechreiz, Ubelkeit; **It.** nàusea; **R.** тошнота.

NAUSEABUNDO, DA. (l. *nauseabundus.*) adj. Que produce náuseas. || **2.** Propenso a vómito. || **P.** nauseabundo; **I.** nauseous; **F.** nauséabond; **A.** ekelhaft; **It.** nauseabondo; **R.** тошнотворный.

NAUSEANTE. p.a. de nausear. Que nausea.

NAUSEAR. (l. *nauseare*.) intr. Tener bascas o estar a punto de vomitar.

NAUSEATIVO, VA. (De *nausear.*) adj. Nauseabundo.

NAUSEOSO, SA. (l. *nauseosus*.) adj. Que muestra propensión a las náuseas.

NAUTA. (l. *nauta*.) m. Hombre de mar.

NÁUTICA. (l. *nautica*, t. f. de *-cus*, náutico.) f. Ciencia o arte de navegar.

NÁUTICO, CA. (l. *nauticus*.) adj. Perteneciente o relativo a la navegación. || **2.** V. *Rosa* NÁUTICA. || **P.** náutico; **I.** nautical; **F.** nautique; **A.** nautisch; **It.** nàutico; **R.** морсходный.

NAUTILO. (l. *nautilus*, y éste del gr. ναυτίλος.) m. ZOOL. Molusco cefalópodo tetrabranquial, con numerosos tentáculos sin ventosas, provisto de concha. Es propio del Océano Índico.

NAVA. (vasc. *nava*, tierra llana.) f. Tierra baja y llana. || **P.** planicie; **I.** bottom, low plain; **F.** plaine; **A.** Flachland; **It.** pianura bassa; **R.** долина.

NAVACERO, RA. m. y f. Persona que forma y cultiva los navazos, 2.ª acep.

NAVAJA. (l. *novacula*.) f. Cuchillo cuya hoja puede plegarse introduciéndose el filo en una hendidura del mango. || **2.** ZOOL. Molusco lamelibranquio marino, cuya concha se compone de dos valvas simétricas, y unidas por uno de los lados mayores para formar a modo de las cachas de la navaja. || **3.** fig. Colmillo de jabalí y de algunos otros animales. || **4.** fig. Aguijón cortante de algunos insectos. || **5.** fig. y fam. Lengua de los maldicientes y murmuradores. || **6.** Cada uno de los dos hierros laterales de la gafa para armar la ballesta. || **—cabritera.** La que sirve para despellejar las reses. || **—afeitar.** La de filo agudísimo, usada para afeitar o rasurar. || **P.** navalha; **I.** clasp-knife; **F.** jambette, couteau pliant; **A.** grosses Taschenmesser; **It.** coltello da tasca; **R.** навaxa, карманный нож.

NAVAJADA. f. Golpe que se da con la navaja. || **2.** Herida que resulta de este golpe.

NAVAJAZO. m. Navajada.

NAVAJERO. m. Estuche o bolsa para guardar las navajas. || **2.** Paño en que se limpia la navaja al afeitar. || **3.** Especie de taza con borde de caucho, que sirve para este mismo fin.

NAVAJO. (De *nava.*) m. despec. de nava.

NAVAJO. (De *lavaje.*) m. Lavajo.

NAVAJÓN. m. aum. de navaja, 1.ª acep.

NAVAJONAZO. m. Corte o herida hecha con navajón.

NAVAJUDO, DA. adj. MÉJ. Marrullero, taimado.

NAVAJUELA. f. d. de navaja.

NAVAL. (l. *navalis*.) adj. Perteneciente o relativo a las naves y a la navegación. || **P.** naval; **I.** y **F.** naval; **A.** See-Schiffs (en comp.); **It.** navale; **R.** морской.

NAVARCA. (b. gr. ναυάρχης; de ναῦς, nave, y ἄρχω, mandar.) m. Jefe de una armada griega. || **2.** El de un buque romano.

NAVARRISCO, CA. adj. desus. Navarro.

NAVARRO, RRA. adj. Natural de Navarra. Ú.t.c.s. || **2.** Perteneciente a esta región de España. || **3.** m. GERM. Ansarón.

NAVAZO. m. Navajo, 1.er art. || **2.** Huerto que se forma en algunos puntos de Andalucía, en los arenales de una marisma.

NAVE. (l. *navis*.) f. Barco. || **2.** Embarcación de cubierta, con velas y sin remos. || **3.** ARQ. Cada uno de los espacios que entre muros o filas de arcadas se extienden a lo largo de algunos edificios importantes, como templos, etc. || **4.** Por ext., cuerpo, o crujía seguida de un edificio, como almacén, fábrica, etc. || **—de San Pedro.** fig. Iglesia católica. || **—principal.** ARQ. La que ocupa el centro del templo, generalmente mayor y más elevada que las laterales. || *Quemar las* NAVES. fr. fig. Tomar una determinación extrema. || **P.** nave; **I.** ship, vessel; **F.** navire, bâtiment; nef; **A.** Schiff; **It.** nave, bastimento; **R.** судно, корабль.

NAVECILLA. f. d. de nave. || **2.** Naveta.

NAVEGABLE. (l. *navigabĭlis.*) adj. Dícese del río, lago, canal, etc., donde se puede navegar. || **P.** navegável; **I.** y **F.** navigable; **A.** (be)fahrbar, schiffbar; **It.** navigàbile; **R.** судоходный.

NAVEGACIÓN. (l. *navigatĭo, -ōnis.*) f. Acción de navegar. || **2.** Viaje que se hace con la nave. || **3.** Tiempo que éste dura. || **4.** Náutica. || **—aérea.** La que se hace por el aire en avión, globo, etc. || **—de altura.** La que se hace por mar fuera de la vista de la tierra. || **P.** navegação; **I.** y **F.** navigation; **A.** Navigation, Nautik; **It.** navigazione; **R.** судоходство.

NAVEGADOR, RA. (l. *navigātor.*) adj. Que navega. Ú.t.c.s.

NAVEGANTE. (l. *navigans, -antis.*) p.a. de navegar. Que navega. Ú.t.c.s. || **P.** navegante; **I.** navigator; **F.** navigateur, marin; **A.** Seefahrer; **It.** navigatore; **R.** мореплаватель.

NAVEGAR. (l. *navigāre.*) intr. Hacer viaje por el agua en una embarcación o nave. Ú.t.c.tr. || **2.** Avanzar el buque o embarcación. || **3.** Por analogía, hacer viaje por el aire en globo, avión, etc. || **4.** fig. Andar de una parte a otra comerciando. || **5.** fig. Transitar o trajinar de una parte a otra. || **P.** navegar; **I.** to sail, to navigate; **F.** naviguer; **A.** schiffen, zu See fahren; **It.** navigare; **R.** плавать.

NAVETA. f. d. de nave. || **2.** Vaso o cajita que sirve en la iglesia para ministrar el incienso. || **3.** Gaveta.

NAVÍCULA. (l. *navicŭla.*) f. d. de nave. || **2.** BOT. Diatomea abundante en las aguas dulces y marinas, cuyo caparazón tiene forma de navecilla.

NAVICULAR. (l. *naviculāris.*) adj. De forma de navecilla. || **2.** ZOOL. Fosa navicular. Cierta dilatación que hay en algunas partes del cuerpo humano.

NAVICULARIO. (l. *navicularius.*) m. Propietario o capitán de un buque mercante romano.

NAVICHUELA. f. d. de nave.

NAVICHUELO. m. Navichuela.

NAVIDAD. (Contrac. de *natividad.*) f. Navidad de Nuestro Señor Jesucristo. || **2.** Día en que se celebra. || **3.** Tiempo inmediato a este día. Ú.t. en pl.|| **4.** fig. Año. Ú.m. en pl. *Juan tiene muchas* NAVIDADES. || *No alabes ni desalabes hasta siete* NAVIDADES. ref. Que aconseja suspender el juicio acerca de las personas o cosas hasta que el tiempo y la experiencia las dé a conocer enteramente. || **P.** natal; **I.** Christmas-day; **F.** Nativité, Noël; **A.** Weihnachten, Christfest; **It.** Natale; **R.** рождество.

NAVIDEÑO, ÑA. adj. Perteneciente al tiempo de Navidad.

NAVIERO, RA. (De *navío.*) adj. Concerniente a naves o a navegación. || **2.** m. Dueño de un navío. || **3.** m. El que avitualla un buque mercante. || 2.ª acep.: **P.** naval; **I.** shipowner; **F.** armateur; **A.** Reeder, Schiffsligentümer; **It.** armatore; **R.** судовладелец.

NAVIGACIÓN. f. ant. Navegación.

NAVIGAR. intr. ant. Navegar.

NAVÍO. (l. *navigĭum.*) m. Buque grande de guerra o mercante. || **2.** GERM. El cuerpo. || **—Argos.** ASTRON. Constelación del hemisferio austral, situada cerca y al occidente del Centauro. || **—de alto bordo.** El que tiene muy altos los costados. || **—de aviso.** Aviso, buque de guerra ligero para llevar órdenes. || **—de carga.** Navío de transporte. || **—de guerra.** El armado para la guerra. || **—de línea.** El acorazado o crucero grande. || **—de transporte.** El que sólo se destina para conducir mercaderías, tropas, municiones o víveres. || **—mercante, mercantil** o **particular.** El que conduce mercaderías de unos puertos a otros. || *Montar un* NAVÍO. fr. Mandarlo. || **P.** navio; **I.** ship, vessel; **F.** navire, vaisseau, bâtiment; **A.** (Kriegs-, Kauffahrtei)Schiff; **It.** nave, bastimento; **R.** судно, корабль.

* **NAYADÁCEAS.** pl. BOT. Familia de plantas monocotiledóneas, acuáticas, completamente sumergidas, de flores solitarias unisexuales.

NÁYADE. (l. *naias, -ădis,* y éste del gr. ναιάς.) f. MIT. Ninfa de los ríos y de las fuentes.

NAYURIBE. f. Planta herbácea amarantácea, de unos siete decímetros de altura, con tallos ramosos, hojas opuestas y flores moradas en espigas.

* **NAZARENAS.** f. pl. AMÉR. Espuelas grandes que usan los campesinos argentinos.

NAZARENO, NA. (l. *nazarēnus.*) adj. Natural de Nazaret. Ú.t.c.s. || **2.** Perteneciente a esta ciudad de Galilea. || **3.** Dícese del que entre la hebreos se consagraba al culto de Dios. Ú.t.c.s. || **4.** Imagen de Jesucristo, vistiendo un ropón morado. || **5.** fig. Cristiano. Ú.t.c.s. || **6.** m. Penitente en las procesiones de Semana Santa, vestido con túnica. || **7.** BOT. Árbol americano de la familia de las ramanáceas, cuya madera, cocida en agua, da un tinte amarillo muy duradero. Es muy estimado en ebanistería. || *El Divino* NAZARENO. Jesucristo. || *El* NAZARENO. Por antonom., Jesucristo. || *Estar hecho un* NAZARENO. fr. que se dice de la persona maltrecha, afligida en extremo. || **P.** e **It.** nazareno; **I.** Nazarene; **F.** nazaréen; **A.** Nazarener; **R.** назарей.

NAZAREO, A. (l. *nazaraeus.*) adj. Nazareno. Apl. a pers. ú.t.c.s.

NAZARÍ. (ár. *naṣrī,* perteneciente o relativo a *Naṣr,* en español *Názar.*) adj. Dícese de los descendientes de Yusuf ben Názar, fundador de la dinastía musulmana que reinó en Granada desde el siglo XIII al XV. Ú.t.c.s. y m. en pl. || **2.** Perteneciente o relativo a esta dinastía.

NAZARITA. adj. Nazarí.

NAZORA. f. ant. Nata, 1.er art.

NÁZULA. (De *nata.*) f. En algunas partes, requesón.

NE. (l. *nec.*) conj. ant. Ni.

NEA. Aféresis de anea.

NEAPOLITANO, NA. adj. ant. Napolitano. Apl. a pers. usáb.t.c.s.

NEARCA. m. Navarca.

NÉBEDA. (l. *nepĕta.*) f. Planta herbácea, con tallos torcidos, de cuatro a seis decímetros de longitud; hojas pecioladas rugosas, ovales; flores blancas o purpurinas en racimos colgantes y fruto seco y capsular. Su olor, sabor y propiedades son parecidos a los de la menta.

* **NEBEL.** m. Nabla.

NEBÍ. m. Neblí.

NEBLADURA. f. Daño que la niebla produce a los sembrados. || **2.** Modorra.

NEBLÍ. (ár. *lablī,* perteneciente a la ciudad de *Labla,* hoy *Niebla.*) m. Ave de rapiña que mide 24 centímetros desde el pico hasta la extremidad de la cola y 60 de envergadura; de plumaje pardo azulado en el lomo, blanco con manchas grises en el vientre; pico azulado y pies amarillos. Por su valor y rápido vuelo era muy estimado para la caza de cetrería.

NEBLINA. f. Niebla espesa y baja. || **P.** neblina; **I.** mist; **F.** brume; **A.** Nebel, Mist; **It.** nebbiaccia; **R.** туман.

NEBLINEAR. intr. CHILE. Garuar.

NEBLINOSO, SA. adj. Se dice del día o de la atmósfera con niebla baja.

NEBRAL. m. Aféresis de enebral.

NEBREDA. (De *nebro.*) f. Enebral.

NEBRINA. (De *nebro.*) f. Fruto del enebro.

NEBRISENSE. (l. *nebrissensis.*) adj. Lebrijano. Apl. a pers. ú.t.c.s.

NEBRO. m. Enebro.

NEBULÓN. (l. *nebŭlo, -ōnis.*) m. Hombre hipócrita y taimado.

NEBULOSA. (l. *nebulōsa,* t. f. de *-sus,* nebuloso.) f. ASTRON. Materia cósmica celeste, difusa y luminosa que ofrece diversas formas, de contorno impreciso. || **P.** e **It.** nebulosa; **I.** nebula; **F.** nébuleuse; **A.** Nebelfleck; **R.** туманность.

NEBULOSAMENTE. adv. Con nebulosidad.

NEBULOSIDAD. (l. *nebulosĭtas, -ātis.*) f. Calidad de nebuloso. || **2.** Pequeña obscuridad. || **P.** nebulosidade; **I.** nebulosity; **F.** nébulosité; **A.** Nebelhaftigkeit; **It.** nebulosità; **R.** облачность.

NEBULOSO, SA. (l. *nebulōsus.*) adj. Que abunda en nieblas. || **2.** Obscurecido por las nubes. || **3.** fig. Sombrío, tétrico. || **4.** fig. Falta de claridad. || **5.** fig. Difícil de comprender.

NECEAR. (De *necio.*) intr. Decir necedades. || **2.** Porfiar neciamente.

NECEDAD. f. Calidad de necio. || **2.** Dicho o hecho necio. || *Las* NECEDADES *del rico pasan por sentencias en el mundo.* fr. proverb. que pondera la importancia que suele darse a la riqueza. || **P.** necedade; **I.** silliness, idiocy; **F.** niaiserie, sottise; **A.** Albernheit; **It.** pecoràggine, nescienza; **R.** дурачество.

NECESARIA. (l. *necessarĭa,* t. f. de *-rius,* necesario.) f. Letrina, 1.ª acep.

NECESARIAMENTE. adv. con o por necesidad.

NECESARIO, RIA. (l. *necessarius.*) adj. Que inevitablemente ha de ser o suceder. || **2.** Dícese de lo que se hace obligado de otra cosa, y no voluntariamente. || **3.** Dícese de las causas que obra sin libertad y por determinación de su naturaleza. || **4.** Que es indispensable para un fin. || **5.** FOR. En el derecho antiguo, decíase del heredero obligado a aceptar la herencia. || *Hacerse* uno *el* NECESARIO. fr. Hacerse de rogar, o persuadir que hace falta indispensablemente.|| **P.** necessário, indispensável; **I.** necessary; **F.** nécessaire; **A.** notwendig; **It.** necessario; **R.** нужный.

NECESER. (fr. *nécessaire,* y éste del l. *necessarius.*) m. Estuche con diversos objetos de tocador, costura, etc.

NECESIDAD. (l. *necessĭtas, -ātis.*) f. Impulso irresistible que hace que las causas obren infaliblemente en cierto sentido. || **2.** Todo aquello a lo cual es imposible substraerse, faltar o resistir. || **3.** Carencia de las cosas que son precisas para la conservación de la vida. || **4.** Falta de alimento que hace desfallecer. || **5.** Riesgo que exige pronto auxilio. || **6.** Evacuación corporal por cámara u orina. || **—de medio.** TEOL. Precisión absoluta de una cosa, sin la cual no se puede conseguir. || **—de precepto.** Obligación fundada en la ley eclesiástica. || **—extrema.** Estado en que una persona perderá la vida si no se la socorre o sale de él. || **—grave.** TEOL. Estado en que uno está expuesto a peligro de perder la vida temporal o eterna. || **—mayor.** Evacuación por cámara. || **—menor.** Evacuación por orina. || *De* NECESIDAD. m. adv. Necesariamente. || *Hacer de la* NECESIDAD *virtud.* fr. Afectar que se ejecuta de buena gana y espontáneamente lo que por precisión se había de hacer. || **2.** Conformarse con lo que no se puede evitar. || *La* NECESIDAD *carece de ley.* fr. proverb. con que se explica que el que padece urgente necesidad se considera dispensado de las leyes u obligaciones comunes. || *La* NECESIDAD *hace maestro.* ref. con que se da a entender que la falta de lo que es indispensable aviva el ingenio y acrecienta la habilidad para conseguirlo. || *Obedecer a la* NECESIDAD. fr. fig. Obrar como exigen las circunstancias. || *Por* NECESIDAD. m. adv. Necesariamente. || **P.** necessidade; **I.** want, need; **F.** nécessité, besoin; **A.** (Be)Dürftigkeit; **It.** necessità, bisogno. **R.** необходимость, нужда.

NECESITADO, DA. p.p. de necesitar. || **2.** adj. Pobre, que carece de lo necesario. Ú.t.c.s.

NECESITAR. (l. *necesse,* necesario.) tr. Obligar a ejecutar una cosa. || **2.** intr. Hacer menester de una persona o cosa. Ú.t.c.tr.

NECEZUELO, LA. adj. d. de necio.

NECIAMENTE. adv. Con necedad.

* **NECIDALO.** m. ZOOL. Género de insectos que viven en troncos de árboles o en madera seca.

NECIO, CIA. (l. *nescius.*) adj. Ignorante y que no sabe lo que podía o debía saber. Ú.t.c.s. || **2.** Imprudente o falto de razón. Ú.t.c.s. || **3.** Aplícase también a las cosas hechas con ignorancia o imprudencia. || **4.** P. RICO. Quisquilloso. || *A cada* NECIO *agrada su porrada.* ref. Que enseña lo mucho que puede el amor propio. || *Al* NECIO *del diestro, al loco, del cabestro.* ref. que enseña que al uno basta guiarle y al otro es preciso llevarle por fuerza. || *Más sabe el* NECIO *en su casa que el cuerdo en la ajena.* ref. Más sabe el loco, etc. || NECIOS *y porfiados hacen ricos a los letrados.* ref. que advierte que suelen moverse muchos pleitos más por tenacidad que por justicia. || **P.** néscio, tolo; **I.** senseless, stupid; **F.** sot; **A.** dumm; **It.** sciocco, semplíociotto; **R.** глупый.

NECRÓFAGO, GA. (gr. νεκρός, muerto, y φάγομαι, comer.) adj. Que se alimenta de cadáveres.

NECRÓFORO, RA. (gr. νεκρός, muerto, y φορός, que lleva.) adj. ZOOL. Dícese de los insectos coleópteros que entierran los cadáveres de otros animales pequeños para depositar en ellos sus huevos. Ú.t.c.s.

NECRÓGENO, NA. adj. Que se origina en la materia muerta. || 2. BOT. Dícese de las plantas que crecen sobre los vegetales que ya no tienen vida.

* **NECROLATRÍA.** f. Culto a los muertos.

NECROLOGÍA. (gr. νεκρός, muerto, y λόγος, discurso, relación.) f. Biografía de una persona notable, muerta hace poco tiempo. || 2. Lista o noticia de muertos. || P. necrologia; I. necrology; F. nécrologie; A. Nekrologie; It. necrologia; R. некролог.

NECROLÓGICO, CA. adj. Perteneciente o relativo a la necrología.

NECROMANCIA. [~MANCÍA]. f. Nigromancia.

NECRÓPOLIS. (gr. νεκρόπολις; de νεκρός, muerto, y πόλις, ciudad; ciudad de los muertos.) f. Cementerio de gran extensión, con numerosos monumentos fúnebres.

NECROPSIA. (gr. νεκρός, muerto, y ὄψις, vista.) f. Necroscopia.

NECROSCOPIA. (gr. νεκρός, muerto, y σκοπέω, examinar.) f. Autopsia o examen de los cadáveres.

NECROSCÓPICO, CA. adj. Perteneciente o relativo a la necroscopia.

NECROSIS. (l. necrōsis, y éste del gr. νέκρωσις, mortificación.) f. MED. Gangrena de los tejidos del organismo, principalmente del tejido óseo. || 2. Por ext., destrucción íntima de un tejido.

* **NECTALIA.** f. ZOOL. Género de celenterios sifonóforos, que se encuentran en el Atlántico Norte.

NÉCTAR. (l. nectar, y éste del gr. νέκταρ, bebida de los dioses.) m. MIT. Licor suavísimo que se fingía destinado para regalo de los dioses del gentilismo. || 2. fig. Cualquier licor delicioso suave y gustoso. || 3. BOT. Jugo azucarado de algunas flores que chupan las abejas y otros insectos. || P. nectar; I. y F. nectar; A. Honigsalft; It. nèttare; R. нектар.

NECTÁREO, A. (l. nectarĕus.) adj. Que destila néctar o sabe a él.

* **NECTARINIA.** f. ZOOL. Género de pájaros tenuirrostros, propios de las estepas sudorientales de África parecidos a los colibríes de América.

NECTARINO, NA. adj. Nectáreo.

NECTARIO. (De néctar.) m. BOT. Glándula de las flores de ciertas plantas que segrega un jugo azucarado o néctar.

* **NÉCTICO, CA.** adj. Que tiene la propiedad de sobrenadar. || 2. MINERAL. Dícese de una variedad de sílex, que tiene esta propiedad.

NEERLANDÉS, SA. adj. Holandés. Apl. a pers. ú.t.c.s. || 2. m. Lengua germánica hablada por los habitantes de los Países Bajos.

NEFANDAMENTE. adv. De modo nefando.

NEFANDARIO, RIA. (l. nefandarius.) adj. Aplícase a la persona que comete pecado nefando.

NEFANDO, DA. (l. nefandus.) adj. Indigno, repugnante. || 2. Dícese del pecado de sodomía.

NEFARIAMENTE. adv. De modo nefario.

NEFARIO, RIA. (l. nefarius.) adj. Sumamente malvado, impío e indigno del trato humano.

NEFAS. (l. nefas, injusto.) V. Por fas o por NEFAS.

NEFASTO, TA. (l. nefastus.) adj. Dícese del día que en la antigua Roma no era lícito tratar los negocios públicos. || 2. Aplicado al día o a cualquier otra división del tiempo, triste, funesto.

* **NEFELINA.** f. MINERAL. Silicato natural de alúmina y sosa que cristaliza en prismas exagonales.

NEFELISMO. (gr. νεφέλη, nube.) m. Conjunto de caracteres de las nubes: tales como forma, clase, altura, coloración, dirección y velocidad.

* **NEFELÓMETRO.** m. FÍS. Instrumento para medir la opacidad de los líquidos producida por precipitados que los enturbian.

* **NEFÓMETRO.** m. METEOR. Aparato para medir la nebulosidad de la atmósfera.

* **NEFOSCOPIO.** m. METEOR. Aparato para apreciar la velocidad y dirección de las nubes y de ciertos cuerpos celestes.

NEFRALGIA. f. MED. Dolor de riñones.

NEFRÍTICO, CA. (l. nephriticus, y éste del griego νεφριτικός, de νεφρός, riñón.) adj. Renal, perteneciente o relativo a los riñones. || 2. Que padece de nefritis. Ú.t.c.s. || 3. m. Palo nefrítico. || 4. Piedra nefrítica.

NEFRITIS. (l. nephritis, y éste del gr. νεφρῖτις; de νεφρός, riñón.) f. MED. Inflamación de los riñones. || P. e It. nefrite; I. nephritis; F. néphrite; A. Nierenentzündung; R. нефрит.

* **NEFROLITO.** m. MED. Cálculo renal.

* **NEFROLOGÍA.** f. PAT. Tratado sobre las enfermedades de los riñones.

* **NEFROSIS.** (gr. νεφρός, riñón.) f. MED. Afección renal degenerativa.

NEGABLE. adj. Que se puede negar.

NEGACIÓN. (l. negatio, -ōnis.) f. Acción y efecto de negar. || 2. Carencia o falta total de una cosa. || 3. GRAM. Partícula o voz que sirve para negar. || P. negação; I. negation; F. négation; A. Verneinung; It. negazione; R. отрицание.

NEGADO, DA. p.p. de negar. || 2. adj. Incapaz para una cosa. Ú.t.c.s. || 3. Dícese de los primitivos cristianos que renegaban de la fe. Ú.t.c.s.

NEGADOR, RA. (l. negátor.) adj. Que niega. Ú.t.c.s.

NEGAMIENTO. (De negar.) m. Negación.

NEGANTE. (l. negans, -antis.) p.a. de negar. Que niega.

NEGAR. (l. negāre.) tr. Decir uno que no es verdad, que no es cierto aquello acerca de lo cual se le pregunta. || 2. No admitir la existencia de algo. || 3. Decir que no a lo que se pide. || 4. Prohibir, impedir. || 5. Olvidarse o retirarse de lo que antes se estimaba. || 6. No confesar uno el delito de que se le acusa. || 7. Desdeñar una cosa o no reconocerla como propia. || 8. Ocultar, disimular. || 9. r. Excusarse de hacer una cosa. || 10. No recibir uno en casa a quien le busca haciendo decir que está fuera. || NEGARSE uno a sí mismo. fr. No condescender con sus propios deseos y apetitos, sujetándose enteramente a la voluntad de Dios. || P. negar; I. to deny; F. nier; A. verneinen; It. negare; R. отрицать.

NEGATIVA. (l. negativa, t. f. de -vus, negativo.) f. Negación o denegación, o lo que la contiene. || 2. No concesión de lo que se pide. || P. e It. negativa; I. denial, refusal; F. négative, refus; A. Verneinung, Absage; R. отрицание, отказ.

NEGATIVAMENTE. adv. Con negación.

NEGATIVO, VA. (l. negativus.) adj. Que incluye negación o contradicción. || 2. Perteneciente a la negación. || 3. FOR. Dícese del reo o testigo que niega lo que se le pregunta. || 4. MAT. Dícese de la cantidad de sentido opuesto al positivo y va precedida del signo menos. || 5. m. FOTOGR. Imagen invertida en blanco y negro. || 6. Clisé. || P. e It. negativo; I. negative; F. négatif; A. verneinend; R. отрицательный.

* **NEGATOSCOPIO.** m. FOTOGR. Aparato con el que se examinan los clisés fotográficos.

NEGLIGENCIA. (l. negligentia.) f. Descuido, omisión. || 2. Falta de aplicación. || P. negligència; I. negligence; F. négligence; A. Nachlässigkeit; It. negligenza, noncuranza; R. небрежность.

NEGLIGENTE. (l. negligens, -entis, p.a. de negligĕre, mirar con indiferencia.) adj. Descuidado, omiso. Ú.t.c.s. || 2. Falto de aplicación. Ú.t.c.s.

NEGLIGENTEMENTE. adv. Con negligencia.

NEGOCIABLE. adj. Que se puede negociar.

NEGOCIACIÓN. (l. negotiatio, -ōnis.) f. Acción y efecto de negociar.

NEGOCIADO, DA. p.p. de negociar. || 2. m. Cada una de las dependencias, en una organización administrativa, destina-

da para despachar determinados asuntos. || 3. Negocio.

NEGOCIADOR, RA. (l. negotiātor.) adj. Que negocia. Ú.t.c.s. || 2. Dícese del ministro o agente diplomático encargado de una gestión importante. Ú.t.c.s.

NEGOCIANTE. (l. negotians, -antis.) p.a. de negociar. Que negocia. Ú.m.c.s. || 2. m. Comerciante.

NEGOCIAR. (l. negotiāri.) intr. Tratar y comerciar, comprando y vendiendo. || 2. Ajustar el traspaso, cesión o endoso de un efecto comercial. || 3. Tratándose de valores, descontarlos. || 4. Tratar asuntos públicos o privados procurando su mejor solución. || 5. Tratar por la vía diplomática, de potencia a potencia, un asunto. || P. negociar; I. to negotiate, to trade; F. négocier; A. (ver-, unter)handeln; It. negoziare; R. вести торговлю.

NEGOCIO. (l. negotium.) m. Cualquier ocupación, empleo o trabajo. || 2. Pretensión o agencia. || 3. Todo lo que es objeto de interés. || 4. Negociación. || 5. Utilidad que se logra en lo que se trata. || —de mala digestión. fig. y fam. El que es dificultoso. || —redondo. fig. y fam. El muy ventajoso. || Agitar un NEGOCIO. fr. Agitarse una cuestión. || Desempatar un NEGOCIO. fr. fig. y fam. Ponerlo corriente. || Evacuar uno un NEGOCIO. fr. fam. Finalizarlo. || Hacer uno su NEGOCIO. fr. Sacar de un asunto el provecho que puede, sin más cuidado que el interés propio. || 2. Hacer un lucro indebido en los asuntos ajenos que le están encomendados. || 2. Hacer su negócio; I. business, occupation; F. négoce, commerce; A. Geschäft, Handel; It. negozio, bisogna; R. занятие, торговля.

NEGOCIOSO, SA. (l. negotiōsus.) adj. Diligente y cuidadoso de sus negocios.

NEGOZUELO. m. d. de negocio.

NEGRA. f. Espada negra. || 2. GERM. Caldera. || 3. MÚS. Semínima.

NEGRADA. f. CUBA. Conjunto o reunión de los negros de una finca.

NEGRAL. adj. Que tira a negro. || 2. V. Pino, roble NEGRAL. || 3. m. Equimosis. || P. negral; I. blackish; F. noir âtre; A. schwärzlich; It. nericcio; R. черноватый.

NEGREAR. (De negro.) intr. Mostrar una cosa la negrura que tiene. || 2. Tirar a negro.

NEGRECER. (l. nigrescĕre.) intr. Ponerse negro. Ú.t.c.r. || P. engrecer; I. to blacken; F. noircir; A. anschwärzen; It. annerire; R. чернеть.

NEGREGUEAR. intr. Negrear.

NEGREGURA. f. Negrura.

NEGRERÍA. f. Conjunto de negros, y especialmente de los que trabajan en las haciendas del Perú.

NEGRERO, RA. adj. Dedicado a la trata de negros. Apl. a pers. ú.t.c.s. || 2. m. y f. fig. Persona de condición dura para sus subordinados.

NEGRESTINO, NA. adj. p. us. Negral.

NEGRETA. (De negra.) f. Ave palmípeda de medio metro de largo, que habita en las orillas del mar y se alimenta de pececillos.

NEGRETE. m. Individuo de cierto bando de la montaña de Santander en el siglo XV.

NEGRILLA. (d. de negra.) f. Especie de congrio con el lomo de color obscuro. || 2. BOT. Hongo microscópico, que vive parásito en las hojas del olivo y de otras plantas.

NEGRILLERA. f. Sitio poblado de negrillos.

NEGRILLO, LLA. adj. d. de negro. || 2. m. Olmo. || 3. MURC. Tizón. || 4. MIN. AMÉR. Mena de plata cuprífera de color muy obscuro.

NEGRITO. (d. de negro.) m. Pájaro de la isla de Cuba, del tamaño del canario y de canto parecido al de éste. Es de color negro.

NEGRIZCO, CA. adj. Negruzco.

NEGRO, GRA. (l. niger, nigri.) adj. De color totalmente obscuro, y en realidad falto de todo color. Ú.t.c.s. || 2. Dícese del individuo cuya piel es de color negro. Ú.t.c.s. || 3. Moreno. Este pan es NEGRO. || 4. Obscuro u obscurecido. || 5. fig. Sumamente triste y melancólico. || 6. fig.

Infeliz. || **7.** GERM. Astuto y taimado. || **—animal.** Carbón animal. || **—de humo.** Polvo que se recoge de los humos de materias resinosas y que tiene aplicaciones industriales. || **—de la uña.** Parte extrema de la uña cuando está sucia. || **2.** fig. Lo mínimo de cualquier cosa.|| Mercado NEGRO. Tráfico clandestino de mercancías prohibidas o vendidas a precio superior al normal. || Como NEGRA en baño. loc. fig. Con afectada gravedad. || No somos NEGROS. expr. fam. con que se reprende al que trata a otros ásperamente. || Sacar lo que el NEGRO del sermón. fr. con que se denota el poco provecho que uno saca de los consejos que le dan. || Tener uno la NEGRA. fr. fam. Padecer una racha de mala suerte. || **P.** negro; **I.** black; **F.** noir; **A.** schwarz; **It.** nero; **R.** чёрный.

NEGRÓFILO, A. m. y f. Enemigo de la esclavitud y trata de negros.

NEGROIDE. adj. Dícese de lo que presenta alguno de los caracteres de la raza negra. Apl. a pers. ú.t.c.s.

NEGROR. (l. nigror.) m. Negrura.

NEGROTA. f. GERM. Negra.

NEGRURA. f. Calidad de negro.

NEGRUZCO, CA. adj. De color moreno algo negro.

NEGUIJÓN. (De neguillón.) m. Enfermedad de los dientes, que los pone negros.

NEGUILLA. (l. nigella, negruzca.) f. Planta herbácea anual, cariofilácea, lanuginosa, fosforescente, con hojas lineales y agudas; flores rojizas terminales, y fruto capsular con muchas semillas negras y menudas. Es muy abundante en los sembrados. || **2.** Semilla de esta planta. || **3.** Arañuela. || **4.** Mancha negra en la cavidad de los dientes de las caballerías, por la que se conoce la edad del animal. || **5.** pl. SAL. Picardía, astucia. || **P.** nigela; **I.** fennel-flower; **F.** nielle; **A.** Schwarzkümmel; **It.** nepitella; **R.** спорынья.

NEGUILLÓN. m. Neguilla.

NEGUNDO. m. BOT. Árbol de la familia de las aceráceas, próximo al arce, pero con las flores dioicas y sin pétalos. Se cultiva como adorno en paseos y jardines.

NEGUS. (Voz abisinia.) m. Emperador de Abisinia.

NEIS. m. Gneis.

NÉISICO, CA. adj. Gnéisico.

NEJA. f. MÉJ. Tortilla hecha de maíz cocido.

NEJAYOTE. m. MÉJ. Agua amarillenta en que se ha cocido el maíz.

NELDO. m. Aféresis de eneldo.

NELUMBIO. (singalés nelumbu.) m. Planta ninfeácea, de flores blancas o amarillas y de hojas aovadas.

NEMA. (l. nēma, y éste del gr. νῆμα, hilo, porque antiguamente se cerraban las cartas con un hilo antes de sellarlas.) f. Cierre o sello de una carta.

NEMATELMINTO. (gr. νῆμα, -ατος, hilo, y ἕλμινς, -ινθος, gusano.) adj. ZOOL. Dícese de gusanos de cuerpo fusiforme o cilíndrico y no segmentado, que en su mayoría son parásitos de otros animales. Ú.m.c.s. || **2.** m. pl. ZOOL. Clase de estos gusanos.

NEMATÓCERO. (gr. νῆμα, -ατος, hilo, y κέρας, antena.) adj. ZOOL. Dícese de los insectos dípteros de cuerpo esbelto, alas estrechas y antenas largas. Ú.t.c.s. || **2.** m. pl. ZOOL. Suborden de estos animales.

NEMATODO. (gr. νῆμα, -ατος, hilo.) adj. ZOOL. Dícese de los nematelmintos que tienen aparato digestivo. Ú.m.c.s. || **2.** m. pl. ZOOL. Orden de estos nematelmintos.

NEMBRAR. tr. ant. Membrar. Usáb. m.c.r.

NEME. m. COLOM. Betún o asfalto.

NEMEO, A. (l. nemeaeus.) adj. Natural de Nemea. Ú.t.c.s. || **2.** Perteneciente a esta ciudad de Grecia antigua. || **3.** Aplícase comúnmente a los juegos que se celebraban en honor de Hércules.

NEMIGA. f. ant. Enemiga.

NÉMINE DISCREPANTE. expr. l. Sin oposición alguna. || **2.** Por unanimidad.

NEMÓN. m. ant. Gnomon.

NEMÓNICA. f. Mnemónica.

NEMOROSO, SA. (l. nemorōsus; de

nemus, -ŏris, bosque, selva.) adj. poét. Perteneciente o relativo al bosque. || **2.** poét. Cubierto de bosques.

NEMOTECNIA. f. Mnemotecnia.

NEMOTÉCNICA. f. Mnemotécnica.

NEMOTÉCNICO, CA. adj. Mnemotécnico.

NEN. (l. nec.) conj. ant. Ni.

NENE, NA. m. y f. fam. Niño pequeñito. || **2.** Ú. como expresión de cariño para personas de más edad, principalmente en la terminación femenina. || **3.** m. fig. irón. Hombre temible por sus fechorías. || **P.** nené; **I.** infant, baby; **F.** bébé; **A.** kleines Kind; **It.** bambinello; **R.** детка.

NENEQUE. m. HOND. Persona muy débil, que no puede valerse por sí misma.

NENGÚN. adj. ant. apóc. de nenguno. Ú. entre campesinos.

NENGUNO, NA. (l. nec ūnus, ni uno.) adj. ant. Ninguno.

NENIA. (l. nenia.) f. Composición poética que en la antigüedad se cantaba en las exequias de una persona entre los antiguos. || **2.** La que se hace en alabanza de una persona difunta.

NENÚFAR. (ár. persa nilūfar, loto azulado.) m. Planta acuática ninfácea, con rizoma largo, nudoso y feculento; hojas enteras, de pecíolo tan largo que, saliendo del rizoma, llega a la superficie del agua, donde flota la hoja; flores blancas, solitarias, y fruto globoso. Se cultiva en los estanques de los jardines. || **—amarillo.** Planta de la misma familia que la anterior, y de hojas acorazonadas y flores amarillas. || **P.** nenúfar; **I.** nenuphar, water-lily; **F.** nénuphar; **A.** Seerose; **It.** nenufar; **R.** водяная лилия.

NEO. (gr. νέος, nuevo.) Prefijo con la significación de reciente o nuevo. || **2.** m. QUÍM. Elemento gaseoso, contenido en proporción muy pequeña en el aire atmosférico. Se usa en tubos para el alumbrado.

NEO, A. adj. Apócope de neocatólico. || **2.** m. Ultramontano.

* NEOBARROQUISMO. (gr. νέος, nuevo, y barroquismo.) m. Manifestación artística que constituye una breve fase de revivificación del barroco en el siglo XIX.

NEOCATOLICISMO. (De neocatólico.) m. Doctrina político-religiosa que aspira a restablecer en todo su rigor las tradiciones católicas en la vida social y en el gobierno del Estado.

NEOCATÓLICO, CA. (gr. νέος, nuevo, y de católico.) adj. Perteneciente o relativo al neocatolicismo. Ú.t.c.s.

NEOCELANDÉS, SA. adj. Natural de Nueva Zelanda, cuyos indígenas tienen el nombre de maoríes. Ú.t.c.s. || **2.** Perteneciente a este país.

NEOCLASICISMO. m. Corriente literaria y artística que aspira a restaurar el gusto y normas del clasicismo. Predominó en Europa en la segunda mitad del siglo XVIII.

NEOCLÁSICO, CA. adj. Perteneciente o relativo al neoclasicismo. || **2.** Partidario del neoclasicismo. Ú.t.c.s. || **3.** Dícese del arte o estilo modernos que imitan los de Grecia y Roma antiguas.

* NEOCRISTIANISMO. m. Filosofía religiosa que ha intentado conciliar las distintas confesiones cristianas.

* NEODIMIO. m. QUÍM. Uno de los elementos de las tierras raras, cuyo símbolo es Nd, su número atómico 60 y su peso atómico 14427.

NEÓFITO, TA. (l. neophytus, y éste del gr. νεόφυτος; de νέος, nueve, y φύω, hacer.) m. y f. Persona recién convertida a una religión. || **2.** Persona recién admitida al estado religioso. || **3.** Por ext., persona recientemente adherida a una causa. || **P.** neófito; **I.** neophyte; **F.** néophyte; **A.** Neuling; **It.** neòfito; **R.** неофит.

NEOGRANADINO, NA. adj. Natural de Nueva Granada. Ú.t.c.s. || **2.** Perteneciente a este país de América, hoy Colombia.

NEOLATINO, NA. (gr. νέος, nuevo, y de latino.) adj. Que procede o deriva de los latinos o de la lengua latina.

NEOLÍTICO, CA. (gr. νέος, nuevo, y λίθος, piedra.) adj. Perteneciente o relativo a la edad de la piedra pulimentada.

NEOLÓGICO, CA. adj. Perteneciente o relativo al neologismo.

NEOLOGISMO. (gr. νέος, nuevo, y λογισμός, razonamiento.) m. Vocablo, acepción o giro nuevo en una lengua. || **2.** Uso de estos vocablos o giros nuevos. || **P. e It.** neologismo; **I.** neologism; **F.** néologisme; **A.** Neologismus; **R.** неологизм.

NEÓLOGO, GA. m. y f. Persona que emplea neologismos.

NEOMENIA. (l. neomenīa, y éste del gr. νεομηνία; de νέος, nuevo, y μήνη, Luna.) f. Primer día de la Luna.

* NEOMICINA. f. BIOQUÍM. y TERAP. Uno de los antibióticos más importantes, empleado como medicamento con efectos parecidos a los de la estreptomicina.

NEÓN. (gr. νέος, nuevo.) m. QUÍM. Elemento gaseoso constitutivo de la atmósfera en muy pequeña proporción.

* NEONICOTINA. f. QUÍM. Alcaloide de composición análoga a la nicotina, pero de acción tóxica más intensa.

NEOPLASIA. (gr. νέος, nuevo, y πλάσις, formación.) f. MED. Formación, en alguna parte del cuerpo, de un tejido, cuyos elementos substituyen a los de los tejidos normales. Principalmente se denominan así los tumores cancerosos.

* NEOPLASTIA. f. CIR. Restauración quirúrgica de los tejidos.

NEOPLATONICISMO. (De neoplatónico.) m. Escuela filosófica que floreció principalmente en Alejandría en los primeros siglos de la Era Cristiana.

NEOPLATÓNICO, CA. (gr. νέος, nuevo, y de platónico.) adj. Perteneciente o relativo al neoplatonicismo. || **2.** Dícese del que sigue esta doctrina. Ú.t.c.s. || **P.** neoplatónico; **I.** Neoplatonic; **F.** néoplatonicien; **A.** neu-, neo-platonisch; **It.** neoplatònico; **R.** неоплатонизм.

NEORÁCEO, A. adj. BOT. Cneoráceo.

NEORAMA. (gr. νέος, templo, y ὅραμα, vista.) m. Especie de panorama, en el cual el espectador, colocado en el centro de un cilindro, ve pintado y alumbrado a su alrededor lo interior de un templo o palacio, un paisaje, etc.

* NEOSALVARSÁN. m. QUÍM. Uno de los compuestos del arsénico que se usa en medicina como antisifilítico.

NEOTÉRICO, CA. (l. neoereïcus, y éste del gr. νεωτερικός.) adj. desus. Nuevo, moderno. Aplícase especialmente a los médicos y filósofos.

NEOYORQUINO, NA. adj. Natural de Nueva York. Ú.t.c.s. || **2.** Perteneciente a esta ciudad de los Estados Unidos.

NEOZELANDÉS, SA. adj. Neocelandés.

º NEPALÉS, SA. s. y adj. Natural del Nepal (India).

NEPENTÁCEA, O. (De nepente.) adj. BOT. Dícese de arbustos angiospermos dicotiledóneos, casi todos de la Malasia, con hojas que forman una especie de pequeño odre en el que atrapan y digieren los insectos que han penetrado en él. Ú.t.c.s. || **2.** f. pl. BOT. Familia de estas plantas.

NEPENTE. (gr. νηπενθής, exento de dolor.) m. BOT. Planta tipo de la familia de las nepentáceas. || **2.** MIT. Bebida que los dioses usaban, según la mitología, para curarse las heridas o los dolores.

NEPERIANO, NA. adj. Perteneciente o relativo al matemático inglés Juan Néper.

NEPOTE. (ital. nepote, sobrino, y éste del l. nepos, -ōtis.) m. Pariente y privado del Papa.

NEPOTISMO. (De nepote.) m. Desmedida preferencia de algunos gobernantes hacia sus parientes para las gracias o empleos públicos. || **P. e It.** nepotismo; **I.** nepotism; **F.** népotisme; **A.** Nepotismus, Vettergunst; **R.** кумовство, семейственость.

NEPTÚNEO, A. adj. poét. Perteneciente o relativo a Neptuno o al mar.

NEPTUNIANO, NA. adj. GEOL. Neptúnico.

NEPTÚNICO, CA. adj. GEOL. Dícese de los terrenos y de las rocas de formación sedimentaria.

º NEPTUNIO. m. QUÍM. Elemento químico, radiactivo inestable, que sigue al uranio en la clasificación periódica. Su símbolo es Np.

N

NEPTUNISMO. m. Geol. Hipótesis que atribuye exclusivamente a la acción del agua la formación de la corteza terrestre.

NEPTUNISTA. ad. Partidario del neptunismo. Ú.t.c.s.

NEPTUNO. (l. *Neptūnus*, el dios de las aguas.) m. Planeta descubierto a mediados del siglo XIX, mucho mayor que la Tierra y distante del Sol 30 veces más que ella. || **2.** poét. El mar. || **P.** Neptuno; **I.** y **F.** Neptune; **A.** Neptun; **It.** Nettuno; **R.** Нептун.

NEQUÁQUAM. (l. *nequaquam*.) adv. neg. fam. En ninguna manera, de ningún modo.

NEQUICIA. (l. *nequitia*.) f. Maldad, perversidad.

NE QUID NIMIS. expr. lat. que significa nada con demasía, y que se usa para aconsejar moderación en todo.

NEREIDA. (l. *Nereīdes*, y éste del gr. Νηρεΐς, hija de Nereo.) f. Mit. Ninfa del mar.

★ **NERIO.** m. Bot. Género de plantas apocináceas, cuyas flores rosadas o blancas son muy hermosas y aromáticas.

NERITA. (l. *neritas*, y éste del gr. νηρίτης.) f. Molusco gasterópodo marino, de concha gruesa y redonda. Hay diversas especies, todas comestibles.

★ **NEROLINA.** f. Quím. Uno de los éteres aromáticos obtenidos sintéticamente y empleados en perfumería.

NERÓN. (Por alusión al emperador romano, último de la familia de los Césares.) m. fig. Hombre muy cruel.

NERONIANO, NA. adj. Perteneciente o relativo al emperador Nerón, o que participa de alguna de sus cualidades. || **2.** fig. Cruel, sanguinario.

NERVADURA. (De *nervio*.) f. Arq. Moldura saliente. || **2.** Bot. Conjunto de los nervios de una hoja. || **P.** nervura; **I.** y **F.** nervure; **A.** Rippe, Steg, Blattnerv; **It.** nervura; **R.** нервюра.

NÉRVEO, A. adj. Perteneciente a los nervios. || **2.** Semejante a ellos.

NERVEZUELO. m. d. de nervio.

NERVIAR. tr. ant. Trabar con nervios.

NERVIECILLO. m. d. de nervio.

★ **NERVIFOLIADO, DA.** adj. Bot. Aplícase a las hojas que aparecen con las nervaduras muy visibles.

NERVINO, NA. (l. *nervīnus*.) adj. Dícese del remedio que da tono a los nervios y estimula su acción.

NERVIO. (De *niervo*.) m. Cada uno de los cordones blanquecinos, compuestos de muchos filamentos o fibras nerviosas, que partiendo del cerebro, la medula espinal u otros centros, se distribuyen por todo el cuerpo y son los órganos conductores de los impulsos nerviosos. || **2.** Aponeurosis, o cualquier tendón. || **3.** Cuerda de los instrumentos músicos. || **4.** Haz fibroso que, en forma de cordoncillo, corre a lo largo de las hojas de las plantas por su envés. || **5.** Cada una de las cuerdas colocadas al través en el lomo de un libro para encuadernarlo. || **6.** Género de prisión antigua, a modo de cepo. || **7.** fig. Vigor físico o mental. || **8.** Arq. Arco saliente en el intradós de una bóveda. || **9.** Mar. Cabo con que se envergan las velas. —**ciático.** El más grueso del cuerpo que se extiende por el muslo, la pierna y el pie. ||—**de buey.** Vergajo. —**maestro.** Tendón. —**óptico.** Zool. El que desde el ojo transmite al cerebro las impresiones luminosas. —**vago.** Zool. Nervio par que nace del bulbo de la medula espinal, desciende por el cuello, penetra en las cavidades del pecho y vientre, y termina en el estómago y plexo solar. Regula las funciones del corazón, del estómago y de los pulmones. || **P.** e **It.** nervo; **I.** nerve; **F.** nerf; **A.** Nerv; **R.** нерв.

NERVIOSAMENTE. adv. Con excitación nerviosa.

NERVIOSIDAD. (De *nervio*.) f. Nerviosidad. || **2.** Estado pasajero de excitación nerviosa.

NERVIOSISMO. m. Nerviosidad.

NERVIOSO, SA. adj. Que tiene nervios. || **2.** Perteneciente o relativo a los nervios. || **3.** Dícese de la persona cuyos nervios se excitan fácilmente. || **4.** fig. Fuer-

te y vigoroso. || **P.** e **It.** nervoso; **I.** nervous; **F.** nerveux; **A.** nervös; **R.** нервный.

NERVOSAMENTE. adv. Con vigor y eficacia.

NERVOSIDAD. (l. *nervositas, -ātis*.) f. Fuerza y actividad de los nervios. || **2.** Flexibilidad de algunos metales fibrosos. || **3.** fig. Fuerza y eficacia de un razonamiento.

NERVOSO, SA. (l. *nervōsus*.) adj. Nervioso.

NERVUDO, DA. adj. Que tiene fuertes y robustos nervios.

★ **NÉRVULA.** f. Bot. Conjunto de vasos de la placenta de un fruto. || **2.** Zool. Pequeña nervadura del ala de los insectos.

NERVURA. f. Conjunto de las partes salientes que en el lomo de un libro forman los nervios o cuerdas que han servido para encuadernarlo.

NESCEDAD. f. ant. Necedad.

NESCIENCIA. (l. *nescentia*.) f. Ignorancia, necedad, falta de ciencia.

NESCIENTE. (l. *nesciens, -entis*.) adj. Que no sabe.

NESCIENTEMENTE. adv. Ignorantemente. || **2.** Sin saber.

NESCIO, CIA. (l. *nescius*.) adj. ant. Necio. Usáb.t.c.s.

★ **NESEA.** f. Zool. Crustáceos isópodos que viven entre algas y piedras en las aguas próximas al litoral.

NESGA. (De *nesgar*.) f. Pieza de tela de figura triangular, que se añade a las ropas o vestidos para darles vuelo o el ancho que necesitan. || **2.** fig. Pieza de cualquier cosa, cortada en figura triangular para unirla a otras.

NESGADO, DA. p.p. de nesgar. || **2.** adj. Que tiene nesgas.

NESGAR. (l. *nexicāre*, de *nexāre*, unir.) tr. Cortar una tela en dirección oblicua a la de sus hilos.

NÉSPERA. (l. *mĕspila*, pl. m. de *mĕspilum*.) f. Níspero.

NÉSPILO. (l. *mĕspilus* y *-um*.) m. ant. Níspola.

★ **NÉSTOR.** m. Zool. Género de aves prensoras parecidas al papagayo, que viven en Nueva Zelanda.

NESTÓREO, A. adj. Propio del héroe griego Néstor, o relativo a él.

NESTORIANISMO. (De *nestoriano*.) m. Herejía del siglo V de la Iglesia, predicada por Nestorio, patriarca de Constantinopla, que profesaba la existencia en el Redentor de dos personas, separando en Él la naturaleza divina de la humana.

NESTORIANO, NA. (l. *nestoriānus*.) adj. Partidario del nestorianismo. Apl. a pers. ú.t.c.s.

★ **NESTÓRIDOS.** m. pl. Zool. Familia de aves prensoras, especie de papagayos.

NETÁCEO, A. adj. Gnetáceo.

NETAMENTE. adv. Con limpieza y distinción.

NETEZUELO, LA. m. y f. d. de nieto.

NETO, TA. (l. *nitidus*.) adj. Limpio y puro. || **2.** Que resulta líquido en cuenta, después de comparar el cargo con la data; o en el precio, después de deducir los gastos, o en el peso de una cosa después de deducida la tara. || **3.** m. Arq. Pedestal de la columna, considerándolo sin las molduras. || *En* neto. m. adv. En limpio, líquidamente. || **P.** neto; **I.** neat; **F.** net; **A.** echt, lauter, netto; **It.** netto; **R.** чистый, нетто.

NEUMA. (gr. πνεῦμα, espíritu, soplo, aliento.) m. Mús. Signo que se empleaba para escribir la música antes del sistema actual. || **2.** Grupo de notas de adorno con que solían concluir las composiciones musicales de canto llano. || **P.** e **It.** neuma; **I.** neume, neuma; **F.** neume; **A.** Neuma; **R.** невмы.

NEUMA. (gr. νεῦμα, movimiento de cabeza.) amb. Ret. Declaración de lo que se siente o quiere, por medio de señas.

NEUMÁTICO, CA. (l. *pneumaticus*, y éste del gr. πνευματικός; relativo a la respiración.) adj. Fís. Dícese de varios aparatos destinados a operar con el aire. || **2.** m. Llanta de caucho que se aplica a las ruedas de los automóviles, bicicletas, etc., con una cámara llena de aire a presión. ||

P. pneumático; **I.** pneumatic; **F.** pneumatique; **A.** pneumatisch; **It.** pneumàtico; **R.** пневматический.

★ **NEUMATOCELE.** f. Pat. Tumor gaseoso.

★ **NEUMATOLOGÍA.** f. Fisiol. Estudio de las relaciones de la atmósfera y los gases con la respiración. || **2.** Tratado de las enfermedades que tienen su origen en la acumulación de gases en el interior del organismo.

★ **NEUMATÓMETRO.** m. Aparato para medir la cantidad de aire que entra y sale de los pulmones en los dos momentos del acto de la respiración: inspiración y espiración.

★ **NEUMOCELE.** m. Pat. Hernia del pulmón a través de los espacios intercostales.

NEUMOCOCO. (gr. πνεύμων, pulmón, y κόκκος, grano.) m. Med. Microorganismo que es el agente patógeno de ciertas pulmonías.

NEUMOCONIOSIS. (gr. πνεῦμα, aire, y κόνις, polvo.) f. Med. Género de enfermedades crónicas producidas por la infiltración en los pulmones del polvo de diversas substancias minerales.

NEUMOGÁSTRICO. (gr. πνεύμων, pulmón, y γαστήρ, vientre.) m. Med. Nervio que forma el décimo par craneal, llamado también vago, que se extiende desde el bulbo a las cavidades del tórax y el abdomen.

★ **NEUMÓGRAFO.** m. Aparato con el que se consigue la representación gráfica de los movimientos del tórax durante la respiración.

NEUMONÍA. (gr. πνευμονία, de πνεύμων, pulmón.) f. Med. Pulmonía. || **P.** e **I.** pneumonia; **F.** pneumonie; **A.** Lungenentzündung; **It.** pneumonia; **R.** пневмония.

NEUMÓNICO, CA. (gr. πνευμονικός.) adj. Med. Perteneciente o relativo al pulmón. || **2.** Med. Que padece neumonía. Ú.t.c.s.

★ **NEUMOTIFUS.** m. Pat. Enfermedad producida por el neumococo. Empieza por una neumonía y luego presenta los síntomas de la fiebre tifoidea.

NEUMOTÓRAX. (gr. πνεῦμα, aire, y θώραξ, pecho.) m. Med. Enfermedad producida por la entrada del aire en la cavidad de la pleura.—**artificial.** Med. El producido para fines terapéuticos mediante la inyección de aire u otro gas.

○ **NEUQUINO, NA.** adj. Natural de Neuquén, territorio de la República Argentina, o de su capital.

NEURALGIA. (gr. νεῦρον, nervio, y ἄλγος, dolor.) f. Med. Dolor continuo a lo largo de un nervio. || **P.** e **I.** neuralgia; **F.** névralgie; **A.** Nervenschmerz, Neuralgie; **It.** neuralgia; **R.** невралгия.

NEURÁLGICO, CA. adj. Med. Perteneciente o relativo a la neuralgia.

NEURASTENIA. (gr. νεῦρον, nervio, y ἀσθένεια, debilidad.) f. Med. Conjunto de estados nerviosos mal definidos, que se caracterizan por síntomas muy diversos entre los que son constantes la tristeza, el cansancio, el temor y la emotividad. || **P.** neurastenia; **I.** neurasthenia; **F.** néurasthénie; **A.** Neurasthenie, Nervenschwäche; **It.** neurastenia; **R.** неврастения.

NEURASTÉNICO, CA. adj. Med. Perteneciente o relativo a la neurastenia. || **2.** Med. Que padece neurastenia. Ú.t.c.s.

★ **NEURILEMA.** m. Anat. Membrana que rodea los nervios cerebrales.

★ **NEURINA.** f. Bioquím. Substancia que entra en la constitución del sistema nervioso.

NEURISMA. f. Aneurisma.

NEURITA. (gr. νεῦρον, nervio.) f. Histol. Prolongación principal de la neurona o célula nerviosa.

NEURITIS. (gr. νεῦρον, nervio, y el sufijo *itis*, inflamación.) f. Med. Inflamación de un nervio, generalmente acompañado de neuralgia, atrofia muscular y otros síntomas. || **P.** neurose; **I.** neuritis; **F.** nevrite; **A.** Nervenentzündung; **It.** nevrite, neurite; **R.** воспаление, нервов.

★ **NEUROCIRUGÍA.** f. Cir. Método quirúrgico que actúa de un modo directo y anatómico.

NEUROEPITELIO. (gr. νεῦρον, nervio, y *epitelio*.) m. Zool. Epitelio sensorial.

NEUROESQUELETO. (gr. νεῦρον, nervio, y σκελετός, seco.) m. Zool. Esqueleto interno de los animales vertebrados formado por piezas óseas o cartilaginosas.

NEUROGLIA. (gr. νεῦρον, nervio, y γλία, liga.) f. Zool. Substancia del sistema nervioso, en el que constituye un elemento de sostén y sirve a la vez para aislar las células y las fibras nerviosas.

* **NEUROGRAFÍA.** f. Anat. Descripción de los nervios.

NEUROLOGÍA. (gr. νεῦρον, nervio, y λόγος, tratado.) f. Tratado del sistema nervioso, en su doble aspecto morfológico y fisiológico. ‖ **P.** neurologia; **I.** neurology; **F.** névrologie, neurologie; **A.** Neurologie; Nervenlehre; **It.** nerrologia, neurologia; **R.** неврология.

NEURÓLOGO. (gr. νεῦρον, nervio, y λέγω, decir, tratar.) m. Médico dedicado especialmente al estudio del sistema nervioso.

NEUROMA. (gr. νεῦρον, nervio.) m. Med. Tumor formado en el espesor del tejido nervioso y acompañado de intenso dolor. ‖ **P., I.** e **It.** neuroma; **F.** névrome; **A.** Nervengeschwulst; **R.** неврома.

NEURONA. (gr. νεῦρον, nervio.) f. Zool. Célula nerviosa, que consta de un cuerpo de forma variable, provisto de diversas prolongaciones, una de las cuales, la neurita, es filiforme y más larga que las demás.

NEURÓPATA. (gr. νεῦρον, nervio, y πάθος, enfermedad.) Med. Persona que padece enfermedades nerviosas, principalmente neurosis.

* **NEUROPATOLOGÍA.** f. Med. Estudio de las enfermedades del sistema nervioso.

* **NEUROPSIQUIATRÍA.** (gr. νεῦρον, nervio, y de *psiquiatría*.) f. Med. Estudio y tratamiento de las enfermedades nerviosas y mentales.

NEURÓPTERO. (gr. νεῦρον, nervio, y πτερόν, ala.) adj. Zool. Dícese de insectos que tienen boca dispuesta para masticar, cabeza redonda, cuerpo prolongado y cuatro alas membranosas y reticulares. Ú.t.c.s. ‖ **2.** m. pl. Zool. Orden de estos insectos. ‖ **P.** neuróptero; **I.** neuropterous; **F.** névroptères; **A.** Netzflüger, Gitterflügler; **It.** neuróttero.

NEUROSIS. (gr. νεῦρον, nervio.) f. Med. Conjunto de enfermedades cuyos síntomas señalan un trastorno del sistema nervioso, sin que el examen anatómico descubra lesiones de dicho sistema. ‖ **P.** neurose; **I.** neurosis; **F.** névrose; **A.** Nervenkrankheit, Neurose; **It.** nevrosi; **R.** невроз.

* **NEUROTERAPIA.** f. Med. Tratamiento de las enfermedades nerviosas. ‖ **2.** Med. Psicoterapia.

NEURÓTICO, CA. adj. Med. Que padece neurosis. Ú.t.c.s. ‖ **2.** Med. Perteneciente o relativo a la neurosis.

* **NEUROTOMÍA.** f. Med. Disección de los nervios. ‖ **P.** neurotomia; **I.** neurotomy; **F.** névrotomie; **A.** Nervenschnitt; **It.** neurotomia; **R.** невротомия.

NEUROTOMO. (gr. νεῦρον, nervio y τέμνω, cortar.) m. Instrumento de dos cortes, largo y estrecho, usado principalmente para disecar los nervios.

NEUTRAL. (l. *neutrālis*.) adj. Que no es ni de uno ni de otro; que entre dos partes que contienden, no se inclina a ninguna de ellas. Apl. a pers. ú.t.c.s. ‖ **2.** Hablando de nación o Estado, que no toma parte en una guerra. Ú.t.c.s. ‖ **P.** neutral; **I.** neutral; **F.** neutre; **A.** neutral, parteilos; **It.** neutrale; **R.** нейтральный.

NEUTRALIDAD. f. Calidad de neutral.

° **NEUTRALISMO.** m. Doctrina que propugna la neutralidad, especialmente en los conflictos internacionales.

° **NEUTRALISTA.** adj. Partidario del neutralismo.

NEUTRALIZACIÓN. f. Acción y efecto de neutralizar o neutralizarse.

NEUTRALIZAR. tr. Hacer neutral. Ú.t.c.r. ‖ **2.** Quím. Hacer neutra una substancia. ‖ **3.** fig. Debilitar el efecto de una causa, por la concurrencia de otra dife-

rente u opuesta. Ú.t.c.r. ‖ **P.** neutralizar; **I.** to neutralize; **F.** neutraliser; **It.** neutralizzare; **R.** нейтрализовать.

* **NEUTRETO.** m. Fís. nuclear. Cada una de las partículas neutras procedentes de la transformación de mesotrones en electrones.

* **NEUTRINO.** m. Fís. La más fugaz de las subpartículas elementales. Su masa es inapreciable y no posee carga.

NEUTRO, TRA. (l. *neuter, neutra*, ni uno ni otro.) adj. Dícese del género que no es masculino ni femenino. ‖ **2.** Gram. Dícese del verbo cuya acción no se transmite de una persona o cosa a otra. ‖ **3.** Indiferencia en política. ‖ **4.** Quím. Dícese del compuesto que no tiene carácter ácido ni básico. ‖ **5.** Zool. Aplícase a ciertos animales que no tienen sexo. ‖ **P.** e **It.** neutro; **I.** neuter; **F.** neutre; **A.** neutral, sächlich intransitiv; **R.** среднего рода.

NEUTRÓN. m. Fís. Elemento que forma parte de los átomos, salvo en el caso del hidrógeno ordinario. Su masa es ligeramente mayor que la del protón y carece de carga eléctrica.

NEVADA. f. Acción y efectó de nevar. ‖ **2.** Cantidad de nieve que ha caído de una vez y sin interrupción sobre la tierra.

NEVADILLA. (De *nevada*, por el aspecto de las brácteas.) f. Bot. Planta herbácea anual, cariofilácea, con tallos tumbados, vellosos, de tres a cuatro decímetros de longitud; hojas elípticas; flores pequeñas, verdosas, en cabezuelas, y fruto seco con una sola semilla. Abunda en los parajes áridos. ‖ **2.** Bot. Aladierna.

* **NEVADILLO.** m. Variedad de olivo, abundante en España.

NEVADO, DA. (l. *nivātus*.) adj. Cubierto de nieve. ‖ **2.** fig. Blanco como la nieve.

NEVAR. (De *nieve*.) intr. Caer nieve. ‖ **2.** tr. fig. Poner blanca una cosa esparciendo en ella cosas blancas menudas. ‖ **P.** nevar; **I.** to snow; **F.** neiger; **A.** schneien; **It.** nevicare; **R.** идти (о снеге).

NEVASCA. f. Nevada. ‖ **2.** Ventisca.

NEVATILLA. f. Aguazanieves.

NEVAZO. (De *nieve*.) m. Nevada.

NEVAZÓN. f. Argent., Chile y Ecuad. Nevasca o temporal de nieve.

NEVERA. (l. *nivaria*, t. f. de -*rius*, nevero.) f. La que vende nieve. ‖ **2.** Sitio en que se conserva nieve. ‖ **3.** Armario frigorífico para el enfriamiento o conservación de alimentos y bebidas; las hay con depósito para el hielo o con una heladora eléctrica. ‖ **4.** fig. Pieza o habitación demasiadamente fría. ‖ **3.ª** acep.: **P.** neveira; **I.** ice-box; **F.** glacière; **A.** Eisschrank; **It.** neviera; **R.** ледник, холодильник.

NEVERETA. f. Nevatilla.

NEVERÍA. f. Tienda donde se vende nieve o refrescos helados.

NEVERO. (l. *nivārius*.) m. El que vende nieve o refrescos helados. ‖ **2.** Paraje de las montañas donde se conserva la nieve todo el año. ‖ **3.** Esta misma nieve.

NEVISCA. f. Nevada corta de copos menudos.

NEVISCAR. intr. Nevar ligeramente o en corta cantidad.

* **NEVIZA.** f. Geol. Masa compacta y granulosa de nieve que se ha ido acumulando en regiones por encima del límite de las nieves perpetuas y que cambia de estructura por el peso de los mantos anuales sucesivos de la nieve que va cayendo.

NEVOSO, SA. (l. *nivōsus*.) adj. Que frecuentemente tiene nieve. ‖ **2.** Dícese también del temporal que está dispuesto para nevar. ‖ **P.** nevoso; **I.** snowy; **F.** neigeux; **A.** schneeig; **It.** nevoso; **R.** снеговой.

NEXO. (l. *nexus*.) m. Nudo, unión o vínculo de una cosa con otra. ‖ **P.** nexo; **I.** nexus, tie, link; **F.** nœud, union, connexion; **A.** Verknüpfung, Nexus; **It.** nesso; **R.** связь, соединение.

NEXO. adv. neg. Germ. No.

NI. (l. *nic*, por *nec*.) conj. copulat. que enlaza vocablos o frases denotando negación, precedida o seguida de otra u otras. ‖ **2.** En cláusula que empieza con verbo precedido del adverbio *no* y en que hay que negar dos o más términos, puede omitirse o expresarse delante del primero esta con-

junción. No descansa de día ni de noche. Colocado el verbo al fin de la cláusula se suprime el adverbio *no*, siendo entonces obligatorio el ni delante de cada término. ni *de día* ni *de noche descansan*. ‖ **3.** Toma a veces el carácter disyuntivo. ¿*Te hablé yo* ni *te vi?* ‖ **4.** adv. neg. Y no. *Perdió el caudal y la honra*; ni *podía esperarse otra cosa de su proceder*. ‖ ni *bien*. m. adv. No del todo, en frases de sentido contrapuesto. ‖ ni *que*. loc. que en algunas frases exclamativas y elípticas equivale a *como sí*. ¡Ni que estuvieras dormido! ‖ **P.** nem, não; **I.** neither, nor; **F.** ni, ne, pas-même; **A.** auch nicht, weder noch; **It.** ne, neanche, neppure; **R.** ни, не, и не, даже не.

NÍA. (Por *henia*, del l. *foenum*, heno.) f. Burg. y Pal. Manojo de mies cortada y tendida en el suelo. Ú.m. en pl.

NIAL. (De *nía*.) m. Almiar.

NIARA. (De *nía*.) m. Almiar.

NIAZO. (De *henazo*.) m. Sal. Nial.

* **NICANDRA.** f. Bot. Género de plantas herbáceas solanáceas, anuales, entre las cuales está el falso alquequenje de hermosas flores azules.

NICARAGUA. (Del Estado americano de este nombre.) f. Bot. Balsamina. Ú.m. en pl.

NICARAGÜENSE. adj. Nicaragüeño. Apl. a pers. ú.t.c.s.

NICARAGÜEÑO, ÑA. adj. Natural de Nicaragua. Ú.t.c.s. ‖ **2.** Perteneciente a esta república de América.

° **NICARAGÜISMO.** m. Locución, giro o modo de hablar propio y peculiar de los nicaragüenses.

NICENO, NA. (l. *nicaenus*.) adj. Natural de Nicea. Ú.t.c.s. ‖ **2.** Perteneciente a esta antigua ciudad de Bitinia.

NICEROBINO. (l. *Nicēros*, Nicerote, célebre confeccionador de perfumes.) adj. Dícese de un ungüento precioso y muy oloroso que fue muy usado por los antiguos para ungirse.

NICLE. (b. l. *nichilus*.) m. Calcedonia con listas, unas más obscuras que otras.

NICOCIANA. (fr. *nicotiane*, de Juan *Nicot*, que por primera vez introdujo esta planta en Francia en 1560.) f. Tabaco, 1.ª acep.

NICOMEDIENSE. (l. *nicomediensis*.) adj. Natural de Nicomedia. Ú.t.c.s. ‖ **2.** Perteneciente a esta antigua ciudad de Bitinia.

* **NICOTEÍNA.** f. Quím. Alcaloide más tóxico que la nicotina, que se encuentra en el tabaco en muy pequeña cantidad.

NICÓTICO, CA. (De *Nicot*.) adj. Referente al nicotismo.

* **NICOTINA.** f. Alcaloide muy venenoso, oleoso e incoloro que se encuentra especialmente en el tabaco. ‖ **P.** e **It.** nicotina; **I.** y **F.** nicotine; **A.** Tabakgift; **R.** никотин.

NICOTINISMO. (De *nicotina*.) m. Med. Nicotismo.

NICOTISMO. (De *Nicot*.) m. Med. Conjunto de trastornos morbosos causados por el abuso del tabaco.

NICTAGINÁCEO, A. (De *nictagíneo*.) adj. Bot. Dícese de hierbas y plantas leñosas angiospermas nicotiledóneas, casi todas propias de países tropicales, con flores rodeadas en su base por un involucro de brácteas que a veces tienen colores vivos y fruto indehiscente con una sola semilla. Ú.t.c.s. f. ‖ **2.** f. pl. Bot. Familia de estas plantas.

NICTAGÍNEO, A. (De *nyctago*, -*ínis*, nombre genérico del dondiego de noche, y éste del gr. νύξ, νυκτός, noche.) adj. Bot. Nictagináceo.

* **NICTALO.** m. Zool. Género de mamíferos quirópteros, murciélagos de hocico corto y orejas pequeñas y redondas.

NICTÁLOPE. (l. *nyctalops*, -*ōpis*, y éste del gr. νυκτάλωψ.) adj. Dícese de la persona o animal que ve mejor de noche que de día. Ú.t.c.s.

NICTALOPÍA. (l. *nyctalopía*, y éste del gr. νυκταλωπία.) f. Defecto del nictálope.

NICTITANTE. (l. *nictitāre*, de *nictēre*, guiñar.) adj. Zool. Dícese de la membrana casi transparente que forma el tercer párpado de las aves.

* **NICTOFOBIA.** f. Pat. Temor morboso a la noche o a la obscuridad.

N

* NICTOFONÍA. f. Pat. Pérdida de la voz durante la noche.

NICHO. (fr. *niche*.) m. Concavidad en el espesor de un muro, generalmente en forma de semicilindro, para colocar dentro una estatua, un jarrón, etc. || 2. Por ext., cualquier concavidad formada para colocar una cosa; como en los cementerios, los cadáveres. || P. nicho; I. y F. niche; A. Nische, Columbarium; It. nicchia; R. нища.

NIDADA. f. Conjunto de los huevos puestos en el nido. || 2. Conjunto de los pajarillos mientras están en el nido.

NIDAL. (De *nido*.) m. Lugar donde la gallina u otra ave doméstica pone sus huevos. || 2. Huevo que se deja como señal en un sitio para que la gallina acuda a poner allí. || 3. fig. Sitio donde uno se acoge con frecuencia o en donde esconde una cosa. || 4. fig. Fundamento o motivo de que suceda o prosiga una cosa.

NIDIFICAR. (l. *nidificāre*, de *nidus*, nido, y *facĕre*, hacer.) intr. Hacer nidos las aves. || P. nidificar; I. to nidify; F. nicher; A. nisten; It. nidificare; R. гнездиться.

NIDIO, DIA. (l. *nitidus*.) adj. Ast. Resbaladizo, compacto. || 2. Sal. Limpio, terso.

NIDO. (l. *nīdus*.) m. Especie de lecho que forman las aves para poner sus huevos y criar los polluelos. Son muy variados según las especies. || 2. Por ext., cavidad, agujero donde procrean diversos animales. || 3. Nidal. || 4. fig. Casa, patria o habitación de uno. || 5. fig. Lugar donde se juntan gentes de mala conducta. || 6. fig. Lugar originario de ciertas cosas inmateriales. Nido de herejías. || —**de urraca**. Fort. Trinchera circular muy reducida. || *Haberse caído de un* NIDO. Ser crédulo y simplón en demasía. || *En los* NIDOS *de antaño no hay pájaros hogaño*. ref. alusivo a la inestabilidad de las cosas terrenas. || *No hallar* NIDOS *donde se piensa hallar pájaros*. ref. con que se explica haber salido enteramente vanas ciertas esperanzas. || P. ninho; I. nest; F. nid; A. Nest; It. nido; R. гнездо.

NIDRIO, DRIA. adj. Ál. Lívido, cárdeno, hablando de contusiones.

NIEBLA. (l. *nĕbŭla*.) f. Nube en contacto con la Tierra. || 2. Nube. || 3. Añublo. || 4. fig. Confusión y obscuridad en las cosas o negocios. || 5. fig. Munición, para armas de caza, consistente en perdigones menudísimos. || 6. Germ. Madrugada. || 7. Med. Grumos que en ciertas enfermedades forma la orina después de fría y en reposo. || —**meona**. Aquella de la cual se desprenden gotas menudas. || P. névoa; I. fog; F. brouillard; A. Nebel; It. nebbia; R. туман.

NIEGO. (ant. y vulg. *nío*, y éste del l. *nīdus*.) adj. Dícese del halcón cogido en el nido.

NIEL. (l. *nigellus*, d. de *niger*, negro.) m. Labor en hueco sobre metales preciosos, rellena con un esmalte negro.

NIELADO, DA. p.p. de nielar. || 2. m. Acción y efecto de nielar.

NIELAR. tr. Adornar con nieles.

NIERVO. (l. *nĕrvus*.) m. desus. Nervio. Hoy es vulgarismo.

NIÉSPERA. (l. *mĕspĭlus*.) f. Níspola.

NIÉSPOLA. (l. *mĕspĭlus*.) f. Ar. Níspola.

NIETASTRO, TRA. m. y f. Respecto de una persona, hijo o hija de su hijastro o de su hijastra.

NIETECITO, TA. m. y f. d. de nieto, ta.

NIETEZUELO, LA. m. y f. d. de nieto, ta.

NIETO, TA. (l. *nĕptis*, y nieto, de *nieta*.) m. y f. Respecto de una persona, hijo o hija de su hijo o de su hija. || 2. Por ext., descendiente de una línea a partir de la tercera generación. Ú.t. con los adjetivos *segundo, tercero*, etc. || P. neto; I. grandson; F. petit-fils; A. Enkel (kind); It. nipotino; R. внук, внучка.

NIETRO. m. Ar. Medida para vino, de 16 cántaros.

NIEVE. (l. *nix, nivis*.) f. Agua helada que se desprende de las nubes en cristales hexagonales sumamente pequeños, agrupados en copos blancos. || 2. Temporal en que nieva mucho. Ú. comúnmente en

pl. *En tiempo de* NIEVES. || 3. Amér. Helado, sorbete. || 4. Cuba. Cierta planta con la flor blanca que se cultiva en los jardines. || 5. fig. Suma blancura. Ú. frecuentemente en poesía. —**penitente**. Conjunto de pirámides de nieve en forma de capuchas debidas a la irradiación solar. || P. e It. neve; I. snow; F. neige; A. Schnee; R. снег.

* NIEVELINA. f. Quím. Solución acuosa de bisulfito de sodio que se empleó para conservar frescos la carne y el pescado.

NIGOLA. f. Mar. Flechaste.

NIGROMANCIA [~MANCÍA]. (l. *necromantĭa*, y éste del gr. νεκρομαντεία; de νεκρός, muerto, y μαντεία, adivinación.) f. Arte supersticioso de adivinar lo futuro evocando a los muertos. || 2. fam. Magia negra. || P. nigromancia; I. necromancy; F. nécromancie; A. Schwarzkunst; It. negromanzia; R. некромантия.

NIGROMANTE. (gr. νεκρόμαντις.) m. El que ejerce la nigromancia. || P. nigromante; I. necromancer; F. nécromancien; A. Schwarzkünstler; It. negromante; R. некромант.

NIGROMÁNTICO, CA. adj. Perteneciente a la nigromancia. || 2. m. Nigromante.

NIGUA. (Voz caribe.) f. Zool. Insecto díptero originario de América, del suborden de los afanípteros, parecido a la pulga, aunque mucho más pequeño. Las hembras fecundadas penetran bajo la piel de los animales y del hombre, principalmente en los pies, para depositar sus huevos.

NIHILISMO. (l. *nihil*, nada.) m. Fil. Negación de toda creencia. || 2. Negación de todo principio religioso, político o social. || P. niilismo; I. nihilism; F. nihilisme; A. Nihilismus; It. nichilismo; R. нигилизм.

NIHILISTA. adj. Que profesa el nihilismo. Ú.t.c.s. || 2. Perteneciente al nihilismo.

NILAD. (Voz tagala.) m. Arbusto de Filipinas, de la familia de las rubiáceas, con tallos ramosos de unos 2 metros de altura, flores blancas, y fruto en grupa elipsoidal. Abunda en los contornos de la ciudad de Manila.

* NILGO. m. Zool. Mamífero antilopino de Cachemira y las Indias Orientales.

* NILHUE. m. Amér. Maleza, espesura de arbustos y malas hierbas.

° **NILÓN.** m. Materia sintética de la que se obtienen filamentos muy elásticos y resistentes que se emplean como fibra textil para la fabricación de diversos tejidos e hilados.

* NILÓTICO, CA. adj. Perteneciente al Nilo.

NIMBAR. tr. Circuir de nimbo o aureola una figura o imagen.

NIMBO. (l. *nimbus*.) m. Aureola. || 2. Meteor. Capa de nubes formadas por cúmulos tan confundidos, que presentan un aspecto casi uniforme. || 3. Numism. Círculo que en ciertas medallas romanas antiguas rodean la cabeza del emperador. || P. nimbo; I. nimbus; F. nimbe; A. Nimbus, Heiligenschein; It. nembo; R. нимб, ореол.

* NIMIAMENTE. adv. Con prolijidad. || 2. Con cortedad o poquedad.

NIMIEDAD. (l. *nimĭĕtas, -ātis*.) f. Exceso, demasía. || 2. Prolijidad, minuciosidad. || 3. Pequeñez, insignificancia. || P. nimiedade; I. trifle; F. minutie, tatillonnage; A. Kleinigkeit; It. minuzia; R. мелочность.

NIMIO, MIA. (l. *nimĭus*.) adj. Excesivo. || 2. Prolijo, minucioso. || 3. Insignificante.

NIN. conj. ant. Ni.

NINFA. (l. *nympha*, y éste del gr. νύμφη.) f. Mit. Cualquiera de las mitológicas deidades de las aguas, bosques, selvas, etc. || 2. fig. Joven hermosa. Tómase a veces en mala parte. || 3. Zool. Insecto que, pasado ya del estado de larva, prepara su última metamorfosis. || 4. pl. Labios pequeños de la vulva. fig. Consejera de una persona a quien dirige de manera sigilosa. Dícese por alusión a la ninfa que se dice inspiraba a Numa Pompilio. || P. e It. ninfa; I. nymph; F. nymphe; A. Nymphe; R. нимфа.

* NINFALO. m. Zool. Género de mariposas de muy hermosos colores.

NINFEA. (l. *nymphaea*, y éste del gr. νυμφαία.) m. Nenúfar.

NINFEÁCEO, A. (De *ninfea*.) adj. Bot. Dícese de plantas angiospermas dicotiledóneas, acuáticas, de hojas flotantes, grandes y de pedúnculo largo, flores regulares, terminales, de colores brillantes y fruto globoso; como el menúfar y el loto. Ú.t.c.s. || 2. f. pl. Bot. Familia de estas plantas.

NINFO. (De *ninfa*.) m. fig. y fam. Narciso.

NINFOMANÍA. (De *ninfa* y *manía*.) f. Med. Furor uterino. || P. ninfomania; I. nymphomania; F. nymphomanie; A. Mutterwut, Mannstollheit; It. ninfomania.

NINGÚN. adj. Apócope de ninguno. Sólo se emplea antepuesto a nombres masculinos.

NINGUNO, NA. (l. *nec unus*, ni uno.) adj. Ni uno solo. || 2. pron. indet. Nulo y sin valor. || 3. Nadie. || P. nenhum; I. not any; F. aucun, nul; A. kein, niemand; It. nessuno; R. никакой, ни один.

NINIVITA. (l. *ninivita*.) adj. Natural de Nínive. Ú.t.c.s. || 2. Perteneciente a esta ciudad de Asia antigua.

NIÑA. (De la voz infantil *ninna*.) f. Pupila, abertura en el iris. Dícese generalmente NIÑA *del ojo*. || 2. Femenino de niño. || NIÑAS *de los ojos*. fig. y fam. Persona o cosa del mayor cariño o aprecio de uno. || *Saltársele a uno las* NIÑAS *de los ojos*. fr. fig. Saltársele los ojos. || *Tocar a uno en las* NIÑAS *de los ojos*. fr. fig. Sentir muchísimo el daño de aquello que se ama. || P. pupila; I. pupil; F. prunelle; A. Pupille; It. pupilla; R. зрачок. || 2.ª acep.: P. menina; I. child girl; F. enfant; A. Mädchen; It. bimba; R. девочка.

NIÑADA. f. Hecho o dicho irreflexivo impropio de la edad varonil. || P. criancice; I. childishness; F. enfantillage; A. Kinderei; It. bambinàggine; R. ребячество.

NIÑATO. m. Becerrillo que se halla en el vientre de la vaca preñada cuando la matan.

NIÑEAR. intr. Ejecutar niñadas o portarse como niño.

NIÑERA. f. Criada destinada a criar niños.

NIÑERÍA. f. Acción propia de niños. || 2. Poquedad de las cosas que las hace poco estimadas de los hombres. || 3. fig. Hecho o dicho de poca substancia. || P. criancice; I. toyishness; F. petitesse des choses; A. Lappalie; It. piccolezza; R. ребячество.

NIÑERO, RA. adj. Que gusta de niños o de niñerías.

NIÑETA. f. Niña del ojo.

NIÑEZ. (De *niño*.) f. Período de la vida humana, desde el nacimiento hasta la adolescencia. || 2. fig. Primer tiempo de cualquier cosa. || 3. fig. Niñería, 1.ª acep. Ú.m. en pl. || P. infância; I. childhood; F. enfance, bas âge; A. Kindheit; It. fanciullezza; R. детство.

NIÑO, ÑA. (De *niña*.) adj. Que se halla en la niñez. Ú.t.c.s. || 2. Por ext., que tiene pocos años. Ú.t.c.s. || 3. fig. Que tiene poca experiencia. Ú.t.c.s. || 4. fig. En sent. despect., que obra con poca reflexión. Ú.t.c.s. || 5. m. y f. Am. Toda persona soltera. || —**de coro**. El que en las catedrales canta con otros en los oficios divinos. || —**de la bola**. Por antonom., el Niño Jesús, por la bola del mundo con que a veces se le representa. || 2. fig. y fam. El que es afortunado. || —**de la piedra**. Expósito. || —**de la rollona**. El que siendo ya de edad, tiene propensiones y modales de niño. || —**de teta**. El que aún está en la lactancia. || 2. fig. y fam. El que es muy inferior en alguna de sus cualidades. || —**Jesús**. Imagen que representa a Cristo en la edad de niño. || —**zangolotino**. fam. Muchacho que quiere o a quien se quiere hacer pasar por niño. || A *anda*, NIÑO. loc. adv. Manera de transportar a una distancia corta un mueble pesado u otro objeto inclinándolo ligeramente ora a un lado, ora al opuesto, y haciéndolo girar cada vez sobre la parte que se apoya en el suelo. || *Como* NIÑO *con zapatos nuevos*. expr. fig. y fam. que se dice de la persona que por algo que acaba de lograr se muestra muy satisfecha y regocijada. || ¿*Dónde perdió la* NIÑA *su honor?* —*Donde habló mal* *y oyó peor.* ref. que aconseja el gran recato con que se debe hablar, para no escandalizar. || *Los* NIÑOS *de pequeños: que no hay castigo después para ellos.* ref. que enseña que se debe corregir las malas inclinaciones de los niños; porque con la edad se hacen incorregibles. || *Los* NIÑOS *y los locos dicen las verdades.* ref. que advierte que la verdad se halla frecuentemente en las personas que no son capaces de disimulo. || *Quien con* NIÑOS *se acuesta, cagado amanece.* ref. que enseña que quien fía el manejo de los negocios a personas ineptas se verá después chasqueado. || *Si el* NIÑO *llorare, acállelo su madre: y si no quiere callar, déjelo llorar.* ref. que aconseja que cada uno cumpla con lo que le toca y hasta donde alcancen sus medios. || **P.** menino; **I.** child, boy; **F.** enfant, garçon, gosse; **A.** Kind, Knabe; **It.** bambino, ragazzo; **R.** ребёнок.

NIOBIO. (De *Niobe,* hija de Tántalo.) m. Elemento químico metálico semejante al tántalo al que se encuentra frecuentemente asociado. Su símbolo es Nb. Es muy raro.

★ **NIOPO.** m. Bot. Venez. Cierta planta leguminosa cuyas semillas pulverizadas usan los indios a modo de rapé.

NIOTO. m. Cazón.

NIPA. (malayo *nipah.*) f. Planta de la familia de las palmas, de unos tres metros de altura, tronco recto y nudoso, hojas casi circulares de un metro aproximadamente de diámetro, partidas en lacinias ensiformes; flores verdosas, separadas las masculinas de las femeninas, pero en un mismo pedúnculo y fruto en drupa aovada. || **2.** Hoja de este árbol.

NIPIS. (Voz tagala.) l. Tela fina casi transparente y de color amarillento, que tejen en Filipinas con las fibras más tenues sacadas de los pecíolos de las hojas del abacá.

NIPÓN, NA. adj. Japonés. Apl. a pers. ú.t.c.s.

NIPOS. m. pl. Germ. Dinero.

NÍQUEL. (al. *nickel,* genio de las minas.) m. Metal de color y brillo semejante a los de la plata, muy duro, magnético, algo más pesado que el hierro, difícil de fundir y de oxidar. Se emplea en algunos países para fabricar moneda. || **2.** Urug. Dinero. || **P.** níquel; **I.** y **F.** nickel; **A.** Nickel; **It.** nichel; **R.** никель.

NIQUELADO, DA. p.p. de niquelar. || **2.** m. Acción y efecto de niquelar.

NIQUELADOR. m. El que tiene por oficio niquelar.

NIQUELADURA. f. Niquelado.

NIQUELAR. tr. Cubrir con un baño de níquel otro metal.

NIQUELINA. f. Arseniato natural de níquel rojo.

NIQUISCOCIO. (despect. de *negocio.*) m. fam. Negocio de poca importancia, o despreciable.

NIQUITOSO, SA. adj. Ár. Dengoso, minucioso.

NIRVANA. (Voz sánscrita.) l. En el budismo, bienaventuranza obtenida por la incorporación del individuo en la esencia divina.

NÍSCALO. m. Mízcalo.

NISCOME. m. Méj. Olla para cocer el maíz dispuesto para tortilla.

NÍSPERO. (De *níespera.*) m. Árbol rosáceo de unos 3 metros de altura, tronco torcido y delgado; hojas pecioladas, grandes, elípticas; flores blancas, axilares y casi sentadas, y por fruto la níspola. || **2.** Níspola. || **3.** Amér. Chico zapote. || **—del Japón.** Arbusto siempre verde, de la familia de las rosáceas, de uno a dos metros de altura, hojas ovales, flores blancas con olor de almendra, y fruto amarillento, casi esférico de sabor agridulce. Es originario del Japón. || **—espinoso o silvestre.** Espino. || *No mondar uno* NÍSPEROS. fr. fig. y fam. No ser ajeno a la materia de que se trata. || **P.** nespereira; **I.** medlar; **F.** nèfle, néflier; **A.** Hespel, Mispelbaum; **It.** nespolo; **R.** ирга.

NÍSPOLA. (De *níespola.*) f. Fruto del níspero. Es aovado, amarillento, rojizo y coronado por las lacinias del cáliz, es dulce y comestible cuando está pasado.

NISPOLERO. m. Murc. Níspero.

NITIDEZ. f. Calidad de nítido.

NÍTIDO, DA. (l. *nitidus.*) adj. Limpio, terso, claro, puro, resplandeciente. Ú.m. en poesía. || **P.** nítido; **I.** bright, neat; **F.** net, clair; **A.** glänzend, rein; **It.** nitido, chiaro; **R.** чистый, блестящий.

★ **NITÍDULA.** f. Zool. Género de insectos coleópteros, de la familia de los nitidúlidos, que viven sobre materias animales en putrefacción.

NITO. m. Helecho que se cría en Filipinas, de tallo casi voluble y hojas que nacen sobre un pezoncito. De los peciolos se saca un filamento con que se fabrican sombreros y petacas. || **2.** pl. fam. Ú. como respuesta para ocultar lo que lleva, cuando alguno pregunta indiscretamente.

NITOR. (l. *nitor.*) m. Nitidez.

★ **NITRACIÓN.** f. Quím. Acción del ácido nítrico concentrado sobre el benceno para formar el nitrobenceno.

NITRAL. m. Criadero de nitro.

★ **NITRATACIÓN.** f. Acción y efecto de nitratar. || **2.** Adición de nitrato a las tierras de cultivo.

★ **NITRATAR.** tr. Abonar las tierras con nitratos. || **2.** Ennegrecer con el nitrato de plata.

NITRATO. (De *nitro.*) m. Quím. Compuesto derivado de la combinación del ácido nítrico con un radical. || **P.** e **It.** nitrato; **I.** nitrate; **F.** azotate; **A.** salpetersaures Salz; **R.** азотнокислая соль.

NITRERÍA. f. Lugar donde se recoge y beneficia el nitro.

NÍTRICO, CA. adj. Perteneciente o relativo al nitro o al nitrógeno. || **2.** Quím. V. *Ácido* NÍTRICO.

NITRITO. m. Quím. Sal formada por la combinación del ácido nitroso con una base.

NITRO. (l. *nitrum,* y éste del gr. νίτρον.) m. Nitrato potásico en forma de agujas o de polvillo blanquecino que se forma en la superficie de los terrenos húmedos y salados. || **—cúbico.** Sal semejante al nitro pero en que la potasa está reemplazada por el sodio.

★ **NITROBENCENO.** m. Quím. Líquido incoloro o amarillento, con olor que recuerda el de las almendras amargas. Es muy usado en la fabricación de perfumes, explosivos y colorantes.

NITROBENCINA. f. Quím. Cuerpo resultante de la combinación del ácido nítrico con la bencina.

NITROCELULOSA. f. Pólvora lenta que se obtiene sometiendo el algodón purificado a la acción de una mezcla de ácidos sulfúrico y nítrico.

NITROGENADO, DA. (De *nitrógeno.*) adj. Que contiene nitrógeno.

NITRÓGENO. (gr. νίτρον, nitro, y γεννάω, engendrar.) m. Metaloide gaseoso, incoloro, transparente, insípido e inodoro que constituye el 78 % del aire atmosférico, pero no sirve para la respiración ni la combustión. Es elemento fundamental en la composición de los seres vivos. || **P.** nitrogénio, azoto; **I.** nitrogen; **F.** azote, nitrogène; **A.** Stickstoff; **It.** nitrógeno, azoto; **R.** азот.

NITROGLICERINA. f. Líquido aceitoso, inodoro, más pesado que el agua, que resulta de la acción del ácido nítrico sobre la glicerina. Es un explosivo potente. Mezclado con un cuerpo absorbente, forma la dinamita.

NITROSIDAD. f. Calidad de nitroso.

NITROSO, SA. (l. *nitrosus.*) adj. Que tiene nitro o se le parece. || **2.** Quím. Dícese en general de los compuestos en que el nitrógeno tiene valencia más baja que en los nítricos.

★ **NITRURO.** m. Quím. Cuerpo resultante de la combinación del nitrógeno con un metal.

NIVEL. (l. *libellus,* por *libella,* libra.) m. Instrumento para comprobar la horizontalidad de un plano o para averiguar la diferencia de altura entre dos puntos. || **2.** Horizontalidad. || **3.** Altura que alcanza la superficie de un líquido. || **4.** V. *Paso a* NIVEL. || **5.** fig. Altura que una cosa alcanza. || **6.** fig. Igualdad en cualquier línea o especie. || **—de agua.** Tubo de latón u hojalata, montado sobre un tripode en cuyas extremidades se aseguran otros dos tubos de cristal. Echando agua en el tubo hasta que el líquido suba por los de cristal, la altura que toma en éstos determina un plano de nivel. || **—de aire.** Regla metálica que lleva encima un tubo de cristal cerrado y casi lleno de un líquido. Cuando la burbuja de aire que queda dentro se para entre dos rayas señaladas en el tubo, la regla está horizontal. Si el instrumento se monta sobre un trípode, añadiéndole pínulas o un anteojo, sirve para nivelaciones topográficas. || **—de albañil.** Triángulo rectángulo isósceles, hecho con tres listones y con una plomada pendiente del vértice opuesto a la hipotenusa, por cuyo punto medio pasa precisamente el hilo de aquélla cuando al instrumento se apoya sobre un plano horizontal. || *A* NIVEL. m. adv. En un plano horizontal. || **2.** *A cordel.* || *Estar a un* NIVEL. m. fig. Haber entre dos o más cosas o personas perfecta igualdad en algún concepto. || **P.** nível; **I.** level; **F.** niveau; **A.** Niveau, Wasserwaage; **It.** livello; **R.** уровень.

NIVELACIÓN. f. Acción y efecto de nivelar.

NIVELADOR, RA. adj. Que nivela. Ú.t.c.s.

NIVELAR. tr. Operar con el nivel para reconocer si existe o no la horizontalidad. || **2.** Poner un plano en la posición horizontal justa. || **3.** Por ext., poner a igual altura dos o más cosas materiales. || **4.** fig. Igualar una cosa con otra. Ú.t.c.s. || **5.** Topogr. Hallar la diferencia de altura entre dos puntos de un terreno. || **P.** nivelar; **I.** to level; **F.** niveler; **A.** nivellieren, ausgleichen; **It.** livellare; **R.** нивелировать, выравнивать.

NÍVEO, A. (l. *niveus.*) adj. poét. De nieve o semejante a ella.

NIVOSO, SA. (l. *nivōsus.*) adj. Nevoso. || **2.** m. Cuarto mes del calendario republicano francés que comprendía desde el 21 de Diciembre hasta el 19 de Enero de nuestro calendario.

NIZARDO, DA. Adj. Natural de Niza. Ú.t.c.s. || **2.** Perteneciente a esta ciudad de Francia.

NO. (l. *non.*) adv. que con sentido negativo se emplea principalmente respondiendo a pregunta. || **2.** En sentido interrogativo, empléase como reclamando contestación afirmativa. ¿NO *me respondes*? || **3.** Se antepone al verbo al que sigue un vocablo negativo. *Eso* NO *vale nada.* || **4.** Ú. a veces solamente para avivar la afirmación de la frase haciendo que la atención se fije en una idea contrapuesta a otra. *Más vale ayunar que* NO *enfermar.* || **5.** Seguido de la preposición *sin,* tiene con ella sentido afirmativo. *Sirvió,* NO *sin gloria.* || **6.** Ú. repetido para reforzar la negación. || En algunos casos toma carácter de substantivo. *Tanto cuesta un sí como un* NO. || *A que* NO? Expr. Especie de reto que se dirige a uno, como indicándole que no puede contradecir a otro. || NO *bien.* m. adv. Tan luego como. || *más.* expr. Solamente. || **2.** Equivale a *basta de* en giros elípticos. NO *más insistir.* || **3.** NO *menos,* NO *más que por corresponder a tales muestras...;* es equivalente a NO *menos que...* || NO *menos.* expr. con que se exagera que alguna cosa conviene con otra. || NO, *que* NO. loc. usada para afirmar lo que se dice y de que se duda, valiéndose para ello de la negación contrapuesta irónicamente. || NO *si* NO. loc. con que se da a entender que se tiene por mejor o por más cierto aquello de que se trata, que su contrario. || NO *tal.* expr. fam. con que se esfuerza la negación. || NO *ya.* m. adv. No solamente. || *¿Pues* NO? Modo de hablar con que se contradice o deshace la duda o sentir contrario. || **P.** não; **I.** no, not, nay; **F.** ne, pas; **A.** nein, nicht; **It.** no, non; **R.** не, нет.

★ **NOBELIO.** m. Quím. Uno de los últimos elementos trasuránicos obtenidos mediante procesos de transmutación nuclear. Su número atómico es el 102.

NOBILIARIO, RIA. (l. *nobilis,* noble.) adj. Perteneciente o relativo a la nobleza. || **2.** Aplícase al libro que trata de la nobleza y genealogía de las familias. Ú.t.c.s. || **P.** nobiliário; **I.** nobiliary; **F.** nobiliaire; **A.** adelig; **It.** nobiliare; **R.** дворянский.

NOBILÍSIMAMENTE. adv. Con suma nobleza.

N

NOBILÍSIMO, MA. (l. *nobilissimus.*) adj. sup. de noble.

NOBLE. (l. *nobilis*, contrac. de *noscibilis*, de *noscĕre*, conocer.) adj. Preclaro, ilustre, generoso. || **2.** Excelente en cualquier línea. || **3.** Dícese de la persona que por su ilustre nacimiento o por gracia del soberano usa algún título que confiere privilegios y honores. Ú.t.c.s. || **4.** Aplicado a lo irracional e insensible, singular que se aventaja a los demás individuos de su especie. || **5.** Honroso, estimable. || **6.** m. Moneda de oro que se usó en España. || —**veneciano.** Título de honor en la República de Venecia. || **P.** nobre; **I.** y **F.** noble; **A.** adelig; **It.** nòbile; **R.** знатный, благородный.

NOBLECER. (De *noble*.) tr. ant. Ennoblecer.

NOBLEMENTE. adv. Con nobleza.

NOBLEZA. f. Calidad de noble. || **2.** Conjunto o cuerpo de los nobles de un Estado. || **3.** Tela de seda, especie de damasco sin labores. || **2.**ª acep.: **P.** nobreza; **I.** nobility; **F.** noblesse; **A.** Adel; **It.** nobiltà; **R.** знать.

NOBLOTE. ad. Que procede con nobleza.

NOCA. (l. *nauca*, de *navīca*, *navicŭla*.) f. Crustáceo marino, parecido a la centolla. Es comestible y vive en las costas de España.

NOCEDA. f. Noguera.

NOCEDAL. (l. *nucētum*.) m. Noguera.

NOCENTE. (l. *nocens*, *-entis*.) adj. Que daña. || **2.** Culpado. Ú.t.c.s.

NOCIBLE. (l. *nocibĭlis*.) adj. Nocivo.

NOCIMIENTO. (De *nocir*.) m. ant. Daño o perjuicio.

NOCIÓN. (l. *notio*, *-ōnis*.) f. Conocimiento o idea que se tiene de una cosa. Ú. en teología para explicar el misterio de la Santísima Trinidad y la distinción de personas. || **2.** Conocimiento elemental. Ú.m. en pl. || **P.** noção; **I.** y **F.** notion; **A.** Begriff, Idee, Erkenntnis; **It.** nozione; **R.** понятие.

NOCIONAL. adj. TEOL. Perteneciente a la noción.

NOCIR. (l. *nocĕre*.) tr. ant. Dañar, ofender.

NOCIVIDAD. f. Cualidad de dañoso o nocivo.

NOCIVO, VA. (l. *nocīvus*.) adj. Dañoso, pernicioso u ofensivo. || **P.** e **It.** nocivo; **I.** noxious; **F.** nuisible; **A.** schädlich; **R.** вредный.

NOCLA. (l. *naucŭla*, por *navicŭla*, navecilla.) f. Noca.

NOCTAMBULAR. intr. Andar vagando de noche.

NOCTAMBULISMO. (De *noctámbulo*.) m. Cualidad de noctámbulo.

NOCTÁMBULO, LA. (l. *nox*, *nŏctis*, noche, y *ambulāre*, andar.) Adj. Noctívago.

NOCTILUCA. (l. *noctiluca*, de *nox*, *nŏctis*, noche, y *lucēre*, lucir.) f. Luciérnaga. || **2.** ZOOL. Protozoo flagelado, marino, fosforescente, de cuerpo voluminoso y esférico y con un solo flagelo. A este flagelo se debe frecuentemente la luminosidad observada en las aguas del mar durante la noche.

NOCTÍVAGO, GA. (l. *nictivăgus*.) adj. poét. Que anda vagando durante la noche. Ú.t.c.s.

NOCTURNAL. (l. *nocturnālis*.) adj. Nocturno.

NOCTURNANCIA. (De *nocturno*.) f. ant. Espacio de tiempo de la noche desde las nueve a las doce.

NOCTURNIDAD. (De *nocturno*.) f. FOR. Circunstancia agravante de responsabilidad, resultante de ejecutarse de noche ciertos delitos.

NOCTURNINO, NA. adj. p. us. Nocturno.

NOCTURNO, NA. (l. *nocturnus*.) adj. Perteneciente a la noche, o que se hace en ella. || **2.** fig. Que anda siempre solo y triste. || **3.** BOT. y ZOOL. Dícese de los animales que de día están ocultos y buscan el alimento durante la noche, y a las plantas que sólo de noche abren sus flores. || **4.** m. Cada una de las tres partes del oficio de maitines. || **5.** Pieza de música de melodía dulce, propia de los sentimientos apacibles de una noche tranquila. || **6.** MÚS. Serenata de carácter sentimental. ||

P. nocturno; **I.** nocturnal; **F.** nocturne; **A.** nächtlich, abendlich; **It.** notturno; **R.** ночной.

NOCHARNIEGO, GA. adj. ant. Nocherniego.

NOCHE. (l. *nox*, *nŏctis*.) f. Tiempo en que falta sobre el horizonte la claridad del Sol. || **2.** Tiempo que hace durante la noche. || **3.** fig. Obscuridad o tristeza en cualquiera línea. || **4.** GERM. Sentencia de muerte. || —**buena.** Nochebuena. || —**de verbena.** Verbena. || —**intempesta.** poét. Noche muy entrada. || —**toledana.** fig. y fam. La que uno pasa sin dormir. || —**vieja.** fam. La última del año. || *Buena*, o *mala* NOCHE. En sentido figurado la que se ha pasado con diversión, con quietud y descanso o al contrario. || *Primera* NOCHE. Horas primeras de la noche. || *A buenas* NOCHES. m. adv. fig. y fam. A obscuras. Ú. con los verbos *estar*, *dejar* y *quedarse*. || *A la* NOCHE, *chichirimoche, y a la mañana, chichirinada.* ref. que reprende la informalidad de los que mudan de propósito a cada momento. || *Ayer* NOCHE. m. adv. Anoche. || *Buenas* NOCHES. expr. fam. de salutación y despedida durante la noche. || *Buenas* NOCHES, *cuarta.* fr. fig. y fam. Esto se acabó. || *Cerrar la* NOCHE. fr. Faltar ya totalmente la luz del día una vez posado el crepúsculo vespertino. || *De la* NOCHE *a la mañana.* fr. fig. Inopinadamente, en poco tiempo. || *De* NOCHE. m. adv. Después del crepúsculo vespertino. || *De* NOCHE *todos los gatos son pardos.* expr. fig. y fam. con que se explica que con la obscuridad es fácil disimular los defectos de lo que se hace o de lo que se vende. || *Hacer* uno NOCHE alguna cosa. fr. fig. y fam. Hurtarla o hacerla desaparecer. || *Hacer* uno NOCHE *en alguna parte.* fr. Detenerse en un lugar para dormir. || *Hacerse de* NOCHE. fr. Anochecer. || *Hacerse* NOCHE una cosa. fr. fig. Desaparecer de entre las manos. || *Lo que de* NOCHE *se hace, a la mañana parece.* ref. con que se advierte el yerro de fiarse del sigilo para obrar mal. || NOCHE *y día.* expr. fig. Siempre o continuamente. || *Pasar de claro en claro, o en claro la* NOCHE. fr. fig. Pasarla sin dormir. || *Temprano es* NOCHE. expr. fig. y fam. con que se denota que se hace o pide una cosa antes de tiempo. || **P.** noite ou noute; **I.** night; **F.** nuit; **A.** Nacht; **It.** notte; **R.** ночь.

NOCHEBUENA. (De *noche* y *buena*.) f. Noche de la vigilia de Navidad. || **P.** noite de Natal; **I.** christmas-eve; **F.** nuit de Noël; **A.** Weihnachtsabend, Christnacht; **It.** notte di Natale; **R.** рождественская, ночь.

NOCHEBUENO. m. Torta grande amasada con aceite, almendras, piñones y otras cosas para la colación de Nochebuena. || **2.** Tronco grande de leña que se pone al fuego la noche de Navidad.

NOCHERNIEGO, GA. (l. *nocturnālis*; de *nox*, *nŏctis*, noche.) adj. Que anda de noche.

º **NOCHERO.** m. AMÉR. Guarda nocturno de un almacén, despacho, etc.

NOCHIELO. LA. (l. *nux*, *nucis*, nuez.) adj. ant. Decíase del color obscuro o negro mal teñido.

NOCHIZO. (l. *nux*, *nucis*.) m. Avellano silvestre.

NODACIÓN. (l. *nodatio*, *-ōnis*.) f. MED. Impedimento ocasionado por un nodo en el juego de una articulación o en la movilidad de los tendones o los ligamentos.

NODAL. adj. Perteneciente o relativo al nodo.

NODÁTIL. (l. *nodus*, nudo.) adj. ZOOL. Dícese de la juntura que forman dos huesos entrando la cabeza o nudo del uno en la cavidad del otro.

NODO. (l. *nodus*.) m. ASTRON. Cada uno de los dos puntos opuestos en que la órbita de un astro corta la eclíptica. || **2.** FÍS. Punto de intersección de dos ondulaciones en el movimiento vibratorio. || **3.** MED. Tumor producido por el depósito del ácido úrico que dificulta el juego de las articulaciones. || —**ascendente.** ASTRON. Aquel en que el planeta pasa de la parte austral a la boreal de la esfera celeste. || —**austral.** ASTRON. Nodo descendente. || —**boreal.** ASTRON. Nodo ascendente. || —**descendente.** ASTRON. Aquel en que el planeta pasa de la parte boreal

a la austral de la esfera celeste. || **P.** e **It.** nodo; **I.** node; **F.** nodus; **A.** Knoten; **R.** нарост.

* **NODO.** (Abreviación de la expresión *noticiario documental.*) m. Revista cinematográfica española que recoge sucesos y noticias de actualidad de todo el mundo.

NODRIZA. (l. *nutrix*, *-icis*.) f. Ama de cría. || **P.** nutriz, ama de leite; **I.** wet-nurse; **F.** nourrice, dabuche; **A.** Amme, Nährmutter; **It.** nutrice, balia; **R.** кормилица.

NÓDULO. (l. *nodŭlus*.) m. Concreción de poco volumen. || —**linfático.** Cada uno de los órganos, de reducido tamaño y forma esferoidal, formados por la acumulación de linfocitos. Encuéntranse en el tejido conjuntivo de las mucosas.

NOÉ. n. p. V. *Arca de Noé.*

NOGADA. (l. *nux*, *nucis*, nuez.) f. Salsa hecha de nueces y especias.

NOGAL. (l. *nucālis*, de *nux*, nuez.) m. BOT. Árbol de la familia de las juglandáceas, con tronco robusto, del cual salen gruesas y vigorosas ramas para formar una copa grande y redondeada; hojas compuestas, gruesas y de olor aromático; flores blanquecinas de sexos separados, y por fruto la nuez. Su madera es dura, homogénea, veteada, capaz de hermoso pulimento y muy apreciada en ebanistería. || **2.** Madera de este árbol. || **P.** nogueira; **I.** walnut; **F.** noyer; **A.** Nussbaum; **It.** noce; **R.** ореховое дерево.

NOGALINA. f. Color de la cáscara de la nuez, usado para pintar imitando el color del nogal.

NOGUERA. (l. [*arbor*] *nucaria*.) f. Nogal.

NOGUERADO, DA. (De *noguera*.) adj. Aplícase al color pardo obscuro, semejante al de la madera de nogal.

NOGUERAL. (De *noguera*.) m. Sitio plantado de nogales.

NOGUERÓN. m. aum. de noguera.

NOGUERUELA. f. Cierta planta euforbiácea que se usa en medicina.

NOLI. m. COLOM. Yesca que se obtiene de una clase de liquen.

NOLICIÓN. (l. *nolle*, no querer.) f. FIL. Acto de no querer.

NOLI ME TÁNGERE. (fr. l. que equivale a *no me toques.*) m. MED. Úlcera maligna que no se puede tocar sin peligro. || **2.** Cosa que se considera o se trata como exenta de contradicción o examen. Suele usarse en sentido irónico.

NOLIT. (cat. *nolit*, y éste del l. *naulum*, flete.) m. ant. Flete, I.ª acep.

NOLITO. m. ant. Nolit.

NOLUNTAD. (De *nolle* más *voluntad.*) f. FIL. Nolición.

NOMA. (gr. νομή, pasto.) f. MED. Gangrena de la boca y mejillas. Aparece principalmente en los niños débiles en el curso de las enfermedades infecciosas.

NÓMADA. (l. *nomas*, *-ădis*, y éste del gr. νομάς, de νέμω, apacentar.) adj. Dícese del individuo, tribu o pueblo que anda vagando sin domicilio fijo. || **P.** nómada; **I.** nomadic; **F.** nomade; **A.** nomadisch, Nomade; **It.** nòmade; **R.** коцевой.

NÓMADE. adj. Nómada.

NOMADISMO. m. ETNOL. Estado social primitivo consistente en cambiar de lugar con frecuencia, según las necesidades de la alimentación o de la guerra. Es más propio de los pueblos cazadores y pastores.

NOMBRADAMENTE. adv. Con distinción del nombre, expresamente.

NOMBRADÍA. (De *nombrado*.) f. Nombre, fama, reputación.

NOMBRADO, DA. adj. Célebre, famoso.

NOMBRAMIENTO. m. Acción y efecto de nombrar. || **2.** Documento en que se designa a uno para un cargo u oficio.

NOMBRAR. (l. *nomināre*.) tr. Decir el nombre de una persona o cosa. || **2.** Hacer mención especial de una persona o cosa. || **3.** Elegir o señalar a uno para un cargo, empleo, etc. || **P.** nomear; **I.** to name, to nominate; **F.** nommer; **A.** ernennen, benennen; **It.** nominare; **R.** называние по имени.

NOMBRE. (l. *nomen*, *-inis*.) m. Palabra con que se designan los objetos y sus calidades para distinguirlos de otros. || **2.** Título de una cosa por el cual es conocida. || **3.** Fama, reputación. || **4.** Poder con que uno ejecuta una cosa por otro. ‖ **5.** Apodo. ‖ **6.** Gram. Parte de la oración con que se designan las personas o cosas por su naturaleza, esencia o substancia. ‖ **7.** Mil. Palabra que servía de señal secreta para reconocer durante la noche a los amigos. ‖ —**abstracto.** El que no designa una cosa real, sino alguna cualidad de los seres. ‖ —**adjetivo.** Gram. Parte de la oración que se junta al substantivo para calificarlo o para determinarlo. ‖ —**apelativo.** Sobrenombre. ‖ **2.** Gram. El que conviene a todas las personas o cosas de una misma clase. ‖ —**colectivo.** Gram. El que en singular expresa un conjunto o número determinado de cosas. ‖ —**comercial.** Denominación distintiva de un establecimiento. ‖ —**común.** Gram. Nombre apelativo. ‖ —**de pila.** El que se da al que se bautiza. ‖ —**genérico.** Gram. Nombre apelativo. ‖ —**numeral.** Gram. El que significa número. ‖ —**postizo.** Apodo. ‖ —**propio.** Gram. El que se da a persona o cosa determinada para distinguirla de las demás de su especie. ‖ —**substantivo.** Gram. Nombre. ‖ *Mal* NOMBRE. Apodo. ‖ *Decirse* uno a otro los NOMBRES *de las fiestas,* o *de las pascuas.* fr. fig. y fam. Injuriarse recíprocamente. ‖ *En el* NOMBRE. m. adv. con que se implora el auxilio de Dios al dar principio a una cosa. ‖ *Lo firmaré de mi* NOMBRE. expr. con que uno encarece la verdad de lo que ha dicho. ‖ *No tener* NOMBRE una cosa. fr. fam. Ser tan vituperable, que no se encuentra calificativo adecuado. ‖ *Poner* NOMBRE. fr. fig. Señalar un precio en las compras. ‖ *Por* NOMBRE *fulano.* expr. elíptica equivalente a decir que tiene por nombre fulano. ‖ P. e It. nome; I. name; F. nom; A. Name; R. имя.

NOME. m. ant. Nombre.

NOMENCLADOR. (l. *nomenclātor.*) m. Catálogo de nombres, más comúnmente de carácter técnico u oficial. ‖ **2.** El que contiene la nomenclatura de una ciencia.

NOMENCLÁTOR. m. Nomenclador.

NOMENCLATURA. (l. *nomenclatūra.*) f. Nómina. ‖ **2.** Conjunto de las voces técnicas y propias de una ciencia. NOMENCLATURA *química.* ‖ **2.ª** acep.: P. e It. nomenclatura; I. y F. nomenclature; A. Nomenklatur, Namensverzeichnis; R. номенклатура.

NOMEOLVIDES. (De *no, me* y *olvides.*) f. Flor de la raspilla.

NÓMICO, CA. adj. Gnómico.

NÓMINA. (l. *nomina,* nombres.) f. Lista de nombres de personas o cosas. ‖ **2.** Relación nominal de los individuos que en una oficina han de percibir haberes. ‖ **3.** Estos mismos haberes. Cobrar la nómina. ‖ **4.** En lo antiguo, reliquia en que estaban escritos nombres de santos. ‖ **5.** Ciertos amuletos ridículos y supersticiosos. ‖ P. nómina; I. list; F. liste de noms; A. Namensverzeichnis; It. lista; R. список.

NOMINACIÓN. (l. *nominatio, -ōnis.*) f. Nombramiento.

NOMINADOR, RA. (l. *nominātor.*) adj. Que nombra para un empleo o comisión. Ú.t.c.s.

NOMINAL. (l. *nominālis.*) adj. Perteneciente al nombre. ‖ **2.** Que tiene nombre de una cosa y le falta la realidad de ella en todo o en parte. Sueldo, valor nominal. ‖ **3.** Nominalista. Apl. a pers. ú.t.c.s. ‖ P., I. y F. nominal; A. namentlich; It. nominale; R. именной.

NOMINALISMO. (De *nominal.*) m. Fil. Sistema filosófico opuesto al realismo y al idealismo, que niega la existencia objetiva de los universales, considerándolos como meras convenciones o nombres.

NOMINALISTA. adj. Partidario del nominalismo. Ú.t.c.s. ‖ **2.** Perteneciente o relativo a este sistema.

NOMINALMENTE. adv. Por su nombre o por sus nombres. ‖ **2.** Sólo de nombre, y no real o efectivamente.

NOMINAR. (l. *nomināre.*) tr. Nombrar.

NOMINÁTIM. For. adv. latino con que se denota estar designadas por sus nombres las personas favorecidas en disposiciones de última voluntad.

NOMINATIVO, VA. (l. *nominatīvus.*) adj. Com. Dícese de los títulos e inscripcio-

nes, ya del Estado, ya de sociedades mercantiles, que han de llevar el de su propietario, en oposición a los que son al portador. ‖ **2.** m. Gram. Caso de la declinación que designa el sujeto de la oración. ‖ **3.** pl. En los estudios de la gramática latina, parte de la analogía que precedía a los verbos. ‖ **4.** fig. y fam. Rudimentos o principios de cualquier facultad o arte. ‖ P. e It. nominativo; I. nominative; F. nominatif; A. Nominativ, (Wer-, Nenn)fall; R. именной.

NOMINILLA. (d. de *nómina.*) f. Nota autorizada que en las oficinas se entrega a los que cobran como pasivos para que, presentándola puedan percibir su haber.

NÓMINO. (De *nominar.*) m. Sujeto capaz de ejercer en el Estado los empleos o cargos honoríficos por nombramiento.

NOMO. m. Gnomo.

✱ NOMOLOGÍA. f. Ciencia de las leyes y de su interpretación. ‖ **2.** Tratado sobre el modo de establecer los principios, reglas o preceptos de cualquier arte o ciencia. ‖ P. nomologia; I. nomology; F. nomologie; A. Gesetzkunde; It. nomologia.

NOMON. m. Gnomon.

NOMÓNICA. f. Gnomónica.

NOMÓNICO, CA. adj. Gnomónico.

NOMPARELL. (fr. *non pareille.*) m. Impr. Carácter de letra de seis puntos tipográficos.

NON. (l. *non.*) adj. Impar. Ú.t.c.s. ‖ **2.** adv. ant. No. ‖ **3.** m. pl. Negación repetida de una cosa. Ú. frecuentemente con el verbo *decir.* ‖ *Andar de* NONES. fr. fig. y fam. No tener ocupación u oficio. ‖ **2.** fig. y fam. Ser una cosa rara y singular. ‖ *De* NON. loc. adv. Sin pareja. ‖ *Estar de* NON. fr. fig. y fam. No tener pareja o ser único. ‖ *Quedar de* NON. fr. fam. Quedar sin compañero en ocasión de ir otros apareados.

NONA. (l. *nona,* hora novena del día entre los antiguos.) f. Última de las cuatro partes iguales en que dividían los romanos el día artificial, y comprendía desde la media tarde, hasta la puesta del Sol. ‖ **2.** En el rezo eclesiástico, última de las horas menores, que se reza antes de vísperas. ‖ **3.** pl. En el antiguo cómputo romano y en el eclesiástico, el día 7 de marzo, mayo, julio y octubre, y el 5 de los demás meses.

NONADA. (De *no* y *nada.*) f. Poco o muy poco.

NONAGENARIO, RIA. (l. *nonagenarius.*) adj. Que ha cumplido la edad de 90 años sin llegar a los ciento. Ú.t.c.s.

NONAGÉSIMO, MA. (l. *nonogesimus.*) adj. Que sigue inmediatamente en orden al o a lo octogésimo nono. ‖ **2.** Dícese de cada una de las 90 partes iguales en que se divide un todo. Ú.t.c.s. ‖ —**de la eclíptica.** Astron. Punto de la distante 90 grados del otro en que corta el horizonte.

NONAGONAL. adj. Perteneciente a nonágono.

NONÁGONO, NA. (l. *nonus,* noveno, y el gr. γωνία, ángulo.) adj. Geom. Eneágono. Ú.t.c.s.m.

NONATO, TA. (l. *non natus,* no nacido.) adj. No nacido naturalmente, sino extraído del claustro materno mediante la operación cesárea. ‖ **2.** fig. Dícese de la cosa no acaecida, no existente aún, o sólo en proyecto.

NONINGENTÉSIMO, MA. (l. *noningentesimus.*) adj. Que sigue inmediatamente en orden al o a lo octingentésimo nonagésimo nono. ‖ **2.** Dícese de cada una de las 900 partes iguales en que se divide un todo. Ú.t.c.s.

NONIO. (De *Nonius,* forma latinizada de *Núñez,* apellido del inventor.) m. Pieza de varios instrumentos matemáticos que se aplica contra una regla o un limbo graduados, para apreciar fracciones pequeñas de las divisiones menores. ‖ P. e It. nonio; I. y F. nonius; A. Gradteiler; R. нониус.

NON NUMERATA PECUNIA. expr. l. For. Excepción que el confesante del recibo de dinero oponía, negando que éste hubiese sido entregado.

NONO, NA. (l. *nonus.*) adj. Noveno.

NON PLUS ULTRA. (Lit., *no más allá.*) expr. l. que se usa en castellano

como substantivo masculino para ponderar las cosas.

NON SANCTA. (Lit., *no santa.*) expr. fam. Gente poco religiosa, no muy honesta.

✱ NÓNUPLO, PLA. (l. *nonus,* nono, y *plicāre,* doblar.) adj. Que contiene un número nueve veces exactamente. Ú.t.c.s.m.

✱ NOOLOGÍA. (gr. νόος, mente, y λόγος, tratado.) f. Ciencia cuyo objeto es el estudio completo de la inteligencia y de la razón.

NOPAL. (mejic. *nopalli.*) m. Bot. Planta cactácea, de unos 3 metros de altura, con tallos aplastados, erizados de espinas, flores grandes, sentadas, en el borde de los tallos, con muchos pétalos encarnados o amarillos, y por fruto el higo chumbo. ‖ —**de la cochinilla.** Variedad que se diferencia de la planta anterior por tener muy pocas espinas, sobre las cuales vive la cochinilla. ‖ P., I. y F. nopal; A. Feigenkaktus, Opuntie; It. nopale; R. нопаль.

NOPALEDA. f. Nopalera.

NOPALERA. f. Terreno poblado de nopales.

NOPALITO. m. Méj. Hoja tierna de tuna que suele comerse guisada.

NOQUE. (ár. *nuqā'a,* agua en que se macera algo.) m. Pequeño estanque en que se ponen a curtir las pieles. ‖ **2.** Pie que en los molinos de aceite se hace de capachos llenos de aceituna molida, sobre los cuales carga la viga. ‖ P. anoque; I. tan pit; F. fosse; A. Lohgrube; It. tino; R. яма.

NOQUERO. (De *noque.*) m. Curtidor.

NORABUENA. f. Enhorabuena. ‖ **2.** adv. En hora buena.

NORAMALA. adv. m. En hora mala.

NORA TAL, o EN TAL. adv. Noramala.

NORAY. (fr. *auray.*) m. Mar. Proís.

NORDESTAL. adj. Que está en el Nordeste o viene de esa parte.

NORDESTE. m. Punto del horizonte, intermedio entre el Norte y el Este. ‖ **2.** Viento que sopla de esta parte. ‖ P. nordeste; I. northeast; F. e It. nord-est; A. Nordosten; R. северо-восток.

NORDESTEAR. intr. Mar. Declinar o apartarse la brújula del Norte hacia el Este.

NÓRDICO, CA. adj. Perteneciente o relativo a los pueblos del norte de Europa. ‖ **2.** Nórtico. ‖ **3.** m. Grupo de las lenguas germánicas del norte de Europa.

NORIA. (ár. *nā'ūra,* rueda hidráulica.) f. Máquina para sacar agua, compuesta generalmente de dos grades ruedas, una horizontal a manera de linterna, movida con una palanca de que tira una caballería, y otra vertical que engrana en la primera y lleva colgada una maroma sin fin con varios arcaduces o cangilones. ‖ **2.** Pozo donde se ha colocado esta máquina para sacar agua. ‖ **3.** fig. y fam. Cualquier cosa o negocio en que, sin adelantar nada, se trabaja mucho. ‖ P. nora; I. noria, chain-pump; F. noria, chapelet; A. Wasserrad; Hubrad, Schöpfbrunen; It. noria, bindolo; R. водокачка.

NORIAL. adj. Perteneciente a la noria.

NORMA. (l. *norma.*) f. Escuadra para arreglar y ajustar los maderos, piedras y otras cosas. ‖ **2.** fig. Regla a que se deben ajustar las operaciones o la conducta. ‖ P. e It. norma; I. square, standard; F. équerre, norme; A. Winkelmass, Norm; R. наугольник.

NORMAL. (l. *mormālis.*) adj. Dícese de lo que se halla en su natural estado. ‖ **2.** Que sirve de norma o regla. ‖ **3.** Dícese de lo que se ajusta a ciertas normas fijadas de antemano. ‖ **4.** Geom. Dícese de la línea recta o del plano perpendiculares a otra recta o plano, o de la recta o plano tangentes a una curva o a una superficie curva, en el punto de contacto. ‖ P., I. y F. normal; A. regelrecht, normal; It. normale; R. нормальный.

NORMALIDAD. f. Calidad o condición de normal. ‖ P. normalidade; I. normality; F. normalité; A. Normalität; It. normalità; R. нормальность.

NORMALISTA. adj. Perteneciente o relativo a la escuela normal. ‖ **2.** com. Alumno o alumna de una escuela normal.

N

NORMALIZACIÓN. f. Acción y efecto de normalizar.

NORMALIZAR. tr. Regularizar o poner orden lo que no lo estaba. || **2**. Hacer que una cosa sea normal.

NORMALMENTE. adv. De manera normal.

NORMANDO, DA. adj. Aplícase a los individuos de ciertos pueblos del norte de Europa que desde el siglo IX hicieron incursiones en varios países del antiguo Imperio Romano. Ú.t.c.s. || **2**. Natural de Normandía. Ú.t.c.s. || **3**. Perteneciente a esta antigua provincia de Francia. || **P**. e **It**. normando; **I**. Norman; **F**. normand; **A**. Normanne, normannisch; **R**. норманны.

NORMANO, NA. adj. Normando. Apl. a pers. ú.t.c.s.

NORMATIVO, VA. adj. Normal.

* **NORMÓGRAFO**. (l. *norma*, norma, y el gr. γράφω, escribir, trazar.) m. Regla plana perforada con que se reproducen las letras del alfabeto normalizadas.

* **NORNICOTINA**. f. QUÍM. Alcaloide líquido incoloro del tabaco.

NORNORDESTE. m. Punto del horizonte intermedio entre el Norte y el Nordeste. || **2**. Viento que sopla de esta parte.

NORNOROESTE. m. Nornorueste.

NORNORUESTE. m. Punto del horizonte entre el Norte y el NoruESte, a igual distancia de ambos. || **2**. Viento que sopla de esta parte.

NOROESTE. m. Punto del horizonte entre el Norte y el Oeste, a igual distancia de ambos. || **2**. Viento que sopla de esta parte. || **P**. noroeste; **I**. northwest; **F**. nord--ouest; **A**. Nordwest; **It**. nord-ovest; **R**. северо-запад.

NOROESTEAR. intr. MAR. Declinar la brújula del Norte hacia el Noroeste. **2**. Inclinarse el viento reinante a soplar de este rumbo.

NORTADA. f. Continuación de viento norte fresco durante algún tiempo seguido.

NORTE. (anglosajón *nord*.) m. Polo ártico. || **2**. Punto de la Tierra o de la esfera celeste, que cae del lado del polo ártico, respecto de otro punto o lugar. || **3**. Punto cardinal del horizonte, que cae frente a un observador a cuya derecha esté el Oriente. || **4**. Viento que sopla de esta parte. || **5**. Estrella polar. || **6**. fig. Dirección, guía. || —**magnético**. Polo magnético del hemisferio boreal. || **P**. norte; **I**. north; **F**. e **It**. nord; **A**. Nord(en); **R**. север.

NORTEAMERICANO, NA. adj. Natural de un país de la América del Norte, y especialmente de los Estados Unidos de ella. Ú.t.c.s. || **2**. Perteneciente a la América del Norte. || **P**. norteamericano; **I**. North-American; **F**. de l'Amérique du Nord; **A**. Nordamerikaner; **It**. nord—americano; **R**. Северной Америки.

NORTEAR. tr. Observar el Norte para la dirección del viaje. || **2**. intr. Declinar hacia el Norte el viento reinante.

NORTEÑO, ÑA. adj. Perteneciente o relativo a gentes o tierras situadas hacia el Norte.

NÓRTICO, CA. adj. Perteneciente o relativo al Norte.

° **NORTINO, A**. s. y adj. AMÉR. Habitante de una provincia o región del Norte.

NORUEGO, GA. adj. Natural de Noruega. Ú.t.c.s. || **2**. Perteneciente a esta nación de Europa. || **3**. m. Lengua noruega. || **P**. norueguês; **I**. Norwegian; **F**. norvégien; **A**. Norweger; **It**. norvegiano; **R**. норвежский, норвежец.

NORUESTE. m. Noroeste.

NORUESTEAR. (De *norueste*.) intr. MAR. Noroestear.

NOS. (l. *nos*, pl. de *ego*, yo.) Una de las dos formas del dativo y el acusativo del pronombre personal de primera persona en género masculino o femenino y número plural. No admite preposición y se puede usar en forma enclítica. En las primeras personas de verbo en plural a que se pospone como sufijo, pierden éstas su *s* final; v. gr.: *sentémo*NOS. Empleado en vez de nosotros, puede estar en cualquier caso de la declinación, excepto en el vocativo, y en los oblicuos pide preposición, como esta última palabra; v. gr.:

venga a NOS *el tu reino; ruega por* NOS.; Este modo de hablar es anticuado; pero suele emplearse aún la forma *nos* con oficio diverso del que generalmente le corresponde, cuando por ficción, que el uso autoriza, se aplican así propias el número plural algunas personas de elevada categoría. Nos, *don fray Francisco Jiménez de Cisneros, arzobispo de Toledo*. En nominativo y con mayúscula lo usan como signo de distinción algunas personas de elevada categoría.

NOSOCOMIO. (gr. νόσος, enfermedad, y κομέω, cuidar.) m. MED. Hospital.

* **NOSOEMIA**. f. MED. Enfermedad de la sangre.

NOSOGENIA. (gr. νόσος, enfermedad y γεννάω, engendrar.) f. MED. Origen y desarrollo de las enfermedades. || **2** MED. Parte de la nosología, que se ocupa en estudiar estos fenómenos.

NOSOGRAFÍA. (gr. νόσος, enfermedad y γράφω, describir.) f. MED. Parte de la nosología, que clasifica y describe las enfermedades. || **P**. nosografía; **I**. nosography; **F**. nosographie; **A**. Krankheitsbeschreibung; **It**. nosografía; **R**. нsocoграфия.

NOSOLOGÍA. (gr. νόσος, enfermedad, y λόγος, tratado.) f. MED. Parte de la medicina, que tiene por objeto describir, diferenciar y clasificar las enfermedades.

NOSOLÓGICO, CA. adj. Perteneciente o relativo a la nosología.

NOSOMÁNTICA. (gr. νόσος, enfermedad, y μαντική τέχνη, el arte de la adivinación.) f. Modo supersticioso de curar por encantamiento o ensalmo.

NOSOTROS, TRAS. (De *nos* y *otros*.) Nominativos masculino y femenino del pronombre personal de primera persona en número plural. Con preposición empléase también en los casos oblicuos. Es frecuente en algunos escritores aplicarse esta forma nosotros, en vez de yo. || **P**. nós; **I**. we, us; **F**. nous; **A**. uns, wir; **It**. noi, ci, ce; **R**. мы.

NOSTALGIA. (gr. νόστος, regreso, y ἄλγος, dolor, mal.) f. Tristeza de verse ausente de la patria o de los parientes y amigos. || **2**.fig. Pena que causa el recuerdo de algún bien perdido. || **P**. nostalgia; **I**. nostalgia, homesickness; **F**. nostalgie; **A**. Heimweh; **It**. nostalgia; **R**. тоска, ностальгия.

NOSTÁLGICO, CA.adj.Perteneciente o relativo a la nostalgia. || **2**. Que padece de nostalgia. Ú.t.c.s.

NOSTICISMO. m. Gnosticismo.

NÓSTICO, CA. adj. Gnóstico.

NOSTRAMO, MA. m. y f. Nuestramo, ma. || **2**. m. MAR. Tratamiento que se da a los contramaestres.

NOSTRAS. (l. *nostras*, de nuestra tierra.) adj. MED. Aplícase a ciertas enfermedades propias de nuestros países, en oposición a las originarias de otras regiones.

NOTA. (l. *nota*.) f. Señal que se pone en una cosa para darla a conocer. || **2**. Observación que se hace a un libro o escrito que suele ponerse en las márgenes. || **3**.Advertencia, explicación, comentario que en impresos o manuscritos va fuera del texto, ordinariamente al pie. || **4**. Reparo o censura que se hace de la conducta de una persona. || **5**. Fama, crédito. Escritor de nota. || **6**. Calificación de un tribunal de examen. || **7**. Apuntes sobre algunas materias para extenderlas después o acordarse de ellas. *Tomar* NOTA. || **8**. Comunicación diplomática que dirigen en nombre de sus respectivos gobiernos, ya el ministerio de asuntos exteriores a los representantes extranjeros, ya éstos a aquél, o que cruzan unos y otros entre sí. || **9**. FOR. Especie de apuntamiento muy sucinto acerca de los recursos de casación civil por infracción de ley. || **10**. MÚS. Cualquiera de los signos que representan los sonidos. || **11**. Cada uno de los mismos sonidos de la escala. || —**marginal**. Anotación que, en los registros públicos, acredita circunstancias que atañen a la inscripción principal o al instrumento matriz. || —**oficiosa**. Noticia de los acuerdos de las autoridades que se comunica a la prensa antes de su publicación oficial. || —**verbal**. Comunicación diplomática, sin firma, sin autoridad obligatoria y sin los requisitos formales ordinarios que por vía de simple observación o recuerdo se dirigen

entre sí el ministro de asuntos exteriores y los representantes extranjeros. || *Caer en* NOTA. fr. fam. Dar motivo de escándalo o murmuración. || **P**. e **It**. nota; **I**. y **F**. note; **A**. Note, Zeichen; **R**. заметка.

NOTA BENE. loc. lat. que se emplea en castellano con su propia significación de *nota, observa* o *repara bien*, especialmente en impresos o manuscritos, para llamar la atención hacia alguna particularidad.

NOTABILIDAD. f. Calidad de notable. || **2**. Persona muy notable por sus buenas cualidades o por sus méritos.

NOTABILÍSIMO, MA. adj. sup. de notable.

NOTABLE.(l. *notabilis*.) adj. Digno de nota, atención. || **2**. Dícese de lo que es grande en su línea. || **3**. Una de las calificaciones usadas en los exámenes en los centros de enseñanza. || **4**. m. pl. Personas principales en una localidad o en una colectividad. || **P**. notável; **I**. notable, remarkable; **F**. notable, remarquable; **A**. hervorragend, ausgezeichnet; **It**. notèvole; **R**. заметный, знатный.

NOTABLEMENTE. adv. Reparablemente o de un modo no común.

NOTACIÓN. (l. *notatio, -ōnis*.) f. Anotación. || **2**. Escritura musical. || **3**. MAT. Sistema de signos convencionales para expresar ciertos conceptos matemáticos. || **P**. anotação; **I**. annotation, notation; **F**. notation; **A**. Bezeichnung, Notierung; **It**. notazione; **R**. аннотирование.

NOTAR. (l. *notāre*.) tr. Señalar una cosa para que se conozca o se advierta. || **2**. Reparar o advertir. || **3**. Apuntar brevemente una cosa para extenderla después o acordarse de ella. || **4**. Poner notas a los escritos o libros. || **5**. Dictar uno para que otro escriba. || **6**. Censurar las acciones de uno. || **7**. Causar descrédito. || **P**. notar; **I**. to note, to mark; **F**. noter, remarquer; **A**. bezeichnen, merken; **It**. notare; **R**. отмечать.

NOTARÍA.f. Oficio de notario. || **2**.Oficina del notario.

NOTARIADO, DA. adj. Dícese de lo que está autorizado ante notario. || **2**. m. Carrera, profesión o ejercicio de notario. || **3**. Colectividad de notarios.

NOTARIAL. adj. Perteneciente o relativo al notario. || **2**. Hecho o autorizado por notario. || **3**. Dícese del acta extendida por un notario.

NOTARIATO. m. Título o nombramiento de notario. || **2**. Ejercicio de este cargo.

NOTARIO. (l. *notarius*.) m. Funcionario público autorizado para dar fe de los contratos, testamentos y otros actos extrajudiciales, conforme a las leyes. || **2**. El que en lo antiguo escribía con abreviaturas. || **3**. Amanuense. || —**de caja**. AR. Notario de número de Zaragoza. Es oficio honorífico. || —**de diligencias**. El que sólo estaba habilitado para practicar las correspondientes a la ejecución de autos, acuerdos o decretos judiciales. || **P**. notário; **I**. notary; **F**. notaire; **A**. Notar; **It**. notaro; **R**. нотариус.

* **NOTERO, RA**. m. y f. AMÉR. Periodista que escribe artículos de interés general.

NOTICIA. (l. *notitia*.) f. Noción, 2.ª acep. || **2**. Suceso o novedad que se comunica. || **3**. Conocimientos diversos que constituyen la erudición de una persona. || NOTICIA *remota*. Recuerdo confuso de lo que se supo o sucedió. || *Atrasado de* NOTICIAS. loc. Que ignora lo que es del dominio público. || **P**. noção, notícia; **I**. knowledge, report, notice; **F**. nouvelle; **A**. Nachricht, Mitteilung; **It**. notizia; **R**. сведение, известие.

NOTICIAR. tr. Dar noticia o hacer saber una cosa.

NOTICIARIO. m. Película cinematográfica que informa sobre sucesos de actualidad.

NOTICIERO, RA. adj. Que da noticias. || **2**. m. y f. Persona que da noticias como por oficio.

NOTICIÓN. m. aum. de noticia. || **2**.fam. Noticia extraordinaria o poco digna de crédito.

NOTICIOSO, SA. adj. Que tiene noticia de una cosa. || **2**. Erudito en varias materias.

NOTIFICACIÓN. f. Acción y efecto de notificar. || **2.** Documento en que se hace constar.

NOTIFICADO, DA. p.p. de notificar. || **2.** adj. For. Aplícase a quien se ha hecho la notificación. Ú.t.c.s.

NOTIFICANTE. p.a. de notificar. Que notifica.

NOTIFICAR. (l. notificāre; de notus, conocido, y facĕre, hacer.) tr. Comunicar, con las formalidades debidas una resolución de la autoridad. || **2.** Por ext., dar extrajudicialmente noticia de una cosa con propósito cierto. || **P.** notificar; **I.** to notify; **F.** notifier, faire part; **A.** bekanntgeben; **It.** notificare; **R.** уведомлять.

NOTIFICATIVO, VA. adj. Que sirve para notificar.

NOTO. (l. notus, y éste del gr. νότος.) m. Austro. —**bóreo.** Movimiento del mar en que las aguas se mueven del austro hacia el septentrión, o al contrario.

NOTO, TA. (l. notus, p.p. de noscĕre, conocer.) adj. Sabido, publicado y notorio.

NOTO, TA. (l. nothus, y éste del gr. νόθος.) adj. Bastardo o ilegítimo.

NOTOCORDIO. (gr. νῶτον, dorso, y χορδή, cuerda.) m. Zool. Cordón dorsal que tienen los animales cordados; en los vertebrados se convierte en columna vertebral.

* **NOTODONTA.** f. Zool. Género de mariposas nocturnas. Comprende abundantes especies europeas, con las alas anteriores amarillas, con manchas negras, y las posteriores blancas con el borde pardo. Viven sobre sauces y otros árboles.

NOTOMÍA. f. ant. Anatomía.

NOTORIAMENTE. adv. Manifiestamente, con notoria publicidad.

NOTORIEDAD. f. Calidad de notorio. || **2.** Nombradía, fama. || **P.** notoriedad; **I.** notoriousness; **F.** notoriété; **A.** Offenkundigkeit; **It.** notorietà; **R.** явность.

NOTORIO, RIA. (l. notorĭus.) adj. Público y sabido de todos. || **P.** notorio; **I.** notorious; **F.** notoire, connu; **A.** Offenbar, ersichtlich; **It.** notorio; **R.** явный.

NOTRO. (arauc. notu, ciruelo.) m. Chile. Árbol proteáceo, de hojas oblongas, flores numerosas de un rojo vivo, dispuestas en corimbos flojos. Su madera es buena para obras de ornato.

NOÚMENO. (gr. νοούμενον, cosa pensada; de νοέω, pensar.) m. Fil. Esencia o causa hipotética de los fenómenos, según las noticias que el entendimiento recibe de los sentidos o de la propia conciencia.

NOVA. (l. nŏva, nueva.) f. Astron. Estrella temporaria, que se presenta súbitamente con un gran brillo que luego va perdiendo lentamente.

NOVACIANO, NA. adj. Partidario de la herejía de Novato, que negaba a la Iglesia la facultad de perdonar los pecados cometidos después del bautismo. Ú.t.c.s.

NOVACIÓN. (l. novatio, -ōnis.) f. For. Acción y efecto de novar.

NOVADOR, RA. (l. novātor.) m. y f. Persona inventora de novedades, particularmente la que las inventa peligrosas en materias de doctrina. || **P.** novador; **I.** innovator; **F.** novateur; **A.** Erneuerer; **It.** novatore; **R.** новатор.

NOVAL. (l. novālis.) adj. Aplícase a la tierra que se cultiva por primera vez y a las plantas y frutos que ésta produce.

NOVALLO, LLA. adj. ant. Noval.

NOVAR. (l. novāre.) tr. For. Substituir una obligación a otra otorgada anteriormente, la cual queda anulada en este acto.

NOVATADA. (De novato.) f. Broma molesta causada por los alumnos de ciertos colegios y academias a sus compañeros de nuevo ingreso. || **2.** Por ext., contrariedad debida a la inexperiencia en algún asunto. || **P.** canelão; **I.** hazing; **F.** primade; **A.** Fuchsprellen; **It.** scherno; **R.** насмешки.

NOVATO, TA. (l. novātus.) adj. Nuevo o principiante en cualquier facultad o materia. Ú.t.c.s.

NOVATOR, RA. m. y f. Novador, ra.

NOVECIENTOS, TAS. adj. Nueve veces ciento. || **2.** Noningentésimo. || **3.** m. Conjunto de signos con que se representa el número novecientos.

NOVEDAD. (l. novitas, -ātis.) f. Estado, condición o calidad de las cosas nuevas o

recientemente descubiertas. || **2.** Mutación de las cosas que parecían tener estado fijo. || **3.** Ocurrencia reciente, noticia. || **4.** Alteración en la salud. || **5.** fig. Extrañeza o admiración que causan las cosas antes no vistas ni oídas. || **6.** pl. Géneros o mercaderías adecuadas a la moda. || Hacer novedad. fr. Causar una cosa extrañeza, por inesperada. || **2.** Innovar uno en algo que ya se practicaba. || **P.** novidade; **I.** novelty; **F.** nouveauté; **A.** Neuheit, Novität; **It.** novità; **R.** новость, новизна.

NOVEDOSO, SA. Que implica novedad. Ú.m. en América.

NOVEL. (cat. y prov. novel, y éste del l. novellus, de novus, nuevo.) adj. Nuevo, principiante. Se aplica sólo a los varones.

NOVELA. (ital. novella, y éste del l. novella, de novus, nuevo.) f. Obra literaria, en prosa, en que se narra una acción fingida en todo o en parte, y cuyo fin es causar placer estético al lector por medio de la pintura de sucesos, caracteres, pasiones y costumbres. || **2.** Género literario constituido por estas narraciones. || **3.** Ficción en cualquier materia. || **4.** For. Cualquiera de las leyes nuevas o constituciones imperiales, publicadas después del Código teodosiano; y las posteriores al derecho justinianeo. || **P.** novela; **I.** novel; **F.** roman; **A.** Roman, Novelle; **It.** romanzo, novella; **R.** роман, повесть.

NOVELADOR, RA. m. y f. Novelista.

NOVELAR. tr. Referir un suceso con forma de novela. || **2.** intr. Escribir novelas. || **3.** fig. Contar, publicar cuentos.

NOVELERÍA. (De novelero.) f. Afición a novedades. || **2.** Afición a fábulas o novelas, a leerlas o a escribirlas. || **3.** Cuentos o novedades fútiles.

NOVELERO, RA. (De novela, ficción.) adj. Amigo de novedades y cuentos. Ú.t.c.s. || **2.** Deseoso de novedades, o que las divulga. Ú.t.c.s. || **3.** Inconstante en el modo de proceder. Ú.t.c.s. || **4.** m. Germ. Criado de rufián, que lleva o trae noticias.

NOVELESCO, CA. adj. Propio o característico de las novelas. || **2.** De pura invención, como historia novelesca. || **3.** Interesante, como lance novelesco. || **4.** Sentimental, soñador, dado a lo ideal, v. gr.: imaginación novelesca. || **P.** novelesco; **I.** novelistic; **F.** romanesque; **A.** romanhaft; **It.** romanzesco; **R.** романический.

NOVELISTA. com. Persona que escribe novelas.

NOVELÍSTICA. f. Tratado histórico o preceptivo de la novela. || **2.** Literatura novelesca.

NOVELÍSTICO, CA. adj. Perteneciente o relativo a la novela.

NOVELIZAR. tr. Dar a alguna narración forma y condiciones de novela.

NOVELO. (l. globellus, globillo.) m. Can. Ovillo.

NOVELÓN. m. Novela extensa, y por lo común, dramática y sin valor literario o muy escaso.

NOVÉN. (De noveno.) m. Maravedí novén.

NOVENA. (l. novēna, t. f. de -nus, noveno.) f. Ejercicio devoto que se practica durante nueve días seguidos, con oraciones y otros actos piadosos. || **2.** Libro en que se contienen las oraciones y preces de una novena. || **3.** Sufragios y ofrendas por los difuntos. || Andar novenas. fr. Frecuentar este piadoso ejercicio. || **P., I.** e **It.** novena; **F.** neuvaine; **A.** neuntägig; Novene; **R.** зарок.

NOVENARIO. (De novena.) m. Espacio de nueve días dedicados a lutos y devociones entre los parientes inmediatos de un difunto. || **2.** El que se emplea en el culto de un santo, con sermones. || **3.** Sufragios celebrados en el noveno día después de una defunción.

NOVENDIAL. (l. novendiālis.) adj. Dícese de cualquiera de los días del novenario celebrado por los difuntos.

NOVENO, NA. (l. novēnus.) adj. Que sigue inmediatamente en orden al u octavo. || **2.** Dícese de cada una de las nueve partes iguales en que se divide un todo. Ú.t.c.s. || **3.** Renta que paga el cultivador a dueño de un terreno, consistente en la novena parte de los frutos. || **P.** noveno;

I. ninth; **F.** neuvième; **A.** neunte(r); **It.** nono; **R.** девятый.

NOVENTA. (l. nonagĭnta, infl. por nueve.) adj. Nueve veces diez. || **2.** Nonagésimo. || **3.** m. Conjunto de signos con que se representa el número noventa. || **P.** noventa; **I.** ninety; **F.** quatre-vingt-dix; **A.** neunzig; **It.** novanta; **R.** девяносто.

NOVENTA, VA. (De noventa.) adj. Arit. Nonagésimo.

NOVENTÓN, NA. (De noventa.) adj. Nonagenario. Ú.t.c.s.

* **NOVIAR.** intr. R. de la Plata. Actuar o proceder como novio.

NOVIAZGO. m. Condición o estado de novio o novia. || **2.** Tiempo que dura. || **P.** noivado; **I.** betrothal, engagement; **F.** fiancé (condition de); **A.** Brautzeit; **It.** fidanzamento; **R.** жениховство.

NOVICIADO. (De novicio.) m. Tiempo de probación en las religiones, antes de profesar. || **2.** Casa en que habitan los novicios. || **3.** Conjunto de novicios. || **4.** Régimen y ejercicio de los novicios. || **5.** fig. Tiempo primero de aprendizaje de una facultad u oficio. || **P.** noviciado; **I.** noviciate; **F.** noviciat; **A.** Noviziat; **It.** noviziato.

NOVICIO, CIA. (l. novitĭus.) m. y f. Persona que ha tomado el hábito en una religión, pero no ha profesado todavía. || **2.** fig. Principiante en cualquier arte o facultad. Ú.t.c.adj. || **3.** fig. Persona muy compuesta y arreglada en sus acciones, especialmente en la modestia. || Sacar a novicia a libertad. fr. Sacar a libertad la novicia. || **P.** noviço; **I.** y **F.** novice; **A.** Novize; **It.** novizio; **R.** послушник.

NOVICIOTE. m. fam. Novicio entrado en años o muy alto.

NOVIEMBRE. (l. novembris.) m. Noveno mes del calendario romano y undécimo del actual. || **P.** novembro; **I.** y **A.** November; **F.** e **It.** novembre; **R.** ноябрь.

NOVILUNIO. (l. novilunĭum; de novus, nuevo, y Luna, Luna.) m. Conjunción de la Luna con el Sol. || **P.** novilúnio; **I.** new moon; **F.** nouvelle lune; **A.** Neumond; **It.** novilunio; **R.** новолуние.

NOVILLADA. f. Conjunto de novillos. || **2.** Lidia o corrida de novillos.

NOVILLEJO, JA. m. y f. d. de novillo, lla.

NOVILLERO. m. El que cuida de los novillos. || **2.** Lidiador de novillos. || **3.** Corral o cobertizo donde se encierran los novillos. || **4.** Parte de dehesa, muy abundante de hierba, para pastar los novillos. || **5.** fam. El que hace novillos o se huye.

NOVILLO, LLA. (l. novellus, -lla, nuevo, joven.) m. y f. Res vacuna de dos o tres años. || **2.** m. y f. fam. Sujeto a quien hace traición su mujer. || **3.** Chile y Méj. Ternero castrado. || **4.** pl. Novillada. || **2.**ª acep. —**terzón.** Ar. El de tres años. || Hacer novillos. fr. fam. Faltar los escolares a clase, y, en general, dejar de asistir a algún sitio donde se tiene obligación o costumbre de acudir. || **P.** novilho; **I.** young bull, steer; **F.** taurillon; **A.** junger Stier; **It.** boccino, torello; **R.** телок, бычок.

* **NOVILLONA.** f. Colom. y Venez. Vaquillona.

NOVIO, VIA. (l. novĭus; de nŏvus, nuevo.) m. y f. Persona recién casada. || **2.** La que está próxima a casarse. || **3.** La que mantiene relaciones amorosas con propósito de futuro matrimonio. || **4.** m. fig. El que entra de nuevo en una dignidad o estado. || **5.** Mont. El que por vez primera mata una res. || La novia, de contado, y el dote de prometido. fr. proverb. con que significa el peligro de retrasar el cumplimiento de una promesa cuando se recibe la carga que le es aneja. || Pedir uno la novia. fr. Ir a pedirla con solemnidad a sus padres. || Quedarse una aderezada, o compuesta y sin novio. fr. fig. y fam. No lograr lo que deseaba después de haber hecho preparativos, creyéndolo indefectible. || Sacar la novia por el vicario. fr. Conseguir el novio que el juez saque la novia de casa de sus padres y la deposite donde pueda declarar libremente su voluntad. || **P.** noivo; **I.** bridegroom; **F.** fiancé; **A.** Verlobte(r); **It.** fidanzato, promesso sposo; **R.** жених.

N **NOVÍSIMA.** (l. *novissima*, t. f. de *-mus*, novísimo.) f. Novísima Recopilación.

NOVÍSIMO, MA. (l. *novissimus*.) adj. sup. de nuevo. || **2.** Último en el orden de las cosas. || **3.** m. Cada una de las cuatro postrimerías del hombre, que son: muerte, juicio, infierno y gloria. Ú. m. en pl.

★ **NOVOCAÍNA.** f. QUÍM. Clorhidrato del éter dietilaminoetílico. Es menos tóxica que la cocaína.

NOXA. (l. *noxa*.) f. ant. Daño. || **2.** FOR. Dimisión hecha del esclavo o del animal causante de un daño, por medio de la cual, según el derecho romano, el dueño se eximía de la obligación de indemnizar al damnificado.

★ **NOY.** m. Voz catalana que significa muchacho. || **2.** CUBA y ARGENT. Persona oriunda de Cataluña.

★ **NOYA.** f. Voz catalana que significa *muchacha, joven, moza, soltera,* y que los padres suelen usar para designar a las hijas.

NOYÓ. (fr. *noyau*, hueso de fruta.) m. Licor compuesto de aguardiente, azúcar y almendras amargas.

NUBADA. f. Golpe abundante de agua caída de una nube en paraje determinado. || **2.** fig. Abundancia extraordinaria de algunas cosas.

NUBADO, DA. adj. Nubarrado.

NUBARRADA. f. Nubada.

NUBARRADO, DA. adj. Aplícase a las telas coloridas en figura de nubes.

NUBARRÓN. m. Nube grande, densa y obscura separada de las otras.

NUBE. (l. *nubes*.) f. Masa de vapor acuoso, condensado en pequeñas partículas, suspendida en la atmósfera y de aspecto y color variable. || **2.** Agrupación de cosas, como el polvo, el humo, insectos, etc., que, a semejanza de las nubes, obscurece el Sol. || **3.** fig. Cualquier cosa que obscurece o encubre otra. || **4.** Entre los lapidarios, sombra que aparece en las piedras preciosas. || **5.** Especie de chal muy ligero, con que las señoras se envolvían la cabeza cuando salían de noche. || **6.** Pequeña mancha blanquecina que se forma en la córnea transparente del ojo, obscureciendo la vista. || **7.** GERM. Capa. **—de lluvia.** Nimbo || **—de verano.** Nube tempestuosa, repentina y pasajera, de fuerte lluvia, que suele presentarse en el verano. || **2.** fig. Disturbio o disgusto pasajero. || NUBES *de Magallanes.* ASTRON. Cúmulos estelares visibles a simple vista cerca del polo austral. || *Andar por las* NUBES. fr. fig. Estar por las nubes. || *Como caído de las* NUBES. expr. adv. fig. De súbito y sin ser esperado. || *Descargar la* NUBE. fr. Desatarse en agua o granizo. || **2.** fig. Desahogar uno su cólera. || *Levantar a, o hasta las* NUBES *a una persona o cosa.* fr. fig. Ponerla en o sobre las nubes. || *Ponerse uno por las* NUBES. fr. fig. Manifestar gran enojo. || *Remontarse uno a las* NUBES. fr. fig. Levantar muy alto el concepto o el estilo. || *Subir una cosa a las* NUBES. fr. fig. Aumentar mucho su precio. || **P.** nuvem; **I.** cloud; **F.** nuage; **A.** Wolke; **It.** nùvola; **R.** туча, облако.

NUBIENSE. adj. Natural de Nubia. Ú. t. c. s. || **2.** Perteneciente a este país de África.

NUBÍFERO, RA. (l. *nubifer, -ĕra;* de *nubes,* nube, y *ferre,* llevar.) adj. poét. Que trae nubes.

NÚBIL. (l. *nubilis*.) adj. Dícese de la persona, y más propiamente de la mujer, que ha llegado a la edad en que es apta para el matrimonio. || **P.** núbil; **I.** y **F.** nubile; **A.** heiratsfähig; **It.** nùbile; **R.** возмужалый.

NUBILIDAD. f. Calidad de núbil. || **2.** Edad en que hay aptitud para contraer matrimonio.

NUBILOSO, SA. (l. *nubilis,* nublado.) adj. poét. Nubloso.

NUBLADO. (De *nublar*.) m. Nube, regularmente la que amenaza tempestad. || **2.** fig. Suceso que produce riesgo inminente de daño. || **3.** fig. Multitud, abundancia excesiva de cosas que caen o llegan reunidas. || **4.** GERM. Capa. || *Descargar el* NUBLADO. fr. Llover, nevar o granizar copiosamente. || **2.** fig. Desahogarse la cólera o enojo de alguien con expresiones vehementes. || **P.** nuvem; **I.** threatening cloud;

F. nuage, nuée; **A.** bewölkt; **It.** nembo; **R.** облачный.

NUBLAR. (l. *nūbilāre*.) tr. Anublar. Ú. t. c. r.

NUBLO, BLA. (l. *nūbilus*.) adj. Nubloso. || **2.** m. Nublado. || **3.** Tizón de los cereales.

NUBLOSO, SA. (l. *nūbilōsus*.) adj. Cubierto de nubes. || **2.** fig. Desgraciado, adverso, contrario.

NUBOSIDAD. f. Estado o condición de nuboso.

NUBOSO, SA. (De *nube*.) adj. Nubloso.

NUCA. (ár. *nuqrat* [*ar-raqaba.*], el hoyo [del cuello].) f. Parte alta de la cerviz, donde se une el espinazo con la cabeza. || **P.** e **It.** nuca; **I.** nape; **F.** nuque; **A.** Genick, Nacken; **R.** затылок.

NUCIENTE. p.a. de nucir. Que daña.

NUCIR. (l. *nocēre*.) tr. ant. Dañar.

NUCLEAR. adj. Nucleario. || **2.** FÍS. Perteneciente o relativo al núcleo de los átomos. *Energía* NUCLEAR.

NUCLEARIO, RIA. adj. Perteneciente o relativo al núcleo.

★ **NUCLEASA.** f. QUÍM. Cada uno de los enzimas hidrolíticos que hidrolizan los ácidos nucleicos.

★ **NUCLEICO.** adj. QUÍM. Dícese de todo ácido fosforado existente en las células orgánicas.

★ **NUCLEÍNA.** f. QUÍM. Substancia orgánica fosforada, de caracteres variados según su procedencia.

NÚCLEO. (l. *nuclĕus*.) m. Almendra o parte mollar de los frutos que tienen cáscara dura. || **2.** Hueso de las frutas. || **3.** fig. Elemento primordial al cual se van agregando otros para formar un todo. || **4.** fig. Parte central de alguna cosa. || **5.** ASTRON. Parte más densa y luminosa de un astro. || **6.** BIOL. Corpúsculo que es la parte esencial de las células y está contenido en el citoplasma de éstas y constituido esencialmente por cromatina; actúa como órgano rector de las funciones de nutrición y de reproducción de la célula. || **7.** FÍS. Parte central del átomo que contiene la mayor porción de su masa y posee una carga eléctrica positiva correspondiente al número atómico del respectivo cuerpo simple. || **P.** núcleo; **I.** nucleus; **F.** noyau; **A.** Kern; **It.** nùcleo; **R.** ядро.

NUCLÉOLO. m. BIOL. Corpúsculo diminuto, único o múltiple, situado en el interior del núcleo celular.

★ **NUCLEÓN.** m. BIOQUÍM. Nucleona. || **2.** FÍS. y QUÍM. Nombre que se da indistintamente a dos especies de partículas pesadas, protón y neutrón, que forman el núcleo del átomo. || **3.** Envoltura de seda que forman las larvas de ciertos insectos para su protección durante la fase de crisálida.

NUCO. (mapuche *nucu,* pájaro de mal agüero.) m. CHILE. Ave de rapiña, nocturna, parecida a la lechuza.

NUCHE. m. COLOM. Cierta larva que se introduce en la piel de los animales.

NUDAMENTE. adv. Desnudamente.

NUDILLO. (d. de *nudo*.) m. Parte exterior de cualquiera de las junturas o articulaciones de los dedos. || **2.** Cada uno de los puntos que forman la costura de las medias. || **3.** ARQ. Zoquete o pedazo corto y grueso de madera, que se empotra en la pared para clavar en él alguna cosa.

★ **NUDISMO.** m. Doctrina y práctica de los partidarios de la vida al aire libre en completa desnudez.

NUDO. (l. *nūdus,* por *nŏdus*.) m. Lazo que, mientras más se tira de cualquiera de los dos cabos, más se aprieta, de tal modo que sólo con gran dificultad pueda soltarse. || **2.** En los árboles y otras plantas, parte del tronco por la cual salen las ramas, y en éstas, por donde brotan los vástagos, que es siempre más dura y firme que el resto. || **3.** En algunas plantas y en sus raíces, parte que sobresale algo y por donde parece están unidas las partes de que se compone. || **4.** Bulto o tumor en los tendones o en los huesos, formado por enfermedad de aquéllos, o por fractura de éstos al volverse a unir. || **5.** En los animales, unión de unas partes con otras, especialmente de los huesos. || **6.** Ligamen. || **7.** Enlace o trabazón de los sucesos

que preceden al desenlace, en los poemas épico y gramático y en la novela. || **8.** fig. Principal dificultad en alguna materia. || **9.** fig. Unión, lazo, vínculo. || **10.** GEOGR. Lugar en donde se unen o cruzan dos o más sistemas de montañas. || **11.** MAR. Cada uno de los puntos de división de la corredera. || **12.** MAR. Trayecto de navegación que se mide con cada una de estas divisiones. || **13.** MAR. Unidad de velocidad naval equivalente a una milla. *Navegaba a tantos* NUDOS *por hora.* **—ciego.** El muy difícil de desatar. || **—de tejedor.** El que se hace uniendo los dos cabos y formando con ellos dos lazos encontrados. || **—de tripas.** Cólico miserere. **—en la garganta.** Impedimento que a veces se siente en ella, y estorba al tragar, hablar y hasta respirar. || **2.** fig. Congoja que impide hablar. || **—gordiano.** El que ataba al yugo la lanza del carro de Gordio, antiguo rey de Frigia, del cual se cuenta que estaba hecho con tal artificio que no se podían descubrir los dos cabos. || **2.** fig. Cierto juego de sortijas. || **3.** fig. Cualquier nudo imposible de desatar. || **4.** fig. Dificultad insoluble. || *Atravesársele a uno un* NUDO *en la garganta.* fr. fig. No poder hablar a causa de una fuerte emoción. || *Dar, o echar otro* NUDO *a la bolsa.* fr. con que se denota la resistencia para soltar dinero. || *Quien no da* NUDO, *pierde punto.* ref. que enseña que el querer abreviar demasiadamente las cosas, suele retardarlas. || **P.** nó, laço; **I.** knot; **F.** nœud; **A.** Knoten; **It.** nodo; **R.** узел.

NUDO, DA. (l. *nūdus*.) adj. Desnudo. || **2.** Nuda propiedad. Atributos del dominio de una cosa.

NUDOSIDAD. f. MED. Tumefacción circunscrita en forma de nudo.

NUDOSO, SA. (De *nudo*.) adj. Que tiene nudos. || **P.** e **It.** nodoso; **I.** knotty; **F.** noueux; **A.** knotig; **R.** узловатый.

NUDRIMENTO. m. ant. Nutrimento.

NUDRIR. (l. *nutrĭre*.) tr. ant. Nutrir.

NUECECILLA. f. d. de nuez. || **2.** BOT. Masa parenquimatosa rodeada por dos membranas que constituye la mayor parte del óvulo de los vegetales.

NUECERO, RA. m. y f. Persona que vende nueces.

NUÉGADO. (l. *nux, nŭcis,* nuez.) m. Pasta cocida al horno, hecha con harina, miel y nueces o avellanas y piñones. Ú. m. en pl. || **2.** Hormigón, cierto plato de repostería. || **3.** Hormigón, mezcla de piedras y mortero.

NUERA. (l. *nurus*.) f. Respecto de una persona, esposa de su hijo. || *Arremangóse mi* NUERA, *y volcó en el fuego la caldera.* ref. que se aplica a los dejados, que cuando se deciden a hacer algo, lo echan todo a perder por su falta de práctica. || **P.** nora; **I.** daughter-in-law; **F.** belle-fille; **A.** Schwiegertochter; **It.** nuora; **R.** невестка, choxa.

NUERZA. (De *anorza*.) f. GRAN. Nueza.

NUESO, SA. pron. ant. Nuestro.

NUESTRAMO, MA. m. y f. Contracción de pronombre y substantivo. Nuestro amo, nuestra ama. || **2.** m. GERM. Escribano.

NUESTRO, TRA, TROS, TRAS. (l. *nŏster, nŏstra*.) Pronombre posesivo de primera persona en género masculino y femenino. cuando los poseedores son varios. Con la terminación del primero empléase también como neutro. En sus cuatro formas suele referirse este pronombre a un solo poseedor, cuando es el mismo escritor o persona de elevada jerarquía. NUESTRO *consejo,* en vez de *mi consejo;* NUESTRAS *opiniones,* en vez de *mis opiniones.* || *Los* NUESTROS. Los que son del mismo partido, profesión, etc. || **P.** nosso, nossa, nossos, nossas; **I.** our, ours; **F.** notre, le nôtre; **A.** unser, der, die, das unserige; **It.** nostro,-a,-i,-e; **R.** наш.

NUEVA. (l. *nŏva,* t. f. de *nŏvus*.) f. Noticia que no se ha oído antes. || *Cogerle a uno de* NUEVAS *alguna cosa.* fr. fam. Saberla inopinadamente. || *Dormiré, dormiré: buenas* NUEVAS *hallaré.* ref. contra los que, siendo perezosos, se prometen buenos sucesos. || *Hacerse uno de* NUEVAS. fr. Dar a entender con disimulo que no tenía noticia de lo que dice otro, siendo cierto que ya lo sabía. || *Las malas* NUEVAS *siempre son ciertas.* ref. que expresa que es más

N

natural el temor a la adversidad, que la esperanza del bien. || **P.** nova; **I.** news; **F.** nouvelle; **A.** Neuigkeit; **It.** nuova; **R.** новость.

NUEVAMENTE. adv. De nuevo. || **2.** Recientemente.

NUEVE. (l. *nŏvem.*) adj. Ocho y uno. || **2.** Noveno. Aplícase a los días del mes. Ú.t.c.s. *El* NUEVE *de diciembre.* || **3.** m. Signo o cifra con que se representa el número nueve. || **4.** Naipe que tiene nueve señales. *El* NUEVE *de oros.* || **P.** e **It.** nove; **I.** nine; **F.** neuf; **A.** neun; **R.** девять.

NUEVO, VA. (l. *nŏvus.*) adj. Recién hecho. || **2.** Que se ve o se oye por primera vez. || **3.** Repetido para renovarlo. || **4.** Distinto de lo que antes se tenía aprendido. || **5.** Que sobreviene o se añade a una cosa. || **6.** Recién llegado a un país o lugar. *Juanita es* NUEVA *en Madrid.* || **7.** Novicio. || **8.** fig. En oposición a viejo, poco o nada usado. || *De* NUEVO. adv. Reiteradamente. || **P.** novo; **I.** new; **F.** neuf, nouveau; **A.** neu; **It.** n(u)ovo; **R.** новый.

NUEZ. (l. *nux, nŭcis.*) f. BOT. Fruto del nogal. Es una drupa ovoide, de 3 ó 4 cm de diámetro, con el epicarpio fino y liso, el mesocarpio correoso y caedizo y el endocarpio duro, pardusco, rugoso y dividido en dos mitades simétricas que encierran la semilla, muy oleaginosa y comestible. || **2.** BOT. Fruto de otros árboles que tiene alguna semejanza con el del nogal. || **3.** Prominencia que forma el cartílago tiroides en la parte anterior del cuello del varón adulto. || **4.** Hueso sujeto al tablero de la ballesta para afirmar o armar la cuerda. || **5.** MÚS. Pieza movible en el extremo inferior del arco de violín e instrumentos análogos que sirve para dar más o menos tensión a las crines. || **—de ciprés.** Piña de ciprés. || **—de cola.** BOT. Cola. || **—de especia.** Nuez moscada. || **—ferreña.** La desmedrada y dura. || **—moscada.** Fruto de la mirística, de forma ovoide, con una almendra pardusca por fuera y blanquecina por dentro. Se emplea como condimento. || **2.** La común, cogida antes de cuajar la cáscara y conservada en almíbar. || **—vómica.** Semilla de un árbol de la Oceanía, de la familia de las loganiáceas; aplastada, dura, redondeada, como de 2 cm de diámetro, de sabor acre e inodora. Es muy venenosa, y se emplea en medicina. || *Apretar* a uno *la* NUEZ. fr. fig. y fam. Matarle ahogándole. || *Cascarle* a uno *las* NUECES. fr. fig. y fam. Cascarle las liendres. || *Volver las* NUECES *al cántaro.* fr. fig. y fam. Suscitar nuevamente una especie después de haber sido ya muy disputada y concluida. || **2.** fig. Restituir las cosas a su anterior estado, especialmente las relaciones personales. || **P.** noz; **I.** nut; **F.** noix; **A.** Nuss; **It.** noce; **R.** орех.

NUEZA. (De *nuerza.*) f. Planta herbácea vivaz, cucurbitácea, con tallos de 2 a 3 m de largo, trepadores, con zarcillos en espiral; hojas pecioladas, grandes y partidas; flores dioicas de color verde amarillento y por fruto bayas encarnadas. || **—blanca.** Planta semejante a la anterior, pero con flores blancas y monoicas y bayas negras. || **—negra.** BOT. Planta herbácea dioscoreácea, con tallos trepadores de 3 a 4 m de largo; hojas alternas, acorazonadas; flores dioicas, verdosas en racimos axilares, y por fruto bayas rojizas. Es común en España.

NUGATORIO, RIA. (l. *nugatorĭus.*) adj. Engañoso, frustráneo; que burla la esperanza que se había concedido o el juicio que se había formado.

NULAMENTE. adv. Inválidamente; sin valor ni efecto.

NULIDAD. f. Calidad de nulo. || **2.** Vicio que disminuye o anula la estimación de una cosa. || **3.** Incapacidad, ineptitud. || **4.** Persona incapaz, inepta. || **5.** FOR. *Recurso de* NULIDAD. Vicio producido por la violación de algún precepto legal en la celebración de un contrato o acto jurídico. || **P.** nulidade; **I.** nullity; **F.** nullité; **A.** Nichtigkeit; **It.** nullità; **R.** недействительность.

NULO, LA. (l. *nullus.*) adj. Falto de valor y fuerza legal. || **2.** Incapaz, física o moralmente, para una cosa. || **3.** Ninguno. || **P.** nulo; **I.** null; **F.** nul; **A.** null, ungültig; **It.** nullo; **R.** недействительный.

NULLÍUS. (l. *nullius*, genit. de *nullus.*) adj. FOR. Dícese de los bienes sin dueño.

NUMANTINO, NA. (l. *numantīnus.*) adj. Natural de Numancia. Ú.t.c.s. || **2.** Perteneciente a esta antigua ciudad de la España Citerior.

NUMEN. (l. *numen.*) m. Cualquiera de los dioses fabulosos adorados por los gentiles. || **2.** Inspiración. || **P.** númen; **I.** numen; **F.** génie, divinité; **A.** Numen, Genie; **It.** nume; **R.** вдохновение.

* **NUMENIO.** m. ZOOL. Género de aves zancudas escelopácidas, de pico largo, algo engrosado en la punta, como el zarapito.

NUMERABLE. (l. *numerabĭlis.*) adj. Que se puede reducir a número.

NUMERACIÓN. (l. *numeratio, -ōnis.*) f. Acción y efecto de numerar. || **2.** ARIT. Arte de expresar de palabra o por escrito todos los números. || **—arábiga** o **decimal.** Sistema, hoy casi universal, que con el valor absoluto y la posición relativa de los diez signos de origen árabe puede expresar cualquier cantidad. || **—romana.** La que usaban los romanos y que expresa los números por medio de siete letras del alfabeto latino, que son *I, V, X, L, C, D* y *M.* || **P.** numeração; **I.** numeration; **F.** numération; **A.** Zählen, Ziffern; **It.** numerazione; **R.** исчисление.

NUMERADOR. (l. *numerātor.*) m. ARIT. Término de un quebrado que indica cuántas partes iguales de la unidad contiene éste. || **2.** Aparato con que se marcan sucesivamente los números. || **P.** numerador; **I.** numerator; **F.** numérateur; **A.** Numerale; **It.** numeratore; **R.** числитель.

NUMERADORA. f. IMPR. Máquina para numerar correlativamente los ejemplares de una obra.

NUMERAL. (l. *numerālis.*) adj. Perteneciente o relativo al número. || **2.** GRAM. V. *Adjetivo, nombre* NUMERAL. || **P.** e **I.** numeral; **F.** numéral; **A.** Zahlwort; **It.** numerale; **R.** числовой.

NUMERAR. (l. *numerāre.*) tr. Contar por el orden de los números. || **2.** Expresar numéricamente la cantidad. || **3.** Marcar con números. || **P.** numerar; **I.** to number; **F.** numéroter; **A.** numerieren; **It.** numerizzare; **R.** исчислять.

NUMERARIO, RIA. (l. *numerarĭus.*) adj. Que es del número o perteneciente a él. || **2.** m. Moneda acuñada o dinero efectivo. || 2.ª acep.: **P.** numerário; **I.** coin, specie; **F.** numéraire; **A.** Zähl (en comp.); **It.** numerario; **R.** численный.

NUMÉRICAMENTE. adv. Con determinación a individuo; individualmente. || **2.** Con relación al número.

NUMÉRICO, CA. (l. *numerĭcus.*) adj. Perteneciente o relativo a los números. || **2.** Compuesto o ejecutado con ellos. || **P.** numérico; **I.** numerical; **F.** numérique; **A.** numerisch; **It.** numèrico; **R.** числовой.

NÚMERO. (l. *numĕrus.*) m. ARIT. Expresión de la relación entre la cantidad y la unidad. || **2.** Signo o conjunto de signos con que se representa el número. || **3.** Cantidad de personas o cosas de determinada especie. || **4.** Condición, categoría o clase de personas o cosas. || **5.** Tratándose de publicaciones periódicas, cada uno de los ejemplares correspondientes a distinta fecha de edición. || **6.** Cada una de las partes del programa de un espectáculo. || **7.** Medida proporcional o cadencia, que hace armoniosos los períodos músicos y los de poesía. || **8.** Verso, por constar de determinado número de sílabas. || **9.** GRAM. Accidente gramatical que expresa si las palabras se refieren a una sola persona o cosa o a más de una. || **10.** pl. Cuarto libro del Pentateuco de Moisés, llamado así por contener el censo de los israelitas. || **—abstracto.** ARIT. El que no se refiere a unidad de especie determinada. || **—arábigo.** Cifra o guarismo perteneciente a la numeración arábiga. || **—atómico.** QUÍM. El que denota el lugar que ocupa un cuerpo simple en el cuadro de la clasificación periódica de los elementos. || **—cardinal.** Cada uno de los números enteros en abstracto. || **—complejo.** ARIT. El compuesto de varios números concretos de diferente especie, pero del mismo género. || **—compuesto.** ARIT. El que se expresa con dos o más guarismos. || **—concreto.** ARIT. El que expresa unidades de especie determinada. || **—cósico.** ARIT. El que es potencia exacta de otro. || **—cuántico.** Es el número que determina la órbita electrónica. || **—deficiente.** ARIT. El que es inferior a la suma de sus partes alícuotas. || **—denominado.** ARIT. Número complejo. || **—dígito.** ARIT. El que puede expresarse con un solo guarismo. || **—dual.** GRAM. El que, además del singular y el plural, tienen algunas lenguas para significar el conjunto de dos. || **—entero.** ARIT. El que consta de una o más unidades enteras. || **—fraccionario.** ARIT. Número quebrado. || **—gamético.** BIOL. Número de cromosomas presentes en el núcleo de un gameto. || **—inconmensurable** o **irracional.** El que no puede expresarse exactamente ni por unidades enteras ni fraccionarias. || **—impar.** ARIT. El que no es divisible por dos. || **—incomplejo.** Número concreto que expresa unidades de una sola especie. || **—mixto.** ARIT. El compuesto de entero y de quebrado. || **—ordinal.** ARIT. El que expresa orden o sucesión. || **—par.** ARIT. El divisible por dos. || **—perfecto.** ARIT. El que es igual a la suma de sus partes alícuotas. || **—plural.** GRAM. El de la palabra que se refiere a dos o más personas o cosas. || **—primo.** ARIT. El que sólo es exactamente divisible por sí mismo y por la unidad. || **—quebrado.** ARIT. El que expresa una o varias partes alícuotas de la unidad. || **—redondo.** El aproximado, que no expresa más que las unidades completas de cierto orden. || **—romano.** El que se significa con letras del alfabeto latino. || **—singular.** GRAM. El de la palabra que se refiere a una sola persona o cosa. || **—sólido.** ARIT. El que procede de la multiplicación de tres números enteros. || **—sordo.** ARIT. El que no tiene raíz exacta. || **—superante.** ARIT. El que es superior a la suma de sus partes alícuotas. || **transcendente.** MAT. Número tal que no puede definirse mediante ecuaciones algebraicas por ejemplo *e* o π. || **—transfinito.** MAT. Aquel cuya potencia es infinita, según la teoría de los Conjuntos de Cantor. || *Áureo* NÚMERO. CRONOL. Número que se escribía con caracteres de oro en los sitios públicos de Atenas. || 2. CRONOL. Ciclo decemnovenal. || **—amigos.** ARIT. Dícese el par de números en que cada uno de ellos es igual a la suma de las partes alícuotas del otro. || **—congruentes.** MAT. Dícese del par de números enteros que, divididos por un tercer número llamado módulo, dan restos iguales. || *De* NÚMERO. loc. Dícese de cada uno de los individuos de una corporación compuesta de limitado número de miembros. || *Hacer* NÚMERO una persona o cosa. fr. No servir más que para aumentar el número de su especie. || *Llenar el* NÚMERO de una cosa. fr. Completarlo. || NÚMERO *uno.* expr. fig. y fam. Una persona o cosa, considerada preferente a todas las demás. || *Sin* NÚMERO. loc. fig. con que se significa una multitud casi innumerable. || **P.** número; **I.** number; **F.** nombre, numéro; **A.** Zahl, Nummer, Menge; **It.** nùmero; **R.** число, номер.

NUMEROSAMENTE. adv. En gran número. || **2.** Con cadencia, medida y proporción.

NUMEROSIDAD. (l. *numerositas, -ātis.*) f. Multitud numerosa.

NUMEROSO, SA. (l. *numerōsus.*) adj. Que incluye gran número de cosas. || **2.** Armonioso, o que tiene proporción, cadencia o medida. || **P.** e **It.** numeroso; **I.** numerous; **F.** nombreux; **A.** zahlreich; **R.** многочисленный.

NÚMIDA. (l. *numida.*) adj. Natural de Numidia. Ú.t.c.s. || **2.** Perteneciente a esta región de África antigua. || **P.** númida; **I.** numidian; **F.** numide; **A.** Numidier; **It.** numidio; **R.** нумиды.

NUMÍDICO, CA. (l. *numidĭcus.*) adj. Númida, 2.ª acep.

NUMISMA. (l. *numisma*, y éste del gr. νόμισμα.) m. NUMISM. Moneda.

NUMISMÁTICA. (De *numisma.*) f. Ciencia que trata del conocimiento de las monedas y medallas, principalmente de las antiguas. || **P.** numismática; **I.** numismatics; **F.** numismatique; **A.** Münz(en)-kunde; **It.** numismàtica; **R.** нумизматика.

NUMISMÁTICO, CA. (De *numisma*.) adj. Perteneciente o relativo a la numismática. || **2.** m. El que profesa esta ciencia o es versado en ella. || **P.** numismata; **I.** numismatist; **F.** numismate; **A.** Numismatiker; **It.** numismàtico; **R.** нумизматический, нумизмат.

NUMO. (l. *nummus*.) n. p. us. Moneda o dinero.

NUMULAR. adj. Dícese del esputo extendido y redondo como una moneda.

NUMULARIO, RIA. (l. *nummularius*.) m. El que comercia con dinero.

NUMULITA. (l. *nummus*, moneda, y el gr. λίθος, piedra.) f. ZOOL. Protozoo foraminífero fósil, que vivió en el período eoceno, con caparazón calcáreo semejante por su aspecto a una moneda.

NUNCA. (l. *nunquam*.) adv. En ningún tiempo. || **2.** Ninguna vez. || NUNCA *jamás*. m. adv. Nunca, con sentido enfático. || **P.** nunca; **I.** never; **F.** jamais; **A.** nie, nimmer; **It.** mai, giammai; **R.** никогда.

NUNCIAR. (l. *nuntiāre*.) tr. ant. Anunciar.

NUNCIATURA. f. Cargo o dignidad de nuncio. || **2.** Tribunal de la Rota de la nunciatura apostólica en España. || **3.** Casa en que vive el nuncio y está su tribunal. || **P.** nunciatura; **I.** nunciature; **A.** Nunztiatur; **It.** nunziatura; **R.** нунциатура.

NUNCIO. (l. *nuntius*.) m. Emisario que una persona envía a otra con algún encargo. || **2.** Representante diplomático del Papa, que ejerce además, como legado, ciertas facultades pontificias. || **3.** fig. Anuncio o señal. || **—apostólico.** Nuncio, 2.ª acep. || **P.** núncio; **I.** nuncio; **F.** nonce; **A.** Nuntius; **It.** nunzio; **R.** нунций.

NUNCUPATIVO. (l. *nuncupativus*.) adv. V. *Testamento* NUNCUPATIVO.

NUNCUPATORIO, RIA. (l. *nuncupā-*

tor, *-ōris*, que pone o da nombre a una cosa.) adj. Aplícase al escrito con que se dedica una obra, o en que se nombra a uno heredero o se le confiere un empleo.

NUÑO. (arauc. *nuyu*.) m. BOT. CHILE. Planta iridácea, de raíces fibrosas, y flores rosadas.

NUPCIAL. (l. *nuptiālis*.) adj. Perteneciente o relativo a las bodas. || **P.** nupcial; **I.** y **F.** nuptial; **A.** bräutlich; **It.** nuziale; **R.** свадебный.

NUPCIALIDAD. f. Número proporcional de matrimonios celebrados en un tiempo y lugar determinados.

NUPCIAS. (l. *nuptias*, acus. de *nuptiae*.) f. pl. Boda. || **P.** núpcias; **I.** weddings; **F.** noces; **A.** Hochzeit; **It.** nozze; **R.** свадьба.

NUTACIÓN. (l. *nutatĭo*, *-ōnis* bamboleo.) f. ASTRON. Ligera oscilación periódica del eje de la Tierra, causada principalmente por la atracción lunar. || **P.** nutação; **I.** y **F.** nutation; **A.** Nutation; **It.** nutazione; **R.** нутация.

NUTRA. (l. *lutra*.) f. Nutria.

NUTRIA. (l. *lutrĕa*; de *lutra*.) f. Mamífero carnicero mustélido de 3 a 4 dm de altura y unos 9 desde el hocico hasta el arranque de la cola, larga y gruesa; cabeza ancha y aplastada, orejas pequeñas y cuerpo delgado, patas cortas, con los dedos de los pies unidos por una membrana, y pelaje espeso, muy suave y de color pardo rojizo. Vive a orillas de los ríos y se alimenta de peces. Su piel es muy apreciada en manguitería. **—de mar.** Especie de nutria que vive en las costas del Pacífico Septentrional. || **P.** e **It.** lontra; **I.** otter; **F.** loutre; **A.** Fischotter; **R.** выдра.

NUTRICIO, CIA. (l. *nutritĭus*.) adj. Nutritivo. || **2.** Que procura alimento para otra persona.

NUTRICIÓN. (l. *nutritĭo*, *-ōnis*.) f. Acción y efecto de nutrir o nutrirse. || **2.** FARM. Preparación de los medicamentos, mezclando unos con otros para acrecentar sus cualidades. || **P.** nutrição; **I.** y **F.** nutrition; **A.** Ernährung; **It.** nutrizione; **R.** питание.

★ NUTRICULTURA. (l. *nutrĭre*, nutrir, y *cultura*, cultivo.) f. Cultivo sin tierra de plantas en recipientes que contienen líquidos nutritivos.

NUTRIDO, DA. p. p. de nutrir. || **2.** adj. fig. Lleno, abundante. || **3.** MIL. Dícese del fuego que se hace vigorosamente y sin interrupción.

NUTRIMENTAL. (l. *nutrimentālis*.) adj. Que sirve de sustento o alimento.

NUTRIMENTO. (l. *nutrimentum*.) m. Nutrición. || **2.** Substancia de los alimentos. || **3.** fig. Lo que es causa del aumento, actividad o fuerza de una cosa, especialmente en lo moral.

NUTRIMIENTO. m. Nutrimento.

NUTRIR. (l. *nutrīre*.) tr. Proporcionar a un organismo viviente las substancias que le son necesarias para su crecimiento y para la reparación de sus pérdidas. || **2.** fig. Aumentar o dar nuevas fuerzas, especialmente en lo moral. || **3.** fig. Llenar. || **P.** nutrir; **I.** to nourish; **F.** nourrir; **A.** (er)nähren; **It.** nutrire; **R.** питать.

NUTRITIVO, VA. adj. Capaz de nutrir. || **P.** e **It.** nutritivo; **I.** nutritive; **F.** nutritif; **A.** nahrhaft; **R.** питательный.

NUTRIZ. (l. *nutrix*, *-īcis*.) f. Nodriza.

NUTUAL. (l. *nutus*, voluntad.) adj. Dícese de las capellanías y otros cargos, eclesiásticos o civiles, que son amovibles a voluntad del que los confiere.

NY. (gr. νῦ.) f. Decimotercera letra del alfabeto griego, que corresponde a la *ene* en el nuestro.

★ NYLON. m. V. *Nilón*.

Ñ

Ñ. f. Decimoséptima letra del abecedario español, y decimocuarta de sus consonantes. Su nombre es *eñe*.

ÑA. f. AMÉR. Tratamiento vulgar, doña.

ÑACANINA. f. ARGENT. Víbora grande y venenosa.

★ **ÑACARATIA.** m. BOT. ARGENT. Cierto árbol frutal, cuya medula se aprovecha también como alimento.

★ **ÑACO.** m. CHILE. Gachas de harina de trigo o maíz.

★ **ÑACUNDÁ.** (Voz guaraní.) m. ZOOL. R. DE LA PLATA. Cierta ave caprimúlgida nocturna de poco más de 20 cm de longitud, y plumaje pardo acanelado con mezcla de blanco y negro.

ÑACURUTÚ. m. AMÉR. Ave nocturna, especie de lechuza, de color amarillento y gris, uñas y pico corvos. Es domesticable.

★ **ÑACHI.** m. CHILE. Sangre cruda y todavía caliente, especialmente la del cordero, aliñada con sal y ají. || *Sacar* ÑACHI *a uno.* fr. fam. CHILE. Hacerle sangrar por las narices de un puñetazo. || *Sacarle el* ÑACHI *a una niña.* fr. fam. CHILE. Desflorarla.

★ **ÑAFIAR.** tr. VENEZ. Sisar, hurtar.

★ **ÑAFITEAR.** tr. P. RICO. Hurtar.

ÑAFITEO. m. P. RICO. Hurto.

ÑAFRAR. tr. GERM. Hilar.

ÑAGAZA. f. Añagaza.

ÑAME. (Voz del Congo.) m. BOT. Planta herbácea dioscorácea, con tallos endebles, de 3 a 4 m de largo; hojas grandes y acorazonadas; flores pequeñas y verdosas en espigas axilares, y raíz grande, tuberculosa que, cocida o asada, es comestible muy usual en los países intertropicales. || **2.** Raíz de esta planta. || **3.** Aje, planta de rizoma comestible. || **4.** fig. COLOM., P. RICO, REP. DOMIN. y VENEZ. Cosa grande y difícil, en especial el pie. || **5.** CUBA. Persona ignorante y torpe.

★ **ÑANDIPA.** m. BOT. ARGENT. Cierto árbol rubiáceo resinoso que da una fruta del tamaño de la naranja. || **2.** Árbol de la misma familia que el anterior.

ÑANDÚ. m. Avestruz de América, que se diferencia del africano por tener tres dedos en cada pie y ser algo más pequeño y de plumaje gris poco fino.

ÑANDUBAY. m. BOT. Árbol americano mimosáceo, de madera rojiza muy dura e incorruptible.

ÑANDUTÍ. m. AMÉR. MERID. Tejido muy fino que hacían las mujeres paraguayas y hoy muy generalizado en la América del Sur para toda clase de ropa blanca.

★ **ÑANGA.** f. HOND. Estero de suelo cenagoso. || **2.** ECUAD. Migaja, pizca. || **3.** adv. COLOM. Vanamente. || **4.** BOT. ECUAD. Raíz externa del mangle. Ú.m. en pl.

★ **ÑANGADO, DA.** adj. CUBA. De miembros torcidos y débiles, especialmente de piernas.

★ **ÑANGO, GA.** adj. AMÉR. Desgarba-do. || **2.** CHILE. Bajo, corto de patas refiriéndose a las gallinas y otras aves. || **3.** P. RICO. Ñangado. || **4.** MÉJ. Débil, delgado, canijo. || **5.** P. RICO. Quisquilloso, fatuo, mentecato.

ÑANGUÉ. m. CUBA. Túnica de Cristo.

★ **ÑANQUELITO.** m. CHILE. Pieza larga y estrecha de carne situada después del solomo en la res vacuna.

ÑAÑA. f. CHILE. Niñera. || **2.** ARGENT. y CHILE. Hermana mayor.

ÑÁÑIGO, GA. adj. Dícese del individuo perteneciente a una sociedad secreta formada por negros en Cuba. Ú.m.c.s.

ÑAÑO, ÑA. adj. COLOM. Consentido, mimado en demasía. || **2.** PERÚ. Unido por amistad íntima. || **3.** m. CHILE. Hermano mayor.

ÑAPA. f. COLOM. Adehala, añadidura.

ÑAPANGO, GA. adj. COLOM. Mestizo, mulato.

ÑAPINDÁ. m. BOT. R. DE LA PLATA. Planta mimosácea; especie de acacia muy espinosa, con flores amarillentas y aromáticas.

ÑAQUE. m. Montón de cosas inútiles y ridículas. || **2.** Naque.

★ **ÑARRA.** adj. ECUAD. Dícese de la persona o animal muy pequeño. || **2.** f. pl. MÉJ. y ECUAD. Gajes de un oficio o empleo.

ÑARUSO, SA. adj. ECUAD. Dícese de la persona picada de viruelas.

ÑATO, TA. adj. AMÉR. Chato.

★ **ÑAURE.** m. VENEZ. Garrote o palo nudoso. || **2.** VENEZ. Picarescamente, falo.

★ **ÑAUSA.** adj. PERÚ. Ciego.

★ **ÑECA.** f. CUBA. Puño.

ÑEQUE. adj. C. RICA. Fuerte, vigoroso. || **2.** CHILE y PERÚ. m. Fuerza, energía.

★ **ÑEQUE.** m. ÁL. y ECUAD. Golpe propinado a los muchachos en la cabeza con los nudillos. || **2.** MÉJ. y AMÉR. CENTRAL. Golpe, bofetada. || **3.** AMÉR. CENTRAL, COLOM., CHILE., ECUAD., PERÚ y VENEZ. Fortaleza, vigor, coraje. || **4.** adj. AMÉR. CENTRAL, CHILE, ECUAD. y VENEZ. Vigoroso, fuerte. || **5.** pl. ECUAD. Puños.

★ **ÑILBO.** m. CHILE. Harapo, jirón de ropa muy usada. || **2.** CHILE. Trozo colgante de charqui o cosa similar.

ÑIPE. m. BOT. CHILE. Arbusto mirtáceo, cuyas ramas se emplean para teñir.

★ **ÑIQUE.** m. HOND. Golpe que se da con la punta de un trompo en la cabeza de otro. || **2.** AMÉR. CENTRAL. Puñetazo.

ÑIQUIÑAQUE. m. fam. Sujeto o cosa muy despreciable.

ÑIRE. (Voz araucana.) m. BOT. CHILE. Árbol fagáceo, de unos 20 m de altura, con flores solitarias y hojas elípticas y profundamente aserradas.

ÑISNIL. m. CHILE. Especie de enea que crece en los pantanos y cuyas hojas se utilizan para tejer canastillos y cubrir ranchos.

★ **ÑIZCA.** f. PERÚ. Partícula o fragmen-to. || **2.** COLOM. Excremento. || **3.** pl. CHILE y PERÚ. Añicos.

ÑO. m. En algunas regiones de América y como tratamiento vulgar, señor.

ÑOCLO. (l. *nuclĕus*, nuez.) m. Especie de melindre hecho de masa de harina, azúcar, mantequilla, huevos, vino y anís, y cocido al horno.

★ **ÑOCO, CA.** adj. COLOM., VENEZ. P. RICO y REP. DOMIN. Persona a quien falta un dedo o una mano. || **2.** m. CHILE. Puñada propinada extendiendo el brazo horizontalmente. || **3.** COLOM. Muñón o tocón.

ÑOCHA. f. Hierba bromeliácea, cuyas hojas se utilizan para hacer sogas, canastos, sombreros, esteras, etc.

★ **ÑONCHI.** adj. CHILE. Invariable.

★ **ÑONGO, GA.** adj. CHILE. Perezoso. || **2.** fam. VENEZ. Que se halla en mal estado. || **3.** COLOM. y VENEZ. Defectuoso, lisiado. || **4.** VENEZ. Tramposo, azaroso, fatídico.

ÑOÑERÍA. f. Acción o dicho propio de persona ñoña.

ÑOÑEZ. f. Calidad de ñoño. || **2.** Ñoñería.

ÑOÑO, ÑA. (l. *nonnus*, anciano, ayo.) adj. fam. Dícese de la persona sumamente apocada y de corto ingenio. || **2.** Dícese de las cosas, de poca substancia. || **P.** néscio; **I.** shy, feeble-minded; **F.** mauviette, insipide; **A.** albern; **It.** sciocco; **R.** малодушный.

★ **ÑOPO, PA.** adj. AMÉR. Español. || **2.** PAN. Rubio, blanco. || **3.** COLOM. Zopo o gafo de las manos. || **4.** COLOM. Chato. Ú.t.c.s.

★ **ÑOQUI.** m. ARGENT. y CHILE. Panecillo hecho con masa de harina, huevos, patatas, manteca, etc.

ÑORA. f. MURC. Noria, 1.ª acep.

ÑORA. (De *Nora*, comarca murciana.) f. MURC. Pimiento muy picante, guindilla.

ÑORBO. m. ECUAD. y PERÚ. Flor pequeña, muy fragante, de una pasionaria muy común como adorno en las ventanas.

ÑORO. m. MURC. Ñora.

ÑU. m. ZOOL. Antílope del África del Sur, de gran tamaño, cabeza con fuertes cuernos y corta crin.

ÑUBLADO. m. ant. Nublado.

ÑUBLAR. (De *nublar*, con la ñ de añublar.) tr. ant. Nublar.

ÑUBLO. (De *nublo*, con la ñ de añublar.) m. ant. Nublo.

ÑUBLOSO, SA. (De *nubloso*, con la ñ de *añublar*.) adj. Nubloso.

ÑUDILLO. m. Nudillo.

ÑUDO. (De *nudo*, con la ñ de añudar.) m. Nudo. || *Un* ÑUDO *a la bolsa y dos a la boca.* ref. que recomienda ahorrar dineros y palabras.

ÑUDOSO, SA. (De *nudoso*, con la ñ de *añudar*.) adj. Nudoso.

★ **ÑUFLA.** f. CHILE. Cosa insignificante.

ÑUTO, TA. adj. ECUAD. Dícese de lo que está molido o convertido en polvo.

O

O. Decimoctava letra del abecedario español, cuarta de sus vocales, y la más sonora después de la *a.* ‖ **2.** DIAL. Signo de la proposición particular negativa. ‖ **3.** GEOG. Se usa como abreviatura de oeste. ‖ **4.** QUÍM. Símbolo del oxígeno.

O. (l. *ubi.*) adv. l. ant. Do.

O. (l. *aut.*) conj. disyunt. que denota diferencia, separación o alternativa entre dos o más personas, cosas o ideas. *Luis o Fernando; Vencer o morir.* ‖ **2.** Suele preceder a cada uno de dos o más términos contrapuestos. *Lo harás o de grado o por fuerza.* ‖ **3.** Denota además idea de equivalencia, significando o *lo que es lo mismo. El protagonista,* o *el personaje principal de la obra, es Segismundo.*

¡O! interj. ant. ¡Oh!

OASIS. (l. *oăsis,* y éste gr. ὄασις.) m. Sitio con vegetación por afloramiento de una capa de agua que se encuentra aislado en los arenales de los desiertos. ‖ **2.** fig. Tregua, refugio en las penalidades de la vida. ‖ P. oásis; I. y F. oasis; A. Oase; It. oasi; R. оазис.

OB. (l. *ob.*) prep. insep. que significa por causa, en virtud de, en voces de origen latino.

OBCECACIÓN. (l. *obcaecatĭo, -ōnis.*) f. Ofuscación persistente. ‖ P. obcecação; I. obfuscation; F. aveuglement; A. Verblendung; It. accecamento; R. ослепление.

OBCECADAMENTE. adv. m. Con obcecación.

OBCECAR. (l. *obcaecāre.*) tr. Cegar, deslumbrar, ofuscar. ‖ P. obcecar; I. to blind, to obfuscate; F. aveugler; A. blenden, verblenden; It. accecare; R. ослеплять.

OBCEGAR. (l. *obcaecāre.*) tr. ant. Obcecar.

* **OBDUCCIÓN.** (l. *obductĭo, -ōnis,* acción de cerrar, de cubrir.) f. Acción de extender algo sobre una cosa, para cubrirla. ‖ **2.** MED. Sección, autopsia médicolegal.

OBDURACIÓN. (l. *obduratĭo, -ōnis.*) f. Obstinación y terquedad.

OBEDECEDOR, RA. adj. Que obedece. Ú.t.c.s.

OBEDECER. (l. *obedīre.*) tr. Cumplir la voluntad de quien manda. ‖ **2.** Ejecutar los animales, especialmente las caballerías, los movimientos que se les indican. ‖ **3.** fig. Ceder una cosa inanimada al esfuerzo que se hace sobre ella. ‖ **4.** intr. fig. Dimanar. ‖ P. obedecer; I. to obey; F. obéir; A. gehorchen, folgen; It. obbedire; R. подчиняться.

OBEDECIBLE. adj. Que puede o debe ser obedecido.

OBEDECIENTE. p.a. ant. de obedecer. Obediente.

OBEDECIMIENTO. m. Acción de obedecer, 1.ª acep.

OBEDIENCIA. (l. *obedientĭa.*) f. Acción de obedecer. ‖ **2.** Precepto del superior, especialmente en las órdenes regulares. ‖ **3.** En las mismas órdenes, permiso que da el superior a un súbdito para ir a predicar, o asignación de oficio para otro convento, o para hacer un viaje. ‖ **4.** En dichas órdenes, empleo de comunidad que

desempeña un religioso por orden del superior. ‖ **—ciega.** fig. La que se presta sin examinar las razones del que manda. ‖ **—debida.** FOR. La que se rinde al superior jerárquico y es circunstancia eximente de responsabilidad. ‖ *Acatar* OBEDIENCIA. fr. ant. Tenerla o rendirla. ‖ *A la* OBEDIENCIA. expr. de cortesía con que uno se somete al gusto de otro. ‖ *Dar la* OBEDIENCIA a uno. fr. Sujetarse a él. ‖ P. obediência; I. obedience; F. obéissance; A. Gehorsam; It. obbedienza; R. послушание.

OBEDIENCIAL. adj. Perteneciente o relativo a la obediencia.

OBEDIENTE. (l. *obedĭens, -entis.*) p.a de obedecer. Que obedece. ‖ **2.** adj. Propenso a obedecer.

OBEDIENTEMENTE. adv. m. Con obediencia.

OBELISCO. (l. *obeliscus,* y éste del gr. ὀβελίσκος.) m. Monumento en forma de pilar de gran altura con cuatro caras iguales un poco convergentes y terminado por una punta piramidal achatada, el cual sirve de adorno en lugares públicos, y lo emplearon principalmente los egipcios. ‖ **2.** Señal que se solía poner en la margen de los libros para anotar alguna cosa. ‖ P. obelisco; I. obelisk; F. obélisque; A. Obelisk; It. obelisco; R. обелиск.

OBELO. (l. *obelus,* y éste del gr. ὀβελός.) m. Obelisco.

OBENQUE. (neerl. *hobant;* de *hoofd,* principal, y *bant,* cordaje.) m. MAR. Cada uno de los cabos gruesos que sujetan la cabeza de un palo o de un mastelero a los costados del buque o a la cofa correspondiente. ‖ P. ovém; I. shroud; F. hauban; A. Wanttau; It. sartia; R. ванты.

OBERTURA. (fr. *ouverture,* y éste del l. *apertūra.*) f. Pieza de música instrumental con que se da principio a una ópera u otra composición lírica. ‖ P. introdução; I. overture; F. ouverture; A. Ouvertüre; It. preludio, introduzione; R. увертюра.

OBESIDAD. (l. *obesĭtas, -ātis.*) f. Calidad de obeso. ‖ P. obesidade; I. obesity; F. obésité; A. Fettleibigkeit; It. obesità; R. тучность.

OBESO, SA. (l. *obēsus.*) adj. Dícese de la persona excesivamente gruesa. ‖ P. e It. obeso; I. obese; F. obèse; A. fettleibig; R. тучный.

ÓBICE. (l. *obex, -ĭcis.*) m. Obstáculo, impedimento. ‖ P. óbice; I. obstacle; F. obstacle, entrave; A. Hindernis; It. impaccio; R. препятствие.

OBISPADO. m. Dignidad de obispo. ‖ **2.** Territorio asignado a un obispo para ejercer sus funciones y jurisdicción. ‖ P. bispado; I. bishopric; F. évêché; A. Bischofswürde; It. vescovado; R. епископство.

OBISPAL. (De *obispo.*) adj. Episcopal.

OBISPALÍA. (De *obispal.*) f. Palacio o casa del obispo. ‖ **2.** Obispado.

OBISPAR. intr. Obtener un obispado; ser nombrado para él.

OBISPILLO. (d. de *obispo.*) m. Muchacho a quien en algunas catedrales y abadías visten de obispo o abad la víspera

y día de San Nicolás de Bari y le hacen asistir a vísperas, y a misa mayor. ‖ **2.** En las antiguas universidades, estudiante novato a quien ponían una mitra de papel, tributándole entre burlas fingido acatamiento. ‖ **3.** Morcilla grande y gruesa hecha con ocasión de la matanza del cerdo. ‖ **4.** Rabadilla de las aves. ‖ 4.ª acep.: P. uropígio das aves; I. rump; F. croupion; A. Bürzel; It. codione; R. гузка.

OBISPO. (l. *episcŏpus,* y éste del gr. ἐπίσκοπος, de ἐπισκέπτομαι, inspeccionar.) m. Prelado dotado de jurisdicción sobre una diócesis en la que ejerce la triple potestad de enseñar, gobernar y santificar, conferida por Cristo a los apóstoles. ‖ **2.** ZOOL. Pez selacio de hocico plano y largo, cabeza abultada, y cola muy larga con dos carreras de espinas. ‖ **3.** Obispillo. ‖ **—auxiliar.** Prelado sin jurisdicción propia, con título in pártibus, nombre para ayudar en sus funciones a algún obispo o arzobispo. ‖ **—electo.** El que sólo tiene el nombramiento, sin estar aún consagrado ni confirmado. ‖ *Trabajar para el* OBISPO. fr. fig. y fam. Trabajar sin recompensa. ‖ **—in pártibus,** o **in pártibus infidélium.** El que toma título de país ocupado por infieles. ‖ **—regionario.** El que no tenía silla determinada, e iba a ejercer su ministerio donde era necesario. ‖ P. bispo; I. bishop; F. évêque; A. Bischof; It. vèscovo; R. епископ.

ÓBITO. (l. *obĭtus;* de *obīre,* morir.) m. Fallecimiento de una persona. ‖ P. óbito; I. obit, decease; F. mort, décès, trépas; A. Hingang, Tod; It. òbito; R. кончина, смерть.

OBITUARIO. (De *óbito.*) m. Libro parroquial en que se anotan las partidas de defunción y de entierro. ‖ **2.** Registro de las fundaciones de aniversario de óbitos. ‖ **3.** PERÚ. Sección necrológica de un periódico. ‖ 2.ª acep.: P. obituário; I. obituary; F. obituaire; A. Totenregister; It. obituario.

OBIUBI. m. VENEZ. Mono de color negro, que duerme de día teniendo la cabeza metida entre las piernas.

OBJECIÓN. (l. *obiectĭo, -ōnis.*) f. Razón o dificultad que se presenta para combatir una afirmación o impugnar una proposición. ‖ P. objecção; I. objection; F. objection; A. Einwand; It. obbiezione; R. возражение.

OBJECTO. (l. *obiectus.*) m. ant. Objeción, tacha, reparo.

OBJETANTE. p.a. de objetar. Que objeta. Ú.t.c.s.

OBJETAR. (l. *obiectāre.*) tr. Oponer reparos u objeciones a una opinión o designio. ‖ P. objetar; I. to object; F. objecter; A. einwenden, entgegnen; It. obbiettare; R. возражать.

OBJETIVAMENTE. adv. m. En cuanto al objeto, o por razón del objeto.

OBJETIVIDAD. f. Calidad de objetivo.

OBJETIVO, VA. adj. Perteneciente o relativo al objeto en sí, y no a nuestro modo de pensar y de sentir. ‖ **2.** Desinteresado, desapasionado. ‖ **3.** FIL. Dícese de lo que existe realmente, fuera del sujeto que lo conoce. ‖ **4.** MED. Dícese del sín-

O

toma que está al alcance de los sentidos del médico. || 5. m. Lente, espejo o sistema de lentes colocadas en el extremo de un microscopio, anteojo, etc., en la parte dirigida hacia los objetos. || 6. Objeto, fin propuesto. || 7. MIL. Blanco. || P. objectivo; I. objective; F. objectif; A. objektiv; It. obbiettivo; R. объективный.

OBJETO. (l. *obiectus*.) m. Todo lo que puede ser materia de conocimiento o sensibilidad de parte del sujeto. || 2. Lo que sirve de materia o asunto al ejercicio de las facultades mentales. || 3. Término o fin de los actos humanos. || 4. Fin o intento a que se dirige una acción. || 5. Materia de una ciencia. || 6. Cosa. || P. objecto; I. object; F. objet; A. Gegenstand, Ziel, Absicht; It. oggetto, obbietto; R. объект, предмет.

OBLACIÓN.(l. *oblatio, -ōnis*.) f. Acción de ofrecer algo a Dios. ||—**a la curia.** Modo de legitimar a los hijos naturales, introducido en el derecho romano por los emperadores Teodosio y Valentiniano como atractivo hacia los cargos curiales, que eran de día en día menos aceptos. || P. oblação; I. y F. oblation; A. Opferung; It. oblazione; R. подношение.

OBLADA.(l. *oblāta*, oblata.) f. Ofrenda que se lleva a la iglesia y se da por los difuntos. || *Quien lleva las* OBLADAS, *que taña las campanas*. ref. que enseña que el que lleva la utilidad debe llevar el trabajo.

OBLATA. (l. *oblāta*, ofrecida.) f. Dinero que se da al sacristán o a la fábrica de la iglesia para el gasto de vino, hostias, cera u ornamentos para decir la misa. || 2. En la misa, la hostia ofrecida y puesta sobre la patena, y el vino en el cáliz, antes de ser consagrados. || 3. Religiosa perteneciente a la congregación del Santísimo Redentor, fundada para librar a las jóvenes del peligro de la prostitución. Ú.t.c.adj.

OBLATIVO, VA. adj. Perteneciente o relativo a la oblación.

OBLATO. (l. *oblātus*, ofrecido.) adj. Persona que, sin ingresar en una orden religiosa, se somete a la dirección de ésta, para compartir así los méritos y beneficios espirituales de la misma. Ú.t.c.s. || 2. Miembro de la congregación de clérigos seculares fundada en Italia por San Carlos Borromeo. || 3. Miembro de la orden religiosa de María Inmaculada fundada en Francia. || 4. Sacerdote de la orden de Oblatos de San Francisco de Sales. P. e It. oblato; I. oblate; F. oblat; A. Oblat.

OBLEA. (ant. fr. *oublée*, y éste del l. *oblāta*, ofrecida.) f. Hoja muy delgada de masa de harina y agua, cocida en molde usada para pegar sobres, etc. || 2. Cada uno de los trozos de esta hoja. || 3. Trocito circular, de goma arábiga usado para cerrar cartas. || 4. fig. y fam. Persona o animal extremadamente escuálidos. || P. obreia; I. wafer; F. pain à cacheter; A. Oblate, Waffel; It. oblata, ostia; R. облатка.

OBLEERA. f. Vaso o caja para obleas.

OBLICUAMENTE. adv. m. Con oblicuidad.

OBLICUÁNGULO. (De *oblicuo* y *ángulo*.) adj. Dícese del polígono o del poliedro en que no es recto ninguno de sus ángulos.

OBLICUAR. (l. *obliquāre*.) tr. Dar a una cosa dirección oblicua con relación a otra. || 2. intr. MIL. Marchar diagonalmente por un flanco sin perder el frente de formación.

OBLICUIDAD. (l. *obliquĭtas, -ātis*.) f. Dirección al través, con inclinación. || 2. GEOM. Inclinación que aparta de la perpendicularidad la línea o el plano que se considera respecto de otro u otro. ||—**de la eclíptica.** ASTRON. Ángulo que forma la eclíptica con el ecuador. || I. obliquidade; I. obliquity; F. obliquité; A. Schräge, It. obliquità; R. косое направление.

OBLICUO, CUA. (l. *obliquus*.) adj. Que no es perpendicular ni paralelo a un plano, a una recta, a una dirección determinada. || 2. V. *Ángulo, caso, cilindro, compás, cono, fuego* OBLICUO. || P. obliquo; I. y F. oblique; A. schief, schräg; It. obliquo; R. косой, кривой.

OBLIGACIÓN. (l. *obligatio, -ōnis*.) f. Exigencia moral que debe regir la voluntad libre. || 2. Vínculo que sujeta a hacer una cosa o a abstenerse de ella. || 3. Correspondencia que se debe tener a los beneficios recibidos. || 4. Documento en que se reconoce una deuda o se promete su pago u otra prestación. || 5. Título al portador y con interés fijo, que representa una suma prestada, o exigible por otro concepto, a la persona o entidad que lo emitió. || 6. Casa donde vende el obligado el género que tiene a su cargo. || 7. Carga, o incumbencia inherentes al estado, o a la condición de una persona. || 8. pl. Familia que uno tiene que mantener. ||—**alternativa.** FOR. Aquella que, entre varias prestaciones, puede pagarse con una sola. ||—**civil.** DER. Aquella cuyo cumplimiento es exigible legalmente. ||—**condicional.** La que depende del cumplimiento de una condición. ||—**mancomunada.**Aquella cuyo cumplimiento es exigible a dos o más deudores, a cada uno en su parte correspondiente. ||—**natural.** La que por provenir de contrato no admitido en el derecho civil, subsiste sólo en el fuero interno. ||—**solidaria.**Aquella cuyo cumplimiento se puede exigir por entero a cualquiera de los deudores, a reserva de que el cumplidor pida a los demás el escote. || *Constituirse* uno *en* OBLIGACIÓN *de* una cosa. fr. Obligarse a ella. || *Correr* OBLIGACIÓN a uno. fr. Estar obligado. || *Primero es la* OBLIGACIÓN *que la devoción.* refr. que enseña que no se debe anteponer cosa alguna al cumplimiento de los deberes. || P. obrigação; I. y F. obligation; A. Verpflichtung; It. obbligazione; R. обязанность, долг.

OBLIGACIONISTA. com. Tenedor de una o varias obligaciones negociables.

OBLIGADO. (l. *obligātus*.) m. Persona encargada de abastecer de algún género a una población. || 2. MÚS. Lo que canta o toca un músico como principal en una composición. || 3. Parte de acompañamiento que no se puede omitir sin desnaturalizar el conjunto instrumental.

OBLIGAMIENTO. (l. *obligamentum*.) m. ant. Obligación.

OBLIGANTE. (l. *obligans, -antis*.) p.a. de obligar. Que obliga.

OBLIGAR. (l. *obligāre*.) tr. Ligar con fuerza moral a uno impulsándole a hacer algo. || 2. Ganar la voluntad de uno con beneficios u obsequios. || 3. Hacer fuerza en una cosa para conseguir un efecto. || 4. DER. Sujetar los bienes al cumplimiento de prestaciones exigibles. || 5. r. Comprometerse a cumplir una cosa. || 6. CHILE y BOL. Beber en la misma copa de otro. Ú.t.c.r. || P. obrigar; I. to oblige; F. obliger, engager; A. verpflichten; It. obbligare; R. обязывать.

OBLIGATIVO, VA. adj. Obligatorio.

OBLIGATORIEDAD. f. Calidad de obligatorio.

OBLIGATORIO, RIA. (l. *obligatorĭus*.) adj. Dícese de lo que obliga a su cumplimiento.

* **OBLIGO.** m. ARGENT., BOL. y CHILE. Acto de beber en respuesta al que bebe bajo la invitación: *Bebo y* OBLIGO.

OBLITERACIÓN. (l. *oblitteratĭo, -ōnis*.) f. MED. Acción y efecto de obliterar u obliterarse, especialmente cierre de las suturas craneales, de sumo interés en Antropología para determinar la edad, sexo y raza de los individuos. || P. obliteração; I. obliteration; F. oblitération; A. Verstopfung; It. obliterazione; R. закупорка.

OBLITERADOR, RA. adj. Que cierra u oblitera.

OBLITERAR. (l. *oblitterāre*, borrar, abolir.) tr. MED. Obstruir o cerrar un conducto o cavidad en un cuerpo. Ú.t.c.r. || P. obliterar; I. to obliterate; F. oblitérer; A. verstopfen; It. obliterare; R. закупорить.

OBLONGADA. (De *oblongo*.) adj. V. *Medula* OBLONGADA.

OBLONGO, GA.(l. *oblongus*.) adj. Más largo que ancho. || 2. V. *Medula* OBLONGA. || P. oblongo; I. y F. oblong; A. länglich; It. oblungo; R. продолговатый.

OBNOXIO, XIA. (l. *obnoxĭus*.) adj. ant. Expuesto a contingencia o peligro.

OBNUBILACIÓN. f. Ofuscamiento. || 2. MED. Visión de los objetos como al través de una nube, por trastorno de la circulación en el encéfalo. || P. obnubilação;

I. y F. obnubilation; A. Verdunkelung; It. obnubilazione; R. ослепление.

OBOE. (fr. *hautbois*; de *haut*, alto, y *bois*, madera.) m. MÚS. Instrumento de viento, formado por un tubo cónico de madera con agujeros y llaves, dividido en tres piezas; se toca con una embocadura de caña. || 2. Músico que toca este instrumento. || P. oboé; I. oboe, hautboy; F. hautbois; A. Hoboe; R. oboe; R. гобой.

ÓBOLO.(l. *obŏlus*, y éste del gr. ὀβολός.) m. Antiguo peso griego, sexta parte de la dracma; unos 6 dg. || 2. Antigua moneda griega de plata equivalente a unos 14 cts. || 3. fig. Cantidad exigua con que se contribuye para un fin determinado. || 4. FARM. Medio escrúpulo. || P. óbolo; I. obolus; F. obole; A. Spende, Obolus; It. òbolo; R. обол.

OBRA. (l. *ŏpĕra*.) f. Cosa producida por un agente. || 2. Cualquiera producción intelectual. || 3. Libro o libros que contienen un trabajo literario completo. || 4. Edificio en construcción. || 5. Compostura o reparación en un edificio. || 6. Medio, virtud o poder. || 7. Trabajo o tiempo que requiere una cosa. || 8. Labor del artesano. || 9. Acción moral, en provecho o en daño del alma. || 10. Derecho de fábrica. || 11. METAL. Parte estrecha y prismática de un horno alto, situada sobre el crisol. ||—**accesoria, o accidental.** FORT. Cualquiera de las menores que se hacen en el interior o exterior de las fortificaciones. ||—**alta adicional.** MAR. En los buques, superestructura. ||—**coronada.** FORT. Una de las exteriores que consta de dos medios baluartes y uno entero trabados con dos cortinas. ||—**de caridad.** La que se hace en bien del prójimo. ||—**de El Escorial.**fig. y fam. Cosa que tarda mucho en finalizarse. ||—**de fábrica.** Puente, alcantarilla u otra construcción análoga en una vía de comunicación. ||—**de magia.** TEATR. OBRA escénica en cuyo argumento se mezcla lo extraordinario y maravilloso. ||—**de manos.** La que se ejecuta principalmente con el trabajo manual. ||—**de marea.** MAR. Aquella en que es necesario esperar a la bajamar para ejecutar los trabajos. ||—**de misericordia.** Acto con que se socorre al necesitado corporal o espiritualmente. ||—**de romanos.** fig. Cosa que cuesta mucho trabajo y tiempo o que es grande y acabada. ||—**en pecado mortal.** fig. y fam. Aquella que, o no es debidamente correspondida, o no consigue el fin con que se la intenta. ||—**exterior.** FORT. La que se hace de la contraescarpa afuera, para mayor defensa. ||—**maestra.** OBRA de arte, capital y superior. || 2. OBRA principal de un artista. ||—**muerta.** MAR. Parte del casco de un barco que está sobre la línea de flotación. || 2. fig. Acción buena en sí, pero hecha por quien está en pecado mortal. || 3. CHILE. Lo que queda por hacer en un edificio en construcción después de techarlo. ||—**pía.**Establecimiento piadoso para el culto de Dios o el ejercicio de la caridad. || 2. fig. y fam. Cualquier cosa útil o provechosa. ||—**prima.** OBRA de zapatería que se hace nueva. ||—**pública.** La de interés general, destinada a uso público. ||—**viva.** fig. Acción buena que se ejecuta en estado de gracia. || 2. MAR. Fondo, en su acepción de parte sumergida de un buque. || *Buena* OBRA. OBRA de caridad. || *Alzar de* OBRA. fr. Suspender el trabajo los obreros. || *De* OBRA. m. adv. que con ciertos verbos significa que la acción de éstos se efectúa de manera material y corpórea. *La maltrató de palabra y de* OBRA. || ¡*Es* OBRA!, o ¡*Ya es* OBRA! exclam. que se usa para encarecer la dificultad, molestia o trabajo de una cosa. || *Hacer mala* OBRA. fr. Causar incomodidad o perjuicio. || *Meter en* OBRA una cosa. fr. Ponerla por OBRA. || *Ni* OBRA *buena, ni palabra mala.* frs. proverb. de que se usa para notar a los que ofreciendo mucho no cumplen nada. || OBRA *de.* m. adv. que sirve para determinar una cantidad sobre poco más o menos, cuando es imposible señalarla a punto fijo. || *Poner por* OBRA una cosa. fr. Emprenderla; darle principio. || *Seca está la* OBRA. expr. fam. y fest. que suelen usar los trabajadores para dar a entender al dueño de una OBRA que es menester remojarla dándoles para refrescar. || *Sentarse* *la* OBRA. fr. ARQ. Enjugarse la humedad de la fábrica, adquiriendo entonces la unidad y consistencia debidas. || *Tomar* uno *una* OBRA. frs. Encargarse de ella. || **P.** obra; **I.** work; **F.** oeuvre, ouvrage; **A.** Werk; **It.** òp(e)ra; **R.** произведение, работа.

OBRADA. (De *obrar.*) f. Labor que en la labranza del campo en un día hace un hombre o una yunta. || **2.** Medida agraria usada en algunas provincias de Castilla.

* **OBRADERA.** (De *obrar.*) f. PAN., GUAT. y COLOM. Diarrea.

OBRADOR, RA. (l. *operātor.*) adj. Que obra. Ú.t.c.s. || **2.** m. Taller en que se trabaja una obra de manos.

OBRADURA. (De *obrar.*) f. Lo que de cada vez se exprime en el molino de aceite en cada prensa.

OBRAJE. (De *obrar.*) m. Manufactura. || **2.** Fábrica de paños u otras cosas. || **3.** ARGENT. Establecimiento de explotación forestal.

OBRAJERO. (De *obraje.*) m. Capataz de una obra. || **2.** ARGENT. Dueño de un obraje de explotación forestal. || **3.** BOL. Artesano.

OBRANTE. p.a. de obrar. Que obra.

OBRAR. (l. *operāre.*) intr. Dedicar la actividad a un fin no material. || **2.** tr. Hacer una cosa, trabajar en ella. || **3.** Causar efecto en una cosa. || **4.** Construir, edificar. || **5.** intr. Exonerar el vientre. || **6.** Existir una cosa en sitio determinado. || 2.ª acep.: **P.** obrar; **I.** to work; **F.** ouvrer; **A.** arbeiten, verrichten; **It.** op(e)rare, lavorare; **R.** делать, работать.

OBREGÓN. m. Individuo de la congregación de hospitalarios, fundada en Madrid por Bernardino de Obregón en el año 1565. Ú.m. en pl.

OBREPCIÓN. (l. *obreptio, -ōnis*, introducción furtiva.) f. FOR. Falsa narración de un hecho, con que se pretende conseguir de un superior, un rescripto, empleo o dignidad, ocultando el impedimento que haya para su logro. || **P.** obrepção; **I.** y **F.** obreption; **A.** Erschleichung; **It.** orrezione; **R.** искажение фактов.

OBREPTICIAMENTE. adv. m. De manera obrepticia.

OBREPTICIO, CIA. (l. *obreptitius.*) adj. FOR. Que se pretende o consigue mediante obrepción. || **P.** ob-reptício; **I.** obreptitious; **F.** obreptice; **A.** erschlichen; **It.** orrettizio; **R.** искажённый.

OBRERÍA. f. Cargo de obrero. || **2.** Renta destinada para la fábrica de la iglesia o de otras comunidades. || **3.** Cuidado de ella. || **4.** Oficina destinada para este despacho.

OBRERISMO. m. Régimen económico fundado en el predominio del trabajo obrero como elemento de producción y creador de riqueza. || **2.** Conjunto de obreros considerado como entidad económica. || **3.** SOCIOL. Movimiento social y político de la clase trabajadora en defensa de sus intereses.

OBRERISTA. adj. Perteneciente o relativo al obrerismo. || **2.** Partidario del obrerismo.

OBRERO, RA. (l. *operarius.*) adj. Que trabaja. Ú.t.c.s. || **2.** V. *Abeja* OBRERA. || **3.** m. y f. Trabajador manual retribuido. || **4.** m. El que cuida de las obras en las iglesias o comunidades. || **5.** Dignidad de las órdenes militares que asiste a las juntas. || **6.** Dezmero que en algunas partes pagaba directamente su cuota a la obrería de la iglesia catedral. || **—de villa.** Albañil. || OBREROS *a no ver, dineros a perder.* ref. que enseña que en las obras sin vigilancia del dueño, suele gastarse el dinero inútilmente. || **P.** obreiro; **I.** worker; **F.** ouvrier. **A.** Arbeiter, Handwerker; **It.** lavoratore, operaio; **R.** рабочий.

OBRIZO. (l. *obry̆zum*, oro afinado, y éste del gr. ὄβρυζον.) adj. Dícese del oro acendrado y puro.

OBSCENAMENTE. adv. m. Impuramente, con lascivia.

OBSCENIDAD. (l. *obscenitas, -ātis.*) f. Calidad de obsceno. || **2.** Cosa obscena. || **P.** obscenidade; **I.** obscenity; **F.** obscénité; **A.** Unzüchtigkeit; **It.** oscenità; **R.** распутство.

OBSCENO, NA. (l. *obscēnus.*) adj. Impúdico, torpe, ofensivo al pudor. || **P.** obsceno; **I.** obscene; **F.** obscène; **A.** unzüchtig; **It.** osceno; **R.** распутный.

OBSCURACIÓN. (l. *obscuratio, -ōnis.*) f. Obscuridad.

OBSCURAMENTE. adv. m. Con obscuridad.

OBSCURANTISMO. (l. *obscūrans, -antis*, que obscurece.) m. Oposición sistemática a que se difunda la instrucción en las clases populares. || **P.** obscurantismo; **I.** obscurantism; **F.** obscurantisme; **A.** Obskurantismus; **It.** oscurantismo; **R.** мракобесие.

OBSCURANTISTA. adj. Partidario del obscurantismo. Apl. a pers. ú.t.c.s.

OBSCURAR. (l. *obscurāre.*) tr. e intr. ant. Obscurecer. Usáb.t.c.r.

OBSCURECER. (De *obscuro.*) tr. Privar de luz o claridad. || **2.** fig. Disminuir la estimación de las cosas; desacreditarlas y abatirlas. || **3.** fig. Ofuscar la razón alterando y confundiendo la realidad de las cosas. || **4.** fig. Dificultar la inteligencia del concepto, por los términos empleados para expresarlo. || **5.** PINT. Dar mucha sombra a una parte de la composición para que las otras resalten. || **6.** intr. unipers. Aplicado al cielo, al día, etc., nublarse. || **7.** fig. y fam. Desaparecer una persona o cosa, por haberla hurtado u ocultado. || **P.** obscurecer; **I.** to obscure; **F.** obscurcir; **A.** verfinstern, verdunkeln; **It.** oscurare; **R.** затемнять.

OBSCURECIMIENTO. m. Acción y efecto de obscurecer u obscurecerse.

OBSCURIDAD. (l. *obscuritas, -ātis.*) f. Falta de luz o de claridad. || **2.** Densidad muy sombría; como la de los bosques cerrados. || **3.** fig. Humildad de condición social. || **4.** fig. Falta de luz y conocimiento en las potencias intelectuales. || **5.** fig. Falta de claridad en lo escrito o hablado. || **6.** Carencia de noticias o de datos acerca de algo. || **P.** obscuridade; **I.** obscurity; **F.** obscurité; **A.** Dunkelheit, Finsternis; **It.** oscurità; **R.** темнота.

OBSCURO, RA. (l. *obscūrus.*) adj. Falto de luz o claridad. || **2.** Dícese del color casi negro y del que se contrapone a otro más claro de su misma clase. *Azul* OBSCURO. Ú.t.c.s. || **3.** V. *Cámara* OBSCURA. || **4.** fig. Humilde, poco conocido. || **5.** fig. Confuso, poco inteligible. Dícese del lenguaje y de las personas. || **6.** fig. Incierto, temeroso. *Porvenir* OBSCURO. || **7.** m. PINT. Parte en que se representan las sombras. || *A* OBSCURAS. m. adv. Sin luz. || **2.** fig. Sin vista. || **3.** fig. Sin noticias de una cosa; sin comprender lo que se oye o lee. || *Estar*, o *hacer*, OBSCURO. fr. Faltar la claridad en el cielo por estar nublado, especialmente de noche. || **P.** obscuro; **I.** obscure; **F.** obscur; **A.** dunkel, finster; **It.** oscuro; **R.** тёмный.

OBSECRACIÓN. (l. *obsecratio*, deprecación.) f. Ruego, instancia. || **P.** obsecração; **I.** obsecration; **F.** obsécration; **A.** (An)-Flehen; **It.** ossecrazione; **R.** просьба.

OBSECUENCIA. (l. *obsĕquentia.*) f. Sumisión, amabilidad, condescendencia.

OBSECUENTE. (l. *obsequens, -entis.*) adj. Obediente, sumiso.

OBSEQUIADOR, RA. adj. Que obsequia. Ú.t.c.s.

OBSEQUIANTE. p.a. de obsequiar. Que obsequia. Ú.t.c.s.

OBSEQUIAR. (De *obsequio.*) tr. Agasajar a uno con atenciones o regalos. || **2.** Galantear. || **P.** obsequiar; **I.** to entertain; **F.** choyer, regaler, bien accueillir; **A.** bewirten, beschenken; **It.** ossequiare; **R.** преподносить.

OBSEQUIAS. (l. *obsequias*, acus. pl. de *-ae.*) f. pl. ant. Exequias.

OBSEQUIO. (l. *obsequium.*) m. Acción de obsequiar. || **2.** Regalo. || **3.** Rendimiento, deferencia, afabilidad. || **P.** obséquio; **I.** courtesy, present; **F.** service, cadeau; **A.** Gefälligkeit, Geschenk; **It.** ossequio; **R.** подарок, угождение.

OBSEQUIOSAMENTE. adv. m. Con reverencia, cortejo y acatamiento.

OBSEQUIOSIDAD. f. Calidad de obsequioso.

OBSEQUIOSO, SA. (l. *obsequiōsus.*) adj. Rendido, cortesano, servicial y dispuesto a hacer la voluntad de uno.

OBSERVABLE. (l. *observabilis.*) adj. Que se puede observar.

OBSERVACIÓN. (l. *observatio, -ōnis.*) f. Acción y efecto de observar. || **2.** MAR. V. *Punto de* OBSERVACIÓN. || **P.** observação; **I.** y **F.** observation; **A.** Beobachtung; **It.** osservazione; **R.** наблюдение.

OBSERVADOR, RA. (l. *observātor.*) adj. Que observa. Ú.t.c.s. || **P.** observador; **I.** observer; **F.** observateur; **A.** Beobachter; **It.** osservatore; **R.** наблюдатель.

OBSERVANCIA. (l. *observantia.*) f. Cumplimiento exacto y puntual de lo que se manda o preceptúa. || **2.** En algunas órdenes religiosas, antiguo estado de ellas, a distinción de la reforma. || **3.** Honor, acatamiento que hacemos a los mayores y a los superiores. || **4.** FOR. En el antiguo derecho aragonés, uso o costumbre autorizada, con fuerza de ley por compilación oficial. || *Regular* OBSERVANCIA. Observancia, 2.ª acep. || *Poner en* OBSERVANCIA una cosa. fr. Hacerla ejecutar y que se observa con todo rigor. || **P.** observância; **I.** y **F.** observance; **A.** Beobachtung; **It.** osservanza; **R.** соблюдение.

OBSERVANTE. (l. *observans, -antis.*) p.a. de observar. Que observa. || **2.** Dícese del religioso de ciertas familias de la orden de San Francisco, y de estas mismas familias. || **3.** adj. Dícese también de algunas órdenes que mantienen la observancia, o estado antiguo.

OBSERVAR. (l. *observāre.*) tr. Guardar y cumplir exactamente lo que se manda. || **2.** Examinar una cosa con atención. OBSERVAR *las estrellas.* || **3.** Advertir, reparar. || **4.** Atisbar. || **5.** ASTRON. Contemplar atentamente los astros, con objeto de determinar su naturaleza física y las leyes de su movimiento. || **6.** METEOR. Estudiar los fenómenos meteorológicos con fines científicos o prácticos. || **P.** observar; **I.** to observe; **F.** observer; **A.** beobachten, beachten; **It.** osservare; **R.** наблюдать, выполнять.

OBSERVATORIO. (De *observar.*) m. Lugar apropiado para hacer observaciones. || **2.** Edificio con inclusión del personal e instrumentos apropiados para las observaciones meteorológicas, astronómicas, magnéticas o sísmicas. || **P.** observatório; **I.** observatory; **F.** observatoire; **A.** Sternwarte, Observatorium; **It.** osservatorio, spècola; **R.** наблюдательный пост, обсерватория.

OBSESIÓN. (l. *obsessio, -ōnis*, asedio.) f. fig. Apoderamiento del espíritu por una idea o preocupación persistente. || **2.** La misma idea o preocupación. Puede degenerar en idea fija adquiriendo caracteres patológicos. || **P.** obsessão; **I.** y **F.** obsession; **A.** Besessenheit, fixe Idee; **It.** ossessione; **R.** одержимость.

OBSESIONAR. tr. Causar obsesión. Ú.t.c.r.

OBSESIVO, VA. adj. Perteneciente o relativo a la obsesión.

OBSESO, SA. (l. *obsessus*, p.p. de *obsidēre*, cercar, asediar.) adj. Que padece obsesión.

OBSIDIANA. (l. *obsidiānum vitrum.*) f. GEOL. Mineral volcánico vítreo, de color negro o verde muy obscuro, de estructura compacta y fractura concoidea. Es un feldespato fundido naturalmente. || **P.** obsidiana; **I.** obsidian; **F.** obsidiane; **A.** Obsidian; **It.** ossidiana; **R.** амазонит.

OBSIDIONAL. (l. *obsidionālis.*) adj. Perteneciente al sitio de una plaza.

OBSOLETO, TA. (l. *obsolētus.*) adj. ant. Anticuado o poco usado.

° **OBSTACULIZAR.** tr. Entorpecer, poner estorbos u obstáculos a la realización de una cosa.

OBSTÁCULO. (l. *obstacŭlum.*) m. Impedimento, estorbo. || **2.** fig. Lo que se opone al cumplimiento de un propósito. || **P.** obstáculo; **I.** obstacle, hinderance; **F.** obstacle; **A.** Hindernis, Hemmnis; **It.** ostàcolo; **R.** препятствие.

OBSTANCIA. (l. *obstantia.*) f. ant. Objeción.

OBSTANTE. p.a. de obstar. Que obsta. || *No* OBSTANTE. m. adv. Sin embargo, sin que estorbe para una cosa.

OBSTAR. (l. *obstāre.*) intr. Impedir, estorbar, hacer contradicción. || **2.** impers. Oponerse una cosa a otra. || **P.** obstar; **I.** to hinder; **F.** empêcher; **A.** hindern; **It.** impedire; **R.** мешать.

OBSTETRICIA. (l. *obstetricia.*) f. MED. Parte de la medicina que trata de la gestación, el parto y el puerperio. || **P.** obstetrí-

O

cia; **I.** obstetrics; **F.** obstétrique; **A.** Geburtshilfe; **It.** ostetricia; **R.** акушерство.

OBSTINACIÓN. (l. *obstinatĭo, -ōnis.*) f. Pertinacia, porfía, terquedad. || **P.** obstinação; **I.** obstinacy; **F.** obstination; **A.** Starrsinn, Eigenwille; **It.** ostinazione; **R.** упрямство.

OBSTINADAMENTE. adv. m. Terca y porfiadamente; con tenacidad en el ánimo.

OBSTINARSE. (l. *obstināri.*) r. Mantenerse uno tenazmente en una resolución, propósito, opinión, etc., sin dejarse vencer por obstáculos, ruegos o amonestaciones. || **2.** Negarse el pecador a las persuasiones cristianas. || **P.** obstinar-se; **I.** to be obstinate; **F.** s'entêter, s'obstiner; **A.** sich versteifen; **It.** ostinarsi; **R.** упрямиться.

OBSTRUCCIÓN. (l. *obstructĭo, -ōnis.*) f. Acción y efecto de obstruir u obstruirse. || **2.** En asambleas políticas u otros cuerpos deliberantes, táctica encaminada a impedir o retardar los acuerdos. || **3.** MED. Atascamiento en alguna de las vías o conductos del cuerpo. || **P.** obstrução; **I.** y **F.** obstruction; **A.** Verstopfung; **It.** ostruzione; **R.** обструкчия.

OBSTRUCCIONISMO. (De *obstrucción.*) m. Ejercicio de la obstrucción.

OBSTRUCCIONISTA. (De *obstrucción.*) adj. Que practica el obstruccionismo. Apl. a pers. ú.t.c.s. || **2.** Perteneciente o relativo al obstruccionismo.

OBSTRUCTOR, RA. adj. Que obstruye. Ú.t.c.s.

OBSTRUIR. (l. *obstruĕre.*) tr. Estorbar el paso; cerrar un conducto o vía. || **2.** Impedir la acción. || **3.** fig. Impedir la operación de un agente, ya en lo físico, ya en lo inmaterial. || **4.** r. Cerrarse un agujero, grieta, conducto, etc. || **P.** obstruir; **I.** to obstruct; **F.** obstruer; **A.** verstopfen, (ver)sperren; **It.** ostruire; **R.** заграждать.

OBTEMPERAR. (l. *obtemperāre.*) tr. Obedecer, asentir.

OBTENCIÓN. f. Acción y efecto de obtener.

OBTENER. (l. *obtinēre.*) tr. Alcanzar, conseguir una cosa que se solicita o merece. || **2.** Producir un cuerpo u otra cosa, especialmente por medio de operaciones químicas. || **3.** Tener, conservar y mantener. || **P.** obter; **I.** to obtain; **F.** obtenir; **A.** erlangen, bekommen; **It.** ottenere; **R.** достичь.

OBTENIBLE. adj. Que puede obtenerse.

OBTENTO. (l. *obtentus,* poseído, ocupado.) m. En la cancelaría, renta eclesiástica que sirve de congrua.

OBTENTOR. (De *obtento.*) adj. Dícese del que obtiene una cosa, y especialmente del que posee un beneficio eclesiástico.

OBTESTACIÓN. (l. *obtestatĭo, -ōnis.*) f. RET. Figura que consiste en poner por testigo de una cosa a Dios, a los hombres, a la naturaleza, etc.

OBTURACIÓN. (l. *obturarĭo, -ōnis.*) f. Acción y efecto de obturar. || **P.** obturação; **I.** y **F.** obturation; **A.** Verstopfung; **It.** otturazione; **R.** затыкание.

OBTURADOR. adj. Dícese de lo que sirve para obturar. Ú.t.c.s. || **2.** m. Dispositivo que en las cámaras fotográficas sirve para regular el tiempo de exposición. || **P.** obturador; **I.** stopper; **F.** obturateur; **A.** Verschluss, Blende; **It.** otturatore; **R.** затыкающий.

OBTURAR. (l. *obturāre.*) tr. Cerrar una abertura o conducto introduciendo o aplicando un cuerpo.

OBTUSÁNGULO. (De *obtuso* y *ángulo.*) adj. GEOM. V. *Triángulo* OBTUSÁNGULO. || **P.** obtusângulo; **I.** obtuse-angled; **F.** obtusangle; **A.** stumpfwink(e)-lig; **It.** ottusàngolo; **R.** тупоугольный.

OBTUSO, SA. (l. *obtūsus,* p.p. de *obtundĕre,* despuntar, embotar.) adj. Romo, sin punta. || **2.** fig. Torpe, tardo de comprensión. || **3.** GEOM. V. *Ángulo* OBTUSO. || **P.** obtuso; **I.** obtuse; **F.** obtus; **A.** stumpf; **It.** ottuso; **R.** тупой.

OBUÉ. m. Oboe.

OBÚS. (fr. *obus,* y éste del germ. *haubizte.*) m. MIL. Pieza de artillería de tiro curvo, de tubo más corto que el del cañón correspondiente a su calibre, y de montaje apropiado para disparar con ángulos de hasta 60 grados. Se emplea para batir por elevación los objetivos ocultos. Impropiamente se da este nombre a los modernos proyectiles de artillería. || **2.** AUTOMOV. Piecita que sirve de cierre a la válvula del neumático, formada de un obturador cónico y de un resorte. || **P.** obus; **I.** howitzer; **F.** obusier; **A.** Haubitze; **It.** òbice; **R.** снаряд, гаубица.

OBUSERA. (De *obús.*) adj. Dícese de la lancha armada con un obús. Ú.t.c.s.

OBVENCIÓN. (l. *obventĭo, -ōnis.*) f. Utilidad, fija o eventual, además del sueldo. Ú.m. en pl.

OBVENCIONAL. adj. Perteneciente o relativo a la obvención.

OBVIAR. (l. *obviāre.*) tr. Evitar, rehuir, apartar obstáculos e inconvenientes. || **2.** intr. p. us. Obstar, estorbar, oponerse. || **P.** obviar; **I.** to obviate; **F.** obvier; **A.** abwenden; **It.** ovviare; **R.** отклонять.

OBVIO, VIA. (l. *obvĭus.*) adj. Que está o pone delante de los ojos. || **2.** fig. Muy claro o sin dificultad. || **P.** obvio; **I.** obvious; **F.** évident; **A.** einleuchtend, deutlich; **It.** ovvio; **R.** ясный.

OBYECTO, TA. (l. *obiectus,* p.p. de *obiicĕre,* poner delante.) adj. ant. Interpuesto, puesto delante. || **2.** m. Objeción.

OC. (prov. *si,* y éste del l. *hoc,* neutro de *hic.*) V. *Lengua de* OC.

OCA. (l. *auca.*) f. Ánsar. || **2.** Ave palmípeda corpulenta, generalmente con plumaje blanco, parecida al ganso. || **3.** Juego sobre un cartón en el que están pintadas, formando una espiral, 63 casillas numeradas que representan ocas, ríos, puentes, etc., y señalan diversos accidentes de la partida; cada jugador mueve su ficha según los números marcados por el dado y gana el que primero llega a la última casilla. || 2.ª acep.: **P.** ganso; **I.** goose; **F.** oie; **A.** Gans; **It.** oca; **R.** гусь, гусёк.

OCA. (Voz americana.) f. BOT. Planta anual oxalidácea, de tallo herbáceo y raíz de tubérculos feculentos, que en el Perú se comen cocidos. || **2.** Raíz de esta planta.

OCAL. adj. Dícese de ciertas peras y manzanas muy gustosas y delicadas, de otras frutas y de ciertas rosas. || **2.** Dícese del capullo de seda formado por dos o más gusanos juntos. Ú.t.c.s. || **3.** Dícese de la seda que procede de dicho capullo. Ú.t.c.s.

OCALEAR. intr. Hacer los gusanos capullos ocales.

OCARINA. (ital. *ocarina,* der. de *oca,* del l. *auca.*) f. MÚS. Instrumento musical de viento, de timbre muy dulce, de forma ovoide más o menos alargada, con ocho agujeros que modifican el sonido según se tapan con los dedos.

OCASIÓN. (l. *occasĭo, -ōnis.*) f. Oportunidad de tiempo o lugar para hacer o conseguir algo. || **2.** Causa o motivo porque se hace o acaece una cosa. || **3.** Peligro o riesgo. || **—próxima.** TEOL. Circunstancia externa en la cual siempre o casi siempre se cae en culpa. || **—remota.** TEOL. Aquella que de suyo no induce a pecado. || *A la* OCASIÓN *la pintan calva.* ref. que recomienda diligencia para aprovechar las buenas coyunturas. || *Asir, coger* o *tomar, la* OCASIÓN *por los cabellos.* fr. fig. y fam. Aprovechar ávidamente una ocasión o coyuntura. || *De* OCASIÓN. adv. m. De lance. || *La* OCASIÓN *hace al ladrón.* ref. que enseña que muchas veces se hacen cosas malas por verse en oportunidades de ejecutarlas. || *Quien quita la* OCASIÓN, *quita el pecado.* ref. que aconseja se huya de los peligros. || **P.** ocasião; **I.** occasion; **F.** occasion, opportunité; **A.** Gelegenheit, Anlass; **It.** occasione; **R.** случай.

OCASIONADAMENTE. adv. Con tal motivo.

OCASIONADO, DA. (De *ocasionar.*) adj. Expuesto a contingencias y peligros.

OCASIONADOR, RA. adj. Dícese del que ocasiona. Ú.t.c.s.

OCASIONAL. adj. Dícese de lo que ocasiona. || **2.** Que sobreviene accidentalmente.

OCASIONALMENTE. adv. Por ocasión o contingencia.

OCASIONAR. (De *ocasión.*) tr. Ser causa o motivo para que suceda una cosa. || **2.** Mover o excitar. || **3.** Poner en peligro. || **P.** ocasionar; **I.** to occasion; **F.** occasionner, causer; **A.** veranlassen, verursachen; **It.** occasionare, cagionare; **R.** причинять.

OCASO. (l. *occăsus.*) m. Puesta del Sol o de otro astro por el horizonte. || **2.** Occidente. || **3.** fig. Decadencia, declinación. || **P.** ocaso; **I.** set, occident, decadence; **F.** couchant, déclin; **A.** Sonnenuntergang, Abenddämmerung; **It.** occaso; **R.** заход.

OCCIDENTAL. (l. *occidentālis.*) adj. Perteneciente al occidente. || **2.** V. *Bezoar, cuadrante, hemisferio, jacinto, turquesa* OCCIDENTAL. || **3.** ASTRON. Dícese del planeta que se pone después de puesto el Sol. || **P.** ocidental; **I.** y **F.** occidental; **A.** abendländisch; **It.** occidentale; **R.** западный.

OCCIDENTE. (l. *occĭdens, -entis,* p.a. de *occidĕre,* caer.) m. Punto cardinal del horizonte por donde se pone el Sol en los días equinocciales. || **2.** Lugar de la Tierra o de la esfera celeste, que, respecto de otro, cae hacia donde se pone el Sol. || **3.** fig. Conjunto de naciones europeas occidentales fundidas por el Cristianismo en un tipo característico de cultura. || **P.** ocidente; **I.** occident, west; **F.** occident; **A.** Abendland, Westen; **It.** occidente; **R.** запад.

OCCIDUO, DUA. (l. *occidŭus.*) adj. Relativo al ocaso.

OCCIPITAL. (l. *occĭput, -ĭtis,* nuca.) adj. Perteneciente o relativo al occipucio. || **2.** ZOOL. V. *Ángulo* OCCIPITAL. || **3.** Dícese del hueso de la cabeza correspondiente al occipucio.

OCCIPUCIO. (l. *occipitĭum.*) m. Parte de la cabeza por donde ésta se une con las vértebras del cuello. || **P.** occipício; **I.** y **F.** occiput; **A.** Hinterhaupt; **It.** occipite; **R.** затылок.

OCCISIÓN. (l. *occisĭo, -ōnis.*) f. Muerte violenta.

OCCISO, SA. (l. *occīsus,* p.a. de *occidĕre,* morir.) adj. Muerto violentamente.

OCCITÁNICO, CA. adj. De la Occitania.

OCCITANO, NA. adj. Natural de Occitania. Ú.t.c.s. || **2.** Perteneciente a esta antigua región del mediodía de Francia.

* **OCEANARIO.** m. Instalación en comunicación con las aguas del océano para la cría y estudio de las distintas clases de peces.

OCEÁNICO, CA. adj. Perteneciente o relativo al océano.

OCEÁNIDAS. f. pl. Ninfas del mar, hijas del Océano y Tetis.

OCÉANO. (l. *oceănus.*) m. Masa total de agua salada que cubre aproximadamente las tres cuartas partes de la Tierra. V. *Mar.* || **2.** Cada una de las grandes divisiones del mar limitadas por masas continentales. || **3.** fig. Ú. para ponderar la extensión o inmensidad de algunas cosas. || **P.** oceano; **I.** ocean; **F.** océan; **A.** Ozean, Weltmeer; **It.** ocèano; **R.** океан.

OCEANOGRAFÍA. (De *océano,* y el gr. γράφω, describir.) f. Ciencia que estudia los mares en su aspecto físico, químico y biológico. || **P.** oceanografia; **I.** oceanography; **F.** océanographie; **A.** Tiefseeforschung; **It.** oceanografia; **R.** океанография

OCEANOGRÁFICO, CA. adj. Perteneciente o relativo a la oceanografía.

OCELADO, DA. adj. Que tiene ocelos.

OCELO. (l. *ocellus,* ojito.) m. Ojo simple de los insectos. || **2.** Mancha redonda y bicolor en las alas de algunos insectos o en las plumas de algunas aves.

OCELOTE. (azteca, *ocelotl,* tigre.) m. ZOOL. Mamífero félido americano de un metro de largo, la cola incluso, cuerpo esbelto y pelaje suave y brillante con dibujos de varios matices.

OCENA. (l. *ozaena,* y éste del gr. ὄζαινα, hedor.) f. MED. Enfermedad de las fosas nasales caracterizada por costras verdosas de olor fétido, trastornos de secreción y modificación de la mucosa nasal.

OCIAR. (l. *otiāri.*) tr. ant. Divertir a uno del trabajo en que está empleado, haciéndole que se entretenga en otra cosa agradable. || **2.** intr. Dejar el trabajo, darse al ocio. Ú.t.c.r.

OCIO. (l. *otĭum.*) m. Cesación del trabajo, inacción, omisión de actividad. || **2.** Diversión u ocupación reposada, especialmente en obras de ingenio, por descanso de otras tareas. || **3.** pl. Obras de ingenio que uno forma en los ratos libres. ||

O P. ócio; I. leisure; F. loisir, repos; A. Musse, Ruhe; It. ozio; R. досуг, безделье.

OCIOSAMENTE. adv. Sin ocupación o ejercicio. || **2.** Sin utilidad. || **3.** Sin necesidad.

OCIOSIDAD. (l. *otiosĭtas, -ātis.*) f. Vicio de no trabajar o de perder el tiempo. || **2.** Efecto del ocio. || *La* OCIOSIDAD *es la madre de todos los vicios.* ref. que enseña cuán conveniente es vivir ocupado para evitar los vicios. || **P.** ociosidade; **I.** idleness; **F.** oisiveté; **A.** Müssiggang; **It.** oziosità; **R.** праздность.

OCIOSO, SA. (l. *otiōsus.*) adj. Que está en ocio. || **2.** Desocupado, exento de obligaciones. || **3.** adj. Que no tiene uso ni ejercicio en aquello a que está destinado. || **4.** Inútil, sin provecho ni substancia. || **P.** ocioso; **I.** idle; **F.** oisif; **A.** untätig, müssig; **It.** ozioso; **R.** праздный.

OCLE. f. Ast. Alga, sargazo.

OCLOCRACIA. (gr. ὀχλοκρατία; de ὄχλος, turba, multitud, y κρατέω, dominar.) f. Gobierno de la plebe.

OCLUIR. (l. *occludĕre,* cerrar.) tr. Med. Cerrar un conducto con algo que lo obstruya, o un orificio de modo que no se pueda abrir naturalmente. Ú.t.c.r.

OCLUSIÓN. f. Acción y efecto de ocluir u ocluirse.

OCLUSIVO, VA. (l. *occlusus.*) adj. Perteneciente o relativo a la oclusión. || **2.** Que la produce. || **3.** Fon. Dícese de la consonante en cuya articulación los órganos de la fonación forman en algún punto del canal vocal un contacto que interrumpe la salida del aire aspirado. || **4.** Fon. Dícese de la letra que representa este sonido; como *p, t, k.* Ú.t.c.s.f.

OCOSIAL. m. Perú. Terreno deprimido, húmedo y con alguna vegetación.

OCOTAL. m. Sitio poblado de ocotes.

OCOTE. (azteca *ocotl,* tea.) m. Méj. Especie de pino muy resinoso, de cuya madera se hacen teas. || **2.** fam. Argent. Tripa gorda.

★ **OCOTITO.** (De *ocote.*) m. Méj. Persona que enciende la discordia entre los demás.

OCOZOAL. (mejic. *o,* esa, y *coatl,* serpiente.) m. Culebra de cascabel, de Méjico, de lomo pardo con manchas negruzcas y vientre amarillento rojizo; alcanza unos 2 m de longitud.

OCOZOL. (Voz mejicana) m. Zool. Árbol americano de la familia de las hamamelidáceas, de unos 15 m de altura. El tronco y las ramas exudan el liquidámbar.

OCRE. (l. *ochra,* y éste del gr. ὤχρα, de ὠχρός, amarillo.) m. Mineral terroso, óxido de hierro hidratado, de color amarillo, que se emplea en pintura. || **2.** Cualquier mineral terroso de color amarillo. OCRE *de antimonio, de bismuto, de níquel.* || —calcinado *o* quemado. El que por la acción del fuego se convierte en almagre artificial. || —rojo. Almagre. || —tostado. OCRE *calcinado.* || **P.** y **F.** ocre; **I.** ocher, ochre; **A.** Ocker; **It.** ocra; **R.** охра.

★ **OCRÓMETRO.** m. Instrumento con que se mide la presión en los capilares sanguíneos.

OCTACORDIO. (l. *octăchordŏs.*) m. Instrumento músico griego antiguo que tenía ocho cuerdas. || **2.** Sistema musical compuesto de ocho sonidos.

OCTAÉDRICO, CA. adj. Perteneciente al octaedro o que tiene su figura.

OCTAEDRO. (l. *octaĕdros,* y éste del gr. ὀκτάεδρος; de ὀκτώ, ocho, y ἕδρα, faz.) m. Geom. Sólido de ocho caras. || —regular. Aquel cuyas caras son triángulos equiláteros iguales. || **P.** octaedro; **I.** octahedron; **F.** octaèdre; **A.** Oktaeder; **It.** ottaedro; **R.** восьмигранник.

OCTAGONAL. adj. Perteneciente al octágono.

OCTÁGONO, NA. (l. *octágonos,* y éste del gr. ὀκτάγωνος; de ὀκτώ, ocho, y γωνία, ángulo.) adj. Geom. Aplícase al polígono de ocho ángulos y ocho lados. Ú.t.c.s.m. **P.** octágono; **I.** octagon; **F.** octogone; **A.** Achteck; **It.** ottàgono; **R.** восьмиугольник.

★ **OCTANO.** (l. *octo,* ocho.) m. Quím. Hidrocarburo parafínico, octavo de la serie de hidrocarburos halifáticos saturados. Se obtiene de la destilación del pe-

tróleo y se emplea para determinar el valor detonante de los combustibles utilizados por los motores de explosión.

OCTANTE. (l. *octans, -antis,* la octava parte.) m. Instrumento astronómico análogo al sextante, cuyo sector comprende sólo la octava parte del círculo. || **P.** oitante; **I.** y **F.** octant; **A.** Oktant, Quadrant; **It.** ottante; **R.** октант.

OCTAVA. (l. *octāva.*) f. Espacio de ocho días, durante los cuales la Iglesia celebra una fiesta, conmemoración, etc. || **2.** Último de esos ocho días. || **3.** Librito de rezos de la octava. || **4.** Combinación métrica de ocho versos; y, en especial, la de ocho versos endecasílabos, de los cuales riman entre sí el primero, tercero y quinto; el segundo, cuarto y sexto, y el séptimo y el octavo. Esta OCTAVA recibe más comúnmente el nombre de OCTAVA real. || **5.** Antiguo impuesto de consumos, consistente en una azumbre por cada arroba de vino, aceite, etc. || **6.** Mús. Sonido que forma consonancia perfecta con otro, y es producido por un número doble de vibraciones que éste. || **7.** Mús. Serie diatónica de los siete sonidos de una escala, y la repetición del primero de ellos. —cerrada. La que no admite el rezo de otro santo o fiesta, como la de Pentecostés. —de culebrina. Falconete. || 7.ª acep.: **P.** oitava; **I.** y **F.** octave; **A.** Oktave; **It.** ottava; **R.** октава.

OCTAVAR. intr. Deducir la octava parte de las especies sujetas al servicio de millones. || **2.** Mús. Formar octavas o diapasones en los instrumentos de cuerda.

OCTAVARIO. m. Período de ocho días. || **2.** Fiesta que se hace en los ocho días de una octava.

OCTAVIANO, NA. (l. *octaviānus.*) adj. Perteneciente o relativo a Octavio César Augusto. || **2.** Dícese de la paz completa y duradera.

OCTAVILLA. (d. de *octava.*) f. Octava parte de un pliego de papel, en blanco o impreso. || **2.** Impuesto que por consumos se cobraba antiguamente en las ventas por menor, y era de medio cuartillo por cada azumbre de vino, aceite o vinagre. || **3.** Combinación métrica de ocho versos de arte menor.

OCTAVÍN. (De *octava.*) m. Flautín.

OCTAVO, VA. (l. *octāvus.*) Dícese de cada una de las ocho partes iguales en que se divide un todo. Ú.t.c.s. || **2.** Que sigue inmediatamente al o a lo séptimo en una serie ordenada. || *En* OCTAVO. loc. Dícese del libro, folleto, etc., cuyo tamaño es igual a la octava parte de un pliego de papel sellado; si excede a esta marca se dice *en* OCTAVO *mayor,* y si es más pequeño, *en* OCTAVO *menor.* || **P.** oitavo; **I.** eighth; **F.** huitième; **A.** achte(r); **It.** ottavo; **R.** формат иноктаво.

★ **OCTETO.** (l. *octo,* ocho.) m. Mús. Partitura escrita para ocho voces o instrumentos musicales. || **2.** Fís. y Quím. Capa externa de ocho electrones en la estructura de un átomo. || **P.** octeto; **I.** octet; **F.** octète; **A.** oktett; **It.** otteto; **R.** октет.

OCTINGENTÉSIMO, MA. (l. *octingentesĭmus.*) adj. Que sigue inmediatamente en orden al o a lo septingentésimo nonagésimo nono. || **2.** Dícese de cada una de las ochocientas partes iguales en que se divide un todo. Ú.t.c.s.

OCTOCORALARIO. adj. Zool. Dícese de los celentéreos antozoos cuya boca está rodeada por ocho tentáculos. Ú.t.c.s. || **2.** m. pl. Zool. Orden de estos animales.

★ **OCTODO.** m. Radiotec. Válvula termoiónica provista de ocho electrodos.

OCTOGENARIO, RIA. (l. *octogenarĭus;* de *octogēni,* ochenta.) adj. Que ha alcanzado los ochenta años de edad y no ha llegado a los noventa.

OCTOGÉSIMO, MA. (l. *octogesĭmus.*) adj. Que en una serie ordenada sigue inmediatamente al o a lo septuagésimo nono. Ú.t.c.s. || **2.** Dícese de cada una de las ochenta partes iguales en que se divide un todo. Ú.t.c.s.

OCTOGONAL. adj. Perteneciente o relativo al octógono.

OCTÓGONO, NA. (l. *octogōnus.*) adj. Geom. Octágono. Ú.t.c.s.m.

OCTÓPODO, DA. adj. Zool. Que tiene ocho pies. Dícese especialmente de

los arácnidos. || **2.** m. pl. Zool. Suborden de moluscos cefalópodos del orden de los dibranquios, que poseen ocho brazos de igual tamaño provistos de ventosas sin círculo córneo, ojos fijos y boca rodeada de una corona de tentáculos. Género típico, el Octopus. Ú.t.c.s. || **2.** m. pl. Zool. Orden de estos animales.

OCTOSILÁBICO, CA. (De *octosílabo.*) adj. De ocho sílabas.

OCTOSÍLABO, BA. (l. *octosyllăbus.*) adj. Octosilábico. || **2.** m. Verso de ocho sílabas.

OCTÓSTILO, LA. (l. *octo* y *stylus,* columna.) adj. Arq. Que tiene ocho columnas.

OCTUBRE. (l. *octōber, -bris.*) m. Décimo mes del año. Tiene treinta y un días. || **P.** outubro; **I.** October; **F.** octobre; **A.** Oktober; **It.** ottobre; **R.** октябрь.

ÓCTUPLE. adj. Que contiene ocho veces una cantidad.

ÓCTUPLO, PLA. adj. Óctuple.

OCUJE. m. Cuba. Calambuco.

OCULAR. (l. *oculāris.*) adj. Perteneciente o relativo a los ojos o que se hace por medio de ellos. || V. *Inspección, testigo* OCULAR. || **3.** m. Lente o sistema de lentes colocadas en el extremo de un instrumento óptico en la parte a la que se aplica el ojo del observador. || —celeste. El que invierte la imagen de los objetos. || —del alza. Art. Pieza metálica en el extremo superior del alza, con un orificio para dirigir las visuales sobre el blanco de tiro. || —negativo. Astron. El que aumenta la imagen objetiva formada dentro de un sistema óptico. || —positivo. Astron. El que aumenta la imagen objetiva formada delante de su sistema óptico. || —terrestre. El constituido por dos o más lentes, que endereza la imagen invertida en los anteojos y telescopios. || **P.** e **I.** ocular; **F.** oculaire; **A.** okular; **It.** oculare; **R.** окуляр.

OCULARMENTE. adv. m. Con inspección material de la vista.

OCULISTA. (l. *ocŭlus,* ojo.) com. Médico especializado en las enfermedades de los ojos. || **P.** e **It.** oculista; **I.** oculist; **F.** oculiste; **A.** Augenarzt; **R.** окулист.

★ **ÓCULO.** (l. *ocŭlus.*) m. Arq. Ventana circular pequeña.

OCULTACIÓN. (l. *occultatĭo, -ōnis.*) f. Acción y efecto de ocultar u ocultarse. || **P.** ocultação; **I.** occultation; **F.** action de cacher, occultation; **A.** Verbergung, Verheimlichung; **It.** occultazione; **R.** прятание.

OCULTADOR, RA. adj. Que oculta. Ú.t.c.s.

OCULTAMENTE. adv. Con secreto y sin que se perciba ni entienda. || **2.** De manera oculta; sin dejarse ver ni sentir.

OCULTAR. (l. *occultāre.*) tr. Esconder, impedir que sea vista una persona o cosa. Ú.t.c.r. || **2.** Reservar el Santísimo Sacramento. || **3.** Callar lo que se debiera o pudiera decir. || **P.** ocultar; **I.** to hide; **F.** cacher; **A.** verbergen; **It.** occultare; nascóndere; **R.** прятать, скрывать.

OCULTIS (DE). m. adv. fam. Oculta, disimuladamente o en secreto.

OCULTISMO. m. Conjunto de doctrinas y prácticas misteriosas, espiritistas y hasta mágicas, que pretenden conocer, explicar y someter al dominio humano los más misteriosos fenómenos de la vida material y psíquica.

OCULTISTA. adj. Perteneciente o relativo al ocultismo. || **2.** com. Persona que lo practica.

OCULTO, TA. (l. *occultus.*) adj. Escondido, ignorado, que no se deja conocer, ver ni sentir. || *De* OCULTO. m. adv. De incógnito. || **2.** Ocultamente. || *En* OCULTO. m. adv. En secreto, sin publicidad. **P.** oculto; **I.** hidden; occult; **F.** occulte; **A.** verborgen, geheim; **It.** occulto, nascosto; **R.** скрытый.

OCUMO. m. Bot. Venez. Planta de la familia de las aráceas, comestible, de tallo corto, hojas triangulares, flores amarillas y rizoma casi con mucha fécula.

OCUPACIÓN. (l. *occupatĭo, -ōnis.*) f. Acción y efecto de ocupar. || **2.** Trabajo o cuidado que impide emplear el tiempo en otra cosa. || **3.** Empleo, oficio o dignidad. || **4.** For. Modo natural de adquirir la propiedad, consistente en apropiarse bienes materiales que no pertenecen a nadie. || **5.** RET. Anticipación. || **—militar.** Permanencia en un territorio del ejército de otro Estado que, sin anexionarse aquél, interviene en su vida pública. || **P.** ocupação; **I.** occupation, business; **F.** occupation, affaire; **A.** Beschäftigung; **It.** occupazione; **R.** занятие, оккупация.

OCUPADA. (De *ocupar*.) adj. Dícese de la mujer preñada.

OCUPADOR, RA. adj. Que ocupa o toma una cosa. Ú.t.c.s.

OCUPANTE. p.a. de ocupar. Que ocupa. Ú.t.c.s.

OCUPAR. (l. *occupāre*.) tr. Tomar posesión de una cosa. || **2.** Obtener, gozar un empleo o dignidad, etc. || **3.** Habitar una casa. || **4.** Dar que hacer o en qué trabajar a uno. || **5.** Embarazar, estorbar a uno. || **6.** fig. Llamar la atención de uno. || **7.** r. Emplearse en un trabajo o ejercicio. || **8.** Aplicar la atención a un asunto. || **P.** ocupar; **I.** to occupy; **F.** occuper; **A.** einnehmen; **It.** occupare; **R.** занимать.

OCURRENCIA. (De *ocurrir*.) f. Encuentro, suceso casual, ocasión. || **2.** Especie inesperada, pensamiento o dicho agudo, oportuno y original. || **3.** LITUR. Concurso de dos o más fiestas en un mismo día. || **2.ª** acep.: **P.** ocorrencia; **I.** sally; **F.** bon mot, saillie, trait d'esprit; **A.** Witzw, Einfall; **It.** argutezza; **R.** неожиданная мысль.

OCURRENTE. p.a. de ocurrir. Que ocurre. || **2.** adj. Dícese del que tiene ocurrencias.

★ **OCURRIDO, DA.** p.p. de ocurrir. || **2.** adj. ECUAD. Ocurrente.

OCURRIR. (l. *occurrĕre*.) intr. Prevenir, salir al encuentro. || **2.** Acaecer, acontecer alguna cosa. || **3.** Recurrir, acudir a un juez o autoridad. || **4.** En el rezo eclesiástico coincidir en el mismo día una fiesta con otra. || **5.** Venir de repente una especie a la imaginación. Ú.t.c.r. || **6.** Acudir, concurrir. || **P.** ocorrer; **I.** to meet; **F.** survenir, arriver; **A.** geschehen; **It.** arrivare, sopraggiungere; **R.** происходить, опережать.

OCURSO. (l. *occursus*.) m. ant. Concurso, copia.

★ **OCHAR.** tr. ARGENT. Ladrar. || **2.** CHILE. Acechar, observar con particular interés las acciones de algunas personas. || **3.** CHILE. Provocar, azuzar, incitar.

OCHAVA. (l. *octāva*.) f. Octava parte de un todo. || **2.** Octava, 1.ª y 2.ª aceps. || **3.** Octava parte del marco de la plata, equivalente a 75 g, o sea 359 cg. || **4.** ARGENT. Chaflán de un edificio.

OCHAVADO, DA. (De *ochavar*.) adj. Dícese de toda figura con ocho ángulos iguales, que tiene cuatro lados alternados iguales y los otros cuatro también iguales entre sí.

OCHAVAR. (De *ochava*.) tr. Dar figura ochavada a una cosa. || **2.** ARGENT., CHILE y BOL. Cortar una esquina; formar ochava o chaflán.

OCHAVARIO. (l. *octavarius*.) m. ant. Octavario.

OCHAVERO. (l. *octavarius*; de *octāvus*, octavo.) adj. SOR. Dícese del madero escuadrado que tiene el largo de 18 pies, canto de tres pulgadas y tabla de seis dedos, o sea la octava parte de la vara. Ú.m.c.s.

OCHAVO, VA. (l. *octāvus*.) adj. ant. Octavo. Ú.t.c.s. || **2.** m. Antigua moneda de cobre del siglo XVII, equivalente a dos maravedís, que, con algunas variaciones, se siguió acuñando hasta mediados del siglo XIX. || **3.** Edificio o lugar de figura ochavada. || **—moruno.** Moneda pequeña de cobre sin acuñación española o muy borrosa que se supone procede de Marruecos; valía un ochavo ordinario.

OCHAVÓN, NA. (De *ochavo*.) adj. CUBA. Aplícase al mestizo nacido de blanco o blanca y cuarterón o cuarterona.

OCHENTA. (l. *octoginta*.) adj. Ocho veces diez. || **2.** Octogésimo, 1.ª acep. *Número* OCHENTA, *año* OCHENTA. || **3.** m. Conjunto de signos con que se representa el número ochenta. || **P.** oitenta; **I.** eighty; **F.** quatre-vingts; **A.** achtzig; **It.** ottanta; **R.** восемьдесят.

OCHENTAL. (De *ochenta*.) adj. ant.

Octogenario. Dícese de quien ha cumplido ya ochenta años de edad y no llega a noventa. Usáb.t.c.s.

OCHENTANARIO, RIA. (De *ochenta*.) adj. ant. Octogenario. Usáb.t.c.s.

OCHENTAÑAL. (De *ochenta* y *año*.) adj. ant. Octogenario. Usáb.t.c.s.

OCHENTAVO, VA. (De *ochenta*.) adj. ARIT. Octogésimo. Aplícase a cada una de las ochenta partes iguales de un todo. Ú.t.c.s.

OCHENTENO. m. adj. Octogésimo. Que sigue en orden al o a lo septuagésimo nono.

OCHENTÓN, NA. (De *ochenta*.) adj. fam. Octogenario. Dícese de quien ha cumplido ya ochenta años de edad y no llega a noventa. Ú.t.c.s.

OCHO. (l. *octo*.) adj. Siete y uno. || **2.** Octavo, 2.ª acep. aplicado a los días del mes. Ú.t.c.s. *El* OCHO *de enero*. || **3.** m. Guarismo del número ocho. || **4.** Carta o naipe que tiene ocho señales. || **5.** SEV. Cuarta parte de un cuartillo de vino. || *Dar o echar, a uno con los* OCHOS *y los nueves.* fr. fig. y fam. Decirle cuanto se ofrece sobre una queja que se tiene de él, 3.ª acep. || **P.** oito; **I.** eight; **F.** huit; **A.** acht; **It.** otto; **R.** восемь.

OCHOCIENTOS, TAS. adj. Ocho veces ciento. || **2.** Octingentésimo, 1.ª acep. *Número* OCHOCIENTOS, *año* OCHOCIENTOS. || **3.** m. Conjunto de signos con que se representa el número ochocientos.

OCHOSÉN. m. Moneda de cobre del antiguo reino de Aragón, que valía un dinero y dos meajas, o sea ocho meajas, y era el sueldo menor.

OCHOTE. (De *ocho*.) Formación coral de ocho miembros.

ODA. (l. *oda*, y éste del gr. ᾠδή.) f. En la lírica coral griega, poema dividido en estrofa, antístrofa y epodo, que cantaba el coro haciendo ciertas evoluciones. || **2.** Composición poética del género lírico, dividida en estrofas o partes iguales. || **P.**, **I.**, **F.** e **It.** ode; **A.** Ode, Preislied; **R.** ода.

ODALISCA. (turco *ódah liq*, concubina.) f. Esclava dedicada al servicio del harén del gran turco. || **2.** Concubina turca. || **P.** e **It.** odalisca; **I.** odalisk; **F.** odalisque; **A.** Odaliske; **R.** одалиска.

ODEÓN. m. ARQUEOL. Lugar destinado en Grecia para los espectáculos musicales. El de Atenas fue especialmente famoso, y por analogía, algunos teatros modernos llevan este nombre.

ODIAR. tr. Tener odio. || **2.** CHILE. Odiosear. || **P.** odiar; **I.** to hate; **F.** haïr; **A.** hassen; **It.** odiare; **R.** ненавидеть.

ODIO. (l. *odium*.) m. Aborrecimiento hacia alguna persona o cosa cuyo mal se desea. || **2.** CHILE. Molestia, fastidio, importunidad. || **P.** odio; **I.** hate; **F.** haine; **A.** Hass; **It.** odio; **R.** ненависть.

ODIOSAMENTE. adv. m. Con odio. || **2.** De modo que merece odio.

★ **ODIOSEAR.** (De *odioso*.) tr. CHILE y PERÚ. Fastidiar, aburrir.

ODIOSIDAD. f. Calidad de odioso. || **2.** Aversión procedente de causa determinada. || **3.** PERÚ. Fastidio, inoportunidad.

ODIOSO, SA. (l. *odiōsus*.) adj. Digno de odio. || **2.** FOR. Dícese de lo que contraría los designios o las presunciones que las leyes favorecen. || **3.** CHILE. Fastidioso, cargante. || **P.** e **It.** odioso; **I.** odious; **F.** odieux; **A.** gehässig; **R.** ненавистный.

ODISEA. (De *Odisea*, título de un poema homérico.) f. fig. Peregrinaje de un lado para otro y lleno de aventuras.

ODÓMETRO. (gr. ὁδός, camino, y μέτρον, medida.) m. Podómetro. || **2.** Taxímetro.

ODONATOS. m. pl. ZOOL. Insectos arquípteros.

ODONTALGIA. (gr. ὀδονταλγία; de ὀδών, ὀδόντος, diente, y ἄλγος, dolor.) f. MED. Dolor de dientes o de muelas.

ODONTÁLGICO, CA. adj. Relativo a la odontalgia o que sirve para curarla.

★ **ODONTOBLASTO.** m. ANAT. Célula de la pulpa dentaria, originaria del marfil.

★ **ODONTOCETO.** m. Cetáceo con mandíbulas provistas de dientes y un solo orificio nasal. Ú.m. en p.

★ **ODONTOGLOSSUM.** Género de plantas orquídeas, propias de las altas montañas de Méjico y Bolivia. Sus flores son de extraordinaria belleza.

ODONTOLOGÍA. (gr. ὀδών, ὀδόντος, diente, y λόγος, tratado.) f. MED. Estudio de los dientes y del tratamiento de sus dolencias. || **P.** odontologia; **I.** odontology; **F.** odontologie; **A.** Zahn(heil)kunde; **It.** odontologia; **R.** одонтолгия.

ODONTOLÓGICO, CA. adj. Perteneciente o relativo a la odontología.

ODONTÓLOGO. m. MED. El que profesa la odontología.

★ **ODONTÓMETRO.** m. Pequeña placa que usan los filatelistas para determinar el número de dientes de los sellos de correo.

★ **ODONTOPLEROSIS.** f. ODONT. Operación de taponar una cavidad dental.

★ **ODONTORNITES.** (gr. ὀδών, ὀδόντος, diente, y ὄρνις, pájaro.) m. pl. PALEONT. Grupo de aves fósiles de pequeño tamaño y mandíbulas dentadas.

★ **ODONTORREA.** f. PAT. Hemorragia que se produce en las encías.

ODORABLE. (l. *odorabilis*.) adj. ant. Que despide olor o puede ser olido.

ODORANTE. (l. *odōrans, -antis*.) adj. Oloroso, fragante.

ODORATÍSIMO, MA. (l. *odoratissimus*.) adj. sup. ant. Muy oloroso.

ODORATO. (l. *odorātus*.) m. ant. Olfato, 1.ª acep.

ODORÍFERO, RA. (l. *odorifer, -ĕri*; de *odor*, olor, y *ferre*, llevar.) adj. Que tiene buen olor o fragancia.

ODORÍFICO, CA. (l. *odorifico, -ās, -āre*, perfumar.) adj. Odorífero.

★ **ODOTAQUÍMETRO.** m. Fís. Aparato magnético que se acopla a los automóviles para contar kilómetros y registrar la velocidad.

ODRE. (l. *uter, utris*.) m. Cuero, generalmente de cabra, que cosido y empegado sirve para contener líquidos, especialmente vino. || **2.** fig. y fam. Persona borracha o muy bebedora. || **—de mar.** ZOOL. Ascidia. || **P.** odre; **I.** wine-skin; **F.** outre; **A.** (Wein)-Schlauch; **It.** otro; **R.** бурдюк.

ODRERÍA. f. Taller donde se hacen odres. || **2.** Tienda donde se venden.

ODRERO. m. El que hace o vende odres.

ODREZUELO. m. d. de odre.

ODRINA. f. Odre de cuero de buey. || *Estar uno hecho una* ODRINA. fr. fig. Estar lleno de enfermedades y llagas, como el cuero lleno de botanas. || **2.** fig. y fam. Borracho.

ODRISIO, SIA. (l. *odrysius*.) adj. Dícese del individuo de un antiguo pueblo de Tracia. Ú.t.c.s. || **2.** Perteneciente a este pueblo. || **3.** Tracio. Apl. a pers. ú.t.c.s.

OENOTERÁCEO, A. (De *oenothera*, nombre de un género de plantas.) adj. BOT. Dícese de matas o arbustos angiospermos dicotiledóneos, con hojas simples, flores en espiga o en racimo, fruto capsular casi siempre con muchas semillas sin albumen. Ú.t.c.s.f. || **2.** f. pl. BOT. Familia de estas plantas.

★ **OERSTED.** m. Fís. Nombre del oerstedio en la nomenclatura internacional.

★ **OERSTEDIO.** m. Fís. Unidad cegesimal de reluctancia o resistencia magnética, equivalente a la que opone una masa de aire de un centímetro cúbico.

OESNOROESTE. m. Oesnorueste.

OESNORUESTE. m. Punto del horizonte equidistante del oeste y del noroeste. || **2.** Viento que sopla de esta parte.

OESSUDOESTE. m. Oessudueste.

OESSUDUESTE. m. Punto del horizonte, equidistante del oeste y del sudoeste. || **2.** Viento que sopla de esta parte.

OESTE. (al. *west*.) m. Occidente. || **2.** Viento que sopla de esta parte. || **P.** oeste; **I.** west; **F.** ouest; **A.** Westen, Abend; **It.** ovest; **R.** запад.

OFENDEDOR, RA. (De *ofender*.) adj. Ofensor. Ú.t.c.s.

OFENDER. (l. *offendĕre*.) tr. Hacer daño a uno físicamente, maltratarle. || **2.** Injuriar de palabra o denostar a uno. || **3.** Causar molestia o fastidio. || **4.** ref. Picarse o enfadarse por un dicho o hecho. || **2.ª** acep.: **P.** ofender; **I.** to offend; **F.** offen-

O

ser; **A.** beleidigen; **It.** offèndere; **R.** повреждать, обижать.

OFENDÍCULO. m. p. us. Obstáculo, tropiezo.

OFENDIDO, DA. p.p. de ofender. || **2.** adj. Que ha recibido alguna ofensa. Ú.t.c.s.

OFENDIENTE. p.a. ant. de ofender. Que ofende.

OFENSA. (l. *offensa.*) f. Acción y efecto de ofender u ofenderse. || **P.** ofensa; **I.** y **F.** offense; **A.** Beleidigung; **It.** offesa; **R.** обида.

OFENSADOR, RA. (l. *offensātor.*) adj. ant. Ofensor.

OFENSAR. (l. *offensāre.*) tr. ant. Ofender.

OFENSIÓN. (l. *offensĭo, -ōnis.*) f. Daño, molestia o agravio.

OFENSIVA. (De *ofensivo.*) f. Situación o estado del que trata de ofender o atacar. || **2.** MIL. Modalidad operativa, táctica y estratégica en que se intenta aniquilar las fuerzas enemigas. || *Tomar* uno *la* OFENSIVA. fr. Prepararse para acometer al enemigo y acometerle. || **2.** fig. Ser el primero en una competencia, pugna, etc. || **P.** ofensiva; **I.** y **F.** offensive; **A.** Offensive, Angriff; **It.** offensiva; **R.** нападение.

OFENSIVAMENTE. adv. Con daño, ofensa o injuria.

OFENSIVO, VA. (l. *offensum*, supino de *offendĕre*, ofender.) adj. Que ofende o puede ofender. || **2.** V. *Arma, polémica* OFENSIVA.

OFENSOR, RA. (l. *offensor.*) adj. Que ofende. Ú.t.c.s.

OFERENTE. (l. *offĕrens, -entis*, p.a. de *offerre*, ofrecer.) adj. Que ofrece. Ú.m.c.s.

OFERTA. (l. *offerre*, ofrecer.) f. Promesa de dar, cumplir o ejecutar una cosa. || **2.** Don presentado a uno para que lo acepte. || **3.** Propuesta para contratar. || **4.** COM. Presentación de mercancías o servicios en solicitud de venta o empleo. || **P.** oferta; **I.** offer; **F.** offre; **A.** Anbietung; **It.** offerta; **R.** предпожение.

OFERTORIO. (l. *offertorĭum*, acción de ofrecer.) m. Parte de la misa en que el sacerdote ofrece a Dios la hostia y el vino del cáliz, antes de la consagración. || **2.** Antífona que dice el sacerdote antes de ofrecer la hostia y el cáliz. || **3.** V. *Velo* OFERTORIO. || **P.** ofertório; **I.** offertory; **F.** offertoire, offerte; **A.** Offertorium; **It.** offertorio; **R.** предложение.

OFICIAL. (l. *officiālis.*) adj. Que tiene autenticidad y emana de la autoridad constituida; que es de oficio y no particular o privado. *Documento* OFICIAL. || **2.** m. Obrero o artesano que trabaja en un oficio. || **3.** El que ha terminado el aprendizaje, y aún no es maestro, en un oficio. || **4.** Empleado que en una oficina prepara el despacho de los asuntos. || **5.** Carnicero que corta y pesa la carne. || **6.** En concejo o municipio, el que tiene cargo; como alcalde, regidor, etc. || **7.** MIL. Militar desde alférez en adelante, hasta capitán inclusive. || **—de secretaría.** Empleado de un ministerio, encargado de un negociado. || **—general.** Cualquiera de los generales de brigada, división o tenientes generales. || **—provisional.** El que conoce las causas contenciosas en el fuero eclesiástico. || **—real.** FOR. Ministro de capa y espada de las Indias, que con otros formaba el tribunal para atender a la cuenta y razón de los caudales del rey. || **—verdugo.** Ejecutor de la justicia. || *Ser* uno *buen* OFICIAL. fr. fig. y fam. Tener conocimientos o habilidad en cualquier materia. || **P.** oficial; **I.** official; **F.** officiel; **A.** amtlich; **It.** officiale; **R.** официальный. || 7.ª acep.: **P.** oficial; **I.** officer; **F.** officier; **A.** Offizier; **It.** ufficiale; **R.** мастеровой.

OFICIALA. (De *oficial.*) f. La que se ocupa en un oficio. || **2.** La que en un oficio manual ha terminado el aprendizaje y no es aún maestra. || **3.** Empleada en una oficina que bajo las órdenes de un jefe prepara el despacho de los negocios.

* **OFICIALADA.** f. ARGENT. y CHILE. Oficialidad.

OFICIALÍA. f. Empleo de oficial de secretaría o cosa semejante. || **2.** Calidad de oficial que adquieren los artesanos.

OFICIALIDAD. f. Conjunto de oficiales de ejército. || **2.** Carácter o calidad de cosa oficial.

* **OFICIALISMO.** (De *oficial.*) m. ARGENT. Conjunto de personas y partidos que integran un gobierno.

OFICIALMENTE. adv. m. Con carácter oficial. || **2.** fig. En el orden privado, autorizadamente.

OFICIANTE. p.a. de oficiar. Que oficia. || **2.** m. El que oficia en las iglesias; preste.

OFICIAR. (De *oficio.*) tr. Ayudar a cantar la misa y demás oficios divinos; especialmente, celebrar de preste la misa. || **2.** Comunicar una cosa oficialmente y por escrito. || **3.** intr. fig. y fam. Con la preposición *de*, obrar con el carácter que se determina. OFICIAR *de intermediario.* || **P.** celebrar misa, oficiar; **I.** to officiate; **F.** officier; **A.** amtlich mitteilen, Gottesdienst halten; **It.** ufficiare; **R.** служить.

OFICINA. (l. *officīna.*) f. Sitio, donde se hace, prepara o trabaja una cosa. || **2.** Departamento donde trabajan los empleados públicos o privados. || **3.** Laboratorio de farmacia. || **4.** fig. Lugar donde se fragua y dispone algo inmaterial. || **5.** pl. Piezas bajas de las casas, que sirven para ciertos menesteres domésticos. || 2.ª acep.: **P.** oficina; **I.** office; **F.** bureau; **A.** Büro, Kontor; **It.** ufficio; **R.** контора.

OFICINAL. (De *oficina*, laboratorio de la farmacia.) adj. FARM. y MED. Dícese de toda planta que se use en medicina. || **2.** FARM. y MED. Dícese del medicamento que se halla preparado de antemano en las boticas según las reglas de la farmacopea.

OFICINESCO, CA. adj. Perteneciente a las oficinas del Estado, o propio y característico de ellas. Tómase generalmente en mala parte.

OFICINISTA. m. El que está empleado en una oficina.

OFICIO. (l. *officĭum.*) m. Ocupación habitual. || **2.** Cargo, ministerio. || **3.** Profesión de algún arte mecánico. || **4.** Función propia de alguna cosa. || **5.** Gestión en beneficio o en daño de uno. || **6.** Cualquiera de las dependencias destinadas en palacio a preparar el servicio de las personas reales. || **7.** Comunicación escrita, entre funcionarios del Estado, o entre individuos de corporaciones particulares, para tratar exclusivamente asuntos del servicio que se desempeña. || **8.** Oficina, departamento donde trabajan los empleados. || **9.** Rezo diario de los eclesiásticos. Dícese también OFICIO *mayor* || **10.** pl. Funciones religiosas, y principalmente las de Semana Santa. || OFICIO *de boca.* Cualquiera de los cargos que en palacio estaban relacionados con la mesa de las personas reales. || **—de difuntos.** El que la Iglesia celebra por los fieles difuntos. || **—de escribano.** Cargo de tal. || **—de la boca.** OFICIO *de boca.* || **—de república.** Cualquier cargo municipal o provincial electivo. || **—enajenado.** Empleo o destino cuya provisión por una o más veces vendía la Corona como fuente de ingresos. Comúnmente eran cargos que carecían de jurisdicción directa, propia e importante. || **—mayor.** Oficio, rezo diario a que los eclesiásticos están obligados, compuesto de maitines, laudes, etc. || **—parvo.** El religioso establecido en loor de la Virgen, análogo al cotidiano de los eclesiásticos. || **—servil.** El mecánico o bajo, en oposición a las artes liberales. || *Santo* OFICIO. Inquisición. || *Buenos* OFICIOS. fr. Diligencias eficaces en beneficio de otro. || *Correr bien el* OFICIO. fr. fam. Sacar el partido posible del cargo o profesión que se ejerce. || *De* OFICIO. m. adv. Oficialmente, de modo oficial; con carácter oficial. || **2.** FOR. Dícese de las diligencias que se practican judicialmente sin instancia de parte, y de las costas que, según lo sentenciado, nadie debe pagar. || *Estar* uno *sin* OFICIO *ni beneficio.* fr. fam. y fig. Estar ocioso sin carrera ni ocupación. || *Haber aprendido buen* OFICIO. fr. fam. de que se usa irónicamente para denotar al que se ha dedicado a alguno de más provecho que honra. || *Hacer* uno *su* OFICIO. fr. Desempeñarlo bien. || *No tener* uno OFICIO *ni beneficio.* fr. fig. y fam. Estar sin OFICIO ni beneficio. || OFICIO *de concejo, honra sin provecho.* ref. que aconseja el desinterés en el ejercicio de los cargos públicos. || *¿Qué* OFICIO *tenéis? —éste que veis.* ref. para burlarse de los holgazanes. || *Quien ha*, o *tiene*, OFICIO, *ha*, o *tiene*, *beneficio*. ref. que enseña que comúnmente al trabajo sigue la utilidad. || *Tomar* uno *por* OFICIO una cosa. fr. fig. y fam. Hacerla frecuentemente. || **P.** ofício; **I.** office; **F.** métier; **A.** Handwerk, Amt; **It.** mestiere; **R.** ремесло.

OFICIONARIO. m. Libro en que se contiene el oficio canónico.

OFICIOSAMENTE. adv. Con oficiosidad. || **2.** Sin usar del carácter oficial que tiene el que actúa.

OFICIOSIDAD. (l. *officiosĭtas, -ātis.*) f. Diligencia y aplicación en el trabajo. || **2.** Diligencia y cuidado en los oficios de amistad. || **3.** Importunidad y hazañería del que se entremete en lo que no le incumbe.

OFICIOSO, SA. (l. *officiōsus.*) adj. Hacendoso y solícito en ejecutar lo que está a su cuidado. || **2.** Que se manifiesta solícito por ser útil y agradable a uno. || **3.** Que se entremete en oficio o negocio que no le incumbe. || **4.** Provechoso, eficaz para algún fin. || **5.** En diplomacia, dícese de la benévola mediación de una tercera potencia en pro de la armonía entre otras. || **6.** Hecho o dicho por una autoridad u hombre público, pero sin carácter oficial. || **7.** Dícese del periódico al que se atribuye cierta conexión con los gobernantes. || **8.** V. *Mentira, nota,* OFICIOSA.

OFIDIO. (gr. ὀφίδιον, d. de ὄφις, serpiente.) adj. ZOOL. Dícese de los reptiles del suborden de los ofidios. || **2.** m. pl. ZOOL. Suborden de reptiles plagiotremas ápodos, de cuerpo largo y estrecho revestido de piel escamosa, mudable y ojos sin párpados. Tienen las mandíbulas dotadas de gran movilidad y carecen de esternón, lo que les permite engullir grandes presas. Algunos son venenosos. Ú.t.c.s.m. || 2.ª acep.: **P.** ofídie; **I.** Ophidia; **F.** ophidiens; **A.** Schlangen; **It.** ofidii; **R.** удав.

OFIOLATRÍA. (gr. ὄφις, serpiente, y λατρεία, adoración.) f. Culto de las serpientes.

* **OFIOLITA.** f. GEOL. Roca metamórfica, abundante en talco o serpentina, de color verde o rojizo.

OFIÓMACO. (l. *ophiomăchus*, y éste del gr. ὀφιομάχος; de ὄφις, reptil, y μάχομαί, combatir.) m. Especie de langosta.

* **OFIOSAURO.** (gr. ὄφις, reptil, y σαῦρος, lagarto.) m. ZOOL. Género de reptiles saurios que comprende una especie que vive en América del Norte, de más de 1 m de longitud y con la cola muy frágil.

OFITA. (l. *ophītes*, y éste del gr. ὀφίτης; de ὄφις, serpiente.) f. GEOL. Roca de color verde y textura variable, compuesta de feldespato, pirexeno y nódulos calizos o cuarzosos.

OFIUCO. (l. *ophiūchus*, y éste del gr. ὀφιοῦχος, el que tiene asida una serpiente.) m. ASTRON. Serpentario.

OFRECEDOR, RA. adj. Que ofrece. Ú.t.c.s.

OFRECER. (De un der. del l. *offerre.*) tr. Prometer. || **2.** Presentar y dar voluntariamente una cosa. || **3.** Mostrar y poner patente una cosa. || **4.** Dedicar o consagrar a Dios o a un santo la obra buena que se hace o el daño que se padece, sufriéndola con resignación. || **5.** Dar una limosna, dedicándola a Dios en la misa o en alguna otra función religiosa. || **6.** fig. y fam. Entrar a beber en la taberna. || **7.** r. Venirse impensadamente una cosa a la imaginación. || **8.** Ocurrir o sobrevenir. || **9.** Entregarse voluntariamente a otro para ejecutar alguna cosa. || **10.** Querer, desear, en expresiones como ésta: *¿Qué se le* OFRECE *a usted?* || **P.** oferecer; **I.** to offer; **F.** offrir; **A.** antragen, anbieten; **It.** offrire; **R.** предлагать.

OFRECIENTE. p.a. de ofrecer. Oferente. Ú.t.c.s.

OFRECIMIENTO. m. Acción y efecto de ofrecer u ofrecerse.

OFRENDA. (l. *offerenda*, cosas que se han de ofrecer.) f. Don que se ofrece y dedica a Dios o a los santos. || **2.** Pan, vino u otras cosas que se llevan a la Iglesia por sufragio a los difuntos. || **3.** Lo que se da en algunos pueblos al tiempo de los entierros, para la manutención de los eclesiásticos. ‖ **4.** Ofrecimiento de dinero que se da a los misacantanos pobres, para lo cual convida el padrino a sus conocidos. ‖ **5.** Por ext., dádiva o servicio en muestra de gratitud o amor. ‖ **P.** oferenda; **I.** offering; **F.** offrande; **A.** Opfergabe: **It.** offerta, oblazione; **R.** дар.

OFRENDAR. (De *ofrenda*.) tr. Ofrecer dones y sacrificios a Dios en acción de gracias o en señal de adoración. ‖ **2.** Contribuir con dinero u otras dádivas para un fin.

★ **ÓFRICO, CA.** adj. Bol. Lóbrego, obscuro.

OFTALMÍA. (l. *ophthalmía*, y éste del gr. ὀφθαλμία; de ὀφθαλμός, ojo.) f. Med. Inflamación de los ojos. ‖ **P.** oftalmía; **I.** ophtalmy; **F.** ophtalmie; **A.** Augenentzündung; **It.** oftalmía :**R.** офтальмия.

OFTÁLMICO, CA. (l. *ophthalmícus*, y éste del gr. ὀφθαλμικός.) adj. Med. Perteneciente o relativo a los ojos. ‖ **2.** Med. Perteneciente o relativo a la oftalmía.

★ **OFTALMODIASTÍMETRO.** (gr. ὀφθαλμός, ojo, y *diastímetro*.) m. Oftalm. Instrumento para determinar la distancia a que deben colocarse los lentes para ambos ojos.

OFTALMOLOGÍA. (gr. ὀφθαλμός, ojo, y λόγος, tratado.) f. Med. Parte de la patología, que trata de las enfermedades de los ojos. ‖ **P.** oftalmologia; **I.** ophthalmology; **F.** ophthalmologie; **A.** Augen(heil)kunde; **It.** oftalmología.

OFTALMOLÓGICO, CA. adj. Perteneciente o relativo a la oftalmología.

OFTALMÓLOGO. (Del m. or. que *oftalmología*.) m. Oculista.

OFTALMOSCOPIA. f. Med. Exploración del interior del ojo por medio del oftalmoscopio.

OFTALMOSCOPIO. (gr. ὀφθαλμός, ojo, y σκόπέω, examinar.) m. Med. Instrumento para reconocer las partes interiores del ojo. Esencialmente consiste en un espejo que refleja la luz sobre el ojo y en cuyo centro tiene un pequeño orificio para la observación.

OFUSCACIÓN. (l. *offuscatio*, -*ōnis*.) f. Ofuscamiento.

OFUSCADOR, RA. adj. Que ofusca o causa ofuscamiento. Ú.t.c.s.

OFUSCAMIENTO. (De *ofuscar*.) m. Turbación padecida por la vista a causa de un reflejo grande de luz que da en los ojos. ‖ **2.** fig. Obscuridad de la razón.

OFUSCAR. (l. *offuscāre*.) tr. Deslumbrar o turbar la vista. Ú.t.c.r. ‖ **2.** Obscurecer y hacer sombra a una cosa. ‖ **3.** fig. Trastornar, obscurecer o confundir las ideas; alucinar. Ú.t.c.r. ‖ **P.** ofuscar; **I.** to obfuscate; **F.** offusquer, obscurcir; **A.** verdunkeln, blenden; **It.** offuscare; **R.** слапить.

OGAÑO. adv. Hogaño.

OGRO. m. Gigante, que según las leyendas nórdicas, se alimentaba de carne humana, especialmente de niños. ‖ **2.** fig. Persona que come mucho. ‖ **3.** fig. Persona feroz, intratable. ‖ **P.** ogro; **I.** y **F.** ogre; **A.** Menschenfresser; **It.** orco; **R.** великан-людоед.

¡OH! interj. Expresa diferentes emociones según el tono y manera de ser proferida la exclamación, y más frecuentemente asombro, pena o alegría.

OHM. m. Fís. Nombre del ohmio, en la nomenclatura internacional.

★ **ÓHMETRO.** m. Fís. Ohmímetro.

ÓHMICO, CA. adj. Perteneciente o relativo al ohmio. ‖ **2.** Fís. Dícese de la resistencia que oponen los cuerpos conductores al paso de la corriente debida a la constitución física de los mismos.

★ **OHMÍMETRO.** (De *ohmio* y el griego μέτρον, medida.) m. Fís. Instrumento para medir directamente la resistencia eléctrica en ohmios.

OHMIO. (De *Ohm*, físico alemán.) m. Unidad de resistencia equivalente a la que opone al paso de una corriente, a la temperatura de 0°C, una columna de mercurio de un milímetro cuadrado de sección y 1.063 mm de longitud.

OÍBLE. (l. *audibilis*.) adj. Que se puede oir.

OÍDA. f. Acción y efecto de oir. ‖ *De*, o *por* OÍDAS. m. adv. Que se sabe sin haberlo visto y sólo por noticia o relación de otro.

OÍDIO. (l. mod. *oïdium*, y éste del gr. ᾠόν, huevo.) m. Bot. Nombre genérico de varios hongos parásitos, especialmente el de la vid, cuyo micelio forma sobre las hojas de esta planta una red de filamentos blanquecinos y polvorientos. ‖ **2.** Enfermedad producida en una planta por estos hongos. ‖ **—del trigo.** Enfermedad del trigo producida por el hongo Erysiphe graminis. ‖ **P.** e **I.** oidium; **F.** oïdium; **A.** Faulschimmel; **It.** oidio, muffina.

OÍDO. (l. *auditus*.) m. Sentido por el cual se perciben los sonidos. ‖ **2.** Zool. Aparato de la audición, que suele constar de tres partes: la externa, formada por la oreja; la media, formada principalmente por la caja del tímpano, y la interna que comprende el vestíbulo, el caracol y tres canales semicirculares. En los batracios anuros, reptiles y aves falta la oreja, y en los peces y urodelos no existe más que el laberinto. ‖ **3.** Aptitud para percibir y reproducir fielmente los sonidos. *Pedro tiene buen* OÍDO. ‖ **4.** Orificio de la recámara de algunas armas de fuego, por donde se comunica ésta a la carga. ‖ **5.** Orificio para la mecha en el taco de un barreno. ‖ **—interno.** Zool. Parte interna del oído de los vertebrados. ‖ **—medio.** Zool. Parte media del oído de los vertebrados. ‖ *Abrir* uno los OÍDOS. fr. fig. Escuchar atentamente. ‖ *Abrir* uno *tanto* OÍDO, o *tanto* el OÍDO. fr. fig. Escuchar con mucha atención o curiosidad lo que otro dice. ‖ *Aguzar* uno *los* OÍDOS. fr. fig. Aguzar las orejas, prestar mucha atención. ‖ *Al* OÍDO. loc. adv. Dícese de lo que se aprende simplemente oyendo, sin otro estudio. ‖ **2.** Confidencialmente. ‖ *Aplicar* uno el OÍDO. fr. Oir con atención. ‖ *Cerrarle* a uno *los* OÍDOS. fr. fig. Alucinarle para que no oiga lo que le conviene. ‖ *Cerrar* uno *los* OÍDOS. fr. fig. Negarse a escuchar razones o excusas. ‖ *Dar* OÍDOS. fr. Dar crédito a lo que se dice. ‖ *De* OÍDO. m. adv. Que indica la manera de aprender alguna cosa o a cantar o a tocar algún instrumento sin conocer las reglas del arte. ‖ *Duro* de OÍDO. loc. Dícese del que es algo sordo. ‖ *Entrar* o *entrarle* una cosa *por un* OÍDO, *y salir* o *salírle por el otro*. fr. fig. No hacer caso de lo que le dicen, desatender el aviso que le dan. ‖ *Hacer* uno OÍDOS *de mercader*. fr. fig. Hacerse el sordo y no querer oir lo que le dicen. ‖ *Ladrar* a uno *al* OÍDO. fr. fig. Estarle sugeriendo continuamente una especie. ‖ *Llegar* una cosa *a* OÍDOS *de* uno. fr. fig. Venir a su noticia. ‖ *Negar* uno *los* OÍDOS. *No dar* OÍDOS. frs. figs. No dejarse ver para que no le hablen sobre una cosa que se le propone. ‖ OÍDO *de la caja*. fr. con la que se llama la atención sobre algo que se está viendo u oyendo. ‖ OÍDO *al parche*. fr. Oído a la caja. ‖ *¡OÍDOS que tal oyen!* expr. familiar para explicar la extrañeza causada por un despropósito. ‖ **2.** fam. Suele decirse también cuando se oye una cosa que agrada mucho o que sorprende. ‖ *Regalar* a uno *el* OÍDO. fr. fig. y fam. Lisonjearle. ‖ *Taparse* uno *los* OÍDOS. fr. fig. que denota repugnancia en escuchar una cosa. ‖ *Tener* uno OÍDO, o *buen* OÍDO. fr. Tener disposición para la música. ‖ *Tener* uno OÍDOS *de mercader*. fr. fig. Hacer OÍDOS *de mercader*. ‖ **P.** ouvido; **I.** hearing, ear; **F.** ouïe, oreille; **A.** Gehör; **It.** udito, orechio; **R.** слух.

OIDOR, RA. (l. *auditor*.) adj. Que oye. Ú.t.c.s. ‖ **2.** Ministro togado en las antiguas audiencias del reino.

OIDORÍA. f. Empleo o dignidad de oidor.

OÍL. (ant. fr. *oïl*, sí, y éste del l. *hec illud*.) V. *Lengua de* OÍL.

OIMIENTO. m. ant. Acción de oir. ‖ **2.** ant. For. Audiencia que se daba a cualquier actor o reo.

OIR. (l. *audire*.) tr. Percibir los sonidos por medio del sentido del oído. ‖ **2.** Atender los ruegos o avisos de uno. ‖ **3.** Hacerse un cargo de aquello de que le hablan. ‖ **4.** Asistir el estudiante a las explicaciones del maestro. ‖ **5.** For. Admitir la autoridad peticiones, razonamientos o pruebas de las partes antes de resolver. ‖

¡Ahora lo OIGO! expr. fam. con que se da a entender la novedad que causa una cosa que se dice. ‖ *Como quien* OYE *llover*. expr. fig. y fam. con que denota el poco interés con que se escucha una cosa. ‖ *¡OIGA! ¡OIGAN!* interjs. que denotan extrañeza, enfado o reprensión, según el tono. ‖ OIR *bien*. fr. fig. Escuchar favorablemente, con agrado. ‖ OIR, *ver* y *callar*. fr. con que se advierte a uno que no se entremeta en lo que no le toca. ‖ *¡OYE!* interj. ¡Oiga! Ú.t. repetida. ‖ *¿OYES? ¿OYE usted?* exprs. que se usan para llamar al que está algo alejado y también para dar más fuerza a lo que se manda. ‖ *Ser* uno *bien* OÍDO. fr. Lograr aceptación en lo que dice. ‖ **P.** ouvir; **I.** to hear; **F.** ouïr, entendre; **A.** (an-, er-, ver-, zu)hören; **It.** udire; **R.** слышать.

OÍSLO. (De ois, 2.ª pers. de pl. del pres. de indc. de *oir*, y el pron. *lo*.) com. fam. Persona querida, principalmente la mujer respecto al esposo.

★ **OJADA.** (De *ojo*.) f. Colom. Tragaluz. ‖ **2.** Mechinal.

OJAL. (De *ojo*.) m. Hendedura, generalmente reforzada a sus bordes, a propósito para abrochar un botón, muletilla, etc. ‖ **2.** Agujero que atraviesa de parte a parte algunas cosas. ‖ **3.** Min. Lazada en la punta del cintero de un torno para meter la pierna el que sube o baja colgado. ‖ **P.** botoeira; **I.** buttonhole; **F.** boutonnière; **A.** Knopfloch; **It.** àsola; **R.** петля.

¡OJALÁ! (ár. *wa-šā' Allāh*, y quiera Dios.) interj. con que se manifiesta gran deseo de que suceda alguna cosa. ‖ **P.** queira Deus; **I.** would to God! **F.** plût à Dieu; **A.** wolle Gott; **It.** Dìo voglia!; **R.** дай бог.

OJALADERA. f. Ojaladora.

OJALADO, DA. adj. Veter. Aplícase a la res vacuna que tiene alrededor de los ojos el pelo más obscuro que el resto de la cabeza, formando líneas circulares.

OJALADOR, RA. m. y f. Persona que tiene por oficio hacer ojales. ‖ **2.** m. Instrumento para hacerlos.

OJALADURA. f. Conjunto de ojales de un vestido.

OJALAR. tr. Hacer y formar ojales.

OJALATERO. (De *¡ojalá!*) adj. fam. Dícese del que en las contiendas civiles, se limita a desear el triunfo de su partido, sin intervenir directamente en ellas.

OJANCO. (aum. despect. de *ojo*.) m. Cíclope. ‖ **2.** Cuba. Pez de color rojizo.

OJAR. (De *ojo*.) tr. ant. Ojear, 1.er art.

OJARANZO. (ár. *al-jaríný*, o *al-jabaný*, el brezo.) m. Variedad de jara ramosa, de tallos algo rojizos, hojas pecioladas, acorazonadas, y flores en pedúnculos axilares. ‖ **2.** Adelfa. ‖ **3.** And. Rododendro.

OJEADA. (De *ojear*, 1.er art.) f. Mirada pronta y ligera. ‖ **P.** olhada; **I.** glance; **F.** œillade, coup d'œil; **A.** Blick; **It.** occhiata; **R.** быстрый взгляд.

OJEADOR. m. El que ojea o espanta con voces la caza.

OJEAR. tr. Dirigir los ojos a determinada parte mirando atentamente. ‖ **2.** Aojar. Hacer mal de ojo.

OJEAR. (De *oxear*.) tr. Espantar la caza y acosarla hasta que llega al sitio donde se le ha de tirar o coger con redes, lazos, etc. ‖ **2.** fig. Espantar, ahuyentar de cualquiera suerte.

OJÉN. (De *Ojén*, villa de la provincia de Málaga.) m. Aguardiente preparado con anís y azúcar hasta la saturación.

OJEO. m. Acción y efecto de ojear, 2.º art. ‖ *Echar* un OJEO. fr. Cazar ojeando. ‖ *Irse* uno a OJEO. fr. fig. y fam. Buscar cuidadosamente algo que desea o pretende.

OJERA. f. Coloración más o menos lívida, alrededor de la base del párpado inferior. Ú.m. en pl. ‖ **2.** P. Rico. Visera.

OJERIZA. (De *ojo*.) f. Enojo y mala voluntad contra uno. ‖ **P.** ódio; **I.** illwill; **F.** haine, rancune; **A.** Abneigung; **It.** astio, rancore; **R.** враждебность.

OJEROSO, SA. Que tiene ojeras.

OJERUDO, DA. adj. Dícese de la persona que tiene habitualmente grandes ojeras.

OJETE. m. d. de ojo. ‖ **2.** Ojal redondo, generalmente reforzado, para meter por él un cordón o cosa que sujete. ‖ **3.**

Agujero con que se adornan algunos bordados. || **4.** fam. Ano. || **P.** olhete; **I.** eyelet; **F.** œillet; **A.** Schnürloch; **It.** occhietto; **R.** петелька.

OJETEADO, DA. p.p. de Ojetear. || **2.** adj. V. *Jubón* OJETEADO.

OJETEAR. tr. Hacer ojetes en alguna cosa.

OJETERA. f. Parte del corsé o del vestido en que van colocados los ojetes. || **2.** Máquina de hacer ojetes.

* **OJETILLAR.** tr. CHILE. Operación de poner ojetillos en los ojetes.

* **OJETILLO.** (d. de *ojete.*) m. CHILE. Pequeño anillo de metal con que se guarnece un objeto.

OJIALEGRE. adj. fam. Que tiene los ojos alegres y vivos.

OJIENJUTO, TA. (De *ojo* y *enjuto.*) adj. Que tiene dificultad para llorar.

* **OJIGALLO.** (De *ojo* y *gallo.*) m. AMÉR. Mezcla de aguardiente y vino de mala calidad, que se prepara en las tabernas.

OJIGARZO, ZA. adj. Ojizarco.

OJIMEL. m. Ojimiel.

OJIMIEL. (l. *oxymĕli*, y éste del gr. ὀξύμελι; de ὄξος, vinagre, y μέλι, miel.) m. Preparación farmacéutica hecha con miel y vinagre, cociéndolo hasta que tenga punto de jarabe. || **P.** oximel; **I.** y **F.** oxymel; **A.** Sauerhonig; **It.** ossimele.

OJIMORENO, NA. (De *ojo* y *moreno.*) adj. fam. Que tiene los ojos pardos.

OJINEGRO, GRA. adj. fam. Que tiene los ojos negros.

OJIPRIETO, TA. adj. fam. Ojinegro.

* **OJITO (DE).** m. adv. ARGENT. Gratis, de balde.

OJITUERTO, TA. (De *ojo* y *tuerto.*) adj. Bisojo.

OJIVA. (fr. *ogive*, y éste del ár. *al-ŷibb*, que dio también *aljibe.*) f. ARQ. Figura formada por dos arcos de círculos iguales, que se cortan en uno de sus extremos, volviendo la concavidad del uno al otro. || **2.** GEOM. Figura formada por estos dos arcos. || **P.** e **It.** ogiva; **I.** y **F.** ogive; **A.** Spitzbogen; **R.** стрельчатый свод.

OJIVAL. adj. De figura de ojiva. || **2.** ARQ. Aplícase al estilo arquitectónico que dominó en Europa durante los últimos siglos de la Edad Media y que se distingue por el empleo de la ojiva en toda clase de arcos.

OJIZAINO, NA. (De *ojo* y *zaino.*) adj. fam. Que mira atravesado y con malos ojos.

OJIZARCO, CA. (De *ojo* y *zarco.*) adj. fam. Que tiene los ojos azules.

OJO. (l. *ocŭlus.*) m. Órgano de la vista en el hombre y en los animales. || **2.** Agujero de aguja para el paso del hilo. || **3.** Abertura que atraviesa de parte a parte alguna cosa. || **4.** Anillo de algunas herramientas, para que entren por él los dedos o el mango. || **5.** Anillo de la llave que sirve de cabeza para agarrarla y hacer fuerza para que gire. || **6.** Agujero por donde se mete la llave en la cerradura. || **7.** Abertura o curva cerrada de algunas letras. || **8.** Manantial que surge en un llano. || **9.** Cada una de las gotas de aceite o grasa que sobrenadan en otro licor. || **10.** Círculo de colores que tiene el pavo real en cada una de las plumas caudales. || **11.** Espacio entre dos estribos o pilas de un puente. || **12.** Boca abierta en el muro de ciertos molinos para dar entrada al agua. || **13.** Mano de jabón que se da a la ropa cuando se la lava. || **14.** Palabra puesta como señal al margen de algunos escritos para llamar la atención hacia una cosa. || **15.** Atención o advertencia que se pone en una cosa. || **16.** Cada una de las cavidades que tienen las cosas esponjosas. || **17.** Agujero redondo o alargado que tienen algunas balanzas en la parte superior del pie para ver si el fiel está perpendicular o inclinado. || **18.** Malla de la red. || **19.** fig. Aptitud especial para apreciar rápidamente las circunstancias que concurren en un caso. OJO *clínico.* || **20.** IMPR. Grueso en los caracteres tipográficos. || **21.** IMPR. Relieve en los tipos, que impregnados de tinta, producen la impresión. || **22.** V. *Mal de* OJO. || **23.** V. *Niña del* OJO. || **24.** V. *Sangre en el* OJO. || **25.** V. *Lo blanco del* OJO. || **26.** V. *Caída, vista de* OJOS. || **27.** pl. Anillos de la tijera en los cuales entran los dedos. || **28.** Se toma a veces como expresión de gran cariño. *Mis* OJOS. || **—de besugo.** fig. y fam. El que está medio vuelto, porque se parece a los del besugo cocido. || **—catódico.** RADIOTEC. Válvula termoiónica especial que se emplea en los receptores como indicador visual de sintonía. || **—de breque.** fig. y fam. El pitarroso. Ú. en tono despectivo. || **—de buey.** BOT. Hierba compuesta, de hojas casi abrazadoras, oblongas y festoneadas y flores terminales amarillas, fruto seco, menudo, con semilla suelta en su interior. Es frecuente en los sembrados. || **2.** Ventana o claraboya circular. || **—de gallo.** Callo redondo y algo cóncavo hacia el centro que suele formarse en los dedos de los pies. || **2.** Color que tienen algunos vinos, parecido al ojo del gallo. || **—de gato.** Ágata de textura orbicular y color blanco amarillento, con fibras de asbesto y amianto. || **—de la escalera.** Espacio vacío que queda dentro de las vueltas de los tramos de una escalera. || **—de la tempestad.** Rotura de las nubes que cubren el vértice de los ciclones, por donde puede verse el cielo azul. || **—del Toro.** ASTRON. Aldebarán. || **—de patio.** Hueco sin techumbre comprendido entre las paredes que forman el patio. || **—de perdiz.** Labor de pasamanería que en el cruce de los hilos forma unos nudos lenticulares. || **2.** Punto obscuro en el centro de los nudos de las maderas. || **—de pollo.** Ojo de gallo, 1.ª acep. || **—mágico.** RADIOTEC. Ojo catódico. || **—overo.** fam. El que, por resaltar mucho en él lo blanco, parece que no tiene niña. || **—regañado.** El que tiene un frunce que le impide cerrarse por completo. || **Ojos blandos.** fig. y fam. Ojos tiernos. || **—de bitoque.** fig. y fam. Los que miran atravesado. || **—de cangrejo.** Ciertas piedrezuelas calcáreas, que crían interiormente los cangrejos, convexas por un lado y planas por otro. || **—de gato.** fig. y fam. Persona que los tiene de color agrisado o incierto. || **—de sapo.** fig. y fam. Persona que los tiene muy hinchados, reventones y tiernos. || **—rasgados.** Los grandes, por tener muy prolongada la comisura de los párpados. || **—reventones** o **saltones.** Los muy abultados, que parecen salirse de las órbitas. || **—tiernos.** fig. Los que padecen una fluxión ligera y continua. || **—turnios.** Los torcidos. || **—vivos.** Los muy brillantes y animados. || *Cuatro* OJOS. fig. y fam. Persona que usa anteojos. || *Abre el* OJO, *que asan carne.* fr. porverb. con que se advierte a uno que se aproveche de la ocasión cuando ésta se presente. || **2.** También indica haber un riesgo inminente. || *Abrir* uno *el* OJO. fr. fig. y fam. Estar advertido para no dejarse engañar. || *Abrir* uno *los* OJOS. fr. fig. Conocer las cosas tal como son. || *Abrir los* OJOS a uno. fr. fig. Desengañarle en cosas que le pueden interesar. || **2.** Descubrirle algo que ignoraba. || *Abrir* uno *tanto* OJO. fr. fig. y fam. Asentir con alegría a lo que se le promete, o desear con ansia aquello de lo que se le está hablando. || *A cierra* OJOS. m. adv. A medio dormir. || **2.** fig. Sin reparar en inconvenientes, ni detenerse a examinar los riesgos. || **3.** fig. Sin examen ni reparo, precipitadamente. || *Alegrársele* a uno *los* OJOS. fr. Manifestar con ellos el regocijo extraordinario que le ha causado una noticia o suceso agradable. || *Al* OJO. m. adv. Cercanamente o a la vista. || *Alzar* uno *los* OJOS *al cielo.* Levantar a Dios el corazón implorando su ayuda. || *Andar* uno *con cien* OJOS. fr. fig. y fam. Vivir prevenido o receloso. || *A* OJO. m. adv. A bulto, sin contar ni medir. || **2.** fig. A juicio, arbitrio o discreción de uno. || *A* OJO *de buen cubero.* fr. fig. y fam. A bulto y sin medida. || *A* OJOS *cegarritas.* m. adv. fam. Entornándolos para dirigir la mirada. || *A* OJOS *cerrados.* m. adv. *A cierra* OJOS. || *A* OJOS *vistas.* m. adv. Visible, clara, palpablemente. || *A quien tanto ve, con un* OJO *le basta.* fr. que se usa para reprender a quien por demasiado curioso pretende registrar lo que no quieren que vea. || *Arrasársele* a uno *los* OJOS *en lágrimas* o *en agua.* fr. fig. Llenarse los ojos de lágrimas antes de romper a llorar. || *Avivar* uno *los* OJOS. fr. Andar con cuidado para no dejarse sorprender. || *Bailarle* a uno *los* OJOS. fr. fig. Ser bullicioso, vivo. || *Bajar* uno *los* OJOS. fr. fig. Ruborizarse, y también humillarse. || *Cerrar* uno *el* OJO o *cerrar* uno *los* OJOS. frs. figs. Dormir. Ú. frecuentemente con negación. || **2.** fig. Expirar o morir. || **3.** fig. Sujetar el entendimiento al dictamen de otro. || **4.** fig. Obedecer sin réplica. || **5.** fig. Arrojarse temerariamente a hacer una cosa sin reparar en inconvenientes. || *Cerrarle* a uno *los* OJOS. fr. fig. No apartarse de un enfermo hasta que expire. || **2.** fig. *Cerrarle los oídos.* || *Clavar* uno *los* OJOS *en* una persona o cosa. fr. fig. Mirarla con suma atención e interés. || *Comer* uno *con los* OJOS. fr. fig. y fam. No apetecer los manjares sino cuando están bien presentados. || *Comerse con los* OJOS a una persona o cosa. fr. fig. Mostrar en las miradas el incentivo vehemente de una pasión. || *Como los* OJOS *de la cara.* expr. fam. que se usa para ponderar el aprecio que se tiene a una persona o cosa. || *Con el* OJO *tan largo.* m. adv. fig. Con cuidado, atención y vigilancia. || *Costar* una cosa *los* OJOS o *un* OJO *de la cara.* fr. fig. y fam. Ser excesivo su precio. || *Dar* uno *de* OJOS. fr. fig. y fam. Caer de pechos en el suelo. || **2.** fig. y fam. Encontrarse con una persona. || **3.** fig. Caer en un error. || *Dar en los* OJOS una cosa. fr. fig. Ser clara y patente. || *Dar en los* OJOS *con* una cosa. fr. fig. Ejecutarla con el propósito de disgustar a alguno. || *Darse de* o *del* OJO. fr. Hacer del ojo. || *Delante de los* OJOS *de* uno. m. adv. En su presencia, a su vista. || *De medio* OJO. m. adv. fig. y fam. No enteramente descubierto o en público. || *De quien pone los* OJOS *en el suelo, no fíes tu dinero.* ref. que aconseja desconfiar de los hipócritas. || *Desencapotar los* OJOS. fr. fig. y fam. Deponer el ceño y enojo. || *Despabilar* o *despabilarse los* OJOS. fr. fig. y fam. Vivir con cautela y advertencia. || *Dichosos los* OJOS *que ven a usted.* expr. que se usa al encontrarse con una persona después de largo tiempo que no se le veía. || *Dormir* uno *con los* OJOS *abiertos.* fr. fig. y fam. Estar con suma precaución y cuidado para no dejarse sorprender. || *Dormir* uno *los* OJOS. fr. fig. con que se expresa la afectación de la persona que los cierra y entreabre para que parezcan mejor, o para dar a entender un afecto interior. || *Echar el* OJO, o *tanto* OJO, a una cosa. fr. fig. y fam. Mirarla, mostrando deseo de ella. || *El* OJO *del amo engorda el caballo.* ref. que indica cuanto conviene que cada uno cuide de su hacienda. || *Encima de los* OJOS. m. adv. fig. Sobre los ojos. || *Enclavar los* OJOS. fr. fig. *Clavar los ojos.* || *En los* OJOS *de* uno. m. adv. Delante de los ojos de uno. || *Ensortijar los* OJOS el caballo. fr. Revolverlos por lozanía al entrar en combate. || *Entrar a* OJOS *cerrados.* fr. fig. Meterse en un negocio o admitir una cosa sin reflexión ni examen. || *En un abrir y cerrar de* OJOS. fr. fig. y fam. Instantáneamente. || *Estar* uno *con cien* OJOS. fr. fig. Vivir prevenido o receloso. || *Estar* una cosa *tan en los* OJOS. fr. fig. Ser vista muy frecuentemente. || *Hablar con los* OJOS. fr. fig. Dar a entender con una mirada lo que se quiere decir a otro. || *Hacer del* OJO. fr. Hacer uno a otro señas guiñando el ojo. || **2.** fig. y fam. Estar de acuerdo dos personas sin habérselo comunicado la una a la otra. || *Hacer los* OJOS *telarañas.* fr. fig. Turbarse la vista. || *Hacer* OJO. fr. fig. Inclinarse la balanza a un lado, por estar desequilibrada. || *Hacerse* OJOS uno. fr. fig. Estar solícito para ver, ejecutar o conseguir una cosa. || *Hasta los* OJOS. m. adv. fig. con que se pondera el exceso de una cosa. *Empeñado hasta los* OJOS. || *Írsele* a uno *los* OJOS *por atrás* una cosa. fr. fig. Desearla con vehemencia. || *Levantar* uno *los* OJOS *al cielo.* fr. fig. Alzar los ojos al cielo. || *Lo que con el* OJO *o con los* OJOS *veo, con el dedo lo señalo.* ref. que da a entender que no es necesaria mucha advertencia para conocer lo que es patente. || *Los* OJOS *se abalanzan, los pies se cansan, las manos no lo alcanzan.* ref. con que se explica el deseo de algo que no se puede lograr. || *Llenarle* a uno *el* OJO una cosa. fr. fig. y fam. Contentarle mucho, por parecer perfecta en su especie. || *Llevar* o *llevarse* una cosa *a los* OJOS. fr. fig. Atraer la atención. || *Llevar* uno *los* OJOS *clavados en el suelo.* fr. fig. y fam. de que se usa para denotar modestia de una persona. || *Llorar* uno *con ambos* OJOS. fr. fig. con que se pondera un gran contratiempo que le sucede. || *Llorar* uno *con un ojo*. fr. fig. con que se moteja al que aparenta más pena de la que en realidad siente. || *Más ven cuatro* OJOS *que dos*. fr. fig. con que se da a entender que las resoluciones salen mejor consultadas con varios que tomadas unilateralmente. || *Mentir* a uno *el* OJO. fr. fig. y fam. Equivocarse, engañarse por las apariencias. || *Meter* una cosa *por los* OJOS. fr. fig. Encarecerla, brindando con ella de forma insistente al objeto de que uno la compre o acepte. || *Meterse* uno *por el* OJO *de una aguja*. fr. fig. y fam. Ser bullicioso y entrometido aprovechando cualquier ocasión para conseguir lo que desea. || *Mirar con buenos, con malos* OJOS a una persona o cosa. fr. fig. Mirarla con afición y cariño o al contrario. || *Mirar* a uno con *otros* OJOS. fr. fig. Cambiar el concepto o aprecio que antes se tenía de una persona. || *Mirar de mal* OJO. fr. fig. Mostrar desafecto o desagrado. || *¡Mucho* OJO! expr. de aviso, para que se mire bien lo que se va a hacer. || *Mucho* OJO, *que la vista engaña*. expr. con que se advierte a uno que no se fíe de las apariencias. || *Ni* OJO *en la carta, ni mano en el arca;* o *ni* OJOS *a las cartas, ni las manos a las arcas*. ref. que reprende a los que intentan averiguar lo que no deben y a los que toman lo ajeno. || *No decir* a uno *«buenos* OJOS *tienes»*. fr. fig. y fam. No dirigirle la palabra ni hacerle caso. || *No es nada lo del* OJO, *y lo llevaba en la mano*. ref. con que se significa que alguno no da importancia a una cosa, que la tiene y grande. || *No hay más que abrir los* OJOS *y mirar*. fr. con que se pondera la perfección y grandeza de una cosa. || *No levantar* uno *los* OJOS. fr. fig. Mirar al suelo por humildad, modestia, etc. || *No pegar el* OJO o *los* OJOS. fr. fig. y fam. No poder dormir en toda la noche. || *No quitar los* OJOS *de* una persona o cosa. fr. fig. y fam. Poner en ella gran atención de forma persistente. || *No saber* uno *dónde tiene los* OJOS. fr. fig. y fam. Ser muy ignorante en las cosas más sencillas. || *No tener* uno *adonde volver los* OJOS. fr. fig. y fam. que se usa hablando de la persona desvalida. || *Ofender los* OJOS. fr. fig. Servir de escándalo o dársele a una persona. || ¡OJO! interj. para llamar la atención sobre algo. || OJO *a la margen*. expr. fig. que usa para encargar que se ponga advertencia a una cosa. || OJO *al Cristo*, que *es de plata*. expr. fig. y fam. con que se advierte a uno que ponga gran cuidado en guardar una cosa, por el peligro de que se la hurten. || OJO *alerta*. expr. fam. usada para advertir a uno que esté con cuidado para evitar un riesgo o fraude. || OJO *avizor*. expr. Alerta, con cuidado. || OJOS *hay que de legañas se enamoran o se pagan*. ref. que enseña que el gusto no siempre es razonable. || OJOS *que no ven, corazón que no llora, quiebra* o *siente*. ref. que da a entender que las lástimas que están lejos se sienten menos que las que tenemos cercanas. || OJOS *que te vieron ir*. expr. con que se significa que la ocasión que se perdió una vez, no suele volver. || **2.** exclam. con que uno muestra el temor de no volver a ver a una persona ausente y amada. || *Pasar los* OJOS *por un escrito*. fr. fig. Leerlo a la ligera. || *Pasar por* OJO. fr. MAR. Embestir de proa un buque a otro y echarlo a pique. || **2.** fig. Destruir a uno, arruinarle. || *Poner* a uno *delante de los* OJOS una cosa. fr. fig. y fam. Convencerle de algo haciéndole salir del error en que estaba. || *Poner los* OJOS *en* una persona o cosa. fr. fig. Escogerla para algún fin. || *Poner* uno *los* OJOS *en blanco*. fr. Volverlos de forma que apenas se descubra más que lo blanco de ellos. || *Quebrar el* OJO *al diablo*. fr. fig. y fam. Hacer lo mejor y más justo. || *Quebrar los* OJOS a uno. fr. fig. y fam. Desagradarle en lo que se conoce ser su gusto. || **2.** fig. Dícese también de la luz cuando es muy fuerte y ofusca. || *Quebrarse* uno *los* OJOS. fr. fig. Cansarse los ojos por el excesivo ejercicio a que se los somete. || **2.** fig. Dícese también de los moribundos cuando ya se les turba la vista. || *Rasársele* a uno *los* OJOS *de* o *en agua*, o *lágrimas*. fr. fig. Arrasársele los ojos de agua. || *Revolver* uno *los* OJOS. fr. Volver la vista en redondo por efecto de una pasión violenta o accidente. || *Sacar los* OJOS a uno. fr. fig. y fam. Apretarle a que haga una cosa. || **2.** fig. y fam. Hacerle gastar mucho dinero por capricho. || *Sacarse los* OJOS. fr. fig. que exagera el enojo o la cólera con que dos o más personas riñen. || *Salirle* a uno *a los* OJOS alguna cosa. fr. fig. Salirle a la cara, 2.ª acep. || *Saltar a los* OJOS una cosa. fr. fig. Ser muy clara. || **2.** fig. Ser vistosa, sobresaliente y hermosa. || *Saltarle* uno *a los* OJOS a otro. fr. fig. y fam. Tener contra él grande enojo. || *Saltársele* uno *los* OJOS. fr. fig. con que se significa la grande ansia con que se apetece una cosa. || *Saltar* a uno *un* OJO. fr. Herírselo. || *Ser* uno *el* OJO *derecho* de otro. fr. fig. y fam. Ser de su mayor confianza y afecto. || *Sobre los* OJOS. fr. fig. que con el verbo *poner* y otros se usa para ponderar la estimación en que se tiene una cosa. || *Tener el* OJO *tan largo*. fr. fig. y fam. Estar observando y vigilando con mucha atención. || *Tener entre* OJOS o *sobre* OJOS a uno. fr. fig. y fam. Aborrecerle. || *Tener* uno *los* OJOS *clavados en el suelo*. fr. fig. y fam. Llevar los ojos clavados en el suelo. || *Tener los* OJOS *en* una cosa. fr. Mirarla con grande atención. || *Tener* uno *malos* OJOS. fr. fig. Ser aciago o desgraciado en las cosas que mira. || *Tener* OJO a una cosa. fr. fig. Poner la mira en ella. || *Tierno de* OJOS. loc. Dícese del que en ellos padece una fluxión ligera y continua. || *Torcer los* OJOS. fr. Volverlos hacia un lado. || *Traer al* OJO una cosa. fr. fig. Cuidar atentamente de un negocio o empresa. || *Traer entre* OJOS. fr. fig. Observar a uno, recelando de él. || *Traer* a uno *sobre* OJO. fr. fig. Traer entre ojos. || **2.** fig. y fam. Estar enojado con él. || *Un* OJO *a* una cosa *y* OTRO *a* otra. expr. fig. con que se explica la concurrencia de diversas intenciones en una misma acción. || *Valer* una cosa *un* OJO *de la cara*. fr. fig. y fam. Ser de mucha estimación o aprecio. || *Vendarse* uno *los* OJOS. fr. fig. No querer asentir a la razón por clara que ésta sea. || *Venirse a los* OJOS una cosa. fr. fig. y fam. Saltar a los ojos, 1.ª acep. || **2.** fig. y fam. Llamar fuertemente la atención por los colores vivos o por otra circunstancia. || *Vidriarse los* OJOS. fr. Tomar la apariencia del vidrio, que es señal de que al enfermo le llega la muerte. || *Volver los* OJOS. fr. Torcerlos al mirar. || *Volver los* OJOS a uno. fr. fig. Atenderle, interesarse por él. || **P.** olho; **I.** eye; **F.** œil; **A.** Auge; **It.** occhio; **R.** глаз, око.

* **¡OJO!** interj. ECUAD. Sirve para indicar desprecio. || **P.** atenção; **I.** mind!, beware!; **F.** alerte; **A.** Achtung!; **It.** acchio!; **R.** осторожно,

OJOCHE. m. BOT. C. RICA. Árbol moráceo de gran altura, que se cubre de flores casi por completo y cuyo fruto sirve de alimento al ganado.

* **OJÓN, NA.** adj. ANT., COLOM., ECUAD., PERÚ., P. RICO y REP. DOMIN. Persona de ojos grandes.

OJOSO, SA. adj. Que tiene muchos ojos; como el pan, el queso, etc.

OJOTA. (quich. *uxuta*.) f. AMÉR. MERID. Especie de sandalia de cuero, o filamento vegetal, que usaron los indios peruanos y chilenos y que aún usan hoy algunos campesinos sudamericanos. || **2.** AMÉR. MERID. Piel curtida de la llama de que se hacen ojotas y otras cosas.

* **OJOTARSE.** r. CUBA. Formarse en una fruta, tubérculo o raíz ojos podridos o insípidos.

* **OJOTE.** m. AMÉR. CENTRAL y COLOM. Ojo saltón, ojazo. Ú.m. en pl.

* **OJUDO, DA.** adj. GUAT. y REP. DOMIN. Ojón.

OJUELO. m. de Ojo. Ú. frecuentemente en plural, por los risueños y agraciados. || **2.** pl. En algunas partes, anteojos para leer.

* **OKAPI.** m. ZOOL. Mamífero rumiente del África Central, producto de cruzamiento de jirafa y cebra.

OLA. (bretón *houl*, pl. de *houlenn*, onda.) f. Onda de gran amplitud formada en la superficie de las aguas. || **2.** Fenómeno atmosférico que produce variación repentina de temperatura. OLA *de frío*. || **3.** fig. Oleada, multitud de gente. || *Quebrar*, o *Romperse las* OLAS. fr. Quebrar, o romperse el mar. || **P.** onda, vaga **I.** wave; **F.** vague; **A.** Welle, Woge; **It.** onda, flutto; **R.** волна.

* **¡OLA!** interj. ECUAD. Denota aprobación, asentimiento.

OLAJE. m. Oleaje.

OLAMBRE. f. Olambrilla.

OLAMBRILLA. f. Azulejo pequeño destinado a formar frisos o cenefas en los revestimientos.

¡OLE! (De *¡olé!*) interj. ¡OLÉ! || **2.** m. Cierto baile andaluz. || **3.** Son de este baile.

¡OLÉ! (ár. *wa-llāh*, ¡por Dios!, que se emplea en sentido admirativo.) interj. con que se anima y aplaude. Ú.t.c.s. y en pl. || **P.** olé! viva!; **I.**, **F.** e **It.** bravo!; **A.** bravo!, ausgezeichnet!; **R.** браво!

OLEÁCEO, A. (l. *oleacĕus*.) adj. BOT. Dícese de los árboles y arbustos angiospermos dicotiledóneos, que tienen hojas opuestas, flores actimorfas y fruto en cápsula, baya o drupa, como el olivo. Ú.t.c.s.f. || **2.** f. pl. BOT. Familia de estas plantas.

OLEADA. f. Ola grande. || **2.** Embate y golpe de la ola. || **3.** fig. Movimiento impetuoso de mucha gente apiñada.

OLEADA. (De *óleo*.) f. Cosecha abundante de aceite.

OLEADO, DA. adj. Dícese de la persona que ha recibido los santos óleos. Ú.t.c.s.

OLEAGINOSIDAD. f. Calidad de oleaginoso.

OLEAGINOSO, SA. (l. *oleago, -ĭnis*, de *olea*, aceituna.) adj. Aceitoso.

OLEAJE. m. Sucesión continua de olas.

OLEAR. (De *óleo*.) tr. Administrar a un enfermo el sacramento de la extremaunción.

OLEAR. intr. Hacer o producir olas, como el mar.

OLEARIO, RIA. (l. *olearĭus*.) adj. Oleoso.

* **OLEASA.** f. Enzima oxidante que se encuentra en las aceitunas.

OLEASTRO. (l. *oleaster, -tri*.) m. Acebuche.

OLEAZA. (De *óleo*.) f. AR. Agua que queda en el fondo de las pilas de los molinos de aceite después de sacar éste.

OLÉCRANON. m. ANAT. Apófisis de la extremidad superior del cúbito que forma el saliente del codo.

OLEDERO, RA. (De *oler*.) adj. Que despide olor.

OLEDOR, RA. adj. Que exhala olor o lo percibe. Ú.t.c.s.

* **OLEFINA.** (l. *olĕum*, aceite y el suf. *fina*.) f. QUÍM. Nombre genérico de los hidrocarburos grasos no saturados.

OLEÍCOLA. adj. Perteneciente o relativo a la oleicultura.

OLEICULTURA. f. Arte de cultivar el olivo y mejorar la producción de aceite.

OLEÍFERO, RA. adj. Dícese de la planta que contiene aceite.

OLEÍNA. (l. *olĕum*, aceite.) f. QUÍM. Substancia líquida a la temperatura ordinaria, uno de los constituyentes de las grasas, y especialmente de los aceites. Es el trioleato de glicerina.

ÓLEO. (l. *olĕum*.) m. Aceite. || **2.** Por antonomasia, el aceite consagrado que se usa en los sacramentos y otras ceremonias religiosas. || **3.** Acción de olear. || *Santo Óleo*. El de la extremaunción. || *Al* ÓLEO. m. adv. PINT. V. *Pintura al* ÓLEO. || *Andar al* ÓLEO. fr. fig. y fam. Estar una cosa muy compuesta y adornada. || *¡Bueno va el* ÓLEO!, expr. fig. e irón. que se usa para dar a entender que una cosa no va como debe ir. || *Estar al* ÓLEO. fr. fig. y fam. Andar al óleo.

OLEODUCTO. (l. *olĕum*, aceite, y *ductus*, conducido.) m. Tubería de conducción de petróleo desde los campos de explotación hasta los lugares de embarque o refinerías.

OLEOGRAFÍA. f. Cromo que imita la pintura al óleo.

OLEÓMETRO. m. Instrumento destinado a medir la densidad de los aceites.

OLEORRESINA. f. Jugo líquido, procedente de algunas plantas, formado por resina disuelta en aceite volátil, como la trementina.

OLEOSIDAD. f. Calidad de oleoso.

O

OLEOSO, SA. (l. *oleōsus.*) adj. Aceitoso.

OLER. (l. *olēre.*) tr. Percibir los olores. || **2.** fig. Inquirir con curiosidad lo que hacen otros. || **3.** fig. Adivinar una cosa que se juzga oculta. || **4.** Intr. Exhalar olor o hedor. || **5.** fig. Parecer o tener visos de una cosa, generalmente mala. || *Este hombre me* HUELE *a ladrón.* || *No* OLER *bien* una cosa. fr. fig. Dar sospecha de que encubre un daño o fraude. || OLER *donde guisan.* expr. fig. y fam. Buscar ocasiones favorables para satisfacer los gustos y provechos. Ú.m. con los verbos *estar*, etc. || **P.** cheirar; **I.** to smell, to scent; **F.** sentir, flairer; **A.** riechen; **It.** odorare, fiutare; **R.** нюхать.

OLFACCIÓN. (l. *olfactio, -ōnis.*) f. Acción de oler. || **2.** FISIOL. Función por la cual se perciben los olores. || **P.** olfacção; **I.** y **F.** olfaction; **A.** Riechen; **It.** olfazzione; **R.** обонять.

OLFATEAR. (De *olfato.*) tr. Oler con ahinco y persistencia. || **2.** fig. y fam. Indagar con viva curiosidad.

OLFATEO. m. Acción y efecto de olfatear.

OLFATIVO, VA. adj. Perteneciente o relativo al sentido del olfato.

OLFATO. (l. *olfactus.*) m. ZOOL. Sentido corporal con que se perciben los olores. En los vertebrados está constituido por el nervio olfativo y sus terminaciones nerviosas diseminadas en la parte superior de la mucosa pituitaria, la cual tapiza en toda su extensión las fosas nasales. || **2.** fig. Sagacidad para descubrir lo disimulado o encubierto. || **P.** olfacto; **I.** smell; **F.** odorat; **A.** Geruchssinn; **It.** odorato; **R.** обоняние.

★ **OLFATÓMETRO.** (De *olfato* y el gr. μέτρον, medida.) m. Aparato que sirve para medir la potencia del olfato.

OLFATORIO, RIA. adj. Perteneciente al olfato.

OLÍBANO. (ár. *al-lubnà,* el estoraque.) m. Incienso, gomorresina aromática que se quema en las ceremonias religiosas.

OLIENTE. (De *olens, olentis.*) p.a. de oler. Que huele.

OLIERA. (De *olio.*) f. Vaso en que se guarda el santo óleo o crisma.

OLIGARCA. (gr. ὀλιγάρχης; de ὀλίγος, poco, y ἀρχή, mando, poder.) m. Cada una de las personas que componen una oligarquía.

OLIGARQUÍA. (gr. ὀλιγαρχία.) f. Gobierno de pocos. || **2.** Forma de gobierno en que el poder está en manos de un reducido grupo de personas pertenecientes a una misma clase social. || **3.** fig. Conjunto de algunos poderosos negociantes que se unen para que todos los negocios dependan de su arbitrio.

OLIGÁRQUICO, CA. (gr. ὀλιγαρχικός.) adj. Perteneciente a la oligarquía.

OLIGISTO. (gr. ὀλίγιστος; muy poco, porque da menos metal que otra mena parecida.) m. Mineral opaco, de color gris negruzco, o pardo rojizo, muy duro, de textura compacta, granujienta o terrosa. Es un óxido de hierro muy estimado en siderurgia por su riqueza en hierro. || —rojo. Hematites.

OLIGOCENO. (gr. ὀλίγος, poco, y καινός, reciente.) adj. GEOL. Período de la Era Terciaria caracterizada por el desarrollo de los vertebrados, madréporas y gasterópodos y por la desaparición de los nummulites. La riqueza de la flora es muy grande. Abundan las calizas, marga, yesos y arcillas. Ú.t.c.s. || **2.** GEOL. Dícese del terreno correspondiente a este período.

★ **OLIGOCLASA.** f. MINERAL. Variedad de feldespato blanco.

○ **OLIGOFRENIA.** f. MED. Desarrollo mental deficiente, por lo general de origen congénito.

OLIMPIACO, CA [~**PÍACO, CA**]. (l. *olympiacus.*) adj. ant. Olímpico.

OLIMPIADA [~**PÍADA**]. (l. *olympías, -ădis,* y éste del gr. Ὀλυμπιάς; de Ὀλύμπιος, juegos olímpicos.) f. Fiesta o juego que celebraban los antiguos griegos cada cuatro años en la ciudad de Olimpia. || **2.** Competición universal de juegos atléticos que se celebra actualmente cada cuatro años en lugar señalado de antemano y con exclusión de los profesionales del deporte. || **3.** Período de cuatro años comprendido entre dos celebraciones consecutivas de juegos olímpicos. || **P.** olimpíada; **I.** Olympiad; **F.** olympiade; **A.** Olympiade; **It.** olimpiade; **R.** олимпиада.

OLIMPIADE. f. ant. Olimpiada.

OLÍMPICO, CA. (l. *olympĭcus,* y éste del gr. Ὀλυμπικός.) adj. Perteneciente al Olimpo. || **2.** Perteneciente a Olimpia, ciudad de Grecia antigua. || **3.** Perteneciente a los juegos de las olimpiadas. || **4.** fig. Altanero, soberbio. *Con mirada* OLÍMPICA. || **P.** olímpico; **I.** Olympic; **F.** olympique; **A.** olympisch; **It.** olimpico; **R.** олимпийский.

OLIMPO. (gr. Ὄλυμπος.) m. Morada de los dioses del paganismo.

OLINGO. m. HOND. Mono aullador, cuya voz es de gran potencia.

OLIO. m. Óleo.

OLISCAR. tr. Oler con cuidado y persistencia buscando por el olfato alguna cosa. || **2.** fig. Averiguar o procurar saber una noticia. || **3.** intr. Empezar a oler mal una cosa, suele decirse más comúnmente de las carnes. || **4.** Oler.

★ **OLISCO, CA.** adj. ARGENT., HOND. y CHILE. Dícese de la carne que comienza a corromperse.

OLISCOSO, SA. (De *oliscar.*) adj. CUBA. Dícese de las carnes que empiezan a despedir mal olor.

OLIVA. (l. *olīva.*) f. Olivo. || **2.** Aceituna. || **3.** Lechuza, ave. || **4.** fig. Paz. || **P.** azeitona; **I.** y **F.** olive; **A.** Olive; **It.** oliva; **R.** олива, маслина.

OLIVAR. m. Lugar plantado de olivos.

OLIVAR. tr. Podar las ramas bajas de los árboles para que las superiores formen buena copa, como suele hacerse a los olivos.

OLIVARDA. (De *oliva,* por el color del ave.) f. Ave, variedad del neblí, de menor tamaño que el ordinario, y cuya pluma es de color amarillo rojizo.

OLIVARDA. (neerl. *alantswortel,* énula campana.) f. Planta de las compuestas, de tronco leñoso, bastante ramosa, con hojas lanceoladas; flores en cabezuelas amarillas, y fruto seco con una sola semilla suelta y menuda. Sus hojas, recubiertas de pelillos glandulosos, segregan una especie de resina. Es común en España.

OLIVARERO, RA. adj. Perteneciente al cultivo del olivo y a sus industrias derivadas. || **2.** Que se dedica a este cultivo. Ú.t.c.s.

OLIVARSE. r. Levantarse ampollas en el pan al ser cocido.

OLIVASTRO DE RODAS. m. Áloe, planta liliácea medicinal.

OLIVERA. (l. *olivaria.*) f. Olivo.

OLIVERO. m. Sitio donde se coloca la aceituna en la recolección hasta que se lleva al trujal.

OLIVÍCOLA. adj. Perteneciente o relativo a la olivicultura.

OLIVICULTOR, RA. m. y f. Persona que se dedica a la olivicultura.

OLIVICULTURA. f. Cultivo y mejoramiento del olivo.

OLIVÍFERO, RA. (l. *olivifer, -ĕri;* de *oliva,* oliva, y *ferre,* llevar.) adj. poét. Abundante en olivos.

OLIVILLO. (d. de *olivo.*) m. BOT. Arbusto anacardiáceo de hojas lustrosas y persistentes, flores amarillas y fruto en baya de color pardo rojizo.

OLIVINO. (De *oliva,* aceituna.) m. Peridoto, piedra fina.

OLIVO. (l. *olivum.*) m. Árbol oláceo, de hojas enteras, persistentes, verdes y lustrosas por el haz y blanquecinas por el envés; flores blancas en racimos axilares, y fruto en drupa ovoide, verde, con el hueso grande y duro, la aceituna de la que se extrae el aceite común. Originario de Oriente, es muy cultivado en España para extraer el aceite. || **2.** Madera de este árbol. || —acebucheno. El que bastardea y da fruto escaso y pequeño. || —arbequín. El muy cultivado en Cataluña, que da fruto pequeño. El árbol es de tamaño mediano, frondoso y de buen aspecto. || —manzanillo. El que da aceituna manzanilla. || —silvestre. El menos ramoso y de hojas más pequeñas que el cultivado. Su fruto es la azebuchina. || OLIVO *y aceituno, todo uno.* ref. que se dice a una de las diferencias donde no las hay, y a los que repiten lo mismo con diferentes palabras. ||

Tomar el OLIVO. fr. TAUROM. Guarecerse en la barrera. || **P.** oliveira; **I.** olive-tree; **F.** olivier; **A.** Ölbaum, Gamander; **It.** olivo, ulivo; **R.** оливковое дерево.

OLIVOSO, SA. adj. poét. Olivífero.

OLMA. f. Olmo muy corpulento y frondoso.

OLMEDA. (l. *ulmēta,* pl. n. de *-tum.*) f. Sitio plantado de olmos.

OLMEDANO, NA. adj. Natural de Olmedo. Ú.t.c.s. || **2.** Perteneciente a alguna de las villas de este nombre.

OLMEDO. (l. *ulmētum.*) m. Olmeda.

OLMO. (l. *ulmus.*) m. Árbol de la familia de las sulmáceas, de tronco robusto y derecho, de corteza gruesa y resquebrajada; copa ancha y espesa; hojas elípticas; flores precoces de color blanco rojizo y fruto en sámara de alas anchas. Abunda en España, es buen árbol de sombra y de excelente madera. || **P.** olmeiro; **I.** elm; **F.** orme; **A.** (Feld)Ulme; **It.** olmo; **R.** вяз.

★ **OLOFONÍA.** f. MED. Habla defectuosa debida a una anomalía de los órganos vocales.

OLÓGRAFO, FA. (De *hológrafo.*) adj. Dícese del testamento o memoria testamentaria de puño y letra del testador. Ú.t.c.s.m. || **2.** Autógrafo.

OLOMINA. f. C. RICA. Pececillo muy abundante en ríos y arroyos; no es comestible.

OLOPOPO. m. C. RICA. Especie de mochuelo de gran tamaño, que abunda en la costa del Pacífico, y cuyo nombre procede de su grito habitual.

OLOR. (l. *olor, -ōris.*) m. Sensación que la emanación de ciertos cuerpos produce en el olfato. || **2.** Lo que es capaz de producir esa sensación. || **3.** Lo que causa una sospecha en una cosa oculta o aún no sucedida. || **4.** fig. Esperanza, promesa u oferta de una cosa. || **5.** fig. Fama, opinión, reputación. *Murió en* OLOR *de santidad.* || **P.** olor; **I.** odour, scent; **F.** odeur; **A.** Geruch, Duft; **It.** odore; **R.** запах, дух.

OLORIZAR. tr. Esparcir olor, perfumar.

OLOROSAR. tr. CHILE. Oler.

OLOROSO, SA. (De *olor.*) adj. Que exhala de sí fragancia. || **2.** m. Vino de Jerez de color dorado obscuro y mucho aroma.

★ **OLOTE.** (mejic. Olotl.) m. MÉJ. Zuro, raspa de mazorca después de desgranada. *Ser el* OLOTE. expr. pop. Ser el hazmerreir.

★ **OLOTÓN, NA.** adj. MÉJ. Desrome.

OLURA. (l. *olus, -ĕris.*) f. ant. Verdura, hortaliza.

OLVIDADERO, RA. adj. ant. Olvidadizo, 1.ª acep.

OLVIDADIZO, ZA. adj. Que se olvida fácilmente de las cosas. || **2.** fig. Desconocido, desagradecido.

OLVIDADO, DA. p.p. de olvidar. || **2.** adj. Dícese del que olvida. || **3.** Olvidadizo.

OLVIDANZA. (De *olvidar.*) f. ant. Olvido.

OLVIDAR. (De *olvido.*) tr. Borrarse de la memoria el recuerdo de una cosa. Ú.t.c.tr. || **2.** Dejar el cariño que antes se tenía. Ú.t.c.r. || OLVIDARSE *una cosa.* fr. fig. Hacer mucho tiempo que se hizo o sucedió. || **P.** olvidar; **I.** to forget; **F.** oublier; **A.** vergessen; **It.** obliare; **R.** забывать.

OLVIDO. (l. *oblītus,* p.p. de *oblivisci,* olvidarse.) m. Falta o cesación de la memoria que se tenía de una cosa. || **2.** Cesación del cariño que antes se tenía. || **3.** Descuido de lo que debía tenerse presente. || *Dar,* o *echar al* OLVIDO, o *en* OLVIDO. fr. fig. Olvidar. 1.ª acep. || *Enterrar en el* OLVIDO. fr. fig. Olvidar para siempre. || *Entregar al* OLVIDO. fr. fig. Olvidar, 1.ª acep. || *No tener en* OLVIDO a una persona o cosa. fr. Tenerla presente. || *Poner en* OLVIDO. fr. Olvidar. || **2.** Hacer olvidar. || **P.** olvido; **I.** forgetfulness; **F.** oubli; **A.** Vergessenheit; **It.** oblio; **R.** забывчивость.

OLVIDOSO, SA. adj. ant. Olvidadizo.

OLLA. (l. *olla.*) f. Vasija redonda y voluminosa para cocer manjares, calentar agua, etc. Puede ser de barro o de metal, y con una o dos asas. || **2.** Guiso de carne, tocino, legumbres, etc., cocido y sazonado. || **3.** Remolino que forman las aguas de un río en ciertos parajes. || —carnicera.

Aquella en que, por su tamaño, se puede cocer mucha carne. || **—ciega.** Alcancía. || **—de campaña.** Marmita que se usa para cocer el rancho de la tropa. || **—de cohetes.** fig. y fam. Grave riesgo, sumo peligro. || **—de fuego.** Olla de barro llena de materias inflamables y explosivas, que fue usada en la guerra. || **—de grillos.** fig. y fam. Lugar en que hay gran desorden y confusión. || **—podrida.** La que además de la carne, tocino y legumbres, tiene en abundancia, jamón, aves, etc. || *Las* OLLAS *de Egipto.* fig. Vida regalona que se tuvo en otro tiempo. Ú. con los verbos *recordar, desear, volver,* etc. || *A la* OLLA *que hierve, ninguna mosca se atreve.* ref. con que se da a entender que a peligro manifiesto no hay quien se lance fácilmente. || *A las* OLLAS *de Miguel.* Juego que los muchachos hacen formando una rueda, y cogidos de las manos, dicen una coplilla que empieza con aquellas palabras. || *Donde buenas* OLLAS *quiebran, buenos cascos quedan.* ref. que indica que de buenos padres suelen nacer tales hijos. || *Estar uno a la* OLLA *de otro.* fr. Mantenerse a su costa. || *Hacer uno la* OLLA *gorda.* fr. fig. y fam. Hacerle el caldo gordo. || *No hay buena* OLLA *con agua sola.* ref. que da a entender que no es buena una cosa si carece de lo necesario. || *No hay* OLLA *sin tocino.* fr. fig. que explica que faltando algo que es substancial no está perfecta una cosa. || **2.** fig. Sirve también para motejar al que siempre habla de lo mismo. || *No hay* OLLA *tan fea que no tenga su cobertera.* ref. con que se da a entender que no hay persona o cosa tan despreciable, que no tenga quien la estime en algo. || *OLLA que mucho hierve, sabor pierde.* ref. que aconseja no dejar perder la sazón de las cosas. || *Quien quisiera probar la* OLLA *de su vecino, tenga la suya sin cobertera.* ref. que se aplica a los que quieren disfrutar de lo ajeno sin ofrecer lo suyo. || **P.** panela; **I.** pot, boiler; **F.** marmite, pot; **A.** (Koch)Topf; **It.** pèntola; **R.** котёл, чугн.

OLLADO. (gall. y port. *ollado;* de *ollo,* y éste del l. *ocŭlus.*) m. MAR. Ollas.

OLLAO. (De *ollado.*) m. MAR. Cualquiera de los ojetes reforzados que se abren en las velas, toldos, etc., y que sirven para que pasen los cabos por ellos.

OLLAR. m. Cada uno de los dos orificios de la nariz de las caballerías.

OLLAR. (De *olla.*) adj. V. *Piedra* OLLAR.

OLLAZA. f. aum. de olla. || *A cada* OLLAZA *su coberteraza.* ref. que explica que a cada cosa se le ha de proporcionar lo que le sea adecuado.

OLLERA. (De *olla.*) f. Herrerillo, pájaro insectívoro que hace el nido en forma de puchero.

OLLERÍA. (De *ollero.*) f. Fábrica donde se hacen ollas y otras vasijas de barro. || **2.** Tienda donde se venden. || **3.** Conjunto de ollas y otras vasijas de barro.

OLLERO, RA. (l. *ollarius.*) m. y f. Persona que hace o vende ollas y otras vasijas de barro para usos domésticos. || *Cada* OLLERO *alaba su puchero.* ref. que da a entender que todos celebramos lo nuestro aunque no lo merezca. || **P.** oleiro; **I.** potter; **F.** potier; **A.** Töpfer; **It.** pentolaio; **R.** гончар.

OLLETA. f. VENEZ. Guiso de maíz. || **2.** COLOM. Horno portátil. || **3.** Agujero en el cauce de un río. || **4.** COLOM. Chocolatera. || **5.** adj. COLOM. Tonto, bobo.

OLLUCO. m. BOT. PERÚ. Melloco.

OLLUELA. f. d. de olla.

OMAGUA. m. Nombre de una de las tribus de indios del Perú.

OMBLIGADA. f Parte que en los cueros corresponde al ombligo.

OMBLIGO. (l. *umbilicus.*) m. Cicatriz redonda y arrugada que se forma en medio del vientre después de cortado y seco el cordón umbilical. || **2.** Cordón que va desde el vientre del feto a la placenta. || fig. Medio o centro de cualquier cosa. || **—de Venus.** BOT. Planta herbácea anual crasulácea, con hojas pecioladas, carnosas y redondas, y flores amarillentas en espiga. Crece en los tejados. || **2.** Concha elíptica, plana por un lado y gruesa y rugosa por el otro, que sirve de opérculo a ciertos múrices. || **—marino.** Ombligo de Venus, **2.ª** acep. || *Encogérsele a uno el* OMBLIGO.

fr. fig. y fam. Amedrentarse o desalentarse. || *Haberle cortado el* OMBLIGO *a uno.* fr. fig. y fam. Tener captada su voluntad. || **P.** umbigo; **I.** navel; **F.** nombril, ombilic; **A.** Nabel; **It.** umbilico; **R.** пуп.

* OMBLIGÓN, NA. (De *ombligo.*) COLOM. Barrigón.

OMBLIGUERO. m. Venda que sujeta el pañito que se pone a los niños recién nacidos hasta tanto se les seca y cae el trozo de cordón umbilical que les queda unido.

* OMBRÓGRAFO. (gr. ὄμβρος, lluvia, y γράφω, trazar, escribir.) m. METEOR. Pluviómetro registrador.

OMBÚ. m. Árbol de la familia de las filotáceas, propio de América Meridional, con la corteza gruesa y blanda, madera fofa, copa densa, y flores dioicas en racimos.

OMECILLO. m. ant. Homicidio.

OMEGA. (gr. ὦ μέγα, o grande.) f. O larga y letra última del alfabeto griego.

OMENTAL. adj. ZOOL. Perteneciente al omento.

OMENTO. (l. *omentum.*) m. ZOOL. Redaño.

OMERO. m. Aliso, árbol de la familia de las betuláceas.

OMEYA. (ár. *Umayya,* n.p. del antepasado de los califas cuya dinastía tomó su nombre.) adj. Dícese de cada uno de los descendientes del jefe árabe de este nombre, fundadores del Califato de Damasco. Ú.t.c.s. || **2.** Perteneciente o relativo a este linaje o dinastía.

ÓMICRON. (gr. ὅ μικρόν, o pequeña.) f. O breve del alfabeto griego.

OMINAR. (l. *ominari.*) tr. Agorar.

OMINOSO, SA. (l. *ominosus.*) adj. Azaroso, abominable, vitando.

OMISIÓN. (l. *omissio, -ōnis.*) f. Abstención de hacer o decir. || **2.** Falta por haber dejado de hacer una cosa necesaria o conveniente. || **3.** Descuido del que está encargado de una cosa. || **4.** V. *Pecado de* OMISIÓN. || **P.** omissão; **I.** y F. omission; **A.** Versäumnis, Unterlassung; **It.** omissione; **R.** пропуск, упущение.

OMISO, SA. (l. *omissus.*) p.p. irreg. de omitir. || **2.** adj. Flojo y descuidado.

OMITIR. (l. *omittĕre.*) tr. Dejar de hacer o de decir una cosa. Ú.t.c.r. || **P.** omitir; **I.** to omit; **F.** omettre; **A.** weglassen, unterlassen; **It.** omèttere; **R.** опускать.

OMMIADA. adj. Omeya.

ÓMNIBUS. (l. *omnibus,* para todos.) m. Vehículo de gran capacidad destinado a transportar personas. || **2.** V. *Tren* ÓMNIBUS. Tren que lleva coches de todas las clases y para en todas las estaciones.

* OMNÍGRAFO. (l. *omnis,* todo, y el gr. γράφω, describir, trazar.) m. Aparato para producir automáticamente sonidos breves y largos correspondientes a los puntos y rayas del alfabeto Morse.

* OMNÍMODAMENTE. adv. De todos modos, por completo.

OMNÍMODO, DA. (l. *omnimŏdus;* de *omnis,* todo, y *modus,* modo.) adj. Que lo abarca y comprende todo.

OMNIPOTENCIA. (l. *omnipotentĭa.*) f. Poder omnímodo, atributo exclusivo de Dios. || **2.** fig. Poder muy grande.

OMNIPOTENTE. (l. *omnipotēns, -entis;* de *omnis,* todo, y *potens,* poderoso.) adj. Que todo lo puede. Es atributo exclusivo de Dios. || **2.** fig. Que puede muchísimo. || **P.** omnipotente; **I.** almighty; **F.** omnipotent; **A.** allmächtig; **It.** onnipotente; **R.** всесильный.

OMNIPOTENTEMENTE. adv. Con omnipotencia.

OMNIPRESENCIA. (l. *omnis,* todo, y *praesentĭa.*) f. Ubicuidad.

OMNIPRESENTE. adj. Ubicuo.

OMNISAPIENTE. (l. *omnis,* todo, y *sapiens, -entis,* sabio.) adj. Omniscio.

OMNISCIENCIA. (l. *omnis,* todo, y *scientĭa,* ciencia.) f. Atributo exclusivo de Dios, que consiste en el conocimiento de todas las cosas reales y posibles.

OMNISCIENTE. (l. *omnis,* todo, y *sciens, -entis,* que sabe.) adj. Omniscio.

OMNISCIO, CIA. adj. Que tiene omnisciencia. || **2.** Dícese del que tiene conocimiento de muchas cosas.

OMNÍVORO, RA. (l. *omnivŏrus; omnis,* todo, y *vorāre,* comer.) adj. ZOOL. Dícese de los animales que se alimentan

de toda clase de substancias orgánicas, tanto vegetales como animales. Ú.t.c.s.

OMÓPLATO [OMOPLATO]. (gr. ὠμοπλάτη; de ὦμος, espalda, y πλατύς, llano, aplastado.) m. ZOOL. Cada uno de los dos huesos anchos, casi planos, de forma triangular, que forma la parte posterior del hombro y con el cual se articula el húmero. || **P.** omoplata; **I.** y F. omoplate; **A.** Schulterblatt; **It.** omoplata; **R.** лопатка.

ONAGRA. (gr. οἰνάγρα; de οἶνος, vino, y ἄγρα, caza.) f. BOT. Arbusto de la familia de las oenoteráceas, de hojas parecidas a las del almendro, con flores de muchos pétalos y raíz blanca, que una vez seca, huele a vino.

ONAGRARIEO, A. (De *onagra.*) adj. BOT. Ornoteráceo.

ONAGRO. (gr. ὄναγρος; de ὄνος, asno, y ἄγριος, silvestre.) m. Asno silvestre. || **2.** Antigua máquina de guerra, parecida a la catapulta.

ONANISMO. (De *Onán,* personaje bíblico.) m. Masturbación. || **2.** Provocación del orgasmo por cualquier medio distinto del natural. || **3.** Práctica del coito interrumpido antes de la eyaculación del semen, para evitar la fecundación. || **P. e It.** onanismo; **I.** onanism; **F.** onanisme; **A.** Onanie; **R.** онанизм.

ONCE. (l. *undĕcim.*) adj. Diez y uno. || **2.** Undécimo. || **3.** m. Conjunto de signos con que se representa el número once. || **4.** Equipo de jugadores de fútbol, dicho así por constar de once individuos. || *sus* ONCE *de oveja.* m. adv. fig. y fam. que se usa para dar a entender que uno se entromete en lo que no le importa. || *Estar* una cosa *a las* ONCE. fr. fig. Estar ladeada. Suele decirse de la parte del vestido que se lleva mal puesta. || *Hacer,* o *tomar,* uno *las* ONCE. fr. fig. y fam. Tomar un corto refrigerio entre ONCE y doce de la mañana. || **P.** F. onze; **I.** eleven; **A.** elf; **It.** ùndici; **R.** одиннадцать.

ONCEAR. tr. Pesar o dar por onzas.

ONCEJERA. (De *oncejo.*) f. Lazo para cazar oncejos y otros pájaros pequeños.

ONCEJO. m. ZOOL. Vencejo, pájaro parecido a la golondrina.

ONCEMIL. m. GERM. Cota de malla.

ONCENO, NA. (De *once.*) adj. Undécimo. Ú.t.c.s. || **2.** *El* ONCENO, *no estorbar.* expr. fam. con que se da a entender, como queriendo añadir un mandamiento más al Decálogo, cuán inoportuno es el estorbar la acción de los demás en lo que deben.

ONCIJERA. f. Oncejera.

ONCOLOGÍA. (gr. ὄγκος, tumor, y λόγος, discurso.) f. Parte de la medicina, que trata de los tumores.

ONDA. (l. *unda.*) f. Movimiento de elevación y depresión que se desplaza en la superficie del agua formando círculos concéntricos al ser ésta impulsada en un punto dado. || **2.** Ondulación. || **3.** Reverberación y movimiento de la llama. || **4.** Cada una de las curvas a manera de eses que se forman en algunas cosas flexibles. || **5.** Cada uno de los recortes, a manera de semicírculo, con que se adornan las guarniciones de vestidos y otras prendas. || **6.** Fís. Forma especial del movimiento vibratorio de un medio elástico. || **7.** V. *Longitud de* ONDA. || **—acústica** o **sonora.** La que se transmite por un medio material, e impresiona el oído produciendo la sensación de sonido. || **—corta.** RADIOTEC. La que tiene una longitud entre 10 y 50 m. || **—eléctrica.** Fís. La que se origina al producirse la chispa eléctrica; su longitud varía entre amplios límites. Se utiliza especialmente en la telegrafía sin hilos. || **—electrónica.** Movimiento vibratorio que acompaña a todo electrón. En sus efectos se funda el microscopio electrónico. || **—etérea.** Fís. La que se origina en el éter y se produce, según su amplitud, los rayos X, los luminosos y las radiaciones aplicadas a la telegrafía sin hilos. || **—explosiva.** La producida por la detonación o explosión de una substancia. || **—hertziana.** Fís. ONDA eléctrica. || **—larga.** RADIO. La que tiene una longitud comprendida entre los 1.000 y los 20.000 metros. || **—luminosa.** Fís. La que se origina de un cuerpo luminoso y transmite su luz. || **—normal.** RADIO. La que tiene una longitud comprendida entre 200 y 550 m. || **—sonora.** Fís. La que se origina en un cuerpo elástico y transmite el sonido. || **—sísmica.** Ondulación del suelo producida en un temblor de tierra. || **—ultrasonora.** La de frecuencia superior a la audible. || *Cortar las* ONDAS. fr. cortar el agua. || **P.** onda, vaga; **I.** wave, ripple; **F.** onde; **A.** Woge, Welle; **It.** onda; **R.** волна.

★ **ONDÁMETRO.** m. Fís. Aparato propio para medir las ondas electromagnéticas.

ONDE. (l. *unde.*) conj. caus. ant. Por lo cual, por cuya razón. || **2.** adv. ant. En donde.

ONDEADO. m. Cualquiera cosa hecha en ondas o que la tiene.

ONDEANTE. p.a. de ondear. Que ondea.

ONDEAR. intr. Hacer ondas el agua. || **2.** Ondular. || **3.** fig. Formar ondas los pliegues que se hacen en una cosa. *La bandera* ONDEA. || **4.** r. Mecerse en el aire, sostenido en alguna cosa; columpiarse.

ONDEO. m. Acción de ondear.

ONDINA. (De *onda.*) f. Ninfa de las aguas, según algunas mitologías.

ONDISONANTE. (De *onda* y *sonante.*) adj. Undísono.

★ **ONDÓGRAFO.** (De *onda* y el gr. γράφω, trazar, escribir.) m. ELECTR. Instrumento para registrar las variaciones de las corrientes alternas.

★ **ONDÓMETRO.** (De *onda* y el gr. μέτρον, medida.) m. Fís. Aparato que sirve para medir la longitud de onda en las corrientes de alta frecuencia.

ONDOSO, SA. (l. *undōsus.*) adj. Que tiene ondas o que se mueve haciéndolas.

ONDRA. f. ant. Honra.

ONDRAR. tr. ant. Honrar.

ONDULACIÓN. f. Acción y efecto de ondular. || **2.** Fís. Movimiento de vaivén en un fluido elástico propagado entre sus partículas sin que éstas se trasladen en la dirección de la propagación; especialmente el que se produce en la superficie de un líquido. || **—permanente.** Sistema de rizado duradero del cabello por medio del calor producido por electricidad. || **—en frío.** Procedimiento para ondular el cabello mediante la aplicación de un preparado a base de ácido tioglicólico. || **P.** ondulação; **I.** undulation; **F.** ondulation; **A.** Wogen, Wallen; **It.** ondulazione; **R.** завивка.

ONDULADO, DA. p.p. de ondular. || **2.** adj. Aplícase a los cuerpos cuya superficie o perímetro forma ondas pequeñas.

★ **ONDULADOR.** m. Fís. Aparato para transformar una corriente continua en corriente alterna mediante la aplicación de válvulas iónicas o electrónicas. || **2.** TELEG. Aparato consistente en un ondógrafo que registra gráficamente los mensajes.

ONDULANTE. p.a. de ondular. Que ondula.

ONDULAR. (l. *undŭla,* ola pequeña.) intr. Moverse una cosa formando ondas. || Hacer ondas en el pelo.

ONDULATORIO, RIA. adj. Que se extiende en forma de ondulaciones. || **2.** Ondulante.

ONECER. (De *adonecer,* del l. *adolescĕre,* crecer.) intr. SAL. Aprovechar.

ONERARIO, RIA. (l. *onerarius.*) adj. Aplícase a las naves y bastimentos de carga de que usaban los antiguos.

ONEROSO, SA. (l. *onerōsus.*) adj. Pesado, molesto, gravoso. || **2.** FOR. Que incluye conmutación de prestaciones recíprocas, en oposición a lo que se adquiere a título lucrativo. || **P.** oneroso; **I.** onerous, heavy; **F.** onéreux; **A.** beschwerlich, lästig; **It.** oneroso; **R.** затруднительный.

ONFACINO. (l. *omphacīnus,* y éste del gr. ὀμφάκινος, de agraz.) adj. Aceite obtenido de aceitunas sin madurar. *Aceite* ONFACINO.

ONFACOMELI. (l. *omphacŏmel, -ellis,* y éste del gr. ὀμφακόμελι; de ὄμφαξ, agraz, y μέλι, miel.) m. Bebida medicinal que se hacía antiguamente dejando fermentar al sol el zumo del agraz mezclado con miel.

ÓNICE. (l. *onyx,* y éste del gr. ὄνυξ.)

f. Ágata o calcedonia listada de colores alternativamente claros y obscuros, usada para hacer camafeos. || **P.** ónix; **I.** y **F.** onyx; **A.** Onyx; **It.** ònice; **R.** оникс.

★ **ONICOFAGIA.** (gr. ὄνυξ, -υχος, uña, y φάγομαι, comer.) f. Costumbre que tienen algunas personas de roerse las uñas.

ONICOMANCIA [∼MANCÍA]. (gr. ὄνυξ, -υχος, uña, y μαντεία, adivinación.) f. Práctica supersticiosa que pretende adivinar el porvenir, particularmente de los niños, examinando figuras que les quedan señaladas en las uñas, después de habérselas untado con aceite y hollín.

ÓNIQUE. f. Ónice.

ONIQUINA. (De *ónique.*) adj. V. *Piedra* ONIQUINA.

ONÍRICO, CA. (gr. ὄνειρος, ensueño.) adj. MED. Perteneciente o relativo a los sueños.

ONIROMANCIA, [∼MANCÍA]. (gr. ὄγειρος, ensueño, y μαντεία, adivinación.) f. Arte supersticioso de adivinar el porvenir por la interpretación de los sueños.

ÓNIX. f. Ónice.

ONOCRÓTALO. (l. *onocrotălus,* y éste del gr. ὀνοκρόταλος.) m. Alcatraz.

ONOMANCIA [∼MANCÍA]. (gr. ὄνομα, nombre, y μαντεία, adivinación.) f. Arte supersticioso de adivinar por el nombre de una persona la suerte o desgracia que le ha de tener.

ONOMÁSTICO, CA. (gr. ὀνομαστικός; de ὄνομα, nombre.) adj. Perteneciente o relativo a los nombres y especialmente a los propios. *Fiesta* ONOMÁSTICA. || **2.** f. Ciencia que trata del estudio etimológico de los nombres de las personas. || **P.** onomástico; **I.** onomastic; **F.** onomastique; **A.** Namenstag; **It.** onomástico; **R.** имены.

ONOMATOPEYA. (l. *onomatopoeia,* y éste del gr. ὀνοματοποιία; de ὄνομα, nombre, y ποιέω, hacer.) f. Imitación del sonido de una cosa en un vocablo formado para significarla. || **2.** El mismo vocablo que imita el sonido de la cosa significada por él. || **3.** RET. Uso de voces onomatopéyicas en el discurso.

ONOMATOPÉYICO, CA. adj. Perteneciente a la onomatopeya; formado por onomatopeya.

ONOQUILES. (l. *onochiles,* y éste del gr. ὀνοχειλής; de ὄνος, asno, y χεῖλος, labio, aludiendo a la forma de las hojas.) f. Planta herbácea, borraginácea, vellosa, de tallos gruesos y carnosos, flores de color azul purpúreo, fruto seco y raíz gruesa, de la que se saca una tintura roja usada en perfumería y confitería. Es común en España.

ONOSMA. (l. *onosma,* y éste del gr. ὄνοσμα.) f. Orcaneta amarilla.

★ **ONOTERA.** f. VENEZ. Pequeño saco para guardar onoto. || **2.** Por ext. saquillo con el que las mujeres se sujetan el pelo para ensortijarlo.

ONOTO. m. VENEZ. Bija.

ONTINA. f. Planta de las compuestas, de tallos leñosos, hojas pequeñas y carnosas y flores amarillentas, muy pequeñas, en racimo. Crece en suelos áridos y salinos, y exhala un olor agradable.

ONTOGENIA. (gr. ὄν, ὄντος, el ser, y γένος, origen.) f. FISIOL. Formación y desarrollo individual de un organismo, considerado independientemente en la especie.

ONTOGÉNICO, CA. adj. Perteneciente o relativo a la ontogenia.

ONTOLOGÍA. (gr. ὄν, ὄντος, el ser, y λόγος, doctrina.) f. Parte de la metafísica, que estudia el ser en general y sus propiedades transcendentales.

ONTOLÓGICO, CA. adj. Perteneciente a la ontología. || **2.** *Argumento* ONTOLÓGICO. Argumento para demostrar *a priori* la existencia de Dios, partiendo de la idea que tenemos del Ser perfectísimo.

ONTOLOGISMO. m. FIL. Se da en general este nombre a todo sistema filosófico fundado esencialmente en la ontología, y de una manera especial el sistema que identifica el ente con Dios y explica por la intuición de Dios todo el conocimiento.

ONTÓLOGO. m. El que profesa o sabe de ontología.

ONTRÓN. m. LEÓN. Charco que suele

haber en las montañas, cubierto de un césped resistente y grueso.

ONUBENSE. (l. *onubensis.*) adj. Natural de la antigua Ónuba, hoy Huelva. Ú.t.c.s. || **2.** Perteneciente a esta antigua ciudad de los turdetanos. || **3.** Huelveño. Apl. a pers. ú.t.c.s.

ONUSTO, TA. (l. *onustus.*) adj. ant. Cargado, pesado.

ONZA. (l. *uncia.*) f. Peso equivalente a 28,70 gramos; dieciséisava parte de la libra, o sea dieciséis adarmes. || **2.** Duodécima parte del as o libra romana. || **3.** Por ext., duodécima parte de varias medidas antiguas. || **—de oro.** Moneda de este metal acuñada en España desde el siglo XVI al XIX, y equivalente a 80 pesetas o 320 reales. || *Media* ONZA. Moneda de oro de la mitad del peso y valor que la onza. || *Más vale* ONZA *de sangre que libra de amistad.* ref. que denota que la influencia del parentesco suele prevalecer sobre la amistad. || *Por* ONZAS. m. adv. fig. y fam. Escasamente. || **P.** onça; **I.** ounce; **F.** once; **A.** Unze; **It.** oncia; **R.** унция.

ONZA. (ital. *lonza,* del l. *lynx, lyncis.*) f. Mamífero carnicero félido, parecido al leopardo; vive en los desiertos de las regiones meridionales de Asia; es domesticable y se empleaba para la caza de gacelas.

ONZAVO, VA. (De *once.*) adj. Undécimo, undécima parte de un todo. Ú.t.c.s.m.

★ **OOCISTO.** m. BIOL. Membrana que envuelve el esporonto tras la unión de los gametos. || **2.** Protozoario en este período de desarrollo.

★ **OOCITO.** m. BIOL. Célula germinal femenina antes de la formación de los glóbulos polares.

★ **OOGONIO.** m. Órgano sexual femenino donde se forman las oosferas de ciertas plantas talofitas.

OOLÍTICO, CA. adj. GEOL. Dícese de los terrenos formados de oolitos.

OOLITO. (gr. ᾠόν, huevo, y λίθος, piedra.) m. GEOL. Roca calcárea, algunas veces ferruginosa, formada por una concreción de pequeños granos ovoides.

★ **OOLOGÍA.** f. Estudio de los huevos de los animales, especialmente de las aves.

★ **OOQUINETO.** m. BIOL. Huevo móvil y en forma de gusano, producido por los protozoos esporozoarios causantes del paludismo.

OOSFERA. (gr. ᾠόν, huevo, y σφαῖρα, globo.) BOT. Elemento sexual femenino, que después de la fecundación por el elemento masculino, da nacimiento al huevo, que constituye el origen de un nuevo ser vegetal.

★ **OÓSPORA.** f. BOT. Huevo de los hongos y de las algas.

★ **OÓSPORO,** (gr. ᾠόν, huevo, y *espora.*) m. BOT. Esporo fecundado.

OPA. adj. COLOM. y PERÚ. Tonto, idiota.

OPACAMENTE. adv. En estado de opacidad.

º **OPACAR.** tr. neol. Volver opaca una cosa. || **2.** r. COLOM., GUAT. y MÉJ. Nublarse. || **3.** GUAT. Perder lustre o ponerse opaca una cosa.

OPACIDAD. (l. *opacitas, -ātis.*) f. Calidad de opaco. || **P.** opacidade; **I.** opacity; **F.** opacité; **A.** Undurchsichtigkeit. **It.** opacità; **R.** мутность.

★ **OPACIFICAR.** tr. RADIOL. Volver opacos a los rayos X los órganos internos mediante la administración de substancias apropiadas.

OPACO, CA. (l. *opācus.*) adj. Que impide el paso de la luz. || **2.** obscuro, sombrío. || **3.** fig. Melancólico, triste. || **4.** Fís. Se dice de un cuerpo que es opaco para una radiación cuando absorbe totalmente los rayos de la longitud de onda correspondiente a la radiación. || **P.** e **It.** opaco; **I.** y **F.** opaque; **A.** undurchsichtig; **R.** мутный.

OPADO, DA. adj. Hinchado, vano, presumido. || **2.** Hinchado, hiperbólico, afectado. || **3.** BOL. Ojeroso, pálido.

OPALESCENCIA. f. Reflejos de ópalo.

OPALESCENTE. adj. Que parece de ópalo o irisado como él.

OPALINO, NA. adj. Perteneciente o

relativo al ópalo. || **2.** De color entre blanco y azulado con reflejos irisados.

ÓPALO. (l. *opălus*, y éste del gr. ὸπάλλιος.) m. Piedra preciosa de colores irisados, de aspecto translúcido y lechoso. Es un mineral silíceo, más blando y menos denso que el cuerzo, y contiene una cantidad variable de agua. ||**—de fuego.** El de color rojo muy encendido. ||**—girasol.** El que amarillea y no destella sino alguno de los colores del arco iris. ||**—noble.** El que es casi transparente, con juego interior de variados reflejos y hermosos colores. || **P.** ópalo; **I.** opal; **F.** e **It.** opale; **A.** Opal; **R.** опал.

★ **OPAPARADO, DA.** adj. Bol. Aturdido, atolondrado.

OPCIÓN. (l. *optio, -ōnis*.) f. Libertad o facultad de elegir. || **2.** La elección misma. || **3.** Derecho a un oficio, dignidad, etc. || **4.** For. Convenio en que, bajo condiciones, se deja al arbitrio de una de las partes, ejercitar un derecho o adquirir una cosa. || **P.** opção; **I.** y **F.** option; **A.** Wahl; **It.** opzione. ||
★ **OPEAR.** intr. Argent. Decir o hacer operías.

ÓPERA. (l. *opĕra*, obra.) f. Poema dramático puesto en música todo él. || **2.** Poema dramático escrito para este fin. || **3.** Música de la ópera. || **4.** Mús. Obra teatral donde se concede al canto puesto preponderante. || **P.** ópera; **I.** opera; **F.** opéra; **A.** Oper; **It.** òpera; **R.** опера.

OPERABLE. (l. *operabĭlis*.) adj. Factible. || **2.** Que tiene virtud para operar o hacer operación o efecto. || **3.** Cir. Que puede ser operado.

OPERACIÓN. (l. *operatĭo, -ōnis*.) f. Acción y efecto de operar. || **2.** Ejecución de una cosa. || Com. Negociación o contrato sobre valores o mercaderías. || **4.** Mil. V. *Base de operaciones*. || **5.** Mat. Método por el cual dados unos números o términos llamados datos, se obtiene uno nuevo llamado resultado. || **6.** Med. Acción de curar por medio del arte quirúrgico. || **7.** Mil. Cualquier trabajo propio de la guerra encaminado al logro de una finalidad táctica, estratégica o logística. ||**—cesárea.** La que se hace abriendo la matriz para extraer el feto. || **P.** operação; **I.** operation, working; **F.** opération; **A.** Operation, Wirkungtätigkeit; **It.** operazione; **R.** операция.

OPERADOR, RA. (l. *operātor*.) adj. Cir. Que opera. Ú.t.c.s. || **2.** m. Cirujano. || **3.** Cinemat. Técnico encargado de la parte fotográfica del rodaje. || **4.** El encargado de proyectar las películas en el cinematógrafo. || **5.** Telegrafista que maneja un aparato transmisor o receptor. || **6.** Telefonista que en una central telefónica está encargado del servicio público.

OPERANTE. (l. *opĕrans, -antis*.) p.a. de operar. Que opera. Ú.t.c.s. || **2.** V. *Gracia* OPERANTE.

OPERAR. (l. *operāre*.) tr. Cir. Ejecutar sobre un cuerpo animal vivo, generalmente por medio de instrumentos, algún trabajo para producir un efecto curativo o correctivo. || **2.** intr. Hacer una cosa, especialmente las medicinas, el efecto esperado, obrar. || **3.** Maniobrar. || **4.** Com. Especular sobre valores o efectos; negociar a crédito o por mayor sobre mercancías. || **5.** Mat. Efectuar operaciones. || **6.** Mil. Maniobrar, actuar. || **P.** operar; **I.** to operate; **F.** opérer; **A.** operieren; **It.** operare; **R.** оперировать.

OPERARIO, RIA. (l. *operarius*.) m. y f. Obrero, persona que trabaja en un oficio. || **2.** m. En algunas religiones, religioso llamado a confesar y asistir a los moribundos.

OPERATIVO, VA. (l. *operātus*.) adj. Que obra y hace su efecto.

OPERATORIO, RIA. (l. *operātus*.) adj. Que puede operar. || **2.** Relativo a las operaciones quirúrgicas.

OPERCULAR. adj. Que sirve de opérculo.

OPÉRCULO. (l. *opercŭlum*, tapadera.) m. Pieza que a modo de tapadera sirve para cerrar ciertas aberturas naturales, como las agallas de la mayor parte de los peces, la concha de muchos moluscos univalvos o las cápsulas de algunos frutos o de los musgos.

OPERETA. (ital. *operetta*.) f. Mús. Ópera de poca extensión. || **2.** Ópera de carácter frívolo o burlesco. || **3.** Obra teatral ligera o cómica en que los actores cantan y recitan o declaman alternativamente. || **P.** opereta; **I.** e **It.** operetta; **F.** opérette; **A.** Singspiel, Operette; **R.** оперетта.

★ **OPERÍA.** f. Bol. Estupidez. || **2.** Argent. Algarabía, confusión, perorata.

OPERISTA. com. Actor que canta en las óperas.

OPERÍSTICO, CA. adj. Perteneciente o relativo a la ópera.

OPEROSO, SA. (l. *operōsus*.) adj. Dícese de la persona que trabaja mucho. || **2.** Dícese de las cosas que cuestan mucho trabajo.

OPIÁCEO, A. adj. Dícese de los compuestos de opio. || **2.** fig. Que calma como el opio.

OPIADO, DA. adj. Compuesto con opio.

OPIATA. f. Medicamento en cuya composición entra el opio. || **2.** Electuario formado por la mezcla de algunos polvos y jarabe o miel.

OPIATO, TA. adj. Opiado. || **2.** m. Opiata.

OPILACIÓN. (l. *oppilatĭo, -ōnis*.) f. Obstrucción, 3.ª acep. || **2.** Amenorrea. || **3.** Hidropesía.

OPILAR. (l. *oppilāre*.) tr. ant. Obstruir. || **2.** r. Cont.aer opilación las mujeres. || **3.** Argent. Hartarse de agua.

OPILATIVO, VA. adj. Que opila u obstruye.

OPIMO, MA. (l. *opimus*.) adj. Rico, fértil, copioso.

OPINABLE. (l. *opinabĭlis*.) adj. Que puede ser defendido en pro y en contra.

OPINANTE. (l. *opĭnans, -antis*.) p.a. de opinar. Que opina. Ú.t.c.s.

OPINAR. (l. *opināre*.) intr. Formar o tener opinión. || **2.** Expresarla de palabra o por escrito. || **3.** Hacer conjeturas acerca de una cosa. || **P.** opinar; **I.** to opine; **F.** opiner; **A.** meinen, urteilen; **It.** opinare; **R.** полагать.

OPINIÓN. (l. *opinĭo, -ōnis*.) f. Concepto que se forma o tiene de una cuestión o cosa. || **2.** Fama o concepto en que se tiene a una persona o cosa. ||**—pública.** Estimación en que coincide la generalidad de las personas acerca de un asunto. || *Andar* uno *en* OPINIONES. fr. Estar puesto en duda su reputación. || *Casarse* uno *con su* OPINIÓN. fr. fig. y fam. Aferrarse al juicio propio. || **P.** opinão; **I.** opinion; **F.** opinion, avis; **A.** Meinung, Ansicht; **It.** opinione; **R.** мнение.

OPIO. (l. *opium*, y éste del gr. ὄπιον.) m. Látex desecado al aire de los frutos inmaturos de la adormidera. En estado seco es una masa obscura, dura y deleznable, desigual y granujienta. Se usa en medicina como analgésico, sedante y antiespasmódico. Por su toxicidad, su comercio y su empleo en medicina están sometidos a restricción. || *Dar* el OPIO. fr. fig. y fam. Se usa para ponderar las excelencias o gracias de una cosa. || *Ser* uno *un* OPIO. Argent. Ser fastidioso, molesto. || **P.** ópio; **I.** y **F.** opium; **A.** Opium; **It.** oppio; **R.** опий.

OPÍPARAMENTE. adv. De manera opípara.

OPÍPARO, RA. (l. *opipărus*.) adj. Copioso y espléndido, tratándose de comida o banquete. || **P.** opiparo; **I.** sumptuous; **F.** somptueux; **A.** üppig; **It.** luculliano; **R.** обильный.

OPITULACIÓN. (l. *opitulatĭo, -ōnis*.) f. p. us. Auxilio, ayuda, socorro.

OPLOTECA. (gr. ὅπλον, arma, y θήκη, estante.) f. Galería o museo de armas antiguas, raras o preciosas.

OPOBÁLSAMO. (l. *opobalsămum*, y éste del gr. ὸποβάλσαμον, de ὸπός, zumo, y βάλσαμον, bálsamo.) m. Bot. Resina amarga, olorosa y medicinal que fluye de un árbol indígena de Siria. Se aplica como astringente. || **P.** opobálsamo; **I.** opobalsam; **F.** opobalsame; **A.** Mekkabalsam; **It.** opobàlsamo.

★ **OPÓN, NA.** (aum. de *opa*.) adj. Argent. Muy tonto, idiota.

OPONER. (l. *oppōnĕre*.) tr. Poner una cosa contra otra para estorbarle o impedirle su efecto. Ú.t.c.r. || **2.** Proponer ra-

zones contra lo que otro dice o siente. || **3.** r. Ser una cosa contraria a otra. || **4.** Estar una cosa situada enfrente de otra. || **5.** Impugnar, estorbar, contradecir. || **6.** Pretender un cargo o empleo en concurso con otros aspirantes. OPONERSE *a una cátedra*. || **P.** opor; **I.** to oppose; **F.** opposer; **A.** entgegensetzen; **It.** opporre; **R.** противопоставлять.

OPONIBLE. adj. Que se puede oponer.

OPOPÁNAX. (l. *opopănax*, y éste del gr. ὸποπάναξ; de ὸπός, jugo, y πάναξ, pastinaca.) m. Opopónaco. Gomorresina amarga y aromática que se obtiene de la pánace y algunas otras umbelíferas. Se emplea en farmacia y perfumería.

OPOPÓNACE. (l. *opopănax*, opopónaco.) f. Panace.

OPOPÓNACO. m. Opopánax.

OPORTO. m. Vino tinto de excelente calidad, muy famoso; elaborado especialmente en la ciudad portuguesa de Oporto, de donde le viene el nombre.

OPORTUNAMENTE. adv. Convenientemente, a su tiempo y sazón.

OPORTUNIDAD. (l. *opportunĭtas, -ātis*.) f. Sazón, coyuntura, conveniencia de tiempo y lugar. || **P.** oportunidade; **I.** opportunity, opportuneness; **F.** conjoncture, opportunité; **A.** Gelegenheit; **It.** opportunità; **R.** своевременность.

OPORTUNISMO. (De *oportuno*.) m. Sistema político de transigencia y contemporización, que subordina en cierta medida los principios fundamentales a las oportunidades.

OPORTUNISTA. adj. Perteneciente o relativo al oportunismo. || **2.** m. Partidario del oportunismo. || **3.** Dícese de cuantos se mueven según las conveniencias del momento.

OPORTUNO, NA. (l. *opportūnus*.) adj. Que se hace o sucede en tiempo a propósito y conveniente. || **2.** Ocurrente y pronto en la conversación. || **P.** oportuno; **I.** opportune, timely; **F.** opportun; **A.** günstig, gelegen; **It.** opportuno; **R.** своевременный.

OPOSICIÓN. (l. *oppositĭo, -ōnis*.) f. Acción y efecto de oponer u oponerse. || **2.** Disposición de algunas cosas de modo que estén unas enfrente de otras. || **3.** Contrariedad de una cosa con otra. || **4.** Concurso de los pretendientes a una cátedra, premio, etc., por medio de ejercicios en que demuestren su suficiencia. || **5.** Resistencia a lo que uno dice o hace. || **6.** Minoría que en los cuerpos deliberantes suele impugnar los actos y las doctrinas de la mayoría. || **7.** Astron. Situación relativa de dos astros cuando sus longitudes difieren 180 grados. || **9.** Astrol. Aspecto de dos astros situados en casas celestes diametralmente opuestas. || *Poder* uno *leer de* OPOSICIÓN. fr. fig. y fam. Poder poner cátedra. || **P.** oposição; **I.** y **F.** opposition; **A.** Wiederspruch, Einwendung, Opposition; **It.** opposizione; **R.** противопоставление.

OPOSICIONISTA. adj. Perteneciente o relativo a la oposición. || **2.** m. Persona perteneciente o adicta a la oposición política.

○ **OPOSITAR.** intr. Oponer, 6.ª acep. || **2.** Tomar parte en unas oposiciones.

OPÓSITO, TA. (l. *oppositus*.) p.p. irreg. de oponer. || **2.** ant. Defensa, impedimento puesto en contra.

OPOSITOR, RA. (l. *oppositum*, supino de *oponĕre*, oponer.) m. y f. Persona que se opone a otra en cualquier materia. || **2.** Pretendiente a una prebenda u otro empleo que se ha de proveer por oposición, 4.ª acep.

OPOTERAPIA. (gr. ὸπός, savia, y θεραπεία, curación.) f. Procedimiento curativo por el empleo de órganos animales crudos, de sus extractos o de las hormonas aisladas de las glándulas endocrinas. Los principales órganos que dan extractos opoterápicos son el oxígeno, el tiroides, las glándulas paratiroides, la hipófisis, las glándulas suprarrenales, el páncreas, el testículo y el ovario.

OPOTERÁPICO, CA. adj. Perteneciente o relativo a la opoterapia.

OPRESAR. (De *opreso*.) tr. ant. Oprimir.

OPRESIÓN. (l. *oppressĭo, -ōnis*.) f.

Acción y efecto de oprimir. || **—de pecho.**
Dificultad de respirar. || **P.** opressão;
I. y **F.** oppression; **A.** Vergewaltigung,
Angst; **It.** oppressione; **R.** притеснение.

OPRESIVAMENTE. adv. Con opresión.

OPRESIVO, VA. (De *opreso.*) adj.
Que oprime.

OPRESO, SA. (l. *oppressus.*) p.p. irreg.
de oprimir.

OPRESOR, RA. (l. *oppressor.*) adj. Que
violenta a alguno, le obliga y le aprieta
con vejación o molestia. Ú.t.c.s. || **P.**
opressor; **I.** oppressor; **F.** oppresseur;
A. Unterdrücker; **It.** oppressore; **R.** угне-
татель.

OPRIMIR. (l. *opprimĕre.*) tr. Ejercer
presión sobre una cosa. || **2.** fig. Sujetar
demasiado a uno, afligiéndolo o tirani-
zándolo. || **P.** oprimir; **I.** to oppress, to
crush; **F.** opprimer; **A.** drücken, beklem-
men; **It.** opprimere; **R.** притеснять,
угнетать.

OPROBIAR. (l. *opprobriāre.*) tr. Vilipendiar, infamar, causar oprobio.

OPROBIO. (De *oprobrio.*) m. Ignomi-
nia, afrenta, deshonra. || **P.** opróbrio;
I. opprobrium; **F.** honte, opprobre; **A.**
Schande; **It.** obbrobrio; **R.** позор.

OPROBIOSAMENTE. adv. Con oprobio.

OPROBIOSO, SA. (De *oprobrioso.*)
adj. Que causa oprobio.

OPROBRIAR. (De *oprobrio.*) tr. ant.
Oprobiar.

OPROBRIO. (l. *opprobrĭum.*) m. ant.
Oprobio.

OPROBRIOSO, SA. (l. *opprobriōsus.*)
adj. ant. Oprobioso.

* OPSONINA. f. FISIOL. Cuerpo especial del suero sanguíneo que hace a los
microbios más aptos para ser digeridos
por los leucocitos.

OPTACIÓN. (l. *optatĭo, -ōnis.*) f. RET.
Figura que consiste en manifestar vehemente deseo de lograr o de que suceda
una cosa.

OPTANTE. p.a. de optar. Que opta.

OPTAR. (l. *optāre.*) tr. Entrar en la
dignidad o empleo a que se tiene derecho.
|| **2.** intr. Escoger una cosa entre varias.
Ú.t.c. intr. || **P.** optar; **I.** to opt, to choose;
F. opter; **A.** wählen, sich entscheiden;
It. ottare; **R.** выюрать.

OPTATIVO, VA. (l. *optatīvus.*) adj.
Que pende de opción o la admite. || *Modo*
OPTATIVO. GRAM. En griego y en otras
lenguas indoeuropeas, dícese del modo de
la conjugación que expresa necesidad o
deseo. Ú.t.c.s.

ÓPTICA. (gr. ὀπτική, t. f. de -κός, óptico.) f. Parte de la Física que trata de la
luz y de los fenómenos luminosos. ||
2. Estereoscopio. || **3.** Arte de construir
espejos, lentes e instrumentos de óptica.
|| **4.** Aparato compuesto de espejos y lentes,
que sirve para ver estampas y dibujos
agrandados y como de bulto. || **P.** óptica;
I. optics; **F.** optique; **A.** Optik; **It.** ottica;
R. оптика.

ÓPTICO, CA. (gr. ὀπτικός; de ὀπτός,
visible.) adj. Perteneciente o relativo a la
óptica. || **2.** m. El que fabrica o vende
instrumentos de óptica. || **3.** Óptica, 2.ª
acep. || *Electrón* ÓPTICO. Fís. Electrón
periférico del átomo, cuyos cambios de
órbita se traducen en variaciones de energía relacionadas con las radiaciones lu-
minosas. || **P.** óptico; **I.** optician; **F.** opti-
cien; **A.** Optiker; **It.** ottico; **R.** глазной.

ÓPTIMAMENTE. adv. Con suma
bondad y perfección.

ÓPTIMATE. (l. *optimātes.*) m. Prócer.
Ú.m. en pl.

OPTIMISMO. (De *óptimo.*) m. Sistema filosófico según el cual se admite que
todo el mundo está perfectamente orde-
nado para el bien del hombre. || **2.** Pro-
pensión a ver y juzgar las cosas bajo el
aspecto más favorable. || **P.** optimismo;
I. optimism; **F.** optimisme; **A.** Optimis-
mus; **It.** ottimismo; **R.** оптимизм.

OPTIMISTA. adj. Perteneciente o re-
lativo al optimismo. || **2.** Partidario del
optimismo. Ú.t.c.s. || **3.** Dícese de la per-
sona que tiene propensión a juzgar y ver
las cosas en su aspecto más favorable.
Ú.t.c.s.

ÓPTIMO, MA. (l. *optimus.*) adj. sup.

de bueno. Sumamente bueno, que no
puede ser mejor. || **P.** excelente, óptimo;
I. optimum, best; **F.** excellent, optime;
A. Vortrefflich; **It.** òttimo; **R.** наилучший.

* OPTÓFONO. m. Fís. Instrumento que
transforma las ondas luminosas en sonoras.

OPTÓMETRO. (gr. ὀπτεύω, ver, y
μέτρον, medida.) m. Instrumento que
sirve para medir el límite de la visión
distinta y graduar la vista.

OPUESTAMENTE. adv. Con oposición y contrariedad.

OPUESTO, TA. (l. *oppositus.*) p.p.
irreg. de oponer. || **2.** adj. Enemigo o con-
trario. || **3.** BOT. Dícese de las hojas y
otros órganos vegetales que nacen a un
mismo nivel, uno a cada lado del tallo. ||
4. MAT. En orden a los signos positivos
y negativos de los números, se llama
opuesto al número que se obtiene cam-
biándole de signo. || **5.** MEC. Dícese de
las fuerzas de valores iguales que se ejercen en la misma dirección pero en sen-
tidos contrarios. || **6.** GEOM. V. *Ángu-
los* OPUESTOS *por el vértice.* || **P.** opuesto;
I. opposite; **F.** opposé; **A.** entgegengesetzt;
It. opposto; **R.** противоположный.

OPUGNACIÓN. (l. *oppugnatio, -ōnis.*)
f. Oposición con violencia. || **2.** Contra-
dicción con fuerza de razones o argumentos.

OPUGNADOR. (l. *oppugnātor.*) m. El
que hace oposición con fuerza y violencia.

OPUGNAR. (l. *oppugnāre.*) tr. Hacer
oposición con fuerza y violencia. || **2.** Asal-
tar o combatir una plaza o ejército. ||
3. Contradecir y repugnar las razones de
alguno. || **P.** opugnar; **I.** to oppugn;
F. faire opposition, combattre, attaquer;
A. widersprechen, bekämpfen, angreifen;
It. oppugnare; **R.** атаковать.

OPULENCIA. (l. *opulentia.*) f. Abun-
dancia, riqueza, extraordinaria. || **2.** fig.
Sobreabundancia de cualquier cosa. ||
P. opulència; **I.** y **F.** opulence; **A.** Überfluss;
It. opulenza; **R.** изобилие.

OPULENTAMENTE. adv. Con opulencia.

OPULENTO, TA. (l. *opulentus.*) adj.
Que tiene opulencia. || **P.** opulento;
I. y **F.** opulent; **A.** opulent, üppig; **It.** opulento; **R.** изобильный.

OPUNCIA. (l. *opuntia* [*herba*].) f. BOT.
Nopal.

OPÚSCULO. (l. *opuscŭlum*; d. de *opus*,
obra.) m. Obra científica o literaria poco
extensa. || **P.** opúsculo; **I.** opuscle; **F.**
opuscule; **A.** Werkchen; **It.** opùscolo; **R.**
брошюра.

OQUE (DE). m. adv. De balde.

OQUEDAD. (De *hueco.*) f. Espacio
hueco en el interior de un cuerpo. ||
2. fig. Insubstancialidad en lo que se
habla o escribe. || **P.** vazio, vão; **I.** hollow;
F. creux, vacuité; **A.** Höhlung; **It.** vuoto,
cavità; **R.** пустота, выемка.

OQUEDAL. (De *hueco.*) Monte sólo
de árboles altos, pero sin hierba ni matas.

OQUERUELA. f. Lazadilla que la
hebra forma por sí sola al tiempo de coser,
cuando el hilo está muy retorcido.

ORA. conj. distrib., aféresis de ahora.
Caminaba ORA *por el monte,* ORA *por el valle.*

ORACIÓN. (l. *oratio, -ōnis.*) f. Discurso pronunciado en público. ORACIÓN *sa-
grada.* || **2.** Súplica, deprecación, ruego que
se hace a Dios o a los santos. || **3.** Eleva-
ción de la mente a Dios para alabarle o
pedirle mercedes. || **4.** En la misa, en el
rezo eclesiástico, deprecación que empieza
o se distingue con la voz *oremus.* || **5.** Hora
de las oraciones. || **6.** GRAM. Palabra o
conjunto de palabras con que se expresa
un concepto cabal. || **7.** Hora del anoche-
cer, porque en ella se toca en las iglesias
las campanas para que los fieles recen el
avemaría. || **8.** El mismo toque de campana
que en algunos lugares se hace también
al amanecer y al mediodía. || ORACIÓN
dominical. El Padrenuestro. Se llama dominical porque la enseñó Nuestro Señor
Jesucristo. || ORACIÓN *de ciego.* Composi-
ción poética y religiosa que los ciegos
recitan de memoria. || **2.** fig. Razonamiento
dicho sin gracia ni expresión. || **—jacula-
toria.** Jaculatoria. || **—mental.** La que
se hace en el fondo del alma, con las
potencias interiores, sin ser expresada por
palabras exteriores. || **—vocal.** La que se
sirve de palabras exteriores. || *La* ORACIÓN

breve sube al cielo. fr. proverb. que da a
entender que el que va a pedir una gracia
lo haga con brevedad. || *Romper las* ORA-
CIONES. fr. Interrumpir la plática o con-
versación con alguna impertinencia. ||
P. oraçáo; **I.** oration, prayer; **F.** oraison,
prière; **A.** Satz, Rede, Gebet; **It.** orazione,
preghiera; **R.** речь, молитва.

ORACIONAL. (l. *orationālis.*) adj.
Concerniente a la oración gramatical. ||
2. m. Libro que contiene oraciones o
que trata de ellas.

ORÁCULO. (l. *oracŭlum.*) m. Respues-
ta de la divinidad. || **2.** Entre gentiles
contestación dada por las pitonisas y
sacerdotes en nombre de los dioses a las
consultas que se hacían en sus templos. ||
3. Lugar donde se daba el ORÁCULO, estatua o simulacro que representaba la deidad
consultada. || **4.** fig. Persona sabia y auto-
rizada cuyo dictamen se considera como
indiscutible. || **P.** oráculo; **I.** y **F.** oracle;
A. Orakel, Götterspruch; **It.** oràcolo;
R. оракул.

ORADOR, RA. (l. *orātor.*) m. y f.
Persona que ejerce la oratoria. || **2.** Per-
sona que pide y ruega. || **3.** m. Predicador.
|| **P.** orador; **I.** orator, speaker; **F.** orateur;
A. Redner; **It.** oratore; **R.** оратор.

ORAJE. (fr. *orage*, cat. *oratge*, y éste
del l. *auraticum*; de *aura*.) m. Tiempo
muy crudo de lluvias, nieve o piedra y
de vientos fuertes.

ORAL. (l. *orāre*, hablar, decir.) adj.
Expresado con la boca o verbalmente,
a diferencia de escrito. || **2.** ANAT. y MED.
Perteneciente o relativo a la boca. || **P.**,
I. y **F.** oral; **A.** mündlich, **It.** ast. **R.**
устный.

ORAL. (l. *aura*, aire.) m. AST. Viento
fresco y suave que sopla en las cuencas
de los ríos y en las playas.

* ORAL. m. COLOM. Paraje donde abun-
da el oro. || **2.** Cantidad de este metal.

ORALMENTE. adv. Verbalmente.

ORANÉS, SA. adj. Natural de Orán.
Ú.t.c.s. || **2.** Perteneciente a esta ciudad
y provincia de Argelia.

ORANGISTA. adj. Partidario de la
casa de Orange. Apl. a pers. ú.t.c.s. ||
2. Perteneciente o relativo a la política
de estos partidarios.

ORANGUTÁN. (malayo *orang*, hombre, y *hûtan*, bosque, hombre de los bosques.) m. Mono antropomorfo de las
selvas de Borneo y Sumatra, de unos
2 m de altura, cabeza gruesa, frente estrecha, nariz chata, hocico saliente, piernas cortas y brazos muy largos, piel negra
y pelaje espeso y rojizo. || **P.** orangotango;
I. orang(outang), orangutan; **F.** orango-
outang; **A.** Orangutan; **It.** orangutano;
R. орангутанг.

.ORANTE. p.a. de orar. Que ora. Aplícase generalmente a la figura humana que
en pintura y escultura se representa en
actitud de orar.

ORAR. (l. *orāre.*) intr. Hablar en público para persuadir o mover el ánimo
de los oyentes. || **2.** Hacer oración a Dios. ||
3. tr. Rogar, pedir. || **P.** orar; **I.** to pray;
F. prier; **A.** reden; **It.** orare; **R.** произно-
сить, речь, молиться.

ORARIO. (l. *orarium*; de *ora,* fimbria.)
m. Banda que los antiguos romanos se
ponían al cuello, y cuyas puntas bajaban
por el pecho. Es el origen de la estola. ||
2. Estola grande y preciosa que usa el Papa.

ORATE. (gr. ὀρατής; el que ve.) com.
Persona que ha perdido el juicio. || **2.** fig.
y fam. Persona de poco juicio.

ORATORIA. (l. *oratoria.*) f. Arte de
hablar en público con elocuencia para
instruir, persuadir, excitar los ánimos y
moverlos a una acción determinada, o
simplemente para deleitar. || **P.** oratória;
I. oratory, eloquence; **F.** art oratoire;
A. Redekunst; **It.** oratoria; **R.** красно-
речие.

ORATORIAMENTE. adv. Con estilo
oratorio.

ORATORIANO. adj. Perteneciente o
relativo a la congregación del Oratorio. ||
2. m. Presbítero de dicha congregación.

ORATORIO. (l. *oratorium.*) m. Lugar
destinado para orar. || **2.** En algunas casas
particulares, pieza donde por privilegio se
celebra la Santa Misa. || **3.** Congregación
de presbíteros fundada por San Felipe

de Neri. || **4.** Composición dramática y musical sobre asunto religioso, que solía cantarse en Cuaresma. || **—festivo.** En los colegios de los Salesianos, lugar en que se reúne la juventud los días festivos. || *Ser un* ORATORIO. fr. fig. y fam. que se dice del convento o casa en que se practica mucho la virtud.

ORATORIO, RIA. (l. *oratorius.*) adj. Perteneciente o relativo a la oratoria o al orador.

ORBE. (l. *orbis.*) m. Redondez o círculo. || **2.** Esfera celeste o terrestre. || **3.** Mundo, universo. || **4.** ZOOL. Pez marino del orden de los plectognatos, de forma casi esférica y de unos 30 cm de diámetro, cubierto de espinas largas, fuertes y erizadas. Boca pequeña y cabeza en prolongación con el cuerpo. Vive en el mar de las Antillas y se alimenta de moluscos y crustáceos; no es comestible. || **5.** ASTRON. Cada una de las esferas cristalinas imaginadas en los antiguos sistemas astronómicos, que se suponía corresponder a un planeta y servirlo de sustentáculo y de vehículo. || **6.** Órbita o plano de la órbita de un cuerpo celeste. || **P.** e **It.** orbe; **I.** orb, sphere; **F.** orbe, globe; **A.** Welt, Erdkreis; **R** . вселенная.

ORBEDAD. (l. *orbitas, -ātis,* privación.) f. ant. Orfandad.

ORBICULAR. (l. *orbiculāris.*) adj. Redondo o circular. || **2.** Dícese de los músculos dobles que determinan una abertura en forma de ojal.

ORBICULARMENTE. adv. De un modo orbicular.

ÓRBITA. (l. *orbita.*) f. ASTRON. Curva elíptica que describe un astro en su movimiento de traslación en torno a su centro de gravitación. || **2.** fig. Esfera, ámbito, espacio. || **3.** ANAT. Cada una de las dos cuencas en las que están colocadas los ojos. || **—electrónica.** Cada una de las trayectorias que describen los electrones alrededor del núcleo del átomo. || **P.** órbita; **I.** orbit; **F.** orbite; **A.** (Planeten)-Bahn; **It.** òrbita; **R.** орбита.

ORBITAL. adj. V. *Hueso* ORBITAL. || **2.** Relativo a la órbita.

ORBITARIO, RIA. adj. Perteneciente o relativo a la órbita.

ORCA. (l. *orca.*) f. Cetáceo de hasta 10 m de largo, de cabeza redonda y cuerpo robusto; cola de más de un metro de anchura; color azul por el lomo y blanco por el vientre; persigue a las focas y ballenas. Vive en los mares del Norte y a veces llega incluso al Mediterráneo.

ORCANETA. (ár. *irqān,* alheña, azafrán, con diminutivo español.) f. Onoquiles. || **—amarilla.** Planta borraginácea muy vellosa, de hojas lanceoladas, flores amarillas, fruto seco y raíz gruesa, de la que se saca una tintura roja. Es común en España.

* **ORCEÍNA.** f. Materia colorante de tono rojo pardusco que se obtiene de la orcina. Se usa en preparados microscópicos.

ORCINA. f. Substancia contenida en la orchilla comercial y que da la materia colorante llamada orceína.

ORCO. m. Orca.

ORCHELIANO. (De *Orchell,* n. p.) adj. V. *Triángulo* ORCHELIANO.

ORCHILLA. f. BOT. ECUAD. Nombre de varios líquenes de los que se obtiene la orcina. || **2.** QUÍM. Colorante bruto que se obtiene de los líquenes conocidos con esta denominación.

ÓRDAGO. (Voz vasca.) m. Envite del resto en el juego de mus. || *De* ÓRDAGO. loc. fam. Excelente, de calidad superior.

ORDALÍAS. (b. l. *ordalia,* y éste del anglosajón *ordâl,* juicio.) f. pl. En la Edad Media pruebas para averiguar la culpabilidad o inocencia del acusado, como las del duelo, fuego, agua caliente, etc., llamadas comúnmente juicios de Dios. || **P.** ordálio; **I.** ordeal; **F.** ordalies; **A.** Gottesurteil; **It.** ordalìe; **R.** ордалии.

ORDEN. (l. *ordo, -ĭnis.*) amb. Colocación de las cosas en el lugar que les corresponde. || **2.** Concierto, disposición regular de las cosas entre sí. || **3.** Regla observada para hacer las cosas. || **4.** Serie o sucesión de las cosas. || **5.** Sacramento de la Iglesia por el cual son instituidos los sacerdotes y los ministros del culto. || **6.** Relación de una cosa a otra. || **7.** Instituto religioso aprobado por el Papa y cuyos individuos viven bajo reglas establecidas por su fundador. ORDEN *franciscana.* || **8.** ARQ. Cierta disposición y proporción de los cuerpos principales que componen un edificio. || **9.** GEOM. Calificación dada a una línea según el grado de la ecuación que la representa. || **10.** BOT. y ZOOL. Cada uno de los grupos de animales o plantas que forman una categoría de clasificación entre la clase o la subclase y la familia. || **11.** f. Mandato que se debe obedecer como emanado de una autoridad competente. || **12.** V. *Carta* ORDEN. || **13.** Instituto creado para premiar por medio de condecoraciones a las personas beneméritas. || **14.** f. Cuerpo de personas unidas por alguna regla común o por distinción honorífica. || **15.** amb. Cada uno de los grados del sacramento de este nombre, que se van recibiendo sucesivamente y constituyen ministros de la Iglesia. || **16.** Toque militar que señala el momento en que debe recogerse la orden del día. || **17.** Coro de espíritus angélicos. || **18.** MIL. m. Formación. || **—abierto.** El de la tropa dispersada para ofrecer menor vulnerabilidad. || **—atlántico.** ARQ. El que en vez de columnas lleva atlantes para sostener los arquitrabes. || **—cerrado.** MIL. Formación en que la tropa se agrupa para ocupar el menor espacio. || **—compuesto.** ARQ. El que en el capitel de sus columnas reúne las volutas del jónico con las dos filas de hojas de acanto del corintio. || **—corintio.** ARQ. El que tiene la columna de unos diez módulos o diámetros de altura, la cornisa con modillones y el capitel adornado con hojas de acanto y caulículos. || **—de batalla.** El de las tropas o de una escuadra situadas del modo más favorable para poder hacer fuego contra el enemigo. || **—de caballería.** Dignidad, título de honor dado antiguamente a los hombres nobles o a los esforzados y actualmente a los novicios de la órdenes militares cuando se les arma caballeros. || **2.** Orden militar. || **—del día.** Indicación de los asuntos que han de ser tratados en una asamblea o corporación. || **2.** MIL. La que diariamente se da a los cuerpos de un ejército o guarnición señalando el servicio que ha de prestar la tropa. || **—de marcha.** MAR. El de los buques de una escuadra colocados para navegar evitando el abordaje. || **—de parada.** Formación de una unidad militar con las fuerzas colocadas con mucho frente y poco fondo, con las banderas y oficiales adelantados al frente. || **—dórico.** ARQ. El que tiene la columna de ocho módulos o diámetros a lo más de altura, el capitel sencillo y el friso adornado con metopas y triglifos. || **—jónico.** ARQ. El que tiene la columna de unos nueve módulos o diámetros de altura, el capitel adornado con grandes volutas, y dentículos en la cornisa. || **—mayor.** Cada uno de los grados de subdiácono, diácono y presbítero. Ú.m. en pl. || **—menor.** Cada uno de los grados de ostiario, lector, exorcista y acólito. Ú.m. en pl. || **—militar.** Cualquiera de las de caballeros fundadas en diferentes épocas. En España hay cuatro, que son: las de Santiago, Calatrava, Alcántara y Montesa. || **—natural.** MAR. El de navegación de una escuadra o división cuando cada uno de sus buques sigue al matalote de proa que previamente le ha sido designado. || **—público.** Estado de legalidad normal en que las autoridades ejercen sus atribuciones propias y los ciudadanos las respetan. || **—toscano.** ARQ. El que se distingue por ser más sencillo y sólido que el dórico. || *A la* ORDEN, o *las* ÓRDENES. expr. de cortesía con que uno se ofrece a la disposición de otro. || *A la* ORDEN. COM. Expresión que denota ser dosable un valor comercial. || *Consignar las* ÓRDENES. fr. MIL. Dar al centinela la orden de lo que ha de hacer. || *En* ORDEN. m. adv. Ordenadamente. || **2.** En cuanto, o por lo que mira a una cosa. || *Estar a la* ORDEN *del día* una cosa. fr. Estar de moda, en boga. || *Llamar* a uno *al* ORDEN. fr. Advertirle con autoridad que se atenga al asunto que ha de tratar, o que observe la conducta que debe. || *Poner* una cosa *en* ORDEN. fr. Reducirla a método y regla. || **2.** fig. Reglar y concordar una cosa para que tenga su debida proporción. || *Por su* ORDEN. m. adv. Sucesivamente. || **P.** ordem; **I.** order; **F.** ordre; **A.** Ordnung; **It.** òrdine; **R.** порядок.

ORDENACIÓN. (l. *ordinatio, -ōnis.*) f. Disposición, prevención. || **2.** Acción y efecto de ordenar u ordenarse. || **3.** Orden, disposición y colocación de las cosas. || **4.** Regla o método en la disposición de las cosas. || **5.** Mandato, orden, precepto. || **6.** Cierta oficina de cuenta y razón; como la ordenación de pagos en algunos ministerios. || **7.** Parte de la arquitectura que trata de la capacidad necesaria de las diversas partes del edificio. || **8.** PINT. Conveniente distribución de las figuras en un cuadro. || **—de montes** o **forestal.** Dasocracia. || **P.** ordenação; **I.** arrangement; **F.** ordination, commandement; **A.** Anordnung; **It.** ordinazione; **R.** распорядок.

ORDENADA. (l. *ordinātae* [*lineae*], líneas paralelas.) adj. GEOM. Aplícase a la coordenada vertical en el sistema cartesiano, perpendicular al eje de las abscisas. Ú.m.c.s.

ORDENADAMENTE. adv. Concertadamente, con método y proporción.

ORDENADO, DA. p.p. de ordenar. || **2.** adj. Dícese de la persona que guarda método en sus acciones.

ORDENADOR, RA. (l. *ordinātor.*) adj. Que ordena. Ú.t.c.s. || **2.** m. Jefe de una ordenación, 6.ª acep.

ORDENAMIENTO. m. Acción y efecto de ordenar. || **2.** Ley pragmática u ordenanza que da el superior. || **3.** Breve código de leyes promulgadas al mismo tiempo o referentes a la misma materia. || **—Real** o **de Alcalá.** Colección de leyes de Castilla promulgadas en el siglo XIV, en las cortes de Alcalá de Henares.

ORDENANCISTA. adj. Dícese del jefe u oficial que cumple y hace cumplir con rigor la ordenanza. || **2.** Por ext., dícese del superior en cualquier orden que exige de los subordinados el riguroso cumplimiento de sus obligaciones.

ORDENANDO. (l. *ordinandus,* que ha de ser ordenado.) m. El que está para recibir alguna de las órdenes sagradas. || **P.** e **It.** ordinando; **I.** y **F.** ordinand; **A.** Zu ordinierender Geistlicher.

ORDENANTE. p.a. de ordenar. Que ordena. || **2.** m. Ordenado.

ORDENANZA. (De *ordenar.*) f. Método y orden en las cosas que se ejecutan. || **2.** Conjunto de preceptos referentes a una materia. Ú.m. en pl. || **3.** La que está hecha para el régimen y buen gobierno de las tropas, o para el de una ciudad o comunidad. Ú.m. en pl. || **4.** Mandato, disposición, arbitrio y voluntad de uno. || **5.** ARQ. y PINT. Ordenación. || **6.** MIL. m. Soldado que está a las órdenes de un oficial o de un jefe para los asuntos del servicio. || **7.** m. Empleado subalterno en ciertas oficinas. || **8.** FOR. Disposición legal de carácter administrativo, destinada a la aplicación concreta de la norma contenida en una ley o decreto. || **P.** ordenança; **I.** ordinance; **F.** ordonnance; **A.** Anordnung; **It.** ordinanza; **R.** правила, порядок.

ORDENAR. (l. *ordināre.*) tr. Poner en orden una o varias cosas. || **2.** Encaminar y dirigir una cosa a algún fin. || **3.** Mandar y prevenir que se haga una cosa. || **4.** Conferir las órdenes sagradas a uno. || **5.** r. Recibir las órdenes sagradas. || **6.** MAT. Escribir consecutivamente los términos de una ecuación, según su grado. || **P.** ordenar; **I.** to order; **F.** ordonner; **A.** (an)ordnen; **It.** ordinare; **R.** приводить в порядок.

* **ORDENATA.** (l. *ordināta,* term. fem. de *ordinātus,* p.p. de *ordināre,* ordenar.) f. FOR. CHILE. Distribución de bienes que hace el árbitro.

ORDEÑADERO. m. Vasija en que cae la leche cuando se ordeña. || **2.** AMÉR. Lugar en que se efectúa el ordeño.

ORDEÑADOR, RA. adj. Que ordeña. Ú.t.c.s. || **2.** f. Máquina para efectuar el ordeño mediante succión.

ORDEÑAR. (l. *ordiniāre;* de *ordināre.*) tr. Extraer la leche exprimiendo la ubre. || **2.** fig. Coger la aceituna, la hoja de ciertos árboles, etc., rodeando el ramo con la

O

mano y haciéndola correr a lo largo del mismo para que las vaya soltando. ‖ **P.** ordenhar; **I.** to milk; **F.** traire; **A.** melken; **It.** mùngere; **R.** доить.

ORDEÑO. (l. *ordinium;* de *ordiñāre.*) m. Acción y efecto de ordeñar. ‖ *A* ORDEÑO. m. adv. Ordeñando, en la 2.ª acep. de ordeñar.

ORDINACIÓN. f. ant. Orden o disposición. ‖ 2. **AR.** Ordenanza, conjunto de reglas o preceptos referentes a una cosa.

ORDINAL. (l. *ordinālis.*) adj. Atinente al orden. ‖ 2. **ARIT.** V. *Número* ORDINAL. ‖ 3. **GRAM.** V. *Adjetivo* ORDINAL. Ú.t.c.s. ‖ **P., I.** y **F.** ordinal; **A.** Ordnungszahl; **It.** ordinale; **R.** порядковый.

ORDINAR. tr. ant. Ordenar.

★ **ORDINAREZ.** f. **ARGENT.** y **ECUAD.** Ordinariez.

ORDINARIAMENTE. adv. Frecuentemente, regularmente, por lo común. ‖ 2. Sin cultura ni urbanidad, groseramente.

ORDINARIEZ. (De *ordinario*.) f. Falta de urbanidad y cultura. ‖ **P.** grosseria; **I.** rudeness; **F.** grossièreté; **A.** Ungeschliffenheit; **It.** rozzezza; **R.** грубость.

ORDINARIO, RIA. (l. *ordinarius.*) adj. Común, regular, usual, que sucede habitualmente. ‖ 2. Contrapuesto a noble, plebeyo. ‖ 3. Bajo, vulgar y de poca estimación. ‖ 4. Que no tiene distinción en su línea. ‖ 5. Dícese del gasto diario y de la comida habitual en una casa. Ú.t.c.s. ‖ 6. Dícese del juez o tribunal de justicia civil, en oposición a los del fuero de privilegio, y también del obispo diocesano. Ú.t.c.s. ‖ 7. **FOR.** Aplícase este nombre al despacho corriente. ‖ 8. m. Arriero, carrero, recadero o mensajero que conduce personas o mercancías de un lugar a otro. ‖ 9. **MAR.** Pacotilla. ‖ —**de la misa.** **LITURG.** Exposición del proceso de la Misa, que comprende la serie de todas las oraciones que se repiten en todas las misas. ‖ *De* ORDINARIO. m. adv. Comúnmente, con frecuencia. ‖ **P.** ordinário; **I.** ordinary, common; **F.** ordinaire; **A.** kommun, alltäglich; **It.** ordinario; **R.** обыкновенный.

ORDINATIVO, VA. (l. *ordinativus.*) adj. Perteneciente a la ordenación o arreglo de una cosa.

OREA. f. Oréade.

OREÁDA. f. Oréade.

OREÁDE. (l. *oreas, -ădis,* y éste del gr. ὀρειάς, que vive en los montes.) f. **MIT.** Cualquiera de las ninfas, que según los gentiles, moraban en los bosques y montes.

OREANTE. p.a. de orear. Que orea.

OREAR. (l. *aura,* aire.) tr. Ventilar o poner al aire una cosa para refrescarla, secarla o quitarla el mal olor. OREAR *la carne, el pescado,* etc., Ú.m.c.r. ‖ 2. Dar el viento en una cosa. ‖ 3. r. Salir a tomar el aire. ‖ **P.** arejar; **I.** to air; **F.** aérer; **A.** (aus-, durch)- lüften; **It.** aerare; **R.** проветривать.

★ **OREAS.** (l. *oreas, oreade.*) m. **ZOOL.** Antílope bovino propio del África austral.

OREBCE. (l. *aurifex, -ficis.*) m. ant. Orifice.

ORECER. (l. *aurescĕre;* de *aurum,* oro.) tr. ant. Convertir en oro una cosa.

ORÉGANO. (l. *origănus.*) m. Planta herbácea de la familia de las labiadas, con tallos vellosos, de 4 a 6 dm de altura; hojas pequeñas, ovales; flores purpúreas en espigas, y fruto seco y globoso. Es aromático y sus hojas y flores se usan como condimento. ‖ *No es* ORÉGANO *todo el monte.* fr. fig. con que se denota que en un asunto o negocio no todo es fácil o placentero ‖ ORÉGANO *sea.* expr. fig. y fam. con que se expresa temor de que un negocio tenga mal resultado. ‖ **P.** orégão; **I.** wild marjo.am; **F.** origan; **A.** gemeiner Dosten; **It.** origano; **R.** майоран.

OREJA. (l. *orícla, aurícŭla.*) f. Oído, sentido del oír, y aparato de la audición. ‖ 2. Repliegue cutáneo sostenido por una lámina cartilaginosa. En el hombre y en algunos mamíferos forma la parte externa del órgano del oído. ‖ 3. Parte del zapato que sobresale a ambos lados y se sujeta sobre el empeine por medio de cintas, botones, hebillas, etc. ‖ 4. fig. Pieza saliente de algunos objetos. ‖ 5. Cada de las vertederas del arado romano. Ú.m. en pl. ‖ 6. Cada una de las asas de una vasija, bandeja, etc. ‖ 7. fig. Persona adu-

ladora y chismosa. ‖ —**de abad.** Fruta de sartén que se hace en forma de hojuela. ‖ 2. Ombligo de Venus, 1.ª acep. ‖ —**de fraile.** Ásaro. ‖ —**de mar.** Oreja marina. ‖ —**de monje.** Ombligo de Venus, 1.ª acep. ‖ —**de negro.** **ARGENT.** Timbo. ‖ —**de oso.** Hierba primulácea de jardín, de hojas grandes, carnosas y velludas por el envés, y flores amarillas y olorosas en umbela. Es originaria de los Alpes. ‖ —**de ratón.** Vellosilla. ‖ —**marina.** **ZOOL.** Molusco gasterópodo marino, de concha ovalada y muy baja, con una serie de pequeños agujeros en el borde de mayor espesor; su interior es de un nacarado intenso, y su exterior pardusco. ‖ *Cuatro* OREJAS. fig. y fam. Hombre que llevaba grandes tufos y muy pelada la cabeza. ‖ *Aguzar las* OREJAS. fr. fig. Levantarlas las caballerías, poniéndolas tiesas. ‖ 2. fig. Prestar mucha atención. ‖ *Apearse* uno *por las* OREJAS. fr. fig. y fam. Caerse de la cabalgadura. ‖ *Bajar las* OREJAS. fr. fig. y fam. Ceder humildemente en una disputa. ‖ *Calentar* a uno *las* OREJAS. fr. fig. y fam. Reprenderle severamente. ‖ *Con las* OREJAS *caídas,* o *gachas.* m. adv. fig. y fam. Con tristeza y sin haber conseguido lo que se intentaba. ‖ *De cuatro* OREJAS. loc. fig. y fam. con que se designa al animal que tiene cuernos y especialmente al toro. ‖ *Descubrir* uno *la* OREJA. fr. fig. y fam. Dejar ver su interior o un vicio que estaba oculto. ‖ *Desencapotar las* OREJAS. fr. fig. Dicho de algunos animales, aguzarlas. ‖ *Enseñar* uno *la* OREJA. fr. fig. y fam. Descubrir la oreja. ‖ *Estar en la* OREJA. fr. fig. Estar siempre con otro, sin apartarse de él. ‖ 2. fig. Estar porfiando sobre una pretensión. ‖ *Hacer* uno OREJAS *de mercader.* fr. fig. Darse por desentendido, hacerse el sordo. ‖ *Ladrar* a uno *a la* OREJA. fr. fig. Ladrarle al oído. ‖ *Mojar la* OREJA. fr. fig. Buscar pendencia, insultar. ‖ *Poner* a uno *las* OREJAS *coloradas.* fr. fig. y fam. Decirle palabras desagradables o darle una severa reprimenda. ‖ *Repartir* OREJAS. fr. fig. Suplantar testigos de oídas de una cosa que no oyeron. ‖ *Taparse las* OREJAS. fr. fig. con que se pondera la disonancia o escándalo que causa una cosa que se dice. ‖ *Tener* uno *de la* OREJA a otro. fr. fig. Tenerle a su arbitrio para que haga lo que le manda. ‖ *Tirar* uno *la* OREJA, o *las* OREJAS. fr. fig. y fam. Jugar a los naipes. ‖ *Ver* uno *las* OREJAS *al lobo.* fr. fig. Hallarse en gran riesgo o peligro próximo. ‖ **P.** orelha; **I.** ear; **F.** oreille; **A.** Ohr; **It.** orecchia; **R.** ухо.

OREJANO, NA. adj. Dícese de la res que no tiene marca. ‖ 2. **AMÉR.** Arisco, huraño.

★ **OREJAR.** intr. **URUG.** Irse uno con cuentos y chismes. ‖ 2. Avisarse de palabra, pactar entre sí.

OREJEADO, DA. (De *oreja,* oído.) adj. Dícese del que está prevenido o avisado para que cuando otro le hable pueda responderle o no crea lo que le diga.

OREJEAR. intr. Mover las orejas un animal. ‖ 2. fig. Hacer una cosa de mala gana y con violencia. ‖ 3. **AMÉR.** Prestar atención, desconfiar.

OREJERA. f. Cada una de las dos piezas de la gorra o montera que cubren las orejas. ‖ 2. Cada una de las dos piezas de acero que tenían algunos cascos antiguos para defender las orejas. ‖ 3. Cada una de las dos piezas que el arado común lleva introducidas oblicuamente a ambos lados del dental para ensanchar el surco. ‖ 4. Rodaja que usaban los indios a modo de pendiente.

★ **OREJERO, RA.** adj. **COLOM.** Animal que empina las orejas. ‖ 2. **AMÉR. CENTRAL, COLOM., ECUAD., PAN.,** y **R. RICO** y **VENEZ.** Receloso, escamado. ‖ 3. **ARGENT.** Soplón, chismoso. ‖ 4. m. **ARGENT.** Entre labradores, hombre de confianza del amo.

OREJETA. f. d. de oreja.

OREJISANO, NA. adj. Dícese de la res que no tiene marca en las orejas, y por ext., en ninguna otra parte del cuerpo.

OREJÓN. (De *oreja.*) m. Pedazo de melocotón o albaricoque en forma de cinta, secado al aire y al sol. ‖ 2. Tirón de orejas. ‖ 3. Nombre que dieron los españoles a las personas nobles que, entre los peruanos, llevaban horadadas las orejas. ‖ 4. Nombre

que se dio en la conquista a varias tribus de América. ‖ 5. **FORT.** Cuerpo que sale fuera del flanco de un baluarte. ‖ 6. **COLOM.** Sabanero de Bogotá, y por ext., persona zafia y tosca. ‖ 7. **MÉJ.** Bocio.

★ **OREJÓN, NA.** adj. **AMÉR.** De orejas grandes, orejudo. ‖ 2. **AMÉR. CENTRAL, COLOM.** y **MÉJ.** Tosco, zafio. ‖ 3. **MÉJ.** Marido consentidor de su mujer. ‖ 4. f. pl. **COLOM.** Espuelas grandes.

OREJUDO, DA. adj. Que tiene orejas grandes y largas. ‖ 2. **ZOOL.** Especie de murciélago insectívoro cuyas orejas son tan largas como la mitad de su cuerpo. ‖ **P.** orelhudo; **I.** long-eared; **F.** oreillard; **A.** langohrig; **It.** orecchiuto; **R.** длинноухий.

OREJUELA. f. d. de oreja. ‖ 2. Cada una de las dos asas pequeñas que suelen tener las escudillas, bandejas u otros utensilios.

ORENGA. f. **MAR.** Varenga. ‖ 2. **MAR.** Cuaderna de una embarcación.

ORENSANO, NA. adj. Natural de Orense. Ú.t.c.s. ‖ 2. Perteneciente a esta ciudad.

ORENZA. f. **AR.** Tolva, 1.ª acep.

OREO. (De *orear.*) m. Soplo del aire que da suavemente en una cosa.

OREOSELINO. (l. *oreoselinum,* y éste del gr. ὀρεοσέλινον; de ὄρος, montaña, y σέλινον, perejil.) m. Planta herbácea umbelífera de tallo estriado, hojas grandes, divididas en gajos, y flores pequeñas y blanquecinas en umbela.

ORESPE. m. ant. Orebce.

ORETANO, NA. (l. *oretānus.*) adj. Natural de Oreto o de la Oretania. Ú.t.c.s. ‖ 2. Perteneciente a esta región de la España Tarraconense, que ocupaba la provincia de Ciudad Real, y parte de Toledo, cuya capital era Oreto.

ORFANATO. (l. *orphānus,* huérfano.) m. Asilo de huérfanos.

ORFANDAD. (l. *orphanitas, -ātis.*) f. Estado en que quedan los hijos por la muerte de sus padres o sólo de padre. ‖ 2. Pensión que disfrutan algunos huérfanos. ‖ 3. fig. Falta de ayuda o valimiento en que se encuentra una persona o cosa. ‖ **P.** orfandade; **I.** orphanage; **F.** orphelinage; **A.** Waisenstand; **It.** orfanità; **R.** сиротство.

ORFANIDAD. f. ant. Orfandad.

ORFEBRE. (l. *auri faber,* artífice de oro.) m. Artífice que trabaja en objetos artísticos de oro o plata. ‖ **P.** ourives; **I.** goldsmith, silversmith; **F.** orfèvre; **A.** Goldschmied; **It.** orèfice; **R.** ювелир.

ORFEBRERÍA. (De *orfebre.*) f. Obra o bordadura de oro o plata. ‖ 2. Arte del orfebre. ‖ **P.** ourivesaria; **I.** gold or silver work; **F.** orfèvrerie; **A.** Goldschmiedearbeit; **It.** oreficeria; **R.** ювелирная работа.

ORFEÓN. (De *Orfeo,* personaje mitológico muy diestro en música.) m. Sociedad de cantantes en coro, sin instrumentos que los acompañen. ‖ **P.** orfeão; **I.** choral society; **F.** société chorale; **A.** Gesangverein; **It.** società di coristi; **R.** певческий кружок.

ORFEONISTA. m. Individuo de un orfeón.

ÓRFICO, CA. adj. Perteneciente o relativo a Orfeo.

ORFO. m. **ZOOL.** Pescado semejante al besugo, de color rubio, ojos grandes y dientes como de sierra.

ORFRE. (l. *auri faber.*) m. ant. Orfebrería.

ORGANDÍ. (fr. *organdi.*) m. Tejido de algodón, ligero y transparente, con un apresto que le comunica rigidez. Se usa principalmente en trajes femeninos.

ORGANERO. m. El que fabrica y compone órganos.

ORGANICISMO. (De *orgánico.*) m. Doctrina biológica según la cual la vida resultaría de los mismos órganos, y no de una fuerza externa a ellos. ‖ 2. **FIL.** Doctrina que considera a la Sociedad y al Estado como organismos análogos a los seres vivientes. ‖ 3. Teoría médica que atribuye todas las enfermedades a lesión de un órgano.

ORGANICISTA. adj. Que sigue la doctrina del organismo. Ú.t.c.s.

ORGÁNICO, CA. (l. *organicus.*) adj. Dícese de los seres vivientes. ‖ 2. Que tiene armonía y consonancia. || **3.** fig. Dícese de lo que atañe a la constitución de corporaciones o entidades colectivas, o a sus funciones o ejercicios. || **4.** QUÍM. Dícese de un gran número de substancias, cuyo componente constante es el carbono, y de la parte de la Química que estudia dichas substancias. || **P.** orgânico; **I.** organic; **F.** organique; **A.** organisch; **It.** orgànico; **R.** органический.

* **ORGANIGRAMA.** m. Esquemas de organización representados gráficamente.

ORGANILLERO, RA. m. y f. Persona que tiene por ocupación tocar el organillo.

ORGANILLO. (d. de *órgano.*) m. Órgano pequeño o plano portátil, que se hace sonar por medio de un cilindro con púas, movido por un manubrio.

ORGANISMO. m. Conjunto de los órganos que constituyen un ser viviente. || **2.** fig. Conjunto de leyes, usos y costumbres por que se rige una institución social. || **3.** fig. Conjunto de oficinas, dependencias o empleos que forman un cuerpo o institución. || **4.** BIOL. Individuo animal o vegetal. || **P.** e **It.** organismo; **I.** organism; **F.** organisme; **A.** Organismus; **R.** организм.

ORGANISTA. com. Persona que ejerce o profesa el arte de tocar el órgano. || **P.** e **It.** organista; **I.** organist; **F.** organiste; **A.** Organist; **R.** органист.

ORGANIZACIÓN. f. Acción y efecto de organizar u organizarse. || **2.** Disposición o manera de estar organizado el cuerpo animal o vegetal. || **3.** fig. Disposición, orden. || **4.** Sociedad, agrupación. || **P.** organização; **I.** organization; **F.** organisation; **A.** Organisation, Gliederung; **It.** organizzazione; **R.** организация.

ORGANIZADO, DA. adj. Orgánico, perteneciente al cuerpo de los seres vivos. || **2.** Provisto de órganos; que tiene el carácter de un organismo. || **3.** Dícese de la materia o substancia que es peculiar de los seres vivos.

ORGANIZADOR, RA. adj. Que organiza o tiene aptitud especial para organizar. Ú.t.c.s.

ORGANIZAR. tr. Disponer el órgano para que esté acorde y templado. || **2.** fig. Establecer o reformar una cosa sujetando a reglas el número, orden, armonía y dependencia en sus partes. Ú.t.c.s. || **3.** r. VENEZ. Enriquecerse rápidamente. || **P.** organizar; **I.** to organize; **F.** organiser; **A.** organisieren; **It.** organizzare; **R.** организовывать.

ÓRGANO. (l. *orgănum*, y éste del gr. ὄργανον.) m. MÚS. Instrumento de viento compuesto de muchos tubos donde se produce el sonido mediante el aire impelido mecánicamente por un fuelle. || **2.** Aparato refrigerante formado por una serie de tubos de estaño, alrededor de los cuales se pone nieve o hielo. || **3.** Parte de un animal o planta adaptada para el ejercicio de una función específica. || **4.** fig. Medio o conducto que pone en comunicación dos cosas. || **5.** fig. Persona o institución que cumple una función determinada. || **6.** MEC. Pieza o conjunto de piezas que cumplen una función determinada en una máquina. || **—de manubrio.** Organillo. || **—expresivo.** MÚS. Armonio. || **—eléctrico.** El que tiene el fuelle substituido por un inyector eléctrico de aire. || **—electrónico.** El que se funda en la obtención de sonidos musicales mediante lámparas triodos osciladoras y su transformación en vibraciones acústicas. || *Los* ÓRGANOS *de Móstoles.* loc. fig. y fam. Personas, hechos o ideas que debiendo armonizar entre sí, son incongruentes y disonantes. || **P.** orgam; **I.** organ; **F.** orgue; **A.** Orgel; **It.** òrgano; **R.** орган.

ORGANOGENIA. (gr. ὄργανον, órgano, y γένος, origen.) f. Estudio de la formación y desarrollo de los órganos, a expensas de las hojas embrionarias.

ORGANOGRAFÍA. (gr. ὄργανον, órgano, y γράφω, describir.) f. Parte de la zoología y de la botánica que tiene por objeto la descripción de los órganos de los animales y vegetales.

ORGANOGRÁFICO, CA. adj. Perteneciente o relativo a la organografía.

* **ORGANOLÉPTICO, CA.** adj. Dícese de las propiedades de las substancias orgánicas e inorgánicas, especialmente las de los minerales, que pueden apreciarse por los sentidos.

ORGANOLOGÍA. (gr. ὄργανον, órgano, y λόγος, tratado.) f. Tratado de los órganos de los vegetales y de los animales.

* **ORGANOMETÁLICO, CA.** adj. QUÍM. Dícese de los compuestos formados por radicales alcohólicos unidos directamente por el carbono a un metal. Se usan en la síntesis orgánica.

* **ORGANOSILÍCICO, CA.** adj. QUÍM. Aplícase a los compuestos químicos análogos a los cuerpos orgánicos en los cuales el carbono está total o parcialmente reemplazado por el silicio.

ORGASMO. (gr. ὀργασμός; de ὀργάω, estar lleno de ardor.) m. Culminación del placer sexual. || **2.** Eretismo.

ORGIA. (l. *orgia*, y éste del gr. ὄργια, fiestas de Baco.) f. Orgía.

ORGÍA. (De *orgia.*) f. Festín en que se come y bebe inmoderadamente y se cometen muchos excesos. || **2.** fig. Desenfreno en la satisfacción de los apetitos o pasiones. || **3.** Rito común a todos los movimientos religiosos griegos de carácter esotérico. || **P.** orgía; **I.** orgy; **F.** orgie; **A.** Orgie, Trinkgelage; **It.** orgia; **R.** оргия.

ORGIÁSTICO, CA. (De *orgía.*) adj. Perteneciente o relativo a la orgía.

ORGIVENSE. adj. Natural de Órgiva. Ú.t.c.s. || **2.** Perteneciente a esta villa de las Alpujarras, en la provincia de Granada.

ORGULLECER. intr. ant. Cobrar orgullo, ensoberbecerse.

ORGULLEZA. f. ant. Orgullo.

ORGULLO. (germ. *urgoli.*) m. Exceso de estimación de sí mismo y de sus propios méritos, por el cual se cree uno superior a los demás. || **2.** Sentimiento legítimo de la propia estimación, nacido de causas nobles. || **P.** orgulho; **I.** pride; **F.** orgueil; **A.** Stolz, Hoffart; **It.** orgoglio; **R.** гордость.

ORGULLOSAMENTE. adv. Con orgullo.

ORGULLOSO, SA. (De *orgullo.*) adj. Que tiene orgullo. Ú.t.c.s.

¡ORI! interj. GERM. ¡Hola!

ORIBE. (l. *aurifex, -ĭcis.*) m. Orive.

ORICALCO. (l. *orichalcum.*) m. ant. Auricalco.

ORIENTACIÓN. f. Acción y efecto de orientar u orientarse. || **2.** Localización del cuerpo en el espacio con desplazamiento hacia un punto dado. || **—profesional.** Determinación de las aptitudes de una persona con vistas al ejercicio de una profesión. || **P.** orientação; **I.** y **F.** orientation; **A.** Orientirung; **It.** orientazione; **R.** ориентировка.

ORIENTADOR, RA. adj. Que orienta.

ORIENTAL. (l. *orientālis.*) adj. Perteneciente al Oriente. || **2.** Natural de Oriente. Ú.t.c.s. || **3.** Perteneciente a los países de Oriente. || **4.** ASTRON. Aplícase al planeta Venus por salir por la mañana antes que el Sol. || **P., I.** y **F.** oriental; **A.** orientalisch, morgenländisch; **It.** orientale; **R.** восточный.

ORIENTALISMO. m. Conocimiento de las civilizaciones de los pueblos orientales. || **2.** Predilección por las cosas de Oriente. || **3.** Carácter oriental.

ORIENTALISTA. (De *oriental.*) com. Perteneciente o relativo al orientalismo. || **2.** Persona que cultiva las lenguas, literatura, historia, etc., de los países de Oriente. || **P.** e **It.** orientalista; **I.** orientalist; **F.** orientaliste; **A.** Orientalist; **R.** востоковед.

ORIENTAR. (De *oriente.*) tr. Colocar una cosa en posición determinada respecto a los puntos cardinales. || **2.** Determinar la posición de una cosa respecto de los puntos cardinales. || **3.** Señalar en un plano o mapa la dirección septentrional para situar todos los puntos del mismo. || **4.** MAR. Disponer las velas de un buque de forma que reciban el viento de lleno. || **5.** fig. Dirigir o encaminar una cosa hacia un fin determinado. || **6.** Informar a uno de lo que ignora acerca de un negocio para que sepa manejarse en él. Ú.t.c.r. || **7.** QUÍM. Hacer que los ejes de las moléculas de una substancia tomen una misma dirección. || **P.** orientar; **I.** to orientate; **F.** orienter; **A.** zurechtweisen, orientieren; **It.** orientare; **R.** ориентировать.

ORIENTE. (l. *oriens, -entis*, p.a. de oriri, aparecer, nacer.) m. Nacimiento de una cosa. || **2.** Punto cardinal del horizonte, por donde nace el Sol en los equinocios. || **3.** Lugar de la Tierra o de la esfera celeste que respecto de otro cae hacia donde sale el Sol. || **4.** Asia y las regiones inmediatas a ella de Europa y África. || **5.** Viento que sopla de parte de ORIENTE. || **6.** Brillo especial de las perlas. || **7.** fig. Mocedad o juventud del hombre. || **8.** ASTROL. Horóscopo o casa primera del tema celeste. || **—medio.** Comprende los países de Asia Central que se hallan entre Persia y China. || *Extremo* ORIENTE. Corresponde a la China, el Japón, Indochina y el Archipiélago Asiático. || **—próximo.** Comprende los países del Asia occidental hasta Persia inclusive. || *Gran* ORIENTE. Logia masónica central de un país. || **P.** oriente; **I.** y **F.** orient; **A.** Morgen, Osten, Morgenland; **It.** oriente; **R.** восток.

ORIFICACIÓN. f. Acción y efecto de orificar.

ORIFICADOR. m. Instrumento que sirve para orificar.

ORIFICAR. (l. *aurum*, oro, y *facĕre*, hacer.) tr. Rellenar con oro la picadura de una muela o de un diente.

ORÍFICE. (l. *aurifex, -ĭcis;* de *aurum*, oro, y *facĕre*, hacer.) m. Artífice que trabaja en oro.

ORIFICIA. (De *orífice.*) f. ant. Arte de trabajar en cosas de oro.

ORIFICIO. (l. *orificium.*) Boca o agujero. || **2.** ZOOL. Abertura de ciertos conductos o cavidades y particularmente el ano.

ORIFLAMA. (l. *aurum*, oro, y *flamma*, llama.) f. Estandarte de la abadía de San Dionisio, que usaban los antiguos reyes de Francia. || **2.** Por ext., cualquier estandarte o bandera.

ORIFRÉS. (b. l. *aurifresus.*) m. Galón de oro o plata.

ORIGEN. (l. *origo, -ĭnis.*) m. Principio, nacimiento, manantial y causa de una cosa. || **2.** País donde uno ha nacido o donde tuvo principio la familia o de donde una cosa proviene. || **3.** Ascendencia o familia. || **4.** fig. Principio o causa moral de una cosa. || **5.** Inserción más fija de un músculo. || **—de las coordenadas.** GEOM. Punto de intersección de los ejes coordenados. || **P.** origem; **I.** origin; **F.** origine; **A.** Ursprung; **It.** origine; **R.** происхождение.

ORIGENISMO. m. Conjunto de las doctrinas heréticas atribuidas a Orígenes. || **2.** Secta que las profesaba.

ORIGENISTA. adj. Partidiario del origenismo. Apl. a pers. ú.t.c.s. || **2.** Perteneciente o relativo a esta secta.

ORIGINAL. (l. *originālis.*) adj. Perteneciente al origen. || **2.** Dícese de la obra producida directamente por su autor sin ser copia, traducción o imitación de otra. || **3.** Dícese de la lengua en que se escribió una obra a diferencia del idioma a que se ha traducido. || **4.** En letras y artes, dícese de lo que no es copiado o imitado, sino fruto de la creación espontánea y se distingue por su novedad. || **5.** Dícese del que sabe dar a sus obras este carácter de novedad. || **6.** V. *Gracia, justicia, pecado* ORIGINAL. || **7.** Singular, extraño, contrario a lo acostumbrado, general o común, cuando se aplica a personas o cosas de la vida real. || **8.** m. Manuscrito o impreso que se da a la imprenta para que con arreglo a él se haga la impresión o reimpresión de una obra. || **9.** Cualquier escrito que se copia. || **10.** Persona retratada respecto del retrato. || *Saber* uno *de buen* ORIGINAL una cosa. fr. fig. y fam. Saberla de buena tinta. || **P., I.** y **F.** original; **A.** ursprünglich, original; **It.** originale; **R.** своеобразный.

ORIGINALIDAD. f. Calidad de original. || **P.** originalidade; **I.** originality; **F.** originalité; **A.** Originalität; **It.** originalità; **R.** оригинальность.

ORIGINALMENTE. adv. De un modo original, con originalidad. || **2.** En su original o según el original. || **3.** Radicalmente, desde su origen.

ORIGINAR. (De *origen.*) tr. Ser o dar origen o principio a una cosa. || **2.** r. Traer una cosa su origen o principio de otra. ‖ **P.** originar; **I.** to originate; **F.** causer; **A.** Veranlassen; **It.** originare; **R.** порождать.

ORIGINARIAMENTE. adv. Por origen y procedencia; originalmente.

ORIGINARIO, RIA. (l. *originarïus.*) adj. Que da origen a una persona o cosa. ‖ **2.** Que trae su origen de algún lugar, persona o cosa. ‖ **P.** originario; **I.** originary; **F.** originaire; **A.** ursprünglich, gebürtig; **It.** originario; **R.** первоначальный.

ORIGÍNEO, A. adj. ant. Original.

ORILLA. (d. de *ora.*) f. Parte extrema de una extensión superficial. ‖ **2.** Remate de una tela, vestido. ‖ **3.** Parte de la tierra más próxima al mar, o a un lago, río, etc. ‖ **4.** Senda que en las calles se toma para poder andar por ella arrimado a las casas. ‖ **5.** fig. Límite, término o fin de una cosa no material. ‖ **6.** AND. Estado atmosférico del tiempo. ‖ *A la* ORILLA. m. adv. fig. Cercanamente o con inmediación. ‖ *Salir* uno *a la* ORILLA. fr. fig. Haber vencido, aunque trabajosamente, los riesgos que ofrecía un negocio. ‖ **P.** borda, beira, orla; **I.** border, margin; **F.** bord, rebord; **A.** Rand, Küste, Ufer, Saum; **It.** orlo, bordo, cimossa; **R.** край, берег, кромка.

ORILLA. (De un d. del l. *aura*, aura.) f. Vientecillo fresco.

ORILLAR. (De *orilla*, 1.ᵉʳ art.) tr. fig. Concluir, desenredar un asunto. ‖ **2.** intr. Llegar o arrimar a las orillas. Ú.t.c.r. ‖ **3.** Dejar orillas al paño o a otra tela. ‖ **4.** Guarnecer la orilla de una tela. ‖ **P.** rematar; **I.** to arrange, to border; **F.** arranger, border; **A.** erledigen, rändern; **It.** aggiustare, orlare; **R.** устраивать.

★ ORILLEO. m. CHILE. Terreno de poca extensión que está a la orilla de algún bosque, laguna, etc.

★ ORILLERA. f. ECUAD. Viga colocada lateralmente en un edificio.

ORILLERO. m. Cazador que caza junto a los límites exteriores de un coto.

★ ORILLERO, RA. adj. P. RICO y MÉJ. Dícese de lo que está en la orilla. ‖ **2.** CUBA. Dícese de la gente de raza blanca, de mala fama o de mala facha. Ú.t.c.s. ‖ **3.** C. RICA, CUBA, VENEZ. y ARGENT. Arrabalero. Ú.t.c.s.

ORILLO. m. Orilla del paño, hecha generalmente de lana más basta y de uno o más colores. ‖ **2.** V. *Zapatilla de* ORILLO.

ORÍN. (l. *aerūgo*, -*ĭnis.*) m. Óxido rojizo formado en la superficie del hierro por la acción del aire húmedo. ‖ **P.** ferrugem; **I.** rust; **F.** rouille; **A.** Rost; **It.** rùggine; **R.** ржавчина.

ORÍN. m. Orina, 1.ª acep. Ú.m. en pl.

ORINA. (l. *urīna.*) f. Secreción líquida de los riñones, conducida a la vejiga por los uréteres y expulsada por la uretra. ‖ **2.** V. *Vejiga de la* ORINA. ‖ **P.** urina; **I.** y **F.** urine; **A.** Urin, Harn; **It.** orina; **R.** моча.

ORINAL. (l. *urinālis.*) m. Vaso que se usa para recoger la orina. ‖ **—del cielo.** fig. y fam. Paraje donde llueve mucho.

ORINAR. (l. *urināre.*) intr. Expeler naturalmente la orina. Ú.t.c.r. ‖ **2.** tr. Expeler por la uretra cualquier otro líquido. ORINAR *sangre.* ‖ **P.** urinar, mijar; **I.** to urinate; **F.** uriner; **A.** harnen; **It.** urinare; **R.** мочиться.

ORINECER. intr. ant. Enmohecerse, cubrirse de orín. Usáb.t.c.r.

ORINIENTO, TA. adj. Tomado de orín o moho. ‖ **2.** fig. Entorpecido por el desuso.

ORINQUE. (fr. *orin*, del neerl. *oorring.*) m. MAR. Cabo que sujeta una boya a una ancla fondeada.

ORIOL. (cat. *oriol*, y éste del l. *aureŏlus*, oropéndola.) m. Oropéndola.

ORIOLANO, NA. adj. Natural de Orihuela. Ú.t.c.s. ‖ **2.** Perteneciente a esta ciudad.

ORIÓN. (l. *Orion*, -*ōnis.*) m. ASTRON. Constelación ecuatorial, una de las más hermosas del cielo, situada entre Unicornio y Tauro, de la cual forman parte las estrellas Betelgeuze y Rigel.

ORIÓNIDAS. f. pl. ASTRON. Estrellas fugaces cuyo punto radiante está en la constelación de Orión.

ORIPIÉ. m. MURC. Pie de un monte. *Tengo una huerta en el* ORIPIÉ.

ORIUNDEZ. f. Origen, procedencia, ascendencia.

ORIUNDO, DA. (l. *oriundus*, de *orīri*, nacer.) adj. Originario, que procede o trae su origen de algún lugar, persona o cosa. ‖ **P.** oriundo; **I.** native; **F.** originaire; **A.** gebürtig, herstammend; **It.** originario; **R.** происходящий из.

ORIVE. m. Orifice.

★ ÓRIX. (gr. ὄρυξ, antílope.) m. ZOOL. Antílope africano de gran tamaño y largos cuernos rectos.

ORLA. (l. *orūla*, d. de *ora*, borde.) f. Orilla de telas, vestidos u otras cosas, con algún adorno. ‖ **2.** Adorno en torno de un escrito, impreso, o de un retrato, viñeta, etc. ‖ **3.** BLAS. Pieza hecha en forma de filete y puesta dentro del escudo. ‖ **P.** orla, ourela; **I.** list, border; **F.** bord, bordure; **A.** Besatz, Rand, Saum; **It.** orlo, bordo, lembo; **R.** кайма.

ORLADOR, RA. adj. Que hace orlas. Ú.t.c.s.

ORLADURA. f. Juego y adorno de toda la orla. ‖ **2.** Orla de un paño o vestido. ‖ **P.** orladura; **I.** bordage, edging; **F.** bordure, ourlet; **A.** Einfassung; **It.** orlatura; **R.** бордюр.

ORLAR. (De *orla*.) tr. Adornar un vestido u otra cosa con orla. ‖ **2.** BLAS. Poner la orla en el escudo. ‖ **P.** orlar; **I.** to border; **F.** border; **A.** säumen; **It.** frangiare; **R.** окаймлять.

ORLEANISTA. adj. Partidario de la casa de Orleáns. Apl. a pers. ú.t.c.s. ‖ **2.** Perteneciente o relativo a esta casa.

ORLO. (Tal vez del al. *horn*, cuerno.) m. Oboe rústico usado en los Alpes, de boca ancha y encorvada. Su sonido es intenso y monótono. ‖ **2.** Registro del órgano que imita el sonido del orlo.

ORLO. (De *orla*.) m. Plinto.

ORMESÍ. (ital. *ormesino*.) m. Tela fuerte de seda, muy tupida, que hace visos y aguas.

ORMINO. (l. *horminum*, y éste del gr. ὅρμινον.) m. BOT. Gallocresta, especie de salvia con las hojas parecidas a la cresta del gallo.

★ ORMOLU. m. Aleación de cobre, cinc y estaño.

ORNADAMENTE. adv. Con ornamento y compostura.

ORNAMENTACIÓN. f. Acción y efecto de ornamentar. ‖ **P.** ornamentação; **I.** ornamentation, decoration; **F.** ornementation; **A.** Ornamentierung, Ausschmückung; **It.** ornamentazione; **R.** украшение.

ORNAMENTAL. adj. Perteneciente o relativo a la ornamentación o adorno.

ORNAMENTAR. (De *ornamento*.) tr. Adornar.

ORNAMENTO. (l. *ornamentum*.) m. Adorno, compostura, atavío. ‖ **2.** fig. Calidades y prendas morales que hacen más apreciable a una persona. ‖ **3.** ARQ. y ESC. Ciertas piezas que acompañan a las obras principales. ‖ **4.** pl. Vestiduras sagradas que usan los sacerdotes cuando celebran y también los adornos de lino o seda, de los altares. ‖ **P.** e **It.** ornamento; **I.** ornament; **F.** ornement, parure; **A.** Verzierung; **R.** украшение, отделка.

ORNAR. (l. *ornāre*.) tr. Adornar. Ú.t.c.r. ‖ **P.** ornar; **I.** to ornament; **F.** orner, ornementer; **A.** ausschmücken, verzieren; **It.** ornare; **R.** украшать.

ORNATÍSIMO, MA. (l. *ornatissimus*.) adj. sup. ant. Muy adornado.

ORNATO. (l. *ornātus*.) m. Adorno, atavío, aparato. ‖ **P.** ornato; **I.** ornateness, embellishment; **F.** ornement, parure; **A.** Schmuck, Verzierung; **It.** ornato; **R.** украшение.

ORNEAR. intr. GAL. y LEÓN. Rebuznar.

ORNITODELFO, FA. (gr. ὄρνις, -ιθος, pájaro, y δελφύς, matriz.) adj. ZOOL. Monotrema.

ORNITOLOGÍA. (gr. ὄρνις, -ιθος, pájaro, y λόγος, tratado.) f. ZOOL. Parte de la zoología que trata de las aves. ‖ **P.** ornitologia; **I.** ornithology; **F.** ornithologie; **A.** Vogelkunde, Ornithologie; **It.** ornitologia; **R.** орнитология.

ORNITOLÓGICO, CA. adj. Perteneciente o relativo a la ornitología.

ORNITÓLOGO. m. El que profesa la ornitología o tiene especiales conoci-

tos de ella. ‖ **P.** ornitologo; **I.** ornithologist; **F.** ornithologue; **A.** Ornitholog(e); **It.** ornitologo; **R.** орнитолог.

ORNITOMANCIA [∼**MANCÍA**]. (gr. ὄρνις, -ιθος, pájaro, y μαντεία, adivinación.) f. Adivinación supersticiosa por el vuelo y canto de las aves. ‖ **P.** ornitomancia; **I.** ornithomancy; **F.** ornithomancie; **A.** Vogelwahrsagerei; **It.** ornitomanzia; **R.** орнитомантия.

ORNITORRINCO. (gr. ὄρνις, -ιθος, pájaro, y ῥύγχος, pico.) m. ZOOL. Mamífero monotrema, del tamaño de un conejo, de cabeza redonda, mandíbulas ensanchadas y cubiertas de una lámina córnea, pies palmeados y cuerpo y cola cubiertos de pelo gris muy fino. Vive en Australia y se alimenta de larvas, insectos y pececillos.

★ ORNITOSIS. (gr. ὄρνις, -ιθος, pájaro, y el sufijo *osis*, que indica formación.) f. PAT. Afección de las vías respiratorias transmitida al hombre por las aves.

ORO. (l. *aurum*.) m. Metal amarillo, el más dúctil y maleable de todos, brillante, muy pesado, sólo atacable por el cloro, el cromo, los cianuros y el agua regia; se encuentra siempre nativo en la naturaleza. ‖ **2.** Moneda o monedas de oro. *Pagar en* ORO. ‖ **3.** Joyas y otros adornos de esta especie, propios de mujer. ‖ **4.** fig. Caudal, riquezas. ‖ **5.** Cualquiera de los naipes del palo de oros. ‖ **6.** BLAS. Uno de los dos metales heráldicos; se expresa en pintura por el color dorado o el amarillo y en el grabado por un puntillado menudo. ‖ **7.** pl. Uno de los cuatro palos de la baraja española, en cuyos naipes se representan monedas de oro. ‖ **8.** Nombre de varias substancias que una entra el oro o se asemejan. ‖ **—batido.** El reducido a hojas sutilísimas, que sirve para dorar. ‖ **—coronario.** El es muy fino y subido en quilates. ‖ **—de copela.** El obtenido por copelación. ‖ **—de tíbar.** El muy acendrado. ‖ **—en polvo.** El que se halla naturalmente en arenillas. ‖ **—fulminante.** El precipitado del hidróxido o del cloruro áuricos por la acción del amoníaco, y que por frotación o percusión causa una explosión muy fuerte. ‖ **—mate.** El que no está bruñido. ‖ **—molido.** El que resulta de disolver el metal en agua regia y empapar en el líquido obtenido trapos de hilo, que después se queman para recoger las cenizas, donde se encuentra el oro en polvo. ‖ **2.** fig. Cosa excelente en su línea. ‖ **—musivo.** Bisulfuro de estaño, de color del oro, que se emplea en pintura y en otros usos. ‖ **—nativo.** El que se encuentra casi puro en los terrenos. ‖ **—obrizo.** El muy puro y subido de quilates. ‖ **—potable.** Cada una de las varias preparaciones líquidas de oro que preparaban los alquimistas para ser bebidas con fines terapéuticos. ‖ **—verde.** Electro, aleación de partes de oro y una de plata. ‖ **—negro.** Nombre mercantil del petróleo. ‖ *Como oro en paño.* loc. adv. fig. que explica el aprecio que se hace de una cosa por el cuidado que se pone con ella. ‖ *Como un* ORO. expr. adv. que se emplea para ponderar la hermosura, limpieza y aseo de una persona o cosa. ‖ *De* ORO. loc. fig. Precioso, inmejorable, feliz. ‖ *De* ORO *y azul.* loc. fig. Dícese de una persona muy compuesta y adornada. ‖ *El* ORO *y el moro.* loc. fig. y fam. con que se ponderan ciertas ofertas ilusorias. ‖ *Hacerse* uno *de* ORO. fr. fig. Adquirir muchas riquezas. ‖ *No es* ORO *todo lo que reluce.* ref. que aconseja no fiarse de las apariencias. ‖ ORO *es lo que* ORO *vale.* fr. proverb. con que se significa que el valor de las cosas no está exclusivamente representado por el dinero. ‖ ORO *molido que fuese.* fr. fig. y fam. ponderativa de asentimiento. ‖ OROS *son triunfos.* fr. proverb. que denota la propensión muy generalizada a dejarse dominar por el interés. ‖ *Pesar* a uno, a, o en ORO, fr. fig. Pagar con esplendidez a aquel de quien se ha recibido o se espera recibir algún servicio o favor. ‖ *Valer* uno *tanto* ORO *como pesa.* fr. fig. y fam. con que se pondera su excelencia. ‖ **P.** ouro; **I.** gold; **F.** or; **A.** Gold; **It.** oro; **R.** золото.

OROBANCA. (l. *orobanche*, y éste del gr. ὀροβάγχη; de ὄροβος, algarroba, y ἄρχω, ahogar.) f. Planta anua orobancácea, que vive parásita sobre las raíces de algunas leguminosas. Tiene el tallo erguido, grueso, con flores de corola personada, blanca o gris.

OROBANCÁCEO, A. (De *orobanca*.) adj. Bot. Dícese de las plantas angiospermas dicotiledóneas, herbáceas, que viven parásitas, adheridas a las raíces de otras plantas, con escamas en lugar de hojas y fruto capsular con multitud de semillas menudas. Ú.t.c.s. || **2.** f. pl. Bot. Familia de estas plantas.

OROBIAS. (l. *orobĭas*, y éste del gr. ὀροβίας; de ὄροβος, algarroba.) m. Incienso en granos menudos del tamaño del de la algarroba.

OROFRÉS. (ant. fr. *orfreis*, y éste del l. *aurum phygĭum*, oro frigio.) m. ant. Orifrés.

OROGENIA. (gr. ὄρος, montaña, y γένος, origen.) f. Parte de la geología que estudia la formación de las montañas y el conjunto de hipótesis elaboradas para explicarla.

OROGÉNICO, CA. adj. Perteneciente o relativo a la orogenia.

* **OROGNOSIA.** (gr. ὄρος, montaña, y γνῶσις, conocimiento.) f. Geol. Parte de la geología que trata de la constitución y formación de las montañas.

OROGRAFÍA. (gr. ὄρος, montaña, y γράφω, describir.) f. Parte de la geografía física que trata de las montañas. || **P.** orografia; **I.** orography; **F.** orographie; **A.** Gebirgsbeschreibung; **It.** orografia; **R.** орография.

OROGRÁFICO, CA. adj. Perteneciente o relativo a la orografía.

* **OROMETRÍA.** (gr. ὄρος, montaña, y μέτρον, medida.) f. Geol. Medición de las montañas. || **2.** Parte de la geología que se ocupa de dicha medición.

ORÓMETRO. (gr. ὄρος, montaña, y μέτρον, medida.) Barómetro aneroide provisto de una escala que señala la altitud aproximada del lugar de la observación.

ORÓN. m. Serón grande y redondo. || **2.** Murc. Lugar de las casas de la huerta donde se guarda el trigo. || **3.** Murc. Especie de tubo grande para contener el grano.

ORONDADO, DA. (l. *ŭndŭlatus*, ondulado.) adj. ant. Ensortijado, enroscado.

ORONDADURA. (De *orondado*.) f. ant. Diversidad de color en forma de ondas.

* **ORONDEAR.** (De *orondo*.) intr. Chile. Farolear, fachendear, alardear.

ORONDO, DA. (De *orondado*.) adj. Dícese de las vasijas de mucha concavidad. || **2.** fam. Hueco, hinchado. || **3.** fig. y fam. Lleno de presunción.

OROPEL. (l. *auri pellis*, hoja de oro.) m. Lámina de latón muy batida y adelgazada que imita al oro. || **2.** fig. Cosa de escaso valor y mucha apariencia. || **3.** Adorno o requisito de una persona. || *Gastar uno mucho* OROPEL. fr. fig. y fam. Ostentar gran vanidad y fausto, sin posibles para ello. || **P.** ouropel; **I.** Dutch gold; **F.** oripeau; **A.** Rauschgold; **It.** orpello; **R.** мишура.

OROPELERO. m. El que fabrica o vendeor opel, 1.ª acep.

OROPÉNDOLA. (l. *aureus*, dorado, y *pinnŭla*, pluma.) f. Pájaro de unos 25 cm desde la punta del pico hasta la extremidad de la cola y 43 de envergadura; plumaje amarillo, con las alas, la cola, el pico y las patas negras; se alimenta de insectos y frutas y construye el nido colgado de los árboles. Es común por los pájaros más hermosos. || **P.** verdilhão; **I.** y **F.** loriot; **A.** Pfingstvogel, Goldamsel; **It.** rigògolo; **R.** иволга.

OROPIMENTE. (l. *auripigmentum*.) m. Sequisulfuro nativo de arsénico, de color de limón, textura laminar o fibrosa y brillo nacarado. Es venenoso y se emplea en pintura y tintorería. || **P.** oruro-pigmento; **I.** y **F.** orpiment; **A.** Operment; **It.** orpimento; **R.** аурипигмент.

* **OROPÓN.** m. Quím. Producto artificial usado en el curtido de las pieles para el desencalado.

* **OROXILINA.** (De *oroxilo*.) f. Quím. Producto que se extrae del oroxilo, y tiene propiedades antirreumáticas.

* **OROXILO.** m. Bot. Árbol filipino de la familia de las bignoniáceas.

OROYA. f. Cesta o cajón del andarivel.

OROZUZ. (ár. *'urūq sūs*, raíces de la [planta llamada] *sūs*, regaliz.) m. Planta leguminosa de tallos casi leñosos, hojas puntiagudas, flores pequeñas azuladas y fruto con pocas semillas; de su rizoma se extrae un jugo dulce usado como pectoral y emoliente. Es común en España a orillas de muchos ríos.

ORQUESTA. (De *orquestra*.) f. Conjunto de músicos y de las varias clases de instrumentos, principalmente de cuerda y de viento, que intervienen en la interpretación de una obra instrumental o acompañan la música religiosa, la coral o la escénica. || **2.** Lugar destinado para los músicos, comprendido entre la escena y las butacas o lunetas. || **3.** En el teatro griego, lugar en el que el coro efectuaba sus evoluciones. || **P.** orquestra; **I.** e **It.** orchestra; **F.** orchestre; **A.** Orchester; **It.** оркестр.

ORQUESTACIÓN. f. Acción y efecto de orquestar.

ORQUESTAL. adj. Perteneciente o relativo a la orquesta.

ORQUESTAR. tr. Instrumentar para orquesta.

* **ORQUESTINA.** (d. de *orquesta*.) f. Orquesta de pocos instrumentos dedicada generalmente a interpretar piezas de baile.

ORQUESTRA. (l. *orchestra*, y éste del gr. ὀρχήστρα.) f. Orquesta.

ORQUIDÁCEO, A. (De *orchis*, nombre de un género de plantas.) adj. Bot. Dícese de hierbas angiospermas monocotiledóneas, vivaces, con hojas envolventes o escamas, de flores zigomorfas de forma y coloración muy raras. Son plantas generalmente ornamentales muy estimadas; como el compañón de perro, el satirión y la vainilla. Ú.t.c.s. || **2.** f. pl. Bot. Familia de estas plantas.

ORQUÍDEO, A. (l. *orchis*, y éste del gr. ὄρχις, testículo, planta bulbosa.) adj. Bot. Orquidáceo.

ORQUITIS. (gr. ὄρχις, testículo, y el sufijo, *itis*.) f. Pat. Inflamación aguda o crónica del testículo. || **P.** orquite; **I.** orchitis; **F.** orchite; **A.** Hodenentzündung; **It.** orchite; **R.** орхит.

ORTEGA. (l. *ortyx*, -*ygis*, y éste del gr. ὄρτυξ.) f. Ave gallinácea, poco mayor que la perdiz, de alas cortas, plumaje rojizo ceniciento en general, blanco en la garganta y en el extremo de la cola y negro en el abdomen. Su carne es muy estimada. Es común en España y corre más que vuela.

* **ORTICONOSCOPIO.** m. Telev. Tubo electrónico de cámara televisora, cuyo fundamento es el principio de acumulación.

ORTIGA. (l. *urtīca*.) f. Planta herbácea de la familia de las urticáceas, con tallos prismáticos, hojas agudas, aserradas, cubiertas, lo mismo que los tallos, de pelos que segregan un líquido urente, flores verdosas en racimos y fruto seco y comprimido. Es muy común en España. ||
—**de mar.** Acalefo. || —**de pelotillas.** Ortiga romana. || —**menor** o **moheña.** La que se distingue de la común en ser monoica y tener las hojas ovaladas. ||
—**muerta.** Planta labiada, de tallos vellosos, hojas puntiagudas y fruto seco monospermo; flores en grupos axilares, de corola blanca o purpúrea. Es común en los lugares húmedos. || —**romana.** Especie muy parecida a la moheña, de la que se distingue principalmente por la que se zapuela formadas por sus flores femeninas. || *Ser uno como unas* ORTIGAS. fr. fig. y fam. Ser áspero en su trato y en sus palabras. || **P.** urtiga; **I.** nettle; **F.** ortie; **A.** (Brenn)-Nessel; **It.** ortica; **R.** крапива.

ORTIGAL. m. Terreno cubierto de ortigas.

ORTIVO, VA. (l. *ortivus*.) adj. Astron. Perteneciente o relativo al orto.

ORTO. (l. *ortus*.) m. Salida del Sol o de otro astro por el horizonte.

* **ORTOCENTRO.** m. Geom. Punto de intersección de las tres alturas de un triángulo.

* **ORTOCROMÁTICO, CA.** adj. Dícese de las placas fotográficas sensibles a los colores del espectro de una manera parecida al ojo humano. || **2.** Procedimiento empleado para obtener dichas placas. || **3.** Bioquím. Que se tiñe con normalidad.

* **ORTODIÁGRAFO.** m. Med. Aparato de rayos X que registra con exactitud las dimensiones, formas y posición de los órganos internos, especialmente del corazón.

ORTODONCIA. (gr. ὀρθός, recto, y ὀδών, diente.) f. Cir. Rama de la odontología que trata de la corrección de las irregularidades de los dientes.

ORTODOXIA. (l. *orthodoxĭa*, y éste del gr. ὀρθοδοξία.) f. Creencia recta, conforme a la doctrina y dogmas de la Iglesia católica. || **2.** Por ext., calidad de ortodoxo en general. || **P.** ortodoxia; **I.** orthodoxy; **F.** orthodoxie; **A.** Rechtgläubigkeit; **It.** ortodossia; **R.** правоверность.

ORTODOXO, XA. (l. *orthodoxus*, y éste del gr. ὀρθόδοξος; de ὀρθός, recto, y δόξα, opinión.) adj. Conforme con el dogma católico. *Opinión* ORTODOXA. Apl. a pers. ú.t.c.s. || **2.** Por ext., conforme con la doctrina fundamental de cualquier secta o sistema. || **3.** Calificativo que sus adeptos dan a ciertas religiones de Europa oriental, como la griega y la rumana. || **4.** Perteneciente o relativo a estas religiones. Ú.t.c.s.

ORTODROMIA. (gr. ὀρθόδρομος, que corre derechamente.) f. Mar. Ruta de un navío o de un avión que navega por el arco de un círculo máximo.

ORTODRÓMICO, CA. adj. Mar. Perteneciente o relativo a la ortodromia. *Navegación* ORTODRÓMICA.

* **ORTOÉDRICO, CA.** adj. Min. Dícese de los cristales cuyos planos coordenados son perpendiculares entre sí.

ORTOEPÍA. (gr. ὀρθός, recto, y ἔπος, palabra.) f. Arte de pronunciar correctamente.

* **ORTOFONÍA.** f. Estado normal de la voz. || **2.** Corrección de los defectos de pronunciación.

* **ORTOGÉNESIS.** (gr. ὀρθός, recto, y γένεσις, generación.) f. Biol. Evolución espontánea de un organismo en una dirección determinada, con independencia del medio.

ORTOGNATO, TA. adj. Antrop. Dícese de la persona que tiene el ángulo facial muy abierto.

ORTOGONAL. (l. *orthŏgonus*, rectángulo.) adj. Dícese de lo que está en ángulo recto. || **2.** Geom. V. *Proyección* ORTOGONAL.

ORTOGONIO. (l. *orthogonĭus*, y éste del gr. ὀρθογώνιος; de ὀρθός, recto, y γωνία, ángulo.) adj. Geom. V. *Triángulo* ORTOGONIO, triángulo rectángulo.

ORTOGRAFÍA. (l. *orthographĭa*, y éste del gr. ὀρθογραφία.) f. Gram. Delineación del alzado de un edificio u otro objeto. || **2.** Gram. Escritura correcta de las palabras de un idioma. || **3.** Parte de la gramática que enseña esta escritura por el acertado empleo de letras y signos auxiliares. ||
—**degradada** o **en perspectiva.** Geom. Ortografía proyectada. || —**geométrica.** Geom. Proyección ortogonal en un plano vertical. || —**proyecta.** Geom. Perspectiva lineal. || **P.** ortografia; **I.** orthography; **F.** orthographie; **A.** Rechtbeschreibung; **It.** ortografia; **R.** орфография.

ORTOGRÁFICO, CA. adj. Perteneciente o relativo a la ortografía.

ORTÓGRAFO, FA. (l. *orthogrăphus*, y éste del gr. ὀρθογράφος; de ὀρθός, recto, y γράφω, escribir.) m. y f. Persona que sabe o profesa la ortografía.

° **ORTOHIDRÓGENO.** (gr. ὀρθός, recto, y *hidrógeno*.) m. Quím. Nombre dado a un estado isomérico del hidrógeno.

ORTOLOGÍA. (gr. ὀρθολογία; de ὀρθός, recto, y λόγος, lenguaje.) f. Arte de pronunciar bien, y en sentido más amplio, de hablar con propiedad.

ORTOLÓGICO, CA. adj. Perteneciente o relativo a la ortología.

ORTÓLOGO, GA. m. y f. Persona versada en ortología.

* **ORTOMÉTRICO, CA.** adj. Cristalog. Aplícase al cristal o forma cristalina de ejes perpendiculares.

ORTOPEDIA. (gr. ὀρθός, recto, y παῖς, παιδός, niño.) f. Arte de corregir o prevenir las deformidades del cuerpo humano por medio de aparatos o tratamientos especiales. || **P.** ortopedia; **I.** orthopedics, orthopedy; **F.** orthopédie;

O

O

A. Orthopädie; **It.** ortopedia; **R.** ортопедия.

ORTOPÉDICO, CA. adj. Perteneciente o relativo a la ortopedia. ‖ **2.** m. y f. Ortopedista.

ORTOPEDISTA. com. Persona que ejerce o profesa la ortopedia.

★ **ORTOPNEA.** f. MED. Disnea con angustia que obliga al enfermo a respirar en posición vertical.

ORTÓPTERO. (gr. ὀρθός, recto, y πτερόν, ala.) adj. ZOOL. Dícese de los insectos masticadores, de metamorfosis sencilla, con las alas del primer par endurecidas por una capa de quitina, debajo de las cuales se pliegan como un abanico, las del segundo par, que son membranosas; como el saltamontes, el grillo, etc. Ú.t.c.s. ‖ **2.** m. pl. ZOOL. Orden de estos insectos. ‖ **P.** ortóptero; **I.** orthopterous, orthopter; **F.** orthopther; **A.** Geradflüger, Orthopteren; **It.** ortòttero.

ORTÓPTICO, CA. (gr. ὀρθός, recto, y óptico.) adj. MAT. Relativo a las rectas que reúnen la propiedad de ser tangentes a una curva y perpendiculares entre sí; también se dice del punto de su intersección.

ORTOSA. (gr. ὀρθός, recto.) f. Feldespato de estructura laminar que cristaliza en el sistema monoclínico y es opaco, blanco o gris amarillento. Muy frecuente en granitos, pórfidos y pegmatitas. Es un silicato de alúmina y potasa.

★ **ORTÓTOMO.** (gr. ὀρθός, recto, y τέμνω, cortar.) m. ZOOL. Género de pájaros dentirrostros luscínidos, propios de la India, Malasia y Australia que se distinguen por la rara habilidad con que construyen sus nidos cosiendo las hojas de los árboles.

★ **ORTÓTROPO, PA.** adj. BOT. Dícese de un óvulo vegetal en el cual los centros del micropilo, del hilo y de la chalaza quedan en línea recta.

ORUGA. (l. urūca, erūca.) f. Planta herbácea anual, de tallos vellosos, flores blancas con venas moradas, hojas lanceoladas, de sabor picante que se usan como condimento. Es común en los linderos de los campos cultivados. ‖ **2.** Salsa que se hace con esta planta, con azúcar o miel, vinagre o pan tostado. ‖ **3.** ZOOL. Larva de los insectos lepidópteros, vermiforme, con doce anillos, la cabeza córnea y la boca masticadora. Se alimenta generalmente de hojas. ‖ **4.** MEC. Mecanismo de arrastre utilizado en vehículos terrestres, tanques y tractores para avanzar por terrenos escabrosos. Consiste fundamentalmente en un par de bandas sin fin de eslabones metálicos articulados, guiadas y sostenidas por juegos de ruedas. ‖ **5.** Tractor que tiene este dispositivo. ‖ **3.ª** acep.: **P.** ortóptero; **I.** caterpillar; **F.** chenille; **A.** Raupe; **It.** bruco; **R.** гусеница.

ORUJO. (Quizá de borujo.) m. Hollejo de la uva, después de bien exprimida. ‖ **2.** Residuo de la aceituna prensada, del que se saca aceite de inferior calidad. ‖ **P.** burusso; **I.** y **F.** marc; **A.** Weintrester; **It.** vinaccia; **R.** выжимки.

ORVALLAR. (port. orvalhar.) intr. En algunas partes, lloviznar.

ORVALLE. (fr. orvale.) m. BOT. Gallocresta, planta medicinal, especie de salvia.

ORVALLO. (port. orvalho.) m. En algunas partes, llovizna.

ORZA. (l. urcĕus.) f. Vasija vidriada de barro, alta y sin asas, comúnmente usada para guardar conservas. ‖ **P.** orça; **I.** gallipot; **F.** pot de faïence; **A.** Einmachglas; **It.** orcio; **R.** сосуд.

ORZA. (neerl. lurz, izquierda.) f. MAR. Acción y efecto de orzar. ‖ **2.** Pieza suplementaria en forma de triángulo, normalmente metálica, que se aplica a la quilla de los balandros de regata, a fin de aumentar su calado y conseguir una mayor estabilidad. ‖ **3.** P. RICO. Narria, caja, etc., tirada por bueyes para llevar arrastrando cosas pesadas por caminos estrechos. ‖ **—a popa.** Cabo con que se lleva a popa el car de la entena. ‖ **—de avante** o **de novela.** MAR. Orza a popa del trinquete. ‖ **A ORZA.** m. adv. Dícese cuando el buque navega poniendo la proa hacia la parte de donde viene el viento.

ORZAGA. (ár. uššāqa, y éste del l.

oxalĭca, de aĉederas.) f. Planta fructicosa de la familia de las quenopodiáceas, que alcanza hasta metro y medio de altura. Tiene los tallos herbáceos, hojas blanquecinas, arrugadas, flores pequeñas y verdosas y fruto esférico, casi leñoso. Es planta barrilera común en las costas de España.

ORZAR. (De orza.) intr. MAR. Inclinar la proa hacia la parte de donde viene el viento.

ORZAYA. (vasc. aurrzaya, de aurr, niño, y zaya, guarda.) f. Niñera.

ORZOYO. (De oro obrizo.) m. Pelo o hebra de la seda dispuesto para labrar el terciopelo.

ORZUELA. f. d. de orza, 1.ᵉʳ art.

ORZUELO. (l. hordeŏlus.) m. Divieso pequeño que nace en el borde de uno de los párpados. ‖ **P.** terçoyo; **I.** sty; **F.** orgelet; **A.** Gerstenkorn, Werner; **It.** orzai(u)olo; **R.** ячмень.

ORZUELO. m. Trampa oscilante para cazar perdices. ‖ **2.** Especie de cepo para prender las fieras por los pies.

OS. (l. vos.) Dativo y acusativo del pronombre personal de segunda persona en plural. Sirve para ambos géneros. No admite preposición y puede usarse como sufijo. OS buscáis; buscábaOS. En el tratamiento de vos se hace indistintamente oficio de singular o plural. Cuando se emplea como sufijo en las segundas personas del plural del imperativo de los verbos, pierden estas personas su d final. DetenOOS. Exceptúase únicamente id, idOS. Dativo. ‖ **P.** vos; **I.** you, to you; **F.** vous; **A.** euch; **It.** vi, a voi, ve; **R.** вам, вас.

¡OS! interj. ¡Ox!

OSA. (l. ursa.) f. Hembra del oso. ‖ **—Mayor.** ASTRON. Constelación en el hemisferio boreal, situada al sur del León; consta de siete estrellas de gran brillo. ‖ **—Menor.** ASTRON. Constelación boreal rodeada por la del Dragón, y cuya estrella principal es la Polar. Tiene las estrellas menos brillantes que la Osa Mayor, pero colocadas de forma parecida. ‖ **P.** ursa; **I.** she-bear; **F.** ourse; **A.** Bärin; **It.** orsa; **R.** медведица.

OSADAMENTE. adv. Atrevidamente, con intrepidez y osadía.

OSADÍA. (De osado.) f. Atrevimiento, audacia, resolución. ‖ **P.** ousadia; **I.** boldness; **F.** hardiesse; **A.** Kühnheit; **It.** arditezza; **R.** смелость.

OSADO, DA. p.p. de osar. ‖ **2.** adj. Que tiene osadía. ‖ **P.** ousado; **I.** bold; **F.** hardi; **A.** kühn; **It.** ardito; **R.** смелый.

OSAMBRE. m. Osamenta.

OSAMENTA. (l. ossa, huesos.) f. Esqueleto, armazón óseo del cuerpo de los vertebrados. ‖ **2.** Conjunto de huesos que componen el esqueleto. ‖ **P.** ossamenta; **I.** skeleton; **F.** ossature; **A.** Gebeine; **It.** ossatura; **R.** скелет.

OSAR. (De hueso.) m. Osario, 1.ᵉʳ art.

OSAR. (l. ausāre, de ausus, atrevido.) intr. Atreverse; emprender alguna cosa con audacia. ‖ **P.** ousar; **I.** to dare; **F.** oser; **A.** wagen; **It.** osare; **R.** отважиться.

OSARIO. (l. ossarĭum.) m. Lugar de las iglesias y cementerios donde se reúnen los huesos extraídos de las sepulturas. ‖ **2.** Cualquier lugar donde se hallan huesos. ‖ **P.** ossário; **I.** ossuary, bone house; **F.** ossuaire; **A.** Beinhaus; **It.** ossario; **R.** склад костей.

OSARIO. (l. fossa.) m. ant. Lugar donde se enterraban en España los moros y judíos.

★ **OSCAR.** m. CINEMAT. Cada una de las estatuitas, de carácter simbólico, que anualmente otorga la Academia Cinematográfica de Artes y Ciencias de Hollywood al mejor actor, productor o director de películas.

OSCENSE. (l. oscensis.) adj. Natural de Osca, hoy Huesca. Ú.t.c.s. ‖ **2.** Perteneciente a esta antigua ciudad de la España Tarraconense. ‖ **3.** Natural de Huesca. Ú.t.c.s. ‖ **4.** Perteneciente a esta ciudad.

OSCILACIÓN. (l. oscillatio, -ōnis.) f. Acción y efecto de oscilar. ‖ **2.** Espacio recorrido por el cuerpo oscilante, entre sus dos posiciones extremas. ‖ **—del péndulo.** Movimiento efectuado por el péndulo en medio período o en un período completo. ‖ **—de la corteza terrestre.**

Movimientos verticales muy lentos de la corteza terrestre. ‖ **—eléctrica.** Paso a través de un circuito de corrientes que, alternativa y periódicamente cambian de intensidad y de sentido. ‖ **P.** oscilação; **I.** y **F.** oscillation; **A.** Schwingung; **It.** oscillazione; **R.** колебание.

OSCILADOR. m. FÍS. Aparato para producir oscilaciones mecánicas o eléctricas. ‖ **2.** Especialmente el que se usa en radiotelefonía y radiotelegrafía.

OSCILANTE. (l. oscillans, -antis.) p.a. de oscilar. Que oscila. ‖ **2.** adj. V. Piedra oscilante.

OSCILAR. (l. oscillāre.) intr. Moverse alternativamente un cuerpo a un lado y otro de su posición de equilibrio. ‖ **2.** fig. Variar o fluctuar dentro de ciertos límites determinadas manifestaciones o fenómenos. ‖ **3.** fig. Vacilar, titubear. ‖ **P.** oscilar; **I.** to oscillate; **F.** osciller; **A.** schwingen; **It.** oscillare; **R.** колебаться.

OSCILATORIO, RIA. adj. Aplícase al movimiento de los cuerpos que oscilan y a la disposición para oscilar.

★ **OSCILATRIZ.** (De oscilador.) adj. f. RADIOTEC. Se dice de la válvula que produce oscilaciones eléctricas. ‖ **2.** MAR. Aparato que sirve para medir las oscilaciones de los faros. ‖ **3.** MAR. Instrumento que sirve para estudiar sobre un navío la acción de la marejada. ‖ **—de impresión.** Aparato para impresiones fotoacústicas.

★ **OSCILOGRAMA.** m. ELECTR. Registro obtenido por un oscilógrafo.

★ **OSCILÓMETRO.** m. Oscilógrafo. ‖ **2.** Aparato que mide la presión arterial.

OSCINO, NA. adj. ZOOL. Dícese de las aves del orden de las oscinas. ‖ **2.** f. pl. Orden de aves que comprende los pájaros cantores.

OSCITANCIA. (l. oscitans, -antis, descuidado, negligente.) f. Inadvertencia que proviene del descuido.

OSCO, CA. (l. oscus.) adj. Dícese del individuo de uno de los antiguos pueblos de la Italia central. Ú.t.c.s. ‖ **2.** Perteneciente a los oscos. ‖ **3.** m. Lengua osca.

ÓSCULO. (l. oscŭlum.) m. Beso. ‖ **2.** Boquita, abertura u orificio diminuto. ‖ **3.** BOT. Pequeña abertura situada en la cara externa de los granos de polen. ‖ **4.** ZOOL. Boca o abertura de cada una de las cavidades interiores de las esponjas. ‖ **P.** beijo; **I.** kiss; **F.** baiser; **A.** Kuss; **It.** òsculo, bacio; **R.** почелуй.

OSCURAMENTE. adv. Obscuramente.

★ **OSCURANA.** f. AMÉR. CENTRAL, COLOM. y VENEZ. Obscuridad atmosférica, nublado muy obscuro. ‖ **2.** HOND. Polvo volcánico que produce obscuridad.

OSCURANTISMO. m. Obscurantismo.

OSCURANTISTA. adj. Obscurantista. Apl. a pers. ú.t.c.s.

OSCURECER. tr. Obscurecer. Ú.t.c.r.

OSCURECIMIENTO. m. Obscurecimiento.

OSCURIDAD. f. Obscuridad.

OSCURO, RA. adj. Obscuro. ‖ **2.** PINT. V. Claro oscuro. ‖ **3.** ARGENT. Dícese del animal yeguarizo de color casi negro. Ú.t.c.s. ‖ **A OSCURAS.** m. adv. a obscuras.

OSEAR. (De ¡Ox!) tr. Oxear.

OSEAR. (De oso.) intr. CUBA. Insultar y proceder como un perdonavidas.

OSEICO, LLO, TO. m. d. de hueso.

OSEÍNA. (De óseo.) f. QUÍM. Substancia que forma la trama de los huesos.

ÓSEO, A. (l. osseus.) adj. De hueso. ‖ **2.** De la naturaleza del hueso. ‖ **P.** ósseo; **I.** osseous; **F.** osseux; **A.** knochig; **It.** òsseo; **R.** костный.

★ **OSEOMUCINA.** f. BIOQUÍM. Substancia fundamental homogénea que mantiene unidos el colágeno y las fibrillas elásticas del tejido óseo.

OSERA. f. Cueva donde se guarece el oso para abrigarse y criar sus hijos.

OSERÍA. f. ant. Cacería del oso.

OSERO. (l. ossarĭum.) m. Osario, 1.ᵉʳ art., 1.ª y 2.ª aceps.

OSETA. (De osar.) f. GERM. Lo que pertenece a la rufianesca. ‖ Echar de la OSETA. fr. GERM. Hablar recio, jurando y perjurando.

OSEZNO. m. Cachorro de oso. ‖ **P.** ursoxinho; **I.** bear whelp; **F.** ourson;

A. unger Bär; **It.** orsacchiotto; **R.** медвежонок.

OSEZUELO. m. d. de hueso.

OSIÁNICO, CA. adj. Perteneciente o relativo a Osián, supuesto bardo escocés del siglo III, y a las poesías que se le atribuyen.

OSIFICACIÓN. f. Acción y efecto de osificarse.

OSIFICARSE. (l. *os, ossis*, hueso, y *facĕre*, hacer.) r. Convertirse en hueso una substancia orgánica. || **P.** ossificar-se; **I.** to ossify; **F.** s'ossifier; **A.** verknöchern; **It.** ossificarsi; **R.** костенеть.

OSÍFRAGA. (l. *ossifrăga*.) f. Osífrago.

OSÍFRAGO. (l. *ossifrăgus; de os, ossis*, hueso, y *frangĕre*, quebrantar.) m. Ave rapaz, llamada también quebrantahuesos.

* OSLAR. tr. ARGENT. Adelgazar adelgazándola la masa de harina con un rodillo manual.

OSMANLÍ. (turco, '*uṭmānlī*, otomano.) adj. Otomano. Apl. a pers. ú.t.c.s.

OSMAZOMO. (gr. ὀσμή, olor, ζωμός, jugo.) m. Mezcla de substancias azoadas que proceden de la carne.

OSMIO. (gr. ὀσμή, olor.) m. Metal semejante al platino, duro, de color blanco azulado; es el más denso o pesado de todos los cuerpos conocidos. Su aleación con vidrio se usa en las puntas de las plumillas de oro y como substitutivo del rubí en cojinetes de aparatos de precisión.

ÓSMOSIS [OSMOSIS]. (gr. ὠσμός, acción de empujar, impulso.) f. Fís. Difusión o paso recíproco que tiene lugar entre dos líquidos o gases de distinta densidad capaces de mezclarse a través de un tabique o membrana permeable que los separa.

OSMÓTICO, CA. adj. Perteneciente o relativo a la ósmosis.

OSO. (l. *ursus*.) m. Mamífero carnicero plantígrado, que alcanza hasta un metro de alto por uno y medio de largo; pelaje pardo, abundante, largo y lacio; cabeza grande, ojos pequeños, hocico puntiagudo, extremidades fuertes y gruesas, cinco dedos en cada una, con uñas recias y en forma de gancho, y cola muy corta. Vive en lo más espeso de los bosques de España, se alimenta con preferencia de vegetales, tiene andar torpe y trepa a los árboles. || **2.** V. *Oreja* de oso. || **—blanco.** El de gran tamaño, con la cabeza aplastada, hocico puntiagudo, pelaje liso y blanco, que vive en los países marítimos más septentrionales. Se alimenta de focas, morsas y peces a los cuales coge zambulléndose en el mar. || **—colmenero.** Mamífero mustélido africano, que ataca a las colmenas para comerse la miel. || **—hormiguero.** Mamífero desdentado de América, de un metro de largo; pelaje áspero, cabeza pequeña, hocico muy prolongado, lengua larga, casi cilíndrica y pegajosa, con la cual recoge las hormigas, de las que se alimenta, después de destruir el hormiguero con sus garras. || **—marino.** Especie de foca de 2 m aproximadamente de largo, cabeza parecida a la del oso, ojos prominentes, orejas puntiagudas y pelaje pardo rojizo muy suave. Habita en el Océano Glacial Antártico. || **—marítimo.** Oso blanco. || **—marsupial.** Mamífero marsupial australiano semejante a un oso pequeño. Carece de cola y su pelaje de color ceniciento es muy tupido, blando y suave. || **—negro.** Especie de oso mayor que el común, de hocico más prolongado, pelaje negro y liso; come hormigas con preferencia. || **—pardo.** Oso, 1.ª acep. *Hacer* uno el OSO. fr. fig. y fam. Exponerse a la burla de las gentes, haciendo o diciendo tonterías. || **2.** fig. y fam. Galantear, cortejar sin disimulo. || **P.** urso; **I.** bear; **F.** ours; **A.** Bär; **It.** orso; **R.** медведь.

OSOSO, SA. (l. *ossuŏsus*.) adj. Perteneciente al hueso. || **2.** Que tiene hueso. || **3.** Óseo.

OSTA. (b. l. *hosta* y *osta*.) f. MAR. Cabos o aparejos que mantienen firmes los picos cangrejos en los balances o cuando van orientadas las velas.

OSTAGA. (De *ustaga*.) f. MAR. Cabo para izar dichas vergas de gavia.

¡**OSTE!** interj. ¡Oxte! || *No decir* OSTE *ni moste.* fr. Sin decir oxte ni moxte.

* OSTEALGIA. f. Dolor intenso en uno o más huesos.

OSTEÍTIS. (gr. ὀστέον, hueso, y el suf. *ítis*, inflamación.) f. MED. Inflamación de los huesos.

OSTENSIBLE. (l. *ostensum*, supino de *ostendĕre*, mostrar.) adj. Que puede mostrarse o manifestarse. || **2.** Visible, manifiesto. || **P.** ostensível; **I.** y **F.** ostensible; **A.** offensichtlich; **It.** ostensibile; **R.** очевидный.

OSTENSIBLEMENTE. adv. De un modo ostensible.

OSTENSIÓN. (l. *ostensĭo, -ōnis*.) f. Manifestación de una cosa.

OSTENSIVO, VA. (l. *ostensum*, supino de *ostendĕre*, mostrar.) adj. Que muestra u ostenta una cosa.

OSTENTACIÓN. (l. *ostentatĭo, -ōnis*.) f. Acción y efecto de ostentar. || **2.** Jactancia y vanagloria. || **3.** Magnificencia exterior, pompa. || **P.** ostentação; **I.** y **F.** ostentation; **A.** Prunksucht; **It.** ostentazione; **R.** выставление напоказ.

OSTENTADOR, RA. (l. *ostentātor*.) adj. Que ostenta. Ú.t.c.s.

OSTENTAR. (l. *ostentāre*.) tr. Mostrar o hacer patente una cosa. || **2.** Hacer gala de grandeza. || **P.** ostentar; **I.** to boast, to exhibit; **F.** se vanter, faire étalage de; **A.** zeigen, prahlen mit; **It.** ostentare; **R.** выставлять напоказ.

OSTENTATIVO, VA. adj. Que hace ostentación de algo.

OSTENTO. (l. *ostentum*.) m. Apariencia de prodigio, cosa milagrosa o monstruosa.

OSTENTOSAMENTE. adv. Con ostentación.

OSTENTOSO, SA. (l. *ostentuōsus*.) adj. Magnífico, suntuoso, aparatoso.

* OSTEOARTRITIS. f. PATOL. Artritis inflamatoria de los extremos óseos que forman una articulación.

* OSTEOBLASTO. m. Célula productora de la substancia ósea.

* OSTEOCLASTIA. f. MED. Fragilidad anormal de los huesos.

* OSTEOCOPO, PA. adj. MED. Dícese del dolor intenso que se siente en los huesos. Ú.t.c.s.

OSTEOLITO. m. PALEONT. Hueso fósil.

OSTEOLOGÍA. (gr. ὀστέον, hueso, y λόγος, tratado.) f. Parte de la anatomía que trata de los huesos. || **P.** osteologia; **I.** osteology; **F.** ostéologie; **A.** Knochenlehre; **It.** osteologia; **R.** остеология.

OSTEOLÓGICO, CA. adj. Perteneciente o relativo a la osteología.

OSTEOMA. (gr. ὀστέον, hueso, y el suf. ωμα, tumor.) m. MED. Tumor de naturaleza ósea o con elementos de tejido óseo.

OSTEOMALACIA. (l. *osteomalacia*, y éste del gr. ὀστέον, hueso, y μαλακός, blando.) f. MED. Reblandecimiento de un hueso por pérdida de las sales calcáreas.

OSTEOMIELITIS. f. Inflamación simultánea del hueso y de la médula ósea.

* OSTEOPLASTO. m. ANAT. Osteoblasto. || **2.** Cavidad o laguna microscópica ósea en que se aloja el osteoblasto.

OSTEOTOMÍA. f. CIR. Resección de un hueso.

OSTIA. (l. *ostrĕa*.) f. Ostra.

* OSTIACO, CA. adj. ETNOG. Individuo uralo-altaico perteneciente al grupo *ugro*, establecido en la cuenca del río Obi.

* OSTIAL. (l. *ostium*.) m. MAR. Entrada de un puerto o canal. || **2.** Concha que cría la perla. || **3.** Paraje en que se pescan las perlas.

OSTIARIO. (l. *ostiarĭus; de ostium*, puerta.) m. Clérigo que recibe la primera de las órdenes menores. Su misión es custodiar la iglesia y tañer las campanas. || **P.** ostiário; **I.** ostiary; **F.** ostiaire; **A.** (Kirch) Pförtner; **It.** ostiario.

OSTIÓN. (De *ostia*.) m. Ostrón. || **2.** AMÉR. Ostra.

OSTRA. (l. *ostrĕa*.) f. ZOOL. Molusco lamelibranquio marino de concha rugosa, de color pardo verdoso por fuera y lisas, blancas y algo nacaradas por dentro; vive adherido a las rocas marinas y es mariscó muy apreciado. || **2.** ZOOL. Concha de la madreperla. || **P.** ostra; **I.** oyster; **F.** huître; **A.** Auster; **It.** òstrica; **R.** устрица.

OSTRACISMO. (l. *ostracismus*, y éste del gr. ὀστρακισμός; de ὀστρακίζω, condenar a ostracismo; de ὀστρακον, concha, tejuelo en forma de concha en que los atenienses escribían el nombre del condenado a destierro.) m. Destierro político con que los antiguos atenienses solían condenar al ciudadano que consideraban peligroso para el Estado. || **2.** fig. Exclusión voluntaria o forzosa de los cargos públicos. || **P.** e **It.** ostracismo; **I.** ostracism; **F.** ostracisme; **A.** Verbannung; **R.** остракизм.

* OSTRÁCODO. adj. ZOOL. Dícese de los crustáceos encerrados en un caparazón bivalbo semejante a una concha.

OSTRAL. m. Ostrero, lugar en que se crían y conservan vivas las ostras.

OSTRERA. f. En las costas del Cantábrico, ostrero, 3.ª acep. || **P.** ostreira; **I.** oyster-bed; **F.** ecaillère; **A.** Austerbank; **It.** ostricaia; **R.** садок, для устриц.

OSTRERO, RA. adj. Perteneciente o relativo a las ostras. || **2.** m. y f. Persona que vende ostras. || **3.** m. Lugar donde se crían y conservan vivas las ostras. || **4.** Lugar en que se crían las perlas.

OSTRÍCOLA. (De *ostra*, y el l. *colĕre*, cultivar.) adj. Perteneciente o relativo a la cría y conservación de las ostras.

OSTRICULTURA. (De *ostra*.) f. Arte de criar ostras preparadas en bancos para facilitar a las larvas un desarrollo conveniente.

OSTRÍFERO, RA. (l. *ostrifer; de ostrĕa*, ostra, y *ferre*, llevar.) adj. Que cría ostras o abunda en ellas.

OSTRO. (l. *ostrĕum*.) m. Ostrón.

OSTRO. (l. *ostrum*.) m. Cualquiera de los moluscos cuya tinta servía a los antiguos para dar a las telas el color de la púrpura. || **2.** Púrpura preparada con estos moluscos.

OSTRO. m. Austro. || **2.** Sur, punto cardinal del horizonte opuesto al norte.

OSTROGODO, DA. (germ. *ost*, el oriente, y *got*, godo.) adj. Dícese del individuo de aquella parte del pueblo godo que se estableció al oriente del Dniéper, y la cual fundó un reino en Italia. Ú.t.c.s. || **2.** Perteneciente o relativo a los ostrogodos. || **P.** ostrogodo; **I.** Ostrogoth; **F.** ostrogoth; **A.** ostgotisch; **It.** ostrogoto; **R.** остготы.

OSTRÓN. (aum. de *ostra*.) m. Especie de ostra mayor y más basta que la común.

OSTUGO. m. Rincón. || **2.** Pizca.

OSUDO, DA. adj. Huesudo.

OSUNO, NA. adj. Perteneciente al oso.

OTACUSTA. (l. *otacusta*, y éste del gr. ὠτακουστής; de οὐς, ὠτός, oreja, y ἀκούω, oir.) m. ant. Espía o escucha.

OTACÚSTICO, CA. (De *otacusta*.) adj. Dícese del aparato que ayuda y perfecciona el sentido del oído.

* OTÁFONO. m. MED. Aparato con que se aumenta la potencia auditiva de los oídos débiles.

OTALGIA. (l. *otalgia*, y éste del gr. ὠταλγία; de οὐς, ὠτός, oído, y ἄλγος, dolor.) f. MED. Dolor de oídos.

OTAR. (Del ant. *oto*, y éste del l. *altus*.) tr. ant. Otear.

OTARIO, RIA. adj. ARGENT. Tonto, necio. Ú.t.c.s.

* OTATE. (mejic. *otlatl*, caña.) m. MÉJ. Caña utilizada para hacer banastas y bastones. || **2.** MÉJ. Bastón hecho con la misma caña.

OTEADOR, RA. adj. Que otea. Ú.t.c.s.

OTEAR. (Del ant. *oto*, y éste del l. *altus*.) tr. Registrar, observar desde lugar alto lo que está bajo. || **2.** Escudriñar, mirar con sumo cuidado.

OTERO. (l. *altarium*, altar.) m. Cerro aislado que domina un llano. || **P.** outeiro; **I.** hill; **F.** tertre; **A.** Anhöhe, Hügel; **It.** collina; **R.** холм.

OTERUELO. m. d. de otero.

OTILAR. intr. AR. Aullar el lobo.

OTITIS. (gr. οὐς, ὠτός, oído, y el suf. *itis*.) f. MED. Inflamación del órgano del oído. || **—externa.** MED. La que no pasa más allá de la membrana del tímpano. || **—interna.** MED. La que afecta la caja del tímpano y la trompa de Eustaquio. || **P.**, **F.** e **It.** otite; **I.** otitis; **A.** Ohrenentzündung; **R.** отит.

OTO. (l. *otus*, buho.) m. Autillo, ave rapaz nocturna.

OTOBA. f. Árbol de la América tro-

O

pical, semejante a la mirística y cuyo fruto es muy semejante a la nuez moscada.

* OTOLARINGOLOGÍA. f. MED. Especialidad que abarca el estudio de las enfermedades del oído y de la laringe conjuntamente.

OTOLITO. m. ZOOL. Cocreción calcárea que existe en el oído de los vertebrados.

OTOLOGÍA. (gr. οὖς, ὠτός, oído, y λόγος, tratado.) f. MED. Parte de la patología que estudia las enfermedades del oído. ‖ P. otologia; I. otology; F. otologie; A. Ohrenlehre; It. otologia; R. отология.

OTOLÓGICO, CA. adj. Perteneciente o relativo a la otología.

OTÓLOGO. (De *otología.*) m. Médico especialista en las enfermedades del oído. ‖ P. otólogo; I. otologist; F. otologiste; A. Ohrenarzt; It. otólogo; R. отолог.

OTOMÁN. m. Tela de tejido acordonado que se usa principalmente para vestidos de mujer.

OTOMANA. f. Sofá otomano, o sea al estilo de los que usan los turcos y árabes.

OTOMÁNICO, CA. (De *otomano.*) adj. ant. Turco, perteneciente o relativo a Turquía.

OTOMANO, NA. (ár. 'Utmân, n. p. del fundador de la dinastía que de él tomó nombre.) adj. Turco. Apl. a pers. ú.t.c.s. ‖ P. otomano; I. ottoman; F. ottomane; A. Ottomane, türkisch; It. ottomano; R. турецкий.

* OTOMÍA. f. ARGENT. y COLOM. Atrocidad. ‖ 2. REP. DOMIN. Insulto.

OTOÑADA. f. Tiempo o estación de otoño. ‖ 2. Otoño, estación del año comprendida entre el equinoccio del mismo nombre y el solsticio de invierno. ‖ 3. Pasto de otoño.

OTOÑAL. adj. Propio de otoño o perteneciente a él. ‖ 2. V. *Trigo* OTOÑAL. ‖ P. outonal; I. autumnal; F. automnal; A. herbstlich; It. autunnale; R. осенний.

OTOÑAR. (l. *autūmnāre.*) intr. Pasar el otoño. ‖ 2. Brotar la hierba en otoño. ‖ 3. r. Sazonarse, adquirir tempero la tierra en otoño.

OTOÑIZO, ZA. adj. Otoñal, 1.ª acep.

OTOÑO. (l. *autūmnus.*) m. Estación del año comprendida entre el equinoccio del mismo nombre y el solsticio de invierno. ‖ 2. Época templada del año; en el hemisferio boreal corresponde a los meses de septiembre, octubre y noviembre, y en el austral a los de marzo, abril y mayo. ‖ 3. Segunda hierba o heno que producen los prados en la estación de otoño. 4.fig. Tiempo próximo a la vejez. ‖ P. outono; I. autumn; F. automne; A. Herbst; It. autunno; R. осень.

OTOR. (De *autor.*) m. ant. FOR. Persona a quien se señala en juicio por poseedora o autora de una cosa para poder ser demandada.

OTORGADERO, RA. adj. Que se puede o debe otorgar.

OTORGADOR, RA. adj. Que otorga. Ú.t.c.s.

OTORGAMIENTO. (De *otorgar.*) m. Consentimiento, licencia, parecer favorable. ‖ 2. Acción de otorgar un instrumento; como poder, testamento, etc. ‖ 3. Escritura de contrato o de última voluntad. ‖ 4. Parte final del documento, especialmente del notarial, en que éste se aprueba, cierra y solemniza.

OTORGANTE. p.a. de otorgar. Que otorga. Ú.t.c.s.

OTORGAR. (l. *auctoricāre*, de *auctorāre.*) tr. Consentir en una cosa, condescender con ella o concederla. ‖ 2. FOR. Disponer, establecer, ofrecer, estipular o prometer una cosa. Suele decirse cuando interviene la fe notarial. ‖ P. outorgar; I. to consent; F. octroyer; A. bewilligen; It. conferire; R. предоставлять.

OTORGO. (De *otorgar.*) m. ant. Otorgamiento. ‖ 2. Contrato esponsalicio y capitulaciones matrimoniales.

OTORÍA. (De *otor.*) f. ant. FOR. Designación que el demandado hacía en juicio, determinando la persona contra quien se debía dirigir la acción.

OTORREA. (gr. οὖς, ὠτός, oído, y ῥέω, fluir.) f. MED. Flujo mucoso o purulento del oído.

OTORRINOLARINGOLOGÍA. (gr. οςú, ὠτός, oído; ῥίς, ῥινός, nariz; λάρυγξ, -υγγος, laringe, y λογία, de λόγος, tratado.) f. Parte de la patología, que trata de las enfermedades del oído, nariz y laringe.

OTORRINOLARINGÓLOGO. m. Médico especializado en otorrinolaringología.

º OTOSCLEROSIS. m. MED. Esclerosis progresiva del oído medio.

OTOSCOPIA. (De *otoscopio.*) f. MED. Exploración del órgano del oído.

OTOSCOPIO. (gr. οὖς, ὠτός, oído, y σκοπέω, examinar.) m. MED. Instrumento para reconocer el órgano del oído.

OTRAMENTE. adv. De otra suerte.

OTRE. (De *otri.*) adj. ant. Otro.

OTRI. (De *otro*, infl. por *qui.*) adj. ant. Otro. Usáb.t.c.s. Las formas *otre* y *otri* úsanse aún en algunos pueblos de Navarra, Soria y Logroño.

OTRO, TRA. (l. *altĕrum,* acus. de *alter.*) adj. Aplícase a la persona o cosa distinta de aquella de que se habla. Ú.t.c.s. ‖ 2. Denota muchas veces la suma semejanza entre dos personas o casas distintas. *Es* OTRO *Napoleón.* ‖ 3. V. *El* OTRO *mundo.* ‖ 4. V. *La* OTRA *vida.* ‖ *Esa es* OTRA. expr. con que se explica que lo que se dice es un nuevo despropósito. ‖ ¡OTRA! Voz con que se pide en espectáculos públicos la repetición de un pasaje, canto, etc. ‖ 2. interj. que denota la impaciencia producida por la pesadez o los errores del interlocutor. ‖ OTRA, u OTRO *que tal.* expr. fam. con que se da a entender la semejanza de cualidades entre algunas personas o cosas. ‖ OTRA *te pego.* expr. fig. y fam. que denota la continuación en una impertinencia. ‖ 2. Desagrado causado por dicha impertinencia. ‖ 3. Dale bola. P. outro; I. other; F. autre; A. ander, noch ein; It. altro; R. другой, иной.

OTRORA. (De *otra hora.*) adv. En otro tiempo.

OTROSÍ. (l. *altĕrum,* otro, y *sic,* así.) adv. Además. ‖ 2. m. FOR. Cada una de las peticiones o pretensiones que se ponen a continuación de la principal.

OTUBRE. m. ant. Octubre.

OVA. (l. *ulva.*) f. BOT. Cualquiera de las algas unicelulares, de color verde, con ramificaciones filamentosas, sencillas o articuladas, que se crían en las aguas corrientes o estancadas y flotan o están fijas por medio de apéndices rizoides. Ú.m. en pl. ‖ **—de río.** Ajomate. ‖ **—marina.** La que vive en el mar y tiene expansiones laminares huecas, tubulosas, casi siempre ramificadas. ‖ P. ulva; I. sea lettuce; F. algue; A. Alge; It. ova; R. водоросль.

OVACIÓN. (l. *ovatio, -ōnis.*) f. Uno de los triunfos menores que concedían los romanos por victorias de poca consideración. ‖ 2. fig. Aplauso ruidoso tributado colectivamente a una persona o cosa. ‖ P. ovación; I. y F. ovation; A. Ovation; It. ovazione; R. овчия.

OVACIONAR. tr. Aclamar, tributar una ovación, 2.ª acep.

OVADO, DA. (l. *ovātus.*) adj. Dícese del ave hembra cuyos huevos han sido fecundados. ‖ 2. Aovado. ‖ 3. Ovalado.

OVAL. (l. *ovum*, huevo.) adj. De figura de óvalo o huevo. ‖ 2. *Ventana* OVAL. ANAT. Una de las dos aberturas por las cuales la caja del tímpano comunica con el laberinto. ‖ P. e I. oval; F. e It. ovale; A. eirund, oval; R. овальный.

OVALADO, DA. p.p. de ovalar. ‖ 2. adj. 1.ª acep.

OVALAR. tr. Dar a una cosa figura de óvalo.

ÓVALO. (l. *ovum*, huevo, por la forma.) m. Curva cerrada, con la convexidad vuelta hacia afuera, simétrica respecto a uno o dos ejes, de forma parecida a la de la elipse. ‖ 2. Cualquier figura plana, oblonga y curvilínea, especialmente la que tiene la forma de sección longitudinal de un huevo. ‖ 3. ARQ. Adorno en figura de huevo, que generalmente alterna con el dardo en las molduras convexas. ‖ P. e I. oval; F. ovale; A. Oval; It. uòvolo; R. овал.

OVANTE. (l. *ovans, -antis,* p.a. de *ovāre,* triunfar.) adj. Aplícase al que entre los romanos conseguía el honor de la ovación. ‖ 2. Victorioso o triunfante.

OVAR. (l. *ovum,* huevo.) intr. Aovar.

OVÁRICO, CA. adj. BOT. y ZOOL. Perteneciente o relativo al ovario. ‖ 2. ZOOL. V. *Vesícula* OVÁRICA. Vesícula que contiene el óvulo.

OVARIO. (l. *ovarius.*) m. ARQ. Moldura adornada con óvalos. ‖ 2. PAT. Parte inferior del pistilo, donde están los óvulos. ‖ 3. ZOOL. Órgano de la reproducción de las hembras, donde se producen los óvulos. Constituye la parte esencial y característica del aparato generador femenino. ‖ P. ovário; I. ovary; F. ovaire; A. Ovarium, Eierstock; It. ovario; R. яичник.

* OVARIOCENTESIS. f. CIR. Punción quirúrgica en un quiste ovárico.

OVARIOESTERESIS. CIR. Ovariotomía.

OVARIOTOMÍA. (De *ovario,* y del gr. τομή, sección, corte.) f. CIR. Operación que consiste en la extirpación de uno o ambos ovarios.

OVARITIS. (De *ovario* y el suf. *itis.*) f. PAT. Inflamación de los ovarios.

OVAS. (l. *ova,* huevos.) f. pl. En algunas partes, hueva.

OVECICO. m. d. de huevo.

OVEJA. (l. *ovicŭla.*) f. Hembra del carnero. ‖ 2. AMÉR. MERID. Llama, mamífero rumiante sudamericano. ‖ 3. ARGENT. Mujer perdida, ramera. ‖ **—negra.** fig. Persona que una familia o colectividad difiere desfavorablemente de las demás. ‖ **—renil.** La machorra o castrada. ‖ *Cada* OVEJA *con su pareja.* ref. que enseña que cada uno se contenga en su estado y clase. ‖ *Encomendar las* OVEJAS *al lobo.* fr. fig. Encargar los negocios, hacienda u otras cosas a quien las pierde o destruye. ‖ OVEJA *chiquita, cada año es corderita.* ref. que da a entender que las personas de pequeña estatura suelen disimular bien la edad. ‖ OVEJA *harta, de su rabo se espanta.* ref. que habla contra los acomodados, a quienes cualquier suceso les causa recelo. ‖ OVEJA *que bala, bocado pierde.* ref. que enseña que el que se divierte fuera de su intento, se atrasa en lo principal. ‖ *Quien tiene* OVEJAS *tiene pellejas.* ref. que advierte que el que está a la utilidad, también está expuesto al daño. ‖ P. ovelha; I. ewe, sheep; F. brebis; A. Schaf; It. pècora; R. овца.

OVEJERÍA. f. CHILE. Crianza o tráfico de ovejas. ‖ 2. AMÉR. MERID. Hacienda destinada a crianza de ganado ovejuno.

OVEJERO, RA. adj. Que cuida de las ovejas. Ú.t.c.s.

OVEJUELA. f. d. de oveja.

OVEJUNO, NA. adj. Perteneciente o relativo a las ovejas.

OVERA. (l. *ovum,* nuevo.) f. Ovario de las aves.

* OVEREAR. (De *overo.*) tr. ARGENT., BOL. y PAR. Tostar una cosa hasta ponerla dorada.

OVERO, RA. (De *hovero.*) adj. Dícese de los animales de color parecido al melocotón, y especialmente del caballo. Ú.t.c.s. ‖ 2. AMÉR. Dícese de los animales que presentan grandes manchas amarillas y blancas. ‖ 3. CUBA. Dícese de los mulatos que tienen manchas blancas en la piel. ‖ *Poner* a uno OVERO. fr. fig. y fam. ARGENT. Ponerlo como un trapo, dirigirle palabras injuriosas.

OVERO. (l. *ovum,* huevo.) adj. V. *Ojo* OVERO.

OVETENSE. adj. Natural de Oviedo. Ú.t.c.s. ‖ 2. Perteneciente a esta ciudad.

OVEZUELO. m. d. de huevo.

OVIDIANO, NA. adj. Propio y característico del poeta latino Ovidio, o que tiene semejanza con su estilo.

ÓVIDO. (l. *ovis,* oveja.) adj. ZOOL. Dícese de los mamíferos rumiantes de la familia de los bóvidos, con abundante lana y cuernos hacia atrás o en espiral como los carneros, cabras, etc. Ú.t.c.s.

OVIDUCTO. (l. *ovum,* huevo, y *ductus,* conducto.) m. ZOOL. Doble canal que desde los ovarios lleva los huevos al exterior. Llámase trompa de Falopio en la especie humana.

OVIL. (l. *ovile,* de *ovis,* oveja.) m. Redil, aprisco. ‖ 2. GERM. Cama, lecho.

OVILLAR. intr. Hacer ovillos. ‖ 2. r. Encogerse y recogerse haciéndose un ovillo.

OVILLEJO. m. d. de ovillo. || **2.** LIT. Combinación métrica de tres versos octosílabos que alternan con tres versos de pie quebrado y de una redondilla cuyo último verso se compone de los tres pies quebrados. || *Decir de* OVILLEJO. fr. Decir coplas de repente dos o más personas, de forma que el primer verso con que empieza una rime en consonancia con el último de la anterior.

OVILLO. (Por el [*l*] *obillo*, del l. *globellus*.) m. Bola formada devanando un hilo de lino, de algodón, seda, lana, etc. || **2.** fig. Cosa enredada y de figura redonda. || **3.** fig. Montón o multitud de cosas sin trabazón ni arte. || **4.** GERM. Lío de ropa. || *Hacerse* uno *un* OVILLO. fr. fig. y fam. Encogerse, acurrucarse por causas varias. || **2.** fig. y fam. Embrollarse, confundirse hablando o discurriendo. || **P.** novelo; **I.** clew, ball; **F.** peloton, pelote; **A.** Spule, Knäuel; **It.** gomitolo; **R.** клубок, комок.

OVINO, NA. (l. *ovis*, oveja.) adj. Se aplica al ganado lanar.

OVIO, VIA. adj. Obvio.

OVÍPARO, RA. (l. *oviparus*; de *ovum*, huevo, y *parère*, engendrar.) adj. ZOOL. Dícese de los animales cuyo desarrollo embrionario se verifica dentro de las cubiertas del huevo fecundado y expulsado por la madre; como las aves, moluscos, insectos, etc. Ú.t.c.s.

OVISCAPTO. (l. *ovum*, huevo, y *captāre*, tomar.) m. ZOOL. Órgano externo de las hembras de ciertos insectos, que les sirve para abrir agujeros en la tierra o en los tejidos vegetales o animales donde deposita sus huevos.

OVO. (l. *ovum*, huevo.) ARQ. Ornamento en forma de huevo.

OVOIDE. (l. *ovum*, huevo, y del gr. εἶδος, forma.) adj. Aovado, de figura de huevo. Ú.t.c.s. || **2.** m. GEOM. Curva cerrada, simétrica con respecto a su eje, cóncava hacia él, formada por cuatro arcos de círculo. || **3.** Conglomerado de carbón u otra substancia que tiene dicha forma.

OVOIDEO, A. (De *ovoide*.) adj. Aovado, de figura de huevo.

ÓVOLO. (d. del l. *ovum*, huevo.) m. ARQ. Cuarto bocel. || **2.** ARQ. Adorno en figura de huevo, rodeado por un cascarón y con puntas de flechas intercaladas entre cada dos.

★ **OVOPLASTIA.** (l. *ovum*, huevo, y gr. πλάσσω, formar.) f. FISIOL. Fecundación.

★ **OVOSCOPIO.** m. Aparato utilizado para examinar al trasluz el estado de los huevos de las aves destinados a la incubación.

OVOSO, SA. adj. Que tiene ovas.

OVOVIVÍPARO, RA. (l. *ovum*, huevo, y *viviparus*, vivíparo.) adj. ZOOL. Dícese del animal de generación ovípara que verifica la ruptura del huevo en el trayecto de las vías uterinas, saliendo del cuerpo materno cuando está ya muy adelantado su desarrollo; como la víbora. Ú.t.c.s.

OVULACIÓN. (De *óvulo*.) f. FISIOL. Desprendimiento natural de un óvulo, en el ovario, para que pueda ser fecundado.

★ **OVULADO, DA.** adj. Que contiene uno o más óvulos.

ÓVULO. (l. *ovum*, huevo.) m. ZOOL. Cada una de las células sexuales femeninas, producto del ovario, que se convierten en un nuevo ser después de ser fecundado. || **2.** BOT. Cada uno de los cuerpos esferoidales en el ovario de la flor, en cuyo interior se forma la oosfera o macrogameto, del que sale la semilla. || **P.** óvulo; **I.** y F. ovule; **A.** Ovulum; **It.** óvulo; **R.** яйцеклетка.

¡OX! (ár. *uš.*) interj. usada para espantar las aves domésticas.

OXALATO. m. QUÍM. Combinación del ácido oxálico y un radical. || **—potásico.** QUÍM. Sal compuesta de ácido oxálico y de potasio.

OXÁLICO, CA. (l. *oxālis*, acedera.) adj. QUÍM. Perteneciente o relativo a las acederas o productos análogos.

OXALIDÁCEO. A, (l. *oxālis*, -*idis*, acedera.) adj. BOT. Dícese de las plantas angiospermas, dicotiledóneas, herbáceas, que tienen hojas alternas, con los folíolos inversamente acorazonados, flores hermafroditas en umbela o solitarias, axilares y frutos en cápsula o baya. Ú.t.c.s.f. || **2.** f. pl. BOT. Familia de estas plantas.

OXALÍDEO, A. (l. *oxālis*, -*idis*, acedera, y éste del gr. ὀξαλίς.) adj. BOT. Oxalidáceo.

OXALME. (l. *oxalme*, y éste del gr. ὀξάλμη; de ὀξύς, ácido, y ἅλμη, salmuera.) m. Salmuera con vinagre.

¡OXE! interj. ¡Ox!

OXEAR. (De *¡ox!*) tr. Espantar las gallinas u otras aves domésticas.

★ **OXHIDRILO.** m. QUÍM. Radical monovalente compuesto de un átomo de oxígeno y otro de hidrógeno.

OXIACANTA. (gr. ὀξυάκανθα; de ὀξύς, agudo, y ἄκανθα, espina.) f. Espino, árbol.

OXIDABLE. adj. Que se puede oxidar. || **P.** oxidável; **I.** oxidable; **F.** oxydable; **A.** oxydierbar, leicht rostend; **It.** ossidàbile; **R.** окисляемый.

OXIDACIÓN. f. Acción y efecto de oxidar u oxidarse. || **2.** QUÍM. Pérdida de electrones experimentada por un elemento o ion en beneficio de otro. || **P.** oxidação; **I.** y F. oxidation; **A.** Oxydierung; **It.** ossidazione; **R.** окисление.

OXIDANTE. p.a. de oxidar. Que oxida o sirve para oxidar. Ú.t.c.s. || **2.** m. QUÍM. Substancia usada para oxidar.

OXIDAR. (De *óxido*.) tr. Combinar una substancia con el oxígeno. || **2.** QUÍM. Quitar hidrógeno a un compuesto por la acción del oxígeno. || **3.** Sustraer electrones a un ion.

ÓXIDO. (gr. ὀξύς, ácido.) m. QUÍM. Compuesto que resulta de la combinación de un elemento con el oxígeno. El óxido se distingue de los ácidos por no ejercer acción sobre la tintura de tornasol, en unos casos, y en otros, por devolver el color azul a la que previamente fue enrojecida. || **P.** oxido; **I.** oxid; **F.** oxyde; **A.** Oxyd; **It.** ossido; **R.** окись.

OXIDRILO. m. QUÍM. Hidroxilo.

OXIGENADO, DA. p.p. de oxigenar. || **2.** adj. Que contiene oxígeno.

OXIGENAR. tr. QUÍM. Combinar el oxígeno formando óxidos. Ú.t.c.r. || **2.** r. fig. Airearse, respirar el aire libre.

OXÍGENO. (gr. ὀξύς, ácido, y γεννάω, engendrar.) m. Metaloide gaseoso, esencial para la respiración, que se encuentra libre en la atmósfera, en la proporción de 21 % en volumen, y es uno de los componentes del agua y de gran número de substancias orgánicas. Es incoloro, inodoro e insípido, algo más pesado que el aire y poco soluble en el agua. || **—pesado.** Isótopo del oxígeno, de peso atómico 18. || **P.** oxigénio; **I.** oxygen; **F.** oxigène; **A.** Sauerstoff, Oxygen; **It.** ossigeno; **R.** кислород.

★ **OXIGENOTERAPIA.** f. MED. Administración de oxígeno con fines curativos. Suele hacerse con mascarilla, balón, o cámara.

OXIGONIO. (gr. ὀξύς, agudo, y γωνία, ángulo.) adj. GEOM. V. *Triángulo* OXIGONIO.

★ **OXIHEMOGLOBINA.** f. QUÍM. Producto de la combinación de la hemoglobina con el oxígeno. Esta combinación se produce en los pulmones de los mamíferos,

al convertirse la sangre venosa en arterial.

OXIMEL. m. Ojimel.

OXIMIEL. m. Ojimiel.

OXIPÉTALO. (gr. ὀξύς, agudo, y πέταλον, hoja.) m. BOT. Planta trepadora del Brasil, de la familia de las asclepiadáceas, de hojas acorazonadas y flores azules, dispuestas en racimo.

★ **OXISAL.** f. QUÍM. Denominación genérica de las sales de los oxácidos. Son compuestos ternarios.

★ **OXITOCINA.** f. BIOQUÍM. Hipófisis.

OXÍTONO. (gr. ὀξύς, agudo, y τόνος, intensidad.) adj. GRAM. Agudo, dícese del vocablo que lleva el acento prosódico en la última sílaba.

OXIURO. (gr. ὀξύς, agudo, y οὐρά, cola.) m. Gusano intestinal blanco y delgado, de unos 12 mm de largo que habita en el intestino delgado. Las hembras ponen sus huevos en el ciego, de donde bajan hasta el ano, donde sus mordeduras causan un molestísimo prurito.

OXIZACRE. (gr. ὀξύς, ácido, y σάκχαρ, azúcar.) m. Bebida que se hacía con zumo de granadas agrias y azúcar. || **2.** Por ext., cualquier bebida agridulce.

OXONIENSE. (l. *Oxonium*.) adj. Natural o vecino de Oxford. Ú.t.c.s. || **2.** Perteneciente a esta ciudad inglesa.

★ **OXOZONO.** f. QUÍM. Supuesta forma alotrópica del oxígeno que acompañaría al ozono.

¡OXTE! interj. que se emplea para rechazar a una persona o cosa que molesta. || *Sin decir* OXTE *ni moxte*. expr. adv. fig. y fam. Sin pedir licencia, sin hablar palabra.

OYENTE. p.a. de oir. Que oye. Ú.t.c.s. || **2.** m. Asistente a un aula o curso, no matriculado como alumno. || **P.** ouvinte; **I.** hearer; **F.** auditeur; **A.** Hörer, Zuhörer; **It.** udente; **R.** слушатель.

★ **OYETÓN, NA.** adj. PERÚ. Simple, malintencionado. Ú.t.c.s.

★ **OZALID.** m. Papel fotográfico, especialmente útil para la reproducción de planos.

OZONA. f. QUÍM. Ozono.

★ **OZONIZACIÓN.** f. QUÍM. Acción y efecto de ozonizar. || **2.** Empleo del ozono para purificar el aire o para esterilizar las aguas.

★ **OZONIZADOR.** adj. Que ozoniza. || **2.** m. QUÍM. Aparato para formar ozono en el aire por medio de descargas eléctricas silenciosas de gran voltaje.

★ **OZONIZAR.** tr. QUÍM. Convertir el oxígeno en ozono. Ú.t.c.r. || **2.** QUÍM. Mezclar un cuerpo cualquiera con el ozono. Ú.t.c.r.

OZONO. (gr. ὄζω, tener olor.) m. QUÍM. Estado alotrópico del oxígeno formado por condensación de éste en moléculas triatómicas. Es un gas que con cierto espesor toma color azulado, de fuerte olor a marisco, y uno de los oxidantes más potentes. Se emplea para esterilizar las aguas potables, para blanqueo de harinas y materias textiles, para envejecer vinos y maderas, etcétera. Se encuentra en muy pequeñas proporciones en la atmósfera después de las tempestades. || **P., I.** y F. ozone; **A.** Ozon; **It.** ozono; **R.** озон.

OZONÓMETRO. (De *ozono*, y el gr. μέτρον, medida.) m. QUÍM. Reactivo o aparato para determinar la cantidad de ozono existente en la atmósfera o en una mezcla gaseosa.

★ **OZONOSFERA.** f. Capa atmosférica comprendida en la estratosfera entre los 35 y los 80 km de altura en la que se supone la mayor parte del ozono atmosférico.

★ **OZONOTERAPIA.** f. Tratamiento de las enfermedades por el ozono.

P

P. f. Decimonona letra del abecedario español y decimoquinta de sus consonantes. Su nombre es *pe*. || **2.** Sonido consonante bilabial, oclusivo sordo. || **3.** BIOL. Símbolo de la generación paterna. || **4.** QUÍM. Símbolo del fósforo. || **5.** MÚS. Abreviatura de piano.

PABELLÓN. (fr. *pavillon*, y éste del l. *papilio*, *-ōnis*, mariposa.) m. Tienda de campaña en forma de cono, sostenida interiormente por un palo hincado en el suelo y sujeta alrededor de la base con cuerdas y estacas. || **2.** Dosel plegadizo de una cama, trono, altar, etc. || **3.** Bandera nacional. || **4.** Pirámide truncada en el tallado de algunas piedras preciosas. || **5.** Ensanche cónico con que termina la boca de algunos instrumentos de viento. || **6.** Grupo de fusiles apoyados en el suelo por las culatas y enlazados por la bayoneta. || **7.** Edificio por lo común aislado, pero que forma parte de otro, o contiguo a él. || **8.** Cada una de las habitaciones donde se alojan en los cuarteles jefes y oficiales. || **9.** Nación a que pertenecen los barcos mercantes, simbolizada en una bandera. || **10.** fig. Protección que se dispensa o a la que uno se acoge. || **11.** ARQ. Resalto de una fachada que suele coronarse de un frontispicio. || **—de la oreja.** Oreja, 2.ª acep. || *El* PABELLÓN *cubre la mercancía.* Norma del derecho de gentes que protege el tráfico de los buques neutrales. || **2.** fig. fr. con que se denota que una autoridad ampara cosas viciosas o culpables. || **3.** ARGENT. Figura del pericón que se forma con los pañuelos que llevan al cuello los ejecutores de dicha danza. || **4.** COLOM. Ciertos cohetes grandes. || **P.** pavilhão; **I.** pavilion; **F.** pavillon; **A.** Zelt; **It.** padiglione; **R.** павильон.

PABILO [PÁBILO]. (l. *papȳrus*, y éste del gr. πάπυρος.) m. Torcida o mecha del candil de la vela, de la lámpara, o de otra luz artificial análoga. || **2.** Parte carbonizada de esta torcida.

PABILÓN. (De *pabilo*.) m. Mecha que prende, algo separada del copo de la rueca.

PABILOSO, SA. adj. Se aplica a los cirios o velas que tienen exceso de pabilo quemado y dan poca luz.

PABLAR. (l. *fabulāri*.) intr. Parlar o hablar. Se emplea en el lenguaje festivo, unido al verbo hablar para darle consonante.

PABLO. n. p. ¡Guarda, PABLO! expr. fam. con que se advierte de un peligro.

PÁBULO. (l. *pabūlum*.) m. Pasto, comida o alimento para la subsistencia o conservación. || **2.** fig. Cualquier sustento en las cosas inmateriales. || *Dar* PÁBULO. fig. Echar leña al fuego. || **P.** pábulo; **I.** pabulum, food; **F.** aliment; **A.** Zunder, Nahrung; **It.** pàbulo, alimento; **R.** пища, корм.

PACA. (quich. *paco*, rojizo) f. Mamífero roedor de América del Sur, de unos 50 cm de largo, pelaje espeso y lacio, hocico agudo, orejas pequeñas y redondas.

PACA. (ingl. *pack*.) f. Fardo o lío del algodón en rama. || **P.** fardo; **I.** pack, balle; **F.** ballot; **A.** Ballen; **It.** balla; **R.** тюк.

PACADO, DA. (l. *pacātus*, pacato.) adj. ant. Se decía de lo que estaba apaciguado.

* PACAJE. m. MAR. Tela fuerte de cáñamo usada para velas.

PACANA. (Voz azteca.) f. BOT. Árbol juglandeo de América del Norte, de unos 30 m de altura, de madera muy apreciada. || **2.** Fruto de este árbol.

PACATO, TA. (l. *pacātus*.) adj. De condición tranquila, pacífica y moderada. || **P.** pacato; **I.** peaceful; **F.** paisible; **A.** friedfertig; **It.** pacato; **R.** мирный.

PACAY. m. AMÉR. MERID. Guano. || **2.** Fruto de este árbol.

PACAYA. f. BOT. C. RICA y HOND. Arbusto palmáceo cuyas hojas sirven para alfombrar las calles en las festividades públicas y cuyo cogollo se come como legumbre. || **2.** fig. GUAT. Pesadumbre.

PACAYAR. m. PERÚ. Plantío de pacayes.

PACCIÓN. (l. *pactĭo*, *-ōnis*.) f. ant. Pacto.

PACCIONAR. (De *pacción*.) tr. ant. Pactar. Ú. en el p.p.

PACEDERO, RA. (De *pacer*.) adj. Que tiene hierba o propósito para pasto. || **2.** AST. y SANT. Paraje donde se deja el ganado para pastar.

PACEDURA. (De *pacer*.) f. Pasto del ganado.

PACENSE. (l. *pacensis*.) adj. Natural de Beja, ciudad de Portugal. || **2.** Natural de Badajoz. || **3.** Perteneciente a una u otra de las dos ciudades.

PACEÑO, ÑA. adj. y s. Natural de La Paz (Bolivia).

PACER. (l. *pascĕre*.) intr. Comer el ganado la hierba en los campos. || **2.** tr. Comer, roer o gastar una cosa. || **3.** Apacentar, 1.ª acep. || **P.** pacer; **I.** to pasture; **F.** paître; **A.** weiden; **It.** pàscere; **R.** пасти.

* PACIARIO. m. Delegado pontificio encargado de mantener la paz.

PACIENCIA. (l. *patientĭa*.) f. Virtud que consiste en sufrir resignadamente los males e infortunios. || **2.** Virtud cristiana opuesta a la ira. || **3.** Tranquilidad y sosiego en la espera de las cosas. || **4.** Lentitud o tardanza en la ejecución de las cosas que se debieran hacer. || **5.** Bollo pequeño y redondo, hecho de almendra, huevo y azúcar. || **6.** fig. Tolerancia a ultrajes del honor. || *Acabar, consumir o gastar a uno la* PACIENCIA. fr. Apurársela. Darle repetidos motivos de irritación. || **P.** paciência; **I.** y **F.** patience; **A.** Geduld; **It.** pazienza; **R.** терпение.

PACIENTE. (l. *patiens*, *-entis*.) adj. Que tiene paciencia. || **2.** fig. Sufrido, que tolera y consiente que su mujer le ofenda. || **3.** Persona que padece físicamente. || **4.** FIL. Sujeto que padece o recibe la acción del agente. || **5.** GRAM. V. *Persona* PACIENTE. || **P.** paciente; **I.** patient, sufferer; **F.** patient; **A.** geduldig, Kranker; **It.** paziente; **R.** терпеливый.

PACIENTEMENTE. adv. Con paciencia.

PACIENZUDO, DA. adj. Que tiene mucha paciencia, calma o resignación.

PACIFICACIÓN. (l. *pacificatĭo*, *-ōnis*.) f. Acción y efecto de pacificar. || **2.** Paz y sosiego.

PACIFICADOR, RA. (l. *pacificātter*.) adj. Se aplica al que pacifica a un país afligido de guerras. Ú.t.c.s. || **2.** Que pone paz entre los que están enemistados. Ú.t.c.s. || **P.** pacificador; **I.** peacemaker; **F.** pacificateur; **A.** Friedensstifter; **It.** pacificatore; **R.** примиритель.

PACÍFICAMENTE. adv. Con tranquilidad y paz; sin oposición.

PACIFICAR. (l. *pacificāre*.) tr. Establecer la paz: reconciliar a los que están enemistados. || **2.** intr. Tratar de asentar paces. || **3.** r. Sosegar o aquietarse las cosas insensibles. || **P.** pacificar; **I.** to pacify; **F.** pacifier; **A.** besänftigen; Ruhe stiften; **It.** pacificare; **R.** примирять.

PACÍFICO, CA. (l. *pacifĭcus*.) adj. Quieto, sosegado y amigo de la paz. || **2.** Que no tiene oposición o que no sufre alteración. || **P.** pacífico; **I.** pacific; **F.** pacifique; **A.** friedlich, ruhig; **It.** pacifico; **R.** миролюбивый.

PACIFISMO. m. Conjunto de doctrinas encaminadas a mantener la paz entre las naciones, resolviendo las diferencias internacionales por medio de acuerdos.

PACIFISTA. adj. Se aplica al partidario del pacifismo. Ú.t.c.s.

PACIÓN. f. AST. y SANT. Pasto que ofrece un prado desde que le siegan hasta que vuelve a crecer su hierba para segarla otra vez.

* PACNOLITA. f. MIN. Fluoruro hidratado de aluminio, sodio y calcio, en cristales monoclínicos.

PACO. (quich. *paco*, rojizo.) m. Alpaca, mamífero. || **2.** AMÉR. Mineral de plata con ganga ferruginosa. || **3.** CHILE. Vigilante, guarda. || **4.** FILIP. Cementerio.

PACO. (Onomat. del disparo y su eco.) m. Durante la guerra del Rif, moro que aislado y escondido disparaba contra los soldados. || **2.** Por ext., tirador aislado.

PACÓN. m. BOT. HOND. Árbol llamado también del jabón, porque sus raíces hacen oficio de tal.

PACOTILLA. (De *paca*.) f. Porción de géneros que los marineros u oficiales pueden embarcar por su cuenta, libre de fletes. || **2.** CHILE. Muchedumbre de gente vulgar. || *Hacer uno su* PACOTILLA. fr. fig. Reunir un caudal más o menos grande con una especulación, empleo o trabajo cualquiera. || *Ser de* PACOTILLA *una cosa.* fr. fig. Ser de inferior calidad. || **P.** pacotilha; **I.** venture; **F.** pacotille; **A.** Freigut; **It.** pacottiglia; **R.** бесплатный груз.

PACOTILLERO, RA. adj. Que negocia en pacotillas. Ú.t.c.s. || **2.** m. y f. AMÉR. Buhonero o mercader ambulante. || **3.** ECUAD. Inculto, rústico, grosero.

PACTAR. tr. Asentar o fijar condiciones entre dos o más partes obligándose mutuamente a su observancia. || **2.** Contemporizar con una autoridad.

PACTO. (l. *pactum*.) m. Concierto o asiento en que convienen dos o más personas o entidades obligándose a su observancia. || **2.** Lo estatuido por tal concepto. || **3.** Convenio que se supone hecho con el demonio para obrar cosas extraordinarias. || PACTO *de retro*. Estipulación por la cual el comprador se obliga a devolver la cosa al vendedor por su precio. || **P.** pacto, convenção; **I.** agreement, convenant; **F.** pacte, convention; **A.** Pakt, Vertrag; **It.** patto, trattato; **R.** пакт, договор.

PACÚ. m. AMÉR. Nombre que dan en el Río de La Plata a un pez fluvial, grande y de carne exquisita.

PÁCUL. m. Plátano silvestre de Filipinas, del cual se saca un filamento útil para tejidos. || **2.** CHILE. Arbusto de la familia de las leguminosas, de propiedades medicinales.

★ **PACHACO, CA.** adj. AMÉR. CENTRAL. Enclenque, que no sirve para nada.

PACHACHO, CHA. adj. CHILE. Dícese de las personas o animales de piernas demasiado cortas. || **2.** CHILE. Flojo para el trabajo.

PACHAMANCA. f. Carne que se asa entre piedras caldeadas o en un agujero abierto en la tierra y cubierto con piedras calientes. Condiméntase con ají y se usa en América del Sur.

PACHÓN, ONA. (Del m. or. que *pachorra*.) adj. Dícese del perro parecido al perdiguero. Ú.t.c.s. || **2.** m. fam. Hombre de genio pausado y flemático.

PACHORRA. (port. *pachorra*.) f. fam. Flema, tardanza, indolencia.

PACHORRUDO, DA. adj. fam. Se dice del que tiene mucha pachorra, y procede en todo con lentitud.

PACHUCHO, CHA. adj. Pasado. **2.** fig. Flojo, alicaído, desmadejado.

PACHULÍ. m. Planta labiada, tropical, muy olorosa de la que se obtiene una esencia en perfumería.

PADECER. (l. *patescĕre*, de *pati*.) tr. Sentir física y corporalmente un daño, dolor, enfermedad, pena o castigo. || **2.** Sentir los agravios, injurias, pesares, etc., que se experimentan. || **3.** Estar poseído de una cosa nociva o desventajosa. PADECER *engaño, error, equivocación*. || **4.** Soportar, 2.ª acep. || **5.** fig. Recibir daño las cosas. || **P.** padecer, sofrer; **I.** to suffer; **F.** souffrir; **A.** leiden; **It.** soffrire; **R.** страдать.

PADECIENTE. p.a. ant. de padecer. Que padece.

PADECIMIENTO. m. Acción de padecer o sufrir daño, injuria o enfermedad. || **P.** padecimento, doença; **I.** suffering; **F.** souffrance; **A.** Leiden, Krankheit; **It.** patimento, sofferenza; **R.** страдание.

PADILLA. (l. *patella*.) f. Pequeña. || **2.** Horno para cocer pan con una abertura en el centro de la plaza, por donde entra el aire para la combustión y se saca la ceniza.

PADRASTRO. (l. *patraster, -tri*, despectivo de *pater*.) m. Marido de la madre respecto de los hijos de ésta habidos en matrimonio anterior. || **2.** fig. Mal padre. || **3.** Impedimento o estorbo que obstaculiza o daña. || **4.** fig. Pedacito de pellejo que se levanta junto a las uñas y produce molestia y dolor. || **5.** fig. Dominación, monte o colina. || **P.** padrastro; **I.** stepfather; **F.** beau-père; **A.** Stiefvater; **It.** patrigno; **R.** отуим.

PADRAZO. (aum. de *padre*.) m. fam. Padre muy indulgente con los hijos.

PADRE. (l. *pater, -tris*.) m. Varón que ha engendrado. || **2.** TEOL. Primera persona de la Santísima Trinidad. || **3.** Varón o macho respecto a sus hijos. || **4.** En el ganado, macho destinado a la procreación. || **5.** Principal cabeza de una descendencia. || **6.** Nombre dado a religiosos y sacerdotes. || **7.** m. pl. El padre y la madre. **8.** Abuelos, antepasados. || —**Santo.** El Sumo Pontífice. || —**de la Iglesia.** Escritor eclesiástico de los primeros siglos del cristianismo que la Iglesia reconoce por la santidad de su vida y por la ortodoxia de su doctrina. || *A* PADRE *ganador, hijo gastador*. ref. que además de su sentido recto, advierte también cuán contrarios suelen ser los genios de padres e hijos. || *De* PADRE *cojo, hijo renco*. ref. que explica que los hijos regularmente tienen las costumbres y resabios de sus padres. || *Entre* PADRES *y hermanos, no metas las manos*. ref. que aconseja no intervenir en conflictos entre parientes, porque éstos fácilmente se componen y se expone el que interviene a

perder la amistad de unos y otros. || *Mi* PADRE *se llama hogaza y yo me muero de hambre.* ref. con que se moteja a los que se enorgullecen de tener parientes o antepasados muy ricos, estando ellos en la pobreza. || *Sin* PADRE *ni madre, ni perro que me ladre.* loc. fig. y fam. Que manifiesta la independencia o desamparo en que uno se encuentra. || *Un* PADRE *para cien hijos y no cien hijos para un* PADRE. ref. que expresa el verdadero y seguro amor de los padres para sus hijos y la ingratitud con que éstos suelen corresponder. || **P.** pai; **I.** father; **F.** père; **A.** Vater; **It.** padre; **R.** отец.

PADREAR. intr. Parecerse uno a su padre. || **2.** Ejercer el macho las funciones de la generación.

PADREJÓN. m. CUBA. Afección histérica que causa en los hombres los mismos efectos que el mal de madre de la mujer. || **2.** AMÉR. y ARGENT. Padrillo.

PADRENUESTRO. m. Oración dominical. || **P.** Pai-nosso; **I.** Lord's Prayer; **F.** Notre-père; **A.** Vaterunser; **It.** paternostro.

★ **PADRILLO.** m. AMÉR. Caballo padre.

PADRINA. (De *padrino*.) f. Madrina.

PADRINAZGO. m. Acto de asistir como padrino a un bautizo, boda o función pública. || **2.** Título de padrino. || **3.** fig. Protección que uno dispensa a otro.

PADRINO. (l. *patrinus*.) m. El que tiene, presenta o asiste al que se bautiza, confirma, contrae matrimonio, profesa, recibe algún honor o se bate en desafío. || **2.** m. pl. El padrino y la madrina. || **P.** padrinho; **I.** godfather; **F.** parrain; **A.** Taufpate, Trauzeuge; **It.** padrino, patrino; **R.** крёстный, отец.

PADRÓN. (l. *patrōnus*, de *pater*, padre.) m. Nómina o lista que se hace en los pueblos para saber por sus nombres el número de vecinos o moradores. || **2.** Patrón o dechado. || **3.** Columna o pila con una inscripción conmemorativa. || **4.** Nota pública de infamia o desdoro. || **5.** fam. Padrazo. || **6.** CHILE. Caballo semental. **7.** COLOM. Toro semental. || **P.** padrão; **I.** poll, census; **F.** recensement; **A.** Einwohnerverzeichnis; **It.** anàgrafe; **R.** список, жителей.

PADRONAZGO. m. ant. Patronato.

PADRONERO. m. ant. Patrono, 2.ª acep.

PADRONÉS, SA. adj. Se aplica al natural de Padrón. Ú.t.c.s. || **2.** Perteneciente a esta villa.

★ **PADROTEAR.** intr. AMÉR. Padrear, 2.ª acep.

PADUANO, NA. adj. Natural de Padua. Ú.t.c.s. || **2.** Perteneciente a esta ciudad de Italia.

PAELLA. (cat. *paella*, sartén, y éste del l. *patella*, padilla.) f. Plato de arroz seco, con carne, pescado, legumbres, etc., típico de la región valenciana en España.

★ **PAEZ.** m. Individuo de una antigua tribu de indios colombianos. Ú.t.c.s.

¡PAF! Voz onomatopéyica del ruido de una caída o choque.

PAFIO, FIA. (l. *paphius*.) adj. Natural de Pafos. Ú.t.c.s. || **2.** Perteneciente a esta ciudad de la antigua Chipre.

PAFLÓN. m. ARQ. Sofito.

PAGA. f. Acción de pagar o satisfacer una cosa. || **2.** Cantidad de dinero que se da en pago. || **3.** Satisfacción de la culpa por medio de la pena o cantidad correspondiente. || **4.** Sueldo. || **5.** Correspondencia del afecto u otro beneficio. || **6.** CHILE. Disposición en que quedan las bolas en el juego del billar, de tal forma que no pueda fallar la carambola. || **P.** paga; **I.** payment; **F.** payement; **A.** Zahlung, Arbeitslohn; **It.** paga, soldo; **R.** платёж, жалованье.

PAGABLE. adj. Pagadero.

PAGADERO, RA. adj. Que se ha de pagar o satisfacer a cierto tiempo señalado. || **2.** Que puede pagarse fácilmente. || **3.** m. Tiempo, ocasión o plazo en que uno ha de pagar lo que debe, o satisfacer con pago lo que ha hecho. || **P.** pagável; **I.** y **F.** payable; **A.** (be-, ein) zahlbar, fällig; **It.** pagabile; **R.** выплачиваемый.

PAGADOR, RA. adj. Que paga. Ú.t.c.s. || **2.** Persona encargada de efectuar pagos. || **P.** pagador; **I.** payer; **F.**

payeur; **A.** Zahler; **It.** pagatore; **R.** плательщик.

PAGADURÍA. f. Oficina donde se paga. || **P.** pagadoria; **I.** pay-office; **F.** trésorerie, caisse; **A.** Zahlstelle; **It.** tesoreria; **R.** касса.

PAGAMENTO. (De *pagar*.) m. Paga, 1.ª acep. || **2.** *A* PAGAMENTO. m. adv. ant. A satisfacción.

PAGAMIENTO. m. Pagamento.

PAGANA. f. AST. Pieza de madera de roble de 8 m de longitud y con una escuadría de 30 cm de tabla, por 20 cm de canto.

PAGANÍA. (De *pagano*.) f. p. us. Paganismo.

PAGANISMO. (l. *paganismus*.) m. Gentilidad. || **P.** e **It.** paganismo; **I.** paganism; **F.** paganisme; **A.** Heidentum.

PAGANIZAR. tr. Conformar algo con el paganismo. || **2.** intr. Profesar el paganismo el que no era pagano.

PAGANO. (De *pagar*.) m. fam. Pagador de quien otros abusan o el que sufre perjuicio por culpa ajena. || **2.** ARGENT. Desconocedor de algo, sin noción de ello.

PAGANO, NA. (l. *pagānus*.) adj. Dícese de los idólatras y especialmente de los antiguos griegos y romanos. Ú.t.c.s. || **P.** pagão; **I.** heatgen, pagan; **F.** païen; **A.** Heide; **It.** pagano; **R.** плаящий, за других.

PAGAR. (l. *pacāre*.) tr. Dar a uno lo que se le debe. || **2.** Adeudar derechos de aduana los géneros que se introducen. || **3.** fig. Satisfacer delito o yerro por medio de la pena correspondiente. || **4.** fig. Corresponder al afecto u otro beneficio. || **5.** r. Prendarse, aficionarse. || **6.** Ufanarse de una cosa. || *Estamos* PAGADOS. Expresión que da a entender que se corresponde por una parte a lo que se recibe de otra. || PAGARLA O PAGARLAS. expr. fam. Sufrir el culpable el castigo o venganza a que se hizo más o menos acreedor. En son de amenaza se dice: *Me las* PAGARÁS. || **P.** pagar; **I.** to pay, to fee; **F.** payer; **A.** tahlen, bezahlen, büssen; **It.** pagare; **R.** платить.

PAGARÉ. m. Papel de obligación por una cantidad que ha de pagarse a tiempo determinado. —**a la orden.** COM. El que es transmisible por endoso, sin nuevo consentimiento del deudor.

PAGAYA. f. Remo filipino, especie de zagual que puede servir indistintamente como remo o timón.

PAGEL. (l. *pagellus*.) m. ZOOL. Pez marino acantopterigio, con cabeza y ojos grandes, lomo rojizo y vientre plateado. Su carne es blanca, comestible y bastante estimada. || **P.** capatão; **I.** sea bream; **F.** pagel; **A.** Pagel; **It.** pagello; **R.** султанка.

PÁGINA. (l. *pagina*.) f. Cada una de las dos planas de la hoja de un libro o cuaderno. || **2.** Lo escrito en una página. || **3.** Suceso o lance en el curso de una vida o empresa. || **P.** página; **I.** y **F.** page; **A.** Seite; **It.** pàgina; **R.** страница.

PAGINACIÓN. f. Acción o efecto de paginar. || **2.** Serie de las páginas de un escrito o impreso.

PAGINAR. tr. Numerar páginas.

PAGO. (De *pagar*.) m. Entrega de dinero o especie que se debe. || **2.** Satisfacción, premio o recompensa. || *En* PAGO. m. adv. En satisfacción o recompensa. || **P.** pago; **I.** payment; **F.** payement, paiement; **A.** Zahlung, Bezahlung; **It.** pagamento; **R.** уплата.

PAGO. (l. *pagus*.) m. Distrito determinado de tierras o heredades, especialmente de viñas y olivares.

PAGO. ant. adj. Dícese de aquel a quien se ha pagado.

PAGODA. (persa *putkuda*.) f. Templo de los ídolos en algunos pueblos de Oriente. || **2.** Cualquiera de los ídolos que en ellos se adora. || **P.** y **F.** pagode; **I.** e **It.** pagoda; **A.** Pagode; **R.** пагода.

★ **PAGODITA.** f. MINERAL. Agalmatolita.

PAGOTE. (De *pagar*.) m. Pagano, el que paga.

PAGRO. (l. *pagrus*.) m. ZOOL. Pez acantopterigio, semejante al pagel, pero de doble longitud.

★ **PAGÚRIDOS.** m. pl. ZOOL. Familia de crustáceos decápodos.

PAGURO. (l. *pagūrus*, y éste del gr. παγουρος.) m. ZOOL. Ermitaño, crustáceo marino.

P

PAICO. m. CHILE. Pazote.

★ **PAICHE**. m. PERÚ. Pez marino parecido al bacalao.

PAIDOLOGÍA. f. Ciencia que estudia al niño en su desarrollo físico, intelectual y moral.

PAIDOLÓGICO, CA. Se dice de lo perteneciente o relativo a la paidología.

PAILA. (l. *patella*.) f. Vasija grande de metal, redonda y poco profunda.

PAILEBOT. (ingl. *pilot's boat*, bote del piloto.) m. Goleta pequeña, sin gavias, muy lisa y fina. ‖ P. palhabote; I. pilot-boat; F. pailebot; A. Goelette, It. goletta; R. галета.

PAILEBOTE. m. Pailebot.

PAILERO. m. COLOM. El que compone pailas y sartenes. ‖ 2. CUBA. El que maneja las pailas en los ingenios.

PAILÓN. m. aum. de paila. ‖ 2. HOND. Hondonada de fondo redondeado.

PAINEL. m. Panel.

PAIPAI. m. Abanico en forma de pala y con mango, muy usado en Filipinas.

PAIRAR. (port. *pairar*.) intr. MAR. Estar quieta la nave con las velas tendidas y largas las escotas.

PAIRO. (De *pairar*.) m. MAR. Acción de pairar. Ú. comúnmente en la m. adv. *al* PAIRO. ‖ P. pairo; I. lying-to; F. panne; A. Windstille, It. panna; R. щтиль.

PAÍS. (l. *pagensis* o *pagus*, aldea.) m. Región o territorio. ‖ 2. Pintura o dibujo que representa cierta extensión de terreno. ‖ 3. Papel, piel o tela que cubre la parte superior del abanico. ‖ P. pais; I. country, land; F. pays, parage; A. Land, Heimat; It. paese, terra; R. пeизаж.

PAISAJE. m. País, 2.ª acep. ‖ 2. Porción de terreno considerada en su aspecto artístico. ‖ P. paisagem; I. landscape; F. paysage; A. Landschaft; It. paessaggio; R. пейзаж.

PAISAJISTA. (De *paisaje*.) adj. Pintor de paisajes. Ú.t.c.s.

PAISAJÍSTICO, CA. adj. Se aplica a lo perteneciente o relativo al paisaje, 2.ª acep.

PAISANA. (De *paisano*.) f. Tañido y danza así llamado por bailarse al modo de los campesinos.

PAISANAJE. (De *paisano*.) m. Conjunto de paisanos. ‖ 2. Circunstancia de ser de un mismo país dos o más personas, y especie de víncolo que de ella procede. ‖ P. paisanagem; I. peasantry; F. civils; A. Landsleute; It. concittadinanza; R. соотечественники.

PAISANO, NA. adj. Que es del mismo país, provincia o lugar que otro. Ú.t.c.s. ‖ 2. Campesino. ‖ 3. El que no es militar. ‖ 4. fam. MÉJ. Español. Ú.t.c.s. ‖ 5. ECUAD. y PERÚ. Serrano. Ú.t.c.s. ‖ 6. REP. DOMIN. Extranjero. Ú.t.c.s. ‖ P. compatricio; I. fellow-countryman; F. compatriote; A. Landsmann; Bürger; It. compatriot(ta); R. соотечесвенник, земляк.

PAISISTA. adj. Paisajista.

★ **PAITAR**. tr. PERÚ. Dejar en depósito una cosa sin pagar comisión.

PAJA. (l. *palěa*.) f. Caña de las plantas gramíneas, seca y separada del grano. ‖ 2. Conjunto de estas cañas. ‖ 3. fig. Cosa ligera o de poca consistencia. ‖ 4. Lo inútil, desechado de cualquier materia. ‖ 5. CHILE. Silencio. ‖ 6. NICAR. Grifo, llave metálica para permitir o impedir la salida de un líquido. ‖ 7. PERÚ. Hierba forrajera. 8. P. RICO. Cánula o tubito de papel usado para beber refrescos. ‖ —**brava**. BOT. Planta herbácea gramínea, de 3 ó 4 dm de altura, con hojas radiales casi cilíndricas, propias de tierras altas en América Meridional. ‖ —**cebadaza**. La de cebada. ‖ —**centenaza**. La del centeno. ‖ —**de camello, de esquinanto** o **de Meca**. Esquenanto. ‖ —**pelaza**. La de cebada, machacada con cilindros. ‖ —**trigaza**. La de trigo. ‖ *Echar* PAJAS. Sorteo que se hace ocultando entre los dedos tantas pajas o palillos desiguales cuantos son los individuos que sortean. El que saca la menor, pierde. ‖ *Alzar* uno *las* PAJAS *con la cabeza*. fr. fig. y fam. Haber caído de espaldas. ‖ P. palha; I. straw; F. paille; A. Stroh; It. paglia; R. солома.

PAJADA. f. Paja mojada y revuelta con salvado que se suele dar a las caballerías.

PAJADO, DA. (De *paja*.) adj. Pajizo, de color de paja.

PAJAR. (l. *palearium*.) m. Sitio donde se guarda la paja. ‖ P. palheiro; I. barn, straw loft; F. paillier; A. (Stroh-) Schober; It. pagliaio; R. омёт, сарай.

PÁJARA. f. Pájaro. ‖ 2. Cometa, 2.ª acep. ‖ 3. Papel cuadrado que mediante varios dobleces toma cierta forma de pájaro. ‖ 4. Mujer astuta, sagaz y cautelosa. Ú.t.c.s.adj. ‖ 2.ª acep.: P. estrela de papel; I. paper kite; F. cocotte (de papier); A. Drache(n); It. cometa; R. бумажый змей.

★ **PAJARAL**. m. CUBA. Lugar donde abundan los pájaros.

PAJAREAR. intr. Cazar pájaros. ‖ 2. Andar vagando sin ocuparse en cosa útil. ‖ 3. COLOM., GUAT. y PERÚ. Espantar pájaros. ‖ 4. COLOM. Acechar. ‖ 5. CHILE. Quedarse embobado. ‖ 6. MÉJ. Escuchar con atención. ‖ 7. r. AMÉR. Espantarse las caballerías. ‖ P. passarinhar; I. to bird; F. oiseler, flâner; A. Vögel fangen; It. uccellare; R. ловить, птиц.

PAJAREL. (l. *passer*, pájaro.) m. Pardillo, pájaro canoro.

PAJARERA. f. Jaula o aposento donde se crían pájaros. ‖ P. aviário; I. volery, aviary; F. volière; A. Volgelhaus; It. uccelliera, aviario; R. помещение для птиц.

PAJARERÍA. (De *pajarera*.) f. Abundancia de pájaros. ‖ P. passarada; I. bird-dom; F. oisellerie; A. Volgelschwarm; It. uccellame; R. стая, птиц.

PAJARERO, RA. (De *pájaro*.) adj. Relativo o perteneciente a los pájaros. ‖ 2. fam. Dícese de las personas excesivamente alegres o chanceras. ‖ 3. Dícese de telas o pinturas de colores abigarrados. ‖ 4. El que se emplea en cazar, criar o vender pájaros. ‖ 4.ª acep.: P. passarinheiro; I. birdcatcher; F. oiseleur; A. Vogelfänger; It. uccellaro; R. птицелов.

PAJARETE. (Porque se elabora en *Pajarete*, antiguo monasterio en los alrededores de Jerez.) m. Vino licoroso, muy fino y delicado.

PAJARICO. m. d. de pájaro.

PAJARIL (HACER). fr. MAR. Amarrar el puño de una vela con un cabo, cargándolo hacia abajo para que se mantenga fija cuando el viento es largo.

PAJARILLA. (De *pájara*.) f. Aguileña. ‖ 2. Bazo, particularmente el del cerdo.

PAJARILLO. m. d. de pájaro. ‖ *A chico* PAJARILLO, *chico nidillo*. ref. que indica que se debe medir con la calidad de los sujetos el porte y trato. ‖ *El mal* PAJARILLO, *la lengua tiene por cuchillo*. ref. que indica que el maldiciente se daña a sí mismo.

PAJARITA. (d. de *pájara*.) f. Pájara, 4.ª acep.

PAJARITO. m. d. de pájaro. ‖ *Cada* PAJARITO *tiene su higadito*. ref. que indica que aun la persona más mansa se irrita alguna vez. ‖ *Quedarse uno como un* PAJARITO. fr. fig. y fam. Morir con sosiego.

PÁJARO. (l. *passer*, *-ěris*.) m. Nombre genérico de las aves más particularmente de las pequeñas. ‖ 2. Hombre astuto, sagaz y cauteloso. ‖ 3. m. pl. ZOOL. Orden de las aves terrestres voladoras, que andan a saltitos, de tamaño generalmente pequeño. ‖ —**bobo**. Ave palmípeda de unos 4 dm de largo, lomo negro y pecho y vientre blanco. Habita en las costas próximas al polo. Anda con dificultad empinado y balanceándose. ‖ —**de cuenta**. fig. y fam. Hombre a quien por sus condiciones hay que tratar con cautela o con respeto. ‖ —**mosca**. Pájaro de la América tropical de unos 3 cm de longitud y 5 de envergadura. Tiene vistoso plumaje. Hay varias especies. ‖ —**moscón**. Ave del orden de los pájaros, de unos 12 cm de longitud y 17 de envergadura. Tiene el plumaje ceniciento. ‖ —**niño**. Ave palmípeda de los mares polares. Tiene el lomo negro y el vientre blanco. Anda empinado y balanceándose como niño que empieza a andar. ‖ *Chico* PÁJARO *para tan gran jaula*. exp. fig. y fam. con que se expresa que la casa que habita o empleo que disfruta no corresponde a la condición de la persona de referencia. ‖ *Matar dos* PÁJAROS *de un tiro*. Lograr dos cosas con una sola diligencia. ‖ P. pássaro; I. bird; F. oiseau; A. Vogel; It. uccello; R. птица.

PAJAROTA. (De *pájara*.) f. fam. Noticia que se reputa falsa.

PAJAROTADA. f. fam. Pajarota.

PAJAROTE. m. aum. de pájaro.

PAJARRACO. m. despect. Pájaro grande y desconocido. ‖ 2. fig. y fam. Hombre disimulado y astuto.

PAJARUCO. m. despect. Pajarraco.

PAJAZA. f. Desecho que los caballos dejan de la paja larga que comen.

PAJAZO. (De *paja*.) m. Mancha a modo de cicatriz en la córnea transparente de las caballerías y que se atribuye a algún golpe con las cañas de los rastrojos.

PAJE. (fr. *page*.) m. Criado joven, encargado de acompañar a sus amos, asistir en las antesalas, servir a la mesa, etc. ‖ 2. Muchacho encargado de la limpieza en las embarcaciones y que aspira a grumete. ‖ 3. Familiar de un obispo. ‖ 4. Pinzas con que las señoras sujetaban la cola del vestido. ‖ 5. fig. Mueble formado por un espejo con pie alto y una mesilla con utensilios de tocador. ‖ —**de armas**. El que llevaba las armas para servírselas a su amo. ‖ —**de bolsa**. El del secretario del despacho universal y de los tribunales reales que llevaba la bolsa o cartera. ‖ —**de hacha**. El que iba delante de personas principales alumbrándoles el camino. ‖ *Donde fuiste* PAJE, *no seas escudero*. ref. que aconseja evitar motivos de envidia en los que fueron compañeros del que ha ascendido a puesto más elevado. ‖ P. pagem; I. page, valet; F. page; A. Edelknabe; It. paggio, donzello; R. паж.

PAJEA. f. Ajea.

PAJEAR. intr. Comer bien mucha paja las caballerías. ‖ 2. fam. Portarse, conducirse. *Cada uno tiene su modo de* PAJEAR.

PAJECILLO. (De *paje*.) m. Palanganero. ‖ 2. AND. Bufete pequeño en que se colocan velones y candeleros.

PAJEL. m. Pagel.

PAJERA. adj. V. *Horca* PAJERA. ‖ 2. f. Pajar pequeño que suele haber en las caballerizas.

PAJERÍA. f. Tienda donde se vende paja.

PAJERO. m. El que lleva paja para vender.

PAJIL. adj. Perteneciente o relativo a los pajes.

PAJILLA. f. Cigarrillo hecho de una hoja de maíz.

PAJIZO, ZA. adj. Hecho o cubierto de paja. ‖ 2. De color de paja. ‖ 2.ª acep.: P. palhiço; I. straw-colored; F. (couleur de) paille; A. strohfarben; It. pagliato; R. соломенный.

PAJÓ. m. Nombre vulgar filipino de una especie de mango pequeño del que se hace dulce.

PAJOLERO, RA. adj. fam. Despreciable, molesto.

PAJÓN. m. Caña alta y gruesa de las rastrojeras. ‖ 2. CUBA. Hierba gramínea silvestre, es especie de esparto fino, de menor consistencia que éste. ‖ 3. AMÉR. Pajonal.

PAJONAL. m. Terreno cubierto de pajón.

PAJOSO, SA. adj. Que tiene mucha paja, o es semejante a ella.

PAJOTE. m. Estera de caña y pajas con que cubren ciertas plantas los agricultores.

★ **PAJUATE**. adj. vulg. AMÉR. Pazguato, bobalicón. Ú.t.c.s.

PAJUCERO. m. AR. Lugar en que se pone a pudrir el pajuz.

PAJUELA. f. d. de paja. ‖ 2. Paja de centeno, tira de cañahoja o torcida de algodón, cubierta de azufre, que arde con llama. ‖ 3. AMÉR. Mondadientes. ‖ 3.ª acep.: P. palha de centeia; I. sulphur match; F. allumette; A. Schwefelfaden; It. fiammífero; R. серная, спичка.

PAJUNCIO. m. despect. Paje.

PAJUNO, NA. adj. Pajizo.

PAJUZ. m. AR. Paja a medio pudrir, desechada de los pesebres. ‖ 2. AR. Paja muy menuda que los labradores abandonan en la era y destinan para estiércol.

PAJUZO. m. AR. Pajuz.

PAL. m. BLAS. Pieza heráldica en forma de paja estrecha.

PALA. (l. *pala*.) f. Instrumento compuesto por una tabla de madera o una plancha metálica, en forma rectangular, de trapecio o redonda, con un mango grueso cilíndrico más o menos largo, según los usos a que se destina. || **2.** Hoja metálica de los azadones, hachas u otras herramientas. || **3.** Parte ancha de diversos objetos. || **4.** Tabla de madera de forma elíptica con mango forrado de pergamino por una cara para jugar a la pelota. || **5.** Raqueta. || **6.** Parte ancha del remo con la que se hace fuerza en el agua. || **7.** Asiento metálico en que el lapidario engasta las piedras. || **8.** Cuchilla con que los curtidores descarnan las pieles. || **9.** Parte superior del calzado que abraza el pie por encima. || **10.** Lo ancho y plano de los dientes. || **11.** Cada uno de los cuatro dientes que tiene el potro a los 30 meses de edad. || **12.** Cada una de las chapas de bisagra. || **13.** fig. y fam. Astucia para conseguir o averiguar una cosa. || **14.** fig. y fam. Destreza o habilidad con alusión a los buenos pelotaris. || **15.** MAR. Ala, cada una de las paletas que de diversa forma y en número variable parten de un eje para formar la hélice. || **16.** Parte más ancha y plana del timón. || **17.** En los instrumentos de viento, parte ancha y redondeada de las llaves que tapan los agujeros en el aire. || **—de afinar.** Pieza plana de madera con que se pulen las superficies de yeso. || **—de buey.** CHILE. Cogedor grande tirado por bueyes usado para igualar terrenos. || *Corta* PALA. fig. y fam. Persona ignorante y de pocos alcances. || *Hacer* PALA. Poner la pala firme el jugador de pelota para que rebote. || **2.** GERM. Ponerse un ladrón delante de uno a quien se quiere robar. || *Eso lo apartará la* PALA *y el azadón.* ref. que da a entender que sólo la muerte puede desarraigar una costumbre. || *Meter* uno *su media* PALA. fr. fig. y fam. Concurrir en parte a la consecución de un intento. || **P.** pà, raqueta; **I.** shovel; **F.** pelle; **A.** Schlegel, Schaufel; **It.** pala, badile; **R.** лопата.

PALABRA. (l. *parabŏla.*) f. Sonido o conjunto de sonidos articulados que expresan una idea. || **2.** Representación gráfica de estos sonidos. || **3.** Facultad de hablar. || **4.** Empeño que hace uno de su fe y probidad en testimonio de la certeza de lo que refiere o asegura. Dícese también PALABRA *de honor.* || **5.** Promesas u oferta. || **6.** Pasaje o texto de un autor o escrito. || **7.** Las que constituyen la forma de los sacramentos. || PALABRA *de Dios* o *divina.* La Sagrada Escritura, los sermones de los sacerdotes. || **—de matrimonio.** Promesa recíproca de contraerlo. || **—de rey.** fig. y fam. Ú. para ponderar la seguridad de lo que se promete u ofrece. || **—ociosa.** La que no tiene fin determinado. || **—pesada.** La injuriosa. || *Santa* PALABRA. La que complace. || **Palabras al aire.** fig. y fam. Las que no merecen aprecio. || **—de la ley** o **del duelo.** Las que las leyes señalan por gravemente injuriosas. || **—de oráculo.** fig. Respuestas anfibológicas. || **—de presente.** Las que recíprocamente se dan los esposos en el acto de casarse. || **—libres.** Las deshonestas. || **—mayores.** Las injuriosas. || *Las siete* PALABRAS. Las que dijo Cristo desde la Cruz. || *Medias* PALABRAS. fig. Insinuación embozada y reticente. || *Ahorrar* PALABRAS. fr. con que se insta a uno a que dé fin a un negocio. || *A la primera* PALABRA. m. adv. Con que se significa la prontitud de comprensión de lo que se oye. || *A* PALABRAS *locas, orejas sordas.* ref. que expresa que las cosas sin razón no se toman en consideración. || *Bajo su* PALABRA o *sobre su* PALABRA. ms. advs. Sin otra seguridad que la palabra dada. || *Beber las* PALABRAS a uno o *estar pendiente de las* PALABRAS de uno. frs. figs. Escucharle con suma atención. || *Coger la* PALABRA o *tomar la* PALABRA. frs. figs. Valerse o hacer prenda de ella para obligar a su cumplimiento. || *Coger la* PALABRA. fr. MIL. Avisarse sucesivamente los centinelas para estar todos alerta. || *En una* PALABRA, *en dos* PALABRAS o *en pocas* PALABRAS. exprs. figs. Con que se significa la brevedad o concisión con que se expresa algo. || *Dar* PALABRA *y mano.* fr. fig. Contraer esponsales. || *Dejar* a uno *con la* PALABRA *en la boca.* fr. Volverle la espalda sin quererle escuchar. || *De* PALABRA. m. adv. Por expresión oral. || *Dirigir la* PALABRA a uno. fr. Hablar singularmente con él. || *Faltar* uno *a su* PALABRA. No cumplir lo prometido. || *Gastar* PALABRAS. fr. fig. Hablar inútilmente. || *Llevar la* PALABRA. fr. Hablar una persona en nombre de los que le acompañan. || *Mantener su* PALABRA. fr. fig. Cumplir lo prometido. || *Medir* uno *las* PALABRAS. fr. fig. Hablar con sumo cuidado para no decir lo que no convenga. || *No tener* uno *más que una* PALABRA. fr. fig. Ser formal en lo que se dice o promete. || *No tener* uno PALABRA. fr. fig. Faltar fácilmente a lo que se ofrece. || PALABRA *de boca, piedra de honda* o PALABRA *y piedra suelta, no tienen vuelta.* ref. que enseña la cautela con que deben pronunciarse las palabras, sobre todo las que pueden ofender. || PALABRAS *de santo, uñas de gato.* ref. que señala a uno de hipócrita. || *Quitarle* a uno *la* PALABRA *de la boca.* Decir uno lo mismo que otro estaba expresando o a punto de expresar. || *Remojar la* PALABRA. fr. fig. y fam. Echar un trago. || *Tener* PALABRAS con uno. fr. fig. Dirigirse dos personas mutuamente palabras desagradables. || *Volverle* a uno *las* PALABRAS *al cuerpo.* fr. fig. y fam. Obligarle a desdecirse. || **P.** palavra; **I.** word; **F.** mot, terme, parole; **A.** Wort. Sprache; **It.** parola, verbo; **R.** слово, речь.

PALABRADA. f. Palabrota.

* **PALABREAR.** intr. p. u. Charlar. || **2.** tr. CHILE. Apalabrar. || **3.** CHILE. Insultar.

PALABREJA. f. d. despect. Palabra de escasa importancia o interés en el discurso.

PALABREO. m. Acción y efecto de hablar mucho en vano.

PALABRERÍA. f. Abundancia de palabras vanas. || **P.** palavrório; **I.** verbiage, idle talking; **F.** verbiage, parolage, bavardage; **A.** Wortschwall; **It.** parolame, cicalata; **R.** пустословие.

PALABRERO, RA. (De *palabra.*) adj. Se dice del que habla mucho. Ú.t.c.s. || **2.** Que ofrece fácilmente, no cumpliendo nada. Ú.t.c.s.

PALABRIMUJER. adj. Dícese del hombre de voz afeminada.

PALABRISTA. adj. Palabrero. Ú.t.c.s.

PALABRITA. (d. de *palabra.*) f. Palabra sensible y con mucha intención. || PALABRITAS *mansas.* fig. y fam. Persona que habla con mucha suavidad, pero reservando segunda intención.

PALABRÓN, NA. adj. Palabrero.

PALABROTA. f. despect. Dicho grosero.

PALACETE. m. Casa de recreo construida y alhajada como un palacio, aunque más pequeño.

PALACIANO, NA. adj. Palaciego. || **2.** m. NAV. Dueño de un palacio.

PALACIEGO, GA. adj. Perteneciente o relativo a palacio. || **2.** Dícese del que sirve o asiste en palacio real y conoce sus modas. Ú.t.c.s. || **3.** fig. Cortesano. || **2.ª** acep.: **P.** palaciano; **I.** courtier; **F.** palatin, courtisan; **A.** Höfling; **It.** cortigiano; **R.** придворный.

PALACIO. (l. *palatium.*) m. Edificio grande y suntuoso destinado a residencia de reyes, grandes personajes, o de corporaciones públicas. || **2.** Casa solariega de una familia. || **P.** palacio; **I.** palace; **F.** palais, edifice somptueuse; **A.** Palast, Schloss; **It.** palazzo; **R.** дворец.

PALACRA. (Voz de la primitiva lengua española, adoptada por los latinos.) f. Pepita de oro.

PALACRANA. (Voz de la primitiva lengua española.) f. Palacra.

PALADA. f. Porción que la pala puede coger de una vez. || **2.** Golpe en el agua con la pala del remo.

PALADAR. (l. *palātum.*) m. Parte interior y superior de la boca. || **2.** fig. Gusto y sabor que se percibe de los manjares. || **3.** Sensibilidad y gusto para discernir, aficionarse o repugnar alguna cosa en lo inmaterial. || **4.** Abultamiento que presentan algunas flores en el labio inferior de la corola. || **P.** paladar; **I.** palate; **F.** palais; **A.** Gaumen; **It.** palato; **R.** нёбо.

PALADEAR. (De *paladar.*) tr. Tomar poco a poco el gusto de una cosa. Ú.t.c.s. || **2.** Limpiar la boca o el paladar de los animales, para que vuelvan a apetecer el alimento. || **3.** Poner en el paladar del recién nacido miel u otra cosa suave para que empiece a mamar. || **4.** Aficionar a una cosa o quitar el deseo de ella por medio de otra que guste. || **5.** Empezar el recién nacido a querer mamar. || **P.** saborear; **I.** to relish; **F.** dèguster; **A.** schmecken, kosten; **It.** assaggiare; **R.** пробовать.

PALADEO. m. Acción de paladear o paladearse.

PALADIAL. adj. Perteneciente o relativo al paladar. || **2.** Letra paladial.

PALADÍN. (De *paladino.*) m. Caballero valeroso, distinguido por sus hazañas. || **2.** fig. Defensor denodado de alguna persona o cosa. || **P.** paladim; **I.** y **F.** paladin; **A.** Paladin; **It.** paladino; **R.** рыцарь.

PALADINAMENTE. adv. Públicamente, sin rebozo. || **P.** públicamente; **I.** clearly; **F.** tout carrément, en vrai paladin; **A.** öffentlich; **It.** palesemente; **R.** честно.

PALADINO, NA. (l. *palatinus;* de *palatium*, palacio.) adj. Público y patente. || **2.** m. Paladín.

PALADIO. (l. *Palladium*, y éste del gr. Παλλάδιον, estatua de Palas que hubo en Troya.) m. Metal raro, parecido al platino. || **P.** paládio; **I.** paladium; **F.** palladium; **A.** Palladium; **It.** palladio; **R.** палладий.

PALADIÓN. (l. *Palladium*, y éste del gr. Παλλάδιον, estatua de Palas.) m. fig. Objeto en que estriba o se cree estar la defensa y seguridad de una cosa. || **P.** paládio, garantía; **I.** safeguard; **F.** sauvegarde; **A.** Schutzheiligtum; **It.** palladio.

* **PALADISMO.** m. Rito de los masones que rinden adoración a Satanás.

PALADO, DA. adj. BLAS. Se dice del escudo y de las figuras cargadas de palos, entiéndese simplemente la voz palado de la figura compuesta de seis palos.

PALAFITO. (ital. *palafitta.*) m. Vivienda lacustre primitiva construida sobre estacas. || **P.** palafita; **I.** y **F.** palafitte; **A.** Pfahlbau; **It.** palafitta; **R.** свайная, постройка.

PALAFRÉN. (l. *paraveredus*, caballo de posta.) m. Caballo manso en que solían montar las damas. || **2.** Caballo montado por el criado o lacayo que acompaña a su amo. || **P.** palafrém; **I.** palfrey; **F.** palefroi; **A.** Zelter, Ross; **It.** palafreno; **R.** смирная, лошадь.

PALAFRENERO. (De *palafrén.*) m. Criado que lleva del freno al caballo. || **2.** Mozo de caballos. || **3.** Criado que monta el palafrén. || **—mayor.** En las caballerizas reales, el que tiene de la cabezada el caballo que monta el rey. || **P.** palafreneiro; **I.** groom, hostler; **F.** palefrenier; **A.** Reitknech; **It.** palafreniere, staffiere; **R.** стремянный.

PALAHIERRO. (De *palo* y *hierro.*) m. Tejuelo encajado en la solera del molino, para que gire sobre él el gorrón de la muela.

PALAMALLO. (ital. *pala* y *maglio.*) m. Juego semejante al del mallo.

* **PALAMEDEA.** f. ZOOL. Ave zancuda de los pantanos del Brasil, la Guayana y Colombia.

PALAMENTA. (De *pala.*) f. Conjunto de los remos de una embarcación.

PALANCA. (l. *p[h]alanga*, y éste del gr. φαλάγς.) f. Barra inflexible que, apoyada sobre un punto, puede girar para remover o levantar pesos. || **2.** Pértiga de que se sirven los palanquines para llevar entre dos un gran peso. || **3.** fig. Valimiento o influencia poderosa empleada para lograr un fin. || **4.** Fortín construido de estacas y tierra. || **P.** alavanca; **I.** lever; **F.** levier; **A.** Hebebaum; **It.** leva; **R.** лом.

PALANCADA. f. Golpe dado con la palanca.

PALANCANA. f. Palangana o jofaina.

PALANCIANO, NA. adj. ant. Palaciego. Usáb.t.c.s.

PALANGANA. f. Jofaina. || **P.** bacia; **I.** washbasin; **F.** lavoir; **A.** Waschbecken; **It.** catino; **R.** таз.

* **PALANGANADA.** f. fam. CHILE y PERÚ. Dicho o hecho del tronera; fanfarronada.

P

* PALANGANEAR. intr. fam. CHILE. Fanfarronear.

PALANGANERO. m. Mueble donde se coloca la palangana.

PALANGRE. (fr. y port. *palangre*.) m. Cordel largo y grueso del cual penden, a trechos, ramales con anzuelos para pescar en parajes de mucho fondo donde no pueden echarse las redes. || **P.** palangre; **I.** boulter; **F.** palancre; **A.** Legeangel, Angelseil; **It.** palangro; **R.** перемёт.

PALANGRERO. m. Barco de pesca con palangre. || **2.** Pescador que usa este aparejo.

* PALANQUEAR. tr. CHILE y ARGENT. Apalancar. || **2.** ARGENT. Apoyar, favorecer, ejercer influencias en favor de una persona o empresa. || **3.** ECUAD. Molestar.

* PALANQUEARSE. r. VENEZ. Sostenerse en alguna cosa.

PALANQUERA. (De *palanca*.) f. Valla de madera. || **2.** ARGENT. Tranquera, barrera.

PALANQUERO. m. El que apalanca. || **2.** Operario que movía el fuelle en las herrerías.

PALANQUETA. f. d. de palanca. || **2.** Barreta de hierro para forzar las puertas o cerraduras. || **3.** Barreta de hierro con dos cabezas gruesas que empleaba la artillería de marina para desarbolar los buques enemigos. || **4.** P. RICO. Varita montada sobre dos pies en la que descansan los gallos de pelea. || **5.** CUBA. Dulce seco, poco fino, hecho con maíz molido y amasado con miel. || **6.** ARGENT. Barreta con dos cabezas para hacer gimnasia.

PALANQUILLA. (d. de *palanca*.) f. V. *Hierro* PALANQUILLA.

PALANQUÍN. (De palanca.) m. Ganapán o mozo de cordel que se dedica a llevar cargas. || **2.** Andas usadas en Oriente para llevar personajes. || **3.** GERM. Ladrón. || **4.** MAR. Cada uno de los cabos que sirven para cargar los puños de las velas mayores, llevándolas a la cruz de sus vergas respectivas. || **5.** Aparejo para meter los cañones en batería, una vez cargados. || **P.** palanquim, litera; **I.** palanquin, palankeen; **F.** chaise à porteur; **A.** Tragsänfte; **It.** portantina; **R.** носильчик.

* PALAPTÉRIX. m. Género de aves rátidas, fósiles. Eran aves de gran tamaño.

* PALAQUIO. m. BOT. Género de plantas sapotáceas.

PALAS. m. ASTRON. Nombre del segundo de los asteroides, descubierto por Olbers en 1802.

PALASAN. (Voz tagala.) m. Rota, palma de la India.

PALASTRO. (De *pala*.) m. Chapa o planchita sobre la que se coloca el pestillo de una cerradura. || **2.** Hierro o acero laminado. || **P.** espelho de fechadura; **I.** iron plate; **F.** palastre; **A.** Schlossblech; **It.** piastra; **R.** прокатное, железо.

PALATAL. adj. Paladial. || **2.** Dícese de las consonantes que se articulan entre la lengua y el paladar duro.

PALATALIZAR. tr. Pronunciar un sonido con articulación palatal.

PALATINA. (De la princesa *Palatina*, segunda esposa del duque de Orleans, hermano de Luis XIV.) f. Adorno a modo de corbata ancha de martas, seda, etc., que usaban las mujeres para abrigarse la garganta y el pecho.

PALATINADO. m. Dignidad o título de los príncipes palatinos alemanes. || **2.** Territorio de los príncipes palatinos.

PALATINO, NA. (l. *palātus*, paladar.) adj. Pertenciente al paladar. || **2.** ZOOL. Dícese del hueso que contribuye a formar la bóveda del paladar. Ú.t.c.s.

PALATINO, NA. (l. *palatinus*.) adj. Perteneciente a palacio o propio de los palacios. || **2.** Dícese de los que tenían oficio principal en los palacios de los príncipes. Ú.t.c.s. || **P.** e **It.** palatino; **I.** palatine; **F.** palatin; **A.** höfisch; **R.** придворный.

PALAY. m. FILIP. Arroz con cáscara.

PALAZO. m. Golpe dado con la pala.

PALAZÓN. f. Conjunto de palos de que se compone una construcción, casa, barraca, etc. || **2.** COLOM. Estacada. || **3.** fam. VENEZ. Acción de echar palos o tragos de licor muy a menudo.

PALCA. f. ARGENT. y BOL. Cruce de

ríos o caminos. || **2.** BOL. Cada una de las tablas de una embarcación menor.

PALCO. (germ. *balko*.) m. Localidad independiente con balcón en los teatros y otros lugares de recreo. || **2.** En lo antiguo, aposento. || **3.** Tabladillo o palenque donde se coloca la gente para ver una función. || **—de platea.** El que está al nivel o casi al nivel del piso del teatro alrededor de la platea. || **—escénico.** Escena, 1.ª acep. || **P.** camarote de teatro; **I.** box; **F.** loge, tribune; **A.** Loge, Schaugerüst; **It.** palco, palchetto(ne); **R.** ложа.

PALEACIÓN. f. ant. Paliación.

PALEADOR. m. El que trabaja con pala o usa de ella.

* PALEAJE. m. MAR. Acción de descargar con pala un barco.

* PALEAL. (l. *pallium*, manto.) adj. Perteneciente o relativo al manto de los moluscos, llamado palio.

PALEAR. (De *pala*.) tr. Apalear, 2.° art.

PALEAR. tr. ant. Paliar.

* PALEÁRTICO, CA. adj. Dícese de la región zoogeográfica que abarca Europa, norte de África y gran parte de Asia.

* PALEMÓN. m. ZOOL. Género de crustáceos decápodos comestibles.

PALENCIA. (De *pala*, por influencia del nombre de la ciudad de Palencia.) n. p. V. *Jabón de* PALENCIA.

PALENQUE. (b. l. *pallanca*, y éste del l. *palus*, palo.) m. Valla o estacada con que se defiende un puesto o se cierra un terreno donde se ha de celebrar una fiesta pública. || **2.** El terreno cerrado por una estacada. || **P.** estacada, paliçada; **I.** palisade, paling; **F.** palissade, barrière; **A.** Ein-, Verzäumung, Schranke; **It.** steccato, recinto; **R.** ограда.

* PALENQUEAR. tr. AMÉR. Sujetar animales al palenque. || **2.** ARGENT. Domar un animal teniéndole atado al palenque.

PALENSE. adj. Natural de Palos de Moguer. Ú.t.c.s. || **2.** Perteneciente a esta villa.

PALENTE. (l. *pallens*, -entis, p.a. de *pallēre*, palidecer.) adj. ant. Pálido.

PALENTINO, NA. adj. Natural de Palencia. Ú.t.c.s. || **2.** Perteneciente a esta ciudad.

* PALEOANTROPOLOGÍA. f. Ciencia que tiene por objeto el estudio del hombre prehistórico.

* PALEOBIOLOGÍA. f. Ciencia que estudia las condiciones en que se desarrolló la vida de los seres actualmente fósiles.

* PALEOCENO, NA. adj. GEOL. Referente a los depósitos triásicos más antiguos.

* PALEOFÓNIDOS. m. pl. PALEONT. Ciertos arácnidos fósiles.

* PALEOGENO. adj. GEOL. Dícese del primer período de la Era terciaria.

* PALEOGEOGRAFÍA. f. Ciencia que estudia la superficie terrestre en los distintos momentos de su evolución.

PALEOGRAFÍA. (De *paleógrafo*.) f. Arte de leer la escritura y documentos antiguos. || **P.** paleografia; **I.** paleography; **F.** paléographie. **A.** Paläographie, Schreibkunst der Alten; **It.** paleografia; **R.** палеография.

PALEOGRÁFICO, CA. adj. Se dice de lo perteneciente a la paleografía.

PALEÓGRAFO. (gr. παλαιός, antiguo, y γράφω, escribir.) m. El que profesa la paleografía. || **P.** paleógrafo; **I.** paleographer; **F.** paléographe; **A.** Paläograph; **It.** paleògrafo; **R.** палеограф.

PALEOLÍTICO, CA. (gr. παλαιός, antiguo, y λίθος, piedra.) adj. PREHIST. Perteneciente al período de la piedra tallada. Ú.t.c.s. || **P.** paleolítico; **I.** paleolithic; **F.** paléolithique; **A.** paläolitisch; **It.** paleolitico; **R.** палеолитический.

* PALEOLOGÍA. f. Ciencia que estudia las lenguas primitivas.

PALEÓLOGO, GA. Se dice del que conoce los idiomas antiguos. Ú.t.c.s.

* PALEONÍCTIDOS. m. pl. PALEONT. Familia de mamíferos placentarios, fósiles, posibles antecesores de los felinos actuales.

PALEONTOGRAFÍA. (gr. παλαιός, antiguo, y ὤν, ὄντος, ente, ser, y γράφω, escribir.) f. Descripción de los seres orgánicos cuyos restos se encuentran fósiles.

PALEONTOGRÁFICO, CA. adj. Perteneciente a la paleontografía.

PALEONTOLOGÍA. (De *paleontó-*

logo.) f. Ciencia que estudia los seres orgánicos cuyos restos se encuentran fósiles.

PALEONTOLÓGICO, CA. adj. Perteneciente o relativo a la paleontología.

PALEONTÓLOGO. (gr. παλαιός antiguo; ὤν, ὄντος, ente, ser, y λόγος, decir, tratar.) m. El que profesa la paleontología.

* PALEOREAS. m. PALEONT. Género de mamíferos artiodáctilos, fósiles, semejantes a los actuales antílopes.

* PALEORNIS. m. ZOOL. Género de aves prensoras que viven en las regiones tropicales, como las cotorras.

PALEOTERIO. m. PALEONT. Género de mamíferos ungulados de la familia de los équidos, posibles antepasados de los caballos actuales.

PALEOZOICO, CA. (gr. παλαιός, antiguo, y ξῶον, animal.) adj. GEOL. Dícese de la era geológica llamada también primaria. || **P.** paleozóico; **I.** paleozoic; **F.** paléozoïque; **A.** paläozoisch; **It.** paleozoico; **R.** палеозойский.

PALERA. f. MURC. Nopal.

PALERÍA. (De *palero*.) f. Oficio y operación de limpiar zanjas de desagüe de tierras húmedas.

PALERMITANO, NA. adj. Panormitaño. Apl. a pers. ú.t.c.s.

PALERO. m. El que hace o vende palas. || **2.** El que ejerce el oficio de palería. || **3.** MIL. Soldado que trabaja con pala.

* PALESTESIA. f. Sensibilidad para percibir las vibraciones.

PALESTINO, NA. (l. *palaestinus*.) adj. Natural de Palestina. Ú.t.c.s. || **2.** Perteneciente a este país de Asia.

PALESTRA. (l. *palaestra*, y éste del gr. παλαίστρα; de παλαίω, pelear, luchar.) f. Sitio o lugar donde se lidia o lucha. || **2.** fig. poét. La misma lucha. || **3.** fig. Sitio o paraje en que se celebran ejercicios literarios públicos o se discute o controvierte sobre cualquier asunto. || **P.** e **It.** palestra; **I.** palaestra; **F.** palestre; **A.** Palàstra; **R.** место, диспута.

PALÉSTRICO, CA. (l. *palaestricus*.) adj. Perteneciente a la palestra.

PALESTRITA. (l. *palaestrita*.) m. El que se ejercita en la palestra.

PALETA. f. d. de paleta. || **2.** Tabla ovalada o cuadrada, sin mango, y con un agujero por donde el pintor mete el dedo pulgar izquierdo y en la cual tiene ordenados los colores. || **3.** Instrumento metálico con un platillo y astil largo usado en las cocinas para repartir viandas. || **4.** Badil para remover la lumbre. || **5.** Utensilio de palastro, figura triangular y mango de madera usado por los albañiles para manejar y aplicar mortero o mezcla. || **6.** Omoplato, paletilla. || **7.** Cada una de las planchas o tablas que en las ruedas hidráulicas recibe la acción de agua. || **8.** Cada una de las piezas análogas de ventiladores u otros aparatos que reciben y utilizan la acción del aire o viento. || **9.** Cada una de las piezas curvas que unidas a un núcleo central constituyen la hélice náutica. || **10.** CHILE. Parte de la llave donde están las guardas. || **11.** ARGENT. y P. RICO. Paleta de madera con que golpean la ropa las lavanderas. || **12.** CUBA. Pata delantera del cerdo. || *Media* PALETA. Ayudante de albañil que no ha llegado aún a oficial. || *De* PALETA. m. adv. fig. A pedir de boca. || *En dos* PALETAS. m. adv. fig. y fam. En un instante. || **2.ª acep.**: **P.** pàzinha, y **F.** palette; **A.** Farbenbrett; **It.** paletta; **R.** лопатка.

PALETADA. f. Porción que la paleta puede coger de una vez. || **2.** Golpe dado con la paleta. || **3.** Trabajo hecho por el albañil cada vez que aplica el material con la paleta. || *En dos* PALETADAS. En un instante.

PALETAZO. (De *paleta*.) m. Varetazo.

PALETEAR. (De *paleta*.) intr. MAR. Remar mal, sin adelantar. || **2.** MAR. Golpear el agua las paletas de la hélice de un buque sin avanzar.

PALETEO. m. Acción de paletear.

PALETERO. m. GERM. Ladrón que ayuda a hacer pala. || **2.** ZOOL. Gamo de dos años.

PALETILLA. (d. de *paleta*.) f. Omoplato. || **2.** Ternilla en que termina el esternón. || **3**. Palmatoria con mango y pie. || **4**. ARGENT. Muesca hecha en la oreja a un animal. || **P**. omoplata; **I**. shoulder-blade; **F**. omoplate; **A**. Schulterblatt; **It**. scàpola, omoplata.

PALETO. (De *pala*, por la que forman sus aspas.) m. Gamo. || **2**. m. fig. Persona rústica y zafia.

PALETÓ. (fr. *paletot*.) m. Gabán de paño grueso largo, entallado y sin faldas.

PALETÓN. (De *paleta*.) m. Parte de la llave en que están los dientes y guardas.

PALETOQUE. (l. *palla*, y el celta *toc*, toca.) m. Capotillo de dos haldas, largo hasta las rodillas y sin mangas.

PALHUÉN. (Voz de origen araucano.) m. CHILE. Arbusto de la familia de las papilionáceas.

PALI. (sánscr. *pali*, serie, colección, por la de los libros búdicos.) adj. Dícese de la lengua hermana de la sánscrita, pero menos antigua.

PALIA. (l. *pallium*, cubierta, colgadura.) f. Lienzo sobre el que se extienden los corporales para decir misa. || **2**. Cortina que se pone delante del sagrario. || **3**. Hijuela con que se cubre el cáliz. || **P**. pala; **I**. pall; **F**. pale; **A**. Kelchdeckel; **It**. palla.

★ **PALIACATE**. m. MÉJ. Pañuelo de vivos colores y de gran tamaño.

PALIACIÓN. f. Acción y efecto de paliar.

PALIADAMENTE. (De *paliar*.) adv. Encubiertamente.

PALIAR. (l. *palliare*; de *pallium*, capa.) tr. Encubrir, disimular. || **2**. Mitigar la violencia de ciertas enfermedades. || **P**. paliar; **I**. to palliate; **F**. pallier, cacher; **A**. bemänteln; **It**. palliare; **R**. прикрывать, смягчать.

PALIATIVO, VA. (l. *palliātum*, supino de *palliare*, encubrir, disimular.) adj. Dícese de los remedios que, aunque no curan las enfermedades, las alivian mitigando su violencia. || **2**. fig. Paliatorio. Ú.t.c.s. || **P**. paliativo; **I**. palliative; **F**. palliatif; **A**. lindernd; **It**. palliativo; **R**. паллиативный.

PALIATORIO, RIA. (De *paliar*.) adj. Capaz de encubrir o disimular algo.

★ **PALICUREA**. f. BOT. Género de arbustos rubiáceos, de flores hermafroditas agrupadas en panojas. Crecen en la América tropical.

PALIDECER. intr. Ponerse pálido. || **P**. empalidecer; **I**. to grow pale; **F**. pâlir; **A**. erblassen; **It**. impallidire; **R**. бледнеть.

PALIDEZ. (De *pálido*.) f. Amarillez, descaecimiento del color natural. || **P**. palidez; **I**. paleness; **F**. pâleur; **A**. Blässe, Bleiche; **It**. pallidezza; **R**. бледность.

PÁLIDO, DA. (l. *pallidus*.) adj. Amarillento, descaecido de su color natural. || **2**. Desvaído, decolorado. || **3**. fig. Desanimado, falto de expresión. Narración pálida. || **P**. pálido; **I**. pale, pallid; **F**. pâle, blême; **A**. blass, bleich; **It**. pàllido; **R**. бледный.

PALIDUCHO, CHA. adj. Persona de quebrado color.

PALIER. (fr. *palier*.) m. MEC. En algunos vehículos automóviles, cada una de las dos mitades en que se divide el eje de las ruedas motrices.

★ **PALIGORSQUITA**. f. MINERAL. Silicato anhidro de calcio y magnesio.

PALILLERO, RA. m. y f. Persona que hace o vende palillos para mondar dientes. || **2**. Caja en que se guardan. || **3**. Pieza para colocar los palillos sobre la mesa.

PALILLO. (d. de *palo*.) m. Varilla por la parte inferior aguda y por la superior, redonda y hueca, donde se encaja la aguja para hacer media. || **2**. Mondadientes de madera. || **3**. Bolillo para hacer encaje. || **4**. Cada una de las varillas rematadas en forma de perilla que sirven para tocar el tambor. || **5**. Vena gruesa de la hoja del tabaco. || **6**. fig. Palique. || **7**. Bolillos en ciertos juegos de billar. || **8**. Palitos de madera dura empleada por los escultores para modelar el barro. || **9**. fig. y fam. Primeros principios y reglas menudas de las ciencias o artes. || **10**. fig. y fam. Lo insustancial y poco importante. || **11**. AND. Castañuelas. || *Tocar todos los* PALILLOS. fr. fam. Tantear todos los medios para un

fin. || **2**.ª acep.: **P**. palito dos dentes; **I**.toothpick; **F**. cure-dents; **A**. Zahnstocher; **It**.stuzzicadenti; **R**. барабанные, палочка.

PALIMPSESTO. (l. *palimpsestus*, y éste del gr. παλίμψηστος; de πάλιν, nuevamente, y ψάω, borrar.) m. Manuscrito antiguo que conserva huellas de una escritura anterior. || **2**. Tablilla en que se podía borrar lo escrito para volver a escribir. || **P**. palimpsesto; **I**. palimpsest; **F**. palimpseste; **A**. Palimpsest; **It**. palinsesto; **R**. рукопись.

PALÍNDROMO. (gr. πάλιν, de nuevo, y δρομος, carrera.) m. Palabra que se lee igual empezando por la derecha que por la izquierda: *anilina*.

PALINGENESIA. (gr. παλιγγενεσία; de πάλιν, de nuevo, y γένεσις, nacimiento.) f. Regeneración, renacimiento de los seres. || **2**. BIOL. Reaparición de caracteres atávicos en generaciones sucesivas. || **P**. e **I**. palingenesis; **F**. palingénésie; **A**. Wiedergeburt; **It**. palingènesi; **R**. обновление.

PALINGENÉSICO, CA. adj. Perteneciente a la palingenesia.

★ **PALINODIA**. (l. *palinodia*, y éste del gr. παλινωδία.) f. Retractación pública de lo que se había dicho. Ú.m. en la fr. *Cantar la* PALINODIA. Retractarse públicamente. || **P**. palinodia; **I**. palinode, recantation; **F**. palinodie; **A**. Palinodie, Widerruf; **It**. palinodia; **R**. отречение.

★ **PALINÚRIDOS**. m. pl. Familia de crustáceos decápodos macruros, como la langosta.

★ **PALINURO**. m. ZOOL. Género de crustáceos palinúridos. || **2**. MAR. Instrumento que sirve para obtener con el sol la desviación de la aguja.

PALIO. (l. *pallium*.) m. Prenda principal del traje griego antiguo, a manera de manto, sujeta al pecho con hebilla o broche. || **2**. Capa o balandrán. || **3**. Insignia pontifical usada por el Papa, arzobispos y obispos en forma de faja blanca con cruces negras, que pende de los hombros en el pecho. || **4**. Especie de dosel sostenido por varas bajo el cual va el sacerdote con el Santísimo en las procesiones. Es también usado por el Papa, reyes, prelados, etc., en ciertas solemnidades. || **5**. Cualquier cosa a manera de dosel. || **6**. ZOOL. Manto o repliegue cutáneo que envuelve el cuerpo de los moluscos. || **P**. pàlio; **I**. cloak; **F**. pallium; **A**. Pallium; **It**. pa(l)lio; **R**. накидка, плащ.

PALIQUE. m. fam. Conversación de poca importancia. || **P**. cavaco; **I**. chitchat; **F**. babil, babillage; **A**. Plauderei; **It**. chiàcchiera; **R**. болтовня.

PALIQUEAR. intr. Estar de palique, charlar.

★ **PALIRREA**. f. Regurgitación. || **2**. Repetición de un flujo.

PALISANDRO. m. Madera de guayabo, de color rojo obscuro, muy estimada en ebanistería.

★ **PALITO**. m. VENEZ. Trago.

PALITOQUE. m. Palitroque.

PALITROQUE. m. Palo pequeño y mal labrado.

★ **PALIURO**. m. BOT. Género de plantas ramnáceas; son arbustos espinosos, como la llamada espina de Cristo.

PALIZA. f. Zurra de golpes dados con palo. || **2**. fig. Disputa en que uno queda vencido. || **P**. sova; **I**. caning; **F**. rossée; **A**. Tracht, Prügel; **It**. bastonatura; **R**. наказание.

PALIZADA. (De *palo*.) f. Sitio cercado de estacas. || **2**. Defensa de estacas y tierra para contener la corriente de las aguas. || **3**. BLAS. Conjunto de piezas en forma de palos, encajadas unas en otras. || **4**. FORT. Empalizada. || **5**. COLOM. y ECUAD. Conjunto de ramas y troncos de árboles que arrastra la corriente de los ríos. || **6**. PERÚ. Reunión de gente juerguista. || **P**. paliçada; **I**. palisade; **F**. palissade; **A**. Palisade; Pfahlwerk; **It**. palizzata; **R**. изгородь.

PALMA. (l. *palma*.) f. Palmera. || **2**. Hoja de palmera, especialmente la amarillenta por haber estado atada con el fin de tomar este color. || **3**. Palmito, planta de hojas en forma de abanico. || **4**. fig. Gloria, triunfo. || **5**. fig. Victoria del mártir contra las potestades infernales. || **6**. BOT. Cualquiera de las plantas monocotiledóneas

de la familia de las palmáceas. || **7**. VETER. Parte inferior del caso de las caballerías. || **8**. pl. Palmadas de aplausos. —**bache**. Palmácea americana. || —**brava**.BOT. Palmera filipina, parecida al burí, de madera muy dura. || —**Christi**. Ricino. || —**indiana**. Coco, árbol de América. || —**negra**. AMÉR. Caranday. || —**real**. Árbol de la familia de las palmas, abundante en Cuba, de unos 15 m de altura. || *Como por la* PALMA *de la mano*. loc. adv. fig. y fam. Con que se expresa la facilidad de ejecutar o conseguir una cosa || *Llevarse* uno *la* PALMA. fr. fig. Sobresalir con aplauso general. || **P**. palma; **I**. palm; **F**. palmier; **A**. Palme; **It**. palma, palmizio; **R**. пальма.

★ **PALMÁCEAS**. f. pl. BOT. Familia de plantas llamadas palmas o palmeras; son monocotiledóneas.

PALMACRISTI. (l. *palma*, y *Christi*, de Cristo.) f. Ricino. || **2**. CHILE. Persona fastidiosa.

PALMADA. f. Golpe dado con la palma de la mano. || **2**. Ruido producido golpeando una con otra las palmas de las manos. || **P**. palmada; **I**. slap, clap; **F**. tape, claque; **A**. Klaps, Beifall; **It**. palmata; **R**. шлепок.

PALMADILLA. (d. de *palmada*.) f. Baile así llamado por la palmada que se da a aquel a quien se ha elegido para bailar.

PALMADO, DA. (De *palma*.) adj. Palmeado. || **2**. Dícese de la túnica o toga usada por los cónsules romanos el día del triunfo o para presidir los juegos del circo.

PALMAR. (l. *palmāris*.) adj. Dícese de las cosas de palma. || **2**. Perteneciente a la palma del casco de los animales. || **3**. De un palmo, relativo al palmo. || **4**. Claro, patente. || **5**. m. Terreno poblado de palmeras. || **6**. Instrumento formado por la cabeza de la cardancha y la cardancha misma con que se saca pelo al paño. || 5.ª acep.: **P**. palmar; **I**. palm-grove; **F**. palmaraie; **A**. Palmenwald, Palmenhain; **It**. palmeto; **R**. пальмовая, роща.

PALMAR. intr. fam. Morir.

PALMARIAMENTE. adv. De modo muy patente y claro.

PALMARIO, RIA. (l. *palmarius*.) adj. Palmar, claro, manifiesto. || **P**. palmar; **I**. clear, evident; **F**. manifeste; **A**. klar, deutlich; **It**. palmare; **R**. очевидный.

★ **PALMATÍFIDO, DA**. adj. BOT. Dícese de la hoja de nervadura palmeada, cuyas hendiduras alcanzan desde el borde hasta la mitad del semilimbo.

★ **PALMATIPARTIDO, DA**. adj. BOT. Aplícase a la hoja de nervadura palmeada con hendiduras en el borde que pasan del semilimbo llegando al mismo peciolo.

★ **PALMATISECTO, TA**. adj. BOT. Dícese de la hoja de nervadura palmeada cuyas hendiduras alcanzan el mismo ápice del peciolo.

PALMATORIA. (l. *palmatoria*.) f. Palmeta (antiguo instrumento de castigo que se usaba en las escuelas.) || **2**. Candelero bajo, con mango y pie en forma de platillo. || 2.ª acep.: **P**. palmatória; **I**. candlestik, hand-light; **F**. bougeoir; **A**. (Hand)-Leuchter; **It**. bugia; **R**. подсвечник.

PALMEADO, DA. p.p. de palmear. || **2**. adj. De figura de palma. || **3**. BOT. Dícese de hojas, raíces, etc., que semejan una mano abierta. || **4**. ZOOL. Dícese de los dedos de los animales ligados entre sí por una membrana.

PALMEAR. intr. Dar palmadas, especialmente en señal de regocijo o aplauso. || **2**. tr. IMPR. Nivelar el molde o forma. || **3**. MAR. Conducir una embarcación apoyando las manos en puntos fijos. || **4**. MAR. Asirse de un cabo o cable fijo y avanzar valiéndose de las manos. Ú.t.c.intr. || **P**. aplaudir; **I**. to applaud; to clap hands; **F**. applaudier, claquer; **A**. klatschen; **It**. applaudire; **R**. прихлопывать.

PALMEJAR. (De *palma*.) m. MAR. Tablón endentado y clavado en las varengas del navío, para ligar entre sí las cuadernas.

★ **PALMELA**. BOT. f. Género de algas unicelulares clorofíceas, filamentósas de color verde o pardo.

★ **PALMELAS**. m. pl. Tribu de indios

P brasileños que habitan en las orillas del río Madeira.

PALMENTA. f. GERM. Carta mensajera.

PALMENTERO. (De *palmenta*.) f. GERM. Cartero o correo.

PALMEO. m. Medida por palmos.

★ **PALMER.** m. Fís. Aparato para medir espesores que consta fundamentalmente de un tornillo micrométrico.

PALMERA. (l. *palmaria*, t. f. *-rius*; de *palma*, palma.) f. Árbol de la familia de las palmas, de tronco recto, alto hasta de diez metros, coronado por hojas formando una especie de penacho. Sus hojas son amarillentas; su fruto, los dátiles en grandes racimos. || **P.** palmeira; **I.** palm-tree; **F.** palmier; **A.** Palme; **It.** palmizio; **R.** пальма.

PALMERAL. m. Bosque de palmeras.

PALMERO. (l. *palmarius*.) m. Peregrino de Tierra Santa que traía palma en señal de romería. || **2.** El que cuida las palmas.

PALMERO, RA. adj. Natural de Santa Cruz de La Palma.

PALMESANO, NA. adj. Natural de Palma de Mallorca. Ú. t. c. s.

PALMETA. (d. de *palma*.) f. Instrumento usado antes en las escuelas para castigar a los niños golpeándoles en la palma de la mano. || **2.** Palmetazo, golpe dado con palmeta.

PALMETAZO. m. Golpe dado con la palmeta. || **2.** Corrección hecha con desabrimiento.

PALMICHE. (De *palma*.) m. Palma real. || **2.** Fruto de este árbol. || **3.** Palma propia de grandes palmares, de unos seis metros de altura. || **4.** Fruto del palmito. || **P.** palmeira real; **I.** royal palm; **F.** palme royale; **A.** Königspalme; **It.** palma reale.

PALMICHE. f. CUBA. Tela ligera que se emplea para trajes de hombre en el verano.

PALMÍFERO, RA. (l. *palmifer*, *-ěri*.) adj. poét. Que lleva palmas, abunda en ellas o las produce.

★ **PALMÍFIDO, DA.** adj. BOT. Dícese de la hoja de nervaduras palmeadas cuyas hendiduras penetran hasta la zona media del limbo.

★ **PALMIFORME.** adj. De forma más o menos semejante a la palma de la mano.

★ **PALMIJUNCO.** m. BOT. Género de plantas palmáceas, en su mayoría trepadoras, cuyas especies son propias de Oceanía y la India.

PALMILLA. f. Cierto género de paño que se labraba particularmente en Cuenca. El más estimado era de color azul. || **2.** Plantilla del zapato.

★ **PALMILLO.** m. P. RICO. Cogollo nutritivo de la palma real.

PALMÍPEDO, DA. (l. *palmipes*, *-ědis*; de *palma*, palma, y *pes*, pie.) adj. ZOOL. Dícese de las aves que tienen los dedos palmeados a propósito para la natación, como el pato, el pelícano, el ganso, gaviota y pájaro bobo. Ú. t. c. s. || **2.** f. pl. ZOOL. Orden de estas aves. || **P.** palmípede; **I.** palmiped; **F.** palmipède; **A.** Schwimmvögel; **It.** palmipede; **R.** перепончатолапый.

★ **PALMISTA.** adj. ANT. Quiromántico. Ú. t. c. s.

★ **PALMISTE.** m. GUINEA. Almendra del fruto de la palmera de aceite, muy abundante en el golfo de Guinea.

PALMITA. f. dim. de palma. || *Llevar, recibir* o *traer* uno *en* PALMITAS. fr. fig. Llevarlo en palmas, complacerle y darle gusto en todo.

PALMITERA. f. MURC. Palmito, 1.er art., 1.ª acep.

★ **PALMÍTICO, CA.** adj. QUÍM. Dícese de un ácido graso que se halla en el aceite de palma. Es sólido, insoluble en el agua, pero muy soluble en alcohol, éter, etc.

PALMITIESO, SA. adj. Dícese de la caballería que tiene los cascos con la palma plana o convexa en vez de cóncava.

PALMITO. (De *palma*.) m. Palma de poca altura en forma de abanico formada por quince o veinte lacinias, flores amarillas y fruto rojizo elipsoidal, de 2 cm de largo y comestible. Es común en las provincias españolas de Levante y Mediodía, donde se aprovechan las hojas para hacer escobas y esteras. || **2.** Tallo blanco que se encuentra dentro de la planta anterior y correspondiente a cada una de las hojas aún no desarrolladas. Es comestible. || *Como un* PALMITO. fr. fig. y fam. Curioso y limpiamente vestido.

PALMITO. (d. de *palmo*.) m. fig. y fam. Cara de mujer.

PALMO. (l. *palmus*.) m. Medida de longitud cuarta parte de la vara, dividida en doce partes iguales o dedos, equivalentes a unos 21 cm. Se supone que es el largo de la mano del hombre abierta y extendida desde el extremo del pulgar hasta el del meñique. || **2.** Juego que usan los muchachos tirando unas monedas contra una pared, y el que acierte a hacer caer la suya a un palmo o menos de la del otro, gana la moneda. || *Con un* PALMO *de lengua fuera*. m. adv. fig. y fam. Da a entender que uno esté agotado y sudoroso. || *Dejar* a uno *con un* PALMO *de narices*. fr. fig. y fam. Chasquearle privándole de lo que esperaba conseguir. || PALMO *a* PALMO. m. adv. fig. con que se expresa la dificultad o lentitud en la consecución de una cosa. || **—menor.** Ancho que dan unidos los cuatro dedos, índice, mayor, anular y meñique. || **P. e It.** palmo; **I.** span, palm; **F.** empan; **A.** Spanne, Handbreit(e); **R.** пядь.

★ **PALMÓN.** Ramo sin labrar de la palmera.

PALMOTEAR. intr. Palmear (dar palmadas). || **P. y F.** applaudir; **I.** toslap with the hand; **A.** in die Hände klatschen; **It.** batter le mani; **R.** рукоплескать.

PALMOTEO. m. Acción de palmotear. || **2.** Acción de dar con la palmeta.

★ **PALMUS.** m. MED. Espasmo, palpitación.

PALO. (l. *palus*.) m. Trozo de madera más largo que grueso, generalmente cilíndrico. || **2.** Cada uno de los maderos más gruesos por la parte inferior que por la superior, destinado a sostener las vergas a que van unidas las velas. Se hallan fijos a la embarcación. || **3.** Golpe dado con un palo. || **4.** Último suplicio ejecutado con instrumento de palo, como horca, etc. || **5.** Cada una de las cuatro series en que se divide la baraja. || **6.** Trazo de algunas letras que sobresale de las demás por arriba o por abajo. || **7.** Varapalo, daño que se recibe en los intereses materiales o morales. Ú. con los verbos *dar, llevar* o *recibir*. || **8.** BLAS. Pieza heráldica en forma de rectángulo que ocupa en su medio la tercera parte del ancho total. || **9.** Suerte del juego de billar consistente en derribar los palos. || **—áloe.** Madera del agáloco, resinosa, amarga y purgante. || **—blanco.** CUBA. Árbol de la familia de las simarubáceas, de hojas oblongas y flores amarillas. Se cría en los montes y es medicinal. || **—cajá.** BOT. CUBA. Árbol silvestre de la familia de las sapindáceas de unos 4 m de alto y madera de color anaranjado. || **—campeche** o **Palo de Campeche.** BOT. Madera dura, negruzca, de olor agradable. Procede de un árbol americano de la familia de las papilionáceas. || **—de ciego.** fig. Golpe dado sin duelo o desatentadamente. || **2.** Daño o injuria causado por irreflexión. || **—de hule.** Uno de los árboles que producen goma o caucho. || **—de jabón.** Líber de un árbol de América de la familia de las rosáceas. Macerado en agua da un líquido espumoso que puede remplazar al jabón. || **—de planchar.** Tablero grueso y estrecho, de madera dura de que se sirven los sastres para planchar mangas, etc. || **—de rosa.** BOT. Madera de un árbol americano, muy compacta, olorosa, roja con vetas negras y muy estimada en ebanistería. || **—macho.** Cada una de las perchas principales de la arboladura de un barco. || **—mayor.** MAR. El más alto del buque, que sostiene la vela principal. || **—nefrítico.** BOT. Madera cuya infusión se ha empleado en las enfermedades de las vías urinarias. || **—Santo.** Madera del guayaco. || *A* PALO *seco*. MAR. Dícese de una embarcación que camina con las velas recogidas. || **2.** fig. Dícese de actos y funciones sin los complementos usuales. || *De tal* PALO *tal astilla*. fr. para expresar que comúnmente todos tienen las propiedades e inclinaciones conforme a su origen. || **P.** pau; **I.** stick, cudgel; **F.** bâton, bois; **A.** Stock, Pfahl, Holz; **It.** palo, legno; **R.** палка, бревно.

PALODUZ. m. Palo dulce, orozuz.

★ **PALÓGRAFO.** m. Fís. Aparato con el que se registran los movimientos de los buques.

★ **PALOLO.** m. ZOOL. Gusano anélido que vive en arrecifes y rocas a poca profundidad en el Pacífico.

PALOMA. (l. *palŭmba*.) f. Ave domesticada de las que hay muchas variedades. De la familia de las colúmbidas. || **2.** fam. Bebida de agua y aguardiente anisado. || **3.** fig. Persona de genio apacible. || **4.** MAR. Parte media de una verga entre los galápagos, en que se fijan los motones de las drizas. || **5.** f. pl. ZOOL. Orden de las aves buenas voladoras, de pico corto, abovedado y dedos libres como la paloma y la tórtola. || **—mensajera.** Variedad que se distingue por el instinto para volver al palomar desde largas distancias. || **—torcaz.** Especie de paloma que vive en el campo y anida en árboles elevados. || **—zorita** o **zurita.** Especie de paloma, con plumaje ceniciento azulado, más obscuro en las partes superiores que en las inferiores, con reflejos metálicos. || **P.** pomba; **I.** dove, pigeon; **F.** pigeon; colombe; **A.** Taube; **It.** colomba; **R.** голубь.

PALOMADURA. (De *palomar*, 2.º art.) f. MAR. Ligadura con que se sujeta la relinga a su vela.

PALOMAR. m. Edificio donde se recogen y crían las palomas. || **P.** pombal; **I.** pigeon-house; **F.** colombier, pigeonnier; **A.** Taubenhaus; **It.** colombaia; **R.** голубятня.

PALOMAR. adj. Aplícase a un hilo o bramante más delgado y retorcido que el regular.

PALOMARIEGA. (De *palomar*.) adj. Dícese de la paloma criada en el palomar y que sale al campo.

PALOMEAR. intr. Andar a caza de palomas. || **2.** Ocuparse mucho tiempo en cuidarlas. || **3.** ECUAD. Atacar ligeramente las avanzadas enemigas. || **4.** ECUAD. y PERÚ. Disparar contra uno a traición. || **5.** CUBA. Engañar.

PALOMERA. f. Palomar pequeño. || **2.** Páramo poco extenso. || **3.** AND. Casilla en que anidan las palomas.

PALOMERÍA. f. Caza de palomas que van de paso.

PALOMERO, RA. adj. V. *Virote* PALOMERO. || **2.** m. y f. Persona que trata en la venta y compra de palomas. || **3.** Persona aficionada a la cría de estas aves.

PALOMETA. f. Pez comestible parecido al jaurel, aunque algo mayor que éste.

PALOMILLA. (d. de *paloma*.) f. Mariposa nocturna de un centímetro de largo, ceniciento, de alas estrechas, que hace grandes destrozos en los graneros donde habita. || **2.** BOT. Fumaria. || **3.** Onoquiles. || **4.** Parte anterior de la grupa de las caballerías. || **5.** Caballo de color muy blanco. || **6.** Parte que sobresale en el remate de algunas albardas. || **7.** Armazón triangular que sirve para sostener tablas, estantes, etc. || **8.** Chumacera, pieza con una muesca sobre la que descansa horizontalmente y gira un eje. || **9.** En los coches de cuatro ruedas, cada uno de los trozos de hierro que van de la caja a las ballestas del juego trasero. || **10.** Ninfa, insecto en el estado anterior a su última metamorfosis. || **11.** CUBA. Cierto insecto perjudicial para el tabaco. || **12.** CUBA. Carne del lomo de una res. || **13.** MÉJ. Grupo de personas que se reúnen con frecuencia para divertirse.

PALOMINA. f. Excremento de las palomas. || **2.** Fumaria. || **3.** Especie de uva negra. || **P.** pigeon's dung; **F.** colombine; **A.** Taubenmist; **It.** colombina; **R.** чёрный, виноград.

PALOMINO. (l. *palŭmbīnus*.) m. Pollo de la paloma brava. || **2.** fam. Mancha de excremento en la parte posterior de la camisa. || **3.** AMÉR. Caballo de patas esbeltas de color crema y con algunas manchas blancas en la cabeza. || **P.** pombo novo; **I.** young pigeon; **F.** pigeonneau; **A.** junge Taube; **It.** piccioncino; **R.** птенец, голубя.

PALOMITA. f. d. de paloma. || **2.** Rose-

ta de maíz tostado o reventado. ‖ **3**. Venez.
y Colom. Turno, voz en el baile cuando
hay cambio de parejas. ‖ **4**. Chile. Cierto
juego de trompo.

PALOMO. (l. *palŭmbus*.) m. Macho de
la paloma. ‖ **2**. Paloma torcaz. ‖ **3**. fig. Propagandista y muñidor muy diestro en
estos oficios. ‖ **4**. Germ. Hombre necio o
simple. ‖ **5**. **—ladrón**. El que con arrullos lleva las palomas ajenas a su propio
palomar.

PALÓN. (De *palo*.) m. Blas. Insignia
parecida a la bandera, terminada en cuatro
puntas redondeadas.

PALOR. (l. *pallor*.) m. Palidez.

PALOTADA. f. Golpe dado con el
palote o palillo. ‖ *No dar* palotada. fr. fig.
y fam. No acertar en nada de lo que se
dice o hace. No empezar una cosa que
debe ejecutarse.

PALOTAZO. m. And. Varetazo.

PALOTE. m. Palo mediano como las
baquetas de tambor. ‖ **2**. Cada uno de los
trozos rectos en el papel pautado con que
los niños empiezan a escribir. ‖ **3**. P. Rico
y Perú. Palillo de la hoja del tabaco. ‖
4. Chile. Individuo delgado y de piernas
largas. ‖ *Perico de los* palotes. Persona indeterminada.

PALOTEADO, DA. p.p. de palotear. ‖
2. m. Danza en que se palotea al compás
de la música. ‖ **3**. fig. y fam. Riña ruidosa
y con golpes.

PALOTEAR. (De *palote*.) intr. Golpear
unos palos con otros. ‖ **2**. Hablar mucho
y contender sobre algo. ‖ **3**. Venez. Tomar
contextura leñosa el tallo de una planta. ‖
4. Beber unos tragos de licor.

PALOTEO. (De *palotear*.) m. Paloteado.

PALPABLE. (l. *palpabĭlis*.) adj. Que
puede tomarse con las manos. ‖ **2**. fig.
Claro, evidente. ‖ **P**. palpável; **I**. y **F**. palpable; **A**. fühlbar, greifbar; **It**. palpàbile;
R. очевидный.

PALPABLEMENTE. adv. Patente o
claramente como si se tocara con las manos.

PALPACIÓN. (l. *palpatĭo*, *-ōnis*, tocamiento.) f. Palpamiento. ‖ **2**. Med. Método exploratorio mediante la aplicación
de los dedos de la mano.

PALPADURA. (De *palpar*.) f. Palpamiento.

PALPALLÉN. (Voz de origen araucano.) m. Bot. Chile. Arbusto de la familia de las compuestas, de hojas dentadas
y flores amarillas.

PALPAMIENTO. (l. *palpamentum*.) m.
Acción de palpar.

PALPAR. (l. *palpāre*.) tr. Tocar una
cosa con las manos para percibirla o reconocerla. ‖ **2**. Andar en la obscuridad a
tientas, para no tropezar. ‖ **3**. Conocer una
cosa tan claramente como si se tocara. ‖
P. palpar; **I**. to feel, to touch; **F**. palper,
tâter; **A**. (be)tasten; befühlen; **It**. palpare,
tastare; **R**. осязать, ощупывать.

PÁLPEBRA. (l. *palpebra*.) f. Zool.
Párpado.

PALPEBRAL. (l. *palpebrālis*.) adj.
Zool. Perteneciente o relativo a los párpados.

PALPI. (arauc. *pal-pud*.) m. Chile.
Arbusto escrofulariáceo de hojas angostas,
aserradas y flores amarillas.

★ **PALPICORNIOS**. m. pl. Zool. Familia de insectos coleópteros, con grandes
palpos maxilares y cinco artejos en los
tarsos. Casi todos son acuáticos.

PALPITACIÓN. (l. *palpitatĭo*, *-ōnis*.)
f. Acción y efecto de palpitar. ‖ **2**. Med.
Movimiento interior, involuntario y trémulo de algunas partes del cuerpo. ‖
3. Med. Latido del corazón más fuerte
o frecuente que el normal. ‖ **P**. palpitação;
I. y **F**. palpitation; **A**. Herzklopfen,
Zuckung; **It**. palpitazione, bàttito; **R**.
трепет.

PALPITANTE. (l. *palpitans*, *-āntis*.)
p.a. de palpitar. Que palpita.

PALPITAR. (l. *palpĭtāre*.) intr. Contraerse y dilatarse alternativamente el
corazón. ‖ **2**. Aumentarse la palpitación
natural. ‖ **3**. Moverse interior e involuntariamente una parte del cuerpo con movimiento trémulo. ‖ **4**. fig. Manifestar con
vehemencia un afecto. *En su mirada*
palpita *la ira*. ‖ **5**. tr. fam. Presentir. ‖
P. palpitar; **I**. to palpitate; **F**. palpiter;

A. klopfen, pochen, pulsieren; **It**. palpitare, bàttere; **R**. биться, трепетать.

PALPO. (l. *palpum*.) m. Zool. Cada
uno de los apéndices movibles que alrededor de la boca tienen los artrópodos
para palpar y sujetar los alimentos. ‖
P. e **It**. palpo; **I**. palp; **F**. palpe; **A**. Taster;
R. щупальце.

PALQUI. (Voz araucana.) m. Arbusto
solaniáceo americano, de olor fétido, hojas
enteras, estrechas y terminadas en punta
y flores en panoja. Úsase en Chile contra
la tiña, como sudorífico y para hacer
jabón.

PALTA. f. Amér. Merid. Aguacate,
fruto del árbol de este mismo nombre.

PALTO. m. Amér. Merid. Aguacate,
árbol lauráceo, cuyo fruto se parece a una
pera grande.

PALUDAMENTO. (l. *paludamentum*.)
m. Manto de púrpura bordado de oro
que usaban en campaña los caudillos romanos.

★ **PALUDARIO**. m. Acuario con playita
de arena y guijarros para la cría de anfibios.

PALUDE. (l. *palus*, *-ūdis*.) f. ant. Laguna, 1.ª acep.

PALÚDICO, CA. (l. *palus*, *-ūdis*, laguna.) adj. Palustre, perteneciente a laguna
o pantano (terreno pantanoso). ‖ **2**. Dícese
de la fiebre ocasionada por gérmenes de
estos terrenos e inoculados por ciertos
mosquitos. ‖ **3**. Persona que padece esta
dolencia. Ú.t.c.s.

★ **PALUDINA**. f. Zool. Género de moluscos gasterópodos que viven en parajes
pantanosos.

★ **PALUDÍNIDOS**. m. pl. Zool. Familia
de moluscos gasterópodos que viven en
aguas dulces y tienen el pie ancho y la
concha en espiral cónica. En terrenos
terciarios se encuentran algunas especies
fósiles.

PALUDISMO. (l. *palus*, *-ūdis*, laguna.)
m. Enfermedad febril producida por gérmenes desarrollados en aguas estancadas
e inoculados por ciertos mosquitos. ‖
P. e **It**. paludismo; **I**. paludism; **F**. paludisme; **A**. Sumpffieber, Malaria; **R**.
малярия.

PALUMBARIO. adj. Usado en la denominación *halcón* palumbario, halcón
que se parece al azor.

PALURDO, DA. (fr. *balourd*.) adj.
Tosco, grosero. Suele aplicarse a la gente
del campo.

PALUSTRE. (De *pala*.) m. Paleta,
5.ª acep.

PALUSTRE. (l. *palustris*.) adj. Perteneciente a laguna o pantano.

★ **PALLA**. f. Chile. Cuento breve, chascarrillo. ‖ **2**. Perú. Grupo de individuos
que en ciertos días van bailando por los
pueblos.

PALLACO. m. Chile. Mineral bueno
encontrado entre los desechos de una mina
abandonada.

★ **PALLADOR** o **PAYADOR**. m. Coplero
en América Meridional.

PALLAQUEAR. tr. Perú. Pallar,
2.º art.

PALLAR. m. Judía del Perú, gruesa
y casi redonda.

PALLAR. tr. Entresacar la parte más
rica de los minerales.

PALLAS. (quich. *paclla*, campesino.)
f. Baile indígena del Perú.

PALLETE. (fr. *paillet*.) m. Mar. Tejido que se hace a bordo con cordones
de cabos para defensa contra el roce y
golpeo.

PALLÓN. (fr. *paillon*.) m. Esferilla de
oro o plata que resulta en la copela al
ensayar menas auríferas o argentíferas. ‖
2. Ensayo de oro cuando se le ha incorporado la plata en la copelación.

PAMANDABUÁN. m. Embarcación
filipina semejante a la barca, aunque
mayor.

PAMBIL. m. Ecuad. y Colom. Palma
más pequeña que la real.

PAMELA. (De *Pamela*, n. p. de mujer.)
f. Sombrero de paja ancho de alas, que
usan en verano las mujeres.

PAMEMA. f. fam. Hecho o dicho
fútil a que se ha querido dar importancia.

PAMPA. (quich. *pampa*, campo raso.)
f. Cada una de las llanuras extensas de
América Meridional sin árboles. ‖ **2**. Chi-

le. Pradera entre dos cerros. ‖ **3**. Chile.
Campo abierto donde se realizan ejercicios militares. ‖ **4**. Argent. y Bol. Negocio en que no se procede honradamente.
P., **I**., **F**. e **It**. pampa; **A**. Steppe, Prärie;
R. пампа.

PÁMPANA. (De *pámpano*.) f. Hoja de
la vid. ‖ *Tocar* o *zurrar la* pámpana *a uno*.
fr. fig. y fam. Golpearle, castigarle.

PAMPANADA. f. Zumo que se saca de
los pámpanos que tiene casi el mismo
sabor que el del agraz.

PAMPANAJE. m. Copia de pámpanos. ‖ **2**. fig. Hojarasca o cosa inútil, especialmente en palabras.

PAMPANGO, GA. adj. Natural o habitante de Pampanga. Ú.t.c.s. ‖ **2**. Perteneciente o relativo a esta provincia de la
isla de Luzón.

PAMPANILLA. f. Taparrabo.

PÁMPANO. (l. *pampĭnus*.) m. Sarmiento verde y tierno, o pimpollo de la
vid. ‖ **2**. Pámpana. ‖ **3**. Salpa. ‖ **4**. Chile.
Racimillo de uvas. ‖ **5**. Zool. Pez marino,
acantopterigio. Vive en las costas de
América; es uno de los mejores peces comestibles. ‖ **P**. pâmpano; **I**. vine-branch,
vine-leaf; **F**. pampre; **A**. Weinblatt;
It. pàmpano; **R**. виноградовый.

PAMPANOSO, SA. adj. Se dice de
lo que tiene muchos pámpanos.

PAMPEANO, NA. adj. Amér. Merid.
Pampero, 1.ª acep.

PAMPEAR. intr. Amér. Merid. Recorrer la pampa. ‖ **2**. Chile. Aventajar a
alguien, en las carreras especialmente.

PAMPERO, RA. adj. Se dice de lo
perteneciente o relativo a las pampas.
Ú.t.c.s. ‖ **2**. Se aplica al viento impetuoso
procedente de la región de las pampas
que suele soplar en el Río de la Plata.
Ú.t.c.s.

PAMPINO, NA. adj. Dícese de la persona que trabaja en la pampa salitrera.

PAMPIROLADA. f. Salsa de pan y
ajos machacados y desleídos en agua. ‖
2. Necedad o cosa insubstancial.

PAMPLINA. f. Álsine. ‖ **2**. Planta herbácea anual papaverácea, de hojas partidas
y flores amarillas. Infesta los sembrados
de suelo arenisco. ‖ **3**. fig. y fam. Cosa insubstancial y sin utilidad. ‖ **—de agua**.
Planta anual, herbácea, primulácea, de
hojas pequeñas enteras, flores blancas.
Crece en sitios húmedos. ‖ **P**. àlsine; **I**.
chickweed; **F**. mouron; **A**. Vogelmiere;
It. paperina; **R**. курослеп.

PAMPLINADA. f. Pamplina, 3.ª acep.

PAMPLINERO, RA. adj. Pamplinoso.

PAMPLINOSO, SA. adj. Se dice
del que es propenso a decir pamplinas.

PAMPLONÉS, SA o **PAMPLONICA**. adj. Natural de Pamplona.

PAMPÓN. m. Corral grande.

PAMPORCINO. (De *pan* y *porcino*.)
m. Planta herbácea, vivaz, primulácea,
con rizoma grande, hojas radiales acorazonadas, flores purpurinas y rosáceas, y
fruto seco, capsular y redondo. Su rizoma
es apetecido por los cerdos. ‖ **2**. Fruto de
esta planta.

PAMPOSADO, DA. (De *pan* y *posado*.) adj. Desidioso, flojo y poltrón.

PAMPRINGADA. f. Pringada de
pan. ‖ **2**. Cosa insubstancial e inoportuna.

PAMUE. adj. Dícese del indígena de
la Guinea española y norte del Congo
francés.

PAN. (l. *panis*.) m. Porción de masa de
harina, generalmente de trigo, y agua, fermentada y cocida al horno. ‖ **2**. Masa sobada y delicada dispuesta con manteca o
aceite para hacer pasteles y empanadas. ‖
3. Todo lo que sirve para el sustento diario. ‖ **4**. Trigo. *Este año el campo produce mucho* pan. ‖ **5**. Hoja de harina
cocida entre dos hierros a la llama para
hostias, obleas, etc. ‖ **—ázimo**. Hecho
sin levadura. ‖ **—de flor**. El que se hace
de la flor de la harina de trigo. ‖ **—de proposición**. El que se ofrecía los sábados en
la ley antigua. ‖ **—de tierra**. Amér. Cazabe. ‖ **—eucarístico**. Hostia consagrada. ‖ **—de Viena**. El de lujo. Fabricado
con flor de harina y algo de manteca. ‖
—seco. Pan solo, sin otro manjar. ‖ **—y
quesillo**. Planta herbácea, crucífera, de
hojas estrechas, flores blancas y fruto seco

P en vainilla. Abunda en terrenos incultos y encima de tapias y tejados. || *A* PAN *duro, diente agudo.* fr. que aconseja poner diligencia en las dificultades. || *Con* PAN *y vino se anda el camino.* ref. que aconseja cuidar debidamente al que ha de trabajar. || *Con su* PAN *se lo coma.* expr. fig. que explica la indiferencia ante el medro o conducta ajena. || *Llamar al* PAN, PAN, *y al vino, vino.* Hablar sin subterfugios ni rodeos. || *No cocérsele el* PAN a uno. fr. fig. y fam. con que se expresa la inquietud sentida hasta hacer saber o decir lo que se desea. || *Ser una cosa el* PAN *nuestro de cada día.* fr. fig. y fam. Ocurrir diaria o frecuentemente. || **P.** pão; **I.** bread; **F.** pain; **A.** Brot; **It.** pane; **R.** хлеб.

PANA. (fr. *panne,* y éste del l. *penna,* pluma.) f. Tela gruesa, semejante al terciopelo. || **2.** Cada una de las tablas levadizas que forman el piso de una embarcación menor. || **3.** DEP. Detención accidental de un automóvil, bicicleta, etc. || **P.** bombazina; **I.** velveteen; **F.** panne, velvet; **A.** Plüsch, Panne; **It.** vellutino; **R.** вельвет.

★ **PANA.** (Voz mapuche.) f. fam. CHILE. Hígado. || **2.** CHILE. Serenidad, sangre fría.

★ **PANABASA.** MINERAL. Sulfuro y antimoniuro de cobre, con pequeñas cantidades de hierro, cinc y plata.

PÁNACE. (l. *panácea,* y éste del gr. πανακές; de πᾶν, todo, y ἄκος, remedio.) f. Planta herbácea, vivaz, umbelífera, de tallo estriado, flores amarillas y raíz gruesa y jugosa de que se saca el opopónaco.

PANACEA. (l. *panacéa,* y éste del gr. πανάκεια, de πανακε, panace.) f. Medicamento con eficacia para curar diversas enfermedades. || **—universal.** Remedio que buscaban los alquimistas para curar todas las enfermedades. || **P.** panaceia, **I.** e **It.** panacea; **F.** panacée; **A.** Allheilmittel; **R.** панацея.

PANADEAR. tr. Hacer pan para venderlo.

PANADEO. m. Acción de panadear.

PANADERÍA. f. Oficio de panadero. || **2.** Establecimiento donde se fabrica o vende pan. || **2.ª** acep.: **P.** padaria; **I.** baker's shop; **F.** boulangerie; **A.** Bäckerei, Bäckerladen; **It.** panatteria; **R.** булочная.

PANADERO, RA. (b. l. *panaterius,* y éste del l. *panis,* pan.) m. y f. Persona que tiene por oficio hacer o vender pan. || **2.** f. fam. Zurra, paliza. || **3.** adj. CHILE. Adulador. || **4.** ARGENT. Vilano, flor del cardo. || **P.** padeiro; **I.** baker; **F.** boulanger; **A.** (Brot)Bäcker; **It.** panattiere; **R.** булочник, пекарь.

PANADIZO. (De *panarizo.*) m. Inflamación aguda del tejido celular de los dedos, principalmente de su primera falange. || **2.** Persona enfermiza y de color pálido. || **P.** panaricio; **I.** felon; **F.** panaris; **A.** Fingergeschwür; **It.** patereccio; **R.** ногтоеда.

PANADO, DA. (De *pan.*) adj. Dícese del líquido en que se ha puesto pan tostado en infusión.

PANAL. (De *pan.*) m. Conjunto de celdillas prismáticas hexagonales de cera, formadas por las abejas para depositar la miel. || **2.** Dispositivo semejante fabricado por las avispas. || **3.** Azucarillo. || **—longar.** El trabajado a lo largo de la colmena. || **—saetero.** El labrado de través. || **P.** panal; **I.** (honey)comb; **F.** rayon; **A.** (Honig)Wabe, Bienenwabe; **It.** favo; **R.** соты.

PANAMÁ. (De *Panamá,* n. p.) m. Sombrero de pita, con el ala recogida. || **2.** Tela de algodón con ligamento esterilla.

° **PANAMEÑISMO.** m. Vocablo, giro, modo de hablar propio de los panameños.

PANAMEÑO, ÑA. adj. Natural de Panamá. Ú.t.c.s. || **2.** Perteneciente a esta república de América.

PANAMERICANISMO. m. Tendencia a solidarizar todos los pueblos de América.

PANAMERICANISTA. com. Persona que profesa ideas de panamericanismo.

PANAMERICANO, NA. adj. Perteneciente al panamericanismo. Ú.t.c.s.

PANARIZO. m. Panadizo.

PANARRA. (De *pan.*) m. fam. Hombre simple, mentecato y flojo.

PANATELA. (ital. *panattella,* del l.

panis.) f. Especie de bizcocho grande y delgado.

PANATENEAS. (gr. ψαναθήναια.) f. pl. Fiestas celebradas en Atenas en honor de la diosa Atenea, patrona de la ciudad.

PANÁTICA. (b. l. *panatica.*) f. Provisión de pan en las embarcaciones.

PANATIER. (fr. *panetier.*) Panetero.

PANCA. f. Embarcación filipina de pesca.

PANCA. (Voz quichua.) f. AMÉR. Perfolla.

PANCADA. f. Contrato de vender las mercaderías en junto y en montón.

PANCARPIA. (l. *pancarpiae,* y éste del gr. παγκάρπιος, de πᾶν, todo, y καρπός, fruto.) f. Corona compuesta de flores diversas.

PANCARTA. (b. l. *pancharta,* y éste del gr. πᾶν, todo, y χλαστός, hoja, papel.) f. Pergamino que contiene varios documentos. || **2.** Cartel con frases que se lleva en manifestaciones públicas.

PANCELLAR. m. Pancera.

PANCERA. (De *panza.*) f. Pieza de la armadura que cubría el vientre.

★ **PANCETA.** f. ARGENT. Trozo de tocino delgado, preparado para la exportación.

PANCILLA. f. V. *Letra* PANCILLA.

PANCISTA. (De *panza.*) adj. fam. Dícese del que mirando sólo a su interés personal, no pertenece a ningún partido para poder medrar con todos.

PANCLASTITA. (gr. πᾶν, todo, y χλαστός, roto.) f. Explosivo líquido muy potente.

PANCO. m. MAR. Embarcación filipina de cabotaje, semejante al pontín, y construida a estilo europeo.

★ **PANCORA.** f. CHILE. Apancora.

★ **PANCOSO, SA.** adj. PERÚ. Andrajoso.

PANCRACIASTA. m. Atleta dedicado a los ejercicios del pancracio.

PANCRACIO. (l. *pancratium,* y éste del gr. παγκράτιον, de πᾶν, todo, y κράτος, poder.) m. Antiguo combate gímnico, de origen griego, muy apreciado entre los romanos, en el que se permitían toda clase de medios para derribar al adversario. || **2.** BOT. Género de plantas amarilídeas.

PANCRÁTICO, CA. adj. ZOOL. Pancreático.

★ **PANCREADENO.** (De *páncreas,* y el gr. ἄδην.) m. TERAP. Preparación opoterápica del páncreas, que se emplea para combatir la diabetes sacarina.

PÁNCREAS. (gr. πάγκρεας, de πᾶν, todo, y κρέας, carne.) m. ZOOL. Glándula de los animales vertebrados, unida al intestino duodeno, que la vierte un jugo digestivo parecido a la saliva. || **P.** páncreas; **I.** pancreas; **F.** pancréas; **A.** Bauchspeicheldrüse; **It.** pàncreas; **R.** поджелудочная, железа.

PANCREÁTICO, CA. adj. ZOOL. Relativo al páncreas.

★ **PANCREATINA.** f. BIOQUÍM. Substancia orgánica que segrega el páncreas y es la parte activa del jugo pancreático. || **2.** TERAP. Mezcla soluble de los fermentos pancreáticos, preparación obtenida del páncreas de algunos animales y que constituye un específico que pretende suplir la insuficiencia del jugo pancreático.

PANCROMÁTICO, CA. gr. πᾶν, todo, y χρωματικός, de color.) adj. FOTOGR. Dícese de las placas y películas igualmente sensibles a todos los colores.

★ **PANCROMO.** m. QUÍM. y MINERAL. Primer nombre del vanadio. Se lo dio el mineralogista español Andrés Manuel del Río, que estuvo muchos años en Méjico donde descubrió este metal.

★ **PANCUCO.** m. PERÚ y ARGENT. Cierta clase de bizcocho muy duro.

★ **PANCUTRA.** f. CHILE. Pedacito de masa sobada, que se cuece en caldo o en agua para comerlo luego.

★ **PANCHANA.** f. COLOM. Una especie de loros.

PANCHO. m. Cría del besugo.

PANCHO. (l. *pantex, -ícis,* panza.) m. fam. Panza.

★ **PANCHO, CHA.** adj. CHILE. Dícese del color semejante al del hábito franciscano. || **2.** m. COLOM. Zaraza azul con pintas blancas. || **3.** HOND. Mono.

PANCHÓN. m. AST. Pan moreno, de harina poco cernida.

PANDA. (De *banda,* lado.) f. Cada una de las galerías de un claustro.

★ **PANDA.** m. ZOOL. Mamífero carnicero de la familia de los úrsidos, es del tamaño del gato doméstico.

PANDANÁCEO, A. (De *pandanus,* nombre de un género de plantas.) adj. BOT. Dícese de las plantas angiospermas, monocotiledóneas, de tallo sarmentoso, con hojas largas y estrechas, flores desnudas en espádice, y fruto en baya o drupa.

PANDÁNEO, A. adj. BOT. Pandanáceo.

PANDAR. (De *banda.*) tr. GERM. Apandillar.

PANDEAR. (De *pando.*) intr. Torcerse una cosa encorvándose, generalmente por la mitad. || **P.** pandear; **I.** to bend; **F.** se courber; **A.** sich biegen; **It.** curvarsi. **R.** прогибаться.

PANDECTAS. (l. *pandectae,* y éste del gr. πανδέκτης, de πᾶν, todo, y δέχομαι, aceptar, comprender.) f. pl. Recopilación de varias obras, especialmente la del derecho civil que el emperador Justiniano puso en los 50 libros del Digesto. || **2.** Código del mismo emperador, con las Novelas, y demás constituciones que lo componen. || **3.** Conjunto del Digesto y del Código. || **4.** Entre los hombres de negocios, cuaderno en que se forma un abecedario, poniendo una letra en cada hoja, para escribir los nombres de las personas con quienes se tiene correspondencia. || **P.** pandectas; **I.** pandects; **F.** pandectes; **A.** Pandekten; **It.** pandette; **R.** пандекты.

PANDEMIA. (gr. πανδημία, reunión del pueblo.) f. MED. Enfermedad que se extiende a muchos países, o que ataca a gran número de individuos en una localidad.

PANDEMÓNIUM. (gr. πᾶν, todo, y δαίμονιον, demonio.) m. Capital imaginaria del reino infernal. || **2.** fig. y fam. Lugar en que hay mucho ruido y confusión.

PANDEO. m. Acción y efecto de pandear o pandearse.

PANDERA. f. Pandero, 1.ª acep.

PANDERADA. f. Conjunto de panderos. || **2.** fig. y fam. Necedad, dicho insubstancial.

PANDERAZO. m. Golpe dado con el pandero o pandera.

PANDERETA. f. d. de pandera. Pandero, instrumento de percusión. || **P.** pandeireta; **I.** tambourine; **F.** tambour de basque; **A.** Schellentrommel; **It.** tamburello; **R.** бубен.

PANDERETAZO. m. Golpe dado con la pandereta.

PANDERETE. m. d. de pandero.

PANDERETE. (De *pandar.*) m. GERM. Encuentro de dos naipes preparados con fullería.

PANDERETEAR. (De *pandereta.*) intr. Tocar el pandero en bulla y alegría o bailar al son de él.

PANDERETEO. m. Acción y efecto de panderetear. || **2.** Bulla al son del pandero.

PANDERETERO, RA. (De *pandereta.*) m. y f. Persona que toca el pandero. || **2.** Persona que hace o vende los panderos.

PANDERETÓLOGO. m. fest. Entre estudiantes, persona diestra en tocar la pandereta.

PANDERO. (l. *pandōrium.*) m. Instrumento de percusión, formado por un aro de madera cuyo vano está cubierto por una piel muy tirante. En el aro hay varios agujeros equidistantes que tienen sonajas o cascabeles sujetos por un alambre. Se toca golpeando la piel con los dedos o con toda la mano. || **2.** fig. y fam. Persona necia y charlatana. || **3.** Cometa, juguete formado por un armazón de cañas cubierto de papel que se hace volar al aire sujetándolo con un largo bramante. || CoLOM. Pasta semejante al cusubé. || *No todo es vero lo que suena el* PANDERO. ref. que exhorta a no creer todo lo que se oye, y especialmente al vulgo que por lo general habla sin reflexión. || **P.** pandeiro; **I.** tambourine; **F.** tambour de basque; **A.** Schellentrommel; **It.** tamburello; **R.** бубен.

PANDERÓN. m. AND. Plano inclinado de superficie suave, formado por grandes hojas de pizarra, que forman la parte convexa de algunas lomas de Sierra Nevada. PANDERONES *del Veleta, del Mulhacén,* etc.

PANDICULACIÓN. (l. *pandiculāri,* desperezarse.) f. Desperezo.

PANDILLA. (De *banda.*) f. Liga o unión. || **2.** La que forman algunas personas para perjudicar a otras. || **3.** Cualquier reunión de personas, generalmente las que se juntan para divertirse. || **2.**ª acep.: **P.** pandilha; **I.** party, faction; **F.** troupe, bande; **A.** Bande, Rotte; **It.** combriccola; **R.** шайка, союз.

PANDILLAJE. m. Influjo de personas reunidas en pandilla frente a los poco lícitos.

PANDILLERO [~ **DILLISTA**]. m. El que forma o fomenta pandillas.

★ **PANDINGO, GA.** adj. BOL. Pando llano.

PANDO, DA. (l. *pandus.*) adj. Que pandea. || **2.** Que se mueve lentamente como los ríos en un llano. || **3.** fig. Sujeto pausado. || **4.** Terreno casi llano entre dos montes. || **5.** BOL. De poco fondo. || **6.** COLOM. Jorobado. || **7.** MÉJ. Borracho. || **8.** GUAT. Harto.

★ **PANDOLA.** f. MÚS. Instrumento formado por dos tallos de junco, que se toca con un arco de madera en forma de sierra, y se usó en Italia.

★ **PANDORA.** (l. *pandura,* especie de laúd.) f. MÚS. Instrumento de cuerda parecido a la mandolina. Fue muy usado en los siglos XVI y XVII.

PANDORGA. f. Figurón que en cierto juego antiguo daba con el brazo al jugador poco diestro. || **2.** El mismo juego. || **3.** Cometa, juguete formado por una armazón de cañas y papel que se hace volar al aire y se sujeta con un largo bramante. || **4.** fig. y fam. Mujer gorda y pesada o floja. || **5.** MURC. Zambomba. || **6.** COLOM. y MÉJ. Broma. || **7.** COLOM. Molestia. || **8.** COLOM. Superchería. || **9.** CHILE. Cierto juego de naipes.

★ **PANDORGO.** adj. P. RICO. Dícese del hombre gordo y flojo, sin brío, poco esforzado. Ú.t.c.s. || m. COLOM. Cometa.

★ **PANDORGUEAR.** (De *pandorga.*) intr. MÉJ. Hacer a alguien objeto de burla. || **2.** tr. COLOM. Engañar con mentiras.

★ **PANEAR.** intr. Fluctuar la red al moverse las aguas. || **2.** intr. BOL. Fanfarronear.

PANECILLO. (d. de *pan.*) m. Pan pequeño. || **2.** Mollete esponjado, usado en el desayuno. || **3.** Con figura de pan pequeño. || **4.** C. RICA. Pastilla de cacao no azucarada. || **P.** pãozinho; **I.** roll; **F.** petit pain; **A.** Brötchen; **It.** panino; **R.** булка.

★ **PANECITOS.** m. pl. BOT. COLOM. Cierta planta crucífera.

PANEGÍRICO, CA. (l. *panegyricus,* y éste del gr. πανηγυρικός.) adj. Perteneciente o relativo a la oración o discurso en alabanza a una persona; laudatorio, encomiástico. || **2.** m. Discurso oratorio en alabanza a una persona. || **3.** Elogio de alguna persona, hecho por escrito. || **P.** panegírico; **I.** panegyric; **F.** panégyrique; **A.** Lobrede; **It.** panegirico; **R.** панегирик.

PANEGIRISTA. (l. *panegyrista,* y éste del gr. πανηγυριστής.) m. Persona que pronuncia el panegírico. || **2.** fig. El que alaba a otro de palabra o por escrito. || **P.** e **It.** panegirista; **I.** panegyrist; **F.** panégyriste; **A.** Lobredner; **R.** хвалебный.

PANEGIRIZAR. (gr. πανηγυρίζω.) tr. Hacer un panegírico.

PANEL. (ant. fr. *panel,* del b. l. *pannellus,* d. del l. *pannus,* paño.) m. Cada uno de los compartimientos, limitados por molduras, en que se dividen las puertas y los lienzos de la pared, etc. || **2.** ELECTR. Cuadro de mandos. || **3.** MAR. Falca. || **P.** painel; **I.** panel; **F.** panneau; **A.** Türfüllung; **It.** pagliolo; **R.** восхваление.

PANELA. (De *pan.*) f. Bizcochuelo de forma prismática. || **2.** COLOM. y HOND. Chancaca. || **3.** fig. COLOM. y VENEZ. Persona zalamera. || **4.** fig. AMÉR. Persona antipática y molesta. || **5.** BLAS. Hoja de álamo que se pone como mueble en el escudo.

★ **PANELEAR.** intr. COLOM. Decir ternezas.

★ **PANELERO, RA.** adj. COLOM. Zalamero.

PANE LUCRANDO. (De *panis,* pan, y *lucrāri,* ganar, obtener; ganando el pan; para ganar el pan.) expr. lat. que precedida de la preposición *de,* se aplica a las obras artísticas o literarias que no se hacen con el debido esmero, sin amor al arte y deseando únicamente ganar dinero.

PANENTEÍSMO. (gr. πᾶν, todo, ἐν, en, y θεός, Dios.) m. FIL. Krausismo, doctrina de conciliación y armonía entre el panteísmo y el dualismo.

PANERA. (l. *paneria,* t. f. de *-rius,* panero.) f. Troje donde se guardan los cereales, el pan o la harina. || **2.** Cesta grande para transportar el pan. || **3.** Nasa para guardar el pan. || **2.**ª acep.: **P.** celeiro; **I.** bread-basket; **F.** corbeille; **A.** Brotkorb; **It.** panattiera; **R.** житница.

PANERO. (l. *panarium.*) m. Canasta en que se va echando el pan al sacarlo del horno. || **2.** Ruedo, estera pequeña y redonda.

★ **PANESCLEROSIS.** f. PAT. Esclerosis total de un órgano.

PANESLAVISMO. (gr. πᾶν, todo, y de *eslavo.*) m. Tendencia política que aspira a la unión de todos los pueblos de origen eslavo. || **P.** pan-eslavismo; **I.** Panslavism; **F.** panslavisme; **A.** Panslavismus; **It.** panslavismo; **R.** панславянизм.

PANESLAVISTA. adj. Se dice de lo perteneciente o relativo al paneslavismo. || **2.** Partidario al paneslavismo. Ú.t.c.s.

★ **PANESPOROBLASTO.** (gr. πᾶν, todo, y *esporoblasto,*) m. BIOL. Célula madre en que se originan los esporoblastos en algunos esporozoos.

PANESTESIA. (gr. πᾶν, todo, y *aisthesis,* sensación.) f. Conjunto de todas las sensaciones que se han experimentado.

★ **PANESTÉTICA.** (gr. πᾶν, todo, y *estética.*) f. En la expresión de la belleza artística, variedad sin orden.

★ **PANETA.** f. MAR. Cada una de las tablillas levadizas por las que la gente puede pasar con seguridad de popa a proa en los botes grandes.

★ **PANETE.** (De *pan.*) adj. fam. ARGENT. Tonto, mentecato. Ú.t.c.s.

PANETELA. (l. *panis,* pan.) f. Papas o gachas hechas con caldo muy substancioso, pan rallado, gallina picada, yemas de huevo, azúcar y otras cosas. || **2.** Cigarro puro largo y delgado. || **3.** CUBA y P. RICO. Especie de bizcocho.

PANETERÍA. (De *panetero.*) f. Oficina de palacio destinado para distribuir el pan y cuidar de la ropa de mesa.

PANETERO, RA. (b. l. *paneterius,* y éste del l. *panis,* pan.) m. y f. Persona que tiene a su cargo la panetería.

★ **PANEUROPEÍSMO.** (De *Paneuropa.*) m. Doctrina que señala la conveniencia de la unión económica y política de todas las naciones europeas.

★ **PANFAGINA.** f. TERAP. Preparación usada en veterinaria para excitar la fagocitosis.

PANFILISMO. (De *pánfilo.*) m. Benignidad extremada.

PÁNFILO, LA. (l. *Pamphilus,* n. p., y éste de gr. πάμφιλος, bondadoso.) adj. Muy pausado, flojo y tardo en obrar. Ú.t.c.s. || **2.** COLOM. Pálido, bajo de color, descolorido.

★ **PANGA.** f. PAN. y AMÉR. CENTRAL. Lancha. || **2.** MAR. Embarcación parecida a una canoa.

★ **PANGADUINA.** f. BIOQUÍM. Substancia cristalina, que contiene todos los principios básicos del aceite de hígado de bacalao.

PANGAL. (De *pangue.*) m. CHILE. Terreno abundante en pangues.

PANGASINÁN, NA. adj. Natural o habitante de Panganisán. Ú.t.c.s. || **2.** Perteneciente o relativo a esta provincia de las islas Filipinas.

★ **PANGAR.** tr. COLOM. Extraer el tuétano de los huesos. || **2.** COLOM. Machucar.

★ **PANGARÉ.** adj. Caballo de color venado, con el hocico blanco y que es considerado como el más rápido y resistente.

★ **PANGAREAR.** intr. AMÉR. Amanecer.

PANGELÍN. (port. *angelim.*) m. BOT. Árbol leguminoso del Brasil, de tronco recto y grueso, copa espaciosa, flores pequeñas, fruto aovado, que contiene una almendra de sabor desagradable, usada en medicina como vernífugo.

PANGE LINGUA. m. Himno que empieza con estas palabras y se canta en honor y alabanza del Santísimo Sacramento.

★ **PANGENESIA.** (gr. πᾶν, todo, y γένεσις, generación.) f. Teoría biológica, según la cual todas las células del organismo están representadas por una partícula en la reproducción y transmisión de los caracteres hereditarios.

★ **PANGENO.** (gr. πᾶν, todo, y γεννάω, engendrar.) m. BIOL. Unidad hipotética vital.

PANGERMANISMO. (gr. πᾶν, todo, y de *Germania.*) m. Doctrina que proclama la unión y predominio de todos los pueblos de origen germánico. || **P.** e **It.** pangermanismo; **I.** Pan-Germanism; **F.** pangermanisme; **A.** Pangermanismus; **R.** пангерманизм.

PANGERMANISTA. adj. Se dice de lo perteneciente o relativo al pangermanismo. || **2.** Partidario de esta doctrina. Ú.t.c.s.

★ **PANGERMISMO.** (gr. πᾶν, todo, y de *germen.*) m. Doctrina que sostiene que todas las enfermedades son producidas por gérmenes.

★ **PANGIO.** m. BOT. Género de plantas arbóreas de hojas aisladas y fruto en baya pulposa.

★ **PANGO.** m. MAR. Especie de canoa usada en Filipinas.

★ **PANGO.** m. BOL. y ARGENT. Enredo, embrollo.

PANGOLÍN. (malayo *pangguling,* rodillo.) m. ZOOL. Mamífero desdentado de la familia de los mánidos, parecido al lagarto, y cubierto todo de escamas duras y puntiagudas, que el animal puede erizar.

★ **PANGONIA.** f. ZOOL. Género de insectos, propios de países cálidos, entre los cuales se hallan unos tábanos bastante grandes, con trompa muy desarrollada.

PANGUE. (arauc. *panque.*) m. BOT. CHILE. Planta gunnerácea, sin tallo pero con hojas grandes de un metro de largas y casi medio de anchas, orbiculares y lobuladas.

★ **PANGUEAR.** tr. COLOM. Lavotear.

★ **PANGUERO.** (De *panga.*) m. PAN. y AMÉR. CENTRAL. Botero, el que conduce un bote a remo.

★ **PANHELENIAS.** f. pl. Fiestas que se celebraban en la Grecia antigua en honor de Júpiter.

★ **PANHIDROSIS.** (gr. πᾶν, todo, e *hidrosis,* sudor.) f. Sudación en todo el cuerpo.

PANIAGUADO. (De *pan* y *agua.*) m. Persona que sirve en una casa y recibe del dueño habitación, comida y salario. || **P.** apaniaguado; **I.** servant, minion; **F.** domestique, piston; **A.** Diener, Günstling; **It.** doméstico, protetto; **R.** слуга.

★ **PANIAGUARSE.** r. P. RICO. Confabularse, intrigar, conspirar.

PÁNICO, CA. (l. *panicus,* y éste del gr. Πανικός; de πᾶν, el dios Pan, a quien atribuían los ruidos que retumbaban en el monte.) adj. Aplícase al miedo grande o temor injustificado. Ú.t.c.s. || **P.** pânico; **I.** panic; **F.** panique; **A.** Panik, wilder Schrecken; **It.** pànico; **R.** паника.

PANÍCULA. (l. *panícula,* peluso de maíz.) f. BOT. Panoja.

PANICULADO, DA. adj. Se aplica a lo que tiene forma de panícula.

PANICULAR. adj. Que tiene panículo.

PANÍCULO. (l. *paniculus,* tela fina.) m. ZOOL. Capa de tejido adiposo situada debajo de la piel de los vertebrados. || —adiposo. ZOOL. Panículo.

PANIEGO, GA. adj. Dícese de quien come mucho pan o es muy aficionado a él. || **2.** Dícese del terreno que rinde o lleva panes, o sea trigo. || **3.** m. En Salamanca, saco propio para llevar y vender el carbón.

PANIFICABLE. adj. Se dice de lo que se puede panificar.

PANIFICACIÓN. f. Acción y efecto de panificar. || **P.** panificação; **I.** y **F.** pa-

P nification; **A.** Brotbereitung; **It.** panificazione; **R.** печь, хлеб.

PANIFICAR. (l. *panis*, pan, y *facere*, hacer.) tr. Panadear, hacer pan. ‖ **2.** Cultivar los terrenos eriales haciéndolos de pan llevar.

★ **PANIGAO.** m. MED. AMÉR. Dermitis de las extremidades inferiores.

PANIGUADO, DA. (De *paniguar*, del l. *panificāre.*) adj. Paniaguado.

PANILLA. (b. l. *panellus*, cierta medida de capacidad.) f. Medida usada para el aceite, que es la cuarta parte de una libra. ‖ **2.** AND. Abacería.

★ **PANILLA.** (De *pan.*) f. MÉJ. y HOND. Panatella.

★ **PANINO.** m. MÉJ. Enjambre de avispas. ‖ **2.** MÉJ. Conjunto numeroso de seres de cualquier clase.

PANIQUE. m. ZOOL. Muerciélago herbívoro de Oceanía, del tamaño de un conejo, con cabeza parecida a la del perro. Su carne se come y su piel se utiliza en manguitería.

★ **PANIQUETE.** m. VENEZ. Panqueque, especie de bizcocho.

PANISLAMISMO. (gr. πᾶν, todo, e *islamismo.*) m. Moderna tendencia de los pueblos musulmanes a lograr, mediante la unión de todos ellos, su independencia política, religiosa y cultural.

PANIZAL. m. Campo sembrado de panizo. ‖ **2.** AST. Espuma ligera que forma la sidra al echarla en el vaso y por la que se aprecia la buena calidad del líquido.

PANIZO. (l. *panicium*, de *panis*, pan.) m. BOT. Planta gramínea originaria de Oriente, de cuya raíz salen varios tallos redondos como de 1 m de altura, con hojas planas, largas, estrechas y ásperas y flores en panoja grande, terminales y apretadas. ‖ **2.** Grano de esta planta, redondo, pequeño y de color amarillo rojizo. Se emplea como alimento. ‖ **3.** Maíz. ‖ **4.** CHILE. Abundancia de una cosa. ‖ **5.** CHILE. Criadero de minerales. ‖ **—de Daimiel.** Planta gramínea con hojas planas y flores en panoja con ramos terminados en dos espiguillas. ‖ **—negro.** BOT. Zahina. ‖ **P.** painço; **I.** panic grass; **F.** panic; **A.** Hirse; **It.** panico; **R.** просо.

PANJÍ. m. BOT. Árbol del Paraíso.

★ **PANLECITO, TA.** adj. BIOL. Dícese del óvulo que contiene todo el lecito, o vitelo nutritivo.

★ **PANLEUCOPENIA.** f. VETER. Enfermedad virulenta, que ataca a los gatos y suele ser mortífera. También se llama tifoidea de los gatos.

★ **PANLÉXICO.** (gr. πᾶν, todo, y *léxico.*) m. Diccionario completísimo en vocablos, frases y locuciones.

★ **PANÓ.** m. REP. DOMIN. Almohadilla que se pone a los caballos debajo de la silla para que ésta no les lastime.

PANOCHA. f. Panoja. ‖ **2.** COLOM. Pan grande hecho con granos de maíz todavía tiernos. ‖ **3.** C. RICA. Torta de maíz con queso. ‖ **4.** MÉJ. Azúcar prieto.

PANOCHO, CHA. adj. MURC. Se dice de lo perteneciente o relativo a la huerta de Murcia. ‖ **2.** m. y f. Habitante de la huerta. ‖ **3.** m. Habla o lenguaje huertano.

PANOJA. (l. *panucula*, d. de *panus*, espiga.) f. Mazorca del maíz, del panizo o del mijo. ‖ **2.** Colgajo, racimo de uvas o de frutas que se cuelgan para conservarlas. ‖ **3.** Conjunto de tres o más pececillos fritos unidos por las colas. ‖ **4.** BOT. Conjunto de espigas unidas a un eje común, como en la avena. ‖ **P.** maçaroca; **I.** panicle; **F.** épi de mais, de millet; **A.** Maiskolben; **It.** panocchia; **R.** початок.

PANOL. (l. *penarius*, de *penus*, víveres.) m. MAR. Pañol.

PANOLI. adj. popular. Necio, tonto, majadero.

PANONIO, NIA. (l. *pannonius.*) adj. Se aplica al natural de Panonia. Ú.t.c.s. ‖ **2.** Perteneciente a esta antigua región de Europa.

PANOPLIA. (gr. πανοπλία, de πᾶν, todo, y ὅπλα, armas.) f. Armadura con todas sus piezas. ‖ **2.** Colección de armas colocadas ordenadamente. ‖ **3.** Parte de la arqueología, que estudia las armas de mano y las armaduras antiguas. ‖ **4.** Tabla por lo general en forma de escudo donde se colocan armas de esgrima. ‖ **P.** panóplia.

I. panoply; **F.** panoplie; **A.** Waffensammlung; **It.** panoplia; **R.** вооружение.

PANÓPTICO, CA. (gr. πᾶν, todo, y ὀπτικός, óptico.) adj. Aplícase al edificio construido de forma que desde un solo punto se puede ver todo su interior. Ú.t.c.s. ‖ **2.** AMÉR. Cárcel que puede ser observada y vigilada desde un solo punto. Ú. en algunas partes de América.

PANORAMA. (gr. πᾶν, todo, y ὅραμα, vista.) m. Vista pintada en el interior de un cilindro hueco y en cuyo centro hay una plataforma para los espectadores cubierta por lo alto para que no sea visible la luz cenital. ‖ **2.** Por ext., vista de un horizonte muy dilatado. ‖ **P., I., F.** e **It.** panorama; **A.** Panorama, Rundschau; **R.** панорама.

PANORÁMICO, CA. adj. Se dice de lo perteneciente o relativo al panorama.

PANORMITANO, NA. (l. *panormitānus;* de *Panormus*, Palermo.) adj. Natural de Palermo. Ú.t.c.s. ‖ **2.** Perteneciente a esta ciudad de Sicilia.

★ **PANORNÍTICO, CA.** (gr. πᾶν, todo, y ὄρνις, -ιθος, pájaro.) adj. Dícese de ciertas epidemias que afectan simultáneamente a muchos pájaros.

★ **PANORPA.** f. ZOOL. Insecto neuróptero, carnívoro, llamado vulgarmente, mosca escorpión.

PANOSO, SA. (l. *panōsus.*) adj. Harinoso. ‖ **2.** Variedad de haba pastosa que suele emplearse para alimentos de bestias.

★ **PANOSTEÍTIS.** (gr. πᾶν, todo, y de *osteitis.*) f. PAT. Osteomielitis aguda, o inflamación de la medula ósea.

★ **PANOTITIS.** (gr. πᾶν, todo, y de *otitis.*) f. PAT. Inflamación general del oído.

PANQUE. m. BOT. AMÉR. Planta de Chile, de hojas anchas muy empleada en el curtido de las pieles.

★ **PANQUE.** (ingl. *pan*, sartén, y *cake*, pastel.) m. CUBA. Especie de bizcocho. ‖ **2.** CHILE. Tortilla de harina con azúcar.

PANSA. (l. *pansa*, tendido.) f. AR. Uva pasa.

PANSIDO, DA. adj. MURC. Pasado, con referencia a las frutas.

PANSPERMIA. (gr. πανσπερμία, mezcla de semillas de todas las especies.) f. Doctrina que sostiene hallarse difundidos por todas partes gérmenes de seres orgánicos que no se desarrollan hasta encontrar circunstancias favorables.

★ **PANTAFOBIA.** (gr. πᾶν, todo, α, privat., y φοβος, temor.) f. Falta de miedo.

PANTAGRUÉLICO, CA. (De *Pantagruel*, nombre del personaje principal y título de una obra de Rabelais.) adj. Aplícase, dicho de comidas, a las cantidades excesivas en relación con el número de comensales. ‖ *Banquete* PANTAGRUÉLICO.

PANTALÁN. m. FILIP. Muelle de madera o cañas que avanza en el mar. ‖ **2.** Avanzadilla.

★ **PANTALETAS.** f. pl. VENEZ. Pantalones de lienzo que usan las mujeres.

PANTALÓN. (veneciano *pantalon.*) Prenda de vestir del hombre que se ciñe a la cintura y baja hasta los tobillos cubriendo separadamente cada pierna. Ú. m. ‖ **2.** Prenda interior del traje femenino más ancha y corta que el pantalón de los hombres. ‖**—bombacho.** Pantalón ancho, cuyos perniles terminan en forma de campana abierta por los costados y con botones para cerrarla. ‖ *Ponerse una mujer los* PANTALONES. fr. fig. y fam. Mandar o dominar en la casa supeditando al marido. ‖ **P.** calça; **I.** (pl.) trousers; **F.** pantalon; **A.** Beinkleid, Hose; **It.** (pl.) calzoni, pantaloni; **R.** брюки, штаны.

★ **PANTALONERA.** f. Oficiala de sastre que cose pantalones. ‖ **2.** MÉJ. Pantalones charros.

PANTALONERO, RA. m. y f. Persona especialmente dedicada a coser pantalones.

PANTALLA. f. Lámina de cualquier forma y materia que se pone delante o alrededor de la luz artificial para que no hiera a la vista, o para dirigirla hacia una parte determinada. ‖ **2.** Mampara que se

coloca delante de las chimeneas para resguardarse del excesivo calor. ‖ **3.** Fís. Superficie en la que son interceptadas determinadas radiaciones o se hacen visibles otras. ‖ **4.** Superficies sobre la cual se proyectan las imágenes del cinematógrafo o de cualquier otro aparato de proyecciones. ‖ **5.** Por ext., arte cinematográfico. ‖ **6.** fig. Persona o cosa que puesta delante de otra la oculta o hace sombra. ‖ **7.** fig. Persona que, consciente o inconscientemente, atrae hacia sí la atención en tanto que otra logra secretamente lo que intenta. Ú.m. en la frase *servir de* PANTALLA. ‖ **8.** GUAT. Espejo grande. ‖ **P.** pantalha; **I.** lamp-shade, screen; **F.** abat- jour, garde- -vue, écran; **A.** Lichtschirm, Lampenschirm; **It.** paralume, parafuoco; **R.** абажур, экран.

PANTANA. f. Especie de calabacín que se cría en las Islas Canarias.

PANTANAL. f. Terreno pantanoso.

PANTANO. (l. *Pantānus*, cierto lago de Italia antigua.) m. Hondonada donde se recogen y detienen las aguas, con fondo más o menos cenagoso. ‖ **2.** Gran depósito de agua que se forma cerrando la boca de un valle a fin de poder regar grandes extensiones de terreno. ‖ **3.** fig. Dificultad, obstáculo, estorbo. ‖ **P.** pântano; **I.** swamp, marsh; **F.** marais, marécage; **A.** Sumpf, Moor, Wasserlache; **It.** pantano; **R.** болото.

PANTANOSO, SA. adj. Aplícase a terrenos donde hay pantanos o donde abundan los charcos o cenagales. ‖ **2.** fig. Lleno de inconvenientes, dificultades o embarazos. ‖ **P.** pantanoso; **I.** swampy; **F.** marécageux, bourbeux; **A.** sumpfig, morastig; **It.** pantanoso; **R.** билистый.

PANTASANA. f. Arte de pesca que consiste en un cerco de redes caladas a plomo, rodeadas por otras horizontales, donde quedan aprisionados los peces.

★ **PANTATROFIA.** f. Atrofia general.

PANTEÍSMO. (gr. πᾶν, todo, y Θεός, Dios.) m. Sistema de los que creen que el único Dios es la totalidad del universo. ‖ **P.** panteísmo; **I.** pantheism; **F.** panthéisme; **A.** Allgottglaube, Pantheismus; **It.** panteismo; **R.** пантеизм.

PANTEÍSTA. adj. Se dice del que sigue la doctrina del panteísmo. Ú.t.c.s. ‖ **P.** panteísta; **I.** pantheist; **F.** panthéiste; **A.** Pantheist; **It.** panteista; **R.** пантеизт.

PANTEÍSTICO, CA. adj. Perteneciente o relativo al panteísmo.

★ **PANTEOLOGÍA.** (gr. πᾶν, todo, y de *teología.*) f. Tratado que abarca la totalidad de los dioses del paganismo.

PANTEÓN. (l: *Pantheon*, y éste del gr. Πάνθεον, de πᾶν, todo, y Θεός, Dios. Nombre del templo dedicado en Roma antigua al culto de todos los dioses.) m. Monumento funerario destinado a enterrar a varias personas. ‖ **P.** panteão; **I.** pantheon; **F.** panthéon; **A.** Ehrentempel; **It.** pànteon; **R.** пантеон.

PANTERA. (l. *panthera*, y éste del gr. πάνθηρ, de πᾶν, todo, y θηρίον, fiera.) f. Leopardo cuyas manchas circulares de la piel son anilladas. ‖ **2.** Ágata amarilla, mosqueada, de pardo o rojo, imitando la piel de la pantera. ‖ **P.** y **It.** pantera; **I.** panther; **F.** panthère; **A.** Panther; **R.** пантера.

★ **PANTERA.** adj. CUBA y P. RICO. Trapacero, amigo de embrollos.

★ **PANTERAPIA.** (gr. πᾶν, todo, y θεραπεία, curación, tratamiento.) f. Terapéutica general.

★ **PANTERISMO.** (De *pantera.*) m. P. RICO. Perversidad.

★ **PANTISOCRACIA.** (gr. πᾶς, παντός, todo, e *isocracia.*) f. Sociedad utópica en que todos sus miembros tendrían igual autoridad.

★ **PANTO.** m. AR. Pasmarote, persona que se ha quedado parada o como embobada.

★ **PANTOCRÁTOR.** (Voz griega que significa *omnipotente.*) adj. Los antiguos lo aplicaban a Júpiter. Los cristianos adoptaron este nombre para designar a Cristo en las representaciones bizantinas con todos los atributos de su majestad. ‖ **2.** Iconográficamente, figura capital del arte bizantino y del románico.

★ **PANTODÓN.** m. ZOOL. Género de

peces fisóstomos, propios de las aguas dulces del África Occidental.

★ **PANTODONTES**. m. pl. PALEONT. Grupo de mamíferos, placentarios, que se encuentran fósiles en los terrenos del Eoceno de América del Norte.

★ **PANTODÓNTIDOS**. m. pl. ZOOL. Familia de peces fisóstomos, cubiertos de anchas escamas, y cuyas aletas anal y dorsal son muy parecidas.

PANTÓGRAFO. (gr. πᾶν, παντός, todo, y γράφω, escribir.) m. Instrumento que sirve para copiar, ampliar o reducir un plano o dibujo. Consiste en un paralelogramo articulado, con dos de sus lados prolongados; uno de éstos se fija en un solo punto sobre la mesa y en el otro se coloca un estilo con el que se siguen las líneas del dibujo. Un lápiz sujeto a un tercer lado traza la copia o ampliación. ‖ **2**. ELECTR. Aparato para la toma de corriente en los sistemas de tracción eléctrica con hilo de contacto aéreo. Consta de barra deslizante en forma de rombo articulada y con resortes. ‖ P. pantógrafo; I. pantograph; F. pantographe; A. Pantograph; It. pantógrafo; R. пантограф.

★ **PANTOLAMBA**. gr. πᾶν, παντός, todo, y λαμβάνω, asir.) m. PALEONT. Género de mamífero de cráneo bajo y alargado, que hoy se encuentra fósiles en los terrenos del Eoceno de América del Norte.

PANTÓMETRA. (gr. πᾶν, παντός, todo, y μέτρον, medida.) f. Compás de proporción cuyas piernas llevan marcadas en sus caras diversas escalas divididas en partes iguales o proporcionales. ‖ **2**. TOPOGR. Instrumento topográfico para medir ángulos horizontales, compuesto de un cilindro metálico fijo y con graduación en el borde superior, y otro giratorio que va sobre el primero y tiene mirillas para dirigir visuales.

PANTOMIMA. (l. pantomima.) f. Representación por figura y gestos sin intervención de palabras. ‖ **2**. CHILE. Mujer alocada. ‖ **3**. ARGENT. Zanco. ‖ P. e It. pantomima; I. y F. pantomime; A. Pantomime, Gebärdenspiel; R. пантомима.

PANTOMÍMICO, CA. (l. pantomimicus.) adj. Perteneciente o relativo a la pantomima o al pantomimo.

PANTOMIMO. (l. pantomimus, y éste del gr. παντόμιμος, que lo imita todo.) m. Truhán. Bufón o representante que en los teatros remeda o imita diversas figuras.

★ **PANTÓPODOS**. (gr. πᾶς, παντός, todo, y πούς, ποδός, pie.) m. pl. ZOOL. Orden de crustáceos marinos afines a los arácnidos marinos de cuerpo poco desarrollado y dividido en segmentos sobre los que se insertan siete pares de apéndices, los cuatro posteriores de gran longitud.

★ **PANTOPÓN**. (gr. πᾶς, παντός, todo, y ὀπός, jugo que fluye naturalmente de una planta.) m. TERAP. Nombre comercial registrado de un medicamento que contiene todos los alcaloides del opio en forma de clorhidratos solubles.

PANTOQUE. MAR. Parte casi plana del casco de un barco que forma el fondo junto a la quilla. ‖ P. parte más funda do barco; I. bilge; F. bouchain; A. Kielraum, Kimm; It. centina; R. днище.

PANTORRA. (port. panturra.) f. fam. Pantorrilla. Ú.m. en pl.

PANTORRILLA. (De pantorra.) f. Parte carnosa y abultada de la parte posterior de la pierna por debajo de la corva. ‖ **2**. fam. PERÚ y ECUAD. Vanidad ridícula. ‖ Acariciar la PANTORRILLA. fr. fig. y fam. PERÚ. Lisonjear, adular. ‖ P. pantorrilla; I. calf; F. mollet; A. Wade; It. palpaccio; R. икра.

PANTORRILLERA. f. Calceta gruesa destinada a abultar las pantorrillas. ‖ **2**. CHILE. Refuerzo que se pone en las perneras del pantalón de montar por la parte de mayor roce.

PANTORRILLUDO, DA. adj. Que tiene muy gordas las pantorrillas. ‖ **2**. fam. PERÚ. Vanidoso, jactancioso.

★ **PANTOSCÓPICO, CA**. (gr. πᾶς, παντός, todo, y σκοπέω, mirar, examinar.) adj. Aplícase a las lentes bifocales que sirven para la visión próxima y lejana.

★ **PANTÓSTATO**. (gr. πᾶς, παντός, todo, y τάττω, por taso, arreglar, disponer.)

ordenar.) m. MED. Mesa sobre la que se hallan ordenadamente dispuestos los instrumentos precisos para un trabajo. ‖ **2**. ELECTR. Multóstato.

PANTUFLA. f. Pantuflo.

PANTUFLAZO. m. Golpe que se da con el pantuflo.

PANTUFLO. (fr. pantoufle.) m. Calzado, especie de chinela o zapato, sin orejas ni talón, que para mayor comodidad se usa en casa. ‖ P. pantufo; I. baboosh; F. pantoufle; A. Pantoffel; It. pantófola; R. туфли.

★ **PANTZA**. f. BOT. AMÉR. Árbol de los bosques del Ecuador, del que se obtiene buena madera.

★ **PANUCO**. (De pan.) m. CHILE. Puñado de harina tostada que se come sin acompañar a otro alimento.

★ **PANUCHA**. f. COLOM. Dulce que se prepara con leche, harina y azúcar.

PANUCHO. m. MÉJ. Tortilla de maíz rellena con fréjoles y carne de cazón. ‖ **2**. P. RICO. Dulce hecho de yuca, leche de coco y azúcar.

PANUDO. (De pan.) adj. CUBA. Aplícase al fruto del aguacate, cuando su carne es consistente, que es como más se aprecia.

★ **PANUIRA**. f. ZOOL. PERÚ. Flamenco, ave palmípeda.

PANUL. (Voz araucana.) m. CHILE. Apio.

★ **PANURGO**. m. ZOOL. Género de insectos ápidos que tienen la cabeza gruesa y las antenas cortas. Abren galerías en el suelo o en las paredes donde la hembra hace su puesta.

★ **PANURO**. (gr. πᾶν, todo, y οὐρά, cola.) m. ZOOL. Género de pájaros páridos de larga cola y con unas plumas colgantes en el cuello.

PANZA. (l. pantex, -ícis.) f. Barriga o vientre, comúnmente el muy abultado. ‖ **2**. Parte convexa y más saliente de ciertas vasijas o de otras cosas. ‖ **3**. ZOOL. Primera de las cuatro cavidades en que se divide el estómago de los rumiantes. ‖ **—al trote**. fig. y fam. Persona pobre y necesitada que anda siempre comiendo a costa ajena. ‖ **—de burra**. fig. y fam. Pergamino en que se daba el título del grado en las Universidades. ‖ **2**. fig. y fam. Nombre que se da al cielo entoldado y de color gris obscuro. ‖ **—en gloria**. fig. y fam. Persona muy sosegada de suyo a la que alteran poco las cosas. ‖ De la PANZA sale la danza. ref. que declara ser consecuencia del buen mantenimiento corporal la alegría del ánimo. ‖ P. pança; I. belly, paunch; F. panse, ventre; A. Wanst (Schmer)Bauch; It. pancia; R. брюхо, пузо.

PANZADA. f. Golpe que se da con la panza. ‖ **2**. fam. Hartazgo.

PANZÓN, NA. adj. Panzudo. ‖ **2**. m. aum. de panza.

PANZUDO, DA. adj. Que tiene mucha panza.

★ **PAÑA**. f. PERÚ. Recolección del algodón.

★ **PAÑADORA**. f. COLOM. Cuchara, especialmente la de madera.

PAÑAL. (De paño.) m. Lienzo o sabanilla en que se envuelve a los niños de teta. ‖ **2**. Faldón de la camisa del hombre. ‖ **3**. pl. Envoltura de los niños de teta. ‖ **4**. fig. Principios de crianza especial en orden a la calidad y educación. ‖ **5**. fig. Niñez, período de la vida del hombre, desde el nacimiento hasta la adolescencia. ‖ Haber salido uno de PAÑALES. fr. fig. y fam. Haber salido de mantillas. ‖ Sacar de PAÑALES a uno. fr. fig. y fam. Libertarlo de la miseria. ‖ P. cuiero; I. swaddling, cloth; F. lange; A. Windel, Wickeltuch; It. fascia; R. пелёнка.

PAÑALÓN. (aum. de pañal.) m. fig. y fam. Persona que por desaliño o negligencia lleva colgando las caídas de la camisa.

PAÑERÍA. f. Comercio o tienda de paños. ‖ **2**. Conjunto de paños.

PAÑERO, A. adj. Perteneciente o relativo a los paños. Industria PAÑERA. ‖ **2**. m. y f. Persona que vende paños. ‖ **3**. Mujer del paño.

PAÑETE. m. d. de paño. ‖ **2**. Paño de inferior calidad. ‖ **3**. Paño de poco cuerpo. ‖ **4**. Calzoncillos usados por honesti-

dad por los pescadores y curtidores que trabajaban desnudos. Son también usados por los religiosos que no llevan camisa. ‖ **5**. Enagüillas colocadas a las imágenes de Cristo en la Cruz. ‖ **6**. COLOM. Enlucido o capa de yeso o estuco que se da a una pared. ‖ **7**. CHILE. Sudadero.

★ **PAÑI**. (Voz araucana.) m. CHILE. Solana de la casa. ‖ Al PAÑI. m. adv. CHILE. Al abrigo.

PAÑI. f. GERM. Agua.

★ **PAÑIHUE**. m. CHILE. Hinchazón del pie.

PAÑIL. (arauc. pagil.) m. CHILE. Árbol escrofulariáceo de unos 3 m de altura, hojas grandes, oblongas y arrugadas, con vello amarillento en la cara inferior. Sus flores anaranjadas van dispuestas en cabezuelas. Las hojas se usan en medicina para curar úlceras.

PAÑIZUELO. m. Pañuelo.

PAÑO. (l. pannus.) m. Tela de lana muy tupida y con pelo corto. ‖ **2**. Tela. ‖ **3**. Ancho de una tela cuando varias piezas se cosen unas al lado de otras. ‖ **4**. Tapiz u otra colgadura. ‖ **5**. Cualquier pedazo de lienzo u otra tela. ‖ **6**. Mancha obscura del cuerpo especialmente del rostro. ‖ **7**. Excrecencia membranosa en el ojo que interrumpe la visión. ‖ **8**. Accidente que disminuye el brillo o transparencia de una cosa. ‖ **9**. Enlucido o estuco. ‖ **10**. Lienzo de pared. ‖ **11**. MAR. Velas que lleva desplegadas el navío. Navega con poco PAÑO. ‖ **12**. pl. Cualquier vestidura. ‖ **13**. ESC. y PINT. Ropas de amplio corte que forman amplios pliegues. ‖ **—buriel**. Paño pardo del color natural de la lana. ‖ **—de altar**. Mantel o lienzo que cubre la mesa del altar. ‖ **—catorceno, dieciocheno, veinteno, treintadoseno**, etc., según el número de centenares de hilos de la urdimbre. ‖ **—de cáliz**. Cuadrado de tela con que se cubre el cáliz del mismo color que la casulla. ‖ **—de hombros**. Humeral. ‖ **—de lágrimas**. fig. Persona en quien se encuentra consuelo y ayuda. ‖ **—de lampazo**. Tapiz que sólo representa vegetales. ‖ **—de manos**. Toalla. ‖ **—de mesa**. Mantel. ‖ **—de púlpito**. Paramento con que se adorna exteriormente el púlpito cuando se predica. ‖ **—de tumba**. Cubierta negra que se pone para las exequias. ‖ **Paños calientes**. fig. Diligencias para mitigar el rigor con que se ha de proceder en una materia o asunto. ‖ **2**. fig. y fam. Remedios ineficaces. ‖ **—de corte**. Tapices con que se adornan y abrigan los aposentos durante el invierno. ‖ **—de escusa**. Especie de bata o ropa de cámara usada antiguamente. ‖ **—menores**. Vestidos que se llevan debajo de los exteriores. ‖ Adoba tu PAÑO y pasarás tu año; o remienda tu PAÑO y pasarás tu año. refs. que aconsejan poner cuidado en las cosas de uso propio para hacerlas durar. ‖ Al PAÑO. loc. adv. En lenguaje teatral, dícese del actor que asomado a cualquiera de los intersticios de la decoración habla con la representación escénica. ‖ Conocer uno el PAÑO. fr. fig. y fam. Estar bien enterado del asunto. ‖ El buen PAÑO en el arca se vende. ref. que enseña que la buena mercancía se aprecia sin necesidad de propaganda. ‖ Poner el PAÑO al púlpito. fr. fig. y fam. Hablar con afectada solemnidad y profusión. ‖ Quien se viste de ruin PAÑO, dos veces se viste al año. ref. con el que se advierte que es más económico adquirir géneros de buena calidad aunque sean más caros. ‖ P. pano; I. cloth, woolen stuff; F. drap, tapis; A. Tuch, Zeug; It. panno; R. сукно.

PAÑOL. (De panol.) m. MAR. Cualquiera de los compartimientos hechos en diversos lugares del buque para guardar víveres, municiones, etc. ‖ P. paiol de navio; I. storeroom; F. soute; A. Koje; It. pagliuolo; R. кладовая.

PAÑOLERA. f. La que vende pañuelos. ‖ **2**. Mujer del pañolero.

PAÑOLERÍA. f. Tienda de pañuelos. ‖ **2**. Comercio o tráfico de pañuelos.

PAÑOLERO. m. El que vende pañuelos.

PAÑOLERO. m. MAR. Marinero encargado de uno o más pañoles.

PAÑOLETA. f. Prenda femenina, de forma triangular a modo de medio pañuelo con que las mujeres abrigan o ador-

P

nan el cuello y los hombros. ‖ **2.** Corbata estrecha de nudo, que se ponen los toreros al cuello con el traje de luces. Es del mismo color que la faja.

PAÑOLITO. m. d. de pañuelo.

PAÑOLÓN. (De *pañuelo*.) m. Mantón, pañuelo grande de abrigo.

PAÑOSA. f. fam. Capa de paño. ‖ **2.** TAUROM. Muleta.

PAÑOSO, SA. (l. *pannōsus*.) adj. Dícese de la persona vestida de remiendos y harapos.

★ **PAÑUELERA.** f. CHILE, ARGENT. y P. RICO. Caja o cosa equivalente para guardar pañuelos.

PAÑUELO. (d. de *paño*.) m. Pedazo de tela cuadrado, de hilo, algodón, seda, etc., que sirve para diferentes usos. ‖ **2.** El que se usa para limpiarse el sudor y las narices. ‖ **—de hierbas.** El de tela basta, de mayor tamaño que el ordinario con dibujos estampados en colores ordinariamente obscuros. ‖ 2.ª acep.: **P.** lenço de assoar; **I.** handkerchief; **F.** mouchoir, fichu; **A.** Schnupftuch, **It.** fazzoletto; **R.** платок.

PAPA. (De la voz infantil *pappa*.) m. Sumo Pontífice, Vicario de Cristo, sucesor de San Pedro, que gobierna la Iglesia Católica de la cual es cabeza visible. ‖ **2.** fam. Padre. ‖ *Ser uno más papista que el* PAPA. fr. Mostrar en un asunto más celo que el directamente interesado en el mismo. ‖ **P.** e **It.** Papa; **I.** Pope; **F.** Pape; **A.** Papst; **R.** папа.

PAPA. (quich., *papa*.) f. Patata. ‖ **2.** CHILE. Tubérculo. ‖ **—de caña.** Patata de caña. ‖ **—del aire.** AMÉR. CENTRAL. Ñame. ‖ **—lisa.** BOL. Ulluco.

PAPA. (l. *papa*, comida.) f. fam. Paparrucha. ‖ **2.** MÉJ. y CHILE. Broma, chanza. ‖ **3.** CHILE. En el juego del trompo, golpe para hacer saltar la moneda o el disco. ‖ **4.** fig. y fam. Cualquier comida. ‖ *Quemar las* PAPAS. fr. fig. y fam. ARGENT. Presentar mal cariz un asunto.

PAPÁ. m. fam. Padre. ‖ PAPÁ *grande*. MÉJ. Abuelo.

PAPABLE. (ital. *papabile*.) adj. Dícese del cardenal a quien se estima merecedor de ocupar la Sede Pontificia. ‖ **2.** fig. Aplícase a quien se señala como sujeto probable para un empleo.

★ **PAPACARA.** f. ECUAD. La nieve.

★ **PAPACLA.** (mejic. *papatlauac*, cosa ancha.) f. MÉJ. Hoja ancha del maíz. ‖ **2.** MÉJ. Hoja del plátano usada para envolver.

★ **PAPACOTE.** m. En algunas partes el juguete también llamado cometa. ‖ **2.** REP. DOMIN. Personaje de cierta influencia.

PAPACHAR. tr. MÉJ. Hacer papachos, dar friegas.

★ **PAPACHENTO, TA.** adj. CHILE. Papacho, ablandado.

PAPACHO. m. MÉJ. Caricia especial hecha con las manos. ‖ **2.** MÉJ. Friegas dadas con las manos.

PAPADA. (De *papo*, 1.er art.) f. Abultamiento carnoso, anormal, debajo de la barba. ‖ **2.** Pliegue cutáneo que sobresale en el borde inferior del cuello de algunos animales. ‖ **P.** papeira; **I.** double chin; **F.** double menton; **A.** Doppelkinn; **It.** pappagorgia; **R.** двойной, подбородок.

PAPADGO. m. ant. Papado.

PAPADILLA. (De *papada*.) f. Parte de carne que hay debajo de la barba.

PAPADO. m. Dignidad de Papa. ‖ **2.** Tiempo que dura. ‖ **P.** papado; **I.** papacy; **F.** papauté; **A.** Papsttum; **It.** papato; **R.** папство.

PAPAFIGO. (De *papar* y *figo*.) m. Pájaro de unos 14 cm de largo y 25 de envergadura, de plumaje pardo verdoso en espalda, alas y cola; ceniciento en el vientre, plomizo en el cuello y en la cabeza, negro en el macho y rojizo en la hembra. Aliméntase de insectos y frutas principalmente higos. ‖ **2.** Oropéndola. ‖ **P.** papafigo; **I.** fig-pecker; **F.** becafigo; **A.** Feigendrossel; **It.** pappafico, beccafico; **R.** иволга.

PAPAGAYA. f. Hembra del papagayo, 1.ª acep.

PAPAGAYO. (ár. *babbagā*, loro.) m. ZOOL. Ave prensora, de África. Tiene unos 30 cm de longitud, pico fuerte grueso y encorvado, plumaje gris, cola encar-

nada y cara blanquecina, patas de dedos largos y delgados, con los cuales coge el alimento. Es domesticable y puede repetir palabras enteras. Hay diversas especies con plumajes de distintos colores brillantes. ‖ **2.** Pez marino acantopterigio, de 4 dm de longitud, cabeza con hocico saliente y dobles labios carnosos, cuerpo oblongo cubierto de escamas delgadas de color rojo, verde, azul y amarillento. Su carne es comestible. ‖ **3.** BOT. Planta herbácea anual, amarantácea, de tallo derecho y lampiño, hojas alternas, de tres colores, encarnado, amarillo y verde. Flores pequeñas y semilla menuda y negra. Es originaria de China y sirve de adorno en los jardines. ‖ **4.** BOT. Planta vivaz, arácea, con hojas radicales grandes, de forma de escudo y colores vivos, flores sobre un escapo delgado y fruto en baya rojiza. Procede del Brasil. ‖ **5.** Víbora muy venenosa de color verde. Vive en los árboles tropicales del Ecuador. ‖ *Hablar como al*, o *como un* PAPAGAYO. fr. fig. Decir algunas cosas discretas sin entenderlas. ‖ **2.** fig. Hablar mucho. ‖ **P.** papagaio; **I.** parrot; **F.** perroquet; **A.** Papagei; **It.** pappagallo; **R.** попугай.

PAPAHÍGO. m. Gorro de paño que cubre y resguarda el cuello y parte de la cara. ‖ **2.** fig. 1.ª acep. ‖ **3.** Cualquiera de las velas mayores excepto la mesana, cuando se navega con ellas solas.

PAPAHUEVOS. (De *papar* y *huevo*.) m. fig. y fam. Papanatas.

PAPAÍNA. (De *papayo*.) f. QUÍM. Fermento activo de la papaya que tiene la propiedad de disolver la carne y coagular la leche.

PAPAÍTO. m. fam. y d. de papá.

PAPAL. adj. Perteneciente o relativo al Papa.

PAPAL. m. AMÉR. Campo en que se cultivan las papas o patatas.

★ **PAPALEAR.** intr. C. RICA. Aletear el gallo antes de empezar a cantar.

PAPALINA. (De *papal*.) f. Gorra con dos puntas que cubre las orejas. ‖ **2.** Cofia de mujer con adornos.

PAPALINA. (De *papelina*, vaso para beber, estrecho en su base y ancho por la boca.) f. fam. Borrachera, embriaguez.

PAPALINO, NA. adj. Papal, 1.er art.

PAPALMENTE. adv. Como papa, con poder pontificio.

★ **PAPALOMOYO.** m. C. RICA. Mosquito, llamado también zancudo.

★ **PAPALÓN, NA.** (mejic. *papaloa*, relamerse.) adj. MÉJ. Holgazán, poltrón.

PAPALOTE. (azt. *papalotl*, mariposa.) m. CUBA y MÉJ. Especie de cometa, juguete. ‖ **2.** MÉJ. Mariposa.

★ **PAPALOTEAR.** (De *papalota*.) intr. MÉJ. y GUAT. Mariposear, y por ext., deambular de un sitio a otro.

PAPAMOSCAS. (De *papar* y *mosca*.) m. Pájaro dentirrostro, insectívoro, de unos 15 cm de longitud, color gris blanquecino, cerdas largas en la comisura del pico. Se domestica con facilidad y sirve para limpiar de moscas las habitaciones. ‖ **2.** fig. y fam. Papanatas. ‖ **P.** papa-moscas; **I.** fly-catcher; **F.** gobe-mouches; **A.** Fliegenfänger; **It.** mangiamosche; **R.** мухолов.

PAPANATAS. (De *papar* y *nata*.) m. fig. y fam. Hombre cándido, simplón y fácil de engañar.

PAPANDUJO, A. adj. fam. Flojo o pasado de maduro.

PAPAR. (l. *pappare*, comer.) tr. Comer cosas blandas, sin mascar. ‖ **2.** fam. Comer. ‖ **3.** fig. y fam. Usase en exclamaciones para llamar la atención del que no reparaba en algo o para indicarle que recibe su merecido. PÁPATE *esa*.

PÁPARO, RA. adj. Aplícase al individuo perteneciente a una tribu del Istmo de Panamá ya extinguida. Ú.t.c.s. ‖ **2.** Aldeano o campesino ignorante y simple que se queda pasmado ante cualquier cosa para él extraordinaria.

PAPAROTE, TA. (De *páparo*.) m. y f. Bobalicón.

PAPARRABIAS. (De *papa* y *rabia*.) com. fam. Cascarrabias.

PAPARRASOLLA. f. Ser imaginario con que se asusta a los niños para hacerlos callar.

PAPARRUCHA. (despect. de *papa*.)

f. fam. Noticia falsa y desatinada. ‖ **2.** Obra literaria o cosa parecida, insubstancial y desatinada.

★ **PAPARRUCHADA.** f. MÉJ. Paparrucha.

★ **PAPARRUTA.** (De *papar*.) com. CHILE. Persona presumida y de poco talento.

PAPASAL. m. Juego de muchachos en el que se da al que se equivoca un golpe con una bolsa llena de ceniza. ‖ **2.** Esta misma bolsa. ‖ **3.** Bagatela. ‖ **4.** C. RICA. Pelo crespo y despeinado.

PAPATOSTE. m. Papanatas.

★ **PAPATURRO.** m. BOT. EL SALV. Uvero, árbol de la América Central de la familia de las poligonáceas.

★ **PAPAÚPA (DE).** exp. fest. CUBA. De rechupete.

★ **PAPAVER.** (l. *papaver*, adormidera.) m. BOT. Género de plantas papaveráceas, de fruto globuloso, formado por varios carpelos con muchas semillas, como la adormidera y la amapola.

PAPAVERÁCEO. (l. *papaver*, adormidera.) adj. BOT. Dícese de plantas angiospermas, dicotiledóneas, con jugo acre y olor fétido, hojas alternas más o menos divididas, flores regulares y fruto capsular con muchas semillas menudas y oleaginosas; como la amapola, la adormidera y otras. Ú.t.c.s. ‖ **2.** f. pl. BOT. Familia de estas plantas.

★ **PAPAVERALDINA.** f. QUÍM. Compuesto que resulta de actuar el permanganato potásico sobre la papaverina. Es un polvo cristalino, amarillento.

★ **PAPAVERAMINA.** (l. *papaver*, adormidera, y *amina*.) f. QUÍM. Alcaloide del opio cristalizado en prismas rómbicos.

PAPAVERINA. f. QUÍM. Alcaloide cristalino contenido en el opio de efectos antiespasmódicos.

★ **PAPAVEROSINA.** (Del m. or. que *papaverina*.) f. Alcaloide que se encuentra en las cápsulas secas de la adormidera.

★ **PAPAVIENTOS.** (De *papar* y *viento*.) m. ZOOL. Chotacabras, especialmente el europeo. ‖ **2.** fam. Persona que ambiciona ansiosamente.

PAPAYA. f. BOT. Fruto del papayo, parecido a un melón pequeño, de carne amarilla y dulce del que se hace, cuando do verde, una sabrosa confitura. ‖ **2.** fig. P. RICO. Papera.

PAPAYÁCEO, A. (De *papayo*, nombre de una planta.) adj. BOT. Aplícase a las plantas de familia de las papayáceas. ‖ **2.** f. pl. Familia de plantas dicotiledóneas de América, arbóreas, dioicas, de hojas palmeadas y hendidas con corona monopétala y fruto en baya.

PAPAYO. m. BOT. Árbol de la familia de las caricáceas, propio de los países cálidos, con tronco fibroso y de poca consistencia, coronado por grandes hojas palmeadas. Tiene un látex abundante que, por contener un fermento parecido a la pepsina, actúa sobre las materias albuminoideas, descomponiéndolas en peptonas.

★ **PAPAYOTINA.** f. BIOQUÍM. Fermento digestivo de la papaya.

PÁPAZ. (gr. mod. παπᾶς, presbítero.) m. Nombre dado por los moros de las costas de África a los sacerdotes cristianos.

PAPAZGO. m. Papado.

PAPEL. (fr. *papier*, y éste del l. *papȳrus*.) m. Hoja delgada hecha con pasta de trapos molidos y blanqueados, con pulpa de cáñamo, esparto, paja de arroz o madera de todas clases. Sus aplicaciones son variadísimas. Empléase para escribir, imprimir, dibujar, pintar, etc., y otros muchos usos. ‖ **2.** Pliego, hoja o pedazo de papel en blanco, manuscrito o impreso. ‖ **3.** Conjunto de resmas, cuadernos o pliegos de papel. ‖ **4.** Carta, título o documento de cualquier clase. ‖ **5.** Impreso que no llega a formar libro. ‖ **6.** Parte de la obra dramática que ha de representar cada actor. ‖ **7.** Personaje de la obra dramática representado por el actor. *Representar primeros* o *segundos* PAPELES; *el* PAPEL *de Don Juan*. ‖ **8.** fig. Carácter o ministerio con que se interviene en los negocios de la vida. *Hacer buen* o *mal* PAPEL. ‖ **9.** COM. Documento que contiene la obligación del pago de una cantidad; como billete de banco, pagaré, etc. ‖ **10.** COM. Conjunto de valores mobiliarios que salen a negociación en el mercado. || **11.** pl. Documentos con que se acredita el estado civil o la calidad de una persona. || **—ahuesado.** El fabricado con pasta que imita el color del hueso. || **—blanco.** El que no está escrito ni impreso. || **—carbón.** El que está cubierto con una capa de cera blanca y teñida, usado para obtener copias. || **—comercial.** El de cartas de tamaño holandesa, rayado con pauta estrecha. || **—continuo.** El que se hace a máquina en piezas de mucha longitud. || **—cuché.** El muy satinado y barnizado, empleado principalmente en revistas y libros que llevan fotograbados. || **—de China.** El que se fabrica con la parte interior de la corteza de la caña de bambú. || **—de estaño.** Lámina muy delgada de este metal en forma de papel, usado para envolver algunos productos. || **—de estraza.** Papel muy basto, áspero, sin cola y sin blanquear. || **—filtro.** El poroso y sin cola hecho con trapos de algodón lavados con ácidos diluidos y que se usa para filtrar. || **—de fumar.** El que se usa para liar cigarrillos. || **—del Estado.** Diferentes documentos emitidos por el Estado reconociendo créditos a favor de sus tenedores. || **—de lija.** Hoja de papel fuerte, con vidrio molido, arena cuarzosa o polvo de esmeril encolados en una de sus caras. Empléase en lugar de la piel de lija. || **—de luto.** El que, en señal de duelo, se usa con orla negra. || **—de marca.** El de tina, del tamaño que tiene ordinariamente el papel sellado. || **—de marca mayor.** El de tina, de longitud y anchura dobles que el de marca. || **—de marquilla.** El de tina de tamaño medio entre el de marca y el de marca mayor. || **2.** El de tina grueso, lustroso y muy blanco, empleado comúnmente para dibujar. || **—de música.** El rayado para escribir música. || **—de pagos.** Hoja timbrada, que expende la Hacienda, para hacer pagos al Estado. || **—de seda.** El muy fino, transparente y flexible, algo semejante a la tela de seda. || **—de tina.** El de hilo que se hace en molde pliego a pliego. || **—tornasol.** Quím. El impregnado en la tintura de tornasol, que se emplea como reactivo para reconocer los ácidos. || **—florete.** El de primera suerte, llamado así por ser más blanco y lustroso. || **—japonés.** El fabricado con la parte interior de la corteza del moral, hecha pasta, a la cual se añade una porción pequeña de harina de arroz. Es satinado, flexible y de color amarillento. || **—milimetrado.** Papel cuadriculado cuyos cuadros tiene un milímetro cuadrado. || **—mojado.** fig. El de poca importancia o no prueba nada en un asunto. || **2.** fig. y fam. Cualquier cosa inútil. || **—moneda.** El que por autoridad pública sustituye al dinero en metálico. || **—pautado.** El que tiene pauta para aprender a escribir o pentágrama para la música. || **—pergamino.** El obtenido por un tratamiento con ácido sulfúrico seguido de un lavado con mucha agua para que la celulosa se convierta en amiloide. || **—pintado.** El de varios colores y dibujos que se emplea para adornar las paredes de las habitaciones y otros usos. || **—pluma.** El fabricado con pasta muy ligera y esponjosa. || **—quebrado.** El que se rompe, mancha o arruga durante la fabricación, por lo que se forman las costeras. || **—rayado.** El que, después de recortado en pliegos recibe rayas sutiles con tinta pálida para escribir sobre ellas. || **—secante.** El esponjoso y sin cola, empleado para secar lo escrito. || **—sellado.** El que tiene estampadas las armas de la nación, con el precio de cada pliego y clase, como impuesto de timbre. Sirve para formalizar documentos y para usos oficiales. || **—tela.** Tejido de algodón, muy fino, engomado por ambas caras y transparente. Empléase para calcar. || **—vegetal o calco.** Papel transparente muy tenaz, usado para calcar. || **—vergé, vergueteado o verjurado.** El que lleva una filigrana de rayitas o puntizones muy menudos y otros más separados que los cortan perpendicularmente. || **—volante.** Impreso de muy reducida extensión que se vende o distribuye con facilidad. || *Cesto de los* PAPELES. Recipiente que hay en las ofici-

nas para arrojar a él los papeles inútiles. || *El* PAPEL *que se rompa él.* ref. aconseja no apresurarse a romper cartas u otros documentos que pueden acaso servir alguna vez. || *Embadurnar,* o *embarrar,* o *emborronar* PAPEL. fr. fig. y fam. Escribir cosas inútiles. || *Hacer uno buen,* o *mal* PAPEL. fr. fig. Estar o salir lucida o deslucidamente algún acto o negocio. || *Hacer el* PAPEL. fr. fig. Fingir diestramente una cosa, representar al vivo. || *Hacer uno su* PAPEL. fr. fig. Cumplir con su cargo o ministerio, siendo provechoso en algo. || *Tener uno buenos* PAPELES. fr. fig. Tener instrumentos legales y certificaciones que prueban sus méritos o nobleza. || **2.** fig. Tener justificación o razón en lo que se discute o propone. || P. papel; I. paper; F. papier; A. Papier; It. carta; R. бумага.

*** PAPELADA.** f. Montón de papeles escritos. || **2.** AMÉR. Farsa.

PAPELEAR. intr. Resolver papeles, buscando algo que se desea saber. || **2.** ARGENT. Disimular.

PAPELEO. Acción y efecto de papelear. || **2.** Tramitación larga y lenta de un asunto en las oficinas públicas.

PAPELERA. f. Escritorio o mueble para guardar papeles. || **2.** Abundancia o exceso de papel escrito. || **3.** Cesto o recipiente donde se arrojan los papeles inútiles. || **P.** papelera; I. paper-case, writing-desk; F. serre-papiers; A. Papierschrank; It. stipetto per carte; R. бюро.

PAPELERÍA. f. Conjunto de papeles esparcidos y desordenados, comúnmente desechados y rotos. || **2.** Tienda en que se vende papel. || **3.ª** acep.: P. papelería; I. stationery; F. papeterie; A. Papierhandel; It. cartoleria; R. писчебумажный, магазин.

*** PAPELERIO.** m. ARGENT. Montón de papeles.

PAPELERO, RA. adj. Dícese de la persona vana, ostentosa, y amiga de hacer lo que no le corresponde. Ú.t.c.s. || **2.** m. y f. Persona que fabrica o vende papel. Ú.t.c. adj.

PAPELETA. (De *papel.*) f. Cédula. || **2.** Cucurucho de papel. || **3.** Hoja en que está escrito el tema de examen. || **4.** fig. y fam. Asunto difícil de resolver. || **—de empeño.** Resguardo de lo que se empeña para poder rescatarlo. || **P.** papeleta; I. schedule, bill; F. billet; A. Zettel; It. cèdola; R. записка, билет.

PAPELETEAR. tr. Anotar en papeletas los datos que interesan o escudriñar un texto.

PAPELILLO. m. d. de papel. || **2.** Cigarro de papel. || **3.** Paquete de papel que contiene una dosis medicinal en polvo. || **4.** P. RICO. Papillote. || **5.** COLOM. Colorete.

PAPELINA. (b. l. *papelina,* ración extraordinaria de vino que se daba en ciertos cabildos.) f. Vaso para beber, estrecho por la base y ancho por la boca.

PAPELINA. (fr. *papeline,* y éste del ital. *papelina,* papal.) f. Tela muy delgada de seda.

PAPELISTA. m. El que maneja papeles y entiende de ellos. || **2.** Fabricante o almacenista de papel. || **3.** El que empapela habitaciones. || **4.** CUBA. Picapleitos. || **5.** ARGENT. Aplícase a quien hace alarde de cualidades que no posee o de condiciones y circunstancias en que no se encuentra.

PAPELÓN, NA. (De *papel.*) adj. fam. Dícese de la persona que aparenta más de lo que es. Ú.t.c.s. || **2.** m. Papel en que se ha escrito algo acerca de un asunto o negocio, y que se desprecia por algún motivo. || **3.** P. RICO. Dícese del ave del corral con las plumas de color de crema. || **4.** AMÉR. Meladura ya cuajada en una horma cónica y que se diferencia del azúcar en que no se le ha extraído todavía la melaza. || **5.** ARGENT. Equivocación, error o descuido que pone en ridículo. Ú.m. en la fr. *Hacer un* PAPELÓN.

PAPELONADO. (fr. *papelonné.*) adj. BLAS. Aplícase al escudo adornado de varias filas superpuestas a manera de escamas de peces, de medios aros delgados, que dejan ver entre unos y otros el color del fondo.

PAPELONEAR. (De *papelón.*) intr. fam. Ostentar vanamente autoridad o valimiento.

PAPELORIO. m. despect. Fárrago de papeles.

PAPELOTE. m. despect. Papelucho. || **2.** Desperdicios de papel usado empleados para fabricar nueva pasta. || **3.** AMÉR. El juguete también llamado cometa.

*** PAPELUCHERO.** m. COLOM. Papelista, picapleitos.

PAPELUCHO. m. despect. Papel o escrito despreciable.

PAPERA. (De *papo.*) f. Bocio. || **2.** Parótida. || **3.** Proceso inflamatorio y contagioso en los caballos jóvenes producido a la entrada del conducto respiratorio o en los ganglios submaxilares. || **4.** pl. Escrófulas, lamparones. || **3.ª** acep.: P. papera; I. goiter; mumps; F. goitre; A. Mumps; It. gozzo; R. зоб.

*** PAPERIENTO, TA.** adj. CHILE. Que padece paperas.

PAPERO. m. Puchero en el que se preparan las papas para los niños. || **2.** Papilla, papas dulces que se dan a los niños. || **3.** R. DE LA PLATA. Vendedor de patatas.

PAPIALBILLO. (De *papo,* 1.er art., 1.ª acep., y *albillo,* d. de *albo.*) m. Jineta, 1.er art.

*** PAPIÁLBO.** (De *papo* y *albo.*) m. SAL. Garduña.

*** PAPIAMENTO, TA.** (port. *papear.*) adj. Dícese del idioma criollo de Curaçao. Ú.t.c.s. || **2.** P. RICO. Jerigonza.

PAPILA. (l. *papilla,* pezón de la teta.) f. BOT. Cualquiera de las pequeñas prominencias cónicas en ciertos órganos de algunos vegetales. || **2.** ZOOL. Cada una de las pequeñas prominencias cónicas en la piel y membranas mucosas, especialmente de la lengua. || **3.** Prominencia que forma el nervio óptico en el fondo del ojo. || **P.** papila; I. e It. papilla; F. papille; A. Hautwärzchen; R. выступ.

PAPILAR. adj. BOT. y ZOOL. Perteneciente o relativo a las papilas.

*** PAPILIO.** (l. *paplio,* *-ōnis,* mariposa.) m. ZOOL. Género de insectos lepidópteros de la familia de los papiliónidos que comprende mariposas de bastante tamaño de ojos compuestos y cuerpo oblongo y peloso. Abunda en España.

PAPILIONÁCEO, A. (l. *papilio,* *-onis.*) adj. Amariposado. || **2.** BOT. Aplícase a las plantas angiospermas dicotiledóneas, hierbas, arbustos o árboles con fruto casi siempre en legumbre, flores con corola amariposada como el guisante, la retama y el algarrobo. Ú.t.c.s. || **3.** f. pl. BOT. Familia de estas plantas.

PAPILIÓNIDOS. (l. *papilio,* *-onis,* mariposa, y del gr. εἶδος, forma, aspecto.) m. pl. ZOOL. Familia de insectos lepidópteros de cabeza grande, palpos cortos, alas anchas con nerviaciones salientes y de coloraciones vivas. Son propios de países templados.

PAPILOMA. (De *papila,* y el suf. gr. ομα, tumor.) m. MED. Variedad de epitelioma caracterizada por el aumento de volumen de las papilas de la piel o de las mucosas, con induración de la dermis subyacente. || **2.** Tumor en forma de botón o caruncula. || **3.** Excrecencia de la piel por hipertrofia de sus elementos normales.

PAPILLA. f. Papas que se dan a los niños, comúnmente dulces. || **2.** fig. Astucia halagüeña para engañar a uno. || *Dar* PAPILLA *a uno.* fr. fig. y fam. Engañarle con astucia. || *Echar uno la primera* PAPILLA. fr. fig. y fam. con que se encarece la intensidad del vómito. || **P.** papas (para crianças); I. pap; F. bouillie; A. Kinderbrei; It. pappa; R. каша.

PAPILLOTE. (fr. *papillot,* *papillon,* y éste del l. *papilio,* *-ōnis.*) f. Rizo de pelo sujeto con un papel. || *A la* PAPILLOTE. m. adv. Asado de carne o pescado con manteca o aceite y envuelto en un papel.

PAPÍN. m. Especie de dulce casero.

PAPIÓN. m. ZOOL. Zambo, mono americano de cola prensil.

*** PAPIRÁCEO.** adj. Dícese de una clase de lignito que al quemarlo desprende un olor desagradable.

*** PAPIRISTITA.** (l. *papyrus,* papel.) f.

P Pasta que se usa para construir tubos y pavimentos y se obtiene mezclando papel usado con substancias aglomerantes.

PAPIRO. (l. *papyrus*, y éste del gr. πάπυρος.) m. Planta vivaz, indígena de Oriente, ciperácea, de hojas radicales, largas y estrechas; cañas de 2 a 3 m y de 1 dm de grueso, terminadas en un penacho de espigas con muchas flores pequeñas y verdosas. || **2.** Lámina sacada del tallo de esta planta, que empleaban los antiguos para escribir en ella. || **P.** e **It.** papiro; **I.** y **F.** papyrus; **A.** Papyrus; **R.** папирус.

PAPIROLADA. f. fam. Pampirolada.

★ **PAPIROLOGÍA.** f. Parte de la paleografía que se ocupa del estudio de los papiros.

PAPIROTADA. f. Capirotazo. || **2.** VENEZ. Papirotada, tontería.

PAPIROTAZO. (De *papirote*.) m. Capirotazo.

PAPIROTE. m. Capirotazo. || **2.** fig. y fam. Tonto, bobalicón.

PAPISA. f. Voz sin verdadera aplicación que quiere significar mujer-papa y que se inventó y se ha usado únicamente para designar al personaje fabuloso llamado *la* PAPISA Juana.

PAPISMO. m. Nombre que los protestantes y cismáticos dan a la Iglesia Católica, a sus organismos y doctrina.

PAPISTA. adj. Nombre que herejes y cismáticos aplican al católico romano que obedece al Papa. Ú.t.c.s. || **2.** fam. Partidario de la rigurosa observancia de las disposiciones del Romano Pontífice. Ú.t.c.s. || *Ser más* PAPISTA *que el Papa.* fr. Mostrar en un asunto mayor celo e interés que el directamente interesado.

PAPO. (De *papar*.) m. Parte abultada del animal entre la barba y el cuello. || **2.** Buche de las aves. || **3.** Nombre vulgar del bocio en las regiones donde es endémico. || **4.** Cada uno de los pedazos de tela ahuecada que sobresalía por entre las cuchilladas en los trajes antiguos. || **5.** Porción de comida que se da de una vez al ave de rapiña. || PAPO *de viento.* MAR. Seno formado por el viento en una vela que no está completamente extendida. || *Estar* una cosa *en* PAPO *de buitre.* fr. fig. y fam. con que se da a entender lo que ha caído en poder de quien no lo soltará. || *Hablar de* PAPO. fr. fig. y fam. Hablar con presunción. || *Hablar o ponerse* PAPO *a* PAPO con uno. fr. Hablarle cara a cara, con claridad y desenfado. || *Una en el* PAPO *y otra en el saco.* ref. con que se señala al que no se contenta con lo que le dan, y pide más. || **2.ª** acep. **P.** papo; **I.** crop; **F.** jabot, gosier; **A.** Wamme; **It.** gozzo; **R.** зоб.

PAPO. (l. *papus*.) m. Vilano, flor del cardo.

PAPÓN. m. Bu, coco, fantasma imaginario para asustar a los niños.

★ **PAPORETA.** f. AMÉR. MERID. Paparrucha.

PAPORREAR. tr. Vapulear.

★ **PAPORRETA.** (Del m. or. que *paparrucha*.) f. R. DE LA PLATA. Razón o dicho insubstancial y despreciable. || *Hablar de* PAPORRETA. VENEZ. y PERÚ. Hablar sin ton ni son.

★ **PAPOSITA.** f. MINERAL. Amarantita, un poco alterada que se halla en algunas partes de Chile.

PAPÚ. (malayo *papua*, crespo.) adj. Natural de Paupasia. Ú.t.c.s. || **2.** Perteneciente a esta región de Nueva Guinea.

PAPUDO, DA. adj. Dícese del que tiene crecido el papo. Comúnmente aplícase a las aves.

PAPUJADO, DA. adj. Aplícase a las aves, especialmente a las gallinas, que tienen mucha pluma y carne en el papo. || **2.** fig. Abultado o sobresaliente y hueco.

PÁPULA. (l. *papula*.) f. MED. Tumorcillo eruptivo que se presenta en la piel sin pus ni serosidad. || **P.** pápula; **I.** papula, papule; **F.** papule; **A.** Hautknötchen; **It.** pàpula; **R.** ячмень.

PAPULOSO, SA. adj. Que tiene los caracteres de la pápula.

PAQUEAR. (Onomat. *pac*.) tr. Hostilizar con disparos aislados.

PAQUEBOT. (ingl. *packet-boat*; de *packet*, paquete, y *boat*, buque.) m. MAR. Buque correo que lleva también pasaje. || **P.** paquete; **I.** packet-boat; **F.** paquebot; **A.** Paketboot; **It.** pacchebotto; **R.** пакебот.

PAQUEBOTE. (ingl. *packet-boat;* de *packet*, paquete, y *boat*, buque.) Paquebot.

PAQUEO. m. Acción y efecto de paquear.

PAQUETE. (ingl. *packet*.) m. Envoltorio bien dispuesto y no muy abultado. || **2.** Conjunto de cartas o papeles formando mazo contenidos en un sobre o cubierta. || **3.** Paquebote. || **4.** fam. Hombre que se compone mucho siguiendo la moda. || **5.** IMPR. Trozo de composición tipográfica de unas mil letras. || **6.** DEP. El que en las carreras de motocicletas ocupa el sidecar para servir de contrapeso. || **—postal.** El que se ajusta a las condiciones establecidas para enviarlo por correo. || **P.** pacote; **I.** packet; **F.** paquet; **A.** Pack, Bündel; **It.** pacchetto; **R.** свртёк.

PAQUETERÍA. f. Mercancía menuda que se guarda y vende en paquetes. || **2.** Comercio de este género.

PAQUETERO, RA. adj. Que hace paquetes. || **2.** El encargado de repartir los paquetes de periódicos. || **3.** AR. Contrabandista en pequeñas cantidades. || **4.** ECUAD. Timador. || **5.** IMPR. El cajista que compone. || **6.** IMPR. Estante en que se coloca la letra.

PAQUIDERMIA. (gr. παχύς, denso, y δέρμα, piel.) f. MED. Espesamiento patológico de la piel. || **2.** MED. Mixedema.

PAQUIDERMO. (gr. παχύς, denso, y δέρμα, piel.) adj. ZOOL. Dícese de los animales de piel gruesa y dura, artiodáctilo, como el hipopótamo. Ú.t.c.s.m. || **2.** Suborden de estos animales. || **P.** paquiderme; **I.** pachyderm; **F.** pachyderme; **A.** Dickhäuter; **It.** pachiderma; **R.** толстокожий.

★ **PAQUISANDRA.** f. BOT. Arbustos pertenecientes a la familia de las buxáceas, de hojas persistentes y flores en racimos. Son parecidos al boj y se cultivan como plantas de adorno.

★ **PAQUISAURIO.** m. ZOOL. Reptil saurio del sur de África, de color pardo con fajas blancas.

° **PAQUISTANÍ.** adj. Natural del Paquistán.

° **PAQUISTANO.** s. y adj. Natural de o relativo al Paquistán.

PAR. (l. *par*.) Igual o semejante totalmente. || **2.** ARIT. Número par o divisible por dos. || **3.** ZOOL. Órgano que se corresponde simétricamente con otro. || **4.** Conjunto de dos personas o cosas de la misma especie. || **5.** Conjunto de dos bestias de labranza. *Pedro tiene dos* PARES *de labor.* || **6.** Título de alta dignidad en algunos estados. || **7.** Cada uno de los dos maderos que en un cuchillo de armadura forman la inclinación al tejado. || **8.** Sistema de dos elementos que producen un resultado. || **9.** Placenta. || *A la* PAR. m. adv. Juntamente, a un tiempo. || **2.** Sin distinción, igualmente. || **3.** Tratándose de monedas o efectos negociables, igualdad entre su valor nominal y el que tienen en el mercado. || *A* PARES. m. adv. De dos en dos. || *De* PAR *en* PAR. Con las puertas o ventanas enteramente abiertas. || **2.** Sin impedimentos. || *Sin* PAR. expr. fig. ponderativa. Sin igual. || **4.ª** acep: **P.** par; **I.** pair; **F.** paire; **A.** Paar; **It.** paio; **R.** napa.

PAR. (l. *per*.) prep. Por, en la fórmula de juramento. ¡PAR *Dios*!

PARA. (l. *per ad*.) prep. con que se indica el fin u objeto de una acción. || **2.** Hacia, en dirección a un lugar. || **3.** Indica tiempo en que se realizará una cosa. *Volverse* PARA *agosto.* || **4.** Determina el uso de una cosa. *Papel bueno* PARA *calcar.* || **5.** Partícula adversativa con que se oponen dos pensamientos. PARA *lo poco que abulta, pesa mucho.* || **6.** Significa aptitud o capacidad. *Juan es* PARA *todo.* || **7.** Junto con un verbo significa disposición o a punto de hacer algo. En este último sentido le precede el verbo *estar*. *Se ha preparado* PARA *morir. Estoy* PARA *partir.* || **8.** Con los pronombres *mí, sí*, etc., denota particularidad y acción interior y secreta. *Leer* PARA *sí. Lo pensé* PARA *mí.* || **9.** Con algunos nombres suple el verbo *comprar*. *Le dio dinero* PARA *un traje.* || **10.** Con la partícula *con* significa «en relación con», «en comparación». ¿*Quién eres tú* PARA *con él?* || PARA *eso*, locs. con que se desprecia algo. PARA *esto no hubiera corrido.* || PARA *que.* m. conj. final que se usa en sentido interrogativo o afirmativo. ¿PARA *qué le riñes?* PARA *que se enmiende.* || **P.** para; **I.** for, to; **F.** pour; **A.** für, zu, auf; **It.** per; **R.** для.

PARA. (gr. παρά.) prep. insep. que significa junto a, a un lado. PARÁmetro.

PARABA. f. BOL. Especie de papagayo.

★ **PARABALA.** f. AMÉR. Chapa de hierro para detener los tiros demasiado altos en los campos de tiro.

★ **PARABASIS.** f. Parte de la comedia griega en la que el autor hablaba directamente a los espectadores.

PARABIÉN. (De la fr. *para bien sea*, que se dirige al favorecido por un suceso próspero.) m. Felicitación.

★ **PARABIOSIS.** f. BIOL. Suspensión reversible de una actividad vital. || **2.** BIOL. Unión anatómica y fisiológica de dos organismos, por ejemplo la de hermanos siameses. || **3.** ZOOL. Forma de asociación de dos o más especies de animales que viven juntas, relacionándose estrechamente.

★ **PARABLASTO.** m. EMBRIOL. Substancia en torno al embrión.

★ **PARABLEPSIA.** f. Visión falsa.

PARÁBOLA. (l. *parabŏla*, y éste del gr. παραβολή.) f. Narración de un suceso fingido del que se deduce una verdad o enseñanza moral. || **2.** GEOM. Curva plana, abierta y simétrica respecto de un eje. Resulta de cortar un cono circular recto por un plano paralelo a la generatriz. || **P.** parábola. **I.** parable; **F.** parabole; **A.** Parabel; **It.** paràbola; **R.** иносказание.

PARABOLANO. (De *parábola*.) m. Clérigo de la primitiva Iglesia Oriental encargado de cuidar a los enfermos de los hospitales. || **2.** El que usa de parábolas o alegorías. || **3.** El que propaga noticias falsas. || **4.** Embustero. || **5.** Gladiadores que luchaban con las fieras.

PARABÓLICO, CA. (l. *parabolĭcus*, y éste del gr. παραβολικός.) adj. Perteneciente o relativo a la parábola. || **2.** GEOM. En forma de parábola.

PARABOLIZAR. tr. Ejemplificar, simbolizar. Ú.t.c.intr.

PARABOLOIDE. (De *parábola*, y del gr. εἶδος, forma.) m. GEOM. Superficie curva que puede dar una sección parabólica en cualquiera de sus puntos. || **2.** GEOM. Sólido limitado por un paraboloide elíptico en un plano perpendicular a su eje. || **—de revolución.** GEOM. El que resulta al girar una parábola alrededor de su eje. || **—elíptico.** GEOM. Superficie convexa por una parte y abierta por otra, cuyas secciones son todas parábolas o elipses. || **—hiperbólico.** GEOM. Superficie alabeada que se extiende indefinidamente y cuyas secciones planas son parábolas o hipérbolas.

PARABRISAS. m. Mampara de cristal colocada en la parte delantera del automóvil.

★ **PARABULIA.** f. PATOL. Alteración de la voluntad.

★ **PARABUXINA.** f. QUÍM. Alcaloide que se encuentra en una especie de boj.

PARACA. f. AMÉR. Brisa muy fuerte del Pacífico.

PARACAÍDAS. (De *parar* y *caída*.) m. Artefacto en forma de sombrilla grande usado para moderar la velocidad de la caída de los cuerpos arrojados desde las aeronaves. || **2.** Por ext., lo que sirve para evitar la caída o disminuir su velocidad y sus efectos. || **P.** pára-quedas; **I.** y **F.** parachute; **A.** Fallschirm; **It.** paracadute; **R.** парашют.

PARACAIDISTA. m. Persona adiestrada en lanzarse al espacio con paracaídas. || **2.** MIL. Soldado que se lanza con paracaídas para ocupar territorio enemigo o para desorganizar sus defensas y comunicaciones.

PARACENTESIS. (l. *paracentēsis*, y éste del gr. παρακέντησις.) CIR. Punción que se hace en el vientre para evacuar la serosidad acumulada anormalmente en el peritoneo.

PARACLETO. (l. *paraclētus*, y éste del gr. παράκλητος, abogado, intercesor.) m. Paráclito.

PARÁCLITO. (l. *păráclĭtus*, paracleto.) m. Nombre que se da al Espíritu Santo.

PARACRONISMO. (gr. παρά, contra, y χρόνος, tiempo.) m. Anacronismo que consiste en suponer acaecido un hecho después del tiempo en que sucedió.

★ **PARACHA.** f. Versículos del Pentateuco que son leídos el sábado entre los judíos.

★ **PARACHI.** m. ZOOL. R. DE LA PLATA. Cierto pajarillo de cabeza negra y cuerpo verdoso.

★ **PARACHISPAS.** m. Capuchón de tela metálica en las chimeneas de la locomotora para evitar que las chispas sean proyectadas.

PARACHOQUES. m. Aparato destinado a amortiguar los choques de los vehículos.

PARADA. f. Acción de parar. || **2.** Lugar donde se para. || **3.** Fin o término de un movimiento, especialmente carrera. || **4.** Lugar donde se juntan las reses. || **5.** Tiro de relevo para mudar las caballerías cansadas. || **6.** Acaballadero. || **7.** Apostadero de los tiros de relevo. || **8.** Cantidad de dinero que en el juego se arriesga de una sola suerte. || **9.** MIL. Porción de tropas para pasarlas revista. || **10.** VENEZ. Lazo, ardid. || **11.** VENEZ., ARGENT. y CHILE. Actitud altiva y vanidosa. Fanfarronada. || **12.** CHILE. Caldera donde se disuelve el caliche. || **13.** HOND. Una decena de cartuchos. || **3.ª** acep.: **P.** parada; **I.** halt, stop; **F.** arret, halte; **A.** Stillstand, Halt; **It.** fermata, posa; **R.** остановка, стоянка.

PARADERA. (De *parada*.) Compuerta con que se desagua el caz del molino. || **2.** Red siempre preparada esperando la pesca.

PARADERO. m. Lugar donde se para. || **2.** fig. Fin o término de una cosa. || **3.** CUBA. Estación de ferrocarril. || **P.** paradeiro; **I.** halting-place; **F.** terme; **A.** Halteplatz; **I.** términe; **R.** конец.

PARADETA. f. d. de parada. || **2.** pl. Especie de danza de la escuela española, en que se hacen breves paradas en el movimiento, a consonancia del tañido.

PARADIÁSTOLE. (gr. παραδιαστολή.) f. RET. Figura que consiste en contrastar palabras de significación muy parecida.

PARADIGMA. (l. *paradigma*, y éste del gr. παράδειγμα; de παραδείκνυμι, mostrar, manifestar.) m. Ejemplo, ejemplar.

PARADINA. (Como *pardina*, del l. *parietina*, de *paries*, *-ētis*.) f. Monte bajo de pasto, donde suele haber corrales para el ganado lanar.

★ **PARADISEA.** f. BOT. Género de plantas liliáceas. || **2.** ZOOL. Género de pájaros paradísidos, de pico largo y un poco encorvado.

PARADISIACO, CA [~DISÍACO, CA]. (l. *paradisĭăcus*.) adj. Perteneciente o relativo al paraíso. || **P.** paradisíaco; **I.** paradisiacal; **F.** paradisiaque; **A.** paradisisch; **It.** paradisiaco; **R.** райский.

★ **PARADÍSIDOS.** m. pl. ZOOL. Familia de pájaros dentirrostros.

PARADISLERO. (De *parada*.) m. Cazador a espera. || **2.** El que anda a caza de noticias o las finge.

PARADO, DA. p.p. de parar. || **2.** adj. Remiso, tímido. || **3.** Desocupado. Ú.t.c.s. m.pl. || **4.** AMÉR. Derecho o en pie. || **5.** CHILE y P. RICO. Orgulloso. || *A lo bien* PARADO. expr. para denotar que uno desecha lo que aún puede servir, por preferir lo mejor o más nuevo. || *Lo mejor* PARADO. fr. que denota lo más selecto o provechoso.

PARADOJA. (l. *paradoxa*, t. f. de *-xus*, paradojo.) f. Especie extraña o contraria a la común opinión. || **2.** Aserción inverosímil presentada con apariencias de verdadera. || **3.** RET. Figura de pensamiento consistente en el empleo de expresiones que envuelven contradicción. || **P.** paradoxa; **I.** paradox; **F.** paradoxe; **A.** Paradoxon; **It.** paradosso; **R.** парадокс.

PARADÓJICO, CA. adj. Que encierra paradoja o usa de ella. || **P.** y **F.** paradoxal; **I.** paradoxical; **A.** paradox; **It.** paradossale; **R.** парадоксальный.

PARADOJO, JA. (l. *paradoxus*, y éste del gr. παράδοξος; de παρά, contra, y δόξα, opinión, creencia.) adj. Paradójico.

PARADOR, RA. adj. Que para o se para. || **2.** Dícese del caballo que se para con facilidad. || **3.** Dícese del jugador que para o arriesga mucho dinero. Ú.t.c.s. || **4.** m. Mesón.

★ **PARADOXIENSE.** ad. Aplícase a una capa sedimentaria que forma un piso inferior del terreno cámbrico.

★ **PARADÓXIDO.** m. PALEONT. Género de crustáceos trilobites. Son tenidos por los organismos fósiles más antiguos.

PARADOXITA. f. MINERAL. Silicato anhídro de aluminio y potasio.

° **PARAESTATAL.** adj. Dícese de la gestión, función, misión, etc., que por delegación del Estado realizan entidades no adscritas a él.

★ **PARAFANGO.** m. Dispositivo adaptado a las ruedas de los vehículos para evitar las salpicaduras.

PARAFERNALES. (gr. παράφερνα; de παρά, a un lado, y φερνή, dote.) adj. pl. Dícese de los bienes que además de la dote lleva la mujer al matrimonio. || **P.** parafernaux; **I.** paraphernalia; **F.** paraphernaux; **A.** Sondergut; **It.** parafernali; **R.** парафернал.

PARAFINA. (l. *parum affinis*, que tiene poca afinidad.) f. QUÍM. Substancia sólida, blanca, translúcida, menos densa que el agua y fácilmente fusible. Se obtiene de la destilación del petróleo y alquitrán. || **P.** parafina; **I.** paraffin(e); **F.** paraffine; **A.** Paraffin; **It.** paraffina; **R.** парафин.

★ **PARAFINATO.** m. QUÍM. Sal resultante de la combinación del ácido parafínico y una base.

PARAFRASEADOR, RA. adj. Que parafrasea. Ú.t.c.s.

PARAFRASEAR. (De *paráfrasis*.) tr. Hacer la paráfrasis de un texto. || **P.** parafrasear; **I.** to paraphrase; **F.** paraphraser; **A.** paraphrasieren; **It.** parafrasare; **R.** парафразировать.

PARÁFRASIS. (l. *paraphrăsis*, y éste del gr. παράφρασις.) f. Explicación o interpretación amplificativa de un texto. || **2.** Traducción libre y en verso. || **P.** paráfrase; **I.** y **F.** paraphrase; **A.** Paraphrase; **It.** parafrasi; **R.** парафраза.

PARAFRASTE. (l. *paraphrastes*, y éste del gr. παραφράζω, comentar.) m. Autor de paráfrasis. || **2.** El que interpreta textos por medio de paráfrasis.

PARAFRASTES. m. ant. Parafraste.

PARAFRÁSTICAMENTE. adv. De modo parafrástico.

PARAFRÁSTICO, CA. (gr. παραφραστικος.) adj. Perteneciente a la paráfrasis; propio de ella, que la incluye.

★ **PARAGLOSO.** m. ZOOL. Cada uno de los apéndices palpiformes que los himenópteros tienen como parte de los órganos bucales.

PARAGOGE. (l. *paragŏge*, y éste del gr. παραγωγή.) f. GRAM. Adición de algún sonido al final de un vocablo, como *felice* por *feliz*. || **P., I., F.** e **It.** paragoge; **A.** Paragoge.

PARAGÓGICO, CA. adj. Se dice de lo que se añade por paragoge.

PARAGÓN. (ital. *paragone*, y éste del gr. παραχόνη, piedra de toque.) m. desus. Parangón.

PARAGONAR. (De *paragón*.) tr. Parangonar.

★ **PARAGÓNICO.** m. ZOOL. Parásito del género de los distornos, una de cuyas especies produce la enfermedad llamada hemoptisis parasitaria.

★ **PARAGONITA.** f. MINERAL. Silicato de aluminio y sodio, de color amarillento y brillo sedoso.

PARÁGRAFO. (l. *paragrăphus*, y éste del gr. παράγραφος.) m. Párrafo.

PARAGRANIZO. m. AGR. Cobertizo de tela basta colocado sobre ciertos sembrados para proteger los frutos contra el granizo. || **2.** Fís. Aparato semejante al pararrayos, sirve para neutralizar el estado eléctrico de las nubes.

PARAGUAS. (De *parar* y *agua*.) m. Utensilio portátil para resguardarse de la lluvia. || **2.** COLOM. Seta, hongo. || **P.** guarda-chuva; **I.** umbrella; **F.** parapluie; **A.** Schirm, Regenschirm; **It.** paracqua; **R.** зонт.

PARAGUATÁN. m. AMÉR. CENTRAL. Árbol rubiáceo de madera rosada. || **2.** COLOM. Riña ruidosa.

PARAGUAY. m. Papagayo de plumaje verde y, en las alas, azul y rojo. || **2.** PERÚ. Penacho de color morado de la mazorca del maíz.

PARAGUAYA. (De *Paraguay*.) f. AMÉR. Fruta de forma aplastada semejante al pérsico.

PARAGUAYANO, NA. adj. Perteneciente a la república del Paraguay.

° **PARAGUAYISMO.** m. Vocablo, giro, modo de hablar propio de los paraguayos.

PARAGUAYO, YA. adj. Natural de Paraguay. Ú.t.c.s. || **2.** m. BOL. Látigo del mayoral. || **3.** CUBA. Machete recto y largo.

PARAGÜERÍA. (De *paragüero*.) f. Tienda de paraguas.

PARAGÜERO, RA. m. y f. Persona que hace o vende paraguas. || **2.** Mueble para colocar los paraguas.

★ **PARAGÜITAS.** m. HOND. Hongo, seta. || **2.** BOT. Planta cipeárcea, de tallo recto en cuyo extremo las hojas se extienden en la misma forma que las varillas de un paraguas.

★ **PARAHUACU.** m. ZOOL. Mono perteneciente a la familia de los cébidos que vive en la región del Amazonas.

PARAHUSAR. tr. Taladrar con el parahúso.

PARAHÚSO. (De *par a huso*, igual a huso.) Instrumento usado para taladrar.

PARAÍSO. (l. *paradisus*, y éste del gr. παράδεισος; y éste del persa *fardîs*, pl. de *firdaws*, jardín.) m. Lugar amenísimo, donde Dios colocó a nuestros primeros padres. || **2.** Cielo donde los ángeles y los santos gozan de la presencia de Dios. || **3.** Conjunto de asientos en el piso más alto de algunos teatros. || **4.** fig. Cualquier lugar ameno. || **5.** CUBA. Cinamomo. || **P.** paraiso; **I.** paradise; **F.** paradis; **A.** Paradies; **It.** paradiso; **R.** рай.

PARAJE. (De *parar*.) m. Lugar, sitio o estancia. || **2.** Estado, ocasión y disposición de una cosa. || **P.** paragem; **I.** place, quarter; **F.** parage; **A.** Platz, Stelle; **It.** paraggio; **R.** местность.

PARAJISMERO, RA. adj. Gestero.

PARAJISMO. m. Mueca, visaje, gesticulación.

PARAL. (l. *parāre*.) m. Madero que sale de un mechinal o hueco de una edificación y sostiene el extremo de un tablón de andamio. || **3.** MAR. Madero con una muesca en medio untado con sebo por donde se desliza la quilla de una nave cuando se la bota.

PARALÁCTICO, CA. adj. ASTRON. Perteneciente a la paralaje. || **2.** ASTRON. Se aplica al dispositivo astronómico que permite seguir con un solo movimiento el aparente de los astros.

PARALAJE. (gr. παράλλαξις, cambio, diferencia.) f. Diferencia entre las posiciones aparentes de un astro según el punto de observación. **—anua.** ASTRON. Ángulo que en el centro de una estrella forman dos rectas trazadas desde el mismo a los extremos del eje mayor de la órbita terrestre. **—de altura.** ASTRON. Diferencia de los ángulos que forman con la vertical las dos líneas dirigidas desde los dos extremos de un radio terrestre. || **—horizontal.** La de altura cuando el astro está en el horizonte. || **P.** paralaxe; **I.** parallax; **F.** parallaxe; **A.** Parallaxe; **It.** parallasse; **R.** параллакс.

★ **PARALAR.** tr. ARQ. Formar un andamio con parales.

PARALASIS. f. Paralaje.

PARALAXI. (gr. παράλλαξις, cambio.) f. Paralaje.

★ **PARALDEHÍDO.** m. QUÍM. Producto resultante de la polarización del aldehído ordinario.

PARALELA. (l. *parallela*, t. f. de *-lus*, paralelo.) f. Trinchera con parapeto, abierta paralelamente a las defensas de una plaza. || **2.** pl. Barras paralelas para ejercicios gimnásticos.

PARALELAMENTE. adv. Con paralelismo.

PARALELAR. tr. Parangonar, hacer paralelo.

PARALELEPÍPEDO. (l. *parallelepi-*

P pĕdus, y éste del gr. παραλληλεπίπεδον, de παράλληλος, paralelo, y ἐπίπεδον, plano.) m. GEOM. Sólido limitado por seis paralelogramos; iguales y paralelos dos a dos.

PARALELISMO. (gr. παραλληλισμος.) Calidad de paralelo. || **P.** paralelismo; **I.** parallelism; **F.** parallélisme; **A.** Parallelismus, Gleichlauf; **It.** parallelismo. **R.** параллельность.

PARALELO, LA. (l. parallēlus, y éste del gr. παράλληλος, de παρα, al lado, y ἀλλήλων, uno de otro.) adj. GEOM. Dícese de las líneas o planos equidistantes entre sí en toda su extensión. || **2.** Correspondiente o semejante. || **3.** Comparación de una cosa o persona con otra. || **4.** GEOGR. Cada uno de los círculos menores paralelos al Ecuador. || **P.** paralelo; **I.** parallel; **F.** parallèle; **A.** parallel, gleichlaufend; **It.** parallelo; **R.** параллель.

PARALELOGRAMO. (l. parallelogramum, y éste del gr. παραλληλόγραμμος, de παράλληλος, paralelo, y γραμμή, línea.) m. GEOM. Cuadrilátero cuyos lados opuestos son paralelos.

★ **PARALÉPIDO.** m. ZOOL. Género de peces sin escamas que viven en los mares del hemisferio septentrional.

PARALIPÓMENOS. (l. paralipomĕna, y éste del gr. παραλειπόμενα, cosas omitidas.) m. pl. Dos libros canónicos del Antiguo Testamento.

PARÁLISIS. (l. paralўsis, y éste del gr. παράλυσις, de παραλύω, disolver, aflojar.) f. Pérdida total o parcial de la sensibilidad, de los movimientos voluntarios o de ambas cosas. || **—agitante.** Enfermedad propia de la edad adulta, caracterizada por debilidad general, temblor progresivo en diferentes partes del cuerpo, rigidez y contracciones. **—infantil.** PAT. Poliomielitis, enfermedad infecciosa y contagiosa que ataca preferentemente a los niños. || **P.** paralisia; **I.** paralysis; **F.** paralysie; **A.** Paralyse, Lähmung; **It.** paràlisi; **R.** паралич.

PARALITICADO, DA. (De paralítico.) adj. Impedido por la parálisis o tocado de ella.

PARALITICARSE. r. Ponerse paralítico.

PARALÍTICO, CA. (l. paralytĭcus, y éste del gr. παραλυτικός.) adj. Enfermo de parálisis. Ú.t.c.s. || **P.** paralítico; **I.** paralytic; **F.** paralytique; **A.** Paralytiker; **It.** paralitico; **R.** паралитик.

PARALIZACIÓN. f. fig. Detención de una cosa dotada de movimiento.

PARALIZADOR, RA. adj. Que paraliza.

PARALIZAR. tr. Causar parálisis. Ú.t.c.r. || **2.** fig. Detener la acción o movimiento de una cosa. || **P.** paralisar; **I.** to paralyze; **F.** paralyser; **A.** lähmen; **It.** paralizzare; **R.** парализовать.

PARALOGISMO. (l. paralogismus, y éste del gr. παρά, contra, y λογισμος, razonamiento.) m. Razonamiento falso. || **P.** e **It.** paralogismo; **I.** paralogism; **F.** paralogisme; **A.** Trugschluss, Paralogismus, **R.** паралогизм.

PARALOGIZAR. (l. paralogizāre, y éste del gr. παραλογίζομαι.) tr. Intentar persuadir con razones aparentes. Ú.t.c.r.

★ **PARALLUVIA.** m. Cobertizo ligero, para resguardar de la lluvia un yunque, una báscula, etc.

★ **PARAMACAS.** m. pl. ETNOG. Negros de la Guayana Holandesa.

★ **PARAMAGNÉTICO, CA.** adj. Fís. Dícese del cuerpo que se orienta paralelamente a la línea de fuerza al ser sometido a la influencia de un campo magnético.

★ **PARAMEBA** o **PARAMIBA.** f. ZOOL. Protozoo muy parecido a una ameba.

★ **PARAMECIO.** m. ZOOL. Protozoo ciliado de forma alargada. Encuéntrase en aguas estancadas.

PARAMENTAR. (De paramento.) tr. Adornar o ataviar una cosa.

PARAMENTO. (l. paramentum.) m. Adorno o atavío, con que se cubre una cosa. || **2.** Sobrecubiertas del caballo. || **3.** Cualquiera de las dos caras de una pared. || **4.** CANT. Cualquiera de las seis caras de un sillar labrado. || PARAMENTOS sacerdotales. Vestiduras y adornos que usan los sacerdotes en las ceremonias religiosas. || **2.** Adornos del altar. || **P.** e

It. paramento; **I.** y **F.** parament; **A.** Schmuck; **R.** убранство.

★ **PARAMEÑO, ÑA.** adj. VENEZ. Que vive en un páramo.

PARAMERA. f. Región vasta donde abundan los páramos.

★ **PARAMETRIO.** m. ANAT. Agregado de tejidos que envuelven el útero.

PARÁMETRO. (gr. παρά, a un lado, y μέτρον, medida.) m. ÁLG. Cantidad sujeta a determinarse satisfaciendo ciertos valores condicionales. || **2.** GEOM. Constante que entra en la ecuación de algunas curvas, especialmente en la parábola.

★ **PARAMICIPA.** f. ZOOL. Género de crustáceos decápodos de ojos muy salientes y cuyas patas delanteras son más gruesas que las otras.

★ **PARAMNESIA.** f. PATOL. Trastorno de la facultad de expresión consistente en la pérdida de memoria del verdadero significado de las palabras.

PÁRAMO. (l. parămus.) m. Terreno yermo, raso y desabrigado. || **2.** fig. Lugar frío y desamparado. || **3.** COLOM. y ECUAD. Llovizna, calabobos. || **P.** páramo; **I.** paramo; **F.** lande; **A.** Odland; **It.** landa; **R.** голая, степь.

PARANCERO. (De paranza.) m. Cazador que utiliza lazos, perchas u otros artificios.

★ **PARANEURÓPTEROS.** m. pl. Odonatos.

PARANGÓN. (De paragón.) m. Comparación o semejanza. || **P.** comparação; **I.** paragon, parallel; **F.** parangon; **A.** Vergleichung; **It.** parangone; **R.** сравнение.

PARANGONA. (De paragón.) f. IMPR. Grado de letra, la mayor después del gran canon, peticano y misal.

PARANGONAR. (De paragonar.) tr. Hacer comparación de una cosa con otra. || **2.** IMPR. Justificar en una línea las letras, adornos, etc., de cuerpos desiguales. || **P.** paragonar; **I.** to compare, to parallel; **F.** parangonner; **A.** vergleichen; **It.** parangonare; **R.** сравнивать.

★ **PARANGONIZAR.** tr. ant. Parangonar.

★ **PARANIEVES.** m. Defensa construida en las partes altas de las trincheras de ferrocarriles y carreteras, para evitar que la nieve intercepte el tránsito.

PARANÍNFICO, CA. adj. ARQ. Dícese del orden arquitectónico que tiene estatuas de ninfas, en lugar de columnas.

PARANINFO. (l. paranynphus, y éste del gr. παράνυμφος, de παρά, al lado de, y νύμφη, novia.) m. Padrino de boda. || **2.** El que anuncia una felicidad. || **3.** El que pronunciaba el discurso de apertura de curso en las universidades. || **4.** Salón de actos académico en las universidades. || **4.ª** acep. **P.** e **It.** paraninfo. **I.** paranymph; **F.** paranymphe; **A.** Aula; **R.** шафер.

PARANOIA. (gr. παράνοια, de παρά, al lado, contra, y νούς, espíritu.) f. Monomanía.

PARANOICO, CA. adj. Perteneciente o relativo a la paranoia. || **2.** Que la padece. Ú.t.c.s.

PARANOMASIA. f. Paronomasia.

★ **PARANTINA.** f. MINERAL. Especie de vernerita que contiene además de aluminio y calcio, potasio, sodio y magnesio. Se llama también crapolita.

PARANZA. f. Puesto donde el cazador de montería espera las reses. || **2.** Pequeño corral de cañizo para pescar; empleado en el Mar Menor de Murcia.

PARAO. (malayo praho, embarcación.) m. Embarcación grande para carga y pasajeros, propia de las Filipinas.

PARAPARA. f. Fruto del paraparo. || **2.** VENEZ. Café que se deja secar sin haberlo descerezado.

PARAPARO. m. VENEZ. Árbol de la familia de las sapindáceas, cuya corteza y parte exterior del fruto usa la gente pobre en vez del jabón.

PARAPETARSE. r. FORT. Resguardarse con parapetos. || **2.** fig. Precaverse de un riesgo por algún medio de defensa.

PARAPETO. (ital. parapetto, y éste del l. parāre, defender, y pectus, pecho.) m. ARQ. Pared o baranda puesta en puentes, escaleras, etc., para evitar caídas. || **2.** FORT. Terraplén o muro tras el cual los soldados se resguardan del fuego ene-

migo. || **3.** ECUAD. Biombo o mampara. || **P.** parapeito; **I.** y **F.** parapet; **A.** Brustwehr; **It.** parapetto; **R.** парапет.

★ **PARAPLASMA.** m. BIOL. Parte homogénea y la más fluida del protoplasma. || **2.** MED. Vegetación anormal.

PARAPLEJÍA. (l. paraplexia, y éste del gr. παραπληξία.) f. Parálisis de la mitad inferior del cuerpo.

PARAPLÉJICO, CA. adj. Perteneciente o relativo a la paraplejía. || **2.** Que la padece. Ú.t.c.s.

PARAPOCO. (De para y poco.) com. fig. y fam. Persona poco avisada y corta de genio.

★ **PARÁPODO.** m. ZOOL. Cada uno de los salientes laterales, pares, que llevan los segmentos de ciertos anélidos.

★ **PARAPSICOLOGÍA.** f. PSICOL. Estudio científico de fenómenos anómalos del conocimiento, tales como la telepatía y cierta especie de clarividencia, consistente, según algunos, en percibir objetos y sucesos del pasado, presente o futuro sin que exista una sensación directa.

PARAR. (De parar, arriesgar dinero en el juego.) m. Juego de cartas en que gana el que hace pareja con la primera de las que van saliendo.

PARAR. (l. parāre.) intr. Cesar en el movimiento o acción. Ú.t.c.r. || **2.** Llegar a un término o fin. || **3.** Venir a ser propiedad de uno lo que antes ha pertenecido a otro. || **4.** Convertirse una cosa en algo distinto de lo que se esperaba. || **5.** Habitar, hospedarse. || **6.** tr. Detener un movimiento o acción. || **7.** Prevenir o preparar. || **8.** Arriesgar dinero en el juego. || **9.** Mostrar los perros la caza. || **10.** Ponerle a uno en estado diferente del que tenía. || **11.** ESGR. Evitar con la espada el golpe del contrario. || **12.** Detenerse en la ejecución de un designio. || **13.** Con la preposición a y un infinitivo, ejecutar la acción que significa éste. PARARSE a considerar. || **14.** AMÉR. Ponerse en pie. || **15.** CUBA, ECUAD. y GUAT. Enriquecerse. || No PARAR. fr. fig. con que se pondera la instancia con que se trabaja. || **P.** parar; **I.** to stop, to halt; **F.** arrêter; **A.** aufhalten, anhalten; **It.** arrestare; **R.** останавливать.

PARARRAYO. m. Pararrayos.

PARARRAYOS. (De parar, detener, y rayo.) m. Barra o barras metálicas, puntiagudas, unidas con la tierra, colocadas en lo alto de los edificios para preservarlos de los efectos de los rayos. || **P.** parà-raio; **I.** lightning-rod; **F.** paratonnerre; **A.** Blitzableiter; **It.** parafùlmine; **R.** громоотвод.

PARASANGA. f. Medida itineraria persa.

PARASCEVE. (l. parascēve, y éste del gr. παρασκευή, preparación.) f. Viernes como preparativo del sábado entre los judíos. Por excelencia, el Viernes Santo en que murió Cristo que era la preparación para la Pascua.

PARASELENE. (gr. παρά, a un lado, y Σελήνη, Luna.) f. METEOR. Imagen de la Luna en una nube.

PARASEMO. (l. parasēmum, y éste del gr. παράσημον.) m. Mascarón de proa de las galeras de los antiguos griegos y romanos.

★ **PARASIMPÁTICO.** adj. ANAT. Dícese del componente del sistema nervioso vegetativo que obra antagónicamente al simpático.

PARASÍNTESIS. (gr. παρασύνθεσις.) f. GRAM. Formación de palabras por composición y derivación a la vez.

PARASINTÉTICO, CA. Se dice de los vocablos compuestos que se forman por parasíntesis.

PARASISMO. (De paroxismo.) m. Paroxismo.

★ **PARASÍSTOLE.** m. FISIOL. Intervalo entre la sístole y la diástole.

PARASITARIO, RIA. adj. Perteneciente o relativo a los parásitos.

★ **PARASITEMIA.** f. PAT. Existencia de parásitos en la masa de la sangre.

PARASITICIDA. (De parásito, y -cida, de homicida.) adj. Dícese de la substancia para destruir parásitos. Ú.t.c.s.

PARASÍTICO, CA. (l. parasitĭcus.) adj. Parasitario.

PARASITISMO. m. fig. Costumbre de

P

vivir a costa de otros. || **2**. BIOL. Asociación biológica entre seres de distinta especie uno de los cuales vive a expensas del otro.

PARÁSITO, TA [PARASITO, TA]. (l. *parasitus*, y éste del gr. παράσιτος, de παρά, al lado, y σῖτος, comida.) adj. BIOL. Dícese del animal o vegetal que vive sobre otro de cuyas substancias se nutre. Ú.t.c.s. || **2**. fig. Dícese de los ruidos que perturban las transmisiones radioeléctricas. Ú.t.c.s. || **3**. Persona que se arrima a otra para vivir a costa de ella. || **P**. parasita; **I**. y **F**. parasite; **A**. Schmarotzer, Parasit; **It**. parassito; **R**. паразит.

★ **PARASITÓGENO, NA**. adj. Dícese de lo que tiene origen parasitario.

PARASITOLOGÍA. (De *parásito*, y el gr. λόγος, tratado.) f. Parte de la biología que trata de los seres parásitos.

★ **PARASITOSIS**. f. MED. Cualquier afección originada por parásitos.

★ **PARASITÓTROPO, PA**. adj. Con afinidad para los parásitos.

PARASOL. (De *parar* y *sol*.) m. Quitasol. || **P**. pára-sol; **I**. parasol, sunshade; **F**. parasol, ombrelle; **A**. Sonnenschirm; **It**. parasole; **R**. зонт от солнца.

PARÁSTADE. (l. *parastas*, *-ādis*, y éste del gr. παραστάς, de παρίστημι, arrimar.) m. ARQ. Pilastra colocada detrás de una columna para sostener mejor el peso de la techumbre.

★ **PARASTIBILITA**. f. MINERAL. Silicato hidratado de aluminio, con algunas cantidades de calcio, potasio y sodio.

★ **PARASUQUIOS**. m. pl. PALEONT. Reptiles fósiles que se encuentran en el triásico europeo y americano y pertenecen al suborden de los cocodrílidos.

PARATA. (l. *parāta*, t. f. de *-tus*, preparado.) f. Bancal pequeño y estrecho, formado en terreno pendiente allanándolo para sembrar o plantar.

° **PARATAXIS**. f. GRAM. Construcción de la frase o período por yuxtaposición.

★ **PARATERIO**. m. PALEONT. Género de mamíferos marsupiales fósiles.

PARATÍFICO, CA. adj. Relativo a la paratifoidea.

PARATIFOIDEA. (De *para* y *tifoidea*.) f. Infección intestinal que presenta la mayoría de los síntomas de la fiebre tifoidea, aunque es originada por otro microbio.

PARATIROIDES. (gr. παρά, al lado, y *tiroides*.) adj. ANAT. Cada una de las pequeñas glándulas endocrinas situadas en torno del tiroides, que regulan el metabolismo del calcio. Su hipofunción causa la tetania. Ú.t.c.s.f.

PARAULATA. f. ZOOL. VENEZ. Ave parecida al tordo.

PARAZONIO. (l. *parazonium*, y éste del gr. παραζώνιον.) Espada ancha y roma llevada al lado izquierdo en señal de distinción por los jefes de las milicias griegas y romanas.

★ **PARAZOO**. m. Organismo animal que vive en régimen parasitario.

PARCA. (l. *parca*.) f. MIT. Cada una de las tres deidades hermanas que respectivamente hilaban, devanaban y cortaban el hilo de la vida. || **2**. fig. poét. La muerte. || **P**, **I** e **It**. Parca; **F**. Parque; **A**. Parze; **R**. смерть.

PARCAMENTE. adv. Con parquedad o escasez.

PARCE. (l. *parce*, de *parcere*, perdonar.) m. Premio que daban los maestros de gramática y que servía de absolución para alguna falta ulterior. || **2**. Primera palabra de la primera de las Lecciones de Job y que sirve para designar esta oración ritual del Oficio de difuntos.

PARCELA. (fr. *parcelle*, y éste del l. *particella*.) Porción pequeña de terreno, de ordinario sobrante de una mayor. || **2**. En el catastro, cada una de las tierras de distinto dueño que constituyen un pago o término. || **P**. parcela; **I**. parcel, plot; **F**. parcelle; **A**. Ackerparzelle; **It**. parcella; **R**. частица.

PARCELACIÓN. f. Acción y efecto de parcelar o dividir en parcelas.

PARCELAR. tr. Medir, señalar las parcelas para el catastro. || **2**. Dividir una finca grande en parcelas.

PARCELARIO, RIA. adj. Relativo a las parcelas.

PARCIAL. (l. *partiālis*, de *pars*, *-partis*, parte.) adj. Relativo a una parte del todo. || **2**. No cabal o completo. || **3**. Que juzga o procede con parcialidad. || **4**. Que sigue el partido de otro. Ú.t.c.s. || **5**. Dícese de la indulgencia que perdona parte de la pena. || **P**. parcial; **I**. partial; **F**. partiel, partial; **A**. teilweise; **It**. parziale; частичный, пристрастный.

PARCIALIDAD. (De *parcial*.) f. Unión de algunos para un fin, separándose del común y formando grupo aparte. || **2**. Conjunto de los que forman una fracción separada del común. || **3**. Amistad, familiaridad de trato. || **4**. Prevención en favor o en contra de una persona o cosa con falta de neutralidad e insegura rectitud de juicio o de proceder. || **P**. parcialidad; **I**. partiality; **F**. partialité; **A**. Parteilichkeit; **It**. parzialità; **R**. пристрастность.

PARCIALIZAR. (De *parcial*.) tr. ant. Aplicar una cosa más a uno que a otro, por especial afecto o parcialidad.

PARCIALMENTE. adv. En cuanto a una o más partes. || **2**. Sin la debida equidad.

PARCIDAD. (l. *parcĭtas*, *-ātis*.) f. Parquedad.

PARCIONERO, RA. (ant. *parción*, y éste del l. *partitĭo*, *-ōnis*.) adj. Partícipe. Ú.t.c.s.

PARCIR. (l. *parcĕre*.) tr. ant. Perdonar.

PARCÍSIMO, MA. (l. *parcissimus*.) adj. sup. de parco, muy parco.

PARCO. (l. *parco*, 1.ª pers. de sing. del pres. de indic. de *parcĕre*, perdonar.) m. Parce, 1.ª acep.

PARCO, CA. (l. *parcus*.) adj. Corto, moderado en el uso o concesión de las cosas. || **2**. Sobrio, moderado en la comida y bebida. || **P**. e **It**. parco; **I**. sparing, sober; **F**. sobre, économe; **A**. sparsam, mässig; **R**. умеренный.

PARCHA. (Voz americana.) f. BOT. Nombre genérico con que se conocen en algunas partes de América diversas plantas de la familia de las pasifloráceas. || **—granadilla**. BOT. Planta de la familia de las pasifloráceas, propia de la América tropical, con tallos sarmentosos y trepadores, de 18 a 20 m de longitud, cuadrangulares y ramosos; hojas gruesas, acorazonadas, puntiagudas, lisas y enteras; flores muy grandes, olorosas, encarnadas por dentro, con los filamentos externos manchados de blanco, púrpura y violeta, y fruto ovoide, amarillento, liso, del tamaño de un melón y pulpa agridulce.

★ **PARCHADA**. f. SAL. Abundancia.

★ **PARCHAR**. (De *parche*.) tr. ARGENT. y CHILE. Remendar.

PARCHAZO. (aum. de *parche*.) m. MAR. Golpazo que pega una vela contra su palo o mastelero, ya por un cambio súbito del viento, ya por un descuido del gobierno del buque. || **2**. fig. fam. Burla o chasco. || *Pegar un* PARCHAZO *a uno*. fr. fig. y fam. Pegarle un parche, engañarle sacándole dinero.

PARCHE. (fr. *parche*, y éste del l. [*pellis*] *parthica*, pergamino.) m. Pedazo de lienzo u otra cosa, en que se pega un ungüento, bálsamo u otra confección y se pone en una herida o parte enferma del cuerpo. || **2**. Trozo de tela, piel, papel, etc., que se pega sobre una cosa. || **3**. Círculo de papel untado con pez y adornado con cintas, que como suerte de lidia se ponía en la frente del toro. || **4**. Cualquiera de las dos pieles del tambor. || **5**. fig. El mismo tambor. || **6**. fig. Cualquier cosa sobrepuesta a otra y que desdice de ella. || **7**. fig. Pegote o retoque mal hecho especialmente en la pintura. || **P**. parche; **I**. plaster; **F**. emplâtre; **A**. (Heft)Pflaster; **It**. impiastro; **R**. заплата.

★ **PARCHÍS.** (apóc. de *parchisi*.) m. Juego parecido al de la oca, en el que suelen participar dos, tres, o cuatro personas, que según las reglas del juego y los números que marquen unos dados van haciendo avanzar por las casillas de un tablero unas fichas de distintos colores hasta que uno alcance la casilla central.

PARCHISTA. (De *parche*.) m. fig. y fam. Petardista, sablista.

★ **PARCHO**. m. MÉJ. Parche.

★ **PARCHO, CHA**. adj. VENEZ. Dícese de las frutas de color crema o blanco amarillento.

PARDAL. (l. *pardālis*, y éste del gr. πάρδαλις.) adj. Dícese de la gente de las aldeas, por andar regularmente vestidos de pardo. || **2**. Leopardo. || **3**. Camello pardal. || **4**. Gorrión. || **5**. Pardillo. **6**. Anapelo. || **7**. fig. fam. Hombre bellaco, astuto. || **2**.ª acep. **P**. pardal; **I**. leopard; **F**. caméléopard; **A**. Leopard; **It**. leopardo; **R**. деревенский, леопард.

PARDALOTE. m. ZOOL. Género de aves que comprende varias especies de pájaros canoros que viven en Australia.

PARDEAR. intr. Sobresalir o predominar el color pardo.

★ **PARDEJÓN, NA**. adj. De color desvaído que tira a pardo. Ú.t.c.s.

PARDELA. f. ZOOL. Ave acuática, palmípeda, parecida a la gaviota, pero más pequeña que ésta.

PARDELLO. m. PESCA. GAL. Red usada en la pesca del salmón.

¡PARDIEZ! (fr. *par Dieu*, por Dios.) interj. fam. Fórmula común de juramento, equivale a ¡por Dios!

PARDILLA. f. ZOOL. Pardillo, pájaro canoro. || **2**. ZOOL. Perdiz gris. || **3**. ZOOL. Nombre vulgar de un pez frecuente en el Guadiana y Guadalquivir, parecido a la carpa y a la boga de río. || **4**. BOT. ALM. Hongo agaricíneo comestible.

PARDILLO, LLA. (d. de *pardo*.) adj. Pardal, aldeano, Ú.t.c.s. || **2**. Dícese del paño grueso basto y tosco, que se hace de color pardo. || **3**. Ambar gris. || **4**. Dícese de cierto vino entre tinto y blanco más bien dulce y de baja calidad. Ú.t.c.s. **5**. ZOOL. Aplícase a cierta perdiz parecida a la común con el pico y las patas de color gris verdoso. || **6**. m. ZOOL. Pájaro conirrostro, de la familia de los fringílidos, uno de los más bonitos de España, que tiene el plumaje de vivos colores, canta bien y se domestica con facilidad. Se llama científicamente *Carduelis cannabina*, y se alimenta de semillas. || **P**. pintarroxo; **I**. linnet; **F**. linotte; **A**. Leinfink; **It**. fanello; **R**. чечётка.

PARDINA. (l. *parietĭna*, de *paries*, *-etis*.) f. AR. Paradina; monte bajo de pasto, con corrales para el ganado.

¡PARDIOBRE! (De *par* o *por* Dios.) interj. ant. ¡Pardiez!

PARDISCO, CA. adj. Pardusco.

PARDO, DA. (l. *pardus*.) adj. De color de tierra o de piel de oso común, intermedio entre blanco y negro con tinte rojo amarillento. || **2**. Obscuro, especialmente hablando de las nubes o del día nublado. || **3**. Dícese de la voz poco vibrante que tiene timbre poco claro. || **4**. CUBA y **P**. RICO. Mulato. || **5**. m. Leopardo. || **P**. pardo; **I**. brown; **F**. brun; **A**. braun; **It**. grigio; **R**. коричневый.

PARDOMONTE. m. Paño ordinario que el siglo XVIII se usaba para capas de gente artesana.

PARDUSCO, CA. adj. De color que tira a pardo.

PAREADO. m. Estrofa de dos versos que riman entre sí.

PAREAR. (De *par*.) tr. Juntar, igualar dos cosas comparándolas. || **2**. Poner cosas de dos en dos, formando pareja. || **3**. TAUROM. Banderillear.

PARECENCIA. f. Parecido, semejanza. || **2**. SAL. Aspecto.

PARECER. (infinit. de *parecer*.) m. Opinión, juicio o dictamen. || **2**. Aspecto del rostro y disposición del cuerpo. || **3**. *Arrimarse al* PARECER *de uno*. fr. fig. Seguir su dictamen. | *Casarse uno con su* PARECER. fr. fig. Casarse con su opinión. | *Después de beber, cada uno dice su* PARECER. ref. que indica que el exceso de vino, no guarda secreto. || *Tomar* PARECER *de uno*. fr. Tomar consejo de uno. || **P**. opinião; **I**. opinion, advice; **F**. avis; **A**. Meinung; **It**. parere, opinione; **R**. мнение.

PARECER. (l. *parēre*.) intr. Mostrarse o dejarse ver alguna cosa. || **2**. Opinar, creer. Ú.m.c.impers. || **3**. Encontrarse lo que se tenía por perdido. || **4**. Tener determinada apariencia o aspecto. || **5**. r. Asemejarse. || **6**. *Lo que* PARECE. *Al* PARECER. ms. advs. que explican el juicio que se forma de una materia, según lo que ella mues-

P tra, o idea que suscita. ‖ PARECE *que se cae, y se agarra.* expr. fig. y fam. que se aplica al que a lo tonto hace su negocio. ‖ PARECER *bien* o *mal.* fr. Tener las cosas buena disposición, de modo que al mirarlas ocasione gusto. ‖ **2.** Ser plausible una cosa, o lo contrario. ‖ *Por el bien* PARECER. loc. adv. que da a entender que se obra por respeto a lo que pueden juzgar o decir los demás. ‖ *Quien no* PARECE, *perece.* fr. proverb. que explica que ordinariamente sale perjudicado el que no se halla presente cuando varios tienen interés en algo. ‖ **P.** aparecer; **I.** to appear; **F.** paraître; **A.** scheinen, erscheinen, aussehen; **It.** parere; **R.** казаться.

PARECIDO, DA. adj. Dícese del que se parece a otro. ‖ **2.** Con los advs. *bien* o *mal,* que tiene buena o mala disposición de facciones, o aire de cuerpo. ‖ **3.** Con el verbo *ser* y los advs. *bien* o *mal,* bien o mal visto. ‖ **4.** Semejanza.

PARECIENTE. p.a. de *parecer.* Que parece o se parece.

* **PARECIMIENTO.** m. CHILE. Comparecencia. ‖ **2.** PERÚ. Parecido, semejanza.

PARED. (l. *paries, -ĕtis.*) f. Obra de fábrica levantada a plomo, con dimensiones proporcionadas para cerrar un espacio o sostener las techumbres. ‖ **2.** Tabique. ‖ **3.** fig. Superficie plana y alta que forman los cereales cuando están crecidos y cerrados. ‖ **4.** fig. Conjunto de cosas o personas apretadas y unidas. ‖ **5.** Fís. Cara o superficie lateral de un cuerpo. ‖ **6.** MIN. Hastial, cara lateral de una excavación. ‖ — **maestra.** ARQ. Cualquiera de las principales que sostienen el edificio. ‖ —**medianera.** DER. Pared común a dos fincas contiguas. ‖ *Arrimarse uno a las* PAREDES. fr. fig. y fam. Estar borracho. ‖ *Darse uno contra* o *por las* PAREDES. fr. fig. y fam. Fatigarse sin acertar con lo que se desea. ‖ *De* PARED. loc. Dícese de objetos destinados a estar adosados a la pared. *Reloj de* PARED. ‖ *Entre cuatro* PAREDES. m. adv. que explica que uno está retirado del trato de las gentes. ‖ *Hasta la* PARED *de enfrente.* fr. fig. y fam. Resueltamente, sin titubeos. ‖ *Las* PAREDES *oyen.* expr. fig. que aconseja prudencia y tener en cuenta dónde y a quién se habla. ‖ *Las* PAREDES *tienen ojos.* expr. fig. que advierte que no debe ejecutarse lo que es malo, fiándose en que no será descubierto. ‖ PARED *en,* o *por medio.* m. adv. con que se indica la contigüidad de dos casas o habitaciones, únicamente separadas por una pared. ‖ **2.** fig. Denota la cercanía de una cosa. ‖ *Pegado a la* PARED. loc. fig. y fam. Avergonzado, sin saber qué contestar. ‖ **P.** parede; **I.** wall; **F.** mur, paroi; **A.** Wand; **It.** parete; **R.** стена.

PAREDAÑO, ÑA. adj. Que está pared por medio del lugar a que se alude.

PAREDÓN. m. aum. de *pared.* ‖ **2.** Pared que queda en pie en una ruina de edificio. ‖ **3.** Tapia junto a la cual se colocan los que van a ser fusilados.

* **PAREIOSAURO.** m. PALEONT. Género de reptiles teromorfos, fósiles.

PAREJA. (De *parejo.*) f. Conjunto de dos personas o cosas correlativas o semejantes. ‖ **2.** En las fiestas, unión de dos caballeros de un mismo traje y jaeces de caballos, que corren juntos. ‖ **3.** Compañero o compañera de baile. ‖ **4.** pl. En el juego de dados, dos números o puntos iguales que salen en una jugada. ‖ **5.** En los naipes, dos cartas iguales en número o figura. ‖ **6.** EQUIT. Carrera que dan dos jinetes juntos. ‖ *Correr* PAREJAS. fr. fig. Ir iguales o sobrevenir juntas algunas cosas, o ser semejantes dos o más personas en algo. ‖ **P.** parelha; **I.** y **F.** pair; **A.** Paar; **It.** paio; **R.** пара, чета.

* **PAREJEAR.** intr. CUBA. Pedantear.

* **PAREJERÍA.** f. CUBA y P. RICO. Pedantería ‖ **2.** CUBA, P. RICO y VENEZ. Confianza excesiva.

PAREJERO, RA. (De *pareja.*) adj. Que corría parejas. ‖ **2.** Dícese del caballo adiestrado para correrlas. ‖ **3.** AMÉR. MERID. Aplícase a todo caballo excelente y veloz. ‖ **4.** VENEZ. Dícese de quien procura andar siempre con personas calificadas. ‖ **5.** VENEZ. Amigo y compañero. ‖ **6.** BOL., CUBA y PERÚ. Dícese del que se iguala con otro superior. ‖ **7.** CUBA y P. RICO. Pedante. ‖ **8.** P. RICO, REP. DO-

MIN. y VENEZ. Vanidoso. ‖ **9.** AMÉR. Presumido.

PAREJO, JA. (l. *pariculus,* d. de *par, paris,* igual.) adj. Igual o semejante. ‖ **2.** Liso, llano. ‖ *Por* PAREJO, o *por un* PAREJO. m. adv. Por igual, o de un mismo modo.

PAREJUELO. (De *parejo.*) m. AND. Madero de igual aplicación que los pares de armadura de los edificios.

PAREJURA. (De *parejo.*) f. Igualdad o semejanza.

* **PAREL.** m. MAR. Remo que hace par con otro.

* **PARELECTRONÓMICO, CA.** (De *parelectronomia,* del gr. παρά, contra, y ἤλεκτρον, y νόμος, ley.) adj. Insensible a los estímulos electromotores que recibe.

PARELLA. f. MURC. Rodilla, paño de limpiar.

PAREMIA. (gr. παροιμία, proverbio.) f. Refrán, proverbio. ‖ **P.** parémia; **I.** paroemia; **F.** proverbe; **A.** Sprichwort; **It.** proverbio; **R.** пословица.

PAREMIOLOGÍA. f. Tratado de refranes.

PAREMIOLÓGICO, CA. adj. Perteneciente o relativo a la paremiología.

PAREMIÓLOGO. (gr. παροιμία, proverbio, y λέγω, decir.) m. El que profesa la paremiología o tiene en ella especiales conocimientos.

* **PARENCEFALIA.** (gr. παρά, contra, y ἐγκέφαλον, encéfalo.) f. Deformidad craneana congénita.

PARÉNESIS. f. Exhortación o amonestación. ‖ **P.** parenese; **I.** parenesis; **F.** parénèse; **A.** Paränese; **It.** parènesi; **R.** вытовор.

PARENÉTICO, CA. (gr. παραινετικός.) adj. Perteneciente o relativo a la parénesis.

PARÉNQUIMA. (gr. παρέγχυμα, substancia de los órganos.) m. BOT. Tejido vegetal, constituido por células de forma aproximadamente esférica o cúbica y separadas unas de otras por meatos. ‖ **2.** ZOOL. Tejido de los órganos glandulares. ‖ **P.** parénquima; **I.** parenchyma; **F.** parenchyme; **A.** Parenchym; **It.** parènchima.

PARENQUIMATOSO, SA. adj. Perteneciente o relativo al parénquima.

PARENTACIÓN. (l. *parentatio, -ōnis.*) f. p. us. Solemnidad fúnebre.

PARENTADO. m. ant. Parentela, 2.ª acep.

PARENTAL. (l. *parentālis.*) adj. Perteneciente a los padres o parientes.

PARENTELA. (l. *parentēla.*) f. Conjunto de todo género de parientes. ‖ **P.** parentale, parentella; **I.** parentage; **F.** parenté; **A.** Verwandtschaft; **It.** parentela; **R.** родня.

* **PARENTERAL.** adj. Dícese de la 1.ª generación de los padres en la herencia mendeliana.

* **PARENTÉRICO, CA.** (gr. παρά, contra, y ἔντερον, intestino.) adj. MED. Que se efectúa por otra vía que la intestinal.

PARENTESCO. (De *pariente.*) m. Vínculo por consanguinidad o afinidad. ‖ **2.** fig. Unión o conexión de las cosas. ‖ —**civil.** DER. Vínculo que se contrae por la adopción ‖ —**espiritual.** DER. El que se contrae en los Sacramentos del Bautismo y Confirmación entre el que los recibe y el ministro o padrino. ‖ *Contraer* PARENTESCO. fr. Emparentar con una persona. ‖ **P.** parentesco; **I.** cognation; **F.** parenté; **A.** Angehörigkeit; **It.** parentato; **R.** родство.

PARÉNTESIS. (l. *parenthĕsis,* y éste del gr. παρένθεσις, interposición.) m. Oración o frase incidental que interrumpe sin alterar el sentido de un período. ‖ **2.** Signo ortográfico () en que suele encerrarse esta oración o frase. ‖ **3.** fig. Interrupción. ‖ *Abrir* o *cerrar el* PARÉNTESIS. fr. GRAM. Poner la primera o segunda mitad de este signo. ‖ *Entre* PARÉNTESIS. exp. fig. que se emplea para suspender la conversación interponiendo una especie ajena a ella. ‖ **P.** e **I.** parenthesis; **F.** parenthèse; **A.** Parenthese; **It.** parèntesi; **R.** скобки.

PARENTÉTICO, CA. adj. GRAM. Perteneciente o relativo al paréntesis.

PAREO. m. Acción y efecto de parear, o unir una cosa con otra.

PARERGON. (l. *parergon,* y éste del gr. πάρεργον; de παρά, cerca de, y

ἔργον, obra.) m. Aditamento que sirve de ornato a una cosa.

PARESA. f. Mujer de un par.

PARESIA. (gr. πάρεσις, debilitación.) f. Parálisis leve e incompleta.

PARGO. m. Pagro, por teleósteo.

PARHELIA. f. METEOR. Parhelio.

PARHELIO. m. (gr. παρήλιος; de παρά, al lado, y ἥλιος, Sol.) METEOR. Aparición simultánea de varias imágenes del Sol, reflejadas en las nubes dispuestas simétricamente sobre un halo. ‖ **P.** parélio; **I.** parhelion; **F.** parhélie; **A.** Nebensonne; **It.** parelio; **R.** гелиоцентр.

* **PARHEPATÍA.** (gr. παρά, contra, y ἧπαρ, ατος, hígado.) f. PATOL. Anormalidad en el funcionamiento del hígado.

PARHILERA. (De *par* e *hilera.*) f. ARQ. Madero en que se apoyan los pares de la armadura y que forma el lomo de ésta.

PARIA. (sanscr. *paráyatta,* sometido a la voluntad de otro.) com. Persona de la casta ínfima entre los indios que siguen la ley de Brahma. ‖ **2.** fig. Persona tenida por vil y excluida de las ventajas y trato social. ‖ **P.** pária, paria; **I.** pariah; **F.** e **It.** paria; **A.** Paria; **R.** пария.

PARIAMBO. (l. *pariambus,* y éste del gr. παρίαμβος.) m. Pirriquio. ‖ **2.** Pie de la poesía clásica que consta de una sílaba larga y cuatro breves. ‖ **3.** Pie de la poesía clásica que consta de una sílaba breve y dos largas.

PARIAS. (l. *paria,* pl. de *par,* igual, par.) f. pl. Placenta. ‖ **2.** Tributo que un príncipe paga a otro en reconocimiento de superioridad. ‖ *Dar,* o *rendir,* PARIAS a uno. fr. fig. Someterse a él.

PARICIÓN. f. Tiempo de parir el ganado.

PARIDA. adj. Dícese de la hembra que ha poco tiempo que parió. Ú. t. c. s. ‖ **P.** parida; **I.** iying-in woman; **F.** accouchée; **A.** Wöchnerin; **It.** puerpera; **R.** роженица.

PARIDAD. (l. *parĭtas, -ātis.*) f. Comparación de dos cosas por ejemplo o símil. ‖ **2.** Igualdad de cosas entre sí. ‖ —**monetaria.** ECON. Relación de valor que entre las monedas de los países de patrón oro se expresa calculando las unidades de moneda acuñadas con un kilogramo de dicho metal. ‖ **P.** paridade; **I.** parity; **F.** parité; **A.** Gleichheit; **It.** parità; **R.** сравнение.

PARIDERA. adj. Dícese de la hembra fecunda. ‖ **2.** f. Sitio en que pare el ganado. ‖ **3.** Acción de parir el ganado. ‖ **4.** Tiempo en que pare.

* **PARIDIGITADO, DA.** adj. ZOOL. Dícese del animal que tiene dedos en número par.

PARIDORA. adj. Se dice de la hembra muy fecunda.

* **PÁRIDOS.** (De *paro,* y el gr. εἶδος, forma.) m. pl. ZOOL. Familia de pájaros conirrostros.

PARIENTE, TA. (l. *parens, -entis.*) adj. Respecto de una persona dícese de otra con la cual está unida por algún vínculo de consanguinidad o afinidad. Ú. m. c. s. ‖ **2.** fig. y fam. Allegado o parecido. ‖ **3.** m. y f. fam. Cada uno de los cónyuges respecto del otro. ‖ —**mayor.** El que representa la línea primogénita o principal de un linaje. ‖ *No ser uno* PARIENTE *ni doliente.* fr. P. RICO y PERÚ. No haber parentesco alguno entre dos personas. ‖ **P.** e **It.** parente; **I.** relation; **F.** parent; **A.** Verwandte; **R.** родственник.

PARIETAL. (l. *parietālis,* de *paries, -ĕtis,* pared.) adj. Perteneciente o relativo a la pared. ‖ **2.** adj. Dícese de cada uno de los huesos de la cabeza que están entre el frontal y el occipital y encima de los temporales. ‖ **3.** BOT. Orden de plantas dicotiledóneas, de periantio doble, ovario unilocular y placentación parietal. ‖ **P.** e **I.** parietal; **F.** pariétal; **A.** Scheitelbein; **It.** parietale; **R.** стенной.

PARIETARIA. (l. *parietaria.*) f. Planta herbácea anual, urticácea, con tallos rojizos, erguidos, sencillos o con ramas muy cortas, hojas alternas, enteras, pecioladas ásperas y lanceoladas; flores en grupos axi-

lares, pequeñas y verdosas, y fruto seco.
Crece junto a las paredes y ha sido usado
en cataplasmas. ‖ **P**. parietária; **I**. wall-
pellitory; **F**. pariétaire; **A**. Mauerkraut;
It. parietaria.

★ **PARIETOFRONTAL**. adj. ANAT. Perteneciente o relativo a las regiones de la
cabeza o a los huesos parietal y frontal.

★ **PARIETOOCCIPITAL**. adj. ANAT.
Perteneciente conjuntamente a los huesos
de la cabeza, parietal y occipital.

★ **PARIETOTEMPORAL**. adj. ANAT.
Perteneciente conjuntamente a los huesos
parietal y temporal de la cabeza.

PARIFICACIÓN. f. Acción y efecto
de parificar.

PARIFICAR. (l. *parificāre*, de *par*,
igual, y *facĕre*, hacer.) tr. probar o apoyar
con una paridad o ejemplo lo que se ha
dicho.

PARIGUAL. (De *par* e *igual*.) adj.
Igual o muy parecido.

★ **PARIGUANA**. f. ZOOL. BOL. Cierta
variedad de cuervo.

PARIHUELA. (d. de *par*.) f. Artefacto
compuesto de dos varas gruesas con unas
tablas atravesadas en medio, donde se coloca la carga para llevarla entre dos. Ú. m.
en pl. ‖ 2. Camilla. Ú. m. en pl. ‖ **P**. padio-
la; **I**. hand-barrow; **F**. brancard; **A**. Trag-
bahre; **It**. barella; **R**. носилки.

PARIMA. f. ARGENT. Garza grande y
de color violado.

PARIMIENTO. (l. *par*, *paris*, igual,
conforme.) m. ant. Convenio o ajuste hecho
a prevención.

PARIO, RIA. (l. *parius*.) adj. Natural
de Paros. Ú.t.c.s. ‖ 2. Perteneciente a esta
isla.

PARIPÉ (HACER EL). Presumir,
darse tono.

★ **PARIPINNADO, DA**. adj. BOT. Aplícase a la hoja pinada terminada en dos
folíolos opuestos.

PARIR. (l. *parĕre*.) intr. Expeler la
hembra de cualquier especie vivípara el
feto que tenía concebido. Ú.t.c.tr. ‖
2. Aovar. ‖ 3. tr. fig. Producir una cosa
otra. ‖ 4. fig. Explicar bien el concepto
del entendimiento. ‖ 5. fig. Salir a luz lo
que estaba oculto. ‖ PARIR *a medias*. fr. fig.
y fam. Ayudar uno a otro en un trabajo
dificultoso. ‖ **P**. parir; **I**. to give birth, to
litter; **F**. accoucher; **A**. gebären; **It**. par-
torire; **R**. рождать.

PARÍS. m. n. p. V. *Alfiler, punta de*
PARÍS.

PARISIENA. (fr. *parisienne*, de París.)
f. IMPR. Carácter de letra de cinco puntos.

PARISIENSE. (l. *parisiensis*.) adj. Natural de París. Ú.t.c.s. ‖ 2. Perteneciente
a esta ciudad. ‖ **P**. parisiense; **I**. Parisian;
F. parisien; **A**. Pariser; **It**. parigino; **R**.
парижанин.

**PARISILÁBICO, CA o PARISÍLA-
BO, BA**. (l. *par*, *paris*, igual, y *sílaba*.)
adj. Se aplica al vocablo o al verso que tiene
igual número de sílabas que otro.

★ **PARISOL**. m. QUÍM. y TERAP. Antiséptico que se obtiene por la condensación
del aldehído fórmico.

★ **PARISTMIÓN**. (gr. παρά, al lado, e
ἴσθμιον, garganta.) m. ANAT. Amígdala.

PARITARIO, RIA. (l. *paritas*, -*átis*.)
adj. Dícese principalmente de los organismos de carácter social constituidos por representantes de patronos y obreros en número igual y con los mismos derechos.

★ **PARITORIO**. (De *parir*.) m. CUBA,
REP. DOMIN. y COLOM. Alumbramiento,
parto.

★ **PARKERIZAR**. (De *Parker*, n. p.)
tr. QUÍM. e IND. Transformar en un fosfato
de hierro inoxidable, la superficie de un
metal ferruginoso para defenderlo de la
humedad. La transformación se realiza por
procedimientos químicos.

★ **PARKESINA**. f. QUÍM. Substancia
aisladora que Parkes formó para reemplazar la gutapercha.

★ **PARKESIZAR**. (De *Parker*.) tr. QUÍM.
e IND. Separar la plata del plomo mediante
la utilización del cinc.

PARLA. f. Acción de parlar. ‖ 2. Labia. ‖ 3.ª acep.: Verbosidad insubstancial. ‖ 3.ª
acep.: **P**. lábia; **I**. loquacity; **F**. bavarderie;
A. Geschwätzigkeit; **It**. loquacità; **R**. болтовня.

PARLADOR, RA. (De *parlar*.) adj.
Hablador. Ú.t.c.s.

PARLADURÍA. (De *parlador*.) f. Habladuría.

PARLAEMBALDE. (De *parlar en
balde*.) com. fig. y fam. Persona que habla
mucho y sin sustancia.

PARLAMENTAR. (De *parlamento*.)
intr. Hablar o conversar unos con otros. ‖
2. Entrar en tratos para un arreglo, capitulación, etc. ‖ 2.ª acep.: **P**. parlamentar;
I. to parley; **F**. parlementer; **A**. parlamen-
tieren; **It**. parlamentare; **R**. вести пере-
говоры.

PARLAMENTARIAMENTE. adv. En
forma parlamentaria, según las normas del
parlamento.

PARLAMENTARIO, RIA. adj. Perteneciente al parlamento. ‖ 2. m. Persona
que va a parlamentar. ‖ 3. Miembro de
un Parlamento. ‖ **P**. e **It**. parlamentario;
I. parliamentary; **F**. parlementaire; **A**. par-
lamentarisch; **R**. член парламента.

PARLAMENTARISMO. m. Doctrina
y sistema parlamentario.

PARLAMENTEAR. (De *parlamento*.)
intr. ant. Parlamentar.

PARLAMENTO. (De *parlar*.) m.
Asamblea de los Grandes del Reino, que
en Francia se convocaba para tratar asuntos importantes. ‖ 2. Cada uno de los
Tribunales Superiores de Justicia que en
Francia tenían también atribuciones políticas y de Policía. ‖ 3. La Cámara de los
Lores y de los Comunes en Inglaterra. ‖
4. Parlamento, y por ext., asamblea legislativa. ‖ 5. Discurso que se dirigía a un
Congreso o Junta. ‖ 6. Entre actores, relación larga en prosa o en verso. ‖ 7. Acción
de parlamentar. ‖ **P**. e **It**. parlamento;
I. parliament; **F**. parlement; **A**. Parlament;
R. парламент.

★ **PARLAMPÁN**. m. CHILE. Individuo
andrajoso y de mal aspecto.

PARLANCHÍN, NA. (De *parlar*.) adj.
fam. Que habla mucho sin oportunidad ni
discreción. Ú.t.c.s. ‖ **P**. paroleiro; **I**. chat-
terer; **F**. bavard; **A**. Schwätzer; **It**. chiac-
chierino; **R**. болтливый.

PARLANTE. p.a. de parlar. Que parla.

PARLAR. (l. *parabōlāre*, de *parabōla*.)
intr. Hablar con desembarazo. Ú.t.c.tr. ‖
2. Hablar mucho y sin substancia. ‖ 3. Proferir palabras ciertas aves a quien puede
enseñarse a remedar las articulaciones. ‖
4. tr. Revelar y decir lo que se debe callar. ‖
5. **P**. RICO. Perder el habla temporalmente. ‖ **P**. parlar; **I**. to prattle; **F**. parler;
A. Plaudern; **It**. cianciare; **R**. болтать.

PARLATORIO. m. Acto de hablar o
parlar. ‖ 2. Lugar destinado para hablar
o recibir visitas. ‖ 3. Locutorio de convento o de cárcel.

★ **PARLERA**. (De *parlar*.) f. ÁL. Pieza
del regulador de los antiguos molinos harineros que sirve para hacer salir el grano
contenido en la canaleta.

PARLERÍA. (De *parlero*.) f. Flujo de
parlar o hablar. ‖ 2. Chisme, cuento o
habladuría. ‖ **P**. palraria; **I**. garrulity;
F. bavillage; **A**. Geschwätz; **It**. cianciare-
mento; **R**. болтовня.

PARLERO, RA. (De *parlar*.) adj. Que
habla mucho. ‖ 2. Que lleva chismes de
una parte a otra o que habla con indiscreción. ‖ 3. Dícese del ave cantora. ‖ 4. fig.
Dícese de las cosas que de alguna manera
dan a entender los afectos de ánimo o
descubren lo que se ignora. *Ojos* PARLEROS. ‖
5. fig. Aplícase a cosas que hacen ruido
armonioso. *Arroyo* PARLERO.

PARLERUELO, LA. adj. d. de parlero.

PARLETA. (De *parla*.) f. fam. Conversación frívola en materia de poca importancia.

★ **PARLETERO, RA**. adj. SANT. Hablador, expresivo.

PARLÓN, ONA. (De *parlar*.) adj. y
fam. Que habla o parla mucho. Ú.t.c.s.

PARLOTEAR. (De *parlar*.) intr. fam.
Hablar mucho sin substancia o por pasatiempo. ‖ **P**. tagarelar; **I**. to prattle;
F. babiller; **A**. schwatzen; **It**. parlottare;
chiachierare; **R**. болтать.

PARLOTEO. m. fam. Acto de parlotear.

★ **PARMA**. (l. *parma*.) Escudo pequeño,
muy parecido al de cuero que usaron los
griegos y romanos llamado pelta.

★ **PARMACELA**. (l. *parma*.) f. ZOOL.
Género de moluscos limácidos, cuyas especies se encuentran por todo el Mediterráneo.

★ **PARMELIÁCEOS**. m. pl. BOT. Familia de líquenes que se distinguen por
sus talos anchos y laminares y que se
adaptan a las sinuosidades de los sitios en
que nacen.

★ **PARMENA**. f. ZOOL. Género de ciertos
insectos coleópteros, que viven en las regiones ribereñas del Mediterráneo.

★ **PARMESANA**. f. Celosía que evita la
luz directa y únicamente permite el paso
de la luz oblicua.

PARMESANO, NA. adj. Natural de
Parma. Ú.t.c.s. ‖ 2. Perteneciente a esta
ciudad y antiguo ducado de Italia.

★ **PARMULARIO**. (l. *parmularius*.) m.
Gladiador que iba armado con el escudo
pequeño llamado parma.

★ **PARNAS**. (hebr. *parnas*, administrador.) m. Nombre que dan los israelitas al
que dirige una sinagoga.

★ **PARNASIANISMO**. m. Escuela literaria que antepone la perfección formal al
lirismo confidencial del romanticismo.

PARNASIANO, NA. adj. Perteneciente o relativo al Parnaso. ‖ 2. Adj. s.
Seguidor del parnasianismo o perteneciente
a esta escuela. Apl. a pers. ú.t.c.s.

★ **PARNASISTA**. (De *Parnaso*.) m. fest.
Poeta, vate.

PARNASO. (l. *Parnasus*, y éste del
gr. Παρνασός, monte de Fócida, morada
principal de las musas, según la fábula.)
m. y fig. Conjunto de todos los poetas, o
de los de un pueblo o tiempo determinado. ‖
2. fig. Colección de poesías de varios auto-
res. ‖ **P**. e **It**. parnaso; **I**. Parnassus; **F**. par-
nasse; **A**. Parnass; **R**. парнас.

★ **PARNASO**. m. ZOOL. Género de lepidópteros papiliónidos, de cabeza pequeña, cuerpo grueso y velludo, alas aperga-
minadas semitransparentes, blancuzcas, con
manchas rojas. Habita en los altos montes
de Europa y de Siberia.

PARNÉ. m. GERM. Dinero, moneda
corriente; caudal, bienes.

PARO. (l. *parus*.) m. ZOOL. Nombre
genérico de varios pájaros conirrostros.
Son de alas redondeadas y larga cola; como
el herrerillo y el pájaro moscón. ‖ PARO
carbonero. ZOOL. Pájaro conirrostro, de la
familia de los páridos, de plumaje pardo
verdoso en las partes superiores del cuerpo, negro en la cabeza y en la cola, y rojizo
en el pecho y en el vientre. Canoro, y
sedentario en España.

PARO. (De *parar*.) m. fam. Suspensión
de la jornada industrial o agrícola. ‖ 2. Interrupción de un ejercicio o de una explotación industrial o agrícola por parte de los
empresarios en contraposición a la huelga
de operarios. ‖ 3. COLOM. Suerte en el
juego de dados. ‖ —*forzoso*. Carencia de
trabajo por causa independiente a la voluntad del obrero o del patrono. Es uno
de los factores esenciales de la crisis económica.

PARO, RA. adj. ant. Pario.

★ **PARÓCULO**. (l. *par*, igual, y *oculus*,
ojo.) adj. De ojos iguales.

PARODIA. (l. *parodia*, y éste del gr.
παρωδία.) f. Imitación burlesca de una
obra literaria, o de todo un género lite-
rio. ‖ 2. Cualquier imitación burlesca de
una cosa seria. ‖ 3. Mús. Imitación burlesca de una música seria o aplicación de
una letra burlesca a una melodía seria. ‖
P. paródia; **I**. parody; **F**. parodie; **A**. Parodie; **It**. parodia; **R**. пародия.

PARODIADOR, RA. adj. Que parodia, 2.ª acep. Ú.t.c.s.

PARODIAR. (De *parodia*.) tr. Hacer
una parodia. ‖ 2. Remedar, imitar. ‖
P. parodiar; **I**. parody; **F**. parodier; **A**. pa-
rodieren; **It**. parodiare; **R**. пародировать.

PARÓDICO, CA. adj. Perteneciente a
la parodia. ‖ 2. Que encierra o incluye
parodia.

PARODISTA. com. Autor o autora
de parodias.

★ **PARODONTIA**. (gr. παρά, cerca de,
y ὀδούς, diente.) m. PATOL. Tumor en la
encía.

★ **PAROFITA**. (De *para*, prep. insep., y
ofita.) f. MINER. Silicato impuro de aluminio.

P

P

★ **PAROFTALMONCO**. (gr. παρά, al lado, ὀφθαλμός, ojo, y ονκος, tumor.) m. PAT. Tumor se forma próximo al ojo.

PAROLA. (ital. *parola*, y éste del l. *parabŏla*.) f. y fam. Labia, verbosidad. ‖ 2. fam. Conversación larga y de poca substancia.

★ **PAROLAR**. (De *parola*.) tr. SAL. Hablar mucho, charlotear.

PAROLERO, RA. (De *parola*.) adj. fam. Parlanchín, que habla mucho sin substancia o inoportunamente. Ú.t.c.s.

PÁROLI. (ital. *paroli*, de *parola*, y éste del l. *parabŏla*.) m. Jugada que en juegos de azar se hace no cobrando la suerte ganada, para cobrar triplicando si vuelve a ganar.

PAROLINA. (ital. *parolina*, de *parola*, y éste del l. *parabŏla*.) f. fam. Parola.

★ **PAROMIO**. (gr. παρόμοιος, semejante a otra cosa.) m. Aliteración, paronomasia.

★ **PARONICOSIS**. (gr. παρά, contra, al lado, y ὄνυξ, -υχος, uña, y el suf. *osis*.) f. MED. Formación de la uña fuera del sitio normal.

PARONIMIA. (gr. παρωνυμία.) f. Circunstancia de ser parónimos dos o más vocablos.

PARÓNIMO, MA. (l. *paronymus*, y éste del gr. παρώνυμος; de παρά, al lado, y ὄνομα, nombre.) adj. Dícese de cualquiera de aquellos vocablos que tienen entre sí relación o semejanza de etimología, forma o sonido.

PARONIQUIEO, A. (l. *paronychia*, y éste del gr. παρωνυχία, panadizo, porque la nevadilla que corresponde a estas plantas se usó para curar aquellos abscesos.) adj. BOT. Dícese de plantas cariofiláceas, herbáceas, ramosas y rastreadas, con hojas opuestas y con estípulas; flores regulares hermafroditas, poco vistosas y fruto seco encerrado en el cáliz, con muchas semillas; como la nevadilla. Ú.t.c.s.

★ **PARONIRIA**. (gr. παρά, contra, al lado, y ονειδος, ensueño.) f. Sueño morboso.

PARONOMASIA. (l. *paronomasia*, y éste del gr. παρονομασία; de παρά, al lado, y ὄνομα, nombre.) f. Semejanza entre dos o más vocablos que sólo se diferencian por la vocal acentuada en cada uno de ellos; *lago, lego; jícara, jicara*. ‖ 2. Semejanza de distinta clase que entre sí tienen otros vocablos; como *adaptar* y *adoptar; acera* y *acero*. ‖ 3. Conjunto de dos vocablos que forman paronomasia. ‖ 4. RET. Figura que consiste en usar adrede en la cláusula voces de este género.

PARONOMÁSTICAMENTE. adv. Por paronomasia.

PARONOMÁSTICO, CA. adj. Perteneciente a la paronomasia.

★ **PAROPIA**. f. ANAT. Ángulo que forman los párpados externamente.

★ **PAROPSIA**. f. PAT. Anomalía o irregularidad en la visión.

★ **PARORQUIDIA**. (gr. παρά, contra, y ὄρχιδιον, dim. de ὄρχις, testículo.) f. PAT. Posición anormal de los testículos.

★ **PAROSMIA**. (gr. παρά, contra, y ὀσμή, olfato.) f. PAT. Anomalía del sentido del olfato que consiste en la falsa percepción de olores que no se corresponden con los que presenta la realidad.

★ **PAROTA**. f. BOT. Méj. Guanacaste, árbol gigantesco americano de la familia de las leguminosas.

★ **PARÓTICO, CA**. (gr. παρά, al lado, οὖς, ὠτός, oreja.) adj. Que se halla o sucede cerca del oído.

PARÓTIDA. (l. *parŏtis, -ĭdis*, y éste del gr. παρωτίς; de παρά, junto a, y οὖς, ὠτός, oreja.) f. ZOOL. Cada una de las glándulas salivales, situadas en cada lado de la cara, debajo y delante de la oreja. Son racimosas formadas de lóbulos y, mediante el conducto de Stenon, segregan al nivel del segundo molar superior una saliva rica de fermentos. ‖ 2. MED. Tumor inflamatorio en alguna de estas glándulas. Suele usarse en plural.

★ **PAROTIDITIS**. f. MED. Inflamación de las parótidas. Enfermedad epidémica, de pronóstico benigno cuyo agente causal se desconoce; probablemente es un virus filtrable.

PAROXISMAL. adj. MED. Perteneciente al paroxismo.

PAROXISMO. (gr. παροξυσμός, de παροξύνω, irritar.) m. MED. Máxima intensidad o acceso violento de una enfermedad. ‖ 2. MED. Accidente muy grave en que el paciente pierde el sentido y la acción por mucho tiempo. ‖ 3. fig. Exaltación extrema de los afectos y pasiones. ‖ PAROXISMO *volcánico*. GEOL. Erupción con carácter explosivo. ‖ P. paroxismo; I. paroxysm; F. paroxysme; A. Paroxysmus; It. parossismo; R. пароксизм.

★ **PAROXISTA**. (De *paroxismo*.) adj. Dícese de la persona inclinada a tomar resoluciones extremas.

PAROXÍSTICO, CA. adj. Paroxismal.

PAROXÍTONO, NA. (gr. παροξύτονος.) adj. Dícese del vocablo llano o grave en que el acento tónico recae en la penúltima sílaba.

PARPADEAR. intr. Mover los párpados o abrir y cerrar los ojos. ‖ P. pestanejar; I. to wink; F. clignoter; A. blinzeln; It. palpebrare; R. моргать.

PARPADEO. m. Acto de parpadear. ‖ 2. fig. poét. Lo que se asemeja al movimiento de los párpados o produce análoga impresión. *El* PARPADEO *de las estrellas*.

PÁRPADO. (l. *palpēbra*, por *palpĕbra*.) m. Cada una de las membranas movibles, cubiertas de piel y con armazón cartilaginoso, que sirven para resguardar el ojo del hombre, los mamíferos, las aves y muchos reptiles. ‖ P. párpebra; I. eye-lid; F. paupière; A. Augenlid; It. pàlpebra; R. веко.

PARPALLA. (ital. *parpagliola*, moneda antigua de poco valor.) f. Moneda de cobre que valía dos cuartos.

PARPALLOTA. f. Parpalla.

★ **PARPAÑA**. f. SAL. Parpalla. ‖ 2. SAL. Cantidad mínima, insignificante y despreciable de cualquier cosa.

PARPAR. intr. Gritar el pato.

PARPAYUELA. f. AST. Codorniz.

PARQUE. (fr. *parc*.) m. Terreno o sitio cercado y con plantas, para caza o para recreo, generalmente inmediato a un palacio o a una población. ‖ 2. Denominación dada en los Estados Unidos a los oasis de América del Norte, y que ha ido extendiéndose hasta designar hoy con ella verdaderas regiones geográficas. PARQUE *Nacional de Yellowstone* (U.S.A.); PARQUE *Nacional de Ordesa* (España), etc. ‖ 3. Conjunto de instrumentos, aparatos o materiales destinados a un servicio público. PARQUE *de bomberos*. ‖ 4. Paraje donde se colocan las municiones de guerra o los víveres en los campamentos. ‖ 5. Paraje destinado en las ciudades para estacionar transitoriamente automóviles. ‖ **—nacional**. Paraje extenso y agreste acotado por el Estado para conservar en él la fauna y flora. ‖ **—zoológico**. Lugar en que se conservan, cuidan y crían fieras y otros animales para el conocimiento de la zoología o por simple recreo. ‖ P. parque; I. park; F. parc; A. Park, Lustgarten; It. parco; R. парк.

° **PARQUÉ**. (fr. *parquet*.) m. Entarimado de madera con que se recubre el suelo. (pl. parqués.)

PARQUEDAD. (De *parco*.) f. Moderación, sobriedad en el uso de las cosas. ‖ 2. Parsimonia, circunspección.

PARQUI. m. Palqui.

★ **PARQUINA**. f. BOT. CHILE. Arbusto de hojas semiaovadas blanquecinas por el envés y de flores muy olorosas, de color amarillo.

PARRA. (port. *parra*.) f. Vid, y en especial la que está levantada artificialmente y extiende mucho sus vástagos. ‖ 2. AMÉR. CENTRAL. Especie de bejuco que destila una agua que beben los caminantes. ‖ **—de Corinto**. Casta de vid originaria de Corinto, cuya uva no tiene granillos y hecha pasa es muy apreciada en el comercio. ‖ *Subirse uno a la* PARRA. fr. fig. y fam. Montar en cólera. ‖ P. parreira; I. grapevine; F. treille; A. Wein laube; It. pèrgola; R. виноградная лоза.

PARRA. f. Vaso de barro bajo y ancho con dos asas, que sirve para echar miel.

PARRADO, DA. (De *parrar*.) adj. Aparrado, parecido a la parra.

PARRAFADA. f. fam. Conversación detenida y confidencial entre dos o más personas.

PARRAFEAR. intr. Hablar sin gran necesidad y con carácter confidencial una persona con otra.

PARRAFEO. m. Conversación ligera y confidencial.

PÁRRAFO. (De *parágrafo*.) m. GRAM. Cualquiera de las divisiones de un escrito o impreso, en que después de punto final se pasa a otro renglón. ‖ 2. GRAM. Signo ortográfico (§) usado para notar estas divisiones. ‖ PÁRRAFO *aparte*. exp. fig. y fam. usada para mudar de conversación. ‖ *Echar* PARRAFOS. fr. fig. y fam. Hablar mucho, mezclando inoportunamente lo que se ha leído u oído. ‖ *Echar un* PÁRRAFO. fr. fig. y fam. Conversar amigablemente. ‖ P. parágrafo; I. paragraph; F. paragraphe; A. Paragraph; It. parágrafo; R. параграф.

PARRAGÓN. (tal vez de *parangón*.) m. Barra de plata de ley, que los ensayadores tienen prevenidas para rayar la piedra de toque y decidir por comparación la calidad de los objetos que han de contrastar.

PARRAL. m. Conjunto de parras sostenidas con alguna armazón. ‖ 2. Lugar donde hay parras. ‖ 3. Viña que se ha quedado sin podar y cría muchos vástagos.

PARRAL. (port. *parra*, 2.º art.) m. Vaso grande de barro semejante a la parra que sirve también para contener miel.

PARRANCAS (A). m. adv. VALLAD. A horcajadas.

PARRANDA. f. fam. Holgorio, fiesta, diversión, jarana. Suele usarse en la frase *andar de* PARRANDA. ‖ 2. Cuadrilla de músicos o aficionados que van de noche tocando o cantando para divertirse. ‖ P. pándega; I. carrousal; F. vacarme; A. Lustbarkeit; It. gazzarra.

PARRANDEAR. intr. Andar de parranda, tomar parte en holgorios y jaranas.

PARRANDEO. m. Acción y efecto de parrandear.

PARRANDERO, RA. adj. Se aplica al que parrandea. Ú.t.c.s.

PARRANDISTA. (De *parranda*.) adj. fam. Dícese del que es aficionado a parrandear. Ú.t.c.s. ‖ 2. com. Persona que forma parte de una parranda.

★ **PARRANETO, TA**. adj. P. RICO. Rechoncho.

★ **PARRANFITO**. m. PERÚ. Bocado exquisito.

PARRAR. intr. Extender mucho sus ramas un árbol u otra planta a modo de parra.

PARREL. adj. AR. y MURC. Variedad de uva, de hollejo tierno y color obscuro casi negro.

★ **PARREÑO**. m. MÚS. Seguidilla murciana de animado ritmo. ‖ 2. AMÉR. Canto mejicano de carácter popular.

★ **PERREONA**. f. ZOOL. Flamenco de los Andes de plumaje blanco rosado y pico negro en la punta y amarillo en la base, frecuente en Chile.

PARRESIA. (l. *parrhesia*, y éste del gr. παρρησία.) f. RET. Figura que se comete cuando, aparentando decir cosas ofensivas para alguien, se hace, en realidad, su elogio.

PARRICIDA. (l. *parricida; de pater*, padre, y *caedĕre*, matar.) com. Persona que mata a su padre, a su madre o a su cónyuge. ‖ 2. Por ext., persona que mata a alguno de sus parientes o de los que son tenidos como padres, además de los naturales. P. e It. parricida; I. y F. parricide; A. Vatermörder; R. отцеубийца.

PARRICIDIO. (l. *parricidĭum*.) m. Muerte violenta que da uno a su padre o madre o los que son tenidos por tales y, según la legislación vigente, a cualquiera de sus ascendientes, descendientes o a su cónyuge. ‖ P. parricídio; I. y F. parricide; A. Vatermord, Muttermord; It. parricidio; R. отцеубийство.

★ **PÁRRIDAS**. f. pl. ZOOL. Familia de aves zancudas.

PARRILLA. (d. de *parra*, vasija.) f. Cierta especie de botija, ancha de asiento y estrecha de boca.

PARRILLA. (De *parra*, vid que se extiende en vástagos.) f. Utensilio de cocina en forma de rejilla metálica, con mango y pies, y a propósito para poner a la lumbre lo que se ha de asar. Ú.m. en pl. ‖ 2. Armazón de barras de hierro donde, en el hogar de los hornos de reverbero y de las máquinas de vapor, se quema el combustible. || **3.** Entramado horizontal empleado en las fundaciones, sobre terrenos flojos y bajo el agua. || **4.** MAR. El mismo entramado que sólidamente establecido a la orilla de un río, reemplaza a un dique seco, sobre el cual se sitúan los buques para su limpieza. || **5.** pl. GERM. Potro, aparato de tormento. || **P.** grelha para assar; **I.** gridiron, grill; **F.** grille; **A.** Bratrost; **It.** gratìcola; **R.** решётка для жарения.

° **PARRILLA.** f. Lugar en el restaurante donde se sirven carnes o pescados asados a la vista del cliente.

* **PARRILLADA.** f. ARGENT. Manjar preparado con menudillos de res vacuna asados ordinariamente a la parrilla.

PARRIZA. (De *parra*, vid.) f. BOT. Labrusca.

PARRO. (Voz imitativa.) m. Pato.

PÁRROCO. (l. *parŏchus*, y éste del gr. πάροχος; de παρέχω, proveer.) m. Cura, sacerdote encargado de una feligresía. || **P.** pároco; **I.** parson; **F.** curé de paroisse; **A.** Pfarrer; **It.** pàrroco; **R.** священник.

PARROCHA. f. Sardina pequeña.

PARRÓN. m. Parriza. || **2.** CHILE. Parral, conjunto de parras; sitio donde hay parras o viñas sin podar, que arrojan muchos vástagos.

PARROQUIA. (l. *parochia*.) f. Iglesia en que se administran los Sacramentos y se cuida espiritualmente a los fieles de una feligresía. || **2.** Feligresía o conjunto de fieles de este territorio. || **3.** Territorio que está bajo la jurisdicción espiritual del cura de almas. || **4.** Clero destinado al culto y administración de sacramentos en la feligresía. || **5.** Conjunto de personas que acuden a surtirse de una misma tienda, establecimiento público, etc. || **6.** GAL. Demarcación administrativa local dentro del municipio. || **P.** paróquia; **I.** parish; **F.** paroisse; **A.** Pfarre; **It.** parrocchia; **R.** церковный приход.

PARROQUIAL. (l. *parochiālis*.) adj. Perteneciente o relativo a la parroquia.

PARROQUIALIDAD. (De *parroquial*.) f. Asignación o pertenencia a determinada parroquia.

PARROQUIANO, NA. adj. Perteneciente a determinada parroquia. || **2.** m. y f. Cliente que se sirve de un comerciante o industrial con preferencia a otros. || 2.ª acep.: **P.** paroquiano; **I.** customer; **F.** chaland; **A.** Kunde; **It.** avventore; **R.** клиент.

PARSI. (nuevo persa *fārsī*, en pelvi *fārsīk*, habitante de la provincia llamada *Fārs*.) m. Pueblo de la antigua Persia que ocupaba la región llamada hoy Farsistán, y tenía lengua, religión y literatura propias. || **2.** Pueblo del mismo origen que habita actualmente parte de la India. || **3.** Idioma de los parsis.

PARSIMONIA. (l. *parsimonia*.) f. Frugalidad, sobriedad, moderación y economía en los gastos. || **2.** Circunspección, templanza. || **P.** parcimónia; **I.** parsimony; **F.** parcimonie; **A.** Sparsamkeit; **It.** parsimonia; **R.** умеренность.

PARSIMONIOSO, SA. adj. Escaso, moderado circunspecto, ahorrativo.

PARSISMO. (De *parsi*.) m. Mazdeísmo.

* **PARSONSIA.** (De *Parsons*, n. p.) f. BOT. Género de plantas apocináceas con flores racimosas de pétalos imbricados y hojas decusadas.

PARTE. (l. *pars, partis*.) f. Porción indeterminada de un todo. || **2.** Cantidad o porción especial de un agregado numeroso. || **3.** Porción que se da o le toca a uno en un reparto. || **4.** Sitio, paraje, lugar. || **5.** Cualquiera de las divisiones principales de una obra científica o literaria. || **6.** En ciertos géneros literarios, la obra entera, pero relacionada con otra u otras que también se llaman partes; v. gr.: una trilogía. || **7.** Cada uno de los ejércitos, facciones, sectas, banderías, etc., que se oponen o luchan. || **8.** Cada una de las personas o colectividades que contienden, disputan o dialogan. || **9.** Cada una de las palabras de que se compone un renglón. || **10.** Cada una de las personas o colectividades que contratan entre sí. || **11.** Usado con la prep. *a* y el pron. *ésta*, significa el tiempo presente o la época de que se trata, con relación a tiempo pasado. *De un mes a esta* PARTE *hace muy mal tiempo*. || **12.** Con la preposición *de* indica procedencia u origen. || **13.** Lado a que uno se inclina o se opone en cuestión riña o pendencia. || **14.** Papel de cada uno de los actores que representan una obra escénica. || **15.** Cada uno de los actores o cantantes de una compañía. || **16.** ANAT. Órgano, región. || **17.** FOR. Litigante. || **18.** m. Correo entre la Corte y residencia occidental del Soberano, cuando éste se encuentra fuera de aquélla. || **19.** Casa donde iba a parar el parte. || **20.** Despacho que se da a los correos que van de posta. || **21.** Comunicación urgente que se envía a otra persona. || **22.** Comunicación transmitida por teléfono, telégrafo o la radio. || **23.** ART. MIL. Informe verbal o escrito que se da a un superior sobre un asunto determinado. || **24.** Usado como adv. sirve, para distribuir en la oración los extremos de ella. || **25.** f. pl. Dotes naturales que adornan a una persona. || **26.** Facción o partido. || **27.** METEOR. Comunicación cifrada con arreglo a un código internacional que suelen transmitir los observatorios meteorológicos por telégrafo, teléfono o radio, refiriéndose al estado del tiempo. || **28.** Órganos de la generación. || **—actora.** FOR. Actor, el que pone alguna demanda en juicio. **—alícuota.** ARIT. La que mide exactamente en su todo: cinco es parte alícuota de veinte. || **—alicuanta.** ARIT. La parte que no mide exactamente a su todo; siete es parte alicuanta de veinte. || **—esencial.** La que constituye la esencia de un compuesto. || **—integral** o **integrante.** La que sin ser esencial en un compuesto es necesaria para su integridad. || **Partes de la oración.** GRAM. Cualquiera de las diversas clases de palabras que desempeñan distinto oficio en la oración. En castellano son nueve. || **—del mundo.** Cualquiera de las grandes divisiones geográficas del globo terráqueo. Son cinco: Europa, Asia, África, América y Oceanía. || *A* o *en* PARTES. m. adv. A trechos, con intermisión del lugar o tiempo. || *Dar* PARTE. fr. Dar noticia, avisarle para que llegue a su conocimiento. Por ext., dícese del aviso dado a la autoridad. Dar participación en un asunto o negocio a otra persona. || *De* o *por mi* PARTE. m. adv. Por lo que a mí me toca o respecta. || *De* PARTE *a* PARTE. m. adv. De un lado al extremo opuesto. || *Echar a mala* PARTE. fr. Interpretar desfavorablemente las acciones ajenas. || *En* PARTE. m. adv. No enteramente. *En* PARTE *tiene razón*. || *Hacer* o *poner* uno *de su* PARTE. fr. Aplicar los medios de que dispone para la consecución de un fin. || *Hacer las* PARTES. Distribuir o dividir. || *Llevar* uno *la mejor* o *la peor* PARTE. Estar próximo a vencer o a ser vencido. || *No parar en ninguna* PARTE. Viajar, mudar frecuentemente de habitación. || PARTE *por* PARTE. m. adv. De modo distinto, con claridad, sin omitir nada. || *Ponerse de* PARTE *de* uno. fr. Adherirse a su sentir o manera de opinar. || *Por la mayor* PARTE. m. adv. En el mayor número o en lo más de una cosa. || *Por* PARTES. m. adv. Con separación de los puntos o circunstancias del asunto que se trata. || *Salva sea la* PARTE. expr. fam. de que se usa al indicar uno en sí mismo la parte del cuerpo en la cual otra persona sufrió lo que él refiere. || *Ser* PARTE *en una cosa*. fr. Tener parte en ella. || *Tener* PARTE *en una cosa*. fr. Tener participación en ella. || **P.** e **It.** parte; **I.** part, share, portion; **F.** partie; **A.** Teil, Stück; **R.** часть, доля.

PARTEAR. tr. Asistir el médico o la comadrona a la parturienta.

PARTELUZ. (De *partir* y *luz*.) m. ARQ. Mainel o columna delgada que divide en dos un hueco de ventana.

PARTENCIA. (ital. *partenza*.) f. Acto de partir o marchar.

* **PARTENIANA.** (gr. παρθένος, virgen.) f. MÚS. Flauta usada en la antigua Grecia.

* **PARTENINA.** f. QUÍM. Alcaloide cristalino de sabor amargo, obtenido de un género de plantas compuestas americanas, y que tiene aplicaciones médicas por sus propiedades analgésicas y febrífugas.

* **PARTENIO.** (l. *parthenĭum*, y éste del gr. παρθένιον, matricaria o parietaria.) m. BOT. Género de plantas compuestas propias de América del Norte. Algunas de ellas tienen uso en medicina.

PARTENOGÉNESIS. (gr. παρθένος, virgen, y γένεσις, generación.) f. HIST. NAT. Modo de reproducción de algunos animales y plantas que consiste en la formación de un nuevo ser por la división reiterada de las células sexuales femeninas, que no se han unido previamente con gametos masculinos. || **—artificial** o **experimental.** ZOOL. Desarrollo de animales a partir de óvulos que no han sido fecundados por espermatozoides, sino provocados por la acción de ciertos factores químicos o físicos.

PARTENOGENÉTICO, CA. (De *partenogénesis*.) adj. BIOL. Se dice de la reproducción que se verifica por partenogénesis y del animal o de la planta que tienen este modo de reproducción.

* **PARTENOLOGÍA.** (gr. παρθένος, virgen, y λόγος, tratado.) f. Tratado sobre la virginidad femenina.

* **PARTENOMANCIA.** (gr. παρθένος, virgen, y μαντεία, adivinación.) f. Práctica adivinatoria que intenta conocer si una mujer conserva o no su integridad virginal.

PARTENOPEO, A. (l. *parthenopēius*.) adj. Natural de Parténope o sea Nápoles. || **2.** Relativo o perteneciente a esta ciudad.

* **PARTENÓPIDOS.** (De *partenope*, y del gr. εἶδος, forma.) m. pl. ZOOL. Familia de crustáceos decápodos, que viven en el mar entre algas y rocas.

* **PARTENOSOLOGÍA.** (gr. παρθένος, virgen, y de *nosología*.) f. Tratado de las enfermedades que suelen afectar a las vírgenes o son más peculiarmente suyas.

* **PARTENUECES.** (De *partir* y *nuez*.) m. Cascanueces. || **2.** ZOOL. Pájaro dentirrostro, también llamado nucífraga, que se alimenta de nueces y piñones.

PARTERA. f. Mujer que se dedica a asistir a las parturientas. || **P.** parteira; **I.** midwife; **F.** sage-femme; **A.** Hebamme, Wehmutter; **It.** levatrice; **R.** акушерка.

PARTERÍA. f. Oficio de partear.

PARTERO. m. Comadrón.

PARTERRE. (fr. *parterre*.) m. Cuadro de un jardín que se adorna con compartimientos de flores y cesped.

PARTESANA. (b. l. *partesana*, y éste del l. *pertŭsus*, p.p. de *pertundĕre*, atravesar.) f. Antigua arma a modo de alabarda, con el hierro muy grande, ancho y cortante por ambos lados.

PARTIBLE. (l. *partibilis*.) adj. Que se puede o debe partir o dividir.

PARTICIÓN. (l. *partitio, -ōnis*.) f. División o repartimiento de una hacienda, herencia, etc. || **2.** ÁLG. y ARIT. División, operación de dividir. || **P.** partição; **I.** partition; **F.** partage, partition; **A.** Teilung, Verteilung; **It.** partizione; **R.** разделение.

PARTICIONERO, RA. (De *partición*.) adj. Partícipe.

PARTICIPACIÓN. (l. *participatĭo, -ōnis*.) f. Acción y efecto de participar. || **2.** Aviso, parte o noticia que se da a uno. || **3.** En la obra de Platón, relación existente entre las cosas sensibles y las ideas. || **4.** ant. Comunicación, trato, comercio. || **—en los beneficios.** La que el patrono da a sus empleados y obreros en los beneficios de la empresa. || **P.** participação; **I.** y **F.** participation; **A.** Teilnahme; **It.** partecipazione; **R.** участие.

PARTICIPANTE. p.a. de participar. Que participa. Ú.t.c.s. || **2.** m. y f. Cómplice o parte en el daño causado al prójimo.

PARTICIPAR. (l. *participāre*.) tr. Tener uno parte en una cosa o tocarle algo de ella. || **2.** tr. Dar parte, noticia, comunicar. || **P.** participar; **I.** to share, to partake; **F.** participer; **A.** teilhaben; **It.** partecipare; **R.** участвовать; || 2.ª acep.: **P.** noticiar; **I.** to give notice; **F.** faire part; **A.** mitteilen, melden; **It.** comunicare; **R.** сообщать.

PARTÍCIPE. (l. *partĭceps, -ĭpis*.) adj. Que tiene parte en una cosa, o entra con otros a la parte en la distribución de ella. Ú.t.c.s. || **P.** partícipe; **I.** y **F.** participant; **A.** teilnehmer, teilhagtig; **It.** partècipe; **R.** участник.

PARTICIPIAL. (l. *participiālis*.) adj. GRAM. Perteneciente al participio.

P **PARTICIPIO.** (l. *participium*.) m. GRAM. Forma del verbo llamada así porque en sus varias aplicaciones participa ya de la índole del verbo ya de la del adjetivo. Como tal, hace a veces oficio de nombre. Divídese en activo y pasivo, denotando aquél acción y éste pasión, en sentido gramatical. También suele llamarse de presente al primero y de pretérito al segundo. ‖ 2. ant. Participación, comunicación, trato, comercio. ‖ **P.** participio; **I.** participle; **F.** participe; **A.** Partizip, Mittelwort; **It.** participio; **R.** причастие.

PARTÍCULA. (l. *particŭla*.) f. Parte pequeña. ‖ 2. GRAM. Parte indeclinable de la oración, monosilábica o muy breve; aplícase con especialidad a las que sólo tienen uso como partes componentes de otros vocablos: v. gr. *ab* (AB*jurar*); *abs* (ABS*traer*). ‖ **—prepositiva.** GRAM. La castellana o latina que antepuesta a una palabra forma con ella un vocablo compuesto. SOBRE*llevr.* CONTRA*decir.* ‖ **—adversativa.** GRAM. La que expresa contraposición entre lo que significa rectamente y el sentido en que se emplea. ‖ **—alfa.** Fís. y QUÍM. Núcleo del átomo de helio. Se llama también *helión.* ‖ **—beta.** Fís. y QUÍM. Electrón. ‖ **P.** partícula; **I.** particle; **F.** particule; **A.** Partikel; **It.** particola, particella; **R.** частица.

★ **PARTICULADO, DA.** adj. Compuesto o formado de partículas.

PARTICULAR. (l. *particŭlāris*.) adj. Propio y privativo de una cosa, o que le pertenece con singularidad. Particular, extraordinario, raro en su línea. ‖ 2. Singular, individual. ‖ 3. Aplícase a quien no ejerce cargo oficial o carece de título distintivo. ‖ 4. Dícese del acto extraoficial o privado que ejecuta la persona que tiene oficio o carácter público. ‖ 5. Punto o materia de que se trata. *Nada sabía sobre el* PARTICULAR. ‖ *En* PARTICULAR. m. adv. Con distinción o separación; singular o especialmente. ‖ **P.** e **I.** particular; **F.** particulier; **A.** besonders, partikular; **It.** particolare; **R.** особый, частный.

PARTICULARIDAD. (l. *particularĭtas, -ātis*.) f. Singularidad, especialidad. ‖ 2. Distinción que en trato o cariño se hace de una persona respecto de otra. ‖ 3. Cada una de las circunstancias o pormenores de una cosa. ‖ **P.** particularidade; **I.** particularity; **F.** particularité; **A.** Besonderheit, Eigentümlichkeit; **It.** particolarità; **R.** особенность.

PARTICULARISMO. m. Preferencia excesiva que se da al interés particular sobre el general. ‖ 2. Individualismo. ‖ 3. Doctrina herética de los particularistas.

★ **PARTICULARISTA.** (De *particular*.) adj. m. pl. Hereje que creía que Jesucristo murió únicamente por los predestinados.

PARTICULARIZAR. (De *particular*.) tr. Expresar una cosa con todas sus circunstancias, particularidades y pormenores. ‖ 2. Hacer distinción especial a alguien. ‖ 3. r. Distinguirse, singularizarse en una cosa. ‖ **P.** particularizar; **I.** to particularize; **F.** particulariser; **A.** umständlich erzählen; **It.** particolarizzare; **R.** изображать.

PARTICULARMENTE. adv. Singular o especialmente. Con particularidad. ‖ 2. Con individualidad y distinción. ‖ 3. Con carácter particular. ‖ **P.** particularmente; **I.** particularly; **F.** particulièrement; **A.** insbesondere; **It.** particolarmente; **R.** особенно.

PARTIDA. (l. *partita*, t. f. *partitus*, partido.) f. Acción de partir o salir de un punto para ir a otro. ‖ 2. Registro o asiento de bautismo, confirmación, matrimonio o entierro, que se escribe en los libros de las parroquias o del registro civil. ‖ 3. Copia certificada de alguno de estos registros o asientos. ‖ 4. Cada uno de los artículos y cantidades parciales que contiene una cuenta. ‖ 5. Cantidad o porción de un género de comercio; como trigo, aceite, madera, lencería. ‖ 6. Guerrilla. 2.ª y 3.ª aceps. ‖ 7. Conjunto poco numeroso de gente armada, con organización militar u otra semejante. ‖ 8. Cuadrilla, 1.ª acep. ‖ 9. Cada una de las manos de un juego, o conjunto de ellas previamente convenido. ‖ 10. Cantidad de dinero que se atraviesa en ellas. ‖

11. Partido, 8.ª acep. ‖ 12. Número de manos de un mismo juego necesarias para que cada uno de los jugadores gane o pierda definitivamente. ‖ 13. fam. Comportamiento o proceder. Ú. generalmente con calificativo, o en tono exclamatorio. *Buena* PARTIDA; *mala* PARTIDA; *¡qué* PARTIDA! ‖ 14. Parte o lugar. ‖ 15. ant. Parte litigante. ‖ 16. fig. Muerte, 1.ª acep. ‖ **—de campo.** Excursión de varias personas para solazarse en el campo. ‖ **—de caza.** Excursión de varias personas para cazar. ‖ **—doble.** Método de cuenta y razón, en que se llevan a la par el cargo y la data. ‖ **—serrana.** fig. y fam. Comportamiento o proceder injusto y desleal. ‖ *Las siete* PARTIDAS. Las leyes compiladas por don Alfonso el Sabio, que las dividió en siete partes. ‖ *Andar uno las siete* PARTIDAS. fr. fig. Andar mucho y por muchas partes. ‖ *Comerse, o tragarse uno la* PARTIDA. fr. fig. y fam. Darse cuenta de la intención disimulada y capciosa de otro, aparentando no haberla comprendido. ‖ **P.** partida; **I.** departure; **F.** départ; **A.** Abreise; **It.** partenza; **R.** отъезд.

PARTIDAMENTE. adj. m. Separadamente, con división.

PARTIDARIO, RIA. adv. Que sigue un partido o bando. Ú.t.c.s. ‖ 2. Dícese del médico encargado de la asistencia a los enfermos de un partido. Ú.t.c.s. ‖ 3. Adicto a una persona o idea. Ú.t.c.s. ‖ 4. m. Guerrillero. ‖ 5. En algunas zonas mineras, el que contrata o arrienda un modo especial de laboreo. ‖ **P.** partidário; **I.** partizan, party-man; **F.** partisan; **A.** Parteigänger; **It.** partigiano; **R.** сторонник.

PARTIDISMO. m. Celo exagerado a favor de un partido u opinión.

★ **PARTIDISTA.** (De *partido*.) adj. AMÉR. Parcial en el juzgar o en el obrar o sea que no piensa ni procede con imparcialidad. ‖ 2. AMÉR. Que implica parcialidad. ‖ 3. m. AMÉR. Partidario.

PARTIDO, DA. p.p. de partir. ‖ 2. adj. Franco, liberal y dadivoso. ‖ 3. BLAS. Dícese del escudo, pieza o animal heráldico divididos verticalmente en dos partes iguales. ‖ 4. m. Parcialidad o coligación entre los que siguen la misma opinión. ‖ 5. Provecho o ventaja. *Sacar* PARTIDO. ‖ 6. Protección de que se goza. *Pablo tiene* PARTIDO *para alcanzar lo que pretende.* ‖ 7. En el juego conjunto de varios que entran en él como compañeros. ‖ 8. En el juego, ventaja que se da al que juega menos. ‖ 9. Trato, convenio. ‖ 10. Medio apto para conseguir algo. *En este asunto se necesita tomar otro* PARTIDO. ‖ 11. Distrito de una jurisdicción o administración que tiene por cabeza un pueblo principal. ‖ 12. Territorio en que tiene obligación el médico de asistir a los enfermos. ‖ 13. Conjunto de personas que siguen una misma causa. ‖ 14. En algunos juegos, competencia entre los jugadores. PARTIDO *de pelota.* ‖ **—judicial.** Distrito que comprende varios pueblos de una provincia en que, para la administración de la Justicia, ejerce jurisdicción un juez de primera instancia. ‖ **—robado.** En los juegos, el que es tan ventajoso para una de las partes, que la otra no tiene defensa. ‖ *Formar* PARTIDO uno. fr. Solicitar a otros e inducirlos para que coadyuven juntos a un fin. ‖ *Tomar* PARTIDO. fr. MIL. Alistarse para servir en un ejército cuando los que eran del contrario. ‖ 2. Hacerse de una bandería. ‖ 3. Determinarse el que estaba indeciso. ‖ 4.ª acep.: **P.** partido; **I.** party; **F.** parti; **A.** Partei; **It.** partito; **R.** партия.

PARTIDOR. (l. *partītor*.) m. El que divide o reparte una cosa. ‖ 2. El que parte una cosa. PARTIDOR *de leña.* ‖ 3. Instrumento con que se parte. ‖ 4. Obra para repartir por medio de compuertas en diferentes conductos las aguas que corren por un cauce. ‖ 5. Lugar donde se hace esta división. ‖ 6. Varilla o púa con que las mujeres se abrían la raya del pelo. ‖ 7. ARIT. Divisor.

PARTIDURA. f. Crencha, raya.

PARTIJA. (l. *particŭla*.) f. d. de parte. ‖ 2. Partición o repartimiento de herencia etcétera.

PARTIL. (l. *partīlis*.) adj. ASTROL. Dícese del aspecto de dos astros en los que

la diferencia de longitud es múltiplo exacto de la dozava parte del círculo.

PARTIMIENTO. (De *partir*.) m. Partición.

PARTIQUINO, NA. (ital. *particina*, d. de *parte*, parte.) m. y f. Constante que en las óperas ejecutan una parte muy breve o poco importante.

PARTIR. (l. *partīri*.) tr. Dividir una cosa en varias partes. ‖ 2. Hender, rajar. ‖ 3. Distribuir una cosa entre varios. ‖ 4. Cascar los huesos de algunas frutas para sacar la almendra. ‖ 5. Separar una cosa de otra determinando lo que corresponde a cada uno. ‖ 6. Distribuir en clases. ‖ 7. Acometer en combate. ‖ 8. Hacer de una colmena dos. ‖ 9. ÁLG. y ARIT. Dividir. ‖ 10. intr. Tomar un hecho, una fecha o cualquier otro antecedente como base para un razonamiento o cómputo. PARTIR *de una hipótesis falsa;* a PARTIR *de este momento.* ‖ 11. fig. Determinarse el que estaba dudoso. ‖ 12. Empezar a caminar. Ú.t.c.r ‖ 13. fig. y fam. Desconcertar o anonadar a uno. ‖ 14. r. Dividirse en opiniones. ‖ *Medio* PARTIR. fr. ARIT. Dividir una cantidad por un número dígito. ‖ PARTIR *de arriba.* fr. MAR. Girar el buque hacia sotavento. ‖ PARTIR *de orza.* fr. MAR. Comenzar el buque su movimiento de orza cuando se le impele a ello. ‖ **P.** partir; **I.** to part, to divide; **F.** partir, diviser, partager; **A.** teilen, spalten; **It.** partire; **R.** делить.

PARTITIVO, VA. (l. *partitum*, supino de *partire*, partir.) adj. Que puede partirse. ‖ 2. GRAM. Dícese del nombre y del adjetivo numeral que expresan división de un todo en partes como mitad, medio, tercio, cuarta, etc. ‖ **P.** partível; **I.** partitive; **F.** partitif; **A.** teilbar, Teilungswort; **It.** partitivo; **R.** делимый.

PARTITURA. (ital. *partitura*.) f. Texto completo de una obra musical en el cual las diferentes partes o voces están separadas aunque superpuestas. ‖ **—de piano.** Reducción de una obra lírica o sinfónica para este instrumento. ‖ **P.** e **It.** partitura; **I.** score; **F.** partiture; **A.** Partitur; **R.** партитура.

PARTO. (l. *partus.*) m. Acción de parir. ‖ 2. El ser que ha nacido. ‖ 3. fig. Cualquier producción física. ‖ 4. fig. Producción del ingenio humano y cualquiera de sus conceptos dados a luz. ‖ 5. fig. Cosa que puede suceder y que se espera sea de importancia. ‖ **—revesado.** El que es difícil. ‖ *El* PARTO *de los montes.* fig. Cualquier cosa fútil y ridícula que sobreviene cuando se esperaba una grande y de consideración. ‖ *Venir el* PARTO *derecho.* fr. fig. Suceder una cosa favorablemente. ‖ **P.** e **It.** parto; **I.** childbirth, parturition; **F.** accouchement, enfantement; **A.** Entbindung, Gebärung; **R.** роды.

PARTO, TA. adj. Se dice del que es natural de Partia, región del Asia antigua. Ú.t.c.s.

★ **PARTORAL.** (De *par* y *toral*.) m. ARQ. El par de maderas del medio en una armazón ochavada de un edificio. ‖ 2. ARQ. El par de los últimos formeros en que ensamblan los maderos en una armazón de la clase mencionada.

★ **PARTSCHINA.** (De *partsch*, n. p.) f. MINERAL. Silicato de alúmina asociado con óxidos de hierro y manganeso.

PARTURA. f. ant. Concierto o apuesta.

PARTURIENTA. (l. *parturiens, -entis*, p.a. de *parturire*, estar de parto.) adj. Aplícase a la mujer que está de parto o recién parida. Ú.t.c.s.

PARTURIENTE. adj. Parturienta. Ú.t.c.s.

PÁRULIS. (l. *parūlis*, y éste del gr. παρουλίς, de παρά, cerca de, y οὖλις, encía.) m. MED. Flemón en las encías.

★ **PARUMA.** f. COLOM. Taparrabo de los remeros.

★ **PARUSIA.** (gr. παρουσία, presencia.) f. TEOL. Segunda venida de Cristo para juzgar a todos los hombres en el juicio final. ‖ 2. FIL. En la filosofía de Platón, conjunto de relaciones entre el Ser absoluto y el mundo sensible.

PARVA. (l. *parva*, pequeña.) f. Parvedad, corta porción de alimento que se toma por la mañana los días de ayuno. ‖ 2.

Mies tendida en la era, trillada o sin trillar. || 3. Desayuno, entre la gente trabajadora. || 4. fig. Montón grande de una cosa. || *Afrailar la* PARVA. fr. fig. AND. Amontonarla después de trillada. || *Estierca y escarda y cogerás buena* PARVA. ref. que enseña que poniendo los medios convenientes se alcanza con facilidad el bien deseado. || *Salirse* uno *de la* PARVA. fr. fig. y fam. Apartarse del intento o del asunto.

PARVADA. (De *parva.*) f. Conjunto de parvas. || 2. Pollada o conjunto de pollos recién nacidos.

★ **PARVEAR.** intr. P. RICO. Desayunar.

PARVEDAD. (l. *parvitas, -ātis.*) f. Pequeñez, poquedad. || 2. Corta porción de alimento que se toma por la mañana los días de ayuno. || **P.** parvidade; **I.** parvitude, littleness; **A.** Wenigkeit; **It.** parvità; **R.** малость, ничтожное количество.

PARVERO. m. Montón largo formado de la parva para aventurar.

PARVIDAD. f. Parvedad.

PARVIFICAR. tr. Achicar, amenguar. || 2. Empequeñecer, escasear. Ú.t.c.r.

PARVIFICENCIA. (De *parvífico.*) f. Escasez o cortedad en el porte y gasto.

PARVÍFICO, CA. (l. *parvus,* escaso, corto, y *facěre,* hacer.) adj. Escaso, mezquino en el gastar.

PARVO, VA. (l. *parvus.*) adj. Pequeño. || 2. V. *Materia* PARVA. || 3. V. *Oficio* PARVO.

★ **PARVOLINA.** f. QUÍM. Compuesto homólogo de la piridina producida en la putrefacción de la carne de pescado. Encuéntrase también en la destilación seca de la hulla.

★ **PARVULARIO.** m. Centro pedagógico consagrado a la educación de los párvulos.

PARVULEZ. (De *párvulo.*) f. Pequeñez. || 2. Simplicidad, 1.ª acep.

★ **PARVULISTA.** com. Maestro o maestra especializada en la educación de párvulos.

PÁRVULO, LA. (l. *parvŭlus,* d. de *parvus,* pequeño.) adj. Pequeño. || 2. Niño pequeño. Ú.m.c.s. || 3. fig. Inocente, que sabe poco y es fácil de engañar. || 4. fig. Humilde, cuitado. || 1.ª y 2.ª aceps.: **P.** parvo, pequeno; **I.** child; **F.** enfant; **A.** Kindlein, kindlich; **It.** pàrvolo; **R.** маленький, первоклассник.

PASA. (l. *passa,* f. de *passus,* tendida, secada al sol, sobreentendiéndose *uva,* uva.) f. Uva enjugada o desecada en la misma vid, o exponiéndola al sol o por otro medio. Ú.t.c.adj. || 2. fig. Cualquiera de los mechones de pelo ensortijado de los negros. || 3. ECUAD. Cierto juego de azar. || —**de Corinto.** La que procede de uvas de Corinto, y se distingue por su pequeño tamaño. || —**gorrona.** La de gran tamaño, desecada al sol. || *Estar* uno *hecho una* PASA, o *quedarse como una* PASA. fr. fig. y fam. Estar o volverse una persona muy seca de cuerpo y arrugada de cara. || **P.** passa; **I.** raisin, dried grape; **F.** raisin sec; **A.** Rosine; **It.** zibibbo; **R.** изюм.

PASA. (De *pasar.*) f. Canalizo entre bajos que permite el paso de los barcos.

PASACABALLO. (De *pasar* y *caballo.*) m. Embarcación antigua, sin palos y muy aplanada en sus fondos.

PASACALLE. (De *pasar* y *calle.*) m. MÚS. Marcha popular de compás muy vivo.

★ **PASACANA.** f. ARGENT. Fruto de la planta compuesta llamada cardón.

★ **PASACANTANDO.** (De *pasar* y *cantar.*) m. REP. DOMIN. Individuo falto de recursos.

PASACÓLICA. f. MED. Cólica.

PASADA. f. Acción de pasar de una parte a otra. || 2. Paso geométrico. || 3. Congrua, suficiente para vivir. || 4. Partida de juego. || 5. fig. y fam. Mal comportamiento de una persona con otra. Úsase comúnmente acompañada del adj. *mala. Jugarle a* uno *una mala* PASADA. || *Dar* PASADA. fr. Tolerar, dejar pasar una cosa. || *De* PASADA. m. adv. De paso.

PASADERA. (De *pasar.*) f. Cada una de las piedras puestas para atravesar a pie charcos, arroyos, etc. || 2. Cualquier cosa colocada para hacer lo mismo. || 3. MAR. Meollar o baderna. || **P.** alpondras; **I.** stepping-stone; **F.** pierre de passage; **A.** Trittstein; **It.** passatoia; **R.** переход.

PASADERAMENTE. m. adv. Medianamente, de modo pasadero.

PASADERO, RA. (De *pasar.*) adj. Que puede pasarse con facilidad. || 2. Medianamente bueno. || 3. Dícese de la cosa que es tolerable y puede pasar, aun con algún defecto. || 4. MÉJ. y ARGENT. Lugar por donde se pasa con frecuencia y la misma acción de pasar frecuentemente.

PASADÍA. f. Pasada. Congrua, suficiente para poder vivir.

PASADILLO. (De *pasado.*) m. Bordadura que pasa por ambos lados de la tela.

PASADIZO. m. Paso estrecho para ir, atajando camino de una parte a otra, en casas o calles. || 2. fig. Cualquier otro medio que sirve para pasar de un sitio a otro. || **P.** passadiço; **I.** alley; **F.** couloir; **A.** Laufbrücke; **It.** passaggio; **R.** переход.

PASADO, DA. p.p. de pasar. || 2. adj. Gastado, podrido, demasiado maduro, hablando de frutas. || 3. *Tiempo que* PASÓ. || 4. Soldado que ha desertado y se ha pasado al enemigo. || 5. m. pl. Ascendientes o antepasados. || 3.ª acep.: **P.** past; **I.** past; **F.** passé; **A.** Vergangenheit; **It.** passato; **R.** перезрелый.

PASADOR, RA. adj. Que pasa de una parte a otra. Aplícase al que pasa contrabando. Ú.t.c.s. || 2. m. Flecha o saeta muy aguda, disparada con ballesta. || 3. Barra metálica sujeta a una hoja de puerta o ventana que sirve para cerrar corriéndola hasta introducirla en una hembrilla, sujeta en el marco. || 4. Varilla de metal que une las palas pasando por los anillos en las visagras y piezas semejantes, y sirve para el movimiento de dichas piezas. || 5. Aguja grande de metal u otra materia usada por las mujeres para sujetar el pelo recogido o algún adorno de la cabeza. || 6. Sortija para mantener la corbata ceñida al cuello. || 7. Imperdible clavado en el pecho de los uniformes, usado para sujetar las condecoraciones. || 8. Broche usado por las mujeres para mantener la falda en la cintura. || 9. Utensilio, de ordinario cónico, de hojalata, con fondo agujereado o de tela metálica, usado para colar. || 10. Botón suelto en el cual se abrochan varios ojales. || 11. MAR. Instrumento de hierro a modo de punzón utilizado para abrir los cordones de los cabos para empalmarlos. || 3.ª acep.: **P.** pasador; **I.** bolt-pin; **F.** goupille, agrafe; **A.** Bindenadel; **It.** chiavistello, caviglia; **R.** задвижка, засов.

PASADURA. (De *pasar.*) f. Tránsito de una parte a otra. || 2. fig. Llanto convulsivo de algunos niños que lleva a privarles momentáneamente de la respiración.

PASAGONZALO. (De *pasar* y el n. p. *Gonzalo.*) m. fam. Pequeño golpe dado con la mano particularmente en las narices.

PASAJE. m. Acción de pasar de una parte a otra. || 2. Derecho que se paga por pasar por un paraje. || 3. Sitio por donde se pasa. || 4. Precio pagado en los viajes marítimos por el transporte de las personas. || 5. Totalidad de viajeros que van en un mismo buque. || 6. Estrecho entre dos islas o entre una isla y tierra firme. || 7. Trozo de un libro, discurso o texto. || 8. Acogida o trato que se dispensa a alguien. || 9. Derecho que pagan los caballeros al profesar en la religión de San Juan. || 10. Paso público entre dos calles. || 11. MÚS. Tránsito o mutación hecha con arte de una voz o de un tono a otro. || 3.ª acep.: **P.** passagem; **I.** y **F.** passage; **A.** Durchgang; **It.** passaggio; **R.** плата за проезд.

PASAJERO, RA. (De *pasaje.*) adj. Dícese del lugar por donde pasa continuamente mucha gente. || 2. Que pasa pronto. || 3. Que pasa o va de camino. Ú.t.c.s. || 4. *Ave* PASAJERA, *migratoria.* || 2.ª acep.: **P.** transitório; **I.** transitory; **F.** passager; **A.** Vorübergehend; **It.** passagiero, transitorio; **R.** преходящий. || 3.ª acep.: **P.** viajante, passageiro; **F.** passager; **A.** Reisender; **It.** passaggiero; **R.** путешественник.

PASAJUEGO. (De *pasar* y *juego.*) m. Rechazo que en el juego de pelota se da a ésta desde el resto, lanzándola en dirección contraria hasta el saque.

★ **PASAL.** (De *paso.*) m. En Maragatería, peldaño y travesaño de las escaleras.

★ **PASÁLIDOS.** m. pl. ZOOL. Familia de insectos lamelicornios, de cuerpo negro brillante que viven en los países tropicales.

★ **PASAMACHO.** m. vulg. P. RICO. Pasatiempo.

PASAMANAR. tr. Fabricar una cosa con pasamanos.

PASAMANERÍA. f. Obra o fábrica de pasamanos. || 2. Oficio de pasamanero. || 3. Taller donde se fabrican pasamanos. || 4. Tienda donde se venden. || **P.** passamanaria; **I.** y **F.** passementerie; **A.** Posamentierarbeit; **It.** passamaneria; **R.** позументная работа.

PASAMANERO. m. El que hace o vende pasamanos.

PASAMANO. (De *pasar* y *mano.*) m. Especie de galón o trencilla, flecos y otros adornos de oro, plata, seda, etc., que se hace para adornar vestidos y otras cosas. || 2. Barandal. || 3. MAR. Paso de proa a popa, en los navíos, junto a la borda. || 2.ª acep.: **P.** corrimão; **I.** hand-rail; **F.** main courante; **A.** Treppengeländer; **It.** guardamano, corrimano; **R.** обивка.

PASAMENTO. m. ant. Pasamiento.

PASAMIENTO. (De *pasar.*) m. Paso o tránsito.

PASANTE. adj. BLAS. Dícese del animal pintado en el escudo en actitud de andar. || 2. El que asiste al maestro de una facultad en el ejercicio de ella, para imponerse en su práctica. || 3. En algunas facultades, profesor con quien estudian los que se han de examinar. || 4. El que explica la lección a otro. || —**de pluma.** El que pasa con un abogado y tiene la misión de escribir lo que le dictare. || 2.ª acep.: **P.** assistente; **I.** assistant; **F.** passant; **A.** Repetitor, Assistent; **It.** praticante; **R.** помощник.

PASANTÍA. f. Ejercicio del pasante en profesiones y facultades. || 2. Tiempo que dura este ejercicio.

PASANZA. (De *pasar.*) f. ant. Exención de derecho de pasaje.

PASAPÁN. (De *pasar* y *pan.*) m. fam. Garguero.

PASAPASA. m. Juego de pasa pasa.

PASAPERRO (COSER A). (De *pasar* y *perro.*) fr. fig. Encuadernar en pergamino libros de poco volumen, haciendo dos taladros en el borde del lomo para pasar por ellos una correhuela que sujeta hojas y tapas.

PASAPORTAR. tr. Dar o expedir pasaporte.

PASAPORTE. (f. *passeport.*) m. Licencia por escrito para pasar segura y libremente de un país a otro. || 2. Licencia concedida a los militares para que en los lugares del itinerario se les asista con alojamiento y bagajes. Actualmente se refiere sólo a los medios de locomoción. || 3. fig. Licencia o libertad de ejecutar una cosa. || *Dar* a uno *el* PASAPORTE. fig. y fam. Despedirle, despacharle. || **P.** passaporte; **I.** passport; **F.** passeport; **A.** Pass, Reisepass; **It.** passaporto; **R.** паспорт.

★ **PASAPORTODO.** m. P. RICO. Serruchito puntiagudo. || 2. com. fig. P. RICO. Persona excesivamente tolerante.

PASAR. (l. *passare,* de *passus,* paso.) tr. Llevar de un lugar a otro. || 2. Mudar a uno de un lugar o de una clase a otros. Ú.t.c.intr. y como r. || 3. Atravesar, cruzar de una parte a otra. PASAR *el mar.* || 4. Enviar. || 4.ª acep. PASAR *un mensaje.* || 5. Con ciertos nombres que indican un punto, ir más allá de él. PASAR *la raya.* || 6. Penetrar o traspasar. || 7. Introducir géneros prohibidos o que adeudan derechos. || 8. Exceder, superar. Ú.t.c.r. || 9. Transferir algo a un sujeto a otro. Ú.t.c.intr. || 10. Sufrir, tolerar. || 11. Llevar una cosa sobre otra de manera que la vaya tocando. PASAR *el cepillo.* || 12. Introducir una cosa en el hueco de otra. PASAR *el hilo por el ojo de la aguja.* || 13. Colar un líquido. || 14. Cerner. PASAR *por el tamiz.* || 15. Tratándose de comida o bebida, tragar. || 16. No poner reparo en una cosa. || 17. Conceder el pase a las bulas o decretos pontificios. || 18. Omitir algo que se debiera tratar o decir. || 19. Disimular una cosa. *Ya te he* PASADO *muchas trastadas.* || 20. Estudiar privadamente una ciencia con uno. || 21. Asistir al bufete de un abogado o acompañar al médico en sus visitas para

P adquirir práctica. || **22.** Explicar privadamente una ciencia a un discípulo. || **23.** Recorrer la lección el estudiante. || **24.** Leer o rezar sin atención. || **25.** Secar al sol, al aire o con lejía. || **26.** CINEMAT. Proyectar una película. || **27.** Intr. Extenderse una cosa de unos a otros. || **28.** Tocarse una cosa en otra. || **29.** Tener lo necesario para vivir. || **30.** En algunos juegos de naipes, no entrar, y en el dominó, no poner ficha. || **31.** Dar de barato. || **32.** Con la prep. *a* y algunos infinitivos y sustantivos, proceder a la acción de lo que significan. PASAR *a cenar.* || **33.** Referirse al tiempo, ocuparlo bien o mal. PASAR *el día en el campo.* || **34.** Morir. PASAR *a mejor vida.* || **35.** Hablando de géneros vendibles, tener precio. || **36.** Vivir, tener salud. || **37.** Hablando de moneda, admitirla sin reparo. || **38.** Durar las cosas que se podrían gastar. *Estos zapatos pueden* PASAR *el invierno.* || **39.** Cesar una cosa. PASÓ *el enfado.* || **40.** fig. Ofrecerse una cosa ligeramente al discurso o al pensamiento. || **41.** Seguido de la prep. *por*, tener opinión o concepto de. PASAR *por listo.* || **42.** Con la prep. *sin* y algunos nombres, no necesitar lo que ellos significan. PASAR *sin dinero.* Ú.t.c.r. || **43.** Acontecer. || **44.** r. Tomar un partido contrario al que se tenía antes. || **45.** Acabarse. || **46.** Borrarse una cosa de la memoria. || **47.** Empezar a pudrirse las cosas, carnes, etc. || **48.** Perderse la ocación en la que podía ser eficaz alguna cosa. PASARSE *la lumbre.* || **49.** Exceder en una propiedad o usar de ella en demasía. PASARSE *de bueno.* || **50.** Entre profesores de facultades, exponerse al examen o prueba para poder ejercitarlas. || **51.** En algunos juegos hacer más puntos de los convenidos para ganar, y perder por ello. || **52.** Hablando de las cosas que encajan en otras, no alcanzar el efecto que se pretende. || *Lo* PASADO, PASADO. expr. con la cual se exhorta a olvidar los motivos de queja o enfado. || PASAR *de largo.* Ir o atravesar por una parte sin detenerse. || **2.** No hacer reparo en lo que se lee o trata. || PASAR *en blanco* o *en claro* una cosa. fr. Omitirla. PASARLA. fr. COLOM. Sonrojarse. || PASARLO. loc. con que se denota el estado de salud o de fortuna de alguien. *Cómo lo* PASA *fulano.* || PASAR uno *por* una casa, oficina, etc. fr. Ir al sitio que se designa para cumplir un asunto. || PASAR uno *por* alguna cosa. fr. Tolerarla. || PASAR uno *por* alto alguna cosa. fr. fig. Omitirla. || PASAR uno *por* encima. fr. fig. Atropellar por todos los inconvenientes que se oponen a un intento. || **2.** fig. Anticiparse en un empleo, el menos antiguo a otro a quien correspondía ocuparle. || PASARSE *de listo.* fr. fig. Equivocarse por exceso de malicia. || PASARSE *de rosca.* fig. Irse más allá de lo normal en cualquier línea. || *Un buen* PASAR. fr. que explica que uno goza de regulares comodidades. || **P.** passar, conduzir, trasladar, sofrer; **I.** to pass, to carry over, to go across, to hand, to suffer; **F.** passer, transporter, envoyer, souffrir, pardonner; **A.** überbringen, stecken, leiden, durchgehen, verzeihen; **It.** passare, trapassare, transire, pòrgere, soffrire; **R.** перевозйть, переносить, переезжать, передавать.

PASARELA. (ital. *passarella.*) f. Puente provisional o pequeño. || **2.** En los buques de vapor, puentecillo transversal delante de la chimenea.

PASATIEMPO. (De *pasar* y *tiempo.*) m. Entretenimiento o diversión para pasar el rato. || **P.** e **It.** passatempo; **I.** pastime; **F.** passe-temps; **A.** Zeitvertreib; **R.** времяпрепровождение.

* **PASATIVA.** (De *pasar.*) f. COLOM. Vergüenza.

PASATORO (A). m. adv. TAUROM. Aplícase a la manera de dar la estocada al pasar el toro, no recibiéndolo a volapié.

PASATURO. m. desus. El que pasaba con otro una ciencia o facultad, atendiendo a su explicación. Úsab. entre los estudiantes.

* **PASAUITA.** f. MINERAL. Silicato de aluminio, calcio y sodio, con pequeñísimas cantidades de potasio y magnesio.

PASAVANTE. (De *pasar* y *avante.*) m. MAR. Salvoconducto que da a un buque el jefe de la flota enemiga. || **2.** MAR. Documento de carácter provisional que da el cónsul al buque mercante adquirido en el extranjero para que pueda llegar a puerto nacional, para matricularse. || **3.** Documento provisional dado por las autoridades de Marina, para justificar la falta del definitivo. || 2.ª acep.: **P.** salvo conduto naval; **I.** safe-conduct; **F.** passavant; **A.** Passierschein; **It.** passavanti; **R.** проходное.

PASAVOLANTE. (De *pasar* y *volante.*) m. Acción ejecutada sin reparo y brevemente. || **2.** Especie de culebrina de muy poco calibre.

PASAVOLEO. (De *pasar* y *voleo.*) m. Lance del juego de pelota consistente en que quien vuelve la pelota la pasa hasta más allá del saque por encima de la cuerda.

* **PASAYA.** f. PERÚ. Raíces secas de plátano, con que los campesinos atan los troncos en sus construcciones.

* **PASCANA.** (Voz quichua.) f. ECUAD. y CHILE. Tambo. Mesón o alojamiento de recuas. || **2.** ARGENT. Parada, etapa en un viaje.

* **PASCAR.** intr. BOL. Acampar.

* **PASCAS.** m. pl. ETNOGR. Indios comechingones que vivían en la provincia de San Luis de la Argentina.

PASCASIO. m. fig. y fam. Estudiante que se iba a pasar las Pascuas a su casa.

* **PASCLE.** m. BOT. MÉJ. Musgo que vive sobre los árboles.

PASCO. (l. *pascŭum.*) m. ant. Pasto.

PASCUA. (l. *pascha*, y éste del hebr. *peşah*, sacrificio por la inmunidad del pueblo.) La fiesta más solemne de los hebreos. La celebraban a la mitad de la luna de marzo, en recuerdo de la salida de Egipto. || **2.** Fiesta de la Resurrección del Señor en la Iglesia Católica, en fecha variable entre el 22 de marzo y el 25 de abril. || **3.** Cualquiera de las festividades del nacimiento de Cristo, adoración de los Magos y venida del Espíritu Santo. || **4.** pl. Tiempo desde la Natividad del Señor hasta el día de Reyes, inclusive. || PASCUA *Florida.* La de Resurrección. || **—de Pentecostés.** La que conmemora la venida del Espíritu Santo sobre el Colegio Apostólico. || *Dar las* PASCUAS. fr. Felicitar en ellas a alguien. || *De* PASCUAS *a Ramos.* loc. adv. fig. y fam. De tarde en tarde. || *Estar* uno *como una* PASCUA o *como unas* PASCUAS. fr. fig. y fam. Estar muy contento. || *Santas* PASCUAS. loc. fam. que da a entender que es forzoso conformarse con lo que sucede, se hace o se dice. || *Tener cara de* PASCUA. fr. fig. y fam. Mostrarse alegre y placentero. || 2.ª acep.: **P.** Páscoa; **I.** Easter; **F.** Pâques; **A.** Ostern; **It.** Pasqua; **R.** пасха. || 4.ª acep.: **P.** Natal; **I.** Christmas; **F.** Nöel; **A.** Weihnachten; **It.** Natale; **R.** рождество.

PASCUAL. (l. *paschālis.*) adj. Perteneciente o relativo a la Pascua. || *Tiempo* PASCUAL. LIT. Tiempo del año eclesiástico que comienza en Pascua de Resurrección y termina en la Nona de Pentecostés. || **P.** pascoal; **I.** paschal; **F.** pascal; **A.** osterlich; **It.** pasquale; **R.** пасхальный.

PASCUALA. n. p. *Tal para cual*, PASCUALA *con* PASCUAL. ref. con que se explica la igualdad o relación de dos cosas despreciables.

* **PASCUALA.** f. HOND. La muerte.

PASCUERO. adj. V. *Estudiante* PASCUERO.

PASCUILLA. (d. de *pascua.*) f. Primer domingo después del de Pascua de Resurrección.

PASE. (imper. del verbo *pasar*, palabra con que suelen empezar esta clase de documentos.) m. Permiso que un tribunal o un superior da para que se use de un privilegio o licencia. || **2.** Dado por escrito se suele tomar por pasaporte en algunos países americanos. || **3.** Licencia por escrito que permite pasar algunos géneros de un lugar a otro, o para entrar en algún lugar o local, o también para viajar gratuitamente. || **4.** Acción y efecto de pasar en el juego. || **5.** Cada uno de los movimientos que hace con las manos el magnetizador a la persona que quiere someter a su infiuencia. || **6.** Exequátur. || **7.** ESGR. Finta, movimiento semicircular que se hace con la espada pasando por debajo del acero del contrario. || **8.** TAUROM. Cada una de las veces que el torero, después de haber citado al toro con la muleta, lo deja pasar. También se dice PASE *de muleta.* || **P.** passe; **I.** pass-ticket; **F.** permis, laissez-passer; **A.** Pass, Passierzettel; **It.** lasciapassare; **R.** пропуск.

PASEADERO. (De *pasear.*) m. Paseo, 2.ª acep.

PASEADOR, RA. adj. Que se pasea mucho.

PASEANA. f. ARGENT. Etapa o parada en un viaje. || **2.** ECUAD. Tambo, mesón.

PASEANTE. p.a. de pasear. Que pasea. Ú.t.c.s. || **—en corte.** fig. y fam. Dícese del que no tiene destino ni ocupación útil.

PASEAR. (De *paseo.*) intr. Andar por diversión o por hacer ejercicio. Ú.t.c.tr. y c.r. || **2.** Marchar con los mismos fines, a caballo o en carruaje. Ú.t.c.r. || **3.** Andar el caballo con paso natural. || **4.** tr. Hacer pasear. PASEAR *a un niño.* || **5.** fig. Llevar algo de una parte a otra. || **6.** r. fig. Discurrir sobre una materia sin hacer pie en ella. || **7.** fig. Hablando de cosas no materiales, andar vagando. || **8.** fig. Estar ocioso. || **P.** passear; **I.** to walk; **F.** promener; **A.** spazierengehen, durchwandeln; **It.** passeggiare; **R.** гулять.

PASEATA. f. Paseo. || **2.** TAUROM. Paseo de las cuadrillas antes de comenzar la corrida.

PASEO. (De *pasear.*) m. Acción de pasear. || **2.** Lugar público para pasearse. || **3.** Distancia corta que puede recorrerse paseando. || **4.** TAUROM. El que hacen las cuadrillas de toreros en correcta formación antes de comenzar la corrida. || **—militar.** Marcha de instrucción o entrenamiento que realiza la tropa. || *Anda* o *andad a* PASEO. expr. fig. y fam. que se emplea para despedir con enfado a alguno, o para denegar alguna cosa. || *Mandar a* uno *a* PASEO. expr. fig. y fam. Despedirlo con cajas destempladas. || **P.** passeio; **I.** walk; **F.** promenade; **A.** Promenade; **It.** passeggiata; **R.** прогулка.

PASERA. (De *pasa.*) f. Lugar donde se desecan las frutas para que se hagan pasas. || **2.** Operación de pasar algunas frutas.

* **PASERINOS.** (l. *passer*, pájaro.) m. pl. ZOOL. Nombre dado al orden de los pájaros.

PASERO, RA. adj. Dícese de la caballería enseñada al paso.

PASERO, RA. m. y f. Persona que vende pasas.

PASIBILIDAD. (l. *passibilĭtas, -ātis.*) f. Calidad de pasible.

PASIBLE. (l. *passibĭlis.*) Que puede o es capaz de padecer.

PASICORTO, TA. adj. Que tiene el paso corto.

PASIEGO, GA. adj. Se aplica al natural de Pas. Ú.t.c.s. || **2.** Perteneciente o relativo a este valle de la provincia de Santander.

PASIFLORA. (l. *passio, -onis*, pasión, y *flos, floris*, flor, por el parecido entre algunas partes de la flor y los atributos de la Pasión.) f. BOT. Género de plantas, la mayoría de la América tropical, entre ellas la pasionaria.

PASIFLORÁCEO, A. (De *passiflora*, nombre de un género de plantas.) adj. BOT. Aplícase a unas hierbas y arbustos angiospermos dicotiledóneos, propios de países cálidos, principalmente de la América tropical.

PASIFLÓREO, A. (l. *passĭo*, pasión, y *flos*, flor.) adj. BOT. Pasifloráceo.

* **PASIGRAFÍA.** (gr. πᾶς, todo, y γράφω, escribir.) f. Escritura ideográfica universal.

PASILARGO, GA. adj. Que tiene el paso largo.

PASILLO. (d. de *paso.*) m. Pieza de paso, larga y estrecha en una casa. || **2.** Cada una de las puntadas largas con que se forman los ojales y ciertos bordados. || **3.** Cláusula de la Pasión de Cristo que se repite muchas veces en los Oficios de Semana Santa. || **4.** Pieza dramática muy breve. || **—aéreo.** Ruta obligatoria de amplitud limitada para el tráfico aéreo. || **P.** corredor; **I.** corridor; **F.** couloir; **A.** Korridor; **It.** corrìdoio; **R.** коридор.

PASIÓN. (l. *passio, -ōnis.*) f. Acción de padecer. || **2.** Por antonomasia la de Nuestro Señor Jesucristo. || **3.** Lo contrario de la acción. || **4.** Estado pasivo en el sujeto. ||

5. PSICOL. Estado afectivo duradero del ánimo que impulsa y hasta monopoliza con fuerza las actividades del hombre || **6.** Cualquier afecto desordenado del ánimo. || **7.** Inclinación y preferencia muy vivas por una persona. || **8.** Afición vehemente por una cosa. || **9.** Sermón sobre los padecimientos y muerte de Jesucristo los días de Jueves y Viernes Santos. || **10.** Parte de cada uno de los cuatro Evangelios en que se describe la Pasión del Señor. || **—de ánimo.** Nostalgia. || PASIÓN *no quita conocimiento.* fr. proverb. empleada cuando se reconocen y confiesan los defectos de alguna persona querida. || 5.ª acep.: **P.** paixão; **I.** y **F.** passion; **A.** Leidenschaft; **It.** passione; **R.** тоска.

PASIONAL. adj. Perteneciente o relativo a la pasión, especialmente la amorosa. || **P.** e **I.** passional; **F.** passionnel; **A.** leidenschaftlich; **It.** passionale; **R.** страстный.

PASIONARIA. (De *pasión,* por la semejanza entre las partes de la flor y los atributos de la Pasión.) f. BOT. Planta pasiflorácea originaria del Brasil, de tallos trepadores, hojas pecioladas, partidas en número impar de lóbulos, flores olorosas pedunculadas. Las licinias del cáliz tienen figura de hierro de lanza, la corola, filamentos purpurinos y blancos en círculo, como corona de espinas, y tres estigmas tienen forma de clavo. || **2.** Granadilla, flor de la pasionaria. || **P.** pasiflórea; **I.** passion-flower; **F.** passionnaire, passiflore, fleur de la Passion; **A.** Passionsblume; **It.** fior di passione, passiflora; **R.** страстоцвет.

PASIONARIO. m. Libro de canto de Pasión en Semana Santa.

PASIONCILLA. (d. de *pasión.*) f. Pasión pasajera. || **2.** Movimiento ruin del ánimo en contra de alguien.

PASIONERA. f. MURC. Pasionaria.

PASIONERO. m. El que canta la Pasión en los oficios divinos de Semana Santa. || **2.** Sacerdote encargado en algunos hospitales de la asistencia a los enfermos.

* **PASIONERO, RA.** adj. CHILE. Voluble, inconstante.

PASIONISTA. m. Pasionero, 1.er art., 1.ª acep.

PASITAMENTE. adv. Blanda y calladamente.

PASITO. m. d. de paso. || **2.** Con gran tiento, suavemente.

PASITROTE. (De *paso* y *trote.*) m. Trote corto que naturalmente suelen tomar las caballerías no amaestradas.

PASIVAMENTE. adv. Con pasividad. || **2.** De un modo pasivo, dejando, el que tiene interés en un asunto, que obren otros. || **3.** GRAM. En sentido pasivo.

PASIVIDAD. (l. *passivĭtas, -ātis.*) f. Calidad de pasivo. || **P.** passividade; **I.** passivity, passiveness; **F.** passivité; **A.** Untätigkeit; **It.** passività; **R.** пассивность.

PASIVO, VA. (l. *passīvus.*) adj. Dícese de quien recibe la acción del agente sin cooperar a ella. || **2.** Aplícase a quien, inactivo en cosa de su interés, deja que los demás obren. || **3.** COM. Importe total de débitos y obligaciones de una persona o entidad, y coste, riesgo y cuanto se considera como disminución del activo en una empresa. || **4.** FOR. Aplícase a los juicios, civiles o militares, con relación al reo. || GRAM. Que denota pasión en sentido gramatical. || **P.** e **It.** passivo; **I.** passive; **F.** passif; **A.** passiv, untätig; **R.** пассивный.

PASMADO, DA. p.p. de pasmar. || **2.** adj. V. *Madera* PASMADA. || **3.** BLAS. Se dice de ciertos peces que se representan con la boca abierta y sin lengua, aletas ni barbas. || **4.** BLAS. V. *Águila* PASMADA. || **5.** BLAS. V. *Delfín* PASMADO.

PASMAR. (De *pasmo.*) tr. Enfriar mucho o bruscamente. Ú.t.c.r. || **2.** Helarse las plantas en tanto grado que se sequen. Ú.t.c.r. || **3.** Asombrar en extremo. Ú.t.c. intr. y c.r. || **4.** Contraer la enfermedad del pasmo. || **5.** Encanijarse. || **6.** Lastimar la silla el lomo del caballo. || 3.ª acep.: **P.** pasmar; **I.** to astonish; **F.** étonner, épater; **A.** verblüffen; **It.** stupefare; **R.** цепенеть.

PASMAROTA. f. fam. Ademanes o demostraciones con que se aparenta pasmo. || **2.** fam. Cualquiera de los ademanes con que se aparenta admiración por cosa que no lo merece.

PASMAROTADA. f. Pasmarota.

PASMAROTE. (De *pasmar.*) m. fam. Estafermo, persona embobada y sin acción.

PASMO. (l. *spasmus,* y éste del gr. σπασμός.) m. Efecto de un enfriamiento, con romadizo, dolor de huesos, etc. || **2.** Tétanos. || **3.** Admiración y asombro extremados. || **4.** fig. Objeto que produce esta admiración. || **5.** AMÉR. Enfermedad endémica en los países tropicales de América. || **6.** FITOPAT. Enfermedad muy extendida del lino, causada por un hongo que ataca los troncos, tallos y hojas formando manchas parduscas. || **—de estómago.** El que ataca esta parte del cuerpo por haber bebido agua fría después de haber comido muy caliente. || **—de luna.** CUBA. El contraído por la caballería sofocada al quitarle el aparejo prontamente. || **—de sabana.** CUBA. El contraído por la caballería que ha sufrido el rigor del sol, del agua y del frío. || *De* PASMO. m. adv. Pasmosamente. || **P.** esfriamento; **I.** spasm; **F.** pamoison; **A.** Krampf, Schnupfen; **It.** spàsimo; **R.** столбняк.

PASMÓN, NA. m. y f. Persona torpe de entendimiento y voluntad, que parece estar en continuo asombro. Ú.t.c. adj.

PASMOSAMENTE. adv. De una manera pasmosa.

PASMOSO, SA. adj. fig. Que causa pasmo o asombro grande. || **2.** Espasmódico. || **P.** pasmoso; **I.** wonderful; **F.** épatant; **A.** erstaunlich; **It.** stupendo; **R.** изумительный.

* **PASMUNO, NA.** adj. vul. P. RICO. Crónico, hablando de enfermedades.

PASO. (l. *passus.*) m. Movimiento de cada uno de los pies al andar. || **2.** Espacio comprendido entre el talón de un pie y el del que se ha movido hacia adelante. || **3.** Peldaño. || **4.** Movimiento regular y cómodo de una caballería, teniendo un pie en el aire y los otros tres en el suelo. || **5.** Acción de pasar. || **6.** Sitio por donde se pasa. || **7.** Diligencia hecha para conseguir algo. Ú.m. en pl. || **8.** Huella que queda al andar. || **9.** Licencia para pasar sin estorbo. || **10.** Facultad de transferir a otro gracia o empleo. || **11.** Exequátur. || **12.** Ascenso, en los estudios, de una clase a otra. || **13.** Repaso o explicación del pasante a sus discípulos, o conferencia de éstos entre sí sobre materias estudiadas. || **14.** Suceso digno de atención. || **15.** Adelantamiento hecho en virtud, ocupación, empleo, etc. || **16.** Movimiento seguido al andar un ser animado. || **17.** Trance grave, como el de la muerte. || **18.** Cualquiera de los momentos más notables de la Pasión de Cristo. || **19.** Efigie o grupo que representa estos momentos y que se exhiben en las procesiones de Semana Santa. || **20.** Mudanza en el baile. || **21.** Pasaje de un escrito. || **22.** Puntada larga con que se repasa la ropa usada. || **23.** Puntada larga del hilván. || **24.** Acto de la vida o conducta de un hombre. || **25.** Pieza dramática muy breve. || **26.** Estrecho de mar. PASO *de Calais.* || **27.** MEC. Distancia entre dos resaltes sucesivos en la hélice de un tornillo. || **28.** Sitio del monte por donde acostumbra a pasar la caza. || **29.** Tránsito de las aves al emigrar de una región a otra. || **30.** AMÉR. Vado o paraje de un río de fondo llano y poco profundo. || **—atrás.** MIL. Movimiento retrógado a la velocidad del paso ordinario y longitud de 33 cm. || **—castellano.** Paso largo y sentado en las bestias caballares. || **—corto.** MIL. El de marcha a razón de 120 por minuto y longitud de 33 cm. || **—de estudio.** CHILE. Sala de estudio. || **—de comedia.** Pasaje de un poema dramático, especialmente el elegido para representarle suelto. || **2.** fig. Suceso de la vida real que divierte. || **—de gallina.** fig. y fam. Diligencia insuficiente para lograr un intento. || **—de garganta.** Inflexión de la voz en el canto. || **—de papeles.** La lectura que de los suyos hacen los actores para cotejarlos con el ejemplar del apuntador. || **—doble.** MÚS. Marcha a cuyo compás la tropa puede llevar el paso. || **—largo.** MIL El de la marcha a velocidad de 120 por minuto y longitud de 75 cm. || **—lateral.** MIL. El dado a derecha o izquierda. || **—lento.** MIL. El de la marcha a razón de 76 por minuto y 55 cm. de longitud. || **—libre.** El que está libre de obstáculos. || **—ligero.** MIL. El de marcha con velocidad de 180 por minuto y de 83 cm. de longitud. || **—ordinario.** MIL. El de marcha a razón de 120 por minuto y 65 cm. de longitud. || **—picado.** ANT. y PAN. El corto, ligero, suave y acompasado de la caballería. || **—redoblado.** MIL. El ordinario, según la táctica moderna. || *Buen* PASO. Vida regalada. || *A buen* PASO. m. adv. De prisa. || *A cada* PASO. m. adv. fig. Repetidamente, continuadamente. || *A dos* PASOS. m. adv. fig. A corta distancia. || *A ese* PASO. m. adv. De ese modo. || *A ese* PASO, *el día* o *la vida, es un soplo.* expr. fig. con que se amonesta al que gasta sin moderación. || *Alargar el* PASO. fr. am. Andar de prisa. || *Al* PASO. Sin detenerse. || **2.** Al pasar por una parte yendo a otra. || *Al* PASO *que.* loc. fig. Al modo, como. || **2.** A la vez. || *Andar en malos* PASOS. fr. fig. Observar mala conducta. || *A* PASO *de buey.* m. adv. fig. Con suma lentitud. || *A* PASO *de carga.* m. adv. fig. Precipitadamente. || *A pocos* PASOS. m. adv. A poca distancia. || **2.** fig. Con poca diligencia. || *Apretar el* PASO. fr. fam. Acelerar la marcha. || *Asentar* uno *el* PASO. fr. fig. y fam. Vivir quieta y tranquilamente. || *Cada* PASO *es un gazapo.* expr. fig. y fam. con que se alude a las faltas sumamente repetidas que uno comete. || *Ceder el* PASO. Dejar por cortesía que otra persona pase antes. || *Cerrar el* PASO. Cortarlo. || **2.** fig. Estorbar el progreso de un negocio. || *Contar los* PASOS *a* uno fr. fig. Averiguar todo lo que hace. || *Llevar el* PASO. fr. Seguirlo en forma regular. || *Marcar el* PASO. fr. MIL. Figurarlo en su compás y duración sin avanzar ni retroceder. || PASO *a* PASO. m. adv. Despacio. || *Por los mismos* PASOS. m. adv. fig. Siguiendo las huellas de uno o procediendo según él. || *Por sus* PASOS *contados.* m. adv. fig. Por su orden o curso regular. || *Sacar de su* PASO *a* uno. fr. fig. y fam. Hacerle obrar fuera de su costumbre. || *Salirle* a uno *al* PASO. Encontrarlo de improviso y deliberadamente, y detenerlo. || **2.** Atajarle en lo que intenta o dice. || *Volver* uno *sobre sus* PASOS. fr. fig. Desdecirse, rectificar. || **P.** e **It.** passo; **I.** step, pace; **F.** pas; **A.** Schritt, Gang; **R.** шаг.

PASO, SA. (l. *pansus* o *passus,* extendido.) adj. Dícese de la fruta extendida al sol para secarse y de la secada por cualquier otro procedimiento.

* **PASOSO, SA.** adj. AMÉR. Dícese del papel que se pasa con facilidad. || **2.** AMÉR. MERID. Permeable, poroso. || **3.** CHILE. Sudoroso, aplicándolo a las manos o los pies. || **4.** ECUAD. Contagioso.

PASOTE. m. Pazote.

* **PASPADURA.** f. ARGENT. Agrietamiento en la piel, principalmente en los labios.

PASPIÉ. (fr. *passe-pied.*) m. Danza que tiene los pasos del minué, con variedad de mudanzas.

* **PASQUEO.** m. PERÚ. Sistema de excavación por medio de cuña.

PASQUÍN. (ital. *Pasquino,* nombre de una estatua en Roma, en la cual solían fijarse los libelos.) m. Escrito anónimo fijado en sitio público con sátiras contra el gobierno o contra alguna persona o entidad. || **P.** pasquim; **I.** pasquin; **F.** placard; **A.** Pasquill, Schmähschrift; **It.** pasquino; **R.** листовка.

PASQUINADA. (ital *pasquinata.*) f. Dicho agudo y satírico que se divulga. || **P.** pasquinada; **I.** y **F.** pasquinade; **A.** beissendes Witzwort; **It.** pasquinata; **R.** издевательство.

PASQUINAR. tr. Satirizar con pasquines.

PÁSSIN. adv. lat. En una y otra parte. En diversos lugares. Ú. en las anotaciones y manuscritos.

PASTA. (l. *pasta,* y éste del gr. πάστη.) f. Masa hecha de una o de varias cosas machacadas. || **2.** Masa trabajada con manteca o aceite para hacer pasteles, hojaldres, etc. || **3.** Masa de harina de trigo, con que se hacen fideos y otras sopas. || **4.** Porción de oro, plata u otro metal fundido y sin labrar. || **5.** Cartón que se hace

P con papel machacado. || **6.** Masa que resulta de machacar y macerar trapos, madera y otras substancias para fabricar papel. || **7.** Encuadernación de los libros que se hace de cartones cubiertos. || **8.** IMPR. El conjunto de componentes de que se forma un rodillo. || **9.** PINT. Empaste, unión perfecta de los colores. || **10.** P. RICO, COLOM. y VENEZ. Calma, pachorra. || **—de chocolate.** Masa de cacao molido y mezclado con azúcar. || **—española.** Encuadernación de libros con cartones cubiertos de piel. || **—italiana.** Encuadernación de libros con cartón cubierto de pergamino muy fino. || *Buena* PASTA. fig. Índole apacible. || *Media* PASTA. Encuadernación a la holandesa. || **P.** pasta; **I.** paste; **F.** pâte; **A.** Teig, Masse; **It.** pasta; **R.** тесто, паста.

° **PASTA.** f. Dícese en repostería de los pequeños pasteles que se toman con el té, vino generoso, etc.

* **PASTACA.** f. AMÉR. Guisado de carne de cerdo.

PASTADERO. Terreno donde pasta el ganado.

PASTAFLORA. (ital. *pasta frolla.*) f. Pasta hecha con harina, azúcar y huevo, muy delicada. || *Ser* uno *de* PASTAFLORA. fr. fig. Ser de carácter demasiado condescendiente.

* **PASTAJE.** m. AMÉR. MERID. Pasto para el ganado.

* **PASTAL.** m. AMÉR. MERID. Pastizal. || **2.** Pasto para el ganado.

PASTAR. tr. Llevar el ganado al pasto. || **2.** intr. Pacer el ganado. || **P.** pastar; **I.** to pasture, to graze; **F.** paître; **A.** weiden; **It.** pascolare; **R.** пастись.

PASTE. m. C. RICA y HOND. Planta cucurbitácea cuyo fruto tiene un tejido poroso usado como esponja. || **2.** HOND. Planta parásita de los árboles.

* **PASTEADOR, RA.** (De *pastear.*) m. y f. PERÚ. Espía.

° **PASTEAR.** tr. Pastar. || **2.** AMÉR. Apacentar. || **3.** PERÚ. Espiar.

PASTECA. (ital. *pastecca.*) f. MAR. Motón herrado, con una abertura en uno de los lados de su caja, para pasar el cabo con que se ha de trabajar. || **2.** MAR. Trozo de tabla gruesa con un diente grande en un extremo, próximo a la serviola y con una roldana que gira para pasar el capón del que pende el ancla.

PASTEL. (fr. o prov. *pastel*, y éste del l. *pastillum.*) m. Masa de harina y manteca, en que ordinariamente se envuelve crema o dulce, cociéndose después en el horno. || **2.** Hierba pastel. || **3.** Pasta hecha con las hojas de la hierba *pastel* que sirve para teñir. || **4.** Lápiz compuesto de una materia colorante y agua de goma. || **5.** Pintura al pastel. || **6.** Fullería en el juego de naipes que consiste en barajarlos de modo que vayan a parar al que reparte o a su compañero las mejores cartas. || **7.** fig. y fam. Convenio entre varios con malos fines o con excesiva transigencia. || **8.** fig. y fam. Persona pequeña y muy gorda. || **9.** Reducto irregular adaptado al terreno. || **10.** IMPR. Defecto originado por exceso de tinta. || **11.** IMPR. Conjunto de letra inútil destinada a fundirse de nuevo. || **12.** IMPR. Conjunto de líneas o planas desordenadas. || **13.** Guisado de pierna de carnero picada, y bien sazonado con especias, pan y queso rallados. || *Descubrirse el* PASTEL. fr. fig. y fam. Descubrirse algo que se procura ocultar. || **P.** pastel; **I.** pie, cake; **F.** pâté, gâteau, pastel; **A.** Pastete, Kuchen; **It.** pasticcio; **R.** пирог, пирожное.

PASTELEAR. intr. fig. y fam. Contemporizar por miras interesadas.

PASTELEJO. m. d. de pastel.

PASTELEO. m. Acción y efecto de pastelear.

PASTELERÍA. (De *pastelero.*) f. Local donde se hacen o venden pasteles. || **2.** Arte de trabajar pasteles, pastas, etc. || **3.** Conjunto de pasteles o pastas. || **P.** pasteleria; **I.** pastry cook's-shop; **F.** pâtisserie, confiserie; **A.** Bäckerei, Backwerk; **It.** pasticceria; **R.** кондитерская.

PASTELERO, RA. m. y f. Persona que hace o vende pasteles o pastas. || **2.** Persona acomodaticia en demasía. || **P.** pasteleiro; **I.** pastry-cook; **F.** pâtissier; **A.** Patisseur; **It.** pasticciere; **R.** кондитер.

PASTELILLO. (De *pastel.*) m. Dulce hecho de masa de mazapán u otra delicada y relleno de conservas.

PASTELISTA. com. El que practica la pintura al pastel.

PASTELÓN. (aum. de *pastel.*) m. Pastel en que, además de otros ingredientes, se pone carne picada, pichones, pollos, etc.

° **PASTELÓN.** m. AMÉR. Loseta de cemento para pavimentar.

PASTENCO, CA. adj. Aplícase a la res recién destetada que se echa al pasto. Ú.t.c.s.

* **PASTERELA.** f. Bacteria de virulencia variable, a veces muy enérgica, que produce en los animales diversas septicemias.

PASTERIZACIÓN. f. Acción y efecto de pasterizar.

PASTERIZAR. tr. Esterilizar la leche, el vino u otros líquidos por el procedimiento de Pasteur.

PASTERO. m. El que echa en los capachos la pasta de la aceituna molida.

PASTILLA. (d. de *pasta.*) f. Porción de pasta ordinariamente pequeña y de forma, generalmente cuadrangular o redonda. || **2.** Porción muy pequeña de pasta con alguna substancia medicinal. || *Gastar* uno PASTILLAS *de boca.* fr. fig. y fam. Hablar suavemente ofreciendo mucho y cumpliendo poco. || **P.** pastilha; **I.** cake; **F.** pastille; **A.** Pastille, Plätzchen; **It.** pastiglia. **R.** плитка, таблетка.

PASTINACA. (l. *pastināca.*) f. Chirivía, 1.ª acep. || **2.** ZOOL. Pez salacio marino, ráyido de cabeza puntiaguda, cuerpo aplastado, redondo y liso, de color amarillento con manchas obscuras en el lomo, y blanquecino en el vientre. Tiene en la cola un aguijón a manera de anzuelo con el cual hiere para defenderse. Es de gran tamaño; vive en nuestros mares y es comestible.

PASTIZAL. m. Terreno de pasto abundante.

PASTO. (l. *pastus.*) m. Acción de pastar. || **2.** Hierba que el ganado pace. || **3.** Cualquier cosa que sirve para el alimento del ganado. || **4.** m. Sitio en que pasta el ganado. Ú.m. en pl. *Asturias tiene buenos* PASTOS. || **5.** fig. Materia que mantiene la actividad de los agentes, como el combustible. || **6.** Hecho, noticia u ocasión que sirve para fomentar alguna cosa. *Dar* PASTO *a la maledicencia.* || **7.** Porción de comida que se da de una vez a las aves. || **—espiritual.** Enseñanzas que se da a los fieles. || **—seco.** Paja o frutos secos que se dan en invierno al ganado. || **—verde.** El que el ganado toma directamente del campo en buen tiempo. || *A* PASTO. m. adv. Hablando de la comida o bebida, hasta saciarse. || *A todo* PASTO. m. adv. En abundancia, sin restricciones. || *De* PASTO. De uso diario o frecuente. || 1.ª y 2.ª aceps.: **P.** pasto, alimento do gado; **I.** pasture; **F.** pâtis, pâture; **A.** Weiden, Futter; **It.** pasto; **R.** пастьба, фураж.

PASTOFORIO. (l. *pastophorium*, y éste del gr. παστοφόριον.) m. Habitación o celda que tenían en los templos los sumos sacerdotes de la gentilidad.

PASTÓN. m. AST. Pedazo de tierra de mala calidad que se deja para pasto.

PASTOR, RA. (l. *pastor.*) m. y f. Persona que guarda y apacienta el ganado, comúnmente el de ovejas. || **2.** Prelado o cualquier eclesiástico que tiene fieles a su cargo. || **—protestante.** Sacerdote de esta iglesia o secta. || *El buen* PASTOR. Nombre que Jesucristo se dio a sí mismo. || PASTOR *sumo* o *universal.* El Sumo Pontífice. || PASTOR *carabero, hace al lobo carnicero.* ref. que muestra lo perjudicial que es el descuido en la guarda de nuestras cosas. || **P.** pastor; **I.** shepherd; **F.** berger, pâtre; **A.** Hirt, Schäfer; **It.** pastore; **R.** пастух, пастор.

PASTORAL. (l. *pastorālis.*) adj. Pastoril. || **2.** Perteneciente a los prelados. || **3.** Perteneciente a la poesía que canta la vida de los pastores. || **P.** e **I.** pastoral; **F.** e **It.** pastorale; **A.** Hirtenbrief; **R.** пасторальный.

PASTORALMENTE. adv. Como pastor, al modo o manera de los pastores.

PASTOREAR. (De *pastor.*) tr. Llevar los ganados al campo y cuidar de ellos mientras pacen. || **2.** fig. Cuidar los prelados vigilantemente de sus súbditos; dirigirlos y gobernarlos.

PASTORELA. (ital. *pastorella.*) f. Tañido y canto sencillo y alegre, parecido al de los pastores. || **2.** Composición poética provenzal, especie de égloga.

PASTOREO. m. Ejercicio o acción de pastorear el ganado.

PASTORÍA. f. Oficio de pastor. || **2.** Pastoreo. || **3.** Conjunto de pastores.

PASTORICIO, CIA. (l. *pastoricĭus.*) adj. Pastoril.

PASTORIL. (De *pastor.*) adj. Propio o característico de los pastores.

PASTORILMENTE. adv. Al modo o manera de los pastores.

PASTOSIDAD. f. Calidad de pastoso.

PASTOSO, SA. (De *pasta.*) adj. Aplícase a las cosas que al tacto son suaves y blandas. || **2.** Dícese de la voz que, sin puntos altos, es agradable al oído. || **3.** Pintado con buena masa y pasta de color. || **P.** pastoso; **I.** pasty, mellow; **F.** pâteux; **A.** teigig; **It.** pastoso; **R.** тестообразный.

PASTOSO, SA. (De *pasto.*) adj. AMÉR. Se dice del terreno que tiene buenos pastos.

PASTUEÑO. adj. TAUROM. Dícese del toro de lidia que acude sin recelo al engaño.

PASTURA. (l. *pastūra.*) f. Pasto o hierba de que se alimentan los animales. || **2.** Porción de comida que se da a los bueyes. || **3.** Pasto.

PASTURAJE. (De *pasturar.*) m. Lugar de pasto común. || **2.** Derechos que se pagan para poder pastar los ganados.

PASTURAR. (De *pastura.*) tr. ant. Apacentar, alimentar el ganado.

PASUDO, DA. adj. MÉJ. y VENEZ. Dícese del pelo ensortijado como el de los negros, y también de la misma persona que tiene ese pelo.

PATA. (fr. *patte*, de la raíz indoeuropea *pat.*) f. Pie y pierna de los animales. || **2.** Pie o base de una cosa. || **3.** Hembra del pato. || **4.** Cartera en las prendas de vestir. || **5.** fam. Pierna. || PATA *de banco.* fig. y fam. y PATA *de gallo.* Despropósito, dicho necio o impertinente. || **—de cabra.** Instrumento de boj o de hueso con que los zapateros alisan los bordes de las suelas después de desvirarlas. || **—de gallina.** Daño que sufren algunos árboles consistente en grietas que parten del corazón del tronco y, en sentido radial, se dirigen a la periferia. || **—de gallo.** Planta anual de la familia de las gramíneas. || **2.** fig. Arruga de tres surcos que los años forman junto al ángulo externo del ojo. || **—de vaca.** BOT. Planta caparidácea de América del Sur, que se cultiva en los jardines. || **—galana.** fig. y fam. Pata coja. || **2.** Persona coja. || **—de perdiz.** Persona que lleva medias coloradas. || *A cuatro* PATAS. loc. adv. fam. A gatas. || *A la* PATA *coja.* Juego de muchachos, en que se anda sobre un solo pie llevando el otro levantado. || *A la* PATA *llana.* m. adv. Con llaneza, sin afectación. || *Ancorar a* PATA *de ganso.* fr. MAR. Echar, en forma de triángulo, tres áncoras al navío, una a babor, otra a estribor y otra hacia la parte de donde viene el viento. || *A* PATA. A pie, andando. || *Echar la* PATA. fr. fig. y fam. Aventajar. || *Echar* uno *las* PATAS *por alto.* fr. fig. y fam. Despotricar. || *Estirar la* PATA. fr. fig. y fam. Morir. || *Hacer la* PATA. CHILE. Lisonjear. || *Meter* uno *la* PATA. fr. fig. y fam. Intervenir en algo con dichos o hechos inoportunos. || PATAS *arriba.* m. adv. fig. y fam. Al revés o vuelto lo de abajo hacia arriba. || **2.** fig. y fam. Úsase para significar un gran desorden o desconcierto. || *Poner de* PATAS *en la calle* a uno. fr. fig. y fam. Echarle a la calle, despedirle de un puesto. || *Tener* uno *mala* PATA. fr. fam. Tener mala suerte. || **P.** pata; **I.** leg (of beasts); **F.** patte; **A.** Pfote, Tatze; **It.** zampa; **R.** лапа, утка.

PATA. (ital. *patta* y *pattar*, quedar en paz en los juegos, y éste del l. *pactāre.*) f. Empate en los juegos. Se emplea particularmente con los verbos *quedar*, *ser* y *salir.*

PATABÁN. m. CUBA. Árbol combretáceo que se cría en las ciénagas y tiene madera dura de color obscuro que es empleada para postes y otros usos.

PATACA. (ár. *abū ṭaqa*, el de la ventana, por las columnas de Hércules que la figuran.) f. Patacán, peso duro. ‖ **2.** Antigua moneda de dos cuartos.

PATACA. (De *patata*.) f. Aguaturma. ‖ **2.** Tubérculo de la raíz de esta planta, que es de color rojizo o amarillento, fusiforme, carne acuosa, algo azucarada y buen comestible para el ganado.

PATACO, CA. (De *pata*.) adj. Patán. Ú.t.c.s.

PATACÓN. (De *pataca*.) m. Antigua moneda de plata. ‖ **2.** Moneda de cobre de 2 cuartos, hoy 10 céntimos. ‖ **3.** Peso duro. ‖ *A* PATACÓN *por cuadra*. m. adv. ARGENT. A pie.

PATACHE. (fr. o cat. *patache*, y éste del gr. πέταχνον.) m. Embarcación que antiguamente era de guerra, y se destinaba en las escuadras para llevar avisos, reconocer las costas y guardar las entradas de los puertos. Hoy sólo se usa de esta embarcación en la marina mercante.

★ **PATACHO.** m. ARGENT. Patache, embarcación antigua de guerra. ‖ **2.** MÉJ. Recua.

PATADA. (De *pata*.) f. Golpe dado con el pie o con la pata de un animal. ‖ **2.** fam. Paso. *Hoy he dado muchas* PATADAS. ‖ **3.** fig. y fam. Estampa, huella. ‖ *A* PATADAS. m. adv. fig. y fam. Con excesiva abundancia, por todas partes. ‖ P. patada; I. kick; F. coup de pied; A. Fusstritt; It. zampata, calcio; R. удар, ногой.

PATADIÓN. m. Tira ancha de diferentes colores que en algunas islas filipinas usan las mujeres en vez de falda, ciñéndola a la cintura.

★ **PATADO, DA.** adj. BLAS. Dícese de la cruz cuyos brazos van ensanchándose hacia los extremos.

PATAGÓN, NA. adj. Natural de Patagonia. Ú.t.c.s. ‖ **2.** Perteneciente a esta región de América Meridional.

★ **PATAGÓNICO, CA.** adj. Perteneciente a Patagonia o a los patagones.

★ **PATAGONIENSE.** adj. GEOL. Dícese de un piso geológico de 100 a 300 m de espesor, establecido entre el eoceno inferior y el oligoceno de Patagonia. Ú.t.c.s.

PATAGORRILLO, LLA. m. y f. Guisado de asadura picada de cerdo u otro animal.

PATAGUA. (Voz mapuche.) f. BOT. Árbol eleocarpáceo de Chile, de tronco recto y liso, copa frondosa, hojas lobuladas, flores blancas, fruto capsular y madera blanca ligera y usada en carpintería.

PATAJE. m. Patache.

PATAJÚ. m. AMÉR. Planta de tallo herbáceo, con largas y anchas hojas que recogen y filtran en el tronco el agua de la lluvia, la cual, mediante un pinchazo, puede beber el viajero.

PATALEAR. intr. Mover las piernas o patas violentamente y con ligereza. ‖ **2.** Dar golpes en el suelo con violencia y con prisa por enfado. ‖ P. patear; I. to patter; F. trépigner; A. zappeln; It. zampeggiare; R. топать.

PATALEO. m. Acción de patalear. ‖ **2.** Ruido hecho con las patas o los pies. ‖ *Derecho de* PATALEO. fig. y fam. Quejas inútiles del que ha sido contrariado en sus derechos o aspiraciones.

PATALETA. (De *patalear*.) f. fam. Convulsión, especialmente cuando es fingida.

PATALETILLA. (d. de *pataleta*.) f. Baile antiguo en que se levantaban los pies alternativamente al compás de la música, moviéndolos en el aire.

PATÁN. (De *pata*.) m. fam. Aldeano o rústico. ‖ **2.** fig. y fam. Hombre tosco y zafio. Ú.t.c.adj. ‖ P. aldeão; I. churl; F. patte; A. Bauerlümmel; R. крестьянин.

PATANCO. m. CUBA. Planta silvestre de color verde claro, flores blancas y fruto pardo. El pinchazo de sus púas es maligno.

PATANERÍA. (De *patán*.) f. fam. Grosería, rustiquez, simpleza.

★ **PATANGO, GA.** adj. HOND. Rechoncho.

PATAO. m. CUBA. Pez de unos 30 cm de longitud, color plateado, lomo abultado a modo de corcova y cola ahorquillada. Su carne es comestible.

PATARATA. f. Cosa ridícula y despreciable. ‖ **2.** Expresión afectada y ridícula de un sentimiento o exceso de cortesías.

PATARATERO, RA. adj. Que usa de pataratas en el trato o conversación. Ú.t.c.s.

PATARRA. f. AND. Guasa.

PATARRÁEZ. (ital. *paterassi*.) m. MAR. Cabo grueso empleado para reforzar la obencadura.

PATARROSO, SA. adj. AND. Que tiene patarra. Ú.t.c.s.

★ **PATARUCO, CA.** adj. VENEZ. Dícese del gallo con plumas en las patas. ‖ **2.** VENEZ. Cobarde. ‖ **3.** fam. VENEZ. Tosco, basto.

PATAS. m. fam. Pateta, el diablo.

PATASCA. f. ARGENT. Guisado de carne de cerdo con maíz. ‖ **2.** PERÚ. Pendencia.

PATATA. (Voz americana.) f. Planta solanácea, oriunda de América, cultivada hoy en casi todo el mundo, de tallo ramoso, hojas partidas, flores blancas y moradas, fruto en baya, y rizomas que llevan en sus extremos gruesos tubérculos redondeados, carnosos, muy feculentos, por fuera pardos, por dentro amarillentos o blancos, que sirven de alimento muy nutritivo. ‖ **2.** Cada uno de los tubérculos de esta planta. ‖ **3.** Batata. ‖ P. e It. patata; I. potato; F. pomme de terre; A. Kartoffel; R. картофель.

PATATAL. m. Terreno plantado de patatas.

PATATAR. m. Patatal.

PATATERO, RA. adj. Perteneciente o relativo a la patata. ‖ **2.** Que se dedica al comercio de patatas. Ú.t.c.s. ‖ **3.** Dícese de la persona que se alimenta frecuentemente con patatas. Ú.t.y.fam. Dícese del oficial o jefe del ejército que ha ido ascendiendo desde soldado raso.

PATATÍN-PATATÁN (QUE). fr. fam. Argucias y disculpas del que no quiere entrar en razón.

★ **PATATO, TA.** (De *patata*.) adj. fam. CUBA. Rechoncho.

PATATÚS. (De *pata*.) m. fam. Congoja o accidente leve.

PATAVINO, NA. (l. *patavīnus*; de *Patavium*, Padua.) adj. Apl. a pers. Paduano. Ú.t.c.s.

PATAX. m. desus. Patache.

PATAY. m. AMÉR. MERID. Pasta hecha del fruto del algarrobo.

PATÉ. (fr. *patté*, y éste del ant. *pastée*, del l. *pasta*, del gr. πάστη.) adj. BLAS. Se dice de la cruz cuyos extremos se ensanchan un poco.

★ **PATE.** m. HOND. Árbol corpulento, de corteza amarga y caústica, usada como medicamento.

PATEADA. (De *patear*.) f. fam. ARGENT. Caminata. ‖ **2.** P. RICO y HOND. Pateo.

PATEADURA. f. Acción de patear. ‖ **2.** fig. y fam. Represión o refutación violenta y abrumadora.

PATEAMIENTO. (De *patear*.) m. Pateadura.

PATEAR. (De *pata*.) tr. fam. Dar golpes con los pies. ‖ **2.** fig. y fam. Tratar desconsideradamente a uno al reprenderle. ‖ **3.** intr. fam. Dar patadas en señal de enfado o de dolor. ‖ **4.** fig. y fam. Hacer muchas diligencias para conseguir algo. ‖ **5.** fig. y fam. Estar sumamente encolerizado. ‖ P. patear; I. to kick; F. trépigner; A. st(r)ampfen; It. calpestare; R. топтать.

★ **PATECO, CA.** (De *pata*.) adj. CHILE. De piernas muy cortas.

★ **PATEFACCIÓN.** (l. *patefactio*, -ōnis; de *patefacĕre*, abrir.) f. MED. Acción y efecto de dejar abierta una cosa.

★ **PATEJA.** f. ARGENT. Gancho grande de cocina para colgar carne.

★ **PATÉLIDOS.** (l. *patella*, escudilla, y el gr. εἶδος, forma.) m. ZOOL. Familia de moluscos prosobranquios, desprovistos de branquia cervical y provistos de branquias marginales. Su concha es cónica. Se aferran a las peñas con tal fuerza que no se les puede separar de ellas sin romperlos. Entre sus especies está la lapa común.

★ **PATELOFEMORAL.** (De *patelar* y *femoral*.) adj. Perteneciente o relativo conjuntamente a la rótula y al fémur.

★ **PATEMA.** (gr. πάθημα, enfermedad.)

f. MED. Estado de padecer enfermedad, situación morbosa.

PATENA. (l. *patĕna*.) f. Medalla grande con una imagen esculpida que llevan al pecho, como adorno, algunas labradas. ‖ **2.** Platillo de oro, plata o metal dorado en el cual se pone la hostia en la misa, desde el paternoster hasta el momento de consumir. ‖ *Limpio como una* PATENA. fig. Extremadamente limpio. ‖ P. e It. patena; I. paten; F. patène; A. Patene; R. медальон.

★ **PATENTADO, DA.** p.p. de patentar. ‖ **2.** adj. Que está en posesión de una patente.

PATENTAR. tr. Conceder y expedir patentes. ‖ **2.** Obtenerlas de un invento, procedimiento, etc.

PATENTE. (l. *patens, -entis*, p.a. de *patēre*, estar descubierto, manifiesto.) adj. Manifiesto, visible. ‖ **2.** Claro, perceptible. ‖ **3.** f. Título librado por un rey o gobierno para conferir ciertos privilegios o derechos. ‖ **4.** Cédula de algunas sociedades con que los afiliados acreditan que lo son. ‖ **5.** Cédula o despacho que dan los superiores a los religiosos cuando los mudan de un convento a otro, o los autorizan para ir a alguna parte. ‖ **6.** Comida o refresco que los más antiguos hacen pagar al recién ingresado en un empleo u ocupación. ‖ **7.** Documento expedido por la Hacienda pública, acreditativo de haber satisfecho la cantidad exigida para el ejercicio de algunas profesiones o industrias. ‖ **8.** Por ext., cualquier testimonio que acredita una cualidad o mérito. ‖ —*corso*. Por la que autoriza un Gobierno a alguien para hacer el corso contra los enemigos de la nación. ‖ **2.** Autorización que se tiene para realizar actos prohibidos a los demás. ‖ —*de introducción*. Certificado que otorga derecho exclusivo de fabricar o producir el objeto de la patente, pero no el de impedir que se introduzcan del extranjero objetos similares. ‖ —*de invención*. Documento oficial que otorga el privilegio de invención y propiedad industrial del objeto señalado en el documento. ‖ —*de navegación*. Despacho expedido a favor de un buque para autorizar su bandera y su navegación y acreditar su nacionalidad. ‖ —*de sanidad*. Documento librado a un navío en que se declara el estado de salubridad del pasaje en el puerto de su salida. ‖ P. patente; I. patent, manifest; F. patent; A. offen, klar; It. patente, chiaro; R. очевидный.

PATENTEMENTE. adv. Visiblemente, llanamente.

PATENTIZAR. tr. Hacer patente o manifiesta una cosa.

PATEO. m. fam. Acción de patear, 3.ª acep.

PÁTERA. (l. *patĕra*.) f. Plato de poco fondo usado en los sacrificios antiguos.

PATERNAL. (De *paterno*.) adj. Propio del afecto, cariño o solicitud de padre. ‖ P. paternal; I. fatherly, paternal; F. paternel; A. väterlich; It. paternale; R. отеческий.

PATERNALMENTE. adv. De modo propio o digno de un padre.

PATERNIDAD. (l. *paternĭtas, -ātis*.) f. Calidad de padre. ‖ **2.** Tratamiento que en algunas órdenes religiosas se da a los padres condecorados, y que los seculares dan por reverencia, en general, a todos los religiosos. ‖ P. paternidade; I. paternity, fathership; F. paternité; A. Vaterschaft; It. paternità; R. отцовство.

PATERNO, NA. (l. *paternus*.) adj. Perteneciente al padre o propio o derivado de él. ‖ P. paterno; I. fatherly; F. paternel; A. väterlich; It. paterno; R. paternal.

PATERNÓSTER. (l. *Pater noster*, Padre nuestro, palabras con que empieza la oración dominical.) m. Padre nuestro. ‖ **2.** Padre nuestro que se dice en la misa constituyendo una parte de ella. ‖ **3.** fig. y fam. Nudo gordo y muy apretado.

PATERO, RA. adj. CHILE. Adulador. Ú.t.c.s.

★ **PATERSONITA.** (De *Patterson*, n. p.) f. MINERAL. Silicato hidratado de aluminio, magnesio y hierro. Es una variedad de la ripidolita.

PATETA. (De *pata*.) m. fam. Patillas o el diablo. Ú. en frs. como ésta. *Se lo llevó*

P **PATETA.** || **2.** fam. Persona con los pies o las piernas mal conformados.

PATÉTICAMENTE. adv. De modo patético.

PATÉTICO, CA. (l. *patheticus*, y éste del gr. παθητικός, que impresiona, sensible.) adj. Dícese de lo que agita el ánimo infundiéndole afectos vehementes, particularmente de dolor. || **P.** patético; **I.** pathetic, pathetical; **F.** pathétique; **A.** pathetisch, rührend; **It.** patetico; **R.** патетический.

PATETISMO. m. Cualidad de patético.

PATIABIERTO, TA. (De *pata* y *abierto*.) adj. fam. Que tiene las piernas torcidas y separadas una de otra.

PATIALBILLO. (De *pata*, 1.er art., y *albillo*.) m. Papialbillo.

PATIALBO, BA. (De *pata*, 1.er art., y *albo*.) adj. Patiblanco.

PATIBLANCO, CA. adj. Dícese del animal que tiene blancas las patas. || **2.** V. *Perdiz* PATIBLANCA.

PATIBULARIO, RIA. adj. Que por su repugnante aspecto o perversa condición, produce horror o espanto y hace pensar en el patíbulo.

PATÍBULO. (l. *patibulum*.) m. Tablado o lugar en que se ejecuta la pena de muerte. || **P.** patíbulo; **I.** gallows, scaffold; **F.** échafaud; **A.** Galgen; **It.** patíbolo; **R.** эшафот.

* **PÁTICO, CA.** (gr. πάθος, padecimiento.) adj. Patológico. || **2.** Que se aviene a las tendencias pervertidas sexuales de otra persona. Ú.t.c.s.

* **PÁTICO, CA.** adj. ARGENT. Astringente. || **2.** m. ARGENT. Enfermedad de la boca, propia de los niños lactantes.

PATICOJO, JA. (De *pata* y *cojo*.) adj. fam. Cojo. Ú.t.c.s.

PATIDIFUSO, SA. (De *pata* y *difuso*.) adj. fig. y fam. Estupefacto.

PATIECILLO. m. d. de patio.

PATIESTEVADO, DA. adj. Estevado. Ú.t.c.s.

* **PATIFRÍO, A.** (De *pata* y *frío*.) adj. fam. CHILE. Patitieso.

PATIHENDIDO, DA. (De *pata* y *hendido*.) adj. Aplícase al animal que tiene los pies hendidos o divididos.

PATILLA. (d. de *pata*.) f. Cierta postura de la mano izquierda en los trastes de la vihuela. || **2.** Pieza que descansa sobre el punto para disparar en las llaves de algunas armas de fuego. || **3.** Porción de barba crecida en cada uno de los carrillos. || **4.** Gozne de las hebillas. || **5.** ARQ. Hierro plano, estrecho y puntiagudo en uno de sus extremos y ensanchado en el otro, para sujetar, por medio de clavos, algún madero o hierro. || **6.** CARP. Parte saliente de un madero destinada a encajar en otro. || **7.** MAR. Aguja, brújula. || **8.** pl. El diablo. || *Levantar* a uno *de* PATILLA. fr. fig. Exasperarle. || PATILLA *y cruzado y vuelta a empezar*. expr. fig. y fam. con que se reprende la repetición de actos inútiles. || 3.ª acep.: **P.** patillas; **I.** whiskers; **F.** favori; **A.** Backenbart; **It.** basette; **R.** дьявол.

* **PATILLAJE.** m. CHILE y VENEZ. Gradería o conjunto de escalones de piedra dispuestos en algunos desfiladeros, caminos escarpados, etc.

PATILLUDO, DA. adj. Persona que tiene patillas exageradas.

* **PATIMACIZO, ZA.** (De *pata* y *macizo*.) adj. Dícese del animal cuyos pies no son hendidos o partidos.

PATIMULEÑO, ÑA. (De *pata* y *mula*.) adj. Dícese del caballo que tiene los cascos semejantes a los de las mulas.

PATÍN. m. d. de patio.

PATÍN. (De *pato*.) m. ZOOL. Petrel.

PATÍN. (fr. *patin*, y éste de *patte*, pata.) m. Aparato de patinar, consistente en una plancha adaptable a la suela del calzado y que lleva una especie de cuchilla para ir sobre el hielo, o dos pares de ruedas para ir sobre suelo duro, liso o llano. || **2.** Aparato formado por dos flotadores paralelos unidos por travesaños. Es gobernado por remo y a veces enarbola una vela. Úsase para dar paseos sobre la superficie de los lagos o sobre el mar en las proximidades de la costa. || **P.** patim; **I.** skate; **F.** patin; **A.** Schlittschuh; **It.** pattino; **R.** коньки.

PÁTINA. (l. *patina*, plato, por el barniz de que están revestidos los platos antiguos.) f. Especie de barniz duro, de color aceitunado y reluciente que se forma en los objetos antiguos de bronce. || **2.** Tono sentado y suave que con el tiempo adquieren las pinturas al óleo y otros objetos antiguos. || **3.** Este mismo tono obtenido artificialmente. || **P.** pátina; **I.** patina, **F.** patine; **A.** Patina, Edelrost; **It.** pàtina; **R.** патина.

PATINADERO. m. Lugar donde se patina.

PATINADOR, RA. adj. Que patina. Ú.t.c.s.

PATINAR. (De *patín*.) intr. Deslizarse con patines sobre hielo o sobre un pavimento duro, llano y liso. || **2.** Deslizarse o resbalar las ruedas de un carruaje sin rodar ni avanzar, por falta de adherencia con el suelo. || **P.** patinar; **I.** to skate; **F.** patiner; **A.** Schlittschuhlaufen; **It.** pattinare; **R.** кататься.

PATINAR. tr. Dar pátina a un objeto.

PATINAZO. m. Acción y efecto de patinar bruscamente las ruedas de un vehículo. || **2.** fig. Desliz en que incurre alguien por inadvertencia o por ignorancia.

* **PATINCHO, CHA.** adj. ARGENT. Patituerto.

PATINEJO. m. d. de patín, 1.er art.

PATINILLO. m. d. de patín, 1.er art.

PATINILLO. m. d. de patio.

PATIO. (der. del l. *patēre*, estar abierto.) m. Espacio dejado al descubierto en algunas casas u otros edificios, cerrado con paredes o galerías. || **2.** En los teatros, planta baja que ocupan las butacas. || **3.** Espacio que media entre las líneas de árboles y el término de un campo. || **P.** pátio; **I.** court; **F.** cour; **A.** Hof; **It.** cortile; **R.** двор.

* **PATIPORSUELO.** (De *pata*, por y *suelo*.) com. P. RICO. Persona vulgar y plebeya.

PATIQUEBRAR. (De *pata* y *quebrar*.) tr. Romper una o más patas a un animal. Ú.t.c.r.

* **PATIQUÍN.** m. VENEZ. Pisaverde, petimetre, hombre de afectada elegancia y algo afeminado. || **2.** VENEZ. Militar jactancioso y petulante que por todos los medios rehuye el salir a campaña.

* **PATIRA.** m. ZOOL. Cerdo de América.

PATITA. f. d. de pata, 1.er art. || **2.** RADIOTEC. Nombre dado a cada una de las clavijas exteriores de la base de las válvulas de radio que se introducen en las hembrillas correspondientes para su funcionamiento. || *Poner* a uno *de* PATITAS *en la calle*. fr. fig. y fam. Despedirle, echándole fuera de casa.

* **PATITEO.** (De *pata*.) m. fam. CHILE. Viajes a pie, cortos y frecuentes.

PATITIESO, SA. (De *pata* y *tieso*.) adj. fam. Dícese del que se queda sin sentido ni movimiento por un accidente repentino. || **2.** fig. y fam. Que se queda sorprendido o pasmado por la extrañeza o novedad que le causa alguna cosa. || **3.** fig. y fam. Que anda muy erguido y tieso con afectación.

* **PATITO, TA.** adj. BOL., PERÚ y ARGENT. Color amarillo claro.

PATITUERTO, TA. (De *pata* y *tuerto*.) adj. Que tiene torcidas las patas o piernas. || **2.** fig. y fam. Dícese de lo que por estar mal hecho o torcido se desvía de la línea que debía seguir.

PATIZAMBO, BA. (De *pata* y *zambo*.) adj. Que tiene las piernas torcidas hacia afuera y junta mucho las rodillas. Ú.t.c.s.

PATIZUELO. m. d. de patio, 1.ª acep.

PATO. (ár. *baṭṭ*, ánsar.) m. Ave palmípeda, con el pico más ancho en la punta que en la base y en ésta más ancho que alto; su cuello es corto, y también los tarsos, por lo que anda con dificultad. Tiene una mancha de color verde metálico en cada ala; la cabeza del macho es también verde, y el resto del plumaje blanco y ceniciento; la hembra es de color rojizo. Se encuentra en abundancia en estado salvaje y se domestica con facilidad; su carne es menos estimada que la de la gallina. || **2.** V. *Cola de* PATO. || —**cuchara.** Cuchareta, 5.ª acep. || —**de flojel.** Especie de gran tamaño, muy apreciada por su excelente plumón, del que se despoja la hembra para tapizar el nido, y con el cual se fabrican colchas ligerísimas y de mucho abrigo. || —**negro.** Ave del orden de las palmípedas, especie de pato con pico ancho y robusto, plumaje negro o pardo en general, pero blancas algunas plumas de las alas y dos manchas simétricas de la cabeza; tarsos y dedos rojos, y verdoso el pico. Tiene unos cinco decímetros desde la cabeza hasta la punta de la cola y muy cerca de un metro de envergadura. || *El* PATO *y el lechón, del cuchillo al asador*. ref. que denota la facilidad con que se corrompe la carne de estos animales. || *Estar* uno *hecho un* PATO, o *un* PATO *de agua*. fr. fig. y fam. Estar muy mojado o sudado. || PATO, *ganso y ansarón, tres cosas suenan y una son*. ref. que reprende a los que usan de muchas palabras para decir una misma cosa. ||*Salga* PATO *o gallareta*. expr. fig. y fam. Salga lo que saliere. || *Pagar* uno *el* PATO. fr. fig. y fam. Padecer o llevar pena o castigo no merecido, o que ha merecido otro. || **P.** pato; **I.** drake, duck; **F.** canard; **A.** Ente; **It.** ànitra, oca; **R.** утка.

* **PATO.** (gr. πάθος, enfermedad.) Prefijo que significa afección, enfermedad.

* **PATOANATOMÍA.** (gr. πάθος, enfermedad, y *anatomía*.) f. Anatomía patológica.

PATOCHADA. (De *pata*.) f. Disparate, despropósito, grosería, sandez.

* **PATOFILIA.** (gr. πάθος, padecimiento, y φίλος, amante.) f. PAT. Afición o inclinación morbosa al sufrimiento.

* **PATOFOBIA.** (gr. πάθος, padecimiento, y φόβος, terror.) f. PAT. Temor morboso de contraer alguna enfermedad, llevado al extremo de producir verdadera angustia.

* **PATOFORESIS.** (gr. πάθος, enfermedad, y φορεσις, acción de llevar.) f. Contagio de las enfermedades, o transmisión de una a otra persona de los gérmenes que dan origen a alguna enfermedad.

PATOGENIA. (gr. πάθος, dolencia, y γεννάω, engendrar.) MED. Parte de la patología que estudia las causas morbíficas que actúan sobre el organismo para producir una enfermedad.

PATOGÉNICO, CA. adj. Perteneciente o relativo a la Patogenia.

PATÓGENO, NA. (gr. πάθος, dolencia, y γεννάω, engendrar.) adj. Dícese de los elementos que originan las enfermedades.

PATOGNOMÓNICO, CA. (gr. πάθος, enfermedad, y γνωμονικός, que indica.) adj. Dícese del síntoma que caracteriza y define una enfermedad.

PATOJERA. f. Deformidad que tienen los patojos.

PATOJO, JA. (De *pato*.) adj. Que tiene las piernas o pies torcidos o desproporcionados y, al andar, menea el cuerpo de un lado a otro como el pato.

* **PATOLEAR.** intr. prov. SAL. Pisar fuerte, alborotar, hacer mucho ruido.

* **PATOLEPSIA.** (gr. πάθος, padecimiento, y λῆψις, acceso de un mal.) f. MED. Histerismo.

* **PATOLISIS.** (gr. πάθος, padecimiento, y λύσις, disolución.) f. Desaparición de una enfermedad.

PATOLOGÍA. (gr. πάθος, afección, enfermedad, y λόγος, tratado.) f. Parte de la medicina que estudia las enfermedades. || **P.** patología; **I.** pathology; **F.** pathologie; **A.** Pathologie, Krankheitslehre; **It.** patología; **R.** патология.

PATOLÓGICO, CA. (gr. παθολογικός.) adj. Perteneciente a la patología.

PATÓLOGO. m. Profesor que ejerce especialmente la patología. || **P.** patólogo; **I.** pathologist; **F.** pathologiste; **A.** Patholog; **It.** patologo; **R.** патолог.

* **PATOMACHERA.** f. VENEZ. Bulla, algarabía.

* **PATOMAÍNA.** (gr. πάθος, padecimiento, y *tomaína*.) f. BIOQUÍM. Alcaloide cadavérico.

* **PATOMANÍA.** (gr. πάθος, padecimiento, y μανία, manía.) f. PAT. Manía morbosa, consistente en la creencia de que uno está enfermo.

* **PATOMETABOLISMO.** (gr. πάθος,

enfermedad, y *metabolismo*.) m. Metabolismo de las distintas enfermedades.

★ **PATOMORFISMO**. (gr. πάθος, padecimiento, y μορφή, forma.) m. Morfología anormal o irregular.

PATÓN, NA. adj. fam. Patudo, 1.ª acep.

PATOSO, SA. adj. Aplícase a la persona que presume de chistosa sin serlo.

PATRAÑA. f. Mentira o noticia de pura invención. || **P**. patranha; **I**. fake; **F**. fausse, nouvelle; **A**. grosse, Lüge; **It**. fandonia; **R**. ложь.

PATRAÑERO, RA. adj. Se dice del que suele contar o inventar patrañas. Ú.t.c.s.

PATRAÑUELA. f. d. de patraña.

PATRIA. (l. *patria*.) f. La nación propia con todo el conjunto de cosas materiales e inmateriales pasadas, presentes y futuras que merecen la adhesión amorosa de sus miembros. || **2**. Lugar o país en que se ha nacido. || **3**. Por ext., lugar en que florece determinada actividad. *Hollywood es la* PATRIA *del cine*. || **—celestial**. El cielo o la gloria. || **—común**. For. Llamábase así a Madrid cuando se permitía practicar en la capital diligencias que no podían hacerse en el lugar de residencia del interesado. || **—chica**. Localidad en que uno ha nacido. || *Madre* PATRIA. País de origen. Dícese en Hispanoamérica respecto a España. || *Merecer* uno *bien de la* PATRIA. fr. Hacerse acreedor a su gratitud por hechos relevantes. || **P**. pátria; **I**. fatherland, native country; **F**. patrie; **A**. Vaterland, Heimat; **It**. patria; **R**. отечество, родина.

PATRIARCA. (l. *patriarcha*, y éste del gr. πατριάρχης, de πατριά, descendencia, familia, y ἄρχω, mandar.) m. Nombre dado a algunos personajes bíblicos, anteriores a Moisés, por haber sido cabeza de numerosa descendencia. || **2**. Título de dignidad concedido a los obispos de algunas iglesias principales como las de Alejandría, Jerusalén, etc. || **3**. Título de dignidad concedido por el Papa a algunos prelados. || **4**. Cualquiera de los fundadores de órdenes religiosas. || **5**. fig. Persona que por su edad y sabiduría ejerce autoridad moral en una familia o colectividad. || *Como un* PATRIARCA. expr. fig. con que se pondera las comodidades de una persona. || **P**. e **It**. patriarca; **I**. patriarch; **F**. patriarche; **A**. Altvater, Patriarch; **R**. патриарх.

PATRIARCADGO. (De *patriarca*.) m. ant. Patriarcado.

PATRIARCADO. m. Dignidad de patriarca. || **2**. Tiempo que dura dicha dignidad. || **3**. Territorio de la jurisdicción de un patriarca. || **4**. Sociol. Organización social primitiva en la que ejerce autoridad un varón, jefe de familia, alcanzando hasta los parientes más lejanos del mismo linaje. || **5**. Gobierno o autoridad de un patriarca. || **P**. patriarcado; **I**. patriarchate; **F**. patriarcat; **A**. Patriarchat; **It**. patriarcato; **R**. патриархат.

PATRIARCAL. (l. *patriarchalis*.) adj. Perteneciente o relativo al patriarca. || **2**. fig. Aplícase al gobierno y autoridad ejercidos con benevolencia. || **3**. Iglesia del patriarca. **P**. y **F**. patriarcal; **I**. patriarchal; **A**. patriarchalisch, altväterlich; **It**. patriarcale; **R**. патриархальный.

PATRIARCAZGO. (De *patriarcadgo*.) m. ant. Patriarcado.

PATRICIADO. (l. *patriciatus*.) m. Dignidad o condición de patricio, considerada, desde Constantino, la primera después de la imperial. || **2**. Conjunto o clase de los tricios.

PATRICIANO, NA. (l. *patricianus*.) adj. Dícese de unos herejes del siglo xi que creían, siguiendo los errores del heresiarca Patricio, que la carne es obra del demonio. Ú.t.c.s. || **2**. Perteneciente a esta secta.

PATRICIANO, NA. adj. ant. Patricio. Apl. a pers. usáb. t.c.s.

PATRICIDA. (l. *patricida*.) com. ant. Parricida.

PATRICIDIO. (De *patricida*.) m. ant. Parricidio.

PATRICIO, CIA. (l. *patricius*.) adj. Descendientes de los primeros senadores romanos establecidos por Rómulo, cuyo conjunto constituía la clase social noble o

privilegiada. || **2**. El que obtenía la dignidad de patriciado. Ú.t.c.s. || **3**. Perteneciente o relativo a los patricios. || **4**. m. Individuo que descuella entre sus conciudadanos por su nacimiento, riquezas o virtudes. || **P**. patrício; **I**. patrician; **F**. patricien; **A**. Patrizier; **It**. patrizio; **R**. патриций.

PATRIEDAD. (De *patria*.) f. ant. Patrimonialidad.

PATRIMONIAL. (l. *patrimonialis*.) adj. Perteneciente al patrimonio. || **2**. Perteneciente a uno por razón de su patria, padre o ascendientes.

PATRIMONIALIDAD. (De *patrimonial*.) f. Derecho del natural de un país a los beneficios eclesiásticos reservados a los oriundos de él.

PATRIMONIO. (l. *patrimonium*.) m. Bienes de una persona heredados de sus ascendientes. || **2**. fig. Bienes propios adquiridos por cualquier título. || **3**. Patrimonialidad. || **4**. Bienes propios, antes espiritualizados, y hoy capitalizados, adscritos a un ordenando como título para su ordenación. || **5**. fig. Herencia, tradición y privilegios propios de un individuo o de una colectividad. || **6**. Der. Conjunto de bienes, derechos, acciones y obligaciones que constituyen el activo y el pasivo de una persona. **—artístico nacional**. Conjunto de monumentos y objetos de arte que forman el tesoro artístico de una nación. || **—de San Pedro**. Los bienes raíces y las rentas de la Santa Sede. || **—nacional**. Conjunto de bienes y elementos de que dispone un estado. || **—real**. Conjunto de bienes pertenecientes a la dignidad real. || *Constituir* PATRIMONIO. fr. Sujetar una porción determinada de bienes para congrua sustentación del ordenando, con aprobación eclesiástica. || **P**. património; **I**. patrimony; **F**. patrimoine, apanage; **A**. Erbteil, Vermögen; **It**. patrimonio; **R**. владение.

PATRIO, TRIA. (l. *patrius*.) adj. Perteneciente a la patria. || **2**. Perteneciente al padre o que proviene de él. || PATRIA *potestad*. Autoridad legal de los padres sobre sus hijos no emancipados.

PATRIOTA. (l. *patriota*, y éste del gr. πατριώτης, compatriota, de πατριά, raza, tribu.) com. Persona que tiene amor a su patria y procura su bien. || **P**. e **It**. patriota; **I**. patriot; **F**. patriote; **A**. Patriot; **R**. патриот.

PATRIOTERÍA. f. fam. Alarde propio del patriotero.

PATRIOTERO, RA. adj. fam. Que alardea excesiva e inoportunamente de patriotismo. Ú.t.c.s.

PATRIÓTICO, CA. (l. *patrioticus*.) adj. Perteneciente al patriota o a la patria.

PATRIOTISMO. (De *patriota*.) m. Amor a la patria. || **P**. e **It**. patriotismo; **I**. patriotism; **F**. patriotisme; **A**. Patriotismus, Vaterlandsliebe; **R**. патриотизм.

PATRÍSTICA. (l. *patres*, padres.) f. Ciencia que tiene por objeto el conocimiento de la doctrina, obra y vida de los padres de la Iglesia y de los demás escritores eclesiásticos de los ocho primeros siglos del Cristianismo. || **2**. Por ext., dichas obras y doctrinas.

PATRÍSTICO, CA. adj. Perteneciente a la patrística.

PATROCINADOR, RA. adj. Que patrocina. Ú.t.c.s.

PATROCINAR. (l. *patrocinare*.) tr. Defender, proteger, favorecer. || **P**. e **It**. patrocinar; **I**. to patronize; **F**. protéger; **A**. beschützen; **R**. покровительствовать.

PATROCINIO. (l. *patrocinium*.) m. Protección del que patrocina alguna cosa. || **—de Nuestra Señora**. Título de una fiesta de la Santísima Virgen que se celebra en uno de los domingos de noviembre. **—de San José**. Título de una fiesta de este santo patriarca que, por lo común, se celebra en la tercera dominica después de Pascua de Resurrección. || **P**. patrocínio; **I**. patronage; **F**. protection, appui; **A**. Schutz, Beistand; **It**. patrocinio; **R**.

★ **PATROGONÍA (LEY DE LA)**. Biol. Ley de Embriología que afirma haber un paralelismo entre el desarrollo del individuo u ontogenia y el de la especie o filogenia.

PATROLOGÍA. (gr. πατήρ, πατρός, padre, y λόγος, tratado.) f. Patrística. || **2**. Tratado sobre los padres de la Iglesia. || **3**. Colección de sus escritos. || **P**. patrologia; **I**. patrology; **F**. patrologie; **A**. Kirchenväterwerke; **It**. patrologia.

PATRÓN, NA. (De *patrono*.) m. y f. Patrono, protector. || **2**. Santo, bajo cuya invocación y protección está un templo o un pueblo. || **3**. Dueño de la casa donde uno se hospeda. || **4**. Amo, señor. || **5**. m. El que manda o dirige un pequeño barco mercante, de pesca, etc. || **6**. Modelo de papel, cartón u otra materia según el cual se corta un objeto. || **7**. Magnitud física medida exactamente y de un valor constante, que se toma adoptada mediante convenios internacionales para basar en ella todo un sistema de unidades. || **8**. Metal que se toma como tipo para la evaluación de la moneda en un sistema monetario. || **9**. Árbol en que se hace un injerto. || **10**. Impr. Pliego numerado que sirve al cajista de modelo para hacer un casado. || **11**. Impr. Pliego sobre el cual se fija el arreglo. || **—oro**. Sistema monetario que fija el oro como tipo para evaluar la moneda fiduciaria. || **—violle**. Fís. Unidad fotométrica equivalente a la que da en dirección normal 1 cm² de platino a la temperatura de fusión. || *Donde hay* PATRÓN, *no manda marinero*. ref. con que indica que donde hay un superior no puede mandar un inferior. || **P**. patrono, patrão; **I**. patron, master; **F**. patron; **A**. Schutzherr, Gönner; **It**. padrone; **R**. покровитель, образец.

PATRONA. (De *patrón*.) f. Galera inmediatamente inferior en dignidad a la capitana en una escuadra.

PATRONADO, DA. adj. Dícese de las iglesias y beneficios que tiene el patrón.

PATRONAL. adj. Perteneciente al patrono o al patronato.

PATRONATO. (l. *patronatus*.) m. Derecho, poder o facultad del patrono. || **2**. Corporación que forman los patronos. || **3**. Fundación de una obra pía. || **4**. Cargo de cumplir algunas obras pías, benéficas o docentes que tienen las personas designadas por el fundador. || **—de legos**. Vínculo fundado con el gravamen de una obra pía. || **—real**. Derecho concedido por la Santa Sede a algunos reyes o jefes de Estado, de presentar sujetos idóneos para los obispados, prelacías seculares y regulares, dignidades y prebendas en las catedrales o colegiatas, y otros beneficios. || **3**.ª acep.: **P**. padroado; **I**. y **F**. patronage; **A**. Patronat, Stiftung; **It**. patronato; **R**. патронат, попечительство.

PATRONAZGO. m. Patronato.

PATRONEAR. tr. Ejercer el cargo de patrón en una embarcación.

PATRONERO. m. Patrono, 2.ª acep.

PATRONÍMICO, CA. (l. *patronymicus*, y éste del gr. πατρωνυμικός de πατήρ, padre, y ὄνομα, nombre.) adj. Decíase, entre los griegos y romanos, del nombre que derivado del perteneciente al padre o a otro antecesor, se aplicaba al hijo o descendiente. || **2**. Dícese del apellido familiar que antiguamente se daba en España a los hijos derivándolo del nombre del padre; p. ej., *González* de *Gonzalo*. || **P**. patronímico; **I**. patronymic; **F**. patronymique; **A**. patronymisch; **It**. patronimico; **R**. отчество.

★ **PATRONITA**. f. Mineral. Sulfato natural del vanadio, uno de los minerales donde se encuentra este elemento.

PATRONO, NA. (l. *patronus*.) m. y f. Defensor, protector. || **2**. El que tiene derecho o cargo de patronato. || **3**. El último dueño de un esclavo manumitido. || **4**. Patrón, santo titular de una iglesia o protector de un pueblo o congregación. || **5**. Señor del directo dominio en los feudos. || **6**. Persona que emplea obreros. || **P**. patrono; **I**. y **F**. patron; **A**. Beschützer; **It**. padrone; **R**. шеф.

PATRULLA. (De *patrullar*.) f. Pequeña partida de soldados o gente armada que ronda en servicio de vigilancia en plazas, campamentos o líneas avanzadas. || **2**. Grupo de buques o aviones que prestan servicio en una costa, paraje de mar o campo minado, para defensa contra ataques de aviones o submarinos, o bien para

P observaciones meteorológicas. ‖ **3.** Este mismo servicio. ‖ **4.** fig. Cierto número de personas que van acuadrilladas. ‖ **P.** patrulha; **I.** patrol; **F.** patrouille; **A.** Streifwache; **It.** pattuglia; **R.** патруль.

PATRULLAR. (fr. *patrouiller*, de *patouiller*, rondar.) intr. Rondar una patrulla. ‖ **2.** Prestar servicio de patrulla. ‖ **P.** patrulhar; **I.** to patrol; **F.** patrouiller; **A.** durchstreifen; **It.** pattugliare; **R.** патрулировать.

PATRULLERO, RA. adj. Dícese del buque o avión destinado a patrullar. Ú.t.c.s.

★ **PATUCO, CA.** (De *pata*.) adj. HOND. Aplícase al pateta o persona que tiene mal conformados los pies o las piernas. ‖ **2.** m. VENEZ. Chanchullo, maquinación.

★ **PATUCHO, CHA.** adj. ECUAD. Rechoncho.

PATUDO, DA. adj. fam. Que tiene muy grandes los pies o las patas. ‖ *Ángel* PATUDO. fig. y fam. Persona que, en opinión de quien así la llama, está muy lejos de tener la inocencia, corta edad o buenas cualidades que otros le atribuyen.

★ **PATUJO.** m. BOT. ARGENT. Planta begoniácea. ‖ **2.** BOT. Patajú.

PATULEA. (De *patullar*.) f. fam. Soldadesca desordenada. ‖ **2.** fam. Gente desbandada y maleante.

° **PATULECO, CA.** s. y adj. AMER. Patituerto, patojo.

★ **PATULEQUEAR.** (De *patuleco* o *patuleque*.) intr. CUBA y PERÚ. Renquear, andar con cierto balanceo.

★ **PATULETAS.** adj. COLOM. Desharrapado, andrajoso. ‖ **2.** m. COLOM. Papanatas, que se deja engañar fácilmente. Ú.t.c.adj.

PATULLAR. (fr. *patouiller*.) intr. Pisar con fuerza y desatentadamente. ‖ **2.** fig. y fam. Dar muchos pasos o hacer muchas diligencias para lograr algo. ‖ **3.** fam. Conversar.

PATURRO, RRA. adj. COLOM. Rechoncho, chaparro.

★ **PAUCÍFLORO.** (l. *paucus*, poco, y *flos*, -*ōris*, flor.) adj. BOT. Dícese de la planta que produce pocas flores.

★ **PAUCIFOLIADO, DA.** (l. *paucus*, poco, y *folium*, hoja.) adj. BOT. Que viene o produce pocas hojas.

★ **PAUJÉ.** m. BOL. Par de mazorcas atadas por el chala o espata.

PAUJÍ. (Voz quichua.) m. Ave gallinácea del Perú, del tamaño de un pavo, de plumaje negro con manchas blancas en el vientre y en la cola; pico grande con un tubérculo encima de forma ovoide. Su carne se parece mucho a la del faisán.

PAUJIL. m. Paují.

PAÚL. (l. *palus*, -*ūdis*, laguna, pantano.) m. Sitio pantanoso cubierto de hierba.

PAÚL. (fr. *Paul*, n. p. de lugar.) adj. Aplícase al clérigo regular que pertenece a la congregación de San Vicente de Paúl. Ú.m. en pl. y t.c.s.

PAULAR. (De *paúl*, 1.er art.) m. Pantano o atolladero.

PAULAR. (De *pablar*.) intr. Parlar o hablar. Ú. en lenguaje festivo en frases como: *sin* PAULAR *ni maular*.

PAULATINAMENTE. adv. Poco a poco, despacio, lentamente.

PAULATINO, NA. (l. *paulātim*, despacio.) adj. Que procede u obra despacio o lentamente. ‖ **P.** paulatino; **I.** slow; **F.** lent; **A.** allmählich; **It.** lento; **R.** медлительный.

PAULILLA. (l. *papilĕlla*, de *papilio*, mariposa.) f. ZOOL. Palomilla, mariposa nocturna que habita en los graneros causando grandes daños.

PAULINA. (Del nombre del papa *Paulo III*.) f. Carta de excomunión expedida por los tribunales pontificios para descubrir lo que se sospecha que ha sido robado u ocultado maliciosamente. ‖ **2.** fig. Represión áspera y fuerte. ‖ **3.** fig. Carta ofensiva y anónima.

PAULINIA. (De Simón *Paulli*, botánico alemán.) f. Arbusto sapindáceo, propio del Brasil, con tallos sarmentosos de 3 a 4 m, hojas perennes y alternas, flores blancas y semillas ricas en cafeína, con las que se prepara una bebida refrescante y febrífuga. Mezcladas con cacao y tapioca

dan una pasta de propiedades tónicas y antihelmínticas.

★ **PAULINO, NA.** (De *Paulus*, n. p. Pablo.) adj. Perteneciente o relativo al apóstol San Pablo.

PAULONIA. (De la princesa Ana *Paulowna*, hija del zar Pablo I.) f. Árbol escrofulariáceo, con hojas grandes acorazonadas, flores azules, olorosas y dispuestas en panojas; cáliz con cinco divisiones, limbo oblicuo, caja leñosa y semillas aladas. Críase en el Japón y en Europa cultívase en los jardines.

★ **PAUMARI.** adj. ETNOGR. Dícese del individuo perteneciente a una tribu de indios brasileños. Ú.t.c.s. ‖ **2.** Perteneciente a estos indios.

PAUPERISMO. (l. *pauper*, -*ĕris*, pobre.) m. Existencia de gran número de pobres en un Estado, particularmente cuando procede de causas permanentes. ‖ **P.** e **It.** pauperismo; **I.** pauperism; **F.** paupérisme; **A.** Pauperismus; **R.** пауперизм.

PAUPÉRRIMO, MA. (l. *pauperrĭmus*.) adj. sup. Muy pobre.

PAUSA. (l. *pausa*.) f. Breve interrupción. ‖ **2.** Tardanza, lentitud. *Proceder con* PAUSA. ‖ **3.** MÚS. Breve intervalo en que se deja de cantar o tocar. ‖ **4.** MÚS. Signo de la pausa en la música escrita. *A* PAUSAS. m. adv. Interrumpidamente, a intervalos. ‖ **P.** e **It.** pausa; **I.** pause, stop; **F.** pause, lenteur; **A.** Pause, Ruhe; **R.** пауза.

PAUSADAMENTE. adv. Con lentitud o pausa.

PAUSADO, DA. p.p. de *pausar*. ‖ **2.** adj. Que obra con pausa o lentitud. ‖ **3.** Que acaece o se ejecuta de este modo. ‖ **4.** adv. Pausadamente. ‖ **2.**ª acep.: **P.** pausado; **I.** slow, calm; **F.** lent, posé; **A.** ruhig, langsam; **It.** posato, lento; **R.** медленный.

PAUSAR. (l. *pausāre*.) intr. Interrumpir o retardar algo.

★ **PÁUSIDOS.** m. pl. ZOOL. Insectos coleópteros de las regiones tropicales, con antenas generalmente de dos artejos. Viven con las hormigas, las cuales se benefician de cierta secreción que éstos producen.

PAUTA. (l. *pactum*, regla.) f. Instrumento para rayar el papel en que los niños aprenden a escribir. Se llama también así el conjunto de rayas hechas con este instrumento. ‖ **2.** fig. Cualquier instrumento o norma que sirve para la ejecución de una cosa. ‖ **3.** Dechado o modelo. ‖ **2.**ª acep.: **P.** pauta; **I.** rule, pattern; **F.** règle; **A.** Regel; **It.** norma, règola; **R.** норма.

PAUTADO, DA. p.p. de pautar. ‖ **2.** adj. Dícese del papel con pauta para aprender a escribir. ‖ **3.** f. Pentagrama.

PAUTADOR. m. El que pauta o hace pautas.

PAUTAR. tr. Rayar el papel con la pauta. ‖ **2.** fig. Dar reglas para ejecutar una acción. ‖ **3.** MÚS. Señalar en el papel las rayas necesarias para escribir las notas musicales. ‖ **P.** pautar; **I.** to rule lines; **F.** régler; **A.** lini(ie)ren; **It.** rigare; **R.** линовать.

PAVA. (l. *pava*.) f. Hembra del pavo. ‖ **2.** fig. y fam. Mujer sosa, desgarbada e incauta. Ú.t.c.adj. ‖ *Andallo* PAVAS, o *andallo* PAVAS, *y eran gansos todos.* expr. fig. y fam. usada para significar gusto y complacencia en lo que se ve y se oye. Ú.t. por ironía para reprenderlo cuando merece reparo. ‖ **P.** perúa; **I.** turkey-hen; **F.** dinde; **A.** Pute; **It.** tacchina; **R.** индюшка, индейка.

PAVA. (ingl. *pipe*, tubo.) f. Fuelle grande usado en ciertos hornos metalúrgicos. ‖ **2.** ARGENT. Recipiente de metal para calentar agua, con tapa y pico.

PAVADA. f. Manada de pavos. ‖ **2.** Juego de niños sentados en corro con las piernas extendidas todos menos uno el cual recita ciertas palabras mientras cuenta sucesivamente hasta el octavo, que debe esconderse, y así sucesivamente hasta que quede uno sólo descubierto. ‖ **3.** fig. y fam. Insulsez, sosería.

PAVANA. (De *pava*.) f. Antigua danza española de movimientos pausados. ‖ **2.** Música de esta danza. ‖ **3.** Especie de esclavina usada por las mujeres.

★ **PAVEADOR, RA.** adj. COLOM. Lento o tardo en el obrar.

★ **PAVEAR.** intr. SAL. Graznar el pavo. ‖ **2.** CHILE. Burlarse. ‖ **3.** ARGENT. Pelar la pava. ‖ **4.** CHILE y ARGENT. Hacer pavadas, cometer tonterías. ‖ **5.** PAN. y ECUAD. Hacer novillos, faltar a clase. ‖ **6.** P. RICO. Mangonear, vagar. ‖ **7.** tr. COLOM. Asesinar.

PAVERO, RA. m. y f. Persona que cuida de las manadas de pavos o los vende. ‖ **2.** m. Sombrero de ala ancha y recta y copa cónica, usado por los andaluces.

PAVÉS. (l. [*scutum*] *pavense*, de Pavía.) m. Escudo oblongo y suficiente para cubrir casi todo el cuerpo. ‖ *Alzar* o *levantar* a uno *sobre el* PAVÉS. fr. Erigirle un caudillo, encumbrarle. ‖ **P.** pavés; **I.** pavise; **F.** pavois; **A.** Schild; **It.** pavese; **R.** щит.

PAVESA. f. Partecilla ligera que salta de una materia encendida y queda luego convertida en ceniza. ‖ *Estar uno hecho una* PAVESA. fr. fig. y fam. Estar uno extenuado. ‖ *Ser uno una* PAVESA. fr. fig. y fam. Ser muy débil y apacible. ‖ **P.** paúlha; **I.** ember; **F.** flammèche; **A.** Fünkchen, Flugasche; **It.** favilla; **R.** искра.

PAVESADA. (De *pavés*.) f. Empavesada.

PAVESINA. f. Pavés pequeño.

PAVEZNO. (De *pavo*.) m. Pavipollo.

PAVÍA. n. p. usado en la fr. fig. y fam. *Echar por las de* PAVÍA. Hablar o responder con alteración, despecho o descomedimiento.

PAVÍA. (De *Pavía*, ciudad de Italia, como lugar de origen.) f. Variedad del pérsico o melocotonero, cuyo fruto de piel lisa y carne jugosa y pegada al hueso. ‖ **2.** Fruto de este árbol.

PAVIANO, NA. adj. Se dice del natural de Pavía. Ú.t.c.s. ‖ **2.** Perteneciente a esta ciudad de Italia.

PÁVIDO, DA. (l. *pavidus*.) adj. Tímido, medroso o lleno de pavor. Ú.m. en poesía.

PAVIMENTACIÓN. f. Acción y efecto de pavimentar.

PAVIMENTAR. (De *pavimento*.) tr. Solar, revestir el suelo con baldosas u otro material. ‖ **P.** pavimentar; **I.** to pave; **F.** paver; **A.** pflastern; **It.** pavimentare; **R.** настилать пол.

PAVIMENTO. (l. *pavimentum*.) Suelo o superficie artificial, dispuesta para que el piso quede sólido y llano. ‖ **P.** e **It.** pavimento; **I.** pavement, floor(ing); **F.** pavage, platelage; **A.** Fussboden, Pflaster; **R.** настил.

PAVIMIENTO. m. ant. Pavimento.

PAVIOTA. f. Gaviota.

PAVIPOLLO. m. Pollo del pavo.

PAVISOSO, SA. (De *pavo* y *soso*.) adj. Bobo, sin gracia ni arte.

PAVITONTO, TA. adj. Necio, estúpido.

PAVO. (l. *pavus*, el pavo real.) m. Ave gallinácea, oriunda de América del Norte donde en estado salvaje alcanza 1 m de altura y 20 kg de peso. Tiene plumaje de color pardo verdoso con reflejos cobrizos y manchas blanquecinas en cola y alas, cabeza y cuello cubiertos de carúnculas rojas. La hembra es algo menor, aunque semejante al macho en lo demás. En domesticidad ha disminuido de tamaño y cambiado el color del plumaje, habiendo variedades negras, blancas y rubias. Su carne es apreciada, principalmente en las fiestas de Navidad. ‖ **2.** fig. y fam. Hombre soso e incauto. Ú.t.c.adj. ‖ —**marino.** Ave zancuda de unos 28 cm desde el extremo del pico al de la cola, e igual de altura. Tiene color pardo obscuro en el lomo, negruzco en alas y cola, blanco en el pecho y abdomen y amarillo rojizo en los pies y el pico. ‖ —**real.** Ave gallinácea oriunda de Asia y domesticada en Europa. Tiene unos 7 dm desde la punta del pico hasta el arranque de la cola. Ésta llega hasta 1,50 m de larga en el macho. Su cabeza y cuello son de color azul con cambiantes verdes y violados, matizados de oro. Lleva en la cabeza un penacho de plumas verdes con cambiantes de oro. En la época de celo el macho extiende en círculo y endereza su larga cola de plumas verdes, con cambiantes de oro y azul y una mancha oval en su extremo de varios colores y matices. La hembra, algo más pequeña, es de color ceniciento con cambiantes verdes en el cuello. Carece de la hermosa cola del macho. Hay también pavos reales completamente blancos. || **—ruán.** Pavo real. || **—ruante.** BLAS. Pavón con las plumas de la cola extendidas formando la rueda. || *Comer* PAVO. fr. fam. En un baile, quedarse una mujer sin bailar por no haber sido invitada. || **2.** AMÉR. Sufrir un desengaño. || *De* PAVO. m. adv. ECUAD. De gorra, a expensas de otro. || *De toma un* PAVO, *a daca un* PAVO, *van dos* PAVOS. expr. que indica que entre obtener una cosa o perderla, la diferencia es doblada. || *Hacerse el* PAVO. fr. fig. y fam. ARGENT. Disimular. || *Írsele a uno los* PAVOS. fr. fig. y fam. CHILE. Hacer o decir alguna tontería. || *No ser moco de* PAVO. fr. Aplícase a lo que tiene más importancia de lo que a primera vista parece. || *Ser el* PAVO *de la boda.* fr. fig. y fam. ARGENT. Ser el pato de la boda, el que paga. || *Subírsele a uno el* PAVO. fr. fig. y fam. Ruborizarse. || *Tener uno sangre de* PAVO. fr. fig. y fam. CHILE. Ser flemático. || **P.** perú; **I.** turkey(-gobbler); **F.** dindon; **A.** Puter, Indian; **It.** tacchino; **R.** индюк.

PAVÓN. (l. *pavo, -ōnis.*) m. Pavo real. || **2.** Nombre de algunas mariposas, llamadas así por las manchas redondeadas que tienen en las alas. || **3.** Color azul, negro o de café con que se cubren, a modo de barniz, los objetos de hierro y acero para preservarlos de la oxidación. || **—diurno.** Mariposa diurna con dos manchas redondeadas en las alas posteriores y otras dos más imperfectas en las anteriores. || **—nocturno.** Mariposa nocturna de gran tamaño, la mayor de todas las especies españolas. Su color es pardo obscuro. Se alimenta de las hojas de los olmos especialmente. Hay otra variedad de menor tamaño. || **P.** pavão; **I.** peacock; **F.** paon; **A.** Pfau; **It.** pavone; **R.** павлин.

PAVONADA. (De *pavón.*) f. fam. Paseo o diversión semejante tomada por poco tiempo. || **2.** fig. Ostentación o pompa con que uno se deja ver. || *Darse uno una* PAVONADA. fr. fam. Ir a divertirse.

PAVONADO, DA. p.p. de pavonar. || **2.** adj. Pavonado obscuro.

PAVONADOR, RA. adj. Que pavona. Ú.t.c.s.

PAVONAR. (De *pavón,* del color del plumaje.) tr. Dar pavón a los objetos de hierro o acero.

PAVONAZO. (ital. *pavonazzo.*) m. Peróxido de hierro aluminoso, de color rojo obscuro, con que se suple el carmín en la pintura al fresco.

PAVONEAR. (De *pavón.*) intr. Hacer vana ostentación de gallardía. Ú.m.c.r. || **2.** fig. y fam. Traer a uno entretenido haciéndole desear una cosa. || **P.** pavonear; **I.** to stout; **F.** se pavaner; **A.** sich brüsten; **It.** pavoneggiarsi; **R.** важничать.

PAVONEO. m. Acción de pavonear o pavonearse.

PAVOR. (l. *pavor.*) m. Temor, con espanto. || **2.** MURC. Bochorno. || **P.** pavor; **I.** dread, fear; **F.** frayeur; **A.** Schreck; **It.** spavento; **R.** ужас.

PAVORDE. (cat. *pavorde,* y éste del l. *praepositus.*) m. Prepósito eclesiástico de ciertas comunidades. || **2.** En la iglesia metropolitana y en la universidad de Valencia, título de honor que se da a algunos catedráticos de teología, cánones o derecho civil. || **P.** prepósito; **I.** provost; **F.** prévôt; **A.** Probst; **It.** prevosto.

PAVORDEAR. int. Jabardear.

PAVORDÍA. f. Dignidad de pavorde. || **2.** Derecho a percibir los frutos de esta dignidad. || **3.** Territorio en que el pavorde goza de este derecho.

PAVORIDO, DA. (De *pavor.*) adj. Despavorido, 2.ª acep.

PAVOROSAMENTE. adv. Con pavor, 1.ª acep.

PAVOROSO, SA. adj. Que causa pavor. || **P.** pavoroso; **I.** awful, frightful; **F.** effrayant; **A.** graulich, erschrecklich; **It.** pauroso; **R.** страшный, ужасный.

PAVURA. f. Pavor.

★ **PAYA.** f. ARGENT. y CHILE. Composición poética dialogada y acompañada de la guitarra que improvisan los payadores. || **2.** CHILE. Palla, cuento, chascarrillo.

★ **PAYA.** adj. ETNOGR. Indio de una tribu de Honduras. Ú.t.c.s. || **2.** Perteneciente o relativo a estos indios.

PAYACATE. m. MÉJ. Pañuelo grande, pañuelo de narices.

PAYADA. f. AMÉR. Canto del payador. || **—de contrapunto.** AMÉR. Certamen poético y musical de los payadores.

★ **PAYADO, DA.** adj. CHILE. Tejido de diversos colores y con figuras diversas.

PAYADOR. (De *payar.*) m. AMÉR. Gaucho que canta coplas improvisadas acompañándose de la guitarra.

PAYAGUA. m. Indio indígena del Paraguay.

★ **PAYÁN.** adj. HOND. Molido, quebrantado. Aplícase principalmente al maíz o cosa análoga.

★ **PAYANAR.** (mejic. *payana,* quebrantar.) tr. MÉJ. Quebrar el maíz en la piedra. || **2.** MÉJ. Ablandar alguna cosa sacudiéndola repetidamente.

★ **PAYANGA.** f. URUG. Un juego de azar.

PAYAR. intr. ARGENT. y CHILE. Cantar payadas.

★ **PAYARA.** f. ZOOL. Pez que abunda en el río Orinoco, y es de gran tamaño.

PAYASADA. f. Acción o dicho propio de payaso.

★ **PAYASEAR.** intr. CHILE. Hacer o decir payasadas. || **2.** CUBA. Manifestarse vanidoso.

PAYASO. (ital. *pagliaccio.*) m. Titiritero que hace de gracioso, con traje y gestos ridículos. || **2.** Persona ridícula y que es objeto de burla. || **P.** palhaço; **I.** clown; **F.** paillasse; **A.** Hanswurst; **It.** pagliaccio; **R.** клоун, паяц.

★ **PAYAZO.** m. VENEZ. y COLOM. Muchacho que pastorea terneros.

★ **PAYÉ.** m. R. DE LA PLATA. Hechizo, brujería. || **2.** R. DE LA PLATA. Brujo, hechicero.

PAYÉS, SA. (l. *pagensis.*) m. y f. Campesino o campesina de Cataluña o Baleares.

PAYO, YA. (Forma regres. de *payés.*) adj. Aldeano. Ú.t.c.s. || **2.** Campesino ignorante y rudo.

★ **PAYUCANO, NA.** m. y f. fam. ARGENT. Campesino. || **2.** Provinciano.

PAYUELAS. f. pl. Viruelas locas.

PAZ. (l. *pax, pacis.*) f. Virtud que da al ánimo tranquilidad y sosiego, en oposición a la turbación y las pasiones. Es uno de los frutos del Espíritu Santo. || **2.** Tranquilidad y quietud pública de los Estados, en contraposición a la guerra. || **3.** Sosiego y tranquilidad en las familias. || **4.** Genio sosegado y apacible. || **5.** Convenio entre dos o más naciones para dar fin a las hostilidades. Por su carácter definitivo distínguese de la tregua y del armisticio. || **6.** En la misa, ceremonia en la que el celebrante besa el altar y abraza luego al diácono y éste al subdiácono y en las catedrales se da a besar al coro y a los que hacen cabeza del pueblo una reliquia o imagen. || **7.** Esta misma reliquia o imagen. || **8.** Saludo que se hace dándose un beso en el rostro. || **—octaviana.** fig. Tranquilidad general, como la que reinaba en el Imperio Romano durante el reinado de Augusto en el momento de la Encarnación del Hijo de Dios. || *A la* PAZ *de Dios.* loc. fam. con que se despide a uno. || *Andar la* PAZ *por el coro.* fr. fig. e irón. Haber riñas en una familia o comunidad. || *Aquí* PAZ *y después gloria.* fr. que da a entender que se ha por terminado un asunto. || *Con* PAZ *sea dicho.* expr. Con permiso, sin ofensa. || *Dar la* PAZ *a uno.* fr. Darle un abrazo, o darle a besar una imagen, en señal de paz. || *Dar* PAZ *a uno.* fr. Saludarle besándole en el rostro. || *Dejar en* PAZ *a uno.* fr. No molestarle. || *Descansar o reposar en* PAZ. fr. Morir y salvarse. Piadosamente se dice de todos los que mueren en la religión católica. || *En* PAZ *y en haz.* loc. adv. Con vista y consentimiento. || *Estar en* PAZ. fr. Se dice cuando en el juego no hay pérdidas ni ganancias de dinero, o por ambas partes se ha alcanzado igualdad de puntos. || *Dícese cuando se paga enteramente la deuda.* || **P.** paz; **I.** peace; **F.** paix; **A.** Friede(n), Ruhe; **It.** pace; **R.** мир.

★ **PAZCO, CA.** adj. C. RICA. Desabridoso, insípido.

★ **PAZCÓN.** m. C. RICA. Cedazo, criba, tamiz.

PAZGUATERÍA. f. Calidad de pazguato. || **2.** Acción propia de él.

PAZGUATO, TA. (l. *pacificātus.*) adj. Simple, que se asombra de todo lo que ve. Ú.t.c.s. || **P.** parvo; **I.** dolt; **F.** nigaud; **A.** einfältig; **It.** sempliciotto; **R.** ротозей.

PAZO. (l. *palatium.*) m. GAL. Casa solariega, construida en el campo.

PAZOTE. (Voz americana.) m. BOT. Planta herbácea anual, quenopodiácea, de tallo muy ramoso, hojas lanceoladas, flores en racimos laxos y sencillos, de olor aromático, que se toman como té. Es oriunda de América y se extiende por Europa.

PAZPUERCA. adj. y fam. Se dice de la mujer sucia. Ú.t.c.s.

★ **PB.** QUÍM. Símbolo del plomo (Pb).

PCHE o **PCHS.** interj. que denota indiferencia, reserva.

★ **PD.** QUÍM. Símbolo del paladio (Pd).

PE. f. Nombre de la letra *p.* || *De* PE *a pa.* m. adv. fig. y fam. Enteramente, del principio al fin.

PEA. f. vulg. Borrachera, embriaguez.

PEAJE. (De *pedaje.*) m. Derecho de tránsito. || **P.** peagem; **I.** tollage; **F.** péage; **A.** Brückengeld; **It.** pedaggio; **R.** дорожная пошлина.

PEAJERO. m. Quien cobra el peaje.

PEAL. (l. *pedăle.*) m. Trozo de media que cubre el pie. || **2.** Media sin pie que se sujeta a éste con una trevilla. || **3.** Paño que cubre el pie. || **4.** fig. y fam. Persona inútil, despreciable.

★ **PEAL.** m. ARGENT. y CHILE. Polaina o travilla del pantalón. || **2.** CHILE. Pastelillo de harina, yemas, limón y mantequilla. || **3.** AMÉR. MERID. Pial, mangana.

★ **PEALAR.** tr. AMÉR. MERID. Apealar

★ **PEALITA.** (De *Peale,* n. p.) f. MINERAL. Hidrato del ácido silícico, del tipo del ópalo, es variedad de éste. Es de color amarillo y brillo resinoso. Se encuentra en Islandia.

PEANA. (l. *pedāna;* de *pes, pedis,* pie.) f. Apoyo para sostener una figura u otra cosa. || **2.** Tarima arrimada al altar. || *Por la* PEANA *se adora o se besa al santo.* expr. fig. y fam. con que se indica que uno obsequia o hace la corte a otra persona para ganar su voluntad. || **P.** peanha; **I.** pedestal, stand; **F.** piédestal; **A.** Postament, (Fuss)Gestell; **It.** piedestallo; **R.** подножие.

PEAÑA. (l. *pedañea;* de *pes, pedis,* pie.) f. Peana.

★ **PEARCEÍTA.** (De *Pearce,* n. p.) f. MINERAL. Mineral formado por sulfuro de arsénico y antimonio, con plata y cobre. Se presenta en cristalillos tabulares de color negro. Se le llama también arsenopolibasita.

PEATÓN. (fr. *piéton,* soldado de a pie, y éste del l. *pedito, -ōnis, de pedes, -ĭtis,* infante.) m. Peón, 1.er art., 1.ª acep. || **2.** Correo que va a pie encargado de la correspondencia entre pueblos cercanos. || **3.** 2.ª acep.? **P.** peão; **I.** foot-post; **F.** courrier à pied, piéton; **A.** Landbriefträger; **It.** pedone; **R.** деревенский почтальон.

★ **PEBAL (EXPERIMENTO DE).** QUÍM. Importante experimento para demostrar la diferente velocidad de difusión de las moléculas del ácido clorhídrico y de amoníaco.

★ **PEBETA.** f. ARGENT. y URUG. Muchacha pequeña.

PEBETE. m. Pasta hecha con polvos aromáticos, en figura de varilla, que, encendida, despide un humo muy fragante. || **2.** Cañutillo formado de una masa de pólvora y otros ingredientes, que sirve para encender artificios de fuego. || **3.** fig. y fam. Cualquier objeto que tiene mal olor. || **4.** URUG. Niño, chiquillo. || **P.** pivete; **I.** joss-stick; **F.** parfum à bruler; **A.** Räucherkerzchen; **It.** pastiglia odorosa; **R.** фимиам.

PEBETERO. (De *pebete.*) m. Perfumador, 2.ª acep., y sobre todo el que tiene la cubierta agujereada. || **P.** piveteiro; **I.** censer, perfuming-pan; **F.** brûle-parfums; **A.** Räucherpfanne; **It.** profumiera; **R.** курильница.

★ **PEBETERO, RA.** adj. ECUAD. Adulón. Ú.t.c.s.

PEBRADA. (l. *piperāta,* pl. n. de *-ium;* de *piper,* pimienta.) f. Pebre, 1.er art., 1.ª acep.

P **PEBRE**. (l. *pĭper, -ĕris*, pimienta.) amb. Salsa formada por pimienta, ajo, perejil y vinagre. ‖ **2**. En algunos lugares, pimienta, 1.ª acep.

PEBRE. amb. CHILE. Puré de patatas.
* **PEBRILLA**. f. ZOOL. Clase de infusorios heterótricos.
* **PEBRINA**. (prov. moderno *pebrino*, de *pebre*, pimienta.) f. Emfermedad epidémica de los gusanos de seda, estudiada por Pasteur; se caracteriza por la aparición de puntitos negros, parecidos a granos de pimienta.

PECA. (de *pecar*, 6.ª acep.) f. Manchas amarillo-rojizas que salen en la piel y generalmente aumentan por efecto del sol y el aire. ‖ **P**. sarda; **I**. freckle; **F**. lentigo, tache de rousseur; **A**. Sommersprosse, Pickel; **It**. lentiggine; **R**. веснушка.

PECABLE. adj. Capaz de pecar. ‖ **2**. Se aplica a la materia misma en que se puede pecar.
* **PECADERO**. m. fam. AMÉR. Taberna, garito u otro lugar donde se está expuesto a gastar o pecar.

PECADO. p.p. de pecar. ‖ **2**. m. Hecho, dicho, deseo, pensamiento u omisión contra la Ley de Dios y sus preceptos. ‖ **3**. Cualquier cosa que separa de lo bueno, de lo justo, o que falta a lo que es debido. ‖ **4**. Defecto o exceso en cualquier línea. ‖ **5**. fig. fam. El diablo. *Eres el* PECADO. ‖ **6**. Juego de naipes en que la suerte preferente es la de nueve puntos, cometiéndose un pecado en pasar de este número. ‖ **7**. fig. y fam. V. *El costal de los* PECADOS. ‖ —**actual**. Acto con el cual el hombre peca voluntariamente. ‖ —**capital**. Pecado mortal. ‖ —**contra natura** o **contra naturaleza**. Sodomía o cualquier otro carnal contrario a la generación. ‖ —**de bestialidad**. Bestialidad, 2.ª acep. ‖ —**de comisión**. Obra, palabra o deseo que prohibe la Ley de Dios. ‖ —**de omisión**. El que se comete dejando de hacer algo obligado por la ley moral. ‖ —**grave**. Pecado mortal. ‖ —**habitual**. Acto continuado o costumbre de pecar. TEOL. Acción contraria a la ley, si el que la ejecuta ignora inculpablemente esa cualidad. ‖ —**mortal**. Culpa que priva al hombre de la gracia santificante, y le hace digno de la pena eterna y enemigo de Dios. ‖ **2**. fig. y fam. V. *Obra en* PECADO *mortal*. ‖ —**nefando**. El de sodomía, por su torpeza y obscenidad. ‖ —**original**. Aquel en que es concebido el hombre por el pecado de Adán. ‖ **2**. fig. y fam. Desgracia de que participa uno por la relación que tiene con otra persona o con un cuerpo. ‖ —**venial**. El que levemente se opone a la Ley de Dios. ‖ *El* PECADO *de la lenteja*. fig. y fam. Defecto pequeño que se exagera o pondera mucho. ‖ *Conocer* uno *su* PECADO. fr. Confesarlo. ‖ *De mis* PECADOS. loc. con que se significa un afecto particular acerca de la persona o cosa de que se habla. ‖ *Estar en* PECADO. Estar mal o muy desazonado con un sujeto o especie. ‖ *Estar hecho un* PECADO. fr. fig. con que se significa el mal éxito de una cosa, o el efecto contrario a lo que se pretendía. ‖ *Pagar* uno *su* PECADO. fr. con que se explica que uno padeció la pena debida a una mala acción. ‖ *PECADO encelado, es medio perdonado*. ref. con que se pondera lo perjudicial del escándalo. ‖ *Por mis* PECADOS, o *por malos* o *por negros de mis* PECADOS. expr. En castigo de mis culpas. ‖ **P**. pecado; **I**. sin; **F**. péché; **A**. Sünder; **It**. peccato; **R**. rpex.

PECADOR, RA. (l. *peccātor, -ōris*.) adj. Que peca. Ú.t.c.s. ‖ **2**. Sujeto al pecado o que puede cometerle. Ú.t.c.s. ‖ **3**. f. fam. Ramera. ‖ ¡PECADOR, o PECADORA *de mí*! expr. fam. a modo de interjección, con que se explica la extrañeza o el sentimiento en lo que se hace, ve, oye o sucede. ‖ **P**. pecador; **I**. sinner; **F**. pécheur; **A**. Sünder; **It**. peccatore; **R**. грешник.

PECADRIZ. adj. f. ant. Pecatriz. Úsáb.t.c.s.

PECAMINOSO, SA. (l. *peccāmen, -ĭnis*, pecado.) adj. Relativo al pecado o al pecador. ‖ **2**. fig. Se aplica a las cosas que están o parecen contaminadas por el pecado. ‖ **P**. pecaminoso; **I**. sinful; **F**. qui tient du péché; **A**. sündlich, sündhaft; **It**. peccaminoso; **R**. греховный.

* **PECANA**. f. ARGENT. Mortero que se usa para machacar granos.
* **PECANEAR**. tr. ARGENT. Machacar en la pecana o mortero.

PECANTE. (l. *peccans, -antis*.) p.a. de pecar. Que peca. Ú.t.c.s. ‖ **2**. Dícese de lo que es excesivo en su línea. ‖ **3**. V. *Humor* PECANTE.

PECAR. (l. *peccāre*.) intr. Quebrantar la ley de Dios. ‖ **2**. Faltar totalmente a cualquier obligación y a lo que es justo y debido, o a las reglas de política o del arte. ‖ **3**. Faltar a las reglas en cualquier línea. ‖ **4**. Dejarse llevar por la afición a una cosa. *En viendo dulces no puedo por menos de* PECAR. *El joven* PECA *de confiado*. ‖ **5**. Dar motivo para un castigo o pena. *¡En qué ha* PECADO *Joaquín!* ‖ **6**. MED. Predominar un humor en las enfermedades. ‖ *Aquí que no* PECO. expr. fam. con que se da a entender el propósito de cometer una demasía en ocasión propicia para eludir la responsabilidad o el castigo. ‖ **P**. pecar; **I**. to sin; **F**. pécher; **A**. sündigen; **It**. peccare; **R**. грешить.

PÉCARI. m. AMÉR. MERID. Báquira.
* **PÉCARI**. m. ZOOL. Mamífero paquidermo de la familia de los suídeos, parecido a un jabalí pequeño; cabeza corta; orejas pequeñas; de cuerpo comprimido con cerdas ásperas de color claro en el vientre; cola atrofiada y una glándula que segrega un olor desagrable en el dorso. Viven reunidos en manadas en América del Sur. Son muy feroces pero se domestican con facilidad. También se llama báquira.

PECATRIZ. (l. *peccātrix*.) adj. f. ant. Pecadora. Usáb. t.c.s.

PECBLENDA. (al. *pech*, pez, resina, y *blende*, mezcla.) f. MINERAL. Mineral de uranio de composición muy compleja, formada ordinariamente por varios metales raros entre ellos el radio. ‖ **I**. pitchblende; **F**. pechblende; **A**. Pechblende; **It**. pecblenda; **R**. уранинит.

PECCATA MINUTA. (l. *peccāta*, pecados, faltas, y *minúta*, pequeños.) expr. fam. Vicio, error o falta leve.

PECE. (l. *pĭscis*.) m. Lomo de tierra que queda entre dos surcos. ‖ *El* PECE *para quien lo merece*. ref. que enseña que el premio corresponde al mérito, y a él se le debe dar.

PECE. (l. *pix, pĭcis*, la pez.) f. Tierra o mortero amasados para hacer tapias o paredes.

PECECILLO. m. d. de pez.
PECEÑO, ÑA. adj. Que tiene el color de la pez. Suele aplicarse al caballo de este pelo. ‖ **2**. Que sabe a pez.
PECERA. f. Vasija o globo de cristal que se llena de agua y sirve para tener peces.
PECEZUELA. f. d. de pieza.
PECEZUELO. m. d. de pie.
PECEZUELO. m. d. de pez.
PECIENTO, TA. adj. Del color de la pez.
* **PECILARIS**. m. ZOOL. Género de aracnóideos que tienen largos aguijones en las patas.

PECILGAR. tr. ant. Pellizcar.
PECILGO. m. Pellizco.
* **PECILOPEPLINOS**. m. pl. ZOOL. Insectos coleópteros cerambícidos; comprenden dos bellos géneros americanos.
* **PECILOPEPLO**. m. ZOOL. Género de insectos que tienen el cuerpo largo y brillante. Especies muy hermosas de este insecto viven en la cuenca del Amazonas.

PECILUENGO, GA. (De *pezón* y *luengo*.) adj. Se aplica a la fruta que pende largo el pezón del cual pende en el árbol.

PECINA. f. Piscina, 1.ª acep.
PECINA. (l. *picina*, t. f. de *-nus*; de *pix, pĭcis*, la pez.) f. Cieno negruzco que se forma en los charcos donde hay materias orgánicas en descomposición.
PECINAL. m. Charco de agua estancada que tiene mucha pecina.
PECINOSO, SA. adj. Que tiene pecina.
PECIO. (b. l. *petius*, y éste del m. or. que el l. *pittacium*, pedazo.) m. Fragmento de la nave naufragada o porción de su contenido. ‖ **2**. Derechos que el señor del puerto de mar exigía de las naves que naufragaban en sus costas.

PECIOLADO, DA. adj. BOT. Se dice de las hojas que tienen pecíolo.
* **PECIOLAR**. adj. BOT. Relativo al peciolo.

PECÍOLO [PECIOLO]. (l. *petiŏlus*.) m. BOT. Pezón de la hoja. ‖ **P**. peciolo; **I**. petiole, (leaf)-stalk; **F**. pétiole; **A**. Blattspindel; **It**. picciuolo; **R**. черенок.
* **PECOPTERIS**. m. PALEON. Género de helechos fósiles, que se hallan en el carbonífero.

PÉCORA. (l. *pecŏra*, pl. de *pecus*.) f. Res lanar. ‖ **2**. V. *Carta* PÉCORA. fig. y fam. Persona astuta, taimada y viciosa, y más comúnmente siendo mujer.

PECOREA. (De *pecorear*.) f. Pillaje o hurto de algunos soldados, desbandados del cuartel o campamento. ‖ **2**. fig. Diversión ociosa y fuera de casa, andando de aquí para allí.

PECOREAR. (De *pécora*.) r. Hurtar ganado. ‖ **2**. intr. Andar la soldadesca a la desbandada hurtando y saqueando.

PECOSO, SA. adj. Que tiene pecas.
* **PECOTRA**. f. CHILE. Sobrehueso, tumor duro que se forma sobre un hueso. ‖ **2**. CHILE. Lobanillo. ‖ **3**. CHILE. Hinchazón. ‖ **4**. CHILE. Nudo de un bastón.

PECTAR. (l. *pactum*, pecho, 2.° art.) tr. ant. Pechar, 1.er art., 1.ª y 2.ª aceps.
* **PECTASA**. (de *péctico*, y la term. *-asa*, propia de los fermentos.) f. BIOQUÍM. Fermento nitrogenado que se encuentra unido a los productos pécticos de las raíces y frutos de algunas plantas.
* **PECTATO**. m. QUÍM. y BIOL. Sal que se obtiene al combinar el ácido péctico con una base.
* **PECTEN**. (l. *pecten*, peine.) m. ANAT. Pubis, parte delantera del hueso ilíaco. ‖ **2**. BOT. Sección de plantas umbelíferas. ‖ **3**. ZOOL. Peine, molusco comestible de la clase de los lamelibranquios. ‖ **4**. ZOOL. Género de moluscos lamelibranquios, con la concha de valvas desiguales. ‖ **5**. ZOOL. Apéndice de los escorpiones que tiene forma de peine.
* **PECTENINA**. f. QUÍM. Alcaloide tóxico de un cacto que crece en Méjico.
* **PÉCTICO, CA**. adj. QUÍM. Dícese de un ácido que resulta de la acción duradera de los álcalis sobre la pectina.

PECTINA. (gr. πηκτός, coagulado.) f. QUÍM. Substancia neutra, producto ternario, semejante a los hidratos de carbono, se encuentra disuelto en el jugo de muchos frutos maduros.
* **PECTINASA**. f. BIOQUÍM. Fermento de origen vegetal que provoca la coagulación de las pectinas.

PECTÍNEO. m. ZOOL. Músculo situado en el muslo que hace girar el fémur.
* **PECTÍNEO, A**. (l. *pecten, -ĭnis*, peine.) adj. Perteneciente al peine o semejante a él. ‖ **2**. Relativo al pubis. ‖ **3**. ANAT. Músculo situado dentro del muslo, que dobla el muslo sobre la pelvis.
* **PECTINIBRANQUIOS**. (l. *pecten, -ĭnis*, peine, y de *branquia*.) m. pl. ZOOL. Suborden de moluscos gasterópodos.
* **PECTÍNIDOS**. (l. *pecten, -ĭnis*, peine, y del gr. εἶδος, forma.) m. pl. ZOOL. Familia de moluscos lamelibranquios marinos.

PECTINIFORME. (l. *pecten, -ĭnis*, peine, y de *forma*.) adj. BOT. y ZOOL. De forma de peine y dentado como él.
* **PECTOLITA**. f. MINERAL. Silicato hidratado natural de sodio y calcio del grupo de las ceolitas. Se halla en terrenos volcánicos, en forma de cristales aciculares de brillo sedoso y nacarado y color blanco azulado.

PECTORAL. (l. *pectorālis*.) adj. Relativo al pecho. *Cavidad* PECTORAL. ‖ **2**. Provechoso y útil para el pecho. Ú.t.c.s.m. ‖ **3**. m. Cruz que llevan sobre el pecho los obispos y otros prelados. ‖ **4**. Racional del sumo sacerdote en la ley antigua. ‖ **P**. peitoral; **I**. y **F**. pectoral; **A**. Brust (en comp.); **It**. pettorale; **R**. грудной. ‖ **3**.ª acep.: **P**. peitoral; **I**. pectoral cross; **F**. croix pectorale; **A**. Bischofskreuz; **It**. pettorale; **R**. нагрудный крест.

PECTOSA. (gr. πηκτός, coagulado.) f. QUÍM. Substancia parecida a la pectina, que está unida a la celulosa en la membrana de las células vegetales; es insoluble en el agua, mas se disuelve con facilidad en los álcalis diluidos.

★ **PECTÓSICO, CA.** (de *pectosa*.) adj. Quím. Se dice de un ácido de consistencia gelatinosa, formado por la acción de la potasa cáustica sobre las soluciones de pectina.

★ **PECTOSINASA.** f. Bioquím. Fermento que transforma la pectasa en pectina.

★ **PECTÚNCULO.** m. Anat. Conjunto de pequeñas elevaciones que se encuentran en el acueducto de Silvio.

★ **PECUACUA.** f. Ecuad. Suciedad de los pies.

PECUARIO, RIA. (l. *pecuarĭus*.) adj. Perteneciente al ganado.

★ **PECUECA.** f. Colom. Sicote, suciedad del cuerpo humano. ‖ pl. Venez. pies hediondos o malolientes.

PECULADO. (l. *peculātus*; de *peculĭum*, caudal.) m. For. Delito que consiste en el hurto de caudales del erario público, cometido por el que los administra.

PECULIAR. (l. *peculiāris*.) adj. Propio o privativo de cada persona o cosa. ‖ P. e I. peculiar; F. particulier, propre; A. eigentümlich; It. peculiare; R. своеобразный.

PECULIARIDAD. f. Calidad de peculiar. ‖ P. peculiaridade; I. peculiarity; F. particularité; A. Eigentümlichkeit; It. peculiarità; R. своеобразие.

PECULIARMENTE. adv. Con particularidad, especialmente, propiamente.

PECULIO. (l. *peculĭum*.) m. Hacienda o caudal que el padre o señor permitía al hijo o siervo para su uso o comercio. ‖ 2. fig. Dinero que tiene cada uno particularmente, sea o no hijo de la familia. ‖ —**adventicio.** For. Bienes adventicios. ‖ —**castrense.** For. Bienes castrenses. ‖ —**cuasi castrense.** For. Bienes cuasi castrenses. ‖ P. e It. peculio; I. peculium; F. pécule; A. (Privat)Vermögen, Sondergut; R. имущество.

PECUNIA. (l. *pecunia*.) f. fam. Dinero o moneda.

PECUNIAL. (l. *pecuniālis*.) adj. ant. Pecuniario.

PECUNIARIAMENTE. adv. En dinero efectivo. ‖ 2. Mirando al aspecto pecuniario, de lo que se trata o dice. *Tal cosa me convendría* pecuniariamente, *pero me enemistaría con fulano.*

PECUNIARIO, RIA. (l. *pecuniarĭus*.) adj. Perteneciente al dinero efectivo. ‖ 2. . V. *Pena* pecuniaria. ‖ P. pecuniário; I. pecuniary; F. pécuniaire; A. finanziell; It. pecuniario; R. денежный.

★ **PECURANO.** m. Miner. Óxido natural de uranio, utilizado en la obtención del color amarillo de uranio que usa la industria del vidrio y porcelana.

PECHA. f. Ant. Pecho. 2.º art. ‖ 2. Chile. Pechada. ‖ 3. Chile. Violencia, atropello.

★ **PECHACAR.** tr. Chile. Hurtar una cosa de escaso valor aprovechando un descuido.

PECHADA. f. fam. Argent. Sablazo, 3.ª acep. Sacar dinero a uno. ‖ 2. Golpe dado en el pecho. ‖ 3. Argent. Golpe que da el jinete en el pecho del caballo. ‖ 4. R. de la Plata. Empujón.

★ **PECHADOR.** (De *pechar*, pedir prestado.) m. fam. Amér. Petardista.

PECHAR. tr. Pagar pecho o tributo. ‖ 2. intr. Asumir una carga o sujetarse a su perjuicio. Lleva de ordinario la prep. *con.*

PECHAR. (De *pecho*, 3.er art.) tr. Gal., León y Sal. Cerrar con cerrojo o llave.

PECHARDINO DE MANGA. m. Germ. Engaño que hace uno a otro para que pague por ambos.

★ **PECHAZO.** m. fig. y fam. Argent. Pechada. ‖ 2. Argent. fig. Sablazo, acto de sablear a uno y sacarle dinero.

PECHBLENDA. f. Pecblenda.

PECHE. (l. *pecten*, *-ĭnis*, peine.) m. Pechina.

★ **PECHE.** adj. El Salv. Flaco, delgaducho, encanijado. ‖ 2. Méj. Bueno. ‖ 3. Amér. Central. Huérfano. Ú.t.c.s. ‖ 4. Amér. Central. Chiquitín. Ú.t.c.s.

★ **PECHEGUERA.** (De *pecho*, tórax.) f. Pat. Amér. Merid. Enfermedad pulmo-

nar que afecta a niños de pocos meses.

PECHELINGUE. m. p. us. Pirata.

PECHERA. f. Trozo de lienzo o paño que se coloca en el pecho para abrigarlo. ‖ 2. Chorrera, 4.ª acep. ‖ 3. Parte de la camisa y demás prendas de vestir que cubre el pecho. ‖ 4. Pedazo de vaqueta forrado de cordobán y relleno de borra o cerdas, que colocado a los caballos y mulas en el pecho les sirve de apoyo para que tiren. ‖ 5. fam. Parte exterior del pecho, especialmente en las mujeres. ‖ P. peitilho; I. plastron, shirt-bosom; F. plastron, poitrail; A. Plastron; I. pettorale; R. нагрудник.

PECHERA. f. ant. Pecho, 2.º art.

★ **PECHEREQUE.** m. Bol. y Argent. Licor.

PECHERÍA. f. Conjunto de toda clase de pechos y tributos. ‖ 2. Padrón de lo que deben pagar los pecheros.

PECHERO. (De *pecho*, 1.er art.) m. Babero.

PECHERO, RA. adj. Obligado a pagar o a contribuir con pecho o tributo. Ú.t.c.s. ‖ 2. Plebeyo, por contraposición a noble. Ú.t.c.s. ‖ P. plebeu; I. tax-payer, commoner; F. roturier; A. steuerpflichtig, botmässig; It. contribuente; R. налогоплательщик.

★ **PECHERÓN, NA.** adj. fam. Amér. Excelente, óptimo.

PECHIBLANCO, CA. adj. Aplícase al animal que tiene el pecho blanco.

PECHICOLORADO. (De *pecho*, 1.er art., y *colorado*.) m. Pechirrojo.

PECHICHE. m. Bot. Ecuad. Árbol verbenáceo, de madera fina e incorruptible, da una frutilla como la cereza, pero de color negro cuando está madura, que se emplea para hacer dulces. ‖ 2. Colom. Mimo, crianza viciosa.

★ **PECHICHÓN, NA.** (de *pechiche*.) adj. Colom. Mimado, consentido.

★ **PECHICHOSO, SA.** adj. Colom. Melindroso.

PECHIGONGA. f. Juego de naipes en que puede cada jugador enviar según los va recibiendo. El mejor punto es 55, y el que llega a juntar las nueve cartas seguidas desde el as hasta el nueve, tiene pechichonga.

PECHIL. (De *pecho*, 3.er art., y éste de l. *pestŭlum*.) m. Sal. Cerradura, 2.ª acep.

PECHINA. (l. *pecten*, *-ĭnis*, peine.) f. Venera, 1.er art., 1.ª acep. ‖ 2. Arq. Cada uno de los cuatro triángulos curvilíneos que forman el anillo de las cúpulas con los arcos torales sobre la estriba. ‖ P. venera; I. (pilgrim) scallop; F. coquille; A. Rippenmuschel; It. pèttine (conchiglia); R. раковина.

PECHIRROJO. (De *pecho*, 1.er art., y *rojo*.) m. Pardillo, 6.ª acep.

PECHISACADO, DA. (De *pecho*, 1.er art., y *sacar*.) adj. fig. y fam. Engreído, arrogante.

PECHO. (l. *pectus*.) m. Parte del cuerpo humano que se extiende desde el cuello hasta el vientre, y en cuyo interior se hallan el corazón y los pulmones. ‖ 2. Lo exterior de esta misma parte. ‖ 3. Parte anterior del tronco de los cuadrúpedos y aves entre el cuello y las patas anteriores. ‖ 4. V. *Angina de opresión de* pecho. ‖ 5. V. *Golpe de* pechos. ‖ 6. Cada una de las mamas de la mujer. ‖ 7. Repecho. ‖ 8. fig. Interior del hombre. ‖ 9. fig. Calidad de la voz, o su duración o sostenimiento para cantar o perorar. ‖ *Abierto de* pechos. expr. Dícese del caballo o yegua que al tiempo de andar dirige con exceso la mano hacia fuera cojeando mucho. ‖ *A lo hecho,* pecho. ref. que aconseja tener fortaleza para arrostrar las consecuencias de una desgracia o de un error que ya son irremediables. ‖ *A* pecho *descubierto.* m. adv. Sin resguardo, sin armas para defenderse. ‖ *A todo* pecho. m. adv. Colom. A voz en cuello, a grito pelado. ‖ *Beber a* pecho. Chile y P. Rico. Beber tomando a pulso la vasija. ‖ ¡*Buen* pecho! expr. que se usa como interj. ¡Buen ánimo! ‖ *Criar a uno a los* pechos. fr. fig. Instruirlo, educarlo. ‖ *Criar uno a sus* pechos *a otro.* fr. fig. y fam. Protegerlo, hacerlo a su manera. ‖ *Dar el* pecho. Dar de mamar. ‖ *Declarar*

uno *su* pecho. fr. Declarar su corazón. ‖ *De* pechos. m. adv. Con el pecho apoyado en o sobre una cosa. Ú. con los verbos *caer*, *echarse*, *estar*, etc. ‖ *Descubrir uno su* pecho *a otro.* fr. fig. Tener entera confianza en él o confiarle lo más escondido del corazón. ‖ *Echar el* pecho *al agua.* fr. fig. Emprender con resolución y osadía una cosa de mucho peligro o dificultad. ‖ *Echarse* uno *a* pechos *una cosa.* fr. fig. Tomarla a su cargo con empeño, sin reparar en dificultades. ‖ *Echarse* uno *a* pechos *un vaso de agua, taza,* etc. fr. Beber con ansia y en gran cantidad. ‖ *Entre* pecho *y espalda.* loc. fig. y fam. En el estómago. ‖ *Fiar el* pecho. fr. fig. Abrir uno su pecho. ‖ *No caber a* uno *una cosa en el* pecho. fr. fig. Sentir ansia de manifestarla. ‖ *No podírsele* a uno *una cosa en el* pecho. fr. fig. y fam. No tardar en decirla. ‖ *No quedarse* uno *con nada en el* pecho. fr. fig. y fam. No quedarse con nada en el cuerpo. ‖ ¡pecho *al agua!* expr. fig. y fam. Que denota arrojo y resolución. ‖ pecho *arriba.* m. adv. A repecho. ‖ pecho *por el suelo* o *por la tierra.* m. adv. Humildemente, con mucha sumisión. ‖ 2. Cetr. Se dice de las aves que vuelan muy bajas al ras del suelo. ‖ *Poner a los* pechos *una pistola,* etc. fr. fig. Amenazar con un daño inmediato para cohibir la voluntad ajena. ‖ *Poner* uno *el* pecho *a* una cosa. Arrostrarla. ‖ *Quedarse* uno *con* una cosa *en el* pecho. fr. fig. y fam. Quedarse uno con una cosa en el cuerpo. ‖ *Tener* pecho. fr. fig. Tener paciencia y ánimo. ‖ *Tomar* uno *a* pechos *una cosa.* fr. fig. Tomarla con mucha eficiencia o empeño. ‖ *Tomar el* pecho. fr. Mamar. ‖ P. peito; I. chest, breast; F. poitrine; A. Brust, Busen; I. petto; R. груд.

PECHO. (De *pactum*, pacto.) m. Tributo que se pagaba al rey o señor territorial por razón de los bienes o haciendas. ‖ 2. fig. Contribución o censo que se paga por obligación a cualquier otro sujeto, aunque no sea el rey.

PECHO. (l. *pestŭlum*, pestillo, cerradura.) m. Ast., León y Sal. Pestillo, cerradura.

★ **PECHÓN.** m. R. de la Plata. Empujón dado con el pecho.

★ **PECHÓN, NA.** (De *pecho*, tributo.) adj. Méj. Gorrón, que quiere vivir o divertirse a costa de otro.

★ **PECHOÑERÍA.** f. Chile. Santurronería.

★ **PECHOÑO, ÑA.** (De *pecho*.) adj. Argent., Bol. y Chile. Santurrón. Ú.t.c.s.

PECHUELO. m.d. de pecho, 1.er art.

PECHUGA. f. Pecho del ave, que está como dividida en dos, a una y otra parte del caballete. Ú. frecuentemente en plural. ‖ 2. Cada una de las dos partes del pecho de una ave. ‖ 3. fig. y fam. Pecho; de hombre o mujer. ‖ 4. fig. y fam. Cuesta, 1.er art., 1.ª acep. ‖ P. peito de ave; I. breast of a fowl; F. blanc de volaille; A. Bruststück; It. petto di pollo; R. грудка.

PECHUGÓN. (De *pechuga*.) m. Golpe fuerte que se da con la mano en el pecho de otro. ‖ 2. Encuentro o caída de pechos. ‖ 3. fig. Esfuerzo extremado o impulso fuerte.

★ **PECHUGONADA.** (De *pechugón*.) f. Perú. Grosería, insolencia.

PECHUGUERA. (De *pechuga*.) f. Tos pectoral y tenaz.

PEDAGOGÍA. (gr. παιδαγωγία.) f. Arte de enseñar o educar a los niños. ‖ 2. Por ext. y en general, lo que enseña o educa por doctrina o ejemplos. ‖ P. pedagogia; I. pedagogy; F. pédagogie; A. Pädagogik, Erziehungslehre; It. pedagogia; R. педагогика.

PEDAGÓGICAMENTE. adv. Con arreglo a la pedagogía; de una manera pedagógica.

PEDAGÓGICO, CA. (gr. παιδαγωγικός.) adj. Perteneciente o relativo a la pedagogía.

PEDAGOGO. (l. *paedagōgus*, y éste del gr. παιδαγωγός, de *παῖς*, *παιδός*, niño, y ἄγω, conducir.) m. Ayo. ‖ 2. Maestro de escuela. ‖ 3. Versado en pedagogía. ‖ 4. fig. El que anda siempre con otro y lo lleva adonde desea o le dice lo que ha de hacer. ‖ P. e It. pedagogo; I. pedagogue;

P

F. pédagogue; **A.** Pädagog, Erzieher; **R.** педагог.

PEDAJE. (b. l. *pedaticum*, y éste del l. *pes, pedis*, pie.) m. Peaje.

PEDAL. (l. *pedālis*, del pie.) m. Palanca que, oprimiéndola con el pie, pone en movimiento un mecanismo. || **2.** MÚS. En armonía, sonido prolongado sobre el que se suceden varios acordes. || **3.** MÚS. Cada uno de los juegos mecánicos y de voces, que se mueven con los pies, y se corresponden con las teclas del órgano o del piano para reforzar o debilitar la intensidad del sonido. || **P.** e **I.** pedal; **F.** pédale; **A.** Pedal, Tretwerk, Fussklavier; **It.** pedale; **R.** педаль.

PEDALEAR. intr. Poner en movimiento un pedal. Dícese especialmente al de los velocípedos y bicicletas.

* **PEDALFÉRRICO.** adj. Dícese de ciertos terrenos propios de las regiones húmedas, en los que se aprecia la ausencia de zonas de carbonatos y en cambio aparecen aluminio y hierro.

PEDALIÁCEO, A. adj. BOT. Dícese de las hierbas angiospermas dicotiledóneas, bastante difundidas en África, Asia sudoccidental y Australia, de raíz blanca y fusiforme, hojas alternas u opuestas, generalmente sencillas, flores axilares, solitarias, de cáliz persistente y corola tubular, y frutos capsulares con semillas sin albumen; como la alegría. Ú.t.c.s.f. || **2.** f. pl. BOT. Familia de estas plantas.

* **PEDALIEO.** (*De pedal.*) adj. BOT. Aplícase a ciertas plantas pedaliáceas de flores axilares y ovario de dos cavidades.

* **PEDALIO.** m. BOT. Plantas pedaliáceas, padalieas, hierbas anuales de hojas gruesas y dentadas, de flores axilares, amarillas y aisladas y fruto en aquenio. Sólo se conoce la especie *Pedalium murex*, de África oriental y del Indostán; contiene mucho mucilago y sus frutos se usan en vías urinarias.

PEDÁNEO. (l. *pedanĕus*.) adj. V. *Alcalde* PEDÁNEO. Ú.t.c.s. || **2.** V. *Juez* PEDÁNEO. Ú.t.c.s. || **P.** pedâneo; **I.** puisne; **F.** pédané; **A.** Dorfschulze; **It.** pedâneo; **R.** сельский староста.

* **PEDANÍA.** f. ARGENT. Distrito departamental o de partido.

PEDANTE. (ital. *pedante*, y éste de un der. del gr. παῖς, παιδός, niño.) adj. Aplícase al que por ridículo engreimiento se complace en hacer alarde de erudición, téngala no en realidad. Ú.t.c.s. || **2.** Maestro que enseña a los niños la gramática yendo a las casas. || **P.** e **It.** pedante; **I.** pedant; **F.** pédant; **A.** Pedant; **R.** педант.

PEDANTEAR. (De *pedante*.) intr. Hacer con engreimiento, inoportuno y vano alarde de erudición.

PEDANTERÍA. f. Vicio de pedante. || **P.** pedantería; **I.** pedantry; **F.** pédanterie, pedantisme; **A.** Pedanterie, Wortklauberei; **It.** pedantería; **R.** педантизм.

PEDANTESCAMENTE. adv. Con pedantería.

PEDANTESCO, CA. (ital. *pedantesco*.) adj. Perteneciente o relativo a los pedantes y a su estilo o modo de hablar.

PEDANTISMO. m. Pedantería.

* **PEDATOS.** (l. *pedātus*, que tiene pies.) m. pl. ZOOL. Orden de equinodermos holoturioideos, dotados de órganos de locomoción.

* **PEDATROFIA.** f. MED. Conjunto de las enfermedades que son causa de depauperación en los niños.

PEDAZAR. (De *pedazo*.) tr. ant. Despedazar.

PEDAZO. (l. *pittacium*, y éste del gr. πιττάκιον.) m. Parte o porción de una cosa separada del todo. || **2.** Cualquier parte de un todo físico o moral. —de alcornoque, —de animal, —de bruto. fig. y fam. Persona incapaz o necia. —del alma, —de las entrañas o —del corazón. fig. y fam. Persona muy querida. Expresión que emplean mucho las madres refiriéndose a sus hijos. || —de pan. fig. Lo más preciso para mantenerse. *Ganar un* PEDAZO *de pan.* || **2.** fig. Precio bajo o interés muy corto. *He comprado esto por un* PEDAZO *de pan.* || *A* PEDAZOS. m. adv. Por parte, en porciones. || *Caerse*

uno *a* PEDAZOS. fr. fig. y fam. Andar tan desgarbado que parece que se va cayendo. || **2.** fig. y fam. Estar muy cansado de un trabajo corporal. || **3.** fig. y fam. Ser muy bonachón y sin malicia. || *En* PEDAZOS. m. adv. A pedazos. || *Estar* uno *hecho* PEDAZOS. fr. fig. y fam. Caerse a pedazos, 2.ª acep. || *Hacerse* uno PEDAZOS. fr. fig. y fam. Poner excesivo empeño en algún ejercicio físico que se toma por recreo. || **2.** fig. y fam. Hacerse añicos. || *Morirse por sus* PEDAZOS. fr. fig. y fam. Se explica que una persona está muy apasionada por otra. || *Ser* uno *un* PEDAZO *de pan.* fr. fig. y fam. Ser de condición amable y bondadosa. || **P.** pedaço; **I.** piece, bit; **F.** morceau; **A.** Stück; **It.** pezzo; **R.** кусок.

PEDAZUELO. m. d. de pedazo.

* **PEDEGOSA.** f. SAL. Una especie de resina de los pinos.

PEDERASTA. (gr. παιδεραστής; de παῖς, παιδός, niño, y ἐραστής, amante.) m. El que comete pederastia.

PEDERASTIA. (gr. παιδεραστία.) f. Abuso deshonesto cometido contra la niños. || **2.** Sodomía.

PEDERNAL. (l. *petrinăle*, de *petrinus*.) m. Variedad del cuarzo, se compone de sílice con pequeñas cantidades de agua y alúmina. Es compacto, de fractura concoidea, translúcido en los bordes, lustroso como la cera y en general de color gris amarillento más o menos obscuro. Herido por el eslabón da chispas. || **2.** fig. Suma dureza en cualquier especie. || **P.** pedernal, pederneira; **I.** flint(-stone); **F.** silex; **A.** Kiesel, Feuerstein; **It.** pietra focaia; **R.** кремень.

PEDERNALINO, NA. adj. De pedernal o bien que participa de sus propiedades. Ú.t. en sent. fig. *Entrañas* PEDERNALINAS.

* **PEDERNE.** adj. SAL. Duro, fuerte.

* **PEDESIS.** Movimiento vibratorio de las partículas microscópicas que se hallan en suspensión en el seno de un líquido.

PEDESTAL. (l. *pes, pedis*, pie, y el ant. alto al. *stal*, situación, asiento.) m. Cuerpo sólido, de ordinario de figura de paralelepípedo rectangular, con basa y cornisa, que sostiene una columna, estatua, etc. || **2.** Peana, 1.ª acep., generalmente la cruces y objetos militares. || **3.** fig. Fundamento en que se asegura o afirma una cosa, o la que sirve de medio para alcanzarla. || **P.** e **I.** pedestal; **F.** piédestal; **A.** (Fuss-)Gestell; **It.** piedestallo; **R.** пьедестал.

PEDESTRE. (l. *pedestris*.) adj. Que anda a pie. || **2.** Dícese del deporte que consiste principalmente en andar y correr. || **3.** fig. Llano, vulgar, inculto, bajo. || **P.** e **It.** pedestre; **I.** pedestrian; **F.** pédestre; **A.** zu Fuss gehend; **R.** пеший.

PEDESTRISMO. m. Conjunto de deportes pedestres.

* **PEDI.** (arauc. *pedun*.) m. CHILE. Orzuelo.

PEDÍATRA [PEDIATRA]. (gr. παῖς, παιδός, niño, y ἰατήρ, médico.) m. Médico de niños.

PEDIATRÍA. (gr. παῖς, παιδός, niño, y ἰατρία, curación.) f. MED. Medicina de los niños. || **P.** pediatría; **I.** pediatrics; **F.** pédiatrie; **A.** Kinderheilkunde; **It.** pediatría; **R.** педиатия.

* **PEDICELINA.** f. ZOOL. Género de moluscos briozoarios, que viven formando colonias parecidas a la de los pólipos.

PEDICELO. (l. *pedicellus*.) m. BOT. Columna carnosa que sostiene el sombrerillo de las setas.

PEDICOJ. (l. *pes, pedis*, pie, y de *cojo*.) m. Salto que se da con un solo pie.

* **PEDICTERO.** m. PAT. Icteria propia de los recién nacidos.

* **PEDICULACIÓN.** f. PAT. Formación y desarrollo de un pedículo.

PEDICULAR. (l. *pediculāris*.) adj. Perteneciente al piojo.

* **PEDICULARIA.** f. BOT. Género de plantas escrufulariáceas, propias de los países templados y fríos. || **2.** ZOOL. Género de moluscos gasterópodos que se encuentran adheridos a los poliperos en casi todos los mares.

* **PEDICULIZACIÓN.** f. Formación y desarrollo de un pedículo en un tumor.

PEDÍCULO. (l. *pedicŭlus*.) m. BOT. Pedúnculo, 1.ª acep.

* **PEDICULOPARIETAL.** adj. ANAT. Perteneciente o relativo a los pedículos de las circunvoluciones del cerebro situadas en la región parietal.

PEDICULOSIS. f. Med. Enfermedad de la piel producida por el insistente rascamiento a causa de la abundancia de piojos, sobre todo de los del cuerpo. Sus caracteres principales son las estrías del rascamiento y un color obscuro del tegumento llamada *piel de vagabundo*.

* **PEDICULOSO, SA.** (l. *pediculōsus*.) adj. Piojoso.

PEDICURO, RA. (l. *pes, pedis*, pie, y *curāre*, curar.) m. Callista.

* **PEDIDERA.** f. ECUAD. Petición, pedidura.

PEDIDO. (l. *petitum*.) m. Concesión que los soberanos pedían a sus vasallos y súbditos en caso de necesidad. || **2.** Tributo que se pagaba en los lugares. || **3.** Encargo hecho a un fabricante o vendedor, de géneros de su tráfico. || **4.** Petición, 3.ª acep. || **P.** pedido; **I.** demand, order; **F.** commande, ordre; **A.** Auftrag, Bestellung; **It.** commissione, òrdine; **R.** заказ.

PEDIDOR, RA. (l. *petitor*.) adj. Que pide, y especialmente que lo hace con impertinencia. Ú.t.c.s.

PEDIDURA. (l. *petitūra*.) f. Acción de pedir.

PEDIENTE. p.a. ant. de pedir. Que pide. Ú.t.c.s.

PEDIGÓN, NA. (De *pedir*.) adj. fam. Pedidor. Ú.t.c.s. || **2.** fam. Pedigüeño. Ú.t.c.s.

PEDIGÜEÑO, ÑA. adj. Que pide con frecuencia e importunidad. Ú.t.c.s. || **P.** pedinchão; **I.** craving; **F.** quémandeur; **A.** bettelhaft; **It.** seccatore; **R.** попрошайка.

* **PEDILANTO.** m. BOT. Género de plantas euforbiáceas de origen americano.

* **PEDILÓN, NA.** adj. VENEZ. Pedigüeño.

PEDILUVIO. (l. *pes, pedis*, pie, y *luĕre*, lavar.) m. Baño de pies tomado por medicina. Ú.m. en pl. || **P.** pedilúvio; **I.** footbath; **F.** pédiluve; **A.** Fussbad; **It.** pedilúvio; **R.** ножная ванна.

PEDIMENTO. (De *pedir*.) m. Petición, 1.ª acep. || **2.** FOR. Escrito que se lleva ante el juez. || **3.** Cada una de las pretensiones que se formulan en el escrito. || *A* PEDIMENTO. m. adv. A instancia, a solicitud, a petición.

PEDIMIENTO. m. ant. Pedimento.

* **PEDIÓN.** m. CRISTALOG. Cara de un cristal sin ninguna relación de simetría con las otras caras.

* **PEDIPALPOS.** (l. *pes, pĕdis*, pie, y *palpo*.) m. Cada uno de los palpos que en forma de patas tienen los arácnidos. || **2.** m. pl. ZOOL. Orden de aracnoideos, que se distinguen por tener grandes pedipalpos, y porque su primer par de patas no le sirven para la marcha por ser demasiado largas.

PEDIR. (l. *petĕre*.) tr. Demandar o rogar a uno que dé o haga una cosa, de gracia o de justicia. || **2.** Por antonom., pedir limosna. || **3.** Deducir o pedir uno ante el juez su derecho o acción contra otro. PEDIR *justicia*. || **4.** Poner precio a su mercancía el que vende. || **5.** Exigir una cosa como necesaria o conveniente. || **6.** Desear, apetecer, querer. || **7.** Proponer uno a los padres o parientes de una mujer el deseo o intento de que se la concedan por esposa para sí o para otro. || **8.** En el juego de pelota y otros, preguntar a los que miran si el lance o jugada se ha hecho según las reglas o leyes del juego, constituyéndose en jueces de la acción. || **9.** Obligar a servir la carta del palo que se ha jugado, en el juego de naipes. || **10.** En el mismo juego, reclamar una o más cartas cuando es potestativo hacerlo. || *Ni* PIDAS *a quien pidió, ni sirvas a quien sirvió.* ref. que advierte el cambio que produce en los ánimos la mudanza de fortuna. || PEDIR *cacao.* AMÉR. En algunas partes, pedir misericordia. || **P.** pedir; **I.** to ask, to beg, to bid; **F.** demander; **A.** bitten, begehren, (ab)verlangen; **It.** domandare, chièdere; **R.** просить.

PEDO. (l. *peditum*.) m. Ventosidad que

se expele del vientre por el ano. || **—de lobo.** Bejín, 1.ª acep. || **P.** peido; **I.** fart; **F.** pet; **A.** Furz, (Bauch-)Wind; **It.** peto; **R.** ветры, газы.

★ **PEDOGAMIA.** f. Biol. Fecundación por la unión de dos células diferentes, pero originarias del mismo individuo.

★ **PEDOGÉNESIS.** (gr. παῖς, παιδός, niño, hijo, y γένεσις, generación.) f. Hist. Nat. Cierta forma de reproducción en algunas clases de insectos.

★ **PEDOLOGÍA.** (gr. παῖς, παιδός, niño, y λόγος, discurso, tratado.) f. Ciencia, también llamada paidología, que estudia al niño y su desarrollo físico y psíquico.

★ **PEDOLOGÍA.** (gr. πέδον, suelo, tierra, y λόγος, tratado.) f. Ciencia que estudia el suelo y su composición.

★ **PEDÓMETRO.** (gr. παῖς, παιδός, niño, y μέτον, medida.) m. Instrumento para tallar a los niños.

PEDORRERA. (De *pedorro.*) f. Frecuencia de ventosidades expelidas por el ano. || **2.** pl. Calzones ajustados, llamados escuderiles porque los usaban los escuderos.

PEDORRERO, RA. (De *pedorro.*) adj. Que frecuentemente o sin reparo expele las ventosidades del vientre. Ú.t.c.s.

PEDORRETA. f. Sonido que se hace por la boca, imitando al pedo.

PEDORRO, RRA. (De *pedo.*) adj. Pedorrero. Ú.t.c.s.

★ **PEDOTECNIA.** (gr. παῖς, παιδός, niño, y τέχνη, arte.) f. Técnica de la educación del niño.

★ **PEDOTROFIA.** f. Tratado del régimen alimenticio de los niños.

PEDRADA. f. Acción de despedir con impulso la piedra dirigida a alguna parte. || **2.** Golpe que se da con la piedra tirada. || **3.** Señal que deja. || **4.** Adorno de cinta, que antiguamenete usaban los soldados para llevar plegada el ala del sombrero. || **5.** Lazo que solían ponerse las mujeres a un lado de la cabeza. || **6.** fig. y fam. Expresión dicha con la intención de que otro la sienta, o se dé por entendido de ella. || *Como* PEDRADA *en ojo de boticario.* loc. fig. y fam. que expresa que una cosa viene muy a propósito con lo que se trata. || PEDRADA *contada, nunca ganada.* ref. Que enseña que generalmente la jactancia en las cosas arguye que no son ciertas ni seguras. || **P.** pedrada; **I.** stoneshot; **F.** coup de pierre; **A.** Steinwurf; **It.** pietrata; **R.** метание камней.

PEDRAL. m. Mar. Piedra que atada a un cabo o a una red sirve para mantenerlos verticalmente dentro del agua. Ú.m. en pl.

PEDREA. f. Acción de apedrearse o apedrear. || **2.** Combate a pedradas. || **3.** Acto de caer piedras de las nubes. || **P.** apedrejamiento; **I.** stoning; **F.** combat à coups de pierres; **A.** Steinigung; **It.** sassaiuola; **R.** побивание камнями.

º **PEDREA.** f. Conjunto de los premios menores en la lotería nacional.

PEDRECILLA. f. d. fam. de piedra.

PEDREGAL. (l. *petricāle,* de petra.) m. Sitio o terreno cubierto casi todo él de piedras sueltas. || **P.** pedregal; **I.** stony tract; **F.** sol pierreux; **A.** steiniger Ort; **It.** sasseto; **R.** каменистая местность.

★ **PEDREGÓN.** m. Sal. Pedregal, terreno cubierto de piedras. || **2.** Colom. y Chile. Pedrejón, piedra grande.

PEDREGOSO, SA. (l. *petricōsus,* de petra.) adj. Aplícase al terreno cubierto de piedras. Ú.t.c.s. || **P.** pedregoso; **I.** stony; **F.** pierreux; **A.** steinig; **It.** sassoso, pietroso; **R.** каменистый.

★ **PEDREGUYAL.** m. Venez. Pedregal.

★ **PEDREGUYO.** m. Argent., Urug. y Venez. Grava.

PEDREJÓN. m. Piedra grande o suelta.

PEDREÑAL. (De *pedreño;* en l. *petrĭnĕus,* por *petrīnus.*) m. Especie de trabuco que se disparaba con chispa de pedernal.

PEDRERA. (l. *petraria,* de *petra.*) f. Lugar de donde se sacan las piedras.

PEDRERAL. m. Especie de artolas de madera para conducir a lomo piedras u objetos semejantes.

PEDRERÍA. f. Conjunto de piedras preciosas; como diamantes, esmeraldas, rubíes, etc. || **P.** pedraria; **I.** jewellery, gem-

mery; **F.** pierreries; **A.** Juwelen, Edelsteine; **It.** gioielleria; **R.** драгоценные камни.

PEDRERO. (l. *petrarius,* de *petra.*) m. Cantero, 1.ª acep. || **2.** Antigua boca de fuego, empleada para disparar piedras en forma de pelota. || **3.** Hondero. || **4.** Ast. Pequeño entrante de la costa cubierto de cantos rodados. || **5.** Tol. Niño de la piedra. || **6.** Hond. y Chile. Pedregal. || V. *Sal* PEDRÉS.

PEDRÉS. (l. *petrensis,* de *piedra.*) adj. V. *Sal* PEDRÉS.

PEDRETA. f. d. de piedra. || **2.** Cantillo o pitón.

PEDREZUELA. f. d. de piedra.

PEDRISCA. f. Pedrisco.

PEDRISCAL. (De *pedrisco.*) m. Pedregal.

PEDRISCO. m. Piedra o granizo muy crecido que cae de las nubes en abundancia. || **2.** Multitud de piedras arrojadas. || **3.** Conjunto o multitud de piedras sueltas. || **P.** pedrisco, saraiva; **I.** hail-storm; **F.** grêle; **A.** Hagel; **It.** gràndine; **R.** крупный град.

PEDRISQUERO. m. Pedrisco, 1.ª acep.

PEDRIZO, ZA. adj. Pedregoso, 1.ª acep. || **2.** f. p. us. Pedregal.

PEDRO. m. Germ. Vestido afelpado que usaban los ladrones. || **2.** Germ. Capote o tudesquillo. || **3.** Germ. Cerrojo. || *Ji-ménez.* Pedro Jiménez. || *Acertádole ha* PEDRO *a la cogujada, que el rabo lleva tuerto.* ref. con que irónicamente se reprende a los que se jactan de lo que no han hecho. || *Algo va de* PEDRO *a* PEDRO. ref. Se da a entender la diferencia que hay de un sujeto a otro. || *Bien está,* o *se está,* SAN PEDRO *en Roma.* fr. proverb. Se dice contra cualquier mudanza que se le propone a uno, si él juzga que no es conveniente. || *Como* PEDRO *por su casa.* loc. fig. y fam. Con entera libertad o llaneza, sin miramiento alguno. Dícese del que entra o se mete así en alguna parte sin permiso para ello. || *Mucho os quiero,* PEDRO; *no os digo lo medio.* ref. que reprende la afectada ponderación del cariño cuando se pretende algo o cuando las obras no corresponden. || *Mucho va de* PEDRO *a* PEDRO. ref. Algo va, etc. || PEDRO *urdemalas o todo el monte o nada.* ref. que enseña la fuerza del genio no se contiene por la razón, ni se contenta con medianías en lo que hace. || PEDRO, *¡por qué atiza!* —*por gozar de la ceniza.* ref. que advierte lo que suele influir el interés en las acciones humanas. || PEDRO, *por ti poco medro.* —*Menos medrarás si yo puedo.* ref. que enseña lo difícil que resulta contrarrestar la envidia y la venganza. || *Pícame* PEDRO, *que picarte quiero.* ref. con que se reprende a los que riñen y contienden tenazmente. || **2.** Se aplica asimismo a los que con sus palabras o ademanes tratan de incitar a disputar a los demás. || *Tal para cual,* PEDRO *para Juan.* ref. que explica la igualdad o relación que hay entre dos personas o cosas despreciables. || *Tan bueno es* PEDRO *como su compañero.* ref. que denota que hay igual motivo para desconfiar de un sujeto como de otro. || *Viejo es,* o ya es duro PEDRO *para cabrero.* fr. proverb. que indica ser poco a propósito para el estudio o para el trabajo la persona ya entrada en años.

PEDROCHE. (De *piedra.*) m. Pedregal.

PEDROJIMÉNEZ. m. Variedad de uva propia de algunos pagos de Andalucía, y especialmente Jerez de la Frontera, cuyos racimos son grandes, algo ralos y de granos esféricos, muy lisos, translúcidos y de color dorado. || **2.** Vino dulce hecho de esta uva después de solearla durante quince o veinte días.

★ **PEDROMÓN.** m. fig. y fam. Chile. Garrote.

PEDROSO, SA. (l. *petrōsus.*) adj. ant. Pedregoso.

PEDRUSCO. m. fam. Pedazo de piedra sin labrar.

PEDUNCULADO, DA. adj. Bot. Dícese de las flores y de los frutos que tienen pedúnculo.

PEDÚNCULO. (l. *pedunculus.*) m. Bot. Pezón, 1.ª acep. || **2.** Zool. Prolongación del cuerpo, mediante la cual están fijos al suelo algunos animales de vida sedentaria, como los percebes. || **P.** pedúnculo; **F.** pédoncule; **A.** Blatt-Blütenstengel; **It.** pedùncolo; **R.** цветоножка.

PEER. (l. *pedĕre.*) intr. Arrojar o expeler la ventosidad del vientre por el ano. Ú.t.c.r.

PEGA. f. Acción de pegar o conglutinar una cosa con otra. || **2.** Baño que se da con la pez a los vasos o vasijas; como son tinajas, ollas, cántaros, pellejos, etc. || **3.** fam. Chasco, 1.ª acep. Dícese más comúnmente de los que se dan en carnaval. || **4.** Entre estudiantes, pregunta difícil de contestar en exámenes. || **5.** fam. Zurra, 1.ª acep. *Le dio una* PEGA *de patadas.* || **6.** Min. Acción de pegar fuego a un barreno. || *Saber uno a la* PEGA. fr. fig. y fam. Imitar y seguir las malas costumbres o el trato con malas compañías. || *Ser uno de la* PEGA. fr. fam. Pertenecer a un grupo de gente mala y viciosa.

PEGA. (l. *pica.*) f. Urraca. || **—reborda.** Alcaudón. || *Dame* PEGA *sin mancha, darte he moza sin tacha.* ref. que enseña que es casi imposible hallar una mujer sin defectos. || *Quien anda a tomar* PEGAS, *toma unas blancas y otras negras.* ref. que enseña que no siempre se consigue lo que se busca. || *Tanto pica la* PEGA *en la raíz del torvisco, hasta que quebrante el pico.* ref. que enseña que no se deben llevar las cosas hasta el extremo.

★ **PEGADA.** f. fam. Argent. Mentira, embuste.

★ **PEGADERO.** (De *pegar.*) m. Hond. Barrizal, lodazal.

PEGADILLA. (De *pegar.*) f. Colom. Colmena que fabrican las abejas silvestres.

★ **PECADILLERA.** (De *pegadillo.*) f. Ecuad. Encajera.

PEGADILLO. m. d. de pegado. || **—de mal de madre.** fig. y fam. Hombre pesado en la conversación, molesto.

PEGADIZO, ZA. adj. Pegajoso, 1.ª y 2.ª aceps. || **2.** Se aplica a la persona que se arrima a otra o se introduce con ella para comer o divertirse a costa suya. || **3.** Postizo, 1.ª acep. || **4.** fig. y fam. V. *Piojo* PEGADIZO.

PEGADO. m. Parche, bizna o emplasto compuesto de cosas que se pegan.

PEGADOR. (De *pegar.*) m. Min. Operario que en las minas y canteras se ocupa de dar fuego a las mechas de los barrenos. || **2.** And. Rémora, 1.ª acep.

PEGADURA. f. Acción de pegar. || **2.** Costura o unión física resultante de pegar una cosa con otra.

PEGAJOSIDAD. f. Glutinosidad.

PEGAJOSO, SA. adj. Algo que se pega con facilidad. || **2.** Que se comunica con facilidad, contagioso. || **3.** V. *Artemisia* PEGAJOSA. || **4.** fig. y fam. Atractivo, meloso, suave. || **5.** fig. y fam. Sobón, 1.ª acep. || **6.** fig. y fam. Se aplica a los vicios que se comunican con facilidad, o que poseen un atractivo difícil de resistir. || **7.** fig. y fam. Dícese de los empleos en que se manejan intereses, de los que es fácil abusar. || **P.** pegajoso; **I.** sticky, ropy; **F.** visqueux, gluant, doucereux; **A.** klebrig, zäh(e); **It.** appiccicaticcio; **R.** липкий.

PEGAMIENTO. m. Acción de pegar, o pegarse una cosa con otra.

PEGAMOIDE. m. Celulosa disuelta con que se empapa una tela o papel y se obtiene una especie de hule resistente.

PEGAMOSCAS. f. Bot. Planta cariofiládea, cuya flor tiene el cáliz cubierto de pelos pegajosos, en los cuales quedan pegados los insectos que llegan a tocarlos o se posan en ellos.

★ **PEGANO.** m. Bot. Género de plantas cigofiláteas, hierbas de hojas esparcidas; flores grandes y fruto capsular o en forma de baya. Entre sus especies se encuentra la alharma o gamarza.

PEGANTE. p.a. de pegar. Que pega o se pega.

PEGAR. (l. *picāre;* de *pix, picis,* la pez.) tr. Adherir una cosa con otra. || **2.** Juntar una cosa con otra, atándola, cosiéndola o encadenándola con ella. PEGAR *un botón.* || **3.** Arrimar o aplicar una cosa con otra, de modo que entre las dos no quede espacio alguno. || **4.** Comunicar uno a otro una cosa mediante el contacto, etc. Se dice generalmente de enfermedades contagiosas, vicios, costumbres u opiniones. Ú.t.c.r. || **5.** fig. Castigar o maltratar dando golpes. || **6.** fig. Dar, 17.ª acep. PEGAR *un bofetón, un puntapié, una paliza, un sablazo,*

P un tiro. || **7.** fig. Junto con algunos nombres, tiene la significación de los verbos neutros que de éstos se forman. PEGAR *voces;* PEGAR *saltos.* || **8.** intr. Asir o prender. PEGAR *una planta;* PEGAR *el fuego.* || **9.** Hacer impresión una cosa en el ánimo. || **10.** Caer oportunamente una cosa, venir al caso. || **11.** Estar una cosa próxima a otra. || **12.** Tropezar en una cosa con un fuerte impulso. || **13.** Por su naturaleza, unirse dos cosas hasta el punto de que sea difícil separarlas. || **14.** r. En cuestión de guisos, quemarse por haberse adherido a la olla, cazuela, etc., algo de la parte sólida de lo que se cuece. || **15.** fig. Introducirse uno donde no es llamado. || **16.** fig. Insinuarse una cosa en el ánimo de manera que produzca complacencia. || **17.** fig. Aficionarse a una cosa, a tal punto que sea difícil separarse de ella. || PEGAR, o PEGARLA con uno. fr. fig. Arremeterle o trabar con uno en palabras. || PEGAR con uno. fr. fig. Decir una cosa o hacerla, causando sentimiento, pesar. || PEGÁRSELA a uno. fr. fam. Burlar su fe o confianza. || PEGÁRSELE a uno *una cosa.* fr. fig. y fam. Sacar uno utilidad de lo que trata o maneja. || **2.** fig. y fam. Perjudicarse en el manejo de intereses ajenos. || **P.** pegar; **I.** to adhere, to stick; **F.** coller; **A.** ankleben; **It.** appicciare, incollare; **R.** наклеивать.

PEGASEO, A. (l. *pegaseïus.*) adj. Perteneciente al caballo Pegaso o bien a las musas.

PEGÁSIDES. (l. *pegasïdes.*) f. pl. Las musas.

PEGASO. (l. *Pegăsus,* y éste del gr. Πήγασος.) m. ASTRON. Constelación septentrional notable, situada a continuación y al occidente de Andrómeda.

PEGATA. (De *pegar,* chasquear.) f. fam. Engaño para estafar o burlar a uno en una materia.

* **PEGATIVO, VA.** adj. HOND. y CHILE. Contagioso.

PEGATOSTE. m. p. us. Pegote, 1.ª acep.

PEGMATITA. (gr. πῆγμα, conglomerado.) f. Roca de color claro y textura laminar, formada por feldespato y algo de cuarzo.

* **PEGMATOLITA.** f. MINERAL. Variedad de ortosa.

PEGO. (De *pegar.*) m. Fullería consistente en pegar disimuladamente dos naipes para que salgan como uno solo, cuando convenga al tramposo. || *Dar,* o *tirar el* PEGO. fr. Ganar con baraja preparada para esta fullería. || **2.** fig. y fam. Engañar con fricciones y artificios.

* **PEGO.** m. BOL. Ración, especialmente de coca.

* **PEGOJO.** (De *pegar.*) m. BOT. CUBA. Árbol silvestre apocináceo del que se obtiene resina.

PEGOLLO. (l. *pedŭlŭs,* pie, de *pes, pedis.*) m. AST. Cada uno de los pilares de piedra o madera sobre los cuales descansan los hórreos.

* **PEGÓN.** (De *pega,* chasco, burla.) m. HOND. Causa o motivo de disgusto. || **2.** GUAT. Chasco.

* **PEGÓN, NA.** adj. COLOM. y P. RICO. Impertinente. Ú.t.c.s. || **2.** m. COLOM. Especie de avispa grande y negra.

* **PEGOSTE.** m. MÉJ. y HOND. Pegote.

* **PEGOSTEAR.** (De *pegoste.*) intr. MÉJ. Pegarse alguna cosa. || **2.** GUAT. Salpicar de barro, agua, etc. Ú.t.c.r.

* **PEGOSTRE.** m. P. RICO, COLOM. y AMÉR. CENTRAL. Pegoste, pegote.

PEGOTE. (De *pegar.*) m. Emplasto que se hace con una materia pegajosa. || **2.** fig. y fam. Cualquier guisado u otra cosa que se pega por estar muy espesa. || **3.** fig. y fam. Persona impertinente que no se separa de otra, particularmente en las horas y ocasiones de comer. || **4.** fig. y fam. Parche, 6.ª acep. || **5.** Intercalación inútil hecha en alguna obra literaria o artística.

PEGOTEAR. (De *pegote.*) intr. fam. Introducirse en las casas a las horas de comer, y sin ser convidado.

PEGOTERÍA. f. fam. Acción y efecto de pegotear.

PEGUAL. (De *pihuela,* por intermedio del chilenismo *apegualar,* apiolar.) m. AMÉR. MERID. Cincha con argollas para sujetar los animales cogidos con lazo o para transportar objetos pesados.

* **PEGUALERA.** f. CHILE. Pieza del pegual, hecha de cuero fuerte y resistente.

* **PEGÜEN.** m. CHILE. Pehuén.

PEGUERA. (l. *picaria;* de *pix, picis.*) f. Hoyo donde se quema leña de pino para sacar alquitrán y pez. || **2.** En los esquileos, lugar donde se calienta la pez para marcar el ganado.

PEGUERO. (De *peguera.*) m. El que tiene el oficio de sacar o fabricar la pez. || **2.** El que trata con ella.

PEGUJAL. (De *pegujar.*) m. Peculio. || **2.** fig. Pequeña porción de siembra, ganado o caudal. || **3.** Pequeña porción de terreno que cede al dueño al guarda o encargado para que la cultive por su cuenta, como parte de su remuneración anual.

PEGUJALEJO. m. d. de Pegujal.

PEGUJALERO. (De *pegujal.*) m. Labrador que tiene poca siembra o labor. || **2.** Ganadero que posee poco ganado.

PEGUJAR. (l. *peculiāris;* de *peculium,* peculio.) m. Pegujal.

PEGUJARERO. (De *pegujar.*) m. Pegujalero.

PEGUJÓN. (De *pegar.*) m. Conjunto de lanas y pelos que se pegan a manera de ovillo.

PEGULLO. (l. *peculĭum,* peculio.) m. AR. Rebaño.

PEGULLÓN. m. Pegujón.

PEGUNTA. (De *peguntar.*) f. Señal que se pone al ganado particularmente lanar con pez derretida.

PEGUNTAR. (De *pegar* y *untar.*) tr. Señalar las reses con pez derretida.

PEGUNTE. m. Mezcla pegajosa. Ú.m. en Andalucía.

PEGUNTOSO, SA. adj. Pegajoso, 1.ª acep. Ú.m. en Andalucía.

* **PEHUAL.** (Del m. or. que *pihuela.*) m. CHILE. Pegual.

* **PEHUELDEN.** (Voz mapuche.) m. BOT. CHILE. Especie de enredadera leñosa.

PEHUÉN. (Voz araucana.) m. CHILE. Araucaria.

PEHUENCHE. (De *pehuén.*) adj. CHILE. Habitante de una parte de los Andes, llamado así de ordinario en tono despectivo. Ú.t.c.s.

PEINA. (De *peine.*) f. Peineta, 1.ª acep.

PEINADA. (De *peinar.*) f. Peinadura, 1.ª acep. *Voy a darme una* PEINADA.

PEINADO, DA. p.p. de peinar. || **2.** adj. fam. Dícese del hombre que se adorna con esmero mujeril. || **3.** fig. Estilo nuy cuidado. || **4.** m. Adorno del pelo. || **P.** penteado; **I.** hair-dressing; **F.** coiffure; **A.** Kopf-Haarputz; **It.** pettinatura; **R.** причёсанный, причёска.

PEINADOR, RA. adj. Que peina. Ú. t.c.s. || **2.** m. Toalla o lienzo con tirilla ajustada, que se pone al cuello el que se peina o afeita. || **3.** Bata corta de tejido ligero, que colocan las señoras sobre el vestido para peinarse.

* **PEINADORA.** (Forma fem. de *peinador.*) f. Mujer que se dedica a peinar. || **2.** COLOM. Tocador, mueble de aseo. || **3.** PERÚ. Polca, blusa.

PEINADURA. f. Acción de peinar o peinarse. || **2.** Cabellos que salen o se arrancan con el peine.

PEINAR. (l. *pectināre.*) tr. Limpiar o componer el pelo. Ú.t.c.r. || **2.** fig. Limpiar o desenredar la lana de ciertos animales. || **3.** Rozar ligeramente una cosa con otra. || **4.** Escarpar una roca quitándole parte de tierra o piedra. || **5.** V. PEINAR *los naipes.* || *No* PEINARSE *una mujer para* uno. fr. fig. y fam. No ser para el hombre que la solicita. || **P.** pentear; **I.** to comb, to dress (the hair); **F.** peigner; **A.** kämmen, frisieren; **It.** pettinare; **R.** причёсывать.

PEINAR. (ant. *peino*[s], l. *pignus,* prenda.) tr. ant. Empeñar.||

PEINAZO. (De *peine.*) m. CARP. Listón, madero que atraviesa entre los largueros de las puertas y ventanas para formar los cuarterones.

PEINDRA. (l. *pignĕra,* pl. de *pignus,* prenda.) f. ant. Prenda. || **2.** ant. Embargo, 4.ª acep.

PEINDRAR. (l. *pignerāre.*) tr. ant. Prendar, sacar prenda.

PEINE. (l. *pecten, -ĭnis.*) m. Utensilio de marfil, madera, concha o demás materias, con dientes espesos, que sirve para peinarse y componer el pelo. || **2.** Carda, 3.ª acep. || **3.** Barra con púas como los peines, por las que pasan los hilos de la urdimbre. || **4.** Aparato de puntas aceradas que se empleaba como tormento. || **5.** Enredado de las poleas que se hallan en los escenarios de los teatros, de donde se cuelgan las decoraciones. || **6.** Empeine, 1.er art., 2.ª acep. || **7.** fig. y fam. Púa, 9.ª acep. Ordinariamente tómase en mala parte. *Mariano es un buen* PEINE. || *A sobre* PEINE. m. adv. fig. A medias, a la ligera, con poca perfección. || PEINE *encorvado, cabello enhebrado.* ref. que indica que una vez preparados los medios para una cosa, puede darse casi por conseguidos los fines. || **—de mico.** BOT. AMÉR. CENTRAL. Denominación que se da a una planta tiliácea, de frutos cubiertos de largas púas; científicamente es llamada *Apeiba tibourbou.* || **—de pastor** o **de Venus.** BOT. Denominación vulgar de una planta umbelífera llamada en botánica *candix pecten veneris.* || *Sobre* PEINE. m. adv. Por encima del cabello, sin profundizar mucho. Generalmente se dice cuando se corta. || **2.** Ligeramente, sin cuidado. || *Ya pareció el* PEINE. expr. fig. y fam. Se emplea cuando se descubierto al autor de una fechoría. || **P.** pente; **I.** comb; **F.** peigne; **A.** Kamm; **It.** pèttine; **R.** гребень.

PEINECILLO. m. Peineta pequeña.

PEINERÍA. (De *peinero.*) f. Taller dedicado a fabricar los peines. || **2.** Tienda donde se venden.

PEINERO. (l. *pectinarĭus.*) m. El que fabrica o vende peines. || **P.** penteiro; **I.** comb-maker; **F.** peignier; **A.** Kammacher; **It.** pettinaio; **R.** гребéнщик.

PEINETA. f. Peine convexo empleado por las mujeres para adorno o para asegurar el peinado. || **2.** Borrén trasero de la silla vaquera. || **—de teja.** La que por su forma y tamaño recuerda una teja, 1.ª acep.

PEINETERO. (De *peineta.*) m. Peinero.

* **PEINILLA.** f. COLOM. Machete.

PEJE. (Del dialect. *peje* [Sant.], y éste del l. *piscis.*) m. Pez, 1.er art. || **2.** Hombre astuto, industrioso. || **3.** MÉJ. Tonto, bobalicón. || **—ángel.** Angelote, 5.ª acep. || **—araña.** ZOOL. Pez teleósteo marino del suborden de los acantopterigios, de cuerpo comprimido y liso, por el lomo de color amarillo obscuro, más claro y con manchas negras en el costado y plateado en el vientre; cabeza casi cónica, boca oblicua, ojos muy juntos y dos aletas dorsales, una que corre a lo largo del cuerpo y otra sita en el arranque de la cabeza, pequeña y de espinas muy fuertes, la primera es movible y hueca y le sirve para defenderse y atacar, lanza por ella un líquido venenoso que segrega en una glándula situada en la base. Vive en el Mediterráneo, medio enterrado en la arena y su carne es comestible. || **—diablo.** Escorpina.

* **PEJEBUEY.** (De *peje* y *buey.*) m. ZOOL. AMÉR. Manatí, mamífero sirenio, semejante a la foca.

PEJEGALLO. (De *peje* y *gallo.*) m. CHILE. Pez de unos 80 cm. de largo, de cuerpo redondeado, sin escamas y con pellejo azulado. Tiene una especie de cresta carnosa de la cual deriva su nombre.

* **PEJEJUDÍO.** (De *peje* y *judío.*) m. ZOOL. AMÉR. Pejebuey, manatí.

PEJEMULLER. (De *peje,* y el dialect. *muller,* mujer.) m. Pez mujer.

PEJEPALO. (De *peje* y *palo.*) m. Abadejo sin aplastar y curado al humo.

PEJERREY. (De *peje* y *rey.*) m. ZOOL. Pez marino de los teleósteros, acantopterigio, que no suele pasar de los 12 a 14 cm de largo; cuerpo fusiforme, de color plateado y reluciente, con dos bandas más reluscientes a los costados, cabeza casi cónica, aletas pequeñas y cola ahorquillada. Abunda en las aguas litorales y en las aguas de las costas litorales españolas, incluso en las salobres, puede entrar en los ríos y vivir en aguas dulces. Vive formando cardumes y es pesca estimada. || **2.** ARGENT. Pez parecido al precedente, pero de tamaño mayor.

PEJESAPO. (De *peje* y *sapo*.) m. ZOOL. Pez teleósteo del suborden de los acantopterigios, llega a 1 m de longitud, con enorme cabeza, redonda aplastada y con tres apéndices superiores largos y movibles, boca grandísima colocada como los ojos en la parte superior de la cabeza, cuerpo fusiforme, pequeño, aletas pectorales muy grandes, y pequeñas las del dorso y cola. Carece de escamas, es de color blanco por el vientre y obscuro por el lomo, al borde del cuerpo tiene barbillas carnosas.

*** PEJI.** m. ZOOL. ARGENT. Armadillo, cubierto de largos pelos.

PEJIBAYE. m. C. RICA. Pijibay.

PEJIGUERA. (d. de *persicaria*, de *persicus*.) f. fam. Cualquier cosa que sin traernos gran provecho nos causa dificultad. || **2.** V. *Hierba* PEJIGUERA.

PEJÍN. (De *peje*.) adj. SANT. Pejino.

PEJINA. (De *peji*.) f. SANT. Mujer del pueblo bajo de la ciudad de Santander o de otros puertos de mar de su provincia.

PEJINO, NA. adj. SANT. Modales de las pejinas.

*** PEJIVALLE.** m. BOT. AMÉR. Especie de palmera que crece en las regiones de América Central.

PEL. f. ant. Piel.

PELA. (De *pelar*.) f. Peladura.

PELADA. (l. *persicaria*, t. f. de *-tus*, pelado.) f. Piel de carnero u oveja a la que se le arranca la lana después de muerta la res. || **2.** Chula.

*** PELADAR.** (De *pelado*.) m. ARGENT. Campo árido, desprovisto de vegetación.

PELADERA. (De *pelar*.) f. Alopecia.

PELADERO. m. Lugar donde se pelan los cerdos o las aves. || **2.** fig. y fam. Sitio donde se juega con fullerías.

PELADERO. m. AMÉR. Terreno totalmente desprovisto de vegetación.

*** PELADEZ.** (De *pelado*.) f. fam. COLOM. Pobreza extremada.

PELADILLA. (d. de *pelada*.) f. Almendra confitada. || **2.** Canto rodado pequeño. || **P.** amêndoa confeitada; **F.** amande confite; **I.** sugar-almond; **A.** Zuckermandel; **It.** madorla candita; **R.** обсахаренный миндаль.

PELADILLO. (d. de *pelado*.) m. Variedad del pérsico, su fruta posee la piel lustrosa y la carne dura y pegada al hueso. || **2.** Fruto de este árbol. || **3.** pl. Lana de peladas.

*** PELADITO.** m. PERÚ. Embarcación pequeña.

PELADO, DA. p.p. de pelar. || **2.** adj. fig. Se dice de las cosas fundamentales que carecen de aquellas otras que las visten, adornan, cubren o rodean; como *monte*, *peñasco*, *campo* PELADO, el que está sin árboles o hierbas; *hueso* PELADO, el que no tiene carne; *discurso* PELADO, el que trata escuetamente del tema a que se dirige; *canto* PELADO, piedra o guijarro sin esquinas. || **3.** Número que consta de decenas, centenas o millares justos. *El veinte* PELADO. || **4.** V. *Letra*, *muerte* PELADA. || **5.** m. Acción o efecto de cortar el pelo. || **6.** fig. AMÉR. Que está sin recursos. || **7.** P. RICO y MÉJ. Descarado, desvergonzado. || **8.** m. CHILE. Borrachera, embriaguez. || *Bailar* uno *al* PELADO. fr. fig. y fam. Estar sin dinero. || **P.** pelado; **I.** plucked, hairless; **F.** pelé; **A.** kahl; **It.** pelato; **R.** лысый, голый.

PELADOR. m. El que pela o descorteza una cosa.

PELADURA. f. Acción o efecto de pelar o descortezar una cosa. || **2.** Mondadura, 2.ª acep. || **P.** peladura; **I.** plucking; **F.** pelage; **A.** schälen; **It.** pelatura; **R.** облупливание.

PELAFUSTÁN, NA. (De *pelar* y *fustán*.) m. y f. fam. Persona holgazana, perdida y pobretona.

PELAGALLOS. (De *pelar* y *gallo*.) m. fig. y fam. Hombre sin oficio ni ocupación honesta.

PELAGARTAR. m. MUR. Terreno que por tener piedras es impropio para el cultivo.

PELAGATOS. m. fig. y fam. Hombre pobre, desvalido y a veces despreciable.

PELAGIANISMO. (De *pelagiano*.) m. Secta de Pelagio. || **2.** Conjunto de sectarios de esta herejía.

PELAGIANO, NA. (l. *pelagiānus*.) adj. Sectario de Pelagio, heresiarca del siglo V, cuyo error fundamental consistió en negar que el pecado de Adán lo heredáramos los demás hombres. Ú. t. c. s. || **2.** Perteneciente a la secta de Pelagio. || **P.** e It. pelagiano; **I.** Pelagian; **F.** pélagien; **A.** Pelagianer; **R.** пелагианист.

PELÁGICO, CA. (l. *pelagĭcus*.) adj. Perteneciente al piélago. || **2.** BIOL. Dícese de los animales o plantas que flotan en el mar a diferencia de los bentónicos.

*** PELAGOSCOPIA.** (De *pelagoscopio*.) f. Fís. Operación que tiene por objeto el examen del fondo de las aguas.

PELAGOSCOPIO. m. Fís. Aparato que sirve para examinar el fondo del mar.

PELAGRA. (l. *pellis*, piel, y el gr. ἄγρα, acción de coger.) f. MED. Enfermedad que se declara crónica, con manifestaciones cutáneas, y perturbaciones en el orden digestivo y nervioso, producida por alimentación defectuosa, particularmente carente de ciertas vitaminas. || **P.** pelagra; **I.** e It. pellagra; **F.** pellagre; **A.** Pellagre; **R.** пелагра.

*** PELAGRACEÍNA.** f. QUÍM. Tomaína tóxica del maíz alterado o viciado.

PELAGROSO, SA. adj. Perteneciente o relativo a la pelagra. || **2.** Que padece pelagra. Ú. t. c. s.

PELAIRE. (cat. *pellayre*, y éste del l. *pellarius*; de *pellis*, piel.) m. Cardador de paños.

PELAIRÍA. f. Oficio u ocupación del pelaire.

PELAJE. m. Calidad del pelo o lana que tiene un animal. || **2.** fig. y fam. Disposición y calidad de una persona o cosa, especialmente el vestido. Ú. generalmente como calificación despectiva.

PELAMBRAR. (De *pelambre*.) tr. Apelambrar.

PELAMBRE. (De *pelo*.) m. Porciones de pelos en todo el cuerpo o en alguna parte determinada de él. Por lo general, se aplica al quitado, al arrancado, y sobre todo el que quitan los curtidores a las pieles. || **3.** Mezcla de agua y cal que sirve para pelar los pellejos en los noques de las tenerías. || **4.** Ausencia de pelo en los lugares donde es natural tenerlo.

PELAMBRERA. (De *pelambrar*.) f. Sitio donde se apelambran las pieles. || **2.** Porción de pelo o de vello espeso y crecido. || **3.** Alopecia.

PELAMBRERO. (De *pelambrar*.) m. Oficial que se dedica al trabajo de apelambrar las pieles.

*** PELAMBRÓN, NA.** adj. AMÉR. MERID. Andrajoso, desharrapado.

*** PELAMBRUSCA.** f. CUBA. Pelandusca, ramera.

PELAMEN. m. fam. Pelambre, 2.ª acep.

PELAMESA. (De *pelar* y *mesar*.) f. Riña o contienda en la que los que participan en ella se asen por los pelos o la barba. || **2.** Porción de pelo que se puede asir o mesar.

PELÁMIDE. f. ZOOL. Género de peces acantopterigios escómbridos, viven en los mares de Europa y con caballos grandes, parecidos a los atunes. || **2.** ZOOL. Género de reptiles ofidios marinos, que viven en el Océano Índico.

*** PELAMIS.** m. ZOOL. Pelámide, género de peces acantopterigios. La especie más común es el llamado bonito.

*** PELANDRUCA.** f. CUBA. Pelandusca, ramera.

PELANDRÚN, NA. adj. fam. ARGENT. Pícaro, truhán, vago.

*** PELANDUSCA.** f. Ramera.

*** PELANGOCHE.** m. MÉJ. Quídam, un cualquiera.

PELANTRÍN. (De *pelado*.) m. Labrantín, peguialero.

*** PELANTRUSCO, CA.** adj. MÉJ. Pelangoche.

PELAR. (l. *pilāre*.) tr. Cortar, arrancar o raer el pelo. Ú. t. c. r. || **2.** Desplumar, 1.ª acep. || **3.** fig. Quitar la piel, la corteza o la película a una cosa, como a una fruta o a un tronco de árbol. || **4.** fig. Mondar,

4.ª acep. || **5.** fig. Quitar a otro sus bienes con engaño o violencia. || **6.** fig. y fam. Ganar en el juego dinero a otro. || **7.** Criticar, despellejar, murmurar. || **8.** CETR. Comer el halcón una ave que todavía tiene plumas. || **9.** Caer el pelo por enfermedad o accidente. Duro de PELAR. loc. fig. y fam. Difícil de conseguir o ejecutar. || —**gallo.** frs. Méj. Irse, y en sentido figurado, morirse. || PELARLA. ECUAD. Morirse. || —**los ojos.** fr. fig. HOND. y VENEZ. Abrir mucho los ojos para mirar una cosa. || Pelarse uno *de fino*. fr. fig. y fam. Ser demasiado astuto, con alusión a los perrillos, que se pelan mucho cuando son finos. || PELÁRSELAS. expr. fig. y fam. Apetecer o ejecutar una cosa con vehemencia o eficacia. || **P.** pelar; **I.** to hair, to pluck; **F.** peler; **A.** (ab-, ent)haaren, rupfen; **It.** pelare; **R.** обрезать.

PELARELA. (De *pelar*.) f. Alopecia.

*** PELARGÍLICO, CA.** adj. QUÍM. Dícese de un alcohol.

*** PELARGONA.** (De *pelargonio*.) f. QUÍM. Cuerpo líquido muy estable; es acetona derivada del ácido pelargónico.

*** PELARGONAMIDA.** f. QUÍM. Cuerpo en estado sólido cristalizado, amida correspondiente al ácido pelargónico.

*** PELARGONATO.** m. QUÍM. Sal que resulta de la combinación de ácido pelargónico con una base.

PELARGONIO. (gr. πελαργός, cigüeña.) m. BOT. Planta geraniácea, de flores cigomorfas con diez estambres, algunos sin antenas, viven en África y en los países asiáticos y europeos situados en la zona mediterránea, comprende especies que se dan en los jardines como ornamentales, y que impropiamente reciben el nombre de geranios.

*** PELARONZO.** m. ZOOL. COLOM. Ave zancuda, con un moño negro y largo.

*** PELARROCAS.** m. ZOOL. Pájaro perteneciente a la familia de los cértidos. Debe su nombre a que trepa con suma facilidad por las rocas en busca de arañas de las que se alimenta, por lo que también se le llama arañero.

PELARRUECAS. (De *pelar* y *rueca*.) f. fig. y fam. Mujer pobre que vive de hilar.

PELÁSGICO, CA. (l. *pelasgĭcus*.) adj. Relativo o perteneciente a los pelasgos.

PELASGO, GA. (l. *pelasgus*.) adj. Dícese del individuo de un pueblo de origen incierto y de gran antigüedad que se estableció en terrenos de Grecia e Italia. Ú. t. c. s. || **2.** Perteneciente a él. || **3.** Natural de Pelasgia o de otro terreno del Peloponeso. Ú. t. c. s. || **4.** Perteneciente a una u otra de las dos regiones de la Grecia antigua. || **5.** Natural de la Grecia antigua. Ú. t. c. s. || **6.** Perteneciente a ella. **P.** e It. pelasgo; **I.** Pelasgian; **F.** pélasge; **A.** Pelasger.

PELAZA. (De *pelo*.) adj. V. *Paja* PELAZA. || **2.** f. Pelazga.

PELAZGA. (De *pelar*.) f. fam. Riña, disputa.

*** PELAZÓN.** (De *pelar*.) m. HOND. Pobreza, miseria.

*** PELCHA.** f. CHILE. Montón o sacos de ropa vieja que de ordinario se halla en un rincón del rancho. || **2.** CHILE. Montón de patatas o legumbres que se colocan en un rincón sostenidas por unos palos. || **3.** CHILE. Pila o montón de paja arrinconada para guardarla. || **4.** CHILE. Montón de ladrillos o adobes colocados ordenadamente. || **5.** CHILE. Montón, grupo, cuadrilla de personas.

PELDAÑO. (l. *pedanĕus*, perteneciente al pie.) m. Cada uno de los tramos de una escalera que sirven para subir o bajar por ella. || **P.** degrau, escalão; **I.** step; **F.** échelon; **A.** Treppenstufe; **It.** scalino; **R.** ступень.

PELDE. f. Apelde.

PELDEFEBRE. (fr. *poil de chèvre*, pelo de cabra.) m. Cierta clase de tela de lana y de pelo de cabra, semejante al llamado pelo de camello.

PELEA. (De *pelear*.) f. Batalla, contienda, combate. || **2.** Riña particular, aunque en ella no se emplean armas y consiste sólo en dirigirse palabras injuriosas. || **3.** fig. Riña entre animales. || **4.** fig. Lucha que se sostiene para vencer los apetitos y pasiones. || **5.** fig. Afán o empeño que se

P pone en la ejecución o consecución de una cosa. || PELEA *de hermanos, alheña en manos.* ref. que aconseja evitar las contiendas entre familiares. || **P.** peleja; **I.** fight; **F.** combat; **A.** Kampf, Gefecht; **It.** pugna; **R.** сражение.

PELEADOR, RA. adj. Que pelea, combate o lidia. || **2.** Que es aficionado a pelear.

PELEANTE. p.a. de pelear. Que pelea.

PELEAR. (De *pelo.*) intr. Batallar, combatir o contender con armas. || **2.** Reñir aunque sea sin armas o sólo de palabras. || **3.** Luchar los brutos entre sí. || **4.** fig. Combatir entre sí o oponerse las cosas unas a otras. Dícese con frecuencia de los elementos. || **5.** fig. Resistir para vencer las pasiones o apetitos, o bien combatir éstos entre sí. || **6.** fig. Afanarse, resistir o trabajar para conseguir una cosa, o para vencerla o sujetarla. || **7.** Reñir dos o más personas a puñadas o de otro modo; se aplica en general a los muchachos. || **8.** fig. Desavenirse, separarse en discordia. || **P.** pelejar; **I.** to fight; **F.** lutter, combattre; **A.** kämpfen, fechten, streiten; **It.** pugnare, lottare; **R.** сражаться.

★ **PELECÍPODOS.** m. pl. ZOOL. Nombre que se da a los moluscos lamelibranquios, pues muchos de ellos tienen el pie en forma de hachuela.

★ **PELECHA.** f. CHILE. Acción de pelechar los animales. || **2.** CHILE. Tiempo durante el cual los animales mudan el pelo o la pluma. || **3.** ARGENT. Piel o camisa abandonada de víbora.

PELECHAR. intr. Echar los animales pelo o pluma. || **2.** fig. y fam. Comenzar a medrar, a mejorar en cuanto a la fortuna o a la salud.

★ **PELECHO.** m. p. us. Acción de pelechar o mudar los animales de pelo o pluma. || **2.** ARGENT. Piel vieja, en particular la camisa de las serpientes.

★ **PELEGRINA.** f. P. RICO. Cierto juego de muchachos.

PELEGRINAR. intr. ant. Peregrinar.

PELEGRINO. m. ant. Peregrino. Úsase aún en las aldeas de Burgos y Soria, y en el resto de España como vulgarismo.

PELEL. (ingl. *pale-ale.*) m. Cerveza clara.

PELELE. m Figura humana de paja o de trapos que se suele colocar en los balcones o que mantea el pueblo en las carnestolendas. || **2.** Traje que se pone a los niños al dormir y que está confeccionado en lana y consta de una sola prenda. || **3.** fig. y fam. Persona inútil y simple. || **3.ª** acep.: **P.** simplório; **I.** noddy, nincompoop; **F.** fantoche; **A.** Einfaltspinsel; **It.** fantoccio; **R.** соломенное чучело.

PELENDENGUE. m. Perendengue.

PELEÓN. (De *pelea.*) adj. fam. V. *Vino* PELEÓN. Ú. t. c. s.

★ **PELEÓN, NA.** adj. ANT. y AMÉR. CENTRAL. Peleador, pendenciero.

PELEONA. (De *pelea.*) f. fam. Pendencia, cuestión, riña, contienda.

★ **PELEONERO, RA.** adj. COLOM. y GUAT. Peleón, peleador, pendenciero.

★ **PELERO.** m. ARGENT. y AMÉR. CENTRAL. Sudadero o manta que se pone a las caballerías debajo de la silla o aparejo.

PELETE. (De *pelo.*) m. En el juego de la banca y otros, el que permanece de pie encargado de apuntar. || **2.** Hombre pobretón, de pocos haberes, pelón. || *En* PELETE. m. adv. Desnudo, en cueros.

PELETERÍA. (De *peletero.*) f. Oficio de componer o adobar las pieles finas, o de hacer con ellas prendas de abrigo o bien adornar con ellas ciertos trajes. || **2.** Comercio de pieles finas o conjunto de ellas. || **3.** Tienda donde se venden. || **4.** CUBA. Zapatería. || **2.ª** acep.: **P.** pelaria; **I.** furriery, peltry; **F.** pelleterie; **A.** Pelzwerk, Kürschnerei; **It.** pelliceria; **R.** меховая лавка.

PELETERO. (De *piel.*) m. El que tiene por oficio el trabajar en pieles finas o el venderlas. || **P.** peleiro; **I.** furrier; **F.** pelletier; **A.** Kürschner; **It.** pellicciaio; **R.** скорняк, меховщик.

★ **PELETIERINA.** (De *Pelletier*, químico francés a quien fue dedicado este alcaloide.) f. QUÍM. Uno de los alcaloides contenidos en la corteza del granado. Es líquido, incoloro, oleoso y en contacto

con el aire se torna pardo. Sobre el organismo humano produce dolor de cabeza, somnoliencia, cólicos, calambres, vértigos disnea y trastornos oculares. Se emplea contra la tenia.

PELGAR. m. fam. Pelagallos.

PELIAGUDO, DA. (De *pelo* y *agudo.*) adj. Se dice del animal que posee el pelo largo y delgado, como el cabrito, el conejo, etc. || **2.** fig. y fam. Se dice del negocio o cosa que es de difícil resolución. || **3.** fig. y fam. Dícese del sujeto que es mañoso.

★ **PELIAZABACHE.** adj. Cabello de color parecido al del azabache.

PELIBLANCO, CA. adj. Que posee blanco el pelo.

PELIBLANDO, DA. adj. Que posee un pelo blando y suave.

★ **PELICALGIA.** f. PATOL. Dolor originado en la pelvis.

★ **PELICANITA.** (fr. *pelicanite.*) f. MINERAL. Variedad de caolín, silicato hidratado de aluminio.

PELÍCANO [PELICANO]. (l. *pelicānus*, y éste del gr. πελεκάν.) m. Ave acuática de la familia de las palmípedas, que llega a tener 13 dm desde la punta del pico hasta la extremidad de la cola y 2 m de envergadura, con plumaje blanco, algo bermejo en el lomo y buche, negro en las remeras y amarillento en el penacho que le cubre la cabeza. Tiene el pico muy ancho y largo que en la mandíbula inferior tiene una membrana larga y rojiza que forma una bolsa donde guarda los alimentos. Tiene alas agudas, cola pequeña y redonda, tarsos cortos y fuertes, y pies palmeados. El modo como abre la bolsa cuando da el alimento a los polluelos ha creado la fábula que dice que se abría el pecho con el pico para alimentarles con su sangre. || **2.** CIR. Gatillo, 1.ª acep. || **3.** pl. Aguileña. || **P.** pelicano; **I.** pelican; **F.** pélican; **A.** Pelikan, Kropfgans; **It.** pellicano; **R.** пеликан.

PELICANO, NA. adj. Que tiene cano el pelo.

★ **PELICÓGENO, NA.** adj. PATOL. Dícese de las enfermedades que ocasionan una deformación de la pelvis.

★ **PELICOLOGÍA.** f. Estudio o tratado de la pelvis.

PELICORTO, TA. adj. Que tiene el pelo corto.

★ **PELICOSCOPIA.** f. Examen u observación de la pelvis.

PELÍCULA. (l. *pellícula.*) f. Piel delgada y delicada. || **2.** Telilla que cubre a veces algunas heridas o úlceras. || **3.** Hollejo. || **4.** Cinta de celuloide que contiene una serie de fotografías o imágenes fotográficas para reproducirlas proyectándolas en la pantalla del cinematógrafo o en otra superficie adecuada. || **5.** Asunto representado en dicha cinta. || **P.** película; **I.** pellicle; **F.** pellicule; **A.** Häutchen; **It.** pellicola; **R.** кожица, плёнка.

PELICULAR. adj. Perteneciente o relativo a la película. || **2.** Caracterizado por películas o de forma de película.

º **PELICULERO, RA.** adj. Dícese de lo que tiene relación con el cine. || **2.** despect. Persona que actúa en el cine como actor o como actriz.

★ **PELICHE.** m. fam. PERÚ. Sablazo, estafa, timo.

★ **PELICHEAR.** (De *peliche.*) tr. PERÚ. Estafar, petardear.

★ **PELICHERO, RA.** (De *peliche.*) adj. PERÚ. Sablista, timador, estafador. Ú. t. c. s.

PELIFORRA. (l. *pellex*, concubina, y de *forra*, libre.) f. fam. Ramera.

PELIGNO, NA. (l. *pelignus.*) adj. Natural del territorio de la Italia antigua, comprendido en el llamado actualmente de los Abruzos. Ú. t. c. s. || **2.** Perteneciente a él.

PELIGRAR. intr. Estar en peligro.

PELIGRO. (l. *perícúlum.*) m. Riesgo de que suceda algún mal. || **2.** Paraje, paso, ocasión o que aumenta la inminencia del daño. || **3.** GERM. Tormento de justicia. || *Al* PELIGRO, *con tiempo; al remedio, con tiempo.* ref. Indica que en las cosas peligrosas se ha de actuar detenidamente y en las que piden remedio con atención y actividad. || *Correr* PELIGRO. fr. Estar expuesto a él. || *Quien ama o busca*

el PELIGRO, *en él perece.* fr. proverb. con que se amonesta a los temerarios. || **P.** perigo; **I.** danger; peril, risk; **F.** péril, danger, risque; **A.** Gefahr; **It.** pericolo, rischio; **A.** опасность.

PELIGROSAMENTE. adv. Arriesgadamente, con peligro.

º **PELIGROSIDAD.** f. Calidad, condición de peligroso.

PELIGROSO, SA. (l. *periculôsus.*) adj. Que tiene riesgo o puede ocasionar daño. || **2.** fig. Se aplica a la persona de genio turbulento, agitado. || **P.** perigoso; **I.** perilous, dangerous; **F.** périlleux, dangereux; **A.** gefährlich; **It.** pericoloso, rischioso; **R.** опасный.

PELILARGO, GA. adj. Que tiene largo el pelo.

PELILLO. (d. de *pelo.*) m. fig. y fam. Causa o motivo muy leve de desazón y que se debe despreciar. Ú. m. en pl. || *Echar* PELILLOS *a la mar.* fr. fig. y fam. Reconciliarse dos o más personas. || *No tener* uno PELILLOS *en la lengua.* fr. fig. y fam. No tener frenillo en la lengua. || *Pararse* uno *en* PELILLOS. fr. fig. y fam. Fijarse en las cosas más insignificantes; tomar ocasión de ellas para enojo; detenerse en cosas de poca importancia. Ú. m. con neg. || PELILLOS *a la mar.* Modo en que los muchachos aseguran que no faltarán a lo que han tratado, para lo cual se arrancan un pelillo cada uno y soplándolos dicen: PELILLOS *a la mar.* || **2.** Olvido de agravios y reanudación de la amistad. || *Reparar* uno *en* PELILLOS. fr. fig. y fam. Pararse en pelillos. Ú. m. con neg.

PELILLOSO, SA. adj. fig. y fam. Quisquilloso, delicado en el trato con los demás; que repara en pelillos.

PELINEGRO, GRA. adj. Que posee el pelo negro.

★ **PELINETA.** f. CHILE. Pincel con que los doradores toman el pan de oro.

★ **PELIOMA.** m. PAT. Mancha amoratada de la piel. || **2.** PAT. Eritema tuberculoso. || —*tifódico.* PAT. Enfermedad en la que aparecen manchas lívidas en las extremidades.

★ **PELIÓN.** m. PALEONT. Anfibios estegocéfalos fósiles que se desarrollaron durante el Carbonífero.

PELIRROJO, JA. adj. Que tiene el pelo rojo.

PELIRRUBIO, BIA. adj. Que tiene rubio el pelo.

PELITIESO, SA. adj. Que tiene el pelo tieso y erizado.

PELITRE. (prov. y cat. *pelitre*, y éste del l. *pyréthrum.*) m. Planta herbácea anual de la familia de las compuestas, de tallos inclinados, de 3 ó 4 dm de longitud, hojas partidas en lacinias muy estrechas, flores terminales con el centro amarillo y circunferencia blanca por encima y rojiza por el envés y raíz casi cilíndrica, de 2 ó 3 dm de largo y 1 cm de grueso, parda por fuera, blanquecina por dentro, de sabor salino bastante acentuado. En medicina se emplea como masticatorio para provocar la salivación. Es planta propia del norte de África y se cultiva en los jardines. || **2.** Raíz de dicha planta. || **P.** pelitre; **I.** pyrethrum; **F.** pyrèthre; **A.** Speichelwurzel; **It.** pilatro.

PELITRIQUE. (De *pelo.*) m. fam. Cualquier cosa de poco valor, y por lo común, adorno inútil del vestido, tocado, etc.

PELMA. (gr. πήγμα, -ατος, conglomerado.) m. fam. Pelmazo, 1.ª y 2.ª aceps. || **2.** com. fam. Pelmazo, 2.ª acep.

★ **PELMA.** (gr. πέλμα.) f. ANAT. Planta del pie.

PELMACERÍA. (De *pelmazo.*) f. fam. Tardanza o pesadez en las acciones.

PELMAZO. m. Cualquier cosa aplastada o apretada más de lo conveniente. || **2.** Manjar o alimento que se asienta en el estómago. || **3.** fig. y fam. Persona pesada en sus acciones.

PELO. (l. *pílus.*) m. Filamento cilíndrico sutil, de naturaleza córnea, que nace entre los poros de la piel en casi todos los animales mamíferos, y de algunos otros animales de distinta clase. || **2.** Conjunto de dichos filamentos. || **3.** Cabello. || **4.** Plumón, 1.ª acep. || **5.** Vello que tienen ciertas frutas en la cáscara o pellejo, como los melocotones, y algunas plantas en los tallos. || **6.** Cualquier hebra delgada de lana, seda u otra cosa semejante. || **7.** Brizna o raspilla que desprendida en parte del cañón del ave para escribir, impedía formar las letras con limpieza. || **8.** Cuerpo extraño que se pega a la punta de la pluma de escribir haciendo salir borrosa la letra. || **9.** Muelle de poquísimo resalto en el que descansa el gatillo de ciertas armas de fuego cuando están cargadas. || **10.** Parte que queda en la superficie de los tejidos y sobresale en la haz cubriendo el hilo. *Caerse el* PELO *a un vestido.* || **11.** Capa, 7.ª acep. || **12.** Seda en crudo. || **13.** Raya opaca en las piedras preciosas y que les quita valor. || **14.** Raya o grietas por donde fácilmente saltan los metales, el vidrio, las piedras. || **15.** Enfermedad que padecen las mujeres en el pecho cuando están criando, por obstrucción en los conductos de la leche. || **16.** Parte fibrosa de la madera que se separa de las demás al cortarla. || **17.** En juego de billar y de trucos, levedad del contacto de dos bolas cuando chocan oblicuamente. || **18.** fig. Cualquier cosa de poca importancia. || **19.** V. *Camelote, gente, carne, mata de* PELO. || **20.** VETER. Enfermedad que padecen las caballerías en los cascos, con que se les abra y se les levanten o se desune una parte de ellos. || **—de aire.** fig. Viento casi imperceptible. *No hace ni corre un* PELO *de aire.* || **—de camello.** Tejido hecho con pelo de este animal o imitado con el pelote de macho cabrío. || **—de cobre** o **de Judas.** fig. y fam. Pelo bermejo. || **2.** fig. y fam. Persona que lo tiene de dicho color. || **—de la dehesa.** fig. fam. Resabios que conservan las gentes rústicas. || **—malo.** Plumón, 1.ª acep. || PELOS *y señales.* fig. y fam. Pormenores y circunstancias de una cosa. *Contar uno un suceso con todos sus* PELOS *y señales.* || *Agarrarse* uno *de un* PELO. fr. fig. y fam. Asirse a un pelo. || *Al* PELO. m. adv. Según o hacia el lado al que se inclina el pelo, como en las pieles, en los paños, etc. || **2.** fig. y fam. A punto, con exactitud, a medida del deseo. || *A medios* PELOS. m. adv. fig. y fam. Medio embriagado. || *Andar al* PELO. fr. fig. y fam. Andar a golpes. || *A* PELO. m. adv. fam. Con la cabeza descubierta. || **2.** Al pelo, 2.ª acep. || **3.** fig. y fam. A tiempo, a propósito. || *Asirse* uno *de un* PELO. fr. fig. y fam. Asirse de un cabello. || *Buscar el* PELO *al huevo.* fr. fig. y fam. Andar buscando motivos ridículos para enfadarse. || *Como el* PELO *de la masa.* loc. fig. y fam. Fuera de tiempo o de propósito. || *Cortar un* PELO *en el aire.* fr. fig. Hender un pelo en el aire. || *Cuando el* PELO *enrasa y el raso empela, con mal anda la seda.* ref. que enseña que todas las cosas que se salen de su estado o son viciosas o van camino de perderse. || *Cuando tuvieres un* PELO *más que él,* PELO *a* PELO *te pela con él.* ref. que indica que se han de evitar los pleitos, en cuanto sea posible, con los que tienen más poder. || *Darle a* uno *para el* PELO. fr. fig. y fam. Darle una buena zurra o paliza. || **2.** Aludiendo a un adversario, derrotarlo. Ú. más en son de amenaza. || *De medio* PELO. loc. fig. y fam. Se zahiere así a las personas que tratan de aparentar más de lo que tienen, o a cosa de poca importancia y mérito. || *De* PELO *en pecho.* loc. fig. y fam. Se dice de la persona fuerte, robusta y denodada. || *De poco* PELO. loc. fig. De escasa importancia. || *Echar buen* PELO. fr. fig. y fam. Pelechar, 2.ª acep. || *Echar* PELOS *a la mar.* fr. fig. y fam. Echar pelillos a la mar. || *En* PELO. m. adv. Hablando de caballerías, sin ningún adorno. || **2.** fig. y fam. Desnudamente sin los adherentes que de ordinario llevan. || *Estar* una cosa *en un* PELO. loc. fam. Estar a punto de. || *Estar* uno *hasta los* PELOS. fr. fig. y fam. Estar harto, cansado de una persona, cosa o asunto. || *Hacer el* PELO. fr. Aderezarlo. || *Largo como* PELO *de huevo o de rata.* loc. fig. y fam. Tacaño, miserable. || *Montar al* PELO. fr. Se dice de las armas de fuego en las que el disparador sobresale muy poco donde se sostiene la patilla de la llave y ésta cae apenas se toca el gatillo. || *No cubrirle* PELO a uno. fr. fig. No poder hacer fortuna. || *No tener* uno PELO *de tonto.* fr. fig. y fam. Ser listo y avisado. || *No tener* uno PELOS *en la lengua.* fr. fig. y fam. No tener uno frenillo en la lengua. || *No tocar* a uno *al* PELO, o *al* PELO *de la ropa.* fr. fig. No tocarle a la ropa. || PELO *a* PELO. m. adv. fig. y fam. Sin añadidura en los cambios de una cosa por otra. || PELO *arriba.* m. adv. Contra pelo. *Peinarse* PELO *arriba.* || PELO *por* PELO. m. adv. fig. y fam. Pelo a pelo. || *Poner al* PELO. fr. Montar al pelo. || *Ponérsele* a uno *los* PELOS *de punta.* fr. fig. y fam. Erizársele el cabello, sentir miedo, pavor. || *Rascarse* uno PELO *arriba.* fr. fig. y fam. Sacar dinero de la faltriquera. Se dice en general del que lo hace de mala gana. || *Relucirle* a uno *el* PELO. fr. fig. y fam. Estar grueso y bien cuidado. Dícese también de los caballos y otros animales. || *Salir de* PELO una cosa. fr. Hacerlo según el genio de cada uno. || *Ser capaz de cortarle los* PELOS *al diablo.* fr. fig. y fam. Ser muy hábil, diestro. || *Ser* uno *de buen* PELO. fr. irón. Tener mala índole. || *Soltarse* uno *el* PELO. fr. fig. y fam. Decidirse a obrar o hablar sin miramiento. || *¿Son* PELOS *de cochino?* expr. que indica que no se da a una cosa el valor que merece. || *tener* PELOS un negocio. fr. fig. y fam. Ser de dificultad, embarazoso. || *Tener* uno PELOS *en el corazón.* fr. fig. y fam. Poseer gran esfuerzo y ánimo. || **2.** fig. y fam. Ser inhumano, poco sensible al dolor ajeno. || *Tomar el* PELO a uno. fr. fig. y fam. Burlarse de una persona aparentando elogiarla. || **P.** pêlo; **I.** hair; **F.** poil; **A.** Haar; **It.** pelo; **R.** волос.

* **PELOBATES.** m. ZOOL. Anfibios anuros, nocturnos, parecidos a las ranas.

* **PELOCONITA.** (fr. *péloconite.*) f. MINERAL. Óxido hidratado natural de manganeso.

* **PELOHEMIA.** f. Espesura de la sangre en grado superior al normal.

* **PELOMEDUSA.** f. ZOOL. y PALEONT. Género de reptiles quelonios, propios de las zonas marinas tropicales. Algunas especies se han encontrado fósiles en terrenos terciarios.

PELÓN, NA. adj. Que no tiene pelo, o tiene muy poco. Ú.t.c.s. || **2.** V. *Trigo* PELÓN. || **3.** fig. y fam. Que tiene muy escasos recursos económicos. Ú.t.c.s.

PELONA. (De *pelón.*) f. Alopecia.

* **PELONCHILE.** m. MÉJ. Flor de la planta trepadora llamada capuchina.

PELONERÍA. (De *pelón.*) f. fam. Escasez, pobreza o miseria.

* **PELONGO, GA.** adj. COLOM. Aplícase al pollo que aún no es volantón o que no ha llegado al momento de salir a volar.

PELONÍA. (De *pelón.*) f. Pelona.

* **PELOPEO.** m. ZOOL. Género de insectos himenópteros, cuyas especies son avispas que se distinguen por tener el abdomen en forma de pera.

PELOPONENSE. (l. *peloponnensis.*) adj. Natural del Peloponeso. Ú.t.c.s. || **2.** Perteneciente a dicha península de la Grecia antigua.

PELOPONESIACO, CA [~SÍACO, CA]. (l. *peloponnesiăcus.*) adj. Perteneciente al Peloponeso.

PELOSA. (De *pelo.*) f. GERM. Saya, capa, frazada.

PELOSILLA. (De *peloso.*) f. Vellosilla.

* **PELOSINA.** f. QUÍM. Alcaloide contenido en las raíces de algunas plantas.

PELOSO, SA. (l. *pilōsus.*) adj. Que tiene pelo.

PELOTA. (prov. *pelota,* y éste del l. *pila.*) f. Bola pequeña con lana o pelote, a veces con lana plástica dentro, apretada con hilo o cuerda y de ordinario forrada de cuero o paño. Se fabrica también formando una esfera hueca de caucho. || **2.** Juego que se hace con ella. || **3.** Bola de materia blanda, como nieve, barro, etc., que se amasa fácilmente. || **4.** Bala de piedra, plomo o hierro, con que se cargaban los arcabuces, mosquetes, cañones y demás armas de fuego. || **5.** Batea de piel de vaca que en América usan para pasar los ríos personas y cargas. || **6.** fig. y fam. Ramera. || **7.** Acumulación de deudas o desazones, que, siendo una por una de escasa monta, todas unidas resultan graves. || **—de viento.** Vejiga llena de aire y cubierta con cuero, que también se emplea para el juego. || *Estar la* PELOTA *en el tejado.* fr. fig. y fam. Ser dudoso el éxito de un negocio cualquiera. || *Hacerse* uno *una* PELOTA. fr. fig. y fam. Hacerse un ovillo. || *Jugar a la* PELOTA con uno. fr. fig. y fam. Traerle engañado haciéndole ir y venir inútilmente o andar de uno a otro lado inútilmente. || *No tocar* PELOTA. fr. fig. y fam. No dar con el punto de dificultad. || *Rechazar* uno *la* PELOTA. fr. fig. Rebatir a otro con sus mismas razones o fundamentos. || *Sacar* uno PELOTAS *de una alcuza.* fr. fig. y fam. Ser muy astuto para conseguir lo que se desea. || *Volver* uno *la* PELOTA. fr. fig. Rechazar la pelota. || **P.** pelota, péla; **I.** ball; **F.** balle, ballon; **A.** Ball, Spielball; **It.** palla; **R.** пелота, мяч.

PELOTA (EN). (De *pelo.*) m. adv. En cueros. || *Dejar* a uno *en* PELOTA. fr. fig. y fam. Quitarle o robarle a uno todo lo que tiene. || **2.** Desnudarle de la ropa exterior o de toda ella.

PELOTARI. (Voz vasca, de *pelota,* 1.er art.) com. Persona que tiene por oficio jugar a la pelota.

PELOTAZO. m. Golpe dado con la pelota, 1.ª acep.

PELOTE. m. Pelo de cabra, empleado para llenar muebles de tapicería y también se emplea para otros usos industriales.

PELOTEAR. tr. Repasar y señalar las partidas de una cuenta, y cotejarlas con sus justificantes respectivos. || **2.** intr. Jugar a la pelota por entretenimiento, sin la formalidad de un partido. || **3.** fig. Arrojar una cosa de un lugar a otro. || **4.** fig. Reñir dos o más personas entre sí. || **5.** fig. Disputar, o contender sobre una cosa. || **6.** AMÉR. MERID. Pasar un río en la batea llamada pelota. Ú.t.c.tr.

PELOTERA. (De *pelote,* de *pelo.*) f. fam. Riña, contienda o revuelta, y generalmente la que se entabla entre mujeres.

* **PELOTERAPIA.** f. Uso terapéutico de los barros o fangos de los manantiales de aguas mineromedicinales.

PELOTERÍA. f. Conjunto o copias de pelotas, 1.ª acep.

PELOTERÍA. f. Conjunto de pelote.

PELOTERO. adj. V. *Escarabajo* PELOTERO. || **2.** m. El que tiene por oficio hacer pelotas, 1.ª acep. || **3.** El que las administra en el juego. || **4.** fam. Pelotera. || *Traer* a uno *al* PELOTERO. fr. fig. y fam. Traerle al retortero.

PELOTILLA. (d. de *pelota.*) f. Bolita de cera, armada de puntas de vidrio, de que usaban los encargados de guardar la disciplina. || **2.** V. *Ortiga de* PELOTILLAS. || *Darse* uno *con la* PELOTILLA. fr. Azotarse con ella el disciplinante. || **2.** Beber vino en abundancia. || *Hacer la* PELOTILLA a una persona. fr. fig. y fam. Adularla con miras interesadas.

PELOTILLERO. adj. Adulador, que hace la pelotilla.

* **PELOTINA.** f. QUÍM. Alcaloide narcótico cristalino que se obtiene de la planta cáctea mejicana llamada peyote.

PELOTO. (De *pelo.*) adj. V. *Trigo* PELOTO. Ú.t.c.s.

PELOTÓN. m. aum. de pelota. || **2.** Conjunto de cabellos apretados. || **3.** fig. Conjunto de personas en tropel, sin orden. || **4.** MIL. Cuerpo de soldados, algo menor que una sección y mandada por un cabo o un sargento. || 4.ª acep.: **P.** pelotão; **I.** platoon; **F.** peloton; **A.** Peloton; **It.** pelottone; **R.** клубок.

* **PELOTUDO, DA.** (De *pelota.*) adj. vulg. ARGENT. Negligente, descuidado, dejado. Ú.t.c.s. || **2.** ARGENT. Lento, torpe. Ú.t.c.s.

PELTA. (l. *pelta,* y éste del gr. πέλτη.) f. Adarga asiática que usaron los griegos y romanos.

* **PELTACIÓN.** f. MED. Inmunización.

* **PELTADO, DA.** (De *pelta.*) adj. que tiene forma de escudo.

PELTRABA. f. GERM. Morral, 2.ª acep.

PELTRE. (ital. *peltro;* port. *peltre.*) m. Aleación de cinc, plomo y estaño. || **P.** peltre; **I.** pewter; **F.** étain comun; **A.** Bleizinn; **It.** peltro.

* **PELTRERÍA.** (De *peltrero.*) f. Taller en el que se fabrican o tienda en la que se venden objetos de peltre.

PELTRERO. m. El que trabaja en cosas de peltre.

PELÚ. (arauc. *pulu.*) m. BOT. CHILE. Árbol leguminoso, con hojas de diez o

P veinte pares de pinas, orbiculares, flores muy hermosas de color dorado, legumbre con cuatro alas longitudinales denticuladas. Poseen la madera dura y preciosa.

PELUCA. (De *pelo*.) f. Cabellera postiza. || **2.** fig. y fam. Persona que la trae o que la usa. || **3.** fig. y fam. Represión acre y severa que se proporciona a un inferior. || **P.** perúca; **I.** wig, periwig; **F.** perruque; **A.** Perücke; **It.** parrucca; **R.** парик.

PELUCÓN. m. aum. de peluca.

★ PELUCÓN, NA. adj. Colom. y Perú. Melenudo. || **2.** Ecuad. Dícese de quien ocupa una elevada posición social.

PELUCONA. (Por alusión a la peluca o cabellera larga del busto en estas monedas.) f. fam. Onza de oro, generalmente las acuñadas con el busto de uno de los reyes de la casa de Borbón, hasta Carlos IV inclusive.

★ PELUDEAR. (De *peludo*, armadillo.) intr. Argent. Salir a cazar armadillos peludos. || **2.** fig. y fam. Argent. Moverse con dificultad un vehículo por estar blando el camino. || **3.** fig. fam. R. de la Plata. Aturrullarse.

★ PELUDILLO. m. Bol. Compadrito, sujeto fanfarrón.

PELUDO, DA. adj. Que tiene mucho pelo. || **2.** m. Ruedo afelpado que tiene espartos largos. || **P.** peludo; **I.** hairy; **F.** poilu, pelu; **A.** haarig; **It.** peloso; **R.** волосатый.

★ PELUQUECHU (ESTAR). fr. fam. Chile. En Chiloé, estar desnudo.

PELUQUERÍA. f. Tienda del peluquero. || **2.** Oficio del peluquero.

PELUQUERO, RA. (De *peluca*.) m. y f. Persona que se dedica a peinar, cortar el pelo o vender pelucas a los demás. || **2.** Dueño de una peluquería. || **3.** f. Mujer del peluquero. || **P.** cabeleireiro; **I.** hairdresser; **F.** coiffeur, coiffeuse, perruquier, perruquière; **A.** Friseur, Haarkräuslerin; **It.** parrucchiere; **R.** парикмахер.

PELUQUÍN. (d. de *peluca*.) m. Peluca reducida que cubre sólo parte de la cabeza. || **2.** Peluca con bucles y coleta que se usó a fines del siglo XVIII y a principios del XIX.

PELUSA. (despect. de *pelo*.) f. Vello, **2.ª** acep. || **2.** Pelo menudo que con el tiempo se cae de las telas. || **3.** fig. y fam. V. *Gente de* PELUSA. || **4.** fig. y fam. Envidia propia de los niños. || **P.** penugem; **I.** down; **F.** duvet; **A.** Flaumhaar; **It.** peluria; **R.** пух.

★ PELUSIENTO, TA. adj. P. Rico y Perú. Peludo.

PELUSILLA. (d. de *pelusa*.) f. Vellosilla.

★ PELUTEÍNA. f. Quím. Substancia que procede de la pelosina.

PELVI. (persa *pahlawi*, heroico.) adj. Se aplica a la lengua de los parsis y a lo que en ella se escribió. Ú.t.c.s.m.

PELVIANO, NA. adj. Zool. Perteneciente o relativo a la pelvis. *Cavidad* PELVIANA.

★ PELVICEFALÓMETRO. (De *pelvis* y *cefalómetro*.) m. Forma del pelvímetro que también se emplea para medir la cabeza del feto.

★ PELVICELULITIS. f. Inflamación del tejido celular de la región pelviana.

★ PELVICLISIÓMETRO. m. Aparato empleado para medir los diámetros de la pelvis y la inclinación de esta cavidad del cuerpo humano.

PELVÍMETRO. (De *pelvis*, y el gr. μέτρον, medida.) m. Compás de brazos curvos, usado en la medición de los diámetros y amplitud de la pelvis y de ello deducir la dificultad que ha de presentar el parto.

★ PELVIOPLASTIA. (De *pelvis*, y el gr. πλάσσω, formar.) f. Operación en la pelvis con el fin de lograr su ampliación permanente.

★ PELVIRRECTAL. (De *pelvis* y *recto*.) adj. Anat. Perteneciente a la pelvis y al recto.

PELVIS. (l. *pelvis*, lebrillo.) f. Zool. Cavidad del cuerpo de los mamíferos situada en la parte posterior del tronco, inferior en el hombre, y que está formado por los huesos sacro cóccix, e innominados. Posee la parte terminal del tubo digestivo,

la vejiga urinaria y algunos órganos correspondientes al aparato genital, principalmente en las hembras. || **2.** Zool. Cavidad en forma de embudo, que se halla situada en cada uno de los riñones de los mamíferos y se continúa con el uréter. || **P.** pelve; **I.** pelvis; **F.** bassin; **A.** Becken; **It.** pelvi; **R.** таз.

★ PELVISOPORTE. (De *pelvis* y *soporte*.) m. Med. Utensilio destinado a sostener la pelvis en ciertas curas.

★ PELVOSCOPIA. f. Examen de la pelvis.

PELLA. (l. *pilŭla*, pelotita.) f. Masa que se aprieta generalmente en forma redonda. || **2.** Conjunto de los tallitos de la coliflor, y de otras plantas semejantes antes de florecer, y que son la parte que más se aprecia por ser la más delicada. || **3.** Especie de pelota formada por mixtos, que en la antigua artillería se arrojaba para incendiar. || **4.** Masas de los metales fundidos o sin labrar. || **5.** Manteca del puerco tal y como se saca de él. || **6.** Porción pequeña y redondeada de manjar blanco, merengue, etc., y que se emplea para adornar ciertos platos de postre. || **7.** ant. Conjunto o multitud de personas. || **8.** fig. y fam. Cantidad o suma de dinero y generalmente la que se debe o defrauda. || **9.** Min. Masa de amalgama de plata que se obtiene al beneficiar con azogue ciertos minerales argentíferos.

PELLADA. (De *pella*.) f. Porción de yeso o argamasa que un peón de albañil puede sostener en la mano, o en la llana, para darla al oficial que la está trabajando. || **2.** Pella, 1.ª acep. || *No dar* PELLADA. fr. Estar parada una obra de albañilería o no trabajarse en ella. || *No dar* PELLADA *en* una cosa. fr. fig. Tener suspensa su ejecución.

★ PELLANTE. m. Chile. Cierta planta medicinal que crece en Chiloé.

★ PELLAR. m. Colom. Chorchilo.

★ PELLE. adj. Colom. Vagabundo. Ú.t. c.s.

PELLEJA. (l. *pellicŭla*.) f. Piel quitada del cuerpo del animal. || **2.** Vellón, 1.er art., 2.ª acep. || **3.** Zalea. || **4.** Pellejo, 1.ª acep. || **5.** fam. Ramera. || **6.** Germ. Saya, 1.ª acep. || *Dar, dejar* o *perder* uno *la* PELLEJA. fr. fig. y fam. Dar, dejar o perder el pellejo. || *Salvar* uno *la* PELLEJA. fr. fig. y fam. Salvar uno el pellejo. || *Soltar* uno *la* PELLEJA. fr. fig. y fam. Soltar el pellejo. || **P.** pele; **I.** skin, hide; **F.** peau, paillasse; **A.** Tierhaut, Fell; **It.** pelle, pellaccia; **R.** содранная шкура, кожа.

PELLEJERÍA. (De *pellejero*.) f. Casa, tienda, lugar o barrio donde se adoban o venden pellejos. || **2.** Oficio o comercio de pellejero. || **3.** Conjunto formado por pellejos o pieles.

PELLEJERO, RA. (De *pellejo*.) m. y f. Persona que tiene por oficio el adobar o vender pellejos.

PELLEJINA. f. Pelleja pequeña.

★ PELLEJITO. (dim. de *pellejo*.) m. Cuba. Cuero de vaqueta usado en la fabricación de calzado.

PELLEJO. (De *pelleja*.) m. Piel. || **2.** Odre. || **3.** fig. y fam. Persona borracha. || **4.** Germ. Sayo. || *Dar, dejar* o *perder* uno *el* PELLEJO. fr. fig. y fam. Morir, 1.ª acep. || *Estar* o *hallarse* uno *en el* PELLEJO *de otro*. fr. fig. y fam. Hallarse en exactas condiciones o situación moral que otro. Ú. por lo común en sentido condicional. *Si yo me hallare en su* PELLEJO; *si usted estuviera en mi* PELLEJO. || *Mudar* uno *el* PELLEJO. fr. fig. y fam. Mudar de costumbres o de condición. || *No caber* uno *en el* PELLEJO. fr. fig. y fam. Estar muy grueso. || **2.** fig. y fam. Estar muy contento, envanecido, satisfecho. || *No tener* uno *más que el* PELLEJO. fr. fig. y fam. Estar excesivamente flaco. || *Pagar* uno *con el* PELLEJO. fr. fig. y fam. Pagar con la vida. || *Quitar* a uno *el* PELLEJO. fr. fig. y fam. Privarle de la vida. || **2.** fig. y fam. Murmurar, hablando muy mal de él. || **3.** fig. y fam. Quitarle con maña todo lo que posee o al menos en gran parte. || *Salvar* uno *el* PELLEJO. fr. fig. y fam. Salvar la vida de un peligro. || *Soltar* uno *el* PELLEJO. fr. fig. y fam. Dar el pellejo. || **2.ª** acep.: **P.** couro; **I.** wine-skin; **F.** outre; **A.** Weinschlauch); **It.** otre; **R.** бурдюк.

PELLEJUDO, DA. adj. Que tiene mucho pellejo.

PELLEJUELA. f. d. de pelleja.

PELLEJUELO. m. d. de pellejo.

PELLETA. (l. *pellis*, piel.) f. Pelleja.

PELLETERÍA. (De *pelletero*.) f. Pelletería.

PELLETERO. (De *pelleta*.) m. Pelletero.

PELLICA. (l. *pellis*, piel.) f. Cubierta de cama fabricada con pellejos finos. || **2.** Pellico hecho con pieles finas y adobadas. || **3.** Piel diminuta adobada.

PELLICO. (De *pellica*.) m. Zamarra de pastor. || **2.** Vestido de pieles que se le asemeja.

PELLIJERO. m. Pellejero.

PELLÍN. (arauc. *pellín*.) m. Bot. Chile. Especie de haya de madera muy fina e incorruptible. || **2.** Chile. Corazón o cerno de dicho árbol. || **3.** fig. Chile. Persona o cosa de gran resistencia.

★ PELLINGAJO. m. Chile y Argent. Estropajo. || **2.** Chile. Cosa despreciable, inservible e inútil.

PELLIQUERO. m. El que fabrica o vende pellicas.

PELLIZA. (l. *pellicia*, t. f. de *-cĭus*, hecho de pieles.) f. Prenda de abrigo confeccionado o forrado con pieles finas. || **2.** Chaqueta de abrigo con el cuello y las bocamangas reforzadas con otra tela, que emplean generalmente los trabajadores. || **3.** Mil. Parte del uniforme del cuerpo de cazadores, que consiste en una chaqueta de paño azul con las orillas, el cuello y bocamangas revestidas de astracán y con trencillas de estambre negro para cerrarlas sobre el pecho. || **4.** Mil. Dormán. || **P.** pelliça; **I.** pelisse, fur cloak; **F.** pellise; **A.** Pelzrock, Pelz; **It.** pelliccia; **R.** шуба.

PELLIZCADOR, RA. adj. Que pellizca.

PELLIZCAR. (l. *pellis*, piel.) tr. con el dedo pulgar y cualquiera de los otros una pequeña porción de piel y carne, oprimiéndola hasta causar dolor. Ú.t.c.r. || **2.** Asir y herir leve y sutilmente una cosa. || **3.** Tomar o quitar pequeña cantidad de una cosa. || **4.** r. fig. y fam. Perecerse. || **P.** beliscar; **I.** to pinch; **F.** pincer; **A.** kneifen, zwicken; **It.** pizziccare; **R.** щипать.

PELLIZCO. m. Acción y efecto de pellizcar. || **2.** Porción pequeña de una cosa, que se toma o se quita. || **—de moja.** Bocadito de masa con azúcar. || **P.** beliscadura; **I.** pinch; **F.** pincement; **A.** Kneifen; **It.** pizzicotto; **R.** щипание, щипок.

PELLO. (l. *pellis*, piel.) Especie de zamarra fina.

PELLÓN. (l. *pellis*, piel.) m. Vestido talar antiguo, que generalmente se hacía de pieles. || **2.** Amér. Pelleja curtida que, a modo de caparazón, forma parte del recado de montar.

★ PELLONCA. f. Chile. Cierta variedad de manzana.

★ PELLONERA. f. Chile. Pellón que pone encima de los demás y es más fino y está más adornado.

PELLOTE. m. Pellón, 1.ª acep.

★ PELLUPELLU. m. Chile. Pillopillo.

PELLUZGÓN. (Tal vez de *pellizco*.) m. Porción de pelo, lana o estopa que se coge de una vez con todos los dedos. || **2.** Mechón, 2.ª acep. Ú. en la fr. *Tener la barba a* PELLUZGONES.

PENA. (l. *poena*, y éste el gr. ποινή.) f. Castigo puesto por la autoridad legítima al que ha cometido un delito o falta. || **2.** Cuidado, aflicción o sentimiento interior grande. || **3.** Dolor, tormento o sentimiento corporal. || **4.** Dificultad, trabajo. *Con mucha* PENA *ha terminado este negocio*. || **5.** V. *Alma en* PENA. || **6.** V. *Siervo de la* PENA. || **7.** Cinta adornada con una joya en la punta, que usaban las mujeres atándola al cuello y dejando los extremos sueltos sobre el pecho. || **8.** For. V. *Conmutación de* PENA. || **9.** pl. Germ. Galeras. || **—accesoria.** For. La que se aplica según la ley, como inherente, en ciertos casos a la principal. || **—aflictiva.** For. La de mayor gravedad dentro de la pena primera del código penal. || **—capital.** La de muerte. || **—correccional.** For. La de segunda clase, entre las de diversa gravedad, y que determinaba el código penal. || **—de daño.**

Privación completa de la vista de Dios en la otra vida. || **—de la nuestra merced.** Conminación que empleaban los reyes para castigar al que no obedecía sus mandatos. || **—de la vida.** Pena capital. || **—del homicillo.** Homicillo, 1.ª acep. || **—del sentido.** La que atormenta el cuerpo o los sentidos del condenado. || **—del talión.** La que imponía al reo un daño igual al que él había causado. || **2.** fig. Perjuicio o daño, de intereses o moral, que sufre el que causó otro semejante. || **—grave.** FOR. Por oposición a las leves, cualquiera de las de mayor severidad señaladas en la ley para castigar los delitos. || **—leve.** FOR. Cualquiera de las de menor rigor, como represión privada, arresto menor o multa pequeña, y que la ley señala como castigo de las faltas. || **—ordinaria.** FOR. Se llamaba así en la legislación antigua a la pena capital. || **—pecuniaria.** Multa. || PENAS *de cámara.* FOR. Condenaciones pecuniarias que los jueces y tribunales imponían a las partes con aplicación a la cámara real o fisco. || *A duras, a graves* o *malas* PENAS. m. adv. Con gran dificultad o trabajo. || *A* PENAS. m. adv. Apenas. || *Merecer la* PENA una cosa. fr. Valer la pena. || *Ni* PENA *ni gloria.* expr. fig. Insensibilidad con que uno se queda cuando ve u oye las cosas. || *Pasar uno la* PENA *negra.* fr. fig. Sufrir aflicción grave, bien física o moral. || *Pasar uno las* PENAS *del purgatorio.* fr. fig. Padecer molestias o aflicciones continuas. || *So* PENA. m. adv. Bajo la pena o el castigo adecuado. || *Súfrase quien* PENAS *tiene, que tiempo tras tiempo viene.* ref. Indica que no se ha de perder la esperanza ni en los peores momentos. || *Valer la* PENA *una cosa.* fr. Se denota su importancia o denota que se puede dar por bien empleado el trabajo que cuesta. Ú. también con negación. || **P.** pena; **I.** penalty; **F.** peine; **A.** Strafe; **It.** pena; **R.** наказание. 2.ª acep.: **P.** aflicao, dor; **I.** pain, sorrow; **F.** peine, souffrance; **A.** Leid, Kummer; **It.** pena; **R.** страдание.

PENA. (l. *penna.*) f. Cada una de las plumas mayores en un ave, se hallan situadas en las extremidades de las alas o en el arranque de la cola, y sirven sobre todo para dirigir el vuelo. || **2.** MAR. Parte extrema y más delgada de una entena.

PENABLE. (De *penar.*) adj. Que puede ser penado o recibir pena.

PENACHERA. f. Penacho.

PENACHO. (l. *penna,* pluma.) m. Grupo de plumas que tienen algunas aves en la parte superior de la cabeza. || **2.** Adorno de plumas de los cascos y morriones en el tocado de las mujeres, en las caballerías engalanadas en las grandes fiestas. || **3.** fig. Lo que tiene forma de tal. || **4.** fig. y fam. Vanidad, soberbia. || **P.** pennacho; **I.** tuft of feathers; **F.** huppe; **A.** Federbusch; **It.** pennacchio; **R.** хохолок.

PENACHUDO, DA. adj. Que lleva o tiene penacho.

PENACHUELO. m. d. de penacho.

PENADAMENTE. adv. Penosamente.

PENADILLA. f. Penado, 4.ª acep.

PENADO, DA. p.p. de penar. || **2.** adj. Penoso o lleno de penas. || **3.** Difícil, trabajoso. || **4.** Dícese de una especie de vasija que se usó en España para beber, cuya la boca estrecha con el fin de que diera poca cantidad de líquido. Ú.t.c.s. || **5.** m. y f. Delincuente condenado a una pena.

PENADOR. (De *penar.*) adj. V. *Libro* PENADOR.

PENAL. (l. *poenālis.*) adj. Relativo a la pena, o que la incluye. || **2.** FOR. Criminal, 1.ª y 2.ª aceps. || **3.** V. *Derecho* PENAL. || **4.** m. Lugar donde los condenados cumplen las condenas mayores que los arrestos. *El* PENAL *de Ocaña.*

PENALIDAD. (De *penal.*) f. Trabajo aflictivo, molestia, incomodidad. || **2.** FOR. Calidad de penable. || **3.** FOR. Sanción impuesta por la ley penal, las ordenanzas, etcétera. || **3.**ª acep.: **P.** penalidad; **I.** penalty; **F.** pénalité; **A.** Strafbestimmung; **It.** penalità; **R.** страдание.

PENALISTA. adj. Se dice del jurisconsulto que se dedica sobre todo al estudio de la ciencia o derecho penal. Ú.t.c.s.

PÉNAME. (3.ª pers. del sing. del pres.

de indic. del verbo *penar,* y el pron. *me,* me pena.) m. AR. Pésame.

PENANTE. p.a. de penar. Que sufre pena. || **2.** adj. Penado, 3.ª acep.

PENAR. tr. Imponer pena. || **2.** FOR. Señalar la ley castigo para un acto u omisión. || **3.** intr. Padecer, sufrir, tolerar con pena o dolor. || **4.** Padecer las penas del purgatorio. || **5.** Agonizar mucho tiempo. || **6.** r. Afligirse, acongojarse, padecer una pena o sentimiento. || PENAR uno *por una cosa.* fr. fig. Desear dicha cosa con ansia. || **P.** punir; **I.** to chastise, to punish; **F.** châtier, punir; **A.** strafen, bestrafen; **It.** penare, punire; **R.** страдать.

PENATES. (l. *penātes.*) m. pl. Dioses domésticos a quienes daba culto la gentilidad.

* **PENATÍFIDO, DA.** (l. *pennātus,* alado, y *findēre,* hender.) adj. BOT. Plantas con las hojas semejantes a las plumas, con lóbulos divididos hasta la mitad.

* **PENATILOBULADO, DA.** (l. *pennātus,* alado, y de *lóbulo.*) adj. BOT. Dícese de las hojas de las plantas con los lóbulos incisos que les dan cierto parecido a las plumas.

PENCA. (cat. y port. *penca.*) f. Hoja carnosa de ciertas plantas, como el nopal, la pita, etc. || **2.** Parte carnosa de ciertas hojas cuando no lo son por completo, como las de la berza. || **3.** fig. Tira de cuero o vaqueta que empleaba el verdugo para azotar a los delincuentes. || **4.** fig. VENEZ. Maslo, 1.ª acep. || **5.** GERM. V. *Disciplinante* de PENCA. || *A la pura* PENCA. m. adv. C. RICA y ARGENT. Desnudo o mal vestido. || *Hacerse uno de* PENCAS. fr. fig. y fam. No consentir fácilmente en lo que se pide, aun cuando lo desee el que lo ha de conceder.

PENCAR. (De *penca,* azote.) tr. GERM. Azotar el verdugo.

* **PENCATITA.** (fr. *pencatite.*) f. MINERAL. Cuerpo que se obtiene mezclando brucita y calcita.

PENCAZO. m. Golpe dado con la penca, 3.ª acep.

PENCO. (De *penca.*) m. fam. Jamelgo.

PENCUDO, DA. adj. Que tiene pencas, 1.ª y 2.ª aceps.

PENCURIA. (De *penca.*) f. GERM. Ramera.

PENCHICARDA. f. GERM. Ardid que ejecutan algunos ladrones o rufianes en el bodegón, donde, después de comer y beber inventan algún jaleo para salirse sin pagar.

PENDANGA. f. En el juego de naipes, la sota de oros. || **2.** fam. Ramera.

* **PENDANGO.** adj. CUBA. Afeminado. || **2.** P. RICO. Cobarde.

* **PENDEJADA.** (De *pendejo.*) f. fam. COLOM., ECUAD., GUAT., REP. DOMIN. y P. RICO. Necedad, tontería.

* **PENDEJEAR.** (De *pendejo.*) intr. COLOM., MÉJ. y P. RICO. Hacer o decir necedades o tonterías.

* **PENDEJERA.** f. BOT. CUBA. Cierta planta solanácea silvestre.

* **PENDEJERAL.** m. CUBA. Sitio abundante en pendejeras.

* **PENDEJERO.** m. VENEZ. Cerda vegetal.

PENDEJO. (De *pender.*) m. Pelo que nace en el pubis y en las ingles. || **2.** fig. y fam. Hombre cobarde y pusilánime.

PENDENCIA. (De *pender.*) f. Contienda, riña de palabras u obras. || **2.** FOR. Litispendencia. || **3.** GERM. Rufián. || **P.** pendência; **I.** quarrel; **F.** querelle; **A.** Zank; **It.** contesa; **R.** ссора.

PENDENCIAR. intr. Reñir o tener pendencia.

PENDENCIERO, RA. adj. Propenso a riñas o pendencias.

PENDENZUELA. f. d. de pendencia.

PENDER. (l. *pendēre.*) intr. Estar colgada o suspendida una cosa. || **2.** Depender. || **3.** fig. Estar por resolverse o terminarse un pleito o negocio. || **P.** pender; **I.** to hang over; **F.** pendre; **A.** hängen; **It.** pèndere; **R.** висеть.

PENDIENTE. (l. *pendens, -entis.*) p.a. de pender. Que pende. || **2.** adj. fig. Que está por resolverse o terminarse. || **3.** m. Areta con adorno colgante o sin él. || **4.** Pinjante, 1.ª acep. || **5.** BLAS. Parte inferior de los estandartes o banderas. || **6.** CARP. Inclinación de las armaduras de

los techos para el desagüe. || **7.** MIN. Cara superior de un criadero. || **8.** f. Cuesta o declive de un terreno. || **3.**ª acep.: **P.** arrecada; **I.** ear-ring; **F.** pendant; **A.** Ohrring; **It.** orecchino; **R.** висячий. **8.**ª acep.: **P.** ladeira, declive; **I.** slope; **F.** déclive; **A.** Abhang; **It.** pendente; **R.** склон, откос.

PENDIL. (De *pender.*) m. Manto de mujer. || **2.** AND. Candil, 1.ª acep. || *Tomar el* PENDIL. fr. fig. y fam. Marcharse o ausentarse. || *Tomar el* PENDIL *y la media manta.* fr. fig. y fam. AND. Irse a dormir.

PENDINGUE (TOMAR EL). fr. fig. y fam. Tomar el pendil.

PENDOL. (l. *pendŭlus;* de *pendēre,* pender.) m. MAR. Operación que efectúan los marineros al limpiar el fondo de una embarcación colocando peso a un lado y dejando de este modo al descubierto el fondo de la parte opuesta. Ú.m. en pl.

PÉNDOLA. (l. *pennŭla,* d. de *penna,* pluma.) f. Pluma, 1.ª y 3.ª aceps.

PÉNDOLA. (De *péndulo.*) f. Varilla o varillas metálicas con algún adorno en la parte inferior y que con sus oscilaciones regula el movimiento del reloj fijo, como el de pared. || **2.** fig. Reloj que posee péndola. || **3.** ARQ. Cualquiera de las maderas de un faldón de armadura que van desde la solera a la lima tesa. || **4.** ARQ. Cualquiera de las varillas verticales que sostienen el piso de un puente colgante o tienen oficio parecido en otras obras. || **P.** péndula; **I.** pendulum; **F.** pendule; **A.** Drempel; **It.** pèndola; **R.** маятник.

PENDOLAJE. m. Derecho de apoderarse en las presas de mar de todos los géneros que estén sobre cubierta, aunque pertenezcan a las personas de la embarcación apresada.

PENDOLARIO. m. Pendolista.

PENDOLISTA. (De *péndola,* 1.er art.) com. Persona que escribe diestra y gallardamente.

PENDOLÓN. m. aum. de péndola. 2.° art., 1.ª acep. || **2.** ARQ. Madero de armadura colocada verticalmente desde la hilera hasta el puente.

PENDÓN. (l. *penno, -onis,* y éste del l. *penna,* pluma.) m. Insignia militar propia principalmente de las diversas mesnadas que componían un ejército, y consistía en una bandera más larga que ancha. || **2.** Insignia militar consistente en una bandera o estandarte pequeño, y que en la milicia distinguía los regimientos, batallones y demás cuerpos que iban a la guerra. || **3.** Divisa o insignia por la que se guían las iglesias y congregaciones en las procesiones, y consiste en un asta de donde pende un pedazo largo de tela que remata en dos puntas. || **4.** Vástago que sale del tronco principal del árbol. || **5.** fig. y fam. Mujer que lleva una vida licenciosa. || **6.** fig. y fam. Persona, muy alta y desaliñada. || **7.** BLAS. Insignia semejante a la bandera y de la que se distingue por su tamaño, pues es un tercio más larga que ésta y redonda por el pendiente. || **8.** pl. Riendas para gobernar las mulas de guías. || **—caballeril.** El rectangular de un tercio más de longitud que de anchura, insignia que poseían los señores que llevaban más de 10 caballeros y menos de 50. || **—de Castilla** o **morado.** Insignia personal del monarca. || **—posadero.** El largo y ramatado en punta, que se plantaba para designar los lugares donde debían posar o acampar las huestes, y usaban los señores que llevaban a sus órdenes más de 50 caballeros y menos de 100. || **—puñal.** Pendón caballeril. || **—y caldera.** Privilegio que los reyes concedían a los ricoshombres de Castilla cuando en épocas de guerra acudían a su socorro con sus gentes. Consistía en poseer como divisa propia un pendón o estandarte como señal de que podían levantar gente, y la caldera significando que la mantenían a su costa. || *A* PENDÓN *herido.* m. adv. fig. Con toda fuerza, unión o diligencia que había en una necesidad, como es el ver la bandera o el estandarte en peligro de caer en manos de los enemigos. || *Seguir el* PENDÓN de uno. fr. MIL. Alistarse bajo sus banderas. || **P.** pendão, estandarte; **I.** pennon, standard; **F.** pennon; **A.** Fanne, Banner; **It.** pennone; **R.** знамя, стяг.

P

PENDONEAR. (De *pendón*.) intr. Pindonguear.

★ **PENDONERO, RA**. (De *pendón*.) adj.
ECUAD. Entremetido. Ú.t.c.s.

PENDONETA. (d. de *pendón*.) f. Pendón pequeño o estandarte.

PENDONISTA. adj. Persona que lleva
o acompaña a un pendón en una procesión.
Ú.t.c.s.

PENDRAR. (l. *pignerāre*, de *pignus*,
prenda.) tr. ant. Embargar, 3.ª acep.

PENDULAR. adj. Propio o relativo al
péndulo.

★ **PENDULINO**. m. ZOOL. Pájaro conirrostro frecuente en España.

PÉNDULO, LA. (l. *pendŭlus*, pendien-
te.) adj. Pendiente, 1.ª acep. || **2**. m. MEC.
Cuerpo grave que puede oscilar suspen-
dido de un punto por un hilo o varilla. ||
2.ª acep.: **P**. péndulo; **I**. pendulum; **F**. pen-
dule; **A**. Pendel; **It**. pèndolo; **R**. маятник.

PENDURA (A LA). (De *pender*.) m.
adv. MAR. Se dice de todo lo que cuelga
y sobre todo del ancla cuando pende de
la serviola.

PENE. (l. *penis*.) m. Miembro viril.
P. y **F**. pénis; **I**. penis; **A**. Penis; **It**. pene;
R. мужской половой орган.

PENECA. m. CHILE. Niño, chiquillo.

★ **PENECO**. (De *peneca*.) m. PERÚ. En
Lima, estudiante de los primeros cursos.

PENEDO. m. ant. Peñedo.

★ **PENEO, A**. (l. *penna*, pluma.) adj.
HIST. NAT. Parecido a las plumas.

PENEQUE. adj. fam. Borracho, 1.ª
acep. Ú. comúnmente con los verbos *estar*,
ir o *ponerse*. || **2**. fam. AND. Se dice de la
persona o del animal que se tambalea al
andar. Ú. también como en la anterior
acepción.

★ **PENERA**. f. BRASIL. Criba que emplean los buscadores de diamantes para
eliminar las piedras antes del lavado del
cascajo que suele acompañar a los diamantes.

PENETRABILIDAD. f. Calidad de
penetrable.

PENETRABLE. (l. *penetrabilis*.) adj.
Que se puede penetrar. || **2**. fig. Que fá-
cilmente se penetra o se entiende.

PENETRACIÓN. (l. *penetratio*, *-ōnis*.)
f. Acción y efecto de penetrar. || **2**. Inteli-
gencia cabal de una cosa difícil. || **3**. Pers-
picacia de ingenio, agudeza. || —**pacífica**.
Influjo económico y político, que una nación ejerce en país extraño, sin imponerlo
por medio de las armas. || **P**. penetración;
I. penetration, acuteness; **F**. pénétration,
clairvoyance; **A**. Scharfsinn; **It**. penetra-
zione, acutezza; **R**. проникание, проник-
новение.

PENETRADOR, RA. (l. *penetrātor*.)
adj. Agudo, sutil, de vivo ingenio.

PENETRAL. (l. *penetralis*.) m. p. us.
Estancia inferior de un edificio, o parte
apartada o escondida de una cosa. Ú.m.
en pl.

PENETRANTE. p.a. de penetrar. Que
penetra. || **2**. adj. Profundo, 4.ª acep. ||
3. fig. Agudo, alto, elevado, hablando de
la voz, del grito, etc. || **4**. CIR. V. *Herida*
PENETRANTE.

PENETRAR. (l. *penetrāre*.) tr. Intro-
ducir un cuerpo en otro por sus poros. ||
2. Introducirse en el interior de un espacio,
aunque haya mucha dificultad o estorbo. ||
3. Hacerse sentir con violencia y demasiada
eficacia una cosa; como el frío, los gri-
tos, etc. || **4**. fig. Llegar lo agudo del dolor
o sentimiento a lo profundo del alma. ||
5. fig. Comprender el interior de uno, o
una cosa dificultosa. Ú.t.c. intr. y c.r. ||
P. penetrar; **I**. to penetrate; **F**. pénétrer;
A. durchdringen; **It**. penetrare; **R**. про-
никать.

PENETRATIVO, VA. adj. Que penetra, es capaz o tiene la virtud de penetrar.

★ **PENETRO**. m. CHILE. Frío, viento
fuerte y penetrante.

★ **PENETRÓMETRO**. (De *penetrar*, y el
gr. μέτρον, medida.) m. FÍS. Aparato con
que se mide la intensidad de los rayos X
y su poder de penetración.

PÉNFIGO. (gr. πέμφιξ, -ιγος, ampolla.)
m. MED. Enfermedad característica del
cutis en el que salen unas ampollas cuyo
volumen oscila desde el de una lenteja
al de un huevo de paloma, a veces amarillentas, transparentes y llenas de un líquido

seroso que sale al efectuarse espontánea-
mente una abertura en ellas. || **P**. pénfigo;
I. y **F**. pemphigus; **A**. Blasenausschlag;
It. pèmfigo.

★ **PENGA**. f. ARGENT. Grumo del racimo
de plátanos.

★ **PENI**. m. ZOOL. BOL. Iguana, reptil
del género saurio.

PENIBÉTICO, CA. adj. Dícese de lo
perteneciente al sistema de cordilleras que
partiendo del Estrecho de Gibraltar, con-
tinúan hasta el cabo de La Nao.

★ **PENICILADO, DA**. (l. *penicillum*, pincel.) adj. HIST. NAT. Dícese del cuerpo u
órgano que lleva en uno de sus extremos
una especie de pincel formado por la
agrupación de fibrillas o pelos.

PENICILINA. f. MED. Substancia antibiótica extraída de los cultivos del moho
penicillium notatum, que actúa sobre los
estafilococos, estreptococos, neumococos,
meningococos, y otros microorganismos.
Se usa con gran eficacia, en forma de sales
cálcicas o sódicas, para combatir las enfermedades causadas por estos gérmenes.

★ **PENICILIO**. (l. *penicillum*, pincel.) m.
BOT. Género de hongos de organización
muy sencilla que se desarrollan sobre substancias en descomposición.

★ **PENICILO**. (Del m. or. que *penicilio*.) m.
BOT. Género de algas verdes o clorofíceas,
que suelen abundar en las aguas marinas.

★ **PENIFORME**. (l. *penna*, pluma, y
forma, forma.) adj. De forma de pluma. ||
2. ANAT. Dícese de los músculos que tienen las fibras carnosas a uno y otro lado
del tendón central.

PENÍGERO, RA. (l. *penniger*, *-ĕri*; de
penna, ala, y *gerĕre*, llevar.) adj. poét.
Alado, que posee alas o plumas.

★ **PENILLANURA**. (l. *paene*, casi, y de
llanura.) f. Región llana, ligeramente on-
dulada.

★ **PENINA**. f. MINERAL. Silicato hidratado natural de aluminio y magnesia.

★ **PENINERVADO, DA**. (l. *penna*, pluma, y *nervio*.) adj. BOT. Dícese de las
hojas cuyo pecíolo se ramifica en nervaduras secundarias, en forma parecida a las
barbas de una pluma de ave.

★ **PENINO**. m. VENEZ. Pinito, primer paso
que dan los niños.

PENÍNSULA. (l. *paeninsŭla*; de *paene*,
casi, e *insŭla*, isla.) f. Tierra cercada por
el agua y que únicamente está unida por
la parte estrecha con otra tierra de exten-
sión mayor. || **P**. península; **I**. peninsula;
F. péninsule; **A**. Halbinsel; **It**. penísola;
R. полуостров.

PENINSULAR. adj. Natural de una
península. Ú.t.c.s. || **2**. Perteneciente a una
península. || **3**. V. *Tabaco* PENINSULAR.
4. Por antonom., se dice de lo relativo a
la Península Ibérica, en oposición a lo
perteneciente a las islas y a las tierras españolas de África.

PENIQUE. (anglosajón *penig*, dinero.)
m. Moneda inglesa de cobre, que vale la
duodécima parte de un chelín. || **P**. péni;
I., **F**. e **It**. penny; **A**. Penny; **R**. пенс.

PENISLA. f. Península.

★ **PENITA**. f. MINERAL. Roca semejante
a la caliza constituida por una mezcla de
la dolomía y el hidrocarbonato de magnesio.

PENITENCIA. (l. *poenitentia*.) f. Sacramento en el cual, por la absolución del
sacerdote, se perdonan los pecados cometidos después del bautismo, si son confesados
con las condiciones debidas. || **2**. Virtud
consistente en el dolor de haber pecado
y el propósito de no pecar más. || **3**. Serie
de ejercicios penosos con que uno procura
la mortificación de sus pasiones y sentidos
para satisfacer a la justicia divina. || **4**. Acto
de mortificación interior o exterior. ||
5. Pena que en satisfacción de los pecados
pone el confesor al penitente y es parte
del sacramento. || **6**. Arrepentimiento que
llega después de cometer una mala acción. ||
7. Castigo que el tribunal de la Inquisición
imponía públicamente a los reos. || **8**. Casa
o sitio destinado a estos penitenciados. || **9**. V.
Hábito de PENITENCIA. || —**canónica** o
pública. Serie de ejercicios laboriosos o
públicos impuestos por los sagrados cáno-
nes al culpable de ciertos delitos. || *Cumplir
uno la* PENITENCIA. fr. Practicar aquellos
actos que le prescribe el confesor en satis-
facción de sus pecados. || *Hacer* PENITENCIA.

fr. fig. Comer parcamente. Se dice por
modestia, a veces afectada, por el que in-
vita a otro a comer con él. || *Oir de* PENI-
TENCIA. fr. Oir de confesión. || **P**. penitèn-
cia; **I**. penitence; **F**. pénitence; **A**. Busse,
Reue; **It**. penitenza; **R**. эпитимья, по-
каяние.

PENITENCIADO, DA. (De *penitenciar*.) adj. Castigado por la Inquisición.
Ú.t.c.s.

PENITENCIAL. (l. *poenitentiālis*.) adj.
Perteneciente a la penitencia o que la incluye.

PENITENCIAR. tr. Imponer penitencia.

PENITENCIARÍA. (De *penitenciario*.)
f. Tribunal eclesiástico de la corte de
Roma, compuesto de varios individuos y
un cardenal presidente, para acordar y despachar las bulas y gracias de dispensiones
pertenecientes a materias de conciencia. ||
2. Dignidad, oficio o cargo de penitencia-
rio. || **3**. Establecimiento penitenciario en
que sufren sus condenas los penados, bajo
un régimen que haciéndoles expiar sus
delitos, va enderezándolos a su enmienda y
mejora. || **P**. penitenciaria; **I**. penitentiary;
F. pénitencerie; **A**. Bussgericht; **It**. peni-
tenzierìa; **R**. церковный суд.

PENITENCIARIO, RIA. (De *penitencia*.) adj. Se aplica al presbítero secular o
regular que tiene la obligación de confesar
a los penitentes en una iglesia determinada.
Ú.t.c.s. || **2**. Dícese de la canonjía o benefi-
cio que lleva aneja esta obligación. || **3**. Se
aplica a los modernos medios de castigo y
corrección de los penados y al régimen o al
servicio de los lugares destinados a este
objeto. || **4**. m. Cardenal presidente del
Tribunal de la Penitenciaría de Roma.

★ **PENITENCIARISTA**. com. Persona
muy entendida en todo lo concerniente a
sistemas penitenciarios.

PENITENCIERÍA. f. ant. Penitenciaría, 1.ª acep.

PENITENCIERO. m. ant. Penitenciario. —**mayor**. Penitenciario, 4.ª acep.

PENITENTA. f. Mujer que se confiesa
sacramentalmente.

PENITENTE. (l. *poenitens*, *-entis*.) adj.
Perteneciente a la penitencia. || **2**. Que
tiene penitencia. || **3**. com. Persona que
hace penitencia. || **4**. Persona que se con-
fiesa sacramentalmente con un sacerdote. ||
5. El que en las procesiones o rogativas
públicas va ataviado con una túnica en señal
de penitencia. || 4.ª acep.: **P**. e **It**. penitente;
I. penitent; **F**. pénitent; **A**. Büsser; **R**.
исповедующийся.

★ **PENITIS**. (De *pene*, y el suf. *itis*.) f.
PAT. Inflamación del pene.

★ **PENÍVOROS**. (l. *penna*, pluma, y
vorāre, comer.) m. pl. ZOOL. Grupo de
insectos ápteros y parásitos que viven entre
las plumas de las aves.

★ **PENNÁTULA**. f. ZOOL. Género de
celenéreos alcionarios, de muy vivos colores, llamados, por su forma, plumas de
mar.

★ **PENNATÚLIDOS**. (De *pennátula*, y el
gr. εἶδος, forma, aspecto.) m. pl. ZOOL.
Grupo de octántidos cuyos pólipedos tienen la forma de pluma de ave y están constituidos por un eje central córneo, calcáneo,
y a su derredor los pólipos. Este eje jamás
se fija en el suelo, ni en objeto alguno,
y termina en su parte inferior en un pedúnculo libre de pólipos.

★ **PENNINA**. f. MINERAL. Penina, silicato
hidratado de aluminio y magnesia.

★ **PENNITA**. f. MINERAL. Penita, variedad de dolomía.

★ **PENNÍVOROS**. m. pl. ZOOL. Peníforos,
ros, insectos que viven parásitos entre las
plumas de las aves.

PENO, NA. (l. *poenus*.) adj. Cartaginés.
Apl. a pers. ú.t.c.s.

★ **PENOFLEBITIS**. (De *pene* y *flebitis*.)
f. PAT. Inflamación de las venas del pene.

PENOL. (l. *pennus*, agudo.) m. MAR.
Punta o extremo de las vergas. || *A toca*
PENOLES. m. adv. MAR. Ú. para dar a comprender que una embarcación pasa tan
próxima a otra que casi la roza.

★ **PENOLOGÍA**. (De *pena*, castigo, y el
gr. λόγος, tratado.) f. Ciencia que estudia
el castigo y prevención del crimen. Su
constitución con categría de ciencia particular es muy reciente.

P

* **PENÓLOGO, GA.** m. y f. Persona versada o entendida en penología.

PENOSAMENTE. adv. Con pena y trabajo.

PENOSO, SA. adj. Trabajoso; que produce pena o tiene gran dificultad. || 2. Que padece una aflicción o pena. || 3. fam. El que presume de galán o de lindo. || **P.** e **It.** penoso; **I.** painful; **F.** pénible; **A.** beschwerlich, mühsam; **R.** тягостный.

PENSADO, DA. p.p. de pensar. || 2. adj. Con el adverbio *mal*, propenso a echar a mal o interpretar desfavorablemente las acciones, intenciones o palabras ajenas. Ú. también con el adverbio *peor*. *De* PENSADO. m. adv. De intento, con previa meditación y estudio.

PENSADOR, RA. adj. Que piensa. || 2. Que piensa, medita o reflexiona con intensidad y eficacia. *Un hombre* PENSADOR *no dejará de conocer los males que nos amenazan.* || 3. m. Hombre que se dedica a estudios muy elevados y profundiza mucho de ellos.

PENSADOR. m. AND. En los cortijos, mozo encargado de dar los piensos al ganado de labor.

PENSAMIENTO. m. Potencia o facultad de pensar. || 2. Acción y efecto de pensar. || 3. Idea inicial o principal de una obra. || 4. Sentencias notables de un escrito. || 5. fig. Sospecha, recelo. || 6. Trinitaria. || 7. GERM. Bodegón, 1.ª y 2.ª aceps. || 8. ESC. y PINT. Bosquejo de la primera idea o invención, que forman los profesores de las bellas artes para componer una obra. || *Beberle* a uno los PENSAMIENTOS. fr. fig. y fam. Adivinárselos para ponerlos prontamente en ejecución. || *Como el* PENSAMIENTO. m. adv. fig. Con suma ligereza y prontitud. || *Derramar el* PENSAMIENTO. fr. fig. Divertirlo, ocuparlo con especies diversas y cosas diferentes. || *Encontrarse con,* o *en los debidos* PENSAMIENTOS. fr. fig. Pensar en la misma cosa varias personas sin habérsela comunicado antes recíprocamente. || *En un* PENSAMIENTO. m. adv. fig. Brevísima e instantáneamente. || *Ni por* PENSAMIENTO. expr. fig. con que se explica que una cosa ha estado tan lejos de ejecutarse, que ni aun ha pasado por la imaginación. || *No pasarle* a uno *por el* PENSAMIENTO una cosa. fr. fig. No ocurrírsele, no pensar en ella. || **P.** pensamiento; **I.** thought, mind; **F.** pensée; **A.** Denken, Sinn; **It.** pensamento, pensiero; **R.** мысль.

PENSAR. (l. *pensāre*.) tr. Imaginar, discurrir. || 2. Reflexionar, examinar con cuidado una cosa para formar dictamen. || 3. Intentar o formar ánimo a una cosa. || PENSAR *mal.* fr. Ser mal pensado. || PIENSA *mal y acertarás.* ref. Indica que para no equivocarse es mejor tener una mala opinión de los hombres. || *Sin* PENSAR. m. adv. De improviso e inesperadamente. || COLOM. Recordar. || **P.** pensar; **I.** to think; **F.** penser; **A.** (aus-er)denken; **It.** pensare; **R.** думать, мыслить.

PENSAR. (De *pienso*, 1.er art.) tr. Echar comida a los animales.

PENSATIVO, VA. (De *pensar*, 1.er art.) adj. Que medita intensamente y está absorto y embelesado. || **P.** e **It.** pensativo; **I.** pensive; **F.** pensif; **A.** nachdenklich; **R.** задумчивый.

PENSEL. (De *pensier*.) m. Flor que se vuelve al sol como los girasoles.

PENSEQUE. (De la fr. *pensé que*.) m. fam. Error nacido de la ligereza y falta de meditación.

PENSIER. (prov. *pensier*, la flor pensamiento.) m. ant. Trinitaria.

PENSIL. (l. *pensīlis*, pendiente.) adj. Colgado en el aire. || 2. m. fig. Jardín delicioso. || 2.ª acep.: **P.** pênsil; **I.** e **It.** pensile; **F.** jardin suspendu; **A.** Lustgarten; **R.** цветник.

PENSILVANO, NA. adj. Natural de Pensilvania. Ú.t.c.s. || 2. Perteneciente a este país, que es uno de los Estados Unidos de la América Septentrional.

PENSIÓN. (l. *pensĭo, -ōnis.*) f. Renta o canon anual que se impone sobre una finca perpetua o temporalmente. || 2. Cantidad que se asigna a uno por efectuar servicios ajenos o propios, o bien por pura gracia del que la concede. || 3. Pupilaje, 4.ª acep. || 4. Auxilio pecuniario que bajo ciertas condiciones se concede para animar o ampliar estudios científicos, artísticos, o literarios. || 5. fig. Trabajo, molestia o cuidado que lleva consigo la posición o goce de una cosa. || 6. PERÚ y ARGENT. Manutención de una persona que vive fuera. || *Casar la* PENSIÓN. fr. FOR. Libertar el beneficio sobre que está impuesta la carga de la pensión, ajustándose a pagar de una vez la renta de cierto número de años o una cantidad alzada. || **P.** pensão, renda anual; **I.** y **F.** pension; **A.** Pension, Jahrgeld; **It.** pensione; **R.** пенсия.

PENSIONADO, DA. adj. Que cobra o tiene una pensión. Ú.t.c.s.

PENSIONAR. tr. Imponer una pensión o un gravamen. || 2. Conceder cierta pensión a una persona o establecimiento. || 3. PERÚ y ECUAD. Molestar a uno, ocasionarle gastos, trabajos o cuidados. || **P.** pensionar; **I.** to pension; **F.** pensionner; **A.** pensionieren; **It.** pensionare; **R.** давать пенсию.

PENSIONARIO. m. El que paga una pensión. || 2. Dignidad de letras, consejero o abogado en una república.

PENSIONISTA. com. Persona que tiene el derecho de percibir una pensión. || 2. Persona que paga una cantidad determinada por los alimentos y enseñanza en un colegio o pensión determinada. || 2.ª acep.: **P.** pensionista; **I.** pensionary; **F.** pensionnaire; **A.** Kostgänger; **It.** pensionario; **R.** пенсионер.

PENSOSO, SA. adj. ant. Pensativo.

* **PENSTÉMONE.** f. BOT. Planta escrofulariácea, de poco más de medio metro de altura, con flores de agradables formas y vistosos colores. Cultívase en jardines.

* **PENTAACETILCATEQUINA.** f. QUÍM. Compuesto resultante de la acción del anhídrido acético sobre la catequina.

* **PENTAACETILGLUCOSA.** f. QUÍM. Compuesto que se obtiene al hervir celulosa con anhídrido acético y ácido sulfúrico.

* **PENTABÁSICO, CA.** (gr. πέντε, cinco, y de *básico*.) adj. QUÍM. Dícese del compuesto químico que tiene cinco átomos de ácido reemplazables.

* **PENTACANTO, TA.** (gr. πέντε, cinco, y ακανθα, espina.) adj. HIST. NAT. Que tiene cinco espinas.

* **PENTACARPO, PA.** (gr. πέντε, cinco, y καρπός, fruto.) adj. BOT. De cinco frutos de tamaño pequeño.

* **PENTACLOROETANO.** (gr. πέντε, cinco, y de *cloroetano*.) m. QUÍM. Compuesto obtenido al hacer actuar el cloro sobre el etano. Es incoloro y hierve a 158 ºC.

* **PENTACLORURO.** (gr. πέντε, cinco, y de *cloruro*.) m. QUÍM. Cloruro cuya molécula posee cinco veces más cloro que en el caso del cloruro simple.

PENTACORDIO. m. ARQUEOL. Antigua lira de cinco cuerdas.

* **PENTACRÍNIDOS.** m. pl. ZOOL. y PALEONT. Familia de equinodermos que comprende varios géneros.

* **PENTACTINO, NA.** (gr. πέντε, cinco, y de *actina*.) adj. ZOOL. Espículas que poseen cinco actinas. Ú.t.c.s.f.

* **PENTADA.** (gr. πέντε, cinco.) f. Grupo de cinco. || 2. QUÍM. Elemento o radical de cinco valencias.

* **PENTADÁCTILO, LA.** (gr. πέντε, cinco, y δάκτυλος, dedos.) adj. ZOOL. Que tiene cinco dedos. || 2. BOT. Con cinco divisiones en forma de dedos. || 3. m. BOT. Quinquefolio, motivo ornamental de cinco lóbulos.

PENTADECÁGONO. adj. Pentedecágono.

* **PENTADIGALOILGLUCOSA.** (gr. πέντε, cinco, *dis*, dos, y de *gático* y *glucosa*.) f. QUÍM. Substancia sintética muy parecida al tanino.

* **PENTADÍNAMO, MA.** (gr. πέντε, cinco, y de δύναμις, fuerza.) adj. QUÍM. Pentavalente o de cinco valencias.

PENTAEDRO. (gr. πέντε, cinco, y εδρα, cara.) m. GEOM. Sólido que tiene cinco caras. || **P.** e **It.** pentaedro; **I.** pentaedron; **F.** pentaèdre; **A.** Fünfflächner; **R.** патигранник.

* **PENTAERITRITA.** (gr. πέντε, cinco, y *eritrita*.) f. QUÍM. Alcohol tetrahídrico, $C(CH_2OH)_4$, con cinco átomos de carbono y que resulta de la reacción del formaldehído en agua de cal.

* **PENTAERITRITOL.** m. QUÍM. Pentaeritrita.

* **PENTÁGINO, NA.** (gr. πέντε, cinco, y γυνή, hembra.) adj. BOT. Que tiene cinco pistilos.

* **PENTAGLUCOSA.** (gr. πέντε, cinco, y de *glucosa*.) f. QUÍM. Azúcar en cuya molécula hay cinco átomos de carbono.

PENTAGONAL. adj. GEOM. Pentágono.

PENTÁGONO, NA. (l. *pentagōnus*, y éste del gr. πεντάγωνος, de πέντε, cinco, y γωνία, ángulo.) adj. GEOM. Aplícase al polígono de cinco ángulos y cinco lados. U.m.c.s.m. || **P.** pentágono; **I.** pentagon; **F.** pentagone; **A.** Fünfeck; **It.** pentágono; **R.** пятиугольный.

PENTÁGRAMA [PENTAGRAMA]. (gr. πέντε, cinco, y γραμμή, línea.) m. MÚS. Renglonadura formada por cinco rectas paralelas y equidistantes, sobre la cual se escribe la música. || **P.** pentagrama; **I.** staff; **F.** pentagramme; **A.** Notensystem; **It.** pentagramma; **R.** пентаграмма.

* **PENTAL.** (gr. πέντε, cinco, y la terminación *al*, propia de los aldehídos.) m. QUÍM. Trimetiletileno.

* **PENTALOBULADO, DA.** (gr. πέντε, cinco, y de *lóbulo*.) adj. De cinco lóbulos. Dícese de las hojas de algunas plantas.

PENTÁMERO, RA. (gr. πενταμερής, compuesto de cinco partes.) adj. BOT. Verticilo que consta de cinco partes o piezas y cuya flor posee cáliz y corola con este carácter. || 2. ZOOL. Se dice de los insectos coleópteros que tienen cinco artejos en cada tarso; como el cárabo. Ú.t.c.s.m. || 3. m. pl. ZOOL. Suborden de estos animales.

* **PENTAMETILBENCINA.** (gr. πέντε, cinco, y de *metilbencina*.) f. QUÍM. Hidrocarburo resultante al substituir cinco átomos de hidrógeno en la bencina por otras tantas moléculas de radical metilo.

* **PENTAMETILENDIAMINA.** f. QUÍM. Cadaverina.

* **PENTAMETILPARARROSANILINA.** (gr. πέντε, cinco, y de *metilo; para*, prep. insep., y *rosanilina*.) f. QUÍM. Materia colorante de tono violeta.

PENTÁMETRO. (l. *pentamětrus*, y éste del gr. πεντάμετρος; de πέντε, cinco, y de μέτρον, medida.) adj. V. *Verso* PENTÁMETRO. Ú.t.c.s.

* **PENTANO.** (gr. πέντε, cinco, y la terminación *-ano*.) m. QUÍM. Hidrocarburo saturado de la serie grasa, que tiene cinco átomos de carbono en su molécula.

* **PENTANOL.** m. QUÍM. Alcohol amílico.

PENTAPOLITANO, NA. (l. *pentapolitānus.*) adj. Natural de las comarcas formadas por cinco ciudades a que los antiguos llamaban Pentápolis. Ú.t.c.s. || 2. Perteneciente a ella.

PENTARQUÍA. (gr. πενταρχία.) f. Gobierno constituido por cinco personas.

PENTASÍLABO, BA. (gr. πέντε, cinco, y συλλαβή, sílaba.) adj. Que consta de cinco sílabas. *Verso* PENTASÍLABO. Ú.t.c.s.

* **PENTÁSTILO, LA.** (gr. πέντε, cinco, y στύλος, columna.) adj. ARQ. Que tiene cinco órdenes de columnas. || 2. BOT. Con cinco pistilos. || 3. m. ARQ. Edificio que presenta cinco órdenes de columnas.

* **PENTASTÓMIDOS.** (De *pentástomo*, y el gr. εἶδος, forma.) m. pl. ZOOL. Familia de arácnidos, del orden de los linguatúlidos, de cuerpo largo, deprimido, redondo, semejante a un gusano, de cuerpo formado por anillas excepto en la parte anterior en la que se halla la boca y un par de garfios móviles en cada lado que le sirven para sujetar a sus presas. Viven en las cavidades nasales, en los senos frontales, etcétera, de varios vertebrados, particularmente en los mamíferos y reptiles.

* **PENTÁSTOMO.** (gr. πέντε, cinco, y de στομα, boca.) m. ZOOL. Género de aracnoideos de cuerpo vermiforme alargado que viven parásitos en algunos animales.

PENTATEUCO. (l. *pentateuchus*, y éste del gr. πεντάτευχος; de πέντε, cinco, y de τεῦχος, volumen.) m. Parte de la Biblia que comprende los cinco libros canónicos y primeros del Antiguo Testamento, escritos por Moisés, y son el Génesis, el Éxodo, el Levítico, el de los Números y el Deuteronomio. || **P.** e **It.**

P Pentateuco; **I**. Pentateuch; **F**. Pentateuque; **A**. der Pentateuch.

* **PENTATIONATO**. m. Quím. Sal resultante de la combinación del ácido pentatiónico con una base.

* **PENTATIÓNICO, CA**. (gr. πέντε, cinco, y de *tiónico*.) adj. Quím. Dícese del ácido que ocupa el último lugar en la serie tiónica de los cinco ácidos que la constituyen.

* **PENTATOMA**. (gr. πέντε, cinco, y de τομή, sección.) f. Zool. Género de insectos hemípteros, al que pertenecen algunas especies de chinches bastante grandes, que viven en el hemisferio boreal.

* **PENTATRIACONTANO**. m. Quím. Hidrocarburo saturado en cuya molécula entran treinta y cinco átomos de carbono.

* **PENTAVALENTE**. (gr. πέντε, cinco, y *valens, -êntis*, que tiene fuerza o poder.) adj. Quím. Se dice de los cuerpos cuya valencia es quíntupla que la del hidrógeno, considerado como substancia típica, cada átomo del mismo se combina con cinco de hidrógeno.

PENTECOSTÉS. (l. *pentecoste*, y éste del gr. πεντηκοστή, t. f. de -τός, quincuagésimo.) m. Fiesta de los judíos instituida en recuerdo de la Ley que el Señor dio en la cima del Sinaí y que se celebraba cincuenta días después de la Pascua del Cordero. || 2. Festividad de la Venida del Espíritu Santo que celebra la Iglesia el domingo, quincuagésimo día que sigue al de Pascua de Resurrección, contando ambos, y varía entre el 10 de mayo y el 13 de junio. || **P**. e **I**. Pentecoste; **I**. Pentecost; **F**. Pentecôte; **A**. Pfingsten; **R**. пасха.

PENTEDECÁGONO, NA. (gr. πέντε, cinco, y δεκάγωνος, decágono.) adj. Se dice del polígono de quince ángulos y quince lados. Ú.t.c.s.m.

PENTÉLICO, CA. adj. Perteneciente o relativo al Pentélico de Grecia.

* **PENTENO**. (gr. πέντε, cinco, y la term. *-eno*.) m. Quím. Amileno, hidrocarburo homólogo del etileno.

* **PENTÍLICO, CA**. adj. Quím. Perteneciente o relativo al pentilo. || 2. Quím. Calificativo aplicado al alcohol también llamado amílico.

* **PENTILO**. m. Quím. Radical monovalente en cuya molécula entran cinco átomos de carbono.

* **PENTINO**. (gr. πέντε, cinco, y la term. *-ino*.) m. Quím. Hidrocarburo acetilénico, en cuya molécula entran cinco átomos de carbono.

* **PENTITA**. f. Quím. Cualquiera de los alcoholes que resultan de la reducción de una pentosa.

* **PENTLANDITA**. (De *Pentland*, n. p.) f. Mineral. Sulfuro doble cristalino de níquel y hierro.

* **PENTOSANA**. f. Quím. Cualquiera de los compuestos que, por hidrólisis, proceden de las pentosas.

* **PENTOSURIA**. f. Pat. Existencia de pentosa en la orina.

PENÚLTIMO, MA. (l. *paenultimus; de paene*, casi, y *ultimus*, último.) adj. Inmediatamente anterior a lo postrero. Ú.t.c.s. || **P**. penúltimo; **I**. penultimate; **F**. pénultième; **A**. vorletzt; **It**. penúltimo; **R**. предпоследний.

PENUMBRA. (l. *paene*, casi, y *umbra*, sombra.) f. Sombra débil entre la obscuridad y la luz y que no permite apreciar dónde empieza una y termina la otra. || 2. Astron. En los eclipses, sombra parcial que se halla entre los espacios obscuros y los enteramente iluminados. || **P**. e **I**. penumbra; **F**. pénombre; **A**. Halbschatten; **It**. penombra; **R**. полутень.

PENUMBROSO, SA. ad. Que se halla en la penumbra.

PENURIA. (l. *penuria*.) f. Escasez, falta de las cosas más precisas o de alguna de ellas. || **P**. penúria; **I**. penury; **F**. pénurie; **A**. Notstand, Mangel; **It**. penuria; **R**. недостаток.

PEÑA. (l. *pinna*, pico, peña, y punta de las alas.) f. Piedra, tal y como la da la naturaleza. || 2. Monte o cerro peñascoso. || 3. Grupo de camaradas. || 4. Nombre que se da a algunos círculos de recreo. || *Durar por* PEÑAS *una cosa*. fr.

fig. Durar por mucho tiempo. Este lienzo. *Dura por* PEÑAS. || ¡PEÑAS! Germ. Interjección con que se avisa a una persona para que huya. || *Ser uno* PEÑA, *o una* PEÑA. fr. fig. Ser insensible. || **P**. penha; **I**. rock; **F**. roche; **A**. Felsen; **It**. rupe; **R**. утёс.

PEÑADO. (De *peña*, 1.er art.) m. ant. Penedo.

PEÑARANDA. f. Vulgarismo por casa de empeños. || *Estar una cosa en* PEÑARANDA. fr. fam. Estar empeñada.

PEÑARSE. r. Germ. Irse huyendo.

PEÑASCAL. m. Lugar lleno de peñascos.

PEÑASCARÓ. m. Germ. Aguardiente.

PEÑASCAZO. m. And. Pedrada, 2.ª acep.

PEÑASCO. m. Peña grande y elevada. || 2. Tela a la cual se la denomina así por su larga duración. || 3. Múrice, 1.ª acep. || 4. Zool. Porción de hueso temporal de los mamíferos que es muy dura y encierra el oído interno. || **P**. penhasco; **I**. large rock; **F**. rocher; **A**. grosser Fels; **It**. rupe; **R**. скала.

PEÑASCOSO, SA. adj. Aplícase al sitio o lugar donde abundan los peñascos.

* **PEÑASQUEAR**. (De *peñasco*.) tr. Chile. Apedrear a una persona o cosa.

* **PEÑASQUERÍA**. f. Chile. Sitio cubierto de peñascos.

PEÑEDO. (l. *pinnêtum*, de *pinna*, almena.) m. ant. Peñasco aislado.

PEÑERA. (De *peña*.) f. Ast. Cedazo fino.

PEÑERAR. (De *peñera*.) tr. Ast. Cerner, 1.ª acep.

* **PEÑI**. m. Amér. Tratamiento entre araucanos varones.

PEÑÍSCOLA. (l. *paeniscùla*, por *paeninsùla*.) f. ant. Península.

* **PEÑIZCAR**. tr. Sal. y Chile. Pellizcar.

* **PEÑIZCO**. m. Sal. y Chile. Pellizco.

PEÑO. (l. *pignus*.) m. En algunas partes, expósito.

PEÑOL. m. Peñón.

PEÑOL. m. Mar. ant. Penol.

PÉÑOLA. (l. *pênnùla*, pluma.) f. Pluma, 3.ª acep.

PEÑOLADA. (De *péñola*.) f. Plumada, 1.ª acep. || PEÑOLADAS *y no puñaladas*. ref. que aconseja que no se debe tomar la justicia por nuestra mano sino que ha de ser cosa de los tribunales. || *Echar* PEÑOLADAS. fr. Escribir mucho y mal.

PEÑÓN. m. aum. de peña. || 2. Monte peñascoso.

PEÑORA. (l. *pignora*, pl. n. de *pignus*.) f. ant. Prenda.

PEÑORAR. (l. *pignorâre*.) tr. ant. Pignorar.

PEÑUELA. f. d. de peña, 1.er art.

* **PEÑUSCO**. m. Argent. Conjunto de personas o cosas apiñadas.

* **PEÑUSQUERO**. (De *peñusco*.) m. Venez. Apiñamiento o apiñadura.

PEÓN. (l. *pedo, -ônis; de pes*, pie.) m. El que anda a pie. || 2. Jornalero que trabaja en cosas materiales que no precisan de habilidad. || 3. Soldado o infante de a pie. || 4. Juguete de madera de forma cónica y terminado en una púa de hierro, al cual se arrolla una cuerda para hacerlo bailar. || 5. Cualquiera de las piezas del juego de damas, de las ocho negras y ocho blancas respectivamente iguales, del ajedrez, y de algunas de otros juegos de tablero. || 6. Árbol de la noria o de otra máquina que gira como ella. || 7. Colmena, 1.ª acep. || 8. V. *Alférez mayor de los* PEONES. || —**caminero**. Obrero dedicado al reparo y conservación de los caminos. || —**de brega**. Torero subalterno que ayuda al matador durante la lidia. || —**de mano**. Albañ. Operario que ayuda al oficial de albañil para emplear los materiales. || *A* PEÓN. m. adv. fam. A pie. || *A torna* PEÓN. m. adv. A torna peón. || *Contra* PEÓN *hecho dama, no para pieza en tabla*. ref. Que además del sentido recto en el juego de damas, enseña el que ha pasado de un estado humilde a superior intenta supeditar a los demás. || **P**. peão; **I**. pedestrian; **F**. piéton; **A**. Fussgänger; **It**. pedone; **R**. пешеход, чернорабочий.

PEÓN. (l. *paeon*, y éste del gr. παιών.)

m. Pie de la poesía griega y latina, que se compone de cuatro sílabas, cualquiera de ellas largas y las demás breves. La sílaba larga puede ocupar varios lugares y de aquí que se le considere en cuatro clases diferentes.

PEONADA. f. Trabajo que realiza un jornalero en un día. || 2. Medida agraria empleada en algunas provincias y que equivale a tres áreas y 804 miliáreas. || 3. Peonaje, 2.ª acep. || 4. ant. Peonaje, 1.ª acep. || *Pagar uno la* PEONADA. fr. fig. y fam. Ejecutando una acción, corresponder en pago de otra semejante.

PEONAJE. m. Conjunto de peones o soldados de infantería. || 2. Conjunto de peones que trabajan en una obra.

* **PEONAR**. intr. Argent. Trabajar como peón. Suele usarse más frecuentemente en gerundio, acompañado de los verbos *estar* o *andar*.

PEONERÍA. (De *peonero*.) f. Tierra que labra ordinariamente un hombre en un día. || 2. ant. Peonaje, 1.ª acep.

PEONERO. m. ant. Peón, 1.er art., 2.ª acep.

PEONÍA. (l. *peonia*, y éste del gr. παιωνία.) f. Saltaojos. || 2. Amér. Merid. y Cuba. Planta leguminosa, especie de bejuco trepador, medicinal toda ella, tallo, flores, semillas y raíces; tiene flores pequeñas, blancas o rojas, en espiga, y semillas en vaina, gruesas, duras, esféricas y de un tono rojo vivo con un lunar negro. Se emplean para la fabricación de pulseras, collares y rosarios. || **P**. peonia; **I**. peony; **F**. pivoine; **A**. Gichtrose, Pfingstrose; **It**. paeonia, peonia; **R**. земельный надел.

PEONÍA. (De *peón*, 1.er art.) f. Porción de tierra o heredad que, conquistado un país, se donaba a un caballero de a pie para que se estableciera en él. || 2. En Indias, terreno que se podía labrar en un día. || 3. Ar. Peonada, 1.ª acep.

PEONIO, NIA. adj. Natural de Peonia. Ú.t.c.s. || 2. Perteneciente o relativo a esta región de la antigua Grecia.

PEONZA. (De *peón*, 1.er art.) f. Juguete de madera semejante al peón aunque sin punta de hierro, y que baila azotándole con un látigo. || 2. fig. y fam. Persona chiquita y bulliciosa. || *A* PEONZA. m. adv. fam. A pie. || **P**. pião, pitorra; **I**. top; **F**. toupie; **A**. Kreisel; **It**. paleo; **R**. волчок.

PEOR. (l. *peior, -ôris*.) adj. comp. de malo. De inferior calidad a otra cosa con la que se compara. || 2. adv. m. comp. de mal. Más mal, de forma contraria a lo bueno, a lo conveniente. || *De* PEOR *en* PEOR. loc.adv. P. Rico y Colom. De mal en peor, cada vez peor. || PEOR *que* PEOR. expr. *Tanto* PEOR. expr. Peor todavía. || **P**. pior; **I**. worse; **F**. pire; **A**. schlechter; **It**. peggiore; **R**. худший.

PEORAR. (l. *peiorâre*.) tr. ant. Empeorar. Usáb.t.c.r.

* **PEORESNADA**. (De la frase *peor es nada*.) m. Chile. Galán o amante de escasa importancia. || 2. f. Chile. Mujer a la que se galantea por entretenimiento pero sin pensar en desposarla.

PEORÍA. f. Calidad de peor. || 2. Empeoramiento.

PEPA. (Del n. p. *Josefa*.) f. Se usa en la frase irónica ¡*viva la* PEPA! || * **PEPA**. f. Amér. Pepita de algunas frutas. || 2. Amér. Hueso de algunas frutas. || 3. Argent. Canica. || Colom. Mentira, embuste.

* **PEPAZO**. m. Colom. Mentira. || 2. Colom., Ecuad. y Venez. Golpe, pedrada, balazo.

PEPE. m. Vulgarismo, por melón malo como pepino. || 2. Bol. Lechuguino, 4.ª acep.

* **PEPE**. (De *Pepe*, n. p.) m. Venez. y Bol. Lechuguino, petimetre.

* **PEPE, PA**. adj. Guat. Huérfano. Ú.t.c.s. || 2. m. Hond. Biberón. || 3. Hond. Pedigüeño.

* **PEPEAR**. tr. Ecuad. Disparar, comúnmente sobre una persona.

* **PEPEÍSTE**. m. El Salv. Almohadilla que emplean los mozos de cordel para llevar carga al hombro.

* **PEPELMA**. f. Perú. Cierta pastilla de dulce sellada y con alguna inscripción.

P

* **PEPENA.** f. Méj. Acción de pepenar o recoger del suelo alguna cosa. ‖ 2. Amér. Central. Rebusca.

* **PEPENADO, DA.** p.p. de pepenar. ‖ 2. adj. despec. Guat. Se dice de la persona a la que se libra de la miseria ayudándola. ‖ 3. m. Méj. Huérfano recogido por una familia.

* **PEPENAR.** (mejic. *pepena*, recoger lo esparcido por el suelo.) tr. Méj. y Amér. Central. Rebuscar, recoger del suelo. ‖ 2. Amér. Separar el metal del cascajo, en una explotación minera. ‖ 3. Colom. Escoger. ‖ 4. Méj. Asir o prender a alguien.

* **PEPENCHE.** m. Méj. Hombre que vive a costa de una mujer.

* **PEPERÁN.** m. Bot. Ecuad. Fruto que da el árbol del pan.

* **PEPEROMIA.** f. Bot. Género de plantas piperáceas, de hojas grandes y vistosas por su coloración, son cultivadas como plantas de adorno.

* **PEPESCLE.** m. Méj. Capa de hojas que se ponen en el hondón de las ollas, donde se cuecen tomates.

PEPIÁN. m. Pipián.

* **PEPICIEGO, GA.** (De *Pepe*, n. p., y *ciego*.) adj. Colom. Cegato, muy corto de vista.

* **PEPILLISMO.** m. Cuba. Exhibicionismo, prurito de exhibirse.

* **PEPILLITO.** m. Rep. Domin. Petimetre, lechuguino.

* **PEPINA.** m. Méj. Zona de un mineral situada en la parte central de una veta.

PEPINAR. m. Lugar sembrado de pepinos.

* **PEPINILLO.** (d. de *pepino*.) m. Pepino muy pequeño, puesto en adobo.

PEPINO. (d. del l. *pepo*, *-ŏnis*, melón, y éste del gr. πέπων.) m. Planta herbácea, anual, de la familia de las cucurbitáceas, con tallos blandos, rastreros, vellosos, y de 2 ó 3 m de longitud; hojas pecioladas pelosas, partidas en lóbulos agudos; flores amarillas, separadas las masculinas de las femeninas, de fruto pulposo cilíndrico, de 6 ó 12 cm de largo y 2 ó 5 de grueso, amarillo una vez maduro y anteriormente más o menos verde en su parte exterior, interiormente es de color blanco. Es comestible. ‖ 2. Fruto perteneciente a dicha planta. Cohombrillo. ‖ *del diablo.* Cohombrillo. ‖ *No dársele a uno* PEPINO *de*, o *por una cosa.* fr. fig. y fam. No importarle nada; no hacer caso de ella. ‖ P. pepino; I. cucumber; F. concombre; A. Gurke (gemeine); It. cetriolo; R. огурец.

PEPIÓN. (b. l. *pipio*, *-ŏnis*.) m. Moneda pequeña usada en Castilla en el siglo XIII y cuyo valor fijó el rey don Alfonso el Sabio en la decimoctava parte de un metical.

PEPITA. (l. *pituïta*.) f. Enfermedad que se da en la lengua de las gallinas y se trata de un tumorcillo que no les permite cacarear. ‖ *No tener* uno PEPITA *en la lengua.* fr. fig. y fam. Hablar con libertad y desahogo.

PEPITA. (l. *pepo*, melón.) f. Simiente de algunas frutas; como son el melón, la pera, la manzana, etc. ‖ 2. Trozo rodado de oro u otros metales nativos que suelen hallarse en torrentes de aluvión. ‖ 3. Amér. Almendra de cacao. —*de San Ignacio.* Haba de San Ignacio, simiente, 2.ª acep. ‖ P. pevide (semente); I. pip, kernel; F. pépie, sémence; A. (Obst)Kern; It. granello; R. зерно.

* **PEPITO.** (d. fam. de *Pepe*, n. p.) m. fam. Colom., Pan. y Venez. Lechuguino, pisaverde, petimetre.

PEPITORIA. (b. l. *piperitoria*, y éste del l. *piper*, pimienta.) f. Guisado hecho con todas las partes comestibles de un ave o sólo con los despojos, y cuya salsa tiene la yema de huevo. ‖ 2. fig. Conjunto de cosas diversas y sin orden.

* **PEPITORIA.** f. Guat. Semilla de calabaza.

PEPITOSO, SA. adj. Abundante en pepitas. ‖ 2. Se aplica a la gallina que padece de pepita, 1.er art.

PEPLO. (l. *peplum*, y éste del gr. πέπλον.) m. Especie de vestidura exterior, amplia, suelta, sin mangas, y que bajaba desde los hombros a la cintura, formando generalmente caídas en punta por delante.

La llevaban las mujeres en la Grecia antigua.

* **PEPO.** m. Ecuad. Pedrada, balazo. ‖ 2. Ecuad. Trago de licor.

* **PEPOAZA.** m. Zool. R. de la Plata. Un pájaro de unos 20 cm de longitud, con el plumaje de color ceniciento en el lomo y blanco en el pecho y las alas negras con listas blancas.

PEPÓN. (l. *pepo*, *-ŏnis*, melón, y éste del gr. πέπων.) m. Sandía.

PEPONA. f. Muñeca grande de cartón, que sirve de juguete a las niñas.

PEPÓNIDE. (l. *pepo*, *-ŏnis*, melón.) f. Bot. Fruto carnoso unido al cáliz, con una sola celda y muchas semillas adheridas a tres placentas, como la calabaza, el pepino el melón.

* **PÉPSICO, CA.** (De *pepsina*.) adj. Péptico. ‖ 2. Que se halla relacionado con la acción de la pepsina.

PEPSINA. (gr. πέψις, digestión; de πέσσω, cocer.) f. Zool. Fermento segregado por las glándulas gástricas y que es capaz de digerir las substancias albuminoideas. Extraída del estómago de algunos animales, sobre todo del cerdo que es omnívoro como el hombre, se emplea como medicamento opoterápico. ‖ P. e It. pepsina; I. pepsin; F. pepsine; A. Pepsin; R. пепсин.

* **PEPSINIA.** f. Med. La secreción de pepsina.

* **PEPSINURIA.** f. Pat. Existencia de pepsina en la orina.

* **PEPSIS.** m. Zool. Género de insectos himenópteros americanos de gran tamaño, y picadura dolorosa.

* **PEPTASA.** f. Bioquím. Enzima que deriva de la malta.

* **PEPTIDASA.** (De *péptido*, y la term. *-asa*, propia de los fermentos.) f. Bioquím. Enzima o fermento que acelera el desdoblamiento de la molécula de ciertos compuestos.

* **PÉPTIDO.** m. Bioquím. Compuesto que resulta de la unión de dos o más aminoácidos.

* **PEPTINOTOXINA.** f. Bioquím. Toxina intestinal, que se produce como consecuencia de una digestión gástrica mal hecha.

* **PEPTOCLORHÍDRICO, CA.** (De *peptona* y *clorhídrico*.) adj. Bioquím. Ácido formado, según se supone, por la combinación de la pepsina y del ácido clorhídrico diluido.

* **PEPTOCRININA.** f. Bioquím. Substancia que tiene origen en la mucosa intestinal, y tiene propiedades semejantes a la secretina u hormona segregada por la misma mucosa.

* **PEPTOLISIS.** f. Desdoblamiento de las peptonas.

* **PEPTOLITA.** f. Mineral. Silicato de aluminio, magnesio y hierro.

PEPTONA. (gr. πεπτός, cocido, digerido.) f. Zool. Cualquiera de las substancias producidas por la transformación de los principios albuminoideos, mediante la acción de la pepsina contenida en el jugo gástrico. ‖ P. peptona; I., F. e It. peptone; A. Pepton; R. пептон.

* **PEPTONATO.** m. Bioquím. Combinación de la pepsina y una sal metálica.

* **PEPTONIFICAR.** (De *peptona*, y el l. *facĕre*, hacer.) tr. Bioquím. Transformar una substancia en peptona.

* **PEPTONIZAR.** tr. Bioquím. Peptonificar.

* **PEPTOTOXINA.** (De *peptona* y *toxina*.) f. Bioquím. Alcaloide tóxico, formado de la fibrina por la acción del ácido peptoclorhídrico. ‖ 2. Bioquím. Tomaína o alcaloides tóxicos que resultan de peptonas y proteínas putrefactas. —**colérica.** Bioquím. Substancia tóxica, que produce el bacilo del cólera.

PEPÚ. m. Cuba. Colonia, 2.º art., 2.ª acep.

PEQUÉN. (arauc. *pequeñ*.) m. Chile. Ave rapaz, diurna, del tamaño del palomo, es semejante a la lechuza. ‖ *Ser como el* PEQUÉN. fr. fam. Chile. Ser apocado.

* **PEQUENADA.** f. Chile. Inclinación de cabeza del pequén. ‖ 2. fig. y fam. Chile. Inclinación de cabeza con que se intenta fingir vergüenza o cortedad. ‖ *Hacer* PEQUENADAS. fr. Chile. Mover la cabeza o

encogerse de hombros con cierta malicia.

* **PEQUENERO, RA.** adj. Chile. Perteneciente o relativo al pequén. ‖ 2. m. Chile. Vendedor de pequenes.

PEQUEÑAMENTE. adv. m. p. us. Con pequeñez.

* **PEQUEÑARRA.** com. fam. Persona pequeña y desmedrada.

PEQUEÑEZ. f. Calidad de pequeño. ‖ 2. Infancia, corta edad. ‖ 3. Cosa de poco momento, de leve importancia. ‖ 4. Mezquindad, ruindad, bajeza de ánimo. ‖ P. pequenez; I. littleness; F. petitesse; A. Kleinheit; It. piccolezza; R. мелочь.

PEQUEÑEZA. f. ant. Pequeñez.

PEQUEÑIN, NA. adj. d. de pequeño. Apl. a pers. ú.t.c.s.

PEQUEÑO, ÑA. (l. *pitzinnus*.) adj. Corto, limitado. ‖ 2. De muy corta edad. ‖ 3. V. *Balancín* PEQUEÑO. ‖ 4. fig. Bajo, abatido, humilde, como contrapuesto a poderoso y soberbio. ‖ 5. fig. Corto, breve o de poca importancia, aunque no sea corpóreo. ‖ *En* PEQUEÑO. m. adv. Con proporciones reducidas. ‖ P. pequeno, -na; I. little; F. petit; A. klein; It. piccolo; R. маленький.

PEQUEÑUELO, LA. adj. d. de pequeño. Ú.t.c.s.

* **PEQUERO.** m. Argent. Tahúr, jugador fullero.

PEQUÍN. (De *Pequín*, capital del antiguo imperio chino.) m. Tela de seda, semejante a la sarga, de ordinario pintada de varios colores, y que se traía de China.

* **PEQUINÉS, SA.** adj. Natural de Pekín. Ú.t.c.s. ‖ 2. Perteneciente o relativo a esta ciudad de China. ‖ 3. Zool. Dícese de una raza de perros muy pequeños que tienen su origen en China.

PER. (l. *per*.) prep. insep. que esfuerza o aumenta la significación de las voces españolas simples a que se halla unida. PERdurable; PERturbar. En el compuesto PERjurar denota falsedad e infracción.

PERA. (l. *pira*, pl. de *pirum*.) f. Fruto del peral, carnoso, de bastante tamaño, piel y forma que varían según las castas. Contiene unas semillas ovaladas. Es comestible y más o menos dulce, aguanoso, áspero, etc., según la multitud de variedades o castas que se cultivan. ‖ 2. fig. Perilla, 3.ª acep. ‖ 3. fig. Renta o destino lucrativo o descansado. ‖ 4. Veter. Inflamación de la membrana que tiene el ganado lanar entre las dos pezuñas de las patas anteriores, que le fuerza a cojear. —**ahogadiza.** Especie de pera muy áspera. —**almizcleña.** Pera mosqueruela. —**bergamota.** Bergamota, 1.ª acep. ‖ —**calabacil.** Cualquier casta de peras parecida en su forma a la calabaza vinatera. ‖ —**mosquerola, mosqueruela** o **musquerola.** Especie de pera enteramente redonda, dulce, de 3 o 4 cm de diámetro, de color encarnado obscuro en el lugar expuesto al sol y verde amarillento en el resto, de carne granujienta y de gusto dulce; tiene el pezón largo y como enclavado en ella. ‖ —**verdiñal.** La que tiene la piel verde aunque esté madura. —**de cocodrilo.** Salv. Aguacate. ‖ *Como* PERA o PERAS *en tabaque.* fr. fig. y fam. Que se dice de aquellas cosas que se cuidan o presentan con delicadeza y esmero. ‖ *Dar para* PERAS *a uno.* fr. fig. y fam. con que se amenaza maltratarle. ‖ *Escoger* uno *como entre* PERAS. fr. fig. y fam. Tomar cuidadosamente lo mejor para uno. ‖ *Hacerle a* uno la PERA. fr. fig. y fam. Argent. Chasquearle, dejarle plantado no acudiendo a una cita. ‖ 2. fig. y fam. Argent. Huir de una persona, hacerle el vacío. ‖ *La* PERA *y la doncella, la que calla es buena.* ref. La mujer y la pera, la que calla es buena. ‖ *Partir* PERAS con uno. fr. fig. y fam. Tratar a uno familiarmente, con llaneza. Ú. m. en neg. ‖ *Pedir* PERAS *al olmo.* fr. fig. y fam. empleada para explicar que es inútil esperar de uno lo que no es capaz de dar. ‖ *Poner a* uno *las* PERAS *al cuarto* o *a ocho.* fr. fig. y fam. Obligar a alguien a ejecutar una cosa que no desea. ‖ *Quien dice mal de la* PERA, *ése la lleva.* ref. con el que se zahiere al que disimula la voluntad o gana que tiene de una cosa, poniéndole defectos. ‖ P. pêra; I. pear; F. poire; A. Birne; It. pera; R. груша.

P

* **PERACETATO**. m. Quím. Acetato con más ácido acético que el ordinario.

* **PERÁCIDO**. m. Quím. Ácido con mayor cantidad de oxígeno que la que ordinariamente suele tener.

PERADA. f. Conserva hecha de pera rallada. || **2**. Bebida alcohólica que se obtiene por la fermentación del zumo de la pera.

* **PERADRENALONA**. f. Quím. Substancia que resulta al oxidarse la adrenalona.

* **PERAGALE**. m. Zool. Género de mamíferos marsupiales, peramélidos australianos.

PARAGRAR. (l. *peragrāre*.) intr. ant. Ir viajando de una parte a otra.

PERAILE. m. ant. Pelaire.

PERAL. (De *pera*.) m. Árbol perteneciente a la rosácea, de altura que varía entre 3 y 14 m, según las clases, con tronco liso, y copa poblada; flores en corimbos, blancas, y la pera como fruto. || **2**. Madera de este árbol. || **P**. pereira; **I**. pear-tree; **F**. poirier; **A**. Birnbaum; **It**. pero; **R**. груша (дерево).

* **PERAL**. m. Pesca. Aparejo de pesca usado en las costas africanas por los pescadores dedicados a la captura del bonito.

PERALEDA. f. Terreno poblado de perales.

PERALEJO. (De *peral*.) m. Árbol de la familia de las malpigiáceas, con hojas ovales, lampiñas y brillantes por encima, tomentosas y rojizas por el envés; racimo terminal erguido, largo, con vello rojo; flores amarillentas y fruto esférico, seco, con tres semillas. Se da en las regiones cálidas de América, y su corteza se emplea como curtiente.

PERALTAR. (De *peralto*.) tr. Arq. Levantar la curva de un arco, bóveda o armadura más de lo que corresponde al semicírculo. || **2**. Tecn. Levantar el carril exterior en las curvas de ferrocarriles.

PERALTE. (De *peraltar*.) m. Arq. Lo que excede del semicírculo en la altura de un arco o bóveda. || **2**. Arq. Elevación de una armadura sobre el ángulo recto, o de una cúpula sobre el semicírculo. || **3**. Tecn. Desnivel en las curvas de las líneas férreas entre el carril exterior y el interior.

* **PERALTEA**. f. Bot. Un género de plantas leguminosas.

PERALTO. (l. *peraltus*, muy alto.) m. Altura, 10.ª acep.

* **PERAMÁN**. m. Colom. Una especie de resina.

* **PERAMÉLIDOS**. m. pl. Zool. Familia de los mamíferos marsupiales, de patas posteriores mucho más largas que las anteriores, que viven en Australia.

* **PERAMELO**. m. Zool. Género de mamíferos marsupiales propios de Australia, que excavan sus madrigueras en el suelo perjudicando los cultivos.

PERANTÓN. (aum. de *peralto*.) m. Mirabel, 1.ª acep. || **2**. Pericón, 3.ª acep. || **3**. fig. y fam. Persona alta.

PERBORATO. m. Quím. Sal producida por la oxidación del borato.

* **PERBRÓMICO, CA**. (De *per* y *brómico*.) adj. Quím. Dícese de un ácido, de la serie de los compuestos oxigenados del bromo.

* **PERBROMURO**. (De *per* y *bromuro*.) m. Quím. Bromuro con la mayor cantidad posible de bromo.

PERCA. (l. *perca*.) f. Zool. Pez teleósteo fluvial, del suborden de los acantopterigios, de unos 6 dm de largo, de cuerpo oblongo. Su carne es comestible, y delicada. || **2**. Raño, 1.ª acep. || **P**. perca; **I**. perch; **F**. perche; **A**. Flussbarsch; **It**. pesce pèrsico; **R**. окунь.

PERCADOR. (De *perca*, 2.ª acep.) m. Germ. Ladrón que emplea la ganzúa.

PERCAL. (persa *pargal*, tela ligera.) m. Tela de algodón, blanca y pintada, de mejor o peor calidad, que sirve para vestidos de mujer y otros usos.

* **PERCALA**. f. Colom., Argent. y Cuba. Percal.

PERCALINA. f. Percal de un solo color, que sirve para forros de vestidos y otros usos.

* **PERCÁN**. (Voz araucana.) m. Chile. Moho que forma la humedad en las substancias orgánicas.

PERCANCE. (De *percanzar*.) m. Provecho eventual sobre el sueldo o salario. Ú.m. en pl. || **2**. Contratiempo, daño. || percances *del oficio*. loc. irón. Gajes del oficio.

* **PERCANQUE**. m. Chile. Percán, moho.

* **PERCANTA**. f. Argent. En lunfardo, manceba.

* **PERCANTINA**. f. Argent. Percanta, manceba, querida.

PERCANZAR. tr. ant. Alcanzar, tocar, comprender.

* **PERCARBURADO, DA**. (De *percarburo*.) adj. Quím. Cuerpo compuesto o combinación en que entra la mayor cantidad posible de carbono.

* **PERCARBURO**. (De *per* y *carburo*.) m. Quím. Carburo en el que hay exceso de carbono.

PERCATAR. (De *per*, y *catar*, examinar, considerar.) intr. Advertir, considerar, cuidar. Ú.m.c.r.

PERCEBE. (l. *pollicĭpes*.) m. Zool. Crustáceo cirrópodo, cuyo caparazón está compuesto de cinco piezas y un pedúnculo carnoso con el que se une a los peñascos de las costas. Se da en grupos y es comestible. Ú.m. en pl. || **P**. percebe; **I**. barnacle; **F**. anatife; **A**. Entenmuschel; **It**. lèpade.

PERCEBIMIENTO. (De *percibir*.) m. Apercibimiento, 1.ª acep.

* **PERCENTAJE**. m. Cont. Porcentaje, tanto por ciento.

PERCEPCIÓN. (l. *perceptĭo*, *-ōnis*.) f. Acción y efecto de percibir. || **2**. Sensación interior que resulta de una impresión material hecha en nuestros sentidos. || **3**. Idea, 1.ª acep. || **P**. percepção; **I**. y **F**. perception; **A**. Begriff, Wahrnehmung; **It**. percezione; **R**. восприятие.

PERCEPTIBILIDAD. f. Calidad de perceptible.

PERCEPTIBLE. (l. *perceptibĭlis*.) adj. Que se puede comprender o percibir. || **2**. Que se puede recibir o cobrar.

PERCEPTIBLEMENTE. adv. Conocidamente, de un modo sensible o perceptible.

* **PERCEPTIVIDAD**. (De *perceptivo*.) f. Fisiol. Propiedad especial de los elementos constitutivos del sistema nervioso de transformar la impresión transmitida en sensación.

PERCEPTIVO, VA. (l. *perceptum*, supino de *percipĕre*, percibir.) adj. Que tiene virtud de percibir.

PERCEPTOR, RA. adj. Que percibe. Ú.t.c.s.

PERCIBIR. (l. *percipĕre*.) tr. Recibir una cosa y entregarse de ella. percibir *el dinero*, *la renta*. || **2**. Recibir por uno de los sentidos las especies o impresiones del objeto. || **3**. Comprender o conocer una cosa. || **P**. perceber; **I**. to perceive; **F**. percevoir; **A**. begreifen, wahrnehmen; **It**. percepire; **R**. воспринимать.

. **PERCIBO**. m. Acción y efecto de percibir, 1.ª acep.

* **PÉRCIDOS**. m. pl. Zool. Familia de peces acantopterigios, que se caracterizan por ser muy voraces.

* **PERCILLA**. f. Mineral. Oxicloruro de plomo y cobre que se encuentra en algunos países americanos como Chile, Méjico y Bolivia.

* **PERCLORATO**. m. Quím. Cualquier sal resultante de la combinación del ácido perclórico con una base.

PERCLORURO. m. Quím. Cloruro que contiene la cantidad máxima posible de cloro.

PERCLUSO, SA. (l. *perclŭsus*, p.p. de *percludĕre*, cerrar el paso, impedir.) adj. Med. Que no tiene posibilidad de ejecutar movimiento alguno.

* **PERCNÓPTERO**. m. Zool. Alimoche, abanto, ave rapaz semejante al buitre.

PERCOCERÍA. (De *percocero*.) f. Profesión del percocero.

PERCOCERO. (l. *percutĭo*, golpe.) m. El que se dedica a labrar a martillo la obra menuda de platería.

* **PERCOCHA**. f. P. Rico. Cochambre.

* **PERCOCHOSO, SA**. (De *percocha*.) adj. P. Rico. Cochambroso.

* **PERCÓFIDO**. m. Zool. Género de peces acantopterigios de cuerpo alargado y cubierto de menudas escamas. Algunas de sus especies se encuentran en las aguas del Atlántico próximas a las costas del Brasil.

* **PERCOLACIÓN**. (l. *percolatio*, *-ōnis*, filtración). f. Eliminación de los principios solubles existentes en una droga mediante el paso de un líquido disolvente.

PERCOLLAR. tr. Germ. Hurtar.

PERCONTEAR. (l. *per*, intens., y *cōntus*, cuento, 2.º art.) tr. Ast. Poner perconteos. || **2**. intr. Ast. Servir de perconteo.

PERCONTEO. (De *percontear*.) m. Ast. Cuento, 2.º art., 2.ª acep.

PERCUCIENTE. (l. *percutĭens*, *-entis*, p.a. de *percutĕre*, herir.) adj. Que hiere o golpea.

* **PERCUCHANTE**. m. Ecuad. Tonto, necio.

* **PERCUCHANTE**. m. Perú. Percuchante, necio, mentecato.

PERCUDIR. (l. *percutĕre*.) tr. Maltratar o ajar la tez o el lustre de las cosas. || **2**. Penetrar en alguna cosa la suciedad.

* **PERCUSA**. f. P. Rico. Gentuza.

* **PERCUSIO, SIA**. adj. Venez. Sucio. || **2**. Venez. Insignificante, sin valor.

PERCUSIÓN. (l. *percussĭo*, *-ōnis*.) f. Acción de percutir. || **2**. V. *Arma*, *instrumento*, *llave* de percusión. || **P**. percussão; **I**. y **F**. percussion; **A**. Schlag; **It**. percussione; **R**. удар.

* **PERCUSIONISTA**. com. Amér. Músico que toca instrumentos de percusión con suma habilidad y acierto.

PERCUSOR. (l. *percussor*.) m. El que hiere. Se emplea esta voz en el derecho canónico, donde se conminan censuras contra los percusores de los clérigos. || **2**. Pieza que golpea en cualquiera máquina, especialmente la llave o martillo con que se hace detonar el cebo fulminante en ciertas armas de fuego.

* **PERCUTÁNEO, A**. (De *per* y *cutáneo*.) adj. Med. Practicado o ejecutado a través de la piel.

PERCUTIR. (l. *percutĕre*.) tr. Golpear, 1.ª acep.

PERCUTOR. (De *percutir*.) m. Mil. Percusor, 2.ª acep.

PERCHA. (fr. *perche*, o del cat. *perxa*, y éste del l. *pertĭca*.) f. Madero o estaca larga y delgada que generalmente es atravesada por otras para sostener una cosa; como parras, etc. || **2**. Pieza o mueble de madera o metal, con colgaderos donde se coloca la ropa, sombreros u otros objetos. || **3**. Palo largo, con pie para que estribe en el suelo y colgaderos en la parte superior. || **4**. Acción y efecto de perchar el paño. || **5**. Lazo empleado para cazar perdices u otras aves. || **6**. Especie de banderolas que los cazadores colocan en las piezas que matan. || **7**. Alcándara, 1.ª acep. || **8**. Pescante o maderas de donde cuelgan los barberos las bacías en la puerta de la tienda como indicador de su oficio. || **9**. Germ. Posada o casa. || **10**. Mar. Tronco enterizo de árbol que puede ser descortezado o no, que por su tamaño es empleado para la construcción de piezas de arboladura, vergas, botalones, palancas, etc. || **11**. Mar. Brazal, 8.ª acep. || *Estar en* percha *una cosa*. fr. fig. Estar ya asegurado lo que se desea poseer. || **P**. percha; **I**. perch, rack; **F**. perche; **A**. Kleiderhaken, Stange; **It**. pèrtica; **R**. вешалка, жердь.

PERCHA. (fr. *perche*, y éste del l. *perca*.) f. Percha.

PERCHADO, DA. adj. Blas. Aplícase a las aves colocadas en ramas o perchas.

PERCHAR. (De *percha*.) tr. Colgar el paño y sacarle el pelo con la carda.

PERCHEL. (cat. *perxell*, y éste de *perxa*, del l. *pertĭca*.) m. Aparejo de pesca, que consiste en uno o varios palos colocados para colgar las redes. || **2**. Lugar en que se colocan.

PERCHELERO, RA. adj. Se dice de la persona que vive o frecuenta el Perchel de Málaga y participa de sus clásicos modales.

PERCHERO. m. Conjunto de perchas o lugar donde las hay.

PERCHERÓN, NA. (fr. *percheron*, natural del Perche, antigua provincia de Francia.) adj. Se dice del caballo o yegua que pertenece a una raza francesa de gran fuerza y corpulencia que le hace propicio para las grandes cargas. Ú.t.c.s.

PERCHÓN. (De *percha*, vara.) m. Pulgar de la vid en el que el podador ha dejado demasiadas yemas.

* **PERCHÓN, NA.** adj. MÉJ. Regatear.

PERCHONAR. intr. Dejar perchones en las vides. ‖ **2.** Armar perchas o lazos para cazar.

* **PERCHUDO, DA.** adj. COLOM. Elegante, peripuesto, que viste con cierta afectación.

PERCHUFAR. intr. ant. Chufar.

PERDEDERO. m. Ocasión o motivo de perder. ‖ **2.** Lugar por donde se escapa la liebre perseguida.

PERDEDOR, RA. (l. *perditor.*) adj. Que pierde. Ú.t.c.s.

PERDER. (l. *perdĕre.*) tr. Dejar de tener uno la cosa que antes poseía. ‖ **2.** Desperdiciar o malgastar una cosa. ‖ **3.** No conseguir lo que se espera o ama. ‖ **4.** Ocasionar un daño a las cosas, desmejorándolas o desluciéndolas. ‖ **5.** Ocasionar a uno ruina o daño en la honra o en la hacienda. ‖ **6.** En juegos, batallas, oposiciones, pleitos, etc., no obtener lo que en ellos se disputa. ‖ **7.** Padecer un daño o disminución en lo material, inmaterial o espiritual. PERDER *una batalla.* ‖ **8.** Decaer del concepto, crédito o estimación. ‖ **9.** Junto con algunos nombres, faltar a la obligación de lo que significan o hacer una cosa en contrario. PERDER *el respeto.* ‖ **10.** intr. Hablándose de una tela, desteñirse. ‖ **11.** r. Errar uno en el camino que llevaba. ‖ **12.** No hallar camino ni salida. PERDERSE *en un laberinto.* ‖ **13.** fig. No encontrar modo de salir de una dificultad. ‖ **14.** fig. Conturbarse o arrebatarse sumamente por un accidente, sobresalto o pasión de modo que no sea dueño de sí. ‖ **15.** fig. Entregarse sin remisión a los vicios. ‖ **16.** fig. Olvidarse la ilación de un discurso. ‖ **17.** fig. No percibirse una cosa por el sentido que a ella concierne. ‖ **18.** fig. No aprovecharse una cosa que podía ser útil y aplicarse mal para otro fin. Ú.t.c.tr. ‖ **19.** fig. Naufragar o irse a pique. ‖ **20.** fig. Colocarse en riesgo de perder la vida o recibir algún gran daño. ‖ **21.** fig. Amar apasionadamente a una persona o cosa. ‖ **22.** fig. Dejar de tener estimación las cosas que se apreciaban o empleaban. ‖ **23.** fig. Padecer un daño espiritual o corporal. PERDER *la honra una mujer.* ‖ **24.** fig. Tratándose de aguas corrientes, ocultarse bajo tierra o entre peñas y hierbas. ‖ *No* PIERDE *por delgado, sino por gordo y mal hilado.* ref. que indica que no siempre lo más grueso es de más duración. ‖ *No se* PERDERÁ. expr. Indica que uno es inteligente y que no dejará pasar lo que es de utilidad y provecho. ‖ **P.** perder, desperdiçar; **I.** to lose; **F.** perdre; **A.** verlieren; **It.** pèrdere; **R.** терять.

* **PERDÍCIDO, DA.** (De *perdiz*, y el gr. εἶδος, forma, aspecto.) adj. ZOOL. Aplícase a las aves gallináceas con narices cubiertas de escama desnuda, el dedo posterior muy desarrollado y los anteriores con membrana interdigital. Ú.t.c.s. ‖ **2.** f pl. ZOOL. Familia de estas aves.

* **PERDICINAS.** (De *perdiz.*) f. pl. ZOOL. Tribu de aves gallináceas.

PERDICIÓN. (l. *perditio, -ōnis.*) f. Acción de perder o perderse. ‖ **2.** fig. Daño o ruina en lo temporal o espiritual. ‖ **3.** fig. Pasión desenfrenada de amor. ‖ **4.** fig. Condenación eterna. ‖ **5.** fig. Desarreglo en las costumbres o en el empleo de los bienes temporales. ‖ **6.** fig. Causa o persona que ocasiona un gran daño. ‖ **P.** perdição; **I.** losing, perdition; **F.** perdition; **A.** Verderbnis, Untergang; **It.** perdizione; **R.** гибель, падение.

PÉRDIDA. (l. *perdita*, pérdida.) f. Privación de lo que se poseía. ‖ **2.** Daño que se recibe en una cosa. ‖ **3.** Cantidad o cosa perdida. ‖ **4.** Billa limpia. ‖ *A* PÉRDIDAS *y ganancias.* m. adv. Con los verbos *ir* y *estar*, exponer una cantidad de dinero junto con otros, llevando parte en el menoscabo o utilidad que resulte. ‖ *No tener* PÉRDIDA una cosa. fr. fig. y fam. Ser fácil de hallar. ‖ **P.** perda, dano; **I.** loss; **F.** perte; **A.** Verlust; **It.** pèrdita; **R.** утрата, потеря.

PÉRDIDAMENTE. adv. Con exceso, con vehemencia, con abandono o inconsideradamente. ‖ **2.** Sin provecho.

PERDIDIZO, ZA. adj. Se dice de aquello que se finge que se pierde, y de la persona que se escabulle. ‖ *Hacer* PERDIDIZA una cosa. fr. fam. Ocultarla. ‖ *Hacerse* uno *el* PERDIDIZO. fr. fam. Marcharse disimuladamente. ‖ *Hacerse* PERDIDIZO. fr. Perder voluntariamente un jugador para complacer al contrario, a quien se debe por una atención o por otro motivo.

PERDIDO, DA. (De *perder.*) adj. Que no se lleva destino determinado. ‖ **2.** V. *Fondo, pan* PERDIDO. ‖ **3.** V. *Centinela, gente, mano, manga, mujer* PERDIDA. ‖ **4.** V. *Ratos* PERDIDOS. ‖ **5.** m. IMPR. Determinado número de ejemplares que se ponen en un pliego para suplir a los que vayan con faltas de imprenta, y así resulte completa la edición. ‖ PERDIDO *por* una persona. fig. Ciegamente enamorado de una persona. ‖ PERDIDO *por* una cosa. fig. Muy aficionado a ella. ‖ *Ser un* PERDIDO. fr. Ser demasiado pródigo. ‖ **2.** fig. Estar sin estimación.

PERDIDOSO, SA. (De *perdido.*) adj. Que pierde o padece una pérdida. ‖ **2.** Fácil de perder o perderse.

PERDIGANA. f. AR. y RIOJA. Perdigón, 1.er art., 2.a acep.

PERDIGAR. (l. *perdix, -īcis.*) tr. Soasar la perdiz u otra cualquier ave para que se conserve durante algún tiempo. ‖ **2.** Preparar la carne en una cazuela y con grasa para que resulte substanciosa. ‖ **3.** fig. y fam. Disponer o preparar una cosa para el fin.

PERDIGÓN. (d. del l. *perdix, -īcis.*) m. Pollo de la perdiz. ‖ **2.** Perdiz nueva. ‖ **3.** Perdiz macho que emplean los cazadores como reclamo. ‖ **4.** Cada uno de los granos de plomo que integran la munición de caza. ‖ **5.** V. *Cartucho de* PERDIGONES. ‖ **—zorrero.** El más grueso que el ordinario. ‖ *Cazar con* PERDIGONES *de plata.* fr. fig. y fam. Comprar la caza para pasar por cazador. ‖ 1.a acep.: **P.** perdigoto; **I.** young partridge; **F.** perdreau; **A.** junges Rebhuhn; **It.** perniciotto; **R.** молодая куропатка. ‖ 4.a acep.: **P.** escumilha; **I.** pellet; **F.** menu plomb; **A.** Schrottkorn; **It.** pallino; **R.** дробинка.

PERDIGÓN. m. fam. El que pierde mucho en el juego. ‖ **2.** fig. y fam. Mozo desatentado y de poco juicio, que malbarata su hacienda.

PERDIGONADA. f. Tiro de perdigones. ‖ **2.** Herida que produce.

PERDIGONERA. f. Bolsa en que los cazadores llevaban los perdigones.

* **PERDIGUERA.** f. BOT. Nombre que vulgarmente se aplica a diversas plantas de la familia de las citáceas.

PERDIGUERO, RA. adj. Animal que caza perdices. ‖ **2.** V. *Perro* PERDIGUERO. Ú.t.c.s. ‖ **3.** V. *Águila* PERDIGUERA. ‖ **4.** m. Recovero que compra de los cazadores la caza para volver a venderla.

* **PERDILÓN, NA.** PERÚ. Perdedor.

* **PERDILLA.** f. BOT. PERÚ Sabinilla, arbusto rosáceo de hojas pequeñas y flores axilares.

PERDIMIENTO. (De *perder.*) m. Perdición o pérdida.

PERDIS. (De *perdido.*) m. fam. Calavera, 3.a acep. Ú.m. en las frases *ser un* PERDIS, o *estar hecho un* PERDIS.

* **PERDIS (HACERSE.)** loc. ARGENT. Desaparecer una persona, marcharse disimuladamente.

PERDIZ. (l. *perdix, -īcis*, y éste del gr. πέρδιξ.) f. Ave de la familia de las gallináceas, que tiene 38 cm de longitud desde la punta del pico hasta la extremidad de la cola y 52 de envergadura, cuerpo grueso, cuello corto, cabeza pequeña, pico y pies encarnados. Su plumaje de color ceniciento rojizo en las partes superiores, más bello en la cabeza y cuello, blanco con un collar negro en la garganta, azulado con manchas negras en el pecho y rojo amarillento en el abdomen. Se da mucho en España. Anda más que vuela, come semillas silvestres y su carne es muy estimada. ‖ **2.** V. *Ojo, patas de* PERDIZ. ‖ **3.** ZOOL. P. RICO. Pájaro brillante de pecho tornasolado. ‖ **—blanca.** Ave de la familia de las gallináceas, mayor que la perdiz común, tiene el pecho ceniciento, las patas del mismo color, plumaje blanco en el cuerpo y negro en la cola y alas. Vive en las regiones altas y frías y en verano adquiere un color gris amarillento con manchas negras. ‖ **—blancal.** La patiblanca que en los países fríos toma en invierno un color blanco, entonces únicamente se diferencia de la blanca en que no tiene plumas en los pies. ‖ **—cordillerana.** CHILE. Especie de perdiz muy distinta de la europea, más pequeña, de alas puntiagudas y torsos robustos, no es comestible y abunda en las alturas de los Andes. ‖ **—pardilla.** Del orden de las gallináceas que hasta puede medir 33 cm desde el pico hasta la cola y 55 de envergadura. Es muy parecida a la común, pero tiene el pico y las patas de un color gris verdoso, y el plumaje pardo obscuro, amarillento rojizo en la cabeza, gris con rayas negras en el cuello y pecho, y manchado de pardo en el abdomen. Es la especie que más se da en Europa y la que más abunda en el norte de España. ‖ **—patiblanca.** Especie de perdiz, que se diferencia de la común en que tiene las patas manchadas de negro y el pico, las alas y los pies de un color blanco que tira a verde. ‖ **—real.** Perdiz. ‖ *Hacerse* PERDIZ. fr. fig. y fam. R. DE LA PLATA. Huir, escabullirse. ‖ *Oler a* PERDICES. fr. fam. con que se indica el riesgo de encontrar pérdida donde se busca ganancia. ‖ PERDICES *en campo raso.* expr. fig. que indica lo difícil de conseguir alguna cosa, en alusión a la dificultad que hay de cazar perdices fuera del monte. ‖ PERDIZ *azorada, medio asada.* ref. que se decía así porque estaba más suave la perdiz después de fatigada por el azor. ‖ PERDIZ, o *no comerla.* expr. que indica que con ser buen bocado la perdiz, no se sienten satisfechos con menos de una entera los aficionados a este manjar. ‖ **2.** fig. y fam. Todo o nada. ‖ **P.** perdiz; **I.** partridge; **F.** perdrix; **A.** Rebhuhn, Feldhuhn; **It.** pernice; **R.** куропатка.

PERDÓN. (De *perdonar.*) m. Remisión de una pena merecida, de la ofensa recibida o de alguna deuda u obligación pendiente. ‖ **2.** V. *Cuenta de* PERDÓN. ‖ **3.** Indulgencia, 2.a acep. ‖ **4.** fam. Gota de aceite, cera o cualquier cosa que cae ardiendo. ‖ **5.** pl. Obsequios que se traen de una romería, dulces, golosinas, frutas secas. ‖ *Con* PERDÓN. m. adv. Con licencia o sin nota ni reparo. ‖ **P.** perdão, indulgência; **I.** y **F.** pardon; **A.** Gnade, Verzeihung; **It.** perdono; **R.** прощение.

PERDONABLE. adj. Que merece o puede ser perdonado.

PERDONADOR, RA. adj. Que perdona o remite. Ú.t.c.s.

PERDONAMIENTO. m. ant. Perdón.

PERDONANTE. p.a. de perdonar. Que perdona.

PERDONANZA. (De *perdonar.*) f. ant. Perdón. ‖ **2.** ant. Disimulo, 1.a y 2.a aceps.

PERDONAR. (l. *per*, y *donāre*, dar.) tr. Remitir la deuda, ofensa, falta, delito u otra cosa que toque el que remite. ‖ **2.** Librar a uno de lo que generalmente se hace con otros, y de la obligación que tendría por la ley general. ‖ **3.** Precedido del adverbio *no*, indica gran intensidad en la acción del verbo que seguidamente se expresa o se supone. *No* PERDONAR *modo para alcanzar un deseo. No* PERDONAR *un paseo.* ‖ **4.** fig. Renunciar a un derecho o goce. ‖ PERDONAR *un hecho y por hacer.* fr. que indica la excesiva y culpable indulgencia de uno. ‖ **P.** perdoar; **I.** to pardon; **F.** pardonner; **A.** vergeben, verzeihen; **It.** perdonare; **R.** прощать.

PERDONAVIDAS. (De *perdonar* y *vida.*) m. fig. y fam. Baladrón que ostenta guapezas y presume de valentías y atrocidades.

PERDULARIO, RIA. (De *perder.*) adj. Sumamente descuidado en sus bienes o en su persona. Ú.t.c.s. ‖ **2.** Vicioso incorregible. Ú.t.c.s.

PERDURABILIDAD. f. Calidad de perdurable, 1.a y 2.a aceps.

PERDURABLE. (l. *perdurabĭlis.*) adj. Que dura siempre. ‖ **2.** Que dura mucho tiempo. ‖ **3.** f. Sempiterna, 1.a acep.

PERDURABLEMENTE. adv. Eternamente, sin fin.

PERDURACIÓN. f. Acción o efecto de durar mucho.

P

PERDURAR. (l. *perdurāre*.) intr. Durar mucho, subsistir, mantenerse en un mismo estado.

PERECEAR. (De *pereza*.) tr. fam. Dilatar, retardar, diferir una cosa por flojedad o pereza.

PERECEDERO, RA. adj. Poco durable; que ha de acabarse. || **2**. m. fam. Miseria en las cosas más necesarias para el sustento humano. || **P**. perecedouro; **I**. perishable; **F**. périssable; **A**. vergänglich; **It**. perituro; **R**. преходящий.

PERECER. (l. *perescĕre*, de *perīre*.) intr. Acabar, dejar de ser. || **2**. fig. Padecer un daño, trabajo, fatiga o molestia de una pasión que reduce al último extremo. || **3**. fig. Padecer una ruina espiritual, especialmente la eterna condenación. || **4**. fig. Tener gran pobreza, carecer de lo necesario para la manutención de la vida. || **5**. r. fig. Desear o apetecer con ansia una cosa. Ú. construida con la prep. *por*. || **6**. fig. Padecer con violencia un afecto o pasión. || **P**. perecer, morrer; **I**. to perish; **F**. périr; **A**. vergehen, sterben; **It**. perire; **R**. погибать.

PERECIENDO. ger. de perecer. || **2**. fam. V. *Don* PERECIENDO.

PERECIENTE. p.a. de perecer. Que perece.

PERECIMIENTO. m. Acción de perecer.

PEREDA. (De *pera*.) f. Peraleda.

PEREGRINA. f. CUBA. Arbusto euforbiáceo que da flores rojas. Hay variedades.

PEREGRINACIÓN. (l. *peregrinatio*, *-ōnis*.) f. Viaje por lugares extraños. || **2**. Viaje a un santuario por devoción o voto. || **3**. fig. La vida humana tomada como paso a la eternidad. || **P**. peregrinação; **I**. peregrination; **F**. pérégrination; **A**. Wallfahrt; **It**. pellegrinazione; **R**. паломничество.

PEREGRINAJE. m. Peregrinación.

PEREGRINAMENTE. adv. De un modo raro, extraño. || **2**. Con primor.

PEREGRINANTE. p.a. de peregrinar. Que peregrina.

PEREGRINAR. (l. *peregrināre*.) intr. Andar por tierras extrañas. || **2**. Ir a un santuario por devoción o voto. || **3**. fig. Caminar en esta vida hacia la patria celestial. || **1**.ª y **2**.ª aceps.: **P**. peregrinar; **I**. to peregrinate; **F**. pérégriner; **A**. wallfahren, pilgern; **It**. pellegrinare; **R**. странствовать.

PEREGRINIDAD. (l. *peregrinitas*, *-ātis*.) f. Calidad de peregrino, **4**.ª acep.

PEREGRINO, NA. (l. *peregrīnus*.) adj. Se dice del que anda por tierras extrañas. || **2**. Persona que por devoción o voto visita un santuario; y más si lleva el traje de tal, que es el bordón y la esclavina. Ú.t.c.s. || **3**. Dicho de aves, pasajero, **3**.ª acep. || **4**. Cosas que proceden de un país extraño. || **5**. fig. Extraño, poco visto. || **6**. fig. Adornado de singular hermosura, perfección. || **7**. fig. Que se halla en esta vida mortal y pasa a la eterna. || **1**.ª y **2**.ª aceps.: **P**. peregrino, -na, romeiro; **I**. peregrine; **F**. pèlerin; **A**. Pilger; **It**. pellegrino; **R**. странник, паломник.

PEREION. (gr. παραιών, el que atraviesa.) m. ZOOL. Cefalotórax de los crustáceos comúnmente cubierto por un caparazón en el que están, en general, los ojos, dos pares de antenas, tres o piezas bucales y cinco de patas locomotoras.

* **PEREIRINA**. (De *pão pereira*, nombre brasileño de geiospermo.) f. QUÍM. Alcaloide natural que se halla en la corteza del geiospermo y se emplea como febrífugo.

PEREJIL. (l. *petroselīnum*, y éste del gr. πετροσέλινον; de πέτρα, piedra, y σέλινον, perejil.) m. Planta herbácea vivaz, de las umbelíferas, que alcanza hasta 7 dm de altura, hojas pecioladas, lustrosas, partidas en tres gajos dentados; flores verdosas o blancas y semillas menudas parduscas. Espontánea en algunos lugares, se cultiva en las huertas. Empléase como condimento. || **2**. fig. y fam. Demasiado adorno o compostura en los vestidos de ciertas mujeres. Ú.m. en pl. || **3**. pl. fig. y fam. Títulos o signos de dignidad que juntos con otros principales condecoran a un sujeto. || **—de monte**. Oreoselino. || **—de perro**. Cicuta menor. || **—macedonio**.

Apio caballar. || **—mal sembrado**. fig. y fam. Barba rala. || **—marino**. Hinojo marino. || *Huyendo del* PEREJIL, *le nació en la frente*. ref. que indica que se ha de tener cuidado en la elección no sea que huyendo de algo malo se elija algo peor. || **P**. perrexil; **I**. parsley; **F**. persil; **A**. Petersilie; **It**. prezzèmolo; **R**. петрушка.

PEREJILA. f. Juego de naipes que consiste en hacer 31 tantos, con otras suertes. En él, el siete de oros es comodín. || **2**. Siete de oros en este juego.

PERENAL. adj. Perennal.

PERENCEJO. m. Perengano.

PERENCIÓN. (l. *peremptio*, *-ōnis*; de *perimĕre*, destruir.) f. FOR. Prescripción que anulaba el procedimiento, cuando pasaban ciertos años sin haber hecho gestiones las partes. Hoy se llama caducidad de la instancia.

PERENDECA. f. fam. Ramera.

PERENDENGUE. (l. *pendēre*, colgar.) m. Pendiente, **3**.ª acep. || **2**. Por ext., cualquier adorno mujeril de valor escaso. || **3**. Moneda de vellón, de tiempos de Felipe IV, equivalente a cuatro maravedís.

PERENE. adj. Perenne.

PERENGANO, NA. (De *per* y *mengano*.) m. y f. Voz de que se usa para aludir a persona cuyo nombre se ignora o no se quiere expresar después de haber aludido a otra u otras con palabras de igual indeterminación, como *fulano*, *mengano*, *zutano*.

PERENNAL. adj. Perenne.

PERENNALMENTE. adv. Perennemente.

PERENNE. (l. *perennis*.) adj. Continuo, que no tiene intermisión. || **2**. V. *Loco* PERENNE. || **3**. BOT. Vivaz, **4**.ª acep. || **P**. perene; **I**. perennial; **F**. pérenne; **A**. immerwährend; **It**. perenne; **R**. вечный.

PERENNEMENTE. adv. Incesantemente, continuamente.

* **PERENNIBRANQUIO, QUIA**. (De *perenne* y *branquia*.) adj. ZOOL. Ciertos batracios que adultos conservan aún branquias externas visibles.

PERENNIDAD. (l. *perennitas*, *-ātis*.) f. Perpetuidad, continuación incesable.

PERENQUÉN. m. CAN. Salamanquesa.

PERENTORIAMENTE. adv. Con término perentorio. || **2**. Con urgencia.

PERENTORIEDAD. f. Calidad de perentorio. || **2**. Urgencia.

PERENTORIO, RIA. (l. *peremptorius*.) adj. Se dice del último plazo que se concede, o de la última resolución que se toma en un asunto. || **2**. Decisivo, determinante. || **3**. Urgente, apremiante. || FOR. V. *Excepción* PERENTORIA. || **5**. FOR. V. *Término* PERENTORIO. || **P**. peremptorio, -ria; **I**. peremptory; **F**. péremptoire; **A**. dringlich, endgültig; **It**. perentorio; **R**. неотложный.

* **PEREQUE**. m. COLOM. Individuo fastidioso, impertinente, molesto. || **2**. COLOM. y PAN. Molestia, fastidio. || **3**. PAN. Algarada, jarana, alboroto.

* **PEREQUERO, RA**. adj. PAN. Revoltoso, travieso. || **2**. PAN. Chancero, burlón. Ú.t.c.s.

PERERO. m. Instrumento que se empleaba antiguamente para mondar peras, membrillos y otras frutas.

* **PERESQUIA**. f. BOT. Género de plantas cactáceas que crecen en las regiones tropicales de América del Sur, son arbustos de tallo leñoso y flores muy vistosas y de gran tamaño.

PERETA. f. MURC. Pera pequeñita y temprana.

PERETERO. m. MURC. Árbol que da peretas.

* **PERETETE**. m. ZOOL. AMÉR. CENTRAL. Alcaraván.

PEREZA. (l. *pigritĭa*.) f. Negligencia, descuido en las cosas obligatorias. || **2**. Flojedad, descuido en las acciones o movimientos. || PEREZA ¿*quieres sopas*? expr. fam. Con que se castiga al que por desidia pierde lo que le conviene. || *Sacudir la* PEREZA. fr. Vencerla. || **2**. Emprender o continuar un trabajo con buen ánimo. || **P**. preguiça; **I**. laziness; **F**. paresse, nonchalance; **A**. Faulheit, Trägheit; **It**. pigrizia; **R**. лень.

* **PEREZIA**. f. BOT. Plantas herbáceas compuestas labiotifloras, propias de la

América tropical. La raíz de algunas de sus especies tienen aplicaciones medicinales.

PEREZOSAMENTE. adv. Lentamente, flojamente, con pereza.

PEREZOSO, SA. (De *pereza*.) adj. Descuidado o flojo en lo que necesita o debe hacer. Ú.t.c.s. || **2**. Lento, pesado en el movimiento o acción. || **3**. Que se levanta de la cama tarde o con pereza. Ú.t.c.s. || **4**. m. Mamífero desdentado de la América tropical, tiene unos 61 cm de largo y 25 de altura, cabeza pequeña, ojos obscuros, pelaje pardo áspero y largo, piernas cortas, pies sin dedos aparentes, armados de tres uñas muy largas y fuertes, y cola rudimentaria. De andar muy lento, trepa con dificultad a los árboles, se alimenta de sus hojas y al bajar se deja caer hecho una bola. || **5**. f. LEÓN y SANT. Mesa que se forma girando sobre sus goznes un tablero adosado a la pared hasta que descansa por la otra parte con un pie o tentempzo. || **P**. preguiçoso; **I**. lazy; **F**. paresseux; **A**. faul, träge; **It**. pigro; **R**. ленивый.

PERFECCIÓN. (l. *perfectio*, *-ōnis*.) f. Acción de perfeccionar o perfeccionarse. || **2**. Calidad de perfecto. || **3**. Cosa perfecta. || **4**. FOR. En los actos jurídicos, fase y momento en que al concurrir todos los elementos, nacen los derechos y obligaciones. || *A la* PERFECCIÓN. m. adv. Perfectamente. || **P**. perfeição; **I**. y **F**. perfection; **A**. Vollkommenheit; **It**. perfezione; **R**. совершенствование, совершенство.

PERFECCIONADOR, RA. adj. Que perfecciona.

PERFECCIONAMIENTO. (De *perfeccionar*.) m. Perfección, **1**.ª acep.

PERFECCIONAR. (De *perfección*.) tr. Acabar enteramente una cosa, dándole todo lo posible de bondad. Ú.t.c.r. || **2**. FOR. Completar los requisitos para que un acto civil, especialmente un contrato, tenga plena fuerza jurídica. Ú.t.c.r. || **P**. aperfeiçoar; **I**. to perfect; **F**. perfectionner; **A**. vervollkommnen; **It**. perfezionare; **R**. совершенствовать.

PERFECTAMENTE. adv. Cabalmente, con perfección. || ¡PERFECTAMENTE! exclam. de asentimiento o conformidad.

PERFECTIBILIDAD. f. Calidad de perfectible.

PERFECTIBLE. (De *perfecto*.) adj. Capaz de perfeccionarse o de ser perfeccionado.

PERFECTIVO, VA. (l. *perfectivus*.) adj. Que da o puede dar perfección.

PERFECTO, TA. (l. *perfectus*.) adj. Que tiene la mayor perfección o bondad en su línea. || **2**. V. *Codo*, colon, contrato PERFECTO. || **3**. V. *Rima* PERFECTA. || **4**. ARIT. V. *Número* PERFECTO. || **5**. FOR. De plena eficacia jurídica. || **6**. GRAM. V. *Futuro*, *pretérito* PERFECTO. || **P**. perfeito; **I**. perfect; **F**. parfait; **A**. vollkommen, perfekt; **It**. perfetto; **R**. совершенный.

PERFETO, TA. adj. desus. Perfecto.

PERFICIENTE. (l. *perficiens*, *-entis*, p.a. de *perficĕre*, perfeccionar.) adj. Que perficiona.

PÉRFIDAMENTE. adv. Con perfidia o infidelidad.

PERFIDIA. (l. *perfidia*.) f. Deslealtad, traición o quebrantamiento de la fe debida. || **P**. perfidia, deslealdade; **I**. perfidy; **F**. perfidie; **A**. Treulosigkeit; **It**. perfidia; **R**. вероломство.

PÉRFIDO, DA. (l. *perfĭdus*.) adj. Desleal, infiel o traidor, que falta a la fe que debe. Ú.t.c.s. || **P**. pérfido; **I**. perfidious; **F**. perfide; **A**. treulos; **It**. pérfido; **R**. вероломный.

PERFIL. (l. *per*, por, y *filum*, línea.) m. Adorno delicado sobre todo el que se coloca al canto o extremo de una cosa. || **2**. Cada una de las rayas delgadas que se hacen con la pluma. || **3**. Postura que permite ver una sola de las mitades laterales de un cuerpo. || **4**. GEOM. Figura que representa un cuerpo real o imaginariamente cortado por un plano vertical. || **5**. PINT. Contorno aparente de la figura representado por líneas que determinan la forma de aquélla. || **6**. pl. Complementos y retoques con los que se completa una cosa. || **7**. fig. Miramientos en la conducta o en el trato social. || **—psicológico**. PSICOL. Gráfica que expresa la fisonomía mental de un sujeto. || **—reducido.** TOPOGR. El construido por una escala menor que la del plano topográfico a que pertenece. || *Medio* PERFIL. PINT. Postura o figura del cuerpo que no está enteramente ladeado. || *Corromper los* PERFILES. fr. PINT. No ajustarse al aprendiz al dibujo del maestro. || *De* PERFIL. loc. De lado. || *Pasar* PERFILES. fr. PINT. Afianzar el dibujo estarcido, pasándolo con pluma o lápiz. || *Tomar* PERFILES. fr. PINT. Señalar con lápiz, en un papel transparente puesto sobre una pintura los contornos de ella. || **P.** perfil; **I.** profile; **F.** profil; **A.** Profil; **It.** profilo; **R.** профиль.

PERFILADO, DA. p.p. de perfilar. || **2.** adj. Se dice del rostro adelgazado y largo en proporción. || **3.** V. *Nariz* PERFILADA.

PERFILADURA. f. Acción de perfilar una cosa. || **2.** El mismo perfil.

PERFILAR. tr. Dar, presentar el perfil o sacar perfiles a una cosa. || **2.** fig. Afinar, hacer con esmero una cosa. || **3.** r. Colocarse de perfil. || **4.** fig. y fam. Aderezarse, componerse. || **P.** perfirar; **I.** to profile; **F.** profiler; **A.** profilieren; **It.** profilare; **R.** очерчивать.

★ **PERFILÓGRAFO.** (De *perfil,* y el gr. γράφω, escribir, trazar.) m. TECNOL. Instrumento montado sobre ruedas, que registra automáticamente el perfil del terreno que recorre.

PERFOLIADA. (De *perfoliata.*) f. Planta herbácea de las umbelíferas, con hojas de tallo perfoliadas, redondas por la base y aovadas por la punta, umbelas de cinco radios.

PERFOLIADO, DA. (l. *per,* intens., y *foliāta,* que la tiene muchas hojas.) adj. BOT. V. *Hoja* PERFOLIADA.

PERFOLIATA. (l. *per,* y *foliata,* con muchas hojas.) f. Perfoliada.

PERFOLLA. (Por *marfolla,* del l. *mala folia,* hojas malas.) f. MURC. Hoja que cubre el fruto del maíz, cuando está seca.

PERFORACIÓN. f. Acción y efecto de perforar. || **P.** perfuração; **I.** y **F.** perforation; **A.** Lochung, Durchstich; **It.** perforazione; **R.** просверливание.

PERFORADOR, RA. adj. Que perfora u horada. Ú.t.c.s. || **P.** perfurador; **I.** perforator; **F.** perforateur; **A.** Lochapparat; **It.** perforatore; **R.** сверлильный.

★ **PERFORANTE.** p.a. de perforar. Que perfora. || **2.** adj. ANAT. Penetrante, dícese de algunos nervios, venas, arterias, etc., que pasan a través de algunas estructuras u órganos.

PERFORAR. (l. *perforāre.*) tr. Horadar.

PERFUMADERO. m. Perfumador, 1.ª acep.

PERFUMADOR, RA. adj. Que confecciona o compone cosas olorosas para perfumar. Ú.t.c.s. || **2.** m. Vaso para quemar perfumes y esparcirlos.

PERFUMAR. (l. *per,* por, y *fumāre,* producir humo.) tr. Sahumar, aromatizar una cosa, quemando elementos olorosos. Ú.t.c.r. || **2.** fig. Dar o esparcir cualquier olor bueno. || **3.** intr. Exhalar fragancia, olor agradable. || **P.** perfumar; **I.** to perfume; **F.** parfumer; **A.** perfümieren; **It.** profumare; **R.** духами.

PERFUME. (De *perfumar.*) m. Materia aromática y odorífica que puesta al fuego da un humo fragante y oloroso. como sucede con el benjuí, el estoraque, el ámbar y otras cosas semejantes. || **2.** El mismo humo u olor que despiden las materias olorosas. || **3.** fig. Cualquier materia que exhala buen olor. || **4.** fig. Cualquier olor bueno o muy agradable. || **P.** e **I.** perfume; **F.** parfum; **A.** Parfüm; **It.** profumo; **R.** благовоние.

PERFUMEAR. (De *perfume.*) tr. Perfumar.

PERFUMERÍA. (De *perfumero.*) f. Oficina donde se preparan perfumes, o se adoban las ropas o pieles con olores, como se usaba antiguamente en España. || **2.** Arte de fabricar perfumes. || **3.** Tienda donde se venden. || **4.** Conjunto de productos y materias de esta industria. || **P.** perfumaria; **I.** perfumery; **F.** perfumerie; **A.** Parfümerie; **It.** profumeria; **R.** парфюмерия.

PERFUMERO, RA. m. y f. Perfumista.

PERFUMISTA. com. Persona que prepara o vende perfumes. || **P.** perfumista; **I.** perfumer; **F.** parfumeur; **A.** Parfümeur; **It.** profumiere; **R.** парфюмер.

PERFUNCTORIAMENTE. adv. p. us. De manera perfunctoria.

PERFUNCTORIO, RIA. (l. *perfunctōrius.*) adj. p. us. Hecho sin cuidado, a la ligera.

PERFUSIÓN. f. Baño, untura.

PERGAL. (l. *pellicāle;* de *pellis,* piel.) m. Recorte de pieles empleadas en las túrdigas para abarcas.

★ **PERGAMINERÍA.** f. Arte u oficio de pergaminero. || **2.** Sitio donde se fabrica el pergamino.

PERGAMINERO. m. El que trabaja en pergaminos o los vende.

PERGAMINO. (l. *pergamēnus;* de *Pergamum,* ciudad de la Misia, donde se usó por primera vez.) m. Piel de la res, limpia del vellón, raída, adobada, que se emplea para escribir en ella privilegios, cubrir libros y otras cosas. || **2.** Título o documento escrito en pergamino. || **3.** pl. fig. Antecedentes nobiliarios de una familia o de una persona. || PERGAMINO *de paño.* ant. Papel, 1.ª acep. || *En* PERGAMINO. m. adv. Dícese de la encuadernación en que las cubiertas del libro son de pergamino. || **P.** pergaminho; **I.** parchment; **F.** parchemin; **A.** Pergament; **It.** pergamena; **R.** пергамент.

PERGENIO. m. Pergeño.

PERGEÑAR. (De *pergeño.*) tr. fam. Disponer o ejecutar una cosa con más o menos habilidad.

PERGEÑO. (l. *per,* por, y *genium,* disposición.) m. fam. Traza, apariencia, disposición exterior de una persona o cosa.

PÉRGOLA. (ital. *pergola,* y éste del l. *pergŭla,* balcón.) f. Emparrado, 2.ª acep. || **2.** Jardín que tienen algunas casas sobre la techumbre. || **P.** pérgula; **I.** pergola; **F.** pergola, pergole; **A.** Pergola, Laubengang; **It.** pèrgola; **R.** галерея вокруг дома.

★ **PERHIDROL.** (De *per,* prep. insep., e *hidrol.*) m. FARM. Agua oxigenada.

PÉRI. (persa *peri,* hada.) f. Hada hermosa y bienhechora de la mitología pérsica.

PERI. (gr. περί.) prep. insep. que significa alrededor. PERIcráneo.

★ **PERIACINOSO.** adj. MED. Situado alrededor de un acino.

★ **PERIADENITIS.** f. PAT. Inflamación de los tejidos que se hallan alrededor de una glándula o un ganglio.

★ **PERIADENOIDITIS.** f. PAT. Inflamación de los tejidos correspondientes a la faringe nasal que forman el contorno de las vegetaciones adenoideas.

PERIAMBO. (l. *periambus.*) m. Paríambo, 1.ª acep.

★ **PERIAMIGDALITIS.** f. PAT. Inflamación de los tejidos que se hallan alrededor de las amígdalas.

★ **PERIANGITIS.** f. PAT. Tumor que se desarrolla alrededor de un vaso.

PERIANTIO. (gr. περί, alrededor, y de ἄνθος, flor.) m. BOT. Perigonio.

★ **PERIAORTITIS.** f. PAT. Inflamación de los tejidos envolventes de la aorta.

★ **PERIAPENDICITIS.** (De *peri* y *apendicitis.*) f. PAT. Peritonitis en la región que rodea el apéndice.

★ **PERIARTERITIS.** (De *peri* y *arteritis.*) f. PAT. Inflamación de la túnica que forma la parte más exterior de las arterias. || **—nodular.** PAT. La que produce engrosamiento y tumefacción nodular.

★ **PERIARTRITIS.** (De *peri* y *artritis.*) f. PAT. Inflamación de las cápsulas serosas que se hallan alrededor de algunas articulaciones.

PERIBLEMA. m. BOT. Parte del meristema terminal de un tallo de una planta fanerógama.

★ **PERIBLEPSIA.** (gr. περί, alrededor, y βλέψις, mirada.) f. MED. Mirada sobresaltada que suele acompañar al delirio.

★ **PERIBOLIA.** f. MED. Erupción.

★ **PERIBRONQUIOLITIS.** f. PAT. Inflamación de los tejidos que envuelven los bronquiolos.

★ **PERIBRONQUITIS.** f. PAT. Inflamación de los tejidos que rodean los bronquios o la capa externa de éstos.

★ **PERIBROSIS.** (gr. περί, alrededor, y

βρῶσις, corrosión.) f. MED. Ulceración de los párpados o de la zona que los rodea.

★ **PERICA.** f. COLOM., ECUAD. y PAN. Borrachera. || **2.** COLOM. y PAN. Navaja grande.

★ **PERICANA (LA).** f. ARGENT. Pateta, el diablo.

PERICARDIO. (gr. περικάρδιον; de περί alrededor, y καρδία, corazón.) m. ZOOL. Envoltura del corazón integrada por dos membranas una interna y la otra serosa externa.

★ **PERICARDIORRAFIA.** f. CIR. Sutura de una herida que había estado abierta en el pericardio.

★ **PERICARDIOTOMÍA.** f. CIR. Incisión o corte del pericardio.

PERICARDITIS. (De *pericardio,* y el sufijo *itis,* inflamación.) f. MED. Inflamación aguda del pericardio. || **—hemorrágica.** PAT. En la que hay derrame de sangre. || **—interna.** PAT. Que afecta especialmente a la parte interna del pericardio. || **—purulenta.** PAT. En que hay derrame de pus. || **—seca.** En que no hay derrame.

★ **PERICARDOSIS.** f. PAT. Infección del pericardio.

PERICARPIO. (gr. περικάρπιον; de περί, alrededor, y καρπός, fruto.) m. BOT. Parte exterior del fruto de las plantas, que cubre las semillas y puede tener hasta tres capas.

★ **PERICECITIS.** f. PAT. Inflamación de los tejidos envolventes del intestino ciego.

PERICIA. (l. *peritia.*) f. Sabiduría, práctica, habilidad en algún arte o ciencia. || **P.** perícia, destreza; **I.** dexterity; **F.** dextérité, habileté; **A.** Geschicklichkeit; **It.** perizia; **R.** ловкость.

PERICIAL. (De *pericia.*) adj. Perteneciente o relativo al perito. *Juicio* PERICIAL. || **2.** m. Empleado del cuerpo de aduanas.

PERICIALMENTE. adv. Con pericia.

★ **PERICICLO.** m. BOT. Terminación exterior del cilindro central de la raíz de una planta.

★ **PERICÍSTICO, CA.** adj. MED. Que está alrededor de la vejiga urinaria. || **2.** MED Situado alrededor de un quiste.

★ **PERICLASA.** f. MINERAL. Óxido natural de magnesio.

★ **PERICLASIS.** f. CIR. Fractura en fragmentos pequeños de un hueso y desarticulación del mismo.

★ **PERICLINA.** f. MINERAL. Silicato anhidro de aluminio y sodio.

PERICLITAR. (l. *periclitāri.*) intr. Peligrar, estar en peligro; declinar.

PERICO. (d. de *Pero,* Pedro.) m. Especie de tocado que se empleaba antiguamente y que se hacía con pelo postizo y adornaba la parte delantera de la cabeza. || **2.** Ave trepadora, especie de papagayo, de unos 25 cm de altura, con pico róseo, ojos rojos de contorno blanco, manchas rojizas diseminadas en el cuello, lomo verdinegro y vientre verde pálido, plumas remeras de color verde azulado en el lado externo y amarillas en el interno, y mástil negro; plumas timoneras verdosas y el mástil negro por arriba y amarillo por debajo y pies de color gris. Se cría en Cuba y en América Meridional. Vive en los bosques durante el celo y la cría, y pasa el resto del año en tierras cultivadas, allí destruye la flor y el fruto del naranjo, las siembras del maíz y la pulpa del caco. Da gritos fuertes y desagradables y es fácil de domesticar. || **3.** En el juego del truque, caballo de bastos. || **4.** fig. Abanico grande. || **5.** fig. Espárrago de gran tamaño. || **6.** MAR. Juanete del palo de mesana que se cruza sobre el mastelero de sobremesa. || **7.** MAR. Vela que se larga en él. || **8.** C. RICA. Piropo, requiebro. || **—de o el de los palotes.** Personaje proverbial. Persona indeterminada, un ser cualquiera. || **—entre ellas.** fam. Hombre al que le agrada estar siempre entre mujeres.

★ **PERICO, CA.** adj. COLOM. y ECUAD. Borracho, ebrio. Ú.t.c.s. || **2.** P. RICO y VENEZ. Hablador. Ú.t.c.s.

★ **PERICOLITIS.** f. PAT. Inflamación de la serosa peritoneal del colon. || **—derecha.** PAT. La de la parte delantera del colon. || **—izquierda.** PAT. Del colon descendente.

PERICÓN, NA. (De *perico.*) adj. Se aplica al que suple por todos, y más co-

P múnmente el caballo o mula que en el tiro hace a todos los puestos. Ú.t.c.s. || **2. m.** En el juego de quínolas, caballo de bastos, porque se puede hacer que valga lo que cualquiera carta y del palo que se quiere. || **3.** Abanico muy grande. || **4.** ARGENT. Baile popular en cinco partes que lo bailan con acompañamiento de guitarras varias parejas en número par y que se interrumpe con pausas para que el bailarín diga una copla, o un dicho, al que replica su compañero de pareja.

* **PERICONA.** (Del m. or. que *pericón*, baile argentino.) f. CHILE. En Chiloé, antiguo baile popular.

PERICOTE. m. AMÉR. MERID. Rata grande de camotera.

* **PERICOTERA.** (De *pericote*.) f. PERÚ. Ratonera.

PERICRÁNEO. (gr. περικράνιον; de περί, alrededor, y κρανίον, cráneo.) m. ZOOL. Membrana fibrosa que cubre el exterior de los huesos del cráneo.

* **PERICRANITIS.** f. PAT. Inflamación del periostio craneal.

* **PERICROCOTO.** m. ZOOL. Género de pájaros dentirrostros de vistoso plumaje que viven en Indonesia.

* **PERIDERMO.** m. ZOOL. Substancia sólida quitinosa, que rodea ciertas colonias de pólipos hidroides. || **2.** BOT. Una de las zonas del tallo.

* **PERIDIÁSTOLE.** f. FISIOL. Intervalo entre la sístole y la diástole en los movimientos del corazón.

* **PERIDOTITA.** f. GEOL. Roca eruptiva que se compone casi exclusivamente de olivino o peridoto. Por la meteorización a la intemperie se transforma en serpentina.

PERIDOTO. (fr. *péridot* y *péritot*, de origen incierto.) m. Mineral granujiento o cristalino, silicato de magnesia y hierro, de color verde amarillento, brillo fuerte, poco menos duro que el cuarzo y que suele encontrarse entre las rocas volcánicas. Los cristales de color más uniforme y transparentes se emplean en Oriente como piedras finas de poco valor.

PERIECO, CA. (gr. περίοικος; de περί, alrededor, y οἶκος, casa.) adj. GEOGR. Se dice del habitante del globo terrestre con relación a otro que ocupa un punto del mismo paralelo diametralmente opuesto. Ú.t.c.s. y más comúnmente en plural. || **P.** perieco; **I.** perioecus; **F.** périœcien; **A.** Perföke; **It.** perieco.

* **PERIENCEFALITIS.** f. PAT. Inflamación de la substancia gris del cerebro.

* **PERIENTERITIS.** f. PAT. Inflamación de la membrana serosa peritoneal del intestino.

* **PERIESOFAGITIS.** PAT. Inflamación del tejido conjuntivo que envuelve el esófago.

* **PERIESPLENITIS.** f. PAT. Inflamación de los tejidos que están alrededor del bazo.

* **PERIESTAFILITIS.** f. PAT. Inflamación de la parte que está alrededor de la úvula.

PERIFERIA. (l. *peripheria*, y éste del gr. περιφέρεια; de περιφέρω, llevar alrededor.) f. Circunferencia. || **2.** Término o contorno de una figura curvilínea. || **3.** fig. Espacio que rodea un núcleo cualquiera. || **P.** periferia, circunferência; **I.** periphery; **F.** peripherie, circonférence; **A.** Peripherie, Umkreis; **It.** periferia; **R.** периферия.

PERIFÉRICO, CA. adj. Perteneciente o relativo a la periferia.

* **PERIFILA.** f. ZOOL. Género de acalefos que se hallan en todos los mares, y son medusas de gran tamaño, con boca muy ancha que aprisiona grandes presas.

* **PERIFLÁUTICO, CA.** adj. fam. CHILE. Necio, simple, bobo.

* **PERIFLEBITIS.** f. PAT. Inflamación de la túnica externa que envuelve los vasos sanguíneos.

PERIFOLLO. (l. *caerefolium*, con cambio de sílabas *caere* en *peri*, por analogía con *perejil*.) m. Planta herbácea anual, de la familia de las umbelíferas, con tallos de 3 ó 4 dm de altura, finos, ramosos, huecos, estriados; hojas muy recortadas en lóbulos lanceolados; flores blancas en umbelas pequeñas, y semilla menuda, negra, aovada, puntiaguda. Crece en las huertas y sus

---

hojas se emplean como condimento. || **2.** pl. fig. y fam. Adorno que emplean las mujeres en el traje y peinado y en general los que son excesivos y de mal gusto. || **—oloroso.** Planta herbácea vivaz umbelífera, de tallo ramoso velludo, hueco, y de 6 a 8 dm de altura; hojas grandes, de color verde claro, partidas en lóbulos recortados, puntiagudos y dentados; flores blancas de parasoles ralos, semilla comprimida, de 1 cm de largo con surco profundo y algo curvo el pico. Se da espontáneo en el norte de España, y tiene olor de anís, y se ha cultivado para condimento. || **P.** cerefolho; **I.** chervil; **F.** cerfeuil; **A.** Kerbel; **It.** cerfoglio; **R.** жабрица.

PERIFONEAR. (De *perifono*.) tr. p. us. Transmitir por medio del teléfono sin hilos una pieza de música, un discurso o una noticia en determinadas condiciones y horario fijo.

PERIFONÍA. (De *perítono*.) f. p.us. Acción y efecto de perifonear. || **2.** Arte de construir y manejar el perífono.

PERÍFONO. (De *peri*, alrededor, y φωνή, voz.) m. p.us. Aparato empleado para perifonear.

PERIFORME. adj. Piriforme.

PERIFRASEAR. intr. Usar de perífrasis.

PERÍFRASI. f. Perífrasis.

PERÍFRASIS. (l. *periphrăsis*, y éste del gr. περίφρασις.) f. RET. Circunlocución. || **P.** perifrase; **I.** periphrasis; **F.** périphrase; **A.** Umschreibung; **It.** perifrasi; **R.** перифраза.

PERIFRÁSTICO, CA. (gr. περιφραστικός.) adj. Perteneciente o relativo a la perífrasis; abundante en ellas.

PERIGALLO. m. Pellejo excesivo que pende de la barba o de la garganta y que suele proceder de vejez o flacura. || **2.** Cinta de vivo color que llevaban las mujeres en la cabeza. || **3.** Especie de honda hecha de un simple bramante. || **4.** fig. y fam. Persona alta y delgada. || **5.** MAR. Aparejo de varias formas que sirve para mantener suspendida una cosa.

* **PERIGASTRITIS.** f. PAT. Inflamación de la serosa peritoneal visceral del estómago.

PERIGEO. (gr. περίγειον; de περί, alrededor, y γῆ, la Tierra.) m. ASTRON. Punto en que la Luna se halla más próxima a la Tierra. || **P.** perigeu; **I.** perigee; **F.** périgée; **A.** Perigäum; **It.** perigeo; **R.** перигей.

* **PERIGINIO.** (De *periginio*.) m. BOT. Membrana que envuelve el ovario de algunas plantas. || **2.** BOT. Involucro o verticilo de brácteas de los musgos.

* **PERIGONIARIO, RIA.** (De *perigonio*.) adj. BOT. Se dice de las flores dobles, en las que los órganos suplementarios se derivan del verticilo corolario, sin que los órganos sexuales sufran alteración.

PERIGONIO. (gr. περί, alrededor, y γόνος, semen.) m. BOT. Envoltura sencilla o doble de los órganos sexuales de una planta.

PERIHELIO. (gr. περί, cerca de, y ἥλιος, el Sol.) m. ASTRON. Punto en que un planeta está más cercano al Sol. || **P.** periélio; **I.** perihelion; **F.** périhélie; **A.** Perihel(ium); Sonnennähe; **It.** perielio; **R.** перигелий.

* **PERIHEPATITIS.** f. PAT. Inflamación de la zona o porción del peritoneo que está alrededor del hígado.

* **PÉRIL.** m. BOT. CHILE. Brea.

PERILINFA. (De *peri*, prep. insep., y λίνφα.) f. ANAT. Líquido albuminoso, que ocupa totalmente las cavidades óseas del oído interno, bañando las partes membranosas situadas en el interior de estas cavidades.

PERILUSTRE. (l. *perillustris*.) adj. Muy ilustre.

PERILLA. (d. de *pera*.) f. Adorno en figura de pera. || **2.** Parte superior del arco que forman por delante los fustes de la silla de montar. || **3.** Porción de pelo que se deja crecer en la punta de la barba. || **4.** Extremo del cigarro puro, por donde se fuma. **—de la oreja.** Parte inferior no cartilaginosa de la oreja. || De PERILLA, o de PERILLAS. m. adv. y fam. A propósito o a tiempo. || **3.ª** acep.: **P.** barbicha; **I.** goatee; **F.** imperiale, barbiche; **A.** Spitz-

---

bart; **It.** moschetta, barbetta; **R.** островоконечная бородка.

PERILLÁN, NA. (De las antiguas formas castellanas *Per*, Pedro, e *Illán*, Julián.) m. y f. fam. Persona pícara, astuta. El femenino es poco usado. Ú.t.c.adj.

PERILLO. (d. de *pero*.) m. Panecillo hecho con masa dulce, muy pequeño y con piquitos alrededor.

* **PERIMETRÍA.** f. Medida de perímetros. || **2.** ÓPT. Medición del campo visual utilizando el perímetro o segmento graduado o esférico que se acomoda al ojo.

PERIMÉTRICO, CA. adj. Perteneciente o relativo al perímetro.

PERÍMETRO. (l. *perimetros*, y éste del gr. περίμετρος; de περί, alrededor, y μέτρον, medida.) m. Ámbito. || **2.** GEOM. Contorno de una figura. || **P.** perímetro; **I.** perimeter; **F.** périmètre; **A.** Umfang; **It.** perimetro; **R.** периметр.

PERÍNCLITO, TA. (De *per* e *ínclito*.) adj. Grande, heroico.

PERINEAL. adj. Perteneciente o relativo al perineo. *Región* PERINEAL.

* **PERINEFRITIS.** f. MED. Inflamación del tejido que envuelve los riñones. || **—purulenta.** Inflamación de los tejidos que rodean los riñones, y formación simultánea de pus.

PERINEO. (l. *perinaeon*, y éste del gr. περίναιος.) m. ZOOL. Espacio que media entre el ano y las partes sexuales.

* **PERINEOSTOMÍA.** f. CIR. Operación mediante la cual se practica un orificio en el peritoneo para comunicar con la uretra.

PERINEUMONÍA. (gr. περί, alrededor, y πνευμονία, pulmonía.) f. MED. Pulmonía.

PERINEUMÓNICO, CA. (De *perineumonía*.) adj. MED. Pulmoniaco. Ú.t.c.s.

* **PERINEURO.** m. ANAT. Vaina envolvente de los haces primitivos de los tubos nerviosos.

* **PERINGUNDÍN.** m. BOL. y R. DE LA PLATA. Piringundín.

PERINOLA. (l. *pirŭla*, d. de *pirum*, pera.) f. Peonza pequeña que baila cuando se hace girar rápidamente con dos dedos un manguillo que tiene en la parte superior. El cuerpo es a veces un prisma de cuatro caras marcadas con letras y se emplea en este caso para jugar a interés. || **2.** fig. y fam. Mujer pequeña de cuerpo y vivaracha.

PERINQUINA. f. Inquina.

PERINQUINOSO, SA. adj. Que posee perinquina.

PERÍOCA. (l. *periŏcha*, y éste del gr. περιοχή.) f. Sumario, argumento de un libro o tratado.

PERIÓDICAMENTE. adv. Con periodicidad.

PERIODICIDAD. f. Calidad de periódico.

PERIÓDICO, CA. (l. *periodĭcus*, y éste del gr. περιοδικός.) adj. Que guarda periodo determinado. || **2.** Se dice del impreso que se publica periódicamente. Ú.m.c.s.m. || **3.** ARIT. Se dice de la fracción decimal que tiene periodo. || **P.** periódico; **I.** periodic; **F.** periodique; **A.** Periodisch; **I.** periodic; **R.** периодический. || **2.ª** acep.: **P.** periódico; **I.** (news)paper, journal; **F.** journal; **A.** Tageblatt, Zeitung; **It.** giornale; **R.** газета.

PERIODICUCHO. m. despec. de periódico. Periódico despreciable y de pocos lectores.

PERIODISMO. m. Ejercicio o profesión de periodista. || **P.** periodismo; **I.** journalism; **F.** journalisme; **A.** Zeitungswesen; **It.** giornalismo; **R.** журналистика.

PERIODISTA. com. Persona que escribe o edita un periódico. || **2.** La que tiene por oficio escribir en periódicos. || **P.** periodista; **I.** journalist; **F.** journaliste; **A.** Journalist, Zeitungsschreiber; **It.** giornalista; **R.** журналист.

PERIODÍSTICO, CA. (De *periodista*.) adj. Perteneciente o relativo a periódicos y periodistas. *Estilo* PERIODÍSTICO.

PERÍODO [**~IODO**]. (l. *periŏdus*, y éste del gr. περίοδος.) m. Tiempo que tarda una cosa en volver a la posición que tenía al principio; como el de la revolución de los astros. || **2.** Espacio de determinado tiempo que incluye toda la duración de una cosa. || **3**. Menstruación, 1.ª acep. || **4**. ARIT. Cifra o cifras que se repiten indefinidamente, después del cociente entero, en las divisiones inexactas. || **5**. CRONOL. Ciclo, 1.ª acep. || **6**. Fís. Tiempo que tarda un fenómeno periódico en recorrer todas las fases; el que emplea un péndulo, o la Tierra alrededor del Sol; el que transcurre entre dos pleamares, o entre dos máximos de la intensidad de una corriente alterna. || **7**. GRAM. Conjunto de oraciones que, unidas, tienen sentido. || **8**. MED. Tiempo que duran ciertos fenómenos que se dan en el curso de las enfermedades. || **P**. período; **I**. period; **F**. période; **A**. Periode; **It**. periodo; **R**. период.

★ **PERIOFTALMITIS**. f. PAT. Inflamación de los tejidos que se encuentran alrededor del globo del ojo.

★ **PERIOPTOMETRÍA**. f. OFTAL. Medición del campo visual y sus límites o de la agudeza visual periférica.

PERIOSTIO. (l. *periostĕum*, y éste del gr. περιόςτεον; de περί, alrededor, y ὀστέον, hueso.) m. ZOOL. Membrana fibrosa adherida a los huesos, que sirve para su nutrición y renovación. || **P**. periostio; **I**. periosteum; **F**. périoste; **A**. Knochenhaut; **It**. periostio; **R**. надкостница.

PERIOSTITIS. (De *periostio*, y el sufijo *itis*, inflamación.) f. MED. Inflamación del periostio.

PERIPATÉTICO, CA. (l. *peripateticus*, y éste del gr. περιπατητικός.) adj. Que sigue la filosofía o doctrina de Aristóteles. Ú.t.c.s. || **2**. Perteneciente a este sistema o secta. || **3**. fig. y fam. Ridículo o extravagante en sus máximas. || **P**. peripatético, -ca; **I**. peripatetic; **F**. péripatétique; **A**. peripatetisch; **It**. peripatético; **R**. перипатетический.

PERIPATO. (gr. περίπατος, paseo, porque paseando enseñaba Aristóteles.) m. Sistema filosófico de Aristóteles. || **2**. Conjunto de los que profesan las doctrinas de Aristóteles.

PERIPECIA. (gr. περιπέτεια.) f. En el drama o cualquiera otra composición análoga, mudanza repentina de situación; accidente imprevisto que cambia el estado de las cosas. || **2**.fig. Accidente de esta misma clase en la vida real. || **P**. peripecia; **I**. peripetia; **F**. péripétie; **A**.Peripetie, Wechselfall; **It**. peripezia; **R**. превратность судьбы.

★ **PERIPLANETA**.f. ZOOL. Cucaracha.|| **2**. ZOOL. Género de inseptos ortópteros, de los blátidos, de antenas largas y delgadas, patas espinosas con tarsos largos y delgados. Entre sus especies se halla la cucaracha común.

PERIPLO. (l. *periplus*, y éste del gr. περίπλους; de περιπλέω, circunnavegar.) m. Circunnavegación. Se emplea únicamente como término de la geografía antigua. || **2**. Obra antigua en la que se relata un viaje de circunnavegación. *El* PERIPLO *de Hannón*.

★ **PERIPLOCA**.f. BOT. Género de plantas asclepiadáceas, que se desarrollan en las regiones cálidas del continente Antiguo.

★ **PERIPLOCINA**.QUÍM. Glucósido medicinal que actúa de manera parecida a la digitalina.

★ **PERIPROSTATITIS**. f. PAT. Inflamación del tejido envolvente de la próstata.

PERÍPTERO, RA.(l. *periptĕros*, y éste del gr. περίπτερος; de περί, alrededor, y πτερόν, ala.) adj. ARQ. Se dice del edificio rodeado de columnas. Ú.t.c.s.m.

PERIPUESTO, TA.(De *peri* y *puesto*.) adj. fam. Que viste con excesivo esmero.

PERIQUEAR. intr. Usar las mujeres de excesiva libertad. Ú.m. en ger. con el verbo *andar*.

★ **PERIQUERÍA**.f. ECUAD. Charla, conversación sobre asuntos vulgares.

★ **PERIQUERO**. (De *perico*, requiebro.) m. C. RICA. Galanteador.

PERIQUETE. m. fam. Brevísimo espacio de tiempo. Ú.m. en el m. adv. *En un* PERIQUETE.

PERIQUILLO. m. d. de Perico. || **2**. Especie de dulce de sólo azúcar. || **3**.Nombre que se dio en tono festivo al copete postizo.

PERIQUÍN. m. SANT. Baile popular.

PERIQUITO. (d. de *Perico*.) m. Perico, 2.ª acep. || **—entre ellas**. fig. y fam. Perico entre ellas. || *Cátate*, o *ya tenemos a* PERIQUITO *hecho fraile*. fr. fam. Se dice del que alcanza una dignidad muy deseada aunque no merecida. || **P**. periquito; **I**. parakeet; **F**. perruche; **A**. Wellensittich; **It**. pappagalletto; **R**. любитель женского общества.

PERÍS. m. LEÓN. En el juego de bolos, el bolo llamado también *diez de bolos*.

PERISCIO, CIA. (gr. περίςκιος; de περί, alrededor, y σκιά, sombra.) adj. GEOGR. Dícese del habitante de las zonas polares, en torno del cual gira su sombra cada venticuatro horas en la época del año en que se pone el Sol en dichas zonas. Ú.t.c.s. y más comúnmente en plural. || **P**. periscio; **I**. periscian; **F**. périscien; **A**. umschattig (Volk.); **It**. periscio.

PERISCÓPICO, CA. adj. Perteneciente o relativo al periscopio.

PERISCOPIO. (gr. περισκοπέω, mirar en torno.) m. Cámara lúcida instalada en la parte superior de un tubo metálico que sobresale del casco del buque submarino, y de la superficie del mar cuando navega sumergido, y que sirve para ver los objetos exteriores. **—de trinchera**. Instrumento óptico más sencillo que los de la marina, usado para observar desde la trinchera las maniobras del ejército enemigo. || **P**. periscopio; **I**. periscope; **F**. périscope; **A**. Periskop; **It**. periscopio; **R**. перископ.

★ **PERISÍSTOLE**. f. FISIOL. Tiempo comprendido entre la sístole y la diástole en los movimientos del corazón.

PERISODÁCTILO. (gr. περισσός, desigual, y δάκτυλος, dedo.) adj. ZOOL. Mamíferos generalmente corpulentos, de dedos en número impar, al menos en las extremidades abdominales, y terminados en pesuños. Tienen el dedo central más desarrollado que los otros, como el rinoceronte y el caballo. Ú.t.c.s.m. || **2**. m. pl. ZOOL. Orden de estos animales.

PERISOLOGÍA. (l. *perissologǐa*, y éste del gr. περισσολογία.) f. RET. Vicio de la elocución consistente en repetir o ampliar inútilmente los conceptos, o en expresarlos con verbosidad superflua y enojosa.

★ **PERISPERMO**. m. BOT. Albumen que se halla en la semilla procedente del óvulo.

★ **PERISPORIÁCEOS**. (De *perisporio*.) m. pl. BOT. Hongos ascomicetos, entre las que hay muchos mohos que se desarrollan sobre diferentes materias orgánicas en proceso de descomposición.

PERISTA. m. GERM. Comprador de objetos robados.

PERISTÁLTICO, CA. (gr. περισταλτικός; de περιστέλλω, comprimir.) adj. ZOOL. Que posee la propiedad de contraerse. Principalmente se aplica al movimiento de contracción que efectúan los intestinos para impulsar los materiales de la digestión y expeler los excrementos.

PER ÍSTAM. Voces latinas de la frase *Per istam sánctam unctiónem*, que en el lenguaje familiar equivalente en castellano a en blanco o en ayunas. Úsanse con los verbos *dejar, estar* o *quedarse*. El que las dice suele acompañarlas de la señal de la cruz en la boca.

PERÍSTASIS. (l. *peristăsis*.) f. RET. Tema, asunto, argumento del discurso.

PERISTILO. (l. *peristўlum*, y éste del gr. περίστυλος; de περί, alrededor, y στύλος, columna.) m. Entre los antiguos, lugar rodeado de columnas por la parte interior. || **2**. Galería de columnas que rodean un edificio o parte de él. || **P**. peristilo, peristylo; **I**. peristyle; **F**. péristyle; **A**. Säulengang; **It**. peristilio; **R**. колоннада.

PERÍSTOLE. (gr. περιστολή, compresión del vientre.) f. FISIOL. Acción peristáltica del conducto intestinal.

PERITACIÓN. f. Trabajo o estudio que hace un perito.

PERITAJE. m. Peritación.

PERITO, TA. (l. *perītus*.) adj. Sabio, experimentado, hábil, práctico en una ciencia o arte. Ú.t.c.s. || **2**. m. El que en alguna materia tiene título de tal, conferido por el Estado. || **3**. FOR. El que, poseyendo especiales conocimientos, informa bajo juramento al juzgador sobre puntos litigiosos relacionados con su especial saber y experiencia. || **P**. perito, -ta; **I**.skilful, connoisseur; **F**. habile, expert, versé dans un art; **A**. erfahren, kunstverständig; **It**. perito, esperto; **R**. опытный, эксперт.

PERITONEAL. adj. ZOOL. Perteneciente o relativo al peritoneo.

PERITONEO. (l. *peritonaeum*, y éste del gr. περιτόναιον; de περιτείνω, extender alrededor.) m. ZOOL. Membrana serosa, propia de los vertebrados y de otros animales, que reviste la cavidad abdominal y forma pliegues que envuelven las vísceras allí situadas. || **P**. peritoneo; **I**. peritoneum; **F**. péritoine; **A**. Bauchfell, Darmfell; **It**. peritoneo; **R**. брюшина.

★ **PERITONISMO**. m. PAT. Síndrome en que figuran los principales síntomas de la peritonitis, pero sin que el peritoneo esté inflamado.

PERITONITIS. (De *peritoneo*, y el suf. *-itis*, inflamación.) f. MED. Inflamación del peritoneo. || **P**. e **It**. peritonite; **I**. peritonitis; **F**. péritonite; **A**. Bauchfellentzündung; **R**. воспаление брюшины, перитонит.

PERJUDICADO, DA. p.p. de perjudicar. Ú.t.c.s. || **2**. adj. FOR. Dícese de efectos o títulos de crédito, generalmente de letras de cambio, cuya eficacia disminuye por omisión de formalidades que deben amparar las respectivas acciones.

PERJUDICADOR, RA.adj. Que perjudica. Ú.t.c.s.

PERJUDICANTE. p.a. de perjudicar. Que perjudica.

PERJUDICAR. (l. *praeiudicāre*.) tr. Ocasionar daño o menoscabo material o moral. Ú.t.c.r. || **P**. perjudicar; **I**. to prejudice, to injure; **F**. préjudicier, nuire; **A**. (be)schädigen, schaden; **It**. pregiudicare; **R**. вредить.

PERJUDICIABLE. adj. ant. Perjudicial.

PERJUDICIAL. (De *perjuicio*.) adj. Que perjudica o puede perjudicar. || **P**. prejudicial; **I**. prejudicial, hurtful; **F**. nuisible; **A**. nachteilig, schädlich; **It**. pregiudiziale; **R**. вредный.

PERJUDICIALMENTE. adv. Con perjuicio.

PERJUICIO. (l. *praeiudicĭum*.) m. Efecto de perjudicar o perjudicarse. || **2**. FOR. Ganancia lícita que deja de obtenerse, o deméritos o gastos que se ocasionan por acto u omisión de otro, y que éste debe indemnizar, a más del daño material causado directamente. || *Sin* PERJUICIO. m. adv. Dejando a salvo. || **P**. prejuizo, damno, perda; **I**. prejudice, injury, damage; **F**. préjudice, tort; **A**. Nachteil, Schaden; **It**. pregiudizio, danno; **R**. вред, убыток.

PERJURADOR, RA. (De *perjurar*.) adj. Perjuro. Ú.t.c.s.

PERJURAR. (l. *periurāre*.) intr. Jurar en falso. Ú.t.c.r. || **2**. Jurar mucho o por vicio, o por añadir fuerza al juramento, como maldiciéndose. || **3**. r. Faltar a la fe ofrecida en el juramento. || **P**. perjurar; **I**. to perjure; **F**. parjurer; **A**. meineidig werden; **It**. spergiurare; **R**. нарушать клятву.

PERJURIO. (l. *periurĭum*.) m. Delito de jurar en falso. || **2**. Acción de perjurarse. || **P**. perjurio; **I**. perjury, false oath; **F**. parjure; **A**. Meineid, Eidbruch; **It**. spergiuro; **R**. клятвопреступление.

PERJURO, RA. (l. *periūrus*.) adj. Que jura en falso. Ú.t.c.s. || **2**. Que quebranta maliciosamente el juramento que ha hecho. Ú.t.c.s. || **3**. m.p.us. Perjurio. || **P**. perjuro; **I**. perjurer, forswearer; **F**. parjure; **A**. eidbrüchig, meineidig; **It**. spergiuro; **R**. клятвопреступник.

PERLA. (Quizá del l. *pirŭla*, d. de *pirum*, pera.) f. Concreción nacarada por lo general de color blanco agrisado, reflejos brillantes y figura más o menos esferoidal, que suele formarse en el interior de las conchas de diversos moluscos, sobre todo en las madreperlas. Es muy apreciado en joyería cuando tiene buen oriente y es de figura regular. || **2**.fig. Persona de excelentes prendas, o cosa preciosa y exquisita en su clase. || **3**. fig. Especie de píldora, a veces hueca y llena de substancia. También las hay alimenticias. || **4**. En el juego del tresillo, reunión de la malilla, la espada y el rey o el punto. || **5**. BLAS. Pieza principal

P formada por media banda, media barra y medio palo, algo menores, reunidos por uno de sus extremos en el centro del escudo, formando una Y griega. También se llama palio por su parecido a la insignia empleada por los metropolitanos. ‖ **6.** IMPR. Carácter de letra de cuatro puntos tipográficos. ‖ *De* PERLAS. m. adv. Perfectamente, de molde. ‖ **P.** pérola; **I.** pearl; **F.** perle; **A.** Perle; **It.** perla; **R.** жемчужина.

PERLADA. (De *perla*.) adj. Perlina. ‖ **2.** V. *Cebada* PERLADA.

PERLÁTICO, CA. (De *paralítico*.) adj. Que padece perlesía. Apl. a pers. ú.t.c.s.

PERLERÍA. f. Conjunto de muchas perlas.

PERLERO, RA. adj. Perteneciente o relativo a la perla. *Comercio* PERLERO.

PERLESÍA. (l. *paralisia*, de *paralysis*.) f. Parálisis. ‖ **2.** Debilidad muscular producida por la mucha edad o por diferentes causas y acompañada de temblor.

PERLEZUELA. f. d. de perla.

PERLINO, NA. adj. De color de perla.

PERLITA. (De *perla*.) f. Fonolita.

PERLONGAR. (l. *perlongāre*, de *perlongus*.) intr. MAR. Ir navegando a lo largo de una costa. ‖ **2.** MAR. Extender un cabo de manera que se pueda tirar de él.

PERMANÁ. m. BOL. Chicha cruceña de primera calidad.

PERMANECER. (l. *permanēre*.) intr. Mantenerse sin cambiar en el mismo lugar, calidad o estado. ‖ **P.** permanecer; **I.** to remain; **F.** rester; **A.** (ver)bleiben; **It.** permanere; **R.** оставаться.

PERMANECIENTE. p.a. de permanecer. Que permanece. ‖ **2.** adj. Permanente.

PERMANENCIA. (l. *permănens*, *-entis*, permanente.) f. Duración firme, constancia, estabilidad, inmutabilidad. ‖ **P.** permanência; **I.** permanency; **F.** permanence; **A.** Fortdauer, Permanenz; **It.** permanenza; **R.** непрерывность.

PERMANENTE. (l. *permănens*, *-entis*.) adj. Que permanece. ‖ **2.** fam. Se dice de la ondulación artificial que se efectúa en el cabello y que dura bastante tiempo. Ú.t.c.f. ‖ **P.** permanente, inmutável; **I.** y **F.** permanent; **A.** dauernd, bleibend; **It.** permanente; **R.** постоянный.

PERMANENTEMENTE. adv. Con permanencia.

PERMANGANATO. m. QUÍM. Sal que se forma combinando el ácido derivado del manganeso con una base.

★ **PERMANGÁNICO, CA.** (De *per* y *mangánico*.) adj. QUÍM. Se llama así el ácido de manganeso más oxigenado. ‖ **2.** QUÍM. Se dice del anhídrido originado en la oxidación del manganeso.

PERMANSIÓN. (l. *permansĭo*, *-ōnis*.) f. Permanencia.

PERMEABILIDAD. f. Calidad de permeable. ‖ **P.** permeabilidade; **I.** permeability; **F.** perméabilité; **A.** Permeabilität; **It.** permeabilità; **R.** проницаемость.

PERMEABLE. (l. *permeabĭlis*, penetrable.) adj. Que puede penetrarlo el agua u otro fluido. ‖ **P.** permeável; **I.** permeable; **F.** perméable; **A.** undicht; **It.** permeàbile; **R.** проницаемый.

PÉRMICO, CA. adj. GEOL. Capa o terreno superior y más moderno que el carbonífero. ‖ **2.** m. Período o tiempo en que se formó dicho terreno. De la edad primaria es el más moderno.

PERMISIBLE. (De *permiso*.) adj. Que se puede permitir.

PERMISIÓN. (l. *permissĭo*, *-ōnis*.) f. Acción de permitir. ‖ **2.** RET. Figura que se comete cuando el que habla finge permitir o dejar al arbitrio ajeno una cosa.

PERMISIVAMENTE. adv. Con consentimiento tácito, sin licencia expresa.

PERMISIVO, VA. (l. *permissum*, supino de *permittĕre*, permitir.) adj. Que incluye la facultad o licencia de hacer una cosa, sin preceptuarla.

PERMISO, SA. (l. *permissum*.) p.p. irreg. ant. de permitir. ‖ **2.** m. Licencia o consentimiento para hacer o decir una cosa. ‖ **3.** En las monedas, diferencia consentida entre su ley o peso efectivo y el que exactamente se les supone. Si la diferencia es en más, se llama en fuerte, y si en menos, se dice en feble. ‖ **2.ª** acep.: **P.** licença; **I.** permission, allowance; **F.** permis, permis-

sion; **A.** Erlaubnis, Genehmigung; **It.** permesso; **R.** разрешение.

PERMISOR, RA. (l. *permissor*.) adj. Permitidor. Ú.t.c.s.

PERMISTIÓN. (l. *permistĭo*, *-ōnis*.) f. Mezcla de algunas cosas, generalmente líquidas.

PERMITENTE. p.a. de permitir. Que permite.

PERMITIDERO, RA. adj. Permisible.

PERMITIDOR, RA. adj. Que permite. Ú.t.c.s.

PERMITIR. (l. *permittĕre*.) tr. Dar su consentimiento, el que manda para que los demás hagan o no una cosa. Ú.t.c.s. ‖ **2.** No impedir lo que puede o debe evitar. ‖ **3.** En las escuelas y en la oratoria, conceder una cosa como si fuera verdadera, o por no hacer caso de la cuestión o asunto principal, o por la dificultad con que se comprende el resultado. ‖ **4.** TEOL. No impedir Dios una cosa mala; aunque sin voluntad directa en ella. ‖ **P.** permitir, autorizar; **I.** to permit, to allow; **F.** permettre; **A.** erlauben, zugestehen; **It.** permèttere; **R.** разрешать.

PERMUTA. (De *permutar*.) f. Acción y efecto de permutar, 1.ª acep. ‖ **2.** Resignación o renuncia que dos eclesiásticos hacen de sus beneficios en manos del ordinario, con súplica recíproca para que el libremente al uno el beneficio del otro. ‖ **3.** Cambio entre dos beneficiados y oficiales públicos, de los empleos que tienen.

PERMUTABILIDAD. f. Calidad de permutable.

PERMUTABLE. (l. *permutabĭlis*.) adj. Que se puede permutar.

PERMUTACIÓN. (l. *permutatĭo*, *-ōnis*.) f. Acción y efecto de permutar. ‖ **2.** MAT. Cada uno de los grupos que se pueden formar con determinado número de elementos ordenándolos o disponiéndolos de todos los modos posibles y entrando todos en cada grupo.

PERMUTAR. (l. *permutāre*.) tr. Cambiar una cosa por otra, sin intervenir el dinero de no ser el necesario para igualar el valor de lo cambiado. ‖ **2.** Cambiar entre sí dos eclesiásticos los bienes que poseen o dos oficiales públicos los empleos que sirven. ‖ **3.** Variar el orden o disposición en que estaban las cosas. ‖ **P.** permutar, trocar; **I.** to permute, to exchange; **F.** permuter, échanger; **A.** vertauschen, umtauschen, auswechseln; **It.** permutare; **R.** менять, заменять.

PERNA. (l. *perna*.) f. Molusco acéfalo que se cría en los mares tropicales, y su concha rugosa y negruzca en lo exterior y nacarada por dentro, tiene la forma semejante a un pernil.

PERNADA. f. Golpe o movimiento violento que se hace con una pierna. ‖ **2.** MAR. Rama, ramal o pierna de algún objeto.

PERNALES. (De *pierna*.) m. pl. LEÓN. Estacas largas que se colocan en los bordes de los carros con el fin de sujetar y aumentar la altura de los cañizos y lograr que cargue mucha paja o heno.

PERNAMBUCO. n. p. V. *Palo de* PERNAMBUCO.

PERNAZA. f. aum. de pierna.

PERNEADOR, RA. (De *pernear*.) adj. Que tiene gran fuerza en las piernas y puede andar mucho.

PERNEAR. intr. Mover violentamente las piernas. ‖ **2.** fig. y fam. Andar mucho y con fatiga para conseguir un negocio. ‖ **3.** fig. fam. Intranquilizarse o molestarse por no conseguir lo que se desea. ‖ **4.** tr. AND. Poner a vender por cabezas, el ganado de cerda en las ferias.

PERNEO. (De *pernear*.) m. AND. Mercado del ganado de cerda.

PERNERA. f. Pernil, 3.ª acep.

PERNERÍA. f. MAR. Conjunto o provisión de pernos.

PERNETA. f. d. de pierna. ‖ *En* PERNETAS. m. adv. Con piernas desnudas.

PERNETE. m. d. de perno.

PERNEZUELA. f. d. de pierna.

PERNIABIERTO, TA. adj. Que tiene las piernas abiertas o muy separadas una de otra.

PERNICIE. (l. *pernicĭes*.) f. ant. Perdición, daño, ruina.

PERNICIOSAMENTE. adv. Con grave daño.

PERNICIOSO, SA. (l. *perniciōsus*.) adj. Gravemente dañoso o perjudicial. ‖ **2.** Fiebre perniciosa. ‖ **P.** e **It.** pernicioso; **I.** pernicious; **F.** pernicieux; **A.** verderblich, schädlich; **R.** вредный.

PERNICOTE. m. SAL. Hueso del pernil, 2.ª acep.

PERNICHO. (De *perno*.) m. GERM. Postigo.

PERNIGÓN. (ital. *pernicone*.) m. Especie de ciruela redonda y tierna, que procedía de Génova, en dulce.

PERNIL. (l. *perna*, pernil de puerco.) m. Anca y muslo de animal. ‖ **2.** Por antonom., el de puerco. ‖ **3.** Parte del calzón o pantalón que cubre cada pierna.

PERNIO. (l. *perna*, pierna.) m. Gozne que se coloca en las puertas y ventanas para que puedan girar las hojas.

PERNIQUEBRAR. tr. Romper o quebrar una pierna. Ú.t.c.r.

★ **PERNIS.** m. ZOOL. Cierto género de aves rapaces, de pico corto y encorvado.

PERNITUERTO, TA. (De *pierna* y *tuerto*.) adj. Que tiene torcidas las piernas.

PERNO. (l. *perna*, pierna.) m. Pieza larga cilíndrica que puede ser de hierro u otro metal, de cabeza redonda por un extremo y por el otro se asegura con una tuerca o por remaches. Se emplea para afirmar piezas de gran volumen. ‖ **2.** Pieza del pernio o gozne en que se halla la espiga. ‖ **P.** e **It.** perno; **I.** pin, bolt, spike; **F.** boulon; **A.** Bolzen; **R.** болт.

PERNOCTAR. (l. *pernoctāre*.) intr. Pasar la noche fuera de casa en cualquier lugar, y generalmente viajando. ‖ **P.** pernoitar; **I.** to pass the night; **F.** passer la nuit; **A.** übernachten; **It.** pernottare; **R.** переночевать.

PERNOCHAR. intr. ant. Pernoctar.

PERNOTAR. tr. Notar, 2.ª acep.

PERO. (l. *pirum*.) m. Variedad de la manzana que posee un fruto que es más largo que grueso. ‖ **2.** Fruto de este árbol. ‖ **3.** ARGENT. y BOL. Peral. ‖ *Ese* PERO *no está maduro*. expr. fig. Se indica a uno que no prosiga en lo que comenzó, por no ser ocasión u ofrecer inconvenientes.

PERO. (De *Pedro*.) n. p. Botero. V. *Las calderas de* PERO *Botero*. ‖ *Jimén*. PERO-*jimén*.

PERO. (l. *per hoc*.) conj. advers. con que a un concepto se contrapone otro diverso o se amplía el anterior. *El dinero hace ricos a los hombres* PERO *no les proporciona toda la felicidad*. ‖ **2.** Se emplea a principios de una cláusula sin referirse a ninguna anterior, únicamente para dar fuerza a lo que se dice. PERO *¡qué buen olor!* ‖ **3.** Sino, 2.º art., 1.ª acep. ‖ **4.** m. fam. Defecto o dificultad. *Nunca hace las cosas a la primera, siempre pone algún* PERO. ‖ **P.** pero; **I.** but; **F.** mais, cependant; **A.** aber, indes, jedoch; **It.** ma, però; **R.** грушовка.

PEROGRULLADA. (De *perogrullo*.) f. fam. Verdad o especie que por sabida no es necesario decirla.

PEROGRULLESCO, CA. adj. Perteneciente o relativo a la perogrullada.

PEROGRULLO. (De *Pero*, n. p., y *grullo*.) n. p. V. *Verdad de* PEROGRULLO.

PEROJIMÉN. m. Perojiménez.

PEROJIMÉNEZ. m. Pedrojiménez.

PEROJO. m. SANT. Pera pequeña y redonda que madura pronto.

PEROL. (ital. *paiuolo*, del celtolat. *pariolum*.) m. Vasija de metal, de figura como de media esfera, empleado para cocer varias cosas. ‖ *Ir de* PEROL. fr. AND. Salir al campo de jira.

PEROLA. (ital. *paiuola*, del celtolat. *pariolum*.) f. MUR. Especie de perol aunque algo más pequeño.

★ **PEROMELO.** m. MED. Feto con los miembros deformes o persona con igual anormalidad.

★ **PERÓN.** m. MÉJ. Pero, variedad de manzana. ‖ **2.** MÉJ. Peral.

PERONÉ. (gr. περόνη, corchete, clave.) m. ZOOL. Hueso largo y delgado de la pierna, detrás de la tibia con la que se articula. ‖ **P.** perônio; **I.** fibula, **F.** péroné; **A.** Wadenbein; **It.** peroneo; **R.** малая берцовая кость.

PERORACIÓN. (l. *peroratĭo*, *-ōnis*.) f. Acción y efecto de perorar. ‖ **2.** RET. Últi-

P

ma parte del discurso, en que se enumeran las pruebas y se trata de mover con más eficacia el ánimo anteriormente al ánimo del auditorio. ‖ 3. RET. En sentido restricto, parte exclusivamente patética de la peroración. ‖ **P**. peroração; **I**. peroration; **F**. péroraison; **A**. Redefluss; **It**. perorazione; **R**. разглагольствование.

PERORAR. (l. *perorāre*.) intr. Pronunciar un discurso u oración. ‖ 2. fam. Hablar uno en la conversación familiar como si lo hiciera en un discurso. ‖ 3. fig. Pedir con instancia. ‖ **P**. perorar; **I**. to perorate; **F**. pérorer; **A**. perorieren; **It**. perorare; **R**. разглагольствовать.

PERORATA. (l. *perorāta*, hablada.) f. Oración o razonamiento molesto, inoportuno.

PEROSIS. f. VETER. Afección que ataca a los polluelos de las gallinas y pavos, como también a los cisnes jóvenes y que se caracteriza por un abultamiento en el tarso.

PEROTE. m. AND. Natural o vecino de Álora, en Málaga. Es voz despectiva. ★ **PEROTE**. m. PERÚ. Títere.

★ **PEROXIDASA**. f. QUÍM. Enzima que provoca la oxidación y descompone los peróxidos orgánicos originando oxígeno atómico.

PERÓXIDO. (De *per* y *óxido*.) m. QUÍM. En la serie de los óxidos, el que posee la mayor cantidad posible de oxígeno. ‖ **—de manganeso**. QUÍM. Manganeso o pirolusita. Se dice también bióxido de manganeso. ‖ **P**. peróxido; **I**. peroxide; **F**. péroxyde; **A**. Hyperoxid; **It**. peròssido; **R**. перекись.

PERPALO. m. AR. Palanca, 1.ª acep.
PERPEJANA. f. Parpalla.
PERPENDICULAR. (l. *perpendiculāris*.) adj. GEOM. Se aplica a la línea o al plano que forma ángulo recto con otra línea o con otro plano. Apl. a línea ú.t.c.s. f. ‖ **P**. e **I**. perpendicular; **F**. perpendiculaire; **A**. senkrecht; **It**. perpendicolare; **R**. перпендикулярный.

PERPENDICULARIDAD. f. Calidad de perpendicular.
PERPENDICULARMENTE. adv. Rectamente, derechamente, sin torcerse para ningún lado.

PERPENDÍCULO. (l. *perpendículum*.) m. Plomada, 2.ª acep. ‖ 2. GEOM. Altura de un triángulo. ‖ 3. MEC. Péndulo, 2.ª acep. ‖ **P**. perpendículo; **I**. plummet; **F**. perpendicule; **A**. Senkblei; **It**. perpendicolo; **R**. лот.

PERPETRACIÓN. (l. *perpetratio, -ōnis*.) f. Acción y efecto de perpetrar.
PERPETRADOR, RA. (l. *perpetrātor*.) adj. Que perpetra. Ú.t.c.s.
PERPETRAR. (l. *perpetrāre*.) tr. Cometer, consumar. Se aplica sólo a delito o culpa grave. ‖ **P**. perpetrar, cometer; **I**. to perpetrate; **F**. perpétrer; **A**. (ein Verbrechen) begehen; **It**. perpetrare; **R**. совершить.

PERPETUA. (l. *perpetŭa*, t. f. de *-tŭus*, perpetuo, por serlo del color de la flor aun después de arrancada.) f. Planta herbácea anual, amarantácea, con tallo derecho, articulado y ramoso; hojas opuestas aovadas y vellosas; flores reunidas en cabecilla globosa, solitaria y terminales, con tres bráccteas, perigonio dividido en cinco partes, tres estambres y el fruto en forma de caja que encierra una sola semilla. Las flores son pequeñas moradas anacaradas, o jaspeadas y, cogidas poco antes de granar la simiente, persisten durante mucho tiempo sin alterarse; de aquí que se empleen para formar guirnaldas, coronas, etc. Se cría en la India y se cultiva en los jardines. alcanza de altura de 4 a 6 dm. ‖ 2. Flor de esta planta. ‖ **—amarilla**. Planta herbácea vivaz de las compuestas, con tallos blanquecinos, duros en la parte inferior, hojas sentadas, lineales, flores pequeñas y amarillas, formando corimbo terminal y convexo. Las flores separadas de las plantas poco antes de abrirse duran mucho tiempo. Es espontánea en España y se cultiva en los jardines. ‖ 2. Flor de esta planta. ‖ 3. Planta de la familia de las compuestas, semejante a la anterior, con hojas lineales y persistentes y flores de mayor tamaño, y de color amarillo más bello y hermoso. Es originaria de Oriente

y se cultiva en los jardines donde llega a alcanzar una altura de 3 o 4 dm. ‖ 4. Flor de esta planta. ‖ 5. Planta de la familia de las compuestas, parecida a las dos anteriores, con hojas lineales y lanceoladas, flores de color de azufre y escamas plateadas en la base de las cabezuelas. Es originaria de Virginia, se cultiva en los jardines, llega a tener 5 ó 6 cm de altura. ‖ 6. Flor de esta planta. ‖ **—encarnada**. Perpetua. ‖ **P**. perpétua; **I**. y **F**. immortelle; **A**. Immerschön; **It**. sempreviva; **R**. бессмертник.

PERPETUACIÓN. f. Acción de perpetuar o perpetuarse una cosa.
PERPETUAL. (l. *perpetuālis*.) adj. ant. Perpetuo.
PERPETUALIDAD. (De *perpetual*.) f. ant. Perpetuidad.
PERPETUALMENTE. adv. ant. Perpetuamente.
PERPETUAMENTE. adv. Perdurablemente, para siempre.
PERPETUÁN. (De *perpetuo*.) m. Sempiterna, 1.ª acep.
PERPETUAR. (l. *perpetuāre*.) tr. Hacer perpetua una cosa. Ú.t.c.r. ‖ 2. Dar a las cosas una larga duración. Ú.t.c.r. ‖ **P**. perpetuar; **I**. to perpetuate; **F**. perpétuer; **A**. verewigen; **It**. perpetuare; **R**. увековечивать.

PERPETUIDAD. (l. *perpetuĭtas, -ātis*.) f. Duración sin fin. ‖ 2 fig. Duración muy larga o incesante. ‖ **P**. perpetuidade; **I**. perpetuity; **F**. perpétuité; **A**. Ewigkeit, Fortdauer; **It**. perpetuità; **R**. вечность.

PERPETUO, TA. (l. *perpetŭus*.) adj. Que dura para siempre. ‖ 2. Se aplica a ciertos cargos vitalicios, se obtengan por herencia o por elección. ‖ 3. V. FOR. Perpetuo silencio. ‖ **P**. perpetuo; **I**. perpetual, everlasting; **F**. perpétuel; **A**. immerwährend, ewig; **It**. perpetuo; **R**. вечный.

PERPIAÑO. (fr. *parpaing*.) adj. ARQ. V. Arco PERPIAÑO. ‖ 2. m. Piedra que atraviesa toda la pared.
PERPLEJAMENTE. adv. Confusamente, dudosamente.
PERPLEJIDAD. (l. *perplexĭtas, -ātis*.) f. Irresolución, confusión, duda de lo que se debe hacer. ‖ **P**. perplexidade; **I**. perplexity; **F**. perplexité; **A**. Ratlosigkeit, Bestürzung; **It**. perplessità; **R**. замешательство.

PERPLEJO, JA. (l. *perplēxus*.) adj. Dudoso, incierto, irresoluto. ‖ **P**. perplexo; **I**. perplexed; **F**. perplexe, hésitant; **A**. ratlos, verlegen; **It**. perplesso; **R**. растерянный.

★ **PERPLICACIÓN**. f. CIR. Obstrucción de un vaso seccionado, al introducirse el extremo sangrante en una incisión hecha en la pared de dicho vaso.

PERPUNTE. (l. *perpunctus*, punzado profundamente.) m. Jubón fuerte, colchado con algodón y pespuntado, para guardar el cuerpo de las armas blancas, como los jubones ojeteados.

PERQUÉ. (ital. *perché*, porqué.) m. Antigua composición poética, caracterizada por la pregunta y respuesta ¿por qué?, porque. ‖ 2. Libelo infamatorio, escrito en la misma forma de pregunta y respuesta.

★ **PERQUILAHUÉN**. (Voz araucana.) m. CHILE. Nombre que el vulgo da a una planta muy parecida al vollén, que se emplea como purgante violento.

PERQUIRIR. (l. *perquīrĕre*.) tr. Investigar, buscar una cosa con cuidado y diligencia.

PERRA. f. Hembra de perro. ‖ 2. fig. y fam. Borrachera, 1.ª acep. ‖ 3. fam. Rabieta de niño. ‖ *¡La gran* PERRA! expr. fam. ARGENT. Úsase para manifestar enfado. ‖ *Soltar* uno *la* PERRA. fr. fig. y fam. Gloriarse o jactarse de una cosa antes de lograrla. ‖ **P**. cadela; **I**. bitch; **F**. chienne; **A**. Hündin; **It**. cagna; **R**. сука.

PERRADA. f. Conjunto de perros. ‖ 2. fig. y fam. Acción villana que se comete faltando bajamente a la fe prometida o a la debida correspondencia.

★ **PERRAJE**. (De *perro*.) m. COLOM. Jauría. ‖ 2. VENEZ. Baile de gente soez y grosera.

PERRAMENTE. adv. fig. y fam. Muy mal.

PERREDA. f. ant. Perrera, 3.ª acep.

★ **PERRENCAZO**. (De *perrenque*.) m. COLOM. Latigazo.

PERRENGUE. (De *perro*.) m. fam. El que con facilidad y vehemencia se enoja, encoleriza o emperra. ‖ 2. fig. y fam. El negro, o porque se encoleriza pronto, o por llamarle perro disimuladamente.

PERRERA. f. Lugar donde se guardan o encierran los perros. ‖ 2. Departamento de los trenes destinados a llevar los perros. ‖ 3. Empleo de dificultad y poco provecho. ‖ 4. fam. Mal pagador. ‖ 5. fam. Perra, 3.ª acep. ‖ 6. ARGENT. Carro especial donde la municipalidad recoge a los perros vagabundos o los que no tengan patente. ‖ **P**. canil; **I**. kennel; **F**. chenil; **A**. Hundehütte; **It**. canile; **R**. конура.

PERRERÍA. f. Muchedumbre de perros. ‖ 2. fig. Conjunto o agregado de personas malvadas. ‖ 3. fig. Expresión o demostración de enojo, enfado o ira. ‖ 4. Perrada, 2.ª acep., acción villana.

PERRERO. m. El que echa fuera los perros en las iglesias catedrales. ‖ 2. El que cuida o tiene a su cargo los perros de caza. ‖ 3. El que es muy aficionado a tener o criar perros.

★ **PERRETA**. f. (De *perra*, berrinche, rabieta.) f. CUBA. Perra, rabieta.

PERREZNO. m. Perrillo o cachorro.

PERRILLA. f. MÉJ. Orzuelo, diviesa al borde del párpado.

PERRILLO. (d. de *perro*.) m. Gatillo, 2.ª acep. ‖ 2. Pieza de hierro con forma de mediacaña arqueada y con dientes finos en la parte interior, que se pone en las caballerías muy duras de boca en substitución de la cadenilla de barbada. ‖ 3. P. RICO. Machete largo. ‖ **—de todas bodas**. fig. y fam. El que se presenta en todos los lugares de diversión. ‖ *PERRILLO de muchas bodas, no come en ninguna por comer en todas*. ref. que enseña que todo lo pierde el que con codicia quiere abarcar muchas cosas.

PERRO, RRA. adj. fig. y fam. Muy malo, indigno.

PERRO. m. ZOOL. Mamífero doméstico de la familia de los cánidos, de tamaño, forma y pelaje muy diversos, según la raza, pero siempre la cola de menor longitud que las patas posteriores. Tiene olfato muy fino y es inteligente y muy leal al hombre. ‖ 2. fig. Nombre que se da despreciativamente a los moros y judíos. ‖ 3. fig. Hombre tenaz y constante en una opinión o empresa. Ú.t.c.adj. ‖ 4. fig. Engaño que se hace a uno en un contrato, o incomodidad que se le ocasiona haciéndole esperar mucho tiempo, o bien causándole alguna vejación. ‖ 5. fig. y fam. V. *Vida de* PERROS. ‖ 6. COLOM. Pereza, modorra. ‖ **—alano**. El de raza cruzada que se considera procedente de dogo y el lebrel. Es corpulento y fuerte, de cabeza grande y orejas caídas, la cola larga y el pelo corto y suave. ‖ **—albarraniego**. En ciertos lugares, perro de ganado trashumante. ‖ **—alforjero**. Perro de caza enseñado a cuidar las alforjas. ‖ **—ardero**. El que caza ardillas. ‖ 2. El pequeño y fino con el hocico quebrado. ‖ **—cobrador**. El que trae a su amo la presa muerta o herida. ‖ **—culpeu** o **culpeo**. AMÉR. Culpeo. ‖ **—chico**. fig. fam. Moneda que valía 5 céntimos de peseta. ‖ **—chino**. Casta o variedad de perro que carece de pelo y tiene orejas pequeñas y rectas, y el cuerpo obscuro y gordo. Es estúpido y siempre está como tiritando. ‖ **—danés**. El que posee cualidades de lebrel y mastín. ‖ **—de agua**. COLOM. y SALV. Coipú. ‖ 2. SALV. Especie de nutria. ‖ **—de aguas**. El que se considera originario de España, de cuerpo grueso, cuello redondo, hocico agudo, cabeza redonda y orejas caídas, pelo largo, abundante, rizado y de ordinario blanco. ‖ **—de ajeo**. El perdiguero acostumbrado a acosar tanto las perdices que las hace ajear antes de que se levanten el vuelo. ‖ **—de ayuda**. El que es enseñado para socorrer a su amo. ‖ **—de busca**. MONT. Especie de perro que sirve para seguir la caza. ‖ **—de casta**. El que no es cruzado. ‖ 2. Perro faldero. ‖ **—de muestra**. El que se para a olfatear la presa como avisando al cazador. ‖ **—de punta y vuelta**. Entre cazadores, el que hace punta o muestra la caza y toma después la vuelta para cogerla cara a cara. || **—de Terranova.** Especie de perro de aguas de gran tamaño, pelo largo sedoso y ondulado, de color blanco con grandes manchas y cola encorvada hacia arriba. Tiene dos pies palmeados a propósito para nadar. || **—dogo.** El de cuerpo y cuello grueso y corto, pecho ancho cabeza redonda, orejas pequeñas con la punta doblada. Es muy pesado y tiene una fuerza y valor extraordinarios. Se utiliza para la defensa de las propiedades, para las cazas peligrosas y para luchar contra fieras. Hay variedades de diferentes tamaños. || **—faldero.** El que por ser tan pequeño puede colocarse en las faldas de las mujeres. || **—galgo.** Casta de perro muy ligero, con la cabeza pequeña, ojos grandes, cuerpo largo y delgado y las patas largas. || **—grande.** fig. y fam. Moneda de cobre que valía 10 céntimos de peseta. || **—jíbaro.** CUBA. Perro que se hace montaraz. || **—lebrel.** Variedad de perro que se distingue en tener el labio superior y las orejas caídas, el hocico recio, lomo recto cuerpo largo y piernas retiradas atrás. Se le da este nombre por ser muy a propósito dicho perro para cazar liebres. || **—mastín.** El grande, fornido, de cabeza redonda, orejas pequeñas y caídas, ojos encendidos, boca rasgada, dientes fuertes, cuello corto y grueso, pecho robusto. || **—mudo.** ZOOL. Nombre de una variedad de perro que existía en las Antillas y que fue extendida por los primeros naturalistas españoles que llegaron a estas islas. || **—pachón.** El de raza muy parecida al perdiguero, pero de piernas más cortas y torcidas, cabeza redonda y boca muy grande. || **—perdiguero.** El de talla mediana, con cuerpo recio, cuello ancho y fuerte, cabeza fina, orejas muy grandes y caídas, patas altas y nervudas, cola larga y pelaje corto y fino. Es apreciado para la caza, por su gran vista y olfato sigue bien la pista. || **—podenco.** El de cuerpo algo menor, pero más robusto que un lebrel, con la cabeza redonda, de orejas tiesas, pelo medianamente largo, la cola enroscada y las manos y pies pequeños pero muy fuertes. Es poco ladrador y muy sagaz y ágil en la caza por su gran olfato y vista. || **—quitador.** El que está enseñado a quitar la caza a los demás para que no la despedacen o coman, y la lleva a la mano. || **—raposero.** Perro de unos dos pies de altura. Se emplea en la caza de montería sobre todo en la de zorras. || **—rastrero.** El que busca a la caza por el rastro. || **—sabueso.** Variedad de podenco, algo menor que el común, y de olfato muy fino. || **—ventor.** El que sigue a la caza por el olfato y el viento. || **—viejo.** fig. y fam. Hombre sumamente cauto, prevenido por la experiencia. || **—zarcero.** Perro pequeño que entra con facilidad en las zarzas para buscar la caza. || *A espeta* PERROS. m. adv. fig. y fam. Con mucha precipitación. || *A otro* PERRO *con ese hueso.* expr. fig. y fam. con que se repele al que propone artificiosamente una cosa incómoda o desagradable o cuenta algo que no debe creerse. || *A* PERRO *viejo, nunca cuz cuz,* o *no hay tus tus.* ref. que enseña que es muy difícil engañar al hombre experimentado y cuerdo. || *Atar a los* PERROS *con longaniza.* fr. fig. y fam. con que se encarece, casi siempre con ironía, la abundancia o la esplendidez. || *Como* PERRO *con cencerro, con cuerno con maza* o *con vejiga.* locs. advs. figs. fams. con que se explica que uno se ausentó sentido de una especie, con precipitación, sonrojo o prisa. || *Como* PERROS *y gatos.* loc. adv. fig. y fam. con que se explica el aborrecimiento con que se miran algunos. || *Dar* PERRO a uno. fr. fig. y fam. Hacerle esperar a uno o hacerle alguna vejación. || *Dar* PERRO *muerto.* fr. Hacer algún engaño o burla muy pesada, o bien ofrecer dinero y luego no darlo. || *El* PERRO *con rabia, de su amo traba.* ref. que muestra como el que está encolerizado o airado, como fuera de razón, no respeta a nadie. || *El* PERRO *del herrero duerme a las martilladas y despierta a las dentelladas.* ref. que indica que algunos sólo se presentan cuando hay un motivo de placer o interés. || *El* PERRO *del hortelano, que ni come las berzas ni las deja comer al amo.* ref. que reprende al que no aprovecha las cosas ni deja que los demás las aprovechen. || *El* PERRO *flaco todo es pulgas.* ref. que da a entender que al pobre mísero y abatido, suelen afligirle todas las adversidades. || *En dando en que el* PERRO *ha de rabiar, rabia.* fr. proverb. que advierte el riesgo de que caiga en un vicio o falta aquel a quien se le atribuye con insistencia. || *Ládrame el* PERRO *y no me muerda.* ref. que indica que no son terribles las amenazas cuando se ve que no van a ser cumplidas. || *Morir* uno *como un* PERRO. fr. fig. Morir uno sin dar señales de arrepentimiento. || *Muerto el* PERRO *se acabó la rabia.* fr. proverb. que indica que cesando la causa cesan los efectos. || *No quiero* PERRO *con cencerro.* expr. fig. y fam. que indica que no se desea una cosa que puede acarrearnos más perjuicios que comodidad. || PERRO *ladrador, poco mordedor* o *nada mordedor.* ref. que indica que generalmente los que hablan mucho hacen poco. || *Todo junto como al* PERRO *los palos.* expr. fig. que indica que todos los males le han llegado a uno de una vez. || **2.** Significa también que le harán pagar a uno todos los males que han hecho y además juntos. || *Tratar* a uno *como a un* PERRO. fr. fig. y fam. Maltratarle, despreciarle. || **P.** cão; **I.** dog; **F.** chien; **A.** Hund; **It.** cane; **R.** собака.

PERRONA. f. AST. Perra gorda, moneda de 10 céntimos.

PERROQUETE. (fr. *perroquet,* d. del l. *Petrus,* Pedro.) m. MAR. Mastelerillo de Juanete.

PERRUNA. (De *perruno.*) f. Pan muy moreno hecho de harina de cerner, que de ordinario se da a los perros. || **2.** Torta perruna.

PERRUNO, NA. adj. Perteneciente o relativo al perro. || **P.** e **It.** canino; **I.** doggish, canine; **F.** canin, du chien; **A.** hündisch; **R.** собачий.

PERSA. adj. Natural de Persia. Ú.t.c.s. || **2.** Perteneciente a esta nación de Asia. || **3.** m. Idioma que se habla en dicha nación.

PER SE. expr. l. Por sí o por sí mismo. Ú. también en lenguaje filosófico.

PERSECUCIÓN. (l. *persecutio, -ōnis.*) f. Acción de perseguir o insistencia en hacer o procurar daño. || **2.** Por antonom., las que llevaron a cabo en los tres primeros siglos de la Iglesia los emperadores romanos contra los cristianos. || **3.** fig. Instancia enfadosa y continua con que se acosa a uno con el fin de que ceda a hacer lo que se le pide. || **P.** persecução; **I.** persecution; **F.** persécution; **A.** Verfolgung; **It.** persecuzione; **R.** преследование.

PERSECUTORIO, RIA. adj. Que persigue, 1.ª y 3.ª aceps.

PERSEGUIDOR, RA. adj. Que persigue, 1.ª y 3.ª aceps. Ú.t.c.s.

* **PERSEGUIDORA.** (Forma femenina de *perseguidor.*) f. PERÚ. Malestar que queda después de una borrachera.

PERSEGUIMIENTO. (De *perseguir.*) m. Persecución.

PERSEGUIR. (l. *persĕqui.*) tr. Seguir al que huye con la esperanza de alcanzarle. || **2.** fig. Seguir o buscar a uno con frecuencia e importunidad. || **3.** fig. Molestar, fatigar, dar que padecer o sufrir a uno; procurar hacerle todo el daño posible. || **4.** fig. Solicitar o pretender con frecuencia, instancia o molestia. || **5.** FOR. Proceder judicialmente contra uno. Por ext., se aplica a las faltas o delitos. PERSEGUIR *las infracciones.* || **P.** perseguir; **I.** to pursue; **F.** persécuter; **A.** verfolgen; **It.** persegui(ta)re; **R.** преследовать.

PERSEIDAS. f. pl. ASTRON. Estrellas fugaces cuyo punto radiante está en la constelación de Perseo. Suelen observarse hacia el 10 de agosto.

PERSEO. (De *Perseo,* hijo de Júpiter y de Dánae, según la mitología.) m. ASTRON. Constelación septentrional cerca y al oriente de Andrómeda.

PERSEVANTE. (fr. *poursuivant.*) m. Oficial de armas, según la orden de la caballería.

* **PERSEVERACIÓN.** (l. *perseveratio, -ōnis,* duración.) f. MED. Fenómeno psicopático observado en algunos alienados que dan siempre la misma respuesta a las preguntas que se les hacen, aunque éstas sean distintas.

PERSEVERANCIA. (l. *perseverantia.*) f. Firmeza y constancia en la ejecución de los propósitos y en las resoluciones del ánimo. || **2.** Duración permanente o continua de una cosa. || **—final.** Constancia en la virtud y en mantener la gracia hasta la muerte. || **P.** perseverança, constância; **I.** perseverance; **F.** persévérance; **A.** Standhaftigkeit, Ausdauer; **It.** perseveranza; **R.** настойчивость, упорство.

PERSEVERANTE. (l. *persevērans, -antis.*) p.a. de perseverar. Que persevera.

PERSEVERANTEMENTE. adv. Con perseverancia.

PERSEVERANZA. f. ant. Perseverancia.

PERSEVERAR. (l. *perseverāre.*) intr. Mantenerse constante en la continuación de lo comenzado. || **2.** Durar permanentemente o por largo tiempo. || **P.** perseverar; **I.** to persevere; **F.** persévérer; **A.** ausdauern; **It.** perseverare; **R.** упорствовать.

PERSIANA. (De *persiano.*) f. Especie de celosía, de tablillas fijas o movibles y colocadas de forma que dejen paso al aire, pero no al sol. || **2.** Tela de seda con varias flores grandes tejidas, y diversidad de matices. || **P.** persiana, gelosia; **I.** jalousie; **F.** persienne; **A.** Sommerladen, Jalousie; **It.** persiana, gelosia; **R.** жалюзи.

PERSIANO, NA. (l. *persiānus,* de *Persia,* Persia.) adj. Persa. Apl. a pers. ú.t.c.s.

PERSICARIA. (Porque las hojas de las plantas son parecidas a las del *pérsico.*) f. Duraznillo.

PÉRSICO, CA. (l. *persĭcus.*) adj. Persa, 2.ª acep. || **2.** V. *Albaricoque, fuego* PÉRSICO. || **3.** m. BOT. Árbol frutal de las rosáceas, originario de Persia y cultivado en varias provincias de España. Tiene las hojas aovadas y aserradas, las flores de color rosa claro y el fruto es una drupa con el hueso lleno de arrugas surcadas. || **4.** Fruto de dicho árbol.

PERSIGNAR. (l. *persignāre.*) tr. Signar, 3.ª acep. Ú.t.c.r. || **2.** Signar y santiguar a continuación. Ú.t.c.r. || **3.** r. fig. y fam. Manifestar uno, haciéndose cruces, admiración, sorpresa o extrañeza. || **4.** fig. y fam. Comenzar a vender.

PÉRSIGO. m. Pérsico, 3.ª y 4.ª aceps.

* **PERSIO.** m. Materia colorante que se obtiene de algunos líquenes. Es de color rojo pardo.

PERSISTENCIA. (De *persistir.*) f. Insistencia, constancia en el intento o ejecución de una cosa. || **2.** Duración permanente de una cosa. || **P.** persistência; **I.** persistence; **F.** persistance; **A.** Beständigkeit; **It.** persistenza; **R.** постоянство.

PERSISTENTE. p.a. de persistir. Que persiste.

PERSISTIR. (l. *persistĕre.*) intr. Mantenerse firme o constante en una cosa. || **2.** Durar mucho tiempo. || **P.** persistir, manter-se, durar; **I.** to persist; **F.** persister; **A.** verharren, hartnäcking bestehen auf; **It.** persistere; **R.** упорствовать.

PERSONA. (l. *persōna.*) f. Individuo de la especie humana. || **2.** Hombre o mujer cuyo nombre se ignora o se omite. || **3.** Hombre distinguido en la república con un empleo muy honorífico o poderoso. || **4.** Hombre de prendas, disposición o prudencia. || **5.** GRAM. Accidente gramatical que consiste en las distintas inflexiones con que el verbo denota si es el sujeto el que habla, o a quien se habla o de quien se habla. Las personas se llaman, respectivamente, primera, segunda y tercera, y las tres constan de singular y plural. || **6.** GRAM. Nombre substantivo relacionado mediata o inmediatamente con la acción del verbo. || **7.** TEOL. El Padre, el Hijo y el Espíritu Santo, que son tres personas distintas con una misma esencia. || **—agente.** GRAM. La que ejecuta la acción del verbo. || **—grata.** La que es acepta. Se emplea generalmente en el lenguaje diplomático. || **—jurídica.** Ser o entidad capaz de derechos y obligaciones aunque no tienen existencia individual física; como las corporaciones, asociaciones y fundaciones. || **—paciente.** GRAM. La que recibe la acción del verbo. || **—social.** Persona jurídica. || **—torpe.** FOR. En el antiguo derecho, la que por su mala fama o por su vileza no podía ser preferida en las herencias a los hermanos del testador que no tenía herederos forzosos. || *Primera* PERSONA. GRAM. La que habla de sí misma en un discurso. || *Segunda* PERSONA. Aquella a quien se dirige en el discurso. || *Tercera* PERSONA. La que media entre otras. *Me enteré de tu detención por una tercera* PERSONA. || 2. GRAM. La persona o cosa de que se habla. || *Aceptar* PERSONAS. fr. Distinguir o favorecer a uno más que a otros por un motivo o afecto particular, sin mirar su mérito o la razón. || *De* PERSONA *a* PERSONA. m. adv. Estando dos solos, sin intervención de una tercera. || *De* PERSONA *beoda no fíes tu bolsa*. ref. que enseña que nadie debe fiar sus intereses a personas perturbadas por los vicios. || *En* PERSONA. m. adv. Por uno mismo o estando presente. || *Hacer* uno *de* PERSONA. fr. fam. Afectar poder o mérito sin tenerlo; jactarse vanamente. || P. pessoa; I. person; F. personne; A. Person; It. persona; R. человек, особа.

PERSONADA. (l. *persōnata*, enmascarada.) adj. Bot. Dícese de la corola gamopétala irregular, labiada, cuyo labio inferior tiene una protuberancia que se une con el labio inferior.

PERSONADO. (l. *persōnatus*.) m. Prerrogativa que uno tiene en la Iglesia, sin ninguna jurisdicción, pero con silla en el coro, superior y más honorífica que otras y con renta eclesiástica, sin oficio alguno Se emplea también por dignidad eclesiástica, aunque se distingue de ella en que no tiene jurisdicción ni oficio. || 2. Persona que tiene esta prerrogativa. || 3. CAT. Beneficio cuyo goce es compatible con otros.

PERSONAJE. (De *persona*.) m. Sujeto de distinción, calidad o representación en la república. || 2. Cada uno de los seres humanos, sobrenaturales o simbólicos, ideados por un escritor, y que, como si estuvieran dotados de vida, toman parte en el desarrollo de una obra literaria. || P. personagem; I. personage; F. personnage; A. vornehmer Mann; It. personaggio; R. заметная личность.

PERSONAL. (l. *personālis*.) adj. Perteneciente a la persona, o propio de ella. || 2. m. Tributo que en algunos lugares pagaban los cabezas de familia que eran del estado general, como en Cataluña, etc. || 3. Conjunto de personas que pertenecen a la misma clase o dependencia. || 4. Capítulo de las cuentas de ciertas oficinas, en el que se consigna el gasto personal de ellas. || P. pessoal; I. personal; F. personnel; A. persönlich; It. personale; R. личный, персонал.

PERSONALIDAD. (De *personal*.) f. Diferencia individual que constituye a cada persona y la distingue de otra. || 2. Inclinación o repugnancia que se tiene hacia cierta persona. || 3. Dicho o escrito que se hace a determinadas personas, ofendiéndolas o perjudicándolas. || 4. FIL. Conjunto de cualidades que constituyen a la persona o supuesto inteligente. || 5. FOR. Aptitud legal para intervenir en un negocio o para comparecer en juicio. || 6. FOR. Representación legal y bastante con que uno interviene en él. || —doble o **múltiple**. MED. Cambio de personalidad que se observa en algunos individuos anormales. || P. personalidade; I. personality; F. personnalité; A. Persönlichkeit; It. personalità; R. личность.

PERSONALISMO. m. Sátira o agravio dirigidos a una persona que se designa expresamente.

PERSONALIZAR. (De *persona*.) tr. Incurrir en personalidades hablando o escribiendo. || 2. GRAM. Usar como personales algunos verbos que son generalmente impersonales. *Hasta que Dios* AMANEZCA. || P. personalizar; I. to personalize; F. personnaliser; A. personifizieren; It. personalizzare; R. олицетворять.

PERSONALMENTE. adv. En persona o por sí mismo.

PERSONARSE. (De *persona*.) r. Avisparse. || 2. Presentarse personalmente en alguna parte. || 3. FOR. Apersonarse, 3.ª acep.

PERSONERA. f. SEG. La que, en

unión de otras mujeres que ostentan cargos representativos, auxilia a la alcaldesa en las fiestas anuales en honra de Santa Águeda. Hay también dos alguaciles.

PERSONERÍA. f. Cargo o ministerio de personero. || 2. ant. V. *Carta de* PERSONERÍA.

PERSONERO. (De *persona*.) m. p. us. El constituido procurador para entender o solicitar negocios ajenos.

PERSONIFICACIÓN. f. Acción y efecto de personificar. || P. personificação; I. personification; F. personnification; A. Verkörperung; It. personificazione; R. олицетворение.

PERSONIFICAR. (De *persona*, y el l. *facĕre*, hacer.) tr. Atribuir acciones o vida propia del ser racional al ser irracional, o a las cosas inanimadas, incorpóreas o abstractas. || 2. Representar una persona determinada un suceso, sistema, opinión, etcétera. *María Goretti* PERSONIFICA *la pureza*. || 3. Representar en los discursos, bajo nombres supuestos o alusiones, a determinadas personas. Ú.t.c.r. || P. personificar; I. to personify; F. personnifier; A. verkörpern; It. personificare; R. олицетворять.

PERSONILLA. (d. de *persona*.) f. despect. Persona muy pequeña físicamente, o bien de mala traza, o escasa condición.

PERSONUDO, DA. adj. Persona de gran corpulencia y estatura.

PERSPECTIVA. (l. *perspectīva*.) f. Arte que enseña el modo de representar los objetos en una superficie, en la misma forma o disposición en que aparecen ante nuestra vista. || 2. Obra o representación que se ha ejecutado con este arte. || 3. fig. Conjunto de cosas que desde un punto determinado se presentan a la vista del espectador, sobre todo si están lejanos y llaman por el efecto agradable o melancólico que producen. || 4. fig. Apariencia o representación engañosa de las cosas. || 5. fig. Contingencia que puede darse en el curso de un negocio. Ú.m. en pl. || —aérea. PINT. Aquella que debida a la disminución de tamaños y graduación de los colores representa el alejamiento de las figuras, conservando su aspecto de corporeidad en su ambiente. || —caballera. Modo convencional de representar los objetos en un plano y como si se vieran desde lo alto, conservando sus formas en la proporción debida, así como las distancias que las separan. || —lineal. Aquella en que sólo se representan los objetos por las líneas de sus contornos. || —de sombras. GEOM. DESCRIP. Trazado geométrico perspectivo, mediante el cual, después de haber puesto en perspectiva los objetos representados, se precisa la posición de las sombras propias del objeto y el contorno de la proyectada por éste. || —por sentimiento. PINT. Se dice del cuadro en el que el pintor pinta la realidad lo mejor posible, pero sin recurrir a las reglas teóricas, sin leyes de teoría. || P. perspectiva; I. y F. perspective; A. Perspektive; It. prospettiva; R. перспектива.

PERSPECTIVO. m. p. us. El que profesa la perspectiva.

★ PERSPECTÓGRAFO. m. TOPOGR. Aparato empleado para trazar la perspectiva de un plano o planta cualquiera, y también dando la perspectiva para poder levantar el plano.

PERSPICACIA. (l. *perspicacĭa*.) f. Agudeza y penetración de vista. || 2. fig. Penetración de ingenio y entendimiento. || P. perspicácia, agudeza, penetração da vista; I. perspicacity; F. perspicacité; A. Scharfblick; R. проницательность.

PERSPICACIDAD. (l. *perspicacĭtas*, -ātis.) f. Perspicacia.

PERSPICAZ. (l. *prepĭcax*, -ācis.) adj. Se dice de la vista o mirada que alcanza mucho. || 2. fig. Se aplica al ingenio agudo, y al que lo posee. || P. perspicaz; I. perspicacious; F. e It. perspicace; A. scharfsichtig; R. проницательный.

PERSPICUIDAD. (l. *perspicuĭtas*, -ātis.) f. Calidad de perspicuo. || 2. fig. perspicacia. || P. perspicuidade; I. perspicuity; F. perspicuité; A. Durchsichtigkeit; It. perspicuità; R. ясность.

PERSPICUO, CUA. (l. *perspicŭus*.) adj. Claro, transparente, terso. || 2. fig. Se

dice de la persona que se explica con claridad, y del mismo estilo inteligible.

★ PERSPIRACIÓN. (De *perspirar*.) f. FISIOL. Transpiración constante de la piel.

PERSUADIDOR, RA. adj. Que persuade. Ú.t.c.s.

PERSUADIR. (l. *persuadēre*.) tr. Inducir, mover, obligar a uno con razones a creer una cosa. Ú.t.c.r. || P. persuadir; I. to persuade; F. persuader; A. überreden; It. persuadere; R. убеждать.

PERSUASIBLE. (l. *persuasibĭlis*.) adj. Dícese de lo que puede creerse o hacer creer por medio de las razones que lo apoyan.

PERSUASIÓN. (l. *persuasio*, -ōnis.) f. Acción y efecto de persuadir o persuadirse. || 2. Aprehensión o juicio que se forma en virtud de un fundamento. || 3. MED. Método psicoterápico, consistente en llevar al ánimo del enfermo la idea de que él mismo debe tomar parte en su curación. || P. persuasão; I. y F. persuasion; A. Überredung; It. persuasione; R. убеждение.

PERSUASIVA. (De *persuasivo*.) f. Facultad para persuadir.

PERSUASIVA, VA. (l. *persuāsum*, supino de *persuadēre*.) adj. Que tiene fuerza o eficacia para persuadir.

PERSUASOR, RA. (l. *persuāsor*.) adj. Que persuade. Ú.t.c.s.

★ PERSULFURO. (De *per* y *sulfuro*.) m. QUÍM. Sulfuro en el que entra el azufre en la mayor proporción posible.

PERTA. (l. *perdĭta*.) f. AL., LOGR. y SOR. Pérdida.

PERTENECER. (l. *pertinēre*.) intr. Tocar a uno o serle propia una cosa, o serle debida. || 2. Ser una cosa del cargo u obligación de uno. || 3. Referirse una cosa a otra o ser integrante de ella. || P. pertencer; I. to pertain; F. appartenir; A. angehören; It. appartenere; R. принадлежать.

PERTENECIDO. m. Pertenencia.

PERTENECIENTE. p.a. de pertenecer. Que pertenece.

PERTENENCIA. (l. *pertinentĭa*.) f. Derecho que uno tiene a la propiedad de una cosa. || 2. Espacio que toca a uno por jurisdicción o propiedad. || 3. Unidad de medida superficial para las concesiones mineras, cuya extensión ha variado con las leyes y hoy está reducida a un cuadro de una hectárea. || 4. Cosa accesoria o consiguiente a la principal y que entra con ella en la propiedad. || P. pertença; I. appurtenance; F. appartenance; A. Zubehör, Pertinenz; It. appartenenza; R. принадлежность.

★ PERTEREBRANTE. (l. *pertĕrebrans*, -āntis, p.a. de *pertĕrebrāre*, barrenar.) adj. PAT. Aplícase al dolor agudísimo que parece barrenar el órgano donde se siente.

PÉRTICA. (l. *pertĭca*.) f. Medida agraria de longitud que consta de dos pasos a diez pies geométricos y equivale aproximadamente a 2 m y 70 cm.

PÉRTIGA. (l. *pertĭca*.) f. Vara larga.

PERTIGAL. (l. *perticālis*.) m. Pértiga.

PÉRTIGO. (De *pértiga*.) m. Lanza del carro.

PERTIGUEÑO. (De *pértiga*.) adj. AND. Se dice del madero en rollo con más de ocho varas de longitud y diez o doce pulgadas de diámetro. Ú.t.c.s.

PERTIGUERÍA. f. Empleo de pertiguero.

PERTIGUERO. (l. *perticarius*.) m. Ministro secular en las iglesias catedrales, que asiste acompañando a los que ofician en el altar, coro o púlpito, y otros ministerios, llevando en la mano una pértiga o vara larga guarnecida de plata. || 2. ARGENT. Dícese del mozo que va sentado en el pértigo, y también del yugo de las bestias que van sujetas al pértigo. Ú.t.c.s. || —mayor de Santiago. Dignidad en esta iglesia de gran autoridad, que es como protector o patrono de ella, y que siempre la han poseído personas de la primera nobleza. || P. pertigueiro; I. verger; F. bedeau; A. Domküster; It. mazziere; R. дьячок.

PERTINACE. adj. ant. Pertinaz.

PERTINACIA. (l. *pertinacĭa*.) f. Obstinación, terquedad en mantener una opinión, una doctrina, o una resolución que

P

se ha tomado. || **2.** fig. Gran duración o persistencia. || **P.** pertinácia; **I.** pertinaciousness; **F.** pertinacité, entêtement; **A.** Hartnäckigkeit; **R.** упрямство.

PERTINAZ. (l. *pertinax, -ācis.*) adj. Obstinado o muy terco en una resolución o dictamen. || **2.** fig. Muy duradero o persistente. *Mal* PERTINAZ. || **P.** pertinaz; **I.** pertinacious; **F.** e **It.** pertinace; **A.** hartnäckig; **R.** упрямый.

PERTINAZMENTE. adv. Con pertinacia.

PERTINENCIA. f. Calidad de pertinente. || **2.** ant. Pertenencia.

PERTINENTE. (l. *pertinens, -entis,* p.a. de *pertinēre,* pertenecer.) adj. Perteneciente a una cosa. || **2.** Dícese de lo que viene a propósito. || **3.** For. Conducente o concerniente al pleito.

PERTINENTEMENTE. adv. Oportunamente, a propósito.

PERTRECHAR. (De *pertrecho.*) tr. Abastecer de pertrechos. || **2.** fig. Disponer lo necesario para ejecutar una cosa. Ú.t.c.r. || **P.** petrechar; **I.** to supply, to provide; **F.** munir, garnir; **A.** ausrüsten; **It.** munire, aprovviggionare; **R.** снабжать.

PERTRECHOS. (l. *pertractus,* acarreado.) m. pl. Municiones, armas, etc., necesarios para el uso de los soldados, y defensa de las fortificaciones o de los buques de guerra. Ú.t. en sing. || **2.** Por ext., instrumentos necesarios para cualquier operación.

PERTURBABLE. adj. Que se puede perturbar.

PERTURBACIÓN. (l. *perturbatĭo, -ōnis.*) f. Acción o efecto de perturbar o perturbarse. || **2.** Med. Alteración en el curso de una enfermedad. || **—de la aguja.** Mar. Desviación que se produce en la dirección de la aguja magnética por la acción combinada del hierro del buque. || **P.** perturbação; **I.** y **F.** perturbation; **A.** Störung; **It.** perturbazione; **R.** смятение.

PERTURBADAMENTE. adv. Con perturbación o desorden.

PERTURBADOR, RA. (l. *perturbātor.*) adj. Que perturba. Ú.t.c.s.

PERTURBAR. (l. *perturbāre.*) tr. Inmutar, trastornar el orden de las cosas, o su quietud. Ú.t.c.r. || **2.** Impedir el orden del discurso al que está hablando. || **P.** perturbar; **I.** to perturb; **F.** troubler; **A.** stören; **It.** perturbare, scompigliare; **R.** смущать.

* **PERTUZA.** P. Rico. Gentuza, gente soez y despreciable.

PERÚ. n. p. V. *Anona, bálsamo del* Perú. || *Valer una cosa un* Perú. fr. fig. y fam. Ser de gran valor o estimación.

PERUANISMO. m. Vocablo, giro o modo de hablar propio de los peruanos.

PERUANO, NA. adj. Natural del Perú. Ú.t.c.s. || **2.** Perteneciente a este país de América. || **P.** peruano; **I.** Peruvian; **F.** peruvien; **A.** peruanisch; **It.** peruviano; **R.** перуанец.

PERUÉTANO. (l. *pirus,* peral.) m. Peral silvestre, de fruto pequeño, de corteza verde, y sabor acerbo. || **2.** Fruto de este árbol. || **3.** fig. Porción saliente y puntiaguda de una cosa.

* **PERUÉTANO, NA.** adj. Méj. Mequetrefe. Ú.t.c.s. || **2.** fam. Cuba. Persona molesta, majadera e impertinente. || **3.** Cuba, colom. y Méj. Abrutado, zopenco. Ú.t.c.s. || **4.** Chile. Muchacho entrometido.

PERULERO. (Del m. or. que *perol.*) m. Vasija de barro, angosta de suelo, ancha de barriga y estrecha de boca.

PERULERO, RA. adj. Peruano. Apl. a pers., ú.t.c.s. || **2.** m. y f. Persona que ha venido desde el Perú a España, y sobre todo la adinerada.

PERUSINO, NA. (l. *perusīnus.*) adj. Se dice del que es natural de Perusa. Ú.t.c.s. || **2.** Aplícase a la persona que pertenece a esta ciudad de Italia.

PERUVIANO, NA. adj. Peruano. Apl. a pers. ú.t.c.s. || **2.** V. *Corteza* PERUVIANA.

PERVERSAMENTE. adv. Con perversidad.

PERVERSIDAD. (l. *perversĭtas, -ātis.*) f. Máxima maldad y corrupción de las costumbres o de la calidad o estado debido. || **P.** perversidade; **I.** perversity; **F.** perversité; **A.** Verderbtheit, Perversität; **It.** perversità; **R.** развращённость, порочность.

PERVERSIÓN. (l. *perversĭo, -ōnis.*) f. Acción de pervertir o pervertirse. || **2.** Estado de error o corrupción de las costumbres o de la calidad. || **—moral de instintos.** Med. Locura hereditaria. || **—sexual.** Med. Anomalía del instinto sexual.

PERVERSO, SA. (l. *perversus.*) adj. Se dice del que es muy malo, depravado en costumbres u obligaciones de su estado. Ú.t.c.s. || **P.** perverso; **I.** perverse, wicked; **F.** pervers; **A.** verderbt, pervers; **It.** perverso; **R.** развратный.

PERVERTIDOR, RA. adj. Que pervierte. Ú.t.c.s.

PERVERTIMIENTO. (De *pervertir.*) m. Perversión, 1.ª acep.

PERVERTIR. (l. *pervertĕre.*) tr. Perturbar el orden de las cosas. || **2.** Viciar las costumbres con malos ejemplos o doctrinas. Ú.t.c.r. || **P.** perverter; **I.** to pervert; **F.** pervertir; **A.** verderben, verführen; **It.** pervertire; **R.** нарушать порядок, развращать.

PERVIGILIO. (l. *pervigilium.*) m. Falta y privación de sueño; vigilia continua.

PERVIVIR. (l. *pervivĕre.*) intr. Seguir viviendo a pesar del tiempo o de las dificultades.

PERVULGAR. (l. *pervulgāre.*) tr. Hacer público y notorio.

PESA. (De *pesar.*) f. Pieza de determinado peso, empleado para cerciorarse del que tienen las cosas, equilibrándolas mediante ellas en una balanza. || **2.** Pieza de peso suficiente que, pendiente de una cuerda, se emplea para dar movimiento a ciertos relojes o bien de contrapeso para subir o bajar lámparas, etc. || **—dineral.** Cualquiera de las piezas con que se pesan las monedas de oro o plata. || *Como, conforme,* o *según caigan* o *cayeren las* PESAS. loc. adv. fig. que indica que se hará o no una cosa según las circunstancias. || **P.** peso de balança; **I.** weight; **F.** poids de balance; **A.** Gewichtstein-stück; **It.** peso; **R.** гиря.

* **PESABEBÉS.** (De *pesa* y *bebé.*) m. Balanza que posee uno de sus platillos en forma de cuna donde se coloca al niño que se desea pesar.

PESACARTAS. m. Balanza delicada y con un platillo para pesar cartas.

PESADA. f. Cantidad que se pesa de una vez. || **P.** pesada; **I.** weighing; **F.** pesée; **A.** Einwage; **It.** pesata; **R.** вес.

PESADAMENTE. adv. Con pesadez. || **2.** Con pesar, de mala gana. || **3.** Gravemente. || **4.** Con tardanza en el movimiento o en la acción.

PESADEZ. f. Calidad de pesado. || **2.** Obesidad. || **3.** fig. Terquedad del que es de suyo enfadoso. || **4.** fig. Cargazón, duración desmedida. PESADEZ *de miembros.* || **5.** fig. Molestia, fatiga. || **P.** peso, pesadume; **I.** heaviness; **F.** pesanteur; **A.** Schwere; **It.** pesantezza; **R.** тяжесть.

PESADILLA. (De *pesada.*) f. Opresión del corazón y dificultad de respirar durante el sueño. || **2.** Ensueño angustioso y tenaz. || **3.** fig. Preocupación grave que en el ánimo produce la resolución de un asunto importante o un peligro inminente. || **P.** pesadelo; **I.** nightmare; **F.** cauchemar; **A.** Alpdrücken; **It.** incubo; **R.** кошмар.

PESADO, DA. adj. Que pesa mucho. || **2.** V. *Día, espato, sueño* PESADO. || **3.** V. *Palabra* PESADA. || **4.** fig. Obeso. || **5.** fig. Intenso, profundo, hablando del sueño. || **6.** fig. Cargado de humores, vapores o cosa semejante. *Tiempo* PESADO; *cabeza* PESADA. || **7.** fig. Tardo o muy lento. || **8.** fig. Molesto, enfadoso, impertinente. || **9.** fig. Ofensivo, sensible. || **10.** fig. Duro, áspero e insufrible; fuerte, violento o dañoso. || **P.** pesado; **I.** heavy; **F.** pesant; **A.** schwer; **It.** pesante; **R.** тяжёлый.

PESADOR, RA. adj. El que pesa. Ú.t.c.s.

PESADUMBRE. f. Pesadez, 1.ª y 2.ª aceps. || **2.** Injuria, agravio. || **3.** fig. Molestia o desazón; sentimiento y disgusto en lo físico o moral. || **4.** fig. Motivo o causa de pesar, desazón o sentimiento en acciones o palabras. || **5.** fig. Riña con uno, que ocasiona disgusto. || 3.ª acep.: **P.** agravo; **I.** grief, sorrow; **F.** chagrin, peine; **A.** Verdruss; **It.** dispiacere, afflizione; **R.** тяжесть, горе.

PESADURA. f. ant. Pesadez, 1.ª y 2.ª aceps.

PESALICORES. (De *pesar,* 2.º art., y *licor.*) m. Areómetro para líquidos menos densos que el agua.

PÉSAME. (3.ª pers. de sing. del pres. de indic. del verbo *pesar, doler,* y el pron. *me:* me pesa.) m. Expresión con que se indica a uno el sentimiento que se tiene de su pena o aflicción. || **P.** condolência; **I.** condolence; **F.** condoléance; **A.** Beileid; **It.** condoglianza; **R.** выражение сочувствия.

PESAMEDELLO. (De la fr. *pésame de ello.*) m. Baile y cantar español de los siglos XVI y XVII.

* **PESAMENTERO, RA.** m. y f. Méj. Persona que se mete en las casas para comer y lo hace bajo el pretexto de dar el pésame.

PESANTE. p.a. de pesar. Que pesa. || **2.** adj. Pesaroso. || **3.** m. Pesa de medio adarme.

PESANTEZ. (De *pesante.*) f. Gravedad, 1.ª acep.

PESAR. (De *pesar,* 2.º art.) m. Sentimiento o dolor interior que molesta y fatiga el ánimo. || **2.** Dicho o hecho que causa sentimiento o disgusto. || **3.** Arrepentimiento o dolor de los pecados o de otra cosa mal hecha. || *A* PESAR. m. adv. Contra la voluntad o gusto de las personas y por extensión, contra la fuerza o resistencia de las cosas. || **P.** mágoa; **I.** sorrow, grief; **F.** regret; **A.** Kummer, Betrübnis; **It.** pena, dolore; **R.** сожаление, несчастие.

PESAR. (l. *pensāre.*) intr. Tener gravedad o peso. || **2.** Tener mucho peso. || **3.** fig. Tener una cosa estimación o valor, ser digna de mucho aprecio. || **4.** fig. Causar una cosa dolor o arrepentimiento. Ú. sólo en las terceras personas con los pronombres *me, te, se, le,* etc. || **5.** fig. Hacer fuerza en el ánimo el motivo de una cosa. || **6.** tr. Determinar el peso de una cosa mediante una balanza u otro objeto equivalante. || **7.** fig. Considerar con prudencia las razones de una cosa para hacer juicio de ella. || *No* PESARLE a uno *de haber nacido.* fr. fig. Presumir uno de gentileza, hermosura, y otras prendas. || PESE *a quien* PESE. fr. fig. A todo trance, a pesar de todos los obstáculos. || 6.ª acep.: **P.** pesar; **I.** to weigh; **F.** peser; **A.** wiegen, abwägen; **It.** pesare; **R.** весить.

PESARIO. (l. *pessarium;* de *pessum,* tapón.) m. Aparato que colocado en la vagina corrige el descenso de la matriz.

PESAROSO, SA. (De *pesar,* sentimiento.) adj. Arrepentimiento de lo que se ha dicho o hecho. || **2.** Que por causa ajena tiene sentimiento.

PESCA. (De *pescar.*) f. Acción y efecto de pescar. || **2.** Oficio y arte de pescar. || **3.** Lo que se pesca o se ha pescado. || **—de bajura.** La que se efectúa cerca del litoral. || **—de altura.** La que se lleva a cabo lejos de la costa. || ¡*Brava, buena* o *linda* PESCA! fig. y fam. Persona muy sagaz, industriosa o artificiosa. || **2.** fig. y fam. Persona de malas costumbres. || **P.** e **It.** pesca; **I.** fishing; **F.** pêche; **A.** Fischfang; **R.** рыболовство.

PESCADA. (De *pescar.*) f. Merluza, 1.ª acep. || **2.** En algunos lugares, cecial. || **3.** Germ. Ganzúa, 1.ª acep.

PESCADERÍA. (De *pescadero.*) f. Lugar donde se vende pescado.

PESCADERO, RA. (l. *piscatorĭus.*) m. y f. Persona que vende pescado, especialmente al por menor.

PESCADILLA. (De *pescada.*) f. Cría de la merluza.

PESCADO. (De *piscātus.*) m. Pez comestible sacado del agua. || **2.** Abadejo salado. || *Ahumársele* a uno *el* PESCADO. fr. fig. y fam. Montar en cólera, irritarse mucho. || **P.** pescado, peixe; **I.** fish; **F.** poisson; **A.** Fisch; **It.** pesce; **R.** рыба.

PESCADOR, RA. (l. *piscātor.*) adj. Que pesca. Ú.m.c.s. || **2.** Perú. Picotijera. || PESCADOR *de caña, más come que gana.* ref. que se dice de los vagos que buscan trabajos de poco esfuerzo y utilidad. || PESCADOR *que pesca un pez,* PESCADOR *es.* ref. con que se consuela la persona que consigue algo de lo que solicita. || **P.** pescador; **I.** fisher; **F.** pêcheur; **A.** Fischer; **It.** pescatore; **R.** рыбак.

PESCANTE. (De *pescar,* por semejan-

P

za.) m. Pieza de madera o hierro sujeta a la pared, un poste, o a un costado de buque, para colgar alguna cosa. || **2.** En los coches asiento exterior para el cochero. || **3.** Delantera del vehículo donde se coloca el conductor. || **4.** Tramoya que en los teatros sirve para hacer subir o bajar en el escenario personas o figuras.

PESCAR. (l. *piscāri*.) tr. Coger peces con redes, anzuelos u otros instrumentos. || **2.** fig. y fam. Tomar o coger cualquier cosa. || **3.** fig. y fam. Coger a uno en las palabras o hechos cuando menos se lo esperaba. || **4.** fig. y fam. Lograr astutamente lo que se deseaba. || **5.** MAR. Sacar alguna cosa del fondo del mar o de un río. || P. pescar; I. to fish; F. pêcher; A. fischen; It. pescare; R. удить рыбу.

PESCE. (l. *piscis*.) m. ant. Pez, 1.er art., 1.ª acep.

PESCOZADA. (De *pescuezo*.) f. Pescozón.

PESCOZÓN. m. Golpe que se da con la mano en el cuello o cabeza.

PESCOZUDO, DA. adj. Se dice del que tiene muy grueso el pescuezo.

PESCUDA. (De *pescudar*.) f. desus. Pregunta, 1.ª acep.

PESCUDAR. (l. *perscrūtāri*.) tr. desus. Preguntar, 1.ª acep.

PESCUEZO. (port. *pescoço*; l. *post*, después, y tal vez un der. de *coca*, cabeza.) m. Parte del cuerpo del animal desde la nuca hasta el tronco. || **2.** fig. Altanería, vanidad. || *Andar al* PESCUEZO. fr. fig. y fam. Andar a golpes. || *Torcer el* PESCUEZO. fr. fam. Matar un ave retorciéndole el pescuezo. || *Torcer a uno el* PESCUEZO. fr. fig. y fam. Matarle ahorcándole o de otra manera semejante. || P. pescoço; I. neck, nape; F. colleret; A. Nacken, Genick; It. collo, collòttola; R. затылок.

★ **PESCUEZÓN, NA.** adj. AMÉR. Se dice del que es pescozudo.

PESCUÑO. (l. *post*, detrás, y *cunĕus*, cuña.) m. Cuña gruesa y larga, con que se aprieta la esteva, reja y dental que tiene la cama del arado.

PESEBRE. (l. *praesēpe*.) m. Especie de cajón donde comen las bestias. || **2.** Sitio destinado para este fin. || **3.** Notable cúmulo de estrellas situadas en la constelación del Cangrejo. || **4.** COLOM. Belén, nacimiento. || *Conocer el* PESEBRE. fr. fig. y fam. con que se nota al que va con frecuencia donde le dan de comer. || P. pesebre; I. crib; F. râtelier, crèche; A. Krippe; R. кормушка.

PESEBREJO. m. d. de pesebre, 1.ª y 2.ª aceps. || **2.** Cada uno de los alvéolos en las quijadas de las caballerías.

PESEBRERA. f. Disposición de los pesebres en las caballerizas. || **2.** Conjunto de ellos. || **3.** CHILE. Pesebre.

PESEBRÓN. (aum. de *pesebre*.) m. En los coches, cajón que tienen en el suelo, debajo y en el lugar donde se asientan los pies. || **2.** En los calesines y calesas, el mismo suelo.

★ **PESERO.** m. VENEZ. Jifero, matarife, matachín.

PESETA. (d. de *peso*, moneda.) f. Moneda cuyo peso y ley han variado según el tiempo. Es moneda empleada en España. || **2.** com. fam. CUBA. Persona majadera, molesta. || *Cambiar la* PESETA. fr. fig. y fam. Vomitar como consecuencia de una borrachera. || P. e I. peseta; F. peseta, piécette; A. Peseta; It. pezzetta; R. песета.

★ **PESETADA.** f. AMÉR. Chasco, engaño.

PÉSETE. (3.ª pers. de sing. del pres. de subj. del verbo *pesar*, 4.ª acep., y el pron. *te*.) m. Especie de juramento o maldición.

★ **PESETEAR.** (De *peseta*.) intr. Arriesgar pequeñas cantidades en el juego de azar. || **2.** ANT. y PERÚ. Pedir dinero, sablear.

★ **PESETERA.** (Forma f. de *pesetero*.) f. GUAT. y MÉJ. Mujer de baja ralea.

PESETERO, RA. adj. despect. Se dice de lo que vale una peseta. *Regalo* PESETERO. || **2.** fam. CUBA. Tacaño, ruin. || **3.** m. y f. ANT., GUAT. y VENEZ., PERÚ. Persona que anda sableando.

PESGA. (Del ant. *pesgar*, pesar, y éste del l. *pensicāre*, de *pensāre*.) f. desus. Pesa.

PESGUA. f. VENEZ. Árbol semejante

al madroño, de hojas aromáticas que se usan para perfumar los templos extendiéndolas por el suelo.

¡PESIA! (Contracc. de *pese a;* de *pesar*, 2.º art.) interj. de desazón o enfado.

PESIAR. (De *¡pesia!*) intr. Echar maldiciones.

PÉSICOS. m. pl. Antiguos habitantes de una parte de la región de los astures, en la España primitiva.

PESILLO. m. d. de peso. || **2.** Balanza pequeña y exacta que pesa monedas.

PÉSIMAMENTE. adv. Muy mal, del modo peor.

PESIMISMO. (De *pésimo*.) m. Sistema filosófico que atribuye al Universo todas las imperfecciones. || **2.** Propensión a ver las cosas por el lado más desfavorable. || P. e It. pessimismo; I. pessimism; F. pessimisme; A. Pessimismus; R. пессимизм.

PESIMISTA. adj. Que profesa el pesimismo. || **2.** Que ve las cosas por el lado más desfavorable. Ú.t.c.s.

PÉSIMO, MA. (l. *pessimus*.) adj. sup. de malo. Sumamente malo.

PESO. (l. *pensum*.) m. Pesantez. || **2.** Fuerza de gravitación ejercida sobre la materia. || **3.** El que debe tener una cosa por ley o convenio. || **4.** El de las pesas que equilibran en la balanza un cuerpo determinado. || **5.** Cosa pesada. || **6.** El que arroja en la báscula cada boxeador en una competición deportiva y con arreglo a ello se le clasifica en la categoría que le corresponde. || **7.** AMÉR. Moneda de plata de mayor tamaño y cuyo valor oscila según los cambios pero no alcanza las cinco pesetas del duro español. || **8.** fig. Entidad e importancia de una cosa. || **9.** Fuerza de las cosas no materiales. || **10.** fig. Carga que uno tiene a su cuidado. || **11.** Abundancia de humores en una parte del cuerpo. ||—**aparente.** Fís. El de un cuerpo en el aire. ||—**atómico.** QUÍM. El correspondiente a cada átomo del cuerpo simple, referido al del hidrógeno, tomado como unidad. ||—**bruto.** El total, incluso la tara. ||—**de cruz.** La balanza de brazos iguales. ||—**específico.** Fís. El de un cuerpo comparado con otro tomado como unidad. ||—**isotópico.** Fís. y QUÍM. Resultado de comparar la masa atómica de un isótopo con la unidad básica o um. ||—**gallo.** El de categoría inferior a la de peso pluma, el boxeador profesional que pesa menos de 53,524 kg y el no profesional que no pasa de los 54. ||—**ligero.** En categoría superior a la de peso pluma, el boxeador profesional que pesa menos de 61,235 kg, y el no profesional que no pasa de 62. ||—**neto.** El que resta del peso bruto, deducida la tara. ||—**pesado.** El del boxeador profesional que pesa más de 79,378 kg, y el no profesional que rebasa los 80. || *A* PESO *de dinero, oro o plata.* m. adv. fig. A precio muy subido. || *Caerse* una cosa *de su* PESO. fr. fig. Indica la evidencia de una verdad. || *De* PESO. loc. Con el peso cabal que debe tener una cosa por su ley. || **2.** fig. Se dice de la persona juiciosa y sensata. || *En* PESO. m. adv. En el aire o sin que el cuerpo grave descanse sobre otro que el de la persona o cosa que lo sujeta. || **2.** Enteramente, del todo. || **3.** fig. En duda, sin inclinarse a una parte o a otra. || *No valer a* PESO *de oveja* una cosa. fr. fig. y fam. Ser muy despreciable. || PESO *y medida quitan al hombre fatiga.* ref. que aconseja que se ha de guardar buen régimen en todas las acciones humanas. || *Tomar* uno *a* PESO una cosa. fr. Sopesarla. || **2.** fig. Examinar con cuidado una entidad para hacerse cargo de ella. || P. e It. peso; I. weight; F. poids; A. Gewicht; R. вес.

PÉSOL. (cat. *pésol*, y éste del l. *pisŭlum*.) m. Guisante.

★ **PESOR.** m. ANT. y AMÉR. CENTRAL. Pesantez, gravedad.

★ **PESPITA.** f. GUAT. Mujer coqueta, melosa. Ú.t.c.adj.

★ **PESPITEAR.** (De *pespita*.) intr. GUAT. Coquetear.

PESPUNTADOR, RA. adj. Dícese del que pespunta. Ú.t.c.s.

PESPUNTAR. (l. *post*, después, detrás, y *punctus*, punto.) tr. Coser pespuntes, hacerlos.

PESPUNTE. (De *pespuntar*.) m. Labor de costura con puntadas unidas, se hacen

volviendo atrás la aguja después de cada punto para meter la hebra en el mismo lugar por donde pasó. || *Medio* PESPUNTE. Labor que se hace dejando la mitad de los hilos que se habían de tomar en cada puntada, quedando entre los pespuntes tantos hilos como quedan en la puntada.

PESPUNTEAR. (De *pespunte*.) tr. Pespuntar. || **2.** intr. MÉJ. Zapatear en el baile.

PESQUERA. (l. *piscarīa*.) f. Lugar donde se pesca. || **2.** PAL. Presa, 4.ª acep. || P. pesqueira; I. fishery; F. pêcherie; A. Fischereibezirk; It. pescaia; R. рыболовная тоня.

PESQUERÍA. (De *pesquera*.) f. Trato o ejercicio de pescadores. || **2.** Acción de pescar. || **3.** Pesquera, 1.ª acep. || P. pescaria; I. fishery; F. pêche; A. Fischfang, Fischerei; It. pesca, pescagione; R. рыболовство.

PESQUERIDOR, RA. (De *pesquerir*.) adj. ant. Pesquisidor. Usáb.t.c.s.

PESQUERIR. tr. ant. Pesquirir.

PESQUERO, RA. adj. Que pesca. Y se aplica a las embarcaciones o industrias relacionadas con dicha actividad.

PESQUIRIR. tr. ant. Perquirir.

PESQUIS. (De *pesquisar*.) m. Cacumen, 2.ª acep.

PESQUISA. (l. *perquīsus*, por *perquisitus*, de *perquirĕre*, buscar.) f. Investigación que se hace de una cosa para saber la verdad de ella. || **2.** ARGENT. Agente de policía. || P. pesquisa; I. inquiry; F. enquête, recherche; A. Untersuchung; It. pesquisizione, indagación; R. расследование.

PESQUISANTE. p.a. de pesquisar. Que pesquisa.

PESQUISAR. tr. Hacer pesquisa de una cosa.

PESQUISIDOR, RA. (l. *perquisitor*.) adj. Se aplica al que pesquisa. Ú.t.c.s.

PESTALOCIANO, NA. adj. Se aplica a lo perteneciente o relativo a Pestalozzi, pedagogo suizo, y a su método de enseñanza.

PESTANO, NA. (l. *paestānus*.) adj. Se dice del natural de Pesto. Ú.t.c.s. || **2.** Perteneciente a esta ciudad de la antigua Italia.

PESTAÑA. (ital. *pistagna;* en port. *pestana*.) f. Cada uno de los pelos que en el borde de los párpados defienden el ojo. || **2.** Adorno que se coloca en el canto de las telas y sobresale algo. || **3.** Orilla que dejan las costureras en el extremo de las telas para que no se deshilen. || **4.** Parte saliente en el borde de una cosa, como en la orilla de un papel. || **5.** pl. BOT. Pelos rígidos que se hallan en el borde de dos superficies opuestas, sin hacer parte de una ni de otra. ||—**vibrátil.** Emergencias protoplásticas finísimas que cubren exteriormente algunas células y tienen movimientos de flexión y extensión similares a vibraciones. || P. pestana; I. eyelash; F. cil; A. (Augen)-Wimper; It. pistagna; R. ресница.

PESTAÑEAR. intr. Mover los párpados. || **2.** fig. Tener vida. || *No* PESTAÑEAR, *sin* PESTAÑEAR. frs. figs. Indican la atención con que se mira una cosa, o serenidad ante un peligro. || P. pestanejar; I. to wink, to blink; F. clignoter; A. blinzeln; It. palpebrare; R. моргать.

PESTAÑEO. (De *pestañear*.) m. Movimiento rápido y repetido de los párpados.

PESTAÑOSO, SA. adj. Se dice del que tiene grandes pestañas. || **2.** Se dice de lo que tiene pestañas, como algunas plantas.

PESTE. (l. *pestis*.) f. Enfermedad contagiosa que causa mortandad entre hombres y brutos. || **2.** Por ext., cualquier enfermedad que origine muchas muertes, aunque no sea contagiosa. || **3.** Mal olor. || **4.** fig. Cualquier cosa mala o de mala calidad que puede causar daño. || **5.** fig. Corrupción de costumbres por la ruina que causan. || **6.** fig. y fam. Exceso de cosas en cualquier línea. ||—**bubónica** o **levantina.** MÉD. Enfermedad infecciosa, febril, caracterizada por bubones en varias partes del cuerpo, que a veces produce la muerte. Se la llama levantina por provenir sobre todo del Oriente. || P., F. e It. peste; I. plague, pest; A. Pest, R. чума.

PESTÍFERAMENTE. adv. Muy mal, de un modo dañoso.

PESTÍFERO, RA. (l. *pestifer, -ĕri; de pestis*, peste, y *ferre*, llevar.) adj. Que puede ocasionar peste o daño grave. || **2**. Que tiene mal olor. || **P**. pestífero; **I**. pestiferous; **F**. pestifère; **A**. verpestend, stinkend; **It**. pestífero; **R**. чумной.

PESTILENCIA. (l. *pestilentia*.) f. Peste, 1.ª y 4.ª aceps.

PESTILENCIAL. (De *pestilencia*.) adj. Pestífero.

PESTILENCIALMENTE. adv. Pestíferamente.

PESTILENCIOSO, SA. (l. *pestilentiōsus*.) adj. Perteneciente a la pestilencia.

PESTILENTE. (l. *pestilens, -entis*.) adj. Pestífero.

PESTILLO. (l. *pestellum*, por el clásico *pessŭlum*.) m. Pasador que asegura una puerta. || **2**. Pieza que sale de la cerradura por acción de la llave y entra en el cerradero. || **3**. P. RICO. Pretendiente. || **—de golpe**. El que al cerrar de golpe la puerta la deja cerrada. || **P**. aldraba; **I**. latch; **F**. pêne; **A**. Riegel; **It**. catenaccio; **R**. задвижка.

PESTIÑO. (l. *pistus*, majado, batido.) m. Fruta de sartén que contiene masa de harina y huevos batidos, y que, fritas, se bañan luego con miel.

* **PESTOÑO, ÑA**. adj. CHILE. Que parpadea mucho. || **2**. fig. CHILE. Legañoso.

PESTOREJAZO. m. Pestorejón.

PESTOREJO. (l. *post auricŭlam*, detrás de la oreja.) m. Cerviguillo.

PESTOREJÓN. m. Golpe que se da en el pestorejo.

PESTUGA. f. AND. Fusta con ojal de cuero en el extremo, que sirve para avivar el caballo.

PESUÑA. (l. *pes, pedis*, el pie, y *ungŭla*, uña.) f. Pezuña. || **P**. úngula; **I**. hoof; **F**. sabot; **A**. Klaue; **It**. unghia; **R**. копыто.

* **PESUÑA**. (De *peso*.) f. ECUAD. y CHILE. Yapa.

PESUÑO. (De *pesuña*.) m. Cada uno de los dedos con uña de los animales de pata hendida.

PETACA. (mejic. *petlacalli*, sera o baúl.) f. Arca de cuero, madera o mimbre, cubierta de piel y a propósito para formar el tercio de carga de una caballería. || **2**. Estuche que sirve para llevar cigarros o tabaco picado. || **3**. fam. CHILE. Sacos de cuero reforzados por varillas de mimbre gruesas, con grandes correones, que se emplean para transportar frutas u otras cosas. || **4**. Méj. Maleta. || **5**. Amér. CENTRAL. Joroba. || **6**. pl. Méj. Asentaderas, y en Jalisco, pechos. || **7**. adj. fam. CHILE y ARGENT. Pesado, torpe. || **—de grasa**. fam. CHILE. Panza llena de grasa de vacuno. || *Echarse con las* PETACAS. fr. fig. y fam. COLOM. Desmayar. || **2**.ª acep.; **P**. charutera; **I**. cigar-case; **F**. blague à tabac; **A**. Zigarrentasche, Tabatiere; **It**. sigariera; **R**. кисет, табакерка.

* **PETACÓN, NA**. adj. PERÚ. Rechoncho. || **2**. SALV. Corcovado. || **3**. COLOM. Perezoso.

* **PETACUDO, DA**. adj. BOL. Pesado, grueso. || **2**. COLOM. Lento, barrigón. || **3**. AMÉR. CENTRAL. Jorobado.

PETALISMO. (gr. πεταλισμός; de πεταλίζω, desterrar; de πέταλον, hoja, por escribirse el voto en una hoja de olivo.) m. Especie de destierro de los siracusanos.

PÉTALO. (gr. πέταλον.) m. BOT. Cada una de las piezas que forman la corola de la flor. || **P**. pétala; **I**. petal; **F**. pétale; **A**. Blumenblatt; **It**. petalo; **R**. лепесток.

* **PETALOBACTERIA**. (De *pétalo* y *bacteria*.) f. BACTERIOL. Cada una de las bacterias que forman películas elegantes.

PETALLA. f. ALBAÑ. SAL. Especie de alcotana que termina por un lado en un martillo.

PETANQUE. m. MIN. Mineral de plata nativa.

* **PETAQUILLA**. f. d. de petaca. || **2**. AMÉR. Cestillo de hojas de palma o de esparto, con tapa, para vender en ellas frutas. || **3**. COLOM. Buhonería.

PETAQUITA. f. COLOM. Enredadera de flores rosadas. || **2**. CHILE. Petaquito.

* **PETAQUITO**. m. ZOOL. AMÉR. Ave zancuda de las tinocorítidas. Se asemeja a la perdiz grande, en tierra se echa como

las agachadizas, pues sus patas son débiles. Vive en los Andes.

PETAR. intr. fam. Agradar, contentar.

PETAR. intr. GAL. y LEÓN. Golpear, llamar en la puerta.

PETARDEAR. tr. MIL. Batir una puerta con petardos. || **2**. fig. Estafar, pedir préstamo sin intención de devolverlo.

PETARDERO. m. Soldado que aplica y dispara el petardo.

PETARDISTA. com. Persona que estafa o pega petardos.

PETARDO. (ital. *petardo; de peto*, pedo.) m. MIL. Morterete que afianzado en una plancha de bronce, se sujeta a una puerta después de colgado, y se le da fuego para hacerla saltar con la explosión. || **2**. Cañuto que se llena de pólvora y se ata fuertemente para que, prendiéndole fuego, produzca una gran detonación. || **3**. fig. Petición de una cosa con ánimo de no volverla. || *Pegar un* PETARDO *a uno*. fr. fig. y fam. Pedir dinero y no volverlo, o ejecutar alguna estafa. || **P**. e **It**. petardo; **I**. petard; **F**. pétard; **A**. Sprengbüchse; **R**. петарда.

PETARTE. (fr. *pétard*.) m. ant. Petardo.

PETASO. (l. *petassus*.) m. ARQUEOL. Sombrero que usaban los romanos para el viaje.

PETATE. (mejic. *petlatl*, estera.) m. Esterilla de palma sobre la que se duerme en los países cálidos. || **2**. Lío en la cama y ropa de un marinero o soldado en su cuartel o de un penado en su prisión. || **3**. fam. Equipaje de cualquier persona que va a bordo. || **4**. fig. y fam. Hombre estafador. || **5**. fig. y fam. Hombre despreciable. || *Liar uno el* PETATE. fr. fig. y fam. Mudar de vivienda y sobre todo cuando se es despedido.

* **PETATERÍA**. (De *petetero*.) f. AMÉR. Esterería.

* **PETATERO**. m. AMÉR. El que hace o vende petates. Ú.m. en Méjico. || **2**. P. RICO. Petate, hombre despreciable.

* **PETECO**. m. ARGENT. Persona de escasa estatura por su edad.

PETENERA. f. Aire popular parecido a la malagueña, con que se cantan coplas de cuatro versos octosílabos. || *Salir por* PETENERAS. fr. fig. y fam. Hacer o decir algo fuera de lo tratado.

PETEQUIA. (gr. πιττάκια, pl. de πιττάκιον, emplasto.) f. MED. Mancha parecida a la picadura de la pulga, que no desaparece por la presión del dedo. Aparece en enfermedades agudas, y más si son graves. || **P**. petéquia; **I**. petechia; **F**. pétéchie; **A**. Petechien; **It**. petecchia.

PETEQUIAL. adj. Referente a la petequia. || **2**. Que tiene petequias. || **3**. V. *Tifus* PETEQUIAL.

PETERA. f. fam. Pelotera. || **2**. fam. Cólera u obstinación en la expresión de un deseo y sobre todo terquedad en los niños temosos. || **3**. CUBA. Borrachera.

PETERETES. (De *petar*.) m. pl. Golosinas, bocados ricos.

PETICANO. (De *peticanon*.) m. IMPR. Carácter de letra de 26 puntos.

PETICANON. (fr. *petit canon*.) m. IMPR. Peticano.

PETICIÓN. (l. *petitio, -ōnis*.) f. Acción de pedir. || **2**. Cláusula u oración con la que se pide. || **3**. FOR. Pedimento, 2.ª acep. || **—de principio**. LÓG. Vicio de razonamiento consistente en colocar como antecedente lo mismo que se quiere probar. || **P**. petição; **I**. petition, demand; **F**. pétition; **A**. Bitte, Gesuch; **It**. petizione; **R**. прошение.

PETICIONARIO, RIA. (De *petición*.) adj. Se dice del que pide oficialmente una cosa. Ú.t.c.s. || **P**. requerente; **I**. petitioner; **F**. pétitionaire; **A**. Bittsteller; **It**. richiedente; **R**. проситель.

PETIFOQUE. (fr. *petit foc*.) m. MAR. Foque menor que el principal, de lona más delgada y que se orienta fuera de él.

PETIGRÍS. (fr. *petit-gris*.) m. Ardilla común. Nombre empleado sólo en el comercio de pieles.

PETILLO. (d. de *peto*.) m. Pedazo de tela en forma de triángulo y que colocan las mujeres como adorno delante del pecho. || **2**. Joya de la misma figura.

PETIMETRE, TRA. (fr. *petit maître*,

pequeño señor, señorito.) m. y f. Persona que cuida demasiado de su compostura y de las modas.

PETIRROJO. (De *peto* y *rojo*.) m. Pájaro del tamaño del pardillo, con las partes superiores aceitunadas, cuello, frente, garganta y pecho de color rojo vivo, y el resto blanco brillante. || **P**. pintarroxo; **I**. redbreast; **F**. rouge-gorge; **A**. Rotkehlchen; **It**. pettirosso; **R**. малиновка.

PETITORIA. (l. *petitoria*, t. f. de -*rius*, petitorio.) f. fam. Petición, 1.ª y 2.ª aceps.

PETITORIO, RIA. (l. *petitorius*.) adj. Se dice de lo perteneciente o relativo a la petición o súplica, o que la contiene. || **2**. m. fam. Petición repetida e impertinente. || **3**. FARM. Cuaderno impreso de los medicamentos simples, y compuestos de que debe haber surtido en las boticas.

PETO. (l. *pectus*, pecho.) m. Armadura del pecho. || **2**. Adorno que entalla en el pecho. || **3**. Parte opuesta a la pala, y en el otro lado del ojo, afilada o sin afilar, que tienen algunas herramientas. || **4**. CUBA. Pez de gran tamaño de color azul por el lomo y pálido por el vientre. Es comestible. || **5**. ZOOL. Parte inferior de la coraza de los quelonios. || **P**. couraça; **I**. breastplate; **F**. plastron; **A**. Brustharnisch; **It**. petto; **R**. нагрудный панцырь.

PETRA. (arauc. *pútha*.) f. CHILE. Mirtácea de unos 3 m de alto, cubiertas de un vello rojizo las ramas más tiernas; hojas anchas, flores blancas; baya negra, comestible, agradable. Sus hojas y cortezas son medicinales y su polvo se emplea como insecticida.

PETRAL. (l. *pectorāle*.) m. Correa que se ase al delantero de una silla de montar y rodea el pecho de la cabalgadura.

PETRARIA. (l. *pĕtra*, piedra.) f. Balista.

PETRARQUESCO, CA. adj. Se dice de lo que es propio y característico de Petrarca. || **2**. Parecido a cualquiera de las dotes que distinguen a dicho poeta.

PETRARQUISTA. adj. Se dice del admirador de Petrarca o imitador de su estilo poético. Ú.t.c.s.

PETREL. (l. *Petrus*, por alusión a San Pedro andando sobre las aguas.) m. Ave palmípeda, voladora, del tamaño de una alondra, común en los mares y en ellos se le ve a grandes distancias de la tierra, coge los huevos de los peces, con los que se alimenta. Vive en las rocas de costas desiertas, y lo hace en bandadas.

* **PETRENQUE**. m. ZOOL. CHILE. Macho de la alondra.

PÉTREO, A. (l. *petrĕus*.) adj. De piedra. || **2**. Pedregoso, cubierto de muchas piedras. || **3**. Se dice de lo que tiene calidad de piedra. || **P**. pétreo; **I**. rocky, stony; **F**. pétré; **A**. steinig; **It**. pietroso; **R**. каменистый.

PETRERA. (l. *pĕtra*, piedra.) f. Pedrea, 2.ª acep. || **2**. ant. Riña con mucho ruido de voces.

PETRIFICACIÓN. (De *petrificar*.) f. Acción y efecto de petrificar o petrificarse.

PETRIFICANTE. p.a. de petrificar. Que petrifica.

PETRIFICAR. (l. *pĕtra*, piedra, y *facĕre*, hacer.) tr. Convertir en piedra, o endurecer una cosa de modo que lo parezca. Ú.t.c.r. || **2**. fig. Dejar a uno inmóvil del asombro. || **P**. petrificar; **I**. to petrify; **F**. pétrifier; **A**. versteinern; **It**. pietrificare; **R**. превращать в камень.

PETRÍFICO, CA. adj. Se dice de lo que petrifica o tiene virtud de petrificar.

* **PETROCENO**. (De *petróleo* y *benceno*.) m. QUÍM. Mezcla de hidrocarburos cristalizables. Se obtiene en la destilación del petróleo a temperaturas elevadas.

* **PETROGLIFO**. m. ARQUEOL. Inscripciones o grabados antiguos que se hallan en las peñas, especialmente de América.

PETROGRAFÍA. (gr. πέτρα, roca, y γράφω, describir.) f. Parte de la historia natural que estudia las rocas. || **P**. petrografia; **I**. petrography; **F**. pétrographie; **A**. Petrographie; **It**. petrografia; **R**. петрография.

* **PETROHOL**. m. QUÍM. Poderoso desinfectante, procedente de los petróleos americanos. Es buen disolvente y se emplea en la preparación de barnices para la ho-

jalata que ha de estar en contacto con materias alimenticias.

PETRÓLEO. (b. l. *petrolēum*, y éste del l. *pĕtra*, piedra, y *olēum*, aceite.) m. Líquido oleoso, más ligero que el agua, de olor fuerte y color obscuro. Se halla nativo en el interior de la tierra. Es una mezcla de carburos de hidrógeno, que arde con facilidad; refinado, tiene varias aplicaciones. ‖ **P.** petróleo; **I.** oil; **F.** pétrole; **A.** Erdöl, Petroleum; **It.** petrolio; **R.** нефть.

PETROLERO, RA. adj. Perteneciente o relativo al petróleo. ‖ **2.** Se dice de la persona que con fines subversivos incendia o trata de hacerlo con petróleo. Ú.t.c.s. ‖ **3.** m. y f. Persona que vende petróleo por menor. ‖ **4.** Dícese del barco cisterna destinado al transporte de petróleo. Ú.t.c.s.

PETROLÍFERO, RA. (De *petróleo*, y el l. *ferre*, llevar.) adj. Que contiene petróleo.

* **PETROLOGÍA.** (l. *petra*, y gr. λόγος, tratado.) f. Parte de la geología, que estudia la composición, origen y clasificación de las rocas.

PETROSO, SA. (l. *petrōsus.*) adj. Se aplica al sitio en que hay muchas piedras. ‖ **2.** ZOOL. Se dice de cierta porción del hueso temporal.

PETRUS IN CUNCTIS. (Lit., *Pedro en todo.*) loc. lat. con que se moteja al entrometido.

PETULANCIA. (l. *petulantĭa.*) f. Insolencia, o descaro. ‖ **2.** Vana presunción. ‖ **P.** petulância; **I.** huffishness; **F.** pétulance; **A.** Eitelkeit, Anmassung; **It.** petulanza; **R.** резвость.

PETULANTE. (l. *petŭlans, -antis.*) adj. Que tiene petulancia. Ú.t.c.s. ‖ **P.** petulante; **I.** huffish; **F.** pétulant; **A.** übermütig, eitel; **It.** petulante; **R.** резвый.

PETULANTEMENTE. adv. Con petulancia.

PETUNIA. (De *petún*, nombre dado al tabaco en el Brasil.) f. Planta solanácea, ramosa, con flores infundibuliformes, olorosas, de color blanquecino.

* **PEUCA.** f. ZOOL. CHILE. Hembra del peuco. ‖ **2.** fig. CHILE. Mujer ratera, que hurta cosas de poco valor.

PEUCÉDANO. (l. *peucedănnum*, y éste del gr. πευκέδανον, de πευκεδανός, amargo como la resina.) m. Servato. ‖ **2.** BOT. Género de plantas umbelíferas, hierbas vivaces, de flores blancas, amarillas o rojizas. Comprende unas 150 especies. ‖ **P.** peucédano; **I.** brimstonewort; **F.** peucédan; **A.** Haarstrang; **It.** peucèdano.

PEUCO. (arauc. *peucu.*) m. CHILE. Ave de rapiña, diurna, su color varía según edad y sexo. Come pajarillos, palomas y pollos de otras aves, a falta de ellos come lagartijas y otros reptiles. ‖ **2.** AMÉR. Juego del peuco. ‖ **—bailarín.** CHILE. Nombre vulgar del peuco blanco. ‖ **—blanco.** CHILE. Ave de rapiña, parecida al cernícalo hasta en el modo de mantenerse en el aire, pero de color negro, aunque blanco por el vientre, y gris en la cabeza.

PEUMO. (arauc. *pegu.*) m. BOT. Boldo. ‖ **2.** CHILE. Fruto de éste árbol. ‖ *Cocer* PEUMO, *o* PEUMOS *en la bolsa*. fr. fig. y fam. CHILE. Guardar bien los secretos.

PEYORAR. (l. *peiorāre;* de *peior*, peor.) tr. ant. Empeorar.

PEYORATIVO, VA. adj. Que empeora. Dícese principalmente de los conceptos morales.

PEZ. (l. *piscis.*) m. Animal vertebrado acuático, de respiración branquial, temperatura variable, extremidades en forma de aletas propias para nadar y piel cubierta de escamas. Se reproducen por medio de huevos. ‖ **2.** Pescado de río. ‖ **3.** fig. Montón largo de trigo en la era, o cualquier bulto de la misma figura alargada. ‖ **4.** fig. y fam. Cosa que se consigue con provecho, sobre todo, cuando ha costado mucho lograrlo. ‖ **5.** pl. ASTRON. Piscis. ‖ **—austral.** ASTRON. Constelación muy notable que se halla debajo de Acuario. ‖ **—ballesta.** ZOOL. Pez con la piel cubierta de escudetes, cuerpo deprimido, y la primera aleta dorsal sostenida por radios espinosos. ‖ **—de colores.** El de forma y tamaño semejante a la carpa, pero de varios colores. ‖ **—espada.** Pez teleósteo, marino, acantopterigio, piel áspera, sin escamas, cuerpo rollizo, con la mandíbula superior en forma de espada de dos cortes y de un metro aproximadamente de largo. Su carne es apreciada. ‖ **—gordo.** loc. fig. y fam. Personaje importante. ‖ **—luna.** ZOOL. Pez teleósteo, marino del suborden de los plectognatos, de cuerpo más largo que alto, de color plateado. Puede alcanzar hasta 2 m de largo. ‖ **—martillo.** ZOOL. Pez selacio de los escuálidos, de 2 ó 3 m de largo, aunque puede alcanzar hasta 5,50. Su cabeza tiene dos prolongaciones que le dan aspecto de martillo, de ahí su nombre. Vive en mares tropicales y templados. ‖ **—pluma.** ZOOL. CUBA. Pez del Mar de las Antillas. Sus dientes romos figuran un empedrado en la boca. ‖ PEZ *que busca el anzuelo, busca su duelo.* ref. que indica que es un error dejarse atraer por la apariencia de las cosas. ‖ *Estar* uno *como el* PEZ *en el agua.* fr. fig. y fam. Disfrutar de comodidades. ‖ *Estar* uno PEZ. fr. fig. y fam. Estar completamente ignorante de una materia o de un tema. Ú. más entre estudiantes. ‖ *Picar el* PEZ. Dejarse engañar. ‖ **2.** fig. y fam. Ganar al juego. ‖ *Salga* PEZ *o salga rana.* expr. fig. y fam. Se aplica a los que se deciden a locas a una empresa de dudoso éxito. ‖ *Salga* PEZ *o salga rana, a la capacha.* ref. Reprende la codicia de los que cogen todo cuanto hallan aun lo de escaso valor. ‖ **P.** peixe; **I.** fish; **F.** poisson; **A.** Fisch; **It.** pesce; **R.** рыба.

PEZ. (l. *pix, picis.*) f. Substancia resinosa, sólida, lustrosa, de color pardo amarillento, que se obtiene echando en agua fría en residuo que queda de la trementina al acabar de quitarle el aguarrás. ‖ **—blanca** o **de Borgoña.** Trementina desecada al aire. ‖ **— elástica.** Mineral, semejante al asfalto, pero menos duro, y bastante elástico. ‖ **—naval.** Mixto de varios ingredientes. ‖ **—negra.** La que resulta de la destilación de las trementinas impuras. ‖ *Dar* uno *la* PEZ. fr. fig. y fam. Llevar al último punto de una cosa, por alusión a la pez que se halla en el interior de las corambres. ‖ PEZ *con* PEZ. m. adv. fig. Totalmente desocupado, vacío, por alusión a lo que sucede en los pellejos empegados cuando no tienen nada dentro. ‖ **P.** pez; **I.** pitch; **F.** poix; **A.** Pech; **It.** pece; **R.** смола.

PEZOLADA. (De *pezuelo.*) f. Porción de hilos sueltos sin tejer que se dan en los extremos del paño.

PEZÓN. (l. *petiŏlus*, con el suf. *-ón.*) m. BOT. Ramita que sostiene la hoja, la inflorescencia o el fruto en las plantas. ‖ **2.** Botoncito de los pechos de las hembras, por donde los niños maman. ‖ **3.** Extremo del eje que sobresale en las ruedas de los coches. ‖ **4.** Palo que se coloca en el extremo del pértigo y en el que se ata el yugo. ‖ **5.** En los molinos de papel, extremo y remate del árbol. ‖ **6.** fig. Punta o cabo de tierra. ‖ **7.** fig. Parte saliente de ciertas frutas, como el limón. ‖ **P.** pedículo; **I.** stalk; **F.** queue des feuilles; **A.** Obststengel; **It.** picciolo; **R.** черенок. ‖ 2.ª acep.: **P.** bico de peito; **I.** nipple; **F.** mamelon; **A.** Brustwarze; **It.** capèzzolo; **R.** сосок.

PEZONERA. (De *pezón.*) f. Pieza de hierro que atraviesa la punta del eje en los carruajes para que no salga la rueda. ‖ **2.** Pieza redonda con un hueco en el centro, que emplean las mujeres para formar el pezón cuando crían.

PEZPALO. (De *pez*, 1.er art., y *palo.*) m. Pejepalo.

PEZPITA. (De *pizpita.*) f. Aguzanieves.

PEZPÍTALO. m. Pezpita.

PEZUELO. (l. *petiŏlus*, de *pes*, pie.) m. Principio y fundamento del lienzo, que es como una especie de fleco de muchos hilos, en los que se va atando con un nudo cada hebra de las de la urdimbre de la tela que se va a tejer.

PEZUÑA. (De *pesuña.*) f. Conjunto de pesuños de la misma pata en los animales de pata hendida. ‖ **2.** AMÉR. Suciedad seca y endurecida en los pies de las personas. ‖ **P.** úngula; **I.** hoof; **F.** sabot; **A.** Klaue; **It.** unghia; **R.** копыто.

* **PF.** AGR. Símbolo que expresa logarítmicamente la propiedad de un terreno en retener el agua, siendo *p* el logaritmo y *F* la intensidad de dicha propiedad.

* **PH.** Índice que permite valorar la concentración de iones hidrógeno contenidos en un líquido.

PHI. (gr. φῖ.) f. Vigésima primera letra del alfabeto griego, que se pronuncia fi. En el latín se representa por *ph* y en los idiomas neolatinos con estas mismas letras, o sólo con *f*, como en el nuestro, según la moderna ortografía; v. gr., *filosofía*.

PI. (gr. πῖ.) f. Decimosexta letra del alfabeto griego, corresponde a la que en el nuestro se llama *pe*. ‖ **2.** MAT. Signo (π) con que se expresa la relación entre la circunferencia y el diámetro, o sea el número inconmensurable 3'14159...

PIACHE. (gall. *tarde piache*, tarde piaste, que, según el cuento, dijo un soldado que al tragarse un huevo empollado oyó piar al polluelo.) Voz que sólo tiene uso en la expresión familiar *tarde* PIACHE, que indica que llegó tarde, o no se halló a tiempo en un negocio.

PIADA. f. Acción o modo de piar. ‖ **2.** fig. y fam. Expresión de uno, semejante a la que suele usar otro. *Luisa tiene* PIADAS *de su amiga.*

PIADOR, RA. adj. Que pía.

PIADOSAMENTE. adv. Misericordiosamente, con piedad. ‖ **2.** Según la piedad y las creencias cristianas.

PIADOSO, SA. (l. *pietōsus.*) adj. Benigno, blando, misericordioso, que se inclina a la piedad. ‖ **2.** Se aplica a las cosas que mueven a compasión o se originan de ella. ‖ **3.** Religioso, devoto. ‖ **P.** piedoso; **I.** pious; **F.** pieux; **A.** mild, barmherzig; **It.** pio, pietoso; **R.** жалостливый.

PIAFAR. (fr. *piaffer.*) intr. Alzar el caballo alguna de las manos, dejándola caer con rapidez y fuerza y casi en el mismo sitio donde las alzó. ‖ **P.** facer piafé (o cavalo); **I.** to piaffe, to paw; **F.** piaffer; **A.** piaffieren, tänzeln (Pferd); **It.** raspare, scalpitare; **R.** бить копытом.

* **PIAL.** (De *pial.*) m. AMÉR. Mangana, cuerda que enlazando las patas traseras de la res la derriba.

PIALAR. (De *peal.*) tr. AMÉR. Apealar.

PIAMADRE. f. ZOOL. Meninge interna de las tres que tienen los batracios, reptiles, aves y mamíferos. Es rica en vasos y está en contacto con el tejido nervioso del encéfalo y de la medula espinal.

PIAMÁTER. (l. *pia mater*, madre piadosa.) f. ZOOL. Piamadre.

PÍAMENTE. adv. Piadosamente.

PIAMONTÉS, SA. adj. Natural del Piamonte. Ú.t.c.s. ‖ **2.** Perteneciente a dicho país.

PIANISTA. com. Fabricante de pianos. ‖ **2.** Persona que los vende. ‖ **3.** Persona que ejercita la profesión de tocar el piano. ‖ 3.ª acep.: **P.** e **It.** pianista; **I.** pianist; **F.** pianiste; **A.** Klavierspieler; **R.** пианист.

PIANO. (ital. *piano*, dulce, suave, y éste del l. *planus*, llano.) adv. MÚS. Con sonido suave. ‖ **2.** m. Instrumento músico de teclado y percusión. Se compone de cuerdas metálicas, de diferente longitud y diámetro, ordenadas de mayor a menor en una caja sonora, y heridas por macillos, producen sonidos claros y vibrantes, tanto más o menos intensos cuanto es más o menos fuerte la pulsación de las teclas. Según su forma y dimensión, los hay de mesa, de cola y media cola, verticales, diagonales, etc. ‖ 2.ª acep.: **P.** e **It.** piano; **I.** pianoforte; **A.** Piano, Klavier, Flügel; **R.** пианино, рояль.

PIANOFORTE. (ital. *pianoforte*, de *piano*, suave, y *forte*, fuerte.) m. Piano.

PIANOLA. (Nombre comercial registrado.) f. Piano que se toca mecánicamente por pedales o por corriente eléctrica. ‖ **2.** Aparato que se une al piano y toca mecánicamente las piezas preparadas al objeto.

PIAN, PIAN. m. adv. fam. Pian, piano.

PIAN, PIANO. (ital. *piano*, piano, despacio, y éste del l. *planus*, plano.) m. adv. fam. Poco a poco, a paso lento.

PIANTE. p.a. de piar. Que pía. Ú. sólo en la expresión familiar PIANTE *ni mamante*, que, junta con los verbos *quedar*, *dejar* y otros, más la negación, implica que no queda viviente.

* **PIAÑA.** f. CUBA. Peseta.

* **PIAÑE.** f. CHILE. Una variedad de patata.

P

PIAR. (Voz onomatopéyica.) intr. Emitir algunas aves, sobre todo el pollo, cierto género de sonido o voz. || **2.** fig. y fam. Clamar con insistencia por una cosa. || **P.** piar; **I.** to peep, to pule; **F.** piauler, piailler; **A.** piepen, piepsen; **It.** pigolare; **R.** пищать.

PIARA. f. Manada de cerdos, y por ext., la de las yeguas, mulas, etc. || **2.** ant. Rebaño de ovejas. || **P.** piara; **I.** herd of swine; **F.** troupeau de porcs; **A.** Schweinehnerde; **It.** mandra; **R.** табун.

* **PIARACNOIDES.** (De *pia* y *aracnoides.*) f. ANAT. Membrana envolvente del cerebro y de la medula espinal y formada por la piamáter, más interna, y la aracnoides.

PIARCÓN, NA. (De *piar.*) m. y f. GERM. Bebedor.

* **PIAREMIA.** f. FISIOL. Estado de la sangre al emulsionarse la grasa en el suero lipemia.

PIARIEGO, GA. adj. Se aplica al que tiene piaras.

PIASTRA. (ital. *piastra.*) f. Moneda de plata cuyo valor varía según los países, generalmente se aproxima a 25 céntimos de peseta.

* **PIATROSIS.** f. Solución de pus dentro de una articulación.

* **PIBE, BA.** f. y m. ARGENT. Chiquillo, muchacho.

* **PIBERIO.** (De *pibe.*) m. ARGENT. Conjunto de chiquillos o muchachos.

PICA. (fr. *pique,* el ital. *picca,* y el al. *pike,* de la raíz *pic-,* punta.) f. Especie de lanza larga, con un asta con hierro pequeño y agudo en el extremo superior. Fue usado por los soldados de infantería. || **2.** Garrocha del picador de toros. || **3.** Escoda con puntas piramidales en los cortes que usan los canteros para labrar piedra no muy dura. || **4.** Medida para profundidades equivalente a 14 pies o sea 3,88 m. || **5.** Soldado armado de pica. || **6.** MURC. Época en que comienza el celo de las perdices o sea la época en que se desbandan. || **7.** VENEZ. Picada. || **8.** CHILE. Riña de gallos. || **9.** COLOM. Pique, resentimiento. || **10.** PERÚ. Juego del palmo. || **11.** P. RICO. Juego de ruleta. || **—seca.** Soldado que servía en la milicia con la pica, sin ventaja o grado. || **—suelta.** Soldado que servía en la guerra con ella y no iba armado de cosolete. || *A* PICA *seca.* m. adv. fig. Con trabajo, con dificultad. || *Calar la* PICA. fr. fig. Ponerla en disposición de servirse de ella. || *Pasar por las* PICAS. fr. fig. Pasar incomodidades. || *Poder pasar por las* PICAS *de Flandes.* fr. fig. con que se pondera la perfección de una cosa y que puede vencer cualquier dificultad. || *Poner una* PICA *en Flandes.* fr. fig. y fam. Alcanzar o conseguir una cosa muy difícil. || *Saltar por las* PICAS *de Flandes.* fr. fig. y fam. Atropellar por cualesquiera respetos o inconvenientes. || **P.** y **F.** pique; **I.** pike; **A.** Pike, Spiess; **It.** picca; **R.** пика, копьё.

PICA. (l. *pica,* urraca.) f. MED. Malacia. || **2.** ZOOL. Género de pájaros córvidos de alas largas, comprende nueve especies, entre ellas la urraca.

* **PICACENA.** (De *pica,* de igual significado.) f. fam. PERÚ. Pique, enojo o desazón.

* **PICACERA.** f. TOL. Picazón. || **2.** CHILE, PERÚ y ECUAD. Pique, resentimiento.

PICACERO, RA. adj. Se aplica a las aves de rapiña, que cazan picazas.

PICACHO. m. Punta aguda, a modo de pico, que tienen algunos montes y riscos. || **P.** pico; **I.** peak, ben; **F.** sommet, pic; **A.** (Berg-)Grat; **It.** picco, punta; **R.** пик.

PICADA. (De *picar.*) f. Picotazo. || **2.** PERÚ y CHILE. Carbunco del ganado. || **3.** ARGENT. y CUBA. Senda estrecha en un monte. || **4.** ARGENT. Vado estrecho. || **5.** BOL. Llamada a la puerta. || *A* PICADA *de mosca, pierna* o *pieza de sábana.* ref. con que se moteja a las personas delicadas, particularmente cuando piden un gran remedio para un pequeño daño. || *Dar una* PICADA. fr. CUBA. Dar un sablazo.

PICADERO. (De *picar.*) m. Lugar o sitio donde los picadores adiestran y trabajan los caballos, y las personas aprenden a montar. || **2.** Madero de corto tamaño con una muesca en medio donde los carpinteros aseguran las cuñas u otros palos que adelgazan con la azuela. || **3.** Hoyo que hacen los gamos escarbando con las manos, al mismo tiempo que aguzan los cuernos contra los árboles en la época del celo o ronca. || **4.** MAR. Cada uno de los maderos cortos que se colocan a lo largo del eje longitudinal de un dique o grada, y en sentido perpendicular a él para que allí descanse la quilla del buque. || **5.** COLOM. Matadero. || **P.** picadeiro; **I.** manège, riding-school; **F.** manège; **A.** Reitschule; **It.** cavallerizza; **R.** манеж.

PICADILLO. (De *picado.*) m. Guisado que se hace picando carne cruda con tocino, verduras y ajos, y sazonándolo con huevos. || **2.** Lomo de cerdo picado para hacer chorizos. || *Estar* o *venir* uno *de* PICADILLO. fr. fig. y fam. Estar enfadado o deseoso de armar jaleo.

PICADO, DA. p.p. de picar. || **2.** adj. Se dice del patrón que se traza con picaduras para señalar el dibujo. || **3.** Se aplica a lo que está trabajado con picaduras puestas en orden. || **4.** m. Acción y efecto de picar la bola de billar. || **5.** MÚS. Modo de ejecutar unas notas interrumpiendo un momento el sonido entre ellas por contraposición al ligado. || **6.** AMÉR. Calamocano, achispado. || **7.** CUBA y P. RICO. Picada. || **8.** CHILE. Labor que se hace sobre todo en la excavación para una mina.

PICADOR. (De *picar.*) m. El que doma o adiestra caballos. || **2.** Torero a caballo que pica a los toros con garrocha. || **3.** Tajo de cocina. || **4.** GERM. Ladrón que emplea ganzúa. || **5.** MIN. El que arranca el mineral por medio del pico. || **6.** CUBA. El que abre picados.

PICADURA. f. Acción y efecto de picar una cosa. || **2.** En los vestidos o calzados cisura que se hace como adorno. || **3.** Mordedura o picada de un ave, insecto o reptil. || **4.** Tabaco picado para fumar. || **5.** Principio de caries en la dentadura. || **P.** picada; **I.** pricking, puncture; **F.** piqûre; **A.** Stechen, (Insekten)-Stich; **It.** puntura; **R.** укус.

PICAFIGO. (De *picar* y *figo.*) m. Papafigo, 1.ª acep.

PICAFLOR. (De *picar* y *flor.*) m. Pájaro mosca. || **2.** fig. y fam. ZOOL. AMÉR. Mariposón.

PICAGALLINA. (De *picar* y *gallina.*) f. Alsine.

PICAGREGA. f. Pega reborda.

* **PICAHUAY.** m. BOT. PERÚ. Árbol proteáceo, de flores rosadas.

PICAJÓN, NA. adj. fam. Picajoso. Ú.t.c.s.

PICAJOSO, SA. adj. Se dice del que se ofende fácilmente. Ú.t.c.s.

PICAL. m. En varios lugares de España, lugar de cruce de varios caminos.

PICAMADEROS. (De *picar* y *madero.*) m. Pájaro carpintero.

PICAMULO. (De *picar* y *mulo.*) m. GERM. Arriero.

PICANA. (De *picar.*) f. AMÉR. MERID. Aguijada, 1.ª acep. || **2.** ARGENT. y CHILE. Carne del anca de las vacas. || **3.** BOL. Pechuga del ñandú. || **4.** PERÚ y BOL. Ternero asado. || **5.** CHILE. Colihue grueso. || **—de avestruz.** CHILE. Guiso de carne gorda del avestruz de Patagonia.

* **PICANADA.** f. AMÉR. Acción de picanear o picar con la aguijada.

PICANEAR. (De *picana.*) tr. AMÉR. MERID. Aguijar, 1.ª acep.

* **PICANERO.** m. AMÉR. Boyero que aguijonea con la picana.

PICANTE. p.a. de picar. || **2.** fig. Se aplica a lo que se dice con cierta mordacidad o por que tiene alguna gracia, aunque expresa ideas un poco libres. || **3.** m. Acerbidad de ciertos alimentos que avivan el sentido del gusto. || **4.** fig. Mordacidad en el decir. || **5.** AMÉR. Guiso que tiene mucho pimiento. || 2.ª acep.: **P.** picante; **I.** y **F.** piquant; **A.** pikant; **It.** pungente; **R.** пикантный.

PICANTEMENTE. adv. Con intención de picar o herir.

PICAÑO. (De *pico.*) m. Remiendo en el zapato.

PICAÑO, ÑA. (De *picar.*) adj. Pícaro, de poca vergüenza.

PICAPEDRERO. m. Cantero, 1.ª acep.

PICAPICA. f. Polvos o pelusillas que causan picazón en la piel. Se dan en algunos árboles americanos.

PICAPLEITOS. (De *picar* y *pleito.*) m. fam. Pleitista. || **2.** fam. Abogado sin pleitos. || **3.** fam. Abogado enredador y rutinario. || **4.** ant. Hombre embustero.

PICAPORTE. (De *picar* y *puerta.*) m. Instrumento para cerrar las puertas y ventanas. || **2.** Llave con la que se abre el picaporte. || **3.** Llamador, aldaba. || **—de resbalón.** Especie de cerradura cuyo pestillo entra en el cerradero y queda encajado mediante un resorte. || **P.** pica-porta; **I.** spring-latch, catch-bolt; **F.** loquet; **A.** (Tür)Klinke; **It.** saliscendi; **R.** щеколда.

PICAPOSTE. m. Picamaderos.

PICAPUERCO. (De *picar* y *puerco.*) m. Ave trepadora con plumaje negro brillante en las partes superiores, manchado de blanco en las alas, ceniciento en los lados de la cabeza y el cuello, el pecho sonrosado y rojo vivo en la nuca y el abdomen. Se cría en España y se alimenta de insectos del estiércol.

PICAR. (De *pico,* 1.er art.) tr. Herir levemente con instrumento punzante. || **2.** Herir el picador al toro con la garrocha, procurando detenerlo cuando intenta acercarse al caballo. || **3.** Morder las aves, o ciertos insectos o reptiles. || **4.** Cortar en trozos muy menudos. || **5.** Tomar las aves la comida con el pico. || **6.** Morder el pez en el anzuelo; y por ext., acudir a un engaño. || **7.** Producir escozor en alguna parte del cuerpo. Ú.t.c.intr. || **8.** Enardecer el paladar ciertas cosas excitantes. Ú.t.c. intr. || **9.** Comer uvas de un racimo grano a grano. Ú.m.c.intr. || **10.** Adiestrar el picador al caballo. || **11.** Herir con el taco la bola de billar fuera de su centro para imprimirle un movimiento giratorio distinto del de traslación. || **12.** Recortar o agujerear papel o tela haciendo dibujos. || **13.** Golpear con pico u otro instrumento la superficie de las piedras para labrarlas, o la de las paredes para revocarlas. || **14.** Restablecer las asperezas de las caras de la muela de molino cuando se han desgastado. || **15.** fig. Mover o estimular. Ú.t.c. intr. || **16.** fig. Enojar o provocar a otro con palabras o acciones. || **17.** En el juego de los cientos, contar con el que es mano 60 puntos cuando según las jugadas debía contar 30, por no tener aún ninguno el contrario. || **18.** MAR. Cortar a golpe de hacha o de otro instrumento. || **19.** MAR. Precipitar la boga, 2.º art., 1.ª acep. || **20.** MAR. Hacer funcionar una bomba. || **21.** MIL. Atacar la retaguardia del enemigo cuando se retira. || **22.** MÚS. Hacer sonar una nota de un modo claro, dejando después un cortísimo silencio. || **23.** PINT. Concluir una pintura con una pincelada graciosa. || **24.** intr. Calentar mucho el sol. || **25.** Tomar un poco de un comestible. || **26.** fig. Empezar a concurrir compradores. || **27.** fig. Tener ligera idea de las ciencias. || **28.** fig. Con la preposición *en,* tocar, rayar, llegar. PICAR *de listo.* || **29.** r. Agujerearse la ropa por la polilla. || **30.** Empezar a dañarse una cosa, o avinagrarse el vino. || **31.** Agitarse el mar en olas. || **32.** fig. Ofenderse ante un dicho o acción indecorosa u ofensiva. || **33.** fig. Dejarse llevar de la vanidad creyendo poder ejecutar igual o mejor que otro una cosa. || PICAR uno *más alto,* o *muy alto.* fr. fig. Se da a entender que uno presume demasiado de sus cualidades, o que pretende una cosa muy exquisita y desigual a sus méritos. || **P.** picar; **I.** to prick; **F.** piquer; **A.** stechen; **It.** pùngere; **R.** укалывать. || 3.ª acep.: **P.** morder; **I.** to bite; **F.** mordre; **A.** beissen; **It.** bezzicare, morsicare, pùngere; **R.** клевать. || 4.ª acep.: **P.** cortar; **I.** to hash; **F.** dechiqueter; **A.** zerhacken; **It.** tritare; **R.** рубить.

PÍCARAMENTE. adv. Con vileza o picardía.

PICARAZA. f. Picaza, 1.er art.

PICARDEAR. tr. Enseñar a hacer o decir picardías. || **2.** intr. Decirlas o ejecutarlas. || **3.** Enredar. || **4.** r. Adquirir algún vicio o mala costumbre.

PICARDÍA. (De *pícaro.*) f. Acción baja, maldad. || **2.** Bellaquería, disimulo o falsedad al hacer una cosa. || **3.** Travesura, burla inocente. || **4.** Intención o acción

P

deshonesta. || **5.** Junta de pícaros. || **6.** pl. Denuestos. || **7.** BOT. CHILE. Planta enredadera que crece poco. || **P.** picardia; I. knavery; **F.** coquinerie, fripponnerie, rouerie; **A.** Arglist; It. furberia, furfanteria; **R.** плутовство, шалость.

PICARDIHUELA. f. d. de picardía.

PICARDO, DA. adj. Natural de Picardía. Ú.t.c.s. || **2.** Perteneciente a esta provincia de Francia.

PICARESCA. f. Junta de pícaros. || **2.** Profesión de pícaro.

PICARESCAMENTE. adv. De modo picaresco.

PICARESCO, CA. adj. Perteneciente o relativo a los pícaros. || **2.** Se aplica a las producciones literarias en que se pinta la vida de los pícaros y a este género de literatura. || **P.** picaresco; **I.** knavish; **F.** picaresque; **A.** spitzbübisch; It. bricconesco; **R.** плутовской.

PICARIL. adj. Se dice de lo picaresco, 1.ª acep.

PICARIZAR. tr. Picardear, 1.ª acep.

PÍCARO, RA. (Tal vez de *picar;* en port. *pícaro*.) adj. Bajo, ruin, falto de honra. Ú.t.c.s. || **2.** Astuto, taimado. Ú.t.c.s. || **3.** fig. Dañoso en su línea. || **4.** m. Persona descarada, traviesa, y de mal vivir que figura en las obras magistrales de la literatura española. || *Ni a* PÍCARO *descalzo, ni a hombre callado, ni a mujer barbada, no le des posada.* ref. que advierte el riesgo de admitir en casa, sin cautela, a persona de las cualidades que en él se expresan. || **P.** pícaro; **I.** knavish; **F.** coquin; **A.** arglistig; It. furbo, furfante; **R.** хитрый.

PICARÓN, NA. adj. aum. de pícaro. Ú.t.c.s. || **2.** CHILE y PERÚ. Especie de buñuelo.

PICARONAZO, ZA. adj. aum. de picarón.

PICAROTE. adj. aum. de pícaro.

PICARRELINCHO. (De *picar* y *relinchar*.) m. Picamaderos.

PICARRO. m. Pico, 2.º art.

PICARÚA. f. MURC. Becada.

★ **PICATA.** f. BOL. Lección que toma el maestro, repaso. || **2.** BOL. Conferencia.

PICATOSTE. (De *picar*, cortar, y *tostar*.) m. Rabanada de pan con manteca o frita.

PICA Y HUYE. f. VENEZ. Insecto himenóptero muy hormiga pequeña, maligna, de picadura dolorosa que produce fiebre. Después de picar, huye.

PICAZA. (l. *pica*.) f. Urraca. || **2.** Chillona o manchada. || **P.** sacho; **I.** magpie; **F.** pie, agace; **A.** Elster; It. pica; **R.** сорока.

PICAZA. (De *pica*, 1.er art.) f. MURC. Azada para cavar superficialmente la tierra y limpiarla de hierbas. || **P.** pega; **I.** grub-ax; **F.** pioche; **A.** jäthacke; It. marra; **R.** мотыга.

PICAZO. m. Golpe que se da con la pica o con algo punzante. || **2.** Señal que queda de dicho golpe.

PICAZO. (De *pico*, 1.er art.) m. Picotazo. || **2.** Pollo de picaza.

PICAZO, ZA. (De *picaza*, urraca.) adj. Se dice del caballo o yegua que tiene manchas blancas y negras irregularmente colocadas. Ú.t.c.s.m.

PICAZÓN. f. Desazón que produce una cosa cuando pica en el cuerpo. || **2.** fig. Enojo, disgusto. || **P.** prurido; **I.** itching, prurience; **F.** démangeaison; **A.** (Haut)-Jucken; It. prudore, pizzicore; **R.** зуд.

PICAZUROBA. (guar. *pie* o *pic*, paloma; *azu*, grande, y *rob*, amarga, por el gusto de su carne.) f. Ave del orden de las gallináceas, semejante en el tamaño, pluma y forma a una tórtola, pero con el pico y los pies de color rojizo, el pecho carmesí, y el vientre encarnado. Se cría en América desde el Brasil hasta los Estados Unidos.

PICEA. (l. *picĕa*.) f. Árbol parecido al abeto común pero con las hojas puntiagudas y las piñas más delgadas.

PICEO, A. (l. *picĕus*.) adj. Parecido a la pez.

★ **PICIETE.** (mejic. *picietl*.) m. MÉJ. Tabaco.

PICIO. n. p. *Más feo que* PICIO. expr. fig. y fam. Se aplica a la persona extraordinariamente fea.

★ **PICITA.** f. MINERAL. Fosfato hidratado natural de hierro.

★ **PICIÚSTICO, CA.** adj. fam. ARGENT. y BOL. Cursi, original.

★ **PICNEMIA.** f. Sangre espesa.

★ **PICNOSIS.** f. MED. Condensación y degeneración celular en que el protoplasma se hace más denso y el tamaño de la célula disminuye. || **2.** MED. Transformación del núcleo celular por la condensación de la cromatina.

PICO. (Del m. or. que *pica*, 1.er art.) m. Parte saliente de la cabeza de las aves formada por dos piezas córneas, superior e inferior, que termina de ordinario en punta y mediante el cual toman el alimento. || **2.** Parte puntiaguda en el límite de una cosa. || **3.** Herramienta de cantero de dos puntas opuestas aguzadas y enastada en un mango largo de madera. Empléase para desbastar piedra. || **4.** Instrumento formado por una barra de hierro o acero, encorvada, gruesa, aguda por un extremo y con un ojo por el otro para enastarla en un mango de madera. Se emplea para cavar en tierras duras. || **5.** Punta acanalada que tienen en el borde algunas vasijas, para verter fácilmente el líquido, y en los candiles y velones para que la mecha no arda más de lo necesario. || **6.** Cúspide aguda de una montaña. || **7.** Montaña de cumbre puntiaguda. || **8.** Parte pequeña en que una cantidad excede a un número redondo. *Cien pesetas y* PICO. || **9.** Esta misma parte cuando se ignora cual sea o no se desea decir. || **10.** Cantidad indeterminada de dinero. Se emplea de ordinario en sentido ponderativo. || **11.** fig. y fam. Facundia expedición y facilidad en el decir. || **12.** CHILE. Crustáceo de género bálano, de figura semejante a la cabeza del ave de su nombre, y de carne sabrosa. || **13.** ZOOL. Órgano chupador de los hemípteros. || **14.** GUAT. Beso. || **15.** ZOOL. CHILE. Crustáceo balánido de carne blanca y sabrosa. **—de cigüeña.** Planta herbácea anual de las geraniáceas, de tallos velludos y ramosos, hojas recortadas en segmentos dentados por el margen, flores pequeñas y en grupitos sobre un largo pedúnculo y fruto seco, con cinco semillas. Es común en los terrenos incultos de España. || **—de oro.** fig. Persona que habla bien. || *Andar uno a* PICOS *pardos.* fr. fig. y fam. Expresa que uno se aplica a cosas torpes e inútiles pudiendo hacerlo en cosas provechosas, todo por no trabajar. || *A* PICO *de jarro.* m. adv. Se aplica a la acción de beber sin medida. || *Callar* uno *el,* o *su* PICO. fr. fig. y fam. Callar. || **2.** fig. y fam. Disimular, no darse por aludido. || *De* PICO. m. adv. fig. y fam. No queriendo o pudiendo ejecutar lo que se promete. || **2.** Se dice del que vuela hacia el cazador. || *Donde otro mete el* PICO, *mete tú el hocico.* ref. que aconseja participar en las cosas comunes y provechosas. || *Ese te hizo rico, que te hizo el* PICO. ref. que da a entender la facilidad de hacer ahorros cuando no hay que costearse la manutención. || *Doblar el* PICO. fr. ECUAD. y PERÚ. Morir. || *Llevarse* a uno *en el* PICO. fr. fig. y fam. Hacerle gran ventaja en la ejecución de una cosa sobre todo en una ciencia. || *No perderá por su* PICO. expr. fig. y fam. con que se nota al que se alaba jactanciosamente. || *Perderse* uno *por el* PICO. fr. fig. y fam. Recibir daño por haber hablado lo que no debía. || *Tener* uno *mucho* PICO. fr. fig. y fam. Descubrir todo lo que se sabe o hablar más de lo regular. || **P.** beak; **I.** beak; **F.** bec; **A.** Schnabel; It. becco; **R.** клюв. || **2.**ª acep.: **P.** pico; **I.** peak; **F.** pic; **A.** Spitze; It. picco; **R.** остриё. || **4.**ª acep.: **P.** picareta; **I.** pick-axe; **F.** épinçoir; **A.** Spitzhacke; It. piccone; **R.** мотыга.

PICO. (l. *picus*.) m. Picamaderos. **—de frasco.** VENEZ. Tucán, 1.ª acep. || **—verde.** Ave trepadora, semejante al pájaro carpintero, con el plumaje verdoso, común en España. ZOOL. VENEZ. Picotijera. || **—de plata.** ZOOL. PERÚ y VENEZ. Pajarillo cantor.

PICO. m. Peso de Filipinas, igual a 10 chinantas, y equivalente a 63,262 kg.

PICOA. (vasc. *lapicúa*, olla.) f. GERM. Olla.

PICOFEO. (De *pico*, 1.er art., y *feo*.) m. COLOM. Tucán, 1.ª acep.

PÍCOL. (ital. *piccolo*, pequeño.) adv. GERM. Poco, escasamente.

PICOLA. f. Especie de pico, 1.er art., 3.ª acep., pequeño que tiene uso especial.

PICOLETA. f. ÁL. Pistero. || **2.** AR. y MURC. Piqueta de albañil.

· **PICOLETE.** (fr. *picolet*.) m. Grapa que sostiene el pestillo en el cerrojo.

★ **PICOLINA.** f. QUÍM. Cualquiera de los derivados metílicos de la piridina, que por oxidación se transforman en ácidos.

PICÓN, NA. (De *picar*.) adj. Se dice del caballo, asno, etc., cuando sus dientes superiores sobresalen de los inferiores, y no pueden cortar bien la hierba. || **2.** m. Burla que incita a uno a ejecutar una cosa. || **3.** COLOM. Pez pequeño, de agua dulce. || **4.** Especie de carbón muy menudo hecho de ramas de encina, jara o pino, que sólo sirve para el brasero. || **5.** Arroz quebrantado, en algunos lugares. || **6.** COLOM. y P. RICO. Hablador, contestón. Ú.t.c.s. || **7.** P. RICO y PERÚ. Burlón. || **8.** PERÚ y P. RICO. Que se resiente fácilmente.

PICONERO, RA. m. y f. Persona que vende o fabrica el carbón picón. || **2.** m. Picador de toros.

PICOR. m. Escozor que da al paladar alguna cosa picante. || **P.** ardor no paladar; **I.** pungency; **F.** cuisson; **A.** Jucken; It. pizzicore; **R.** жжение.

PICOSA. (De *picar*.) f. GERM. Paja, 1.ª y 2.ª aceps.

PICOSO, SA. (De *picar*.) adj. Se dice del que está señalado o picado de viruelas.

PICOTA. (De *pica*, 1.er art.) f. Rollo o columna de piedra o de fábrica que había en ciertos lugares donde se exponían las cabezas de los ajusticiados, o los reos a la vergüenza. || **2.** Juego en que cada jugador lanza un palo al suelo para clavarlo y derribar el del contrario. || **3.** fig. Parte superior en punta de una torre o montaña muy alta. || **4.** MAR. Barra donde descansa el perno sobre el cual gira el guimbalete. || *Beba la* PICOTA *de lo puro, que el tabernero medirá seguro.* ref. que indica que si la justicia anda derecha, nadie se tuerce.

PICOTADA. f. Picotazo.

PICOTAZO. m. Golpe del pico de las aves, o punzada de un insecto. || **2.** Señal que queda de ellos.

PICOTE. (port. *picoto* y *picote*.) m. Tela áspera y basta de pelo de cabra. || **2.** Tela sedosa, de la cual se hacían vestidos.

PICOTEADO, DA. adj. Se aplica al que tiene picos. || **2.** CHILE. Picoso, violento.

PICOTEAR. tr. Golpear o herir las aves con el pico. || **2.** intr. fig. Mover continuamente la cabeza el caballo. || **3.** fig. y fam. Hablar de cosas inútiles. || **4.** r. fig. y fam. Reñir las mujeres entre sí con palabras desagradables. || **5.** ARGENT. Cacarear. || **P.** picar; **I.** to beak; **F.** becqueter; **A.** picken; It. beccare; **R.** клевать.

PICOTERÍA. (De *picotero*.) f. fam. Prurito de hablar.

PICOTERO, RA. (De *picotear*, hablar.) adj. fam. Se dice del que habla mucho y sin substancia, o dice lo que no debía. Ú.t.c.s.

PICOTILLO. m. Picote de calidad inferior.

PICOTÍN. m. Cuarta parte del cuartal, 4.ª acep.

PICRATO. (gr. πικρός, amargo.) m. QUÍM. Sal formada por el ácido pícrico.

PÍCRICO. (gr. πικρός, amargo.) adj. QUÍM. V. *Ácido* PÍCRICO.

★ **PICRITA.** f. GEOL. Roca efusiva de la familia de la piridotita. Es poco frecuente.

★ **PICROLITA.** f. MINERAL. Variedad de serpentina, de color verde.

PICTA. adj. l. V. *Toga* PICTA.

PICTOGRAFÍA. (l. *pictum*, supino de *pingĕre*, pintar, y el gr. γράφω, dibujar.) f. Escritura ideográfica que dibuja toscamente los objetos que han de explicarse con palabras.

PICTOGRÁFICO, CA. adj. Se dice de lo perteneciente o relativo a la pictografía.

★ **PICTÓGRAFO.** (ingl. *pictograph*.) m. Signo, símbolo gráfico o jeroglífico que expresa una idea.

PICTÓRICO, CA. (l. *pictor*, pintor.) adj. Se dice de lo perteneciente o relativo a la pintura. || **2.** Adecuado para ser representado en pintura.

★ **PICÚA.** f. ZOOL. CUBA y P. RICO.

PPicuda. || **2.** CUBA y P. RICO. Cometa pequeño. || **3.** REP. DOMIN. Persona cobarde. || **4.** CUBA. Persona de escasa condición social. || **5.** CUBA y P. RICO. Ramera.

PICUDA. f. CUBA. Pez semejante a la aguja, con manchas negras, es comestible pero causa ciguatera. || **2.** CUBA. Especie de cometón de forma romboidal.

PICUDILLA. (De *picudillo*.) f. Ave zancuda de pico delgado y cabeza pequeña, cola corta, plumaje obscuro en la cabeza, lomo y alas, blanquecino en el pecho y vientre, tarsos largos de color verde obscuro. Vive en lugares húmedos, come insectos y gusanos. Es ave de paso en España. || **2.** ZOOL. CUBA. Pez más pequeño que la picuda, de color olivado, más obscuro en el lomo, con dos fajitas longitudinales. Es comestible y estimado, abunda en los mares antillanos.

PICUDILLO, LLA. adj. d. de picudo. || **2.** fig. y fam. Se aplica a la persona que habla mucho e insubstancialmente. || **3.** MÉJ. Diestro. || **4.** CUBA. Cursi. || **5.** ZOOL. MÉJ. Insecto parásito del algodón.

PICUDO, DA. adj. Que tiene pico. || **2.** Hablador insubstancial. || **P.** bicudo; **I.** peaked; **F.** pointu; **A.** spitzig; **It.** puntuto; **R.** остроконечный.

* **PICUNCHE** (arauc. *picun*, norte, y *che*, gente.) adj. ETNOGR. AMÉR. MERID. Se dice del indio que en tiempos de la conquista de América habitaba en las faldas de la cordillera de los Andes. Ú.t.c.s.

* **PICURA.** f. CHILE. En Chiloé, especie de azada puntiaguda. || **2.** CHILE. En la misma provincia, monte alto. || **3.** fam. CHILE. En dicha provincia, concubina.

PICHAGUA. f. VENEZ. Fruto del pichagüero.

PICHAGÜERO. m. VENEZ. Especie de calabaza.

PICHANA. f. ARGENT. Escoba rústica que se hace con un manojo de ramillas. || **2.** CHILE. Rama de varillas para espantar los animales domésticos que molestan. || **3.** fam. CHILE. Cierto juego de naipes. || **4.** fam. CHILE. Cucharita de un pedazo de colihue grueso ahuecado, que se emplea para comer manzanas sacando la pulpa sin pelar.

PICHANGA. f. COLOM. Escoba. || **2.** BOL. Bebida que se hace con mosto y alcohol.

* **PICHARSE.** r. ARGENT. Acobardarse. || **2.** REP. DOMIN. Enfermar del pecho. || **3.** REP. DOMIN. Morirse.

PICHE. adj. V. *Trigo* PICHE. Ú.t.c.s. || **2.** VENEZ. Descompuesto, podrido.

* **PICHE.** m. HOND. Ave palmípeda. || **2.** fam. CUBA. Miedo. || **3.** ZOOL. ARGENT. Especie de armadillo. || **4.** COLOM. Parte caseosa de la leche desmantecada. || **5.** P. RICO. Plátano. || **6.** SALV. Persona que no presta dinero.

PICHEL. (b. l. *picarium* y *bicarium*, y éste del gr. βῖκος.) m. Vaso alto y redondo, ordinariamente de estaño, más ancho en el fondo que en la boca y con su tapa engoznada en el remate del asa.

PICHELERÍA. f. Oficio de pichelero.

PICHELERO. m. El que hace picheles.

PICHELINGUE. m. Pechelingue.

PICHELLA. (De *pichel*.) m. AR. Jarra o vasija para medir vino, y cuya cabida es por término medio la mitad de un litro.

* **PICHETE.** m. ZOOL. HOND. Lagartija.

PICHI. (Voz araucana.) m. CHILE. Arbusto solanáceo, con flores blancas, solitarias muy numerosas en el extremo de los ramos tiernos. Se usa en medicina como diurético. || **2.** ZOOL. CHILE. Pichiciego. || **3.** ZOOL. CHILE. Nombre vulgar de un pajarillo ictérido.

* **PICHICA.** f. ARGENT. Hueso del tarso. || **2.** BOL. Trenza de cabello.

* **PICHICATO, TA.** (ital. *pizzicato*, picado, pellizcado.) adj. CUBA, COLOM., ECUAD., MÉJ. y AMÉR. CENTRAL. Cicatero.

* **PICHICO.** m. BOL. Cualquiera de las falanges de los dedos de un animal. || **2.** ARGENT. Cualquier menudencia que los niños coleccionan.

* **PICHICOTE.** adj. ECUAD. y BOL. Cicatero, ruin, mezquino.

PICHIHUÉN. (arauc. *pichi*, pequeño, y *huenu*, arriba.) m. Pez acantopterigio, de carne estimada.

---

* **PICHILINGO, GA.** m. y f. MÉJ. Niño pequeño.

* **PICHILLÍN, NA.** adj. CUBA. Pequeño, suele emplearse hablando de perros.

* **PICHÍN.** (ital. *piccino*, pequeño.) m. PERÚ. Dependiente de pulpería y cualquier empleado subalterno. || **2.** PERÚ. Nombre que se da a los niños de los italianos.

* **PICHINCHERO, RA.** adj. R. DE LA PLATA. Amigo de negocios ventajosos. Ú. t.c.s.

* **PICHINGA.** f. CHILE. Jefe de los danzantes de la fiesta de la Virgen de Andacollo. || **2.** f. GUAT. Vasija pequeña de barro. || **3.** HOND. Muñeca. || **4.** GUAT. Borrachera.

* **PICHIÑIQUE.** adj. fam. CHILE. Agarrado, tacaño. Ú.t.c.s. || **2.** CHILE. En las provincias centrales, pillo, diablo. || **3.** m. CHILE. Hombre chico, ridículo, a veces afeminado.

PICHIRUCHE. m. CHILE. Se aplica a la persona insignificante.

* **PICHISEBO.** m. CHILE. Grasa que se saca de la carne antes de hervirla. || **2.** CHILE. Acción de sacar dichas partículas.

PICHOA. f. CHILE. Planta euforbiácea, de raíz gruesa, con muchos tallos, poblados de hojas alternas ovaladas y oblongas que terminan en umbelas tríficas. Es hierba purgante.

* **PICHOCAL.** (mejic. *pitzo-calli*; de *rizotl*, cerdo, y *calli*, casa.) m. MÉJ. Pocilga, zaquizamí.

PICHOLA. (De *pichel*.) f. Medida de vino empleada en Galicia y equivalente a poco más de un cuartillo.

* **PICHOLEO.** m. fam. CHILE. Juerga, Jaleo. || **2.** ARGENT. Negocio o trabajo pequeño.

PICHÓN. (fr. *pigeon*, y éste del l. *pipĭo*, -ōnis.) m. Pollo de la paloma casera. || **2.** fig. y fam. Nombre que reciben las personas del sexo masculino en señal de cariño. || **3.** CUBA. Pollo de cualquier ave, excepto la gallina. || **4.** fam. COLOM. Niño, pequeño. || **5.** MÉJ. El que pierde siempre entre los jugadores, y entre valentones el más cobarde. || **6.** pl. PERÚ. Manchas en la ropa interior. || **P.** pombinho implume; **I.** young pigeon; **F.** pigeonneau; **A.** junge taube; **It.** piccioncino; **R.** молодой голубь.

* **PICHÓN, NA.** adj. CUBA. Se aplica al miedoso, al pusilánime. || **2.** ARGENT. Novato, sin experiencia. Ú.t.c.s.

PICHONA. (De *pichón*, 2.ª acep.) f. fam. Nombre que se da a las mujeres en sentido cariñoso. || **2.** MURC. Juego de naipes empleado entre gente de pueblo.

* **PICHONEAR.** tr. CHILE. Pinchar, herir, con algo punzante. || **2.** COLOM. Matar. || **3.** COLOM. Sorprender en alguna falta. || **4.** MÉJ. y COLOM. Ganar en el juego a uno menos hábil. || **5.** MÉJ. Permitir jugar al billar gratuitamente durante un rato. || **6.** ECUAD. Disfrutar por un momento de una cosa. || **7.** r. COLOM. Zurrarse, irse de vientre sin desearlo.

* **PICHOSO, SA.** adj. COLOM. Se dice de los ojos de mirada tierna. || **2.** VENEZ. Sucio. || **3.** COLOM. Cegato.

* **PICHULA.** f. fam. CHILE. El pene. Ú. más en diminutivo.

* **PICHULEAR.** intr. ARGENT. Obtener provecho con poco esfuerzo.

* **PICHULEO.** m. BOL. y ARGENT. Acción y efecto de pichulear o conseguir gangas.

* **PICHULITA.** f. fam. CHILE. d. de pichula, sobre todo tratando de niños pequeños.

* **PICHUNCHA.** (aimará *pichunchaa*, pájaro de mal agüero.) f. CHILE. Mujer pública. || **2.** CHILE. Mujer de vida amancebada.

* **PICHUÑO.** m. CHILE. En Chiloé, gato pequeño, gatito.

* **PICHURRIA.** f. COLOM. Pequeñez, menudencia.

* **PICHURRIENTO, TA.** adj. MÉJ. Cobarde.

PIDÉN. (arauc. *pideñ*.) m. CHILE. Ave parecida a la gallereta o foja estampada.

* **PIDICHE.** adj. MÉJ. Que es pedigüeño.

PIDIENTERO. (De *pedir*.) m. Pordiosero.

° **PÍDOLA.** f. Cierto juego de muchachos.

PIDÓN, NA. (De *pedir*.) adj. fam. Pedigüeño. Ú.t.c.s.

* **PIDUYES.** m. pl. CHILE. Ascárides intestinales. || *Estar con* PIDUYES *o tener* PIDUYES. fr. fig. y fam. CHILE. Estar sentado muy incómodo.

PIE. (l. *pes, pedis*.) m. Extremidad de los miembros inferiores del hombre que sostiene el cuerpo y sirve para andar. || **2.** Base análoga en muchos animales. || **3.** Base o parte en que se apoya una cosa. || **4.** Tallo de las plantas. || **5.** La planta entera. || **6.** Poso, sedimento. || **7.** Masa cilíndrica de uva pisada en el lagar, o la que, ceñida con una tira de pleita y colocada debajo de la prensa, se le saca el mosto. || **8.** Lana estambrada para las urdimbres. || **9.** Imprimación que se emplea en los tintes para asegurar el color que se ha de emplear. || **10.** En las medias o calcetas, parte que cubre el pie. || **11.** Cada una de las partes de dos, tres o más sílabas, de que se compone y un verso en las poesías que atienden a la cantidad. || **12.** Cada uno de los metros que se usan para versificar en la poesía castellana. || **13.** En el juego, el último en orden de los que juegan, a distinción del primero llamado mano. || **14.** Palabra con que termina un personaje en una representación dramática, cada vez que le toca hablar a otro. || **15.** Medida de longitud usada en muchos países aunque con varia dimensión. || **16.** Parte final de un escrito y espacio en blanco que queda en la parte inferior del papel, después de terminado. *Al* PIE *del escrito*. || **17.** Parte opuesta en algunas cosas a la que es principal en ellas, que llaman cabecera. Ú.m. en pl. *A los* PIES *del altar*. || **18.** Fundamento, base para alguna cosa. || **19.** Ocasión o motivo para decir o hacer una cosa. *Dio* PIE *para hablar*. || **20.** CARP. Parte inferior de un mueble. || **21.** CHILE. Parte de precio anticipado de un concierto que paga como garantía de que se acudirá a él. || **22.** CHILE. Composición poética de cuatro estrofas, las tres primeras de cuatro versos y la última de dos que se canta con la zamacueca. || —**ambulacral.** ZOOL. Cada uno de los tubitos eréctiles, con aspecto de tentáculos que salen de los orificios del caparazón de los equinodermos, situados en filas que parten de la boca y le sirven como órganos de locomoción. || —**de altar.** Emolumentos que se dan a los curas y otros ministros eclesiásticos por las funciones que ejercen, además de la renta que tienen por sus beneficios. || —**de amigo.** Todo lo que sirve para afianzar una cosa. || **2.** Instrumento de hierro que se colocaba a los reos en la barba para impedir que bajaran la cabeza. || —**de cabra.** Palanqueta hendida por uno de los extremos en forma de dos uñas u orejas. || —**de gallo.** Lance en el juego de damas. || —**de imprenta.** Expresión de la oficina, lugar y año de la impresión, que suele ponerse al principio o fin de los libros o de otras publicaciones. || —**de león.** Planta herbácea anual rosácea. Es común en España. || —**de liebre.** Especie de trébol muy común en los terrenos arenosos de España. || —**derecho.** ARQ. Madero que en los edificios se coloca verticalmente para que cargue sobre él una cosa. || **2.** Cualquier madero que se usa verticalmente. || —**de rey.** Instrumento provisto de un nonio, que se usa para medir calibres y espesores. || —**forzado.** Verso o cada uno de los consonantes o asonantes fijados de antemano para una composición que ha de acabar necesariamente en dicho verso, o que ha de tener la rima prefijada. || —**quebrado.** Verso corto, de cinco sílabas a lo más, generalmente de cuatro que alterna con otros más largos en ciertas combinaciones métricas llamadas coplas de pie quebrado. || *A los* PIES *de uno*. fr. fig. Con los verbos *estar, quedar* o *ponerse*, expresos o sobrentendidos. *Besar los* PIES. || *Al* PIE. m. adv. Cercano. *Al* PIE *de la casa*. || **2.** Cerca o casi. *Me prestó al* PIE *de cien pesetas*. || *Al* PIE *de fábrica*. m. adv. que se usa hablando del valor primitivo que tiene una cosa en el sitio donde se fabrica. || *Al* PIE *de la obra*. m. adv. que se emplea a propósito del valor que tienen, ya puestos en el sitio donde se construye una casa los materiales que en ella se han de emplear. || *Andar* uno *en un* PIE, o *en un* PIE *como grulla*, o *como las grullas*. fr. fig. y fam. Hacer las cosas con presteza. || *A* PIE. m. adv. Con que se explica el modo de caminar uno sin caballería y sin carruaje. || *A* PIE *enjuto*. m. adv. Sin mojarse los pies por donde hay o debía haber agua. || **2.** fig. Sin peligros. || **3.** fig. Sin fatiga. || *A* PIE *firme*. m. adv. Sin moverse del lugar que se ocupa. || **2.** fig. Con seguridad, con constancia. || *A* PIE *juntillas*, o *juntillo*, o *a* PIES *juntillas*. m. adv. Con los pies juntos. || **2.** fig. Firmemente, con gran porfía. || *A* PIE *llano*. m. adv. Sin escalones. || **2.** fig. Fácilmente. || *A* PIE *quedo*. m. adv. Sin mover los pies, sin andar. || **2.** fig. Sin trabajo o diligencia propia. || *Arrastrar* uno *los* PIES. fr. fig. y fam. Estar ya viejo. || *Asentar* uno *el* PIE. fr. Pisar seguro. || **2.** fig. Proceder con tiento, por la experiencia que se tiene. || *Besar los* PIES a uno. fr. fig. que de palabra o por escrito se usa hablando con personas reales por respeto y sumisión, y con damas por rendimiento. || *Buscar* uno *cinco* o *tres* PIES *al gato*. fr. fig. y fam. Empeñarse en cosas que pueden acarrear daño. || *Caer de* PIES uno. fr. fig. Tener felicidad en las cosas peligrosas. || *Cojear* uno *del mismo* PIE que otro. fr. fig. y fam. Tener el mismo defecto o vicio que él. || *Con buen* PIE. m. adv. fig. Con dicha. || *Con mal* PIE. m. adv. fig. Con desdicha. || *Con* PIE, o PIES *de plomo*. m. adv. fig. y fam. Despacio, con cautela. Ú. en general con el verbo *ir*. || *Con un* PIE *en el hoyo, el sepulcro, en la sepultura*. m. adv. fig. y fam. Cercano a la muerte por enfermedad o vejez. || *Cortar por el* PIE. fr. Echar abajo los árboles cortándolos a raíz de la tierra. || *Dar con el* PIE a una cosa. fr. fig. Tratarla con desprecio. || *Dar el* PIE a uno. fr. Servirle de apoyo para subir a algún sitio alto, tomándole un pie para ayudarle. || *Dar* a uno *el* PIE *y tomarse la mano*. fr. fig. y fam. con que se moteja al que se toma demasiadas libertades con ocasión de la que se le permite. || *Dar* PIE. fr. fig. Ofrecer ocasión o motivo para una cosa. || *De a* PIE. loc. Se dice de los guardias, soldados y demás que no emplean caballo para sus obligaciones, por contraposición a los que lo tienen. || *Dejar* a uno *a* PIE. fr. fig. Quitarle el empleo que tenía. || *Echar el* PIE *adelante* a uno. fr. fig. y fam. Aventajarle. || *Echar el* PIE *atrás*. fr. fig. y fam. No mantenerse firme en la resolución que se había tomado. || *Echar* PIE *a tierra*. fr. Descabalgarse o bajarse del coche. || *Echarse a los* PIES de uno. fr. fig. y fam. Pedirle con humildad una cosa. || *El que está en* PIE, *mire no caiga*. fr. proverb. que enseña el cuidado que se debe tener en la prosperidad, por lo inconstante que es la fortuna. || *En* PIE. m. adv. con que se indica que uno se ha levantado de la cama restablecido de una enfermedad. Ú. con los verbos *andar, estar*, etc. || **2.** Se emplea también para explicar la forma de estar o ponerse derecho afirmado sobre los pies. || **3.** fig. Con duración, sin destruirse ni acabarse. || *En* PIE *de guerra*. loc. adv. Se dice del ejército que en tiempo de paz se halla apercibido y preparado como si fuese a entrar en campaña. Ú. con los verbos *estar, poner* y algún otro, y suele aplicarse también a la plaza, comarca o nación que se arma y pertrecha de todo lo necesario para combatir. || *Entrar con buen* PIE, o *con el* PIE *derecho*, o *con* PIE *derecho*. frs. figs. Dar afortunadamente los primeros pasos en un negocio. || *Estar* uno *al* PIE *del cañón*. loc. fam. No desatender la ocupación. || *Estar* uno *con el* PIE *en el estribo*. fr. fig. Estar dispuesto y próximo a realizar un viaje. || *Faltarle* a uno *los* PIES. fr. fig. Perder el equilibrio. || *Hacer una cosa con los* PIES. fr. fig. Hacerla mal. || *Hacer* PIE. fr. fig. Hallar fondo para sentar los pies sin necesidad de nadar el que entra en un río, lago, etc. || **2.** En los lagares, preparar el montón de uva o de aceituna que se ha de pisar. || *Herir de* PIE *y de mano*. fr. Temblar violentamente y por cualquier causa. || *Ir* uno *por su* PIE. fr. Ir andando. || **2.** Valerse por sí mismo. || *Los* PIES *del hortelano no echan a perder la huerta*. ref. que enseña que el que entiende las cosas que maneja, evita fácilmente los yerros que comete el que participa en ellas sin inteligencia. || *Meter el* PIE. fr. fig. y fam. Introducirse en una casa o en un negocio. || *Meter un* PIE. fr. fig. y fam. con que se explica que uno ha experimentado adelanto en el logro de sus deseos. || *Mirarse* uno *a los* PIES. fr. fig. Reconocer sus defectos y faltas. || *Nacer* uno *de* PIES, o *de* PIES. fr. fig. y fam. Tener fortuna. || *No dar* uno PIE *con bola*. fr. fig. y fam. Equivocarse muchas veces seguidas. || *No dar* PIE *ni patada*. fr. fig. y fam. No hacer diligencia alguna. || *No dejar* a uno *sentar el* PIE *en el suelo*. fr. fig. y fam. Traerle continuamente ejercitado y ocupado, sin permitirle descanso. || *No irse* una cosa *por* PIES. fr. fig. Tenerla asegurada. || *No poderse tener* uno *en* PIE. fr. con que se expresa la debilidad que padece por enfermedad o por cansancio. || *No poner* uno *los* PIES *en el suelo*. fr. fig. con que se pondera la ligereza o velocidad con que corre o camina. || *No tener* una cosa PIES *ni cabeza*. fr. fig. y fam. No tener orden ni concierto. || *Perder* PIE. fr. fig. No encontrar el fondo en el agua el que entra en el río, lago, etc. || **2.** fig. Confundirse y no hallar salida en un discurso. || PIE *a tierra*. expr. que sirve para mandar a uno que se apee del caballo. || **2.** Se extiende al que está en un lugar alto para decirle que baje. || **3.** loc. Desmontado del caballo. || PIES *¿para qué os quiero?* expr. que denota la resolución de huir de un peligro. || *Poner* PIES *con cabeza* las cosas. fr. fig. y fam. Contra el orden regular. || *Poner* PIES *en polvorosa*. fr. fig. y fam. Huir. || *Ponerse* uno *de* PIES *en la dificultad*. fr. fig. Haberla comprendido. || *Ponerse de* PIES *en un negocio*. fr. fig. y fam. Hacerse cargo de él, comprenderlo. || *Quedarse* uno *a* PIE. fr. fam. No haberse podido servir del vehículo en que se proponía viajar. || *Saber de qué* PIE *cojea* uno. fr. fig. y fam. Conocer bien el vicio o defecto moral que padece. || *Sacar con los* PIES *adelante* a uno. fr. fig. y fam. Llevarle a enterrar. || *Sacar* a uno *el* PIE *del lodo*. fr. fig. y fam. Sacarle de un apuro. || *Sacar los* PIES *de las alforjas*, o *del plato*. fr. fig. y fam. Se dice del que habiendo estado tímido, empieza a atreverse a hablar o a hacer algunas cosas. || *Salir por* PIES. fr. fig. y fam. Acudir a la huída para escapar de un peligro. || *Ser* PIES *y manos* de uno. fr. fig. Servirle de alivio y descanso en los apuros. || *Tener* a uno *el* PIE *sobre el cuello*, o *el pescuezo*. fr. fig. Tenerlo humillado o sujeto. || *Tomar* PIE una cosa. fr. fig. Arraigarse o coger fuerza. || *Tomar* uno PIE *de* una cosa. fr. fig. Valerse o tomar ocasión o pretexto de ella. || *Tres* PIES, o *un* PIE *a la francesa*. m. adv. fam. De prisa, inmediatamente. Ú. con los verbos *ir, salir, escapar*. || *Vestirse* uno *por los* PIES. fr. fig. y fam. Ser del sexo masculino. || **P.** pé; **I.** foot; **F.** pied; **A.** Fuss; **It.** piede; **R.** нога.

PIECEZUELA. f. d. de pieza.

PIECEZUELO. m. d. de pie.

PIEDAD. (l. *pĭĕtas, -ātis.*) f. Virtud que inspira por el amor de Dios tierna devoción a las cosas santas; y por el amor al prójimo, actos de abnegación y compasión. || **2.** Amor entrañable que consagramos a los padres y a objetos venerandos. || **3.** Lástima, misericordia. || **4.** Representación en pintura o escultura del dolor de la Virgen Santísima al sostener el cadáver de su divino Hijo descendido de la Cruz. || **P.** piedade; **I.** piety, pity; **F.** piété; **A.** Frömmigkeit; **It.** pietà; **R.** набожность.

PIEDRA. (l. *pĕtra.*) f. Substancia mineral, más o menos compacta, que no es terrosa ni de aspecto metálico. || **2.** Piedra labrada con alguna inscripción o figura. || **3.** Granizo grueso. || **4.** Lugar o sitio destinado para dejar los niños expósitos. || **5.** En ciertos juegos, tanto que se gana cada uno, hasta que se concluye el partido. || **6.** Pedernal asegurado en el pie de gato de las armas de chispa para que al disparar choque con el rastrillo y dé fuego. || **7.** V. *Hijo, niño de la* PIEDRA. || **8.** CUBA. Trago o copa de licor fuerte. || **9.** CUBA y P. RICO. Persona majadera y cargante. || **—angular.** La que en los edificios hace esquina, juntando y sosteniendo dos paredes. || **2.** fig. Base o fundamento principal de una cosa. || **—bornera.** Piedra negra de que en algunas partes se hacen ruedas de molino. || **—ciega.** La preciosa que no tiene transparencia. || **—de cachimba.** CUBA. La blanquecina y tan blanda que puede labrarse con un cortaplumas. || **—de campana.** COLOM. Fonolita. || **—de escándalo.** fig. Origen o motivo de escándalo. || **—de rayo.** Hacha de piedra pulimentada que cree el vulgo que procede de la caída de un rayo. || **—de toque.** Jaspe granoso, generalmente negro, que emplean los plateros para toque. || **2.** fig. Lo que conduce al conocimiento de la bondad o malicia de las cosas. || **—divina.** FARM. Mezcla usada como colirio, y cuyos componentes son alumbre, vitriolo azul, nitro y alcanfor. || **—dura.** Toda piedra de naturaleza del pedernal, como el ópalo y otras. || **—falsa.** La natural o artificial que imita las preciosas. || **—filosofal.** La materia con que los alquimistas pretendían hacer oro artificialmente. || **—franca.** La que es fácil de labrar. || **—fundamental.** La primera que se pone en los edificios. || **2.** fig. Origen de donde proviene una cosa o que le sirve de base y fundamento. || **—huamanga.** PERÚ. Una variedad de alabastro translúcido. || **—infernal.** Nitrato de plata. Se emplea en cirugía para quemar y destruir carnosidades. || **—litográfica.** Mármol algo arcilloso, de grano fino, en cuya superficie alisada se dibuja o graba lo que se tiene que estampar. || **—meteórica.** Aerolito. || **—nefrítica.** Jade. Llamada así porque con ella se hacían amuletos para curar el mal de riñones. || **—ollar.** Variedad de serpentina compuesta principalmente de talco y clorita, de la que se tallan vasijas en algunos países. || **—palmeada.** La que en sus fracturas presenta estrías parecidas a hojas de palma. || **—pómez.** Piedra volcánica, frágil, de color agrisado, que raya el vidrio y el acero y es muy usada para desgastar y pulir. || **—preciosa.** La que es fina, dura, rara, y generalmente transparente o al menos translúcida y que tallada se emplea en adornos de lujo. || **—seca.** La que se emplea en la mampostería en seco. || **—voladora.** Rueda de piedra sujeta por un eje horizontal que gira con movimientos de rotación y traslación alrededor del árbol del alfarje en los molinos de aceite. || *Ablandar las* PIEDRAS. fr. fig. con que se exagera la compasión que inspira un caso lastimoso. || *A* PIEDRA *y lodo*. m. adv. fig. Completamente cerrado. Se dice de las puertas, etc. || *Bien está la* PIEDRA *en el agujero*. fr. fig. y fam. Advierte que no se debe sacar a las personas y las cosas del lugar que les corresponden. || *Échese una* PIEDRA *en la manga*. expr. fig. con que se reconviene a uno por haber caído en la misma culpa que reprende. || *Hallar* uno *la* PIEDRA *filosofal*. fr. fig. Hallar modo oculto de hacer caudal. || *Levantarse las* PIEDRAS *contra* uno. fr. fig. Con la que se ponderan las desgracias que acaecen a una persona, o con que se denota su mala reputación. || *Menos da una* PIEDRA. fr. fig. y fam. con que se aconseja a uno que se conforme con lo que pueda obtener, aunque sea muy poco. || *No dejar* uno PIEDRA *por mover*. fr. fig. Poner todos los medios para conseguir un fin. || *No dejar* PIEDRA *sobre* PIEDRA. fr. fig. Con ella se da a entender la completa destrucción de algo. || *Picar la* PIEDRA. fr. Desigualar la superficie de la piedra de molino o tahona con un instrumento cortante o punzante, para que muela más fácilmente. || **2.** CANT. Labrarla. || PIEDRA *movediza, nunca moho la cobija*. ref. que aconseja la actividad para mejorar la condición. || *Poner la primera* PIEDRA. fr. Ejecutar la ceremonia de asentar la piedra fundamental en un edificio notable que se quiere construir. || **2.** fig. y fam. Dar principio a una pretensión o negocio. || *Señalar con* PIEDRA *blanca*, o *negra*. fr. fig. Celebrar con aplauso y regocijo el día feliz y dichoso, o por el contrario, lamentar y llorar el aciago y desdichado. Es tomado de que los antiguos señalaban los días afortunados con una piedra blanca, y los desgraciados con una negra. || *Ser* PIEDRA *del escándalo*. fr. fig. Con que se da a entender que una persona o cosa es el motivo u origen de una disensión o pendencia, y por eso es blanco de la indignación y ojeriza de otros. || *Tirar* uno *la* PIEDRA *y esconder la mano*. fr. fig. Hacer daño a otro, ocul-

P tando que se lo hace. || **P.** pedra; **I.** stone; **F.** pierre; **A.** Stein; **It.** pietra; **R.** камень.

PIEDREZUELA. f. d. de piedra.

* **PIEDRÍN.** m. GUAT. Grava, piedra triturada.

* **PIEDRO.** m. BOT. COLOM. Árbol de madera incorruptible.

PIEJO. (l. *pedicŭlus.*) m. vulg. Piojo.

PIEL. (l. *pellis.*) f. ZOOL. Tegumento extendido por todo el cuerpo del animal, que en los vertebrados está formado por una capa externa llamada epidermis y otra interna o dermis. || **2.** Cuero, 2.ª acep. || **3.** Cuero curtido de modo que se conserve por fuera su pelo natural. Sirve para forros y adornos y para prendas de abrigo. || **4.** BOT. Epicarpio de ciertos frutos, como ciruelas, peras, etc. || **—de gallina.** MED. Erección de las papilas de la piel por acción del frío o de la emoción. || **—de rata.** Capa del ganado caballar, de color gris ceniciento, semejante al pelo del ratón. || **—de Rusia.** Piel adobada a la cual se da olor agradable y permanente por medio de un aceite sacado de la corteza del abedul. || **—roja.** Indio indígena de la América del Norte. || *Ser* uno *de la,* o *la* PIEL *del diablo.* fr. fig. y fam. Ser muy travieso, enredador y revoltoso, y no admitir sujeción. || *Soltar* uno *la* PIEL. fr. fig. y fam. Dar la piel. || **P.** pele; **I.** skin; **F.** peau; **A.** Haut; **It.** pelle; **R.** кожа.

PIÉLAGO. (l. *pelăgus,* y éste del gr. πέλαγος.) m. Parte del mar, que dista mucho de la tierra. || **2.** MAR. Balsa, estanque. || **3.** fig. Lo que por su abundancia y copia es dificultoso de enumerar y contar.

PIELERO. m. El que compra pieles crudas o comercia con ellas.

PIELGA. (l. *pedĭca;* de *pes, pedis.*) f. SAL. Madero de unos 30 cm de largo y horadado para que al formar la corraliza, entren los cañizos en hiestos que se atan por arriba con vilortas.

PIELGO. (Dialectal de l. *pedĭcus,* de *pes, pedis.*) m. Piezgo.

* **PIELOSTOMÍA.** f. Incisión de la pelvis renal.

PIENSO. (l. *pensum;* de *pendĕre,* pesar.) m. Porción de alimento seco que se da al ganado. || *A* PIENSO. expr. adv. Tomando alimentos secos el animal que ordinariamente pasta en el campo. || **P.** penso; **I.** feed, fodder; **F.** ration, pâture; **A.** Futter; **It.** biada, pasto; **R.** фураж.

PIENSO. (l. *pensāre.*) m. ant. Pensamiento. || *Ni por* PIENSO. m. adv. Ni por sueños.

* **PIÉRIDAS.** (Del m. or. que *piérides.*) pl. ZOOL. Familia de mariposas diurnas que se caracterizan por el borde de las alas, continuas y redondeadas en su extremidad. Generalmente son de color blanco o amarillo, entre ellas se encuentran las mariposas de col.

PIÉRIDES. (l. *pierĭdes.*) f. pl. Las musas.

PIERIO, RIA. (l. *pierĭus.*) adj. poét. Perteneciente o relativo a las musas.

PIERNA. (l. *perna.*) f. Parte del animal, que está entre el pie y la rodilla, y también se dice comprendiendo además el muslo. || **2.** En los cuadrúpedos y aves, muslo. || **3.** Cada una de las dos piezas, agudas por uno de los extremos, que forman el compás. || **4.** fig. Tratando de ciertas cosas, la que junta con otras forma o compone un todo. || **5.** Falta de rectitud o desigualdad en las orillas o en el corte de los tejidos. || **6.** Especie de cantarilla larga y angosta que desde la parte inferior va ensanchando muy poco hasta cerca de la boca, donde se vuelve a estrechar algo, al modo de la pierna del hombre. || **7.** En el arte de escribir, trazo en algunas letras como la *M* o la *N,* que va de arriba abajo. || **8.** IMPR. Cada uno de los maderos o pies derechos que se ponían a un lado y a otro de la prensa, para ceñir y asegurar toda la máquina. || **9.** HOND., GUAT. y COLOM. Cama del freno. || **10.** R. DE LA PLATA. Cualquiera de las personas que se reúnen para jugar. || **—de nuez.** BOT. Cada uno de los cuatro lóbulos en que está dividida la semilla de una nuez común. || *A la* PIERNA. m. adv. EQUIT. Se dice del caballo cuando anda de costado. || *A* PIERNA *suelta,* o *tendida.* m. adv. fig. y fam. Se indica que se goza, o posee una cosa con quietud y sin cuidado. || *Cortar* a uno *las* PIERNAS. fr. fig. y fam. Imposibilitarle para alguna cosa. Ú.t.c.r. || *Echar* a uno *la* PIERNA *encima.* fr. fig. y fam. Excederle o sobrepujarle. || *Extender las* PIERNAS *hasta donde llega la sábana.* ref. que indica que en los gastos ninguno debe exceder su posibilidad, ni en las pretensiones solicite sino lo que corresponde a su calidad y estado. || *Hacer* PIERNAS. fr. fig. Se dice de los caballos cuando se afirman en ellas y las juegan bien. || **2.** fig. Se dice de los hombres que presumen de galanes y bien formados. || *La* PIERNA *en el lecho, y el brazo en el pecho.* ref. que aconseja para remediar algún daño poner los medios proporcionados a su logro. || *Meter,* o *poner* PIERNAS *al caballo.* fr. Apretarle para que salga con rapidez. || *Ser* uno *una buena* PIERNA. fr. fig. y fam. R. DE LA PLATA. Estar siempre de excelente humor. || **P.** perna; **I.** leg; **F.** jambe; **A.** Bein; **It.** gamba; **R.** нога.

PIERNITENDIDO, DA. adj. Extendido de piernas.

PIETISMO. m. Secta de los pietistas.

PIETISTA. (l. *piĕtas, -ātis,* piedad.) adj. Se aplica a ciertos protestantes que practican o aconsejan el ascetismo más riguroso. Ú.t.c.s. || **2.** Perteneciente o relativo al pietismo.

PIEZA. (célt. *pettia.*) f. Pedazo o parte de una cosa. || **2.** Moneda, 2.ª acep. || **3.** Alhaja, herramienta o utensilio trabajado con arte. || **4.** Cada una de las partes que componen un objeto. || **5.** Porción de tejido que se fabrica de una vez. || **6.** Tira de papel continuo que se hace de una vez. || **7.** Cualquier sala o aposento de una casa. || **8.** Espacio de tiempo o lugar. || **9.** Animal de caza o pesca. || **10.** Bolillo o figura de madera, marfil u otra materia que sirve para jugar a las damas, al ajedrez, o a otros juegos. || **11.** Obra dramática y con particularidad la que no tiene más que un acto. || **12.** Composición suelta de música vocal o instrumental. || **13.** Con calificativo encomiástico, cosa sobresaliente. || **14.** BLAS. Cualquiera de las figuras que se forman en el escudo, y que no representan objetos naturales o artificiales. || **—de artillería.** Cualquier arma de fuego que no es portátil para un solo hombre. || **—de autos.** FOR. Conjunto de papeles cosidos, pertenecientes a una causa o pleito. || **—de examen.** Obra dificultosa con que el artífice acredita su habilidad cuando se examina de maestro. || **2.** fig. Obra de mérito relevante. || **—de leva.** MAR. Cañonazo que se tira al tiempo de zarpar las embarcaciones. || **—redonda.** C. RICA, HOND. y CHILE. Cuarto de alquiler con puerta a la calle. || **—honorable.** BLAS. La que ocupa el tercio de la anchura del escudo. || **—honorable disminuida.** BLAS. La que tiene la misma figura y menos ancho que la honorable. || *Jugar una* PIEZA. fr. fig. Ejecutar contra uno una acción, que le haga resentirse, se dice haciendo alusión a los juegos de damas o ajedrez. || PIEZA *por* PIEZA. m. adv. fig. Parte por parte, con gran cuidado y exactitud, sin reservar circunstancia. || *Quedarse* uno *en una* PIEZA, o *hecho una* PIEZA. fr. fig. y fam. Quedarse sorprendido o admirado por haber visto algo extraordinario, o haber oído algo no esperado. || *Ser de una* PIEZA. fam. CHILE. Ser firme y consecuente. || **2.** MÉJ. Estar siempre de buen humor. || *Terciar una* PIEZA. fr. ART. Reconocerla y examinar su calidad. || *Tocar* PIEZA. fr. fig. Hablar o discurrir sobre una materia determinada, o verter una especie en concurrencia de otros para que discurran sobre ella. || **P.** peça; **I.** piece; **F.** pièce; **A.** Stück; **It.** pezza; **R.** часть, деталь.

PIEZGO. (Del m. or. que *pielgo.*) m. Parte correspondiente a cualquiera de las extremidades del animal de cuyo cuero se ha hecho el odre. || **2.** fig. Todo cuero aderezado para transportar líquidos.

PIEZOELECTRICIDAD. (gr. πιέζω, comprimir, y *electricidad.*) f. Conjunto de fenómenos eléctricos que se manifiestan en algunos cuerpos sometidos a presión u otra acción mecánica.

PIEZOELÉCTRICO, CA. adj. Perteneciente o relativo a la piezoelectricidad.

* **PIEZOMETRÍA.** (Del m. or. que *piezómetro.*) f. FÍS. Parte de la hidrología que estudia los métodos para determinar la cantidad de agua existente en un lugar sobre una capa impermeable de un terreno.

PIEZÓMETRO. (gr. πιέζω, comprimir, y μέτρον, medida.) m. FÍS. Instrumento que sirve para medir el grado de compresibilidad de los líquidos.

PÍFANO. (al. *pfeife,* silbato.) m. Flautín de tono muy agudo usado en las bandas militares. || **2.** Persona que toca este instrumento. || **P.** pífano; **I.** fife; **F.** fifre; **A.** Pfeife; **It.** piffero; **R.** флейта.

PIFAR. tr. GERM. Picar al caballo para que camine.

PÍFARO. m. ant. Pífano.

PIFIA. (De *pifiar.*) f. Golpe en falso que se da con el taco en la bola de billar o de trucos. || **2.** fig. y fam. Error, descuido, paso o dicho desacertado. || **3.** CHILE y PERÚ. Burla, escarnio. || **4.** ARGENT. Sonido agudo y discordante de un instrumento músico de aire.

* **PIFIADOR, RA.** adj. PERÚ. Zumbón, burlón, que gusta de burlas.

PIFIAR. (al. *pfeifen,* silbar.) intr. Hacer que se oiga demasiado el soplo del que toca la flauta travesera que es un defecto muy notable. || **2.** Hacer una pifia en el billar o en los trucos. || **3.** ARGENT., PERÚ y CHILE. Silbar a una persona.

* **PIFIÓN, NA.** adj. ARGENT. Amigo de hacer burlas. Ú.t.c.s.

PIFO. m. GERM. Capote o tudesquillo.

PIGARGO. (l. *pygargus,* y éste del gr. πύγαργος; de πυγή, trasera, y ἀργός, blanco.) m. Ave rapaz, de 1 m aproximadamente de largo, y 2,50 m de envergadura, cuerpo grueso, pico fuerte, cola blanca y pies, ojos y pico amarillos. Vive generalmente en las costas y se alimenta de peces y aves acuáticas. || **2.** Ave rapaz, de unos 60 cm de longitud y 13 dm de envergadura, con plumaje de color ceniciento obscuro en las partes superiores y blanco con manchas parduscas en las inferiores. No es rara en España, se alimenta generalmente de reptiles, pero a veces ataca a las aves de corral.

* **PIGMENTACION.** f. Formación y acumulación del pigmento, en ciertas partes del cuerpo. || **—extrínseca.** MED. La producida por una materia colorante exterior que se introduce en el organismo. || **—retiniana.** MED. Presencia de pigmentos en la retina. || **—de los vagabundos.** MED. Manchas en la piel producidas por los piojos.

PIGMENTARIO, RIA. (l. *pigmentarĭus.*) adj. Se dice de lo perteneciente o relativo al pigmento.

PIGMENTO. (l. *pigmentum.*) m. BIOL. Materia colorante que disuelta en gránulos se da en varias células vegetales y animales. || **—hematógeno.** MED. Se dice del que es derivado de la desintegración de la hemoglobina. || **—ocre.** MED. Es el caracterizado por la presencia de hierro. || **—palúdico.** MED. El formado por los parásitos del paludismo con el pigmento sanguíneo. || **P.** e **It.** pigmento; **I.** y **F.** pigment; **A.** Pigment; **R.** пигмент.

PIGMEO, A. (l. *pygmaeus,* y éste del gr. πυγμαῖος; de πυγμή, puño.) adj. Se dice de cierto pueblo fabuloso y de cada individuo que le compone, los cuales, según la antigua poesía griega, no tenían más de un codo de alto, si bien eran muy belicosos y hábiles flecheros. || **2.** ETNOG. Dícese de los individuos de algunos grupos humanos muy primitivos, cuya estatura no suele rebasar el metro y medio. || **3.** fig. Muy pequeño. Apl. a pers. ú.t.c.s. || **4.** V. *Cambur* PIGMEO. || 2.ª acep.: **P.** pygmeu; **I.** Pygmy; **F.** pygmée; **A.** Pygmäe, zwerg; **It.** pigmeo; **R.** карликовый.

PIGNORACIÓN. (l. *pignoratĭo, -ōnis.*) f. Acción y efecto de pignorar.

PIGNORAR. (l. *pignorāre.*) tr. Empeñar, 1.ª acep.

PIGNORATICIO, CIA. (l. *pignoratĭtĭus.*) adj. Perteneciente o relativo a la pignoración.

* **PIGÓPODAS.** f. pl. ZOOL. Grupo de aves palmípedas, que aparentemente tienen las patas colocadas muy atrás.

PIGRE. (Del m. or. que *pigro*.) adj. Tardo, desidioso.

PIGRICIA. (l. *pigritia*.) f. Pereza, ociosidad. ‖ **2.** ARGENT. Pequeñez, insignificancia.

PIGRO, GRA. (l. *piger*, *pigra*.) adj. Pigre.

★ **PIGUIS.** (mejic. *pihüiz*, aumento.) m. MÉJ. Ganancia que se da a los clientes en el comercio.

PÍHUA. (l. *pedica*, traba.) f. Coriza, 1.ᵉʳ art.

★ **PIHUATRA.** (Voz araucana.) f. CHILE. Silbido que se produce soplando entre los pulgares unidos, y poniendo las dos manos ahuecadas.

PIHUELA. (l. *pediŏla*, de *pes*, *pedis*.) f. Correa con la que se aseguran las patas de los halcones y otras aves. ‖ **2.** fig. Embarazo o estorbo que impide la ejecución de una cosa. ‖ **3.** pl. fig. Grillos con los que se ata a los reos.

PIJAMA. m. Traje de casa, ligero, compuesto de chaqueta y pantalón. Con ligeras modificaciones se emplea también para dormir. El de las mujeres es de distinta forma.

PIJE. m. CHILE. Cursi.

★ **PIJE.** adj. fam. CHILE. Lechuguino, currutaco.

PIJIBAY. m. C. RICA y HOND. Variedad del corojo, de fruta amarilla, de sabor muy dulce y de hojas que sirven para cubrir techos.

PIJIJE. m. ZOOL. AMÉR. CENTRAL. Ave zancuda, que vive en lugares pantanosos; de color acanelado, canta bien, por lo común de noche, y su carne se estima como buen alimento.

★ **PIJIRIGUA.** f. CUBA y P. RICO. Cosa despreciable, sin valor. ‖ *Ser de* PIJIRIGUA *una cosa.* fr. CUBA y P. RICO. Vil, de baja condición o calidad.

★ **PIJIRRUÑA.** f. CHILE. Bicoca, nonada.

PIJOJO. m. CUBA. Árbol silvestre que da una madera de color amarillento, dura, pesada y de grano fino.

PIJOTA. (De *peje*.) f. Pescadilla.

★ **PIJOTADA.** f. fam. CUBA. Pijotería, nimiedad.

★ **PIJOTAZO.** m. P. RICO. Pizca, porción menuda.

PIJOTE. m. Esmeril, 2.º art.

★ **PIJOTEAR.** intr. ARGENT. Tacañear.

PIJOTERÍA. f. Menudencia molesta; dicho o pretensión desagradable.

PIJOTERO, RA. adj. Se dice despectivamente de lo que produce hastío, cansancio, u otras cosas, según el substantivo a que se aplica.

PILA. (l. *pila*, columna, rimero.) f. Montón o cúmulo que se hace poniendo una sobre otra las piezas o porciones de que consta una cosa. ‖ **2.** Conjunto de toda la lana que se corta cada año, perteneciente a un dueño. ‖ **3.** ARQ. Cada uno de los machones que sostienen dos arcos contiguos o los tramos metálicos de un puente. ‖ **4.** BLAS. Pieza en forma de triángulo, cuya base de dos tercios de la anchura del escudo, está en el jefe y el vértice opuesto, en la parte inferior, muy cerca de la punta. ‖ **5.** PERÚ. Fuente. ‖ **6.** CUBA. Llave de agua. ‖ **P.** pila; **I.** pile, heap; **F.** pile; **A.** Haufen; Stapel; **It.** mucchio; **R.** куча.

PILA. (l. *pila*, mortero.) f. Pieza grande de piedra o de otra materia, cóncava y profunda donde se echa el agua para varios usos. ‖ **2.** Pieza de piedra, cóncava, con su pedestal de lo mismo, y tapa de madera, que hay en las iglesias parroquiales para administrar el sacramento del bautismo. ‖ **3.** FÍS. Generador de corriente eléctrica, producida por el contacto de materiales heterogéneos o por transformación en energía de la afinidad química de ciertas substancias. ‖ **4.** METAL. Receptáculo en la delantera de los hornos de fundición, en el que cae en metal fundido. ‖ —**atómica.** La que mediante una reacción en cadena, regulada por un elemento moderador produce energía atómica. ‖ —**patrón.** FÍS. Pila que sirve de comparación en la medición de fuerzas electromotrices. ‖ —**seca.** FÍS. Aquella en la que la corriente se produce sin intervenir ningún líquido. ‖ *Sacar de* PILA,

o *tener en la* PILA a uno. fr. Ser padrino de una criatura en su bautismo. ‖ **P.** pia; **I.** trough; **F.** auge; **A.** Wassertrog; **It.** vasca; **R.** раковина.

PILADA. (De *pila*, 1.ᵉʳ art.) f. Porción de paño que se abatana de una vez.

PILADA. (De *pila*, 2.º art.) f. Mezcla de cal y arena que se amasa de una vez.

★ **PILANCA.** (De *pila*.) f. VENEZ. y ECUAD. Rimero, montón de cosas.

PILAPILA. (Voz araucana.) f. CHILE. Planta malvácea, de tallo generalmente rastrero, ramoso, y con nuevas raíces junto al pecíolo de cada hoja inferior. Se emplea como atemperante de la sangre.

PILAR. (De *pila*, 1.ᵉʳ art.) m. Hito que se coloca para señalar los caminos. ‖ **2.** Especie de pilastra, sin proporción fija, y que se coloca aislada en los edificios, o sostiene otra fábrica o armazón cualquiera. ‖ **3.** fig. Columna, 5.ª acep. ‖ —**del velo del paladar.** Cada uno de los repliegues musculares que unen los bordes laterales de dicha membrana a las paredes de la laringe. ‖ **2.ª** acep.: **P.** pilar; **I.** pillar; **F.** pilier; **A.** Wegestein, Pfeiler, Pfahl; **It.** piliere; **R.** столб.

PILAR. (De *pila*, 2.º art.) m. Pilón, 2.º art., 2.ª acep.

PILAR. (l. *pilăre*; de *pila*, mortero.) tr. Descargar los granos en el pilón, golpeándolo con una o las dos manos o con majadores largos de madera o de metal.

PILAREJO. m. d. de pilar.

PILASTRA. (ital. *pilastro*, y éste de l. *pila*, pilar.) f. Columna cuadrada. ‖ **2.** CHILE. Ataire, moldura. ‖ **P.** pilastra; **I.** pilaster; **F.** pilastre; **A.** Wandpfeiler; **It.** pilastro; **R.** пилястр.

PILASTRÓN. m. aum. de pilastra.

PILATERO. (cat. y arag. *pilater*, y éste del l. *pila*.) m. Batanero que en el obraje de paños asiste a las pilas de batán, para deslavazarlos y enfurtirlos.

PILATUNA. f. COLOM. y CHILE. Acción indecorosa, pillería.

★ **PILATUNO, NA.** (De *Pilatos*, por alusión a la sentencia que éste dictó.) adj. ARGENT. Se dice de la sentencia injustamente dictada. ‖ **2.** COLOM. Usurero.

PILCA. f. PERÚ y ARGENT. Tapia hecha con piedras y barro.

★ **PILCAHUE.** m. CHILE. Patata silvestre.

★ **PILCATE.** m. MÉJ. Muchacho andrajoso y sucio.

PILCHE. (De *pichel*.) m. PERÚ. Jícara o vasija de madera.

PÍLDORA. (l. *pilŭla*.) f. Bolita que se fabrica mezclando un medicamento con un excipiente. ‖ **2.** Bola o mezcla de estopas, hilas u otras materias que mojadas con un medicamento se colocaban en las heridas. ‖ **3.** fig. y fam. Pesadumbre o mala noticia que se da a uno. ‖ —**elefangina.** FARM. Píldora purgante formada por áloe, nuez moscada, cinamomo y otras substancias aromáticas. ‖ *Dorar la* PÍLDORA. fr. fig. Suavizar una mala noticia. ‖ *Tragarse* uno *la* PÍLDORA. fr. fig. y fam. Creer un embuste o patraña. ‖ **P.** píldula; **I.** pill; **F.** pilule; **A.** Pille; **It.** pillola; **R.** пилюля.

PILDORERO. m. FARM. Aparato para hacer píldoras.

PÍLEO. (l. *pileŭs*.) m. Especie de sombrero que usaban entre los romanos los hombres libres, y ponían a los esclavos cuando les daban libertad. ‖ **2.** Capelo de los cardenales.

PILERO. (De *pila*, 2.º art.) m. Peón que amasa con los pies el barro destinado a fabricar adobes y objetos de alfarería.

PILETA. (De *pila*, 2.º art.) f. d. de pila. ‖ **2.** Pila pequeña que suele haber en las casas para tomar agua bendita. ‖ **3.** MIN. Sitio que en el interior de las minas sirve para recoger las aguas. ‖ **4.** ARGENT. Estanque. ‖ **5.** ARGENT. Pila, recipiente de piedra.

★ **PILGUAJE.** m. HOND. y EL SALV. Criado. ‖ **2.** MÉJ. y HOND. Hombre bribón y despreciable. ‖ **3.** EL SALV. Jirón de la piel, que queda colgando. ‖ **4.** pl. EL SALV. Andrajo, jirón de ropa vieja.

★ **PILGUARSE.** r. CHILE. Pasmarse, asombrarse, sorprenderse.

★ **PILGÜETE.** m. HOND. Pillete, pícaro, golfo.

★ **PILGÜIJE.** (mejic. *pilihui*, marchitarse.) m. MÉJ. Persona infeliz, desdichada.

★ **PILHUA.** f. CHILE. Canasta o bolsón de malla.

★ **PILIGÜIJE.** m. MÉJ. Mequetrefe, hombre entrometido y enredador. Ú.t.c.adj.

PILILO. m. ARGENT. y CHILE. Persona andrajosa y sucia.

★ **PILMAMA.** f. MÉJ. Niñera, nodriza, ama de cría.

PILME. (arauc. *pulmi*.) m. CHILE. Coleóptero cantárido, negro, que en los huertos causa destrozos. ‖ **2.** CHILE. Persona muy flaca.

PILO. (l. *pilum*.) m. Arma arrojadiza que se empleaba antiguamente.

PILO. m. CHILE. Arbusto que crece en los lugares húmedos, de hojas menudas y flores amarillas; su cáscara es un vomitivo muy fuerte.

PILOCARPINA. (l. mod. *pilocarpus*, nombre genérico del jaborandi.) f. Alcaloide que se obtiene de las hojas del jaborandi.

PILÓN. (De *pila*, 1.ᵉʳ art.) m. Pan de azúcar refinado, de figura cónica. ‖ **2.** Pesa que, pendiente del brazo mayor del astil de la romana, puede moverse con libertad a cualquiera de los puntos en él marcados y determinar el peso de las cosas. ‖ **3.** Pieza grande, pendiente de los husillos, en los molinos de aceite o en los lagares, que sirve de contrapeso para que la viga apriete. ‖ **4.** Montón de cal con arena, amasada con agua, que se deja algún tiempo en figura piramidal, para que fragüe mejor cuando se llegue a emplear. ‖ **5.** AMÉR. Piedra con que se cierra algunas puertas. ‖ **6.** AMÉR. Cilindro hueco de madera donde comen las caballerías. ‖ **7.** CUBA. Depósito de productos agrícolas. ‖ **8.** MÉJ. y VENEZ. Medio centavo. *De* PILÓN. m. adv. MÉJ. De balde. ‖ **P.** pão de açúcar; **I.** sugar loaf; **F.** pain de sucre; **A.** Zuckerhut; **It.** pane di zucchero; **R.** голова сахару.

PILÓN. (De *pila*, 2.º art.) m. aum. de pila. ‖ **2.** Receptáculo de piedra, que se halla en las fuentes y que sirve para abrevadero o lavadero. ‖ **3.** Especie de mortero de madera o de metal, que sirve para majar granos u otras cosas. ‖ *Beber del* PILÓN uno. fr. fig. y fam. Recibir y publicar las noticias del vulgo. ‖ *Haber bebido del* PILÓN. fr. fig. y fam. Haber cedido o de su rigor un juez o ministro, riguroso a su entrada. ‖ *Llevar a* uno *al* PILÓN. fr. fig. y fam. Hacer de él cuanto se quiere. ‖ **P.** pia grande; **I.** bassin; **F.** grand auge; **A.** Bassin; **It.** serbatoio; **R.** водоём.

PILÓN. (gr. πυλών, puerta, portal.) m. Portada de los templos del antiguo Egipto.

★ **PILÓN, NA.** adj. fam. CHILE. Se aplica a la persona o animal desorejado.

★ **PILONCILLO.** (d. de *pilón*, pan cónico de azúcar.) m. MÉJ. Terrón de azúcar prieto de forma cónica.

PILONERO, RA. (De *pilón*, 2.º art.) adj. fig. y fam. Se dice de las noticias vulgares o del que las fabrica.

PILONGO, GA. (De *pelar*.) adj. Flaco y macilento. ‖ **2.** V. *Castaña* PILONGA. Ú.t.c.s.

PILONGO, GA. (De *pila*, 2.º art.) Beneficio eclesiástico en algunas pilas o parroquias.

PILÓRICO, CA. adj. ZOOL. Perteneciente o relativo al píloro.

PÍLORO. (l. *pylōrus*, y éste del gr. πυλωρός, portero; de πύλη, puerta, y ὦρα, vigilancia.) m. ZOOL. Abertura posterior, inferior en el hombre, del estómago de los batracios, reptiles, aves, y mamíferos, por el que pasan los alimentos al intestino. ‖ **P.** píloro; **I.** pylorus; **F.** pylore; **A.** Magenausgang; **It.** piloro; **R.** привратник.

PILOSO, SA. (l. *pilōsus*.) adj. Peludo. ‖ **2.** ANAT. V. *Bulbo* PILOSO.

PILOTAJE. m. Ciencia o arte que enseña el oficio de piloto. ‖ **2.** Ciertos derechos que pagan las embarcaciones en algunos puertos y entradas de ríos, en que se necesita de pilotos prácticos. ‖ **P.** pilotagem; **I.** y **F.** pilotage; **A.** Pilotage; **It.** pilotaggio; **R.** пилотаж.

P

PILOTAJE. m. Conjunto de pilotes hincados en tierra para consolidar los cimientos.

PILOTAR. tr. Dirigir un buque, especialmente a la entrada o salida de los puertos, barras, etc. ‖ 2. Dirigir un automóvil, globo, avión, etc. ‖ **P.** pilotear; **I.** to pilot; **F.** piloter; **A.** lenken, lotsen, steuern; **It.** pilotare; **R.** пилотироваtь.

PILOTE. (l. *pila*, pilar.) m. Madero rollizo armado frecuentemente de una punta de hierro que se hinca en tierra para consolidar los cimientos. ‖ **P.** estaca; **I.** stake; **F.** pilotis; **A.** Pfahl; **It.** palo da palafitte; **R.** свая.

★ **PILOTEAR.** (De *piloto*.) tr. Pilotar.

★ **PILOTEAR.** (De *piloto*, primo, pagano.) tr. CHILE. Hacer gastar dinero a uno.

PILOTÍN. m. d. de piloto. ‖ 2. El que servía en los buques como ayudante del piloto.

PILOTO. (ital. *piloto*, y éste del ant. *pedotto*, y éste del gr. πηδόν, gobernalle.) m. El que gobierna y dirige un buque en la navegación. ‖ 2. El segundo de un buque mercante. ‖ 3. El que dirige un automóvil, un avión. ‖ 4. fig. El que dirige la acción o el discurso en una empresa, instrucción o estudios. ‖ 5. GERM. Ladrón que va delante de los otros guiándoles. ‖ 6. ZOOL. AMÉR. Romero. ‖ 7. ARGENT. Gabardina o sobretodo impermeable. ‖ 8. CHILE. Primo, sujeto obsequioso. ‖ 9. ZOOL. ECUAD. Ave zancuda parecida a la garza. ‖ **—de altura.** El que sabe dirigir la navegación en alta mar. ‖ **P.** piloto; **I.** pilot; **F.** pilote; **A.** Steuermann; **It.** pilota, piloto; **R.** лоцман, пилот.

PILPIL. m. CHILE. Bejuco de hojas trifoliadas y flores blancas que produce el cóguil.

PILPILÉN. (Voz araucana.) m. CHILE. Ave zancuda y ribereña, de pico rojo y largo, que le sirve para abrir las valvas de los mariscos de los que se alimenta. Tiene tres dedos en cada pie, sin pulgar.

PILTRA. (De *piltro*.) f. GERM. Cama, 1.er art., 1.ª acep.

PILTRACA. f. Piltrafa.

PILTRAFA. (De *piel* y *trefe*, 1.ª acep.) f. Parte de carne flaca, que casi sólo tiene el pellejo. ‖ 2. pl. Por ext. residuos menudos de viandas y desechos de otras cosas, aunque no sean comestibles. ‖ 3. ARGENT. Parte que corresponde a uno en un reparto gracioso. ‖ 4. CHILE y ARGENT. Lucro, provecho. ‖ 5. fig. ARGENT. Prendas de vestir viejas. ‖ **P.** pelanga; **I.** skinny flesh; **F.** guenille, haillon; **A.** Fleischabfall, Lumpen; **It.** pellètica; **R.** обрывашина.

★ **PILTRAFEAR.** (De *piltrafa*, lucro.) tr. CHILE. Conseguir lucro o beneficio.

★ **PILTRAFIENTO, TA.** adj. CHILE. Andrajoso, desharrapado. ‖ 2. CHILE. Lacio, marchito, ajado.

PILTRO. m. GERM. Aposento, 1.ª acep. ‖ 2. GERM. Mozo del rufián.

★ **PILTRO, TRA.** adj. CHILE. Piltre, arrugado, lacio.

★ **PILUCHO, CHA.** adj. CHILE. Desnudo. ‖ 2. CHILE. Desnudo de cintura para abajo.

PILVÉN. (Voz araucana.) m. CHILE. Pez de agua dulce, que anda siempre en cardumen.

PILLA. (De *pillar*.) f. AR. Pillaje.

PILLABÁN. m. AST. y LEÓN. Pillastre.

PILLADA. f. fam. Acción propia de un pillo. ‖ 2. CHILE y ARGENT. Sorpresa que recibe una persona al cogerla desprevenida.

PILLADOR, RA. (De *pillar*.) adj. Se dice del que hurta o toma por fuerza una cosa. Ú. t. c. s.

PILLAJE. (De *pillar*.) m. Hurto, rapiña. ‖ 2. MIL. Robo, despojo, saqueo, que realizan los soldados en país enemigo. ‖ **P.** pilhagem; **I.** pillage, plunder; **F.** pillage; **A.** Plünderung; **It.** rapina, ruberia; **R.** грабёж.

★ **PILLÁN.** (arauc. *pillañ*.) m. CHILE. Pateta, el diablo. ‖ 2. CHILE. Trueno y rayo.

PILLAR. (l. *pileãre*, de *pilãre*, robar.) tr. Hurtar, robar por la fuerza una cosa. ‖ 2. Coger, aprehender una cosa. ‖ *Quien*

PILLA, PILLA. expr. fam. con que se motea a los que procuran sólo su utilidad y provecho, sin atender a miramiento alguno. ‖ **P.** pilhar; **I.** to pillage, to plunder; **F.** piller; **A.** plündern, rauben; **It.** rapinare, rubare; **R.** захватывать.

PILLASTRE. m. fam. Pillo, 2.º art.

PILLASTRÓN. m. aum. de pillastre.

★ **PILLAUCA.** f. fam. CHILE. Mentira, embuste, patraña.

PILLEAR. intr. fam. Hacer vida de pillo. ‖ **P.** vadiar; **I.** to play the rogue; **F.** friponner, coquiner; **A.** Schurkereien verüben; **It.** birbanteggiare; **R.** мошенничать.

PILLERÍA. f. fam. Gavilla de pillos, 2.º art., 1.ª acep. ‖ 2. fam. Calidad de pillo, 2.º art., 1.ª acep. ‖ 3. fam. Pillada.

PILLETE. m. d. de pillo, 2.º art.

PILLÍN. m. d. de pillo, 2.º art.

PILLO. (arauc. *pillu*.) m. CHILE. Ave zancuda, especie de ibis, blanca con manchas negras, patas muy largas, pico grueso convexo y puntiagudo; posee cuatro dedos en cada pie unidos por una membranita. Vive en los lugares húmedos y se alimenta de reptiles. ‖ 2. CHILE. Persona flaca y zancuda.

PILLO, LLA. (De *pillar*.) adj. fam. Se dice del pícaro que no tiene crianza ni buenos modales. Ú. m. c. s. m. ‖ 2. fam. Sagaz, astuto. Ú. m. c. s. m. ‖ **P.** velhaco; **I.** rascal, rogue; **F.** fripon; **A.** Spitzbube, Schurke; **It.** birbante, briccone; **R.** лукавый.

★ **PILLOICA.** f. fam. CHILE. Mentira, embuste.

★ **PILLOIQUERO, RA.** (De *pilloica*.) adj. fam. CHILE. Mentiroso.

PILLOPILLO. (arauc. *pillupillu*.) m. CHILE. Árbol, especie del laurel, de forma piramidal y flores blanquecinas dioicas. Su corteza interior es purgante y vomitiva.

★ **PILLUDO, DA.** adj. CHILE. Aplícase a la persona o animal de piernas largas y flacas.

PILLUELO, LA. adj. fam. d. de pillo, 2.º art. Ú. m. c. s. m.

★ **PILLULO.** m. CHILE. En el juego de la pandorga, la serie completa de las cartas del as al rey.

★ **PILLULLO.** m. CHILE. En los bailes y tertulias, desaire que hace un hombre a una mujer o a la inversa. ‖ 2. CHILE. En el juego de billar, movimiento por el que una bola se interpone entre dos que deben chocar, de forma que hay que tirar por banda. ‖ 3. fig. CHILE. Acción de dejar burlada una persona a otra. ‖ 4. CHILE. Engañifa.

PIMENTAL. m. Terreno sembrado de pimientos.

PIMENTERO. (De *pimienta*.) m. Arbusto trepador, piperáceo, de tallos ramosos, y con raíces adventicias, hojas alternas, flores en espigas, y cuyo fruto es la pimienta. Es planta tropical. ‖ 2. Vasija en que se pone la pimienta molida, para servirse de ella en la mesa. ‖ **P.** pimenteira; **I.** pepper(-plant); **F.** poivrier; **A.** Pfefferstrauch; **It.** pepaiola; **R.** перец.

PIMENTÓN. m. aum. de pimiento. ‖ 2. Polvo que se obtiene moliendo pimientos rojos secos. ‖ 3. En algunos lugares, pimiento, 2.ª acep.

PIMENTONERO. m. Vendedor de pimentón. ‖ 2. Pájaro cuyas plumas son de color negruzco, salvo en el pecho que son rojas.

PIMIENTA. (De *pimiento*.) f. Fruto del pimentero. Es una baya redonda, carnosa y rojiza, que cuando está seca se torna de un color pardo o negruzco y se arruga algo; contiene una semilla esférica; es aromática, ardiente, de gusto picante, y muy usada para condimento. ‖ 2. Cosecha de pimientos. ‖ **—falsa.** Fruto del turbinto parecido a la pimienta común. ‖ **—inglesa.** Malagueta seca y molida, después de haberle quitado la corteza y semillas. ‖ **—larga.** Fruto de un pimiento asiático, de hojas largas, poco simétricas, es algo mayor y de color más claro que la común. ‖ *Comer* una PIMIENTA. fr. fig. y fam. Picarse. ‖ *Ser uno como una* PIMIENTA. fr. fig. Ser vivo y pronto en el comprender y en el obrar. ‖ *Tener mucha* PIMIENTA. fr.

fig. y fam. Ser muy caro. ‖ **P.** pimenta; **I.** pepper; **F.** poivre; **A.** Pfeffer; **It.** pepe; **R.** перец.

PIMIENTILLA. f. HOND. Arbusto verbenáceo que segrega la cera vegetal.

PIMIENTO. (l. *pigmentum*, color para pintar.) m. Planta herbácea anual solanácea, de tallos ramosos, hojas lanceoladas, flores blancas pequeñas, y fruto en baya hueca, generalmente cónico, torso en la superficie, primero verde, después rojo o amarillo, y con multitud de semillas planas, circulares. Es planta americana muy cultivada en España. ‖ 2. Fruto de esta planta, muy usado, por su sabor a veces picante, como alimento. ‖ **—de cornetilla.** Variedad del pimiento, que tiene la forma de un cucurucho con la punta encorvada. Es de gusto picante. ‖ **—de hocico de buey.** Variedad de pimiento, más grueso que el de las demás castas. Es más dulce. ‖ **P.** pimenteiro; **I.** Indian pepper; **F.** piment; **A.** Paprika, Beissbeere; **It.** pepe; **R.** перец.

★ **PIMIO, MIA.** adj. CHILE. Mezquino, miserable.

PIMPIDO. m. Pez parecido a la mielga y cuya carne es más sabrosa que la de ésta.

PIMPÍN. (Voz onomatopéyica.) m. Juego de muchachos semejante al de pizpirigaña.

PIMPINA. f. VENEZ. Botella de barro, de forma esférica y cuello largo, que se emplea para enfriar el agua, como el botijo poroso de España.

PIMPINELA. (fr. *pimprenelle*; ital. *pimpinella*.) f. Planta herbácea vivaz, rosácea, de tallos erguidos, rojizos, ramosos, hojas compuestas de un número impar de hojuelas pecioladas, flores terminales, en espigas apretadas, sin corola y con cáliz purpurino, que se hincha, endurece y convierte en fruto elipsoidal que encierra dos o tres semillas pequeñas. Abunda en España y se ha empleado en medicina como tónica y diaforética. ‖ **—mayor.** Planta que se diferencia de la anterior en llegar a 1 m de altura, tener las hojuelas sin pecíolo, ser más elipsoidal la espiga de las flores, que son hermafroditas, con el cáliz negro rojizo y una sola semilla en el fruto. Es común en España y se empleó en medicina como vulneraria y contra las hemorragias.

PIMPLAR. tr. fam. Beber vino. Ú. t. c. r.

PIMPLEO, A. (l. *pimplēus*.) adj. Perteneciente o relativo a las musas.

PIMPLON. (Voz onomatopéyica.) m. AST. y SANT. Salto de agua.

★ **PIMPO, PA.** adj. P. RICO. Repleto, lleno con exceso.

PIMPOLLADA. (De *pimpollo*.) f. Pimpollar.

PIMPOLLAR. m. Sitio poblado de pimpollos.

PIMPOLLEAR. intr. Pimpollecer.

PIMPOLLECER. intr. Arrojar, brotar, echar nuevos pimpollos.

PIMPOLLEJO. m. d. de pimpollo.

PIMPOLLO. (De *pino* y *pollo*.) m. Pino nuevo. ‖ 2. Árbol nuevo. ‖ 3. Vástago o tallo nuevo de las plantas. ‖ 4. Rosa por abrir. ‖ 5. fig. y fam. Niño o niña, y también el joven o la joven, que se distingue por su belleza, gallardía y donosura. ‖ 3.ª acep.: **P.** pimpolho, rebento; **I.** sucker, sprout; **F.** rejeton, pousse; **A.** Schössling, Nebenspross; **It.** germoglio; **R.** молодая сосенка.

PIMPOLLUDO, DA. adj. Que tiene muchos pimpollos.

PINA. (l. *pinna*, almena.) f. Mojón terminado en punta. ‖ 2. Cada uno de los trozos curvos de madera que forman el círculo de la rueda del coche o carro, donde encajan por la parte interior los rayos y por la exterior se asientan las llantas.

PINABETE. (De *pino* y *abeto*.) m. Abeto, 1.ª acep.

PINACATE. m. MÉJ. Escarabajo de color negruzco y hediondo que se cría en lugares húmedos. ‖ 2. MÉJ. Mequetrefe.

★ **PINACOIDAL.** adj. CRISTALOG. Pinacoideo. ‖ 2. CRISTALOG. Una clase de simetría en el estudio de los cristales.

★ **PINACOIDE.** m. CRISTALOG. Forma

cristalográfica con un par de caras paralelas al plano de simetría.

PINACOTECA. (l. *pinacothēca*, y éste del gr. πινακοθήκη; de πίναξ, cuadro, y θήκη, depósito.) f. Galería o museo de pinturas. ‖ **P.** e **It.** pinacoteca; **I.** pinacotheca; **F.** pinacothèque; **A.** Pinakothek, Bildergalerie; **R.** картинный музей.

PINÁCULO. (l. *pinacŭlum*.) m. Parte superior y más alta de un edificio magnífico o templo. ‖ **2.** fig. Parte sublime de una ciencia o de otra cosa inmaterial.

PINADA. (l. *pinnāta*, t. f. de *-tus*; de *pinna*, pluma.) adj. **Bot.** Se dice de la hoja compuesta por hojuelas insertas a uno y otro lado del pecíolo, como las barbas de una pluma.

PINAR. m. Lugar poblado de pinos. ‖ **P.** pinhal; **I.** pinery; **F.** pinière, pinède; **A.** Fichten-Tannenwald; **It.** pineto; **R.** сосновый лес.

PINAREJO. m. d. de pinar.

PINARIEGO, GA. adj. Perteneciente al pino.

PINASTRO. (l. *pinaster, -tri*.) m. Pino rodeno. ‖ **P.** pinheiro silvestre; **I.** pinaster; **F.** pinastre, pin sauvage; **A.** Meerstrandkiefer; **It.** pinastro; **R.** красная ель.

PINATERO. m. **Cuba.** Cao.

PINATÍFIDO, DA. (l. *pinnātus*, alado, y *findĕre*, dividir.) adj. **Bot.** Hendido al través en tiras largas.

PINATO. m. **Murc.** Pino tierno y de poca altura, cuyas ramas tocan al suelo.

PINAZA. (De *pino*.) f. Embarcación pequeña de remo y vela. Es estrecha y se usó en la marina mercante.

PINCARRASCA. f. Pincarrasco.

PINCARRASCAL. m. Sitio donde crecen los pincarrascos.

PINCARRASCO. (De *pino* y *carrasco*.) m. Especie de pino de tronco tortuoso, corteza resquebrajada y de color pardo rojizo, copa algo irregular, hojas largas, piñas de color canela, con piñones pequeños. Es propio de los terrenos áridos del litoral mediterráneo.

PINCEL. (prov. *pinsel*, y el cat. *pinsell*; y éste del l. *pēnicǐllus*.) m. Instrumento con que el pintor asienta los colores en el lienzo. Se hace con pelos de la cola de las ardillas, martas u otros animales. ‖ **2.** Cualquiera de las plumas que los vencejos tienen debajo de la segunda pluma del ala, llamada así porque solas suelen servir de pincel. ‖ **3.** fig. Mano o sujeto que pinta. ‖ **4.** fig. Obra pintada. ‖ **5.** fig. Modo de pintar. ‖ **6.** **Mar.** Palo largo y delgado, con una escobilla, con que se da el alquitrán en los costados y palos de la nave. ‖ **7.** **Argent.** Brochón de albañil. ‖ **—eléctrico.** **Terap.** Hacecillo de hilos rígidos de latón, usado como electrodo para electrizar la piel. ‖ **—electrónico.** Haz de rayos catódicos concentrado que forma parte de un tubo oscilográfico receptor de televisión. ‖ **P.** pincel; **I.** paintbrush; **F.** pinceau; **A.** Pinsel; **It.** pennello; **R.** кисть.

PINCELADA. f. Trazo o golpe que da el pintor con el pincel. ‖ **2.** fig. Expresión compendiosa de una idea o de un rasgo muy característico. ‖ *Dar la última* PINCELADA. fr. fig. Perfeccionar o concluir una obra.

PINCELAR. (De *pincel*.) tr. Pintar, 1.ª y 2.ª aceps.

PINCELERO, RA. m. y f. Persona que hace o vende pinceles. ‖ **2.** m. Caja en que los pintores al óleo guardan los pinceles.

PINCELOTE. m. aum. de pincel.

PINCERNA. (l. *pincerna*.) com. Copero, 1.ª acep.

PINCIANO, NA. (l. *pintiānus*, de *Pintia*, mansión romana en la región de los Vacceos, cuyo sitio se ha creído equivocadamente que ocupa la ciudad de Valladolid.) adj. Vallisoletano. Apl. a pers. ú.t.c.s.

PINCHA. (De *pinchar*.) f. Pincho, 1.ª acep.

PINCHADURA. f. Acción o efecto de pinchar o pincharse.

PINCHAR. (l. *pinctiăre*.) tr. Picar, o herir con una cosa aguda o punzante. Ú.t.c.r. ‖ **2.** P. **Rico.** Curiosear. ‖ *Ni* **pincha** *ni corta.* fr. fig. y fam. Se aplica a lo que tiene poco valimiento o influjo

en un asunto. ‖ **P.** picar; **I.** to prick; **F.** piquer; **A.** stechen; **It.** pùngere; **R.** колоть.

PINCHAÚVAS. (De *pinchar* y *uva*.) m. fig. y fam. Pillete que come la granuja en los mercados, picándola con un alfiler o palillo. ‖ **2.** fig. y fam. Hombre despreciable.

PINCHAZO. m. Punzadura o herida que se hace con un instrumento o cosa que pincha. ‖ **2.** fig. Hecho o dicho con que se mortifica a uno, o se le incita a que tome una determinación. ‖ **P.** picada; **I.** prick; **F.** piqûre; **A.** Stichwunde; **It.** puntura; **R.** укол.

PINCHE. (De *pinchar*.) m. Mozo ordinario o galopín de cocina. ‖ **2.** **Zool.** **Colom.** Gorrión. ‖ **3.** P. **Rico** y **Argent.** Aguijón con que las mujeres se sujetan el sombrero. ‖ **4.** **Argent.** Oficinista de ínfima categoría. ‖ **5.** **Amér.** Matón. ‖ **6.** P. **Rico** y **Méj.** Pillastre. ‖ **7.** **Zool.** **Colom.** Caballo de mediano cuerpo. ‖ **P.** mirmidão; **I.** fag., scullion; **F.** marmiton; **A.** Küchenjunge; **It.** sguàttero; **R.** поваренок.

PINCHECILLO. m. **Zool.** **Perú.** Mono americano.

PINCHO. (De *pinchar*.) m. Aguijón o punta aguda de hierro o de otra materia. ‖ **2.** Varilla de acero, como de 1 m de longitud, con que los consumeros reconocen las cargas. ‖ **3.** **Argent.** Aguja larga con cabeza de fantasía usada como adorno en los sombreros de las mujeres.

PINCHÓN. m. Pinzón, 1.ª acep.

PINCHUDO, DA. adj. Que tiene pinchos o fuertes púas.

PINCHULEAR. intr. **Argent.** Emperejilar, adornar a una persona con el mayor esmero. Ú.t.c.r.

PINDÁRICO, CA. (l. *pindaricus*.) adj. Propio o característico del poeta griego Píndaro o que tiene semejanza con las cualidades de su producciones.

* **PINDÍN.** m. **Pan.** Reunión de gente vulgar. ‖ **2.** **Pan.** Baile de negros.

* **PINDÓ.** m. **Bot.** **Par.** y **Argent.** Palmera muy útil, de la que se aprovecha el fruto, la madera y las hojas, que son un buen forraje.

PINDONGA. f. fam. Mujer callejera.

PINDONGUEAR. (De *pindonga*.) intr. fam. Callejear.

PINEAL. (l. *pinĕa*, piña.) adj. V. *Glándula* PINEAL.

PINEDA. (l. *pinēta*, pl. de *pinētum*.) f. Pinar.

PINEDA. f. Especie de cinta de hilo y estambre, tejida con diversos colores, que más comúnmente se llama cinta manchega, y servía principalmente para ligas.

PINEDO. (l. *pinētum*.) m. **Amér.** **Merid.** Pinar.

* **PINEOLINA.** (De *pino*, y el l. *olěum*, aceite.) f. **Farm.** Extracto etéreo de las hojas del pino.

PINGA. (De *pingar*.) f. Percha, generalmente de 1,50 m. de largo, que sirve para llevar colgada de ella toda la carga que se puede llevar colgada en los dos extremos del palo. Es voz empleada en Filipinas.

* **PINGA.** f. **Brasil.** Aguardiente de caña, llamado también cachaza.

PINGAJO. (De *pingo*.) m. fam. Harapo que cuelga de alguna parte. ‖ **P.** farrapo; **I.** rag; **F.** lambeau, haillon; **A.** Fetzen; **It.** brandello; **R.** лохмотья.

PINGAJOSO, SA. adj. Haraposo.

PINGANELLO. (De *pingo*.) m. Calamoco.

PINGANILLO. m. **León.** Pinganello.

* **PINGANILLO, LLA.** adj. **Bol.** y **Ecuad.** Elegante. Ú.t.c.s. ‖ **2.** **Colom.** Rechoncho.

PINGANITOS (EN). (De *pingar*.) m. adv. fam. En próspera fortuna o en puestos elevados.

PINGAR. (l. *pendicāre*, de *pendĕre*.) intr. Pender, colgar. ‖ **2.** Gotear lo que está empapado de un líquido. ‖ **3.** Brincar, saltar. ‖ **4.** **Ar.** Alzar la bota para beber.

PINGO. (De *pingar*.) m. Pingajo. ‖ **2.** pl. fam. Vestidos de mujer de poco precio aunque estén nuevos. ‖ **3.** **Ecuad.** Madera delgada usada en las cubiertas de las casas. ‖ **4.** **Argent.** Caballo veloz. ‖ **5.** **Chile.** Caballo malo. ‖ **6.** **Méj.** Diablo. ‖

Andar, estar, o *ir de* **pingo.** fr. fig. y fam. Con que se reprende a las mujeres poco aficionadas a la casa y a sus labores.

PINGOPINGO. m. **Bot.** **Chile.** Arbusto efedráceo, con ramas articuladas y hojas opuestas a manera de escamas, flores pequeñas y unas nuececillas por fruto. Éste y las hojas son diuréticos.

PINGOROTA. f. La parte más alta de las montañas y otras cosas elevadas.

PINGOROTE. m. fam. Peruétano, 3.ª acep.

* **PINGOROTEAR.** (De *pingar*, brincar, saltar.) intr. **Amér.** **Merid.** Dar brincos los muchachos en los juegos.

PINGOROTUDO, DA. (De *pingorote*.) adj. fam. Empinado, elevado.

* **PINGUCHA.** f. fam. **Chile.** Muchacha despreciable.

* **PINGUCHITA.** f. **Chile.** Almuerzo ligero con condimentos.

* **PINGUCHO, CHA.** adj. **Chile.** Se dice de las personas ordinarias y se aplica en general a los muchachos. Ú.t.c.s.

PINGUE. (hol. *pink*.) m. Embarcación de carga, cuyas medidas aumentan en la bodega para que quepan más géneros.

PINGÜE. (l. *pinguis*.) adj. Gordo, mantecoso. ‖ **2.** fig. Abundante, copioso, fértil. ‖ **P.** e **It.** pingue; **I.** oily, fat, greasy; **F.** gras, plantureux; **A.** fettig, fruchtbar; **R.** плодородный, жирный.

PINGÜEDINOSO, SA. (l. *pinguĕdo, -dinis*, grasa, manteca.) adj. Que tiene gordura.

PINGÜINO. (fr. *pingouin*.) m. Pájaro bobo. ‖ **P.** pinguim; **I.** penguin; **F.** pingouin; **A.** Alk, Pinguin; **It.** pinguino; **R.** пингвин.

PINGUOSIDAD. (De *pingüe*.) f. Grasa, untuosidad.

PINÍFERO, RA. (l. *piniter, -ĕri*; de *pinus*, pino, y *ferre*, llevar.) adj. poét. Abundante en pinos.

PINILLO. (d. de *pino*, 1.er art.) m. Planta herbácea anual, labiada, de tallos tendidos y velludos, hojas perfoliadas y flores pequeñas; es frecuente en la zona mediterránea de España.

* **PININA.** f. Resina de pino. ‖ **2.** **Quím.** Substancia azucarada que se obtiene de una especie de pino de California.

PINITO. (d. de *pino*, 2.º art.) m. Pino, 2.º art. ‖ **2.ª** acep. Ú.m. en pl. y con el verbo *hacer*.

PINJADO, DA. p.p. de pinjar. ‖ **2.** adj. ant. V. *Banco* PINJADO.

PINJANTE. (De *pinjar*.) adj. Se dice de la joya o pieza de oro, plata u otra materia, que se trae colgando para adorno. Ú.m.c.s. ‖ **2.** **Arq.** Se aplica al adorno que cuelga de lo superior de la fábrica. Ú.t.c.s.

PINJAR. (cat. *penjar*, pinjar, y éste del l. *pendiŏare*, de *pendĕre*.) intr. ant. Colgar, 6.ª acep.

* **PINNA.** (l. *pinna*, pluma.) f. **Bot.** Primera división de una hoja pinada. ‖ **2.** **Zool.** Pluma, aleta o alguna cosa que se le parezca. ‖ **3.** **Anat.** Pabellón de la oreja. ‖ **4.** **Zool.** Género de moluscos marinos de gran tamaño.

PINNÍPEDO, DA. (l. *pinna*, aleta, y *pes, pĕdis*, pie.) adj. **Zool.** Se dice de los mamíferos marinos que se alimentan únicamente de peces, de cuerpo algo pisciforme, las patas anteriores provistas de membranas interdigitales y las posteriores ensanchadas en forma de aletas, propias para la natación. El tejido adiposo subcutáneo es muy abundante. Ú.t.c.s.m. ‖ **2.** m. pl. **Zool.** Orden de estos animales.

PINO. (l. *pinus*.) m. **Bot.** Árbol abietáceo con las flores masculinas y femeninas separadas en diferentes ramas, por fruto tiene la piña y por semilla el piñón, de tronco elevado y recto, contiene trementina, sus hojas estrechas persisten durante el invierno. ‖ **2.** poét. Nave o embarcación. ‖ **—albar.** Especie de pino con la corteza rojiza en lo alto del tronco, ramas gruesas y piñas pequeñas y hojas cortas. Su madera es muy estimada en construcción. ‖ **—melis.** Variedad de pino negral muy empleado en entarimados y obras de carpintería. ‖ **—negral.** Especie de pino alto, con la corteza de un blanco ceniciento, hojas largas y fuertes, piñas pequeñas; su madera es muy elástica y

P bastante rica en resina. || **—negro.** Especie de pino de 10 a 20 m de altura, de corteza bastante lisa de color pardo obscuro, hojas cortas y piñas pequeñas. || **—piñonero.** Especie de pino que alcanza hasta los 30 m, de tronco derecho y copa ancha, hojas largas y piñas aovadas, con piñones comestibles. || **—rodeno.** Especie de pino de mediana altura, corteza áspera, a trechos rojiza, hojas muy largas, piñas grandes, y un poco encorvadas, su madera es muy abundante en resina. || **—tea.** Especie de pino de madera rojiza, compacta dura. || *Ser uno como un*, o *un* PINO *de oro.* fr. fig. y fam. Ser bien dispuesto, airoso y bizarro. || **P.** pinheiro, pino; **I.** pine; **F.** pin; **A.** gemeine Kiefer, Föhre, Tanne, Fichte; **It.** pino; **R.** сосна.

* PINO. m. fam. CHILE. Relleno o picadillo sazonado de carne, cebolla, etc., con que se rellenan las empanadas, pasteles, aves, etc.

PINO, NA. (De *pina* o de *pino*.) adj. Muy pendiente. || **2.** m. fam. El primer paso que dan los niños cuando empiezan a andar, o los convalecientes cuando empiezan a levantarse. Ú.m. en pl. y con el verbo *hacer*. || *A* PINO. m. adv. que explica el modo de tocar las campanas, levantándolas en alto y haciéndolas dar vueltas. || *En* PINO. m. adv. En pie, sin caer.

PINOCHA. f. Hoja de pino.

PINOCHA. (De *panocha*.) f. AR. Panoja del maíz y del panizo.

PINOCHERA. (De *pinocha*, 2.º art.) f. AR. Espata que cubre la panoja del maíz y del panizo.

PINOCHO. (De *pino*, 1.er art.) m. CUENC. Pimpollo, 1.ª acep. || **2.** CUENC. Piña de pino rodeno.

PINOL. m. C. RICA, ECUAD. y GUAT. Pinole. || **2.** GUAT. y HOND. Harina de maíz tostado a la que se añade cidrayote, cacao y azúcar. || **3.** CUBA. Manjar preparado con harina de maíz tostada y miel. || **4.** C. RICA y NICAR. Bebida de maíz tostado y molido, azúcar y hielo.

PINOLATE. m. GUAT. Bebida de pinole, agua y azúcar.

PINOLE. (mejic. *pinolli*.) m. Mezcla de polvos de vainilla y otras especies aromáticas, que se traían de América y se echaba al chocolate, al que daba exquisito olor y sabor. || **2.** MÉJ. Maíz molido y tostado con azúcar. || **3.** MÉJ. Por ext., cualquier materia pulverizada.

* PINOLERO, RA. adj. fam. HOND. Nicaragüense. Ú.t.c.s.

PINOLILLO. m. MÉJ. Insecto de color rojo y de tamaño muy pequeño que puede polvo de pinole. || **2.** C. RICA y HOND. Pinol con azúcar y cacao, con lo que se hace una bebida refrescante.

PINOSO, SA. adj. Lo que tiene pinos.

* PINOTIPIA. f. Cierto procedimiento de impresión fotográfica.

PINREL. m. GERM. El pie de las personas. Ú.m. en pl.

PINSAPAR. m. Sitio poblado de pinsapos.

PINSAPO. (l. *pinus*, pino, y *sapinus*, sabino.) m. BOT. Árbol del género del abeto, de corteza blanquecina, flores monoicas, hojas cortas esparcidas, que duran varios años, de piñas derechas más gruesas que las del abeto. || **P.** spécie de pinheiro; **I.** spruce-fir; **F.** pin d'Espagne; **A.** spanische Edelfichte; **It.** pinabete; **R.** ель.

PINTA. (De *pintar*.) f. Mancha o señal pequeña en el plumaje, pelo o piel de los animales y en la masa de los minerales. || **2.** Adorno en forma de lunar o mota, con que se matiza alguna cosa. || **3.** Señal que tienen los naipes en los extremos, para conocerlos antes de descubrirlos de qué palo son. || **4.** fig. Señal exterior por la que se conoce la calidad buena o mala de las personas o cosas. También se aplica a la muestra de ciertas cosechas. || **5.** pl. Juego de naipes semejante al llamado de parar. || **6.** ARGENT., COLOM., ECUAD. y P. RICO. Casta, linaje. || **7.** P. RICO, PERÚ y ARGENT. Color de los animales. || **8.** BOL., CHILE y PERÚ. Juego de dados. || **9.** VENEZ. Aspecto que presenta el cielo en cada uno de los doce primeros días del año. || *No quitar* PINTA. fr. fig. y fam. Parecerse mucho a otro. || *Sacar* a uno *por la* PINTA.

fr. fig. y fam. Conocerle por alguna señal. || *No dejarse* uno *ver la* PINTA. fr. P. RICO. No dejar entrever sus intenciones. || *No vérsele* a uno *ni la* PINTA. fr. fig. y fam. P. RICO y ARGENT. No vérsele por ningún lado. || **P.** pinta; **I.** spot; **F.** tache; **A.** Flecken; **It.** macchia; **R.** пятно.

* PINTA. (ingl. *pint*.) f. Medida de capacidad para líquidos usada en algunos países que equivale a 0,47317 litros.

PINTACILGO. (De *pinta*, 1.er art., y *cilgo*, del l. *silybum*, cardo.) m. Jilguero.

PINTADA. (De *pintado*.) f. Gallina de Guinea. || **P.** gallinha d'Angola; **I.** guinea-fowl; **F.** pintade; **A.** Perlhuhn; **It.** gallina faraona; **R.** цесарка.

PINTADERA. (De *pintar*.) f. Instrumento que se emplea para adornar la parte superior del pan o de otras cosas.

* PINTADILLA. f. ZOOL. CUBA. Pintada. || **2.** ZOOL. CHILE. Escualo parecido a la lija que alcanza hasta los 2 m de longitud. || **3.** CUBA. Cierta enfermedad de las aves.

PINTADILLO. (De *pintado*.) m. Jilguero.

PINTADO, DA. (De *pintar*.) adj. Lo naturalmente matizado de varios colores. || **2.** m. ZOOL. CHILE. Ave palmípeda congénere del petrel, común en los mares australes. || **3.** ZOOL. P. RICO. Chiribita. || PINTADO, o *como* PINTADO. fig. Con los verbos, *estar, venir* u otros, ajustado y medido; muy a propósito. || *El más* PINTADO. loc. fam. El más hábil, prudente. || **2.** fig. El de más valer.

PINTAMONAS. (De *pintar* y *mona*.) com. fig. y fam. Pintor de poca habilidad.

* PINTANO. m. ZOOL. CUBA. Pez del tamaño de la sardina, de cuerpo comprimido, amarillento o plateado.

PINTAR. (l. *pictāre*, de *pictus*, con la *n* de *pingĕre*.) tr. Figurar un objeto en la superficie con la línea y los colores convenientes. || **2.** Cubrir con un color la superficie de las cosas. || **3.** fig. Describir animadamente personas o cosas por medio de la palabra. || **4.** fig. Fingir, o ponderar una cosa. || **5.** intr. Madurar ciertos frutos. Ú.t.c.r. || **6.** Mostrarse la pinta de las cartas cuando se talla. || **7.** fig. En forma interrogativa o negativa, importar, valer, significar. || **8.** ARGENT. Ostentar, presumir. || **9.** AST., LEÓN y SOR. Probarle bien una cosa. || **10.** r. Darse colores o afeites en el rostro. || PINTAR *como querer.* expr. fig. Presentar las cosas no como son sino como queremos que sean. || PINTARLA. fr. fig. y fam. Afectar en los modales autoridad, porte, distinción. || PINTARSE uno *solo para* una cosa. fr. fig. y fam. Tener gran habilidad para ella. || **P.** pintar; **I.** to paint; **F.** peindre; **A.** malen; **It.** (di)pingere, pitturare; **R.** писать (красками), красить.

PINTARRAJAR. tr. fam. Pintorrear.

PINTARRAJEAR. tr. fam. Pintarrajar. Ú.t.c.r.

PINTARRAJO. m. fam. Pintura mal hecha o con colores poco apropiados.

PINTARROJA. (De *pinta*, 1.er art., y *roja*.) f. Lija, 1.ª acep.

PINTARROJO. (De *pinta* y *rojo*.) m. GAL. Pardillo, 6.ª acep.

PINTEAR. intr. Lloviznar.

PINTEÑO, ÑA. adj. Natural de Pinto. Ú.t.c.s. || **2.** Perteneciente a esta villa.

PINTIPARADO, DA. (De *pintiparar*.) adj. Muy semejante a otro. || **2.** Que viene justo y medido a una cosa, o es a propósito para el fin propuesto. || **3.** CHILE. Muy acicalado. || **4.** CHILE y ECUAD. Vestido con elegancia. || **5.** P. RICO, PERÚ y BOL. Orgulloso.

PINTIPARAR. (De *pinto*, 2.º art., y *parar*.) tr. Asemejar, hacer parecida una cosa a otra. || **2.** fam. Comparar una cosa con otra.

PINTO. n. p. *Estar uno entre* PINTO y Valdemoro. fr. fig. y fam. Estar medio borracho.

PINTO, TA. (l. *pictus*, con la *n*, de *pingĕre*.) adj. ant. Pintado. || **2.** P. RICO y VENEZ. Parecido. || **3.** CUBA. Sagaz. || **4.** CUBA, P. RICO y VENEZ. Dícese del animal con pintas blancas y negras. Ú.t.c.s. || **5.** VENEZ. Borracho. || **6.** MÉJ. Cobarde. || *Ser* PINTO, *rabón* y *mocho*. CUBA. Ser persona de poca confianza.

PINTOJO, JA. adj. Se aplica al que tiene pintas y manchas.

PINTÓN, NA. (De *pintar*.) adj. Se aplica a los frutos cuando van tomando color de madurar. || **2.** Se aplica al ladrillo perfectamente cocido. || **3.** m. Gusanillo que pica el tallo del maíz para penetrar en él y deja la planta lacia y amarillenta. || **4.** Enfermedad que causa en el maíz dicho gusanillo. || **5.** CUBA. Se dice de la fruta próxima a madurar. || **6.** CHILE. Se aplica al muchacho que hace cosas superiores a su edad. || **7.** CUBA y ARGENT. Achispado. || **8.** ECUAD. Plátano a medio madurar.

PINTONEAR. (De *pintón*, 1.ª acep.) intr. Enverar las frutas.

* PINTONERA. f. VENEZ. Borrachera, embriaguez.

PINTOR. (l. *pictor, -ōris*, con la *n* de *pingĕre*.) m. y f. Persona que ejercita el arte de la pintura. || **2.** f. Mujer del pintor. || **3.** m. fam. AMÉR. Lechuguino. || **4.** fam. CHILE. Hombre farolero. || **P.** pintor; **I.** painter; **F.** peintre; **A.** Maler; **It.** pittore; **R.** живописец.

PINTORESCO, CA. (De *pintor*.) adj. Se aplica a las cosas que presentan una imagen agradable, deliciosa y digna de ser pintada. || **2.** fig. Se dice del lenguaje, estilo, etc., con que se pintan viva y animadamente las cosas. || **P.** pitoresco; **I.** picturesque; **F.** pittoresque; **A.** malerisch, pittoresk; **It.** pittoresco; **R.** живописный.

PINTORREAR. (De *pintar*.) tr. fam. Manchar de colores y sin arte una cosa. Ú.t.c.r. || **P.** borrar; **I.** to daub; **F.** peinturer, peinturlurer; **A.** klecksen, sudeln; **It.** impiastrare; **R.** малевать.

* PINTORRETEAR. tr. GUAT. Pintorrear.

PINTURA. (l. *pictūra*, con la *n* de *pingĕre*.) f. Arte de pintar. || **2.** Tabla, lámina o lienzo en que está pintada una cosa. || **3.** La misma obra pintada. || **4.** Color preparado para pintar. || **5.** fig. Descripción o representación viva y animada de una persona o cosa por medio de la palabra. || **—a la chamberga.** Manera de pintar esculturas de madera, puertas, ventanas y cosas que no están a la intemperie, empleando colores preparados a base de barniz, de pez griega y de aguarrás. || **—al fresco.** La que se hace en paredes y techos con colores disueltos en agua de cal y extendidos sobre una capa de estuco fresco. || **—al óleo.** La hecha con colores desleídos en aceite secante. || **—al pastel.** La que se hace sobre papel con lápices blandos y de distintos colores. || **—al temple.** La que se hace con colores preparados con líquidos glutinosos y calientes. || **—figulina.** La hecha en colores metálicos sobre vasijas de barro, perfeccionándolas con el fuego. || **—rupestre.** La prehistórica, que se encuentra en rocas y cavernas. || **—tejida.** La que se hace en la tela, imitando objetos de la naturaleza por medio del tejido. || *Hacer* PINTURAS *un caballo.* fr. fig. y fam. Hacer escarceos y gallardear, o por sí mismo, o excitado por el jinete. || *No poder ver* a uno *ni en* PINTURA. fr. fam. con que se le denota una gran aversión. || **P.** pintura; **I.** painting; **F.** peinture; **A.** Malerei; **It.** pittura; **R.** картина.

* PINTURERÍA. f. AMÉR. Tienda donde se venden cuadros pintados, colores y útiles de pintura.

PINTURERO, RA. (De *pintura*.) adj. fam. Se dice de la persona que alardea afectadamente de bien parecida o elegante. Ú.t.c.s.

PINTURRIENTO, TA. adj. MÉJ. Cobarde.

PINUCA. f. CHILE. Marisco de piel gruesa, blanco, pardusco y arrugado, comestible.

PÍNULA. (l. *pinnŭla*.) f. Tablilla metálica que en los instrumentos topográficos y astronómicos sirve para dirigir visuales por una abertura circular o longitudinal que ella tiene.

PINZA. f. ZOOL. Último artejo de algunas patas de ciertos artrópodos, como el cangrejo, etc., formado por dos piezas que pueden aproximarse entre sí y sirven como órganos prensores.

PINZAS. (fr. *pince*; ital. *pinzette*.) f. pl. Instrumento de metal a modo de tenacillas que sirve para sujetar cosas menudas. ||

No se lo sacarán ni con PINZAS. expr. fig. y fam. con que se expresa la dificultad de averiguar algo de una persona. || **P.** pinças; **I.** nippers; **F.** pincettes; **A.** Klemme, Biegzange; **It.** pinzette; **R.** щипцы.

PINZÓN. (De *pinzar*, y éste el l. *pinctiāre*, origen del fr. *pincer*, y del cast. *pinchar*.) m. Pájaro conirrostro, del tamaño de un gorrión, con plumaje de color rojo obscuro en la cara, pecho y abdomen, ceniciento en lo alto de la cabeza y del cuello, pardo rojizo en el lomo y verde amarillento en la rabadilla. Abunda en España y se alimenta generalmente de insectos, canta bien y la hembra es de color pardo. || **—real.** El de pico muy grueso y robusto, que se alimenta principalmente de piñones. || **P.** tentilhão; **I.** chaffinch; **F.** pinson; **A.** Edelfink, Buchfink; **It.** fringuello; **R.** зяблик.

PINZOTE. (Quizá de *pinzas*.) m. MAR. Barra o palanca que se encajaba en la cabeza del timón, y mediante un trabajo adecuado, servía para moverlo antes de que se empleara la actual rueda. || **2.** MAR. Hierro acodillado en forma de escarpia, que se clava para servir de macho o gozne.

PIÑA. (l. *pīnea*.) f. Fruto del pino y de otros árboles. Es de tamaño variable, y se compone de varias piezas leñosas, triangulares, asiladas por la parte inferior, colocadas en forma de escama a lo largo de un eje común, cada una con dos piñones, raramente con uno. || **2.** Tejido blanco, mate, que los indígenas de Filipinas fabrican con los filamentos de las hojas del ananás. || **3.** fig. Conjunto de personas unidas o de cosas agregadas estrechamente. || **4.** SAL. Cresta del pavo. || **5.** MAR. Nudo generalmente redondeado, tejido con los chicotes descolchados de un cabo. || **6.** MIN. Masa esponjosa de plata, de figura cónica, que queda en los moldes, donde se destila en los hornos la pella sacada de minerales argentíferos. || **—de ciprés.** BOT. Fruto de este árbol. || **—de incienso.** Cada una de las cinco figuras de piña que se clavan en el cirio pascual. || **—de ratón.** CUBA. Planta rubiácea aplicada en la medicina popular. || **P.** pinha, ananás; **I.** pineapple; **F.** pomme de pin; **A.** Ananas, Fichtenapfel; **It.** pigna; **R.** сосновая шишка.

★ **PIÑACHA.** (Quizá del arauc. *puñad*.) f. CHILE. Cangrejo de agua dulce. || **2.** fig. e irón. CHILE. Mujer pequeña y gruesa.

PIÑAL. m. AMÉR. Plantío de piñas o ananás.

PIÑATA. (ital. *pignatta*.) f. Olla, 1.ª acep. || **2.** Olla o cosa semejante, llena de dulces, que en el baile de máscaras del primer domingo de cuaresma suele colgarse del techo, para que algunos de los concurrentes, con los ojos vendados, lo rompan con un palo.

★ **PIÑATERÍA.** f. VENEZ. Robo con violencia, a mano armada.

★ **PIÑERO, RA.** adj. CHILE. Se dice del animal que hace de reclamo para los demás. || **2.** fig. CHILE. Se aplica a la última moneda que queda y se guarda supersticiosamente como reclamo para otras.

★ **PIÑIPIÑI.** m. BOT. CUBA. Árbol silvestre de hoja larga y angosta, cuyos contacto y olor son dañinos.

★ **PIÑISCAR.** tr. CHILE. Pellizcar.

PIÑO. (fr. *pignon*, muela, l. *pinna*, saliente, punta.) m. Diente. Ú.m. en pl.

PIÑÓN. (De *piña*.) m. Simiente del pino. Puede ser de diferentes tamaños, de cubierta leñosa, muy dura, y almendra blanca, dulce y comestible en el pino piñonero. || **2.** Burro más trasero de la recua, en el que suele ir sentado el arriero. || **3.** Arbusto euforbiáceo, de 2 a 5 m de altura, con hojas acorazadas, flores en cima y fruto carnoso. Se cría en las regiones cálidas de América. || **4.** En las armas de fuego, pieza que estriba en la patilla de la llave cuando está para disparar. || **5.** CETR. Último huesecillo de las alas del ave. || **—botija.** CUBA. Piñón. || **—de Cuba.** BOT. Piñón espinoso. || **—de puñal.** BOT. CUBA. Bayoneta. || **—espinoso.** BOT. CUBA. Arbusto leguminoso, silvestre, de hoja redonda y flor colorada. || *Estar a partir un* PIÑÓN *con otro.* fr. fig. y fam. Haber unidad de miras y estrecha unión entre ambos. || *Hacer* PIÑONES. fr. Piñonear

el macho de la perdiz. Ú. entre cazadores. || **P.** pinhão; **I.** pine-nut; **F.** pignon; **A.** Piniennuss; **It.** pinocchio; **R.** кедровый орех.

PIÑÓN. (fr. *pignon*, de un der. del l. *pinna*, almena.) m. Rueda pequeña y dentada que engrana con otra mayor en una máquina.

PIÑÓN. (l. *penna*, pluma.) m. CETR. Cualquiera de las plumas pequeñas, en forma de segunda ala, que tienen los halcones debajo de las alas.

PIÑONATA. (De *piñonate*.) f. Género de conserva que se hace con almendra raspada y azúcar.

PIÑONATE. (cat. *pinyonat*, de *pinyó*, piñón.) Pasta que se hace con piñones y azúcar. || **2.** Masa de harina frita cortada en pedacitos que, con miel o almíbar, se unen unos con otros, formando una piña. || **3.** REP. DOMIN. Dulce fabricado a base de pulpa de cacao rallado y azúcar.

PIÑONCILLO. (d. de *piñón*.) m. CETR. Piñón, 3.er art.

PIÑONEAR. intr. Sonar con el roce el piñón y la patilla de la llave de algunas armas de fuego cuando éstas se montan. || **2.** Castañear el macho de la perdiz cuando está en celo. || **3.** fig. y fam. Dar muestras, en las inclinaciones y costumbres, de que se ha pasado de la niñez a la mocedad. || **4.** fig. y fam. Se dice en tono burlesco de los hombres muy maduros que galantean a las mujeres, como lo hacen los mozos.

PIÑONEO. m. Acción y efecto de piñonear.

PIÑONERO. (De *piñón*, 1.er art.) adj. V. *Pino* PIÑONERO. || **2.** m. Pinzón real.

★ **PIÑONGUEAR.** (arauc. *piñom*, marido o mujer.) intr. CHILE. Casarse, contraer matrimonio.

PIÑORAR. (l. *pignorāre*; de *pignus*, *-ŏris*, prenda.) tr. ant. Pignorar.

PIÑUELA. (d. de *piña*.) f. Tela o estofa de seda. || **2.** BOT. Fruto del ciprés. || **3.** ECUAD. Planta bromeliácea, que se emplea mucho para cercar potreros o fincas rústicas.

PIÑUELO. (De *piña*.) m. Erraj. || **2.** MURC. Granillo o simiente de la uva y de algunos otros frutos. || **3.** BOT. P. RICO. Planta orquídea de propiedades medicinales.

PÍO. m. Voz que forma el pollo de cualquier ave. Ú. también de dicha voz para llamarlos a comer. || **2.** fam. Deseo vivo y ansioso de una cosa. || **3.** GERM. Vino, 1.ª acep. || *No decir ni* PÍO. fr. fig. y fam. No abrir la boca, no decir una sola palabra.

PÍO, A. (l. *pius*.) adj. Devoto, inclinado a la piedad, dado al culto de la religión. || **2.** Misericordioso, compasivo. || **P.** pio, devoto; **I.** pious; **F.** pieux; **A.** fromm; **It.** pio; **R.** набожный.

PÍO, A. (fr. *pie*, y éste del l. *pica*, urraca, por semejanza en los colores.) adj. Se dice del caballo, asno o mulo, blanco en su fondo, que forma manchas de otro cualquier color.

★ **PIOCOCO.** m. MED. Coco productor del pus.

PIOCHA. (ital. *pioggia*, y éste del l. *pluvia*, lluvia.) f. Joya de varias figuras que emplean las mujeres para adorno de la cabeza. || **2.** Flor de mano, hecha con plumas delicadas de aves. || **3.** MÉJ. Perilla.

PIOCHA. (fr. *pioche*.) f. ALBAÑ. Herramienta con una boca cortante, que sirve para desprender los revoques de las paredes y para escarbar los ladrillos.

PIOGENIA. (gr. πύον, pus, γνάω, producir.) f. MED. Formación de pus.

★ **PIOHEMIA.** f. PAT. Enfermedad que tiene como causa la reabsorción del pus.

PIOJENTO, TA. adj. Perteneciente o relativo a los piojos. || **2.** Que tiene piojos.

PIOJERA. (De *piojo*.) adj. V. *Hierba* PIOJERA. || **2.** burl. CHILE. La barba.

PIOJERÍA. f. Abundancia de piojos. || **2.** fig. y fam. Miseria, escasez.

PIOJILLO. (d. de *piojo*.) m. ZOOL. Insecto ortóptero, que vive parásito sobre las aves. || *Matar* uno *el* PIOJILLO. fr. fig. y fam. Ir sacando adelante su negocio mañosa o disimuladamente.

PIOJO. (l. *pedŭculus*.) m. ZOOL. Insecto hemíptero, anopluro, de piel flexible,

cuerpo chato sin alas, con las patas terminadas en uñas, y la boca como una trompa que le sirve para chupar, vive parásito sobre los mamíferos, de cuya sangre se alimenta. || **2.** MIN. Partícula que a los golpes del martillo, suele salir de la cabeza de la barrena. || **3.** COLOM. Tiña del ganado caballar. || **4.** COLOM. Garito. || **—de mar.** ZOOL. Crustáceo, de cabeza cónica, seis segmentos torácicos, seis pares de patas y abdomen rudimentario. Vive como parásito sobre la piel de la ballena y de otros grandes mamíferos marinos. || **—pegadizo.** fig. y fam. Persona pegadiza que uno no puede apartar de sí. || **—resucitado.** fig. y fam. Persona de origen humilde que logra elevarse por malos medios. || *Como* PIOJO, *o* PIOJOS *en costura.* loc. adv. fig. y fam. Ú. que denota que se está muy prieto en un lugar. || **P.** piolho; **I.** louse; **F.** pou; **A.** Laus; **It.** pidocchio; **R.** вошь.

PIOJOSO, SA. adj. Que tiene muchos piojos. Ú.t.c.s. || **2.** fig. Miserable. Ú.t.c.s. || **P.** piolhoso; **I.** lousy; **F.** pouilleux; **A.** lausig; **It.** pidocchioso; **R.** вшивый.

PIOJUELO. m. d. de piojo. || **2.** Pulgón.

PIOLA. (De *pihuela*.) f. MAR. Cabito formado por dos o tres filásticas.

PIOLAR. intr. Pipiar los pollos o los pajaritos.

★ **PIOLILLA.** (d. de *piola*.) f. CHILE. Cordel ordinario.

PIÓN, NA. adj. Que pía mucho.

★ **PIONCARSE.** (De *pionco*.) r. CHILE. Bajar los pantalones, desvestirse.

★ **PIONCO, CA.** adj. CHILE. Desnudo de medio cuerpo para abajo. || **2.** CHILE. Que está en cuclillas. || **3.** CHILE. Se aplica al caballo que posee una cola muy corta.

PIONÍA. f. Semilla del bucare, que es parecida a la alubia, más dura, redonda y de bello color encarnado, con manchas negras en los extremos.

★ **PIONONO.** m. P. RICO, HOND. y PERÚ. Dulce preparado con vino blanco, yemas de huevo y azúcar.

PIOPOLLO. (Voz imitatoria del sonido del instrumento.) m. AND. Birimbao.

PIORNAL. m. Piorneda.

PIORNEDA. f. Terreno poblado de piornos.

PIORNO. (l. *viburnus*.) m. Gayomba. || **2.** Codeso.

PIORNO. (De *picar*.) m. GERM. Borracho, 1.ª y 2.ª aceps.

PIORREA. (gr. πυόρροια; de πῦον, pus, y ῥέω, fluir.) f. MED. Flujo de pus, especialmente en las encías.

★ **PIOTA.** f. MAR. Embarcación semejante a la góndola veneciana.

PIPA. (l. *pipāre*, piar.) f. Tonel que sirve para transportar o guardar vino u otros licores. || **2.** Utensilio de uso común para fumar tabaco, consistente en un cañón terminado en un recipiente en el que se coloca el tabaco picado. || *Tomar* PIPA. fr. fam. Marcharse, huir. || **2.** acep.: **P.** e **It.** pipa; **I.** y **F.** pipe; **A.** Pfeife; **R.** курительная трубка.

PIPA. f. Pepita, 2.º art., 1.ª acep.

PIPAR. intr. Fumar en pipa.

PIPARRA. f. HOND. Hermano. || **2.** C. RICA. Apodo que en tono burlesco se aplica a los nicaragüenses.

★ **PIPE-LINE.** (Voz inglesa; de *pipe*, tubo, y *line*, línea.) f. Oleoducto.

PIPERÁCEO, A. (De *piper*, nombre latino de la pimienta.) adj. BOT. Se aplica a las plantas angiospermas dicotiledóneas, herbáceas o leñosas, flores en espigas o en racimos, fruto en baya, drupa con semillas de albumen córneo o carnoso, como el betel, etc. Ú.t.c.s. || **2.** f. pl. BOT. Familia de estas plantas.

PIPERÍA. f. Conjunto o provisión de pipas. || **2.** MAR. Conjunto de pipas en que se lleva la aguada y otros géneros. || *Abatir la* PIPERÍA. fr. MAR. Desbaratar las pipas donde se lleva el agua en las embarcaciones.

★ **PIPERIDINA.** f. QUÍM. Compuesto saturado, de propiedades antioxidantes, que se encuentra en la pimienta.

PIPERINA. f. QUÍM. Alcaloide extraído de la pimienta.

★ **PIPERMINA.** f. CUBA. Esencia de hierbabuena.

★ **PIPERONAL.** m. QUÍM. Compuesto

P aromático de función mixta, también conocido por el nombre de heliotropina, es muy apreciado en perfumería por su delicado olor a heliotropo.

PIPETA. (d. de *pipa*, 1.er art.) f. Tubo de cristal ensanchado en su parte media que traslada líquidos en pequeñas cantidades de un vaso a otro, se introduce en el líquido y se tapa el orificio antes de sacar el aparato. || 2. Tubo de varias formas, cuyo orificio se tapa a fin de que la presión atmosférica impida la salida del líquido. || **P.** pipeta; **I.** y **F.** pipette; **A.** Pipette, Stechheber; **It.** pipetta; **R.** пипетка.

PIPÍ. m. Pitpit.

PIPIÁN. m. Guiso americano compuesto de carnero, gallina, pavo u otra ave, con tocino gordo y almendra machacada.

* **PIPIANA.** f. P. RICO. Guisado de papayas, preparado con especias y leche de coco.

PIPIAR. (l. *pipiāre*.) intr. Dar voces las aves cuando son pequeñas.

* **PIPIL.** m. AMÉR. CENTRAL. Apodo burlesco que se da a los mejicanos.

* **PIPILA.** (De *pipilo*.) f. MÉJ. Pava.

* **PIPILO.** (l. *pipilāre*, piar.) m. ZOOL. Género de pájaros fringílidos de pico robusto y la cola más larga que las alas. La especie tipo habita en el norte de América. || 2. MÉJ. Pavipollo.

PIPIOLA. f. MÉJ. Especie de abeja muy pequeña.

* **PIPIOLAJE.** m. CHILE. Reunión de pipiolos o liberales. || 2. VENEZ. Muchedumbre, gentuza.

* **PIPIOLERA.** (De *pipiolo*.) f. MÉJ. Chiquillería.

PIPIOLO. (d. del l. *pipi*, pichón, polluelo.) m. fam. El principiante, novato.

PIPIÓN. m. ant. Pepión.

PIPIRIGALLO. m. BOT. Planta herbácea vivaz, papilionácea, de hojas formadas por un número impar de hojuelas enteras, flores encarnadas, fruto seco cubierto de puntitas y con una sola semilla. Es común en España, en jardines, dada la belleza de sus flores.

PIPIRIGAÑA. f. Pizpirigaña.

* **PIPIRIGUA.** adj. f. CHILE. Pizpireta. Ú.t.c.s.

PIPIRIJAINA. f. fam. Compañía de cómicos de la legua.

PIPIRIPAO. m. Convite espléndido. Se aplica en general a los que se van haciendo un día en una casa y otro día en otra. || 2. adv. COLOM., GUAT. y ARGENT. De poca importancia.

PIPIRITAÑA. f. Flautilla que hacen los muchachos con las calas del alcacer.

* **PIPIRITOS.** m. pl. COLOM. Confites.

PIPIRRANA. f. AND. Ensaladilla de pepino y tomate principalmente, hecha de un modo especial.

* **PIPISTEY.** m. BOT. CUBA. Cierto arbusto de madera dura y resistente.

PIPITA. (Voz onomatopéyica.) f. AND. Nevatilla.

PIPITAÑA. f. Pipiritaña.

PIPO. (gr. πῖπος.) m. Ave trepadora, de plumaje negro manchado de blanco, menos la parte inferior del arranque de la cola, que es de color ceniciento, y el lomo rojizo.

* **PIPO.** m. COLOM. Golpe, porrazo.

PIPÓN, NA. adj. AMÉR. Barrigón. || 2. ECUAD. y ARGENT. Harto, repleto. || 3. m. y f. P. RICO. Chiquillo o chiquilla.

PIPORRO. (aum. despect. de *pipa*, 1.er art., 5.ª acep.) m. fam. Bajón, 1.er art., 1.ª y 2.ª aceps.

PIPOTE. m. Pipa pequeña que sirve para contener y transportar líquidos, pescados y otras cosas.

PIQUE. (De *picar*.) m. Resentimiento, desazón, ocasionada de una disputa o cosa semejante. || 2. Empeño de hacer una cosa por amor propio o por rivalidad. || 3. Acción y efecto de picar, poniendo señales en un libro, etc. || 4. En el juego de los cientos, lance en el cual el que es mano cuenta 60 puntos antes que el contrario cuente uno. || *A* PIQUE. m. adv. Cerca, a riesgo. || 2. MAR. Se aplica a la costa que forma como una pared, o con la orilla cortada a plomo. || *Echar a* PIQUE. fr. MAR. Hacer que un buque se hunda en el agua. || 2. fig. Destruir una cosa. || *Estar,*

o *ponerse a* PIQUE. fr. MAR. Con relación al ancla fondeada, estar o colocar el buque verticalmente sobre ella, teniendo tenso su cable. || *Irse a* PIQUE. fr. MAR. Hundirse en el agua una embarcación u objeto flotante. || *Hacer un* PIQUE. fr. ECUAD. Dar un sablazo, pedir dinero. || **P.** ressentimento; **I.** y **F.** pique; **A.** Groll, Eigensinn; **It.** picca; **R.** злопамятность.

PIQUE. (De *pica*, 1.er art.) m. MAR. Varenga en forma de horquilla, que se coloca a la parte de proa.

PIQUÉ. (fr. *piqué*, picado.) m. Tela de algodón que forma canutillo, grano u otro género de labrado.

* **PIQUENTO, TA.** adj. ARGENT. Que tiene piques o niguas.

PIQUERA. (De *pico*.) f. Agujero o puertecita que se hace en las colmenas para que las abejas puedan entrar y salir. || 2. Agujero que tienen en uno de los dos frentes los toneles y alambiques, para que, abriéndolo, pueda salir el líquido. || 3. Agujero que en la parte inferior de los hornos altos sirve para dar salida al metal fundido.

PIQUERÍA. f. Tropa de piqueros.

PIQUERO. m. Soldado que servía en el ejército con la pica. || 2. CHILE y PERÚ. Ave palmípeda de pico recto puntiagudo; anda en grandes bandadas y se alimenta de peces. De ella procede el guano de las islas de Chincha. || **P.** piquero; **I.** pikeman; **F.** piquier; **A.** Pikenier; **It.** picchiere; **R.** копьеносец.

PIQUETA. (De *pica*, 1.er art.) f. Zapapico. || 2. Herramienta de albañilería, con mango de madera, y dos bocas opuestas, una plana como de martillo, y otra aguzada como de pico. || 2.ª acep.: **P.** picareta; **I.** pickaxe; **F.** pic, piocet; **A.** Pickel, Spitzhaue; **It.** piccone; **R.** кирка.

* **PIQUETA.** (Quizá de *picar*.) f. AR. y CHILE. Aguapié.

PIQUETE. (De *pico*, 1.er art.) m. Golpe o herida de poca importancia, hecho con instrumento punzante. || 2. Agujero pequeño que se hace en las ropas u otras cosas. || 3. Jalón pequeño. || 4. MIL. Grupo numeroso de soldados que se emplea en diferentes servicios extraordinarios. || 5. COLOM. Merienda campestre. || *Dar,* o *regar* uno *un* PIQUETE. fr. P. RICO. Pasear, y también farolear. || *Ir* uno *de* PIQUETE. P. RICO. Ir bien vestido.

PIQUETERO. m. Muchacho que lleva de un lugar a otro las piquetas a los trabajadores de las minas.

* **PIQUETERO, RA.** adj. P. RICO. Farolero.

PIQUETILLA. (d. de *piqueta*.) f. Piqueta pequeña que en lugar de la punta tiene el remate ancho y afilado, y sirve a los albañiles sólo para hacer agujeros pequeños en paredes delgadas.

* **PIQUICHONEAR.** intr. PERÚ. Andar cojeando levemente.

PIQUILLÍN. m. BOT. ARGENT. Arbusto ramnáceo que da un fruto pequeño, raras veces anaranjado, del que se hace aguardiente y arrope. Su madera, muy buena, se emplea para muebles. || 2. Fruto de dicha planta.

* **PIQUÍN.** m. AMÉR. Novio. || 2. MÉJ. Ají picante. || 3. CHILE. Pizca, porción muy pequeña de una cosa.

* **PIQUINEO.** m. PERÚ. Galanteo.

* **PIQUININI.** (De *piquinino*.) m. PERÚ. Muchachillo pequeño. || 2. adj. CUBA. Persona o cosa pequeña.

* **PIQUIÑA.** f. P. RICO, VENEZ. y COLOM. Picor, picazón. || 2. P. RICO. Tirria, envidia, aborrecimiento.

* **PIQUIÑOSO, SA.** adj. P. RICO. Envidioso, enconoso, mala voluntad hacia los demás.

PIQUITUERTO. (De *pico* y *tuerto*.) m. Pájaro de mandíbulas muy encorvadas, con las que separa las piñas, saca los piñones y los parte.

PIRA. (l. *pyra*, y éste del gr. πυρά; de πῦρ, fuego.) f. Hoguera en que antiguamente se quemaban los cadáveres y las víctimas de los sacrificios. || 2. VENEZ. Carurú. || *Ir de* PIRA. fr. En la jerga estudiantil, no entrar en clase. || 2. fig. y fam. Ir de parranda, 1.ª acep. || **P.** e **It.** pira; **I.** pyre; **F.** bûcher; **A.** Scheiterhaufen; **R.** костёр.

PIRAGÓN. (De *pira*.) m. Pirausta.

PIRAGUA. (Voz caribe.) f. Embarcación larga y estrecha mayor que una canoa y generalmente de una pieza o con bordas de tabla o cañas. Navega a remo y vela y la emplean los indios de América y Oceanía. || 2. Planta trepadora sudamericana, arácea, con tallos escamosos, hojas verdes, lanceoladas y espata axilar de color blanco amarillento. || **P.** piroga; **I.** e **It.** piragua; **F.** pirogue; **A.** Piroge; **R.** пирога.

PIRAGÜERO. m. El que gobierna la piragua.

PIRAL. (l. *pyralis*, y éste del gr. πυραλίς.) m. Pirausta.

* **PIRALOXINA.** f. QUÍM. y TERAP. Substancia pulverulenta, de color blanco negruzco, que en pomada tiene aplicaciones medicinales.

PIRAMIDAL. adj. Que tiene figura de pirámide. || 2. ZOOL. Se dice de cada uno de los músculos pares, situados el uno en la parte anterior e inferior del vientre, y el otro en la posterior de la pelvis, y superior del muslo. || **P.** piramidal; **I.** pyramidal, pyramidic; **F.** pyramidal; **A.** pyramidenförmig; **It.** piramidale; **R.** пирамидальный.

PIRAMIDALMENTE. adv. En forma o figura de pirámide.

PIRÁMIDE. (l. *pyramis*, -*idis*, y éste del gr. πυραμίς.) f. GEOM. Sólido que tiene por base un polígono cualquiera, siendo sus caras triángulos que se unen en un solo punto, llamado vértice, que tiene por base el objeto y por vértice el punto impresionado en la retina. || —**óptica.** La que forman los rayos ópticos principales, que tiene por base el objeto y por vértice el punto impresionado en la retina. || —**regular.** GEOM. La que tiene por base un polígono regular y por caras triángulos isósceles iguales. || **P.** pirámide; **I.** pyramid; **A.** Pyramide; **It.** piràmide; **R.** пирамида.

* **PIRAMIDÓN.** m. QUÍM. y FARM. Producto farmacéutico, derivado de la antipirina, empleado como antipirético y analgésico.

PIRANDÓN. m. Persona aficionada a ir de pira, 2.ª acep.

o **PIRARSE.** r. fam. vulg. Irse, huir, largarse.

PIRATA. (l. *pirata*, y éste del gr. πειρατής; de πειράω, ensayar, emprender.) adj. Pirático. || 2. m. Ladrón que roba en el mar. || 3. fig. Sujeto que no se compadece del dolor del otro. || **P.** e **It.** pirata; **I.** y **F.** pirate; **A.** Seeräuber, Pirat; **R.** пират.

PIRATEAR. (De *pirata*.) intr. Apresar o robar embarcaciones, generalmente cuando navegan. || **P.** piratear; **I.** to pirate; **F.** pirater; **A.** Seeräuberei betreiben; **It.** pirateggiare, corseggiare; **R.** пиратствовать.

PIRATERÍA. (De *piratear*.) f. Ejercicio de pirata. || 2. Robo o presa que hace el pirata. || 3. fig. Robo o destrucción de los bienes de otro. || **P.** piratería; **I.** piracy; **F.** piraterie; **A.** Piraterie; **It.** pirateria; **R.** пиратство.

PIRÁTICO, CA. (l. *piraticus*.) adj. Se dice de lo perteneciente al pirata o a la piratería.

* **PIRATONA.** (De *pirata*.) f. ARGENT. Maldad, injusticia.

PIRAUSTA. (l. *pyrausta*, y éste del gr. πυραύστης; de πῦρ, fuego, y αὔομαι, arder.) f. Mariposilla que, según los antiguos, vivía junto al fuego y moría fuera de él.

PIRCA. (quich. *pirca*, pared.) f. AMÉR. MERID. Pared de piedra en seco.

PIRCAR. tr. AMÉR. MERID. Cerrar un paraje con muro de piedra en seco.

PIRCO. (arauc. *pidco*.) m. Guiso chileno de fréjoles, maíz y calabaza.

PIRCÚN. (Voz araucana.) m. CHILE. Arbustillo con la raíz en forma de nabo grueso, y que es purgante y emética.

* **PIRE.** m. CUBA. Ofrecimiento falso, sin intención de cumplir.

PIRENAICO, CA. (l. *pyrenaicus*.) adj. Perteneciente o relativo a los Montes Pirineos. || **P.** e **It.** pirenaico; **I.** Pyrenean; **F.** pyrénéen; **A.** pyrenäisch; **R.** пиренейский.

* **PIRENO.** m. QUÍM. Hidrocarburo obtenido por la destilación seca de muchos

P

cuerpos grasos, de la resina, de la brea, de la hulla, etc.

* **PIRENOL**. m. Quím. y Farm. Medicamento empleado en el tratamiento del reumatismo.

PIRETOLOGÍA. (gr. πυρετός, fiebre, y λόγος, tratado.) f. Parte de la patología, que trata de las fiebres denominadas esenciales.

PIREXIA. (gr. πῦρ, fuego, y ἕξις, estado.) f. Med. Fiebre esencial.

PIRGÜÍN. (Voz araucana.) m. Chile. Especie de sanguijuela que vive en los remansos de los ríos, y aguas dulces estancadas y penetra en el hígado e intestinos del ganado al que causa la muerte. || 2. Enfermedad que causa dicho parásito.

PIRHUÍN. (Voz araucana.) m. Pirgüín.

* **PIRI**. (Voz guaraní.) m. R. de la Plata. Junco del que se hacen esteras, cestas, etc. || 2. R. de la Plata. Toldo.

PÍRICO, CA. (gr. πῦρ, fuego.) adj. Perteneciente o relativo al fuego y especialmente a los fuegos artificiales.

* **PIRIDINA**. f. Quím. El más importante de los compuestos heterocíclicos de anillo hexagonal, que se encuentra en los alquitranes de hulla, lignito y huesos.

* **PIRIDOXINA**. f. Quím. Vitamina que se encuentra en la cascarilla del arroz, maíz, germen de trigo, levadura, etc.

PIRIFORME. (l. pirum, pera, y forma.) adj. Se dice de lo que tiene forma de pera.

* **PIRIGALLO**. m. Cuba. Cresta, penacho. || 2. Cuba. Soporte de la ruedecita con puntas de la espuela.

* **PIRIGULLAN**. m. Ecuad. Especie de granadilla.

PIRINEO, A. (l. pyrenaeus.) adj. Pirenaico.

PIRITA. (l. pyrites, y éste del gr. πυρίτης; de πῦρ, fuego.) f. Mineral brillante, de color amarillo oro. Es un sulfuro de hierro. || —**arsenical**. La que se compone de azufre, arsénico y cobre. || —**cobriza** o **de cobre**. La que se compone de azufre, hierro y cobre. || —**magnética**. Mineral compuesto de protosulfuro y bisulfuro de hierro, de color amarillo de bronce con visos pardos, o rojizos.

PIRITOSO, SA. adj. Que contiene pirita.

PIRLITERO. m. Majuelo, 1.er art.

PIROBOLISTA. (pl. gr. πυροβόλα, máquinas para lanzar proyectiles incendiarios.) m. Mil. Ingeniero dedicado generalmente a la construcción de minas militares.

* **PIROCATEQUINA**. f. Quím. Uno de los fenodioles que se obtiene en la destilación seca de varias substancias, principalmente del catecú, producto extractivo procedente de varias plantas.

* **PIROCOLA**. f. Quím. Substancia sólida e insoluble en el agua; uno de los productos de la destilación seca de la gelatina.

PIROFILACIO. (gr. πῦρ, fuego, y φύλαξ, guarda, custodia.) m. Caverna dilatada que en otros tiempos se suponía que existía llena de fuego dentro de la Tierra.

PIROFÓRICO. adj. V. Hierro PIROFÓRICO.

PIRÓFORO. (gr. πυροφόρος; de πῦρ, fuego, y φόρος, que lleva.) m. Cierto cuerpo que se inflama al contacto del aire.

* **PIROFOSFATO**. m. Quím. Sal resultante de la combinación del ácido pirofosfórico con una base.

* **PIROGALOL**. m. Quím. Ácido en forma de polvo cristalino, muy soluble en el agua y muy reductor.

PIROGRABADO. (gr. πῦρ, fuego, y grabado.) m. Especie de dibujo o talla en madera, que se hace con un instrumento incandescente.

* **PIROJA**. m. Chile. Borrachín.

PIROLUSITA. (gr. πῦρ, πυρός, fuego, y λύσις, descomposición.) f. Manganesa.

PIROMANCIA [~MANCÍA]. (l. pyromantía, éste del gr. πυρομαντεία; de πῦρ, fuego, y μαντεία, adivinación.) f. Adivinación supersticiosa por el color, chasquido y disposición de la llama. || P. piromancia; I. pyromancy; F. pyromancie; A. Feuerwahrsagerei; It. piromanzia.

PIROMÁNTICO, CA. adj. Perte-

ciente o relativo a la piromancia. || 2. m. El que la profesa.

PIRÓMETRO. (gr. πῦρ, πυρός, fuego, y μέτρον, medida.) m. Instrumento para medir temperaturas muy elevadas. El más conocido consiste en dos reglas graduadas y convergentes, entre las cuales un cilindro de arcilla puede avanzar tanto más cuanto mayor sea la temperatura a la que se ha sometido antes de graduarlo.

* **PIROMORFITA**. f. Mineral. Fosfato y cloruro de plomo cristalizado en prismas hexagonales.

PIRÓN. m. Argent. Pasta de cazabe y caldo que se suele comer con el puchero a guisa de pan.

PIROPEAR. tr. fam. Decir piropos.

* **PIROPISITA**. f. Geol. Especie de lignito rico en cera y resina.

PIROPO. (l. pyrōpus, y éste del gr. πυρωπός; de πῦρ, fuego, y ὤψ, vista, aspecto.) m. Variedad de granate, de color rojo de fuego y muy apreciada como piedra fina. || 2. fam. Lisonja, requiebro. || P. granada; I. pyrope; F. pirope; A. Granat; It. piropo; R. карбункул, рубин. || 2.ª acep.: P. requebro; I. flattery; F. galanterie; A. galante Artigkeit; It. galanteria; R. комплимент.

PIRÓSCAFO. (gr. πῦρ, fuego, y σκαφη, barco.) m. Buque de vapor.

PIROSCOPIO. (gr. πῦρ, fuego, y σκοπέω, examinar.) m. Fís. Termómetro diferencial con una de las bolas plateadas, que se emplea en el estudio de fenómenos de reflexión y de radiación del calor.

PIROSFERA. (gr. πῦρ, fuego, y σφαῖρα, esfera.) f. Geol. Masa candente que se supone que ocupa el centro de la Tierra.

PIROSIS. (gr. πύρωσις, acción de arder.) f. Med. Sensación de quemadura que sube del estómago a la faringe, acompañada de flatos y excreción de saliva clara.

PIROTECNIA. (gr. πῦρ, fuego, y τέχνη, arte.) f. Arte que trata de todas las invenciones para la aplicación del fuego en máquinas militares y otros artificios de diversión. || P. pirotecnia; I. pyrotechnics; F. pyrotechnie; A. Feuerwerkerei; It. pirotecnia; R. пиротехника.

PIROTÉCNICO, CA. adj. Perteneciente a la pirotecnia. || 2. m. El que conoce o practica el arte de la pirotecnia.

* **PIROTERAPIA**. f. Med. Método terapéutico mediante la producción artificial de la fiebre.

PIROXENA. (gr. πῦρ, fuego, y ξενός, huésped.) f. Mineral de color blanco, verde o negruzco, brillo vítreo, forma parte de algunas rocas, su dureza es comparable a la del acero.

* **PIROXENITA**. (De piroxeno.) f. Geol. Roca de feldespato con piroxena.

PIROXILINA. (gr. πῦρ, fuego, y el pl. gr. ξύλινα (λίνα), hilos de algodón.) f. Pólvora de algodón.

PIRÓXILO. (gr. πῦρ, fuego, y ξύλον, madera.) m. Producto de la acción del ácido nítrico sobre una materia semejante a la celulosa, como la madera, el algodón, etc.

PIRQUÉN. (arauc. pilquén, trapos.) m. Chile. Sólo se emplea en las frases dar a PIRQUÉN y trabajar al PIRQUÉN. Con aplicación a las minas, y quiere decir trabajar sin condiciones ni sistema determinados, sino en la forma que el operario quiera, pagando lo convenido al dueño de la mina.

PIRQUINEAR. (De pirquén.) intr. Chile. Trabajar al pirquén.

* **PIRQUINERÍA**. (De pirquinero.) f. fig. y fam. Amér. Mezquindad.

PIRQUINERO. (De pirquinear.) m. Chile. El que trabaja al pirquén. || 2.Persona ruin.

PIRRARSE. f. fam. Desear con vehemencia algo. Se emplea con la preposición por.

PÍRRICO, CA. (l. pyrrhichus, y éste del gr. πυρριχη.) adj. Se aplica a la danza usada en la Grecia antigua, y en la que se imitaba un combate. Ú.t.c.s.f.

PIRRIQUIO. (l. pyrrhichius, y éste del gr. πυρριχιος.) m. Pie de la poesía griega y latina, compuesto de dos sílabas breves.

PIRROL. m. Quím. Uno de los compuestos heterocíclicos que se encuentra en el alquitrán de la hulla y en el aceite

de huesos, de donde se obtiene por destilación seca.

PIRRONIANO, NA. adj. Pirrónico.

PIRRÓNICO, CA. (De Pirrón, filósofo escéptico.) adj. Escéptico. Apl. a pers. ú.t.c.s.

PIRRONISMO. (Del m. or. que pirrónico.) m. Escepticismo.

PIRUETA. (fr. pirouette.) f. Cabriola, 1.ª y 2.ª aceps. || 2. Equit. Vuelta rápida que se hace dar al caballo alzando las manos y girando sobre los pies. || P. pirueta; I. y F. pirouette; A. Suftsprung; It. pirotta; R. пируэт.

PIRUÉTANO. m. Peruétano.

PIRUETEAR. intr. Hacer piruetas.

PIRUJA. f. Mujer joven, desenvuelta y libre.

* **PIRUJO, JA**. adj. Guat. y Hond. Epíteto que se aplicaba a los liberales. || 2. Hond. Falso. || 3. Amér. Central. Hereje.

* **PIRUL**. m. p. us. Chile. Pedazo de masa que salta de la sartén o se separa del resto al hacerse los fritos. || 2. Chile. Pedazo de madera cilíndrica con que se tapa un agujero.

° **PIRULÍ**. m. Cuba, P. Rico, Colom. y Venez. Dulce acaramelado con un palito que le sirve de mango.

* **PIRULIÚTICO, CA**. adj. Chile. Se aplica al que anda pirulo, con elegancia charra.

PIRULO. m. Ar. Perinola pequeña. || 2. Botijo.

* **PIRULO, LA**. adj. Chile. Acicalado. || Andar PIRULO. Chile. Elegancia charra.

PISA. f. Acción de pisar. || 2. Aceituna o uva en el lagar. || 3. fam. Zurra o patadas que se da a uno. || 4. Colom. Baile cantado. || 5. Cuba. Lugar destinado en los ingenios a que lo pise el buey y prepare el barro para purgar el azúcar. || 6. Cuba. Barro que se echa en la horma para purificar el azúcar.

PISADA. f. Acción y efecto de pisar. || 2. Huella que deja el pie en tierra. || Seguir las PISADAS de uno. fr. fig. Seguir su ejemplo. || 2.ª acep.: P. pisada; I. footstep, footprint; F. vestige, trace; A. Fussstapfe; It. pedata, traccia; R. шаг.

* **PISADERA**. (De pisar.) f. Perú. Alfombra.

* **PISADERO**. m. Argent. Sitio donde se pisa el barro para la fabricación de adobes y ladrillos.

PISADOR, RA. adj. Que pisa. || 2. Se aplica al caballo que levanta mucho los pies y pisa con fuerza. || 3. m. El que pisa la uva. || 4. Colom. Ronzal.

PISADURA. (De pisar.) f. Pisada. || 2. Colom. Derecho que se paga para pasar por un camino.

PISANO, NA. (l. pisānus.) adj. Se dice del natural de Pisa. Ú.t.c.s. || 2. Perteneciente a dicha ciudad.

PISANTE. (De pisar.) m. Germ. Pie, 1.ª y 2.ª aceps. || 2. Germ. Zapato.

PISAPAPELES. (De pisar y papeles.) m. Utensilio que se coloca sobre los papeles, sujetándolos. || P. pisapapeles; I. paper-weight; F. presse-papiers; A. Briefbeschwerer; It. calcafogli; R. пресс-папье.

PISAR. (l. pinsāre, pisāre.) tr. Poner el pie sobre alguna cosa. || 2. Apretar una cosa con los pies o a golpe de maza. || 3. En las aves, sobre todo en las palomas, cubrir el macho a la hembra. || 4. Cubrir en parte una cosa a otra. || 5. Apretar con los dedos los instrumentos de cuerda. || 6. fig. Hollar. || 7. intr. En los pisos, estar el suelo de la habitación fabricado sobre otra. || 8. r. Argent. Equivocarse. || PISA y corre. P. Rico y Rep. Domin. Ómnibus pequeño. || PISAR la comida. fr. P. Rico y Argent. Tomar una copa después de la comida. || P. pisar; I. to tread, to trample. F. fouler; A. fussen, treten; It. calpestare; R. ступать.

° **PISAR**. tr. Anticiparse a otro frustrando su propósito. || 2. Burlar la novia a otro. || 3. Adelantarse en dar una noticia. || 4. Birlarle a uno algo que tenía por suyo.

PISASFALTO. (l. pissaphaltos, y éste del gr. πισσάσφαλτος; de πίσσα, pez, y ἄσφαλτος, asfalto.) m. Variedad del asfalto de consistencia semejante a la de la pez.

* **PISATARIO, RIA**. adj. Venez. Arren-

P datario del terreno que cultiva. Ú.t.c.s.
* **PISATE**. m. Bot. Méj. Pazote.

PISAÚVAS. (De *pisar* y *uva*.) m. Pisador, 3.ª acep.

PISAVERDE. (De *pisar* y *verde*.) m. fig. y fam. Hombre presumido que sólo piensa en galanteos. || **P**. pisa-verdes; **I.** fop, coxcomb; **F**. dameret; **A**. Stutzer, Gigerl; **It**. zerbino; **R**. франт.

* **PISCA**. f. Méj. Cosecha de maíz. || **2**. Venez. Desayuno con huevos duros. || **3**. Colom. Mujer ramera. || **4**. Venez. Borrachera.

* **PISCAMOCHA**. f. Méj. Mujer de vida equívoca.

* **PISCAR**. tr. Méj. Recolección de maíz.

PISCATOR. (Título que llevaban los antiguos calendarios milaneses.) m. Especie de almanaque con pronósticos meteorológicos.

PISCATORIO, RIA. (l. *piscatorius*.) adj. Se dice de lo perteneciente o relativo a la pesca o a los pescadores. || **2**. Se aplica a la composición poética que canta la vida de los pescadores. Ú.t.c.s.f.

PISCICULTOR, RA. (l. *piscis*, pez, y *cultor*, el que cultiva.) m. y f. Persona que se dedica a la piscicultura.

PISCICULTURA. (l. *piscis*, pez, y *cultūra*, cultivo.) f. Arte de repoblar los ríos de peces y de dirigir y fomentar la reproducción de peces y mariscos. || **P**. piscicultura; **I.** y **F**. pisciculture; **A**. Fischzucht; **It**. piscicoltura; **R**. рыбоводство.

PISCIFACTORÍA. (l. *piscis*, pez, y de *factoría*.) f. Establecimiento de piscicultura.

PISCIFORME. (l. *piscis*, pez, y *forma*, forma.) adj. Que tiene forma de pez.

PISCINA. (l. *piscīna*.) f. Estanque que se hace en los jardines para tener peces. || **2**. Lugar en que se echan y sumen algunas materias sacramentales; como el agua del bautismo, las cenizas de los lienzos que sirvieron para los óleos, etc. || **3**. Estanque donde se pueden bañar al mismo tiempo varias personas. —**probática**. La que existía en Jerusalén cerca del templo de Salomón, y en la que se purificaban las reses antes del sacrificio. || *Revolver la* PISCINA. fr. Chile. Producir confusión. || **P**. e It. piscina; **I**. piscina, fish-pond; **F**. piscine; **A**. Teich, Fischweiher; **R**. бассейн.

PISCIS. (l. *Piscis*.) m. Astron. Última parte del Zodíaco, que el Sol recorre aparentemente al concluir el invierno. || **2**. Astron. Constelación zodiacal que en otro tiempo debió de coincidir con el signo de este nombre, pero que actualmente se halla delante de él y hacia oriente.

PISCÍVORO, RA. (l. *piscis*, pez, y *vorāre*, comer.) adj. Zool. Ictiófago. Ú.t.c.s.

PISCO. m. Chile y Perú. Aguardiente superior fabricado en Pisco, población del Perú. || **2**. Botija en que se exporta dicho aguardiente.

* **PISCOIRO, RA**. (Voz araucana.) adj. Chile. Se dice del niño atrevido y vivaz. Ú.m.c.s. || **2**. Chile y Perú. Enamorado. Ú.t.c.s. || **3**. Argent. Amante. Ú.m.c.s.

PISCOLABIS. m. fam. Ligera refacción que se toma por ocasión o regalo. || **2**. fig. En ciertos juegos de naipes, acción de echar un triunfo superior al que ya está en la mesa, ganando así baza. || **3**. Amér. Trago de aguardiente que se toma como aperitivo. || **P**. merienda; **I**. snack; **F**. collation; **A**. Imbiss; **It**. spuntino; **R**. закуска.

* **PISCOTA**. (forma fem. de *piscote*.) f. Hond. Muchacha grandullona.

* **PISCOYUYO**. (Voz quichua que significa hierba de los pájaros.) m. Bot. Argent. Arbusto solanáceo que se emplea para formar setos vivos.

PISIFORME. (l. *pisum*, guisante, y *forma*.) adj. Que tiene forma de guisante. || **2**. Zool. Se dice de los huesos del carpo, que en el hombre es el cuarto de la primera fila. Ú.t.c.s.m.

* **PISIÚTICO, CA**. adj. Chile. Cursi.

PISO. m. Acción y efecto de pisar. || **2**. Pavimento natural o artificial de las habitaciones, calles, etc. || **3**. Conjunto de habitaciones que forman viviendas separadas en una casa de varios altos. || **4**. Habitación de un seglar en un monasterio mediante ciertos convenios con los superio-

res. || **5**. Convite que ha de pagar a los mozos del pueblo el forastero que corteja a una joven. || **6**. Min. Conjunto de labores subterráneas situadas a una misma profundidad. || **7**. Chile. Silla baja sin respaldo. || **8**. Chile. Pieza que se coloca sobre el mantel para colocar las fuentes que se sirven. || **9**. Chile y Perú. Alfombra larga y estrecha. || **10**. Argent. Entrada de un camión o carro cargado con mercancías y que paga derecho de permanencia. || **11**. Cuba. Tributo que se paga al dueño de un potrero por cada res que pasta en él. || 3.ª acep.: **P**. piso; **I**. story; **F**. étage; **A**. Stockwerk; **It**. piano; **R**. квартира.

PISÓN. (De *pisar*, apretar.) m. Instrumento de madera pesado y grueso, de forma de cono truncado, sirve para apretar la piedra, tierras, etc. || **2**. Amér. Pisotón. || *A* PISÓN. m. adv. A golpe de pisón. || **P**. maço ou galga; **I**. rammer; **F**. pilon; **A**. Ramme; **It**. mazzeranga; **R**. трамбовка.

PISONEAR. (De *pisón*.) tr. Apisonar.

PISOTEAR. tr. maltratando una cosa. || **2**. fig. Humillar de palabra a las personas.

PISOTEO. m. Acción de pisotear.

PISOTÓN. m. Pisada fuerte sobre el pie de otro.

PISPA. f. Can. Pájaro. || **2**. Muchacha vivaracha.

* **PISPA**. f. Perú. Grieta.

* **PISPAR**. tr. fam. Robar. || **2**. intr. Chile y Argent. Inquirir. || **3**. r. Perú. Rajarse.

* **PISPICIENTO, TA**. adj. Chile. Minucioso.

* **PISPO, PA**. adj. Colom. Muy guapo. || **2**. Colom. Remilgado. || **3**. Argent. Se aplica a la mujer lista y astuta.

PISTA. (De *pistar*.) f. Huella que dejan los animales donde pisan. || **2**. Lugar dedicado a carreras y demás ejercicios. || **3**. Camino hecho para fines militares. || **4**. fig. Indicios que conducen a averiguar un hecho. || *Seguir la* PISTA a uno. fr. fig. y fam. Perseguirle. || **P**. pista; **I**. trace, track; **F**. piste; **A**. Spur, Fährte; **It**. pesta; **R**. след.

* **PISTACO**. m. Perú. Personaje fabuloso, al que se creía profanador de tumbas.

PISTACHE. m. Dulce o helado que se prepara con el fruto del pistachero.

PISTACHERO. (De *pistacho*.) m. Alfóncigo, 1.ª acep.

PISTACHO. (l. *pistacĭum*.) m. Alfóncigo, 2.ª acep.

PISTADERO. m. Instrumento con el que se pista.

PISTAR. (l. *pistāre*.) tr. Machacar una cosa. || **2**. Perú. Degollar.

PISTERO. (De *pisto*.) m. Vasija con un cañoncito como pico y que sirve para dar caldo u otra cosa a los enfermos.

PISTILO. (l. *pistillum*, mano de almirez, por semejanza en la forma.) m. Bot. Órgano femenino de la flor que consta de ovario, estilo y estigma; a veces falta el segundo. || **P**. pistilo; **I.** y **F**. pistil; **A**. Fruchtknoten; **It**. pistillo; **R**. пестик.

PISTO. (l. *pistus*, machacado.) m. Jugo de la carne de ave machacada que se da caliente al enfermo. || **2**. Fritada de pimientos, tomates, huevo, cebolla, etc., picados y revueltos. || **3**. fig. Mezcla confusa. || **4**. Méj. Bebida. || **5**. Colom. Chimenea de armas de fuego. || **6**. C. Rica, Guat. y Hond. Bienes, caudal. || *A* PISTOS. m. adv. fig. y fam. Poco a poco, con escasez. || *Darse* PISTO. fr. fam. Darse importancia.

PISTOLA. (germ. *pistole*.) f. Arma de fuego que se apunta y dispara con una sola mano. || **2**. adj. Chile. Tonto, necio. Ú.t.c.s. || —*de arzón*. Cada una de las dos que metidas en el arzón se llevan en la silla de montar. || —*de cinto*. La que se lleva en la cintura. || **P**. e **It**. pistola; **I**. pistol; **F**. pistolet; **A**. Pistole; **R**. пистолет.

* **PISTOLADA**. (De *pistola*.) f. fam. Venez. Tontería.

PISTOLERA. Estuche de cuero donde se pone la pistola para colocarla en el arzón de la silla de montar.

PISTOLERO. m. El que utiliza la pistola para robar, atracar, matar, etc.

PISTOLETAZO. (De *pistolete*.) m. Tiro de pistola. || **2**. Herida que resulta de él. || **P**. pistolada ou pistolaço; **I**. pistol-shot; **F**. coup de pistolet; **A**. Pistolen-

schuss; **It**. pistolettata; **R**. пистолетный выстрел.

PISTOLETE. (fr. *pistolet*.) m. Arma de fuego más corta que la pistola.

PISTÓN. (De *pistar*.) m. Émbolo. || **2**. Parte central de la cápsula donde va colocado el fulminante. || **3**. Llave en forma de émbolo que tienen algunos instrumentos musicales. || **4**. Amér. Corneta de llaves. || **5**. Amér. Persona que toca el pistón. || **6**. Bol. Última masa que hace la molendera. || **7**. Hond. y Guat. Tortilla de maíz gruesa y pequeña. || **P**. êmbolo; **I.** y **F**. piston; **A**. Kolben; **It**. pistone; **R**. пистон.

PISTORESA. (ital. *pistolese*, de *Pistoya*, ciudad italiana donde fabricaban estas armas.) f. Arma corta de acero, a manera de puñal.

PISTRAJE. (Despect. de *pisto*.) m. fam. Licor o condimento de mal gusto.

PISTRAQUE. m. fam. Pistraje.

PISTURA. (l. *pistūra*.) f. Acción o efecto de pistar.

PITA. f. Planta vivaz, oriunda de Méjico amarilidácea, flores amarillentas en ramilletes sobre un bohordo central que no desarrolla hasta que la planta tenga veinte o treinta años, pero que en pocos días se eleva a la altura de 6 ó 7 m. Es útil para hacer setos vivos en terrenos secos y cálidos. Se ha naturalizado en las costas del Mediterráneo. De sus hojas se saca buena hilaza y una variedad de dicha planta produce por incisiones en su tronco un líquido azucarado del que se hace el pulque. || **2**. Hilo que se hace de las hojas de esta planta. || **3**. Cuba y Argent. Hilo fino. || **4**. Bot. Guat. Mentiras. || *Enredar la* PITA. fr. Amér. Provocar discordia. || *Pedir* PITA. fr. fig. y fam. Perú y Bol. Pedir misericordia. || *Fregar la* PITA. fr. fig. y fam. Chile. Molestar. || **P**. piteira; **I**. pita, agave; **F**. pite, agave; **A**. Pita, amerikanische Agave; **It**. àgave; **R**. пита, американская агава.

PITA. f. Voz que repetida se usa para llamar a las gallinas.

PITA. f. Bolita de cristal; cantillo o pitón.

PITA. (De *pito*.) f. Silba.

PITACO. (Del m. or. que *pitón*.) m. Bohordo de la pita.

PITADA. f. Sonido o golpe de pito. || **2**. fig. Salida de tono, o concepto extravagante. Ú.m. en la fr. *Dar la* PITADA. || **3**. Argent. y Perú. Cortar porción de tabaco.

PITAFLO. m. Germ. Jarro, 1.ª acep.

PITAGÓRICO, CA. (l. *pythagorĭcus*.) adj. Que sigue la escuela o filosofía de Pitágoras. Ú.t.c.s. || **2**. Perteneciente a ella. || **P**. pitagórico; **I**. Pythagorean; **F**. pythagorique, pythagoricien; **A**. pythagoreisch; **It**. pitagòrico; **R**. пифагорец.

PITAHAYA. f. Amér. Planta de la familia de los cactos, trepadora, de flores encarnadas o blancas según las variedades. Algunas dan fruto comestible.

PITAJAÑA. f. Amér. Merid. Planta cactácea, cuyos tallos serpean sin hojas ciñéndose a otras plantas. Tiene flores amarillas, grandes, que despiden olor a vainilla, se abren al anochecer y se marchitan al salir el Sol. || **2**. Chile. Bicoca.

* **PITAJAYA**. f. Bot. Cuba. Arbusto rubiáceo silvestre de hojas ovaladas, flores blancas tubulosas, fruto comestible y agridulce. || **2**. Cuba. Fruto de dicho árbol. || **3**. Bot. Venez. Pitahaya.

PITANCERÍA. f. Lugar donde se apuntan o dan las pitanzas. || **2**. Distribución que se hace por pitanzas. || **3**. Lo destinado a ellas. || **4**. Empleo de pitancero.

PITANCERO. m. El que reparte las pitanzas. || **2**. En algunas catedrales el destinado a apuntar las faltas en el coro. || **3**. En los conventos de las órdenes militares, religioso refitolero o mayordomo.

* **PITANCISTA**. (De *pitanza*.) com. Chile. Amigo de gangas.

* **PITANDERO, RA**. adj. Chile. Fumador. Ú.t.c.s.

PITANGA. f. Bot. Argent. Árbol mirtáceo, de hojas olorosas, fruto comestible, como una guinda negra, su corteza se emplea como estringente. || **2**. Fruto de este árbol. || **3**. Bot. R. de la Plata. Arbusto de la misma familia parecido al arrayán.

PITANZA. (fr. *pitance*, y éste der. de

pitié, caridad, del l. *pĭĕtas, -ātis*.) f. Distribución que se hace diariamente de una cosa ya sea comestible o pecuniaria. || **2.** Ración de comida que se da a los que viven en comunidad o a los pobres. || **3.** fam. Alimento cotidiano. || **4.** fam. Precio que se da por una cosa. || **5.** CHILE. Ganga. || **P.** pitança; **I.** pittance; **F.** pitance; **A.** Entgelt, Lohn, Mundgabe; **It.** pietanza; **R.** провкорм.

PITAÑA. (l. *lippitūdo, -ĭnis*.) f. Legaña.

PITAÑOSO, SA. (De *pitaña*.) adj. Pitarroso.

PITAO. (arauc. *pithau*, callo.) m. BOT. CHILE. Árbol rutáceo siempre verde, con hojas aovadas, algo aserradas y grandes, flores blancas y fruto compuesto de cuatro drupas monospermas. Sus hojas son resolutivas.

PITAR. intr. Sonar un pito. || **2.** AMÉR. MERID. Fumar, 2.ª acep. || **3.** CHILE. Engañar a otro. || **4.** VENEZ. Llamar. || PITARSE a uno. fr. fig. y fam. CHILE. Burlarse de uno. || **P.** apitar; **I.** to pipe; **F.** siffler; **A.** pfeifen; **It.** zufolare, fischiare; **R.** свистеть.

PITAR. (ant. fr. *piteer*, dar limosna.) tr. Distribuir las pitanzas.

PITARQUE. m. MURC. Acequia.

PITARRA. f. Pitaña.

PITARRO. m. LEÓN. Chorizo pequeño que se hace para los niños en las matanzas caseras.

PITARROSO, SA. (De *pitarra*.) adj. Legañoso.

* **PITAY.** m. ARGENT. Erupción herpética.

* **PITAYO.** m. BOT. MÉJ. Planta cactácea muy alta.

* **PITAZO.** (De *pitar*.) m. VENEZ. Aviso.

* **PITE.** m. COLOM. y ECUAD. Pedacito, trozo. || **2.** COLOM. Hoyuelo. || **3.** PAN. Contrabando de sal.

* **PITEAR.** intr. ARGENT., CHILE y PERÚ. Tocar el pito. || **2.** AMÉR. Fumar.

PITECÁNTROPO. (gr. πίθηκος, mono, y ἄνθρωπος, hombre.) m. PALEONT. Animal cuyos restos fósiles han sido descubiertos en Java, y que vivió en el período pleistoceno y al que los partidarios de la doctrina antropomista consideran como uno de los antepasados del hombre.

PITERA. f. MURC. Pita, planta vivaz amarilídea.

PITEZNA. f. Pestillo de hierro que tienen los cepos y que al más leve contacto le dispara, y hace que se junten los zoquetes en que queda preso el animal.

PÍTICO, CA. (l. *pythĭcus*.) adj. Pitio.

PITIDO. m. Silbido del pito o de los pájaros. || **2.** VENEZ. Grito, llamamiento.

PITIHUÉ. (arauc. *pitiu*, sonido del grito del ave.) m. CHILE. Ave trepadora, variedad del pico, 2.ª art., que habita en los bosques y matorrales. Se nutre de insectos y fabrica con las huecos de los árboles. || **2.** CHILE. Niño pequeño y canijo.

* **PITILLA.** (d. de *pita*.) f. CHILE. Hilo muy delgado.

PITILLERA. f. Cigarrera que hace pitillos. || **2.** Petaca para guardar pitillos.

PITILLO. (d. de *pito*.) m. Cigarrillo. || **2.** CUBA. Cañutillo, 4.ª acep. || **P.** cigarrillo, cigarro de papel; **I.** y **F.** cigarette; **A.** Zigarette; **It.** sigaretta; **R.** сигарета.

PÍTIMA. (De *epítema*.) f. Socrocio que se aplica sobre el corazón. || **2.** fig. y fam. Borrachera. || **3.** ECUAD. Bebida refrescante de hierbas aromáticas.

PITIMINÍ. (fr. *petit*, pequeño, y *menu*, menudo.) m. V. *Rosal de* PITIMINÍ. || *De* PITIMINÍ. m. adv. CUBA. Despreciable, hablando de cosas, y peripuesto, hablando de personas.

PITIO, TIA. (l. *pythĭus*.) adj. Perteneciente a Apolo, considerado como el vencedor de la serpiente Pitón. || **2.** Se dice ordinariamente de ciertos juegos o certámenes que se celebraban en Delfos en honor de Apolo. ||

* **PITIOJO, JA.** adj. CHILE. Se aplica al que tiene colorados los ojos.

PITIPIÉ. (fr. *petit pied*, pie pequeño) m. Escala, 3.ª acep.

PITIRIASIS. (gr. πίτυρον, salvado.) f. MED. Pediculosis.

PITIRRE. (Voz semejante al grito de esta ave.) m. CUBA. Pájaro más pequeño

que el gorrión, pero de cola más larga. Anida en los árboles y se alimenta de insectos. || *Al canto del* PITIRRE. loc. fig. y fam. CUBA. En el momento, temprano. || **2.** P. RICO. Al amanecer.

* **PITIRREAR.** intr. CUBA. Piar al polluelo o pichón del pitirre con la boca muy abierta. || **2.** fig. y fam. CUBA. Pedir o decir algo insistentemente.

* **PITISCO.** m. URUG. Cigarro.

* **PITIYANQUE.** m. P. RICO. Persona que imita a los yanquis.

* **PITIZONQUE.** m. CHILE. Aguardiente.

PITO. (Voz imitativa.) m. Flauta pequeña de silbato agudo. || **2.** Persona que toca este instrumento. || **3.** Vasija pequeña de barro que produce un sonido parecido al sonido de los pájaros cuando, llena de agua hasta cierta altura, se sopla por el pico. || **4.** Garrapata casi circular de color amarillenta y con una mancha encarnada en el dorso. Es muy común en las sabanas de América Meridional. Ataca al hombre y le produce una comezón insoportable. || **5.** Taba con la que juegan los muchachos. || **6.** Cigarrillo de papel. || **7.** AST. Pollo de gallina. || **8.** MURC. Capullo de seda abierto por una punta. || **9.** AMÉR. MERID. Pipa de fumar muy ordinaria semejante al cachimbo y muy usada por los negros antiguamente. || **10.** PERÚ y BOL. Mezcla de harina de maíz, azúcar y especias, refresco que toman mucho los que viajan. || **11.** AMÉR. CENTRAL. Botón del cafeto a punto de reventar. || **12.** GUAT. y EL SALV. Búcare. || **13.** CUBA. En algunas partes bambú. || PITOS, *flautas*, o *flautos*; *cuando flautas*, o *flautos*, PITOS. expr. fig. y fam. con que se explica que las cosas suelen salir al revés de lo que se desea. || *No dársele*, o *no importarle* a uno *un* PITO una cosa. fr. fig. y fam. Hacer desprecio de ella. || *No tocar el* PITO. fr. fig. y fam. No tener parte en una cosa o negocio. || *No valer un* PITO una cosa o persona. fr. fig. y fam. Ser inútil o de ningún valor o importancia. || *Tocar el* PITO *inglés*. fr. fig. y fam. CUBA. Marcharse. || **P.** apito; **I.** pipe, whistle; **F.** sifflet; **A.** Pfeife, Querpfeife; **It.** zúfolo; **R.** свисток.

PITO. (l. *picus*, de la raíz *pic*-: véase *pica*, 1.er art.) m. Pico, 2.º art. || —*real.* Pico verde.

PITO, TA. adj. AR. Dicho de personas, tieso, 2.ª y 4.ª aceps.

PITOCHE. m. despect. de pito, 1.er art. || *No valer un* PITOCHE. No valer un pito.

PITOFLERO, RA. (De *pito*, 1.er art. y el l. *flare*, soplar.) m. y f. fam. Músico de escasa habilidad. || **2.** fig. Persona chismosa.

PITOITOY. (Voz onomatopéyica.) m. Ave zancuda de las costas, de plumaje compacto obscuro en el lomo y blanco, con manchas, en el vientre. Al emprender el vuelo lanza un grito especial del que le viene su nombre. —*chico.* ZOOL. CHILE. Ave zancuda especie de pitoitoy.

PITÓN. (Del m. or. que *pito*, 2.º art.) m. Cuerno que empieza a salir a los animales, y también la punta del cuerno del toro. || **2.** Tubo recto o curvo, cónico, de los botijos y porrones por donde sale el líquido. || **3.** fig. Bulto que sobresale en la superficie de una cosa. || **4.** Renuevo del árbol cuando empieza a brotar. || **5.** HOND. Gotera saliente. || **6.** CHILE, ECUAD. y HOND. Tubo metálico con que se rematan las mangas de riego. || *De* PITÓN. m. adv. VENEZ. Excelente.

PITÓN. (gr. πύθων, dragón, demonio, adivino.) m. Adivino, mago. || **2.** Serpiente. || 2.ª acep.: **P.** pitão; **I.** y **F.** python; **A.** Tigerschlange; **It.** pitone; **R.** змея.

* **PITÓN.** (arauc. *pithon*.) m. CHILE. Palo duro y puntiagudo usado para hacer hoyos en la tierra en que se depositan las semillas que se siembran.

* **PITONGO, GA.** adj. CHILE. Ebrio.

PITONISA. (l. *pythonissa*, y éste del gr. πυθώνισσα.) f. Sacerdotisa de Apolo, que daba los oráculos en el templo de Delfos, sentada en el trípode. || **2.** Hechicera. Ú. en la traducción de algunos lugares de la Escritura *La* PITONISA *de Endor.* || **P.** pitonisa; **I.** pythoness; **F.** pythonisse; **A.**

pythische, Priesterin; **It.** pitonessa; **R.** пифия, гадалка.

PITORA. f. COLOM. Serpiente muy venenosa.

PITORRA. (De *pita*, gallina.) f. Chocha perdiz.

PITORREARSE. r. Burlarse de otro.

PITORREO. m. Acción y efecto de pitorrearse.

PITORRO. m. Pitón, 1.er art., 2.ª acep.

PITPIT. (Voz onomatopéyica.) m. Ave del orden de los pájaros, con plumaje de aspecto ceniciento verdoso y con manchas pardas, amarillento en la garganta y el pecho y blanco en el abdomen. Es bastante común en España y se alimenta de insectos.

* **PITRA.** f. CHILE. Erupción cutánea de cualquier clase.

* **PITRÁN.** adj. CHILE. Desnudo, pelado. || **2.** m. BOT. CHILE. Alerce de la alta cordillera cuya corteza alcanza 2 cm de grueso.

* **PITRÉN.** (arauc. *púthem*.) m. CHILE. Tabaco.

PITREO. m. Pitaco.

* **PITRIENTO, TA.** (De *pitra*.) adj. CHILE. Se aplica a la persona que tiene sarna o enfermedad cutánea semejante.

* **PITRUCA.** f. CHILE. Legaña.

* **PITUCO, CA.** adj. CHILE. En algunos lugares, endeble. || **2.** ARGENT. Lechuguino. Ú.t.c.adj. || **3.** m. fam. CHILE. Carta de menos valor en la baraja.

PITUITA. (l. *pituīta*.) f. ZOOL. Moco, 1.ª acep. || **P.** pituíta; **I.** pituita, mucus; **F.** pituite; **A.** Schleim; **It.** pituita; **R.** слизь, мокрота.

PITUITARIO, RIA. adj. Que contiene o segrega pituita.

PITUITOSO, SA. (l. *pituitōsus*.) adj. Que tiene mucha pituita.

* **PITUQUERO.** (De *pituco*.) m. fam. CHILE. Jugador de naipes con suerte.

* **PITURRIA.** f. CHILE. Un poquito de cualquier cosa. || **2.** CHILE. Legaña.

PITUSO, SA. adj. Pequeño, gracioso. Aplícase a los niños. Ú.t.c.s.

* **PIUCO, CA.** adj. CHILE. Huraño.

PIULAR. intr. Piar, 1.ª y 2.ª aceps.

PIULIDO. m. Acción de piular.

PIUNE. (arauc. *piune*, romerillo.) m. BOT. CHILE. Arbolillo proteáceo, de hojas grandes, cubiertas de un vello rojizo por debajo. Críase en los montes y se usa como medicamento.

PIUQUÉN. (arauc. *piuqueñ*.) m. CHILE. Especie de avutarda, mayor que la europea de color blanco, menos la cabeza, que es ceniciento. Se alimenta de hierbas y no se reproduce hasta los dos años. Es mansa y fácil de domesticar. Su carne es mejor que la del pavo.

PIURE. (arauc. *piur*.) m. ZOOL. CHILE. Animal procordado, de los tunicados, sedentario con el cuerpo en forma de saco con dos aberturas que son la boca y el ano. Su carne es muy apreciada.

* **PIUSA.** f. MÉJ. Querida, manceba, concubina.

* **PIVILCÚO, A.** (arauc. *pivillca*, flauta, pífano.) adj. CHILE. Se aplica a la persona que tiene las piernas largas y flacas.

° **PIVOTE.** m. Eje vertical, especialmente su parte inferior. || **2.** Gorrón.

PÍXIDE. (l. *pyxis, -idis*, y éste del gr. πυξίς, caja pequeña.) f. Copón o caja pequeña en que se guarda el Santísimo o se lleva a los enfermos.

PIYAMA. m. Pijama.

* **PIYOICA.** f. CHILE. Mentira.

* **PIYOIQUERO, RA.** (De *piyoica*.) adj. CHILE. Mentiroso.

* **PIZA.** (ital. *pizza*.) f. ARGENT. Especie de torta de harina, aderezada con tomate y anchoas o requesón. || **2.** ECUAD. Tunda.

PIZARRA. (Voz vascongada.) f. Roca homogénea, de grano muy fino, de color negro azulado por lo general, y que se divide fácilmente en planas. Procede de una arcilla metamorfoseada por las acciones telúricas. Se emplea en la construcción. || **2.** Trozo de pizarra obscura, de forma rectangular, y en general con marco de madera destinada a escribir sobre ella. || **P.** pizarra; **I.** slate; **F.** ardoise; **A.** Schiefer; **It.** lavagna; **R.** шифер.

PIZARRAL. m. Lugar en que se hallan las pizarras.

P

PIZARREÑO, ÑA. adj. Perteneciente o parecido a la pizarra.

PIZARRERÍA. f. Sitio donde se extraen y trabajan las pizarras.

PIZARRERO. m. Artífice que trabaja y coloca las pizarras en los edificios. ‖ **2**. Colom y P. Rico. Pizarrín.

PIZARRÍN. m. Barrita de lápiz o de pizarra no muy dura con las que se escribe en las pizarras de piedra. ‖ P. lápis de lousa; I. slate-pencil; F. crayon d'ardoise; A. Griffel; It. matita da lavagna; R. грифель.

★ **PIZARRÓN**. (aum. de *pizarra*.) m. R. de la Plata. Encerado.

PIZARROSO, SA. adj. Abundante en pizarra. ‖ **2**. Que tiene apariencia de pizarra.

PIZATE. m. Pazote.

PIZCA. (De *pizco*, 1.er art.) f. fam. Porción mínima de una cosa. ‖ **2**. Méj. Recolección. ‖ P. pisca; I. mite, bit; F. miette; A. Bisschen; It. briciolo; R. малость, крошка.

★ **PIZCACHITA**. f. Méj. Pedacito.

★ **PIZCAPOCHA**. f. Méj. Pizcamocha.

PIZCAR. tr. fam. Pellizcar. ‖ **2**. Méj. Recoger el maíz.

PIZCO. m. fam. Pellizco.

PIZCO. (l. *Piscis*.) m. Sant. Jaramugo.

PIZMIENTO, TA. (l. *pix, picis*, la pez.) adj. Que tiene color de pez.

PIZOTE. m. C. Rica, Guat. y Hond. Plantígrado de color pardo, mayor que la ardilla, comilón; puede domesticarse. ‖ **2**. Amér. Central. Hombre bruto.

PIZPERETA. (De *pizpireta*.) adj. fam. Pizpireta.

PIZPIERNO. m. León. Lacón, 2.º art.

PIZPIRETA. (Quizá de *pizpita*, por lo mucho que se mueve.) adj. fam. Se aplica a la mujer pronta, viva y aguda.

PIZPIRIGAÑA. f. Juego en el que los muchachos se pellizcan unos a otros.

★ **PIZPIRIGUA**. adj. f. Chile. Pizpereta, dícese de la mujer viva y astuta.

PIZPITA. (De *pezpita*.) f. Aguzanieves.

PIZPITILLO. m. Pizpita.

★ **PIZQUE**. adj. Hond. Que tiene color rojo encendido. ‖ m. El Salv. Especie de tamal.

PIZZICATO. (Voz ital. de *pizzicare*, pellizcar.) adj. Mús. Se aplica al sonido que se consigue pellizcando las cuerdas de los instrumentos de arco. ‖ **2**. m. Mús. Trozo de música ejecutado así.

PLACA. (neerl. *plak*, disco.) f. Moneda antigua de los Países Bajos, que corrió en los demás dominios españoles, y valía la cuarta parte de un real de plata vieja. ‖ **2**. Insignia de alguna de las órdenes caballerescas que se lleva bordada o sobrepuesta en el vestido. ‖ **3**. Lámina que está o se forma superpuesta a un objeto. ‖ **4**. Fotogr. Planchuela de metal yodurada sobre la que se hacía la daguerrotipia. ‖ **5**. Fotogr. Vidrio que tiene en una de sus caras una capa de substancia alterable por la luz y en la que puede obtenerse una prueba negativa. ‖ **—giratoria**. Armazón circular de hierro, cubierta de planchas con carriles formando vías cruzadas, que sirve en las estaciones de los ferrocarriles para hacer que los carruajes cambien de vía. ‖ **3**. acep.: P. lámina; I. plate; F. plaque; A. Gegenplatte; It. placca; R. пластина, жетон.

PLACABILIDAD. (l. *placabilĭtas, -ātis*.) f. Disposición de aplacarse una cosa. ‖ P. aprazibilidade; I. placability; F. placabilité; A. Versöhnlichkeit; It. placabilità; R. благодушие.

PLACABLE. (l. *placabĭlis*.) adj. Aplacable.

PIZATE. (l. *plaza*.) tr. Aplacamiento.

PLACAR. (l. *placāre*.) tr. ant. Aplacar.

PLACARTE. (fr. *placard*, y éste del m. or. que *placa*.) m. p. us. Cartel que se colocaba en las esquinas para noticia del público.

PLACATIVO, VA. (l. *placātum*, supino de *placāre*, aplacar, calmar.) adj. Capaz de aplicar.

PLACEAR. (De *plaza*.) tr. Destinar algunos comestibles a la venta por menor en el mercado. ‖ **2**. Publicar o hacer manifiesta una cosa.

PLACEL. m. Mar. Placer, 1.er art.

PLÁCEME. (3.ª pers. de sing. del pres. de indic. del verbo *placer*, y el pron. *me*: me place.) m. Felicitación.

PLACEMIENTO. (De *placer*, agradar.) m. ant. Agrado, gusto.

PLACENTA. (l. *placenta*, torta.) f. Zool. Órgano redondeado y aplastado como una torta, intermediario durante la gestación entre la madre y el hijo. Por una de las caras se adhiere a la superficie interior del útero, y la opuesta que es plana, nace el cordón umbilical. ‖ **2**. Bot. Parte vascular del fruto a la que están unidos los huevecillos o semillas. ‖ **3**. Bot. Borde del carpelo, generalmente engrosado, en el que se insertan los óvulos. ‖ P., I., F. e It. placenta; A. Mutterkuchen; R. плацента.

PLACENTACIÓN. (De *placenta*.) f. Bot. Disposición de las placentas y naturalmente de los óvulos, en el ovario de los vegetales.

PLACENTARIO, RIA. adj. Perteneciente a la placenta.

PLACENTERAMENTE. adv. Con regocijo.

PLACENTERÍA. (De *placentero*.) f. ant. Placer, 2.º art. y 1.ª y 2.ª aceps.

PLACENTERO, RA. (l. *placens, -entis*, p.a. de *placĕre*, agradar.) adj. Alegre, apacible.

PLACENTÍN. adj. Placentino. Apl. a pers. ú.t.c.s.

PLACENTINO, NA. (l. *placentinus*.) adj. Natural de Plasencia. Ú.t.c.s. ‖ **2**. Perteneciente a cualquiera de las ciudades de este nombre de España o de Italia.

PLACER. (cat. *placel*, de *plaza*.) m. Banco de arena o piedra en el fondo del mar, llano y de bastante extensión. ‖ **2**. Arenal donde la corriente de las aguas depositó partículas de oro. ‖ **3**. Pesquería de perlas en las costas de América. ‖ **4**. Cuba. Campo yermo, o terreno plano. ‖ **5**. Mar. V. *Agua de* placer. ‖ **6**. Colom. Terreno sin maleza. ‖ P. parcel; I. sand-bank, key; F. placel; A. Sandbank; It. banco d'arena; R. золотоносный участок.

PLACER. (Infinit. substantivado.) m. Contento del ánimo. ‖ **2**. Sensación agradable. ‖ **3**. Consentimiento, beneplácito. ‖ **4**. Entretenimiento. ‖ *A* placer. m. adv. Con toda satisfacción. ‖ *A* placeres *acelerados, dones acrecentados*. ref. que indica que las noticias gustosas cuando se anticipan, suelen premiarse con dádivas muy crecidas. ‖ *Los* placeres *son por onzas, y los males por arrobas*. ref. que indica que en la vida son más frecuentes los disgustos que los placeres. ‖ P. prazer; I. pleasure; F. plaisir; A. Vergnügen, Pläsier; It. piacere; R. удовольствие.

PLACER. (l. *placĕre*.) tr. Dar gusto. ‖ *Que me* place. expr. con que se denota que se aprueba una cosa.

PLACERAMENTE. adv. ant. Públicamente.

★ **PLACERES**. m. pl. Geol. Aluviones que contienen minerales de gran valor, como los de oro en diversos puntos del globo.

PLACERO, RA. adj. Perteneciente o relativo a la plaza. ‖ **2**. Se aplica a la persona que vende en la plaza las cosas comestibles. Ú.t.c.s. ‖ **3**. fig. Se dice de la persona ociosa que anda de conversación en las plazas. Ú.t.c.s. ‖ **4**. Argent. Coche de plaza o de punto. Ú.t.c.s.

PLACETA. f. d. de plaza. ‖ **2**. Chile. Llano pequeño que hay en algunas cumbres.

PLACETUELA. f. d. de placeta.

PLACIBILIDAD. f. Calidad de placible.

PLACIBLE. (l. *placibĭlis*.) adj. Agradable, que da gusto.

PLACIBLEMENTE. adv. ant. Apaciblemente. ‖ **2**. ant. Con placer.

PLÁCIDAMENTE. adv. Con tranquilidad.

PLACIDEZ. f. Calidad de plácido. ‖ P. placidez; I. placidity, placidness; F. placidité; A. Sanftmut, Ruhe; It. placidità; R. спокойствие.

PLÁCIDO, DA. (l. *placidus*.) adj. Quieto, sosegado. ‖ **2**. Grato, apacible. ‖ P. plácido; I. placid; F. placide; A. sanft, ruhig; It. plàcido; R. спокойный.

PLACIENTE. p. a. de placer. Que place. ‖ **2**. adj. Gustoso, bien visto.

PLACIMIENTO. (De *placer*, agradar.) m. ant. Agrado, gusto, voluntad.

PLÁCITO. (l. *placĭtum*, opinión.) m. Parecer.

PLAFÓN. (fr. *plafond*, y este del al. *platt*, llano, y el l. *fundus*, fondo.) m. Arq. Pafión.

PLAGA. (l. *plaga*.) f. Calamidad grande que aflige a un pueblo. ‖ **2**. Daño grave o enfermedad que sobreviene a una persona. ‖ **3**. fig. Cualquier infortunio, trabajo o contratiempo. ‖ **4**. fig. Abundancia de una cosa nociva. También se aplica impropiamente a las que no lo son. ‖ **5**. fig. Azote que aflige a la agricultura, como son la langosta y demás. ‖ P. praga; I. plague, scourge; F. plaie, fléau, malheur; A. Plage, Landplage, Unmenge; It. piaga, plaga; R. несчастье, болезнь.

PLAGA. (l. *plaga*, espacio de terreno.) f. Clima, 5.ª acep.

PLAGADO, DA. p.p. de plagar. ‖ **2**. adj. Herido o castigado.

PLAGAL. (b. l. *plaga*, modo musical.) adj. Mús. V. *Modo* plagal.

PLAGAR. (l. *plagāre*.) tr. Llenar o cubrir a una persona de algo nocivo o no conveniente. Ú.t.c.r.

PLAGIAR. (l. *plagiāre*.) tr. Entre los antiguos romanos, comprar a un hombre libre sabiendo que lo era y retenerlo en la servidumbre, o utilizar un siervo ajeno como si fuera propio. ‖ **2**. fig. Copiar en lo substancial obras ajenas, dándolas como propias. ‖ **3**. Amér. Apoderarse de una persona para pedir rescate por ella.

PLAGIARIO, RIA. (l. *plagiarius*.) adj. Que plagia. Ú.m.c.s.

PLAGIO. (l. *plagium*.) m. Acción y efecto de plagiar. ‖ P. plagiato; I. plagiarism; F. plagiat; A. Plagiat; It. plagio; R. плагиат.

PLAGIÓSTOMO. (gr. πλάγιος, oblicuo, y στόμα, boca.) m. Zool. Selacio.

PLAGOSO, SA. (l. *plagōsus*.) adj. ant. Que hace llagas. ‖ **2**. Guat. Lleno de llagas. ‖ **3**. Rep. Domin. Majadero.

PLAN. (De *plano*.) m. Altitud o nivel. ‖ **2**. Intento, estructura. ‖ **3**. Escrito o que por mayor se apunta una cosa. ‖ **4**. p.us. Descripción que por lista, nombres o partidas se hace de un ejército, rentas, o algo semejante. ‖ **5**. Mar. Parte más ancha e inferior del fondo de un buque en la bodega o bien la de cada lado de la quilla que es casi horizontal y está formada por la primera sección. ‖ P. plano; I. plan, design; F. plan, projet; A. Plan, Riss; It. piano, abbozzo; R. план, проект.

PLANA. (l. *plana*.) f. Llana, 1.er art.

PLANA. (l. *plana*, t. f. de *-nus*, llano.) f. Cada una de las dos caras de una hoja de papel. ‖ **2**. Escrito que hacen los niños en una cara de papel en que aprenden a escribir. ‖ **3**. Porción extensa de país llano. ‖ **4**. Impr. Conjunto de líneas ya ajustadas de que se compone cada página. ‖ **5**. Chile. Planicie, llanura, especialmente la situada al pie de un cerro. ‖ **6**. Cuba y Venez. Cara de la hoja del machete, sable y espada. ‖ **—mayor**. Mar. En una escuadra, el conjunto de generales, oficiales y marinería, que sin formar parte de la dotación en ninguno de los buques, está afecto al de la insignia. ‖ **2**. Mil. Conjunto y agregado de jefes y demás individuos de un batallón o regimiento, que no pertenecen a ninguna compañía; como coronel, teniente coronel, etc. ‖ *A* plana *renglón, o a* plana *y renglón*. m. adv. Con que se denota la circunstancia de haberse hecho o haberse de hacer una copia manuscrita, o una reimpresión, de modo que tenga en cada una de las planas igual número de renglones y en los renglones las mismas palabras que el escrito o impreso que ha servido de original. ‖ **2**. fig. Se dice de una cosa que viene totalmente ajustada a lo que se necesita, sin sobrar ni faltar. ‖ *Cerrar la* plana. fr. fig. Finalizar una cosa. ‖ *Corregir, o enmendar la* plana a uno. fr. fig. Notar persona de más inteligencia, o que presume tenerla, algún defecto en lo que otra ha ejecutado. ‖ **2**. fig. Exceder a una persona haciendo una cosa mejor que ella. ‖ **3**.ª acep.: P. llanura;

P

I. plain; F. plaine; A. Ebene; It. piana; R. равнина.

PLANADA. (De *plano*.) f. Llanada.

PLANADOR. (l. *planātor*, que allana.) m. Oficial de platero que con un martillo aplana sobre el tas la vajilla y piedras lisas. || 2. El que aplana y pule las planchas para grabar.

★ **PLANAZO.** (De *plano*.) m. AMÉR. Cintarazo. || 2. HOND. Golpe que uno recibe al caer al suelo. || 3. CUBA. Trago de licor.

PLANCO. (l. *plancus*.) m. Planga.

PLANCTON. (gr. πλαγχτός, errante.) m. BIOL. Conjunto de seres pelágicos.

PLANCHA. (fr. *planche*, y éste del l. *planca*.) f. Lámina o pedazo de metal llano y delgado respecto de su tamaño. || 2. Utensilio de hierro, generalmente liso y triangular, acerado por su cara inferior, y con un asa en la superior que permite se la tome para planchar. || 3. Acción y efecto de planchar la ropa. || 4. Conjunto de ropa planchada. || 5. Postura horizontal del cuerpo en el aire con las manos asidas a un barrote o bien la misma posición del cuerpo flotando de espaldas. || 6. fig. y fam. Desacierto que deja en ridículo a la persona que lo comete. Ú.m. en la frase. *Hacer una* PLANCHA. || 7. MÁL. Madero en rollo. || 8. IMPR. Reproducción estereotípica o galvanoplástica preparada para la impresión. || 9. MAR. Travesaños colocados de trecho a trecho entre la tierra y una embarcación o entre dos embarcaciones. Por ext., puente provisional. || 10. VENEZ. Espectáculo ridículo. || 11. CHILE. Placa fotográfica. || **—de agua.** MAR. Entallado flotante sobre el que se coloca la maestranza para hacer ciertos trabajos en los buques a flote. || **—de blindaje.** Cada una de las piezas metálicas de gran dureza o resistencia con las que se protegen los navíos de guerra contra los proyectiles. || **—de viento.** MAR. Andamio que se cuelga del costado de un buque para que puedan trabajar los pintores, o cualquier otro operario. || *Pasar la* PLANCHA. fr. P. RICO. Adular. || **P.** planche; **I.** plate; **F.** planche; **A.** Platte; **It.** làmina; **R.** планка. || 2.ª acep.: **P.** ferro de engomar, prancha; **I.** flatiron, smoothing-iron; **F.** fer à repasser; **A.** Plätteisen, Bügeleisen; **It.** ferro da stirare; **R.** утюг.

PLANCHADA. (De *plancha*.) f. Tablazón que apoyado en la costa y sostenido por un caballete introducido en el agua, sirve para el embarco y desembarco. || 2. ARGENT. Pila de sacos dispuestos para el transporte.

PLANCHADO. m. Acción y efecto de planchar. || 2. Conjunto de ropa blanca que se ha de planchar o que se tiene ya planchada.

★ **PLANCHADO, DA.** pl. PERÚ, CUBA y CHILE. El que se encuentra sin dinero. || 2. GUAT. y EL SALV. Muy elegante. || 3. MÉJ. Competente y valiente.

PLANCHADOR, RA. m. y f. Persona que plancha o que tiene por oficio planchar.

PLANCHAR. tr. Pasar la plancha caliente sobre la ropa blanca algo húmeda o sobre las prendas para estirarlas o darles brillo. || 2. P. RICO. Adular. || 3. intr. fig. y fam. ARGENT. Estar una señorita sin bailar por no tener quien se lo pida. || **P.** engomar roupas; **I.** to iron; **F.** repasser; **A.** bügeln, plätten; **It.** stirare; **R.** чтюжить.

PLANCHEAR. tr. Cubrir una cosa con planchas de metal. || 2. r. AMÉR. MERID. Caer de lado la cabalgadura.

PLANCHETA. (De *plancha*.) f. Instrumento de topografía, que consiste en un tablero montado horizontalmente sobre un trípode, y en cuya superficie se trazan con reglas y las visuales dirigidas por medio de una aliada a los diferentes puntos del terreno. || *Echarla* uno *de* PLANCHETA. fr. fam. Hacer alarde de valiente o aventajado en cualquier línea.

PLANCHETE. m. ant. Blanchete, 1.ª acep.

PLANCHÓN. m. aum. de plancha. || 2. AMÉR. MERID. Glaciar.

PLANCHUELA. f. d. de plancha.

PLANEADOR. m. Avión sin motor.

PLANEAR. tr. Formar el plan de una obra. || 2. Hacer planes. || 3. intr. AVIAC. Descender un avión en planeo. || 4. tr.

VENEZ. y ECUAD. Dar cintarazos. || 5. r. VENEZ. Caerse de medio lado una bestia.

PLANEO. (De *planear*.) m. AVIAC. Descenso de un avión sin la acción del motor y en condiciones normales.

PLANETA. (l. *planēta*, y éste del gr. πλανήτης, errante.) f. Especie de casulla que se diferencia de las ordinarias en que tiene más corta la hoja de delante, que pasa poco de la cintura. || 2. m. ASTRON. Cada uno de los siete astros que según el sistema de Tolomeo, se creía que giraban alrededor de la Tierra, y son: la Luna, Mercurio, Venus, el Sol, Marte, Júpiter y Saturno. || 3. ASTRON. Cuerpo celeste, opaco, que recibe su luz del Sol alrededor del cual gira. En nuestro sistema solar son los siguientes: Mercurio, Venus, la Tierra, Marte, Júpiter, Saturno, Urano, Neptuno y Plutón. || **—inferior** o **interior.** ASTRON. Aquel cuya órbita es menor que la de la Tierra y dista menos del Sol, como Venus. || **—superior.** ASTRON. Aquel cuya órbita es mayor que la de la Tierra, y por tanto, dista del Sol más que ésta, como Marte. || 2.ª acep.: **P.** planeta; **I.** planet; **F.** planète; **A.** Planet, Wandelstern; **It.** pianeta; **R.** планета.

PLANETARIO, RIA. (l. *planetarius*.) adj. Se aplica a lo perteneciente o relativo a los planetas. || 2. m. Aparato que representa los planetas del sistema solar y reproduce sus movimientos respectivos. || **P.** planetário; **I.** planetary; **F.** planétaire; **A.** Planetarium; **It.** planetario; **R.** планетарий.

PLANETÍCOLA. (l. *planēta*, y *colére*, habitar.) com. Supuesto habitador de cualquiera de los planetas excepto la Tierra.

PLANGA. (De *planco*.) f. Ave rapaz diurna, con plumaje de color blanco y negro, generalmente se halla en los montes con arbolado. Vive de la caza aunque a veces acude a las lagunas en busca de peces.

PLANICIE. (l. *planities*.) f. Llanura, 2.ª acep.

° **PLANIFICAR.** tr. Establecer, trazar un plan o plano.

★ **PLANILLA.** (d. de *plana*.) f. ECUAD. Lista, nómina. || 2. PERÚ y ECUAD. Ajuste de pagos. || 3. MÉJ. Patio de cemento para secar granos.

PLANIMETRÍA. (De *planímetro*.) f. Parte de la topografía que representa en una superficie plana una porción de la terrestre.

PLANÍMETRO. (De *plano*, y el gr. μέτρον, medida.) m. Instrumento que mide áreas en las figuras planas.

PLANISFERIO. (De *plano* y *esfera*.) m. Carta en que la esfera celeste o la terrestre está representada en un plano. || **P.** planisfério; **I.** planisphere; **F.** planisphère; **A.** Planiglobium; **It.** planisfero; **R.** планисфера.

★ **PLANIZA.** f. ECUAD. Carga de cintarazos.

PLANO, NA. (l. *planus*.) adj. Plano, sin estorbos. || 2. GEOM. Perteneciente o relativo al plano. || 3. GEOM. Superficie imaginaria que atraviesa o limita un cuerpo en un sentido determinado. || 4. TOPOGR. Representación gráfica en una superficie de un terreno o de la planta de un campamento, plaza, etc. || **—coordenado.** GEOM. Cada uno de los tres planos que se cortan en una punto y determinan la posición de los demás puntos del espacio. || **—de nivel.** TOPOGR. El paralelo al nivel del mar que se elige para contar desde él las alturas de los diversos puntos del terreno. || **—geométrico.** PERSP. El paralelo al horizonte, colocado en la parte inferior del cuadro, donde se proyectan los objetos para construir después según ciertas reglas su perspectiva. || **—horizontal.** PERSP. El que pasando por la vista es perpendicular a la tabla o plano óptico y paralelo al horizonte. || **—inclinado.** MEC. Superficie plana resistente que forma ángulo agudo con el horizonte y por medio del cual se facilita la elevación o el descenso de pesos y otras cosas. || **—vertical.** PERSP. El que pasando por la vista, es perpendicular al mismo tiempo al plano horizontal y al plano óptico. || *Dar de* PLANO. fr. Dar con lo ancho de un instrumento cortante o con la palma de la mano abierta. || *De* PLANO. m. adv. fig. Entera, manifiestamente. || 2. FOR. Se aplica a la resolución judicial adoptada sin trámites. || *Levantar un* PLANO. fr. TOPOGR. Proceder a formarlo y dibujarlo. || **P.** plano; **I.** plain, open; **F.** plain; **A.** eben, flach; **It.** piano, raso; **R.** плоскость. || 3.ª acep.: **P.** plano; **I.** plane; **F.** y **A.** plan; **It.** piano; **R.** плоскость.

PLANTA. (l. *planta*.) f. Parte inferior del pie con la que se pisa y sobre lo que se sostiene el cuerpo. || 2. Árbol u hortaliza que, sembrada y nacida en alguna parte, está dispuesta para ser transplantada a otro lugar. || 3. Diseño de una cosa. || 4. Especial postura de los pies para esgrimir, danzar o andar, que varía según el ejercicio que se ejecuta. || 5. Disposición que se hace para asegurar el acierto y buen logro de un negocio. || 6. Plan que determina las diversas dependencias de una oficina u otro establecimiento. || 7. ARQ. Figura que forman sobre el terreno los cimientos de un edificio o la sección horizontal de las paredes en cada uno de los diferentes pisos. || 8. ARQ. Diseño de esta figura. || 9. ESGR. Combinación de líneas trazadas real e imaginariamente en el suelo para fijar la dirección de los compases. || 10. PERSP. Pie de la perpendicular bajada desde un punto al plano horizontal. || 11. MÉJ. Estrofa con estribillo con que comienza la valona. || **—baja.** Piso bajo de un edificio. || *Buena* PLANTA. fam. Buena presencia. || *De* PLANTA, o *de nueva* PLANTA. m. adv. De nuevo desde sus cimientos, a ras del suelo. || *Echar* PLANTAS. fr. fig. y fam. Echar bravatas y amenazas. || *Fijar uno las* PLANTAS. fr. fig. Afirmarse en un concepto u opinión. || *Planta muchas veces traspuesta, ni crece ni medra.* ref. con que se denota la incostancia de algunos que en ningún lugar se aquietan. || *Hacer* PLANTAS. fr. fig. y fam. HOND. Fingir que se va a hacer algo. || 2.ª acep.: **P.** planta; **I.** plant; **F.** plante; **A.** Pflanze; **It.** pianta; **R.** растение.

PLANTACIÓN. (l. *plantatio*, *-ōnis*.) f. Acción de plantar. || 2. Conjunto de lo plantado. || 2.ª acep.: **P.** plantação; **I.** planting, plantation; **F.** plantation; **A.** Pflanzung, Plantage; **It.** piantagione; **R.** плантация, посадка.

PLANTADO, DA. p.p. de plantar. || *Bien* PLANTADO. Que tiene buena planta.

PLANTADOR, RA. (l. *plantator*.) adj. Que planta. Ú.t.c.s. || 2. Instrumento pequeño de hierro que usan los hortelanos para plantar. || 3. GERM. Sepulturero. || 4. f. Máquina para plantar.

PLANTAGINÁCEO, A. (l. *plantāgo*, *-inis*, llantén.) adj. BOT. Se dice de la planta angiosperma dicotiledónea, herbácea de hojas sencillas, flores hermafroditas o monoicas, y dispuestas en espigas y fruto en caja. Ú.t.c.s.f. || 2. f. pl. BOT. Familia de estas plantas.

PLANTAINA. (l. *plantago*, *-inis*.) f. Llantén.

PLANTAJE. m. Conjunto de plantas. || 2. P. RICO, COLOM. y ECUAD. Traza, catadura.

PLANTAJE. (cat. *plantatge*, y éste del l. *plantāgo*, *-inis*, llantén.) m. MURC. Plantaina.

PLANTAMIENTO. (De *plantar*, 2.º art.) m. ant. Plantío.

PLANTAR. (l. *plantāris*.) adj. ZOOL. Perteneciente a la planta del pie.

PLANTAR. (l. *plantāre*.) tr. Meter en tierra una planta o vástago, para que arraigue. || 2. Poblar de plantas un terreno. || 3. fig. Fijar y poner derecha una cosa. || 4. fig. Colocar una cosa en el lugar en que debe estar para poder hacer uso de ella. || 5. fig. Fundar, establecer. || 6. fig. y fam. Tratándose de golpes, darlos. || 7. fig. y fam. Introducir o poner a uno en un lugar contra su voluntad. || 8. fig. y fam. Dejar a uno burlado, abandonarle. || 9. r. fig. y fam. Ponerse de pie o firme ocupando un lugar. || 10. fig. y fam. Llegar a un lugar en menos tiempo del que regularmente se gasta. || 11. fig. y fam. Pararse un animal en términos en que cuesta mucho trabajo hacerle salir del paso o que lo haga. || 12. fig. y fam. En algunos juegos de cartas, no querer más de las que se tienen. Ú.t.c. intr. || 13. fig. Resolverse a no hacer o a

P resistir alguna cosa. || **14**. Hond., Méj. y Guat. Arreglarse. || **P**. plantar; **I**. to plant; **F**. planter; **A**. pflanzen, ansetzen; **It**. piantare; **R**. сажать.

PLANTARIO. (l. *plantarium*.) m. Almáciga, 2.° art.

PLANTE. (De *plantarse*.) m. Concierto entre varias personas que hacen vida común, para exigir o rechazar airadamente alguna cosa.

PLANTEAMIENTO. m. Acción y efecto de plantear, 1.er art.

PLANTEAR. (De *planta*.) tr. Tantear o hacer planta de una cosa para procurar el acierto en ella. || **2**. fig. Tratándose de sistemas, instituciones, etc., establecerlos. || **3**. fig. Tratándose de temas o cuestiones o dudas, suscitarlos o exponerlos.

PLANTEAR. (De *planto*.) intr. ant. Llorar, sollozar, Usáb.t.c.tr.

PLANTEL. (De *planta*.) m. Criadero, 2.ª acep. || **2**. fig. Establecimiento, reunión de gente en que se forman personas hábiles en algún ramo del saber, ejercicio, etcétera. || **P**. vivero; **I**. nursery-garden; **F**. pépinière; **A**. Pflanzschule; **It**. vivaio; **R**. рассадник.

° **PLANTEO**. m. Planteamiento.

PLANTÍA. f. ant. Plantío.

PLANTIFICACIÓN. f. Acción y efecto de plantificar.

PLANTIFICAR. (l. *planta*, planta, y *facère*, hacer.) tr. Plantear, 1.er art., 2.ª acep. || **2**. fig. fam. r. Plantarse, 13.ª acep. de plantar. || **3**. C. Rica y Méj. Engalanarse.

PLANTÍGRADO, DA. (l. *planta*, planta del pie, y *gradus*, marcha.) adj. Zool. Se aplica a los cuadrúpedos que al andar apoyan en el suelo toda la planta de los pies y manos. Ú.t.c.s.

PLANTILLA. (d. de *planta*.) f. Suela sobre la cual los zapateros arman el zapato. || **2**. Pieza de badana, tela, etc., con que interiormente se cubre la planta del calzado. || **3**. Soleta de tela que se echa en la parte inferior de los pies de las medias y calcetines cuando están rotos. || **4**. Pieza de hierro terminada en arco de círculo, que sirve de patrón para dar a las llantas de los carruajes la curvatura conveniente. || **5**. Plancha, de superficie y figura dadas, que sirve de patrón para cortar y labrar otras de igual superficie y forma. || **6**. Plano reducido, o porción del plano total, de una obra. || **7**. Adm. Resumen, ordenado por categorías, de los puestos que deben estar provistos en cada uno de los servicios públicos y cuerpos que los desempeñan. || **8**. Cuba. Fingimiento. || **9**. Cuba. Fanfarronada. Ú.m. en pl. || **10**. Cuba, P. Rico y Argent. Pequeño bizcocho aplastado. || **11**. Ecuad. Fanfarrón. || *De* plantilla. loc. P. Rico y Chile. De plantío. || **P**. palmilha de sapato; **I**. first sole, insole; **F**. première semelle; **A**. Brandsohle; **R**. стелька.

★ **PLANTILLADA**. (De *plantilla*, fanfarrón.) f. Ecuad. Fanfarronada.

PLANTILLAR. tr. Echar plantillas al calzado.

PLANTILLERO, RA. adj. Plantista, 2.ª acep. Ú.t.c.s. || **2**. Cuba. Engreído. || **3**. Cuba. Que afecta excesiva cortesía. || **4**. m. Colom. Galanteador.

PLANTINIANO, NA. adj. Se aplica a la oficina y a las ediciones del famoso impresor de Amberes, Cristóbal Plantín y sus sucesores.

PLANTÍO, A. (De *plantar*, 2.° art.) adj. Se aplica al lugar plantado o que se puede plantar. || **2**. m. Acción de plantar. || **3**. Lugar plantado recientemente de vegetales. || **4**. Conjunto de estos vegetales.

PLANTISTA. m. Entre jardineros, el que está destinado para cuidar de la cría y plantío de los árboles y otras plantas. || **2**. fam. El que echa fieros y plantas.

PLANTO. (l. *planctus*.) m. ant. Llanto con gemidos y sollozos.

PLANTÓN. (De *planta*.) m. Pimpollo o arbolito nuevo que ha de ser trasplantado. || **2**. Estaca o rama de árbol plantada para que arraigue. || **3**. Soldado a quien se obligaba a estar de guardia en el puesto, sin relevarlo a hora regular, por castigo de un exceso. || **4**. Persona destinada a guardar la puerta exterior de una casa, oficina, etc. || **5**. Guat. Planta, traza. || *Dar un* PLANTÓN. fr. Retrasarse uno mucho

en acudir a donde otro lo espera. || *Estar uno de*, o *en* PLANTÓN. fr. fam. Estar parado y fijo en una parte por mucho tiempo. || **P**. rebentão; **I**. scion; **F**. plant; **A**. Pflanzling, Setzreis; **It**. piantone; **R**. саженец.

PLANTONAR. (De *plantón*.) m. Murc. Plantío de olivos nuevos.

PLANTOSA. f. Germ. Taza o vaso para beber.

PLANUDO, DA. adj. Mar. Se aplica al buque que puede navegar en poca agua por tener adecuado su plan.

PLANURA. (De *plano*.) f. ant. Llanura.

PLAÑIDERA. (De *plañidero*.) f. Mujer pagada que iba llorando en los entierros. || **P**. carpideira; **I**. mourner; **F**. pleureuse; **A**. Klagefrau; **It**. prèfica; **R**. плакальщица.

PLAÑIDERO, RA. (De *plañido*.) adj. Lloroso o lastimero.

PLAÑIDO, DA. p.p. de plañir. || **2**. m. Lamento.

PLAÑIMIENTO. m. Acción y efecto de plañir.

PLAÑIR. (l. *plangère*.) intr. Gemir y llorar sollozando o clamando. Ú.t.c.tr. || **P**. carpir; **I**. to mourn, to grieve; **F**. gémir, pleurer; **A**. wehklagen; **It**. piàngere; **R**. плакать, стонать.

PLAQUÉ. (fr. *plaqué*, chapeado.) m. Chapa muy delgada, de oro o plata, sobrepuesta y fuertemente adherida a la superficie de otro metal de menos valor.

PLAQUETA. (d. de *placa*.) f. Zool. Cualquiera de los numerosos corpúsculos de pequeño tamaño, de forma discoidal u ovalada, que se encuentran en la sangre de los mamíferos y que intervienen en la coagulación sanguínea.

PLAQUÍN. (De *placa*.) m. Cota de armas larga, ancha de cuerpo y de mangas.

PLASENCIANO, NA. (De *Plasencia*.) adj. Placentino. Apl. a pers. ú.t.c.s.

PLASMA. (l. *plasma*, y éste del gr. πλάσμα, formación.) m. Zool. Parte líquida de la sangre y de la linfa, donde se encuentran las substancias que sirven para la nutrición de los tejidos orgánicos y las de desecho producidas por la actividad vital de las células. || **P., I., F.** e **It.** plasma; **A.** Plasma, Serum; **R.** плазма.

PLASMA. f. Prasma.

PLASMADOR, RA. (l. *plasmâtor*.) adj. Creador. Se aplica especialmente a Dios. Ú.t.c.s.

PLASMANTE. p.a. de plasmar. Que plasma.

PLASMAR. (l. *plasmâre*.) tr. Figurar o formar una cosa, particularmente de barro, como son los vasos que hace el alfarero. || **P**. plasmar; **I**. to mould; **F**. former; **A**. bilden; **It**. plasmare; **R**. воплощать.

PLASMÁTICO, CA. (gr. πλασματικός.) adj. Perteneciente o relativo al plasma.

★ **PLASMÓLISIS**. f. Biol. Estado de una célula cuando la presión osmótica interior y la exterior son iguales. || **2**. Ósmosis que se efectúa entre el protoplasma y el medio exterior.

PLASTA. (De *plaste*.) f. Cualquier cosa que esté blanda. || **2**. Cosa aplastada. || **3**. fig. y fam. Lo que está hecho sin regla ni método.

PLASTE. (gr. πλαστή, modelada.) m. Masa hecha de yeso mate y agua de cola para llenar los agujeros y hendeduras de una cosa que se ha de pintar.

PLASTECER. tr. Llenar, cerrar, plastar.

PLASTECIDO. m. Acción y efecto de plastecer.

PLÁSTICA. (l. *plastica*, y éste del gr. πλαστική, t. f. de -κός, plástico.) f. Arte de plasmar o formar cosas de barro, yeso, etc.

PLASTICIDAD. f. Calidad de plástico.

PLÁSTICO, CA. (l. *plasticus*, y éste del gr. πλαστικός; de πλάσσω, formar.) adj. Perteneciente a la plástica. || **2**. Dúctil, blando. || **3**. Se dice de ciertos materiales sintéticos que pueden moldearse fácilmente y en cuya composición entran principalmente derivados de la celulosa, proteínas y resinas. Ú.t.c.m. || **4**. fig. Se aplica al estilo o a la frase que por su concisión, exactitud o fuerza expresiva da mucho realce a las ideas o especies mentales. ||

P. plástico; **I**. plastic; **F**. plastique; **A**. plastisch; **It**. plàstico; **R**. пластичный.

PLATA. (l. *plattus*, *platus*, plano, del gr. πλάτος.) f. Metal blanco brillante, sonoro, dúctil, es el mejor conductor del calor y de la electricidad. Su símbolo es Ag y su peso atómico 47. Se usa en la moneda y es uno de los metales preciosos. || **2**. fig. Moneda o monedas de plata. || **3**. Dinero en general. || **4**. fig. Alhaja que conserva su valor intrínseco, aunque pierda la hechura o adorno. || **5**. fig. Lo que sin ser gravoso es de valor y utilidad en cualquier tiempo que se use de ello. || **6**. Blas. Uno de los dos metales que se usa en el blasón significado por el fondo blanco. || **7**. Amér. Dinero. || **—agria**. Mineral muy friable compuesto de plata, azufre y antimonio. || **—córnea**. Mineral de color amarillento compuesto de cloro y plata. || **—encantada**. Obsidiana de color verde aceitado. || **—gris**. Mineral cristalino, brillante y de color obscuro. || **—labrada**. Conjunto de piezas de este metal destinadas al uso doméstico o al servicio del templo, etc. || **—mejicana**. La acuñada fuera de las casas de monedas, aunque de ley igual a las legítimas. || **—nativa**. La que en estado natural y casi pura se halla en algunos terrenos. || **—roja**. Mineral de color y brillo de rubí, que se compone de azufre, arsénico y plata. || **—seca**. Mineral de plata que en la amalgamación se junta con el azogue. || *Como una* PLATA. loc. fig. y fam. Limpio y hermoso. || *En* PLATA. m. adv. fig. y fam. Brevemente, sin rodeos. || **2**. fig. y fam. En substancia, en resolución, en resumen. || **P**. prata; **I**. silver; **F**. argent; **A**. Silber; **It**. argento; **R**. серебро.

PLATAFORMA. (fr. *plate-forme*, y éste del l. *plattus*, del gr. πλάτος.) f. Máquina que sirve para señalar y cortar los dientes de las ruedas de engranaje, especialmente de los aparatos de relojería. || **2**. Tablero horizontal, descubierto y elevado sobre el suelo, donde se colocan personas o cosas. || **3**. Suelo superior a modo de azotea, de las torres, reductos, y otras obras. || **4**. Vagón descubierto y con bordes de escasa altura en los cuatro lados. || **5**. Parte anterior y posterior de los tranvías, en que van de pie el conductor, el cobrador y algunos viajeros. || **6**. Pieza de madera, de forma circular, que en el molino arrocero se mantiene fija y a conveniente distancia sobre la volandera. || **7**. fig. Apariencia, pretexto. || **8**. fig. Causa o ideal cuya representación toma un sujeto para algún fin, generalmente interesado. || **9**. Fort. Obra interior que se levanta sobre el terraplén de la cortina. || **10**. Argent. Andén de una estación ferroviaria. || **11**. Argent., Chile y Ant. Programa de gobierno de un partido político cualquiera. || **P**. plataforma; **I**. platform; **F**. plate-forme, terrasse; **A**. Plattform; **It**. piattaforma; **R**. помост, площадка.

PLATAL. m. Dineral, 2.ª acep.

PLATALEA. (l. *platalèa*.) f. Zool. Espátula, 2.ª acep.

PLATANÁCEO, A. (De *platanus*, nombre de un género de plantas.) Bot. Se aplica a los árboles angiospermos dicotiledóneos, de hojas alternas palmeadas y lobuladas, fruto en baya o drupa. Ú.t.c.s.f. || **2**. f. pl. Bot. Familia de estos árboles.

PLATANAL. m. Platanar.

PLATANAR. m. Sitio poblado de plátanos || **P**. bananal; **I**. plantain grove; **F**. platanaie; **A**. Bananenpflanzung; **It**. plataneto; **R**. банановая роща.

★ **PLATANAZO**. m. Venez. y Amér. Central. Batacazo. || **2**. Venez. Caída estrepitosa de un gobierno o de una situación política.

PLATÁNEO, A. adj. Bot. Platanáceo.

★ **PLATANERA**. f. Bot. Can. Platanero. || **2**. Bol. y Colom. Platanal.

PLATANERA, RA. adj. Cuba. Se aplica al viento huracanado que llega a abatir las matas de los plátanos. || **2**. m. Plátano, 2.ª acep. || **3**. Ecuad. Se aplica al caballo de paso suave. || **4**. P. Rico. Típico del país.

PLÁTANO. (l. *platânus*, y éste del gr. πλάτανος.) m. Bot. Árbol platanáceo de tronco recto, de corteza blanca y caediza,

P

de hojas grandes, tiesas, hendidas en gajos puntiagudos y de color verde claro, las flores y frutos nacen reunidos en un cuerpo redondo. Su madera es ligera. || 2. BOT. Planta arbórea musácea de tronco recto. El tallo da una espata cónica, que se despliega en otras varias, formando un racimo. El fruto es largo, de color amarillento, carnoso y, de ordinario, sin semillas. || 3. Fruto de esta planta. ||—**falso.** BOT. Árbol de copa ancha, aceráceo, con hojas grandes opuestas, y flores en racimos colgantes. ||—**guineo.** Variedad de plátano de fruto pequeño, cilíndrico y de pulpa muy dulce. || **P.** plátano, bananeira; **I.** plantain-tree; **F.** platane; **A.** Platane, Banane; **It.** plàtano; **R.** банановое дерево.

PLATEA. (l. *platĕa*, y éste del gr. πλατεῖα.) f. Patio, 2.ª acep. || 2. V. *Palco de* PLATEA. || **P.** plateia; **I.** pit; **F.** parterre; **A.** Parterre; **It.** platea; **R.** партер.

PLATEADO, DA. p.p. de platear. || 2. ant. Bañado de plata. || 3. De color semejante al de la plata. || 4. MÉJ. Adinerado, muy rico. || 5. m. CUBA. Desertor del ejército cubano durante las guerras de la independencia.

PLATEADOR. m. Obrero que platea alguna cosa.

PLATEADURA. f. Acción y efecto de platear. || 2. Plata que se emplea en esta operación.

PLATEAR. tr. Dar o cubrir de plata una cosa. || r. CUBA. Desertar del ejército cubano durante las guerras de la independencia. || **P.** pratear; **I.** to silver; **F.** argenter; **A.** versilbern; **It.** inargentare; **R.** серебрить.

PLATEL. m. Especie de plato o bandeja.

PLATELMINTO. (gr. πλατύς, ancho, y ἕλμινς, ινθος, gusano.) adj. ZOOL. Se aplica a los gusanos parásitos en su mayoría y casi todos hermafroditas, de cuerpo en general aplanado, sin aparato circulatorio ni respiratorio; el aparato digestivo falta en muchas especies parásitas. Ú.t.c.s. || 2. m. pl. ZOOL. Clase de estos animales.

PLATENSE. adj. Perteneciente o relativo a la ciudad argentina de La Plata. || 2. Rioplatense. Ú.t.c.s.

★ **PLATEÑISMO.** m. Giro o modo de hablar peculiar del Río de la Plata.

PLATERESCO, CA. (De *platero*.) adj. ARQ. y ESC. Se aplica al estilo español de ornamentación empleado por los plateros del siglo XVI, aprovechando elementos de las arquitecturas clásica y ojival. || 2. Se aplica al estilo arquitectónico en que se emplean estos adornos.

PLATERÍA. f. Arte y oficio de platero. || 2. Obrador en que trabaja el platero. || 3. Tienda en que se venden obras de plata u oro. || 2.ª acep. **P.** ourivesaria; **I.** silversmith's shop; **F.** argenterie; **A.** Juwelierladen; **It.** argenteria; **R.** ювелирный магазин.

PLATERO. m. Artífice que labra la plata. || 2. El que vende objetos labrados de plata u oro, o joyas con pedrería. || 3. adj. MURC. Se dice de los asnos cuyo color es gris plateado. Ú.t.c.s. || 4. MÉJ. Persona adinerada. || 5. m. CHILE. Ave de plumaje plateado y del tamaño de la diuca. || **P.** prateador; **I.** silversmith; **F.** argenteur; **A.** Juwelier; **It.** argentiere; **R.** ювелир.

PLÁTICA. (l. *platica*.) f. Acto de hablar una o varias personas con otra u otras. || 2. Razonamiento o discurso de los predicadores para exhortar a la virtud, instruir en la doctrina o reprender los vicios. || *A libre* PLÁTICA. loc. adv. MAR. Se aplica a un buque cuando es admitido a comunicación, pasado la cuarentena o dispensado de ésta. || **P.** conversa, palestra; **I.** talk, chat; **F.** entretien; **A.** Plauderei; **It.** conversazione; **R.** беседа.

PLÁTICA. f. ant. Práctica.

PLATICABLE. adj. ant. Practicable.

PLATICAR. (De *plática*.) tr. Conversar o tratar de un negocio o materia. Ú.m.c.intr.

PLATIJA. (l. *platessa*.) f. ZOOL. Pez teleósteo marino, del suborden de los anacantos, de escamas fuertes y unidas, con manchas amarillentas en la cara superior.

PLATILLA. (fr. *platille*.) f. Bocadillo, 1.ª acep.

PLATILLO. (d. de *plato*.) m. Pieza

pequeña de figura semejante al plato. || 2. Cada una de las dos piezas por lo común en forma de plato o de disco, que tiene la balanza. || 3. En ciertos juegos de naipes, recipiente donde los jugadores ponen en moneda o fichas la cantidad que se atraviesa en cada mano. || 4. Esta misma cantidad. || 5. Guisado a base de carne y verduras picadas. || 6. Extraordinario que en los días festivos comen los religiosos. || 7. fig. Objeto o asunto de murmuración. Ú.m. con los verbos *hacer* y *ser*. || 8. MÚS. Cada una de las dos chapas metálicas circulares que componen el instrumento de percusión llamado platillos.

PLATINA. (De *plata*.) f. Platino.

PLATINA. (fr. *platine*, y éste del m. or. que *plato*.) f. Parte del microscopio, en que se coloca el objeto que se quiere observar. || 2. Disco de vidrio deslustrado o de metal plano para que ajuste en su superficie el borde del recipiente de la máquina neumática. En su centro tiene un agujero en el que se le adapta el tubo por el cual se extrae el aire. || 3. IMPR. Superficie plana de la prensa o máquina de imprimir, sobre la cual se coloca la forma. || **P.** platina; **I.** plate; **F.** platine; **A.** Objekthalter (des Mikroskops); **It.** piattino; **R.** металлическая плита.

PLATINADO. p.p. de platinar. || 2. m. Acción y efecto de platinar.

PLATINAR. tr. Cubrir una cosa con una capa de platino.

PLATINÍFERO, RA. adj. Que contiene platino.

PLATINISTA. m. Obrero que trabaja en platino.

PLATINO. (De *platina*, 1.er art.) m. Metal del color de la plata, aunque menos vivo y brillante, difícilmente fusible, sólo atacable por el agua regia. En estado de pureza es relativamente blando, lo que permite estirarlo en hilos finos y en delgadas láminas, pero es más duro cuando está mezclado con una pequeña cantidad de iridio. || **P.** platina; **I.** platinum; **F.** platine; **A.** Platin, Platina; **It.** plàtino; **R.** платина.

PLATINOIDE. m. Liga de diversos metales para fabricar bombillas eléctricas de gran resistencia.

PLATINOTIPIA. (De *platino* y *tipo*.) f. FOTOGR. Procedimiento que da imágenes positivas sobre papel sensibilizado con sales de platino. || 2. Cada una de las pruebas así obtenidas.

PLATIRRINIA. (De *platirrino*.) f. Anchura exagerada de la nariz.

PLATIRRINO. (gr. πλατύς, ancho, y ῥίς, nariz.) adj. ZOOL. Se dice de los simios indígenas de América, cuyas fosas nasales están separadas por un tabique cartilaginoso, tan ancho que las ventanas de la nariz miran a los lados. Ú.t.c.s. || 2. m. pl. ZOOL. Grupo de estos animales.

PLATO. (Como *plata*, del l. *plattus*, *platus*, plano, del gr. πλάτος.) m. Vasija baja y redonda, con una concavidad en el medio y borde generalmente plano alrededor. Se emplea en las mesas para colocar en ellas el alimento. || 2. Vianda que se sirve en los platos. || 3. Manjar preparado para ser comido. || 4. fig. Comida o lo que se gasta para comer a diario. || 5. fig. Tema de murmuración. || 6. ARQ. Ornato que se coloca en el friso del orden dórico sobre la metopa y entre los triglifos. ||—**compuesto.** El que se hace de variedad de dulces, o de leche, huevos, etc. ||—**de segunda mesa.** fig. y fam. Persona o cosa cuya posesión no lisonjea por haber pertenecido a otro. ||—**montado.** Cualquier manjar que para mayor lucimiento se presenta sobre una base a veces comestible y generalmente bien adornado. ||—**sopero.** Plato hondo que sirve para comer en él la sopa. ||—**trinchero.** El que sirve para trinchar en él los manjares. || 2. Aquel que es menos hondo que el sopero. || *Comer en un mismo* PLATO. fr. y fam. Tener gran confianza dos personas. || *Nada entre dos* PLATOS. loc. fig. y fam. Se usa para apocar una cosa que se daba a entender ser grande o de estimación. || *No haber quebrado* uno *un* PLATO. fr. fig. y fam. No haber cometido ninguna falta. || *Poner el* PLATO a uno. fr. fig. No nerle en ocasión de hacer o decir una cosa

que no pensaba. || *Ser*, o *no ser* PLATO *de gusto* de uno. fr. fig. y fam. Serle o no grata una persona o cosa. || *Ser uno* PLATO *de segunda mesa*. fr. fig. y fam. Ser o sentirse postergado. || **P.** prato; **I.** dish, plate; **F.** assiette; **A.** Teller; **It.** piatto; **R.** тарелка.

° **PLATÓ.** (fr. *plateau*.) m. Recinto cubierto en un estudio cinematográfico donde se toma la escena.

PLATÓN. n. p. V. *Ideas de* PLATÓN.

★ **PLATÓN.** (aum. de *plato*.) m. ARGENT. y COLOM. Palangana. || 2. GUAT., MÉJ. y VENEZ. Plato grande, fuerte. || 3. HOND. Cazuela grande.

PLATÓNICAMENTE. adv. Idealmente, sin interés, de modo honesto.

PLATÓNICO, CA. (l. *platonicus*.) adj. Se aplica al que sigue la escuela y filosofía de Platón. Ú.t.c.s. || 2. Perteneciente a ella. || 3. Desinteresado, honesto. || **P.** platónico; **I.** Platonic; **F.** platonique; **A.** Platonisch; **It.** platònico; **R.** платонический.

PLATONISMO. m. Escuela y doctrina filosófica de Platón.

° **PLATUDO, DA.** adj. fam. AMÉR. MERID. Rico, acaudalado, poseedor de mucha plata.

PLATUJA. f. Platija.

PLAUSIBILIDAD. f. Calidad de plausible.

PLAUSIBLE. (l. *plausibĭlis*.) adj. Merecedor de aplauso. || 2. Recomendable. || **P.** plausível; **I.** y **F.** plausible; **A.** plausibel; **It.** plausibile; **R.** похвальный.

PLAUSIBLEMENTE. adv. Con aplauso.

PLAUSIVO, VA. (De *plauso*.) adj. Que aplaude.

PLAUSO. (l. *plausus*.) m. Aplauso.

PLAUSTRO. (l. *plaustrum*.) m. poét. Carro, 1.er art., 1.ª acep.

PLAUTINO, NA. (l. *plautinus*.) adj. Propio y característico del poeta latino Plauto o que tiene semejanza con alguna de las dotes y calidades distintivas de sus obras.

PLAYA. (prov. *playa*, y éste del l. *plagia*, del gr. πλάγιος, curvo.) f. Ribera del mar o de un río grande, formada de arenales en superficie casi plana. || **P.** praia; **I.** shere; **F.** plage; **A.** Strand; **It.** spiaggia; **R.** пляж.

PLAYADO, DA. adj. Se dice del río, mar, etc., que tiene playa.

PLAYAZO. m. Playa grande y extendida.

PLAYERA. (De *playa*.) f. Cierto aire y canto popular andaluz. Ú.m. en pl.

PLAYERO, RA. m. y f. Persona que conduce el pescado de la playa para venderlo. Ú.m. en pl. || 2. CUBA y P. RICO. Que vive en la playa o cerca del mar. || 3. PERÚ. Gremio matriculado que en los puertos se encarga de transportar las mercancías de las lanchas a la aduana. || 4. AMÉR. MERID. Toro corniabierto y mal armado.

★ **PLAYO, YA.** adj. ARGENT. Poco hondo.

PLAYÓN. m. aum. de playa. || 2. COLOM. Planicie rodeada de bosques. || 3. pl. COLOM. Cúmulo de arenas aluviales que por las avenidas y la acción de las olas del mar, se van formando en algunas costas.

PLAYUELA. f. d. de playa.

PLAZA. (arag. y cat. *plaza*, y éste del l. *platĕa*.) f. Lugar ancho y espacioso dentro del poblado. || 2. Aquel donde se venden los mantenimientos y se tiene el trato común de los vecinos y comarcanos y donde se celebran las ferias, los mercados y fiestas públicas. || 3. Cualquier lugar fortificado de muros, etc., para que la gente se pueda defender del enemigo. || 4. Sitio determinado para una persona o cosa en el que cabe, con otras de su especie. || 5. Espacio, sitio o lugar. || 6. Oficio, empleo. || 7. Asiento que se hace en los libros acerca del que voluntariamente se presenta para servir de soldado. || 8. Población en que se hacen operaciones considerables de comercio por banca, y principalmente de giro. || 9. Gremio o reunión de negociantes de una plaza de comercio. || 10. COLOM. Medida de superficie equivalente a 2.500 m². || 11. Suelo del horno. ||—**alta.** FORT. Fortificación superior al terraplén, no tan alta como el caballero, y que se coloca en la semigola. ||—**baja.**

P

FORT. Batería que se pone detrás del orejón, el cual sirve principalmente para cubrirla. || **—de armas.** Población fortificada según arte. || **2.** Sitio o lugar en que se acampa y forma el ejército cuando está en campaña. || **3.** Ciudad o fortaleza que se elige en el paraje donde se hace la guerra a fin de poner en ella las armas y demás pertrechos militares para el tiempo de la campaña. || **de soberanía.** Denominación diferenciadora aplicada al territorio nacional de Ceuta y al de Melilla cuando quedaron ambos enclavados dentro de la Zona del Protectorado español de Marruecos. || **—de toros.** Circo donde lidian toros. || **—montada.** MIL. Soldado u oficial que usa caballo. || **—viva.** MIL. La del soldado que aunque no esté presente se le cuenta como si lo estuviera. || *A la* PLAZA *el mejor mozo de la casa.* ref. que advierte que para los negocios económicos, debe echarse mano del criado de mayor confianza y de más habilidad. || *Atacar bien la* PLAZA. fr. fig. y fam. Comer mucho. || *Estar sobre una* PLAZA. fr. Tenerla sitiada. || *Hacer* PLAZA. fr. Hablando de ciertas cosas, venderlas por menudo públicamente. || **2.** Hacer lugar, despejar un sitio. || **3.** fig. y fam. Sacar a la plaza una cosa. || *Pasar* PLAZA *de.* fr. fig. Ser tenida o reputada una persona o cosa por lo que no es en realidad. || *Romper* PLAZA. fr. fig. Ser primero en la lidia de un toro, o gozar de tal precedencia una divisa o ganadería. || *Socorrer la* PLAZA. fr. fig. Suministrar socorro a una persona necesitada. || **P.** prazo; **I.** square; **F.** place; **A.** Platz; **It.** piazza; **R.** площадь.

PLAZO. (l. *placĭtum*, convenido.) m. Término o tiempo señalado para una cosa. || **2.** Vencimiento del término. || **3.** Cada parte de una cantidad que se paga en varias veces. || *No hay* PLAZO *que no llegue, o que no se cumpla ni deuda que no se pague.* ref. que reprende la imprudencia del que promete hacer una cosa de difícil ejecución, fiado sólo en lo largo del plazo que toma para ello. || **2.** También se aplica al que, alentado por la impunidad, persevera, y se obstina en la depravación. || **P.** prazo; **I.** term; **F.** terme, délai; **A.** Frist, Termin; **It.** tempo; **R.** срок.

PLAZOLETA. f. d. de plazuela. || **2.** Espacio, a manera de plazuela, que suele haber en jardines y alamedas.

PLAZUELA. (l. *plateŏla.*) f. d. de plaza.

PLE. (ingl. *play*, juego.) m. Juego de pelota, en que ésta se arroja contra la pared.

PLEAMAR. (De *plenamar*.) f. MAR. Fin o término de la creciente del mar. || **2.** Tiempo que ésta dura. || **P.** preia-mar; **I.** high-water; **F.** plein mer; **A.** (Hoch)Flut; **It.** marea alta; **R.** время прилива.

PLÉBANO [PLÉBANO]. (De *plebe*.) m. En algunas partes, cura párroco.

PLEBE. (l. *plebs, plebis.*) f. Estado llano. || **2.** V. *Tribuno de la* PLEBE. || **P.** e **It.** plebe; **I.** plebs; **F.** plèbe; **A.** Pöbel; **R.** простонародье.

PLEBEO, A. adj. ant. Plebeyo.

PLEBEYEZ. f. Calidad de plebeyo o villano.

PLEBEYO, YA. (l. *plebēius.*) adj. Propio de la plebe o perteneciente a ella. || **2.** Se dice de la persona que no es noble ni hidalga. Ú.t.c.s. || **P.** plebeu; **I.** plebeian; **F.** plébéien; **A.** Plebejer; **It.** plebeo; **R.** плебей.

PLEBEZUELA. f. d. de plebe.

PLEBISCITARIO, RIA. adj. Se aplica a lo perteneciente o relativo al plebiscito.

PLEBISCITO. (l. *plebiscĭtum.*) m. Ley que la plebe de Roma establecía a propuesta de su tribuno. || **2.** Resolución por todo un pueblo a pluralidad de votos. || **3.** Consulta al voto popular directo para que apruebe o desapruebe una determinación de gran trascendencia. || **2.ª** acep.: **P.** e **It.** plebiscito; **I.** plebiscite; **F.** plébiscite; **A.** Volksabstimmung; **R.** плебисцит.

PLECA. f IMPR. Filete pequeño y de una sola raya.

PLECTOGNATO. (gr. πλεκτός, unido, y γνάθος, mandíbula.) adj. ZOOL. Se aplica a los peces teleósteos que tienen la mandíbula superior fija. || **2.** m. pl. ZOOL. Suborden de estos peces.

PLECTRO. (l. *plectrum*, y éste del gr. πλῆκτρον.) m. Palillo con que los antiguos tocaban los instrumentos de cuerda. || **2.** fig. En poesía, estilo, inspiración.

PLEGABLE. adj. Capaz de plegarse.

PLEGADAMENTE. adv. Confusamente, sin la claridad necesaria.

PLEGADERA. f. Instrumento de madera, hueso, etc., destinado para cortar papel. || **P.** dobradeira; **I.** paper-knife; **F.** plioir; **A.** Falzbein; **It.** stecca; **R.** разрезной нож.

PLEGADIZO, ZA. adj. Fácil de plegar o doblarse.

PLEGADO, DA. p.p. de plegar. || **2.** m. Plegadura.

PLEGADOR. (l. *precātor*, que implora.) m. AR. El que recoge la limosna para una comunidad.

PLEGADOR, RA. adj. Se dice del que pliega. Ú.t.c.s. || **2.** m. Instrumento con que se pliega una cosa. || **3.** En el arte de la seda, madero grueso y redondo donde se revuelve la urdimbre para ir tejiendo la tela.

PLEGADURA. (l. *plicatūra.*) f. Acción y efecto de plegar una cosa.

PLEGAR. (l. *plicāre*.) tr. Hacer pliegues a una cosa. Ú.t.c.r. || **2.** Doblar o igualar con la debida proporción los pliegos de que se compone un libro que se ha de encuadernar. || **3.** En el arte de la seda, revolver la urdimbre en el plegador para ponerla en el telar. || **4.** r. Doblarse, someterse. || **5.** intr. AMÉR. Adherirse a un dictamen o partido. Ú.t.c.r. || **P.** dobrar; **I.** to fold; **F.** plier; **A.** zusammenfalten; **It.** piegare; **R.** складывать.

PLEGARIA. (l. *plecaria*; de *precāri*, suplicar, rogar.) f. Deprecación humilde para pedir una cosa. || **2.** Señal que se hace con la campana en las iglesias al tiempo del mediodía para que todos los fieles hagan oración. || **3.** fig. TOL. Criado de los prebendados, que acude a asistir a su amo al tiempo de la plegaria. || *Hacer* PLEGARIAS. fr. Rogar con extremos y demostraciones para que se conceda una cosa que se desea. || **P.** prece, rogo; **I.** prayer; **F.** prière, vœu; **A.** Bitte, Gebet; **It.** preghiera; **R.** мольба.

PLEGUERÍA. f. Conjunto de pliegues, en especial en las obras de arte.

PLEGUETE. (d. de *pliegue*.) m. Tijereta de las vides y de otras plantas.

PLEISTOCENO. (gr. πλεῖστος, muchísimo, y καινός, nuevo.) adj. PREHIST. Se dice del Período Glacial o Cuaternario, en que abundan restos humanos y de obras del hombre.

PLEITA. (l. *plicĭta*. t. f. de *-tus*; p.p. de *plicāre*, plegar.) f. Faja o tira de esparto trenzado en varios ramales, o de pita, etc., con la que se hacen esteras y otras cosas.

PLEITEADOR, RA. adj. Que pleitea. Ú.t.c.s.

PLEITEAMIENTO. (De *pleitear*.) m. ant. Pleito.

PLEITEANTE. p.a. de pleitear. Que pleitea.

PLEITEAR. (De *pleito*.) tr. Litigar o contender judicialmente sobre una cosa.

PLEITEÍSTA. adj. ant. Pleitista.

PLEITÉS. adj. ant. Versado en pleitos y dado a ellos.

PLEITESÍA. (De *pleités.*) f. ant. Pacto, convenio, avenencia.

° **PLEITESÍA.** f. Muestra de cortesía o reverencia.

PLEITISTA. adj. Se dice del sujeto revoltoso y que con un ligero motivo mueve y ocasiona contiendas y pleitos. Ú.t.c.s.

PLEITO. (l. *placĭtum*, decreto, sentencia.) m. ant. Pacto, ajuste, negocio. || **2.** Contienda, disputa. || **3.** Contienda que se determina por las armas. || **4.** Disputa doméstica o privada. || **5.** Proceso sobre cualquier causa. || **—civil.** FOR. Aquel en que se litiga sobre una cosa, haciendo posesión o regalía. || **—ordinario.** FOR. Aquello que se dilata y se hace común y muy frecuente, cediendo del rigor con que comenzó. || **2.** fig. y fam. Disturbio o altercado frecuente. || *Conocer de un* PLEITO. fr. For. Ser juez de él. || *En* PLEITO *claro, no es menester letrado.* ref. que denota que la justicia y la razón, cuando son palpables no necesitan defensores. || *Ganar uno el* PLEITO. fr. fig. Lograr aquello en que había

dificultad. || *¿Hablaba usted de mi* PLEITO? expr. fig. y fam. con que se zahiere al que habla constantemente de sus cuitas y negocios. || *Poner a* PLEITO. fr. fig. Oponerse con ardor a una cosa sin motivo para ello. || *Salir con el* PLEITO. Ganarlo. || *Tener mal* PLEITO. fr. fig. No tener razón en lo que se pide, o carecer de medios competentes para conseguirlo. || *Ver el* PLEITO. fr. FOR. Hacerse relación de él hablando las partes o sus abogados ante los juzgadores. || *Ver uno el* PLEITO *mal parado.* fr. fig. Reconocer el riesgo o aprieto en que se ve. || **5.ª** acep.: **P.** pleito; **I.** lawsuit; **F.** litige; **A.** Prozess; **It.** lite; **R.** тяжба, дело.

PLENAMAR. (De *plena* y *mar*.) f. Pleamar.

PLENAMENTE. adv. Llena, enteramente.

PLENARIAMENTE. adv. Plenamente.

PLENARIO, RIA. (l. *plenarĭus.*) adj. Lleno, entero. || **2.** FOR. Parte del proceso criminal que sigue al sumario desde la sentencia, y durante el cual se exponen los cargos y las defensas en forma contradictoria. || **P.** plenário; **I.** plenary; **F.** plénier; **A.** vollständig; **It.** plenario; **R.** пленарный.

PLENERAMENTE. adv. ant. Plenariamente.

PLENERO, RA. (De *plenario*.) adj. Llenero.

PLENILUNIO. (l. *plenilunĭum.*) m. Luna llena.

PLENIPOTENCIA. (l. *plenus*, pleno, y *potentĭa*, potencia.) f. Poder pleno, que se concede a otro para ejecutar una cosa, como es el que dan los Jefes de Estado a sus gobernadores y demás representantes.

PLENIPOTENCIARIO, RIA. (De *plenipotencia.*) adj. Se dice de la persona que envía los reyes y las Repúblicas a los congresos o a otros Estados, con el pleno poder de tratar o ajustar tratados. Ú.t.c.s. || **P.** plenipotenciário; **I.** plenipotentiary; **F.** plénipotentiaire; **A.** Bevollmächtiger; **It.** plenipotenziario; **R.** полномочный.

PLENITUD. (l. *plenitūdo.*) f. Totalidad, calidad de pleno. || **2.** Abundancia o exceso de un humor en el cuerpo. || **—de los tiempos.** Época de la Encarnación del Verbo divino, así llamada porque con ella se cumplieron los vaticinios de la ley antigua, que la anunciaban. || **P.** plenidão; **I.** plenitude, fullness; **F.** plénitude; **A.** Fülle; **It.** pienezza, plenitùdine; **R.** цельность, полнота.

PLENO, NA. (l. *plenus.*) adj. Lleno. || **2.** m. Reunión o junta general de una corporación.

★ **PLEOCROÍSMO.** m. Propiedad de algunos minerales, coloreados por transparencia, de ofrecer distintos colores según como se los observe.

★ **PLEOCROMATISMO.** m. MINERAL. Propiedad de ciertos cristales de ofrecer un color, observados en una posición, y el complementario cuando se les hace variar 90º en relación con la posición primera.

PLEON. (gr. πλέω, nadar.) m. ZOOL. Abdomen de los crustáceos, formado por varios segmentos, con un par de apéndices pequeños y relacionados con la función reproductora.

PLEONASMO. (l. *pleonasmus*, y éste del gr. πλεονασμός; de πλεονάζω, sobreabundar.) m. GRAM. Figura de construcción en que se emplean vocablos innecesarios, pero con los cuales se da fuerza a la expresión. || **2.** Redundancia de palabras. || **P.** e **It.** pleonasmo; **I.** pleonasm; **F.** pléonasme; **A.** Wortüberfluss; **R.** плеоназм.

PLEONÁSTICAMENTE. adv. Cometiendo pleonasmo.

PLEONÁSTICO, CA. (gr. πλεοναστικός.) adj. Perteneciente al pleonasmo, que lo encierra o incluye.

★ **PLEORAMA.** m. FÍS. Cuadro móvil cuyos efectos ópticos producen la impresión de alejarse o apartarse del observador.

PLEPA. f. fam. Persona, animal o cosa que tiene grandes defectos físicos o morales.

PLESÍMETRO. (gr. πλήσσω, golpear, y μέτρον, medida.) m. MED. Instrumento, formado generalmente de una capa de marfil o caucho endurecido, que se golpea con los dedos o con algo adecuado para explorar por percusión las cavidades naturales.

PLESIOSAURO. (gr. πλησίος, próximo, y σαῦρος, lagarto.) m. Paleont. Reptil gigantesco perteneciente al período geológico secundario y del que se hallan restos en estado fósil. Se cree que tenía la forma de un enorme lagarto.

PLETINA. (b. l. *plata*, lámina de metal, y éste del l. *platus*, ancho.) f. Pieza de hierro más ancha que gruesa.

PLÉTORA. (gr. πληθώρα; de πλήθω, estar lleno.) f. Med. Plenitud de sangre. || **2.** Med. Abundancia de otros humores, pero que en este caso se expresa cual es. || **3.** fig. Abundancia excesiva de alguna cosa. || P. pletora; I. plethora; F. pléthore; A. Vollblütigkeit; It. plètora; R. полнокровие.

PLETORÍA. f. ant. Med. Plétora.

PLETÓRICO, CA. (gr. πληθωρικός.) adj. Med. Que tiene plétora.

PLEURA. (gr. πλευρά, costado.) f. Zool. Cada una de las membranas serosas que, en los mamíferos, cubren las paredes de la cavidad torácica y la superficie de los pulmones. Se llama pulmonar la parte que está adherida a cada pulmón, y costal la que cubre las paredes. || P., I. e It. pleura; F. plèvre; A. Brustfell, Pleura; R. плевра.

PLEURAL. adj. Pleurítico, 2.ª acep.

PLEURESÍA. (De *pleura*.) f. Med. Enfermedad que consiste en la inflamación de la pleura. || **—crónica.** Pat. La que es generalmente tuberculosa y dura mucho tiempo. || **—doble.** Cuando afecta ambas pleuras. || **—serosa.** Pat. La aguda cuyo líquido de derrame es claro. || P. pleurisia; I. pleurisy; F. pleurésie; A. Brustfellentzündung; It. pleuresia; R. плеврит.

PLEURÍTICO, CA. (gr. πλευριτικός.) adj. Med. Que padece de pleuresía. Ú.t.c.s. || **2.** Zool. Perteneciente a la pleura.

PLEURITIS. (De *pleura*.) f. Med. Inflamación de la pleura.

PLEURODINIA. (gr. πλευρά, costado, y ὀδύνη, dolor.) f. Med. Dolor de los músculos de las paredes del pecho.

PLEURONECTO. m. Zool. Platija.

★ PLEXIGLÁS. m. Quím. Substancia sintética, transparente, flexible y ligera, empleada en la fabricación de vidrios inastillables y en otras muchas aplicaciones industriales.

PLEXO. (l. *plexus*, tejido, entrelazado.) m. Zool. Red formada por varios filamentos nerviosos o vasculares entrelazados. || **—sacro.** Zool. El constituido por las anastomosis que forman entre sí la mayoría de las ramas nerviosas sacras. || **—solar.** Red nerviosa que rodea a la arteria aorta ventral y procede especialmente del gran simpático y del nervio vago. || P. plexo; I. y F. plexus; A. Nervengeflecht; It. plesso; R. плетение.

PLÉYADAS. pl. Astron. Pléyades.

PLÉYADE. (l. *Pleiàdes*.) f. fig. Grupo de personas señaladas, especialmente en las letras, que florecen por el mismo tiempo.

PLÉYADES. (l. *Pleiàdes*, y éste del gr. Πλειάδες; de πλέω, navegar.) f. pl. Astron. Cúmulo de estrellas muy perceptible en la constelación del Toro, a modo de mancha blanquecina, entre las que se perciben a simple vista seis, y a veces, siete estrellas principales. || P. Plèiades; I. Pleiades; F. Plèiades; A. Plejades; It. Pleiadi; R. Плеяды.

PLICA. (l. *plica*.) f. Sobre cerrado y sellado en que se reserva algún documento o noticia que no debe publicarse hasta fecha determinada. || **2.** Med. Enfermedad consiste en aglomerarse el pelo de modo que al despegarlo brota la sangre.

★ PLICACIÓN. (l. *plicăre*, plegar, doblar.) f. Cir. Operación de formar pliegues con el fin de reducir el volumen de un órgano.

PLIEGO. (De *plegar*.) m. ant. Pliegue. || **2.** Porción o pieza de papel de forma cuadrangular de uno u otro tamaño doblada por el medio de donde toma su nombre. || En el papel impreso, los dobleces son dos o más. || **3.** Por ext., la hoja de papel que no se expende ni se usa doblada

como la de papel de marquilla o de marca mayor. || **4.** Conjunto de páginas de un libro o folleto cuando, en el tamaño de fábrica, no forman más que un pliego. || **5.** Papel o memorial comprensivo de las condiciones o cláusulas que se proponen en un contrato, una subasta, etc. || **6.** Carta o documento de cualquier clase que, cerrado, se envía de una parte a otra. || **7.** Conjunto de papeles contenidos en un mismo sobre o cubierta. || **—común.** El que tiene las dimensiones del papel sellado. || **—de cargos.** Resumen de las faltas que aparecen en un expediente contra el funcionario a quien se le comunica para que pueda contestar defendiéndose. || **—prolongado.** Pliego en el cual la proporción del largo con el ancho es diferente de la que corresponde a la marca ordinaria, resultando el pliego doblado más largo que los comunes. || Pliegos de *cordel*. Obras populares, como romances y coplas de ciego, historias y novelas cortas, comedias y vidas de santos que se imprimen en pliegos sueltos y para venderlos se solían colgar de unos bramantes puestos horizontalmente en los portales y tiendas. || 2.ª acep.: P. folha de papel; I. sheet; F. pli, feuille; A. Bogen; It. foglio; R. лист.

PLIEGUE. (De *plegar*.) m. Doblez, especie de pliegue o desigualdad que resulta en cualquiera de aquellas partes en que la tela o cosa flexible deja de estar lisa o extendida. || **2.** Doblez hecho para adorno. || **—cerebral.** Anat. Circunvolución cerebral. || P. dobra; I. fold; F. pli; A. Falte; It. piega; R. складка.

PLIEGUECILLO. (d. de *pliego*.) m. Medio pliego común doblado por la mitad a lo ancho.

PLINTO. (l. *plinthus*, y éste del gr. πλίνθος, ladrillo.) m. Arq. Parte cuadrada inferior de la base. || **2.** Base cuadrada de poca altura. || P. e It. plinto; I. plinth; F. plinthe; A. Säulenplatte, Sockel; R. основание.

PLIOCENO. (gr. πλεῖον, más, y καινός, reciente.) adj. Geol. Se dice del terreno que forma la parte superior del terciario y que es inmediatamente más moderno que el mioceno. Ú.t.c.s. || **2.** Geol. Perteneciente a este terreno.

○ PLISAR. (fr. *plisser*.) tr. Tronzar, fruncir, formar pliegues en las ropas.

PLOMADA. f. Estilo o barrita de plomo que sirve a los artífices para señalar o reglar una cosa. || **2.** Pesa de plomo o de otro metal que, colgada de una cuerda, sirve para señalar la línea vertical. || **3.** Azote hecho de correas, en cuyo remate había unas bolas de plomo. || **4.** Conjunto de plomos que se ponen en la red para pescar. || **5.** Acción y efecto de plomear. || **6.** Art. Plancha de plomo que se colocaba sobre el oído del cañón para preservar la pólvora de la humedad y evitar que se inflame la carga. || 2.ª acep.: P. prumo; I. plumb, plummet; F. fil à plomb; A. Reissschnur; It. piombino; R. лот, грузило.

PLOMADO, DA. p.p. de plomar.

PLOMAR. (l. *plumbāre*.) tr. Poner un sello de plomo pendiente de hilos en un instrumento, privilegio o diploma.

PLOMAZO. m. Golpe o herida que causa un perdigón disparado con arma de fuego.

PLOMAZÓN. (De *pluma*.) f. Almohadilla de cuero, pequeña, y rellena de plumón sobre la que se cortan los panes para dorar o platear.

PLOMBAGINA. (fr. *plombagine*, y éste del l. *plumbāgo*, *-inis*, mineral con mezcla de plomo.) f. Grafito.

PLOMEAR. intr. Cubrir el blanco los perdigones de un tiro con la amplitud, precisión y alcance correspondiente a las características del arma que dispara.

PLOMERÍA. f. Cubierta de plomo que se pone en los edificios. || **2.** Almacén o depósito de plomos. || **3.** Taller del plomero.

PLOMERO. m. El que trabaja o fabrica cosas de plomo.

PLOMIZO, ZA. adj. Se dice de lo que tiene plomo. || **2.** De color de plomo. || **3.** Parecido al plomo en alguna de sus cualidades.

PLOMO. (l. *plumbum*.) m. Metal pesado, dúctil, blando, fusible, gris aunque ligeramente azul, que al aire se toma con facilidad y que con los ácidos forma sales venenosas. || **2.** fig. Cualquiera pieza o pedazo de plomo. || **3.** fig. Persona pesada y molesta. || **—blanco.** Carbonato de plomo. || **—corto.** El que mezclado con arsénico se emplea en la fabricación de perdigones. || **—dulce.** El refinado. || **—pobre.** El escaso de plata. || **—rico.** El de abundante en plata. || Caer a plomo. fr. fig. y fam. Caer con todo el peso del cuerpo. || P. chumbo; I. lead; F. plomb; A. Blei; It. piombo; R. свинец.

PLOMOSO, SA. (l. *plumbōsus*.) adj. Plomizo. || **2.** C. Rica y Guat. Pesado y fastidioso.

PLORAR. (l. *plorāre*.) intr. ant. Llorar.

PLUMA. (l. *pluma*.) f. Cada una de las piezas de que está cubierto el cuerpo de las aves. || **2.** Pluma de ave, que cortada convenientemente en la extremidad del cañón, sirve para escribir. || **3.** Instrumento de metal, semejante al pico de la pluma de ave cortada para escribir, que sirve para el mismo efecto. || **4.** Adorno hecho de plumas. || **5.** fig. Cada una de las virutas que se sacan al tornear. || **6.** fig. Habilidad o destreza caligráfica. || **7.** fig. Escritor, autor de libros u otros escritos. || **8.** Estilo o manera de escribir. || **9.** fig. Profesión o ministerio del escritor. || **—de agua.** Unidad de medida que sirve para aforar las aguas y cuya equivalencia varía mucho según los países. || **—en sangre.** Cetr. La de las aves que no tienen el cañón seco, y por el humor rojo que suele tener, se le llama así. || **—estilográfica.** La de mango hueco lleno de tinta que fluye a los puntos de ella. || **—de oro.** Bot. Cuba. Planta de jardinería en forma de pluma. || **—viva.** La que se quita de las aves estando vivas para rellenar almohadas, etc., porque siempre se mantiene hueca. || Al correr de la pluma. A vuela pluma. locs. advs. figs. Con los verbos *escribir, componer* y otros semejantes, muy de prisa a merced de la inspiración, sin detenerse a meditar, sin vacilación ni esfuerzo. || *Dejar correr la* pluma. fr. fig. Escribir sin meditación. || **2.** fig. Dilatarse demasiado en la materia o punto que por escrito se va tratando. || *Hacer a* pluma *y a pelo.* fr. fig. y fam. Alusiva a la destreza del buen cazador, con que se denota a la persona dispuesta para empresas diversas. || *Llevar la* pluma a uno. fr. fig. y fam. Ser su amanuense. || *Vivir uno de su* pluma. fr. fig. Ganarse la vida escribiendo. || P. pena; I. feather; F. plume; A. Feder, Kielfeder; It. piuma, penna; R. перо. 3.ª acep.: P. pluma; I. pen; F. plume; A. Schreibfeder; It. penna; R. вечная ручка.

★ PLUMA. adj. C. Rica. Simpático.

PLUMADA. (De *pluma*.) f. Acción de escribir una cosa. || **2.** Rasgo o letra adornada que se hace sin levantar la pluma del papel. || **3.** Cetr. Plumas que han comido los halcones y las tienen aún en el buche. || **4.** Cetr. Plumas preparadas para que se traguen los halcones. || *Hacer la* plumada. fr. Cetr. Arrojar el azor las plumas que comió.

PLUMADO, DA. (l. *plumātus.*) adj. Que tiene plumas.

PLUMAJE. m. Conjunto de plumas que adornan y visten al ave. || **2.** Penacho de plumas que se pone por adorno. || **3.** Cetr. Clase de pluma con que se distinguen las diversas especies de aves de caza. || P. plumagem; I. y F. plumage; A. Gefieder; It. piumaggio; R. плюмаж.

PLUMAJEAR. tr. ant. Mover una cosa de un lado para otro como si fuera un plumaje.

PLUMAJERÍA. f. Cúmulo de plumajes.

PLUMAJERO. m. El que hace o vende plumas o plumajes.

PLUMARIA. (l. *plumaria.* t. f. de *-rius*, plumario.) adj. V. Arte plumaria.

PLUMARIO. (l. *plumarius.*) m. El que ejercita el arte plumaria.

PLUMAZO. (l. *plumacium.*) m. Colchón o almohada llena de pluma. || **2.** Trazo fuerte de pluma y especialmente el que se hace para tachar lo escrito. || *De un* plumazo. m. adv. fig. y fam. con que se deno-

P ta el modo expeditivo de abolir o suprimir una cosa.

PLUMAZÓN. (De *pluma*.) f. Plumajería.

PLUMBADO, DA. (l. *plumbātus*.) adj. Con sello cancilleresco de plomo.

PLUMBAGINA. f. Plombagina.

PLUMBAGINÁCEO, A. (De *plumbago*, nombre de un género de plantas.) adj. Bot. Se dice de las plantas angiospermas dicotiledóneas, con hojas sencillas, flores solitarias con frecuencia en espigas, fruto coriáceo o membranoso, con una sola semilla. Ú.t.c.s. ‖ **2.** f. pl. Bot. Familia de estas plantas.

PLUMBAGÍNEO, A. (l. *plumbāgo*, -*ĭnis*, belesa.) adj. Bot. Plumbagináceo.

★ **PLUMBAGINO.** (l. *plumbāgo*, -*ĭnis*, belesa.) m. Quím. Principio acre, casi insoluble en el agua, soluble en el alcohol y en el éter, descubierto en la raíz de la belesa.

PLÚMBEO, A. (l. *plumbĕus*.) adj. De plomo. ‖ **2.** fig. Que pesa como el plomo.

PLÚMBICO, CA. adj. Quím. Perteneciente o relativo al plomo.

PLUMEADO. (De *plumear*.) m. Pint. Conjunto de rayas semejantes a las que se hacen con la pluma para sombrear un dibujo. ‖ **2.** Escribir con pluma. ‖ **3.** r. Rep. Domin. Huir.

PLUMEAR. tr. Pint. Formar líneas con el lápiz o la pluma, para sombrear un dibujo. ‖ **2.** Escribir con pluma.

PLÚMEO, A. (l. *plumĕus*.) adj. Que tiene plumas.

PLUMERÍA. (De *plumero*.) f. Conjunto o abundancia de plumas.

PLUMERILLA. f. R. de la Plata. Mimosa de flor roja.

PLUMERÍO. m. Plumería.

PLUMERO. m. Mazo de plumas con que se quita el polvo. ‖ **2.** Vaso o caja donde se guardan las plumas. ‖ **3.** Ecuad., Colom., Venez. y P. Rico. Portaplumas. **P.** espanador; **I.** feather-duster; **F.** plumeau, plumasseau; **A.** Abstäuber, Federbesen; **It.** pennarolo; **R.** метёлка из перьев.

PLUMÍFERO, RA. (l. *pluma*, pluma, y *ferre*, llevar.) adj. poét. Se dice del que tiene o lleva plumas.

º **PLUMÍFERO.** m. Periodista, escritor mediocre.

PLUMILLA. f. d. de pluma. ‖ **2.** Bot. Plúmula.

PLUMIÓN. m. Plumón, 1.ª acep.

PLUMISTA. m. El que tiene por profesión escribir, y más regularmente, escribano. ‖ **2.** El que tiene o vende objetos de pluma.

★ **PLUMO, MA.** adj. Venez. Sosegado, tranquilo, sereno.

PLUMÓN. m. Pluma muy delgada, semejante a la seda, que tienen las aves debajo del plumaje exterior. ‖ **2.** Colchón lleno de esta pluma.

PLUMOSO, SA. (l. *plumōsus*.) adj. Que tiene pluma o mucha pluma.

PLÚMULA. (l. *plumŭla*, d. de *pluma*, pluma.) f. Bot. Yemecilla que en el embrión de la planta es rudimento del tallo.

PLURAL. (l. *plurālis*.) adj. Gram. V. *Número* plural. ‖ **2.** l. y pl. plural; **F.** pluriel; **A.** Mehrzahl; **It.** plurale; **R.** множественное число.

PLURALIDAD. (l. *pluralĭtas*, -*ātis*.) f. Multitud de algunas cosas. ‖ **2.** Calidad de ser más de uno. ‖ *A* pluralidad *de votos.* m. adv. Por mayoría. ‖ **P.** pluralidade; **I.** plurality; **F.** pluralité; **A.** Mehrheit, Vielheit; **It.** pluralità; **R.** множество.

PLURALIZAR. tr. Gram. Dar número plural a palabras que generalmente no lo tienen. ‖ **2.** Referir una cosa que es común en varios sujetos, pero sin generalizar. ‖ **P.** pluralizar; **I.** to pluralize; **F.** pluraliser; **A.** Pluralizieren; **It.** pluralizzare; **R.** употреблять во множественном числе.

PLURICELULAR. adj. Biol. Se dice de la planta o el animal de muchas células.

PLURILINGÜE. adj. Se aplica al que habla varias lenguas. ‖ **2.** Escrito en diversos idiomas.

º **PLURIVALENCIA.** f. Quím. Propiedad de los átomos de algunos elementos de manifestar diversas valencias. El cloro, por ejemplo, funciona unas veces como una valencia, o sea como manovalente, pe-

---

ro puede también obrar como trivalente, pentavalente y heptavalente.

PLUS. (l. *plus*, más.) m. Gratificación o sobresueldo que se da a la tropa en campaña, y en ocasiones extraordinarias. ‖ **2.** Cualquier gaje suplementario u ocasional. ‖ **3.** Cuba. Pluscafé.

★ **PLUSCAFÉ.** (l. *plus*, más, y de *café*.) m. Amér. Traguillo de licor que se toma después del café.

PLUSCUAMPERFECTO. (l. *plus*, más, *quam*, que, y *perfectus*, perfecto.) adj. Gram. V. *Pretérito* pluscuamperfecto. Ú.t.c.s. ‖ **P.** mas-que-perfeito; **I.** pluperfect, past perfect; **F.** plus-que-parfait; **A.** Vorvergangenheit; **It.** trapassato rimoto; **R.** плюсквамперфект

PLUS MINUSVE. loc. lat. Más o menos.

PLUSPETICIÓN. f. For. Exceso cuantitativo de la demanda sobre lo exigible o debido y excepción producida por tal causa.

PLUS ULTRA. loc. lat. Más allá.

PLUSVALÍA. f. Mayor valía.

PLÚTEO. (l. *plutĕus*.) m. Cada uno de los cajones o estantes de un armario de libros.

PLUTOCRACIA. (gr. πλουτοκρατια, gobierno de los ricos.) f. Preponderancia de los ricos en el gobierno del Estado. ‖ **2.** Predominio de la clase más rica de un país. ‖ **P.** plutocracia; **I.** plutocracy; **F.** plutocratie; **A.** Geldherrschaft; **It.** plutocrazia; **R.** плутократия

PLUTÓCRATA. com. Individuo de la plutocracia.

PLUTOCRÁTICO, CA. adj. Perteneciente o relativo a la plutocracia.

PLUTÓN. (l. *Pluto*, -*ōnis*.) m. Astron. Planeta descubierto en 1930, menor que la Tierra y distante del Sol cuarenta y nueve veces más que ella. Es invisible a simple vista.

PLUTONIANO, NA. adj. Plutónico. Se aplica más comúnmente a personas. Ú.t.c.s.

PLUTÓNICO, CA. adj. Geol. Perteneciente o relativo al plutonismo.

★ **PLUTONÍGENO, NA.** adj. Fís. Dícese de las pilas atómicas donde se transforma el uranio en plutonio.

PLUTONIO. m. Quím. Cuerpo simple radiactivo que se encuentra en pequeñas porciones en algunas variedades de blenda.

PLUTONISMO. (De *Plutón*, dios mitológico de las regiones subterráneas.) m. Geol. Sistema que atribuye la formación del globo a la acción del fuego interior.

PLUTONISTA. adj. Geol. Partidario del plutonismo. Ú.t.c.s.

PLUVIA. (l. *pluvĭa*.) f. ant. Lluvia. Ú. aún en poesía.

PLUVIAL. (l. *pluviālis*.) adj. V. *Agua, capa* pluvial.

PLUVÍMETRO. m. Pluviómetro.

PLUVIOMÉTRICO, CA. adj. Perteneciente o relativo al pluviómetro.

★ **PLUVIOMETRÍA.** (De *pluviómetro*.) f. Meteor. Arte de medir la cantidad de lluvia caída en una región determinada.

PLUVIÓMETRO. (l. *pluvia*, lluvia, y del gr. μέτρον, medida.) m. Aparato que sirve para medir la lluvia que cae en lugar y tiempo dados. ‖ **P.** pluviómetro; **I.** pluviometer; **F.** pluviomètre; **A.** Regenmeser; **It.** pluviòmetro; **R.** дождемер.

PLUVIOSO, SA. (l. *pluviōsus*.) adj. Lluvioso. ‖ **2.** m. Quinto mes del calendario republicano francés, cuyos días primero y último coincidían respectivamente con los días 20 de enero y 18 de febrero.

POA. f. Mar. Seno o doble seno de cabo cuyos chicotes se fijan en dos o tres puntos de cada una de las relingas de caída de las velas, y en el cual se hacen firmes las bolinas.

POBEDA. f. Sitio o lugar poblado de pobos.

POBLACIÓN. (l. *populatĭo*, -*ōnis*.) f. Acción y efecto de poblar. ‖ **2.** Número de personas que componen un pueblo, provincia, etc. ‖ **3.** Ciudad, villa o lugar. ‖ —**de derecho.** Estad. La que tiene su domicilio legal en el municipio en que está empadronada. ‖ —**de estrellas.** Astron. Tipo especial de estrellas que se distingue de otros análogos principalmente por su

---

constitución, origen cósmico y gasto, más o menos rápido, de su energía. El Sol pertenece a la llamada Población I. ‖ —**de hecho.** Estad. La presente en el momento del censo. ‖ —**flotante.** Estad. La que se halla de paso en una localidad y que varía constantemente con la llegada y salida de viajeros, contribuyendo a aumentar con su presencia la población de hecho. ‖ **2.ª** acep.: **P.** povoamento; **I.** y **F.** population; **A.** Bevölkerung; **It.** popolazione; **R.** население.

POBLACHO. (De *pueblo*.) m. despec. Pueblo ruin y destartalado.

POBLADA. f. Amér. Merid. Muchedumbre tumultuosa de gente. ‖ **2.** Chile. Gentío, turba.

POBLADO. (De *poblar*.) m. Población, ciudad o villa. ‖ **2.** Cuba. Acción de poblar en la acepción de realizar el establecimiento de un rancho.

POBLADOR, RA. adj. Que puebla. Ú.t.c.s. ‖ **2.** Fundador de una colonia. Ú.t.c.s.

POBLAMIENTO. (De *poblar*.) m. ant. Población, 1.ª acep.

POBLANO, NA. adj. Amér. Campesino, lugareño. Ú.t.c.s.

POBLANZA. (De *poblar*.) f. ant. Población.

POBLAR. (l. *popŭlus*, pueblo.) tr. Fundar a uno o más pueblos. Ú.t.c.intr. ‖ **2.** Ocupar con gente un sitio para que habite o trabaje en él. ‖ **3.** Por ext., se dice de animales y cosas. poblar *un monte.* ‖ **4.** Procrear mucho. ‖ **5.** r. Hablando de los árboles y otras cosas capaces de aumento, recibirlo en gran cantidad. ‖ **P.** povoar; **I.** to populate; **F.** peupler; **A.** bevölkern; **It.** popolare; **R.** заселять.

POBLAZO. m. Poblacho.

POBLAZÓN. f. ant. Población.

POBLEZUELO. m. d. de pueblo.

POBO. (l. *popŭlus*, álamo.) m. Álamo blanco.

POBRA. (De *pobre*.) adj. fam. desus. Se dice de la mujer que pedía limosna en las puertas. Usáb. t. c. s.

POBRAR. tr. ant. Poblar.

POBRE. (l. *pauper*, -*ĕris*.) adj. Necesitado, menesteroso y falto de lo necesario para vivir. Ú.t.c.s. ‖ **2.** Escaso y carente de alguna cosa para su entero complemento. ‖ **3.** fig. Humilde, de poco valor. ‖ **4.** fig. Infeliz, triste. ‖ **5.** fig. Pacífico, de buen genio o intención, corto de ánimo. ‖ **6.** For. Persona que reúne las circunstancias exigidas por la ley para concederle los beneficios de la defensa gratuita en el juicio civil o criminal. ‖ —**de solemnidad.** El que lo es de notoriedad. ‖ —**voluntario.** El que voluntariamente deja todo lo que posee, como los religiosos con el voto de pobreza. ‖ —**y soberbio.** El que teniendo necesidad de ayuda procura ocultarlo o el que dándole algo aún se cree merecedor de más. ‖ *Al* pobre, *el sol se le come.* ref. con que se expresa que al desvalido muy pocos le atienden. ‖ *No están bien dos* pobres *a una puerta.* fr. proverb. Que explica lo que molestan varios pretendientes a un mismo puesto. ‖ ¡pobre *de mí!* ¡Triste, infeliz de mí! ‖ **P.** pobre; **I.** poor; **F.** pauvre; **A.** arm; **It.** pòvero; **R.** бедный.

POBREDAD. (l. *paupertas*, -*ātis*.) f. ant. Pobreza.

POBREMENTE. adv. Escasamente, con necesidad.

POBRERÍA. (De *pobre*.) f. Pobretería.

POBRERO. m. El que en las comunidades tiene el encargo de dar limosna a los pobres. ‖ **P.** pobreiro; **I.** almoner; **F.** aumonier; **A.** Almosenverteiler; **It.** elemosiniere; **R.** сборщик подаяний.

POBRETA. (De *pobre*.) f. fig. y fam. Ramera.

POBRETE, TA. adj. d. de pobre. ‖ **2.** Desdichado, abatido. Ú.t.c.s. ‖ **3.** fam. Se dice del sujeto inútil y de corta habilidad, pero de buen natural. Ú.t.c.s.

POBRETEAR. (De *pobrete*.) intr. Comportarse como pobre.

POBRETERÍA. (De *pobrete*.) f. Conjunto de pobres. ‖ **2.** Escasez en las casas.

POBRETO. m. Pobrete, 2.ª acep.

POBRETÓN, NA. (aum. de *pobrete*.) adj. Se dice del muy pobre. Ú.t.c.s.

POBREZA. (De *pobre*.) f. Carencia de lo necesario para vivir. ‖ **2.** Falta, escasez.

P

3. Dejación voluntaria de todo lo que se posee y de todo lo que el amor propio puede juzgar necesario, de la cual hacen solemnemente voto los religiosos el día de su profesión. || **4.** Escaso haber de la gente pobre. || **5.** fig. Falta de magnanimidad, de gallardía, pobreza de ánimo. || *Ni te abatas por* POBREZA, *ni, te ensalces por riqueza.* ref. que indica que en ningún caso dejes de actuar con modestia y decoro. || POBREZA *no es vileza.* ref. que indica que nadie debe avergonzarse por vivir en necesidad y reprende a quien desprecia a los que la padecen. || POBREZA *nunca alza cabeza.* ref. que advierte que al pobre y al desvalido casi nadie atiende, ni ayuda. || **P.** pobreza; **I.** poverty, want; **F.** pauvreté; **A.** Armut; **It.** povertà; **R.** бедность, нужда.

POBREZUELO, LA. adj. d. de pobre.

POBRISMO. (De *pobre.*) m. Pobretería, 1.ª acep.

POCERO. (l. *putearius.*) m. El que hace pozos o trabaja en ellos. || **2.** El que limpia los depósitos o pozos. || **P.** poceiro; **I.** sewerman; **F.** puisatier; **A.** Brunnenmacher; **It.** votapozzi; **R.** землекоп.

POCILGA. (l. *porcilica*, de *porcile.*) f. Establo para ganado de cerda. || **2.** fig. y fam. Cualquier lugar asqueroso. || **P.** pocilga, curral; **I.** sty, hog-pen; **F.** porcherie, porcil; **A.** Schweinestall; **It.** porcile; **R.** свинарник.

POCILLO. (l. *pocillum.*) m. Tinaja o vasija empotrada en la tierra para recoger un líquido.

PÓCIMA. (De *apócima*, y éste de *apócema.*) f. Cocimiento medicinal de materias vegetales. || **2.** fig. Cualquiera bebida medicinal.

POCIÓN. (l. *potio, -ōnis;* de *potāre*, beber.) f. Bebida, 1.ª y 2.ª aceps. || **2.** FARM. Medicamento magistral líquido que se bebe. || **P.** poção; **I.** drink, beverage; **F.** potion, boisson; **A.** (Arznei)-Trank; **It.** pozione, bevanda; **R.** напиток.

POCO, CA. (l. *paucus.*) adj. Escaso, limitado y corto en calidad y cantidad. || **2.** m. Cantidad corta y escasa. || **3.** adv. Con escasez, menos de lo ordinario y preciso. || **4.** Empleado con verbos expresivos de tiempo denota poca duración. || **5.** Antepónese a otros adverbios, denotando idea de comparación. || *A* POCO. m. adv. ant. Por poco. || *A* POCO. m. adv. Corto espacio de tiempo después. || *De lo* POCO, POCO, *y de mucho, nada.* ref. que dice que los hombres en mediana fortuna parecen liberales y en haciéndose ricos son miserables. || *De* POCO *más o menos.* expr. fam. que se aplica a las personas o cosas de poca estimación. || *En* POCO. m. adv. Que da a entender que estuvo muy a punto de ocurrir una cosa. || *Goza de tu* POCO, *mientras busca más el loco.* ref. que reprende la desordenada fatiga con que aspiran los hombres a enriquecerse, pudiendo vivir más tranquilamente con lo que tienen. || *Lo* POCO *agrada y lo mucho enfada.* ref. que indica que aun las cosas más gratas cansan si son con exceso. || *Muchos* POCOS *hacen un mucho.* expr. proverb. Indica el cuidado que se debe tener con los desperdicios cortos, que continuados acarrean daño, porque repetidos hacen cúmulo. || POCO *a* POCO. m. adv. Despacio. || **2.** expr. empleada para contener al que se precipita. || *Por* POCO. m. adv. que denota que apenas faltó nada para que sucediera una cosa. || *Tener* uno *en* POCO a una persona o cosa. fr. No hacer aprecio de ella. || **P.** pouco; **I.** little; **F.** peu; **A.** wenig; **It.** poco; **R.** мало, немного.

POCOTÓN. (aum. de *poco.*) m. COLOM., PAN., P. RICO y PERÚ. Gran cantidad de una cosa.

PÓCULO. (l. *pocŭlum.*) m. Vaso para beber.

* **POCHA.** f. fam. CHILE. Mentira, embuste. || **2.** CHILE. Renacuajo.

* **POCHEQUERÍA.** f. PERÚ. Anemia infantil.

POCHO, CHA. adj. Descolorido. || **2.** fam. CHILE. Rechoncho. || **3.** Truncado, romo. || **4.** CHILE. Torpe.

° **POCHO, CHA.** adj. Podrido, dicho de los frutos.

* **POCHOCHO, CHA.** adj. CHILE. Rechoncho. || **2.** m. GUAT. Extremo terminal

---

del racimo de plátanos que está sin frutos.

* **POCHONGA.** f. CHILE. Pocha, mentira, embuste, bola.

POCHOTE. m. BOT. C. RICA y HOND. Caiba, 1.ª acep. || **2.** MÉJ. Barro.

PODA. f. Acción y efecto de podar. || **2.** Tiempo en que se ejecuta. || **P.** poda; **I.** pruning; **F.** émondage; **A.** Abästung; **It.** potagione; **R.** стрижка.

PODADERA. f. Herramienta acerada, con corte curvo, que se usa para podar. || **P.** podadeira; **I.** pruning-knife; **F.** serpette; **A.** Rebmesser; **It.** potatoio; **R.** садовые ножницы.

PODADOR, RA. adj. Que poda. Ú.t.c.s.

PODADURA. (De *podar.*) f. p.us. Poda.

PODAGRA. (l. *podagra*, y éste del gr. ποδάγρα; de πούς, ποδός, pie, y ἀγρέω, prender, agarrar.) f. MED. Enfermedad de gota y especialmente cuando se padece en los pies.

PODAR. (l. *putāre.*) tr. Cortar o quitar las ramas superfluas de los árboles, vides y otras plantas para que fructifiquen con más vigor. || **P.** podar; **I.** to prune; **F.** émonder; **A.** abästen, beschneiden; **It.** potare; **R.** подстригать.

PODATARIO. m. ant. Poderhabiente.

PODAZÓN. f. Tiempo o sazón para podar los árboles.

PODENCO, CA. adj. V. *Perro* PODENCO. || **2.** fig. y fam. V. *Vuelta de* PODENCO. || **3.** fig. y fam. V. *Cama de* PODENCOS.

PODENQUERO. m. Entre cazadores, el que tiene a cargo los podencos.

PODER. (De *poder*, 2.ª art.) m. Dominio, imperio, facultad o jurisdicción que uno tiene para mandar o ejecutar una cosa. || **2.** Fuerzas de un Estado, en especial militares. || **3.** Acto o instrumento en que consta la facultad que concede uno a otro para ejecutar una cosa. Ú. frecuentemente en pl. || **4.** Posesión actual o tenencia de una cosa. || **5.** Fuerza, poderío. || **6.** Suprema potestad rectora y coactiva del Estado. || **7.** pl. fig. Facultades, autorización para hacer una cosa. || **—constituyente.** El que corresponde al Estado para organizarse dictando y reformando sus constituciones. || **—ejecutivo.** En los gobiernos representativos, el que tiene a su cargo el gobernar el Estado y hacer observar las leyes. || **—judicial.** El que ejerce la administración de la justicia. || *A* PODER *de.* m. adv. A fuerza de. || *A su* PODER. m. adv. Con todo su poder o fuerzas. || *A todo* PODER. m. adv. Con todo el esfuerzo posible. || *De* PODER *a* PODER. m. adv. con que se da a entender que se ha discutido una cosa de una parte y otra con todas las fuerzas disponibles. || *Hacer un* PODER. fr. fig. y fam. con que se incita a que haga un esfuerzo para ejecutar una cosa el que dice no la puede realizar. || *Por* PODER. m. adv. Con intervención de un apoderado. || **P.** poder; **I.** power; **F.** pouvoir; **A.** Macht, Kraft; **It.** potere; **R.** сила, власть.

PODER. (l. *pŏtēre*, formado según *potes*, etc.) tr. Tener facultad para hacer una cosa. || **2.** Tener facilidad, tiempo o lugar para hacer una cosa. Ú.m. en negación. || **3.** impers. Ser posible que suceda una cosa. || **4.** GUAT. Fastidiar. || *A más no* PODER. m. adv. con que se denota que uno ejecuta una cosa forzado. || *No* PODER *con* uno. fr. No poder reducirlo a la razón. || *No* PODER uno *consigo mismo.* fr. fig. Aburrirse de sí mismo. || *No* PODER *más.* fr. con que se explica la precisión de hacer alguna cosa. || **2.** Estar fatigado y no poder continuar. || **3.** No tener tiempo o lugar para concluir lo que se está haciendo. || *No* PODER *parar.* fr. que explica el desasosiego que produce un dolor o especie molesta. || *No* PODERSE *tener.* fr. con que se denota la flaqueza de una persona o cosa. || *No* PODERSE *valer.* fr. Hallarse uno en estado de no poder remediar un daño que se avecina o evitar una acción. || *No* PODERSE *valer con* uno. fr. No poder reducirlo a lo que debe ejecutar. || *No* PODER *tragar* a uno. fr. fig. Tenerle aversión. || PODER a uno. fr. fam. Tener más fuerza que él, vencerlo en la lucha cuerpo a cuerpo. || *Por lo que* PUDIERE *tronar.* fr. Por lo que sucediere, y se dice cuando se trata de prevenir contra un riesgo. || *Quien no* PUE-

---

DA *andar, que corra.* ref. que se dice cuando se manda hacer algo difícil al que no puede hacer ni lo fácil. || *Si no* PUEDES *lo que quieres, quiere lo que* PUEDES. ref. que encarece la limitación justa de los deseos. || **P.** poder; **I.** may, can; **F.** pouvoir; **A.** können, vermögen; **It.** potere; **R.** мочь.

PODERDANTE. (De *poder* y *dante.*) com. Persona que da facultad a otro para que le represente en juicio o fuera de él.

PODERHABIENTE. (De *poder* y *habiente.*) com. Persona que tiene poder de otra para representarla, administrar una hacienda o ejecutar cualquier cosa.

PODERÍO. (De *poder*, 1.er art.) m. Facultad de hacer o impedir una cosa. || **2.** Hacienda, bienes. || **3.** Poder, señorío. || **4.** Potestad. || **5.** Vigor, facultad. || **P.** poderio; **I.** power, might; **F.** puissance; **A.** Gewalt; **It.** potenza, potestà; **R.** могущество.

PODEROSAMENTE. adv. Con potencia, vigorosamente.

PODEROSO, SA. adj. Se dice del que tiene poder. Ú.t.c.s. || **2.** Muy rico. Ú.t.c.s. || **3.** Grande, magnífico en su línea. || **4.** Activo, eficaz, que tiene virtud para una cosa. || **P.** poderoso; **I.** powerful, mighty; **F.** puissant; **A.** mächtig, gewaltig; **It.** possente, potente; **R.** могущественный.

PODÍATRA (PODIATRA.) (gr. πούς, ποδός, pie, y ἰατρός, médico.) m. AMÉR. Médico especialista en las enfermedades de los pies.

PODIENTE. p.a. ant. de *poder.* Que puede.

PODIO. (l. *podium*, y éste del gr. πόδιον.) m. ARQ. Pedestal largo en el que estriban varias columnas.

PODO. m. Desus. Poda.

PODÓMETRO. (gr. πούς, ποδός, pie, y μέτρον, medida.) m. Aparato de forma de reloj de bolsillo que cuenta el número de pasos que da la persona que lo lleva y la distancia recorrida.

PODÓN. m. Podadera grande y fuerte. || **2.** Herramienta para podar, con mango en forma de martillo y una boca en forma de hacha y la otra en forma de cuchillo.

PODRE. (l. *putris*, podrido.) f. Pus.

PODRECER. (l. *putrescĕre.*) tr. Pudrir. Ú.t.c.intr. y c.r.

PODRECIMIENTO. (De *podrecer.*) m. Podredura.

PODREDUMBRE. f. Calidad dañosa que pudre las cosas. || **2.** fig. Sentimiento hondo y no comunicado. || **3.** VETER. Enfermedad crónica de las ovejas. || **P.** podridão; **I.** rottenness; **F.** pourriture; **A.** fäuluis; Moder; **It.** putridame; **R.** гниение.

PODREDURA. (De *podrir.*) f. Putrefacción, corrupción.

PODRICIÓN. (De *podrir.*) f. Podredura.

PODRIDERO. m. Pudridero.

PODRIDO, DA. p.p. de podrir.

PODRIGORIO. (De *podrir.*) m. fam. Persona llena de achaques y dolencias.

PODRIMIENTO. m. Pudrimiento.

PODRIR. (l. *putrēre.*) tr. Pudrir. Ú. t.c.r.

* **PODSOL.** (Vocablo ruso, aludiendo al color que toma el suelo «bajo la ceniza».) m. En la fr. *suelos de* PODSOL. Tierras de color gris del norte de Europa, color que es debido al predominio de la meteorización humosa.

POEMA. (l. *poēma*, y éste del gr. ποίημα.) m. Obra en verso, o perteneciente por su género, aunque esté escrita en prosa, a la esfera de la poesía. || **2.** Suele también tomarse por poema épico. || **—sinfónico.** Composición para orquesta de forma libre y desarrollo sugerido por una idea poética u obra literaria. || **P.** e **It.** poema; **I.** poem; **F.** poème; **A.** Heldengedicht; **R.** поэма.

POEMÁTICO, CA. adj. Perteneciente o relativo al poema.

POESÍA. (l. *poĕsis*, y éste del gr. ποίησις.) f. Expresión artística de la belleza por medio de la palabra sujeta a la medida y cadencia, de que resulta el verso. || **2.** Arte de componer obras poéticas. || **3.** Arte de componer versos y obras en verso. || **4.** Género de producciones del entendimiento humano, que expresa lo bello por medio del lenguaje y cada una de las variedades de este género. || **5.** Fuerza

P de invención, riqueza de expresión, encanto indefinible, conjunto de cualidades que deben caracterizar el fondo de este género de producción del entendimiento humano, independiente de la forma externa. || **6.** Obra o composición en verso y especialmente las que pertenecen al género lírico. || **7.** Cierto indefinible encanto que en personas, en obras de arte y aun en cosas de la naturaleza física, halaga y suspende el ánimo infundiéndole suave deleite. || **P.** poesia; **I.** poetry; **F.** poésie; **A.** Gedicht, Poem; **It.** poesia; **R.** поэзия, стихи.

POETA. (l. *poëta*.) m. El que compone obras poéticas y está dotado de las facultades necesarias para componerlas. || **2.** El que hace versos. || **P.** e **It.** poeta; **I.** poet; **F.** poète; **A.** Dichter; **R.** поэт.

POETAR. (l. *poetāre*.) intr. ant. Poetizar.

POETASTRO. m. Mal poeta. || **P.** e **It.** poetastro; **I.** poetaster; **F.** rimailler, rimailleur; **A.** Reimschmied; **R.** стихоплёт.

POÉTICA. (l. *poetica*, y éste del gr. ποιητική, t. f. de -κός, poético.) f. Poesía, 2.ª acep. || **2.** Obra o tratado sobre los principios de poesía, en cuanto a su forma y esencia. || **P.** poética; **I.** poetics; **F.** poétique; **A.** Poetik, Dichtkunst; **It.** poètica; **R.** поэтика.

POÉTICAMENTE. adv. Con poesía, de manera poética.

POÉTICO, CA. (l. *poeticus*, y éste del gr. ποιητικός; de ποιέω, crear, producir.) adj. Perteneciente o relativo a la poesía. || **2.** Característico de la poesía, conveniente para ella.

POETISA. (l. *poetissa*.) f. Mujer que compone obras poéticas y está dotada de las facultades necesarias para componerlas. || **2.** Mujer que hace versos. || **P.** poetisa; **I.** poetess; **F.** poétesse, femme poète; **A.** Dichterin; **It.** poetessa; **R.** поэтесса.

POETIZACIÓN. f. Acción y efecto de poetizar.

POETIZAR. (De *poeta*.) intr. Componer obras poéticas o versos. || **2.** tr. Embellecer alguna cosa con el encanto de una poesía, darle carácter poético.

POETRÍA. (l. *poetria*, y éste del gr. ποιήτρια.) f. ant. Poesía.

★ **POICO, CA.** adj. CHILE. Se dice de la persona de edad provecta y de la fruta pasada. || **2.** m. CHILE. Poi.

POÍNO. (De *poyo*.) m. Codal que sirve de encaje y sustenta las cubas en las bodegas.

★ **POI-POI.** (arauc. *poypoin*, ahitarse, empacharse.) adj. CHILE. Satisfecho, harto.

POISA. (l. *pŭlsus*, arrojado.) f. LEÓN. Cáscara que envuelve a los granos de los cereales.

★ **POISE.** m. Fís. y Quím. Unidad de medida de la viscosidad o coeficiente de viscosidad de los líquidos.

★ **POJAR.** tr. CUBA. Aplastar la hierba el ganado al pasar.

POLA. (l. *popŭlus*, pueblo.) f. ant. Puebla, 1.ª acep.

POLACA. f. Prenda de vestir que usaban algunas clases militares. || **2.** CHILE. Chaqueta.

POLACADA. f. Acto despótico o de favoritismo. Tuvo origen este nombre aplicado por sus enemigos, a los actos buenos y malos del partido polaco que gobernó en España.

★ **POLACIURIA.** f. PAT. Ganas de orinar con frecuencia que sienten los enfermos de nefritis albuminosa.

POLACO, CA. adj. Dícese del natural de Polonia. Ú.t.c.s. || **2.** Perteneciente a este país de Europa. || **3.** Se dice del partido político que gobernó en España desde 1850 a 1854. Ú.t.c.s. || **4.** m. Lengua de los polacos, una de las eslavas. || **P.** polónio; polaco; **I.** Polish, Pole; **F.** polonais; **A.** Pole, polnisch; **It.** polacco; **R.** поляк.

★ **POLACO, CA.** adj. CHILE. Se dice del animal vacuno al que le faltan los cuernos.

POLACRA. (l. *polacra*.) f. Buque de cruz, de dos o tres palos enterizos y sin cofas.

POLAINA. (fr. *poulaine*, calzado, y éste del ant. fr. *poulanne*, piel de Polonia.) f. Especie de media calza, generalmente de paño o cuero, que cubre la pierna hasta la rodilla. || **P.** polaina; **I.** gaiter, legging;

F. guêtre; **A.** Gamasche; **It.** uosa; **R.** гетры.

POLAR. adj. Perteneciente o relativo a los polos. || **P., I.** y **A.** polar; **F.** polaire; **It.** polare; **R.** полярный.

POLARIDAD. (De *polar*.) f. Fís. Propiedad que tienen los agentes físicos de acumularse en los polos de un cuerpo y polarizarse. || **P.** polaridade; **I.** polarity; **F.** polarité; **A.** Polarität; **It.** polarità.

º **POLARIMETRÍA.** Procedimiento de análisis en el que se usa el polarímetro.

POLARÍMETRO. (De *polaridad* y *metro*.) m. Fís. Aparato destinado a medir el sentido y la extensión del poder rotatorio de un cuerpo sobre la luz polarizada.

POLARISCOPIO. m. Fís. Instrumento que averigua si un rayo de luz emana directamente de un foco o está ya polarizado.

POLARIZACIÓN. f. Fís. Acción y efecto de polarizar o polarizarse. || **P.** polirização; **I.** polarization; **F.** polarisation; **A.** Polarisation; **It.** polarizzazione; **R.** поляризация.

POLARIZAR. (De *polar*.) tr. Fís. Modificar los rayos luminosos por medio de la refracción o la reflexión, de tal forma que queden incapaces de refractarse o reflejarse de nuevo en ciertas direcciones. Ú.t.c.r. || **2.** r. Fís. Disminuir la corriente de una pila eléctrica aumentando la resistencia del circuito. || **3.** Concentrar la atención en una cosa. || **P.** polarizar; **I.** to polarize; **F.** polariser; **A.** polarisieren; **It.** polarizzare; **R.** поляризовать.

POLCA. f. Danza de movimiento rápido y de origen bohemio. || **2.** Música de esta danza.

POLCAR. intr. Bailar la polca.

PÓLDER. m. En los Países Bajos, terreno ganado al mar, y que, desecado, se cultiva.

POLEA. (fr. *poulie*.) f. Rueda acanalada en su circunferencia y móvil alrededor de un eje. Por el canal pasa una cuerda en cuyos extremos actúan la potencia y la resistencia. || **2.** Rueda metálica de llanta plana que se usa en las transmisiones por correas. || **3.** MAR. Motón de dos cuerpos, uno prolongación del otro, y con las roldadas en un mismo plano. || **—combinada.** La que forma parte de un sistema de poleas. || **—fija.** La que no cambia de sitio y en la que la resistencia se halla en un extremo de la cuerda. || **—movible.** La que cambia de sitio, y tiene un extremo de la cuerda asegurada a un punto fijo y la resistencia se sujeta a la armadura de la misma polea. || **—simple.** La que funciona sola e independiente. || **P.** pole; **I.** pulley; **F.** poulie; **A.** Flaschenzug; **It.** puleggia; **R.** ролик, блок.

POLEADAS. (De *polenta*.) f. pl. Gachas o puches.

POLEAME. m. Conjunto de poleas para una o más embarcaciones.

POLEMARCA. m. En la antigua Grecia, uno de los arcontes que era, a la vez, general del ejército.

POLÉMICA. (gr. πολεμική, t. f. de -κός, polémico.) f. Arte que enseña los ardides con que se debe ofender y defender cualquier plaza. || **2.** Controversia por escrito sobre materias teológicas, políticas, literarias o cualesquiera otras. || **P.** polémica; **I.** polemics; **F.** polémique; **A.** Polemik; **It.** polémica; **R.** полемика.

POLÉMICO, CA. (gr. πολεμικός; de πόλεμος, guerra.) adj. Perteneciente o relativo a la polémica.

POLEMISTA. (gr. πολεμιστής, combatiente.) com. Escritor que sostiene polémicas.

POLEMIZAR. intr. Sostener o entablar una polémica.

POLEMONIÁCEO, A. (De *polemonio*.) adj. BOT. Se dice de las plantas angiospermas, dicotiledóneas, de hojas generalmente alternas, flores casi siempre en corimbo, de corola con cinco pétalos, fruto capsular con tres divisiones y muchas semillas menudas de albumen carnoso. Ú.t.c.s.f. || **2.** f. pl. BOT. Familia de estas plantas.

POLEMONIO. (gr. πολεμώνιον.) m. Planta herbácea polemoniácea, de tallos rojizos, ramosos, hojas sentadas, flores olorosas, y fruto que encierra muchas simientes. Es originaria del Asia Menor. Hoy se

cultiva en los jardines porque conserva las hojas durante el invierno y da, en verano e invierno, muchas y hermosas flores.

POLEN. (l. *pollen*, flor de la harina.) m. BOT. Conjunto de granos diminutos contenidos en las anteras de las flores, cada una de ellas está formada por dos células, una de las cuales se divide en el momento de la fecundación, dando lugar a otras células hijas, que son gametos masculinos o espermatozoides. || **P.** pólem; **I.** y **F.** pollen; **A.** Blütenstaub; **It.** pòlline; **R.** пыльца.

POLENTA. (l. *polenta*, torta de harina.) f. Puches de harina de maíz.

POLEO. (l. *puleium*.) m. Planta herbácea anual, labiada, de tallo ramoso, hojas pequeñas y descoloridas, flores azuladas o moradas en verticilos separados. || **2.** fam. Jactancia en el andar o hablar. || **3.** fam. Viento frío y recio.

POLEVÍ. m. Ponleví.

PÓLEX. (l. *pollex*.) m. ant. Pólice.

POLI. (gr. πολύς, numeroso.) pref. que denota pluralidad. POLInomio.

POLIADELFOS. adj. BOT. Se dice de los estambres de una flor cuando sus filamentos están soldados entre sí, formando tres o más haces distintos. Ú. sólo en pl.

★ **POLIALDO, DA.** adj. ÓPT. Se dice del anteojo que da todas las especies de aumentos.

POLIANDRIA. (gr. πολύς, mucho, y ἀνήρ, ἀνδρός, varón.) f. Estado de la mujer casada simultáneamente con dos o más hombres. || **2.** BOT. Condición de la flor que tiene muchos estambres. || **P.** e **It.** poliandria; **I.** polyandry; **F.** polyandrie; **A.** Vielmännerei.

POLIANTEA. (gr. πολυανθής; de πολύς, mucho, y ἄνθος, flor.) f. Colección de noticias en materias diferentes y de distintas clases.

POLIARQUÍA. (gr. πολυαρχία.) f. Gobierno de muchos.

POLIÁRQUICO, CA. adj. Se dice de lo perteneciente o relativo a la poliarquía.

★ **POLIATOMICIDAD.** f. Quím. Propiedad de los átomos o moléculas de poder combinarse con más de un átomo de un cuerpo monovalente.

PÓLICE. (l. *pollex, -icis*.) m. Pulgar, 1.ª acep.

POLICÍA. (l. *politia*, y éste del gr. πολιτεία.) f. Buen orden que se conserva y guarda en las ciudades y repúblicas cumpliéndose las leyes u ordenanzas establecidas para su mejor gobierno. || **2.** Cuerpo encargado de velar por el orden público y la seguridad de los ciudadanos, a las órdenes de las autoridades políticas. || **3.** Cortesía, crianza. || **4.** ARGENT. Arenque. || **—judicial.** La que tiene por objeto la averiguación de los delitos públicos y la persecución de los criminales. || **—secreta.** Aquella en la que sus individuos no gastan uniforme con el fin de pasar inadvertidos. || **—urbana.** La que se refiere al cuidado de la vía pública en general. Está hoy encomendada a los ayuntamientos y a los alcaldes. || **P.** polícia; **I.** y **F.** police; **A.** Polizei; **It.** polizia; **R.** полиция.

POLICIACO, CA. [~CÍACO, CA.] adj. Perteneciente o relativo a la policía. Ú. a veces en sentido despectivo. || **2.** m. AMÉR. Agente de policía.

POLICIAL. adj. Perteneciente o relativo a la policía. || **2.** m. C. RICA, ECUAD. y CHILE. Agente de policía.

POLICITACIÓN. (l. *pollicitatio, -ōnis*.) f. Promesa que no ha sido aceptada todavía.

POLICLÍNICA. (gr. πολύς, numeroso, y *clínica*.) f. Consultorio, 2.ª acep.

POLICOPIA. f. Aparato para sacar varias copias de un escrito; copiador.

POLICROÍSMO. (gr. πολύχροια, gran variedad de colores.) m. MIN. y Fís. Propiedad de ciertos minerales, que ofrecen distinto color según se miren por reflexión o por refracción.

POLICROMÍA. f. Cualidad de policromo. || **P.** policromia; **I.** polychromy; **F.** polychromie; **A.** Mehrfarbigkeit; **It.** policromia; **R.** многоцвет.

POLICROMO, MA. (gr. πολύχρωμος.) adj. De varios colores. || **P.** policromo; **I.** y **F.** polychrome; **A.** buntfarbig; **It.** policromo; **R.** многоцветный.

POLICHINELA. m. Pulchinela. || **P.**

P

polichinelo; **I.** punchinello; **F.** polichinelle; **A.** Hanswurst; **It.** pulcinella; **R.** полишинель.

POLIDAMENTE. adv. ant. Pulidamente.

POLIDERO. m. ant. Pulidero o pulidor.

POLIDEZA. f. ant. Pulidez.

POLIDIPSIA. (gr. πολυδίψιος, sediento.) f. Necesidad de beber de continuo y abundantemente.

POLIDO, DA. adj. ant. Pulido.

POLIDOR. m. ant. Pulidor. || 2. **GERM.** Ladrón que vende lo que han robado otros.

POLIÉDRICO, CA. adj. **GEOM.** Perteneciente o relativo al poliedro.

POLIEDRO. (gr. πολύεδρος; de πολύς, mucho, y ἕδρα, cara.) adj. **GEOM.** V. *Ángulo* **POLIEDRO.** || 2. m. **GEOM.** Sólido limitado por superficies planas. || —**convexo.** **GEOM.** Aquel en que prolongando una cualquiera de sus caras queda todo él en una de las regiones del espacio formadas por el plano ilimitado de dicha cara. || —**regular.** **GEOM.** Aquel cuyas caras son polígonos regulares iguales y sus ángulos poliedros son también iguales entre sí. || **P.** e **It.** poliedro; **I.** polyhedron; **F.** polyèdre; **A.** Vielflächner; **R.** многогранник.

POLIFAGIA. (gr. πολυφαγία, voracidad.) f. Hambre canina, 1.ª acep.

POLÍFAGO, GA. (gr. πολυφάγος, voraz.) adj. Se aplica al que tiene polifagia.

POLIFARMACIA. (gr. πολύς, numeroso, y φάρμακον, medicamento.) f. Prescripción de gran número de medicamentos y abuso de ellos.

POLIFÁSICA. (gr. πολύς, mucho, y fase.) adj. **ELECTR.** Se aplica a la corriente eléctrica alterna, constituida por la combinación de varias corrientes monofásicas del mismo período, pero cuyas fases no concuerdan.

POLIFONÍA. (gr. πολυφωνία, mucha voz.) f. **Mús.** Conjunto de sonidos simultáneos en que cada uno expresa su idea musical, pero formando con los demás un tono armónico.

POLIFÓNICO, CA. adj. Perteneciente o relativo a la polifonía.

POLÍFONO, NA. adj. Polifónico.

POLÍGALA. (l. *polygăla*, éste del gr. πολύγαλον; de πολύς, mucho, y γάλα, leche, porque su pasto de leche abundante a las vacas.) f. **BOT.** Planta herbácea poligalácea con tallos delgados, hojas opuestas, enteras, flores en espigas laxas, raíz perenne de sabor amargo, algo aromático. || **P.** polígala; **I.** polygala; **F.** polygale; **A.** Kreuzblume; **It.** poligala.

POLIGALÁCEO, A. (De *poligala*.) adj. **BOT.** Se dice de las plantas angiospermas dicotiledóneas, de hojas sencillas, flores hermafroditas en espigas terminales, fruta en cápsula o en drupa con semillas de albumen carnoso o nulo. Ú.t.c.s.f. || 2. f. pl. **BOT.** Familia de estas plantas.

POLIGÁLEO, A. (De *poligala*.) adj. **BOT.** Poligaláceo.

POLIGALIA. (gr. πολύς, mucho, y γάλα, leche.) f. **MED.** Exceso de secreción láctea en las paridas.

POLIGAMIA. (l. *polygamia*, y éste del gr. πολυγαμία.) f. Estado o calidad de polígamo. || 2. Régimen familiar en que permite al varón tener pluralidad de esposas. || **P.** poligamia; **I.** polygamy; **F.** polygamie; **A.** Vielweiberei; **It.** poligamia; **R.** полигамия.

POLÍGAMO, MA. (gr. πολύγαμος; de πολύς, mucho, y γαμέω, casarse.) adj. Se aplica al hombre que tiene al mismo tiempo varias mujeres en calidad de esposas. Ú.t. c.s. || 2. Por ext. y p. us. Se dice del que sucesivamente las tuvo. || 3. **BOT.** Se aplica a las plantas que tienen en uno o más pies flores masculinas, femeninas y hermafroditas. || 4. **ZOOL.** Se dice del animal que se junta con varias hembras, y de la especie a que pertenece.

POLIGENISMO. (gr. πολύς, numeroso, y γένεσις, generación.) m. Doctrina que admite variedad de orígenes en la especie humana, en contraposición al monogenismo.

POLIGENISTA. m. El que profesa el poligenismo.

POLIGINIA. f. Condición de la flor que tiene muchos pistilos.

POLIGLOTÍA. (De *polígloto*.) f. Conocimiento práctico de varios idiomas.

POLÍGLOTO, TA [POLIGLOTO, TA]. (gr. πολύγλωττος; de πολύς, mucho, y γλῶττα, lengua.) adj. Escrito en varios idiomas. || 2. Se aplica también a la persona que habla varios idiomas. Ú.m.c.s. com. || 3. f. La Sagrada Biblia escrita en varios idiomas. || **P.** poliglota; **I.** polyglot; **F.** polyglotte; **A.** vielsprachig; **It.** poliglotta; **R.** полиглот.

POLIGONÁCEO, A. (l. *polygŏnus*, y éste del gr. πολύγονον; de πολύς, mucho, y γόνυ, nudo.) adj. **BOT.** Se dice de las plantas angiospermas dicotiledóneas, de tallos ramosos, cuyos frutos son aquenios con una sola semilla. Ú.t.c.s.f. || 2. f. pl. **BOT.** Familia de estas plantas.

POLIGONAL. adj. **GEOM.** Perteneciente o relativo al polígono. || 2. Se dice del prisma o pirámide cuyas bases son polígonos.

POLÍGONO, NA. (gr. πολύγωνος; de πολύς, mucho, y γωνία, ángulo.) m. **GEOM.** Porción de plano limitado por líneas rectas. || —**de fuerzas.** **MEC.** Polígono de lados paralelos y proporcionales a las fuerzas que actúan sobre un punto, y la dirección de las cuales a lo largo del polígono es cíclica y cuya resultante es el lado que debe trazarse para que éste quede cerrado. || —**exterior.** **FORT.** El que se forma tirando líneas rectas de punta a punta de todos los baluartes de una plaza. || —**interior.** **FORT.** Figura compuesta de las líneas que forman las cortinas y semigolas. || —**funicular.** **MEC.** Forma poligonal que toma un hilo extensible en equilibrio, bajo la acción de fuerzas aplicadas en algunos o muchos de sus puntos. || **P.** polígono; **I.** polygon; **F.** polygone; **A.** Vieleck, Polygon; **It.** poligono; **R.** многоугольник.

★ **POLIGONOMETRÍA.** f. **MAT.** Arte de calcular la medida de los polígonos por medio de análisis.

POLIGRAFÍA. (gr. πολυγραφία) f. Arte de escribir por diferentes modos de suerte que resulte ininteligible para todos menos para el que pueda descifrarlo. || 2. Arte de descifrar los escritos de esta clase. || 3. Ciencia del polígrafo.

POLIGRÁFICO, CA. adj. Se dice de lo perteneciente o relativo a la poligrafía.

POLÍGRAFO. (gr. πολυγράφος; de πολύς, mucho, y γράφω, escribir.) m. El que se dedica al estudio de la poligrafía. || 2. Autor que ha escrito sobre materias diferentes. || 3. **MED.** Estigmógrafo que registra a la vez el pulso arterial, el venoso, y el latido de la punta del corazón. || **P.** polígrafo; **I.** polygraph; **F.** polygraphe; **A.** Polygraph; **It.** poligrafo; **R.** полиграфист.

★ **POLIGRIYO.** m. **ARGENT.** Individuo que no tiene trabajo.

POLILLA. (l. *papilella*, de *papilio*, como paulilla.) f. Mariposa nocturna con una mancha negra en las alas, cabeza amarillenta y antenas casi verticales. Su larva se alimenta de borra y hace una especie de capullo, destruyendo para ello la materia donde anida. || 2. Larva de este insecto. || 3. fig. Lo que destruye, casi sin sentir, una cosa. | *Comerse* uno *la* **POLILLA.** fr. fig. y fam. con que se da a entender que lo van comiendo lentamente las pasiones. | *No tener* uno **POLILLA** *en la lengua.* fr. fig. y fam. Decir francamente lo que se siente. || **P.** traça; **I.** moth; **F.** mite; **A.** Motte, Kleidermotte; **It.** tignola; **R.** моль.

POLIMATÍA. f. Sabiduría que abarca conocimientos diversos.

POLIMENTO. m. ant. Pulimento.

★ **POLIMERIZACIÓN.** f. **QUÍM.** Proceso mediante el cual se originan cuerpos polímeros.

★ **POLÍMERO, RA.** adj. **QUÍM.** Se dice de los cuerpos que con igual composición química tienen pesos moleculares múltiplos unos de otros, pues varias moléculas idénticas están unidas formando una sola.

POLIMETRÍA. (gr. πολύς, mucho, y μέτρον, medida.) f. **RET.** Variedad de metros en una misma composición.

POLIMÉTRICO, CA. adj. Se dice de la composición poética escrita en varias clases de metro.

POLÍMITA. (l. *polymīta*, t. f. de -*tus*, y éste del gr. πολύμιτος; de πολύς, mucho, y μίτος, hilo.) adj. Se aplica a la ropa tejida en hilos de varios colores.

POLIMORFISMO. (De *polimorfo*.) m. **QUÍM.** Propiedades de los cuerpos que pueden cambiar de forma sin cambiar de naturaleza.

POLIMORFO, FA. (gr. πολύμορφος; de πολύς, numeroso, y μορφή, forma.) adj. **QUÍM.** Que puede tener varias formas.

POLÍN. m. Rodillo, 1.ª acep. || 2. Trozo de madera prismático, de longitud variable, que sirve en los almacenes para levantar del suelo diversos objetos. || 3. **COLOM.** Traviesa de madera.

POLINCHE. m. **GERM.** El que encubre o fía ladrones.

POLINESIO, SIA. adj. Perteneciente o relativo a la Polinesia. || 2. Se aplica a los habitantes de este país. Ú.t.c.s.

POLINEURITIS. (gr. πολύς, mucho, y νεῦρον, nervio.) f. **MED.** Inflamación simultánea de varios nervios periféricos.

POLINIZACIÓN. (l. *pollen*, -*inis*.) f. **BOT.** Paso o tránsito del polen desde el estambre hasta el pistilo donde germina.

POLINOMIO. (gr. πολύς, mucho, y νόμος, división.) m. **ÁLG.** Expresión que consta de más de un término, generalmente se dice de las que pasan de dos. || **P.** polynomio; **I.** polynomial; **F.** polinôme; **A.** Polynom; **It.** polinomio; **R.** многочлен.

POLIO. (l. *polion*, y éste del gr. πόλιον.) m. Zamarrilla.

POLIOMIELITIS. (gr. πολιός, gris, y μιελός, medula.) f. **MED.** Grupo de enfermedades agudas o crónicas, producidas por la lesión de las astas anteriores de la medula. Sus síntomas principales son la atrofia y parálisis de los músculos correspondientes a las lesiones medulares.

★ **POLIOPIA.** f. **MED.** Estado de la visión mediante el cual el ojo ve figuras múltiples. || —**monoftálmica.** **MED.** La que es de un solo ojo.

★ **POLIORAMA.** m. **FÍS.** Especie de panorama en que la superposición progresiva de sus diversos cuadros permite transformaciones espectaculares ante el observador.

POLIORCÉTICA. (gr. πλιορκητική.) f. Arte de atacar y defender las plazas fuertes.

POLIPASTO. m. Polispasto.

POLIPERO. (De *pólipo*, 1.ª acep.) m. **ZOOL.** Masa de naturaleza quitinosa, de ordinario ramificada y que producen los pólipos de una misma colonia. La acumulación de poliperos calcáreos en grandes cantidades forman en los mares tropicales escollos, arrecifes y aun islas.

POLIPÉTALA. (gr. πολύς, mucho, y de *pétalo*.) adj. **BOT.** Se dice de las corolas y de las flores con muchos pétalos.

PÓLIPO. (l. *polўpus*, y éste del gr. πολύπους; de πολύς, mucho, y πούς, pie.) m. **ZOOL.** Una de las dos formas que aparecen en la generación alternante de muchos celentéreos. || 2. **MED.** Tumor de estructura diversa que crece en las membranas mucosas de varias cavidades. || 3. **ZOOL.** Cualquier individuo adulto de la clase de los celentéreos antozoos. || **P.** pólipo; **I.** polyp, polype; **F.** polype; **A.** Polyp; **It.** pólipo; **R.** полип.

POLIPODIÁCEO, A. (De *polypodium*, nombre de un género de plantas.) adj. **BOT.** Se dice de los helechos no arborescentes con frondas pinadas en general, con esporangios en el envés. Ú.t.c.s.f. || 2. f. pl. **BOT.** Familia de estas plantas.

POLIPODIO. (l. *polypodium*, y éste del gr. πολυπόδιον, d. de πολύπους, de muchos pies.) m. **BOT.** Planta considerada como tipo de la familia de las polipodiáceas.

POLIPTOTON. (l. *polyptōton*, y éste del gr. πολύπτωτον, que tiene muchos casos.) f. **RET.** Traducción, 4.ª acep.

POLIR. tr. ant. Pulir.

POLISARCIA. (l. *polysarcia*, y éste del gr. πολυσαρκία.) f. **MED.** Obesidad.

POLISEMIA. (gr. πολύς, vario, y σῆμα, significación.) f. **GRAM.** Pluralidad de significados de una palabra.

POLISÉPALO, LA. (gr. πολύς, mucho,

P y de *sépalo*.) adj. Bot. De muchos sépalos. Se dice de las flores o de sus cálices.

POLISÍLABO, BA. (l. *polysylăbus*, y éste del gr. πολυσύλλαβος; de πολύς, mucho, y συλλαβή, sílaba.) adj. Se aplica a la palabra que consta de varias sílabas. Ú.t.c.s.m. ‖ **P.** polissílabo; **I.** polysyllable; **F.** polysyllabe; **A.** mehrsilbig; **It.** polisillabo; **R.** многосложный.

POLISÍNDETON. (l. *polysyndĕton*, y éste del gr. πολυσύνδετον; de πολύς, mucho, y συνδέω, atar.) m. Ret. Figura que consiste en emplear repetidamente las conjunciones para dar fuerza o energía a la expresión de los conceptos.

POLISINTÉTICO, CA. (gr. πολύς, mucho, y *sintético*.) adj. Se dice del idioma en que se unen diversas partes de la frase formando palabras de muchas sílabas.

POLISÓN. m. Armazón que, atada a la cintura, se ponían las mujeres para que abultasen los vestidos por detrás.

POLISPASTO. (l. *polyspasto*, y éste del gr. πολύσπαστον; de πολύς, mucho, y σπάω, tirar.) m. Aparejo I.ª acep. ‖ **P.** aparelho de polés; **I.** tackle; **F.** polyspaste, palan; **A.** Heberolle; **It.** polipasto, paranco; **R.** сбруя.

POLISTA. (De *polo*, 3.ᵉʳ art.) m. Indígena o mestizo de Filipinas, que presta servicios en los trabajos comunales.

POLISTA. com. Jugador de polo. Ú.t.c.adj.

POLISTILO, LA. (gr. πολύστυλος; de πολύς, mucho, y στῦλος, columna.) adj. Arq. Que tiene muchas columnas. ‖ 2. Bot. Que tiene muchos estilos.

POLITÉCNICO, CA. (gr. πολύτεχνος; de πολύς, mucho, y τέχνη, arte.) adj. Que abarca muchas ciencias o artes.

POLITEÍSMO. (gr. πολύς, mucho, y θεός, de dios.) m. Doctrina de los que creen en la existencia de muchos dioses. ‖ **P.** politeísmo; **I.** polytheism; **F.** polythéisme; **A.** Vielgötterei; **It.** politeismo; **R.** политеизм.

POLITEÍSTA. adj. Perteneciente o relativo al politeísmo. ‖ 2. Que profesa el politeísmo. Ú.t.c.s.

POLÍTICA. (l. *politice*, y éste del gr. πολιτική, t. f. de -χός, político.) f. Arte u opinión referente al gobierno de los estados. ‖ 2. Actividad de los que rigen o aspiran a regir los asuntos públicos. ‖ 3. Cortesía. ‖ 4. Por ext., arte o traza con que se conduce un asunto o se emplean los medios para alcanzar un fin determinado. ‖ **P.** política; **I.** pilitics; **F.** politique; **A.** Politik; **It.** politica; **R.** политика.

POLÍTICAMENTE. adv. Conforme a las leyes o reglas de la política.

POLITICASTRO. m. despect. El que politiquea.

POLÍTICO, CA. (l. *politicus*, y éste del gr. πολιτικός; de πόλις, ciudad.) adj. Perteneciente o relativo a la política, I.ª y 2.ª aceps. ‖ 2. Cortés, urbano. ‖ 3. Versado en las cosas del gobierno y negocios del Estado. Ú.t.c.s. ‖ 4. Aplicado a un nombre significativo de parentesco por consanguinidad, denota el correspondiente por afinidad. ‖ **P.** político; **I.** politician; **F.** politique; **A.** Staatsmann; **It.** politico; **R.** политический.

° **POLÍTICO.** adj. Reservado, frío, dicho de quien en su trato así lo es.

POLITICÓN, NA. (aum. de *político*.) adj. Que se distingue por su exagerada cortesía. Ú.t.c.s. ‖ 2. Que muestra extremada afición a los asuntos públicos.

POLITIQUEAR. tr. Bastardear los fines de la actuación política o envilecer sus modos.

POLITIQUEO. m. fam. Acción y efecto de politiquear.

POLITIQUERÍA. f. Politiqueo. ‖ 2. Colom. fam. Cosas de política.

★ **POLITIQUERO, RA.** adj. Perteneciente o relativo a la politiquería. ‖ 2. Se aplica a la persona que anda en politiquerías. Ú.t.c.s. ‖ 3. P. Rico. Politicón, cortés en demasía.

° **POLITIQUERO.** m. Amér. Politicastro.

★ **POLITROPIA.** f. Mineral. Fenómeno que se observa en ciertos cristales en los que las secciones principales de sus láminas forman entre sí ángulos diferentes.

POLIURIA. (gr. πολύς, mucho, y οὖρον,

orina.) f. Med. Secreción y excreción de gran cantidad de orina.

POLIVALENTE. (gr. πολύς, mucho, y el l. *valens, -entis*.) adj. Med. Dotado de varias valencias y eficacias. Se aplica principalmente a los sueros y vacunas curativas cuando poseen acción contra varios microbios.

POLIVALVO, VA. (gr. πολύς, mucho y de *valva*.) adj. Zool. Se aplica a los testáceos cuya concha tiene más de dos valvas.

PÓLIZA. (ital. *polizza*, y éste del gr. ἀπόδειξις, indicación.) f. Libranza o instrumento en que da la orden para percibir o cobrar algún dinero. ‖ 2. Guía o instrumento que acredita ser legítimos, y no de contrabando, los géneros y mercancías que se llevan. ‖ 3. Papeleta de entrada para alguna función religiosa o seglar. ‖ 4. Papel anónimo, pasquín. ‖ 5. Documento justificativo del contrato en seguros, fletamentos, operaciones en bolsa y otras negociaciones comerciales. ‖ 6. Sello suelto con que se satisface el impuesto del timbre en determinados documentos. ‖ **P.** apólice; **I.** policy; **F.** police; **A.** Police; **It.** pòlizza; **R.** полис, чек.

POLIZÓN. (fr. *polisson*, vagabundo, y éste del l. *politio, -ōnis*.) m. Sujeto ocioso y sin destino, que anda de corrillo en corrillo. ‖ 2. El que se embarca clandestinamente.

★ **POLIZÓN.** m. Ecuad. Aguja de oro que las mujeres usan para sujetarse el pelo. ‖ 2. Ecuad. Borlita de perlas que adorna los pendientes.

POLIZONTE. m. despect. Policía, 5.ª acep.

POLO. (l. *polus*, y éste del gr. πόλος.) m. Cualquiera de los dos extremos del eje de rotación de una esfera o cuerpo redondeado dotado de este movimiento. ‖ 2. fig. Aquello en que estriba una cosa y sirve como de fundamento de otra. ‖ 3. Fís. Cualquiera de los dos puntos opuestos de un cuerpo, en los cuales se acumula en mayor cantidad la energía de un agente físico, como el magnetismo en los extremos de un imán. ‖ 4. Geom. En las coordenadas polares, punto en que se escoge para trazar desde él los radios vectores. ‖ —**antártico.** Astron. y Geogr. El opuesto al ártico. ‖ —**ártico.** Astron. y Geogr. El de la esfera celeste inmediato a la Osa Menor, y el correspondiente del globo terráqueo. ‖ —**de un círculo en la esfera.** Geom. Cualquiera de los dos extremos del diámetro perpendicular al plano del círculo mismo. ‖ —**gnomónico.** Punto determinado en la superficie o faz del reloj de sol por la intercesión con ella de la línea paralela al eje del mundo, tirada por la extremidad del gnomon. ‖ —**magnético.** Cada uno de los puntos del globo terrestre situados en las regiones polares, adonde se dirigen naturalmente la aguja imantada. ‖ *De* POLO *a* POLO. m. adv. fig. con que se pondera la distancia grande que hay de una parte a otra, o entre dos opiniones, doctrinas, etc. ‖ **P.** pólo; **I.** pole; **F.** pôle; **A.** Pol, Edrpol; **It.** polo; **R.** полюс.

POLO. m. Cierto baile y canto popular de Andalucía.

POLO. m. Prestación personal redimible en metálico impuesta en Filipinas a los varones de cierta edad y condiciones.

POLO. m. Juego entre grupos de jinetes que, con mazas de astiles largos, lanzan sobre el césped del terreno una bola, observando ciertas reglas. ‖ **P., I., F.** e **It.** polo; **A.** Polo (spiel); **R.** поло.

★ **POLOLA.** (De *pololo*.) f. fam. Chile y Ecuad. Muchacha coqueta. ‖ 2. Chile y Ecuad. Mujer impertinente y molesta.

POLOLEAR. (De *pololo*.) tr. Amér. Molestar. ‖ 2. Chile. Galantear, requebrar.

★ **POLOLIENTO, TA.** (De *pololo*.) adj. Chile. Importuno, molesto, pesado.

POLOLO. (Voz araucana.) m. Chile. Insecto fitófago y que al volar produce zumbido como el moscardón. Tiene la cabeza pequeña, el cuerpo con un surco por encima y verrugas, los élitros cortos y de hermoso color verde.

POLONÉS, SA. adj. Polaco. Apl. a pers. ú.t.c.s.

POLONESA. (De *polonés*.) f. Prenda femenina a modo de gabán corto. ‖ 2. Mús. Composición que imita danza y canto polacos, y que sincopa las dos primeras notas en cada compás, imprimiendo así un ritmo especial.

POLONIA. n. p. V. *Trigo de* POLONIA.

POLONIO. m. Metal semejante al bismuto, considerado producto de la desintegración del radio. Es radiactivo.

POLONO, NA. adj. ant. Se aplica al polaco. Apl. a pers. usáb.t.c.s.

★ **POLTRA.** f. Chile. Ropas de la cama.

POLTRÓN, NA. (ital. *poltrone*.) adj. Flojo, haragán.

POLTRONERÍA. (De *poltrón*.) f. Pereza, aversión al trabajo. ‖ **P.** poltronaria; **I.** sluggishness; **F.** fainéantise; **A.** Faulheit, Arbeitsscheu; **It.** poltroneria; **R.** лень.

POLTRONIZARSE. r. Hacerse poltrón.

POLUCIÓN. (l. *pollutio, ōnis*.) f. Efusión del semen. ‖ **P.** polução; **I.** y **F.** pollution; **A.** nächtlicher Samenerguss; **It.** poluzione; **R.** поллюция.

POLUTO, TA. (l. *pollūtus*, p.p. de *polluĕre*, profanar, manchar.) adj. Sucio, inmundo.

PÓLUX. (l. *Pollux*, héroe mitológico, hermano de Cástor.) m. Astron. Estrella de primera magnitud en la constelación de los Gemelos.

POLVAREDA. (De *pólvora*, polvo.) f. Cantidad de polvo que se levanta de la tierra, agitada por el viento o por otra causa cualquiera. ‖ 2. fig. Efecto causado entre las gentes por dichos o hechos que las alteran o apasionan. ‖ **P.** poierada; **I.** (cloud of) dust; **F.** tourbillon de poussière; **A.** Staubwolke; **It.** polverio; **R.** облако пыли.

POLVERA. f. Vaso de tocador que sirve para contener los polvos y la borla con que se aplican. ‖ **P.** caixa para pó; **I.** puff-box; **F.** poudrier; **A.** Puderdose; **It.** portacipria; **R.** пудреница.

POLVERÍO. And. Polvareda, I.ª acep.

POLVIFICAR. (De *polvo*, y el sufijo *ficar*, a semejanza de santificar, etc.) tr. fam. Pulverizar.

POLVILLO. f. d. de polvo. ‖ 2. Amér. Nombre común de los hongos que atacan a los cereales.

POLVO. (l. *pulvus*, por *pulvis*.) m. Parte más menuda y deshecha de la tierra muy seca. ‖ 2. Lo que queda de otras partes sólidas, moliéndolas hasta reducirlas a partes menudas. ‖ 3. Partículas de sólidos que flotan en el aire y se posan sobre los objetos. ‖ 4. pl. Los que se hacen de almidón, de harina, de cascarilla de huevo, etc., o se usan como afeite. ‖ —**de arroz.** El obtenido de esta semilla, muy usado en el tocador femenino. ‖ —**de batata.** Conserva muy dulce que se hace con la batata desmenuzada. ‖ —**de juanes.** Mercurio precipitado rojo, inventado por el célebre cirujano español Juan de Vigo. ‖ —**de la madre Celestina.** fig. y fam. Modo secreto y maravilloso con que se hace una cosa. ‖ *De aquellos* POLVOS *vienen estos lodos.* ref. con que denota que muchos males que se padecen provienen de errores cometidos anteriormente. ‖ *El* POLVO *de la oveja alcohol es para el lobo.* ref. con que se denota lo poco que se repara en el daño que puede seguir cuando se logra un gusto que se pretende. ‖ *Estar* uno *hecho* POLVO. fr. fig. y fam. Estar o sentirse sumamente abatido por las preocupaciones, la adversidad o la falta de salud. ‖ *Hacerle* a uno POLVO. fr. fig. y fam. Aniquilarle. ‖ *Hacer morder el* POLVO a uno. fr. fig. Rendirle, vencerle en la pelea. ‖ *Limpio de* POLVO *y paja.* expr. fig. y fam. Dado o recibido sin trabajo ni gravamen. ‖ 2. fig. y fam. Se dice del producto líquido quitadas las expensas. ‖ *Matar el* POLVO. fr. fig. Regar el suelo para que no se levante el polvo. ‖ *Sacar* POLVO *debajo del agua.* fr. fig. y fam. con que se denota la sagacidad de una persona. ‖ *Sacudir el* POLVO a uno. fr. fig. y fam. Darle de golpes. ‖ 2. fig. y fam. Rebatirle fuertemente. ‖ *Sacudir el* POLVO *de los pies, o* POLVO *de los zapatos.* fr. fig. Apartarse de un mal lugar. ‖ **P.** pó; **I.** dust, powder; **F.** poudre, poussière; **A.** Staub; **It.** pòlvere; **R.** пыль.

PÓLVORA. (l. *pulvis, -ĕris*, polvo.) f.

Mezcla generalmente de salitre, azufre y carbón que a cierto grado de calor se inflama, desprendiendo bruscamente gran cantidad de gases. Hoy varía mucho la composición de este explosivo. || **2.** Conjunto de fuegos artificiales que se disparan en una celebridad. || **3.** fig. Mal genio del que se altera con muy poca cosa. || **4.** fig. Viveza, vehemencia de una cosa. || **—de algodón.** La que se hace con la borra de esta planta, impregnada de los ácidos nítrico y sulfúrico. || **—de cañón.** La de grano grueso con que se cargan las piezas de artillería. || **—de caza.** La de grano menudo usada en las escopetas de los cazadores. || **—de fusil.** La de grano mediano, que se emplea en las cargas de los fusiles. || **—de guerra.** La que se destina a usos militares. || **—de mina.** La de grano muy grueso con que se rellenan los barrenos para hacer saltar rocas y piedras. || **—de papel.** La que consiste en hojas de papel bañadas de diversas composiciones, inflamable a un alto grado de calor. || **—detonante** o **fulminante.** La que es inflamable al choque y aun al rozamiento con un cuerpo duro. || **—lenta.** La que necesita de un cierto tiempo para convertirse totalmente en gases. || **—sorda.** fig. Sujeto que hace daño a otro sin estrépito, con disimulo. || **—viva.** La de inflamación total casi instantánea. || *Correr la* PÓLVORA. fr. Ejecutar varias maniobras corriendo a caballo y disparando las armas. Es muy empleada por los moros como diversión. || *Gastar* PÓLVORA *en chimangos.* fr. ARGENT. Emplear el tiempo y dinero en algo que no merece la pena. || *Mojar la* PÓLVORA a uno. fr. fig. Templar al que estaba colérico dándole una razón que le convence. || *No haber inventado la* PÓLVORA. fr. fig. y fam. No ser muy inteligente. || *Ser* uno *una* PÓLVORA. fr. fig. Ser vivo, eficaz. || *Volar con* PÓLVORA. fr. fig. que se emplea para explicar el grave castigo que merece uno. || **P.** pólvora; **I.** powder; **F.** poudre; **A.** Schiesspulver; **It.** pòlvere; **R.** пopox.

POLVORADUQUE. (De *pólvoras de duque.*) f. Salsa que se hacía de clavo, jengibre, azúcar y canela.

POLVOREAMIENTO. m. Acción de polvorear.

POLVOREAR. (De *pólvora,* 6.ª acep.) tr. Derramar polvo sobre una cosa.

★ **POLVORERO.** (De *pólvora.*) m. AMÉR. Polvorista, pirotécnico.

POLVORIENTO, TA. (De *pólvora,* 6.ª acep.) adj. Se aplica a lo lleno o cubierto de polvo. || **P.** poeiriento; **I.** powdering; **F.** poudreux; **A.** staubig; **It.** polveroso; **R.** пыльный.

POLVORÍN. m. Pólvora muy menuda y otros explosivos, que sirven para cebar las armas de fuego. || **2.** Lugar donde se guarda la pólvora. || **2.** acep.: **P.** polvorinho; **I.** powder magazine; **F.** poudrière; **A.** Pulvermagazin; **It.** polveriera; **R.** пороховой погреб.

POLVORISTA. (De *pólvora.*) m. Pirotécnico, 2.ª acep.

POLVORIZABLE. adj. Pulverizable.

POLVORIZACIÓN. f. Pulverización.

POLVORIZAR. tr. Polvorear. || **2.** Pulverizar.

POLVORÓN. m. Torta generalmente pequeña, de harina, manteca y azúcar, cocida en horno fuerte y que se deshace en polvo al comerla.

POLVOROSO, SA. adj. Polvoriento.

POLLA. (De *pollo.*) f. Gallina nueva, medianamente crecida, que no pone huevos o que hace poco tiempo que ha empezado a ponerlos. || **2.** En algunos juegos de naipes, puesta, 2.ª acep. || **3.** Méj. Huevo crudo batido con vino, azúcar y canela. || **4.** ARGENT., CHILE y PERÚ. Fondo total de las apuestas en los juegos de pelota, carreras de caballos, etc. || **5.** ARGENT. Carrera de dos o más jinetes en un hipódromo. || **6.** Ave zancuda con plumaje rojizo, verdoso en las partes superiores y ceniciento azulado en las inferiores. Vive en parajes pantanosos y se alimenta de animales acuáticos. || *Alábate* POLLA, *que has puesto un huevo, y ése, huero.* ref. con que se critica a los que se alaban por hacer una cosa de escasa importancia. || **P.** franga;

I. pullet; **F.** poulette; **A.** junge Henne; **It.** pollastra; **R.** курица-молодка.

POLLADA. f. Conjunto de pollos que de una vez sacan las aves, generalmente las gallinas. || **2.** ART. Multitud de granadas disparadas a un tiempo desde un mortero. || **P.** criação; **I.** hatch, covey; **F.** couvée; **A.** Brut junger Vögel; **It.** covata; **R.** выводок.

POLLANCÓN, NA. (De *pollo.*) m. y f. Pollastro. || **2.** fig. y fam. El que apenas entrado en la adolescencia es ya muy corpulento.

POLLASTRE. m. Pollastro.

POLLASTRO, TRA. (l. *pullaster, -tra,* de *pullus,* pollo.) m. y f. Pollo o polla algo crecidos. || **2.** m. fig. y fam. Hombre muy astuto y sagaz.

POLLAZÓN. (l. *pullatio, -ōnis,* cría de pollos.) f. Echadura de pollos que de una vez empollan las aves.

POLLERA. (l. *pullaria,* t. f. de *-rius,* pollero.) f. La que tiene por oficio vender o criar pollos. || **2.** Lugar donde se crían pollos. || **3.** Especie de cesto de mimbre angosto de arriba y ancho de abajo que sirve para criar pollos y tenerlos guardados. || **4.** Artificio en forma de campana, de mimbre y donde los niños aprenden a andar sin caerse. || **5.** Falda que las mujeres se ponían sobre el guardainfante y encima de la cual se asentaba la saya. || **6.** AMÉR. Falda externa del vestido femenino.

POLLERÍA. (De *pollero.*) f. Sitio donde se venden los pollos y otras aves comestibles. || **2.** P. RICO. Edad de la infancia, también grupo de niños.

POLLERO, RA. (l. *pullarius,* de *pŭllus,* pollo.) m. y f. Persona que tiene por oficio criar o vender pollos.

POLLERÓN. m. ARGENT. Falda de amazona. || **2.** adj. PERÚ. Que lleva las faldas muy anchas. || **3.** ARGENT. Vestido de niño con falda larga. || **4.** ARGENT. Adolescente.

★ **POLLERUDO, DA.** (De *pollera.*) adj. BOL., CHILE y ECUAD. Se dice del que lleva las faldas muy anchas. || **2.** ARGENT. Mujeriego. || **3.** m. CHILE. Que usa sotana.

POLLEZ. (De *pollo.*) f. CETR. Tiempo que se mantienen sin mudar las plumas los azores, halcones y otras aves de rapiña.

POLLEZNO. m. ant. Pollo, 1.ª acep.

POLLINARMENTE. adv. Asnalmente, 1.ª acep.

POLLINEJO, JA. m. y f. d. de pollino.

POLLINO, NA. (l. *pullinus;* de *pullus,* pollo.) m. y f. Asno joven y cerril. || **2.** Por ext., cualquier borrico. || **3.** fig. Persona simple, ruda. || U.t.c.s.adj. || **P.** burrico; **I.** young ass; **F.** ânon; **A.** Eselchen; **It.** asinello; **R.** молодой осёл.

POLLITO, TA. (d. de *pollo.*) m. y f. fig. y fam. Niño o niña de corta edad. || *Echar* POLLITAS. fr. CHILE. Decir mentiras.

POLLO. (l. *pullus.*) m. Cría que sacan de cada huevo las aves, particularmente las gallinas. || **2.** Cría de abejas. || **3.** fig. y fam. Persona de pocos años. || **4.** fig. y fam. Hombre astuto. || **5.** AR. En las viñas de regadío, una como margen que levantan a trechos los cavadores para que se estanque el agua cuando las riegan. || **—tomatero.** El de gallina cuando sale de la segunda muda o pelecho. || **—de primeras botas.** P. RICO. Novicio, principiante en un arte o facultad. || **—panameño.** PAN. Especie de iguana considerado como un manjar delicioso. || **—rebajado** o **de traba.** CUBA. Gallo al que se le han recortado los espolones dejándole sólo lo preciso para que aparente ser pollo en la pelea. || **2.** fig. CUBA. Hombre astuto. || **—de real y medio.** fig. y fam. CUBA. Joven que frisa en la pubertad. || *El* POLLO *cada año, y el pato madrigado.* ref. que aconseja que se coma el pollo antes de que llegue a gallo, y en cambio el pavo después que haya padreado. || *El* POLLO *de enero, a San Juan es comedero.* ref. que indica que los pollos de enero son buenos para comerlos por San Juan. || POLLO *con* POLLO. loc. CETR. Explica que los azores pollos se deben cebar con perdigoncillos. || POLLO *de enero, cada pluma vale un dinero.* ref. con que se pondera la cría de los pollos de este tiempo. || **P.** pinto; **I.** chicken; **F.** poulet; **A.** junges Huhn; **It.** pulcino, pollastro; **R.** цыплёнок.

★ **POLLONA.** f. CUBA. Polla que va a empezar a poner. || **2.** CUBA, P. RICO y CHILE. Moza gruesa. || **3.** COLOM. Muchacha india.

★ **POLLONCHÓN, NA.** adj. P. RICO. Solterón, solterona. Ú.t.c.s.

POLLUELO, LA. (l. *pullŭlus.*) m. y f. d. de pollo.

POMA. (l. *poma,* pl. n. de *pomun.*) f. Manzana, 1.ª acep. || **2.** Casta de manzana pequeña y chata, de color verdoso y buen gusto. || **3.** Especie de bola que se compone de varios simples, por lo común odoríferos. || **4.** CHILE. Pomo o frasco pequeño. || **5.** ECUAD. Vasija. || **—rosa.** AMÉR. Pomarrosa.

POMÁCEO, A. (De *poma.*) adj. BOT. Se dice de las plantas pertenecientes a la familia de las rosáceas, de hojas generalmente alternas, flores hermafroditas, en corimbos terminales, fruto en pomo, y semillas sin albumen. Ú.t.c.s.f.

POMADA. (De *poma.*) f. Mixtura de una substancia grasa y otros ingredientes, que se emplea como afeite o medicamento. || **P.** pomada; **I.** pomade; **F.** pommade; **A.** Pomade; **It.** pomata; **R.** помада.

POMAR. (De *poma.*) m. Sitio donde hay árboles frutales, especialmente manzanos. || **P.** pomar; **I.** apple orchard; **F.** pommeraie; **A.** Apfelgarten; **It.** pometo; **R.** яблоневый сад.

POMARADA. (De *pomar.*) f. Manzanar.

POMARROSA. (De *poma* y *rosa.*) f. Fruto del yambo de forma parecida a una manzana pequeña, de color amarillento con partes rosadas, sabor dulce, olor de rosa y una sola semilla.

POMELO. (De *pomo.*) En algunas partes, toronja.

POMERANO, NA. adj. Natural de Pomerania. Ú.t.c.s. || **2.** Perteneciente a esta provincia de Prusia.

PÓMEZ. (l. *pumex.*) f. Piedra pómez. || **P.** pedra-pomes; **I.** pumice; **F.** pierre ponce; **A.** Bimsstein; **It.** pòmice; **R.** пемза.

POMÍFERO, RA. (l. *pomifer, -ĕri;* de *pomun,* fruta, y *ferre,* llevar.) adj. poét. Se dice del que lleva o da pomas o manzanas.

POMO. (l. *pomum.*) m. BOT. Fruto con mesocarpio carnoso y endocarpio coriáceo que contiene varias semillas o pepitas. || **2.** Frasco o vaso de cristal para contener y conservar los licores y confecciones olorosas. || **3.** Extremo de la guarnición de la espada, que está encima del puño y sirve para tenerla unida y firme con la hoja. || **4.** MURC. Ramillete de flores. || **3.ª** acep.: **P.** maça; **I.** pommel; **F.** pommeau; **A.** Degenknauf; **It.** pomo; **R.** рукоятка.

POMOL. m. MÉJ. Tortilla de harina de maíz que suele servir de desayuno a cierta clase de personas.

POMOLOGÍA. (l. *pomum,* fruto, y el gr. λόγος, tratado.) f. Parte de la agricultura que trata del estudio de los frutos comestibles.

POMPA. (l. *pompa.*) f. Acompañamiento suntuoso que se hace en una función de regocijo o fúnebre. || **2.** Vanidad, grandeza. || **3.** Procesión solemne. || **4.** Ampolla que forma el agua por el aire que se introduce. || **5.** Ahuecamiento que se forma cuando la ropa toma aire. || **6.** Rueda que hace el pavo real con la cola. || **—de jabón.** Vesícula que por juego forman los muchachos insuflando aire en el agua con jabón. || *Hacer* POMPA. fr. fig. Que se dice de los árboles que se extienden con follaje hacia todas partes. || **2.** fig. Se dice de las mujeres que toman aire entre las faldas y se sientan de repente. || **3.** fig. Hacer vana ostentación de una cosa. || **P.** e **It.** pompa; **I.** pomp; **F.** pompe; **A.** Pracht, Prunk; **R.** великолепие, помпа.

POMPÁTICO, CA. adj. Pomposo.

POMPEAR. intr. Hacer ostentación de algo. || **2.** r. fam. Tratarse con vanidad, ir con gran acompañamiento. || **3.** fam. Pavonearse.

POMPEYANO, NA. (l. *pompeiānus.*) adj. Perteneciente a Pompeyo el Magno o a sus hijos. || **2.** Partidario de aquél o de éstos. Ú.t.c.s. || **3.** Natural de Pompeya. Ú.t.c.s. || **4.** Perteneciente a esta ciudad de la Italia antigua. || **5.** Se dice

P

P en sentido restrito, del estilo o gusto por que se distinguen las pinturas y otros objetos de arte hallados en Pompeya y los que han hecho modernamente a imitación de los antiguos.

POMPO, PA. adj. Colom. Romo, sin filo.

POMPÓN. (Voz francesa.) m. Mil. Esfera metálica o bola de estambre o seda con que se adornaba la parte anterior y superior de los morriones y chacós militares en el ejército español a principios del siglo XIX. || 2. Zool. Cuba. Pez acantopterigio. Su carne es muy apreciada.

POMPONEARSE. r. fam. Pompearse.

POMPOSAMENTE. adv. Con ostentación.

POMPOSIDAD. f. Calidad de pomposo.

POMPOSO, SA. (l. pompōsus.) adj. Ostentoso. || 2. Hueco, extendido circularmente. || 3. fig. Se dice del lenguaje, estilo, etc., ostentosamente exornado. || P. e It. pomposo; I. pompous; F. pompeux; A. pompös, prunkvoll; R. пышный.

PÓMULO. (l. pomŭlum, manzanita, por la forma.) m. Hueso de cada una de las mejillas. || P. pómulo; I. ckeekbone; F. pommette; A. Backenknochen; It. pomello; R. скула.

★ **PON.** m. P. Rico. Torta de harina de maíz y melaza. || 2. P. Rico. Asiento gratuito en un vehículo.

PONASÍ. m. Cuba. Arbusto silvestre, de hojas puntiagudas de color obscuro. Se emplea en medicina.

PONCELA. f. ant. Poncella.

PONCELLA. (l. pullicella, d. de pullus, pollo.) f. ant. Doncella, 1.ª acep.

PONCEÑO, ÑA. adj. Natural de Ponce. Ú.t.c.s. || 2. Perteneciente a esta ciudad.

PONCÍ. adj. Poncil.

PONCIDRE. (cat. poncidre, y éste del l. pomum citrēum.) adj. Se aplica a una especie de limón o cidra agria y de corteza muy gruesa. Ú.t.c.s.m.

PONCIL. (prov. poncir, y éste del l. pomum citrēum.) adj. Dícese de un limón o cidra agria y de corteza muy gruesa.

PONCILLERO. m. Murc. Poncil.

PONCHADA. f. Cantidad de ponche dispuesta para venderla varias personas juntas.

★ **PONCHAZO.** m. Perú y Argent. Golpe dado con el poncho.

PONCHE. (ingl. punch, y éste del sánsc. pancha, cinco, por los cinco ingredientes de que se compone.) m. Bebida que se hace mezclando ron u otro licor espiritoso con agua, limón y azúcar. A veces se le añade té. || —de huevo. El que se hace mezclando ron con leche, clara de huevo y azúcar. || P. ponche; I. y F. punch; A. Punsch; It. ponce; R. пунш.

PONCHERA. f. Vaso en general semiesférico con pie en el que se prepara el ponche.

PONCHO. (arauc. pontho, ruana.) m. Especie de capote para montar a caballo, sin mangas, pero sujeto a los hombros, que ciñe y cae a lo largo del cuerpo. || 2. Capote militar con mangas y esclavina, ceñido al cuerpo con cinturón.

PONCHO, CHA. adj. Manso, perezoso, dejado, flojo.

PONDERABLE. (l. ponderabĭlis.) adj. Que se puede pesar. || 2. Digno de ponderación.

PONDERACIÓN. (l. ponderatĭo,-ōnis.) f. Atención, peso y cuidado con que se dice o hace una cosa. || 2. Exageración o encarecimiento de una cosa. || 3. Acción de pesar una cosa. || 4. Compensación entre dos pesos. || P. ponderação; I. ponderation; F. pondération; A. Anpreisung, Erwägung; It. ponderazione; R. взвешивание.

PONDERADAMENTE. adv. Con ponderación.

PONDERADO, DA. adj. Se aplica a la persona que procede con tacto y prudencia.

PONDERADOR, RA. (l. ponderātor.) adj. Que pondera o exagera. Ú.t.c.s. || 2. Que pesa o examina. Ú.t.c.s. || 3. Que compensa o favorece el equilibrio.

PONDERAL. (l. ponderāle, peso.) adj. Perteneciente a peso.

PONDERAR. (l. ponderāre; de pondus, -ĕris, peso.) tr. Pesar, 2.º art., 4.ª y 7.ª aceps. || 2. Encarecer. || 3. Contrapesar, equilibrar. || P. pesar; I. to ponder; F. pondérer; A. erwägen, rühmen; It. ponderare; R. взвешивать.

PONDERATIVA, VA. (l. ponderātum, supino de ponderāre, pesar.) adj. Que pondera o encarece una cosa. || 2. Se dice de la persona que tiene por hábito ponderar mucho las cosas.

PONDEROSAMENTE. adv. Pesadamente. || 2. Atenta, cuidadosamente, con medida.

PONDEROSIDAD. f. Calidad de ponderoso.

PONDEROSO, SA. (l. ponderōsus.) adj. Pesado, 1.ª acep. || 2. fig. Grave y bien considerado.

PONDO. m. Ecuad. Tinaja.

PONEDERO, RA. adj. Se dice de lo que se puede poner o está para ponerse. || 2. Se aplica a las aves que ponen huevos. || 3. Lugar en que se halla el nidal de la gallina.

PONEDOR, RA. adj. Que pone || 2. Se aplica al caballo o yegua enseñado a levantar las manos, sosteniéndose con aire sobre sus piernas.

PONENCIA. f. Cargo de ponente. || 2. Informe dado por el ponente.

PONENTE. (l. ponens, -entis; p.a. de ponĕre, poner.) adj. Se aplica al miembro de un cuerpo colegiado a quien toca hacer relación de un asunto y proponer la resolución. Ú.t.c.s. || P. relator; I. reporter; F. rapporteur; A. Referent; It. relatore; R. референт.

PONENTINO, NA. adj. Ponentisco. Ú.t.c.s.

PONENTISCO, CA. (De poniente.) adj. Occidental. Ú.t.c.s.

PONER. (l. ponĕre.) tr. Colocar en un sitio una persona o cosa, o disponerlo en el lugar o grado que debe tener. Ú.t.c.r. || 2. Disponer o prevenir una cosa con lo que ha de menester para algún fin. || 3. Contar o determinar. || 4. Reducir o precisar a uno que ejecute una cosa contra su voluntad. || 5. Dejar una cosa a la resolución o disposición de otro. || 6. Escribir una cosa en el papel. || 7. Soltar o deponer el huevo las aves. || 8. Dedicar a uno a un empleo. Ú.t.c.r. || 9. Representar una obra de teatro. || 10. Aplicar, adaptar. || 11. Tratándose de nombres, motes, etc., aplicarlos a personas o cosas. || 12. Trabajar para un fin determinado. || 13. Concurrir con otros dando cierta cantidad. || 14. Añadir voluntariamente una cosa a la narración. || 15. En algunos juegos de naipes, tener un jugador la obligación de meter en el fondo una cantidad igual a la que ha de percibir si ganara. || 16. Tratar a uno mal de palabra. || 17. Con la preposición a y el infinitivo de otro verbo, empezar a ejecutar la acción de lo que el verbo significa. || 18. Con la preposición en y algunos nombres, ejercer la acción de los verbos a que los nombres corresponden. || 19. Con la preposición por y algunos nombres, valerse o usar para el fin de lo que el nombre significa. || 20. Con algunos nombres, causar lo que los nombres significan. || 21. Con los nombres ley, contribución u otros semejantes, imponer o mandar lo que los nombres significan. || 22. Con algunos nombres precedidos de las palabras de, por, cual, como, tratar a uno como expresan los mismos nombres, que unas veces se toman en sentido recto y otras en el irónico. || 23. Con ciertos adjetivos o expresiones calificativas, hacer adquirir a una persona la condición o estado que estos adjetivos o expresiones significan. Ú.t.c.r. ponerse rojo. || 24. r. Oponerse a uno, reñir con él. || 25. Vestirse. || 26. Mancharse o llenarse. ponerse de lodo. || 27. Competir con otro. Me pongo con el más pintado. || 28. Hablando de los astros, ocultarse debajo del horizonte. || 29. Llegar a un lugar determinado. || 30. fam. Guat. y Hond. Emborracharse. || poner a uno ante el alcalde, el juez, etc. fr. Demandarle, querellarse con él. || poner a uno a parir. fr. fig. y fam. Estrecharle fuertemente para obligarle a una cosa. || poner bien a uno. fr. fig. Darle estimación o deshacer la mala opinión que se tenía de él. ||

2. fig. Suministrarle medios para que viva holgadamente. || poner colorado a uno. fr. fig. y fam. Avergonzarle. Ú.t.c.r. || poner como nuevo a uno. fr. fig. y fam. Maltratarle de palabra o de obra, zaherírle. || poner en tal cantidad. fr. En las subastas, ofrecerla, hacer muestras de ella. || poner en claro. Averiguar, explicar claramente algo que aparecía confuso. || poner mal a uno. fr. Enemistarle, hacerle perder la estimación con chismes. || poner por delante a uno alguna cosa. fr. Ponerle obstáculos para disuadirle de hacer algo. || poner por encima. fr. Preferir, subordinar a una cosa otras. || 2. En los juegos de envite, poner o parar a una suerte los que están fuera de ellos. || ponerse al corriente. fr. Enterarse, adquirir el conocimiento preciso. || ponerse uno bien. fr. fig. Adelantarse en medios para conservar su estado. || ponerse uno tan alto. fr. fig. Ofenderse, dando muestras de superioridad. || ponérsela. fr. Amér. Central. Emborracharse. || P. pôr; I. to put, to place; F. placer, mettre; A. setzen, legen, stellen; It. porre, mèttere; R. осыпать (браню).

★ **PONGA.** f. Perú. Recipiente de barro.

PONGO. (malayo pongo.) m. Zool. Orangután.

PONGO. (quich. punco.) m. Bol. y Perú. Indio que hace de criado. || 2. Ecuad. y Perú. Paso peligroso y angosto de un río.

★ **PONGUEAJE.** m. Perú. Pongaje.

PONIENTADA. f. Viento duradero de poniente.

PONIENTE. (l. ponens, -entis, p.a. de ponĕre, poner, por ser el lugar por donde se pone el Sol.) m. Occidente, oeste. || 2. Viento que sopla del occidente. || 3. Germ. Sombrero, prenda para cubrir la cabeza. || 4. Chile. Individuo que pone el pan en las palas de las panaderías. || P. poente; I. occident, west; F. couchant, ponant; A. Westen, Abendland; It. ponente; R. запад.

PONIMIENTO. m. Acción y efecto de poner o ponerse.

★ **PONINA.** f. Cuba y Colom. Escote, cuota para una fiesta y la fiesta misma.

PONLEVÍ. (fr. pont-levis, puente levadizo por la curva de la suela y el hueco que resultaba entre la punta del calzado y el tacón.) m. Forma especial que se dio a los zapatos y chapines según la moda francesa. || A la ponleví, loc. Se dice del calzado con dicha forma. || 2. Se dice del tacón de esta clase.

PONQUÉ. m. Venez. Especie de torta hecha de harina, manteca, huevos y azúcar. || 2. Cuba. Panqueque.

PONTADGO. (b. l. pontatĭcum.) ant. Portazgo.

PONTAJE. m. Pontazgo.

PONTANA. (l. pontana, t. f. de -nus; de pons, puente.) f. Cada una de las losas que cubren el cauce de un arroyo o de una acequia.

PONTAZGO. (De pontadgo.) m. Derechos que se pagan para pasar un puente. || P. portagem; I. bridge-toll; F. pontonage; A. Brückenzoll; It. pontaggio; R. мостовой сбор.

PONTAZGUERO, RA. m. y f. Persona encargada para cobrar el pontazgo.

PONTEAR. (l. pons, pontis, puente.) tr. Hacer un puente, echarlo sobre un río o brazo de mar para pasarlos.

PONTECILLA. f. ant. d. de puente.

PONTEDERIÁCEO, A. (De pontederia, nombre científico de un género de plantas dedicado a Pontedera, botánico italiano.) adj. Bot. Se aplica a las plantas angiospermas monocotiledóneas, acuáticas, perennes, con hojas radicales, anchas y enteras; flores amarillas o azules, y frutos en cajas indehiscentes. Ú.t.c.s. || 2. f. pl. Bot. Familia de estas plantas.

PONTEVEDRÉS, SA. adj. Natural de Pontevedra. Ú.t.c.s. || 2. Perteneciente a esta ciudad.

PONTEZUELO, LA. m. y f. d. de puente.

PÓNTICO, CA. (l. pontĭcus.) adj. Perteneciente al Ponto Euxino, hoy Mar Negro. || 2. Perteneciente al Ponto, región de Asia antigua. || P. pôntico; I. Pontic; F. pontique; A. pontisch; It. pòntico; R. понтийский.

PONTIFICADO. (l. pontificātus.) m.

Dignidad de pontífice. || **2.** Tiempo en que cada sumo pontífice lleva esta dignidad. || **3.** Aquel en que un obispo o arzobispo permanece en el gobierno de su iglesia. || **P.** pontificado; **I.** pontificate; **F.** pontificat; **A.** Pontifikat; **It.** pontificato; **R.** папство.

PONTIFICAL. (l. *pontificālis*.) adj. Perteneciente o relativo al sumo pontífice. || **2.** Perteneciente o relativo a un obispo o arzobispo. || **3.** m. Conjunto de ornamentos que usa el obispo para la celebración de los oficios divinos. Ú.t. en pl. || **4.** Libro con las ceremonias pontificias y ritos de las funciones episcopales. **5.** Renta de diezmos eclesiásticos correspondiente a cada parroquia. || *De* PONTIFICAL. m. adv. fig. y fam. En traje de etiqueta. Se emplea también con los verbos *estar* y *ponerse*. || **P., I.** y **F.** pontifical; **A.** pontifikal; **It.** pontificale; **R.** папский.

PONTIFICALMENTE. adv. Según la práctica y estilo de los obispos o pontífices.

PONTIFICAR. intr. Celebrar funciones litúrgicas con rito pontifical. || **2.** fig. Dogmatizar, erigirse o ser erigido en autoridad respecto de una materia. || **3.** COLOM. y VENEZ. Celebrar de pontifical.

PONTÍFICE. (l. *pontifex, -ĭcis*.) m. Magistrado sacerdotal que presidía los ritos de la antigua Roma. || **2.** Obispo o arzobispo de una diócesis. || **3.** Por antonomasia, prelado supremo de la Iglesia Católica Romana. Suele llevar los calificativos de *sumo* o *romano*. || **P.** pontifice; **I.** pontiff; **F.** pontife; **A.** Pontifex, Papst; **It.** pontèfice; **R.** епископ.

PONTIFICIO, CIA. (l. *pontificĭus*.) adj. Perteneciente o relativo al pontífice.

PONTÍN. (De *pontín*.) m. Embarcación filipina de cabotaje aparejado de pailebote con velas de lona.

PONTO. (l. *pontus*, y éste del gr. πόντος.) m. poét. El mar.

PONTOCÓN. m. Puntillón. || **2.** COLOM. Empujón, empellón.

* **PONTOLIMAZA.** m. ZOOL. Género de moluscos gasterópodos de 8 mm de largo. Se encuentra en la mayor parte de los mares europeos.

PONTÓN. (l. *ponto, -ōnis*.) m. Barco chato para pasar ríos o construir puentes, y para limpiar el fondo de los puertos. || **2.** Buque viejo usado para almacén, hospital o de depósito de prisioneros. || **3.** Pieza de madera de hilo de 3 pulgadas de canto por 3 o 4 de tabla en los marcos de Galicia y 6 en los de Asturias. || **4.** Puente hecho de maderos. || **—flotante.** Barca formada de maderos unidos, para pasar un río. || **P.** pontão; **I.** ponton; **F.** ponton; **A.** Ponton, Schiffsbrücke; **It.** pontone; **R.** понтон.

PONTONERO. m. El que está empleado en el manejo de pontones. || **P.** pontoneiro; **I.** pontonier; **F.** pontonnier; **A.** Pontonier; **It.** pontoniere; **R.** понтонёр.

PONZOÑA. (De *ponzoñar*.) f. Substancia que tiene en sí cualidades nocivas a la salud o destructivas de la vida. || **2.** fig. Doctrina o práctica perjudicial a buenas costumbres. || **P.** peçonha; **I.** venom; **F.** poison; **A.** Gift; **It.** veleno; **R.** яд, отрава.

PONZOÑAR. (l. *potionāre*; de *potio, -ōnis*, bebida.) tr. ant. Empozoñar.

PONZOÑOSAMENTE. adv. Con ponzoña.

PONZOÑOSO, SA. adj. Que encierra en sí ponzoña. || **2.** fig. Perjudicial a las buenas costumbres y a la vida espiritual.

POPA. (l. *puppis*, con la *a* de *prora*.) f. Parte posterior de las naves en que se coloca el timón y están las cámaras principales. || *Amollar en* POPA. fr. MAR. Arribar hasta ponerse viento en popa. || *De* POPA *a proa*. m. adv. fig. Entera y totalmente. || **P.** popa; **I.** poop, stern; **F.** poupe; **A.** Achler; Hinterschiff; **It.** poppa; **R.** корма.

POPAL. m. GERM. Saya de falda larga.

POPAMIENTO. m. Acción y efecto de popar.

POPAR. (l. *palpāre*, acariciar, halagar.) tr. Despreciar o tener en poco a uno. || **2.** Acariciar, halagar. || **3.** fig. Tratar con blandura y regalo; cuidar mucho.

POPE. m. Sacerdote de la Iglesia cismática griega.

POPEL. adj. MAR. Se aplica a la cosa colocada más a popa que otra con la que se compara.

POPELINA. (fr. *popeline*, y éste del ital. *papalina*, papal.) f. Cierta tela delgada distinta de la papelina.

POPÉS. (De *popa*.) m. MAR. Cualquiera de los dos cabos muy gruesos que se colocaban a cada lado del palo mayor y en el trinquete.

POPLÍTEO, A. (l. *poples, -ĭtis*, la corva.) adj. ZOOL. Perteneciente a la corva.

* **POPO.** m. COLOM. Tubo, cañuto.

POPOCHO, CHA. adj. COLOM. Repleto, harto.

POPOTAL. m. MÉJ. Lugar donde se da el popote.

POPOTE. (mejic. *popotl*.) m. MÉJ. Especie de paja con que hacen escobas.

POPULACIÓN. (l. *populatĭo, -ōnis*.) f. Población (acción de poblar).

POPULACHERÍA. (De *populachero*.) f. Fácil popularidad que se consigue halagando las pasiones del vulgo.

POPULACHERO, RA. adj. Perteneciente o relativo al populacho. || **2.** Propio para agradar al populacho o para ser estimado por él.

POPULACHO. (despect. del l. *popŭlus*, pueblo.) m. Lo ínfimo de la plebe. || **P.** populacho; **I.** y **F.** populace; **A.** Pöbel; **It.** popolaccio; **R.** чернь.

POPULAR. (l. *populāris*.) adj. Perteneciente o relativo al pueblo. || **2.** Del pueblo o plebe. Ú.t.c.s. || **3.** Que es grato al pueblo. || **4.** Vulgar o relativo a la parte menos cultivada de un grupo social. En este sentido, se le aplica también a la literatura, lengua. || **P.** e **I.** popular; **F.** populaire; **A.** populär; **It.** popolare; **R.** народный.

POPULAR. tr. ant. Poblar.

POPULARIDAD. (l. *popularĭtas, -ātis*.) f. Aceptación de uno por parte del pueblo. || **P.** popularidade; **I.** popularity; **F.** popularité; **A.** Popularität; **It.** popolarità; **R.** популярность.

POPULARIZACIÓN. f. Acción y efecto de popularizar o popularizarse.

POPULARIZAR. (De *popular*.) tr. Acreditar a una persona o cosa, extender su buen concepto público. Ú.t.c.r. || **2.** Dar carácter popular a algo. Ú.t.c.r.

POPULARMENTE. adv. De forma agradable a la multitud. || **2.** En gran multitud.

POPULAZO. m. Populacho.

POPULEÓN. (l. *popŭlus*, álamo.) m. Ungüento calmante hecho de manteca de cerdo, hojas de adormidera, etc., así como yemas del chopo o álamo negro. || **P.** populeão; **I.** poplar ointment; **F.** populéum; **A.** Pappelsalbe; **It.** populeone; **R.** мазь.

POPULETANO, NA. (l. *populētum*, alameda.) adj. Perteneciente o relativo al monasterio de Poblet, en Tarragona.

POPULISTA. adj. Perteneciente o relativo al pueblo.

PÓPULO. (l. *popŭlus*.) m. Pueblo. Se emplea en la frase: *Hacer una de* PÓPULO *bárbaro*, con significado de poner por obra una resolución violenta sin mirar los inconvenientes.

POPULOSO, SA. (l. *populōsus*.) adj. Se dice de la provincia, ciudad o villa que abunda de gente. || **P.** populoso; **I.** populous; **F.** populeux; **A.** volkreich; **It.** popoloso; **R.** многолюдный.

POPURRÍ. (fr. *pot pourri*.) m. MÚS. Composición musical formada por fragmentos de varias obras de un mismo autor.

POPUSA. f. BOL., EL SALV. y GUAT. Tortilla de maíz rellena de queso o trocitos de carne.

POQUEDAD. (De *poco*.) f. Escasez, miseria, corta cantidad de algo. || **2.** Timidez, falta de espíritu. || **3.** Cosa de poco valor. || **P.** pouquidade; **I.** parvity; **F.** petitesse; **A.** Wenigkeit; **It.** pocchezza; **R.** малость.

POQUEDUMBRE. f. ant. Poquedad.

PÓQUER. (ingl. *poker*.) m. Juego de naipes en que cada jugador recibe cinco; es de envite y gana el que tiene la combinación superior de las varias establecidas.

POQUEZA. f. ant. Poquedad.

PÓQUIL. (arauc. *pocull*.) m. BOT.

CHILE. Hierba de la familia de las compuestas, con hojas superiores angostas, y flores hermafroditas que se usan para teñir de amarillo.

POQUITO, TA. adj. d. de poco. || *A* POQUITOS. m. adv. En pequeñas y repetidas porciones. || *De* POQUITO. loc. fam. Se dice del pusilánime o de escasa habilidad.

POR. (l. *pro*, infl. por *per*.) prep. con que se indica la persona agente en las oraciones en pasiva. || **2.** Se junta con los nombres de lugar para indicar tránsito por ellos. || **3.** Unido con los nombres de tiempo, lo determina. || **4.** En calidad de. *Recibir* POR *amigo*. || **5.** Ú. para denominar la causa, para denotar el medio de ejecutar una cosa y para indicar el precio o cuantía. || **6.** A favor o en defensa de alguno. *Luché* POR *él*. || **7.** En lugar de. *Tiene a sus tíos* POR *padres*. || **8.** En juicio u opinión de. *Tenida* POR *buena amiga*. || **9.** Junto con algunos nombres, denota que se reparte una cosa con igualdad. || **10.** Indica multiplicación de números. || **11.** Denota también proporción. || **12.** Se emplea para comparar cosas. *Casa* POR *casa, prefiero ésta a la otra*. || **13.** A cerca de. || **14.** Se emplea con el significado de la preposición *sin*. *El vaso está* POR *llenar*. || **15.** Se emplea a veces en lugar de la preposición *a* y el verbo *traer* u otro. *Ir* POR *lana*. || **16.** Con el infinitivo de algunos verbos, para. POR *no caer en mentira*. || **17.** Con el infinitivo de otros verbos indica la acción futura de ellos. *Está* POR *llegar*. || POR *donde*. m. adv. Por lo cual. || POR *que*. conj. Porque. || **2.** m. conjunt. final. || POR *qué*. m. conjunt. Por cual causa, razón o motivo. Se emplea con interrogación o sin ella. || **P.** por; **I.** by, for, through, as; **F.** par, pour; **A.** auf; wegen, für, von, durch, um, zu, aus; **It.** per, da, di; **R.** по, через, за.

PORA. (l. *pro ad*.) prep. ant. Para.

PORCACHÓN, NA. m. y f. fam. aum. de puerco. Ú.t.c.adj.

PORCAL. (De *porco*.) adj. Se aplica a cierta especie de ciruela gorda y basta.

PORCALLÓN, NA. m. y f. fam. aum. de puerco. Ú.t.c.adj.

PORCARIZA. f. ant. Porqueriza.

PORCARIZO. m. ant. Porquerizo.

PORCEL. (cat. *porcell*, y éste del l. *porcellus*, cerdito.) m. MURC. Porcino, chichón.

PORCELANA. (ital. *porcellana*, y éste del l. *porcellus*, cerdito.) f. Especie de loza transparente, clara, inventada en China e imitada en Europa. || **2.** Vasija de porcelana. || **3.** Esmalte blanco con algo de azul con que los plateros adornan las joyas y piezas de oro. || **4.** Color blanco con azul. || **5.** MÉJ. Plato y palangana. || **P.** porcelana; **I.** porcelain; **F.** porcelaine; **A.** Porzellan; **It.** porcellana; **R.** фарфор, эмаль.

PORCELANITA. (De *porcelana*.) f. Roca compacta, frágil, listada de diversos colores, que procede de arcillas o pizarras semivitrificadas.

PORCENTAJE. m. Tanto por ciento.

PORCINO, NA. (l. *porcīnus*.) adj. Perteneciente al puerco. || **2.** ARGENT. Puerco pequeño. || **3.** Chichón.

PORCIÓN. (l. *portĭo, -ōnis*.) f. Cantidad segregada de otra mayor. || **2.** fig. Cantidad de vianda que se da a uno para su alimento, especialmente la dada en las comunidades. || **3.** En algunas catedrales, ración prebenda inmediata a los canonicatos. || **4.** fam. Número indeterminado de personas o cosas. || **5.** Cuota individual en algo que se divide entre varios partícipes. || **—congrua.** La parte que se da al eclesiástico que tiene cura de almas y no recibe los diezmos. || **2.** Cuota considerada necesaria para sustento de los eclesiásticos. || **P.** porção; **I.** y **F.** portion; **A.** Portion, Teil, Anzahl; **It.** porzione; **R.** порция, часть.

PORCIONERO, RA. (De *porción*.) adj. Partícipe. Ú.t.c.s.

PORCIONISTA. com. Persona con acción o derecho a una porción. || **2.** Pensionista de colegios y comunidades.

PORCIPELO. (l. *porcus, porci*, puerco, y de *pelo*.) m. fam. Cerda grande y aguda del puerco.

PORCIÚNCULA. (l. *portiuncŭla*, d. de

P *portio*, porción.) f. Primer convento de la orden de San Francisco de que toma nombre el jubileo que se gana el día 2 de agosto en las iglesias de dicha orden.

PORCO. m. ant. Puerco.

PORCUNO, NA. adj. Perteneciente o relativo al puerco. || **2.** Cochinero, de inferior calidad y sólo aprovechable para dar a los cochinos.

PORCHE. (cat. *porche*, y éste del l. *porticus*.) m. Soportal, cobertizo. || **2.** Atrio de un templo o palacio. || **P.** cobertizo; **I.** porch; **F.** hangar; **A.** Vorhalle; **It.** pòrtico; **R.** портик.

PORDIOSEAR. (De *por Dios*, fórmula empleada para pedir limosna.) intr. Mendigar, pedir limosna de puerta en puerta. || **2.** fig. Pedir algo porfiadamente y con humildad.

PORDIOSEO. m. Acción de pordiosear.

PORDIOSERÍA. (De *pordiosero*.) f. Pordioseo.

PORDIOSERO, RA. (De *pordiosear*.) adj. Se aplica al mendigo que pide implorando el nombre de Dios. Ú.t.c.s. || **P.** mendigo; **I.** beggar; **F.** mendiant; **A.** Bettler; **It.** accattone; **R.** нищий.

PORFÍA. (l. *perfidia*.) f. Acción de porfiar. || *A* PORFÍA. m. adv. Con emulación o competencia. || **P.** porfia; **I.** quarrel; **F.** dispute; **A.** Streit; **It.** contesa; **R.** упрямство, спор.

PORFIADAMENTE. adv. Obstinadamente, con porfía.

PORFIADO, DA. (De *porfiar*.) adj. Terco y obstinado en su dictamen en el que se mantiene con tesón. Ú.t.c.s. || **P.** porfiado; **I.** obstinate; **F.** entêté; **A.** trotzig; **It.** testardo; **R.** упрямый.

PORFIADOR, RA. adj. Que porfía mucho. Ú.t.c.s.

PORFIAR. (De *porfía*.) intr. Disputar y altercar obstinadamente. || **2.** Importunar con repetición y porfía por conseguir algo. || **3.** Continuar una acción insistentemente para lograr un intento en que se encuentra resistencia.

PORFÍDICO, CA. adj. Perteneciente o relativo al pórfido. || **2.** Semejante al pórfido. || **3.** MIN. Se aplica a cierta estructura especial de algunas rocas en cuya pasta destacan ciertos cristales desarrollados.

PÓRFIDO. (ital. *porfido*, y éste del gr. πόρφυρος, purpúreo.) m. Roca compacta y dura formada de una substancia amorfa, en general obscura y con cristales de feldespato y cuarzo. Se emplea en la decoración de edificios. || **P.** pórfido; **I.** porphyry; **F.** porphyre; **A.** Porphyr; **It.** pòrfido; **R.** порфир.

PORFIJAR. (De *por* y *fijo*.) tr. ant. Prohijar.

★ **PORFINA (GRUPO DE LA).** f. QUÍM. Uno de los grupos funcionales existente en las dos formas *a* y *b* de la clorofila y en la hemoglobina de la sangre.

PORFIOSAMENTE. adv. ant. Porfiadamente.

PORFIOSO, SA. (De *porfía*.) adj. Porfiado.

PORFIRIZAR. tr. FARM. Reducir un cuerpo a polvo desmenuzándolo sobre una losa de materia mineral dura con moleta de igual materia.

PORFOLIO. (De *portar* y *folio*.) m. Conjunto de fotografías o grabados de diferentes clases que forman un volumen encuadernado.

PORGADERO. (De *porgar*.) m. AR. Harnero, criba.

PORGAR. (l. *purgāre*, limpiar.) tr. AR. Ahechar.

PORHIJAR. (De *porfijar*.) tr. ant. Prohijar.

PORIDAD. f. ant. Puridad.

PORMENOR. (De *por* y *menor*.) m. Reunión de circunstancias menudas y particulares de una cosa. Ú. en pl. || **2.** Circunstancia secundaria en el asunto. || **P.** pormenor; **I.** detail; **F.** détail; **A.** Einzelheit; **It.** ragguaglio; **R.** деталь.

PORMENORIZAR. tr. Describir minuciosamente.

PORNOGRAFÍA. (De *pornógrafo*.) f. Trabajo acerca de la prostitución. || **2.** Carácter obsceno de obras literarias o artísticas. || **3.** Obra de este carácter. || **P.** por-

nografia; **I.** pornography; **F.** pornographie; **A.** Pornographie, Unzucht; **It.** pornografia; **R.** порнография.

PORNOGRÁFICO, CA. adj. Se aplica al autor de obras obscenas. || **2.** Perteneciente o relativo a la pornografía.

PORNÓGRAFO. (gr. πορνογράφος; de πόρνη, prostituta, y γρφ́φω, escribir.) m. El que escribe acerca de la prostitución. || **2.** Autor de obras pornográficas.

PORO. (l. *porus*, y éste del gr. πόρος, vía, pasaje.) m. Espacio entre las moléculas de los cuerpos. || **2.** Intersticio entre dos partículas de los sólidos de estructura discontinua. || **3.** Orificio, invisible a simple vista, en la superficie de los animales y vegetales. || **P.** e **It.** poro; **I.** y **F.** pore; **A.** Pore, Schweissgrübchen; **R.** пора.

★ **PORO.** (quich. *puru*, calabaza empleada como cantimplora.) m. PERÚ, BOL., PAR. y ARGENT. Calabacita que sirve de mate.

★ **PORÓ.** m. BOT. C. RICA. Búcare.

★ **PORONGA.** f. CHILE. Burla enfadosa. || **2.** CHILE. Pene.

★ **PORONGO.** (arauc. *purunco*, y éste del quich. *purunccu*.) m. AMÉR. MERID. Calabaza oblonda amarga. || **2.** AMÉR. MERID. Calabacino para tener líquidos. || **3.** AMÉR. MERID. Mate de forma ovalada o largo usado en el Perú como botella. || **4.** CHILE. Cantarillo de greda de cuello largo. || **5.** CHILE. Individuo pequeño y despreciable.

★ **PORONGUERO, RA.** adj. CHILE. Que hace burlas molestas. Ú.t.c.s.

PORORÓ. m. AMÉR. MERID. Rosetas de maíz tostado. || **2.** Sucesión desordenada de sonidos con estrépito. || **3.** fig. y fam. Persona que habla con exceso y fastidiosamente.

POROROCA. (tupí *poreoca*.) m. R. DE LA PLATA. Macareo.

POROSIDAD. (De *poroso*.) f. Calidad de poroso.

★ **POROSÍMETRO.** m. QUÍM. y FÍS. Instrumento para medir el grado de porosidad de una materia.

POROSO, SA. adj. Que tiene poros. || **P.** e **It.** poroso; **I.** porous; **F.** poreux; **A.** porös; **It.** пористый.

★ **POROTERA.** f. fam. CHILE. La boca. || **2.** CHILE. Redoble de tambor.

POROTO. (quich. *purutu*.) m. AMÉR. MERID. Especie de alubia de que se conocen varias especies. || **2.** AMÉR. MERID. Guiso preparado con este vegetal. || **3.** AMÉR. Persona inferior física y moralmente a otra.

PORQUE. (De *por* y *que*.) conj. causal. Por causa o razón de que. || **2.** conj. final. Para que. || **P.** porque; **I.** because; **F.** parce que; **A.** weil, denn, da; **It.** perchè; **R.** так как, потому что.

PORQUÉ. (De *por* y *qué*.) m. fam. Causa, motivo. || **2.** fam. Cantidad, porción. || **P.** porquè; **I.** the why; **F.** le pourquoi; **A.** Ursache, Anlass; **It.** il perchè; **R.** причина.

PORQUECILLA. f. d. de puerca.

PORQUERA. (l. *porcaria*, t. f. de *-rius*; de *porcus*, puerco.) adj. Se aplica a cierta lanza corta. Ú.t.c.s. || **2.** f. Lugar en que se encaman y viven los jabalíes en el monte.

PORQUERÍA. (De *porquera*.) f. fam. Suciedad, basura. || **2.** fam. Acción sucia. || **3.** fam. Grosería, falta de respeto. || **4.** fam. Cualquier cortedad o cosa de poco valor. || **5.** fam. Golosina, fruta, etc., mala para la salud. || PORQUERÍA *son sopas*. expr. fam. con que se moteja al que desprecia algo de valor. || **P.** porquice; **I.** nastiness; **F.** saleté; **A.** Schweinerei; **It.** porcheria, sporcizia; **R.** свинство.

PORQUERIZA. (De *porquera*.) f. Lugar donde se crían y recogen puercos.

PORQUERIZO. (De *porquero*.) m. El que guarda puercos. || **P.** porqueiro; **I.** swineherd; **F.** porcher; **A.** Schweinehirt; **It.** porcaio; **R.** свинопас.

PORQUERO. (l. *porcarius*.) Poquerizo.

PORQUERÓN. m. fam. Corchete o ministro de justicia que prende a los delincuentes y los lleva a la cárcel.

PORQUETA. (d. de *puerca*.) f. Cochinilla, pequeño crustáceo propio de terrenos húmedos.

PORQUEZUELO, LA. m. y f. d. de puerco. || **2.** f. desus. Tuerca.

PORRA. (l. *porrum*, puerro, por la forma de la planta.) f. Clava, palo toscamente labrado. || **2.** Cachiporra. || **3.** Martillo de bocas iguales manejable con las dos manos a la vez. || **4.** fig. El último en el orden de jugar entre muchachos. || **5.** fig. y fam. Sujeto molesto. || *Hacer* PORRA. fr. fig. y fam. Pararse sin poder o querer pasar adelante en una cosa. || ¡PORRA! interj. fam. de disgusto o enfado. || **P.** cachamorra; **I.** bludgeon; **F.** massue; **A.** Keule; **It.** clava, mazza; **R.** дубина.

★ **PORRACEAR.** tr. MÉJ. Golpear.

PORRÁCEO, A. (l. *porracĕus*.) adj. De color verdinegro, semejante al del puerro. Ú.m. en medicina al hablar de la cólera y del vómito.

PORRADA. f. Porrazo, golpe con la porra. || **2.** Por ext., golpe dado con la mano o un objeto. || **3.** fig. Porrazo, golpe recibido en una caída. || **4.** fig. y fam. Necedad, disparate. || **5.** Conjunto o montón de cosas.

PORRAL. m. Terreno lleno de puerros.

PORRAZO. m. Golpe dado con la porra. || **2.** Por ext., golpe dado con otro instrumento. || **3.** El que se recibe en una caída o por darse contra un cuerpo duro.

PORREAR. (De *porra*.) intr. fam. Insistir pesadamente en una cosa, machacar.

PORRERÍA. (De *porra*.) f. fam. Necedad, tontería. || **2.** fam. Tardanza, pesadez.

PORRETA. f. Hojas verdes del puerro. || **2.** Por ext., las de ajos y cebollas y las que brotan de los cereales antes de formada la caña.

PORRETADA. f. Conjunto de objetos de la misma especie.

PORRILLA. (d. de *porra*.) f. Martillo con que labran los clavos los herradores. || **2.** VETER. Tumor duro que se origina en las articulaciones de los menudillos de las caballerías y bueyes y les priva de flexibilidad y movimiento en dicha parte.

PORRILLO (A). m. adv. fam. En abundancia, copiosamente.

PORRINA. (l. *porrina*.) adj. MURC. Se aplica a la seda de calidad inferior que se hila de las primeras capas del capullo. || **2.** f. Estado de las mieses cuando aún están verdes. || **3.** Porreta.

PORRINO. (l. *porrina*.) m. Simiente de los puerros. || **2.** Planta del puerro criada en semillero en disposición de transplantarse.

PORRO. (l. *porrum*.) m. Puerro.

PORRO. (De *porra*.) adj. fig. y fam. Se dice del individuo torpe y necio. Ú.t.c.s.m. || **2.** m. COLOM. Tambor cónico de un solo parche. || **3.** COLOM. Jarana en que se baila al son de este tambor.

PORRÓN. (Quizá del ár. *burūn*, cántaro, vasija.) m. Botijo. || **2.** Redoma de vidrio con un largo pitón para beber vino a chorro.

PORRÓN, NA. (aum. de *porro*, 2.º art.) adj. fig. y fam. Pelmazo, tardo.

★ **PORRÓN.** m. CHILE. Puerro.

★ **PORRONGO, GA.** adj. VENEZ. Regordete.

PORRUDO, DA. (De *porra*.) m. MURC. Palo con que el pastor guía su ganado.

PORRUDO, DA. (De *porro*, 2.º art.) adj. AND. Testarudo, tozudo.

★ **PORRUDO, DA.** adj. ARGENT. Que tiene porra. Ú.t.c.s.

PORSIACASO. m. ARGENT. y VENEZ. Saco pequeño para llevar provisiones de viaje.

PORTA. f. ant. Puerta. || **2.** ART. Mandilete. || **3.** MAR. Cada una de las aberturas que se dejan en los costados y popa de los buques para dar ventilación y luz, para la carga y descarga y para el juego de artillería. || **4.** En el juego del fútbol, meta.

PORTAALMIZCLE. (De *portar* y *almizcle*.) m. Almizclero, animal rumiante que tiene en el vientre una especie de bolsa en que va depositándose el almizcle que segrega.

PORTAAVIONES. m. Buque de guerra dotado de instalaciones necesarias para transportar aviones y servir de plataforma para el despegue y aterrizaje de éstos. || **P.** porta-aviões; **I.** aircraft carrier; **F.** porte-avions; **A.** Flugzeugmutterschiff; **It.** portaèrei; **R.** авианосец.

PORTABANDERA. (De *portar* y *bandera*.) f. Especie de bandolera con un seno en que se mete el regatón del asta de la bandera para llevarla cómodamente.

PORTACAJA. (De *portar* y *caja*.) f. MIL. Especie de tahalí de donde cuelga el tambor o caja para tocarlo.

PORTACARABINA. (De *portar* y *carabina*.) f. MIL. Bolsa pequeña pendiente de la silla, en donde entra la boca de la carabina y se afirma para que no cabecee.

PORTACARTAS. (De *portar* y *carta*.) m. Bolsa, cartera, en que se llevan las cartas.

PORTACHUELO. (De *porta*.) m. Boquete abierto en la convergencia de dos montes.

PORTADA. (De *porta*.) f. Ornato de arquitectura en las fachadas principales de los edificios suntuosos. || **2.** Primera plana de los libros en que va el título del libro, el autor y año y lugar de la impresión. || **3.** División de cierto número de hilos que se hace para formar la urdimbre en el tejido de la seda. || **4.** Pieza de madera de 9 o más pies de longitud, con una escuadría de 24 dedos de tabla por 3 de canto. || **5.** fig. Cara principal de cualquier cosa. || **6.** ARGENT. Puerta grande y con adornos. || *La buena* PORTADA *honra la casa*. expr. fig. y fam. que se dice al que tiene grande la boca. || **P.** portada; **I.** frontispiece; **F.** frontispice; **A.** Portal; **It.** frontispizio; **R.** портал.

PORTADERA. (De *portar*.) f. Aportadera.

PORTADGO. (b. l. *portaticum*, y éste del l. *porta*, puerta.) m. ant. Portazgo.

PORTADGUERO. (De *portadgo*.) m. ant. Portazguero.

PORTADILLA. (De *portada*, 4.ª acep.) adj. Se aplica a la tabla que tiene unos 2,50 m de longitud, 32 cm de anchura y 5 cm de grueso. Ú.t.c.s.

PORTADO, DA. (De *portar*.) adj. Con los adverbios *bien* o *mal*, se dice del que viste bien o al contrario.

★ PORTADOCUMENTOS. (De *portar* y *documento*.) m. Cartera plana de cuero que se abre y cierra en casi toda su extensión por un sistema de cremalleras.

PORTADOR, RA. (l. *portātor*.) adj. Que lleva o trae una cosa de un lugar a otro. Ú.t.c.s. || **2.** m. Tabla redonda con su borde y un mango en el medio, con la que se llevan platos con viandas y otras cosas. || **3.** COM. Tenedor de efectos públicos o valores comerciales que no son nominativos sino pagaderos a quien los presenta. || **4.** QUÍM. Substancia que interviene en una reacción química combinándose con una de las substancias reaccionantes para formar un compuesto que puede ser fácilmente descompuesto por otra. || **—de gérmenes.** MED. Individuo sano, pero que es vehículo de microbios contagiosos para los demás. || **P.** portador; **I.** bearer; **F.** porteur; **A.** Träger; **It.** portatore; **R.** носитель.

★ PORTAEQUIPAJES. (De *portar* y *equipaje*.) m. Lugar de un vehículo destinado a colocar los equipajes.

★ PORTAESCOBILLAS. adj. Fís. Dícese de las piezas con las que se fijan al colector de dínamos o motores las escobillas. Ú.t.c.s.

PORTAESTANDARTE. (De *portar* y *estandarte*.) m. Oficial que lleva el estandarte de un regimiento de caballería.

PORTAFUSIL. (De *portar* y *fusil*.) m. Correa que pasa por dos anillos del fusil y sirve para echar éste a la espalda colgado del hombro.

PORTAGUIÓN. (De *portar* y *guión*.) m. En los antiguos regimientos de dragones, oficial que llevaba el guión.

PORTAHERRAMIENTAS. m. Pieza que sujeta la herramienta en las máquinas de labrar metales.

PORTAJE. m. Portazgo.

PORTAL. (De *porta*.) Zaguán o primera pieza de la casa que da acceso a los demás. || **2.** Soportal o pórtico a manera de claustro. || **3.** Pórtico, lugar cubierto y con columnas delante de un edificio suntuoso. || **4.** En algunas partes, puerta de la ciudad. || **P.** portal; **I.** porch, entry;

F. vestibule; **A.** Tor, Portal; **It.** portale; **R.** портал, подъезд.

PORTALADA. (De *portal*.) f. Portada, generalmente monumental y con acceso a los patios de las casas señoriales.

° PORTALÁMPARAS. m. Casquillo en el que se sujetan las bombillas eléctricas.

PORTALÁPIZ. m. Estuche para resguardar la punta de los lápices.

PORTALEJO. m. d. de portal.

PORTALEÑA. (De *portal*.) adj. Portadilla. Ú.t.c.s. || **2.** f. MAR. Portañola.

★ PORTALERA. f. CHILE. Mujer pública que espera en los portales.

PORTALERO. (De *portal*.) Guarda situado a la entrada de una población para registrar los géneros que entran y de que se han de pagar impuestos. || **2.** Individuo flojo que no hace sino pasear y detenerse en los lugares frecuentados.

PORTALIBROS. (De *portar* y *libros*.) m. Correas con tablas o sin ellas en que los escolares llevan sus libros.

PORTALÓN. (aum. de *portal*.) m. Puerta grande de los antiguos palacios y que cierra un patio descubierto. || **2.** MAR. Abertura en el costado del buque que sirve para la entrada y salida de personas y cosas.

PORTAMANTAS. (De *portar* y *manta*.) m. Par de correas enlazadas por un travesaño con las que se sujetan y llevan las mantas o abrigo de mano.

PORTAMANTEO. (De *portar* y *manteo*.) m. Manga, especie de maleta manual.

PORTAMIRA. (De *portar* y *mira*.) m. TOPOGR. El que conduce la mira o regla graduada en los trabajos topográficos.

PORTAMONEDAS. (De *portar* y *moneda*.) m. Bolsita para llevar el dinero. || **P.** porta-moedas; **I.** y **F.** porte-monnaie; **A.** Geldtäschchen; **It.** portamonete; **R.** кошелёк.

PORTANARIO. (b. l. *portanarius*, portero, y éste del l. *porta*, puerta.) m. ZOOL. Píloro.

PORTANTE. (De *portar*.) adj. Dícese del paso de las caballerías en el que mueven a la vez la mano y el pie del mismo lado. Ú.t.c.s. || *Tomar* uno *el* PORTANTE. fr. fig. y fam. Irse.

PORTANTILLO. (d. de *portante*.) m. Paso menudo y apresurado de un animal, más particularmente del pollino.

PORTANUEVAS. (De *portar* y *nueva*.) com. Persona que trae o da noticias.

PORTANVECES. (l. *portans*, que lleva, y *vices*, veces.) m. AR. Teniente o vicario de otro.

PORTAÑOLA. (d. de *porta*.) f. MAR. Cañonera, tronera.

PORTAÑUELA. (d. de *porta*.) f. Tira de tela para tapar la abertura que tienen por delante los pantalones. || **2.** COLOM. Portezuela de los coches. || **3.** CHILE. Armazón de la parte trasera de algunos coches para limitar la carga.

PORTAOBJETO. m. Laminilla de cristal sobre la que se coloca el objeto que se va a observar al microscopio.

PORTAPAZ. (De *portar* y *paz*.) amb. Utensilio de forma plana con que se da paz a los fieles en las iglesias.

PORTAPLIEGOS. (De *portar* y *pliego*.) m. Cartera propia para llevar pliegos.

PORTAPLUMAS. (De *portar* y *pluma*.) m. Mango en que se pone la pluma metálica para escribir.

PORTAR. (l. *portāre*.)' tr. ant. Llevar o traer. || **2.** Traer el perro al cazador la pieza cobrada herida o muerta. || **3.** r. Con los adverbios *bien* o *mal* o semejantes, gobernarse bien en un negocio o en otras ocasiones con cierta cordura, lealtad o por el contrario con necedad o engaño. || **4.** Tratarse con decencia y lucimiento en el ornato de su persona y casa, o en el trato social. || **5.** Por ext., distinguirse o lucirse en cualquier empeño. || **6.** intr. MAR. Recibir bien el viento, hablando de las velas y el aparejo. || **7.** CHILE, BOL., COLOM. y VENEZ. Venir, dejarse ver. Se emplea en frases negativas. || **3.ª** acep.: **P.** comportar-se; **I.** to behave; **F.** se comporter; **A.** sich betragen; **It.** comportarsi; **R.** вести себя.

PORTÁTIL. (l. *portātum*, supino de *portāre*, llevar.) adj. Fácil de llevar de un

lugar a otro. || **P.** portátil; **I.** portable; **F.** portatif; **A.** tragbar; **It.** portàtile; **R.** портативный.

PORTAVENTANERO. m. Carpintero de puertas y ventanas.

PORTAVIANDAS. (De *portar* y *vianda*.) m. Fiambrera, conjunto de cacerolas que con un braserillo debajo se emplea para llevar comida caliente.

° PORTAVIONES. Portaaviones.

PORTAVOZ. (De *portar* y *voz*.) m. MIL. Bocina que emplean los jefes para mandar la maniobra al tender los puentes militares. || **2.** fig. El que por tener autoridad suele representarla o llevar su voz. || **3.** fig. Funcionario que divulga lo que piensa un Gobierno acerca de un determinado asunto.

PORTAZGAR. tr. Cobrar el portazgo.

PORTAZGO. (De *portadgo*.) m. Derechos que se pagan por pasar por lugar determinado. || **2.** Lugar donde se cobran. **P.** portagem; **I.** turnpike-duty; **F.** péage; **A.** Wegezoll; **It.** pedaggio; **R.** подорожный налог.

PORTAZGUERO. m. Encargado de cobrar el portazgo.

PORTAZO. m. Golpe fuerte dado al cerrar o cerrarse con violencia una puerta. || **2.** Acción de cerrar la puerta para desairar a alguien.

PORTE. (De *portar*.) m. Acción de portear, 1.er art. || **2.** Cantidad que se paga por transportar una cosa. || **3.** Modo de gobernarse y portarse. || **4.** Buena o mala disposición de una persona y mayor o menor decencia con que se presenta. || **5.** Calidad, nobleza de la sangre. || **6.** Grandeza, capacidad de una cosa. || **7.** CHILE. Regalo o presente, sobre todo el hecho en un cumpleaños. || **2.ª** acep.: **P.** porte; **I.** portage; **F.** transport, port; **A.** Porto- -(Brief-Post), Fracht; **It.** porto; **R.** плата за переноску.

PORTEADOR, RA. adj. Que portea o tiene por oficio portear. Ú.t.c.s.

PORTEAR. tr. Transportar una cosa por el precio señalado. || **2.** r. Pasarse de un lugar a otro; se aplica más a las aves pasajeras. || **3.** intr. ARGENT. Salir.

PORTEAR. intr. Dar golpes las puertas o ventanas o darlos con ellas.

PORTECICA, LLA, TA. f. ant. d. de puerta.

PORTEGADO. (l. *porticātus*.) m. ant. Pórtico. || **2.** ÁL. Tejavana, cobertizo.

PORTENTO. (l. *portentum*.) m. Cualquier cosa singular que causa admiración. || **P.** e **It.** portento; **I.** wonder; **F.** prodige; **A.** (Welt-)Wunder; **R.** необыкновенное.

PORTENTOSAMENTE. adv. De modo portentoso.

PORTENTOSO, SA. (l. *portentōsus*.) adj. Singular, extraño, que causa admiración, terror.

PORTEÑO, ÑA. adj. Natural del Puerto de Santa María. Ú.t.c.s. || **2.** Perteneciente a esta ciudad. || **3.** Bonaerense, natural de Buenos Aires. Ú.t.c.s.

PORTEO. m. Acción y efecto de portear.

PORTEREJO. m. d. de portero.

PORTERÍA. (De *portero*.) f. Pieza a la entrada de algunos edificios, desde donde un portero vigila la entrada y salida de las personas, etc. || **2.** Empleo de portero. || **3.** En algunos juegos, como en el fútbol, meta o marco por donde se intenta hacer pasar el balón. || **—de damas.** En los palacios y otros lugares, puerta destinada al servicio de las mujeres. || **P.** portaria; **I.** porter's box; **F.** conciergerie; **A.** Portierbude; **It.** porteria; **R.** помещение привратника.

PORTERÍA. f. MAR. Conjunto de todas las portas de un buque.

PORTERIL. adj. Perteneciente o relativo al portero o a la portería.

PORTERO, RA. (l. *portārius*.) adj. Se dice del ladrillo mal cocido. || **2.** m. y f. Persona encargada de cuidar, cerrar y abrir las puertas. || **3.** Jugador que en algunos deportes defiende la meta de su bando. || **4.** f. URUG. Puerta de campo. || **—de estrados.** El que sirve en tribunal o consejo para que el público asistente observe la debida compostura. || **—de golpe.** El que en la cárcel cuida de una segunda puerta que suele tener pestillo de ruido

P

para advertir cuando se mueve. || 2.ª acep.: **P.** porteiro; **I.** porter, doorkeeper; **F.** concierge; **A.** Hauswart; Pförtner; **It.** portiere; **R.** привратник.

PORTEZUELA. f. d. de puerta. || **2.** Puerta de carruaje. || **3.** Entre sastres, cartera que cubre el bolsillo.

PORTEZUELO. m. d. de puerto. || **2.** CHILE. Camino entre dos cerros o montañas.

PÓRTICO. (l. *porticus.*) m. Lugar cubierto y con columnas, construido ante los edificios suntuosos o templos. || **2.** Galería con arcadas a lo largo de un muro de fachada o de patio. || **P.** pórtico; **I.** portico, porch; **F.** portique; **A.** Loggia Portikus; **It.** pòrtico; **R.** портик.

PORTICHUELO. m. d. de puerto. || **2.** Puerto bajo en las estribaciones de una montaña.

PORTIER. (fr. *portière*, y éste del l. *portarius.*) m. Cortina gruesa de las habitaciones que dan al pasillo, escaleras, etcétera, o partes menos interiores de la casa.

PORTILLA. (De *puerta.*) f. Paso para carros, ganados y peatones, en las fincas rústicas. || **2.** MAR. Cada una de las aberturas pequeñas de los costados del buque que con un cristal dan claridad y ventilación al interior.

PORTILLERA. f. Portilla de finca rústica.

PORTILLO. (De *puerta.*) m. Abertura en murallas, tapias, etc. || **2.** Postigo o puerta pequeña en otra mayor. || **3.** En algunos lugares, puerta por donde no puede pasar lo que haya de adeudar derechos. || **4.** Camino angosto entre dos alturas. || **5.** fig. Cualquier paso abierto en un muro, pared, etc. || **6.** fig. Mella que queda en un objeto quebrado. || **7.** fig. Entrada o salida que queda descuidada. || *Diezmar a* PORTILLO. fr. Diezmar las reses al tiempo de pasar por el portillo. || P. portilha; **I.** opening; **F.** brèche; **A.** Maueröffnung; **It.** sportello; **R.** пролом, брешь.

PÓRTLAND. m. V. *Cemento de* PÓRTLAND.

* **PORTOGRAFÍA.** f. MED. Radiografía de la vena porta.

PORTÓN. m. aum. de puerta. || **2.** Puerta que divide el zaguán del resto de la casa.

PORTORRIQUEÑO, ÑA. adj. Puertorriqueño. Apl. a pers. ú.t.c.s.

PORTRECHO. (l. *protractus.*) m. ant. Espacio, distancia.

PORTUARIO, RIA. adj. Perteneciente o relativo al puerto de mar.

PORTUENSE. (l. *portuensis.*) adj. Natural de cualquier población denominada Puerto. Ú.t.c.s. || **2.** Perteneciente a ella. || **3.** Del puerto de Ostia, en Italia.

PORTUGALÉS, SA. (l. *portucalensis.*) adj. ant. Portugués, 1.ª y 2.ª aceps. Apl. a pers. usáb.t.c.s.

PORTUGUÉS, SA. (port. *portugués*, y éste del l. *portucalensis.*) adj. Natural de Portugal. Ú.t.c.s. || **2.** Perteneciente a esta nación. || **3.** m. Lengua hablada en Portugal. || **4.** AMÉR. Se aplica al que va a un espectáculo sin entrada. || 2.ª acep.: **P.** português; **I.** Portuguese; **F.** portugais; **A.** Portugiese; **It.** portoghese; **R.** португальский.

PORTUGUESADA. (De *portugués.*) f. Dicho o hecho en que se exagera la importancia de algo.

PORTUGUESISMO. (De *portugués.*) m. Lusitanismo.

PORTULACÁCEO, A. (De *portulaca*, nombre de un género de plantas.) adj. BOT. Se dice de plantas angiospermas dicotiledóneas, herbáceas o fruticosas, con hojas carnosas, flores hermafroditas y fruto en cápsula. Ú.t.c.s.f. || **2.** f. pl. BOT. Familia de estas plantas.

PORTULANO. (ital. *portolano*, y éste del l. *portus*, puerto.) m. Colección de planos de varios puertos, en forma de atlas.

* **PORUMA.** f. CHILE. Piedra grande que empleaban los araucanos como altar.

* **PORUÑA.** (quich. *puruña*, fuente de barro para los usos de cocina.) f. CHILE. Especie de cucharón empleado en los lavaderos de oro. || **2.** CHILE. Instrumento de cuerno o madera y más generalmente de lata, usado en las tiendas para sacar

arroz, azúcar, café, etc. || **3.** CHILE. Instrumento semejante al anterior empleado por los jardineros.

* **PORUÑAZO.** m. CHILE. Engaño, fraude.

* **PORUÑEAR.** tr. CHILE. Trabajar con poruña. || **2.** CHILE. Engañar.

* **PORUÑERO.** m. CHILE. Estafador, que pide dinero adelantado con muestras falsas de minerales ricos. || **2.** Estafador, en general.

PORVENIR. (De *por* y *venir.*) m. Suceso o tiempo futuro. || **P.** porvir; **I.** future; **F.** avenir; **A.** Zukunft; **It.** avvenire; **R.** будущее.

¡PORVIDA! interj. de ira o amenaza. Ú.t.c.s.

POS. (l. *post.*) prep. insep. que significa detrás, o después de. A veces se usa la forma latina. POSTdata, POSTdiluviano. || **2.** Ú. como adv. con igual significación en el m. adv. *en* POS. || **3.** Postre, en las comidas.

POSA. (De *posar.*) f. Clamor de campanas por los difuntos. || **2.** Parada en la conducción de un cadáver para que el clero cante un responso. || **3.** pl. Asentaderas.

POSADA. (De *posar.*) f. Casa donde uno habita o mora. || **2.** Mesón. || **3.** Casa de huéspedes. || **4.** Campamento. || **5.** Estuche con cuchara, tenedor, o cuchillo para los viajes. || **6.** MÉJ. Fiesta de carácter popular en los días anteriores a Navidad. || **7.** MÉJ. Asalto, irrupción de gente en una casa para divertirse, particularmente por Navidad. || **—franca.** Hospedaje hecho sin interés. || *El salir de la* POSADA *es la mayor jornada.* ref. que advierte que la mayor dificultad de las cosas consiste en comenzarlas. || *Más acá hay* POSADA. expr. fig. y fam. con que se ataja al que exagera. || 3.ª acep.: **P.** pousada; **I.** inn, lodging-house; **F.** logis, auberge; **A.** Wirtshaus; **It.** locanda; **R.** постоялый двор.

POSADERAS. (De *posar.*) f. pl. Nalgas.

POSADERÍA. (De *posadero.*) f. ant. Posada, casa de huéspedes, fonda.

POSADERO, RA. m. y f. Persona con casa de posadas. || **2.** m. Cierta especie de asiento hecho de espadaña o de soga de esparto usado en tierras de Toledo y la Mancha. || **3.** Sieso. || **P.** estalajadeiro; **I.** innkeeper; **F.** aubergiste; **A.** Gastwirt; **It.** locandiere; **R.** хозяин постоялого двора.

POSADO, DA. (De *posar, descansar.*) adj. ant. Difunto. Usáb.t.c.s.

POSADOR, RA. (De *posar.*) adj. ant. Aposentador. Usáb.m.c.s.

POSANTE. p.a. de posar. Que posa. || **2.** MAR. Se aplica al buque cuyos movimientos no son violentos.

POSAR. (l. *pausāre.*) intr. Alojarse en una posada o casa particular. || **2.** Descansar; reposar. || **3.** Hablando de las aves y otros animales voladores, pararse sobre alguna cosa. Ú.t.c.r. || **4.** Dejar la carga para descansar. || **5.** r. Depositarse en el fondo las partículas sólidas que se hallan en suspensión en un líquido o caer el polvo sobre las cosas. || **P.** pousar; **I.** to lodge, to board; **F.** loger; **A.** logieren; **It.** alloggiare; **R.** квартировать.

POSARMO. m. SANT. Especie de berza.

POSAVERGA. (De *posar* y *verga.*) f. MAR. Palo largo que llevaban a prevención los buques, para reemplazar un mastelero o verga.

POSCA. (l. *pōsca.*) f. Mezcla de agua y vinagre que usaban los romanos como refresco.

POSCOMUNIÓN. (l. *postcommūnio, -ōnis.*) f. Oración que se dice después de la comunión en la misa.

POSDATA. (l. *postdata.*) f. Lo que se añade a una carta después d firmada. || **P.** pós-escrito; **I.** postdate; **F.** post-scriptum; **A.** Nachschrift, N. S.; **It.** postdata; **R.** приписка.

POSEEDOR, RA. adj. Que posee. Ú.t.c.s. || **—de buena fe.** El que ignora que sea vicioso, su título de posesión; *Tercer*, o *tercero* POSEEDOR. Por. A los efectos de sufrir o no, según justicia, los de un embargo o litigio promovido entre extraños sobre bienes, quien adquirió éstos

por título singular del demandado o condenado. A los efectos de soportar las consecuencias de una hipoteca, quien adquirió por título también singular bienes gravados previamente con aquélla. || **P.** possuidor; **I.** possessor; **F.** possesseur; **A.** Besitzer; **It.** possessore; **R.** обладатель.

POSEER. (l. *possidēre.*) tr. Tener uno algo en su poder. || **2.** Conocer suficientemente una cosa. || **3.** FOR. Tener una cosa con ánimo de dueño y no a sabiendas de que pertenezca a otro. || **4.** r. Dominarse a uno mismo. || *Estar* POSEÍDO uno. fr. Estar penetrado de una idea o pasión. || **P.** possuir; **I.** to possess; **F.** posséder; **A.** besitzen, innehaben; **It.** possedere; **R.** владеть, обладать.

POSEÍDO, DA. p.p. de poseer. || **2.** adj. Poseso. Ú.t.c.s. || **3.** fig. Se aplica al que ejecuta actos furiosos. Ú.t.c.s.

POSENTADOR, RA. adj. ant. Aposentador. Usáb.m.c.s.

POSESIÓN. (l. *possessio, -ōnis.*) f. Acto de poseer o tener una cosa corporal con deseo de conservarla. Por extensión se dice también de las cosas incorpóreas. || **2.** Apoderamiento del espíritu del hombre por otro espíritu que actúa en él internamente. || **3.** Cosa poseída. Se aplica principalmente a las fincas rústicas. **—civil.** FOR. La que tiene uno con causa justa y buena fe. || **—clandestina.** FOR. La que se toma o tiene ocultamente. || **—de buena fe.** FOR. que se posee ignorando que sea vicioso el título o modo de adquisición. || **—de mala fe.** FOR. La que se tiene careciendo a sabiendas de título legítimo. || **—natural.** FOR. Tenencia de una cosa corporal. || **—pretoria.** FOR. La que era constituida por decisión judicial en pago de un crédito. || **—turbatina.** FOR. La que se adquiere violentando la que tenía otro. || **—vel cuasi.** FOR. loc. lat. con que se ha designado la posesión no sólo real ni corporal sino también de los derechos y otros bienes inmateriales. || **—violenta.** FOR. La viciada por el uso de fuerza. || *Amparar* a uno *en la* POSESIÓN. fr. FOR. Mantenerle en la que posee. || *Dar* POSESIÓN *a* uno. fr. DER. Poner real y efectivamente a su disposición la cosa corporal o dar señal de transferirle derechos y cosas incorpóreas. || *Recobrar*, o *retener la* POSESIÓN. fr. FOR. Ser uno amparado judicialmente para no verse privado de alguna cosa o contra el despojo consumado de ella. || *Tomar* POSESIÓN. fr. Ejecutar algún acto que muestre ejercicio de derecho, uso o libre disposición de lo que se entra a poseer. || **P.** sessão; **I.** y **F.** possession; **A.** Besitz; **It.** possessione; **R.** владение.

POSESIONAL. adj. Perteneciente a la posesión o que la induye.

POSESIONAR. tr. Poner en posesión de algo. Ú.m.c.r.

POSESIONERO. m. Ganadero que adquiere la posesión de los pastos arrendados.

POSESIVO, VA. (l. *possessīvus.*) adj. Que denota posesión. || **2.** Posesorio, perteneciente a la posesión. || **3.** GRAM. Se aplica al pronombre que indica posesión. Ú.t.c.s. || **P.** f. It. possessivo; **I.** possessive; **F.** possessif; **A.** besitzanzeigend; **R.** притяжательный.

POSESO, SA. (l. *possessus.*) p.p. irreg. de poseer. || **2.** adj. Se aplica a la persona que padece posesión o tiene su espíritu poseído por otro. Ú.t.c.s. || **P.** possesso; **I.** possessed; **F.** possédé; **A.** besessen; **It.** possesso; **R.** одержимый.

POSESOR, RA. (l. *possessor.*) adj. Poseedor. Ú.t.c.s.

POSESORIO, RIA. (l. *possessorius.*) adj. Perteneciente o relativo a la posesión o que la denota. || **2.** FOR. Se dice del juicio en que se discute la posesión, no la propiedad.

POSETE. (De *posar.*) m. MURC. Destilador o pie de jarra.

POSEYENTE. p.a. de poseer. Que posee.

POSFECHA. (De *pos* y *fecha.*) f. Fecha posterior a la verdadera.

POSFIJO. m. Postfijo.

POSGUERRA. f. Tiempo inmediato a la terminación de una guerra y durante el cual aún se sienten los trastornos ocasionados por ella.

P

POSIBILIDAD. (l. *possibilĭtas, -ātis.*) f. Ocasión o potencia para ser o existir las cosas. || **2.** Facultad para hacer o no las cosas. || **3.** Medios adecuados para la consecución de un fin. Ú.m. en pl. || **P.** posibilidade; **I.** possibility; **F.** possibilité; **A.** Möglichkeit; **It.** possibilità; **R.** возможность.

POSIBILITAR. tr. Facilitar y hacer posible una cosa ardua y difícil.

POSIBLE. (l. *possibĭlis.*) adj. Que puede ser o suceder. || **2.** m. Posibilidad, medios para realizar algo. || **3.** pl. Bienes, rentas o medios que uno posee. Ú.t. en sing. || ¡*Es* POSIBLE! expr. con que se expresa admiración o extrañeza. || **2.** También se usa de ella para reprender alguna mala acción. || *Hacer* uno *los* POSIBLES, o *todo lo* POSIBLE. fr. No omitir ningún medio para alcanzar lo que desea. || *No ser* POSIBLE una *cosa.* fr. fig. con que se da a entender lo difícil de ejecutar o de conceder una cosa. || **P.** possível; **I.** y **F.** possible; **A.** möglich; **It.** possìbile; **R.** возможный.

POSICIÓN. (l. *positĭo, -ōnis.*) f. Postura, situación o modo en que está colocada una persona o cosa. || **2.** Acción de poner. || **3.** Categoría de cada persona con respecto a otras. || **4.** Suposición, acción de suponer. || **5.** Situación o disposición. || **6.** FOR. Estado que en el juicio determinan para el demandante y el demandado las acciones y defensas respectivamente empleadas. || **7.** FOR. Cada una de las preguntas que ha de contestar cualquiera de los litigantes bajo juramento. || **8.** MIL. Punto fortificado o ventajoso para acciones de guerra. || **—militar.** MIL. La del soldado cuando se cuadra al frente a la voz de ¡firmes! || *Falsa* POSICIÓN. ARIT. Suposición que se hace de uno o más números para resolver una cuestión. || *Absolver* POSICIONES. fr. FOR. Contestarlas. || **P.** posição; **I.** y **F.** position; **A.** Situation; **It.** posizione; **R.** положение.

POSITIVAMENTE. adv. Ciertamente, sin duda.

POSITIVISMO. m. Calidad de atenerse a lo positivo. || **2.** Afición excesiva a los goces materiales. || **3.** Sistema filosófico que admite únicamente el método experimental y rechaza la noción *a priori* y el concepto universal y absoluto. || **P.** e **It.** positivismo; **I.** positivism; **F.** positivisme; **A.** Positivismus; **R.** позитивизм.

POSITIVISTA. adj. Perteneciente o relativo al positivismo. || **2.** Partidario del positivismo. Ú.t.c.s.

POSITIVO, VA. (l. *positīvus.*) adj. Cierto, que no ofrece duda. || **2.** Se dice del derecho o ley divina o humana promulgados, en contraposición del natural. || **3.** Dícese del que ante todo busca lo útil y en particular los goces de la vida. || **4.** LÓG. Afirmativo, en contraposición de negativo. || **5.** ÁLG. Se dice del término que lleva el signo (+). || **6.** MAT. Cuando una magnitud es susceptible de ser apreciada en dos sentidos opuestos se da a uno el nombre positivo y al otro el de negativo. || **7.** MAT. Se dice de la cantidad superior a cero. || **8.** MAT. Se dice de la cantidad que al ser agregada a otra la aumenta. || **9.** Fís. Dícese de la electricidad conseguida frotando el vidrio. || **10.** FOTOGR. Se dice de la prueba obtenida como última parte de la operación fotográfica, que invierte los claros y obscuros del clisé obteniendo así las imágenes con sus verdaderas luces y sombras. || *De* POSITIVO. m. adv. Ciertamente. || **P.** e **It.** positivo; **I.** positive; **F.** positif; **A.** sachlich, positiv; **R.** положительный.

PÓSITO. (l. *posĭtus*, depósito, establecimiento.) m. Instituto de carácter municipal destinado a hacer acopio de granos, principalmente de trigo y prestarlos a los labradores y vecinos en épocas de escasez. || **2.** Casa en que se guarda dicho grano. || **3.** Por ext., algunas asociaciones formadas para cooperación entre personas de humilde condición. || **—pío.** El que está erigido con cláusulas de carácter benéfico. || **P.** depósito; **I.** public granary; **F.** grénier d'abodance; **A.** Kornkammer; **It.** granaio comunale; **R.** амбар.

★ **POSITRÓN.** m. Fís. Partícula de masa igual a la del electrón, pero con carga eléctrica positiva.

POSITURA. (l. *positūra.*) f. Postura. || **2.** Estado o disposición de una cosa.

POSLIMINIO. m. Postliminio.

POSMA. f. fam. Pesadez, flema. || **2.** VENEZ. Agua putrefacta. || **3.** com. fig. y fam. Persona lenta y pesada. Ú.t.c.adj.

POSMERIDIANO. m. Postmeridiano.

POSO. (De *posar.*) m. Sedimento del líquido contenido en una vasija. || **2.** Descanso, reposo. || **P.** lia; **I.** sediment; **F.** lie, sédiment; **A.** Bodensatz; **It.** sedimento; **R.** осадок.

POSÓ. m. Moño en forma de nudo grande que se hacen en el pelo las mujeres filipinas en la parte posterior de la cabeza.

POSOLOGÍA. (gr. πόσον, cuánto, qué cantidad, y λόγος, tratado.) f. MED. Parte de la terapéutica que trata de las dosis en que han de tomarse las medicinas.

POSÓN. (De *posar.*) m. Posadera, asiento cilíndrico de espadaña o soga de esparto.

POSPALATAL. adj. Postpalatal.

POSPELO (A). m. adv. A contrapelo. || **2.** fig. y fam. Al, o a redopelo.

POSPIERNA. (De *pos* y *pierna.*) f. En las caballerías, muslo.

POSPONER. (l. *postponĕre*; de *post*, después de, y *ponĕre*, poner.) tr. Colocar una persona o cosa después de otra. || **2.** fig. Apreciar a una persona o cosa menos que a otra. || **P.** pospor; **I.** to postpone; **F.** postposer; **A.** nachsetzen, nachstellen; **It.** posporre; **R.** ставить, откладывать.

POSPOSICIÓN. f. Acción de posponer.

POSPOSITIVO, VA. (l. *postpositīvus.*) adj. GRAM. Que se pospone.

POSPUESTO, TA. (l. *postposĭtus.*) p.p. irreg. de posponer.

POST. prep. Pos.

POSTA. (ital. *posta*, y éste el l. *posĭta*, t. f. de *posĭtus.*) f. Conjunto de caballerías que se apostaban en los caminos a distancia de dos a tres leguas para que, cambiando los tiros, los viajeros y correos hicieran el viaje con rapidez. || **2.** Casa en que se hallan las postas. || **3.** Distancia entre una y otra posta. || **4.** Tajada de carne o pescado. || **5.** Bala pequeña de plomo, mayor que los perdigones. || **6.** Cantidad de dinero que se envida en ciertos juegos. || **7.** Tarjetón con un letrero conmemorativo. || **8.** ARQ. Dibujo de ornamentación compuesto de líneas onduladas, volutas, etc., que se emplea en frisos y espacios análogos de mucha longitud. || **9.** GERM. Alguacil, ministro inferior de justicia. **—restante.** AMÉR. Lista de correos. || *Por la* POSTA. m. adv. Corriendo la posta. || **2.** fig. y fam. Con prisa o velocidad. || **P.** posta, estaçâo de cavalos; **I.** post-horses; **F.** poste; **A.** Eilpost, Posthaus, Postpferde; **It.** posta; **R.** почта.

POSTAL. (De *posta.*) adj. Concerniente al ramo de correos. || **2.** Se aplica a la tarjeta que lleva un sello de correos y se emplea como carta sin sobre. Ú.t.c.s.f. || **3.** Se aplica al giro que sirven las oficinas de correos. || **4.** AMÉR. Dícese de la casilla o apartado donde en correos se reúnen las cartas, periódicos, etc., esperando a ser recogidas por sus destinatarios. || **P.**, **I.** y **F.** postal; **A.** Post (en comp.); **It.** postale; **R.** почтовый.

POSTAR. tr. ant. Apostar.

★ **POSTCLIMÁTICO, CA.** (l. *post*, después, y de *climático.*) adj. ECOLOG. Se aplica a la comunidad biológica que necesita mayor cantidad de humedad que la que suele existir en un clima dado, y que en compensación aprovecha más intensamente la humedad del suelo.

POSTDATA. (l. *post* y *data.*) f. Posdata.

POSTDILUVIANO, NA. (l. *post*, después de, y de *diluviano.*) adj. Posterior al diluvio universal.

POSTDORSAL. adj. FON. Se aplica al sonido cuya articulación se forma principalmente con la parte posterior del dorso de la lengua. || **2.** FON. Se dice de la letra que representa este sonido. Ú.t.c.s.f.

POSTE. (l. *postis.*) m. Madero, piedra, columna colocada como apoyo o señal. || **2.** fig. Castigo impuesto a los colegiales colocándoles de pie durante cierto tiempo. || *Asistir al* POSTE. fr. En algunas universidades esperar el catedrático después de bajar de la cátedra por si algún alumno desea preguntar algo. || *Dar* POSTE. fr. fig. Hacer que uno espere en un lugar más de lo debido. || *Llevar* POSTE. fr. fig. y fam. Aguardar a uno que falta a la cita. || *Oler* uno *el* POSTE. fr. fig. y fam. Prever, evitar el daño. || *Ser* uno *un* POSTE. fr. fig. y fam. Ser muy lerdo. || **2.** fig. y fam. Estar muy sordo. || **P.** poste; **I.** post, pillar; **F.** poteau; **A.** Pfosten; **It.** palo; **R.** столб.

POSTEAR. intr. ant. Correr la posta.

POSTELERO. (De *poste*.) m. MAR. Puntal que sostiene las mesas de guarnición para que no padezcan en los balances.

POSTEMA. (De *apostema*.) f. Absceso supurado. || **2.** fig. Persona pesada o molesta. || *No criarle*, o *no hacérsele a* uno POSTEMA una cosa. fr. fig. y fam. que se aplica al que descubre con facilidad lo que sabe, particularmente lo secreto. || **2.** fig. y fam. Se dice del que manifiesta a otro con franqueza las quejas que tiene de él.

★ **POSTEMA.** fig. Persona molesta, impertinente. || **2.** COLOM. Pus.

POSTEMACIÓN. f. ant. Apostemación.

POSTEMERO. m. Instrumento de cirugía empleado para abrir las postemas.

★ **POSTEMILLA.** f. AMÉR. Postema formada en la encía.

PÓSTERAMENTE. adv. ant. Posteriormente, al fin.

POSTERGACIÓN. f. Acción y efecto de postergar.

POSTERGAR. (l. *postergāre*; de *post*, después de, y *tergum*, espalda.) tr. Hacer que una cosa sufra atraso, posponerla a otra. || **2.** Perjudicar a un empleado dando a otro más reciente el ascenso que le correspondía a aquél. || **P.** postergar; **I.** to defer, to leave behind; **F.** arriérer, laisser en arrière; **A.** übergehen, zurücksetzen; **It.** postergare, preterire; **R.** опережать, ставить ниже.

POSTERIDAD. (l. *posterĭtas, -ātis.*) f. Descendencia o generación venidera. || **2.** Fama póstuma. || **P.** posteridade; **I.** posterity; **F.** postérité; **A.** Nachkommenschaft; **It.** posterità; **R.** потомки.

POSTERIOR. (l. *posterior.*) adj. Que fue o viene después, o que está detrás. || **2.** FON. Se aplica al fonema cuyo punto de articulación está situado en la parte posterior de la cavidad bucal. || **P.** e **I.** posterior; **F.** postérieur; **A.** hinter, nachherig; **It.** posteriore; **R.** последующий.

POSTERIORIDAD. f. Calidad de posterior.

POSTERIORMENTE. adv. Después, detrás.

POSTETA. f. Porción de pliegos que los encuadernadores baten de una vez. || **2.** IMPR. Agregado de pliegos de papel que meten los impresores unos dentro de otros para empaquetar las impresiones.

POSTFIJO, JA. (l. *post*, después de, y *fijo.*) adj. Sufijo. Ú.m.c.s.m.

POSTIGO. (l. *postĭcum.*) m. Puerta falsa colocada en lugar excusado de la casa. || **2.** Puerta fabricada de una pieza sin división y asegurada con un cerrojo, picaporte, etc. || **3.** Puerta chica abierta en otra mayor. || **4.** Cada una de las puertecillas que hay en las ventanas o puertaventanas. || **5.** Tablero con bisagras o goznes para cubrir cuando conviene la parte encristalada de puertas y ventanas. || **6.** Cualquiera de las puertas principales de una ciudad o villa. || **P.** postigo; **I.** wicket; **F.** guichet; **A.** Hintertür, Fensterladen; **It.** sportello, finestrino; **R.** задняя дверь.

POSTILA. (l. *post illa.*) f. Apostilla.

POSTILACIÓN. f. Acción de postilar.

POSTILADOR. m. El que postila.

POSTILAR. tr. Apostillar.

POSTILLA. (l. *pustĭlla*, por *pustŭla.*) f. Costra que se forma en las llagas o granos cuando van secándose.

POSTILLA. (l. *post illa.*) f. Postila.

POSTILLÓN. (De *posta.*) m. Mozo que va a caballo delante de los que corren la posta o montado en la caballería delan-

P tera para guiar. || P. postilhão; I. postilion; F. postillon; A. Postillion; It. postiglione; R. почтальон.

POSTILLOSO, SA. adj. Que tiene postillas o costras.

POSTÍN. m. Importancia afectada y sin fundamento, presunción. || *Darse* POSTÍN. fr. Darse tono.

POSTINERO, RA. adj. Se aplica a la persona que se da postín.

★ **POSTINO.** m. CHILE. Coche de punto.

POSTIZA. (De *postizo*.) f. Castañuela, castañeta, comúnmente la más fina que las regulares. Ú.m. en pl.

POSTIZO, ZA. (l. *positicius*, de *positus*, puesto.) adj. Que no es natural, ni propio, sino agregado o sobrepuesto. || 2. Se dice del nombre que es un apodo. || 3. m. Entre peluqueros, añadido de pelo para suplir la falta o escasez de éste. || P. postiço; I. postiche, artificial; F. postiche; A. nachgemacht, künstlich; It. posticcio; R. поддельный.

POSTLIMINIO. (l. *postliminium*.) m. Ficción del Derecho romano por lo que los prisioneros de guerra, al recobrar la libertad, se reintegraban en los derechos de ciudadanos como si nunca hubiesen estado ausentes.

POSTMERIDIANO, NA. (l. *postmeridiānus*.) adj. Perteneciente o relativo a la tarde, o que es después del mediodía. || 2. m. ASTRON. Cualquiera de los puntos del paralelo de declinación de un astro a occidente del meridiano del observador.

★ **POSTMODERNISMO.** (l. *post*, después, y de *modernismo*.) m. Movimiento, especialmente literario, desarrollado entre los años 1905-1915, que representa una reacción conservadora opuesta a ciertas exageraciones del modernismo.

POSTÓNICO, CA. (l. *post*, después de, y de *tónico*.) adj. GRAM. Que sigue inmediatamente a la sílaba tónica o acentuada.

POSTOR. (l. *positor*.) m. Licitador. || P. licitador; I. bidder; F. enchérisseur, offrant; A. Steigerer, Bieter; It. offerente; R. предлагающий цену.

POSTPALATAL. (l. *post* y *palatal*.) adj. FON. Se dice del sonido para cuya pronunciación choca la raíz de la lengua contra el velo del paladar. || 2. FON. Se aplica a la letra que representa dicho sonido. Ú.t.c.s.f.

POSTRACIÓN. (l. *postratio*, -ōnis.) f. Acción y efecto de postrar o postrarse. || 2. Abatimiento por enfermedad o aflicción. || P. postração; I. y F. postration; A. Kniefall; It. postrazione; R. прострация.

POSTRADOR, RA. (l. *prostrātor*.) adj. Que postra. || 2. m. Tarima baja de madera que se coloca al pie de la silla en el coro, para que se arrodille el religioso.

POSTRAR. (De *postrar*.) tr. Rendir, humillar o derribar una cosa. || 2. Enflaquecer, debilitar. Ú.t.c.r. || 3. r. Hincarse de rodillas, ponerse a los pies de otro en señal de acatamiento o respeto. || P. postrar; I. to prostrate; F. abatre, affaiblir; A. niederwerfen, demütigen; It. prostrare; R. унижать.

POSTRE. (l. *poster*, -ēri.) adj. Postrero. || 2. m. Fruta, dulce u otros manjares que se sirven al final de las comidas. || *A la* POSTRE, *o al* POSTRE. m. adv. A lo último, al fin. || 2.ª acep.= P. postre; I. y F. dessert; A. Nachtisch; It. pospasto; R. десерт.

POSTREMAS (A). (De *postremo*.) m. adv. A la postre.

POSTREMERO, RA. (De *postremo*.) adj. Postrero.

POSTREMO, MA. (l. *postrēmus*.) adj. Postrero o último.

POSTRER. adj. Apóc. de postrero.

POSTRERAMENTE. adv. A la postre.

POSTRERO, RA. (De *postrarius*, por *postrēmus*, infl. por *primarius*.) adj. Último en orden. Ú.t.c.s. || 2. Que está o viene detrás. Ú.t.c.s. || 3. f. ARGENT. Figura del pericón, terminada en aire de vals.

POSTRIMER. adj. Apóc. de postrimero.

POSTRIMERAMENTE. adv. Última, finalmente.

POSTRIMERÍA. (De *postrimero*.) f. Último período de la vida. || 2. TEOL. Novísimo, cada una de las cuatro últimas cosas que guardan al hombre y que son: muerte, juicio, infierno y gloria. || 3. Período último de la duración de algo. Ú.m. en pl.

POSTRIMERO, RA. (De *postremero*, con la *i* de primero.) adj. Postrero, último.

POST SCRIPTUM. loc. lat. que se emplea como substantivo masculino, que equivale a posdata.

PÓSTULA. (De *postular*.) f. Postulación.

POSTULACIÓN. (l. *postulatio*, -ōnis.) f. Acción y efecto de postular.

POSTULADO, DA. p.p. de postular. || 2. m. Proposición cuya verdad se acepta sin probarla y es precisa para servir de base en ulteriores razonamientos. || 3. GEOM. Supuesto para fundar una demostración. || —de Euricles. GEOM. Postulado en que se fundan las geometrías euclidianas y que dice: Por un punto exterior a una recta sólo puede trazarse a ella una paralela. || 2.ª acep.= P. postulado; I. postulate; F. postulat; A. Postulat; It. postulato; R. постулат.

POSTULADOR. (l. *postulātor*.) m. En el derecho canónico, cada capitular que postula. || 2. El por comisión legítima solicita en la curia romana la beatificación y canonización de una persona venerable.

POSTULANTA. f. Mujer que desea ser admitida en una comunidad religiosa.

POSTULANTE. p.a. de postular. Que postula. Ú.t.c.s. || P. e It. postulante; I. y F. postulant; A. Bewerber, Postulant; R. искатель.

POSTULAR. (l. *postulāre*.) tr. Pedir, pretender. || 2. Pedir para prelado de una iglesia a quien uno puede serlo. || P. postular; I. to postulate; F. postuler; A. nachsuchen um; It. postulare; R. просить, искать.

PÓSTUMO, MA. (l. *postūmus*.) adj. Que nace o sale a luz después de la muerte del padre o autor. || P. póstumo; I. posthumous, posthume; F. posthume; A. nachgelassen (Besitz); It. pòstumo; R. посмертный.

POSTURA. (l. *positūra*.) f. Situación, figura o modo en que se coloca una persona, animal o cosa. || 2. Acción de poner o plantar árboles, tiestos, etc. || 3. Precio puesto por la justicia a los comestibles. || 4. Precio que ofrece el comprador por algo que se arrienda o vende. || 5. Pacto, ajuste o convenio. || 6. Cantidad que se apuesta entre dos sobre si algo será o no. || 7. Huevo del ave. || 8. Acción de ponerlo. || 9. Planta o arbolillo que se transplanta. || 10. ÁL. y GUIP. Medida agraria de unos 34 metros cuadrados y cuarto de superficie. || 11. ECUAD. Terno de ropa de hombre o mujer. || *Hacer* POSTURA. fr. Tomar parte como licitador en una subasta. || *Plantar de* POSTURA. fr. Plantar poniendo árboles tiernos a diferencia de los que lo hacen de pepita, garrote, etc. || P. e It. postura; I. y F. posture; A. Haltung; Positur; R. положение.

POSTVERBAL. adj. GRAM. De verbal. Ú.t.c.s.

POSTABILIDAD. f. Calidad de potable. || P. potabilidade; I. potableness; F. potabilité; A. Trinkbarkeit; It. potabilità.

POTABLE. (l. *potabĭlis*.) adj. Que se puede beber. || P. potável; I. potable, drinkable; F. potable; A. trinkbar; It. potàbile; R. пригодный для питья.

POTACIÓN. (l. *potatio*, -ōnis.) f. Acción de potar o beber. || 2. Bebida.

POTADO, DA. p.p. de potar. || 2. m. GERM. Borracho, ebrio.

POTADOR, RA. adj. Que pota o bebe. Ú.t.c.s.

POTAJE. (De *pote*.) m. Caldo de olla u otro guisado. || 2. Por antonom. legumbres guisadas para los días de abstinencia. || 3. Legumbres secas. || 4. Bebida compuesta de muchos ingredientes. || 5. fig. Conjunto de cosas inútiles mezcladas. || P. potagem; I. pottage, porridge; F. potage; A. Gemüsesuppe; It. potaggio; R. постный суп.

POTAJERA. f. Mujer que vendía potajes.

POTAJERÍA. f. Conjunto de legumbres secas de que se hacen potajes. || 2. Lugar en que se guardan y reparten las semillas o potajes.

POTAJIER. (fr. *potagier*.) m. Jefe de la potajería en algunas antiguas casas reales.

POTALA. f. MAR. Piedra que atada a un cabo, se emplea para fondear los botes o embarcaciones pequeñas. || 2. MAR. Buque pesado y poco marinero.

POTÁMIDE. (gr. ποταμηνίς, -ιδος, del río.) f. MIT. Ninfa de los ríos. Ú.m. en pl.

★ **POTAMOGRAFÍA.** f. Descripción científica de los ríos.

POTAR. (De *pote*, 4.ª acep.) tr. Igualar y marcar las medidas y pesas.

POTAR. (l. *potāre*.) tr. Beber.

POTASA. (al. *pottasche*; de *pot*, puchero, y *asche*, ceniza.) f. QUÍM. Óxido de potasio delicuescente al aire. || P. e It. potassa; I. potash; F. potasse; A. Pottasche; R. поташ.

POTÁSICO, CA. adj. QUÍM. Perteneciente o relativo al potasio. || 2. QUÍM. y AGR. Se aplica a las sales que contienen potasio.

POTASIO. m. Metal extraído de la potasa, de color argentino, más blando que la cera, alterable al aire, menos pesado que el agua con cuyo contacto produce llama. || P. potássio; I. y F. potassium; A. Kalium; It. potassio; R. калий.

POTE. (l. *pottus*, por *potus*, bebida.) m. Vaso de barro que se usa para beber o guardar licores y confecciones. || 2. Tiesto en figura de jarra para flores y hierbas olorosas. || 3. Vasija redonda y barriguda con dos asas pequeñas y otra grande en semicírculo, y con tres pies. Empléase para cocer viandas. || 4. Medida o pesa que sirve de patrón para arreglar otras. || 5. Comida frecuente en Galicia y Asturias equivalente a la olla en Castilla. || 6. fig. y fam. Puchero, gesto precursor del llanto. || 7. P. RICO, COLOM. y ECUAD. Bote, frasco. || *Estar fuera de* POTE. fr. VENEZ. Estar fuera de quicio. || P. pote; I. pot, jar; F. pot, marmite; A. irdener, Topf; It. orciolo; R. котелок.

★ **POTELINA.** f. TÉCN. Materia plástica formada de gelatina, glicerina y tanino, que imita el mármol y la porcelana y sirve para diversos usos.

POTENCIA. (l. *potentia*.) f. Poder para hacer algo o producir un efecto. || 2. Imperio, dominación. || 3. Virtud generativa. || 4. Poder de un Estado. || 5. Por antonom., cualquiera de las tres facultades del alma: entendimiento, voluntad y memoria. || 6. Nación o Estado soberano. || 7. Cada uno de los tres grupos de rayos que se colocan en la cabeza de las imágenes de Jesucristo y en número de dos en la frente de Moisés. || 8. FIL. Capacidad pasiva para recibir el acto. || 9. FIL. Lo que se halla en potencia y no en acto. || 10. Fís. Fuerza motora de una máquina. || 11. MAT. Producto de multiplicar un número por sí mismo una o más veces. || —motriz. Fís. Fuerza que pone en movimiento un cuerpo o una máquina. || POTENCIAS solares. Fís. Radiaciones luminosas que se observan a veces en el cielo antes de salir o después de ponerse el Sol por la reflexión de la luz en los cristalitos de hielo que existen en las capas altas de la atmósfera. || *Pura* POTENCIA. FIL. La que se concibe como carente de toda actualidad pero capaz de recibir alguna. || *De* POTENCIA *a* POTENCIA. loc. adv. De igual a igual, como dos Estados soberanos. || *Elevar a* POTENCIA. fr. ÁLG. y ARIT. Multiplicar una cantidad por sí misma cuantas veces indica su exponente. || *Lo último de* POTENCIA. loc. El máximo esfuerzo de que uno es capaz. || P. potência; I. power, potency; F. puissance, pouvoir; A. Macht, Gewalt; It. potenza; R. сила, мощь.

POTENCIAL. adj. Que encierra en sí potencia o perteneciente a ella. || 2. Se dice de las cosas que tienen virtud o eficacia de otras y equivalen a ellas. || 3. Posible, que existe en potencia en contraposición a lo actualmente existente. || 4. ELECTR. Energía eléctrica acumulada en un cuerpo conductor que se mide en unidades de trabajo. || 5. Fís. Función matemática que permite determinar la duración e intensidad de un campo de fuer-

P

zas en cualquier punto dado de éste. ‖
6. m. Fís. Presión o tensión eléctrica medida por la capacidad de producir efectos eléctricos en cuerpos con diferente estado de electrización. ‖ **—de chispa.** Electrol. Diferencia de tensión necesaria para hacer saltar la chispa a través de determinado dieléctrico. ‖ **—de guerra.** Fuerza militar que puede movilizar un país. ‖ **—eléctrico.** Electrol. Se aplica al trabajo que hay que realizar en un punto para llevar hasta la unidad de carga eléctrica positiva desde una distancia infinita. ‖ **—humano.** Cantidad de mano de obra de que puede disponerse. ‖ **—magnético.** Electrol. Concepto análogo a la de potencial eléctrico. ‖ P. potencial; I. potencial; F. potentiel; A. vermögend, potentiell, Leistungsfähigkeit; It. potenziale; R. потенциальный.

POTENCIALIDAD. (De *potencial.*) f. Capacidad de la potencia, independiente del acto. ‖ **2.** Equivalencia de una cosa respecto de otra en capacidad, virtud y eficacia.

POTENCIALMENTE. adv. Equivalente, virtualmente. ‖ **2.** Fil. En estado de capacidad o aptitud para una cosa.

POTENCIAR. tr. Comunicar potencia o incrementar la existente.

* **POTENCIÓMETRO.** m. Electr. Instrumento para medir la diferencia de potencial entre dos puntos.

POTENTADO. (l. *potentātus.*) m. Príncipe o soberano que posee dominio independiente de una provincia o Estado, pero toma investidura del un príncipe superior. ‖ **2.** Cualquier monarca o persona poderosa y opulenta. ‖ P. potentado; I. potentate; F. potentat; A. Potentat; It. potentato; R. владетельное лицо.

POTENTE. (l. *potens, -entis.*) adj. Que tiene poder o eficacia para una cosa. ‖ **2.** Poderoso. ‖ **3.** Se dice del hombre capaz de engendrar. ‖ **4.** fam. Grande, desmesurado. ‖ P. e It. potente; I. potent; F. puissant; A. kräftig, mächtig; R. сильный, мощный.

POTENTEMENTE. adv. Poderosamente, con vigor.

POTENZA. (l. *potentia*, fuerza, poder.) f. Blas. Palo que puesto horizontalmente sobre otro forma con él una «T». ‖ P. potentea; I. potent; F. potencé; A. Galgen; It. potenza; R. траверс.

POTENZADO, DA. adj. Se dice de la cruz con pequeños travesaños en cada una de sus cuatro extremidades. ‖ **2.** Blas. Se dice de las piezas terminadas en una potenza.

POTERNA. (l. *posterŭla*, puerta secreta.) f. Fort. En las fortificaciones, puerta menor que las principales, que da al foso o al extremo de una rampa. ‖ P. poterna; I. postern; F. poterne; A. Poterne; It. pusterla; R. потайная двер.

POTERO. (De *pote*, 4.ª acep.) m. Potador, en algunos lugares.

POTESTAD. (l. *potestas, -ātis.*) f. Dominio, poder sobre una cosa. ‖ **2.** En algunas poblaciones de Italia, corregidor, juez o gobernador. ‖ **3.** Potentado. ‖ **4.** Mar. Potencia, 11.ª acep. ‖ **5.** pl. Espíritus bienaventurados que constituyen el sexto coro. ‖ *Patria* potestad. Autoridad que tienen los padres sobre sus hijos no emancipados. ‖ P. potestade; I. power; F. pouvoir, puissance; A. amtliche Gewalt; It. potestà; R. власть.

POTESTATIVO, VA. (l. *potestatīvus.*) adj. Que está en la potestad de uno.

* **POTETE.** m. Bol. Harina cocida de maíz.

POTETERÍA. (De *potetero.*) f. And. Halago, fingido y empalagoso.

POTETERO, RA. adj. And. Que hace poteterías. Ú.t.c.s.

POTINGUE. (De *pote.*) m. fam. y fest. Cualquier bebida de farmacia.

POTÍSIMO, MA. (l. *potissĭmus.*) adj. Principalísimo, fortísimo.

POTISTA. (De *potar*, 2.º art.) com. fam. Bebedor con exceso sobre todo de bebidas alcohólicas.

* **POTO.** (arauc. *poto*, sieso.) m. Chile. Parte cóncava y arrugada de los frutos. ‖ **2.** Perú. Calabaza. ‖ **3.** fam. Chile. Sieso, culo. ‖ **4.** Chile, Bol., Perú y Argent. Extremidad inferior o posterior de una

cosa. ‖ **—colorado.** Zool. Chile. Araña venenosa que tiene en el abdomen algunas manchas rojas.

POTOCO, CA. adj. Chile. Bajo, gordo. Ú.t.c.s.

* **POTONCÓN.** m. Chile. Gradilla que se forma en un camino por el paso frecuente del ganado.

POTORILLO. m. Arbusto de vistosas flores encarnadas de la costa ecuatoriana.

POTORRO. m. Ál. Salero, vasija.

POTOSÍ. (De *Potosí*, monte hoy de Bolivia.) m. fig. Riqueza extraordinaria. ‖ **2.** Perú. Región glútea. ‖ *Valer* una cosa *un* potosí. fr. fig. y fam. Valer un Perú, valer mucho.

* **POTOYUNCO.** m. Perú. Trasero, tafanario.

POTRA. (De *potro.*) f. Yegua desde su nacimiento hasta la muda de los dientes de leche, hacia los cuatro años y medio. ‖ **2.** fam. Hernia en el escroto. ‖ *Cantarle* a una potra. fr. fig. y fam. Sentir el quebrado algún dolor en la parte lastimada, comúnmente con la mudanza del tiempo. ‖ *Tener* potra uno. fr. fig. y fam. Ser afortunado.

POTRADA. f. Reunión de potros de una yeguada o de un amo.

POTRANCA. (De *potro.*) f. Yegua que no pasa de tres años.

* **POTRANCO.** m. Amér. Potro.

* **POTREADOR.** m. R. de la Plata. Vallado.

POTREAR. (De *potro.*) intr. Lozanear como los potros. ‖ **2.** tr. fam. Molestar a una persona. ‖ **3.** Amér. Domar potros. ‖ **4.** Perú. Zurrar, pegar.

POTRERA. (De *potro.*) adj. Se dice de la cabezada de cáñamo que se coloca a los potros. ‖ **2.** f. Urug. Correa que se coloca a los potros y caballos difíciles y va desde el cuello hasta las patas traseras.

* **POTRERAJE.** m. Argent. y Chile. Potrero, dehesa.

* **POTRERERO.** m. Cuba. Dueño de un potrero. ‖ **2.** Cuba. Encargado de los potros en la dehesa.

* **POTRERIZO.** Argent. Peón encargado de cuidar de los animales en el potrero o dehesa.

POTRERO. m. El que cuida de los potros en la dehesa. ‖ **2.** Lugar en que hay pasto para ganado caballar. ‖ **3.** Amér. Finca rústica destinada a la cría de toda clase de animales. ‖ **4.** Argent. Parcela en una finca rústica. ‖ **5.** Lugar angosto donde cabe una res para sellarla.

POTRERO. (De *potra*, 2.º art.) m. fam. Hernista.

POTRIL. (De *potro.*) adj. Se aplica a la dehesa en que se crían los potros después de separarlos de las madres. Ú.t.c.s.

POTRILLA. (d. de *potra*, 2.º art.) m. fig. y fam. Viejo que ostenta verdor y mocedad.

* **POTRILLO.** Chile. Vaso grande de cristal.

POTRO. (l. *pulliter, -tri*, de *pullus*, cría.) m. Caballo desde que nace hasta que muda los dientes de leche, sobre los cuatro años y medio. ‖ **2.** Máquina de madera donde se sujetan los caballos cuando no se dejan herrar o curar. ‖ **3.** Hoyo que abren los colmeneros para partir los peones. ‖ **4.** fig. Todo lo que molesta y desazona mucho. ‖ **5.** Amér. Caballo indómito. ‖ **6.** Argent. Caballo brioso. ‖ **7.** Argent. Caballo nuevo que aún no ha sido montado. ‖ **8.** Amér. Padrillo. ‖ **—de primer bocado.** Caballo desde que muda los cuatro dientes llamados palas hasta que muda los cuatro dientes incisivos inmediatos a las palas, sobre los tres años y medio. ‖ **—de segundo bocado.** Caballo desde que muda los cuatro dientes incisivos inmediatos a las palas hasta que muda los cuatro incisivos cercanos a los colmillos, lo que ocurre sobre los cuatro años y medio. ‖ *Manda* potros *y da pocos.* expr. fig. y fam. con que se moteja al que es largo en prometer y corto en cumplir. ‖ P. potro; I. colt, foal; F. poulain; A. Fohlen; It. puledro; R. жеребёнок.

* **POTRO.** m. Méj., Ecuad. y Colom. Potra, hernia.

POTROSO, SA. (De *potra*, 2.º art.)

adj. Hernioso. Ú.t.c.s. ‖ **2.** fam. Afortunado.

* **POUNDAL.** m. Fís. Unidad de fuerza en el sistema absoluto anglosajón, que se define como la fuerza que comunica a una libra masa una aceleración de 1 pie/seg.

POVISA. f. Ast. Polvo que se desprende del trigo y otras semillas al limpiarlas.

POYA. (De *poyar.*) f. Derecho que se paga en el horno común con pan o vino. ‖ **2.** Residuo formado por las gárgolas del lino, tras machacarlas y separarlas de la simiente.

POYAL. m. Paño listado con que en las aldeas cubren los poyos. ‖ **2.** El poyo mismo.

POYAR. (De *poyo.*) intr. Pagar la poya.

POYATA. (b. l. *podiata*, y éste del l. *podium*, poyo.) f. Vasar para colocar vasos y otras cosas. ‖ **2.** Repisa. ‖ **3.** Venez. Banco de arena junto al ribazo de un río.

POYETE. m. d. de poyo. Banco de piedra o de fábrica.

POYO. (l. *podium.*) m. Banco comúnmente de piedra, que suele estar arrimado a las paredes, junto a las puertas de las casas, etc. ‖ P. poial; I. stone seat; F. banc; A. Steinbank; It. panchina di pietra; R. скамья y ворот.

POZA. (De *pozo.*) f. Charca de agua detenida. ‖ **2.** Balsa para empozar y macerar el cáñamo o el lino. ‖ **3.** Ecuad. Laguna extensa en un tremedal. ‖ *Lamer* la poza. fr. fig. y fam. Ir poco a poco chupando el dinero a uno con disimulo y maña. ‖ P. poça; I. puddle; F. mare; A. Pfütze; It. pozza; R. лужа.

POZAL. m. Cubo para sacar agua de un pozo. ‖ **2.** Brocal del pozo. ‖ **3.** Pocillo, vasija empotrada en el suelo. ‖ P. balde; I. bucket; F. seau; A. Brunneneimer; It. secchia; R. бадья.

POZALERO. m. Murc. Tonelero.

POZANCO. m. Poza que queda a las orillas de los ríos al retirarse el agua.

POZO. (l. *putěus.*) m. Hoyo en la tierra hasta encontrar una vena de agua. ‖ **2.** Lugar o paraje de mayor profundidad de los ríos. ‖ **3.** Cierto número de pollas o puestas que en algunos juegos se separan para ir jugándolas una a una hasta apurarlas. ‖ **4.** En el juego de la oca, casa de la que no sale el jugador que cayó en ella hasta que entre otro. ‖ **5.** Hoyo profundo. ‖ **6.** fig. Cosa llena, completa en su línea. ‖ **7.** Mar. Parte de la bodega de un buque correspondiente a cada escotilla. ‖ **8.** Mar. Parte de la bodega ocupada por la caja de bombas. ‖ **9.** Mar. Profundidad desde el canto de la borda hasta la cubierta superior en las embarcaciones sin combés. ‖ **10.** Mar. Compartimiento en que se conservan vivos los peces en los barcos pesqueros. ‖ **11.** Min. Hoyo para descender a las minas. ‖ **12.** Ecuad. Nacimiento o manantial. ‖ **13.** Chile y Colom. Profunda, charca. ‖ **—airón.** Pozo o sima muy profunda. ‖ **2.** fig. Según el vulgo, pozo sin fondo. ‖ **—artesiano.** El profundo hasta encontrar el agua que está entre dos capas subterráneas impermeables, y que por proceder de un nivel más elevado tiene presión suficiente para subir o brotar sobre el nivel del suelo. ‖ **—de la hélice.** Mar. Conducto largo que atraviesa verticalmente la popa de ciertas embarcaciones de hélice para suspender ésta. ‖ **—de lobo.** Pequeña excavación disimulada con ramaje y con estacas puntiagudas clavadas en el fondo, para cazar fieras o para dificultar el avance de la caballería en la guerra. ‖ **—negro.** El destinado a recoger las aguas inmundas en lugares sin alcantarilla. ‖ *Caer* una cosa *en el* pozo *airón.* fr. fig. y fam. Desaparecer sin esperanzas de recobrarla. ‖ *Caer* una cosa *en un* pozo. fr. fig. Quedar en el olvido o en riguroso secreto. ‖ P. poço; I. well; F. puits; A. Brunnen; It. pozzo; R. колодец.

POZOL. m. C. Rica y Hond. Pozole.

* **POZOLE.** m. Hond. La nigua dilatada por sus huevos. ‖ **2.** Guat. Maíz para las aves de corral. ‖ **3.** Guat. Hez, sedimento.

* **POZOLA.** f. C. Rica. Pozole.

POZOLE. m. Méj. Guiso de maíz tierno, carne y chile con caldo. ‖ **2.** Méj. Bebida hecha de maíz morado y azúcar.

P

★ POZOLERA. f. GUAT. Mujer liviana, de poco seso.

★ POZONGO. m. ARGENT. Instrumento de forma parecida a la del tambor, con ciertas semillas de maíz u otras parecidas, dentro, y que se toca agitándolo.

POZUELA. f. d. de poza.

POZUELO. (l. *pŭteŏlus*.) m. d. de pozo. || 2. Pocillo, jícara.

PRACRITO [PRÁCRITO]. (sánscr. *prakritas*, común.) m. Idioma vulgar de la India.

PRÁCTICA. (l. *practĭca*.) f. Ejercicio de cualquier arte o facultad conforme a sus reglas. || 2. Destreza conseguida con ese ejercicio. || 3. Uso continuado, costumbre de una cosa. || 4. Método que uno sigue en sus operaciones. || 5. Ejercicio que durante algún tiempo y bajo la dirección de un maestro, se hace para habilitarse en una profesión. Ú.m. en pl. || 6. Aplicación de una idea o doctrina. || P. prática; I. practice; F. pratique; A. Praxis, Gebrauch; It. pràtica; R. упражнение.

PRACTICABLE. adj. Que se puede practicar o poner en práctica. || 2. Se dice de la puerta o accesorio de un escenario teatral que puede usarse.

PRACTICADOR, RA. adj. Que practica. Ú.t.c.s.

PRACTICAJE. m. MAR. Ejercicio de la profesión de piloto práctico. || 2. Pilotaje, derecho que pagan las embarcaciones en algunos puertos en que se precisa de pilotos prácticos. || 3. MAR. Fondo formado en los puertos con el importe de arbitrios o derechos de servicios de navegación, y que se destina a atenciones de personal y material.

PRÁCTICAMENTE. adv. Con uso y ejercicio de una cosa, con experiencia.

PRACTICANTA. f. Practicante, mujer que ejerce este cargo.

PRACTICANTE. p.a. de practicar. Que practica. || 2. m. El que posee el título de cirugía menor. || 3. El que se instruye en la práctica de la cirugía y medicina al lado y bajo dirección de un facultativo. || 4. com. Persona que hace las curaciones y da a los enfermos las medicinas ordenadas por un facultativo. || 5. Persona encargada en las farmacias de la preparación y despacho de los medicamentos. || P. e It. praticante; I. practiser; F. pratiquant; A. Unterarzt, Praktikant; R. практикующий.

PRACTICAR. tr. Ejercitar, poner en práctica algo que se ha aprendido. || 2. Usar continuamente una cosa. || 3. Ejercer algunos profesores la práctica, bajo la dirección de un maestro por cierto tiempo. || P. praticar; I. to practise; F. pratiquer, mettre en pratique; A. praktizieren, ausüben; It. praticare; R. практиковать.

PRÁCTICO, CA. (l. *practĭcus*, y éste del gr. πρακτικός.) adj. Perteneciente a la práctica. || 2. Dícese de las facultades que enseñan el modo de hacer una cosa. || 3. Experimentado en una cosa. || 4. m. MAR. El que por conocimiento del lugar en que navega dirige a ojo el rumbo de las embarcaciones. Puede ser de costa o puerto. || P. prático; I. practical; F. pratique; A. praktisch; It. pràtico; R. практичный.

PRACTICÓN, NA. (aum. de *práctico*.) m. y f. Persona entendida en una facultad por haberla practicado mucho, no por ser muy docto en ella. || P. prático; I. empiricist; F. praticien, empirique; A. Erfahrungsmann; It. praticone; R. опытный.

PRADAL. m. Prado.

PRADEJÓN. m. Prado de poca extensión.

PRADEÑO, ÑA. adj. Perteneciente o relativo al prado.

PRADERA. f. Pradería. || 2. Prado grande. || P. pradaria; I. prairie, meadow; F. prairie; A. Wiese; It. prateria; R. пастбище.

PRADERÍA. f. Conjunto de prados.

PRADEROSO, SA. (De *pradera*.) adj. Perteneciente al prado.

PRADEZUELO. m. d. de prado, I.ª acep.

PRADIAL. (De *prado*, a imitación del fr. *prairial*.) m. Noveno mes del calendario republicano francés, que abarcaba desde el 20 de mayo al 18 de junio de nuestro calendario.

PRADO. (l. *pratum*.) m. Terreno en que crece la hierba para pasto de los ganados. || 2. Lugar ameno y de paseo en algunas poblaciones. ||**—de guadaña.** El que se siega anualmente. || *A* PRADO. expr. adv. Pastando el animal en el campo. || P. prado; I. meadow; F. pré; A. Weide; It. prato; R. луг.

PRAE MÁNIBUS. m. adv. lat. A la mano o entre las manos.

PRAGMÁTICA. (l. *pragmatĭca*, t. f. de *-cus*, pragmático.) f. Ley que se diferenciaba de las órdenes generales y reales decretos en sus fórmulas de publicación. || P. pragmática; I. pragmatic; F. pragmatique; A. Verordnung; It. prammàtica; R. специальный указ.

PRAGMÁTICO. (l. *pragmatĭcus*, y éste del gr. πραγματικός.) adj. FOR. Se dice del autor jurista que interpreta o glosa las leyes nacionales. Ú.t.c.s.

PRAGMÁTICO, CA. adj. Perteneciente o relativo al pragmatismo.

PRAGMATISMO. m. Doctrina filosófica según la cual el único criterio válido para juzgar la verdad de toda doctrina científica moral o religiosa ha de fundarse en sus efectos prácticos. Su principal representante es el psicólogo norteamericano William James.

PRAGMATISTA. adj. Partidario o perteneciente al pragmatismo. Apl. a pers. ú.t.c.s.

PRAO. (malayo *prau*.) m. MAR. Embarcación malaya muy larga y estrecha y de poco calado.

★ PRASEODIMIO. m. QUÍM. Uno de los elementos de las tierras raras, cuyo símbolo es Pr y su número atómico, 59. Es de color verdoso.

PRASIO. (l. *prasĭus*, y éste del gr. πράσιος, de color verde; de πράσον, puerro.) m. Cristal de roca que lleva incorporados muchos cristales largos y delgados, de color verde de silicato de magencia, cal y hierro.

PRASMA. (gr. πράσιος, de color verde.) m. Ágata de color verde obscuro.

PRATENSE. (l. *pratensis*.) adj. Que procede o vive en el prado.

PRÁTICA. f. ant. Práctica.

PRATICULTURA. (l. *pratum*, prado, y *cultūra*, cultivo.) f. Parte de la agricultura que trata del cultivo de los prados.

PRAVEDAD. (l. *pravĭtas*, *-ātis*.) f. Iniquidad, perversidad. || P. pravidade; I. pravity; F. pravité; A. Bosheit; It. pravità; R. злость.

PRAVIANA. (De *Pravia*, n. p.) f. Mús. Canción popular de Asturias.

PRAVO, VA. (l. *pravus*.) adj. Perverso, de malas costumbres.

PRAXIS. (gr. πρᾶξις; de πράσσω, obrar, ejecutar.) f. ant. Práctica.

PRAZA. f. ant. Plaza.

PRE. (fr. *prêt*, préstamo.) m. Prest.

PRE. (l. *prae*.) prep. insep. que indica antelación, prioridad o encarecimiento.

PREA. (l. *praeda*.) f. ant. Presa.

PREADAMITA. m. Supuesto antecesor de Adán. Ú.m. en pl.

PREADAMÍTICO, CA. adj. Lo relativo o perteneciente al preadamita. || 2. m. Época de los preadamitas.

PREÁMBULO. (l. *praeambŭlus*, que va delante.) m. Exordio, lo que se dice antes de comenzar a narrar, pedir, mandar, etc. || 2. Rodeo impertinente antes de meterse en materia o decir algo con claridad. || P. preâmbulo; I. preamble; F. préambule; A. Vorwort; It. preàmbolo; R. предисловие.

PREAR. (l. *praedāri*.) tr. ant. Apresar, robar.

PREBENDA. (l. *praebenda; de praebēre*, dar, ofrecer.) f. Renta aneja a un oficio eclesiástico. || 2. Cualquiera de los beneficios eclesiásticos superiores de las iglesias catedrales o colegiatas. || 3. Dote que se da a una mujer para tomar estado de religiosa o casada, o a un estudiante para que continúe sus estudios. || 4. fig. y fam. Oficio o empleo lucrativo y poco trabajoso. ||**—de oficio.** Cualquiera de las cuatro canonjías, doctoral, magistral, lectoral y penitenciaria. || P. e It. prebenda; I. prebend; F. prébende; A. Pfründe; R. пособие.

PREBENDADO. (De *prebenda*.) m. Dignidad, canónigo o racionero de alguna iglesia colegial o catedral. || P. prebendado; I. prebendary; F. prébendé; A. Pfründner; It. prebendato; R. пользующий доходами с прихода.

PREBENDAR. tr. Conferir prebenda a uno. || 2. intr. Obtenerla. Ú.t.c.r.

PREBESTAD. f. ant. Prebostazgo.

PREBESTADGO. m. ant. Prebostazgo.

PREBOSTAL. adj. Perteneciente a la jurisdicción del preboste.

PREBOSTAZGO. m. Oficio de preboste. || P. prebostado; I. provostship; F. prévôté; A. Propstei; It. prevosturato.

PREBOSTE. (cat. *prebost*, y éste del l. *praepositus*, superior.) m. Sujeto que es cabeza de una comunidad y la preside o gobierna. || 2. MIL. Capitán preboste. || P. preboste; I. provost; F. prévôt; A. Propst; It. prevosto; R. глава корпорация.

PRECACIÓN. (l. *precatĭo*, *-ōnis*.) f. ant. Deprecación.

PRECARIAMENTE. adv. De modo precario.

PRECARIO, RIA. (l. *precarĭus*.) adj. De poca estabilidad o duración. || 2. FOR. Que se tiene sin título; por tolerancia de un dueño. || P. precário; I. precarious; F. précaire; A. unsicher, schwankend; It. precario; R. непрочный.

PRECARISTA. adj. Se aplica al que posee, retiene o disfruta en precario cosas ajenas. Ú.t.c.s.

PRECAUCIÓN. (l. *praecautĭo*, *-ōnis*.) f. Reserva, cautela para evitar o prevenir los inconvenientes o daños que pueden temerse. || P. precaução; I. precaution; F. précaution; A. Vorsicht; It. precauzione; R. осторожность.

★ PRECAUCIONAL. adj. ARGENT. Preventivo.

PRECAUCIONARSE. (De *precaución*.) r. Precaverse, guardarse, prevenirse.

PRECAUTELAR. (De *pre* y *cautelar*.) tr. Prevenir y poner los medios necesarios para impedir un riesgo.

PRECAUTORIO, RIA. adj. Se aplica a lo que sirve de precaución.

PRECAVER. (l. *praecavēre*.) tr. Prevenir un riesgo o daño, para evitarlo. Ú.t.c.r. || P. precaver; I. to prevent; F. prévenir; A. verhüten, vorbeugen; It. prevenire; R. предупреждать.

PRECAVIDAMENTE. adv. Con precaución.

PRECAVIDO, DA. adj. Sagaz, astuto, que precave los riesgos.

PRECEDENCIA. (l. *praecedentĭa*.) f. Anterioridad, anteposición. || 2. Preferencia en el lugar y en algunos actos honoríficos. || 3. Primacía. || 4. Acción y efecto de preceder. || P. precedência; I. precedence; F. précédence; A. Vorrang; It. precedenza; R. предшествование.

PRECEDENTE. (l. *praecēdens*, *-entis*.) p.a. de preceder. Que es anterior en el orden de la colocación o del tiempo. || 2. m. Antecedente, primer término de una razón. || 3. Resolución anterior en caso igual o semejante.

PRECEDER. (l. *praecedĕre*.) tr. Ir delante en tiempo, orden o lugar. Ú.t.c.intr. || 2. Anteceder. || 3. fig. Tener una persona o cosa preferencia o primacía sobre otra. || P. preceder; I. to precede; F. précéder; A. vorangehen; It. precèdere; R. предшествовать.

PRECELENTE. (l. *praecellens*, *-entis*.) adj. p. us. Muy excelente.

PRECEPCIÓN. (l. *praeceptĭo*, *-ōnis*.) f. ant. Precepto, documento o instrucción.

PRECEPTISTA. adj. Se aplica a la persona que da o enseña reglas y preceptos. Ú.t.c.s.

PRECEPTIVA. f. Conjunto de preceptos aplicables a determinada materia. ||**—literaria.** Tratado normativo de retórica y poética, o conjunto de reglas concernientes al arte literario.

PRECEPTIVAMENTE. adv. De un modo preceptivo.

PRECEPTIVO, VA. (l. *praeceptīvus*.) adj. Que encierra preceptos en sí.

PRECEPTO. (l. *praeceptum*.) m. Man-

P

dato que el superior hace guardar al inferior. || **2**. Cada una de las reglas que se establecen en el manejo de un arte o facultad. || **3**. Por antonom., cada uno de los Mandamientos de la ley de Dios. || —**afirmativo**. Cualquiera de los del Decálogo en que se ordena hacer una cosa. || —**formal de obediencia**. El empleado por los superiores en las órdenes religiosas para estrechar a la obediencia en algo a sus súbditos. || —**negativo**. Cualquiera de los del decálogo en que se prohíbe algo. || **P**. preceito; **I**. precept; **F**. précepte; **A**. Vorschrift; **It**. precetto; **R**. предписание.

PRECEPTOR, RA. (l. *praeceptor*.) m. y f. Maestro o maestra, persona que enseña. || **2**. Persona que enseña gramática latina. || **P**. e **I**. preceptor; **F**. précepteur; **A**. Erzieher, Lehrer; **It**. precettore; **R**. преподаватель.

PRECEPTORIL. adj. despect. Propio o relativo a un preceptor.

PRECEPTUAR. tr. Dar o dictar preceptos.

PRECES. (l. *preces*, pl. de *prex*, súplica.) f. pl. Versículos de la Sagrada Escritura con las oraciones destinadas por la Iglesia para pedir socorro a Dios en las necesidades. || **2**. Ruegos. || **3**. Oraciones dirigidas a Dios, a la Virgen o a los Santos. || **4**. Súplicas o instancias para obtener una bula o despacho de Roma. || **P**. preces; **I**. prayers; **F**. prières, rogations; **A**. Kirchengebet; **It**. preci, preghiere; **R**. молитва.

PRECESIÓN. (l. *praecessio*, -ōnis.) f. RET. Reticencia, figura consistente en dejar incompleta una frase pero dando a entender lo que se calla. || —**de los equinoccios**. ASTRON. Movimiento retrógrado de los puntos equinocciales o de intersección del Ecuador con la Eclíptica lo que ocasiona un pequeño adelanto, de año en año, de las épocas de los equinoccios o el principio de las estaciones.

PRECIADO, DA. (De *preciar*.) adj. Precioso, excelente. || **2**. Jactancioso, vano.

PRECIADOR, RA. (De *preciar*.) adj. Apreciador. Ú.t.c.s.

PRECIAR. (l. *pretiāre*.) tr. Apreciar. || **2**. r. Gloriarse, jactarse de algo.

PRECINTA. (l. *praecincta*, t. f. de -*tus*, p.p. de *praecingĕre*, ceñir.) f. Pequeña tira, comúnmente de cuero que se colocaba en las esquinas de los cajones para darles consistencia. || **2**. Tira estampada de papel que se coloca en las aduanas a las cajas de tabacos de regalía y equivale al marchamo en los tejidos. || **3**. MAR. Tira para cubrir las junturas de las tablas de los buques. || **4**. MAR. Tira de lona embreada que se enrolla a un cabo antes de forrarlo con filástica.

PRECINTAR. (De *precinto*.) tr. Reforzar las esquinas de los cajones, con precintas que abracen las junturas de las tablas. || **2**. Poner precinto o precinta. || **3**. MAR. Poner precintas. || **2**. **P**. precintar; **I**. to seal; **F**. sceller; **A**. plombieren; **It**. ammagliare; **R**. перевязывать.

PRECINTO. (l. *praecinctus*, acción de ceñir.) m. Acción y efecto de precintar. || **2**. Ligadura convenientemente sellada para atar cajones, fardos, etc., a fin de que no sean abiertos sino por quien corresponda. || **2**.ª acep.: **P**. precinto; **I**. sealed strap; **F**. bande de garantie; **A**. (Zoll)Plombe; **It**. legatura di sicurezza; **R**. запечатывание.

PRECIO. (l. *pretium*.) m. Valor pecuniario en que se estima una cosa. || **2**. fig. Estimación, importancia. || **3**. fig. Esfuerzo o sufrimiento con que se consigue una cosa o que se presta o padece con ocasión de ella. || **4**. FOR. Prestación que consiste en numerario o en valores de fácil realización dado a promete un contratante por conmutación de la cosa, servicio o derecho que adquiere. || —**de competencia**. El que se forma en el mercado cuando no hay monopolios. || —**de costo o de producción**. Precio natural. El que consigue un producto en un momento determinado. || —**natural**. El valor intrínseco de una mercancía. || *Abrir* PRECIO. fr. Hacer el primer ejemplar de precio en la venta de los géneros o mercaderías. || *Alzar el* PRECIO de una cosa. fr. fig. Aumentarlo o subirlo. || *No tener* PRECIO una

persona o cosa. fr. fig. Valer mucho. || *Poner en* PRECIO una cosa. fr. Ajustar el valor que se pagará por ella. || *Poner* PRECIO a una cosa. fr. Señalar el valor que se ha de pagar o cobrar por ella. || **P**. preço; **I**. price; **F**. prix; **A**. Preis; **It**. prezzo; **R**. цена, стоимость.

PRECIOSA. (Porque se hace la distribución al tiempo de decir el coro: PRETIOSA *in conspectu Domini*.) f. En algunas catedrales, distribución dada a los prebendados por asistir a la conmemoración por el alma de un bienhechor.

* **PRECIOSA**. f. fam. CHILE. Ramera, meretriz. Ú.m. en pl.

PRECIOSAMENTE. adv. Rica, primorosamente.

PRECIOSIDAD. (l. *preciosĭtas*, -ātis.) f. Calidad de precioso. || **2**. Cosa preciosa. || **P**. preciosidade; **I**. preciousness; **F**. préciosité; **A**. Kostbarkeit; **It**. preziosità; **R**. прелесть.

PRECIOSISMO. m. Excesivo atildamiento del estilo. Échase comúnmente a mala parte.

PRECIOSISTA. adj. Perteneciente o relativo al preciosismo. Apl. a pers. ú.t.c.s. m. y f.

PRECIOSO, SA. (l. *pretiōsus*.) adj. Excelente, exquisito, digno de aprecio. || **2**. De gran valor o coste. || **3**. Dícese de la piedra dura, rara, transparente que, tallada, se usa como adorno de lujo. || **4**. fig. Chistoso, decidor. || **5**. fig. y fam. Hermoso. || **P**. precioso; **I**. precious; **F**. précieux; **A**. kostbar, köstlich; **It**. prezioso; **R**. ценный, приятный.

PRECIPICIO. (l. *precipitium*.) m. Despeñadero junto al cual es peligroso andar. || **2**. Caída precipitada y violenta. || **3**. fig. Ruina temporal o espiritual. || **P**. precipício; **I**. precipice; **F**. précipice; **A**. Abgrund; **It**. precipizio; **R**. пропасть.

PRECIPITACIÓN. (l. *praecipitatio*, -ōnis.) f. Acción y efecto de precipitar o precipitarse. || **2**. METEOR. Agua caída de la atmósfera, en forma líquida o sólida. || **P**. precipitação; **I**. precipitation; **F**. précipitation; **A**. Hast, Übereilung; **It**. precipitazione; **R**. опрометчивость.

PRECIPITADAMENTE. adv. Arrebatadamente, sin consideración ni prudencia.

PRECIPITADERO. (De *precipitar*.) m. Precipicio.

PRECIPITADO, DA. (De *precipitar*.) adj. Atropellado, inconsiderado. || **2**. m. QUÍM. Materia que por medio de las reacciones químicas se separa del líquido en que se hallaba disuelta y se posa más o menos rápidamente. || —**blanco**. QUÍM. Protocloruro de mercurio obtenido por precipitación. || —**rojo**. QUÍM. Bióxido de mercurio, conseguido por ebullición de este metal en contacto con el aire o por descomposición del nitrato con el calor.

PRECIPITANTE. (l. *praecipĭtans*, -antis.) p.a. de precipitar. Que precipita. || **2**. m. QUÍM. Cualquiera de los agentes que obran la precipitación.

PRECIPITAR. (l. *praecipitāre*.) tr. Despeñar, arrojar de un lugar alto. Ú.t. c.r. || **2**. Acelerar, atropellar. || **3**. fig. Exponer a uno o incitarle a una ruina espiritual o temporal. || **4**. QUÍM. Producir en una disolución una materia sólida que cae al fondo de la vasija. || **5**. r. fig. Arrojarse inconsideradamente y sin prudencia a ejecutar o decir algo. || **P**. precipitar; **I**. to precipitate; **F**. précipiter; **A**. übereilen, überstürzen; **It**. precipitarsi; **R**. сбрасывать.

PRECÍPITE. (l. *praeceps*, -ĭtis.) adj. Puesto en peligro o riesgo de caer o precipitarse.

* **PRECIPITINA**. f. QUÍM. Anticuerpo que aparece en el plasma sanguíneo de un animal como consecuencia de la inyección en el peritoneo de cierta cantidad de suero de otro animal de distinta especie, y que produce la insolubilización de los albuminoides inyectados. Se utiliza en el diagnóstico de ciertas enfermedades.

PRECIPITOSAMENTE. adv. Precipitadamente.

PRECIPITOSO, SA. adj. Pendiente, resbaladizo, fácil de despeñarse. || **2**. fig. Precipitoso, atropellado.

PRECIPUAMENTE. adv. Principalmente.

PRECIPUO, PUA. (l. *praecipŭus*.) adj. Señalado o principal.

PRECISAMENTE. adv. Justamente, con precisión. || **2**. Forzosa, indispensablemente.

PRECISAR. tr. Fijar, determinar con exactitud. || **2**. Obligar, forzar sin excusa a ejecutar algo. || **3**. intr. Ser necesario o imprescindible. || **4**. AMÉR. Necesitar. || **2**.ª acep.: **P**. precisar; **I**. to compel; **F**. préciser; **A**. verpflichten; **It**. precisare; **R**. принуждать.

PRECISIÓN. (l. *praecisio*, -ōnis.) f. Obligación o necesidad que fuerza a ejecutar una cosa. || **2**. Determinación, exactitud, concisión. || **3**. Tratándose del lenguaje, estilo, etc., exactitud rigurosa. || **4**. LÓG. Abstracción o separación mental que hace el entendimiento de dos cosas realmente iguales, mediante lo cual se conciben como distintas. || *De* PRECISIÓN. loc. Se aplica a los aparatos, instrumentos, etc., hechos con esmero para conseguir resultados exactos. || **2**.ª acep.: **P**. precisão; **I**. precision, preciseness; **F**. précision; **A**. Genauigkeit; **It**. precisione; **R**. сжатость, точность.

PRECISO, SA. (l. *praecīsus*.) adj. Necesario, indispensable para un fin. || **2**. Puntual, fijo, determinado. || **3**. Distinto, claro y formal. || **4**. Hablando del lenguaje, estilo, etc., conciso y exacto. || **5**. LÓG. Separado por el entendimiento. || **6**. VENEZ. Vanidoso. || **7**. m. ECUAD. Metedor, paño que se pone a los niños bajo el pañal. || **3**.ª acep.: **P**. e **It**. preciso; **F**. précis; **A**. genau, bestimmt; **R**. необходимый.

PRECITADO, DA. adj. Antes citado. || **P**. pré-citado; **I**. forecited; **F**. sus-mentionné, précité; **A**. vorbenannt, vorerwähnt; **It**. precitato; **R**. вышеупомянутый.

PRECITO, TA. (l. *praescĭtus*, sabido de antemano.) adj. Condenado al infierno. || **2**. Réprobo. Ú.t.c.s.

PRECLARAMENTE. adv. Con mucho esclarecimiento.

PRECLARO, RA. (l. *praeclārus*.) adj. Ilustre, famoso.

PRECLÁSICO, CA. adj. Dícese de lo que antecede a lo clásico en literatura y arte.

PRECOCIDAD. f. Calidad de precoz. || **P**. precocidade; **I**. precocity, precociousness; **F**. précocité; **A**. Frühreife; **It**. precocità; **R**. скороспелость.

PRECOGNICIÓN. (l. *praecognitio*, -ōnis.) f. Conocimiento anterior.

PRECOLOMBINO, NA. (De *pre* y *Colombus*.) adj. Se aplica a lo relativo a América antes de su descubrimiento por Colón.

* **PRECOMBUSTIÓN**. (De *pre*, prep. insep., y *combustión*.) f. TECNOL. Fase que precede inmediatamente a la inflamación del combustible, en el funcionamiento de un motor Diesel.

PRECONCEBIR. tr. Establecer previamente y con detalles algún proyecto que se ha de ejecutar.

PRECONIZACIÓN. f. Acción y efecto de preconizar.

PRECONIZADOR, RA. adj. Que preconiza. Ú.t.c.s.

PRECONIZAR. (l. *praeconizāre*; de *praeconium*, anuncio.) tr. Tributar públicamente elogios a una persona o cosa. || **2**. Hacer relación en el consistorio romano de los méritos de un individuo nombrado para un obispado o prelacía. || **P**. preconizar; **I**. to preconize; **F**. préconiser; **A**. lobpreisen, präkonisieren; **It**. preconizzare; **R**. восхвалять.

PRECONOCER. (l. *praecognoscĕre*.) Prever, conocer una cosa con anticipación.

PRECORDIAL. adj. Dícese de la región del pecho correspondiente al corazón.

PRECOZ. (l. *praecox*, -ŏcis.) adj. Dícese del fruto temprano. || **2**. Se aplica a la persona que en edad temprana manifiesta cualidades que suelen aparecer más tardíamente. Se dice también de dichas cualidades. || **P**. e **It**. precoce; **I**. precocious; **F**. précoce; **A**. frühreif, frühzeitig; **R**. скороспелый.

PRECURSOR, RA. (l. *praecursor*.)

P adj. Que va delante. Ú.t.c.s. ‖ **2.** fig. Que profesa doctrinas o realiza empresas que sólo recibirán aprobación y aplauso en tiempo futuro. ‖ **3.** m. Por antonom., San Juan Bautista que nació antes de Cristo y anunció su venida. ‖ **P.** e **I.** precursor; **F.** précurseur; **A.** Vorläufer, Bahnbrecher; **It.** precursore; **R.** предвозвещающий.

PREDECESOR, RA. (l. *praedecessor.*) m. y f. Antecesor, ra.

PREDECIR. (l. *predicĕre.*) tr. Anunciar algo que sucederá. ‖ **P.** predizer; **I.** to predict; **F.** prédire; **A.** vorhersagen; **It.** predire; **R.** предсказывать.

PREDEFINICIÓN. (De *predefinir.*) f. Teol. Decreto de Dios para la existencia de las cosas en un tiempo señalado.

PREDEFINIR. (l. *praedefinīre.*) tr. Teol. Determinar el tiempo en que han de existir las cosas. ‖ **2.** Prefinir.

PREDESTINACIÓN. (l. *praedestinatĭo, -ōnis.*) f. Destinación anterior de una cosa. ‖ **2.** Teol. Por antonom., ordenación de la voluntad divina con que desde la eternidad tiene elegidos a los que por medio de su gracia han de lograr la gloria. ‖ **P.** predestinação; **I.** predestination; **F.** prédestination; **A.** Prädestination, Vorherbestimmung; **It.** predestinazione; **R.** предназначение.

PREDESTINADO, DA. p.p. de predestinar. ‖ **2.** adj. Elegido por Dios desde la eternidad para lograr la gloria. Ú.t.c.s. ‖ **3.** fig. Cornudo, marido engañado.

PREDESTINANTE. p.a. de predestinar. Que predestina.

PREDESTINAR. (l. *praedestināre.*) tr. Destinar anticipadamente una cosa para un fin. ‖ **2.** Teol. Por antonom., destinar Dios desde la eternidad a los que por medio de la gracia alcanzarán la gloria. ‖ **P.** predestinar; **I.** to predestine, to predestinate; **F.** prédestiner; **A.** prädestinieren, vorausbestimmen; **It.** predestinare; **R.** предопределять.

PREDETERMINACIÓN. f. Acción y efecto de predeterminar.

PREDETERMINAR. (De *pre*, antes, y *determinar.*) tr. Resolver una cosa anticipadamente.

PREDIAL. adj. Perteneciente o relativo al predio.

PRÉDICA. (De *predicar.*) f. Sermón del ministro de la Iglesia protestante. ‖ **2.** Por ext., perorata, discurso vehemente. ‖ **3.** Amér. Conferencia, sermón. ‖ **P.** prédica; **I.** preachment; **F.** prêche; **A.** Kanzelrede; **It.** prèdica; **R.** проповедь.

PREDICABLE. (l. *praedicabĭlis.*) adj. Digno de ser predicado. ‖ **2.** m. Lóg. Cada una de las cinco clases que se pueden decir o predicar del sujeto, y son: género, especie, diferencia, individuo y propio.

PREDICACIÓN. (l. *praedicatĭo, -ōnis.*) f. Acción de predicar. ‖ **2.** Doctrina que se predica. ‖ **P.** predicação; **I.** preaching; **F.** prédication; **A.** Predigt; **It.** predicazione; **R.** проповедование.

PREDICADERA. (De *predicar.*) f. Ar. Púlpito desde donde se predica. ‖ **2.** pl. fam. Cualidades o dotes de un predicador.

PREDICADO, DA. p.p. de predicar. ‖ **2.** m. Lóg. Lo que se afirma del sujeto. ‖ **2.ª** acep.: **P.** predicado; **I.** predicate; **F.** prédicat; **A.** Prädikat; **It.** predicato; **R.** сказуемое.

PREDICADOR, RA. (l. *praedicātor.*) adj. Que predica. Ú.t.c.s. ‖ **2.** m. Orador evangélico que predica la palabra de Dios. ‖ **P.** predicador; **I.** preacher; **F.** prédicateur, prêcheur; **A.** Prediger, Kanzelredner; **It.** predicatore; **R.** проповедник.

PREDICAMENTAL. adj. Fil. Perteneciente al predicamento o a una cosa que es raíz de otra.

PREDICAMENTO. (l. *praedicamentum.*) m. Lóg. Cada una de las diez clases o categorías a que se reducen todas las cosas y entidades físicas: substancia, cantidad, cualidad, relación, acción, pasión, lugar, tiempo, situación y hábito. ‖ **2.** Dignidad, opinión y estimación que uno ha ganado con sus obras. ‖ **P.** e **It.** predicamento; **I.** predicament; **F.** prédicament; **A.** Prädikament; **R.** категория.

PREDICANTE. p.a. de predicar. Que predica. Dícese del ministro de una religión no católica. Ú.t.c.s.

PREDICAR. (l. *praedicāre.*) tr. Pu-

blicar, hacer patente una cosa. ‖ **2.** Pronunciar un sermón. ‖ **3.** Alabar excesivamente a alguien. ‖ **4.** fig. Reprender a uno con acritud por algún defecto. ‖ **5.** fig. y fam. Hacerle observaciones a uno para persuadirle de algo. ‖ *Bien* PREDICA *quien bien vive.* ref. que indica que el buen ejemplo ayuda a la persuasión. ‖ **2.ª** acep.: **P.** predicar; **I.** to preach; **F.** prêcher; **A.** predigen; **It.** predicare; **R.** проповедовать.

PREDICATIVO, VA. adj. Gram. Perteneciente al predicado o que tiene carácter de tal.

PREDICATORIO. (De *predicar.*) m. ant. Púlpito desde donde se predica.

PREDICCIÓN. (l. *praedictĭo, -ōnis.*) f. Acción y efecto de predecir. ‖ **P.** predição; **I.** prediction; **F.** prédiction; **A.** Vorhersagung, Weissagung; **It.** predizione; **R.** предсказание.

* PREDICTOR. (l. *praedicĕre*, fijar, determinar de antemano.) m. Aviac. Mecanismo empleado para controlar el tiro antiaéreo.

PREDICHO, CHA. (l. *praedictus.*) p.p. irreg. de predecir.

PREDILECCIÓN. (l. *prae*, pre, y *dilectĭo, -ōnis.*) f. Cariño especial con que se distingue a una persona o cosa. ‖ **P.** predilecção; **I.** predilection; **F.** prédilection; **A.** Vorliebe; **It.** predilezione; **R.** предпочтение.

PREDILECTO, TA. (l. *prae*, pre, y *dilectus*, amado.) adj. Preferido con afecto especial.

PREDIO. (l. *praedĭum.*) m. Heredad, tierra, finca, posesión. ‖ **—dominante.** For. Aquel en cuyo favor está establecida una servidumbre. ‖ **—rústico.** El dedicado a uso agrícola, forestal o pecuario. ‖ **—sirviente.** For. El que se halla gravado con cualquier servidumbre. ‖ **—urbano.** El que se halla poblado, y el que se destina a vivienda aun fuera de población. ‖ **P.** prédio; **I.** landed property; **F.** fonds de terre; **A.** (Erb)-Gut; **It.** predio; **R.** наследство, имение.

PREDISPONER. (De *pre*, antes, y *disponer.*) tr. Disponer con antelación las cosas o el ánimo de las personas para un fin. Ú.t.c.r. ‖ **P.** predispor; **I.** to predispose; **F.** prédisposer; **A.** vorbereiten; **It.** predisporre; **R.** предрасполагать.

PREDISPOSICIÓN. f. Acción y efecto de predisponer o predisponerse. ‖ **P.** predisposição; **I.** predisposition; **F.** prédisposition; **A.** Vorbereitung, Empfänglichkeit; **It.** predisposizione; **R.** предрасположение.

PREDOMINACIÓN. f. Acción y efecto de predominar.

PREDOMINANCIA. f. Predominación.

PREDOMINANTE. p.a. de predominar. Que predomina.

PREDOMINAR. (De *pre* y *dominar.*) tr. Prevalecer, preponderar. Ú.m.c.intr. ‖ **2.** fig. Exceder considerablemente en altura una cosa a otra. ‖ **P.** predominar; **I.** to predominate; **F.** prédominer, prévaloir; **A.** vorherrschen; **It.** predominare; **R.** превосходить.

PREDOMINIO. (De *pre* y *dominio.*) m. Imperio, superioridad, influjo sobre una persona o cosa. ‖ **P.** predomínio; **I.** predominance, predomination; **F.** prédominance; **A.** Vorherrschaft; **It.** predominio; **R.** преобладание.

PREDORSAL. adj. Anat. Situado en la parte anterior de la espina dorsal. ‖ **2.** Dícese del sonido en cuya articulación interviene la parte anterior del dorso de la lengua. ‖ **3.** Fon. Se aplica a la letra que representa este sonido. Ú.t.c.s.f.

PREELEGIR. (l. *praeeligĕre.*) tr. Elegir anticipadamente.

PREEMINENCIA. (l. *praeeminentĭa.*) f. Privilegio, ventaja que tiene uno sobre otro por mérito especial. ‖ **P.** preeminência; **I.** pre-eminence; **F.** prééminence; **A.** Vorrang, Vorzug; **It.** preeminenza; **R.** преимущество.

PREEMINENTE. (l. *praeeminens, -entis.*) adj. Sublime, superior, más elevado. ‖ **P.** e **It.** preeminente; **I.** pre-eminent; **F.** prééminent; **A.** hervorragend; **R.** выдающийся.

PREEXCELSO, SA. (l. *praeexcelsus.*)

adj. Extraordinariamente ilustre, excelso.

PREEXISTENCIA. (l. *praeexistentĭa.*) f. Fil. Existencia anterior con alguna de las prioridades de naturaleza u origen. ‖ **2.** For. Existencia real de una cosa o de un derecho antes del momento en que se ha de tratar de ella.

* PREEXISTENCIANISMO. m. Fil. Doctrina de Platón, según la cual las almas humanas han tenido una existencia ya antes de informar los cuerpos.

PREEXISTENTE. (l. *praeexistens, -entis*) p.a. de preexistir. Que preexiste.

PREEXISTIR. (l. *praeexistĕre.*) intr. Fil. Existir antes, con antelación de la naturaleza u origen.

PREFACIO. (l. *praefatĭo.*) m. Prefación. ‖ **2.** Parte de la misa que precede al canon. ‖ **P.** prefácio; **I.** preface, preamble; **F.** préface, avant-propos; **A.** Vorwort, Vorrede; **It.** prefazio, prefazione; **R.** предисловие.

PREFACIÓN. (l. *praefatĭo, -ōnis.*) f. Prólogo de un libro.

PREFECTO. (l. *praefectus.*) m. Entre los romanos, título de varios jefes militares o civiles. ‖ **2.** Ministro que preside un tribunal, junta o comunidad eclesiástica. ‖ **3.** Persona que debe cuidar de que se cumplan bien ciertos cargos. ‖ **4.** En Francia, gobernador de un departamento. ‖ **P.** prefeito; **I.** prefect; **F.** préfet; **A.** Präfekt; **It.** prefetto; **R.** префект.

PREFECTURA. (l. *praefectūra.*) f. Dignidad o cargo de prefecto. ‖ **2.** Territorio gobernado por un prefecto. ‖ **3.** Oficina del prefecto. ‖ **P.** prefeitura; **I.** prefecture; **F.** préfecture; **A.** Präfektur; **It.** prefettura; **R.** префектура.

PREFERENCIA. (l. *praeferens, -entis*, p.p. de *praeferre*, preferir.) f. Primacía que una persona tiene sobre otra. ‖ **2.** Elección de una persona o cosa entre otras, predilección hacia ella. ‖ **P.** preferência; **I.** preference; **F.** préférence; **A.** Vorliebe, Vorzug; **It.** preferenza; **R.** предпочтение.

PREFERENTE. p.a. de preferir. Que prefiere.

PREFERENTEMENTE. adv. Con preferencia.

PREFERIBLE. adj. Digno de preferirse.

PREFERIBLEMENTE. adv. Preferentemente.

PREFERIR. (l. *praeferre*, llevar o poner delante.) tr. Dar preferencia. Ú.t.c.r. ‖ **2.** Aventajar. ‖ **3.** r. Ufanarse. ‖ **P.** preferir; **I.** to prefer; **F.** préférer; **A.** bevorzugen, vorziehen; **It.** preferire; **R.** предпочитать.

PREFIGURACIÓN. (l. *praefiguratĭo, -ōnis.*) f. Representación anticipada de una cosa.

PREFIGURAR. (l. *praefigurāre.*) tr. Representar una cosa anticipadamente.

PREFIJACIÓN. f. Gram. Modo de formar palabras nuevas mediante prefijos.

PREFIJAR. (De *pre*, antes, y *fijar.*) tr. Determinar anticipadamente algo.

PREFIJO, JA. (l. *praefixus*, p.p. de *praefigĕre*, colocar delante.) p.p. irreg. de prefijar. ‖ **2.** adj. Gram. Dícese del afijo que va delante, como en descomponer. Ú.m.c.s.m. ‖ **P.** prefixo; **I.** prefix; **F.** préfixe; **A.** festgesetzt, Präfix; **It.** prefisso; **R.** назначенный, префикс.

PREFINICIÓN. (l. *praefinitĭo, -ōnis.*) f. Acción de prefinir.

PREFINIR. (l. *praefinīre.*) tr. Señalar el tiempo para hacer una cosa.

PREFLORACIÓN. (De *pre*, antes, y *floración.*) f. Bot. Disposición de las diferentes piezas florales en las flores aún sin abrir.

PREFOLIACIÓN. (De *pre*, antes, y *foliación.*) f. Bot. Disposición de unas hojas respecto de otras antes de abrirse la yema.

PREFULGENTE. (l. *praefulgens, -entis.*) adj. Muy resplandeciente y lúcido.

PREGAR. (De *priego.*) tr. ant. Clavar.

PREGÓN. (l. *praeconĭum.*) m. Publicación que se hace en voz alta, en sitios públicos de algo que todos deben saber. ‖ **2.** Ast. y Sant. Proclama canónica de próximo matrimonio. ‖ *Tras cada* PREGÓN, *azote.* expr. fig. y fest. con que se moteja al que tras cada bocado, bebe. ‖ **P.** pregão; **I.** ban, cry; **F.** ban; **A.** Verkündigung;

A. öffentliche, Bekanntmachung; **It.** preconio; **R.** провозглашение.

PREGONAR. (l. *praeconāre*.) tr. Publicar en voz alta algo para conocimiento de todos. || **2.** Publicar a voces la mercancía que se vende. || **3.** fig. Publicar lo oculto o que debía callarse. || **4.** fig. Alabar en público hechos, virtudes o cualidades de una persona. || **5.** Proscribir. || **P.** apregoar; **I.** to cry; **F.** publier à haute voix; **A.** verkündigen, bekanntmachen; **It.** bandire; **R.** провозглашать.

PREGONERÍA. f. Oficio o ejercicio del pregonero. || **2.** Cierto tributo.

PREGONERO, RA. (De *pregón*.) adj. Que publica algo que se ignoraba. Ú.t. c.s. || **2.** m. Oficial público encargado de los pregones. || **P.** pregoeiro; **I.** common crier; **F.** crieur public; **A.** Ausrufer; **It.** banditore; **R.** глашатай.

PREGUNTA. (De *preguntar*.) f. Interrogación que se hace para que responda uno lo que sabe de una cosa. || **2.** pl. Interrogatorio. || *Absolver las* PREGUNTAS. tr. Responder el testigo a las interrogaciones o declarar a su tenor bajo juramento. || *Andar, estar, o quedar uno a la cuarta* PREGUNTA. fr. fig. y fam. Estar sin dinero. || **P.** pergunta; **I.** question, inquiry; **F.** question, demande; **A.** Frage; **It.** domanda, richiesta; **R.** вопрос.

PREGUNTADOR, RA. adj. Que pregunta. Ú.t.c.s. || **2.** Molesto en preguntar. Ú.t.c.s.

PREGUNTANTE. p.a. de preguntar. Que pregunta.

PREGUNTAR. (l. *percontāri*.) tr. Interrogar a una persona para que conteste lo que sabe sobre una cosa. Ú.t.c.r. || **2.** Exponer una especie en forma de interrogación, ya para expresar duda, ya para vigorizar la expresión. Ú.t.c.r. || **3.** COLOM. y CHILE. Llamar o buscar a alguien. || *Quien* PREGUNTA *no yerra*. ref. que indica lo conveniente que es informarse con cuidado de lo que se ignora para acertar en lo que se ha de hacer. || **P.** perguntar; **I.** to question; **F.** demander, questionner; **A.** fragen, befragen; **It.** domandare; **R.** спрашивать.

PREGUNTEO. m. Acción y efecto de preguntar.

PREGUNTÓN, NA. adj. fam. Preguntador molesto. Ú.t.c.s.

PREGUSTACIÓN. f. Acción y efecto de pregustar.

PREGUSTAR. (l. *pregustāre*.) tr. Hacer la salva.

PREHELÉNICO, CA. adj. Anterior a la Grecia helénica o propiamente dicha.

PREHISTORIA. f. Ciencia que trata de la historia del mundo y del hombre antes de la aparición de todo documento histórico. || **P.** pré-história; **I.** prehistory; **F.** préhistoire; **A.** Vorgeschichte, Vorzeit; **It.** preistoria; **R.** доисторический период.

PREHISTÓRICO, CA. adj. De tiempos anteriores a la historia.

★ **PREINMUNIZACIÓN.** f. Inmunidad contra una enfermedad debida a la existencia del agente que la produce en estado de equilibrio en el organismo. || **2.** Inmunidad contra determinada infección debida a la presencia del agente causante de la misma en el organismo.

PREINSERTO, TA. (De *pre*, antes, e *inserto*.) adj. Que antes se ha insertado.

PREJUDICIAL. (l. *praeiudiciālis*.) adj. FOR. Que requiere decisión anterior a la sentencia de lo principal. || **2.** FOR. Se dice de la acción que antes todas las cosas se debe examinar y definir.

PREJUICIO. (l. *praeiudicĭum*.) m. Prejuicio.

PREJUICIO. m. Acción y efecto de prejuzgar. || **P.** prejulgamento; **I.** prejudice; **F.** préjugé; **A.** Vorurteil; **It.** pregiudizio; **R.** предрассудок.

PREJUZGAR. (l. *praeiudicāre*.) tr. Juzgar las cosas antes de tiempo o sin tener de ellas exacto conocimiento. || **P.** prejulgar; **I.** to prejudicate; **F.** préjuger; **A.** vorurteilen; **It.** pregiudicare; **R.** заранее решать.

PRELACÍA. (b. l. *praelatia*.) f. Dignidad u oficio de prelado. || **P.** prelacía; **I.** prelacy; **F.** prélature; **A.** Prälatur, Prälatenwürde; **It.** prelatura; **R.** сан прелата.

PRELACIÓN. (l. *praelatĭo*, *-ōnis*.) f. Preferencia con que una cosa debe ser atendida respecto de otra. || **P.** prelação; **I.** preference; **F.** préférence, prélation; **A.** Vorzug; **It.** prelazione; **R.** предпочтение.

PRELADA. (l. *praelāta*, t. f. de *-tus*, prelado.) f. Superiora de un convento de religiosas.

PRELADO. (l. *praelātus*, puesto delante, preferido.) m. Superior eclesiástico constituido en una de las dignidades de la Iglesia. || **2.** Superior de un convento o comunidad religiosa. || —**consistorial.** Superior de canónigos o monjes que se prevé por el consistorio del papa. || —**doméstico.** Eclesiástico de la familia del papa. || **P.** prelado; **I.** prelate; **F.** prélat; **A.** Prälat, Abt; **It.** prelato; **R.** прелат.

PRELATICIO, CIA. adj. Propio del prelado.

PRELATURA. (b. l. *praelatura*.) f. Prelacía.

★ **PRELECCIÓN.** f. Explicación de un pasaje literario de una obra clásica para descubrir sus bellezas y conocer su técnica.

PRELIMINAR. (l. *prae*, antes, y *limināris*, del umbral, de la puerta.) adj. Que sirve de preámbulo para tratar debidamente una materia. || **2.** fig. Que se antecede a una acción, empresa, etc. Ú.t.c.s. || **3.** m. Cada uno de los artículos generales que sirven de fundamento para un tratado de paz definitivo. Ú.m. en pl. || **P.** preliminar; **I.** preliminary; **F.** préliminaire; **A.** vorläufig, einleitend; **It.** preliminare; **R.** предварительный.

PRELIMINARMENTE. adv. Anticipadamente.

PRELUCIR. (l. *praelucēre*.) intr. Lucir con anticipación.

PRELUDIAR. (De *preludio*.) intr. MÚS. Probar la voz o un instrumento por medio de arpegios, escalas, etc., antes de dar comienzo a la pieza principal. Ú.t.c.tr. || **2.** tr. fig. Preparar o iniciar una cosa. || **P.** preludiar; **I.** to prelude; **F.** préluder; **A.** präludieren; **It.** preludiare; **R.** играть прелюдию.

PRELUDIO. (l. *praeludĭum*, de *praeludĕre*; de *prae*, antes, y *ludĕre*, jugar.) m. Lo que sirve de entrada o de preparación a algo. || **2.** MÚS. Lo que se toca o canta para ensayar la voz o probar instrumentos antes de la ejecución de una obra musical. || **3.** MÚS. Composición musical independiente destinada a preceder la ejecución de otras obras. || **4.** MÚS. Obertura o sinfonía, pieza musical instrumental que precede a las óperas y zarzuelas. || **P.** prelúdio; **I.** prelude; **F.** prélude; **A.** Präludium, Vorspiel; **It.** preludio; **R.** введение.

PRELUSIÓN. (l. *praelusio*, *-ōnis*.) f. Preludio, introducción de un discurso o tratado.

PREMATURAMENTE. adv. Antes de tiempo, sin haber llegado a sazón.

PREMATURO, RA. (l. *praematūrus*.) adj. Que no ha llegado a sazón. || **2.** Que sucede antes del tiempo. || **3.** FOR. Se dice de la mujer que no ha llegado a la edad de admitir varón. || **4.** m. MED. Niño nacido antes del tiempo, pero viable. || **P.** e **It.** prematuro; **I.** premature; **F.** prématuré; **A.** frühreif, vorzeitig; **R.** преждевременный.

PREMEDITACIÓN. (l. *praemeditatio*, *-ōnis*.) f. Acción de premeditar. || **2.** FOR. Una de las circunstancias que agravan la responsabilidad criminal. || **P.** premeditação; **I.** premeditation; **F.** préméditation; **A.** Vorbedacht; **It.** premeditazione; **R.** преднамеренность.

PREMEDITADAMENTE. adv. Con premeditación.

PREMEDITAR. (l. *praemeditāri*.) tr. Pensar reflexivamente una cosa antes de ejecutarla. || **2.** FOR. Proponerse perpetrar un delito, tomando previamente disposiciones al efecto.

PREMIA. (De *premiar*, 2.º art.) f. ant. Apremio, coacción.

★ **PREMIACIÓN.** f. CHILE. Acto de reparto de premios.

PREMIADOR, RA. adj. Que premia. Ú.t.c.s.

PREMIAR. (l. *praemiāri*.) tr. Remunerar, recompensar, galardonar los méritos o servicios de uno. || **P.** premiar; **I.** to reward; **F.** récompenser; **A.** belohnen; **It.** premiare; **R.** награждать.

PREMIAR. (l. *premère*.) tr. ant. Apremiar.

PREMIATIVO, VA. adj. ant. Se decía de lo que premia o sirve para premiar, 2.º art.

PREMIDERA. f. Cárcola.

PREMIO. (l. *praemĭum*.) m. Recompensa que se da por un mérito o servicio. || **2.** Vuelta, demasía, cantidad que se añade al precio o valor para que sirva de compensación o de incentivo. || **3.** Aumento de valor de algunas monedas o por su calidad o por el curso del cambio internacional. || **4.** Cada uno de los lotes sorteados de la lotería nacional. || —**gordo.** fig. y fam. El premio mayor de la lotería nacional. || *A* PREMIO. m. adv. Con interés o rédito. || **P.** prémio; **I.** reward, prize; **F.** prix; **A.** Belohnung, Prämie; **It.** premio; **R.** награда.

PREMIOSAMENTE. adv. De manera premiosa.

PREMIOSIDAD. f. Calidad de premioso.

PREMIOSO, SA. (De *premiar*, 2.º art.) adj. Tan ajustado que no se puede casi mover. || **2.** Molesto. || **3.** Que estrecha o apremia. || **4.** fig. Rígido. || **5.** fig. Se aplica a la persona sin agilidad, tarda para el trabajo o la expresión. || **6.** fig. Se dice del que habla o escribe con dificultad. || **7.** fig. Se aplica también al lenguaje o estilo sin soltura.

PREMISA. (l. *praemissa*, puesta o colocada delante.) f. LÓG. Cada una de las dos primeras proposiciones del silogismo. || **2.** fig. Señal, indicio por donde se infiere una cosa. || **P.** premissa; **I.** premise; **F.** prémisse; **A.** Prämisse, Vorsatz; **It.** premessa; **R.** предпосылка.

PREMISO, SA. (l. *praemissus*, p.p. de *praemittĕre*, enviar delante.) adj. Prevenido, enviado anticipadamente. || **2.** FOR. Que precede. Se emplea únicamente en ciertas fórmulas.

PREMITIR. (l. *praemittĕre*.) tr. ant. Anticipar.

PREMOCIÓN. (l. *praemotĭo*, *-ōnis*.) f. Moción anterior que inclina a un efecto u operación. Es de uso escolástico. || **P.** premoção; **I.** premotion; **F.** prémotion; **A.** Vorantrag; **It.** premozione; **R.** предложение.

PREMOLAR. adj. Dícese de cualquiera de los dientes molares primero y segundo que tienen dos tubérculos en la corona. Ú.t.c.s.

PREMONITORIO, RIA. (l. *praemonitŏrius*, que avisa anticipadamente.) adj. MED. Se dice del síntoma precursor de una enfermedad y del estado de la persona en que se manifiesta. || **2.** BIOL. Dícese de la coloración de algunos lepidópteros que se supone advierte que tienen mal sabor y no son, por ello, comidos por otros animales.

PREMONSTRATENSE. (De *Praemonstratum*, nombre dado por San Norberto al lugar donde fundó la primera casa.) adj. Se aplica a la orden de los canónigos regulares fundada por San Norberto y de los que la profesan. Apl. a pers. ú.t.c.s.

PREMORIENCIA. (l. *praemoriens*, *-entis*, premoriente.) f. FOR. Muerte anterior a otra.

PREMORIENTE. (l. *praemoriens*, *-entis*.) p.a. de premorir. FOR. Que premuere. Ú.t.c.s.

PREMORIR. (l. *praemŏri*.) intr. FOR. Morir una persona antes que otra.

PREMOSTRAR. tr. Mostrar con anticipación a otra condición o circunstancia.

PREMOSTRATENSE. adj. Premonstratense. Apl. a pers. ú.t.c.s.

PREMUERTO, TA. (l. *praemortŭus*.) p.p. irreg. de premorir. Ú.t.c.s.

PREMURA. (l. *premĕre*, apretar.) f. Aprieto, apuro, instancia, prisa. || **P.** pressa; **I.** pressure; **F.** urgence; **A.** Bedrängnis; **It.** premura; **R.** крайняя необходимость.

PRENDA. (l. *pignŏra*, pl. n. de *pignus*.) f. Cosa mueble que se sujeta al cumplimiento de una obligación. || **2.** Cualquiera de las alhajas o enseres de uso doméstico cuando se dan a vender. || **3.** Cualquiera

P

P de las partes que componen el vestido o calzado de la mujer o el hombre. || **4.** Lo que se da o hace en señal o demostración de una cosa. || **5.** fig. Cualquier cosa no material que sirve de seguridad y firmeza para algo. || **6.** fig. Lo que se ama intensamente. || **7.** fig. Cada una de las perfecciones del cuerpo o alma con que la naturaleza favorece a alguien. || **8.** pl. Juego de prendas. || —**pretoria**. For. La constituida por autoridad del juez. || *En* PRENDA, *o en* PRENDAS. m. adv. En empeño o fianza. || *Estar por más la* PRENDA. fr. fig. y fam. con que se denota que la recompensa para demostrar el agradecimiento es inferior a los beneficios recibidos. || *Hacer* PRENDA. fr. Retener una alhaja para la seguridad de un crédito. || **2.** fig. Valerse de un dicho o hecho para obligar a la ejecución de lo que se ha ofrecido. || *No dolerle* PRENDAS a uno. fr. fig. Ser fiel cumplidor de sus deberes. || **2.** fig. Ser tan generoso o tomar tan a pecho un asunto que no perdona diligencia para lograr su intento. || *Soltar* PRENDA uno. fr. fig. y fam. Decir algo que le deje comprometido. || **P.** penhor; **I.** pledge; **F.** gage; **A.** Pfand; **It.** pegno; **R.** залог.

PRENDADOR, RA. adj. Que prenda o saca prenda. Ú.t.c.s.

PRENDAMIENTO. m. Acción y efecto de prendar o prendarse.

PRENDAR. (De *pendrar*.) tr. Sacar una prenda o alhaja para la seguridad de una deuda o satisfacción de un daño. || **2.** Ganar la voluntad de uno. || **3.** r. Aficionarse, enamorarse de una persona o cosa. || 2.ª acep.: **P.** cativar; **I.** to charm; **F.** charmer; **A.** bezaubern; **It.** cattivarsi; **R.** закладывать.

PRENDARIO, RIA. adj. Relativo a la prenda. || **2.** CHILE. Perteneciente o relativo al empeño en que media una prenda.

* **PRENDEDERA.** f. COLOM. Camarera.

PRENDEDERO. m. Cualquier instrumento usado para prender o asir algo. || **2.** Broche con que las mujeres prenden las sayas para enfaldarlas. || **3.** Cinta para sujetar el pelo.

PRENDEDOR. m. El que prende. || **2.** Prendedero.

PRENDEDURA. (De *prender*, 4.ª acep.) f. Galladura.

PRENDER. (l. *prendère, prehendère*.) tr. Asir una cosa. || **2.** Privar de la libertad a una persona y ponerla en la cárcel por delito cometido u otra causa. || **3.** Hacer presa una cosa en otra, enredarse. || **4.** Adornar, engalanar a una mujer. Ú.t.c.r. || **5.** intr. Arraigar la planta en la tierra. || **6.** Empezar a ejercitar su cualidad o comunicar su virtud una cosa a otra. Se aplica principalmente al fuego cuando se empieza a cebar en una materia. || **7.** tr. AMÉR. Dar luz, encender. || **8.** AMÉR. Suministrar claridad. || **9.** r. HOND. Procurarse lo que se necesita, principalmente dinero. || **10.** P. RICO. Embriagarse. || **P.** prender; **I.** to seize; **F.** prendre; **A.** festnchmen, ergreifen; **It.** prèndere; **R.** схватывать.

PRENDERÍA. (De *prendero*.) f. Tienda en que se compran y venden prendas, alhajas o muebles usados.

PRENDERO, RA. (De *prenda*.) m. y f. Persona que tiene prendería. || **P.** adelo; **I.** fripper; **F.** fripier; **A.** Trödler; **It.** rigattiere; **R.** старьёвщик.

PRENDIDO, DA. p.p. de prender. || **2.** m. Adorno de las mujeres, especialmente el de cabeza. || **3.** Dibujo picado que se usa como patrón para hacer encajes. || **4.** Parte del encaje hecha sobre este dibujo. || **5.** Méj. Acicalado. || **6.** CHILE. Estreñido. || **7.** P. RICO. Beodo. Ú.t.c.s. || *Ir* uno PRENDIDO *en* una cosa. ARGENT. Participar en provechos y daños.

PRENDIMIENTO. m. Acción de prender, captura. || **2.** Por antonom., el de Jesucristo en el huerto y cuadro que lo representa. || **3.** CHILE. Estreñimiento. || **4.** CHILE. Dolor en algún lugar del cuerpo. || **5.** COLOM. y VENEZ. Irritación, acaloramiento. || **6.** REP. DOMIN. Fiebre. || **P.** prendimiento; **I.** seizure; **F.** seizure, capture; **A.** Verhaftung; **It.** prendimento, cattura; **R.** захвать, арест.

PRENOCIÓN. (l. *praenotio, -ōnis*.) f. FIL. Anticipada noción o conocimiento primero de las cosas.

* **PRENOMBRADO, DA.** adj. ANT. y CHILE. Precipitado, susodicho, mencionado con anterioridad.

PRENOMBRE. (l. *praenōmen, -ĭnis*.) m. Nombre que precedía al de familia entre los romanos.

PRENOTAR. (l. *praenotāre*.) tr. Notar anticipadamente.

PRENSA. (l. *pressa*, t. f. de *-ssus*, p.p. de *premère*, oprimir.) f. Máquina para comprimir, y cuya forma varía según el uso. || **2.** fig. Imprenta. || **3.** fig. Conjunto de publicaciones periódicas especialmente las diarias. || —**de offset**. IMPR. Prensa litográfica de tres cilindros formada según el principio giratorio, empleada para impresiones monocolores o multicolores. || —**hidráulica**. La fundada en el principio de Pascal. Se compone de dos cuerpos de bomba de distinto diámetro que comunican entre sí. || *Dar a la* PRENSA. fr. Imprimir y publicar una obra. || *Entrar o meter en* PRENSA. fr. Comenzar la tirada del impreso. || *Meter en* PRENSA a uno. fr. fig. Apretarle mucho para obligarle a ejecutar algo. || *Sudar la* PRENSA. fr. fig. Imprimir mucho o continuamente. || *Tener uno buena*, o *mala* PRENSA. fr. fig. Serle ésta favorable o adversa. || **P.** prensa; **I.** press; **F.** presse; **A.** Presse; **It.** pressa; **R.** пресс.

PRENSADO, DA. p.p. de prensar. || **2.** m. Lustre, lisura o labor que queda en los tejidos por efecto de la prensa. Ú.t.c.s.

PRENSADOR, RA. adj. Que prensa. Ú.t.c.s.

PRENSADURA. f. Acción de prensar.

PRENSAR. tr. Apretar algo en la prensa. || **P.** prensar; **I.** to press; **F.** mettre sous presse; **A.** (an)pressen; **It.** pressare; **R.** прессовать.

PRENSERO. m. COLOM. Cada uno de los individuos que sirven en los ingenios para meter la caña en los trapiches.

PRENSIL. (l. *prensus, prehensus*.) adj. Que se sirve para asir.

PRENSIÓN. (l. *prehensio, -ōnis*.) f. Acción y efecto de prender una cosa.

PRENSISTA. m. Oficial que trabaja en la prensa.

PRENSORA. (l. *prehensus*, p.p. de *prehendère*, coger.) adj. ZOOL. Se dice de las aves tropicales, generalmente de hermosos colores, de mandíbulas robustas, la superior encorvada desde la base y las patas con dos dedos dirigidos hacia atrás. Ú.t.c.s. || **2.** f. pl. ZOOL. Orden de estas aves.

PRENUNCIAR. (l. *praenuntiāre*.) tr. Anunciar de antemano.

PRENUNCIO. (l. *praenuntĭus*.) m. Anuncio anticipado, presagio.

PREÑADO. (l. *praegnātus*, embarazo.) m. Embarazo, estado de la hembra preñada. || **2.** Feto en el vientre materno.

PREÑADO, DA. p.p. de preñar. || **2.** adj. Se dice de la hembra de cualquier especie que tiene el feto en el vientre. || **3.** fig. Se dice de la pared que está desplomada y forma como una barriga. || **4.** fig. Lleno o cargado. || **5.** fig. Que incluye en sí algo que no se descubre.

PREÑAR. (l. *praegnāre*.) tr. Empreñar. || **2.** fig. Llenar.

PREÑEZ. f. Preñado, estado de la hembra preñada y tiempo en que lo está. || **2.** fig. Estado de un asunto que no ha llegado a resolverse. || **3.** fig. Confusión, obscuridad incluida en una cosa, que la da a conocer de algún modo. || **P.** prenhez; **I.** pregnancy; **F.** grossesse; **A.** Schwangerschaft; **It.** gravidanza; **R.** беременность.

PREOCUPACIÓN. (l. *praeoccupatio, -ōnis*.) f. Anticipación de una cosa obtiene o merece. || **2.** Juicio o primera impresión que una cosa produce en el ánimo y que es obstáculo para admitir otras especies. || **3.** Ofuscación del entendimiento. || **4.** Cuidado, desvelo, previsión de alguna contingencia azarosa o adversa. || **P.** preocupação; **I.** preoccupation; **F.** préoccupation; **A.** Besorgnis; **It.** preoccupazione; **R.** предубеждение.

PREOCUPADAMENTE. adv. Con preocupación.

PREOCUPAR. (l. *praeoccupāre*.) tr. Ocupar anticipadamente una cosa o prevenir a uno en la adquisición de ella. || **2.** fig. Prevenir el ánimo contra alguna opinión. || **3.** Poner el ánimo en cuidado, embargarlo. Ú.t.c.r. || **4.** r. Estar prevenido en favor o en contra de alguien o de algo.

PREOPINANTE. (l. *praeopinans, -antis*, p.a. de *praeopināri*, pensar de antemano.) adj. Se dice de cualquiera de los que han manifestado su opinión antes que otro en una discusión. Ú.t.c.s.

PREORDINACIÓN. (l. *praeordinatio, -ōnis*.) f. TEOL. Acción y efecto de preordinar.

PREORDINADAMENTE. adv. TEOL. Con preordinación.

PREORDINAR. (l. *praeordināre*.) tr. TEOL. Determinar y disponer Dios todas las cosas desde la eternidad para que tengan su efecto a los tiempos correspondientes.

PREPALATAL. adj. FON. Se dice del sonido hecho acercando la lengua a la parte anterior del paladar. || **2.** Se aplica a la letra que representa este sonido, como la *ch*. Ú.t.c.f.

PREPARACIÓN. (l. *praeparatio, -ōnis*.) f. Acción y efecto de preparar o prepararse. || **P.** preparação; **I.** preparation; **F.** préparation; **A.** Vorbereitung; **It.** preparazione; **R.** приготовление.

PREPARADO, DA. p.p. de preparar. || **2.** adj. Se dice de la medicina preparada. Ú.t.c.s. || **3.** AMÉR. Versado, ilustrado. || **4.** m. QUÍM. y FARM. Cualquier producto obtenido por un procedimiento químico, especialmente en un laboratorio.

PREPARADOR, RA. m. y f. Persona que prepara. || **2.** m. DEP. Adiestrador de deportistas.

PREPARAMENTO. m. Preparamiento.

PREPARAMIENTO. (De *preparar*.) m. Preparación.

PREPARAR. (l. *praeparāre*.) tr. Prevenir, disponer una cosa para que sirva a un afecto. || **2.** Prevenir a un sujeto para la acción que se ha de seguir. || **3.** Hacer las operaciones necesarias para conseguir un producto, disponer la ejecución o prevenir el advenimiento de un hecho. || **4.** FARM. Templar la fuerza del principio activo de las medicinas para reducirlas al grado conveniente. || **5.** r. Disponerse para ejecutar una cosa. || **P.** preparar; **I.** to prepare; **F.** préparer; **A.** vorbereiten; **It.** preparare; **R.** приготовлять.

PREPARATIVO, VA. adj. Preparatorio. || **2.** m. Cosa preparada.

PREPARATORIAMENTE. adv. Con preparación.

PREPARATORIO, RIA. (l. *praeparatorĭus*.) adj. Se dice de lo que se prepara o dispone.

PREPASADO, DA. (De *pre*, antes, y *pasado*.) adj. ant. Antepasado, anterior a otro tiempo que pasó. Usáb.t.c.s.

PREPONDERANCIA. (De *preponderar*.) f. Exceso de peso, de una cosa con relación a otra. || **2.** fig. Superioridad de crédito, fuerza, autoridad, etc. || **P.** preponderância; **I.** preponderance; **F.** prépondérance; **A.** Übergewicht; **It.** preponderanza; **R.** перевес.

PREPONDERANTE. p.a. de preponderar. Que prepondera.

PREPONDERAR. (l. *praeponderāre*.) intr. Pesar más una cosa respecto de otra. || **2.** fig. Prevalecer o hacer más fuerza una opinión que otra que aquella con la cual se compara. || **3.** fig. Ejercer una persona o grupo de ellas influjo dominante.

PREPONER. (l. *praeponère*.) tr. Preferir una cosa a otra.

PREPOSICIÓN. (l. *praepositĭo, -ōnis*.) f. GRAM. Parte invariable de la oración, que denota el régimen que tienen entre sí dos palabras o términos. Se emplea también como prefijo. || —**inseparable**. GRAM. Prefijo. || **P.** preposição; **I.** preposition; **F.** préposition; **A.** Vorwort; **It.** preposizione; **R.** предлог.

PREPOSICIONAL. adj. Se aplica a la voz con caracteres propios de las preposiciones o que se emplean como tales.

PREPOSITIVO, VA. (l. *praepositivus*.) adj. Perteneciente o relativo a la preposición. || **2.** GRAM. Dícese de la partícula castellana o latina que se usa como prefijo.

PREPÓSITO. (l. *praepositus*.) m. Primero o principal en una junta, que preside

P

o manda en ella. Entre los romanos hubo diferentes prepósitos. Actualmente se llaman así únicamente los prelados de algunas comunidades religiosas.

PREPOSITURA. (l. *praepositūra.*) f. Dignidad, empleo de prepósito. || **2.** VAL. Pavordía.

PREPOSTERACIÓN. f. Acción y efecto de preposterar.

PREPÓSTERAMENTE. adv. Fuera de tiempo u orden.

PREPOSTERAR. (l. *praeposterāre.*) tr. Trastrocar el orden en algunas cosas.

PREPÓSTERO, RA. (l. *praepostěrus; de prae,* antes, y *postěrus,* postrero.) adj. Trastrocado, hecho sin tiempo, sin orden o al revés.

PREPOTENCIA. (l. *praepotentía.*) f. Poder superior al de otros, o poder muy grande.

PREPOTENTE. (l. *praepŏtens, -entis.*) adj. Muy poderoso, con mayor poder que otros. || **2.** BIOL. Dícese del progenitor que transmite con mayor poder sus caracteres hereditarios.

PREPUCIO. (l. *praeputīum.*) m. ZOOL. Piel móvil que cubre el bálano. || P. prepúcio; I. prepuce; F. prépuce; A. Vorhaut; It. prepuzio; R. крайняя плоть.

PREPUESTO, TA. (l. *praepositus.*) p.p. irreg. de preponer.

PRERRAFAELISMO. m. Arte y estilo pictóricos anteriores a Rafael de Urbino. || **2.** Estilo pictórico que imita el anterior a Rafael Urbino.

PRERRAFAELISTA. adj. Se aplica al estilo o arte en pintura anteriores a Rafael Urbino. || **2.** Se dice del estilo pictórico que imita el anterior a Rafael. || **3.** m. Partidario del prerrafaelismo.

PRERROGATIVA. (l. *praerogatīva.*) f. Privilegio, gracia concedida a uno, aneja regularmente a un cargo o dignidad. || **2.** fig. Atributo de excelencia. || **3.** Facultad importante de alguno de los poderes supremos del Estado, en orden a su ejercicio o a las relaciones con los demás poderes de clase semejantes. || P. prerrogativa; I. prerogative; F. prérogative; A. Vorrecht; It. prerogativa; R. преимущество.

PRERROMANTICISMO. m. Caracteres y condiciones de algunos escritores y sus obras, anteriores al romanticismo, que preparan e inician este movimiento literario.

PRERROMÁNTICO, CA. adj. Dícese de la literatura, autor o trabajo literario correspondientes al prerromanticismo.

PRESA. (l. *prensa,* p.p. de *prendĕre,* agarrar.) f. Acción de prender o tomar una cosa. || **2.** Cosa robada o apresada. || **3.** Acequia. || **4.** Muro grueso construido a través de un río, arroyo o canal, para detener el agua y conducirla fuera del cauce. || **5.** Conducto por donde pasa el agua para mover las ruedas de los molinos u otras máquinas hidráulicas. || **6.** Tajada o trozo pequeño de una cosa comestible. || **7.** Cada uno de los colmillos de algunos animales con que agarran lo que muerden y difícilmente lo sueltan. || **8.** AR. Puchero de enfermo. || **9.** CETR. Ave prendida por una de rapiña. || **10.** CETR. Uña de ave de rapiña. || **11.** P. RICO. Gallo que pierde en la pelea. || **12.** MAR. Embarcación que se toma por fuerza. || **—y pinta.** Parar, cierto juego de naipes. || *Buena,* o *mala* PRESA. La que ha sido hecha con arreglo o en contravención a las normas jurídicas internacionales. || *Caer a la* PRESA. fr. CETR. Bajar el halcón a hacer presa en el ave que le presentan para adiestrarlo. || *Hacer* PRESA. fr. Asir algo para que no se escape. || **2.** fig. Aprovechar una circunstancia en perjuicio ajeno y en beneficio propio. || P. e It. presa; I. seizure; F. prise; A. Fang, Prise; R. захват. || **4.**ª acep.: P. presa; I. dam; F. barrage; A. Sperrmauer; It. chiusa; R. плотина.

PRESADA. (De *presa.*) f. Agua que se retiene en el caz del molino cuando la corriente no es suficiente para el trabajo continuo.

PRESADO, DA. (l. *prasius,* de color verde.) adj. De color verde claro.

PRESAGIAR. (l. *praesagiāre.*) tr. Anunciar o prever una cosa, induciéndola de presagios y señales. || P. pressagiar;

I. to presage, to forebode; F. présager; A. vorhersagen; It. presagire; R. предзнаменовать.

PRESAGIO. (l. *praesagīum.*) m. Señal que indica un suceso favorable o adverso. || **2.** Especie de adivinación de sucesos futuros por las señales percibidas o por presentimientos. || P. presságio; I. presage, omen; F. présage; A. Vorzeichen, Omen; It. presagio; R. предзнаменование.

PRESAGIOSO, SA. adj. Que presagia o contiene presagio.

PRÉSAGO, GA [PRESAGO, GA]. (l. *praesāgus.*) adj. Que anuncia o adivina algún suceso.

PRESAR. tr. ant. Apresar.

PRESBICIA. f. MED. Defecto de présbita. || P. presbitia; I. presbyopia; F. presbytie; A. Fernsichtigkeit; It. presbiopia; R. дальнозоркость.

PRÉSBITA [PRÉSBITE]. (gr. πρεσβύτης, de πρέσβυς, anciano.) adj. Se dice del que percibe difícilmente los objetos cercanos por defecto de acomodación del ojo a causa de la falta de convexidad en los medios transparentes del órgano visual. Ú.t.c.s.

PRESBITERADO. (l. *presbyterātus.*) m. Sacerdocio, orden o dignidad de sacerdote. || P. presbiterado; I. presbyterate; F. prêtrise, presbytérat; A. Priestertum, Priesterwürde; It. presbiterato; R. священство.

PRESBITERAL. adj. Perteneciente o relativo al presbítero.

PRESBITERATO. m. Presbiterado.

PRESBITERIANO, NA. adj. Se dice del protestante ortodoxo en Inglaterra, Escocia y América que no conoce la autoridad episcopal sobre los presbíteros. Ú.t.c.s. || **2.** Perteneciente a los presbiterianos.

PRESBITERIO. (l. *presbyterīum,* y éste del gr. πρεσβυτέριον.) m. Área del altar mayor hasta el pie de las gradas de donde sube a él; suele estar cercado de una reja o barandilla. || **2.** Reunión de los presbíteros con el obispo. || P. presbitério; I. presbytery; F. presbytère; A. Presbyterium; It. presbiterio.

PRESBÍTERO. (l. *presbўter, -ěri,* y éste del gr. πρεσβύτερος, más anciano.) m. Clérigo ordenado de misa, o sacerdote. || P. presbítero; I. presbyter, priest; F. prêtre; A. Priester; It. prete, sacerdote; R. священник.

PRESCIENCIA. (l. *praescientía.*) f. Conocimiento de las cosas futuras.

° **PRESCINDENCIA.** f. AMÉR. Acción y efecto de prescindir.

* **PRESCINDENTE.** adj. AMÉR. Independiente.

PRESCINDIBLE. adj. Se dice de aquello de lo que se puede prescindir.

PRESCINDIR. (l. *praecindĕre,* cortar por delante.) intr. Hacer abstracción de una persona o cosa; pasarla en silencio. || **2.** Privarse de ella, evitarla. || P. prescindir; I. to prescind; F. faire abstraction; A. ausser acht lassen; It. prescindere; R. оставлять в стороне.

PRESCITO, TA. adj. Precito. Ú.t.c.s.

PRESCRIBIR. (l. *praescribĕre.*) tr. Preceptuar, ordenar una cosa. || **2.** intr. FOR. Adquirir una cosa o un derecho por la virtud jurídica de su posesión continuada durante el tiempo que la ley señala o caducar un derecho por lapso del tiempo señalado también por la ley. Ú.t.c.tr. y c.r. || **3.** fig. Perderse o mermarse por el transcurso del tiempo algo material o inmaterial. || **4.** Extinguirse una carga o deuda por el transcurso del tiempo. || **5.** Extinguirse la responsabilidad penal por el tiempo transcurrido desde la comisión del delito o desde la imposición de la pena. || P. prescrever; I. to prescribe; F. prescrire; A. vorschreiben; It. prescrivere; R. предписывать.

PRESCRIPCIÓN. (l. *praescriptio, -ōnis.*) f. Acción y efecto de prescribir. || P. prescrição; I. y F. prescription; A. Vorschrift; It. prescrizione; R. предписание.

PRESCRIPTIBLE. (De *prescribir.*) adj. Que puede prescribir o prescribirse.

PRESCRIPTO, TA. p.p. irreg. Prescrito.

PRESCRITO, TA. (l. *praescriptus.*) p.p. irreg. de prescribir.

PRESEA. f. Alhaja, cosa preciosa.

* **PRESELECCIÓN.** f. AUTOM. En ciertos cuadros de velocidades, operación que permite hallar la combinación deseada, que se hace efectiva después del desembrague y del embrague. Así, pues, el conductor puede preparar su velocidad ante un viraje y obtener el cambio de desmultiplicación en el momento oportuno y sin dejar el volante. || **2.** RADIOTEC. Selección operada entre diversas emisiones que se captan por la antena, por los primeros circuitos del receptor.

* **PRESELECTOR, RA.** adj. Que hace una previa selección. Ú.t.c.s. || **2.** RADIOTEC. Circuito ideado para mejorar algunas características en aparatos receptores.

PRESENCIA. (l. *praesentia.*) f. Asistencia personal o estado de la persona hallada ante otra u otras o en el mismo paraje que ellas. || **2.** Por ext., asistencia de una cosa que se encuentra ante otra u otras o en el mismo paraje. || **3.** Talle, figura del cuerpo. || **4.** Representación, fausto. || **5.** fig. Actual memoria de una especie o representación de ella. || **—de ánimo.** Serenidad del ánimo tanto en los sucesos adversos como en los favorables. || **—de Dios.** Actual consideración de estar delante del Señor. || P. presença; I. presence; F. présence; A. Anwesenheit; It. presenza; R. присутствие.

PRESENCIAL. (l. *praesentiālis.*) adj. Perteneciente o relativo a la presencia.

PRESENCIALMENTE. adv. Con actual presencia, personalmente.

PRESENCIAR. (De *presencia.*) tr. Hallarse presente en un acontecimiento, etcétera. || P. presenciar; I. to be present, to witnes; F. être présent; A. beiwohnen, zugegen sein bei; It. presenziare; R. присутствовать.

PRESENTABLE. adj. Que se halla en posición de presentarse o ser presentado.

PRESENTACIÓN. (l. *praesentatio, -ōnis.*) f. Acción o efecto de presentar o presentarse. || **2.** Fiesta que celebra la Iglesia el 21 de noviembre en conmemoración de la presentación de la Virgen María a Dios en el templo. || **3.** El arte de hacer con solemnidad las representaciones teatrales. || **4.** MED. Parte del feto que se encaja en la pelvis y aparece al exterior en el parto. || **5.** AMÉR. Pedimento, demanda, súplica. || P. apresentação; I. presentation; F. présentation; A. Vorstellung; It. presentazione; R. представление.

PRESENTADO, DA. p.p. de presentar. || **2.** adj. Se dice, en ciertas órdenes religiosas, del teólogo que ha seguido su carrera y espera el grado de maestro. Ú.t.c.s. || **3.** m. Eclesiástico que ha sido propuesto para una dignidad en uso del derecho de patronato.

PRESENTADOR, RA. adj. Que presenta. Ú.t.c.s.

PRESENTALLA. (De *presentar.*) f. Exvoto.

PRESENTÁNEAMENTE. adv. Luego, al punto.

PRESENTÁNEO, A. (l. *praesentanĕus.*) adj. Eficaz al instante, de efecto inmediato.

PRESENTANTE. p.a. de presentar. Que presenta.

PRESENTAR. (l. *praesentāre.*) tr. Hacer manifestación de algo, ponerlo en presencia de alguien. Ú.t.c.s. || **2.** Dar voluntariamente una cosa. || **3.** Proponer a alguien para una dignidad eclesiástica. || **4.** Introducir a uno en el trato de otro. || **5.** Colocar provisionalmente una cosa para ver el efecto que haría definitivamente colocada. || **6.** r. Ofrecerse voluntariamente a alguien para un fin. || **7.** Comparecer en algún acto o lugar. || **8.** Comparecer ante el juez o autoridad. || **9.** FOR. Comparecer en juicio. || P. apresentar; I. to present; F. présenter; A. präsentieren; It. presentare; R. предъявлять.

PRESENTE. (l. *praesens, -entis.*) adj. Que se halla delante o en presencia de alguien o en el mismo lugar. || **2.** Se aplica al tiempo en que actualmente está uno cuando refiere algo. || **3.** GRAM. Se aplica al tiempo del verbo que denota la acción actual. Ú.t.c.s. || **4.** m. Don, regalo que se hace en prueba de agradecimiento. *Al* PRESENTE o *de* PRESENTE. m. adv. Ahora, cuando se está diciendo. || **2.** En la época

P actual. ‖ *Mejorando lo* PRESENTE. expr. empleada cortésmente cuando se elogia a uno en presencia de otro. ‖ *Por el, por la,* o *por lo* PRESENTE. m. adv. Por ahora, en este momento. ‖ **P.** presente; **I.** present; **F.** présent; **A.** anwesend, gegenwärtig; **It.** presente; **R.** наличный. ‖ 4.ª acep.: **P.** presente; **I.** present, gift; **F.** don, cadeau; **A.** Geschenck; **It.** presente, dono; **R.** дар.

PRESENTEMENTE. adv. Al presente.

PRESENTERO. m. El que se presenta para prebendas o beneficios eclesiásticos.

PRESENTIMIENTO. (De *presentir*.) m. Cierto movimiento del ánimo que presagia lo que sucederá. ‖ **P.** presentimiento; **I.** presentiment; **F.** pressentiment; **A.** Vorgefühl; **It.** presentimento; **R.** предчувствие.

PRESENTIR. (l. *praesentíre*.) tr. Entrever por cierto movimiento del ánimo lo que sucederá. ‖ **2.** Adivinar algo antes de que ocurra, por indicios que lo preceden. ‖ **P.** y **F.** pressentir; **I.** to foresee; **A.** vorausahnen; **It.** presentire; **R.** предчувствовать.

PRESEPIO. (l. *praesepíum*.) m. Pesebre. ‖ **2.** Caballeriza. ‖ **3.** Establo.

PRESERA. (De *presa*, por alusión a los aguijones de esta planta.) f. Amor de hortelano, 1.ª acep.

PRESERO. m. Guarda de una presa o acequia.

PRESERVACIÓN. f. Acción y efecto de preservar o preservarse.

PRESERVADOR, RA. adj. Que preserva. Ú.t.c.s.

PRESERVAR. (l. *praeservāre; de prae*, antes, y *servāre*, guardar.) tr. Poner anticipadamente a cubierto de un peligro o daño a alguien o algo. Ú.t.c.r. ‖ **P.** preservar; **I.** to preserve; **F.** préserver; **A.** bewahren, beschützen; **It.** preservare; **R.** предохранять.

PRESERVATIVAMENTE. adv. Con preservación.

PRESERVATIVO, VA. adj. Que tiene virtud de preservar. Ú.t.c.s.m.

PRESIDARIO. Presidiario.

PRESIDENCIA. f. Dignidad o empleo de presidente. ‖ **2.** Acción de presidir. ‖ **3.** Lugar que ocupa el presidente. ‖ **4.** Tiempo que dura el cargo. ‖ **P.** presidencia; **I.** presidency; **F.** présidence; **A.** Präsidentenschaft; **It.** presidenza; **R.** председательство.

PRESIDENCIAL. adj. Perteneciente a la presidencia.

PRESIDENCIALISMO. m. Sistema de organización política en que el presidente de la República es a la vez jefe del Gobierno, sin depender de las Cámaras.

PRESIDENCIALISTA. adj. Perteneciente al presidencialismo, partidario de él.

PRESIDENTA. f. La que preside. ‖ **2.** Mujer del presidente.

PRESIDENTE. (l. *praesídens, -entis*.) p.a. de presidir. Que preside. ‖ **2.** m. El que preside. ‖ **3.** Cabeza de un consejo, tribunal, etc. ‖ **4.** En las Repúblicas, el jefe electivo del Estado, generalmente por un plazo determinado. ‖ **5.** Entre los romanos, juez gobernador de una provincia. ‖ **6.** El que substituye al prelado, en ciertas religiones. ‖ **7.** Maestro que desde la cátedra asiste al discípulo en un acto literario. ‖ **P.** e **It.** presidente; **I.** president; **F.** président; **A.** Vorsitzende(e)r, Präsident; **R.** президент, председатель.

PRESIDIABLE. adj. Que merece estar en presidio.

PRESIDIAR. (l. *praesidiāri*.) tr. Guarnecer con soldados un puesto, plaza o lugar para que se hallen defendidos.

PRESIDIARIO. m. Penado que cumple condena en presidio. ‖ **P.** presidiario; **I.** convict; **F.** forçat; **A.** Zuchthäusler; **It.** presidiario; **R.** каторжник.

PRESIDIO. (l. *praesidíum*.) m. Guarnición de soldados para defensa de plazas, etcétera. ‖ **2.** Ciudad, fortaleza que se puede guarnecer de soldados. ‖ **3.** Establecimiento penitenciario para penados. ‖ **4.** Conjunto de presidiarios de dicho lugar. ‖ **5.** Pena señalada con variedad de grados de rigor y de tiempo. ‖ **6.** fig. Auxilio, socorro. ‖ **3.ª** acep.: **P.** presídio; **I.** peni-

tentiary; **F.** bagne; **A.** Zuchthaus; **It.** presidio; **R.** каторга.

PRESIDIR. (l. *praesidēre; de prae*, antes, y *sedēre*, sentarse.) tr. Tener el primer puesto en una asamblea, tribunal, corporación, etc. ‖ **2.** Asistir el maestro desde la cátedra al alumno en un acto literario. ‖ **3.** Predominar. ‖ **P.** presidir; **I.** to preside (over); **F.** présider; **A.** präsidieren, vorstehen; **It.** presièdere; **R.** председательствовать.

PRESILLA. (d. de *presa*.) f. Cordón pequeño, con que se asegura una cosa. ‖ **2.** Cierta especie de lienzo. ‖ **3.** Entre sastres, costurillas de puntos unidos, colocados en los ojales y otras partes para que la tela no se abra.

PRESIÓN. (l. *pressío, -ōnis*.) f. Acción y efecto de comprimir o apretar. ‖ **2.** Fís. Acción que un cuerpo pesado ejerce sobre otro comprimiéndolo. ‖ **3.** Fís. Tensión, fuerza que ejercen los líquidos y gases en todos los sentidos. ‖ **—atmosférica.** La ejercida por el aire atmosférico y que se mide por medio del barómetro. ‖ **—crítica.** Fís. La del vapor saturado de una substancia a la temperatura crítica. ‖ **—de un gas.** Fís. La que un gas ejerce sobre las paredes del recipiente que lo contiene. ‖ **—osmótica.** Fís. La ejercida por las partículas de un cuerpo disuelto en un líquido sobre las paredes del recipiente. ‖ **P.** pressão; **I.** pressure; **F.** pression; **A.** Druck; **It.** pressione; **R.** давление.

★ PRESIONAR. tr. AMÉR. Ejercer presión, apretar. ‖ **2.** AMÉR. Constreñir, obligar con ruegos y amenazas.

PRESO, SA. (l. *prensus*.) p.p. irreg. de prender. ‖ PRESO *por mil*, PRESO *por mil y quinientos*. expr. fig. y fam. que advierte que el se excede en una cosa fácilmente se excederá en otras sin temor al riesgo. ‖ **2.** fig. y fam. Indica asimismo la resolución de llevar a término un empeño aunque sea con mayor sacrificio o esfuerzo del previsto. ‖ **P.** e **It.** preso; **I.** prisoner; **F.** prisonnier, détenu; **A.** Gefangene(r); **R.** пленник, узник.

PREST. (ant. fr. *prest*, y éste del l. *praestus*, de *praesto*.) m. Haber diario de los soldados. ‖ **P.** pré; **I.** pay; **F.** paye; **A.** vor, vorher; **It.** paga; **R.** уплата.

PRESTA. f. EXTR. Hierbabuena.

PRESTACIÓN. (l. *praestatio, -ōnis*.) f. Acción y efecto de prestar. ‖ **2.** Servicio o cosa pedida por la autoridad o convenido en un pacto. ‖ **3.** Servicio que un contratante da o promete a otro. ‖ **4.** Renta, tributo pagadero al señor, al propietario o a alguna entidad corporativa. ‖ **—personal.** Servicio personal obligatorio exigido a los vecinos de un pueblo para obras de utilidad común.

PRESTADIZO, ZA. (De *prestado*.) adj. Que se puede prestar.

PRESTADO, DA. p.p. de prestar. ‖ *De* PRESTADO. m. adv. De modo precario.

PRESTADOR, RA. (l. *praestātor*.) adj. Que presta. Ú.t.c.s.

PRESTAMENTE. adv. Rápidamente, con presteza.

PRESTAMERA. (De *préstamo*.) f. Estipendio procedente de rentas eclesiásticas dado a los que estudiaban para sacerdotes; actualmente es una especie de beneficio eclesiástico.

PRESTAMERÍA. f. Dignidad de prestamero. ‖ **2.** Goce de prestamera.

PRESTAMERO. m. El que goza de prestamera. ‖ **—mayor.** Caballero que tiene de la Iglesia ciertos beneficios secularizados, concedidos para él y sus sucesores.

PRESTAMISTA. com. Persona que presta dinero. ‖ **P.** prestamista; **I.** money-lender; **F.** prêteur; **A.** Geldverleiher; **It.** prestatore; **R.** ростовщик.

PRÉSTAMO. (De *prestar*.) m. Acción y efecto de prestar. ‖ **2.** Empréstito. ‖ **3.** Cantidad de dinero u otra cosa prestada. ‖ **4.** Prestamera. ‖ **5.** Terreno en el que se excava la tierra precisa para los terraplenes. ‖ **6.** For. Denominación contractual genérica que comprende las dos especies de mutuo o simple préstamo y comodato. ‖ **—a la gruesa.** COM. Contrato a la gruesa, préstamo realizado sobre mercaderías expuestas a riesgos marítimos, mediante el debido premio si llegan a buen

puerto, pero renunciando a toda reclamación en caso de perderse. ‖ **P.** empréstimo; **I.** loan; **F.** prêt; **A.** Darlehen, Anleihe; **It.** prèstito; **R.** ссуда, заём.

PRESTANCIA. (l. *praestantía*.) f. Excelencia, superior calidad o bondad.

PRESTANTE. (l. *praestans, -antis*.) adj. Excelente, que sobresale en bondad o calidad.

PRESTAR. (l. *praestāre*.) tr. Entregar a uno dinero o otra cosa para que use de ello por cierto tiempo con obligación de restituirlo. ‖ **2.** Ayudar al logro de una cosa. ‖ **3.** Dar o comunicar. ‖ **4.** Con los nombres atención, paciencia, etc., tener lo que ellos significan. ‖ **5.** intr. Aprovechar, ser útil para un intento. ‖ **6.** Dar de sí, extenderse. ‖ **7.** r. Ofrecerse, allanarse a una cosa. ‖ **P.** emprestar; **I.** to lend; **F.** prêter; **A.** leihen, verborgen; **It.** prestare; **R.** давать взаймы.

PRESTATARIO, RIA. adj. Que toma dinero a préstamo. Ú.t.c.s. ‖ **P.** mutuário, **I.** borrower; **F.** emprunteur; **A.** Entlehner; **It.** prestatario; **R.** берущий ссуду.

PRESTE. (fr. *prestre*, y éste del l. *presbyter*.) m. Sacerdote que celebra la misa cantada asistido del diácono y el subdiácono, o el que con capa pluvial preside en función religiosa.

PRESTEZA. (De *presto*.) f. Prontitud, diligencia o brevedad en hacer o decir algo. ‖ **P.** presteza; **I.** promptitude; **F.** prestesse, agilité; **A.** Geschwindigkeit; **It.** prestezza; **R.** проворство.

PRESTIDIGITACIÓN. f. Arte y habilidad en la ejecución de juegos de manos para distraer al público. ‖ **P.** prestidigitação; **I.** y **F.** prestidigitation; **A.** Gaukelei, Taschenspiel; **It.** prestigiazione; **R.** ловкость рук.

PRESTIDIGITADOR, RA. (De *presto*, y el l. *digitus*, dedo; pronto, ágil de dedos.) m. y f. Hábil en juegos de manos. ‖ **P.** prestidigitador; **I.** prestidigitator, juggler; **F.** prestidigitateur, escamoteur; **A.** Gaukler; **It.** prestigiatore; **R.** фокусник.

PRÉSTIDO. (l. *prestitus*, dado, concedido.) m. ant. Empréstito.

PRESTIGIADOR, RA. (l. *praestigiātor*.) adj. Que causa prestigio. ‖ **2.** m. y f. Persona que embauca a la gente con habilidades y artificios.

PRESTIGIANTE. p.a. ant. de prestigiar. Que prestigia.

PRESTIGIAR. (l. *praestigiāre*.) tr. ant. Hacer prestigios, embaucar.

PRESTIGIO. (l. *praestigíum*.) m. Fascinación atribuida a la magia o motivada por un sortilegio. ‖ **2.** Engaño, ilusión con que los prestidigitadores embaucan a la gente. ‖ **3.** Ascendiente, autoridad, influencia. ‖ **P.** prestígio; **I.** y **F.** prestige; **A.** Ansehen, Einfluss; **It.** prestigio; **R.** престиж.

PRESTIGIOSO, SA. (l. *praestigiōsus*.) adj. Prestigiador, que causa prestigio. ‖ **2.** Que tiene prestigio. ‖ **2.ª** acep.: **P.** e **It.** prestigioso; **I.** prestigious; **F.** prestigieux; **A.** angesehen; **R.** почёт.

PRESTIMONIO. (b. l. *praestimonium*, y éste del l. *praestāre*, proveer.) m. Préstamo.

PRESTIÑO. m. Pestiño.

PRESTIR. tr. GERM. Prestar, dar dinero u otra cosa en préstamo.

PRESTO, TA. (l. *praestus*; de *praestāre*, estar antes.) adj. Pronto, ligero en hacer algo. ‖ **2.** Dispuesto para hacer algo o para un fin. ‖ **3.** adv. Luego, con brevedad. ‖ *De* PRESTO. m. adv. Prontamente. ‖ **P.** presto; **I.** ready, quick; **F.** preste, prompt; **A.** bereit; **It.** presto, pronto; **R.** проворный.

PRESUMIBLE. adj. Que se puede presumir.

PRESUMIDO, DA. p.p. de presumir. ‖ **2.** adj. Que presume, vano. Ú.t.c.s.

PRESUMIR. (l. *praesumēre*.) tr. Sospechar, conjeturar alguna cosa por ciertos indicios o señales. ‖ **2.** intr. Vanagloriarse, tener alto concepto de sí mismo. ‖ **P.** presumir; **I.** to presume; **F.** présumer; **A.** mutmassen; **It.** presùmere; **R.** предполагать.

PRESUNCIÓN. (l. *praesumptío, -ōnis*.) f. Acción y efecto de presumir. ‖ **2.** For. Cosa que se tiene como verdad, por ministerio de la ley. ‖ **—de hecho** o **de derecho.** For. La que posee carácter

P

absoluto o preceptivo, en contra de la cual se admite prueba. || —**de ley o de solo derecho.** For. La que se reputa verdadera por precepto legal mientras no existan pruebas en contra. || **P.** presunção; **I.** presumption; **F.** présomption; **A.** Mutmassung; **It.** presunzione; **R.** предположение.

PRESUNCIOSO, SA. (l. *praesumptiōsus.*) adj. ant. Presuntuoso.

PRESUNTA. (l. *praesumpta*, t. f. de *-ptus*, presunto.) f. ant. Presunción.

PRESUNTAMENTE. adj. Con presunción.

PRESUNTIVAMENTE. adv. Con presunción o conjetura.

PRESUNTIVO, VA. (l. *praesumptīvus.*) adj. Que puede presumir o se apoya en presunción.

PRESUNTO, TA. (l. *praesumptus.*) p.p. irreg. de presumir.

PRESUNTUOSAMENTE. adv. Vanamente, con demasiada vanagloria.

PRESUNTUOSIDAD. (De *presuntuoso.*) f. Presunción, vanagloria.

PRESUNTUOSO, SA. (l. *praesumptuosus.*) adj. Lleno de presunción y vanidad. Ú.t.c.s. || **P.** presunçoso; **I.** presumptuous; **F.** présomptueux; **A.** anspruchsvoll; **It.** presuntuoso; **R.** чванный, надутый.

PRESUPONER. (De *pre*, antes, y *suponer.*) tr. Dar previamente por cierta una cosa para tratar de otra. || **2.** Cálculo anticipado de gastos e ingresos en un negocio de interés privado o público. || **P.** pressupor; **I.** to presuppose; **F.** présupposer; **A.** voraussetzen; **It.** presupporre; **R.** предполагать.

PRESUPOSICIÓN. f. Suposición previa. || **2.** Presupuesto, 2.ª acep.

º **PRESUPUESTAR.** tr. Formar anticipadamente el cómputo de gastos e ingresos de un negocio o empresa pública o privada.

PRESUPUESTARIO, RIA. adj. Perteneciente o relativo al presupuesto, 4.ª acep.

PRESUPUESTO, TA. p.p. irreg. de presuponer. || **2.** m. Motivo, causa o pretexto para hacer una cosa. || **3.** Supuesto o suposición. || **4.** Cómputo anticipado del coste de una obra. || **5.** Ordenación y balance anticipados de los ingresos y gastos del Estado o de otras corporaciones públicas. || **P.** pressuposto; **I.** y **F.** budget; **A.** Kostenanschlag; **It.** presupposto; **R.** предпосылка, бюджет.

PRESURA. (l. *pressūra.*) f. Opresión, congoja. || **2.** Prisa, ligereza. || **3.** Ahinco, porfía.

PRESURANZA. (De *presura.*) f. ant. Presteza.

PRESUROSAMENTE. adv. Prontamente.

PRESUROSO, SA. (De *presura.*) adj. Pronto, veloz.

PRETAL. m. Petral. || **2.** Hond. Trincha para sujetar el pantalón.

PRETENDENCIA. (De *pretender.*) f. Pretensión.

PRETENDER. (l. *praetendĕre.*) tr. Solicitar algo, haciendo las diligencias debidas para conseguirlo. || **2.** Procurar, intentar. || **P.** pretender; **I.** to pretend; **F.** prétendre; **A.** beanspruchen; **It.** pretèndere; **R.** претендовать.

PRETENDIENTA. f. La que pretende o solicita algo.

PRETENDIENTE. p.a. de pretender. Que pretende o solicita algo. Ú.t.c.s. || **P.** e **It.** pretendente; **I.** pretender; **F.** prétendant; **A.** Bewerber; **R.** prétendent.

PRETENSIÓN. (l. *praetensio, -ōnis.*) f. Solicitación para conseguir lo deseado. || **2.** Derecho que uno cree tener sobre algo. || *Barajarle* a uno una PRETENSIÓN. fr. Ser causa de que se frustre. || **P.** pretensão; **I.** pretension, claim; **F.** prétention; **A.** Forderung, Anspruch; **It.** pretensione; **R.** претензия.

PRETENSO, SA. (l. *praetensus.*) p.p. irreg. de pretender. || **2.** m. p. us. Pretensión.

PRETENSOR, RA. (De *pretenso.*) adj. Que pretende. Ú.t.c.s.

PRETERICIÓN. (l. *praeteritiō, -ōnis.*) f. Acción y efecto de preterir. || **2.** En la filosofía antigua, forma de lo que no existe al presente, pero que existió. || **3.** For.

Omisión, en la declaración de herederos, de alguno que, según la ley, ha de serlo forzosamente. || **4.** Ret. Figura que consiste en aparentar que se quiere omitir aquello que precisamente se expresa con encarecimiento. || **P.** preterição; **I.** preterition; **F.** prétérition; **A.** Übergehung; **It.** preterizione; **R.** пропуск, умолчание.

PRETERIR. (l. *praeterīre*, pasar adelante.) tr. Hacer caso omiso de alguien o de algo. || **2.** For. Quitar en la declaración de herederos a los que son forzosos.

PRETÉRITO, TA. (l. *praeterĭtus*, p.p. de *praeterīre*, pasar, dejar atrás.) adj. Dícese de lo que pasó o sucedió. || **2.** Se aplica al tiempo verbal que denota acción pasada. Ú.t.c.s. —**imperfecto.** Gram. Tiempo que indica haber sido presente la acción del verbo coincidiendo con otra pasada. || —**perfecto.** Gram. Tiempo que indica ser pasada la significación del verbo. —**pluscuamperfecto.** Gram. Tiempo que anuncia que algo estaba ya hecho, o podía estarlo, cuando se hizo otra cosa. || **P.** pretérito; **I.** preterit(e), past; **F.** prétérit, passé; **A.** Vergangenheit; **It.** pretèrito; **R.** прошедший.

PRETERMISIÓN. (l. *praetermissiō, -ōnis.*) f. Omisión, 2.ª y 3.ª aceps. || **2.** Ret. Preterición, 4.ª acep.

PRETERMITIR. (l. *praetermittĕre.*) tr. Omitir.

PRETERNATURAL. (l. *praeternaturālis*; de *praeter*, fuera de, y *naturālis*, natural.) adj. Que se encuentra fuera del ser y estado natural de las cosas.

PRETERNATURALIZAR. (De *preternatural.*) tr. Alterar, cambiar el ser o estado natural de una cosa. Ú.t.c.r.

PRETERNATURALMENTE. adv. De modo preternatural.

PRETEXTA. (l. *praetexta.*) f. Especie de toga, orlada con lista de púrpura, que usaban los magistrados romanos, y llevaban hasta salir de la edad pueril los mancebos y doncellas nobles. Ú.t.c.adj.

PRETEXTAR. tr. Valerse de un pretexto.

PRETEXTO. (l. *praetextus.*) m. Motivo simulado que se alega para hacer algo o para excusarse de no haberlo realizado. || **P.** pretexto; **I.** pretext; **F.** prétexte; **A.** Prätext, Vorwand; **It.** pretesto; **R.** предлог.

PRETIL. (Por *petril*, del l. *pectorĭle*, de *pectus*, pecho.) m. Vallado colocado en los puentes y en otros lugares para preservar de caídas. || **2.** Por ext., lugar llano. *Paseo a lo largo de un* PRETIL. || **P.** parapeito; **I.** railing, breastwork; **F.** garde-fou; **A.** Geländer (Brücken); **It.** sponda; **R.** перила.

PRETINA. (vulg. *petrina*, y éste del l. *pectorĭna*, de *pectus*, *-ŏris*, pecho.) f. Correa o cinta con hebilla para sujetar ciertas prendas de vestir a la cintura. || **2.** Cintura en que se ciñe la pretina. || **3.** Parte de ciertas prendas de vestir que se ciñe a la cintura. || **4.** fig. Lo que ciñe o rodea algo. || **5.** Colom. Disciplina. || **P.** cinta; **I.** girdle; **F.** ceinture; **A.** Gurt, Gürtel; **It.** cintura; **R.** ремень.

PRETINAZO. m. Golpe dado con la pretina.

PRETINERO. m. Oficial que hace pretinas, 1.ª acep.

PRETINILLA. (d. de *pretina.*) f. Cinturón que usaron las mujeres, sujeto con una hebilla y a veces adornado con piedras preciosas.

PRETÓNICO, CA. (De *pre*, 2.º art., y *tónico.*) adj. Protónico.

PRETOR. (l. *praetor.*) m. Antiguo magistrado romano que ejercía jurisdicción en Roma o en provincias.

PRETOR. (De *prieto*, negro.) m. Negrura de las aguas en los lugares donde abundan los atunes.

PRETORÍA. (De *pretor*, 1.er art.) f. Pretura.

PRETORIAL. adj. Perteneciente o relativo al pretor.

PRETORIANISMO. m. Influencia política abusiva de algún grupo militar.

PRETORIANO, NA. (l. *praetoriānus.*) adj. Pretorial. || **2.** Se dice de los soldados de la guardia de los emperadores romanos. Ú.t.c.s.

PRETORIENSE. adj. Perteneciente al pretorio.

PRETORIO, RIA. (l. *praetorĭus.*) adj. Pretorial. || **2.** V. *Derecho*, *edicto*, *prefecto* PRETORIO. || **3.** For. V. *Posesión*, *prenda* PRETORIA. || **4.** m. Palacio donde habitaban y donde juzgaban las causas los pretores romanos o los presidentes de las provincias. || **5.** V. *Prefecto del* PRETORIO. || 4.ª acep.: **P.** pretório; **I.** pretorium; **F.** prétoire; **A.** Prätur; **It.** pretorio; **R.** преторианский.

PRETURA. (l. *praetūra.*) f. Empleo o dignidad de pretor.

PREVALECER. (l. *praevalescĕre.*) intr. Sobresalir una persona o cosa. || **2.** Conseguir algo en oposición de otros. || **3.** Arraigar las plantas y semillas en tierra; ir creciendo lentamente. || **4.** fig. Aumentar algo no material. || **P.** prevalecer; **I.** to prevail; **F.** prévaloir; **A.** überwiegen; **It.** prevalere; **R.** превышать, преобладать.

PREVALECIENTE. p.a. de prevalecer. Que prevalece.

PREVALER. (l. *praevalēre.*) intr. Prevalecer. || **2.** r. Servirse de una cosa.

PREVARICACIÓN. (l. *praevaricatio, -ōnis.*) f. Acción y efecto de prevaricar.

PREVARICADOR, RA. (l. *praevaricātor.*) adj. Que prevarica. Ú.t.c.s. || **2.** Que incita a uno a faltar a las obligaciones de su oficio o religión. Ú.t.c.s.

PREVARICAR. (l. *praevaricāre.*) intr. Delinquir los funcionarios públicos dictando a sabiendas, o por ignorancia, sin excusa, resolución injusta. || **2.** For. Cometer el crimen de prevaricato. || **3.** Por extensión, cometer uno cualquiera una falta menos grave en el ejercicio de sus deberes. || **4.** fam. Desvariar, delirar. || **P.** prevaricar; **I.** to prevaricate; **F.** prévariquer; **A.** untreu werden; **It.** prevaricare; **R.** совершать злоупотребление.

PREVARICATO. (l. *praevaricātus*, p.p. de *praevaricāre*, prevaricar.)m. Acción de cualquier funcionario que falta a los deberes de su cargo. || **2.** For. Prevaricación.

PREVENCIÓN. (l. *praeventĭo, -ōnis.*) f. Acción y efecto de prevenir. || **2.** Preparación anticipada para evitar un riesgo o para hacer algo. || **3.** Provisión de víveres o de otras cosas necesarias. || **4.** Concepto desfavorable que se tiene de una persona o cosa. || **5.** Puesto de policía al que se lleva preventivamente a los que cometen delitos. || **6.** Mil. Guardia de cuartel. || **7.** Mil. Lugar en que se halla. *A* PREVENCIÓN. For. Ú. para indicar que un juez conoce de una causa con exclusión de otros por habérseles adelantado en el conocimiento de ella. || **P.** prevenção; **I.** prevention; **F.** prévention; **A.** Vorkehrung; **It.** prevenzione; **R.** предохранение.

PREVENIDAMENTE. adv. De antemano, con prevención.

PREVENIDO, DA. p.p. de prevenir. || **2.** adj. Dispuesto, aparejado para algo. || **3.** Abundante, previsto. || **4.** Próvido, advertido.

PREVENIENTE. p.a. de prevenir. Que previene o dispone anticipadamente.

PREVENIR. (l. *praevenīre.*) tr. Preparar anticipadamente las cosas necesarias para un fin. || **2.** Prever, conocer de antemano un daño o perjuicio. || **3.** Precaver, evitar una cosa. || **4.** Advertir a uno de una cosa. || **5.** Impresionar a uno, haciéndole prejuzgar personas o cosas. || **6.** Anticiparse a un inconveniente o dificultad. || **7.** For. Ordenar y ejecutar un juzgado las diligencias precisas, iniciales de un juicio civil o criminal. || **8.** For. Instruir las primeras diligencias para asegurar los bienes y las resultas de un juicio. || **9.** r. Disponerse anticipadamente para algo. PREVENÍRSELE a uno una cosa. fr. Venirle al pensamiento. || **P.** prevenir; **I.** to prevent; **F.** prévenir; **A.** vorbereiten; **It.** prevenire; **R.** предупреждать.

PREVENTIVAMENTE. adv. Con, o por prevención.

PREVENTIVO, VA. (l. *praeventum*, supino de *praevenīre*, prevenir.) adj. Dícese de lo que previene.

PREVENTORIO. m. Establecimiento médico para prevenir el desarrollo de algunas enfermedades y para tratar a los niños débiles o amenazados de tuberculosis.

P

PREVER. (l. *praevidĕre*.) tr. Ver anticipadamente, conjeturar por ciertas señales lo que sucederá. || **P.** prever; **I.** to foresee; **F.** prévoir; **A.** voraussehen; **It.** prevedere; **R.** предвидеть.

★ **PREVÉRTIGO.** m. PAT. Vértigo con sensación de ser empujado hacia adelante.

PREVIAMENTE. adv. Con anticipación.

PREVILEJAR. tr. ant. Privilegiar.

PREVIO, VIA. (l. *praevĭus*.) adj. Anticipado, que va delante o sucede primero. || **P.** prévio; **I.** previous; **F.** préalable; **A.** vorhergehend; **It.** previo; **R.** предыдущий.

★ **PREVIO.** m. Grabación del sonido antes de impresionar la imagen.

PREVISIBLE. adj. Que puede ser previsto.

PREVISIÓN. (l. *praevisĭo, -ōnis*.) f. Acción y efecto de prever. || **2.** Acción de disponer lo conveniente para atender a las necesidades previsibles. || **2.ª** acep.: **P.** previsão; **I.** prevision; **F.** prévision; **A.** Vorsicht; **It.** previsione; **R.** предвидение.

PREVISOR, RA. (l. *praevisum*, supino de *praevidĕre*, prever.) adj. Que prevé. Ú.t.c.s. || **P.** e **It.** previdente; **I.** provident; **F.** prévoyant; **A.** fürsorglich; **R.** предвидящий.

PREVISTO, TA. (De *pre*, antes, y *visto*.) p.p. irreg. de prever.

PREZ. (prov. *pretz*, y éste del l. *pretĭum*.) amb. Honor, estima ganada con una acción gloriosa. || **P.** apreço; **I.** honour; **F.** gloire, prix; **A.** Ehre, Achtung; **It.** pregio; **R.** слава, репутация.

PRIADO. adv. Pronto, con rapidez.

PRIAPISMO. (l. *priapismus*, y éste del gr. πριαπισμός.) m. MED. Erección continua y dolorosa del miembro viril, sin apetito venéreo.

PRIEGO. (Quizá del l. *epigrus*; en port. *prego*.) m. ant. Clavo, 1.ª acep.

PRIESA. (l. *pressus*, p.p. de *premĕre*, estrechar.) f. Prisa. || *A*, o de PRIESA. m. adv. A, o de prisa.

★ **PRIETA.** f. CHILE. Morcilla.

PRIETAMENTE. adv. ant. Apretadamente.

PRIETO, TA. (De *apretar*.) adj. Se dice del color muy obscuro, casi negro. || **2.** Apretado, peligroso. || **3.** fig. Mísero, escaso.

★ **PRIETUZGO, GA.** adj. ANT. y AMÉR. CENTRAL. Negruzco, de color muy moreno.

PRIMA. (l. *prima*, primera.) f. Primera de las cuatro partes iguales en que los antiguos romanos dividían el día artificial. || **2.** Una de las siete horas canónicas que se dice después de laudes. Se llama así por cantarse a primera hora de la mañana. || **3.** En ciertos instrumentos de cuerda, la primera y más delgada y que produce un sonido muy agudo. || **4.** Prima tonsura. || **5.** GERM. Camisa, vestidura interior. || **6.** CETR. Halcón hembra. || **7.** Cantidad que el cesionario de un derecho da al cedente por añadidura. || **8.** Premio concedido para estimular empresas que son de conveniencia pública. || **9.** COM. Suma que en ciertas operaciones de bolsa se obliga al comprador a plazo a pagar al vendedor por el derecho a rescindir el contrato. || **10.** Precio que paga el asegurado al asegurador. || **8.ª** acep.: **P.** e **It.** prima; **I.** bounty; **F.** prime; **A.** Prämie; **R.** вечернее время.

PRIMACÍA. (l. *primas, -ātis*; de *primus*, primero; en b. l. *primatia*.) f. Superioridad o ventaja de una cosa sobre otra de su especie. || **2.** Dignidad o empleo de primado. || **P.** primazia; **I.** primacy; **F.** primauté, primatie; **A.** Vorzug, Vorrang; **It.** primazia; **R.** первенство.

PRIMACIAL. adj. Perteneciente o relativo al primado o a la primacía.

PRIMADA. (De *primo*, simple, incauto.) f. fam. Acción propia del primo o persona incauta.

PRIMADGO. (De *primado*.) m. ant. Primazgo.

PRIMADO. (l. *primātus*.) m. Primer lugar, superioridad de una cosa respecto de otras de su especie. || **2.** Primero y más preeminente de todos los arzobispos y obispos de una nación. || **3.** Primacía, dignidad de primado. || **P.** primado; **I.** pri-

mate; **F.** primat; **A.** Primas; **It.** primato; **R.** первенствующий, глава, церкви.

PRIMADO, DA. adj. Perteneciente al primado. || **2.** Se dice de la iglesia que es sede de un primado.

PRIMA FACIE. expr. adv. l. A primera vista. Ú. en el estilo forense y en el familiar.

PRIMAL, LA. (De *primo*, primero.) adj. Se dice de la res ovina o cabría que tiene más de un año y menos de dos. Ú.t.c.s. || **2.** m. Cordón o trenza de seda.

PRIMAMENTE. adv. ant. Primorosamente, con perfección.

PRIMARIAMENTE. adv. Principalmente, en primer lugar.

PRIMARIO, RIA. (l. *primarĭus*.) adj. Principal en orden o grado. || **2.** Se dice de la instrucción que se da en las escuelas de la primera enseñanza. || **3.** ELECTR. En los transformadores eléctricos, dícese del arrollamiento por donde pasa la corriente inductora. || **4.** GEOL. Perteneciente a los terrenos sedimentarios más antiguos. || **5.** m. Catedrático de prima. || **P.** primário; **I.** primary; **F.** primaire; **A.** primär; **It.** primario; **R.** первый.

PRIMATE. (l. *primas, -ātis*.) m. Personaje distinguido, prócer. Ú.m. en pl. || **2.** adj. ZOOL. Se dice de los mamíferos de organización superior, plantígrados, de extremidades de cinco dedos con uñas, el pulgar, oponible a los demás por lo menos en los miembros torácicos. Ú.m. c.s.m. || **3.** m. pl. ZOOL. Orden de estos animales.

PRIMAVERA. (l. *prima*, primera, y *ver, veris*, primavera.) f. Estación del año que comienza en el equinoccio del mismo nombre y termina en el solsticio de verano. || **2.** Época templada del año, que en el hemisferio boreal comprende los meses de marzo, abril y mayo, y en el austral, los de septiembre, octubre y noviembre. || **3.** Planta herbácea, perenne, primulácea, de hojas anchas y flores amarillas en forma de quitasol. || **4.** Cierto tejido de seda, matizado de flores de varios colores. || **5.** fig. Cualquier cosa de varios y bellos colores. || **6.** fig. Tiempo de mayor vigor y hermosura para una cosa. || **P.** e **It.** primavera; **I.** spring; **F.** printemps; **A.** Frühling; **R.** весна.

PRIMAVERAL. adj. Perteneciente o relativo a la primavera.

PRIMAZ. (l. *primas, -ātis*.) m. ant. Primado, primero y más preeminente de los prelados de un país.

PRIMAZGO. (De *primadgo*.) m. Parentesco entre los primos. || **2.** Primado, dignidad de primado.

PRIMEARSE. r. fam. Darse tratamientos de primos el rey y los grandes, o éstos entre sí.

PRIMER. adj. Apócope de primero.

PRIMERA. f. Cierto juego de naipes en que se reparten cuatro cartas a cada uno; la mejor suerte con que se gana el flux. || **2.** pl. Bazas suficientes para ganar la partida, que hace un jugador antes que los demás hagan ninguna.

PRIMERAMENTE. adv. Previamente, antes de todo.

PRIMERÍA. (De *primero*.) f. ant. Primacía.

PRIMERIDAD. (De *primero*.) f. ant. Primacía.

PRIMERIZO, ZA. adj. Que hace por primera vez una cosa o es principiante en una profesión. Ú.t.c.s. || **2.** Dícese especialmente de la hembra que pare por primera vez. Ú.t.c.s.

PRIMERO, RA. (l. *primarĭus*.) Se aplica a la persona o cosa que precede a las demás. Ú.t.c.s. || **2.** Excelente, grande, que excede a otros. || **3.** Antiguo, que antes se ha poseído. || **4.** Antes, más bien, de mejor gana. Ú. para contraposición adversativa de algo que se pretende. || *De* PRIMERO. m. adv. Antes o al principio. || *No ser el* PRIMERO. fr. con que se intenta excusar la acción de alguien, dando a entender que otros lo han hecho antes o que el que lo hace lo tiene por costumbre. || **P.** primeiro; **I.** first; **F.** premier; **A.** erste(r); **It.** primo; **R.** первый.

PRIMEVO, VA. (l. *primaevus*; de *primus*, primero, y *aevum*, tiempo, edad.) adj. ant. Primitivo o primero. || **2.** Se dice

de la persona de más edad con relación a otra. || **P.** primevo; **I.** primeval; **F.** premier, ainé; **A.** der älteste (zweier Menschen); **It.** primevo; **R.** примитивный.

PRIMICERIO, RIA. (l. *primicerĭus*.) adj. Se dice de la persona que es superior a las demás en su línea. || **2.** m. Chantre, en algunas iglesias catedrales o colegiales. || **3.** Graduado elegido anualmente en la universidad de Salamanca que ocupaba el lugar inmediato al rector.

PRIMICIA. (l. *primitĭes*.) f. Fruto primero de cualquier cosa. || **2.** Prestación de frutos y ganados que se daba a la Iglesia, además del diezmo. || **3.** pl. fig. Primeros frutos producidos por cualquier cosa no material. || **P.** primícias; **I.** first fruit; **F.** prémices; **A.** Erstlingsfrucht; **It.** primizia; **R.** ранний плод.

PRIMICIAL. adj. Perteneciente a las primicias.

PRIMICLERIO. m. Primicerio.

PRIMICHÓN. (De *primo*.) m. Madejuela de seda torcida usada en bordados de imaginería.

PRIMIGENIO, NIA. (l. *primigenĭus*; de *primus*, primero, y *genĕre*, engendrar.) adj. Primitivo, originario.

PRIMILLA. (d. de *prima*, primera.) f. Perdón de la primera falta cometida. || **2.** AND. Cernícalo, ave rapaz.

PRIMÍPARA. (l. *primipăra*.) f. OBST. Primeriza, mujer que pare por vez primera.

PRIMITIVAMENTE. adv. Originariamente, al principio.

PRIMITIVO, VA. (l. *primitīvus*.) adj. Primero en su línea, o que no tiene origen en otro. || **2.** GRAM. Se aplica a la palabra que no se deriva de otra de la misma lengua. || **3.** ESC. y PINT. Se dice del artista y de la obra artística anteriores al renacimiento clásico. Ú.t.c.s. || **P.** e **It.** primitivo; **I.** primitive; **F.** primitif; **A.** primitiv; **R.** первоначальный.

PRIMO, MA. (l. *primus*.) adj. Primero. || **2.** Primoroso, excelente. || **3.** m. y f. Respecto de una persona, hijo o hija de su tío o tía. || **4.** fam. Negro, individuo de la raza negra. || **5.** fam. Persona incauta a quien fácilmente se engaña. || **6.** m. GERM. Jubón, vestidura que cubre desde los hombros hasta la cintura. || **7.** adv. En primer lugar. || **—hermano** o **carnal.** Hijo de tío carnal. || **—segundo.** Hijo de tío segundo. || *Hacer el* PRIMO. fr. fig. y fam. Se aplica al que se deja engañar con facilidad. || *Ser una cosa* PRIMA *hermana* de otra. fr. fig. y fam. Ser muy parecido a ella. || **3.ª** acep.: **P.** primo; **I.** y **F.** cousin; **A.** Vetter; **It.** cugino; **R.** двоюродный брат кузен.

PRIMOGÉNITO, TA. (l. *primogenĭtus*.) adj. Se dice del hijo primero. Ú.t.c.s. || **P.** primogénito; **I.** first-born; **F.** premier-né; **A.** erstgeboren; **It.** primogénito; **R.** первородный.

PRIMOGENITOR. (l. *primus*, primero, y *genĭtor*, el que engendra.) m. ant. Progenitor.

PRIMOGENITURA. f. Dignidad, derecho del primogénito. || **P.** e **It.** primogenitura; **I.** primogeniture; **F.** primogéniture; **A.** Ersteburt, Primogenitur; **R.** первородство.

PRIMOR. (De *primo*, excelente.) m. Destreza, habilidad, esmero en hacer una cosa. || **2.** Artificio y hermosura de la obra así ejecutada. || **2.ª** acep.: **P.** primor. **I.** nicety, excellence; **F.** perfection; **A.** Trefflichkeit; **It.** squisitezza, perfezione; **R.** ловкость, умение.

PRIMORDIAL. (l. *primordiālis*.) adj. Primitivo, primero. Dícese del principio fundamental de cualquier cosa. || **P.**, **I.** y **F.** primordial; **A.** ursprünglich; **It.** primordiale; **R.** первоначальный, основной.

PRIMOREAR. intr. Hacer primores particularmente ejecutar diestramente cualquier capricho con un instrumento músico.

PRIMOROSAMENTE. adv. Diestra y perfectamente.

PRIMOROSO, SA. (De *primor*.) adj. Excelente, perfecto. || **2.** Diestro y esmerado en lo que hace o dice.

PRÍMULA. f. Primavera, género de plantas primuláceas.

PRIMULÁCEO, A. (l. *primŭla*, nombre científico de la primavera, planta.) adj.

BOT. Se dice de las plantas angiospermas herbáceas, dicotiledóneas, con hojas radicales, flores hermafroditas y fruto capsular con muchas semillas. Ú.t.c.s. || 2. f. pl. BOT. Familia de estas plantas.

PRINCESA. (fr. *princesse*, de *prince*, y éste del l. *princeps*.) f. Mujer del príncipe. || 2. La que posee por sí el título de principado. || 3. En España, hija del rey, inmediata sucesora del reino. || P. princesa; I. princess; F. princesse; A. Fürstin, Prinzessin; It. principessa; R. княгиня, принцесса.

PRINCIPADA. (De *príncipe*.) f. fam. Alcaldada, acto de autoridad ejecutado sin derecho.

PRINCIPADGO. m. ant. PRINCIPADO.

PRINCIPADO. (l. *principātus*.) m. Título o dignidad de príncipe. || 2. Territorio sobre el que recae este título o sujeto a la dignidad de un príncipe. || 3. Superioridad o primacía con que una cosa excede a otra en alguna calidad. || 4. pl. Espíritus bienaventurados que forman el séptimo coro angélico. || P. principado; I. princedom; F. principauté; A. Fürstentum; It. principato; R. княжество.

PRINCIPAL. (l. *principālis*.) adj. Se dice de la persona o cosa que tiene el primer lugar en estimación o importancia. || 2. Ilustre, esclarecido en nobleza. || 3. Se dice del que está a la cabeza de un negocio. || 4. Esencial o fundamental. || 5. Dícese de la edición príncipe de un libro. || 6. Dícese del piso o de la habitación que se halla sobre los pisos bajos o sobre el entresuelo, si lo hay. || 7. m. Cuerpo de guardia, en las plazas de armas, situado ordinariamente en el centro de la población. || 8. Capital de una obligación o censo, en oposición a rédito o pensión. || 9. Jefe de una casa de comercio, fábrica, etc. || 10. FOR. Poderdante, con respecto a su apoderado. || P., I. y F. principal; A. vorwiegend, hauptsächlichst; It. principale; R. главный.

PRINCIPALÍA. (De *principal*.) f. ant. Principalidad. || 2. Antigua colectividad en los pueblos de Filipinas, que presidía el gobernadorcillo.

PRINCIPALIDAD. f. Calidad de principal o de primero en su línea.

PRINCIPALMENTE. adv. Primeramente, antes que todo.

PRINCIPANTE. p.a. ant. de principar. Que manda como príncipe.

PRINCIPAR. (l. *principāri*.) intr. ant. Mandar como príncipe.

PRÍNCIPE. (l. *princeps*, *-cipis*.) adj. BIBLIOG. Se dice de la primera edición de un libro. || 2. m. El primero y mayor, el más adelantado en algo. || 3. Por antonomasia, hijo primogénito del rey, heredero de la corona. || 4. Individuo de la familia real o imperial. || 5. Soberano de un Estado. || 6. Título de honor que dan los reyes. || 7. Cualquiera de los grandes de un reino o monarquía. || 8. Entre colmeneros, en algunos lugares, pollo de las abejas reinas que aún no se hallan en estado de procrear. || —de Asturias. Título dado al hijo del rey, inmediato sucesor de la corona de España. || P. príncipe; I. y F. prince; A. Fürst; It. príncipe; R. первое издание, князь.

PRINCIPELA. f. Tejido de lana usado antiguamente para trajes de mujeres, y capas de hombres.

PRINCIPESA. (De *príncipe*.) f. ant. Princesa.

PRINCIPESCO, CA. adj. Se aplica a lo que es o parece propio de príncipes.

PRINCIPIADOR, RA. adj. Que principia. Ú.t.c.s.

PRINCIPIANTA. (De *principiante*.) f. Aprendiza de un arte u oficio.

PRINCIPIANTE. p.a. de principiar. Que principia. || 2. Que empieza a estudiar o aprender un oficio, arte, etc. Ú.t. c.s. || P. principiante; I. beginner; F. apprenti, commençant; A. Neuling, Anfänger; It. principiante, novizio; R. начинающий.

PRINCIPIAR. (l. *principiāre*.) tr. Comenzar, empezar algo. Ú.t.c.r.

PRINCIPIO. (l. *principĭum*.) m. Primer instante del ser de algo. || 2. Punto considerado como primero en una extensión o cosa. || 3. Base, origen, razón funda-

mental en la cual se procede discurriendo en cualquier materia. || 4. Causa primitiva o aquella de la que una cosa procede. || 5. Cualquiera de los platos de manjares que se sirven en la comida entre el cocido y los postres. || 6. Cualquiera de las primeras proposiciones o verdades por las que se comienzan a estudiar las facultades y son los fundamentos de ellas. || 7. Cualquiera cosa que entra en unión con otra en la composición de un cuerpo. || 8. Cada una de las máximas particulares por donde cada cual se gobierna para sus operaciones y discursos. || 9. pl. IMPR. Todo lo que precede al texto de un libro. || —de Carnot. MEC. y FÍS. Principio según el cual el rendimiento de una máquina térmica reversible depende de las temperaturas extremas entre las que evoluciona. || —de complementaridad. FÍS. Principio enunciado por el físico Niels Bohr, según el cual los dos aspectos corpuscular y ondulatorio de la luz como las partículas materiales en movimiento son formas complementarias de una misma realidad. || —de contradicción. FIL. Enunciado lógico y metafísico que consiste en decir: es imposible que algo sea y no sea al mismo tiempo. || —de derecho. FOR. Norma no legal que la supla formada por doctrina o aforismos que gozan de aceptación de jurisconsultos y tribunales. || —de exclusión de Pauli. FÍS. y QUÍM. Principio de la mecánica cuántica según el cual ningún estado de energía puede ser ocupado por más de un electrón. || —de le Châtelier. FÍS. Principio que establece que cuando un sistema en equilibrio se somete a una acción, el sistema tiende a reaccionar en forma tal que anula la modificación introducida por dicha acción. || —inmediato. QUÍM. Substancia orgánica de composición definida que forma parte de los seres vivos o de algunos de sus órganos. || *A los* PRINCIPIOS, o *al* PRINCIPIO. m. adv. Al comenzar algo. || *A* PRINCIPIOS del mes, año, etc. m. adv. En sus primeros días. || *En* PRINCIPIO. m. adv. Se dice de lo que se acepta en esencia sin que exista total conformidad en los detalles. || PRINCIPIO *quieren las cosas.* fr. proverb. con que se exhorta a decidirse a empezar o proseguir una cosa que se teme o se duda si se logrará. || *Tomar, tener,* o *traer* PRINCIPIO una cosa de otra. fr. Proceder o provenir de ella. || P. principio; I. principle; F. príncipe; A. Anfang, Prinzip; It. principio; R. начало.

PRINCIPISMO. m. ARGENT. Doctrina política que antepone a todo la fidelidad a los principios.

PRINCIPOTE. (De *príncipe*.) m. fam. El que en su tren, fausto y porte, hace ostentación de clase superior a la suya.

PRINGADO, DA. p.p. de pringar. || 2. f. Rebanada de pan con pringue.

PRINGAMOZA. f. BOT. CUBA. Bejuco euforbiáceo, con una pelusa que produce picazón en la piel. || 2. COLOM. y HOND. Especie de ortiga.

PRINGAR. tr. Empapar con pringue el pan u otro alimento. || 2. Estrujar con pan algún alimento pringoso. || 3. Echar a uno pringue hirviendo, castigo empleado antiguamente. || 4. Manchar con pringue. Ú.t.c.r. || 5. fam. Herir haciendo sangre. || 6. fig. y fam. Denigrar, poner mala nota en la fama de alguno. || 7. intr. fig. y fam. Tomar parte en un negocio o pendencia. || 8. r. fig. y fam. Interesarse indebidamente en el caudal o negocio que maneja. || 9. MÉJ. y SAL. Lloviznar. || PRINGAR uno *en todo.* fr. fig. y fam. Tomar parte a la vez en varios negocios de distinta naturaleza. || P. besuntar; I. to dip in grease; F. salir de graisse; A. beschmieren; It. ùngere; R. замасливать.

PRINGÓN, NA. adj. fam. Puerco, sucio. || 2. m. fam. Acción de mancharse de pringue. || 3. fam. Mancha de pringue.

PRINGOSO, SA. adj. Que tiene pringue.

PRINGOTE. (De *pringue*.) m. Amasijo que algunos forman mezclando la carne, el tocino y el chorizo cuando comen la olla.

PRINGUE. (l. *pinguis*, gordo, adiposo.) amb. Grasa que suelta el tocino o cosa

semejante sometida a la acción del fuego. || 2. fig. Suciedad que se pega. || 3. Castigo que consiste en pringar.

PRIONODONTE. (gr. πρίων, sierra, y ὀδούς, ὀδόντος, diente.) m. PALEONT. Especie de armadillo fósil de gran tamaño.

PRIOR. (l. *prior*, el primero.) adj. En lo escolástico, se dice de lo que precede a otra cosa en cualquier orden. || 2. m. Superior de un convento en algunas religiones. || 3. En otras, segundo prelado después del abad. || 4. Superior de cualquier convento de canónigos regulares y de las órdenes militares. || 5. Dignidad que hay en algunas iglesias catedrales. || 6. Párroco o cura, en algunos obispados. || 7. El cabeza de cualquier consulado. || *Gran* PRIOR. En la religión de San Juan, dignidad superior a las demás de cada lengua. || P. e I. prior; F. prieur; A. Prior; It. priore; R. приор, игумен.

PRIORA. (De *prior*.) f. Superiora de algunos conventos de religiosas. || 2. En algunas religiones, segunda, después de la superiora. || P. prioresa; I. prioress; F. prieure; A. Priorin; It. prioressa; R. настоятельница.

PRIORADGO. m. fant. Priorato, 1.ᵉʳ art.

PRIORAL. adj. Perteneciente o relativo al prior o priora.

PRIORATO. (l. *priorātus*, preeminencia.) m. Oficio, dignidad de prior o priora. || 2. Distrito sobre el que tiene el prior jurisdicción. || 3. En la religión de San Benito, casa en que viven algunos monjes pertenecientes a un monasterio principal, cuyo abad nombra prior. || P. priorado; I. priorate, priorship; F. prieuré; A. Priorat; It. priorato; R. приорат.

PRIORATO. (De la comarca catalana de este nombre.) m. Vino tinto español muy renombrado.

PRIORAZGO. (De *prioradgo*.) m. Priorato, 1.ᵉʳ art.

PRIORESA. f. desus. Priora.

PRIORIDAD. (l. *prior*, *-ōris*, anterior.) f. Anterioridad de una cosa con respecto a otra. || 2. Anterioridad o procedencia de una cosa a otra que depende de ella y no al contrario. || —de naturaleza. FIL. Anterioridad o preferencia de una cosa respecto de otra precisamente cuando es causa suya, aunque existan en un mismo instante de tiempo. || —de origen. TEOL. La que se considera en aquellas personas de la Trinidad que son principio de otra u otras procedentes de ella: como el Padre, principio del Verbo y ambos principio del Espíritu Santo. || P. prioridad; I. priority; F. priorité; A. Priorität; It. priorità; R. первенство.

PRIOSTE. (De *preboste*.) m. Mayordomo de una hermandad o cofradía. || 2. ECUAD. El que paga una fiesta religiosa. || —sin plata. ECUAD. Persona que va afanosa de un lugar a otro.

PRISA. (De *priesa*.) f. Prontitud con que sucede o se ejecuta una cosa. || 2. Rebato o pelea encendida y confusa. || 3. Concurso grande al despacho de una cosa. || 4. Entre sastres y otros oficiales, concurrencia de muchas obras. || *A gran* PRISA, *gran o más vagar. A más* PRISA, *gran o más vagar.* frs. proverbs. con que se da a entender que no se deben atropellar las cosas porque se tarda más en su ejecución. || *Andar uno de* PRISA. fr. fig. Se dice del que parece que no tiene tiempo para sus obligaciones y negocios. || *A toda* PRISA. m. adv. Con la mayor prontitud. || *Correr* PRISA una cosa. fr. Ser urgente. || *Dar* PRISA. fr. Instar a uno a que haga algo con brevedad. || 2. Hacer huir al contrario, acometiéndole con brío e ímpetu. || *Darse uno* PRISA. Apresurarse en hacer algo. || *Vivir uno de* PRISA. fr. fig. Trabajar demasiado. || P. pressa; I. hastiness, celerity; F. hâte, presse; A. Eile; It. premura, fretta; R. спешка, торопливость.

PRISCAL. (De *aprisco*.) m. Lugar en el campo donde se recogen los ganados por la noche.

PRISCILIANISMO. m. Herejía de Prisciliano, heresiarca español del siglo IV, que profesaba algunos de los errores de los gnósticos y maniqueos.

PRISCILIANISTA. adj. Sectario del priscilianismo. Ú.t.c.s.

P

P

PRISCILIANO, NA. adj. Priscilianista. Ú.t.c.s. ‖ **2.** Perteneciente a Prisciliano.

PRISCO. (ant. *priesco*, y éste del l. [*pomum*] *persicum*.) m. Albérchigo, fruto del alberchiguero y también el mismo árbol.

★ **PRISCO, CA.** adj. fig. y fam. CHILE. Ingenuo, tonto.

PRISIÓN. (l. *prehensio,-ōnis*.) f. Acción de asir, tomar. ‖ **2.** Lugar donde se encierra a los presos. ‖ **3.** Presa que hace el halcón de cetrería, volando a escasa altura. ‖ **4.** Atadura con que están presas las aves de caza. ‖ **5.** fig. Cualquier cosa que ata físicamente. ‖ **6.** fig. Lo que une íntimamente las voluntades y afectos. ‖ **7.** FOR. Pena de privación de la libertad, inferior a la reclusión y superior al arresto. ‖ **8.** pl. Instrumentos para asegurar a los delincuentes en las cárceles. ‖ **—de Estado.** Cárcel para los reos de Estado. ‖ **—mayor.** La que dura desde seis años y un día hasta doce años. ‖ **—de menor.** La de seis meses y un día a seis años. ‖ **—preventiva.** FOR. La del procesado durante la sustanciación del juicio. ‖ *Reducir* a uno *a* PRISIÓN. fr. FOR. Encarcelarlo. ‖ **2.ª** acep.: **P.** prisão; **I.** y **F.** prison; **A.** Gefängnis, Kerker; **It.** prigione; **R.** арест.

PRISIONERO, RA. (De *prisión*.) m. y f. Militar u otra persona caída en poder del enemigo. ‖ **2.** fig. El cautivo de un afecto o pasión. ‖ **—de guerra.** El que se rinde entregándose al vencedor. ‖ **P.** prisioneiro; **I.** prisoner; **F.** prisonnier; **A.** Gefangener; **It.** prigioniero; **R.** пленник.

PRISMA. (l. *prisma*, y éste del gr. πρῖσμα.) m. GEOM. Cuerpo limitado por dos caras planas, paralelas e iguales llamadas bases, y por tantos paralelogramos cuantos lados tenga cada base. ‖ **2.** ÓPT. Prisma triangular de cristal empleado para producir la reflexión, la refracción y la descomposición de la luz. ‖ **—cenital.** ASTRON. Sistema óptico cuyo principal elemento es un prisma de reflexión adaptable al ocular astronómico para facilitar las observaciones cenitales. ‖ **—objetivo.** ASTRON. Prisma de poco ángulo y mucho diámetro que se coloca ante el objetivo de un anteojo para observar varios espectros a la vez. ‖ **P.** e **It.** prisma; **I.** prism; **F.** prisme; **A.** Prisma; **R.** призма.

PRISMÁTICO, CA. adj. De forma de prisma. ‖ **2.** Se dice del gemelo o anteojo, en cuyo interior hay una combinación de prismas para ampliar la visión. Ú.t.c.s. ‖ **P.** prismático; **I.** prismatic; **F.** prismatique; **A.** prismatisch; **It.** prismàtico; **R.** призматический.

★ **PRISMOSFERA.** (De *prisma*.) f. Dispositivo en que se combina un prisma con una lente globular.

PRISO, SA. (l. *prensus*, p.p. de *prendĕre*.) p.p. irreg. ant. de prender.

PRISTE. (l. *pristis*, y éste del gr. πρίστις.) m. ZOOL. Pez espada.

PRÍSTINO, NA. (l. *pristĭnus*.) adj. Antiguo, primitivo, original, primero.

★ **PRISTIÑO.** m. ECUAD. Prestiño, fruta de sartén, hecha con harina, huevos y miel.

PRISUELO. (De *priso*.) m. Frenillo para que los hurones no puedan chupar la sangre a los conejos al apresarlos.

PRIVACIÓN. (l. *privatĭo, -ōnis*.) f. Acción de despojar, impedir. ‖ **2.** Carencia de una cosa en quien es capaz de tenerla. ‖ **3.** Pena de desposeer a uno de un empleo, derecho o dignidad por un delito cometido. ‖ **4.** fig. Ausencia del bien que se desea. ‖ *La* PRIVACIÓN *es causa del apetito*. fr. proverb. con que se pondera el deseo de lo que no podemos alcanzar, haciendo poco aprecio de lo que poseemos. ‖ **P.** privação; **I.** y **F.** privation; **A.** Beraubung, Entbehrung; **It.** privazione; **R.** лишение чего-л.

PRIVADA. (De *privado*.) f. Letrina, lugar donde se arrojan los excrementos e inmundicias. ‖ **2.** Plasta grande de suciedad en el suelo.

PRIVADAMENTE. adv. En particular familiarmente.

★ **PRIVADERO.** (De *privada*.) m. Pocero, el que limpia los pozos negros.

PRIVADO, DA. (l. *privātus*.) adj. Que se hace a la vista de pocos, sin ceremonia. ‖ **2.** Particular y personal de cada uno. ‖ **3.** m. El que tiene privanza. ‖ **4.** AMÉR. Loco. ‖ **P.** privado; **I.** private; **F.** privé; **A.** privat, ausseramtlich; **It.** privato; **R.** личный.

PRIVADO. (célt. *brigos*, brío.) adv. ant. Presto, al punto.

★ **PRIVADOR, RA.** (De *privar*.) adj. CHILE. Se aplica a la persona que cambia frecuentemente de predilecciones.

PRIVANZA. (De *privar*.) f. Primer lugar en la gracia y confianza de un príncipe o alto personaje y por extensión, de cualquier persona.

PRIVAR. (l. *privāre*.) tr. Despojar a uno de algo que tenía. ‖ **2.** Destituir a uno de su empleo, dignidad, etc. ‖ **3.** Prohibir o vedar. ‖ **4.** Quitar el sentido, como ocurre con un dolor muy vivo o con un golpe muy fuerte. Ú.m.c.r. ‖ **5.** intr. Tener privanza. ‖ **6.** Tener general aceptación una persona o cosa. ‖ **7.** r. Dejar voluntariamente algo gustoso o conveniente. ‖ **P.** privar; **I.** to deprive; **F.** priver; **A.** entziehen, berauben; **It.** privare; **R.** лишать чего-л.

PRIVATIVAMENTE. adv. Propia y particularmente, con exclusión de los demás.

PRIVATIVO, VA. (l. *privatīvus*.) adj. Que causa privación o la significa. ‖ **2.** Propio o singular de una persona o cosa y no de otras.

PRIVILEGIADAMENTE. adv. De modo privilegiado.

PRIVILEGIADO, DA. p.p. de privilegiar.

PRIVILEGIAR. tr. Conceder privilegio. ‖ **P.** privilegiar; **I.** to privilege; **F.** privilégier; **A.** privilegieren, bevorzugen; **It.** privilegiare; **R.** предпочитать.

PRIVILEGIATIVO, VA. adj. Que encierra en sí privilegio.

PRIVILEGIO. (l. *privilegĭum*.) m. Gracia o prerrogativa concedida por un superior a alguien y que no gozan los demás. ‖ **2.** Documento en que consta la concesión de un privilegio. ‖ **—convencional.** El que se da mediante un pacto o convenio privilegiado. ‖ **—de introducción.** Derecho de goce exclusivo durante plazo fijo de un procedimiento industrial o de una fabricación que se implanta de nuevo en un país. ‖ **—de invención.** Derecho de aprovechar exclusivamente por tiempo determinado una producción o un procedimiento industrial nuevos. ‖ **—del canon.** El que gozan las personas del estado clerical o religioso de que quien impusiese manos violentas sobre ellas, incurra *ipso facto* en pena de excomunión. ‖ **—del fuero.** El que tienen los eclesiásticos para ser juzgados por sus tribunales. ‖ **—favorable.** El que favorece al privilegiado sin perjudicar a nadie. ‖ **—gracioso.** El que se da por gracia. ‖ **—local.** El concedido a un lugar determinado fuera de cuyos límites no se extiende, como el privilegio de asilo. ‖ **—odioso.** El que perjudica a tercero. ‖ **—personal.** El concedido a una persona sin pasar a sus sucesores. ‖ **—real.** El unido a la posesión de una cosa o al ejercicio de un cargo. ‖ **—remuneratorio.** El concedido en premio de una acción meritoria. ‖ **P.** privilégio; **I.** privilege; **F.** privilège; **A.** Vorrecht; **It.** privilegio; **R.** привилегия.

PRIVILLEJAR. tr. ant. Privilegiar.

PRIVILLEJO. m. ant. Privilegio.

★ **PRIVÓN, NA.** adj. REP. DOMIN. Se dice de quien priva o tiene general aceptación.

PRO. (l. *prode*, provecho.) amb. Provecho. ‖ *Buena* PRO. Buen provecho, saludo que se dirige al que está comiendo o bebiendo. ‖ **2.** Se emplea en contratos o remates para demostrar que se han perfeccionado o son ya obligatorios. ‖ *El* PRO *y el contra*. fr. con que se denota la confrontación de las ventajas y los inconvenientes de una cosa. ‖ *En* PRO. m. adv. En favor.

PRO. (l. *pro*.) prep. insep. que tiene claro significado de *por* o *en vez de*, o en pronombre, o la de delante en sentido figurado, como en PROponer; o denota publicación como en PROclamar, continuidad de acción, impulso, como en PROmover; negación o contradicción, como en

PROscribir; substitución, como en PROcónsul.

PROA. (De *prora*.) f. Parte delantera de las naves. ‖ **2.** Parte delantera de un avión o de una aeronave. ‖ *Poner la* PROA a una cosa. fr. fig. Fijar la mira en ella, haciendo lo posible para conseguirla. ‖ *Poner la* PROA a uno. fr. fig. Formar el propósito de perjudicarle. ‖ **P.** proa; **I.** prow, bow; **F.** proue; **A.** Bug; **It.** prua, prora; **R.** носовая часть (корабля).

PROAL. adj. Perteneciente a la proa.

PROBABILIDAD. (l. *probabilĭtas, -ātis*.) f. Fundada apariencia de la verdad. ‖ **2.** Calidad de probable, que es fácil que ocurra. ‖ **P.** probabilidade; **I.** probability; **F.** probabilité; **A.** Wahrscheinlichkeit, Chance; **It.** probabilità; **R.** вероятность, правдоподобие.

★ **PROBABILIORISMO.** (l. *probabilĭor*, comparativo de *probabĭlis*, probable.) m. Doctrina de teología moral en que se sigue la opinión más probable en contraposición de la simplemente probable del probabilismo.

PROBABILISMO. (l. *probabĭlis*, probable.) m. TEOL. Doctrina de los teólogos que afirman que para calificar las acciones de buenas o malas es lícito seguir la opinión probable, en contraposición de la más probable que sigue el probabiliorismo. ‖ **P.** e **It.** probabilismo; **I.** probabilism; **F.** probabilisme; **A.** Probabilismus.

PROBABILISTA. adj. TEOL. Que sigue la doctrina del probabilismo. Apl. a pers. ú.t.c.s. ‖ **2.** Perteneciente o relativo al cálculo de probabilidades.

PROBABLE. (l. *probabĭlis*.) adj. Verosímil o fundado en razón prudente. ‖ **2.** Que se puede probar. ‖ **3.** Se dice de lo que es fácil que ocurra. ‖ **P.** provável; **I.** y **F.** probable; **A.** wahrscheinlich; **It.** probàbile; **R.** возможный.

PROBABLEMENTE. adv. Con verosimilitud o fundada apariencia de verdad.

PROBACIÓN. (l. *probatĭo, -ōnis*.) f. Prueba. ‖ **2.** Examen que debe hacerse en las órdenes regulares de la vocación y virtud de los novicios antes de profesar. ‖ **P.** prova; **I.** y **F.** probation; **A.** Probezeit; **It.** probazione; **R.** проба.

PROBADO, DA. p.p. de probar. ‖ **2.** adj. Acreditado por la experiencia. ‖ **3.** Se dice del que ha sufrido con paciencia grandes adversidades. ‖ **4.** FOR. Acreditado como verdad en los autos. Se aplica a lo alegado y probado, para denotar la materia sometida al juicio.

PROBADOR, RA. (l. *probātor*.) adj. Que prueba. Ú.t.c.s. ‖ **2.** m. Aposento en que los clientes se prueban las prendas en los talleres de costura.

PROBADURA. f. Acción y efecto de probar.

PROBANZA. (De *probar*.) f. Averiguación judicial que se hace de algo. ‖ **2.** Conjunto de cosas que acreditan una verdad o hecho.

PROBAR. (l. *probāre*.) tr. Hacer experimento o examen de personas o cosas. ‖ **2.** Examinar si una cosa está arreglada a la medida o proporción de otra con que se debe ajustar. ‖ **3.** Hacer patente la certeza de algo o la verdad de una cosa con razones, instrumentos o testigos. ‖ **4.** Gustar una pequeña porción de manjar o bebida. ‖ **5.** intr. Con la preposición *a* y el infinitivo de otros verbos, intentar una cosa. PROBÓ *a incorporarse y no pudo*. ‖ **6.** Ser a propósito una cosa. Generalmente se emplea con los adverbios *bien* y *mal*. ‖ **P.** provar; **I.** to prove, to try; **F.** prouver, essayer; **A.** versuchen, prüfen; **It.** provare, far saggio. ‖ **4.ª** acep.: **P.** provar; **I.** to taste; **F.** goûter; **A.** (Speise-, Getränk)kosten; **It.** gustare; **R.** пробовать.

PROBÁTICA. (l. *probatĭca piscina*, y éste del gr. προβατικός, perteneciente a los corderos de los rebaños.) adj. *Piscina* PROBÁTICA. Piscina que había en Jerusalén inmediata al templo de Salomón y servía para purificar a las reses destinadas a los sacrificios.

PROBATORIA. (l. *probatorĭa*.) f. FOR. Término concedido por la ley o el juez para hacer las pruebas.

PROBATORIO, RIA. (l. *probatorĭus*.) Que sirve para averiguar la verdad de algo. ‖ **2.** FOR. Se aplica al término concedido por el juez para hacer las pruebas.

PROBATURA. (De *probar*.) f. fam. Ensayo.

PROBETA. (De *probar*.) f. Manómetro de mercurio para conocer el grado de enrarecimiento del aire en la máquina neumática. || 2. Máquina para probar la pólvora. || 3. Tubo de cristal con pie o sin él, cerrado por un extremo y destinado a contener líquidos o gases. || 4. Vasija cuadrilonga y de escaso fondo usada en las operaciones fotográficas. || —**graduada.** La que tiene señales para medir volúmenes. || 3.ª acep.: P. proveta; I. test-tube; F. éprouvette; A. Probierglas; It. provetta; R. ртутный манометр.

PROBIDAD. (l. *probĭtas, -ātis*.) f. Bondad, hombría de bien, rectitud de ánimo, integridad y honradez.

PROBLEMA. (l. *problēma*, y éste del gr. πρόβλημα; de προβάλλω, lanzar hacia delante.) m. Cuestión o dificultad de solución dudosa que se trata de aclarar. || 2. Conjunto de hechos que dificultan la consecución de un fin. || 3. MAT. Proposición para averiguar el resultado cuando se conocen algunos datos. || —**determinado.** MAT. El que sólo tiene una solución o más de una en número fijo. || —**indeterminado.** MAT. El que puede tener un número indefinido de soluciones. || **P.** e **It.** problema; **I.** problem; **F.** problème; **A.** Problem; **R.** проблема, задача.

PROBLEMÁTICAMENTE. adv. Con razones por una y otra parte, sin determinar opinión, de modo problemático y dudoso.

PROBLEMÁTICO, CA. (l. *problematĭcus*, y éste del gr. προβληματικός.) adj. Dudoso, incierto, defendible por una y otra parte. || **P.** problemático; **I.** problematic(al), questionable; **F.** problématique; **A.** problematisch, fraglich, zweifelhaft; **It.** problemàtico; **R.** проблематичный, спорный.

PROBO, BA. (l. *probus*.) adj. Que tiene probidad. || **P.** e **It.** probo; **I.** upright; **F.** probe, honnête; **A.** ehrlich; **R.** честный.

PROBÓSCIDE. (l. *proboscis, -ĭdis*, trompa.) f. ZOOL. Aparato bucal en forma de trompa o pico propio de los insectos dípteros. || 2. Trompa del elefante.

PROBOSCIDIO. (l. *proboscis, -ĭdis*, trompa.) adj. ZOOL. Se aplica a los mamíferos que tienen trompa prensil formada por la soldadura de la nariz con el labio superior y cinco dedos en las extremidades. Ú.t.c.s. || 2. m. pl. ZOOL. Orden de estos animales.

PROCACIDAD. (l. *procacĭtas, -ātis*.) f. Desvergüenza, atrevimiento. || **P.** procacidade; **I.** procacity; **F.** effronterie; **A.** Unverschämtheit; **It.** procacità; **R.** бесстыдство.

PROCAPELLÁN. m. En la antigua capilla real, el primero en dignidad entre los capellanes. Solía serlo el obispo de Sión.

PROCAZ. (l. *procax, -ācis*.) adj. Desvergonzado, atrevido. || **P.** procaz; **I.** procacious; **F.** effronté; **A.** frech, unverschämt; **It.** procace; **R.** наглый.

PROCEDENCIA. (l. *procedens, -entis*, procedente.) f. Origen, principio de donde nace algo. || 2. Punto de salida o escala de un buque. Se dice asimismo de personas y de cualquier vehículo. || 3. Conformidad con la moral, la razón, o el derecho. || 4. FOR. Fundamento legal y oportunidad de una demanda, petición o recurso. || **P.** procedência; **I.** provenience, origin; **F.** provenance; **A.** Provenienz, Herkunft; **It.** procedenza; **R.** происхождение.

PROCEDENTE. (l. *procedens, -entis*.) p.a. de proceder. Que procede o trae su origen de una persona o cosa. || 2. Arreglado a la prudencia y al fin que se persigue. || 3. Conforme a derecho, mandato, conveniencia.

PROCEDER. (infinit. substantivado.) m. Modo o forma y orden de portarse o conducirse. || **P.** proceder; **I.** behaviour; **F.** manière d'agir; **A.** Handlungsweise; **It.** condotta; **R.** поступки.

PROCEDER. (l. *procedĕre*.) intr. Ir en realidad o figuradamente algunas personas o cosas unas tras otras con cierto orden. || 2. Seguirse, nacer una cosa de otra física

---

o moralmente. || 3. Portarse, conducirse bien o mal. || 4. Seguir en la ejecución algo que exige tracto sucesivo. || 5. Poner en ejecución una cosa después de las diligencias preparatorias. || 6. Ser conforme a razón, derecho, mandato o conveniencia. || 7. TEOL. Hablando de la Santísima Trinidad, significa que el Eterno Padre produce al Verbo Divino, engendrándole con su entendimiento, del cual procede; y que amándose el Padre y el Hijo, producen el Espíritu Santo, que procede de ambos. || PROCEDER *contra* uno. fr. FOR. Seguir procedimiento criminal contra él. || PROCEDER *en infinito*. fr. fig. con que se pondera lo dilatado o interminable de algo. || **P.** proceder; **I.** to proceed; **F.** procéder, provenir; **A.** abstammen, herkommen; **It.** procèdere, provenire; **R.** следовать друг за другом.

PROCEDIDO, DA. p.p. de proceder.

PROCEDIENTE. p.a. ant. de proceder. Procedente.

PROCEDIMIENTO. m. Acción de proceder. || 2. Método de hacer algunas cosas. || 3. FOR. Actuación por trámites judiciales o administrativos. || —**contradictorio.** Dícese del que permite impugnar lo que en él se pretende. || **P.** procedimento; **I.** proceeding; **F.** procédé; **A.** Verfahren; **It.** procedimento; **R.** поведение.

PROCELA. (l. *procella*.) f. poét. Borrasca, tormenta.

PROCELEUSMÁTICO. (l. *proceleusmaticus pes*, y éste del gr. προκελευσματικός.) m. Pie de la poesía griega o latina compuesto de dos pirriquios.

PROCELOSO, SA. (l. *procellōsus*.) adj. Borrascoso, tempestuoso.

PRÓCER. (l. *procer*.) adj. Alto, elevado. || 2. m. Persona distinguida o de alta dignidad. || **P.** prócer, prócere; **I.** lofty; **F.** éminent; **A.** hervorragend, Optimat; **It.** eminente; **R.** возвышенный.

PROCERATO. m. Dignidad de prócer.

PROCERIDAD. (l. *procerĭtas, -ātis*.) f. Altura, elevación. || 2. Vigor, incremento anticipado. Aplícase a personas y plantas.

PROCERO, RA [PRÓCERO, RA]. (l. *procērus*.) adj. Prócer, alto, eminente.

PROCEROSO, SA. (De *prócer*.) adj. Se dice del que tiene elevada estatura, corpulencia y grave continente.

PROCESADO, DA. adj. Dícese de la letra y escrito de proceso. || 2. Declarado como presunto reo en un proceso criminal. Ú.t.c.s.

PROCESAL. adj. Perteneciente o relativo al proceso.

PROCESAMIENTO. m. Acto de procesar.

PROCESAR. tr. Formar autos o procesos. || 2. FOR. Declarar o tratar a uno como reo de delito. || **P.** processar; **I.** to process; **F.** instruire une cause criminelle; **A.** gerichtlich, anklagen; **It.** processare; **R.** вести дело, тяжбу.

PROCESIÓN. (l. *processĭo, -ōnis*.) f. Acción de proceder una cosa de otra. || 2. Acto de ir ordenadamente de un lugar a otro muchas personas con fin público, ordinariamente religioso. || 3. fig. y fam. Una o más hileras de personas o animales que van de un sitio a otro. || 4. TEOL. Acción eterna con que el Padre produce al Verbo y más comúnmente acción con que ambas personas producen al Espíritu Santo. || *Andar, o ir por dentro la* PROCESIÓN. fr. fig. y fam. Sentir pena, cólera, etc., aparentando serenidad. || *No se puede repicar y andar en la* PROCESIÓN. ref. que indica que no se pueden hacer a la vez, o a un tiempo dos cosas diferentes. || 2.ª acep.: P. processão: **I.** y F. procession; **A.** Prozession; **It.** processione; **R.** процессия.

PROCESIONAL. adj. Ordenado en forma de procesión. || 2. Perteneciente a ella.

PROCESIONALMENTE. adv. En forma de procesión.

PROCESIONARIA. f. Nombre común de las orugas de diversas especies de lepidópteros que originan daños en pinos, encinas y otros árboles.

PROCESIONARIO. (De *procesión*.) adj. Se aplica al libro que contiene las preces de las procesiones. Ú.t.c.s.

PROCESO. (l. *processus*.) m. Progreso, acción de ir hacia delante. || 2. Transcurso del tiempo. || 3. Conjunto de las fases sucesivas de un fenómeno. || 4. FOR. Agregado de autos y otros escritos en las causas civiles o criminales. || 5. FOR. Causa criminal. || —**en infinito.** Acción de seguir una serie de cosas sin fin. || *Fulminar el* PROCESO. fr. FOR. Substanciarlo hasta ponerlo en estado de sentencia. || *Vestir el* PROCESO. fr. FOR. Formarlo con todas las diligencias y solemnidades requeridas por derecho. || **P.** processo; **I.** process; **F.** procès; **A.** Prozess; **It.** processo; **R.** процесс.

* **PROCIDENTE.** (l. *procidens, -entis*, p.a. de *procidĕre*, caer hacia delante.) adj. ANAT. Que sale o cae al exterior.

PROCINTO. (l. *procinctus*, preparado.) m. ant. Estado inmediato de ejecutar algo. Se decía sobre todo de la milicia preparada para un ataque.

PROCIÓN. (l. *Procyon, -ōnis*, y éste del gr. Προκύων; de πρό, delante, y κύων, perro.) m. ASTRON. Estrella notable de primera magnitud situada en la constelación del Can Menor.

PROCLAMA. (De *proclamar*.) f. Notificación pública. Ú. generalmente para las amonestaciones públicas para los que van a casarse. || 2. Alocución política o militar oral o escrita. || **P.** e **It.** proclama; **I.** y F. proclamation; **A.** Kundgebung, Aufruf; **R.** оглашение.

PROCLAMACIÓN. (l. *proclamatio, -ōnis*.) f. Publicación de un decreto, bando o ley, hecha con solemnidad para conocimiento de todos. || 2. Actos públicos en que se declara un nuevo reinado, principado, etc. || 3. Alabanza pública.

PROCLAMAR. (l. *proclamāre*.) tr. Publicar algo en voz alta para que todos la conozcan. || 2. Declarar con solemnidad el principio de un reinado, etc. || 3. Aclamar, dar voces en honor de alguien. || 4. fig. Dar señales, inequívocas de amor, pasión, etc. || 5. r. Declararse uno investido de un cargo, autoridad o mérito. || **P.** proclamar; **I.** to proclaim; **F.** proclamer; **A.** verkündigen, ausrufen; **It.** proclamare; **R.** провозглашать.

PROCLISIS. f. GRAM. Unión de una palabra proclítica a la que le sigue.

PROCLÍTICO, CA. (A semejanza de *enclítico*, del gr. προκλίνω, inclinarse hacia delante.) adj. GRAM. Se aplica a la voz monosilábica que se liga al vocablo siguiente. Tales son los artículos, los posesivos *mi, tu, su*, las preposiciones de una sílaba, etc.

PROCLIVE. (l. *proclivis*.) adj. Inclinado o propenso a una cosa en particular al mal.

PROCLIVIDAD. (l. *proclivĭtas, -ātis*.) f. Calidad de proclive. || **P.** qualidade de propenso; **I.** proclivity; **F.** proclivité; **A.** Neigung; **It.** proclività; **R.** склонность.

PROCO. (l. *procus*, galán, pretendiente.) m. p. us. El que aspira a favores de una mujer. || 2. p. us. El que la demanda en matrimonio o apadrina al profesar en religión.

PROCOMÚN. (De *pro*, provecho, y *común*.) m. Utilidad pública.

PROCOMUNAL. m. Procomún.

PROCÓNSUL. (l. *proconsul*.) m. Gobernador de una provincia entre los romanos, con jurisdicción e insignias consulares. || **P.** procônsul; **I.** y F. proconsul; **A.** Prokonsul; **It.** procònsole; **R.** проконсул.

PROCONSULADO. (l. *proconsulātus*.) m. Empleo y dignidad de procónsul.

PROCONSULAR. (l. *proconsulāris*.) adj. Perteneciente o relativo al procónsul.

PROCORDADO. adj. ZOOL. Se aplica a los animales marinos cordados que no tienen encéfalo, quedando su sistema central nervioso reducido a un cordón equivalente a la médula espinal de los vertebrados; carecen de esqueleto y respiran por branquias. Ú.t.c.s.m. || 2. m. pl. ZOOL. Subtipo de estos animales.

PROCREACIÓN. (l. *procreatĭo, -ōnis*.) f. Acción y efecto de procrear. || **P.** procriação; **I.** procreation; **F.** procréation; **A.** Fortpflanzung, Zeugung; **It.** procreazione; **R.** воспроизведение.

P

PROCREADOR, RA. (l. *procreător.*) adj. Que procrea. Ú.t.c.s.

PROCREANTE. p.a. de procrear. Que procrea.

PROCREAR. (l. *procreāre.*) tr. Engendrar. || **P.** procrear; **I.** to procreate; **F.** procréer; **A.** erzeugen; **It.** procreare; **R.** порождать.

PROCURA. (De *procurar.*) Procuración, 2.ª acep. || 2. Procuraduría. || 3. Cuidado asiduo en los negocios. || *Tras mala* PROCURA, *viene la mala ventura.* ref. que advierte los perjuicios que ocasiona el descuido o negligencia en los propios asuntos.

PROCURACIÓN. (l. *procuratio,-ōnis.*) f. Cuidado o diligencia para tratar un negocio. || 2. Comisión que da uno a otro para que actúe en su nombre. || 3. Cargo de procurador. || 4. Procuraduría, oficina de procurador. || 5.Contribuciónque piden los prelados en las iglesias que visitan para el hospedaje y mantenimiento suyo y de sus familiares durante el tiempo de la visita. || **P.** procuração; **I.** y **F.** procuration; **A.** Prokura; **It.** procura, procurazione; **R.** заботливое отношение к чему-л.

PROCURADOR, RA. (l. *procurātor.*) adj. Que procura. Ú.t.c.s. || 2. m. El que en virtud de poder de otro ejecuta algo. || 3. El que en los tribunales ejerce la representación de cada interesado en un juicio. || 4. En las comunidades, el encargado del gobierno económico. || 5. m. y rel. En las comunidades religiosas persona que tiene a su cargo el gobierno económico. || **—en Cortes.** Representante en las Cortes españolas creadas en 1942. || **—de pobres.** fig. y fam. Sujeto que se mezcla en asuntos en los que no tiene interés alguno, y si es persona de mala reputación o que perjudica a uno, se suele decir: *¿Quién mete a Judas a ser* PROCURADOR *de pobres?* || 1.ª y 2.ª aceps.: **P.** procurador; **I.** procurer; **F.** procureur, avoué; **A.** Sachwalter, Prokurator; **It.** procuratore; **R.** поверенный, прокурор.

PROCURADURÍA. f. Oficio o cargo de procurador o procuradores. || 2. Oficina del procurador.

PROCURANTE. (l. *procurans, -antis.*) p.a. de procurar. Que procura o solicita algo.

PROCURAR. (l. *procurāre.*) tr. Hacer diligencias para conseguir lo deseado. || 2. Ejercer el cargo de procurador. || 3. r. CHILE. Apresurarse. || **P.** procurar; **I.** to procure; **F.** procurer; **A.** sich bemühen um, besorgen; **It.** procurare; **R.** добиваться чего-л.

★ **PROCURÓN, NA.** adj. Méj. Fisgón, curioso.

PROCURRENTE. (l. *procurrens, -entis*, lo que se extiende o sobresale.) m. GEOGR. Porción muy extensa de tierra que avanza mar adentro como la península italiana.

PRODICIÓN. (l. *proditĭo, -ōnis.*) f. Alevosía.

PRODIGALIDAD. (l. *prodigalĭtas, -ātis.*) f. Profusión, consumo de la hacienda, gastando con exceso. || 2. Copia, abundancia. || **P.** prodigalidade; **I.** prodigality, **F.** prodigalité; **A.** Verschwendung; **It.** prodigalità; **R.** мотовство.

PRÓDIGAMENTE. adv. Abundantemente, con prodigalidad.

PRODIGAR. (De *pródigo.*) tr. Disipar, gastar con exceso una cosa. || 2. Dar con abundancia. || 3. fig. Dispensar repetidamente elogios, favores, etc. || 4. r. Excederse indiscretamente en la exhibición personal. || **P.** prodigar; **I.** to waste, to misspend; **F.** prodiguer; **A.** verschwenden, vergeuden; **It.** prodigare; **R.** проматывать.

PRODIGIADOR. (l. *prodigiātor.*) m. ant. El que por los prodigios que suceden, pronostica o anuncia lo que sucederá.

PRODIGIO. (l. *prodigium.*) m. Suceso extraño que sobrepasa los límites regulares de la naturaleza. || 2. Cosa especial y rara en su línea. || 3. Milagro. || **P.** prodígio; **I.** prodigy; **F.** prodige; **A.** Wunder; **It.** prodigio; **R.** чудо.

PRODIGIOSAMENTE. adv. De un modo prodigioso.

PRODIGIOSIDAD. f. Calidad de prodigioso.

PRODIGIOSO, SA. (l. *prodigiōsus.*) adj. Maravilloso, que encierra prodigio. || 2. Excelente, exquisito.

PRÓDIGO, GA. (l. *prodĭgus.*) adj. Disipador, gastador, que desparrama su hacienda en gastos inútiles y sin medida. Ú.t.c.s. || 2. Que desprecia generosamente la vida u otra cosa estimable. || 3. Muy dadivoso. || **P.** pródigo; **I.** prodigal; **F.** prodigue; **A.** Verschwender; **It.** prodigo; **R.** расточительный.

PRODITOR. (l. *proditor, -ōris.*) m. ant. Traidor.

PRODITORIO, RIA. (De *proditor.*) adj. ant. Que incluye traición o perteneciente a ella.

PRO DOMO SUA. expr. l. Título de un discurso de Cicerón, que se emplea para significar el modo egoísta con que obra alguno.

PRODRÓMICO, CA. adj. MED. Perteneciente o relativo al pródromo.

PRÓDROMO. (l. *prodrŏmus*, y éste del gr.πρόδρομος, que precede; de πρό, delante, y δραμεῖν, correr.) m. MED. Malestar que precede a una enfermedad. || 2. Principio de un acontecimiento. || 2.ª acep.: **P.** pródromo; **I.** y **F.** prodrome; **A.** Vorzeichen; **It.** pròdromo; **R.** предвестник.

PRODUCCIÓN. (l. *productĭo,-ōnis.*) f. Acción de producir. || 2. Cosa producida. || 3. Acto o modo de producirse. || 4. Suma de los productos agrícolas o industriales. || 5. AMÉR. Prolongación. || **P.** produção; **I.** y **F.** production; **A.** Erzeugung, Produktion; **It.** produzione; **R.** производство.

PRODUCENTE. (l. *prodūcens, -entis.*) p.a. de producir. Que produce.

PRODUCIBILIDAD. f. FIL. Calidad de producible.

PRODUCIBLE. adj. FIL. Que se puede producir.

PRODUCIDOR, RA. (De *producir.*) adj. Productor. Ú.t.c.s.

PRODUCIENTE. p.a. de producir. Que produce.

PRODUCIMIENTO. (De *producir.*) m. ant. Producción.

PRODUCIR. (l. *producĕre.*) tr. Engendrar, criar. Dícese más particularmente de las obras de la naturaleza y de las del entendimiento. || 2. Dar, rendir fruto los terrenos, las árboles, etc. || 3. Rentar utilidad o beneficio anual alguna cosa. || 4. fig. Procurar, ocasionar. || 5. fig. Fabricar, hacer cosas útiles. || 6. FOR. Exhibir, manifestar aquellas razones que puede apoyar su justicia o el derecho a su pretensión. || 7. r. Explicarse mediante palabras. || **P.** produzir; **I.** to produce; **F.** produire; **A.** erzeugen; **It.** produrre; **R.** производить.

PRODUCTIVO, VA. (l. *productivus.*) adj. Que posee la virtud de producir.

PRODUCTO, TA. (l. *productus.*) p.p. irreg. de producir. || 2. m. Cosa producida. || 3. Caudal obtenido de algo que se vende o lo que reditúa. || 4. ÁLG. y ARIT. Resultado de la multiplicación. || **—químico.** QUÍM. Substancia que resulta de una operación química, artificial o industrial. || **—de substitución.** QUÍM. El obtenido substituyendo un átomo de una molécula por un elemento radical. || **P.** producto; **I.** product, produce; **F.** produit; **A.** Erzeugnis; **It.** prodotto; **R.** произведение, продукт.

PRODUCTOR, RA. (l. *productor*, el que lleva por delante.) adj. Que produce. Ú.t.c.s. || 2. m. En la organización sindical del trabajo, cada persona que interviene, desde el jefe hasta el trabajador manual. || 3. El que organiza la realización de una obra cinematográfica aportando el capital necesario. || 4. Nombre dado actualmente al obrero. || **P.** produtor; **I.** producer; **F.** producteur; **A.** Erzeuger; **It.** produttore; **R.** производящий.

PROEJAR. (De *proa.*) intr. Remar contra la corriente o fuerza del viento.

PROEL. (prov. *proel*, de proa, y éste del l. *prora.*) adj. MAR. Se dice de la parte más próxima a la proa en todas las cosas que forman una embarcación. || 2.m. MAR. Marinero que maneja el remo de proa, maneja el bichero para atracar o desatracar y hace de patrón en ausencia de éste.

PROEMIAL. adj. Perteneciente al proemio.

PROEMIO. (l. *proemĭum*, y éste del

gr. προοίμιον.) m. Prólogo, 1.ª acep. || **P.** proêmio; **I.** proem; **F.** proème; **A.** Vorrede; **It.** proemio; **R.** предисловие.

PROEZA. f. Hazaña, acción valerosa. || **P.** proeza; **I.** prowess; **F.** prouesse; **A.** Heldentat; **It.** prodezza; **R.** смелый поступок.

PROFANACIÓN. (l. *profanatio, -ōnis.*) f. Acción y efecto de profanar. || **P.** profanação; **I.** y **F.** profanation; **A.** Entweihung; **It.** profanazione; **R.** профанация.

PROFANADOR, RA. (l. *profanātor.*) adj. Que profana. Ú.t.c.s.

PROFANAMENTE. adv. Con profanidad.

PROFANAMIENTO. (De *profanar.*) m. Profanación.

PROFANAR. (l. *profanāre.*) tr. Tratar una cosa sagrada sin respeto o usarla en aplicaciones profanas. || 2. fig. Deslucir, deshonrar, hacer uso indigno de cosas respetables. || **P.** profanar; **I.** to profane; **F.** profaner; **A.** entweihen, entheiligen; **It.** profanare; **R.** осквернять.

PROFANÍA. (De *profano.*) f. ant. Profanidad.

PROFANIDAD. (l. *profanĭtas, -ātis.*) f. Calidad de profano. || 2.Exceso en pompa exterior que generalmente degenera en vicio o deshonestidad. || **P.** profanidade; **I.** profanity; **F.** profanité; **A.** Verweltlichkeit, Entweihung; **It.** profanità; **R.** профанация.

PROFANO, NA. (l. *profānus.*) adj. Que no es sagrado ni sirve para tales usos. || 2. Que es contra el respeto debido a las cosas sagradas. || 3. Libertino, dado a las cosas mundanas. Ú.t.c.s. || 4. Inmodesto, deshonesto en su atavío. || 5. Que carece de conocimientos en una materia. Ú.t.c.s. || **P.** e **It.** profano; **I.** y **F.** profane; **A.** profan; **R.** профан.

PROFAZADOR, RA. (De *profazar.*) adj. ant. Chismoso que con cuentos trata de enemistar a los amigos. Usáb.t.c.s.

PROFAZAMIENTO. (De *profazar.*) m. ant. Profazo.

PROFAZAR. (De *pro*, prep. insep., y *faz*, rostro.) tr. Abominar, decir mal de una persona o cosa.

PROFAZO. (De *profazar.*) m. ant. Abominación, mala fama.

PROFECÍA. (l. *prophetĭa*, y éste del gr. προφητεία, de προφητεύω, predecir.) f. Don sobrenatural de conocer por inspiración divina las cosas futuras. || 2. Predicción en virtud de don sobrenatural. || 3. Cada uno de los libros canónicos del Antiguo Testamento, en que están contenidos los escritos de los profetas mayores. || 4. fig. Conjetura formada sobre algo por las señales que se observan. || 5. pl. Libro canónico del Antiguo Testamento que contiene los escritos de los doce profetas menores. || **P.** profecia; **I.** prophecy; **F.** prophétie; **A.** Weissagung, Prophezeiung; **It.** profezia; **R.** пророчество.

PROFECTICIO, CIA. (l. *profectitĭus.*) adj. Se aplica a los bienes adquiridos por el hijo que vive bajo la patria potestad.

PROFERENTE. p.a. de proferir. Que profiere.

PROFERIMIENTO. (De *proferir.*) m. ant. Proferta.

PROFERIR. (l.*proferre.*)tr. Pronunciar palabras. || 2. Ofrecer. || **P.** proferir; **I.** to utter; **F.** proférer; **A.** aussprechen; **It.** profferire; **R.** произносить.

PROFERTA. (De *proferto.*) f. ant. Oferta.

PROFERTO, TA. p.p. irreg. ant. de proferir, 2.ª acep.

PROFESANTE. p.a. de profesar. Que profesa.

PROFESAR. (De *profeso.*) tr. Ejercer una ciencia, arte, etc. || 2. Enseñar una ciencia o arte. || 3. Ingresar en una orden religiosa para siempre. || 4. Hacer algo con inclinación y perseverancia. || 5. Creer, confesar. || 6. fig. Sentir algún afecto, inclinación o interés y perseverar en ellos voluntariamente. || **P.** professar; **I.** to profess; **F.** professer; **A.** ausüben, bekennen; **It.** professare; **R.** заниматься.

PROFESIÓN. (l. *professĭo, -ōnis.*) f. Acción y efecto de profesar. || 2. Empleo, oficio o facultad que cada uno ejerce públicamente. || *Hacer* PROFESIÓN *de* una costumbre o habilidad. fr. Jactarse de ella. ||

P. profissão; **I.** y **F.** profession; **A.** Bekentnis, Beruf; **It.** professione; **R.** занятие, профессия.

PROFESIONAL. adj. Perteneciente a la profesión de ciencias y artes. || **2.** com. Persona que hace hábito o profesión de alguna cosa.

PROFESIONALISMO. m. Cultivo o utilización de ciertas disciplinas, artes deportes, etc., como medio de lucro.

PROFESO, SA. (l. *professus,* p.p. de *profitĕri,* declarar.) adj. Se aplica al religioso que ha profesado. Ú.t.c.s. || **2.** Se dice asimismo del colegio o casa de profesos. || **P.** e **It.** professo; **I.** professed; **F.** profès; **A.** Ordensgeistlicher; **R.** давший монашеский обет.

PROFESOR, RA. (l. *professor.*) m. y f. Persona que ejerce o enseña una ciencia o arte. || **P.** e **I.** professor; **F.** professeur; **A.** Professor, Lehrer; **It.** professore; **R.** учитель.

PROFESORADO. m. Cargo de profesor. || **2.** Cuerpo de profesores. || **P.** professorado; **I.** professorship; **F.** professorat; **A.** Professur, Lehramt; **It.** professorato; **R.** должность учителя.

PROFESORAL. adj. Perteneciente o relativo al profesor o ejercicio del profesorado.

PROFETA. (l. *prophēta,* y éste del gr. προφήτης; de πρόφημι, predecir.) m. El que posee el don de profecía. || **2.** fig. El que predice hechos futuros por conjeturas y señales. || **P.** e **It.** profeta; **I.** prophet; **F.** prophète; **A.** Prophet, Seher; **R.** пророк.

PROFETAL. (l. *prophetālis.*) adj. Profético.

PROFETANTE. p.a. de profetar. Profetizante.

PROFETAR. (l. *prophetāre.*) tr. ant. Profetizar.

PROFÉTICAMENTE. adv. Con espíritu profético, a modo de profeta.

PROFÉTICO, CA. (l. *propheticus,* y éste del gr. προφητικός.) adj. Perteneciente o relativo a la profecía o al profeta. || **P.** profético; **I.** prophetic; **F.** prophétique; **A.** prophetisch; **It.** profético; **R.** пророческий.

PROFETISA. (l. *prophetissa.*) f. Mujer que posee el don de la profecía. || **P.** profetisa; **I.** prophetess; **F.** prophétesse; **A.** Prophetin, Seherin; **It.** profetessa; **R.** пророчица.

PROFETISMO. m. Tendencia a profetizar manifiesta en algunos filósofos y escritores de religión, principalmente antiguos.

PROFETIZADOR, RA. adj. Que profetiza. Ú.t.c.s.

PROFETIZANTE. p.a. de profetizar. Que profetiza.

PROFETIZAR. (l. *prophetizāre.*) tr. Anunciar las cosas futuras en virtud del don de profecía. || **2.** fig. Hacer conjeturas sobre el éxito de alguna cosa. || **P.** profetizar; **I.** to prophesy; **F.** prophétiser; **A.** prophezeien, vorhersagen; **It.** profetizzare; **R.** пророчествовать.

PROFICIENTE. (l. *proficiens, -entis.*) adj. Dícese del que va aprovechando en una cosa.

PROFICUO, CUA. (l. *proficuus.*) adj. Provechoso.

PROFIJAMIENTO. m. ant. Prohijamiento.

PROFIJAR. (l. *pro,* por, y *filius,* hijo.) tr. ant. Prohijar.

PROFILÁCTICA. (gr. προφυλακτική, t. f. de -κός, profiláctico.) f. MED. Higiene, parte de la medicina que trata de la conservación de la salud.

PROFILÁCTICO, CA. (gr. προφυλακτικός; de προφυλάσσω, prevenir, precaver.) adj. MED. Preservativo. Ú.t.c.s.m.

PROFILAXIS. (gr. προφύλαξις.) f. MED. Preservación. || **P.** profilaxia; **I.** prophylaxis; **F.** prophylaxie; **A.** Vorbeugung; **It.** profilassi; **R.** предохранение.

PROFLIGAR. (l. *profligāre.*) tr. desus. Vencer, desbaratar.

PRÓFUGO, GA. (l. *profugus.*) adj. Fugitivo, que huye de la justicia o de otra autoridad legítima. Ú.t.c.s. || **2.** m. Mozo que escapa para evitar el servicio militar. || **P.** prófugo; **I.** fugitive; **F.** fugitif; **A.** (land) flüchtig; **It.** prófugo; **R.** беглый.

PROFUNDAMENTE. adv. Con pro-

---

fundidad. || **2.** fig. Agudamente, de lo íntimo del ánimo.

PROFUNDAR. tr. Profundizar.

PROFUNDIDAD. (l. *profundĭtas, -ātis.*) f. Calidad de profundo. || **2.** Hondura. || **3.** GEOM. Dimensión de los cuerpos perpendiculares a una superficie dada. ||
—**aparente de un líquido.** La que aparenta un líquido que se observa desde arriba, menor que la real, debido a la refracción de la luz. || **P.** profundidade; **I.** profundity; **F.** profondeur; **A.** Tiefe; **It.** profondità; **R.** глубина.

PROFUNDIZAR. (De *profundo.*) tr. Cavar para alcanzar mayor hondura. || **2.** fig. Discurrir con la mayor atención y penetrar en un más perfecto conocimiento de alguna cosa. Ú.t.c.intr. || **P.** profundar; **I.** to deepen, to fathom; **F.** approfondir; **A.** vertiefen; **It.** profondare; **R.** углублять.

PROFUNDO, DA. (l. *profundus.*) adj. Que tiene el fondo distante del borde de la cavidad. || **2.** Más hondo que lo regular. || **3.** Extendido a lo largo, con gran fondo. || **4.** Se dice de lo que penetra y va muy al fondo. || **5.** fig. Intenso, eficaz. || **6.** fig. Difícil de penetrar o comprender. || **7.** fig. Hablando del entendimiento o de sus producciones, vasto, penetrante. || **8.** fig. Dícese de la persona de entendimiento penetrante. || **9.** fig. Humilde en sumo grado. || **10.** m. Profundidad. || **11.** poét. Mar, océano. || **12.** poét. Infierno, averno. || **P.** profundo; **I.** deep, profound; **F.** profond; **A.** tief; **It.** profondo; **R.** глубокий.

PROFUSAMENTE. adv. Con exceso, con profusión.

PROFUSIÓN. (l. *profusio, -ōnis.*) f. Abundancia, copia en lo que se da o derrama. || **2.** Prodigalidad, superfluidad. || **P.** profusão; **I.** y **F.** profusion; **A.** Fülle; **It.** profusione; **R.** избыток.

PROFUSO, SA. (l. *profūsus,* p.p. de *profundĕre,* derramar, disipar.) adj. Abundante, copioso. || **2.** Prodigado superfluamente. || **P.** e **It.** profuso; **I.** profuse; **F.** profus; **A.** reichlich; **R.** обильный.

PROGENIE. (l. *progenies.*) f. Casta, familia de la cual desciende una persona. || **P.** progénie; **I.** progeny; **F.** race, ascendance; **A.** Sippe, Geschlecht; **It.** progenie; **R.** род.

PROGENITOR. (l. *progenĭtor.*) m. Pariente en línea recta ascendente de una persona. || **P.** e **I.** progenitor; **F.** ancêtre; **A.** Vorfahr, Ahn; **It.** progenitore; **R.** отец.

PROGENITURA. (l. *progenitŭra,* supino de *progignĕre,* engendrar.) f. Progenie. || **2.** Calidad y derecho de primogénito.

PROGIMNASMA. (l. *progymnasma,* y éste del gr. προγύμνασμα; de προγυμνάζω, prepararse para un ejercicio.) m. RET. Ensayo preparatorio como el que hace el orador antes de hablar al público.

PROGNATISMO. m. Calidad de prognato.

PROGNATO, TA. (gr. πρό, hacia adelante, y γνάθος, mandíbula.) adj. Se dice de quien tiene mandíbulas salientes. Ú.t.c.s.

PROGNE. (l. *progne,* y éste del gr. Πρόκνη, hija del Pandión, rey de Atenas, convertida según la fábula en golondrina.) f. poét. Golondrina, pájaro común en España desde principios de primavera hasta fines de verano.

PROGNOSIS. (gr. πρόγνωσις.) f. Conocimiento anticipado de algún suceso. Se aplica comúnmente a la previsión meteorológica del tiempo. || **2.** MED. Ciencia del pronóstico.

PROGRAMA. (l. *programma,* y éste del gr. πρόγραμμα; de προγράφω, anunciar por escrito.) m. Edicto, aviso público. || **2.** Previa declaración de lo que piensa hacer. || **3.** Tema dado para un discurso, cuadro, etc. || **4.** Sistema y distribución de materias que publican los profesores encargados de explicarlas. || **5.** Anuncio de las partes de que han de componerse ciertas cosas. || **P.** programa; **I.** program(me); **F.** programme; **A.** Programm; **It.** programma; **R.** программа.

* **PROGRAMACIÓN.** f. AMÉR. Acción y efecto de programar o disponer un programa.

* **PROGRAMAR.** tr. AMÉR. Preparar un programa.

PROGRAMÁTICO, CA. adj. Perteneciente o relativo al programa, 2.ª acep.

PROGRESAR. intr. Hacer progresos o adelantos en una materia. || **P.** progredir; **I.** to progress; **F.** progresser; **A.** fortschreiten; **It.** progredire; **R.** прогрессировать.

PROGRESIÓN. (l. *progressĭo, -ōnis.*) f. Acción de avanzar o proseguir. || **2.** MAT. Serie de números o términos algebraicos, en que cada tres consecutivos forman proporción continua. || —**aritmética.** MAT. Aquella en que cada dos términos consecutivos se diferencian en la misma cantidad. || —**ascendente.** MAT. Aquella en que cada término vale más que el anterior. || —**descendente.** MAT. Aquella en que cada término tiene menor valor que el antecedente. || —**geométrica.** MAT. Aquella en que cada dos términos consecutivos dan un mismo cociente.

PROGRESISMO. m. Ideas y doctrinas progresivas. || **2.** Partido político defensor de tales ideas.

PROGRESISTA. (De *progreso.*) adj. Se dice de un partido liberal de España, que aspiraba al más rápido desenvolvimiento de las libertades públicas. || **2.** Perteneciente a este partido. Apl. a pers. ú.t.c.s.

PROGRESIVAMENTE. adv. Con progresión.

PROGRESIVO, VA. (De *progreso.*) adj. Que avanza o favorece al avance. || **2.** Que progresa en cantidad o en perfección. || **3.** Se dice de la pólvora que precisa algún tiempo para su transformación en gases. || **4.** MED. Dícese de la enfermedad que va de mal en peor. || **P.** e **It.** progressivo; **I.** progressive; **F.** progressif; **A.** fortschreitend; **R.** прогрессивный.

PROGRESO. (l. *progressus.*) m. Acción de ir hacia adelante. || **2.** Aumento, perfeccionamiento, adelanto. || **P.** e **It.** progresso; **I.** progress; **F.** progrès; **A.** Fortschritt; **R.** прогресс.

PROHIBENTE. p.a. de prohibir. Que prohibe.

PROHIBICIÓN. (l. *prohibitĭo, -ōnis.*) f. Acción y efecto de prohibir. || **P.** proibição; **I.** y **F.** prohibition; **A.** Verbot; **It.** proibizione; **R.** запрещение.

PROHIBIR. (l. *prohibēre.*) tr. Vedar o impedir la ejecución de algo. || **P.** proibir; **I.** to prohibit; **F.** prohiber; **A.** verbieten, untersagen; **It.** proibire; **R.** запрещать.

PROHIBITIVO, VA. (De *prohibir.*) adj. Prohibitorio.

PROHIBITORIO, RIA. (l. *prohibitorius.*) adj. Se dice de lo que se prohibe.

PROHIJACIÓN. f. Prohijamiento.

PROHIJADOR, RA. adj. Que prohija. Ú.t.c.s.

PROHIJAMIENTO. m. Acción y efecto de prohijar.

PROHIJAR. (De *profijar.*) tr. Adoptar legalmente como hijo al que no lo es. || **2.** fig. Acoger como propias las opiniones ajenas. || **P.** perfilhar; **I.** to adopt; **F.** adopter; **A.** einkinden; **It.** adottare; **R.** усыновлять.

PROHOMBRE. (De *pro,* provecho, y *hombre.*) m. En los gremios de artesanos, cada uno de los maestros del mismo oficio que se elegía para el gobierno del gremio. || **2.** El que goza de especial consideración entre los de su clase. || **P.** mestre dum oficio; **I.** y **F.** prud'homme; **A.** Obmann; **It.** probovíro; **R.** видное, лицо.

PROINDIVISIÓN. f. Estado y situación de los bienes pro indiviso.

PRO INDIVISO. loc. l. FOR. Se aplica a los caudales en comunidad, sin dividir.

PROÍS. (De *proíz.*) m. MAR. Piedra u otra cosa en tierra en que se amarra la embarcación. || **2.** MAR. Amarra en tierra para asegurar la embarcación.

PROÍZ. (De *proiza.*) m. Proís.

PROÍZA. (De *proa,* b. l. *prohicius;* en ital. *provesa.*) f. ant. MAR. Cable que se coloca a proa para amarrar o para anclar la embarcación.

PRÓJIMA. f. fam. Mujer sin estimación pública, de vida dudosa.

PRÓJIMO. (l. *proximus.*) m. Cualquier hombre respecto a otro considerados desde el punto de vista de la caridad que recíprocamente nos debemos todos. || *Al PRÓJIMO, contra una esquina.* expr. fig. y fam.

P con que se censura al egoísta. || *No tener PRÓJIMO* uno. fr. fig. Ser duro de corazón, no dolerse del mal ajeno. || **P.** próximo; **I.** neighbour; **F.** prochain; **A.** Mitmensch; **It.** pròssimo; **R.** ближний.

PROLACIÓN. (l. *prolatio, -ōnis.*) f. ant. Acción de proferir o pronunciar.

PROLAPSO. (l. *prolapsus,* p.p. de *prolābi,* deslizarse, caer.) m. MED. Caída o descenso de una víscera, o de un órgano. || **P.** prolapso; **I.** prolapse; **F.** prolapsus; **A.** Vorfall; **It.** prolasso; **R.** выпадение.

PROLE. (l. *proles.*) f. Linaje, hijos o descendencia de uno. || **P.** **I.** prole; **I.** progeny, issue; **F.** enfants, descendance; **A.** Nachkommenschaft; **R.** потомство.

PROLEGÓMENO. (gr. προλεγόμενα, preámbulo; de προλέγω, anunciar anticipadamente.) m. Tratado puesto al principio de un escrito, para indicar los fundamentos generales de la materia que se va a tratar. Ú.m. en pl.

PROLEPSIS. (l. *prolepsis,* y éste del gr. πρόληψις.) f. RET. Anticipación, figura retórica consistente en proponerse uno la objeción que otro pudiera hacerle para refutarla de antemano.

PROLETARIADO. m. Clase social constituida por los proletarios. || **P.** proletariado; **I.** proletariat; **F.** prolétariat; **A.** Proletariat; **It.** proletariato; **R.** пролетариат.

PROLETARIO, RIA. (l. *proletarius.*) adj. Se aplica al que carece de bienes y no se halla en las listas vecinales del pueblo donde reside por su familia o persona. Ú.t.c.s.m. || **2.** fig. Vulgar, plebeyo. || **3.** Individuo de la clase indigente. || **P.** proletário; **I.** proletarian; **F.** prolétaire; **A.** Proletarier; **It.** proletario; **R.** пролетарский.

PROLIFERACIÓN. f. Multiplicación de formas similares, especialmente de células y quistes morbosos. || **2.** BOT. Aparición de una yema floral en alguna parte de la planta en donde no aparece de ordinario.

PROLIFERANTE. adj. Que se reproduce o multiplica en formas similares.

PROLÍFICO, CA. (l. *proles,* prole, y *facĕre,* hacer.) adj. Que tiene virtud de engendrar.

★ **PROLÍGERO, RA.** (l. *proles,* prole, y *gerĕre,* llevar.) adj. Que contiene o lleva gérmenes.

PROLIJAMENTE. adj. Con prolijidad.
PROLIJIDAD. (l. *prolixitas, -ātis.*) f. Calidad de prolijo. || **P.** prolixidade; **I.** prolixity, prolixness; **F.** prolixité; **A.** Weitschweifigkeit; **It.** prolissità; **R.** придирчивость.

PROLIJO, JA. (l. *prolixus.*) adj. Largo, excesivamente dilatado. || **2.** Demasiado esmerado. || **3.** Impertinente, molesto. || **P.** prolixo; **I.** prolix; **F.** prolixe; **A.** weitschweifig; **It.** prolisso; **R.** придирчивый.

PROLOGAL. adj. Perteneciente o relativo al prólogo.

PROLOGAR. tr. Escribir el prólogo de una obra.

PRÓLOGO. (l. *prologus,* y éste del gr. πρόλογος; de πρό, antes, y λόγος, discurso.) m. Discurso antepuesto al cuerpo de la obra de un libro de cualquier clase para dar al lector alguna información acerca de la misma. || **2.** Primera parte de las obras dramáticas y novelas, en que se representa una acción de que es consecuencia de la principal, que vendrá después. || **3.** fig. Lo que sirve como de principio para ejecutar algo. || **P.** prólogo; **I.** prologue; **F.** préface, prologue; **A.** Vorrede, Prolog; **It.** pròlogo; **R.** пролог.

PROLOGUISTA. COM. Persona que ha escrito uno o más prólogos.

PROLONGA. (De *prolongar.*) f. ART. Cuerda que une el avantrén con la cureña cuando se suelta la clavija para salvar un mal paso.

PROLONGABLE. adj. Que puede prolongarse. || **2.** Se aplica a las consonantes constrictivas, pues su articulación puede prolongarse, a diferencia de las oclusivas. Ú.t.c.s.f.

PROLONGACIÓN. f. Acción y efecto de prolongar o prolongarse. || **2.** Parte prolongada de una cosa. || **P.** prolongação; **I.** y **F.** prolongation; **A.** Prolongation; **It.** prolungazione; **R.** продление.

PROLONGADAMENTE. adv. Dilatadamente, de larga duración.

PROLONGADO, DA. p.p. de prolongar. || **2.** adj. Más largo que ancho.

PROLONGADOR, RA. adj. Que prolonga. Ú.t.c.s.

PROLONGAMIENTO. m. Prolongación.

PROLONGAR. (l. *prolongāre;* de *pro,* adelante, y *longāre,* alargar.) tr. Alargar, extender algo a lo largo. Ú.t.c.r. || **2.** Hacer que dure una cosa más de lo ordinario. Ú.t.c.r. || **P.** prolongar; **I.** to prolong; **F.** prolonger; **A.** verlängern; **It.** prolungare; **R.** продлить.

PROLOQUIO. (l. *proloquium.*) m. Proposición, sentencia.

PROLUSIÓN. (l. *prolusio, -ōnis.*) f. Prelusión.

PROMANAR. (l. *promanāre.*) intr. Provenir.

★ **PROMECIO.** m. QUÍM. Elemento del grupo de las tierras raras. Su número atómico es el 61, y su símbolo, Pm.

PROMEDIAR. (De *promedio.*) tr. Igualar o repartir algo en dos partes iguales. || **2.** intr. Interponerse entre dos o más personas para ajustar un negocio. || **3.** Llegar a su mitad un espacio de tiempo determinado.

PROMEDIO. (De *pro,* por, y *medio.*) m. Punto en que una cosa se divide exacta o aproximadamente por la mitad. || **2.** Término medio, cociente resultante de dividir la suma de varias cantidades por el número de ellas. || **P.** meio, termo medio; **I.** middle, average; **F.** point moyen; **A.** Durchschnitt; **It.** mezzo, media; **R.** средина.

PROMESA. (l. *promissa,* pl. de *promissus.*) f. Expresión de la voluntad de dar a uno o hacer por él una cosa. || Ofrecimiento hecho a Dios o a los santos de ejecutar una obra piadosa. || **3.** fig. Augurio o señal que hace esperar algún bien. || **4.** FOR. Ofrecimiento solemne, equivalente al juramento, de cumplir bien los deberes de un cargo. || **5.** FOR. Contrato preparatorio de otro más solemne, especialmente de compraventa. || *Simple* PROMESA. La que no se confirma con juramento o voto. || **P.** promessa; **I.** promise; **F.** promesse; **A.** Versprechen; **It.** promessa; **R.** обещание.

★ **PROMESERO, RA.** m. y f. COLOM. Peregrino.

PROMETEDOR, RA. adj. Que promete. Ú.t.c.s.

PROMETER. (l. *promittĕre.*) tr. Obligarse a dar, hacer o decir alguna cosa. || **2.** Asegurar, aseverar. || **3.** intr. Dar una persona o cosa buenas muestras de sí para lo futuro. || **4.** r. Esperar una cosa mostrando gran confianza en lograrla. || **5.** Ofrecerse uno, por devoción o agradecimiento al culto o servicio de Dios o de sus santos. || **6.** rec. Darse mutuamente palabra de casamiento. || PROMETÉRSELAS uno *felices.* fr. fam. Tener, con escaso fundamento, gran esperanza de lograr algo. || **P.** prometer; **I.** to promise; **F.** promettre; **A.** versprechen; **It.** promèttere; **R.** обещать.

PROMETIDA. (De *prometer.*) f. Futura, novia que tiene compromiso formal.

PROMETIDO, DA. p.p. de prometer. || **2.** m. Futuro, novio que tiene con la novia compromiso formal. || **3.** Promesa, ofrecimiento de dar a uno una cosa.

PROMETIENTE. p.a. de prometer. Que promete.

PROMETIMIENTO. (De *prometer.*) m. Promesa, 1.ª acep.

★ **PROMETIO.** m. QUÍM. Promecio.

★ **PROMIELOCITO.** (De *pro,* prep. insep., y *mielocito.*) m. BIOL. Célula grande mononuclear hallada en la sangre, en ciertas formas de leucemia.

PROMINENCIA. (l. *prominentia.*) f. Elevación de una cosa sobre lo que está alrededor o cerca de ella. || **P.** proeminência; **I.** prominence; **F.** proéminence; **A.** Hervorragung; **It.** prominenza; **R.** возвышение.

PROMINENTE. (l. *prominens, -entis,* p.a. de *prominēre,* elevarse, sobresalir.) adj. Que se levanta sobre lo que está en sus inmediaciones.

PROMISCUACIÓN. f. Acción de promiscuar.

PROMISCUAMENTE. adv. Con promiscuidad.

PROMISCUAR. (De *promiscuo.*) intr. Comer en días de cuaresma y otros en que la Iglesia lo prohibe, carne y pescado en una misma comida. || **2.** fig. Participar indistintamente en cosas heterogéneas u opuestas. || **P.** promiscuar; **I.** to mix; **F.** mêler le gras et le maigre; **A.** vermischen; **It.** promiscuare; **R.** размешивать.

PROMISCUIDAD. f. Mezcla, confusión. || **P.** promiscuidade; **I.** promiscuousness; **F.** promiscuité; **A.** Vermengtheit; **It.** promiscuità; **R.** размешивание.

PROMISCUO, CUA. (l. *promiscŭus.*) adj. Mezclado confusa o indiferentemente. || **2.** Que tiene dos sentidos o se puede emplear de un modo u otro. || **P.** promíscuo; **I.** promiscuous; **F.** promiscue; **A.** vermengt; **It.** promiscuo; **R.** смешанный.

PROMISIÓN. (l. *promissio, -ōnis.*) f. Promesa, ofrecimiento de dar algo. || **2.** FOR. Promesa de dar o de hacer, sobre lo cual no ha mediado estipulación o pacto con la persona a quien favorece o interesa.

PROMISORIO, RIA. (l. *promissum,* supino de *promittĕre,* prometer.) adj. Que encierra en sí promesa.

PROMOCIÓN. (l. *promotio, -ōnis.*) f. Acción de promover. || **2.** Conjunto de individuos que han conseguido al mismo tiempo un empleo, especialmente en cuerpos de escala cerrada. || **P.** promoção; **I.** y **F.** promotion; **A.** Beförderung; **It.** promozione; **R.** продвижение.

PROMONTORIO. (l. *promontorium.*) m. Altura considerable de tierra. || **2.** fig. Cualquier cosa que hace gran bulto y estorba. || **3.** Altura importante de tierra que penetra en el mar. || **P.** promontório; **I.** promontory; **F.** promontoire; **A.** Vorgebirge; **It.** promontorio; **R.** возвышенность.

★ **PROMORFOLOGÍA.** (De *pro,* prep. insep., y de *morfología.*) f. Ciencia de las formas fundamentales de los animales o plantas.

PROMOTOR, RA. (l. *promotum,* supino de *promovēre,* promover.) adj. Que promueve una cosa, haciendo lo preciso para su logro. Ú.t.c.s. || **—de la fe.** Individuo de la Sagrada Consagración de Ritos, que en las beatificaciones y canonizaciones debe suscitar dudas y oponer objeciones. || **P.** promotor; **I.** promoter; **F.** promoteur; **A.** Beförderer; **It.** promotore; **R.** способствующий.

PROMOVEDOR, RA. (De *promover.*) adj. Promotor. Ú.t.c.s.

PROMOVER. (l. *promovēre.*) tr. Iniciar una cosa, procurando su logro. || **2.** Ascender a una persona a una dignidad y empleo superior al que ocupaba. || **P.** promover; **I.** to promote; **F.** promouvoir; **A.** befördern; **It.** promuòvere; **R.** способствовать.

PROMULGACIÓN. (l. *promulgatio, -ōnis.*) f. Acción y efecto de promulgar. || **P.** promulgação; **I.** y **F.** promulgation; **A.** Kundmachung; **It.** promulgazione; **R.** провозглашение.

PROMULGADOR, RA. (l. *promulgātor.*) adj. Que promulga. Ú.t.c.s.

PROMULGAR. (l. *promulgāre.*) tr. Publicar algo solemnemente. || **2.** fig. Hacer que algo sea muy divulgado. || **3.** FOR. Divulgar formalmente una ley u otra disposición de la autoridad, para que sea cumplida. || **P.** promulgar; **I.** to promulgate; **F.** promulguer; **A.** promulgieren, kundtun; **It.** promulgare; **R.** провозглашать.

PRONACIÓN. (De *prono.*) f. Movimiento del antebrazo que hace girar la mano de fuera a dentro presentando el dorso de ella.

PRONAOS. m. ARQ. Pórtico que había delante del santuario en los templos antiguos.

PRONO, NA. (l. *pronus.*) adj. Demasiado inclinado a una cosa. || **2.** Que se halla echado sobre el vientre.

PRONOMBRE. (l. *pronōmen, -ĭnis.*) m. GRAM. Parte de la oración que suple al nombre o lo determina. || **—demostra-**

P

tivo. GRAM. Aquel con que se demuestran o señalan, personas, animales o cosas. Los esenciales son tres: *éste*, *ése* y *aquél*. || —**indeterminado**. GRAM. El que alude vagamente a personas o cosas. || —**personal**. GRAM. El que presenta directamente a personas, animales o cosas. Las formas en nominativo singular son: *yo*, *tú* y *él*, de primera, segunda y tercera persona respectivamente. Posee además otras formas. || —**posesivo**. GRAM. El que denota posesión o pertenencia. Son: *mío*, *mía*, *nuestro* y *nuestra*, de primera persona; de la segunda, *tuyo*, *tuya*, *vuestro* y *vuestra*, y *suyo*, *suya*, en la tercera, y denotan lo que pertenece a la persona correspondiente o es propio de ella. || —**relativo**. GRAM. El que se refiere a persona, animal o cosa que anteriormente se han mencionado, y son: *quien*, *cuyo*, *que* y *cual*. || P. e It. pronome; I. pronoun; F. pronom; A. Pronomen, Fürwort; R. местоимение.

PRONOMINADO, DA. adj. GRAM. Se aplica al verbo que tiene un pronombre por complemento.

PRONOMINAL. (l. *pronominālis*.) adj. GRAM. Perteneciente al pronombre o que participa de su índole o naturaleza. || 2. GRAM. Pronominado.

PRONOSTICACIÓN. (De *pronosticar*.) f. Pronóstico, acto de pronosticar.

PRONOSTICADOR, RA. adj. Que pronostica. Ú.t.c.s.

PRONOSTICAR. (De *pronóstico*.) tr. Conocer lo futuro por ciertos indicios. || P. prognosticar; I. to prognosticate, to foretell; F. pronostiquer; A. prophezeien, vorhersagen; It. pronosticare; R. предсказывать.

PRONÓSTICO. (l. *prognosticum*, y éste del gr. προγνωστικόν.) m. Acción y efecto de pronosticar. || 2. Señal por la cual puede conjeturarse algo futuro. || 3. Calendario con el anuncio de los fenómenos astronómicos y meteorológicos. || 4. MED. Juicio que forma el médico respecto al curso, duración y terminación de una enfermedad, por el estudio de los síntomas. || —**reservado**. MED. El que se reserva el médico a causa de las contingencias que prevé en los efectos de una lesión. || 1.ª y 2.ª aceps.: P. prognóstico; I. prognostic; F. pronostic; A. (Wetter)-Vorhersage; It. pronòstico; R. предсказывание.

PRONTAMENTE. adv. Con prontitud.

PRONTEZA. (De *pronto*.) f. ant. Prontitud.

PRONTITUD. (l. *promptitūdo*.) f. Celeridad o presteza en hacer algo. || 2. Viveza de ingenio o de imaginación. || 3. Viveza de genio. || P. prontidão; I. y F. promptitude; A. Schnelligkeit; It. prontitùdine; R. скорость, быстрота.

PRONTO, TA. (l. *promptus*.) adj. Veloz, ligero. || 2. Dispuesto para la ejecución de algo. || 3. m. fam. Movimiento repentino del ánimo por efecto de una pasión u ocurrencia inesperada. || 4. adv. Presto. *Primer* PRONTO. fam. Primer arranque del ánimo. || *Al* PRONTO. m. adv. En el primer momento. || *De* PRONTO. m. adv. Apresuradamente. || *Por de*, o *el*, o *lo* PRONTO. m. adv. Interina, provisionalmente. || P. pronto; I. hasty; F. prompt; A. schnell; It. presto; R. скоро. || 4.ª acep.: P. pronto, rápido; I. soon, promptly; F. bientôt; A. bald, rasch; It. prontamente; R. проворный.

★ **PRONTUARIAR.** tr. AMÉR. Hacer el prontuario de un individuo o sea su ficha policiaca.

PRONTUARIO. (l. *promptuarium*, despensa; de *promptus*, pronto.) m. Apuntamiento de varias cosas para tenerlas presentes cuando se necesitan. || 2. Compendio de las reglas de una ciencia o arte. || 3. AMÉR. Ficha policiaca con las señas y datos de una persona. || P. prontuário; I. promptuary; F. memorandum; A. Hilfs handbuch; It. prontuario; R. справочник.

PRÓNUBA. (l. *pronŭba*.) f. poét. Madrina de boda.

★ **PRONÚCLEO.** m. BIOL. Cada uno de los núcleos, masculino y femenino, mientras permanecen individualizados en el protoplasma del huevo fecundado y cuya

fusión constituye el fenómeno esencial de la fecundación.

PRONUNCIA. (De *pronunciar*.) f. FOR. AR. Pronunciamiento, declaración, condena o mandato del juzgador.

PRONUNCIABLE. adj. Que se pronuncia con facilidad.

PRONUNCIACIÓN. (l. *pronuntiatio*, -*ōnis*.) f. Acción y efecto de pronunciar. || P. pronunciação; I. pronunciation; F. prononciation; A. Aussprache; It. pronunzia; R. произношение.

PRONUNCIADOR, RA. (l. *pronuntiātor*.) adj. Que pronuncia. Ú.t.c.s.

PRONUNCIAMIENTO. m. Rebelión militar. || 2. FOR. Cada una de las declaraciones, condenas o mandatos del juzgador. || *De previo y especial* PRONUNCIAMIENTO. loc. FOR. Que califica el asunto judicial que se ha de resolver separadamente y antes del fallo principal.

PRONUNCIAR. (l. *pronuntiāre*.) tr. Emitir, articular sonidos para hablar. || 2. Resolver. Ú.t.c.r. || 3. fig. Levantar, sublevar. Ú.m.c.r. || 4. FOR. Publicar la sentencia o auto. || P. pronunciar; I. to pronounce; F. prononcer; A. aussprechen; It. pronunziare; R. произносить.

PRONUNCIO. (De *pro*, 2.º art., y *nuncio*.) m. Eclesiástico investido transitoriamente de las funciones del nuncio pontificio.

★ **PRONUNCIO.** m. COLOM. Pronunciamiento, rebelión militar.

PROPAGACIÓN. (l. *propagatĭo*, -*ōnis*.) f. Acción y efecto de propagar o propagarse. || —**rectilínea de la luz**. Hipótesis según la cual la luz se propaga en línea recta en un medio cualquiera. Sin embargo se observa cierta desviación en el fenómeno llamado de difracción. || P. propagação; I. y F. propagation; A. Verbreitung; It. propagazione; R. распространение.

PROPAGADOR, RA. (l. *propagātor*.) adj. Que propaga. Ú.t.c.s.

PROPAGANDA. (l. *propaganda*, que ha de ser propagada.) f. Congregación de cardenales llamada *De propaganda fide*, para difundir la religión católica. || 2. Difusión de ideas y opiniones con el propósito de convencer a muchos de la bondad real o supuesta de una cosa. En el campo comercial se llama *publicidad*. || 3. Asociación y organización pública o privada que tiene como fin difundir ideas, opiniones, etc. || 4. Trabajo y medios que se emplean con este fin.

PROPAGANDISTA. adj. Se aplica al que hace propaganda en materia política, especialmente. Ú.t.c.s.

PROPAGANTE. (l. *propăgans*, -*antis*.) p.a. de propagar. Que propaga.

PROPAGAR. (l. *propagāre*.) tr. Multiplicar por generación u otro medio de reproducción. Ú.t.c.r. || 2. fig. Extender, dilatar, aumentar algo. Ú.t.c.r. || 3. fig. Extender el conocimiento de una cosa o a la afición a ella. Ú.t.c.r. || P. propagar; I. to propagate; F. propager; A. fortpflanzen, ausbreiten; It. propagare; R. распространять.

PROPAGATIVO, VA. adj. Que posee el poder de propagar.

PROPALADOR, RA. adj. Que propala.

PROPALAR. (l. *propalāre*.) tr. Divulgar algo oculto. || P. propalar; I. to divulge; F. propager, ébruiter; A. bekanntgeben; It. propalare; R. разглашать.

PROPAO. (port. *propau*, y éste del l. *pro*, y *palus*, palo.) m. MAR. Pieza gruesa de madera, empleada para amarrar algunos cabos de maniobra y sujetar los retornos por donde laborean.

PROPAROXÍTONO, NA. (gr. πρό, antes, y παροξύτονος, grave.) adj. GRAM. Esdrújulo.

PROPARTIDA. (De *pro*, antes, y *partida*.) f. Tiempo que antecede inmediatamente a la partida.

PROPASAR. (De *pro*, delante, y *pasar*.) Pasar más adelante de lo debido. Ú.m.c.r. para indicar que alguien se excede de lo razonable.

PROPEDÉUTICA. f. Enseñanza preparatoria para el estudio de una disciplina.

PROPEDÉUTICO, CA. (gr. πρό, antes, y παιδευτικός, referente a la ense-

ñanza.) adj. Perteneciente o relativo a la propedéutica.

PROPENDER. (l. *propendēre*.) intr. Inclinarse uno a una cosa por afición, genialidad, etc.

PROPENSAMENTE. adv. Con inclinación o propensión a un objeto.

PROPENSIÓN. (l. *propensio*, -*ōnis*.) f. Inclinación o tendencia a una cosa. || P. propensão; I. y F. propension; A. Geneigtheit; It. propensione; R. склонность.

PROPENSO, SA. (l. *propensus*.) p.p. irreg. de propender. || 2. adj. Con inclinación o afecto a alguna cosa.

PROPIAMENTE. adv. Con propiedad.

PROPICIACIÓN. (l. *propitiatio*, -*ōnis*.) f. Acción agradable a Dios, con que se le mueve a misericordia. || P. propiciação; I. y F. propitiation; A. Versöhnen; It. propiziazione; R. благожелание.

PROPICIADOR, RA. (l. *propitiātor*.) adj. Que propicia. Ú.t.c.s.

PROPICIAMENTE. adv. Favorablemente.

PROPICIAR. (l. *propitiāre*.) tr. Ablandar, aplacar la ira de uno, haciéndole favorable y propicio. || 2. AMÉR. Apoyar, patrocinar.

PROPICIATORIO, RIA. (l. *propitiatorius*.) adj. Que tiene la virtud de hacer propicio. || 2. Templo, imágenes y reliquias, por cuyo medio alcanzamos gracias y mercedes de Dios. || 3. Reclinatorio, mueble acomodado para arrodillarse y orar. || 4. m. Lámina cuadrada de oro que cubría el arca del Testamento en la ley mosaica. || P. propiciatório; I. propitiatory; F. propitiatoire; A. versöhnend; It. propiziatorio; R. искупительный.

PROPICIO, CIA. (l. *propitius*.) adj. Benigno, inclinado a hacer el bien. || P. propício; I. propitious; F. propice; A. günstig, gnädig; It. propizio; R. милостивый.

PROPIEDAD. (De *propiedad*.) Derecho o facultad de disponer libremente de una cosa y de reclamarla si se halla en poder de otro. || 2. Cosa objeto del dominio, principalmente inmueble o raíz. || 3. Cualidad especial de una persona o cosa. || 4. fig. Imitación perfecta; como en la pintura, la música, etc. || 5. fig. Defecto opuesto a la pobreza religiosa, del profeso que usa de alguna cosa como si fuera propia. || 6. FIL. Propio, accidente inseparable de la esencia y naturaleza de las cosas. || 7. GRAM. Sentido exacto de las voces y frases. || 8. MÚS. Cada una de las tres especies de hexacortos que fueron usados en el solfeo del canto llano. || *Nuda* PROPIEDAD. FOR. Atributos del dominio de una cosa, considerando por separado y en contraposición del usufructo mientras perdura éste. || —**horizontal**. f. Dícese de los pisos o apartamentos que se adquieren como parte en la propiedad de un edificio de varias viviendas. || P. propiedade; I. ownership; F. propriété; A. Eigentum, Eigenschaft; It. proprietà; R. собственность.

PROPIENDA. f. Cada una de las tiras de lienzo que se colocan en los banzos del bastidor de bordar.

PROPIETARIAMENTE. adv. Con derecho de propiedad.

PROPIETARIO, RIA. (l. *proprietarius*.) adj. Que tiene derecho de propiedad sobre alguna cosa y especialmente sobre bienes inmuebles. Ú.m.c.s. || 2. Que tiene el cargo que le pertenece a diferencia del que le desempeña sólo transitoriamente. || 3. Se dice del religioso que usa de algunas cosas como propias incurriendo en el defecto contrario a la pobreza. || *Nudo* PROPIETARIO. FOR. El que tiene la nuda propiedad de una cosa. || P. proprietário; I. proprietor; F. propriétaire; A. Eigentümer, Besitzer; It. proprietario; R. собственник.

PROPILEO. (l. *propylaeum*, y éste del gr. προπύλαιον, pórtico; de πρό, delante, y πύλη, puerta.) m. Vestíbulo de un templo; peristilo de columnas. || P. propileu; I. propylaeum; F. propylée; A. Propyläon; It. propileo; R. портик.

PROPINA. (l. *propināre*, convidar a beber.) f. Colación que se repartía entre los concurrentes de una junta y que des-

P pués se redujo a dinero. || 2. Cantidad que se da sobre el precio dado por algún servicio. || 3. Gratificación pequeña por un servicio eventual. || 2.ª acep.: **P.** propina; **I.** tip; **F.** pourboire; **A.** Trinkgeld; **It.** mancia; **R.** чаевые.

PROPINACIÓN. (l. *propinatio, -ōnis.*) f. Acción y efecto de propinar.

PROPINAR. (l. *propināre.*) tr. Dar a beber. || 2. Administrar una medicina. || 3. En sentido satírico, maltratar a uno, pegarle.

PROPINCUIDAD. (l. *propinquĭtas, -ātis.*) f. Calidad de propincuo.

PROPINCUO, CUA. (l. *propinquus.*) adj. Allegado, cercano. || 2. **P. Rico.** Entre campesinos, legítimo.

PROPIO, PIA. (De *proprio.*) adj. Perteneciente a una persona que tiene facultad exclusiva de disponer de ello. || 2. Característico, peculiar de cada persona o cosa. || 3. Conveniente para un fin. || 4. Natural, no artificial o postizo. || 5. Fil. Se aplica al accidente inseparable de la esencia y naturaleza de las cosas. Ú.t.c.s. || 6. m. Persona que se envía a un lugar con una carta o recado. || 7. Heredad que tiene una ciudad, villa o lugar para satisfacer los gastos públicos. Ú.m. en pl. || *Al* PROPIO. m. adv. Con propiedad, idénticamente. || 2. **C. Rica** y **Chile.** Expresamente. || **P.** próprio; **I.** private, one's own; **F.** propre; **A.** eigen, eigentümlich; **It.** proprio; **R.** собственный.

PROPÓLEOS. (l. *propŏlis*, y éste del gr. πρόπολις; de πρό, antes, y πόλις, ciudad.) m. Substancia cérea con que las abejas bañan las colmenas antes de empezar a obrar.

PROPONEDOR, RA. adj. Que propone. Ú.t.c.s.

PROPONENTE. (l. *propŏnens, -entis.*) p.a. de proponer. Que propone.

PROPONER. (l. *proponĕre.*) tr. Manifestar una cosa con razones para inducir a adoptarla. || 2. Decidir ejecutar o no alguna cosa. Ú.m.c.r. || 3. Exponer argumentos en pro y contra de una cuestión. || 4. Consultar o presentar a uno para un empleo o beneficio. || 5. En el juego del ecarté, invitar a tomar nuevas cartas. || 6. Hacer una propuesta. || 7. Mat. Hacer una proposición. || **P.** propor, apresentar; **I.** to propose; **F.** proposer; **A.** vorschlagen; **It.** proporre; **R.** предлагать.

PROPORCIÓN. (l. *porportĭo, -ōnis.*) f. Disposición, conformidad de las partes con el todo o entre cosas relacionadas entre sí. || 2. Oportunidad para hacer o lograr algo. || 3. Coyuntura. || 4. Tamaño. || 5. Mat. Igualdad de dos razones. Se denomina aritmética o geométrica, según sean las razones de una u otra especie. || **—armónica.** Serie de tres números, en que el máximo tiene respecto al mínimo la misma razón que la diferencia entre el máximo y el medio respecto a la diferencia entre el medio y el mínimo. || **—continua.** Mat. La formada por tres términos consecutivos de una progresión. || *A* PROPORCIÓN. m. adv. Según, conforme a. || **P.** proporção; **I.** y **F.** proportion; **A.** Verhältnis, Proportion; **It.** proporzione; **R.** соотношение.

PROPORCIONABLE. adj. Que puede proporcionarse.

PROPORCIONABLEMENTE. adv. Proporcionadamente.

PROPORCIONADAMENTE. adv. Con proporción.

PROPORCIONADO, DA. (l. *proportĭonātus.*) adj. Regular, apto para lo que se precisa. || 2. Que tiene proporción.

PROPORCIONAL. (l. *proporcionālis.*) adj. Perteneciente a la proporción o que la incluye. || 2. Gram. Se aplica al nombre o adjetivo numeral que expresa cuántas veces una cantidad contiene a otra menor. || **P.** proporcional; **I.** proportional; **F.** proportionnel; **A.** verhältnismässig; **It.** proporzionale; **R.** пропорциональный.

PROPORCIONALIDAD. (l. *proportionalĭtas, -ātis.*) f. Proporción.

PROPORCIONALMENTE. adv. Proporcionadamente.

PROPORCIONAR. (De *proporción.*) tr. Disponer algo con la debida correspondencia en sus partes. || 2. Poner en disposición las cosas para lograr lo que

se desea. Ú.t.c.r. || 3. Poner en disposición de uno lo que le conviene o desea. Ú.t.c.r. || **P.** proporcionar; **I.** to proportion; **F.** proportionner; **A.** anpassen; **It.** proporzionare; **R.** соразмерять.

PROPOSICIÓN. (l. *propositĭo, -ōnis.*) f. Acción y efecto de proponer. || 2. Lóg. Expresión de un juicio entre dos términos, sujeto y predicado, que afirma o niega éste de aquél, o bien incluye o excluye el primero respecto del segundo. || 3. Mat. Enunciación de una verdad demostrada o que se trata de demostrar. || 4. Ret. Parte del discurso en que se enuncia aquello de que se quiere convencer. || **—afirmativa.** Dial. Aquella en que el sujeto está contenido en la expresión del predicado. || **—disyuntiva.** Dial. La que expresa la incompatibilidad de dos o más predicados en un sujeto. || **—hipotética.** Dial. La que afirma o niega condicionalmente. || **—negativa.** Dial. Aquella cuyo sujeto no se halla contenido en la expresión del predicado. || **—particular.** Dial. Aquella cuyo sujeto se toma en una parte de su extensión. || **—universal.** Dial. Aquella cuyo sujeto se toma en toda su extensión. || *Barajar una* PROPOSICIÓN. fr. No tomarla en consideración. || *Recoger una* PROPOSICIÓN. fr. Darla por no dicha. || **P.** proposição; **I.** y **F.** proposition; **A.** Vorschlag; **It.** proposizione; **R.** предложение.

* **PROPOSITAR.** intr. Méj. Tener un propósito, designio o intención.

PROPÓSITO. (l. *propositum.*) m. Intención de hacer o no hacer algo. || 2. Objeto, mira. || 3. Materia de que se trata. || *A* PROPÓSITO. m. adv. con que se indica que algo es adecuado para un fin determinado. || *Fuera de* PROPÓSITO. m. adv. Sin venir al caso, fuera de tiempo. || **P.** propósito; **I.** purpose, design; **F.** dessein, but; **A.** Absicht, Vorsatz; **It.** pròsito; **R.** намерение.

PROPRETOR. (l. *propraetor.*) m. Magistrado romano a quien, después del año de la pretura, nombraban de nuevo pretor.

PROPRIEDAD. (l. *propriĕtas, -ātis.*) f. ant. Propiedad.

PROPRIO, PRIA. (l. *proprĭus.*) adj. ant. Propio.

* **PROPRIOCEPCIÓN.** (l. *proprĭus*, propio, y *capĕre*, tomar.) Fisiol. Recepción de estímulos procedentes del interior del organismo.

PRÓPTER NUPTIAS. loc. lat. For. Empleada en la denominación forense *donación* PRÓPTER NUPTIAS con que se designa la donación que hacen los padres a los hijos, en razón al matrimonio que van a contraer.

PROPUESTA. (l. *proposĭta*, t. f. de *-tus*, propuesto.) f. Proposición o idea que propone uno para un fin. || 2. Consulta hecha al superior para un empleo o beneficio. || 3. Consulta de un asunto o negocio a una persona o entidad que lo ha de resolver. || **P.** e **It.** proposta; **I.** proposal, offer; **F.** proposition; **A.** Vorschlag; **R.** предложение.

PROPUESTO, TA. (l. *proposĭtus.*) p.p. irreg. de proponer.

PROPUGNACIÓN. f. Acción y efecto de propugnar.

PROPUGNÁCULO. (l. *propugnacŭlum.*) m. Fortaleza o lugar fortificado para ser defendido. || 2. fig. Cualquier cosa que defiende a otra contra quienes intentan destruirla. || **P.** propugnáculo; **I.** fortress; **F.** forteresse; **A.** Bollwerk; **It.** propugnàcolo; **R.** бастион.

PROPUGNAR. (l. *propugnāre.*) tr. Defender.

PROPULSA. (De *propulsar.*) f. Repulsa.

PROPULSAR. (l. *propulsāre.*) tr. Repulsar. || 2. Impeler hacia adelante.

PROPULSIÓN. (De *propulsar*, a semejanza de *repulsión.*) f. Propulsa. || 2. Acción de propulsar, impeler hacia adelante. **—por chorro.** Fís. Forma de reacción motriz desarrollada hacia adelante por la emisión hacia atrás de un chorro de aire o de un gas. || **P.** propulsão; **I.** y **F.** propulsion; **A.** Fortbewegung, Antrieb; **It.** propulsione; **R.** отталкивание.

PROPULSOR, RA. (l. *propulsor.*) adj. Que propulsa. Ú.t.c.s. || 2. Mar. Mecanismo impulsado por un motor que se halla

dentro de la embarcación y que se apoya en el agua. || **—a chorro.** Fís. Autopropulsor o autorreactor. || **—eléctrico.** Mec. Mecanismo dispuesto para añadir corriente eléctrica a la fuerza precisa para el funcionamiento regular de la máquina a que se aplica.

* **PROQUIN.** (arauc. *vroquiñ.*) m. Chile. Cadillo.

PRORA. (l. *prora*, y éste del gr. πρώρα.) f. poét. Proa.

PRO RATA. loc. lat. Prorrata.

PRO RATA PARTE. loc. lat. Prorrata.

PRORRATA. (l. *pro rata parte*, a parte o porción determinada.) f. Parte que corresponde a cada uno en un reparto proporcional de lo que se ha de pagar o percibir entre varios. || *A* PRORRATA. m. adv. Mediante prorrateo. || **P.** pro rata; **I.** prorate; **F.** e **It.** prorata; **A.** Rate; **R.** соответственная часть.

PRORRATEAR. (De *prorrata.*) tr. Repartir proporcionalmente entre varios una cantidad. || **P.** ratear; **I.** to prorate; **F.** partager a prorata; **A.** aufteilen; **It.** rateare; **R.** делить пропорционально.

PRORRATEO. (De *prorratear.*) m. Reparto proporcional de una cantidad entre varios. || 2. For. Método de jurisdicción voluntaria para distribuir entre varias fincas forales la carga de la pensión de todas.

PRÓRROGA. (De *prorrogar.*) f. Prorrogación.

PRORROGABLE. adj. Que puede prorrogar.

PRORROGACIÓN. (l. *prorogatĭo, -ōnis.*) f. Continuación de una cosa por tiempo determinado. || **P.** prorrogação; **I.** y **F.** prorogation; **A.** Stundung; **It.** pròroga; **R.** продление.

PRORROGAR. (l. *prorogāre.*) intr. Continuar, dilatar algo por tiempo determinado. || 2. Suspender, aplazar. || **P.** prorrogar; **I.** to protract, to defer; **F.** proroger; **A.** (hin- auf)schieben; **It.** prorogare; **R.** продлить.

PRORROGATIVO, VA. adj. Que prorroga.

PRORRUMPIR. (l. *prorumpĕre.*) intr. Salir con ímpetu una cosa. || 2. fig. Proferir repentinamente y con cierta violencia una voz, un suspiro u otra manifestación de dolor o pasión vehemente. || **P.** prorromper; **I.** to burst out; **F.** éclater soudain en paroles, en larmes, etc.; **A.** ausbrechen, herausplatzen; **It.** prorompere; **R.** прорываться.

PROSA. (l. *prosa.*) f. Forma natural del lenguaje para expresar los conceptos sin sujeción a medida y cadencia determinadas como el verso. || 2. Lenguaje prosaico en la poesía. || 3. En la misa, secuencia que en ciertas solemnidades se dice o canta a continuación de la aleluya o del tracto. || 4. fig. y fam. Demasiada palabrería para no decir nada importante. || 5. fig. Aspecto de las cosas opuesto al ideal y perfección de ellas. || 6. Chile. Altanería, arrogancia. || 7. Perú y Ecuad. Prosopopeya. || **P.** e **It.** prosa; **I.** y **F.** prose; **A.** Prosa; **R.** проза.

PROSADO, DA. adj. Que está en prosa, por oposición a lo que está en verso.

PROSADOR, RA. m. y f. Prosista. || 2. fig. y fam. Hablador impertinente. || **P.** prosador; **I.** proser, prosaist; **F.** prosateur; **A.** Prosaiker; **It.** prosatore; **R.** прозаик.

* **PROSAFÍA.** f. Adherencia de un líquido a un cuerpo sólido.

PROSAICAMENTE. adv. De manera prosaica.

PROSAICO, CA. (l. *prosaĭcus.*) adj. Perteneciente o relativo a la prosa o escrito en prosa. || 2. Se aplica a la obra poética que adolece de prosaísmo. || 3. fig. Dicho de personas y de ciertas cosas, falto de identidad. || **P.** e **It.** prosaico; **F.** prosaïque; **A.** prosaisch; **R.** прозаический.

PROSAÍSMO. (De *prosa.*) m. Defecto de la obra en verso consistente en falta de armonía o en excesiva llaneza de concepto o en insulsez de concepto. || 2. fig. Insulsez y trivialidad en el fondo de las obras en prosa.

PROSAPIA. (l. *prosapĭa.*) f. Ascendencia, linaje de una persona. || **P.** prosápia; **I.** ancestry, lineage; **F.** lignage, famille; **A.** Stamm, Abkunft; **It.** prosapia; **R.** происхждение.

PROSCENIO. (l. *proscenium*, y éste del gr. προσκήνιον; de πρό, delante, y σκηνή, escena.) m. Es el antiguo teatro griego y latino, lugar entre la escena y la orquesta en que se hallaba el tablado. || **2.** Parte del escenario más cercana al público. || **P.** proscénio; **I.** proscenium; **F.** avant-scène, proscénium; **A.** Proszenium, Vorbühne; **It.** proscenio; **R.** просцениум.

PROSCRIBIR. (l. *proscribĕre*.) tr. Echar a uno fuera de su patria, ordinariamente por causas políticas. || **2.** fig. Prohibir el uso de alguna cosa. || **P.** proscrever; **I.** to proscribe; **F.** proscrire, bannir; **A.** verfemen, verbannen; **It.** proscrivere; **R.** изгонять.

PROSCRIPCIÓN. (l. *proscriptio, -ōnis.*) f. Acción y efecto de proscribir. || **P.** proscrição; **I.** y **F.** proscription; **A.** Proskription, Ächtung; **It.** proscrizione; **R.** изгнание.

PROSCRIPTO, TA. (l. *proscriptus.*) p.p. irreg. Proscrito. Ú.t.c.s. || **P.** proscrito; **I.** proscript, outlaw; **F.** proscrit, banni; **A.** Verbannter, Exulant; **It.** proscritto; **R.** изгнанник.

PROSCRIPTOR, RA. (l. *proscriptor.*) adj. Que proscribe. Ú.t.c.s.

PROSCRITO, TA. p.p. irreg. de proscribir. Ú.t.c.s.

★ PROSECRETARÍA. f. Amér. Subsecretaría.

★ PROSECRETARIO. (De *pro*, prep. insep., y *secretario*.) m. Amér. Subsecretario.

PROSECUCIÓN. (l. *prosecutio, -ōnis.*) f. Acción y efecto de proseguir. || **2.** Seguimiento.

PROSEGUIBLE. adj. Que se puede proseguir.

PROSEGUIMIENTO. m. Prosecución.

PROSEGUIR. (l. *prosequi.*) tr. Seguir, continuar lo que se tenía comenzado. || **P.** prosseguir; **I.** to prosecute, to pursue; **F.** donner suite, poursuivre; **A.** fortfahren, fortsetzen; **It.** proseguire; **R.** продолжать.

PROSELITISMO. m. Celo de ganar prosélitos.

PROSÉLITO. (l. *proselŷtus*, y éste del gr. προσήλυτος, extranjero domiciliado en un país, convertido.) m. Persona convertida a la religión católica y, en general, a cualquier religión. || **2.** fig. Partidario que se gana por una facción, doctrina, etc. || **P.** prosélito; **I.** proselyte; **F.** prosélyte; **A.** Proselyt; **It.** proselito; **R.** прозелит.

PROSÉNQUIMA. (Voz formada a imitación de *parénquima*; del gr. πρός, hacia, y ἔγχυμος, lleno de jugo.) m. Bot. y Zool. Tejido fibroso de los animales y de las plantas.

PROSIFICACIÓN. f. Acción y efecto de prosificar.

PROSIFICADOR, RA. adj. Que prosifica.

PROSIFICAR. tr. Poner en prosa una composición poética.

PROSIMIO. (De *pro*, delante, y *simio*.) adj. Zool. Se dice de ciertos mamíferos primates nocturnos, de dentición semejante a la de los insectívoros, con las cuatro extremidades terminadas en mano, y ojos muy grandes. Viven en los árboles, comen insectos y animales pequeños. Ú.m.c.s. m. || **2.** m. pl. Zool. Suborden de estos animales.

PROSINODAL. (De *pro*, 2.º art., y *sidonal*.) adj. V. *Juez* PROSINODAL.

PROSISTA. com. Escritor o escritora de obras en prosa. || **2.** Colom. Persona parlanchina.

PROSÍSTICO, CA. adj. Perteneciente o relativo a la prosa literaria.

PROSITA. (d. de *prosa*.) f. Discurso o fragmento corto de una obra en prosa.

PROSODIA. (l. *prosodia*, y éste del gr. προσωδία.) f. Gram. Parte de la gramática que enseña la pronunciación y acentuación de las letras, sílabas y palabras. || **2.** Fonética. || **P.** prosódia; **I.** orthoëpy; **F.** prosodie; **A.** Prosodie; **It.** prosodia; **R.** просодия.

PROSÓDICO, CA. (l. *prosodicus*, y éste del gr. προσωδικός.) adj. Gram. Perteneciente o relativo a la prosodia.

PROSOPOGRAFÍA. (gr. πρόσωπον, aspecto, y γράφω, describir.) f. Ret. Descripción del exterior de una persona o de un animal.

PROSOPOPEYA. (l. *prosopopoeïa*, y éste del gr. προσωποποιΐα; de πρόσωπον, aspecto de una persona, y ποιέω, hacer.) f. Ret. Figura que consiste en atribuir a las cosas inanimadas, incorpóreas o abstractas, acciones y cualidades propias del ser animado y corpóreo, o las del hombre al irracional, o bien en poner palabras en boca de personas verdaderas o fingidas, vivas o muertas. || **2.** fam. Afectación de gravedad y pompa. || **P.** prosopopeia; **I.** prosopopoeia; **F.** prosopopée; **A.** Grossspurigkeit; **It.** prosopopea; **R.** олицетворение.

° PROSPECCIÓN. (l. *pro*, delante, y *spectare*, mirar.) f. Geofís. Exploración en profundidad de las capas de la corteza terrestre para apreciar sus características y condiciones físicas, densidad, propiedades electromagnéticas, etc. Además de la finalidad puramente científica, suele tener también la de descubrir yacimientos minerales, petróleo o aguas subterráneas.

PROSPECTO. (l. *prospectus*, de *prospicĕre*, mirar, examinar.) m. Exposición breve que se hace sobre una obra, mercancía, espectáculo, etc. || **P.** prospecto; **I.** y **F.** prospectus; **A.** Prospekt, Einzelliste; **It.** prospetto; **R.** повестка.

PROSPERADO, DA. adj. Rico, poderoso.

PRÓSPERAMENTE. adv. Con prosperidad.

PROSPERAR. (l. *prosperāre*.) tr. Ocasionar prosperidad. || **2.** intr. Tener prosperidad. || **P.** prosperar; **I.** to prosper; **F.** prospérer; **A.** gedeihen, aufkommen; **It.** prosperare; **R.** благоприятствовать.

PROSPERIDAD. (l. *prosperitas, -ātis.*) f. Curso favorable de las cosas. || **P.** prosperidade; **I.** prosperity; **F.** prospérité; **A.** Gedeihen, Wohlergehen, Glück; **It.** prosperità; **R.** процветание.

PRÓSPERO, RA. (l. *prospĕrus.*) adj. Favorable, venturoso. || **P.** próspero; **I.** prosperous; **F.** prospère; **A.** glücklich, günstig; **It.** prospero; **R.** цветущий.

★ PROSTADENO. m. Terap. Preparación opoterápica de glándula prostática de novillos castrados. Empléase en el tratamiento de la hipertrofia de la próstata.

PROSTAFÉRESIS. (gr. πρόσθεν, delante, y ἀφαίρεσις, substracción.) f. Astron. Diferencia entre la anomalía media y la verdadera de un astro.

PRÓSTATA. (gr. προστάτης; de προΐσταμαι, estar delante.) f. Glándula pequeña irregular, que tienen los machos de los mamíferos junto a la vejiga de la orina y a la uretra, y que segrega un líquido viscoso. || **P.** próstata; **I.** y **F.** prostate; **A.** Vorsteherdrüse, Prostata; **It.** próstata; **R.** простата.

PROSTÁTICO, CA. adj. Perteneciente o relativo a la próstata.

PROSTATITIS. (De *próstata*, y el suf. *itis*, inflamación.) f. Med. Inflamación de la próstata.

PROSTERNACIÓN. f. Acción y efecto de prosternarse.

PROSTERNARSE. (l. *prosternĕre*.) r. Postrarse. || **P.** prosternar-se; **I.** to prostrate oneself; **F.** se prosterner; **A.** niederknien; **It.** prosternarsi; **R.** простираться.

PRÓSTESIS. (l. *prosthĕsis*, y éste del gr. πρόσθεσις.) f. Gram. Prótesis, metaplasmo consistente en añadir una o más letras al principio de un vocablo.

PROSTÉTICO, CA. (gr. προσθετικός.) adj. Gram. Protético.

PROSTIBULARIO, RIA. adj. Perteneciente o relativo al prostíbulo.

PROSTÍBULO. (l. *prostibulum*.) m. Mancebía, casa de prostitución.

PRÓSTILO. (l. *prostŷlos*, y éste del gr. πρόστυλος; de πρό, delante, y στύλος, columna.) adj. Arq. Se aplica al templo de segunda especie, que, entre los antiguos, además de las dos columnas conjuntas, tenía otras dos enfrente de las pilastras angulares.

PROSTITUCIÓN. (l. *prostitutio, -ōnis.*) f. Acción o efecto de prostituir o prostituirse. || **P.** prostituição; **I.** y **F.** prostitu-

tion; **A.** Schändung, Prostitution; **It.** prostituzione; **R.** проституция.

PROSTITUIR. (l. *prostituĕre*.) tr. Exponer públicamente a todo género de sensualidad y de torpeza. Ú.t.c.r. || **2.** Entregar una mujer a la pública deshonra. Ú.t.c.r. || **3.** fig. Deshonrar, vender uno su empleo o autoridad, etc., abusando de ella por bajos motivos. Ú.t.c.r. || **P.** prostituir; **I.** to prostitute, to hack; **F.** prostituer; **A.** prostituiren, entehren; **It.** prostituire; **R.** проституировать.

PROSTITUTO, TA. (l. *prostitūta.*) f. Ramera. || **P.** rameira, prostituta; **I.** prostitute, whore; **F.** prostituée, fille de joie, femme publique; **A.** Hure, Lustdirne, Strassenmädchen; **It.** prostituta, meretrice; **R.** проститутка.

PROSTITUTO, TA. (l. *prostitūtus.*) p.p. irreg. de prostituir.

PROSTRAR. (l. *prostrāre*.) tr. ant. Postrar. Usáb.t.c.r.

★ PROSUDO, DA. adj. Chile. Ceremonioso, grave.

PRESUPONER. (De *pro* y *suponer*.) tr. ant. Presuponer.

PROSUPUESTO, TA. p.p. irreg. de prosuponer.

PROTAGONISTA. (gr. πρωταγωνιστής; de πρῶτος, primero, y ἀγωνιστής, actor.) m. Personaje principal de cualquier obra literaria, especialmente dramática. || **2.** Por ext., persona que tiene la parte principal en cualquier suceso. || **P.** e **It.** protagonista; **I.** protagonist; **F.** protagoniste; **A.** Hauptperson, Bühnenheld; **R.** репой.

° PROTAGONIZAR. tr. Desempeñar el papel de protagonista en una obra, especialmente cinematográfica.

★ PROTAMINA. f. Quím. Base oxigenada que se ha encontrado en el líquido espermático del salmón. || **2.** Quím. Nombre genérico de ciertas bases carentes de azufre que se encuentran unidas al ácido nucleico en los espermatozoos de los peces.

★ PROTANOPIA. f. Ceguera roja o discromatopsia en que no se percibe el color rojo.

PRÓTASIS. (l. *protăsis*, y éste del gr. πρότασις; de προτείνω, proponer.) f. Exposición o primera parte del poema dramático. || **2.** Ret. Primera parte del período en que queda pendiente el sentido que se completa en la segunda, llamada apódosis.

PROTÁTICO, CA. (l. *protaticus*, y éste del gr. προτατικός.) adj. Perteneciente a la prótasis del poema dramático. Dícese principalmente del personaje que figura sólo para hacer la exposición de la obra.

PROTEÁCEO, A. (De *Proteo*, n. p.) adj. Bot. Se aplica a las plantas angiospermas dicotiledóneas, con hojas alternas y dentadas, flores hermafroditas, y fruto con semilla sin albumen. Viven generalmente en Australia. Ú.t.c.s.f. || **2.** f. pl. Bot. Familia de estas plantas.

PROTECCIÓN. (l. *protectio, -ōnis.*) f. Acción y efecto de proteger. || **P.** protecção; **I.** y **F.** protection; **A.** Protektion, Schutz; **It.** protezione; **R.** покровительство.

PROTECCIONISMO. m. Doctrina económica según la cual se protege la agricultura y la industria de un país gravando la importación de productos extranjeros. || **2.** Régimen aduanero fundado en esta doctrina. || **P.** proteccionismo; **I.** protectionism; **F.** protectionnisme; **A.** Schutzzollsystem; **It.** protezionismo; **R.** протекционизм.

PROTECCIONISTA. adj. Partidario del proteccionismo. Ú.t.c.s. || **2.** Perteneciente o relativo al proteccionismo.

★ PROTECTÓGRAFO. m. Maquinilla usada en las casas de banca para corroborar o confirmar las cantidades consignadas en los cheques, con caracteres indelebles.

PROTECTOR, RA. (l. *protector.*) adj. Que protege. Ú.t.c.s. || **2.** Que cuida de los derechos o intereses de una comunidad. Ú.t.c.s. || **P.** e **I.** protector; **F.** protecteur; **A.** Gönner, Beschützer; **It.** protettore; **R.** защитный.

PROTECTORADO. m. Dignidad o cargo de protector y su ejercicio. || **2.** Parte de soberanía que un Estado ejerce

P

sobre un territorio que no ha sido incorporado plenamente al de su país, y que tiene autoridades autóctonas. || **3.** Lugar en que se ejerce dicha soberanía. || **4.** Alta dirección que se reserva al poder público sobre las instituciones de beneficencia particular. || **5.** Conjunto de autoridades que ejercen tal potestad. || **P.** protectorado; **I.** protectorate; **F.** protectorat; **A.** Protektorat, Schutzherrschaft; **It.** protettorato; **R.** протекторат.

PROTECTORÍA. f. Empleo de protector.

PROTECTORIO, RIA. (l. *protectorius.*) adj. Perteneciente o relativo a la protección.

PROTECTRIZ. adj. Forma y terminación femenina de protector. Ú.t.c.s.

PROTEGER. (l. *protegĕre.*) tr. Amparar, defender. || **P.** proteger; **I.** to protect; **F.** protéger; **A.** Feschützen; **It.** protèggere; **R.** защищать.

PROTEGIDO, DA. (De *proteger.*) m. y f. Favorito, ahijado.

PROTEICO, CA. (De *Proteo.*) adj. Que varía de formas o de ideas. || **2.** Quím. Proteínico.

PROTEÍNA. f. Quím. Albuminoide, substancia gelatinosa que resulta de la acción de la potasa sobre los albuminoides, en la cual se halla la albúmina propiamente dicha.

PROTEÍNICO, CA. (De *proteína.*) adj. Quím. Perteneciente o relativo a las proteínas.

PROTEO. (Por alusión a este dios fabuloso al cual se atribuyó la facultad de poder cambiar de forma a su antojo.) m. fig. Hombre que cambia de opiniones y de afectos con frecuencia.

* PROTEOSA. f. Bioquím. Cualquiera de los derivados solubles de las proteínas, formados mediante digestión de ellas con el jugo gástrico y pancreático, y también por su hidrólisis por un ácido, álcali o fermento.

PROTERVAMENTE. adv. Con tervia.

PROTERVIA. (l. *protervia.*) f. Perversidad, obstinación en la maldad. || **P.** protérvia; **I.** protervity; **F.** méchanceté; **A.** Unverschämtheit; **It.** protervia; **R.** злобное упрямство.

PROTERVIDAD. (l. *protervitas, -ātis.*) f. Protervia.

PROTERVO, VA. (l. *protervus.*) adj. Que tiene protervia. Ú.t.c.s.

PRÓTESIS. (l. *prothĕsis*, y éste del gr. πρόθεσις; de προτίθημι, colocar delante.) f. Cir. Procedimiento con el cual se repara artificialmente la falta de un órgano o parte de él. || **2.** Gram. Adición de una o más letras al principio de un vocablo como en *aquestos* por *estos.* || **—dental.** Odont. Implantación de uno o más dientes, ordinariamente artificiales, por falta de los propios. || **—de parafina.** Cir. Inyección hipodérmica de parafina fundida para establecer el contorno natural de una parte.

PROTESTA. f. Acción y efecto de protestar. || **2.** Promesa con aseveración o atestación. || **3.** For. Declaración jurídica que se hace para mantener un derecho. || **—de mar.** Declaración justificada del que manda un buque, para dejar a salvo su responsabilidad en casos fortuitos. || **P.** protestacão; **I.** protest; **F.** protestation; **A.** Protest; **It.** protesta; **R.** протест.

PROTESTACIÓN. (l. *protestatio, -ōnis.*) f. Protesta. || **—de la fe.** Declaración que hace uno de la verdadera religión o creencia que profesa. || **2.** Fórmula dada por el Concilio de Trento y sumos pontífices para enseñar en público las verdades de la fe católica.

PROTESTANTE. p.a. de protestar. Que protesta. || **2.** adj. Que profesa alguna de las sectas nacidas de la Reforma. Ú.t.c.s. || **3.** Perteneciente a estos herejes.

PROTESTANTISMO. m. Doctrina religiosa de los protestantes. || **2.** Conjunto de ellos. || **P.** protestantismo; **I.** Protestantism; **F.** protestantisme; **A.** Protestantismus; **It.** protestantèsimo; **R.** протестантство.

PROTESTAR. (l. *protestāri.*) tr. Declarar el ánimo que posee uno de ejecutar algo. || **2.** Confesar uno públicamente la fe

o creencia que profesa y en la que desea vivir. || **3.** Com. Hacer el protesto de una letra de cambio. || **4.** intr. Con la prep. *de*, aseverar con firmeza. || **5.** Con la prep. *contra*, negar la validez o legalidad de un acto, tachándolo de vicioso. || **P.** protestar; **I.** to protest; **F.** protester; **A.** protestieren; **It.** protestare; **R.** протестовать.

PROTESTATIVO, VA. adj. Se aplica a lo que protesta o declara una cosa o da testimonio de ella.

PROTESTO. m. Protesta. || **2.** Com. Diligencia hecha bajo fe notarial para que no se dañen los derechos entre las personas que han participado en el giro o en los endosos de una letra de cambio que no ha sido aceptada. || **3.** Com. Testimonio escrito del mismo requerimiento.

PROTÉTICO, CA. (gr. προθετικός.) adj. Gram. Perteneciente o relativo a la prótesis. Así, la *e*, de la palabra *espíritu*, añadida al vocablo latino *spiritus*, se llama protética.

PROTO. (gr. πρῶτος, primero.) Prefijo que indica prioridad, superioridad o preeminencia.

PROTOALBÉITAR. (De *proto* y *albéitar.*) m. Primero entre los albéitares. || **2.** Vocal del protoalbeiterato.

PROTOALBEITERATO. (De *protoalbéitar.*) m. Tribunal en que se examinaban los albéitares para poder ejercer su profesión.

PROTOCLORURO. (De *proto* y *cloruro.*) m. Quím. Cuerpo que resulta combinando el cloro con un radical simple o compuesto, en la menor proporción en que aquél puede combinarse con éstos.

PROTOCOLAR. tr. Protocolizar.

PROTOCOLAR. adj. Relativo al protocolo.

PROTOCOLARIO, RIA. adj. fig. Se aplica a lo que se hace con solemnidad no indispensable pero usual.

PROTOCOLIZACIÓN. f. Acción y efecto de protocolizar.

PROTOCOLIZAR. tr. Incorporar al protocolo una escritura matriz u otro documento que requiera esta formalidad.

PROTOCOLO. (b. l. *protocollum*, y éste del b. gr. πρωτόκολλον, que propiamente significa la primera hoja encolada o pegada; de πρῶτος, primero, y κολλάω, pegar.) m. Ordenada serie de escrituras matrices u otros documentos que un notario o escribano autoriza y custodia. || **2.** Acta o conjunto de actas relativas a un acuerdo, conferencia, etc. || **3.** Por ext., regla ceremonial diplomática o palatina establecida por decreto o por costumbre. || **P.** protocolo; **I.** protocol; **F.** protocole; **A.** Protokoll; **It.** protocollo; **R.** протокол.

* PROTOEVANGELIO. (De *proto* y *evangelio.*) m. Primera promesa de salud mesiánica, hecha por Dios a nuestros primeros padres de un Salvador futuro, o contenida en el capítulo III del Génesis. || **2.** Un evangelio apócrifo, llamado protoevangelio de Santiago.

PROTOHISTORIA. f. Período histórico en que faltan la cronología y los documentos, únicamente basado en la tradición e inducciones; constituye la transición entre la Prehistoria y la Historia propiamente dicha.

PROTOHISTÓRICO, CA. adj. Perteneciente o relativo a la protohistoria.

PROTOMÁRTIR. (De *proto* y *mártir.*) m. El primero de los mártires. Se da dicho nombre a San Esteban por ser el primer mártir cristiano. || **P.** protomártir; **I.** y **F.** protomartyr; **A.** der erste Blutzeuge; **It.** protomàrtire; **R.** первый мученик.

PROTOMEDICATO. m. Tribunal formado por los protomédicos y examinadores, que concedía las licencias para ejercer la medicina. || **2.** Empleo de protomédico o título de tal.

PROTOMÉDICO. (De *proto* y *médico.*) m. Cada uno de los médicos del rey que formaban el tribunal del protomedicato.

PROTÓN. (gr. πρῶτος, primero.) m. Fís. y Quím. Núcleo del átomo de hidrógeno que tiene una carga eléctrica positiva igual numéricamente a la negativa del electrón. Se le considera el elemento generador de todos los demás átomos; de ahí su nombre.

* PROTONEMA. m. Órgano filamentoso

que nace de las esporas de las plantas briofitas, sobre el cual se desarrollan los gametofitos.

PROTÓNICO, CA. (De *pro*, delante, y de *tónico.*) adj. Se dice de la sílaba átona que en el vocablo precede a la tónica.

PROTONOTARIO. (De *proto* y *notario.*) m. Primero de los notarios y jefe de ellos, o que despachaba con el príncipe y refrendaba sus despachos, cédulas y privilegios. || **—apostólico.** Dignidad eclesiástica que el Papa concede a algunos clérigos. || **P.** protonotário; **I.** protonotary; **F.** protonotaire; **A.** Protonotar; **It.** protonotario; **R.** старший, нотарюс.

PROTOPLASMA. (gr. πρῶτος, primero, y πλάσμα, formación.) m. Biol. Substancia formativa de las células, de estructura coloidal y composición química muy compleja. || **P.** e **It.** protoplasma; **I.** protoplasm; **F.** protoplasme; **A.** Zellstoff; Protoplasma; **R.** протоплазма.

PROTOPLASMÁTICO, CA. adj. Biol. y Bot. Perteneciente o relativo al protoplasma.

PROTÓRAX. m. Zool. El primero de los tres segmentos en que se divide el tórax de los insectos.

PROTOSULFURO. m. Quím. Primer grado de combinación de un radical con azufre.

PROTOTIPO. (gr. πρωτότυπος; de πρῶτος, primero, y τύπος, modelo.) m. Original ejemplar o primer molde con que se fabrica una figura u otra cosa. || **2.** fig. El más perfecto ejemplar y modelo de virtud, vicio o cualidad. || **P.** protótipo; **I.** y **F.** prototype; **A.** Vorbild, Urbild; **It.** prototipo; **R.** прототип.

PROTÓXIDO. (De *proto* y *óxido.*) m. Quím. Cuerpo resultante de la combinación del oxígeno con un radical simple o compuesto en su primer grado de oxidación.

PROTOZOARIO, RIA. (gr. πρῶτος, primero, y ζωάριον, animalillo.) adj. Zool. Protozoo.

PROTOZOO. (gr. πρῶτος, primero, y ζῷον, animal.) m. Zool. Dícese de los animales, cuyo cuerpo está formado por una sola célula o por una colonia de células iguales entre sí. Ú.m.c.s. || **2.** m. pl. Zool. Tipo de estos animales.

PROTRÁCTIL. (l. *protractum.*) adj. Dícese de la lengua de algunos animales, especialmente reptiles que puede proyectarse mucho fuera de la boca.

PRO TRIBUNALI. m. adv. l. En estrados y audiencia pública o con toga de juez. || **2.** fig. y fam. Con tono autoritario.

PROTUBERANCIA. (l. *protubĕrans, -antis*, p.a. de *protuberāre*, sobresalir.) f. Prominencia más o menos redonda. || **2.** Astron. Expulsión violenta de gases por encima de la cromosfera solar. || **P.** protuberância; **I.** protuberance; **F.** protubérance; **A.** Protuberanz; **It.** protuberanza; **R.** нарост.

PROTUTOR. (De *pro* y *tutor.*) m. Cargo familiar establecido para intervenir las funciones de la tutela y asegurar su recto ejercicio.

PROVAGAR. (De *pro* y *vagar.*) intr. ant. Proseguir en el camino empezado.

PROVECER. (l. *proficĕre.*) tr. ant. Aumentar.

PROVECTO, TA. (l. *provectus.*) adj. Antiguo, adelantado, que ha aprovechado en una cosa. || **2.** Maduro, entrado en días.

PROVECHAR. (De *provecho.*) tr. ant. Aprovechar.

PROVECHO. (l. *profectus.*) m. Beneficio conseguido de alguna cosa o por algún medio. || **2.** Utilidad o beneficio proporcionado a otro. || **3.** Aprovechamiento en las virtudes, ciencias, artes, etc. || **4.** pl. Utilidades o emolumentos obtenidos fuera del salario. || *Buen* provecho. expr. fig. con que se manifiesta el deseo de que algo sea bueno para la salud o bienestar de uno. Se aplica especialmente a la bebida y comida. || *De* provecho. loc. Dícese de la persona o cosa útil para lo que se intenta. || **P.** proveito; **I.** profit, gain; **F.** profit; **A.** Nutzen, Vorteil; **It.** profitto; **R.** выгода.

PROVECHOSAMENTE. adv. Con provecho.

P

PROVECHOSO, SA. adj. Que causa o es de provecho o utilidad.

PROVEEDOR, RA. m. y f. Persona que abastece de todo lo necesario especialmente a los ejércitos, casas de comunidad, etc. ‖ **P.** provedor; **I.** furnisher; **F.** fournisseur; **A.** Lieferant; **It.** provveditore; **R.** поставщик.

PROVEEDURÍA. f. Cargo y oficio de proveedor. ‖ **2.** Casa en que se guardan y distribuyen las provisiones.

PROVEER. (l. *providēre*.) tr. Prevenir, juntar y preparar todas las cosas necesarias para un fin. Ú.t.c.r. ‖ **2.** Disponer, dar salida a un negocio. ‖ **3.** Dar o conferir un empleo, etc. ‖ **4.** Suministrar lo necesario para un fin. ‖ **5.** For. Dictar un juez o tribunal una resolución o auto judicial. ‖ **6.** f. Exonerar el vientre. ‖ *Para mejor* PROVEER. expr. fig. Fórmula para designar la resolución que el juez o tribunal dicta de oficio, reclamando datos o disponiendo pruebas para fallar con mayor conocimiento de causa. ‖ **P.** prover; **I.** to provide, to furnish; **F.** fournir, pourvoir; **A.** liefern, versehen mit; **It.** provvedere; **R.** снабжать.

PROVEÍDO. (De *proveer*.) m. Resolución judicial interlocutoria o de trámite.

PROVEIMIENTO. m. Acción de proveer.

PROVENA. (l. *propago, -ĭnis*.) f. Mugrón de la vid.

* **PROVENIENCIA.** (De *provenir*.) f. ARGENT. Procedencia, origen, nacimiento.

PROVENIENTE. p.a. de provenir. Que proviene.

PROVENIR. (l. *provenīre*, creer, desenvolverse.) intr. Nacer, proceder, originarse una cosa de otra. ‖ **P.** provir; **I.** to proceed from; **F.** provenir, procéder; **A.** herkommen, abstammen; **It.** provenire; **R.** происходить.

PROVENTO, TA. (l. *proventus*.) p.p. irreg. ant. de provenir. ‖ **2.** m. Producto, renta.

PROVENZAL. adj. Natural de la Provenza. Ú.t.c.s. ‖ **2.** Perteneciente a esta antigua provincia de Francia. ‖ **3.** m. Lengua de oc. ‖ **4.** Lengua de los provenzales. ‖ **P.** y **F.** provençal; **I.** Provençal; **A.** Provenzale; **It.** provenzale; **R.** провансальский.

PROVENZALISMO. m. Vocablo o giro particular de la lengua provenzal.

PROVENZALISTA. com. Persona que cultiva la lengua o literatura provenzal.

PROVERBIADOR. (De *proverbiar*.) Libro o cuaderno en que se anotan sentencias y otras cosas dignas de ser recordadas.

PROVERBIAL. (l. *proverbiālis*.) adj. Perteneciente o relativo al proverbio o que lo incluye. ‖ **2.** Dícese de la frase que expresa un proverbio. ‖ **3.** Muy notorio.

PROVERBIALMENTE. adv. En forma o a modo de proverbio.

PROVERBIAR. intr. fam. Usar mucho de proverbios.

PROVERBIO. (l. *proverbium*.) m. Sentencia, refrán o adagio. ‖ **2.** Superstición consistente en creer que las palabras oídas por casualidad en ciertas noches del año particularmente en la de San Juan anuncian dichas o desdichas. ‖ **3.** Obra dramática que pone en acción un proverbio o refrán. ‖ **4.** pl. Libro de la Sagrada Escritura que contiene sentencias de Salomón. ‖ **P.** provérbio; **I.** proverb; **F.** proverbe; **A.** Sprichwort; **It.** proverbio; **R.** пословица.

PROVERBISTA. com. fam. Persona aficionada a decir, coleccionar o estudiar proverbios.

PROVEZA. (De *provecer*.) f. ant. Provecho.

PROVICERO. m. Vaticinador.

PRÓVIDAMENTE. adj. De manera próvida.

PROVIDENCIA. (l. *providentia*.) f. Disposición anticipada con mira a un fin. ‖ **2.** Disposición que se toma en un suceso para remediar el daño que pueda resultar. ‖ **3.** Por antom., la de Dios. ‖ **4.** fig. Dios mismo ‖ **5.** For. Resolución judicial sobre cuestiones de trámite o peticiones accidentales y sencillas. ‖ *A la* PROVIDENCIA. m. adv. Sin otro amparo que el de Dios. ‖ *Tomar* uno PROVIDENCIA, o *una* PROVIDEN-

CIA. fr. Adoptar una determinación . ‖ **P.** providência; **I.** y **F.** providence; **A.** Vorsehung, Vorschrift; **It.** provvidenza; **R.** предусмотрительность.

PROVIDENCIAL. (l. *providentiālis*.) adj. Perteneciente o relativo a la Providencia.

PROVIDENCIALISMO. m. Doctrina según la cual todo ocurre por disposición de la Divina Providencia.

PROVIDENCIALISTA. adj. Que sigue la doctrina del providencialismo.

PROVIDENCIALMENTE. adv. Providencialmente. ‖ **2.** De modo providencial.

PROVIDENCIAR. tr. Dictar o tomar providencia.

PROVIDENTE. (l. *providens, -entis*.) adj. Avisado, prudente. ‖ **2.** Próvido, prevenido.

PRÓVIDO, DA. (l. *providus*.) adj. Prevenido, cuidadoso, diligente para hacer lo necesario para lograr algo. ‖ **2.** Propicio, benévolo. ‖ **P.** próvido; **I.** provident; **F.** prévoyant; **A.** vorsorglich; **It.** pròvvido; **R.** предусмотрительный.

PROVINCIA. (l. *provincĭa*.) f. Cada una de las divisiones administrativas de un Estado. ‖ **2.** Conjunto de casas o conventos religiosos en determinado territorio. ‖ **3.** CUBA. Gran extensión de terreno. ‖ **P.** província; **I.** y **F.** province; **A.** Provinz, Landschaft; **It.** provincia; **R.** провинция, область.

PROVINCIAL. (l. *provinciālis*.) adj. Perteneciente o relativo a la provincia. ‖ **2.** m. Religioso que tiene el gobierno de todos los conventos o casas de una provincia de la orden.

PROVINCIALA. f. Superiora que en ciertas órdenes religiosas gobierna las casas de una provincia.

PROVINCIALATO. m. Dignidad de provincial o provinciala. ‖ **2.** Tiempo que dura dicha dignidad.

PROVINCIALISMO. (De *provincial*.) m. Predilección por los usos, producciones, etc., de la provincia donde se ha nacido. ‖ **2.** Voz o giro que se usa sólo en una provincia o comarca de un país.

PROVINCIANO, NA. adj. Dícese del habitante de una provincia en contraposición al de la capital. Ú.t.c.s. ‖ **2.** Perteneciente o' relativo a cualquiera de las provincias vascongadas, Álava, Vizcaya y Guipúzcoa, y especialmente esta última. Ú.t.c.s.

PROVISIÓN. (l. *provisio, -ōnis*.) f. Acción y efecto de proveer. ‖ **2.** Prevención de víveres u otras cosas que pueden ser necesarias, para que no se echen de menos. Ú.m. en pl. ‖ **3.** Providencia para conseguir algo. ‖ —**de fondos.** COM. Existencia en poder del pagador del valor de una letra, cheque, etc. ‖ **2.**ª acep.: **P.** provisão; **I.** y **F.** provision; **A.** Vorrat; **It.** provvisione; **R.** запасы.

PROVISIONAL. (De *provisión*.) adj. Dispuesto o mandado interinamente. ‖ **P.** provisório; **I.** provisional, temporary; **F.** provisionnel; **A.** vorläufig; **It.** provvisionale; **R.** временный.

PROVISIONALMENTE. adv. De modo provisional.

PROVISO (AL). (l. *proviso*.) m. adv. Al instante.

PROVISOR. (l. *provīsor*.) m. Proveedor. ‖ **2.** Juez diocesano señalado por el obispo y que posee potestad en causas eclesiásticas. ‖ **3.** COLOM. Garrafón de lata.

PROVISORA. (De *provisor*.) f. En los conventos de religiosas, la que se ocupa de la provisión de la casa o convento.

PROVISORATO. m. Empleo u oficio de provisor. ‖ **2.** Tribunal y oficina del mismo.

PROVISORÍA. f. Provisorato, empleo de provisor. ‖ **2.** En los conventos y otras comunidades lugar destinado a las provisiones.

PROVISTO, TA. p.p. irreg. de proveer.

PROVOCACIÓN. (l. *provocatio, -ōnis*.) f. Acción y efecto de provocar. ‖ **P.** provocação; **I.** y **F.** provocation; **A.** Herausforderung; **It.** provocazione; **R.** кация.

PROVOCADOR, RA. (l. *provocātor*.) adj. Que provoca o irrita a uno para que se enoje. Ú.t.c.s.

PROVOCANTE. p.a. de provocar. Que provoca.

PROVOCAR. (l. *provocāre*.) tr. Excitar, incitar a que uno ejecute algo. ‖ **2.** Irritar a uno para que se enoje. ‖ **3.** Facilitar, ayudar. ‖ **4.** Mover o incitar. ‖ **5.** fam. Vomitar, arrojar por la boca lo contenido en el estómago. ‖ **P.** provocar; **I.** to provoke; **F.** provoquer; **A.** herausfordern; **It.** provocare; **R.** провоцировать.

PROVOCATIVO, VA. (l. *provocativus*.) adj. Que tiene poder para provocar o excitar a ejecutar algo. ‖ **2.** Provocador.

PROXENETA. (l. *proxenēta*, y éste del gr. προξενητής.) com. Alcahuete, persona que prepara a una mujer para usos lascivos con un hombre o lo permite en su casa.

PROXENÉTICO, CA. adj. Perteneciente o relativo al proxeneta.

PROXENETISMO. m. Acto u oficio de proxeneta.

PROXIMAL. adj. ANAT. Se dice de lo que está más próximo al eje del organismo o del arranque de un miembro u otro órgano, por oposición a distal.

PRÓXIMAMENTE. adv. Con proximidad.

PROXIMIDAD. (l. *proxĭmĭtas, -ātis*.) f. Calidad de próximo. ‖ **2.** Cercanía, alrededores. Ú.m. en pl. ‖ **P.** proximidade; **I.** proximity; **F.** proximité; **A.** Nähe; **It.** prossimità; **R.** близость.

PRÓXIMO, MA. (l. *proxĭmus*.) adj. Cercano, que dista poco. ‖ *De* PRÓXIMO. m. adv. Próximamente.

PROYECCIÓN. (l. *proiectio, -ōnis*.) f. Acción y efecto de proyectar. ‖ **2.** Imagen que mediante un foco luminoso se arroja sobre una superficie plana. ‖ **3.** GEOM. Figura que resulta en la superficie, de proyectar en ella todos los puntos de una figura. ‖ **4.** CINEMAT. Acción y efecto de proyectar una película positiva sobre la pantalla. ‖ —**cónica.** GEOM. La que resulta de dirigir todas las líneas proyectantes a un punto de concurso. ‖ —**estereoscópica.** CINEMAT. Proyección cinematográfica de imágenes en relieve. ‖ —**ortogonal.** GEOM. La que resulta de trazar todas las líneas proyectantes perpendiculares en un plano. ‖ **P.** projecção; **I.** y **F.** projection; **A.** Projektion; **It.** proiezione; **R.** проекция.

PROYECTANTE. p.a. de proyectar. Que proyecta. ‖ **2.** adj. GEOM. Se aplica a la línea recta que sirve para proyectar un punto en una superficie.

PROYECTAR. (l. *proiectāre*, intens. de *proiĭcĕre*, arrojar.) tr. Lanzar, dirigir hacia delante o a distancia. ‖ **2.** Idear o disponer un plan y los medios para ejecutarlo. ‖ **3.** Hacer visible sobre un cuerpo o superficie la figura o la sombra de otro. Ú.t.c.r. ‖ **4.** GEOM. Trazar líneas rectas desde todos los puntos de un sólido u otra figura, y ajustándose a ciertas reglas, hasta que encuentren una superficie comúnmente plana. ‖ **2.**ª acep.: **P.** projectar; **I.** to project; **F.** projeter; **A.** entwerfen, planen; **It.** proiettare; **R.** бросать.

PROYECTIL. (l. *proiectum*, supino de *proiĭcĕre*, lanzar.) m. Cualquier cuerpo arrojadizo, como bala, saeta, etc. ‖ —**de cabeza buscadora.** El que, mediante un radar que lleva en su cabeza, va dirigido por el mismo objetivo al que se destina, sea éste fijo o móvil. ‖ —**intercontinental.** El de alcance superior a los 6.000 km. ‖ —**teledirigido.** El que, mediante una emisora en la estación de lanzamiento y un receptor instalado en el mismo proyectil, es accionado comunicando a su trayectoria los ángulos de inclinación adecuada para que dé en su objetivo. ‖ **P.** projectil; **I.** y **F.** projectile; **A.** (Wurf)Geschoss; **It.** proièttile; **R.** снаряд.

PROYECTISTA. com. Persona dada a hacer proyectos y a facilitarlos.

PROYECTO, TA. (l. *proiectus*.) adj. GEOM. Representado en perspectiva. ‖ **2.** m. Planta y disposición que se forma para un tratado o para la ejecución de una cosa importante, anotando todas las circunstancias principales que deben concurrir para su realización. ‖ **3.** Pensamiento de ejecutar algo. ‖ **4.** Conjunto de escritos, dibujos y cálculos hechos para dar idea de cómo ha de ser y cuánto ha de costar una

P obra de arquitectura o de ingeniería. || 2.ª acep.: **P.** projecto; **I.** desing, project, plan; **F.** projet; **A.** Entwurf, Plan; **It.** progetto; **R.** проект.

* **PROYECTOR.** m. Ingenio empleado para lanzar proyectiles. || 2. CINEMAT. Aparato que proyecta las imágenes de una película sobre la pantalla y reproduce los sonidos de la banda sonora. || —**eléctrico.** Fís. Aparato de proyección empleado para iluminar de noche objetos muy distantes, para la telegrafía óptica y para las señales de buques de alta mar.

PROYECTURA. (l. *proiectúra*.) f. ARQ. Vuelo, 9.ª acep.

* **PRU.** m. REP. DOMIN. Cierta bebida fermentada hecha con algunas plantas tropicales.

PRUDENCIA. (l. *prudentia*.) f. Una de las cuatro virtudes cardinales por la que se distingue lo bueno de lo malo, para seguir lo primero o huir de lo segundo. || 2. Templanza, moderación. || 3. Buen juicio. || **P.** prudencia; **I.** prudence; **F.** prudence, sagesse; **A.** Klugheit, Vorsicht; **It.** prudenza; **R.** благоразумие.

PRUDENCIAL. adj. Perteneciente o relativo a la prudencia.

PRUDENCIALMENTE. adj. Según las normas de la prudencia.

* **PRUDENCIAR.** tr. ARGENT. Disimular, pasar por alto, tolerar. || 2. r. AMÉR. Revestirse de prudencia.

PRUDENTE. (l. *prudens, -entis*.) adj. Que obra con prudencia.

PRUDENTEMENTE. adv. Con prudencia y juicio.

PRUEBA. f. Acción y efecto de probar.|| 2. Razón, medio con que se trata de demostrar la verdad o falsedad de una cosa. || 3. Indicio, señal de una cosa. || 4. Ensayo que se hace de algo. || 5. Cantidad pequeña de un género comestible destinado para probar la calidad. || 6. ARIT. Operación que averigua la exactitud de otra ya hecha. || 7. FOR. Justificación de la verdad de los hechos controvertidos en un juicio, por los medios que reconoce la ley por eficaces. || 8. IMPR. Muestra de una composición tipográfica sacada en papel ordinario para corregir las erratas. || 9. Por ext., se llaman así las muestras de grabado y fotografía. || 10. pl. FOR. Probanzas, especialmente las hechas sobre el linaje de uno. || 11. AMÉR. Voltereta. Ú.m. en pl. || 12. AMÉR. Juego de manos. || —**antes de la letra.** GRAB. Prueba tirada por vía de ensayo, cuando aún no se le ha colocado la inscripción que indica lo que el grabado representa. || —**de indicios** o **indiciaria.** FOR. La conseguida por los indicios relacionados con un hecho comúnmente general, que se trata de esclarecer. || —**negativa.** FOTOGR. Imagen obtenida en la cámara obscura en que los claros y obscuros salen invertidos. || —**positiva.** FOTOGR. Última parte de la operación fotográfica en que se obtienen ya las imágenes con sus verdaderas luces y sombras. || —**semiplena.** FOR. Prueba imperfecta o media prueba, como la resultante de un solo testigo, siendo éste de toda excepción. || *A* PRUEBA. m. adv. que denota que una cosa está hecha con perfección. || 2. Entre vendedores, significa que se permite al comprador probar lo que le interesa antes de efectuar la compra. || *A* PRUEBA *de agua, de bomba,* etc. ms. advs. Se dice de lo que por su firmeza es capaz de resistir el agua, las bombas, etc. || *De* PRUEBA. m. adv. con que se explica la firmeza de algo en lo moral y en lo físico. || *Poner a* PRUEBA. fr. Procurar la certidumbre de las condiciones de una persona o cosa. || *Recibir la* PRUEBA. fr. FOR. Abrir el período del juicio en que los interesados han de practicar sus justificaciones. || **P.** e **It.** prova; **I.** proof, trial; **F.** preuve, épreuve; **A.** Probe, Beweis, Prüfung; **R.** проба, доказательство.

* **PRUEBISTA.** (De *prueba*.) m. AMÉR. Gimnasta, volatinero, acróbata.

PRUÍNA. (l. *pruína*.) f. ant. Helada o escarcha.

PRUNA. (l. *prúna*, pl. de *prúnum*.) f. En algunos lugares, ciruela.

PRUNELA. (l. *prúna*, brasa.) adj. QUÍM. V. *Sal* PRUNELA.

PRUNO. (l. *prúnus*, y éste del gr.

προύμνη.) m. En algunas partes, ciruelo.

PRURIGO. (l. *prurigo*, picor, comezón.) m. MED. Afección cutánea que ocasiona picazón caracterizada por pápulas cubiertas frecuentemente de costras negruzcas producidas al rascarse. || **P., I.** y **F.** prurigo; **A.** Juckflechte; **It.** prurigine, prurigo.

PRURITO. (l. *pruritus*.) m. MED. Comezón, picazón. || 2. fig. Deseo persistente y excesivo. || **P.** prurido; **I.** itching; **F.** prurit, démangeaison; **A.** Kitzel, Hautjucken; **It.** prurito; **R.** сыпь, зуд.

PRUSIA. n. p. V. *Azul de* PRUSIA.

PRUSIANO, NA. adj. Natural de Prusia. Ú.t.c.s. || 2. Perteneciente a este país de Europa. || **P.** prusiano; **I.** Prussian; **F.** prussien; **A.** Preusse; **It.** prussiano; **R.** прусский.

PRUSIATO. m. Sal compuesta de ácido prúsico combinado con una base.

PRÚSICO, CA. (De *azul de Prusia*.) adj. V. *Ácido* PRÚSICO.

PSEUDO. (gr. ψεῦδος, falsedad.) adj. Seudo.

PSI. (gr. ψῖ.) f. Vigésima tercera letra del alfabeto griego, equivale a *ps*.

* **PSICANOPSIA.** f. Ceguera mental.

* **PSICASTENIA.** f. Enfermedad mental que se manifiesta en forma de depresión general, ansiedad morbosa y ciertas semejanzas con la neurastenia.

PSICOANÁLISIS. amb. MED. Método de exploración o tratamiento de ciertas enfermedades nerviosas o mentales creado y desarrollado por Freud, basado en el análisis retrospectivo de las causas morales y afectivas que determinan el estado morboso que puede haber sido determinado por tendencias del subconsciente reprimidas. || 2. Doctrina que sirve de base a este tratamiento.

* **PSICODRAMA.** m. Comedia dramática no ensayada, sino más bien desarrollada en forma espontánea en la que un individuo representa un papel en una situación que es reflejo de la vida real, con la colaboración de uno o más participantes o sin ella. Se utiliza con fines terapéuticos.

PSICOFÍSICA. f. Ciencia que trata de las manifestaciones físicas o fisiológicas que acompañan a los fenómenos psicológicos.

* **PSICOFISIOLOGÍA.** (De la combinación de *psicología* y *fisiología*.) f. Estudio de las relaciones del alma y el cuerpo.

PSICOLOGÍA. (gr. ψυχή, alma, y λόγος, tratado, doctrina.) f. Parte de la filosofía, que trata del alma y de sus facultades y operaciones. || 2. Por ext., todo lo que atañe al espíritu. || 3. Manera de sentir de una persona o pueblo. || 4. Hablando de pueblos o naciones, la síntesis de sus caracteres morales o espirituales. || **P.** psicologia; **I.** psychology; **F.** psychologie; **A.** Psychologie; **It.** psicologìa; **R.** психология.

PSICOLÓGICO, CA. adj. Perteneciente al alma.

PSICÓLOGO. m. El que profesa la psicología o posee especiales conocimientos de ella. || **P.** psicólogo; **I.** psychologist; **F.** psychologue; **A.** Psychologe, Seelenforscher; **It.** psicòlogo; **R.** психолог.

* **PSICOMETRÍA.** (De *psicómetro*.) f. Medida de la actividad intelectual cuyos resultados se expresan por una cantidad.

PSICÓPATA. (gr. ψυχή, alma, y πάθος, dolencia.) com. MED. Persona que padece enfermedades mentales.

PSICOPATÍA. (gr. ψυχή, alma, y πάθη, dolencia.) f. Enfermedad mental.

PSICOSIS. f. MED. Enfermedad mental en general. || —**de guerra.** Estado de ánimo provocado por el temor a una guerra que se cree inminente. || —**maniaco-depresiva.** Forma de perturbación mental caracterizada por las alternativas de excitación y depresión.

° **PSICOTECNIA.** f. Rama de la psicología aplicada que valora las aptitudes físicas y mentales de los individuos, a partir de las reacciones psicológicas y motrices que promueven apropiados tests.

PSICOTERAPIA. f. MED. Tratamiento de las enfermedades, especialmente nerviosas y mentales, por medios psíquicos como la persuasión, la sugestión, etc.

* **PSICRÓFILO, LA.** adj. Amante del

frío. Se aplica a las bacterias que tienen máximo desarrollo entre temperaturas de 15 a 20 °C.

PSICRÓMETRO. (gr. ψυχρός, frío, y μέτρον, medida.) m. Fís. Higrómetro compuesto de dos termómetros, uno de los cuales con la bola humedecida con agua, y por la comparación de las temperaturas indicadas en ellos se calcula el grado de humedad del aire.

* **PSICROTERAPIA.** f. MED. Tratamiento de las enfermedades por el frío.

* **PSILOFITAS.** adj. f. pl. Dícese de unas plantas que se desarrollaron en el Devónico inferior y que por su estructura y organización pueden considerarse anfibias. Se las tiene por las progenitoras de los helechos. Vivían en la zona de transición entre la tierra y el mar.

* **PSILOSIS.** f. Caída del cabello. || 2. Enfermedad crónica de los países cálidos, caracterizada principalmente por diarrea y estomatitis.

PSIQUÍATRA (PSIQUIATRA). m. MED. Médico especialista en psiquiatría.

PSIQUIATRÍA. (gr. ψυχή, alma, y ιατρεία, curación.) f. Ciencia que trata de las enfermedades mentales. || **P.** psiquiatria; **I.** psychiatry; **F.** psychiatrie; **A.** Seelenheilkunde; **It.** psichiatria; **R.** психиатрия.

PSÍQUICO, CA. (l. *psychicus*, y éste del gr. ψυχικός, de ψυχή, alma.) adj. Relativo o perteneciente al alma.

PSITÁCIDA. (gr. ψιττακός, papagayo.) adj. ZOOL. Se dice de unas prensoras, casi todas originarias de países tropicales, de pico corto y encorvado y plumaje de vivos colores. Ú.t.c.s.f. || 2. f. pl. ZOOL. Familia de estas aves.

PSITACISMO. (gr. ψιττακός, papagayo.) m. Método de enseñanza basado exclusivamente en el ejercicio de la memoria.

PSITACOSIS. (gr. ψιττακός, papagayo.) f. MED. Enfermedad infecciosa propia de loros y papagayos, de los que puede transmitirse al hombre.

* **PTERIDOFITAS.** f. BOT. Criptógamas vasculares, plantas de generación alternante, asexuada una y sexuada otra.

PTERODÁCTILO. (gr. πτερόν, ala, y δάκτυλος, dedo.) m. Reptil fósil, volador, como lo indica el excesivo desarrollo del pulgar de las extremidades torácicas, el cual sostendría una piel que llegaría hasta el tarso de las abdominales.

* **PTERÓPODOS.** adj. m. pl. Dícese de unos moluscos nadadores de alta mar y cuyos caparazones contribuyen a la formación de capas calizas de los fondos marinos.

¡PU! interj. ¡Puf!

PÚA. (De *puya*.) f. Cuerpo delgado, que acaba en punta aguda. || 2. Vástago de un árbol que se injerta en otro. || 3. Diente de un peine. || 4. Cada uno de los pinchos de alambre de la carda. || 5. Chapa triangular de carey, empleada para tocar la bandurria o la guitarra. || 6. Cada uno de los pinchos o espinas del erizo, puerco espín, etc. || 7. Hierro del trompo. || 8. fig. Causa moral de sentimiento o pesadumbre. || 9. fig. y fam. Persona sutil y astuta, y frecuentemente taimada. || 10. P. RICO, CHILE y ARGENT. Espolón del gallo y también de otras aves. Ú.m. en pl. || *Saber una cuántas* PÚAS *tiene un peine.* fr. fig. y fam. Ser bastante astuto y cuidadoso en los negocios para no dejarse engañar. || *Sacar la* PÚA *al trompo.* fr. fig. y fam. Averiguar a fuerza de diligencias el origen, causa o significado de una cosa. || **P.** pua; **I.** prickle, tine; **F.** pointe; **A.** Stachel, Zinken; **It.** spina, pungiglione, rebbio; **R.** острие, жало, шип.

PUADO. m. Conjunto de las púas de un peine o de cualquier otra cosa que las tenga.

PUAR. tr. Hacer púas en un peine u otro objeto que deba tenerlas. || 2. ARGENT. Herir un trompo con la púa de otro.

PÚBER, RA. (l. *puber*.) adj. Que ha llegado a la pubertad. Ú.t.c.s. || **P.** púbere; **I.** pubescent; **F.** pubère; **A.** geschlechtsreif; **It.** pùbere; **R.** возмужалый.

PÚBERO. adj. Púber. Ú.t.c.s.

PUBERTAD. (l. *pubertas, -átis*.) f. Época de la vida en que comienza a ma-

P

nifestarse la aptitud para la procreación. || **P.** puberdade; **I.** puberty; **F.** pubertät; **A.** Pubertät; **It.** pubertà; **R.** половая зрелость.

PUBES. (l. *pubes*.) m. ZOOL. Pubis.

PUBESCENCIA. (l. *pubescens, -entis*, pubescente.) f. Pubertad.

PUBESCENTE. (l. *pubescens, -entis*.) p.a. de pubescer. Que pubesce. || **2.** adj. BOT. Velloso, que tiene vello.

PUBESCER. (l. *pubescĕre*, cubrirse de vello.) intr. Llegar a la pubertad.

PUBIANO, NA. adj. Perteneciente al pubis.

PUBIS. (l. *pubes* y *pubis*.) m. Parte inferior del vientre que en la especie humana se cubre de vello a la pubertad. || **2.** ZOOL. Hueso que en los mamíferos adultos se une al ilion y al isquion para formar el inominado. || **P.** e **It.** pube; **I.** y **F.** pubis; **A.** Schambogen; **R.** лобок.

PÚBLICA. f. En algunas universidades, acto público que se tenía antes del ejercicio secreto para recibir el grado mayor.

PUBLICACIÓN. (l. *publicatio, -ōnis*.) f. Acción y efecto de publicar. || **2.** Obra literaria o artística publicada. || **P.** publicação; **I.** y **F.** publication; **A.** Veröffentlichung; **It.** pubblicazione; **R.** объявление, издание.

PUBLICADOR, RA. (l. *publicātor*.) adj. Que publica. Ú.t.c.s.

PÚBLICAMENTE. adv. De un modo público.

PUBLICANO. (l. *publicānus*.) m. Entre los romanos, arrendador de los impuestos o rentas públicas y de las minas del Estado.

PUBLICAR. (l. *publicāre*.) tr. Hacer patente una cosa de modo que llegue a noticia de todos. || **2.** Hacer patente y manifiesto al público una cosa. || **3.** Revelar lo que estaba oculto y se debía callar. || **4.** Correr las amonestaciones para el matrimonio y las órdenes sagradas. || **5.** Difundir un escrito, estampa, etc., por medio de la imprenta u otro procedimiento similar. || **P.** publicar; **I.** to publish; **F.** publier; **A.** veröffentlichen; **It.** pubblicare; **R.** обнародовать.

PUBLICATA. (l. *publicāta*, publicada.) f. Despacho que se da para que se publique, a uno que se ha de ordenar. || **2.** Certificación de haberse publicado.

PUBLICIDAD. f. Calidad o estado de público. || **2.** Conjunto de medios empleados para divulgar las noticias. || **3.** Propaganda comercial. || **P.** publicidade; **I.** publicity; **F.** publicité; **A.** Publizität, Öffentlichkeit; **It.** pubblicità; **R.** гласность, публичность.

PUBLICISTA. com. Autor que escribe del derecho público, o persona muy versada en esta ciencia. || **2.** Persona que escribe para el público, ordinariamente de varias materias. || **P.** publicista; **I.** publicist; **F.** publiciste; **A.** Publizist; **It.** pubblicista; **R.** публицист.

PUBLICITARIO, RIA. adj. Perteneciente o relativo a la publicidad utilizada con fines comerciales.

PÚBLICO, CA. (l. *publicus*.) adj. Notorio, sabido por todos. || **2.** Vulgar, común, notado de todos. || **3.** Dícese de la potestad o jurisdicción para hacer algo, como contrapuesto a lo privado. || **4.** Perteneciente a todo el pueblo. || **5.** m. Común del pueblo o ciudad. || **6.** Conjunto de personas que participan de unas mismas aficiones o que concurren en determinado lugar. || **7.** Conjunto de personas reunidas en lugar determinado para asistir a un espectáculo o cosa semejante. || *De* PÚBLICO. m. adv. Públicamente. || *En* PÚBLICO. m. adv. A la vista de todos. || *Sacar al* PÚBLICO una cosa. fr. fig. Publicarla. || **P.** público; **I.** y **F.** public; **A.** öffentlich; **It.** pùbblico; **R.** общественный.

★ **PUCA.** adj. pop. ECUAD. Barbirrojo.

★ **¡PUCA!** interj. ARGENT. ¡Caramba!

★ **PUCARÁ.** m. CHILE. Fortín, fuerte pequeño utilizado en la época de la conquista.

PUCELA. (l. *pullicella*, d. de *pullus*, niño.) f. ant. Doncella, 1.ª acep.

PUCELANA. f. Puzolana.

PUCIA. f. Vaso farmacéutico que servía para elaborar algunas infusiones y cocimientos que habían de hacerse en vaso cerrado.

★ **PUCUCHO, CHA.** adj. ECUAD. Hueco.

★ **PUCHA.** f. CHILE. Ramillete de flores. || **2.** COLOM. Cuarta parte de un cuartillo. || ¡PUCHA! interj. fam. R. DE LA PLATA. Se emplea para expresar sorpresa.

PUCHADA. f. Cataplasma que se hace con harina desleída a modo de puches. || **2.** Especie de gachas de salvado o de harina de centeno o de habas que se dan para que engorden los cerdos.

★ **PUCHADA.** f. AMÉR. MERID. Acción de chupar el cigarro.

★ **PUCHCA.** f. ECUAD. Entre los indios, desgracia.

★ **PUCHEADA.** f. BOL. La segunda hoja de la coca, de la que se obtiene la cocaína.

PUCHERA. (l. *[olla] pultaria*.) f. fam. Olla, cocido.

PUCHERAZO. n. Golpe dado con un puchero. || *Dar* PUCHERAZO. fr. fig. y fam. Computar votos no emitidos en una elección.

PUCHERETE. m. d. de puchero.

★ **PUCHERIENTO, TA.** adj. CHILE. Que hace pucheros o gestos para empezar a llorar. || **2.** fig. y fam. CHILE. Melindroso en el comer.

PUCHERO. (l. *pultārius*.) m. Vasija de barro vidriado o sin vidriar o de hierro fundido y esmaltado que se usa para cocer la comida. || **2.** Olla, cocido. || **3.** fig. y fam. Alimento diario. || **4.** fig. y fam. Gesto que precede al llanto. || **—de enfermo.** El hecho sin ingredientes que puedan perjudicar al enfermo. || *Empinar el* PUCHERO. fr. fig. y fam. Tener con qué vivir decentemente. || *Oler a* PUCHERO *de enfermo.* fr. fig. y fam. con que se da a entender el desprecio de las mujeres solteras a los obsequios de los hombres casados. || **2.** fig. y fam. Ser algo muy sabido y despreciable. || *Salírsele a uno el* PUCHERO. fr. fig. y fam. Fallarle el plan o el propósito. || **P.** panela; **I.** pot; **F.** pot-au-feu; **A.** (Koch)-Topf; **It.** pèntolo; **R.** чугунок.

★ **PUCHERO.** (De *pucho*, colilla.) m. PERÚ. Colilero.

PUCHERUELO. m. d. de puchero.

PUCHES. (l. *puls, pultis*.) amb. pl. Gachas, harina cocida.

★ **PUCHICHE.** m. BOL. Fangal. || **2.** Forúnculo, divieso. || **2.** BOL. fig. Persona molesta.

★ **PUCHINGAJOS.** m. pl. CUBA. Adornos extravagantes y ridículos.

★ **PUCHITO.** AMÉR. Un poquito, una nonada.

PUCHO. m. Punta o colilla de cigarro. || *A* PUCHOS. m. adv. CHILE y ARGENT. Por pequeñas cantidades. || *Encender el* PUCHO. fr. ARGENT. Lograr una nueva ventaja apenas conseguida otra. || *No valer un* PUCHO. fr. CHILE y COLOM. No valer nada, no valer un comino. || *Sobre el* PUCHO. m. adv. BOL. y ARGENT. En seguida, al instante.

★ **PUCHTECO.** (mejic. *pochtecatl*, mercader.) m. MÉJ. Buhonero indio que va con un huacal a cuestas.

★ **PUCHUCACHA.** f. BOT. PERÚ. Vinagrillo, planta oxalídea americana, cuyos tallos segregan un jugo ácido.

★ **PUCHUELA.** (De *pucho*.) f. ECUAD. y PERÚ. Cosa insignificante.

★ **PUCHUNGO, GA.** m. y f. P. RICO. Término de cariño. || **2.** m. VENEZ. Hombre afeminado.

★ **PUCHUSCO, CA.** (De *pucho*.) m. y f. CHILE. El hijo menor de una familia.

PUDELACIÓN. f. Acción y efecto de pudelar.

PUDELAR. (ingl. *to puddle*, enlodar.) tr. Hacer dulce el hierro colado, quemando parte de su carbono en hornos de reverbero. || **P.** pudelar; **I.** to puddle; **F.** puddler; **A.** puddeln; **It.** puddellare; **R.** пудлинговать.

PUDENDO, DA. (l. *pudendus*.) adj. Torpe, feo, que debe causar vergüenza. || *Partes* PUDENDAS. Las partes u órganos de la generación.

PUDIBUNDEZ. (De *pudibundo*.) f. Exageración o afectación del pudor.

PUDIBUNDO, DA. (l. *pudibundus*.) adj. Pudoroso.

PUDICICIA. (l. *pudicitia*.) f. Virtud consistente en guardar honestidad en acciones y palabras.

PÚDICO, CA. (l. *pudīcus*.) adj. Honesto, casto.

PUDIENTE. (l. *potens, -entis*.) adj. Poderoso, rico. Ú.t.c.s.

PUDINGA. f. GEOL. Conjunto conglomerado de almendrillas.

PUDIO. (l. *putĭdus*, hediondo.) adj. Se dice del pino negral.

PUDOR. (l. *pudor, -ōris*.) m. Honestidad, recato. || **P.** pudor; **I.** pudicity, bashfulness; **F.** pudeur; **A.** Scham, Züchtigkeit; **It.** pudore; **R.** скромность.

PUDOROSO, SA. (l. *pudorōsus*.) adj. Lleno de pudor. || **P.** pudibundo; **I.** bashful; **F.** pudique; **A.** schamhaft; **It.** pudibondo; **R.** застенчивый.

PUDREDUMBRE. (De *pudrir*.) f. ant. Podredumbre.

PUDRICIÓN. (De *pudrir*.) f. Putrefacción. || **—roja.** Tabaco, cierta enfermedad de los árboles.

PUDRIDERO. m. Lugar en que se coloca algo para que se pudra. || **2.** Cámara destinada a los cadáveres antes de colocarlos en el panteón.

PUDRIDOR. (De *pudrir*.) m. Pila en que se ponía el trapo desguinzado en las fábricas de papel.

PUDRIGORIO. (De *pudrir*.) m. fam. Podrigorio.

PUDRIMIENTO. (De *pudrir*.) m. Putrefacción.

PUDRIR. (l. *putrīre*, por *putrēre*.) tr. Resolver algo en podre, corromperlo. Ú.t.c.r. || **2.** fig. Consumir, molestar, causar suma impaciencia. Ú.t.c.r. || **3.** intr. Haber muerto, estar sepultado. || **P.** apodrecer; **I.** to rot; **F.** pourrir; **A.** verfaulen; **It.** putrire, putrefare; **R.** гнить.

PUDÚ. (arauc. *pudu*.) m. CHILE. Especie de cabra montés. El macho está provisto de cuernos pequeños y rectos.

PUEBLA. (De *poblar*.) f. ant. Población, pueblo, lugar. || **2.** Siembra que hace el hortelano de cada género de verduras y legumbres.

★ **PUEBLADA.** f. ARGENT. Pueblo de indios.

PUEBLE. (De *poblar*.) m. MIN. Conjunto de operarios que concurren al laboreo de una mina.

PUEBLERINO, NA. adj. Lugareño.

★ **PUEBLERO, RA.** adj. AMÉR. Habitante de un pueblo o ciudad en contraposición al campesino. Ú.m.c.s. || **2.** R. DE LA PLATA. Petimetre, lechuguino.

PUEBLO. (l. *populus*.) m. Población más o menos importante. || **2.** Población pequeña. || **3.** Conjunto de personas de una región o país. || **4.** Gente común y humilde de una ciudad. || **5.** Nación, conjunto de habitantes de un país regido por el mismo gobierno. || **2.ª** acep.: **P.** povo, aldeia; **I.** y **F.** village; **A.** Dorf; **It.** villaggio; **R.** поселение. || **5.ª** acep.: **P.** povo; **I.** people, population; **F.** peuple; **A.** Volk; **It.** pòpolo; **R.** народ.

PUELCHE. (arauc. *puel*, oriente, y *che*, persona.) m. CHILE. Indígena de la parte oriental de la cordillera de los Andes. || **2.** CHILE. Viento que sopla de la cordillera de los Andes hacia poniente.

PUENTE. (l. *pons, pontis*.) amb. Fábrica de piedra, cemento, hierro, etc. que se construye sobre los ríos, fosos, etc. para poderlos pasar. || **2.** Suelo de tablas sobre barcas u otros cuerpos flotantes para pasar un río. || **3.** Tablilla colocada perpendicularmente en la tapa de los instrumentos de arco para sostener levantadas las cuerdas. || **4.** Cordal o pieza donde se atan las cuerdas de un instrumento. || **5.** Cada una de las barras o palos horizontales que aseguran la parte superior de carros y galeras. || **6.** Conjunto de dos maderos horizontales en que se sujeta el peón de la noria. || **7.** ODONT. Pieza que emplean los dentistas para sujetar en los dientes naturales los artificiales. || **8.** ARQ. Madero colocado horizontalmente entre otros dos, verticales o inclinados o entre un madero y una pared. || **9.** MAR. Cada una de las cubiertas que llevan batería en los buques de guerra. || **10.** Plataforma estrecha y con baranda que va de banda a banda a cierta altura sobre cubierta y desde la cual el oficial de guardia comunica sus órdenes. || **—cerril.** El que es estrecho y sirve para pasar el ganado suelto. || **—colgante.** El sostenido por cables o cadenas metálicas. || **—de barcas.** El tendido sobre cuerpos flotantes como barcas, etc. || **—de los asnos.** fig. y fam. Aquella dificultad que se encuentra en una ciencia u otra cosa y que desanima para pasar adelante. || **—de Varolio.** ANAT. Órgano colocado en la parte inferior del encéfalo y sirve de conexión entre el cerebro, el cerebelo y la medula oblonga. || **—transbordador.** El que soporta un carro del cual va colgada la barquilla transbordadora. || *Calar el* PUENTE. fr. Bajar el puente levadizo para pasar por él. || *Hacer la* PUENTE *de plata* a uno. fr. fig. Allanarle las dificultades. || *Hacer* PUENTE. fr. fig. Considerar como festivo el día intermedio entre dos que lo son realmente. || *Por la* PUENTE, *que está seco.* expr. fig. y fam. con que se aconseja la elección del partido más seguro. || **P.** e **It.** ponte; **I.** bridge; **F.** pont; **A.** Brücke; **R.** мост.

PUENTECILLA. (d. de *puente.*) f. Puente de los instrumentos de cuerda.

PUENTEZUELA. f. d. de puente.

PUERCA. (l. *porca.*) f. Hembra del puerco. || **2.** Cochinilla, pequeño crustáceo que se cría en lugares húmedos. || **3.** Escrófula. || **4.** Pieza del pernio o gozne en que se halla el anillo. || **5.** Caballón. || **6.** fig. y fam. Mujer desaliñada y sucia. Ú.t.c.adj. || **7.** fig. y fam. Mujer grosera y descarada. Ú.t.c.adj. || **8.** fig. y fam. Mujer ruin, venal. Ú.t.c.adj. || **9.** ART. y OF. Plancha de acero que sirve de cojinete a la rueda de abrillantar. || **P.** porca; **I.** sow; **F.** truie; **A.** Zuchtsau; **It.** troia; **R.** свинья (самка).

PUERCAMENTE. adv. fam. Con suciedad. || **2.** fig. y fam. Con grosería, sin crianza.

PUERCO. (l. *porcus.*) m. Cerdo, paquidermo doméstico, suideo, de cabeza grande, cuerpo muy grueso con cerdas fuertes y ralas que se cría para aprovechar su carne y grasa. || **2.** fig. y fam. Hombre desaliñado y sucio. Ú.t.c.adj. || **3.** fig. y fam. Hombre grosero, sin cortesía. Ú.t. c.adj. || **4.** fig. y fam. Hombre ruin, interesado. Ú.t.c.adj. || **5.** MONT. Jabalí. || **6.** AMÉR. Coendú, mamífero roedor del Brasil. || **—espín** o **espino.** Mamífero roedor que habita en el norte de África, de cuerpo rechoncho; es animal nocturno, tímido y desconfiado, se alimenta de raíces y frutos, y cuando lo persiguen, gruñe como el cerdo. || **2.** FORT. Madero grueso guarnecido de púas de hierro. || **—montés** o **salvaje.** EL SALV. Jabalí. || *A cada* PUERCO *le llega,* o *le viene su San Martín.* ref. con que se denota que no hay a quien no le llegue la hora de la tribulación. || *Al más ruin* PUERCO, *la mejor bellota.* ref. que advierte que las más de las veces logran los bienes terrenales los que menos lo merecen. || *Al* PUERCO *y al yerno mostrarle la casa, que él vendrá luego.* ref. que enseña la facilidad con que se hacen las cosas en que se encuentra gusto o interés. || *Comeréis* PUERCO *y mudaréis acuerdo.* ref. que significa que el que usa cosas nocivas pronto se arrepentirá. || *El* PUERCO *sarnoso revuelve la pocilga.* ref. con que se da a entender que en toda sociedad los más indignos suelen ser los más quejosos y los más díscolos. || PUERCO *fiado gruñe todo el año.* ref. que indica lo trabajoso que es verse uno adeudado, por la molestia continua de los acreedores. || **P.** e **It.** porco; **I.** hog; **F.** cochon; **A.** Schwein; **R.** боров.

PUERICIA. (l. *puerĭtia.*) f. Edad del hombre que media entre la infancia y la adolescencia.

PUERICULTOR, RA. m. y f. Persona dedicada al estudio y práctica de la puericultura.

PUERICULTURA. (l. *puer,* niño, y *cultūra,* cultivo.) f. Conjunto de conocimientos y prácticas encaminados a procurar el desarrollo normal del niño desde el punto de vista biológico, psíquico, etc., durante los primeros años de la infancia. || **P.** e **It.** puericultura; **I.** puericulture; **F.** puériculture; **A.** Kindererziehung; **R.** обучениедетей.

PUERIL. (l. *puerīlis.*) adj. Perteneciente o relativo al niño o a la puericia. || **2.** fig. Fútil, infundado. || **3.** ASTROL. Se dice del cuadrante vernal u oriental. || **P.** pueril; **I.** e **It.** puerile; **F.** puéril; **A.** knabenhaft; **R.** ребяческий.

PUERILIDAD. (l. *puerilĭtas, -ātis.*) f. Calidad de pueril. || **2.** Hecho o dicho propio de niño o que parece de niño. || **3.** fig. Cosa poco apreciable.

PUERILMENTE. adv. De modo pueril.

PUÉRPERA. (l. *puerpĕra.*) f. Mujer recién parida.

PUERPERAL. adj. Relativo al puerperio. || **2.** Se dice de la fiebre que sufren algunas mujeres después del parto.

PUERPERIO. (l. *puerperĭum.*) m. Sobreparto, tiempo que sigue inmediatamente al parto.

PUERQUEZUELO, LA. m. y f. d. de puerco.

PUERRO. (l. *porrum.*) m. Planta herbácea anual, liliácea; se cultiva en el huerto porque el bulbo de la raíz es apreciado como condimento. || **—silvestre.** Planta de la misma familia semejante a ella pero de hojas semicilíndricas. Es común en los terrenos incultos de España. || **P.** e **It.** porro; **I.** leek; **F.** porreau, poireau; **A.** Lauch, Porree; **R.** порей.

PUERTA. (l. *porta.*) f. Vano de forma regular abierto a la pared, verja, etc. que sirve para entrar y salir. || **2.** Armazón de madera, hierro u otra materia, que engoznada o colocada en el quicio y asegurada con llave, cerrojo, etc., sirve para impedir la entrada y salida. || **3.** Cualquier agujero que sirve de entrada y salida, como en las cuevas. || **4.** Tributo de entrada en algunas poblaciones. Ú.m. en pl. || **5.** fig. Camino o principio para entablar una pretensión u otra cosa. || **—abierta.** Régimen de franquicia o igualdad aduanera impuesto a ciertos pueblos atrasados para conciliar intereses de otras potencias. || **—accesoria.** La que sirve en el mismo edificio que tiene otras principales. || **—cochera.** Aquella por donde entran y salen los carruajes. || **—excusada** o **falsa.** La accesoria que sale a un paraje excusado. || **—franca.** Entrada o salida libre para todos. || **2.** Exención de pago de derechos para algunos artículos de consumo. || **—reglar.** Aquella por donde se entra a la clausura de las monjas. || **—secreta.** Puerta falsa. || **2.** La colocada tan oculta que sólo la pueden usar quienes conocen su secreto. || **—trasera.** fig. La colocada en la fachada opuesta a la principal. || **—vidriera.** La que tiene vidrios en lugar de tableros para dar luz a las habitaciones. || *Sublime* PUERTA. Nombre dado al Estado y Gobierno turcos en tiempo de los sultanes. || *Abrir la* PUERTA o PUERTA. fr. fig. Facilitar una cosa. || *A cada* PUERTA *su dueña.* ref. que denota el cuidado con que deben guardarse algunas cosas. || *A otra* PUERTA, *que ésta no se abre.* expr. fig. con que se despide a uno, negándole lo que pide. || *A* PUERTA *cerrada.* m. adv. fig. En secreto. || **2.** FOR. Se dice de los juicios y vistas en que por motivos de honestidad, orden público, etc. sólo se admite la presencia de las partes, sus representantes y sus defensas. || *A* PUERTA *cerrada, el diablo se vuelve.* ref. con que se enseña el cuidado que debe ponerse en evitar las malas ocasiones. || *A* PUERTAS *cerradas.* m. adv. fig. Hablando de testamentos, se aplica a los que envían la herencia a uno sin exceptuar nada. || *Cerrar* uno *la* PUERTA. fr. fig. Dificultar extraordinariamente o hacer imposible alguna cosa. || *Cerrársele* a uno *todas las* PUERTAS. fr. fig. Faltarle todo recurso. || *Cuando una* PUERTA *se cierra, ciento se abren.* ref. con que se consuela a los que sufren desgracias, indicándoles que después de las desventuras suelen llegar las dichas. || *De* PUERTA *en* PUERTA. m. adv. fig. Mendigando. || *Detrás de la* PUERTA. expr. fig. y fam. con que se pondera la facilidad de hallar algo. || *En* PUERTA. m. adv. que designa el primer naipe que aparece al volver la baraja. || *Enseñarle* a uno *la* PUERTA *de la calle.* fr. fig. y fam. Despedirle de casa. || *Entrarse* uno *por las* PUERTAS de otro. Entrar sin ser llamado, regularmente para pedirle algo, o acompañarle en una desgracia. || *Entrársele* a uno *por las* PUERTAS una persona o cosa. fr. Venírsele a casa u ocurrirle cuando menos lo esperaba. || *Estar,* o *llamar a la* PUERTA, o *a las* PUERTAS una cosa. fr. fig. Estar cercana a que ocurra. || *Llamar a las* PUERTAS de uno. fr. fig. Implorar favor. || *Poner* PUERTAS *al campo.* fr. fig. y fam. con que se da a entender la imposibilidad de poner límites a lo que no los admite. || *Por* PUERTAS. m. adv. fig. En suma pobreza. Ú.m. con los verbos *dejar* y *quedarse.* || *Salir* uno *por la* PUERTA *de los carros,* o *de los perros.* fr. fig. y fam. Huir precipitadamente por temor a un castigo. || **2.** fig. y fam. Ser despedido con malas razones. || *Tomar* uno *la* PUERTA. fr. Marcharse de una casa o de otro local. || **P.** e **It.** porta; **I.** door; **F.** porte; **A.** Tür, Pforte; **R.** дверь.

* **PUERTAFEREAR.** tr. CHILE. Despedir a uno de casa.

PUERTAVENTANA. (De *puerta* y *ventana.*) f. Contraventana.

* **PUERTECALLERA.** adj. CHILE. Dícese de la mujer ociosa y aficionada a estar a la puerta de calle para ver y ser vista. Ú.t.c.s.

PUERTEZUELA. f. d. de puerta.

PUERTEZUELO. m. d. de puerto.

PUERTO. (l. *portus.*) m. Lugar de la costa defendido de los vientos, seguro donde las naves pueden hacer las operaciones de carga y descarga. || **2.** Garganta que da paso entre montañas. || **3.** Por ext., montaña o cordillera con una o varias gargantas de paso. || **4.** En algunos lugares, presa o estacada de céspedes, leña, etc., para hacer subir el agua de un río. || **5.** fig. Asilo, amparo. || **6.** GERM. Posada o venta. || **7.** pl. En el Concejo de la Mesta, pastos de verano. || PUERTO *de arrebatacapas.* fig. y fam. Cualquier lugar por donde corren vientos impetuosos. || **2.** fig. y fam. Lugar donde, por la confusión y el desorden, hay peligro de rapiñas. || **—franco.** Zona portuaria destinada a recibir depósitos francos. || **—seco.** Lugar de las fronteras en que se halla una aduana. || *Agarrar un barco el* PUERTO. fr. fig. MAR. Llegar a él tras muchas dificultades para conseguirlo. || *De* PUERTOS *allende.* loc. Se dice del territorio situado más allá de una sierra. || *De* PUERTOS *aquende.* loc. Dícese del territorio situado más acá de una cordillera. || *Naufragar* uno *en un* PUERTO. fr. fig. Ver arruinados sus proyectos cuando más seguros los creía. || *Tomar* PUERTO. fr. Arribar a él. || **2.** fig. Refugiarse en alguna parte huyendo de alguna persecución o desgracia. || **P.** e **It.** porto; **I.** harbour; **F.** port; **A.** Hafen; **R.** порт.

° **PUERTORRIQUEÑISMO.** m. Locución, giro o modo de hablar propio y peculiar de los puertorriqueños.

PUERTORRIQUEÑO, ÑA. adj. Natural de Puerto Rico. Ú.t.c.s. || **2.** Perteneciente o relativo a la isla de este nombre.

PUES. (l. *post.*) conj. causal que denota causa o motivo. || **2.** A veces tiene carácter condicional. || **3.** Es también continuativa. *Repito,* PUES, *que sólo hace lo que debe.* || **4.** Se emplea también como ilativa. *¿No quieres escucharme?* PUES *te arrepentirás.* || **5.** Con interrogación, se emplea también sola para preguntar lo que se duda equivaliendo a *¿cómo?* o *¿por qué?* || **6.** Se emplea también a principio de cláusula para apoyarla, o para encarecer lo que se dice en ella. || **7.** Toma carácter de adverbio de afirmación, equivaliendo a sí, empleada en ese sentido como respuesta. || **8.** Además tiene otras varias aplicaciones que enseña el uso y cuyo significado depende del tono en que se emplea. || ¡PUES! interj. fam. con que se denota la certeza del juicio anteriormente formado, o de cosa que se esperaba. ¡PUES, *consiguió lo deseado*! || **P.** pois; **I.** since, inasmuch, for; **F.** puisque; **A.** denn, da; **It.** dunque, poichè; **R.** раз, так как.

PUESTA. (l. *posta, posĭta,* t. f. de *postus, pŏsĭtus.*) f. Acción de ponerse un astro. || **2.** Cantidad que pone quien pierde en ciertos juegos de naipes. || **3.** En el juego de la banca y otros, cantidad que pone cada jugador. || **4.** Posta, tajada de carne, pescado, etc. || **5.** ARGENT. Empate en las

carreras de caballos. || *Primera* PUESTA.
MIL. Conjunto de prendas de vestir que
se dan al quinto que ingresa en el cuartel. ||
A PUESTA, o *a* PUESTAS *del sol*. m. adv.
Al ponerse el Sol. || **P**. ocaso; **I**. set;
F. couchant; **A**. Untergang; **It**. tramonto;
R. заход. || 2.ª y 3.ª aceps.: **P**. aposta;
I. stake; **F**. mise au jeu; **A**. (Ein)Satz;
It. posta; **R**. ставка.

º **PUESTA**. f. Acción de poner, de depositar sus huevos las aves y animales ovíparos.

★ **PUESTEAR**. (De *puesto*.) intr. COLOM.
Acechar.

★ **PUESTERA**. f. AMÉR. Mujer que
vende en un puesto en el mercado. ||
2. AMÉR. MERID. Mujer del puestero.

PUESTERO, RA. (De *puesto*.) m. y
f. AMÉR. Persona que tiene o atiende
un puesto en el mercado.

PUESTO, TA. (l. *postus, positus*.) p.p.
irreg. de poner. || **2**. adj. Con los adver-
bios *bien* y *mal*, bien vestido o arreglado
o al contrario. || **3**. Lugar que ocupa una
cosa. || **4**. Lugar determinado para la
ejecución de una cosa. || **5**. Tiendecilla
generalmente ambulante en que se vende
al pormenor. || **6**. Empleo, dignidad u
oficio. || **7**. Lugar oculto de donde tira
un cazador. || **8**. Acaballadero. || **9**. fig.
Estado en que se halla una cosa física
o moralmente. || **10**. MIL. Lugar ocupado
por tropa o individuos de la policía en
actos de servicio. || **11**. Destacamento per-
manente de la guardia civil o carabineros
cuyo jefe inmediato tiene grado inferior
al de oficial. || PUESTO *que*. m. conjunt.
adversat. Aunque. || **2**. m. conjunt. conti-
nuativo. PUESTO *que temes no llegar a
tiempo, no emprendas el viaje*. || 3.ª acep.:
P. e It. posto; **F**. poste, place;
A. Stelle, Platz; **R**. место.

¡**PUF**! interj. con que se indica molestia
o repugnancia causada por malos olores.

★ **PUF**. COLOM. y CHILE. Tontillo.

PUFO. (fr. *pouf*.) m. fam. Petardo,
3.ª acep.

PUGA. f. p. us. Púa.

PÚGIL. (l. *pugil*.) m. Gladiador que
combatía a puñadas. || **2**. Luchador que
contiende por oficio a puñadas. || **P**. púgil;
I. pugilist; **F**. pugiliste; **A**. Boxer; **It**. pugi-
latore; **R**. бокёр.

PUGILAR. (l. *pugillar*, tablilla de escribir.) m. Volumen manual de los hebreos
con las lecciones de la Santa Escritura que
se leían más frecuentemente en las sina-
gogas.

PUGILATO. (l. *pugillus*, puño.) m.
Contienda a puñadas entre dos o más
hombres. || **2**. fig. Disputa en que se
extrema la porfía.

PUGNA. (l. *pugna*.) f. Batalla, pelea. ||
2. Oposición entre personas, naciones o
bandos, y también entre humores o ele-
mentos. || **P**. combate; **I**. struggle; **F**. com-
bat; **A**. Kampf; **It**. pugna; **R**. бой.

PUGNACIDAD. (l. *pugnacitas, -ātis*.)
f. Calidad de pugnaz.

PUGNANTE. (l. *pugnans, -antis*.) p.a.
de pugnar. Que pugna. || **2**. adj. Contrario,
enemigo.

PUGNAR. (l. *pugnāre*.) intr. Batallar,
pelear. || **2**. fig. Solicitar con ahinco. ||
3. fig. Porfiar con tesón, insistir en el
logro de algo.

PUGNAZ. (l. *pugnax, -ācis*.) adj. Belicoso.

★ ¡**PUH**! COLOM. interj. que expresa
asombro.

★ **PUINAJA**. f. BOL. Tinaja para el agua
o la chicha.

★ **PUIÑO**. m. BOL. Puinaja, tinaja.

★ **PUITAGUA**. m. AMÉR. Pitaguá, benteveo.

PUJA. f. Acción de pujar o hacer fuerza
para pasar adelante. || *Sacar de la* PUJA
a uno. fr. fig. y fam. Excederle en fuerza
o maña. || **2**. fig. y fam. Sacarle de un
apuro.

PUJA. f. Acción y efecto de pujar,
o aumentar los licitadores el precio puesto
a algo que se arrienda o vende. || **2**. Can-
tidad que ofrece un licitador. || **P**. lanço;
I. outbidding; **F**. enchère; **A**. Bietung;
Versteigerung; **It**. aumento all'asta; **R**.
аукциона.

PUJADOR, RA. (De *pujar*, 2.º art.)

m. y f. Persona que hace puja en lo que
se vende o arrienda en subasta.

PUJAME. m. MAR. Pujamen.

PUJAMEN. m. MAR. Orilla inferior
de una vela.

PUJAMIENTO. (De *pujar*, pasar adelante.) m. Abundancia de humores, principalmente de sangre.

PUJANTE. (p.a. de *pujar*, 1.er art.)
adj. Que tiene pujanza.

PUJANTEMENTE. adv. Con pujanza.

PUJANZA. (De *pujar*, 1.er art.) f.
Fuerza grande, vigor o robustez para
ejecutar una acción. || **P**. pujança; **I**. po-
wer; **F**. force, vigueur; **A**. Wucht, Stärke;
It. possanza; **R**. мощь, сила.

PUJAR. (l. *pulsāre*, empujar.) tr. Hacer
fuerza para pasar adelante o proseguir
una acción, tratando de vencer los obs-
táculos. || **2**. intr. Tener dificultad en
explicarse, no acabar de romper a hablar. ||
3. Vacilar al ejecutar algo. || **4**. fam. Hacer
gestos para empezar a llorar y quedar
haciéndolos tras haber llorado.

PUJAR. (l. *podĭum*, poyo.) tr. Aumentar los pretendientes al precio puesto a
algo que se vende o arrienda.

PUJAVANTE. (De *pujar*, 1.er art.,
y *avante*.) m. Instrumento con que los
herradores cortan el casco de las bestias.
Es una pala de hierro acerado.

★ **PUJE**. (De *pujar*, hacer fuerza para
pasar adelante.) PERÚ. Reprimenda, regaño grande.

PUJÉS. m. ant. Higa, acción hecha
con la mano cerrando el puño y enseñando
el dedo pulgar entre el dedo índice y el
medio.

★ **PUJIDO**. m. VENEZ. Grito, alarido.

PUJO. (De *pujar*, 1.er art.) m. Sensación muy penosa, con constantes ganas
de hacer cámaras u orinar, teniendo gran
dificultad para hacerlo. || **2**. fig. Gana
violenta de prorrumpir en llanto, risa, etc. ||
3. fig. Ansia de lograr algo. || **4**. fig. y fam.
Conato, propensión, tendencia. || —**de
sangre**. Pujo en deposiciones sanguino-
lentas de moco y sangre. || *A* PUJOS. m. adv.
fig. y fam. Poco a poco, con dificultad. ||
P. puxo; **I**. tenesmus; **F**. épreinte; **A**. Stuhl-
zwang; **It**. tenesmo; **R**. потуга.

★ **PUJÓN, NA**. (De *puje*.) adj. ECUAD.
Gruñón.

★ **PUL**. m. P. RICO. Apuesta mayor en
las carreras de caballos.

★ **PULADIÑO**. m. PERÚ. Cierto baile
popular.

PULCRITUD. (l. *pulchritūdo*.) f. Esmero en el adorno y aseo de la persona
y en la ejecución de un trabajo delicado. ||
2. fig. Delicadeza, esmero de la conducta,
en la acción o en el lenguaje. || **P**. pulcri-
tude; **I**. pulchritude; **F**. propiété; **A**.
Reinlichkeit; **It**. pulcritúdine; **R**. чистота.

PULCRO, CRA. (l. *pulcher, pulchra*.)
adj. Aseado, esmerado, bello. || **2**. Deli-
cado, esmerado al hablar o hacer. || **P**. e
It. pulcro; **I**. careful; **F**. propre; **A**. sauber,
tadellos; **R**. опрятный.

★ **PULCU**. (arauc. *pulcú*.) m. AMÉR. Chicha que hacían los indios.

★ **PULCHÉN**. (arauc. *apulchen*, flor de
la ceniza.) m. CHILE. Ceniza fina, de leña,
formada al extinguirse el fuego.

PULCHINELA. (De *Paolo Cinelli*, comediante napolitano del siglo XVI.) m.
Personaje burlesco de las farsas y panto-
mimas italianas. || **P**. polichinelo; **I**. pun-
chinello; **F**. polichinelle; **A**. Hanswurst;
It. pulcinella; **R**. арлекин, полишинель.

★ **PULDU**. (arauc. *pùl-du*.) m. CHILE.
Mosca.

★ **PULENTA**. (ital. *polenta*.) PERÚ. Condimento preparado con maíz.

PULGA. (l. *pulĭca*; de *pulex, -ĭcis*.) f.
ZOOL. Insecto díptero, sin alas, de cabeza
pequeña, antenas cortas y patas fuertes
dispuestas para dar grandes saltos. ||
Peón pequeño con que juegan los muchachos. —**acuática** o **de agua**. ZOOL.
Pequeño crustáceo cladócero, que pulula
en las aguas estancadas y nada a saltos.
—**de mar**. Pequeño crustáceo, anfípodo,
que en bajamar queda en las playas bajo
las algas y huye a grandes saltos. || *Hacer
de una* PULGA *un camello* o *un elefante*.
fr. fig. y fam. con que se critica al que
exagera los defectos ajenos. || *No aguantar*,
o *no sufrir* PULGAS. fr. fig. y fam. No

tolerar ofensas. || *Sacudirse* uno *las* PUL-
GAS. fr. fig. y fam. Rechazar las ofensas. ||
Tener uno *malas* PULGAS. fr. fig. y fam.
Ser mal sufrido. || *Tener* PULGAS. fr. fig.
y fam. Ser de genio demasiado vivo e
inquieto. || **P**. pulga; **I**. flea; **F**. puce;
A. Floh; **It**. pulce; **R**. блоха.

PULGADA. (De *pulgar*.) f. Medida
que es la duodécima parte del pie y equi-
vale a algo más que 23 mm. || **P**. polegada;
I. inch; **F**. pouce; **A**. Zoll, Daumenweite;
It. pòllice; **R**. дюйм.

★ **PULGADERA**. (De *pulgada*.) f. MAR.
Tira de pergamino arrollada a un carrete
dividida en centímetros y milímetros o en
pulgadas y que emplean los contramaestres
para medir la marca de los cabos.

PULGAR. (l. *pollicāris*, del dedo gordo.)
m. Dedo primero y más grueso de los de
la mano. Ú.t.c.adj. || **2**. Parte del sarmiento
que con algunas yemas se deja en las
vides al podarla para que de ellas broten
los vástagos. || *Menear* uno *los* PULGARES.
fr. fig. En el juego de naipes, brujulear
las cartas. || **2**. fig. y fam. Darse prisa
en hacer algo que se ejecuta con los dedos. ||
Por sus PULGARES. m. adv. fig. y fam.
con que se indica que uno ha hecho algo
por su mano y sin ayuda. || **P**. polegar;
I. thumb; **F**. pouce; **A**. Daumen; **It**. pòllice; **R**. большой палец.

PULGARADA. f. Golpe dado apre-
tando al pulgar. || **2**. Polvo, porción de
cualquier cosa pulverulenta que se toma
de una vez con las yemas de los dedos
pulgar e índice. || **3**. Pulgada.

PULGÓN. (De *pulga*.) m. Insecto hemíptero, sin alas las hembras y con cuatro
los machos, con dos tubillos en la extremidad del abdomen de donde segrega un
líquido azucarado. Las hembras y larvas
viven parásitas en las hojas y partes tiernas
de ciertas plantas a las que causan grandes
daños.

★ **PULGÓN, NA**. adj. REP. DOMIN.
Gorrón.

★ **PULGONEAR**. (De *pulgón*, gorrón.)
intr. REP. DOMIN. Comer a costa ajena.

PULGOSO, SA. (l. *pulicōsus*.) adj.
Que tiene pulgas.

PULGUERA. (l. *pulicaria*; de *pulex*,
pulga.) adj. Dícese de cierta hierba planta-
ginácea. Ú.t.c.s. || **2**. f. Lugar en que
abundan las pulgas.

PULGUERA. f. Empulguera.

★ **PULGUERO**. m. HOND., COLOM. y
PERÚ. Pulguera. || **2**. C. RICA, VENEZ. y
PERÚ. Cárcel.

★ **PULGUIENTO, TA**. adj. AMÉR. Lleno
de pulgas.

PULGUILLAS. (De *pulga*.) m. fig.
y fam. Hombre bullicioso que se resiente
de todo.

PULICÁN. (ant. fr. *polican*, hoy *pé-
lican*.) m. Gatillo de dentista.

PULIDAMENTE. adv. Curiosamente,
con delicadeza.

PULIDERO. m. Pulidor, pedacillo de
trapo o cuero suave que se tiene entre
los dedos cuando se devana.

PULIDEZ. f. Calidad de pulido.

PULIDEZA. f. ant. Pulidez.

PULIDO, DA. (l. *polītus*.) adj. Agra-
ciado y de buen parecer; primoroso. ||
P. polido; **I**. polished; **F**. poli; **A**. nett,
zierlich; **It**. pulito; **R**. изящный.

PULIDOR, RA. (l. *polītor*.) adj. Que
pule, compone o adorna. Ú.t.c.s. || **2**. m.
Instrumento con que se pule algo. || **3**. Pe-
dacito de cuero o tela puesto entre los
dedos cuando se devana para no lastimarse con el continuo rozamiento.

PULIMENTAR. (De *pulimento*.) tr.
Pulir, alisar o dar lustre a alguna cosa.

PULIMENTO. m. Acción y efecto de
pulir, alisar o dar lustre.

★ **PULIQUE**. m. GUAT. Guiso de carne
con ciertos aderezos o condimentos de
chile, arroz, etc. || **2**. EL SALV. Miltomate
cocido, con pan molido, arroz, etc.

PULIR. (l. *polire*.) tr. Alisar o dar
lustre a una cosa. || **2**. Componer, alisar,
perfeccionar una cosa, dándole el último
toque. || **3**. Adornar, aderezar. Ú.m.c.r. ||
4. fig. Quitar a uno la rusticidad, instru-
yéndole en el trato. Ú.t.c.r. || **5**. GERM.
Vender o empeñar. || **6**. GERM. Hurtar,
robar. || **P**. y **F**. polir; **I**. to polish; **A**. polie-
ren, plätten; **It**. pulire; **R**. полировать.

P

* PULMI. (arauc. *pùlmi.*) m. CHILE.
Mosca grande.

PULMÓN. (l. *pulmo, -õnis,* y éste del
gr. πνεύμων.) m. Órgano de la respiración
del hombre y de los vertebrados que viven
o pueden vivir fuera del agua. Es de
estructura esponjosa, que se dilata y se
comprime, y ocupa parte de la cavidad
torácica. Comúnmente son dos; algunos
reptiles tienen uno. || ZOOL. Órgano
respiratorio de los moluscos terrestres y
que comunica con el exterior mediante
un orificio por el que penetra el aire at-
mosférico. || P. pulmão; I. lung; F. pou-
mon; A. Lunge; It. polmone; R. лёгкое.
° **PULMÓN (DE ACERO).** m. Cámara
metálica donde se provocan los movimientos respiratorios de un paciente.

PULMONADO. adj. ZOOL. Se aplica
a los moluscos gasterópodos que respiran
mediante un pulmón. Ú.t.c.s.m. || 2. m. pl.
ZOOL. Orden de dichos animales.

PULMONAR. adj. Perteneciente a los
pulmones.

PULMONARIA. (De *pulmón.*) f. Planta herbácea anual, borraginácea, de tallos
erguidos y vellosos; hojas ovales, sentadas;
flores rojas y fruto seco. Es común en
España. Se emplea en medicina como
pectoral. || 2. Liquen coriáceo, que vive
sobre los troncos de diversos árboles y
cuya superficie tiene un aspecto parecido
a un pulmón cortado.

PULMONÍA. f. MED. Inflamación del
pulmón o parte de él. || P. pneumonia;
I. pneumony; F. pneumonie; A. Lungen-
entzündung; It. polmonìa; R. воспаление
лёгких.

PULMONIACO, CA [~**MONÍACO,
CA**]. adj. MED. Perteneciente o relativo
a la pulmonía. || 2. Que padece pulmonía.
Ú.t.c.s.

PULPA. (l. *pulpa.*) f. Parte mollar
de las carnes, o carne pura, sin huesos
ni ternilla. || 2. Carne, parte mollar de la
fruta. || 3. Medula o tuétano de las plantas
leñosas. || 4. En la industria conservera,
fruta fresca, ya triturada y deshuesada. ||
5. En la industria azucarera, residuo de la
remolacha que se emplea para pienso. ||
—dentaria. ZOOL. Tejido rico en células
contenido en el interior de los dientes
de los vertebrados, y que contiene nu-
merosos nervios y vasos sanguíneos. ||
P. e It. polpa; I. pulp; F. pulpe; A. Frucht-
fleisch; R. мякоть.

* PULPA. adj. CUBA. Excelente, muy
sabroso.

PULPEJO. (De *pulpa.*) m. Parte carnosa de un miembro pequeño del cuerpo
humano, y sobre todo parte de la palma
de la mano de que sale el dedo pulgar. ||
2. Lugar blando que tienen los cascos de las
caballerías en la parte inferior y posterior.

* PULPERA. f. QUÍM. y FARM. Espátula
para comprimir las substancias que han
de convertirse en pulpa.

PULPERÍA. (De *pulpo.*) f. AMÉR.
Tienda, donde se venden diversos géneros
para el abasto, de uso común.

PULPERO. (De *pulpería.*) m. El que
tiene pulpería.

PULPERO. (De *pulpa.*) m. Artefacto
para obtener pulpas.

* PULPERO, RA. CUBA. Vendedor o
vendedora ambulante de pulpa de tamarindo.

PULPETA. f. Tajada sacada de la
pulpa de la carne.

PULPETÓN. m. aum. de pulpeta.

PÚLPITO. (l. *pulpitum.*) m. Plataforma
pequeña que hay en las iglesias para predicar desde ella, cantar la epístola y el
evangelio y dirigir otros ejercicios reli-
giosos. || 2. fig. Empleo de predicador
en las órdenes religiosas. || P. púlpito;
I. pulpit; F. chaire; A. Kanzel; It. pùlpito;
R. амвон.

PULPO. (l. *polýpus,* y éste del gr.
πολύπους.) m. ZOOL. Molusco cefalópodo
dibranquial, octópodo, con dos filas de
ventosas en sus tentáculos. Vive en el
fondo del mar, y a veces nada a flor de
agua; es muy voraz, y su carne es comes-
tible. || *Poner* a uno *como un* PULPO. fr.
fig. y fam. Castigarle con golpes dejándole
muy maltratado. || P. polvo; I. cuttlefish;
poulp; F. pieuvre; A. Seespinne; It. polpo;
R. осьминог.

PULPOSO, SA. adj. Que tiene pulpa.

PULQUE. (Voz mejicana.) m. Bebida
espiritosa usada en América, obtenida
haciendo fermentar el aguamiel, o jugo
que dan los bohordos de las pitas cortados
antes de florecer.

PULQUERÍA. f. Tienda en que se
vende pulque.

PULQUÉRRIMO, MA. (l. *pulcherrì-
mus.*) adj. sup. de pulcro.

* PULSA. f. CUBA. Pulsera.

PULSACIÓN. (l. *pulsatio, -õnis.*) f.
Acción de pulsar. || 2. Cada uno de los
latidos de la arteria. || 3. fig. Movimiento
periódico de un fluido. || 4. Fís. En una
corriente eléctrica oscilante, producto de
la frecuencia por 2π. || P. pulsação; I. y
F. pulsation; A. Pulsschlag, Herzschlag;
It. pulsazione; R. пульсация.

PULSADA. (De *pulsar.*) f. Pulsación,
latido de una arteria.

PULSADOR, RA. (l. *pulsãtor.*) adj.
Que pulsa. Ú.t.c.s. || 2. m. ELECTR. In-
terruptor que cierra un circuito al ser
pulsado.

PULSAMIENTO. (De *pulsar.*) m. ant.
Pulsación, acción de pulsar. || 2. Latido
de una arteria.

PULSANTE. p.a. de pulsar. Que
pulsa. || 2. Fís. Se aplica a la corriente
eléctrica originada por una sucesión de
impulsos dirigidos en un mismo sentido,
variable desde cero hasta un valor má-
ximo. || 3. ASTRON. Dícese de las estrellas
que experimentan cambios de brillo regular y periódicamente.

PULSAR. (l. *pulsãre,* empujar, impe-
ler.) tr. Tocar, golpear. || 2. Reconocer
el estado del pulso, o latido de las arte-
rias. || 3. fig. Tantear un asunto. || 4. intr.
Latir una arteria, el corazón u otra cosa
que tiene movimiento sensible. 2.ª acep.:
P. pulsear; I. to feel the pulse; F. tâter
le pouls; A. den Puls fühlen; It. tastare
il polso; R. щупать пульс.

PULSÁTIL. adj. Pulsativo.

PULSATILA. (De *pulsatilla,* nombre
científico, formado del l. *pulsare,* pulsar.)
f. Planta perenne, ranunculácea, de flor
solitaria, en un principio erguida y después
encorvada hacia delante, sin corola; de
raíz leñosa, y hojas pecioladas. Se cría
en Europa en los lugares elevados, y tiene
aplicaciones medicinales.

PULSATIVO, VA. adj. Se aplica a lo
que pulsa o golpea.

PULSEAR. intr. Probar dos personas
quién de ellas tiene más fuerza en el pulso.

PULSERA. f. Venda para sujetar al
pulso de un enfermo algún medicamento
confortante. || 2. Guedeja que cae sobre
la sien. || 3. Cerco de oro, plata u otra mate-
ria, con piedras preciosas o sin ellas, con
que las mujeres se adornan las muñecas. ||
—de pedida. La que regala el novio a su
novia el día que pide su mano. || P. pul-
seira; I. y F. bracelet; A. Armband; It.
braccialetto; R. повязка, браслет.

* PULSETA. f. fam. CHILE. Acción de
tomar el pulso. || 2. m. CHILE. Por ext.,
profesión de médico.

PULSÍMETRO. (l. *pulsus,* pulso, y el
gr. μέτρον, medida.) m. Esfigmómetro.

PULSISTA. adj. Se aplica al médico
que sobresale en el conocimiento del pulso.
Ú.t.c.s.

PULSO. (l. *pulsus.*) m. Latido intermitente de las arterias que se siente especial-
mente en la muñeca. || 2. Parte de la mu-
ñeca donde se siente el latido de la arteria. ||
3. Seguridad de la mano para ejecutar
con acierto una acción. || 4. fig. Tiento en
un negocio. || —alternante. Se aplica
al pulso arrítmico en que se suceden
pulsaciones débiles y fuertes. || —arrít-
mico. Se aplica al irregular en el ritmo
o en la intensidad de las pulsaciones. ||
—filiforme. MED. El que es muy tenue
y apenas se siente. || —lleno. MED. El
que produce al tacto sensación de ple-
nitud. || —saltón. El que produce una
sensación de choque violento. || —sen-
tado. MED. El sosegado y firme. || —se-
rrátil y serrino. desus. MED. El fre-
cuente y desigual. || *A* PULSO. m. adv.
Haciendo fuerza con la muñeca y la mano,
sin apoyar en parte alguna para
levantar o sostener algo. || *De* PULSO.
loc. fig. Se aplica al que obra pruden-

mente. || *Quedarse* uno *sin* PULSO, o *sin*
PULSOS. fr. fig. Inmutarse gravemente. ||
Sacar a PULSO. fr. fig. y fam. Consumir
sopa a sopa una jícara de chocolate o cosa
semejante. || 2. fig. y fam. Llevar a tér-
mino un negocio, venciendo las dificul-
tades a fuerza de perseverancia. || *Tomar
a* PULSO una cosa. fr. Probar su peso,
levantándola con la mano. || P. pulso;
I. pulse; F. pouls; A. Puls; It. polso;
R. пульс.

* PULSÓMETRO. Fís. Máquina de
vapor para elevar aguas por la acción
directa del vapor sobre el líquido produciendo por condensación una serie de
pulsaciones sucesivas.

* PULSORREACCIÓN. f. MEC. Forma
de propulsión a chorro en la que el proceso termodinámico se realiza a presión
variable y volumen constante.

PULTÁCEO, A. (l. *puls, pultis,* pul-
ches.) adj. Que es de consistencia blanda. ||
2. Que parece podrido o gangrenado,
que de hecho lo está.

PULULANTE. p.a. de pulular. Que
pulula.

PULULAR. (l. *pullulãre.*) intr. Empe-
zar a brotar un vegetal. || 2. Originarse
o nacer una cosa de otra. || 3. Abundar
o multiplicarse rápidamente en un paraje
insectos o sabandijas. || 4. fig. Abundar
o bullir en un sitio personas o cosas. ||
3.ª acep.: P. pulular; I. to swarm; F. pul-
luler; A. wuchern; It. pullulare; R. пу-
скать ростки.

* PULULO, LA. adj. GUAT. Rechoncho. ||
2. m. BOL. Cuerno o cañuto que los indios
tocan cuando celebran alguna fiesta.

PULVERIZABLE. adj. Que se puede
pulverizar.

PULVERIZACIÓN. f. Acción y efec-
to de pulverizar o pulverizarse. || P. pul-
verização; I. pulverization; F. pulvérisa-
tion; A. Zerstäubung; It. polverizzazione;
R. измельчение.

PULVERIZADOR. m. Aparato para
pulverizar un líquido.

PULVERIZAR. (l. *pulverizãre.*) tr. Re-
ducir algo a polvo. Ú.t.c.r. || 2. Reducir
un líquido a partículas muy pequeñas.
Ú.t.c.r. || 3. fig. y fam. Aniquilar al ad-
versario. || P. pulverizar; I. to pulverize;
F. pulvériser; A. pulverisieren; It. polve-
rizzare; R. распылить.

PULVERULENTO, TA. (l. *pulveru-
lentus.*) adj. Polvoriento.

PULLA. (port. *pulha;* en fr. *pouille.*) f.
Palabra o dicho obsceno. || 2. Dicho con
que de modo indirecto se zahiere o re-
conviene a una persona. || 3. Expresión
aguda, picante y rápida. || 2.ª acep.: P.
pulha; I. quip, fling; F. raillerie, mot
piquant; A. Schimpfwort; It. zaffata,
frizzo; R. непристойность, колкость.

PULLA. f. Planga.

* PULLAI. (quich. *pujllay,* jugar.) m.
CHILE. Muñeco grande de trapo con que
se hace una ceremonia de entierro en una
fiesta que se celebra en los pueblos próximos a Copiapó.

PULLÉS, SA. adj. Natural de Pulla.
Ú.t.c.s. || 2. Perteneciente a este país de
Italia.

PULLISTA. com. Persona amiga de
decir pullas.

* PULLO. m. CHILE. Poncho o capote
de lana de oveja. || 2. BOL., ARGENT. y
PERÚ. Frazada o manta peluda de tejido
grueso que se echa sobre la cama.

* PULLUCATA. f. PERÚ. Manta que
usan para cargar a la espalda los indios
que viven en la cordillera andina.

¡PUM! Voz onomatopéyica para expresar ruido, golpe o explosión.

PUMA. (Voz quichua.) m. AMÉR. Ma-
mífero carnicero semejante al tigre, de
pelo suave y leonado. || P. e It. puma;
I. puma, cougar; F. puma, couguar; A.
Silberlöwe; R. пума.

PUMARADA. f. Pomarada.

PUMENTE. m. Germ. Faldellín o refajo de mujer.

PUMITA. (l. *pumex.*) f. Piedra pómez.

* PUMPA. m. VENEZ. Sombrero de copa.

* PUMPO, PA. adj. AMÉR. CENTRAL.
Mofletudo, carrilludo.

PUNA. f. ant. Pugna.

PUNA. (Voz quichua.) f. AMÉR. MERID.
Tierra alta, cercana a la Cordillera de los

Andes. || **2.** AMÉR. MERID. Páramo. || **3.** AMÉR. MERID. Soroche.

PUNAR. tr. ant. Pugnar.

PUNCIÓN. (l. *punctio*, *-ōnis*.) f. ant. Punzada, dolor que molesta de cuando en cuando. || **2.** CIR. Operación en la cual se abren los tejidos con un instrumento punzante y cortante. || 2.ª acep.: **P.** punção; **I.** puncture; **F.** ponction; **A.** Einstich, Punktur; **It.** punzione; **R.** пункция.

PUNCIONAR. tr. CIR. Hacer punciones.

* **PUNCH.** (Voz inglesa que significa *puñetazo*.) m. DEP. Entre boxeadores, puño fuerte.

PUNCHA. (De *punchar*.) f. Púa, espina.

PUNCHAR. (l. *pǔnctiāre*, de *punctus*.) tr. Picar, punzar.

* **PUNCHE.** m. CHILE. Frangollo, trigo machacado, cocido y dejado enfriar. || **2.** pl. HOND. Rosetas de maíz.

PUNDONOR. m. Punto de honor, punto de honra; estado en que según la opinión común consiste en la honra de una persona. || **P.** point of honour; **F.** point d'honneur; **A.** Ehrenpunkt; **It.** punto d'onore; **R.** дело чести.

PUNDONOROSAMENTE. adv. Con pundonor.

PUNDONOROSO, SA. adj. Que incluye en sí pundonor o lo causa. || **2.** Que lo tiene. Ú.t.c.s.

* **PUNEÑO, ÑA.** adj. AMÉR. Perteneciente o relativo a la puna o tierra alta.

* **PUNGA.** com. CHILE. Ladrón, ratero. || **2.** f. ARGENT. Arte o habilidad con que actúan los rateros.

PUNGENTE. (l. *pungens*, *-entis*.) p.a. de pungir. Que punge.

PUNGENTIVO, VA. (De *pungente*.) adj. ant. Pungitivo.

PUNGIMIENTO. m. Acción y efecto de pungir.

PUNGIR. (l. *pungěre*.) tr. Punzar. || **2.** fig. Herir las pasiones el ánimo o el corazón.

PUNGITIVO, VA. adj. Que punge o es capaz de pungir.

* **PUNGUEAR.** tr. CHILE. Robar.

* **PUNGUISTA.** m. ARGENT. Ladrón, ratero.

PUNIBLE. (De *punir*.) adj. Que merece castigo. || **P.** punível; **I.** punishable; **F.** punissable; **A.** strafbar; **It.** punibile; **R.** достойный наказания.

PUNICÁCEO, A. (De *punica*, nombre de un género de plantas.) adj. BOT. Se aplica a los arbustos angiospermos, oriundos de Oriente, de hojas sencillas, flores rojas y fruto con pericarpio coriáceo. Ú.t. c.s.f. || **2.** f. pl. BOT. Familia de estas plantas.

PUNICIÓN. (l. *punitio*, *-ōnis*.) f. Castigo, acción de castigar.

PÚNICO, CA. (l. *punicus*.) adj. Cartaginés, perteneciente o relativo a Cartago.

PUNIDOR, RA. (l. *punitor*, *-ōris*.) adj. ant. Castigador. Ú.t.c.s.

* **PUNILLA.** f. BOL. Parte posterior del rancho.

PUNIR. (l. *punīre*.) tr. Castigar, imponer un castigo.

PUNITIVO, VA. (l. *punītum*, supino de *punīre*, castigar.) adj. Perteneciente o relativo al castigo.

PUNTA. (l. *puncta*, t. f. de *-tus*, p.p. de *pungěre*, picar, punzar.) f. Extremo agudo de un arma u otro instrumento punzante. || **2.** Extremo de una cosa. || **3.** Colilla, resto del cigarro. || **4.** Pequeña porción del ganado separada del hato. || **5.** Cada una de las protuberancias de las astas del ciervo. || **6.** Asta del toro. || **7.** Lengua de tierra que penetra en el mar. || **8.** Extremo de un madero opuesto al raigal. || **9.** Sabor que va tirando a agrio, como el del vino cuando empieza a avinagrarse. || **10.** Parada del perro de caza cuando se detiene la pieza que va apeonando. || **11.** fig. Hablando de cualidades morales o intelectuales, algo, un poco. Ú. m. en pl. y con el verbo *tener*. || **12.** CUBA. Hoja pequeña de tabaco de exquisito aroma. || **13.** ARQ. Madero correspondiente a la extremidad del árbol, después de cortado lo demás. || **14.** BLAS. Tercio inferior de la superficie del campo del escudo. || **15.** BLAS. Parte media de dicho tercio. || **16.** IMPR. Instrumento cónico para

sacar de la composición letras o palabras. || **17.** pl. Encaje que origina ondas o puntas en una orilla. || **18.** Primeros afluentes de un río, etc. || **19.** Primeras vertientes en que tiene origen un río, arroyo, etc. || **—con cabeza.** Juego de niños en que se trata de acertar si el par de alfileres que otro tiene en la mano cerrada está cabeza con cabeza o cabeza con punto. || **—de diamante.** Diamante pequeño usado para cortar el vidrio y labrar cosas muy duras. || **2.** Pirámide labrada como adorno en piedras u otras materias. || *Acabar en* PUNTA una cosa. loc. fam. Acabar mal o no llegar a un resultado definitivo. || *Agudo como* PUNTA *de colchón.* loc. fig. y fam. Rudo, de escaso entendimiento. || *Andar en* PUNTAS. fr. fig. y fam. Andar en diferencias. || *A* PUNTA *de lanza.* m. adv. fig. Con todo rigor. Se emplea generalmente con el verbo *llevar*. || *A torna* PUNTA. m. adv. fig. y fam. Mutua o recíprocamente. || *De* PUNTA *en blanco.* fig. y fam. Vestido con el mayor esmero. || **2.** Hablando de armas de fuego disparar con puntería directa cuando por estar a corta distancia el blanco no se requiere el alza. || **3.** Abiertamente, sin rodeos. || *Estar en* PUNTA uno *con* otro. fr. fig. y fam. Estar reñido con él. || *Hacer* PUNTA uno. fr. fig. Encaminarse el primero a un lugar. || **2.** fig. Oponerse abiertamente a otro intentando adelantársele en lo que solicita. || **3.** fig. Sobresalir entre muchos. || *Por* PUNTA. m. adv. BOL. Por mayor, en conjunto. || *PUNTAS y collar.* expr. fig. y fam. con que se da a entender que una persona tiene indicios de un vicio o maldad. || *Sacar* PUNTA *a una cosa.* fr. fam. Atribuirle malicia o significación que no tiene. || **2.** Aprovecharla para fin distinto al que le corresponde. || *Ser de* PUNTA una persona o cosa. fr. fig. Ser sobresaliente en su línea. || *Tener uno una cosa en la* PUNTA *de la lengua.* fr. fig. Estar próximo de decirla. || **2.** fig. Estar próximo a recordar algo y no lograrlo. || **P.** ponta; **I.** point; **F.** pointe; **A.** Spitze; **It.** punta; **R.** кончик, остриё.

PUNTACIÓN. (De *puntar*.) f. Acción de poner puntos sobre las letras.

PUNTADA. (De *punta*.) f. Cada uno de los agujeros hechos por la aguja, lezna, etcétera, en la tela o materia que se cose. || **2.** Espacio entre dos de estos agujeros próximos entre sí. || **3.** Porción de hilo que ocupa este espacio. || **4.** fig. Palabra que se dice como al descuido para recordar algo o hacer que se hable de ello. || **5.** fig. Dolor penetrante. || *No dar* uno PUNTADA *en una cosa.* fr. fig. y fam. No dar paso en un negocio. || **2.** fig. y fam. No tener ningún conocimiento de una cosa, hablar desatinadamente. || *No dar* PUNTADA *sin nudo.* fr. ARGENT. Proceder con cautela. || **P.** ponto (com agulha); **I.** stitch; **F.** point de couture; **A.** Nadelstich; **It.** punto di cucitura; **R.** стежок.

PUNTADOR. (De *puntar*.) m. Apuntador.

* **PUNTAJE.** m. AMÉR. Puntuación.

PUNTAL. (De *punta*.) m. Madero hincado en firme, para sostener la pared, el edificio o parte de él que amenaza ruina. || **2.** Prominencia de un terreno que forma como un pico. || **3.** fig. VENEZ. Merienda ligera, tentempié. || **4.** fig. VENEZ. Merienda ligera, tentempié. || **5.** MAR. Altura de la nave desde su plan hasta la cubierta superior. || **P.** pontalete; **I.** support, stay; **F.** pointal; **A.** Stützbalken; **It.** puntello; **R.** подпорка.

o **PUNTANO, NA.** adj. Natural de la ciudad de San Luis, provincia de la República Argentina. Ú.t.c.s. || **2.** Perteneciente a esta provincia.

PUNTAPIÉ. m. Golpe dado con la punta del pie. || *Mandar* a uno *a* PUNTAPIÉS. fr. fig. y fam. Ejercer gran influencia sobre él. || **P.** pontapé; **I.** kick; **F.** coup de pied; **A.** Fusstritt; **It.** calcio; **R.** пинок.

PUNTAR. (De *punto*.) tr. Apuntar las faltas de los eclesiásticos en el coro. || **2.** Poner, en árabe y en hebreo los puntos o signos que representan las vocales. || **3.** Poner sobre las letras los puntos del canto del órgano.

* **PUNTAZO.** COLOM. Puntada.

* **PUNTE.** m. BOT. COLOM. Cierto árbol de madera incorruptible.

PUNTEADO, DA. p.p. de puntear. || **2.** adj. Se dice del grabado que resulta de puntear con puntos hechos a buril o con ruedecilla dentada. || **3.** m. y f. Acción y efecto de puntear o marcar puntos. || **4.** m. IMPR. Punteado por puntos. || **5.** ARGENT. y PERÚ. Achispado, calamocano.

PUNTEAR. tr. Marcar puntos en una superficie. || **2.** Dibujar, pintar o grabar con puntos. || **3.** Coser o dar puntadas. || **4.** Tocar la guitarra u otro instrumento semejante pulsando cada cuerda con un dedo. || **5.** Compulsar una cuenta partida por partida. || **6.** intr. MAR. Ir orzando para aprovechar el escaso viento. Ú.t.c.tr. || **P.** pontoar; **I.** to punctuate; **F.** pointiller; **A.** punktieren; **It.** punteggiare; **R.** пунктировать.

PUNTEL. (De *puntero*.) m. Cañón de hierro, con que se saca del horno la masa en las fábricas de vidrio para trabajarla.

PUNTEO. m. Acción y efecto de puntear la guitarra u otro instrumento análogo.

PUNTERA. f. Remiendo o renovación del calzado, calcetines, etc., en la parte que cubre la punta del pie. || **2.** Sobrepuesto de piel colocado por adorno en la punta de la pala del calzado. || **3.** fam. Puntapié.

PUNTERÍA. (De *puntero*.) f. Acción de apuntar un arma arrojadiza o de fuego. || **2.** Dirección del arma apuntada. || **3.** Destreza para dar en el blanco. || *Afinar la* PUNTERÍA. fr. Apuntar cuidadosamente el arma contra el blanco. || **2.** fig. Ajustar con esmero a su designio lo que se realiza. || **P.** pontaria; **I.** aim; **F.** pointarie; **A.** Zielen; **It.** puntería; **R.** прицеливание.

PUNTERO, RA. (l. *punctarius*.) adj. Se dice de la persona que hace bien la puntería. || **2.** m. Punzón o vara para señalar en carteles, mapas, etc. || **3.** Cañita unida por la parte interior a la tapa de las crismeras para ungir a los que se confirman y olean. || **4.** Instrumento de acero como punzón de boca cuadrangular con que se abren en las herraduras los agujeros para clavos. || **5.** Cincel con que se labran las piedras muy duras. || **6.** El que sobresale en alguna actividad. || **P.** ponteiro; **I.** fescue; **F.** baguette pour signaler; **A.** Punzen; **It.** segnatoio; **R.** меткий стрелок, указка.

PUNTEROL. (De *puntero*, 2.ª acep.) GERM. Almarada de hacer alpargatas.

PUNTEROLA. (De *puntero*.) f. MIN. Barrita de metal que lleva hacia la mitad un ojo en que se enasta el mango para mantenerla fija mientras se le dan golpes con el martillo.

* **PUNTETE.** (De *punto*.) m. CHILE Apodo que se da al hombre muy pequeño o enano.

PUNTIAGUDO, DA. adj. Que termina en punta aguda.

PUNTIDO. m. RIOJA. Descansillo de las escaleras.

PUNTILLA. (d. de *punta*.) f. Encaje estrecho, con puntas, que sirve para guarnecer pañuelos, escotes o vestidos, etc. || **2.** Instrumento, a manera de cuchillo, sin mango, con punta redonda para trazar, que usan los portaventeros en lugar de lápiz. || **3.** Cachetero, puñal para rematar a las reses. || *Dar la* PUNTILLA. fr. Clavar el cachetero. || **2.** fig. y fam. Rematar, causar la ruina de una persona o cosa. || *De* PUNTILLAS. mod. adv. con que se explica el andar pisando sólo con las puntas de los pies. || *Ponerse* uno *de* PUNTILLAS. fr. fig. y fam. Persistir con terquedad en su opinión aunque lo contradigan.

PUNTILLADO. m. BLAS. Figura sembrada de puntos para indicar el metal oro cuando no se emplean colores.

* **PUNTILLANTO.** m. P. RICO. Baile, especie de zorcico zapateado.

PUNTILLAZO. (De *puntilla*, d. de *punta*.) m. fam. Puntapié.

* **PUNTILLERÍA.** (De *puntilla*.) f. ARGENT. Mercería.

PUNTILLERO. (De *puntilla*, 3.ª acep.) m. Cachetero, sujeto que remata al toro con la puntilla.

o **PUNTILLISMO.** (De *puntillo*, d. de *punto*.) m. Procedimiento pictórico que consiste en la distribución de las tonalidades mediante toques minúsculos, para obtener una actuación igual sobre la retina. || **2.** Escuela pictórica, derivada del impre-

P sionismo que se caracteriza por toques de color breves y desunidos.

PUNTILLO. (d. de *punto*.) m. Cualquier cosa, comúnmente leve, en que una persona nimiamente pundonorosa hace consistir el honor o la estimación. || 2. Mús. Signo que consiste en un punto que se pone a la derecha de una nota o de una pausa y aumenta en la mitad su valor o duración.

PUNTILLÓN. m. fam. Puntillazo.

PUNTILLOSO, SA. adj. Dícese de quien tiene mucho puntillo.

PUNTISECO, CA. (De *punto* y *seco*.) adj. Se aplica a los vegetales secos por las puntas.

PUNTIZÓN. (fr. *pontuseau*.) m. IMPR. Cada uno de los agujeros que dejan en el pliego de la prensa, las puntas que lo sujetan al tímpano. || 2. pl. Rayas horizontales y transparentes en el papel de tina.

PUNTO. (l. *punctum*.) m. Señal o dimensiones poco perceptibles que se hace natural o artificialmente en una superficie cualquiera. || 2. Cada parte en que se divide el pico de la pluma de escribir. || 3. Granito de metal que en las armas de fuego sirve de mira. || 4. Piñón de una arma de fuego cuando está para disparar. || 5. Cada una de las puntadas en una obra de costura. || 6. Cada una de las lazadillas que se forman en el tejido de las medias, elásticas, etc. || 7. Precedido de la preposición *de*, se aplica a las prendas o telas hechas con puntos o lazadillas. || 8. Rotura en las medias por soltarse algún nudo o lazadilla. || 9. Cada una de las maneras de trabar entre sí los hilos que forman algunas telas. || 10. Medida longitudinal, duodécima parte de la línea. || 11. Cada una de las partes de dos tercios de centímetro de longitud en que se divide el cartabón de los zapateros. || 12. Medida tipográfica, duodécima parte del cícero y equivalente a 37 cienmilímetros. || 13. Cada uno de los agujeros abiertos a trechos en ciertas piezas para sujetarlas con hebillas, clavijas, etc. || 14. Lugar. || 15. Paraje público donde se estacionan los coches de alquiler. || 16. Valor que tiene cada carta de la baraja o las caras del dado. || 17. Valor convencional de las cartas en ciertos juegos. || 18. As de cada palo en ciertos juegos de naipes. || 19. Unidad de tanteo en ciertos juegos y ejercicios de exámenes, etc. || 20. El que apunta contra el banquero en algunos juegos de azar. || 21. Cosa muy pequeña, parte mínima de algo. || 22. La menor cosa, circunstancia más menuda de algo. || 23. Instante, momento. || 24. Momento favorable. || 25. Vacación, suspensión de los estudios durante cierto tiempo. || 26. Cada error cometido al dar memorísticamente una lección. || 27. Cada una de las cuestiones sacadas a la suerte para que elija el que ha de leer en la oposición. || 28. Cada materia diferente que se trata en un sermón, discurso, etc. || 29. Parte de una ciencia. || 30. Lo principal de un asunto. || 31. Intento de cualquier acción. || 32. Estado actual de cualquier negocio. || 33. Estado perfecto a que llega en un momento dado lo que se prepara al fuego. || 34. Hablando de las cualidades morales, extremo a que pueden llegar. || 35. Pundonor. || 36. CIR. Puntada que da el cirujano para cerrar la herida. || 37. GEOM. Límite mínimo de una extensión que se considera carente de dimensiones. || 38. MAR. Lugar señalado en la carta de marear que indica el lugar en que se halla la nave. || 39. Mús. Tono determinado de consonancia para que estén acordes los instrumentos músicos. || 40. ORTOGR. Nota ortográfica que se coloca sobre la *i* y la *j*. || 41. ORTOGR. Signo (.) con que se indica el fin del sentido gramatical y lógico de una oración. Se coloca también después de toda abreviatura. || —**accidental.** PERSP. Aquel en que parecen concurrir todas las rectas paralelas a determinada dirección, no perpendiculares al plano óptico. || 2. fig. Fin a que se dirigen las acciones del que intenta algo. || 3. fig. Paraje concurrido y de fácil acceso en una población. || —**crítico.** Fís. Momento en que un líquido pasa al estado gaseoso o a la inversa. || —**crudo.** fig. y fam. Momento preciso en que sucede algo. || —**de apoyo.** MEC. Lugar fijo en que estriba una palanca o máquina para que la potencia venza la resistencia. || —**de caramelo.** Grado de concentración que se da al almíbar mediante la cocción y por el cual al enfriarse se convierte en caramelo. || —**de costado.** MED. Dolor con punzadas al lado del corazón. || —**de congelación.** Fís. Temperatura en que se congela un líquido. || —**de Curie.** Fís. Temperatura por debajo de la cual las substancias paramagnéticas dejan de serlo bruscamente y por encima de la cual las substancias ferromagnéticas se vuelven, bruscamente también, paramagnéticas. || —**de distancia.** PERSP. Cada uno de los dos puntos que distan del de la vista, colocados en la misma horizontal, tanto como aquélla del plano óptico. || —**encendido.** Fís. Hablando de un líquido inflamable, temperatura mínima en la cual sus vapores forman una mezcla explosiva en el aire. || —**de escuadría.** MAR. El que se coloca en la carta de marear, y se deduce del rumbo seguido y la latitud observada. || —**de estima.** MAR. El que se coloca en la carta de marear deduciéndolo del rumbo seguido y de la distancia andada en tiempo determinado. || —**de fábrica.** ARQ. Trozo de muro que se rehace por el pie dejando intacto lo demás. || —**de ignición.** Fís. y QUÍM. Temperatura a que debe calentarse una substancia para que se produzca su combustión. || —**de vista.** PERSP. Aquel en que el rayo principal corta el plano óptico y al que parecen concurrir todas las líneas perpendiculares al mismo plano. || —**de longitud.** MAR. El que se coloca en la carta de marear como resultado de las observaciones de longitud. || —**de observación.** MAR. El que se pone en las cartas de marear, como resultado de observaciones astronómicas. || —**de partida.** fig. Lo que se toma como antecedente y fundamento para tratar algo. || —**de rocío.** Fís. y METEOR. Estado de la atmósfera en condiciones favorables a la producción de rocío. || —**de tafetán.** El que imita el tejido de esta clase de tela. || —**equinoccial.** ASTRON. y GEOGR. Cada uno de los dos, el de primavera y el de otoño, en que la Eclíptica corta el Ecuador. || —**equipolado.** BLAS. Cada uno de los cuatro cuadrillos que se interpolan con otros cinco de diferente esmalte, estando todos dispuestos en forma de tablero de ajedrez. || —**muerto.** MEC. En las máquinas de vapor, motores de explosión, etc., posición del émbolo en que no actúa sobre el cigüeñal u otro órgano semejante. || 2. Posición de los engranajes de la caja de cambio en que el movimiento del árbol del motor no se transmite al mecanismo que actúa sobre las ruedas. || 3. fig. Estado de una negociación que por cualquier motivo no puede de momento continuar. || —**por encima.** Cada una de las puntadas que atraviesan alternativamente por encima y por debajo de la línea de unión de las orillas de dos telas. || 2. Costura hecha con este género de puntadas. || —**radiante.** ASTRON. Lugar de la esfera celeste de donde parecen irradiar las estrellas fugaces cuando aparecen en gran cantidad. || —**torcido.** Entre bordadores, labor cuyo dibujo es sólo una línea que se ha de cubrir con la seda. || —**visual.** El término de la distancia necesaria para ver los objetos con toda claridad. || —**y coma.** ORTOGR. Signo ortográfico (;) con que se indica mayor pausa que con la coma y menor que con los dos puntos. || *Medio* PUNTO. ARQ. Arco o bóveda cuya curva está formada por un semicírculo exacto. || *PUNTOS suspensivos.* ORTOGR. Signo ortográfico (...) con que se indica quedar incompleto el sentido de una oración o bien indicar temor o duda, o lo inesperado de lo que ha de expresarse después. Se usa también cuando se copia algún texto que no hace al caso insertar íntegro, indicando así la omisión. || *Dos* PUNTOS. ORTOGR. Signo ortográfico (:) con que se indica haber terminado completamente el sentido gramatical, pero no el sentido lógico. Se coloca también antes de la cita de palabras ajenas intercaladas en el texto. || *A* PUNTO. m. adv. Con la disposición necesaria para que algo pueda servir al fin a que se destina. || 2. A tiempo. || *A* PUNTO *fijo.* m. adv. Cabalmente. || *Aquí finca el* PUNTO. expr. En esto consiste la dificultad. || *Bajar de* PUNTO. fr. fig. Decaer del estado anterior. || *Bajar el* PUNTO. fr. Mús. Descender de un signo a otro. Se dice también cuando se baja la cuerda o se transporta un tono en uno o más puntos bajos. || *Bajar el* PUNTO a una cosa. fr. fig. Moderarla. || *Calzar uno muchos,* o *pocos* PUNTOS. fr. fig. Ser persona aventajada en alguna materia o al contrario. || *Calzar uno tantos* PUNTOS. fr. Tener el pie de la dimensión que indica el número de éstos. || *Dar en el* PUNTO. fr. fig. Dar en la dificultad. || *Dar* PUNTO. fr. Cesar en cualquier ocupación o trabajo. || *De todo* PUNTO. m. adv. Enteramente. || *En* PUNTO. m. adv. Sin sobra ni falta. || *En* PUNTO *de caramelo.* m. adv. fig. y fam. Perfectamente dispuesta una cosa para algún fin. || *Estar a,* o *en* PUNTO. fr. Estar próxima a suceder una cosa. || *Hacer* PUNTO de una cosa. fr. Tomarla por caso de honra y no desistir de ella hasta conseguirla. || *Hasta cierto* PUNTO. loc. adv. No del todo. || *Levantar de* PUNTO. fr. Elevar. || *Meter en* PUNTOS. fr. ESC. Desbastar una pieza de madera, piedras, etc., hasta alcanzar los parajes adonde llegará el contorno de la figura que se va a esculpir. || *No perder* PUNTO. fr. fig. Proceder con la mayor diligencia en un negocio. || *No poder pasar uno por otro* PUNTO. fr. fig. Tener que someterse a la necesidad. || *Poner en su* PUNTO una cosa. fr. fig. y fam. Ponerla en el grado de perfección que le toca. || 2. fig. y fam. Apreciarla debidamente. || *Ponerles uno* PUNTOS a una cosa. fr. fig. y fam. Proponerse intervenir en lo referente a ella. || *Poner los* PUNTOS. fr. fig. Dirigir la mira o intención a un fin. || *Poner los* PUNTOS *muy altos.* fr. fig. Pretender algo sin considerar la proporción que se tiene para ello. || *Poner los* PUNTOS *sobre las íes.* fr. fig. y fam. Acabar una cosa con minuciosidad. || PUNTO *en boca.* expr. fig. que se emplea para advertir a uno que no hable. || PUNTO *menos.* loc. que indica que una cosa es casi igual a otra. || PUNTO *por* PUNTO. m. adv. fig. con que se expresa el modo de referir una cosa sin omitir detalle. || *Sacar de* PUNTOS. fr. Reproducir con precisión un modelo escultórico ejecutado en barro o yeso, trasladándole a un bloque de piedra o mármol mediante compases de proporción. || *Subir de* PUNTO una cosa. fr. Crecer. || P. ponto; I. y F. point; A. Punkt; It. punto; R. точка.

PUNTOSO, SA. adj. Que tiene muchas puntas.

PUNTOSO, SA. adj. Que tiene punto de honra, o que se esfuerza en conservar la buena fama. || 2. Puntilloso.

PUNTUACIÓN. f. Acción y efecto de puntuar. || 2. Conjunto de signos empleados para puntuar. || P. pontuação; I. punctuation; F. ponctuation; A. Zeichensetzung; It. punteggiatura; R. пунктуация.

PUNTUAL. (l. *punctum*, punto.) adj. Pronto, diligente, exacto en hacer las cosas a su debido tiempo. || 2. Cierto. || 3. Conforme, adecuado.

PUNTUALIDAD. (De *puntual*.) f. Cuidado y diligencia en ejecutar las cosas a su tiempo. || 2. Conveniencia precisa de las cosas, para el fin al que se destinan. || P. pontualidade; I. punctuality; F. ponctualité; A. Pünktlichkeit; It. puntualità; R. точность.

PUNTUALIZAR. (De *puntual*.) tr. Grabar con exactitud las especies en la memoria. || 2. Referir algo exacta y detalladamente. || 3. Dar la última mano a una cosa.

PUNTUALMENTE. adv. Con puntualidad.

PUNTUAR. (l. *punctum*, punto.) tr. Poner en el escrito los signos ortográficos precisos para señalar las pausas, la debida entonación y el valor de las palabras y el sentido de las oraciones. || **2.** Entrar en el cómputo de los puntos el resultado de una prueba o competición. || **P.** pontuar; **I.** to punctuate; **F.** ponctuer; **A.** (inter)punktieren; **It.** punteggiare; **R.** ставить знаки препинания.

★ **PUNTUDO, DA.** adj. Chile. Que tiene punta larga y aguda.

PUNTUOSO, SA. (l. *punctum*, punto.) adj. Puntoso. 2.ª acep.

PUNTURA. (l. *punctūra*.) f. Herida con instrumento que punza. || **2.** Impr. Cada una de las dos puntas de hierro afirmadas en los dos costados del tímpano de una prensa de imprimir, en las que se clava el pliego que ha de tirarse. || **3.** Veter. Sangría que se hace en la cara plantar del casco de caballerías. || *Ajustar* punturas. fr. Impr. Colocar las punturas de forma que coincida el blanco con la retiración.

PUNZADA. (De *punzar*.) f. Herida o picada de puntas. || **2.** fig. Dolor agudo que se repite de tiempo en tiempo. || **3.** fig. Sentimiento interior que causa algo que aflige al ánimo. || **4.** Cuba. Necedad. || **P.** e **It.** puntura; **I.** prick; **F.** piqûre; **A.** Stich, Punktur; **R.** укол.

PUNZADOR, RA. adj. Que punza. Ú.t.c.s.

PUNZADURA. (De *punzar*.) f. Punzada, herida o picada de punta.

PUNZANTE. p.a. de punzar. Que punza.

PUNZAR. (cat. *punxar*, del m. or. que *punchar*.) tr. Herir de punta. || **2.** fig. Avivarse un dolor a intervalos. || **3.** fig. Hacerse sentir interiormente una cosa que aflige al ánimo. || **P.** punçar; **I.** to punch; **F.** piquer; **A.** stechen; **It.** pùngere; **R.** колоть.

PUNZÓ. (fr. *ponceau*, amapola silvestre y su color.) m. Color rojo muy vivo.

PUNZÓN. (De *punzar*.) m. Instrumento de hierro puntiagudo que se emplea para abrir ojetes y otros usos. || **2.** Buril. || **3.** Instrumento de acero durísimo que en la boca tiene de realce una figura que queda impresa en el troquel de las monedas, medallas, etc. || **4.** Pitón, cuerno incipiente. || **P.** punção; **I.** puncheon; **F.** poinçon; **A.** Pfriem; **It.** punzone; **R.** шило.

PUNZONERÍA. f. Colección de los punzones necesarios para una fundición de letra.

PUÑADA. (De *puño*.) f. Puñetazo.

PUÑADO. m. Porción de cualquier cosa que se puede meter en un puño. || **2.** fig. Cortedad de una cosa de que suele haber cantidad. || *—de moscas.* fig. y fam. Conjunto de cosas que se separan o desaparecen fácilmente. || *A* puñados. m. adv. fig. Abundantemente, cuando debe ser con cortedad, o al contrario, con escasez, cuando debe ser con abundancia. || **P.** punhado; **I.** handful; **F.** poignée; **A.** Handvoll; **It.** pugno, manata; **R.** горсть.

PUÑAL. (l. *pūgnāle*.) m. Arma de acero ofensiva de 2 a 3 dm de longitud que hiere sólo de punta. || **P.** punhal; **I.** poniard, dagger; **F.** poignard; **A.** Dolch; **It.** pugnale; **R.** кинжал.

PUÑAL. (l. *pugna*, pelea.) adj. p. us. Perteneciente o relativo a la pugna o pelea.

PUÑALADA. f. Golpe dado de punta con el puñal o arma semejante. || **2.** Herida resultante de tal golpe. || **3.** fig. Pesadumbre grande dada de repente. || *Coser a* puñaladas a uno. fr. fig. y fam. Darle muchas puñaladas. || *Ser* puñalada *de pícaro* una cosa. fr. fig. y fam. Ser de las que han de hacerse con urgencia y rapidez. Se emplea más con negación o interrogadoramente.

PUÑALEJO. m. d. de puñal.

PUÑALERO. m. El que fabrica o vende puñales.

PUÑERA. (De *puño*.) f. Almorzada. || **2.** Medida usada en los molinos para cobrar la maquila.

PUÑETAZO. (De *puñete*.) m. Golpe dado con el puño o mano cerrada.

PUÑETE. (De *puño*.) m. Puñetazo. || **2.** Manilla, pulsera.

PUÑO. (l. *pugnus*.) m. Mano cerrada. || **2.** Puñado. || **3.** Parte de la manga de camisa y de otras prendas que rodea la muñeca. || **4.** Adorno puesto en la bocamanga. || **5.** Mango de ciertas armas blancas. || **6.** Parte por donde se toma el bastón, paraguas

o sombrilla. || **7.** fig. y fam. Cortedad en lo que no debe haberla. || **8.** Mar. Cualquiera de los vértices de los ángulos de las velas. || **9.** pl. fig. y fam. Fuerza, valor. || *Apretar los* puños. fr. fig. y fam. Poner gran esfuerzo y empeño en ejecutar algo. || *A* puño *cerrado.* m. adv. Tratándose de golpes, con el puño. || *Como un* puño. loc. adv. fig. y fam. con que se indica que una cosa es muy grande entre las que son ordinariamente pequeñas, o al contrario, pequeña entre las que deberían ser grandes. || *Creer a* puño *cerrado.* fr. fig. y fam. Creer firmemente. || *De propio* puño. m. adv. De mano propia. || *Medir a* puños. fr. Medir algo colocando un puño sobre otro sucesivamente. || *Meter en un* puño a uno. fr. fig. y fam. Confundirlo, intimidarlo. || *Pegarla a* puño a uno. fr. fig. y fam. Engañarle en cosa substancial. || *Por sus* puños. m. adv. fig. y fam. Con su trabajo o mérito personal. || *Por* puños. loc. adv. Con gran esfuerzo y sin ayuda de nadie. || puño *en rostro.* loc. Persona tacaña en extremo. || *Ser* uno *como un* puño. fr. fig. y fam. Ser miserable. || **2.** fig. y fam. Ser pequeño de cuerpo. || **P.** punho; **I.** fist; **F.** poing; **A.** Faust; **It.** pugno; **R.** кулак.

★ **PUÓN.** (aum. de *púa*.) m. Argent. Púas metálicas huecas para armar los espolones de los gallos de pelea.

PUPA. (De *buba*.) f. Erupción en los labios. || **2.** Postilla formada al secarse un grano. || **3.** Voz con que los niños dan a entender un mal. || *Hacer* pupa a uno. fr. fig. y fam. Causarle daño.

★ **PUPÉN.** m. Colom. La comida, el alimento, el sustento.

PUPILA. (l. *pupilla*.) f. Huérfana menor de edad, respecto de su tutor. || **2.** Mujer de la mancebía. || **3.** Zool. Abertura que tiene el iris del ojo y que da paso a la luz. || 3.ª acep.: **P.** pupila; **I.** pupil; **F.** prunelle; **A.** (Aug)Apfel; **It.** pupilla; **R.** зрачок.

PUPILAJE. m. Estado o condición de la pupila o del pupilo. || **2.** Estado del que se halla bajo la voluntad de otro porque le mantiene. || **3.** Casa donde se tienen huéspedes mediante el pago de una cantidad. || **4.** Esta misma cantidad que se paga.

PUPILAR. adj. Perteneciente o relativo al pupilo o a la menor de edad. || **2.** Zool. Perteneciente o relativo a la pupila del ojo.

PUPILERO, RA. m. y f. Persona que tiene pupilos en su hogar.

PUPILO, LA. (l. *pupillus*, d. de *pupus*, niño.) m. y f. Huérfano o huérfana menor de edad, respecto de su tutor. || **2.** Persona que se hospeda en casa particular por precio convenido. || *Medio* pupilo. El que solamente come al mediodía en una casa de huéspedes. || **2.** Alumno o alumna que está en el colegio hasta la noche haciendo en él la comida del mediodía. || *A* pupilo. m. adv. Alojado y mantenido por precio. || 2.ª acep.: **P.** pensionista; **I.** boarder; **F.** pupille; **A.** Mündel, Pensionär; **It.** convittore; **R.** пансионер.

★ **PUPINIZACIÓN.** f. Electr. Intercalación de carretes de autoinducción en los circuitos telefónicos para mejorar la audición.

PUPITRE. (fr. *pupitre*, y éste del l. *pulpitum*, atril.) m. Mueble de madera, en forma de plano inclinado para escribir sobre él. || **P.** carteira; **I.** desk; **F.** pupitre; **A.** (Lese-/Schreib)Pult; **It.** scrittoio; **R.** пюпитр, парта.

★ **PUPO.** m. Ecuad. y Chile. Ombligo. || **2.** Ecuad. Basta de los colchones.

★ **PUPÓN, NA.** adj. Argent. Satisfecho, ahíto, harto.

PUPOSO, SA. adj. Que tiene pupas.

★ **PUPUSA.** f. Hond. Empanada de queso y maíz.

★ **PUPUSO, SA.** adj. Guat. Rechoncho. Ú.t.c.s. || **2.** Guat. Hinchado. || **3.** Guat. Engreído. || **4.** Guat. Muy rico.

★ **PUQUE.** adj. Mér. Huero, hablando de huevos.

★ **PUQUIAL.** adj. Amér. Perteneciente o relativo al puquio. || **2.** m. Amér. Puquio, fuente o manantial.

○ **PUQUIO.** (quich. *pujyu*.) m. Perú. Fuente de agua cristalina que forma un estanque más o menos profundo. || **2.** Argent. Fuente, manantial. || **3.** Chile.

Manantial, hondonada con vertiente especialmente en región desierta. || **4.** Chile. En algunos lugares, casa, quinta con árboles y hortaliza que tiene vertiente de agua.

PURAMENTE. adv. Con pureza, sin mezcla. || **2.** Meramente. || **3.** For. Sin condición, excepción ni plazo.

PURANA. (sánscr. *purâna*, antiguo, arcaico.) m. Cada uno de los 18 poemas sánscritos que contienen la teogonía y cosmogonía de la India antigua.

★ **PURAQUÉ.** m. Zool. Amér. Pez teleósteo, fisóstomo, gimnótido, que se halla en ciertos afluentes del Amazonas notable porque produce una especie de descarga eléctrica cuando se intenta herirle.

PURÉ. (fr. *purée*.) m. Pasta hecha con legumbres o cosas comestibles cocidas y pasadas por colador. || **2.** Sopa de esta pasta desleída en caldo. || **P.** puré; **I.** y **F.** purée; **A.** Brei; **It.** purè; **R.** пюре.

PUREAR. intr. fam. Fumar cigarro puro.

★ **PURÉPECHA.** adj. Méj. Entre los tarascos, esclavo o paria. Actualmente significa pobre, de clase humilde. Ú.t.c.s.

PURERA. f. Cigarrera, estuche para cigarros puros.

PUREZA. f. Calidad de puro. || **2.** f. Virginidad, doncellez. || **P.** pureza; **I.** purity; **F.** pureté; **A.** Reinheit, Lauterkeit; **It.** purezza, purità; **R.** чистота, непорочность.

PURGA. (De *purgar*.) f. Medicina que se toma por la boca, para evacuar el vientre. || **2.** fig. Residuos que en algunas operaciones industriales o en los artefactos se acumulan y se han de eliminar. || *La* purga *de Benito, o de Fernando, que desde la botica estaba obrando.* fr. fam. con que se elude a una causa a la cual se atribuyen efectos anticipados o desmedidos.

PURGABLE. (l. *purgabĭlis*.) adj. Que se puede o debe purgar.

PURGACIÓN. (l. *purgatio, -ōnis*.) f. Acción y efecto de purgar o purgarse. || **2.** Sangre que evacuan naturalmente las mujeres mensualmente y después de haber parido. || **3.** For. Refutación de indicios inculpadores contra una persona. || **—canónica.** For. Prueba que establecen los cánones para cuando uno fuere acusado de un delito que no puede probarse plenamente, reducida a que se purgue la nota o infamia del acusado por el juramento de éste y el de los conjuradores.

PURGADOR, RA. (l. *purgātor*.) adj. Que purga. Ú.t.c.s.

PURGAMIENTO. (l. *purgamentum*.) m. Purgación, acción de purgar o purgarse.

PURGANTE. (l. *purgans, -antis*.) p.a. de purgar. Que purga. || **2.** adj. Dícese generalmente del medicamento que se aplica para este efecto. Ú.t.c.s.m. || **P.** e **I.** purgante; **I.** purging; **F.** purgatif, purge; **A.** Abführmittel; **R.** слабительное.

PURGAR. (l. *purgāre*.) tr. Limpiar, purificar una cosa quitándole cuanto no le conviene. || **2.** Satisfacer con una pena el total o parte de una culpa. || **3.** Padecer el alma las penas del purgatorio para purificar las reliquias del pecado. || **4.** Dar al enfermo la medicina para evacuar el vientre. Ú.t.c.r. || **5.** Evacuar un humor naturalmente o mediante medicina. Ú.t.c. intr. y c.r. || **6.** Expiar. || **7.** fig. Acrisolar. || **8.** fig. Moderar las pasiones. || **9.** For. Desvanecer los indicios o sospechas existentes contra una persona. || **10.** r. fig. Libertarse de cualquier cosa no material que causa gravamen. || **P.** purgar; **I.** to purge; **F.** purger; **A.** reinigen, läutern; **It.** purgare; **R.** очищать.

PURGATIVA, VA. (l. *purgatīvus*.) adj. Que purga o puede purgar.

PURGATORIO, RIA. (l. *purgatorius*, que purifica.) adj. Purgatorio. || **2.** m. Lugar en que las almas de los muertos en gracia, sin haber enteramente satisfecho por sus culpas en esta vida, purgan sus pecados antes de entrar en el cielo. || **3.** fig. Cualquier lugar donde se pasa la vida con trabajo y penalidad. || **4.** Esta misma penalidad. || **P.** purgatório; **I.** purgatory; **F.** purgatoire; **A.** Fegefeuer; **It.** purgatorio; **R.** чистилище.

★ **PURGO.** m. Bot. Venez. Acana, árbol saponáceo muy común en América.

P

PURIDAD. (l. *purĭtas, -ātis.*) f. Pureza, calidad de puro. ‖ **2.** Secreto, lo reservado y oculto y la misma reserva. ‖ *En* PURIDAD. m. adv. Sin rebozo, sin rodeos. ‖ **2.** En secreto.

PURIFICACIÓN. (l. *purificatio, -ōnis.*) f. Acción y efecto de purificar o purificarse. ‖ **2.** Fiesta que celebra la Iglesia el 2 de febrero en memoria de la presentación de Nuestra Señora con su Hijo en el templo a los cuarenta días del parto. ‖ **3.** Cada uno de los lavatorios con que en la misa se purifica el caliz después de consumido el sanguis. ‖ P. purificação; I. y F. purification; A. Reinigung; It. purificazione; R. очищение.

PURIFICADERO, RA. adj. Dícese de lo que purifica.

PURIFICADOR, RA. adj. Que purifica. Ú.t.c.s. ‖ **2.** m. Paño de lino con que se enjuga y purifica el cáliz en la misa. ‖ **3.** Lienzo de que se sirve el sacerdote en el altar para limpiarse los dedos. ‖ P. purificador; I. purifier, purificator; F. rificateur, purificatoire, purificatoire; A. Kelchtuch; It. purificatore; R. очистительный.

PURIFICANTE. p.a. de purificar. Que purifica.

PURIFICAR. (l. *purificāre; de purus,* puro, y *facĕre,* hacer.) tr. Retirar de una cosa lo extraño, dándole el perfeccionamiento que debe tener según su calidad. Ú.t.c.r. ‖ **2.** Limpiar de toda imperfección una cosa no material. Ú.t.c.r. ‖ **3.** Acrisolar Dios las almas por medio de trabajos y aflicciones. Ú.t.c.r. ‖ **4.** En otro tiempo, rehabilitar para el servicio a los impurificados por causas políticas. ‖ **5.** r. FOR. Cumplirse o suprimirse la condición de que un derecho dependía o que lo modificaba. ‖ P. purificar; I. to purify; F. purifier; A. reinigen, säubern; It. purificare; R. очищать.

PURIFICATORIO, RIA. (l. *purificatorius.*) adj. Que se emplea para purificar algo.

★ **PURISCO.** m. C. RICA. Flor de la alubia y del fréjol.

PURÍSIMA. f. Nombre antonomástico de la Virgen María en el misterio de su Inmaculada Concepción.

★ **PURISIMITAS (HACER).** loc. PERÚ. Adular para conseguir algo.

PURISMO. (De *puro.*) m. Calidad de purista.

PURISTA. (De *puro.*) adj. Que escribe o habla con pureza. Ú.t.c.s. ‖ **2.** Dícese del que en un afán excesivo de ser puro en escribir o en hablar, cae en afectación. Ú.t.c.s.

PURITANISMO. m. Secta y doctrina de los puritanos. ‖ **2.** Por ext., se aplica a la excesiva escrupulosidad al proceder. ‖ **3.** Calidad de puritano.

PURITANO, NA. (ingl. *puritan,* y éste del l. *purus,* puro.) adj. Dícese del individuo que pertenece al partido político religioso de Inglaterra que dice llevar religión más pura que la del Estado. Ú.t.c.s. ‖ **2.** Perteneciente a estos sectarios. ‖ **3.** fig. Se aplica al que real o fingidamente practica con rigor las virtudes públicas o privadas haciendo alarde de ello. Ú.t.c.s. ‖ P. e It. puritano; I. puritan; F. puritain; A. puritanisch; R. пуританин.

PURO, RA. (l. *purus.*) adj. Libre de mezcla. ‖ **2.** Que procede desinteresadamente en un empleo o en la administración de justicia. ‖ **3.** Que no señala ninguna condición, excepción o restricción de pago. ‖ **4.** Se dice del cigarro hecho con un rollo de hojas de tabaco. Ú.m.c.s. ‖ **5.** fig. Libre de imperfección. ‖ **6.** fig. Mero, sin acompañamiento de otra cosa. ‖ **7.** fig. Hablando del lenguaje o estilo, correcto, exacto, exento de voces y construcciones extrañas o viciosas. ‖ *A* PURO. m. adv. A fuerza de. ‖ *De* PURO. m. adv. Sumamente, a fuerza de. ‖ P. e It. puro; I. pure, unmingled; F. pur; A. rein, pur; R. чистый.

PÚRPURA. (l. *purpŭra.*) f. Molusco gasterópodo marino que segrega una tinta amarilla que, al contacto con el aire, se torna verde y cambia después en rojo o violado. Se usó antiguamente en tintorería. ‖ **2.** fig. Prenda de vestir de este color, que forma parte del traje de emperadores, cardenales, etc. ‖ **3.** fig. Tono rojo subido. ‖ **4.** fig. Dignidad imperial, cardenalicia, etc. ‖ **5.** fig. poét. Sangre. ‖ **6.** BLAS. Color heráldico, que se presenta en pintura por el violado y en dibujo ordinario mediante líneas diagonales. ‖ **7.** MED. Estado morboso, caracterizado por hemorragias, patequias o equimosis. ‖ **—de casio.** Oro en polvo fino que se hace precipitar en las disoluciones de sus sales mediante substancias reductoras. ‖ P. púrpura; I. purpura, purple; F. pourpre; A. Purpur, Purpurschnecke; It. pòrpora; R. раковина-багрянка.

PURPURADO. (De *purpura.*) m. Cardenal, prelado perteneciente al Sacro Colegio.

PURPURANTE. (l. *purpŭrans, -antis.*) p.a. de purpurar. Que purpura.

PURPURAR. (l. *purpurāre.*) tr. Teñir de púrpura. ‖ **2.** Vestir de ella.

PÚRPUREA. (l. *purpŭrĕa,* femenino de *-rĕus,* purpúreo, por el color de las flores.) f. Lampazo, planta compuesta, de flores rojas.

PURPUREAR. intr. Mostrar una cosa el color de púrpura que tiene. ‖ **2.** Tirar a purpúreo.

PURPÚREO, A. (l. *purpurĕus.*) adj. De color de púrpura. ‖ **2.** Perteneciente o relativo a la púrpura. ‖ P. purpúreo; I. purple, puniceous; F. pourpré, purpurin; A. purpurfarbig, purpurn; It. purpureo, purpúrico; R. пурпурный.

PURPURINA. (l. *purpurĭna,* t. f. de *-nus,* purpurino.) f. Substancia colorante roja, que se extrae de la raíz de la rubia. ‖ **2.** Polvo fino de bronce o metal blanco que se aplica en pintura para conseguir un aspecto plateado o dorado. ‖ P. purpurina; I. purpurin; F. purpurine; A. Purpurin; It. porporina; R. пурпур.

PURPURINO, NA. (l. *purpurīnus.*) adj. Purpúreo.

PURRELA. f. Vino inferior de los que se denominan aguapié.

★ **PURRETE.** adj. fam. ARGENT. Chiquillo, mocoso. Ú.t.c.s.

PURRIELA. f. fam. Cualquier cosa despreciable de escaso valor.

PURULENCIA. (De *purulento.*) f. MED. Supuración. ‖ P. purulência; I. y F. purulence; A. Eiterung; It. purulenza; R. гноетечение.

PURULENTO, TA. (l. *purulentus.*) ad. MED. Que tiene pus.

PUS. (l. *pus.*) m. MED. Humor, comúnmente de color amarillento o verdoso, que segregan accidentalmente los tejidos inflamados, los diviesos, tumores, llagas, etc., y cuya naturaleza varía según dichos tejidos y las lesiones que los afectan. ‖ P., I., F. e It. pus; A. Eiter; R. гной.

★ **PUSANA.** f. AMÉR. Filtro o hechizo que con raíces y diversas hierbas emplean las indias venezolanas para inflamar la lujuria de los hombres.

★ **PUSCALLO.** m. BOL. Flor de las plantas comprendidas bajo la denominación de cactus o cacto.

PUSILÁNIME. (l. *pusillanĭmis.*) adj. Apocado, falto de ánimo para tolerar las desgracias y emprender grandes cosas. Ú.t.c.s. ‖ P. pusilânime; I. pusillanimous; F. pusillanime; A. kleinmütig; It. pusillànime; R. малодушный.

PUSILANIMIDAD. (l. *pusillanimĭtas, -ātis.*) f. Falta de ánimo, cobardía.

PUSILÁNIMO, MA. adj. ant. Pusilánime.

PUSINESCO, CA. (fr. *poussinesque,* de *Poussin.*) adj. Dícese del tamaño que representa en pintura a las personas en un tercio del suyo natural.

★ **PUSPÚS.** m. BOT. AMÉR. Arbusto leguminoso de las comarcas serranas en las provincias ribereñas del norte de Argentina; es resinoso y se emplea para teñir la lana de color de plomo.

PÚSTULA. (l. *pustŭla.*) f. MED. Vejiguilla inflamatoria de la piel, llena de pus. ‖ P. pústula; I. y F. pustule; A. Pustel; It. pùstola; R. пустула.

PUSTULOSA, SA. (l. *pustulōsus.*) adj. MED. Perteneciente o relativo a la pústula.

PUTA. (ant. *putda,* l. *putida,* hedionda.) f. Ramera.

PUTAÍSMO. (De *puta.*) m. Vida de mujer perdida. ‖ **2.** Reunión de tales mujeres. ‖ **3.** Casa de prostitución.

PUTANISMO. m. Putaísmo.

PUTAÑA. (De *puta.*) f. ant. Ramera.

PUTAÑEAR. (De *putaña.*) intr. fam. Buscar a las rameras por vicio.

PUTAÑERO. (De *putañear.*) adj. fam. Se dice del hombre que, dado al vicio de la torpeza, busca las rameras.

PUTATIVO, VA. (l. *putativus;* de *putāre,* pensar, reputar.) adj. Tenido por padre o hermano, etc., sin serlo. ‖ P. e It. putativo; I. putative; F. putatif; A. vermeintlich; R. признанный законным.

PUTEAR. (De *puta.*) intr. fam. Putañear.

PUTERÍA. (De *puta.*) f. Putaísmo. ‖ **2.** fig. y fam. Arrumaco, soflama de ciertas mujeres.

PUTERO. (De *puta.*) adj. ant. Putañero.

PUTESCO, CA. (De *puta.*) adj. fam. Perteneciente o relativo a las mujeres perdidas.

PUTO. (De *puta.*) m. Sodomita. ‖ *A* PUTO *el postre.* expr. fam. con que se denota el esfuerzo hecho para no ser el último en algo.

★ **PUTRAGUÉN.** m. CHILE. Pantano profundo con muchas lamas sobre las aguas.

★ **PUTRAIGUÉN.** m. CHILE. Putraguén.

PUTREFACCIÓN. (l. *putrefactio, -ōnis.*) f. Acción o efecto de pudrir o pudrirse. ‖ **2.** Podredumbre. ‖ P. putrefacção; I. putrefaction; F. putréfaction; A. Fäulnis, Verwessung; It. putrefazione; R. гниение.

PUTREFACTIVO, VA. (De *putrefacto.*) adj. Que puede causar putrefacción.

PUTREFACTO, TA. (l. *putrefactus,* p.p. de *putrefacĕre,* pudrir.) adj. Podrido, corrompido.

PUTRESCIBLE. adj. Que se pudre o puede pudrirse fácilmente.

PUTRIDEZ. f. Calidad de pútrido.

PÚTRIDO, DA. (l. *putrĭdus.*) adj. Podrido, corrompido. ‖ **2.** Acompañado de putrefacción. ‖ P. pútrido; I. putrid, rotten; F. putride; A. faulig; It. pùtrido; R. гнилой.

PUTRÍLAGO. m. MED. Materia pultácea originada por la necrosis de los tejidos gangrenados.

PUTUELA. f. d. de puta.

★ **PUTUTU.** m. BOL. Rancho o comida de viaje compuesta de charqui, arroz y sal.

PUYA. (l. *pŭgia,* der. regres. de *pŭgio, -ōnis,* puñal.) f. Punta acerada fija en un extremo las varas de los picadores y vaqueros, para estimular o castigar a las reses. ‖ P. pua; I. goad; F. pique; A. Stachel; It. pùngolo; R. острие копья.

PUYA. (arauc. *puuya.*) f. CHILE. Planta bromeliácea, de la que existen varias especies de una de las cuales se obtiene la goma de chagual.

★ **PUYA.** adj. P. RICO. Dícese del café no azucarada. infusión de café no azucarada.

★ **PUYADA.** (De *puyar.*) m. HOND. Corrida de toros.

★ **PUYADOR.** (De *puyar.*) m. GUAT. y HOND. Picador de toros.

★ **PUYAR.** tr. COLOM. Herir al toro con la puya. ‖ **2.** P. RICO, AMÉR. CENTRAL y COLOM. Herir con púa o con cualquier objeto puntiagudo. ‖ **3.** P. RICO y C. RICA. Molestar. ‖ **4.** intr. CHILE. Trabajar con afán. ‖ **5.** VENEZ. Nacer una planta.

PUYAZO. m. Herida hecha con puya.

★ **PUYERO, RA.** m. y f. CUBA. Pullista, persona que dice pullas con frecuencia. ‖ **2.** AMÉR. Zambo, hijo de indio y negra o viceversa. ‖ **3.** AMÉR. adj. Que tiene hacia dentro las puntas de los pies.

PUYO. adj. ARGENT. Dícese de una especie de poncho basto y corto.

PUZOL. (De *Puzol,* pueblo de Italia.) m. Puzolana.

PUZOLANA. (ital. *pozzolana,* y éste del l. *Puteoli.*) f. Roca volcánica desmenuzada, de la misma composición del basalto, que se halla en Puzol, cerca de Nápoles, y sirve para hacer mortero hidráulico, mezclada con cal.

★ **PYR.** m. Fís. Unidad de intensidad luminosa equivalente a una bujía decimal.

PYREX. m. Vidrio especialmente formado por borosilicato sódico, muy resistente al fuego.

Q

Q. f. Vigésima letra del abecedario español y decimosexta de las consonantes. Su nombre es *cu*. Tiene sonido gutural fuerte equivalente al de la *k*. En vocablos españoles forma sílaba con la *e* y la *i*, mediante la interposición de la *u* que pierde su sonido. || **2.** Fís. Mayúscula, representa gasto en hidrodinámica, y minúscula, cantidad en electricidad.

QUE. (l. *quid*.) pron. relat. que con esta sola forma conviene a los géneros masculino, femenino y neutro y a los dos números singular y plural. Sigue a un nombre o a otro pronombre o equivale a *el, la, lo cual; los, las cuales*. Puede llevar antepuesto el artículo determinado en todas las formas. || **2.** Equivale, a veces, a otro pronombre relativo precedido de una preposición. *El día* QUE *(en el cual) llegaste*. || **3.** Equivale a cual, cuan o cuanto, cuando va delante de substantivos, adjetivos, etc., precedido comúnmente de verbo en imperativo. *Dime* QUÉ *gente es ésta; mira* QUÉ *aplicado está*. || **4.** Con igual sentido de ponderación o encarecimiento se une a la prep. *de* en modos de hablar como el siguiente: ¡QUÉ *de gente hay aquí!* || **5.** Se emplea sin antecedente, como neutro y con significado indefinido equivalente a QUÉ *cosa. No sé* QUÉ *pedir*. || **6.** Conj. cop. que ordinariamente enlaza un verbo con otro. *Anunció* QUE *llegaba*. || **7.** Se emplea también para enlazar con el verbo otras partes de la oración. *Antes* QUE *marches*. || **8.** Forma parte de varios modos adverbiales y conjuntivos. || **9.** Es también conjunción comparativa. *Prefiero perder la vida* QUE *la honra*. || **10.** No exige verbo en locuciones familiares como ésta. *Otra* QUE *tal*. || **11.** Úsase en lugar de la copulativa *y*, teniendo entonces cierto sentido adversativo. *Tuya es la culpa*, QUE *no mía*. || **12.** Se emplea también como conjunción causal. || **13.** Otras veces hace de conjunción disyuntiva. QUE *quieras*, QUE *no quieras*. || **14.** Toma, asimismo, carácter de conjunción ilativa. *Tal estaba*, QUE *no la reconoció*. || **15.** Otras veces tiene valor de conjunción final. *Dio voces*, QUE *viniera a abrirle*. || **16.** Precede a oraciones no enlazadas con otras. ¡QUE *siempre estés de mal humor!* || **17.** Precede asimismo a oraciones incidentales de sentido independiente. || **18.** Después de expresiones de aseveración o juramento sin verbo, como *a fe, por vida de*, etc., y también antes del verbo con que comienza a manifestarse que se jura o asevera. *A fe, Sancho,* QUE *no estás tú más cuerdo* QUE *yo*. || **19.** Con el adverbio *no* pospuesto, forma un modo de decir equivalente a *sin* QUE. *No voy una vez al paseo,* QUE *no tropiece con ella*. || **20.** En algunos giros significa *de manera* QUE. *Corre* QUE *vuela*. || **21.** Se emplea con sentido frecuentativo de encarecimiento y equivale a *y más*. *Tira* QUE *tira*. || **22.** Se emplea después de los adverbios *sí* y *no* para dar fuerza a lo que se dice. *No,* QUE *no lo diré*. || **23.** Se emplea a veces como conjunción causal o copulativa antes de otro *que*, equivalente a *cuál* o QUÉ *cosa*. *Digo que ¿*QUÉ *le iba a vuestra merced en volver tanto por aquella*

reina? || **24.** Precedida y seguida de la tercera persona de indicativo de un mismo verbo, denota el progreso o eficacia de la acción de este verbo. *Y escribe* QUE *escribe, terminó la obra*. || *El* QUE *más y el* QUE *menos*. loc. que equivale a cada cual o a todos sin excepción. || ¡*Pues* QUÉ! expr. que se emplea sin vínculo gramatical con otra ninguna, precediendo a frase interrogativa en la forma, y substancialmente negativa. ¡*Pues* QUÉ! ¿*has de salirte siempre con la tuya?* || ¡QUÉ! interj. de sentido negativo y ponderativo. || *Sin* QUÉ *ni para,* o *por* QUÉ. loc. adv. Sin motivo, sin causa. || ¿*Y* QUÉ? expr. con que se denota que lo dicho o hecho por otro no convence. || **P.** que; **I.** who, which, what, that; **F.** qui, que; **A.** welcher; **It.** chi, che; **R.** который, какой.

QUEBRACHO. m. AMÉR. Quiebracha. || **2.** Corteza curtiente de este árbol.

QUEBRADA. (De *quebrado*.) f. Abertura estrecha y áspera entre montañas. || **2.** Quiebra, 2.ª acep. || **3.** AMÉR. Arroyo. || **4.** ARGENT. Quiebro, contoneo.

QUEBRADERO. m. desus. Quebrador. ||—**de cabeza.** fig. y fam. Lo que inquieta y preocupa el ánimo. || **2.** fig. y fam. Objeto del cuidado amoroso. || **P.** quebrador; **I.** worry; **F.** cassement; **A.** Sorge; **It.** rompicapo; **R.** забота.

QUEBRADILLO. (d. de *quebrado*.) m. Tacón de madera del calzado a la ponleví. || **2.** Movimiento especial que se hace en la danza como quebrando el cuerpo.

QUEBRADIZO, ZA. adj. Fácil de quebrarse. || **2.** fig. Delicado en la salud y disposición corporal. || **3.** fig. Se aplica a la voz ágil para hacer quiebros al cantar. || **4.** fig. Frágil, que peca fácilmente; o que es perecedero. || **P.** quebradizo; **I.** brittle; **F.** cassant, cassable; **A.** zerbrechlich; **It.** fràgile; **R.** хрупкий.

QUEBRADO, DA. (De *quebrar*.) adj. Que ha hecho quiebra o bancarrota. Ú.t.c.s. || **2.** Que padece quebradura o hernia. Ú.t.c.s. || **3.** Quebrantado, debilitado. || **4.** Aplicado a terreno, quebrado, desigual, tortuoso. || **5.** Se dice del azúcar sin blanquear. || **6.** CUBA. Hoja agujereada de guano de buena calidad. || **7.** CUBA. Paso estrecho entre arrecifes. || **8.** pl. Trechos rayados y trechos sin rayar en cierta clase de papel pautado empleado para aprender a escribir. || **9.** m. MAT. Número quebrado. ||—**de quebrado.** ARIT. El que expresa una fracción de fracción. ||—**decimal.** ARIT. Fracción decimal. ||—**impropio.** ARIT. Fracción impropia. ||—**propio.** ARIT. Fracción propia. || *Pie* QUEBRADO. METR. El verso más corto que los demás de la misma estrofa. 9.ª acep.: **P.** quebrado; **I.** y **F.** fraction; **A.** Bruchzahl; **It.** frazione; **R.** десятичная дробь.

QUEBRADOR, RA. adj. Que quiebra algo. Ú.t.c.s. || **2.** Que quebranta un estatuto o ley. Ú.t.c.s.

QUEBRADURA. (De *quebrado*.) f. Hendedura, rotura. || **2.** Hernia.

QUEBRAJA. (De *quebrajar*.) f. Grieta, rendija, raja.

QUEBRAJAR. (De *quebrar*.) tr. Resquebrajar. Ú.t.c.intr. y c.r.

★ **QUEBRAJEAR.** tr. AMÉR. Hacer una cosa dobleces que dejan señales.

QUEBRAJOSO, SA. (De *quebraja*.) adj. Quebradizo. || **2.** Lleno de quebrajas.

QUEBRAMIENTO. (De *quebrar*.) m. Quebrantamiento.

QUEBRANTABLE. adj. Que se puede quebrantar.

QUEBRANTADO, DA. p.p. de quebrantar. || **2.** adj. ARQ. Se aplica a la mesilla entre dos tramos contiguos de escalera.

QUEBRANTADOR, RA. adj. Que quebranta. Ú.t.c.s.

QUEBRANTADURA. (De *quebrantar*.) f. Quebrantamiento.

QUEBRANTAHUESOS. (De *quebrantar* y *hueso*.) m. Ave rapaz, de color pardo obscuro, pico corvo rodeado de cerdas. Es la mayor de las aves de rapiña de Europa, persigue a los mamíferos pequeños, especialmente las crías de ganado. || **2.** Pigargo grande. || **3.** Juego de muchachos en que dos se agarran por la cintura, uno de pie y otro cabeza abajo y se voltean mutuamente. || **4.** fig. y fam. Sujeto impertinente, molesto, que cansa. || **P.** xofrango, abrutre; **I.** ossifrage, lammergeier; **F.** orfraie; **A.** Lämmergeier; **It.** avvoltoio; **R.** орёл-ягнятник.

QUEBRANTAMIENTO. m. Acción y efecto de quebrantar o quebrantarse. ||—**de forma.** FOR. Omisión o violación de garantías substanciales en el procedimiento judicial. || **P.** quebramento; **I.** fracture; **F.** broiement; **A.** Zerbrechen; **It.** rottura, rompitura; **R.** разламывание.

QUEBRANTANTE. p.a. de quebrantar. Que quebranta.

QUEBRANTAOLAS. (De *quebrantar* y *ola*.) m. MAR. Navío inservible que se echa a pique en el puerto para quebrantar la marejada delante de una obra hidráulica. || **2.** MAR. Boya pequeña unida a otra mayor sumergida. || **P.** quebra-mar; **I.** breakwater; **F.** brise-lames; **A.** Wellenbrecher; **It.** frangionde; **R.** волнорез.

QUEBRANTAPIEDRAS. (De *quebrantar* y *piedra*.) f. BOT. Planta herbácea anual, cariofilácea, de fruto seco que se ha usado contra el mal de piedra. || **P.** saxífraga; **I.** stonebreak, saxifrage; **F.** perce-pierre, saxifrage; **A.** Steinbrech; **It.** frangepetre; **R.** камнеломка.

QUEBRANTAR. (l. *crepantāre*, de *crepans, -antis*.) tr. Romper, separar violentamente las partes de un todo. || **2.** Cascar una cosa, rajarla de tal forma que se rompa con facilidad. Ú.t.c.r. || **3.** Machacar una cosa sin deshacerla por completo. || **4.** Violar algo sagrado, seguro. || **5.** fig. Violar una ley, obligación, promesa, etc. || **6.** fig. Forzar, romper, vencer algo que impide la libertad. || **7.** fig. Disminuir la salud, las fuerzas; suavizar el exceso de una cosa, especialmente del calor y del frío. || **8.** fig. Molestar, causar pesadumbre. || **9.** fig. Causar lástima. || **10.** fig. Persuadir, mover con ardid; ablandar el rigor, la furia. || **11.** FOR. Revocar un testamento. || **12.** r. Experimentar las perso-

Q

nas algún malestar o achaque. ‖ 13. MAR. Arquearse la quilla de un buque perdiendo su figura. ‖ 14. COLOM., C. RICA y ARGENT. Desbravar, domar un potro. ‖ P. quebrar; I. to break, to crak; F. broyer; A. brechen, zerbrechen; It. ròmpere, spaccare; R. ломать. ‖ 5.ª acep.: P. violar; I. to transgress; F. enfreindre; A. Verletzen, entweihen; It. violare; R. нарушать.

QUEBRANTE. p.a. de quebrar. Que quiebra.

QUEBRANTO. m. Acción o efecto de quebrar o quebrarse. ‖ 2. fig. Desaliento, falta de fuerza. ‖ 3. fig. Lástima, piedad. ‖ 4. fig. Grande pérdida o daño. ‖ 5. fig. Dolor o pena grande. ‖ —de moneda. Nombre y concepto que se da a la indemnización o gratificación concedida a los habilitados, pagadores de oficinas. ‖ 4.ª acep.: P. quebrantamiento, dano; I. loss, damage; F. perte, dommage; A. Zerbrechen, Verlust; It. pèrdita, danno; R. убыток.

QUEBRAR. (l. *crepāre*, estallar, romper con estrépito.) tr. Quebrantar, romper algo, violar una ley. ‖ 2. Doblar o torcer. Ú.t.c.r. ‖ 3. Interrumpir la continuación de algo no material. ‖ 4. fig. Templar, moderar la fuerza o el rigor de una cosa. ‖ 5. fig. Ajar, afear, deslustrar el color natural del rostro. Ú.t.c.s. ‖ 6. fig. Vencer una dificultad material u opresión. ‖ 7. intr. fig. Romper la amistad de uno. ‖ 8. fig. Ceder, flaquear. ‖ 9. fig. Dejar de tener aplicación. ‖ 10. COM. Cesar en el comercio por no poder cumplir las obligaciones contraídas y no alcanzar el activo a cubrir el pasivo. ‖ 11. r. Formársele hernia a uno. ‖ 12. Hablando de cordilleras, cuestas, etc., interrumpirse su continuidad. ‖ 13. ARGENT. Quebrantar, domar un potro. ‖ 14. ARGENT. Contonearse. ‖ *Antes* QUEBRAR *que doblar.* fr. fig. No rendirse al interés ni a malos consejos para cumplir su deber. ‖ *No se* QUIEBRA *por delgado, sino por gordo y mal hilado.* ref. que indica que importa más la calidad que la cantidad. ‖ QUEBRAR *el empacho.* fr. fig. CUBA. Curar la indigestión. ‖ P. quebrar; partir; I. to break; F. rompre, briser, casser; A. brechen, zerspringen; It. ròmpere, spezzare; R. разбивать, колоть.

QUEBRAZA. f. ant. Grieta. ‖ 2. pl. Hendeduras muy sutiles en la hoja de la espada.

QUEBRAZAR. tr. ant. Originar grietas o quebrazas. Usáb.m.c.r.

★ **QUEBRAZÓN.** (De *quebrar*.) f. CHILE y MÉJ. Quebradura. ‖ 2. CHILE. Rotura simultánea de muchas cosas. ‖ 3. COLOM. Quebramiento violento. ‖ 4. CHILE. Disputa. ‖ 5. Destrozo grande de objetos de vidrio o loza.

° **QUECO.** m. ARGENT. Mancebía, lupanar.

QUECHE. (ingl. *ketch*.) m. Embarcación empleada en los mares del Norte de Europa, con un palo solo y de igual forma en la popa que en la proa.

QUECHEMARÍN. (De *queche* y *marino*.) m. Embarcación chica de dos palos, con velas al tercio y gavias volantes en buen tiempo.

★ **QUECHERA.** f. PERÚ. Diarrea.

★ **QUECHO, CHA.** adj. CHILE. Dícese de la pieza de tela o ropa sin parejo al borde. ‖ 2. m. CHILE. Trozo de sandía temprana.

QUECHOL. m. MÉJ. Flamenco, ave palmípeda.

QUECHUA. (De *qquechhua*, tierra templada.) adj. Dícese del indio que vivía en la región situada al norte y poniente del Cuzco. Ú.t.c.s. ‖ 2. Dícese de la lengua hablada por estos indios. ‖ 3. Referente a estos indios.

QUECHUISMO. m. Palabra o giro de la lengua quechua empleada en otro idioma.

QUEDA. (l. *quieta*, t. f. de *-tus*, p.p. de *quière*, descansar.) f. Hora de la noche señalada en algunas partes para que todos se recojan. ‖ 2. Campana destinada a dar la señal de esta hora. ‖ 3. Toque dado con dicha campana.

QUEDADA. f. Acción de quedarse en un lugar. ‖ 2. MÉJ. Soltera de bastantes años.

★ **QUEDADO, DA.** adj. CHILE. Inacti-

vo. ‖ 2. TAUROM. Dícese del toro que tarda en embestir.

QUEDAMENTE. adv. Quedo, con voz baja.

QUEDAMIENTO. m. ant. Aplacamiento.

QUEDANTE. p.a. ant. de quedar. Que queda.

QUEDAR. (l. *quietāre*, sosegar, descansar.) intr. Estar, detenerse forzosa o voluntariamente en un lugar bien para permanecer en él más o menos tiempo. Ú.t.c.r. ‖ 2. Subsistir, retar o permanecer parte de una cosa. ‖ 3. Seguido de la preposición *por*, resultar las personas con algún concepto merecido por sus actos, o a con algún cargo, obligación o derecho. QUEDÓ *por fiador.* ‖ 4. Con la misma preposición *por*, rematarse a favor de uno las rentas o demás cosas que se adjudican al mejor postor. *La contrata* QUEDÓ *por Luis.* ‖ 5. Permanecer una cosa en su estado o pasar a otro menos duradero. QUEDÓ *acostada; el asunto* QUEDÓ *sin resolver.* ‖ 6. Cesar, terminar, convenir definitivamente algo. ‖ 7. r. Con la preposición *con*, retener en su poder una cosa. *Se* QUEDÓ *con el libro.* ‖ 8. Disminuir de fuerza el viento. ‖ 9. Disminuir el oleaje del mar. ‖ 10. r. Hospedarse. ‖ 11. Faltar. QUEDA *mucho que decir.* ‖ *¿En qué* QUEDAMOS? expr. fam. con que se intenta poner término a una indecisión o aclarar una incongruencia. ‖ *No* QUEDAR *a deber nada* a uno. fr. fig. Corresponderle debidamente. ‖ QUEDAR *uno atrás.* fr. fig. Ser menos que otro en algo. ‖ 2. fig. No comprender completamente una cosa. ‖ 3. fig. Desmayar en un empeño. ‖ QUEDAR *uno bien* o *mal.* fr. Portarse o salir de un negocio bien o mal. ‖ QUEDARSE *uno a cosa.* fr. Acordarla. ‖ QUEDAR *uno limpio.* fr. fig. y fam. Quedar completamente sin dinero. Ú.m. en el juego. ‖ QUEDAR *uno por* otro. fr. Fiarle o salir por él. ‖ QUEDAR *una cosa por* uno. fr. No verificarse por no hacer uno lo que debía. ‖ QUEDARSE *uno a obscuras.* fr. fig. Perder lo que tenía o no lograr lo deseado. ‖ 2. No comprender nada de lo que ha visto u oído. ‖ QUEDARSE *con* uno. fr. fig. fam. Engañarle abusando de su credulidad. ‖ QUEDARSE *uno corto.* expr. fig. y fam. Que no ha exagerado. ‖ QUEDARSE *uno fresco.* fr. fig. y fam. No lograr lo que se esperaba y en que se había consentido. Ú.t. el verbo c.intr. ‖ QUEDARSE *uno frío.* fr. fig. Salirle a uno algo al contrario de lo que intentaba. ‖ 2. fig. Sorprenderse con lo inesperado. ‖ QUEDARSE *uno muerto.* fr. fig. Sorprenderse con una noticia repentina y dolorosa. ‖ QUEDARSE *uno quedito.* fr. AMÉR. CENTRAL. Quedarse callado. ‖ QUEDARSE *uno riendo.* fr. fig. y fam. Hacer alarde de impunidad el que ha hecho algo digno de castigo. ‖ QUEDARSE *uno tan ancho.* fr. fig. y fam. Mostrarse despreocupado y tranquilo, no debiendo estarlo por haber hecho o dicho algo inconveniente o que puede tener desagradables consecuencias. ‖ QUEDARSE *uno tieso.* fr. fig. y fam. Quedarse muerto. ‖ 2. fig. Sentir mucho frío. ‖ QUEDARSE *uno yerto.* fr. fig. Asustarse en grado sumo. ‖ P. ficar, estar; I. to remain, to stay; F. rester; A. bleiben, verbleiben; It. rimanere; R. оставаться.

QUEDITO. adv. Muy quedo, pasito.

QUEDO, DA. (l. *quiĕtus.*) adj. Quieto. ‖ 2. adv. Con voz muy baja. ‖ 3. Con tiento. ‖ *De* QUEDO. m. adv. Despacio. ‖ ¡QUEDO! interj. empleada para contener a uno. ‖ QUEDO *que* QUEDO. expr. Se dice del que está reacio a hacer algo.

QUEHACER. (De *que* y *hacer*.) m. Ocupación, negocio. Ú.m. en pl. ‖ P. ocupação; I. occupation, business; F. affaire; A. Geschäft, Beschäftigung; It. affare; R. дела.

★ **QUEIPA.** f. VENEZ. Cesto para el maíz de sembradura.

★ **QUEIPERO.** m. VENEZ. Taparrabo de los indios caribes.

QUEJA. (De *quejar*.) f. Expresión de dolor, pena o sentimiento. ‖ 2. Resentimiento, desazón. ‖ 3. Querella, acusación propuesta contra una persona, y también reclamación que hacen los herederos forzosos. ‖ *Formar* QUEJA. fr. Tomar ocasión de quejarse sin motivo para ello. ‖ P. queixa; I. complaint; F. plainte; A.

Klage, Beschwerde; It. lamento; R. жалоба.

QUEJADA. (l. *capsa*, caja.) f. ant. Quijada.

QUEJAR. (l. *coaxāre*, croar.) tr. Aquejar. ‖ 2. r. Expresar con la voz el dolor o pena que se siente. ‖ 3. Manifestar el resentimiento que de otro se tiene. ‖ 4. Querellarse, presentar querella contra alguien. ‖ 2.ª acep.: P. queixar-se; I. to complain; F. se plaindre; A. sich beklagen; It. lamentarsi; R. стонать.

QUEJICOSO, SA. adj. Que se queja demasiado y casi siempre sin causa.

QUEJIDO. (De *quejar*, 2.ª acep.) m. Voz lastimosa causada por una pena o un dolor. ‖ P. queixume; I. plaint; F. gémissement; A. Wehklagen; It. lagno, gemito; R. охане.

QUEJIGAL [QUEJIGAR]. m. Terreno lleno de quejigos.

QUEJIGO. (Quizá de un der. del l. *quercus*, encina.) m. BOT. Árbol fagáceo, de tronco grueso y cepa recogida, hojas duras y dentadas y por fruto bellotas semejantes a la del roble. ‖ 2. Roble que aún no ha alcanzado el desarrollo regular.

QUEJIGUETA. (De *quejigo*.) f. BOT. Arbusto fagáceo, de poca altura, con hojas duras, oblongas y dentadas.

QUEJILLOSO, SA. adj. Quejicoso.

★ **QUEJITAS.** (De *queja*.) com. fam. GUAT. Persona quejillosa.

QUEJO. m. ant. Queja.

QUEJOSAMENTE. adv. Con queja.

QUEJOSO, SA. adj. Dícese de quien tiene queja de otro.

QUEJUMBRE. f. Queja frecuente y en general por cosa de escasa importancia.

QUEJUMBROSO, SA. (De *quejumbre*.) adj. Que se queja por poco o por hábito.

QUEJURA. (De *queja*.) f. ant. Prisa y aceleración congojosa.

★ **QUELA.** f. ZOOL. Órgano en forma de pinza que, como los cangrejos, tienen ciertos artrópodos en algunos de sus apéndices.

QUELENQUELEN. (arauc. *clenclen*.) m. BOT. CHILE. Planta medicinal poligalácea, de flores en racimos, pequeñas y rosadas. Sus raíces se usan en ciertas enfermedades de las vías digestivas.

★ **QUELITE.** (mejic. *quilitl*.) m. C. RICA y MÉJ. Bledo. ‖ 2. MÉJ. Amante. ‖ *Poner* a uno *como* QUELITE. fr. MÉJ. Hablar mal de él.

★ **QUELITERA.** (De *quelite*.) f. MÉJ. Verdulera.

QUELONIO. (gr. χελώνη, tortuga.) adj. ZOOL. Dícese de los reptiles con cuatro extremidades cortas, mandíbulas córneas, sin dientes, y con un caparazón duro que cubre pecho y espalda. Ú.t.c.s. ‖ 2. m. pl. ZOOL. Orden de estos reptiles. ‖ P. quelónio; I. chelonian; F. chélonien; A. Schildkröte; It. chelonio; R. черепахообразный.

QUELTEHUE. (Voz araucana.) m. Ave zancuda de Chile, semejante al frailecillo, que vive en campos húmedos, y domesticada destruye los insectos nocivos de los jardines. ‖ 2. fam. e irón. CHILE. Persona alta y delgada.

QUEMA. f. Acción y efecto de quemar o quemarse. ‖ 2. Incendio, fuego. ‖ 3. ARGENT. Quemadero, lugar en que se queman los desperdicios. ‖ 4. BOL. y ARGENT. Acción de dar con la bolita propia a la del contrario en el juego de bolitas. ‖ 5. REP. DOMIN. Borrachera. ‖ *Hacer* QUEMA. fr. ARGENT. Dar el tirador en el blanco. ‖ *Huir de la* QUEMÁ uno. fr. fig. Alejarse de un peligro. ‖ 2. fig. Esquivar sagazmente compromisos. ‖ P. queima; I. fire, combustion; F. brûlage; A. Verbrennung; It. (ab)bruciamento; R. сжигание.

QUEMADA. (De *quemar*.) f. Quemado, 2.ª acep. ‖ 2. MÉJ. Quemadura, incendio. ‖ 3. CHILE. Punto ganado en el juego de la rayuela y análogos cuando la moneda toca la raya principal. ‖ 4. CUBA y P. RICO. Engaño.

QUEMADERO, RA. adj. Que ha de ser quemado. ‖ 2. Lugar destinado a la quema de animales muertos y comestibles averiados.

QUEMADO, DA. p.p. de quemar. ‖ 2. m. Rodal de monte consumido total o

Q

parcialmente por el fuego. || **3.** fam. Cosa quemada o que se quema. || **4.** adj. Se aplica al topacio del Brasil que se ha puesto morado artificialmente por acción del calor. || **5.** ELECTR. Se dice del accesorio fundido por exceso de corriente. || **6.** GERM. Negro, de raza negra. Ú.t.c.s. || **7.** AMÉR. Terreno cuya maleza se quema para cultivarlo. || **8.** CUBA. Cierto juego de muchachos. || **9.** CHILE. En ciertos lugares, aguardiente con agua y azúcar tostado. || **10.** ECUAD. Licor caliente muy fuerte, hecho inflamando coñac o aguardiente de caña.

QUEMADOR, RA. adj. Que quema. Ú.t.c.s. || **2.** Incendiario. Ú.t.c.s. || **3.** m. Aparato que facilita la combustión del carbón o de los carburantes líquidos en el hogar de las calderas. || **4.** MÉJ. y CHILE. Mechero.

QUEMADURA. (De *quemado*.) f. Descomposición en un tejido orgánico por el contacto del fuego o de una substancia corrosiva o cáustica. || **2.** Señal que deja el fuego o una cosa muy caliente aplicada sobre otra. || **3.** Decaimiento de las plantas originado por cambios grandes y bruscos de temperatura. || **4.** Tizón, honguillo parásito de los cereales. || 2.ª acep.: **P.** queimadura; **I.** burn; **F.** brûlure; **A.** Brandwunde; **It.** (ab)bruciatura; **R.** ожог.

QUEMAJOSO, SA. adj. Que pica o escuece como quemado.

QUEMAMIENTO. m. p. us. Quema, acción de quemar.

QUEMANTE. p.a. de quemar. Que quema. || **2.** GERM. Ojo, órgano de la vista.

QUEMAR. (l. *cremâre*.) tr. Abrasar o consumir con fuego. || **2.** Calentar con gran actividad. || **3.** Abrasar, secar el excesivo calor o frío una planta. || **4.** Causar sensación caliente en la boca, llaga, etc., una cosa cáustica o caliente. || **5.** Destilar vinos. || **6.** fig. Malbaratar, vender algo a menos precio que el suyo. || **7.** fig. y fam. Impacientar a uno. Ú.t.c.s. || **8.** intr. Estar demasiado caliente una cosa. || **9.** r. Padecer calor. || **10.** fig. Padecer los efectos de una pasión o afecto. || **11.** fig. y fam. Estar muy cerca de acertar o de hallar una cosa. Se emplea comúnmente sólo en segundas y terceras personas del presente de indicativo. || **12.** intr. AMÉR. Estar una cosa demasiado caliente. || **13.** MÉJ. Herir con bala. || **14.** CUBA y P. RICO. Engañar. Ú.t.c.r. || **15.** AMÉR. CENTRAL. Denunciar. || **16.** intr. PERÚ. Mancharse un pie con excremento. || **17.** REP. DOMIN. Emborracharse. || **P.** queimar; **I.** to burn; **F.** brûler; **A.** verbrennen; **It.** (ab)bruciare; **R.** жечь, палить.

QUEMARROPA (A). m. adv. A quema ropa.

QUEMAZÓN. (l. *crematïo, -ônis*.) f. Quema, acción de quemar. || **2.** Excesivo calor. || **3.** fig. y fam. Comezón. || **4.** fig. y fam. Dicho picante con que se hace sonrojar a uno. || **5.** fig. y fam. Sentimiento causado por dichas palabras o acciones. || **6.** fest. Liquidación de géneros a bajo precio. || **7.** MIN. Espuma de metal ligera y chamuscada que es una de las señales de la veta. || **8.** ARGENT. Espejismo que se observa en la pampa.

QUEMAZOSO, SA. adj. ant. Quemajoso.

QUEMÍ. m. Especie de conejo que existió en Cuba.

★ **QUEMÓN.** m. MÉJ. Chasco. Darse un quemón, llevarse un chasco. || **2.** GUAT. Quemazón.

QUENA. (Voz quichua.) f. Flauta con que los indios en América acompañan sus cantos, especialmente el yaraví.

★ **QUENADO, DA.** adj. BOL. y PERÚ. Enamorado.

★ **QUENCO.** (De *cuenco*.) m. Tiesto ordinario de greda. || **2.** PERÚ. Quingo.

★ **QUENCHACHEAR.** tr. BOL. Traer mala suerte.

★ **QUENISTA.** com. PERÚ. Tañedor de quena.

QUENOPODIÁCEO, A. (De *chenopodium*, nombre de un género de plantas.) adj. BOT. Dícese de plantas angiospermas dicotiledóneas, herbáceas, rara vez leñosas, de hojas esparcidas, flores alternas u opuestas y fruto en aquenio. Ú.t.c.s.f. || **2.** f. pl. BOT. Familia de estas plantas.

★ **QUENUA.** f. ECUAD. Quinua.

★ **QUÉÑOA.** f. BOT. CHILE. Árbol rosáceo de la cordillera del Norte.

★ **QUEÑÚN.** (arauc. *quegun*.) m. CHILE. En Chiloé, especie de convite precedido de música y baile.

QUEPIS. (fr. *képi*.) m. Gorra ligeramente cónica que emplean los militares en algunos países.

★ **QUEPUCHO, CHA.** m. y f. CHILE. En Chiloé, el hijo o hija menor.

★ **QUEQUE.** (ingl. *cake*.) m. AMÉR. CENTRAL y CHILE. Bollo. || **2.** AMÉR. CENTRAL, COLOM., PERÚ y VENEZ. Panqueque. || **3.** CUBA y MÉJ. Galleta que se hace con residuos de pan. || **4.** GUAT. Popularmente quetzal, unidad monetaria.

QUEQUIER. (De *que* y *querer*.) pron. ant. Cualquiera.

QUERA. (l. *caries*.) m. AR. y SOR. Carcoma, polvo que origina el insecto de dicho nombre después de digerir la madera roída. || **2.** fig. Hombre pelma, molesto.

QUERANDO. adj. Dícese del individuo de cierta tribu de indios del Paraguay. Ú.t.c.s.

QUERATINA. (gr. χερατίνη, córnea o de cuerno.) f. ZOOL. Substancia albuminoidea, rica en azufre, muy abundante en las formaciones epidérmicas de los vertebrados terrestres y fundamental en la composición de cuernos, plumas, pelos, etc., que deben su dureza a dicha substancia.

QUERATITIS. (gr. χέρας, χέρατος, cuerno, y el sufijo *itis*, inflamación.) f. MED. Inflamación de la córnea transparente.

★ **QUEREHUE.** m. ZOOL. AMÉR. Especie de tordo que vive en Chile; todo su plumaje es de un negro intenso.

QUERELLA. (l. *querella*.) f. Queja, expresión de dolor, pena, etc. || **2.** Discordia. || **3.** FOR. Acusación ante juez o tribunal y en forma solemne contra los responsables de un delito. || **4.** FOR. Reclamación que hacen ante el juez los herederos forzosos pidiendo la invalidación de un testamento por inoficioso. || **P.** querela; **I.** complaint; **F.** plainte; **A.** Klage; **It.** querimonia; **R.** жалоба.

QUERELLADOR, RA. adj. Que se querella. Ú.t.c.s.

QUERELLANTE. (l. *querellans, -antis*.) p.a. de querellarse. Que se querella. Ú.t.c.s.

QUERELLARSE. (l. *querellâre*.) r. Quejarse, expresar dolor o pena, y también manifestar el resentimiento contra alguien. || **2.** FOR. Presentar querella contra uno. Ú.t.c.intr.

QUERELLOSAMENTE. adv. Con queja o sentimiento.

QUERELLOSO, SA. (l. *querellôsus*.) adj. Querellante. Ú.t.c.s. || **2.** Quejoso, que se queja de todo.

★ **QUEREME.** m. BOT. AMÉR. Planta vacciniácea, frecuente en Centro-América y en Colombia; es un arbusto de hojas persistentes y flores olorosas que se emplean en afecciones bucales, dentales y estomacales.

QUERENCIA. f. Acción de amar o querer bien. || **2.** Inclinación del hombre y ciertos animales a volver al lugar en que se criaron o tienen costumbre de estar. || **3.** Este mismo lugar. || **4.** Tendencia natural o de un ser animado hacia alguna cosa.

QUERENCIOSO, SA. adj. Se aplica al animal que tiene mucha querencia. || **2.** Se dice también del lugar al que tiene querencia un animal.

QUERENDÓN, NA. m. y f. fam. Querido, 2.ª acep. || **2.** adj. AMÉR. Muy cariñoso. || **3.** AMÉR. Muy mimado, favorito. || **4.** adj. AMÉR. Que se hace querer, cariñoso.

★ **QUEREPE.** m. VENEZ. Arco para flechas de pluma. || **2.** Sífilis.

QUERER. (infint. substantivo.) m. Cariño, amor.

QUERER. (l. *quaerëre*, tratar de obtener.) tr. Desear, apetecer. || **2.** Amar, tener cariño. || **3.** Tener voluntad o deseo de ejecutar algo. || **4.** Resolver, determinar. || **5.** Pretender, procurar. || **6.** Ser conveniente una cosa a otra. || **7.** Avenirse o

deseo de otro. || **8.** Aceptar el envite en el juego. || **9.** Dar uno ocasión para que se haga algo contra él. *Tú* QUIERES *que te dé una paliza.* || **10.** impers. Estar próximo a verificarse algo. QUIERE *nevar.* || **Como así me lo* QUIERO*.* expr. fam. que indica que algo ha ocurrido a medida del deseo. || *Como* QUIERA *que.* loc. adv. De cualquier modo. || **2.** Supuesto que, dado que. || *Cuando* QUIERA. m. adv. En cualquier tiempo. || *No así como o no como,* QUIERA. loc. adv. con que se denota ser más que común aquello de que se habla. || *¿Qué más* QUIERES? expr. con que se da a entender que lo que uno ha logrado es todo lo más que podía desear según sus méritos. || *Que* QUIERA*, que no* QUIERA. expr. adv. Sin atender a la voluntad de uno. || *¿Qué* QUIERE *decir eso?* expr. con que se avisa o amenaza para que uno corrija lo que ha dicho. || QUERER *bien* una persona *a* otra. fr. Amar un hombre a una mujer o viceversa. || QUERER *decir.* fr. Significar, dar a entender una cosa. || QUERER *es poder.* fr. proverb. que denota que con voluntad firme se consigue casi todo lo posible. || ¡*Que si* QUIERES! loc. fam. que se emplea para rechazar una pretensión o para ponderar la imposibilidad que hacer o conseguir algo. || *Quien bien* QUIERE*, bien obedece.* ref. que explica que el cariño y la amistad facilitan todos los medios para complacer. || *Quien bien* QUIERE*, tarde olvida.* ref. que indica que el cariño verdadero no se pasa ni con el tiempo ni con las adversidades. || *Quien bien te* QUIERE*, o* QUIERA*, te hará llorar.* ref. que indica que el verdadero cariño es el del que advierte los defectos o yerros del amigo para corregirlos. || *Quien todo lo* QUIERE*, todo lo pierde.* ref. que reprende los deseos desmedidos que suelen malograr hasta lo que parecía más seguro. || *Sin* QUERER. m. adv. Por acaso, sin intención. || *Si* QUIERES *vivir sano, hazte viejo temprano.* ref. que recomienda las precauciones que los viejos deben conservar la vida. || **P.** querer; **I.** to will; **F.** vouloir; **A.** lieben, wünschen, wollen; **It.** volere; **R.** хотеть.

QUERESA. f. Cresa.

QUERIDO, DA. p.p. de querer. || **2.** m. y f. Persona con quien se tiene relaciones amorosas ilícitas.

★ **QUERIDURA.** (De *querer*.) f. CHILE. Amor.

QUERIENTE. p.a. de querer. Que quiere.

QUERMES. (ár. *qirmiz*, grana, cochinilla.) m. Insecto hemíptero semejante a la cochinilla, que vive en la coscoja y cuya hembra forma las agallitas que dan el color de grana. || **2.** FARM. Mezcla, de color rojizo, de óxido y sulfuro de antimonio, que se emplea como medicina en las enfermedades del aparato respiratorio. || **—mineral.** Sulfuro de antimonio algo oxigenado, de color rojo.

QUEROCHA. f. Queresa.

QUEROCHAR. intr. Poner las abejas y otros insectos la querocha.

★ **QUEROSENO.** m. QUÍM. Petróleo de arder que se obtiene por fraccionamiento del petróleo bruto en las refinerías y también por destilación de las pizarras bituminosas. Úsase también como combustible en aviones de propulsión a chorro.

★ **QUERSANTITA.** (De *Kersanton*, localidad de la Bretaña francesa, donde se halla este tipo de roca.) f. MINERAL. Roca diorita, que contiene como elementos principales plagioclasa y biotita, y como secundarios augita, apatita y circón. En España se encuentra en la Serranía de Ronda.

QUERSONESO. (l. *Chersonesus*, y éste del gr. Χερσόνησος; de χέρσος, seco, firme, y νῆσος, isla.) m. Península.

QUERUB. (hebr. *kerûb*, próximo.) m. poét. Querube.

QUERUBE. (De *querub*.) m. poét. Querubín.

QUERÚBICO, CA. adj. Perteneciente o relativo al querubín. Ú.m. en poesía.

QUERUBÍN. (hebr. *kerûbim*, los próximos, pl. de *kerûb*, querub.) m. Cada uno de los espíritus celestes, que forman el primer coro, caracterizados por la plenitud de ciencia con que ven y contemplan la belleza divina. || **2.** fig. Serafín, persona de singular hermosura. || **P.** que-

Q

rubim; **I.** cherub; **F.** chérubin; **A.** Cherub(im); **It.** cherubino; **R.** херувим.

QUERUSCO, CA. (l. *cheruscus.*) adj. Dícese del individuo de cierto pueblo de la antigua Germania. Ú.t.c.s. || 2. Perteneciente a este pueblo.

QUERVA. f. Cherva.

QUESADA. f. ant. Quesadilla, pastel de queso y masa.

QUESADILLA. f. Pastel de queso y masa, que suele hacerse por carnestolendas. || 2. Pastelito relleno de almíbar, conserva u otro manjar. || 3. Méj. y Hond. Pan de maíz relleno de queso y azúcar y cocido en comal.

QUESEAR. intr. Hacer quesos.

QUESERA. f. la mujer que hace o vende queso. || 2. Lugar en que se fabrican quesos. || 3. Mesa a propósito para fabricarlos. || 4. Vasija de barro destinada para guardar los quesos. || 5. Plato con cubierta de cristal en que se sirve el queso a la mesa.

QUESERÍA. (De *quesero.*) f. Tiempo a propósito para hacer queso. || 2. Quesera, lugar donde se hace el queso. || 3. Tienda en que se vende queso. || 2.ª acep.: **P.** queijaria; **I.** dairy; **F.** fromagerie; **A.** Käserei; **It.** caciaia; **R.** сыроварня.

QUESERO, RA. adj. Caseoso. || 2. m. El que hace o vende queso.

QUESILLO. (De *queso.*) m. Venez. Confitura de yema de huevo y azúcar, con la consistencia del flan. || *Pan y* QUESILLO. Bot. Planta crucífera, cuyo cocimiento se usa como astringente.

* **QUESILLUDO, DA.** adj. fam. Chile. Dentudo.

QUESIQUÉS. m. Quisicosa.

QUESO. (l. *caseus.*) m. Masa hecha de leche cuajada y comprimida y exprimida para que deje el suero, y aderezada con sal para que se conserve. Se le moldea en varias formas. —*de bola.* El holandés de forma esférica. —*de cerdo.* Manjar preparado con carne de cabeza de cerdo o jabalí picada y prensada en forma de queso. —*de hierba.* El que se hace cuajando la leche con la flor de cardo o hierba a propósito. —*helado.* Helado compacto hecho en molde. || *Medio* QUESO. Tablero grueso, de madera dura, de forma semicircular y que usan los sastres para planchar los cuellos y solapas y sentar las costuras curvas. || *De dos de* QUESO. expr. fam. que se aplica a lo que es de escaso valor. || **P.** queijo; **I.** cheese; **F.** fromage; **A.** Käse; **It.** cacio, formaggio; **R.** сыр.

* **QUESQUÉMIL.** m. Méj. Pañoleta con que las mujeres cubren la espalda y el pecho.

* **QUETRA.** (arauc. *cùthaln,* hacer fuego.) f. Chile. Ceniza del hogar.

QUETRO. (arauc. *quetho,* cosa desmochada.) m. Chile. Pato grande, de alas cortas y sin plumas, los pies con cuatro dedos palmeados, y el cuerpo con pluma fina de color ceniciento. || 2. adj. Chile. Se aplica al gallo que no canta bien.

* **QUETUPI.** m. Zool. Bol. Bienteveo.

QUETZAL. (mejic. *quetzalli,* hermosa pluma.) m. Ave trepadora, de plumaje suave, de color verde tornasolado, rojo en el pecho y abdomen; cabeza gruesa con un moño sedoso, más desarrollado el macho que la hembra. || 2. Unidad monetaria guatemalteca de oro.

QUEULE. (arauc. *queul,* una fruta.) m. Chile. Mirobálano. || 2. Bot. Amér. Hualhual.

QUEVEDESCO, CA. adj. Propio o característico de Quevedo. || 2. Que tiene relación o semejanza con las obras de dicho escritor.

QUEVEDOS. (Porque con esta clase de anteojos está retratado *Quevedo*.) m. pl. Lentes de forma circular con armadura a propósito para sujetarse en la nariz.

* **QUEYAPÍ.** m. Amér. Merid. Quiapí.

QUI. (l. *qui.*) pron. relat. ant. Quien.

¡**QUIA!** interj. fam. con que se denota incredulidad o negación. || **P.** quall; **I.** come now!, no, indeed!, **F.** bah!, tarare!, ouiche!; **A.** wo!, keineswegs!; **It.** niente affatto!; **R.** нисколько.

QUIACA. (Voz araucana.) f. Chile. Árbol de 3 a 6 m de alto, de ramas largas y flexibles, hojas lanceoladas y aserradas, y flores compuestas en corimbo.

QUIANTI. (ital. *Chianti,* n. p.) m. Vino común, elaborado en Toscana.

* **QUIAPÍ.** m. Argent. y Urug. Ropaje usado por los indios parecido a la guavalaca.

* **QUIAQUIA.** f. Amér. Central. Especie de matraca hecha con caparazón de tortuga.

* **QUIASMA.** m. Cruzamiento en forma de aspa. || —*óptico.* Anat. Cruzamiento de las pequeñas láminas ópticas en la base del cráneo.

* **QUIASTÓMETRO.** m. Fís. Aparato que mide la desviación de los ejes ópticos de su paralelismo normal.

QUIBEY. (Voz caribe.) m. Planta de las Antillas, herbácea, anual, lobeliácea, de hojas estrechas, flores blancas y fruto seco con dos celdillas para la simiente. Su jugo es lechoso, acre y cáustico.

* **QUIBÚ.** m. Bot. Ant. Árbol corpulento del que se saca una resina que lleva su nombre.

QUICIAL. (De *quicio.*) m. Madero que asegura las puertas y ventanas por medio de pernios y bisagras para poder abrirlas y cerrarlas. || 2. Quicio.

QUICIALERA. f. Quicial, 1.ª acep.

QUICIO. m. Parte de la puerta o ventana en que entra el espigón del quicial. || 2. Cuba. Pretorio u obra de mampostería delante de la puerta de una casa, con escalones. || *Fuera de* QUICIO. m. adv. fig. Fuera del orden o estado regular. || *Sacar de* QUICIO *una cosa.* fr. fig. Violentarla. || *Sacar de* QUICIO *a uno.* fr. fig. Exasperarle.|| *Salir de su* QUICIO, *o de sus* QUICIOS *una cosa.* fr. fig. Exceder el orden o curso natural. || **P.** quício; **I.** hinge; **F.** fiche, penture; **A.** Angel, Türangel; **It.** gànghero; **R.** косяк.

* **QUICHALUCO.** m. Bot. Argent. Nopal.

QUICHÉ. adj. Dícese del indígena de Guatemala. Ú.t.c.s. || 2. Se aplica a la lengua que hablaba. Ú.t.c.s. || 3. Perteneciente y relativo a estos indios, a su idioma, costumbres, etc.

* **QUICHE.** m. Colom. Hollejo, cubierta del plátano.

QUICHUA. adj. Quechua.

QUID. (l. *quid,* qué cosa.) m. Esencia, razón, causa, por qué de una cosa. Se usa precedido del artículo el.

QUÍDAM. (l. *quidam,* uno, alguno.) m. fam. Sujeto a quien se designa indeterminadamente. || 2. fam. Sujeto despreciable, cuyo nombre se ignora o no se desea pronunciar.

QUID DIVÍNUM. expr. lat. con que se designa la inspiración propia del genio.

QUID PRO QUO. expr. lat. con la que se da a entender que una cosa se substituye por otra equivalente. || 2. m. Error consistente en tomar una persona o cosa por otra.

QUIEBRA. (De *quebrar.*) f. Rotura de una cosa. || 2. Hendedura o abertura de tierra en los montes o la causada por exceso de lluvia en los valles. || 3. Pérdida o menoscabo de una cosa. || 4. Com. Acción y efecto de quebrar, o cesar en un comercio por sobreseer las obligaciones contraídas. || 5. For. Juicio universal para liquidar y calificar la situación del comerciante quebrado. || —*culpable.* Com. La ocasionada por imprudencia, desorden o lujo del comerciante. || —*fortuita.* Com. La causada por la adversidad en los negocios. || —*fraudulenta.* Com. La originada con engaño o falsedad. || 4.ª acep.: **P.** falencia; **I.** crack, bankruptcy; **F.** déchet, faillite; **A.** Bank(e)rott; **It.** bancarotta, fallimento; **R.** крах.

QUIEBRAHACHA. (De *quebrar* y *hacha.*) m. Jabí, 2.º acep.

* **QUIEBRES.** m. pl. Pan. Quiebros.

QUIEBRO. (De *quebrar.*) m. Ademán hecho con el cuerpo como quebrándolo por la cintura. || 2. Mús. Adorno que acompaña a una nota con otras más ligeras que le dan dulzura y gracia. || 3. Taurom. Lance en que el torero hurta el cuerpo con movimiento rápido de cintura al embestirle el toro.

QUIEN. (l. *quem,* acus. de *qui.*) pron. relat. que con esta forma sirve para el masculino y femenino y cuyo plural es quienes. Se refiere comúnmente a personas. En singular puede referirse a un antecedente en plural. *Las personas de* QUIEN *os he hablado.* Nunca lleva artículo. || 2. pron. indet. se refiere únicamente a personas y apenas se usa en plural. Equivale a *la persona* QUE, QUIEN *esto opina, se engaña.* Cuando se emplea repetido en forma disyuntiva equivale a *unos y otros.* QUIÉN *aconseja retirarse,* QUIÉN *seguir peleando.* Puede construirse entre dos verbos. *Marcha con* QUIEN *quieras.* || **P.** quem; **I.** who, whom, which; **F.** qui; **A.** wer, welcher; **It.** chi, che, quegli; **R.** кто.

QUIENESQUIERA. pron. indet. p. us. Plural de quienquiera.

QUIENQUIER. pron. indet. p. us. Apócope de quienquiera.

QUIENQUIERA. (De *quien* y *quiera,* subj. de *querer.*) pron. indet. Persona indeterminada, alguien. || **P.** qualquer; **I.** whoever, who(m)soever, whichever; **F.** quelque, n'importe qui; **A.** irgendwer, wer auch immer; **It.** chiunque, chicchessìa; **R.** всякий, любой.

QUIER. (apóc. de *quiere,* de *querer.*) conjun. distrib. ant. Ya, ora, bien.

* **QUIETA.** f. Perú. Quicote.

QUIETACIÓN. (l. *quietatio, -ōnis.*) f. Acción y efecto de quietar o quietarse.

QUIETADOR, RA. (l. *quietātor.*) adj. Que quieta. Ú.t.c.s.

QUIETAMENTE. adv. Pacíficamente, con sosiego.

QUIETAR. (l. *quietāre.*) tr. Aquietar. Ú.t.c.r.

QUIETE. (l. *quies, quiëtis,* descanso.) f. En algunas comunidades, tiempo de recreación después de las comidas.

QUIETISMO. (De *quieto.*) m. Inacción, inercia. || 2. Teol. Doctrina de algunos místicos heterodoxos según la cual la suma perfección del alma humana consiste en el anonadamiento de la voluntad para unirse con Dios, en la contemplación pasiva y en la indiferencia de cuanto pueda sucederle en tal estado. || 2.ª acep.: **P.** e **It.** quietismo; **I.** quietism; **F.** quiétisme; **A.** Quietismus; **R.** усмирение.

QUIETISTA. adj. Partidario del quietismo. Apl. a pers. ú.t.c.s. || 2. Perteneciente a él.

QUIETO, TA. (l. *quiëtus.*) adj. Que no tiene o no hace movimiento. || 2. fig. Pacífico, sosegado. || 3. fig. No dado a los vicios, especialmente a la lujuria. || 2.ª acep.: **P.** e **It.** quieto; **I.** quiet; **F.** paisible; **A.** ruhigstill; **R.** спокойный.

QUIETUD. (l. *quiëtūdo.*) f. Carencia de movimientos. || 2. fig. Sosiego, reposo. || 2.ª acep.: **P.** e **I.** quietude; **F.** repos, quiétude; **A.** Stille, Ruhe; **It.** quietùdine, quiete; **R.** спокойствие.

QUIJADA. (De *quejada.*) f. Zool. Cada una de las mandíbulas de los vertebrados en que encajan los dientes. || **P.** queixada; **I.** jaw; **F.** mâchoire; **A.** Kiefer; **It.** mascella; **R.** челюсть.

QUIJAL. (De *quijar.*) m. Quijada. || 2. Muela, diente molar.

QUIJAR. (l. *capsarius,* de *capsa,* caja.) m. Quijal.

QUIJARUDO, DA. (De *quijar.*) adj. Que posee grandes las quijadas.

QUIJERA. (l. *capsaria,* de *capsa,* caja.) f. Hierro que guarnece el tablero o cureña de la ballesta. || 2. Cada una de las dos correas de la cabezada del caballo que van de la frontalera a la muserola. || 3. Carp. Cada una de las dos ramas de la horquilla formada en el extremo de un madero al hacer la caja para que entre la garganta de otro.

QUIJERO. (l. *capsarius,* de *capsa,* caja.) m. Lado en declive de una acequia o brazal.

QUIJO. (l. *capsum.*) m. Perú. Cuarzo que en los filones sirve ordinariamente de matriz al mineral de oro o plata.

QUIJONES. m. Planta herbácea anual, umbelífera, de semilla piramidal con un pico largo. Es aromática y abunda en España.

QUIJONGO. m. C. Rica. Instrumento músico de cuerda usado por los indios.

QUIJOTADA. f. Acción propia de un quijote.

QUIJOTE. (l. *coxa,* cadera, muslo.) m. Pieza del arnés destinada a cubrir el muslo. || 2. Parte superior de las ancas de una caballería. || **P.** coxote; **I.** cuisse, cuish;

F. cuisse, cuissart; **A.** Beinschiene; **It.** cosciale; **R.** круп лошади.

QUIJOTE. (Por alusión a don *Quijote* de la Mancha.) m. fig. Hombre excesivamente grave y serio. || **2.** fig. Hombre nimiamente puntilloso. || **3.** fig. Hombre que pugna con las opiniones y los usos corrientes por demasiado idealista y pretende defender o enmendar lo que no le atañe. || **P.** Quichote; **I.** Quixote; **F.** y **A.** Quichotte; **It.** Chisciotte; **R.** донкихот.

QUIJOTERÍA. (De *quijote*, 2.º art.) f. Modo de proceder exagerada y ridículamente grave y presuntuoso.

QUIJOTESCAMENTE. adv. Con quijotismo.

QUIJOTESCO, CA. adj. Que actúa con quijotería. || **2.** Que se ejecuta con quijotería.

QUIJOTIL. adj. Perteneciente o relativo al *Quijote*.

QUIJOTISMO. (De *quijote*, 2.º art.) m. Exageración en los sentimientos caballerosos. || **2.** Orgullo, engreimiento.

QUILA. (arauc. *cula*, caña.) f. AMÉR. MERID. Especie de bambú, más fuerte que el malayo, y del que hay varias especies; sus ramas se emplean para cercas y diversos usos domésticos, sus semillas para sopa y otros guisos, y sus hojas para pasto del ganado.

★ **QUILAMOLE.** (mejic. *quilitl*, quelite, y *amoli*, amole.) m. BOT. MÉJ. Jabonera, planta cariofilea cuyo zumo forma espuma con el agua y puede usarse como el jabón.

★ **QUILAMUTANO, NA.** adj. ZOOL. CHILE. Dícese de cierto caballo, mezcla de raza árabe y chilena, que es el mejor del país.

QUILATADOR. m. El que quilata el oro, la plata o las piedras preciosas.

QUILATAR. (De *quilate*.) tr. Aquilatar.

QUILATE. (ár. *qirāṭ*, y éste del gr. κεράτιον, peso de cuatro gramos.) m. Unidad de peso para perlas y piedras preciosas que equivale a 205 mg. || **2.** Cada una de las veinticuatroavas partes que de oro puro contiene cualquier aleación de dicho metal. || **3.** fig. Grado de perfección en cualquier cosa no material. Ú. comúnmente en plural. || *Por* QUILATES. m. adv. fig. y fam. Menudamente, en pequeñísimas cantidades. || **P.** quilate; **I.** y **F.** carat; **A.** Karat; **It.** carato; **R.** карат.

QUILATERA. f. Instrumento de agujeros de variados tamaños para apreciar los quilates de las perlas.

★ **QUILBO.** (arauc. *cùlou*.) m. CHILE. Larguero del telar en que se tejen mantas. || **2.** ZOOL. CHILE. Flamenco, ave palmípeda. || **3.** pl. fig. y fam. CHILE. Piernas largas de hombre.

★ **QUILCO.** (arauc. *cùlco* o *cùllu*.) m. CHILE. Canasta grande para llevar ropa, legumbre, etc.

★ **QUILDÓN.** m. CHILE. Lazo o cordel hecho principalmente con la corteza de maqui y también de otras plantas.

★ **QUILELE.** m. CUBA. Gofio de harina de maíz tostado y azúcar.

★ **QUILFE.** (arauc. *cùllvo* o *cùllvu*.) m. ZOOL. CHILE. Pato silvestre.

QUILI. pref. Kili.

QUILIÁREA. f. Kiliárea.

★ **QUILICO.** m. ZOOL. ECUAD. Cernícalo, ave rapaz de cabeza abultada y cola de figura de abanico.

QUILÍFERO, RA. (De *quilo*, 1.er art., y el l. *ferre*, llevar.) adj. ANAT. Dícese de cada uno de los vasos linfáticos de los intestinos que absorben el quilo y lo conducen al canal torácico.

QUILIFICACIÓN. (De *quilificar*.) f. ZOOL. Acción y efecto de quilificar y quilificarse.

QUILIFICAR. (De *quilo*, 1.er art., y el suf. *ficar*, tomado del l. *facĕre*, hacer.) tr. ZOOL. Convertir el alimento en quilo. Ú.m.c.r.

★ **QUILÍN.** (De *clin*.) m. CHILE. Cerda de las caballerías; pelo grueso de las caballerías en la crin y en la cola.

★ **QUILINIA.** (De *quilín*.) f. CHILE. Crin.

QUILMA. f. En ciertas partes, costal, saco.

QUILMAY. (Voz araucana.) m. CHILE. Planta trepadora, apocinácea, de bellas flores, su tallo tiene vello blanquecino y su raíz tiene aplicaciones medicinales.

★ **QUILME.** adj. AMÉR. Dícese del indio de una parcialidad del valle perteneciente a la provincia actual de Santiago de Estero en Argentina. Ú.t.c.s. || **2.** Perteneciente a dicha parcialidad.

QUILO. (l. *chylon*, y éste del gr. χυλός, jugo.) m. Linfa de aspecto lechoso que el intestino elabora con el quimo procedente del estómago y que es llevada a la sangre por los vasos quilíferos y el canal torácico. || *Sudar el* QUILO. fr. fig. y fam. Trabajar con gran fatiga y desvelo. || **P.** quilo; **I.** y **F.** chyle; **A.** Milchsaft, Chylus; **It.** chilo; **R.** хилус.

QUILO. m. Kilo.

QUILO. (arauc. *quelu*, colorado.) m. CHILE. Arbusto pligonáceo, de fruto comestible del que se hace una chicha. Sus hojas son oblongas y sus flores en racimo. || **2.** CHILE. Fruto de este arbusto.

QUILOGRÁMETRO. m. Kilográmetro.

QUILOGRAMO. f. Kilogramo.

QUILOLITRO. m. Kilolitro.

★ **QUILOMBEAR.** intr. ARGENT. Frecuentar quilombos.

★ **QUILOMBERA.** (De *quilambo*.) f. ARGENT. Ramera.

QUILOMBO. m. VENEZ. Choza, cabaña campestre. || **2.** CHILE y ARGENT. Lupanar. || **3.** COLOM., VENEZ. y ECUAD. Andurrial. Se emplea más en pl. || **4.** R. DE LA PLATA. Lugar donde hay barullo o confusión.

QUILOMÉTRICO, CA. adj. Kilométrico.

QUILÓMETRO. m. Kilómetro.

★ **QUILOSIS.** f. FISIOL. Quilificación. || **2.** Absorción del quilo.

QUILOSO, SA. adj. Que tiene quilo o participa de sus propiedades.

★ **QUILPAR.** tr. CHILE. Marcar animales.

★ **QUILPE.** adj. CHILE. Sonámbulo. Ú. t.c.s. || **2.** *Hacer* QUILPE. fr. CHILE. Sufrir pesadillas.

QUILQUIL. (arauc. *culcul*, mata.) m. CHILE. Helecho arbóreo polipodiáceo, cuyo rizoma sirve de alimento a los indios.

★ **QUILTONIL.** (mejic. *quil-tonilli;* de *quilitl*, quelite, y *tonilli*, cosa calentada.) m. BOT. MÉJ. Especie de amaranto. || **2.** AMÉR. Bledo encarnado cuyas semillas se usan como las del ajonjolí.

★ **QUILTREAR.** intr. CHILE. Importunar con súplicas y majaderías siguiendo constantemente en pos como los quiltros. || **2.** CHILE. Ir de casa en casa curioseando y comadreando. || **3.** CHILE. Buscar el hombre a la mujer o a la inversa.

QUILTRO. m. CHILE. Perro pequeño. || **2.** fig. e irón. CHILE. Persona pequeña, molesta, bulliciosa.

★ **QUILVO.** CHILE. Cada uno de los cuatro palos del telar en la industria casera.

QUILLA. (fr. *quille*, y éste del germán. *kiel*.) f. Pieza que va por la parte inferior del barco, de proa a popa sirviendo de base a la nave y sosteniendo toda su armazón. || **2.** Parte saliente y afilada del esternón de las aves. || **3.** ZOOL. Cada una de las partes afiladas y salientes de la cola de ciertos peces. || *Dar de* QUILLA, o *la* QUILLA. fr. MAR. Escorar un barco para descubrir el costado hasta la quilla y poderlo limpiar y componer. || **P.** quilha; **I.** keel; **F.** quille; **A.** Kiel; **It.** chiglia; **R.** киль.

★ **QUILLA.** (arauc. *cùlla*.) m. fam. CHILE. Hombre, amigo. Se usa únicamente en vocativo.

★ **QUILLALLA.** f. PERÚ. Quiyaya.

QUILLANGO. m. ARGENT. Manta formada de pieles cosidas, usada por los indios para abrigo del cuerpo y en la cama.

QUILLAY. (arauc. *cùllay*, cierto árbol.) m. ARGENT. y CHILE. Árbol rosáceo, muy frondoso de madera útil; su corteza interior se emplea como jabón, su tronco es alto y su fruto, un folículo tomentoso.

★ **QUILLAYAZO.** m. CHILE. Preparación líquida de quillay para lavar la ropa y quitar las manchas. || **2.** CHILE. Lavado con esta preparación.

★ **QUILLÓN.** m. REP. DOMIN. Unidad numeral imaginaria para expresar una gran cantidad.

QUILLOTRA. (De *quillotro*.) f. fam. Amiga, manceba.

QUILLOTRADOR, RA. adj. fam. Que quillotra.

QUILLOTRANZA. (De *quillotrar*.) f. fam. Conflicto, trance, amargura.

QUILLOTRAR. (De *quillotro*.) f. fam. Excitar, avivar. || **2.** fam. Enamorar. Ú. t. c.r. || **3.** fam. Cautivar, atraer. || **4.** fam. Meditar, discurrir. || **5.** fam. Componer. Ú.t.c.r. || **6.** r. fam. Lamentarse.

QUILLOTRO. (De *aquello otro*.) m. Voz rústica con que se daba a entender lo que no se sabía o no se acertaba a expresar. || **2.** fam. Excitación, estímulo. || **3.** fam. Indicio, señal. || **4.** fam. Enamoramiento. || **5.** fam. Devaneo, quebradero de cabeza. || **6.** fam. Galantería. || **7.** fam. Adorno. || **8.** fam. Amigo, favorito.

★ **QUILLOY.** m. BOT. CHILE. Pamplina, planta cariofilea.

★ **QUILLPA.** f. BOL. Época de marcar el ganado.

QUIMA. f. AST. y SANT. Rama de un árbol.

★ **QUIMACHI.** m. BOL. Rizo, bucle.

★ **QUIMASA.** (De *quimo*.) f. BIOQUÍM. Fermento digestivo que acelera la acción del jugo pancreático.

★ **QUIMBA.** f. CHILE. Movimiento gracioso, pirueta. || **2.** PERÚ. Contoneo al bailar o al andar. || **3.** ARGENT. Garbo. || **4.** COLOM. Apuro, deuda. Ú.m. en pl. || **5.** COLOM. Abarca. || **6.** AMÉR. Sandalia. || **7.** ECUAD. Mueca.

★ **QUIMBÁMBARAS.** f. pl. CUBA y P. RICO. Lugar remoto y desconocido.

★ **QUIMBÁMBANAS.** f. pl. CUBA y P. RICO. Lugar remoto, imaginario, indeterminado.

★ **QUIMBÁNCHARO.** m. COLOM. Armatoste.

★ **QUIMBEAR.** (De *quimba*.) tr. ECUAD. Caracolear, contonearse.

★ **QUIMBO.** m. CUBA. Machete.

QUIMBOMBÓ. m. CUBA Quingombó.

★ **QUIMBOSO, SA.** adj. PERÚ. Que se contonea.

★ **QUIME.** (arauc. *cùme.*) m. CHILE. Afta.

QUIMERA. (l. *chimaera*, y éste del gr. χίμαιρα, animal fabuloso.) f. Monstruo imaginario que se decía vomitaba llamas, tenía cabeza de león, vientre de cabra y cola de dragón. || **2.** fig. Creación de la imaginación tomada como realidad. || **3.** fig. Riña, contienda. || **4.** ZOOL. Género de peces holocéfalos. || **2.ª** acep.: **P.** quimera; **I.** e **It.** chimera; **F.** chimère; **A.** Traumbild; **R.** химера.

QUIMEREAR. tr. p. us. Promover quimeras o contiendas.

QUIMÉRICO, CA. (De *quimera*.) adj. Fabuloso, fingido.

QUIMERINO, NA. adj. Quimérico.

QUIMERISTA. (De *quimera*.) adj. Amigo de ficciones y cosas quiméricas. Ú.t.c.s. || **2.** Se dice a la persona que promueve quimeras o pendencias. Ú.t.c.s.

QUIMERIZAR. intr. Fingir quimeras o cosas fantásticas. Ú.t.c.s.

QUIMIA. (gr. χυμεία, mezcla de muchos juegos.) f. ant. Química.

QUÍMICA. (gr. χυμική, f. de -κός, químico.) f. Ciencia que estudia las transformaciones conjuntas de la materia y de la energía. ||—**biológica.** La de los seres vivos. ||—**inorgánica.** La de los cuerpos simples y de los compuestos no carburados. ||—**orgánica.** La de los compuestos carburados. || **P.** química; **I.** chemistry; **F.** chimie; **A.** Chemie; **It.** chimica; **R.** химия.

QUÍMICAMENTE. adv. Según las reglas de la química.

QUÍMICO, CA. (gr. χυμικός; de χυμός, jugo.) adj. Perteneciente a la química. || **2.** Por contraposición a físico concerniente a la composición de los cuerpos. || **3.** m. El que profesa la química. || *Andar*, o *caminar como* QUÍMICO. fr. CUBA y P. RICO. Caminar con pasos menudos y con afectación. || **3.ª** acep.: **P.** químico; **I.** chemist; **F.** chimiste; **A.** Chemiker; **It.** chimico; **R.** химический, химик.

QUIMIFICACIÓN. f. ZOOL. Acción y efecto de quimificar o quimificarse.

QUIMIFICAR. (De *quimo*, y el suf. *ficar*, a semejanza de *clarificar*.) tr. ZOOL. Convertir en quimo el alimento.

★ **QUIMIL.** (mejic. *quimilli*.) m. MÉJ. Lío de ropas, maleta, maletín. || **2.** MÉJ. Conjunto de cosas. || **3.** m. BOL. Cacto que come el ganado.

★ **QUIMILUMINISCENCIA.** (De *quí-*

Q

Q *mica* y *luminiscencia.*) f. Quím. Llama fría, producción de luz con escaso desprendimiento de calor durante ciertas reacciones químicas especialmente en la oxidación del fósforo en el aire.

★ **QUIMIOCINESIS.** f. Activación de un elemento por la presencia de una substancia química.

★ **QUIMIOTACTISMO.** m. Biol. Tactismo provocado por medios químicos.

★ **QUIMIOTAXIS.** f. Bioquím. Tendencia de las células a moverse en determinada dirección debido a la influencia de los estímulos químicos. Puede ser positiva o negativa según que la substancia atraiga o rechace las células.

QUIMIOTERAPIA. f. Tratamiento curativo o profiláctico de las enfermedades infecciosas mediante productos químicos desinfectantes o paralizadores de los microbios.

QUIMISTA. m. Alquimista.

★ **QUIMITIPIA.** f. Art. y Of. Procedimiento análogo al grabado de agua fuerte por el que se obtienen, mediante la aplicación de agentes químicos, planchas en relieve propias para las tiradas tipográficas.

QUIMO. (l. *chymus*, y éste del gr. χυμός, jugo.) m. Pasta homogénea y agria, en que se transforman los alimentos en el estómago por la digestión. || **P.** quimo; **I.** y **F.** chyme; **A.** Speisebrei; **It.** chimo.

QUIMÓN. (japonés *quimono.*) m. Tela de algodón fina y estampada de seis metros de largo por pieza, que hace un corte de bata. Las mejores se tejen en el Japón. || **2.** Bol. Cierta clase de lienzo.

QUIMONO. m. Túnica japonesa o semejante a ella, que usan las mujeres.

QUIMOSINA. f. Quím Cuajo, 1.ª acep.

★ **QUIN.** m. Colom. Quiño, quiño.

QUINA. (l. *quina*, neutro de *quini*, cada cinco.) f. Quinterna. || **2.** pl. Armas de Portugal consistentes en cinco escudos azules en cruz, y en cada uno cinco dineros en aspa. || **3.** En ciertos juegos de dados, dos cincos cuando salen en una tirada. || **4.** Germ. Los dineros. || **5.** Germ. y Chile. Billete de cinco pesos.

QUINA. (De *quinaquina.*) f. Corteza del quino, usada en medicina por sus propiedades febrífugas. || **2.** Líquido preparado con la corteza de este árbol y otras substancias, usado como medicina. || **—de la tierra.** Cuba. Aguedita. || **—de Loja.** Quina gris. || **P.** e **I.** quina; **F.** quine; **A.** Quina; **It.** china; **R.** выгрыши.

QUINA. (ár. *qinna.*) f. ant. Gálbano.

★ **QUINACHA.** f. Bol. Cierta gallina con copete, pluma rizada y espolones.

QUINADO, DA. adj. Dícese del vino u otro líquido preparado con quina y usado como medicina.

QUINAL. (b. l. *quinale*, y éste del l. *quini*, de cinco en cinco.) m. Mar. Cabo grueso que en los malos tiempos se encapilla en la cabeza de los palos para ayuda de los obenques.

★ **QUINAL.** m. Colom. y Perú. Quino. || **2.** Amér. Lugar poblado de quinos.

QUINAO. (l. *quin autem*, mas en contra.) m. Enmienda concluyente que al error de su contrario hace el que argumenta.

QUINAQUINA. (quich. *quinaquina*, corteza.) f. Quina, 2.º art., 1.ª acep. || **2.** Bot. Argent. Árbol de la región norteña, alto y frondoso, de fruto medicinal.

QUINARIO. (l. *quinarius.*) adj. Compuesto de cinco elementos. Ú.t.c.s.m. || **2.** Espacio de cinco días dedicados al culto de Dios o de los santos. || **3.** Moneda romana de plata que valía cinco ases. || **P.** quinario; **I.** quinary; **F.** quinaire; **A.** fünfteilig; **It.** quinario.

QUINCALLA. (fr. *quincaille*, y éste del neerl. *klinken*, sonar.) f. Conjunto de objetos de metal generalmente de poco valor. || **P.** quinquilharia; **I.** hardware; **F.** quincaille; **A.** Kurzwaren; **It.** chincaglie; **R.** скобяные изделия.

QUINCALLERÍA. (De *quincallero*.) f. Fábrica de quincalla. || **2.** Lugar donde se vende. || **3.** Comercio de quincalla.

QUINCALLERO, RA. m. y f. Persona que fabrica o vende quincalla.

QUINCE. (l. *quindecim*; de *quinque*, cinco, y *decem*, diez.) adj. Diez y cinco. ||

2. Decimoquinto. Apl. a los días del mes. Ú.t.c.s. || **3.** m. Conjunto de signos o cifras con que se representa el número quince. || **4.** Juego de naipes en el cual gana el que hace quince puntos o el que más se aproxima sin pasar de dicho número. || **5.** En el juego de pelota a largo, cada uno de los primeros lances y tantos que se ganan. || **P.** y **F.** quinze; **I.** fifteen; **A.** fünfzehn; **It.** quindici; **R.** пятнадцать.

★ **QUINCE.** m. Zool. Ecuad. Colibrí.

QUINCENA. (De *quinceno*.) f. Espacio de quince días. || **2.** Paga que se percibe cada quince días. || **3.** Acertijo cuya solución ha de darse, haciendo según ciertas reglas quince preguntas a lo sumo. || **4.** Detención gubernativa durante quince días. || **5.** Mús. Intervalo que comprende quince notas sucesivas de dos octavas. || **6.** Mús. Registro del órgano correspondiente a este intervalo. || **P.** quinzena; **I.** fortnight; **F.** quinzaine; **A.** vierzehn Tage; **It.** quindicina; **R.** две недели.

QUINCENAL. adj. Que sucede o se repite cada quincena. || **2.** Que dura una quincena.

QUINCENARIO, RIA. adj. Quincenal. || **2.** m. y f. Persona que está en la cárcel una o más quincenas.

QUINCENO, NA. (De *quince*.) adj. Decimoquinto. || **2.** m. y f. Muleto o muleta de quince días.

QUINCINETA. f. Ave fría.

QUINCUAGENA (l. *quinquagēna*, neutro de *-ni*, cincuenta.) f. Conjunto de cincuenta cosas de una misma especie.

QUINCUAGENARIO, RIA. (l. *quinquagenarius.*) adj. Que consta de cincuenta unidades. || **2.** Cincuentón. Ú.t.c.s.

QUINCUAGÉSIMA. (l. *quinquagesima*, t. f. de *-mus*, quincuagésimo, por ser el quincuagésimo día antes de la Pascua de Resurrección.) f. Dominica que precede a la primera de cuaresma.

QUINCUAGÉSIMO, MA. (l. *quinquagesimus.*) adj. Que sigue inmediatamente en orden al o a lo cuadragésimo nono. || **2.** Dícese de cada una de las cincuenta partes iguales en que se divide un todo. Ú.t.c.s.

QUINCHA. (Voz quichua.) f. Amér. Merid. Tejido o junco para afianzar un techo o pared de paja, cañas, etc. || **2.** Chile. Pared hecha de cañas que se recubre de barro. || **3.** Chile y R. de la Plata. Zarzo para cercar patios, corrales, etc. || **4.** Chile. Cada una de las paredes laterales de las carretas. || **5.** Colom. Tominejo. || *De pata en* **quincha.** loc. Chile. Se dice de la canción o diversión bulliciosa. || *Saltar la* **quincha.** fr. Chile. Retirarse de un lance antes de verse vencido.

★ **QUINCHA.** f. Zool. Colom. Colibrí.

QUINCHAMALÍ. m. Chile. Planta medicinal, santalácea, anual, de hojas lineares y flores amarillas.

QUINCHAR. tr. Amér. Merid. Cubrir o cercar con quinchas. || **2.** intr. Amér. Merid. Hacer quinchas.

QUINCHIHUE. m. Amér. Merid. Planta anual pelada, olorosa, medicinal, con cabezuelas dispuestas en corimbos, y flores amarillas.

★ **QUINCHO.** (De *quincha.*) m. Chile. Cercado de estacas, empalizada.

QUINCHONCHO. m. Bot. Arbusto papilionáceo, procedente de la India y cultivado en América, con hojas compuestas, flores purpúreas y vaina linear con dos o tres semillas comestibles.

★ **QUINCHOQUINCHO.** (arauc. *cùnthocùnthon*, andar en un pie.) m. Chile. Andar con un solo pie.

★ **QUINDE.** m. Zool. Amér. Colibrí.

QUINDÉCIMO, MA. (l. *quindecimus*, decimoquinto.) adj. Quinzavo. Ú.t.c.s.

QUINDENIAL. adj. Que sucede o se repite cada quindenio. || **2.** Que dura un quindenio.

QUINDENIO. (l. *quindecennium*, de *quindecim*, quince, y *annus*, año.) m. Espacio de quince años.

★ **QUINEAR.** tr. Colom. Cachar, dar cornadas.

★ **QUINERO, RA.** m. y f. Colom. Persona que se dedica a sacar la corteza de los quinos para obtener la quina.

QUINETE. (fr. *quinette.*) m. Estameña

ordinaria que en tiempos pasados venía de Amiens y de Mans.

★ **QUINFA.** f. Colom. Sandalia, calzado de campesinos.

QUINGENTÉSIMO, MA. (l. *quingentesimus.*) adj. Que sigue inmediatamente en orden al o a lo cuadringentésimo nonagésimo nono. || **2.** Dícese de cada una de las quinientas partes iguales en que se divide un todo. Ú.t.c.s.

★ **QUINGO.** m. Colom. y Perú. Vuelta, rodeo.

QUINGOMBÓ. m. Planta herbácea originaria de África y cultivada en América, malvácea, de tallo recto, hojas grandes, flores amarillas y fruto alargado, que cuando está tierno se emplea en algunos guisos y también en medicina.

QUINGOS. m. Amér. Zigzag.

★ **QUINGUEAR.** intr. Colom. y Ecuad. Formar quingos o revueltas un río.

★ **QUINIA.** f. Quím. Alcaloide que acompaña a la quinina en las quinas.

★ **QUINIE.** m. Colom. Quiño, 1.er art.

★ **QUINIELA.** (De *quina*, quinterna.) f. Juego de pelota entre cinco, dos de los cuales se disputan un tanto y el que lo pierde deja su lugar a otro de los jugadores, y así sucesivamente hasta que uno alcanza el número de tantos fijado previamente. || **2.** Argent. Juego de azar, especie de lotería. || **3.** Juego de apuestas sobre el resultado de competiciones y campeonatos.

★ **QUINIELERO, RA.** m. y f. Argent. y Urug. Organizador de quinielas.

QUINIENTISTA. adj. Perteneciente o relativo al siglo XVI.

QUINIENTOS, TAS. (l. *quingenti.*) adj. Cinco veces ciento. || **2.** Quingentésimo, 1.ª acep. *Número* quinientos. || **3.** m. Signo o conjunto de signos o cifras para representar el número quinientos. || *Esos son otros* quinientos. expr. fig. y fam. con que se explica que no hace o dice otro despropósito sobre el que ya ha dicho o hecho. || **P.** quinhentos; **I.** five hundred; **F.** cinq cents; **A.** fünfhundert; **It.** cinquecento; **R.** пятьсот.

QUININA. f. Alcaloide vegetal que se extrae de la quina y es el principio activo febrífugo de dicho medicamento. Es blanca, amorfa, amarga y poco soluble. || **P.** quinina; **I.** y **F.** quinine; **A.** Chinin; **It.** chinina; **R.** хинин.

★ **QUINIO.** m. Venez. Quiño.

QUINISMO. (De *quina*.) m. Med. Conjunto de fenómenos generales que origina en el organismo el uso o abuso de quinina.

QUINO. m. Árbol americano de la familia de las rubiáceas del que existen varias especies. Su corteza es la quina. || **2.** Zumo concreto, que se extrae de varios vegetales; es usado como astringente. || **3.** Quina, 2.º art., 1.ª acep.

★ **QUINOA.** (Voz quichua.) f. Bot. Amér. Planta salsolácea, de flor roja y que echa un cogollo a manera de espiga que contiene una simiente menuda, comestible y medicinal, de la que se hace la chicha.

QUÍNOLA. f. En cierto juego de naipes, lance principal consistente en reunir cuatro cartas de un palo. || **2.** fam. Rareza. || **3.** pl. Juego de naipes en que la quínola es el lance principal. || *Estar de* quínolas. fr. fig. y fam. Juntarse especies o colores distintos. || **2.** fig. y fam. Estar vestido con variados colores.

QUINOLEAR. tr. Disponer la baraja para el juego de las quínolas.

★ **QUINOLEÍNA.** (De *quina* y *oleína*.) f. Quím. Mezcla compleja de varias especies químicas, resultante como producto de la destilación de algunos alcaloides de las quinas. Es un líquido incoloro, oleoso, de olor parecido al de las almendras amargas, muy soluble en éter y en alcohol.

QUINOLILLAS. (d. de *quínolas*.) f. pl. Quínolas.

★ **QUINOQUINO.** m. Bot. Bol. y Perú. Árbol leguminoso, del cual se conocen dos especies, que dan respectivamente los bálsamos del Perú y de Tolú.

QUINQUÉ. (fr. *Quinquet*, nombre del primer fabricante de esta clase de lámparas.) m. Especie de lámpara de petróleo con tubo de cristal, depósito para el combustible y ordinariamente con bomba o

Q

pantalla.‖ P. candeeiro; **I.** argand; **F.** quinquet; **A.** (Tisch)Lampe; **It.** làmpada da tavolino; **R.** керосиновая лампа.

QUINQUEFOLIO. (l. *quinquefolĭum;* de *quinque,* cinco, y *folĭum,* hoja.) m. Cincoenrama.

★ **QUINQUELCAHUE.** m. AMÉR. Instrumento musical de los indios mapuches, usado en Chile y en la pampa argentina.

QUINQUELINGÜE. adj. Que habla cinco lenguas. ‖ **2.** Escrito en cinco idiomas.

QUINQUENAL. (l. *quinquennālis.*) adj. Que se repite cada quinquenio. ‖ **2.** Que dura un quinquenio. ‖ **3.** Dícese de cada uno de los proyectos de economía dirigida de cinco años de duración.

QUINQUENERVIA. (l. *quinque,* cinco, y *nervus,* nervio.) f. Lancéola.

QUINQUENIO. (l. *quinquennĭum;* de *quinque,* cinco, y *annus,* año.) m. Tiempo de cinco años.

QUINQUILLERÍA. f. Quincallería.

QUINQUILLERO. m. Quincallero.

QUINQUINA. f. Quina, 2.º art.

QUINTA. (l. *quinta,* t. f. de *-tus,* quinto.) f. Casa de recreo en el campo, por cuyo arriendo solía pagarse la quinta parte de los frutos. ‖ **2.** Acción y efecto de quintar. ‖ **3.** En el juego de los cientos, cinco cartas de un palo, seguidas en orden. ‖ **4.** Reemplazo anual para el ejército. ‖ **5.** MÚS. Intervalo que consta de tres tonos y un semitono mayor. ‖ **6.** pl. Operaciones o actos administrativos del reclutamiento. ‖ **7.** CUBA. Una de las clases superiores del tabaco en rama. ‖ QUINTA *remisa.* MÚS. Nota que sigue inmediatamente a la cuarta. ‖ *Entrar en* QUINTAS. fr. Llegar a los veinte años, edad en que se sortean los mozos para el servicio militar. ‖ **P.** quinta; **I.** countryseat; **F.** ferme; **A.** Landhaus; **It.** casetta di campagna; **R.** дача. ‖ **2.ª** acep.: **P.** conscriçao, recrutamento; **I.** draft, conscription; **F.** conscription, recrue; **A.** Aushebung; **It.** coscrizione; **R.** рекрутский набор.

QUINTADOR, RA. adj. Que quinta. Ú.t.c.s.

QUINTAESENCIA. f. Refinamiento, esencia o extracto concentrado de una substancia.

QUINTAESENCIAR. tr. Refinar, alambicar.

QUINTAL. (ár. *qinṭār.*) m. Peso de cuatro arrobas, equivalente en Castilla a 46 kilogramos. ‖ **2.** Pesa de cuatro arrobas. ‖ **—métrico.** Peso de 100 kilogramos. ‖ **P., I.** y **F.** quintal; **A.** Zentner; **It.** quintale; **R.** квинтал.

QUINTALADA. (De *quintal.*) f. Cantidad que del importe de los fletes se sacaba para repartirla a las gentes de mar que más habían trabajado y servido en el viaje.

QUINTALEÑO, ÑA. adj. Capaz de un quintal o que lo contiene.

QUINTALERO, RA. adj. Que posee el peso de un quintal.

QUINTANA. (l. *quintana.*) f. Quinta, 1.ª acep. ‖ **2.** Puerta, vía o plaza de los campamentos de los antiguos romanos donde se vendían víveres.

QUINTANTE. (De *quinto.*) m. Instrumento astronómico para las observaciones marítimas provisto de dos reflectores y un anteojo.

QUINTAÑÓN, ÑA. (De *quintal,* por alusión a las cien libras de que se compone.) adj. fam. Centenario, de cien años de edad. Ú.t.c.s.

QUINTAR. (De *quinto.*) tr. Sacar por suerte uno de cada cinco. ‖ **2.** Sacar por suerte los nombres de los que han de ser soldados. ‖ **3.** Pagar al rey el derecho llamado quinto. ‖ **4.** Dar la quinta y última vuelta de arado a las tierras para sembrarlas. ‖ **5.** intr. Llegar al número de cinco, especialmente la Luna cuando llega el día quinto. ‖ **6.** Pujar la quinta parte en los remates, arrendamientos o compras.

QUINTERÍA. (De *quintero.*) f. Casa de campo o cortijo de labor.

QUINTERNA. f. Quinterno, 2.ª acep.

QUINTERNO. (De *quinto.*) m. Cuaderno de cinco pliegos. ‖ **2.** Suerte o acierto de cinco números en el juego de la lotería primitiva o en la de cartones.

QUINTERO. m. El que tiene arren-

dada una quinta o cultiva las heredades de la misma. ‖ **2.** Mozo o criado de labrador. ‖ **P.** quinteiro; **I.** farmer; **F.** métayer; **A.** Meier, Pächter; **It.** fittàvolo; **R.** арендатор.

QUINTETO. (ital. *quintetto.*) m. Combinación métrica de cinco versos de arte mayor aconsonantados y ordenados como los de la quintilla. ‖ **2.** MÚS. Composición a cinco voces o instrumentos. ‖ **3.** MÚS. Conjunto de estas voces o instrumentos, o de los cantantes o instrumentistas. ‖ **P.** quínteto; **I.** quintet; **F.** quintette; **A.** Quintett; **It.** quintetto; **R.** квинтет.

QUINTIL. (l. *quintīlis.*) m. Quinto mes del año en el primitivo calendario romano.

★ **QUINTIL.** (arauc. *ghinthiu,* una mata que sirve para teñir.) m. BOT. AMÉR. Fruto del algarrobo chileno. Se usa en Chile para hacer tinta porque descompone con facilidad el sulfato de hierro.

QUINTILLA. (De *quinta.*) f. Combinación métrica de cinco versos octosílabos, con dos diferentes consonancias y ordenados de modo que no rimen tres seguidos, ni los dos últimos sean pareados. ‖ **2.** Combinación de cinco versos de cualquiera medida con dos distintas consonancias. ‖ **P.** quintilha; **I.** stanza of five verses; **F.** quintil; **A.** Stanze von fünf Versen; **It.** strofa di cinque versi; **R.** пятистишие.

QUINTILLO. (d. de *quinto.*) m. Juego del hombre, con ciertas modificaciones cuando se juega entre cinco.

QUINTÍN. m. Tela de hilo muy fina y rala que se fabricaba en San Quintín, ciudad de Francia.

QUINTÍN (SAN). n. p. *Armarse,* o *haber la de* SAN QUINTÍN. fr. fig. Haber gran pendencia entre dos o más personas. Se dice aludiendo a la batalla de dicho nombre.

QUINTO, TA. (l. *quintus.*) adj. Que sigue inmediatamente en orden al o a lo cuarto. ‖ **2.** Dícese de cada una de las cinco partes iguales en que se divide un todo. Ú.t.c.s. ‖ **3.** m. Mozo a quien toca por suerte ser soldado y mientras recibe la instrucción militar. ‖ **4.** Derecho de 20 por 100 ‖ **5.** Parte de dehesa o tierra, aunque no sea la quinta. ‖ **6.** FOR. Quinta parte de la herencia, que, aun existiendo hijos, podía el testador legar con libertad. ‖ **7.** MAR. Cada una de las cinco partes en que los marineros dividían la hora. ‖ **8.** CHILE y MÉJ. Moneda de cinco centavos. ‖ **9.** PERÚ. Moneda de oro de dos soles. Dícese más quintito. ‖ *Los* QUINTOS *apurados.* loc. ARGENT., COLOM. y VENEZ. Los quintos infiernos, lugar lejano. ‖ **P.** e **It.** quinto; **I.** fifth; **F.** cinquième; **A.** Fünftel; **R.** пятый.

★ **QUINTOVÉ.** m. ARGENT. Benteveo o bienteveo.

QUINTRAL. (arauc. *cauthal.*) m. CHILE. Muérdago de flores rojas, de cuyo fruto se saca la liga y sirve para teñir. ‖ **2.** CHILE. Cierta enfermedad de las sandías y porotos. ‖ QUINTRAL *de quisco.* BOT. CHILE. Cierto arbusto lorantáceo, que vegeta sobre los quiscos.

QUINTUPLICACIÓN. f. Acción y efecto de quintuplicar o quintuplicarse.

QUINTUPLICAR. (l. *quintuplicāre.*) tr. Hacer cinco veces mayor una cantidad. Ú.t.c.r. ‖ **P.** quintuplicar; **I.** to quintuplicate; **F.** quintupler; **A.** verfünffachen; **It.** quintuplicare; **R.** увеличивать в пять раз.

QUÍNTUPLO, PLA. (l. *quintŭplus.*) adj. Que contiene cinco veces exactamente un número. Ú.t.c.s.m. ‖ **P.** quíntuplo; **I.** y **F.** quintuple; **A.** fünffach; **It.** quintuplo; **R.** пятикратный.

QUINUA. (Voz quichua.) f. BOT. AMÉR. MERID. Planta anual, quenopodiácea, de hojas triangulares que cuando están tiernas se comen como espinaca y su semilla, muy abundante, se emplea en la sopa y sirve para hacer una bebida.

★ **QUINUAL.** m. BOT. CHILE. Quinua o quínoa.

★ **QUINUZA.** f. VENEZ. Tristeza, pesar.

QUINZAL. m. Madero en rollo, de 15 pies de largo del marco de Valladolid.

QUINZAVO, VA. (De *quince* y *avo.*) adj. ARIT. Se dice de cada una de las quince partes iguales en que se divide un todo. Ú.t.c.s.

★ **QUIÑADA.** (De *quiñado.*) f. CHILE.

Quiño. ‖ **2.** COLOM. y PERÚ. Calazo, golpe.

★ **QUIÑADO, DA.** adj. PERÚ. Que posee agujeros o señales. ‖ **2.** PERÚ. Cacarañado, señalado de viruela.

★ **QUIÑI.** m. CHILE. Bolsón de tejido ralo para llevar fruta, mariscos, etc.

★ **QUIÑO.** (De *quiñar.*) ECUAD. Cachada dada con el trompo en la cabeza de otro. ‖ **2.** PERÚ. Señal, hoyuelo en la madera. ‖ **3.** PERÚ. Señal que deja el golpe de púa del trompo. ‖ **4.** COLOM. Puñetazo dado moviendo el brazo de frente. ‖ **5.** COLOM. Juego de muchachos en que se da la cachada a un trompo. ‖ **6.** ECUAD. Copa de licor.

★ **QUIÑO.** m. CHILE. Bolsón de fibras vegetales que se atan a la cintura los pescadores para echar los mariscos que van cogiendo.

QUIÑÓN. (l. *quinĭo, -ōnis.*) m. Parte que tiene uno con otros en una cosa productiva, como tierras repartidas para sembrar. ‖ **2.** Porción de tierra de cultivo. ‖ **3.** Medida agraria empleada en Filipinas.

QUIÑONERO. m. Dueño de un quiñón.

QUÍO. n. p. V. *Trementina de* QUÍO.

QUÍO, A. (l. *chius,* y éste del gr. Χῖος.) adj. Natural de Quío. Ú.t.c.s. ‖ **2.** Perteneciente a esta isla del Archipiélago o Egeo.

QUIOSCO. (ár. *kušk,* en persa *kišk,* palacio, pabellón.) Templete de estilo oriental, generalmente abierto por todos los lados, que se construye en plazas, jardines, etc. ‖ **2.** Pabellón pequeño, generalmente circular o prismático construido en plazas, paseos, etc., para vender periódicos, fósforos, flores, etc. ‖ **—de necesidad.** Retrete público. ‖ **P.** quiosque; **I.** kiosk; **F.** kiosque; **A.** Kiosk; **It.** chiosco; **R.** киоск.

★ **QUIPA.** f. ECUAD. Caracola guerrera usada por los indios.

★ **QUIPAO.** m. CHILE. Bacinica.

★ **QUIPE.** m. PERÚ. Lío que llevan los indígenas a cuestas. ‖ **2.** BOL. y PERÚ. Morral.

QUIPO. (quich. *quipu,* nudo.) m. Cada una de las cuerdas de distintos tamaños y colores y con diversos nudos que los indios precolombinos del Perú empleaban para suplir en cierto modo la falta de la escritura.

QUIQUE. (arauc. *quiqui.*) m. AMÉR. MERID. Especie de comadreja. ‖ **2.** CHILE. Persona colérica.

QUIQUIRIQUÍ. m. Voz onomatopéyica, imitativa del canto del gallo. ‖ **2.** fig. fam. Persona que desea sobresalir y gallear.

★ **QUIQUIRITO.** m. CUBA. Gallo pequeño y bien plantado oriundo de Norteamérica. ‖ **2.** fig. CUBA. Hombre pequeño y jactancioso.

QUIRAGRA. (l. *chiragra,* y éste del gr. χειράγρα; de χείρ, mano, y ἄγρα, presa.) f. Gota de las manos.

★ **QUIRAL.** adj. Fís. Se dice del plano de polarización de la luz que gira a una mano o a otra.

★ **QUIRALIDAD.** (De *quiral.*) f. Fís. Propiedad de girar a una u otra mano el plano de polarización de la luz.

QUIRATE. (Del m. or. que *quilate.*) m. NUMISM. Moneda de plata que usaron los almorávides españoles.

QUIRGUIZ. (turco *Kirgiz.*) adj. Se dice de los individuos de un pueblo tártaro que habita entre el Ural y el Irtich.

★ **QUIRICO.** m. VENEZ. Mandadero. ‖ **2.** VENEZ. Ladronzuelo.

QUIRIE. m. Kirie.

QUIRIGALLA. f. Cabra.

QUIRINAL. (l. *quirinālis.*) adj. Perteneciente a Quirino o Rómulo, o a una de las siete colinas o montes de la antigua Roma. ‖ **2.** Por contraposición a Vaticano, el Estado italiano.

QUIRITARIO, RIA. (De *quirite.*) adj. Perteneciente o relativo a los quirites.

QUIRITE. (l. *quirītes.*) m. Ciudadano de la antigua Roma.

QUIRÓFANO. (gr. χείρ, mano, y φαίνω, mostrar.) m. Local debidamente acondicionado para hacer operaciones quirúrgicas de forma que se puedan presenciar a través de un cristal que le separa. Actualmente se da este nombre a cualquier sala de operaciones. ‖ **P.** quirófano; **I.**

Q

operating-room; **F.** salle d'opérations; **A.** Operationssaal; **It.** sala chirùrgica; **R.** операционнаал.

QUIROGRAFARIO, RIA. (De *quirógrafo*.) adj. Relativo al quirógrafo, o en esta forma acreditado.

QUIRÓGRAFO, FA. (gr. χείρ, mano, y γράφω, dibujar.) adj. Relativo al documento concerniente a la obligación contractual que no está autorizado por notario ni lleva otro signo oficial o público. Ú.m.c.s.

QUIROMANCIA [~MANCÍA]. (gr. χειρομαντεία; de χείρ, mano, y μαντεία, adivinación.) f. Adivinación vana y supersticiosa por medio de las rayas de las manos. || **P.** quiromancia; **I.** chiromancy; **F.** chiromancie; **A.** Chiromantie; **It.** chiromanzia; **R.** хиромантия.

QUIROMÁNTICO, CA. adj. Perteneciente o relativo a la quiromancia. || **2.** m. y f. Persona que la profesa.

QUIRONOMÍA. f. Arte de componer el gesto y el movimiento del cuerpo, especialmente de las manos, para hablar en público, etc.

* **QUIROPRÁCTICA.** f. MED. Práctica en las operaciones manuales, especialmente en la reducción manual de las subluxaciones de la columna vertebral.

QUIRÓPTERO. (gr. χείρ, mano, y πτερόν, ala.) adj. ZOOL. Se dice de los mamíferos, crepusculares o nocturnos, casi todos insectívoros que vuelan mediante las alas formadas por unas membranas o repliegues cutáneos, que se extienden entre cuatro de los dedos muy alargados de las extremidades anteriores, llegando a englobar los miembros posteriores y la cola, si existe. Ú.t.c.s. || **2.** m. pl. ZOOL. Orden de estos animales.

QUIROTECA. (l. *chirothēca*, y éste del gr. χειροθήκη; de χείρ, mano, y θήκη, estuche, bolsa.) f. Guante para la mano.

* **QUIROTEUTIS.** m. ZOOL. Género de moluscos cefalópodos, de cuerpo largo y estrecho, los brazos tentaculares desmesuradamente largos y guarnecidos en toda su longitud de pequeñas ventosas.

* **QUIRQUE.** m. ZOOL. CHILE. Lagarto pequeño.

QUIRQUINCHO. (quich. *qquirquinchu*, armadillo.) m. AMÉR. MERID. Mamífero, especie de armadillo, con cuyo carapacho hacen charangos los indios. || **2.** CHILE y ARGENT. Persona de mal genio. || *Estar como un* QUIRQUINCHO. fr. fam. CHILE. Esquivar el cuerpo. || *Ser, o volverse un* QUIRQUINCHO. fr. fam. CHILE. Estar como un quirquincho.

QUIRÚRGICO, CA. (l. *chirúrgicus*, y éste del gr. χειρουργικός.) adj. Perteneciente o relativo a la cirugía. || **P.** cirúrgico; **I.** surgical; **F.** chirurgique; **A.** chirurgisch; **It.** chirùrgico; **R.** хирургический.

QUIRURGO. (l. *chirurgus*, y éste del gr. χειρουργός; de χείρ, mano, y ἔργον, obra.) m. Cirujano.

QUISA. f. MÉJ. Especie de pimienta. || **2.** BOL. Plátano maduro, pelado y tostado.

* **QUISADILLA.** f. ARGENT. Postre compuesto de miel y harina.

QUISCA. (quich. *quichca*, espina.) f. CHILE. Quisco. || **2.** Cada espina de este árbol Se emplean como agujas de hacer calceta y como palillos para otros tejidos. || **3.** fam. CHILE. Cosa con espinas.

* **QUISCALO.** m. ZOOL. Género de pájaros dentirrostros, ictéridos, que viven en la América tropical.

QUISCO. (De *quisca*.) m. CHILE. Especie de cacto espinoso que crece en forma de cirio con espinas muy largas.

* **QUISCUDO, DA.** adj. CHILE. Espinoso. || **2.** fig. CHILE. Dícese del que tiene pelo tieso y erizado.

QUISICOSA. (De *cosicosa*.) f. fam. Objeto de pregunta muy dudosa y difícil de averiguar, enigma.

QUISQUE. (l. *quisque*, cada uno.) Voz que se emplea en la locución *cada* QUISQUE, equivalente a cada cual.

* **QUISQUIDI.** m. ZOOL. VENEZ. Benteveo o bienteveo.

* **QUISQUIDO, DA.** adj. ARGENT. Estreñido.

QUISQUILLA. (l. *quisquiliae*, menudencias.) f. Reparo o dificultad de poca monta. || **2.** Camarón, 1.ª acep.

* **QUISQUILLAR.** (De *quisquilla*.) intr.

fam. CHILE. Sentir cojijo o desazón por causa ligera.

QUISQUILLOSO, SA. adj. Que se detiene en quisquillas, 1.ª acep. Ú.t.c.s. || **2.** Demasiado delicado en el trato común. Ú.t.c.s. || **3.** Que se ofende con facilidad y por causas de poco momento. Ú.t.c.s.

* **QUISQUIRSE.** r. ARGENT. Estreñirse.

QUISTARSE. (De *quisto*.) r. Hacerse querer, llevarse bien con todos.

QUISTE. m. CIR. Vejiga membranosa desarrollada anormalmente en diferentes partes del cuerpo y que encierra materias alteradas o humores. || **2.** BIOL. Membrana resistente e impermeable, que envuelve a un animal o vegetal pequeño, a veces microscópico y lo aisla del medio. || **3.** BIOL. Cuerpo formado de una membrana resistente e impermeable y el animal o vegetal en ella encerrado. || **P.** quisto; **I.** cyst; **F.** kyste; **A.** Zyste; **It.** cisti; **R.** киста.

QUISTIÓN. f. p. us. Cuestión.

QUISTO, TA. (l. *quaesitus*.) p.p. irreg. ant. de querer. Ú. generalmente con los adverbios *bien* o *mal*.

QUITA. (De *quitar*.) f. FOR. Remisión que hace de la deuda o parte de ella al acreedor al deudor. || QUITA *y espera*. loc. FOR. Petición que judicialmente hace un deudor no comerciante a sus acreedores para que aminoren los créditos o aplacen el cobro o ambas cosas.

* **QUITACALZÓN.** (De *quitar* y *calzón*.) f. COLOM. Especie de avispa que a veces se introduce entre la ropa. || **2.** PERÚ. Primera poda de la coca.

QUITACIÓN. (De *quitar*.) f. Renta, sueldo o salario. || **2.** FOR. Quita.

* **QUITADA.** f. fam. CHILE. Acción de quitar.

QUITADOR, RA. adj. Que quita. Ú.t.c.s. || **2.** V. *Perro* QUITADOR. Ú.t.c.s.

QUITAGUAS. (De *quitar* y *agua*.) m. Paraguas.

* **QUITAGUSTO.** (De *quitar* y *gusto*.) m. ECUAD. y PERÚ. Individuo intruso y molesto.

QUITAIPÓN. (De la frase *quita y pon*.) m. Quitapón.

QUITAMANCHAS. (De *quitar* y *mancha*.) com. Persona que tiene por oficio quitar la mancha de las ropas. || **2.** m. Producto que sirve para quitar manchas.

QUITAMENTE. adv. ant. Totalmente.

QUITAMERIENDAS. (De *quitar* y *meriendas*.) f. BOT. Planta liliácea, parecida al cólquico, de hojas radicales lineales. Abunda en España.

° **QUITAMIEDOS.** (De *quitar* y *miedo*.) m. Listón o cuerda que, a manera de pasamanos, se coloca en andamios altos y en otros lugares para evitar el vértigo.

QUITAMIENTO. (De *quitar*.) m. Quita.

QUITAMOTAS. com. fig. y fam. Persona lisonjera y aduladora, obsequiosa con exceso.

* **QUITANDA.** f. URUG. Comercio ambulante de comidas camperas muy simples.

* **QUITANDERA.** f. URUG. Mujer que se dedica a la quitanda.

° **QUITANIEVES.** f. Máquina que se emplea para retirar la nieve de las vías de comunicación.

QUITANTE. p.a. de quitar. Que quita.

QUITANZA. (De *quitar*.) f. Finiquito, carta de pago dada al deudor cuando paga.

QUITAPELILLOS. (De *quitar* y *pelillo*.) com. fig. y fam. Quitamotas.

QUITAPESARES. (De *quitar* y *pesar*, 1.er art.) m. fam. Consuelo en la pena.

QUITAPÓN. (De *quitaipón*.) m. Adorno con borlas de lana de colores que se pone en las cabezadas del ganado mular y de carga. || *De* QUITAPÓN. loc. fam. De quita y pon.

QUITAR. (l. jurídico medieval *quitāre*, del l. *quietāre*, como el fr. *quitter*.) tr. Tomar una cosa separándola de otras o del lugar en que se hallaba. || **2.** Desempeñar, librar una cosa dada en prenda. || **3.** Hurtar. || **4.** Impedir o estorbar. || **5.** Prohibir o vedar. || **6.** Derogar una ley, sentencia, etc., o librar a uno de una pena, un tributo. || **7.** Suprimir un empleo u oficio. || **8.** Impedir. || **9.** Privar de algo. || **10.** Liberar a uno de una obligación. || **11.** ESGR. Defenderse de un tajo o apartar

la espada del contrario. || **12.** r. Dejar una cosa o apartarse del todo de ella. || **13.** Irse de un lugar. || **14.** CHILE. Escampar. Ú.t.c.r. || *Al* QUITAR. m. adv. que usa para indicar la escasa duración de algo. || *De* QUITA *y* pon. loc. que se aplica a los objetos dispuestos para quitar y poner. || QUITAR *de la cabeza*. Hacer desistir. || QUITÁRSE *de encima* a alguno o alguna cosa. fr. fig. Librarse de algún enemigo o molestia. || QUITARSE *de enredos*. Librarse de ellos. || QUITA *y pon*. loc. Juego de dos cosas destinadas a ser usadas alternadamente, generalmente prendas de vestir, cuando no hay más de repuesto. || *Sin* QUITAR *ni poner*. loc. adv. Al pie de la letra. || *Vender al* QUITAR. fr. FOR. Enajenar algo compacto de rescate. || **P.** tirar, furtar; **I.** to take away; **F.** ôter; **A.** wegnehmen, abtun, weglegen, fortnehmen; **It.** togliere; **R.** снимать, отнимать.

QUITASOL. (De *quitar* y *sol*.) m. Utensilio a modo de paraguas para resguardarse del sol. || **2.** BOT. MÉJ. Especie de hongo silvestre. || **3.** BOT. CUBA. Planta ciperácea de adorno.

QUITASOLILLO. m. CUBA. Planta umbelífera rastrera de la que hay varias especies. || **2.** CUBA. Hongo comestible llamado también quitasol de brujas.

QUITASUEÑO. m. fam. Lo que causa preocupación o desvelo.

QUITE. m. Acción de quitar o estorbar. || **2.** ESGR. Movimiento defensivo para detener el ofensivo. || **3.** TAUROM. Suerte con que un torero libra a otro de la acometida del toro. || **4.** COLOM. Regate. || *Estar al* QUITE o *a los quites*. fr. Estar preparado para acudir en defensa de uno. || *Ir al* QUITE. fr. fig. Acudir con rapidez en defensa de uno. || *No tener* QUITE una cosa. fr. fig. No tener remedio, o ser difícil resolverla.

QUITEÑO, ÑA. adj. Natural de Quito. Ú.t.c.s. || **2.** Perteneciente a esta ciudad de la república del Ecuador.

* **QUITILIPI.** m. ZOOL. ARGENT. Lechuza.

QUITINA. (gr. χιτων, túnica.) f. QUÍM. Substancia de consistencia córnea que es un hidrato de carbono nitrogenado, blanco, insoluble en el agua y líquidos orgánicos y forma el revestimiento exterior de los artrópodos y ciertos órganos de otros invertebrados; hállase también en la piel de los nematelmitos y en las membranas celulares de algunos hongos y bacterias.

QUITINOSO, SA. adj. Que posee quitina.

QUITO, TA. (l. jurídico medieval *quitus*, del l. *quietus*, como el fr. *quitte*.) p.p. irreg. ant. de quitar. || **2.** adj. Libre, exento.

* **QUITOLIS.** CUBA. Perdón.

QUITÓN. (gr. χιτών, concha.) m. ZOOL. Molusco anfineuro, con concha formada por ocho piezas colocadas en fila y branquias en forma de hojitas.

* **QUITRA.** f. CHILE. Pipa de fumar.

QUITRÍN. m. Carruaje abierto, de dos ruedas, con una sola fila de asientos y capota de fuelle. Se usó en Cuba y otros países de América.

* **QUITUPÁN.** m. MÉJ. Bebida hecha del maguey.

* **QUIULLA.** f. ZOOL. CHILE. Gaviota de las lagunas de la cordillera de los Andes.

* **QUIYÁ.** (guar. *quiiá*.) m. ZOOL. R. DE LA PLATA. Mamífero semejante al carpincho. Su piel es muy apreciada por su pelo, que es finísimo.

* **QUIYAPÍ.** m. ARGENT. Vestimenta hecha de pieles con que se cubren la espalda los indios guaraníes.

QUIZÁ. (De *quizás*.) adv. con que se denota duda y la posibilidad de aquello de que habla. || QUIZÁ *y sin* QUIZÁ. loc. que se emplea para dar por segura una cosa. || **P.** quiça, talvez; **I.** perhaps; **F.** peut-être; **A.** vielleicht, etwa; **It.** chissà; **R.** возможно, пожалуй.

QUIZABES. (l. *qui sapit*, quién sabe.) adv. ant. Quizá.

QUIZÁS. (De *quizabes*.) adv. que expresa duda. Quizá.

QUÓRUM. (Voz latina, genit. pl. del relativo *qui*, que.) m. Número mínimo de individuos necesarios para que un cuerpo deliberante pueda tomar válidamente ciertos acuerdos.

R

R. Vigésima primera letra del abecedario español, y decimoséptima de sus consonantes. Su nombre es **erre.** Tiene dos sonidos, uno fuerte y otro suave. El fuerte se expresa con *r* sencilla a principio de vocablo y siembre que va después de *b* con que no forma sílaba, o de *l, n* o *s,* y significase con *rr* en cualquier otro caso, v. gr., *tierra.* La **rr** expresada con dos **RR** es doble por su figura, pero simple por su sonido, y debe estar indivisa en la escritura. El suave se expresa con una sola *r,* como *oRo.* || **2.** Quím. Símbolo del rodio. || **3.** Quím. Mayúscula, representa la constante de los gases, R = 0,08206 atm. litro/ °K mol.

RABA. (fr. *rabes* y *raves;* en al. *rogen,* huevos de los peces.) f. Cebo para pescar, hecho con huevas de bacalao. Úsase especialmente en la pesca de la sardina. || **2.** Tentáculo.

RABADA. (De *rabo.*) f. Cuarto trasero de las reses después de matarlas.

RABADÁN. (ár. *rabb-aḍ-da'n,* el dueño de los carneros.) m. Mayoral que cuida todos los hatos de ganado de una cabaña, y manda a los pastores. || **2.** Pastor que gobierna a uno o más hatos de ganado, a las órdenes del mayoral. || **P.** rabadão; **I.** head shepherd; **F.** maître berger; **A.** Oberschäfer; **It.** capo pastore; **R.** старший пастух.

RABADILLA. (d. de *rabada.*) f. Extremidad del espinazo, formada por la última vértebra del sacro, y todas las del cóccix. || **2.** En las aves, extremidad movible en donde están las plumas de la cola. || **P.** rabadilha; **I.** rump, croup; **F.** croupion; **A.** Bürzel; **It.** codione; **R.** копчик.

RABAL. m. Arrabal.

RABALERO, RA. adj. Habitante del barrio de Rabal de Zaragoza. Ú.t.c.s.

RABANAL. m. Terreno plantado de rábanos. || **P.** rabanal; **I.** radish-field; **F.** champ de radis; **A.** Rettichfeld, Rubenacker; **It.** ravaneto; **R.** поле, засеянное редькой.

RABANERA. f. Mujer que vende rábanos. || **2.** fig. y fam. Verdulera, mujer desvergonzada y soez.

RABANERO, RA. (De *rábano.*) adj. fig. y fam. Dícese del vestido corto, especialmente de las mujeres. || **2.** fig. y fam. Dícese de los ademanes y modo de hablar desvergonzados. || **3.** m. Vendedor de rábanos.

RABANETE. m. d. de rábano.

RABANILLO. m. d. de rábano. || **2.** Planta herbácea anual, crucífera, dañosa y muy común en los sembrados, de hojas ásperas y lobuladas, flores blancas o amarillas, y raíz fusiforme, de color blanco rojizo. || **3.** fig. Sabor del vino repuntado. || **4.** fig. y fam. Desdén y esquivez. || **5.** Deseo vehemente de hacer alguna cosa.

RABANIZA. f. Simiente de rábano. || **2.** Planta herbácea anual, crucífera, de tallo ramoso, hojas radicales partidas en lóbulos agudos, flores blancas y ensiformes. Es común en los terrenos incultos de España. || **P.** semente do rabanete; **I.** radish-seed;

F. graine de radis; **A.** Rettichsamen; **It.** semenza di ràvano; **R.** cурепка.

RÁBANO. (l. *raphănus,* y éste del gr. ῥάφανος.) m. Planta herbácea anual, crucífera, con tallo ramoso y velludo; hojas ásperas y grandes, flores blancas, amarillas o purpurinas en racimos terminales; fruto en vainilla estriada, con muchas semillas menudas; raíz carnosa, casi redonda, roja, amarilla o negra, de sabor picante. || **2.** Raíz de esta planta. || **3.** fig. Rabanillo, punta o sabor agrio del vino que se avinagra. || *Cuando pasan* RÁBANOS, *cómpralos.* fr. proverb. con la que se aconseja aprovechar las ocasiones. || *Tomar uno el* RÁBANO *por las hojas.* fr. fig. y fam. Equivocarse de medio a medio. || **P.** rábano; **I.** radish; **F.** radis; **A.** Rettich; **It.** ravanello, ramolaccio; **R.** редька.

RABÁRBARO. (l. *rheubarbarum.*) m. Ruibarbo.

RABASAIRE. (cat. *rabassa.*)adj. Dícese en Cataluña del colono que cultiva una viña según el contrato de rabassa morta; y por ext., cualquier arrendatario de un predio rústico. Ú.t.c.s.

RABASSA MORTA. f. En el Derecho foral catalán, censo en virtud del cual el propietario de un terreno cede su dominio útil a un cultivador, a cambio de una renta en especie o metálico, para que plante cepas, cuya vida señala la duración del contrato.

RABAZUZ. (ár. *rubb as-sūs,* arrope del *sūs* o regaliz.) m. Extracto de jugo de la raíz del orozuz.

RABEAR. intr. Menear un animal el rabo de una parte a otra. || **2.** MAR. Mover con exceso un buque su popa a uno y otro lado. || **3.** MAR. Girar su popa un buque al maniobrar con ella.

RABEL. (ár. *rabāb,* especie de viola.) m. Antiguo instrumento músico semejante al laúd, pero con sólo tres cuerdas, que se tocan con arco. || **2.** Juguete consistente en una caña y un bordón, entre los cuales se coloca una vejiga de aire.

RABEL. (De *rabo.*) m. fig. y fest. Asentaderas o posaderas, especialmente las de los muchachos. || **2.** CHILE. Cuello o pescuezo de las personas, especialmente cuando es largo y delgado.

RABELEJO. m. d. de rabel, 1.er art.

RABEO. m. Acción y efecto de rabear.

RABERA. (De *rabo.*) f. Parte posterior de cualquier cosa. || **2.** Zoquete de madera que se pone a los carros de labranza, con que se une la tablazón del asiento. || **3.** Tablero de la ballesta, de la nuez abajo. || **4.** Lo que queda sin apurar después de aventado y cribado el trigo y otras semillas. || **5.** CUBA. Atacola. || **6.** MIL. Parte posterior del cajón de los mecanismos del fusil Mauser.

RABERÓN. (D *rabera.*) Extremo superior del tronco de un árbol separado del resto.

RABÍ. (hebr. *rabbī,* mi señor, mi maestro.) m. Título con que los judíos honran a los sabios de la ley. || **2.** Rabino.

RABIA. (l. *rabies.*) f. Enfermedad infecciosa que ataca a algunos animales, especialmente al perro, y se transmite por

mordedura a otros o al hombre. Se llama también hidrofobia, por el horror al agua, que constituye uno de los síntomas más característicos de la enfermedad. || **2.** Roya que padecen los garbanzos y que suele desarrollarse cuando, después de haber llovido, calienta el sol con fuerza. || **3.** fig. Ira, enojo, enfado grande. || *Con* RABIA. m. adv. P. RICO y REP. DOMIN. En abundancia. || *De* RABIA *mató la perra.* expr. fig. y fam. alusiva al que no pudiendo vengarse de quien le agravió lo hace en lo primero que encuentra. || *Tener* RABIA *a una persona.* loc. Tenerle odio o mala voluntad. || *Tomar* RABIA. fr. Padecer este afecto. || **2.** fig. Enfadarse, irritarse. || **P.** raiva, hidrofobia; **I.** rabies; **F.** rage; **A.** Tollwut, Wut; **It.** rabbia; **R.** бешенство, водобоязнь.

RABIACANA. f. Arísaro.

★ **RABIADA.** (De *rabiar.*) f. fam. HOND. Acceso de cólera. || **2.** MÉJ. Acción de volver la espalda bruscamente a una persona.

RABIAR. (De *rabia.*) intr. Padecer o tener el mal de la rabia. || **2.** fig. Impacientarse o enojarse con muestras de enfado. || **3.** fig. Con la preposición *por,* desear una cosa con vehemencia. || **4.** fig. Padecer un fuerte dolor. || **5.** fig. Exceder en mucho a lo ordinario. *Pica que* RABIA. || *A* RABIAR. m. adv. Mucho, con exceso. || *Estar a* RABIAR *con uno.* fr. fig. y fam. Estar muy enojado con él. || RABIAR *de verse juntos,* fr. fig. y fam. con que se denota la oposición entre cosas o personas.

RABIATAR. tr. Atar por el rabo.

RABIAZORRAS. (De *rabiar* y *zorra.*) m. fam. Solano, viento de levante.

RABICÁN. adj. Apócope de rabicano.

RABICANO, NA. (De *rabo* y *cano.*) adj. Colicano.

RÁBICO, CA. adj. Perteneciente o relativo a la enfermedad de la rabia.

RABICORTO, TA. adj. Dícese del animal que tiene el rabo corto. || **2.** fig. Dícese de la persona que vistiendo ropas talares, las usa más cortas de lo regular.

RÁBIDA. (ár. *rābita,* ermita, convento de monjes guerreros.) f. En Marruecos, convento, ermita.

★ **RÁBIDO, DA.** (l. *rabidus.*)adj. Rabioso.

★ **RABICHE.** f. ZOOL. CUBA. Especie de paloma que vuela en bandadas y construye los nidos en los árboles. Tiene unos 20 cm de longitud.

RABIETA. f. d. de rabia. || **2.** fig. y fam. Impaciencia o enfado grande y de poca duración.

RABIHORCADO. (De *rabo* y *horcado.*) m. Ave palmípeda, propia de los países tropicales, de cola ahorquillada, alas grandes, pico largo y encorvado en la punta, buche grande y saliente y dedos gruesos, con uñas fuertes y encorvadas. Anida en las cotas y se alimenta de peces.

RABIL. (De *rabo.*) m. AST. Cigüeñal o manubrio. || **2.** AST. Molino que se mueve a brazo para quitar el cascabillo a la escanda.

RABILAR. tr. AST. Quitar el cascabillo a la escanda por medio del rabil.

RABILARGO, GA. adj. Aplícase al

R

animal que tiene largo el rabo. || **2.** fig. Dícese de la persona que trae las vestiduras tan largas, que parece que va barriendo el suelo. || **3.** m. Pájaro de unos 40 cm de largo, con plumaje negro y brillante en la cabeza, azul claro en las alas y la cola y leonado en el resto del cuerpo.

RABILLO. m. d. de rabo. || **2.** Pecíolo. || **3.** Pedúnculo. || **4.** Cicaña. || **5.** Mancha negra en las puntas de los granos de los cereales cuando empieza a atacarlos el tizón. || **6.** Tira de tela doble con una hebilla para apretar o aflojar la cintura de los pantalones o chalecos. || **—de conejo.** Planta graminácea, cuya caña tiene unos 15 cm de alto, con dos hojas de vaina vellosa, blanca o rojiza. || *Mirar con el* RABILLO *del ojo,* o *de* RABILLO *de ojo.* fr. fam. Mirar a uno con el rabo del ojo, o de rabo de ojo.

★ **RABINCHO, CHA.** adj. ECUAD. y ARGENT. Dícese del objeto que tiene un extremo cercenado. *Puñal* RABINCHO.

RABÍNICO, CA. adj. Perteneciente o relativo a los rabinos o a su lengua o doctrina. || **P.** rabínico; **I.** rabbinical; **F.** rabbinique; **A.** rabbinisch; **It.** rabbinico; **R.** раввинский.

RABINISMO. m. Doctrina que siguen o enseñaban los rabinos. || **P.** e **It.** rabbinismo; **I.** rabbinism; **F.** rabbinisme; **A.** Rabbinismus.

RABINISTA. com. Persona que sigue la doctrina de los rabinos.

RABINO. (De *rabí.*) m. Maestro hebreo que interpreta las Sagradas Escrituras. || **P.** rabino; **I.** rabbi; **F.** rabbin; **A.** Rabbiner; **It.** rabbino; **R.** раввин.

RABIÓN. (l. *rapidus.*) m. Corriente del río en los sitios donde por la estrechez o inclinación del cauce se hace muy violenta e impetuosa.

RABIOSAMENTE. adv. Con ira, enojo, cólera.

RABIOSO, SA. (l. *rabiōsus.*) adj. Que padece rabia. Ú.t.c.s. || **2.** Colérico, enojado, airado. || **3.** fig. Vehemente, excesivo, violento. || **4.** CHILE. Dícese de la caballería que al sentir la espuela, menea el rabo a una y otra parte. || **P.** raivoso; **I.** rabid, raging; **F.** enragé; **A.** tollwütig, wütend; **It.** rabbioso, arrabbiato; **R.** бешеный.

★ **RABISACO, CA.** adj. MAR. Se dice de todo palo o pieza que disminuye de diámetro hasta terminar en punta.

RABISALSERA. adj. fam. Aplícase a la mujer que tiene mucho despejo, viveza y desenvoltura excesiva.

RABIZA. (De *rabo.*) f. Punta superior de la caña de pescar, en la que se pone el sedal. || **2.** GERM. Ramera muy despreciable. || **3.** MAR. Cabo corto y delgado unido por un extremo a un objeto cualquiera, para mejor manejarlo o sujetarlo. || **4.** ANT. Trencilla de correa que pende del extremo de la fusta.

RABO. (l. *rapum,* nabo.) m. Cola, 1.ᵉʳ art., 1.ᵃ acep., especialmente la de los cuadrúpedos. || **2.** Rabillo, 2.ᵃ y 3.ᵃ aceps. || **3.** V. *Estrella de* RABO. || **4.** fig. y fam. Cualquier cosa que cuelga a semejanza de la cola de un animal. || **5.** fig. y fam. Maza, 8.ᵃ acep. || **6.** fig. En algunas partes, rabera, 4.ᵃ acep. || **—de junco.** ZOOL. Palmípeda americana del tamaño de un mirlo, con plumaje verde de reflejos dorados en el lomo y vientre, amarillo intenso en las alas y la cola, azulado en el moño de la cabeza, y verde en las dos coberteras de aquélla, que son muy largas y estrechas. || **—del ojo.** fig. Ángulo del ojo. || **—de zorra.** Carricera. || *Asir,* o *coger por el* RABO. fr. fig. y fam. que se usa para significar la dificultad que hay en alcanzar al que con alguna ventaja huye o va logrando su intento. || **2.** fig. y fam. Extiéndese a las cosas inmateriales para insinuar la poca esperanza de su logro. || *Aún le ha de sudar el* RABO. expr. fig. y fam. con que se suele ponderar la dificultad o trabajo que ha de costar a uno lograr o concluir una cosa. || *De* RABO *de puerco, nunca buen virote.* ref. que enseña que de personas de ruin condición no se pueden esperar obras ni acciones nobles. || *Estar,* o *faltar el* RABO *por desollar.* fr. fig. y fam. con que se denota que resta mucho que hacer en una cosa, y aun lo más duro y difícil. || *Ir uno al* RABO *de otro.* fr. fig. y fam. con que se nota y reprende al que por adulación o servilismo sigue o acompaña a otro continuamente. || *Ir uno* RABO *entre piernas.* fr. fig. y fam. Quedar vencido y abochornado, o corrido. || *Mirar a uno con el* RABO *del ojo,* o *de* RABO *de ojo.* fr. fig. y fam. Mostrarse cauteloso y severo con él en el trato, o quererle mal. || *Rabo a viento.* m. adv. Dando el viento en la cola de la pieza. Ú. entre cazadores. || *Volver de* RABO. fr. fig. y fam. Torcerse enteramente una cosa contrariamente a lo que se esperaba. || **P.** rabo; **I.** tail; **F.** queue; **A.** Schwanz; **It.** coda; **R.** хвост.

RABÓN, NA. adj. Dícese del animal que tiene el rabo más corto que lo ordinario en su especie, o que no lo tiene. || **2.** VENEZ. Dícese del cuchillo que perdió las cachas. || **3.** AMÉR. CENTRAL. Dícese de la falda corta. || **4.** CHILE. Desnudo. || **5.** m. ECUAD. Machete corto o recortado. || **P.** rabão; **I.** docked; **F.** sans queue; **A.** schwanzlos; **It.** scodato; **R.** куцый.

RABONA. f. ant. Entre jugadores, juego de poca entidad. || **2.** AMÉR. Mujer que suele acompañar a los soldados en las marchas y campaña. || *Hacer* RABONA. fr. fam. Hacer novillos.

RABOPELADO. (De *rabo* y *pelado.*) m. Zarigüeya.

RABOSEADA. f. Acción y efecto de rabosear.

RABOSEADURA. f. Rabosear.

RABOSEAR. (De *raboso.*) tr. Chafar, deslucir o rozar una cosa.

RABOSO, SA. adj. Que tiene rabos o partes deshilachadas en la extremidad.

RABOTADA. (De *rabote,* aum. de *rabo.*) f. fam. Expresión destemplada o injuriosa con ademanes groseros.

RABOTEAR. (De *rabo.*) tr. Desrabotar.

RABOTEO. m. Acción de rabotear. || **2.** Tiempo en que se rabotea. || **3.** Época del año en que los pastores rabotean o cortan el rabo a las ovejas y carneros.

RABUDO, DA. adj. Que tiene grande el rabo.

★ **RABUJA.** f. CUBA. Montón de boniatos averiados que se destinan a los cerdos.

RÁBULA. (l. *rabŭla.*) m. Abogado indocto, charlatán y vocinglero.

★ **RACA.** f. ART. y OF. Anillo grande de hierro, madera o cuerda que, ensartado en un palo o en una cuerda, puede correr por él libremente.

RACAMENTA. f. Racamento.

RACAMENTO. (Como el ant. fr. *raquement,* del anglosajón *raca.*) m. Especie de anillo que sujeta las vergas a los palos o masteleros de forma que puedan correr a lo largo de ellos.

RACEL. m. MAR. Delgado, parte en que se estrecha el pantoque.

★ **RACÉMICO, CA.** adj. QUÍM. Dícese del compuesto formado por la unión equimolecular de dos isómeros, uno levógiro y otro dextrógiro, y que por compensación resulta ópticamente inactivo.

RACIAL. adj. Perteneciente o relativo a la raza.

RACIMA. (De *racimo.*) f. Conjunto de cencerrones.

RACIMADO, DA. (De *racimo.*) adj. Arracimado, en racimo.

RACIMAL. adj. Perteneciente o relativo al racimo. || *Trigo* RACIMAL. Trigo que echa más de una espiga en la extremidad de la caña.

RACIMAR. (l. *racemāri.*) tr. En algunas partes, rebuscar la racima. || **2.** r. Arracimarse.

RACIMO. (l. *racēmus.*) m. Grupo formado por las uvas unidas por los pedúnculos resultantes de la ramificación de un eje principal, que pende del sarmiento. Por ext., grupo semejante de otras frutas. || **2.** fig. Conjunto de cosas menudas dispuestas de forma parecida a un racimo de uvas. || **3.** BOT. Inflorescencia racimosa de ejes secundarios más o menos largos sobre un eje principal alargado. || **P.** racimo; **I.** cluster, bunch; **F.** grappe; **A.** Weintraube; **It.** gràppolo; **R.** гроздь.

RACIMOSO, SA. (l. *racemōsus.*) adj. Que echa o tiene racimos. || **2.** Abundoso en racimos. || **P.** racimoso; **I.** racemose; **F.** grappu; **A.** traubenreich; **It.** racemoso; **R.** покрытый гроздьями.

RACIMUDO, DA. adj. Que tiene racimos grandes.

RACIOCINACIÓN. (l. *ratiocinatio, -ōnis.*) f. Acto de la mente por el cual infiere un concepto de otros ya conocidos.

RACIOCINAR. (l. *ratiocināri.*) entr. Usar de la razón para conocer y juzgar. || **P.** raciocinar; **I.** to ratiocinate; **F.** raisonner; **A.** nachdenken; **It.** raziocinare; **R.** рассуждать.

RACIOCINIO. (l. *raciocinĭum.*) m. Facultad de raciocinar. || **2.** Raciocinación. || **3.** Argumento o discurso. || **P.** raciocínio; **I.** reasoning; **F.** raisonnement; **A.** Beurteilungsgabe; **It.** raziocinio; **R.** рассудок.

RACIÓN. (l. *ratio, -ōnis,* medida, proporción.) f. Porción que se da para alimento en cada comida a personas o animales. || **2.** Asignación diaria, en especie o en dinero dada a cada soldado, marinero, etc., para su alimentación. || **3.** Porción de cada vianda que se da por determinado precio en las fondas, bodegones, etc., se da por determinado precio. || **4.** Prebenda en alguna iglesia catedral o colegial y que tiene su renta en la mesa del cabildo. || **5.** Copa, medida para líquidos. || **6.** Medida arbitraria usada por los vendedores callejeros. || **—de hambre.** fig. y fam. Empleo o renta insuficiente para la decente manutención. || *Media* RACIÓN. En las iglesias catedrales y colegiales, prebenda que tiene la mitad de una ración, y es inferior a ella. || *A media* RACIÓN. m. adv. fig. Con reducidos medios de subsistencia. || *A* RACIÓN. m. adv. Tasadamente. || **P.** ração; **I.** ration, pittance; **F.** ration, portion; **A.** Ration, Kostgeld; **It.** razione; **R.** порция, паёк.

RACIONABILIDAD. (l. *rationabilitas, -ātis.*) f. Facultad intelectiva que juzga de las cosas con razón, discerniendo lo bueno de lo malo y lo verdadero de lo falso.

RACIONABLE. (l. *rationabĭlis.*) adj. ant. Racional.

RACIONAL. (l. *rationālis.*) adj. Perteneciente o relativo a la razón. || **2.** Arreglado a ella. || **3.** Dotado de razón. Ú.t.c.s. || **4.** MAT. Dícese de la expresión algebraica en que no hay ninguna letra bajo el signo radical ni con exponente fraccionario. || **5.** m. Ornamento sagrado que llevaba en el pecho el sumo sacerdote de la antigua ley. || **6.** Contador mayor de la casa real de Aragón.

RACIONALIDAD. (l. *rationalĭtas, -ātis.*) f. Calidad de racional.

RACIONALISMO. (De *racional.*) m. Doctrina filosófica que considera a la razón como fuente principal del conocimiento humano, y sólo considera como verdadero conocimiento el que se funda únicamente en la razón, porque sólo él tiene necesidad lógica y validez universal y excluye la revelación. || **2.** Sistema filosófico que funda sobre la sóla razón las creencias religiosas. || **P.** racionalismo; **I.** rationalism; **F.** rationalisme; **A.** Rationalismus, Vernunftglaube; **It.** razionalismo; **R.** рационализм.

RACIONALISTA. (De *racional.*) adj. Que profesa la doctrina del racionalismo. Ú.t.c.s.

RACIONALMENTE. adv. Conforme a la razón.

RACIONAMIENTO. m. Acción y efecto de racionar o racionarse.

RACIONAR. tr. MIL. Distribuir raciones o proveer de ellas, especialmente a las tropas. || **2.** Limitar las autoridades la cantidad de algún artículo de primera necesidad determinando su distribución.

RACIONERO. m. Prebendado que tenía ración en una iglesia catedral o colegial. || **2.** El que distribuye las raciones en una comunidad. || **P.** racioneiro; **I.** prebendary; **F.** économe, prébendé; **A.** Kostverteiler; **It.** prebendario; **R.** эконом.

RACIONISTA. com. Persona que goza de ración para mantenerse de ella. || **2.** En el teatro, parte de por medio o actor de ínfima calidad.

★ **RACISMO.** m. Doctrina basada en el principio de la superioridad de una raza humana sobre otra a la que tiene derecho a domeñar.

★ **RACISTA.** adj. Adepto o practicante

R

del racismo. Ú.t.c.s. || **2.** Perteneciente o relativo a este último.

* **RACÓN.** m. Fís. Aparato radioeléctrico utilizado para ayudar desde tierra a la orientación de barcos y aviones.

RACHA. (Quizá del ár. *rağ̆'a*, reanudación, regreso, reacción de algo sobre lo cual se ha actuado.) f. Mar. Ráfaga, 1.ª acep. || **2.** fig. y fam. Período breve de fortuna, más comúnmente en el juego.

RACHA. (l. *radia*, de *radius*.) f. Raja, 1.er art. || **2.** Min. Astilla grande de madera.

RACHAR. (l. *radiāre*.) tr. Ast., Gal., León y Sal. Rajar.

RADA. (ant. ingl. *rade*.) f. Bahía, ensenada, donde las naves pueden estar ancladas al abrigo de algunos vientos. || **P.** e **It.** rada; **I.** bay; **F.** rade; **A.** Reede; **R.** рейд.

RADAL. (arauc. *raral*, nogal silvestre.) m. Chile. Árbol de la familia de las proteáceas, con hojas aovadas y lustrosas, flores blancas cubiertas de vello rojizo, madera muy apreciada para muebles y corteza que se usa en medicina para las afecciones del pecho.

RADAR. (Abreviatura de la frase inglesa *Radio detection and ranging*, detección y localización por radio.) m. Fís. Aparato destinado a localizar y descubrir objetos lejanos o invisibles mediante la reflexión de ondas hertzianas ultracortas dirigidas. || **2.** Fís. Sistema que utiliza dicho aparato para localizar objetos lejanos o no visibles.

RADIACIÓN. (l. *radiatio, -ōnis*.) f. Fís. Acción y efecto de radiar. || **2.** Divergencia desde un centro común. || **3.** Fís. Emisión por parte de ciertos cuerpos llamados radiactivos, de rayos o masas de partículas dotadas de propiedades químicas y eléctricas. || **4.** Geom. Conjunto de todas las rectas o planos que pasan por un punto. || **—cósmica.** Fís. La que llega a la Tierra procedente del espacio. || **—térmica.** Proceso por el cual se transmite el calor de un foco generador a un receptor sin que se caliente el medio existente entre ambos y aun sin que exista tal medio material. || **P.** radiação; **I.** y **F.** radiation; **A.** Strahlung, Ausstrahlung; **It.** radiazione; **R.** радиация.

* **RADIACTINIO.** m. Isótopo radiactivo del torio.

RADIACTIVIDAD. f. Fís. Energía de los cuerpos radiactivos. || **2.** Calidad de radiactivo. || **3.** Desintegración espontánea del núcleo de los elementos radiactivos. || **P.** radiactividad; **I.** radioactivity; **F.** radioactivité; **A.** Radioaktivität; **It.** radioattività; **R.** радиоактивность.

RADIACTIVO, VA. adj. Dícese de los cuerpos que emiten radiaciones invisibles o impalpables, procedentes de la desintegración del átomo y dotadas de una actividad particular. || **P.** radiactivo; **I.** radioactive; **F.** radioactif; **A.** radioaktiv; **It.** radioattivo; **R.** радиоактивный.

RADIADO, DA. (De *radiar*.) adj. V. *Corona* RADIAL. || **2.** Bot. Dícese de la planta que tiene sus diversas partes situadas simétricamente alrededor de un punto o un eje. || **3.** Bot. Dícese de las plantas compuestas de la cabezuela formada por flósculos en el centro y por semiflósculos en la circunferencia. || **4.** Zool. Dícese de los animales invertebrados cuyos órganos o partes están dispuestos simétricamente alrededor de un punto o un eje, como los equinodermos. || **5.** Dícese de las noticias, música, etc., radiodifundidas.

RADIADOR. m. Aparato de calefacción compuesto de uno o más cuerpos huecos, de forma exterior adecuada para facilitar la radiación del calor, a través de los cuales pasa una corriente de agua o vapor a elevada temperatura. || **2.** Serie de tubos por los cuales circula el agua destinada a refrigerar los cilindros de algunos motores de explosión.

RADIAL. adj. V. *Corona* RADIAL. || **2.** Astron. Aplícase a la dirección del rayo visual. || **3.** Geom. y Zool. Perteneciente o relativo al radio. || **P., I., F.** y **A.** radial; **It.** radiale; **R.** лучеобразный.

* **RADIÁN.** m. Mat. Ángulo central de una circunferencia, correspondiente a un arco de longitud igual al radio de la misma.

RADIANTE. (l. *radians, -antis*. p.a. de *radiăre*, centellear.) adj. Fís. Que radia. || **2.** fig. Resplandeciente. || **3.** m. Astron. Punto de divergencia aparente de las estrellas fugaces. || **4.** fig. Alegre, satisfecho. || **5.** Mar. Arco correspondiente a un radian. || **P.** radiante; **I.** y **F.** radiant; **A.** strahlend; **It.** raggiante, radiante; **R.** испускающий лучи.

RADIAR. (l. *radiăre*.) tr. Radio. Difundir por medio de la radiotelefonía noticias, música, discursos, etc. || **2.** Irradiar. Ú.t.c.intr. || **3.** Med. Tratar una lesión con rayos X. || **P.** radiar; **I.** to radiate; **F.** rayonner; **A.** strahlen; **It.** raggiare, radiare; **R.** передавать по радио.

RADIATA. (l. *radiāta*, t. f. de *-tus*, radiado.) adj. V. *Corona* RADIADA.

RADICACIÓN. f. Acción y efecto de radicar o radicarse. || **2.** fig. Establecimiento, práctica y duración de un uso, costumbre, etc.

RADICAL. (l. *radix, -īcis*, raíz.) adj. Perteneciente o relativo a la raíz. || **2.** fig. Fundamental, de raíz. || **3.** En política, partidario de reformas extremas. || **4.** Bot. Dícese de cualquier parte de una planta que nace inmediatamente de la raíz. || **5.** Gram. Concerniente a las raíces de los vocablos. || **6.** Gram. Dícese de las letras de una palabra que se conservan en otra u otras que de ella se derivan. || **7.** Mat. Aplícase al signo ($\sqrt{\ }$) con que se indica la operación de extraer raíces. || **8.** m. Gram. Parte de una palabra variable que se conserva en todas las formas de la misma. || **9.** Quím. Grupo de átomos que en un gran número de reacciones actúa como si fuera un solo átomo. || **P., I.** y **F.** radical; **A.** Wurzel (en comp.), radikal; **It.** radicale; **R.** корневой.

RADICALISMO. m. Conjunto de ideas y doctrinas de los que pretenden reformar total o parcialmente el orden político, científico, moral o religioso. || **2.** Por ext., modo extremado de tratar los asuntos.

RADICALMENTE. adv. De raíz, fundamental y sólidamente.

RADICAR. (l. *radicăre*.) intr. Arraigar. Ú.t.c.r. || **2.** intr. Estar o encontrarse ciertas cosas en determinado lugar. || **P.** enraizar; **I.** to root; **F.** s'enraciner; **A.** wurzeln; **It.** radicare; **R.** корениться.

RADICÍCOLA. (l. *radix, -īcis*, raíz, y *colĕre*, habitar.) adj. Bot. y Zool. Dícese del animal o vegetal que vive parásito sobre las raíces de una planta.

RADICOSO, SA. (l. *radicōsus*.) adj. Que participa en algo de la naturaleza de las raíces.

RADÍCULA. (l. *radicŭla*, raicita.) f. Bot. Rejo, 5.ª acep.

* **RADICHA.** f. Amér. Achicoria.

* **RADIESTESIA.** (De *radiación* y *estesia*.) f. Procedimiento de los zahoríes para la percepción de las radiaciones de la Naturaleza, ya por medios humanos y biológicos, ya por medios físicos, empleado para el descubrimiento de aguas subterráneas, veneros metalíferos, etc.

RADIO. (l. *radius*.) m. Geom. Segmento rectilíneo comprendido entre el centro de un círculo o una esfera y cualquier punto de la circunferencia del círculo o de la superficie de la esfera. || **2.** Rayo. || **3.** Zool. Hueso contiguo al cúbito, con el cual forma el antebrazo. || **4.** Zool. Cada una de las piezas largas, delgadas y puntiagudas que sostienen las membranas en las aletas de los peces. || **5.** Espacio circular definido *En un* RADIO *de cinco metros*. || **6.** Espacio a que se extiende la eficacia o influencia de una cosa. || **7.** En las coordenadas polares, distancia de un punto cualquiera al polo. || **—de acción.** Máximo alcance o eficacia de un agente o instrumento. || **—de la plaza.** Fort. La mayor distancia a que se extiende la eficacia defensiva de una fortaleza. || **—de los signos.** Geom. Figura compuesta de varias rectas divergentes que hacen con otra central los ángulos de la declinación del Sol a su entrada en los diversos signos del Zodiaco. || **—de población.** Espacio que media desde la última casa del casco de la población hasta una distancia de 1600 m. || **—vector.** En ciertas curvas, uno cualquiera de los segmentos comprendido entre un foco y un punto de la curva. ||

P. raio; **I.** radius; **F.** rayon; **A.** Halbmesser, Radius; **It.** raggio; **R.** радиус.

RADIO. (De *radium*, nombre dado a este cuerpo por sus descubridores.) m. Metal rarísimo, intensamente radiactivo. Es de color blanco brillante, parecido al bario en sus propiedades químicas.

RADIO. m. Apócope de RADIO*grama*. || **2.** f. Apócope de RADIO*difusión*. || **3.** amb. fam. Apócope de RADIO*rreceptor*.

RADÍO, A. (l. *errativus*.) adj. Errante, que anda vagabundo.

* **RADIOAGRICULTURA.** (De *radio*, metal radiante, y *agricultura*.) f. Aplicación de la radiactividad a la agricultura.

* **RADIOALINEACIÓN.** (De *radio* y *alineación*.) f. Línea de navegación aérea o marítima, balizada por radiofaros.

* **RADIOASTRONOMÍA.** f. Ciencia que estudia los astros y la estructura del Universo por medio de radiotelescopios y procedimientos electrónicos.

* **RADIOBIOLOGÍA.** (De *radiación* y *biología*.) f. Tratado acerca de los efectos producidos por las radiaciones en los seres vivientes.

* **RADIOCARDIOGRAFÍA.** f. Med. Procedimiento de exploración cardíaca mediante la administración de un isótopo radiactivo. || **2.** Radiografía que se obtiene por este procedimiento.

* **RADIOCOMANDO.** (De *radio*, por *radiotelecomunicación*, y *comando*.) m. Acción de guiar por medio de ondas radioeléctricas un proyectil o avión sin piloto.

* **RADIOCROÍSMO.** m. Fís. Propiedad que poseen los rayos X de disminuir su índice de absorción en razón directa del espesor del cuerpo que atraviesan.

* **RADIODIFUNDIR.** tr. Difundir noticias por medio de la radiotelefonía.

RADIODIFUSIÓN. f. Emisión radiotelefónica destinada al público. || **2.** Conjunto de los procedimientos o instalaciones destinados a esta emisión. || **3.** Radio difusão; **I.** broadcasting; **F.** radiodiffusion; **A.** Rundfunk; **It.** radiodiffusione; **R.** радиовещание.

RADIOELECTRICIDAD. f. Energía eléctrica manifestada en forma de ondas hertzianas. || **2.** Ciencia que estudia las ondas hertzianas y los fenómenos que en ellas tienen origen.

RADIOELÉCTRICO, CA. adj. Perteneciente o relativo a la radioelectricidad.

* **RADIOELEMENTO.** m. Radioisótopo.

RADIOESCUCHA. com. Persona que oye las emisiones radiotelefónicas y radiotelegráficas.

* **RADIOFARO.** m. Dispositivo emisor de ondas hertzianas que, como en los faros submarinos, se extiende a intervalos y permite orientarse al navegante o al aviador.

RADIOFONÍA. f. Radiotelefonía.

RADIOFÓNICO, CA. adj. Perteneciente o relativo a la radiofonía.

RADIOFONISTA. com. Persona que practica la radiofonía.

* **RADIOFONOVISIÓN.** f. Sistema de comunicación en que los interlocutores pueden hablar y verse al mismo tiempo merced a los recursos combinados de la radiotelefonía y la televisión.

* **RADIOGONIÓMETRO.** m. Radiotec. Receptor que permite determinar la dirección de las ondas recibidas. || **2.** Mar. Receptor de radio con antena de cuadro móvil que permite a los marinos conocer la demora o acimut de una estación emisora.

RADIOGRAFÍA. f. Obtención de una imagen, especialmente de un órgano interior o un objeto oculto a la vista, por la impresión de una superficie sensible mediante los rayos X. || **2.** Imagen así obtenida. **P.** radiografía; **I.** radiography; **F.** radiographie; **A.** Radiographie; **It.** radiografia; **R.** радиография.

RADIOGRAFIAR. tr. Transmitir noticias por medio de la radioelectricidad. || **2.** tr. Obtener fotografías por medio de los rayos X.

RADIOGRÁFICO, CA. adj. Perteneciente o relativo a la radiografía.

RADIOGRAMA. m. Despacho transmitido por radiotelegrafía.

* **RADIOGRAMOLA.** f. Combinación de aparato radiorreceptor y gramófono, en que las vibraciones del disco se trans-

R

forman en corrientes eléctricas que el radiorreceptor convierte en sonidos.

★ **RADIOISÓTOPO.** m. Fís. y Quím. Isótopo radiactivo.

RADIOLARIO. (l. *radiŏlus.*) adj. Zool. Dícese de los protozoos marinos de la clase de los rizópodos, dotados de un esqueleto interno, generalmente silíceo, formado por espículas o por una especie de encajes, con los seudópodos finos y radiantes, sostenidos, a veces, por espículas especiales. Ú.t.c.s. ‖ 2. m. pl. Zool. Orden de estos animales.

★ **RADIOLINOTIPIA.** (l. *radius* y *linotipia.*) Tecn. Sistema de composición automática a distancia mediante las ondas hertzianas.

RADIOLOGÍA. f. Parte de la medicina que estudia la teoría y aplicación de la energía radiante en el diagnóstico y tratamiento de las enfermedades. ‖ P. radiologia; I. radiology; F. radiologie; A. Radiologie; It. radiologìa; R. рентгенология.

RADIÓLOGO. m. Médico dedicado especialmente al estudio y aplicación de los rayos X a la medicina.

RADIÓMETRO. m. Fís. Aparato para medir el poder de penetración de los rayos X. ‖ 2. Aparato que se creyó demostrativo de la acción mecánica de la luz. ‖ P. radiómetro; I. radiometer; F. radiomètre; A. Radiometer; It. radiòmetro; R. радиометр.

★ **RADIOMUTACIÓN.** (De *radio*, metal radiante, y *mutación.*) f. Mutación producida en las especies vegetales por la radiactividad.

★ **RADIOOPERADOR, RA.** (De *radio* y *operador.*) m. y f. Persona que maneja aparatos de radiotelegrafía o radiotelefonía.

★ **RADIOPATÍA.** f. Enfermedad por radiación, en especial la producida por la manipulación de los rayos X y del radio.

RADIORRECEPTOR. (De *radio*, 1.er art., y *receptor.*) m. En radiotelegrafía o radiotelefonía, aparato que recoge y transforma en señales o sonidos las ondas emitidas por el radiotransmisor.

RADIOSCOPIA. (De *radio*, 1.er art., y el gr. σκοπέω, mirar.) f. Examen del interior del cuerpo humano y, en general, de los cuerpos opacos por medio de la imagen que proyectan en una pantalla al ser atravesados por los rayos X. ‖ P. radioscopìa; I. radioscopy; F. radioscopie; A. Radioskopie; It. radioscopìa; R. рентгеноскопия.

RADIOSCÓPICO, CA. adj. Perteneciente o relativo a la radioscopia.

RADIOSO, SA. (l. *radiōsus.*) adj. Que despide rayos de luz.

★ **RADIOTECNIA.** (l. *radius*, rayo de luz, y el gr. τέχνη, arte.) f. Fís. Estudios de los fenómenos radioeléctricos y sus aplicaciones. ‖ 2. Arte de construir, instalar y manejar aparatos de radiotelegrafía y radiotelefonía.

RADIOTELEFONÍA. f. Sistema de comunicación telefónica por medio de ondas hertzianas.

RADIOTELEFÓNICO, CA. adj. Perteneciente o relativo a la radiotelefonía.

RADIOTELEGRAFÍA. f. Sistema de comunicación telegráfica por medio de ondas hertzianas.

RADIOTELEGRÁFICO, CA. adj. Perteneciente o relativo a la radiotelegrafía.

RADIOTELEGRAFISTA. com. Persona que se ocupa en la instalación o servicio de aparatos radiotelegráficos.

★ **RADIOTELÉMETRO.** (De *radio* y *telémetro.*) m. Electr. Aparato para averiguar la distancia a que se halla un objeto mediante las ondas radioeléctricas.

★ **RADIOTELESCOPIO.** (De *radio* y *telescopio.*) m. Aparato para recoger y registrar las alteraciones electromagnéticas de la atmósfera y los ruidos solares y cósmicos.

RADIOTERAPIA. (De *radio*, 1.er art., y el gr. θεραπεία, tratamiento.) f. Aplicación terapéutica de toda clase de rayos especialmente los rayos X. ‖ 2. Empleo terapéutico del radio o de sus sales. ‖ P. radioterapia; I. radiotherapy; F. radiothérapie; A. Röntgenbehandlung; It. radioterapia; R. радиотерапия.

RADIOTRANSMISOR. (De *radio*,

1.er art., y *transmisor.*) m. En radiotelefonía y radiotelegrafía, aparato que produce y envía las ondas portadoras de señales y sonidos.

RADIOYENTE. com. Persona que oye lo que se transmite por radiotelefonía.

★ **RADIUM.** m. Fís. y Quím. Nombre latinazado e internacional del radio, metal que descubrieron los esposos Curie. Es término que se usa en el lenguaje médico especialmente.

RADIUMTERAPIA. f. Radioterapia, 2.ª acep.

★ **RADÓN.** m. Quím. Elemento químico, gas resultante de la desintegración del radio. Se emplea en radioterapia y se aplica a ciertos tumores malignos y heridas rebeldes. Su símbolo es Rn y su número atómico 86.

RAEDERA. f. Instrumento para raer. ‖ 2. Tabla con que el peón de albañil rae el yeso amasado, pegado a los lados del cuezo. ‖ 3. Min. Azada pequeña usada para recoger el mineral, los escombros, etc. ‖ P. raspadeira; I. raker, scraper; F. ratissoire; A. Schabeisen; It. rasiera; R. скребок.

RAEDIZO, ZA. adj. Fácil de raerse.

RAEDOR, RA. adj. Que rae. Ú.t.c.s. ‖ 2. m. Rasero. ‖ 3. ant. El que tiene por oficio medir el trigo, cebada y otros granos, pasando el rasero por las medidas.

RAEDURA. f. Acción y efecto de raer. ‖ 2. Parte menuda, raída de una cosa. Ú.m. en pl.

RAER. (l. *radĕre.*) tr. Raspar la superficie de una cosa con un instrumento cortante, especialmente para quitar los pelos, vello, etc. ‖ 2. Rasar, igualar con el rasero las medidas de granos. ‖ 3. fig. Extirpar enteramente una cosa no material: un vicio, una costumbre, etc. ‖ P. raspar; I. to scrape, to rub off; F. racler; A. abkratzen; It. raschiare, ràdere; R. скрести.

RAFA. (De *raja*, 1.er art.) f. Raza, grieta en el casco de las caballerías. ‖ 2. Tajo hecho en el quijero de la acequia, a fin de sacar el agua para riego. ‖ 3. Macho injerido en una pared para reforzarla o reparar una grieta. ‖ 4. Min. Plano inclinado labrado en la roca para apoyar un arco de la fortificación.

RÁFAGA. f. Movimiento violento del aire, generalmente repentino y de corta duración. ‖ 2. Cualquier nubecilla de poco cuerpo o densidad, que aparece especialmente cuando va a cambiar el tiempo. ‖ 3. Golpe de luz vivo e instantáneo. ‖ 4. Mil. Conjunto de proyectiles que en sucesión rapidísima lanza un arma automática. ‖ 5. Guat. Parte de una cantidad. ‖ P. rajada; I. gust, blast; F. rafale; A. Windstoss; It. ràffica; R. шквал.

RAFAL. (ár. *rahl* o *rahal*, casa de campo.) m. Ar. Granja, casa o predio en el campo.

RAFALLA. f. Ar. Rafal.

RAFANIA. (l. *raphănus*, rábano.) f. Med. Enfermedad consistente en contracciones musculares muy violentas y dolorosas, que sobreviene cuando se ha comido la semilla de rábano silvestre mezclado con el trigo.

★ **RAFAÑOSO, SA.** adj. Argent. Sucio, ordinario.

RAFE. (ár. *raff*, alero, cornisa.) m. En algunas partes, alero de tejado. ‖ P. beiral do telhado; I. eaves; F. avant-toit, raphe; A. Dachvorsprung; It. gronda; R. навес.

RAFE. (gr. ραφή, costura.) com. Cualquier línea prominente que, situada en la parte media del cuerpo, parece formada por la unión de dos mitades laterales de un órgano. ‖ 2. Línea que forma en la semilla la soldadura de ésta con el folículo.

RAFEAR. tr. Hacer, asegurar con rafas un edificio.

RAFEZ. adj. ant. Rahez.

RAFEZAR. (De *rafes*.) intr. ant. Rahezar. Usáb.t.c.r.

RAFEZMENTE. adv. ant. Rahezmente.

RAFIA. (Voz de Madagascar.) f. Género de palmeras de África y América, de las que se obtiene una fibra muy resistente y flexible. ‖ 2. Esta misma fibra.

★ **RAFINESQUINA.** f. Geol. Braquió-

podo perteneciente a la fauna de mar ordoviciense del silúrico inferior.

RAGADÍA. (l. *rhagadia*, grietas en las manos, y éste del gr. ραγάς, -άδος, hendedura.) f. desus. Grieta, resquebradura.

RAGLÁN. (De lord *Raglan*, almirante de la armada inglesa en Crimea.) m. Especie de gabán de hombre que se usaba a mediados del siglo XIX.

RAGUA. (ár. *ragwa*, espuma, burbuja.) f. Remate superior de la caña de azúcar.

RAGUSEO, A. adj. Natural de Ragusa. Ú.t.c.s. ‖ 2. Perteneciente a esta ciudad austríaca.

RAHALÍ. (Del m. or. que *rehalí*.) adj. Rehalí.

RAHEZ. (ár. *rajis*, de bajo precio.) adj. Vil, bajo, despreciable.

RAHEZAR. (De *rahez*.) intr. ant. Perder las cosas estimación o valor. Usáb. t.c.r.

RAHEZMENTE. adv. ant. Fácilmente.

RAÍBLE. adj. Que se puede raer.

RAICEJA. f. d. de raíz.

★ **RAICERO.** m. Amér. Central, Colom., P. Rico y Venez. Raigambre.

RAICILLA. f. d. de raíz. ‖ 2. Bot. Cada una de las fibras o filamentos que nacen del cuerpo principal de la raíz de una planta. ‖ 3. Raicita, radícula.

RAICITA. (d. de *raíz*.) f. Bot. Radícula.

RAÍDO, DA. p.p. de raer. ‖ 2. adj. Dícese del vestido o de cualquier tela muy gastados por el uso. ‖ 3. fig. Desvergonzado.

RAIGAL. (l. *radix*, -*ĭcis*, raíz.) adj. Perteneciente a la raíz. ‖ 2. m. Entre madereros, extremo del madero que corresponde a la raíz del árbol.

RAIGAMBRE. f. Conjunto de raíces de los vegetales, unidas y trabadas entre sí. ‖ 2. fig. Conjunto de antecedentes, intereses, hábitos o afectos que hacen firme y estable una cosa.

RAIGAR. (l. *radicāre*.) intr. ant. Arraigar. Usáb.t.c.r.

RAIGÓN. m. aum. de raíz. ‖ 2. Raíz de las muelas y de los dientes. ‖ 3. Murc. Atocha. ‖ —**del Canadá.** Árbol leguminoso, de hojas bipinadas, flores en racimo y legumbre gruesa, oblonga y pulposa interiormente.

RAIJO. m. Murc. Brote, renuevo.

RAIL [RAÍL]. (ingl. *rail*.) m. Carril de vía férrea. ‖ P. carril; I. y F. rail; A. (Eisenbahn)Schiene; It. rotaia; R. рельс.

RAIMIENTO. m. Raedura. ‖ 2. Descaro, desvergüenza.

RAIN. (l. *farrago*, -*ĭnis*, herrén.) m. Ar. y Logr. Control o herrenal.

RAÍZ. (l. *radix*, -*ĭcis*.) f. Bot. Órgano de las plantas que se hunde en tierra, está desprovisto de hojas, crece en dirección inversa a la del tallo, y sirve para fijar la planta al suelo o a otros cuerpos y absorber de ellos las substancias nutritivas. ‖ 2. Finca. Ú. más generalmente en pl. ‖ 3. fig. Parte oculta de una cosa de la cual procede lo que está manifiesto. ‖ 4. fig. Parte inferior o pie de cualquier cosa. ‖ 5. Origen o principio de que procede una cosa. ‖ 6. Álg. Cada uno de los valores que pueden tener la incógnita en una ecuación. ‖ 7. Álg. y Arit. Cantidad que, tomada como factor cierto número de veces, da como producto una cantidad determinada. ‖ 8. Gram. Parte, la más pura y simple de una palabra, de la cual proceden otras voces. ‖ 9. Zool. Parte de los dientes de los vertebrados que está engastado en los alvéolos. ‖ —**cuadrada.** Álg. y Arit. La que tomada dos veces como factor, da una cantidad determinada. ‖ —**cúbica.** La que, tomada tres veces como factor, da una cantidad determinada. ‖ —**del moro.** Helenio. ‖ —**irracional.** Mat. La que no puede expresarse exactamente con números enteros ni fraccionarios. ‖ —**rodia.** Raíz muy olorosa, parecida a la del costo. ‖ *A* raíz. m. adv. fig. Inmediatamente. ‖ 2. Por la raíz o junto a ella. ‖ *Cortar de* raíz, o *la* raíz. fr. fig. Extirpar y prevenir desde el principio y totalmente, los inconvenientes que puedan resultar de una cosa. ‖ *De* raíz. m. adv. fig. Enteramente, o desde el principio hasta el fin de una cosa. ‖ *Echar*

RAÍCES. fr. fig. Fijarse en un lugar. || 2. fig. Afirmarse o arraigarse una pasión u otra cosa. || *Tener* RAÍCES. fr. fig. con que se explica la resistencia que hace o tiene una cosa a apartarse de donde está. || P. raiz; I. root; F. racine; A. Wurzel; It. radice; R. корень.

★ RAIZAL. (De *raiz*.) adj. COLOM. Persona apegada al lugar natal.

★ RAIZAR. intr. COLOM. Arraigar.

RAJA. (De *rajar*.) f. Una de las partes de un leño que resulta de abrirlo al hilo con hacha, cuña, etc. || 2. Hendedura o abertura de una cosa. || 3. Pedazo que se corta a lo largo o a lo ancho de un melón, sandía, queso, etc. || *Hacer* RAJAS una cosa. fr. fig. Dividirla. || *Hacerse* uno RAJAS. fr. fig. y fam. Hacerse pedazos. || *Sacar* uno RAJA. fr. fig. y fam. Sacar astilla. || 2.ª acep.: P. racha; I. split, fissure; F. fente; A. Spalt, Splitter; It. fessura; R. щель.

RAJA. (b. l. *rascia*.) f. Especie de paño grueso y de inferior calidad, usado antiguamente.

RAJÁ. (fr. *rajah* y *radjah*, y éste del sánscr. *râja*, rey.) m. Soberano de la India.

RAJABLE. adj. Que se deja rajar fácilmente.

RAJABROQUELES. (De *rajar* y *broquel*.) m. fig. y fam. El que afectaba valentía y se jactaba de guapo y pendenciero.

RAJADILLO. m. Confitura que se hace de almendras rajadas y bañadas de azúcar.

RAJADIZO, ZA. adj. Fácil de rajarse.

RAJADOR. m. El que raja madera o leña.

RAJADURA. f. Acción y efecto de rajar o rajarse.

RAJANTE. p.a. de rajar. Que raja.

RAJAR. (l. *radiāre*.) tr. Dividir una cosa al hilo. || 2. Hender o partir una cosa. Ú.t.c.r. || 3. intr. fig. y fam. Jactarse de valiente contando muchas mentiras. || 4. fig. y fam. Hablar mucho. || 5. P. RICO y COLOM. Fastidiar, arruinar. || 6. P. RICO y COLOM. Vencer, apabullar, aplastar. || 7. C. RICA y P. RICO. Gastar mucho dinero en liberalidades. || 8. MÉJ. Faltar a su palabra, arrepentirse. || 9. MÉJ. y GUAT. Acobardarse, amilanarse. || 10. MÉJ. Equivocarse. || 11. P. RICO. Emborracharse. || 12. AMÉR. Hablar mal de uno. || 13. r. fam. Retractarse, volverse atrás, desistir de un empeño o tarea. || P. rachar; I. to split; F. fendre; A. zerspalten, spleissen; It. fèndere; R. раскалывать.

RAJATABLA (A). m. adv. fig. y fam. A raja tabla.

★ RAJATABLAS. (De *rajar* y *tablas*.) m. COLOM. y VENEZ. Regaño, represión. || *A* RAJATABLAS. m. adv. PERÚ. A rajatabla. || 2. GUAT. A mata caballo.

★ RAJE. m. ARGENT. Huida.

RAJETA. f. Paño parecido a la raja, pero de menos cuerpo y de varios colores.

★ RAJÓN, NA. (De *rajar*.) adj. C. RICA y EL SALV. Valentón, perdonavidas. || 2. C. RICA y EL SALV. Ostentoso, espléndido, fastuoso. || 3. MÉJ. Cobarde. || 4. m. CUBA. Ripio, cascote.

★ RAJONADA. f. C. RICA y EL SALV. Fanfarronada, bravata. || 2. MÉJ. Acción de rajarse, cobardía.

RAJUELA. f. d. de raja. || 2. Piedra delgada y sin labrar que se emplea en obras de poca importancia y que exigen poco esmero.

★ RAJUÑADURA. f. CHILE. Rastrillo de labranza.

★ RAJUÑADOS. m. pl. COLOM. Golosinas que se preparan por Semana Santa.

RALBAR. tr. LEÓN. Dar la primera labor de arado a las tierras.

★ RALADA. f. CUBA y CHILE. Rala. || 2. CHILE. Boñiga.

RALEA. (De *ralear*.) f. Especie, género, calidad. || 2. despect. Aplicado a personas, raza, casta o linaje. || 3. CETR. Presa a que es más inclinada el ave de rapiña. || P. espécie, género; I. race, breed; F. race, espèce; A. Gattung, Stamm; It. razza. R. порода, племя.

RALEAR. (De *ralo*.) intr. Hacerse rala una cosa. || 2. No granar por completo los racimos de las vides. || 3. En algunas partes, descubrir uno en su porte su mala ralea. || 4. ARGENT. Separarse los componentes de un grupo. Ú.t.c.r. || 5. tr. AGR.

AMÉR. Suprimir plantas en las plantaciones para aclararlas.

★ RALENTÍ. (fr. *ralenti*, retardado.) m. CINEMAT. Sensación de lentitud en los movimientos.

RALEÓN, NA. (De *ralea*.) adj. Dícese del ave de cetrería muy diestra en determinada ralea.

RALEZA. f. Calidad de ralo.

RALO, LA. (l. *rarus*.) adj. Dícese de las cosas cuyas partes están separadas más de lo que es común.

RALLADOR, RA. (De *rallar*.) m. Utensilio de cocina que sirve para desmenuzar el pan, queso, etc. Consta principalmente de una chapa metálica, curva y llena de agujeritos de borde saliente.

RALLADURA. (De *rallar*.) f. Surco que deja el rallo, y por ext., cualquier surco menudo. || 2. Lo que queda rallado. || P. raspadura; I. raspings; F. râpure; A. Raspeln, Schabsel; It. raschiatura; R. оскрёбки.

RALLAR. (l. *radulāre*; de *radūla*, rallador.) tr. Desmenuzar una cosa con el rallador. || 2. fig. y fam. Molestar, fastidiar con importunidad. || P. ralar; I. to grate; F. râper; A. raspeln, zerreiben; It. grattugiare; R. тереть на тёрке.

RALLO. (l. *rallum*; de *radĕre*, raer.) m. Rallador. || 2. Por ext., cualquier chapa con iguales agujeros, para otros usos. || 3. Alcarraza. || *Cara de* RALLO. fig. y fam. Persona que tiene la cara picada de viruelas. || P. rallador; I. grater, rasp; F. râpe; A. Reibeisen; It. grattugia; R. тёрка.

RALLÓN. (b. l. *raillo*, *-ōnis*, saeta; en fr. *raillón*.) m. Arma terminada en un hierro transversal afilado, la cual se disparaba con la ballesta y usábase especialmente en la caza mayor.

RAMA. (De *ramo*.) f. Cada una de las partes en que se divide y subdivide el tronco o tallo principal de la planta, especialmente las que nacen del mismo tronco. || 2. fig. Serie de personas que traen su origen de un mismo tronco. || 3. fig. Parte secundaria de una cosa. || 4. ANAT. División de un tronco vascular o nervioso, que a su vez se subdivide en ramos. || *Andarse* uno *por las* RAMAS. fr. fig. y fam. Detenerse en lo menos substancial de un asunto, dejando lo más importante. || *Asirse* uno *a las* RAMAS. fr. fig. y fam. Buscar excusas frívolas. || *De* RAMA *en* RAMA. m. adv. fig. Sin fijarse en objeto determinado. || *Plantar de* RAMA. fr. AGR. Plantar un árbol con una rama cortada o desgajada de otro. || P. e It. ramo; I. branch; F. branche, rameau; A. Ast, Zweig; R. ветвь.

RAMA. (fr. *rame*, y éste del germ. *rahmen*, marco.) f. IMPR. Cerco de hierro cuadrangular con que se ciñe el molde que se ha de imprimir.

RAMA. (fr. *rame*, ant. fr. *rasme*, y éste del cast. *resma*, del ár. *rizma*, paquete.) f. *En* RAMA. m. adv. con que se designa el estado de ciertas materias antes de recibir la última manufactura. || 2. Aplícase también a los ejemplares de una obra impresa antes de estar encuadernados.

RAMADA. f. Ramaje. || 2. Enramada. Ú.m. en América. || 2. AMÉR. Cobertizo, toldo.

RAMADÁN. (ár. *ramaḍân*, mes de ayuno.) m. Noveno mes del año lunar de los mahometanos.

RAMAJE. m. Conjunto de ramas o ramos. || P. ramagem; I. mass of branches; F. branchage; A. Astwerk, Gezweig; It. ramatura; R. ветви.

RAMAL. (De *rama*.) m. Cada uno de los cabos de que se componen las cuerdas, sogas y trenzas. || 2. Ronzal asido al cabezón de una bestia. || 3. Cada uno de los tiros que concurren en la misma meseta de una escalera. || 4. Parte que arranca de la línea principal de un camino, acequia, cordillera, etc. || 5. fig. División que resulta de una cosa como rama suya. || *A* RAMAL *y media manta.* m. adv. fig. Con pobreza o escasez. || 2.ª acep.: P. ramal; I. strand, halter; F. longe, licou; A. Strang, Halfter; It. capo di fune; R. конец верёвки.

RAMALAZO. m. Golpe dado con el ramal. || 2. Señal que deja este golpe. || 3. fig. Señal en el cuerpo como resultado

de un golpe o de una enfermedad. || 4. Dolor agudo que impensadamente acomete a lo largo de una parte del cuerpo. || 5. Adversidad generalmente inesperada que sobrecoge y sorprende. || P. pancada; I. lash; F. coup de licou; A. Striemen; It. cavezzata; R. рубец.

★ RAMALEADO, DA. adj. CHILE. Dícese de lo que tiene rayas transversales de otro color, como si hubiera recibido un ramalazo.

RAMALEAR. (De *ramal*.) intr. Cabestrear.

RAMALILLO. m. d. de ramal. || 2. Rienda. Ú.m. en pl.

RAMAZÓN. f. Conjunto de ramas separadas de los árboles.

RAMBLA. (ár. *ramla*, arenal.) f. Lecho natural de las aguas pluviales cuando caen copiosamente. || 2. Suelo por donde corren estas aguas. || 3. Artefacto en que se colocan los paños para enramblarlos. || 4. Paseo o avenida en muchas ciudades de Cataluña. || 5. R. DE LA PLATA. Muelle o andén en los balnearios a la orilla del mar, para recreo de los viajeros. || P. rambla; I. dry ravine; F. ravin; A. sandiger Taleinschnitt; It. renaio, corso; R. канава.

RAMBLAR. m. Lugar adonde confluyen varias ramblas.

RAMBLAZO. (De *rambla*.) m. Sitio por donde corren las aguas de los turbiones o avenidas.

RAMBLIZO. m. Ramblazo.

RAMEADO, DA. adj. Dícese del dibujo o pintura que representa ramos, especialmente en tejidos, papeles.

RAMEAL. adj. BOT. Rámeo.

RÁMEO, A. (l. *ramĕus*.) adj. BOT. Perteneciente o relativo a la rama.

RAMERA. (De *ramera*.) f. Mujer que hace ganancia de su cuerpo, entregada a la prostitución. || P. rameira; I. prostitute; F. femme publique; A. Strassendirne; It. meretrice; R. проститутка.

RAMERÍA. (De *ramera*.) f. Casa de rameras. || 2. Vil ejercicio de las rameras.

RAMERO. adj. *Halcón* RAMERO. Halcón pequeño que salta de rama en rama.

RAMERUELA. f. d. de ramera.

RAMIAL. m. Sitio poblado de ramio.

RAMIFICACIÓN. f. Acción y efecto de ramificarse. || 2. fig. Conjunto de consecuencias necesarias de algún hecho. || 3. ZOOL. División de algunas cosas como venas, arterias o nervios, a manera de ramas. || 4. BOT. En las plantas superiores, la disposición de las ramas. || P. ramificação; I. y F. ramification; A. Verzweigung, Verästelung; It. ramificazione; R. разветвление.

RAMIFICARSE. (l. *ramus*, rama, y *facĕre*, hacer.) r. Esparcirse y dividirse en ramas una cosa. || 2. fig. Extenderse las consecuencias de un hecho. P. ramificar-se; I. to ramify; F. se ramifier; A. sich verzweigen; It. diramarsi; R. разветвляться.

RÁMILA. f. AST. y SANT. Garduña. || P. fuinha; I. mustela; F. fouine; A. Iltis; It. faina; R. куница.

RAMILLA. (d. de *rama*, 1.er art.) f. Rama de tercer orden. || 2. fig. Cualquier cosa ligera de que uno se vale para su intento.

RAMILLETE. (De *ramillo*.) m. Ramo pequeño formado artificialmente. || 2. fig. Plato de dulces que forman un conjunto vistoso. || 3. fig. Adorno compuesto de piezas de mármol o metales labrados en varias formas, colocado sobre la mesa en donde se sirven comidas suntuosas. || 4. fig. Colección de especies exquisitas y útiles en una materia. || 5. BOT. Inflorescencia que forma una cima o copa contraída. || P. ramilhete; I. nosegay; F. bouquet; A. Blumenstrauss; It. mazzo di fiori; R. букет.

RAMILLETERO, RA. m. y f. Persona que hace o vende ramilletes. || 2. Florero, vaso para poner flores, y maceta o tiesto con flores.

RAMILLO. (d. de *ramo*.) m. AR. Dinerillo, antigua moneda de vellón.

★ RAMILLÓN. m. VENEZ. Vasija a modo de cazo, propia para sacar agua de la tinaja y otros usos.

RAMINA. f. Hilaza del ramio.

RAMIO. (malayo *rami*.) m. Planta di-

R

cotiledónea urticácea, con tallos herbáceos y ramosos, hojas alternas, casi aovadas; flores verdes en grupos axilares, y fruto elipsoidal algo carnoso. || **P.** rami; **I.** y **F.** ramie; **A.** Chinagras; **It.** ramio; **R.** рами.

RAMIRO. m. p. us. Carnero, 1.er art.

RAMITO. m. d. de ramo. ||

RAMIZA. f. Bot. Cada una de las subdivisiones de los ramos de una planta.

RAMIZA. f. Conjunto de ramas cortadas. || **2.** Lo que se hace de ramas. || **P.** ramalhos; **I.** lopped branches; **F.** feuillée; **A.** Reisig; **It.** ramaglia; **R.** связка срезанных веток.

RAMNÁCEO, A. (De *rhamnus*, nombre de un género de plantas.) adj. Bot. Dícese de los árboles y arbustos dicotiledóneos, de hojas simples, con estípulas o aguijones, flores solitarias, en racimo o en corimbo y fruto capsular o drupáceo. Ú. t. c. s. f. || **2.** f. pl. Bot. Familia de estas plantas.

RÁMNEO, A. (l. *rhamnus*, y éste del gr. ράμνος, espino cerval.) adj. Bot. Ramnáceo.

RAMO. (l. *ramus*.) m. Rama de segundo orden. || **2.** Rama cortada del árbol. || **3.** Conjunto natural o artificial de flores, ramas o hierbas. || **4.** Ristra. || **5.** fig. Cada una de las partes en que se considera dividida una ciencia, arte, industria, etc. || **6.** Entre pasamaneros, conjunto de hilos de seda con que se hacen las labores. || **7.** fig. Enfermedad incipiente. || **—del viento.** Alcabala del viento. || *Vender el* ramo. fr. fig. y fam. Vender por menor el vino los cosecheros. || **P.** e **It.** ramo; **I.** bough; **F.** rameau; **A.** Zweig; **R.** ветка.

RAMOJO. m. Conjunto de ramas pequeñas cortadas de los árboles.

RAMÓN. (aum. de *ramo*.) m. Ramojo con que se apacientan los ganados en tiempo de muchas nieves. || **2.** Ramaje que resulta de la poda.

RAMONEAR. (De *ramón*.) intr. Cortar la punta de las ramas de los árboles. || **2.** Pacer los animales las hojas y las puntas de las ramas de los árboles.

RAMONEO. m. Acción de ramonear. || **2.** Temporada en que se ramonea.

RAMOSO, SA. (l. *ramōsus*.) adj. Que tiene muchos ramos o ramas.

RAMPA. (medio alto al. *krampf*.) f. Calambre, contracción espasmódica, involuntaria y dolorosa de ciertos músculos.

RAMPA. (germ. *rampa*.) f. Plano inclinado dispuesto para subir y bajar. || **P.** rampa; **I.** slope; **F.** rampe; **A.** Rampe, Auffahrt; **It.** pendio; **R.** скат.

RAMPANTE. (fr. *rampant*, y éste del germ. *rampa*, garra.) adj. Blas. Dícese del animal que está en el campo del escudo con la mano abierta y la garra tendida.

RAMPETE. m. Murc. Hierba silvestre que se emplea en las ensaladas.

RAMPIÑETE. (prov. *rampinet*, y éste del germ. *rampa*.) m. Aguja de hierro, grande, con la punta en figura de tirabuzón, usada para reconocer y limpiar el fogón de las antiguas piezas de artillería.

RAMPLÓN, NA. (fr. *crampon;* del germ. *krampa*, encorvado.) adj. Aplícase al calzado tosco, grueso y de suela ancha. || **2.** fig. Tosco, desaliñado, vulgar. || **3.** m. Piececita piramidal de hierro en los extremos de las herraduras que permite a las caballerías caminar sin resbalar. || **4.** Especie de taconcillo en la cara inferior de las herraduras a la punta de los callos, para suplir en las caballerías algunos defectos de los cascos. || 2.ª acep.: **P.** tosco; **I.** rude; **F.** grossier, crampon; **A.** grob; **It.** rozzo; **R.** грубый.

RAMPLONERÍA. f. Calidad de ramplón, tosco o chabacano.

RAMPOJO. m. Raspojo.

RAMPOLLO. (dialect. *rampollo*, del germ. *rampa*, garra.) m. Rama que se corta del árbol para plantarla.

RAMUJA. f. Murc. Ramojo, ramas que se cortan de la olivera.

RAMULLA. (De *rama*.) f. Chasca. || **2.** Ramojo.

RANA. (l. *rana*.) f. Zool. Batracio del orden de los anuros, con el dorso de color verde manchado de obscuro, y el abdomen blanco, cabeza grande, ojos prominentes, cuerpo algo deprimido y de

unos 8 a 15 cm de largo, y patas traseras largas a propósito para dar saltos. Viven cuando adultas en las inmediaciones de aguas corrientes o estancadas. || **2.** Juego que consiste en introducir desde cierta distancia una chapa o moneda por la boca abierta de una rana de metal. || **3.** pl. Ránula. || Rana *de zarzal*. Batracio semejante a un sapillo, con el cuerpo lleno de verrugas. || **—marina** o **pescadora.** Pejesapo. || *Canta la* rana, *y no tiene pelo ni lana.* ref. que aconseja sufrir la pobreza con paciencia. || *Cuando la* rana *críe o tenga pelos.* expr. fig. y fam. que se usa para dar a entender que muy tarde o nunca se ejecutará una cosa. || **P.** rã; **I.** frog; **F.** grenouille; **A.** Frosch; **It.** rana; **R.** лягушка.

RANACUAJO. (d. de *rana*.) m. Renacuajo.

RANAL. m. Murc. Ranero.

RANCAJADA. (De *rancar*.) f. Desarraigo; acción de arrancar las plantas de cuajo.

RANCAJADO, DA. adj. Herido de un rancajo.

RANCAJO. (De *rancar*.) m. Punta o astilla de cualquier cosa, que se clava en la carne.

RANCAR. (l. *eruncāre*, arrancar.) tr. ant. Arrancar.

RANCIAR. (l. *rancidāre*.) tr. Enranciar. Ú. m. c. r.

RANCIDEZ. f. Ranciedad.

RANCIEDAD. f. Calidad de rancio. || **2.** Cosa anticuada.

RANCIO, CIA. (l. *rancidus*.) adj. Dícese del vino y los comestibles grasientos, que con el tiempo adquieren sabor y olor más fuertes, mejorándose o echándose a perder. || **2.** fig. Dícese de las cosas antiguas y de las personas apegadas a ellas. || **3.** m. Rancidez. || **4.** Tocino rancio. || **5.** Suciedad grasienta de los paños mientras se trabajan o cuando se han trabajado mal. || **P.** rançoso; **I.** rancid; **F.** rance; **A.** ranzig; **It.** ràncido; **R.** затхлый.

RANCIOSO, SA. adj. Rancio.

RANCOR. (l. *rancor, -ōris*.) m. p. us. Rencor.

RANCURA. f. ant. Rencor. || **2.** ant. Querella, demanda judicial.

RANCUROSO, SA. (De *rancura*.) adj. ant. Rencoroso. || **2.** ant. Querellante. Usáb. t. c. s.

* **RANCHAR.** intr. Colom. Ranchear, pernoctar. || **2.** r. Colom. y Venez. Ranchearse. || **3.** Colom. Quedarse paradas las caballerías sin querer seguir adelante.

RANCHEADERO. m. Lugar o sitio donde se ranchea.

RANCHEAR. intr. Formar ranchos o acomodarse en ellos. Ú. t. c. r. || **2.** Cuba. Buscar las rancherías para coger a los negros cimarrones. || **3.** tr. Amér. Saquear los ranchos enemigos.

* **RANCHERA.** f. Argent. Mazurca popular argentina. || **2.** P. Rico. Rancho, cabaña.

RANCHERÍA. f. Conjunto de ranchos o chozas. || **2.** Perú. Casa de peones en las haciendas. || **3.** Cuba. Acción y efecto de ranchear; pillaje, saqueo. || **4.** Cuba. Expedición que sale a ranchear.

RANCHERO. m. El que guisa el rancho y cuida de él. || **2.** El que gobierna un rancho. || **3.** Méj. Campesino, habitante de un rancho.

* **RANCHERO, RA.** adj. Méj. Diestro en las faenas del campo. Ú. t. c. s. || **2.** Méj. Poco sociable. || **3.** Méj. Ridículo, de mal gusto.

* **RANCHITA.** f. Méj. Habitación pequeña para peones en los bajos de un rancho.

RANCHO. (ant. alto al. *hring*, círculo, asamblea.) m. Comida que se hace para muchos en común, como la que se da a la tropa. || **2.** Reunión de personas que toman a un tiempo esta comida. || **3.** Lugar fuera de poblado donde se albergan diversas personas. || **4.** fig. y fam. Reunión familiar de algunas personas para tratar algún asunto particular. || **5.** Choza o casa pobre con techumbre de ramas o paja, fuera de poblado. || **6.** And. Finca de labor de menor extensión que el cortijo. || **7.** Amér. Granja donde se crían caballos y otros animales. || **8.** Mar. Provisión

de comida que embarca el comandante, o los individuos que forman rancho. || **9.** Mar. Cada una de las divisiones que se hacen de la marinería para el buen orden en los buques de guerra. || **10.** P. Rico. Cobertizo. || **11.** Perú. Quinta, villa, casa de campo. || **12.** Perú. Vivienda en los balnearios. || **13.** Argent. Sombrero de paja. || **14.** Cuba. Factura comercial de poca monta. || **—de Santa Bárbara.** División debajo de la cámara principal de la nave, donde estaba la caña del timón. || *Asentar el* rancho. fr. fig. y fam. Pararse en un paraje para comer o descansar. || **2.** fig. y fam. Quedarse de asiento en una parte. || *Hacer* rancho *aparte.* fr. fig. y fam. con que se designa el hecho de separarse uno de las demás personas en actos que pudieran ser comunes o todos. || **P.** rancho; **I.** mess; **F.** gamelle; **A.** Mannschaftsessen; **It.** rancio; **R.** общий котёл.

RANDA. (al. *rand*, borde.) f. Especie de encaje labrado o tejido con aguja. || **2.** m. fam. Ratero, granuja. || **3.** Encaje de bolillos.

RANDADO, DA. adj. Adornado con randas.

RANDERA. f. Mujer que por oficio hace randas.

* **RANEAR.** tr. Rep. Domin. Apabullar, turbar. || **2.** r. Rep. Domin. Mostrarse ignorante en un asunto.

RANERO. m. Terreno en que se crían muchas ranas.

* **RANFAÑA.** f. Amér. Nombre que se da al sarnoso o roñoso, y por ext., al sucio y andrajoso.

RANGÍFERO. (b. l. *rangifer*.) m. Reno.

RANGLÁN. m. Raglán.

RANGO. (fr. *rang*, del germ. *hring*, *ring*, círculo.) m. Indole, jerarquía, calidad. || **2.** Amér. Situación social elevada. || **3.** P. Rico, C. Rica, El Salv., Ecuad. y Chile. Rumbo, esplendidez. || **P.** e **It.** rango; **I.** rank; **F.** rang; **A.** Rang; **R.** ранг, чин.

RANGOSO, SA. adj. Chile. Rumboso, generoso.

RANGUA. f. Tejuelo, pieza donde se apoya el gorrón de un árbol o eje vertical de maquinaria.

RANILLA. (d. de *rana*.) f. Parte más blanda y flexible del casco de las caballerías. || **2.** Veter. Enfermedad del ganado vacuno, consistente en cuajársele en los intestinos cierta porción de sangre que no puede expeler.

RANINA. (De *rana*.) adj. Zool. V. *Arteria* ranina.

RANO. m. En algunas partes, macho de la rana.

RÁNULA. (l. *ranūla*.) f. Med. Tumor enquistado blando, lleno de un líquido glutinoso, que suele formarse debajo de la lengua. || **2.** Veter. Tumor carbuncoso que se forma debajo de la lengua al ganado caballar y vacuno.

RANUNCULÁCEO, A. (De *ranúnculo*.) adj. Bot. Dícese de plantas angiospermas dicotiledóneas, arbustos o hierbas, con hojas comúnmente alternas, simples, cortadas de diversos modos, flores de colores brillantes, actinomorfas o zigomorfas, solitarias o en racimos o panoja, y fruto seco o carnoso; como la peonía. Ú. t. c. s. || **2.** f. pl. Bot. Familia de estas plantas.

RANÚNCULO. (l. *ranunculus*.) m. Planta herbácea anual, ranunculácea, con tallo hueco, ramoso; hojas partidas en tres lóbulos, flores amarillas y fruto seco. Es venosa y común en los terrenos húmedos de España. || **P.** ranúnculo; **I.** crow-foot, ranunculus; **F.** renoncule; **A.** ranunkel; **It.** ranúncolo; **R.** лютик.

RANURA. (fr. *rainure*.) f. Canal estrecha y larga que se abre en un madero, piedra, etc. con un fin determinado. || **P.** ranhura; **I.** groove; **F.** rainure; **A.** Rille, Furche; **It.** scanalatura; **R.** желобок.

RANZAL. (ár. *rassān* o *raşşān*, variedad de tela.) m. Cierta tela antigua de hilo.

RANZÓN. (fr. *ranzon*.) m. Rescate, dinero con que se rescata, o que se exige para ello.

RAÑA. (De *raño*.) f. Instrumento para pescar pulpos en fondos de roca.

RAÑA. (Por herraña, del l. *ferrago, -ĭnis*.) f. Terreno de monte bajo.

RAÑO. (l. *aranĕus*.) m. Zool. Pez ma-

R

rino teleósteo, acantopterigio, de unos 3 dm de largo, de cabeza y lomo amarillos, vientre rojo amarillento y aletas pectorales encarnadas. || **2.** Garfio de hierro con mango largo de madera, usado para arrancar de las peñas las ostras, lapas, etc.

RAPA. (cat. *rapa*.) f. Flor del olivo.

RAPABARBAS. m. fam. Barbero.

RAPACEJO. m. Alma de hilo, cáñamo o algodón, sobre la cual se tuerce estambre, seda o metal, para formar los cordoncillos de los flecos. || **2.** Fleco liso.

RAPACEJO, JA. m. y f. d. de rapaz, y de rapaza.

RAPACERÍA. (De *rapaz*.) f. Rapacidad.

RAPACERÍA. (De *rapaz*.) f. Rapazada.

RAPACIDAD. (l. *rapacĭtas, -ātis*.) f. Calidad de rapaz o inclinación al robo. || **P.** rapacidade; **I.** rapacity; **F.** rapacité; **A.** Raubgier; **It.** rapacità; **R.** хищность.

RAPADOR, RA. adj. Que rapa. Ú.t. c.s. || **2.** m. fam. Barbero, el que se dedica a afeitar.

RAPADURA. f. Acción y efecto de rapar o raparse. || **2.** BOL. Dulce que se fabrica con miel de caña y leche. || **3.** GUAT. y ECUAD. Panela, raspadura. || **4.** AMÉR. CENTRAL. y ARGENT. Raspadura, chancaca.

★ RAPADURITAS. (De *rapadura*.) f. pl. GUAT. Dulce de azúcar que se envuelve corrientemente en una hoja de maíz.

RAPAGÓN. (De *rapar*.) m. Mozo joven a quien todavía no le ha salido la barba, y parece como rapado.

RAPAMIENTO. (De *rapar*.) m. Rapadura.

RAPANTE. p.a. de rapar. Que rapa.

RAPAPIÉS. (De *rapar* y *pies*.) m. Buscapiés.

RAPAPOLVO. (De *rapar* y *polvo*.) m. fam. Represión áspera.

RAPAR. (germ. *rapon*.) tr. Afeitar, raer la barba. Ú.t.c.r. || **2.** Cortar el pelo al rape. || **3.** fig. y fam. Hurtar o quitar con violencia alguna cosa. || **4.** r. MÉJ. Pasar, tener, disfrutar. RAPAR *una vida regalada*. || **P.** rapar; **I.** to shave; **F.** raser; couper ras; **A.** abscheren, rasieren; **It.** rädere; **R.** брить.

RAPAVELAS. (De *rapar* y *vela*.) m. Vulgarismo por sacristán, monaguillo, etc.

RAPAZ. (l. *rapax, -ācis*.) adj. Inclinado o dado al robo o rapiña. || **2.** Dícese del ave de rapiña, de pico encorvado y garras dispuestas para apresar. Ú.t.c.s. || **3.** f. pl. Orden de estas aves. || **4.** m. Muchacho de corta edad. || *Cuida bien lo que haces, no te fíes de* RAPACES. ref. que enseña que los negocios importantes no conviene dejarlos en manos de gente inexperta. || **P.** rapaz; **I.** rapacious; **F.** e **It.** rapace; **A.** habsüchtig; **R.** вороватый.

RAPAZA. f. Muchacha de corta edad.

RAPAZADA. (De *rapaz*, 4.ª acep.) f. Muchachada.

RAPAZUELO, LA. m. y f. d. de rapaz. Muchacho de corta edad.

RAPE. (De *rapar*.) m. fam. Rasura o corte de la barba hecho de prisa y sin cuidado. || *Al* RAPE. A la orilla o casi a raíz.

RAPE. (cat. *rap*.) m. ZOOL. Pejesapo.

RAPÉ. (fr. *rappé*, rallado.) adj. Dícese del tabaco en polvo, más obscuro que el ordinario. Ú.m.c.s. || **P.** rapé; **I.** snuff; **F.** tabac à priser; **A.** Schnupftaback; **It.** rapè; **R.** нюхательный табак.

★ RAPELAR. (De *rapé*.) tr. CHILE. Sacarle al tabaco picado el polvo menudo.

RÁPIDAMENTE. adv. Con celeridad y presteza. || **2.** Fugazmente, en o por un instante.

RAPIDEZ. (De *rápido*.) f. Velocidad impetuosa o movimiento acelerado. || **P.** rapidez; **I.** rapidity; **F.** rapidité; **A.** Schnelligkeit; **It.** rapidità; **R.** быстрота.

RÁPIDO, DA. (l. *rapĭdus*.) adj. Veloz, pronto, impetuoso. || **2.** m. Rabión. || **P.** rápido; **I.** rapid; **F.** rapide; **A.** schnell, geschwind; **It.** ràpido; **R.** быстрый.

★ RÁPIDO, DA. adj. CHILE. Dícese del pastizal segado a ras de tierra. || **2.** COLOM., CHILE y VENEZ. Dícese de los campos calmos y monótonos. || **3.** VENEZ. Dícese del tiempo despejado y sereno.

RAPIEGO, GA. (l. *rapĕre*, arrebatar.)

adj. Rapaz. Aplícase a las aves de rapiña.

RAPINA. (l. *rapīna*.) f. ant. Rapiña.

★ RAPINGACHO. m. ECUAD. y PERÚ. Tortilla de queso.

RAPIÑA. (De *rapina*.) f. Robo, expoliación o saqueo ejecutado. || **P.** rapina; **I.** y **F.** rapine; **A.** Raub; **It.** rapina; **R.** грабёж.

RAPIÑADOR, RA. (l. *rapinātor*.) adj. Que rapiña. Ú.t.c.s.

RAPIÑAR. (De *rapiña*.) tr. fam. Hurtar o quitar una cosa con violencia.

RAPISTA. m. fam. El que rapa. || **2.** fam. Barbero, el que afeita la barba.

RÁPITA. f. Rábida.

RAPO. (l. *rapum*.) || éste del gr. ῥάπυς.) m. Naba, la raíz, no la planta.

RAPÓNCHIGO. (l. *rapum*, nabo.) m. Planta perenne campanulácea, con tallos estriados, hojas oblongas, flores azules en panojas terminales, fruto capsular y raíz blanca, fusiforme, carnosa y comestible. || **P.** nabinho; **I.** rampion; **F.** raiponce; **A.** Rapunzel; **It.** raperònzolo; **R.** рапунцель.

RAPÓNTICO. m. Ruipóntico.

RAPOSA. (De *raposo*.) f. Zorra, mamífero carnicero que ataca a las aves de corral. || **2.** fig. y fam. Persona astuta y solapada. || **3.** CUBA. Envase que se suele poner a las cebollas, papas, etc.

RAPOSEAR. intr. Usar de ardides como la raposa. || **P.** raposinhar; **I.** to dodge; **F.** renarder; **A.** Fuchslist anwenden; **It.** volpeggiare; **R.** лукавить.

RAPOSEO. m. Acción de raposear.

RAPOSERA. (De *raposa*.) f. Zorrera, cueva de la zorra.

RAPOSERÍA. (De *raposera*.) f. Zorrería. || **2.** Raposeo.

RAPOSERO, RA. (De *raposa*.) adj. Dícese del perro que se emplea en la caza de la zorra o raposa. Ú.t.c.s.

RAPOSÍA. f. Raposería.

RAPOSINO, NA. adj. Raposuno.

RAPOSO. (De *rabo*.) m. Zorro, macho de la raposa o zorra. || **2.** fig. y fam. Hombre taimado y astuto. || **—ferrero.** Zorro propio de los países glaciales, de pelaje muy espeso y suave, de color gris azulado.

RAPOSUNO, NA. (De *raposo*.) adj. Zorruno.

RAPSODA. (gr. ῥαψωδός; de ῥάπτω, coser, y ὠδή, canto.) m. El que en la antigua Grecia iba de pueblo en pueblo recitando poemas. || **P.** e **It.** rapsodo; **F.** rhapsodist; **A.** Rhapsode; **R.** рапсод.

RAPSODIA. (l. *rhapsodĭa*, y éste del gr. ῥαψῳδία.) f. Trozo de un poema épico que se suele recitar de una vez, especialmente de alguno de Homero. || **2.** Centón, obra literaria compuesta de sentencias y expresiones ajenas. || **3.** Pieza musical compuesta de fragmentos de otras piezas o de aires populares. || **P.** rapsódia; **I.** rhapsody; **F.** rhapsodie; **A.** Rhapsodie; **It.** rapsodia; **R.** рапсодия.

RAPTA. (l. *rapta*, arrebatada.) adj. p. us. Raptada, 2.ª acep.

RAPTAR. p.p.f. de raptar. || **2.** adj. Dícese de la mujer a quien lleva un hombre por fuerza o con engaños.

RAPTAR. (l. *raptāre*.) tr. Sacar a una mujer, violentamente o con engaños de la casa y potestad de sus padres o parientes. || **P.** raptar; **I.** to abduct; **F.** enlever, ravir; **A.** entführen; **It.** rapire; **R.** похищать.

RAPTO. (l. *raptus*.) m. Impulso, acción de arrebatar. || **2.** Delito que consiste llevarse de su domicilio con miras deshonestas a una mujer por fuerza o con seducción o promesas engañosas. || **3.** DER. Impedimento dirimente o causa de nulidad del matrimonio celebrado entre el raptor y la raptada que permanece en poder de aquél y no confirma su voluntad después de liberada. || **4.** Éxtasis. || **5.** MED. Accidente que priva del sentido. || **P.** rapto; **I.** rape; **F.** enlèvement, ravissement; **A.** Entführung, Raub; **It.** ratto; **R.** похищение, увод.

RAPTOR, RA. (l. *raptor*.) adj. Que comete una mujer con el delito de rapto. Ú.t.c.s.

RAPUZAR. (De *rapar*.) tr. LEÓN. Segar alta la mies. || **2.** Desmochar una planta, arrancando algunas hojas o frutos.

RAQUE. (al. *wrack*, barco naufragado, restos de un naufragio.) m. Acto de recoger los objetos arrojados en las costas por algún naufragio o echazón. *Ir al* RAQUE.

RAQUEAR. intr. Andar al raque, buscar restos de un naufragio. || **2.** VENEZ. Estar flaco, enclenque. || **3.** CUBA. Hurtar, robar.

RAQUERO, RA. (De *raque*.) adj. Dícese del barco que va pirateando por las costas. || **2.** m. El que anda al raque. || **3.** Ratero que hurta en puertos o playas.

RAQUETA. (ital. *rachetta*, contrac. de *retichetta*, y éste del l. *rete*, red.) f. Bastidor de madera, con mango, que sujeta una red o pergamino, o ambas cosas, y se emplea como pala en el juego de la pelota, tenis, etc. || **2.** Juego de pelota en que se emplea la pala. || **3.** Utensilio de madera en forma de rastrillo, que se usa en las mesas de juego para recoger el dinero. || **4.** BOT. Jaramago. || **P.** raqueta; **I.** racket; **F.** raquette; **A.** Ballnetz, Tennisschläger; **It.** racchetta; **R.** ракетка.

RAQUETERO, RA. m. y f. Persona que hace o vende raquetas.

★ RAQUI. (Del m. or. que *raque*.) m. CHILE. Naufragio.

RAQUIALGIA. (De *raquis*, y el gr. ἄλγος, dolor.) f. MED. Dolor a lo largo del raquis.

RAQUIANESTESIA. f. Método de anestesia parcial, mediante la inyección en el conducto raquídeo de una substancia que actuando sobre la medula, provoca la insensibilidad en las regiones inervadas por los nervios raquídeos subyacentes.

RAQUÍDEO, A. adj. Perteneciente al raquis. || **P.** raquidiano; **I.** rachidian; **F.** rachidien; **A.** Rückgrats (en comp.); **It.** rachìdeo; **R.** позвоночный.

RAQUIS. (gr. ῥάχις.) m. Columna vertebral o espinazo. || **2.** Nervio principal de una hoja. || **3.** Pecíolo común de una hoja compuesta. || **4.** BOT. Raspa, eje o pedúnculo común de las flores y frutos de una espiga o racimo. || **P.** ráquis; **I.** backbone. rhachis; **F.** rachis; **A.** Rückgrat; **It.** ràchide; **R.** позвоночник.

RAQUÍTICO, CA. adj. MED. Que padece raquitis. Ú.t.c.s. || **2.** fig. Exiguo, desmedrado, endeble. || **P.** raquítico; **I.** rickety; **F.** rachitique, chétif; **A.** r(h)achitisch; **It.** rachìtico; **R.** рахитичный.

RAQUITIS. (gr. ῥαχῖτις, relativo al espinazo.) f. MED. Enfermedad crónica, casi exclusiva de niños, consistente en un reblandecimiento y curvatura de los huesos sobre todo del raquis o espinazo.

RAQUITISMO. m. MED. Raquitis. || **P.** e **It.** rachitismo; **I.** rachitism, rickets; **F.** rachitisme; **A.** Rachitis; **R.** рахит.

RAQUÍTOMO. (gr. ῥάχις, y τέμνω, cortar.) m. Instrumento para abrir el conducto vertebral sin interesar la medula espinal.

RARA. (Voz onomatopéyica.) f. AMÉR. MERID. Ave del tamaño de la codorniz, de pico grueso y dentado, y plumaje de color gris obscuro en el lomo, blanquecino en el vientre y negro en las extremidades de las alas.

RARA AVIS IN TERRIS. Hemistiquio de un verso de Juvenal, que familiarmente se aplica a persona o cosa conceptuada como rara o singular en su línea.

RARAMENTE. adv. Rara vez. || **2.** Con rareza, de un modo extraordinario o ridículo.

RAREFACCIÓN. (l. *rarefactum*, supino de *rarefacĕre*, enrarecer.) f. Acción y efecto de rarefacer o rarefacerse. || **P.** rarefação; **I.** rarefaction; **F.** raréfaction; **A.** Verdünnung; **It.** rarefazione; **R.** разрежение.

RAREFACER. (l. *rarefacĕre*.) tr. Enrarecer. Ú.t.c.r.

RAREFACTO, TA. (l. *rarefactus*.) p.p. irreg. de rarefacer.

RAREZA. f. Calidad de raro. || **2.** Cosa rara. || **3.** Acción característica de la persona rara o extravagante. || **P.** rareza; **I.** rareness, oddity; **F.** rareté, extravagance; **A.** Rarität, Absonderlichkeit; **It.** rarezza, bizzarria; **R.** редкость.

RARIDAD. (l. *rarĭtas, -ātis*.) f. Rareza, 1.ª acep.

R

RARIFICAR. tr. Rarefacer. Ú.t.c.r.

RARIFICATIVO, VA. adj. Que tiene virtud de rarificar.

RARO, RA. (l. *rarus*.) adj. De poca densidad y consistencia. Dícese especialmente de los gases enrarecidos. || **2.** Extraordinario, poco frecuente. || **3.** Escaso en su especie. || **4.** Insigne, excelente en su línea. || **5.** Extravagante, propenso a singularizarse. || **P.** e **It.** raro; **I.** rare, odd; **F.** rare; **A.** selten, rar; **R.** редкий, негустой.

RAS. (De *rasar*.) m. Igualdad en la superficie o altura de las cosas. || *A* RAS. m. adv. Casi tocando, casi a nivel de una cosa. || RAS con RAS, o RAS en RAS. m. adv. A un mismo nivel, a una misma línea. || **2.** Dícese también cuando uno pasa tocando ligeramente a otro. || **P.** superfície rasa, igualdade de nível; **I.** level; **F.** ras, niveau; **A.** ebene Fläche; **It.** livello; **R.** уровень.

RASA. (l. *rasa*, t. f. de *-sus*, raso.) f. Abertura o raleza que con facilidad se hace en las telas endebles sin que se rompan la trama ni la urdimbre. || **2.** Llano alto y despejado de un monte. || **3.** Raso, sitio llano y desembarazado de estorbos.

RASADURA. f. Acción y efecto de rasar.

RASAMENTE. adv. Clara y abiertamente, sin embozo.

RASANTE. p.a. de rasar. Que rasa. || **2.** adj. Que pasa rasando. || **3.** f. Línea de una calle, vía o camino considerada en su inclinación respecto del plano horizontal.

RASAR. (De *raso*.) tr. Igualar con el rasero. || **2.** Pasar rozando ligeramente un cuerpo a otro. || **P.** rasar; **I.** to strickle; **F.** rader; **A.** abstreichen; **It.** ràdere; **R.** уравнивать.

RASARSE. r. Ponerse rasa o limpia una cosa, como el cielo sin nubes.

* **RASCABARRIGA.** amb. CUBA. Cierto árbol solanáceo silvestre de ramas muy flexibles y fuertes. || **2.** f. CUBA. Rama flexible, propia para látigo.

* **RASCABUCHAR.** (De *rascabuche*.) tr. CUBA y MÉJ. Curiosear.

* **RASCABUCHE.** (De *rascar* y *buche*.) m. PAN. Adulador.

* **RASCABUCHEAR.** tr. CUBA y MÉJ. Rascabuchar.

* **RASCABUCHEO.** m. CUBA y MÉJ. Acción y efecto de rascabuchar. || **2.** CUBA. Mirada o tocamiento deshonesto.

RASCACIELOS. m. Edificio de gran altura y muchos pisos. || **P.** arranha-céu; **I.** sky-scraper; **F.** gratte-ciel; **A.** Wolkenkratzer; **It.** grattacielo; **R.** небоскрёб.

RASCACIO. (De *rascar*.) m. Rescaza.

RASCADERA. (De *rascar*.) f. Rascador, 1.ª acep. || **2.** fam. Almohaza.

* **RASCADO, DA.** p.p. de rascar. || **2.** AMÉR. CENTRAL. Osado, arriscado. || **3.** CHILE. Ebrio. || **4.** HOND. Irascible, cascarrabias.

RASCADOR. m. Cualquier instrumento para rascar la superficie de un metal, de una piel, etc. || **2.** Instrumento de hierro para desgranar el maíz y otros frutos. || **3.** Especie de aguja, guarnecida de piedras, que las mujeres se ponen en la cabeza, por adorno. || **P.** rascador; **I.** scraper; **F.** racloir; **A.** Schraper, Schabeisen; **It.** grattatore; **R.** скребок.

RASCADURA. f. Acción y efecto de rascar o rascarse.

RASCALINO. (De *rascar* y *lino*.) m. BOT. Tiñuela, cuscuta parásita del lino.

RASCAMIENTO. (De *rascar*.) m. Rascadura.

RASCAMOÑO. (De *rascar* y *moño*.) m. Rascador, 3.ª acep. || **2.** BOT. MÉJ. Cajigal, planta compuesta.

RASCAR. (l. *rasicàre*, raer, de *rasus*.) tr. Refregar la piel con una cosa aguda o áspera regularmente con las uñas. Ú.t. c.r. || **2.** Arañar. || **3.** Limpiar con rascador o rasqueta alguna cosa. || **4.** CUBA. Vencer en las peleas de gallos. || **5.** r. AMÉR. Emborracharse. || *Llevar*, o *tener* uno *qué* RASCAR. fr. fig. y fam. Haber recibido un daño no fácil de remediar. || **P.** rascar; **I.** to scratch, to scrape; **F.** gratter, égratigner; **A.** reiben, kratzen; **It.** grattare; **R.** скрести, чесать.

RASCATRIPAS. com. Persona poco

hábil en tocar el violín u otro instrumento de arco.

RASCAZÓN. f. Comezón o picazón que incita a rascarse. || **2.** VENEZ. Orgía.

RASCLE. (De *rascar*.) m. Arte que se usa para la pesca del coral.

RASCO. (De *rascar*.) m. ant. Rascadura.

RASCÓN, NA. (De *rascar*.) adj. Áspero al paladar. || **2.** Polla de agua, ave zancuda que vive en parajes pantanosos.

RASCUÑAR. (De *rascar*.) tr. Rasguñar.

RASCUÑO. (De *rascuñar*.) m. Rasguño.

RASEL. m. MAR. Racel.

RASERA. f. Rasero. || **2.** Paleta de metal, por lo común con agujeros, usada en la cocina para volver los fritos y para otros fines.

RASERO. (l. *rasorium*.) m. Palo cilíndrico usado para rasar las medidas de los áridos. || *Por el mismo*, o *por un* RASERO. m. adv. fig. Sin la menor diferencia, con rigurosa igualdad. Ú. comúnmente con los verbos *medir* y *llevar*. || **P.** rasoura; **I.** strickle; **F.** radoire; **A.** Streichholz zum messen; **It.** rasiera; **R.** скребок.

RASETE. m. Raso de inferior calidad.

RASGADO, DA. (De *rasgar*, 1.ᵉʳ art.) adj. Dícese del balcón o ventana grande y de mucha luz. || *Boca* RASGADA. Boca grande. || *Ojos* RASGADOS. Los que tienen muy prolongada la comisura de los párpados. || **2.** Rasgón.

RASGADOR, RA. adj. Que rasga.

RASGADURA. f. Acción y efecto de rasgar, 1.ᵉʳ art. || **2.** Rasgón.

RASGAR. (l. *resecàre*, hacer pedazos.) tr. Romper o hacer pedazos sin el auxilio de ningún instrumento cosas de poca consistencia, como tejidos, papeles, etc. Ú.t.c.r.

RASGAR. (l. *rasicàre*, rascar.) tr. Rasguear.

RASGO. (De *rasgar*, 1.ᵉʳ art.) m. Línea de adorno trazado con la pluma, especialmente cada una de las hechas para adornar letras de escribir. || **2.** Facción del rostro. Ú.m. en pl. || **3.** fig. Acción gallarda en cualquier concepto, propia de la disposición de ánimo de que se origina. || **4.** fig. Expresión feliz; efecto o pensamiento expresado con viveza y hermosura. || **5.** CHILE. Excavación larga y angosta para acequia, reguera o cosa semejante. || *A todo* RASGO. m. adv. BOL. Con violencia. || **P.** rasgo; **I.** stroke, feature; **F.** trait; **A.** Strich; **It.** tratto; **R.** черта, штрих.

RASGÓN. (De *rasgar*, 1.ᵉʳ art.) m. Rotura de un vestido o tela. || **2.** COLOM. Espolazo fuerte.

RASGUEADO. (De *rasguear*.) m. Rasgueo.

RASGUEADOR, RA. adj. Dícese del que rasguea con buen gusto al escribir. Ú.t.c.s.

RASGUEAR. (De *rasgar*, 2.º art.) tr. Tocar la guitarra rozando varias cuerdas a la vez con las puntas de los dedos. || **2.** intr. Hacer rasgos con la pluma.

RASGUEO. m. Acción y efecto de rasguear.

RASGUÑAR. (De *rasgar*, 1.ᵉʳ art.) tr. Arañar o rascar una cosa con las uñas o con algún objeto cortante. || **2.** PINT. Dibujar alguna cosa en apuntamiento o tanteo.

RASGUÑO. (De *rasguñar*.) m. Arañazo. || **2.** PINT. Dibujo en apuntamiento o tanteo. || **P.** arranhadela; **I.** scratch; **F.** égratignure; **A.** Kratzen; **It.** graffiatura; **R.** царапина.

RASGUÑUELO. m. d. de rasguño.

RASILLA. (De *raso*.) f. Cierta tela de lana delgada. || **2.** Ladrillo hueco y delgado que se emplea para forjar bovedillas y otras obras de fábrica.

RASIÓN. (l. *rasus*.) f. Rasuración.

RASMIA. (Quizá del ár. *rasmiyya*, vigor y rapidez en la marcha.) f. AR. Tesón y empeño en acometer una empresa.

º **RASMILLAR.** tr. AMÉR. Rasguñar ligeramente.

RASO, SA. (l. *rasus*, p.p. de *radĕre*, raer.) adj. Plano, liso, sin estorbos. Ú.t. c.s. || **2.** Aplícase al asiento o silla sin respaldo. || **3.** Dícese del que carece de título o grado que lo distinga. || **4.** Dícese

de la atmósfera totalmente sin nubes. || **5.** Que pasa o se mueve a poca altura del suelo. || **6.** m. Tela de seda lustrosa, de más cuerpo que el tafetán. || **7.** GERM. Clérigo. || **—chorreado.** Cierta especie de raso antiguo. || *Al* RASO. m. adv. En el campo o a cielo descubierto. || **P.** raso; **I.** plain, flat; **F.** ras; **A.** glatt, eben; **It.** raso, liscio; **R.** гладкий.

RASOLISO. m. Cierta clase de tela de raso.

RASPA. (De *raspar*.) f. Arista, filamento áspero del cascabillo que envuelve el grano de trigo y de otras gramíneas. || **2.** Pelo o brizna que se agarra a la pluma de escribir y le impide formar bien las letras. || **3.** En los pescados, cualquier espina, especialmente la esquena. || **4.** En algunas partes, gajo de uvas. || **5.** En algunos frutos, zurrón o cáscara primera y más tierna. || **6.** AMÉR. MERID. Reproche, reprimenda. || **7.** GERM. Cierta trampa en el juego de naipes que usan los fulleros. || **8.** Zuro, mazorca de maíz desgranada. || **9.** BOT. Pedúnculo común de las flores y frutos de una espiga o de un racimo. || **10.** CUBA. Residuo requemado que queda pegado en el fondo de la cazuela de cualquier guisado. || **11.** VENEZ. Exhortación, instigación. || **12.** MÉJ. Chanza, burla. || **13.** CUBA, P. RICO y MÉJ. Raspadura, azúcar moreno. || **P.** espinha, pêlo; **I.** beard; **F.** bable, barbe d'épi; **A.** Raspel, Granne, Bart; **It.** lolla; **R.** ость (колоса).

* **RASPA.** adj. MÉJ. Soez, grosero. || **2.** ARGENT. Ladrón, ratero.

RASPADILLO. m. GERM. Raspa, 7.ª acep.

RASPADO, DA. p.p. de raspar. || *Hilas* RASPADAS. Pelusa que se saca de los trapos cuando se los raspa.

RASPADOR. m. Instrumento que sirve para raspar, y más comúnmente el usado para raspar lo escrito. || **P.** raspador; **I.** scraper; **F.** grattoir; **A.** Radiermesser; **It.** rachiatojo; **R.** скребок.

RASPADURA. f. Acción y efecto de raspar. || **2.** Lo que se quita de la superficie de un cuerpo al rasparlo. || **P.** raspagem; **I.** erasure, scrapings; **F.** raclure, rature; **A.** (Ab)Schabsel; **It.** raschiatura; **R.** скобление.

RASPAJO. (d. de *raspa*, 4.ª acep.) m. Escobajo de uvas.

RASPAMIENTO. m. Raspadura, 1.ª acep.

RÁSPANO. m. SANT. Rasponera.

RASPANTE. p.a. de raspar. Que raspa. Aplícase comúnmente al vino que pica al paladar.

RASPAR. (germ. *raspôn*.) tr. Raer ligeramente la superficie de una cosa. || **2.** Picar el vino u otro licor al paladar. || **3.** Hurtar, robar. || **4.** Rasar, pasar rozando ligeramente. || **5.** AMÉR. Reprender, amonestar. || **6.** CUBA y P. RICO. Destituir. || **7.** r. VENEZ. Irse, marcharse. || **8.** r. VENEZ. Morirse. || RASPANDO. ger. con signif. adverbial. AMÉR. A duras penas, difícilmente. || **P.** raspar; **I.** to scrape; **F.** racler, gratter; **A.** abschaben, abkratzen; **It.** raschiare; **R.** скрести.

RASPEAR. (De *raspa*.) intr. Correr con aspereza y dificultad. la pluma de escribir despidiendo chispillas de tinta. || **2.** tr. Reprender, reconvenir.

RASPILLA. (d. de *raspa*.) f. BOT. Planta borragínacea, de tallos casi tendidos, angulares, con espinitas vueltas hacia abajo, hojas ásperas, y flores azules, llamadas nomeolvides.

RASPINEGRO, GRA. (De *raspa* y *negro*.) adj. AND. Arisnegro.

RASPÓN. m. COLOM. Sombrero de paja que usan los campesinos. || **2.** CHILE. Reconvención áspera. || **3.** HOND. Desolladura.

RASPONAZO. m. Lesión o erosión superficial causada por un roce violento.

RASPONERA. f. SANT. Arándano.

* **RASPOSO.** (De *raspa*, broma.) adj. ARGENT. Tacaño. || **2.** MÉJ. Bromista. Ú.t.c.s.

RASPUDO. (De *raspa*.) adj. Dícese del trigo que tiene raspas o aristas.

RASQUETA. (De *rascar*.) f. Planchuela de hierro, de cantos afilados y con mango, para raer y limpiar los palos, cubiertas y costados de las embarcaciones. ||

R

2. AMÉR. MERID. y ANT. Almohaza. ||
3. CUBA. En los ingenios, pieza de acero
a modo de escoplo que enasta en un mango
muy largo.

RASQUETEAR. (De *rasqueta*.) tr.
AMÉR. MERID. Almohazar.

★ **RASQUIÑA.** (De *rascar*.) f. COLOM.
Picazón, comezón. || **2.** P. RICO y ECUAD.
Sarna.

★ **RASQUIÑOSO, SA.** (De *rasquiña*.)
adj. P. RICO y REP. DOMIN. Sarnoso. ||
2. P. RICO y REP. DOMIN. Envidioso. ||
3. REP. DOMIN. De poco o ningún valor
y, hablando de frutos, raquítico.

RASTEL. (l. *rastellus*, d. de *raster*,
rastrillo.) m. Barandilla.

RASTILLADO, DA. (De *rastillo*.) adj.
GERM. Dícese de aquel a quien han robado
una cosa.

RASTILLADOR, RA. adj. Rastillador. Ú.t.c.s.

RASTILLAR. (De *rastillo*.) tr. Rastrillar.

RASTILLERO. (De *rastillo*.) m. GERM.
Ladrón que arrebata una cosa y huye.

RASTILLO. (l. *rastellus*.) m. Rastrillo. ||
2. GERM. Mano.

RASTRA. (De *rastro*.) f. Rastro, 1.ª
y 3.ª acep. || **2.** Narria, cajón o escalera
de carro, para llevar arrastrando cosas de
gran peso. || **3.** Grada, instrumento agrí-
cola para allanar la tierra después de arada. ||
4. Recogedor, instrumento agrícola constituido principalmente por una tabla inclinada, que sirve para recoger la parva de
la era. || **5.** Cosa que va colgando y arras-
trando. || **6.** Persona que con su presencia
hace presumir de la otra a quien suele
compañar. || **7.** fig. Resulta o consecuencia
desagradable de una acción. || **8.** Cría de
una res, y especialmente la que aún mama
y sigue a su madre. || **9.** MAR Seno de
cabo o cable que se arrastra por el fondo
del mar para buscar los objetos sumergi-
dos. || *A la rastra*, o *A* RASTRAS. m. adv.
Arrastrando. || **2.** fig. De mal grado, obli-
gado. || **4.**ª acep.: P. ancinho; I. rake;
F. râteau; A. Rechen; It. rastrello; R. след.

RASTRA. (De *ristra*.) f. Sarta de cualquier fruta seca.

RASTRALLAR. (De *restallar*.) tr.
Restallar.

RASTRANTE. p.a. ant. de rastrar.
Que rastra.

RASTRAR. (De *rastro*.) tr. p. us.
arrastrar. || **2.** p. us. rastrear, 1.ª acep.

RASTREADO, DA. p.p. de rastrear. ||
2. m. Cierto baile español del siglo XVII.

RASTREADOR, RA. adj. Que ras-
trea. Ú.t.c.s.

RASTREAR. tr. Seguir el rastro o
buscar alguna cosa por él. || **2.** Llevar
arrastrando una rastra, arte de pesca, etc.,
por el fondo del agua. || **3.** Vender la
carne en el rastro al por mayor. || **4.** fig.
Inquirir, indagar una cosa, discurriendo
por ciertas señales. || **5.** intr. Hacer con
el rastro alguna labor. || **6.** Ir por el aire
casi tocando el suelo. || P. rastrear; I. to
trace; F. suivre la piste; A. (nach)spüren;
It. tracciare; R. следить.

RASTREL. m. Ristrel.

RASTREO. m. Acción de rastrear por
el fondo del agua.

RASTRERA. f. MAR. Arrastradera.

RASTRERAMENTE. adv. De un
modo rastrero, bajo, ruin.

RASTRERO, RA. adj. Que va arras-
trando. || **2.** Dícese del perro de caza que
busca siguiendo el rastro. || **3.** Dícese de las
cosas que van por el aire, pero casi rozando
el suelo. || **4.** fig. Bajo, ruin. || **5.** BOT.
Dícese del tallo de un vegetal que crece
tendido por el suelo y echa raicillas de
trecho en trecho. || **6.** m. El que tiene
oficio en el rastro o matadero de reses. ||
7. El que trae ganado para el rastro. ||
P. rasteiro; I. creeping; F. traînant; A.
schleppend; It. strisciante; R. выслеж-
живающий. || **4.**ª acep.: P. vil; I. low,
cringing; F. vil, bas; A. niedrig; It. abbietto, basso; R. низкий, гадкий.

RASTRILLA. f. Rastro que tiene el
mango en una de las caras estrechas del
travesaño.

RASTRILLADA. f. Todo lo que se
recoge de una vez con el rastrillo o rastro.

RASTRILLADO. m. Acción y efecto
de rastrillar.

RASTRILLADOR, RA. adj. Que rastrilla. Ú.t.c.s.

RASTRILLAJE. m. Maniobra que se
ejecuta con la rastra o rastrillo.

RASTRILLAR. (De *rastrillo*.) tr. Limpiar el lino o el cáñamo de la arista o es-
topa. || **2.** Recoger con el rastro la parva en
las áreas o la hierba segada en los prados. ||
3. Pasar la rastra por los sembrados. ||
4. Limpiar de hierba con un rastrillo las
calles de los jardines. || **5.** COLOM. y ARGENT.
Prevenir un arma de fuego para
disparar. || **6.** COLOM. y ARGENT. Disparar,
descerrajar un tiro, encender un fósforo. ||
7. CUBA y COLOM. Fallar el disparo de
un arma de fuego. || P. rastelar; I. to hackle,
to dress; F. sérancer; A. egen; It. petti-
nare; R. чесать (лён, коноплю).

★ **RASTRILLAZO.** m. Golpe con el
rastrillo. || **2.** GUAT. y HOND. Comida o sueño
ligeros.

★ **RASTRILLEAR.** tr. CHILE. Realizar
algún trabajo con rastrillo. || **2.** fig. y fam.
CHILE. Hurtar géneros de las tiendas.

★ **RASTRILLERO, RA.** m. y f. CHILE.
Rastrillero, y más apropiadamente, ladrón
de tiendas.

RASTRILLO. (d. de *rastro*.) m. Tabla
con muchos dientes metálicos, sobre los
que se pasa el lino o cáñamo para separar
bien las fibras y apartar la estopa. || **2.** Com-
puerta levadiza, formada con una reja
fuerte y espesa, que defiende las entradas
de las plazas de armas. || **3.** Estacada,
verja o puerta de hierro, que defiende la
entrada de una fortaleza o de una cárcel,
etcétera. || **4.** Entre labradores, rastro con
que se recoge la parva trillada en la era. ||
5. Guarda perpendicular a la tija de la
llave y que sólo entra hasta la mitad del
paletón. || **6.** Planchita encorvada del in-
terior de la cerradura que entra por el
rastrillo al girar la llave. || P. rastelo;
I. hackle; F. séran; A. Hechel; It. rastrello,
èrpice; R. гребень.

RASTRO. (l. *rastrum*.) m. Instrumento para recoger hierba, paja, etc., y compuesto de un mango largo, cruzado en un
extremo por un travesaño con púas. ||
2. Herramienta, a manera de azada, que
en vez de pala tiene dientes y se usa para
extender piedra partida, etc. || **3.** Vestigio,
señal que deja una cosa al haber aconte-
cido o de haber pasado por un lugar. ||
4. Mugrón, acodo de la vid. || **5.** Lugar
destinado en las poblaciones para la venta
de carne al por mayor en ciertos días. ||
6. Matadero donde se sacrifican reses para
el abastecimiento de carnes. || **3.**ª acep.:
P. rasto; I. track; F. trace; A. Spur; It.
traccia; R. след.

RASTROJAL. m. Rastrojera. || **2.**
ECUAD. Hierbas y arbustos que crecen en
un terreno ya agotado que se abandonó,
y donde la flora es distinta a la que existía
antes.

RASTROJAR. tr. Arrancar el rastrojo.

RASTROJERA. f. Terreno que ha que-
dado de rastrojo. || **2.** Temporada en que
los ganados pastan los rastrojos.

RASTROJO. (l. *restucŭlum*, por *resti-
pŭla*.) m. Residuo de las cañas de la mies,
que queda en el campo después de la siega. ||
2. El campo después de segada la mies y
antes de alzar la tierra. || **3.** COLOM. Bos-
que de arbustos. || *Sacar a uno de los*
RASTROJOS. fr. fig. y fam. Sacarle de estado
bajo o humilde. || P. restolho; I. haulm;
F. chaume; A. Stoppelfeld; It. stoppia;
R. жнивьё.

RASURA. (l. *rasūra*.) f. Acción y efecto
de rasurar. || **2.** Raedura. || **3.** pl. Tártaro,
tartrato ácido de potasio que en forma
de costra cristalina se deposita en el fondo
y en las paredes de las vasijas donde
fermenta el mosto.

RASURACIÓN. (De *rasurar*.) f. Ra-
sura, acción de rasurar. || **2.** Raedura,
acción de raer.

RASURAR. (De *rasura*.) tr. Afeitar la
barba, el bigote, etc. Ú.t.c.r. || P. barbear;
I. to shave; F. raser; A. rasieren; It. ràdere;
R. брить.

RATA. (ant. alto al. *ratta*.) f. Mamífero
roedor, de unos 36 cm desde la punta del
hocico hasta el extremo de la cola; de
cabeza pequeña, hocico puntiagudo, orejas
tiesas, patas cortas y pelaje gris obscuro;
es muy fecundo, destructor, voraz. Suele

vivir en edificios y embarcaciones, y es
con frecuencia vehículo de ciertas enfer-
medades. || **2.** Hembra del ratón. || **3.** En
las aldeas, coleta de pelo, pequeña y del-
gada. || **4.** GERM. Faltriquera. || **5.** m. fam.
Ratero, ladrón. || **—blanca.** Variedad
más pequeña que la común, muy utilizada
en experiencias científicas. || **—de agua.**
Roedor del tamaño de la rata común,
de costumbres acuáticas. || **—de alcan-
tarilla.** Especie transmisora de la peste,
que vive en sótanos, alcantarillas, etc. ||
—de mar. ZOOL. Nombre vulgar de
varias especies de peces, como la raya,
el lofio y el pejesapo. || **—de trompa.**
Pequeño mamífero insectívoro africano,
semejante al ratón. || *Más pobre que las*
RATAS. expr. fig. y fam. Sumamente po-
bre. || P. e It. rata; I. y F. rat; A. Ratte;
R. крыса.

RATAFÍA. f. Rosoli en que entra
zumo de frutas, como cerezas, guindas,
etcétera. || P., I. y F. ratafia; A. Aquavit,
Gewürzbranntwein; It. ratafià; R. ликёр
из черешни.

RATANIA. (quich. *ratania*, mata rastrera.) f. BOT. Arbusto poligaláceo americano, con tallos ramosos y rastreros; fruto
capsular seco, casi esférico y velludo y
raíz gruesa, leñosa, de corteza encarnada,
muy usada como astringente. || **2.** Raíz
de esta planta. || P. e It. ratania; I. ratany;
F. ratanhia; A. Ratanhiawurzel.

RATA PARTE. loc. 1. Prorrata.

RATAPLÁN. m. Voz onomatopéyica
imitativa del sonido del tambor.

RATA POR CANTIDAD. m. adv.
Mediante prorrateo.

RATEAR. (l. *ratus*, proporcionado.) tr.
Disminuir la proporción o prorrata de
una cosa. || **2.** Repartir proporcionalmente.

RATEAR. (De *rata*.) tr. Hurtar con
destreza cosas pequeñas. || **2.** intr. Andar
a rastras.

RATEO. (De *ratear*, 1.er art.) m. Prorrateo.

RATERAMENTE. adv. Con ratería,
bajamente.

RATERÍA. (De *ratero*, 1.ª acep.) f.
Hurto de cosas de escaso valor. || **2.** Ac-
ción de hurtarlas con maña. || P. ratonice;
I. pickpocketing; F. filouterie; A. Dieberei;
It. marioleria; R. кража.

RATERÍA. (De *ratero*, 2.ª acep.) f.
Vileza, ruindad en los tratos.

RATERO, RA. (De *rata*.) adj. Dícese
del ladrón que hurta cosas de poco valor.
Ú.m.c.s. || **2.** Rastrero, que va arrastrando
o que va por el aire pero a ras de tierra. ||
3. Dícese del ave cuando vuela muy cerca
del suelo. || P. ratoneiro; I. pickpocket;
F. filou; A. Spitzbube; It. mariolo; R.
карманник.

RATERUELO, LA. adj. d. de ratero.
1.ª acep. Ú.m.c.s.

RATIFICACIÓN. f. Acción y efecto
de ratificar o ratificarse. || P. ratificação;
I. y F. ratification; A. Ratifikation; It. ra-
tificazione; R. ратификация.

RATIFICAR. (l. *ratus*, confirmado, y
facĕre, hacer.) tr. Aprobar o confirmar una
cosa que se ha dicho o hecho. Ú.t.c.r. ||
P. ratificar; I. to ratify; F. ratifier; A. ra-
tifizieren; It. ratificare; R. ратифициро-
вать.

RATIFICATORIO, RIA. adj. Que ra-
tifica o que denota ratificación.

RATIGAR. (l. *reapticāre*; de *aptāre*.)
tr. Atar con una soga el rátigo una vez
colocado en el carro.

RÁTIGO. m. Conjunto de cosas diversas que lleva un carro en que se acarrea
vino.

RATIHABICIÓN. (l. *ratihabitĭo, -ōnis*.)
f. FOR. Declaración de uno aprobando o
confirmando un acto que otro hizo por él.

RATIMAGO. m. AND. Artería, engaño, artimaña.

RATINA. (fr. *ratine*.) Tela de lana,
entrefina, delgada y con granillo.

RATINO, NA. adj. SANT. Dícese de la
res vacuna de pelo gris, parecido al de la
rata.

RATIÑO. (port. *ratinho*, ratón.) m.
Apodo despectivo que se daba en el siglo XVII al habitante de Bierzo. Usáb.t.
c.adj.

RATO. (l. *ratus*, confirmado.) adj. Dícese del matrimonio legítimamente cele-

R

brado que no ha llegado a consumarse.

RATO. (l. *raptus*, p.p. de *rapĕre*, arrebatar.) m. Espacio de tiempo no muy largo. || **2.** Acompañado de los adjetivos *bueno, malo* u otros análogos, gusto o disgusto. || *Buen* RATO. fam. Gran cantidad de una cosa. || RATOS *perdidos*. Aquellos en que uno se ve libre de ocupaciones obligatorias. Ú. m. en pl. adv. *A* RATOS *perdidos*. || *A* RATOS. m. adv. De rato en rato. || **2.** A veces. || *De* RATO *en* RATO. m. adv. Con algunas intermisiones de tiempo.|| *Pasar el* RATO. fr. fam. Perder el tiempo. || **P.** momento; **I.** while, span; **F.** moment; **A.** Weile, Augenblick; **It.** pezzo di tempo; **R.** момент, миг.

RATO. (ant. alto al. *ratto*.) m. En algunas partes, ratón, 1.ª acep. || **2.** Macho de la rata. || *Lo que has de dar al* RATO, *dáselo al gato.* ref. que aconseja gastar de una vez y útilmente, y no exponerse al hurto ni al desperdicio.

RATÓN. (De *rato*, 3.ᵉʳ art.) m. Mamífero roedor, semejante a la rata, pero más pequeño, que vive en las casas, donde es muy perjudicial por lo que roe y destruye. Hay especies que viven en el campo. || **2.** GERM. Ladrón cobarde. || **3.** MAR. Piedra puntiaguda y cortante en el fondo del mar que roza los cables. || **—almizclero.** Desmán, mamífero parecido al musgaño. || RATÓN *de biblioteca*. Erudito de cortos vuelos que se pasa la vida entre libros. Ú. en tono un tanto despectivo. || **P.** rato; **I.** mouse; **F.** souris; **A.** Maus; **It.** sorcio; **R.** мышь.

RATONA. f. Hembra del ratón.

RATONAR. tr. Roer los ratones alguna cosa. || **2.** r. Enfermar el gato por haber comido muchos ratones.

RATONERA. f. Trampa para cazar ratones. || **2.** Agujero que hace el ratón para entrar y salir. || **3.** Madriguera de ratones. || **4.** P. RICO. Tienda donde gastan su jornal los peones de una hacienda. || **5.** VENEZ. Ventorrillo. || **—de agua.** Gato de agua. || *Caer uno en la* RATONERA. fr. fig. y fam. Ser engañado con un ardid. || **P.** ratoeira; **I.** mousetrap; **F.** souricière; **A.** Mausefalle; **It.** tràppola; **R.** мышеловка.

RATONERO, RA. adj. Ratonesco. || **2.** fig. y fam. Dícese de la mala música.

RATONESCO, CA. adj. Perteneciente a los ratones.

RATONIL. adj. Ratonesco.

RAUCO, CA. (l. *raucus*.) adj. poét. Ronco. || **P.** ronco; **I.** raucous; **F.** rauque; **A.** heiser, schnarrend; **It.** rauco; **R.** хриплый.

RAUDA. (l. *rapĭda*, t. f. de *-dus*, raudo.) f. ant. Raudal de agua.

RAUDA. (ár. *rawḍa*, jardín, cementerio.) f. Cementerio árabe.

RAUDAL. (De *raudo*.) m. Corriente de agua que corre arrebatadamente. || **2.** fig. Abundancia de cosas que de golpe concurren o se derraman. || **3.** GUAT. Recial de un río. || **P.** torrente; **I.** y **F.** torrent; **A.** Strom; **It.** fiumana; **R.** бурный поток.

RAUDAMENTE. adv. Rápidamente.

RAUDO, DA. (l. *rapĭdus*.) adj. Rápido, violento, precipitado.

RAULÍ. (arauc. *ruylín*.) m. BOT. CHILE. Árbol de la familia de las fagáceas, que alcanza hasta 50 m de altura, de hojas caedizas, oblongas y fruto erizado. Su madera se emplea en toda clase de muebles y en arquitectura.

RAUTA. (fr. *route*, y éste del l. [*via*] *rupta*.) f. fam. Ruta, camino. Ú. solamente con los verbos *coger* y *tomar*.

RAVENALA. f. BOT. Árbol musáceo de Madagascar y América del Sur, propio de lugares pantanosos. Es notable por la belleza de su follaje y la vistosidad de sus flores.

RAVENÉS, SA. adj. Natural de Rávena. Ú. t. c. s. || **2.** Perteneciente a esta ciudad de Italia.

RAVIOLES. (ital. *ravioli*.) m. pl. Emparedados de masa con carne picada, que se sirven con queso rallado y salsa.

RAYA. (b. l. *radia*, y éste del l. *radĭus*, rayo.) f. Señal larga y estrecha que se hace o forma natural o artificialmente en un cuerpo cualquiera. || **2.** Término, límite de una nación, provincia, distrito o predio extenso. || **3.** Término que en lo físico o en lo moral, se pone a una cosa. || **4.** Cortafuego. || **5.** Cada uno de los tantos que se ganan en ciertos juegos. || **6.** Señal que resulta en la cabeza de dividir los cabellos con el peine. || **7.** Cada una de las estrías en espiral que se hacen en el ánima de las armas de fuego. || **8.** Distintivo de un vino de Jerez del tipo de los olorosos. || **9.** GRAM. Guión largo con que se separan oraciones incidentales y con que se indica el diálogo en los escritos. || **10.** FÍS. y QUÍM. Cada una de las líneas o bandas estrechas en que se resuelve un espectro. || **—de mulo.** Faja negra y estrecha que algunas caballerías tienen en el cuello y lomo. || *A* RAYA. m. adv. Dentro de los justos límites. || *Dar quince y* RAYA a uno. fr. fig. y fam. Superarle mucho en mérito o habilidad. || *Echar* RAYA. fr. fig. Competir. || *Hacer* RAYA. fr. fig. Aventajarse, sobresalir en algo. || *Pasar de la* RAYA, o *de* RAYA. fr. fig. Propasarse. || *Tres en* RAYA. Cierto juego de muchachos. || **P.** raia; **I.** ray; **F.** raie; **A.** Rochen; **It.** raggiata, razza; **R.** скат.

RAYADILLO. m. Tela de algodón rayada.

RAYADO, DA. p.p. de rayar. || **2.** adj. Dícese del cañón con algunas estrías en su superficie interior. || **3.** Conjunto de rayas o listas de una tela, papel, etc. || **4.** Acción de rayar.

RAYADOR. m. AMÉR. MERID. Ave palmípeda marina, de pico delgado y comprimido, que vuela rozando la superficie del mar. || **2.** m. MÉJ. Pagador. || **3.** MÉJ. Coime, garitero.

RAYANO, NA. (De *rayar*.) adj. Que linda o confina con una cosa. || **2.** Que está en la raya que divide dos territorios. || **3.** fig. Cercano, tan semejante que es casi igual.

RAYAR. (l. *radiāre*.) tr. Hacer o tirar rayas. || **2.** Tachar lo escrito con una o varias rayas. || **3.** Subrayar. || **4.** intr. Confirmar una cosa con otra. || **5.** Con las voces *alba, día, luz, sol,* alborear, amanecer. || **6.** fig. Sobresalir entre otros en prendas o acciones. || **7.** fig. Asemejarse una cosa a otra. || **8.** fig. AMÉR. Pagar a los operarios. || **9.** COLOM. y AMÉR. CENTRAL. Espolear la cabalgadura. || **10.** CHILE. Pedir fiado. || **11.** r. COLOM. Colmar los deseos; enriquecerse. || **P.** raiar; **I.** to stripe; **F.** rayer; **A.** linieren, (aus-, durch)streichen; **It.** rigare; **R.** черить.

RAYERO. m. ARGENT. Juez de raya.

RÁYIDO. (De *raya*, 2.º art.) adj. ZOOL. Dícese de los peces selacios que tienen el cuerpo deprimido, de forma discoidal o romboidal. Ú.t.c.s. || **2.** m. pl. ZOOL. Suborden de estos animales.

RAYO. (l. *radĭus*.) m. Cualquiera de las líneas que, partiendo del punto en que se produce la energía, señalan la dirección en que ésta se transmite. || **2.** Línea de luz procedente de un cuerpo luminoso, especialmente de las que vienen del Sol. || **3.** Chispa eléctrica de gran intensidad producida por descarga entre dos nubes o entre una nube y la tierra. || **4.** Cada una de las piezas, que a modo de radios unen el cubo a las piñas de la rueda. || **5.** fig. Cualquier cosa de gran fuerza o eficacia en la acción. || **6.** fig. Persona pronta de ingenio. || **7.** fig. Sentimiento intenso y repentino de un dolor en parte determinada del cuerpo. || **8.** fig. Estrago, infortunio o castigo imprevisto y repentino. || **9.** GERM. Criado de justicia. || **10.** GERM. Ojo. || **11.** FÍS. Línea recta según la cual se propaga una forma cualquiera de energía radiante. || **—de leche.** Hilo de leche que arroja el pezón del pecho de las mujeres que crían. || **—de luz.** ÓPT. Línea de luz transmitida por el medio diáfano. || **2.** fig. Especie que se ofrece repentinamente a la inteligencia, con que se aclara una duda o ignorancia. || **—directo.** ÓPT. El que proviene derechamente del objeto luminoso. || **—incidente.** ÓPT. Parte del rayo de luz desde el objeto hasta el punto en que se quiebra o refleja. || **—óptico.** ÓPT. Aquel por medio de cual se ve el objeto. || **—principal.** PERSP. Línea recta tirada desde la vista perpendicularmente a la tabla. || **—reflejo.** ÓPT. El que retrocede al encontrarse con un cuerpo opaco. || **—refracto.** ÓPT. El que a través de un cuerpo, se quiebra y pasa adelante. || **—textorio.** fig. Lanzadera. || **—verde.** Destello vivo e instantáneo que a veces se observa al trasponer el Sol el horizonte del mar. || **—visual.** ÓPT. Línea recta que va desde la vista al objeto, o de éste a la vista. || RAYOS X. Los derivados de los catódicos cuando los electrones que los componen, en su propagación, encuentran un sólido que los detiene. Tienen la propiedad de atravesar los cuerpos opacos a la luz ordinaria, produciendo detrás de ellos en superficies convenientemente preparadas, imágenes e impresiones que son utilizadas para la exploración médica y para otros fines. || *Echar* RAYOS uno. fr. fig. Manifestar grande ira con acciones o palabras. || **P.** raio; **I.** ray; **F.** rayon; **A.** Strachl; **It.** raggio; **R.** луч. 3.ª acep.: **P.** raio, faísca eléctrica; **I.** thunderbolt, lightning; **F.** foudre; **A.** Blitz; **It.** fùlmine; **R.** молния.

° **RAYÓN.** Nombre de una fibra obtenida químicamente de la celulosa. Se la conoce también con el nombre de seda artificial. || **2.** Tejido hecho con esta fibra.

RAYOSO, SA. adj. Que tiene rayas.

RAYUELA. f. d. de raya. || **2.** Juego en el que, tirando monedas o tejos a una raya hecha en·el suelo, a cierta distancia gana el que la toca o se acerca más a ella.

RAYUELO. (Por las rayas de su plumaje.) m. Agachadiza.

RAZA. (l. *radia;* de *radius*.) f. Casta, linaje o calidad de origen. || **2.** BIOL. Cada uno de los grupos en que se subdividen algunas especies zoológicas y cuyos caracteres diferenciales se transmiten por generación. || **3.** Grieta, hendedura. || **4.** Rayo de luz que penetra por una abertura. || **5.** Grieta que se forma a veces en la parte superior del casco de las caballerías. || **6.** Lista en la tela en la que el tejido está más claro que en el resto. || **7.** Calidad de algunas cosas, especialmente la que tiene origen en su formación. || RAZAS *humanas*. Grupos humanos que por el color de la piel y otros caracteres se distinguen los unos de los otros. || **P.** raça; **I.** y **F.** race; **A.** Stamm, Rasse; **It.** razza; **R.** paca.

RAZADO, DA. adj. Dícese del paño o de otro cualquier tejido que tiene razas.

RAZAGO. (De *raza*.) m. Harpillera.

★ RAZANO, NA. adj. COLOM. y ECUAD. De buena raza, especialmente el caballo.

RAZAR. (Tal vez de un der. del l. *radĕre*.) tr. ant. Raer o borrar.

RAZÓN. (l. *ratio, -ōnis*.) f. Facultad de discurrir. || **2.** Acto de discurrir el entendimiento. || **3.** Palabras con que se expresa el discurso. || **4.** Argumento o demostración que se aduce. || **5.** Motivo o causa. || **6.** Orden y método de una cosa. || **7.** Justicia en las operaciones, o derecho para ejecutarlas. || **8.** Equidad en las compras y ventas. || **9.** Cuenta, cómputo. || **10.** fam. Mensaje, aviso. || **11.** MAT. Resultado de la comparación entre dos cantidades. || **—aritmética.** MAT. Aquella en que se trata de averiguar el exceso de un término sobre otro. || **—de cartapacio.** fig. y fam. La que se da estudiada y de memoria sin venir al caso. || **—de Estado.** Política y norma con que se dirigen y gobiernan las cosas pertenecientes al interés y utilidad de la república. || **2.** fig. Consideración que nos mueve a portarnos de cierto modo por lo que podrán pensar los que lo sepan. || **—de pie de banco.** fig. y fam. La que es conocidamente disparatada. || **—geométrica.** MAT. Aquella en que se comparan dos términos para saber cuántas veces el uno contiene al otro. || **—natural.** Potencia discursiva humana sin estar ilustrada por ninguna especie científica. || **—por cociente.** MAT. Razón geométrica. || **—por diferencia.** MAT. Razón aritmética. || **—social.** COM. Nombre y firma

R

por los cuales es conocida una compañía mercantil. || *Alcanzar de* RAZONES a uno. Dejarle en una disputa sin que tenga qué responder. || *A* RAZÓN. m. adv. Al respecto. Ú. en las imposiciones de dinero a interés. || *Asistir la* RAZÓN a uno. fr. Tenerla de su parte. || *Atravesar* RAZONES. fr. Trabarse de palabras. || *Cargarse uno de* RAZÓN. fr. fig. Tener mucha espera para después poder proceder con más fundamento. || *Dar la* RAZÓN a uno. fr. Concederle lo que dice; confesar que obra racionalmente. || *Dar* RAZÓN. fr. Informar de un negocio. || *Dar uno* RAZÓN *de sí*, o *de su persona*. fr. Corresponder a lo que se le ha encargado, ejecutándolo exactamente. || *En* RAZÓN *a* o *de*. m. adv. Por lo que toca a alguna cosa. || *Envolver a uno a* RAZONES. fr. fig. Confundirle de modo que no sepa responder. || *Estar a* RAZÓN o *a* RAZONES. fr. Discurrir sobre un punto. || *Hacer uno* la RAZÓN. fr. Corresponder a un brindis con otro brindis. || *La* RAZÓN *no quiere fuerza*. fr. proverb. con que se advierte que en todo debe prevalecer la justicia sobre la violencia. || 2. Ú. también para exhortar a uno para que se dé por convencido. || *Llenarse uno de* RAZÓN. fr. Cargarse de razón. || *Meter a uno en* RAZÓN. fr. Obligarle a obrar razonablemente. || *Perder uno la* RAZÓN. fr. Volverse loco. || 2. Hacer o decir algo que perjudica su causa. || *Poner en* RAZÓN. fr. Apaciguar a los que contienden. || 2. Corregir a uno mediante el castigo. || *Ponerse uno a* RAZONES *con otro*. fr. Oponerse a lo que dice. || *Ponerse en* RAZÓN, o *en la* RAZÓN. fr. En los ajustes, llegar a términos equitativos. || *Privarse uno de* RAZÓN. fr. Tener embargado el uso de ella por una pasión violenta, por embriaguez, etc. || *Reducirse uno a la* RAZÓN. fr. Darse a buenas. || *Ser* RAZÓN *una cosa*. fr. Ser justa, razonable. || *Tomar* RAZÓN, o *la* RAZÓN. fr. Asentar una partida en cuenta o hacer constar en un registro lo que debe anotarse. || P. razão; I. reason; F. raison; A. Vernunft, Verstand; It. ragione; зум. || 5.ª acep.: P. razão, motivo; I. reason, motive; F. raison; A. Recht, Grund, Motiv; It. ragione, cagione; R. ·довод.

RAZONABLE. (l. *rationabilis*.) adj. Conforme a razón. || 2. fig. Mediano, regular, suficiente en calidad o en cantidad. || P. razoável; I. reasonable; F. raisonnable; A. vernünftig; It. ragionèvole; R. разумный.

RAZONABLEJO, JA. adj. fam. d. de razonable.

RAZONABLEMENTE. adv. Conforme a la razón. || 2. Más que medianamente.

RAZONADAMENTE. adv. Por medio de razones.

RAZONADO, DA. p.p. de razonar. || 2. adj. Fundado en razones o documentos.

RAZONADOR, RA. (l. *rationātor*.) adj. Que se explica y razona. Ú.t.c.s.

RAZONAL. adj. ant. Racional.

RAZONAMIENTO. m. Acción y efecto de razonar. || 2. Serie de conceptos encaminados a demostrar una cosa o a persuadir o convencer.

RAZONANTE. p.a. de razonar. Que razona.

RAZONAR. intr. Discurrir dando razones para probar alguna cosa. || 2. Hablar, de cualquier modo. || 3. tr. Tratándose de dictámenes, cuentas, etc., exponer las razones o documentos en que se apoyan. || P. raciocinar; I. to reason; F. raisonner; A. räsonieren, begründen; It. ragionare; R. рассуждать.

RAZZIA. (ár.-argelino, *gāziya*, com *gazwa*, incursión rápida, golpe de mano.) f. Incursión o correría de gente armada sin otro objeto que el botín.

RE. (l. *re*.) prep. insep. que denota reintegración o repetición, como en RE*poner*; aumento, como en RE*cargar*; oposición o resistencia, como en RE*chazar*; movimiento hacia atrás, como en RE*fluir*; negación o inversión del significado del simple, como *des*, en RE*probar*; encarecimiento, como en RE*salada*.

RE. (Véase *fa*.) m. Mús. Segunda nota de la escala musical.

REA. (l. *rea*.) f. p. us. Mujer acusada de un delito.

REABRIR. tr. Volver a abrir lo que estaba cerrado. Ú.t.c.r.

REACCIÓN. (De *re* y *acción*.) f. Acción que se opone a otra acción. || 2. En política, tendencia opuesta a las innovaciones. Dícese también del conjunto de sus partidarios. || 3. MEC. Fuerza que un cuerpo sujeto a la acción de otro ejerce sobre él en dirección opuesta. || 4. MED. Acción orgánica que tiende a contrarrestar la de un agente morbífico, o que responde a la aplicación de un remedio. || 5. MED. Período de calor que en algunas enfermedades sucede al frío. || 6. QUÍM. Acción recíproca entre dos o más cuerpos, de la cual resultan otro u otros diferentes de los primeros. || 7. Sistema de propulsión de vehículos, en especial aeronaves, basado en la reacción producida por un chorro de gases al salir a gran velocidad. || 8. Aumento de actividad que sigue a un estado de depresión. || **—en cadena.** Fís. y Quím. La que da origen a productos que por sí mismos ocasionan una reacción igual a la primera y así sucesivamente. || **—neutra.** Quím. Carácter de saturación que se revela por no alterar el color del papel de tornasol, indicando la falta de propiedades alcalina y ácida. || P. reacção; I. reaction; F. réaction; A. Reaktion; It. reazione; R. противодействие.

REACCIONAR. intr. Responder una persona o animal a un estímulo, o cambiar de disposición. || 2. Modificarse un cuerpo por la acción de un reactivo. || P. reagir; I. to react; F. réagir; A. reagieren, zurückgehen; It. reagire; R. реагировать.

REACCIONARIO, RIA. (De *reacción*.) adj. Opuesto a las innovaciones. Ú.t.c.s. || 2. Que propende a restablecer lo abolido, a operar una reacción política. Ú.t.c.s.

REACIO, CIA. (l. *reactum*, supino de *reagĕre*. reaccionar.) adj. Inobediente, remolón, terco.

★ **REACTANCIA.** f. ELECTR. Reacción que opone la autoinducción de un circuito a las variaciones de la corriente alterna.

REACTIVO, VA. (De *re* y *activo*.) adj. Dícese de lo que produce reacción. Ú.m.c.s.m.

★ **REACTOR.** adj. Nombre genérico dado a varios vehículos, especialmente aeroplanos impulsados por un motor a reacción. Ú.t.c.s. || 2. m. QUÍM. Aparato para producir y controlar una reacción en cadena automantenida. || 3. Instalación destinada a producir y regular la escisión de ciertos núcleos atómicos por la acción de los neutrones liberados durante el proceso.

REACUÑACIÓN. f. Acción y efecto de reacuñar.

REACUÑAR. tr. Resellar la moneda.

READMISIÓN. f. Admisión por segunda o más veces.

READMITIR. tr. Volver a admitir. Ú.t.c.r.

REAFIRMAR. tr. Afirmar de nuevo. Ú.t.c.r.

REAGRAVACIÓN. f. Acción y efecto de reagravar o reagravarse.

REAGRAVAR. (De *re* y *agravar*.) tr. Volver a agravar, o agravar más. Ú.t.c.r.

REAGUDO, DA. (De *re* y *agudo*.) adj. Extremadamente agudo.

REAL. (l. *res, rei*.) adj. Que tiene existencia verdadera y efectiva. || 2. Aplicado a derecho, constituye una expresión que significa derecho sobre cosas materiales o inmateriales. || 3. Fís. Dícese del foco donde se reúnen los rayos reflejados o refractados. || 4. Fís. Aplícase a la imagen que se produce por el concurso efectivo de los rayos de luz en el foco real. || P. e I. real; F. réel; A. wirklich; It. reale; R. действителн.

REAL. (l. *regalis*.) adj. Perteneciente o relativo al rey o a la realeza. || 2. fig. Regio. 3. fig. y fam. Muy bueno. || 4. Realista, partidario del realismo. Apl. a pers. ú.t.c.s. || 5. m. Sitio donde está la tienda del rey o del general. || 6. Por ext., sitio donde está acampado un ejército. || 7. Campo donde se celebra una feria. || 8. Cuarta parte de una peseta. || 9. AMÉR. Octava parte de un peso, que son dos reales y medio de vellón. || **—de minas.** Méj. Pueblo en cuyo distrito hay minas de plata. || **—fuerte.** Moneda que los españoles labraron en Méjico y que corre aún en América con valor de dos reales y

medio de vellón. || *Alzar el* REAL, o *los* REALES. fr. Ponerse en movimiento del ejército, dejando el campo en que acampaba. || *Asentar los* REALES. fr. Acampar un ejército. || *Con mi* REAL *y mi pala*. loc. adv. fig. y fam. Con mi caudal y persona. || *Sentar uno el* REAL o *los* REALES. fr. fig. Fijarse en un lugar. || *Un* REAL *sobre otro*. m. adv. fig. y fam. Al contado y completamente. || P. real; I. royal, kingly; F. royal; A. königlich; It. reale; R. королевский.

REALA. f. Rehala.

REALCE. (De *realzar*.) m. Adorno o labor que sobresale en la superficie de una cosa. || 2. fig. Lustre, estimación, grandeza sobresaliente. || 3. PINT. Parte del objeto iluminado, donde más directamente tocan los rayos luminosos. || *Bordar de* REALCE. fr. Hacer un bordado que sobresalga bien apreciablemente en la superficie de la tela. || 2. fig. Exagerar los hechos.

REALDAD. f. p. ús. Realeza, 2.º art.

REALEGRARSE. (De *re* y *alegrarse*.) r. Sentir alegría extraordinaria.

REALEJO. m. d. de real, 2.º art. || 2. Órgano pequeño manual.

REALENGO, GA. (De *real*, 2.º art.) adj. Dícese de los pueblos que no eran de señorío ni de las órdenes, sino que dependían directamente del rey. || 2. Dícese de los terrenos pertenecientes al Estado.

REALERA. (De *real*, 2.º art.) f. Maestril.

REALETE. m. d. de real, 2.º art. || 2. Dieciocheno.

REALEZA. (De *real*, 1.er art.) f. ant. Realidad.

REALEZA. (De *real*, 2.º art.) f. Dignidad o soberanía real. || P. realeza; I. royalty; F. royauté; A. Königswürde; It. regalità; R. королевство.

REALIDAD. f. Existencia real y efectiva de una cosa. || 2. Verdad, sinceridad. *En* REALIDAD *de verdad*. m. adv. Efectivamente, sin duda alguna. || *En* REALIDAD *de verdad*. m. adv. Verdaderamente. || P. realidade; I. reality; F. réalité; A. Realität; Wirklichkeit; It. realtà, realità; R. действительность.

REALILLO. m. d. de real, 2.º art. || 2. Real de vellón.

REALISMO. (De *real*, 1.er art.) m. FIL. Sistema filosófico consistente en atribuir realidad a las ideas generales. En este sentido se opone al nominalismo y se asemeja al idealismo. || 2. Sistema estético que asigna a las obras artísticas o literarias la fiel imitación de la Naturaleza. || P. e It. realismo; I. realism; F. réalisme; A. Realismus; R. реализм.

REALISMO. (De *real*, 2.º art.) m. Doctrina política favorable a la monarquía. || 2. Partido que profesa esta doctrina.

REALISTA. (De *real*, 1.er art.) adj. Partidario del realismo. Ú.t.c.s. || 2. Perteneciente al realismo o a los realistas.

REALISTA. (De *real*, 2.º art.) adj. Partidario del realismo. Ú.t.c.s. || 2. Perteneciente al realismo o a los realistas.

REALITO. m. Realillo. || **—columnario.** Moneda de plata que valía un real y cuartillo de vellón.

REALIZABLE. adj. Que se puede realizar.

REALIZACIÓN. f. Acción y efecto de realizar o realizarse.

REALIZAR. (De *real*, 1.er art.) tr. Efectuar, hacer real y efectiva de una cosa. Ú.t.c.r. || 2. COM. Vender, convertir en dinero, mercancías o cualesquiera otros bienes. || P. realizar; I. to realize; F. réaliser; A. verwirklichen, durchführen; It. realizzare; R. осуществлять.

REALME. (ant. fr. *realme*, y éste de *reame*, infl. por los der. de *regalis*.) m. ant. Reino.

REALMENTE. adv. Efectivamente, en realidad, de verdad.

REALZAR. (De *re* y *alzar*.) tr. Elevar una cosa más de lo que estaba. Ú.t.c.r. || 2. Labrar de realce. || 3. fig. Ilustrar o engrandecer. Ú.t.c.r. || 4. PINT. Tocar de luz una cosa. || 5. MAR. Dar más altura a la obra muerta de un buque. || P. realçar; I. to raise; F. rehausser; A. erheben; It. realzare; R. выделять.

REAMAR. (De *re* y *amar*.) tr. Amar mucho.

R

REAME. (ant. fr. *reame*, y éste del l. *regimen, -inis.*) m. ant. Realme.

REANIMAR. (De *re* y *animar*.) tr. Confortar, restablecer las fuerzas. Ú.t.c.r. || 2. fig. Infundir ánimo al que está abatido. || P. reanimar; I. to cheer, to revive; F. réanimer; A. wieder beleben, ermuntern; It. rianimare; R. восстанавливать.

REANUDAR. (De *re* y *anudar*.) tr; fig. Renovar o continuar el trato, estudio, trabajo, conferencia. Ú.t.c.r. || P. renovar; I. to renew, to resume; F. renouer; A. erneuern, wieder anknüpfen; It.rannodare; R. возобновлять.

REAPARECER. (De *re* y *aparecer*.) intr. Volver a aparecer o mostrarse. || P. reaparecer; I. to reappear; F. réapparaître; A. wieder erscheinen; It. riapparire; R. появляться вновь.

REAPARICIÓN. f. Acción y efecto de reaparecer.

REAPRETAR. (De *re* y *apretar*.) tr. Volver a apretar. || 2. Apretar mucho.

REARAR. (De *re* y *arar*.) tr. Volver a arar.

REARGÜIR. tr. Argüir de nuevo sobre el mismo tema. || 2. Redargüir.

REARMAR. tr. Dotar nuevamente a un país de armamento militar o reforzar el que ya tenía. Ú.t.c.r.

REARME. m. Acción de rearmar o rearmarse.

REASEGURO. m. Contrato por el cual un asegurador toma a su cargo, total o parcialmente, un riesgo ya cubierto por otro asegurador, sin alterar lo convenido entre éste y el asegurado.

REASUMIR. (De *re* y *asumir*.) tr. Volver a tomar lo que antes se había dejado. || 2. Tomar una autoridad superior las facultades de las demás. || P. reassumir; I. to reassume; F. reprendre; A. reassumieren; It. riassùmere; R. вновь принимать.

REASUNCIÓN. (De *re* y *asunción*.) f. Acción y efecto de reasumir.

REASUNTO, TA. (De *re* y *asunto*.) p.p. irreg. de reasumir.

REATA. (De *reatar*.) f. Cuerda o correa que ata y une dos o más caballerías para que vayan en hilera. || 2. La misma hilera de caballerías que van de dicho modo. || 3. Mula tercera que se añade a un carruaje para tirar delante. || 4. MAR. Conjunto de vueltas espirales que se da a un palo o a un cable, con otro cabo. || De REATA. m. adv. Formando reata. || 2. fig. y fam. De conformidad ciega con la voluntad o pensamiento de otro. || 3. fig. y fam. De seguida, en pos.

REATADURA. f. Acción y efecto de reatar.

REATAR. (De *re* y *atar*.) tr. Volver a atar. || 2. Atar apresuradamente. || 3. Atar dos o más caballerías para que vayan las unas detrás de las otras.

REATINO, NA. (l. *reatinus*.) adj. Natural de Rieti. Ú.t.c.s. || 2. Perteneciente a esta ciudad de Italia.

REATO. (l. *reātus*.) m. Obligación que queda a la pena correspondiente al pecado aun después de perdonado.

REAVENTAR. (De *re* y *aventar*.) tr. Volver a aventar o a echar al viento una cosa.

REAVIVAR. tr. Volver a avivar, o avivar intensamente. Ú.t.c.r.

REBABA. (De *re* y *baba*.) f. Porción de materia sobrante que forma resalto en los bordes o en las superficies de un objeto cualquiera.

REBAJA. (De *rebajar*.) f. Disminución, o descuento de una cosa. || P. rebaixa; I. abatement, rebate; F. rabais; A. Rabbat, Abzug; It. ribbasso; R. снижение.

REBAJADO, DA. p.p. de rebajar. || 2. m. Soldado rebajado del servicio activo.

REBAJADOR, RA. adj. FOTOGR. Baño que se usa para rebajar las imágenes demasiado obscuras.

REBAJAMIENTO. m. Acción y efecto de rebajar o rebajarse.

REBAJAR. (De *re* y *bajar*.) tr. Hacer más bajo el nivel o la altura de una cosa. || 2. Hacer nueva baja de una cantidad. || 3. fig. Humillar, abatir. Ú.t.c.r. || 4. ARQ. Disminuir la altura de un arco o rebozarla a menos de la correspondiente al semicírculo. || 5. PINT. Declinar el claro hacia

lo obscuro. || 6. r. En algunos hospitales, darse por enfermo alguno de los asistentes. || 7. Quedar un militar dispensado del servicio. || P. rebaixar; I. to abate, to lessen; F. rabaisser, rabattre; A. niedriger machen; It. rabbassare, ribassare; R. снижать.

REBAJO. (De *rebajar*.) m. Parte del canto de una cosa donde se ha disminuido el espesor por medio de un corte.

REBALAJ. m. ant. Rebalaje.

REBALAJE. (De *resbalar*.) m. Corriente de las aguas.

REBALGAR. (l. *valgus*, patizambo.) intr. AST. Abrir mucho las piernas al andar.

REBALSA. (De *rebalsar*.) f. Porción de agua que forma una balsa al ser detenida en su curso. || 2. Porción de humor detenido en una parte del cuerpo.

REBALSAR. (De *re* y *balsa*.) tr. Recoger el agua u otro líquido de modo que haga balsa. Ú.m.c.intr. y c.r.

REBALSE. m. Acción y efecto de rebalsar o rebalsarse.

REBANADA. (De *rebanar*.) f. Porción delgada, ancha y larga que se saca de una cosa, especialmente del pan. || P. rabanada; I. slice (of bread); F. tranche (de pain); A. Brotschnitte; It. fetta; R. ломоть.

REBANAR. (l. *rapināre*, quitar.) tr. Hacer rebanadas de una cosa o a una cosa. || 2. Cortar o dividir una cosa de una parte a otra.

REBANCO. (De *re* y *banco*.) m. ARQ. Segundo banco o zócalo que se coloca sobre el primero.

REBANEAR. tr. fam. Rebanar.

REBAÑADERA. (De *rebañar*.) f. Instrumento de hierro, compuesto de un arco del cual penden varios ganchos, que sirve para sacar objetos caídos en un pozo.

REBAÑADOR, RA. adj. Que rebaña. Ú.t.c.s.

REBAÑADURA. (De *rebañar*.) f. fam. Acción y efecto de rebañar. || 2. pl. Residuos de alguna cosa, por lo común comestible, que se recoge rebañando.

REBAÑAR. (l. *rapineāre; o rapināre*, quitar.) tr. Juntar y recoger alguna cosa sin dejar nada. || 2. Recoger de un plato o vasija los residuos de algún guisado o cocido hasta apurarlo.

REBAÑEGO, GA. adj. Perteneciente al rebaño de ganado.

REBAÑO. (port. *rebanho*.) m. Hato grande de ganado, especialmente lanar. || 2. fig. Congregación de los fieles respecto de sus pastores espirituales. || P. rebanho; I. herd, flock; F. troupeau; A. Herde; It. mandra; R. стадо.

REBAÑUELO. m. d. de rebaño.

REBASADERO. m. MAR. Paraje por donde un buque puede rebasar un peligro.

REBASAR. (De *repasar*.) tr. Pasar o exceder de cierto límite. || 2. MAR. Pasar navegando más allá de un buque, cabo, etc. || 3. CUBA. Pasar, salir bien de algún peligro, dificultad, etc.

REBATADAMENTE. adv. ant. Arrebatadamente.

REBATADOR, RA. (De *rebatar*.) adj. ant. Arrebatado. Usáb.t.c.s.

REBATAR. (De *rebatar*.) tr. ant. Arrebatar.

REBATE. (Del m. or. que *rebato*.) m. Reencuentro, combate, pendencia.

REBATIBLE. adj. Que se puede rebatir o refutar.

REBATIMIENTO. m. Acción y efecto de rebatir.

REBATIÑA. (De *rebatar*.) f. Arrebatiña. || *Andar a la* REBATIÑA. fr. fam. Concurrir a porfía a coger una cosa, disputándosela unos a otros.

REBATIR. (De *re* y *batir*.) tr. Rechazar la fuerza o violencia de uno. || 2. Volver a batir. || 3. Batir mucho. || 4. Redoblar, reforzar. || 5. Rebajar de una suma una cantidad que no debió incluirse en ella. || 6. Impugnar, refutar. || 7. fig. Resistir o rechazar tentaciones, propuestas, sugestiones, etc. || 8. ESGR. Desviar la espada o sable del contrario, haciéndole bajar la punta para evitar ser herido. || 9. GEOM. Hacer girar alrededor de la línea de tierra el plano vertical hasta que quede superpuesto al plano horizontal. || P. rebater; I. to repel, to rebut; F. rebattre; A. wider-

legen, zurückweisen; It. ribàttere; R. отбивать.

REBATO. (ár. *ribāṭ*, ataque repentino.) m. Convocación de los vecinos de uno o más pueblos, hecha por medio de campana, tambor, etc., con el fin de defenderse de un peligro. || 2. fig. Alarma. || 3. MIL. Acometimiento repentino que se hace al enemigo. || *De* REBATO. m. adv. fig. y fam. De improviso, de repente. || *Tocar a* REBATO. fr. Dar la señal de alarma para hacer frente a cualquier peligro. || P. rebate, alarma; I. alarm; F. tocsin, alarme; A. Alarm; It. allarme; R. набат, тревога.

REBATOSAMENTE. adv. m. ant. Arrebatada o inconsideradamente.

REBATOSO, SA. (De *rebatar*.) adj. ant. Arrebatado, precipitado.

REBAUTIZANTE. p.a. de rebautizar. Que rebautiza.

REBAUTIZAR. (De *re* y *bautizar*.) tr. Reiterar el acto y ceremonia del sacramento del bautismo.

REBECO. m. Gamuza, antílope del tamaño de una cabra que habita en los Alpes y en los Pirineos.

REBELARSE. (l. *rebellāre*.) r. Levantarse o alzarse contra un superior o autoridad legítima. || 2. Retirarse de la amistad que se tenía. || 3. fig. Oponer resistencia. || P. rebelar-se; I. to rebel; F. se rébeller, se révolter; A. sich empören; It. ribellarsi; R. восставать.

REBELDE. (l. *rebellis*.) adj. Que se rebela o subleva, faltando a la obediencia debida. Ú.t.c.s. || 2. Indócil, desobediente. || 3. fig. Dícese de la voluntad que no se rinde a los obsequios o de la pasión que no cede a la razón. || 4. FOR. Dícese del que es declarado en rebeldía por el juez, por no comparecer en juicio, después de ser llamado en forma, o por tener incumplida alguna orden o intimidación. Ú.t.c.s. || P. rebelde; I. rebellious; F. rebelle; A. Rebell, Empörer; It. ribelle; R. мятежный.

REBELDÍA. f. Calidad de rebelde. || 2. Acción propia del rebelde. || 3. FOR. Estado procesal del rebelde que no comparece en el juicio. || *En* REBELDÍA. m. adv. FOR. En situación jurídica de rebelde. || P. rebeldia; I. rebelliousness; F. rébellion; A. Widerspenstigkeit; It. ribellamento; R. мятеж.

REBELIÓN. (l. *rebellio, -ōnis.*) f. Acción y efecto de rebelarse. || 2. FOR. Delito contra el orden público, penado por la ley ordinaria y por la militar. || P. rebelião; I. rebellion; F. rébellion, révolte; A. Aufstand, Rebellion; It. ribellione; R. восстание.

REBELÓN, NA. (De *rebelarse*.) adj. Dícese de la caballería que rehusa volver a uno o a ambos lados.

REBENCAZO. m. Golpe dado con el rebenque.

REBENQUE. (b. bretón *rabanck*, y éste del anglosajón *rab-band*; de *rap*, cuerda, y *band*, lazo.) m. Látigo embreado que se usaba para castigar a los galeotes. || 2. AMÉR. MERID. Látigo recto de jinete. || 3. CUBA. Mal humor. || 4. CUBA y P. RICO. Cascarrabias. || 5. MAR. Cabo o cuerda cortos. || *Tener* REBENQUE. fr. fig. y fam. AMÉR. MERID. Tener mal genio, ser de carácter firme.

REBINA. (De *re* y *bina*.) f. Tercera cava o segunda bina que se da a las viñas.

REBINAR. tr. AGR. Cavar por tercera vez las viñas. || 2. intr. fig. AND. Reflexionar, volver a meditar sobre una cosa.

REBISABUELO, LA. (De *re* y *bisabuelo*.) m. y f. Tatarabuelo, la.

REBISNIETO, TA. (De *re* y *bisnieto*.) m. y f. Tataranieto.

REBITE. (ár. *rabīṭ* atadura, sujeción.) m. AND. Entre caldereros, remache.

REBLANDECER. (De *re* y *blando*.) tr. Ablandar una cosa o ponerla tierna. Ú.t.c.r. || P. amolecer; I. to soften; F. amollir; A. erweichen; It. rammollire; R. размягчать.

REBLANDECIMIENTO. m. Acción y efecto de reblandecer o reblandecerse. || 2. MED. Pérdida o disminución de la consistencia natural de un tejido. || P. abrandamento; I. softening; F. ramollissement; A. Erweichung; It. rammollimento; R. размягчение.

REBLAR. intr. Ar. Titubear, retroceder, cejar.

REBLE. m. Germ. Nalga.

* **REBOCERÍA.** f. Méj. Establecimiento donde se venden rebozos y otros artículos parecidos.

REBOCILLO. (d. de *rebozo*.) m. Rebociña.

REBOCIÑO. (De *rebozo*.) m. Mantilla o toca corta usada por las mujeres para rebozarse. ‖ **2.** Toca de lienzo, blanca, ceñida a la cabeza y al rostro de las mujeres, y que cae sobre el cuello y hombros o sobre el cuello y el pecho.

REBOJO. (l. *repudium*, desecho.) m. Regojo.

REBOLLAR. (De *rebollo*.) m. Rebolledo.

REBOLLEDO. m. Sitio poblado de rebollos.

REBOLLIDURA. (De *re* y *bollo*.) f. Art. Bulto en el alma de un cañón mal fundido.

REBOLLO. (l. *repullus*, renuevo.) m. Bot. Árbol de la familia de las fagáceas, de tronco grueso, copa ancha, corteza cenicienta, hojas caedizas, oblongas y sinuosas, flores en amento y bellotas solitarias y sentadas, o dos o tres sobre un pedúnculo corto. Vive en España. ‖ **2.** Brote de las raíces del melojo. ‖ **3.** Ast. Tronco de árbol. ‖ **4.** Ar. Alcanforada. ‖ **5.** Sal. Barda del roble.

REBOLLÓN. (De *rebollo*.) m. En Valencia, pieza de madera de hilo, de 12 a 20 palmos de longitud y con una escuadría de 9 a 10 dedos de tabla por 6 a 7 de canto.

REBOLLUDO, DA. (De *rebollo*.) adj. Rehecho y doble. ‖ **2.** V. *Diamante* REBOLLUDO.

REBOMBAR. (De *re* y *bomba*.) intr. Sonar ruidosa o estrepitosamente.

REBOÑAR. (Tal vez del l. *repugnāre*, luchar.) intr. Sant. Pararse la rueda del molino por rebalsar el agua en el cauce de salida.

REBOÑO. (De *reboñar*.) Fango depositado en el cauce de un molino.

REBORDA. adj. En la denominación *pega* REBORDA que suele darse al alcaudón.

REBORDE. (De *re* y *borde*.) m. Faja estrecha y saliente a lo largo del borde de una cosa. ‖ P. rebordo; I. rim; F. rebord; A. Bördel; It. orlo; R. закраина.

REBORDEADOR. m. Aparato para formar el reborde que deben tener algunas cosas.

REBORDEAR. tr. Formar reborde. Se usa especialmente hablando de los cartuchos de las escopetas. ‖ **2.** Hacer que la piel de los guantes quede igualmente estirada por todos sus extremos.

REBOSADERO. m. Sitio por donde rebosa un líquido. ‖ **2.** Chile. Mineral que se halla depositado sin formar vetas.

REBOSADURA. f. Acción y efecto de rebosar.

REBOSAMIENTO. m. Rebosadura.

REBOSANTE. p.a. de rebosar. Que rebosa.

REBOSAR. (l. *reversāre*.) intr. Derramarse un líquido por los bordes de un recipiente que no cabe más; dícese también del mismo recipiente. Ú.t.c.r. ‖ **2.** fig. Dar a entender de algún modo que con viveza algún sentimiento. ‖ **3.** fig. Abundar con demasía una cosa. Ú.t.c.r. ‖ P. trasbordar; I. to overflow; F. déborder; A. überlaufen, überfliessen; It. traboccare; R. быть переполненным.

* **REBOSO.** (De *rebosar*.) m. P. Rico, Colom. y Argent. Inmundicia que la marea arroja en la playa.

REBOTACIÓN. f. fam. Acción y efecto de rebotar o rebotarse, o poner o ponerse fuera de sí.

REBOTADERA. (De *rebotar*.) f. Peine de hierro con que se levanta el pelo del paño que se va a tundir.

REBOTADOR, RA. adj. Que rebota. Ú.t.c.s.

REBOTADURA. f. Acción de rebotar.

REBOTAR. (De *re* y *botar*.) intr. Botar repetidamente un cuerpo elástico. ‖ **2.** Botar la pelota en la pared después de haber botado en el suelo. ‖ **3.** tr. Redoblar la punta de una cosa aguda. REBOTAR *un clavo*. ‖ **4.** Levantar con la rebotadera el pelo del paño que se ha de tundir. ‖ **5.** Rechazar, un cuerpo a otros haciéndoles retroceder. ‖ **6.** Alterar el color y calidad de una cosa. Ú.t.c.r. ‖ **7.** fam. Conturbar, poner fuera de sí a una persona, con injurias o malas noticias. Ú.m.c.r. ‖ **8.** Colom. Enturbiar el agua. ‖ P. pular; I. to rebound; F. rebondir; A. zurückprallen; It. rimbalzare; R. оттлкивать.

REBOTE. m. Acción y efecto de rebotar, 1.ª y 2.ª aceps. ‖ **2.** Cada uno de los botes que después del primero da el cuerpo que rebota. ‖ *De* REBOTE. m. adv. fig. De rechazo, de resultas. ‖ P. repulsão; I. rebound; F. rebondissement; A. Rückprall; It. rimbalzo; R. отскакивание рикошетом.

REBOTICA. (De *re* y *botica*.) f. Pieza que está detrás de la principal de la botica, y le sirve de desahogo. ‖ **2.** En algunas partes, trastienda. ‖ P. laboratório; I. backshop; F. arrière-boutique; A. Hinterladen; It. retrobottega; R. внутреннее помещение аптеки.

REBOTIGA. f. En algunas partes, rebotica, 2.ª acep.

REBOTÍN. (De *re* y *brotar*.) m. Segunda hoja que echa la morera cuando la primera ha sido cogida.

REBOZAR. (De *re* y *bozo*.) tr. Cubrir casi todo el rostro con la capa o manto. Ú.t.c.r. ‖ **2.** fig. Bañar una vianda en huevo batido, harina, etc.

REBOZO. (De *rebozar*.) m. Modo de llevar la capa o manto cuando con él se cubre casi todo el rostro. ‖ **2.** fig. Simulación, pretexto. ‖ **3.** Rebociño, 1.ª acep. ‖ *De* REBOZO. m. adv. fig. De oculto, secretamente. ‖ *Sin* REBOZO. m. adv. fig. Franca, sinceramente.

REBRAMAR. (De *re* y *bramar*.) intr. Volver a bramar. ‖ **2.** Bramar fuertemente. ‖ **3.** Mont. Responder a un bramido con otro.

REBRAMO. (De *rebramar*.) m. Bramido con que el ciervo u otro animal responde al de otro o al reclamo.

REBRINCAR. intr. Brincar repetidamente y con alborozo.

REBROTAR. intr. Retoñar.

REBROTE. m. Retoño.

REBUDIAR. (De *remudiar*.) intr. Mont. Roncar el jabalí cuando siente gente.

REBUDIO. m. Ronquido del jabalí.

REBUFAR. (De *re* y *bufar*.) intr. Volver a bufar o bufar fuertemente.

REBUFE. m. Bufido, en el toro.

REBUFO. (De *rebufar*.) m. Expansión del aire alrededor de la boca de un arma de fuego al salir el tiro.

REBUJADO, DA. p.p. de rebujar. ‖ **2.** adj. Enmarañado, enredado, desordenado.

REBUJAL. (De *rebujo*, 2.º art.) m. Número de cabezas de ganado que en un rebaño exceden de cincuenta o de un múltiplo de cincuenta. ‖ **2.** Terreno de inferior calidad y menor de media fanega.

REBUJAR. (De *re* y *bozo*; en port. *rebuçar*.) tr. Arrebujar. Ú.t.c.r.

* **REBUJIDO.** adj. Cuba. Se dice del tabaco raquítico y de mal color.

REBUJINA. f. Rebujiña.

REBUJIÑA. (De *rebujo*, 2.ª art.) f. fam. Bullicio de gente del vulgo.

REBUJO. (De *rebujar*.) m. Embozo de las mujeres para no ser reconocidas. ‖ **2.** Envoltorio o lío desaliñado de trapos, papel, etc. ‖ **3.** m. Argent. La única montura, entre los hombres de campo.

REBUJO. (De *rebojo*.) m. En algunas partes, porción de diezmos, que se distribuía en dinero entre los partícipes por no poderse repartir en especie. ‖ **2.** Rebojo.

REBULTADO, DA. (De *re* y *bulto*.) adj. Abultado, grueso, de mucho bulto.

REBULLICIO. (De *rebullir*.) m. Bullicio grande.

REBULLIR. (l. *rebullīre*.) intr. Empezar a moverse lo que estaba quieto. Ú.t. c.r. ‖ **2.** tr. Colom. Menear.

REBUMBAR. intr. Zumbar la bala de cañón.

REBUMBIO. m. fam. Barullo.

REBURUJAR. (De *re* y *burujo*.) tr. fam. Cubrir o revolver alguna cosa haciéndola un burujón.

REBURUJÓN. (De *reburujar*.) m. Rebujo, 1.er art., 2.ª acep.

REBUSCA. f. Acción y efecto de rebuscar. ‖ **2.** Fruto que queda en los campos después de alzada la cosecha, y que recoge la gente. ‖ **3.** fig. Desecho, lo de peor calidad. ‖ **4.** Colom. Busca, provecho accesorio. ‖ **5.** Ecuad. Negocio ilícito llevado con cautela. ‖ P. rebusca; I. research; F. recherche; A. Nachforschung; It. ricerca; R. розыск.

REBUSCADOR, RA. adj. Que rebusca. Ú.t.c.s.

REBUSCAMIENTO. (De *re* y *buscar*.) m. Rebusca, 1.ª acep. ‖ **2.** Exceso de atildamiento que degenera en afectación, en el lenguaje o estilo.

REBUSCAR. (De *re* y *buscar*.) tr. Escudriñar o buscar una cosa con insistencia y meticulosidad. ‖ **2.** Recoger el fruto que queda en los campos después de la recolección y particularmente de la vendimia. ‖ P. rebuscar; I. to reseek, to research; F. rechercher, grappiller; A. nachlesen, nachforschen; It. ricercare; R. разыскивать.

REBUSCO. (De *rebuscar*.) m. Rebusca. ‖ **2.** Ecuad. Cosecha parcial de cacao.

* **REBUSCÓN, NA.** adj. Colom. Rebuscador. ‖ **2.** Pan. Buscavidas.

REBUTIR. tr. Embutir, rellenar.

REBUZNADOR, RA. adj. Que rebuzna. Ú.t.c.s.

REBUZNAR. (l. *re* y *bucināre*, tocar la trompeta o bocina.) intr. Dar rebuznos. ‖ P. zurrar; I. to bray; F. braire; A. iahen; It. ragliare; R. кричать (об осле).

REBUZNO. (De *rebuznar*.) m. Voz del asno. ‖ P. zurro; I. bray; F. braiment; A. Eselgeschrei; It. raglio; R. крик.

RECABAR. (De *cabo*.) tr. Alcanzar, conseguir con instancias o súplicas lo que se desea. ‖ **2.** P. Rico y Argent. Pedir, solicitar.

RECABDACIÓN. (De *recabdar*.) f. ant. Recaudación.

RECABDADOR. (De *recabdar*.) m. ant. Recaudador.

RECABDAMIENTO. (De *recabdar*.) m. ant. Recaudamiento.

RECABDAR. (l. *recapitāre*, recoger.) tr. ant. Recaudar. ‖ **2.** ant. Asegurar, prendar.

RECABDO. (De *recabdar*.) m. ant. Recaudo. ‖ **2.** ant. Reserva, cautela. ‖ **3.** ant. Cuidado, razón, cuenta.

RECABITA. adj. Israelita, descendiente de Recab. Ú.t.c.s. ‖ **2.** Perteneciente a los individuos de esta familia que por mandato de Jonadab, hijo de Recab, se abstenían de beber vino.

RECADAR. (l. *recapitāre*, recoger.) tr. Burg. y Pal. Recoger, recaudar, guardar.

RECADERO, RA. m. y f. Persona que se dedica a llevar recados de un punto a otro. ‖ P. recadista; I. messenger; F. commissionnaire; A. Botengänger; It. messagero; R. посыльный.

RECADO. (De *recadar*, y éste del l. *recapitāre*, recoger.) m. Mensaje o respuesta que de palabra se da o se envía a otro. ‖ **2.** Recuerdo de la estimación o cariño que se tiene a una persona. ‖ **3.** Regalo, presente por lo cual en la carta que le acompaña se pone: con RECADO. ‖ **4.** Provisión que para el surtido diario de la casa se lleva del mercado o de las tiendas. ‖ **5.** Conjunto de objetos necesarios para ejecutar ciertas cosas. RECADO *de escribir*. ‖ **6.** Documento que justifica las partidas de una cuenta. ‖ **7.** Precaución, seguridad. ‖ **8.** Impr. Conjunto de tipos que se aprovechan de un pliego para otro. ‖ **9.** Amér. Merid. Conjunto de piezas que componen la montura de un hombre de campo. ‖ **10.** Cuba. Cualquiera de los tubérculos o frutos que se ponen a la mesa para comer con la olla. ‖ *Mal* RECADO. Mala acción, descuido. ‖ *A buen*, o *a mucho* RECADO, o *a* RECADO. m. adv. A buen recaudo. ‖ *Dar* RECADO para una cosa. fr. Suministrar lo necesario para ejecutarla. ‖ *Llevar* RECADO uno. fr. fig. y fam. Ir bien reprendido o castigado. ‖ *Sacar los* RECADOS. fr. Sacar del juzgado eclesiástico el despacho para las amonestaciones o proclamas de los que van a casarse. ‖ P. mensagem; I. message, errand; F. mes-

R

sage; **A.** Botschaft; **It.** messaggio; **R.** послание, весть.

RECAER. (De *re* y *caer*.) intr. Volver a caer. || **2.** Caer nuevamente enfermo de la misma dolencia el que estaba convaleciendo. || **3.** Reincidir en los vicios, errores, etc. || **4.** Venir a parar sobre uno beneficios o gravámenes. || **P.** recair; **I.** to fall back, to relapse; **F.** retomber, réchoir; **A.** anheimfallen, zurückfallen; **It.** ricadere, riammalarsi; **R.** вновь упасть.

RECAÍDA. (De *recaer*.) f. Acción y efecto de recaer. || **2.** MED. Reaparición de una enfermedad en el curso de la convalecencia. || **P.** recaída; **I.** relapse; **F.** rechute; **A.** Rückfall; **It.** ricaduta; **R.** рецидив.

RECALADA. f. MAR. Acción de recalar un buque. || **P.** acção de recalar; **I.** landfall; **F.** atterrage; **A.** Ankergrund, Anlandung; **It.** approdo; **R.** приближение к берегу.

RECALAR. (De *re* y *calar*.) tr. Penetrar poco a poco un líquido por los poros de un cuerpo dejándolo mojado. Ú.t.c.r. || **2.** intr. MAR. Llegar un buque a la vista de un punto de la costa, como fin de viaje o para ser reconocido y continuar después su navegación. || **3.** MAR. Llegar el viento o el mar al punto en que se halla un buque o a otro lugar determinado. || **2.ª** acep.: **P.** recalar; **I.** to make land; **F.** atterrir; **A.** anlanden; **It.** approdare; **R.** подходить к берегу.

RECALCADA. f. MAR. Acción de recalcar un buque.

RECALCADAMENTE. adv. Muy apretadamente.

RECALCADURA. f. Acción de recalcar.

RECALCAR. (l. *recalcāre*.) tr. Apretar mucho una cosa con otra o sobre otra. || **2.** Llenar un recipiente de una cosa comprimiéndola para que quepa más. || **3.** fig. Decir las palabras con lentitud y énfasis exagerado. || **4.** intr. MAR. Aumentar el buque su inclinación o escora sobre la máxima de un balance, a consecuencia de un golpe de viento o de la salida de las olas hacia sotavento. || **5.** r. fig. y fam. Repetir una cosa muchas veces, como saboreando las palabras. || **6.** fig. y fam. Arrellenarse. || **P.** recalcar; **I.** to cram; **F.** serrer, presser; **A.** zusammenpressen; **It.** incalcare; **R.** прессовать. || **3.ª** acep.: **P.** recalcar; **I.** to emphasize; **F.** souligner; **A.** stark betonen; **It.** spiccare, accentuare; **R.** подчёркивать.

RECALCE. m. Acción y efecto de recalzar. || **2.** Recalzo.

RECALCITRANTE. (l. *recalcitrans*, *-antis*.) adj. Terco, reincidente, obstinado en la resistencia.

RECALCITRAR. (l. *recalcitrāre*.) intr. Retroceder, volver atrás. || **2.** fig. Resistir obstinadamente al que se debe obedecer. || **P.** recalcitrar; **I.** to resist; **F.** regimber, récalcitrer; **A.** Zurückweichen; **It.** ricalcitrare; **R.** пятиться назад.

★ **RECALENTADOR, RA.** adj. Que recalienta. || **2.** m. TECN. Aparato anexo a los generadores de vapor, para elevar la temperatura del vapor saturado, a fin de evitar pérdida por condensación en las tuberías o en el interior del émbolo.

RECALENTAMIENTO. m. Acción y efecto de recalentar o recalentarse.

RECALENTAR. (De *re* y *calentar*.) tr. Volver a calentar. || **2.** Calentar demasiado. || **3.** Excitar el apetito venéreo en las personas o en los animales. Excitar la pasión del amor. Ú.t.c.r. || **4.** r. Echarse a perder el tabaco, el trigo, la aceituna, etc., por exceso de calor. || **5.** Alterarse la madera por la descomposición de la savia. || **6.** Tomar una cosa más calor que el conveniente para su uso. || **P.** requentar; **I.** to reheat; **F.** réchauffer; **A.** überhitzen; **It.** riscaldare; **R.** разогреваться.

★ **RECALESCENCIA.** f. Fís y METAL. Súbita elevación de temperatura durante el enfriamiento del hierro o del acero al pasar por las zonas críticas de los diversos estados alotrópicos.

RECALMÓN. (De *re* y *calma*.) m. MAR. Súbita y considerable disminución en la fuerza del viento, y en ciertos casos de marejada.

RECALVASTRO, TRA. (l. *recalvas-*

---

ter, -tri.) adj. despect. Calvo desde la frente hasta la coronilla.

RECALZAR. (l. *recalceāre*.) tr. AGR. Arrimar tierra alrededor de las plantas. || **2.** ARQ. Hacer un recalzo en un edificio. || **3.** PINT. Pintar un dibujo. || **P.** amotar; **I.** to earth up, to hill; **F.** rechausser; **A.** häufeln; **It.** rincalzare; **R.** окучивать.

RECALZO. (De *recalzar*.) m. Recalzón. || **2.** ARQ. Reparo que se hace en los cimientos de un edificio ya construido.

RECALZÓN. (De *recalzar*.) m. Pina de refuerzo, sobrepuesta a la ordinaria, de la rueda del carro, suple a la llanta de hierro.

RECAMADO. (De *recamar*.) m. Bordado de realce.

RECAMADOR, RA. (De *recamar*.) m. y f. Bordador de realce.

RECAMAR. (Del verbo ár. *raqama*, bordar.) tr. Bordar de realce.

RECÁMARA. (De *re* y *cámara*.) f. Cuarto detrás de la cámara, destinado a guardar los vestidos, alhajas, etc. || **2.** Repuesto de muebles o alhajas en una casa rica. || **3.** Muebles o alhajas que se destinan al servicio de un personaje. || **4.** Sitio en el interior de una mina, donde se colocan los explosivos. || **5.** En las armas de fuego, lugar del ánima del cañón, opuesto a la boca, en el cual se pone el cartucho. || **6.** fig. y fam. Cautela, reserva, segunda intención. || **7.** MÉJ. Alcoba, dormitorio. || **8.** C. RICA. Sala. || **9.** VENEZ. y C. RICA. Culeca, fuego de artificio. || **P.** câmara; **I.** wardrobe; **F.** garde-robe; **A.** Garderobe; **It.** retrocàmera, guardaroba; **R.** комната, смежная с гардеробной.

RECAMBIAR. (De *re* y *cambiar*.) tr. Hacer segundo cambio o trueque. || **2.** COM. Girar letra de resaca.

RECAMBIO. m. Acción y efecto de recambiar. || **2.** GERM. Bodegón, figón, casa de comidas. || *Piezas de* RECAMBIO. En una máquina, las destinadas a substituir a las que se averíen. || **P.** recàmbio; **I.** re-exchange; **F.** rechange; **A.** Umtausch; **It.** ricambio; **R.** смена.

RECAMO. (De *recamar*.) m. Recamado. || **2.** Especie de alamar hecho de galón, con una bolita al extremo.

RECANCAMUSA. f. fam. Cancamusa.

RECANCANILLA. (De *re* y *cancanilla*.) f. fam. Modo de andar los muchachos como cojeando. || **2.** fig. y fam. Fuerza de expresión dada a las palabras para que las note y comprenda bien quien las escuche. Ú.m. en pl.

RECANTACIÓN. (l. *recantātum*, supino de *recantāre*, desdecirse, retractarse.) f. Palinodia.

RECANTÓN. (De *re* y *cantón*.) m. Guardacantón, poste de piedra que resguarda de los carruajes las esquinas de las casas.

RECAPACITAR. (De *re* y el l. *capacĭtas*, capacidad, inteligencia.) tr. Recorrer en la memoria los puntos de un asunto y reflexionar acerca de los mismos.

RECAPITULACIÓN. f. Acción y efecto de recapitular. || **P.** recapitulação; **I.** recapitulation; **F.** récapitulation; **A.** Rekapitulation; **It.** ricapitolazione; **R.** резюмирование.

RECAPITULAR. (l. *recapitulāre*.) tr. Recordar sumaria y ordenadamente lo que se ha manifestado con extensión. || **P.** recapitular; **I.** to recapitulate; **F.** récapituler; **A.** rekapitulieren; **It.** ricapitolare; **R.** резюмировать.

RECARGAR. (De *re* y *cargar*.) tr. Volver a cargar. || **2.** Aumentar la carga. || **3.** Hacer nuevo cargo o reconvención. || **4.** fig. Agravar una cuota de impuesto. || **5.** fig. Adornar con exceso a una persona o cosa. || **6.** r. MED. Tener recargo o aumento de fiebre.

RECARGO. (De *recargar*.) m. Nueva carga o aumento de carga. || **2.** Nuevo cargo que se hace a uno. || **3.** MED. Aumento de fiebre. || **4.** Aumento que se hace en la contribución o impuesto especial debido a la falta de pago o a su retraso. || **P.** sobrecarga; **I.** y **F.** surcharge; **A.** Überladung; **It.** sopraccàrica; **R.** перегрузка.

RECATA. f. Acción de recatar, 2.º art.

RECATADAMENTE. adv. Con recato.

RECATADO, DA. p.p. de recatar I.er art. || **2.** adj. Circunspecto, cauto. || **3.** Honesto, modesto. Aplícase particularmente a las mujeres.

RECATAMIENTO. m. ant. Recato.

RECATAR. (l. *recaptāre*, y éste del l. *re*, iterat y *captāre*, coger.) tr. Ocultar lo que no se quiere que se vea o se sepa. Ú.t.c.r. || **2.** r. Mostrar recelo en tomar una resolución. || **P.** recatar; **I.** to secrete, to conceal; **F.** se soustraire; **A.** verheimlichen; **It.** nascòndere; **R.** скрывать.

RECATAR. (De *re* y *catar*.) tr. Catar por segunda vez.

RECATEAR. (Del m. or. que *recatar*, I.er art.) tr. Recatear, I.ª, 2.ª y 3.ª aceps.

RECATERÍA. (De *recatear*.) f. Regatonería.

RECATO. (De *recatar*, I.er art.) m. Cautela, reserva. || **2.** Honestidad, modestia.

RECATÓN. m. Regatón, I.er art.

RECATÓN, NA. adj. Regatón, 2.º art. Ú.t.c.s.

RECATONAZO. m. Golpe dado con el recatón de la lanza.

RECATONEAR. tr. Regatonear.

RECATONERÍA. f. Regatonería.

RECATONÍA. f. ant. Recatonería.

★ **RECAUCHUTAR.** tr. Reparar el caucho de las cubiertas de los automóviles.

RECAUDACIÓN. f. Acción y efecto de recaudar. || **2.** Cantidad recaudada. || **3.** Oficina destinada para la entrega de caudales públicos. || **P.** recebimento; **I.** collecting; **F.** recouvrement; **A.** Eintreibung (der Steuern); **It.** riscossione; **R.** сбор налогов.

RECAUDADOR. (De *recaudar*.) m. Encargado de la recaudación o cobranza de caudales, y especialmente de los públicos. || **P.** recebedor; **I.** collector, tax-gatherer; **F.** receveur; **A.** Steuereinnehmer; **It.** ricevitore; **R.** сборщик налогов.

RECAUDAMIENTO. (De *recaudar*.) m. Recaudación, I.ª acep. || **2.** Cargo o empleo de recaudador. || **3.** Territorio a que se extiende el cargo de un recaudador.

RECAUDANZA. (De *recaudar*.) f. ant. Recaudación.

RECAUDAR. (l. *recapitāre*, recoger.) tr. Cobrar caudales o efectos. || **2.** Asegurar, poner o tener en custodia. || **P.** cobrar; **I.** to collect; **F.** percevoir, recouvrer; **A.** einziehen, erheben; **It.** riscuòtere; **R.** собирать.

RECAUDATORIO, RIA. adj. Perteneciente o relativo a la recaudación.

RECAUDO. (De *recaudar*.) m. Recaudación, I.ª acep. || **2.** Precaución, cuidado. || **3.** FOR. Caución, fianza, seguridad. || **4.** MÉJ. Especias. || **5.** CHILE. Legumbres surtidas. || *A buen* RECAUDO. m. adv. Bien custodiado, seguro. Ú.m. con los verbos *estar, tener, poner*, etc.

RECAVAR. (De *re* y *cavar*.) tr. Volver a cavar.

RECAZO. (De *re* y *cazo*, por la forma antigua.) m. Guarnición o parte intermedia entre la hoja y la empuñadura de las armas blancas. || **2.** Parte del cuchillo opuesta al filo.

RECEBAR. (De *re* y *cebar*.) tr. Echar recebo.

RECEBO. (De *recebar*.) m. Arena o piedra muy menuda con que se iguala y consolida el firme de una carretera. || **2.** Cantidad de líquido que se echa en los toneles que han sufrido merma.

RECECHAR. tr. MONT. Acechar.

RECECHO. m. MONT. Acecho.

RECEJAR. (De *recejo*.) intr. Recular.

RECEJO. (l. *recessus*, retroceso.) m. BURG. Retroceso, especialmente de las aguas.

RECEL. (l. *re* y *celāre*, ocultar, cubrir.) m. ant. Cobertor de tela delgada y listada.

RECELA. adj. Dícese del caballo recelador. Ú.t.c.s.

RECELADOR. (De *recelar*.) adj. Dícese del caballo destinado a incitar a las yeguas. Ú.t.c.s.

RECELAMIENTO. (De *recelar*.) m. Recelo.

RECELAR. (De *re* y *celar*, I.er art.) tr. Temer, desconfiar, sospechar. Ú.t.c.r. || **2.** Poner el caballo frente a la yegua para

R

incitarla a que admita el burro garañón. ‖ **P.** recear; **I.** to mistrust, to suspect; **F.** soupçonner, se méfier; **A.** misstrauen; **It.** diffidare; **R.** опасаться.

RECELO. (De *recelar*.) m. Acción y efecto de recelar. ‖ **P.** receio; **I.** suspicion; **F.** crainte, méfiance; **A.** Misstrauen, Verdacht; **It.** sospetto; **R.** опасение.

RECELOSO, SA. adj. Que tiene recelo.

RECENSIÓN. (l. *recensio, -ōnis*.) f. Noticia o reseña de una obra científica o literaria.

RECENTADURA. (De *recentar*.) f. Porción de levadura que se reserva para fermentar otra masa.

RECENTAL. (l. *recens, -entis*, reciente.) adj. Dícese del cordero y del ternero de leche.

RECENTAR. (l. *recentāri*.) tr. Poner en la masa del pan la recentadura o porción de levadura que se reservó. ‖ **2.** Renovarse.

RECENTÍN. adj. Recentar.

RECENTÍSIMO, MA. adj. sup. de Reciente.

RECEÑIR. (De *re* y *ceñir*.) tr. Volver a ceñir.

RECEPCIÓN. (l. *receptio, -ōnis*.) f. Acción y efecto de recibir. ‖ **2.** Admisión en un oficio, empleo o sociedad. ‖ **3.** Fiesta en que desfilan delante de los reyes, las personas notables que acuden para rendirles acatamiento o felicitarles por algún motivo. ‖ **4.** Reunión con carácter de fiesta en algunas casas particulares. ‖ **5.** For. Examen que se hace judicialmente de testigos para averiguar la verdad. ‖ **P.** recepção; **I.** reception; **F.** réception; **A.** Aufnahme, Empfang; **It.** ricezione; **R.** приём.

RECEPTA. (l. *recepta*, t.f. de *-tus*, recibido.) f. Libro en que se anotaban las multas impuestas por el Consejo de Indias. ‖ **2.** ant. Receta.

RECEPTÁCULO. (l. *receptácŭlum*.) m. Cavidad en que se contiene o puede contenerse alguna substancia. ‖ **2.** Bot. Extremo ensanchado del pedúnculo de la flor donde se asientan los verticilos florares. ‖ **3.** fig. Acogida, refugio. ‖ **P.** receptáculo; **I.** receptacle; **F.** réceptacle; **A.** Behälter; **It.** ricettàcolo; **R.** хранилище.

RECEPTADOR, RA. (l. *receptātor*.) m. y f. For. Persona encubridora de delincuentes o de cosas que son materia de delito.

RECEPTAR. (l. *receptāre*.) tr. For. Encubrir delincuentes o cosas que son materia de delito. ‖ **2.** Recibir, acoger. Ú.t.c.r.

RECEPTIVIDAD. f. Capacidad de recibir. ‖ **2.** Med. Aptitud del organismo para contraer ciertas enfermedades.

RECEPTIVO, VA. (l. *receptum*, supino, de *recipĕre*, recibir.) adj. Que recibe o es capaz de recibir.

RECEPTO. (l. *receptus*.) m. Retiro, asilo, lugar seguro.

RECEPTOR, RA. (l. *receptor, -ōris*.) adj. Que recepta o recibe. Ú.t.c.s. ‖ **2.** Dícese del motor que recibe la energía de un generador instalado a distancia. Ú.t.c.s. ‖ **3.** Dícese del aparato que sirve para recibir las señales eléctricas, telegráficas o telefónicas. Ú.m.c.s. ‖ **4.** m. For. Escribano comisionado por un tribunal para ciertos actos judiciales como hacer cobranzas, recibir pruebas, etc. ‖ **5.** Biol. Aparato u órgano sensorial que reacciona al recibir los estímulos. ‖ **P.** receptor; **I.** receiver; **F.** récepteur; **A.** Empfänger; **It.** ricevitore; **R.** приёмник.

RECEPTORIA. adj. Dícese de la carta para que en su virtud se haga alguna diligencia.

RECEPTORÍA. f. Recetoría. ‖ **2.** Oficio u oficina del receptor. ‖ **3.** For. Despacho o comisión del receptor. ‖ **4.** For. Comisión que se da a las justicias ordinarias para practicar ciertas diligencias judiciales, que por lo común se encargan a los receptores.

RECERCADOR, RA. adj. Que recerca. Ú.t.c.s. ‖ **2.** m. Cercador, hierro utilizado para dibujar en piezas de chapa delgada.

RECERCAR. (De *re* y *cercar*.) tr. Volver a cercar. ‖ **2.** Cercar.

RECÉSIT. (l. *recessit*, 3.ª pers. de sing. del pret. de *recedĕre*, retirarse, alejarse.) m. Recle.

RECESO. (l. *recessus*.) m. Separación, desvío, apartamiento. ‖ **2.** Amér. Suspensión, cesación, vacación. ‖**del sol.** Astron. Movimiento aparente con que el sol se aparta del Ecuador.

RECETA. (De *recepta*.) f. Prescripción o fórmula facultativa. ‖ **2.** Nota escrita de esta prescripción. ‖ **3.** Relación de partidas que se pasa de una contaduría a otra para tomar la cuenta al asentista o arrendador. ‖ **4.** fig. Nota que comprende la fórmula de composición de un producto y el modo de prepararlo. ‖ **5.** fig. y fam. Memoria o relación de cosas que se piden. ‖ **6.** Cuba. Entre delincuentes, sentencia del juez. ‖ **P.** receita; **I.** recipe; **F.** recette, ordonnance; **A.** Arzneiverordnung, Rezept; **It.** ricetta; **R.** рецепт.

RECETADOR. m. El que receta.

RECETANTE. p.a. de recetar. Que receta.

RECETAR. (De *receta*.) tr. Prescribir un medicamento señalando su dosis, preparación y uso. ‖ **2.** fig. y fam. Pedir alguna cosa verbalmente o por escrito. ‖ **P.** recetar; **I.** to prescribe (medicines); **F.** ordonner, faire une ordonnance; **A.** Rezepte verschreiben, verordnen; **It.** ricettare; **R.** прописывать.

RECETARIO. (De *receta*.) m. Apuntamiento de lo que el médico ordena que se suministre al enfermo. ‖ **2.** Libro en blanco, que se usa en los hospitales para poner estos asientos. ‖ **3.** Conjunto de recetas no pagadas, que los boticarios tienen juntas. ‖ **4.** Farmacopea. ‖ **5.** Libro que contiene fórmulas para la preparación de diversos productos. ‖ **6.** Libro en el que los farmacéuticos asientan las recetas despachadas.

RECETOR. m. Receptor. ‖ **2.** Tesorero encargado de recibir caudales públicos.

RECETORÍA. f. Tesorería donde ingresan los caudales que los recetores perciben. ‖ **2.** Tesorería donde cobran los prebendados de algunas iglesias sus emolumentos.

RECIAL. m. Corriente impetuosa de los ríos.

RECIAMENTE. adv. Fuertemente, con violencia.

RECIARIO. (l. *retiarĭus*, de *rete*, red.) m. Gladiador cuya arma principal era una red con que intentaba envolver a su adversario.

RECIBIDERO, RA. adj. Dícese de lo que tiene condiciones para ser recibido o tomado.

RECIBIDOR, RA. adj. Que recibe. Ú.t.c.s. ‖ **2.** m. En la orden de San Juan, ministro diputado para recaudar los fondos pertenecientes a ella. ‖ **3.** Recibimiento, 3.ª y 2.ª aceps.

★ RECIBIDORA. f. Amér. Mujer que atiende a una parturienta sin ser comadrona.

RECIBIENTE. p.a. de recibir. Que recibe.

RECIBIMIENTO. (De *recibir*.) m. Recepción, 1.ª acep. ‖ **2.** Acogida que se hace al que viene de fuera. ‖ **3.** En algunas partes, antesala. ‖ **4.** En otras, sala principal. ‖ **5.** Pieza que da entrada a las habitaciones de una familia. ‖ **6.** Visita general en que una persona recibe a todas las de su amistad y estimación con algún motivo. ‖ **7.** En algunas partes, altar que se levanta en las calles para la procesión del Santísimo Sacramento. ‖ **P.** recibimento; **I.** reception; **F.** réception, accueil; **A.** Empfang, Aufnahme; **It.** ricevimento; **R.** передняя. ‖ 3.ª acep.: **P.** antessala; **I.** reception-room; **F.** salon de réception; **A.** Empfangszimmer; **It.** anticámera; **R.** передняя.

RECIBIR. (l. *recipĕre*.) tr. Tomar uno lo que le dan o le envían. ‖ **2.** Percibir, encargarse de una cosa. ‖ **3.** Sustentar, sostener un cuerpo a otro. ‖ **4.** Padecer uno algún daño con el que le sobreviene. ‖ **5.** Admitir dentro de sí una cosa a otra. ‖ **6.** Admitir, aprobar una cosa. ‖ **7.** Admitir uno a otro en su compañía. ‖ **8.** Admitir visitas una persona, generalmente en día determinado. ‖ **9.** Salir a encontrarse con uno cuando viene de fuera. ‖ **10.** Esperar o hacer frente al que acomete. ‖ **11.** Ase-

gurar con yeso u otro material un cuerpo que se introduce en la fábrica. ‖ **12.** Taurom. Esperar el matador la embestida del toro sin mover los pies al dar la estocada. ‖ **13.** r. Tomar uno la investidura o el título para ejercer alguna profesión. ‖ **P.** receber; **I.** to receive; **F.** recevoir; **A.** empfangen, erhalten; **It.** ricèvere; **R.** принимать.

RECIBO. (De *recibir*.) m. Recepción, 1.ª acep. ‖ **2.** Recibimiento, 3.ª, 4.ª, 5.ª y 6.ª aceps. ‖ **3.** Resguardo firmado en que se declara haber recibido alguna cosa. ‖ *Estar de* RECIBO. fr. Estar una persona, y especialmente una señora, ataviada y dispuesta para recibir visitas. ‖ **2.** *Ser de* RECIBO. fr. Ser aceptable un género. ‖ 3.ª acep.: **P.** recibo; **I.** receipt, acquittance; **F.** reçu, quittance; **A.** Empfangsschein, Quittung; **It.** ricevuta; **R.** приём.

RECIDIVA. (l. *recidīva*, t. f. de *-vus*, que renace o se renueva.) f. Med. Repetición de una enfermedad, recientemente terminada la convalecencia. ‖ **P.** recidiva; **I.** relapse; **F.** récidive; **A.** Rückfall (einer Krankheit); **R.** рецидив.

RECIEDUMBRE. (De *recio*.) f. Fuerza, vigor, fortaleza.

RECIÉN. (apóc. de *reciente*.) adv. Recientemente. Ú. siempre antepuesto a los participios pasivos. RECIÉN *pintado*.

RECIENTE. (l. *recens, -entis*.) adj. Nuevo, fresco o acabado de hacer. ‖ **2.** m. And. Levadura, 1.ª acep. ‖ **P.** e It. reciente; **I.** recent; **F.** récent; **A.** neuerlich; **R.** недавний.

RECIENTEMENTE. adv. Poco tiempo antes. ‖ **P.** e It. recentemente; **I.** recently; **F.** récemment; **A.** vor kurzen; **R.** недавно.

RECINCHAR. (De *re* y *cinchar*.) tr. Fajar una cosa, ciñéndola con otra.

RECINCHO. m. Murc. Ceñidor de esparto.

RECINTO. (l. *re* y *cinctus*, cercado, rodeado.) m. Espacio comprendido dentro de ciertos límites. ‖ **P.** e It. recinto; **I.** enclosure; **F.** enceinte, enclos; **A.** Einfriedung, Bereich; **R.** ограниченное пространство.

RECIO, CIA. adj. Fuerte, robusto, vigoroso. ‖ **2.** Grueso, abultado. ‖ **3.** Áspero, duro de genio. ‖ **4.** Duro, difícil de soportar. ‖ **5.** Dícese de la tierra gruesa, substanciosa, de mucha miga. ‖ **6.** Hablando del tiempo, riguroso. ‖ **7.** Veloz, impetuoso. ‖ **8.** adv. De recio. ‖ **9.** Con rapidez o precipitación. ‖ *De* RECIO. m. adv. Reciamente. ‖ **P.** rijo; **I.** strong, vigorous; **F.** trapu, fort; **A.** stark, kräftig; **It.** forte, vigoroso, rude; **R.** крепкий.

RECIO, CIA. adj. Natural de Recia. Ú.t.c.s. ‖ **2.** Perteneciente a este país de la Europa antigua.

RÉCIPE. (imper. del l. *recipĕre*, recibir, recibe, toma.) m. Palabra que solía ponerse en abreviatura a la cabeza de la receta. ‖ **2.** fam. Receta, 1.ª acep. ‖ **3.** fig. y fam. Disgusto que se da a uno.

RECIPIENDARIO. (l. *recipiendus*, que debe ser recibido.) m. El que es recibido solemnemente en una corporación para formar parte de ella.

RECIPIENTE. (l. *recipiens, -entis*, p.a. de *recipĕre*, recibir.) adj. Que recibe. ‖ **2.** m. Receptáculo, 1.ª acep. ‖ **3.** Vaso donde se recoge el líquido destilado por un alambique. ‖ **4.** Campana de vidrio o cristal, colocada sobre la platina de la máquina neumática para hacer el vacío. ‖ **P.** e It. recipiente; **I.** recipient; **F.** récipient; **A.** Gefäss; **R.** принимающий.

RECIPROCACIÓN. (l. *reciprocatio, -ōnis*.) f. Reciprocidad. ‖ **2.** Manera de ejercerse la acción del verbo recíproco.

RECÍPROCAMENTE. adv. Mutuamente, con reciprocidad o correspondencia mutua.

RECIPROCAR. (l. *reciprocāre*.) tr. Hacer que dos cosas se correspondan. ‖ **2.** Responder a una acción con otra semejante. Ú.m. en América. ‖ **3.** r. Corresponderse una cosa con otra.

RECIPROCIDAD. (l. *reciprocĭtas, -ātis*.) f. Correspondencia mutua entre dos personas o cosas. ‖**internacional.** Der. Derecho de igualdad y mutuo respeto entre los Estados. ‖ **P.** reciprocidade; **I.** reciprocity; **F.** réciprocité; **A.** Reziprozität; **It.** reciprocità; **R.** обоюдность.

R **RECÍPROCO, CA.** (l. *reciprŏcus.*) adj. Igual en la correspondencia de uno al otro. || **2.** GRAM. V. *Verbo* RECÍPROCO. Ú.t.c.s. || *Números* RECÍPROCOS. MAT. Se llaman así dos números tales que su producto es igual a la unidad. || **P.** recíproco; **I.** reciprocal; **F.** réciproque; **A.** gegenseitig; **It.** reciproco; **R.** обоюдный.

RECISIÓN. (l. *recisio, -ōnis.*) f. desus. FOR. Rescisión.

RECITACIÓN. (l. *recitatio, -ōnis.*) f. Acción de recitar.

RECITÁCULO. m. Escena, lugar donde antiguamente se recitaba.

RECITADO. (De *recitar.*) m. Mús. Forma musical que es un término medio entre la declamación y el canto. || **P.** e **It.** recitativo; **I.** recitative; **F.** récitatif; **A.** Sprechgesang; **R.** речитатив.

RECITADOR, RA. (l. *recitātor.*) adj. Que recita. Ú.t.c.s.

RECITAL. m. Mús. Concierto, sesión musical cuyo programa es exclusivamente ejecutado por un solo artista y en un solo instrumento. RECITAL *de violín.* Por ext., recitación de versos de un poeta.

RECITANTE, TA. (De *recitar.*) m. y f. Comediante o farsante.

RECITAR. (l. *recitāre.*) tr. Decir en voz alta un discurso u oración. || **2.** Pronunciar en alta voz y de memoria versos, discursos, etc. || **P.** recitar; **I.** to recite; **F.** réciter; **A.** vortragen; **It.** recitare; **R.** читать наизусть.

RECITATIVO, VA. (De *recitar.*) adj. Mús. *Estilo* RECITATIVO. El que consiste en cantar recitando.

RECIURA. f. Calidad de recio. || **2.** Rigor o aspereza del tiempo o de la estación.

RECIZALLA. (De *re* y *cizalla.*) f. Segunda cizalla.

RECLAMACIÓN. (l. *reclamatio, -ōnis.*) f. Acción y efecto de reclamar. || **2.** Oposición o impugnación que se hace a una cosa por considerarla injusta. || **P.** reclamação; **I.** claim; **F.** réclamation; **A.** Einspruch; **It.** reclamo; **R.** претензия, требование.

RECLAMANTE. p.a. de reclamar. Que reclama. Ú.t.c.s.

RECLAMAR. (l. *reclamāre,* de *re* y *clamāre,* gritar, llamar.) intr. Clamar contra una cosa; oponerse a ella verbalmente o por escrito. || **2.** poét. Resonar. || **3.** tr. Llamar a uno repetidamente. || **4.** Pedir o exigir con derecho o con instancia una cosa. || **5.** Llamar a las aves por medio del reclamo. || **6.** FOR. Llamar una autoridad a un prófugo, o pedir el juez competente el reo a la causa en que otro entiende indebidamente. || **7.** rec. Llamarse unas a otras ciertas aves. Ú.t.c.tr. || **P.** reclamar; **I.** to claim; **F.** réclamer; **A.** beanspruchen; **It.** reclamare; **R.** требовать.

RECLAMAR. intr. MAR. Izar una vela o halar un aparejo hasta que queden tensos los guarnes de los cabos o las relingas de aquélla. Ú. sólo en m. adv. *A* RECLAMAR.

RECLAME. (De *re* y el fr. *clan* o *clamp.*) m. MAR. Cajera con sus roldanas, en los cuellos de los masteleros, por donde pasan las ostagas de las gavias.

RECLAMO. (De *reclamar.*) m. Ave amaestrada de que se sirven los cazadores para atraer con su canto otras de su especie. || **2.** Voz con que un ave llama a otra. || **3.** Instrumento que imita la voz de las aves y es utilizado por los cazadores para atraerlas. || **4.** Sonido de este instrumento. || **5.** fig. Cualquier cosa que atrae o convida. || **6.** Voz con que se llama a uno. || **7.** Llamada, 2.ª acep. || **8.** GERM. Criado de la mujer de la mancebía. || **9.** FOR. Reclamación, 2.ª acep. || **10.** IMPR. Palabra o sílaba que solía ponerse al fin de cada plana de un impreso, y era la misma con que empezaba la plana siguiente. || *Acudir* uno *al* RECLAMO. fr. fig. y fam. Ir adonde ha oído que hay cosa conveniente a su propósito. || **P.** reclamo; **I.** decoy, allurement; **F.** appeau, réclame; **A.** Lockvogel, Lockruf; **It.** richiamo; **R.** манная птица, зов.

RECLE. (De *recre.*) m. Tiempo que se permite a los prebendados no asistir al coro, para su descanso y recreación.

RECLINACIÓN. f. Acción y efecto de reclinar o reclinarse.

RECLINAR. (l. *reclināre.*) tr. Inclinar el cuerpo apoyándolo sobre alguna cosa. ||

2. Inclinar una cosa apoyándola sobre otra. Ú.t.c.r. || **P.** reclinar; **I.** to recline; **F.** appuyer; **A.** zurücklehnen, neigen; **It.** reclinare; **R.** наклонять.

RECLINATORIO. (l. *reclinatorĭum.*) m. Cualquier cosa dispuesta para reclinarse. || **2.** Mueble destinado para arrodillarse y orar. || **P.** genuflexório; **I.** couch, praying-desk; **F.** accoudoir, prie-Dieu; **A.** Betstuhl, Armstütze; **It.** reclinatorio, inginocchiatoio; **R.** подлокотник.

RECLUIR. (l. *recludĕre.*) tr. Encerrar en reclusión. Ú.t.c.r.

RECLUSIÓN. (De *recluso.*) f. Prisión voluntaria o forzosa. || **2.** Sitio en que uno está recluso. || **3.** Pena de prisión señalada por el código. || **P.** reclusão; **I.** reclusion; **F.** réclusion; **A.** Haft, Einsperrung; **It.** reclusione; **R.** заключение.

RECLUSO, SA. (l. *reclussus.*) p.p. irreg. de recluir.

RECLUSORIO. m. Reclusión, 2.ª acep.

RECLUTA. (De *reclutar.*) f. Reclutamiento. || **2.** m. El que voluntariamente sienta plaza de soldado. || **3.** Por ext., mozo alistado para el servicio militar obligatorio. || **4.** Por ext., soldado muy bisoño. || **5.** R. DE LA PLATA. Acción de reclutar o reunir el ganado disperso. || —**disponible.** Mozo, que declarado útil para el servicio militar, no es llamado a filas inmediatamente. || **P.** recruta; **I.** recruit; **F.** recrue; **A.** Rekrut; **It.** rècluta; **R.** рекрут.

RECLUTADOR. m. Que recluta o alista reclutas.

RECLUTAMIENTO. m. Acción y efecto de reclutar. || **2.** Conjunto de los reclutas de un año. || **P.** recrutamento; **I.** recruitment; **F.** recrutement, levée; **A.** Rekrutierung, Ausmusterung; **It.** reclutamento; **R.** рекрутский набор.

RECLUTAR. (fr. *recruter,* de *recroître,* del l. *recrescĕre,* aumentar.) tr. Alistar reclutas. || **2.** Por ext., allegar adeptos para un fin determinado. || **3.** R. DE LA PLATA. Reunir el ganado disperso. || **P.** recru*ar; **I.** to recruit; **F.** recruter; **A.** ausheben, rekrutieren; **It.** reclutare; **R.** вербовать.

RECOBRACIÓN. (De *recobrar.*) f. ant. Recobro.

RECOBRAMIENTO. (De *recobrar.*) m. ant. Recobro.

RECOBRANTE. p.a. de recobrar. Que recobra.

RECOBRAR. (l. *recuperāre.*) tr. Volver a tomar o conseguir lo que antes se tenía. || **2.** r. Repararse de un daño. || **3.** Desquitarse de lo perdido. || **4.** Volver en sí de la enjenaación mental o de los sentidos o de una enfermedad. || **P.** recobrar; **I.** to recover; **F.** recouvrer; **A.** wiedererlangen; **It.** ricuperare; **R.** получать обратно.

RECOBRO. m. Acción y efecto de recobrar o recobrarse.

RECOCER. (l. *recoquĕre.*) tr. Volver a cocer. || **2.** Cocer mucho una cosa. Ú.t.c.r. || **3.** Caldear los metales para que adquieran el temple que pierden al trabajarlos. || **4.** r. fig. Atormentarse interiormente por la vehemencia de una pasión. || **P.** recozer; **I.** to boil again; **F.** recuire; **A.** aufkochen, verkochen; **It.** ricuòcere; **R.** перекипять.

RECOCIDA. f. Recocido.

RECOCIDO, DA. (De *recocer.*) adj. fig. Muy experimentado en cualquier materia. || **2.** m. Acción y efecto de recocer o recocerse.

★ **RECOCIDO.** m. QUÍM. Tratamiento térmico a que se somete algunos metales para mejorar sus propiedades, consistente en calentarlos a una temperatura conveniente para producir una modificación estructural determinada, seguido de un enfriamiento lento.

RECOCINA. (De *re* y *cocina.*) f. Cuarto contiguo a la cocina, y que le sirve de desahogo.

RECOCTA. (l. *recocta,* recocida.) f. ant. Requesón.

RECOCHO, CHA. (l. *recoctus,* p.p. de *recoquĕre,* recocer.) adj. Muy cocido. Ú.t.c.s.

RECODADERO. m. Mueble o sitio para recodarse.

RECODAR. intr. Recostarse sobre un codo. Ú.m.c.r.

RECODAR. intr. Formar recodo un río, un camino, etc.

RECODIR. (l. *recutĕre.*) intr. ant. Recudir.

RECODO. (De *re* y *codo.*) m. Ángulo o vuelta que forman las calles, caminos, ríos, etc., al torcer la dirección que traían. || **2.** Lance del juego del billar, en que la bola herida toca sucesivamente en dos bandas contiguas. || **P.** ângulo, cotovelo; **I.** corner; **F.** coude, angle; **A.** Winkel, Windung; **It.** gòmito; **R.** изгиб.

RECOGEABUELOS. (De *recoger* y *abuelo.*) m. Abrazadera, generalmente de concha, que las mujeres se ponen para sujetar los abuelos o tolanos.

RECOGEDERO. m. Sitio en que se recogen algunas cosas. || **2.** Instrumento para recoger.

RECOGEDOR, RA. adj. Que recoge o da acogida a uno. || **2.** m. Utensilio para recoger del suelo la basura que se amontona al barrer. || **3.** Instrumento de labranza para recoger la parva de la era. || **4.** ARGENT. Cogedera especial para frutos. || **5.** CUBA. Puerta de la pocilga, en las haciendas de campo.

RECOGEMIGAS. m. Juego de cepillo y pala para recoger las migas que quedan sobre el mantel.

RECOGER. (l. *recolligĕre.*) tr. Volver a coger una cosa; tomarla segunda vez. || **2.** Juntar personas o cosas dispersas. || **3.** Hacer la cosecha o recolección de los frutos. || **4.** Encoger, estrechar o ceñir. || **5.** Guardar o poner en cobro una cosa. || **6.** Ir juntando o guardando poco a poco. || **7.** Dar asilo, acoger a uno. || **8.** Encerrar a uno por loco. || **9.** Suspender el uso o curso de una cosa para enmendarla o para anular sus efectos. || **10.** r. Retirarse a una parte. || **11.** Separarse de la demasiada comunicación de las gentes. || **12.** Ceñirse, moderarse en los gastos. || **13.** Retirarse a descansar. || **14.** Retirarse a casa. || **15.** fig. Abstenerse el espíritu de todo lo terreno para entregarse a la meditación o a la contemplación. || **2.** acep.: **P.** recolher; **I.** to gather, to collect; **F.** ramasser, recueillir; **A.** sammeln, aufheben; **It.** ripigliare, raccogliere; **R.** подбирать.

RECOGIDA. f. Acción y efecto de recoger 2.ª y 9.ª aceps. || **2.** CHILE. Acción de tirar prestamente del hilo de una cometa. || **3.** R. DE LA PLATA. Acción y efecto de sacar del campo ajeno cierto número de animales, por no haberse mezclado con otros de marca diferente.

RECOGIDAMENTE. adv. Con recogimiento.

RECOGIDO, DA. (De *recoger.*) adj. Que tiene recogimiento y vive retirado del trato de las gentes. || **2.** Dícese de la mujer que vive retirada, con clausura voluntaria o forzosa. Ú.t.c.s. || **3.** Aplícase al animal corto de tronco.

RECOGIMIENTO. m. Acción y efecto de recoger o recogerse. || **P.** recolhimento; **I.** concentration, retreat; **F.** recueillement; **A.** Andacht; **It.** raccoglimento, ritiro; **R.** собирание.

RECOLADO. m. Una de las cinco clases de paño que se fabricaban en Segovia.

RECOLAR. (l. *recolāre.*) tr. Volver a colar un líquido.

RECOLECCIÓN. (l. *recollectum,* supino de *recolligĕre,* reunir, recoger.) f. Acción y efecto de recolectar. || **2.** Recopilación o compendio. || **3.** Cosecha de los frutos. || **4.** Recaudación de frutos y dinero. || **5.** En algunas religiones, observancia más estrecha de la regla. || **6.** Convento o casa recoleta. || **7.** fig. Casa particular en la que se observa recogimiento. || **8.** TEOL. Recogimiento y atención a Dios y a las cosas divinas. || **P.** ricopilação, colheita; **I.** harvest; **F.** récolte; **A.** Ernte, Einsammlung; **It.** raccolta; **R.** сбор.

RECOLECTAR. (l. *recollectum,* supino de *recolligĕre,* recoger.) tr. Recoger, 2.ª y 3.ª aceps.

RECOLECTOR. (De *re* y *colector.*) m. Recaudador.

RECOLEGIR. (l. *recolligĕre.*) tr. Colegir, juntar las cosas sueltas o dispersas.

RECOLETO, TA. (l. *recollectus,* recogido.) adj. Dícese del religioso que guarda. recolección. Ú.t.c.s. || **2.** Dícese de la persona que vive con retiro y abstracción y viste con modestia. || **3.** Dícese del con-

vento en que se practica la recolección. ||
P. recoleto; **I.** Recollect; **F.** récollet; **A.** Zurückgezogen; **It.** recolletto; **R.** затворник.

RECOMENDABLE. adj. Digno de recomendación y aprecio.

RECOMENDABLEMENTE. adv. De modo recomendable.

RECOMENDACIÓN. f. Acción y efecto de recomendar o recomendarse. || **2.** Encargo o súplica hecha a otro. || **3.** Alabanza de un sujeto para introducirle con otro. || **4.** Autoridad, representación o calidad por que una cosa se hace más apreciable. || **P.** recomendação; **I.** recommendation; **F.** recommandation; **A.** (An)Empfehlung; **It.** raccomandazione; **R.** рекомендация.

RECOMENDADO, DA. p.p. de recomendar. || **2.** m. y f. Persona en cuyo favor se ha hecho una recomendación.

RECOMENDANTE. p.a. de recomendar. Que recomienda. Ú.t.c.s.

RECOMENDAR. (De re y comendar.) tr. Encomendar o pedir a uno que tome a su cargo o cuidado una persona o negocio. || **2.** Hablar o empeñarse por uno. || **3.** Hacer recomendable a uno. Ú.t.c.r. || **P.** recomendar; **I.** to recommend; **F.** recommander; **A.** empfehlen; **It.** raccomandare; **R.** рекомендовать.

RECOMENDATORIO, RIA. adj. Dícese de lo que recomienda.

RECOMENZAR. tr. Volver a comenzar.

RECOMERSE. r. Concomerse.

RECOMPENSA. f. Acción y efecto de recompensar. || **2.** Lo que sirve para recompensar. || **P.** recompensa; **I.** reward; **F.** récompense; **A.** Belohnung; **It.** ricompensa; **R.** вознаграждение.

RECOMPENSABLE. adj. Que se puede recompensar. || **2.** Merecedor de recompensa.

RECOMPENSACIÓN. f. Recompensa.

RECOMPENSAR. (De re y compensar.) tr. Compensar, resarcir o indemnizar a alguien de un daño o disgusto. || **2.** Retribuir un servicio. || **3.** Premiar un beneficio, favor o mérito. || **P.** recompensar; **I.** to reward; **F.** récompenser; **A.** belohnen; **It.** ricompensare; **R.** вознаграждать.

RECOMPONER. (l. recomponĕre.) tr. Componer de nuevo, reparar.

RECOMPUESTO, TA. (l. recompositus.) p.p. irreg. de recomponer.

RECONCENTRACIÓN. f. Reconcentramiento.

RECONCENTRAMIENTO. m. Acción y efecto de reconcentrar o reconcentrarse.

RECONCENTRAR. (De re y concentrar.) tr. Introducir una cosa en otra. Ú.m.c.r. || **2.** Reunir en un punto las personas o cosas que estaban esparcidas. Ú. t.c.r. || **3.** fig. Disimular profundamente un sentimiento o afecto. || **4.** r. fig. Abstraerse, ensimismarse.

RECONCILIACIÓN. (l. reconciliatio, -ōnis.) f. Acción y efecto de reconciliar o reconciliarse. || **P.** reconciliação; **I.** reconciliation; **F.** réconciliation; **A.** Aussöhnung; **It.** riconciliazione; **R.** примирение.

RECONCILIADOR, RA. (l. reconciliātor.) adj. Que reconcilia. Ú.t.c.s.

RECONCILIAR. (l. reconciliāre.) tr. Restablecer la concordia o la amistad entre los que se habían desunido. Ú.t.c.r. || **2.** Restituir al gremio de la Iglesia a quien se había separado de sus doctrinas. Ú.t. c.r. || **3.** Oir una ligera confesión. || **4.** Bendecir un lugar sagrado que ha sido violado. || **5.** r. Confesarse de algunas culpas ligeras u olvidadas en otra confesión reciente. || **P.** reconciliar; **I.** to reconcile; **F.** réconcilier; **A.** versöhnen; **It.** riconciliare; **R.** примирять.

RECONCOMERSE. (De re y concomerse.) r. Concomerse.

RECONCOMIO. m. fam. Acción de reconcomerse. || **2.** Prurito, deseo persistente y excesivo. || **3.** fig. y fam. Movimiento del ánimo hacia un afecto. || **4.** fig. y fam. Recelo o sospecha que inquieta el ánimo.

RECONDENAR. tr. Condenar de nuevo o hacerlo con mayor intensidad y eficacia. Ú.m.c.r.

RECONDITEZ. f. fam. Cosa recóndita.

RECÓNDITO, TA. (l. reconditus, p.p.

de recondĕre, ocultar, esconder.) adj. Muy escondido, oculto o reservado. || **P.** recôndito; **I.** recondite; **F.** secret, caché; **A.** geheim, verborgen; **It.** nascosto; **R.** скрытый.

RECONDUCCIÓN. (De re y conducción.) f. For. Acción y efecto de reconducir.

RECONDUCIR. (l. reconducĕre.) tr. For. Prorrogar un arrendamiento expresa o tácitamente.

RECONFORTANTE. p.a. de reconfortar. Que reconforta. Ú.t.c.s.

RECONFORTAR. tr. Confortar de nuevo o eficaz y enérgicamente.

RECONOCEDOR, RA. adj. Que reconoce, revisa o examina. Ú.t.c.s.

RECONOCER. (l. recognoscĕre.) tr. Examinar con cuidado a una persona o cosa. || **2.** Registrar, mirar por todos sus lados o aspectos una cosa para acabarla de comprender. || **3.** Registrar para enterarse bien del contenido de un baul, maleta, etc., como se hace en las aduanas. || **4.** En política internacional, aceptar un nuevo estado de cosas. || **5.** Examinar de cerca una posición militar del enemigo. || **6.** Confesar de modo notorio la dependencia o subordinación en que se está respecto de otro o la legitimidad de la jurisdicción que ejerce. || **7.** Confesar la certeza de lo que otro dice o la obligación de gratitud que se le debe. || **8.** Considerar, advertir, contemplar. || **9.** Dar uno por suya una obligación en que suena su nombre. || **10.** Distinguir de las demás a una persona cuya fisonomía, por causas varias, se tenía ya olvidada. || **11.** Construido con la preposición por, conceder a uno, con la conveniente solemnidad, la relación de parentesco que tiene con quien hace la declaración de reconocimiento. RECONOCER a uno por padre. || **12.** Con la misma. preposición por, acatar como legítima una autoridad. || **13.** r. Dejarse comprender una cosa por ciertas señales. || **14.** Confesarse culpable de una falta, equivocación, etcétera. || **15.** Hablando de mérito, fuerza, etc., tenerse uno a sí propio por lo que es en realidad. || **P.** reconhecer; **I.** to scrutinize, to recognize; **F.** reconnaître; **A.** anerkennen, gestehen; **It.** riconòscere; **R.** признавать.

RECONOCIBLE. adj. Que puede ser reconocido.

RECONOCIDAMENTE. adv. Con reconocimiento o gratitud.

RECONOCIDO, DA. p.p. de reconocer. || **2.** adj. Dícese del que reconoce los beneficios que ha recibido de otro.

RECONOCIENTE. p.a. de reconocer Que reconoce.

RECONOCIMIENTO. m. Acción y efecto de reconocer o reconocerse. || **2.** Gratitud. || **3.** For. Acto de reconocer a uno por hijo cuando se trata de hijos naturales. || **P.** reconhecimento; **I.** recognition, acknowledgement; **F.** reconnaissance; **A.** Erkennung, Anerkennung; **It.** riconoscimento; **R.** узнавание.

RECONQUISTA. f. Acción y efecto de reconquistar. || **2.** Por antonom., conjunto de guerras sostenidas por los cristianos españoles contra los musulmanes y cuyo epílogo fue la toma de Granada en 1492.

RECONQUISTAR. tr. Volver a conquistar una plaza o territorio. || **2.** fig. Recuperar la opinión, la hacienda, el afecto, etcétera. || **P.** reconquistar; **I.** to reconquer; **F.** reconquérir; **A.** wiedererobern; **It.** riconquistare; **R.** отвоёвывать.

RECONSTITUCIÓN. f. Acción y efecto de reconstituir o reconstituirse.

RECONSTITUIR. (De re y constituir.) tr. Volver a constituir. Ú.t.c.r. || **2.** Med. Devolver al organismo sus condiciones normales. Ú.t.c.r.

RECONSTITUYENTE. p.a. de reconstituir. Que reconstituye. || **2.** Med. Dícese especialmente del remedio que tiene la virtud de reconstituir. Ú.t.c.s.m.

RECONSTRUCCIÓN. m. Acción y efecto de reconstruir.

RECONSTRUCTIVO, VA. adj. Perteneciente o relativo a la reconstrucción.

RECONSTRUIR. (l. reconstruĕre.) tr. Volver a construir. || **2.** fig. Unir, allegar en la memoria todas las circunstancias de

un hecho para completar su conocimiento. || **P.** reconstruir; **I.** to reconstruct; **F.** reconstruire; **A.** wiederaufbauen; **It.** ricostruire; **R.** перестраивать.

RECONTAMIENTO. m. Acción de recontar o referir.

RECONTAR. (De re y contar.) tr. Contar o volver a contar. || **2.** Referir, relatar, dar a conocer.

RECONTENTO, TA. (De re y contento.) adj. Muy contento. || **2.** m. Contento grande.

RECONVALECER. (l. reconvalescĕre.) intr. Volver a convalecer.

RECONVENCIÓN. f. Acción de reconvenir. || **2.** Cargo o argumento con que se reconviene. || **3.** For. Demanda que al contestar entabla el demandado contra el que promovió el juicio.

RECONVENIR. (De re y convenir.) tr. Hacer cargo a uno arguyéndole comúnmente con sus propios hechos o palabras. || **2.** For. Ejercitar el demandado, cuando contesta, acción contra el promotor del juicio. || **P.** reconvir, repreender; **I.** to reproach; **F.** reprocher; **A.** verweisen, überführen; **It.** riconvenire; **R.** изобличать.

RECOPILACIÓN. (De recopilar.) f. Compendio, resumen de una obra o discurso. || **2.** Colección de escritos diversos. || **3.** Colección de las leyes de España, publicada por orden del rey Felipe II. Novísima RECOPILACIÓN. Libro en que se reúnen ordenadamente las leyes españolas. Fue mandada promulgar y ejecutar como ley del Reino el 15 de julio de 1805. Nueva RECOPILACIÓN. Edición novena de la Recopilación, hecha en el año de 1775. || **P.** recopilação; **I.** y **F.** compilation; **A.** Sammlung (von Gesetzen, etc.); **It.** compilazione; **R.** собрание.

RECOPILADO, DA. adj. Dícese de lo relativo a las leyes de la Nueva y Novísima Recopilación.

RECOPILADOR. m. El que recopila.

RECOPILAR. (De re y copilar.) tr. Juntar en compendio diversas cosas. Dícese especialmente de escritos literarios.

RECOQUÍN. m. fam. Hombre muy pequeño y gordo.

* RECORD. (Voz inglesa.) m. Nivel máximo alcanzado en una prueba deportiva. || **2.** Por ext., cualquier marca alcanzada en otros terrenos ajenos al deporte.

RECORDABLE. (l. recordabĭlis.) adj. Que se puede recordar. || **2.** Digno de recordación.

RECORDACIÓN. (l. recordatio, -ōnis.) f. Acción de traer a la memoria una cosa. || **2.** Recuerdo o memoria de alguna cosa.

RECORDADOR, RA. adj. Que recuerda.

RECORDAMIENTO. (De recordar.) m. ant. Recordación.

RECORDANTE. p.a. de recordar. Que recuerda.

RECORDANZA. (l. recordantĭa.) f. ant. Recordación.

RECORDAR. (l. recordāre.) tr. Traer a la memoria una cosa. Ú.t.c.intr. || **2.** Excitar a uno a que tenga presente algo que tomó a su cuidado. Ú.t.c.intr. y c.r. || **3.** intr. Despertar el que está dormido. Ú.t.c.r. || **P.** recordar; **I.** to remind; **F.** se rappeler; **A.** sich erinnern; **It.** ricordare; **R.** вспоминать.

RECORDATIVO, VA. (l. recordativus.) adj. Dícese de lo que hace o puede hacer recordar. || **2.** m. Recordatorio.

RECORDATORIO. (De recordar.) m. Aviso, comunicación u otro medio para hacer recordar alguna cosa, especialmente estampa con motivo de primera comunión, fallecimiento, etc. || **P.** lembrança; **I.** recall; **F.** avis pour rappeler; **A.** Denkzettel, Notabene; **It.** memento; **R.** напоминание.

RECORRER. (l. recurrĕre.) tr. Con nombre de espacio, lugar, transitar por él. || **2.** Registrar, observar una cosa para averiguar algo. Hemos RECORRIDO todo el campo. || **3.** Leer ligeramente un escrito. || **4.** Reparar algo que estaba deteriorado. || **5.** Impr. Justificar la composición pasando letras de una línea a otra a consecuencia de enmiendas. || **P.** recorrer; **I.** to go through; **F.** parcourir; **A.** durchlesen, durchlaufen, durcheilen; **It.** percórrere; **R.** пробегать.

R

RECORRIDA. (De *recorrido*.) f. MAR. Carena. || **2.** VENEZ. Repaso, examen.

RECORRIDO. m. Espacio que recorre o ha de recorrer una persona o cosa. || **2.** Acción de reparar algo que está deteriorado. || **3.** Repasata. || **P.** trajecto; **I.** course, sweep; **F.** parcours, trajet; **A.** Strecke; **It.** percorso; **R.** пройденный.

RECORTADO, DA. p.p. de recortar. || **2.** adj. BOT. Dícese de las hojas y otras partes de las plantas que tienen en sus bordes numerosas y muy señaladas desigualdades. || **3.** m. Figura recortada de papel. || **4.** AMÉR. Dícese de la costa que presenta muchas desigualdades. || **5.** CUBA. Dícese de la persona de baja estatura. || **6.** ARGENT. Fusil o escopeta que tiene el cañón mellado o cercenado. || **7.** PINT. Dícese de la sombra que es tan fuerte al principio como al fin.

RECORTADURA. (De *recortar*.) f. Recorte, acción de recortar. || **2.** pl. Recortes.

RECORTAR. (De *re* y *cortar*.) tr. Cortar lo que sobre de una cosa. || **2.** Cortar en varias figuras el papel u otras cosas. || **3.** PINT. Señalar los perfiles de una figura. || **P.** recortar; **I.** to cut away; **F.** découper; **A.** ausschneiden; **It.** ritagliare; **R.** вырезывать.

RECORTE. m. Acción y efecto de recortar. || **2.** TAUROM. Regate para evitar la cogida del toro. || **3.** Suelto o noticia breve de un periódico. || **4.** m. pl. Porciones o cortaduras de una materia que se recorta. || **P.** recorte; **I.** cutting; **F.** découpure, rognures, découpage; **A.** Ausschnitt, Abfall; **It.** ritaglio; **R.** обрезывание.

RECORVAR. (l. *recurvāre*.) tr. Encorvar. Ú.t.c.r. || **P.** curvar; **I.** to curve, to bend; **F.** recourber, plier; **A.** umbiegen, krümmen; **It.** incurvare; **R.** сгибать.

RECORVO, VA. (l. *recurvus*.) adj. Corvo.

RECOSER. (De *re* y *coser*.) tr. Volver a coser. || **2.** Zurzir o remendar la ropa.

RECOSIDO. m. Acción y efecto de recoser.

RECOSTADERO. m. Cosa o sitio que sirve para recostarse.

RECOSTAR. (De *re* y *costa*, costado.) tr. Reclinar la parte superior del cuerpo el que está de pie o sentado. Ú.t.c.r. || **2.** Reclinar, 2.ª acep. Ú.t.c.r. || **P.** recostar; **I.** to recline; **F.** s'appuyer sur; **A.** zurücklehnen; **It.** appoggiarsi; **R.** наклонять, опирать.

* RECOTÍN, NA. adj. CHILE. Inquieto, bullicioso. Suele decirse especialmente de los niños.

RECOVA. (Del m. or. que *recua*.) f. Comercio de huevos, gallinas y otras cosas semejantes. || **2.** Paraje público en que se venden gallinas y otras aves domésticas. || **3.** AND. Cubierta de piedra o fábrica para resguardar el temporal algunas cosas. || **4.** MONT. Jauría de perros de caza. || **5.** ARGENT. Soportal. || **6.** AMÉR. Mercado para comestibles. || **4.ª** acep.: **P.** matilha de cães de caça; **I.** pack of hounds; **F.** meute; **A.** Koppel, Meute; **It.** muta di cani; **R.** свора собак.

° **RECOVAR.** intr. Practicar la recova, o sea, ir por los pueblos y aldeas comprando huevos, gallinas, etc., para revenderlos.

RECOVECO. m. Vuelta y revuelta de un callejón, camino, arroyo, etc. || **2.** fig. Fingimiento o rodeo de que uno se vale para conseguir un fin. || **3.** MÉJ. Adorno muy complicado. || **P.** rodeio; **I.** turning; **F.** détour, sinuosité; **A.** Krümmung; **It.** svolta, giravolta; **R.** поворот.

RECOVERO, RA. (De *recova*.) m. y f. Persona que anda en la recova.

RECRE. (De *recreo*.) m. Recle.

RECREABLE. adj. Que causa placer o recreo.

RECREACIÓN. (l. *recreatio, -ōnis*.) f. Acción y efecto de recrear o recrearse. || **2.** Diversión para alivio del trabajo. || **P.** recreio; **I.** recreation, diversion; **F.** amusement, récréation; **A.** Belustigung; **It.** ricreazione; **R.** развлечение.

RECREAR. (l. *recreāre*.) tr. Crear o producir de nuevo una cosa. || **2.** Divertir, alegrar. Ú.t.c.r. || **P.** recrear; **I.** to amuse; **F.** récréer; **A.** belustigen, ergötzen; **It.** ricreare; **R.** развлекать.

RECREATIVO, VA. adj. Que recrea

o es capaz de causar recreación. || **P.** recreativo; **I.** recreative; **F.** amusant, récréatif; **A.** ergötzend; **It.** ricreativo; **R.** развлекательный.

RECRECER. (l. *recrescĕre*.) tr. Acrecentar una cosa. Ú.t.c.intr. || **2.** intr. Ocurrir de nuevo una cosa. || **3.** r. Reanimarse, cobrar bríos.

RECRECIMIENTO. m. Acción y efecto de recrecer o recrecerse.

RECREÍDO, DA. adj. CETR. Aplícabase al ave de caza que volvíase a su natural indómito, perdiendo su docilidad.

RECREMENTICIO, CIA. adj. FISIOL. Perteneciente o relativo al recremento.

RECREMENTO. (l. *recrementum*.) m. FISIOL. Humor orgánico que es reabsorbido después de segregado.

RECREO. (De *recrear*.) m. Recreación. || **2.** Sitio o lugar de diversión. || **P.** recreio; **I.** recreation, amusement; **F.** récréation, agrément; **A.** Erholung, Freistunde; **It.** ricreazione, diporto; **R.** место развлечения.

RECRÍA. f. Acción y efecto de recriar.

RECRIADOR. m. El que recría.

RECRIAR. (De *re* y *criar*.) tr. Fomentar el desarrollo de caballerías u otros animales nacidos y criados en región distinta. || **2.** fig. Dar a un ser nuevos elementos de vida para su completo desarrollo. || **3.** fig. Aplicado a los hombres, el acto de redimirlos por la Pasión y muerte de Nuestro Señor Jesucristo.

RECRIMINACIÓN. f. Acción y efecto de recriminar o recriminarse.

RECRIMINADOR, RA. m. y f. Persona que recrimina.

RECRIMINAR. (De *re* y *criminar*.) tr. Responder a un cargo con otro y a una acusación con otra acusación. || **2.** r. Acriminarse dos o más personas; hacerse cargos mutuamente. || **P.** recriminar; **I.** to recriminate; **F.** récriminer; **A.** widerbeschuldigen, tadeln; **It.** recriminare; **R.** отвечать обвинением на обвинение.

* RECRISTALIZACIÓN. f. QUÍM. Operación que se realiza para purificar substancias disolviéndolas y favoreciendo la formación de nuevos cristales.

RECRUCETADO, DA. adj. BLAS. V. *Cruz* RECRUCETADA.

RECRUDECER. (l. *recrudescĕre*.) intr. Tomar nueva fuerza un mal físico o moral o un afecto o cosa desagradable, después de haber empezado a ceder. Ú.t.c.r. || **P.** recrudescer; **I.** to recrudesce; **F.** redoubler de force; **A.** sich verschärfen; **It.** rincrudire; **R.** усиливаться.

RECRUDECIMIENTO. m. Recrudescencia.

RECRUDESCENCIA. f. Acción y efecto de recrudecer o recrudecerse.

RECRUDESCENTE. p.a. de recrudecer. Que recrudece.

RECRUJIR. (De *re* y *crujir*.) intr. Crujir mucho.

RECRUZAR. tr. Cruzar de nuevo o dos veces un sitio.

RECTAL. adj. Perteneciente o relativo al intestino recto.

RECTAMENTE. adv. Con rectitud.

RECTANGULAR. adj. GEOM. Perteneciente o relativo al ángulo recto. || **2.** GEOM. Que tiene uno o más ángulos rectos. || **3.** GEOM. Que contiene uno o varios rectángulos. || **4.** GEOM. Perteneciente o relativo al rectángulo. || **P.** rectangular; **I.** right-angled; **F.** rectangulaire; **A.** rechtwinkelig; **It.** rettangolare; **R.** прямоугольный.

RECTÁNGULO, LA. (l. *rectangŭlus*.) adj. GEOM. Rectangular, 2.ª acep. Aplícase principalmente al triángulo y al paralelepípedo. || **2.** m. GEOM. Paralelogramo con los cuatro ángulos rectos y los lados contiguos desiguales. || **P.** rectângulo; **I.** y **F.** rectangle; **A.** Rechteck; **It.** rettàngolo; **R.** прямоугольник.

RÉCTAR. tr. p. us. Rectificar.

RECTIFICABLE. adj. Que puede rectificarse.

RECTIFICACIÓN. f. Acción y efecto de rectificar. || **P.** rectificação; **I.** y **F.** rectification; **A.** Berichtigung; **It.** rettificazione; **R.** исправление.

RECTIFICADOR, RA. adj. Que rectifica. || **2.** ELECTR. Aparato o dispositivo para convertir una corriente alterna en

continua. Ú.t.c.s. || **3.** f. INGEN. Máquina destinada a corregir en las piezas de acero templado las pequeñas deformaciones causadas por el temple.

RECTIFICAR. (l. *rectificāre*; de *rectus*, recto, y *facēre*, hacer.) tr. Corregir una cosa para que sea más exacta o perfecta. || **2.** Ajustar una máquina o un aparato para que funcione con la mayor precisión posible. || **3.** Procurar uno corregir los dichos y hechos que se le atribuyen para reducirlos a la conveniente exactitud y certeza. || **4.** GEOM. Trazar una línea recta de igual longitud que una curva. || **5.** QUÍM. Purificar los líquidos por medio de una nueva destilación. || **6.** TECNOL. Corregir en las piezas de acero templado las pequeñas deformaciones causadas por el temple. || **7.** r. Enmendar uno su proceder. || **P.** rectificar; **I.** to rectify; **F.** rectifier; **A.** rektifizieren, verbessern; **It.** rettificare; **R.** исправлять.

RECTIFICATIVO, VA. adj. Dícese de lo que rectifica o puede rectificar. Ú.t.c.s.m.

RECTILÍNEO, A. (l. *rectilinĕus*.) adj. GEOM. Que se compone de líneas rectas. || **2.** fig. Se aplica a algunos caracteres de personas rectas hasta con exageración. || **P.** rectilíneo; **I.** rectilineal; **F.** rectiligne; **A.** g(e)radlinig; **It.** rettilineo; **R.** прямолинейный.

RECTITUD. (l. *rectitūdo*.) f. Distancia más corta entre dos puntos. || **2.** fig. Calidad de recto o justo. || **3.** Recta razón o conocimiento práctico de nuestros deberes. || **4.** Exactitud o justificación en las operaciones. || **2.ª** acep.: **P., I.** y **F.** rectitude; **A.** Richtigkeit, Geradheit; **It.** rettitudine; **R.** прямизна.

RECTO, TA. (l. *rectus*.) adj. Que no se inclina a un lado ni a otro. || **2.** Dícese de la línea que tiene todos sus puntos en una misma dirección. || **3.** Dícese del ángulo formado por dos líneas o planos perpendiculares entre sí. || **4.** fig. Justo y firme en sus resoluciones. || **5.** fig. Dícese del folio o plana de un libro o cuaderno que, abierto, cae a la derecha del lector. El opuesto se llama verso o vuelto. || **6.** Dícese del sentido primitivo o literal de las palabras. || **7.** ZOOL. Dícese de la última porción del intestino grueso que termina en el ano. || **P.** recto, direito; **I.** right, straight; **F.** droit, juste; **A.** recht, gerade, richtig; **It.** retto; **R.** прямой.

RECTOR, RA. (l. *rector, -ōris*.) adj. Que rige o gobierna. Ú.t.c.s. || **2.** m. y f. Superior encargado del gobierno de una comunidad, colegio, etc. || **3.** m. Párroco o cura propio. || **4.** Superior de una universidad y su distrito. || **P.** reitor; **I.** rector; **F.** recteur; **A.** Rektor; **It.** rettore; **R.** руководящий.

RECTORADO. m. Oficio, cargo y oficina del rector. || **2.** Tiempo que se ejerce. || **P.** reitoria; **I.** rectorate, rectorship; **F.** rectorat; **A.** Rektorat; **It.** rettorato; **R.** управление.

RECTORAL. adj. Perteneciente o relativo al rector. || **2.** f. En algunas lugares, habitación o casa del párroco.

RECTORAR. intr. Llegar a ser rector.

RECTORÍA. f. Empleo o jurisdicción del rector. || **2.** Oficina del rector.

RECUA. (ár. *rakúba*, caravana.) f. Conjunto de animales de carga, de que se sirven los trajinantes. || **2.** fig. Muchedumbre de cosas que van unas detrás de otras. || **P.** récua; **I.** drove of beasts; **F.** train de bêtes de somme; **A.** (Trupp-)Saumtiere; **It.** mandra; **R.** караван.

RECUADRAR. (De *re* y *cuadrar*.) tr. PINT. Cuadrar o cuadricular.

RECUADRO. m. ARQ. Compartimiento en forma de cuadro o cuadrilongo, en una superficie.

RECUAJE. m. Tributo pagado por el tránsito de las recuas. || **2.** ant. Recua.

RECUARTA. (De *re* y *cuarto*.) f. Una de las cuerdas de la vihuela; la segunda de las dos puestas en el cuarto lugar cuando se doblan las cuerdas.

RECUBRIR. tr. Volver a cubrir. || **2.** Retejar.

RECUDIDA. (De *recudir*.) f. ant. Rebote.

RECUDIDERO. (De *recudir*.) m. ant. Sitio adonde se acude o concurre.

RECUDIMENTO. m. Recudimiento.

R

RECUDIMIENTO. (De *recudir.*) Despacho y poder que se da al fiel o arrendador para cobrar las rentas que están a cargo suyo.

RECUDIR. (l. *recutĕre.*) tr. Pagar o asistir a uno con una cosa que le toca y debe percibir. || **2.** ant. Acudir o concurrir a una parte. || **3.** ant. Acudir o recurrir a uno. || **4.** ant. Responder o replicar. || **5.** intr. Resaltar, resurtir o volver una cosa al paraje de donde salió primero. || **6.** ant. Concurrir, venir a juntarse en un mismo lugar algunas cosas; como las calles, caminos, arroyos, etc.

RECUELO. (De *recolar?*) m. Lejía muy fuerte que emplean las lavanderas para colar la ropa que está muy sucia. || **2.** Café cocido segunda vez.

RECUENTO. (De *recontar.*) m. Segunda cuenta o enumeración que se hace de una cosa. || **2.** GAL. Inventario. || **P.** reconto; **I.** inventory; **F.** comptage, recensement; **A.** Nachzählung, Inventar; **It.** inventario; **R.** проверка.

RECUENTRO. m. Reencuentro.

RECUERDO. (De *recordar.*) m. Memoria de alguna cosa pasada, o aviso que se da de algo de que ya se habló. || **2.** fig. Regalo en testimonio de buen afecto. || **3.** pl. Expresiones, saludo al ausente. || **4.** COLOM. Cierta planta enredadera. || **P.** recordação; **I.** remembrance; **F.** souvenir; **A.** Erinnerung; **It.** rimembranza; **R.** воспоминание.

RECUERO. m. Arriero o persona encargada de la recua.

RECUESTA. (De *recuestar.*) f. Requerimiento, intimación.

RECUESTADOR, RA. adj. ant. Que recuesta o desfía. Usáb.t.c.s.

RECUESTAR. (l. *re*, iterat, y *quaesĭtăre*, rogar.) tr. Demandar o pedir.

RECUESTO. (De *re* y *cuesta*, I.ᵉʳ art.) m. Sitio o paraje en declive.

RECULADA. f. Acción de recular.

RECULAR. (De *re* y *culo*.) intr. Cejar o retroceder. || **2.** fig. y fam. Ceder uno de su opinión. || **P.** recuar; **I.** to draw back; **F.** reculer; **A.** zurückweichen; **It.** rinculare; **R.** отступать.

RECULO, LA. adj. Aplícase al pollo o gallina que no tiene cola.

RECULONES (A). m. adv. fam. Reculando.

RECUÑAR. (De *re* y *cuña*.) tr. CANT. y MIN. Poner cuñas en las grietas o hendeduras de las minas o canteras para arrancar piedra o mineral.

RECUPERABLE. adj. Que puede o debe recuperarse.

RECUPERACIÓN. (l. *recuperatio*, *-ōnis.*) f. Acción y efecto de recuperar o recuperarse. || **2.** IND. Aprovechamiento en las industrias de residuos que solían desperdiciarse y que la carencia de materias primas ha obligado a revalorizar. || **—del estaño.** La que se realiza a partir de la hojalata vieja por la acción del cloro.

RECUPERADOR, RA. adj. (l. *recuperator.*) adj. Que recupera. Ú.t.c.s. || **2.** m. IND. En algunos hornos, aparato destinado a recoger el calor perdido en diversas operaciones industriales con el fin de aprovecharlo más tarde. || **3.** MIL. Pieza o mecanismo de las modernas armas de fuego que absorbe la energía del retroceso.

RECUPERAR. (l. *recuperāre.*) tr. Recobrar, I.ª acep. || **2.** r. Recobrar, 4.ª acep. || **P.** recuperar; **I.** to recover, to retrieve; **F.** récupérer; **A.** wiederbekommen; **It.** ricuperare; **R.** восстанавливать.

RECUPERATIVO, VA. (l. *recuperativus.*) adj. Que recupera o tiene virtud de recuperar.

RECURA. f. Cuchillo para recurar, con hoja de dos cortes en forma de sierra.

RECURAR. (l. *recurāre*, limpiar con cuidado.) tr. Formar y aclarar las púas de los peines con la recura.

RECURRENCIA. f. MED. Reaparición de los síntomas morbosos que ya habían desaparecido.

RECURRENTE. (l. *recurrens*, *-entis*.) p.a. de recurrir. Que recurre. || **2.** com. Persona que entabla un recurso. || **3.** MED. Dícese de la enfermedad que experimenta recurrencias periódicas.

RECURRIBLE. adj. FOR. Dícese del

acto de la administración contra el cual cabe entablar recurso.

RECURRIDO, DA. p.p. de recurrir. || **2.** adj. FOR. Dícese, especialmente en casación, de la parte que sostiene la sentencia de que se recurre. Ú.t.c.s.

RECURRIR. (l. *recurrĕre*.) intr. Acudir a un juez o autoridad con una demanda o petición. || **2.** Acogerse en caso de necesidad al favor de uno, o emplear medios especiales y poco comunes para lograr un fin. || **3.** Volver una cosa al lugar de donde salió. || **4.** FOR. Entablar recurso contra una resolución. || **P.** recorrer; **I.** to apply to; **F.** recourir, avoir recours à; **A.** sich wenden an; **It.** ricòrrere, appellare; **R.** прибегнуть.

RECURSO. (l. *recursus.*) m. Acción y efecto de recurrir. || **2.** Retorno de una cosa al lugar de donde salió. || **3.** Memorial, petición por escrito. || **4.** FOR. Acción que concede la ley a las partes, para reclamar contra las resoluciones que se dicten en un procedimiento, ya sea ante la autoridad que las dictó, ya ante la superior jerárquica. || **5.** pl. Bienes medios de subsistencia. || **—contencioso-admitrativo.** FOR. El que se interpone contra las resoluciones de la administración activa que reúnen determinadas condiciones establecidas en las leyes. **—de aclaración.** FOR. El que se interpone para obtener del sentenciador que dé explicaciones más claras sobre el pronunciamiento. || **—de apelación.** FOR. El que se entabla con objeto de que una resolución sea revocada, en todo o en parte, por tribunal o autoridad superior al que la dictó. **—de casación.** FOR. El que se interpone ante el Tribunal Supremo contra fallos de tribunales inferiores o laudos en los que se supone que ha habido infracción legal o que se ha quebrantado el procedimiento. **—de queja.** FOR. El que interponen los tribunales contra la invasión de atribuciones por alguna autoridad. **—de revisión.** FOR. El que se interpone para obtener la revocación de sentencia firme. **—de súplica.** FOR. El que se interpone contra las resoluciones incidentales de los tribunales superiores, pidiendo ante ellos mismos su rectificación. || **P.** recurso; **I.** appeal, recourse; **F.** recours; **A.** Mittel, Zuflucht; **It.** ricorso; **R.** ресурс.

RECUSABLE. (l. *recusabilis.*) adj. Que se puede recusar.

RECUSACIÓN. (l. *recusatio*, *-ōnis.*) f. Acción y efecto de recusar, especialmente cuando un litigante ejercita el derecho de rechazar un juez, testigo, etc. || **P.** recusação; **I.** refusal, recusation; **F.** récusation; **A.** Verwerfung; **It.** ricusa; **R.** отклонение.

RECUSANTE. (l. *recūsans*, *-antis*.) p.a. de recusar. Que recusa. Ú.t.c.s.

RECUSAR. (l. *recusāre.*) tr. Rechazar, negarse a admitir una cosa. || **2.** FOR. Poner tacha legítima al juez, perito, etc., que interviene en un procedimiento, para que no actúe en él. || **3.** Negarse a admitir a una persona tachándola de inepta o parcial. || **P.** recusar; **I.** to reject, to recuse; **F.** récuser; **A.** verwerfen, ablehnen; **It.** ricusare; **R.** отвергать.

RECHAZADOR, RA. adj. Que rechaza. Ú.t.c.s.

RECHAZAMIENTO. m. Acción y efecto de rechazar.

RECHAZAR. (l. *reiectāre.*) tr. Resistir un cuerpo a otro, haciéndole retroceder en su curso o movimiento. || **2.** fig. Resistir al enemigo, obligándole a ceder. || **3.** fig. Contradecir lo que otro dice o no admitir lo que propone u ofrece. || **P.** rechaçar; **I.** to repel; **F.** repousser, rebuter; **A.** abweisen, zurückstossen; **It.** ricacciare respingere; **R.** отвергать.

RECHAZO. (De *rechazar.*) m. Retroceso que efectúa un cuerpo al encontrarse con alguna resistencia. || *De* RECHAZO. m. adv. fig. De una manera incidental, ocasional o consiguiente.

RECHIFLA. f. Acción de rechiflar.|| **P.** assobiada; **I.** whistling, mockery; **F.** persiflage, raillerie; **A.** Spott; **It.** fischiata, burla; **R.** осмеяние.

RECHIFLAR. (De *re* y *chiflar.*) tr. Silbar insistentemente. || **2.** r. Burlarse o mofarse mucho de uno o ridiculizarle.

★ **RECHÍN.** (De *rechinar.*) m. COLOM. Guiso quemado. || **2.** COLOM. Tostón o cosa tostada.

RECHINADOR, RA. adj. Que rechina.

RECHINAMIENTO. m. Acción y efecto de rechinar.

RECHINANTE. p.a. de rechinar. Que rechina.

RECHINAR. (De *re* y *chinar*, y éste de *china.*) intr. Hacer una cosa un sonido desapacible al ludir o rozar con otra. || **2.** fig. Aceptar o hacer una cosa con repugnancia. || **3.** r. COLOM. y HOND. Requemarse o tostarse la manteca o los guisados. || **P.** rechinar; **I.** to squeak, to gnash; **F.** grincer; **A.** knarren, knirschen; **It.** ragghinare; **R.** скрипеть.

RECHINIDO. (De *rechinar.*) m. Rechino.

RECHINO. (De *rechinar.*) m. Rechinamiento.

RECHISTAR. (De *re* y *chistar.*) intr. Chistar.

RECHIZAR. (Por *rachizar*, del l. *radiăre.*) tr. SAL. Calentar el sol con mucha fuerza.

RECHONCHO, CHA. adj. fam. Se dice de la persona o animal muy grueso y de bajos.

RECHUPETE (DE). (De *re* y *chupete.*) loc. fam. Exquisito y muy agradable.

RED. (l. *rēte.*) f. Aparejo hecho de hilos, cuerdas o alambres trabados formando malla y dispuestos para pescar, cazar, etc. || **2.** Tejido de mallas. || **3.** Redecilla, prenda a modo de bolsa de malla, que sirve para recoger el pelo de la cabeza o como adorno. || **4.** Verja o reja. || **5.** Sitio donde se venden cosas que se dan por entre verjas. || **6.** fig. Ardid o engaño con que uno atrae a otro. || **7.** fig. Conjunto de calles afluentes a un mismo punto. || **8.** fig. Conjunto sistemático de caños, hilos conductores, vías de comunicación, agencias, etc. || **9.** fig. Conjunto y trabazón de cosas que obran en favor o en contra de un fin. || **10.** GERM. Capa. || **—barredera.** Aquella cuya relinga inferior es arrastrada por el fondo del agua para llevar todos los peces que encuentra. || **—de araña.** Telaraña. || **—de jorro** o **de jorro.** Red barredera. || **—de aire.** La que se arma colgándola de un árbol a otro, de modo que las aves al pasar, queden presas en ella. || **—de pájaros.** fig. y fam. Cualquiera tela mal tejida y muy rala. || **—sabogal.** La de pescar sabogas. || *A* RED *barredera.* m. adv. fig. Llevándolo todo por delante. || **P.** rede; **I.** net; **F.** filet; **réseau; A.** Netz; **It.** rete; **R.** сеть.

REDACCIÓN. (l. *redactio*, *-ōnis.*) f. Acción y efecto de redactar. || **2.** Oficina donde se redacta. || **3.** Conjunto de redactores de un periódico, revista, etc. || **P.** redacção; **I.** redaction; **F.** rédaction; **A.** Redaktion; **It.** redazione; **R.** редактирование.

REDACTAR. (l. *redactum*, supino de *redigĕre*, compilar, poner en orden.) tr. Poner por escrito relatos, noticias o una cosa pensada o acordada. || **P.** redigir; **I.** to redact, to draw up; **F.** rédiger; **A.** abfassen; **It.** redigere; **R.** редактировать.

REDACTOR, RA. adj. Que redacta. Ú.t.c.s. || **2.** Que forma parte de una redacción. Ú.t.c.s. || **P.** redactor; **I.** redactor, editor; **F.** rédacteur; **A.** Redakteur; **It.** redattore; **R.** редактор.

REDADA. (De *redar.*) f. Lance de red. || **2.** fig. y fam. Conjunto de personas o cosas aprehendidas de una vez. || **P.** redada; **I.** net casting, haul; **F.** coup de filet; **A.** Fischzug; **It.** retata; **R.** улов.

★ **REDAJE.** (De *red.*) m. ECUAD. Red, maraña.

REDAÑO. (De *red.*) m. ZOOL. Mesenterio. || **2.** pl. fig. Fuerzas, brío, valor.

REDAR. tr. Echar la red, I.ª acep.

REDARGUCIÓN. (l. *regardutio*, *-ōnis.*) f. Acción de redargüir. || **2.** Argumento convertido contra el que lo hace.

REDARGÜIR. (l. *redarguĕre.*) tr. Convertir el argumento contra quien lo ha hecho. || **2.** FOR. Impugnar alguna cosa por algún vicio que contiene. || **P.** redargüir; **I.** to retort, to reargue; **F.** rétorquer; **A.** wiederlegen; **It.** redarguire; **R.** опровергать.

R

REDAYA. f. Red para pescar en los ríos.

REDECILLA. f. d. de red. || **2.** Tejido de mallas para hacer redes. || **3.** Prenda de malla, usada para recoger el pelo o para adornar la cabeza. || **4.** ZOOL. Segunda de las cuatro cavidades del estómago de los rumiantes. || **P.** redinha; **I.** network; **F.** résille; **A.** feines Netz; **It.** reticella; **R.** мелкая сетка.

REDECIR. tr. Repetir porfiadamente una o más palabras.

REDEDOR. (De *derredor*.) m. Contorno. || **2.** *Al*, o *en* REDEDOR. m. adv. Alrededor.

REDEJÓN. (De *red*.) m. Redecilla mayor que la ordinaria. || **2.** AL. Aro con red y pértiga para cazar codornices cuando están paradas.

REDEL. m. MAR. Cada una de las cuadernas que se colocan en los puntos en que empieza los delgados del buque.

REDENCIÓN. (l. *redemptio, -ōnis.*) f. Acción y efecto de redimir o redimirse. || **2.** Por antonom., la que Jesucristo hizo del género humano con su pasión y muerte. || **3.** fig. Remedio, recurso, refugio. || **P.** redenção; **I.** redemption; **F.** rédemption, rachat; **A.** Loskauf, Erlösung; **It.** redenzione; **R.** искупление.

REDENDIJA. (De *rehendija*.) f. Rendija.

REDENTOR, RA. (l. *redemptor*.) adj. Que redime. Ú.t.c.s. || **2.** m. Por antonom., Jesucristo. || **3.** En las órdenes de la Merced y la Trinidad, religioso nombrado para hacer rescate de los cristianos cautivos de los sarracenos. || **P.** redentor; **I.** redeemer; **F.** rédempteur; **A.** Erlöser; **It.** redentore; **R.** искупитель.

REDENTORISTA. (De *redentor*.) adj. Dícese del individuo de la congregación fundada por San Alfonso María de Ligorio. Ú.t.c.s. || **2.** Perteneciente o relativo a dicha congregación. || **P.** e **It.** redentorista; **I.** y **A.** Redemptorist; **F.** rédemptoriste.

REDEÑA. f. Salabardo.

REDERO, RA. adj. Perteneciente a las redes. || **2.** m. y f. Persona que hace o que arma las redes. || **3.** Persona que caza con red. || **4.** m. GERM. Ladrón que roba capas.

REDESCUENTO. m. COM. Nuevo descuento de valores o efectos mercantiles adquiridos por análoga operación.

REDHIBICIÓN. (l. *redhibitio, -ōnis.*) f. Acción y efecto de redhibir.

REDHIBIR. (l. *redhibēre*.) tr. Deshacer el comprador la venta por no haberle manifestado el vendedor el vicio o gravamen de la cosa vendida.

REDHIBITORIO, RIA. (l. *redhibitorius*.) adj. Perteneciente o relativo a la redhibición; que da derecho a ella.

REDICIÓN. (l. *redicĕre*, volver a decir.) f. Repetición de lo que se ha dicho.

REDICHO, CHA. (De *re y dicho*.) adj. fam. Aplícase a la persona que habla pronunciando con afectada perfección.

REDIEZMAR. tr. Cobrar el rediezmo.

REDIEZMO. m. Segundo diezmo o porción que legítimamente se extraía del acervo. || **2.** Novena parte de los frutos ya diezmados.

REDIL. (De *red*.) m. Aprisco circundado por un vallado. || **P.** redil, curral; **I.** sheepfold; **F.** bergerie; **A.** Schafstall; **It.** pecorile; **R.** загон.

REDILAR. (De *redil*.) tr. Amajadar.

REDILEAR. tr. Redilar.

REDIMIBLE. adj. Que se puede redimir.

REDIMIDOR, RA. (De *redimir*.) adj. ant. Redentor. Usáb.t.c.s.

REDIMIR. (l. *redimĕre*.) tr. Rescatar de la esclavitud al cautivo mediante precio. Ú.t.c.r. || **2.** Comprar de nuevo una cosa que se había poseído antes. || **3.** Dejar libre una cosa hipotecada, empeñada o sujeta a otro gravamen. || **4.** Librar de una obligación o extinguirla. Ú.t.c.r. || **5.** fig. Poner término a un vejamen, dolor o cualquier otra molestia o adversidad. || **P.** redimir; **I.** to redeem; **F.** rédimer, racheter; **A.** loskaufen, ablösen; **It.** redimere, ricomperare; **R.** выкупать.

REDINGOTE. (fr. *redingote*, y éste del ingl. *riding-coat*, traje para montar.) m. Capote de poco vuelo y con mangas ajustadas.

RÉDITO. (l. *redĭtus*.) m. Renta, utilidad, o beneficio que rinde un capital. || **P.** rédito; **I.** revenue, rent, interest; **F.** revenu, intérêt, rente; **A.** Verzinsung, Einkommen; **It.** rèddito; **R.** рента.

REDITUABLE. (De *redituar*.) adj. Que rinde periódicamente utilidad o beneficio.

REDITUAL. adj. Redituable.

REDITUAR. (l. *redĭtus*, rédito.) tr. Rendir beneficio o utilidad periódicamente. || **P.** render; **I.** to yield, to return; **F.** rapporter; **A.** einbringen; **It.** rèndere; **R.** приносить доход.

REDIVIVO, VA. (l. *redivīvus*.) adj. Aparecido, resucitado.

REDOBLADO, DA. p.p. de redoblar. || **2.** adj. Dícese del hombre fornido y no muy alto. || **3.** Dícese también de la cosa o pieza que es más gruesa o resistente que de ordinario. || **4.** MIL. V. *Paso* REDOBLADO.

REDOBLADURA. (De *redoblar*.) f. Redoblamiento.

REDOBLAMIENTO. m. Acción y efecto de redoblar o redoblarse.

REDOBLANTE. m. Tambor de caja prolongada y sin bordones, por cuyo motivo su sonoridad es algo velada. || **2.** Músico que toca este instrumento.

REDOBLAR. (De *re y doblar*.) tr. Doblar o aumentar una cosa el doble de lo que era. Ú.t.c.r. || **2.** Volver la punta del clavo, alambre, etc., en dirección opuesta a la de su entrada. || **3.** Repetir una cosa. || **4.** intr. Tocar redobles en el tambor. || **P.** redobrar; **I.** to redouble; **F.** redoubler; **A.** verdoppeln; **It.** raddoppiare; **R.** удваивать. || **2.ª** acep.: **P.** dobrar; **I.** to clinch, to rivet; **F.** river; **A.** wiederholen; **It.** ribadire; **R.** загибать.

REDOBLE. (De *redoblar*.) m. Redoblamiento. || **2.** Toque vivo y sostenido, que produce hiriendo rápidamente el tambor con los palillos.

REDOBLEGAR. (l. *reduplicāre*.) tr. Doblegar o redoblar.

REDOBLÓN. adj. Dícese del perno, clavo, etc. que ha de redoblarse. Ú.m.c.s. || **2.** GERM. m. Acción de redoblar el naipe para hacer el fullero la flor o trampa.

★ REDOBLONA. f. ARGENT. y CHILE. Acto de redoblar las apuestas para empatar o perderlo todo.

REDOLENTE. adj. Que tiene redolor.

REDOLIENTE. (l. *redolēns, -entis.*) adj. ant. Que duele mucho.

REDOLINO. (l. *rotŭlus*, ruedecilla.) m. AR. Bolita de cera o madera con un horado en el cual se introduce la cédula con el nombre de la persona que ha de entrar en un sorteo. || **2.** AR. Turno que hay que guardar para moler la aceituna.

REDOLOR. (De *re y dolor*.) m. Dolorcillo sordo que queda después de un padecimiento.

REDOMA. (ár. *redūma*, botella de cristal, frasco.) f. Vasija de vidrio ancha por su base y que va angostándose hacia su boca. || **P.** garrafa de vidro; **I.** phial; **F.** fiole; **A.** Phiole; **It.** boccia; **R.** колба.

REDOMADO, DA. (De *re y domar*.) adj. Muy cauteloso y astuto.

REDOMAZO. m. Golpe dado con una redoma, señalándose para ensuciar con su contenido.

REDOMÓN, NA. adj. MÉJ. fig. Dícese del rústico no habituado del todo a la vida de la ciudad. || **2.** MÉJ. y CHILE. Aplícase a la persona no adiestrada por completo en su oficio o empleo.

REDONDA. (l. *rotunda*, t. f. de -*dus*, redondo.) f. Comarca. || **2.** Dehesa o coto de pasto. || **3.** GERM. Basquiña. || **4.** MAR. Vela cuadrilátera que se larga en el trinquete, de las goletas y en el único palo de las balandras. || **5.** MÚS. Semibreve. || **6.** GUAT. Tienda que no tiene comunicación con el interior de la casa. || *A la* REDONDA. m. adv. En torno, alrededor.

REDONDAMENTE. adv. En circunferencia, alrededor. || **2.** Clara y categóricamente.

REDONDEADO, DA. p.p. de redondear. || **2.** adj. De forma que tira a redondo.

REDONDEAR. tr. Poner redonda una cosa. Ú.t.c.r. || **2.** fig. Quitar o añadir a una cantidad las fracciones o unidades que sobran o faltan para un número determinado. || **3.** fig. Sanear un caudal, un negocio, una finca liberándolos de los gravámenes, deudas, etc. || **4.** r. fig. Adquirir uno bienes que le permitan vivir holgadamente. || **5.** fig. Descargarse de toda deuda, limitándose a vivir de lo propio. || **P.** arredondar; **I.** to round; **F.** arrondir; **A.** (ab)runden; **It.** rotondare; **R.** округлять.

REDONDEL. (De *redondo*.) m. fam. Círculo. || **2.** Espacio de capa sin capilla y redonda por la parte inferior. || **3.** Espacio circular destinado a la lidia, en las plazas de toros. || **3.ª** acep.: **P.** arena; **I.** (bull)ring; **F.** arène; **A.** Arena; **It.** circo, arena; **R.** круг.

REDONDETE, TA. adj. d. de redondo.

REDONDEZ. f. Calidad de redondo. || **2.** Circuito de una figura curva. || **3.** Superficie de un cuerpo redondo. || —**de la Tierra.** Toda la extensión del planeta. || **P.** redondeza; **I.** roundness; **F.** rondeur; **A.** rundheit; **It.** rotondità; **R.** округлость.

REDONDILLA. (d. de *redondo*.) f. Estrofa de cuatro versos octosílabos, de los cuales riman el primero con el cuarto y el segundo con el tercero. || **2.** Dícese de la letra que es vertical y circular.

REDONDILLO. (De *redondo*.) adj. V. *Trigo de* REDONDILLO.

REDONDO, DA. (l. *rotundus*.) adj. De figura circular o semejante a ella. || **2.** Esférico, o casi esférico. || **3.** Dícese del terreno adehesado y que no es común. || **4.** fig. Dícese de la persona de calidad, que por su nacimiento es igual por sus cuatro costados. || **5.** Claro, sin rodeo. || **6.** Dícese de la letra derecha y circular. || **7.** m. Cosa de figura circular o esférica. || **8.** fig. Moneda corriente. || **9.** GUAT. Dícese de las tiendas que no tienen comunicación con el interior de la casa. || *En* REDONDO. m. adv. que se usa hablando de los vestidos de los niños cuando los ponen a andar. || **2.** Con letra redonda. || *En* REDONDO. m. adv. En circuito o alrededor. || **2.** fig. Redonda, clara y rotundamente. || **P.** redondo; **I.** round; **F.** rond; **A.** rund; **It.** rotondo; **R.** круглый.

REDONDÓN. (aum. de *redondo*.) m. fam. Círculo o figura orbicular muy grande.

REDOPELO. (De *redropelo*.) m. Pasada a contrapelo hecha con la mano al paño u otra estofa. || **2.** fig. y fam. Riña entre muchachos con palabras y obras. || *Al*, o *a*, REDOPELO. m. adv. A contrapelo. || **2.** fig. y fam. Contra el modo natural de una cosa, violentamente. || *Traer al* REDOPELO a uno. fr. fig. y fam. Ajarle atropellándole y tratándole con desprecio.

REDOR. (vulg. *redol*; de *redolar*, del l. *rotulāre*, rodar.) f. Esterilla redonda. || **2.** poét. rededor.

REDORAR. tr. Volver a dorar.

REDOVA. f. Danza polaca, menos viva que la mazurca. || **2.** Música de esta danza.

REDRAR. (l. *retro*, atrás.) tr. ant. Arredrar, apartar.

REDRAR. (l. *reiterāre*, volver.) tr. ant. FOR. Sanear.

REDRO. (l. *retro*.) adv. fam. Atrás o detrás. || **2.** m. Anillo que se forma cada año, empezando el primero, en las astas del ganado lanar y el cabrío.

REDROJO. (De *redro*.) m. Cada uno de los racimos pequeños que van dejando los vendimiadores. || **2.** Fruto o flor tardía que echan las plantas fuera de tiempo y que no suelen llegar a sazón. || **3.** fig. y fam. Muchacho desmedrado.

REDROJUELO. m. d. de redrojo.

REDROPELO. (De *redro y pelo*.) m. Redopelo. || *Al*, o *a* REDROPELO. m. adv. Al redopelo.

REDROSACA. (De *redro y sacar*.) f. ant. Estafa, socaliña.

REDROVIENTO. m. MONT. Viento que la caza recibe del sitio donde está el cazador.

REDRUEJO. m. Redrojo.

REDUCCIÓN. (l. *reductio, -ōnis.*) f. Acción y efecto de reducir o reducirse. || **2.** Pueblo de indios convertidos al cristia-

R

nismo, especialmente en la región del Paraguay. || 3. MED. Colocación en su situación normal de los fragmentos óseos de una fractura, o de los órganos que se han salido de su cavidad. || 4. QUÍM. Reacción química contraria a la oxidación y simultánea con ésta. || **—al absurdo.** Demostración indirecta de una proposición probando lo absurdo o falso de la contraria o contradictoria. || P. redução; I. reduction; F. réduction; A. Reduktion; It. riduzione; R. сокращение.

REDUCIBLE. adj. Que puede reducirse.

REDUCIDO, DA. p.p. de reducir. || 2. adj. Estrecho, limitado, pequeño.

REDUCIMIENTO. (De reducir.) m. Reducción, 1.ª acep.

REDUCIR. (l. reducĕre.) tr. Volver una cosa al lugar donde estaba antes o al estado que tenía. || 2. Disminuir, o minorar, estrechar o ceñir. || 3. Mudar una cosa en otra equivalente. || 4. Cambiar una moneda por otras de valor equivalente. || 5. Resumir en pocas palabras una explicación, discurso, narración, etc. || 6. Dividir un cuerpo en partes muy pequeñas. || 7. Hacer que un cuerpo pase de un estado a otro. || 8. QUÍM. Incorporar un electrón a un átomo o a un ion. || 9. Comprender o arreglar bajo de cierto número o cantidad. Ú.t.c.r. || 10. Sujetar a la obediencia al que se había separado de ella. || 11. Persuadir con razones a alguien. || 12. CIR. Restablecer a su situación normal los huesos dislocados a las partes que componen las hernias. || 13. DIAL. Convertir en perfecta la figura imperfecta de un silogismo. || 14. MAT. Expresar el valor de una cantidad en unidades de especie distinta de la dada. || 15. PINT. Hacer una figura o dibujo más pequeño guardando las debidas proporciones. || 16. QUÍM. Descomponer un cuerpo en sus elementos. || 17. QUÍM. Separar parcial o totalmente de un compuesto oxidado el oxígeno que contiene. || 18. r. Moderarse en el modo de vida. || 19. Resolverse por graves motivos a ejecutar una obra. || P. reduzir; I. to reduce; F. réduire; A. abkürzen, vermindern; It. ridurre; R. отводить назад, зад, reducir.

REDUCTIBLE. adj. Reducible.

REDUCTO. (l. reductus, apartado, retirado.) m. FORT. Obra de campaña, cerrada, que ordinariamente consta de parapeto y una o más banquetas. || P. reduto; I. redoubt; F. redoute; A. Reduit; It. ridotto; R. редут.

REDUCTOR, RA. adj. QUÍM. Que reduce o sirve para reducir. Ú.t.c.s. || 2. ELECTR. Aparato constituido por resistencias o reactancias, con el que se puede fraccionar la tensión que se ha de medir.

REDUNDANCIA. (l. redundantĭa.) f. Sobra o demasiada abundancia de cualquier cosa en cualquier línea. || P. redundância; I. redundance; F. redondance; A. Überfluss; It. ridondanza; R. излишек.

REDUNDANTE. (l. redundans, -antis.) p.a. de redundar. Que redunda.

REDUNDANTEMENTE. adv. Con redundancia.

REDUNDAR. (l. redundāre.) intr. Rebosar una cosa, especialmente líquidos, por demasiada abundancia. || 2. Venir a parar una cosa en beneficio o daño de alguno. || P. redundar; I. to overflow; F. regorger, redonder; A. überlaufen; It. ridondare; R. быть в избытке.

REDUPLICACIÓN. (l. reduplicatĭo, -ōnis.) f. Acción y efecto de reduplicar. || 2. RET. Figura consistente en repetir consecutivamente un mismo vocablo en una cláusula o miembro del período. || 3. GRAM. En griego y en otras lenguas arias, repetición de la sílaba radical en el pretérito y tiempos derivados. || 4. MED. Repetición de uno o de ambos ruidos del corazón. || 5. MED. Repetición de paroxismos de tipo doble. || P. reduplicação; I. reduplication; F. réduplication; A. Wiederholung; It. reduplicação; R. дублирование.

REDUPLICAR. (l. reduplicāre.) tr. Redoblar, 1.ª y 3.ª aceps. || P. reduplicar; I. to reduplicate; F. redoubler; A. verdoppeln; It. reduplicare; R. удваивать.

REDUTABLE. (fr. redoutable.) adj. ant. Formidable, asombroso.

REDUVIO. (De reduvius, nombre de un género de insectos.) m. ZOOL. Insecto hemíptero del suborden de los heterópteros de cuerpo esbelto, patas largas y pico encorvado.

REEDIFICACIÓN. f. Acción y efecto de reedificar.

REEDIFICADOR, RA. adj. Que reedifica o hace reedificar. Ú.t.c.s.

REEDIFICAR. (De re y edificar.) tr. Volver a edificar o construir lo arruinado de nuevo. || P. reedificar; I. to rebuild; F. réédifier, rebâtir; A. wieder aufbauen; It. riedificare; R. перестраивать.

REEDITAR. tr. Volver a editar.

REEDUCACIÓN. f. Acción de reeducar, especialmente cuando se trata de mutilados o inválidos.

REEDUCAR. tr. MED. Volver a enseñar para suplir el uso de los miembros perdidos o viciados por una enfermedad. || 2. Poner de nuevo en función aptitudes psicológicas o morales olvidadas o viciadas.

REELECCIÓN. f. Acción y efecto de reelegir.

REELECTO, TA. p.p. irreg. de reelegir.

REELEGIBLE. adj. Que puede ser reelegido.

REELEGIR. tr. Volver a elegir. || P. reeleger; I. to re-elect; F. réélire; A. wiederwählen; It. rielèggere; R. переизбирать.

REELIGIR. (De re y eligir.) tr. ant. Reelegir.

REEMBARCAR. (De re y embarcar.) tr. Volver a embarcar. Ú.t.c.r.

REEMBARQUE. m. Acción y efecto de reembarcar.

REEMBOLSABLE. adj. Que puede o debe reembolsarse.

REEMBOLSAR. (De re y embolsar.) tr. Recobrar la cantidad que se había prestado o desembolsado. || P. reembolsar; I. to reimburse; F. rembourser; A. vergüten, zurück(be)zahlen; It. rimborsare; R. возмещать расходы.

REEMBOLSO. m. Acción y efecto de reembolsar o reembolsarse. || A, o contra REEMBOLSO. Envío de una mercancía de forma que su importe lo pague el destinatario en el momento de recibirla. || P. reembolso; I. reimbursement; F. remboursement; A. Zurückzahlung; It. rimborso; R. возмещение расходов.

REEMPLAZABLE. adj. Que puede ser reemplazado.

REEMPLAZANTE. p.a. de reemplazar. Que reemplaza, 2.ª acep. Ú.t.c.s.

REEMPLAZAR. (De re, en, y plaza.) tr. Poner en lugar de una cosa otra que haga sus veces. || 2. Suceder a uno en un cargo o empleo, o hacer accidentalmente sus veces. || P. substituir; I. to replace; F. remplacer; A. ersetzen; It. sostituire; R. заменять.

REEMPLAZO. m. Acción y efecto de reemplazar. || 2. Substitución que se hace de una persona o cosa por otra. || 3. Renovación parcial del contingente del ejército activo en los plazos establecidos por la ley. || 4. Hombre que entra a servir en lugar de otro en la milicia. || De REEMPLAZO. MIL. Dícese de la situación en que queda el jefe u oficial que carece de plaza efectiva en un cuerpo pero con opción a ella. || P. substituição; I. replacement; F. remplacement; A. Ersatz; It. sostituição; R. замена.

REENCARNACIÓN. f. Acción y efecto de reencarnar o reencarnarse.

REENCARNAR. intr. Volver a encarnar. Ú.t.c.r.

REENCUADERNACIÓN. f. Acción y efecto de reencuadernar.

REENCUADERNAR. tr. Volver a encuadernar un libro.

REENCUENTRO. (De re y encuentro.) m. Encuentro de dos cosas que chocan una con otra. || 2. Choque de tropas enemigas, poco numerosas, que mutuamente se buscan y encuentran.

REENGANCHAMIENTO. (De reenganchar.) m. MIL. Reenganche.

REENGANCHAR. (De re y enganchar.) tr. MIL. Volver a enganchar o alistar. Ú.t.c.r.

REENGANCHE. m. MIL. Acción y efecto de reenganchar o reengancharse. ||

2. MIL. Dinero que recibe el que se reengancha. || P. novo alistamento; I. re-enlisting; F. rengagement; A. Wiederanwerbung; It. ringaggio; R. оставление на сверхсрочную службу.

REENGENDRADOR, RA. adj. Que reengendra. Ú.t.c.s.

REENGENDRAR. (De re y engendrar.) tr. Volver a engendrar. || 2. fig. Dar nuevo ser espiritual o de gracia.

REENSAYAR. (De re y ensayar.) tr. Volver a ensayar.

REENSAYE. m. Acción y efecto de reensayar un metal.

REENSAYO. (De reensayar.) m. Segundo o ulterior ensayo de una comedia, máquina, etc.

REENVIAR. tr. Enviar alguna cosa que se ha recibido.

REENVIDAR. (De re y envidar.) m. Envidar sobre lo envidado.

REENVÍO. m. Acción y efecto de reenviar.

REENVITE. (De re y envite.) m. Envite que se hace sobre otro.

* REESTRENO. m. Nueva presentación de una obra que no ha figurado en los carteles durante mucho tiempo.

REEXAMINACIÓN. (De reexaminar.) f. Nuevo examen.

REEXAMINAR. (De re y examinar.) tr. Volver a examinar.

REEXPEDICIÓN. f. Acción y efecto de reexpedir.

REEXPEDIR. tr. Expedir cosa que se ha recibido.

REEXPORTAR. (De re y exportar.) tr. COM. Exportar lo que se había importado.

REFACCIÓN. (De refección.) f. Alimento en pequeña cantidad tomado para reparar las fuerzas. || 2. fam. Lo que en cualquier venta se da al comprador por añadidura. || 3. Refección, 3.ª acep. || 4. CUBA. Gasto que lleva consigo el sostenimiento de una finca. || 2.ª acep.: P. reparo; I. boot, allowance; F. réfaction; A. Zugabe; It. soprappiù; R. закуска.

* REFACCIONAR. (De refacción.) tr. MÉJ. y COLOM. Reparar o componer. || 2. CUBA. Sostener una finca supliendo lo que necesite para que no se arruine.

REFACCIONARIO, RIA. adj. Perteneciente o relativo a la refacción. || 2. FOR. Dícese de los créditos que proceden de dinero invertido en fabricar o reparar alguna cosa, con provecho para el sujeto a quien pertenece, y para otros acreedores o interesados en ella.

REFACER. (De re y facer.) tr. ant. Indemnizar, reintegrar, reedificar.

REFAJO. (De re y fajar.) m. Falda corta y vuelada de bayeta o paño que usan las mujeres de los pueblos encima de las enaguas. En ciudades es falda interior que usan las mujeres para abrigo. || P. refajo, saia de afabar; I. underskirt; F. jupon; A. Jupon, Unterrock; It. falda, sottana; R. юбка.

* REFALA. f. REP. DOMIN. Trifulca.

* REFALAR. (Corrup. de resbalar.) intr. CHILE. Resbalar.

* REFALAR. tr. ARGENT. Despojar de algo. || 2. ARGENT. y BOL. Hurtar, robar. || 3. r. ARGENT. y BOL. Despojarse de una cosa. || 4. r. ARGENT. y BOL. Irse, salir, deslizarse disimuladamente.

* REFALOSO, SA. adj. ARGENT. Resbaloso.

REFALSADO, DA. adj. Falso, engañoso.

REFECCIÓN. (l. refectio, -ōnis.) f. Refacción, 1.ª acep. || 2. Reparación, compostura. || P. refeição; I. refection; F. réfection; A. Imbiss; It. refezione; R. починка.

REFECCIONAR. (De refección.) tr. ant. Alimentar.

REFECCIONARIO, RIA. adj. FOR. Refaccionario, 2.ª acep.

REFECTOLERO. (De refectorio.) m. Refitolero.

REFECTORIO. (b. l. refectorium, y éste del l. refectus, refección, alimento.) m. En las comunidades religiosas y en algunos colegios, sala destinada a comedor. || P. refeitório; I. refectory; F. réfectoire; A. Speisesaal (im Kloster), Refektorium; It. refettorio; R. столовая.

R

REFECHO, CHA. (l. *refectus*.) p.p. irreg. de refacer.

REFERENCIA. (l. *referens, -entis*, referente.) f. Narración o relación de una cosa. || **2.** Relación, dependencia, semejanza de una cosa respecto de otra. || **3.** Remisión, 2.ª acep. || **4.** Informe acerca de la probidad, solvencia, etc., de una persona. || P. referência; I. relation; F. récit; A. Erzählung; It. relazione; R. повествованне. || 4.ª acep.: P. informação; I. reference; F. référence; A. Referenz; It. referenza; R. рапорт.

REFERENDARIO. (l. *referendarius*.) m. Refrendario.

REFERÉNDUM. (l. *referendum*, ger. de *referre*.) m. Acto de someter al voto popular directo las leyes o actos administrativos para ratificación por el pueblo de lo que votaron sus representantes. || 2. Despacho en que un agente diplomático pide a su Gobierno nuevas instrucciones acerca de algún asunto importante.

REFERENTE. (l. *referens, -entis*.) p.a. de referir. Que refiere o que dice relación a otra cosa.

REFERIBLE. adj. Que se puede referir.

REFERIMIENTO. (De *referir*.) m. ant. Referencia, 1.ª y 2.ª aceps.

REFERIR. (l. *referre*.) tr. Relatar de palabra o por escrito un hecho verdadero o ficticio. || 2. Dirigir u ordenar una cosa a determinado fin. || 3. Relacionar, 2.ª acep. Ú.t.c.r. || 4. Méj. Reprochar, echar en cara. || 5. Amér. Central. Decir algo injurioso o insultante. || 6. r. Remitirse a lo dicho o a lo que ha de decirse. || 7. Aludir. || P. narrar; I. to relate; F. raconter; A. erzählen; It. refertare; R. излагать. || 2.ª acep.: P. referir; I. to refer; F. rapporter; A. sich beziehen auf; It. riferire; R. направлять.

REFERTAR. (De *refierta*.) intr. ant. Reyertar.

REFERTERO, RA. (De *refertar*.) adj. Quimerista, amigo de reyertas y rencillas.

REFEZ. adj. ant. Rahez. || *De* REFEZ. m. adv. ant. Fácilmente.

REFEZAR. (De *refez*.) intr. ant. Rafezar.

REFIERTA. (l. *refertus*, lleno, aglomerado.) f. ant. Reyerta.

REFIGURAR. (De *re* y *figurar*.) tr. Representarse uno de nuevo en la imaginación la especie de lo que había visto antes.

REFILÓN (DE). (De *re* y *filo*.) m. adv. De soslayo. || 2. fig. De pasada.

REFINACIÓN. f. Acción y efecto de refinar. || P. refinação; I. refining; F. raffinage; A. Verfeinerung, Raffinade; It. raffinazione; R. очищение.

REFINADERA. (De *refinar*.) f. Piedra larga y cilíndrica usada para labrar a brazo el chocolate después de hecha la mezcla.

REFINADO, DA. p.p. de refinar. || 2. adj. fig. Sobresaliente, primoroso en cualquier especie. || 3. fig. Astuto, malicioso.

REFINADOR. m. El que refina, especialmente metales y licores.

REFINADURA. f. Acción de refinar.

REFINAMIENTO. (De *refinar*.) m. Esmero. || 2. Ensañamiento. Suele aplicarse al proceder de personas maliciosas y muy astutas. || P. refinamento; I. refinement; F. raffinement; A. Raffinement; It. raffinamento; R. утончённость.

REFINAR. (De *re* y *fino*.) tr. Hacer más fina o más pura una cosa, separando las heces y materias heterogéneas o groseras. || 2. fig. Perfeccionar una cosa. || P. refinar; I. to refine; F. raffiner; A. raffinieren; It. raffinare; R. очищать.

REFINERÍA. f. Fábrica de refino de azúcar, petróleo, aceite, etc. || P. refinaria; I. refinery; F. raffinerie; A. Raffinerie; It. raffineria; R. очистительный завод.

REFINO, NA. (De *refinar*.) adj. Muy fino y acendrado. || 2. Dícese del azúcar refinado. || 3. m. Refinación. || 4. Méj. Aguardiente.

REFIRMAR. (l. *refirmare*.) tr. Apoyar una cosa sobre otra; estribar. || 2. Confirmar, ratificar.

* REFISTOLERÍA. (De *refistolero*.) f. fam. Cuba. Orgullo, presunción; afectación en los modales, palabras, etc.

---

* REFISTOLERO, RA. adj. Méj. y Cuba. Presumido, orgulloso. Ú.t.c.s.

REFITOLERO, RA. (De *refitorio*.) adj. Que tiene cuidado del refectorio. Ú.t.c.s. || 2. fig. y fam. Entrometido. Ú.t.c.s. || 3. Cuba. Obsequioso con zalamería y afectación.

REFITOR. (l. *refector, -ōris*.) m. ant. Refectorio. || 2. En algunos obispados, cierta porción de los diezmos.

REFITORIO. m. ant. Refectorio.

REFLECTANTE. p.a. de reflectar. Que reflecta.

REFLECTAR. (l. *reflectĕre*, volver hacia atrás.) intr. Fís. Reflectar, 1.ª acep.

REFLECTOR, RA. (De *reflectar*.) adj. Dícese del cuerpo que refleja. Ú.t.c.s. || 2. m. Fís. Superficie metálica brillante de forma apropiada para que refleje la luz o el calor en la dirección deseada. || 3. Astron. Telescopio. || 4. Faro de reverbero muy potente. || P. e I. reflector; F. réflecteur; A. Reflektor, Scheinwerfer; It. riflettore; R. рефлектор.

REFLEJA. (De *reflejar*.) f. Reflexión, 2.ª acep.

REFLEJAR. (De *reflejo*.) intr. Fís. Hacer retroceder o cambiar de dirección la luz, el calor, el sonido, etc., oponiéndoles una superficie lisa. Ú.t.c.r. || 2. tr. fig. Reflexionar. || 3. Manifestar o hacer patente una cosa. || 4. r. fig. Dejarse ver una cosa en otra. || P. reflectir; I. to reflect; F. refléter; A. reflektieren, zurückstrahlen; It. riflèttere; R. отражать.

REFLEJO, JA. (l. *reflexus*.) adj. Que ha sido reflejado. || 2. fig. Dícese del conocimiento o consideración que se forma de una cosa para reconocerla mejor. || 3. Fisiol. Dícese de los actos que son resultado de excitaciones no percibidas por la conciencia. || 4. m. Luz reflejada. || 5. Representación, imagen, muestra. —**condicionado.** Nombre dado por Pavlov a los reflejos producidos por asociación neuronal de estímulos. || *Oración pasiva* refleja. Gram. La construida con el pronombre *se*. || P. reflectido; I. reflected; F. réflexe; A. überlegt; It. reflesso; R. отражённый. || 3.ª acep.: P. reflexo; I. reflex; F. réflexe; A. Widerschein; It. riflesso; R. рефлекс.

REFLEXIBLE. adj. Que puede reflejarse.

REFLEXIÓN. (l. *reflexio, -ōnis*.) f. Fís. Acción y efecto de reflejar. || 2. fig. Acción y efecto de reflexionar. || 3. fig. Advertencia o consejo. || 4. Gram. Manera de ejercerse la acción del verbo reflexivo. || 5. Fís. Cambio de dirección que experimenta un rayo, una onda o un cuerpo al incidir o chocar contra una superficie lisa. || P. reflexão; I. reflection; F. réflexion; A. reflektion; It. riflessione; R. ограмение. || 2.ª acep.: P. meditação; I. cogitation; F. réflexion; A. Betrachtung; It. riflessione; R. размышление.

REFLEXIONAR. (De *reflexión*.) intr. Considerar detenidamente una cosa. || P. reflexionar; I. to reflect; F. réfléchir; A. nachdenken; It. riflèttere; R. размышлять.

REFLEXIVAMENTE. adv. Con reflexión.

REFLEXIVO, VA. (l. *reflexum*, supino de *reflectĕre*, volver hacia atrás.) adj. Que refleja o reflecta. || 2. Que habla y obra con reflexión. || 3. Gram. Dícese del verbo cuya acción vuelve sobre el mismo sujeto que la ejecuta.

* REFLEXOTERAPIA. f. Med. Método terapéutico por medio de reflejos, provocados por la excitación a distancia del sitio donde se halla la lesión.

REFLORECER. (l. *reflorescĕre*.) intr. Volver a florecer los campos o echar flores las plantas. || 2. fig. Recobrar una cosa inmaterial el lustre y esplendor de otro tiempo.

REFLORECIMIENTO. m. Acción y efecto de reflorecer.

REFLUENTE. p.a. de refluir. Que refluye.

REFLUIR. (l. *refluĕre*.) intr. Volver hacia atrás o retroceder un líquido. || 2. fig. Redundar, resultar una cosa en beneficio o daño de alguien. || P. refluir; I. to reflow; F. refluer; A. zurückfliessen, zurückströmen; It. rifluire; R. отливать.

REFLUJO. (De *re* y *flujo*.) m. Movimiento de descenso en la marea. || P. refluxo; I. reflux; F. réflux; A. Ebbe; It. riflusso; R. отлив.

REFOCILACIÓN. f. Acción y efecto de recrear o refocilarse.

* REFOCILAR. (l. *refocillāre*.) tr. Recrear, alegrar. Dícese particularmente de las cosas que calientan y dan vigor. Ú.t.c.r.

* REFOCILAR. (De *re* y *focilar*, por *fucilar*.) intr. R. de la Plata. Relampaguear.

REFOCILO. m. Refocilación.

REFORMA. f. Acción y efecto de reformar o reformarse. || 2. Lo que se propone o ejecuta como innovación o mejora en alguna cosa. || 3. *Religión* reformada. || P. reforma; I. reform, reformation; F. réforme, réformation; A. Reform, Umgestaltung; It. riforma, riformazione; R. реформа, преобразование.

REFORMABLE. adj. Que se puede reformar. || 2. Digno de reforma.

REFORMACIÓN. (l. *reformatio, -ōnis*.) f. Reforma, 1.ª acep.

REFORMADO, DA. (l. *reformātus*.) adj. Dícese del militar que no estaba en actual ejercicio de su empleo. || 2. Dícese del calendario establecido por el papa Gregorio XIII. || 3. V. *Religión* reformada.

REFORMADOR, RA. (l. *reformātor*.) adj. Que reforma. Ú.t.c.s.

REFORMAR. (l. *reformāre*.) tr. Volver a formar, rehacer. || 2. Reparar, restaurar, restablecer. || 3. Arreglar, corregir, enmendar. || 4. Restituir una orden religiosa u otro instituto a su primitiva disciplina. || 5. Extinguir un establecimiento o cuerpo. || 6. Privar del ejercicio de un empleo. || 7. Quitar, rebajar en el número o cantidad. || 8. r. Enmendarse o corregirse. || P. reformar; I. to reform, to reshape; F. reformer; A. umgestalten; It. riformare; R. реформировать.

REFORMATIVO, VA. adj. Reformatorio.

REFORMATORIO, RIA. adj. Que reforma o arregla. || 2. m. Establecimiento educativo con procedimientos pedagógicos especiales para muchachos o jóvenes de viciosa inclinación. || 2.ª acep.: P. casa de correção; I. correctional; F. maison de correction; A. Verbesserungsanstalt; It. casa di correzione; R. исправительный.

REFORMISTA. adj. Partidario de reformas o ejecutor de ellas. Ú.t.c.s.

REFORZADO, DA. (De *reforzar*.) adj. Que tiene refuerzo. || 2. Dícese de cierto listón o cinta que se cose sobre una prenda de vestir. Ú.m.c.s.

REFORZADOR, RA. adj. Que refuerza. || 2. m. Fotogr. Baño para reforzar un clisé fotográfico débil. || 3. Electr. Relevador.

REFORZAR. (De *re* y *forzar*.) tr. Añadir nuevas fuerzas a una cosa. || 2. Fortalecer. || 3. Animar, alentar. Ú.t.c.r. || P. reforçar; I. to strengthen; F. renforcer; A. verstärken; It. rinforzare; R. укреплять.

REFRACCIÓN. (l. *refractio, -ōnis*.) f. Dióptr. Acción y efecto de refractar o refractarse. || 2. Fís. Cambio de dirección que sufren las radiaciones al pasar oblicuamente de un medio a otro de diferente densidad. || *Doble* refracción. Dióptr. Propiedad que poseen ciertos cristales que al ser atravesados por un rayo de luz, lo dividen en dos, duplicando la imagen de los objetos percibidos a través de ellos. || P. refracção; I. refraction; F. réfraction; A. Strahlenbrechung; It. rifrazione; R. рефракция.

REFRACTAR. (De *refracto*.) tr. Dióptr. Hacer que cambie la dirección el rayo de luz que pasa oblicuamente de un medio a otro de diferente densidad. Ú.t.c.r.

REFRACTARIO, RIA. (l. *refractarius*, obstinado, pertinaz.) adj. Dícese de la persona que rehusa cumplir una obligación. || 2. Rebelde a aceptar una idea o costumbre. || 3. Fís. y Quím. Dícese del cuerpo que resiste la acción del fuego sin cambiar de estado ni descomponerse. || P. refractário; I. refractory; F. réfractaire; A. widerspenstig; It. refrattario; R. упрямый.

REFRACTIVO, VA. adj. Que causa refracción.

REFRACTO, TA. (l. *refractus.*) adj. Que ha sido refractado.

* **REFRACTÓMETRO.** m. Fís. Aparato usado para medir los índices de refracción.

REFRACTOR. m. ASTRON. Anteojo, 1.ª acep.

REFRÁN. (fr. *refrain.*) m. Dicho agudo y sentencioso de uso común. || *Tener muchos* REFRANES, o *tener* REFRANES *para todo.* frs. figs. y fams. Hallar salidas o pretextos para cualquier cosa. || **P.** rifão; **I.** saying; **F.** adage; **A.** Sprichwort; **It.** adagio; **R.** поговорка.

REFRANERO. m. Colección de refranes.

REFRANESCO, CA. adj. Dícese de la frase o concepto que se expresa a manera de refrán.

REFRANGIBILIDAD. f. Calidad de refrangible.

REFRANGIBLE. adj. Que puede refractarse.

REFRANISTA. com. Persona que cita refranes con frecuencia.

REFREGADURA. (De *refregar.*) f. Refregamiento. || **2.** Señal que queda de haber refregado una cosa.

REFREGAMIENTO. m. Acción y efecto de refregar o refregarse.

REFREGAR. (l. *refricâre.*) tr. Estregar una cosa con otra. Ú.t.c.r. || **2.** fig. y fam. Dar en cara o una insistentemente con una cosa que le ofende.

REFREGÓN. (De *refregar.*) m. fam. Refregadura. || **2.** MAR. Ráfaga, 1.ª acep.

REFREÍR. (l. *refrigêre.*) tr. Volver a freír. || **2.** Freír mucho o bien una cosa. || **3.** Freírla con exceso.

REFRENABLE. adj. Que se puede refrenar.

REFRENADA. f. Sofrenada.

REFRENAMIENTO. m. Acción y efecto de refrenar, 2.ª acep.

REFRENAR. (l. *refrenâre.*) tr. Sujetar al caballo con el freno. || **2.** fig. Contener, reprimir o corregir. Ú.t.c.r. || **P.** refrear; **I.** to curb, to restrain; **F.** refréner, réprimer; **A.** zügeln; **It.** raffrenare; **R.** обуздывать.

REFRENDACIÓN. f. Acción y efecto de refrendar.

REFRENDAR. (De *refrendo.*) tr. Autorizar un documento por medio de la firma de persona hábil para ello. || **2.** Revisar un pasaporte y anotar su presentación. || **3.** ant. Marcar las medidas pesos y pesas. || **4.** fig. y fam. Volver a ejecutar o repetir una acción. || **P.** referendar; **I.** to countersign; **F.** contresigner, viser; **A.** vidrieren; **It.** confirmare; **R.** удостоверять.

REFRENDARIO. (De *refrendar.*) m. El que con autoridad pública refrenda un documento o lo firma después de un superior.

REFRENDATA. (De *refrendar.*) f. Firma del refrendario.

REFRENDO. (De *referendum.*) m. Refrendación. || **2.** Testimonio que acredita haber sido refrendada una cosa. || **3.** Firma puesta por los ministros en los decretos al pie de la firma del Jefe del Estado.

REFRESCADOR, RA. adj. Que refresca.

REFRESCADURA. f. Acción y efecto de refrescar o refrescarse.

REFRESCAMIENTO. m. Refresco. Que refresca.

REFRESCANTE. p.a. de refrescar. Que refresca.

REFRESCAR. (De *re* y *fresco.*) tr. Moderar o rebajar el calor de una cosa. || **2.** fig. Reproducir una acción. || **3.** fig. Renovar un sentimiento, recuerdo, costumbre, etc. || **4.** intr. fig. Tomar fuerzas o aliento. || **5.** Moderarse el calor del aire. Ú. con nombre que signifique tiempo. || **6.** Tomar el fresco. Ú.t.c.r. || **7.** Beber alguna cosa fría o atemperante. || **8.** MAR. Hablando del viento, aumentar su fuerza. || **9.** COLOM. Merendar. || **P.** refrescar; **I.** to refresh; **F.** refraîchir; **A.** erfrischen, abkühlen; **It.** rinfrescare; **R.** освежать.

REFRESCO. (De *refrescar.*) m. Alimento moderado que se toma para reparar las fuerzas y continuar el trabajo. || **2.** Bebida fría o atemperante. || **3.** Agasajo de bebidas, dulces, etc., que se da en las visitas o en otras reuniones. || *De* REFRESCO. m. adv. De nuevo. Dícese de lo que añade o sobreviene para un fin. || **P.** refresco; **I.** refreshment; **F.** boisson fraîche; **A.** Erfrischung; **It.** rinfresco; **R.** лёгкая закуска.

REFRIAMIENTO. (De *refriar.*) m. ant. Enfriamiento.

REFRIANTE. p.a. de refriar. Que refría. || **2.** Refrigerante.

REFRIAR. (De *re* y *frío.*) tr. ant. Enfriar.

REFRIEGA. (De *refregar.*) f. Combate, menos empeñado y entre menor número de contendientes que una batalla. || **P.** refrega; **I.** affray, scuffle; **F.** mêlée; **A.** Zank, Streit; **It.** zuffa; **R.** столкновение.

REFRIGERACIÓN. (l. *refrigeratio, -ônis.*) f. Acción de refrigerar o refrigerarse. || **2.** MEC. Acción de mantener o bajar la temperatura de motores, cojinetes, etc. || **3.** Refrigerio. || **P.** refrigeração; **I.** refrigeration; **F.** réfrigération; **A.** Abkühlung; **It.** refrigerazione; **R.** охлаждение.

REFRIGERADOR, RA. adj. Dícese de los aparatos e instalaciones para refrigerar. Ú.t.c.s.

REFRIGERANTE. p.a. de refrigerar. Que refrigera. Ú.t.c.s. || **2.** m. Corbato. || **3.** QUÍM. Recipiente de agua fría para rebajar la temperatura de un fluido.

REFRIGERAR. (l. *refrigerâre.*) tr. Refrescar, moderar el calor de una cosa. Ú.t.c.r. || **2.** fig. Reparar las fuerzas. Ú.t.c.r. || **P.** refrigerar; **I.** to refrigerate; **F.** réfrigérer; **A.** abkühlen; **It.** refrigerare; **R.** охлаждать.

REFRIGERATIVO, VA. adj. Que tiene virtud de refrigerar.

REFRIGERATORIO. (l. *refrigeratorius.*) m. ant. QUÍM. Refrigerante, 3.ª acep.

REFRIGERIO. (l. *refrigerium.*) m. Alivio que se siente con lo fresco. || **2.** fig. Alivio en cualquier apuro, incomodidad o pena. || **3.** fig. Alimento en pequeña cantidad que se toma para reparar fuerzas.

REFRINGENCIA. f. Calidad de refringente. || **P.** refrangência; **I.** refringency; **F.** réfringence; **A.** Brechkraft; **It.** rifrangenza; **R.** преломлённый.

REFRINGENTE. p.a. de refringir. Que refringe.

REFRINGIR. (l. *refringêre*; de *re* y *frangêre,* quebrar.) tr. DIÓPTR. Refractar. Ú.t.c.r.

REFRITO, TA. p.p. irreg. de refreír. || **2.** m. fig. Cosa rehecha o aderezada de nuevo. Dícese generalmente de la refundición de un escrito.

REFUERZO. (De *reforzar.*) m. Mayor grueso dado a una cosa para hacerla más resistente. || **2.** Reparo para fortalecer una cosa que puede flaquear. || **3.** Ayuda que se presta en una necesidad. || **4.** m. pl. Tropas que se suman a otras para aumentar su fuerza. || **P.** reforço; **I.** re-enforcement; **F.** renfort; **A.** Verstärkung; **It.** rinforzo; **R.** утоление.

REFUGIADO, DA. p.p. de refugiar. || **2.** m. y f. Persona que a consecuencia de guerras, revoluciones, etc., se ve obligada a buscar refugio fuera de su país.

REFUGIAR. (De *refugio.*) tr. Acoger o amparar a uno sirviéndole de asilo. Ú.m.c.r.

REFUGIO. (l. *refugium.*) m. Asilo, acogida, amparo. || **2.** Hermandad dedicada al socorro de los pobres. || **3.** Construcción en lugar a propósito para cobijar a los alpinistas. || **—antiaéreo.** Construcción para proteger al personal civil contra los efectos de los bombardeos aéreos. || **P.** refúgio; **I.** refuge; **F.** refuge; **A.** Zuflucht; **It.** rifugio; **R.** убежище.

REFULGENCIA. (l. *refulgentia.*) f. Resplandor de un cuerpo resplandeciente. || **P.** refulgência; **I.** refulgence; **F.** éclat; **A.** Glanz, Schimmer; **It.** rifulgenza; **R.** блеск, сияние.

REFULGENTE. (l. *refulgens, -entis.* p.a. de refulgir.) adj. Que emite resplandor.

REFULGIR. (l. *refulgêre.*) intr. Resplandecer.

REFUNDICIÓN. f. Acción y efecto de refundir o refundirse. || **2.** La obra refundida. || **P.** refundição; **I.** recasting;

F. refonte; **A.** Umschmelzung; **It.** rifondita; **R.** переплавка.

REFUNDIDOR, RA. m. y f. Persona que refunde.

REFUNDIR. (l. *refundêre.*) tr. Volver a fundir los metales. || **2.** fig. Comprender o incluir. Ú.t.c.r. || **3.** fig. Dar nueva disposición a una obra de ingenio: comedia, discurso, etc. || **4.** intr. fig. Redundar una cosa en beneficio o daño de alguien, 2.ª acep. || **P.** refundir; **I.** to recast; **F.** refondre; **A.** umgiessen, umschmelzen; **It.** rifondere; **R.** переплавлять.

REFUNFUÑADOR, RA. adj. Que refunfuña.

REFUNFUÑADURA. (De *refunfuñar.*) f. Ruido resultante de pronunciar las palabras confusamente en señal de enojo.

REFUNFUÑAR. (Voz onomatopéyica.) intr. Emitir voces confusas o palabras entre dientes, en señal de enojo. || **P.** resmungar; **I.** to growl, to grumble; **F.** grommeler, grogner, renâcler; **A.** mucken, brummen; **It.** borbottare; **R.** ворчать.

REFUNFUÑO. m. Refunfuñadura.

REFUNFUÑÓN, NA. adj. Refunfuñador.

REFUSILO. (De *fucilar.*) m. ARGENT. Relámpago.

REFUTABLE. adj. Que puede refutarse o es fácil de refutar.

REFUTACIÓN. (l. *refutatio, -ônis.*) f. Acción y efecto de refutar. || **2.** Argumento dirigido a destruir las razones del contrario. || **3.** RET. Parte del discurso comprendida en la confirmación, dirigida a rebatir los argumentos aducidos en contra de lo que se defiende. || **P.** refutação; **I.** refutation; **F.** réfutation; **A.** Refutation, Widerlegung; **It.** confutazione; **R.** опровержение.

REFUTAR. (l. *refutâre.*) tr. Contradecir, impugnar con argumentos lo que otro dice. || **P.** refutar; **I.** to refute; **F.** réfuter, rétorquer; **A.** widerlegen; **It.** confutare; **R.** опровергать.

REFUTATORIO, RIA. (l. *refutatorius.*) adj. Que sirve para refutar.

-REGACEAR. (De *regazo.*) tr. Arregazar.

REGADERA. f. Recipiente portátil a propósito para regar. || **2.** Reguera. || **3.** pl. Ciertas tablillas por donde llega el agua a los ejes de las grúas para que no se recalienten. || **P.** regador; **I.** watering pot; **F.** arrosoir; **A.** Giesskanne; **It.** inaffiatoio; **R.** лейка.

REGADERO. m. Regadera, 2.ª acep.

REGADÍO, A. adj. Aplícase al terreno que se puede regar. Ú.t.c.s. || **2.** m. Terreno dedicado a cultivos que se fertilizan con el riego. || **P.** regadio; **I.** irrigable; **F.** arrosable; **A.** bewässerbar; **It.** irrigàbile; **R.** поливной.

REGADIZO, ZA. adj. Regadío.

REGADOR. m. Punzón de punta curva, con que se señala, rayando, la longitud y el número de púas de los peines.

REGADOR, RA. (l. *rigâtor.*) adj. Que riega. Ú.t.c.s. || **2.** m. MURC. Regante. || **3.** CHILE. Unidad de medida para aforar las aguas de riego.

REGADURA. (De *regar.*) f. Riego que se hace por una vez.

REGAIFA. (ár. *regâ'if,* tortas, pl. de *ragîfa.*) f. Torta, hornazo. || **2.** Piedra circular de los molinos de aceite con una canal en su contorno, por donde corre el líquido.

REGAJAL. m. Regajo.

REGAJO. (De *regar.*) m. Charco que se forma en los arroyuelos. || **2.** El mismo arroyuelo.

REGALA. (cat. *regala;* véase *galón,* 2.ª acep.) f. MAR. Tablón que cubre todas las cabezas de las ligazones en su extremo superior, y forma el borde de las embarcaciones.

REGALADA. (De *regalar.*) f. Caballeriza real donde están los caballos de regalo. || **2.** Conjunto de estos caballos.

REGALADAMENTE. adv. Con regalo y delicadeza.

REGALADO, DA. p.p. de regalar. || **2.** adj. Suave o delicado. || **3.** Deleitoso.

REGALADOR, RA. adj. Que regala o es amigo de regalar. Ú.t.c.s. || **2.** m. Palo forrado de esparto con que los boteros alisan por fuera las corambres.

R

REGALAMIENTO. m. Acción de regalar o regalarse, 1.ª acep.

REGALAR. (ital. *regalare*; fr. *régaler*.) tr. Dar a uno graciosamente una cosa en muestra de afecto, consideración, etc. || 2. Halagar, acariciar a uno. || 3. Recrear, deleitar. Ú.t.c.r. || 4. r. Tratarse bien, procurándose toda suerte de comodidades. || P. regalar; I. to present; F. donner; A. schenken; It. regalare; R. дарить.

REGALAR. (l. *regalāre*, deshelar.) tr. Derretir por medio del calor una cosa sólida. Ú.t.c.r.

REGALARÍA. f. p. us. Regalo, obsequio.

REGALEJO. m. d. de regalo.

REGALERO. (De *regalo*.) m. Empleado que en los sitios reales llevaba las frutas o flores al rey.

REGALÍA. (l. *regālis*, regio.) f. Preeminencia o prerrogativa que en virtud de suprema postestad ejerce un soberano en un Estado. || 2. Privilegio concedido por la Santa Sede a los reyes en algún punto relativo a la disciplina de la Iglesia. Ú.m. en pl. || 3. fig. Privilegio. || 4. fig. Gajes, que además del sueldo, perciben algunos empleados. || 5. P. Rico., Rep. Domin. y Colom. Obsequio, regalo. || 6. Chile y Argent. Regalillo, manguito. || P. regalía: I. regale, royalty; F. régale; A. Kronrecht; It. regalia; R. королевские прерогативы.

REGALICIA. f. Regaliz.

REGALILLO. m. d. de regalo. || 2. Manguito, 1.ª acep.

REGALISMO. m. Escuela o sistema de los regalistas.

REGALISTA. adj. Dícese del defensor de las regalías de la corona en las relaciones del Estado con la Iglesia. Ú.t.c.s.

REGALIZ. (l. *glycyrrhiza*, y éste del gr. γλυχύρριζα; de γλυχύς, dulce, y ρίζα, raíz.) m. Orozuz.

REGALIZA. f. Regaliz.

REGALO. (De *regalar*, 1.er art.) m. Dádiva hecha voluntariamente o por costumbre. || 2. Gusto o complacencia que se recibe. || 3. Conveniencia o comodidad procurada a una persona. || 4. Comida o bebida exquisita. || 5. V. *Caballo de* REGALO. || P. regalo: I. treat, regalo; I. present, gift; F. cadeau; A. Geschenk; R. подарок.

REGALÓN, NA. (De *regalar*, 1.er art.) adj. Que se trata con mucho regalo.

* **REGALONEAR.** (De *regalón*.) tr. Argent. y Chile. Mimar. || 2. intr. Argent. y Chile. Abusar del cariño recibido.

* **REGALONERÍA.** f. Argent. y Chile. Inclinación a vivir con regalo. || 2. Argent. y Chile. Mimo.

REGANTE. p.a. de regar. Que riega. || 2. El que tiene derecho de regar con determinada agua. || 3. El encargado del riego de los campos.

REGAÑADA. (De *regaño*.) f. And. Torta de pan muy delgada y recocida.

REGAÑADIENTES (A). m. adv. De mala gana.

REGAÑADO, DA. p.p. de regañar. || 2. adj. Dícese de la boca y del ojo que tienen un frunce y no pueden cerrarse por completo.

REGAÑAMIENTO. m. Acción y efecto de regañar.

REGAÑAR. (port. *reganhar*.) intr. Demostrar el perro su saña gruñendo y mostrando los dientes. || 2. Dar muestras de enfado con palabras y gestos. || 3. fig. Abrirse el hollejo o corteza de algunas frutas, cuando maduran. || 4. fam. Reñir. || 5. tr. fam. Reprender. || 2.ª acep.: P. reganhar; I. to grumble; F. grogner; A. murren; It. sgridare; R. ворчать. || 5.ª acep.: P. ralhar; I. to scold; F. reprendre; A. ausschelten; It. rimbrottare; R. делать выговор.

REGAÑIR. intr. Gañir reiteradamente.

REGAÑO. (De *regañar*.) m. Gesto descompuesto del rostro acompañado comúnmente de palabras ásperas, con que se muestra enfado o disgusto. || 2. fig. Parte del pan tostado y sin corteza, por la abertura formada al cocerse. || 3. fam. Reprensión.

REGAÑÓN, NA. adj. fam. Dícese de la persona que regaña frecuentemente y sin motivo suficiente. Ú.t.c.s. || 2. fam. Dícese del viento noroeste. Ú.t.c.s.

REGAR. (l. *rigāre*.) tr. Esparcir agua sobre una superficie, particularmente sobre la tierra o las plantas para beneficiarlas. || 2. Atravesar un río un territorio. || 3. Humedecer las abejas los vasos en que está el pollo. || 4. fig. Esparcir alguna cosa a semejanza de la siembra. || 5. P. Rico. Pegar, dar. *Le* REGÓ *dos bofetadas.* || 6. r. Venez. Esparcirse. || P. regar; I. to water, to irrigate; F. arroser; A. begiessen, bewässern; It. irrigare; R. поливать.

REGATA. (De *regar*.) f. Reguera pequeña en las huertas y jardines.

REGATA. (ital. *regatta*.) f. Mar. Pugna entre dos o más embarcaciones contendiendo entre sí sobre cuál llegará antes a un punto señalado. || 2. Bol. Cierta tela de algodón. || 3. Chile. Regateo.

REGATE. (De *recatar*, 1.er art.) m. Movimiento rápido que se hace hurtando el cuerpo. || 2. fig. y fam. Escape o refugio buscado hábilmente en una dificultad.

REGATEAR. (De *recatear*.) tr. Debatir el comprador y el vendedor el precio de una cosa. || 2. Revender, vender por menor los comestibles comprados por mayor. || 3. fig. y fam. Escasear o rehusar la ejecución de una cosa. || 4. intr. Hacer regates. || 5. Mar. Disputar con empeño varias embarcaciones la velocidad en el andar. || 6. Chile. Disputar una carrera los jinetes. || 7. Chile y P. Rico. Contender dos o más caballos o coches en carrera. || P. regatear; I. to chaffer, to bargain; F. marchander; A. feilschen; It. stiracchiare; R. торговаться.

REGATEO. m. Acción y efecto de regatear.

REGATERÍA. f. Regatonería, 1.ª acep.

REGATERO, RA. (De *regatear*.) adj. Regatón, 2.º art. Ú.t.c.s.

REGATO. (De *regar*.) m. Regajo.

REGATÓN. m. Casquillo o contera que se pone en el extremo inferior de las lanzas, bastones, etc. || 2. Hierro de figura de ancla que tienen los bicheros en uno de sus extremos. || 3. Amér. Residuo de licor que se deja en el vaso. || P. ponteira; I. ferrule; F. virole; A. (Stock)Zwinge; It. ghiera; R. конец, острие.

REGATÓN, NA. (De *regatear*.) adj. Que vende por menor los comestibles comprados por mayor. Ú.t.c.s. || 2. Que regatea mucho. Ú.t.c.s.

REGATONEAR. (De *regatón*, 2.º art.) tr. Comprar por mayor para revender por menor.

REGATONERÍA. f. Venta por menor de los géneros comprados por junto. || 2. Oficio de regatón.

REGATONÍA. f. ant. Regatonería.

REGAZAR. (De *regazo*.) tr. Arregazar.

REGAZO. (port. *regaço*.) m. Enfaldo de la saya, que hace seno desde la cintura hasta la rodilla. || 2. Parte del cuerpo donde se forma ese enfaldo. || 3. fig. Cosa que recibe en sí a otra, dándole consuelo o amparo.

* **REGELACIÓN.** f. Fís. Fenómeno que consiste en soldarse dos trozos de hielo puestos en contacto.

REGENCIA. (b. l. *regentĭa*, y éste del l. *regens*, -*entis*, regente.) f. Acción de regir o gobernar. || 2. Cargo de regente. || 3. Gobierno de un Estado durante la menor edad, ausencia o incapacidad de su legítimo soberano. || 4. Tiempo que dura este gobierno. || P. regência; I. regency; F. régence; A. Regentschaft; It. reggenza; R. управление.

REGENERACIÓN. (l. *regeneratio*, -*ōnis*.) f. Acción de regerar o regenerarse. || 2. Biol. Aptitud de los organismos para restaurar o reemplazar las partes perdidas. || P. regeneração; I. regeneration; F. régénération; A. Erneuerung, Wiedererzeugung; It. rigenerazione; R. возрождение.

REGENERADOR, RA. adj. Que regenera. Ú.t.c.s.

REGENERAR. (l. *regenerāre*.) tr. Dar nuevo ser a una cosa que degeneró; reestablecerla o mejorarla. || 2. fig. Mejorar moralmente. || P. regenerar; I. to regenerate; F. régénérer; A. erneuern, wiedererzeugen; It. rigenerare; R. возрождать.

REGENTA. f. Mujer del regente. || 2. Profesora en algunos establecimientos de educación.

REGENTAR. (De *regente*.) tr. Desem-

---

peñar durante cierto tiempo ciertos cargos. || 2. Ejercer un cargo ostentando superioridad. || 3. Ejercer un cargo de honor. || P. reger; I. to rule; F. régenter; A. (ein Amt) bekleiden, verwalten; It. règgere; R. управлять.

REGENTE. (De *regens*, -*entis*.) p.a. de regir. Que rige o gobierna. || 2. com. Persona que desempeña la regencia de un Estado. || 3. m. Magistrado que presidía una audiencia territorial. || 4. En las religiones, el que gobierna y rige los estudios. || 5. El que está habilitado, mediante examen, para regentar ciertas cátedras. || 6. En las imprentas, boticas, etc., el que las rige en representación del dueño.

REGENTEAR. (De *regente*.) tr. Regentar.

REGIAMENTE. adv. Con grandeza real. || 2. fig. Suntuosamente.

REGICIDA. (l. *rex, regis*, rey, y *caedĕre*, matar.) adj. El que mata a un rey o a una reina, o el que atenta contra la vida del soberano, aunque el hecho no se consume. || P. e It. regicida; I. regicide; F. régicide; A. Königsmörder; R. цареубийца.

REGICIDIO. m. Muerte violenta dada al rey o a su consorte, o al príncipe heredero o al regente.

REGIDOR, RA. adj. Que rige o gobierna. || 2. m. Concejal sin ningún otro cargo municipal.

REGIDORA. f. Mujer del regidor. || 2. Concejala.

REGIDORÍA. f. Regiduría.

REGIDURÍA. f. Oficio de regidor.

RÉGIMEN. (l. *regĭmen*.) m. Modo de gobernarse en una cosa, de regir algo. || 2. Constituciones, reglamentos o prácticas de un gobierno. || 3. Gram. Relación de dependencia que guardan entre sí las palabras en la oración. || 4. Gram. Preposición que pide un verbo o un adjetivo, o caso que pide una preposición. || 5. Med. Uso metódico de todos los medios necesarios para recuperar la salud o para conservarla. || P. e It. regime; I. regimen; F. régime; A. Waltungsform; R. строй.

REGIMENTAR. tr. Reducir a regimientos compañías o partidas sueltas.

REGIMIENTO. (l. *regimentum*.) m. Acción y efecto de regir o regirse. || 2. Cuerpo de regidores de un ayuntamiento. || 3. Empleo de regidor. || 4. Mil. Unidad orgánica de una misma arma, cuyo jefe es el coronel. || 4.ª acep.: P. regimento; I. regiment; F. régiment; A. Regiment; It. reggimento; R. полк.

REGIO, GIA. (l. *regius*.) adj. Real, perteneciente o concerniente al rey. || 2. fig. Suntuoso, magnífico. || P. régio; I. royal, magnificent; F. royal, somptueux; A. grossartig, prächtig; It. regio; R. королевский.

REGIÓN. (l. *regio*, -*ōnis*.) f. Porción de territorio determinada por caracteres étnicos, climáticos, topográficos, etc. || 2. Espacio, que según la filosofía antigua, ocupaba cada uno de los cuatro elementos. || 3. fig. Todo espacio que se imagina ser muy grande. || 4. Zool. Cada una de las partes en que se considera dividido al exterior del cuerpo de los animales. || P. região; I. region, country; F. région; A. Gegend; It. regione; R. район, область.

REGIONAL. (l. *regionālis*.) adj. Perteneciente o relativo a una región.

REGIONALISMO. m. Doctrina política según la cual en el gobierno de un Estado debe atenderse a cada región especialmente según su modo de ser, sus aspiraciones, etc. || 2. Amor a la propia región. || 3. Vocablo o giro privativo de una región determinada.

REGIONALISTA. (De *regional*.) adj. Partidario del regionalismo. Ú.t.c.s. || 2. Perteneciente al regionalismo o a sus partidarios.

REGIONARIO, RIA. (De *región*.) adj. Dícese del oficial eclesiástico encargado de la administración de algunos negocios en determinado distrito. Ú.t.c.s.

REGIR. (l. *regĕre*.) tr. Dirigir, gobernar o mandar. || 2. Conducir una cosa. || 3. Gram. Tener una palabra bajo su dependencia otra palabra. || 4. Gram. Pedir una palabra tal o cual preposición, caso o modo verbal, etc. || 5. intr. Estar vigente. || 6. Funcionar bien un artefacto

R

u organismo. || **7.** Traer bien gobernado el vientre. Ú.t.c.r. || **8.** MAR. Obedecer la nave al timón. || **P.** reger; **I.** to rule, to control; **F.** régir; **A.** regieren, leiten; **It.** règgere; **R.** управлять.

REGISTRADOR, RA. adj. Que registra. || **2.** Dícese de los aparatos destinados a señalar o inscribir automáticamente determinados fenómenos físicos, operaciones, etc. || **3.** m. Funcionario encargado de algún registro público. || **4.** Persona que a la entrada de un lugar está encargada de reconocer los géneros que entran o salen.

REGISTRAR. (De *registro*.) tr. Examinar una cosa con cuidado. Aplícase especialmente a las mercaderías o bienes que han de ser examinados y anotados. || **2.** Transcribir o extractar en los libros de registro, despachos, células, y en general toda clase de documentos oficiales || **3.** Poner una señal o registro entre las hojas de un libro. || **4.** fig. Tener un edificio vistas sobre un predio vecino. || **5.** Inscribir o señalar los instrumentos adecuados determinados fenómenos físicos. || **6.** r. Presentarse y matricularse. || **P.** registar; **I.** to examine, to inspect; **F.** registrer, fouiller; **A.** durchsuchen; **It.** registrare; **R.** осматривать.

REGISTRO. (l. *regestum*; sing. de *regesta, -orum*.) m. Acción de registrar. || **2.** Lugar desde donde se puede registrar y observar alguna cosa. || **3.** Pieza en el reloj u otra máquina para modificar su movimiento. || **4.** Abertura con su tapa, para reparar, conservar o examinar lo que está subterráneo o empotrado. || **5.** Padrón, matrícula. || **6.** Protocolo. || **7.** Oficina donde se registra. || **8.** Asiento de lo que se registra. || **9.** Cédula en que consta haberse registrado una cosa. || **10.** Libro en que se anotan regularmente ciertos datos. || **11.** Señal puesta entre las hojas de un libro. || **12.** Pieza movible del órgano con la cual se modifica el timbre o la intensidad de los sonidos. || **13.** Cada género de voces del órgano. || **14.** En el clave, piano, etc., mecanismo para esforzar o apagar los sonidos. || **15.** GERM. Bodegón, casa de comidas. || **16.** IMPR. Correspondencia exacta de las líneas de un pliego impreso con las del dorso. || **17.** QUÍM. Agujero del hornillo que sirve para dar fuego e introducir el aire. || **18.** ARGENT. Almacén de tejidos al por mayor. || **—civil.** Registro oficial en que se hace constar los nacimientos, matrimonios, defunciones y demás hechos relativos al estado civil de las personas. || **—de actos de última voluntad.** El que existe en el Ministerio de Gracia y Justicia para hacer constar los otorgamientos *mortis causa*. || **—de aprovechamiento de aguas.** El que se lleva en la Dirección General de Obras Públicas para inscribir los títulos y derechos de los usuarios de aguas derivadas de las corrientes públicas. || **—de la propiedad.** Aquel en que se inscriben por el registrador todos los bienes raíces de un partido judicial, con expresión de sus dueños. || **—de la propiedad industrial.** El que sirve para registrar patentes de invención o de introducción, marcas de fábrica, nombres comerciales, etc. || **—de la propiedad intelectual.** Aquel en que se inscriben los derechos de autores, traductores o editores de obras científicas, literarias, o artísticas. || **—mercantil.** El destinado a la inscripción de las personas dedicadas al comercio o a la industria y de los buques mercantes. || *Echar* uno *todos los* REGISTROS. fr. fig. Hacer todo lo que puede y sabe en un asunto. || *Salir* uno *por* tal o cual REGISTRO. fr. fig. Cambiar inesperadamente de tono o de conducta. || **P.** registo; **I.** register; **F.** registre, fouille; **A.** Register, Durchsuchung; **It.** registro; **R.** список, регистрация.

REGITIVO, VA. adj. p. us. Que rige o gobierna.

REGLA. (l. *regŭla*.) f. Instrumento de materia rígida, generalmente de lado rectangular, usado para trazar líneas rectas. || **2.** Ley universal que comprende lo substancial que debe observar un cuerpo religioso. || **3.** Ley básica o estatuto de una cosa. || **4.** Precepto o principio en las ciencias y en las artes. || **5.** Razón a que se han de ajustar las acciones. || **6.** Moderación, templanza, medida. || **7.** Pauta. || **8.** Orden inmutable de las cosas naturales. || **9.** Menstruación. || **10.** MAT. Método de hacer una operación. || **—de aligación.** ARIT. La que enseña a calcular el precio de una mezcla o la ley de una aleación o las cantidades que deben mezclarse o alearse para determinado precio o ley. || **—de compañía.** ARIT. La que enseña a repartir las ganancias o pérdidas entre los socios de una compañía comercial. || **—conjunta.** ARIT. La que tiene por objeto determinar la equivalencia entre dos cantidades mediante las equivalencias que tienen con otras intermedias. || **—de oro, de proporción** o **de tres.** ARIT. La que enseña a determinar una cantidad desconocida por medio de una proporción en la cual se conocen dos términos entre sí homogéneos y otro tercero de la misma especie que el cuarto que se busca; cuando los términos conocidos y entre sí homogéneos resultan de la combinación de varios elementos es *compuesta*. || **—magnética.** Instrumento de materia firme que no sea hierro, con dos pínulas, a la que se ajusta una cajita con su brújula y círculo graduado. || *A* REGLA. m. adv. Hablando de obras artificiales, comprobado con la regla. || **2.** fig. Con sujeción a la razón. || *En* REGLA. m. adv. fig. Como es debido. || *No hay* REGLA *sin excepción.* fr. proverb. para dar a entender que no hay dicho tan general que no falle alguna vez. || *Salir de* REGLA. fr. fig. Excederse. || **P.** régua; **I.** rule; **F.** règle, norme; **A.** Regel, Vorschrift; **It.** règola, riga; **R.** линейка, правило.

REGLADAMENTE. adv. Con medida, con regla.

REGLADO, DA. p.p. de reglar. || **2.** adj. Parco en comer o en beber. || **3.** Sujeto a precepto o regla.

° **REGLAJE.** m. Reajuste de las piezas de un mecanismo para que funcione perfectamente. || **2.** MIL. Corrección de puntería de una boca de fuego.

REGLAMENTACIÓN. f. Acción y efecto de reglamentar. || **2.** Conjunto de reglas.

REGLAMENTAR. tr. Sujetar a reglamento. || **P.** regulamentar; **I.** to regulate, to adopt bylaws; **F.** réglementer; **A.** regeln; **It.** regolamentare; **R.** упорядочить.

REGLAMENTARIAMENTE. adv. Por precepto reglamentario o de conformidad con él.

REGLAMENTARIO, RIA. adj. Perteneciente o relativo al reglamento o preceptuado en algún reglamento.

REGLAMENTO. (De *reglar*.) m. Conjunto ordenado de disposiciones que autoridad competente da para el régimen de corporaciones, servicios o asociaciones. || **P.** regulamento; **I.** regulation, bylaw; **F.** réglement, statut; **A.** Statut; **It.** regolamento; **R.** регламент.

REGLAR. adj. Perteneciente o relativo a una regla o instituto religioso.

REGLAR. tr. Tirar líneas derechas, generalmente con regla. || **2.** Sujetar a regla una cosa. || **3.** Ordenar las acciones conforme a regla. || **4.** r. Templarse, moderarse. || **5.** ARGENT. Menstruar.

REGLETA. (d. de *regla*.) f. IMPR. Planchuela de metal que sirve para regletear. || **P.** faia; **I.** reglet; **F.** réglette; **A.** Durchschuss; **It.** interlinea; **R.** реглет.

REGLETEAR. tr. IMPR. Espaciar la composición poniendo regletas entre los renglones.

REGLÓN. m. aum. de regla. || **2.** Regla grande de los albañiles y soladores para dejar planos suelos y paredes.

REGNÍCOLA. (l. de *regla*.) adj. (l. *regnicŏla*; de *regnum*, reino, y *colĕre*, habitar.) adj. Natural de un reino. Ú.t.c.s. || **2.** m. Escritor de las cosas especiales de su patria.

REGOCIJADAMENTE. adv. Alegremente, con regocijo.

REGOCIJADO, DA. p.p. de regocijar. || **2.** adj. Que causa o incluye regocijo.

REGOCIJADOR, RA. adj. Que regocija. Ú.t.c.s.

REGOCIJAR. (De *regocijo*.) tr. Alegrar, causar gusto o placer. || **2.** r. Recrearse, recibir gusto o júbilo interior. || **P.** regozijar; **I.** to rejoice, to amuse; **F.** réjouir,

égayer; **A.** ergötzen, erheitern; **It.** rallegrare; **R.** веселить.

REGOCIJO. (De *re* y *gozo*.) m. Júbilo. || **2.** Acto en que se manifiesta la alegría.

* **REGODEAR.** tr. CHILE. Regatear.

REGODEARSE. (l. *re*, y *gaudēre*, alegrarse.) r. fam. Deleitarse o complacerse deteniéndose en lo que se goza. || **2.** fam. Hablar o estar de chacota. || **3.** AMÉR. Mostrarse delicado y descontentadizo.

REGODEO. m. Acción y efecto de regodearse. || **2.** fam. Diversión, fiesta.

* **REGODEÓN, NA.** (De *regodearse*.) adj. COLOM. y CHILE. Regalón, delicado.

REGOJO. (De *rebojo*.) m. Pedazo de pan que queda de sobra en la mesa. || **2.** fig. Muchacho pequeño de cuerpo.

REGOJUELO. m. d. de regojo.

REGOLAJE. m. Buen humor, buen temple en las personas.

REGOLDANO, NA. adj. Perteneciente o relativo al regoldo. || **2.** V. *Castaña* REGOLDANA. || **3.** V. *Castaño* REGOLDANO.

REGOLDAR. (l. *regurgitāre*.) intr. Eructar.

REGOLDO. (De *re*, y el l. *burdus*, bastardo.) m. Castaño silvestre.

REGOLFAR. (De *re* y *golfo*.) intr. Retroceder el agua contra su corriente haciendo un remanso. || **2.** Cambiar la dirección del viento al chocar con algún obstáculo. || **P.** refluir; **I.** to reflow; **F.** refluer; **A.** zurückfliessen; **It.** rifluire; **R.** застаиваться.

REGOLFO. (De *regolfar*.) m. Retroceso del agua o del viento contra su curso. || **2.** Cala en el mar entre dos puntas de tierra.

REGOMELLO. m. MURC. Regomeyo.

REGOMEYO. m. AND. y MURC. Malestar físico sin llegar a ser verdadero dolor. || **2.** AND. y MURC. Disgusto que no se manifiesta al exterior.

REGONA. (De *regar*.) f. Reguera grande.

REGORDETE, TA. (De *re* y *gordo*.) adj. fam. Dícese de la persona o de la parte de su cuerpo, pequeña y gruesa.

REGORDIDO, DA. (De *re* y *gordo*.) adj. p. us. Gordo, grueso.

* **REGORGAJA.** f. VENEZ. Plato plebeyo compuesto de hígado y riñones de res.

REGORJARSE. (De *re* y *gorja*.) r. ant. Regodearse.

REGOSTARSE. (l. *regustāre*.) r. Arregostarse.

REGOSTO. (De *regostarse*.) m. Apetito o deseo de repetir lo que se empezó a gustar o a gozar.

REGRACIAR. (De *re* y *gracia*.) tr. Mostrar uno su agradecimiento.

REGRADECER. (De *re* y *gradescer*.) tr. ant. Agradecer.

REGRADECIMIENTO. (De *regradecer*.) m. ant. Agradecimiento.

REGRESAR. (De *regreso*.) intr. Volver al lugar de donde se partió. || **2.** For. Volver a entrar en posesión canónica del beneficio que se había cedido o permutado. || **P.** regressar; **I.** to return; **F.** rentrer, retourner; **A.** zurückkehren; **It.** ritornare; **R.** возвращаться.

REGRESIÓN. (l. *regressio, -ōnis*.) f. Retrocesión o acción de volver hacia atrás. || **2.** GRAM. Derivación regresiva. || **3.** BIOL. Retorno de un tejido a un estado menos perfecto, o dé un individuo a un estado anterior de evolución. || **4.** MED. Retrocesión de síntomas. || **5.** GEOL. Retroceso del mar abandonando terrenos invadidos antes. || **P.** regressão; **I.** regression; **F.** régression; **A.** Regression; **It.** regressione; **R.** регресс.

REGRESIVO, VA. (De *regreso*.) adj. Dícese de lo que hace volver hacia atrás.

REGRESO. (l. *regressus*.) m. Acción de regresar. || **P.** e **It.** regresso; **I.** return; **F.** retour; **A.** Rückkehr; **R.** возвращение.

REGRUÑIR. (De *re* y *gruñir*.) intr. Gruñir mucho.

REGUARDA. (De *reguardar*.) f. ant. Retaguardia.

REGUARDADAMENTE. adv. ant. Con cautela.

REGUARDAR. (De *re* y *guardar*.) tr. ant. Mirar vigilando. || **2.** r. p. us. Guardarse, precaverse con cuidado.

R

REGUARDO. (De *reguardar*.) m. ant. Mirada. || **2.** ant. Miramiento, respeto.

REGÜELDO. m. Acción y efecto de regoldar. || **2.** fig. Cardencha imperfecta que sale en el tallo de la principal.

REGUERA. (De *raguero*.) f. Canal hecho en tierra a fin de conducir el agua para el riego. || **P.** rego, regueira; **I.** irrigating ditch; **F.** rigole; **A.** Ableitungsrinne; **It.** canaletto; **R.** оросительный канал.

★ **REGUERETE.** m. P. Rico. Confusión. || **2.** P. Rico y Rep. Domin. Retahila de cosas desordenadas.

REGUERO. (De *regar*.) m. Corriente, a modo de chorro o arroyo pequeño, de una cosa líquida. || **2.** Línea o señal continuada que queda de una cosa que se va vertiendo. || **3.** Reguera. || *Ser* una cosa *un* REGUERO *de pólvora.* fr. fig. con que se denota la rapidez con que se propaga una cosa.

REGUILETE. m. Rehilete.

REGULACIÓN. f. Acción y efecto de regular.

REGULADO, DA. p.p. de regular. || **2.** adj. Regular o conforme a la regla.

REGULADOR, RA. adj. Que regula. || **2.** m. Mecanismo para ordenar o normalizar el movimiento o los efectos de una máquina o de alguna de las piezas de ella. || **3.** Mús. Signo en figura de ángulo agudo que, colocado horizontalmente, indica, según la dirección de su abertura, que la intensidad del sonido se ha de aumentar o disminuir gradualmente. || **—de corriente.** Electr. Reóstato. || **2.** acep.: regulador; **I.** regulator; **F.** régulateur; **A.** Regulator; **It.** regolatore; **R.** регулирующий.

REGULAR. (l. *regulāris*.) adj. Conforme a la regla. || **2.** Arreglado en las acciones y modo de vivir. || **3.** Mediano. || **4.** Aplícase a las personas que viven bajo una regla o instituto religioso y de lo concerniente a su estado. || **5.** Geom. Dícese de la figura cuyos elementos de la misma categoría, lados, ángulos o caras, son todos iguales entre sí. || **6.** Gram. Dícese de cualquier forma de expresión que se ajusta a una regla general. || *Por lo* REGULAR. m. adv. Común o regularmente. || **P.** e **I.** regular; **F.** régulier; **A.** regelmässig; **It.** regolare; **R.** приемлемый, средний.

REGULAR. (l. *regulăre*.) tr. Medir, ajustar o poner en orden una cosa según ciertas reglas. || **P.** regular; **I.** to regulate; **F.** régler; **A.** regeln; **It.** regolare; **R.** регулировать.

REGULARIDAD. f. Calidad de regular, 1.er art. || **2.** Exacta observancia de la regla o instituto religioso. || **P.** regularidade; **I.** regularity; **F.** régularité; **A.** Regelmässigkeit; **It.** regolarità; **R.** регулярность.

REGULARIZADOR, RA. adj. Que regulariza. Ú.t.c.s.

REGULARIZAR. (De *regular*, 2.º art.) tr. Regular, 2.º art. || **P.** regularizar; **I.** to regularize; **F.** régulariser; **A.** regulieren, ordnen; **It.** regolare; **R.** регулировать.

REGULARMENTE. adv. Comúnmente, ordinariamente o conforme a las reglas. || **2.** Medianamente.

REGULATIVO, VA. adj. Que regula o concierta. Ú.t.c.s.

RÉGULO. (l. *regŭlus*, d. de *rex, regis*, rey.) m. Señor de un Estado pequeño. || **2.** Parte más pura de los minerales después de separadas las impuras. || **3.** Basilisco, animal fabuloso. || **4.** Astron. Estrella de primera magnitud en la constelación de Leo.

REGURGITACIÓN. f. Acción y efecto de regurgitar. || **2.** Reflujo de la sangre a través de las válvulas aórtica, mitral, pulmonares y tricúspide.

REGURGITAR. (l. *re*, hacia atrás, y *gurger, -ĭtis*, abismo.) intr. Expeler por la boca, sin violencia de vómito, substancias contenidas en el esófago o en el estómago. || **2.** Med. Salir un licor, humor, etc., del continente por la mucha repleción.

REGUSTO. m. Gusto o sabor especial que deja una cosa en el paladar, además de su sabor natural. || **2.** Dejo amargo o placentero, de una experiencia pasada. || **3.** Regodeo, complacencia en algo que se está percibiendo. || **4.** Sabor que toma una cosa que no tenía primeramente.

REHABILITACIÓN. f. Acción y efecto de rehabilitar o rehabilitarse.

REHABILITAR. (De *re* y *habilitar*.) tr. Habilitar de nuevo o restituir a una persona o cosa a su anterior estado. Ú.t. c.r. || **P.** reabilitar; **I.** to rehabilitate; **F.** réhabiliter; **A.** wiedereinsetzen; **It.** riabilitare; **R.** реабилитировать.

REHACER. (l. *refacĕre*.) tr. Volver a hacer lo que se había deshecho. || **2.** Reponer, reparar, restablecer lo disminuido o deteriorado. Ú.t.c.r. || **3.** Reforzarse o tomar brío. || **4.** fig. Serenarse, dominar una emoción. || **P.** refazer; **I.** ro remake, to repair; **F.** refaire; **A.** umarbeiten; **It.** rifare; **R.** делать снова.

REHACIMIENTO. m. Acción y efecto de rehacer o rehacerse.

REHALA. (ár. *raḥāla*, hato.) f. Rebaño de ganado lanar de diversos dueños conducido por un mismo mayoral. || *A* REHALA. m. adv. Admitiendo ganado ajeno en el rebaño propio.

REHALERO. m. Mayoral de la rehala.

REHALÍ. (ár. *raḥalí*, campesino.) adj. que se aplicaba a ciertos labradores de las tribus árabes de Marruecos.

REHARTAR. (De *re* y *hartar*.) tr. Hartar. Ú.t.c.r.

REHARTO, TA. p.p. irreg. de rehartar.

REHECHO, CHA. (l. *refectus*.) p.p. irreg. de rehacer. || **2.** adj. De estatura mediana, grueso, fuerte y robusto.

REHELEAR. (De *re* y *hiel*.) intr. Ahelear.

REHELEO. m. Efecto de rehelear.

REHÉN. (ár. *rahn*, prenda.) m. Persona de estimación que queda en poder del enemigo como prenda o garantía del cumplimiento de lo convenido o tratado. Ú.m. en pl. || **2.** Cualquier cosa que se pone por fianza. Ú.m. en pl. || **P.** refém; **I.** hostage, pledge; **F.** otage; **A.** Geisel; **It.** ostaggio; **R.** заложник.

REHENCHIDO, DA. p.p. de rehenchir. || **2.** m. Lo que sirve para rehenchir.

REHENCHIMIENTO. m. Acción y efecto de rehenchir o rehenchirse.

REHENCHIR. (De *re* y *henchir*.) tr. Volver a henchir una cosa. Ú.t.c.r. || **2.** Rellenar de pluma, lana, etc., algún colchón, almohada o mueble de tapicería.

REHENDIJA. (l. *refindicŭla*; de *re- -findĕre*, rajar.) f. Rendija.

REHERIMIENTO. m. Acción y efecto de reherir.

REHERIR. (l. *referīre*, herir a su vez.) tr. Rebatir, rechazar.

REHERRAR. (De *re* y *herrar*.) Volver a herrar con la misma herradura.

REHERVIR. (l. *refervēre*.) tr. Volver a hervir. Ú.t.c.tr. || **2.** fig. Encenderse o cegarse a causa de una pasión. || **3.** r. Fermentarse las conservas, agriarse.

★ **REHIELO.** m. Fís. Fenómeno consistente en que un trozo de hielo que es cortado por un alambre merced a la presión ejercida por los pesos suspendidos de sus extremos, vuélvese a unir inmediatamente después del paso del alambre.

REHILADILLO. m. Hiladillo, cinta estrecha de hilo o seda.

REHILANDERA. (De *rehilar*.) f. Molinete formado por una varilla y dos palitos en cruz, y que sirve de juguete infantil.

REHILAR. (l. *refilāre*; de *filum*, hilo.) tr. Hilar o torcer mucho lo que se hila. || **2.** intr. Moverse como temblando. || **3.** Dícese de ciertas armas arrojadizas, como la flecha, cuando van zumbando por el aire.

REHILERO. m. Rehilete.

REHILETE. (De *rehilar*, 3.ª acep.) m. Flechilla con púa para tirar al blanco. || **2.** Banderilla que los toreros clavan al toro. || **3.** Volante que se lanza con la raqueta. || **4.** fig. Dicho malicioso, pulla.

REHÍLO. (De *rehilar*, 2.ª acep.) m. Temblor de una cosa que se mueve levemente.

REHINCHIMIENTO. m. ant. Rehenchimiento.

REHINCHIR. tr. ant. Rehenchir.

REHOGAR. (l. *re*, iterat., y *focus*, fuego.) tr. Sazonar una vianda a fuego lento, sin agua, bien tapada y en manteca o aceite y otros condimentos.

REHOLLAR. (De *re* y *hollar*.) tr. Volver a hollar o pisar. || **2.** Pisotear.

REHOYA. f. Rehoyo.

REHOYAR. intr. Renovar el hoyo hecho antes para plantar árboles.

REHOYO. m. Barranco u hoyo profundo.

REHUIDA. f. Acción de rehuir.

REHUIR. (l. *refugĕre*.) tr. Evitar o apartar una cosa por algún temor, sospecha o recelo. Ú.t.c.intr. y c.r. || **2.** Repugnar o llevar mal una cosa. || **3.** Rehusar algo. || **4.** intr. Entre cazadores, volver a huir, o correr la res por las mismas huellas. || **P.** evitar; **I.** to withdraw; **F.** éviter, fuir; **A.** vermeiden, verschmähen; **It.** rifuggire; **R.** уклоняться, избегать.

REHUMEDECER. (De *re* y *humedecer*.) tr. Humedecer bien. Ú.t.c.r.

REHUNDIDO, DA. p.p. de rehundir. || **2.** Vaciado.

REHUNDIR. tr. Hundir o sumergir una cosa hasta el fondo de otra. Ú.t.c.r. || **2.** Ahondar.

REHUNDIR. (l. *refundĕre*.) tr. Refundir. || **2.** fig. Gastar sin provecho ni medida.

REHURTARSE. (De *re* y *hurtar*.) r. Mont. Echar la caza mayor o menor, acosada, por diferente rumbo del que se desea.

REHUSAR. (l. *refusāre*; de *refūsus*, rechazado.) tr. Rechazar o no querer una cosa. || **P.** recusar; **I.** to refuse; **F.** refuser, ne pas accepter; **A.** ablehnen; **It.** rifiutare; **R.** отклонять.

REÍBLE. (De *reir*.) adj. ant. Risible.

REIDERO, RA. (De *reir*.) adj. fam. Que suele producir ocasión de risa y algazara.

REIDOR, RA. adj. Que ríe con frecuencia. Ú.t.c.s.

REIMPORTACIÓN. f. Acción y efecto de reimportar.

REIMPORTAR. tr. Importar en un país lo que antes se había exportado de él.

REIMPRESIÓN. f. Acción y efecto de reimprimir una obra o escrito. || **P.** reimpressão; **I.** reprint; **F.** réimpression; **A.** Neudruck; **It.** ristampa; **R.** перепечатка.

REIMPRESO, SA. p.p. irreg. de reimprimir.

REIMPRIMIR. tr. Volver a imprimir una obra o escrito. || **P.** reimprimir; **I.** to reprint; **F.** réimprimer; **A.** neu drucken; **It.** ristampare; **R.** перепечатывать.

REINA. (l. *regina*.) f. Esposa del rey. || **2.** Mujer que, por derecho propio, ejerce la potestad real. || **3.** Pieza del juego de ajedrez, la más importante después del rey. || **4.** fig. Mujer, animal o cosa del género femenino, que por su excelencia sobresale entre las demás de su clase. || **—de los prados.** Hierba perenne, rosácea, con hojas alternas, divididas en segmentos aovados desiguales, y flores blancas o rosáceas en umbela. Se cultiva como planta de adorno. || **—mora.** Infernáculo. || **P.** rainha; **I.** queen; **F.** reine; **A.** Königin; **It.** regina; **R.** королева.

REINADO. (De *reinar*.) m. Espacio de tiempo en que gobierna un rey o una reina. || **2.** Por ext., aquel en que está en auge alguna cosa. || **P.** reinado; **I.** reign; **F.** règne; **A.** Regierungszeit; **It.** regno; **R.** царствование.

REINADOR, RA. (l. *regnător*.) m. y f. Persona que reina.

REINAL. m. Cuerda delgada y muy fuerte de cáñamo.

REINAMIENTO. (De *reinar*.) m. ant. Reinado.

REINANTE. p.a. de reinar. Que reina.

REINAR. (l. *regnāre*.) intr. Regir un rey o un príncipe un Estado. || **2.** Tener predominio una persona o cosa sobre otras. || **3.** fig. Prevalecer una cosa. || **P.** reinar; **I.** to reign; **F.** règner; **A.** regieren, herrschen; **It.** regnare; **R.** царствовать.

REINAR. intr. vulg. And. Rebinar, meditar, cavilar.

REINAZGO. m. ant. Reinado.

REINCIDENCIA. (De *reincidir*.) f. Reiteración de una misma culpa, error o defecto. || **2.** For: Circunstancia agravante de la responsabilidad criminal, consistente en haber sido el reo condenado antes por delito análogo al que se le imputa. || **P.** reincidência; **I.** relapse, backsliding; **F.** récidive, rechute; **A.** Rückfall; **It.** ricascata; **R.** рецидив, повторение.

REINCIDENTE. p.a. de reincidir. Que reincide.

REINCIDIR. (De *re* e *incidir*.) intr. Volver a incurrir en un error, falta o delito. ‖ **P.** reincidir; **I.** to relapse; **F.** récidiver; **A.** zurückfallen; **It.** ricadere; **R.** повторить.

REINCORPORACIÓN. f. Acción y efecto de reincorporar o reincorporarse.

REINCORPORAR. (l. *reincorporāre*.) tr. Volver a incorporar a un cuerpo político o moral lo que se había separado de él. Ú.t.c.r.

REINETA. (fr. *reinette*, y *rainette; de raine*, rana.) f. Manzana reineta.

REINGRESAR. intr. Volver a ingresar.

REINGRESO. m. Acción y efecto de reingresar.

REINO. (l. *regnum*.) m. Estado regido por un rey. ‖ **2.** Cualquier provincia o región de un Estado que antiguamente tuvo rey propio. ‖ **3.** Diputados o procuradores que con poderes del reino lo representaban. ‖ **4.** fig. Campo, espacio, extensión. ‖ **5.** HIST. NAT. Cada uno de los tres grandes grupos en que se consideran divididos los seres naturales, a saber: REINO *animal*, REINO *vegetal* y REINO *mineral*. ‖ **—de Dios.** Nuevo estado social de justicia, paz y felicidad espiritual, anunciado por los profetas de Israel, y predicado por Cristo. Su realización, temporal e incompleta en la Iglesia militante, se consuma y perpetua en la Iglesia triunfante. ‖ **—de los cielos.** Cielo. ‖ **2.** REINO *de Dios*. ‖ **P.** reino; **I.** kingdom; **F.** royaume; **A.** Königreich; **It.** regno; **R.** королевство, царство.

REINSTALACIÓN. f. Acción y efecto de reinstalar.

REINSTALAR. tr. Volver a instalar. Ú.t.c.r.

REINTEGRABLE. adj. Que se puede ō se debe reintegrar.

REINTEGRACIÓN. (l. *redintegratĭo, -ōnis*.) f. Acción y efecto de reintegrar o reintegrarse. ‖ **—de la línea.** FOR. Tránsito que hacen los mayorazgos cuando vuelve la sucesión a aquella línea que por cualquier motivo quedó privada o excluida.

REINTEGRAR. (l. *redintegrāre*.) tr. Restituir o satisfacer una cosa. ‖ **2.** Reconstituir la mermada integridad de una cosa. ‖ **3.** r. Recobrarse enteramente de lo que se había perdido. ‖ **P.** reintegrar; **I.** to reintegrate; **F.** réintégrer; **A.** wiedereinsetzen; **It.** reintegrare; **R.** возмещать.

REINTEGRO. (De *reintegrar*.) m. Reintegración. ‖ **2.** Pago. ‖ **3.** En la lotería, premio igual a la cantidad jugada.

REIR. (l. *ridēre*.) intr. Manifestar alegría y regocijo mediante la expresión de la mirada y ciertos movimientos de la boca y ciertos músculos del rostro, acompañados de la emisión de una serie de sonidos inarticulados. Ú.t.c.r. ‖ **2.** fig. Hacer burla o zumba de algo o de alguien. Ú.t.c.r. y c.r. ‖ **3.** fig. Tener las cosas aspecto deleitable y capaz de infundir alegría. Ú.t.c.r. ‖ **4.** tr. Celebrar con risa alguna cosa. ‖ **5.** r. fig. y fam. Empezar a romperse la tela o vestido. ‖ REIRSE uno de una persona o cosa. fr. fig. y fam. Despreciarla. ‖ **P.** rir; **I.** to laugh; **F.** rire; **A.** lachen; **It.** ridere; **R.** смеяться.

REIS. (port. *reis*, pl. de *real*, real.) m. pl. Moneda imaginaria de Portugal, equivalente a la par a seis décimas de céntimo de peseta.

REITERACIÓN. (l. *reiteratĭo, -ōnis*.) f. Acción y efecto de reiterar o reiterarse. ‖ **2.** FOR. Circunstancia que puede ser agravante, derivada de anteriores condenas del reo, por delitos de distinta índole del que se juzga.

REITERADAMENTE. adv. m. Con reiteración, repetidamente.

REITERAR. (l. *reiterāre*.) tr. Volver a decir o ejecutar, repetir una cosa. Ú.t.c.r. ‖ **P.** reiterar; **I.** to reiterate; **F.** réitérer; **A.** wiederholen; **It.** reiterare; **R.** повторять.

REITERATIVO, VA. adj. Que tiene la propiedad de reiterarse. ‖ **2.** Que denota reiteración.

REITRE. (al. *reiter*, jinete.) m. Antiguo soldado de caballería alemana.

REIVINDICABLE. adj. Que puede ser reivindicado.

REIVINDICACIÓN. f. Acción y efecto de reivindicar. ‖ **P.** reivindicação; **I.** claim; **F.** revendication; **A.** Revindikation; **It.** rivendicazione; **R.** претензия.

REIVINDICAR. (l. *res, rei*, cosa, interés, hacienda, y *vindicāre*, reclamar.) tr. FOR. Recuperar uno lo que de derecho le pertenece. ‖ **2.** Reclamar. ‖ **P.** reivindicar; **I.** to replevy; **F.** revendiquer; **A.** zurückfordern; **It.** rivendicare; **R.** предъявлять свои права.

REIVINDICATORIO, RIA. adj. FOR. Que sirve para reivindicar, o atañe a la reivindicación.

REJA. (l. *regŭla*.) f. Pieza de hierro, del arado, que sirve para romper y revolver la tierra. ‖ **2.** Red de barras de hierro de varios tamaños y formas, que se pone en las ventanas y otras aberturas de los muros para seguridad o adorno. ‖ **3.** fig. Vuelta dada a la tierra con el arado. ‖ **4.** MÉJ. Zurcido en la ropa. ‖ **P.** reixa; **I.** ploughshare; **F.** soc; **A.** Pflugschar; **It.** vòmero; **R.** лемех.

REJACAR. (De *reja*.) tr. Arrejacar.

REJADA. (De *rejo*.) f. Arrejada.

REJADO. (De *reja*.) m. Verja.

REJAL. (De *reja*.) m. Pila de ladrillos colocados de canto y cruzados unos sobre otros.

REJALGAR. (ár. *rahỹ al-gār*, polvo de la cueva, arsénico, probable errata de copista por *rahỹ al-fa'r*, polvo de ratón.) m. Sulfuro de arsénico, muy venenoso, y de color rojo; úsase en pirotecnia y en tenería. ‖ **2.** V. *Rosa de* REJALGAR. ‖ **P.** rosalgar; **I.** e It. realgar; **F.** réalgar; **A.** Rauschgelb; **R.** мышьяк.

★ **REJAZO.** (De *rojo*.) m. COLOM. Latigazo.

REJERA. f. MAR. Calabrote, cable, boya o ancla con que se procura mantener fijo un buque.

REJERÍA. f. Arte de labrar o fabricar rejas o verjas. ‖ **2.** Conjunto de obras de este arte.

REJERO. m. El que tiene por oficio labrar o fabricar rejas.

REJILETE, TA. (De *rehilete*.) adj. SAL. Tieso, garboso.

REJILLA. (d. de *reja*.) f. Celosía, red de alambre, tela metálica, etc., que suele ponerse en las ventanillas de los confesonarios, en el ventanillo de la puerta exterior de las casas, etc. ‖ **2.** Por ext., la misma ventanilla o abertura pequeña, cerrada con rejilla. ‖ **3.** Tejido claro hecho con tiritas de los tallos flexibles de ciertas plantas, para respaldos y asientos de sillas, etc. ‖ **4.** Rejuela, braserito con rejilla. ‖ **5.** Armazón de barras de hierro que sostiene el combustible en el hogar de las hornillas, hornos, etc. ‖ **6.** Tejido en forma de red que se coloca sobre los asientos en el ferrocarril para depositar cosas menudas y de poco peso durante el viaje. ‖ **7.** RADIO. Pantalla a modo de parrilla metálica que se coloca entre el cátodo y el ánodo para regular el flujo electrónico. ‖ **P.** ralo; **I.** wicket; **F.** guichet, grillage; **A.** Gitter(chen); **It.** grata; **R.** жалюзи.

REJIÑOL. m. Pito que produce un sonido semejante al gorjeo de los pájaros.

REJITAR. (l. *reiectāre*.) tr. CETR. Vomitar.

REJO. (De *reja*.) m. Punta o aguijón. ‖ **2.** Clavo o hierro redondo con que se juega al herrón. ‖ **3.** Hierro puesto en el cerco de las puertas. ‖ **4.** fig. Robustez o fortaleza. ‖ **5.** BOT. Parte del embrión de la planta que al desarrollarse constituye la raíz. ‖ **6.** COLOM. Azote, látigo. ‖ **7.** COLOM. Cuero crudo. ‖ **8.** CUBA. Soga que sirve para atar el ternero a la vaca. ‖ **9.** ECUAD. Ordeño, acción de ordeñar las vacas. ‖ **10.** ECUAD. Conjunto de vacas lecheras. ‖ **11.** VENEZ. Hombre testarudo.

REJÓN. (De *rejo*.) m. Barra de hierro cortante terminada en punta. ‖ **2.** Asta de madera para rejonear, de 1,50 m de larga aproximadamente, con una moharra en la punta. ‖ **3.** Especie de puñal. ‖ **4.** Púa del trompo.

REJONAZO. m. Golpe y herida de rejón.

REJONCILLO. m. Rejón, 2.ª acep.

REJONEADOR. m. El que rejonea.

REJONEAR. tr. En el toreo de a caballo, herir con el rejón al toro, quebrándolo en el cuerpo del animal por la muesca que tiene cerca de la punta. ‖ **2.** ARGENT. Picar al buey con la aguijada. ‖ **3.** ARGENT. Aguijonear, espolear, incitar frecuentemente a una persona para que haga alguna cosa.

REJONEO. m. Acción de rejonear.

★ **REJUEGO.** (De *re*, prep. insep., y *juego*.) m. CUBA. Embrollo, trampa. ‖ **2.** MÉJ. Bulla, algazara, agitación.

REJUELA. f. d. de reja, 2.ª acep. ‖ **2.** Braserito con rejilla para calentarse los pies.

★ **REJUGADO, DA.** (De *re*, prep. insep., y *jugar*.) adj. fam. COLOM. Astuto, taimado.

★ **REJUNDIR.** (De *rehundir*.) tr. REP. DOMIN. Esconder. ‖ **2.** r. REP. DOMIN. Refundirse, perderse.

REJUVENECER. (l. *re* y *iuvenescĕre*.) tr. Remozar, dar a uno vigor de juventud. Ú.t.c. intr. y c.r. ‖ **2.** fig. Renovar, dar actualidad a lo olvidado o postergado. ‖ **P.** rejuvenescer; **I.** to rejuvenate, to rejuvenize; **F.** rajeunir; **A.** verjüngen; **It.** ringiovanire; **R.** омолаживать.

REJUVENECIMIENTO. m. Acción y efecto de rejuvenecer o rejuvenecerse.

RELABRA. f. Acción y efecto de relabrar.

RELABRAR. tr. Volver a labrar una piedra o madera.

RELACIÓN. (l. *relatĭo, -ōnis*.) f. Acción y efecto de referir o referirse. ‖ **2.** Conexión, correspondencia de una cosa con otra. ‖ **3.** Correspondencia, comunicación o trato de una persona con otra. Ú.m. en pl. Relaciones de parentesco, amorosas, comerciales. ‖ **4.** En el poema dramático, trozo largo que dice un personaje. ‖ **5.** FOR. Informe que se hace de lo substancial de un proceso ante un tribunal o juez. ‖ **6.** GRAM. Enlace entre oraciones o entre palabras. ‖ **7.** MÉJ. Entierro, tesoro escondido. ‖ **—de ciego.** Romance de ciego. ‖ **2.** fig. y fam. La frívola e impertinente. ‖ **3.** fig. y fam. Lo que se recita con monotonía. ‖ **—jurada.** Documento con juramento expreso y razón o cuenta que se da a la autoridad que lo exige. ‖ *Decir*, o *hacer*, RELACIÓN *a* una cosa. fr. Tener con ella conexión aquello de que se trata. ‖ **2.** FOR. En los pleitos, dar cuenta al Tribunal relatando lo esencial de todo el proceso. ‖ *Hacerse cisco la* RELACIÓN. fr. MÉJ. Fracasar el negocio. ‖ **P.** relação; **I.** report; **F.** relation; **A.** Beziehung, Verhältniss; **It.** relazione; **R.** сообщение. ‖ **2.ª** acep.: **P.** conexão, correspondencia; **I.** connection, ratio, relation; **F.** rapport; **A.** Rapport; **It.** relazione; **R.** соотношение.

RELACIONAR. tr. Hacer relación de un hecho. ‖ **2.** Poner en relación personas o cosas. Ú.t.c.r. ‖ **3.** intr. SALV. Tratar, conversar, tener trato amistoso con una persona. Ú. con la preposición *con*. ‖ **P.** relacionar; **I.** to report; **F.** rapporter; **A.** in Beziehung setzen; **It.** riferire; **R.** рассказывать.

RELACIONERO. m. El que hace o vende coplas o relaciones.

★ **RELÁFICA.** f. fam. VENEZ. Relato largo y latoso.

★ **RELAIS.** m. ELECTR. Dispositivo que, mediante una célula fotoeléctrica, abre o cierra un circuito local para algún fin útil.

RELAJACIÓN. (l. *relaxatĭo, -ōnis*.) f. Acción y efecto de relajar o relajarse. ‖ **2.** Hernia. ‖ **P.** relaxação; **I.** relaxation, looseness; **F.** relâchement; **A.** Erschlaffung; **It.** rilassazione; **R.** ослабление.

RELAJADAMENTE. adv. Con relajación.

RELAJADOR, RA. (l. *relaxātor*.) Que relaja. Ú.t.c.s.

RELAJAMIENTO. (De *relajar*.) m. Relajación.

RELAJANTE. p.a. de relajar. Que relaja. ‖ **2.** adj. MED. Aplícase al medicamento que tiene la virtud de relajar. Ú.t.c.s.m.

RELAJAR. (l. *relaxāre*.) tr. Aflojar, laxar o ablandar. Ú.t.c.r. ‖ **2.** fig. Solazar el ánimo con algún descanso. ‖ **3.** FOR. Aliviar o disminuir a uno la pena o castigo.

R

R Ú.t.c.r. || **4.** For. Relevar de un voto, juramento u obligación. || **5.** For. Entregar el juez eclesiástico al secular un reo merecedor de pena capital. || **6.** fig. Hacer menos rigurosa la observancia de las leyes, reglas, etc. Ú.t.c.r. || **7.** r. Laxarse o dilatarse una parte del cuerpo por debilidad o por un esfuerzo hecho. || **8.** Formársele a uno hernia. || **9.** fig. Viciarse en las costumbres. || **10.** Cuba y P. Rico. Hacer mofa o burla. || **11.** Cuba y P. Rico. Faltar al decoro, al respeto. || P. relaxar; I. to relax; F. relâcher; A. abspannen; It. rilassare; R. ослаблять.

★ **RELAJO.** (De *relajar*.) m. Cuba y P. Rico. Inmoralidad, relajación de costumbres. || **2.** Cuba, Méj. y P. Rico. Barullo, confusión, desorden. || **3.** Cuba y P. Rico. Befa, escarnio. || **4.** Rep. Domin. Empacho.

★ **RELAJÓN, NA.** (De *relajo*.) adj. Cuba y P. Rico. Depravado, disoluto. Ú.t.c.s. || **2.** Cuba y P. Rico. Bromista, burlón. Ú.t.c.s.

RELAMER. (l. *relambĕre*.) tr. Volver a lamer una cosa. || **2.** r. Lamerse los labios. || **3.** fig. Afeitarse o componerse demasiadamente el rostro. || **4.** fig. Gloriarse de lo que se ha ejecutado.

RELAMIDO, DA. p.p. de relamer, **3.ª** acep. || **2.** adj. Afectado, demasiadamente pulcro. || **3.** Cuba. Descarado.

RELÁMPAGO. (De *re* y *lampo*; en cat. *llampech*; en valenciano *llamp*.) m. Resplandor instantáneo y vivísimo producido en las nubes por una descarga de la electricidad atmosférica. || **2.** fig. Cualquier resplandor repentino. || **3.** fig. Cualquier cosa fugaz o que es pronta en sus acciones. || **4.** fig. Especie viva e ingeniosa. || **5.** Parte del brial que se veía al llevar las mujeres la basquiña enteramente abierta por delante. || **6.** Germ. Día. || **7.** Germ. Golpe. || **8.** Veter. Especie de nube que se forma en los ojos de los caballos. || P. relámpago; I. lightning; F. éclair; A. Blitz; It. lampo; R. молния.

RELAMPAGUEANTE. p.a. de relampaguear. Que relampaguea.

RELAMPAGUEAR. (De *relámpago*.) Haber relámpagos. || **2.** fig. Brillar mucho con algunas intermisiones. Dícese frecuentemente de mirada muy viva o iracunda. || P. relampaguear; I. to lighten; F. faire des éclairs; A. blitzen; It. lampeggiare; R. сверкать (о молнии).

RELAMPAGUEO. m. Acción y efecto de relampaguear.

RELANCE. m. Segundo lance, redada o suerte. || **2.** En los juegos de envite, suerte o azar que se sigue a otros. || **3.** Suceso casual y dudoso. || **4.** Acción de relanzar, **2.ª** acep. || De relance. m. adv. Casual o inesperadamente.

★ **RELANCINA.** f. Ecuad. Casualidad. || *De relancina*. m. adv. R. de la Plata. De relance.

RELANZAR. (De *re* y *lanzar*.) tr. Repeler, rechazar. || **2.** En las elecciones que se hacen por insaculación, volver a echar la cédula en el cántaro.

RELAPSO, SA. (l. *relapsus*, p.p. de *relăbi*, volver a caer.) adj. Que reincide en un pecado o en una herejía. Ú.t.c.s. || P. relapso; I. relapse; F. relaps; A. Rückfällig; It. relasso; R. рецидивный.

RELATADOR, RA. adj. Que relata. Ú.t.c.s.

RELATANTE. p.a. de relatar. Que relata.

RELATAR. (De *relato*.) tr. Referir, **1.ª** acep. || **2.** Hacer relación de un proceso o pleito. || P. relatar; I. to relate; F. relater, raconter; A. schildern, erzählen; It. raccontare; R. рассказывать.

RELATA RÉFERO. expr. lat. que significa *yo refiero lo que he oído*, y se usa para eludir la responsabilidad de alguna idea que se apunta como ajena.

RELATIVAMENTE. adv. Con relación a una persona o cosa.

RELATIVIDAD. f. Calidad de relativo. || **2.** Fís. Teoría física formulada por Einstein, que consiste en el desarrollo matemático de estos dos postulados siguientes: 1) Si dos sistemas en movimiento relativo tienen una velocidad lineal uniforme, el observador situado en un sistema sólo podrá determinar la existencia del movimiento relativo mediante la comprobación y la medida de los fenómenos observados en el otro sistema; 2) la medida de la velocidad de la luz en cualquiera de ambos sistemas siempre dará el mismo valor numérico, cualquiera que sea la posición de la fuente luminosa. || P. relatividade; I. relativity; F. relativité; A. Relativität; It. relatività; R. относительность.

RELATIVISMO. m. Fil. Doctrina según la cual el conocimiento humano sólo tiene por objeto relaciones, sin llegar nunca el de lo absoluto. || **2.** Doctrina según la cual la realidad carece de substrato permanente y consiste en la relación de los fenómenos.

RELATIVO, VA. (l. *relatīvus*.) adj. Que hace relación a una persona o cosa. || **2.** No absoluto. || **3.** Dícese de la mayoría en una votación, no en relación al número total de votos, sino al número obtenido por cada persona o cuestión votada. || **4.** Gram. Dícese del pronombre que hace relación a un nombre expresado anteriormente.

RELATO. (l. *relātus*.) m. Acción de relatar. || **2.** Narración, cuento.

RELATOR, RA. (l. *relātor*.) adj. Que relata o refiere una cosa. Ú.t.c.s. || **2.** m. Letrado que hace relación de los autos o expedientes en los tribunales superiores. || P. relator; I. relater; F. rapporteur; A. Berichtstatter; It. relatore; R. рассказчик.

RELATORÍA. f. Empleo u oficina de relator.

★ **RELAUCE.** m. Chile. Requiebro, piropo.

★ **RELAUCHEAR.** intr. Chile. Dejar por breve tiempo y a escondidas el trabajo para descansar o para charlar.

RELAVAR. (l. *relavāre*.) tr. Volver a lavar o purificar más una cosa.

RELAVE. m. Acción de relavar. || **2.** Min. Segundo lave. || **3.** pl. Min. Partículas de mineral que el agua del lave arrastra y mezcla con el barro.

RELAZAR. (De *re* y *lazo*.) tr. Enlazar o atar con varios lazos o dando varias vueltas.

º **RELÉ.** (fr. *relais*.) m. Artificio que, intercalado en un circuito, es causa de ciertas modificaciones en el mismo o en otro conectado con él. Este nombre ha sido adoptado por la Comisión Internacional de Electrónica.

RELEER. (l. *relegĕre*.) tr. Leer de nuevo o volver a leer.

RELEGACIÓN. (l. *relegatio*, -ōnis.) f. Acción y efecto de relegar. || **2.** For. Pena temporal o perpetua que se cumplía en el lugar designado por el Gobierno.

RELEGAR. (l. *relegāre*.) tr. Entre los antiguos romanos, desterrar a un ciudadano sin privarle de los derechos de tal. || **2.** Desterrar. || **3.** fig. Apartar, posponer. || P. relegar; I. to relegate; F. reléguer; A. verbannen, verweisen; It. relegare; R. высылать.

RELEJ. (De *relejar*.) m. Releje.

RELEJAR. (l. *relaxāre*.) intr. Formar releje la pared.

RELEJE. (De *relejar*.) m. Rodada o carrilada. || **2.** Sarro que se forma en los labios o en la boca. || **3.** Faja brillante que dejan los afiladores a lo largo del corte de las navajas. || **4.** Arq. Lo que a la parte superior de un paramento en talud dista de la vertical que pasa por su pie. || **5.** Art. Resalte interior que estrecha la recámara de algunas piezas de artillería.

RELENGO, GA. adj. Ast. Dícese del terreno compuesto de barro y guijo.

RELENTE. (fr. *relent*; de *reler*, del l. *regelāre*, helar.) m. Humedad que en noches serenas se nota en la atmósfera. || **2.** fig. y fam. Frescura, desenfado, sorna. || P. relento; I. night dew; F. rosée, serein; A. Abendtau; It. serena; R. ночная pocá.

RELENTECER. (l. *relentescĕre*, ablandarse.) intr. Lentecer. Ú.t.c.r.

RELEVACIÓN. (l. *relevatio*, -ōnis.) f. Acción y efecto de relevar. || **2.** Alivio o liberación de una carga o de una obligación. || **3.** For. Exención de una obligación o un requisito.

RELEVANTE. (l. *relĕvans*, -antis, p.a. de *relevāre*, levantar, alzar.) adj. Sobresaliente, excelente.

RELEVAR. (l. *relevāre*.) tr. Hacer de relieve una cosa. || **2.** Exonerar de un peso, gravamen o cargo. || **3.** Remediar, socorrer. || **4.** Absolver, perdonar o excusar. || **5.** fig. Exaltar, engrandecer una cosa. || **6.** Mil. Mudar una centinela o tropa que guarnece un puesto. || **7.** Por ext., substituir a una persona con otra. || **8.** Pint. Pintar una cosa de manera que parezca que tiene bulto. || **9.** intr. Esc. Resaltar una figura fuera del plano. || **2.ª** acep.: P. relevar; I. to exonerate; F. exempter, relever; A. entlasten; It. esonerare; R. придавать выпуклость.

RELEVO. m. Mil. Acción de relevar. || **2.** Mil. Soldado o cuerpo que releva.

RELICARIO. m. Lugar donde están guardadas las reliquias. || **2.** Estuche comúnmente precioso para custodiar reliquias. || P. relicário; I. reliquary; F. reliquaire; A. Reliquienschrein; It. reliquiario; R. ларец с реликвией.

RELICTO. (l. *relictus*, p.p. de *relinquĕre*, dejar.) adj. For. Dícese del caudal o de los bienes que deja uno al morir.

RELIEVE. (De *relevar*.) m. Labor o figura que resalta sobre el plano. || **2.** fig. Mérito, renombre. || **3.** Pint. Realce o bulto que aparentan algunas cosas pintadas. || **4.** pl. Residuos de una comida. || *Alto* relieve. Esc. Aquel en que las figuras salen del plano más de la mitad de su bulto. || *Bajo* relieve. Esc. Aquel en que las figuras resaltan poco del plano. || *Medio* relieve. Esc. Aquel en que las figuras salen del plano la mitad de su grueso. || *Todo* relieve. Esc. Alto relieve. || P. relevo; I. relief, embossment; F. relief; A. Relief; It. rilievo; R. рельеф.

RELIGA. (De *religar*.) f. Porción de metal que se añade en una liga.

RELIGACIÓN. (l. *religatio*, -ōnis.) f. Acción y efecto de religar.

RELIGAR. (l. *religāre*.) tr. Volver a atar. || **2.** Ceñir más estrechamente. || **3.** Volver a ligar un metal con otro.

RELIGIÓN. (l. *religio*, -ōnis.) f. Conjunto de creencias o dogmas acerca de la divinidad, de sentimientos de veneración y temor hacia ella, de normas morales de conducta y de prácticas rituales para darle culto. || **2.** Virtud que nos mueve a dar a Dios el culto debido. || **3.** Profesión y observancia de la doctrina religiosa. || **4.** Obligación de conciencia, cumplimiento de un deber. || **5.** Orden, instituto religioso. || —*católica*. La revelada por Jesucristo y conservada por la Santa Iglesia Romana. || —*natural*. La descubierta por la sola razón. || —*reformada*. Orden o instituto religioso en que se ha restablecido su primitiva disciplina. || **2.** Protestante. || *Entrar en religión* una persona. fr. Tomar el hábito en una orden religiosa. || P. religião; I. y F. religion; A. Religion; It. religione; R. религия.

RELIGIONARIO. (De *religión*.) Sectario del Protestantismo.

RELIGIOSAMENTE. adv. Con religión. || **2.** Con exactitud y puntualidad.

RELIGIOSIDAD. (l. *religiositas*, -ātis.) f. Esmero en cumplir las obligaciones religiosas. || **2.** Puntualidad, exactitud en observar una cosa. || P. religiosidade; I. religiosity; F. religiosité; A. Frömmigkeit; It. religiosità; R. набожность.

RELIGIOSO, SA. (l. *religiōsus*.) adj. Perteneciente o relativo a la religión o a quien la profesa. || **2.** Que tiene religión, y particularmente que la profesa con devoción. || **3.** Que ha tomado hábito en una orden religiosa regular. Ú.t.c.s. || **4.** Fiel y exacto cumplidor del deber. || **5.** Moderado, parco. || P. e It. religioso; I. religious; F. religieux; A. religiös, fromm; R. религиозный.

RELIMAR. tr. Volver a limar.

RELIMPIAR. tr. Volver a limpiar. Ú.t.c.r. || **2.** Limpiar mucho. Ú.t.c.r.

RELIMPIO, PIA. adj. fam. Muy limpio.

RELINCHADOR, RA. adj. Que relincha frecuentemente.

RELINCHANTE. p.a. de relinchar. Que relincha.

RELINCHAR. (l. *rehinnitulāre*; de *hinnitŭlus*, *hinnītus*, relincho.) intr. Emitir con fuerza su voz el caballo. || **P.** rinchar; **I.** to neigh, to whinny; **F.** hennir; **A.** wiehern; **It.** nitrire; **R.** ржать.

RELINCHIDO. m. Relincho.

RELINCHO. (De *relinchar*.) m. Voz del caballo. || **2.** fig. Grito de fiesta o de alegría en algunos lugares. || **P.** rincho; **I.** neigh; **F.** hennissement; **A.** Gewieher; **It.** nitrito; **R.** ржание.

RELINDO, DA. adj. Muy lindo o hermoso.

RELINGA. (neerl. *ra*, verga, y *lijk*, relinga.) f. Cada una de las cuerdas o sogas en que van colocados los plomos y corchos de las redes. || **2.ª** acep.: **P.** relinga; **I.** boltrope; **F.** ralingue; **A.** Saumtau; **It.** ralinga; **R.** трос.

RELINGAR. tr. Coser o pegar la relinga a una red. || **2.** MAR. Izar una vela hasta poner tensas sus relingas de caída. || **3.** intr. Moverse la relinga con el viento.

RELIQUIA. (l. *reliquiae*.) f. Residuo que queda de un todo. Ú.m. en pl. || **2.** Parte del cuerpo de un santo, o cosa que por haberle tocado es digna de veneración. || **3.** fig. Vestigio de cosas pasadas. || **4.** fig. Dolor o achaque que resulta de una enfermedad o accidente. || —**insigne.** Porción principal del cuerpo de un santo. || **P.** reliquia; **I.** relic; **F.** relique; **A.** Reliquie; **It.** reliquia; **R.** реликвия.

RELIQUIARIO. m. p. us. Relicario.

RELOJ. (cat. y prov. *relotge*, y éste del l. *horologium*.) m. Máquina dotada de movimiento uniforme, que sirve para medir el tiempo en horas, minutos y segundos. Hay relojes de torre, de pared, de sobremesa, de bolsillo, de pulsera, etc. || **2.** pl. Pico de cigüeña. || —**de agua.** Artificio para medir el tiempo por medio del agua que va cayendo de un vaso a otro. || —**de arena.** Artificio compuesto de dos ampolletas unidas por el cuello, y sirve para medir el tiempo por medio de la arena que va cayendo de una a otra. || —**de campana.** El que da las horas con campana. || —**de flora.** BOT. Tabla de las horas del día en que abren sus flores ciertas plantas. || —**de longitudes.** Reloj marino. || —**de música.** El que hace sonar música al dar la hora. || —**de péndola.** Aquel cuyo movimiento se arregla por las oscilaciones de un péndulo. || —**de pulsera.** El que se lleva en la muñeca sujeto a una pulsera. || —**de repetición.** El que da la hora repetidamente. || —**desconcertado.** fig. Persona desordenada en acciones o palabras. || —**de sol.** Artificio para señalar las diversas horas del día por medio de la variable iluminación de un cuerpo expuesto al sol, o por medio de la sombra que un gnomon o estilo arroja sobre una superficie. || —**despertador.** El que hace sonar un timbre o campana a la hora que se desea. || —**magistral.** Aquel cuya marcha sirve de norma a la de otros. || —**marino.** Cronómetro que, en la navegación de altura, sirve para calcular las diferencias de longitud. || —**solar.** Reloj de sol. || *Contra* RELOJ. expr. con que se designa una modalidad de las carreras ciclistas en la que los corredores no arrancan todos a una, sino que van tomando la salida uno tras otro con determinado intervalo. || *Estar* uno *como un* RELOJ. fr. fig. Estar bien dispuesto y sano. || **P.** relógio; **I.** clock, watch; **F.** horloge, montre, pendule; **A.** Uhr; **It.** orologio; **R.** часы.

RELOJERÍA. (De *relojero*.) f. Arte de hacer relojes. || **2.** Taller del relojero. || **3.** Tienda donde se venden.

RELOJERO, RA. m. y f. Persona que hace, compone o vende relojes. || **2.** f. Mueblecillo o bolsa para guardar el reloj de bolsillo. || **3.** Mujer del relojero.

RELSO, SA. adj. p. us. Terso.

RELUCIENTE. (l. *relūcens*, *-entis*.) p.a. de relucir. Que reluce.

RELUCIR. (l. *relucĕre*.) intr. Despedir o reflejar luz una cosa resplandeciente. || **2.** fig. Resplandecer uno en alguna cualidad excelente o por hechos notables. || *Sacar* o *salir*, a RELUCIR. fr. fig. y fam. Mentar por modo inesperado algún hecho o razón. || **P.** reluzir; **I.** to shine; **F.** reluire; **A.** (er)glänzen; **It.** rilucere; **R.** блестеть.

RELUCTANCIA. f. ELECTR. Resisten-

cia que ofrece un circuito al flujo magnético.

RELUCTANTE. (l. *reluctāri*, resistir.) adj. Reacio, opuesto.

RELUCHAR. (l. *reluctāri*.) intr. fig. Luchar mutua y porfiadamente.

★ **RELUJADO, DA.** p.p. de relujar. || **2.** adj. MÉJ. Bien ataviado, bien aderezado.

★ **RELUJAR.** (De *re*, prep. insep., y *lujo*.) tr. MÉJ. Lustrar el calzado.

RELUMBRANTE. p.a. de relumbrar. Que relumbra.

RELUMBRAR. (l. *relumināre*.) intr. Despedir viva luz o alumbrar con exceso.

RELUMBRE. m. Destello, luz muy viva.

RELUMBRO. (De *relumbrar*.) m. Relumbrón.

RELUMBRÓN. (De *relumbrar*.) m. Golpe de luz vivo y fugaz. || **2.** Oropel. || *De* RELUMBRÓN. m. adv. De mejor apariencia que calidad.

RELUMBROSO, SA. adj. Relumbrante.

RELLANAR. (l. *replanāre*.) tr. Volver a allanar una cosa. || **2.** r. Arrellanarse.

RELLANO. (De *rellanar*.) m. Meseta, 1.ª acep. || **2.** Llano que interrumpe la pendiente de un terreno. || **P.** landing, pace; **F.** palier; **A.** Treppenabsatz; **It.** pianeròttolo; **R.** площадка.

★ **RELLENA.** (De *relleno*.) f. COLOM. y MÉJ. Morcilla, embutido. || **2.** NICAR. Tortilla de maíz con una capa intermedia de queso.

RELLENAR. (De *re* y *llenar*.) tr. Volver a llenar. || **2.** Llenar enteramente una cosa. Ú.t.c.r. || **3.** Llenar de carne picada y especias una ave u otro manjar. || **4.** fig. y fam. Dar de comer hasta la saciedad. Ú.m.c.r. || **P.** reencher; **I.** to refill; **F.** remplir, bourrer; **A.** füllen; **It.** riempire; **R.** наполнять.

RELLENO, NA. (De *rellenar*.) adj. Muy lleno. || **2.** m. Picadillo de carne, sazonado con especias, hierbas, etc., con que se llenan aves, hortalizas, etc. || **3.** Acción y efecto de rellenar o rellenarse. || **4.** fig. Parte superflua que alarga un escrito o un discurso. || *De* RELLENO. loc. fig. y fam. Palabras innecesarias que se intercalan para alargar un escrito u oración.

REMACHADO, DA. p.p. de remachar. || **2.** adj. Roblonado. || **3.** COLOM. Circunspecto, callado, cazurro. || **4.** *Narices* REMACHADAS. Narices chatas.

REMACHADOR, RA. adj. Que remacha. || **2.** f. Máquina que sirve para remachar.

REMACHAR. (De *re* y *machar*.) tr. Machacar la punta o la cabeza del clavo ya clavado. || **2.** Percutir el extremo del roblón colocado en el taladro hasta que forme cabeza que le sujete. || **3.** fig. Confirmar, recalcar lo que se ha dicho o hecho. || **4.** COLOM. Guardar obstinado silencio. || **P.** arrebitar; **I.** to rivet; **F.** river; **A.** nieten, vernieten; **It.** ribadire; **R.** заклёпывать.

REMACHE. m. Acción y efecto de remachar. || **2.** Roblón, clavija de hierro. || **3.** En el juego del billar, lance consistente en impeler una bola sobre otra que está pegada a la banda. || **4.** COLOM. Tenacidad, tesón, constancia.

REMADOR, RA. (De *remar*.) m. y f. Remero, ra.

REMADURA. f. Acción y efecto de remar.

REMALLAR. (De *re* y *malla*.) tr. Componer, reforzar las mallas.

REMAMIENTO. (De *remar*.) m. Remadura.

REMANAL. (De *remanar*; de *re* y *manar*.) m. SAL. Hontanar.

REMANDAR. (l. *remandāre*.) tr. Mandar una cosa repetidamente.

★ **REMANDINGO.** m. CUBA. Huida en tropel.

REMANECER. (De *re* y el b. l. *manescĕre*, amanecer.) intr. Aparecer de nuevo e inopinadamente.

REMANECIENTE. p.a. de remanecer. Que remanece.

REMANENTE. (l. *remānens*, *-entis*, p.a. de *remanēre*, quedar.) m. Residuo de una cosa.

REMANGA. (De *red* y *manga*.) f. Arte para la pesca del camarón. Se compone

de una bolsa de red con plomos en un tercio del borde y dos varas de un metro de largo.

REMANGAR. (De *re* y *manga*.) tr. Levantar, recoger hacia arriba las mangas o la ropa. Ú.t.c.r. || **2.** r. fig. y fam. Tomar enérgicamente una resolución.

REMANGO. (De *remangar*.) m. Acción y efecto de remangar o remangarse. || **2.** Parte de ropa que se recoge al remangarse.

REMANIR. (l. *remanēre*.) intr. ant. Retraerse, permanecer retirado.

REMANOSO, SA. (De *remanar*; de *re* y *manar*.) adj. SAL. Manantío.

REMANSARSE. (De *remanso*.) r. Detenerse la corriente de un líquido.

REMANSO. (l. *remansum*, supino de *remanēre*, detenerse.) n. Detención o suspensión de una corriente del agua u otro líquido. || **2.** fig. Flema, pachorra, lentitud. || **P.** remanso; **I.** backwater; **F.** eau dormante; **A.** Stauwasser; **It.** gorgo; **R.** завод.

REMANTE. p.a. de remar. Que rema. Ú.t.c.s.

REMAR. intr. Mover convenientemente el remo para impeler la embarcación. || **2.** fig. Trabajar con grande afán en una cosa. || **P.** remar; **I.** to row; **F.** ramer; **A.** rudern; **It.** remare; **R.** грести.

REMARCAR. (De *re* y *marcar*.) tr. Volver a marcar.

REMATADAMENTE. adv. Totalmente, en conclusión.

REMATADO, DA. p.p. de rematar. || **2.** adj. Dícese de la persona que se halla en tan mal estado, que se considera sin remedio. || **3.** Condenado por fallo ejecutorio a alguna pena.

REMATAMIENTO. (De *rematar*.) m. Remate.

REMATANTE. (De *rematar*.) m. Persona a quien se adjudica la cosa subastada.

REMATAR. (De *re* y *matar*.) tr. Dar fin o remate a una cosa. || **2.** Terminar de matar a la persona o al animal que está en trance de muerte. || **3.** Dejar el cazador la pieza muerta del tiro. || **4.** Entre sastres y costureras, afianzar la última puntada. || **5.** Hacer remate de un objeto en una subasta. || **6.** intr. Terminar o fenecer. || **7.** r. Perderse, acabarse o destruirse una cosa. || **8.** CHILE. Disputarse los colegiales el primer lugar en clase mediante preguntas y respuestas. || **9.** CHILE. Hacer los caballos la parada en firme. || **P.** rematar; **I.** to end, to close; **F.** achever; **A.** beend(ig)en; **It.** finire; **R.** заканчивать.

REMATE. (De *rematar*.) m. Fin, extremidad o conclusión de una cosa. || **2.** Lo que en las fábricas de arquitectura se sobrepone para coronarlas. || **3.** Postura que logra la adjudicación en subastas. || **4.** Adjudicación de los bienes vendidos en subasta, al mejor postor. || **5.** MÉJ. Borde, orillo del paño. || *Citar de* REMATE. fr. FOR. Citar al reclamado o ejecutado para que alegue las excepciones admisibles conforme a derecho bajo apercibimiento de sentenciar, abriendo la vía de apremio hasta el remate de bienes para el pago. || *De* REMATE. m. adv. Absolutamente, sin remedio. || *Por* REMATE. m. adv. Por último. || **P.** remate; **I.** end; **F.** fin, bout; **A.** Beendigung, Gipfel; **It.** fine, conclusione; **R.** окончание, конец.

REMBOLSAR. tr. Reembolsar.

REMBOLSO. m. Reembolso.

REMECEDOR. (De *remecer*.) m. El que varea y menea los olivos para que suelten la aceituna.

REMECER. (De *re* y *mecer*.) tr. Mover reiteradamente una cosa de un lado a otro. Ú.t.c.r.

REMEDABLE. adj. Que se puede remedar.

REMEDADOR, RA. adj. Que remeda. Ú.t.c.s.

REMEDAMIENTO. (De *remedar*.) m. ant. Remedo.

REMEDAR. (l. *re-imitāri*.) tr. Imitar o contrahacer una cosa. || **2.** Seguir uno las mismas huellas, métodos y ejemplos de otro. || **3.** Hacer uno, por burla, las mismas acciones o visajes que otro. || **P.** arremedar; **I.** to counterfeit; **F.** contrefaire; **A.** nachbilden; **It.** contraffare; **R.** подражать.

R

REMEDIABLE. (l. *remediabĭlis*.) adj. Que se puede remediar.

REMEDIADOR, RA. (l. *remediātor*.) adj. Que remedia o ataja un daño. Ú.m.c.s.

REMEDIAR. (l. *remediāre*.) tr. Poner remedio al daño; reparar una cosa. Ú.t.c.r. || **2.** Socorrer una necesidad. Ú.t.c.r. || **3.** Librar o apartar de un riesgo. || **4.** Evitar que se ejecute una cosa de que se sigue daño. *No lo pude* REMEDIAR. || P. remediar; **I.** to remedy; **F.** remédier; **A.** (Wieder)gutmachen, heilen; **It.** rimediare; **R.** помогать.

REMEDIAVAGOS. (De *remediar* y *vago*.) m. Libro que resume una materia en poco espacio, para facilitar su estudio. || **2.** Cualquier procedimiento destinado a ejecutar una cosa con el mínimo esfuerzo.

REMEDICIÓN. f. Acción y efecto de remedir.

REMEDIO. (l. *remedĭum*.) m. Medio que se emplea para reparar un daño o inconveniente. || **2.** Enmienda o corrección. || **3.** Recurso, auxilio o refugio. || **4.** Todo lo que sirve para mejorar al enfermo. || **5.** Permiso, 3.ª acep. || **6.** GERM. Procurador de los tribunales. || **7.** FOR. Recurso de apelación. || —**casero.** El que se hace empíricamente sin recurrir a las boticas. || —**heroico.** El de acción muy enérgica y para casos extremos. || **2.** fig. Medida extraordinaria tomada en circunstancias muy graves. || *No haber, no tener o no tener más* REMEDIO. frs. Ser preciso o necesario hacer o sufrir una cosa. || *No haber, o no tener, para un* REMEDIO. frs. figs. y fams. Carecer de todo en absoluto. *No quedar, o no encontrar, una cosa para un* REMEDIO. frs. figs. y fams. Ser imposible o muy difícil encontrarla. || *Ser el* REMEDIO *peor que la enfermedad.* fr. fig. de que se usa para indicar que lo que se propone es más perjudicial para evitar un daño que el daño mismo. || P. remédio; **I.** remedy, help; **F.** remède; **A.** Abhilfe, Heilmittel; **It.** rimedio; **R.** средство, помощь.

REMEDIÓN. (aum. de *remedio*.) m. Función con que, en el teatro, se suple la que estaba anunciada.

REMEDIR. (l. *remetīri*.) tr. Volver a medir.

REMEDO. (De *remedar*.) m. Imitación, especialmente la imperfecta, de una cosa. || P. arremedo; **I.** mockery; **F.** contrefaçon; **A.** Nachbildung; **It.** contraffazione; **R.** передразнивание.

REMELLADO, DA. (De *re* y *mellado*.) adj. Que tiene mella. Dícese principalmente de los labios y de los ojos. || **2.** Dícese de la persona con alguno de estos defectos. Ú.t.c.s.

REMELLAR. tr. Raer el pelo de las pieles en las tenerías.

REMELLÓN, NA. adj. fam. Remellado. Apl. a pers. ú.t.c.s.

REMEMBRACIÓN. (l. *rememoratĭo, -ōnis*.) f. ant. Recordación.

REMEMBRANZA. (De *remembrar*.) f. Recuerdo, memoria de una cosa pasada.

REMEMBRAR. (l. *rememorāre*.) tr. Rememorar.

REMEMORACIÓN. f. Acción y efecto de rememorar.

* REMEMORANZA. f. P. RICO. Remembranza.

REMEMORAR. (l. *rememorāre*.) tr. Recordar, traer a la memoria.

REMEMORATIVO, VA. (De *rememorar*.) adj. Que recuerda o es capaz de hacer recordar algo.

REMENDADO, DA. p.p. de remendar. || **2.** adj. Que tiene manchas como recortadas. Aplícase especialmente a la piel de ciertos animales.

REMENDAR. (l. *re* y *emendāre*, enmendar, corregir.) tr. Reforzar con remiendo lo que está deteriorado o roto. || **2.** Corregir o enmendar. || **3.** Aplicar una cosa a otra para suplir lo que le falta. || P. remendar; **I.** to mend; **F.** rapiécer, raccommoder; **A.** ausbessern, flicken; **It.** rattoppare; **R.** чинить, латать.

* REMENDISTA. adj. Aplícase al operario que se dedica a la ejecución de trabajos sueltos de imprenta. Ú.t.c.s.

REMENDÓN, NA. adj. Que tiene por oficio remendar. Dícese especialmente de los sastres y zapateros de viejo. Ú.t.c.s.

* REMENEADA. (De *remenearse*.) adj. f. P. RICO. Coqueta.

* REMENEAR. (De *re*, prep. insep., y *menear*.) r. P. RICO. Contonearse.

REMENEO. m. Movimientos rápidos y continuos en ciertos bailes y otros esparcimientos.

REMENSE. adj. Natural de Reims. Ú.t.c.s. || **2.** Perteneciente a esta ciudad de Francia.

REMERA. (De *remo*.) f. Cada una de las plumas largas y rígidas con que terminan las alas de las aves.

REMERO, RA. m. y f. Persona que rema o que trabaja al remo. || P. remador; **I.** rower; **F.** rameur; **A.** Ruderer; **It.** remigante; **R.** гребец.

REMESA. (l. *remissa*, remitida.) f. Envío de una cosa de una parte a otra. || **2.** La cosa enviada en cada vez. || P. remessa; **I.** shipment, delivery; **F.** envoi; **A.** Sendung; **It.** rimessa; **R.** посылка.

REMESAR. (De *re* y *mesar*.) tr. Mesar repetidamente la barba o el cabello. Ú.t.c.r.

REMESAR. tr. COM. Hacer remesas de dinero o géneros.

REMESÓN. (De *remesar*, 1.ᵉʳ art.) m. Acción de arrancar el cabello o la barba. || **2.** Porción de pelo arrancado.

REMESÓN. (l. *remissio, -ōnis*, disminución, aflojamiento.) m. EQUIT. Carrera corta que el jinete hace dar al caballo, parándolo cuando va con más violencia. || **2.** ESGR. Treta que se forma corriendo la espada del contrario hasta el recazo, para echarle fuera del ángulo recto y poder herirle libremente.

REMETER. (De *re* y *meter*.) tr. Volver a meter. || **2.** Meter más adentro. || **3.** Hablando de niños pequeños ponerles un metedor limpio sin quitarles los pañales.

REMEZÓN. m. AMÉR. Terremoto ligero.

REMICHE. (l. *remigĭum*, chusma de la nave.) m. Espacio entre banco y banco que ocupaban los forzados en las galeras. || **2.** Galeote destinado especialmente al remo del costado de la nave.

REMIEL. (De *re* y *miel*.) f. Segunda miel que se extrae de la caña dulce.

REMIENDO. (De *remendar*.) m. Pedazo de tela que se cose a lo que está viejo o roto. || **2.** Obra de poca monta que se hace en reparación de un desperfecto parcial. || **3.** En la piel de algunos animales, mancha de distinto color que el fondo. || **4.** fig. Composición, enmienda o añadidura. || **5.** fig. y fam. Insignia de cualquiera de las órdenes militares, cosida al lado izquierdo de la capa, manto capitular, etc. || **6.** IMPR. Obra de corta extensión. || *A* REMIENDOS. m. adv. fig. y fam. con que se explica que una cosa se hace a pedazos y a ratos. || *Echar un* REMIENDO *a la vida.* fr. fig. y fam. Tomar un refrigerio. || *Ser una cosa* REMIENDO *del mismo, o de otro paño.* fr. fig. y fam. Ser de la misma materia, origen o asunto que otra, o al contrario. || P. remendo; **I.** patch; **F.** raccommodage; **A.** Flickerei; **It.** rappezzatura; **R.** заплата.

RÉMIGE. (l. *remex, -ĭgis*, remero.) adj. Cada una de las plumas remeras.

REMILGADAMENTE. adv. Con remilgo.

REMILGADO, DA. p.p. de remilgarse. || **2.** adj. Que afecta suma pulidez, delicadeza y gracia.

REMILGARSE. (De *remilgo*.) r. Repulirse y hacer con el rostro ademanes y gestos afectados. Dícese comúnmente de las mujeres.

REMILGO. (De *re*, y el b. l. *mellicus*, y éste del l. *mellitus*, meloso.) m. Acción y ademán de remilgarse. || **2.** Melindre, delicadeza afectada. || P. afectação; **I.** prudery; **F.** minauderie; **A.** Ziererei; **It.** smanceria; **R.** жеманство.

RÉMINGTON. m. Fusil que se carga por la recámara, inventado por el norteamericano Rémington.

REMINISCENCIA. (l. *reminiscentĭa*.) f. Acción de ofrecerse a la memoria la especie de una cosa pasada. || **2.** Facultad del alma con que traemos a la memoria las especies de que no tenemos presentes. || **3.** En literatura y música, lo que es idéntico o muy parecido a lo compuesto con anterioridad por otro autor. || P. reminis-

cência; **I.** reminiscence; **F.** réminiscence; **A.** Reminiszenz; **It.** reminiscenza; **R.** смутное воспоминание.

REMIRADO, DA. (De *remirarse*.) adj. Que reflexiona escrupulosamente sobre sus acciones.

REMIRAR. (De *re* y *mirar*.) tr. Volver a mirar o reconocer con cuidado lo que se había visto. || **2.** r. Esmerarse en lo que se hace o resuelve. || **3.** Mirar o considerar una cosa complaciéndose en ella.

REMISAMENTE. adv. m. Flojamente y con tardanza.

REMISIBLE. (l. *remissibĭlis*.) adj. Que se puede remitir o perdonar.

REMISIÓN. (l. *remissio, -ōnis*.) f. Acción y efecto de remitir o remitirse. || **2.** Indicación, en un escrito, del lugar del mismo o de otro escrito a que se remite al lector. || P. remessa; **I.** sending, remission; **F.** rémission; **A.** Erlass; **It.** remissione; **R.** отправка.

REMISIVAMENTE. adv. Con remisión a una persona, lugar o tiempo.

REMISIVO, VA. (l. *remissīvus*.) adj. Que remite o sirve para remitir.

REMISO, SA. (l. *remissus*, p.p. de *remittĕre*, aflojar.) adj. Flojo, irresoluto. || **2.** Dícese de las calidades físicas de escasa actividad. || P. remisso; **I.** remiss; **F.** irésolu; **A.** (nach)lässig; **It.** fiacco; **R.** вялый.

REMISORIA. (l. *remissum*, supino de *remittĕre*, remitir, enviar.) f. FOR. Despacho con que el juez remite la causa o el preso a otro tribunal. Ú.m. en pl.

REMISORIO, RIA. (l. *remissum*, supino de *remittĕre*, soltar, desatar.) adj. Que tiene virtud o facultad de perdonar.

REMITENTE. (l. *remittens, -entis*.) p.a. de remitir. Que remite. Ú.t.c.s. || **2.** MED. Dícese de la fiebre que presenta alternativas de aumento y disminución.

REMITIDO. m. Artículo o noticia cuya publicación interesa a un particular y que a petición de éste se inserta en un periódico mediante pago.

REMITIR. (l. *remittĕre*.) tr. Enviar. || **2.** Perdonar, alzar la pena, eximir de una obligación. || **3.** Diferir o suspender. || **4.** Ceder o perder una cosa parte de su intensidad. Ú.t.c.intr. y c.r. || **5.** Dejar al criterio de otro la solución de una cosa. Ú.m.c.r. || **6.** Indicar en un escrito otro lugar del mismo o de distinto escrito donde consta lo que atañe al punto tratado. || **7.** r. Atenerse a lo dicho o hecho, o a lo que ha de decidirse o hacerse, por uno mismo o por otro. || P. remeter; **I.** to send; **F.** envoyer; **A.** (ab)schicken; **It.** rimèttere; **R.** пересылать.

REMO. (l. *remus*.) m. Instrumento de madera en forma de pala larga y estrecha, que sirve para impeler las embarcaciones haciendo fuerza en el agua. || **2.** Brazo o pierna, en el hombre y en los cuadrúpedos. Ú.m. en pl. || **3.** En las aves, cada una de las dos alas. Ú.m. en pl. || **4.** Pena de remar en las galeras. || **5.** fig. Cualquier trabajo grande y continuado. || *Al* REMO. m. adv. Remando, o por medio del remo. || **2.** fig. y fam. Sufriendo penalidades y trabajos. || *A* REMO. m. adv. Al remo, 1.ª acep. || *A* REMO *y sin sueldo.* m. adv. fig. y fam. Trabajando mucho y sin provecho. || *A* REMO *y vela.* m. adv. fig. y fam. Con toda diligencia y presteza. || P. e It. remo; **I.** oar; **F.** aviron, rame; **A.** Ruder; **R.** весло.

REMOCIÓN. (l. *remotĭo, -ōnis*.) f. Acción y efecto de remover o removerse.

REMOCHO. m. SAL. Brote, retoño.

REMOJADERO. (De *remojar*.) m. Lugar donde se echa alguna cosa en remojo.

REMOJAR. (De *re* y *mojar*.) tr. Poner a remojo o empapar en agua una cosa. || **2.** fig. Celebrar una cualquier asunto feliz convidando a beber a sus amigos. || **3.** P. RICO. Dar una propina o adehala, gratificar. || *REMOJAR la palabra.* fr. fig. y fam. Echar un trago. || P. demolhar; **I.** to steep, to imbrue; **F.** détremper; **A.** einweichen; **It.** inzuppare; **R.** размачивать.

REMOJO. m. Acción y efecto de remojar. || **2.** COLOM. y MÉJ. Estrena, regalo. || **3.** CUBA, PERÚ, VENEZ. y R. DE LA PLATA. Propina. || *Echar en* REMOJO *un negocio.* fr. fig. y fam. Diferir el tratar de él hasta encontrarlo en mejor disposición.

REMOJÓN. m. Mojadura. || **2.** AND. Pedazo de pan rociado con aceite y vinagre tomado como alimento.

REMOLACHA. (l. *armoracia*, rábano silvestre.) f. BOT. Planta herbácea anual quenopodiácea, de tallo derecho, grueso y ramoso; hojas grandes, enteras, ovales, con el nervio central rojizo; flores pequeñas y verdosas en espiga terminal; fruto seco, y raíz grande, carnosa, fusiforme, generalmente encarnada, comestible y de la cual se obtiene el azúcar. || **2.** Esta raíz. || **—forrajera.** La que se cultiva especialmente para alimento del ganado. || **P.** beterraba; **I.** beet, beetrave; **F.** betterave; **A.** Runkelrübe; **It.** barbabiètola; **R.** свёкла.

REMOLAR. (l. *remúlus*, d. de *remus*, remo.) m. Carpintero que hace remos. || **2.** Taller en que se hacen remos.

REMOLAR. (l. *re*, y *moles*, carga.) tr. GERM. Cargar un dado con un peso oculto para que caiga de una cara al jugarlo.

REMOLCADOR, RA. adj. Que sirve para remolcar. Aplicado a ciertas embarcaciones. Ú.t.c.s.m. || **P.** rebocador; **I.** towboat; **F.** remorqueur; **A.** schlepper; **It.** rimorchiatore; **R.** буксирный.

REMOLCAR. (l. *remulcáre*, y éste del gr. ῥυμουλκέω; de ῥῦμα, cuerda, y ὁλκός, tracción.) tr. MAR. Llevar una embarcación a otra sobre el agua tirando de ella. || **2.** Por semejanza, llevar por tierra un carruaje a otro. || **3.** fig. Traer una persona a otra u otras, contra la inclinación de éstas, a un intento u obra. || **P.** rebocar; **I.** to tow; **F.** remorquer; **A.** schleppen; **It.** rimorchiare; **R.** буксировать.

REMOLDA. (De *remoldar*.) f. AR. Monda, acción de mondar, y también época en que suele hacerse.

REMOLDAR. (De *remondar*.) tr. AR. Podar o mondar los árboles.

* **REMOLEDOR, RA.** (De *remoler*.) adj. CHILE y PERÚ. Parrandista, amigo de diversiones. Ú.t.c.s.

REMOLER. tr. Moler mucho una cosa. || **2.** intr. fig. CHILE y PERÚ. Parrandear, divertirse.

REMOLIDO. (De *remoler*.) m. MIN. Mineral menudo que se mezcla con ganga y se somete al lavado para purificarlo.

* **REMOLIENDA.** f. CHILE y PERÚ. Jolgorio, jarana.

REMOLIMIENTO. m. Acción y efecto de remoler.

REMOLINANTE. p.a. de remolinar. Que remolina.

REMOLINAR. (De *re* y *molino*.) intr. Hacer o formar remolinos una cosa. Ú.t.c.r. || **2.** Arremolinarse. Ú.t.c.intr.

REMOLINEAR. (De *re* y *molino*.) tr. Mover en forma de remolino una cosa. || **2.** intr. Remolinar. Ú.t.c.r.

REMOLINO. (De *remolinar*.) m. Movimiento giratorio y rápido del aire, del agua, etc. || **2.** Retorcimiento del pelo en redondo, que se forma en una parte del cuerpo del hombre o del animal. || **3.** fig. Amontonamiento, confusión y desorden de gente. || **4.** fig. Disturbio. || **P.** remoinho; **I.** whirl; **F.** tourbillon; **A.** Wirbel, Strudel; **It.** remolino, vòrtice; **R.** вихрь, водоворот.

REMOLÓN. (De *re* y *muela*.) m. Colmillo de la mandíbula superior del jabalí. || **2.** Cualquiera de las puntas de la corona de las muelas de las caballerías.

REMOLÓN, NA. adj. Flojo, perezoso y que huye del trabajo.

REMOLONEAR. (De *remolón*, 2.º art.) intr. Rehusar moverse, detenerse en hacer algo, por flejedad y pereza. Ú.t.c.r.

REMOLQUE. (De *remolcar*.) m. Acción y efecto de remolcar. || **2.** Cable con que se tira de una embarcación para remolcarla. || **3.** Cosa que se lleva remolcada. || *A* REMOLQUE. m. adv. Remolcando. || **2.** fig. Poco espontáneamente, y más bien por presión o impulso ajeno. || *Dar* REMOLQUE. fr. MAR. Remolcar. Llevar una embarcación a otra sobre el agua tirando de ella. || **P.** reboque; **I.** towing; **F.** remorque; **A.** Schlepptau; **It.** rimorchio; **R.** буксирование.

REMOLLAR. tr. GERM. Aforrar o guarnecer.

REMOLLER. m. ant. Remollero.

REMOLLERO. m. ant. Remolar, 1.er art., 1.ª acep.

REMOLLERÓN. (De *remollar*.) m. GERM. Casco, pieza de la armadura que cubre la cabeza.

REMONDAR. (l. *remundáre*.) tr. Quitar por segunda vez lo perjudicial o inútil. Dícese especialmente de los árboles y las vides.

REMONTA. (De *remontar*.) f. Compostura del calzado consistente en ponerle de nuevo el pie o las suelas. || **2.** Rehenchido de las sillas de las caballerías. || **3.** Parche que se pone al pantalón de montar, para evitar su desgaste. || **4.** MIL. Compra, cría y cuidado de los caballos para proveer al ejército. || **5.** MIL. Conjunto de los caballos o mulas destinados a cada cuerpo. || **6.** MIL. Establecimiento destinado a la remonta para el ejército. || **4.ª** acep.: **P.** remonta; **I.** remount; **F.** remonte; **A.** Remonte; **It.** rimonta; **R.** ремонт.

REMONTADO, DA. p.p. de remontar. || **2.** adj. ARQ. *Arco* REMONTADO. Aquel cuya altura es mayor que la mitad de su luz.

REMONTAMIENTO. m. Acción de remontar o de proveer de nuevos caballos al ejército.

REMONTAR. (De *re* y *montar*.) tr. Ahuyentar o espantar. Dícese especialmente de la caza que se retira al monte. || **2.** Proveer de nuevos caballos a la tropa. || **3.** Rehenchir o recomponer una silla de montar. || **4.** Echar nuevas suelas al calzado. || **5.** fig. Elevar, encumbrar. Ú.t.c.r. || **6.** Volar muy alto las naves. || **7.** fig. Subir hasta el origen de una cosa.

REMONTE. m. Acción y efecto de remontar o remontarse.

REMONTISTA. (De *remonte*.) m. Militar empleado en un establecimiento de remonta.

REMOQUE. (port. *remoque*, quizá de *remoquete*.) m. fam. Palabra picante.

REMOQUETE. (De *re* y *moquete*.) m. Moquete o puñada. || **2.** fig. Dicho agudo y satírico. || **3.** Apodo. || **4.** fam. Cortejo o galanteo. || *Dar* REMOQUETE. fr. fig. y fam. Dar en los ojos; hacer deliberadamente en presencia de alguien algo que le enfade o disguste.

RÉMORA. (l. *remóra*.) f. ZOOL. Pez marino acantopterigio, de cuerpo fusiforme, que tiene sobre la cabeza un disco oval provisto de láminas cartilaginosas movibles, con el cual hace el vacío para adherirse fuertemente a los objetos flotantes. || **2.** fig. Obstáculo que se opone al progreso de alguna cosa o la dificulta. || **P.** y **F.** rémora; **I.** remora; **A.** Schildfisch; **It.** rèmora. || **2.ª** acep.: **P.** estorvo; **I.** hinderance; **F.** obstacle; **A.** Hemmnis; **It.** ostàcolo; **R.** препятствие, помеха.

REMORDEDOR, RA. adj. Que remuerde o inquieta interiormente.

REMORDER. (l. *remordère*.) tr. Morder reiteradamente. || **2.** Exponer por segunda vez a la acción del ácido partes determinadas de la lámina que se graba al agua fuerte. || **3.** fig. Inquietar, desasosegar interiormente una cosa; punzar un escrúpulo. || **4.** r. Manifestar con una acción exterior un sentimiento reprimido.

REMORDIENTE. p.a. de remorder. Que remuerde.

REMORDIMIENTO. (De *remorder*.) m. Pesar interno como consecuencia de una mala acción. || **P.** remordimento; **I.** remorse; **F.** remords; **A.** Gewissensbiss; **It.** rimorso; **R.** угрызения совести.

REMOSQUEARSE. (De *re* y *mosca*.) r. fam. Mostrarse receloso a causa de lo que se observa y se oye. || **2.** IMPR. Aparecer borroso el pliego recién tirado por haberse corrido la tinta.

REMOSTAR. (De *re* y *mosto*.) intr. Echar mosto en el vino añejo. Ú.t.c.tr. || **2.** Mostar los racimos antes de llegar al lagar. Dícese también de las frutas que se pudren en contacto con otras. || **3.** Saber el vino a mosto.

REMOSTECERSE. r. Remostarse.

REMOSTO. m. Acción y efecto de remostar o remostarse.

REMOTAMENTE. adv. Lejanamente. || **2.** fig. Sin verosimilitud ni probabilidad. || **3.** fig. Confusamente.

REMOTO, TA. (l. *remótus*, p.p. de *removère*, retirar, apartar.) adj. Distante o apartado. || **2.** Dícese de la noticia o recuerdo vago y confuso. || **3.** fig. Que no

es verosímil, o dista mucho de suceder. || *Estar* REMOTO uno. fr. fig. Estar casi olvidado de una cosa que se supo. || **P.** e **It.** remoto; **I.** remote; **F.** éloigné; **A.** fern, abgelegen; **R.** далёкий.

REMOVER. (l. *removère*.) tr. Mudar una cosa de un lugar a otro. Ú.t.c.r. || **2.** Quitar, apartar un obstáculo. || **3.** Conmover, alterar alguna cosa o asunto. Ú.t.c.r. || **4.** Destituir a uno de su empleo o destino. || **P.** remover; **I.** to remove; **F.** remuer, déplacer; **A.** beseitigen; **It.** rimuòvere; **R.** передвигать.

REMOVIMIENTO. (De *remover*.) m. Remoción.

REMOZAR. (De *re* y *mozo*.) tr. Comunicar cierta lozanía propia de la juventud. Ú.m.c.r. || **P.** remoçar; **I.** to rejuvenate; **F.** rajeunir; **A.** verjüngen; **It.** ringiovanire; **R.** молодить.

REMPLAZAR. tr. Reemplazar.

REMPLAZO. m. Reemplazo.

REMPUJAR. (De *re* y *empujar*.) tr. fam. Empujar. || **2.** Hacer fuerza contra alguna cosa, principalmente con empellones. || **3.** HOND. Ajustar.

* **REMPUJE.** (De *rempujar*.) m. CHILE. Especie de dedil que se pone en el pulgar para empujar la aguja.

REMPUJO. (De *rempujar*.) m. fam. Fuerza hecha con cualquier cosa. || **2.** MAR. Disco plano estriado, que aplican los veleros a la palma de la mano para empujar la aguja al coser las velas.

REMPUJÓN. (De *rempujar*.) m. fam. Empujón.

REMUDA. f. Acción y efecto de remudar o remudarse. || **2.** Muda o ropa que se muda de una vez.

REMUDAMIENTO. (De *remudar*.) m. Remuda.

REMUDAR. (l. *remutáre*.) tr. Reemplazar a una persona o cosa con otra. Ú.t.c.r.

REMUDIAR. (De *remuidar*, del l. *remugitáre*; de *mugíre*.) intr. SAL. Mugir la vaca para llamar a la cría y viceversa.

REMUGAR. (l. *rumigáre*.) tr. Rumiar.

REMULLIR. (l. *remollíre*.) tr. Mullir mucho.

REMUNERACIÓN. (l. *remuneratio*, *-ónis*.) f. Acción y efecto de remunerar. || **2.** Lo que se da para remunerar. || **P.** remuneração; **I.** remuneration; **F.** rémunération; **A.** Belohnung; **It.** rimunerazione; **R.** вознаграждение.

REMUNERADOR, RA. (l. *remunerátor*.) adj. Que remunera. Ú.t.c.s.

REMUNERAR. (l. *remuneráre*.) tr. Recompensar, premiar.

REMUNERATIVO, VA. adj. Que remunera o produce provecho o recompensa.

REMUNERATORIO, RIA. (De *remunerar*.) adj. Dícese de lo que se hace o da en premio o remuneración. || **2.** V. *Privilegio* REMUNERATORIO.

REMUSGAR. (l. *remussicáre*; de *mussáre*, murmurar.) intr. Barruntar o sospechar.

REMUSGO. m. Barrunto. || **2.** Vientecillo tenue, frío y penetrante.

REN. (l. *ren*, *renis*.) amb. ant. Riñón.

* **RENACENTISMO.** m. Cultivo de los estudios o arte propios del Renacimiento. || **2.** Conjunto de los cultivadores de estos estudios. || **3.** Época del Renacimiento.

RENACENTISTA. adj. Perteneciente o relativo al Renacimiento. || **2.** Dícese del que cultiva las artes o estudios propios del Renacimiento.

RENACER. (l. *renasci*.) intr. Volver a nacer. || **2.** fig. Adquirir por el bautismo la vida de la gracia. || **P.** renascer; **I.** to be born again; **F.** renaître; **A.** wiedergeboren werden; **It.** rinàscere; **R.** возрождаться.

RENACIENTE. p.a. de renacer. Que renace.

RENACIMIENTO. m. Acción de renacer. || **2.** Época que comienza a mediados del siglo XV y se caracteriza por el interés y entusiasmo que se despertó en Occidente por el estudio de la antigüedad clásica griega y latina. || **P.** renascimento; **I.** renascence, Renaissance; **F.** renaissance; **A.** Wiedergeburt, Renaissance; **It.** rinascimento; **R.** возрождение, ренессанс.

RENACUAJO. (De *ranacuajo*.) m. ZOOL. Larva de la rana mientras conserva la cola y respira por branquias. || **2.** ZOOL.

R

R Larva de cualquier batracio. ‖ **3.** fig. Calificativo con que se moteja a los muchachos contrahechos o enclenques y que al mismo tiempo son molestos o antipáticos. ‖ **P.** girino (da rã); **I.** tadpole; **F.** tétard; **A.** Kaulquappe; **It.** girino; **R.** головастик.

RENADÍO. (l. *re*, iterat., y *nativus*.) m. Sembrado que retoña después de haber sido cortado en hierba.

RENAL. (l. *renālis*.) adj. Perteneciente o relativo a los riñones.

RENANO, NA. (l. *rhenānus*.) adj. Dícese de los territorios situados a orillas del Rin. ‖ **2.** Perteneciente o relativo a estos territorios.

RENCILLA. (l. *ringella*; de *ringĕre*, reñir.) f. Riña de que queda algún encono. ‖ **P.** rixa; **I.** quarrel; **F.** querelle rancunière; **A.** Zwist; **It.** contesa; **R.** раздор.

RENCILLOSO, SA. adj. Inclinado a rencillas.

RENCIONAR. (ant. *rencer*, del l. *ringĕre*, reñir.) tr. ant. Causar rencillas o pendencias.

RENCO, CA. (l. *renīcus;* de *ren*, *renis*, riñón.) adj. Cojo por lesión de las caderas. Ú.t.c.s. ‖ **2.** HOND. Cojo.

RENCOR. (De *rancor*.) m. Resentimiento arraigado y tenaz. ‖ **P.** rancor; **I.** rancour, rancor; **F.** rancune; **A.** Groll; **It.** rancore; **R.** злоба.

RENCOROSAMENTE. adv. Con rencor.

RENCOROSO, SA. adj. Que guarda rencor. ‖ **P.** rancoroso; **I.** rancorous; **F.** rancuneux; **A.** grollend; **It.** malaffetto; **R.** злобный, злопамятный.

RENCOSO. (De *renco*.) adj. V. *Cordero* RENCOSO.

★ RENCUCILLO. m. CUBA. Enojo, rabieta.

RENCURA. (De *rancura*.) f. ant. Rencor.

RENCURARSE. (De *rencura*.) r. ant. Querellarse.

RENCUROSO, SA. (De *rencura*.) adj. ant. Que se querella de un daño o agravio.

RENDA. (l. *rendita;* de *reddita*, infl. por *vendita*.) f. Bina. ‖ **2.** p. us. Renta.

RENDAJE. m. Conjunto de riendas y demás correas de la brida de las caballgaduras.

RENDAJO. (De *rendar*, del l. *reimitāri*.) m. Arrendajo.

RENDAR. (De *renda*.) tr. Binar, 1.ª y 2.ª aceps.

RENDER. (l. *reddĕre*, infl. por *prendĕre* y *vendĕre*.) tr. ant. Rendir, entregar.

RENDIBÚ. (fr. *rendez-vous*.) m. Acatamiento, agasajo.

RENDICIÓN. f. Acción y efecto de rendir o rendirse. ‖ **2.** Rendimiento. ‖ **3.** Cantidad de moneda que no ha obtenido aun del gobierno la autorización para su circulación. ‖ **P.** rendição; **I.** surrendering; **F.** reddition; **A.** Übergabe; **It.** rendimiento; **R.** отдача.

★ RENDIDA. (De *rendido*.) f. CHILE. Cierta suerte en el juego de las bolas.

RENDIDAMENTE. adv. Con sumisión y rendimiento.

RENDIDO, DA. p.p. de rendir. ‖ **2.** Sumiso, obsequioso, galante.

RENDIJA. (De *rehendija*.) f. Hendedura o reja larga y estrecha que se produce naturalmente en cualquier cuerpo sólido y lo atraviesa. ‖ **P.** fenda; **I.** crevice, crack, cleft; **F.** fente; **A.** Riss, Spalt; **It.** fessura; **R.** щель.

RENDIMIENTO. (De *rendir*.) m. Rendición, cansancio, debilidad. ‖ **2.** Sumisión, humildad. ‖ **3.** Obsequiosa expresión de acatamiento. ‖ **4.** Producto o utilidad que da una cosa. ‖ **P.** fadiga; **I.** weariness; **F.** lassitude; **A.** Müdigkeit; **It.** lassezza; **R.** усталость.

RENDIR. (l. *reddĕre*, infl. por *prendĕre* y *vendĕre*.) tr. Vencer, obligar a las tropas, plazas fuertes enemigas, etc., a que se entreguen. ‖ **2.** Sujetar, someter una cosa al dominio de alguien. Ú.t.c.r. ‖ **3.** Dar a uno lo que le toca, o restituirle lo que se le había quitado. ‖ **4.** Dar fruto o utilidad una cosa. ‖ **5.** Cansar, fatigar. Ú.t.c.r. *Se* RINDIÓ *de tanto remar.* ‖ **6.** Vomitar la comida. ‖ **7.** Junto con algunos nombres, toma la significación de los mismos. RENDIR *gracias*, agradecer; RENDIR *obsequios*, obsequiar. ‖ **8.** Dar, entregar. ‖

9. MAR. Terminar una bordada, un viaje, un crucero, etc. ‖ **10.** MIL. Entregar, hacer pasar una cosa al cuidado de otro. RENDIR *la guardia*. ‖ **11.** MIL. Hacer con ciertas cosas actos de sumisión y respeto. RENDIR *armas*. ‖ **12.** r. MAR. Henderse, un palo, mastelero o verga. ‖ **P.** render; **I.** to subdue; **F.** soumettre, rendre; **A.** übergeben; **It.** assoggetare; **R.** сдавать.

RENDÓN (DE). (fr. *randon*, del m. or. que *randa*.) m. adv. ant. De rondón.

RENE. (l. *ren*, *renis*.) f. Riñón.

RENEGADO, DA. p.p. de renegar. ‖ **2.** adj. Que renuncia la ley de Jesucristo. Ú.t.c.s. ‖ **3.** fig. y fam. Dícese de la persona desabrida y maldiciente. Ú.t.c.s. ‖ **4.** m. Tresillo, juego de naipes. ‖ **P.** renegado; **I.** renegade; **F.** rénégat; **A.** Renegat; **It.** rinnegato; **R.** ренегатский.

RENEGADOR, RA. adj. Que reniega, blasfema o jura frecuentemente. Ú.t.c.s.

RENEGAR. (De *re* y *negar*.) tr. Negar con instancia una cosa. ‖ **2.** Detestar, abominar. ‖ **3.** intr. Pasarse de una religión a otra. Dícese especialmente del que apostata de la fe de Jesucristo para abrazar la secta mahometana. ‖ **4.** Blasfemar. ‖ **5.** fig. y fam. Decir injurias contra uno. ‖ **P.** renegar; **I.** to deny, to abnegate; **F.** renier; **A.** verleugnen; **It.** rinnegare; **R.** отрекаться.

RENEGÓN, NA. adj. fam. Que reniega con frecuencia. Ú.t.c.s.

RENEGREAR. (De *re* y *negrear*.) intr. Negrear intensamente.

RENEGRIDO, DA. adj. Dícese del color cárdeno muy obscuro, en especial hablando de contusiones. ‖ **2.** ARGENT. Negro con reflejos azulados.

RENGA. (l. *renica;* de *ren*, *renis*, riñón.) f. SAL. Parte del lomo de las caballerías sobre la que se les pone la carga. ‖ **2.** Joroba.

RENGADERO. (De *rengar*.) m. SAL. Cadera.

RENGAR. (l. *renicāre;* de *ren*, *renis*, riñón.) tr. SAL. Descaderar, derrengar.

RENGÍFERO. (l. *renicūlus*, riñón.) m. Rangífero.

RENGLADA. (l. *renicūlus*, riñón.) f. ant. Riñonada.

RENGLE. (germ. *hring*, círculo, clase.) m. Ringlera.

RENGLERA. (De *rengle*.) f. Ringlera.

RENGLÓN. (germ. *hring*, círculo, clase.) m. Serie de palabras escritas o impresas en línea recta. ‖ **2.** fig. Parte de renta o beneficio que uno tiene, o del gasto que se hace. ‖ **3.** pl. fig. y fam. Cualquier escrito o impreso. *Merecen aplauso estos* RENGLONES. ‖ *A* RENGLÓN *seguido*. m. adv. fig. y fam. A continuación. ‖ *Dejar entre* RENGLONES *una cosa*. fr. fig. Olvidarse o no acordarse de ella cuando se la debía tener presente. ‖ *Leer entre* RENGLONES. fr. fig. Penetrar la intención de un escrito suponiendo, por lo que en él se dice, lo que de propósito se calla. ‖ **P.** regra; **I.** line; **F.** ligne; **A.** Zeile, Linie; **It.** linea, riga; **R.** строка.

RENGLONADURA. f. Conjunto de líneas señaladas en el papel, para escribir sobre ellas.

RENGO, GA. (l. *renicus;* de *ren*, *renis*, riñón.) adj. Renco. Ú.t.c.s. ‖ *Dar* a uno *con la de* RENGO. fr. fig. y fam. Engañarle después de haberle entretenido con esperanzas. ‖ *Hacer la de* RENGO. fr. fig. y fam. Fingir enfermedad para excusarse del trabajo.

RENIEGO. (De *renegar*.) m. Blasfemia. ‖ **2.** fig. y fam. Execración, dicho atroz e injurioso. ‖ **P.** blasfémia; **I.** blasphemy; **F.** exécration; **A.** Fluch; **It.** bestemmia; **R.** отречься, божба.

RENIL. (De *ren*.) adj. Dícese de la oveja machorra.

★ RENINA. f. QUÍM. Enzima contenido en el jugo gástrico que actúa sobre la caseína de la leche.

★ RENIO. m. QUÍM. Elemento químico de la familia del manganeso.

RENITENCIA. (l. *renitens*, *-entis*, p.a. de *renitĕre*, brillar mucho.) f. Estado de la piel, cuando se halla tersa y lustrosa.

RENITENCIA. (l. *renitens*, *-entis*, renitente.) f. Repugnancia, aversión hacia alguna cosa.

RENITENTE. (l. *renĭtens*, *-entis*, p.a.

de *renīti*, resistir, oponerse.) adj. Que se resiste a hacer o a admitir una cosa.

RENO. (l. *rheno*, y éste del ant. nórdico *hreinn*.) m. Mamífero rumiante cérvido propio de los países septentrionales; de astas ramosas, pelaje espeso y pezuñas gruesas y curvadas; se domestica con facilidad y sirve como animal de tiro. ‖ **P.** rena; **I.** reindeer; **F.** renne; **A.** Renntier; **It.** renna; **R.** северный олень.

RENOMBRADO, DA. p.p. de renombrar. ‖ **2.** adj. Célebre, famoso.

RENOMBRAR. (De *re* y *nombrar*.) tr. ant. Nombrar, llamar, dar nombre. Usáb. t.c.r.

RENOMBRE. (l. *renōmen*, *-inis*.) m. Apellido o sobrenombre propio. ‖ **2.** Epíteto de fama o de gloria. ‖ **3.** Celebridad que adquiere uno por sus hechos o por su ciencia y talento. ‖ **P.** renome; **I.** surname; **F.** surnom; **A.** Nahme; **It.** cognome; **R.** прозвище.

RENOVABLE. adj. Que puede renovarse.

RENOVACIÓN. (l. *renovatio*, *-ōnis*.) f. Acción y efecto de renovar o renovarse. ‖ **P.** renovação; **I.** renewal; **F.** rénovation, renouvellement; **A.** Erneuerung; **It.** rinnovazione; **R.** обновление.

RENOVADOR, RA. (l. *renovātor*.) adj. Que renueva. Ú.t.c.s.

RENOVAL. m. Terreno poblado de renuevos.

RENOVAMIENTO. (De *renovar*.) m. ant. Renovación.

RENOVANTE. p.a. de renovar. Que renueva.

RENOVAR. (l. *renovāre*.) tr. Hacer como de nuevo una cosa o volverla a su primer estado. Ú.t.c.r. ‖ **2.** Restablecer o reanudar una cosa que se había interrumpido. Ú.t.c.r. ‖ **3.** Remudar o reemplazar una cosa. ‖ **4.** Trocar una cosa vieja o usada por otra nueva. ‖ **5.** Reiterar, o publicar de nuevo. ‖ **6.** Consumir el sacerdote las formas antiguas y consagrar otras. ‖ **P.** renovar; **I.** to renew; **F.** renouveler; **A.** erneuern; **It.** rinnovare; **R.** обновлять.

RENOVERO, RA. (De *renuevo*.) m. y f. Usurero, logrero.

RENQUEAR. intr. Andar como renco, meneándose a un lado y a otro.

RENQUERA. f. AMÉR. Cojera.

RENTA. (l. *reddita*, infl. por *vendita*.) f. Producto, utilidad o beneficio que rinde anualmente una cosa. ‖ **2.** Lo que paga un arrendatario. ‖ **3.** Deuda pública o títulos que la representan. ‖ **4.** ECON. Suma de dinero que se paga por el uso de un bien económico. ‖ **—bruta.** La representada por el total de lo que se percibe por cualquier concepto rentario. ‖ **—estancada.** La procedente de un artículo cuya venta exclusiva se reserva el gobierno. ‖ **—nacional.** El conjunto de las rentas públicas y privadas de un país. ‖ **—rentada.** La que no es eventual sino fija. ‖ **—vitalicia.** FOR. Contrato aleatorio en el que una parte cede a otra una suma o capital con la obligación de pagar una pensión al cedente o a tercera persona durante la vida del beneficiario. ‖ *A* RENTA. m. adv. En arrendamiento. ‖ *Hacer* RENTAS, o *las* RENTAS. fr. Arrendarlas publicándolas, pregonándolas. ‖ *Mejorar* las RENTAS. fr. Pujarlas. ‖ *Meterse* uno *en la* RENTA *del excusado*. fr. fig. y fam. Meterse en lo que no le importa. ‖ **P.** renda; **I.** rent, revenue; **F.** rente, revenu, rapport; **A.** Einkommen, Rente; **It.** rèndita; **R.** рента, арендная плата.

° RENTABILIDAD. f. Calidad de rentable.

° RENTABLE. adj. Dícese de la inversión de caudales que produce buena renta o interés.

RENTADO, DA. p.p. de rentar. ‖ **2.** adj. Que tiene renta para mantenerse. ‖ **3.** V. RENTA *rentada*. ‖ **4.** AMÉR. Persona que vive de un sueldo superfluo.

RENTAR. (De *renta*.) tr. Producir una cosa renta o beneficio periódico. ‖ **P.** render; **I.** to yield, to produce; **F.** rapporter; **A.** eintragen; **It.** rèndere; **R.** приносить доход.

RENTERO, RA. (De *renta*.) adj. Tributario. ‖ **2.** m. y f. Colono que tiene en arrendamiento una finca rural. ‖ **3.** El que hace postura a la renta o la arrienda.

RENTILLA. (d. de *renta*.) f. Juego de naipes semejante al de la treinta y una. || **2.** Juego con seis dados numerados en una sola de sus caras.

RENTISTA. com. Persona que tiene conocimiento o práctica en materias de hacienda pública. || **2.** Persona que recibe renta procedente de papel del Estado. || **3.** Persona que vive de sus rentas. || **P.** financeiro; **I.** financier; **F.** rentier; **A.** Rentner; **It.** finanziere; **R.** финансист, рантье.

RENTÍSTICO, CA. adj. Pertenecient o relativo a las rentas públicas.

RENTO. m. Renta que paga anualmente el labrador o el colono.

RENTOSO, SA. adj. Que produce o da renta.

RENTOY. m. Juego de naipes parecido al tresillo. || **2.** Muestra del triunfo en el juego del rentoy. || **3.** fig. y fam. Jactancia, desplante y también pulla o indirecta. Ú.m. con los verbos *tirar* y *echar*.

RENUENCIA. (l. *renŭens, -entis*, renuente.) f. Repugnancia que se muestra a hacer una cosa.

RENUENTE. (l. *renŭens, -entis*, p.a. de *renuere*, hacer con la cabeza un signo negativo.) adj. Indócil, remiso.

RENUEVO. (De *renovar*.) m. Vástago que echa el árbol después de podado o cortado. || **2.** Renovación. || **P.** renovo; **I.** sprout, shoot; **F.** rejeton; **A.** Schössling; **It.** germoglio; **R.** побег.

RENUNCIA. f. Acción de renunciar. || Documento que contiene la renuncia. || **3.** Dejación voluntaria de una cosa que se posee, o del derecho a ella. || **P.** renúncia; **I.** renouncement; **F.** renonciation; **A.** Verzicht, Entsagung; **It.** rinunzia; **R.** отказ.

RENUNCIABLE. adj. Que se puede renunciar. || **2.** Dícese del oficio que se adquiere con facultad de transferirlo a otro por renuncia.

RENUNCIACIÓN. (l. *renuntiatio, -ōnis*.) f. Renuncia. || **—simple.** For. La que se hace sin reserva alguna.

RENUNCIAMIENTO. (De *renunciar*.) m. Renuncia.

RENUNCIANTE. p.a. de renunciar. Que renuncia. Ú.t.c.s.

RENUNCIAR. (l. *renuntiāre*.) tr. Hacer dejación voluntaria de una cosa que se posee o del derecho a ella. || **2.** No querer admitir o aceptar una cosa. || **3.** En algunos juegos de naipes, no servir el palo que se juega teniendo cartas de él. || **RENUNCIARSE** uno *a sí mismo*. fr. Privarse, en servicio de Dios o en bien del prójimo, de hacer su propia voluntad. || **P.** renunciar; **I.** to renounce; **F.** renoncer, abandonner; **A.** verzichten, entsagen; **It.** rinunziare; **R.** отказываться.

RENUNCIATORIO. m. Aquel a cuyo favor se ha hecho una renuncia.

RENUNCIO. (De *renunciar*.) m. Falta cometida al renunciar, en algunos juegos de naipes. || **2.** fig. y fam. Mentira o contradicción en que se coge a alguien.

RENVALSAR. tr. CARP. Hacer el renvalso.

RENVALSO. m. CARP. Rebajo hecho en el canto de las hojas de puertas y ventanas para que encajen o ajusten.

REÑIDAMENTE. adv. m. Con riña o porfía.

REÑIDERO. (De *reñir*.) m. Sitio destinado a la riña de gallos u otros animales.

REÑIDO, DA. p.p. de reñir. || **2.** adj. Que está enemistado con otro o negado a su trato.

REÑIDOR, RA. adj. Que riñe con frecuencia.

REÑIDURA. (De *reñir*.) f. fam. Regaño, repasata.

REÑIR. (l. *ringĕre*, regañar.) intr. Disputar altercando de obra o de palabra. || **2.** Pelear. || **3.** Enemistarse. || **4.** tr. Reprender a uno con algún rigor. || **5.** Tratándose de desafíos, batallas, etc., ejecutarlos. || **REÑIR de bueno a bueno.** fr. Pelear dos honradamente, sin ardides ni tretas. || **P.** renhir; **I.** to wrangle; **F.** disputer; **A.** zanken, schelten; **It.** disputare, contèndere; **R.** ссориться.

REO. (ingl. *ray trout*.) m. Trucha que se aclimata a las aguas del mar y adquiere el color y el aspecto del salmón.

REO. (gót. *reds*, vez, turno.) m. Vez,

turno. || *A* REO *y al* REO. m. adv. De seguida.

REO. (l. *reus*.) com. Persona que merece castigo por haber cometido una culpa. || **2.** For. El demandado en juicio civil o criminal, a distinción del actor. || **—de Estado.** El que ha cometido un delito contra la seguridad del Estado. || **P.** réu; **I.** culprit, criminal; **F.** accusé, criminel; **A.** Verbrecher; **It.** reo; **R.** виновный.

REO, A. adj. Criminoso, culpable.

REOCTAVA. (De *re* y *octava*.) f. Octavilla, antiguo impuesto por consumos.

REOCTAVAR. tr. Sacar la reoctava.

REÓFORO. (gr. ῥέος, corriente, y φορός, el que lleva.) m. Fís. Cada uno de los dos conductores que establecen la comunicación entre un aparato eléctrico y un generador de corriente. || **P.** reóforo; **I.** rheophore; **F.** rhéophore; **A.** Stromleiter; **It.** reòforo; **R.** провод.

REOJO (MIRAR DE). (De *re* y *ojo*.) fr. Mirar disimuladamente por encima del hombro. || **2.** fig. Mirar con enfado o prevención hostil.

★ **REOLOGÍA.** (gr. ῥέος, corriente, y λογία, tratado.) f. Fís. Tratado de las corrientes de los fluidos.

REÓMETRO. (gr. ῥέος, corriente, y μέτρον, medida.) m. HIDRÁUL. Aparato para medir la velocidad de una corriente de agua. || **2.** m. Fís. Instrumento para medir las corrientes eléctricas. || **P.** reòmetro; **I.** rheometer; **F.** rhéomètre; **A.** Strommesser; **It.** reòmetro; **R.** реометр.

REORGANIZACIÓN. f. Acción y efecto de reorganizar.

REORGANIZADOR, RA. adj. Perteneciente o relativo a la reorganización. || **2.** m. y f. Persona que reorganiza.

REORGANIZAR. (De *re* y *organizar*.) tr. Organizar nuevamente una cosa. Ú.t.c.r. || **P.** reorganizar; **I.** to reorganize; **F.** réorganiser; **A.** neugestalten; **It.** riorganizzare; **R.** реорганизовать.

REÓSTATO. (gr. ῥέος, corriente, y στατός, estable, firme, resistente.) m. Fís. Instrumento que sirve para hacer variar la resistencia en un circuito eléctrico o también para medir la resistencia eléctrica de los conductores. || **P.** reóstato; **I.** rheostat; **F.** rhéostat; **A.** Rheostat, Stromsteller; **It.** reòstato; **R.** реостат.

REPACER. (l. *repascĕre*.) tr. Pacer el ganado la hierba hasta apurarla.

REPAGAR. (De *re* y *pagar*.) tr. Pagar muy cara una cosa.

REPAJO. (l. *repagŭlum*, cerco o seto en que se encierra el ganado.) m. Sitio cerrado con arbustos o matas.

REPANCHIGARSE. (De *re* y *pancho*.) r. Repantigarse.

REPANTIGARSE. (De *re* y el l. *pantex, -ĭcis*, panza.) r. Arrellanarse en el asiento y extenderse buscando la mayor comodidad.

REPÁPALO. m. AND. Panecillo redondo o torta de harina que se come en el desayuno.

REPAPILARSE. (De *re* y *papar*.) r. Hartarse de comida, saboreándose y relamiéndose con ella.

REPAPO (DE). m. adv. AR. Sosegada y cómodamente.

REPARABLE. (l. *reparabĭlis*.) adj. Que se puede reparar o remediar. || **2.** Digno de reparo o atención.

REPARACIÓN. (l. *reparatĭo, -ōnis*.) f. Acción y efecto de reparar, 1.ª acep. || **2.** Desagravio, satisfacción completa de una ofensa o daño. || **3.** Acto literario y ejercicio escolar que hacían los estudiantes defendiendo la lección o arguyendo unos a otros. || **P.** reparação; **I.** reparation; **F.** réparation; **A.** Ausbesserung; **It.** riparazione; **R.** исправление.

REPARADA. (De *reparar*.) f. Movimiento que hace el caballo, apartando bruscamente el cuerpo porque se espanta o por resabio y malicia.

REPARADO, DA. (l. *reparātus*.) adj. Esforzado, proveído. || **2.** Bizco o con cualquier otro defecto en los ojos.

REPARADOR, RA. (l. *reparātor*.) adj. Que repara una cosa. Ú.t.c.s. || **2.** Que propone anotar defectos con nimiedad y frecuencia. Ú.t.c.s. || **3.** Que restablece las fuerzas. || **4.** Que desagravia o satisface por alguna culpa. || *Alimento* REPARADOR. El que

es rico en nitrógeno y apto para reparar las pérdidas del organismo.

REPARAMIENTO. (De *reparar*.) m. Reparo. || **2.** Reparación.

REPARAR. (l. *reparāre*.) tr. Componer, o enmendar el menoscabo que ha sufrido una cosa. || **2.** Mirar con cuidado; notar, advertir una cosa. || **3.** Atender, considerar, reflexionar. || **4.** Enmendar, corregir o remediar. || **5.** Desagraviar, satisfacer al ofendido. || **6.** Suspender o detenerse por razón de algún inconveniente. Ú.t.c.r. || **7.** Oponer una defensa contra el golpe, para evitarlo. || **8.** Remediar o precaver un daño o perjuicio. || **9.** Restablecer las fuerzas. || **10.** Quitar el vaciador los defectos con que la obra sale del molde. || **11.** intr. Pararse, hacer alto en algún lugar. || **12.** r. Contenerse o reportarse. || **13.** BOL. Imitar, remedar. || **14.** AMÉR. Encabritarse el caballo. || **P.** reparar; **I.** to repair, to restore; **F.** réparer; **A.** ausbessern, wiederherstellen; **It.** riparare, ristorare; **R.** исправлять, ремонтировать.

REPARATIVO, VA. adj. Que repara o tiene virtud de reparar.

REPARO. (De *reparar*.) m. Restauración o remedio. || **2.** Obra hecha para componer una fábrica o edificio deteriorado. || **3.** Advertencia, observación sobre una cosa. || **4.** Duda, dificultad o inconveniente. || **5.** Confortante que se pone al enfermo en la boca del estómago, para darle fuerzas. || **6.** Cosa que se pone por defensa o resguardo. || **7.** Mancha o señal en el ojo o en el párpado. || **8.** ESGR. Parada o quite. || **9.** MÉJ. y SALV. Reparada. || **P.** restauração, reparo; **I.** remark; **F.** remarque; **A.** Bedenken; **It.** osservazione; **R.** замечание, затруднение.

REPARÓN, NA. (De *reparar*.) adj. fam. Reparador, 2.ª acep. Ú.t.c.s.

REPARTIBLE. adj. Que se puede o se debe repartir.

REPARTICIÓN. Acción de repartir. || **2.** AMÉR. MERID. Cualquiera de las ramas de la Administración pública. || **P.** repartição; **I.** distribution; **F.** répartition; **A.** Verteilung; **It.** repartizione; **R.** раздел.

REPARTIDAMENTE. adv. Por partes, en porciones.

★ **REPARTIDERA.** (De *repartir*.) f. CUBA. Pailita de dos asas y pico de jarro, usada en los ingenios.

REPARTIDERO, RA. adj. Que ha de repartirse.

REPARTIDOR, RA. adj. Que reparte. Ú.t.c.s. || **2.** m. Repartidor. || **3.** For. Persona encargada de repartir los negocios en los tribunales.

REPARTIMIENTO. m. Acción y efecto de repartir. || **2.** Documento en que consta lo que a cada uno se ha repartido. || **3.** Contribución con que se grava a los que obligatoria o voluntariamente la aceptan o consienten. || **4.** For. Oficio y oficina del repartidor, 3.ª acep. || **—vecinal.** Derrama entre los vecinos para completar los ingresos del municipio.

REPARTIR. (De *re* y *partir*.) tr. Distribuir entre varios una cosa. Ú.t.c.r. || **2.** Cargar una contribución o gravamen por partes. || **3.** Dar a cada cosa su colocación o destino. || **P.** repartir; **I.** to share (among); **F.** répartir; **A.** verteilen; **It.** ripartire; **R.** делить.

REPARTO. (De *repartir*.) m. Repartimiento. || **2.** CUBA. Terreno de urbanización dividido en solares. || **3.** ARGENT. Conjunto de parroquianos a los que sirve a domicilio un comerciante.

REPASADERA. (De *repasar*.) f. Garlopa a propósito para sacar perfiles en la madera.

REPASADORA. f. Mujer que repasa o carmena la lana. || **2.** La que repasa y repara las películas cinematográficas.

REPASAR. tr. Volver a pasar por un mismo lugar. Ú.t.c.intr. || **2.** Esponjar y limpiar la lana para cardarla después de teñida. || **3.** Volver a mirar o registrar una cosa. || **4.** Volver a explicar o a estudiar la lección. || **5.** Recorrer lo que se ha estudiado o recapacitar lo que se tiene en la memoria. || **6.** Reconocer muy por encima un escrito. || **7.** Recoser la ropa. || **8.** Examinar una obra para corregir sus imperfecciones. || **9.** MIN. Mezclar el mineral de

R plata con azogue y magistral y pisar la mezcla hasta obtener la amalgamación. || **10.** Argent. Dar repasos al animal que se doma. || 3.ª acep.: **P.** repassar; **I.** to repass; **F.** repasser; **A.** durchsehen; **It.** ripassare; **R.** снова проходить.

REPASATA. (ital. *ripassata*.) f. Reprensión, corrección. || **P.** repreensão; **I.** reprimand; **F.** réprimande; **A.** Verweis; **It.** rimprovero; **R.** выговор.

REPASO. m. Acción y efecto de repasar. || **2.** Estudio ligero que se hace de lo ya estudiado, para mayor fijación en la memoria. || **3.** Reconocimiento de una cosa terminada de hacer para ver si le falta algo. || **4.** fam. Repasata. || **P.** repasso; **I.** revision; **F.** révision; **A.** Revision; **It.** ripassata; **R.** просмотр.

REPASTAR. tr. Añadir harina, agua, etc., a una pasta para amasarla de nuevo. || **2.** Añadir agua al mortero para volver a amasarlo.

REPASTAR. tr. Volver el ganado a pastar. || **2.** intr. Volver a dar pasto al ganado.

REPASTO. m. Pasto añadido al ordinario.

REPATRIACIÓN. f. Acción y efecto de repatriar o repatriarse.

REPATRIADO, DA. p.p. de repatriar. Ú.t.c.s.

REPATRIAR. (De *re* y *patria*.) tr. Hacer que uno regrese a su patria. Ú.t.c. intr. y m.c.r. || **P.** repatriar; **I.** to repatriate; **F.** repatrier; **A.** repatriiren; **It.** rimpatriare; **R.** репатриировать.

* **REPE.** m. Ecuad. Plato preparado con plátano guineo, leche y queso.

REPECHAR. intr. Subir por un repecho. || **2.** r. Colom. Retreparse. || **3.** Méj. Apoyar el pecho sobre una cosa.

* **REPECHE.** adj. fam. Méj. Excelente, muy bueno.

REPECHO. (De *re*, en sentido de oposición, y *pecho*.) m. Cuesta bastante pendiente y corta. || A repecho. m. adv. Cuesta arriba. || **2.** Cuba Antepecho.

REPEINADO, DA. p.p. de repeinar. || **2.** adj. fig. Dícese de la persona aliñada con exceso y afectación, especialmente en su rostro y cabeza.

REPEINAR. tr. Volver a peinar.

* **REPELA.** f. C. Rica. Rebusca de los granos de café que han quedado en las matas después de recogida la cosecha.

REPELADA. (De *repelar*.) adj. Dícese de la ensalada que se hace con diversas hierbas.

REPELADURA. f. Segunda peladura.

REPELAR. (De *re* y *pelar*.) tr. Tirar del pelo o arrancarlo. || **2.** Hacer dar al caballo una carrera corta. || **3.** Cortar las puntas a la hierba. || **4.** fig. Cercenar, disminuir. || **5.** Ecuad. Repacer el ganado en una dehesa. || **6.** Méj. Regañar, reprender. || **7.** Méj. Irritar, exasperar. || **8.** Chile. Sentir desazón o arrepentimiento.

REPELENTE. (l. *repellens*, *-entis*.) p.a. de repeler. Que repele. || **2.** adj. fig. Repulsivo, repugnante. || **3.** Colom. Impertinente.

REPELER. (l. *repellěre*.) tr. Arrojar o echar de sí una cosa con violencia. || **2.** Rechazar, contradecir una idea o aserto. || **P.** repelir; **I.** to repel; **F.** repousser; **A.** zurückstossen; **It.** respingere; **R.** вырывать.

* **REPELILLO.** m. P. Rico. Temor. || **2.** *Andar con* repelillos. Perú y P. Rico. Mostrar reparos.

REPELO. (De *re* y *pelo*.) m. Lo que no va al pelo. || **2.** Parte pequeña de cualquier cosa que se levanta contra lo natural. || **3.** Conjunto de fibras torcidas de una madera. || **4.** fig. y fam. Riña o encuentro ligero. || **5.** fig. y fam. Repugnancia que se muestra al ejecutar una cosa. || **6.** Méj. Andrajo, harapo. || **7.** Ecuad. Vestido usado. || **8.** Ecuad. Prado medio despojado de pasto.

REPELÓN. (De *repelar*.) m. Tirón que se da del pelo. || **2.** En las medias, hebra que, saliendo, encoge los puntos inmediatos. || **3.** fig. Porción que se toma de una cosa, como arrancándola. || **4.** fig. Carrera impetuosa del caballo. || **5.** pl. Min. Llamas que salen de las hendeduras abiertas accidentalmente en la camisa de los hornos. || **6.** Méj. Regaño. || A repelones. m. adv.

fig. y fam. con que se explica que una cosa se va tomando por partes y con dificultad o resistencia. || *Batir de* repelón. fr. Equit. Herir al caballo con las espuelas, corriendo un poco el talón hacia arriba. || *De* repelón. m. adv. fig. y fam. Sin detenerse o ligeramente. || *Más viejo que el* repelón. loc. fig. y fam. Más viejo que la sarna.

* **REPELÓN, NA.** adj. Méj. Respondón, rezongón.

REPELOSO, SA. adj. Aplícase a la madera que levanta pelos o repelo cuando se la labra. || **2.** fig. y fam. Quisquilloso, rencilloso.

REPELUCO. m. And. Repeluzno.

REPELUZNO. m. Escalofrío leve y pasajero.

REPELLAR. (De *re* y *pella*.) tr. Echar pelladas de yeso o cal a la pared que se está levantando o reparando. || **2.** Cuba. Hacer contorsiones obscenas cuando se baila.

REPENSAR. (De *re* y *pensar*.) tr. Volver a pensar detenidamente, reflexionar.

REPENTE. (l. *repens*, *-entis*, súbito, repentino.) m. fam. Movimiento súbito de personas o animales. || **2.** Adv. De repente. || **3.** *De* repente. m. adv. Prontamente, sin preparación. || *Hablar de* repente. fr. Hablar de memoria.

REPENTIMIENTO. (De *repentirse*.) m. ant. Arrepentimiento.

REPENTINAMENTE. adv. De repente.

REPENTINO, NA. (l. *repentīnus*.) adj. Pronto, impensado. || **P.** e **It.** repentino; **I.** sudden; **F.** subit, soudain; **A.** plötzlich; **R.** внезапный.

REPENTIRSE. (l. *re*, intens., y *poenitēre*.) r. ant. Arrepentirse.

REPENTISTA. (De *repente*.) com. Improvisador. || **2.** Persona que repentiza. || **P.** repentista, improvisador; **I.** improviser; **F.** improvisateur; **A.** Improvisator; **It.** improvvisatore; **R.** импровизатор.

REPENTIZAR. (De *repente*.) intr. Ejecutar a la primera lectura un instrumentista o un cantante piezas musicales.

REPENTÓN. m. fam. aum. de repente.

REPEOR. adj. y adv. fam. Mucho peor.

REPERCUDIDA. (De *repercudir*.) f. Repercusión.

REPERCUDIR. (l. *repercutěre*.) intr. Repercutir. Ú.t.c. intr.

REPERCUSIÓN. (l. *repercussio*, *-ōnis*.) f. Acción y efecto de repercutir. || **P.** repercussão; **I.** repercussion; **F.** répercussion; **A.** Rückstoss; **It.** ripercussione; **R.** отскакивание.

REPERCUSIVO, VA. (l. *repercussum*, supino de *repercutěre*, repercutir.) adj. Med. Dícese del medicamento que tiene virtud de repercutir. Ú.t.c.s.m.

REPERCUTIR. (l. *repercutěre*; de *re* y *repercutěre*, herir, chocar.) intr. Retroceder o cambiar de dirección un cuerpo al chocar con otro. || **2.** r. Reverberar. || **3.** Reflejarse el sonido. || **4.** fig. Transcender, causar efecto una cosa en otra ulterior. || **5.** tr. Med. Repeler, hacer que un humor refluya hacia atrás. || **P.** repercutir; **I.** to repercuss; **F.** répercuter; **A.** zurückprallen; **It.** ripercuotere; **R.** отскакивать.

* **REPERIQUETE.** m. Méj. Adorno cursi o ridículo. || **2.** Méj. Bravata.

REPERTORIO. (l. *repertorium*.) m. Prontuario en que sucintamente se hace mención de cosas notables, remitiéndose a lo que se expresa más extensamente en otros escritos. || **2.** Lista de obras dramáticas o musicales que un actor, cantante principal, compañía o empresa tiene estudiadas y preparadas para representar o ejecutar. || **3.** Colección de obras o de noticias de una misma clase. || **—de aduana.** Indicador oficial para la aplicación del impuesto o renta. || **P.** repertório; **I.** repertory; **F.** répertoire; **A.** Repertorium, Sachregister; **It.** repertorio; **R.** реестр, репертуар.

REPESAR. (De *re* y *pesar*, 2.º art.) tr. Volver a pesar una cosa, comúnmente para asegurarse de la exactitud del primer peso. || **P.** repesar; **I.** to reweigh; **F.** repeser; **A.** nachwiegen; **It.** ripesare; **R.** перевешивать.

REPESO. m. Acción y efecto de repesar. || **2.** Lugar donde se repesa. || **3.** Encargo de repesar. || **4.** Colom. Ade-

hala, gratificación. || *De* repeso. m. adv. Con todo el peso de un cuerpo. || **2.** fig. Con toda la fuerza de la persuasión o de la autoridad.

REPESO. p.p. irreg. ant. Repiso.

REPETICIÓN. (l. *repetitio*, *-ōnis*.) f. Acción y efecto de repetir o repetirse. || **2.** Disertación que sobre una materia determinada componían los catedráticos en las universidades. || **3.** Acto literario que en algunas universidades literarias precedía al ejercicio secreto para recibir el grado mayor. || **4.** Lección de hora en dicho acto. || **5.** Mecanismo de algunos relojes para que den la hora siempre que se toca un muelle. || **6.** V. *Reloj de* repetición. || **7.** Esc. y Pint. Obra de escultura y pintura, o parte de ella, repetida por el mismo autor. || **8.** For. Acción del que ha sido desposeído, obligado o condenado, contra tercera persona que haya de reintegrarle o responderle. || **9.** Ret. Figura consistente en repetir de propósito palabras o conceptos. || *De* repetición. loc. Dícese del mecanismo que una vez puesto en marcha, repite su acción automáticamente. || **P.** repetição; **I.** repetition; **F.** répétition; **A.** Wiederholung; **It.** ripetizione; **R.** повторение.

REPETIDAMENTE. adv. m. Con repetición.

REPETIDOR, RA. (l. *repetitor*, *-ōris*.) adj. Que repite. || **2.** m. El que repasa a otro la lección que explicó el maestro, o le toma primero la lección que le fue señalada. || **P.** repetidor; **I.** repeater; **F.** répétiteur; **A.** Repetent; **It.** ripetitore; **R.** повторяющий.

REPETIR. (l. *repetěre*.) tr. Volver a hacer lo que se había hecho, o decir lo que se había dicho. || **2.** For. Reclamar contra un tercero a consecuencia de evicción, pago o quebranto que padeció el reclamante. || **3.** intr. Venir a la boca el sabor de lo que se ha comido o bebido. || **4.** Efectuar la repetición en las universidades. || **5.** r. Esc. y Pint. Dícese del artista que usa siempre en sus obras de unas mismas actitudes, grupos, etc. || **P.** repetir; **I.** to repeat; **F.** répéter; **A.** wiederholen; **It.** ripètere; **R.** повторять.

REPICAR. (De *re* y *picar*.) tr. Picar en partes muy pequeñas una cosa. || **2.** Tañer o sonar repetidamente o con cierto compás las campanas. Dícese también de otros instrumentos. Ú.t.c.intr. || **3.** Volver a picar o punzar. || **4.** En el juego de cientos, contar el jugador noventa puntos antes que cuente uno el contrario. || **5.** Hond. Castigar. || **6.** r. Picarse, presumir de una cosa. || Repicar *gordo*. fr. fig. y fam. Celebrar con rumbo y solemnidad extraordinarios alguna fecha o acontecimiento. || *En salvo está el que* repica. fr. proverb. con que se nota la facilidad del que reprende a otro el comportamiento en el peligro estando él en seguro. || **P.** repicar; **I.** to chop; **F.** hacher menu; **A.** kleinhacken; **It.** sminuzzare; **R.** рубить. || 2.ª acep.: **P.** repincar; **I.** to chime; **F.** carillonner; **A.** bimmeln; **It.** rintoccare; **R.** трезвонить (в колокола).

REPICOTEADO, DA. p.p. de repicotear. || **2.** adj. Adornado o dotado de picos o dientes.

REPICOTEAR. tr. Adornar un objeto con picos o dientes.

REPINALDO. m. Variedad de manzana de gran tamaño, forma alargada y aroma y sabor exquisito.

REPINARSE. (De *re* y *pino*, 2.º art.) r. Remontarse, elevarse.

REPINTAR. (De *re* y *pintar*.) tr. Pint. Pintar sobre lo ya pintado para perfeccionarlo o restaurarlo. || **2.** r. Pintarse o usar de afeites con mucho cuidado. || **3.** Impr. Señalarse la impresión de una página en otra por estar reciente la tinta.

REPINTE. (De *repintar*.) m. Acción y efecto de repintar, 1.ª acep.

º **REPIPI.** adj. Dícese de la persona, comúnmente muchacho o jovenzuelo, que peca de resabidilla y redicha.

REPIQUE. m. Acción y efecto de repicar o repicarse. || **2.** fig. Quimera, altercación o cuestión ligera entre dos personas. || **3.** Méj. Bravata, insulto.

REPIQUETE. (d. de *repique*.) m. Repique vivo y rápido de campanas. || **2.** Lance o reencuentro. || **3.** Mar. Bor-

R

dada corta. || **4.** COLOM. Pique, resentimiento, disgusto. || **5.** pl. CHILE. Gorjeos, trinos.

REPIQUETEAR. (De *repiquete*.) tr. Repicar viva y rápidamente las campanas u otro instrumento sonoro. || **2.** r. fig. y fam. Altercar dos o más personas diciéndose palabras acres y que producen enfado.

REPIQUETEO. m. Acción y efecto de repiquetear o repiquetearse.

REPISA. (De *re* y *piso*.) f. Especie de ménsula de más longitud que vuelo, para sostener un objeto de utilidad o adorno, o para servir de piso a un balcón. || P. mísula; I. bracket; F. console; A. Kragstein; It. mènsola; R. консоль.

REPISAR. tr. Volver a pisar. || **2.** Apisonar. || **3.** fig. Encomendar ahincadamente una cosa a la memoria.

REPISO. (De *repisar*.) m. Vino de inferior calidad que se obtiene de la uva repisada.

REPISO, SA. p.p. irreg. p. us. de repentirse.

REPITIENTE. p.a. de repetir. Que repite y sustenta en escuelas la repetición. Ú.t.c.s.

REPIZCAR. (De *re* y *pizcar*.) tr. Pellizcar.

REPIZCO. (De *repizcar*.) m. Pellizco.

REPLACETA. f. AR. Plazuela.

* **REPLANA.** f. PERÚ. Germanía peruana.

REPLANTACIÓN. f. Acción y efecto de replantar.

REPLANTAR. (l. *replantāre*.) tr. Volver a plantar en el terreno que ha estado plantado. || **2.** Trasplantar.

REPLANTEAR. (De *re* y *plantear*.) tr. Trazar en el terreno o sobre el plano de cimientos la planta de una obra ya proyectada.

REPLANTEO. m. Acción y efecto de replantar.

REPLECIÓN. (l. *repletio*, *-ōnis*.) f. Calidad de repleto.

REPLEGAR. (l. *replicāre*; de *re* y *plicāre*, plegar.) tr. Plegar o doblar muchas veces una cosa. || **2.** r. MIL. Retirarse en buen orden las tropas avanzadas. Ú.t.c.tr. || P. repregar; I. to refold; F. replier; A. wieder zusammenfalten; It. ripiegare; R. снова складывать.

REPLETAR. tr. Rellenar, colmar. || **2.** r. Hartarse.

REPLETO, TA. (l. *replētus*, p.p. de *replēre*, llenar de nuevo.) adj. Muy lleno. Comúnmente se aplica a la persona muy llena de humores o de comida.

RÉPLICA. f. Acción y efecto de replicar. || **2.** Argumento, discurso o expresión con que se replica. || **3.** For. En el juicio de mayor cuantía, segundo escrito del actor para impugnar la contestación y fijar los puntos litigiosos. || **4.** Copia de una obra artística que reproduce con igualdad la original. || **5.** m. COLOM., HOND. y GUAT. Examinador. || P. réplica; I. reply; F. réplique, repartie; A. Erwiderung; It. rèplica; R. реплика, возражение.

REPLICACIÓN. (l. *replicatio*, *-ōnis*.) f. ant. Réplica.

REPLICADOR, RA. adj. Que replica frecuentemente.

REPLICANTE. p.a. de replicar. Que replica.

REPLICAR. (l. *replicāre*.) intr. Argüir contra la respuesta o argumento. || **2.** Responder, poniendo objeciones a lo que se dice o manda. Ú.t.c.tr. || **3.** For. Presentar el actor en juicio ordinario el escrito de réplica. || P. replicar; I. to answer, to reply; F. répliquer; A. erwidern; It. replicare, rimbeccare; R. возражать.

REPLICATO. (De *replicar*.) m. Réplica con que uno propugna lo que otro dice o manda. || **2.** For. Réplica del actor a la respuesta del reo.

REPLICÓN, NA. (De *replicar*.) adj. fam. Replicador. Ú.t.c.s.

REPLIEGUE. m. Pliegue doble. || **2.** MIL. Acción y efecto de replegarse las tropas. || **3.** AMÉR. Ondulación de un terreno, meandro de un río, etc. || **4.** ARGENT. Pliegue en general.

REPO. (arauc. *repu*.) m. CHILE. Arbusto verbenáceo, parecido al arrayán, pero de mayor tamaño que éste. Tiene hojas opuestas o alternas, aovadas, con una espina larga en la axila; flores solitarias moradas

y drupas azules. De su madera, muy dura, hacían los indios el palito con el que producían fuego por frotamiento.

REPOBLACIÓN. f. Acción y efecto de repoblar. || **2.** Conjunto de árboles o especies vegetales en terreno repoblado. || P. repovoação; I. repeopling; F. repeuplement; A. Wiederbevölkerung; It. ripopolamento; R. заселение.

REPOBLAR. tr. Volver a poblar. Ú.t.c.r. Dícese especialmente de la nueva plantación de especies vegetales en los montes. || P. repovoar; I. to repeople; F. repeupler; A. neu bevölkern; It. ripopolare; R. вновь заселять.

REPODAR. (De *re* y *podar*.) tr. Recortar los troncos o las ramas que no quedaron bien podados.

REPODRIR. tr. Repudrir. Ú.t.c.r.

REPOLLAR. (l. *repullulāre*, arrojar hojas.) intr. Formar repollo ciertas plantas. Ú.t.c.r.

REPOLLO. (De *repollar*.) m. Variedad de col, de hojas firmes, comprimidas y abrazadas muy estrechamente, formando entre todas a manera de una cabeza. || **2.** Grumo o cabeza más o menos redonda que forman, apiñándose, las hojas de algunas plantas. || P. repolho; I. white cabbage; F. chou cabus, chou pommé; A. Weisskohl; It. càvolo bianco; R. кочанная капуста.

* **REPOLLONCO, CA.** adj. CHILE. Dícese de la persona gruesa y baja.

REPOLLUDO, DA. adj. Dícese de la planta que forma repollo. || **2.** De figura de repollo. || **3.** fig. Dícese de la persona gruesa y baja.

REPOLLUELO. m. d. de repollo.

REPONER. (l. *reponĕre*.) tr. Volver a poner a una persona o cosa en el empleo, lugar o estado que antes tenía. || **2.** Reemplazar lo que falta o lo que se ha extraído de alguna parte. || **3.** Replicar, oponer. || **4.** Volver a poner en escena una obra teatral ya estrenada en otra temporada anterior. || **5.** For. Retrotraer la causa a un estado determinado. || **6.** r. Recobrar la salud o la hacienda. || **7.** Serenarse, tranquilizarse. || P. repor; I. to replace; F. remettre, replacer; A. wiederhinstellen; It. riporre; R. ставить на место.

REPORTACIÓN. (De *reportar*.) Sosiego, moderación, serenidad.

° **REPORTAJE.** m. Información periodística sobre una persona o materia determinadas.

REPORTAMIENTO. m. Acción y efecto de reportar o reportarse.

REPORTAR. (l. *reportāre*.) tr. Refrenar o moderar una pasión del ánimo o al que la tiene. || **2.** Alcanzar, obtener, lograr. || **3.** Traer o llevar. || **4.** IMPR. Pasar una prueba litográfica a la piedra para multiplicar las tiradas. || **5.** P. RICO y AMÉR. CENTRAL. Denunciar, acusar. || **6.** AMÉR. CENTRAL. Informar, notificar. || **7.** r. P. RICO. Presentarse una persona a hora determinada en un sitio, según órdenes recibidas.

REPORTE. (De *reportar*, 3.ª acep.) m. Noticia o novedad que se comunica. || **2.** Chisme, cuento, habilla. || **3.** Prueba de litografía para estampar un dibujo en otras piedras y multiplicar las tiradas.

REPORTERIL. adj. Perteneciente o relativo al reportero o a su oficio.

REPORTERISMO. m. Oficio de reportero.

REPORTERO, RA. adj. Dícese del periodista que se dedica a los reportes o noticias. Ú.t.c.s. || P. repórter; I. y F. reporter; A. Berichterstatter; It. repòrter; R. репортёр.

REPORTISTA. m. Litógrafo muy práctico en reportar, 4.ª acep.

REPORTORIO. m. ant. Repertorio. || **2.** Almanaque.

REPOSADAMENTE. adv. Con reposo.

* **REPOSADERA.** f. HOND. y GUAT. Sumidero.

REPOSADERO. (De *reposar*.) m. METAL. Pileta dispuesta para recibir el metal fundido que sale por la piquera de los hornos.

REPOSADO, DA. p.p. de reposar. || **2.** adj. Sosegado, quieto, tranquilo.

REPOSAR. (l. *repausāre*; de *re* y *pau-*

sāre, detenerse, descansar.) intr. Descansar interrumpiendo el trabajo. Ú.c.tr. en la frase REPOSAR *la comida*. || **2.** Descansar, durmiendo un breve sueño. Ú.t.c.r. || **3.** Permanecer en quietud y paz una persona o cosa. Ú.t.c.r. || **4.** Estar enterrado, yacer. Ú.t.c.r. || **5.** r. Tratándose de líquidos, posarse. Ú.t.c. intr. || P. repousar; I. to rest, to repose; F. reposer; A. rasten, ruhen; It. riposare; R. отдыхать.

REPOSICIÓN. (l. *repositio*, *-ōnis*.) f. Acción y efecto de reponer o reponerse. || *Recurso de* REPOSICIÓN. FOR. El que se interpone para pedir a los jueces que reformen sus resoluciones.

REPOSITORIO. (l. *repositorium*, armario, alacena.) m. Lugar donde se guarda una cosa.

REPOSO. m. Acción y efecto de reposar o reposarse. || **—absoluto.** El de un cuerpo cuya posición no varía respecto a unos ejes inmóviles en el espacio. || **—relativo.** Inmovilidad de un cuerpo con relación a otro que sirve para fijar ejes de referencia. || P. repouso; I. rest; F. repos; A. Ruhe, Erholung; It. riposo; R. отдых, покой.

* **REPOSTADA.** f. COLOM., GUAT. y HOND. Respuesta áspera y descortés.

REPOSTAR. tr. Reponer provisiones, pertrechos, etc. Ú.t.c.r.

REPOSTE. (l. *repositum*, supino de *reponĕre*.) m. AR. Despensa.

REPOSTERÍA. (De *repostero*.) f. Establecimiento donde se preparan y venden dulces, pastas, fiambres, bebidas, etc. || **2.** En algunas partes, despensilla para guardar provisiones de esta clase. || **3.** Lugar donde se guarda lo perteneciente al servicio de la mesa. || **4.** Arte u oficio de hacer pasteles, hojaldres, etc. || P. repostería, confeitaria; I. confectionery; F. pâtisserie; A. Konditorei; It. pasticceria; R. кондитерская.

REPOSTERO. (l. *repositorius*, que sirve para reponer y guardar.) m. El que tiene por oficio hacer pastas, dulces y algunas bebidas. || **2.** El que antiguamente estaba encargado del orden y custodia de los objetos pertenecientes a un ramo del servicio. || **3.** Paño cuadrado con las armas del príncipe o señor, el cual se ponía sobre las cargas de las acémilas, o se colgaba en las antecámaras y en los balcones. || **4.** CHILE. Repostería, despensila. || **5.** MAR. Marinero que en la marina de guerra hace las veces del asistente en el ejército. || P. confeitoiro; I. confectioner, pastry-cook; F. pâtissier; A. Zuckerbäcker; It. pasticcere; R. кондитер.

REPOYO. (l. *repudium*, desecho.) m. En algunas partes, desecho, sobras, rebojo. || *Vivir a* REPOYO *de alguno*. fr. CUENC. Vivir a sus expensas.

REPREGUNTA. f. FOR. Segunda pregunta que hace el litigante contrario al que lo presenta para contrastar o apurar su veracidad, o bien para completar la indagación.

REPREGUNTAR. tr. FOR. Hacer repreguntas al testigo.

REPREHENDER. (l. *reprehendĕre*.) tr. Reprender.

REPREHENSIBLE. (l. *reprehensibilis*.) adj. Reprensible.

REPREHENSIÓN. (l. *reprehensĭ;*, *-ōnis*.) f. Reprensión

REPRENDEDOR, RA. (De *reprender*.) adj. Represor. Ú.t.c.s.

REPRENDER. (l. *reprehendĕre*; de *re* y *prehendĕre*, coger.) tr. Corregir, amonestar a uno vituperando o desaprobando su conducta. || P. repreender; I. to reprehend, to scold; F. reprendre, tancer; A. tadeln, rügen; It. riprèndere; R. упрекать.

REPRENDIENTE. p.a. de reprender. Que reprende.

REPRENDIMIENTO. (De *reprender*.) m. ant. Reprensión.

REPRENSIBLE. (De *reprehensible*.) adj. Digno de represión.

REPRENSIÓN. (l. *reprensio*, *-ōnis*.) f. Acción de reprender. || **2.** Expresión o razonamiento con que se reprende. || **3.** For. Pena que consiste en amonestar al reo y es grave o leve según se aplique en audiencia pública o ante el tribunal solo. || P. repreensão; I. reprehension; F. réprimande; A. Verweis; It. riprensione; R. упрёк.

REPRENSOR, RA. (l. *reprehensor.*) adj. Que reprende. Ú.t.c.s.

REPRENSORIO, RIA. adj. ant. Decíase de lo que reprende.

REPRESA. (l. *repressus,* contenido; de *reprimĕre,* contener.) f. Acción de represar o recobrar. ‖ **2.** Detención o estancación que se hace de una cosa, especialmente del agua. ‖ **3.** fig. Detención de algunas cosas no materiales; como los afectos y pasiones. ‖ *Moler de* REPRESA. fr. fig. y fam. Emplear con mayor brío que de ordinario una actividad reprimida durante algún tiempo. ‖ **P.** represa; **I.** dam; **F.** arrêt, écluse; **A.** Stauung, Dockschleuse; **It.** ripresa, chiusa; **R.** запруда.

REPRESALIA. (b. l. *repraesaliae,* y éste del l. *reprehensus,* p.p. de *reprehendĕre,* volver a coger.) f. Derecho que se atribuyen los enemigos para causarse recíprocamente un daño igual o mayor que el recibido. Ú.m. en pl. ‖ **2.** Retención de los bienes o de los individuos de una nación con quien se está en guerra. Ú.m. en pl. ‖ **3.** Medida de rigor que, sin llegar a la ruptura de relaciones, adopta un Estado contra otro como respuesta a los actos adversos de éste. ‖ **4.** Por ext., el mal que una persona causa a otra para vengar un agravio. ‖ **P.** represália; **I.** retaliation; **F.** représaille; **A.** Vergeltung; **It.** reppresaglia; **R.** возмездие, репрессия.

REPRESAR. (De *represa.*) tr. Detener o estancar el agua corriente. Ú.t.c.r. ‖ **2.** Recobrar la embarcación que había sido apresada por el enemigo. ‖ **3.** fig. Detener, reprimir, contener. Ú.t.c.r.

REPRESENTABLE. adj. Que se puede representar o hacer visible.

REPRESENTACIÓN. (l. *representatĭo, -ōnis.*) f. Acción y efecto de representar o representarse. ‖ **2.** Nombre antiguo de la obra dramática. ‖ **3.** Autoridad, dignidad, carácter de la persona. ‖ **4.** Figura, imagen o idea que substituye a la realidad. ‖ **5.** Conjunto de personas que representan a una entidad. ‖ **6.** FOR. Derecho de una persona a ocupar, para la sucesión en una herencia, el lugar de otra difunta. ‖ **—diplomática.** La que ostentan en un Estado los representantes oficiales de otros. ‖ **—proporcional.** Sistema electoral que permite acomodar el número de elegidos de cada partido al de sus electores. ‖ **P.** representação; **I.** representation; **F.** représentation; **A.** Vertretung; **It.** rappresentazione; **R.** представительство.

REPRESENTADOR, RA. (l. *repraesentātor.*) adj. Que representa. ‖ **2.** m. y f. Representante, comediante.

REPRESENTANTA. f. Actriz.

REPRESENTANTE. p.a. de representar. Que representa. ‖ **2.** com. Persona que representa a otra o a un cuerpo o comunidad. ‖ **3.** Agente que representa a una casa comercial fuera de la localidad en que está establecida. ‖ **4.** Comediante. ‖ 2.ª acep.: **P.** representante; **I.** agent; **F.** représentant; **A.** Vertreter; **It.** rappresentante; **R.** представитель.

REPRESENTAR. (l. *repraesentāre.*) tr. Hacer presente una cosa en la imaginación con palabras o figuras. Ú.t.c.r. ‖ **2.** tr. Informar, referir. ‖ **3.** Manifestar uno el afecto de que está poseído. ‖ **4.** Ejecutar en público una obra dramática. ‖ **5.** Substituir a uno o hacer sus veces. ‖ **6.** Ser imagen o símbolo de una cosa o imitarla con precisión. ‖ **7.** Aparentar una persona determinada edad. ‖ **P.** representar; **I.** to represent; **F.** représenter; **A.** vertreten; **It.** rappresentare; **R.** представлять.

REPRESENTATIVO, VA. adj. Dícese lo que sirve para representar otra cosa. ‖ **2.** *Gobierno* REPRESENTATIVO. Aquel en el que, por medio de sus representantes, concurre la nación a la formación de las leyes.

REPRESIÓN. (l. *repressum,* supino de *reprimĕre,* reprimir.) f. Acción y efecto de represar o represarse. ‖ **2.** Acción y efecto de reprimir o reprimirse. ‖ **3.** PSICOL. Relegación al subsconsciente de percepciones de naturaleza desagradable. ‖ **P.** repressão; **I.** repression; **F.** répression; **A.** Unterdrückung; **It.** repressione; **R.** сдерживание, подавление.

REPRESIVO, VA. (l. *repressum,* supino de *reprimĕre,* reprimir.) adj. Dícese de lo que reprime.

REPRESOR, RA. adj. Que reprime. Ú.t.c.s.

REPRIMENDA. (l. *reprimenda,* cosa que debe reprimirse.) f. Represión vehemente y prolija.

REPRIMIR. (l. *reprimĕre;* de *re* y *primĕre,* oprimir.) tr. Contener, refrenar, templar. ‖ **P.** reprimir; **I.** to repress; **F.** réprimer; **A.** unterdrücken; **It.** reprimere; **R.** сдерживать.

REPROBABLE. (l. *reprobabĭlis.*) adj. Digno de reprobación o que puede reprobarse.

REPROBACIÓN. (l. *reprobatĭo, -ōnis.*) f. Acción y efecto de reprobar. ‖ **P.** reprovação; **I.** reprobation; **F.** réprobation; **A.** Missbilligung; **It.** reprovazione; **R.** порицание.

REPROBADAMENTE. adv. Con reprobación.

REPROBADO, DA. (l. *reprobātus.*) p.p. de reprobar. ‖ **2.** adj. Réprobo. Ú.t.c.s.

REPROBADOR, RA. (l. *reprobātor.*) adj. Que reprueba. Ú.t.c.s.

REPROBAR. (l. *reprobare.*) tr. No aprobar, condenar, dar por malo. ‖ **P.** reprovar; **I.** to reprobate; **F.** réprouver; **A.** missbilligen; **It.** riprovare; **R.** порицать.

REPROBATORIO, RIA. adj. Dícese de lo que reprueba o sirve para reprobar.

RÉPROBO, BA. (l. *reprŏbus.*) adj. Condenado a las penas del infierno. Ú.t.c.s. ‖ **P.** réprobo; **I.** reporbate; **F.** réprouvé; **A.** Verdammt; **It.** reprobo; **R.** грешник.

REPROCHABLE. adj. Que puede o merece reprocharse.

REPROCHADOR, RA. m. y f. Persona que reprocha. ‖ **2.** Que tiene por costumbre reprochar.

REPROCHAR. (port. *reprochar;* fr. *reprocher.*) tr. Reconvenir, echar en cara. ‖ **P.** reprovar; **I.** to reproach; **F.** reprocher; **A.** tadeln; **It.** rimproverare; **R.** укорять.

REPROCHE. m. Acción de reprochar. ‖ **2.** Expresión con que se reprocha.

REPRODUCCIÓN. f. Acción y efecto de reproducir o reproducirse. ‖ **2.** Proceso mediante el cual los seres vivientes dan origen a su descendencia. ‖ **3.** Cosa reproducida. ‖ **P.** reprodução; **I.** y **F.** reproduction; **A.** Wiedergabe, Reproduktion; **It.** riproduzzione; **R.** воспроизведение.

REPRODUCIR. tr. Volver a producir o producir de nuevo. Ú.t.c.r. ‖ **2.** Volver a hacer presente lo que antes se dijo. ‖ **3.** En los seres vivos, propagarse o conservarse la especie. ‖ **4.** Imitar, copiar. ‖ **P.** reproduzir; **I.** to reproduce; **F.** reproduire; **A.** wiedererzeugen, nachbilden; **It.** riprodurre; **R.** воспроизводить.

REPRODUCTIVO, VA. adj. Que produce beneficio o provecho.

REPRODUCTOR, RA. (De *re* y *productor.*) adj. Que reproduce. Dícese especialmente de lo que sirve para la reproducción de la especie. Ú.t.c.s. ‖ **2.** m. y f. Animal destinado a mejorar su raza.

REPROMISIÓN. (l. *repromissĭo, -ōnis.*) f. Promesa repetida.

REPROPIARSE. (De *repropio.*) f. Resistirse la caballería a obedecer.

REPROPIO, PIA. (De *re* y *propio.*) adj. Dícese de la caballería que se repropia.

REPRUEBA. f. Nueva prueba sobre la ya presentada.

REPS. (Voz francesa.) Tejido fuerte que se usa en tapicería.

REPTANTE. p.a. de reptar. Que repta o anda arrastrándose.

REPTAR. (l. *reputāre,* imputar.) tr. ant. Retar.

REPTAR. (l. *reptāre.*) intr. Andar arrastrándose como algunos reptiles.

REPTIL. (l. *reptĭlis;* de *reptum,* supino de *repĕre,* arrastrarse.) adj. ZOOL. Dícese de los animales vertebrados ovíparos u ovovivíparos de sangre fría, respiración pulmonar, piel cubierta de escamas o escudos córneos; con los miembros atrofiados o dispuestos de tal forma que se ven obligados a caminar rozando el suelo con el vientre; como la culebra, el lagarto, etc. Ú.t.c.s. ‖ **2.** m. pl. ZOOL. Clase de estos animales. ‖ **P.** réptil; **I.** y **F.** reptile; **A.** Reptil; **It.** rettile; **R.** пресмыкающееся.

REPÚBLICA. (l. *res publica.*) f. Estado, cuerpo político de una nación. ‖ **2.** Forma de Gobierno representativo en que la soberanía reside en una asamblea del pueblo y el poder ejecutivo en un presidente. ‖ **3.** Municipio, conjunto de habitantes de un ayuntamiento, y el mismo ayuntamiento. ‖ **4.** Causa pública, el común o su utilidad. ‖ **—de las letras.** Conjunto de los hombres sabios y eruditos. ‖ **—popular.** Denominación del régimen establecido en los Estados organizados por el partido comunista después de la segunda gran guerra. ‖ **P.** república; **I.** republic; **F.** république; **A.** Republik; **It.** repùbblica; **R.** республика.

REPUBLICANISMO. m. Condición de republicano. ‖ **2.** Sistema político que proclama la forma republicana para el gobierno de un Estado. ‖ **3.** Afección a esta forma de gobierno.

REPUBLICANO, NA. adj. Perteneciente o relativo a la república, 2.ª acep. ‖ **2.** Dícese del ciudadano de una república. Ú.t.c.s. ‖ **3.** Partidario de este género de gobierno. Ú.t.c.s. ‖ **4.** m. Repúblico, buen patricio. ‖ **P.** republicano; **I.** republican; **F.** républicain; **A.** Republikaner; **It.** repubblicano; **R.** республиканский.

REPÚBLICO. (De *república.*) m. Hombre de representación que es capaz de los oficios o cargos públicos. ‖ **2.** Estadista, hombre versado en los negocios de Estado. ‖ **3.** Buen patricio.

REPUDIACIÓN. (l. *repudiatĭo, -ōnis.*) f. Acción y efecto de repudiar. 2.ª acep. ‖ **—de la herencia.** FOR. Renuncia de la herencia. ‖ **P.** repudiação; **I.** repudiation; **F.** répudiation; **A.** Ablehnung; **It.** repudio; **R.** отклонение.

REPUDIAR. (l. *repudiāre.*) tr. Desechar la mujer propia. ‖ **2.** Renunciar, 1.ª acep. ‖ **—la herencia.** No aceptarla. ‖ **P.** repudiar; **I.** to repudiate; **F.** répudier; **A.** verstossen; **It.** repudiare; **R.** отвергать.

REPUDIO. (l. *repudium.*) m. Acción y efecto de repudiar, 1.ª acep.

REPUDRIR. (De *re* y *pudrir.*) tr. Pudrir mucho. Ú.t.c.r. ‖ **2.** r. fig. y fam. Consumirse mucho interiormente de callar o disimular un pesar o sentimiento.

REPUESTO, TA. (l. *reposĭtus.*) p.p. irreg. de reponer. ‖ **2.** adj. Apartado, retirado, escondido. ‖ **3.** m. Prevención de cosas, especialmente de víveres para cuando sean necesarias. ‖ **4.** Aparador en que está preparado todo lo necesario para el servicio de la comida. ‖ **5.** Cuarto donde se pone el aparador. ‖ **6.** Puesta en el juego del tresillo. ‖ *De* REPUESTO. m. adv. De prevención.

REPUGNANCIA. (l. *repugnantia.*) f. Oposición o contradicción entre dos cosas. ‖ **2.** Tedio, aversión. ‖ **3.** Aversión o resistencia a consentir o hacer una cosa. ‖ **4.** FIL. Incompatibilidad de dos atributos o cualidades de una misma cosa. ‖ **P.** repugnância; **I.** repugnance; **F.** répugnance; **A.** Ekel, Widerwille; **It.** ripugnanza; **R.** несовместимость, отвращение.

REPUGNANTE. (l. *repugnans, -antis.*) p.a. de repugnar. Que repugna. ‖ **2.** adj. Que causa repugnancia, 2.ª acep. ‖ **3.** COLOM. Inapetente. ‖ **4.** LÓG. Dícese de los términos que dicen incompatibilidad entre sí.

REPUGNANTEMENTE. adv. Con repugnancia.

REPUGNAR. (l. *repugnāre.*) tr. Ser opuesta una cosa a otra. ‖ **2.** Contradecir o negar una cosa. ‖ **3.** Rehusar, resistirse a admitir o a hacer algo. ‖ **4.** FIL. Entrañar contradicción o no concertar una cosa o cualidad con otra. ‖ **5.** intr. Causar asco o disgusto una cosa. ‖ **P.** repugnar; **I.** to oppose; **F.** répugner; **A.** widerstreiten; **It.** ripugnare; **R.** противоречить.

REPUJADO. m. Acción y efecto de repujar. ‖ **2.** Obra repujada. ‖ **P.** cinzelamento; **I.** repoussé, embossed; **F.** repoussé; **A.** getriebene Arbeit; **It.** cessellato; **R.** чеканка.

REPUJAR. (De *re* y *pujar,* 2.º art.) tr. Labrar a martillo chapas metálicas de modo que resulten figuras de relieve. ‖ **2.** Por ext., hacer resaltar figuras en el cuero u otra materia adecuada.

REPULGADO, DA. (De *repulgar.*) adj. fig. y fam. Afectado, fingido, falto de naturalidad.

REPULGAR. (De *re* y *pulgar.*) tr. Hacer repulgos.

REPULGO. (De *repulgar.*) m. Dobladiilo que se hace en la ropa. || 2. Borde labrado en las empanadas o pasteles alrededor de la masa. || 3. Excrecencias en las heridas de los árboles. || REPULGOS de empanada. fig. y fam. Cosas de muy poca importancia o escrúpulos ridículos. || P. repolego; I. hem; F. ourlet; A. Doppelnaht; It. orlo; R. рубец, край.

REPULIDO, DA. (De repulir.) adj. Acicalado, peripuesto.

REPULIR. (l. repolīre.) tr. Volver a pulir. || 2. Acicalar, componer a una persona con demasiada afectación. Ú.t.c.r.

REPULSA. (l. repulsa.) f. Acción y efecto de repulsar. || P. repulsa; I. repulse; F. refus; A. Weigerung; It. ripulsa; R. отказ, презрение.

REPULSAR. (l. repulsāre.) tr. Desechar, repeler o despreciar una cosa; negar lo que se pide.

REPULSIÓN. (l. repulsĭo, -ōnis.) f. Acción y efecto de repeler. || 2. Repulsa. || 3. Repugnancia, aversión.

REPULSIVO, VA. (De repulso.) adj. Que tiene virtud o acción de repulsar. || 2. Que causa repulsión.

REPULSO, SA. (l. repulsus, p.p. de repellĕre, rechazar.) p.p. irreg. ant. de repeler.

REPULLO. m. Rehilete, flechilla con púa en un extremo y papel o plumas en el otro. || 2. Movimiento violento que se hace por miedo o susto. || 3. fig. Demostración exterior y violenta de sorpresa por una cosa inesperada.

REPUNTA. (De re y punta.) f. Punta o cabo de tierra, más saliente que otros próximos. || 2. fig. Indicio o primera manifestación de alguna cosa. || 3. fig. y fam. Desazón, quimera, riña.

REPUNTAR. (De re y puntar.) intr. MAR. Empezar la marea ascendente o descendente. || 2. AMÉR. MERID. Volver a crecer un río que decrecía. || 3. COLOM. Asomar, aparecer. || 4. MÉJ. Comenzar una cosa a ser visible. || 5. AMÉR. MERID. Reunir los animales que están dispersos. || 6. ECUAD. Revisar las vacadas en los páramos para comprobar si están completas. || 7. r. Empezar a avinagrarse el vino. || 8. fig. y fam. Indisponerse ligeramente dos personas. || 9. CUBA. Empezar a sentir un mal. || 10. AMÉR. Empezar a manifestarse el tiempo, una enfermedad, etc.

REPUNTE. m. MAR. Acción y efecto de repuntar la marea. || 2. AMÉR. MERID. acción de crecer o repuntar un río, de repuntar o asomar una persona, de repuntar o reunir los animales dispersos. || 3. R. DE LA PLATA. Alza de precios. Ú. mucho entre los bolsistas.

REPURGAR. (l. repurgāre.) tr. Volver a purificar una cosa.

REPUTACIÓN. (l. reputatĭo, -ōnis.) f. Fama, opinión pública que se tiene de una persona. || P. reputação; I. reputation; F. réputation; A. Leumund; It. riputazione; R. репутация.

REPUTANTE. p.a. de reputar. Que reputa.

REPUTAR. (l. reputāre.) tr. Estimar o hacer concepto del estado o calidad de alguien o de algo. Ú.t.c.r. || 2. Apreciar, o calificar el mérito o valor de una cosa.

REQUEBRADOR, RA. adj. Que requiebra. Ú.t.c.s.

REQUEBRAJO. m. despect. de requiebro, 1.ª y 2.ª aceps.

REQUEBRAR. (l. recrepāre.) tr. Volver a quebrar en trozos más pequeños lo que estaba ya quebrado. || 2. fig. Lisonjear a una mujer alabando sus atractivos. || 3. fig. Adular, lisonjear, alabar. || 2.ª acep.: P. galantear, requebrar; I. to court; F. courtiser; A. Artigkeiten sagen; It. corteggiare; R. ухаживать.

REQUEMADO, DA. p.p. de requemar. || 2. adj. Dícese del color obscuro renegrido por haber estado al fuego o al sol y al viento. || 3. m. Género de tejido delgado, muy negro, con cordoncillo y sin lustre, de que en otros tiempos se hacían los mantos.

REQUEMAMIENTO. (De requemar.) m. Resquemo.

REQUEMANTE. p.a. de requemar. Que requema.

REQUEMAR. (l. recremāre.) tr. Volver a quemar. Ú.t.c.r. || 2. Tostar con

exceso. Ú.t.c.r. || 3. Hacer perder verdor y lozanía a las plantas, privándoles de jugo. Ú.t.c.r. || 4. Resquemar, causar un calor picante en la lengua y paladar algunos manjares y bebidas. || 5. fig. Hablando de la sangre, encenderla excesivamente. || 6. r. fig. Dolerse interiormente y sin manifestarlo.

REQUEMAZÓN. (De requemar.) f. Resquemo.

REQUEMO. m. AND. Acción y efecto de requemarse o dolerse interiormente.

REQUERIDOR, RA. adj. Que requiere. Ú.t.c.s.

REQUERIENTE. p.a. de requerir. Que requiere.

REQUERIMIENTO. m. Acción y efecto de requerir. || 2. FOR. Acto judicial por el que se intima a hacer o a dejar hacer una cosa. || 3. FOR. Aviso, manifestación o pregunta que se hace, por lo común ante notario, a alguna persona exigiéndole o interesando de ella que exprese y declare su actitud y respuesta.

REQUERIR. (l. requirĕre.) tr. Intimar a uno o hacerle saber una cosa con autoridad pública. || 2. Reconocer o examinar con cierta autoridad el estado en que se halla una cosa. || 3. Necesitar o hacer necesaria una cosa. || 4. Solicitar, pretender, de amores a una mujer. || 5. Inducir, persuadir. || P. requerer; I. to intimate, to summon; F. requerir, sommer; A. auffordern, heischen; It. intimare; R. требовать.

REQUESÓN. (De re y queso.) m. Masa blanca y mantecosa de la leche cuajada. || 2. Cuajada que se saca de la leche después de hecho el queso. || P. requeijão; I. pot-cheese; F. fromage blanc; A. Quark, Rahmkäse; It. ricotta; R. творог.

REQUETÉ. m. Cuerpo de voluntarios que lucharon en las guerras civiles españolas en defensa de la tradición religiosa y monárquica. || 2. Individuo afiliado a este cuerpo, aun en tiempo de paz.

REQUETEBIÉN. adv. fam. Muy bien.

REQUIEBRO. m. Acción y efecto de requebrar. || 2. Dicho o expresión con que se requiebra. || 3. Cortejo, amante. || 4. MIN. Mineral vuelto a quebrantar para reducirlo a trozos aproximadamente iguales. || 2.ª acep.: P. requebro; I. flattery; F. fleurette, propos galant; A. Liebeswort; It. detto galante; R. ухаживание, комплимент.

RÉQUIEM. (acus. de sing. de l. requies, descanso.) m. Oración que se reza por los difuntos. || 2. Música compuesta para esta oración. || Misa de RÉQUIEM. Misa de difuntos.

REQUIÉSCAT IN PACE. expr. l. que literalmente significa descanse en paz, y que se aplica en la liturgia como despedida a los difuntos, en las inscripciones mortuorias. || 2. fig. Dícese de las cosas que se dan por fenecidas.

REQUILORIO. (De requerir.) m. fam. Formalidad nimia e innecesario rodeo en que se pierde el tiempo antes de hacer o decir lo que es fácil y sencillo. Ú.m. en pl.

REQUINTADOR, RA. m. y f. Persona que requinta en los remates de arrendamientos.

REQUINTAR. (De re y quinto.) tr. Pujar la quinta parte en los arrendamientos después de quintados. || 2. Sobrepujar, exceder, aventajar mucho. || 3. MÚS. Subir o bajar cinco puntos una cuerda o tono. || 4. HOND. Ponerse a hacer una cosa. || 5. MÉJ. Apretar mucho, atirantar. || 6. int. P. RICO. Parecerse. || 7. HOND. Dar comienzo a una acción enojosa.

REQUINTO. m. Segundo quinto que se saca de una cantidad de la cual se había extraído ya la quinta parte. || 2. Puja de quinta parte que se hace en los arrendamientos ya rematados y quintados. || 3. Clarinete pequeño y de tono agudo. || 4. Músico que toca este instrumento. || 5. Guitarrillo. || 6. Servicio extraordinario que se impuso a los indios del Perú durante el reinado de Felipe II.

* **REQUINTO, TA.** adj. ARGENT. Avaro, miserable. Ú.t.c.s.

REQUIRENTE. p.a. irreg. de requerir. || 2. FOR. Requeriente. Ú.t.c.s.

REQUISA. (l. requisum, por requisĭtum.)

f. Revista o inspección de las personas o de las dependencias de un establecimiento. || 2. Requisición, 1.ª acep.

REQUISAR. (De requisa.) tr. Hacer requisición de caballos, bagajes, ropas, alimentos, etc. para el ejército, comúnmente en tiempo de guerra.

REQUISICIÓN. (l. requisitĭo, -ōnis.) f. Recuento y embargo de caballos, bagajes, alimentos, etc., que suele hacer el ejército en tiempo de guerra. || P. revista, requisição; I. requisition; F. réquisition; A. Requisition; It. requisizione; R. обход.

REQUISITO, TA. (l. requisĭtus.) p.p. irreg. de requerir. || 2. m. Circunstancia o condición necesaria para una cosa. || 2.ª acep.: P. e It. requisito; I. requisite; F. condition, formalité; A. Erfordernis; R. условие.

REQUISITORIO, RIA. (De requisito.) adj. FOR. Dícese del despacho en que un juez requiere a otro para que ejecute un mandamiento del requirente. Ú.m.c.s.f. y a veces c.m.

REQUIVE. m. Arrequive.

RES. (ár. ra's, cabeza, cabeza de ganado.) f. Cualquier animal cuadrúpedo de algunas especies domésticas, como el ganado vacuno, lanar, etc., o de los salvajes, como el venado, jabalí, etc. || —de vientre. Hembra paridera, en vacadas y rebaños. || P. rês; I. head of cattle; F. bête, tête de bétail; A. Vieh; It. capo di bestiame; R. голова скота.

RES. (l. re y ex.) prep. insep. que atenúa la significación de las palabras simples a que se une. RESquebrar. También denota encarecimiento como en RESguardar.

RESABER. tr. Saber muy bien una cosa.

* **RESABIADO, DA.** adj. ARGENT. Dícese del caballo indócil a la espuela y al látigo.

RESABIAR. (De resabio.) tr. Hacer tomar un vicio o mala costumbre. Ú.t.c.r. || 2. r. Disgustarse. || 3. Saborearse, deleitarse en cosas que agraden, como manjares o bebidas.

RESABIDO, DA. p.p. de resaber. || 2. Que se precia de muy sabio.

RESABIO. (der. l. resapĕre, tener sabor, saber a.) m. Sabor desagradable que deja una cosa. || 2. Vicio o mala costumbre que se adquiere. || P. ressaibo; I. unpleasant after-taste; F. arrière goût; A. Nachgeschmack; It. retrogusto cattivo; R. неприятное ощущение.

RESACA. (De resacar.) f. Movimiento en retroceso de las olas después de haber llegado a la orilla. || 2. COM. Letra de cambio que el tenedor de otra que ha sido protestada, gira a cargo del librador o de uno de los endosantes, para reembolsarse de su importe y de los gastos de protesto. || ° RESACA. Malestar que se siente por la mañana a consecuencia de haber hecho la noche anterior un consumo excesivo de bebidas alcohólicas. || P. ressaca; I. undertow, surf; F. ressac; A. Brandung, Ebbe; It. risacca; R. бурун.

RESACAR. tr. ant. Sacar. || 2. MAR. Halar de un cabo para facilitar su laboreo. || 3. COLOM. y ECUAD. Purificar un líquido.

RESALADO, DA. (De re y salado.) adj. fig. Que tiene mucha sal, gracia y donaire.

RESALGA. (De re y salgar.) f. Caldo que resulta en la pila donde se hace la salazón de pescados y que se usan también para salar.

RESALIR. intr. ARQ. Resaltar, sobresalir, 3.ª acep.

RESALTANTE. p.a. de resaltar. Que resalta.

RESALTAR. (De re y saltar.) intr. Rebotar, botar repetidamente. || 2. Saltar, desprenderse una cosa de donde estaba fija. || 3. Sobresalir en parte un cuerpo de otro, especialmente en los edificios. || 4. fig. Distinguirse o sobresalir mucho una cosa entre otras. || 3.ª acep.: P. ressaltar; I. to jut out; F. saillir, ressortir; A. hervortreten; It. risaltare; R. отпрыгивать, выдаваться.

RESALTE. m. Resalto, parte que sobresale de la superficie de una cosa.

RESALTO. m. Acción y efecto de resaltar, 1.ª acep. || 2. Parte que sobresale de la superficie de una cosa. || 3. MONT.

R Modo de cazar el jabalí, disparándole en el momento en que se para a reconocer de quién huye. ‖ **P.** ressalto; **I.** rebound; **F.** saillie, ressaut; **A.** Vorsprung; **It.** risalto; **R.** отскакивание.

RESALUDAR. (l. *resalutāre*.) tr. Corresponder a la salutación o atención de una persona.

RESALUTACIÓN. (l. *resalutatio, -ōnis*.) f. Acción de resaludar.

RESALVO. (De *re* y *salvar*.) m. Vástago que al rozar un monte se deja en cada mata para formar un nuevo árbol.

RESALLAR. (De *re* y *sallar*.) tr. Volver a sallar.

RESALLO. m. Acción y efecto de resallar.

RESANAR. (l. *resanāre*.) tr. Cubrir con oro las partes defectuosas de un dorado. ‖ **2.** Reparar una cosa deteriorada. ‖ **3.** AMÉR. Tapar los desconchados de una pared revocada. ‖ **4.** MÉJ. Tomar por esposa a una mujer que pasa por doncella no siéndolo.

RESARCIBLE. adj. Que se puede o se debe resarcir.

RESARCIMIENTO. m. Acción y efecto de resarcir o resarcirse.

RESARCIR. (l. *resarcīre*.) tr. Indemnizar, reparar un daño o agravio. Ú.t.c.r. ‖ **P.** ressarcir; **I.** to repair; **F.** dédommager; **A.** entschädigen; **It.** risarcire; **R.** возмещать.

RESAYO. m. SAL. Terreno muy pendiente pero corto.

★ **RESBALADA.** f. CHILE. Resbalón.

★ **RESBALADERA.** f. PAN. Refresco de cebada.

RESBALADERO, RA. adj. Resbaladizo, 2.ª y 3.ª aceps. ‖ **2.** Lugar resbaladizo.

RESBALADIZO, ZA. adj. Dícese de lo que se resbala fácilmente. ‖ **2.** Dícese del sitio en que hay exposición de resbalar. ‖ **3.** fig. Dícese de lo que expone a incurrir en algún desliz. ‖ **P.** resvalante, resvaladiço; **I.** slippery; **F.** glissant; **A.** schlüpfrig; **It.** sdrucciolèvole; **R.** скользкий.

RESBALADOR, RA. adj. Que resbala.

RESBALADURA. f. Señal o huella que queda donde se ha resbalado.

RESBALAMIENTO. m. Resbalón.

RESBALANTE. p.a. de resbalar. Que resbala.

RESBALAR. (De *re* y *esbarar*.) intr. Escurrirse, deslizarse. Ú.t.c.r. ‖ **2.** fig. Incurrir en un desliz. Ú.t.c.r.

RESBALERA. (De *resbalar*.) f. Resbaladero, 2.ª acep.

RESBALÓN. m. Acción y efecto de resbalar o resbalarse. ‖ **P.** resvalo; **I.** slide; **F.** glissade; **A.** Ausgleiten; **It.** sdrucciolo; **R.** скольжение.

★ **RESBALOSA.** f. ARGENT. Entre camperos, daga, cuchillo. ‖ **2.** ARGENT. Cierto baile y canción popular. ‖ **3.** CHILE. Refalosa.

RESBALOSO, SA. (De *resbalar*.) adj. Resbaladizo.

RESCACIO. m. ZOOL. Pez marino acantopterigio, con los huesos infraorbitarios muy desarrollados y la cabeza con espinas agudas, que vive escondido entre la arena constituyendo un peligro para los pescadores si lo pisan.

RESCALDAR. (De *re* y *escaldar*.) tr. Escaldar.

RESCALDO. (De *rescaldar*.) m. ant. Rescoldo.

RESCAÑO. m. Resto o parte de alguna cosa.

RESCATADOR, RA. adj. Que rescata. Ú.t.c.s.

RESCATAR. (l. *re*, iterat.; *ex*, de, y *captāre*, coger, tomar.) tr. Recobrar por precio o por fuerza una persona o cosa que había ido a parar a manos ajenas, especialmente del enemigo. ‖ **2.** Trocar oro u otros objetos preciosos por mercaderías ordinarias. ‖ **3.** fig. Recobrar el tiempo o la ocasión perdida. ‖ **4.** fig. Librar a uno del trabajo, vejación o contratiempo. Ú.t.c.r. ‖ **5.** COLOM. Traficar de pueblo en pueblo. ‖ **6.** MÉJ. Revender. ‖ **P.** resgatar; **I.** to redeem; **F.** racheter; **A.** loskaufen; **It.** riscattare; **R.** выкупать.

RESCATE. m. Acción y efecto de

rescatar. ‖ **2.** Dinero con que se rescata, o que se pide por ello. ‖ **3.** ARGENT. Juego de muchachos parecido al marro. ‖ 1.ª y 2.ª aceps.: **P.** resgate; **I.** redemption, ramsom; **F.** rachat; **A.** Lösegeld, Einlösung; **It.** riscatto; **R.** выкуп.

★ **RESCATÍN.** (De *rescatar*.) m. AMÉR. El que compra a los indios las pequeñas partidas de mineral que éstos recogen.

RESCAZA. (De *rescacio*.) f. Escorpina.

RESCINDIBLE. adj. Que se puede rescindir.

RESCINDIR. (l. *recindĕre*; de *re* y *scindĕre*, rasgar.) tr. Dejar sin efecto un contrato, obligación, etc. ‖ **P.** rescindir; **I.** to rescind; **F.** rescinder; **A.** (auf)lösen; **It.** rescindere; **R.** аннулировать.

RESCISIÓN. (l. *rescissio, -ōnis*.) f. Acción y efecto de rescindir. ‖ **2.** FOR. Acto por el que se rompe un contrato válido en sí, pero considerado lesivo por alguna de las partes.

RESCISORIO, RIA. (l. *rescissorĭus*.) adj. Dícese de lo que rescinde, sirve para rescindir o deriva de la rescisión.

★ **RESCOLDADA.** f. CHILE. Porción de rescoldo. ‖ **2.** fig. y fam. CHILE. Multitud, muchedumbre.

★ **RESCOLDEARSE.** (De *rescoldo*.) r. fig. y fam. CHILE. Estar muy agitado de alguna pasión; abrasarse, enfurecerse.

RESCOLDERA. (De *rescoldo*.) f. Pirosis.

RESCOLDO. (De *rescoldo*.) m. Brasa menuda que permanece resguardada bajo la ceniza. ‖ **2.** fig. Escozor, escrúpulo, recelo. ‖ **P.** rescaldo; **I.** embers; **F.** braise; **A.** Loderasche; **It.** cinigia; **R.** жар.

RESCONTRAR. (De *res* y *contra*.) tr. Compensar en las cuentas una partida con otra.

RESCRIBIR. (l. *rescribĕre*.) tr. ant. Contestar por escrito a una carta o comunicación.

RESCRIPTO, TA. (l. *rescriptus*.) p.p. irreg. rescrito. ‖ **2.** m. Decisión del Papa o de cualquier soberano para resolver una consulta o petición. ‖ —**pontificio.** DER. CAN. Respuesta del Papa escrita a continuación de preces en que se le pide alguna gracia, dispensa o privilegio. ‖ **P.** rescrito; **I.** rescript; **F.** rescrit; **A.** Reskript; **It.** rescritto; **R.** рескрипт.

RESCRIPTORIO, RIA. adj. Perteneciente a los rescriptos.

RESCRITO, TA. p.p. irreg. de rescribir.

RESCUENTRO. m. Acción y efecto de rescontrar. ‖ **2.** Papeleta provisional manuscrita que se expendía a los jugadores de lotería primitiva.

RESECACIÓN. f. Acción y efecto de resercar o resecarse.

RESECAR. (l. *resecāre*, cortar.) tr. CIR. Efectuar la resección de un órgano.

RESECAR. tr. Secar mucho. Ú.t.c.r.

RESECCIÓN. (l. *resectio, -ōnis*, acción de cortar.) f. CIR. Operación consistente en separar el todo o parte de uno o más órganos. ‖ **P.** ressecção; **I.** resection; **F.** résection; **A.** Resektion; **It.** resezione; **R.** рассечение.

RESECO, CA. adj. Excesivamente seco. ‖ **2.** Seco, flaco. ‖ **3.** m. Parte seca de la planta. ‖ **4.** Parte de cera que queda sin melar, en las colmenas.

RESEDA. (l. *resēda*.) f. Planta herbácea anual, resedácea, de tallos ramosos, hojas alternas, enteras o partidas en tres gajos, y flores amarillentas y olorosas. Por su olor agradable se cultiva en los jardines. ‖ **2.** Flor de esta planta. ‖ **3.** Gualda. ‖ **P., I.** e **It.** reseda; **F.** réséda; **A.** Reseda; **R.** резада, желтоцвет.

RESEDÁCEO, A. (De *reseda*.) adj. BOT. Dícese de plantas dicotiledóneas herbáceas, angiospermas, de hojas alternas, flores zigomorfas en racimo o espiga y fruto capsular; como la reseda. Ú.t.c.s. ‖ **2.** f. pl. BOT. Familia de estas plantas.

RESEGAR. (De *re* y *segar*.) tr. Volver a segar lo que quedó de heno después de pasar los segadores. ‖ **2.** Recortar los troncos a ras del suelo.

RESEGUIR. (De *re* y *seguir*.) tr. Quitar a los filos de las espadas las ondas, resaltos o torceduras.

RESELLANTE. p.a. de resellar. Que resella.

RESELLAR. (De *re* y *sellar*.) tr. Volver a sellar la moneda u otra cosa. ‖ **2.** fig. Pasarse de uno a otro partido o bando.

RESELLO. m. Acción y efecto de resellar o resellarse. ‖ **2.** Segundo sello que se echa a la moneda o a otra cosa.

RESEMBLAR. (De *re* y *semblar*.) tr. ant. Asemejarse una cosa a otra. Úsáb.t.c.r.

RESEMBRAR. (De *re* y *sembrar*.) tr. Volver a sembrar un terreno por haberse malogrado la primera siembra.

RESENTIDO, DA. p.p. de resentir. ‖ **2.** adj. Dícese de quien tiene o muestra algún resentimiento.

RESENTIMIENTO. m. Acción y efecto de resentirse. ‖ **P.** ressentimento; **I.** resentment; **F.** ressentiment; **A.** Unwille; **It.** risentimento; **R.** распрескивание.

RESENTIRSE. (De *re* y *sentir*.) r. Empezar a flaquear o sentirse una cosa. ‖ **2.** fig. Tener sentimiento o enojo por algo.

RESEÑA. (De *reseñar*.) f. Revista que se hace de la tropa. ‖ **2.** Nota que se toma de las señales más distintivas del cuerpo de persona, animal o cosa, para poderlo conocer. ‖ **3.** Narración sucinta. ‖ **4.** Noticia y examen somero de una obra literaria. ‖ **P.** resenha; **I.** review, notice; **F.** signalement, aperçu; **A.** Berchreibung, Report; **It.** rassegna; **R.** смотр, обзор.

RESEÑAR. (l. *resignāre*, tomar nota, escribir, apuntar.) tr. Hacer una reseña. ‖ **2.** Examinar alguna obra literaria, libro o publicación y dar noticia crítica de ello.

RESEQUIDO, DA. (De *re* y *seco*.) adj. Dícese de una cosa que, siendo naturalmente húmeda, se ha vuelto seca accidentalmente.

★ **RESERO.** m. ARGENT. y BRASIL. Individuo que arrea reses. ‖ **2.** AMÉR. El que comercia con reses.

RESERVA. (De *reservar*.) f. Guarda, custodia o prevención que se hace de una cosa. ‖ **2.** Reservación o excepción. ‖ **3.** Cautela para no descubrir algo. ‖ **4.** Discreción, circunspección, comedimiento. ‖ **5.** Acción de reservar solemnemente el Santísimo Sacramento. ‖ **6.** Parte del ejército y de la armada que no está en activo, pero que puede ser movilizada. ‖ **7.** Cuerpo de tropas que no toma parte en una campaña o en una batalla hasta que se considere conveniente. ‖ **8.** En algunas partes, reservado, sacramento de la Eucaristía que se guarda en el sagrario. ‖ **9.** FOR. Declaración del juez de que la resolución que dicta no perjudicará algún derecho, que deja a salvo para que se ejerite en otro juicio o de diverso modo. ‖ **10.** FOR. Obligación que la ley impone en circunstancias determinadas a ciertas personas de reservar algunos bienes para transmitirlos en momento oportuno a quienes se considera con derecho. ‖ —**mental.** Intención restrictiva del juramento o promesa que no se declara al tiempo de hacerlo. ‖ —**monetaria.** COM. En los bancos de depósito, dinero que deben conservar en sus cajas para atender al día las peticiones de reembolso. ‖ *A* RESERVA *de.* m. adv. Con el propósito o intención de. ‖ *De* RESERVA. loc. Dícese de lo que se tiene dispuesto para suplir alguna falta. ‖ **2.** BIOL. Dícese de la substancia que se almacena en determinadas células de las plantas o de los animales y que, en caso necesario, es utilizada por el organismo para su nutrición. ‖ *Sin* RESERVA. m. adv. Abiertamente, con franqueza. ‖ **P.** reserva; **I.** reserve; **F.** réserve; **A.** Reserve; **It.** riserva; **R.** скрытность. ‖ 2.ª acep.: **P.** reserva; **I.** reservation; **F.** réservation; **A.** Vorbehalt; **It.** riserva; **R.** резервные части.

RESERVABLE. adj. Sometido a reserva. ‖ **2.** FOR. *Bienes* RESERVABLES. Los heredados bajo precepto legal para que en determinados casos pasen posteriormente a otra persona.

RESERVACIÓN. f. Acción y efecto de reservar.

RESERVADAMENTE. adv. Con reserva o bajo sigilo.

RESERVADO, DA. p.p. de reservar. ‖ **2.** adj. Cauteloso, reacio a manifestar su interior. ‖ **3.** Comedido, discreto. ‖ **4.** Que se reserva o debe reservarse. ‖ **5.** En algunas partes, sacramento de la Eucaristía que se guarda en el sagrario. ‖ **6.** Compar-

R

timiento de un coche de ferrocarril o aposento de un edificio, etc., destinado a persona o a usos determinados. || 7. ECUAD. Prado cerrado que se veda algún tiempo al ganado. || 8. ARGENT. Potro indomable, que suele reservarse para jinetear. || **P.** reservado; **I.** reserved; **F.** réservé; **A.** reserviert, behutsam; **It.** riservato; **R.** сдержанный.

RESERVAR. (l. *reservāre.*) tr. Guardar algo para lo futuro. || 2. Diferir para otro tiempo lo que se podía o debía hacer en el presente. Ú.t.c.r. || 3. Exceptuar, dispensar de una ley común. || 4. Destinar un lugar a una cosa de un modo exclusivo para uso o persona determinados. || 5. Apartar uno algo de lo que se distribuye reteniéndolo para algún fin. || 6. Retener o no comunicar una cosa. || 7. Encubrir, callar algo, ocultarlo. || 8. Conservar discrecionalmente en los juegos de naipes algunas cartas que no hay obligación de servir. || 9. Encubrir el Santísimo Sacramento que estaba manifiesto. || 10. r. Conservarse para mejor ocasión. || 11. Cautelarse, guardarse, desconfiar de uno. || **P.** reservar; **I.** to reserve; **F.** réserver; **A.** reservieren; **It.** riservare; **R.** беречь. || 2.ª acep.: **P.** reservar; **I.** to defer; **F.** ajourner; **A.** vertagen; **It.** differire; **R.** откладывать.

RESERVATIVO, VA. adj. Perteneciente a la reserva. || 2. Dícese de los bienes heredados bajo precepto legal de pasar posteriormente en ciertos casos a otra persona.

RESERVISTA. adj. Dícese del militar perteneciente a la reserva, 6.ª acep. Ú.t.c.s. || **P.** reservista; **I.** reservist; **F.** réserviste; **A.** Reservist; **It.** riservista; **R.** запасной.

RESERVÓN, NA. adj. fam. Que guarda excesiva reserva. || 2. TAUROM. Dícese del toro que no muestra codicia en acudir a las suertes.

* **RESFRIADERA.** f. CUBA. Artesa metálica en que se enfría el guarapo. || 2. AMÉR. Fresquera.

RESFRIADO. (De *resfriar.*) m. Destemple general del cuerpo causado por interrumpirse la transpiración. || 2. Catarro, constipado. || 3. Riego que se da a la tierra cuando está seca y dura, para poder ararla. || **P.** resfriado; **I.** cold; **F.** rhume; **A.** Erkältung, Schnupfen; **It.** infreddatura; **R.** простуда, насморк.

* **RESFRIADO, DA.** p.p. de resfriar. || 2. adj. ARGENT. Indiscreto.

RESFRIADOR, RA. adj. Que resfría.

RESFRIADURA. f. VETER. Resfriado, 1.ª acep.

RESFRIAMIENTO. (De *resfriar.*) m. Enfriamiento.

RESFRIANTE. p.a. de resfriar. Que resfría. || 2. m. Corbato.

RESFRIAR. (De *re* y *esfriar.*) tr. Enfriar. || 2. fig. Templar el ardor o el fervor. Ú.t.c.r. || 3. intr. Empezar a hacer frío. || 4. r. Contraer resfriado. || 5. fig. Entibiarse la amistad o el amor.

RESFRÍO. (De *resfriar.*) m. Resfriado. || 2. Enfriamiento.

* **RESGOSO, SA.** adj. AMÉR. CENTRAL y VENEZ. Peligroso, arriesgado.

RESGUARDAR. (De *res* y *guardar.*) tr. Defender o reparar. || 2. r. Prevenirse contra un daño. || **P.** resguardar; **I.** to preserve; **F.** protéger, préserver; **A.** schützen, sicherstellen; **It.** preservare; **R.** защищать, предохранять.

RESGUARDO. (De *resguardar.*) m. Guardia, seguridad que se pone en una cosa. || 2. Seguridad que se hace por escrito en los contratos o deudas. || 3. Documento donde consta dicha seguridad. || 4. Custodia de un paraje para que no se introduzca contrabando. || 5. Cuerpo destinado a este servicio. || 6. MAR. Distancia prudencial que por precaución toma un buque al pasar próximo a un punto peligroso. || 7. CUBA. Zona de terreno donde se permitía entrar a los animales de la hacienda vecina.

RESIDENCIA. (l. *residens, -entis,* residente.) f. Acción y efecto de residir. || 2. Lugar donde se reside. || 3. Casa donde los jesuitas viven en comunidad, sin ser colegio ni casa profesa. || 4. Tiempo que debe residir el eclesiástico en el lugar de su beneficio. || 5. Cargo de ministro residente. || 6. Acción y efecto de residenciar. || 7. Proceso formado al que ha sido residenciado. || 8. Edificio donde una autoridad o corporación tiene su domicilio. || 9. FOR. Lugar habitado por una persona por tiempo más o menos limitado. || **—de estudiantes.** Institución destinada al alojamiento de estudiantes. || **P.** residência; **I.** residence; **F.** résidence; **A.** Residenz, Wohnsitz; **It.** residenza; **R.** пребывания, резиденция.

RESIDENCIAL. adj. Dícese del empleo o beneficio que pide residencia personal. || 2. Dícese de las zonas urbanas donde no hay establecimientos industriales.

RESIDENCIAR. (De *residencia.*) tr. Tomar cuenta un juez a persona que ha ejercido cargo público de la conducta que ha observado en el ejercicio de su cargo. || 2. Por ext., pedir cuentas o hacer cargo en otras materias.

RESIDENTE. (l. *residens, -entis.*) p.p. de residir. Que reside. || 2. Dícese del ministro, diplomático inmediatamente inferior al ministro plenipotenciario. Ú.t.c.s. || **P.** e **It.** residente; **I.** resident; **F.** résident; **A.** Wohnhaft; **R.** резидент.

RESIDENTEMENTE. adv. Con ordinaria residencia o asistencia.

RESIDIR. (l. *residĕre.*) intr. Estar de asiento en un lugar. || 2. Hallarse uno personalmente en determinado lugar por razón de su empleo, dignidad, etc. || 3. fig. Estar en una persona cualquier cosa inmaterial. || 4. fig. Radicar en un punto o en una cosa el quid de la cuestión. || **P.** residir; **I.** to reside; **F.** résider; **A.** residieren, wohnen; **It.** risièdere; **R.** находиться, проживать.

RESIDUAL. adj. Perteneciente o relativo al residuo.

RESIDUO. (l. *residŭum.*) m. Parte que queda de un todo. || 2. Lo que resulta de la descomposición o destrucción de una cosa. || 3. ÁLG. y ARIT. Resultado de la operación de restar. || 4. ARIT. Resto de la división. || **—del poder.** Conjunto de materias y atribuciones sobre ellas que las constituciones federales o autonomista no atribuyen de modo expreso al poder central ni a los regionales. || **P.** resíduo; **I.** residue, remainder; **F.** résidu; **A.** Rest, Rückstand; **It.** residuo; **R.** остаток.

RESIEMBRA. f. Acción y efecto de resembrar. || 2. Siembra que se hace en un terreno sin dejarlo descansar.

RESIGNA. f. Acción y efecto de resignar, 1.ª acep.

RESIGNACIÓN. (De *resignar.*) f. Entrega voluntaria que uno hace de sí poniéndose en manos de otro. || 2. Resigna. || 3. Conformidad, tolerancia y sufrimiento en las adversidades. || **P.** resignação; **I.** resignation; **F.** résignation; **A.** Verzicht; **It.** rassegnazione; **R.** отречение, смирение.

RESIGNADAMENTE. adv. Con resignación.

RESIGNANTE. p.a. de resignar. Que resigna.

RESIGNAR. (l. *resignāre,* entregar, devolver.) tr. Renunciar un beneficio eclesiástico a favor de un sujeto determinado. || 2. Entregar una autoridad el mando a otra en circunstancias excepcionales. || 3. r. Conformarse, condescender. || **P.** resignar; **I.** to resign; **F.** résigner; **A.** verzichten; **It.** rassegnare; **R.** отрекаться.

RESIGNATARIO. m. Sujeto en cuyo favor se hacía la resigna.

RESINA. (l. *resīna.*) f. Nombre de diversas substancias orgánicas, principalmente de origen vegetal, sólidas o semisólidas, transparentes o translúcidas, solubles en alcohol y en aceites esenciales, insolubles en el agua. Obtiénese naturalmente como producto que fluye de varias plantas, y artificialmente por destilación de las trementinas. || **P.** e **It.** resina; **I.** resin; **F.** résine; **A.** Harz; **R.** древесная смола.

RESINACIÓN. f. Acción y efecto de resinar.

RESINAR. tr. Sacar resina a ciertos árboles haciendo incisiones en su tronco.

RESINERO, RA. adj. Perteneciente o relativo a la resina. || 2. m. El que tiene por oficio resinar.

RESINÍFERO, RA. (l. *resīna,* resina, y *ferre,* llevar.) adj. Que tiene o destila resina. || **P.** resinífero; **I.** resiniferous; **F.** résinifère; **A.** harzig; **It.** resinìfero; **R.** смолоносный.

RESINOSO, SA. (l. *resinōsus.*) adj. Que tiene o destila resina. || 2. Que participa de alguna de las cualidades de la resina. || 3. FÍS. Dícese de la electricidad negativa.

RESISA. (De *resisar.*) f. Octavilla, impuesto por consumos en ventas por menor.

RESISAR. (De *re* y *sisar.*) tr. Achicar más las medidas ya sisadas del vino, vinagre y aceite, rebajando de ellas lo correspondiente a la resisa.

RESISTENCIA. (l. *resistentia.*) f. Acción y efecto de resistir o resistirse. || 2. MEC. Causa que se opone a la acción de una fuerza. || 3. MEC. Fuerza que se opone a la acción de una máquina y ha de ser vencida por la potencia. || 4. ELECTR. Dificultad que opone un conductor al paso de la corriente. || 5. ELECTR. Cuerpo poco conductor, o conductor de mucha longitud, que se intercala en un circuito para que obre por su resistencia eléctrica. || 6. fig. Renuncia en hacer alguna cosa. || **—de materiales.** Estudio de las propiedades, disposición, etc., que han de poseer los materiales de construcción o los de fabricación de máquinas o aparatos. || **—magnética.** Reluctancia. || **—pasiva.** Cualquiera de las que en una máquina disminuyen su movimiento y dificultan su efecto útil. || **P.** resistência; **I.** resistance; **F.** résistence; **A.** Widerstand; **It.** resistenza; **R.** сопротивление.

RESISTENTE. (l. *resistens, -entis.*) p.a. de resistir. Que resiste o se resiste.

RESISTERO. (De *re* y *siesta.*) m. Siesta, 1.ª acep. || 2. Calor causado por la reverberación del sol. || 3. Sitio en que de una manera especial se nota este calor.

RESISTIBLE. adj. Que puede ser resistido.

RESISTIDERO. (De *resistir.*) m. Resistero.

RESISTIDOR, RA. adj. Que resiste.

RESISTIR. (l. *resistĕre.*) intr. Oponerse un cuerpo o una fuerza a la acción o violencia de otra. Ú.t.c.r. || 2. Repugnar, rechazar. || 3. tr. Aguantar, sufrir. || 4. Combatir las pasiones, deseos, etc. || 5. r. Bregar, forcejar. || 6. COLOM. Repropiarse el caballo. || **P.** resistir; **I.** to resist; **F.** résister; **A.** widerstehen, aushahlten; **It.** resìstere; **R.** сопротивляться.

* **RESISTIVIDAD.** f. ELECTR. La propiedad de un conductor la cual es igual a la razón de la intensidad del campo eléctrico a la intensidad de la corriente por unidad de sección transversal.

RESISTIVO, VA. adj. Que resiste o tiene eficacia para resistir.

RESMA. (ár. *rizma,* paquete.) f. Conjunto de veinte manos de papel. || **—sucia.** La de papel de hilo, que tiene sus dos costeras correspondientes. || **P.** resma; **I.** ream; **F.** rame; **A.** Ries; **It.** risma; **R.** стопа бумаги.

RESMILLA. (d. de *resma.*) f. Paquete de veinte cuadernillos de papel de cartas.

RESOBADO, DA. (De *re* y *sobado.*) adj. Se aplica a los temas o asuntos de conversación o literrios muy trillados.

RESOBRAR. (De *re* y *sobrar.*) intr. Sobrar mucho.

RESOBRINO, NA. (De *re* y *sobrino.*) m. y f. Hijo de sobrino carnal. || **P.** sobrinho-neto; **I.** grand-nephew; **F.** arrière-neveu; **A.** Grossneffe; **It.** bisnipote.

RESOL. m. Reverberación del sol.

* **RESOLANA.** m. AMÉR. Resol. || 2. CUBA. Regaño.

RESOLANO, NA. (De *re* y *solano.*) adj. Dícese del sitio en que se toma el sol al resguardo del viento. Ú.t.c.s.f.

RESOLGAR. (De *resollar,* infl. por *holgar.*) intr. p. us. Resollar.

RESOLI. m. CUENC. Rosoli.

RESOLUBLE. (l. *resolubilis.*) adj. Que se puede resolver.

RESOLUCIÓN. (l. *resolutio, -ōnis.*) f. Acción y efecto de resolver o resolverse. || 2. Ánimo, valor. || 3. Actividad, prontitud. || 4. Decreto, providencia o fallo de autoridad gubernativa o judicial. || 5. MÚS. Paso de un acorde disonante a otro consonante, y también este último acorde con

R relación al anterior. ‖ 6. MED. Relajación. ‖ 7. MED. Reabsorción de un derrame. ‖ *En* RESOLUCIÓN. m. adv. que expresa el fin de un razonamiento. ‖ P. resolução; I. resolution; F. résolution; A. Beschluss, Entscheidung; It. risoluzione; R. решение.

RESOLUTAMENTE. adv. ant. Resueltamente.

RESOLUTIVAMENTE. adv. Con decisión.

RESOLUTIVO, VA. (l. *resolūtum*, supino de *resolvĕre*, resolver.) adj. Dícese del método o de lo que se procede analíticamente. ‖ 2. MED. Que tiene virtud de resolver. Ú.t.c.s.m.

RESOLUTO, TA. (l. *resolūtus*.) p.p. irreg. de resolver. ‖ 2. adj. Resuelto. ‖ 3. Compendioso, resumido. ‖ 4. Versado, expedito.

RESOLUTORIAMENTE. adv. Con resolución.

RESOLUTORIO, RIA. (l. *resolutorĭus*.) adj. Que tiene, motiva o denota resolución. ‖ 2. Dícese de la cláusula o condición que previene la ineficacia del título que la contiene.

RESOLVENTE. (l. *resolvens, -entis*.) p.a. de resolver. Que se resuelve. Ú.t.c.s.

RESOLVER. (l. *resolvĕre*; de *re*, y *solvĕre*, soltar, desatar.) tr. Tomar una resolución decisiva. ‖ 2. Resumir, recapitular. ‖ 3. Desatar una dificultad o dar solución a una duda. ‖ 4. Hallar la solución de un problema. ‖ 5. Deshacer, destruir. ‖ 6. Deshacer un agente natural una cosa. Ú.t.c.r. ‖ 7. Analizar, dividir física o mentalmente un compuesto en sus elementos. ‖ 8. FÍS. y MED. Hacer que se disipe o desvanezca poco a poco una cosa. Ú.t.c.r. ‖ 9. r. Atreverse a decir o hacer una cosa. ‖ 10. Reducirse, venir a parar una cosa en otra. ‖ 11. MED. Terminar las enfermedades y con especialidad las inflamaciones, quedando los órganos en estado normal. ‖ P. resolver; I. to resolve; F. résoudre; A. (auf)lösen, entscheiden; It. risòlvere; R. решать.

RESOLVIENTE. p.a. ant. Resolvente.

★ **RESOLLADERO.** m. CUBA. Ojos de un río que reaparece después de haber desaparecido bajo tierra. ‖ 2. P. RICO. Respiradero.

RESOLLAR. (l. *re*, y *sufflāre*, soplar.) intr. Respirar, absorber el aire los seres vivos; salir de la opresión, y también hablar, proferir palabras. ‖ 2. Respirar produciendo algún ruido. ‖ 3. fig. y fam. Dar noticia de sí después de algún tiempo de estar ausente o callado.

RESONACIÓN. f. Acción y efecto de resonar.

RESONADOR, RA. adj. Que resuena. ‖ 2. m. FÍS. Cuerpo sonoro dispuesto para entrar en vibración cuando reciba ondas acústicas de determinada frecuencia y amplitud.

RESONANCIA. (l. *resonantĭa*.) f. Prolongación del sonido que va disminuyendo gradualmente. ‖ 2. Sonido producido por repercusión de otros. ‖ 3. Cada uno de los sonidos elementales que acompañan al principal y le comunican un timbre particular. ‖ 4. fig. Gran divulgación de un hecho o de las cualidades de una persona. ‖ 5. FÍS. Excitación que se produce a distancia, sin contacto, en un cuerpo o sistema por la acción de ondas acústicas, electromagnéticas, etc. ‖ 6. ACÚST. Refuerzo que experimenta un sonido al incidir las ondas sobre un objeto cuya frecuencia de oscilación coincide con la de dichas ondas. ‖ 7. ATOM. Proceso mediante el cual un neutrón en libertad se adhiere al núcleo de un átomo formando un isótopo de aquel elemento, lo que ocurre siempre que la velocidad del neutrón es la apropiada para la clase de núcleo absorbente. ‖ 8. ELECTR. En las corrientes alternas, concordancia de los períodos de los circuitos inductor e inducido. ‖ 9. ELECTRÓN. y RADIOTEC. Circuito en el cual la reactancia capacitativa es igual a la inductiva. ‖ *Curva de* RESONANCIA. RADIO-TEC. Gráfico que pone de manifiesto la gran selectividad de un circuito sintonizado para captar una banda de ondas determinadas. ‖ P. ressonância; I. resonance; F. résonnance; A. Resonanz; It. risonanza; R. отголосок, резонанс.

RESONANTE. (l. *resŏnans, -antis*.) p.a. de resonar. Que resuena.

RESONAR. (l. *resonāre*.) intr. Hacer sonido por repercusión o sonar mucho. Ú. en poesía como tr. ‖ P. ressoar; I. to resound; F. résonner; A. wiederhallen; It. risonare; R. резонировать.

RESOPLAR. intr. Dar resoplidos.

RESOPLIDO. (De *resoplar*.) m. Resuello fuerte.

RESOPLO. (De *resoplar*.) m. Resoplido.

★ **RESOQUINA.** f. QUÍM. Uno de los derivados de la quinoleína y que se emplea como medicamento eficaz contra la malaria.

RESORBER. (l. *resorbĕre*.) tr. Recoger o recibir dentro de sí una persona o cosa, un líquido que ha salido de ella misma.

★ **RESORCINA.** f. QUÍM. Uno de los fenoles polivalentes que se presenta en tablas o prismas incoloros, algo solubles en agua y mucho en alcohol y en éter. Se emplea como antiséptico y en la obtención de muchos colorantes.

RESORCIÓN. f. Acción y efecto de resorber.

RESORTE. (fr. *ressort*.) m. Muelle, 1.er art., 3.ª acep. ‖ 2. Fuerza elástica de una cosa. ‖ 3. fig. Medio material o inmaterial de que uno se vale para lograr un fin. ‖ P. mola; I. spring; F. ressort; A. Triebfeder; It. molla; R. пружина.

RESPAILAR. intr. fam. Moverse rápida y atropelladamente. Suele emplearse sólo en el gerundio, y con verbos de movimiento; como *ir, salir*, etc.

RESPALDAR. m. Respaldo, parte de la silla o escaño donde descansan las espaldas. ‖ 2. Derrame de jugos de los árboles a consecuencia de golpes violentos en el tronco.

RESPALDAR. tr. Apuntar algo en el respaldo de un escrito. ‖ 2. fig. Proteger, guardar las espaldas. ‖ 3. r. Inclinarse de espaldas o arrimarse al respaldo de un escaño o silla. ‖ 4. VETER. Despaldarse una caballería.

RESPALDO. m. Parte de la silla, banco, etc., en que descansan las espaldas. ‖ 2. Espaldar para apoyar una planta. ‖ 3. Vuelta del papel o escrito en que se anota algo. ‖ 4. Lo que allí se escribe. ‖ P. respaldo; I. back; F. dossier; A. Rücklehne; It. spalliera; R. спинк (стула).

RESPALDÓN. m. aum. de respaldo. ‖ 2. NAV. Muralla de cantería destinada a contener el empuje de las aguas de los ríos.

RESPE. m. ZOOL. Résped, 1.ª acep.

RESPECTAR. (l. *respectāre*, mirar con atención, considerar.) defect. Atañer, pertenecer, decir relación. ‖ P. respeitar; I. to concern; F. concerner; A. (an)belangen, (an)betreffen; It. concèrnere; R. касаться, относиться.

RESPECTIVAMENTE. adv. Con relación, proporción, consideración a una cosa. ‖ 2. Según la relación o conveniencia en cada caso.

RESPECTIVE. (l. *respective*.) adv. Respectivamente.

RESPECTIVO, VA. (De *respecto*.) adj. Que atañe a persona o cosa determinada.

RESPECTO. (l. *respectus*.) m. Razón, relación, proporción de una cosa con otra. ‖ *Al* RESPECTO. m. adv. A proporción, a correspondencia, respectivamente. ‖ *Con* RESPECTO O RESPECTO *a*, o *de*. m. adv. Respectivamente.

RÉSPED. m. Lengua de la culebra o de la víbora. ‖ 2. Aguijón de la abeja o de la avispa. ‖ 3. fig. Intención malévola en las palabras.

RÉSPEDE. m. Résped, 1.ª acep.

RESPELUZAR. tr. Despeluzar. Ú.t.c.r.

RESPETABILIDAD. f. Calidad de respetable.

RESPETABLE. (De *respetar*.) adj. Digno de respeto. ‖ 2. Ú. a veces con carácter ponderativo. *Estar a* RESPETABLE *distancia.*

RESPETADOR, RA. adj. Que respeta.

RESPETAR. (De *respectar*.) tr. Tener respeto, 1.ª y 2.ª aceps. ‖ 2. intr. Respectar. ‖ P. respeitar; I. to respect; F. respecter; A. achten, ehren; It. rispettare; R. уважать.

RESPETIVO, VA. adj. Respetuoso.

RESPETO. (l. *respectus*, atención, consideración.) m. Veneración, acatamiento que se hace a uno. ‖ 2. Miramiento, atención, consideración. ‖ 3. Cualquier cosa que se tiene de prevención. ‖ 4. GERM. Cortejo, amante. ‖ 5. pl. Manifestaciones de acatamiento hechas por cortesía. ‖ RESPETO *humano* Miramiento excesivo hacia la opinión de los hombres, antepuesto a los dictados de la conciencia estricta. Ú.m en pl. ‖ *Campar* uno *por su* RESPETO, o *por* sus RESPETOS. fr. fig. y fam. Obrar uno a su antojo, sin la obediencia y las consideraciones debidas. ‖ *Estar de* RESPETO. fr. Dícese de la persona que se viste o de la habitación que se adorna para un acto de ostentación o de ceremonia. ‖ P. respeito; I. respect; F. respect, considération; A. Achtung; It. rispetto; R. уважение.

RESPETOSAMENTE. adv. desus. Respetuosamente.

RESPETOSO, SA. adj. desus. Respetuoso.

RESPETUOSAMENTE. adv. Con respeto y veneración.

RESPETUOSO, SA. adj. Que causa o mueve a respeto y veneración. ‖ 2. Que observa veneración y respeto. ‖ P. respeitoso; I. respectful; F. respectueux; A. erfurchtsvoll; It. rispettoso; R. почтительный.

RÉSPICE. (l. *respĭce*, imper. de *respĭcĕre*, mirar.) m. fam. Respuesta seca y desabrida. ‖ 2. Represión corta pero fuerte.

RESPIGADOR, RA. adj. Que respiga. Ú.t.c.s.

RESPIGAR. (l. *re* y *espiga*.) tr. Espigar, 1.ª acep.

RESPIGO. m. SANT. Semilla de la berza.

RESPIGÓN. (De *respigo*.) m. Padrastro, 4.ª acep. ‖ 2. VETER. Llaga que se hace a las caballerías en los pulpejos. ‖ 3. Enfermedad en los pechos, propia de la mujer que está criando.

RESPINGAR. (port. *repingar*; en ital. *repingere*.) intr. Sacudirse la bestia y gruñir al sentir daño, molestias o cosquillas. ‖ 2. fam. Levantarse el borde de la chaqueta o de la falda por estar mal hecha o mal puesta. ‖ 3. fig. y fam. Resistir, hacer gruñendo lo que se manda. 3.ª acep.: P. resmungar; I. to obey reluctantly; F. regimber; A. sich sträuben, bocken; It. ricalcitrare; R. брыкаться, упираться.

RESPINGO. m. Acción de respingar. ‖ 2. Sacudida violenta del cuerpo. ‖ 3. fig. y fam. Expresión o además con que uno muestra su repugnancia o disgusto a ejecutar lo que se le manda. ‖ 4. HOND. y CHILE. Parte de la falda de una mujer, levantada por cualquier causa. ‖ 5. CHILE. Rizo en forma de sortija; peinado de mujer partido por medio. ‖ 6. CHILE. Fraude, arruga.

RESPINGONA. adj. fam. V. *Nariz* RESPINGONA.

RESPIRABLE. (l. *respirabĭlis*.) adj. Que se puede respirar sin daño de la salud.

RESPIRACIÓN. (l. *respiratio, -ōnis*.) f. Acción y efecto de respirar. ‖ 2. Aire que se respira. ‖ 3. Entrada y salida del aire en un lugar cerrado. ‖ —**artificial.** La provocada y mantenida por medios artificiales, generalmente mecánicos. P. respiração; I. y F. respiration; A. Atmen, Respiration; It. respirazione; R. годный для дыхания.

RESPIRADERO. (De *respirar*.) m. Abertura por donde entra y sale el aire. ‖ 2. Lumbrera, tronera. ‖ 3. Ventosa de una cañería. ‖ 4. fig. Respiro, descanso. ‖ 5. fam. Órgano o conducto de la respiración. ‖ P. respiradouro; I. breathing-hole; F. soupirail; A. Luftloch; It. spiraglio; R. отдушина.

RESPIRADOR, RA. adj. Que respira. ‖ 2. ZOOL. Aplícase a los músculos que sirven para la respiración.

RESPIRANTE. p.a. de respirar. Que respira.

RESPIRAR. (l. *respirāre*.) intr. Absorber el aire los seres vivientes y expelerlo sucesivamente para mantener las funciones vitales de la sangre. Ú.t.c.tr. ‖ 2. Exhalar, despedir de sí un olor. ‖ 3. fig. Animarse, cobrar aliento. ‖ 4. fig. Tener comunica-

R

ción con el aire libre un fluido que está encerrado. || **5.** fig. Descansar, cobrar aliento. || **6.** fig. y fam. Hablar, especialmente en expresiones negativas. *La chica no* RESPIRÓ. || **7.** Poseer de manera manifiesta la cualidad a que se alude. RESPIRA *simpatía.* || *Sin* RESPIRAR. m. adv. fig. con que se da a entender que una cosa se ha hecho sin descanso ni interrupción. || **P.** respirar; **I.** to respire, to breathe; **F.** respirer; **A.** einatmen, aufatmen; **It.** respirare; **R.** дышать.

RESPIRATORIO, RIA. adj. Que sirve para la respiración. || *Alimento* RESPIRATORIO. Aquel que es rico en carbono.

RESPIRO. (De *respirar*.) m. Respiración, 1.ª acep. || **2.** fig. Rato de descanso en que se interrumpe brevemente el trabajo. || **3.** Alivio de una fatiga, pena o dolor. || **4.** fig. Prórroga que obtiene el deudor al expirar el plazo fijado para pagar.

RESPLANDECENCIA. (De *resplandecer*.) f. ant. Resplandor. 1.ª acep. || **2.** ant. fig. Esplendor.

RESPLANDECER. (l. *resplandescĕre*.) intr. Despedir rayos de luz o lucir mucho una cosa. || **2.** fig. Sobresalir, brillar. || **P.** resplandecer; **I.** to glitter, to glisten; **F.** resplendir; **A.** glänzen, strahlen; **It.** rìsplèndere; **R.** блестеть, сиять.

RESPLANDECIENTE. p.a. de resplandecer. Que resplandece.

RESPLANDECIMIENTO. (De *resplandecer*.) m. Resplandor, 1.ª y 3.ª aceps.

RESPLANDINA. f. fam. Regaño, represión fuerte.

RESPLANDOR. (De *resplendor*.) m. Luz muy clara que despide un cuerpo luminoso. || **2.** fig. Esplendor o lucimiento. || **3.** fig. Brillo de algunas cosas. || **P.** resplendor; **I.** resplendency; **F.** lueur; **A.** Glanz, Schimmer; **It.** risplendor; **R.** блеск.

RESPLENDENTE. adj. desus. Esplendente, resplandeciente.

RESPLENDOR. (l. *resplendor*.) m. ant. Resplandor.

RESPONDEDOR, RA. adj. Que responde. Ú.t.c.s.

RESPONDENCIA. (De *responder*.) f. ant. Correspondencia, relación.

RESPONDER. (l. *respondĕre*.) tr. Contestar a lo que se pregunta. || **2.** Contestar uno al que llama a la puerta. || **3.** Contestar al billete o carta recibida. || **4.** Corresponder con su voz los animales, especialmente las aves, a la de los otros de su misma especie. || **5.** Satisfacer el argumento, duda, dificultad, etc. || **6.** Cantar o recitar en correspondencia con lo que otro canta o recita. || **7.** Replicar a un alegato. || **8.** intr. Corresponder, repetir el eco. || **9.** Corresponder, mostrarse agradecido. || **10.** fig. Rendir o dar fruto. || **11.** fig. Dicho de las cosas inanimadas, surtir el efecto que se desea. || **12.** Corresponder con una acción a la realizada por otro. || **13.** Corresponder, guardar proporción una cosa con otra. || **14.** Replicar, ser respondón. || **15.** Mirar, estar situado un lugar hacia una parte determinada. || **16.** Estar uno obligado a la pena y resarcimiento correspondientes a un daño. || **17.** Asegurar una cosa como garantizando de la verdad de ella. || RESPONDER *por* uno. fr. Salir fiador de él, abonarle. || **P.** responder; **I.** to answer, to respond; **F.** répondre; **A.** beantworten, antworten, erwidern; **It.** rispòndere; **R.** отвечать.

RESPONDIDAMENTE. adv. ant. Con proporción o correspondencia.

RESPONDIENTE. p.a. de responder. Que responde.

RESPONDÓN, NA. (De *responder*.) adj. fam. Que tiene el vicio de replicar irrespetuosamente. Ú.t.c.s.

RESPONSABILIDAD. f. Obligación de reparar y satisfacer un daño. || **2.** Cargo u obligación moral resultante de un posible yerro en un asunto determinado. || **3.** For. Capacidad de responder de ciertos actos, en abstracto. || —**solidaria.** Aquella en que concurre una pluralidad de sujetos responsables, cada uno de los cuales debe responder totalmente del daño causado. || —**subsidiaria.** La que incumbe a una persona de modo indirecto. || *De* RESPONSABILIDAD. loc. Dícese de la persona de crédito, de capacidad para responder de

una obligación. || **P.** responsabilidade; **I.** responsability; **F.** responsabilité; **A.** Verantwortung; **It.** responsabilità; **R.** ответственность.

RESPONSABLE. (l. *responsum*, supino de *respondĕre*, responder.) adj. Obligado a responder de alguna cosa o por alguna persona. —**civilmente.** For. El que, sin estar sometido a la responsabilidad penal, es parte en una causa a los efectos de restituir, reparar o indemnizar de un modo directo o subsidiario por las consecuencias de un delito. || **P.** responsável; **I.** responsible; **F.** responsable; **A.** verantwortlich; **It.** responsàbile; **R.** ответственный.

RESPONSAR. intr. Rezar responsos.

RESPONSEAR. intr. fam. Responsar.

RESPONSEO. m. fam. Acción y efecto de responsear.

RESPONSIÓN. (l. *responsĭo, -ōnis*.) f. Contribución que pagan al tesoro de la orden de San Juan los comendadores y demás individuos que disfrutan rentas.

★ **RESPONSIVA.** f. Méj. Fianza, caución.

RESPONSIVO, VA. adj. Perteneciente o relativo a la respuesta.

RESPONSO. (l. *responsum*.) m. Responsorio que, separado del rezo, se dice a los difuntos. || **P.** responso; **I.** response; **F.** absoute; **A.** Respons (für die Verstorbenen); **It.** responso; **R.** поминание.

RESPONSORIO. (l. *responsorĭum*.) m. Ciertas preces y versículos que se rezan después de las lecciones en los maitines y después de las capítulas de otras horas.

RESPUESTA. (De *respuesto*.) f. Contestación o satisfacción a una pregunta, duda o dificultad. || **2.** Réplica. || **3.** Refutación, acción de refutar, y también, argumento para destruir las razones de la parte contraria. || **4.** Contestación a una carta o billete. || **5.** Acción con que uno corresponde a la de otro. || **P.** resposta; **I.** answer; **F.** réponse; **A.** Antwort; **It.** risposta; **R.** ответ.

RESPUESTO, TA. p.p. irreg. ant. de responder.

RESQUEBRADURA. (De *resquebrar*.) f. Hendedura, grieta.

RESQUEBRAJADIZO, ZA. (De *resquebrajar*.) adj. Resquebrajoso.

RESQUEBRAJADURA. (De *resquebrajar*.) f. Resquebradura.

RESQUEBRAJAMIENTO. m. Resquebrajadura.

RESQUEBRAJAR. (De *res* y *quebrajar*.) tr. Hender ligera y a veces superficialmente algunos cuerpos de cierta dureza como la madera, la loza, el yeso, etc. Ú.m.c.r. || **P.** rachar, gretar; **I.** to split; **F.** fendiller; **A.** ritzen, spalten; **It.** screpolare; **R.** раскалывать.

RESQUEBRAJO. (De *resquebrajar*.) m. Resquebradura.

RESQUEBRAJOSO, SA. adj. Que se resquebraja o puede resquebrajarse con facilidad.

RESQUEBRAR. (De *res* y *quebrar*.) intr. Empezar a quebrarse, henderse o saltarse una cosa. Ú.t.c.r.

RESQUEMAR. (De *res* y *quemar*.) tr. Causar algunas substancias en la boca calor picante y mordaz. Ú.t.c.intr. || **2.** Resquemar, tostar con exceso. Ú.t.c.r. || **3.** Escocer, producir en el ánimo una impresión molesta.

RESQUEMAZÓN. f. Resquemo.

RESQUEMO. m. Acción y efecto de resquemar o resquemarse. || **2.** Sabor y olor desagradables de los alimentos resquemados al fuego. || **3.** Calor mordicante que producen algunos alimentos y bebidas en la boca.

RESQUEMOR. (De *resquemo*.) m. Escozor. || **2.** Ast., Sant. y Rioja. Resquemo, 3.ª acep.

RESQUICIO. (De *resquiezo*.) m. Abertura entre el quicio y la puerta. || **2.** Por ext., cualquier hendedura pequeña. || **3.** fig. Coyuntura favorable para un fin. || **4.** P. Rico, Colom., Venez. y Perú. Huella, vestigio. || **5.** Cuba y P. Rico. Cantidad pequeña. || **2.ª** acep.: **P.** resquicio; **I.** crack, chink; **F.** jour, fente; **A.** Ritze, Spalt; **It.** fessura; **R.** щель, лазейка.

RESQUIEZO. (ant. *rescriezo*, y éste del l. re-ex-crĕpitāre, rajar; de *crĕpitāre*, quebrar.) m. ant. Resquicio.

RESQUILAR. (De *esquilo*, ardilla, y éste del l. *sciurus*.) tr. ant. Burg. y Sant. Esquilar, gatear a un árbol.

RESQUITAR. (De *res* y *quitar*.) tr. ant. Desquitar, rebajar, disminuir.

RESTA. f. Álg. y Arit. Operación de restar, una de las cuatro reglas fundamentales de la aritmética y el álgebra. || **2.** Álg. y Arit. Residuo, resultado de la operación de restar.

RESTABLECER. tr. Volver a establecer una cosa poniéndola en el estado que antes tenía. || **2.** r. Recobrar la salud, repararse de cualquier daño. || **P.** restablecer; **I.** to re-establish; **F.** rétablir; **A.** wiederherstellen; **It.** ristabilire; **R.** восстанавливать.

RESTABLECIMIENTO. m. Acción y efecto de restablecer o restablecerse. || **P.** restabelecimento; **I.** re-establishment, recovery; **F.** rétablissement; **A.** Wiederherstellung; **It.** ristabilimento; **R.** восстановление.

RESTADO, DA. p.p. de restar. || **2.** adj. Arrestado, esforzado.

RESTALLAR. intr. Chasquear, estallar una cosa; como la honda o el látigo cuando se manejan o sacuden en el aire. || **2.** Crujir, hacer fuerte ruido.

RESTANTE. (l. *restans, -antis*.) p.a. de restar. Que resta. || **2.** m. Residuo, 1.ª acep.

RESTAÑADERO. (De *restañar*, 2.º art.) m. Estuario.

RESTAÑADURA. f. Acción y efecto de restañar, 1.er art.

RESTAÑAR. tr. Volver a estañar; bañar con estaño segunda vez.

RESTAÑAR. (l. *restagnāre*.) tr. Detener el curso de un líquido, especialmente de la sangre. Ú.t.c. intr. y c.r. || **P.** estancar; **I.** to stanch, to stop; **F.** étancher, arrêter; **A.** unterbinden, (Blut)stillen; **It.** ristagnare; **R.** останавливать кровь.

RESTAÑAR. intr. Restallar.

RESTAÑASANGRE. (De *restañar* y *sangre*.) f. Alaqueca.

RESTAÑO. (De *restañar*, 1.er art.) m. Tela antigua de plata u oro parecido al glasé.

RESTAÑO. m. Acción y efecto de restañar, 2.º art. || **2.** Remanso o estancamiento de las aguas.

RESTAR. (l. *restāre*.) tr. Separar una parte de un todo y hallar el residuo que queda. || **2.** Disminuir, rebajar. || **3.** Devolver el resto de la pelota al saque. || **4.** Álg. y Arit. Hallar la diferencia entre dos cantidades. || **5.** intr. Faltar o quedar. *En lo que* RESTA *del mes.* || **P.** subtrair; **I.** to subtract; **F.** soustraire; **A.** abziehen, subtrahieren; **It.** sottrarre; **R.** вычитать.

RESTAURACIÓN. (l. *restaurātio, -ōnis*.) f. Acción y efecto de restaurar. || **2.** Restablecimiento en un país del régimen político que había existido anteriormente. || **3.** Reposición en el trono de un rey destronado o del representante de una dinastía derrocada. || **4.** Período histórico que comienza en esta reposición. || **P.** restauração; **I.** restoration; **F.** restauration; **A.** Restaurierung; **It.** ristorazione, ristaurazione; **R.** реставрация.

RESTAURADOR. (l. *restaurātor*.) adj. Que restaura. Ú.t.c.s.

RESTAURANTE. p.a. de restaurar. Que restaura. Ú.t.c.s. || **2.** m. Establecimiento dónde sirven comidas. || **2.ª** acep.: **P.** restaurante; **I.** y **F.** restaurant; **A.** Gasthaus; **It.** ristorante; **R.** ресторан.

RESTAURAR. (l. *restaurāre*.) tr. Recuperar o recobrar. || **2.** Reparar, volver a poner una cosa en aquel estado que antes tenía. || **3.** Reparar una pintura, edificio, etc., del deterioro sufrido. || **P.** restaurar; **I.** to restore; **F.** restaurer; **A.** ausbessern, erholen; **It.** restaurare; **R.** восстанавливать.

RESTAURATIVO, VA. adj. Que restaura o tiene virtud de restaurar. Ú.t.c.s.

RESTAURO. m. desus. Restauración.

★ **RESTEADO, DA.** adj. Venez. Dícese del jugador que no puede aceptar envites por haber comprometido ya el resto.

RESTINGA. (neer. *rotssteen*, peñasco.) f. Lengua de arena o piedra debajo del agua y a poca profundidad. || **P.** restinga; **I.** sandbank, shoal; **F.** bas-fond, banc;

R

A. Untiefe, Sandbank; **It.** banco di sabbia; **R.** мель, банка.

RESTINGAR. m. Paraje donde hay restingas.

RESTITUCIÓN. (l. *restitŭtĭo, -ōnis.*) f. Acción y efecto de restituir. || —**in integrum.** FOR. Reintegración de un menor o de otra persona en todas sus acciones y derechos. || **P.** restituição; **I.** y **F.** restitution; **A.** Restitution; **It.** restituzione; **R.** возврат.

RESTITUIBLE. adj. Que se puede restituir.

RESTITUIDOR, RA. adj. Que restituye. Ú.t.c.s.

RESTITUIR. (l. *restituĕre.*) tr. Volver una cosa a quien la tenía antes. || 2. r. Volver uno al lugar de donde había salido. || **P.** restituir; **I.** to give up, to restore; **F.** restituer; **A.** zurückgeben; **It.** restituire; **R.** возвращать.

RESTITUTORIO, RIA. (l. *restitutorius.*) adj. Que restituye, o se da o se recibe por vía de restitución. || 2. FOR. Que incluye o dispone la restitución.

RESTO. (De *restar.*) m. Residuo, parte que queda de un todo. || 2. En los juegos de envite, cantidad que se consigna para jugar y envidar. || 3. Jugador que devuelve la pelota al saque. || 4. En el juego de pelota, sitio desde donde se resta. || 5. Acción de restar en el juego de la pelota. || 6. ÁLG. y ARIT. Resultado de la operación de resta. || 7. pl. RESTOS mortales. || —**abierto.** En algunos juegos, el que es ilimitado. || RESTOS mortales. Lo que queda del cuerpo humano después de la muerte. || *A* RESTO *abierto.* m. adv. fig. y fam. Ilimitadamente. || *Echar* o *envidar el* RESTO. fr. Hacer envite en el juego, de todo el caudal que uno tiene en la mesa. || 2. fig. y fam. Hacer el mayor esfuerzo posible. || **P.** e **It.** resto; **I.** remainder; **F.** reste; **A.** Rest, Rückstand; **R.** остаток.

RESTREGADURA. f. Acción y efecto de restregar o restregarse. || 2. Refregadura, 2.ª acep.

RESTREGAMIENTO. (De *restregar.*) m. Restregadura.

RESTREGAR. (De *re* y *estregar.*) tr. Estregar mucho y con ahínco.

RESTREGÓN. (De *restregar.*) m. Estregón.

RESTRIBAR. intr. Estribar o apoyarse con fuerza.

RESTRICCIÓN. (l. *restrictĭo, -ōnis.*) f. Limitación o modificación. || —**mental.** Negación hecha mentalmente para no cumplir lo que se dice. || —**química.** MED. Aquietamiento de un loco furioso por medio de narcóticos. || **P.** restrição; **I.** y **F.** restriction; **A.** Einschränkung; **It.** restrizione; **R.** ограничение.

RESTRICTIVAMENTE. adv. De manera restrictiva, con restricción.

RESTRICTIVO, VA. (l. *restrictum,* supino de *restringĕre,* restringir.) adj. Que tiene eficacia para restringir. || 2. Que restringe, limita o coarta.

RESTRICTO, TA. (l. *restrictus.*) adj. Limitado, preciso.

★ **RESTRILLAR.** tr. P. RICO. Restallar o chasquear el látigo. || 2. intr. P. RICO. Restallar, chasquear.

RESTRINGA. f. Restinga.

RESTRINGENTE. (l. *restringens, -entis.*) p.a. de restringir. Que restringe. Ú.t.c.s.

RESTRINGIBLE. adj. Que se puede restringir.

RESTRINGIR. (l. *restringĕre.*) tr. Ceñir, circunscribir, estrechar límites. || 2. Restriñir. || **P.** restringir; **I.** to restrain; **F.** restreindre; **A.** beschränken; **It.** restringere; **R.** ограничивать.

RESTRIÑIDOR, RA. adj. Que restriñe.

RESTRIÑIMIENTO. m. Acción y efecto de restriñir.

RESTRIÑIR. (l. *restringĕre.*) tr. Astringir.

RESTROJO. (l. *re-stipŭla.*) m. Rastrojo.

RESUCITACIÓN. f. MED. Acción de volver a la vida, con medios adecuados, a los seres vivos en estado de muerte aparente.

RESUCITADO, DA. p.p. de resucitar. || 2. adj. En *piojo* RESUCITADO, para significar persona de humilde origen que

logra elevarse valiéndose de medios poco honestos o innobles.

RESUCITADOR, RA. (l. *resuscitātor.*) adj. Que hace resucitar. Ú.t.c.s.

RESUCITAR. (l. *resuscitāre; de re* y *suscitāre,* despertar.) tr. Volver la vida a un muerto. || 2. fig. y fam. Restablecer, dar nuevo ser a una cosa. || 3. intr. Volver uno a la vida. || **P.** ressuscitar; **I.** to resuscitate; **F.** ressusciter; **A.** (auf)ersteh(e)n; **It.** risuscitare; **R.** воскресать.

RESUDACIÓN. f. Acción de resudar. || 2. Resudor.

RESUDAR. (l. *resudāre.*) intr. Sudar ligeramente. || 2. Entre madereros, perder los troncos tendidos los árboles el exceso de humedad antes de ser sometidos a la labra. || 3. r. Rezumarse. Ú.t.c. intr.

RESUDOR. (De *resudar.*) m. Sudor ligero y tenue.

RESUELTAMENTE. adv. De manera resuelta.

RESUELTO, TA. (l. *resolūtus,* por *resŏlūtus.*) p.p. irreg. de resolver. || 2. adj. Demasiadamente determinado, audaz, arrojado. || 3. Diligente, expedito, pronto.

RESUELLO. (De *resollar.*) m. Aliento o respiración, especialmente la violenta. || 2. GERM. Dinero. || *Cortar el* RESUELLO. fr. ARGENT. Matar con violencia y rapidez. || *Meter un uno el* RESUELLO *en el cuerpo.* fr. fig. y fam. Hacerle callar, intimidándole.

RESULTA. (De *resultar.*) f. Efecto, consecuencia. || 2. Lo últimamente resuelto en una deliberación o conferencia. || 3. Vacante de un empleo por ascenso del que lo tenía. || 4. pl. Atenciones que, habiendo tenido crédito en un presupuesto, no pudieron pagarse durante su vigencia y pasan como objeto especial a otro presupuesto. || *De* RESULTAS. m. adv. Por efecto, por consecuencia.

RESULTADO, DA. p.p. de resultar. || 2. m. Efecto y consecuencia de un hecho o deliberación. || **P.** resultado; **I.** result, issue; **F.** résultat; **A.** Ergebnis, Resultat; **It.** risultato; **R.** результат.

RESULTANCIA. f. Resultado.

RESULTANDO. (ger. de *resultar.*) m. FOR. Cada uno de los fundamentos de hecho enumerados en sentencias judiciales o en resoluciones gubernativas.

RESULTANTE. p.a. de resultar. Que resulta. || 2. adj. MEC. Dícese de la fuerza equivalente al conjunto de otras varias. Ú.t.c.s. || 3. MAT. Se dice de la ecuación que se obtiene al eliminar una incógnita entre otras dos ecuaciones dadas. || 4. f. resultante; **I.** resultant; **F.** résultante; **A.** Mittelkraft, Resultante; **It.** risultante; **R.** вытекающий.

RESULTAR. (l. *resultāre.*) intr. Resaltar o resurtir. || 2. Redundar una cosa en provecho o daño de una persona o de algún fin. || 3. Nacer, originarse una cosa de otra. || 4. Aparecer, manifestarse o comprobarse una cosa. || 5. Salir, tener bueno o mal éxito. *La función* RESULTÓ *agradable.* || **P.** ressaltar; **I.** to result; **F.** résulter; **A.** entspringen; **It.** risultare; **R.** следовать.

RESUMBRUNO. (De *roso,* 1.er art., *en,* y *bruno.* 2.º art.) adj. CETR. Dícese del plumaje del halcón entre rubio y negro.

RESUMEN. m. Acción y efecto de resumir o resumirse. || 2. Exposición resumida de un asunto o materia. || *En* RESUMEN. m. adv. Resumiendo, recapitulando. || **P.** resumo; **I.** abridgment; **F.** résumé; **A.** Überblick, Zusammenfassung; **It.** riassunto; **R.** краткий обзор, вывод.

RESUMIDAMENTE. adv. En resumen. || 2. En pocas palabras, brevemente.

° **RESUMIDERO.** m. AMÉR. Sumidero.

RESUMIR. (l. *resumĕre,* volver a tomar, comenzar de nuevo.) tr. Reducir a términos breves y precisos lo esencial de un asunto o materia. || 2. Repetir el actuante el silogismo del contrario. || 3. r. Convertirse, resolverse una cosa en otra. || 4. ARGENT. Sumirse un líquido en el sumidero, o filtrarse en tierra. || 5. ARGENT. Rezumarse un líquido. || **P.** abreviar, resumir; **I.** to resume, to abridge; **F.** résumer; **A.** kurz zusammenfassen; **It.** riassùmere; **R.** кратко излагать.

RESUNTA. f. desus. Resumen. Ú. en Colombia.

RESURGIMIENTO. m. Acción y efecto de resurgir.

RESURGIR. (l. *resurgĕre.*) intr. Surgir de nuevo, volver a aparecer. || 2. Resucitar, volver a la vida.

RESURRECCIÓN. (l. *resurrectio, -ōnis.*) f. Acción de resucitar. || 2. Por excel., la de Nuestro Señor Jesucristo. || 3. Pascua, fiesta con que la Iglesia celebra la resurrección del Señor. || 4. MED. Restablecimiento artificial de la vida en los casos de muerte aparente. || —**de la carne.** TEOL. La de todos los muertos el día del juicio final. || **P.** resurreição; **I.** resurrection; **F.** résurrection; **A.** Auferstehung; **It.** risurrezione; **R.** воскрешение.

RESURTIDO, DA. p.p. de resurtir. || 2. f. Rebote de una cosa.

RESURTIR. (fr. *ressortir,* del l. *sŭrtus,* por *surrectus; de surgĕre.*) intr. Retroceder un cuerpo por haber chocado con otro.

RESURTIVO, VA. adj. Que resurte.

RETABLERO. m. Artífice que construye retablos.

RETABLO. (b. l. *retaulus,* y éste del l. *retro,* detrás, y *tabŭla,* tabla.) m. Colección de figuras pintadas o de talla que representan en serie una historia, comúnmente de tipo religioso y que suele ponerse en la parte de atrás de un altar. || 2. Obra de arquitectura que decora un altar. || —**de dolores** o **de duelos.** fig. Persona en quien se acumulan muchas miserias.

RETACAR. (De *retaco.*) tr. Herir dos veces la bola con el taco, en el juego de billar.

★ **RETACEAR.** tr. ARGENT. Retazar. || 2. ARGENT. Regatear.

RETACERÍA. f. Conjunto de retazos de diversas clases de telas.

★ **RETACITO.** m. GUAT. En pl., confeti.

RETACO. m. Escopeta corta muy reforzada en la recámara. || 2. Taco corto, grueso y ancho de boca, en el juego de billar. || 3. fig. Persona rechoncha.

★ **RETACÓN, NA.** (De *retaco.*) adj. ARGENT., PERÚ y URUG. Rechoncho. Ú.t.c.s.

RETADOR, RA. adj. Que reta o desafía. Ú.t.c.s.m.

RETAGUARDA. f. desus. Retaguardia.

RETAGUARDIA. (De *retroguardia.*) f. Último cuerpo de tropa, que cubre las marchas y movimientos de un ejército. || 2. ART. MIL. Parte más retrasada de una tropa, o el espacio que queda a su espalda. || 3. Por ext., la población de un país durante la guerra. || *A* RETAGUARDIA. m. adv. En la retaguardia. || 2. Rezagado, postergado. || *Picar la* RETAGUARDIA. fr. MIL. Perseguir de cerca al enemigo que se retira. || **P.** retaguarda; **I.** rear-guard; **F.** arrière-garde; **A.** Nachhut; **It.** retroguardia; **R.** тыл, арьергард.

RETAHÍLA. (De *reta* e *hila.*) f. Serie de muchas cosas que están, suceden o se mencionan en un determinado orden. || 2. VENEZ. Composición poética en que la última palabra de cada verso se repite al comienzo de la siguiente.

RETAJADURA. f. Efecto y señal de retajar o circuncidar.

RETAJAR. tr. Cortar en redondo una cosa. || 2. Volver a cortar la pluma de ave para escribir. || 3. Circuncidar. || 4. SAL. Sajar las ubres de las vacas junto al pezón para que no puedan mamar los terneros.

RETAJO. m. Acción de retajar. || 2. Cosa retajada.

RETAL. (cat. *retall;* de *retallar,* recortar.) m. Pedazo sobrante de una tela, piel, chapa metálica, etc. || 2. Cualquier pedazo de telas o de pieles, especialmente de las que sirven para hacer la cola que usan los pintores. || **P.** retalho; **I.** clipping; **F.** coupon, morceau; **A.** (Tuch-, Stoff)rest; **It.** ritaglio; **R.** лоскут.

RETALLAR. (De *re* y *tallar.*) tr. Volver a pasar el buril por las rayas de una lámina ya gastada. || 2. ARQ. Dejar o hacer retallos en un muro.

RETALLAR. (De *re* y *tallo.*) intr. p. us. Retallecer.

RETALLECER. intr. Volver a echar tallos las plantas.

RETALLO. (De *retallar,* 1.er art.) m. Resalto en el paramento de un muro por la diferencia de espesor de dos de sus partes sobrepuestas.

R

RETALLO. (De *retallar*, 2.º art.) m. Nuevo tallo, pimpollo.

★ **RETALLONES.** m. pl. Venez. Sobras de comida.

RETAMA. (ár. *ratama*.) f. Bot. Mata de la familia de las papilonáceas, de 2 a 4 m de altura, con muchas ramas delgadas, largas y flexibles; hojas pequeñas lanceoladas; flores amarillas en racimos, y legumbre oval con una sola semilla. ‖ **—blanca.** La que se distingue de la común en tener blancas las flores. ‖ **—de escobas.** Mata de la familia de las papilonáceas, de 12 a 14 dm de altura, con ramas espesas; hojas pequeñas, partidas en tres gajos; flores grandes, amarillas, y fruto de vaina ancha, muy aplastada y con varias semillas. Es abundante en España y se emplea para hacer escobas. ‖ **—de olor.** Gayomba. ‖ **—de tintes** o **de tintoreros.** Mata de la familia de las papilonáceas que tiene las ramas estriadas y angulosas, hojas dentadas, y flores grandes, amarillas, en racimos. Su raíz contiene una substancia empleada en tintorería. ‖ **—macho.** Gayomba. ‖ **—negra.** Retama de escobas. ‖ *Mascar* RETAMA. fr. fig. y fam. Estar amargado, colérico y descontento. ‖ P. retama; I. genista, broom; F. genêt; A. Ginster; It. ginestra; R. дрок.

RETAMAL. m. Retamar.

RETAMAR. m. Sitio poblado de retamas. ‖ P. giestal; I. broom-land; F. genêtière; A. Ginsterbusch, Ginsterfeld; It. ginestreto; R. заросли дрока.

RETAMERO, RA. adj. Perteneciente a la retama.

RETAMILLA. f. d. de retama. ‖ 2. Méj. Agracejo. ‖ 3. Bot. Chile. Cierta planta linácea.

RETAMO. m. ant. Retama. Ú. en Salamanca, Argentina, Colombia y Chile.

RETAMÓN. m. Piorno, planta.

★ **RETAQUEAR.** (De *retaco*.) tr. Colom. Rellenar, apretar mucho.

RETAR. (l. *repūtāre*.) tr. Desafiar, provocar a duelo, batalla o contienda. ‖ 2. fam. Reprender, echar en cara. ‖ 3. Chile. Insultar, denostar. ‖ P. reptar; I. to challenge; F. défier, provoquer; A. herausfordern; It. sfidare; R. бросать вызов.

RETARDACIÓN. (l. *retardatio*, -ōnis.) f. Acción y efecto de retardar o retardarse.

RETARDADO, DA. p.p. de retardar. ‖ 2. adj. Mec. Dícese del movimiento cuya velocidad va disminuyendo.

RETARDADOR, RA. adj. Que retarda.

RETARDAR. (l. *retardāre*.) tr. Diferir, detener, dilatar. ‖ P. retardar; I. to retard, to delay; F. ajourner, retarder; A. verzögern; It. ritardare; R. замедлять.

RETARDATARIO, RIA. adj. Que tiende a producir retraso o retardo en la ejecución de alguna cosa.

RETARDATIVO, VA. adj. Que sirve para retardar.

RETARDATRIZ. (De *retardar*.) adj. f. Mec. Retardadora. ‖ 2. Mec. Dícese de la fuerza que disminuye la velocidad de un movimiento.

RETARDO. (De *retardar*.) m. Retardación.

RETARTALILLAS. f. pl. Retahíla de palabras, charlatanería.

RETASA. (De *retasar*.) f. Acción y efecto de retasar.

RETASACIÓN. (De *retasar*.) f. Retasa.

RETASAR. (De *re* y *tasar*.) tr. Tasar segunda vez. ‖ 2. Rebajar el justiprecio de las cosas puestas en subasta y no rematadas.

RETAZAR. (De *re* y *tazar*.) tr. Hacer piezas o pedazos de una cosa. ‖ 2. Dividir el rebaño en hatajos. ‖ 3. Sal. Cortar leña menuda.

RETAZO. (De *retazar*.) m. Retal o pedazo de una tela. ‖ 2. fig. Trozo de un razonamiento o discurso. ‖ 3. Méj. Piltrafa. ‖ P. retalho (de tecido); I. cutting; F. coupon, morceau; A. Zeugrest; It. ritaglio, brano; R. остаток (ткани).

RETE. Prefijo que encarece o pondera; equivale a *archi*. RETEbueno.

RETEJADOR. m. El que reteja.

RETEJAR. (De *re* y *tejar*, 1.er art.) tr. Revisar los tejados poniendo las tejas que faltan. ‖ 2. fig. y fam. Proveer de vestido y calzado a quien lo necesita.

RETEJER. tr. Tejer unida y apretadamente.

RETEJO. m. Acción y efecto de retejar.

RETEL. (cat. y arag. *retel*, del l. *retĕllum*; de *rete*.) m. Al. Arte para la pesca de cangrejos de agua dulce, consistente en un aro con una red que forma bolsa.

RETEMBLAR. (De *re* y *temblar*.) intr. Temblar con movimiento repetido. ‖ P. retremer; I. to reshake; F. trembler, vibrer; A. erbeben, erzittern; It. ritremare; R. дрожать.

★ **RETEMPLAR.** tr. Chile y Perú. Reanimar. Ú.t.c.r.

RETÉN. (De *retener*.) m. Prevención o repuesto de una cosa. ‖ 2. Mil. Tropa que se tiene dispuesta para reforzar uno o más puestos militares. ‖ P. retém; I. store, reserve; F. piquet, réserve; A. Rücklage, Ersatztruppen; It. provvisione, truppa di reserva; R. замена, резерв.

RETENCIÓN. (l. *retentio*, -ōnis.) f. Acción y efecto de retener. ‖ 2. Parte o totalidad retenida de un haber, sueldo o salario. ‖ 3. Med. Detención en el cuerpo humano de un humor que debiera expelerse. ‖ 4. For. Facultad legítima de retener una cosa hasta que se pague o garantice cierto crédito. ‖ P. retenção; I. retention; F. rétention; A. Zurückbehaltung; It. ritenzione; R. задержка.

RETENEDOR, RA. adj. Que retiene.

RETENENCIA. (De *retener*.) f. ant. Provisión de bastimentos y todo lo demás necesario para la conservación y defensa de una fortaleza.

RETENER. (l. *retinēre*.) tr. Conservar, guardar en sí. ‖ 2. Conservar una cosa en la memoria. ‖ 3. Conservar el empleo que se tenía cuando se pasa a otro. ‖ 4. Suspender el uso de un rescripto procedente de la autoridad eclesiástica. ‖ 5. Suspender total o parcialmente el pago del haber que uno ha devengado y reservar la cantidad para el pago de una deuda. ‖ 6. Imponer prisión preventiva, arrestar. ‖ 7. For. Asumir un tribunal superior la jurisdicción para ejercitarla por sí con exclusión del inferior. ‖ P. reter; I. to retain, to withhold; F. retenir, garder; A. zurückbehalten; It. ritenere; R. сохранять, удерживать.

RETENIDA. (De *retener*.) f. Cuerda, aparejo o puntal que sirve para contener o guiar un cuerpo en su caída. ‖ *Palanquín de* RETENIDA. Mar. Aparejo para asegurar las piezas de artillería contra los balances.

RETENIDAMENTE. adv. Con retención.

RETENIMIENTO. (De *retener*.) m. Retención.

★ **RETENTADO, DA.** p.p. de retentar. ‖ 2. adj. Hond. Dícese de la persona de genio arrebatado.

RETENTAR. (l. *retentāre*, reproducir.) tr. Volver a amenazar la enfermedad o el dolor ya padecido anteriormente.

RETENTIVA. (De *retentivo*.) f. Memoria, facultad de acordarse. ‖ P. retentiva; I. retentiveness; F. mémoire; A. Erinnerungsvermögen; It. ritentiva; R. память.

RETENTIVO, VA. (l. *retentum*, supino de *retinēre*, retener.) adj. Dícese de lo que tiene virtud de retener. Ú.t.c.s.

RETEÑIR. (l. *retingĕre*.) tr. Volver a teñir alguna cosa. ‖ P. retingir; I. to redye; F. reteindre; A. auffärben; It. ritingere; R. перекрашивать.

RETEÑIR. (l. *retinnīre*.) intr. Retiñir.

RETESAMIENTO. m. Acción y efecto de retesar.

RETESAR. (l. *retēnsāre*.) tr. Atiesar o endurecer una cosa.

RETESO. (De *retesar*.) m. Retesamiento. ‖ 2. Peso pequeño, ligera elevación del terreno. ‖ 3. Rioja. Plenitud de la teta llena de leche.

RETESTINAR. tr. And., Murc. y Tol. Percutir, penetrar la suciedad en alguna parte.

RETICENCIA. (l. *reticentĭa*; de *reticens*, reticente.) f. Efecto de no decir sino en parte, o de dar a entender que se oculta algo que pudiera decirse. ‖ 2. Ret. Figura que consiste en dejar incompleta una frase, dando a entender el sentido de lo que se calla. ‖ P. reticência; I. reticence; F. réticence; A. Hinterhältigkeit; It. reticenza; R. недомолвка.

RETICENTE. (l. *reticens*, -*entis*, p.a. de *reticere*, callar.) adj. Que usa reticencias. ‖ 2. Que incluye reticencia.

RÉTICO, CA. (l. *rhaeticus*.) adj. Perteneciente a la Retia, región de la Europa antigua. ‖ 2. m. Lengua románica hablada por los grisones. ‖ P. rético; I. Rhetic; F. rhétique, rhétien; A. rätisch; It. rètico; R. ретийский.

RETÍCULA. f. Fís. Retículo, 2.ª acep.

RETICULAR. (De *retículo*.) adj. De figura de redecilla o de red.

RETÍCULO. (l. *reticŭlum*.) m. Tejido en forma de red. ‖ 2. Conjunto de dos o más hilos cruzados o paralelos que se ponen en el foco de ciertos instrumentos ópticos para precisar la visual o para efectuar mediciones delicadas. ‖ 3. Zool. Redecilla. ‖ **—nuclear.** Biol. Red de delicadas fibras de cromatina que se observa en las preparaciones coloreadas. ‖ P. retículo; I. reticulum; F. réticule; A. Netzwerk; It. reticolo; R. клетчатка.

RETÍN. m. Retintín.

RETINA. (b. l. *retina*, y éste del l. *rete*, red.) f. Zool. Membrana interior del ojo de los vertebrados y de otros animales, constituida por varias capas de células de variada forma y función; cubre la coroides hasta el iris y está formada esencialmente por expansiones del nervio óptico y en la cual se reciben las impresiones luminosas y se forma la imagen de los objetos. ‖ P. retina; I. e It. retina; F. rétine; A. Netzhaut (des Augapfels), Retina; R. сетчатка.

RETINAR. tr. Manipular con la lana en las fábricas de paños.

★ **RETINENO.** m. Bioquím. Pigmento que, juntamente con una proteína, forma el amarillo visual en que se transforma la púrpura visual o pigmento de la retina, por acción de luz intensa.

RETINGLAR. intr. Vallad. Producir estampido.

RETINGLE. m. Vallad. Estampido.

RETINIANO, NA. adj. Perteneciente o relativo a la retina.

RETINTE. m. Segundo tinte dado a una cosa.

RETINTE. m. Retintín.

RETINTÍN. (Voz onomatopéyica.) m. Sensación persistente en el oído del sonido de una campana u otro cuerpo sonoro. ‖ 2. fig. y fam. Tonillo y modo de hablar, comúnmente empleado para zaherir a alguien. ‖ P. retintim; I. tinkling; F. tintement; A. Klingklang; It. tintinnio, tintinno; R. звон, гул.

RETINTO, TA. (l. *retinctus.*) p.p. irreg. de reteñir. ‖ 2. De color castaño muy obscuro. Aplícase a ciertos animales.

RETIÑIR. (l. *retinnīre*, resonar.) intr. Durar el retintín, 1.ª acep.

RETIR. (l. *reterĕre*, deshacer.) tr. ant. Derretir.

★ **RETIRA.** f. Impr. Perú. Retiración.

RETIRACIÓN. f. Acción y efecto de retirar, 2.º art. ‖ 2. Impr. Forma o molde para imprimir por la segunda cara el papel que ya está impreso por la primera.

RETIRADA. f. Acción y efecto de retirarse. ‖ 2. Sitio que sirve de acogida segura. ‖ 3. Mil. Acción de retroceder en orden apartándose del enemigo. ‖ 4. Terreno que va quedando en seco a medida que cambia el cauce natural de un río. ‖ 5. Retreta, toque militar usado para marchar en retirada y para avisar a la tropa que se recoja. ‖ P. retirada; I. retreat; F. retraite; A. Rückzug; It. ritirata; R. уход.

RETIRADAMENTE. adv. En secreto, ocultamente.

RETIRADO, DA. p.p. de retirar. ‖ 2. adj. Distante, apartado, desviado. ‖ 3. Dícese del militar que ha dejado oficialmente el servicio, conservando algunos derechos. Ú.t.c.s.

RETIRAMIENTO. (De *retirar*.) m. Retiro, 1.ª, 2.ª y 3.ª aceps.

RETIRAR. (De *re* y *tirar*.) tr. Apartar o separar una persona o cosa de otra o de un sitio o lugar. Ú.t.c.r. ‖ 2. Apartar de la vista una cosa, ocultándola. ‖ 3. Obligar a uno a que se retire, expulsarle. ‖ 4. intr. Tirar, parecerse una cosa a otra. ‖ 5. r. Apartarse del trato o amistad. ‖ P. retirar; I. to retire, to withdraw; F. retirer, écarter;

R

A. zurückziehen; **It.** ritirare; **R.** удалять.

RETIRAR. (De *re* y *tirar*.) tr. IMPR. Estampar por el revés el pliego que ya lo está por la cara.

RETIRO. m. Acción y efecto de retirarse. ‖ **2.** Lugar apartado del bullicio de la gente. ‖ **3.** Recogimiento, apartamiento y abstracción. ‖ **4.** Ejercicio piadoso consistente en practicar ciertas devociones retirado de las ocupaciones ordinarias uno o varios días. ‖ **5.** Situación del militar retirado. ‖ **6.** Sueldo que éste disfruta. ‖ **P.** retiro; **I.** retirement, secluded place; **F.** retraite; **A.** Zurückgezogenheit; **It.** ritiro; **R.** уединение.

RETO. (De *retar*.) Provocación o citación al duelo o desafío. ‖ **2.** Amenaza. ‖ **3.** CHILE. Insulto, denuesto. ‖ **4.** BOL. y ARGENT. Reprensión, amonestación. ‖ **P.** repto; **I.** challenge; **F.** défi, provocation; **A.** Herausforderung; **It.** (di)sfida; **R.** вызов на дуэль.

RETOBADO, DA. p.p. de retobar o retobarse. ‖ **2.** adj. AMÉR. CENTRAL, ECUAD. y MÉJ. Respondón, rezongón. ‖ **3.** AMÉR. CENTRAL, CUBA y ECUAD. Indómito, rebelde, obstinado. ‖ **4.** ARGENT., CHILE y PERÚ. Taimado, rencoroso.

RETOBAR. (Metátesis de *rebotar*.) tr. ARGENT. Forrar o cubrir con cuero. ‖ **2.** CHILE. Envolver los paquetes o fardos con cuero, harpillera, etc. ‖ **3.** r. ARGENT. Ponerse displicente y en actitud de excesiva reserva.

★ **RETOBEAR.** intr. fam. GUAT. Porfiar, obstinarse.

RETOBO. m. COLOM. y HOND. Desecho, cosa inútil. ‖ **2.** ARGENT. y CHILE. Acción de retobar. ‖ **3.** CHILE. Harpillera, tela basta o encerado con que se retoba. ‖ **4.** MÉJ. Refunfuño, rezongo. ‖ **5.** AMÉR. CENTRAL. Resabio.

RETOCADOR, RA. m. y f. Persona que retoca, especialmente la que retoca fotografías.

RETOCAR. (De *re* y *tocar*.) tr. Volver a tocar. ‖ **2.** Tocar repetidamente. ‖ **3.** Dar a un dibujo, cuadro o fotografía ciertos toques para quitarle imperfecciones. ‖ **4.** Restaurar pinturas deterioradas. ‖ **5.** Perfeccionar el arreglo de la mujer. Ú.m.c.r. ‖ **6.** fig. Dar la última mano a cualquier obra. ‖ **P.** retocar; **I.** to retouch; **F.** retoucher; **A.** retuschieren; **It.** ritoccare; **R.** ретушировать.

RETOÑAR. (De *re* y *toñar*.) intr. Volver o echar vástagos las plantas. ‖ **2.** fig. Reproducirse lo que estaba amortiguado o había dejado de ser. ‖ **P.** retoñar a rebentar; **I.** to sprout out; **F.** repousser, revenir; **A.** sprossen; **It.** rigermogliare; **R.** давать побеги.

RETOÑECER. (De *retoño*.) intr. Retoñar.

RETOÑO. (De *retoñar*.) m. Vástago o tallo que vuelve a echar la planta. ‖ **2.** fig. y fam. Hablando de personas, hijo y, especialmente, el de corta edad. ‖ **P.** rebento; **I.** sprout, shoot; **F.** pousse, rejeton; **A.** Schössling, Trieb; **It.** germoglio; **R.** отросток, отпрыск.

RETOQUE. (De *retocar*.) m. Pulsación frecuente y repetida. ‖ **2.** Última mano a cualquier obra. ‖ **3.** Amago de un accidente o de ciertas enfermedades. ‖ **P.** retoque; **I.** retouch; **F.** retouche; **A.** Retusche; **It.** ritocco; **R.** ретушь, отделка.

RÉTOR. (l. *rhetor*, y éste del gr. ῥήτωρ.) m. ant. El que escribe o enseña retórica.

RETOR. (fr. *retors*, retorción.) m. Tela de algodón fuerte y ordinaria, de trama y urdimbre muy torcidas.

RETOR, RA. m. y f. Rector.

RETORCEDURA. f. Retorcimiento.

RETORCER. (l. *retorquēre*.) tr. Torcer mucho una cosa dándole vueltas. Ú.t.c.r. ‖ **2.** fig. Redargüir o dirigir un argumento contra el mismo que lo hace. ‖ **3.** fig. Interpretar siniestramente una cosa, dándole un sentido que no tiene. ‖ **P.** retorcer; **I.** to twist; **F.** retordre, tordre; **A.** abdrehen, biegen; **It.** ritòrcere; **R.** перекручивать.

RETORCIDO, DA. p.p. de retorcer. ‖ **2.** m. Especie de dulce hecho de frutas diversas.

RETORCIJAR. (De *retortijar*, infl. por *retorcer*.) tr. ant. Retortijar.

RETORCIJO. (De *retorcijar*.) m. Retorcimiento.

RETORCIJÓN. (De *retorcijo*.) m. ant. Retortijón. Ú. en Logroño, Colombia y Guatemala.

RETORCIMIENTO. m. Acción y efecto de retorcer o retorcerse.

RETÓRICA. (l. *rhetorica*, y éste del gr. ῥητορική.) f. Arte de bien decir, de embellecer la expresión de los conceptos dando al lenguaje eficacia para conmover, deleitar y persuadir. ‖ **2.** despect. Uso intempestivo e impropio de este arte. ‖ **3.** pl. fam. Sofisterías, razones que no son del caso. ‖ **P.** retórica; **I.** rhetoric; **F.** rhétorique; **A.** Rhetorik, Redekunst; **It.** rettòrica; **R.** риторика.

RETORICADAMENTE. adv. En forma retoricada.

RETÓRICAMENTE. adv. Según las reglas de la retórica.

RETORICAR. intr. Hablar según las leyes de la retórica. ‖ **2.** intr. fam. Usar de retóricas. Ú.t.c.r.

RETÓRICO, CA. (l. *rhetorĭcus*, y éste del gr. ῥητορικός.) adj. Perteneciente a la retórica. ‖ **2.** Versado en retórica. Ú.t.c.s. ‖ **P.** retórico; **I.** rethoric, rethorician; **F.** rhétorique, rhéteur; **A.** rhetorisch, rednerisch; **It.** rettòrico; **R.** риторический.

RETORNAMIENTO. m. Retorno, 1ª acep.

RETORNANTE. p.a. de retornar. Que retorna.

RETORNAR. (De *re* y *tornar*.) tr. Devolver, restituir. ‖ **2.** Hacer que una cosa vuelva atrás. ‖ **3.** Volver a torcer una cosa. ‖ **4.** intr. Volver al lugar o a la situación anterior. Ú.t.c.r.

RETORNELO. (ital. *ritornello*.) m. Frase que servía de preludio a una composición y que después se repetía en medio o al final de ésta.

RETORNO. m. Acción y efecto de retornar. ‖ **2.** Paga, o recompensa del beneficio recibido. ‖ **3.** Cambio o trueque. ‖ **4.** Carruaje o acémila que vuelve hacia el pueblo de donde salió. ‖ **5.** MAR. Motón puesto en determinado lugar para variar la dirección en que trabaja un cabo de labor. ‖ **P.** retorno; **I.** return, repayment; **F.** retour, récompense; **A.** Rückkehr, Erwiderung; **It.** ritorno; **R.** возвращение.

RETORO. m. EXTR. Tuero, leño grueso.

RETORROMANO, NA. adj. Rético. ‖ **2.** m. Lengua rética.

RETORSIÓN. f. Acción y efecto de retorcer. ‖ **2.** fig. Acción de devolver a uno el mismo daño que de él se ha recibido. ‖ **—del argumento.** Acción de aplicar a otro, camb ando los nombres de las personas, el mismo razonamiento empleado antes contra él. ‖ **P.** retorsão; **I.** retortion; **F.** rétordement, rétorsion; **A.** Verdrehung, Krümmung; **It.** ritorsione; **R.** скручивание.

RETORSIVO, VA. adj. Que incluye una retorsión.

RETORTA. (l. *retorta*, retorcida.) f. Vasija con cuello largo y encorvado, usada en diversas operaciones químicas, como en la destilación. ‖ **2.** Cierta tela de hilo, con la trama y urdimbre muy retorcidas. ‖ **P.** retorta; **I.** retort; **F.** cornue; **A.** Retorte, Destillierkolben; **It.** storta; **R.** реторта.

RETORTERO. (l. *retortum*, supino de *retorquēre*, retorcer, envolver.) m. Vuelta alrededor. Ú. por lo común en la m. adv. *Al* RETORTERO. ‖ *Andar al* RETORTERO. fr. fam. Andar sin parar de un sitio para otro. ‖ *Traer a uno al* RETORTERO. fr. fam. Traerle a vueltas de un lado para otro. ‖ **2.** fig. y fam. No dejarle parar, con diversos encargos u ocupaciones. ‖ **3.** fig. y fam. Tenerle engañado, mintiéndole con promesas y halagos.

RETORTIJAR. (fr. *tortiller*, del l. *tortiliāre*; de *tortilis*, torcido.) tr. Ensortijar o retorcer mucho.

RETORTIJÓN. (De *retortijar*.) m. Ensortijamiento de una cosa. ‖ **2.** Demasiado torcimiento de ella. ‖ **—de tripas.** Dolor agudo y poco duradero que se siente en ellas. ‖ Últ. acep.: **P.** dor rápida nos intestinos; **I.** griping; **F.** tiraillement; **A.** Darmgrimmen; **It.** aragaleo; **R.** заворот кишок.

RETOSTADO, DA. p.p. de retostar. ‖ **2.** adj. De color obscuro, como de cosa muy tostada.

RETOSTAR. tr. Volver a tostar. ‖ **2.** Tostar mucho una cosa.

RETOZADOR, RA. adj. Que retoza con frecuencia.

RETOZADURA. (De *retozar*.) f. Retozo.

RETOZAR. (Tal vez de *re* y *tozar*.) intr. Brincar alegremente. ‖ **2.** Travesear unos con otros, personas o animales. ‖ **3.** fig. Excitarse vehementemente en lo interior algunas pasiones. ‖ **4.** Travesear con desenvoltura personas de distinto sexo. Ú.t.c.tr. ‖ **P.** retouçar; **I.** to frisk; **F.** folâtrer, sauter; **A.** hüpfen, schäkern; **It.** ruzzare; **R.** прыгать, скакать.

RETOZO. m. Acción y efecto de retozar. ‖ **—de la risa.** fig. Movimiento de risa reprimido.

RETOZÓN, NA. adj. Inclinado a retozar o que retoza a menudo. ‖ **P.** retouçador; **I.** frisker, rompish; **F.** folâtre, batifoleur; **A.** ausgelassen, mutwillig; **It.** ruzzante; **R.** прыгать, шалить.

RETRACCIÓN. (l. *retractĭo*, -ōnis.) f. Acción y efecto de retraer. ‖ **2.** MED. Reducción persistente de volumen en ciertos tejidos orgánicos.

RETRACTABLE. adj. Que se puede o debe retractar.

RETRACTACIÓN. (l. *retractatĭo*, -ōnis.) f. Acción de retractarse. ‖ **P.** retratação; **I.** retractation; **F.** rétractation; **A.** Widerruf; **It.** ritrattazione; **R.** отречение.

RETRACTAR. (l. *retractāre*.) tr. Revocar expresamente lo que se ha dicho antes; desdecirse de ello. Ú.t.c.r. ‖ **2.** FOR. Retraer, ejercitar el derecho de retracto. ‖ **P.** retratar, desdizer; **I.** to retract; **F.** rétracter; **A.** zurückziehen, widerrufen; **It.** ritrattare; **R.** отрекаться.

RETRÁCTIL. (l. *retractum*, supino de *retrahĕre*, traer o llevar hacia atrás.) adj. ZOOL. Dícese de los órganos que pueden retraerse quedando ocultos como las uñas de los felinos. ‖ **P.** retráctil; **I.** retractile; **F.** rétractile; **A.** einziehbar; **It.** retràttile; **R.** сокращающийся.

RETRACTILIDAD. f. Calidad de retráctil.

RETRACTO. (l. *retractus*.) m. FOR. Derecho que en determinados casos tiene una persona para quedarse, por el tanto de su tasación, con la cosa vendida a otro. ‖ **—convencional.** El derecho que en los contratos de compraventa se otorga al vendedor para recuperar la cosa vendida reembolsando al comprador el precio de la venta y los gastos. ‖ **—de colindantes.** El que corresponde a los dueños de inmuebles rústicos para adquirir, en determinados casos, las parcelas colindantes enajenadas. ‖ **—gentilicio, familiar o de sangre.** El que corresponde a los parientes más próximos al vendedor de un inmueble para dar ellos los adquirentes.

RETRADUCIR. tr. Volver a traducir al idioma primitivo una obra sirviéndose de una traducción.

RETRAER. (l. *retrahĕre*.) tr. Volver a traer. ‖ **2.** Reproducir en imagen o retrato una cosa. ‖ **3.** Disuadir de un intento. Ú.t.c.s. ‖ **4.** FOR. Ejercitar el derecho de retracto. ‖ **5.** r. Guarecerse, refugiarse. ‖ **6.** Retirarse, retroceder. ‖ **7.** Hacer vida retirada. ‖ **8.** Apartarse deliberadamente un partido de sus funciones políticas por algún tiempo.

RETRAHER. (l. *retrahĕre*.) m. ant. Refrán o expresión proverbial.

RETRAÍDO, DA. p.p. de retraer. ‖ **2.** adj. Dícese del que gusta de la soledad. ‖ **3.** fig. Poco comunicativo, tímido. ‖ 2.ª acep.: **P.** retraído; **I.** retired, secluded; **F.** qui vit à l'écart, isolé; **A.** zurückgezogen; **It.** ritirato; **R.** любящий одиночество.

RETRAIMIENTO. m. Acción y efecto de retraerse. ‖ **2.** Habitación interior y retirada. ‖ **3.** Lugar de refugio. ‖ **4.** Cortedad, reserva. ‖ **P.** retraimento; **I.** seclusion, retirement; **F.** retraite; **A.** Zurückgezogenheit; **It.** ritiro; **R.** уединение.

RETRANCA. (De *retro* y *anca*.) f. Correa ancha que llevan las bestias de tiro, a manera de ataharre. ‖ **2.** MAR. Arritranca. ‖ **3.** CUBA y COLOM. Freno en máquinas y carruajes. ‖ **4.** AND. Galga,

R

palo grueso y largo que sirve de freno a las ruedas de algunos carruajes.

RETRANQUEAR. (De *re* y *tranca*.) tr. ARQ. Bornear, mover los sillares y otras piezas arquitectónicas hasta dejarlas bien colocadas.

RETRANQUEO. m. ARQ. Acción y efecto de retranquear.

RETRANQUERO. (De *retranca*.) m. CUBA. Guardafrenos.

RETRANSMISIÓN. f. Acción y efecto de retransmitir.

RETRANSMITIR. tr. Volver a transmitir. || 2. Transmitir desde una emisora de radiodifusión lo que se ha transmitido a ella desde otra.

RETRASAR. (De *re* y *tras*, 1.er art.) Diferir la ejecución de una cosa. Ú.t.c.r. || 2. intr. Andar menos deprisa que lo debido. Ú.t.c.r. || 3. intr. Ir atrás o a menos alguna cosa. || P. atrasar; I. to delay, to put off; F. retarder, arriérer; A. verspäten, aufhalten; It. ritardare; R. задерживать.

RETRASO. m. Acción y efecto de retrasar o retrasarse. || P. demora, atraso; I. delay; F. retard, délai; A. Verzug; It. ritardo; R. опоздание, задержка.

RETRATABLE. adj. Retractable.

RETRATACIÓN. f. Retractación.

RETRATADOR, RA. m. y f. Retratista.

RETRATAR. (l. *retractāre*, frec. de *retrahĕre*, retraer.) tr. Hacer el retrato de una persona o cosa por medio del dibujo, fotografía, etc. || 2. Hacer la descripción de la figura o del carácter de una persona. Ú.t.c.r. || 3. Imitar, asemejarse. || 4. Describir con fidelidad una persona o cosa. || 5. Retractar. Ú.t.c.r. || P. retratar; I. to portray, to photograph; F. portraiturer, photographier; A. abbilden, photographieren; It. ritrattare, fotografare; R. писать портрет, фотографировать.

RETRATERÍA. f. GUAT. y URUG. Fotografía, oficina o laboratorio en que se hacen retratos o fotografías.

RETRATISTA. com. Persona que hace retratos. || 2. Fotógrafo. || P. retratista; I. portraitpainter, photographer; F. portraitiste, photographe; A. Porträtmaler, Photographer; It. ritratista, fotógrafo; R. портретист.

RETRATO. (De *retratar*.) m. Representación de una persona o cosa mediante la pintura, el dibujo, la fotografía, la escultura, etc. || 2. Descripción de la figura o del carácter de una persona. || 3. fig. Lo que se asemeja mucho a una persona o cosa. || 4. FOR. Retracto. || *Ser uno el vivo* RETRATO *de otro*. fr. fig. Parecérsele mucho. || P. retrato; I. portrait, effigy; F. portrait, photographie; A. Porträt, Bildnis, Photographie; It. ritratto, fotografia; R. портрет, снимок.

RETRAYENTE. p.a. de retraer. Que retrae. Ú.t.c.s.

RETRECHAR. (l. *retractāre*.) intr. Retroceder, recular el caballo.

RETRECHERÍA. (De *retrechero*.) f. fam. Artificio y maña para eludir la confesión de la verdad o el cumplimiento de lo debido.

RETRECHERO, RA. (De *retrechar*.) adj. fam. Que con artificios disimulados y mañosos trata de eludir la confesión de la verdad o el cumplimiento de lo debido. || 2. fam. Que tiene mucho atractivo.

RETREPADO, DA. p.p. de retreparse. || 2. adj. Inclinado o echado hacia atrás.

RETREPARSE. r. Echar hacia atrás la parte superior del cuerpo. || 2. Recostarse en la silla haciendo que ésta se incline también hacia atrás.

RETRETA. (fr. *retraite*, y éste del l. *retractus*, p.p. de *retrahĕre*, hacer retirar.) f. Toque militar para marchar en retirada, y para avisar a la tropa que debe recogerse ya al cuartel por la noche. || 2. Fiesta nocturna en la cual recorren las calles tropas con faroles, música, etc. || 3. AMÉR. Especie de serenata militar. || 4. AMÉR. Función musical al aire libre. || 5. CUBA y P. RICO. Tanda, serie. || P. retreta; I. retreat, tattoo; F. retraite; A. Retraite, Zapfenstreich; It. ritirata; R. отбой.

RETRETE. (prov. o cat. *retret*, retirado, y éste del l. *retractus*, retirado.) m. Aposento pequeño para retirarse. || 2. Apo-

sento con las instalaciones precisas para orinar y evacuar el vientre. || P. retrete; I. closet; F. cabinet, lieu d'aisance; A. Privé, Abort; It. latrina, privato; R. отхожее место.

RETRIBUCIÓN. (l. *retributio, -ōnis*.) f. Recompensa o pago de una cosa. || P. retribuição; I. retribution; F. rétribution, payement; A. Vergütung; It. retribuzione; R. возмещение.

RETRIBUENTE. (l. *retribuens, -entis*.) p.a. ant. Retribuyente.

RETRIBUIR. (l. *retribuĕre*.) tr. Recompensar o pagar un servicio. || 2. AMÉR. Corresponder al favor que se recibe. || P. retribuir; I. to retribute; F. rétribuer; A. belohnen, vergüten; It. retribuire; R. вознаграждать.

RETRIBUTIVO, VA. adj. Que tiene virtud o facultad de retribuir.

RETRIBUYENTE. p.a. de retribuir. Que retribuye.

RETRIL. m. desus. Atril.

RETRILLAR. tr. Volver a trillar lo ya trillado.

RETRO. (l. *retro*, hacia atrás.) Prefijo que lleva a lugar o tiempo anterior la significación del simple.

RETROACCIÓN. f. Regresión.

RETROACTIVIDAD. f. Calidad de retroactivo. || P. retroactividade; I. retroactivity; F. rétroactivité; A. Rückwirkung; It. retroattività; R. ретроактивность.

RETROACTIVO, VA. (l. *retroactum*, supino de *retroagĕre*, hacer retroceder.) adj. Que obra o tiene efecto sobre lo pasado. || P. retroactivo; I. retroactive; F. rétroactif; A. rückwirkend; It. retroattivo; R. имеющий обратную силу.

* RETROALIMENTACIÓN. f. Mecanismo que en todo el sistema de autorregulación hace que el aparato medidor transmita a los otros órganos la información necesaria para que readapten su funcionamiento.

RETROCAR. tr. desus. Trocar.

RETROCARGA (DE). m. adv. Dícese de las armas de fuego que se cargan por la recámara.

RETROCEDER. (l. *retrocedĕre*.) intr. Volver hacia atrás. || P. retroceder; I. to retrocede; F. rétrograder; A. zurückweichen; It. retrocedĕre; R. отступить.

RETROCESIÓN. f. Retroceso, 1.ª acep. || 2. FOR. Acción y efecto de ceder a uno el derecho o cosa que él había cedido antes. || 2. MED. Metástasis.

RETROCESO. (l. *retrocessus*.) m. Acción y efecto de retroceder. || 2. Lance del juego del billar consistente en picar la bola en su parte baja para que, después de chocar con otra bola, vuelva hacia el punto de partida. || 3. MED. Recrudecencia de una enfermedad que ya declinaba. || P. retrocesso; I. retrocession; F. rétrogression; A. Rückgang; It. retrocedimento; R. отступление.

* RETROFLEXIÓN. m. MED. Flexión hacia atrás.

RETROGRADACIÓN. (l. *retrogradatio, -ōnis*.) f. ASTRON. Acción de retrogradar un planeta.

RETROGRADAR. (l. *retrogradāre*.) intr. Retroceder. || 2. ASTRON. Retroceder aparentemente los planetas en su órbita, vistos desde la Tierra.

RETRÓGRADO, DA. (l. *retrogrādus*.) adj. Que retrograda. || 2. fig. despect. Partidario de instituciones políticas y sociales propias de épocas pasadas. Ú.t.c.s. || 3. ASTRON. *Movimiento* RETRÓGRADO. Llámase así el movimiento real o aparente de un astro en sentido contrario al directo. || P. retrógrado; I. retrograde; F. rétrograde; A. rückläufig; It. retrógrado; R. ретроград.

RETROGUARDIA. f. ant. Retaguardia.

RETRONAR. (l. *retonāre*.) intr. Hacer un gran ruido o estruendo retumbante.

RETRÓNICA. f. Vulgarismo por retórica. Suele usarse en sentido jocoso.

RETROPILASTRA. f. ARQ. Pilastra que se pone detrás de una columna.

* RETROPROPULSIÓN. (De *retro* y *propulsión*.) f. MEC. En ciertos motores de aviación, impulsión obtenida por la reacción elástica de gases que escapan a gran presión y velocidad.

RETROPULSIÓN. f. MED. Variedad de metástasis consistente en la desaparición de un exantema, inflamación o tumor agudo, que se reproduce en un órgano distante.

RETROSPECTIVO, VA. (l. *retro*, hacia atrás, y *spectāre*, mirar.) adj. Referente a tiempo pasado. || P. retrospectivo; I. retrospective; F. rétrospectif; A. rückschauend; It. retrospettivo; R. ретроспективный.

RETROTRACCIÓN. f. Acción y efecto de retrotraer.

RETROTRAER. (De *retro* y *traer*.) tr. Fingir, especialmente para efectos legales, que una cosa sucedió en un tiempo anterior a aquel en que realmente ocurrió. Ú.t.c.r.

RETROVENDENDO. (l. *retro vendendus*, que se ha de volver a vender.) FOR. V. *Contrato de* RETROVENDENDO.

RETROVENDER. tr. FOR. Devolver el comprador una cosa al mismo de quien la compró, devolviéndole éste el importe.

RETROVENDICIÓN. f. FOR. Retroventa.

RETROVENTA. (De *retro* y *venta*.) f. FOR. Acción de retrovender.

RETROVERSIÓN. f. MED. Desviación hacia atrás de algún órgano del cuerpo.

RETRUCAR. (De *re* y *trucar*.) intr. En los juegos de billar y trucos, retroceder la bola al ser rechazada por la banda, y herir a la otra que le causó el movimiento. || 2. En el juego del truque, envidar en contra sobre el primer envite hecho. || 3. ARGENT., VALL. y PAL. Replicar.

RETRUCO. m. Retruque.

RETRUÉCANO. m. Inversión de los términos de una proposición o cláusula en otra subsiguiente para que el sentido de esta última forme antítesis o contraste con el de la anterior. || 2. Suele tomarse por otros juegos de palabras. || 3. RET. Figura consistente en aquella inversión de términos. || P. jogo de palavras; I. pun, quibble; F. calembour; A. Wortspiel, Calembourg; It. concettino; R. игра слов, каламбур.

RETRUQUE. (De *retrucar*.) m. En el juego de trucos y billar, golpe que la bola herida al retroceder da en la bola que hirió. || 2. Segundo envite en contra del primero en el juego de truque. || P. retruque; I. kiss; F. contre; A. Rückstoss; It. rimbalzo; R. рикошет.

RETUELLE. m. SANT. Especie de red de pescar.

RETUERTO, TA. (l. *retortus*.) p.p. irreg. de retorcer.

RÉTULO. m. ant. Rótulo. || 2. Título, inscripción, letrero.

RETUMBANTE. p.a. de retumbar. Que retumba. || 2. adj. fig. Ostentoso, pomposo.

RETUMBAR. intr. Resonar mucho o hacer una cosa gran ruido o estruendo. || P. retumbar; I. to resound; F. résonner, retentir; A. dröhnen, wiederhallen; It. rimbombare; R. греметь.

RETUMBO. m. Acción y efecto de retumbar.

RETUNDIR. (l. *retundĕre*.) tr. Igualar el paramento de una obra de fábrica. || 2. MED. Repeler, repercutir.

REUCLINIANO, NA. adj. Dícese del que sigue la pronunciación griega de Reuchlin, fundada principalmente en el uso de los griegos modernos. Ú.t.c.s.

REÚMA [REUMA]. (l. *rehuma*, y éste del gr. ῥεῦμα, flujo.) amb. MED. Reumatismo. Ú.m.c.m. || 2. MED. Corrimiento, fluxión de humores que carga a alguna parte del cuerpo.

REUMÁTICO, CA. (l. *rheumaticus*, y éste del gr. ῥευματικός.) adj. MED. Que padece reúma. Ú.t.c.s. || 2. MED. Perteneciente a esta enfermedad. || I. rheumatic; F. rhumatisant, rhumatismal; A. rheumatisch; It. reumàtico; R. ревматический.

REUMÁTIDE. (l. *rheuma, -ătis*, reúma.) f. Dermatosis de origen reumático.

REUMATISMO. (l. *rheumatismus*, y éste del gr. ῥευματισμός; de ῥευματίζω, tener reúma.) m. MED. Enfermedad que suele manifestarse por inflamaciones dolorosas en las articulaciones, o por dolores

R

en ciertos músculos. ‖ P. e It. reumatismo; I. rheumatism; F. rhumatisme; A. Rheumatismus; R. ревматизм.

REUNIÓN. f. Acción y efecto de reunir o reunirse. ‖ 2. Conjunto de personas reunidas. ‖ P. reunião; I. meeting, reunion; F. réunion, assemblée; A. Versammlung; It. riunione; R. соединение, собрание.

REUNIR. tr. Volver a unir. Ú.t.c.r. ‖ 2. Juntar, amontonar, congregar. Ú.t.c.r. ‖ P. reunir; I. to reunite, to congregate; F. réunir, rassembler; A. versammeln; It. riunire; R. соединять.

REUNTAR. tr. Volver a untar.

REUSENSE. adj. Natural de Reus. Ú.t.c.s. ‖ 2. Perteneciente a esta ciudad.

REVACUNACIÓN. f. Acción y efecto de revacunar o revacunarse.

REVACUNAR. tr. Vacunar al que está ya vacunado. Ú.t.c.r. ‖ P. revacinar; I. to revaccinate; F. revacciner; A. wiederimpfen; It. rivaccinare; R. делать повторную прививку.

REVÁLIDA. f. Acción y efecto de revalidarse.

REVALIDACIÓN. f. Acción y efecto de revalidar.

REVALIDAR. tr. Ratificar, dar nuevo valor y firmeza a una cosa. ‖ 2. r. Aprobarse ante un tribunal para recibir un grado académico. ‖ P. revalidar; I. to ratify; F. revalider; A. wieder gültigmachen; It. rivalidare; R. утверждать.

REVECERO, RA. (De revezo.) adj. Que alterna o se remuda. Suele decirse en algunas partes de los arados y ganado de labor. ‖ 2. m. y f. Mozo o moza que cuida del ganado de revezo.

REVEEDOR. m. Revisor.

REVEJECER. intr. Avejentarse antes de tiempo. Ú.t.c.r.

REVEJIDO, DA. adj. Envejecido antes de tiempo. ‖ 2. COLOM. Enteco, flacucho, delgado.

REVEJUDO, DA. adj. AND. Revejido.

REVELABLE. adj. Que puede revelarse.

REVELACIÓN. (l. revelātio, -ōnis.) f. Acción y efecto de revelar. ‖ 2. Manifestación de una verdad secreta u oculta. ‖ 3. Por antonom., la manifestación divina.

REVELADO. m. Conjunto de operaciones para revelar una imagen fotográfica.

REVELADOR, RA. (l. revelātor.) adj. Que revela. Ú.t.c.s. ‖ 2. m. FOT. Líquido que contiene disueltas substancias reductoras, el cual aísla partículas de plata negra en los puntos de la placa fotográfica impresionados por la luz, haciendo así visible la imagen. ‖ 2.ª acep.: P. revelador; I. developer; F. révélateur; A. Entwickler; It. sviluppatore; R. проявитель.

REVELAMIENTO. (De revelar.) m. Revelación.

REVELANDERO, RA. m. y f. Persona que falsamente pretende haber tenido revelaciones de Dios.

REVELANTE. (l. revēlans, -antis.) p.a. de revelar. Que revela.

REVELAR. (l. revelāre.) tr. Descubrir un secreto, manifestar lo ignorado. Ú.t.c.r. ‖ 2. Manifestar Dios a los hombres por inspiración sobrenatural lo futuro u oculto, especialmente las verdades que son artículos de fe. ‖ 3. FOTOGR. Hacer visible la imagen impresa en la placa fotográfica. ‖ P. revelar; I. to reveal; F. révéler; A. enthüllen; It. rivelare; R. разоблачать.

REVELER. (l. revellĕre, arrancar, separar a la fuerza.) tr. MED. Separar la causa de una enfermedad en cualquier órgano importante, llamándola hacia otro órgano de menor importancia.

REVELLÍN. (ital. rivellino.) m. GRAN. Saliente que sirve de vasar en la campana de la chimenea. ‖ 2. FORT. Obra exterior que cubre y defiende la cortina de un fuerte.

* **REVELLÍN.** m. CUBA. Dificultad. ‖ 2. CUBA. Atracción de una mujer.

REVELLINEJO. m. d. de revellín.

REVENAR. intr. Echar brotes los árboles por la parte en que han sido desmochados.

REVENCER. (l. revincĕre.) tr. ant. Vencer.

REVENDEDERA. f. Revendedora.

REVENDEDOR, RA. adj. Que revende. Ú.t.c.s.

REVENDER. (l. revendĕre.) tr. Volver a vender lo que se ha comprado con ese intento al poco tiempo de haberlo comprado. ‖ P. revender; I. to retail, to resell; F. revendre; A. wieder verkaufen; It. rivèndere; R. перепродавать.

REVENDÓN, NA. m. y f. desus. Revendedor. Ú. en Andalucía y Puerto Rico.

* **REVENIDO.** m. TECNOL. Operación de calentar una pieza de acero a cierta temperatura, inferior al del temple, para disminuir su fragilidad y devolverle tenacidad.

REVENIMIENTO. m. Acción y efecto de revenir o revenirse. ‖ 2. MIN. Hundimiento parcial del terreno de una mina.

REVENIR. (De re y venir.) intr. Retornar o volver una cosa a su estado propio. ‖ 2. r. Encogerse, consumirse una cosa poco a poco. ‖ 3. Hablando de licores y conservas, avinagrarse, acedarse. ‖ 4. Escupir una cosa hacia afuera la humedad que tiene. ‖ 5. Ponerse una masa, pasta, etc., blanda y correosa con la humedad y el calor. ‖ 6. fig. Ceder en lo que se afirmaba con tesón y porfía. ‖ 7. SAL. Agostarse las mieses por calentar el sol con exceso.

REVENO. m. Brote de los árboles que revenan.

REVENTA. f. Acción y efecto de revender. ‖ P. revenda; I. retail, resale; F. revente; A. Wiederverkauf; It. rivèndita. R. перепродажа.

REVENTADERO. (De reventar.) m. Paraje áspero y dificultoso. ‖ 2. fig. Trabajo penoso. ‖ 3. CHILE. Paraje donde revientan o rompen las olas del mar. ‖ 4. COLOM. Manantial donde brota el agua haciendo burbujas.

REVENTADOR. m. fam. Persona que va al teatro con el fin de mostrar desagrado de modo ruidoso.

REVENTAR. (l. re y ventus, viento.) intr. Abrirse una cosa por impulso de una fuerza interior. Ú.t.c.r. ‖ 2. Deshacerse en espuma las olas del mar. ‖ 3. Brotar o salir con ímpetu. ‖ 4. fig. Tener deseo vehemente de una cosa. ‖ 5. fig. y fam. Estallar o manifestarse con violencia una pasión. ‖ 6. fam. Morir violentamente. ‖ 7. tr. Deshacer, romper o abrir una cosa con violencia. ‖ 8. Hacer enfermar o morir a un caballo por exceso en la carrera. Ú.t.c.r. ‖ 9. fig. y fam. Molestar, cansar, enfadar. ‖ 10. fig. y fam. Causar grave daño a alguien. ‖ 11. fig. Fatigar mucho a alguien haciéndole trabajar con exceso. ‖ P. rebentar; I. to burst, to crack; F. éclater; A. zerbersten, ausbrechen; It. scoppiare, crepare; R. лопаться.

REVENTAZÓN. f. Acción y efecto de reventar en virtud de una fuerza interior, y también deshacerse en espuma las olas del mar. ‖ 2. ARGENT. Estribo, contrafuerte de una sierra o cadena montañosa. ‖ 3. MÉJ. Inflación en el tubo digestivo.

REVENTÓN. adj. Dícese de ciertas cosas que revientan o parece que van a reventar. ‖ 2. Dícese de los ojos que parecen salirse de la órbita. ‖ 3. m. Acción y efecto de reventar o reventarse, 1.ª acep. ‖ 4. fig. Cuesta muy pendiente y difícil de subir. ‖ 5. fig. Aprieto o dificultad grave en que uno se halla. ‖ 6. fig. Fatiga que se da o se toma en un caso de necesidad. ‖ 7. MIN. ARGENT. y CHILE. Mineral aflorado, afloramiento. ‖ 8. BOL. Gradería natural de peñascos en las laderas de los cerros. ‖ 9. CHILE. Manifestación violenta y repentina de una pasión. ‖ 10. C. RICA. Empellón, empujón. ‖ 11. CHILE. Pasaje obscuro en una obra literaria. ‖ 3.ª acep.: P. arrebentamento; I. bursting; F. crevaison; A. Aufplatzen; It. crepatura; R. взрыв.

REVER. (De re y ver.) tr. Volver a ver o examinar con cuidado una cosa. ‖ 2. FOR. Ver por segunda vez un tribunal superior el pleito ya visto y sentenciado en otra sala del mismo.

REVERBERACIÓN. (l. reverberatĭo, -ōnis.) f. Acción y efecto de reverberar. ‖ 2. QUÍM. Calcinación hecha en el horno del reverbero. ‖ P. reverberação; I. reverberation; F. réverbération; A. Rückstrahlung; It. riverberazione; R. отражение, отблеск.

REVERBERANTE. p.a. de reverberar. Que reverbera.

REVERBERAR. (l. reverberāre.) intr. Hacer reflexión la luz en un cuerpo bruñido.

REVERBERO. (De reverberar.) m. Reverberación. ‖ 2. Cuerpo de superficie bruñida en que la luz reverbera. ‖ 3. Farol que hace reverberar la luz. ‖ 5. ARGENT., CHILE, CUBA y ECUAD. Cocinilla, infiernillo. ‖ 2.ª acep.: P. revérbero; I. reverberator; F. réverbère, réflecteur; A. Reverbere; It. rivèrbero; R. отражатель, рефлектор.

REVERDECER. (De re y verdecer.) intr. Cobrar nuevo verdor los campos. Ú.t.c.tr. ‖ 2. fig. Renovarse o tomar nuevo vigor y lozanía. Ú.t.c.tr.

REVERDECIENTE. p.a. de reverdecer. Que reverdece.

REVERENCIA. (l. reverentĭa.) f. Respeto o veneración que se tiene a una persona. ‖ 2. Inclinación del cuerpo en señal de respeto. ‖ 3. Tratamiento dado a los religiosos condecorados. ‖ 2.ª acep.: P. reverência; I. reverence; F. révérence; A. Reverenz, Verbeugung; It. riverenza; R. уважение, поклон.

REVERENCIABLE. adj. Digno de reverencia y respeto.

REVERENCIADOR, RA. adj. Que reverencia o respeta.

REVERENCIAL. adj. Que incluye reverencia o respeto.

REVERENCIAR. (De reverencia.) tr. Respetar o venerar. ‖ P. reverenciar; I. to revere; F. révérer; A. verehren; It. reverire; R. уважать.

REVERENDAS. (De reverendo.) f. pl. Cartas dimisorias en las cuales un prelado da facultad a su súbdito para recibir órdenes de otro. ‖ 2. Calidad, prendas o títulos que hacen digna de estimación y reverencia a una persona.

REVERENDÍSIMO, MA. adj. sup. de reverendo, que se aplica como tratamiento a los cardenales, arzobispos y otras personas constituidas en alta dignidad eclesiástica.

REVERENDO, DA. (l. reverendus.) adj. Digno de reverencia. ‖ 2. fam. Demasiadamente circunspecto. ‖ 3. adj. Se aplica como tratamiento a las dignidades eclesiásticas. Ú.t.c.s.

REVERENTE. (l. revĕrens, -entis.) adj. Que muestra reverencia o respeto.

* **REVERSA.** (l. reversus, vuelto.) f. PAN. Revuelta de un río.

REVERSAR. (l. reversāre, intens. de revertere, volver.) tr. ant. Revesar.

REVERSIBILIDAD. f. Calidad de reversible.

REVERSIBLE. (l. reversus, p.p. de reverti, volver.) adj. FOR. Que puede o debe revertir. ‖ 2. BIOL. Dícese de la alteración de una función o de un órgano cuando puede volverse a su estado normal. ‖ 3. MEC. Dícese de una transmisión que pueda ponerse en movimiento actuando sobre uno cualquiera de los cuerpos enlazados por ella. ‖ 4. FÍS. y QUÍM. Se dice que una transformación es reversible cuando, en cualquier momento, basta una modificación infinitesimal de sus condiciones exteriores para cambiar su sentido. ‖ P. reversível; I. reversionary; F. réversible; A. heimfällig; It. reversibile; R. обратимый.

REVERSIÓN. (l. reversĭo, -ōnis.) f. Restitución de una cosa al estado que tenía. ‖ 2. FOR. Acción y efecto de revertir. ‖ P. reversão; I. reversion; F. réversion; A. Rückfall; It. riversione; R. возвращение.

REVERSO, SA. (l. reversus, vuelto.) adj. Vuelto al revés. ‖ 2. m. Revés, 1.ª acep. ‖ 3. En las monedas y medallas, haz opuesta al anverso. ‖ El REVERSO de la medalla. fig. Persona que por sus cualidades es la antítesis de otra. ‖ P. reverso; I. reverse; F. revers; A. Rückseite; It. rovescio; R. обратный.

REVERTER. (l. revertĕre.)intr. Rebosar o salir una cosa de sus términos o límites.

REVERTIR. (l. reverti, volver.) intr. Volver una cosa al estado o condición que antes tuvo. ‖ 2. Venir a parar una cosa en otra. ‖ 3. FOR. Volver una cosa a la propiedad del dueño que antes tuvo.

REVÉS. (l. *reversus*, vuelto.) m. Espalda o parte opuesta de una cosa. || 2. Golpe que se da a alguien con la mano vuelta. || 3. Golpe que, para volver la pelota, da un jugador con la mano vuelta. || 4. ESGR. Golpe dado diagonalmente con la espada de izquierda a derecha. || 5. fig. Desgracia o contratiempo. || 6. fig. Vuelta o mudanza en el trato o en el genio. || 7. CUBA. Cierto vuelo que daña la planta del tabaco. || **—alto.** El que se da al restar la pelota, cuando ha botado hasta la altura o por encima de la cabeza del jugador. || *El* REVÉS *de la medalla.* fig. El reverso de la medalla. || *Al* REVÉS. m. adv. Al contrario, o en orden inverso. || 2. A la espalda o a la vuelta. || *De* REVÉS. m. adv. Al revés. || 2. De izquierda a derecha.

REVESA. (l. *reversa*, t. f. de *-sus*, reverso.) f. GERM. Astucia del que engaña a otro que se fía de él. || 2. MAR. Corriente derivada de otra principal y de distinta dirección a la de ésta.

REVESADO, DA. p.p. de revesar. || 2. adj. Difícil, intrincado, obscuro o que se entiende con dificultad. || 3. fig. Pertinaz, travieso. || 4. Dícese del parto difícil.

REVESAR. (l. *reversāre*.) tr. Vomitar, 1.ª acep. || 2. MAR. Formar revesas las mareas o corrientes.

★ **REVESERO, RA.** adj. COLOM. Desleal. || 2. Satirizante, mordaz.

REVESINO. (De *revés*.) m. Juego de naipes que se juega entre cuatro; gana el juego el que hace todas las bazas o, en su defecto, el que hace menos. || 2. Jugada que consiste en hacer todas las bazas de este juego. || *Cortar el* REVESINO. fr. Quitar una baza al que intenta hacerlas todas; y si es la última o penúltima se dice: *cortarle el tiempo.* || 2. fig. Impedir a uno el propósito o designio que llevaba.

REVESTIDO, DA. p.p. de revestir. || 2. m. Revestimiento.

REVESTIMIENTO. (De *revestir*.) m. Capa o cubierta con que se resguarda o adorna una superficie como la de yeso o estuco en ciertas habitaciones, la de piedra u hormigón en los terraplenes, etc. || P. revestimento; I. revetment; F. revêtement; A. (Be-, Um)kleidung; It. rivestimento; R. облицовка.

REVESTIR. (l. *revestīre*.) tr. Vestir una ropa sobre otra. Dícese especialmente del sacerdote cuando se pone los ornamentos para decir misa. Ú.m.c.r. || 2. Cubrir con un revestimiento. || 3. fig. Vestir con galas retóricas o conceptos secundarios una especie, disimular la realidad de una cosa, o afectar una pasión de ánimo, con demostraciones exteriores. || 4. fig. Presentar una cosa determinado aspecto, cualidad o carácter. || 5. r. fig. Imbuirse o dejarse llevar con fuerza de una especie. || 6. fig. Engreírse o envanecerse. || 7. Poner a contribución en trances difíciles la energía o condición de ánimo que viene al caso. || P. revestir; I. to clothe; F. revêtir; A. überziehen, bekleiden; It. rivestire; R. надевать одно платье на другое.

REVEZA. f. MAR. Revesa, 3.ª acep.

REVEZAR. (De *re* y *vez*.) tr. Reemplazar, substituir a otro. Ú.t.c.rec.

REVEZO. m. Acción de revezar. || 2. Cosa que reveza. || 3. Par de bestias con que se releva el par que trabaja. || 4. CÓRD. Tercera parte de la obra.

REVIEJO, JA. adj. Muy viejo. || 2. m. Rama reseca e inútil de un árbol.

REVIENTACABALLO. m. CUBA. Quibey.

REVIERNES. m. Cada uno de los siete viernes siguientes a la Pascua de Resurrección.

REVINAR. tr. desus. Añadir vino viejo al nuevo.

REVIRADO, DA. p.p. de revirar. || 2. adj. Dícese de las fibras de los árboles que están retorcidas en espiral.

REVIRAR. tr. Torcer, 3.ª acep. || 2. intr. MAR. Volver a virar. || 3. MAR. Hacer girar una cosa en redondo sobre un eje horizontal o vertical imaginario. || 4. r. CUBA. Rebelarse, indisciplinarse.

★ **REVIRÓN, NA.** (De *revirar*.) adj. fam. CUBA. Propenso a revirarse o rebelarse. || 2. m. fam. CUBA. Acción y efecto de revirarse. || 3. ART. y OF. Pedazo de cuero que se cose a la plantilla del calzado para afianzar la suela.

REVISABLE. adj. Que se puede revisar.

REVISAR. (De *re* y *visar*.) tr. Rever. || 2. Someter una cosa a nuevo examen para enmendarla.

REVISIÓN. (l. *revisio, -ōnis*.) f. Acción de revisar. || 2. MIL. Comprobación en cada año de las excepciones y exenciones variables del servicio militar. || P. revisão; I. y F. revision; A. Durchsicht, Revision; It. revisione; R. пересмотр.

REVISITA. (De *re* y *visita*.) f. Nuevo reconocimiento o registro de una cosa.

REVISOR, RA. (De *revisar*.) adj. Que revisa o examina con cuidado una cosa. || 2. m. El que tiene por oficio revisar o reconocer. || P. revisor; I. reviser; F. reviseur; A. Prüfer, Revisor; It. revisore; R. ревизор.

REVISORÍA. f. Oficio de revisor.

REVISTA. (De *revistar*.) f. Segunda vista o examen hecho con cuidado. || 2. Inspección que un jefe hace de las personas o cosas sometidas a su autoridad o cuidado. || 3. Examen de producciones literarias, representaciones teatrales, funciones, etc., que aparece en algunas publicaciones. || 4. Formación de las tropas para que un jefe las inspeccione. || 5. Publicación periódica, por cuadernos, con escritos sobre varias materias o, de manera especial, sobre una sola. || 6. Espectáculo teatral consistente en una serie de cuadros sueltos, por lo común tomados de la actualidad. || 7. FOR. Nuevo juicio criminal ante segundo jurado cuando el tribunal de derecho aprecia error evidente o deficiencia grave en el veredicto del primero. || **—de comisario.** MIL. La que a principios de mes hace el comisario de guerra para comprobar el número de individuos de cada clase que componen un cuerpo militar y abonarles la paga. || **—de inspección.** MIL. La que de tiempo en tiempo pasa el inspector o director general, a cada uno de los cuerpos militares, para comprobar su estado de instrucción y disciplina, la inversión y estado de los caudales, etc. || *Pasar* REVISTA. fr. Hacer un jefe las visitas de inspección sobre las personas o cosas sujetas a su autoridad. || 2. Presentar las personas ante el jefe que ha de inspeccionarlas. || 3. Examinar con cuidado una serie de cosas. || *Suplicar en* REVISTA. fr. FOR. Recurrir ante los tribunales superiores contra la sentencia de ellos mismos en una causa o pleito. || P. revista; I. revision, review; F. revue; A. Revue, Heerschau; It. rivista; R. проверка. || 5.ª acep.: P. revista; I. review; F. revue; A. Zeitschrift, Revue; It. rivista; R. журнал.

REVISTAR. (l. *revistāre*.) tr. Pasar revista, 1.ª acep.

REVISTERO, RA. m. y f. Persona encargada de escribir revistas en un periódico.

REVISTO, TA. p.p. irreg. de rever.

REVIVIDERO. (De *revivir*.) m. Estancia o sitio en que se aviva la simiente de los gusanos de seda.

REVIVIFICACIÓN. f. Acción y efecto de revivificar.

REVIVIFICAR. tr. Vivificar, reavivar.

REVIVIR. (l. *revivĕre*.) intr. Resucitar, volver a la vida. || 2. Volver en sí el que parecía muerto. || 3. fig. Renovarse o reproducirse una cosa. || P. reviver; I. to revive; F. revivre; A. aufleben, von Neuem leben; It. rivivere; R. воскресать.

★ **REVIVISCENCIA.** f. BIOL. Calidad o estado de reviviscente. || 2. BIOL. Proceso biológico mediante el cual los seres que se encuentran en estado de vida latente recuperan sus actividades normales. || 3. PSICOL. Reaparición en la conciencia de estados psíquicos que por algún tiempo habían estado olvidados.

REVOCABILIDAD. f. Calidad de revocable.

REVOCABLE. (l. *revocabĭlis*.) adj. Que se puede o debe revocar.

REVOCABLEMENTE. adv. De manera revocable.

REVOCACIÓN. (l. *revocatio, -ōnis*.) f. Acción y efecto de revocar. || 2. FOR. Acto jurídico, generalmente unilateral, por el que se priva de validez a otro anteriormente otorgado. || 3. FOR. Anulación, substitución o enmienda de orden o fallo por autoridad distinta de la que había resuelto. || P. revogação; I. revocation; F. révocation; A. Abberufung; It. revocazione; R. отмена.

REVOCADOR, RA. (l. *revocātor*.) adj. Que revoca. || 2. m. Obrero que revoca paredes.

REVOCADURA. (De *revocar*.) f. Revoque, 1.ª acep. || 2. PINT. Porción del lienzo que cubre el grueso del bastidor.

REVOCANTE. p.a. de revocar. Que revoca.

REVOCAR. (l. *revocāre*.) tr. Dejar sin efecto una concesión, un mando, una resolución, etc. || 2. Apartar, disuadir a uno de un designio. || 3. Hacer retroceder ciertas cosas. Ú.t.c.intr. || 4. Enlucir o pintar de nuevo las paredes exteriores de un edificio.

REVOCATORIO, RIA. adj. Dícese de lo que revoca o invalida.

REVOCO. Acción y efecto de revocar o hacer retroceder ciertas cosas. || 2. Revoque. || 3. Cubierta de retama que se pone en las seras de carbón.

REVOLANTE. p.a. de revolar. Que revuela o revolotea.

REVOLAR. (l. *revolāre*.) intr. Dar segundo vuelo el ave. Ú.t.c.r. || 2. Revolotear. || 3. GERM. Escapar el ladrón arrojándose de un tejado o ventana.

REVOLCADERO. m. Sitio donde habitualmente se revuelcan los animales.

REVOLCADO, DA. p.p. de revolcar. || 2. m. GUAT. Cierto guiso que se hace con chile, tomate, grasa, pan, etc.

REVOLCAR. (De *re* y *volcar*.) tr. Derribar a uno y darle vueltas por el suelo. || 2. fig. y fam. Vencer al adversario en controversia. || 3. fam. Reprobar, suspender en un examen || 4. r. Echarse sobre una cosa refregándose en ella. || 5. fig. Obstinarse en una especie. || P. derrubar; I. to knock down, to floor an opponent; F. renverser, vautrer; A. herumwerfen; It. revesciare, abbàtere. || 4.ª acep.: P. teimar; I. to wallow; F. se vautrer; A. sich wälzen; It. svoltolarsi; R. валить.

REVOLCÓN. m. fam. Revuelco. || 2. fig. y fam. Acción y efecto de revolcar, 2.ª acep. Ú.m. en la fr. *Dar a uno un* REVOLCÓN.

REVOLEAR. (De *revolar*.) intr. Volar, haciendo tornos o giros. || 2. tr. ARGENT. Hacer girar a rodeabrazo una correa, cinta, etc. || 3. VENEZ. Revolcar.

REVOLEO. m. AND. Revuelo, confusa turbación o agitación.

★ **REVOLICA.** f. HOND. Confusión, barullo o jaleo grandes.

★ **REVOLISCO.** m. CUBA. Barullo, confusión.

REVOLOTEAR. (De *revolar*.) intr. Volar haciendo tornos o giros en poco espacio. || 2. Venir una cosa por el aire dando vueltas. || 3. tr. Arrojar a lo alto una cosa con ímpetu de modo que parezca que da vueltas. || P. revolutear; I. to fly round about; F. voltiger, voler en tournant; A. herumflattern; It. svolazzare; R. виться, летать.

REVOLOTEO. m. Acción y efecto de revolotear.

REVOLTIJO. (De *revuelto*.) m. Revoltillo.

REVOLTILLO. (De *revuelto*.) m. Conjunto de muchas cosas desordenadas. || 2. Conjunto de tripas de alguna res. || 3. fig. Confusión o enredo. || 4. CUBA. Guiso de variados componentes a manera de pisto.

REVOLTÓN. (De *revuelto*.) m. adj. Dícese de un gusano que se cría en las hojas de la vid. Ú.t.c.s. || 2. m. Bovedilla, 1.ª acep. || 3. ARQ. Sitio en que una moldura cambia de dirección.

REVOLTOSO, SA. (De *revuelta*, alboroto.) adj. Sedicioso, alborotador. Ú.t. c.s. || 2. Travieso, enredador. || 3. Que tiene muchas vueltas y revueltas. || P. revoltoso; I. turbulent; F. turbulent, espiègle; A. aufständisch; It. rivoltoso; R. мятежный.

★ **REVOLTURA.** (De *revolver*.) f. CHILE y MÉJ. Revoltillo. || 2. MIN. MÉJ. Mezcla de fundentes utilizada en la fundición de los minerales de plata.

* **REVOLÚ.** m. P. RICO. Revoltijo. || **2.** P. RICO. Riña, tumulto. || **3.** P. RICO. Asonada, motín.

REVOLUCIÓN. (l. *revolutĭo, -ōnis.*) f. Acción y efecto de revolver o revolverse. || **2.** Cambio violento en las instituciones políticas, sociales, económicas, etc., de una nación. || **3.** Por ext., inquietud, alboroto, sedición. || **4.** Alteración de los humores. || **5.** fig. Mudanza o nueva forma en el estado o gobierno de las cosas. || **6.** ASTRON. Movimiento de un astro en todo el curso de su órbita. || **7.** MEC. Giro o vuelta que da una pieza sobre su eje. || **8.** CUBA. Juego de billar que se hace con cuatro bolas, dos de las cuales sirven de mingo. || **9.** FISIOL. Movimiento completo de un órgano. || **10.** MEC. Vuelta o giro de una pieza sobre su eje. || *Superficies* o *cuerpos de* REVOLUCIÓN. Los engendrados por la rotación de una línea o de una superficie respectivamente, alrededor de un eje o de un punto. || 2.ª acep.: **P.** revoluçao; **I.** revolution; **F.** révolution; **A.** Revolution; **It.** rivoluzione; **R.** революция.

REVOLUCIONAR. tr. Provocar un estado de revolución. || **2.** MEC. Imprimir más o menos revoluciones en un tiempo determinado a un cuerpo. || **3.** Producir una alteración en las ideas. || **4.** Perturbar el orden de un país como consecuencia de una subversión de las ideas.

REVOLUCIONARIO, RIA. adj. Perteneciente o relativo a la revolución, 2.ª y 5.ª aceps. || **2.** Alborotador. Ú.t.c.s. || **3.** Partidario de la revolución política. Ú.t. c.s. || **P.** revolucionário; **I.** revolutionary; **F.** révolutionnaire; **A.** revolutionär; **It.** rivoluzionario; **R.** революционный.

* **REVOLUTA.** f. AMÉR. CENTRAL. Revuelta.

* **REVOLUTI.** m. ARGENT. Mescolanza, revoltijo.

* **REVOLUTIS.** m. CHILE. Revoltijo, enredo, confusión.

* **REVOLUTO, TA.** adj. fam. Revuelto, desordenado. || **2.** m. HOND. Pánico grande; alarma.

REVOLVEDERO. (De *revolver.*) m. Revolcadero.

REVOLVEDOR, RA. adj. Que revuelve o inquieta. Ú.t.c.s. || **2.** m. CUBA. En los ingenios de azúcar, recipiente en que se revuelve el guarapo hasta hacerlo pasta.

REVÓLVER. (ingl. *revolver;* de *to revolve,* y éste del l. *revolvĕre,* revolver.) m. Pistola de repetición con depósito central rotatorio, con varias recámaras. || **2.** Pieza de algunas máquinas que permite intercambiar por giro de un disco diversas herramientas o instrumentos.

REVOLVER. (l. *revolvĕre.*) tr. Menear una cosa de un lado a otro; moverla alrededor o de arriba abajo. || **2.** Envolver una cosa en otra. Ú.t.c.r. || **3.** Volver la cara al enemigo para embestirle. Ú.t.c.r. || **4.** Registrar y mirar algunas cosas moviendo y separando. || **5.** Alterar el buen orden de las cosas. || **6.** Discurrir, imaginar o cavilar en varias cosas. || **7.** Volver el jinete al caballo en poco terreno y con rapidez. || **8.** Volver a andar lo andado. Ú.t.c.intr. y c.r. || **9.** Meter en pendencia, pleito, etc. || **10.** Dar una cosa vuelta entera. Ú.t.c.r. || **11.** Inquietar, mover sediciones. || **12.** r. Moverse de un lado a otro. || **13.** Hacer mudanza el tiempo, ponerse borrascoso. || **14.** ASTRON. Hacer su carrera completa un astro, retornando a un punto de su órbita. || **15.** CUBA. Bandearse, procurar un bienestar lícitamente. || REVOLVER a uno *con* otro. fr. Malquistarlos entre sí. || **P.** revolver; **I.** to stir, to turn over; **F.** remuer, tourner; **A.** durchwühlen, durchstöbern; **It.** rivòlgere; **R.** переворачивать.

REVOLVIMIENTO. (De *revolver.*) m. Revolución, 1.ª acep.

REVOQUE. m. Acción y efecto de revocar las casas y paredes. || **2.** Capa de cal y arena o material análogo con que se revoca. || 2.ª acep.: **P.** reboco; **I.** render; **F.** ravalement; **A.** Tünchen; **It.** rinzaffatura; **R.** побелка.

REVOTARSE. r. Votar lo contrario de lo que se había votado antes.

REVUELCO. m. Acción y efecto de revolcar o revolcarse.

REVUELO. (De *revolver.*) m. Segundo vuelo que dan las aves. || **2.** Vuelta y revuelta del vuelo. || **3.** fig. Turbación, agitación, movimiento confuso. || **4.** AMÉR. Salto que da el gallo en la pelea atacando con el espolón al adversario y sin usar del pico. || *De* REVUELO. m. adv. fig. Pronta y ligeramente, como de paso. || 3.ª acep.: **P.** revoo; **I.** disturbance; **F.** trouble; **A.** Durcheinander; **It.** agitazione; **R.** смятение.

REVUELTA. f. Segunda vuelta o repetición de la vuelta.

REVUELTA. (l. *revolūta,* t. f. de *-tus,* revuelto.) f. Alboroto, sedición. || **2.** Riña, pendencia. || **3.** Punto en que una cosa empieza a cambiar su dirección. || **4.** Este mismo cambio. || **5.** Vuelta o mudanza de un estado a otro. || **6.** COLOM. Escarda. || **P.** revolta; **I.** revolt; **F.** révolte; **A.** Aufruhr; **It.** rivolta; **R.** бунт.

REVUELTAMENTE. adv. Sin orden ni concierto, con trastorno.

REVUELTO, TA. (l. *revolūtus,* por *revolūtus.*) p.p. irreg. de revolver. || **2.** adj. Dícese del caballo que se vuelve en poco terreno, y con ligereza. Ú.m. con el verbo *estar.* || **3.** Revoltoso, travieso. || **4.** Intrincado, enrevesado, difícil.

REVUELVEPIEDRAS. m. Ave marina zancuda, que vive en las costas y tiene el pico recto, tan fuerte que con él revuelve piedras de un kilogramo de peso, para buscar los moluscos que le sirven de alimento.

REVULSIÓN. (l. *revulsĭo, -ōnis.*) f. MED. Irritación local provocada mediante un agente físico o químico con objeto de descongestionar un órgano profundo. || **P.** revulsão; **I.** revulsion; **F.** révulsion; **A.** heftige Ableitung; **It.** rivulsione; **R.** отвлечение.

REVULSIVO, VA. (l. *revulsum,* supino de *revellĕre,* reveler.) adj. MED. Dícese del medicamento o agente que produce la revulsión. Ú.t.c.s.m. || **P.** revulsivo; **I.** revulsive; **F.** révulsif; **A.** ableitendes Arzneimittel; **It.** rivulsivo; **R.** отвлекающий.

REVULSORIO, RIA. adj. MED. Revulsivo. Ú.t.c.s.m.

REY. (l. *rex, regis.*) m. Monarca o príncipe soberano de un reino. || **2.** Pieza principal del juego de ajedrez. || **3.** Carta duodécima de cada palo de la baraja que tiene pintada la figura de un rey. || **4.** Paso de la antigua danza española. || **5.** El que en el juego o por fiestas manda a los demás. || **6.** Abeja maesa. || **7.** fam. Porquerizo. || **8.** fig. Hombre, animal o cosa del género masculino que sobresale por su excelencia entre los demás de su clase. || **9.** GERM. El gallo. || **—de armas.** Cortesano medieval encargado de transmitir mensajes de importancia, ordenar las grandes ceremonias y llevar los registros de la nobleza del país. || **—de banda** o **de bando.** Perdiz que guía a las demás cuando forman bando. || **—de codornices.** Ave zancuda del tamaño de una codorniz, que acompaña a las codornices en sus migraciones. Tiene el pico cónico, alas puntiagudas, tarsos largos y gruesos, y habita en los lugares húmedos. || **—de gallos.** Regocijo de carnestolendas en los que un muchacho hacía de rey de otros. || **2.** Muchacho que hacía de rey en este regocijo. || **—de los trigos.** Trigo salmerón. || **—de romanos.** Título dado en el imperio de Alemania a los emperadores nuevamente elegidos, antes de ser coronados en Roma. || **2.** fig. El que ha de suceder a otro en algún oficio o cargo. || **Reyes Magos.** Los que, guiados por una estrella, fueron de Oriente a adorar al Niño Jesús. || *A* REY *muerto,* REY *puesto.* ref. con que se expresa la presteza con que se ocupan los puestos vacantes. || *Cual es el* REY, *tal la grey.* ref. que enseña cuanto influye en las costumbres de un pueblo o de una comunidad el ejemplo de quien gobierna. || *Donde está el* REY, *está la corte.* fr. fig. y fam. que explica que en materia de cumplimientos sólo se debe atender a la persona principal. || *Echar* REYES. fr. Distribuir las cartas de la baraja entre cuatro o más jugadores, de los cuales han de ser compañeros aquellos a quienes les correspondan los primeros reyes que salgan. || *Hacerle a* uno *saltar por el* REY *de Francia.* fr. fig. Apremiarle mucho, hacerle que se ajetree. || *La,* o *lo, del* REY. loc. fam. La calle. || *Ni quito ni pongo* REY. fr. proverb. que suele emplear el que se exime de tomar parte activa en la decisión de un negocio. || *Ni* REY *ni Roque.* fr. fig. y fam. con que se excluye a cualquier género de personas en la materia de que se trata. || *No conocer* uno *al* REY *por la moneda.* fr. fig. y fam. Ser muy pobre, carecer de dinero. || *No temer ni* REY *ni Roque.* fr. fig. y fam. No tener nada ni a nadie. || *Salir,* o *salirse,* uno con una cosa, *como el* REY *con sus alcabalas.* fr. Salir adelante con su intento, porfiando hasta lograrlo. || *Tres* REYES. ASTRON. Cinturón de Orión. || **P.** rei; **I.** king; **F.** roi; **A.** König; **It.** re; **R.** король.

REYENTE. (l. *ridens, -entis,* p.a. de *ridēre,* reir.) p.a. ant. de reir. Riente.

REYERTA. (l. *refertus,* lleno.) f. Contienda, disputa. || **P.** rixa; **I.** quarrel; **F.** rixe; **A.** Streit; **It.** rissa; **R.** ссора.

REYERTAR. (De *reyerta.*) intr. ant. Contender, altercar.

REYEZUELO. m. d. de rey. || **2.** Pájaro cantor, común en Europa, de plumaje vistoso por la variedad de sus colores.

REYUNO, NA. adj. desus. R. DE LA PLATA. Decíase del animal que tenía cortada la punta de una de las orejas, en razón de pertenecer al Estado. || **2.** BRASIL. Realengo. Dícese en algunas provincias de Río Grande del Sur. || **3.** ARGENT. Tronzo.

REZADERA. adj. f. ant. Rezadora.

REZADO, DA. p.p. de rezar. || **2.** Rezo, 2.ª acep.

REZADOR, RA. adj. Que reza mucho. Ú.t.c.s.

REZAGA. (De *re* y *zaga.*) f. Retaguardia.

* **REZAGADO, DA.** p.p. de rezagar. || **2.** adj. Dícese de la persona que se queda atrás. Ú.t.c.s. || **3.** PERÚ. Dícese de las cartas no reclamadas en el correo.

REZAGANTE. p.a. de rezagar. Que se rezaga.

REZAGAR. (De *rezaga.*) tr. Dejar atrás una cosa. || **2.** Atrasar, suspender por algún tiempo la ejecución de una cosa. || **3.** AR. y CÓRD. Separar las reses endebles de un rebaño. || **4.** r. Quedarse atrás.

REZAGO. (De *rezagar.*) m. Atraso y residuo que queda de una cosa. || **2.** AR., CÓRD. y CHILE. Reses débiles que se separan de un hato o rebaño para procurar su mejoramiento. || **3.** CHILE. Conjunto de reses no suficientemente gordas para la matanza. || **4.** CHILE. Potrero que se reserva para engordar reses. || **5.** SAL. Ganado que se queda a la zaga en un rebaño.

REZANDERO, RA. adj. ant. rezador. Ú. en Colombia, Honduras, Méjico y Venezuela. Ú.t.c.s. || **2.** f. ZOOL. En algunos lugares de España, *santateresa.*

REZAR. (l. *recitāre,* recitar.) tr. Orar vocalmente recitando oraciones aprobadas por la Iglesia. || **2.** Leer el oficio divino o las horas canónicas. || **3.** Recitar la misa, una oración, etc., en contraposición a cantarla. || **4.** fam. Decir o decirse una cosa en un escrito. || **5.** intr. fig. y fam. Refunfuñar. || REZAR una cosa *con* uno. fr. fam. Tocarle o pertenecerle; ser de su incumbencia o conocimiento. *Eso no* REZA *conmigo.* || **P.** rezar; **I.** to pray; **F.** prier, réciter; **A.** beten; **It.** pregare, orare; **R.** молиться.

REZMILA. f. AST. y SANT. Rámila.

REZNO. (l. *ricĭnus.*) m. Larva de un insecto díptero, la cual se desarrolla en el estómago de los rumiantes. || **2.** Ricino.

REZO. m. Acción de rezar. || **2.** Oficio eclesiástico que se reza diariamente. || **3.** Conjunto de los oficios particulares de cada festividad. || **P.** reza; **I.** prayer; **F.** prière; **A.** Gebet; **It.** preghiera; **R.** молитва.

REZÓN. (De *rizón.*) m. Ancla pequeña, de cuatro uñas y sin cepo que se usa para embarcaciones menores.

* **REZONDRAR.** tr. PERÚ. Injuriar, insultar.

REZONGADOR, RA. adj. Que rezonga. Ú.t.c.s.

REZONGAR. intr. Refunfuñar a lo que se manda o propone. || **2.** HOND. Regañar, reprender a uno. || **P.** resmungar; **I.** to grumble; **F.** marmotter; **A.** brummen, murren; **It.** borbottare; **R.** ворчать.

REZONGLÓN, NA. adj. fam. Rezongón. Ú.t.c.s.

REZONGO. m. Refunfuño. || **2.** AMÉR. CENTRAL. Reprimenda, regaño.

REZONGÓN, NA. (De *rezongar*.) adj. fam. Rezongador. Ú.t.c.s.

REZONGUERO, RA. adj. Relativo o perteneciente al rezongo.

REZUMADERO. m. Sitio por donde se rezuma una cosa. || **2.** Lo rezumado. || **3.** Sitio donde se junta lo rezumado.

REZUMAR. (De *zumo*.) tr. Dejar pasar un cuerpo a través de sus poros gotitas de un líquido. *La pared* REZUMA *humedad*. || **2.** intr. Dicho de un líquido, salir al exterior en gotas a través de los poros o intersticios. Ú.t.c.r. || **3.** r. fig. y fam. Traslucirse y susurrarse una especie. **P.** ressumbrar; **I.** to ooze, to exude; **F.** suinter; **A.** durchsickern; **It.** stillare; **R.** просачиваться.

REZURA. f. p. us. Reciura.

RHO. (gr. ρῶ.) f. Decimoséptima letra del alfabeto griego, que corresponde a la *erre* del nuestro.

RÍA. (De *río*.) f. Penetración que forma el mar en la costa, debida a la sumersión de la parte litoral de una cuenca fluvial de laderas más o menos abruptas. || **2.** GEOG. Parte inferior de un valle fluvial invadido por las aguas marinas a causa de un movimiento de inmersión de la costa.

¡RIA! interj. que usan los carreteros para guiar las caballerías hacia la izquierda.

RIACHO. (De *río*.) m. Riachuelo.

RIACHUELO. (De *riacho*.) m. Río pequeño y de escaso caudal. || **P.** riacho; **I.** rivulet; **F.** ruisseau; **A.** Flüsschen, Bächlein; **It.** fiumicino; **R.** ручей.

RIADA. (De *río*.) f. Avenida, inundación, crecida.

RIATILLO. (De *río*.) m. p. us. Riachuelo.

RIBA. (l. *ripa*.) f. Ribazo. || **2.** Ribera. Ú. sólo en composición. RIBAGorza. || **3.** NAV. Muro del cajero de una acequia.

RIBACERA. (De *ribazo*.) f. AR. Margen o talud que hay en los canales.

RIBADENSE. adj. Natural de Ribadeo. Ú.t.c.s. || **2.** Perteneciente a este pueblo de Galicia.

RIBADOQUÍN (fr. *ribaudequin*, y éste del germ. *hríba*, ramera.) m. Antigua pieza de artillería, de bronce, que tiraba proyectiles de hierro emplomado a una tres libras.

RIBAGORZANO, NA adj. Natural del condado de Ribagorza. Ú.t.c.s. || **2.** Perteneciente a este condado de Aragón.

RIBALDERÍA. f. Acción, costumbre o proceder propio del ribaldo.

RIBALDO, DA. (ant. fr. *ribaud*, *ribald*, y éste del germ. *hríba*, ramera.) adj. Pícaro, bellaco. Ú.t.c.s. || **2.** Rufián. Ú.t.c.s. || **3.** Soldado de ciertos cuerpos antiguos de infantería en Francia y otros países de Europa.

RIBAZO. (De *riba*.) m. Porción de tierra un poco elevada y en declive.

RIBAZÓN. (De *arribar*.) f. Arribazón.

RIBERA. (l. *riparia*; de *ripa*.) f. Margen y orilla del mar o río. || **2.** Por ext., tierra cercana a los ríos. || **3.** VALL. Casa de campo con viña y árboles frutales, próxima a la capital o a un río. || **4.** Ribero. || **5.** Huerto cercado y lindante con un río. || *Volar* uno *la* RIBERA. fr. CETR. Andar de ribera en ribera levantando las aves. || **2.** fig. y fam. Ser dado a la vida vaga y aventurera. || **P.** ribeira; **I.** brank, strand; **F.** rive; **A.** Ufer, Strand; **It.** riva; **R.** берег.

RIBERANO, NA. adj. CHILE, ECUAD., HOND. y SAL. Ribereño. Ú.t.c.s.

RIBEREÑO, ÑA. adj. Perteneciente a la ribera o propio de ella. || **2.** Dícese del dueño o morador de un predio contiguo al río Ú.t.c.s.

RIBERIEGO, GA. (De *ribera*.) adj. Aplícase al ganado que no es trashumante. || **2.** Dícese de los dueños de este ganado. Ú.t.c.s. || **3.** Ribereño.

RIBERO. (l. *riparius*; de *ripa*.) m. Vallado de estacas, cascajo y otros materiales hecho a la orilla de las presas para contener el agua. || **P.** tapume; **I.** riverwall, levee; **F.** palissade; **A.** Stützmauer; **It.** steccato; **R.** ограда.

RIBETE. (fr. *rivet*, y éste del l. *ripa*.) m. Cinta o cosa análoga con que se guar-

nece la orilla del vestido, calzado, etc. || **2.** Añadidura, aumento. || **3.** Entre jugadores, interés que pacta el que presta a otro dinero para que continúe jugando. || **4.** fig. Adorno que en la conversación se añade a algún caso, refiriéndolo con alguna circunstancia de reflexión o de gracia. || **5.** m. pl. fig. Asomo, indicio. || **P.** ribete; **I.** binding, galloon; **F.** orlo; **A.** Saum, Besatz; **It.** fregio, orlo; **R.** кромка.

RIBETEADO, DA. p.p. de ribetear. || **2.** adj. fig. Dícese de los ojos cuando los párpados están irritados.

RIBETEADOR, RA. adj. Que ribetea. Ú.t.c.s. || **2.** f. Mujer que tiene por oficio ribetear el calzado.

RIBETEAR. tr. Echar ribetes. || **P.** debruar; **I.** to bind; **F.** border; **A.** einfassen; **It.** fregiare; **R.** обшивать.

★ **RIBOFLAVINA.** f. QUÍM. Vitamina también llamada vitamina B_2, por ser la segunda vitamina reconocida en el complejo vitamínico B. Se encuentra en la levadura, el hígado, la leche y la clara de huevo. Su principal efecto es favorecer el crecimiento.

RICA. f. BOT. RIOJA. Planta leguminosa más basta que el yero, llamada también alholva.

RICACHO, CHA. (De *rico*.) m. y f. fam. Persona acaudalada, pero de condición vulgar.

RICACHÓN, NA. m. y f. Despectivo de rico o de ricacho.

RICADUEÑA. (De *rica*, noble, y *dueña*.) f. Hija o mujer de grande o de ricohombre.

RICAFEMBRA. (De *rica*, noble, y *fembra*.) f. ant. Ricahembra.

RICAHEMBRA. (De *ricafembra*.) f. Ricadueña.

RICAHOMBRÍA. (De *rico* y *hombría*.) f. Títulos que se daba antiguamente a la primera nobleza de España.

RICAMENTE. adv. Opulentamente, con abundancia. || **2.** Preciosamente. || **3.** Con toda comodidad.

RICIAL. (Del m. or. que *rizal*.) adj. Dícese de la tierra que después de cortado un cereal en verde, vuelve a retoñar. || **2.** Dícese de la tierra sembrada de verde para que se lo coma el ganado.

RICINO. (l. *ricinus*.) m. Planta euforbiácea, originaria de África, arborescente en los climas cálidos y anual en los templados, con tallo ramoso, hojas muy grandes pecioladas, flores monoicas y fruto capsular. De sus semillas se extrae un aceite purgante y lubricante. || **P.** ricino; **I.** castor-oil plant; **F.** ricin; **A.** Christpalme; **It.** ricino; **R.** клещевина.

RICIO. m. AR. Campo que se siembra aprovechando las espigas que quedaron sin segar, ya golpeándolas o ya dando una labor de arado.

RICO, CA. (germ. *rikja*.) adj. Adinerado, hacendado o acaudalado. Ú.t.c.s. || **2.** Abundante, opulento. || **3.** Gustoso, sabroso, agradable. || **4.** Muy bueno en su línea. || **5.** Aplícase a las personas como expresión de cariño. || *A* RICO *no debas y a pobre no prometas*. ref. que aconseja no comprometerse con personas que por su poder nos puedan avasallar o por su necesidad nos molesten con sus peticiones. || *Del* RICO *es dar remedio, y del viejo, consejo*. ref. que indica que los ricos deben remediar las necesidades de los pobres; y los viejos ser maestros por la experiencia que les dio la vida. || RICO *o pinjado*. expr. fam. que pondera la firme resolución con que uno emprende un negocio dificultoso y en el cual se juega el todo por el todo. || **P.** rico, opulento; **I.** rich; **F.** riche; **A.** reich, gehaltvoll; **It.** ricco; **R.** богатый, обильный.

RICOHOMBRE. (De *rico* y *hombre*.) m. El que en lo antiguo pertenecía a la primera nobleza de España.

RICOHOME. (De *rico* y *home*.) m. ant. Ricohombre.

RICOTE. adj. fam. aum. de rico. Ú. t.c.s.

RICTUS. (l. *rictus*, boca entreabierta; y éste de *ringor*, retraer los labios y enseñar los dientes.) m. MED. Contracción de los labios al abrirse dejando ver los dientes; es manifestación de dolor y tam-

bién se observa en ciertos espasmos nerviosos.

RICURA. f. fam. Calidad de rico, 3.ª y 4.ª aceps.

RIDÍCULAMENTE. adv. De manera ridícula.

RIDICULEZ. (De *ridículo*, 2.º art.) f. Dicho o hecho extravagante e irregular. || **2.** Nimia escrupulosidad o delicadeza de genio o natural.

RIDICULIZAR. (De *ridículo*, 2.º art.) tr. Burlarse de una persona o cosa poniendo de manifiesto sus defectos o extravagancias reales o supuestas. || **P.** ridiculizar; **I.** to ridicule; **F.** ridiculiser; **A.** lächerlich machen; **It.** porre in ridicolo; **R.** высмеивать.

RIDÍCULO. (l. *reticulus*, bolsa de red.) m. Bolsa manual que han usado las señoras para llevar el pañuelo y otras menudencias.

RIDÍCULO, LA. (l. *ridiculus*.) adj. Que por grotesco, raro, extravagante, etc., mueve a risa. || **2.** Escaso, de poca estimación. || **3.** Extraño, irregular y de poco aprecio. || **4.** Nimiamente delicado o reparón. || **5.** m. Situación ridícula en que cae una persona. || *En* RIDÍCULO. m. adv. Expuesto a la burla o menosprecio de la gente. Ú.m. con los verbos *estar*, *quedar* y *poner*. || **P.** ridículo; **I.** ridiculous; **F.** ridicule; **A.** lächerlich; **It.** ridicolo; **R.** смешной.

RIDICULOSO, SA. (l. *ridiculosus*.) adj. ant. Ridículo.

RIEGO. m. Acción y efecto de regar. || **2.** Agua disponible para regar. || **3.** AGR. Práctica consistente en proporcionar artificialmente agua a los terrenos para favorecer el desarrollo de las plantas. || —**sanguíneo.** Cantidad de sangre que nutre los órganos o la superficie del cuerpo. || **P.** rega; **I.** irrigation; **F.** arrosage; **A.** Bewässerung, Besprengung; **It.** irrigazione; **R.** ирригация.

RIEL. (l. *regula*.) m. Barra pequeña de metal en bruto. || **2.** Carril, 4.ª acep. || **P.** carril; **I.** y **F.** rail; **A.** Schiene; **It.** rotaia; **R.** рельс.

RIELAR. (l. *refilare*; de *filum*, hilo.) intr. poét. Brillar con luz trémula. || **2.** Temblar.

RIELERA. f. Molde donde se echan los metales fundidos y otros cuerpos para reducirlos a rieles o barras.

RIENDA. (l. *retina*; de *retinere*.) f. Cada una de las dos correas que, unidas por uno de sus extremos a las camas del freno, lleva asidas por el otro el que gobierna la caballería. Ú.m. en pl. || **2.** fig. Sujeción, moderación en acciones o palabras. || **3.** pl. fig. Gobierno, dirección de una cosa. || *Falsa* RIENDA. EQUIT. Conjunto de dos correas o segunda rienda que sirve para que el jinete pueda contener el caballo caso de que falten las riendas, y para alternar con éstas cuando calientan el asiento. || *Aflojar las* RIENDAS. fr. fig. Aliviar el trabajo, cuidado y fatiga en la ejecución de una cosa, o ceder en la vigilancia de lo que está a cargo de uno. || **2.** fig. Hacer menos rígida la sujeción. || *A* RIENDA *suelta*. m. adv. fig. Con violencia o celeridad. || **2.** fig. Sin sujeción y con toda libertad. || *A toda* RIENDA. m. adv. Al galope. || *Correr a* RIENDA *suelta*. fr. Soltar el jinete las riendas del caballo, picándole al mismo tiempo para que corra cuanto pueda. || **2.** fig. Entregarse enteramente a una pasión o al ejercicio de una cosa. || *Dar* RIENDA *suelta*. fr. fig. Dar libre curso. || *Ganar las* RIENDAS. fr. Apoderarse de las riendas de una caballería para detener al que va en ella. || *Tener las* RIENDAS. fr. Tirar de ellas para detener el paso de una caballería. || *Tirar la* RIENDA, *o las* RIENDAS. fr. fig. Sujetar, moderar. || *Volver* RIENDAS, *o las* RIENDAS. fr. Volver grupas. || **P.** rédea; **I.** rein; **F.** rêne; **A.** Zügel; **It.** rèdine; **R.** узда.

RIENTE. (l. *ridens*, *-entis*.) p.a. de reir. Que ríe.

RIEPTO. (De *reptar*, 1.er art.) m. ant. Reto.

RIESGO. (ant. *resgar*, cortar, del l. *resecare*.) m. Contingencia o proximidad de un daño. || **2.** Cada una de las contingencias que pueden ser objeto de un contrato de seguro. || *A* RIESGO *y ventura*. loc. adv. Dícese de las empresas o contratos sometidos al influjo de suerte o evento, sin

R que pueda reclamarse por la acción de éstos. || *Correr* RIESGO. fr. Estar una cosa expuesta a echarse a perder o a no realizarse. || **P.** risco, azar; **I.** risk; **F.** risque; **A.** Gefahr, Wagnis; **It.** rischio; **R.** риск.

RIESTRA. (l. *restŭla*, d. de *restis*, rastra.) f. desus. Ristra. Ú. en Asturias.

RIETO. (De *riepto*.) m. ant. Reto.

RIFA. (gr. ῥυφή, riff.) f. Juego que consiste en sortear una cosa entre varios que han adquirido previamente cédulas o billetes para el sorteo. || **2.** Contienda, pendencia, enemistad. || **P.** rifa; **I.** raffle, lottery; **F.** loterie; **A.** Lotterie; **It.** riffa, lotto; **R.** лотерея.

RIFADOR. m. El que rifa, 1.ª y 2.ª aceps.

RIFADURA. f. MAR. Acción y efecto de rifar, 3.ª acep.

RIFAR. tr. Efectuar el juego de la rifa, sortear. || **2.** intr. Reñir, enemistarse con alguien. || **3.** r. MAR. Romperse una vela.

RIFARRAFA. f. ant. Vendedora, vivandera.

RIFEÑO, ÑA. adj. Natural del Rif. Ú.t.c.s. || **2.** Perteneciente a esta comarca de Marruecos. || **P.** rifenho; **I.** Riffian; **F.** riffein; **A.** Riffbewohner; **It.** riffano; **R.** рифский.

RIFIRRAFE. (Quizá del verbo árabe *rafrafa*, revolar, palpitar.) m. fam. Contienda o bulla sin importancia.

RIFLE. (ingl. *rifle*; de *to rifle*; estriar, acanalar.) m. Fusil de cañón rayado y algo más corto que el de la carabina, de procedencia norteamericana.

RIFLERO. m. ARGENT. y CHILE. Soldado armado de rifle.

RIGEL. (ár. *riŷl* [*al-Ŷawzā*'], pie [de Geminis].) f. ASTRON. Estrella de primera magnitud en la constelación de Orión.

RIGENTE. (l. *rigens, -entis*, p.a. de *rigĕre*, estar duro.) adj. poét. Rígido.

RÍGIDAMENTE. adv. Con rigidez.

RIGIDEZ. f. Calidad de rígido. || —**cadavérica.** Estado de rigidez muscular del cuerpo que comienza algunas horas después de la muerte y se debe a la formación de un ácido coagulante. || —**cataléptica.** MED. Rigidez consecutiva a la muerte súbita por traumatismo, y en la cual el cadáver conserva la actitud que tenía en el momento de sobrevenirle la muerte. || —**magnética.** Fís. Propiedad que posee el acero templado de magnetizarse con dificultad, pero conservando después la mayor parte del magnetismo adquirido. || **P.** rigidez; **I.** rigidity; **F.** rigidité; **A.** Straffheit, Starrheit; **It.** rigidità, rigidezza; **R.** жёсткость.

RÍGIDO, DA. (l. *rigĭdus*.) adj. Inflexible. || **2.** fig. Riguroso, severo. || **P.** rígido; **I.** rigid; **F.** rigide; **A.** unbeugsam; **It.** rigido; **R.** жёсткий.

RIGODÓN. (fr. *rigaudon* y *rigodon*; de *Rigaud*, nombre del inventor de este baile.) m. Cierta especie de contradanza de movimiento vivo. || **P.** rogodão; **I.** rigadoon; **F.** rigodon, rigaudon; **A.** Rigaudon; **It.** rigodone; **R.** ригодон.

* **RIGOLA.** f. REP. DOMIN. Regola, acequia.

RIGOR. (l. *rigor, -ōris*.) m. Nimia y escrupulosa severidad. || **2.** Aspereza, dureza en el genio o trato. || **3.** Último término a que pueden llegar las cosas. || **4.** Intensión, vehemencia. *El* RIGOR *del invierno.* || **5.** Propiedad y precisión || **6.** GERM. Fiscal, 4.ª acep. || **7.** MED. Tiesura o rigidez preternatural de los músculos, tendones y demás tejidos fibrosos, que los hace inflexibles e impide los movimientos del cuerpo. || **8.** MED. Frío intenso. || **9.** MED. Tiesura o rigidez en los músculos, tendones, etc., que impide el movimiento del cuerpo. || **10.** COLOM. Multitud de cosas. *En* RIGOR. m. adv. En realidad, estrictamente. || *Ser de* RIGOR una cosa. fr. Ser indispensable por requerirlo así la costumbre, la moda o la etiqueta. || *Ser uno el* RIGOR *de las desdichas.* fr. fig. y fam. Padecer muchos males y desgracias. || **2.ª** acep.: **P.** rigor; **I.** rigour; **F.** rigueur; **A.** Rauheit, Sprödigkeit; **It.** rigore; **R.** суровость.

RIGORISMO. (De *rigor*.) m. Exceso de severidad, principalmente en materias morales. || **2.** Sistema o doctrina en que predomina la moral rigorista.

RIGORISTA. (De *rigor*.) adj. Severo en demasía, principalmente en cuestiones de moral y disciplina.

RIGOROSAMENTE. Rigurosamente.

RIGOROSO, SA. (l. *rigurōsus*.) adj. Riguroso.

RIGÜE. m. HOND. Tortilla de elote.

RIGURIDAD. f. desus. Rigor. Ú. en Aragón y Salamanca.

RIGUROSAMENTE. adv. Con rigor.

RIGUROSIDAD. (De *riguroso*.) f. Rigor.

RIGUROSO, SA. (De *riguroso*.) adj. Áspero y acre. || **2.** Muy severo. || **3.** Austero, rígido. || **4.** Dicho del clima o temperatura, o de una desgracia o mal cualquiera, extremado, duro de soportar. || **5.** FOR. V. *Agnación* RIGUROSA. || **P.** e **It.** rigoroso; **I.** rigorous; **F.** rigoureux; **A.** rigorös, streng, unerbittlich; **R.** строгий, суровый.

RIJA. f. MED. Fístula que se hace debajo del lagrimal por la cual fluye pus, moco o lágrimas.

RIJA. (l. *rixa.*) f. Pendencia, alboroto, inquietud.

RIJADOR, RA. (l. *rixātor*.) adj. Rijoso.

RIJO. (De *rija*, 2.º art., véase *rijoso*.) m. Propensión a lo sensual.

° **RIJOSIDAD.** f. Calidad de rijoso.

RIJOSO, SA. (l. *rixōsus*.) adj. Pendenciero. || **2.** Inquieto y alborotado a la vista de la hembra. || **3.** Lujurioso, sensual.

* **RILA.** f. COLOM. Ternilla, cartílago. || **2.** Excremento de las aves de corral.

RILAR. (l. *refilāre*; de *filum*, hilo.) intr. Temblar, tiritar. || **2.** r. Estremecerse.

RIMA. (De *rimo*.) f. Consonancia o consonante. || **2.** Asonancia o asonante. || **3.** Semejanza o igualdad entre los sonidos finales del verso, a contar desde la última vocal acentuada. En el primer caso es rima imperfecta, en el segundo es perfecta. || **4.** Composición en verso, del género lírico. || **5.** Conjunto de los consonantes de una lengua, o el de los consonantes o asonantes empleados en una composición. || *Octava* RIMA. Forma de composición poética por cada estrofa es una octava real. || *Sexta* RIMA. Sextina. || *Tercia* RIMA. Forma de composición poética en que cada estrofa es un terceto. || **P.** e **It.** rima; **I.** rhyme; **F.** rime; **A.** Reim; **R.** рифма.

RIMA. (Quizá del m. or. que *resma*.) f. Rimero.

RIMADOR, RA. (De *rimar*.) adj. Que se distingue por sus rimas. || **2.** Especialmente dícese del poeta más preocupado por las rimas que por las demás cualidades de la composición. Ú.t.c.s.

RIMAR. (De *rima*, 1.er art.) intr. Componer en verso. || **2.** Ser una palabra asonante o consonante de otra. || **3.** tr. Hacer el poeta una palabra asonante o consonante de otra. || **P.** rimar; **I.** to rhyme; **F.** rimer; **A.** reimen; **It.** rimare; **R.** рифмовать.

RIMBOMBANCIA. f. Calidad de rimbombante.

RIMBOMBANTE. p.a. de rimbombar. Que rimbomba. || **2.** adj. fig. Ostentoso, llamativo.

RIMBOMBAR. (port. *rimbombar* y *rebombar*; de *re* y *bombo*.) intr. Retumbar, resonar o hacer eco.

RIMBOMBE. m. Rimbombo.

RIMBOMBO. (De *rimbombar*.) m. Retumbo o repercusión de un sonido.

RIMERO. (De *rima*, 2.º art.) m. Conjunto de cosas puestas unas sobre otras.

RIMO. (l. *rythmus*, y éste del gr. ῥυθμός, armonía.) m. ant. Rima, 1.er art.

RIMÚ. (Voz araucana.) m. BOT. CHILE. Planta oxalidácea, de flores amarillas, que brota con las primeras lluvias de abril.

RINANTO. m. Gallocresta.

* **RINCOCÉFALO, LA.** adj. De cabeza en forma de pico. || **2.** m. pl. ZOOL. Orden de reptiles parecidos a los lagartos.

RINCÓN. (Quizá del ár. *rukn*, esquina, ángulo.) m. Ángulo entrante formado en el encuentro de dos superficies, paredes principalmente. || **2.** Escondrijo o lugar retirado. || **3.** Espacio pequeño. || **4.** fig. y fam. Domicilio particular con abstracción del comercio de gentes. || **5.** fig. Residuo de alguna cosa que queda en un lugar apartado de la vista. || **6.** PERÚ. Valle angosto, encerrado entre dos cerros. || **P.** rin-

cão; **I.** corner; **F.** coin, recoin; **A.** Winkel, Ecke; **It.** cantone; **R.** угол.

RINCONADA. (De *rincón*.) f. Ángulo entrante que se forma en la unión de dos casas, calles o caminos, o entre dos montes, etc.

RINCONERA. f. Mesita, armario o estante pequeños, que se colocan en un rincón. || **2.** Parte de la pared comprendida entre un ángulo de la fachada y el hueco más próximo.

RINCONERO, RA. adj. Dícese de la colmena que tiene la obra atravesada y al sesgo.

* **RINCHE, CHA.** adj. CHILE. Lleno hasta el borde.

* **RINDE.** m. ARGENT. Rendimiento o producto de una cosa.

* **RING.** (Voz inglesa; círculo, anillo.) m. DEP. Cerco rodeado de cuerdas dentro del cual combaten los boxeadores y luchadores. || **2.** En las carreras de caballos, conjunto de personas que cruzan apuestas y lugar donde se reúnen.

RINGAR. (l. *renicāre*; de *ren, renis*.) tr. ALBAC., AND. y PAL. Derrengar, descaderar y también torcer a un lado más que a otro.

RINGLA. (germ. *hring*, círculo.) f. fam. Ringlera. || *En* RINGLA. loc. adv. CUBA. Perfectamente.

RINGLE. (germ. *hring*, círculo. m.) fam. Ringlera.

RINGLERA. (De *ringle*.) f. Fila de cosas puestas en orden unas detrás de otras.

RINGLERO. (De *ringle*.) m. Cada una de las líneas de papel pautado usado para aprender a escribir los niños.

* **RINGLETE.** m. COLOM. y ARGENT. Molinete, juguete infantil. || **2.** CHILE y ARGENT. Persona callejera.

RINGORRANGO. m. fam. Rasgo de pluma exagerado e inútil. Ú.m. en pl. || **2.** fig. y fam. Adorno superfluo y extravagante. Ú.m. en pl.

RINITIS. (gr. ῥίς, ῥινός, nariz.) f. MED. Inflamación de la mucosa nasal.

RINOCERONTE, y éste del gr. ῥινόκερως; de ῥίς, ῥινός, nariz, y κέρας, cuerno.) m. ZOOL. Mamífero ungulado del orden de los perisodáctilos, propio de la zona tórrida de Asia y de África, que llega a tener tres metros de largo y uno y medio de altura, hasta la cruz, de piel muy gruesa y rígida, de patas cortas y terminadas en tres dedos, cabeza estrecha con el hocico puntiagudo y uno o dos cuernos sobre la línea media de la nariz. Su cola es corta y terminada en una borla de cerdas tiesas y muy duras. Se alimenta de vegetales, prefiere los lugares cenagosos y es fiero cuando le irritan. || **P.** e **It.** rinoceronte; **I.** rhinoceros; **F.** rhinocéros; **A.** Nashorn; **R.** носорог.

RINOLOGÍA. (Del gr. ῥίς, ῥινός, nariz, y λόγος, tratado.) f. Parte de la Patología que se ocupa de las enfermedades de las fosas nasales.

RINÓLOGO. m. Médico que se dedica especialmente al estudio y tratamiento de las enfermedades de las fosas nasales.

RINOPLASTIA. (gr. ῥίς, ῥινός, nariz, y πλάσσω, formar.) f. CIR. Operación quirúrgica para restaurar la nariz.

RINOSCOPIA. (gr. ῥίς, ῥινός, nariz, y σκοπέω, examinar.) f. MED. Exploración directa de las cavidades nasales por medio del rinoscopio.

* **RINOSCOPIO.** (gr. ῥίς, ῥινός, nariz, y σκοπέω, examinar.) m. MED. Aparato que sirve para examinar las cavidades nasales.

RINRÁN. m. MURC. y VAL. Especie de pisto compuesto de pimientos, tomates, patatas y bacalao o atún.

RIÑA. (De *reñir*.) f. Pendencia o quimera. || —**tumultuaria.** FOR. Aquella en que se acometen varias personas confusa y mutuamente. || **P.** rixa; **I.** quarrel, scuffle; **F.** rixe, querelle; **A.** Zank, Streit; **It.** rissa; **R.** спор, ссора.

RIÑÓN. (l. *ren, renis*.) m. ZOOL. Cada uno de los órganos glandulares situados en la región lumbar, uno a cada lado de la columna vertebral, los cuales segregan la orina. En los mamíferos son voluminosas, de color rojo obscuro. || **2.** fig. Interior o centro de un terreno, sitio, asunto, etc. || **3.** MIN. Trozo redondeado de mineral contenido en otro de distinta naturaleza. ||

4. pl. Parte del cuerpo que corresponde a la pelvis. || RIÑONES *de conejo*. fam. Guiso de judías blancas, secas. || *Costar* una cosa *un* RIÑÓN. fr. fig. y fam. Costar un ojo de la cara. || *Pegarse al* RIÑÓN. fr. fam. con que se denota que un manjar es muy alimenticio. || *Tener* uno *cubierto*, o *bien cubierto, el* RIÑÓN. fr. fig. y fam. Estar rico. || *Tener* RIÑONES. fr. fig. y fam. Ser esforzado y valiente. || **P.** rim; **I.** kidney; **F.** rein, rognon; **A.** Niere; **It.** rene; **R.** почка.

RIÑONADA. f. Tejido adiposo que envuelve a los riñones. || **2.** Lugar del cuerpo donde están los riñones. || **3.** Guisado de riñones.

RIÑOSO, SA. (De *riña*.) adj. ant. Rencilloso. || **2.** P. Rico. Rencoroso.

RÍO. (l. *rius, rivus*.) m. Corriente natural y continua de agua que va a desbocar en otro o en el mar. || **2.** fig. Grande abundancia de una cosa líquida, y por ext., de cualquier cosa. *Es un verdadero* RÍO *de oro*. || **4.** fig. Riolada. || *A* RÍO *revuelto*. m. adv. fig. En la confusión, en el desorden. || *A* RÍO *revuelto, ganancia de pescadores*. ref. con que se señala al que se vale del desorden para buscar su beneficio. || *Bañarse en el* RÍO *Jordán*. fr. fig. Remozarse, rejuvenecerse. || *Cuando el* RÍO *suena, agua lleva*. ref. con que se quiere dar a entender que todo rumor tiene algún fundamento. || *Donde va más hondo el* RÍO, *hace menos ruido*. ref. que se aplica al talento, que cuanto mayor es, busca menos la vanagloria. || *No crece el* RÍO *con agua limpia*. fr. proverb. con que se advierte que no es común el adquirir rápidamente y con honradez grandes riquezas. || *Pescar en* RÍO *revuelto*. fr. fig. Aprovecharse uno de alguna confusión o desorden en beneficio propio. || **P.** rio; **I.** river, stream; **F.** fleuve, rivière; **A.** Fluss, Strom; **It.** fiume; **R.** река.

RIOBAMBEÑO, ÑA. adj. Natural de Riobamba. Ú.t.c.s. || **2.** Perteneciente a esta ciudad de la República del Ecuador.

RIOJANO, NA. adj. Natural de la Rioja. Ú.t.c.s. || **2.** Perteneciente a esta región.

RIOLADA. (De *río*.) f. fam. Afluencia de muchas cosas o personas.

° **RIONEGRINO, NA.** adj. Natural de Río Negro, territorio de la República Argentina. Ú.t.c.s. || **2.** Perteneciente o relativo a este territorio.

RIOPLATENSE. adj. Natural del Río de la Plata. Ú.t.c.s. || **2.** Perteneciente o relativo a los países de la cuenca del río de la Plata.

RIOSELLANO, NA. adj. Natural de Ribadesella. Ú.t.c.s. || **2.** Perteneciente a este pueblo asturiano.

RIOSTRA. f. ARQ. Pieza que, puesta oblicuamente, asegura la invariabilidad de forma de un armazón. || **2.** ELECTR. Cable que por un extremo se sujeta al suelo y por el otro a la parte alta de un poste de una línea de conducción de energía eléctrica.

RIOSTRAR. tr. ARQ. Poner riostras.

★ **RIPEAR.** tr. P. RICO. Escardar. || **2.** P. RICO. Recoger los últimos granos de la cosecha.

RIPIA. (l. *replēre*, llenar.) f. Tabla delgada, desigual y sin pulir. || **2.** Costero tosco del madero aserrado.

★ **RIPIADO, DA.** p.p. de ripiar. || **2.** adj. COLOM. Haraposo. || **3.** CUBA. Pobrete.

RIPIAR. (De *ripio*.) tr. Enripiar. || **2.** Gastar palabras en vano. || **3.** COLOM. Quitar a las plantas textiles las partes verdes para que queden limpios los hilos. || **4.** CUBA y P. RICO. Desmenuzar una cosa, dividirla en pequeñas partes o hilos. || **5.** CUBA y P. RICO. Pegar, golpear con algo duro. || **6.** COLOM. Cachifollar, arrollar, apabullar. || **7.** CUBA y COLOM. Derrochar, malgastar.

★ **RIPIENTO, TA.** (De *ripio*, cascote.) adj. CHILE. Guijoso, cascajoso.

★ **RIPIERA.** adj. CUBA. Plebeyo, villano.

RIPIO. (l. *replēre*, rellenar.) m. Residuo que queda de una cosa. || **2.** Desecho de materiales de obra de albañilería, usados para rellenar huecos. || **3.** Palabra superflua usada con el solo objeto de completar un verso. || **4.** Conjunto de palabras inútiles en discursos o escritos. || *Dar* RIPIO *a la mano*. fr. fig. y fam. Dar con facilidad

y abundancia una cosa. || *Meter* RIPIO. fr. fig. Introducir en escritos o discursos o en composiciones artísticas, especies inútiles o insubstanciales. || *No desechar*, o *no perder* RIPIO. fr. fig. y fam. No perder ocasión. || *No perder* RIPIO. fr. Estar muy atento a lo que se oye. || **2.ª** acep.: **P.** resto; **I.** rubbish; **F.** blocage; **A.** (Bau)Schutt; **It.** rottame; **R.** остаток. || **3.ª** acep.: **P.** ripio; **I.** expletive, useless word; **F.** cheville; **A.** Flickwort; **It.** riempitivo; **R.** пустословие.

RIPIOSO, SA. adj. Que abunda en ripios.

RIQUEZA. (De *rico*.) f. Abundancia de bienes y cosas preciosas. || **2.** Abundancia de cualidades o atributos excelentes. || —*imponible*. Líquido imponible. || **P.** riqueza; **I.** richess, wealth; **F.** richesse; **A.** Reichtum; **It.** richezza; **R.** богатство.

★ **RIQUIÑEQUE.** m. COLOM. Riña, pelea.

★ **RIQUIRRIQUI.** m. VENEZ. Cantilena y juego de niños.

RISA. (De *riso*.) f. Movimiento de la boca y de otras partes del rostro, con espiraciones más o menos sonoras, y que suele ser muestra de alegría o regocijo. || **2.** Lo que mueve a reir. || —*falsa*. La que se hace fingiendo agrado. || —*sardesca, sardonia* o *sardónica*. MED. Contracción de los músculos de la cara, de que resulta un gesto como cuando uno se ríe. || **2.** fig. Risa afectada y que no nace de alegría interior. || *La* RISA *del conejo*. La del que se ríe sin gana. || **2.** fam. La que suelen causar algunos accidentes, o el movimiento exterior de la boca u otras partes del rostro, parecido al de la risa, que sobreviene a algunos al tiempo de morir. || *Caerse de* RISA uno. fr. fig. y fam. Reir desordenadamente. || *Comerse de* RISA uno. fr. fig. Reprimirla, contenerla. || *De la* RISA *al duelo, un pelo*. ref. que indica cuán de cerca suele seguir el dolor al placer. || *Descalzarse, descoyuntarse, despedazarse, desternillarse de* RISA uno. fr. fig. y fam. Reir con vehemencia y con movimientos desacompasados. || *Estar para reventar* o *muerto de* RISA. fr. fig. Resistir la risa con gran esfuerzo. || *Mearse* o *mearse de* RISA uno. fr. fig. y fam. Reirse con muchas ganas. || *Reventar de* RISA uno. fr. fig. y fam. Morirse de risa. || *Tentado a*, o *de, la* RISA. loc. fam. Propenso a reir inmoderadamente. || **2.** fig. y fam. Enamoradizo y lascivo. || *Tomar a* RISA una cosa. fr. fig. No darle crédito o importancia. || **P.** riso; **I.** laugh; **F.** rire, ris; **A.** Lachen; **It.** riso; **R.** смех, хохот.

RISADA. (De *risa*.) f. Risotada.

RISCAL. m. Sitio de muchos riscos.

RISCO. (l. *rĕsĕcāre*, cortar.) m. Peñasco alto y escarpado. || **2.** Fruta de sartén, hecha con pedazitos de masa rebozados en miel.

RISCOSO, SA. adj. Que tiene muchos riscos. || **2.** Perteneciente a ellos.

RISIBILIDAD. (l. *risibilĭtas, -ātis*.) f. Facultad de reir, privativa del racional.

RISIBLE. (l. *risibĭlis*.) adj. Capaz de reirse. || **2.** Que causa risa o es digno de ella.

RISIBLEMENTE. adv. De modo digno de risa.

RISICA, LLA, TA. fs. ds. de risa. || **2.** RISA *falsa*.

RISO. (l. *risus*.) poét. Risa apacible. De uso corriente en Aragón y Murcia.

RISOTADA. f. Carcajada, risa estrepitosa.

★ **RISPAR.** intr. HOND. Salir huyendo, precipitadamente.

RÍSPIDO, DA. (De *re* e *híspido*.) adj. Áspero, riguroso, austero, rígido.

RISPIÓN. m. SANT. Rastrojo.

RISPO, PA. adj. Ríspido. || **2.** Arisco, intratable.

RISTE. m. ant. Ristre.

RISTOLERO, RA. adj. AR. y SAL. Alegre, jovial.

RISTRA. (De *riestra*.) f. Trenza hecha de los tallos de ajos o cebollas con un número de ellos o de ellas. || **2.** fig. Conjunto de ciertas cosas colocadas en fila. || **P.** réstia; **I.** file, string; **F.** glane, rangée; **A.** Zopf, Bund; **It.** resta; **R.** связка чеснока.

RISTRE. m. Hierro injerido en la parte

derecha del peto de la armadura, donde encajaba el cabo de la manija de la lanza.

RISTREL. (De *listel*.) m. ARQ. Listón grueso de madera.

RISUEÑO, ÑA. (l. *risus*, risa.) adj. Que muestra risa en el semblante. || **2.** Que ríe con facilidad. || **3.** fig. De aspecto deleitable o capaz de infundir gozo o alegría. || **4.** fig. Próspero, favorable. *Un porvenir* RISUEÑO. || **P.** risonho; **I.** smiling; **F.** souriant, riant; **A.** fröhlich, heiter, lächelnd; **It.** ridente; **R.** смеющийся.

¡RITA! interj. con que los pastores llaman al ganado menor, especialmente si se dirigen a una sola res.

RITAMENTE. (De *rito*, 3.ª art.) adv. ant. Justa, legalmente.

★ **RITIDOMA.** BOT. m. Conjunto de tejidos muertos que forman la parte exterior de la corteza de las plantas leñosas y que se resquebraja y desprende.

RITMAR. tr. Sujetar a ritmo.

RÍTMICO, CA. (l. *rhythmicus*, y éste del gr. ῥυθμικός.) adj. Perteneciente al ritmo o al metro. || **2.** V. *Acento* RÍTMICO. || **3.** V. *Música* RÍTMICA.

RITMO. (l. *rhythmus*, y éste del gr. ῥυθμός, de ῥέω, fluir.) m. Disposición o combinación grata y armoniosa de voces y cláusulas y de pausas y cortes en el lenguaje. || **2.** Metro o verso. || **3.** fig. Orden acompasado en la sucesión de las cosas. || **4.** Mús. Proporción guardada entre el tiempo de un movimiento y el de otro diferente. || —*cardíaco*. MED. Regularidad normal o anormal en la repetición de los ruidos cardíacos. || **P.** e **It.** ritmo; **I.** rhythm; **F.** rhytme; **A.** Rhythmus; **R.** ритм, темп.

RITO. (l. *ritus*.) m. Costumbre o ceremonia. || **2.** Conjunto de reglas establecidas para el culto y ceremonias religiosas. || **3.** Por ext. ceremonial de los actos masónicos. || —*abisinio*. El seguido por los católicos romanos del África Central bajo la autoridad de un vicario apostólico residente en Abisinia. || —*doble*. El más solemne con que la Iglesia celebra el oficio divino. || —*semidoble*. El que es menos solemne que el doble y más que el simple. || —*simple*. El menos solemne de los tres. || **P.** rito, culto; **I.** y **F.** rite; **A.** Kirchen(ge)brauch; **It.** rito; **R.** обряд.

RITO. (Voz araucana.) m. CHILE. Manta gruesa de tejido burdo.

RITO, TA. (De *irrito*.) adj. ant. Válido, justo, legal.

★ **RITÓN.** m. Vaso griego en forma de cuerno.

RITUAL. (l. *ritualis*.) adj. Perteneciente o relativo al rito. || **2.** Dícese del libro litúrgico que contiene las oraciones y ceremonias para la administración de los sacramentos. Ú.t.c.s. || **3.** m. Conjunto de ritos de una religión o de una iglesia. || *Ser de* RITUAL una cosa. fr. fig. Estar impuesta por la costumbre. || **P.** e **I.** ritual; **F.** rituel; **A.** rituell; **It.** rituale; **R.** ритуальный.

RITUALIDAD. (De *ritual*.) f. Observancia de las formalidades prescritas para hacer una cosa.

RITUALISMO. (De *ritual*.) m. Secta protestante inglesa que practica ciertos actos rituales de la Iglesia, generalmente abandonados por las demás sectas y que tiende a acercarse al catolicismo. || **2.** Apego a los ritos en general y exagerado predominio de las formalidades reglamentarias.

RITUALISTA. com. Partidario del ritualismo.

RIVAL. (l. *rivalis*, de *rivus*, río.) com. Competidor. || **P.,** **I.** y **F.** rival; **A.** Nebenbuhler; **It.** rivale; **R.** соперник.

RIVALIDAD. (l. *rivalitas, -ātis*.) f. Oposición entre dos o más personas que aspiran a conseguir una misma cosa. || **2.** Enemistad.

RIVALIZAR. (De *rival*.) intr. Competir.

RIVERA. (l. *rivus*, riachuelo.) f. Arroyo, riachuelo.

RIZA. f. Rastrojo del alcacer. || **2.** Residuo que por estar duro, dejan en los pesebres las caballerías.

RIZA. f. Destrozo o estrago hecho en una cosa. || *Hacer* RIZA. fr. fig. Causar gran destrozo y mortandad en una acción de guerra.

RIZADO, DA. p.p. de rizar. || **2.** adj.

R

R Dícese de la paloma que se distingue de la común por tener rizadas las plumas. ‖ 3. m. Acción y efecto de rizar o rizarse.

★ RIZADURAS. f. pl. GEOL. Finas ondulaciones que el oleaje o el viento producen en las arenas de las playas o en las dunas.

RIZAL. adj. Ricial.

RIZAR. (l. *rectiāre*, enderezar.) tr. Formar artificialmente rizos en el pelo. ‖ 2. Mover el viento la mar haciendo olas pequeñas. Ú.t.c.r. ‖ 3. Hacer en las telas, papeles, etc., dobleces menudos. ‖ 4. r. Ensortijarse el pelo naturalmente. ‖ P. riçar; I. to frizzle, to curl; F. friser, crêper; A. kräuseln; It. arricciare; R. завивать.

RIZO, ZA. (De *rizar*.) adj. Ensortijado o hecho rizos naturalmente. ‖ 2. Dícese de los bucles o anillos formados por hilos de la urdimbre que sobresalen de la superficie de los tejidos. ‖ 3. Este mismo tejido usado para la fabricación de toallas, albornoces, etc. ‖ 4. m. Mechón de pelo que natural o artificialmente tiene forma de sortija, bucle o tirabuzón. ‖ 5. MAR. Cada uno de los pedazos de cabo que pasan por los ollaos de las velas para acortarlas. ‖ *Hacer*, o RIZAR, *el rizo*. fr. Hacer dar al avión en el aire una como vuelta de campana. ‖ *Tomar* RIZOS. fr. MAR. Aferrar a la verga una parte de las velas, para que ofrezcan menor superficie al viento. ‖ 4.ª acep.: P. riço; I. curl; F. boucle; A. (Haar)-Locke; It. riccio; R. завиток, локон.

RIZÓFAGO, GA. (gr. ῥίζα, raíz, y φαγεῖν, comer.) adj. ZOOL. Dícese de los animales que se alimentan de raíces. Ú.t.c.s.

★ RIZOFITA. (gr. ῥίζα, raíz, y φυτόν, planta.) adj. Dícese de las plantas provistas de raíces.

RIZOFORÁCEO, A. (De *rizofóreo*.) adj. BOT. Dícese de árboles y arbustos angiospermos dicotiledóneos que viven en las costas de las regiones intertropicales, con muchas raíces aéreas, hojas sencillas, opuestas y con estípulas, flores de cáliz persistente y fruto indehiscente con una sola semilla; como el mangle. Ú.t.c.s.f. ‖ 2. f. pl. BOT. Familia de estas plantas.

RIZOFÓREO, A. (gr. ῥίζα, raíz, y φέρω, llevar.) adj. BOT. Rizoforáceo.

RIZOIDE. (gr. ῥίζα, raíz, y εἶδος, forma.) adj. BOT. Dícese de cada uno de los filamentos o pelos largos que en los musgos, líquenes y en ciertas algas fijan el vegetal al suelo y sirven como órganos de absorción. Ú.t.c.s.

RIZOMA. (gr. ῥίζωμα, raíz.) m. BOT. Tallo horizontal y subterráneo que por un lado echa ramas aéreas verticales, y por el otro raíces; como el del lirio común. ‖ P. rizoma; I. y F. rhizome; A. Rhizom, Wurzelknollen; R. корень.

RIZÓN. (l. *ericio, -ōnis; de ericius,* erizo.) m. ant. Ancla de tres uñas.

RIZÓPODO. (gr. ῥίζα, raíz, y πούς, ποδός, pie.) adj. ZOOL. Dícese del protozoo que emite seudópodos que le sirven para moverse y para apoderarse de las partículas orgánicas de que se alimenta. Ú.m.c.s. ‖ 2. m. pl. ZOOL. Clase de estos animales.

★ RIZOSFERA. (De ῥίζα, raíz, y σφαῖρα, esfera.) f. Parte del suelo afectada por las raíces de las plantas.

RIZOSO, SA. (De *rizo*.) adj. Dícese del pelo que tiende a rizarse naturalmente.

RO. Voz que se usa repetida para arrullar a los niños.

ROA. f. MAR. Roda, pieza que forma la proa de la nave.

ROANÉS, SA. adj. Natural de Ruán. Ú.t.c.s. ‖ 2. Perteneciente a esta ciudad de Francia.

ROANO, NA. (l. *ravidānus; de ravĭdus.*) adj. Dícese de la caballería cuyo pelo está mezclado de blanco, gris y bayo.

ROB. (Del m. or. que *arrope*.) m. FARM. Arrope o zumo de frutos maduros, mezclado con miel o azúcar cocido, hasta que tome la consistencia de jarabe.

ROBADA. (De *robo*, 2.º art.) f. Medida de superficie, usada en Navarra, equivalente a 8 áreas y 98 centiáreas.

★ ROBADA. f. fam. CHILE. Robo, hurto.

ROBADERA. (De *robar*.) f. Traílla, 3.ª acep.

ROBADIZO. m. Tierra que el agua roba fácilmente. ‖ 2. Arroyada que resulta donde ha sido arrancada la tierra por el agua.

ROBADO, DA. p.p. de robar. ‖ 2. adj. Dícese del partido de juego tan favorable para una de las partes que la otra no tiene defensa posible. ‖ 3. fig. y fam. Dícese de la casa que carece del moblaje más preciso. Ú.t.c.s.

ROBADOR, RA. adj. Que roba. Ú.t. c.s. ‖ 2. V. *Tenderete* ROBADOR.

ROBALIZA. f. Hembra del róbalo; es de color más claro que el macho y mayor que él.

RÓBALO [ROBALO]. m. ZOOL. Pez teleósteo marino del suborden de los acantopterigios, de 7 a 8 dm de largo, cuerpo oblongo, vientre blanco, dos aletas en el lomo y cola recta. Vive en los mares de España. Su carne es muy apreciada. ‖ P. robalo; I. bass; F. bar; A. Seebarsch; It. branzino; R. морскои окунь.

ROBAMIENTO. (De *robar*.) m. ant. Arrobamiento.

ROBAR. (ant. alto al. *roubón*.) tr. Quitar o tomar para sí con violencia lo ajeno. ‖ 2. Tomar para sí lo ajeno, o hurtar de cualquier modo. ‖ 3. Raptar. ‖ 4. Llevarse los ríos y corrientes parte de la tierra por donde pasan. ‖ 5. Redondear una punta o achaflanar una esquina. ‖ 6. Entre colmeneros, cambiar de colmena las abejas, y quitar de la vacía todos los panales. ‖ 7. Tomar del monte naipes en ciertos juegos de cartas, y fichas en el del dominó. ‖ 8. fig. Captar con eficacia y como violentamente el afecto o la voluntad. ROBAR *el corazón:* ‖ P. robar; I. to steal, to rob; F. voler, enlever, ravir; A. stehlen, entwenden; It. rubare; R. красть.

ROBDA. (ár. *rutba*, impuesto.) f. Robla, antiguo impuesto que pagaban los ganaderos trashumantes.

ROBECO. m. Ast. Robezo.

ROBELLÓN. (l. *rŭbelio, -ōnis,* rojizo.) m. Especie de hongo comestible.

ROBERÍA. f. ant. Robo, acción de robar.

ROBERVAL. n. p. V. *Balanza de* ROBERVAL.

ROBEZO. m. Gamuza, rebeco.

ROBÍN. (l. *rubigo, -inis.*) m. Orín o herrumbre de los metales.

ROBINIA. (Del botánico francés Juan *Robin,* que la trajo a Europa.) f. Acacia falsa.

ROBIÑANO. m. p. us. Perengano.

ROBLA. (De *roblar,* sobrar.) f. Tributo de pan, vino y cierto número de reses viejas que, además del arriendo, pagaban los ganaderos trashumantes al dejar los pastos de las sierras. ‖ 2. Comida con que se obsequia al terminar un trabajo.

ROBLADERO, RA. adj. Hecho de modo que se pueda roblar.

★ ROBLADOR, RA. adj. Que robla. ‖ 2. m. ART. y OF. Martillo que usan los herreros y cerrajeros para hacer remaches y dar la última mano al trabajo.

ROBLADURA. (De *roblar*.) f. Redobladura de la punta de un clavo, perno o cosa semejante.

ROBLAR. (l. *roborāre,* fortificar, dar firmeza.) tr. Robrar. Hacer la robla. ‖ 2. Doblar o remachar una pieza de hierro para afirmarla; como un clavo, etc.

ROBLE. (De *robre*.) m. BOT. Árbol cupulífero, de hojas caedizas, flores masculinas en amentos largos y femeninas en amentos reducidos; bellotas por fruto, y madera dura, muy apreciada para construcciones. ‖ 2. Madera de este árbol. ‖ 3. fig. Persona o cosa fuerte y recia. ‖ —**albar.** Especie que se distingue de la común por tener las hojas pecioladas y las bellotas sin rabillo. ‖ —**borne.** Melojo. ‖ —**carrasqueño.** Quejigo. ‖ —**negral, negro** o **villano.** Melojo. ‖ P. roble; I. oak-tree; F. rouvre; A. Steineiche, Wintereiche; It. róvere; R. дуб.

ROBLEDA. f. Robledal.

ROBLEDAL. m. Robledo de gran extensión.

ROBLEDO. (De *robredo*.) m. Sitio poblado de robles.

ROBLIZO, ZA. (De *roble*.) adj. Fuerte, recio y duro.

ROBLÓN. (De *roblar*.) m. Clavija de metal dulce, con cabeza en un extremo que después de pasada por los taladros de las piezas que ha de asegurar, se remacha por el extremo opuesto. ‖ 2. Lomo que en el tejado forman las tejas por su parte convexa. ‖ 3. COLOM. Cobija. ‖ 4. BURG. Tejo.

ROBLONAR. tr. Sujetar con roblones remachados.

ROBO. m. Acción y efecto de robar. ‖ 2. Cosa robada. ‖ 3. En algunos juegos de naipes o en el dominó, número de cartas o de fichas que se toman del monte o baceta. ‖ 4. FOR. Delito que se comete al apoderarse de cosa mueble ajena con ánimo de beneficiarse de ella, y empleando violencia o intimidación sobre las personas o fuerza en las cosas. ‖ *Ir al* ROBO. fr. En algunos juegos de naipes, robar, 7.ª acep. ‖ *Meter a* ROBO. fr. ant. Meter a saco. ‖ P. robo; I. theft; F. vol; A. Diebstahl, Raub; It. ruba, furto; R. воровство, кража.

ROBO. (ár. *rub'*, cuarto, cuarta parte; véase *arroba*.) m. Medida de capacidad para áridos, usada en Navarra y equivalente a 28 litros y 13 centilitros.

ROBORACIÓN. f. Acción y efecto de roborar.

ROBORANTE. (l. *robŏrans, -antis*.) p.a. de roborar. Que robora. Dícese especialmente de los medicamentos que tienen virtud de confortar.

ROBORAR. (l. *roborāre*.) tr. Dar fuerza y firmeza a una cosa. ‖ 2. fig. Corroborar, confirmar la razón, la opinión, etc., con nuevos datos o mejores raciocinios.

ROBORATIVO, VA. adj. Que sirve para roborar.

ROBRA. (De *robrar*.) f. Alboroque. ‖ 2. ant. Escritura o papel autorizado que sirve de seguridad de las compras y ventas.

ROBRAMIENTO. m. ant. Acción de robrar.

ROBRAR. (l. *roborāre*.) tr. ant. Hacer la robra, 2.ª acep.

ROBRE. (l. *robur, -ŏris*.) m. Roble.

ROBREDAL. (De *robredo*.) m. Robledal.

ROBREDO. (l. *roborētum*.) m. Robledo.

ROBUSTAMENTE. adv. m. Con robustez.

ROBUSTECEDOR, RA. adj. Que robustece.

ROBUSTECER. tr. Dar robustez. Ú.t.c.r.

ROBUSTECIMIENTO. m. Acción y efecto de robustecer.

ROBUSTEZ. f. Calidad de robusto.

ROBUSTEZA. f. Robustez.

ROBUSTICIDAD. f. desus. Robustez.

ROBUSTIDAD. f. ant. Robustez.

ROBUSTO, TA. (l. *robustus*.) adj. Fuerte, vigoroso, firme. ‖ 2. Que tiene fuertes miembros y buena salud.

ROCA. (fr. *roc* y *roche;* en ital. *rocca.*) f. Piedra muy dura y sólida. ‖ 2. Peñasco que se levanta en la tierra o en el mar. ‖ 3. fig. Cosa muy dura, firme y constante. ‖ 4. GEOL. Substancia mineral de gran volumen que forma parte importante de la masa terrestre. ‖ P. roca; I. rock; F. roc, roche, rocher; A. Fels, Klippe; It. rocca; R. скала.

ROCADA. f. Copo de material textil que se pone de cada vez en la rueca.

ROCADERO. (De *rueca*.) m. Coroza. ‖ 2. Armazón en forma de piña que en la parte superior de la rueca sirve para poner el copo para hilarlo. ‖ 3. Envoltura con que en esta parte se asegura el copo.

ROCADOR. (De *rueca*.) m. Rocadero, 2.ª acep. ‖ 2. SAL. Mantilla semicircular, de terciopelo o veludillo y adornada con abalorios, que usan las charras. ‖ 3. Áv. Sombrero de copa cónica y alas anchas con reborde que usan los campesinos.

ROCALLA. f. Conjunto de piedrecillas desprendidas de las rocas por la acción de los agentes naturales o que han saltado al labrar las piedras. ‖ 2. Abalorio grueso. ‖ 3. Estilo arquitectónico del reinado de Luis XV.

ROCALLOSO, SA. adj. Abundante en rocalla.

ROCAMBOLA. f. Planta liliácea que se cultiva en las huertas y se usa como condimento en substitución del ajo.

ROCAMBOR. m. Amér. Merid. Juego de naipes muy parecido al tresillo.

ROCE. m. Acción y efecto de rozar o rozarse. || 2. fig. Trato frecuente con algunas personas. || 3. Med. Ruido de frotación que se percibe por auscultación a nivel de una serosa inflamada. || P. roçadura; I. friction; F. frottement; A. Reibung, Friktion; It. fregamento; R. трение.

ROCERA. (De *roza*.) adj. La leña que dan las rozas.

★ **ROCERÍA.** f. Colom. Roza, desmonte, derribo.

ROCERO, RA. adj. Ar. y Nav. Dícese de la persona ordinaria o aficionada a tratar con gente baja.

ROCIADA. f. Acción y efecto de rociar. || 2. Rocío. || 3. Hierba con el rocío, dada por medicina a las caballerías. || 4. Conjunto de cosas que se esparcen al arrojarlas. || 5. fig. Murmuración en que se zahiere a muchos. || 6. fig. Represión áspera.

ROCIADERA. (De *rociar*.) f. Regadera.

ROCIADO, DA. p.p. de rociar. || 2. adj. Mojado por el rocío, o que participa de él.

ROCIADOR. m. Brocha o escobón para rociar la ropa.

ROCIADURA. (De *rociar*.) f. Rociada, 1.ª acep.

ROCIAMIENTO. (De *rociar*.) m. Rociada, 1.ª acep.

ROCIAR. (l. *roscĭdare; de roscĭdus.*) intr. Caer sobre la tierra el rocío o la lluvia menuda. || 2. tr. Esparcir en menudas gotas un líquido sobre alguna cosa. || 3. fig. Arrojar cosas de manera que se dispersen al caer. || 4. fig. Gratificar el jugador a quien le prestó dinero en la casa de juego. || P. rociar; I. to sprinkle; F. ruisseler; A. besprengen; It. spruzzare; R. опрыскивать.

ROCÍN. (ár. *russān*, con *imela russīn*, caballo pequeño.) m. Caballo de mala traza y de poca alzada. || 2. Caballo de trabajo. || 3. fig. y fam. Hombre tosco e ignorante. || 4. Bol. Buey adiestrado para el tiro. || *Aunque se aventuren* rocín *y manzanas.* expr. fig. y fam. de que se da a entender la resolución en que se está de hacer alguna cosa, aunque sea con riesgo y pérdida. || *Ir*, o *venir, de* rocín *a ruin.* fr. fig. y fam. Ir a menos o de mal en peor.

★ **ROCINA.** (De *rocín*.) f. Bol. Mula arriera.

ROCINAL. adj. Perteneciente al rocín.

ROCINANTE. (Por alusión al caballo de don Quijote.) m. fig. Rocín matalón.

ROCINO. m. Rocín.

ROCÍO. (De *rociar*.) m. Vapor de agua que, en la atmósfera, se condensa en gotas minúsculas con la frialdad de la noche, las cuales aparecen luego sobre la superficie de la tierra o sobre las plantas. || 2. Las mismas gotas perceptibles a la vista. || 3. Lluvia corta y pasajera. || 4. fig. Gotas menudas esparcidas sobre una cosa para humedecerla. || P. rocio; I. dew; F. rosée; A. Tau; It. rugiada; R. poca.

ROCIÓN. (De *rociar*.) m. Salpicadura violenta del agua del mar al chocar las olas contra un obstáculo.

ROCOCÓ. (fr. *rococo*, forma jocosa de *rocaille*.) adj. Dícese del estilo barroco que predominó en Francia en tiempo de Luis XV.

ROCOSO, SA. adj. Roqueño, abundante en rocas.

ROCOTE. (Voz quichua.) m. Amér. Merid. Planta y fruto de una especie de ají grande.

ROCHA. f. Roza, tierra rozada y limpia de matas, dispuesta para la siembra.

ROCHELA. f. Colom., Ecuad. y Venez. Bullicio, algazara.

ROCHELÉS, SA. adj. De La Rochela. Ú.t.c.s. || 2. Perteneciente a esta ciudad francesa.

ROCHO. (Del m. or. que *ruc*.) m. Ave fabulosa, a la cual se le atribuye desmesurado tamaño y extraordinaria fuerza.

RODA. f. Robla. || 2. Ast. Pez luna.

RODA. (gall. o del port. *roda*, y éste del l. *rŏta*, rueda.) f. Mar. Pieza gruesa y curva que forma la proa de la nave.

RODABALLO. (l. *rotabŭlum*, rodillo,

rollo.) m. Zool. Pez marino malacopterigio de cuerpo aplanado y asimétrico, con los ojos en el lado izquierdo y aleta dorsal tan larga como todo el cuerpo. Su carne es muy apreciada. || 2. fig. y fam. Hombre taimado y astuto. || P. rodovalho; I. y F. turbot; A. Steinbutt; It. rombo; R. палтус (рыба).

RODACHINA. (De *rodar*.) f. Colom. Girándula. || 2. Colom. Ruedecilla.

RODADA. f. Señal que deja la rueda de un vehículo en el suelo por donde pasa. || 2. Argent. Acción de rodar o caer el caballo.

RODADERO, RA. adj. Rodadizo. || 2. Que está en disposición para rodar. || 3. m. Terreno pedregoso y muy inclinado en el que se producen fácilmente desprendimientos de tierras. || 4. Ecuad. Precipicio, despeñadero.

RODADIZO, ZA. adj. Que rueda fácilmente.

RODADO, DA. (De *rueda*.) adj. Dícese de la caballería que tiene manchas más obscuras que el color general de su pelo. || 2. m. León. Especie de refajo que usan las mujeres. || 3. Argent. y Chile. Vehículo, carruaje.

RODADO, DA. p.p. de rodar. || 2. Dícese del canto alisado a fuerza de rodar a impulso de las aguas. || 3. Aplícase al período, cláusula o frase que se distingue por su fluidez o facilidad. || 5. Min. Dícese de los pedazos de mineral desprendidos de la veta y esparcidos naturalmente por el suelo. Ú.t.c.s.

RODADOR, RA. adj. Que rueda o cae rodando. || 2. m. Mosquito de América que cuando se llena de sangre rueda y cae sobre la sanguijuela. || 3. Rueda, pez plectognato; no es comestible.

RODADURA. f. Acción de rodar.

RODAJA. (De *rueda*.) f. Pieza circular y plana, de cualquier materia. || 2. Rueda, tajada circular. rodaja *de naranja.* || 3. Estrella de la espuela. || 4. fam. Rosca.

RODAJE. m. Conjunto de ruedas. *El* rodaje *de un reloj.* || 2. Impuesto sobre los carruajes. || 3. Acción y efecto de rodar una película cinematográfica. || P. rodagem; I. set of wheels; F. rouage; A. (Räder-)Getriebe; It. complesso di ruote; R. колёсный ход.

RODAJUELA. f. d. de rodaja.

RODAL. (De *rueda*.) m. Espacio pequeño que por alguna circunstancia se distingue de lo que le rodea. || 2. Mancha, conjunto de plantas que distinguen el terreno donde crecen de los inmediatos. || 3. San. Carro de ruedas que no tienen rayos.

RODALÁN. m. Bot. Chile. Planta de la familia de las oenoteráceas, con tallos rastreros, flores grandes y blancas que se abren al ponerse el Sol.

RODAMIENTO. m. Mec. Cojinete formado por dos cilindros concéntricos, entre los que se intercala una corona de bolas o rodillos que pueden girar libremente.

RODANCHA. f. Ar., Murc. y Sor. Roncha, rodaja.

RODANCHO. (cat. *rodanxa*, del l. *rota*, rueda.) m. Germ. Broquel, escudo.

RODANO, NA. adj. ant. Rodio. Apl. a pers., úsáb.t.c.s.

RODANTE. p.a. de rodar. Que rueda o puede rodar.

RODAPELO. m. Redopelo.

RODAPIÉ. (De *rodear* y *pie*.) m. Paramento con que se cubren alrededor los pies de las camas, mesas y otros muebles. || 2. Friso o faja que suele pintarse en la parte inferior de las paredes. || 3. Tabla, celosía o enrejado que se pone en la parte inferior de la barandilla de los balcones.

RODAPLANCHA. f. Abertura que divide el paletón de la llave hasta la tija.

RODAR. (l. *rŏtāre*.) intr. Dar vueltas un cuerpo alrededor de su eje. || 2. Moverse una cosa por medio de ruedas. || 3. Caer dando vueltas por una pendiente. || 4. fig. No tener una cosa colocación fija, por descuido o por desprecio. || 5. fig. Ir una persona de un lado para otro sin fijarse en sitio determinado. || 6. fig. Abundar. *En aquella casa* rueda *el dinero.* || 7. fig. Andar inútilmente en pretensiones. || 8. fig. Suceder unas cosas a otras. || 9. tr.

Hablando de películas cinematográficas, impresionarlas o proyectarlas. || P. rodar; I. to roll; F. tourner, rouler; A. wälzen, rollen; It. rotare; R. вертеться, катиться.

RODAS. n. p. V. *Olivastro de* Rodas.

RODEABRAZO (A). m. adv. Dando una vuelta al brazo para arrojar una cosa con él.

RODEADOR, RA. adj. Que rodea.

RODEAR. (De *rueda*.) intr. Andar alrededor. || 2. Ir por camino más largo que el ordinario o regular. || 3. fig. Usar de rodeos en lo que se dice. || 4. Sal. Sestear el ganado vacuno. || 5. tr. Poner algo alrededor de una cosa. || 6. Cercar una cosa. || 7. Hacer dar vueltas a una cosa. *No puedo* rodear *el caballo ni a un lado ni a otro.* || 8. Argent., Colom., Cuba y Chile. Reunir al ganado mayor en un sitio determinado, arreándolo desde los distintos lugares en donde está paciendo. || 9. r. Revolverse, rebullirse, volverse. || P. rodear; I. to surround; F. entourer, faire le tour; A. umgehen, umkreisen; It. circondare, roteare; R. ходить вокруг.

RODELA. (prov. *rodella*, y éste del l. *rotĕlla*, de rótula.) f. Escudo redondo y delgado.

RODELEJA. f. d. de rodela, 1.ª acep.

RODELERO. m. Soldado que usaba rodela. || 2. Soldado que llevaba la rodela de su superior. || 3. Mozo que rondaba de noche con espada y rodela.

RODENAL. m. Terreno poblado de pinos rodenos.

RODENO, NA. adj. Rojo, dícese de las tierras, rocas, etc. || 2. Dícese del pino de altura mediana, corteza áspera y piñas grandes y puntiagudas.

RODEO. m. Acción de rodear. || 2. Camino más largo o desvío del camino derecho. || 3. Vuelta o regate para librarse de quien persigue. || 4. Sitio donde se reúne el ganado mayor para sestear, pasar la noche, ser vendido, etc. || 5. Reunión del ganado mayor para reconocerlo, contarlo, etc. || 6. fig. Manera indirecta de hacer alguna cosa, a fin de eludir las dificultades que presenta. || 7. fig. Manera de decir una cosa, valiéndose de expresiones que la den a entender indirectamente. || 8. fig. Efugio para disimular o eludir algo. || 9. Sal. Siesta del ganado vacuno en el campo. || 10. Germ. Conjunto o reunión de ladrones o de rufianes. || 11. Espectáculo de carácter circense, nacido de los rodeos norteamericanos. || P. rodeio; I. turn; F. détour; A. Umweg; It. giravolta; R. кружение.

RODEÓN. m. aum. de rodeo. || 2. Vuelta en redondo.

RODERA. (De *rueda*.) f. Carril, rodada. || 2. Camino abierto por el paso de los carros a través de un campo. || 3. Rueda que encaja en el eje, sin tener el cubo guarnecido con rodaje de hierro.

RODERICENSE. (l. *Rodericum*, hoy Ciudad Rodrigo.) adj. Natural de Ciudad Rodrigo. Ú.t.c.s. || 2. Perteneciente a esta ciudad.

RODERO. m. El que cobraba el tributo de la roda o robla.

RODERO, RA. adj. Perteneciente a la rueda o que sirve para ella. || 2. Mar. Dícese del mazo de forma prismática, con mango de un metro de largo, muy usado en los barcos para machacar cabos.

RODERÓN. (De *rodera*.) m. León, Sal. y Sant. Rodada honda.

RODETE. (De *rueda*.) m. Rosca que se hacen las mujeres en la cabeza con las trenzas del pelo. || 2. Rosca de lienzo, paño, etc., puesta en la cabeza para llevar un peso. || 3. Chapa circular de la cerradura, que permite girar únicamente la llave cuyas guardas se ajustan a ella. || 4. Rueda horizontal donde gira el juego delantero del coche para poder tomar las vueltas con facilidad. || 5. Pieza giratoria cilíndrica achatada y de canto plano, sobre el cual pasan las correas sin fin en diferentes maquinarias. || 6. Blas. Trenza o cordón que rodea la parte superior del yelmo y le sirve de cimera. || 7. Mec. Rueda hidráulica horizontal con paletas. || P. rolete; I. y F. chignon; A. Haarknoten; It. crocchia; R. шиньон.

RODEZNO. (De *rodar*.) m. Rueda hidráulica con paletas curvas y eje verti-

R

cal. || **2.** Rueda dentada que engrana con la que está unida a la muela de la tahona.

RODEZUELA. f. d. de rueda.

RODIL. m. SAL. Prado situado entre tierras de labranza.

RODILLA. (l. *rotĕlla*, d. de *rota*, rueda.) f. Región entre el muslo con la pierna y que está constituida por la rótula y la articulación del fémur con la tibia, junto con las partes blandas circunyacentes. || **2.** En los cuadrúpedos, unión del antebrazo con la caña. || **3.** Rodete, 3.ª acep. || **4.** Paño basto que sirve para limpiar. || **5.** P. RICO. Cojín que se pone a las bestias bajo el aparejo. || *A media* RODILLA. m. adv. Con sólo una rodilla hincada en el suelo. || *De* RODILLA *en* RODILLA. loc. adv. fig. De varón en varón. || *De* RODILLAS. m. adv. Con las rodillas hincadas en el suelo, generalmente en señal de respeto o veneración, o por castigo o penitencia. Ú.m. con los verbos *estar*, *hincar* y *poner*. || **2.** fig. En tono suplicante. || *Doblar* uno *la* RODILLA. fr. Arrodillarse, apoyando una sola rodilla en el suelo. || **2.** fig. Sujetarse, humillarse a otro. || *Estar* uno *en tal* RODILLA con otro. fr. Estar con él en tal grado de parentesco en línea recta. || *Hincar* uno *la* RODILLA. fr. Doblar la rodilla. || *Hincar* uno *las* RODILLAS, o HINCARSE *de rodillas*. fr. Arrodillarse. || **P.** rodilha, joelho; **I.** knee; **F.** genou; **A.** Knie; **It.** ginocchio; **R.** колено.

RODILLADA. f. Rodillazo. || **2.** Golpe recibido en la rodilla. || **3.** Colocación de la rodilla en tierra.

RODILLAZO. m. Golpe dado con la rodilla.

RODILLERA. f. Cosa que se pone para comodidad, defensa o adorno de la rodilla. || **2.** Remiendo en la parte de los pantalones que cubre la rodilla. || **3.** Convexidad que llega a formarse en la parte del pantalón que cae sobre la rodilla. || **4.** Herida que se hacen las caballerías al caer de rodillas. || **5.** Cicatriz de esta herida. || **6.** SAL. Rodete, 2.ª acep.

RODILLERO, RA. adj. Perteneciente a las rodillas. || **2.** m. Banca usada por las mujeres para lavar la ropa en el río.

RODILLO. (De *rotĕlla*.) m. Madero cilíndrico y fuerte que se hace rodar por el suelo para llevar sobre él una cosa de mucho peso. || **2.** Cilindro muy pesado que se hace rodar para llenar y apretar la tierra o para consolidar el firme de una calle, carretera, etc. || **3.** Cilindro que se emplea para dar tinta en las imprentas. || **4.** SAL. y ZAM. Rodil. || *De* RODILLO *a* RODILLO. m. adv. Haciendo rodar con violencia una bola en el juego de bochas, para que, dando a otra, la haga cambiar de lugar. || **P.** rolão; **I.** roll, roller; **F.** rouleau; **A.** Rolle, Walze; **It.** rullo; **R.** валик, каток.

RODILLO. (De *rutĕllum*.) m. ALM. Especie de rastro sin dientes y con el mango largo.

RODILLUDO, DA. adj. Que tiene abultadas las rodillas.

★ **RODINAL.** m. QUÍM. Amino-fenol muy empleado en fotografía como revelador.

RODIO. (gr. ρόδον, rosa, por el color de las sales del metal.) m. Metal que en pequeñísima cantidad acompaña a veces al oro y al platino. Es de color blanco de plata, difícilmente fusible e inatacable por los ácidos. Su cloruro es de color rojo intenso. Su símbolo es Rh y su número atómico 45.

RODIO, DIA. (l. *rhodius*.) adj. Natural de Rodas. Ú.t.c.s. || **2.** Perteneciente a esta isla del Egeo. || **3.** Aplícase al estilo de los escritores de Rodas, menos conciso y limado que el ático, y menos exuberante y difuso que el asiático. || **4.** Dícese de la más antigua ley marítima acerca de la echazón. || **5.** Dícese de cierta raíz muy olorosa, parecida a la del costo.

RODIOTA. adj. Rodio, 2.º art. Apl. a pers. ú.t.c.s.

RODO. (l. *rŭtrum*, rodillo.) m. Rodillo, 1.er art., 1.ª y 2.ª aceps.

RODO. (De *rodar*.) m. LEÓN. Manteo que usan las maragatas. || **2.** SAL. Faldón de la camisa. || *A* RODO. m. adv. En abundancia.

RODODAFNE. (l. *rhododaphne*, y éste del gr. ροδοδάφνη; de ρόδον, rosa, y δάφνη, laurel.) f. Adelfa.

RODODENDRO. (l. *rhododendron*, y éste del gr. ροδόδενδρον; de ρόδον, rosa, y δένδροον, árbol.) m. Arbolillo ericáceo de hojas coriáceas persistentes y flores sonrosadas o purpúreas en corimbos terminales. Se cultiva como planta de adorno, y sus especies crecen en todas las regiones montañosas del hemisferio boreal. || **P.** e **It.** rododendro; **I.** y **F.** rhododendron; **A.** Alpenrose; **R.** рододендрон.

RODOMIEL. (l. *rhodomĕli*, y éste del gr. ροδόμελι; de ρόδον, rosa, y μέλι, miel.) m. Miel rosada.

RODREJO, JA. (l. *retrŭculus*, tardío; de *retro*, atrás.) adj. MURC. Dícese de la fruta que no llega a sazón. || **2.** f. GUAD. y RIOJA. Especie de ciruela verdal, temprana, que no llega a completa madurez.

RODRIGA. (l. *ridĭcula*, d. de *rădica*, sostén de planta.) f. Rodrigón, 1.ª acep.

RODRIGAR. (De *rodriga*.) tr. Poner rodrigones a las plantas.

RODRIGAZÓN. (De *rodriga*.) f. Tiempo de poner rodrigones.

RODRIGÓN. (De *rodriga*.) m. Vara o caña que se clava al pie de una planta para sostener sus tallos y ramas. || **2.** y fam. Criado anciano que acompañaba a las señoras.

ROEDOR, RA. adj. Que roe. || **2.** fig. Que punza o agita el ánimo. || **3.** m. pl. ZOOL. Orden de mamíferos, generalmente de pequeño tamaño, unguiculados, vegetarianos, desprovistos de caninos, con dos largos incisivos curvos en cada mandíbula con los cuales roen moviendo la mandíbula inferior de delante a atrás y viceversa. || 3.ª acep.: **P.** roedores; **I.** Rodentia; **F.** rongeurs; **A.** Nagetier(e); **It.** roditori; **R.** грызущий.

ROEDURA. f. Acción de roer. || **2.** Porción que se corta royendo. || **3.** Señal que queda en la parte roída.

ROEL. (fr. *roelle*, disco.) m. BLAS. Pieza redonda en el escudo de armas.

ROELA. (fr. *roelle*, y éste del l. *rotĕlla*.) f. Disco de oro o de plata en bruto.

ROER. (l. *rodĕre*.) tr. Cortar, descantillar con los dientes menuda y superficialmente una cosa dura. || **2.** Comerse las abejas las realeras después de haberlas cerrado. || **3.** Quitar con los dientes la carne que quedó pegada al hueso. || **4.** fig. Gastar superficialmente y poco a poco una cosa. || **5.** fig. Molestar o atormentar interiormente. || **P.** roer; **I.** to gnaw; **F.** ronger; **A.** abnagen, anfressen; **It.** ròdere; **R.** грызть.

ROETE. (l. *rhoites*, y éste del gr. ῥοίτης.) m. Vino medicinal hecho con zumo de granadas.

ROGACIÓN. (l. *rogatio*, *-ōnis*.) f. Acción de rogar. || **2.** pl. Letanías en procesiones públicas, hechas en determinados días del año.

ROGADO, DA. p.p. de rogar. || **2.** adj. Aplícase a la persona que gusta que le rueguen mucho antes de acceder a lo que le piden.

ROGADOR, RA. (l. *rogător*, *-ōnis*.) adj. Que ruega. Ú.t.c.s.

ROGANTE. (l. *rogans*, *-antis*.) p.a. de rogar. Que ruega.

ROGAR. (l. *rogăre*.) tr. Pedir por gracia una cosa. || **2.** Instar con súplicas. || **P.** rogar; **I.** to pray; **F.** prier, supplier; **A.** beten, ersuchen; **It.** pregare; **R.** умолять.

ROGARIA. (De *rogar*.) f. ant. Ruego. || **2.** ant. Rogativa.

ROGATIVA. (De *rogativo*.) f. Oración pública para implorar de Dios el remedio de una grave necesidad. Ú.m. en pl. || **P.** rogativa; **I.** rogation; **F.** rogations; **A.** Kirchengebet; **It.** rogazione; **R.** молебствие.

ROGATIVO, VA. (l. *rogătum*, supino de *rogăre*, rogar.) adj. Que incluye ruego.

ROGATORIO, RIA. adj. Que implica ruego.

ROGE. (vasc. *herrogi*, pan del pueblo.) m. NAV. Roscón que se lleva a la iglesia como ofrenda el día de la Candelaria y el de San Blas.

ROGO. (l. *rogŭs*.) m. poét. Hoguera, pira.

ROÍDO, DA. p.p. de roer. || **2.** adj. fig. y fam. Corto, despreciable, dado con miseria.

ROJAL. adj. Que tira a rojo. Dícese de las tierras, plantas y semillas. || **2.** m. Terreno cuyo color tira a rojo. || **3.** f. ALBAC. Uva rojal.

ROJEANTE. p.a. de rojear. Que rojea.

ROJEAR. intr. Mostrar una cosa el color rojo que en sí tiene. || **2.** Tirar a rojo.

ROJETE. m. Colorete, arrebol.

ROJETO, TA. adj. ant. Rojizo.

ROJEZ. f. Calidad de rojo.

ROJICLE. m. ant. Rosicler.

ROJIZO, ZA. adj. Que tira a rojo.

ROJO, JA. (l. *russĕus*.) adj. Encarnado muy vivo. Ú.t.c.s. || El primer color del espectro solar. || **2.** Rubio. || **3.** Dícese del pelo de un rubio muy vivo. || **4.** Aplícase a los partidarios del comunismo mundial. || **5.** En política, radical, revolucionario. || —*alambrado*. De color encendido de brasa. || *Al* ROJO. fr. que se aplica al hierro u otras materias cuando por efecto de una alta temperatura toman dicho color. || **2.** fig. Muy exaltadas las pasiones. || *Al* ROJO *blanco*. Cuando el color rojo de la materia incandescente se torna blanquecino a causa de la elevada temperatura. || *Al* ROJO *cereza*. Cuando el color rojo de la materia incandescente es obscuro semejante al de las cerezas. || **P.** vermelho; **I.** red; **F.** rouge; **A.** rot; **It.** rosso; **R.** красный.

ROJURA. f. Rojez.

ROL. (cat. *rol*, y éste del l. *rotŭlus*, cilindro.) m. Nómina, catálogo, o lista. || **2.** MAR. Licencia que lleva el capitán de un buque, en la cual consta la lista de la marinería que lleva.

★ **ROLA.** f. VENEZ. Puesto de policía.

★ **ROLA.** com. CHILE. Persona tosca y poco inteligente.

ROLAR. (De *rol*.) intr. CÁD. Rodar, dar vueltas. || **2.** MAR. Dar vueltas en círculo. Ú. principalmente hablando del viento.

ROLDANA. (De un der. del l. *rotŭla*, ruedecilla.) f. ant. Vasija para vino. || **2.** Rodaja de un motón o garrucha.

ROLDAR. (l. *rotŭlăre*.) intr. Rondar, circular. Ú.t.c.tr.

ROLDE. (De *roldar*.) m. Rueda, círculo o corro formado por algunas personas o cosas. || **2.** ALBAC. y AR. Círculo, redondel.

ROLDÓN. (De *roldar*.) m. AR. Emborrachacabras.

ROLEO. (De *rolar*.) m. ARQ. Voluta.

ROLLA. (l. *rotŭla*, ruedecilla.) f. Trenza de espadaña forrada, con que se ajusta el yugo a las colleras de las caballerías.

ROLLA. (De la onomat. *ro*.) f. BAD., COLOM., LEÓN, PAL., VALLAD. y ZAM. Niñera. || **2.** ZAM. Tórtola.

ROLLAR. (l. *rotŭlăre*.) tr. Arrollar, envolver una cosa en sí misma.

ROLLAR. (dialect. *ruello*, del l. *rŏtŭlus*, canto rodado.) m. NAV. Pedregal.

ROLLETAL. (dialect. *ruello*, del l. *rŏtŭlus*, canto rodado.) m. SAL. Pedregal.

ROLLETE. m. d. de rollo.

ROLLIZO, ZA. adj. Redondo en figura de rollo. || **2.** Robusto y grueso. Dícese de personas y animales. || **3.** m. Madera en rollo. || 2.ª acep.: **P.** grosso; **I.** plump; **F.** gras; **A.** behäbig, dick; **It.** grassoccio, rubizzo; **R.** круглый, толстый.

ROLLO. (l. *rotŭlus*, cilindro.) m. Cosa que toma forma cilíndrica al rodar o dar vueltas. || **2.** Canto rodado casi cilíndrico. || **3.** Madero redondo descortezado, pero sin labrar. || **4.** Porción de tejido, papel, etc., dispuesta en forma cilíndrica. || **5.** Cilindro de una materia dura como madera, piedra, etc., usado para labrar en ciertos oficios, como el de chocolatero, pastelero, etc. || **6.** Columna de piedra que era insignia de jurisdicción y que frecuentemente servía de picota. Solía estar rematada por una cruz. || **7.** Pieza de autos de un pleito; llamado así porque antiguamente se escribía en tiras de pergamino que se arrollaban. || **8.** Rolla, 1.er art. || **9.** Lata con el significado de discurso o relato enfadoso y prolijo. || **10.** ALBAC. y MURC. Bollo o pan en forma de rosca. || *Enviar*, o *hacer ir*, a uno al ROLLO. fr. fig. y fam. Despedirle por desprecio, o por no quererle atender. || *Estar hecho un* ROLLO *de manteca*. fr. fig. y fam. que se emplea para alabar la gordura de un niño. || **P.** rolo (cilindro); **I.** roll; **F.** rouleau, cylindre;

R

A. Rolle, Walze; **It.** ròtolo, rullo; **R.** ролик.

° **ROLLO.** m. Lata, relato enfadoso e impertinente.

ROLLÓN. (De *rollo*, 2.ª acep.) m. Acemite, afrecho con una porción pequeña de harina.

ROLLONA. (aum. de *rolla*, 2.º art.) f. fam. Niñera.

ROMA. (Ciudad capital del mundo católico y residencia del Papa.) f. fig. Autoridad del Papa y de la curia romana. || *A* ROMA *por todo.* expr. fig. y fam. con que se da a entender que se acomete con ánimo y confianza cualquier empresa, por ardua y dificultosa que sea.

ROMADIZARSE. (l. *rheumatizāre*, y éste del gr. ρευματίζω; de ρεῦμα, -ατος, flujo.) r. Arromadizarse.

ROMADIZO. (De *romadizarse*.) m. Catarro de la membrana pituitaria.

ROMAICO, CA. (gr. ρωμαικός, romano.) adj. Dícese de la lengua griega moderna. Ú.t.c.s.m.

ROMÁN. (fr. *roman*.) m. ant. Romance, 2.ª acep.

ROMANA. (l. [*statera*] *romana*.) f. Instrumento para pesar, compuesto de una palanca de primer género de brazos muy desiguales, con el fiel sobre el punto de apoyo; un pilón o peso constante puede correr sobre el brazo mayor, donde se halla trazada la escala de los pesos. El cuerpo que se quiere pesar se coloca en el extremo del brazo menor. || *Entrar la* ROMANA *con tanto.* fr. Comenzar su cuenta con cierto número de unidades de peso, por bajo del cual su empleo es nulo. || *Entrar uno con todas, como la* ROMANA *del diablo.* fr. fig. y fam. No sentir escrúpulos por ninguna cosa; ser capaz de lo más execrable. || *Hacer* ROMANA. fr. Equilibrar o contrapesar una cosa con otra. || *Venir a la* ROMANA *una cosa.* fr. Ajustarse al peso que se pretendía comprobar en ella. || **P.** romana; **I.** steelyard; **F.** romaine; **A.** Schnellwaage; **It.** stadera; **R.** безмен.

ROMANADOR. (De *romanar*.) m. Romanero.

ROMANAR. (De *romana*.) tr. Romanear.

ROMANATO. m. ARQ. Especie de alero volteado con moldura, que cubre las buhardas de las armaduras quebrantadas.

ROMANCE. (l. *romanice*, en románico.) adj. Dícese de cada una de las lenguas modernas derivadas del latín. Ú.t.c.s.m. || **2.** Idioma español. || **3.** Libro de caballerías. || **4.** Combinación métrica que consta de una serie indefinida de versos, asonantados los pares y sin rima los impares. Es de origen español, y forma propia de la poesía narrativa hispana y apta también para la lírica. || **5.** Sin calificativo, romance de versos octosílabos. || **6.** Composición poética escrita en romance. || **7.** pl. fig. Bachillerías, excusas. || —**corto.** El de versos de menos de ocho sílabas. || —**de ciego.** Romance poético sobre un suceso, que cantan y venden los ciegos por la calle. || —**de gesta.** Antiguo romance popular en que se referían hechos de personajes históricos, legendarios o tradicionales. || *En buen* ROMANCE. m. adv. fig. Claramente, sin ambages ni rodeos. || *Hablar uno en* ROMANCE. fr. fig. Expresarse claramente y sin rodeos. || **P.** romance; **I.** Romance, Romanic; **F.** roman; **A.** romanisch (Sprache); **It.** romanzo; **R.** романский.

ROMANCEADOR, RA. adj. Que romancea. Ú.t.c.s.

ROMANCEAR. tr. Traducir al romance. || **2.** Explicar con otras voces la oración castellana para facilitar el ponerla en latín.

ROMANCERISTA. com. Persona que escribe o publica romances.

ROMANCERO, RA. m. y f. Persona que canta romances. || **2.** m. Colección de romances.

ROMANCESCO, CA. (De *romance*.) adj. Novelesco.

ROMANCILLO. (d. de *romance*.) m. Romance corto.

ROMANCISTA. adj. Dícese de la persona que escribía en lengua romance por contraposición a la que lo hacía en latín. Ú.m.c.s. || **2.** Dícese del cirujano que no sabía latín. || **3.** Autor de romances.

ROMANCHE. adj. Rético. U.t.c.s.

ROMANEAR. tr. Pesar una cosa con la romana. || **2.** MAR. Trasladar pesos de un lado a otro del buque para equilibrar la estiba. || **3.** intr. Hacer una cosa contrapeso.

ROMANEO. m. Acción y efecto de romanear.

ROMANERO. m. Fiel de romana u oficial que asiste al acto de pesar la carne en el matadero.

ROMANESCO, CA. adj. Perteneciente o relativo a los romanos o a sus artes y costumbres. || **2.** Romancesco.

ROMANÍA (DE). (De *romanear*.) m. adv. desus. De golpe. || *Andar de* ROMANÍA. fr. fam. Andar de capa caída.

ROMÁNICO, CA. (l. *romanicus*, romano.) adj. ARQ. Dícese del estilo arquitectónico que dominó en Europa durante los siglos XI, XII y parte del XIII, de estructuras robustas y sobrias, caracterizado por el empleo de arcos de medio punto, bóvedas en cañón, columnas exentas y a veces resaltadas en los machones, y molduras robustas. || **2.** FILOL. Neolatino. || **P.** románico; **I.** Romanesque; **F.** roman; **A.** romanisch (Baustil); **It.** romànico; **R.** романский.

ROMANILLA. f. Cancel corrido, a manera de celosía, que se usa en las casas de Venezuela.

ROMANILLO, LLA. adj. d. de romano. || **2.** Dícese de la letra redonda. Ú.t.c.s.m. y f.

ROMANINA. f. Juego en que una peonza derriba ciertos bolos colocados en una mesa larga y estrecha.

ROMANISMO. (De *romano*.) m. Conjunto de instituciones o cultura de Roma. || **2.** Nombre que algunos disidentes de la Iglesia dan al catolicismo.

ROMANISTA. adj. Dícese del que por profesión o estudio se dedica al Derecho romano. Ú.m.c.s. || **2.** Dícese de la persona versada en las lenguas romances o neolatinas y en sus correspondientes literaturas. Ú.t.c.s. || **P.** e It. romanista; **I.** Romanist; **F.** romaniste; **A.** romanist; **R.** романист.

ROMANIZACIÓN. f. Acción y efecto de romanizar o romanizarse.

ROMANIZAR. tr. Difundir la civilización, leyes y costumbres romanas, o la lengua latina. || **2.** Adoptar la civilización romana o la lengua latina. Ú.t.c.r.

ROMANO, NA. (l. *romānus*.) adj. Natural de Roma. Ú.t.c.s. || **2.** Perteneciente a esta ciudad o a cada uno de los Estados antiguos y modernos de que ha sido metrópoli. || **3.** Natural o habitante de cualquiera de los países de que se componía el antiguo imperio romano. Ú.t.c.s. || **4.** Aplícase a la religión católica y a lo perteneciente a ella. || **5.** Dícese también de la lengua latina. Ú.t.c.s.m. || —**rústico.** Latín rústico. || *A la* ROMANA. m. adv. Al uso de Roma. || **P.** e It. romano; **I.** Roman; **F.** romain; **A.** römisch, Römer; **R.** римский.

ROMANTICISMO. (De *romántico*.) m. Escuela literaria de la primera mitad del siglo XIX, extremadamente individualista y que prescindía de los preceptos tenidos por clásicos, en muchas de sus obras se conforma al espíritu y gusto de la civilización cristiana, a diferencia del literatura grecorromana. || **2.** Propensión a lo sentimental, generoso y fantástico. || **P.** romantismo; **I.** romanticism; **F.** romantisme; **A.** Romantik; **It.** romanticismo; **R.** романтизм.

ROMÁNTICO, CA. (fr. *romantique*.) adj. Perteneciente al romanticismo, o que participa de sus calidades. || **2.** Dícese del escritor que da a sus obras el carácter del romanticismo. Ú.t.c.s. || **3.** Partidario del romanticismo. Ú.t.c.s. || **4.** Sentimental, generoso, fantástico.

ROMANZA. (ital. *romanza*.) f. Aria generalmente de carácter sencillo y tierno. || **2.** Composición musical del mismo carácter y meramente instrumental.

ROMANZADOR, RA. (De *romanzar*.) adj. Romanceador. Ú.t.c.s.

ROMANZAR. (De *romance*.) tr. Romancear.

ROMAZA. (l. *rumex, -ícis*.) f. Hierba poligonácea cuyas hojas se comen como

potaje. Su tallo es nudoso y rojizo, sus hojas alternas y oblongas, sus flores penduncladas y su fruto seco de una sola semilla. La raíz es tónica y laxante. || **P.** labaça; **I.** patience-dock, fiddle-dock; **F.** patience; **A.** Agrestampfer; **It.** ròmice; **R.** уксусница.

ROMBAL. adj. De figura de rombo.

ROMBO. (l. *rhombus*, y éste del gr. ρόμβος.) m. GEOM. Paralelogramo de lados iguales y ángulos oblicuos. || **2.** Rodaballo. || **P.** e It. rombo; **I.** rhomb; **F.** rhombe, losange; **A.** Rhombus, Raute; **R.** ромб.

ROMBOEDRO. (gr. ρόμβος, rombo, y έδρα, cara.) m. GEOM. Paralelepípedo cuyas caras son rombos. || **P.** e It. romboedro; **I.** rhombohedron; **F.** rhomboèdre; **A.** Rhomboeder; **R.** ромбоэдр.

ROMBOIDAL. adj. GEOM. De figura romboide.

ROMBOIDE. (gr. ρομβοειδής; de ρόμβος, rombo, y εἶδος, forma.) m. GEOM. Paralelogramo de ángulos oblicuos y cuyos lados contiguos son desiguales.

ROMEO, A. (gr. Ῥωμαῖος, romano.) adj. Griego bizantino. Ú.t.c.s.

ROMERAJE. (De *romero*, peregrino.) m. Romería, peregrinación.

ROMERAL. m. Terreno poblado de romeros, 1.ᵉʳ art.

ROMERÍA. (De *romero*, peregrino.) f. Viaje o peregrinación, especialmente la hecha por devoción a un santuario. || **2.** Fiesta popular que se celebra en el campo inmediato a un santuario el día de la festividad religiosa del lugar. || **3.** fig. Gran número de gentes que afluye a un sitio. || **P.** romaria; **I.** pilgrimage; **F.** pélerinage; **A.** Wallfahrt; **It.** pellegrinaggio; **R.** паломничество.

ROMERIEGO, GA. adj. Amigo de andar en romerías, no por devoción, sino por diversión.

ROMERILLO. m. BOT. CUBA. Nombre dado a varias especies de plantas de la familia de las compuestas, de flores blancas o amarillas. Algunas tienen propiedades medicinales, otras se utilizan como pasto para el ganado vacuno.

ROMERO. (l. *ros maris*.) m. Arbusto labiado de hojas aromáticas, lineares, coriáceas, lustrosas y de olor muy aromático; flores azules, y fruto seco con cuatro semillas menudas; se usa en medicina y perfumería. Abunda mucho en España. || **P.** alecrim; **I.** rosemary; **F.** romarin; **A.** Rosmarin; **It.** rosmarino; **R.** розмарин.

ROMERO, RA. (De *Roma*, porque a esta ciudad, como cabeza de la Iglesia, fueron las primeras peregrinaciones.) adj. Dícese del peregrino que va en romería con bordón y esclavina. Ú.m.c.s. || **2.** m. ZOOL. Pez marino, del orden de los malacopterigios subanguilados, de unos 16 cm de largo, con tres aletas dorsales y un filamento corto pendiente de la mandíbula. || **3.** ZOOL. Pez marino acantopterigio, de 10 a 25 cm de longitud, cuerpo fusiforme, de color plateado, con fajas transversales obscuras, aleta dorsal y bandas cartilaginosas junto a la cola. Sigue a los barcos y a los tiburones en busca de alimento. También recibe este nombre el pez piloto. || **P.** romeiro; **I.** pilgrim; **F.** pélegrin; **A.** Wallfahrer, Pilger; **It.** pellegrino; **R.** паломник.

ROMÍ. (ár. *rūmī*, perteneciente o relativo a los *Rūm*, que eran, en su origen, los bizantinos, y luego, por ext., los cristianos en general.) adj. desus. Cristiano, entre los mahometanos españoles. Usáb. t.c.s. || **2.** Dícese del azafrán bastardo.

ROMÍN. adj. Romí.

ROMO, MA. (Del m. or. que el port. *rombo*.) adj. Obtuso y sin punta. || **2.** De nariz pequeña y poco puntiaguda. || **3.** Dícese del macho hijo de caballo y burra. || **P.** rombo, rombudo; **I.** obtuse; **F.** émousse, camus; **A.** stumpf; **It.** ottuso; **R.** тупой.

* **ROMPE (AL).** loc. adv. COLOM. De repente.

ROMPECABEZAS. m. Arma ofensiva compuesta de dos bolas de metal sujetas a los extremos de un mango corto y flexible. || **2.** fig. y fam. Problema o acertijo de difícil solución. || **3.** Pasatiempo que consiste en componer determinada figura combinando cierto número de pedacitos en cada uno de los cuales hay una

R

parte de la figura. || **P.** quebra-cabeças; **I.** slung-shot; **F.** casse-tête; **A.** Keule, Toschläger; **It.** rompicapo; **R.** кастет, головоломка.

ROMPECALDERA. f. Logr. Arce.

★ **ROMPECAMISA.** (De *romper* y *camisa*.) Colom. Cartílago.

ROMPECOCHES. m. Sempiterna, antigua tela de lana, basta y muy tupida.

ROMPEDERA. (De *romper*.) f. Punzón grande enastado como un martillo y que a golpe de macho sirve para abrir agujeros en el hierro candente. || **2.** Criba de piel usada en las fábricas de pólvora.

ROMPEDERO, RA. adj. Fácil de romperse.

ROMPEDOR, RA. adj. Que rompe. Dícese especialmente del que rompe o gasta mucho los vestidos. Ú.t.c.s. || **2.** f. Granada rompedora.

ROMPEDURA. (De *romper*.) f. Rompimiento, 1.ª acep.

ROMPEGALAS. com. fig. y fam. Persona desaliñada y mal vestida.

ROMPEHIELOS. m. Mar. Buque acondicionado para navegar por mares donde abunda el hielo. || **2.** Espolón propio para romper los hielos.

ROMPENECIOS. com. fig. desus. Persona que se aprovecha de los demás egoísta y desagradecidamente.

ROMPENUECES. m. Amér. Cascanueces.

ROMPEOLAS. m. Dique avanzado en el mar, para procurar abrigo a un puerto o rada. || **P.** quebra-mar; **I.** breakwater; **F.** brise-lames; **A.** Wellenbrecher; **It.** paraonde, diga; **R.** волнорез.

ROMPEPOYOS. com. fig. desus. Persona holgazana y vagabunda.

ROMPER. (l. *rumpĕre*.) tr. Separar con violencia las partes de un todo deshaciendo su unión. Ú.t.c.r. || **2.** Quebrar o hacer pedazos una cosa. Ú.t.c.r. || **3.** Gastar, destrozar. Ú.t.c.r. || **4.** Desbaratar un cuerpo de gente armada. || **5.** Hacer una abertura en un cuerpo o causarla hiriéndolo. Ú.t.c.r. || **6.** Roturar. || **7.** fig. Traspasar el coto o límite que está puesto. || **8.** fig. cortar la continuidad de un fluido en el acto de atravesarlo un cuerpo. Romper *el aire*. || **9.** fig. Interrumpir la continuidad de algo no material. Romper *el hilo del discurso*. || **10.** fig. Vencer la luz o un astro con su claridad, descubriéndose a la vista, el impedimento que le ocultaba; como la niebla, la nube, etc. || **11.** fig. Abrir espacio suficiente para pasar por un sitio obstruido. || **12.** fig. Interrumpir al que está hablando. || **13.** fig. Quebrantar la observancia de la ley, contrato u otra obligación. || **14.** And. Cortar todo el verde vicioso de las cepas de la vid. || **15.** intr. Reventar las olas del mar. || **16.** fig. Empezar. Romper *la marcha*. || **17.** fig. Salirse la caza del ojeo o del camino que se esperaba había de llevar. || **18.** fig. Resolverse a la ejecución de una cosa que presenta dificultad. || **19.** fig. Cesar de pronto un impedimento físico. || **20.** fig. Prorrumpir o brotar. || **21.** fig. Abrirse las flores. || **22.** r. fig. Despejarse y adquirir soltura en el porte y en las acciones. || **23.** P. Rico. Gastar, derrochar. || *De* rompe y *rasga*. loc. fig. y fam. De ánimo resuelto y desembarazado. || *El que* rompe, *paga*. fr. proverb. de que se usa para indicar que el que hace un daño debe atenerse a las consecuencias. || Romper *con uno*. fr. Manifestarle la queja o disgusto que de él se tiene, separándose de su trato y amistad. || Romper *por todo*. fr. Arrojarse a la ejecución de una cosa atropellando por todo género de respetos. || **P.** quebrar; **I.** to break, to fracture; **F.** rompre, briser, casser; **A.** zerbrechen, (durch-, ein-, entzweinieder)reissen; **It.** ròmpere, infràngere; **R.** ломать, рвать.

ROMPESACOS. m. Planta gramínea, que arroja muchas cañitas delgadas de unos 30 cm de largo; con nudos de color de púrpura obscuro; hojas vellosas, estrechas y blandas; flores en espiga, con tres aristas en cada una y granos bermejos puntiagudos por ambas extremidades.

ROMPESQUINAS. m. fig. y fam. Valentón que está de plantón en las esquinas de las calles, como en espera.

ROMPEZARAGÜELLES. m. Planta

americana de la familia de las compuestas, aromática y medicinal.

ROMPIBLE. adj. Que se puede romper.

ROMPIDO, DA. p.p. desus. de romper. || **2.** adj. Roto. || **3.** m. Tierra que se rompe o rotura a fin de cultivarla.

ROMPIENTE. p.a. de romper. Que rompe. || **2.** m. Bajo, escollo o costa donde rompe y se levanta el agua al cortar el curso de la corriente o de las olas. || **2.ª** acep.: || **P.** rompente, escolho; **I.** surf; **F.** brisant, bas-écueil; **A.** Brandung, Klippe; **It.** frangente, scogliera; **R.** ломающий.

ROMPIMIENTO. m. Acción y efecto de romper o romperse. || **2.** Telón recortado que en una decoración de teatro deja ver otro u otros en el fondo. || **3.** Porción del fondo de un cuadro, donde se pinta una abertura que deja ver un objeto lejano. || **4.** Espacio abierto en un cuerpo sólido, o quiebra que se reconoce en él. || **5.** Min. Comunicación entre dos excavaciones subterráneas. || **6.** fig. Desavenencia o riña. || **P.** rompimento; **I.** rupture, crack; **F.** cassement, brisure, rupture; **A.** Brechen, Riss; **It.** rompimento, frangimento; **R.** разрывание, ломание.

ROMPOPE. m. C. Rica, Hond. y Méj. Bebida que se confecciona con aguardiente, leche, huevos, azúcar y canela.

RON. (ingl. *rum*.) m. Licor alcohólico de olor y sabor fuertes que se saca por destilación de una mezcla fermentada de melazas y zumo de caña de azúcar, y al cual se da con caramelo color rojizo. || **P., I.** e **It.** rum; **F.** rhum; **A.** Rum; **R.** ром.

RONCA. (De *roncar*.) f. Grito del gamo encelado con que llama a la hembra. || **2.** Brama, tiempo en que está en celo el gamo. || **3.** fam. Amenaza con jactancia de valor propio en competencia con otro. Ú.m. en pl. || **4.** Chile. Reprensión, reprimenda, sermoneo. || *Echar* uno roncas. fr. fig. y fam. Jactarse de valor o de otra cosa. || *¡Vítor la* ronca! expr. irónica de que se usa para despreciar la amenaza o jactancia del valor de uno.

RONCA. (l. *runca*.) f. Arma parecida a la partesana.

RONCADOR, RA. adj. Que ronca. Ú.t.c.s. || **2.** m. Zool. Pez marino acantopterigio, de color negruzco con veinte o más líneas amarillas que corren desde las agallas hasta la cola. Recibe este nombre porque cuando se le saca del agua produce un sonido ronco especial. || **3.** En las minas de Almadén, capataz. || **4.** Murc. Cohete grande.

RONCADORA. f. Argent., Bol. y Ecuad. Espuela de rodaja muy grande.

RONCAL. m. Ruiseñor.

RONCALÉS, SA. adj. Del Roncal. Ú.t.c.s. || **2.** Perteneciente a este valle del Pirineo.

RONCAMENTE. adv. m. Tosca, áspera o groseramente.

RONCAR. (l. *rhonchāre*, y éste del gr. ρόγχος, ronquido.) intr. Hacer ruido bronco en el resuello mientras se duerme. || **2.** Llamar el gamo a la hembra cuando está en celo. || **3.** fig. Hacer un ruido sordo o bronco el mar, el viento, etc. || **4.** fig. y fam. Echar roncas amenazando. || **P.** roncar; **I.** to snore, to roar, **F.** ronfler, raire; **A.** schnarchen, schnurren; **It.** russare, bramire; **R.** храпеть.

RONCE. m. fam. Roncería, 2.ª acep.

RONCEAR. (De *ronzar*, 2.º art.) intr. Entretener o retardar la ejecución de alguna cosa por hacerla de mala gana. || **2.** fam. Halagar para lograr un fin. || **3.** Mar. Ir tarda y perezosa la embarcación. || **4.** tr. Argent., Chile y Méj. Voltear, ronzar, mover una cosa pesada ladeándola a un lado y otro con las manos o por medio de palancas. || **5.** Méj. y Guat. Espiar, atisbar, acechar.

RONCERÍA. (De *roncero*.) f. Tardanza, lentitud y mala gana en hacer lo que se manda. || **2.** fam. Expresión de halago para conseguir un fin. || **3.** Mar. Movimiento tardo y perezoso de la embarcación.

RONCERO, RA. (De *ronzar*, 2.º art.) adj. Lento y perezoso en ejecutar lo que se manda. || **2.** Regañón, mal acondicionado. || **3.** Que usa, para lograr un fin, de roncerías. || **4.** Mar. Dícese de la embarcación tarda y perezosa en sus movimientos.

RONCO, CA. (Por *roco*, del l. *raucus*, infl. por *roncar*.) adj. Que tiene ronquera. || **2.** Aplícase también a la voz o sonido áspero y bronco. || **3.** Cuba. Pez abundante en aquellos mares, de color azul en el lomo y el resto con franjas longitudinales azules y amarillas. || **P.** ronco; **I.** hoarse, husky; **F.** rauque, enroué; **A.** heiser, rauh; **It.** roco, rauco; **R.** хриплый.

RONCÓN. (aum. de *ronco*.) m. Tubo de la gaita gallega unido al cuero.

RONCHA. (port. *roncha*.) f. Bultillo que se eleva en figuras de haba en el cuerpo del animal. || **2.** Cardenal, equimosis. || **3.** fig. y fam. Daño recibido en materia de dinero cuando se lo sacan a uno con engaño. || *Levantar* ronchas. fr. fig. Mortificar, causar pesadumbre. || **P.** vergão; **I.** wheal, welt; **F.** ecchymose; **A.** Beule; **It.** ronchio; **R.** волдырь, шишка.

RONCHA. Tajada delgada cortada en redondo.

RONCHAR. tr. (Quizá del l. *rumigāre*, rumiar; compárese el fr. *ronger*.) Ronzar, 1.er art. || **2.** intr. Crujir un manjar cuando se masca, por estar falto de sazón. Ronchar las patatas por estar mal cocidas. || **3.** Chile. En caló chileno, sorprender *in fraganti* a un ladrón.

RONCHAR. intr. Hacer o causar ronchas en el cuerpo. || **2.** Ál. Rodar, dar vueltas. || **3.** Sal. Resbalar.

RONCHÓN. m. aum. de roncha, 1.er art., 1.ª acep.

★ **RONCHÓN.** m. Chile. En la coa o jerga de los delincuentes, ladrón cogido *in fraganti*.

RONDA. (De *rondar*.) f. Acción de rondar. || **2.** Grupo de personas que andan rondando. || **3.** Reunión nocturna de mozos que van tocando y cantando por las calles. || **4.** fam. Distribución de copas de vino o de cigarros a personas reunidas en corro. || **5.** En varios juegos de naipes, vuelta o suerte de todos los jugadores. || **6.** Espacio entre la parte interior del muro y las casas de una plaza fuerte. || **7.** Camino inmediato al límite de una población. || **8.** Conjunto de las tres cartas primeras que en el juego del sacante se ofrecen a los que van a parar. || **9.** Chile. Juego del corro. || —**mayor.** Mil. La que efectúa un jefe en la plaza o en el campo. || *Goger la* ronda. a uno. fr. Sorprenderle en la acción o delito que se proponía ejecutar de un modo oculto. || **P.** e **It.** ronda; **I.** watch and ward, night patrol; **F.** ronde; **A.** Ronde; **R.** ночной обход.

RONDADOR. adj. Que ronda. Ú.t.c.s. || **2.** m. Ecuad. Instrumento músico a modo de flauta, formado de una serie de canutos de carrizo de diversa longitud y calibre.

RONDALLA. f. Cuento, patraña o conseja. || **2.** Ar. Ronda, fig.

RONDANA. f. Rodaja de plomo o cuero engrasado, agujereada en el centro, que sirve de asiento a tuercas y cabezas de tornillo.

RONDAR. (dialect. *roldar*, del l. *rotulāre*, rodear.) intr. Andar de noche vigilando una población. Ú.t.c.tr. || **2.** Andar de noche paseando las calles. Ú.t.c.tr. || **3.** Pasear los mozos las calles donde viven las mozas a quienes galantean. Ú.t.c.tr. || **4.** Extr. Montear de noche. || **5.** Mil. Visitar los diferentes puestos de una plaza fuerte o campamento para vigilar el servicio. || **6.** tr. Dar vueltas alrededor de una cosa. || **7.** fig. y fam. Andar tras de uno para conseguir de él una cosa. || **8.** fig. y fam. Amagar, retentar a uno una cosa. Me anda rondando *el sueño*. || **P.** rondar; **I.** to go round by night; **F.** faire la ronde, rôder; **A.** die runde machen, bummeln; **It.** rondare, far la ronda; **R.** идти дозором.

RONDEL. (fr. *rondel*.) m. Composición poética corta, en la cual se repite al final el primer verso o las primeras palabras.

RONDEÑA. f. Canción con acompañamiento de guitarra, característica de Ronda y parecida al fandango, con la que se entonan coplas de cuatro versos octosílabos.

RONDEÑO, ÑA. adj. Natural de Ronda. Ú.t.c.s. || **2.** Perteneciente a esta ciudad.

RONDÍN. m. Ronda que hace regularmente un cabo para celar la vigilancia de los centinelas. ‖ **2.** Sujeto destinado en los arsenales de marina para vigilar e impedir los robos. ‖ **3.** GRAN. Guardia municipal. ‖ **4.** BOL. y CHILE. Individuo que vigila o ronda de noche.

RONDÍS. m. Mesa, 8.ª acep.

RONDIZ. m. Rondís.

RONDÓ. (fr. *rondeau*, y éste del l. *rotúndéllus*, redondillo.) m. MÚS. Composición musical cuyo tema principal se repite varias veces alternando con otros secundarios.

RONDÓN (DE). (De *rendón*.) m. adv. Intrépidamente y sin reparo. ‖ *Entrar de* RONDÓN uno. fr. fig. y fam. Entrarse de repente y con familiaridad, sin llamar a la puerta ni esperar a ser llamado.

RONFEA. (l. *rhomphaea*, y éste del gr. ρομφαια.) f. ant. Espada larga.

RONGIGATA. f. Rehilandera.

RONQUEAR. intr. Estar ronco.

RONQUEDAD. (De *ronco*.) f. Aspereza o bronquedad de la voz o del sonido.

RONQUERA. (De *ronco*.) f. Afección de la laringe, que cambia el timbre de la voz haciéndolo bronco y poco sonoro. ‖ **P.** ronqueira; **F.** enrouement, raucité; **A.** Heiserkeit; **It.** raucédine; **R.** хрипота.

RONQUEZ. (De *ronco*.) f. p. us. Ronquera.

RONQUIDO. m. Ruido o sonido bronco que se hace roncando. ‖ **2.** fig. Ruido o sonido bronco. ‖ **P.** roncadura; **F.** ronflement; **A.** Schnarchen; **It.** russo; **R.** хрип.

RONRÓN. m. HOND. Especie de escarabajo pelotero. ‖ **2.** HOND. Bramadera, 1.ª acep.

RONRONEAR. (Voz onomatopéyica.) intr. Producir el gato una especie de ronquido, en demostración de contento. ‖ **2.** Por anal., producir ruido a la hélice de los aviones, la trepidación de los motores, etcétera.

RONRONEO. m. Acción y efecto de ronronear.

RONZA (A LA). (De *ronzar*, 2.º art.) m. adv. Mar. A sotavento.

RONZAL. (ár. *rasan*, cabestro muserola.) m. Cuerda que se ata al pescuezo o a la cabeza de las caballerías para sujetarlas o conducirlas. ‖ **P.** ronzal; **I.** halter; **F.** licou; **A.** Halfterstrick; **It.** cavezza; **R.** недоуздок.

RONZAL. (De *ronzar*, 2.º art.) m. MAR. Palanquín, 4.ª acep.

RONZAR. (Del m. or. que *ronchar*, 1.er art.) tr. Comer un manjar quebradizo produciendo ruido al quebrantarlo con los dientes.

RONZAR. (fr. *roncer*.) tr. MAR. Mover una cosa pesada por medio de palancas.

RONZUELLA. f. SANT. Arrendajo, 1.ª acep.

ROÑA. (l. *aerúgo*, -*inis*, orín, roña.) f. Sarna del ganado lanar. ‖ **2.** Suciedad pegada fuertemente. ‖ **3.** Moho, 2.ª acep. ‖ **4.** Corteza del pino. ‖ **5.** fig. Daño moral que se comunica o puede comunicarse de unos en otros. ‖ **6.** fig. y fam. Roñería. ‖ **7.** m. fig. y fam. Persona roñosa, tacaña. ‖ **8.** fig. y fam. Farsa, treta, maula. ‖ **9.** COLOM. Zanguanga, 1.ª acep. ‖ **10.** P. RICO y SAL. Tirria, ojeriza. ‖ **P.** ronha; **I.** scab; **F.** rogne, gále; **A.** Schafräude, Schmutz; **It.** rogna; **R.** овечья парша.

ROÑAL. (De *roña*.) m. SAL. y ZAM. Sitio en que se almacenan en el monte las cortezas de árboles para después transportarlas a las tenerías.

ROÑAR. tr. AR. Regañar, reñir. Ú.t. c.intr.

ROÑERÍA. (De *roña*.) f. fam. Miseria, mezquindad, tacañería.

★ **ROÑERO, RA.** adj. VENEZ. Perezoso.

ROÑICA. com. fam. Persona roñosa.

ROÑOSERÍA. f. Roñería.

ROÑOSO, SA. (l. *aerúginósus*, roñoso.) adj. Que tiene o padece roña. ‖ **2.** Puerco, sucio. ‖ **3.** Oxidado o cubierto de orín. ‖ **4.** fig. y fam. Miserable, tacaño.

ROPA. (ant. alto al. *rouba*.) f. Cualquier tela o tejido que, con variedad de hechuras, sirve para el uso o adorno de las personas o las cosas. ‖ **2.** Cualquiera prenda de vestir. ‖ **3.** Vestidura de alguna autoridad; como la de los togados, etc. ‖ —**blanca.** Prendas de lienzo propias del uso domés-

tico personal que se lleva debajo del vestido exterior. ‖ —**de cámara** o de **levantar.** Vestidura que se usa para levantarse de la cama y estar dentro de casa. ‖ —**hecha.** La que se hace sin medidas de persona determinada. ‖ —**talar.** Cualquier vestidura que llega hasta los talones. ‖ —**vieja.** Guisado de la carne que ha sobrado de la olla, o que fue antes cocida. ‖ *Acomodar de* ROPA *limpia* a uno. fr. fig. e irón. Ensuciarle o mancharle. ‖ *A quema* ROPA. m. adv. Hablando de disparos de arma de fuego, desde muy cerca. ‖ **2.** fig. De improviso, de manera inopinada, sin rodeos. ‖ *A toca* ROPA. m. adv. Muy de cerca. ‖ *De poca* ROPA. loc. fig. Aplícase a la persona pobre o mal vestida. ‖ **2.** fig. Dícese asimismo de la persona de escasa autoridad o poco digna de estimación. ‖ *Guardar* uno *la* ROPA. fr. fig. y fam. Hablar u obrar cautelosamente para precaverse de un daño o peligro. ‖ *Haber* ROPA *tendida*. fr. fig. y fam. con la que se da a entender al que habla tenga la máxima cautela para evitar que alguno de los presentes se entere de algo que no debe saber. ‖ *Nadar y guardar la* ROPA. fr. fig. y fam. Proceder precavida y cautelosamente al acometer un asunto o negocio, a fin de obtener el mayor provecho con el menor peligro. ‖ *No tocar* a uno *a la* ROPA. fr. fig. y fam. No decir ni hacer cosa que pueda ofenderle o perjudicarlo. ‖ *Palpar* o *tentar la* ROPA. fr. fig. Estar un enfermo en las postrimerías de la vida. ‖ **2.** Hallarse perplejo y sin saber que hacer, ensayando diferentes medios, sin determinarse a ninguno, para salir de una dificultad o empeño. ‖ *Poner* a uno *como* ROPA *de Pascua*. fr. fig. y fam. Ponerle como chupa de dómine. ‖ ¡ROPA *a la mar!* expr. MAR. Úsase para avisar que la tormenta obliga a aliviar de carga la embarcación. ‖ *Tentar* a uno *la* ROPA. fr. fig. y fam. Inquirir, averiguar el estado en que se halla o provocarle a alguna cosa. ‖ *Tentarse* uno *la* ROPA. fr. fig. y fam. Considerar despacio previamente las consecuencias que podrá tener una determinación o un acto. ‖ **P.** roupa; **I.** cloth, costume, dress; **F.** vêtement, habillement, costume, linge; **A.** Kleid, Kleidungstück; **It.** roba, estoffa, vestito; **R.** одежда.

ROPAJE. (De *ropa*.) m. Vestido u ornato exterior del cuerpo. ‖ **2.** Vestidura larga de gala o de autoridad. ‖ **3.** Conjunto de ropas. ‖ **4.** fig. Forma de expresión, lenguaje. ‖ **P.** roupagem; **I.** wearing apparel; **F.** draperie; **A.** Kleidung; **It.** vestiario; **R.** костюм.

ROPÁLICO, CA. (l. *rhopalicus*, y éste del gr. ροπαλικός; de ρόπαλον, maza.) adj. Dícese del verso de la poesía griega en el cual cada palabra tiene una sílaba más que la precedente.

ROPAVEJERÍA. f. Tienda de ropavejero.

ROPAVEJERO, RA. m. y f. Persona que tiene por oficio vender ropas, baratijas y otras cosas usadas. ‖ **P.** adeleiro; **I.** fripper; **F.** fripier; **A.** Trödler; **It.** rigattiere; **R.** старьёвщик.

ROPERÍA. f. Oficio de ropero. ‖ **2.** Tienda del ropero. ‖ **3.** Habitación donde se guarda la ropa de una comunidad. ‖ **4.** Empleo de guardar la ropa y cuidar de ella. ‖ **5.** Casa donde los pastores trashumantes guardan el hato. ‖ —*de viejo*. Ropavejería. Tienda de ropavejero. ‖ **3.**ª acep.: **P.** rouparia; **I.** wardrobe; **F.** friperie, garde-robe; **A.** Kleiderkrammer; **It.** guardaroba; **R.** гардероб.

ROPERO, RA. m. y f. Persona que tiene por oficio vender ropa hecha. ‖ **2.** Persona que cuida de la ropa de una comunidad. ‖ **3.** Armario o cuarto donde se guarda la ropa. ‖ **4.** Asociación benéfica destinada a distribuir ropas entre los necesitados. ‖ **5.** Zagal que hace los recados de la ropería de los pastores. ‖ **6.** Persona encargada de la quesería de una cabaña de ovejas.

ROPETA. f. Ropilla.

ROPILLA. f. d. de ropa. ‖ **2.** Vestidura corta con mangas y brahones, que se vestía sobre el jubón. ‖ **3.** VENEZ. Toga que usan los magistrados. ‖ *Dar* a uno *una* ROPILLA. fr. fig. y fam. Reconvenirle amigablemente.

ROPÓN. m. aum. de ropa. ‖ **2.** Ropa

larga puesta generalmente sobre los demás vestidos. ‖ **3.** Acolchado que se hace cosiendo unas telas gordas sobre otras, o poniéndolas dobladas. ‖ **4.** CHILE. Amazona, traje de mujer propio para montar a caballo. ‖ **2.**ª acep.: **P.** roupão; **I.** robe, loose gown; **F.** robe longue de dessus; **A.** langes Kleid; **It.** robone, zimarra; **R.** накидка.

ROQUE. (ár. *rujj*, torre de ajedrez.) m. Torre de ajedrez. ‖ **2.** ant. Carro, 1.ª acep.

ROQUEDA. f. Lugar abundante en rocas.

ROQUEDAL. m. Roqueda.

ROQUEDO. Peñasco o roca.

ROQUEÑO, ÑA. adj. Dícese del sitio o paraje lleno de rocas. ‖ **2.** Duro como roca. ‖ **P.** rochoso; **I.** rocky; **F.** rocheux; **A.** felsig; **It.** roccioso; **R.** скалистый.

ROQUERO, RA. adj. Perteneciente a las rocas o edificado sobre ellas.

ROQUÉS. adj. V. *Halcón* ROQUÉS.

ROQUETA. f. d. de roque. ‖ **2.** FORT. Caballero, a modo de atalaya, que se construía antiguamente dentro del recinto de una plaza fuerte.

ROQUETE. (ant. fr. *roquet*, y éste del germ. *rock*, vestido.) m. Sobrepelliz de mangas cortas. ‖ **P.** roquete; **I.** y **F.** rochet; **A.** Chorhemd; **It.** rocchetto; **R.** куртка.

ROQUETE. (Tal vez de *roque*.) m. Hierro de la lanza de torneo, que terminaba con tres o cuatro puntas separadas. ‖ **2.** ART. Atacador. ‖ **3.** BLAS. Figura en el escudo en forma de triángulo.

RORANTE. (l. *rorans*, -*antis*.) adj. p. us. Cubierto de rocío, o que destila gotas como de rocío.

RORAR. (l. *roráre*.) tr. p. us. Cubrir de rocío.

RORCUAL. (sueco *roër*, tubo, y *qval*, ballena.) m. Especie de ballena con una pequeña aleta dorsal y con la piel de la garganta y pecho surcada a lo largo y formando pliegues. Tiene hasta 24 m de longitud, abunda en el Pacífico y se presenta también en los mares que bañan la Península Ibérica. ‖ **P., I.,** y **F.** rorqual; **A.** Finwal; **It.** rorquale; **R.** кит.

RORRO. (De *ro*.) m. fam. Niño recién nacido o de pocos meses.

ROS. (Del general *Ros* de Olano, que introdujo en el ejército esta prenda de uniforme.) m. Especie de chacó pequeño, de fieltro, y más alto por delante que por detrás.

ROSA. (l. *rosa*.) f. BOT. Flor del rosal, notable por su belleza, la suavidad de su fragancia y su color, generalmente encarnado poco subido. Es objeto de cultivo muy desarrollado. ‖ **2.** Mancha de color rosado en la piel. ‖ **3.** Lazo de cintas o cosa análoga, en forma de rosa. ‖ **4.** Cualquier cosa hecha o formada en figura de rosa. ‖ **5.** Diamante rosa. ‖ **6.** Cometa crinito. ‖ **7.** Fruta de sartén hecha con masa de harina. ‖ **8.** ALBAC. Rosa del azafrán. ‖ **9.** ALBAC. Época de la recolección del azafrán. ‖ **10.** AMÉR. Rosal, planta. ‖ **11.** CHILE. Religiosa del convento de Santa Rosa. ‖ **12.** ARQ. Rosetón, ventana circular calada, con adornos. ‖ **13.** MÚS. Abertura circular en la caja de algunos instrumentos de cuerda, como la guitarra, el laúd, etc., para dar mayor volumen al sonido. ‖ **14.** pl. Rosetas de maíz. ‖ **15.** m. Color encarnado, poco subido, parecido al de la rosa. ‖ —**albardera, de rejalgar** o **montés.** BOT. Saltaojos. ‖ —**astúrica.** PATOL. Pelagra. ‖ —**de amor** o de **Venus.** BOT. Ninfea blanca, planta ninfeácea. ‖ —**de China.** BOT. Planta malvácea, especie de hibisco. ‖ **2.** BOT. Granado japonés, arbusto malváceo. ‖ —**de Jericó.** BOT. Planta crucífera, de tallo delgado y muy ramoso, hojas blanquecinas, y flores pequeñas y blancas, en espigas terminales. Se cría en los desiertos de Siria, y al secarse las ramas y las hojas se contraen formando una pelota apretada, que se deshace y extiende cuando se pone en agua, y vuelve a cerrarse si se saca de ella. ‖ —**de la Virgen.** BOT. Jincolero. ‖ **2.** BOT. Planta cigofilácea, mata muy ramosa de hojas trifoliadas, que produce numerosas flores purpúreas y frutos pentagonales. ‖ —**del azafrán.** Flor del azafrán. ‖ —**de los vientos** o **náutica.** Círculo que tiene

R marcados alrededor los 32 rumbos en que se divide la vuelta al horizonte. || **—de mar.** BOT. Planta compuesta, especie de senecio. || **—de mayito.** BOT. MÉJ. Cierta planta trepadora de flores rosadas muy abundantes. || **—de Navidad.** BOT. Eléboro negro. || **—de pitiminí.** La del rosal de este nombre. || **—de río.** BOT. CUBA. Una variedad de clavellina. || **—de Siria.** BOT. Granado blanco, arbusto malváceo. || **—de té.** BOT. Planta rosácea, que produce flores de color amarillo o algo anaranjado cuyo olor se asemeja al del té. || **—francesa.** CUBA. Adelfa. || *Como las propias* ROSAS. loc. adv. fig. y fam. Muy bien, perfectamente. || *No hay* ROSA *sin espinas.* fr. proverb. Indica que no hay placer que no vaya acompañado de algún sinsabor. || **P.** e **It.** rosa; **I.** y **F.** rose; **A.** Rose; **R.** роза.

ROSÁCEO, A. (l. *rosacĕus.*) adj. De color parecido al de la rosa. || **2.** BOT. Dícese de las plantas angiospermas dicotiledóneas, árboles, arbustos y hierbas, de hojas alternas con estípulas, flores completas actinomorfas y fruto de diversa forma con semillas sin albumen; como el almendro y el rosal. Ú.t.c.s.f. || **3.** f. pl. BOT. Familia de estas plantas. || **P.** rosáceo; **I.** rosaceous, rose-coloured; **F.** rosacé; rosé; **A.** rosenfarbig, rosa; **It.** rosáceo; **R.** розоватый.

ROSADA. (De *rosar.*) f. Escarcha.

ROSADELFA. f. BOT. Azalea. || **2.** Rododendro.

ROSADILLO. m. PAL. Armiño, 1.ª acep.

ROSADO, DA. (l. *rosātus.*) adj. Dícese del color de la rosa. || **2.** Compuesto con rosas. || **3.** ARGENT., COLOM. y CHILE. Rubicán.

ROSADO, DA. (l. *rosātus.*) adj. Dícese de la bebida helada que está a medio cuajar.

ROSAL. (De *rosa.*) m. Arbusto rosáceo de tallo ramoso, provisto de aguijones, hojas alternas, compuestas, imparipinnadas; flores hermosas de colores muy variados, receptáculo concrescente y fruto carnoso y semillas menudas. || **—amarillo.** El de tallos delgados, con muchos aguijones cortos, hojas de color verde amarillento compuesta de siete hojuelas apuntadas, y flores amarillas. || **—blanco.** El de tallos sarmentosos, con aguijones espesos y fuertes, hojas algo glaucas, compuestas de cinco o siete hojuelas casi redondas; flores de poco olor, blancas, y a veces rosadas en el centro. || **—castellano.** El de tallos fuertes, con aguijones desiguales, hojas compuestas de cinco o siete hojuelas de color verde obscuro, aovadas o lanceoladas, y flores grandes, extendidas y de color uniforme, o con varios matices de púrpura o rojo fuerte. || **—de Alejandría.** El de tallos largos y verdosos, con fuertes aguijones, hojas verdes, compuestas de siete hojuelas elípticas, finamente aserradas, y flores medianas muy fragantes, de color pálido y pétalos apretados. || **—de cien hojas.** El de tallos fuertes, hojas de color verde obscuro, compuestas de cinco hojuelas ovales, y flores de color encarnado pálido, muy dobles, orbiculares, olorosas. || **—de olor.** Rosal de Alejandría. || **—de pitiminí.** El de tallos trepadores, que echa muchas rosas muy pequeñas, menos encarnadas que las ordinarias y muy rizadas. || **—perruno** o **silvestre.** Escaramujo. || **P.** roseira; **I.** rosebush; **F.** rosier; **A.** Rosenstrauch; **It.** rosaio; **R.** розовый куст.

ROSALEDA. f. Rosalera.

ROSALERA. f. Sitio en que hay muchos rosales.

ROSAR. (l. *rosāre*, rociar; de *ros, roris*, rocío.) intr. AST. y RIOJA. Rociar, caer rocío.

ROSARIERA. f. Cinamomo, árbol meliáceo.

ROSARIERO. m. El que hace o vende rosarios.

ROSARINO, NA. adj. ARGENT. Natural de la ciudad de Rosario. Ú.t.c.s. || **2.** ARGENT. Perteneciente o relativo a esta ciudad o al departamento de su nombre.

ROSARIO. (l. *rosarĭum*; de *rosa*, rosa.) m. Rezo en que se conmemoran los quince

misterios de la Virgen Santísima, recitando después de cada uno un padrenuestro, diez avemarías y un gloriapatri, seguido todo de la letanía. Se divide en tres partes, correspondientes a los tres grupos de misterios: de gozo, de dolor y de gloria. Es el más popular de los rezos católicos no litúrgicos. La tradición atribuye su origen a Santo Domingo de Guzmán. || **2.** Sarta de cuentas, separadas de diez en diez por otras de distinto tamaño, para hacer ordenadamente el rezo del mismo nombre. || **3.** fig. Sarta, serie de sucesos. ROSARIO *de éxitos.* || **4.** Reunión de personas que rezan el rosario o le cantan a coro. || **5.** Este mismo acto colectivo de devoción. || **6.** Máquina elevadora de agua, compuesta de unos tacos forrados de cuero o de unos cubos, sujetos de trecho en trecho a una cuerda o cadena, los cuales entran sucesivamente muy ajustados en un cañón o tubo vertical cuya base está sumergida en el depósito, y dan vuelta sobre una rueda como los arcaduces de la noria. || **7.** fig. y fam. Espinazo, columna vertebral. || **8.** CUBA y P. RICO. Chisme, cuento, historia. Ú.m. en pl. || *Acabar como el* ROSARIO *de la aurora.* fr. fig. y fam. que se dice para significar que los individuos de una reunión, por falta de acuerdo, se desbandan descompuesta y tumultuariamente. || *El* ROSARIO *al cuello, y el diablo en el cuerpo.* ref. de que se usa para reprender a los hipócritas. || **P.** rosário; **I.** rosary; **F.** rosaire, chapelet; **A.** Rosenkranz; **It.** rosario; **R.** чётки.

ROSARSE. (De *rosa.*) r. Sonrosarse.

ROSBIF. (ingl. *roastbeef*; de *roast*, asada, y *beef*, carne de vaca.) m. Carne de vaca soasada.

ROSCA. (port. y cat. *rosca*.) f. Máquina compuesta de tornillo y tuerca. || **2.** Cualquier cosa redonda y rolliza que, cerrándose, forma un círculo u óvalo, dejando en medio un espacio vacío. || **3.** Pan o bollo de esta forma. || **4.** Carnosidad que rebosa a las personas gruesas, especialmente a los niños, alrededor del cuello, las muñecas y las piernas. || **5.** Rollo circular que, por distintivo, llevan los colegiales en una de las hojas de la beca. || **6.** Cada una de las vueltas de una espiral o el conjunto de ellas. || **7.** Resalto helicoidal de un tornillo o estría helicoidal de una tuerca. || **8.** Faja de material que, sola o con otras concéntricas, forma un arco o bóveda. || **9.** CHILE. Rodete para llevar pesos en la cabeza. || **10.** CHILE. Rueda o corro de jugadores. || **11.** CHILE. Discusión, disputa, barullo. || **—de Arquímedes.** Aparato para elevar agua, consistente en un tubo arrollado en hélice alrededor de un cilindro giratorio sobre su eje, oblicuo al horizonte, y cuya base se sumerge en el depósito. || *Hacer la* ROSCA a uno. fr. fig. y fam. Rondarle para obtener de él alguna cosa. || *Hacer la* ROSCA, o *la* ROSCA *del galgo.* fr. fig. y fam. Echarse a dormir en cualquier parte, aunque sea incómodamente. || *Hacerse* ROSCA, o *una* ROSCA. fr. fig. Enroscar el cuerpo. || *Pasarse de* ROSCA. fr. No entrar bien un tornillo en la rosca de su tuerca por no coincidir o no encajar bien las vueltas de ambos. || **2.** fam. Irse uno más allá de lo normal y lo corriente en cualquier línea. || **P.** rosca; **I.** screw; **F.** vis; **A.** Schraube, Gewinde; **It.** vite; **R.** винт, спираль.

ROSCADERO. m. AR. Cesto grande de mimbre con dos o cuatro asas en el borde, que se usa para llevar frutas y verduras.

ROSCADO, DA. adj. En forma de rosca. || **2.** m. Acción y efecto de roscar.

ROSCAR. tr. Labrar roscas, 7.ª acep.

ROSCO. m. Roscón o rosca, 3.ª acep.

ROSCO, CA. adj. GUAT. Anciano.

ROSCÓN. m. aum. de rosca. || **2.** Bollo en forma de rosca grande.

ROSEAR. intr. Mostrar color de rosa.

ROSELLONÉS, SA. adj. Natural del Rosellón. Ú.t.c.s. || **2.** Perteneciente a esta comarca francesa.

RÓSEO, A. (l. *rosĕus.*) adj. De color de rosa.

ROSÉOLA. (l. *rosĕus*, rosado.) f. MED. Erupción cutánea, caracterizada por la aparición de pequeñas manchas rosáceas.

ROSERO, RA. m. y f. Persona que

trabaja en la recolección de rosas del azafrán. || **2.** m. ECUAD. Postre típico del día del Corpus, compuesto de almíbar, especias y esencias con agua y trozos menudos de piña.

ROSETA. f. d. de rosa. || **2.** Chapeta. Rallo de la regadera. || **3.** Pieza de metal fija en el extremo de la barra de la romana para impedir la salida del pilón. || **4.** Arete o zarcillo adornado con una piedra preciosa rodeada de otras más pequeñas. || **5.** MIN. Costra rosácea de cobre puro, que se forma en las pilas de los hornos de afino cuando se echa agua fría sobre el metal fundido. || **6.** pl. Granos de maíz que al tostarse se abren en forma de flor.

ROSETÓN. m. aum. de roseta. || **2.** ARQ. Ventana circular calada, con adornos. || **3.** ARQ. Adorno circular que se coloca en los techos. || **P.** rosetão; **I.** rose-window, rosette; **F.** rosace; **A.** Rosette. **It.** rosone; **R.** круглое узорчатое окно.

ROSICLER. (fr. *rose* y *clair*, rosa y claro.) m. Color rosado, claro y suave de la aurora. || **2.** Plata roja.

ROSIGAR. (l. *rosicāre*; de *rosus*, roído.) tr. ALBAC., AR. y MURC. Roer, 1.ª acep. || **2.** intr. AR. y MURC. Murmurar, 3.ª acep.

ROSIGO. (De *rosigar.*) m. AR. Ramón, ramaje resultante de la poda de los árboles.

ROSIGÓN. (De *rosigar.*) m. ALBAC., MURC. y TER. Mendrugo de pan.

ROSILLO, LLA. adj. d. de roso. || **2.** Rojo claro. || **3.** Dícese de la caballería cuyo pelo está mezclado de blanco, negro y castaño.

ROSITA. f. d. de rosa. || **2.** pl. Rosetas de maíz. || *De* ROSITAS. m. adv. fam. De balde, sin esfuerzo.

ROSJO. m. SAL. Hoja de la encina.

ROSMARINO. (l. *rosmarīnus*.) m. Romero, arbusto labiado y aromático.

ROSMARINO, NA. (De *rosa* y *marino*.) adj. Rojo claro.

ROSMARO. (De *rosmarus*, nombre de un género de plantas.) m. ZOOL. Morsa.

ROSO. (l. *rosus.*) adj. Raído, sin pelo. || *A* ROSO *y velloso.* m. adv. fig. Totalmente, sin excepción.

ROSO, SA. (l. *rŭssus.*) adj. Rojo.

ROSOLI. (fr. *rossolis*, y éste del l. *rossolis*.) m. Licor compuesto de aguardiente rectificado, mezclado con azúcar, anís u otros ingredientes olorosos.

ROSÓN. (De *roso*, 2.º art.) m. Rezno.

ROSQUEADO, DA. adj. Dícese de lo que hace o forma roscas.

* ROSQUERO, RA. m. y f. CHILE. Individuo amigo de roscas o disputas.

ROSQUETE. m. Rosquilla de masa, mayor que las comunes. || **2.** HOND. Bollo de harina de maíz con manteca y leche.

ROSQUILLA. (d. de *rosca*.) f. Especie de masa dulce y delicada, en figura de roscas pequeñas. || **2.** Larva de varias especies de insectos que se enrosca con facilidad y el menor peligro. Todas dañinas para los vegetales, entre ellas el gusano revoltón. || **—tonta.** Rosquilla con poca azúcar y que tiene anís. || *No saber a* ROSQUILLAS una cosa. fr. fig. y fam. Causar dolor o sentimiento. || *Saber a* ROSQUILLAS una cosa. fr. fig. y fam. Dar gusto o satisfacción.

ROSQUILLERO, RA. m. y f. Persona que tiene por oficio hacer o vender rosquillas.

ROSTIR. (germ. *raustjan*.) tr. ant. Asar.

ROSTRADO, DA. (l. *rostrātus.*) adj. Que remata en una punta parecida al pico del pájaro o al espolón de la nave.

ROSTRAL. (l. *rostrālis.*) adj. Rostrado.

ROSTRATA. (l. *rostrāta*, t. f. de *-tus*, rostrado.) adj. Corona rostrata.

ROSTRILLO. m. d. de rostro. || **2.** Adorno que se ponían las mujeres alrededor de la cara y hoy se suele poner a las imágenes de la Santísima Virgen y de algunas santas. || **3.** Aljófar de 600 perlas en onza. || **—grueso.** Aljófar de 500 perlas en onza. || **—menudo.** Alfófar de 700 perlas en onza. || *Medio* ROSTRILLO. Aljófar de 1.200 perlas en onza. || *Medio* ROSTRILLO *grueso.* Aljófar de 850 perlas en onza. || *—Medio* ROSTRILLO *mejor.* Aljófar de 1.000 perlas en onza.

ROSTRITORCIDO, DA. adj. Rostrituerto.

ROSTRITUERTO, TA. adj. fig. y fam. Que en el semblante manifiesta enojo o pesadumbre.

ROSTRIZO. (De *rostir*.) m. Burg., Pal. y Rioja. Tostón, cochinillo asado.

ROSTRO. (l. *rostrum*.) m. Pico del ave. ‖ **2.** Por ext., cosa terminada en punta, parecida a él. ‖ **3.** Cara, semblante. ‖ **4.** Mar. Espolón de la nave. ‖ *A* rostro *firme.* m. adv. fig. Cara a cara, con resolución. ‖ *Conocer de* rostro *a uno.* fr. Conocerle en persona. ‖ *Dar en* rostro a uno *con* una cosa. fr. fig. Echarle en cara los beneficios que tiene recibidos o las faltas cometidas. ‖ *Dar en* rostro una cosa. fr. fig. Chocar, causar enojo y pesadumbre. ‖ *Encapotar el* rostro. fr. Ponerlo ceñudo. ‖ *Hacer* rostro. fr. fig. Resistir al enemigo. ‖ **2.** fig. Oponerse a la opinión o parecer de uno. ‖ **3.** fig. Estar dispuesto a soportar las adversidades y trabajos que amenazan. ‖ **4.** fig. Admitir o dar muestras de aceptar una cosa. ‖ *Robarse el* rostro. fr. fig. Demudarse, cambiarse repentinamente su color. ‖ rostro *a* rostro. m. adv. Cara a cara, frente a frente. ‖ *Torcer* uno *el* rostro. fr. Torcer la boca. ‖ *Volver* uno *el* rostro. fr. fig. de que se usa para explicar la atención o el cariño cuando se inclina hacia una persona para mirarla, y, al contrario, desvío o desprecio cuando la vista se aparta de ella. ‖ **2.** fig. Huir, marcharse velozmente. ‖ **3.ª** acep.: **I.** face; **F.** figure, visage; **A.** Gesicht; **It.** faccia; **R.** лицо.

ROTA. (l. *rūpta*.) f. Derrota, rumbo de una nave. ‖ **2.** Fuga de un ejército vencido.

ROTA. (l. *rota*, rueda, por alusión al turno de los procedimientos.) f. Tribunal de la curia romana en el que se deciden en grado de apelación las causas eclesiásticas de todo el mundo católico. ‖ —**de la Nunciatura Apostólica.** Tribunal eclesiástico de última apelación en España.

ROTA. (malayo *rotan*.) f. Planta vivaz, de la familia de las palmas, con tallo largo, nudoso a trechos casi equidistantes, delgado, sarmentoso y muy fuerte; hojas abrazadoras en los nudos, lisas y flexibles, flores de tres pétalos, y fruto abayado y rojo. Vive en los bosques de la India y otros países de Oriente, y de su tallo se hacen bastones.

ROTACIÓN. (l. *rotatio, -ōnis*.) f. Acción y efecto de rodar. ‖ **2.** Mat. Movimiento de giro de una línea, superficie o cuerpo alrededor de una recta inmóvil o eje. ‖ —**de cultivos.** Variedad de siembras alternativas o simultáneas, para evitar que el terreno se agote en la exclusiva alimentación de una sola especie vegetal. ‖ **P.** rotação; **I.** y **F.** rotation; **A.** Rotation, Kreisbewegung; **It.** rotazione, rotamento; **R.** вращение.

ROTACISMO. m. Fon. Conversión de la *s* intervocálica en *r.* ‖ **2.** Patol. Dificultad o imposibilidad de pronunciar la *r.*

ROTAL. adj. Perteneciente o relativo al Tribunal de la Rota.

ROTAMENTE. adv. Desbaratadamente, con desenvoltura.

ROTANTE. p.a. de rotar. Que rota.

ROTAR. (l. *rotāre.*) intr. Rodar.

ROTAR. (l. *erūptare*; por *erūctare.*) Ar. y Ast. Eructar.

ROTARIO. com. Nombre del socio perteneciente a la asociación de un mismo negocio que se renueva por rotación. ‖ **2.** Individuo afiliado a una de las muchas asociaciones, principalmente en América y Europa, integradas en un club internacional con sede en Chicago y cuya finalidad es facilitar los contactos personales tendentes a promover e intensificar la ayuda mutua y la inteligencia entre los pueblos.

ROTATIVO, VA. (De *rotar*.) adj. Dícese de la máquina de imprimir de superficie impresora y molde cilíndricos, alimentada con bobina de papel en vez de pliegos, lo que permite que pueda funcionar a gran velocidad y efectuar tiradas muy grandes de periódicos. ‖ **2.** m. Por ext., periódico impreso en estas máquinas.

ROTATORIO, RIA. (De *rotar*.) adj. Que tiene movimiento circular. ‖ **2.** Dícese de la bomba centrífuga.

ROTEN. (fr. *rotin*, y éste del m. or. que *rota*, 3.ᵉʳ art.) m. Rota, 3.ᵉʳ art. ‖ **2.** Bastón hecho del tallo de la rota. ‖

3. P. Rico. Garrote corto, usado por la policía.

ROTERÍA. f. Chile. Conjunto de rotos, plebe.

ROTERODAMENSE. (l. *roterodamensis.*) adj. Perteneciente o relativo a Rotterdam. ‖ **2.** Natural de esta ciudad de Holanda. Dícese por antonomasia, del filósofo Erasmo, nacido en ella. Ú.t.c.s.

★ ROTISERÍA. (fr. *rotisserie*.) f. Amér. Tienda donde se venden asados.

ROTO, TA. (l. *rŭptus*.) p.p. irreg. de romper. ‖ **2.** adj. Andrajoso y que lleva rotos los vestidos. Ú.t.c.s. ‖ **3.** Dícese del sujeto licencioso o de su vida y costumbres. ‖ **4.** m. Chile. Hombre del pueblo bajo. ‖ **5.** fam. despect. Argent. y Perú. Apodo con que se designa al chileno. ‖ **6.** Ecuad. Mestizo de español e indígena. ‖ **7.** Méj. Petimetre del pueblo. ‖ **8.** Blas. Dícese del escudo cuando su división no sigue una línea recta o curva determinada, sino irregular, como si una parte del escudo se hubiera roto y saltado en pedazos. ‖ *Nunca falta un* roto *para un descosido.* fr. proverb. de que se usa para dar a entender que los pobres y desvalidos suelen hallar siempre alivio y consuelo entre los de su misma condición. ‖ **2.** También se usa aplicándola a dos personas que se unen y que son tal para cual. ‖ *Ser peor lo* roto *que lo descosido.* fr. fig. y fam. Entre los daños, ser el uno mayor que el otro. ‖ **2.ª** acep.: **P.** roto, andrajoso; **I.** ragged; **F.** déguenillé; **A.** entzwei, kaputt, liederlich; **It.** stracciato; **R.** разбитый.

ROTONDA. (De *rotunda*.) f. Edificio o sala de planta circular. ‖ **2.** Departamento último de los tres de algunas diligencias. ‖ **P.** e **I.** rotunda; **F.** rotonde; **A.** Rotunde; **It.** rotonda; **R.** ротонда.

ROTOR. m. Fís. Parte giratoria de una máquina electromagnética.

ROTOSO, SA. adj. Argent. y Chile. Roto, desharrapado.

RÓTULA. (l. *rotŭla*, ruedecilla, por la forma.) f. Farm. Trocisto, 1.ª acep. ‖ **2.** Zool. Hueso flotante, de forma discoidal, situado delante de la articulación del fémur con la tibia y destinado a impedir que el miembro inferior se doble hacia adelante por la rodilla. ‖ **2.ª** acep.: **P.** rótula; **I.** knee-pan; **F.** rotule; **A.** Kniescheibe; **It.** rotella; **R.** коленная чашечка.

ROTULACIÓN. f. Acción y efecto de rotular.

ROTULADO, DA. p.p. de rotular. ‖ **2.** m. Rotulación.

ROTULADOR, RA. adj. Que rotula o sirve para rotular. Ú.t.c.s.

ROTULAR. tr. Poner un rótulo en alguna cosa o en alguna parte. ‖ **P.** rotular; **I.** to title, to ticket; **F.** étiqueter; **A.** etikettieren; **It.** intitolare; **R.** приклеивать ярлык.

ROTULAR. adj. Perteneciente o relativo a la rótula.

ROTULATA. f. Colección de rótulos. ‖ **2.** fam. Rótulo, título.

ROTULIANO, NA. adj. Rotular, 2.º art.

RÓTULO. (l. *rotŭlus*.) m. Título, letrero, encabezamiento, etiqueta. ‖ **2.** Cartel público para dar aviso o noticia de una cosa. ‖ **3.** Despacho que libra la curia romana acerca de las virtudes de una persona antes de proceder a la beatificación. ‖ **4.** Lista de graduandos en la antigua universidad de Alcalá. ‖ **2.ª** acep.: **P.** rótulo; **I.** placard; **F.** placard, écriteau; **A.** Aushängeschild; **It.** cartello; **R.** ярлык, афиша.

ROTUNDA. (l. *rotunda*, t. f. de -*dus*, rotundo.) f. Rotondo, 1.ª acep.

ROTUNDAMENTE. adv. De un modo claro y preciso, terminantemente.

ROTUNDIDAD. (l. *rotundĭtas, -ātis*.) f. Calidad de rotundo.

ROTUNDO, DA. (l. *rotundus*; de *rota*, rueda.) adj. Redondo. ‖ **3.** fig. Completo, preciso y terminante.

ROTUNO, NA. adj. Chile. Propio de un roto o plebeyo.

ROTURA. (l. *rŭptūra*.) f. Rompimiento, 1.ª y 4.ª aceps. ‖ **2.** Contrarrotura. ‖ **3.** Sant. Terreno roturado.

ROTURACIÓN. f. Acción y efecto de roturar. ‖ **2.** Terreno recién roturado.

ROTURADOR, RA. adj. Que rotura. ‖

2. f. Máquina que sirve para roturar las tierras.

ROTURAR. (De *rotura*.) tr. Arar por primera vez las tierras eriales o los montes descuajados para ponerlos en cultivo. ‖ **P.** arrotear; **I.** to break ground; **F.** défricher; **A.** aufbrechen, roden; **It.** dissodare; **R.** поднимать целину.

ROYA. (l. *rŭbĕa*, rubia.) f. Bot. Hongo de tamaño muy pequeño, del cual existen muchas especies, que vive parásito sobre diversos vegetales, ocasionándoles graves enfermedades; sus esporas son de color variado en las diferentes especies y forman manchas amarillas, negras, etc., en las hojas de las plantas atacadas por el parásito. ‖ **2.** Tabaco, enfermedad de algunas plantas. ‖ **P.** ferrugem (de cereais); **I.** rust; **F.** rouille; **A.** schwarzer Brand; **It.** rùggine; **R.** ржа.

ROYAL. (De *royo*.) f. Nav. Variedad de una roja.

ROYEGA. f. Pal. Especie de oruga grande que ataca a los árboles frutales.

ROYO, YA. (l. *rŭbĕus*.) adj. Dícese del pino albar. ‖ **2.** Ar. Rubio, rojo. ‖ **3.** León. Dícese de las frutas no maduras, o de los alimentos mal cocidos.

ROZA. f. Acción y efecto de rozar. ‖ **2.** Tierra rozada y limpia de las matas que naturalmente cría, para sembrar en ella. ‖ **3.** Ar. Canal pequeño abierto en la tierra para dar curso a las aguas. ‖ **4.** Ast. Terreno poblado de plantas propias de monte bajo. ‖ **5.** Ast., Vizc. y Chile. Hierbas o matas que se obtienen de rozar un campo. ‖ **6.** Mál. Arroyo de corto caudal en la ladera de un monte. ‖ **P.** roçadura; **I.** stubbing; **F.** ratissage, echardonnage; **A.** Roden, Rodacker; **It.** sarchiatura; **R.** выкорчёвывание.

ROZABLE. adj. Que está en disposición de ser rozado.

ROZADERA. f. Rozón. ‖ **2.** Méj. Yapa, extremo del lazo.

ROZADERO. m. Lugar o cosa en que se roza.

ROZADOR, RA. m. y f. Persona que roza las tierras. ‖ **2.** Venez. Machete.

ROZADURA. (De *rozar*.) f. Acción y efecto de ludir una cosa con otra. ‖ **2.** Bot. Enfermedad de los árboles por desprenderse del líber la corteza. ‖ **3.** Cir. Herida superficial de la piel, con desprendimiento de la epidermis y de alguna porción de la dermis. ‖ **P.** roçadura; **I.** friction; **F.** écorchure; **A.** Abschürfung, Schramme; **It.** sfregatura; **R.** ссадина.

ROZAGANTE. (cat. o prov. *rossagar*, *rossegar*, arrastrar, y éste del l. *rosicāre*, rozar; de *rosum*.) adj. Dícese de la vestidura vistosa y muy larga. ‖ **2.** fig. Vistoso, ufano.

ROZAMIENTO. (De *rozar*.) m. Roce. ‖ **2.** fig. Disensión o disgusto leve entre dos personas o entidades. ‖ **3.** Mec. Resistencia que se opone a la rotación o al resbalamiento de un cuerpo sobre otro.

ROZAR. (l. *rodiāre*; de *rodere*.) tr. Limpiar la tierra de las matas y hierbas inútiles. ‖ **2.** Cortar leña menuda o hierba para aprovecharse de ella. ‖ **3.** Cortar los animales con los dientes la hierba para comerla. ‖ **4.** Raer una parte de la superficie de una cosa; como de las paredes, del suelo, etc. ‖ **5.** Albañ. Abrir algún hueco o canal en un paramento. ‖ **6.** intr. Pasar una cosa tocando ligeramente la superficie de otra. Ú.t.c.tr. ‖ **7.** r. Tropezarse o herirse un pie con otro. ‖ **8.** fig. Tratarse dos o más personas con familiaridad y confianza. ‖ **9.** fig. Embarazarse en las palabras pronunciándolas con dificultad. ‖ **10.** fig. Tener una cosa semejanza o conexión con otra.

ROZAVILLÓN. m. Germ. El que come de mogollón; pegote, gorrón.

ROZNAR. tr. Ronzar, 1.ᵉʳ art.

ROZNAR. intr. Rebuznar.

ROZNIDO. m. Ruido que al roznar se hace con los dientes.

ROZNIDO. (De *roznar*, 2.º art.) m. Rebuzno.

ROZNO. (De *roznar*, 2.º art.) m. Borrico pequeño.

ROZO. m. Roza, 1.ª acep. ‖ **2.** Leña menuda que se hace en la corta. ‖ **3.** Ast. y Sant. Roza, 5.ª acep. ‖ **4.** Germ. Co-

R mida. || *Ser de buen* ROZO. fr. fig. y fam. Tener buen apetito.

ROZÓN. m. Especie de guadaña corta y gruesa para rozar árgoma, zarzas, etc.

RÚA. (l. *ruga*, camino.) f. Calle de un pueblo. || **2.** Camino carretero. || **3.** En Galicia, fiesta o diversión nocturna de aldeanos. || *Hacer la* RÚA. fr. Ruar, 1.ª acep.

★ RUACO, CA. adj. VENEZ. Se dice de la persona albina.

RUÁN, NA. adj. ant. Roano. || **2.** *Pavo* RUÁN. Pavo real.

RUÁN. m. p. us. Tela de algodón estampada en colores que se fabrica en Ruán, ciudad de Francia.

RUANA. (Tal vez de *ruán*.) f. Tejido de lana. || **2.** Manta raída. || **3.** COLOM. y VENEZ. Especie de capote de monte o poncho.

★ RUANADA. f. VENEZ. Rusticidad, simpleza, tosquedad.

RUANÉS, SA. adj. Roanés. Apl. a pers. ú.t.c.s.

RUANO, NA. adj. Roano.

RUANO, NA. (De *rúa*.) adj. ant. Perteneciente o relativo a la calle. *Vendedor* RUANO. || **2.** desus. Que pasean las calles. Decíase especialmente del caballo de regalo, más a propósito para lucirle en calles y paseos que para las fatigas de la guerra o de los caminos.

RUANO, NA. adj. Que está en rueda o la hace.

RUANTE. p.a. de ruar. Que rúa.

RUANTE. (fr. *rouant*; de *rouer*, rodar.) adj. BLAS. Dícese del pavo que tiene la cola abierta.

RUAR. (De *rúa*.) intr. Andar por las calles y otros sitios públicos. Ú.t.c.tr. RUAR *calles*. || **2.** Pasear la calle con objeto de cortejar a las damas.

RUBEFACCIÓN. (l. *rubefacère*, poner rojo.) f. MED. Enrojecimiento o rubicundez de la piel de origen terapéutico o patológico. || P. rubefacção; I. rubefaction; F. rubéfaction; A. Rötung der Haut; It. rubefazione; R. покраснение.

RUBEFACIENTE. (l. *rubefàciens*, *-entis*, p.a. de *rubefacère*, poner rojo.) adj. MED. Que produce rubefacción. Ú.t.c.s.m.

RÚBEO, A. (l. *rubèus*.) adj. Que tira a rojo.

RUBÉOLA. (De *rúbeo*.) f. MED. Fiebre eruptiva que tiene el aspecto morfológico del sarampión, de evolución breve y pronóstico benigno. Es enfermedad infecciosa, contagiosa y epidémica.

RUBESCENTE. adj. Que tira a rojo.

RUBETA. (l. *rubèta*.) f. Rana de zarzal.

RUBÍ. (De *rubín*.) m. Mineral cristalizado, más duro que el acero, de color rojo y brillo intenso. Es una variedad del corindón hialino, y está compuesto de alúmina y magnesia. Una de las piedras preciosas más apreciadas. || **—balaje.** Balaje. || **—de Bohemia.** Cristal de roca sonrosado. || **—del Brasil.** Topacio del Brasil. || **—espinela.** Espinela. || **—oriental.** Corindón carmesí o rojo. || P. rubi; I. ruby; F. rubis; A. Rubin; It. rubino; R. рубин.

RUBIA. (l. *rubia*.) f. Planta vivaz, de la familia de las rubiáceas, con tallo cuadrado, voluble, espinoso y de 1 a 2 m de longitud; hojas lanceoladas, con espinas en el margen, en verticilos cuádruplos o séxtuplos; flores pequeñas, amarillentas, en racimos axilares o terminales; fruto carnoso, de color negro, con dos semillas, y raíces delgadas, largas y rojizas. Es originaria de Oriente y se cultiva en Europa por la utilidad de la raíz, que después de seca y pulverizada, sirve para preparar una substancia colorante roja muy usada en tintorería. || **2.** Raíz de esta planta. || **—menor.** Aliso, 1.ª acep. || P. ruiva; I. madder, rubia; F. garance; A. Krapp; It. robbia; R. марена, крап.

RUBIA. (De *rubio*.) f. ZOOL. Pececillo teleósteo de agua dulce, del suborden de los fisóstomos, que apenas llega a la longitud de 7 cm; de cuerpo alargado, tenue, casi cilíndrico, cubierto de menudas escamas, manchado de pardo y rojo, y con una pinta negra en el arranque de la cola. Es común en los ríos y arroyos de España, donde se pesca a flor de agua; se come generalmente frito, y la carne, aun cuando

blanca y suave, es poco sabrosa y de gusto algo amargo.

RUBIA. (ár. *rub'iyya*, relativa a la cuarta parte.) f. Moneda árabe de oro, equivalente a la cuarta parte del cianí.

° **RUBIA.** f. Camioneta con caja de madera en color natural.

RUBIÁCEO, A. (De *rubia*, 1.er art.) adj. BOT. Dícese de plantas angiospermas dicotiledóneas, árboles, arbustos y hierbas, que tienen hojas simples y enterísimas, opuestas o verticiladas y con estípulas; flor con el cáliz adherente al ovario, y por fruto una baya, cápsula o drupa con semillas de albumen córneo o carnoso; como la rubia, el quino y el café. Ú.t.c.s.f. || **2.** f. pl. BOT. Familia de estas plantas.

RUBIAL. m. Campo o tierra donde se cría la rubia.

RUBIAL. adj. Que tira al color rubio. Aplícase a tierras y plantas. || **2.** fam. Dícese de la persona rubia, y comúnmente, joven. Ú.m.c.s.

RUBICÁN, NA. (De *rubio* y *cano*.) adj. Aplícase al caballo o yegua que tiene el pelo mezclado de blanco y rojo.

RUBICELA. f. Espinela de color vinoso más bajo que el del rubí balaje.

RUBICÓN (PASAR EL). (Alusión al conocido episodio de la vida de Julio César.) fr. fig. Dar un paso decisivo arrostrando un riesgo.

RUBICUNDEZ. f. Calidad de rubicundo. || **2.** MED. Color rojo o sanguíneo, de origen morboso, que se presenta en la piel y en las membranas mucosas. || P. rubidez; I. rubicundity, ruddiness; F. rousseur; A. Röte; It. rubicondità, razzatura; R. румяность.

RUBICUNDO, DA. (l. *rubicundus*.) adj. Rubio que tira a rojo. || **2.** Dícese de la persona de buen color y que parece gozar de completa salud. || **3.** Dícese del pelo que tira a colorado.

RUBIDIO. (l. *rubidus*, rubio, porque en el análisis espectroscópico presenta dos rayas rojas.) m. Metal semejante al potasio, contenido en pequeñas proporciones en las aguas, en las cenizas de las plantas y en ciertos minerales. || P. rubídio; I. y F. rubidium; A. Rubidium; It. rubidio; R. рубидий.

RUBIEL. (l. *rubèllus*; de *rubèus*.) m. AST. Pajel común.

RUBIERA. f. VENEZ. Calaverada, travesura. || **2.** P. RICO. Diversión, jira.

RUBIFICAR. (l. *ruber*, rojo, y *facère*, hacer.) tr. Poner colorada alguna cosa o teñirla de color rojo.

RUBILLA. (l. *rubèlla*, t. f. de *rubèllus*.) f. Asperilla.

RUBÍN. (l. *rubìnus*; de *rubèus*, rojo.) m. Rubí.

RUBÍN. (De *robin*.) m. Robín.

RUBINEJO. m. d. de rubí.

RUBIO, BIA. (l. *rubèus*.) adj. De color rojo claro parecido al del oro. Dícese especialmente del cabello de este color y de la persona que lo tiene. || **2.** Dícese de una salsa que se hace rehogando harina en aceite o manteca hasta que toma color. || **3.** m. ZOOL. Pez marino acantopterigio, de unos 3 dm de largo, cabeza cúbica cubierta de láminas duras, dorso de color amarillo y vientre plateado. Abunda en las cotas europeas y su carne es poco apreciada. || **4.** pl. TAUROM. Centro de la cruz en el lomo del toro de lidia. || P. ruivo; I. y F. blond; A. blond, goldgelb; It. biondo; R. белокурый.

RUBIÓN. (De *rubio*.) adj. Dícese de una variedad de trigo de grano dorado. Ú.t.c.s. || **2.** m. LA MANCHA. Alforfón.

RUBLO. (ruso *rubl*, un derivado de *rubitj*, cortar, por ser el antiguo rublo un pedazo cortado de una barra de plata.) m. Moneda de plata que es en Rusia la unidad monetaria, décima parte del chervonetz; tiene cien copecks. || P. e It. rublo; I. ruble; F. rouble; A. Rubel; R. рубль.

RUBO. (l. *rubus*.) m. ant. Zarza.

RUBOR. (l. *rubor*.) m. Color encarnado o rojo muy encendido. || **2.** Color que la vergüenza saca al rostro poniéndolo encendido. || **3.** fig. Empacho y vergüenza. || P. rubor; I. blush; F. rougeur; A. Schamröte; It. rubore, rossore; R. пунцовый цвет, смущение.

RUBORIZADO, DA. p.p. de rubo-

rizar. || **2.** adj. Rojo de vergüenza, que siente rubor.

RUBORIZAR. tr. Causar rubor o vergüenza. || **2.** r. Teñirse de rubor el rostro de una persona. || **3.** fig. Sentir vergüenza. || 2.ª acep.: P. ruborizar; I. to blush, to flush; F. rougir de modestie; A. erröten; It. arrossire, vergognarsi; R. смутить.

RUBOROSAMENTE. adv. fig. Con rubor.

RUBOROSO, SA. adj. Que tiene rubor.

RÚBRICA. (l. *rubrica*.) f. Rasgo o conjunto de rasgos de figura determinada, que como parte de la firma traza cada cual después de su nombre o título. || **2.** Epígrafe o rótulo. || **3.** Cada una de las reglas que determinan las ceremonias o ritos de la Iglesia. || **4.** Conjunto de estas reglas. || **—fabril.** Almagro que usan los carpinteros para trazar las líneas en la madera que han de aserrar. || **—lemnia.** Bol arménico. || **—sinópica.** Minio. || **2.** Bermellón. || *Ser de* RÚBLICA *una cosa.* fr. En estilo eclesiástico, ser conforme a ella. || **2.** fig. y fam. Ser conforme a costumbre o práctica establecida. || P. rubrica; I. flourish; F. parafe; A. Namenszug; It. ghirigoro; R. рубрика. || 3.ª acep.: P. rubrica; I. rubric; F. rubrique; A. rituelle Vorschriften; It. rubrica; R. ритуал.

RUBRICADO, DA. p.p. de rubricar. || **2.** adj. Dícese de la minuta que rubrica el ministro o funcionario público que manda extenderla, y no es resultado de trámites preparatorios del acuerdo.

RUBRICANTE. p.a. de rubricar. Que rubrica o firma.

RUBRICAR. (l. *rubricàre*.) tr. Poner uno su rúbrica en un escrito. || **2.** Subscribir, firmar un despacho o papel y ponerle el sello. || **3.** fig. Suscribir o dar testimonio de una cosa.

RUBRIQUISTA. m. El que está versado en las rúbricas de la Iglesia.

RUBRO, BRA. (l. *rubrus*.) adj. Encarnado, rojo. || **2.** m. AMÉR. Rúbrica, título, rótulo. || **3.** CHILE. En lenguaje comercial, asiento, partida.

RUC. (ár. *rujj*, nombre de un enorme pájaro fabuloso.) m. Rocho.

RUCA. f. BOT. Planta crucífera silvestre, de tallo erguido, ramosa, con flores violáceas y frutos en forma de silicuas cilíndricas.

RUCA. (Voz araucana.) f. ARGENT. y CHILE. Choza de los indios, y por ext., cualquier cabaña o covacha.

★ RÚCANO. m. VENEZ. Objeto luminoso. || **2.** PERÚ. Nombre dado familiarmente al sol, moneda nacional.

RUCAR. tr. AST. y LEÓN. Ronzar, mascar cosas duras. Ú.t.c.intr.

RUCIADERA. f. desus. Vasija pequeña destinada a contener aceite, vinagre u otro líquido para su empleo en la mesa.

★ RUCIANGO, GA. adj. CHILE. Rubio, rucio. Aplícase sólo a las personas.

RUCIO, CIA. (l. *roscidus*; de *ros*, rocío.) adj. De color pardo claro o canoso. Aplícase a las bestias. Ú.t.c.s. || **2.** fam. Dícese de la persona entrecana.

RUCO, CA. adj. AMÉR. CENTRAL. Viejo, inútil. Aplicado especialmente a las caballerías, matalón, jamelgo.

RUCHAR. intr. LEÓN. Brotar las plantas.

RUCHE. m. (De *rucho*.) m. Pollino, asno joven y cerril.

RUCHE. (De *rebuche*, del l. *repudium*.) m. fam. Áv. Dinero, monises. || *A* RUCHE. m. adv. EXTR., GRAN., MURC., RIOJA y VALLAD. Sin dinero, arruinado. Ú. comúnmente con los verbos *quedar* o *estar*.

★ RUCHE. m. REP. DOMIN. Inteligencia secreta.

RUCHIQUE. m. HOND. Mancerina de madera.

RUCHO. (De *rucio*.) m. Pollino, 1.ª acep. || **2.** LEÓN. Brote, 1.ª acep.

★ RUCHO, CHA. adj. COLOM. Áspero, rugoso. || **2.** Pesado, hablando de ciertos frutos.

RUDA. (l. *ruta*.) f. Planta rutácea perenne, con tallos erguidos y ramosos, hojas alternas y gruesas, compuestas de hojuelas partidas en lóbulos oblongos; flores pequeñas y amarillas, de cuatro pétalos y fruto capsular con gran número de semillas

R

de forma arriñonada. Es de olor fuerte y desagradable y se usa en medicina. || **—cabruna.** Galega. || **P.** arruda; **I.** rue, ruta; **F.** rue; **A.** Raute; **It.** ruta; **R.** рута.

RUDAMENTE. adv. Con rudeza.

RUDEZ. f. ant. Rudeza.

RUDEZA. f. Calidad de rudo. || **P.** rudez, rudeza; **I.** roughness; **F.** rudesse, grossièreté; **A.** Schärfe, Ruditât; **It.** rudività, rozzezza; **R.** грубость.

RUDIMENTAL. adj. Rudimentario.

RUDIMENTARIO, RIA. adj. Perteneciente o relativo al rudimento o a los rudimentos.

RUDIMENTO. (l. *rudimentum.*) m. Embrión, germen o estado primordial informe de un ser orgánico. || **2.** Parte imperfectamente desarrollada de un ser orgánico. || **3.** m. pl. Primeros elementos de un arte o ciencia. || **P.** e **It.** rudimento; **I.** y **F.** rudiment; **A.** Anfang; **R.** зачаток.

RUDO, DA. (l. *rudis.*) adj. Tosco, sin pulimento, basto. || **2.** Que no se ajusta a las reglas del arte. || **3.** Dícese del que tiene dificultad grande en percibir o aprender lo que estudia. || **4.** Riguroso, violento, impetuoso. || **5.** Descortés, grosero, áspero. || **P.** rude, rudo; **I.** rude, rough, hard; **F.** rude, âpre; **A.** roh, unbearbeitet; **It.** rude, rozzo; **R.** грубый, неотёсанный.

RUECA. (gót. *rŭkka.*) f. Instrumento para hilar, compuesto de una vara delgada con un rocadero en la extremidad superior. || **2.** fig. Vuelta o torcimiento de una cosa. || **P.** roca; **I.** distaff; **F.** quenouille; **A.** Spinnrocken; **It.** rocca; **R.** прялка.

RUEDA. (l. *rota.*) f. Máquina elemental, en forma circular y de poco grueso respecto a su radio, que puede girar sobre un eje. || **2.** Círculo o corro formado de personas o cosas. || **3.** Signo rodado. || **4.** Pez marino del orden de los plectognatos, de forma casi circular, que llega a tener 1,50 m de diámetro; una aleta dorsal y otra anal, ambas iguales, puntiagudas y juntas con la caudal; boca pequeña y de mandíbulas unidas, piel lisa, fosforescente, verde negruzca por encima y plateada en los costados. || **5.** Despliegue en abanico, que hace el pavo con las plumas de la cola. || **6.** Tajada circular de algunas frutas, carne o pescados. || **7.** Turno, vez, orden sucesivo. || **8.** Partida de billar que se juega entre tres y en que cada uno de los jugadores va cada mano contra los otros dos. || **9.** GERM. Broquel, escudo. || **10.** IMPR. Círculo hecho con los rimeros de los distintos pliegos de una obra impresa, a fin de ir sacándolos por su orden para formar cada tomo. || **11.** CUBA. Paso de danza que consiste en girar en círculo dos o más parejas, colocados los bailadores por sexos, alternativamente. || **—catalina.** Rueda de Santa Catalina, 1.ª acep. || **—de la fortuna.** fig. Inconstancia de las cosas humanas en lo próspero y en lo adverso. || **—de molino.** Muela de molino. || **—de Santa Catalina.** La de dientes agudos y oblicuos que hace mover el volante de cierta clase de relojes. || **2.** La que los saludadores se hacen estampar en alguna parte del cuerpo, y fingen muchas veces tener impresa en el paladar. || **—libre.** La que estando ordinariamente conectada con el mecanismo propulsor se desconecta para que gire libremente. || *Clavar* uno *la* RUEDA *de la fortuna.* fr. fig. Hacer estable su prosperidad. || *Comulgar* uno *con* RUEDAS *de molino.* fr. fig. y fam. Tragárselas como ruedas de molino. Ú.t. esta frase empleando el verbo como transitivo, y frecuentemente con negación. || *Deshacer la* RUEDA. fr. fig. Conocerse y humillarse. || *Hacer la* RUEDA a uno. fr. fig. y fam. Rondar, andar tras él para conseguir algo. || *Hacer la* RUEDA. fr. Describir el gallo o el palomo delante de la hembra un semicírculo con la cabeza gacha y con una ala casi arrastrando. || *Tragárselas* uno *como* RUEDAS *de molino.* fr. fig. y fam. Creer las cosas más inverosímiles. || **P.** roda; **I.** wheel; **F.** roue; **A.** Rad; **It.** ruota; **R.** колесо.

RUEDERO. m. El que se dedica a hacer ruedas.

RUEDO. (De *rodar.*) m. Acción de rodar. || **2.** Parte colocada alrededor de una cosa. || **3.** Refuerzo con que se guarnecen interiormente por la parte inferior los vestidos talares. || **4.** Estera pequeña y redonda. || **5.** Esterilla afelpada o de pleita lisa. || **6.** Círculo o circunferencia de una cosa. || **7.** Contorno, límite, término. || **8.** Redondel de la plaza de toros. || **9.** ARGENT. Suerte en el juego. || *A todo* RUEDO. m. adv. En todo lance, próspero o adverso. || 2.ª acep.: **P.** rodagem; **I.** circuit; **F.** tour; **A.** Rundbesatz; **It.** contorno; **R.** круг.

RUEGO. (De *rogar.*) m. Súplica, petición para alcanzar lo que se pide. || *Más vale el* RUEGO *del amigo, que el hierro del enemigo.* ref. con que se denota que la dulzura suele tener mayor eficacia que el rigor. || **P.** rogo; **I.** request; **F.** prière; **A.** Bitte, Gesuch; **It.** preghiera; **R.** просьба.

RUEJO. (l. *rōtŭlus,* rodillo.) m. AR. Rueda de molino. || **2.** Ruello.

RUELLO. (l. *rōtŭlus.*) m. AR. Rodillo de piedra.

RUEÑO. m. AST. y SANT. Rodete para llevar una carga en la cabeza.

RUEZNO. m. Corteza exterior del fruto del nogal.

RUFA. f. PERÚ. Traílla para igualar los terrenos.

RUFETA. f. SAL. Uva negra, de sabor dulce y hollejo fino.

RUFEZNO. m. GERM. Rufiancete.

RUFIÁN. (fr. *rufian,* y éste del ital. *ruffiano.*) m. El que hace tráfico de mujeres públicas. || **2.** fig. Hombre sin honor, perverso, despreciable.

* **RUFIÁN, NA.** adj. fam. CUBA. Gracioso, burlón. || **2.** REP. DOMIN. Alegre, contento. || **P.** rúfio, rufião; **I.** ruffian, pimp; **F.** rufien, souteneur; **A.** Zuhälter, Kuppler; **It.** ruffiano; **R.** негодяй.

RUFIANCETE. m. d. de rufián.

RUFIANEAR. (De *rufián.*) tr. e intr. Alcahuetear.

RUFIANEJO. m. d. de rufián.

RUFIANERÍA. (De *rufián.*) f. Alcahuetería. || **2.** Dichos o hechos propios de rufián.

RUFIANESCA. f. Conjunto de rufianes. || **2.** Costumbres de rufianes.

RUFIANESCO, CA. adj. Perteneciente o relativo a los rufianes o a la rufianería.

RUFO. m. GERM. Rufián, 1.er art., 1.ª acep.

RUFO, FA. (l. *rufus.*) adj. Rubio, rojo o bermejo. || **2.** Que tiene el pelo ensortijado. || **3.** LEÓN. Tieso, robusto. || **4.** AR. Rozagante, vistoso.

RUFÓN. m. GERM. Eslabón con que se saca fuego.

RUGA. (l. *ruga.*) f. Arruga. || **2.** BOT. Ruca, 1.ª acep.

RUGAR. (l. *rugāre.*) tr. Arrugar. Ú.t.c.r.

* **RUGBY.** m. DEP. Uno de los tipos de fútbol.

RUGIBLE. adj. Capaz de rugir o de imitar el rugido.

RUGIDO, DA. p.p. de rugir. || **2.** m. Voz del león. || **3.** fig. Bramido, voz confusa y fuerte del hombre colérico. || **4.** fig. Estruendo, retumbo. || **5.** fig. Ruido que hacen las tripas.

RUGIDOR, RA. adj. Que ruge.

RUGIENTE. p.a. de rugir. Que ruge.

RUGINOSO, SA. (De *eruginoso.*) adj. Mohoso, o con herrumbre u orín.

RUGIR. (l. *rugīre.*) intr. Bramar el león. || **2.** fig. Bramar, una persona colérica. || **3.** Crujir o rechinar, y hacer ruido fuerte. || **4.** impers. Sonar una cosa o empezarse a decir o saberse lo que estaba ignorado. || **P.** rugir, bramir; **I.** to roar, to bellow; **F.** bruire, rugir; **A.** brüllen, brausen; **It.** rugghiare, ruggire; **R.** рычать, рыкать.

RUGOSIDAD. (l. *rugosĭtas, -ātis.*) f. Calidad de rugoso. || **2.** Arruga.

RUGOSO, SA. (l. *rugōsus.*) adj. Que tiene arrugas, arrugado.

RUIBARBO. (l. *rheubarbărum.*) m. Planta herbácea, de la familia de las poligonáceas, de hojas anchas y rizoma grueso y de sabor amargo que se usa como purgante y depurativo. || **2.** Raíz de esta planta. || **—blanco.** Mechoacán. || **P.** ruibarbo; **I.** rhubarb; **F.** rhubarbe; **A.** Rhabarber; **It.** reobàrbaro; **R.** ревень.

RUIDO. (l. *rugĭtus.*) m. Sonido inarticulado y confuso. || **2.** fig. Litigio, pendencia, alboroto. || **3.** fig. Apariencia grande en cosas sin substancia. || **4.** fig. Novedad o extrañeza que inmuta el ánimo. || **5.** GERM. Rufián, 1.er art., 1.ª acep. || **—hechizo.** Sonido hecho a propósito y con fin particular. || *Fingir* RUIDO *por venir a partido.* ref. que explica la astucia y malicia de algunos, que pretenden conseguir lo que desean haciéndose temer. || *Querer* uno RUIDO. fr. fig. Ser amigo de discusiones o pendencias. || *Quitarse de* RUIDOS uno. fr. fig. y fam. Dejar de intervenir en asuntos de que suelen originarse discusiones o disgustos. || *Ser más el* RUIDO *que las nueces.* fr. fig. y fam. Carecer de importancia o ser de escasa significación una cosa que aparenta mucho. || **P.** ruído; **I.** noise; **F.** bruit, tapage; **A.** Lärm, Geraüsch; **It.** rumore; **R.** шум.

RUIDOSAMENTE. adv. De manera ruidosa.

RUIDOSO, SA. adj. Que causa mucho ruido. || **2.** fig. Dícese de la acción o lance notable y de que se habla mucho.

RUIN. (De *ruina.*) adj. Vil, bajo y despreciable. || **2.** Pequeño, desmedrado. || **3.** Dícese de la persona de malas costumbres y bajos procedimientos. || **4.** Dícese también de las mismas costumbres o cosas malas. || **5.** Mezquino, tacaño, avariento. || **6.** Aplícase a los animales falsos y de malas mañas. || **7.** ZOOL. CUBA. Dícese de la hembra de los animales especialmente de la de los cuadrúpedos, cuando está en calor. || **8.** m. Extremo de la cola de los gatos, que suele arrancárseles, suponiéndose que así crecen más. || **9.** prov. ÁL. Reyezuelo, pájaro de vistoso plumaje. || *A* RUIN, RUIN *y medio.* fr. proverb. con que se indica que para negociar con una persona de malas costumbres o procedimientos, es menester otra de su misma calidad o aún peor. || *Rogar a* RUINES. fr. de que se usa para explicar lo poco que debe esperarse de una persona de baja condición. || **P.** ruim; **I.** low, base, vile; **F.** vil, bas, chiche, chétif; **A.** verächtlich, gemein; **It.** vile, meschino; **R.** низкий, подлый.

RUINA. (l. *ruina;* de *ruĕre,* caer.) f. Acción de caer o destruirse alguna cosa. || **2.** fig. Pérdida grande los bienes, caudal o hacienda. || **3.** fig. Destrozo, caída, decadencia de una persona, familia, corporación o Estado. || **4.** fig. Causa de esta caída, decadencia o perdición. || **5.** pl. Restos de edificios arruinados. || **P.** ruína, perda; **I.** ruin; **F.** ruine; **A.** Verderb; **It.** rovina; **R.** разрушение. || 5.ª acep.: **P.** ruinaria; **I.** ruins, debris; **F.** ruine, débris; **A.** Einsturz; **It.** rovine, moriccia; **R.** развалина.

RUINAR. (De *ruina.*) tr. Arruinar. Ú.t.c.r.

RUINDAD. f. Calidad de ruin. || **2.** Acción ruin. || **P.** ruindade; **I.** basenes; **F.** méchanceté, bassesse; **A.** Schlechtigkeit; **It.** viltà; **R.** подлость.

RUINERA. f. ÁV., MURC. y SANT. Ruina, 1.ª acep. Decaimiento, especialmente el producido en una persona por una enfermedad.

RUINMENTE. adv. Con ruindad.

RUINOSO, SA. (l. *ruinōsus.*) adj. Que se empieza a arruinar o amenaza ruina. || **2.** Pequeño, desmedrado y que no puede aprovecharse. || **3.** Que arruina y destruye.

RUIPONCE. m. Rapónchigo.

RUIPÓNTICO. (l. *rheuponticum.*) m. Planta poligonácea, procedente del Asia Menor y cultivada en toda Europa. Tiene hojas radicales, acorazonadas en la base; flores blancas, en panojas sobre un bohordo de 70 a 80 cm de alto; fruto seco, y raíz parecida y con propiedades análogas a las del ruibarbo. || **—indígena** o **vulgar.** BOT. Planta poligonácea, muy parecida a la anterior, con hojas planas y obtusas y flores verdosas, unas hermafroditas y otras unisexuales por aborto.

RUISEÑOR. (l. *luscinĭola.*) m. Pájaro dentirrostro, de plumaje pardo rojizo, notable por la belleza de su canto. Se alimenta de insectos y habita en lugares frescos y sombríos; anida en los árboles y matorrales. Se establece en Europa a fines de marzo, y al llegar el invierno emigra a lugares cálidos. || **P.** rouxinol; **I.** nightingale; **F.** rossignol; **A.** Nachtigall; **It.** rosignolo, usignuolo; **R.** соловей.

R RUJIADA. (De *rujiar*.) f. Ar. Golpe de lluvia. || 2. Ar. Rociada.

RUJIAR. (l. *rescidăre*.) tr. Ar., Murc. y Nav. Rociar, regar.

RULA. (De *rular*.) f. Ar. Juego semejante a la chueca. || 2. Ar. Palo de 1 m o poco más de largo, encorvado en uno de sus extremos, usado para jugar a la rula. || 3. Ast. y Mál. Lonja de contratación del pescado. || 4. Ast. y Mál. Grupo de pescadores que forman una compañía para la venta o para la compra del pescado.

RULAR. (fr. *rouler*, y éste del l. *rotŭlăre*; de *rotŭlus*, rodillo.) intr. Rodar. Ú.t.c.tr.

RULÉ. (fr. *roule*, *rouler*, del l. *rotŭlăre*.) m. fam. Trasero, culo.

RULETA. (fr. *roulette*, y éste de *rouler*, del l. *rotŭlăre*.) f. Juego de azar para el que se usa una rueda horizontal giratoria, dividida en 36 casillas radiales, numeradas y pintadas alternativamente de negro y rojo, y colocada en el centro de una mesa en cuyo tablero están pintados los mismos 36 números negros y rojos de la rueda. Se hace girar ésta, y se lanza en sentido inverso una bolita; cuando cesa el movimiento, gana el número de la casilla donde ha quedado la bola. También puede jugarse a pares y a nones, al rojo y negro, etc. || P. roleta; I. y F. roulette; A. Roulett(e) Spiel; It. roletta ||.

★ RULETERO, RA. adj. P. Rico. Amigo de juergas. || 2. m. Méj. Conductor de automóvil de alquiler sin puesto fijo.

RULO. (De *rular*.) m. Bola gruesa u otra cosa redonda que rueda con facilidad. || 2. Piedra en forma de cono truncado que, sujeta por un eje horizontal, gira alrededor del árbol del alfarje, en los molinos de aceite. || 3. Rodillo, cilindro grueso y pesado que se hace rodar para allanar la tierra. || 4. R. de la Plata. Bucle, rizo, tirabuzón; mechón de pelo de forma redonda.

RULO. (arauc. *rulu*.) m. Chile. Terreno húmedo, vega, falda de cerro que no necesita riego artificial para ser destinada al cultivo. || 2. Chile. Secano, tierra que no tiene riego. || *Peinarse de* RULO. Chile. fr. fam. Peinarse sin cuidado y mal.

RUMA. f. Argent., Chile, Ecuad. y Perú. Montón, rimero.

RUMANO, NA. adj. Natural de Rumania. Ú.t.c.s. || 2. Perteneciente a esta nación de Europa. || 3. m. Lengua rumana.

RUMANTELA. f. Sant. Francachela, parranda.

★ RUMAZO. m. Colom. Rimero, burujo.

RUMAZÓN. f. Mar. Arrumazón, conjunto de nubes en el horizonte.

RUMBA. f. Ant. Rumantela. || 2. Cuba. Cierto baile popular y la música que le acompaña. || 3. Chile. Ruma. || 4. Cuba y P. Rico. Rumantela.

RUMBADA. f. Arrumbada.

RUMBATELA. f. Cuba y Méj. Rumantela.

RUMBAR. (De *rumbo*, 2.º art.) intr. Murc. y Sal. Ser rumboso. || 2. Murc. Gruñir, dicho especialmente de los perros. || 3. Colom. Zumbar, hacer ruido bronco. || 4. Chile. Rumbear, seguir un rumbo.

RUMBAR. (De *rumbo*, 1.ᵉʳ art.) intr. Chile. Rumbear. || 2. tr. Hond. Tirar, arrojar.

RUMBÁTICO, CA. adj. Rumboso, aparatoso, ostentoso.

RUMBEADOR. m. Argent. Baquiano, que rumbea.

RUMBEAR. (De *rumbo*, 1.ᵉʳ art.) intr. Argent. Orientarse, tomar el rumbo; encaminarse, dirigirse hacia un lugar. || 2. Mar. Trazar rumbos sobre la carta. || 3. Bol. Abrirse camino por el monte.

RUMBEAR. (De *rumbo*, 2.º art.) intr. Cuba. Andar de rumba o de parranda. || 2. Cuba, P. Rico y Guat. Bailar la rumba.

RUMBO. (ingl. *rumb*.) m. Dirección definida, a través de la rosa náutica, por el ángulo que forma en el plano del horizonte una línea recta cualquiera con la trazada del meridiano sobre dicho plano. || 2. Camino y senda que uno se propone seguir en lo que intenta. || 3. Blas. Losange con un agujero redondo en el cen-

tro. || 4. Mar. Abertura hecha artificialmente en el casco de la nave. || 5. Argent. Tajo en la cabeza. || 6. Hond. Jarana, fiesta. || *Abatir el* rumbo. fr. Mar. Hacer declinar su dirección hacia sotavento, arribando para ello lo necesario al fin propuesto. || *Corregir el* rumbo. fr. Mar. Reducir a verdadero el que se ha hecho por la indicación de la aguja, sumándole o restándole la variación de ésta en combinación con el abatimiento cuando lo hay. || *Hacer* rumbo. Ponerse a navegar con dirección a un punto determinado. || P. rumo, rumbo; I. rhumb; F. rumb, route; A. Windrichtung, Kurs; It. rotta; R. направление, курс, румб.

RUMBO. (Voz onomatopéyica.) m. fig. y fam. Pompa, ostentación. || 2. fig. y fam. Garbo, desprendimiento, desinterés. || 3. Guat. Parranda, rumba. || 4. Colom. Pájaro mosca. || 5. Murc. Gruñido del perro.

RUMBÓN, NA. (De *rumbo*, 2.º art.) adj. fam. Rumboso, desprendido.

RUMBOSAMENTE. adv. fam. De manera rumbosa.

RUMBOSO, SA. (De *rumbo*, 2.º art.) adj. fam. Pomposo y magnífico. || 2. fam. Desprendido, dadivoso.

RUMELIOTA. adj. Natural de Rumelia. Ú.t.c.s. || 2. Perteneciente a esta región de la Europa oriental.

RUMÍ. (Del m. or. que *romí*.) m. Nombre dado por los moros a los cristianos.

RUMIA. f. Acción y efecto de rumiar.

RUMIACO. m. Sal. y Zam. En las charcas o aguas estancadas, verdón.

RUMIADOR, RA. adj. Que rumia. Ú.t.c.s.

RUMIADURA. (De *rumiar*.) f. Rumia.

RUMIANTE. p.a. de rumiar. Que rumia. || 2. adj. Zool. Dícese de los mamíferos artiodáctilos patihendidos, que se alimentan de vegetales, que rumian los alimentos y tienen generalmente el estómago dividido en cuatro compartimientos. Ú.t.c.s. || 3. pl. Zool. Suborden de estos animales que comprende los camellos, toros, ciervos, carneros, etc. || 3.ª acep.: P. ruminante; I. y F. ruminant; A. Wiederkäuer; It. ruminante; R. жвачный.

RUMIAR. (l. *rumigăre*.) tr. Masticar segunda vez los animales hervíboros, volviendo a la boca los alimentos que estuvieron en una de las cavidades del estómago. || 2. fig. y fam. Considerar despacio y pensar con reflexión y detenimiento una cosa. || 3. fig. Rezongar, refunfuñar. || P. ruminar; I. to ruminate; F. ruminer; A. wiederkäuen; It. ruminare; R. пережёвывать.

RUMIÓN, NA. adj. fam. Que rumia mucho.

RUMO. (ant. al. *ruimo*, correa y cerco.) m. Primer aro de los cuatro con que se aprietan las cabezas de los toneles y cubas.

RUMOR. (ant. *rumor*.) m. Voz que corre del público. || 2. Ruido confuso de voces. || 3. Ruido vago, sordo y continuado. || 3.ª acep.: P. rumor; I. rumour; F. rumeur, bruit; A. Brausen; It. romore; R. молва, слух.

RUMOREARSE. impers. Correr un rumor entre la gente.

RUMOROSO, SA. adj. Que causa rumor.

★ RUMPERO. m. Bol. Trabajador que ayuda en las minas a los barreteros.

RUMPIATA. f. Chile. Arbusto de la familia de las sapindáceas, hasta de 1,50 m de altura, con hojas alternas, dentadas; flores pequeñas, amarillentas y fruto capsular con tres lóbulos alados.

RUNA. (ant. nórdico *rûn*, pl. *rûnar*, letras, ciencia.) f. Cada uno de los caracteres que empleaban en la escritura los antiguos escandinavos.

RUNCHO. m. Colom. Especie de zarigüeya.

RUNDEL. (d. del l. *rotŭlus*, redondel.) m. Sal. Mantellina con una cenefa alrededor y más larga que las ordinarias.

RUNDÚN. m. Argent. Pájaro mosca. || 2. Argent. Juguete parecido a la bramadera.

RUNFLA. f. fam. Serie de varias cosas de una misma especie.

RUNFLADA. f. fam. Runfla.

RUNFLANTE. p.a. de runflar. Que

runfla. || 2. adj. Sant. Arrogante, orgulloso.

RUNFLAR. intr. Sant. Resoplar.

RUNGO. m. Sal. Cerdo de menos de un año. || 2. Hond. Aplícase a la persona pequeña y rechoncha.

RUNGUE. m. Chile. Manojo de palos para revolver el grano que se tuesta en la callana. || 2. pl. Chile. Troncos y tronchos despojados de sus hojas.

RÚNICO, CA. adj. Perteneciente o relativo a las runas, o escrito en ellas. *Poesía* RÚNICA.

RUNO, NA. adj. Rúnico.

RUNRÚN. (Voz onomatopéyica.) m. fam. Rumor, 1.ª y 2.ª aceps. || 2. Argent. y Chile. Bramadera, 1.ª acep. || 3. Chile. Ave de plumaje negro, con las remeras blancas; vive a la orilla de los ríos y se alimenta de insectos.

RUNRUNEARSE. impers. Correr el rumor o runrún.

RUÑAR. (fr. *rogner*.) tr. Labrar por dentro la muesca circular en que se encajan las tiestas de las cubas y toneles.

RUPESTRE. (l. *rupes*, roca.) adj. Dícese de algunas cosas pertenecientes o relativas a las rocas. *Planta* RUPESTRE. Dícese especialmente de las pinturas y dibujos prehistóricos existentes en algunas rocas y cavernas. || *Arte* RUPESTRE. Conjunto de manifestaciones artísticas prehistóricas, como son pinturas, dibujos, etc., hallados en diversas cavernas.

RUPIA. (sánscr. *rūpya* o *rūpaka*, moneda de plata.) f. Moneda de oro de Persia y del Indostán, que vale aproximadamente treinta y siete pesetas a la par. || 2. Moneda de plata de los mismos países, cuyo valor aproximado es de 2 pesetas y media a la par. || P. e It. rupia; I. rupee; F. roupie; A. Rupie; R. рупия.

RUPIA. (gr. ρύπος, suciedad.) f. Med. Enfermedad de la piel, de curso lento, caracterizada por la aparición de una costra gruesa que cubre una ulceración consecutiva a la aparición de ampollas grandes. Suele ser una manifestación sifilítica.

RUPICABRA. f. Rupicapra.

RUPICAPRA. (l. *rupicapra*; de *rupes*, roca, peñasco, y *capra*, cabra.) f. Gamuza, antílope del tamaño de una cabra, célebre por la osadía de sus saltos.

RUPTURA. (l. *ruptūra*.) fr. fig. Rompimiento, desavenencia o riña. || 2. Cir. Rotura, acción de romper, y también abertura o quiebra de un cuerpo.

RUQUETA. (l. *erūca*.) f. Oruga, roqueta, planta crucífera cuyas hojas se usan como condimento. || 2. Jaramago.

RURAL. (l. *rurālis*; de *rus*, *ruris*, campo.) adj. Perteneciente o relativo al campo o a las labores agrícolas. || 2. fig. Tosco, rústico, inculto. || P., I. y F. rural; A. ländlich; It. rurale; R. сельский.

RURALMENTE. adv. De un modo rural.

RURRÚ. (Voz onomatopéyica.) m. desus. Runrún.

RURRUPATA. f. Chile. Nana, canto de cuna con que se arrulla a los niños.

RUS. (l. *rhus*, y éste del gr. ῥοῦς.) m. Zumaque, 1.ª acep. || ¡*Voto a* RUS! exclam. fam. ¡Voto al chápiro!

RUSALCA. f. En la mitología eslava, ninfa acuática que atrae a los hombres, para darles muerte.

RUSCO. (l. *rūscum*.) m. Bot. Brusco, planta esmilácea cuyos frutos son del color y el tamaño de la cereza.

RUSEL. m. Tejido de lana asargado.

RUSENTAR. tr. Poner rusiente.

RUSIA. n. p. V. *Piel de* RUSIA. || 2. f. Cuba. Especie de lienzo grueso y tosco, que se emplea para hamacas.

RUSIENTE. (l. *russus*, rojo.) adj. Que se pone rojo o candente con el fuego.

RUSIFICAR. tr. Comunicar las costumbres rusas. || 2. r. Tomar esas costumbres.

RUSO, SA. adj. Natural de Rusia. Ú.t.c.s. || 2. Perteneciente a este país. || 3. V. *Montaña* RUSA. || 4. m. Lengua rusa. || 5. Gabán de paño grueso. || P. e It. russo; I. Russian; F. russe; A. Russe, russich; R. русский.

RUSTICACIÓN. (l. *rusticatio, -ōnis*.) f. Acción y efecto de rusticar.

RUSTICAL. (De *rústico*.) adj. Rural.

RÚSTICAMENTE. adv. De manera rústica. ‖ **2.** Con tosquedad y sin cultivo.

RUSTICANO, NA. (l. *rusticānus*.) adj. Silvestre. Dícese de algunas plantas como el rábano, etc.

RUSTICAR. (l. *rusticāre*.) intr. Salir al campo, habitar en él ya por recreo, ya por fortalecer o recobrar la salud.

RUSTICIDAD. (l. *rusticĭtas, -ātis.*) f. Calidad de rústico.

RÚSTICO, CA. (l. *rustĭcus; de rus,* campo.) adj. Perteneciente o relativo al campo. ‖ *A la,* o *en* RÚSTICA. m. adv. Tratándose de encuadernaciones de libros, con cubierta de papel y a la ligera. ‖ **P.** rústico; **I.** rustic; **F.** rustique; **A.** ländlich; **It.** rùstico; **R.** деревенский.

RUSTIQUEZ. (De *rústico.*) f. Rusticidad.

RUSTIQUEZA. f. Rustiquez.

RUSTIR. (De *rostir.*) tr. AR., AST. y LEÓN. Asar, tostar. ‖ **2.** AR. y MURC. Roer. ‖ **3.** MURC. Roznar, rebuznar. ‖ **4.** VENEZ. Aguantar con paciencia trabajos y penas.

RUSTRIR. (De *rustir.*) tr. AST. Tostar el pan y majarlo luego. ‖ **2.** intr. SAL. Pastar el ganado. ‖ **3.** SAL. Mascar haciendo ruido. ‖ **4.** Comer con avidez.

RUSTRO. (fr. *rustre;* éste del ant. *ruste,* y éste del l. *rustĭcus,* rústico.) m. BLAS. Rumbo, losange con un agujero en el centro.

RUT. n. p. V. *Libro de* RUT.

RUTA. (l. *rupta,* rota.) f. Rota o derrota de un viaje. ‖ **2.** Itinerario para él. ‖ **3.** fig. Derrotero, camino, rumbo. ‖ **2.**ª acep.: **P.** rota; **I.** y **F.** route; **A.** Wegrichtung; **It.** rotta; **R.** дорога, путь.

★ **RUTA.** f. P. RICO. Jolgorio, juerga, jarana, parranda.

RUTÁCEO, A. (l. *ruta,* ruda.) adj. BOT. Dícese de plantas angiospermas dicotiledóneas, hierbas por lo común perennes, o arbustos y árboles, a veces siempre verdes, con hojas alternas u opuestas, simples o compuestas, flores pentámeras o tetrámeras y fruto dehiscente con semillas menudas y provistas de albumen, o en hesperidio; como la ruda y el naranjo. ‖ **2.** f. pl. BOT. Familia de estas plantas.

RUTAR. (Quizá del m. or. que *ruido.*) intr. AST., BURG., PAL. y SANT. Murmurar, rezongar. ‖ **2.** BURG., PAL. y SANT. Susurrar, zumbar.

RUTAR. intr. BAD. y PAL. Rodar, dar vueltas.

RUTAR. (l. *ructāre.*) intr. AST. Eructar, expeler con ruido por la boca los gases del estómago.

RUTEL. m. SAL. Hato pequeño de ganado cabrío o lanar.

RUTENIO. (l. *rutĭlus,* rojo.) m. QUÍM. Metal parecido al osmio, duro y quebradizo, de color grisáceo, que da óxidos, de color rojo. Funde a elevada temperatura y se emplea para endurecer otros metales.

RUTENO, NA. adj. Dícese de un pueblo eslavo, llamado también pequeño ruso, que habita en la región montañosa de los Cárpatos. Ú.t.c.s. ‖ **2.** Perteneciente o relativo a este pueblo. ‖ **3.** m. Lengua rutena. ‖ **P.** rutêno; **I.** Ruthenian; **F.** ruthène; **A.** ruthenisch, kleinrussisch; **It.** ruteno.

RUTILANTE. (l. *rutilans, -antis.*) p.a. de rutilar. Que rutila.

RUTILAR. (l. *rutilāre.*) intr. poét. Brillar como el oro, o resplandecer y despedir rayos de luz. ‖ **P.** rutilar; **I.** to twinkle; **F.** rutiler; **A.** glänzen, schimmern; **It.** rutilare, scintillare; **R.** блестеть.

RÚTILO, LA. (l. *rutĭlus.*) adj. De color rubio subido, resplandeciente, o de brillo como de oro.

★ **RUTILO.** m. MINERAL. Óxido de titanio, de color variable del rojo al rubio oro según los cristales. Se encuentra en las rocas graníticas, en los gneis, etc.

RUTINA. (fr. *routine;* de *route,* ruta.) f. Costumbre inveterada, hábito adquirido de hacer las cosas por mera práctica y sin razonarlas. ‖ **P.** e **It.** rotina; **I.** y **F.** routine; **A.** Routine, Geläufigkeit; **R.** рутина.

RUTINARIO, RIA. adj. Que se hace o practica por rutina. ‖ **2.** Rutinero. Ú.t. c.s. ‖ **2.**ª acep.: **P.** rotineiro; **I.** routinist; **F.** routinier; **A.** gewohn heitsmässig; **It.** praticone; **R.** рутинный.

RUTINERO, RA. adj. Que ejerce un arte u oficio o procede en cualquier asunto, por mera rutina. Ú.t.c.s.

★ **RUTISTA.** com. Persona que habitualmente recorre los caminos y carreteras. ‖ **2.** Ciclista cuya especialidad es correr por carreteras. ‖ **3.** Chófer especializado en la conducción de vehículos de transporte de larga distancia.

★ **RUTUCU.** m. BOL. Corte del cabello de los niños, que se celebra con una fiesta familiar.

★ **RUTUNA.** f. PERÚ. Nombre dado por los indios a la hoz o segadera.

R

S

S. f. Vigésima segunda letra del abecedario español, y decimoctava de sus consonantes. Su nombre es *ese*. || **2.** GEOG. Abreviatura de Sur. || **3.** QUÍM. Símbolo del azufre.

SABADELLENSE. adj. Natural de Sabadell, ciudad de la provincia de Barcelona. Ú.t.c.s. || **2.** Perteneciente a esta ciudad.

SABADEÑO, ÑA. (De *sábado*.) adj. BURG., PAL., RIOJA y VALLAD. Dícese del embutido hecho con la asadura y carne de inferior calidad del cerdo. Ú.m.c.s.

SABADIEGO. m. AST. y LEÓN. Sabadeño.

SÁBADO. (l. *sabbătum*, y éste del hebr. *sabbat*.) m. Séptimo y último día de la semana. **—Santo.** El que precede al domingo de Pascua de Resurrección. || *Hacer* SÁBADO. fr. Hacer en este día la limpieza de la casa, más esmerada y completa que los otros días de la semana. || *Ni* SÁBADO *sin sol, ni moza sin amor* o *ni vieja sin arrebol* o *sin dolor*. ref. que se aplica a cualquier cosa que suele suceder regular y frecuentemente en determinados tiempos o personas. || P. *sábado*; I. *Saturday*; F. *samedi*; A. *Samstag, Sonnabend*; It. *sàbato*; R. суббота.

★ **SABAL.** m. BOT. y PALEONT. Género de plantas palmáceas con hojas en forma de abanico, flores pequeñas y blanquecinas, frutos en bayas de color azulado y semillas con albumen, muy brillantes.

SABALAR. m. Red para pescar sábalos.

SABALERA. (De *sabalar*, por la forma.) f. Rejilla de hierro, o bóveda calada, donde se coloca el combustible en los hornos de reverbero. || **2.** Arte de pesca para pescar sábalos.

SABALERO. m. Pescador de sábalos.

SÁBALO. (ár. *šăbal*, o *šăbil*.) m. ZOOL. Pez teleósteo marino fisóstomo, de unos 4 dm de largo, con el cuerpo algo aplanado y cubierto de escamas grandes y terminadas en una punta áspera; la cabeza pequeña, la boca grande, el lomo amarillento y vientre blanco. Desova por la primavera en los ríos. Su carne es muy apreciada. || P. *sável*; I. *shad*; F. *alose*; A. *Alse, Finte*; It. *cheppia*; R. бешенка.

SÁBANA. (l. *sabăna*, pl. m. de *sabănum*.) f. Cada una de las dos piezas de lienzo o algodón que se ponen en la cama y entre las cuales se coloca el que se acuesta. || **2.** Manto que usaban los hebreos y otros pueblos de Oriente. || **3.** Sabanilla del altar. || **4.** MURC. Red de esparto para transportar paja, hierba, etc. || **— Santa.** La que envolvió el cuerpo muerto de Cristo para colocarle en el sepulcro. || *Pegársele* a uno *las* SÁBANAS. fr. fam. que se aplica al que se levanta más tarde de lo que debe o acostumbra. || P. *lençol*; I. *bed sheet*; F. *drap de lit*; A. *Bettuch, Leintuch*; It. *lenzuolo*; R. простыня.

SABANA. (Voz caribe.) f. AMÉR. Llanura, en especial si es muy dilatada, cubierta de hierba, pero sin árboles. || *Estar* uno *en la* SABANA. fr. fig. y fam. VENEZ. Estar sobrado de recursos, ser feliz. || *Ponerse* uno *en la* SABANA. fr. fig. y fam.

VENEZ. Adquirir inesperadamente algún bienestar.

SABANAZO. m. CUBA. Sabana o pradera poco extensa.

SABANDIJA. f. Cualquier reptil pequeño o insecto, especialmente de los asquerosos. || **2.** fig. Persona despreciable. || P. *savandija*; I. *vermin*; F. *bestiole désagréable*; A. *Gewürm*; It. *bestiola*; R. насекомое, червь.

SABANDIJUELA. f. d. de sabandija.

SABANEAR. intr. AMÉR. Recorrer la sabana donde se ha establecido un hato, para buscar y reunir el ganado, o para vigilarlo.

SABANERA. f. VENEZ. Culebra de vientre amarillo y lomo salpicado de negro, verde o pardo; vive en las sabanas limpiándolas de sabandijas.

SABANERO, RA. adj. Habitante de una sabana. Ú.t.c.s. || **2.** Perteneciente o relativo a la sabana. || **3.** m. AMÉR. Hombre encargado de sabanear. || **4.** Pájaro muy parecido al estornino, que vive en las praderas en la América del Norte y en las Antillas. Su carne es muy apreciada.

SABANILLA. f. d. de sábana. || **2.** p. us. Cualquier pieza de lienzo pequeña. || **3.** Cubierta exterior de lienzo con que se cubre el altar. || **4.** NAV. Pedazo de beatilla que usan las mujeres para adornar su tocado. || **5.** AR. y VIZC. Pañuelo blanco que las mujeres llevan cubriendo la cabeza. || **6.** CHILE. Tejido muy fino de lana que se coloca sobre las sábanas, en la cama, a manera de cobertor. || **7.** AST. Capa de grasa que cubre el vientre del cerdo.

SÁBANO. (l. *sabănum*.) m. LEÓN. Sábana de estopa.

SABAÑÓN. (Quizá del l. *sub* y *pernĭo*, *-ōnis*.) m. Rubicundez, hinchazón o ulceración de la piel, principalmente en manos, pies u orejas, a causa del frío excesivo. || **2.** AST. Segundo enjambre que suele salir de las colmenas al final del verano. || *Comer* uno *como un* SABAÑÓN. fr. fig. y fam. Comer mucho y con ansia. || P. *frieira*; I. *chilblain*; F. *engelure*; A. *Frostbeule*; It. *gelone, pedignone*; R. отмороженное место.

SABARA. f. VENEZ. Niebla muy diáfana.

SABATARIO, RIA. (l. *sabbatarĭus*.) adj. Díjose de los hebreos, porque guardaban la fiesta del sábado. Usáb.m.c.s. || **2.** Dícese de los judíos conversos de los primeros siglos, que continuaban guardando el sábado.

SABÁTICO, CA. (l. *sabbatĭcus*.) adj. Perteneciente o relativo al sábado. || **2.** Dícese del séptimo año, en que los hebreos dejaban descansar sus tierras, viñas y olivares.

SABATINA. (De *sabatino*.) f. Oficio divino propio del sábado. || **2.** Lección que los estudiantes solían dar el sábado, como repaso de todas las de la semana. || **3.** Ejercicio literario que se usaba los sábados entre los estudiantes. || **4.** CHILE. Zurra, felpa.

SABATINO, NA. (b. l. *sabbatinus*, y

éste del l. *sabbătum*, sábado.) adj. Perteneciente al sábado o ejecutado en él.

SABATISMO. m. Acción de sabatizar. || **2.** Descanso después de un trabajo asiduo.

SABATIZAR. intr. Guardar el sábado, no trabajando en obras serviles.

SABAYA. (vasc. *sabaia, sapaia*, desván.) f. AR. Desván.

SABEDOR, RA. (De *saber*.) adj. Instruido o noticioso de una cosa.

SABEÍSMO. m. Religión de los sabeos, que daban culto a los astros, principalmente al Sol y a la Luna. || P. e It. *sabeismo*; I. *Sabaeanism, Sabianism*; F. *sabéisme, sabisme, sabaïsme*; A. *Sabäismus*; R. сабеизм.

SABEJO. (l. *segŭsius*.) m. ant. Sabueso.

SABELA. (De *sabella*, nombre de un género de gusanos.) f. ZOOL. Gusano marino sedentario, anélido, frecuente en las costas españolas; vive dentro de un tubo quitinoso y sus branquias están dispuestas en espiral.

SABELECCIÓN. amb. CUBA. Planta silvestre crucífera, especie de mastuerzo de tallo de unos 6 dm de altura; flores en espiga, pequeñas, blanquecinas o amarillentas; crece en las sabanas y lugares húmedos.

SABELIANISMO. m. Doctrina de Sabelio, heresiarca africano del siglo III, que niega el misterio de la Santísima Trinidad. || P. *sabelianismo*; I. *Sabellianism*; F. *sabellianisme*; A. *Sabellianismus*; It. *sabellianismo*.

SABELIANO, NA. adj. Dícese de los sectarios de Sabelio. Ú.t.c.s. || **2.** Perteneciente a su doctrina.

SABÉLICO, CA. (l. *sabelĭcus*.) adj. Perteneciente a los sabinos o samnitas.

SABELOTODO. com. fam. Sabidillo.

SABENCIA. f. ant. Sabiduría.

SABEO, A. (l. *sabaeus*.) adj. Natural de Saba. Ú.t.c.s. || **2.** Perteneciente a esta región de la Arabia antigua.

SABER. (infinit. substantivado.) m. Sabiduría. || **2.** Ciencia o facultad. || *No hay peor* SABER *que no querer*. Dicho que se aplica al que se excusa de hacer algo que le piden, pretextando ignorancia. || P. *saber*; I. *learning, knowledge*; F. *savoir*; A. *Kenntnis, wissen*; It. *sapere, sapienza*; R. знание.

SABER. (l. *sapĕre*.) tr. Conocer una cosa. || **2.** Ser docto en alguna cosa. || **3.** Tener habilidad para una cosa, o estar instruido y diestro en un arte o facultad. || **4.** intr. Estar informado de la existencia, paradero o estado de una persona o cosa. Ú.m. en frs. negativas. || **5.** Ser muy sagaz y advertido. || **6.** Tener sapidez una cosa. Ú. comúnmente con nombre regido de la preposición *a*. *Esto* SABE *a café*. || **7.** Parecerse una cosa a otra. || **8.** Tener una cosa proporción, aptitud o eficacia para alcanzar un fin. || **9.** Acomodarse a una cosa. *Yo* SABRÉ *portarme como debo*. || **10.** Conocer el camino para ir a un sitio. *No SÉ a su casa*. *Aquél* SABE *que se salva, pero el otro no* SABE *nada*. ref. con que se reprende al que se gloría de saber mucho y vive desordenadamente. || *A* SABER. expr. Esto

S

es. || **2.** Exclamativamente equivale a vete a saber. ¡*A* SABER *si vendrá!* || *El* SABER *no ocupa lugar.* fr. proverb. con que se da a entender que el saber nunca estorba. || *Más vale* SABER *que haber.* ref. que enseña que debe ser preferida la ciencia a la riqueza. || *Ni* SÉ *si halaga, ni* SÉ *si amaga.* ref. que se aplica a las personas que emplean palabras tan antiguas que pueden tomarse igualmente en buena o mala parte. || *No* SABER *uno* cuántas son cinco. fr. fig. y fam. Ser muy simple e ignorante. || *No* SABER *uno* dónde meterse. fr. fig. con que se pondera el gran temor o la vergüenza que le ocasiona una especie o acontecimiento. || *No* SABER *uno* lo que se pesca. fr. fig. y fam. Andar descaminado o hallarse ignorante en los negocios o asuntos que trata. || *No* SABER *uno* lo que tiene. fr. fig. y fam. con que se pondera las grandes riquezas de una persona. || *No* SABER *uno* por dónde anda, o se anda. fr. fig. y fam. No tener capacidad para desempeñar aquello de que está encargado. || **2.** fig. y fam. No acertar a apreciar o resolver una cosa. || *No* SÉ *cuántos.* fr. que además de su sentido recto se usa para designar persona indeterminada, en vez de fulano. || *El doctor no* SÉ *cuántos intervino entonces.* || *No* SÉ *qué.* expr. Algo que no se acierta a explicar. Ú.m. con el artículo *un* o el adjetivo *cierto.* || *No* SÉ *qué te diga.* fr. fam. usada para indicar desconfianza o incertidumbre de lo que a uno le dicen. || *Quien poco* SABE, *presto lo reza.* fr. proverb. que se aplica a quien acaba pronto algo por disponer de pocos recursos para una realización más amplia. || SABER *a todo.* fr. fig. y fam. que se usa frecuentemente en alabanza del dinero. || SABER *uno* cuántas son cinco. fr. fig. y fam. Conocer lo que le conviene. || SABÉRSELO *todo.* fr. fig. y fam. con que se moteja al que no admite advertencias de otros. || *Vete a* SABER, *o vaya usted a* SABER. fr. con que se indica que una cosa es difícil de averiguar. || *¡Y qué* SÉ *yo!* fr. equivalente a muchas más cosas. || **P.** saber; **I.** to know, to be aware of; **F.** savoir, connaître; **A.** wissen, kennen; **It.** sapere, conòscere; **R.** знать.

SABIAMENTE. adv. Cuerdamente, con acierto y sabiduría.

SABICÚ. m. Bot. Cuba. Árbol grande, de la familia de las papilionáceas, con flores blancas o amarillas, pequeñas y olorosas; legumbre aplanada, y madera dura y compacta, de color amarillo pardo o rojo vinoso.

SABIDILLO, LLA. (d. de *sabido.*) adj. despect. Que presume de entendido sin serlo. Ú.t.c.s.

SABIDO, DA. p.p. de saber. || **2.** adj. Que se entiende mucho. || **3.** m. Ar. Sueldo o jornal fijo.

SABIDOR, RA. adj. desus. Sabedor.

SABIDORAMENTE. adv. ant. Sabiamente.

SABIDURÍA. (De *sabidor.*) f. Conducta prudente. || **2.** Conocimiento profundo en ciencias, letras o artes. || **3.** Noticia, conocimiento. || **—eterna** o **increada.** El Verbo Divino. || **P.** sabedoria; **I.** wisdom, sapience; **F.** sagesse, connaissance, savoir; **A.** Weisheit, Wissen; **It.** sapienza, saggezza, savizza; **R.** мудрость, ученость.

SABIENDAS (A). (l. *sapiendus;* de *sapēre,* saber.) m. adv. De un modo cierto, a ciencia segura. || **2.** Con deliberación.

SABIENTE. (l. *sapiens, -entis.*) p.a. de saber. Que sabe.

SABIEZA. (l. *sapientia.*) f. ant. Sabiduría.

SABIHONDEZ. f. fam. Calidad de sabihondo.

SABIHONDO, DA. (De *sabiondo,* infl. por *hondo.*) adj. fam. Que presume de sabio sin serlo. Ú.t.c.s.

SABINA. (l. *sapinus,* el árbol sabina.) f. Bot. Arbusto o árbol cupresáceo, de poca altura, siempre verde, con tronco grueso, hojas casi cilíndricas, opuestas y unidas entre sí de cuatro en cuatro; fruto redondo, pequeño, negro azulado, y madera encarnada y olorosa. **—albar.** Árbol de la misma familia que la anterior, que alcanza unos 10 m de altura, con hojas y fruto algo mayores. **—rastrera.** Especie muy ramosa, de hojas pequeñitas

adheridas a la rama. Despide un olor desagradable. **—roma.** Guad. Sabina albar.

SABINAR. m. Terreno poblado de sabinas.

SABINILLA. f. Chile. Arbusto rosáceo, con hojas compuestas de hojuelas lineales y fruto pequeño y comestible.

SABINO, NA. (l. *sabinus.*) adj. Dícese del individuo de cierto pueblo de la Italia antigua establecido entre el Tíber y los Apeninos. Ú.t.c.s. || **2.** Perteneciente a este pueblo. || **3.** m. Dialecto que hablaba este pueblo.

SABINO, NA. (port. *sabino.*) adj. Rosillo, que tiene mezclados cabellos blancos, negros y castaños.

SABIO, BIA. (l. *sapius: nesapius* en Petronio.) adj. Dícese de quien posee la sabiduría. Ú.t.c.s. || **2.** Aplícase a las cosas que instruyen o contienen sabiduría. || **3.** Cuerdo. Ú.t.c.s. || **4.** Dícese de los animales que han adquirido muchas habilidades. *Perro* SABIO. || **5.** m. Por antonom., el rey Salomón. || **6.** expr. Roca arenisca. || **P.** sábio; **I.** sage, wise; **F.** savant, sage; **A.** Weise(r), Gelehrter; **It.** sapiente, savio; **R.** мудрый, ученый.

SABIONDO, DA. (l. *sapibūndus; de sapius* por *sapiens.*) fam. Sabihondo.

SABLAZO. m. Golpe dado con sable. || **2.** Herida hecha con él. || **3.** fig. y fam. Acto de sacar dinero a uno, o de vivir a su costa.

SABLE. (al. *sābel.*) m. Arma blanca semejante a la espada, pero algo corva. || **2.** fig. y fam. Habilidad para sacar dinero a otro o vivir a su costa. || **3.** Cuba. Pez con forma de anguila, de cuerpo aplastado, y de color plateado brillante. || **P.** y **F.** sabre; **I.** sabre, cutlass; **A.** Säbel; **It.** sciàbola; **R.** сабля.

SABLE. (fr. *sable,* y éste del eslavo *sable,* marta negra o cebellina; en l. *sabellum.*) m. Blas. Color heráldico que en pintura se expresa con el negro, y en el grabado, por medio de líneas verticales y horizontales que se entrecruzan. Ú.t.c. adj.

SABLE. (l. *sabūlum.*) m. ant. Arena. || **2.** Ast. y Sant. Arenal formado en la orilla del mar o de un río.

SABLEADOR, RA. m. y f. Persona hábil para sablear o sacar dinero a otra.

SABLEAR. intr. fig. y fam. Dar sablazos, 3.ª acep.

SABLERA. f. Ast. Sable, 3.er art.

SABLISTA. (De *sable.*) adj. fam. Que tiene costumbre de sablear. Ú.m.c.s.

SABLÓN. (l. *sabūlo, -ōnis.*) m. Arena gruesa.

SABOGA. (ár. *sabūga,* sábalo.) f. Sábalo.

SABOGAL. (De *saboga.*) adj. Dícese de la red que se usa para pescar sabogas o sábalos.

SABONERA. f. Sayón, 2.º art.

SABONETA. (ital. *savonetta;* de *Savona,* ciudad de Italia donde se construyeron por primera vez relojes con tapa sobre la esfera.) f. Reloj de bolsillo con una tapa que se levanta apretando un muelle.

SABOR. (l. *sapor, -ōris.*) m. Sensación producida por ciertos cuerpos en el órgano del gusto. || **2.** fig. Impresión producida en el ánimo. || **3.** fig. Parecido de una cosa a otra. || **4.** Cada una de las cuentas que se ponen en el freno, junto a un bocado, para refrescar la boca del caballo. Ú.m. en pl. || *A* SABOR. m. adv. Al gusto o conforme al deseo. || *A* SABOR *de su paladar.* loc. adv. fig. y fam. A medida de su paladar. || **P.** sabor; **I.** relish, taste, savour; **F.** saveur, goût; **A.** Geschmack; **It.** sapore; **R.** вкус.

SABOREA. f. Ar. Hisopillo, planta labiada.

SABOREADOR, RA. adj. Que saborea. || **2.** Que da sabor.

SABOREAMIENTO. m. Acción y efecto de saborear o saborearse.

SABOREAR. tr. Dar sabor a las cosas. || **2.** Percibir detenidamente y con deleite el sabor de un manjar o bebida. Ú.t.c.r. || **3.** fig. Apreciar detenidamente lo que causa placer. Ú.t.c.s. || **4.** fig. Cebar, atraer con halagos, razones o interés. || **5.** r. Comer o beber una cosa despacio y con expresión de particular deleite. || **6.** fig.

Deleitarse detenidamente en las cosas agradables. || **P.** saborear; **I.** to flavour, to give a relish; **F.** savourer, assaisonner; **A.** schmackhaft machen; **It.** assaporare; **R.** придавать вкус.

SABOREO. m. Acción de saborear.

SABORETE. m. d. de sabor.

SABORGAR. (l. *sapŏrĭcāre,* frec. de *saporāre,* dar sabor.) Llenar de sabor y deleites.

SABOROSO, SA. (l. *saporōsus.*) adj. ant. Sabroso.

SABOTAJE. (fr. *sabotage.*) m. Daño o deterioro que, para perjudicar a los patronos, hacen los obreros en la maquinaria, productos, etc.

SABOTEAR. (fr. *saboter,* trabajar chapuceramente.) tr. Realizar actos de sabotaje.

SABOYANA. (De *saboyano.*) f. Ropa exterior que usaron las mujeres, a modo de basquiña abierta por delante. || **2.** Especie de bizcocho empapado en almíbar y rociado con ron al que suele prenderse fuego cuando se presenta en la mesa.

SABOYANO, NA. adj. Natural de Saboya. Ú.t.c.s. || **2.** Perteneciente a esta región de Francia y de Italia. || **P.** saboiano; **I.** Savoyard; **F.** savoyard, savoisien; **A.** Savoyarde; **It.** savoiardo; **R.** савойский.

SABRE. (De *sable,* 3.er art.) m. ant. Arena.

SABRIDO, DA. (De *sabor.*) adj. ant. Sabroso.

SABRIMIENTO. m. ant. Sabor. || **2.** ant. fig. Gracia, chiste.

SABROSAMENTE. adv. Con sabor y gusto; de manera sabrosa.

SABROSO, SA. (l. *saporōsus;* de *sapor.*) adj. Grato al sentido del gusto. || **2.** fig. Gustoso al ánimo. || **3.** fam. Ligeramente salado. || **P.** saboroso; **I.** savoury, palatable; **F.** savoureux; **A.** wohlschmeckend; **It.** saporoso, saporito; **R.** вкусный.

★ SABROSÓN, NA. adj. Cuba y P. Rico. Muy hablador con gracia y simpatía. || **2.** Murmurador.

SABUCAL. m. Sitio poblado de sabucos.

SABUCO. (l. *sabūcus.*) m. Saúco.

SABUESO, SA. (b. l. *segūsius* [*canis*].) adj. V. *Perro* SABUESO. Ú.t.c.s. || **2.** m. fig. Pesquisidor, persona que sabe indagar, que olfatea. || *Aunque manso tu* SABUESO, *no le muerdas en el freno.* ref. que aconseja no irritar a nadie, ni aun a las personas más suaves y mansas. || **P.** sabujo; **I.** hound; **F.** limier; **A.** Spürhünd; **It.** segugio; **R.** сыщик.

SABUGAL. (De *sabugo.*) m. Sabucal.

SABUGO. (l. *sabūcus.*) m. Sabuco.

SÁBULO. (l. *sabūlum.*) m. Arena gruesa y pesada.

SABULOSO, SA. (l. *sabulōsus.*) adj. Que tiene arena o está mezclado con ella.

SABURRA. (l. *saburra,* lastre de un navío.) f. Med. Secreción mucosa y espesa que en ciertos trastornos gástricos se acumula en las paredes del estómago. || **2.** Capa blanquecina que cubre la lengua por efecto de dicha secreción.

SABURRAL. adj. Med. Perteneciente o relativo a la saburra.

SABURRAR. (l. *saburrāre.*) tr. ant. Lastrar las embarcaciones con piedra o arena.

SABURROSO, SA. adj. Med. Que indica la existencia de saburra gástrica. *Lengua* SABURROSA.

SACA. f. Acción y efecto de sacar. || **2.** Exportación de frutos o de géneros. || **3.** Acción de sacar de los estanqueros de la tercena los efectos que después venden al público. || **4.** Copia autorizada de un documento protocolizado. || **5.** Ar. Retracto o tanteo. || *Estar de* SACA. fr. Estar de venta una cosa. || **2.** fig. y fam. Estar una mujer en aptitud de casarse. **P.** saca; **I.** y **F.** extraction; **A.** Entnahme; **It.** estrazione; **R.** выьоз.

SACA. (De *saco.*) f. Costal muy grande de tela fuerte, más largo que ancho. || **2.** pl. Ál. y Nav. Juego parecido al de los cantillos, que se juega con doce tabas de carnero y una bolita de cristal. || **P.** saca; **I.** sack; **F.** grand sac; **A.** grosser Sack; **It.** sacca; **R.** большой мешок.

SACABALA. f. Pinzas que usaban

S los cirujanos para sacar una bala de dentro de la herida.

SACABALAS. m. Sacatrapos más resistente que los ordinarios, usado para sacar la bala del ánima de las escopetas y fusiles cargados por la boca. || **2.** ART. Instrumento de hierro que sirve para extraer los proyectiles ojivales del ánima de los cañones rayados que se cargan por la boca.

SACABERA. f. AST. Salamandra.

SACABOCADO. m. Sacabocados.

SACABOCADOS. (De *sacar* y *bocado*.) m. Instrumento metálico con boca hueca y cortes afilados, que sirve para taladrar. || **2.** fig. Medio eficaz con que se consigue lo que se desea. || **P.** saca- -bocados; **I.** hollow-punch; **F.** emporte- -pièce; **A.** Locheisen; **It.** stampo a taglio; **R.** пробойник.

SACABOTAS. m. Tabla con una muesca en la cual se encaja el talón de la bota para descalzarse.

SACABROCAS. m. Herramienta con una boca de orejetas, que usan los zapateros para desclavar las brocas.

SACABUCHE. (fr. *saquebute*, del ant. *saquer*, sacar, y *buter*, meter.) m. Instrumento músico de metal, a modo de trompeta, que se alarga y acorta recogiéndose en sí mismo, para producir diferencia de voces. || **2.** Profesor que toca este instrumento. || **P.** sacabuxa; **I.** sackbut; **F.** saquebute; **A.** (Bass)Posaune; **It.** trombone; **R.** тромбон.

SACABUCHE. (De *sacar* y *buche*.) m. fig. y fam. Renacuajo. || **2.** MAR. Bomba de mano para extraer líquidos. || **3.** MÉJ. Cuchillo de punta. || **4.** fam. AND. Además de sacar la navaja.

° **SACACLAVOS.** m. Utensilio empleado para sacar clavos. || **2.** CHILE. Desclavador.

SACACORCHOS. m. Instrumento que sirve para quitar los tapones de corcho a los frascos y botellas. || **P.** saca-rolhas; **I.** corkscrew; **F.** tire-bouchon; **A.** Korkzieher, Pfropfenzieher; **It.** cavatappi, cavaturàccioli; **R.** штопор.

SACACUARTOS. m. fam. Sacadineros.

SACADA. (De *sacar*, apartar.) f. Territorio que se ha separado de una merindad, provincia o reino. || **2.** En el tresillo, jugada en que el hombre ha hecho más bazas que ninguno de los contrarios. || **3.** CHILE. Saca, sacamiento.

SACADERA. (De *sacar*.) f. AR. Cuévano pequeño para la vendimia. || **2.** SAL. Especie de bieldo para recoger el carbón que queda entre la tierra donde se ha carboneado. || **3.** SAL. Oveja que se da de excusa al pastor y que puede escoger y sacar de entre todas del rebaño.

SACADILLA. f. d. de sacada. || **2.** Batida corta que abarca poco terreno.

SACADINERO. m. fam. Sacadineros.

SACADINEROS. m. fam. Espectáculo o alhajuela de poco valor, pero muy vistosa y de apariencia, que atrae a los muchachos y gente incauta. || **2.** m. y f. fam. Persona con maña para sacar dinero al público con cualquier engañifa.

SACADIZO, ZA. adj. SANT. Dícese de la res delantera de las carretas tiradas por tres bueyes. Ú.m.c.s.m.

SACADOR, RA. adj. Que saca. Ú.t. c.s. || **2.** m. IMPR. Tablero de la máquina en la cual se pone el papel que va saliendo impreso.

SACADURA. (De *sacar*.) f. Corte que hacen los sastres en sesgo para que siente bien una prenda. || **2.** CHILE. Saca, sacada, sacamiento.

SACAFILÁSTICAS. (De *sacar* y *filástica*.) f. MAR. Aguja de fogón hecha de alambre grueso doblado en la punta para sacar la clavellina del oído de los cañones.

★ **SACALAGUA.** m. PERÚ. Mestizo que tiene la piel casi como los blancos.

SACALIÑA. f. Garrocha. || **2.** fig. Socaliña.

SACAMANCHAS. com. Quitamanchas.

SACAMANTAS. (De *sacar* y *manta*.) m. fig. y fam. Comisionado para apremiar y embargar a los contribuyentes morosos.

SACAMANTECAS. com. fam. Criminal que despanzurra a sus víctimas.

SACAMIENTO. m. Acción de sacar una cosa del lugar donde está.

SACAMOLERO. m. Sacamuelas.

SACAMUELAS. com. Persona cuyo oficio es sacar muelas. || **2.** fig. Charlatán.

SACANABO. (De *sacar* y *nabo*.) m. Vara larga de hierro, con un gancho en un extremo y un ojo en el otro que servía para sacar del mortero la bomba.

SACANETE. (al. *landsknecht*, soldado de infantería, juego.) m. Juego de envite y azar, en que se juntan y mezclan hasta seis barajas. || **P.** lansquenete; **I.** y **F.** lansquenet; **A.** Landsknecht; **It.** lanziche- necco.

SACAPELOTAS. (De *sacar* y *pelota*.) m. Instrumento usado por los antiguos arcabuceros para sacar balas. || **2.** fig. Persona despreciable.

SACAPOTRAS. (De *sacar* y *potra*.) m. fig. y fam. Mal cirujano.

° **SACAPUNTAS.** m. Utensilio similar al sacaclavos.

SACAR. (l. *saccāre*; de *saccus*, saco.) tr. Extraer una cosa de donde estaba encerrada o contenida. || **2.** Apartar a una persona o cosa del sitio o condición en que se halla. || **3.** Averiguar o resolver una cosa por medio del estudio. | SACAR *la cuenta.* || **4.** Descubrir por señales e indicios. || **5.** Lograr con fuerza o con maña que uno diga o dé una cosa. || **6.** Elegir por sorteo o por mayoría de votos. || **7.** Ganar por suerte una cosa. || **8.** Conseguir algo. || **9.** Volver a lavar la ropa antes de tenderla a secar. || **10.** Alargar, adelantar una cosa. SACAR *el pecho al andar.* || **11.** Exceptuar, excluir. || **12.** Copiar o trasladar lo que está escrito. || **13.** Mostrar una cosa. || **14.** Quitar. Dícese ordinariamente de cosas que afean o perjudican. || **15.** Citar en el discurso o en la conversación. || **16.** Ganar al juego. || **17.** Producir, criar, inventar, imitar una cosa. || **18.** Desenvainar. || **19.** Con la preposición *de* y los pronombres personales, hacer perder el conocimiento y el juicio. *Esa pasión le* SACA *de sí.* || **20.** Con la misma preposición y un substantivo o adjetivo, librar a uno de lo que éstos significan. || **21.** En el juego de pelota, arrojarla desde el rebote que da en el saque hacia los contrarios que la han de volver. || **22.** Tratándose de citas, notas, etc., de un libro, escribirlas aparte. || **23.** Tratándose de apodos, faltas, etc., aplicarlos, atribuirlos. || SÁCAME *de aquí, y degüéllame allí.* ref. con que se expresa el deseo de salir de un mal paso, aunque amenace otro peor. || SACAR *a bailar.* fr. Decir el bastonero a uno que salga a bailar, o pedir el hombre a una mujer que baile con él. || **2.** fig. y fam. Nombrar a uno de quien no se hablaba, o citar un hecho en el que no se pensaba. || SACAR *a bailar.* fig. y fam. Obligar a uno a que tome partido en un negocio o contienda. || SACAR *adelante.* fr. Dicho de persona, protegerla, conducirla al éxito. || SACAR *a volar* a uno. fr. fig. Presentarle en público, quitarle la cortedad, darle conocimiento de gentes. || SACAR *claro.* fr. Lanzar la pelota desde el saque de modo que pueda restarse con facilidad. || SACAR *en claro.* fr. Deducir claramente. || SACAR *largo.* fr. Lanzar la pelota a mucha distancia desde el saque. || SACAR *uno mentiroso,* o *verdadero* a otro. fr. Probar que es falso, o cierto, lo que otro había dicho de él. || **P.** sacar; **I.** to draw out, to extract; **F.** tirer, retirer, ôter, sortir, enlever; **A.** (heraus)ziehen, herausnehmen, hervorholen; **It.** cavare, trarre, tògliere; **R.** отнимать, вынимать, изымать.

SACARÍFERO, RA. adj. Que produce o contiene azúcar. Dícese principalmente de las plantas.

SACARIFICACIÓN. f. Acción y efecto de sacarificar. || **2.** QUÍM. Desdoblamiento de un polisacárido o de un glucósido mediante la acción de fermentos o de reactivos hidrolizantes.

SACARIFICAR. (l. *sacchārum*, azúcar, y *facere*, hacer.) tr. Convertir por hidratación las substancias sacarígenas en azúcar.

SACARÍGENO, NA. adj. Dícese de la substancia capaz de convertirse en azúcar mediante la hidratación.

SACARIMETRÍA. (De *sacarímetro*.)
f. Procedimiento para determinar la proporción de azúcar contenido en un líquido.

SACARÍMETRO. (gr. σάκχαρον, azúcar, y μέτρον, medida.) m. Instrumento con que se determina la proporción de azúcar contenido en un líquido.

SACARINA. (l. *sacchārum*, azúcar.) f. Substancia blanca y pulverulenta que puede endulzar tanto como 234 veces su peso de azúcar.

SACARINO, NA. (l. *sacchārum*, azúcar.) adj. Que tiene azúcar. || **2.** Que se asemeja al azúcar.

SACAROIDEO, A. (gr. σάκχαρον, azúcar, y εἶδος, forma.) adj. Parecido en su estructura al azúcar de pilón.

SACAROSA. f. QUÍM. Azúcar.

SACASEBO. m. BOT. CUBA. Planta herbácea, gramínea silvestre, que sirve de pasto al ganado.

SACASILLAS. (De *sacar* y *silla*.) m. fam. Metemuertos.

SACATAPÓN. m. Sacacorchos.

SACATINTA. m. AMÉR. CENTRAL. Arbusto de cerca de un metro de alto, de cuyas hojas se extrae un tinte azul violeta.

SACATRAPOS. (De *sacar* y *trapo*.) m. Espiral de hierro en el extremo de la baqueta que sirve para sacar los tacos u otros cuerpos blandos del ánima de las armas de fuego. || **2.** ART. Pieza de hierro de dos ramas, en forma de espiral, que sirve para extraer los tacos y algunas clases de proyectiles del ánima de los cañones que se cargan por la boca. || **3.** fig. AR. Persona que sonsaca a otra las intenciones que tiene ocultas.

SACAYÁN. m. FILIP. Especie de baroto.

★ **SACELACIÓN.** f. MED. Aplicación, con fines terapéuticos, a cualquier parte del cuerpo de saquitos, donde se han introducido ciertas materias calientes.

SACERDOCIO. (l. *sacerdotĭum*.) m. Dignidad y estado de sacerdote. || **2.** Ejercicio y ministerio propio del sacerdote. || **3.** fig. Consagración celosa al desempeño de una profesión o ministerio elevado y noble. || **P.** sacerdócio; **I.** priesthood, sacerdocy; **F.** sacerdoce; **A.** Priesteramt, Priesterstand; **It.** sacerdozio; **R.** священнический сан.

SACERDOTAL. (l. *sacerdotālis*.) adj. Perteneciente al sacerdote.

SACERDOTE. (l. *sacerdos*, -ōtis, de *sacer*, sagrado.) m. Hombre dedicado y consagrado a hacer, celebrar y ofrecer sacrificios. || **2.** En la ley de gracia, hombre consagrado a Dios, ungido y ordenado para celebrar y ofrecer el sacrificio de la misa y administrar los sacramentos. || —augustal. Cada uno de los 21 creados por Tiberio, y que luego fueron 25, para hacer sacrificios a Augusto, ya divinizado. || *Simple* SACERDOTE. El que no tiene dignidad o jurisdicción eclesiástica ni cargo pastoral. || *Sumo* SACERDOTE. Príncipe de los sacerdotes. || **P.** sacerdote; **I.** priest; **F.** prêtre; **A.** Geistlicher, Priester; **It.** sacerdote, prete; **R.** священник.

SACERDOTISA. (l. *sacerdotissa*.) f. Mujer dedicada a ofrecer sacrificios a ciertas deidades gentílicas.

SÁCERE. m. Arce, 1.er art.

SACIABLE. (l. *satiabĭlis*.) adj. Que se puede saciar.

SACIAR. (l. *satiāre*; de *satis*, bastante.) tr. Hartar y satisfacer de bebida o de comida. Ú.t.c.r. || **2.** fig. Hartar y satisfacer en las cosas del ánimo. Ú.t.c.r. || **P.** saciar; **I.** to satiate; **F.** rassasier; **A.** sättigen; **It.** saziare; **R.** насыщать.

SACIEDAD. (l. *satiĕtas*, -ātis.) f. Hartura producida por satisfacer con exceso el deseo de una cosa. || *Hasta la* SACIEDAD. fr. fig. Hasta no poder más, plenamente. || **P.** saciedade; **I.** satiety; **F.** satiété; **A.** Sättigung; **It.** sazietà; **R.** сытость.

SACIÑA. (De *saz*.) f. Sargatillo.

SACIO, CIA. (l. *satius*.) adj. p. us. Saciado, harto.

SACO. (l. *saccus*.) m. Receptáculo de tela, cuero, papel, etc., especie de bolsa grande, por lo común de forma rectangular, abierto por uno de los lados. || **2.** Lo que se contiene en él o que cabe en él. || **3.** Vestidura de paño burdo o sayal. || **4.** Vestido corto que usaban los antiguos

SACOCHA

romanos en tiempo de guerra, excepto los varones consulares. ‖ **5.** Especie de gabán grande, y en general vestidura holgada, que no se ajusta al cuerpo. ‖ **6.** Medida inglesa para áridos, algo mayor que un hectolitro. ‖ **7.** fig. Cualquier cosa que real o aparentemente incluye en sí otras muchas. Tómase por lo común en mala parte. SACO *de mentiras*. ‖ **8.** Saqueo. ‖ **9.** En el juego de pelota, saque. ‖ **10.** AMÉR. y CAN. Chaqueta, americana. ‖ **11.** MAR. Bahía, ensenada y cualquier entrada del mar en la tierra, de boca muy estrecha. ‖ **—de noche.** Especie de maleta pequeña y sin armadura que suele llevarse a la mano en los viajes. ‖ **—terrero.** El que, lleno de tierra, sirve de defensa contra los proyectiles. ‖ *Entrar* o *meter a* SACO. fr. Saquear. ‖ *No echar en* SACO *roto una cosa.* fr. fig. y fam. No olvidarla, tenerla en cuenta. ‖ *No le fiara un* SACO *de alacranes.* expr. fig. y fam. usada para ponderar la gran desconfianza que se tiene de una persona. ‖ *No ser,* o *no parecer* SACO *de paja.* fr. fig. y fam. Merecer el aprecio de otro por sus cualidades materiales o morales. ‖ **P.** saco; **F.** bag; **A.** Sack; **It.** sacco; **R.** мешок.

SACOCHA. (l. *saccus*.) f. GERM. Faltriquera.

SACOIME. (De *sa*, por el l. *sub*, y *coime*.) m. GERM. Mayordomo.

SACOMANO. (ital. *saccomanno*, y esté del germ. *sackmann*, ladrón.) m. Saqueo. ‖ *Entrar,* o *meter a* SACOMANO. fr. Entrar, o meter a saco.

★ **SACÓN, NA.** adj. fam. HOND. y GUAT. Adulador. ‖ **2.** AMÉR. CENTRAL. Soplón, acusica.

SÁCOPE. (tagalo *sacop*, lo que está debajo.) m. FILIP. Súbdito, tributario.

SACRA. (l. *sacra*, t. f. de *sacer*, sacro.) f. Cada una de las tres hojas que en sus correspondientes tablas se suelen poner en el altar para que el sacerdote pueda leer algunas partes de la misma sin recurrir al misal.

SACRAMENTACIÓN. f. Acción y efecto de sacramentar.

SACRAMENTAL. adj. Perteneciente a los sacramentos. ‖ **2.** Dícese de los remedios, como agua bendita, indulgencias, etcétera, que tiene la Iglesia para limpiar el alma de los pecados veniales, y de las penas debidas por éstos y por los mortales. Ú.t. c.m.pl. ‖ **3.** fig. Consagrado por la ley o la costumbre. ‖ **4.** m. Individuo de una especie de cofradía. ‖ **5.** f. Cofradía dedicada a dar culto al Sacramento del altar. ‖ **P. e I.** sacramental; **F.** sacrement; **A.** sakramenta(l)isch; **It.** sacramentale; **R.** священный.

SACRAMENTALMENTE. adv. Con realidad de sacramento. ‖ **2.** En confesión sacramental.

SACRAMENTAR. (De *sacramento*.) tr. Convertir el pan en el cuerpo de Nuestro Señor Jesucristo en el sacramento de la Eucaristía. Ú.t.c.r. ‖ **2.** Administrar a un enfermo el viático y la extremaunción, y a veces también el sacramento de la penitencia. ‖ **3.** fig. Ocultar, disimular, esconder.

SACRAMENTARIO, RIA. adj. Dícese de la secta de los protestantes y de los individuos de esta secta, que al nacer la Reforma negaron la presencia real de Nuestro Señor Jesucristo en la Eucaristía. Apl. a pers. ú.t.c.s.

SACRAMENTE. adv. Sagradamente.

SACRAMENTINO, NA. adj. CHILE. Perteneciente a la orden religiosa de la adoración perpetua del Santísimo Sacramento. Ú.t.c.s.

SACRAMENTO. (l. *sacramentum*.) m. Signo sensible instituido por Jesucristo para significar y conferir la gracia. Son siete. ‖ **2.** Cristo sacramentado en la Eucaristía. Para mayor veneración, dícese *Santísimo* SACRAMENTO. ‖ **3.** Misterio. ‖ **—del altar.** El eucarístico. ‖ *Con todos los* SACRAMENTOS. fr. fig. Aplícase a las cosas con que se cumplen con todos sus requisitos. ‖ *Hacer* uno SACRAMENTO. fr. Hacer misterio. ‖ *Incapaz de* SACRAMENTOS. fig. y fam. Dícese de la persona muy ruda o necia. ‖ *Recibir los* SACRAMENTOS. fr. Recibir el enfermo grave los de penitencia, eucaristía y extremaunción. ‖ **P. e It.** sa-

cramento; **I.** sacrament; **F.** sacrement; **A.** Sakrament; **R.** таинство.

SACRATÍSIMO, MA. (l. *sacratissimus*.) adj. sup. de sagrado.

SACRE. (ár. *saqr*, variedad de halcón.) m. Ave rapaz, muy parecida al gerifalte, del cual difiere por tener rubio el fondo del plumaje. ‖ **2.** Pieza antigua de artillería. ‖ **3.** fig. Ladrón. ‖ **4.** PERÚ. Persona sablista y gorrona. ‖ **P.** sacre; **I.** saker; **F.** sacret,tiercelet; **A.** Würgfalke; **It.** sagro; **R.** кречет.

SACRIFICADERO. m. Lugar o sitio donde se hacían los sacrificios.

SACRIFICADOR, RA. adj. Que sacrifica. Ú.t.c.s.

SACRIFICANTE. p.a. de sacrificar. Que sacrifica.

SACRIFICAR. (l. *sacrificāre*.) tr. Hacer sacrificios; ofrecer o dar una cosa en reconocimiento de la divinidad. ‖ **2.** Matar las reses para el consumo. ‖ **3.** fig. Poner a una persona o cosa en algún grave riesgo o trabajo, abandonarla a muerte, destrucción o daño, en aras de un fin o interés que se estima más importante. ‖ **4.** r. Dedicarse, ofrecerse particularmente a Dios. ‖ **5.** fig. Sujetarse resignadamente a una cosa violenta o repugnante. ‖ **P.** sacrificar; **I.** to sacrifice; **F.** sacrifier; **A.** (auf)-öpfern; **It.** sacrificare; **R.** жертвовать.

SACRIFICIO. (l. *sacrificium*.) m. Ofrenda, generalmente cruenta, a la divinidad en señal de homenaje o expiación. ‖ **2.** Acto del sacerdote al ofrecer en la misa al Eterno Padre el cuerpo de Cristo bajo las especies de pan y vino. ‖ **3.** fig. Peligro o trabajo graves a que se somete una persona. ‖ **4.** fig. Acción a que uno se somete con gran repugnancia por ciertas consideraciones. ‖ **5.** fig. Acto de abnegación inspirado por la vehemencia de un afecto. ‖ **6.** fig. y fam. Operación quirúrgica muy cruenta y peligrosa. ‖ **—del altar.** El de la misa. ‖ **P.** sacrificio; **I.** y **F.** sacrifice; **A.** Opfer; **It.** sacrificio; **R.** жертва.

SACRÍLEGAMENTE. adv. Irreligiosamente, con sacrilegio.

SACRILEGIO. (l. *sacrilegium*.) m. Lesión o profanación de cosa, persona o lugar sagrados. ‖ **P.** sacrilégio; **I.** sacrilege; **F.** sacrilège; **A.** Gotteslästerung, Entheiligung; **It.** sacrilegio; **R.** святотатство.

SACRÍLEGO, GA. (l. *sacrilēgus*.) adj. Que comete o contiene sacrilegio. Apl. a pers. ú.t.c.s. ‖ **2.** Perteneciente o relativo al sacrilegio. *Acción* SACRÍLEGA. ‖ **3.** Que sirve para cometer sacrilegio. ‖ **P.** sacrílego; **I.** sacrilegious; **F.** sacrilège; **A.** Gotteslästerer; **It.** sacrilego, **R.** святотатственный.

SACRISMOCHE. m. fam. El que anda vestido de negro, como los sacristanes, y además deaseado.

SACRISMOCHO. m. fam. Sacrismoche.

SACRISTA. (b. l. *sacrista*, y éste del l. *sacra*, objetos sagrados.) m. Sacristán, 2.ª acep.

SACRISTÁN. (l. *sacristanus*, sacrista.) m. El que en las iglesias ayuda al sacerdote en el servicio del altar y cuida de los ornamentos y de la limpieza y aseo de la iglesia y sacristía. ‖ **2.** Antigua dignidad eclesiástica encargada de la custodia y guarda de los vasos, vestiduras y libros sagrados, y de la vigilancia de todos los dependientes de la sacristía. Aún se conserva hoy en algunas catedrales, y en las órdenes militares. ‖ **3.** Tontillo, faldellín. ‖ **4.** VENEZ. Hombre entremetido. ‖ **—de amén.** fig. y fam. Sujeto que siempre y ciegamente sigue el dictamen de otro. ‖ **—mayor.** El principal entre los sacristanes. ‖ **P.** sacristão; **I.** sacristan, sexton; **F.** sacristain; **A.** Kirchendiener, Sakristan; **It.** sagrestano; **R.** пономарь.

SACRISTANA. f. Mujer del sacristán. ‖ **2.** Religiosa destinada en su convento a cuidar de las cosas de la sacristía.

SACRISTANEJO. m. d. de sacristán.

SACRISTANESCO, CA. adj. despect. Perteneciente o relativo al sacristán.

SACRISTANÍA. f. Empleo de sacristán. ‖ **2.** Dignidad de sacristán en algunas iglesias.

SACRISTÍA. (b. l. *sacristia*, y éste del l. *sacra*, objetos sagrados.) f. Lugar en las iglesias, donde se revisten los sacerdotes y están guardadas las cosas pertenecien-

tes al culto. ‖ **2.** Sacristanía. ‖ **P.** sacristia; **I.** sacristy; **F.** sacristie; **A.** Sakristei; **It.** sacristia; **R.** ризница.

SACRO, CRA. (l. *sacer, sacra*.) adj. Sagrado. ‖ **2.** ANAT. Dícese del hueso del espinazo entre la región lumbar y el cóccix. ‖ **3.** ANAT. Perteneciente a la región en que está situado el hueso sacro.

★ **SACRÓN, NA.** adj. ECUAD. Sablista. Ú.t.c.s.

SACROSANTAMENTE. adv. De manera sacrosanta.

SACROSANTO, TA. (l. *sacrosanctus*.) adj. Que reúne las cualidades de sagrado y santo. ‖ **P. e It.** sacrosanto; **I.** sacrosanct; **F.** sacrosaint; **A.** sakrosankt, unantastbar; **R.** святой.

SACUARA. f. PERÚ. Güin.

SACUDIDA. (De *sacudir*.) f. Sacudimiento.

SACUDIDAMENTE. adv. Con sacudida.

SACUDIDO, DA. p.p. de sacudir. ‖ **2.** adj. fig. Áspero, indócil e intratable. ‖ **3.** fig. Desenfadado, resuelto.

SACUDIDOR, RA. adj. Que sacude. Ú.t.c.s. ‖ **2.** m. Instrumento para sacudir. ‖ **2.ª** acep.: **P.** sacudidor; **I.** shaker; **F.** époussette; **A.** Schüttler, Klopfer; **It.** scuotitore; **R.** метёлочка.

SACUDIDURA. f. Acción de sacudir, especialmente para quitar el polvo a una cosa.

SACUDIMIENTO. m. Acción y efecto de sacudir o sacudirse.

SACUDIÓN. m. Sacudidura rápida y brusca.

SACUDIR. (l. *succutĕre*.) tr. Mover violentamente una cosa a una y otra parte. Ú.t.c.r. ‖ **2.** Golpear una cosa o agitarla violentamente en el aire para quitarle el polvo, enjugarla, etc. ‖ **3.** Golpear, dar golpes. SACUDIR a uno; SACUDIR *un estacazo* a uno. ‖ **4.** Arrojar, despedir una cosa violentamente de sí. Ú.t.c.r. ‖ **5.** r. Apartar de sí con aspereza a una persona, o rechazar una proposición o dicho, con viveza o despego. ‖ **P.** sacudir; **I.** to shake; **F.** secouer; **A.** schütteln; **It.** scuòtere; **R.** трясти.

○ **SACUDÓN.** m. AMÉR. Sacudida violenta.

★ **SACHACUMA.** f. BOT. ARGENT. Cierta hierba aromática de las regiones andinas, que tiene propiedades medicinales.

SACHADURA. f. Acción de sachar.

SACHAGUASCA. f. ARGENT. Planta enredadera bignoniácea.

★ **SACHAMISTOL.** m. BOT. ARGENT. Árbol terebintáceo que llega a hacerse muy alto y cuya madera es aprovechada principalmente en la construcción.

SACHAR. (l. *sarculāre*.) tr. Escardar la tierra sembrada, quitando las malas hierbas. ‖ **P.** sachar; **I.** to weed out, to hoe; **F.** sarcler; **A.** ausjäten; **It.** sarchiare; **R.** полоть.

SACHO. (l. *sarculum*.) m. Instrumento de hierro, con su astil, pequeño y manejable, en figura de azadón, usado para sachar. ‖ **2.** CHILE. Instrumento formado por una armazón de madera con una piedra que sirve de lastre. Se usa en vez de ancla en las embarcaciones menores. ‖ **P.** sacho; **I.** weedhook, weeder; **F.** sarcloir; **A.** Jäthacke; **It.** sarchio, sarchiello; **R.** мотыга.

SÁDICO, CA. adj. Perteneciente o relativo al sadismo. Apl. a pers. ú.t.c.s.

SADISMO. (De *Sade*, n. p. de un novelista francés.) m. Perversión sexual del que provoca su propia excitación cometiendo actos de crueldad en otra persona.

SADUCEÍSMO. m. Doctrina de los saduceos.

SADUCEO, A. (l. *sadducaeus*, y éste del hebr. *şaddūq*, justo.) adj. Dícese del individuo de cierta secta de judíos que negaba la inmortalidad del alma y la resurrección de los muertos. Ú.t.c.s. ‖ **2.** Perteneciente o relativo a estos sectarios.

SAETA. (l. *sagitta*.) f. Arma arrojadiza consistente en una asta delgada y ligera como de 6 dm de largo, con punta afilada y, a veces, en el extremo opuesto algunas plumas cortas. Es disparada por el arco. ‖ **2.** Manecilla de reloj. ‖ **3.** Brújula. ‖ **4.** Punta del sarmiento, que queda en la cepa cuando se poda. ‖ **5.** Copla breve, sentenciosa y devota que se canta en las iglesias

S

o en las calles al paso de las procesiones. ‖ **6.** Jaculatoria. ‖ **7.** ASTRON. Constelación boreal al norte del Águila y próxima a ella. ‖ *No salió esa* SAETA *de esa aljaba.* fr. fig. para dar a entender que la razón que uno da la tomó de otro. ‖ **P.** seta; **I.** arrow, dart, shaft; **F.** dard, flèche; **A.** Pfeil, Saeta; **It.** saetta, freccia; **R.** стрела.

SAETADA. f. Saetazo.

SAETAZO. m. Acción de tirar o herir con la saeta. ‖ **2.** Herida hecha con ella.

SAETEAR. (De *saeta*.) tr. Asaetear.

SAETERA. f. Aspillera para disparar saetas. ‖ **2.** fig. Ventanilla estrecha. ‖ **P.** seteira; **I.** loophole; **F.** meurtrière; **A.** Schiessscharte, Lichtloch; **It.** feritoia; **R.** бойница.

SAETERO, RA. (l. *sagĭttarius.*) adj. Perteneciente a las saetas. ‖ **2.** m. El que pelea con arco y saetas.

SAETÍ. m. Saetín.

SAETÍA. (ár. *šaṭṭiyya* o *šayṭiyya*, y éste del l. *sagĭtta*, saeta.) f. Embarcación latina de tres palos y una sola cubierta, que servía para corso y para mercancía. ‖ **2.** Saetera. ‖ **3.** CUBA. Planta gramínea que sirve de pasto al ganado.

SAETILLA. f. d. de *saeta*. ‖ **2.** Saeta. ‖ **3.** Sagitaria.

SAETÍN. m. d. de saeta. ‖ **2.** Clavito delgado y sin cabeza. ‖ **3.** En los molinos, canal angosto por donde se precipita el agua desde la presa a la rueda hidráulica, para hacerla girar.

SAETÍN. (fr. *satin*, y éste del l. *seta*, seda, crin.) m. desus. Raso, tela de seda lustrosa.

SAETÓN. m. aum. de saeta. ‖ **2.** Lance de ballesta, con casquillo puntiagudo y un travesaño en el asta, para que el conejo herido con él no pudiese entrar en la madriguera.

★ **SAFADA.** f. AMÉR. Zafada.

SAFENO, NA. (fr. *saphène*, y éste del gr. ϱαφηνής.) adj. Dícese de ciertas venas y de diversos nervios de los miembros inferiores.

SÁFICO, CA. (l. *sapphĭcus*, y éste del gr. Σαπφικός; de Σαπφώ, Safo, poetisa griega.) adj. Dícese de cierto verso de la poesía clásica. Ú.t.c.s. ‖ **2.** Aplícase también a la estrofa compuesta de tres versos sáficos y uno adónico, y a la composición que consta de estrofas de esta clase. ‖ **P.** sáfico; **I.** sapphic; **F.** saphique; **A.** sapphisch; **It.** sàffico; **R.** сапфонский.

SAFIO. m. CUBA. Pez parecido al congrio.

SAFIR. m. ant. Zafiro.

★ **SAFIRINA.** f. MINERAL. Silicato de aluminio, magnesio y hierro, que generalmente se presenta en granos cristalinos de color azul, parecidos al zafiro. ‖ **2.** ZOOL. Género de crustáceos entomostráceos copépodos.

★ **SAFRANINA.** f. QUÍM. Materia colorante roja.

★ **SAFRE.** m. QUÍM. Óxido impuro de cobalto, que es usado en la pintura y para dar coloración azul al vidrio.

SAGA. (l. *saga*.) f. Mujer que se finge adivina y hace encantos o maleficios.

SAGA. (al. *sage*, leyenda.) f. Cada una de las leyendas poéticas basadas en las primitivas tradiciones heroicas y mitológicas de la antigua Escandinavia, llamadas los Eddas.

SAGACIDAD. (l. *sagacĭtas, -ātis.*) f. Calidad de sagaz. ‖ **P.** sagacidade; **I.** sagacity, sagaciousness; **F.** sagacité; **A.** Scharfsinn; **It.** sagacità; **R.** проницательность.

SAGALLINO. (l. *saga*, pl. n. de *sagum*, y de *linum*.) m. SANT. Especie de sábana basta, cuadrada, con una cuerda en cada punta y que se usa para transportar la hierba.

SAGAPENO. (l. *sagapēnum.*) m. Gomorresina obtenida de una planta de Persia, de la familia de las umbelíferas, y que se ha usado en medicina como antiespasmódico.

SAGARDÚA. (Voz vasca.) f. VIZC. y GUIP. Sidra.

SAGARMÍN. (vasc. *sagar*, manzana, y *min*, agrio.) f. ÁL. Manzana silvestre.

SAGATÍ. m. Estameña de urdimbre blanca y trama de color, que está tejida como sarga.

SAGAZ. (l. *sagax, -ācis.*) adj. Astuto

---

y prudente, que prevé y previene las cosas. ‖ **2.** Aplícase al perro que saca por el rastro la caza. Dícese también de otros animales que barruntan o presienten las cosas. ‖ **P.** sagaz; **I.** sagacious; **F.** sagace; **A.** scharfsichtig, klug; **It.** sagace, avveduto; **R.** проницательный.

SAGAZMENTE. adv. Astutamente, con sagacidad.

SAGITA. (l. *sagĭtta*, saeta.) f. GEOM. Porción de recta comprendida entre el punto medio de un arco de círculo y el de su cuerda.

SAGITAL. (l. *sagĭtta*, saeta.) adj. De figura de saeta.

SAGITARIA. (l. *sagĭttaria*, de flecha o saeta.) f. BOT. Planta herbácea anual alismatácea, de 4 ó 6 dm de altura, con tallo derecho y triangular, hojas en figura de saeta, flores terminales, blancas, y fruto seco, capsular. Vive en terrenos encharcados en varios puntos de España. ‖ **P.** sagitária; **I.** e **It.** sagittaria; **F.** sagittaire, flechière, flèche d'eau; **A.** Pfeilkraut; **R.** стрелолист.

SAGITARIO. (l. *sagittarĭus.*) m. Saetero. ‖ **2.** ASTRON. Noveno signo o parte del Zodíaco, de 30° de amplitud, que el Sol recorre aparentemente en el último tercio del otoño. ‖ **3.** ASTRON. Constelación zodiacal situada entre Capricornio y Escorpión. ‖ **4.** GERM. El que llevaban por las calles azotándole. ‖ **P.** seteiro; **I.** sagittarius, archer; **F.** sagittaire; **A.** Schütze; **It.** sagittario; **R.** стрелок.

SAGO. (l. *sagum*.) m. ant. Sayo.

SAGOMA. (ital. *sagoma*, y éste del gr. σακόμα, medida.) f. ARQ. Escantillón, 1.ª acep.

SAGRADAMENTE. adv. Con respeto a lo divino, venerablemente.

SAGRADO, DA. (l. *sacrātus.*) adj. Que según rito está dedicado a Dios y al culto divino. ‖ **2.** Que por alguna relación con lo divino es venerable. ‖ **3.** fig. Que por su destino o uso es digno de veneración. ‖ **4.** Decíase antiguamente de todo aquello que con gran dificultad podía alcanzarse por medios humanos. ‖ **5.** A veces, como en latín, detestable, execrando. ‖ **6.** m. Asilo. ‖ **7.** Cualquier recurso o sitio que protege contra un peligro. ‖ *Acogerse* uno *a* SAGRADO. fr. fig. Huir de una dificultad que no puede satisfacer, interponiendo una voz o autoridad que merecen respeto. ‖ **P.** sagrado **I.** sacred, holy; **F.** sacré, saint; **A.** heilig, sakral; **It.** sacro, sacrato; **R.** святой.

SAGRAR. (l. *sacrāre.*) tr. ant. Consagrar.

SAGRARIO. (l. *sacrarĭum.*) m. Parte interior del templo, donde se guardan las cosas sagradas, como las reliquias. ‖ **2.** Lugar donde se guarda a Cristo Sacramentado. ‖ **3.** En algunas catedrales, capilla que sirve de parroquia. ‖ **P.** sacrário; **I.** cibory; **F.** tabernacle; **A.** Sakramentshäuschen; **It.** sacrario; **R.** алтарь.

SAGRATIVAMENTE. adv. ant. Misteriosamente.

SAGRATIVO, VA. (l. *sacrātus*, sagrado.) adj. ant. Misterioso.

SAGÚ. (malayo *sāgū.*) m. Planta tropical de la familia de las palmas, cuya medula es abundante en fécula. El palmito es comestible. ‖ **2.** BOT. AMÉR. CENTRAL y CUBA. Planta herbácea de la familia de las marantáceas, con hojas lanceoladas, flor blanca y tubérculo del que se obtiene una fécula muy nutritiva. ‖ **3.** Fécula amilácea que se obtiene de la medula de la palmera del mismo nombre. También se da el nombre de sagú a otras féculas obtenidas de los tubérculos farináceos de diversas plantas. ‖ **P.** sagueiro; **I.** sago; **F.** sagou; **A.** Sago, Zykas; **It.** sagù; **R.** caro.

SAGUAIPE. (Voz de origen guaraní.) m. ARGENT. Gusano parásito hermafrodita, que vive en el hígado de algunos animales, y causa grandes estragos, especialmente en el ganado lanar.

SÁGULA. (l. *sagŭlum*, d. de *sagum*, sayo.) f. Sayuelo.

SAGUNTINO, NA. (l. *saguntīnus.*) adj. Natural de Sagunto. Ú.t.c.s. ‖ **2.** Perteneciente a esta ciudad.

★ **SAHARIANA.** f. Especie de guerrera que forma parte de ciertos uniformes.

SAHÁRICO, CA. adj. Propio del desierto del Sahara.

SAHÍNA. f. Zahína.

SAHINAR. m. Zahinar.

SAHORNARSE. (De *so*, 3.ᵉʳ art., y *ahornar*.) m. Escocerse una parte del cuerpo, comúnmente por ludir con otra. ‖ **P.** escoriar-se; **I.** to chafe, to become excoriated; **F.** s'escorcher; **It.** s'excorier; **A.** sich wund reiben; **It.** scoriarsi, scorticarsi; **R.** ссадить кожу.

SAHORNO. m. Efecto de sahornarse.

SAHUMADO, DA. p.p. de sahumar. ‖ **2.** adj. fig. Dícese de cualquier cosa que siendo buena por sí, resulta más estimable por la adición de otra que la mejora. ‖ **3.** AMÉR. fam. Ahumado, achispado.

SAHUMADOR. (De *sahumar*.) m. Perfumador, vaso para quemar perfumes. ‖ **2.** Enjugador para secar la ropa.

SAHUMADURA. (De *sahumar*.) f. Sahumerio.

SAHUMAR. (l. *suffumāre*; de *sub*, bajo, y *fumus*, humo.) tr. Dar humo aromático a una cosa para purificarla o para perfumarla. Ú.t.c.r. ‖ **P.** perfumar; **I.** to perfume, to fumigate; **F.** parfumer, fumiger; **A.** räuchern; **It.** fumicare, profumare; **R.** кадить.

SAHUMERIO. m. Acción y efecto de sahumar o sahumarse. ‖ **2.** Humo producido por una materia aromática echada al fuego para sahumar. ‖ **3.** Esta misma materia. ‖ **P.** perfumadura; **I.** fumigation, smoke; **F.** fumigation; **A.** Ausräuchern; **It.** profumamento; **R.** окуривание.

SAHÚMO. (De *saumar*.) m. Sahumerio.

SAÍN. (prov. *sain*, y éste del l. *sagīnum*.) m. Grosura de un animal. ‖ **2.** Grasa de la sardina que se usa para el alumbrado. ‖ **3.** Grasa que con el uso aparece en paños, sombreros, etc.

SAINAR. (l. *saginăre*, engordar.) tr. Engordar a los animales. ‖ **P.** saginar; **I.** to fatten (animals); **F.** engraisser; **A.** mästen; **It.** ingrassare (le bestie); **R.** откармливать.

SAINAR. (l. *sanguināre*, sangrar.) intr. PAL. y SAL. Sangrar.

SAINETE. m. d. de saín. ‖ **2.** Pedacito de gordura, de tuétano o sesos que los halconeros daban al ave de cetrería cuando la cobraban. ‖ **3.** Salsa que se pone a ciertos manjares para hacerlos más apetitosos. ‖ **4.** Pieza dramática jocosa, en un acto, de carácter popular, que se representaba al final de las funciones teatrales. ‖ **5.** fig. Bocadito y gustoso. ‖ **6.** fig. Sabor suave y delicado de un manjar. ‖ **7.** fig. Lo que realza el mérito de una cosa, de suyo agradable. ‖ **8.** fig. Adorno especial en los vestidos y otras cosas. ‖ **4.**ª acep.: **P.** sainete; **I.** afterpiece; **F.** saynète; **A.** kurzes Lustspiel; **It.** commediola; **R.** сайнете.

SAINETEAR. intr. Representar sainetes.

SAINETERO. m. Escritor de sainetes.

SAINETESCO, CA. adj. Perteneciente o relativo al sainete.

SAINETISTA. m. Sainetero.

SAÍNO. (De *saín*.) m. Mamífero paquidermo cuyo aspecto es el de un jabato de seis meses; sin cola, con cerdas largas y una glándula en lo alto del lomo en forma de ombligo por donde segrega un humor fétido. Vive en los bosques de la América Meridional y su carne es apreciada.

SAJA. (De *sajar*.) f. Sajadura.

SAJA. (Voz tagala.) f. Pecíolo del abacá, del cual se extrae el filamento textil.

SAJADO, DA. p.p. de sajar. ‖ **2.** adj. CIR. Dícese de la ventosa que se aplica a una superficie escarificada.

SAJADOR, RA. (De *sajar*.) m. Sangrador. ‖ **2.** MED. Escarificador. ‖ **3.** ALBAC. Especie de correa que va desde la retranca de la caballería a las varas del carro para que al recular la bestia lleve el carro hacia atrás.

SAJADURA. (De *sajar*.) f. Cortadura hecha en la carne.

SAJAR. (Del m. or. que *jasar*.) tr. Hacer sajaduras.

SAJELAR. tr. Limpiar de cuerpos extraños el barro que preparan los alfareros.

SAJÍA. f. Sajadura.

SAJÓN, NA. (l. *saxōnes*, los sajones.) adj. Dícese del individuo de un pueblo de raza germánica que habitaba antiguamente en la desembocadura del Elba y parte del cual se estableció en Inglaterra en el siglo V. Ú.t.c.s. ‖ **2.** Perteneciente a este pueblo. ‖ **3.** Natural de Sajonia. Ú. t.c.s. ‖ **4.** Perteneciente a esta región alemana. ‖ **P.** saxonio; **I.** Saxon; **F.** saxon; **A.** Sachse, sächsisch; **It.** sassone; **R.** саксонский.

SAJONIA. n. p. V. *Azul* de Sajonia.

* **SAJÚ.** m. ZOOL. Especie de monos platirrinos, de la familia de los cébidos, propios de la América Meridional.

SAJUMAYA. f. CUBA. Enfermedad que ataca a los cerdos y los ahoga.

SAJURIANA. f. PERÚ. Baile antiguo que se baila entre dos, zapateando y escobillando el suelo.

SAL. (l. *sal*.) f. Substancia blanca, cristalina, de sabor propio bien señalado, muy soluble en el agua, crepitante en el fuego y que se emplea para sazonar los manjares y conservar las carnes. Es un compuesto de cloro y sodio, abundante en las aguas del mar. Se halla también en masas sólidas en el seno de la tierra o disuelta en lagunas y manantiales. ‖ **2.** fig. Agudeza, donaire en el habla. ‖ **3.** Garbo y gracia en los ademanes. ‖ **4.** QUÍM. Cuerpo resultante de la substitución de los átomos de hidrógeno de un ácido por radicales básicos. ‖ **5.** C. RICA. Desgracia, infortunio. ‖ —**ática.** Aticismo. ‖ —**ácida.** QUÍM. Aquella en que el hidrógeno del ácido no ha sido totalmente substituido. ‖ —**común.** Sal, 1.ᵃ acep. ‖ —**de acederas.** QUÍM. Oxalato potásico. ‖ —**de cocina.** Sal, 1.ᵃ acep. ‖ —**de compás.** Sal gema. ‖ —**de nitro.** Nitrato de potasio. ‖ —**de perla.** Acetato de cal. ‖ —**de plomo o de Saturno.** QUÍM. Acetato neutro de plomo. ‖ —**gema.** La común que se halla en las minas o procede de ellas. ‖ —**infernal.** Nitrato de plata. ‖ —**marina.** La común que se obtiene de las aguas del mar. ‖ —**pedrés o piedra.** Sal gema. ‖ —**prunela.** QUÍM. Mezcla de nitrato de potasa con un poco de sulfato. ‖ —**tártaro.** Cristal tártaro. ‖ *Con su* SAL *y pimienta.* m. adv. fig. y fam. Con malignidad, con intención de zaherir. ‖ **2.** fig. y fam. A mucha costa, con dificultad. ‖ **3.** Con donaire y gracia picante. ‖ *Deshacerse* una cosa *como la* SAL *en el agua.* fr. fig. y fam. Reducirse a nada. *Echar* uno *en* SAL *una cosa.* fr. fig. y fam. Reservarla cuando estaba a punto de darla, enseñarla o decirla. ‖ *No alcanzar*, o *no llegar*, a uno la SAL *al agua.* fr. fig. y fam. Estar falto de recursos, no tener lo suficiente para su mantenimiento. *Poner* SAL a uno *en la mollera.* fr. fig. y fam. Hacer que tenga juicio, escarmentándole. SAL *quiere el huevo.* expr. fig. y fam. con que se da a entender que un negocio está muy cerca de venir a su perfección. **2.** Aplicase al que va muy ufano y desea que le alaben sus prendas o gracias. ‖ **P.** sal; **I.** salt; **F.** sel; **A.** Salz; **It.** sale; **R.** соль.

SALA. f. Pieza principal de la casa, donde se reciben las visitas de cumplimiento. ‖ **2.** Aposento de grandes dimensiones. ‖ **3.** Pieza donde se constituye un tribunal de justicia para celebrar audiencia. ‖ **4.** Conjunto de los jueces que forman un tribunal. de jurisdicción especial. ‖ —**de aparatos.** TELEF. Aquella en que están dispuestos los aparatos conmutadores automáticos. ‖ —**de baterías.** La de una central telefónica o estación repetidora donde están emplazadas las baterías de acumuladores. ‖ —**de conmutaciones.** Aquella en que están situados los cuadros de conmutación. ‖ —**de control.** ELECTR. Aquella desde donde el personal director de un suministro de energía eléctrica efectúa la supervisión general del sistema, así como de su operación. ‖ —**del crimen.** Junta de los alcaldes del crimen en las chancillerías y audiencias para conocer las causas criminales. ‖ **2.** fig. y fam. Salón reservado en que se juega a los prohibidos. ‖ —**de pruebas.** CINEMAT. La de proyección, en un estudio, para visionar copiones y examinar películas durante el rodaje. ‖ —**de sincronización.** Estudio especial de sonido donde se registran los conjuntos orquestales y efectos acústicos necesarios. ‖ **P. e It.** sala; **I.** parlour, hall; **F.** salle; **A.** Saal, Halle; **R.** зал.

º **SALA.** f. Conjunto de los muebles propios de una sala.

SALAB. (Voz tagala.) m. FILIP. Arbusto de la familia de las sapindáceas, y cuyas hojas son de color rojo vivo.

SALABARDO. m. Saco o manga de red, empleado para sacar la pesca de las redes grandes.

SALACENCO, CA. adj. Natural del valle de Salazar, en Navarra. Ú.t.c.s. **2.** Perteneciente a este valle.

SALACIDAD. (l. *salacitas, -ātis*.) f. Inclinación vehemente a la lascivia. ‖ **P.** salacidade; **I.** salacity, salaciousness; **F.** salacité; **A.** Geilheit, Lüsternheit; **It.** salacità; **R.** похотливость.

SALACOT. (tagalo *salacsac*.) m. Sombrero usado en Filipinas y otros países cálidos, en forma de medio elipsoide, o de casquete esférico, a veces ceñido a la cabeza con un aro distante de los bordes para dejar circular el aire, y hecho ordinariamente de un tejido de tiras de caña o de otras materias; como el filamento que se saca de los pecíolos del nito, la concha carey, etc.

SALADAMENTE. adv. fig. y fam. Chistosamente, con agudeza y gracejo.

SALADAR. m. Lagunazo en que se cuaja la sal en las marismas. ‖ **2.** Terreno esterilizado por abundar en él las sales. ‖ **3.** Salobral. ‖ **P.** pequeña salina; **I.** salt-marsh; **F.** marais salant; **A.** Salzteich; **It.** salmastraia; **R.** солончак.

SALADERÍA. f. ARGENT. Industria de salar carnes.

SALADERO. m. Casa o lugar destinado para salar carnes o pescados. ‖ **P.** salgadeira; **I.** salting place; **F.** saloir; **A.** Pökelfass; **It.** salatoio; **R.** солильня.

SALADILLA. f. Planta salsolácea, tendida y ramosa que crece en terrenos salobreños.

SALADILLO, LLA. adj. d. de salado. ‖ **2.** Dícese del tocino fresco poco salado. Ú.t.c.s.

SALADO, DA. p.p. de salar. ‖ **2.** adj. Dícese del terreno estéril por demasiado salitroso. ‖ **3.** Dícese de los manjares que tienen más sal de la necesaria. ‖ **4.** fig. Gracioso, agudo o chistoso. ‖ **5.** C. RICA y P. RICO. Desgraciado, infortunado. ‖ **6.** ARGENT. y CHILE. fig. Caro, costoso. ‖ **7.** m. Caramillo, planta parecida a la barrilla. ‖ —**negro.** Zagua.

SALADOR, RA. adj. Que sala. Ú.t.c.s. **2.** m. Saladero.

SALADURA. f. Acción y efecto de salar.

SALAGÓN. m. AR. y RIOJA. Piedra arcillosa, caliza e hidráulica.

SALAMANCA. n. p. *Topacio de* SALAMANCA. Cristal de roca amarillo. **2.** f. CHILE. Cueva natural que hay en algunos cerros. **3.** ARGENT. Salamandra de cabeza chata que vive en las cuevas y que los indios consideran como espíritu del mal. **4.** FILIP. Juego de manos.

SALAMANDRA. (l. *salamandra*, y éste del gr. σαλαμάνδρα.) f. ZOOL. Anfibio urodelo, de unos 20 cm de largo, la mitad aproximadamente para la cola, y piel lisa de color negro intenso con manchas amarillas. Es insectívoro. ‖ **2.** Ser fantástico, espíritu elemental del fuego, según los cabalistas. ‖ **3.** Alumbre de pluma. ‖ **4.** Estufa de combustión lenta. ‖ —**acuática.** ZOOL. Tritón, batracio urodelo de unos 12 cm de longitud, los dos cuales algo menos de la mitad corresponde a la cola, que es comprimida como la de la anguila y con una especie de cresta, que se prolonga en los machos por encima del lomo; tiene la piel granujienta, de color pardo con manchas negruzcas en el dorso y rojizas en el vientre. Hay varias especies. ‖ **P. e It.** salamandra; **I.** salamander; **F.** salamandre; **A.** Salamander; **R.** саламандра.

SALAMANDRIA. (De *salamandra*.) f. Salamanquesa.

* **SALAMANDRINA.** f. QUÍM. Alcaloide tóxico, procedente de la secreción cutánea de la salamandra.

SALAMANDRINO, NA. adj. Relativo a la salamandra o semejante a ella.

SALAMANQUEJA. f. COLOM., ECUAD. y PERÚ. Salamanquesa.

SALAMANQUERO, RA. m. y f. FILIP. Prestidigitador, ra.

SALAMANQUÉS, SA. adj. Salmantino. Apl. a pers. ú.t.c.s.

SALAMANQUESA. (De *salamandra*.) f. ZOOL. Saurio de la familia de los gecónidos, de unos ocho centímetros de largo, con cuerpo ceniciento. Vive en las grietas de los edificios y debajo de las piedras, se alimenta de insectos y se la tiene equivocadamente por venenosa. —**de agua.** Salamandra acuática.

SALAMANQUINA. f. CHILE. Lagartija.

SALAMANQUINO, NA. adj. Salmantino. Apl. a pers. ú.t.c.s.

SALAMÁNTIGA. f. EXTR. y SAL. Salamandra acuática.

* **SÁLAMO.** m. BOT. EL SALV. Especie de boj americano. ‖ **2.** BOT. C. RICA. Arbusto rubiáceo, de hojas opuestas y flores de color blanco. Se cultiva como planta de adorno.

SALAMUNDA. f. Planta de la familia de las timeleáceas.

SALANGANA. f. Especie de golondrina que abunda en Filipinas y otros países del Extremo Oriente y cuyos nidos contienen ciertas substancias gelatinosas que son comestibles.

SALAR. (De *sal*.) tr. Echar en sal, curar con sal carnes, pescados y otras substancias para su conservación. ‖ **2.** Sazonar con sal un manjar. ‖ **3.** Echar más sal de la necesaria. ‖ **4.** CUBA y HOND. Manchar, deshonrar. Ú.t.c.r. ‖ **5.** C. RICA y P. RICO. Echar a perder. Ú.t.c.r. ‖ **P.** salgar; **I.** to salt; **F.** saler, assaisonner avec du sel; **A.** (ein-, ver)salzen, (ein)pökeln; **It.** salare; **R.** солить.

SALARIADO. m. Organización del pago del trabajo del obrero por medio del salario exclusivamente.

SALARIAR. (De *salario*.) tr. Asalariar.

SALARIO. (l. *salarĭum*; de *sal*, sal.) m. Estipendio que los amos dan a los criados por razón de su servicio o trabajo. ‖ **2.** Por ext., estipendio con que se retribuyen servicios personales. ‖ **P.** salário; **I.** wages; **F.** salaire; **A.** Lohn, Gehalt; **It.** salario; **R.** заработная плата.

SALAZ. (l. *salax, -ācis*.) adj. Muy inclinado a la lujuria. ‖ **P.** salaz; **I.** salacious; **F.** lascif, salace; **A.** lüstern, geil; **It.** salace, lascivo; **R.** похотливый.

SALAZÓN. f. Acción y efecto de salar. ‖ **2.** Acopio de carnes o pescados salados. ‖ **3.** Industria y tráfico que se hace con estas conservas. ‖ **4.** IND. Salado de carnes, pescados y vegetales para su conservación. ‖ **P.** salgadura; **I.** seasoning; **F.** salaison; **A.** Einsalzung; **It.** salume; **R.** солонина.

SALAZONERO, RA. adj. Relativo o referente a la salazón.

SALBANDA. (al. *salband*, orilla.) f. MIN. Capa, ordinariamente arcillosa, que separa el filón de la roca estéril.

SALCE. (l. *salix, -ĭcis*.) m. Sauce.

SALCEDA. (l. *salicēta*, pl. de *salicētum*.) f. Sitio poblado de salces.

SALCEDO. (l. *salicētum*, sauceda.) m. Salceda.

SALCINAR. m. ÁL. y AR. Salceda.

SALCIÑA. f. BURG. Sargatillo.

SALCOCHAR. (De *sal* y *cocho*, p.p. de *cocer*.) tr. Cocer carnes, pescados, legumbres u otras viandas, sólo con agua y sal.

SALCOCHO. (De *salcochar*.) m. AMÉR. Preparación de un alimento cociéndolo en agua y sal para después condimentarlo.

SALCHICHA. (l. *sal*, e *isicia*.) f. Embutido, en tripa delgada, de carne de cerdo magra y gorda, bien picada, que se sazona con sal y especias y se consume en fresco. **2.** fig. FORT. Fajina muy larga usada para abrazar y cruzar las demás. ‖ **3.** fig. MIL. Cilindro de tela muy largo y delgado, relleno de pólvora, que se empleaba para dar fuego a las minas. ‖ **4.** MIL. Globo dirigible usado por el Ejército francés durante la guerra de 1914 a 1918. ‖ **P.** salchicha; **I.** sausage; **F.** saucisse; **A.** Bratwürstchen; **It.** salsiccia; **R.** сосиск.

SALCHICHERÍA. f. Tienda donde se venden embutidos.

SALCHICHERO, RA. m. y f. Persona que hace o vende embutidos.

SALCHICHÓN. m. aum. de salchicha. ‖ **2.** Embutido de jamón, tocino y

S pimienta en grano, prensado y curado, el cual se come en crudo. || 3. FORT. Fajina grande formada con ramas gruesas. || **—de mina.** Salchicha, 3.ª acep. || **P.** salsichão; **I.** large sausage; **F.** saucisson; **A.** Mettwurst, Zervelat; **It.** salciccione; **R.** колбаса.

SALCHUCHO. m. AL., NAV. y RIOJA. Estropicio, trastorno.

SALDAR. (De *saldo*.) tr. Liquidar enteramente una cuenta. || **2.** Vender a bajo precio una mercancía para despacharla pronto. || **P.** saldar; **I.** to settle, to balance; **F.** solder; **A.** saldieren; **It.** saldare; **R.** сводить счёты.

SALDERITA. f. ÁL. Lagartija.

SALDISTA. m. El que compra y vende géneros procedentes de saldos y de quiebras mercantiles. || **2.** El que salda, 2.ª acep.

SALDO. (ital. *saldo*, y éste del l. *solĭdus*, sólido.) m. Pago, remate o finiquito de deuda u obligación. || **2.** Cantidad que de una cuenta resulta a favor o en contra de uno. || **3.** Resto de mercancías que el fabricante o el comerciante venden a bajo precio para despacharlas pronto. || **P.** e **It.** saldo **I.** balance; **F.** solde; **A.** Saldo; **R.** сальдо, остаток.

SALDORIJA. (l. *saturēia*.) f. MURC. Mata olorosa de la familia de las labiadas, con hojas cuneiformes, coriáceas, y flores blanquecinas en espiga.

SALDUBENSE. adj. Natural de Sálduba. Ú.t.c.s. || **2.** Perteneciente a esta ciudad de la España antigua.

SALEA. f. Acción y efecto de salearse.

SALEARSE. r. Pasear por el mar en una embarcación pequeña.

SALEDIZO, ZA. adj. Saliente, que sobresale. || **2.** m. ARQ. Salidizo.

SALEGA. f. Salegar.

SALEGAR. m. Sitio en que se da sal a los ganados en el campo.

SALEGAR. (l. *salicāre*, echar sal.) intr. Tomar el ganado la sal que se le da.

SALEMA. f. ZOOL. Salpa, 2.ª acep.

SALENTINO, NA. (l. *salentīnus*.) adj. Dícese del individuo de un pueblo de Italia antigua, en la Mesapia. Ú.t.c.s. || **2.** Perteneciente a este pueblo.

SALEP. (persa *sahlab*, y éste corrupción del ár. [*juṣā aṯ-*]*ṯaᶜlab*, los testículos del zorro, por la forma de las raíces de la *Orchis mascula*.) m. Fécula que se saca de los tubérculos del satirión y de otras orquídeas.

SALERA. (De *sal*.) f. Piedra o recipiente de madera en que se echa la sal para que la coma el ganado. || **2.** SAL. Especiero para tener las especias en las cocinas.

SALERNITANO. NA. (l. *salernitānus*.) adj. Natural de Salerno. Ú.t.c.s. || **2.** Perteneciente a esta ciudad de Italia.

SALERO. m. Vaso en que se sirve la sal en la mesa. || **2.** Sitio o almacén donde se guarda la sal. || **3.** Salegar, 1.ᵉʳ art. || **4.** Base sobre que se arman los saquetes de metralla. || **5.** fig. y fam. Gracia, donaire. *Tener mucho* SALERO. || **6.** fig. y fam. Persona salerosa. || **7.** ART. Zoquete de madera de forma adecuada a la figura del ánima del cañón y sobre el cual se colocan y aseguran las granadas esféricas. || **P.** saleiro; **I.** salt-shaker; **F.** salière; **A.** Salzfass; **It.** saliera; **R.** солонка.

SALERÓN. m. AND. Probeta para medir la densidad del vino.

SALEROSO, SA. adj. fig. y fam. Que tiene salero, 5.ª acep.

SALESA. adj. Dícese de la religiosa que pertenece a la orden de la Visitación de Nuestra Señora, fundada en el siglo XVII, en Francia, por San Francisco de Sales y Santa Juana Francisca Fremiot de Chantal. Ú.t.c.s. || **P.** salésia; **I.** Salesian; **F.** salesienne, visitandine; **A.** Salesianernonne; **It.** salessa.

SALESIANO, NA. adj. Dícese del religioso que pertenece a la Sociedad de San Francisco de Sales, fundada para la educación de la juventud por San Juan Bosco. Ú.t.c.s. || **2.** Perteneciente o relativo a dicha congregación.

SALETA. f. d. de sala. || **2.** Sala de apelación. || **3.** Habitación anterior a la antecámara del rey o de las personas reales.

SALGA. (De *salgar*.) f. Tributo antiguo en Aragón sobre el consumo de la sal.

SALGADA. (De *salgar*.) f. Orzaga.

SALGADERA. f. Salgada.

SALGAR. (l. *salicāre*, echar sal.) tr. Dar sal a los ganados.

SALGAR. (l. *salicāre*; de *salix*, *-ĭcis*, sauce.) m. AST. Sauce.

SALGAREÑO. (De *salguera*.) adj. Dícese del pino negral.

SALGUE. m. ÁL. Forraje para el ganado.

SALGUERA. (l. *salicaria*; de *salix*, *-ĭcis*, sauce.) f. Sauce.

SALGUERO. (l. *salicarius*; de *salix*, *-ĭcis*, sauce.) m. Salguera.

SALGUERO. (De *salgar*, 1.ᵉʳ art.) m. ant. Selegar, 1.ᵉʳ art.

SALICÁCEO, A. (De *salix*, nombre de un género de plantas.) adj. BOT. Dícese de árboles y arbustos angiospermos dicotiledóneos de hojas sencillas, alternas y flores dioicas en espigas. y fruto en cápsula con muchas semillas sin albumen Ú.t.c.s.f. || **2.** f. pl. BOT. Familia de estas plantas.

SALICARIA. (l. *salix*, *-ĭcis*, sauce) f. BOT. Planta herbácea anual, litrácea, que crece a orillas de los ríos y arroyos, con tallo ramoso y prismático de 6 a 8 dm de altura; hojas enteras y opuestas, flores purpúreas, en espigas y fruto seco, capsular, con muchas semillas. Es común en España y se emplea en medicina.

SALICILATO. m. QUÍM. Sal formada por el ácido salicílico y una base.

SALICÍLICO. (l. *salix*, *-ĭcis*, sauce, y del gr. ὕλη, materia.) adj. QUÍM. V. *Ácido* SALICÍLICO.

SALICINA. (l. *salix*, *-ĭcis*, sauce.) f. Glucósido cristalizable, de color blanco, sabor muy amargo, que se extrae de la corteza del sauce. Se emplea en medicina como tónico.

SALICÍNEO, A. (l. *salix*, *-ĭcis*, sauce.) adj. BOT. Salicáceo.

★ SALICINOSIDA. f. QUÍM. Glucósido sin nitrógeno que se halla en la corteza del sauce.

SÁLICO, CA. (De *salio*, 2.º art.) adj. Perteneciente o relativo a los salios o francos. || **2.** V. *Ley* SÁLICA.

SALICOR. (fr. *salicor*.) m. BOT. Planta fruticosa, vivaz, quenopodiácea, con tallo ramoso y nudoso, que vive en los saladares.

SALIDA. f. Acción y efecto de salir o salirse. || **2.** Parte por donde se sale de un sitio o lugar. || **3.** Campo contiguo a las puertas de los pueblos. || **4.** Parte que sobresale en alguna cosa. || **5.** Despacho o venta de los géneros. || **6.** Partida de data o de descargo en una cuenta. || **7.** fig. Escapatoria, pretexto, recurso. || **8.** fig. Medio o razón con que se vence un argumento, dificultad o peligro. || **9.** fig. Fin de un negocio o dependencia. || **10.** fig. y fam. Ocurrencia, dicho agudo. || **11.** fig. y fam. V. *Callejón sin* SALIDA. || **12.** MAR. Arrancada. || **13.** MAR. Velocidad con que navega un buque. || **14.** MIL. Acometida repentina de tropas de una plaza sitiada contra los sitiadores. || **—de baño.** Capa o ropón para ponerse sobre el traje de baño al salir del agua. || **—de pie de banco.** fig. y fam. Despropósito, disparate. || **—de tono.** fig. y fam. Dicho destemplado o inconveniente. || **P.** saída; **I.** start, issue; **F.** sortie, issue; **A.** Ausgang; **It.** uscita; **R.** выход.

SALIDERO, RA. adj. Amigo de salir, andariego. || **2.** m. Salida, espacio para salir.

SALIDIZO. (De *salido*.) m. ARQ. Parte del edificio, que sobresale fuera de la pared maestra.

SALIDO, DA. p.p. de salir. || **2.** adj. Aplícase a lo que sobresale en un cuerpo más de lo regular. || **3.** Dícese de las hembras de algunos animales cuando están en celo.

★ SALIDOR, RA. adj. CHILE. Andariego. || **2.** MÉJ. Animoso.

SALIENTE. p.a. de salir. Que sale. || **2.** adj. GEOM. V. *Ángulo* SALIENTE. || **3.** m. Oriente. || **4.** Salida, parte que sobresale.

SALÍFERO, RA. (l. *sal*, *ṣal*, y *ferre*, llevar.) adj. Salino.

SALIFICABLE. adj. QUÍM. Dícese de cualquier cuerpo capaz de combinarse

con un ácido o con una base para formar una sal.

SALIFICACIÓN. f. QUÍM. Acción y efecto de salificar.

SALIFICAR. tr. QUÍM. Convertir en sal una substancia. || **P.** salificar; **I.** to salify; **F.** salifier; **A.** in Salz verwandeln; **It.** salificare; **R.** соление.

★ SALIGENINA. f. QUÍM. Uno de los constituyentes del glucósido salicina que se encuentra en la corteza del sauce.

SALIMIENTO. (De *salir*.) m. Salida, 1.ª acep.

SALÍN. (l. *salīnum*.) m. Salero, 2.ª acep.

SALINA. (l. *salīnae*.) f. Mina de sal. || **2.** Establecimiento donde se beneficia la sal de las aguas del mar o de ciertos manantiales. || **P.** e **It.** salina; **I.** salt-pit; **F.** saline; **A.** Saline, Salzwerk; **R.** соляная копь.

SALINERO. (l. *salinarius*; de *salīnus*.) adj. Dícese del toro que tiene el pelo jaspeado de colorado y blanco. || **2.** m. El que extrae o transporta sal o trafica con ella.

SALINIDAD. f. Calidad de salino. || **2.** En oceanografía, cantidad proporcional de sales que contiene el agua del mar.

SALINO, NA. adj. Que naturalmente contiene sal. || **2.** Que participa de los caracteres de la sal. || **3.** Aplícase a la res vacuna, manchada de pintas blancas.

SALIO, LIA. (l. *salius*.) adj. Perteneciente o relativo a los sacerdotes de Marte, en la antigua Roma. || **2.** m. Sacerdote de Marte en la Roma antigua.

SALIO, LIA. (Del río *Sala*, hoy *Yssel*.) adj. Dícese del individuo de uno de los antiguos pueblos francos establecidos en la Germania inferior. Ú.m.c.s. y en pl.

SALIPEZ. (De *sal* y *pez*.) m. AND. Roca granítica de color blanco, profusamente moteada de negro.

SALIPIRINA. f. MED. Salicilato de antipirina usado como analgésico y antipirético.

SALIR. (l. *salīre*, saltar, brotar.) intr. Pasar de la parte de adentro a la de afuera. Ú.t.c.r. || **2.** Partir de un lugar a otro. || **3.** Desembarazarse de algún lugar estrecho, peligroso o molesto. || **4.** Libertarse, desembarazarse de algo que molesta. SALIR *de apuros*. || **5.** Aparecer, manifestarse, descubrirse. SALIR *el Sol*. || **6.** Nacer, brotar. || **7.** Tratándose de manchas, desaparecer. || **8.** Sobresalir, estar una cosa más alta o más afuera que otra. || **9.** Descubrir uno su índole o aprovechamiento. SALIÓ *muy travieso, buen matemático*. || **10.** Proceder, traer su origen una cosa de otra. || **11.** En ciertos lugares, ser uno el primero que juega. || **12.** Deshacerse de una cosa vendiéndola o despachándola. || **13.** Darse al público. || **14.** Decir o hacer una cosa inesperada o intempestiva. *¿Ahora* SALES *con eso?* || **15.** Ocurrir u ofrecerse de nuevo una cosa. || **16.** Importar, costar una cosa que se compra. *Me* SALE *a cien pesetas metro.* || **17.** Tratándose de cuentas, resultar. || **18.** Con la preposición *a*, obligarse a satisfacer algún gasto u otra responsabilidad pecuniaria. || **19.** Con la preposición *con* y algunos nombres, lograr lo que éstos significan. SALIÓ *con la pretensión.* Ú.t.c.r. SALIRSE *con la suya.* || **20.** Con la preposición *de* y algunos nombres, como *juicio, sentido*, etc., perder el uso de lo que estos nombres significan. || **21.** Venir a ser, quedar. SALIR *vencedor.* || **22.** Tener buen o mal éxito. SALIR *bien en los exámenes.* || **23.** Hablando de las estaciones y otras partes del tiempo, finalizar. || **24.** Parecerse, asemejarse. Dícese más comúnmente de los hijos respecto de los progenitores. *Fulanita ha* SALIDO *a su madre.* || **25.** Apartarse de una cosa o faltar a ella. *Se* SALIÓ *de la regla.* Ú.t.c.r. || **26.** Cesar en un oficio o cargo. || **27.** Ser elegido por suerte o votación. || **28.** Ir a parar a punto determinado. *Esta calle* SALE *a la plaza.* || **29.** MAR. Adelantarse una embarcación a otra cuando navegan juntas. || **30.** r. Derramarse por una rendija o rotura el contenido de una vasija. || **31.** Rebosar un líquido al hervir. || **32.** Tener una vasija alguna rendija o rotura por la cual se derrama el contenido. *Este cántaro se* SALE. || **33.** En algunos juegos, hacer los tantos o las jugadas necesarias para ganar. || SALGA *lo*

S

que SALIERE. expr. fam. con que se denota la resolución de hacer una cosa sin preocuparse del resultado. || SALIR uno *adelante* o *avante*. fr. fig. Llegar a feliz término venciendo una gran dificultad o peligro. || SALIR *a volar*. fr. fig. Darse al público una persona o cosa. || SALIRLE *caro*, o SALIRLE *cara*, una cosa a uno. fr. fig. Resultarle daño de su ejecución o intento. || SALIR uno *pitando*. fr. fig. y fam. Echar a correr impetuosamente. || **2.** fig. y fam. Manifestar de pronto cólera o grande vehemencia en plática o debate. || SALIR *por* uno. fr. Fiarle, defenderle. || SALIRSE *allá* una cosa. fr. fig. y fam. Venir a ser casi lo mismo que otra. || **P.** sair; **I.** to go out, to come out, to depart; **F.** sortir, s'en aller; **A.** ausgeh(e)n, hinausgehen, abreisen; **It.** uscire, partire; **R.** выходить, уходить.

SALISIPAN. m. Embarcación peculiar del sur del archipiélago filipino, semejante a la panca. Es barco de piratas y navega a fuerza de remo con extraordinaria velocidad.

SALITRADO, DA. adj. Compuesto o mezclado con salitre.

SALITRAL. adj. Salitroso. || **2.** m. Paraje donde se cría el salitre. || **2.ª** acep.: **P.** salitral; **I.** saltpetre bed; **F.** salpêtrière; **A.** Salpetergrube; **It.** cava di salnitro; **R.** селитренный.

SALITRE. (l. *sal nitrum*.) m. Nitro.

SALITRERA. f. Salitral, 2.ª acep.

SALITRERÍA. f. Casa o lugar donde se fabrica salitre.

SALITRERO, RA. adj. Perteneciente o relativo al salitre. || **2.** m. y f. Persona que trabaja en salitre o que lo vende.

SALITROSO, SA. adj. Que tiene salitre.

SALIVA. (l. *saliva*.) f. ZOOL. Líquido de reacción alcalina, algo vistoso, segregado por glándulas cuyos conductos excretores se abren en la cavidad bucal para reblandecer los alimentos, facilitar su deglución e iniciar la digestión de algunos. || *Gastar* SALIVA *en balde*. fr. fig. y fam. Hablar inútilmente. || *Tragar* SALIVA. fr. fig. y fam. Soportar sin protesta, una determinación, palabra o acción que ofende o disgusta. || **2.** Turbarse, no acertar a hablar; **P.** e **It.** saliva; **I.** saliva, spittle; **F.** salive; **A.** Speichel; **R.** слюна.

SALIVACIÓN. (l. *salivatio, -onis*.) f. Acción de salivar. || **2.** Tialismo.

SALIVADERA. f. ARGENT. y CHILE. Escupidera.

SALIVAJO. m. Salivazo.

SALIVAL. adj. Perteneciente a la saliva.

SALIVAR. (l. *salivare*.) intr. Arrojar saliva. || **P.** salivar; **I.** to salivate; **F.** saliver; **A.** speicheln; **It.** salivare; **R.** выделять слюну.

SALIVAZO. m. Porción de saliva que se escupe de una vez. || **P.** cuspidura; **I.** spit, spittle; **F.** crachat; **A.** Speichel, Ausspucken; **It.** sputacchio; **R.** плевание.

SALIVERA. (l. *salivaria*, pl. de -*rium*.) f. Sabor unido al freno del caballo. Ú.m. en pl.

SALIVOSO, SA. (l. *salivosus*.) adj. Que expele mucha saliva.

★ SÁLIX. m. BOT. Género de plantas salicáceas caracterizadas por tener sus brácteas enteras y sus flores masculinas con pocos estambres. Son árboles o arbolillos propios de los países templados y fríos, del hemisferio boreal, como el sauce blanco, la mimbrera y la sarga.

SALMA. (l. *sagma*, albarda.) f. Tonelada de arqueo. || **2.** ant. Jalma. Ú. en la Rioja y Soria.

SALMANTICENSE. (l. *salmanticensis*.) adj. Salmantino. Ú.t.c.s.

SALMANTINO, NA. (l. *Salmantica*, Salamanca.) adj. Natural de Salamanca. Ú.t.c.s. || **2.** Perteneciente a esta ciudad.

SALMAR. (De *salma*.) tr. RIOJA y SOR. Enjalmar.

SALMEAR. intr. Rezar o cantar los salmos.

SALMER. (l. *sagmarius*, mulo de carga; de *sagma*, albarda.) m. ARQ. Piedra del machón o muro, cortada en plano inclinado, de donde arranca un arco adintelado o escarzano. || *Mover de* SALMER. fr. ARQ. Dícese del arco o de la bóveda cuya primera dovela va sentada sobre un salmer.

SALMERA. (De *salma*.) adj. Dícese de la aguja de enjalmar.

SALMERÓN. adj. Dícese de una variedad de trigo que tiene la espiga grande.

★ SALMINA. f. QUÍM. Proteína sencilla que se encuentra en el esperma del salmón.

SALMISTA. (l. *psalmista*.) m. El que compone salmos. || **2.** Por antonom., el real profeta David. || **3.** El que tiene por oficio cantar los salmos y las horas canónicas en las catedrales. || **P.** e **It.** salmista; **I.** psalmist; **F.** psalmiste; **A.** Psalmist, Psalmendichter; **R.** дьячок.

SALMO. (l. *psalmus*, y éste del gr. ψαλμός; de ψάλλω, tocar las cuerdas de un instrumento músico.) m. Composición o cántico que contiene alabanzas a Dios. || **2.** pl. Por antonom., los de David. || **—gradual.** Cada uno de los 15 comprendidos desde el 119 hasta el 133. || **—penitenciales.** Grupo de siete salmos de marcado carácter de penitencia. || *Cantarle* a uno *el* SALMO. fr. fig. y fam. Leerle la cartilla. || *Saber uno su* SALMO. fr. fig. Saber lo que le conviene. || **P.** e **It.** salmo; **I.** psalm; **F.** psaume; **A.** Psalm; **R.** псалм.

SALMODIA. (l. *psalmodia*, y éste del gr. ψαλμωδία.) f. Canto usado en la Iglesia para los salmos. || **2.** fig. y fam. Canto monótono. || **P.** salmodia; **I.** psalmody; **F.** psalmodie; **A.** Psalmengesang; **It.** salmodia; **R.** псалом.

SALMODIAR. (De *salmodia*.) intr. Salmear. || **2.** tr. Cantar con cadencia monótona.

SALMÓN. (l. *salmo, -onis*.) m. ZOOL. Pez teleósteo, fisóstomo, que puede alcanzar 1,50 m de largo; de cuerpo rollizo, cabeza apuntada, piel de color pardo obscuro en el lomo, blanco en el vientre, y carne rojiza y sabrosa. En otoño desova en los ríos y después emigra al mar. || **—zancado.** El que después del desove baja flaco y sin fuerzas al mar. || **P.** salmão; **I.** salmon; **F.** saumon; **A.** Lachs, Salm; **It.** salmone. **R.** лосось.

SALMONADO, DA. adj. Que se parece en la carne al salmón. Dícese de los pescados, y especialmente de la trucha. || **2.** De color parecido al de la carne del salmón.

SALMONERA. f. Red usada en los ríos del Cantábrico para la pesca del salmón.

SALMONETE. (De *salmón*.) m. ZOOL. Pez teleósteo marino, acantopterigio, de unos 25 cm de largo, con un par de barbillas en la mandíbula inferior. Es bastante apreciado y abunda en el Mediterráneo. || **P.** salmonete; **I.** surmullet, red mullet; **F.** surmulet, rouget; **A.** Surmullet, Rotbarbe; **It.** triglia.

SALMÓNIDO. (De *salmón*.) adj. ZOOL. Dícese de peces teleósteos fisóstomos, que viven principalmente en las aguas dulces, como el salmón. Ú.t.c.s. || **2.** m. pl. ZOOL. Familia de estos animales.

SALMOREJO. (De *salmuera*.) m. Salsa compuesta de agua, vinagre, aceite, sal y pimienta. || **2.** AND. Especie de gazpacho muy desmenuzado y batido para que resulte como un puré. || **3.** fig. Reprimenda, escarmiento. || *Más cuesta el* SALMOREJO *que el conejo*. fr. fig. y fam. Vale más la salsa que los perdigones.

SALMUERA. (l. *sal muria*.) f. Agua cargada de sal. || **2.** Agua que destilan las cosas saladas. || **P.** salmoura; **I.** brine; **F.** saumure; **A.** Salzbrühe; Pökel; **It.** salamoia; **R.** рассол.

SALMUERARSE. (De *salmuera*.) r. Enfermar los ganados por comer sal con exceso.

SALOBRAL. (De *salobre*.) adj. Salobreño. || **2.** m. Terreno salobreño, 1.er art.

SALOBRE. adj. Que por su naturaleza tiene sabor de sal. || **2.** Dícese del agua no potable por exceso de sales. || **P.** salobre; **I.** saltish; **F.** saumâtre; **A.** salzig; **It.** salmastro; **R.** солёный.

SALOBREÑO, ÑA. adj. Aplícase a la tierra que es salobre o tiene mezcla de alguna sal.

SALOBREÑO, ÑA. adj. Natural de Salobreña. Ú.t.c.s. || **2.** Perteneciente a esta villa.

SALOBRIDAD. f. Calidad de salobre.

SALOL. m. MED. Polvo blanco, cristalino, untuoso al tacto y de olor aromático; es una combinación de los ácidos salicílico y fénico, que se usa como antipirético y antiséptico.

SALOMA. (l. *celeusma*, canto de marineros.) f. Son cadencioso con que acompañan los marineros y otros operarios su faena para conseguir que el esfuerzo de todos sea simultáneo.

SALOMAR. intr. Acompañar una faena con la saloma.

SALOMÓN. (Por alusión al rey de Israel y de Judá, hijo de David.) m. fig. Hombre muy sabio.

SALOMÓNICO, CA. adj. Perteneciente o relativo a Salomón. || **2.** ARQ. V. *Columna* SALOMÓNICA.

SALÓN. m. aum. de sala. || **2.** Habitación de grandes dimensiones para visitas y fiestas en las casas. || **3.** Pieza de grandes dimensiones donde celebra sus actos públicos una corporación. || **4.** ECUAD. Establecimiento lujoso que es a la vez café, cervecería y restaurante. || **2.ª** acep.: **P.** salão; **I.** saloon; **F.** salon; **A.** Salon; **It.** salone; **R.** салон.

SALÓN. (De *sal*.) m. p. us. Carne o pescado salado para que se conserve. || **2.** SAL. Cebo de salvado con sal para los cerdos.

° **SALÓN.** m. Conjunto de los muebles propios de un salón.

SALONCILLO. m. d. de salón. || **2.** En los establecimientos públicos, sala reservada para algún uso especial.

SALPA. (l. *salpa*.) f. ZOOL. Pez marino teleósteo, acantopterigio, muy semejante a la boga, de unos 25 cm de largo, cabeza apuntada y cuerpo comprimido, y de color verdoso por el lomo y con rayas doradas en cada lado. Abunda en el Mediterráneo y es comestible poco apreciado. || **2.** ZOOL. Animal marino procordado, tunicado, de cuerpo transparente y en forma de tonel. || **P.** peixelim; **I.** e **It.** salpa; **F.** saupe; **A.** Salpa.

★ SALPAFUERA. m. AMÉR. Huida desordenada.

SALPICADERO. m. En el pescante de algunos carruajes, tablero para preservar de salpicaduras de lodo al conductor. || **2.** En los vehículos automóviles, tablero situado delante del conductor, con algunos mandos y aparatos indicadores.

SALPICADURA. f. Acción y efecto de salpicar. || **P.** salpicadura; **I.** spattering; **F.** éclaboussure; **A.** Spritzer; **It.** spruzzatura; **R.** обрызгивание.

SALPICAR. (De *sal* y *picar*.) tr. Hacer que por efecto de choque o movimiento brusco salte un líquido en gotas menudas. Ú.t.c.intr. || **2.** Mojar o manchar con un líquido que salpica. Ú.t.c.r. || **3.** fig. Esparcir varias cosas, como rociando algo con ellas. || **4.** fig. Pasar de unas cosas a otras sin continuación ni orden, dejándose algunas en medio. || **5.** ECUAD. Azotar el viento y el agua una cosa. || **P.** salpicar; **I.** to bespatter; **F.** éclabousser; **A.** bespritzen, sprenkeln; **It.** spruzzare, impillaccherare; **R.** обрызгивать.

SALPICÓN. (De *salpicar*.) m. Fiambre de carne picada, aderezada con sal, aceite, vinagre, pimienta y cebolla. || **2.** fig. y fam. Cualquiera otra cosa hecha pedazos menudos. || **3.** Salpicadura. || **4.** AST. Pasta de nueces. || **5.** ECUAD. Bebida fría hecha de jugo de frutas. || **P.** salpico; **I.** salmagundi; **F.** salpicon, hachis; **A.** Gehacktes, Fleischsalat; **It.** carne rifredda piccante; **R.** рубленое мясо.

SALPIMENTAR. (De *salpimienta*.) tr. Adobar una cosa con sal y pimienta para que se conserve y tenga mejor sabor. || **2.** fig. Amenizar, hacer sabrosa una cosa con palabras o hechos.

SALPIMIENTA. f. Mezcla de sal y pimienta.

SALPIQUE. m. Salpicadura.

★ SALPOR. m. EL SALV. Especie de maíz, propio de algunas regiones de América.

SALPRESAMIENTO. m. Acción y efecto de salpresar.

SALPRESAR. (l. *sal*, sal, y *pressare*, prensar, apretar.) tr. Aderezar con sal una cosa, prensándola para que se conserve.

SALPRESO, SA. p.p. irreg. de salpresar.

S

SALPUGA. f. AND. Especie de hormiga venenosa.

* **SALPUÍDO.** m. P. RICO. Salpullido.

SALPULLIDO. (De *salpullir*.) m. Erupción cutánea leve y pasajera en el cutis, formada por muchos granitos o ronchas. || **2.** Señales que dejan en el cutis las picaduras de las pulgas. || P. erupção; I. rash; F. légère éruption; A. Hitzblatter; It. eruzione cutànea; R. сыпь.

SALPULLIR. tr. Levantar salpullido. || **2.** r. Llenarse de salpullido.

* **SALPURIA.** f. REP. DOMIN. Tela de algodón ordinaria y de colores chillones.

SALSA. (l. *salsa*, salada.) f. Mezcla preparada de varias substancias comestibles desleídas, para aderezar o condimentar la comida. || **2.** fig. Cualquier cosa que excita el gusto. || —**blanca.** La hecha con harina y manteca sin dorar al fuego. || —**de San Bernardo.** fig. y fam. Hambre o apetito que hace apetecibles todos los manjares. || —**mahonesa** o **mayonesa.** La preparada batiendo yema de huevo con aceite crudo. || —**mayordoma.** La que se prepara batiendo manteca de vaca con perejil y otros condimentos. || —**rubia.** La que se hace rehogando harina en manteca o aceite hasta que toma color. || —**tártara.** La que se hace con yemas de huevo, aceite, vinagre y limón y otros condimentos. || *En su propia* SALSA. fr. fig. y fam. para indicar que una persona o cosa se encuentra rodeada de todas aquellas circunstancias que ponen más de realce lo característico que hay en la misma. || *Vale más la* SALSA *que los perdigones.* fr. fig. que se usa para indicar que en alguna cosa lo accesorio ha alcanzado más valor que lo principal. || P. molho, salsa; I. y F. sauce; A. Sosse, Tunke; It. salsa; R. coyc.

SALSAMENTAR. (De *salsamento*.) tr. ant. Sazonar o guisar una cosa.

SALSAMENTO. (l. *salsamentum*.) m. ant. Condimento, salsa.

SALSEAR. intr. fam. MURC. y NAV. Entremeterse, meterse en todo.

SALSEDUMBRE. (l. *salsitúdo, -ínis.*) f. Calidad de salado.

SALSERA. f. Vasija en que se sirve salsa. || **2.** Salserilla. || P. salseira; I. sauce-boat; F. saucière; A. Tunknäpfchen, Sossenschale; It. salsiera; R. соусник.

SALSERETA. f. Salserilla.

SALSERILLA. f. d. de salsera. || **2.** Taza pequeña y de poco fondo en que se mezclan algunos ingredientes.

SALSERO, RA. (De *salsa*.) adj. MURC. y NAV. Entremetido. || **2.** m. GAL. Salpicadura de agua de mar, roción ligero. || **3.** CHILE. Vendedor de sal.

SALSERÓN. m. Medida para grano y maquila, equivalente a un octavo de celemín, usada por los molineros de tierra de Burgos.

SALSERUELA. f. d. de salsera. || **2.** Salserilla, 2.ª acep.

SALSIFÍ. (fr. *sercifí, salsifis*, y éste del ital. *salsefica*, del l. *salsifíca*.) m. Planta herbácea bienal, compuesta, de unos 6 dm de altura, tallo hueco y raíz fusiforme, blanca, tierna y comestible. || —**de España** o **negro.** Escorzonera.

SALSO, SA. (l. *salsus*.) adj. ant. Que está salado.

SALSOLÁCEO, A. (l. *salsus*, salado.) adj. BOT. Quenopodiáceo.

SALTABANCO. (De *saltar* y *banco*.) m. Charlatán que, en la vía pública, vende drogas, confecciones, quintaesencias, etc., cuyas excelencias relata. || **2.** Jugador de manos, titiritero. || **3.** fig. y fam. Hombre bullidor y de poca substancia.

SALTABANCOS. m. Saltabanco.

SALTABARDALES. (De *saltar* y *bardal*.) com. fig. y fam. Persona joven, traviesa y alocada.

SALTABARRANCOS. (De *saltar* y *barranco*.) com. fig. y fam. Persona que anda, corre y salta por todas partes y sin reparo.

SALTABLE. adj. Que se puede saltar.

SALTACABALLO. (Por el *salto del caballo* en el ajedrez.) m. ARQ. Parte de una dovela, que monta sobre la hilada horizontal inmediata.

SALTACIÓN. (l. *saltatio, -ónis.*) f. Arte de saltar. || **2.** Baile o danza.

SALTACHARQUILLOS. (De *saltar*

y *charquillo*, d. de *charco*.) com. fig. y fam. Persona joven que va pisando de puntillas y medio saltando con afectación.

SALTADERO. m. Sitio a propósito para saltar. || **2.** Surtidor de agua. || **3.** P. RICO. Padrejón.

SALTADIZO, ZA. adj. Propenso a saltar o quebrarse por excesivamente tirante.

SALTADO, DA. p.p. de saltar. || **2.** adj. Saltón. Aplícase a los ojos.

SALTADOR, RA. (l. *saltátor.*) adj. Que salta. || **2.** m. y f. Persona que salta comúnmente para divertir al público. || **3.** m. Comba.

SALTADURA. f. CANT. Defecto que resulta de la superficie de la piedra por haber saltado una lasca al labrarla.

SALTAEMBANCO. (De *saltar*, *en* y *banco*.) m. Saltabanco.

SALTAEMBANCOS. m. Saltabanco.

SALTAEMBARCA. (De *saltar*, *en* y *barca*.) f. Especie de ropilla que se vestía por la cabeza.

SALTAGATOS. m. COLOM. Saltamontes.

SALTAMBARCA. f. Saltaembarca.

SALTAMONTES. (De *saltar* y *monte*.) m. ZOOL. Insecto ortóptero acrídido, de cabeza gruesa, ojos prominentes, alas membranosas, patas anteriores cortas, y muy robustas y largas las posteriores, con las cuales da grandes saltos. || P. gafanhoto; I. grasshopper; F. sauterelle; A. (Heu)-Schrecke; It. saltabecca; R. кузнечик.

SALTANA. f. ARGENT. Pasadera.

SALTANEJOSO, SA. adj. CUBA. Dícese del terreno ligeramente ondulado.

SALTANTE. p.a. de saltar. Que salta.

SALTAOJOS. (De *saltar* y *ojos*.) m. Planta perenne ranunculácea, de 6 a 8 dm de altura, con raíz gruesa, tallo herbáceo, hojas alternas pecioladas; flor terminal, solitaria, grande, de color rosado purpúreo. Se cultiva en los jardines como planta de adorno.

SALTAPAJAS. m. PAL. y RIOJA. Saltamontes.

SALTAPAREDES. (De *saltar* y *pared*.) com. fig. y fam. Saltabardales.

SALTAPERICO. m. CUBA. Hierba silvestre, acantácea, de flores azules. || **2.** ZOOL. P. RICO, CHILE y ARGENT. Especie de cucuyo. || **3.** CUBA. Buscapiés, cohete estrepitoso y rastrero.

SALTAPRADOS. m. AST. Saltamontes.

* **SALTAPURRICHE.** m. MÉJ. Jinete poco hábil y muy presuntuoso.

SALTAR. (l. *saltáre*, inten. de *salíre*.) intr. Levantar del suelo con impulso y ligereza, ya verticalmente para dejarse caer en el mismo sitio, ya oblicuamente para pasar a otro. || **2.** Arrojarse desde una altura para caer de pie. || **3.** Levantarse una cosa con violencia; como la pelota del suelo, etc. || **4.** Salir con ímpetu un líquido hacia arriba. || **5.** Romperse violentamente una cosa estaba tirante. || **6.** Desprenderse una cosa de donde estaba. || **7.** fig. Resaltar o sobresalir mucho una cosa. || **8.** fig. Ofrecerse repentinamente una especie a la imaginación o a la memoria. || **9.** fig. Resentirse, manifestándolo exteriormente. || **10.** fig. Decir una cosa que no viene al intento de lo que se trata, o responder intempestivamente aquel con quien no se está hablando. || **11.** Ascender a un puesto más alto que el inmediatamente superior sin haber ocupado éste. || **12.** fig. Dejar uno contra su voluntad el puesto o cargo que desempeñaba. || **13.** tr. Salvar de un salto un espacio. || **14.** Cubrir el macho a la hembra, dicho de ciertos cuadrúpedos. || **15.** Pasar de una cosa a otra, dejando algunas intermedias. || **16.** En los juegos de damas, ajedrez y tablas, levantar una pieza y pasarla de una casilla a otra por encima de las que están sentadas. || **17.** En el juego del monte, apuntar a una de las cuatro cartas que hay en la mesa, colocando el tanto en el ángulo interior superior de la carta contra las otras tres. || **18.** fig. Omitir parte de un escrito al leerlo o copiarlo. || **19.** MAR. Arriar un poco un cabo para disminuir su tensión y trabajo. || P. saltar; I. to leap, to jump; F. sauter, bondir; A. springen, hüpfen; It. saltare; R. прыгать, скакать.

SALTAREL. m. Saltarelo.

SALTARELO. (l. *saltâre*, saltar.) m. Especie de baile de la escuela antigua española.

SALTARÉN. (l. *saltâre*, danzar, bailar.) m. Cierto son o aire de guitarra, que se tocaba para bailar. || **2.** Saltamontes.

SALTARILLA. f. Nombre de diversas especies de hemípteros homópteros de pequeño tamaño que viven sobre las plantas y puede dar grandes saltos.

SALTARÍN, NA. (De *saltar*.) adj. Que danza o baila. Ú.t.c.s. || **2.** fig. Dícese del mozo inquieto y poco juicioso. Ú.t.c.s. || P. bailarino; I. dancer; F. danseur; A. Tänzer, Springer; It. ballerino; R. плясун.

SALTARREGLA. (De *saltar* y *regla*.) f. Falsa escuadra.

SALTARROSTRO. m. EXTR. Salamanquesa.

SALTATERANDATE. m. Especie de bordado de puntadas muy largas, aseguradas por otras muy menudas y atravesadas.

SALTATRÁS. (De *saltar* y *atrás*.) com. Tornatrás.

SALTATRIZ. (l. *saltatrix*.) f. Mujer que tiene por profesión saltar y bailar. || P. saltatriz; I. danseuse; F. sauteuse, danseuse; A. Seiltänzerin; It. saltatrice; R. танцовщица.

SALTATUMBAS. m. fig. y despect. fam. Clérigo que vive principalmente de lo que gana asistiendo a los entierros.

SALTEADOR. m. El que saltea y roba en los despoblados o caminos. || P. salteador, bandoleiro; I. highwayman; F. brigand; A. Strassenräuber, Bandit; It. grassatore; R. грабитель.

SALTEADORA. f. Mujer que vive con salteadores, o toma parte en sus delitos.

SALTEAMIENTO. m. Acción de saltear.

SALTEAR. (De *salto*.) tr. Salir a los caminos para robar a los pasajeros. || **2.** Asaltar. || **3.** Hacer una cosa discontinuamente sin seguir el orden natural. || **4.** Tomar una cosa anticipándose a otro. || **5.** fig. Sorprender el ánimo con una fuerte impresión. || **6.** fig. Asaltar. || **7.** Sofreir un manjar a fuego vivo en manteca o aceite hirviendo. || P. saltear, assaltar; I. to rob on the highway; F. brigander, détrousser; A. räuberischanfallen; It. rubare alla macchia; R. грабить.

SALTEÑO, ÑA. adj. Natural de Salta. Ú.t.c.s. || **2.** Perteneciente a esta ciudad y provincia de la República Argentina. || **3.** Natural de Salto. Ú.t.c.s. || **4.** Perteneciente a esta ciudad o departamento del Uruguay.

SALTEO. (De *saltear*.) m. Salteamiento.

SALTERIO. (l. *psalterium*, y éste del gr. ψαλτήριον.) m. Libro canónico del Antiguo Testamento, que contiene los salmos. || **2.** Libro de coro que contiene sólo los salmos. || **3.** Parte del breviario que contiene las horas canónicas de toda la semana, menos las lecciones y oraciones. || **4.** Rosario de Nuestra Señora. || **5.** Instrumento músico que consiste en una caja prismática de madera, de figura triangular, y sobre la cual se extienden muchas hileras de cuerdas metálicas, que se tocan con un macillo, con un plectro, con uñas de marfil o con las de las manos. || P. saltério; I. psalter; F. psautier, psaltérion; A. Psalter, Choralbuch; It. salterio; R. псалтирь.

SALTERIO. m. GERM. Salteador.

SALTERO, RA. (l. *saltuaríus*; de *saltus*, monte, bosque.) adj. Montaraz, que anda por los montes.

SALTIGALLO. m. SAL. y ZAM. Saltamontes.

SALTÍGRADO, DA. adj. Dícese del animal que anda a saltos.

SALTIMBANCO. (ital. *saltimbanco*.) m. fam. Saltabanco.

SALTIMBANQUI. m. fam. Saltabanco.

SALTO. (l. *saltus*.) m. Acción y efecto de saltar. || **2.** Lugar que se ha de pasar saltando. || **3.** Despeñadero muy profundo. || **4.** Trecho salvado al saltar. || **5.** fig. Omisión de una parte de un escrito, al leerlo o copiarlo. || **6.** Tránsito de una cosa a otra sin tocar las intermedias. ‖ **7.** Ascenso a puesto superior sin pasar por los del medio. ‖ **8.** Palpitación violenta del corazón. ‖ **9.** Asalto. ‖ **10.** MAR. Pequeña porción de cabo que se arría. ‖ **11.** Cierto paso de baile que se hace levantando los dos pies en el aire. ‖ **—de agua.** Caída de agua donde hay un desnivel repentino. Por ext., se da este nombre al conjunto de construcciones y elementos destinados a aprovechar la fuerza viva del agua del salto y a transformar la energía hidráulica, en energía mecánica o eléctrica. ‖ **—de campana.** Vuelta que da en el aire el torero volteado por el toro. ‖ **—de carnero.** EQUIT. El que da el caballo encorvándose, para tirar al jinete. ‖ **—mortal.** fig. El que da el volatinero lanzándose de cabeza y tomando vuelta en el aire para caer de pie. ‖ *A* SALTO *de mata.* loc. adv. fig. Huyendo por temor al castigo. ‖ *A* SALTOS. m. adv. Dando saltos, o saltando de una cosa a otra, omitiendo las de en medio. ‖ *En un* SALTO. Con prontitud, rápidamente. ‖ **P.** e **It.** salto; **I.** leap; **F.** saut, bond; **A.** Sprung, Hops; **R.** прыжок.

SALTÓN, NA. (De *saltar.*) adj. Que anda a saltos, o salta mucho. ‖ **2.** Dícese de algunas cosas, como los ojos, los dientes, etc., que parece que se salen de su sitio. ‖ **3.** COLOM. y CHILE. Sancochado, medio crudo. ‖ **4.** m. Saltamontes, especialmente cuando tiene las alas rudimentarias. ‖ **5.** Cresa que suele criar el tocino y el jamón. ‖ **6.** AST. Aguja paladar. ‖ **P.** saltão, saltador; **I.** hopping, leaping; **F.** sautillant, sauteur; **A.** hopsend, springend; **It.** saltatore; **R.** скачущий.

SALTUARIO. (l. *saltus*, salto.) adj. FOR. Dícese del mayorazgo que señala para la sucesión a quien reúne las cualidades prevenidas en los llamamientos.

* **SALTUÑATE.** m. CUBA. Juego de niños consistente en hacer saltar con fuerza una bolita impulsándola con el dedo índice.

SALUBÉRRIMO, MA. (l. *saluberrĭmus.*) adj. sup. de salubre.

SALUBRE. (l. *salūbris.*) adj. Saludable.

SALUBRIDAD. (l. *salubritas, -ātis.*) f. Calidad de salubre. ‖ **P.** salubridade; **I.** salubrity; **F.** salubrité; **A.** Heilsamkeit; **It.** salubrità; **R.** целебность.

SALUD. (l. *salus, -ūtis.*) f. Estado en que el ser orgánico ejerce normalmente todas sus funciones. ‖ **2.** Libertad o bien público o particular de cada uno. ‖ **3.** Estado de gracia espiritual. ‖ **4.** Salvación. ‖ **5.** Iglesia, templo cristiano, e inmunidad de quien se acoge a su sagrado. ‖ **6.** pl. Actos y expresiones corteses. ‖ *Beber a la* SALUD de uno. fr. Brindar a su salud. ‖ *Curarse* uno *en* SALUD. fr. fig. Precaverse de un daño ante la más leve amenaza. ‖ **2.** fig. Dar satisfacción de una cosa antes que le hagan cargos de ella. ‖ *En sana* SALUD. m. adv. En estado de perfecta salud. ‖ *Gastar* SALUD. fr. Gozarla buena. ‖ ¡SALUD! interj. fam. con que se saluda a uno o se le desea un bien. ‖ *Para poca* SALUD, *más vale morirse.* fr. fig. y fam. Ú. para indicar que es tan escasa la ventaja que una cosa reporta, que no merece el esfuerzo de conservarla. ‖ *Vender,* o *verter* uno SALUD. fr. fig. y fam. Ser muy robusto, o parecerlo. ‖ **P.** saúde; **I.** health; **F.** santé; **A.** Gesundheit; **It.** salute; **R.** здоровье.

* **SALUDA.** m. Especie de carta que se encabeza con el nombre de la persona o entidad que la dirige, seguido, de una manera destacada, de la palabra *saluda*, y redactada en tercera persona y sin firma.

SALUDABLE. adj. Que sirve para conservar o restablecer la salud corporal. ‖ **2.** fig. Provechoso para un fin, y especialmente para bien del alma. ‖ **P.** saudável; **I.** salutary; **F.** salutaire; **A.** heilsam, gesund; **It.** salutare. **R.** целебный.

SALUDABLEMENTE. adv. De manera saludable.

SALUDACIÓN. f. p. us. Salutación.

SALUDADOR, RA. (l. *salutātor.*) adj. Que saluda. Ú.t.c.s. ‖ **2.** m. Embaucador que se atribuye la virtud de curar o precaver la rabia y otros males por medio del aliento, la saliva, etc.

SALUDAR. (l. *salutāre.*) tr. Dirigir a otro palabras de cortesía deseándole salud y con expresiones de benevolencia o respeto. ‖ **2.** Proclamar a uno por rey, emperador, etc. ‖ **3.** Usar de ciertas fórmulas echando el aliento o aplicando la saliva con la pretensión de ejercer virtud curativa de la rabia u otros males. ‖ **4.** Enviar saludes. ‖ **5.** Adquirir las primeras nociones de una materia. Ú.m. en fr. negativas. ‖ **6.** MAR. Arriar los buques un poco sus banderas en señal de bienvenida o buen viaje. ‖ **7.** MIL. Dar señales de obsequio o festejo con salvas, descargas de artillería o fusilería o toques de los instrumentos militares. ‖ **P.** saudar; **I.** to greet, to salute; **F.** saluer; **A.** grüssen, begrüssen, bewillkommnen; **It.** salutare; **R.** здороваться.

SALUDO. m. Acción y efecto de saludar. ‖ **—a la voz.** MAR. Honor que se tributa a bordo, consistente en vítores o hurras contestados por la tripulación. ‖ **P.** saudação; **I.** salutation; **F.** salut, salutation; **A.** Gruss, Begrüssung; **It.** saluto; **R.** приветствие.

SALUMBRE. f. Flor de la sal.

* **SALUÑA.** f. ZOOL. BOL. Cierta ave falcónida de plumaje muy llamativo.

SALUTACIÓN. (l. *saluatio, -ōnis.*) f. Saludo. ‖ **2.** Parte del sermón en la cual se saluda a la Virgen. ‖ **—angélica.** La que hizo el arcángel San Gabriel a la Virgen cuando le anunció la concepción del Verbo Eterno, y constituye la primera parte del Avemaría. ‖ **2.** Esta misma oración.

SALUTE. (l. *salus, -ūtis*, salutación.) m. Moneda de oro acuñada en Francia en tiempos de Carlos VI, con la salutación angélica en la leyenda.

SALUTÍFERAMENTE. adv. Saludablemente.

SALUTÍFERO, RA. (l. *salutĭfer, -ĕri;* de *salus, -ūtis,* salud, y *ferre,* llevar.) adj. Saludable.

SALVA. (De *salvar.*) f. Prueba que se hacía de la comida y bebida servida a los reyes y grandes señores, para asegurar que no estaban envenenadas. ‖ **2.** Saludo, bienvenida. ‖ **3.** Saludo hecho con arma de fuego. ‖ **4.** Prueba temeraria que hacía uno de su inocencia exponiéndose a un grave peligro, confiado en que Dios le salvaría milagrosamente. ‖ **5.** Juramento, promesa solemne. ‖ **6.** Salvilla. ‖ **—de aplausos.** Aplausos nutridos en que prorrumpe una concurrencia. ‖ *Hacer la* SALVA. fr. fig. Pedir la venia para hablar o para representar una cosa. ‖ **P.** prova; **I.** salver; **F.** salve; **A.** Salve; **It.** salva; **R.** приветствие.

SALVABARROS. m. Alero.

SALVABLE. adj. Que se puede salvar.

SALVACIÓN. (l. *salvatio, -ōnis.*) f. Acción y efecto de salvar o salvarse. ‖ **2.** Consecución de la gloria y bienaventuranza eternas. ‖ **P.** salvação; **I.** salvation; **F.** salut, salvation; **A.** Rettung, Erlösung; **It.** salvazione, salvezza; **R.** спасение.

SALVACHIA. f. MAR. Especie de estrobo, largo y flexible, formado de filásticas y con ligaduras de trecho en trecho.

* **SALVADA.** f. CUBA, P. RICO y ARGENT. Salvación.

SALVADERA. (De *salvado,* usado antiguamente en vez de arenilla.) f. Vaso con arenilla para enjugar lo escrito recientemente. ‖ **2.** CUBA. Jabillo. ‖ **P.** arceiro; **I.** sand-box; **F.** sablier; **A.** Sandbüchse, Streubüchse; **It.** polverino.

SALVADO, DA. p.p. de salvar. ‖ **2.** m. Cáscara del grano desmenuzada por la molienda. ‖ **P.** salvo; **I.** bran; **F.** son; **A.** Kleie; **It.** crusca; **R.** отруби.

SALVADOR, RA. (l. *salvātor.*) adj. Que salva. Ú.t.c.s. ‖ **2.** m. Por antonom., Jesucristo, a quien también se llama Salvador del mundo, por habernos redimido del pecado y de la muerte eterna. ‖ **P.** salvador; **I.** saviour; **F.** sauveur; **A.** Retter, Erlöser; **It.** salvatore. **R.** спаситель.

° **SALVADOREÑISMO.** m. Dícese de las costumbres y modo de hablar de los habitantes de El Salvador.

SALVADOREÑO, ÑA. adj. Natural de El Salvador. Ú.t.c.s. ‖ **2.** Perteneciente a esta nación de la América Central.

SALVAGUARDA. m. Salvaguardia.

SALVAGUARDIA. (De *salvar* y *guardia.*) m. Guarda que se pone para la custodia de una cosa. ‖ **2.** Señal puesta en tiempo de guerra, de orden de los comandantes militares, a la entrada de los pueblos o de las casas, para que sus soldados no les hagan daño. ‖ **3.** f. Papel o señal que se da a uno para que no sea ofendido ni detenido. ‖ **4.** Custodia, garantía. ‖ **P.** salvaguarda; **I.** safeguard; **F.** sauvegarde, sauf-conduit; **A.** Obhut, Schutzwache, Schutzbrief; **It.** salvaguardia; **R.** охрана.

SALVAJADA. f. Dicho o hecho propio de salvajes.

SALVAJE. (De *selvaje.*) adj. Dícese de las plantas silvestres y sin cultivo. ‖ **2.** Dícese del animal que no es doméstico. ‖ **3.** Aplícase al terreno montuoso, áspero e inculto. ‖ **4.** Natural de los países sin cultura. Ú.t.c.s. ‖ **5.** fig. Sumamente necio, terco, rudo. Ú.t.c.s. ‖ **6.** m. ECUAD. Cierta planta bromeliácea de la que se obtiene crin vegetal. ‖ **P.** selvagem; **I.** savage; **F.** sauvage; **A.** wild, roh; **It.** selvaggio; **R.** дикий.

SALVAJERÍA. (De *salvaje.*) f. Salvajada.

SALVAJEZ. f. p. us. Calidad de salvaje.

SALVAJINA. (De *salvaje.*) f. Conjunto de fieras monteses. ‖ **2.** Carne de esos animales. ‖ **3.** Pieles de los mismos. ‖ **4.** Animal montaraz, como el jabalí, etc.

SALVAJINO, NA. adj. Salvaje. ‖ **2.** Perteneciente a los salvajes, o semejante a ellos. ‖ **3.** Aplícase a la carne de los animales monteses.

SALVAJISMO. m. Modo de ser o de obrar propio de los salvajes. ‖ **2.** Salvajez. ‖ **P.** selvagismo; **I.** savagery; **F.** sauvagerie; **A.** Wildheit, Unmenschlichkeit; **It.** selvatichezza; **R.** дикость, зверство.

SALVAJUELO, LA. adj. d. de salvaje.

SALVAMANO (A). m. adv. Sin peligro, a mansalva.

SALVAMANTELES. m. Pieza sobre la que se ponen las fuentes, botellas, vasos, etc., para que éstos no toquen directamente la mesa ni el mantel.

SALVAMENTE. adv. Con seguridad y sin riesgo.

SALVAMENTO. m. Acción y efecto de salvar o salvarse. ‖ **2.** Lugar o paraje en que uno se asegura de un peligro. ‖ **P.** e **It.** salvamento; **I.** safety, salvation, rescue; **F.** sauvetage; **A.** Rettung, Bergung; **R.** спасение.

SALVAMIENTO. m. Salvamento.

SALVANTE. p.a. de salvar. Que salva. ‖ **2.** adv. fam. Salvo.

SALVAR. (l. *salvāre.*) tr. Librar de peligro; poner en seguro. Ú.t.c.r. ‖ **2.** Dar Dios la gloria y bienaventuranza eterna. ‖ **3.** Evitar un inconveniente, impedimento, dificultad o riesgo. ‖ **4.** Exceptuar una cosa de lo que se dice o se hace. ‖ **5.** Vencer un obstáculo, pasando por encima o a través de él. *La avenida* SALVÓ *el pretil del puente;* SALVAR *los montes.* ‖ **6.** Recorrer la distancia que media entre dos lugares. ‖ **7.** Rebasar una altura elevándose por cima de ella. ‖ **8.** Poner al fin de un escrito, una nota para que valga lo enmendado. ‖ **9.** Exculpar, probar jurídicamente la inocencia o libertad de una persona o cosa. ‖ **10.** GERM. Retener el naipe el fullero. ‖ **11.** intr. Hacer la salva a la comida o bebida de los reyes y señores. ‖ **12.** r. Alcanzar la gloria eterna, ir al cielo. ‖ SÁLVESE *el que pueda.* fr. con que se incita a huir a la desbandada cuando es difícil hacer frente a un ataque o a un riesgo inminente. ‖ **P.** salvar; **I.** to save; **F.** sauver; **A.** (er)retten, erlösen; **It.** salvare; **R.** спасать.

SALVATERRANO, NA. adj. Natural de Salvatierra. Ú.t.c.s. ‖ **2.** Perteneciente o relativo a alguna de las poblaciones de este nombre.

SALVÁTICO, CA. adj. ant. Selvático.

SALVATIERRA. m. GERM. Fullero que usa de la flor de retener o salvar el naipe.

SALVATIQUEZA. f. p.us. Selvatiquez.

SALVAVIDAS. (De *salvar* y *vida.*) m. Aparato con que los náufragos pueden salvarse manteniéndose a flote. ‖ **2.** Aparato colocado ante las ruedas delanteras de los tranvías, para evitar desgracias en caso de atropello. ‖ **3.** PAL. Par de palos

S inclinados hacia adelante colocados en la parte delantera del carro, debajo del cabezal delantero, para evitar que cuando el ganado aboeine dé con el hocico en el suelo. || **4.** MAR. Bote con varios embones de corcho para que no pueda hundirse. || **P.** salva-vidas; **I.** life-preserver; **F.** bouée ou ceinture de sauvetage; **A.** Rettungsapparat; **It.** salvagente; **R.** спасательный, круг.

SALVE. (l. *salve,* te saludo, imper. de *salvēre,* tener salud.) interj. poét. que se emplea para saludar. || **2.** f. Una de las oraciones que se rezan a la Virgen María.

SALVEDAD. (De *salvo.*) f. Razonamiento o advertencia que excusa o limita lo que se va a decir o hacer. || **2.** Nota por la cual se salva una enmienda en un documento. || **P.** excusa; **I.** excuse; **F.** réserve, excuse; **A.** Vorbehalt; **It.** scusa; **R.** оговорка.

SALVIA. (l. *salvia.*) f. Planta labiada, que crece en terrenos áridos hasta 6 u 8 dm de altura, con tallos duros, esquinados; hojas estrechas, aovadas, de olor fuerte aromático y sabor amargo; flores azuladas en espiga. El cocimiento de las hojas se usa como tónico y estomacal. || **2.** ARGENT. Planta verbenácea; es olorosa y sus hojas se usan para hacer una infusión estomacal. || **P.** salva; **I.** sage, salvia; **F.** sauge; **A.** Salbei; **It.** salvia; **R.** шалфей.

SALVILORA. f. ARGENT. Cierto arbusto de la familia de las loganiáceas, que se usa en medicina.

SALVILLA. (l. *servilia,* pl. n. de *servīlis,* servil.) f. Bandeja con una o varias encajaduras donde se aseguran las copas, tazas o jícaras. || **2.** CHILE. Vinagreras. || **P.** salva pequena; **I.** salver; **F.** plateau à tasses; **A.** Servierbrett; **It.** sottocoppa; **R.** поднос.

★ **SALVINIA.** f. BOT. Planta acuática flotante de la familia de las salviniáceas.

SALVO, VA. (l. *salvus.*) p.p. irreg. desus. de salvar. || **2.** adj. Ileso, librado de un peligro. || **3.** Exceptuado, omitido. || **4.** adv. Excepto. || *A* SALVO. m. adv. Sin detrimento, fuera de peligro. || *A* SU SALVO. m. adv. A su satisfacción, sin peligro y sin estorbo. || *Dejar a* SALVO. fr. Exceptuar, sacar aparte. || *En* SALVO. m. adv. En libertad, fuera de peligro. || *Salir a* SALVO. fr. Concluirse felizmente una cosa que ofrecía dificultad. || **P.** e **It.** salvo; **I.** saved; **F.** sauf, sauvé; **A.** sicher, unbeschädigt, heil; **R.** спасеный.

SALVOCONDUCTO. (De *salvo* y *conducto.*) m. Documento expedido por una autoridad para que el que lo lleva pueda transitar sin riesgo por el territorio de su jurisdicción. || **2.** fig. Libertad para hacer algo sin temor de castigo. || **P.** salvo-conduto; **I.** safe-conduct, pass; **F.** sauf-conduit; **A.** Schutzbrief, Geleitbrief; **It.** salvocondotto; **R.** пропуск.

SALVOHONOR. (De *salvar* y *honor.*) m. fam. Culo, trasero.

SALZMIMBRE. m. AR. Sauce de vástagos aprovechables en cestería.

SALLADOR, RA. m. y f. AST. y SANT. Escardador.

SALLADURA. f. Acción de sallar.

SALLAR. (l. *sarcellāre;* de *sarcēllum,* azadilla.) tr. Sachar. || **2.** Tender sobre polines las grandes piezas de madera para conservarlas en los almacenes.

SALLETE. m. Instrumento para sallar.

★ **SAM (TÍO).** Tipo que personifica al pueblo o al Gobierno de los Estados Unidos de Norteamérica.

SAMA. m. Rubiel, pajel.

SÁMAGO. m. Albura o parte más blanda de las maderas, que no es conveniente para la construcción.

SAMÁN. m. BOT. Árbol americano de la familia de las mimosáceas, muy corpulento y robusto, de hojas pequeñas y flores rosadas.

SAMANTA. f. NAV. Haz de leña.

★ **SAMAR.** tr. REP. DOMIN. Manosear, sobar. Ú.t.c.rec.

SÁMARA. (l. *samāra,* simiente del olmo.) f. BOT. Fruto seco, indehiscente, con pocas semillas y pericarpio extendido a manera de alas, como el del olmo.

SAMARILLA. f. Matita labiada rastrera, especie de serpol, de hojas estrechas y flores rosadas en cabezuela; se cría en las lastras de Sierra Nevada.

★ **SAMARIO.** m. QUÍM. Elemento metálico del grupo de las tierras raras.

SAMARITA. (l. *samarīta.*) adj. Samaritano; **2.ª** acep. Ú.t.c.s.

SAMARITANO. NA. (l. *samaritānus.*) adj. Natural de Samaria. Ú.t.c.s. || **2.** Perteneciente a esta ciudad del Asia antigua. || **3.** Sectario del cisma de Samaria, provocado por la división del reino en tiempos de Roboán. Ú.t.c.s. || **P.** e **It.** samaritano; **I.** Samaritan; **F.** samaritain; **A.** Samari(ta)ner.

★ **SAMARSQUITA.** f. MINERAL. Niobato de itrio y uranio.

SAMARUGO. m. AR. Renacuajo. || **2.** AR. fig. Persona torpe, zote.

SAMARUGUERA. (De *samarugo.*) f. Red de mallas pequeñas que se tiende de orilla a orilla en los riachuelos.

★ **SAMBA.** m. R. DE LA PLATA. Baile del Brasil y canción de música melodiosa que le acompaña.

SAMBENITAR. (De *sambenito,* 3.ª acep.) tr. Ensambenitar. || **2.** fig. Infamar, poner mala nota.

SAMBENITO. m. Capotillo que se ponía a los penitentes reconciliados en el tribunal de la Inquisición. || **2.** Letrero que se ponía en las iglesias con el nombre y castigo de los penitenciados, y las señales de su castigo. || **3.** fig. Mala nota que queda de una acción. || **4.** fig. Difamación, descrédito. || **5.** GERM. CHILE. Sombrero.

★ **SAMBETA.** f. REP. DOMIN. Cortaplumas de hoja más larga que lo ordinario.

★ **SAMBI.** m. CUBA. Cierto instrumento músico de cuerda.

SAMBLAJE. m. Ensambladura.

SAMBRANO. m. BOT. HOND. Planta leguminosa, de 2 m de altura, con flores amarillas. La raíz se usa como sudorífico.

★ **SAMBROTE.** m. C. RICA. Revoltijo o revoltijo.

SAMBUCA. (l. *sambūca* y éste del gr. σαμβύκη.) f. Antiguo instrumento músico de cuerda, parecido al arpa. || **2.** Máquina antigua de guerra, dispuesta para caer como puente sobre los muros de una ciudad y facilitar el asalto.

★ **SAMBUMBE.** m. COLOM. Cierto guiso de plátano o calabaza. || **2.** fig. Revoltijo.

SAMBUMBIA. f. CUBA. Bebida hecha con miel de caña, agua y ají. || **2.** MÉJ. Refresco hecho de piña, agua y azúcar. || **3.** COLOM. fig. Mazamorra. || *Volver* SAMBUMBIA *una cosa.* fr. fig. y fam. COLOM. Hacerla añicos.

SAMBUMBIERÍA. f. CUBA y MÉJ. Lugar donde se hace sambumbia y tienda donde se vende.

★ **SAMBUTIR.** tr. MÉJ. Introducir.

★ **SAMIDA.** f. BOT. Género de plantas samidáceas, de hojas esparcidas y flores grandes. Crecen en Méjico y en las Antillas.

SAMIO, MIA. (l. *samius.*) adj. Natural de Samos. Ú.t.c.s. || **2.** Perteneciente a esta isla del Egeo.

SAMNITA. (l. *samnītes.*) ad. Natural de Samnio, país de la Italia antigua. Ú.t.c.s.

SAMNITE. adj. Samnita. Ú.t.c.s.

SAMNÍTICO, CA. (l. *samnitǐcus.*) adj. Perteneciente a los samnitas.

★ **SAMÓFIDO, DA.** adj. ZOOL. Dícese de ciertos ofidios, que viven en terrenos arenosos. || **2.** m. ZOOL. Género de reptiles ofidios, serpientes de desierto, venenosas, de regular tamaño, y cuya mordedura es temible.

★ **SAMOPRIETO.** m. BOT. MÉJ. Cierto árbol leguminoso, del cual se obtiene una goma que se usa como febrífugo.

SAMOSATENO, NA. adj. Natural de Samosata. Ú.t.c.s. || **2.** Perteneciente a esta ciudad del Asia antigua.

SAMOSATENSE. adj. Samosateno. Ú.t.c.s.

SAMOTANA. f. C. RICA y HOND. Zambra, bulla, algazara.

SAMOTRACIO, CIA. (l. *samothracǐus.*) adj. Natural de Samotracia. Ú.t.c.s. || **2.** Perteneciente a esta isla del Egeo.

SAMOYEDO, DA. adj. Aplícase a un pueblo que habita las costas del mar Blanco y el norte de Siberia. Ú.t.c.s. || **2.** Perteneciente o relativo a este pueblo.

SAMPA. f. ARGENT. Arbusto ramoso, copudo, de hojas redondeadas, de color verde claro. Se cría en lugares salitrosos.

★ **SAMPABLERA.** f. VENEZ. Pleito ruidoso. || **2.** VENEZ. Bronca, escándalo, embrollo.

SAMPAGUITA. (d. español del ár. *zanbaq,* lirio, jazmín.) f. BOT. Mata fruticosa parecida al jazmín, con tallos sarmentosos de 3 a 4 m de largo, hojas estrechas, pecioladas, y flores olorosas, blancas, en embudo. Se cultiva en los países tropicales por el delicado aroma de sus flores.

SAMPEDRADA. f. AR. y RIOJA. Fiesta que se celebra en el campo el día de San Pedro Apóstol.

SAMPEDRANO, NA. adj. Natural de Villa de San Pedro. Ú.t.c.s. || **2.** Perteneciente a esta villa del Paraguay.

★ **SAMPEDRITO.** m. ZOOL. P. RICO. Cierto pajarillo de plumaje verde, el pecho y el vientre grises y rojo en el cuello.

SAMPSUCO. (l. *sampsǔchum.* y éste del gr. σάμψουχον.) m. Mejorana.

SAMUGA. (celta *sambūca.*) f. Jamuga.

SAMUGO. m. ALBAC. y AR. Persona terca y poco locuaz.

SAMURAI. (Voz japonesa que significa guardia.) m. En el antiguo sistema feudal japonés, individuo de la clase militar que estaba al servicio de los daimios.

★ **SAMUREAR.** intr. VENEZ. Andar con el cuerpo inclinado como recelando y procurando prevenirse.

SAMURO. m. COLOM. y VENEZ. Aura, zopilote. || **2.** REP. DOMIN. Gallo que no es castizo. || **3.** Gallinaza. || **4.** VENEZ. Cierta planta leguminosa medicinal.

SAN. adj. Apócope de santo. Ú. solamente antes de los nombres propios de santos, salvo los de Tomás, o Tomé, Toribio y Domingo. El plural sólo se usa en las expresiones familiares. *¡Por vida de* SANes! *y ¡Voto a* SANes! || SAN *se acabó.* expr. fam. Sanseacabó.

SANABLE. (l. *sanābilis.*) adj. Que puede ser sanado o adquirir sanidad.

SANABRÉS, SA. adj. Natural de Sanabria. Ú.t.c.s. || **2.** Perteneciente a esta región de Zamora.

★ **SANACO, CA.** adj. fam. CUBA. Bobo, necio. Ú.t.c.s.

SANADOR, RA. (l. *sanātor, -ōris.*) adj. Que sana. Ú.t.c.s.

SANALOTODO. (De *sánalo todo,* porque suele aplicarse a muchas cosas.) m. Cierto emplasto de color negro. ||**2.** fig. Medio que se intenta aplicar a todo.

SANAMENTE. adv. Con sanidad. || **2.** fig. Sinceramente, sin malicia.

★ **SANANERÍA.** f. P. RICO. Bobería, mentecatez, necedad.

SANANICA. f. LEÓN. Mariquita, insecto coleóptero.

★ **SANANO, NA.** adj. CUBA y P. RICO. Sanaco, bobo.

SANANTONA. (De *San Antón.*) f. SAL. Aguzanieves.

SANAPUDIO. (De *sapo* y *pudio,* del l. *pūtidus.*) m. SANT. Arraclán, 1.er art.

SANAR. (l. *sanāre.*) tr. Restituir a la salud perdida. || **2.** intr. Recobrar un enfermo la salud. || **P.** sanar; **I.** to heal; **F.** guérir; **A.** heilen, genesen; **It.** sanare, guarire; **R.** вылечивать.

SANATIVO, VA. (l. *sanatīvus.*) adj. Que sana o tiene virtud de sanar.

SANATORIO. (De *sanar.*) m. Establecimiento convenientemente dispuesto para la estancia de enfermos que necesitan someterse a cierto régimen curativo o tratamiento especial. || **P.** sanatório; **I.** y **F.** sanatorium; **A.** Sanatorium; **It.** sanatorio; **R.** санаторий.

SANCIÓN. (l. *sanctio, -ōnis.*) f. Estatuto o ley. || **2.** Acto solemne por el que el jefe del Estado confirma una ley o estatuto. || **3.** Pena que la ley establece para el que la infringe. || **4.** Mal dimanado de una culpa o yerro y que viene a ser su castigo. || **5.** Autorización o aprobación que se da a cualquier acto, uso o costumbre. || **P.** sanção; **I.** y **F.** sanction; **A.** Sanktion. **It.** sanzione; **R.** санкция.

SANCIONABLE. adj. Que merece sanción.

SANCIONADOR, RA. adj. Que sanciona. Ú.t.c.s.

SANCIONAR. (De *sanción.*) tr. Dar fuerza de ley a una disposición. || **2.** Autorizar o aprobar cualquier acto, uso o costumbre. || **3.** Aplicar una sanción o castigo. || **P.** sancionar; **I.** to sanction; **F.** sanctionner; **A.** sanktionieren, bestrafen; **It.** sanzionare; **R.** санкционировать.

SANCIROLE. (De *San Ciruelo*.) m. Sansirolé.

SANCO. (quich. *sancu*.) m. CHILE. Gachas que se hacen de harina tostada de maíz o de trigo con agua, grasa y sal y algún condimento. || **2.** ARGENT. Guiso hecho de harina, sangre de res, grasa y cebolla. || **3.** fig. CHILE. Barro muy espeso. *Hacer* SANCO *la nariz, los ojos*, etc., a uno. fr. CHILE. Maltratarlo a golpes.

★ **SANCOCHADO, DA.** p.p. de sancochar. || **2.** m. CHILE. Cierta bebida, especie de chicha. || **3.** PERÚ. Sancocho, plato americano de yuca, carne, plátano y otras cosas.

SANCOCHAR. (De *sancocho*.) tr. Cocer a medias la vianda, dejándola sin sazonar. || **P.** afervntar; **I.** to parboil; **F.** demi-cuire, blanchir; **A.** (Fleisch) halbkochen; **It.** soffriggere; **R.** не доварить.

SANCOCHO. (l. *semicoctus*, mal cocido.) m. Vianda a medio cocer. || **2.** AMÉR. CENTRAL y MERID. Olla compuesta de carne, yuca, plátano y otros ingredientes, y que se toma en el almuerzo. || **3.** P. RICO. Lío, confusión, embrollo.

SANCTA. (Voz latina.) m. Parte anterior del tabernáculo de los israelitas en el desierto, y del templo de Jerusalén, separada por un velo del sanctasanctórum. || *Non* SANCTA. Con palabras como gente, casa, palabra, etc., mala, depravada, pervertida.

SANCTASANCTÓRUM. (l. *sancta sanctorum*, parte o lugar más santo de los santos.) m. Parte interior y más sagrada del tabernáculo y del templo de Jerusalén. || **2.** fig. Lo que para una persona es de singularísimo aprecio. || **3.** fig. Lo muy reservado y misterioso.

SANCTÓRUM. (Voz latina *de los santos*.) m. Cuota con que contribuía cada individuo de una familia de Filipinas al sostenimiento del culto.

SANCTUS. (Voz latina.) m. Parte de la misa, en que dice el sacerdote tres veces esta palabra después del prefacio.

SANCHA. (l. *¡Pecadora de* SANCHA! *quería, y no tenía blanca*. ref. que denota lo sensible que es no poder satisfacer algunos deseos por falta de medios.

SANCHECIA. (Del botánico español José *Sánchez*.) f. Cierta planta herbácea del Perú, de la familia de las escrofulariáceas.

SANCHETE. (De *Sancho*.) m. Moneda de plata que mandó acuñar el rey Don Sancho el Sabio de Navarra.

SANCHINA. f. SAL. Garrapata, 1.ª acep.

★ **SANCHITO.** m. MÉJ. Animal que se cría sin madre.

SANCHO. m. AR. y MANCHA. Puerco, cerdo.

SANCHO. n. p. *Allá va* SANCHO *con su rocín.* ref. con que se da a entender la gran amistad de dos que andan juntamente juntos. || *Con lo que* SANCHO *sana, Domingo adolece.* ref. que enseña que no todas las cosas convienen a todos. || *Encontrar, o topar* SANCHO *con su rocín.* fr. fig. y fam. con que se denota que uno halla otro semejante a él.

★ **SANCHO, CHA.** m. y f. MÉJ. Res lanar. || **2.** MÉJ. Cualquier animal domesticado o manso por naturaleza.

SANCHOPANCESCO, CA. adj. Propio de Sancho Panza. || **2.** Falto de idealidad, como este personaje del *Quijote*.

SANDALIA. (l. *sandalium*, y éste del gr. σανδάλιον.) f. Calzado compuesto de una suela que se asegura con correas o cintas. || **P.** sandalha; **I.** sandal; **F.** sandale; **A.** sandale; **It.** sàndalo; **R.** сандалия.

SANDALINO, NA. adj. Perteneciente al sándalo.

SÁNDALO. (ár. *sandal*, y éste del sánscr. *chandana*, madera olorosa de las Indias.) m. Planta herbácea, olorosa, vivaz, de la familia de las labiadas, de 4 a 6 dm de altura; hojas elípticas, con dentecillos en el borde, y flores rosáceas. Se cultiva en los jardines. || **2.** Árbol santaláceo, de aspecto parecido al del nogal, con hojas elípticas, opuestas, enteras, gruesas, lisas y muy verdes; flores pequeñas en ramos axilares, fruto parecido a la cereza, y madera amarillenta y fragante. Vive en las costas de la India y de varias islas de la Oceanía. || **3.** Leño oloroso de este árbol. || —**rojo.** BOT. Árbol del Asia tropical, de la familia de las papilionáceas, con tronco recto, copa amplia, hojas compuestas, flores blancas en ramos axilares, fruto en vainas, y madera tintórea, pesada, dura y de color rojo muy encendido. || **P.** sándalo; **I.** sandalwood, sandal-tree; **F.** santal, sandal; **A.** Sandelbaum; |**It.** sàndalo; **R.** сандал.

★ **SÁNDALO.** m. HOND. Cierta tela ordinaria para forros.

SANDÁRACA. (l. *sandarăca*, y éste del gr. σανδαράκη.) f. Resina amarillenta que se saca del enebro y de otras coníferas. Empléase para barnices. || **2.** Rejalgar. || **P.** sandácara; **I.** sandarac, sandarach; **F.** sandaraque; **A.** Sandarak(harz); **It.** sandracca; **R.** сандарак.

SANDEZ. f. Calidad de sandío. || **2.** Despropósito, simpleza, necedad. || **P.** sandice; **I.** folly, simplicity; **F.** niaiserie; **A.** Dummheit, Torheit; **It.** stupidità; **R.** глупость.

SANDÍA. (ár. *sindiyya*, propia o perteneciente al Sind o Indostán.) f. Planta herbácea anual, cucurbitácea, con tallo rastrero, de 3 a 4 m de largo; hojas partidas en segmentos redondeados; flores amarillas, fruto casi esférico y de gran tamaño, de corteza verde y pulpa encarnada, aguanosa y dulce, entre la que se encuentran muchas pepitas negras. || **2.** Fruto de esta planta. || **P.** melancia, sandia; **I.** watermelon; **F.** pastèque; **A.** Wassermelone; **It.** cocòmero; **R.** арбуз.

SANDIAL. m. AMÉR. Sandiar.

SANDIALAHUÉN. m. CHILE. Planta verbenácea, de tallo tendido, hojas pinatífidas y flores rosadas, en espiga. Se usa como aperitivo y diurético.

SANDIAR. m. Terreno sembrado de sandías.

SANDIEGO. m. CUBA. Planta amarantácea de jardín, con flores moradas y blancas.

SANDIO, DIA. adj. Necio o simple. Ú.t.c.s.

SANDUCERO, RA. adj. Natural de Paisandú. Ú.t.c.s. || **2.** Perteneciente a esta ciudad del Uruguay.

★ **SANDULLO.** m. REP. DOMIN. Embutido preparado en tripas de cerdo.

SANDUNGA. f. fam. Gracia, donaire, salero. || **2.** CHILE y P. RICO. Jarana, jolgorio, parranda.

★ **SANDUNGUEAR.** (De *sandunga*.) intr. CHILE. Andar de parranda o en jaranas.

SANDUNGUERO, RA. adj. fam. Que tiene sandunga.

SANEADO, DA. p.p. de sanear. || **2.** adj. Dícese de los bienes o la renta libres de cargas o descuentos.

SANEAMIENTO. m. Acción y efecto de sanear. || **P.** saneamento; **I.** sanitation; **F.** assainissement; **A.** Gesundmachen; **It.** risanamento; **R.** оздоровление.

SANEAR. (De *sano*.) tr. Afianzar o asegurar el reparo o indemnización del daño que puede sobrevenir. || **2.** Reparar o remediar una cosa. || **3.** Dar condiciones de salubridad a un terreno, finca, etc. || **4.** FOR. Indemnizar el vendedor al comprador de todo el perjuicio que haya experimentado por vicio de la cosa comprada, o por haber sido perturbado en la posesión de ella. || **3.ª** acep.: **P.** sanear; **I.** to sanitate; **F.** assainir; **A.** gesund machen; **It.** rinsanicare; **R.** оздоровлять.

SANEDRÍN. (rabínico *sanhedrín*, y éste del gr. συνέδριον; de σύν, con, y ἕδρα, asiento.) m. Consejo supremo de los judíos, en el que se trataban y decidían los asuntos de estado y de religión. || **2.** Lugar donde se reunía el Consejo.

SANES. m. pl. V. *San*.

SANFRANCIA. f. fam. Pendencia, trifulca.

★ **SANGARETE.** adj. COLOM. Dícese del trompo que baila mal.

★ **SANGARETEAR.** intr. Bailar mal el trompo.

SANGLEY. adj. Dícese del indio chino o japonés que pasa a comerciar a Filipinas. Ú.t.c.s.

SANGO. m. PERÚ. Sanco, especie de gachas.

SANGONERA. (l. *sanguinaria*.) f. AR. Sanguijuela.

★ **SANGRACO.** m. PERÚ. Indio curandero que practica la sangría como remedio contra ciertas enfermedades.

SANGRADERA. (De *sangrar*.) f. Lanceta. || **2.** Vasija que sirve para recoger la sangre cuando sangran a uno. || **3.** fig. Caz o acequia de riego, que se deriva de otra corriente de agua. || **4.** fig. Compuerta por donde se da salida al agua sobrante de un caz. || **5.** AMÉR. CENTRAL y MERID. y AND. Sangría. || **6.** HOND. Sangre cocida. || **7.** PERÚ. Zanja para el desagüe. || **P.** lanceta; **I.** lancet; **F.** lancette; **A.** Lanzette, Aderlasseisen; **It.** lancetta; **R.** ланцет.

★ **SANGRADERO.** m. ARGENT. Parte del cuello por donde se sangra o degüella al animal.

SANGRADOR. m. El que tiene por oficio sangrar. || **2.** Abertura que se hace para dar salida a los líquidos contenidos en un depósito, como en las calderas de jabón y en las presas de los ríos. || —**del común.** El que ejercía su oficio cerca de la servidumbre subalterna de la casa real. || **P.** sangrador; **I.** phlebotomist, bloodletter; **F.** saigneur; **A.** Aderlasser, Bader; **It.** flebòtomo, salassatore; **R.** кровопускатель.

SANGRADURA. (De *sangrar*.) f. Sangría. || **2.** Cisura de la vena. || **3.** fig. Salida que se da a las aguas de un río o canal o de un terreno encharcado.

SANGRAR. (l. *sanguĭnāre*.) tr. Abrir una vena y dejar salir determinada cantidad de sangre. || **2.** fig. Dar salida a un líquido en todo o en parte, abriendo conducto por donde corra. || **3.** Resinar. || **4.** fig. y fam. Hurtar, sisar, tomando disimuladamente parte de un todo. SANGRAR *un costal de trigo.* || **5.** IMPR. Empezar un renglón más adentro que los otros de la plana, como se hace con el primero de cada párrafo. || **6.** intr. Arrojar sangre. **7.** r. Hacerse dar una sangría. || *Estar* SANGRANDO *una cosa.* fr. fig. Estar chorreando sangre. || **2.** Estar clara y patente. **3.** Acabar de suceder. || **P.** sangrar; **I.** to bleed; **F.** saigner; **A.** Blut ablassen, bluten; **It.** salassare; **R.** пускать кровь.

SANGRAZA. f. Sangre corrompida.

SANGRE. (l. *sanguis, -ĭnis.*) f. Tejido líquido coagulable que lleva en suspensión células de distintas formas y funciones y circula por un sistema de vasos que se extiende por todas partes del cuerpo de los animales, sirviendo de intermediario entre los elementos anatómicos y el medio exterior. || —**arteria**l o **roja.** La que después de oxigenarse en los pulmones se distribuye por todo el organismo. || —**azul.** fig. Sangre noble. || —**de espaldas.** Flujo de sangre procedente de las venas hemorroidales dilatadas. || —**de Francia.** SEV. Crisantemo. || —**de horchata.** Dícese del calmoso que no se altera por nada. || —**en el ojo.** fig. Honra y valor para cumplir las obligaciones. Ú.m. con el verbo *tener.* || **2.** Resentimiento, deseo de venganza. || —**fría.** Serenidad de ánimo. || —**ligera.** AMÉR. CENTRAL y MERID. Dícese de la persona simpática. || —**pesada.** AMÉR. CENTRAL y MERID. Dícese de la persona antipática. || —**venosa** o **negra.** La que impurificada por los cambios orgánicos se dirige de los órganos al corazón y de éste a los pulmones. || —**y leche.** Mármol encarnado con grandes manchas blancas. || *Mala* SANGRE. fig. Carácter avieso o vengativo de una persona. || *A* SANGRE *fría.* m. adv. Con premeditación. || *A* SANGRE *y fuego.* Con todo rigor, destruyéndolo todo. || *Bullirle* a uno *la* SANGRE. Tener vigor de juventud. || *Chorrear* SANGRE. fr. fig. y fam. Ser una cosa tan notoriamente injusta que conmueve el ánimo del que la contempla o considera. || *Dar* uno *la* SANGRE *de sus venas.* fr. fig. que pondera el afecto del que se sacrifica por otro. || *Pudrirle, o quemarle* a uno *la* SANGRE. fr. fig. y fam. Exasperarle. || *Subírsele* a uno *la* SANGRE *a la cabeza.* Montar en cólera. || *Tener* uno *la* SANGRE *caliente.* fr. fig. Arrojarse precipitadamente

S a los peligros. || **P.** e **It.** sangue; **I.** blood; **F.** sang; **A.** Blut; **R.** кровь.

SANGREDO. m. Sant. Arraclán.

2. Ast. Aladierna.

★ **SANGRENAL.** m. Terap. Preparación de la sangre de glándulas renales de carnero, que tiene aplicación para combatir ciertas enfermedades.

SANGRENTAR. (De *sangriento*.) tr. desus. Ensangrentar.

SANGRÍA. f. Acción y efecto de sangrar. || **2.** Parte de la articulación del brazo opuesto al codo. || **3.** fig. Sangradura, 3.ª acep. || **4.** Corte que se hace en un árbol para que fluya la resina. || **5.** Regalo que se solía hacer por amistad a una persona que se sangraba. || **6.** fig. Hurto de una cosa, por pequeñas partes. || **7.** fig. Bebida refrescante que se compone de agua y vino con azúcar y limón. || **8.** Germ. Abertura que hace el ladrón para sacar el dinero. || **9.** Impr. Acción y efecto de sangrar, 5.ª acep. || **10.** Metal. En los hornos de fundición, chorro de metal al que se da la salida. || —**suelta.** Aquella en que no se restaña la sangre. || **2.** fig. Gasto continuo. || *Lo mismo son* sangrías *que ventosas.* expr. fig. y fam. con que se reprueba como inútil e inadecuado el medio que uno propone por equivalente a otro ya tomado o que va a tomarse. || **P.** sangria; **I.** bleeding, blood-letting; **F.** saignée; **A.** Aderlass; **R.** кровопускание.

★ **SANGRICÁN.** m. Chile. Guiso de sangre.

SANGRICIO. m. Sant. Aladierna.

SANGRIENTAMENTE. adv. De modo sangriento.

SANGRIENTO, TA. (l. *sanguilēntus.*) adj. Que echa sangre. || **2.** Teñido en sangre o mezclado con sangre. || **3.** Sanguinario. *El* sangriento *Nerón.* || **4.** Que causa efusión de sangre. *Batalla* sangrienta. || **5.** fig. Que ofende gravemente. *Injuria* sangrienta. || **6.** poét. Que de color de sangre. || **P.** sangrento; **I.** bloody, blood-stained; **F.** saignant, sanglant, sanguinaire; **A.** blutig, blutend; **It.** sanguinante, sanguinoso; **R.** кровавый.

★ **SANGRIGORDERÍA.** f. Cuba y P. Rico. Grosería.

★ **SANGRIGORDO, DA.** adj. Cuba y P. Rico. Grosero, impertinente.

★ **SANGRIPESADO, DA.** adj. fam. Colom. y Cuba. Odioso, antipático. Dícese exclusivamente de personas.

SANGRIZA. f. Purgación, sangre menstrual y puerperal.

★ **SANGRÓN, NA.** adj. Cuba. Dícese de la persona impertinente y molesta.

★ **SANGRUNO, NA.** adj. P. Rico. Sangripesado.

SANGUARAÑA. f. Perú. Cierto baile popular. || **2.** Ecuad. y Perú. Circunloquio, rodeo de palabras. Ú.m. en pl.

SANGUAZA. f. Sangraza. || **2.** fig. Líquido del color de la sangre que sale de algunas legumbres o frutas.

SANGÜEÑO. (l. *sanguĭnĕus.*) m. Cornejo.

SANGÜESA. f. Frambuesa.

SANGÜESO. m. Frambueso.

SANGUÍFERO, RA. (l. *sanguis*, sangre, y *ferre*, llevar.) adj. Que contiene y lleva sangre.

SANGUIFICACIÓN. (De *sanguificar.*) f. Zool. Función fisiológica que consiste en la oxidación de la hemoglobina, en cuya virtud la sangre venosa se convierte en arterial.

SANGUIFICAR. (l. *sanguis*, sangre, y *facĕre*, hacer.) tr. Hacer que se críe sangre. || **P.** sanguificar; **I.** to sanguify; **F.** sanguifier; **A.** Blut bilden; **It.** sanguificare.

SANGUIJOLERO, RA. m. y f. Sanguijuelero.

SANGUIJUELA. (De *sanguja*.) f. Zool. Anélido acuático, casi cilíndrico, de 8 a 12 cm de largo, de cuerpo muy contráctil; con una ventosa en cada uno de sus extremos, y la boca, provista de tres piezas, córneas y cortantes, en el centro de la ventosa anterior. Se alimenta con la sangre que chupa a los animales a que se agarra. Ha sido utilizada en medicina para conseguir evacuaciones sanguíneas en los enfermos. || **2.** fig. y fam. Persona que va

poco a poco sacando a uno el dinero y otras cosas de valor. || **P.** sanguessuga; **I.** leech; **F.** sangsue; **A.** Blutegel; **It.** sanguisuga; **R.** пиявка.

SANGUIJUELERO, RA. m. y f. Persona que se dedica a coger sanguijuelas, que las vende o las aplica.

SANGUINA. (l. *sanguis*, sangre.) f. Mineral. Variedad terrosa de hematites roja. || **2.** Lápiz rojo obscuro fabricado con hematites en forma de barritas. || **3.** Dibujo con este lápiz. || **4.** Germ. Menstruo, 3.ª acep.

SANGUINARIA. (l. *sanguinarĭa*.) f. Piedra semejante al ágata, de color de sangre. —**mayor.** Centinodia. —**menor.** Nevadilla. || **P.** sanguina; **I.** blood-stone; **F.** sanguine; **A.** Blutstein; **It.** sanguinaria.

SANGUINARIAMENTE. adv. De un modo sanguinario.

SANGUINARIO, RIA. (l. *sanguinarĭus*.) adj. Feroz, vengativo, que goza en derramar sangre. || **P.** sanguinário; **I.** sanguinary, bloody; **F.** sanguinaire; **A.** blutgierig, blutdürstig; **It.** sanguinario; **R.** кровожадный.

SANGUÍNEO, A. (l. *sanguĭnĕus*.) adj. De sangre. || **2.** Que contiene sangre o abunda en ella. || **3.** Dícese también de la complexión fisiológica en que predomina este humor. || **4.** De color de sangre. || **5.** Perteneciente a la sangre. || **P.** sanguíneo; **I.** sanguineous; **F.** sanguin; **A.** vollblütig, blutreich; **It.** sanguineo, sanguigno; **R.** кровеносный.

SANGUINO, NA. adj. Sanguíneo. || **2.** León. Que tiene un extremado afecto a las personas de su sangre o linaje. || **3.** Dícese de la naranja que tiene la pulpa de color rojizo. || **4.** m. Aladierna. || **5.** Cornejo.

SANGUINOLENCIA. (l. *sanguinolentĭa*.) f. Calidad de sanguinolento.

SANGUINOLENTO, TA. (l. *sanguinolentus*.) adj. Sangriento, 1.ª y 2. aceps. **SANGUINOSO, SA.** (l. *sanguinōsus*.) adj. Que participa de la naturaleza o cualidades de la sangre. || **2.** Sanguinario.

SANGUIÑUELO. m. Cornejo.

SANGUIS. (Voz latina, que significa *sangre*.) m. La sangre de Cristo bajo los accidentes del vino.

SANGUISORBA. (l. *sanguis*, sangre, y *sorbĕre*, absorber, que contiene o ataja la sangre.) f. Pimpinela.

SANGUISUELA. f. Sanguijuela.

SANGUJA. (l. *sanguisūga*; de *sanguis*, sangre, y *sugĕre*, chupar.) f. Sanguijuela.

SANÍCULA. (l. [*herba*] *sana*, hierba sana.) f. Planta herbácea anual umbelífera, con tallo de 4 a 6 dm de altura; hojas pecioladas, casi redondas; flores pequeñas, blancas o rojizas, de cinco pétalos, en umbelas irregulares, y fruto seco. Crece en los sitios frescos y se ha usado en medicina como vulneraria.

SANIDAD. (l. *sanitas, -ātis*.) f. Calidad de sano. || **2.** Salubridad. || **3.** Conjunto de servicios gubernativos ordenados para preservar la salud pública. —**civil.** Sanidad, 3.ª acep. —**exterior.** La gubernativa que presta sus servicios en las costas y fronteras. —**interior.** La gubernativa que ejerce su ministerio propio dentro del país. —**marítima.** Aquella parte de la exterior que radica en los puertos y atañe a la navegación. —**militar.** Cuerpo de médicos, farmacéuticos y veterinarios y de tropas especiales, que prestan sus servicios profesionales en los ejércitos de tierra, mar y aire. || *En* sanidad. m. adv. En sana salud. || **P.** sanidade; **I.** soundness, sanity; **F.** santé, sanité; **A.** Gesundheit, Sanität; **It.** salute, sanità; **R.** здравоохранение.

SANIDINA. (gr. σανίς, σανίδος, tablita.) f. Variedad de ortosa, propia de rocas volcánicas, y cuyos cristales de aspecto vítreo forman tablitas.

SANIE. f. Med. Sanies.

SANIES. (l. *sanies*.) f. Med. Icor.

SANIOSO, SA. (l. *saniōsus*.) adj. Med. Icoroso.

SANITARIO, RIA. (l. *sanĭtas*, sanidad.) adj. Perteneciente o relativo a la sanidad. *Medidas* sanitarias. || **2.** m. Individuo del cuerpo de sanidad militar. ||

P. sanitário; **I.** sanitary; **F.** sanitaire; **A.** sanitär; **It.** sanitario; **R.** санитарный.

SANJACADO. m. Territorio del imperio turco, gobernado por un sanjaco. || **P.** sanjacado; **I.** sanjakate; **F.** sanjacat, sandjakat; **A.** Sandschakt; **It.** sangiaccato.

SANJACATO. m. Sanjacado.

SANJACO. (turco *sanyâq*, que de insignia real pasó a designar una división territorial y administrativa.) m. Gobernador de un territorio del imperio turco.

★ **SANJORGE.** m. Zool. Argent. Cierto insecto que destruye otros insectos perjudiciales a la agricultura.

SANJUÁN. m. Bad. Madero en rollo, de castaño, de unos 3,50 m de longitud y 12 cm de diámetro.

★ **SANJUÁN.** m. Ecuad. Danza aborigen.

SANJUANADA. f. Verbena o diversión que se celebra en el campo el día de San Juan Bautista o los días próximos. || **2.** Días próximos al de San Juan, ó 24 de junio.

★ **SANJUANEADA.** f. Méj. Zurra, tunda, azotaina.

★ **SANJUANEAR.** tr. Méj. Zurrar, golpear, azotar.

SANJUANEÑO, ÑA. adj. Sanjuanero. Dícese de algunas frutas.

★ **SANJUANERA.** f. Zool. Cuba y P. Rico. Paloma más pequeña que la torcaz.

SANJUANERO, RA. adj. Aplícase a algunas frutas que maduran por San Juan y al árbol que las produce. || **2.** Natural de San Juan en la isla de Cuba. Ú.t.c.s. || **3.** Perteneciente a alguna de las ciudades cubanas de este nombre.

SANJUANINO, NA. adj. Natural de San Juan, ciudad de la República Argentina. Ú.t.c.s. || **2.** Perteneciente o relativo a esta ciudad y provincia.

SANJUANISTA. adj. Aplícase al individuo de la orden militar de San Juan de Jerusalén. Ú.t.c.s.

SANLUCAREÑO, ÑA. adj. Sanluqueño. Ú.t.c.s.

° **SANLUISEÑO, ÑA.** adj. Natural de San Luis. Ú.t.c.s. || **2.** Perteneciente o relativo a esta ciudad y provincia argentinas.

★ **SANLUISERO, RA.** adj. Natural de San Luis. Ú.t.c.s. || **2.** Perteneciente o relativo a esta ciudad y provincia de la República Argentina.

★ **SANLUNERO, RA.** adj. Chile. Dícese del que deja de ir los lunes al trabajo.

SANLUQUEÑO, ÑA. adj. Natural de Sanlúcar. Ú.t.c.s. || **2.** Perteneciente a alguna de las poblaciones de este nombre.

★ **SANMARTÍN.** m. Ecuad. y Perú. Zurriago, látigo.

SANMARTINIANO, NA. adj. Perteneciente o relativo a la persona u obra del general argentino José de San Martín.

SANMIGUELADA. f. Últimos días de septiembre próximos a la fiesta de San Miguel, en que tradicionalmente terminan ciertos contratos de arrendamiento.

SANMIGUELEÑO, ÑA. adj. Aplícase a algunas frutas que maduran por San Miguel y al árbol que las produce.

SANO, NA. (l. *sanus*.) adj. Que goza de perfecta salud. Ú.t.c.s. || **2.** Seguro, sin riesgo. || **3.** Saludable. || **4.** fig. Sin daño o corrupción, tratándose de vegetales o de sus productos. || **5.** fig. Libre de error o vicio. || **6.** fig. Sincero, de buena intención. || **7.** fig. y fam. Entero, no roto ni estropeado. || *Cortar por lo* sano. fr. fig. y fam. Emplear el procedimiento más expeditivo sin consideración alguna, para remediar males o zanjar dificultades. || sano y *salvo.* loc. Sin lesión, enfermedad ni peligro. || **P.** são; **I.** sound, healthy, entire; **F.** sain, entier; **A.** gesund, heil(sam), unverletzt; **It.** sano, sanio, intiero; **R.** здоровый.

SANROQUEÑO, ÑA. adj. Dícese de algunas frutas que maduran hacia la fiesta de San Roque, a mediados de agosto, y del árbol que las produce.

SANSA. (l. *samsa*.) f. Ar. Hojuela u orujo de aceituna.

SANSCRITISTA. com. Persona versada en la lengua y literatura sánscritas.

SÁNSCRITO, TA [SANSCRITO, TA]. (sánscr. *sánskrita*, perfecto.) adj. Aplícase a la antigua lengua de los brahmanes, que aún sigue siendo la sagrada

S

del Indostán, y a lo referente a ella. Ú.t.c.s.

SANSEACABÓ. expr. fam. con que se da por terminado un asunto.

SANSIMONIANO, NA. adj. Partidario del sansimonismo. Apl. a pers. ú.t.c.s. || 2. Perteneciente a esta doctrina.

SANSIMONISMO. m. Doctrina socialista del conde de Saint-Simón, y de sus discípulos, conforme a la cual debe ser cada uno clasificado según su capacidad y remunerado según sus obras.

SANSIROLÉ. com. fam. Bobalicón, papanatas.

SANSO. m. Vizc. Grito de expansión o de alegría, que se oye especialmente en las diversiones públicas al aire libre.

SANSÓN. (Por alusión a *Sansón*, juez de Israel, dotado de fuerzas maravillosas.) m. fig. Hombre muy forzudo. || *Aquí morirá* SANSÓN *con todos los filisteos*, o SANSÓN *y cuantos con él son.* fr. proverb. que se usa para indicar que ha llegado el momento en que es preciso arrostrar el mayor peligro, sin reparar en las consecuencias.

SANT. adj. ant. San.

SANTABÁRBARA. (Por la imagen de *Santa Bárbara*, patrona de los artilleros, que generalmente está colocada en este lugar.) f. MAR. Pañol destinado en las embarcaciones para custodiar la pólvora. || 2. MAR. Cámara por donde se baja a este pañol. || *Quemar*, o *volar la* SANTABÁRBARA. fr. fig. con que se denota una determinación extrema, sin reparar en el estrago que pueda causar. || P. santa-bárbara; I. magazine, powder-room; F. Sainte-Barbe, soute à poudre; A. Pulverkammer; It. santabárbara; R. пороховой погреб.

° **SANTACRUCEÑO, ÑA.** adj. Natural de Santa Cruz de Mudela, villa española en la provincia de Ciudad Real, o de Santa Cruz de los Pinos o de Santa Cruz del Sur, poblaciones ambas de la isla de Cuba. Ú.t.c.s. || 2. Relativo o perteneciente a una de estas poblaciones.

★ **SANTAFECINA.** f. ARGENT. Veta de cuarzo aurífero.

SANTAFECINO, NA. adj. Natural de la provincia o de la ciudad de Santa Fe. Ú.t.c.s. || 2. Perteneciente a este territorio argentino.

SANTAFEREÑO, ÑA. adj. Natural de Santa Fe de Bogotá. Ú.t.c.s. || 2. Perteneciente a esta ciudad de Colombia.

SANTALÁCEO, A. (gr. σάνταλον, sándalo.) adj. BOT. Dícese de plantas angiospermas dicotiledóneas, árboles, matas o hierbas, que tienen hojas gruesas, flores pequeñas, sin pétalos y fruto drupáceo con una semilla de albumen carnoso; como el sándalo de la India. Ú.t.c.s.f. || 2. f. pl. BOT. Familia de estas plantas.

★ **SANTALINA.** f. QUÍM. Materia colorante roja del sándalo.

SANTAMENTE. adv. Con santidad. || 2. Sencillamente.

SANTANDERIENSE. adj. Santanderino. Apl. a pers. ú.t.c.s.

SANTANDERINO, NA. adj. Natural de Santander. Ú.t.c.s. || 2. Perteneciente a esta ciudad.

SANTATERESA. f. ZOOL. Insecto ortóptero, zoófago, de 6 a 8 cm de longitud, que tiene un protórax largo y delgado y sus patas anteriores largas, que cuando el insecto se halla en reposo, suelen estar erguidas y juntas como las manos de una figura orante.

SANTELMO. m. Fuego de Santelmo. || 2. fig. Salvador, favorecedor en algún apuro.

SANTERA. f. Mujer del santero. || 2. La que cuida de un santuario.

SANTERÍA. f. Calidad de santo. || 2. AMÉR. Tienda de imágenes de santos y objetos piadosos.

SANTERO, RA. (De *santo*.) adj. Dícese del que tributa a las imágenes un culto supersticioso. || 2. m. y f. Persona que cuida de un santuario. || 3. Persona que pide limosna llevando de casa en casa la imagen de un santo. || 4. AMÉR. Persona que tiene tienda o comercio de santería, 2.ª acep.

SANTIAGO. (De *sanctus Iacobus*.) Grito con que los españoles invocaban a su patrón Santiago al entrar en batalla. || 2. m. Acometimiento en la batalla. || 3.

Lienzo de mediana calidad fabricado en Santiago de Galicia.

SANTIAGUEÑO, ÑA. adj. Dícese de las frutas que maduran por Santiago y del árbol que las produce. || 2. Natural de la ciudad o de la provincia de Santiago del Estero. Ú.t.c.s. || 3. Perteneciente a esta ciudad y provincia argentinas. || 4. Natural de Santiago de la Espada. || 5. Perteneciente a este pueblo de la provincia de Jaén.

SANTIAGUERO, RA. adj. Natural de Santiago de Cuba. Ú.t.c.s. || 2. Perteneciente a esta ciudad.

SANTIAGUÉS, SA. adj. Natural de Santiago de Compostela. Ú.t.c.s. || 2. Perteneciente a esta ciudad de Galicia.

SANTIAGUINO, NA. adj. Natural de Santiago de Chile. Ú.t.c.s. || 2. Perteneciente a esta ciudad.

SANTIAGUISTA. adj. Dícese del individuo de la orden militar de Santiago. Ú.t.c.s.

SANTIAMÉN (EN UN). (De las palabras latinas *Spiritus Sancti*, *Amen*, con que suelen terminar algunas oraciones de la Iglesia.) fr. fig. y fam. En un decir amén, en un instante.

SANTIDAD. (l. *sanctĭtas*, -*ātis*.) f. Calidad de santo. || 2. Tratamiento honorífico que se da al Papa. || P. santidad; I. sanctity; F. sainteté; A. Heiligkeit; It. santità; R. святость.

SANTIFICABLE. adj. Que merece o puede santificarse.

SANTIFICACIÓN. (l. *sanctificatio*, -*ōnis*.) f. Acción y efecto de santificar o santificarse.

SANTIFICADOR, RA. (l. *sanctificātor*.) adj. Que santifica. Ú.t.c.s.

SANTIFICANTE. p.a. de santificar. Que santifica.

SANTIFICAR. (l. *sanctificăre*; de *sanctus*, santo, y *facĕre*, hacer.) tr. Hacer a uno santo por medio de la gracia. || 2. Dedicar a Dios una cosa. || 3. Hacer venerable una cosa por la presencia o contacto de lo que es santo. || 4. Honrar a un santo. || 5. fig. y fam. Abonar, justificar, disculpar a uno. Ú.t.c.r. || P. santificar; I. to sanctify; F. sanctifier; A. heiligen, heilighalten; It. santificare; R. освящать.

SANTIFICATIVO, VA. adj. Que tiene virtud de santificar.

SANTIGUADA. f. Acción y efecto de santiguar o santiguarse. || *Para*, o *por mi* SANTIGUADA. expr. Por mi fe, o por la cruz.

SANTIGUADERA. f. Acción de santiguar, 2.ª acep. || 2. Mujer que santigua, 2.ª acep.

SANTIGUADOR, RA. m. y f. Persona que supersticiosamente santigua a otra mientras recita ciertas oraciones.

SANTIGUAMIENTO. m. Acción y efecto de santiguar o santiguarse.

SANTIGUAR. (l. *sanctificăre*.) tr. Hacer la señal de la cruz desde la frente al pecho y desde el hombro izquierdo al derecho, invocando a la Santísima Trinidad. Ú.m.c.r. || 2. Hacer supersticiosamente cruces sobre uno, mientras se recitan ciertas oraciones. || 3. fig. y fam. Castigar o maltratar a uno de obra. || 4. r. fig. y fam. Hacerse cruces. || P. santiguar, persignar-se; I. to bless oneself; F. se signer; A. sich bekreuzigen; It. segnarsi; R. креститъ.

SANTIGUO. m. Acción de santiguar. || 2. LEÓN. Santiamén.

SANTIMONIA. (l. *sanctimonia*.) f. Santidad, 1.ª acep. || 2. Planta herbácea de la familia de las compuestas, parecida a la matricaria, pero de flores más dobles y vistosas. Se cultiva en los jardines.

SANTISCARIO. m. Invención. Ú. sólo en la expresión familiar, *de mi* SANTISCARIO.

SANTÍSIMO, MA. adj. sup. de santo. || 2. Aplícase al Papa como tratamiento honorífico. || *El* SANTÍSIMO. m. Cristo en la Eucaristía. || *Descubrir*, o *manifestar el* SANTÍSIMO. fr. Exponerlo a la pública adoración de los fieles.

SANTO, TA. (l. *sanctus*.) adj. Perfecto y libre de toda culpa. Con toda propiedad dícese sólo de Dios; por gracia y participación, dícese también de los ángeles y de los hombres. || 2. adj. y s. Dícese de la persona a quien la Iglesia declara tal. ||

3. Dícese de las personas de especial virtud y ejemplo. || 4. adj. Dícese de lo especialmente consagrado a Dios. || 5. Dícese de los seis días de la Semana Santa que siguen al Domingo de Ramos. || 6. Se dice de lo que es venerable por algún motivo de religión. || 7. Dícese de la Iglesia Católica. || 8. Conforme a la ley de Dios. || 9. Sagrado, inviolable. || 10. Dícese de algunas cosas que traen al hombre especial provecho. || 11. Con ciertos nombres, encarece el significado de éstos. *Hace su* SANTA *voluntad*. Ú. también en superlativo. || 12. m. Imagen de un santo. || 13. fam. Viñeta, grabado, estampa. *Mirar los* SANTOS *de un libro*. || 14. Respecto de una persona, festividad del santo cuyo nombre lleva. || 15. MIL. Palabra que se da por señal secreta. || —**de pajares.** fig. y fam. Aquel de cuya santidad no se puede fiar. || —**mocarro** o **macarro**. Juego en que van manchando a una la cara los demás, con la condición de quedar en lugar de éste el que se ría. || *Alzarse con el* SANTO *y la limosna*. Apropiárselo todo, lo propio y lo ajeno. || A SANTO *de*. m. adv. Con motivo de, a fin de, con pretexto de. || *Comerse uno los* SANTOS. fr. fig. y fam. Extremar la devoción en las prácticas religiosas. || *Dar el* SANTO. loc. Señalar el jefe a quien corresponde el nombre de un santo para que sirva de seña a las guardias y puestos militares durante la noche. || 2. MIL. Decir el nombre del santo señalado al que por ordenanza debe exigirlo. || *Desnudar a un* SANTO *para vestir a otro*. Quitar algo de donde está para ponerlo donde no es más necesario. || *Írsele a uno el* SANTO *al cielo*. fr. fig. y fam. Olvidársele de pronto lo que iba a decir o hacer. || *Llegar y besar el* SANTO. fr. fig. que explica la brevedad con que se logra una cosa. || *santo y bueno*. expr. usada para aprobar una proposición o especie. || P. e It. santo; I. saint, holy, sacred; F. saint, sacré; A. heilig, Heilige(r); R. святой.

SANTOL. m. FILIP. Cierto árbol frutal de la familia de las meliáceas.

★ **SANTOLINA.** f. BOT. Género de plantas compuestas, sufruticosas. || 2. Abrótano hembra.

SANTOLIO. m. vulg. Santo Óleo.

★ **SANTOMADERO.** m. MÉJ. Tina de madera destinada a echar el maíz.

SANTÓN. (De *santo*.) m. El que profesa vida austera y penitente fuera de la religión cristiana. || 2. fig. y fam. Hombre hipócrita o que aparenta santidad. || 3. fig. y fam. Dícese de la persona, entrada en años por lo común, y que goza de mucha autoridad e influencia en una colectividad determinada.

SANTÓN, NA. (l. *santŏnes*, -*um*.) adj. Dícese del individuo de un antiguo pueblo de raza céltica. Ú.m.c.s. y en pl.

SANTÓNICO, CA. (l. *santonĭcus*.) adj. Perteneciente o relativo a los santones, 2.º art. || 2. m. Planta perenne de la familia de las compuestas, de 3 a 6 dm de altura; hojas alternas; flores en cabezuelas pequeñas, y por frutos aquenios. Es de sabor amargo y de olor fuerte y aromático. Se usan en medicina como tónicas y como vermífugas. || 3. Cabezuela de esta planta. || 4. Cabezuela procedente de diversas especies de plantas de Oriente y de África, de este mismo género.

SANTONINA. f. Substancia neutra, cristalizable, incolora, amarga y acre que se extrae del santónico y se emplea en medicina como vermífugo. || P. e It. santonina; I. santonin(e); F. santonine; A. Santonin; R. сантонин.

SANTOÑÉS, SA. adj. Natural de Santoña. Ú.t.c.s. || 2. Perteneciente a esta villa de la provincia de Santander.

SANTOÑÉS, SA. adj. Natural de la Santoña, región de Francia. Ú.t.c.s. || 2. Perteneciente a esta antigua provincia francesa.

★ **SANTOPIÉ.** m. CUBA y BOL. Ciempiés.

SANTORAL. (l. *sanctōrum*, genit. pl. de *sanctus*.) m. Libro que contiene vidas de santos. || 2. Libro de coro que contiene los introitos y antífonas de los oficios de los santos. || 3. Lista de los santos cuya festividad se conmemora en cada uno de los días del año.

S

SANTUARIO. (l. *sanctuarĭum*.) m. Templo en que se venera la imagen o reliquia de un santo de especial devoción. || **2.** Sancta. || **3.** fig. COLOM. Tesoro. || **P.** santuário; **I.** sanctuary; **F.** sanctuaire; **A.** Heiligtum; **It.** santuario; **R.** святилище.

SANTUCHO, CHA. (despect. de *santo*.) adj. fam. Santurrón. Ú.t.c.s.

★ **SANTULÓN, NA.** adj. desus. Santurrón. Ú. en América.

★ **SANTULONERÍA.** f. AMÉR. Santurronería.

SANTURRÓN, NA. (despect. de *santo*.) adj. Nimio en los actos de devoción. Ú.t.c.s. || **2.** Gazmoño, hipócrita que finge ser devoto. || **P.** santarrão; **I.** sanctimonious; **F.** bigot, cagot; **A.** Frommler; **It.** baciapile; **R.** ханжеский.

SANTURRONERÍA. f. Calidad de santurrón.

SAÑA. (l. *sanna*, mueca, gesto.) f. Furor, enojo ciego. || **2.** Intención rencorosa y cruel. || **P.** cólera; **I.** rage, fury; **F.** fureur, acharnement; **A.** Wut, Raserei; **It.** furore, còllera; **R.** ярость, гнев.

SAÑOSAMENTE. adv. Sañudamente.

SAÑOSO, SA. adj. Sañudo.

SAÑUDAMENTE. adv. Con saña.

SAÑUDO, DA. adj. Propenso a la saña, o que tiene saña.

SAO. m. Labiérnago. || **2.** CUBA. Sabana pequeña con algunos matorrales o grupos de árboles.

SAPA. (tagalo *sapa*, buyo.) f. Residuo que queda de la masticación del buyo.

SAPADA. f. LEÓN y SAL. Caída de bruces. || **2.** SANT. Postema en la planta del pie.

★ **SAPALLADA.** f. AMÉR. Cualquier cosa que por casualidad y por una sola vez, se ha tenido el acierto de hacer bien.

SAPAN. (malayo *sápang*.) m. FILIP. Sibucao.

★ **SAPANCE.** adj. C. RICA. Dícese del ganado no domesticado. || **2.** Montaraz.

★ **SAPANECO, CA.** adj. HOND. Rechoncho.

★ **SAPARRUCO, CA.** adj. C. RICA y EL SALV. Rechoncho.

SAPENCO. m. Caracol terrestre con rayas pardas transversales; alcanza unos 2,50 cm de longitud y es muy común.

★ **SAPERÍA.** f. CHILE. Zorrería, astucia en el obrar.

★ **SAPERÍA.** f. CUBA. Lugar donde son numerosas las mujeres que ejercen clandestinamente la prostitución.

SAPIDEZ. f. Calidad de sápido. || **P.** qualidade de sápido; **I.** sapidity; **F.** sapidité; **A.** Schmackhaftigkeit; **It.** sapidezza; **R.** вкусно.

SÁPIDO, DA. (l. *sapĭdus*.) adj. Dícese de la substancia que tiene algún sabor.

SAPIENCIA. (l. *sapientĭa*.) f. Sabiduría. || **2.** Libro de la Sabiduría, que escribió Salomón. || **P.** sabedoria; **I.** y **F.** sapience; **A.** Weisheit; **It.** sapienza; **R.** мудрость.

SAPIENCIAL. (l. *sapientiālis*.) adj. Perteneciente a la sabiduría. || **2.** V. *Libro* SAPIENCIAL.

SAPIENTE. (l. *sapiens, -entis*.) adj. p. us. Sabio. Ú.t.c.s.

SAPILLO. m. d. de sapo. || **2.** Ránula. || **3.** CUBA y VENEZ. Especie de afta que padecen algunos niños de pecho. || **4.** AND. Salicor.

SAPINA. (l. *sapo*, jabón.) f. Salicor.

SAPINDÁCEO, A. (l. mod. *sapindus*, jaboncillo, y éste el l. *sapo*, jabón, por el jugo de alguna de estas plantas.) adj. BOT. Aplícase a plantas angiospermas dicotiledóneas, arbóreas o sarmentosas, de hojas casi siempre alternas, agrupadas de tres en tres y pecioladas; flores en espiga y fruto capsular. Ú.t.c.s. || **2.** f. pl. BOT. Familia de estas plantas.

SAPINO. (l. *sapĭnus*.) m. Abeto.

★ **SAPIO.** m. BOT. Género de plantas euforbiáceas, que viven en las regiones tropicales de América, alguna de cuyas especies produce caucho.

★ **SAPIRÁN, NA.** adj. ARGENT. Dícese del ganado de párpados rojizos y sin pestañas. Ú.t.c.s.

SAPO. (vasc. *zapoa*.) m. ZOOL. Batracio del orden de los anuros, de 8 a 9 cm de longitud desde lo alto de la cabeza hasta el fin del dorso, con cuerpo rechon-

cho, ojos saltones, extremidades cortas y cinco dedos; piel gruesa de color verde pardusco y llena de verrugas. Vive oculto entre las piedras durante el día y sale por la noche a caza de insectos, gusanos y moluscos. || **2.** fam. Cualquier bicho cuyo nombre se ignora. || **3.** ZAM. Hilo gordo que en un tejido desdice de los otros. || **4.** ARGENT. y CHILE. Juego de la rana. || **5.** CHILE. Chiripa en el juego de billar. || **6.** CUBA. Pez pequeño, de cabeza grande y boca muy hendida, que vive en la desembocadura de los ríos. || **7.** fig. CHILE. Pieza de hierro del cambio de las vías férreas. || **8.** fig. CHILE. Especie de grapa que une los extremos de la correa en los motores. || **9.** fig. CHILE. Soporte de la cuchilla cortadora en las máquinas segadoras. || —**marino.** Pejesapo. || *Antaño me mordió el* SAPO, *y hogaño se me hinchó el papo.* ref. que se aplica al que atribuye una cosa presente a causa muy remota. || *Echar uno* SAPOS *y culebras.* fr. fig. y fam. Decir desatinos. || **2.** fig. y fam. Proferir con ira denuestos. || SAPOS *y culebras.* fr. fig. y fam. Cosas despreciables, revueltas, enmarañadas. || **P.** sapo; **I.** toad; **F.** crapaud; **A.** Kröte, Unke; **It.** rospo; **R.** жаба.

★ **SAPO, PA.** adj. fig. y fam. CHILE. Astuto, disimulado. || **2.** PAN. Soplón, chivato. Ú.t.c.s. || **3.** m. P. RICO, REP. DOMIN. y COLOM. Especie de afta. || **4.** ARGENT., BOL., CHILE y PERÚ. Juego de la rana. || **5.** CHILE. Chiripa.

SAPONÁCEO, A. (l. *sapo, -ōnis*, jabón.) adj. Jabonoso.

SAPONARIA. (l. *saponarĭa*, jabonosa.) f. Jabonera.

SAPONIFICABLE. adj. Que se puede saponificar.

SAPONIFICACIÓN. f. Acción y efecto de saponificar o saponificarse.

SAPONIFICAR. (l. *sapo, -ōnis*, jabón, y *facĕre*, hacer.) tr. Convertir en jabón un cuerpo graso, por la reacción de los ácidos que contiene, con un álcali u otros óxidos metálicos. Ú.t.c.r. || **2.** QUÍM. Desdoblar o hidrolizar un éter u otro compuesto análogo. || **P.** saponificar; **I.** to saponify; **F.** saponifier; **A.** verseifen; **It.** saponificare; **R.** превращать в мыло.

★ **SAPONINA.** f. QUÍM. Nombre de diversas materias glucósidas que se encuentran en diversos vegetales. Se emplean en la industria como detersivas.

SAPORÍFERO, RA. (l. *sapor, -ōris*, sabor, y *ferre*, llevar.) adj. Que causa o da sabor.

★ **SAPORRETO, TA.** adj. VENEZ. Rechoncho.

★ **SAPORRO, RRA.** adj. COLOM. Rechoncho.

SAPOTÁCEO, A. (De *Achras sapota*, nombre de una especie de plantas.) adj. BOT. Dícese de arbustos y árboles angiospermos dicotiledóneos, con hojas alternas, flores axilares y solitarias y por frutos drupas o bayas. Ú.t.c.s.f. || **2.** f. pl. BOT. Familia de estas plantas.

SAPOTE. m. Zapote.

★ **SAPOTEAR.** tr. COLOM. Palpar, manosear.

SAPOTINA. f. ECUAD. Hidrosilicato de magnesia y alúmina; substancia amorfa, muy blanda, blanca grisácea, untuosa al tacto. Se usa en la fabricación de porcelana. || **2.** QUÍM. Saponina que se halla en las semillas del chicozapote.

★ **SAPRINO.** m. ZOOL. Género de insectos coleópteros, de la familia de los histéridos. Comprende más de dos centenares de especies, que viven en todo el mundo, en las carroñas o en materias orgánicas en descomposición.

★ **SAPRÓFAGO, GA.** (gr. σαπρός, podrido, y φάγομαι, comer.) adj. ZOOL. Dícese de los animales que se alimentan de materias orgánicas en estado de putrefacción.

SAPROFITO, TA. (gr. σαπρός, podrido, y φυτόν, planta.) adj. BOT. Dícese de las plantas que viven a expensas de materias orgánicas en descomposición. || **2.** MED. Dícese de los microbios que viven normalmente en el organismo, sobre todo en el tubo digestivo, a expensas de las materias en putrefacción y que pueden ser causa de ciertas enfermedades. || **3.** m. BOT. Organismo vegetal nacido en substancias que se hallan en descomposición.

★ **SAPROPEL.** m. GEOL. Fango pútrido que en las turberas cubre el fondo antes de que comience a formarse la turba, y que llega a veces hasta cerca de la superficie del agua.

SAQUE. m. Acción de sacar. Dícese particularmente en el juego de pelota. || **2.** Raya o sitio desde el cual se saca la pelota. || **3.** El que saca la pelota. || **4.** COLOM. Establecimiento donde se destila aguardiente. || *Tener buen* SAQUE. fr. fig. y fam. Comer o beber mucho de cada vez.

SAQUEADOR, RA. adj. Que saquea. Ú.t.c.s.

SAQUEAMIENTO. (De *saquear*.) m. Saqueo.

SAQUEAR. (De *saco*.) tr. Apoderarse violentamente los soldados de lo que encuentran. || **2.** Entrar en una plaza o lugar robando cuanto se halla. || **3.** fig. Apoderarse de todo o la mayor parte de lo que se encuentra. || **2.ª** acep.: **P.** saquear; **I.** to ransack, to plunder; **F.** saccager, piller; **A.** ausplündern; **It.** saccheggiare; **R.** грабить.

SAQUEO. m. Acción y efecto de saquear. || **P.** saqueio; **I.** plunder, pillage; **F.** saccagement, sac; **A.** Plünderung; **It.** saccheggio; **R.** грабёж.

SAQUERA. (De *saco*) adj. Dícese de la aguja que sirve para coser sacos.

SAQUERÍA. (De *saquero*.) f. Fabricación de sacos. || **2.** Conjunto de ellos.

SAQUERÍO. m. Saquería, 2.ª acep.

SAQUERO, RA. m. y f. Persona que hace sacos o los vende.

SAQUETE. m. d. de saco. || **2.** ART. Envoltura en que se empaqueta la carga del cañón.

SAQUILADA. f. Cantidad que se lleva en un saco, cuando no va lleno.

SARABAÍTA. (l. *sarabaíta*.) adj. Decíase del monje relajado que, abandonando la vida regular de los anacoretas y cenobitas, vivía en las ciudades con dos o tres compañeros, sin regla ni superior. Ú.t.c.s.

SARAGUATE. m. AMÉR. CENTRAL. Especie de mono velloso.

SARAGÜETE. m. fam. Sarao casero.

SARAMA. f. VIZC. Basura.

★ **SARAMAGULLÓN.** m. ZOOL. CUBA. Ave palmípeda de plumaje predominantemente negro, pico largo, robusto y agudo, alas largas, y cola muy corta.

SARAMPIÓN. (gr. ξηραμπέλινος, de color rojo encendido.) m. MED. Enfermedad febril, contagiosa, producida por un virus ultramicroscópico, que se manifiesta por multitud de manchas pequeñas y rojas, y que va precedida y acompañada de síntomas catarrales. || **P.** sarampão; **I.** measles; **F.** rougeole; **A.** Masern, Röteln; **It.** morbillo; **R.** корь.

SARÁN. m. VIZC. Cesto ordinario hecho de madera de castaño.

SARANDÍ. m. ARGENT. Arbusto euforbiáceo, de ramas largas y flexibles, que se cría en las orillas de ríos y arroyos y otros terrenos bañados por las aguas.

★ **SARANGO.** m. P. RICO. Sarampión.

SARAO. (port. *sarão*, y éste el l. *seranum*; de *serum*, la tarde.) m. Reunión nocturna de personas distinguidas para divertirse con baile o música. || **P.** sarau; **I.** evening- party, soiree; **F.** soirée; **A.** Abendgesellschaft, Tanzfest; **It.** veglione, festa danzante; **R.** вечеринка.

SARAPE. m. MÉJ. Capote de monte.

SARAPIA. f. BOT. Árbol leguminoso de la América Meridional, con tronco liso, blanquecino, de más de 1 m de diámetro y unos 20 de altura; hojas alternas, coriáceas; flores con ocho estambres y legumbre tomentosa con una sola semilla. Su madera se emplea en carpintería, y su semilla para aromatizar el rapé y preservar la ropa de la polilla. || **2.** Fruto de este árbol.

SARAPICO. m. Zarapito.

SARASA. m. fam. Hombre afeminado, marica.

★ **SARATANO, NA.** adj. COLOM. Dícese de las aves cuyo plumaje está salpicado de pintas amarillas y blancas o negras.

SARAVIADO, DA. adj. COLOM. y VENEZ. Pintado, manchado, mosqueado. Aplícase a las aves.

SARAZO. adj. COLOM., CUBA, MÉJ. y VENEZ. Dícese del maíz que empieza a madurar. ‖ **2.** P. Rico. Dícese del agua de coco y del coco mismo cuando están rancios. ‖ **3.** Méj. y Perú. Calamocano, medio borracho.

SARCASMO. (l. *sarcasmus*, y éste del gr. σαρκασμός.) m. Burla sangrienta, ironía cruel con que se ofende a personas o cosas. ‖ **2.** Ret. Figura que consiste en emplear esta especie de ironía o burla. ‖ **P.** e It. sarcasmo; **I.** sarcasm; **F.** sarcasme; **A.** Sarkasmus, Spottrede; **R.** сарказм.

SARCÁSTICAMENTE. adv. Con sarcasmo.

SARCÁSTICO, CA. (gr. σαρκαστικός.) adj. Que denota o implica sarcasmo o es concerniente a él. ‖ **2.** Dícese de quien es propenso a emplearlo. ‖ **P.** sarcástico; **I.** sarcastic; **F.** sarcastique; **A.** sarkastisch; **It.** sarcàstico; **R.** саркастический.

SARCIA. (gall. *sarcia*, y éste del l. *sarcīna*, carga.) f. Carga, fardaje.

★ **SARCINA.** f. Quím. Substancia nitrogenada que se halla en el jugo de la carne, en la medula de los huesos, en algunas frutas, etc.

SARCO. m. Germ. Sayo. ‖ —**de popal.** Germ. Sayo de faldamenta larga.

★ **SARCOBLASTO.** m. Biol. Célula primitiva de la cual se origina la célula muscular.

SARCOCARPIO. (gr. σάρξ, σαρκός, carne, y καρπός, fruto.) m. Bot. Mesocarpio carnoso.

SARCOCELE. (l. *sarcocēle*, y éste del gr. σαρκοκήλη; de σάρξ, σαρκός, carne, y κήλη, tumor.) m. Med. Tumor duro y crónico del testículo, que altera más o menos la textura de este órgano.

SARCOCOLA. (l. *sarcocolla*, y éste del gr. σαρκοκόλλα.) f. Goma casi transparente, de color amarillento y rojizo, sabor amargo y olor ambarino, que fluye de la corteza de un arbusto de Arabia parecido al espino negro.

SARCÓFAGO. (l. *sarcophăgus*, y éste del gr. σαρκοφάγος, que consume las carnes; de σάρξ, σαρκός, carne, y φαγεῖν, comer.) m. Sepulcro, 1.ª acep. ‖ **P.** sarcófago; **I.** sarcophagus; **F.** sarcophage; **A.** Sarkophag, Steinsarg; **It.** sarcòfago; **R.** саркофаг.

★ **SARCOIDE.** f. Med. Afección cutánea que se caracteriza por elevaciones hemisféricas rosadas.

SARCOLEMA. (gr. σάρξ, σαρκός, carne, y λέμμα, corteza.) m. Zool. Membrana muy fina que envuelve las fibras musculares estriadas.

SARCOMA. (l. *sarcōma*, y éste del gr. σάρκωμα, aumento de carne.) m. Med. Tumor maligno constituido por tejido conjuntivo embrionario, que crece rápidamente y prolifera con facilidad. ‖ **P., I.** e It. sarcoma; **F.** sarcome; **A.** Sarkom; **R.** саркома.

★ **SARCOPLASMA.** m. Histol. Materia semilíquida que separa las fibrillas en la fibra estriada.

★ **SARCÓPTIDOS.** m. pl. Zool. Familia de arácnidos acáridos, de cuerpo redondeado, cefalotórax y abdomen separados por un surco y mandíbulas en forma de tijera. Viven parásitos en la piel de mamíferos, aves e insectos.

★ **SARCORRANFO.** m. Zool. Género de aves rapaces, entre las que se encuentra el cóndor americano.

★ **SARCOSOMA.** m. Anat. Porción contráctil de la fibrilla muscular.

SARCÓTICO, CA. (gr. σαρκωτικός; de σάρξ, σαρκός, carne.) adj. desus. Cir. Aplicábase a los remedios eficaces para cerrar las llagas favoreciendo la formación de nueva carne. Usáb.t.c.s.m.

SARDA. (l. *sarda*, y éste del gr. σάρδα.) f. Caballa. ‖ **2.** Sal. Pececillo de río. ‖ **3.** Ar. Monte bajo, matorral. ‖ **4.** Ast. Sardo. ‖ **P.** sarda, cavala; **I.** cavalla, cavally; **F.** maquereau; **A.** Markrele; **It.** sarcda; **R.** макрель.

SARDANA. (l. *cerretāna*, t. f. de -*nus*, cerretano.) f. Danza en corro, tradicional y popular en Cataluña.

SARDANÉS, SA. adj. Natural de Cerdaña. Ú.t.c.s. ‖ **2.** Perteneciente a esta comarca de Cataluña.

SARDE. (Del vasco.) m. Nav. Bieldo.

SARDESCO, CA. (De *sardo*.) adj. Aplícase al caballo o asno pequeño. Ú.t.

c.s. ‖ **2.** fig. y fam. Dícese de la persona áspera y sacudida. ‖ *Risa* sardesca. fig. Med. Convulsión y contracción de los músculos de la cara, de que resulta un gesto parecido al de la risa.

SARDIANO, NA. (l. *sardiānus*.) adj. Natural de Sardus, capital de Lidia. Ú.t. c.s. ‖ **2.** Perteneciente a esta ciudad del Asia antigua.

SARDICENSE. (l. *sardicensis*.) adj. Natural de Sárdica. Ú.t.c.s. ‖ **2.** Perteneciente a esta ciudad de Tracia.

SARDINA. (l. *sardina*.) f. Zool. Pez teleósteo marino, fisóstomo, de 12 a 15 cm de largo, parecido al arenque, pero de carne más delicada, el cuerpo más fusiforme y de color negro azulado por encima, dorado en la cabeza y plateado en los costados y vientre. ‖ —**arenque.** Arenque. ‖ *Estar* uno *como* sardina *en banasta.* fr. fig. y fam. Estar muy apretado por la gran concurrencia de gente. ‖ *La última* sardina *de la banasta.* expr. fig. y fam. con que se indica haber llegado a lo último de las cosas. ‖ sardina *que lleva el gato, tarde o nunca vuelve al plato.* ref. que advierte que una vez hecho el daño, difícilmente se repara. ‖ **P.** sardinha; **I.** y **F.** sardine; **A.** Sardine, Sardelle; **It.** sardina, sardella; **R.** сардина.

SARDINAL. m. Red para pescar sardinas. ‖ **P.** sardinheira; **I.** sardine-net; **F.** filet sardinier; **A.** Sardellennetz; **It.** sardelliera; **R.** рыболовная сеть.

SARDINEL. (cat. *sardinell*, sardina, por semejanza con las sardinas prensadas.) m. Arq. Obra hecha de ladrillos sentados de canto y de modo que coincida en toda su extensión la cara de uno con la del otro. ‖ **2.** And. Escalón de entrada de una casa o habitación.

SARDINERO, RA. adj. Perteneciente a las sardinas. ‖ **2.** m. y f. Persona que vende sardinas o trata en ellas.

SARDINETA. f. d. de sardina. ‖ **2.** Porción que se corta al queso en lo que sobresale del molde donde se hace. ‖ **3.** Adorno en uniformes militares, formado por dos galones apareados y terminados en punta. ‖ **4.** Papirotazo que por juego da un muchacho a otro en la mano, con los dedos mojados en saliva.

SARDIO. (l. *sardius lapis*.) m. Sardónice.

SARDIOQUE. m. Germ. Salero, 1.ª acep. ‖ **2.** Germ. Sal.

SARDO, DA. adj. Dícese del ganado vacuno cuya capa tiene mezcla de negro, blanco y colorado. ‖ **2.** Sardónice. ‖ **3.** Ast. Tejido de mimbres que se coloca sobre el llar para curar las castañas y las avellanas. ‖ **4.** Colom., Cuba y Hond. Mosqueado.

SARDO, DA. (l. *sardus*.) adj. Natural de Cerdeña. Ú.t.c.s. ‖ **2.** Perteneciente a esta isla de Italia. ‖ **3.** m. Lengua hablada en la misma isla. ‖ **P.** e It. sardo; **I.** Sardinian; **F.** sarde; **A.** Sardinier; **R.** чёрный с рыжим и белым (о корове).

SARDÓN. m. León y Zam. Mata achaparrada de encina. ‖ **2.** Ast. Monte bajo, terreno lleno de maleza.

SARDONAL. m. León y Zam. Sitio poblado de sardones.

SARDONIA. (l. *sardonia*, cosa de Cerdeña.) adj. fig. Med. V. *Risa* sardónica. ‖ **2.** f. Especie de ranúnculo de hojas lampiñas, y flores cuyos pétalos son muy cortos. Su jugo produce el envenenamiento que provoca la risa sardónica. ‖ **2.**ª acep. **P.** sardónia; **I.** crowfoot; **F.** sardonie; **A.** Ranunkel; **It.** sardonia.

SARDÓNICA. (l. *sardonўcha*.) f. Sardónice. ‖ **P.** sardónica; **I.** sardonyx; **F.** sardoine, sardonyx; **A.** Sardonyx; **It.** sardònica; **R.** сардоникс.

SARDÓNICE. (l. *sardonyx*, -*ychis*, y éste del gr. σαρδόνυξ.) f. Ágata de color amarillento con zonas más o menos obscuras.

SARDÓNICO, CA. (gr. σαρδονικός.) adj. Perteneciente a la sardonia. ‖ **2.** fig. Med. V. *Risa* sardónica.

SARDONIO. (l. *sardonius*, y éste del gr. σαρδόνιος.) m. Sardónice.

SARDÓNIQUE. f. Sardónice.

SARGA. (l. *serĭca*, de seda.) f. Tela cuyo tejido forma unas líneas diagonales. ‖ **2.** Pint. Tela pintada para decorar las

paredes de una habitación. ‖ **P.** sarja; **I.** y **F.** serge; **A.** Sersche; **It.** sargia; **R.** саржа.

SARGA. (l. *salĭca*; de *salix*, -*ĭcis*, sauce.) f. Bot. Arbusto salicáceo, de 3 a 5 m de altura, con tronco delgado, ramas mimbreñas, hojas estrechas, lanceoladas; flores verdosas en amentos cilíndricos, y fruto capsular ovoide. Es común en España a orillas de los ríos.

SARGADILLA. (De *salgada*.) f. Bot. Planta perenne quenopodiácea, de 6 a 8 dm de altura, con tallo ramoso, hojas amontonadas; flores de tres en tres y en las axilas de las hojas; pericarpio muy delgado y semilla lenticular. Se cría en España y en el sur de Francia.

SARGADO, DA. adj. Asargado.

SARGAL. m. Terreno poblado de sargas.

SARGANTANA. (De *lagartana*, substituido el supuesto artículo *la* por el artículo *sa*.) f. Ar. y Nav. Lagartija.

SARGANTESA. (l. *lacartus*, por *lacertus*, substituido el supuesto artículo *la* por el artículo *sa*.) f. Ar. y Sor. Lagartija.

SARGATILLO. (De *saz*, sauce, y *gatillo*.) m. Especie de sauce de 2 a 5 m de altura.

SARGAZO. (port. *sargaço*.) m. Bot. Alga marina, en la que el talo está diferenciado en falsos tallos y falsas hojas, con vesículas axilares, aeríferas, a modo de flotadores. Hay varias especies, y alguna tan abundante, que en el Océano Atlántico cubre una gran superficie que se llama Mar de Sargazo.

SARGENTA. f. Sergenta. ‖ **2.** Alabarda que llevaba el sargento. ‖ **3.** Mujer del sargento. ‖ **4.** Sargentona.

SARGENTE. (fr. *sergent*, y éste del l. *serviens*, -*entis*, p.a. de *servīre*, servir.) m. ant. Sargento.

SARGENTEAR. tr. Mandar el sargento a los soldados. ‖ **2.** fig. Capitanear, conducir gentes. ‖ **3.** fig. y fam. Mandar con afectado imperio.

SARGENTERÍA. f. Ejercicio de las funciones de sargento.

SARGENTÍA. f. Empleo de sargento. ‖ —**mayor.** Empleo de sargento mayor. ‖ **2.** Oficina o despacho del sargento mayor. ‖ **P.** posto de sargento; **I.** sergean(t)cy; **F.** sergenterie; **A.** Feldwebelstelle; **It.** sergentorato; **R.** сержантский чин.

SARGENTO. (De *sargente*.) m. Individuo de la clase de tropa, de empleo inmediato superior al de cabo, que cuida del orden, administración y disciplina de una compañía o parte de ella. ‖ **2.** Oficial subalterno que en las antiguas compañías de infantería seguía en orden al alférez y tenía el cargo de instruir a los soldados y velar por la disciplina. ‖ —**general de batalla.** En la milicia antigua, oficial inmediato subalterno del maestre de campo general. ‖ —**mayor de brigada.** El más antiguo de los sargentos mayores de los cuerpos que la componían; era el encargado de tomar y distribuir las órdenes. ‖ —**mayor de la plaza.** Oficial jefe de ella encargado del pormenor del servicio. ‖ —**mayor de provincia.** Jefe militar que en Indias mandaba después del gobernador y teniente de rey. ‖ **P.** sargento; **I.** sergeant; **F.** sergent; **A.** Sergeant, Unteroffizier; **It.** sergente; **R.** сержант.

SARGENTONA. f. fam. despect. Mujer corpulenta, hombruna y de dura condición.

SARGO. (l. *sargus*.) m. Zool. Pez teleósteo marino, acantopterigio, de unos 20 cm de largo, con el cuerpo comprimido lateralmente; cabeza de hocico puntiagudo, y cola ahorquillada. Es de color plateado, cruzado con fajas transversales negras.

SARGUERO. m. Pintor que se dedicaba exclusiva o preferentemente a pintar sargas.

SARGUERO, RA. adj. Perteneciente a la sarga, 2.º art.

SARGUETA. f. d. de sarga, 1.er art.

SARIÁ. (Voz guaraní.) f. Argent. Chuña.

SARIAMA. (Voz guaraní.) f. Argent. Ave zancuda, de cuello largo, de color rojo sucio; con un copete pequeño. Destruye las sabandijas.

SARILLA. (ár. *šaṭriyya*, y éste del

S

l. *saturëia;* véase *ajedrea.*) f. Mejorana.

SARILLO. m. Can. y Gal. Devanadera.

SÁRMATA. (l. *sarmäta.*) adj. Natural de Sarmacia, región de la Europa antigua. Ú.t.c.s. || **2.** Sarmático. || **P.** sármata; **I.** Sarmatian; **F.** sarmate; **A.** Sarmate; **It.** sàrmata; **R.** сармат.

SARMÁTICO, CA. (l. *sarmaticus.*) adj. Perteneciente a Sarmacia.

SARMENTADOR, RA. m. y f. Persona que sarmenta.

SARMENTAR. intr. Coger los sarmientos podados.

SARMENTAZO. m. aum. de sarmiento. || **2.** Golpe dado con un sarmiento.

SARMENTERA. f. Lugar donde se guardan los sarmientos. || **2.** Acción de sarmentar. || **3.** Germ. Toca de red o gorguera.

SARMENTICIO, CIA. (l. *sarmenticius.*) adj. Entre los antiguos romanos, aplicábase por ultraje a los cristianos porque se dejaban quemar a fuego lento con sarmientos.

SARMENTILLO. m. d. de sarmiento.

SARMENTOSO, SA. (l. *sarmentösus.*) adj. Parecido a los sarmientos.

SARMIENTO. (l. *sarmentum.*) m. Vástago de la vid, largo, delgado, flexible y nudoso. || —**cabezudo.** El que para plantar se corta de la cepa con parte de madera vieja. || **P.** e It. sarmento; **I.** vine-shoot; **F.** sarment; **A.** Weinrebe, Rebholz; **R.** лоза.

SARNA. (Voz española antigua citada por San Isidoro.) f. Med. Enfermedad parasitaria de la piel, producida por el ácaro que excava galerías en la epidermis produciendo con ello intensa picazón. || —**perruna.** Med. Variedad de sarna cuyas vesículas no supuran, pero ocasionan prurito muy vivo. || *Más viejo que la* sarna. expr. fig. y fam. Muy viejo o antiguo. || *No faltar a uno sino* sarna *que rascar.* fr. fig. y fam. Gozar de la salud y conveniencias que necesita. Ú. para redargüir al que, gozando de los bienes dichos, inmotivadamente se queja de que le falte algo. || sarna *con gusto no pica.* fr. proverb. que da a entender que las molestias ocasionadas por cosas voluntarias, no incomodan. || **P.** sarna; **I.** itch, scabies; **F.** gale; **A.** Krätze, Hautjucken; **It.** rogna; **R.** чесотка.

SARNAZO. m. fam. aum. de sarna.

SARNOSO, SA. adj. Que tiene sarna. Ú.t.c.s.

★ **SAROS.** m. Período de dieciocho años y once días, después de los cuales se reproducen los mismos fenómenos lunares.

SARPULLIDO. m. Salpullido.

SARPULLIR. tr. Salpullir. Ú.t.c.r.

SARRACÉNICO, CA. adj. Perteneciente a los sarracenos.

SARRACENO, NA. (ár. *šarkiyyin,* pl. de *šarkī,* oriental.) adj. Natural de la Arabia Feliz, u oriundo de ella. Ú.t.c.s. || **2.** Moro, mahometano. Ú.t.c.s. || **P.** sarraceno; **I.** Saracen; **F.** sar·asin; **A.** Sarazene; **It.** saraceno; **R.** сарацин.

SARRACÍN o **SARRACINO, NA.** adj. Sarraceno. Apl. a pers. ú.t.c.s.

SARRACINA. (De *sarracín,* por alusión a la gritería y el desorden con que los sarracenos solían pelear.) f. Pelea entre muchos, confusa y tumultuaria. || **2.** Por ext., riña o pendencia en que resultan heridos o muertos. || **P.** rixa; **I.** scuffle; **F.** mêlée; **A.** Schlägerei; **It.** zuffa; **R.** ccopa.

SARRAJÓN. (l. *serralia.*) m. Ar. Planta silvestre de la familia de las gramíneas.

SARRAPIA. f. Sarapia.

SARRIA. (gót. *sahrja;* al. *rahar,* cesta.) f. Red basta usada para transportar paja. || **2.** Ar. y Murc. Espuerta grande.

SARRIETA. f. d. de sarria. || **2.** Espuerta honda y alargada usada para echar de comer a las bestias.

SARRILLO. m. Estertor del moribundo.

SARRILLO. m. Aro, planta aroidea cuyos frutos son del color y del tamaño de la grosella.

SARRIO. (Quizá voz ibérica; en cat. *isart;* en fr. *isard.*) m. Ar. Gamuza.

SARRO. (l. *saburra,* lastre.) m. Sedimento que dejan en las vasijas algunos líquidos que precipitan parte de las substancias que llevan en suspensión o disueltas. || **2.** Substancia amarillenta de naturaleza calcárea, que se adhiere al esmalte de los dientes. || **3.** Saburra. || **4.** Roya, honguillo. || **2.ª** acep.: **P.** sarro; **I.** tartar; **F.** tartre, saburre; **A.** Zahnstein; **It.** tàrtaro; **R.** осадок.

SARROSO, SA. adj. Que tiene sarro.

SARRUJÁN. m. Sant. Zagal, pastor a las órdenes del rabadán.

★ **SARRUSOFÓN.** m. Mús. Instrumento de viento, propio para bandas militares.

★ **SARSAGANETA.** f. Perú. Llovizna.

SARTA. (l. *sarta,* pl. n. de *sartum,* atado.) f. Serie de cosas metidas por orden en un hilo, cuerda, etc. || **2.** fig. Porción de gentes o de otras cosas que van unas tras otras. || **3.** fig. Serie de sucesos o cosas no materiales, iguales o análogas. || **P.** sarta; **I.** string; **F.** chapelet, tirade; **A.** Schnur (Perlen); **It.** filza; **R.** вереница, ряд.

SARTAL. m. Sarta, 1.ª acep.

SARTALEJO. m. d. de sartal.

SARTÉN. (l. *sartăgo, -inis.*) f. Vasija de hierro, circular, ancha y poco honda, de fondo plano y con mango largo, la cual sirve para freir, tostar, etc. || **2.** Sartenada. || *Dijo la* sartén *al cazo: quítate allá, que me tiznas.* ref. que reprende a los que, teniendo grandes vicios o defectos, vituperan en otros los menores faltas. || *Saltar de la* sartén *y dar en las brasas.* fr. fig. y fam. Dar en un grave mal por huir de otro más leve. || *Tener uno la* sartén *por el mango.* fr. fig. y fam. Predominar, asumir el principal manejo en un negocio. || **P.** sertã; **I.** frying-pan; **F.** poële à frire; **A.** Stiel-Bratpfanne; **It.** padella; **R.** сковорода.

SARTENADA. f. Lo que se fríe de una vez en la sartén, o lo que cabe en ella.

SARTENAZO. m. Golpe que se da con la sartén. || **2.** fig. y fam. Golpe recio dado con una cosa aunque no sea sartén.

SARTENEJA. f. de sartén. || **2.** Grieta que se forma en terrenos arcillosos al secarse y también hoyo que dejan las aguas al evaporarse en las marismas y vegas bajas. Ú. en Andalucía, Ecuador y Méjico.

SARTENEJAL. m. Ecuad. Parte de la sabana en que abundan las sartenejas y es la vegetación escasa.

SARTENERO. m. El que hace sartenes o las vende.

SARTORIO. (l. *sartor,* sastre, por ser estos músculos los que principalmente producen, al contraerse, el movimiento de flexión y abducción de los muslos, necesario para poder cruzarlos uno sobre otro, como hacen los sastres para coser.) adj. Anat. Dícese del músculo de los muslos que se extiende oblicuamente a lo largo de sus caras anterior e interna. Ú.t.c.s.

SASAFRÁS. (De *saxafrax.*) m. Árbol americano de la familia de las lauráceas, de unos 10 m de altura, copa redondeada, hojas gruesas, flores dioicas, pequeñas, amarillas y en racimos colgantes, fruto en baya rojiza, y raíces, madera y corteza de fuerte olor aromático.

★ **SASOLINA.** f. Mineral. Ácido bórico natural.

SASTRA. f. Mujer del sastre. || **2.** La que tiene este oficio. || **2.ª** acep.: **P.** alfaiate; **I.** tailoress; **F.** tailleuse; **A.** Schneiderin; **It.** sarta; **R.** портниха.

SASTRE. (prov. o cat. *sartre,* sastre, y éste del l. *sartor.*) m. El que tiene por oficio cortar y coser vestidos, principalmente de hombre. || *Buen* sastre. fig. y fam. Persona muy entendida en la materia de que se trata. || *Corto* sastre. fig. y fam. Persona poco entendida en la materia de que se trata. || *El* sastre *del campillo, o del cantillo que cosía de balde y ponía el hilo,* expr. fig. y fam. que se aplica al que, además de trabajar sin utilidad, sufre algún costo. || *Entre* sastres *no se pagan hechuras.* fr. proverb. que explica la buena correspondencia que suelen usar entre sí las personas de un mismo oficio o profesión. || *No es mal* sastre *el que conoce el paño.* fr. proverb. que se dice de la persona inteligente en asunto de que compentencia. || **2.** Aplícase también al que reconoce sus propias faltas. || *Será lo que tase un* sastre. fr. fig. y fam. que se emplea para denotar que aquello que uno dice o pide se hará o no se hará, o es muy incier-to. || **P.** alfaiate; **I.** tailor; **F.** tailleur; **A.** Schneider; **It.** sarto; **R.** портной.

SASTRERÍA. f. Oficio de sastre. || **2.** Obrador o taller de sastre. || **P.** alfaiataria; **I.** tailor's-shop; **F.** atelier du tailleur, couture; **A.** Schneiderei; **It.** sartoria; **R.** портновская мастерская.

SASTRESA. f. Ar. Sastra.

★ **SATA.** f. Cuba. Perra o hembra del perro sato. || **2.** fig. y fam. Mujer coqueta y frívola.

SATÁN. (hebraismo lat. *satan,* adversario, enemigo.) m. Satanás.

SATANÁS. (l. *Satănas,* y éste del hebr. *satan.*) m. Lucifer. || *Darse uno a* satanás. fr. fig. Darse al diablo. || **P.** Satanás; **I.** y **F.** Satan; **A.** Satán; **It.** Satanasso; **R.** Сатана.

SATANDERA. f. Ál. Comadreja.

SATÁNICO, CA. (De *Satán.*) adj. Perteneciente a Satanás; propio y característico de él. || **2.** fig. Extremadamente perverso. || **P.** satánico; **I.** satanic(al); **F.** satanique, satané; **A.** satanisch, teuflisch; **It.** satànico; **R.** сатанинский.

SATANISMO. m. fig. Perversidad, maldad satánica.

SATÉLITE. (l. *satelles, -ĭtis.*) m. Astron. Cuerpo celeste opaco que gira alrededor de un planeta primario. || **2.** fam. Alguacil. || **3.** fig. Persona o cosa que depende de otra y la acompaña de contínuo. || **4.** Mec. Rueda dentada de un engranaje que gira libremente sobre un eje para transmitir el movimiento de otra rueda dentada. || **5.** adj. Astron. Dícese de la estrella que en un sistema binario o múltiple sigue una órbita cuyo centro de gravedad se halla en las estrellas componentes de dichos sistemas de masa superior. || **6.** Med. Dícese de las venas, músculos o nervios que siguen el curso de una arteria. || **7.** fig. Polít. Dícese de un país o Estado dominado política o económicamente por una gran potencia más o menos vecina. || **8.** fig. Dícese de una villa o ciudad próxima a una capital importante a la que está vinculada para determinados fines. || —**artificial.** Cualquier artefacto o astronave que lanzado al espacio a la velocidad suficiente se halla en equilibrio respecto de la fuerza de la gravedad y gira alrededor de la Tierra o de otro astro que lo atrae. || **P.** satélite; **I.** y **F.** satellite; **A.** Satellit, Nebenplanet; **It.** satèllite; **R.** сателлит.

SATÉN. (fr. *satin,* y éste del l. *seta,* seda.) m. Tejido arrasado. || **P.** setim; **I.** sateen; **F.** satin; **A.** Satin, Atlas; **It.** raso; **R.** сатин.

★ **SATERÍA.** f. Rep. Domin. Coquetería.

SATÍN. m. Madera americana semejante al nogal.

★ **SATINADO, DA.** p.p. de satinar. || **2.** adj. fig. Sedoso, de aspecto parecido a la seda. || **3.** m. Satinación.

SATINADOR, RA. adj. Que satina.

SATINAR. (fr. *satiner;* de *satin,* satén.) tr. Dar al papel o a la tela tersura y lustre por medio de la presión. || **P.** acetinar; **I.** to gloss, to calender; **F.** satiner; **A.** glätten, satinieren; **It.** satinare; **R.** глазировать.

SÁTIRA. (l. *satÿra.*) f. Composición escrita cuyo objeto es censurar acremente o poner en ridículo a personas o cosas. || **2.** Discurso o dicho agudo, picante y mordaz, dirigido con dicho fin. || **P.** sátira; **I.** y **F.** satire; **A.** Satire, Spottgedicht; **It.** sàtira; **R.** сатира.

SATIRIASIS. (l. *satyrĭasis,* y éste del gr. σατυρίασις.) f. Med. Estado de exaltación morbosa de las funciones genitales, propias del sexo masculino.

SATÍRICAMENTE. adv. De modo satírico.

SATÍRICO, CA. (l. *satyrĭcus.*) adj. Perteneciente a la sátira. || **2.** m. Escritor que cultiva la sátira.

SATÍRICO, CA. adj. Perteneciente o relativo al sátiro, al mordaz.

★ **SATÍRIDOS.** m. pl. Zool. Familia de insectos lepidópteros de mediano tamaño.

SATIRIO. (De *sátiro,* por su agilidad.) m. Mamífero roedor, de unos 20 cm de largo, sin incluir la cola, parecido a la rata, de pelaje pardo muy obscuro y con visos rojizos. Habita a orillas de los arroyos, nada muy bien y caza en el agua y fuera de ella. ‖ **P.** satirião; **I.** water rat; **F.** rat d'eau; **A.** Wasserratte; **It.** topo indiano; **R.** крыса.

SATIRIÓN. (l. *satyrion*, y éste del gr. σατύριον.) m. Bot. Planta herbácea, vivaz, de la familia de las orquídeas, con dos o tres hojas radicales, anchas y ovales y otras tantas sobre el tallo, más pequeñas; flores blancas, olorosas y en espiga, y raíces con dos tubérculos de que puede sacarse salep. ‖ **P.** satirío; **I.** y **F.** satyrion; **A.** Ragwurz, Kuckuksblume; **It.** satirione.

SATIRIZANTE. p.a. de satirizar. Que satiriza.

SATIRIZAR. intr. Escribir sátiras. ‖ **2.** tr. Zaherir y motejar. ‖ **P.** satirizar; **I.** to satirize; **F.** satirizer; **A.** verspotten; **It.** satireggiare; **R.** писать сатиры.

SÁTIRO, RA. (l. *satyrus*, y éste del gr. σάτυρος.) adj. p. us. Mordaz, propenso a zaherir. Ú.t.c.s. ‖ **2.** m. Composición escénica lasciva y desvergonzada. ‖ **3.** fig. Hombre lascivo. ‖ **4.** Mit. Monstruo mitológico o semidiós silvestre, medio hombre y medio cabra. ‖ **P.** sátiro; **I.** satyr; **F.** satyre; **A.** Waldteufel, Satyr; **It.** sàtiro; **R.** сатир.

SATIS. (l. *satis*, bastante.) m. Asueto, vacación.

SATISDACIÓN. (l. *satisdatio*, *-ōnis*.) f. For. Fianza, garantía.

SATISFACCIÓN. (l. *satisfactio*, *-ōnis*.) f. Acción y efecto de satisfacer o satisfacerse. ‖ **2.** Pago con obras de penitencia la pena debida por nuestras culpas. ‖ **3.** Razón, acción o modo con que se responde enteramente a una queja. ‖ **4.** Presunción, vanagloria. ‖ **5.** Confianza o seguridad del ánimo. ‖ **6.** Cumplimiento del deseo o del gusto. ‖ *A* SATISFACCIÓN. m. adv. A gusto de uno, cumplidamente. ‖ **P.** satisfação; **I.** y **F.** satisfaction; **A.** Genugtuung, Zufriedenheit, Befriedigung; **It.** soddisfazione; **R.** удовлетворение.

SATISFACER. (l. *satisfacere*; de *satis*, bastante, y *facère*, hacer.) tr. Pagar enteramente lo que se debe. ‖ **2.** Hacer una obra que merezca el perdón de la pena debida. ‖ **3.** Aquietar las pasiones del ánimo. ‖ **4.** Saciar un apetito, pasión, etc. ‖ **5.** Dar solución a una duda o a una dificultad. ‖ **6.** Deshacer un agravio u ofensa, aquietar un sentimiento. ‖ **7.** Premiar enteramente y con equidad los méritos. ‖ **8.** r. Vengarse de un agravio. ‖ **9.** Volver el ofendido por su propio honor. ‖ **10.** Aquietarse con una razón valedera de la duda o queja que existía. ‖ **P.** satisfazer; **I.** to satisfy; **F.** satisfaire; **A.** genugtun, befriedigen; **It.** soddisfare; **R.** удовлетворять.

SATISFACIENTE. (l. *satisfaciens*, *-entis*.) p.a. de satisfacer. Que satisface.

SATISFACTORIAMENTE. adv. De modo satisfactorio.

SATISFACTORIO, RIA. (l. *satisfactorius*.) adj. Que puede satisfacer o pagar una cosa debida. ‖ **2.** Que puede satisfacer una queja, o deshacer un agravio. ‖ **3.** Grato, próspero. ‖ **P.** satisfactório; **I.** satisfactory; **F.** satisfactoire; **A.** befriedigend, genügend; **It.** soddisfativo; **R.** удовлетворительный.

SATISFECHO, CHA. (l. *satisfactus*.) p.p. irreg. de satisfacer. ‖ **2.** adj. Presumido o pagado de sí mismo. ‖ **3.** Complacido, contento. ‖ **P.** satisfeito; **I.** satisfied; **F.** satisfait; **A.** zufrieden, befriedigt; **It.** soddisfatto. **R.** удовлетворённый.

SATIVO, VA. (l. *sativus*.) adj. Que se cultiva, a distinción de lo silvestre.

SATO. (l. *satus*; de *serère*, sembrar.) m. p. us. Sembrado, 3.ª acep.

★ **SATO, TA.** adj. Zool. Cuba. Dícese de una raza de perros de tamaño pequeño y pelo corto. Ú.t.c.s. ‖ **2.** Colom. Dícese del ganado de escasa altura. ‖ **3.** Cuba. Lascivo. ‖ **4.** Rep. Domin. Fresco, zalamero. ‖ **5.** Cuba. Descastado.

SÁTRAPA. (l. *satrăpa*; éste del gr. σατράπης, y éste del ant. persa *šahrabh*, oficial del *šāh* o emperador.) m. Gobernador de una provincia de la antigua Persia. ‖ **2.** fig. y fam. Hombre ladino y que sabe gobernarse con astucia en el trato social. Ú.t.c. adj. ‖ **P.** sátrapa; **I.** satrap; **F.** satrape; **A.** Satrap; **It.** sàtrapo; **R.** сатрап.

SATRAPÍA. (l. *satrapia*.) f. Dignidad

de sátrapa. ‖ **2.** Territorio gobernado por un sátrapa. ‖ **P.** satrapia; **I.** satrapy; **F.** satrapie; **A.** Satrapie; **It.** satrapia; **R.** сатрапия.

SATURABLE. adj. Que puede saturarse.

SATURACIÓN. (m. *saturatio*, *-ōnis*.) f. Quím. Acción y efecto de saturar o saturarse. ‖ **2.** Estado de equilibrio entre dos fases de un sistema. ‖ **3.** Quím. Neutralización. ‖ **4.** Estado de una molécula en que todas las valencias están satisfechas. ‖ **P.** saturação; **I.** y **F.** saturation; **A.** Saturation, Sättigung; **It.** saturazione; **R.** насыщать.

★ **SATURADOR.** m. Quím. Aparato para saturar algunos líquidos con ciertos gases. ‖ **2.** Aparato empleado en las proyecciones para saturar de éter el oxígeno produciendo la luz oxietérica.

SATURAR. (l. *saturăre*.) tr. Saciar. ‖ **2.** Quím. Combinar dos o más cuerpos en las proporciones atómicas máximas en que puedan unirse. ‖ **3.** Fís. Impregnar de otro cuerpo un fluido hasta el punto de no poder éste admitir mayor cantidad de aquel cuerpo. Ú.t.c.r. ‖ **P.** saturar; **I.** to saturate; **F.** saturer; **A.** sättigen; **It.** saturare; **R.** насыщать.

★ **SATUREJA.** f. Bot. Género de plantas labiadas herbáceas o sufruticosas, de hojas enteras, estrechas y pequeñas, y fruto en aquenio.

SATURNAL. (l. *saturnālis*.) adj. Perteneciente o relativo a Saturno. ‖ **2.** f. Fiesta pagana en honor del dios Saturno. Ú.m. en pl. ‖ **3.** fig. Orgía desenfrenada.

SATURNINO, NA. (De *Saturno*.) adj. Dícese de la persona de genio triste y taciturno. ‖ **2.** Quím. Perteneciente o relativo al plomo. ‖ **3.** Med. Aplícase a las enfermedades producidas por intoxicación con una sal de plomo.

SATURNIO, NIA. (l. *saturnius*.) adj. Saturnal.

SATURNISMO. m. Med. Enfermedad crónica producida por la intoxicación ocasionada por las sales de plomo. ‖ **P.** e **It.** saturnismo; **I.** saturnism; **F.** saturnisme; **A.** Bleivergiftung; **R.** отравление свинцом.

SATURNO. (l. *Saturnus*.) m. Astron. Planeta conocido de muy antiguo, poco menor que Júpiter, cuya órbita está comprendida entre la de éste último y la de Urano. Le rodea un anillo de varias zonas. ‖ **2.** Quím. Plomo, 1.ª acep. ‖ **P.** Saturno; **I.** y **A.** Saturn; **F.** Saturne; **It.** Saturno; **R.** Сатурн.

SAUALE. (Voz tagala.) m. Filip. Tejido hecho con tiras de caña. Se emplea para hacer toldos.

★ **SAUBA.** f. Zool. Nicar. Hormiga muy perjudicial para el arbolado.

SAUCE. (De *salce*.) m. Bot. Árbol de la familia de las salicáceas, con tronco grueso, copa irregular, hojas angostas, lanceoladas, verdes por la haz y blancas y algo pelosas por el envés; flores sin cáliz ni corola, en amentos verdosos, y fruto capsular. Es común en las orillas de los ríos. ‖—**blanco.** Sauce. ‖—**cabruno.** Bot. Árbol que se diferencia del sauce blanco por tener las hojas mayores y ovaladas. En España abunda en las provincias del Norte. ‖—**de Babilonia** o **llorón.** Bot. Árbol de la misma familia, con ramas y ramillas muy largas, flexibles y péndulas. Se cultiva como planta de adorno. ‖ **P.** salgueiro; **I.** willow; **F.** saule; **A.** Weide, Weidenbaum; **It.** sàlice; **R.** ива.

SAUCEDA. (De *salceda*.) f. Salceda.

SAUCEDAL. (De *sauce*.) m. Salceda.

SAUCEGATILLO. (De *sauce* y *gatillo*.) m. ant. Sauzgatillo.

SAUCERA. (De *sauce*.) f. Salceda.

SAUCILLO. (d. de *sauce*.) m. Centinodia, 1.ª acep.

SAÚCO. (l. *sabūcus*.) m. Arbusto o arbolillo caprifoliáceo, con tronco de 2 a 5 m de altura, lleno de ramas, de corteza parda y rugosa y medula blanca abundante; hojas compuestas de cinco a siete hojuelas ovales, flores blancas y fruto en bayas negruzcas. El cocimiento de las flores se usa en medicina como diaforético y resolutivo. ‖ **2.** Segunda tapa de los cascos de los pies de los caballos. ‖—**falso.** Chile. Árbol de unos 5 m de altura;

hojas pecioladas, compuestas de 5 hojuelas lanceoladas y flores en umbela. ‖ **P.** sabugueiro; **I.** elder-tree; **F.** sureau; **A.** (schwarzer) Hol(un)der; **It.** sambuco; **R.** бузина.

SAUQUILLO. (d. de *saúco*.) m. Mundillo, planta parecida al saúco.

★ **SAURÍN.** adj. Hond. Zahorí, adivino.

SAURIO. (l. *saurus*, y éste del gr. σαῦρος, lagarto.) adj. Zool. Dícese de los reptiles que generalmente tienen cuatro extremidades cortas, mandíbulas con dientes, y cuerpo largo con cola también larga y piel escamosa y cubierta de tubérculos. Ú.t.c.s. ‖ **2.** m. pl. Zool. Orden de estos reptiles. ‖ **P.** sáurio; **I.** saurian; **F.** saurien; **A.** Saurier, Eidechse; **It.** saurio **R.** ящерицы.

★ **SAUROTERO.** m. Zool. Ave trepadora americana, con el pico largo, delgado y encorvado en la punta.

SAUSERÍA. (fr. *saucerie*; de *saucier*, sausier.) f. Oficina de palacio, a cuyos dependientes tocaba servir y repartir la vianda.

SAUSIER. (l. *saucier*, salsero; de *sauce*, salsa, y éste del l. *salsus*.) m. Jefe de la sausería de palacio.

SAUTOR. (fr. *sautoir*.) m. Blas. Sotuer.

★ **SAUVAGESIA.** f. Bot. Género de plantas herbáceas propias de América y de África, de hojas persistentes y flores solitarias.

SAUZ. m. Sauce.

SAUZAL. (De *sauce*.) m. Salceda.

SAUZGATILLO. (De *saucegatillo*.) m. Arbusto de la familia de las verbenáceas, que crece en los sotos frescos y a orillas de los ríos, con ramas abundantes, mimbreñas, cuadrangulares y de corteza blanquecina; hojas digitadas con cinco o siete hojuelas lanceoladas; flores pequeñas y azules en racimos terminales, y fruto redondo, pequeño y negro.

SAVIA. (l. *sapěa*; de *sapa*, vino cocido y jugo.) f. Bot. Líquido que circula por los vasos de las plantas pterilocitas y fanerógamas y del cual toman las células las substancias que necesitan para su nutrición. ‖ **2.** fig. Energía, elemento vivificador. ‖ **P.** seiva; **I.** sap; **F.** sève; **A.** Baumpflanzensaft, Kraft; **It.** succo; **R.** сок.

★ **SAVOEJA.** f. Bot. Méj. Cierta planta liliácea, venenosa.

SAXAFRAX. f. Saxífraga.

SAXÁTIL. (l. *saxatilis*; de *saxum*, peña.) adj. Bot. y Zool. Dícese de las plantas y animales que viven entre las peñas o adheridos a ellas.

SÁXEO, A. (l. *saxěus*.) adj. De piedra. Ú. en lenguaje científico y en poesía.

SAXÍCOLA. (l. *saxum*, piedra, y *colěre*, habitar.) Zool. Género de pájaros parecidos a los tordos; su plumaje es de color pardo, y blancas las plumas de la cola.

SAXÍFRAGA. (l. *saxifrăga*; de *saxum*, piedra, y *frangěre*, romper.) f. Planta herbácea, vivaz, de la familia de las saxifragáceas, propia de lugares frescos, que crece hasta 3 ó 4 dm de altura con tallo ramoso, velludo y algo rojizo; hojas radicales, casi redondas y festoneadas, flores en corimbo, grandes, de pétalos blancos con nervios verdosos; fruto capsular y raíz bulbosa. ‖ **2.** Saxifrás. ‖ **P.** saxífraga; **I.** saxifrage, sassafras; **F.** saxifrage, perce-pierre; **A.** Steinbrech, Bibernell; **It.** sassifraga, sassofrasso; **R.** камнеломка.

SAXIFRAGÁCEO, A. (De *saxifraga*.) adj. Bot. Dícese de plantas angiospermas dicotiledóneas, de hojas alternas u opuestas, enteras o lobuladas, flores hermafroditas, de cinco a diez pétalos, o tetrámeras, casi siempre regulares, dispuestas en racimos, panojas o cimas; fruto capsular o en baya. Ú.t.c.s.f. ‖ **2.** f. pl. Bot. Familia de estas plantas.

SAXIFRAGIA. f. Saxífraga.

SAXOFÓN. (De *Sax*, nombre del inventor, y del gr. φωνή, sonido.) m. Instrumento músico de viento, de metal, con boquilla de madera o caña; tiene varias llaves; usado, principalmente en las bandas militares.

SAXÓFONO. m. Saxofón. ‖ **P.** Saxofone; **I.** y **F.** saxophone; **A.** Saxophon; **It.** sassòfono; **R.** саксофон.

SAXOSO, SA. (l. *saxōsus*; de *saxum*, piedra.) adj. ant. Pedregoso.

S

SAYA. (l. *saga.*) f. Falda que usan las mujeres. || **2.** Regalo en dinero que en equivalencia de vestido solían dar las reinas a sus servidoras cuando éstas tomaban estado. || **3.** Vestidura talar antigua, especie de túnica, usada por los hombres. || **P.** saia; **I.** petticoat; **F.** jupe de femme; **A.** Kleiderrock; **It.** gonna; **R.** юбка.

SAYAGUÉS, SA. adj. Natural de Sayago. Ú.t.c.s. || **2.** Perteneciente a este territorio de la provincia de Zamora.

SAYAL. (De *sayo.*) m. Tela muy basta de lana burda. || *Debajo del* SAYAL, *o so el* SAYAL, *hay ál.* ref. que enseña a no juzgar por las apariencias. || *No es todo el* SAYAL *alforjas.* fr. proverb. Con que se da a entender que en todo hay excepciones. || **P.** burel; **I.** baize; **F.** bure; **A.** Borat; **It.** bigello; **R.** грубая шерстяная ткань.

SAYALERÍA. f. Oficio de sayalero.

SAYALERO, RA. m. y f. Persona que teje sayales.

SAYALESCO, CA. adj. De sayal o perteneciente a él.

SAYALETE. m. d. de sayal. || **2.** Sayal delgado, usado para túnicas interiores.

SAYAMA. f. ECUAD. Especie de culebra.

SAYETE. m. d. de sayo.

SAYO. (l. *sagum.*) m. Casaca hueca, larga y sin botones. || **2.** fam. Cualquier vestido. || **—baquero.** Vestido exterior que cubre todo el cuerpo y se ataca por una abertura que tiene a la espalda. || **—bobo.** Vestido estrecho, entero, abotonado, de que solían usar los graciosos en los entremeses. || *Cortar* a uno *un* SAYO. fr. fig. y fam. Murmurar de él en su ausencia. || 2.ª acep.: **P.** e **It.** saio; **I.** smock-frock; **F.** sayon; **A.** Kittel; **R.** куртка, блуза.

SAYÓN. (gót. *sagio.*) m. En la Edad Media, ministro de justicia, encargado de hacer las citaciones y ejecutar los embargos. || **2.** Verdugo que ejecutaba las penas a que eran condenados los reos. || **3.** Cofrade que va en las procesiones de Semana Santa vestido con una túnica larga. || **4.** fig. y fam. Hombre de aspecto feroz. || **P.** verdugo; **I.** executioner; **F.** bourreau; **A.** Henker; **It.** carnèfice; **R.** палач.

SAYÓN. m. BOT. Mata ramosa de la familia de las quenopodiáceas, de color ceniciento, hojas lanceoladas; flores en espiga y brácteas fructíferas soldadas a modo de cápsula.

SAYUELA. f. d. de saya. || **2.** Camisa de estameña usada en algunas religiones. || **3.** adj. BOT. Dícese de cierta variedad de higuera. || **4.** CUBA. Vestido talar con mangas usado por las mujeres sobre el camisón.

SAYUELO. m. d. de sayo. || **2.** LEÓN. Manga rajada que llevaban en su vestimenta las maragatas.

SAYUGO. (l. *sabucus.*) m. SAL. Saúco.

SAYUGUINA. f. SAL. Flor de saúco.

SAZ. (l. *salix, salicis.*) m. Sauce.

SAZÓN. (l. *satĭo, -ōnis,* acción de sembrar, sementera.) f. Punto o madurez de las cosas, o estado de perfección en su línea. || **2.** Ocasión, tiempo oportuno. || **3.** Sabor que se percibe en los manjares. || **4.** MÉJ., P. RICO, COLOM., VENEZ. y PERÚ. Buen gusto culinario. || **5.** adj. AMÉR. CENTRAL. y MÉJ. Sazonado. || *A la* SAZÓN. m. adv. Entonces. || *En* SAZÓN. m. adv. Oportunamente, a tiempo. || **P.** madureza; **I.** maturity, opportunity; **F.** maturité, occasion; **A.** Reife, Zeitpunkt; **It.** maturità; **R.** зрелость.

SAZONADAMENTE. adv. Con sazón.

SAZONADO, DA. p.p. de sazonar. || **2.** adj. Dícese del dicho o frase, o del estilo, substancioso y expresivo.

SAZONADOR, RA. adj. Que sazona.

SAZONAR. tr. Dar sazón al manjar. || **2.** Poner las cosas en la sazón, punto y madurez que deben tener. Ú.t.c.r. || **P.** sazonar; **I.** to season; **F.** assaisonner; **A.** (durch)würzen; **It.** condire; **R.** созревать

* **Sb.** QUÍM. Símbolo del antimonio.

* **Sc.** QUÍM. Símbolo del escandio.

SE. (l. *se,* acus. del pron. *sui.*) Forma reflexiva del pronombre personal de tercera persona. Ú. en dativo y acusativo en ambos géneros y números y no admite preposición. Puede usarse proclítico o enclítico: SE *cae; cáe*SE. Sirve además para formar oraciones impersonales y de pasiva.

SE. (ant. *ge,* y éste del l. *illi.*) Dativo masculino o femenino de singular o plural del pronombre personal de tercera persona en combinación con el acusativo *lo, la,* etc.: *dió*SE*lo,* SE *las dio.* || **P.** se; **I.** (to) him, her, one, it, them; **F.** se, s'; **A.** sich, ihm, ihr, ihnen; **It.** sè, si, glie; **R.** себя, себе.

* **SE.** MAR. Iniciales que en la rosa náutica y escritos de marina indica el rumbo y viento llamado sudeste. || **2.** QUÍM. Símbolo del selenio (Se).

SEBÁCEO, A. adj. Que participa de la naturaleza del sebo o se parece a él. || **2.** ANAT. Dícese de ciertas glándulas de la piel que segragan una materia grasa. || **P.** sebáceo; **I.** sebaceous; **F.** sébacé; **A.** talgartig; **It.** sebàceo; **R.** жировой.

SEBASTIANO. m. Sebastén.

SEBE. (l. *saepes.*) f. Cercado de estacas altas entretejidas con ramas largas. || **2.** VIZC. Matas de monte bajo. || **3.** AST. Seto vivo.

* **SEBEAR.** tr. VENEZ. Cortejar a una mujer.

SEBERA. f. CHILE. Cartera de cuero que llevan los campesinos en la montura para echar sebo.

SEBESTÉN. (ár. *sabastān,* azufaifo.) m. BOT. Arbolito borragináceo, de 2 a 3 m de altura, tronco recto, copa irregular, hojas persistentes, pecioladas, alternas, elípticas y enteras; flores blancas, terminales, y fruto amarillento, parecido a la ciruela. || **2.** Fruto de este arbolito.

* **SEBIENTO, TA.** adj. CHILE. Seboso.

* **SEBIL.** m. BOT. R. DE LA PLATA. Especie de mimosa cuya corteza tiene propiedades curtientes.

SEBILLO. (d. de *sebo.*) m. Sebo suave y delicado, como el del cabrito. || **2.** Especie de jabón para suavizar las manos.

SEBIYA. f. CUBA. Ave zancuda, de plumaje rosado, patas negras y pico ensanchado en forma de espátula.

SEBO. (l. *sēbum.*) m. Grasa sólida y dura que se saca de los animales herbívoros, y que, derretida, sirve para hacer velas, jabones, etc. || **2.** Cualquier género de gordura. || **3.** PERÚ. Regalo del padrino en los bautizos. || **4.** CUBA. Árbol de cuya semilla se obtiene cierta substancia sebosa. || *Hacer* uno SEBO. fr. fig. y fam. AMÉR. Dejar pasar el tiempo en la ociosidad. || *Volver,* o *hacer un* SEBO a uno. fr. fam. CUBA. Confundir, anonadar. || **P.** sebo; **I.** tallow; **F.** suif; **A.** Talg, Fett; **It.** sego; **R.** сало.

* **SEBÓN, NA.** adj. GUAT. y ARGENT. Holgazán. Ú.t.c.s.

SEBORO. m. BOL. Cangrejo de agua dulce.

SEBORREA. (l. *sēbum,* sebo, y *-rea,* del gr. ῥέω, fluir.) f. Aumento patológico de la secreción de las glándulas sebáceas de la piel.

* **SEBORUCO.** m. CUBA. Cierta piedra rojiza y muy porosa que se halla especialmente en las costas. || **2.** P. RICO. Campo.

SEBOSO, SA. (l. *sebōsus.*) adj. Que tiene sebo. || **2.** Untado de sebo o de grasa. || **3.** fig. Decíase de los portugueses, por lo muy amartelados que eran en sus enamoramientos.

SEBUCÁN. m. Colador cilíndrico que se emplea en Venezuela para separar el yare del almidón de la yuca.

SECA. (l. *sicca,* t. f. de *-cus,* seco.) f. Sequía. || **2.** Período de desecación de las pústulas de ciertas erupciones cutáneas. || **3.** Infarto de una glándula. || **4.** AND. Especie de torta delgada. || **5.** Secano, 2.ª acep. || *A gran* SECA, *gran mojada.* ref. con que dan a entender los labradores esperanza de abundante lluvia, por haber pasado ya mucho tiempo sin llover. || **2.** Dícese también del que se excede en una acción que dejó mucho tiempo abandonada. || **3.** Advierte asimismo que en todas las cosas hay compensación.

SECÁCUL. (ár. *šaqāqul,* chirivía.) m. BOT. Planta de Oriente parecida a la chirivía, de raíz muy aromática.

SECADAL. m. Sequedal. || **2.** Secano, 1.ª, 2.ª y 3.ª aceps. || **3.** En los tejares, era en que, antes del cocido, se orea la obra modelada.

* **SECADERA.** f. P. RICO. Corredera, caja grande que se desliza sobre ruedas usada para secar el café. || **2.** COLOM. Enfermedad de ciertas plantas, en que se seca la hoja antes del tiempo debido.

SECADERO, RA. (l. *siccatorĭum.*) adj. Apto para conservarse seco. Aplícase especialmente a las frutas y al tabaco. || **2.** m. Paraje destinado para poner a secar una cosa. || 2.ª acep.: **P.** secadouro; **I.** drying place; **F.** séchoir; **A.** Trockenplatz (-boden); **It.** seccatoio; **R.** подлежащий сушке.

SECADILLO. (De *secado,* p.p. de *secar.*) m. Dulce que se hace de almendras machacadas, un poco de corteza de limón, azúcar y clara de huevo.

SECADÍO, A. adj. Que puede secarse o agotarse.

SECADOR. m. ARGENT. y CHILE. Enjugador de ropa. || **2.** ART. y OFTALMO. Aparato para secar artificialmente. || **—eléctrico.** Aparato eléctrico para secar el cabello por caletamiento del aire.

SECAMENTE. adv. m. Con pocas palabras, sin adorno. || **2.** Ásperamente, sin atención ni urbanidad.

SECAMIENTO. m. Acción y efecto de secar o secarse.

SECANO. (l. *siccānus.*) m. Tierra de labor que no tiene riego. || **2.** Banco de arena que no está cubierto por el agua, o islita árida próxima a la costa. || **3.** fig. Cualquier cosa que está muy seca.

SECANSA. (fr. *séquence,* y éste del l. *sequentia,* secuencia.) f. Juego de naipes parecido al de la treinta y una. || **2.** Reunión, en este juego, de dos cartas de valor correlativo. || **3.** Reunión, en el juego de los cientos, de tres cartas del mismo palo y de valor correlativo. || **—corrida.** Reunión, en el juego de la secansa, de tres cartas de valor correlativo. || **—real.** Secansa corrida compuesta de rey, caballo y sota.

SECANTE. (l. *siccans, -antis.*) p.a. de secar. Que seca. Ú.t.c.s. || **2.** adj. V. *Aceite* SECANTE. Ú.t.c.s. || **3.** m. Papel secante. || **P.** secante; **I.** drier; **F.** dessiccatif; **A.** trocknend; **It.** seccante; **R.** высушивающий.

SECANTE. (l. *secans, -antis,* p.a. de *secāre,* cortar, partir.) adj. GEOM. Aplícase a las líneas o superficies que cortan a otras líneas o superficies. Ú.t.c.s.f. || **—de un ángulo.** TRIG. La del arco que sirve de medida al ángulo. || **—de un arco.** TRIG. Parte de la recta secante que pasa por el centro del círculo y por un extremo del arco, comprendida entre dicho centro y el punto donde encuentra a la tangente tirada por el otro extremo del mismo arco. || **—primera de un ángulo.** TRIG. Secante de un ángulo. || **—primera de un arco.** TRIG. Secante de un arco. || **—segunda de un ángulo.** TRIG. La segunda del arco que sirve de medida al ángulo. || **—segunda de un arco.** TRIG. Cosecante. || **P.** e **It.** secante; **I.** y **F.** secant; **A.** Sekante; **R.** секущая.

SECAR. (l. *siccāre.*) tr. Extraer la humedad, o hacer que se exhale de un cuerpo mojado. || **2.** Ir consumiendo el humor o jugo en los cuerpos. || **3.** fig. Fastidiar, aburrir. Ú.t.c.r. || **4.** r. Enjugarse la humedad de una cosa evaporándose. || **5.** Quedarse sin agua un río, una fuente, etc. || **6.** Perder una planta su verdor o lozanía. || **7.** Enflaquecer en demasía una persona o un animal. || **8.** fig. Tener mucha sed. || **9.** fig. Dicho del corazón o del ánimo, embotarse, hacerse insensible. || **P.** secar; **I.** to dry (up), to exsiccate; **F.** sécher; dessécher, essuyer; **A.** trocknen; **It.** seccare, inaridire; **R.** сушить.

SECARAL. m. Sequeral.

SECARRÓN, NA. adj. aum. de seco. Aplícase generalmente al carácter.

SECATÓN, NA. adj. Sin gracia, soso.

SECATURA. (Voz italiana; v. *secar,* 3.ª acep.) f. Insulsez, fastidio.

SECCIÓN. (l. *sectio, -ōnis.*) f. Cortadura, separación hecha por un cuerpo cortante. || **2.** Cada una de las partes en que se divide o considera dividido un todo. || **3.** Cada uno de los grupos en que se divide o considera dividido un conjunto de personas. || **4.** Dibujo del perfil o figura que resultaría si se cortara un terreno, edificio, máquina, etc. por un plano, comúnmente vertical, con objeto de dar a conocer su estructura o su disposición interior. || **5.** GEOM. Figura que resulta de la intersección de una superficie con un sólido o con otra superficie. || **6.** MIL. Cada uno de los grupos mandados por un oficial, en que se divide la compañía, escuadrón, etc. || **—cónica.** GEOM. Cualquiera de las curvas que resultan de cortar la superficie de un cono circular por un plano; pueden ser elipses, hipérbolas o parábolas. || **—de reserva.** MIL. Cuadro jerárquico de los generales que han dejado de prestar servicio activo, con excepción de algunos cargos en dependencias centrales. || **P.** secção; **I.** y **F.** section; **A.** Sektion, Schnitt; **It.** sezione; **R.** секция, разрез.

SECCIONAR. tr. Dividir en secciones, fraccionar.

SECE. (l. *sedĕcim.*) adj. ant. Dieciséis.

SECÉN. (De *seceno.*) adj. AR. Dícese del madero en rollo, de unos 6 m de longitud y de 19 a 25 cm de diámetro. Ú.m.c.s.

SECENO, NA. (De *sece.*) adj. ant. Dieciseiseno.

SECESIÓN. (l. *secessĭo, -ōnis*, separación, apartamiento.) f. Acto de separarse de un estado o país parte de su territorio. || **2.** Apartamiento, retraimiento de los negocios públicos. || **P.** secessão; **I.** secession; **F.** sécession; **A.** Sezession, Entfernung; **It.** secessione; **R.** отделение.

SECESIONISTA. adj. Partidario de la secesión. Apl. a pers. ú.t.c.s. || **2.** Perteneciente o relativo a ella.

SECESO. (l. *secessus.*) m. Cámara o deposición de vientre.

SECLUSO, SA. (l. *seclūsus*, p.p. de *secludĕre*, apartar.) adj. ant. Apartado y separado.

SECO, CA. (l. *sĭccus.*) adj. Exento de jugo o humedad. || **2.** Falto de agua. || **3.** Aplícase a los guisos que se han quedado sin caldo por prolongar la cocción. *Arroz* SECO. || **4.** Falto de verdor o lozanía. Dícese particularmente de las plantas. || **5.** Tratándose de las plantas, muerto, sin vida. *Rama* SECA. || **6.** Dícese de las frutas de cáscara dura, como avellanas, nueces, etc., y también de aquellas a las cuales se quita la humedad excesiva para que se conserven. || **7.** Flaco o de muy pocas carnes. || **8.** Dícese del tiempo en que no llueve. || **9.** fig. Aplícase a lo que está solo, sin alguna cosa accesoria que le dé mayor valor o estimación. || **10.** fig. Poco abundante, o falto de todo aquello que es necesario para la vida y trato humano. *Este lugar es* SECO. || **11.** fig. Áspero de trato, desabrido. || **12.** fig. Riguroso, estricto. || **13.** fig. En sentido místico, poco fervoroso. || **14.** fig. Aplicado al entendimiento o al ingenio y a sus producciones, árido, estéril, falto de amenidad. || **15.** fig. Dícese del aguardiente puro, sin aderezo alguno. || **16.** fig. Tratándose de ciertos sonidos, ronco, áspero. || **17.** fig. Dícese del golpe fuerte, rápido y que no resuena. || **18.** MÚS. Dícese del sonido brevísimo y cortado. || **19.** m. CHILE. Golpe, coscorrón. || **20.** CHILE. Cachada. || **21.** PERÚ. Guiso criollo de carne o pescado, patatas, etc. || **22.** PAN. Aguardiente blanco de caña. || *A* SECAS. m. adv. Solamente, sin otra cosa alguna. || *Dejar a* uno, o *quedar* uno SECO. fr. fig. y fam. Dejarle, o quedar muerto en el acto. || *En* SECO. m. adv. Fuera del agua o de un lugar húmedo. *La nave varó en* SECO. || **2.** fig. Sin causa ni motivo. || **3.** fig. Sin medios para la realización de algo. *Quedarse en* SECO. || **4.** fig. De repente. *Paró en* SECO. || **5.** ALBAÑ. Sin argamasa. || **P.** seco; **I.** dry; **F.** sec; **A.** trocken; **It.** secco; **R.** сухой.

SECÓN. m. SAL. Panal de cera sin miel.

SECOR. (De *seco.*) m. ant. Sequedad, 1.ª acep.

SECOYA. f. BOT. Árbol gigantesco de la América del Norte, de la familia de las cupresáceas, que alcanza hasta 150 m de altura y 12 de diámetro; tiene las hojas pequeñas, de color verde azulado.

SECRECIÓN. (l. *secretĭo, -ōnis.*) f. Apartamiento, separación. || **2.** Acción y efecto de secretar. || **3.** Producto segregado. || **4.** FISIOL. Operación en virtud de la cual las células o los epitelios glandulares elaboran materiales para la renovación del medio interior o para la renovación orgánica. || **—interna.** MED. Conjunto de hormonas elaboradas en las glándulas endocrinas. || 2.ª acep.: **P.** secreção; **I.** secretion; **F.** sécrétion; **A.** Sekretion; **It.** secrezione; **R.** выделять.

SECRESTACIÓN. (De *secrestar.*) f. ant. Secuestro.

SECRESTADOR. m. ant. Secuestrador.

SECRESTAR. tr. ant. Secuestrar.

SECRESTO. m. ant. Secuestro.

SECRETA. (l. *secrēta*, pl. de *-tum*, secreto.) f. Examen que se hacía en algunas universidades para el grado de licenciado. || **2.** Pesquisa secreta que se hace a los residenciados. || **3.** Cada una de las oraciones que se dicen en la misa después del ofertorio y antes del prefacio. || **4.** Letrina, 1.ª acep.

SECRETAMENTE. adv. De manera secreta. || **P.** secretamente; **I.** secretly; **F.** secrètement; **A.** insgeheim, im Stillen; **It.** segretamente; **R.** секретно.

SECRETAR. (l. *secrētum*, supino de *secernĕre*, segregar.) tr. FISIOL. Elaborar y despedir las glándulas materias elaboradas por ellas, y que el organismo utiliza en el ejercicio de alguna función.

SECRETARIA. f. Mujer del secretario. || **2.** La que hace oficio de secretario.

SECRETARÍA. f. Destino o cargo de secretario. || **2.** Oficina o despacho del secretario. || **P.** secretariado; **I.** secretaryship; **F.** secrétariat; **A.** Sekretariat, Kanzlei; **It.** segretaria; **R.** секретариат.

* **SECRETARIADO.** m. Profesión de secretario. || **2.** Colectividad de secretarios. || **3.** Secretaría.

SECRETARIO, RIA. (l. *secretarĭus.*) adj. Dícese de la persona a quien se confía algún secreto. || **2.** m. El encargado de escribir la correspondencia, extender las actas, dar fe de los acuerdos y custodiar los documentos de una oficina, asamblea o corporación. || **3.** El encargado de redactar la correspondencia de otra persona. || **4.** Amanuense. || **5.** Escribano. || **6.** En algunos países de América, ministro. || **—particular.** El que está encargado de los asuntos y correspondencia no oficiales de una persona constituida en autoridad. || **P.** secretário; **I.** secretary; **F.** secrétaire; **A.** Sekretär; **It.** segretario; **R.** секретарь.

SECRETEAR. intr. fam. Hablar en secreto una persona con otra.

SECRETEO. m. fam. Acción de secretear.

* **SECRETINA.** f. Hormona de la mucosa intestinal que estimula al páncreas para producir jugo pancreático. || **—gástrica.** TERAP. Gastrina.

SECRETISTA. adj. Que trata o escribe acerca de los secretos de la naturaleza. Ú.t.c.s. || **2.** Dícese de la persona que habla mucho en secreto. Comúnmente con nota de los demás.

SECRETO. (l. *secrētum.*) m. Lo que cuidadosamente se tiene reservado y oculto. || **2.** Reserva, sigilo. || **3.** Conocimiento que exclusivamente alguno posee de la virtud o propiedades de una cosa. || **4.** Misterio, cosa recóndita o asunto muy reservado. || **5.** Escondrijo que suelen tener algunos muebles para guardar papeles, dinero u otras cosas. || **6.** En algunas cerraduras, mecanismo oculto, que es preciso conocer de antemano para poder abrirlas. || **7.** GERM. Huésped que da posada. || **8.** GERM. Puñal. || **9.** MÚS. Tabla armónica del órgano, del piano y de otros instrumentos semejantes. || **—de anchuelo.** o **a voces** o **con chirimías.** fig. y fam. Misterio que se hace de lo que ya es público, o secreto que se confía a muchos o a quien no sabe guardarlo. || **—de confesión.** V. *Sigilo sacramental.* || **—de Estado.** El que no puede revelar un funcionario público sin incurrir en delito. Por ext., cualquier grave asunto político o diplomático no divulgado. || **—de naturaleza.** Aquel efecto natural que por ser poco sabido excita curiosidad y aun admiración. || **—profesional.** Deber que tienen los miembros de ciertas profesiones de no descubrir a tercero los hechos que han conocido en el ejercicio de su profesión. || *De* SECRETO. m. adv. En secreto. || **2.** Sin solemnidad ni ceremonia pública. || *Echar un* SECRETO *en la calle.* fr. fig. y fam. Publicarlo. || *En* SECRETO. m. adv. Secretamente. || **P.** segredo; **I.** secrecy, secret(ness); **F.** secret; **A.** Geheimnis; **It.** segreto; **R.** секрет.

SECRETO, TA. (l. *secrētus*, p.p. de *secernĕre*, segregar.) adj. Oculto, ignorado y separado de la vista o del conocimiento de los demás. || **2.** Callado, silencioso, reservado. || **P.** secreto; **I.** secret, hidden; **F.** secret, caché; **A.** geheim, verborgen, heimlich; **It.** segreto, nascosto; **R.** секретный, тайный.

SECRETOR, RA. adj. Secretorio.

SECRETORIO, RIA. adj. Que secreta. Aplícase a los órganos del cuerpo que tienen la facultad de secretar.

SECTA. (l. *secta.*) f. Doctrina particular enseñada por un maestro que la halló o explicó y seguida y defendida por otros. || **2.** Falsa religión enseñada por un maestro famoso. || **3.** Conjunto de personas que profesan una doctrina que disiente de la generalmente aceptada. || **P.** seita; **I.** sect; **F.** secte; **A.** Sekte; **It.** setta; **R.** секта.

SECTADOR, RA. (l. *sectātor, -ōris.*) adj. Sectario. Ú.t.c.s. || **2.** Secuaz, fanático.

SECTARIO, RIA. (l. *sectarĭus.*) adj. Que sigue una secta. Ú.t.c.s. || **2.** Fanático e intransigente de un partido o de una idea. || **P.** sectário; **I.** sectarian; **F.** sectaire; **A.** Anhänger, Sektarier; **It.** settario; **R.** сектант.

SECTARISMO. m. Celo propio de sectario.

SECTOR. (l. *sector*, el que corta o divide.) m. GEOM. Porción de círculo comprendida entre un arco y los dos radios que pasan por sus extremos. || **2.** fig. Parte de una colectividad que presenta caracteres peculiares. || **3.** ART. MIL. Parte de un sistema defensivo. || **4.** ELECTR. Delga de un colector. || **—esférico.** GEOM. Porción de esfera comprendida entre un casquete y la superficie cónica formada por los radios que terminan en su borde. || **P.** e **I.** sector; **F.** secteur; **A.** Sektor; **It.** settore; **R.** сектор.

SECUA. f. CUBA. Planta cucurbitácea de flores grandes en racimo.

SÉCUANO, NA. (l. *sequănus.*) adj. Dícese del individuo que habitaba en la región del Sena superior en la época de César. || **2.** Perteneciente o relativo a esta región. *Vino* SÉCUANO.

SECUAZ. (l. *sequax, -ācis.*) adj. Que sigue el partido, doctrina u opinión de otro. Ú.t.c.s. || **P.** sequaz; **I.** sequacious; **F.** sectateur; **A.** Parteigänger, Jünger; **It.** seguace; **R.** сторонник.

SECUELA. (l. *sequēla.*) f. Consecuencia o resulta de una cosa. || **2.** CHILE. FOR. Prosecución de una causa.

SECUENCIA. (l. *sequentĭa*, continuación; de *sequi*, seguir.) f. Himno litúrgico que se dice en ciertas misas después del gradual. || **2.** CINEMAT. Sucesión de planos que integran una unidad dentro de una película. || **—polar internacional.** ASTRON. Serie de estrellas que sirven de patrón en la determinación de magnitudes.

SECUESTRACIÓN. (l. *sequestratĭo, -ōnis.*) f. Secuestro. || **2.** CIR. Separación de una parte de la sangre de la circulación general por medio de ligaduras en la raíz de los miembros.

SECUESTRADOR, RA. (l. *sequestrātor, -ōris.*) adj. Que secuestra. Ú.t.c.s.

SECUESTRAR. (l. *sequestrāre.*) tr. Depositar judicial o gubernativamente una alhaja en poder de un tercero hasta que se decida a quién pertenece. || **2.** Embargar. || **3.** Aprehender indebidamente a una persona para exigir dinero por su rescate, o para otros fines. || **P.** sequestrar; **I.** to sequester; **F.** séquestrer; **A.** sequestrieren; **It.** sequestrare; **R.** похищать.

SECUESTRARIO, RIA. (l. *sequestrarĭus.*) adj. Perteneciente al secuestro.

SECUESTRO. (l. *sequestrum.*) m. Acción y efecto de secuestrar. || **2.** Bienes secuestrados. || **3.** FOR. Depósito judicial por embargo de bienes, o como medida de aseguramiento en cuanto a los litigiosos. || **4.** CIR. Porción de hueso mortificada que subsiste en el cuerpo separada de la parte viva. || **5.** DER. Retención de una o más personas exigiendo dinero por su rescate.

SÉCULA (PARA) (l. *saecŭla*, siglos.), o *para in* SÉCULA, o SÉCULA *sin fin*, o

S

SÉCULA *seculórum.* frs. advs. Para siempre jamás.

SECULAR. (l. *seculāris;* de *secŭlum,* siglo.) adj. Seglar. || **2.** Que sucede o se repite cada siglo. || **3.** Que dura un siglo, o desde hace siglos. || **4.** Dícese del clero o sacerdote que vive en el siglo, a distinción del que vive en clausura. Apl. a pers. ú.t.c.s.

SECULARIZACIÓN. f. Acción y efecto de secularizar o secularizarse.

SECULARIZADO, DA. p.p. de secularizar.

SECULARIZAR. tr. Hacer secular lo que era eclesiástico. Ú.t.c.r. || **2.** Autorizar a un religioso o a una religiosa para que pueda vivir fuera de clausura. || **P.** secularizar; **I.** to secularize; **F.** séculariser; **A.** verweltlichen; **It.** secolarizzare; **R.** секуляризовать.

SECUNDAR. (l. *secundāre.*) tr. Ayudar, favorecer. || **P.** secundar; **I.** to second; **F.** seconder; **A.** sekundieren, helfen; **It.** secondare; **R.** способствовать.

SECUNDARIAMENTE. adv. En segundo lugar.

SECUNDARIO, RIA. (l. *secundarius.*) adj. Segundo en orden, accesorio. || **2.** ASTRON. Planeta secundario o satélite de un planeta primario. || **3.** ELECTR. En los transformadores eléctricos, dícese del arrollamiento por donde pasa la corriente inducida. || **4.** GEOL. Dícese de cualquiera de los terrenos triásico, jurásico y cretáceo. || **5.** GEOL. Perteneciente a ellos. || **P.** secundario; **I.** secondary; **F.** secondaire; **A.** sekundär, nebensächlich; **It.** secondario; **R.** второстепенный.

SECUNDINAS. (l. *secundinae, -arum;* de *secundus,* segundo.) f. pl. ZOOL. Placenta y membranas que envuelven al feto.

SECUNDÍPARA. (l. *secundus* y *parĕre.*) adj. Aplícase a la mujer que pare por segunda vez.

SECURA. (De *seco.*) f. p. us. Sequedad, 1.ᵃ acep.

SECUTAR. (l. *secŭtus.*) tr. ant. Ejecutar.

SECUTOR, RA. (l. *secŭtus.*) adj. ant. Ejecutor.

SECUTORIA. f. ant. Ejecutoria.

SED. (l. *sitis.*) f. Gana y necesidad de beber. || **2.** fig. Necesidad de agua o de humedad que tienen los campos cuando pasa mucho tiempo sin llover. || **3.** fig. Deseo ardiente de una cosa. || *Apagar la* SED. fr. fig. Aplacarla bebiendo. || *Hacer* SED. fr. Tomar incentivos que la causen, o esperar algún tiempo hasta tenerla. || *Matar la* SED. fr.. fig. Apagar la sed. || *Miráis lo que bebo, y no la* SED *que tengo.* ref. contra los que murmuran de las medras ajenas, sin considerar el trabajo que cuestan. || *Una* SED *de agua.* fr. fig. y fam. Cosa menguada y escasísima. Ú. principalmente en la frase: *no dar a uno una* SED *de agua.* || **P.** sede; **I.** thirst; **F.** soif; **A.** Durst; **It.** sete; **R.** жажда.

SEDA. (l. *sēta,* cerda.) f. ZOOL. Líquido viscoso segregado por ciertas glándulas de algunos artrópodos que se solidifica en contacto con el aire constituyendo hilos finísimos y flexibles, con que forman su capullo. || **2.** Hilo formado con varias de estas hebras producidas por el gusano de la seda dispuesto para tejer diferentes telas finas, suaves y lustrosas. || **3.** Cualquier tela hecha de seda. || **4.** Cerda de algunos animales, especialmente la del jabalí. || **5.** CÓRD. Enfermedad de algunos árboles frutales, que consiste en una especie de tela de araña que sofoca la flor. || **—ahogada.** La que se hila después de ahogado el gusano. || **—artificial o rayón.** QUÍM. INDUSTR. Materia que se obtiene artificialmente a base de celulosa, con la que se consiguen fibras continuas utilizadas en substitución de la seda natural en diversos tejidos. || **—azache.** La de inferior calidad, que se hila de las primeras capas del capullo. || **—cocida.** La que, cocida en una agua alcalina, ha perdido la goma que naturalmente tiene. || **—conchal.** La de clase superior, que se hila de los capullos escogidos. || **—cruda.** La que conserva la goma que naturalmente tiene. || **—de candongo, o de candongos.** Seda más delgada que la conchal. || **—de capullos, o de todo capullo.** La basta

y gruesa que se saca de los capullos de inferior calidad. || **—floja.** Seda lasa, sin torcer. || **—joyante.** La que es muy fina y lustrosa. || **—medio conchal.** Seda de calidad inferior a la de candongo y cuyo peso específico es la mitad del de la conchal. || **—ocal.** La de inferior calidad, pero fuerte, que se saca del capullo ocal. || **—porrina.** MURC. Seda azache. || **—redonda.** Seda ocal. || **—vegetal.** Nombre que por analogía se da a ciertas fibras que tienen el aspecto de la seda, como la pita o ágave. || **—verde.** La que se hila estando vivo el gusano dentro del capullo. || *Como una* SEDA. fig. y fam. Muy suave al tacto. || **2.** fig. y fam. Dícese de la persona de suave condición. || **3.** fig. y fam. Dícese cuando se consigue algo sin dificultad. || *De media* SEDA. loc. De seda mezclada con otra materia textil. || *De toda* SEDA. loc. De seda sin mezcla de otra fibra. || **P.** seda; **I.** silk; **F.** soie; **A.** Seide; **It.** seta; **R.** шёлк.

SEDACIÓN. f. Acción y efecto de sedar.

SEDADERA. f. Instrumento para asedar el cáñamo.

SEDAL. (De *seda.*) m. Hilo o cuerda que se ata por un extremo al anzuelo y por el otro a la caña de pescar. || **2.** CIR. y VETER. Cinta o cordón que se mete por una parte de la piel y se saca por otra a fin de excitar una supuración o dar salida a las materias que allí se han formado. || **P.** sedalha; **I.** casting-line; **F.** ligne de pêche, séton; **A.** Angelschnur; **It.** setone, lenza di pescatore; **R.** леска.

★ **SEDALINA.** f. Especie de tejido sedoso, en el que se han mezclado seda y algodón.

SEDANTE. p.a. de sedar. Que seda. Ú.t.c.s. || **2.** adj. MED. Se aplica al medicamento o medio que modera la acción exagerada de un órgano o de un sistema. Ú.t.c.s.

SEDAR. (l. *sedāre.*) tr. Apaciguar, sosegar, calmar.

SEDATIVO, VA. (l. *sedātum,* supino de *sedāre,* calmar, apaciguar.) adj. MED. Que tiene virtud de calmar o sosegar los dolores y la excitación nerviosa. || **P.** e **It.** sedativo; **I.** sedative; **F.** sédatif; **A.** schmerzstillend; **R.** болеутоляющий.

SEDE. (l. *sedes,* silla, asiento.) f. Asiento o trono de un prelado que ejerce jurisdicción. || **2.** Capital de una diócesis. || **3.** Diócesis. || **4.** Jurisdicción y potestad del Sumo Pontífice, vicario de Cristo. || **—apostólica.** Sede, 4.ᵃ acep. || **—plena.** Actual ocupación de la dignidad episcopal o pontificia por persona que la rige. || **—vacante.** La que no está ocupada. || *Santa* SEDE. Sede, 4.ᵃ acep. || **P.** e **It.** sede; **I.** see; **F.** siège; **A.** Sitz, Bistum; **R.** место пребывания.

SEDEAR. (De *seda.*) tr. Limpiar alhajas con la sedera.

SEDENTARIO, RIA. (l. *sedentarius;* de *sedēre,* estar sentado.) adj. Aplícase al oficio o vida de poco movimiento. || **2.** ZOOL. Dícese de animales que, como los pólipos coloniales, carecen de órganos de locomoción y permanecen siempre en el mismo lugar, y de los que pierden en el estado adulto los órganos locomotores que tenían y se fijan en un sitio determinado. || **P.** sedentario; **I.** sedentary; **F.** sédentaire; **A.** sitzende Lebensweise; **It.** sedentario; **R.** оседлый.

SEDENTE. (l. *sedens, -entis.*) adj. Que está sentado.

SEDEÑA. (De *sedeño.*) f. Estopilla segunda que se saca del lino al rastrillarlo. || **2.** Hilaza o tela que se hace de ella. || **3.** AST. y SANT. Sedal.

SEDEÑO, ÑA. (l. *seda.*) adj. De seda o semejante a ella. || **2.** Que tiene sedas o cerdas.

SEDERA. (De *seda,* 4.ᵃ acep.) f. Escobilla o brocha de cerdas.

SEDERÍA. f. Mercadería de seda. || **2.** Conjunto de ellas. || **3.** Su tráfico. || **4.** Tienda donde se venden géneros de seda. || **P.** mercaduría de seda; **I.** silk stuff, silk goods; **F.** soierie; **A.** Siedenhandel; **It.** seteria; **R.** шёлковые товары.

SEDERO, RA. adj. Perteneciente a la seda. || **2.** m. y f. Persona que labra la seda o trata en ella.

SEDICIÓN. (l. *seditĭo, -ōnis.*) f. Alzamiento colectivo y violento contra la auto-

ridad, de menor gravedad que la rebelión. || **2.** fig. Sublevación de las pasiones. || **P.** sedição; **I.** sedition; **F.** sédition; **A.** Aufstand; **It.** sedizione; **R.** мятеж, бунт.

SEDICIOSAMENTE. adv. De manera sediciosa.

SEDICIOSO, SA. (l. *seditiōsus.*) adj. Dícese de quien promueve una sedición o toma parte en ella. Ú.t.c.s. || **2.** Aplícase a los actos o palabras de la persona sediciosa.

SEDIENTE. adj. ant. Sediento. Apl. a pers. usáb.t.c.s.

SEDIENTES. (l. *sedens, -entis,* p.a. de *sedēre,* estar sentado, quieto.) adj. pl. Dícese de los bienes raíces.

SEDIENTO, TA. (De *sed.*) adj. Que tiene sed. Apl. a pers. ú.t.c.s. || **2.** fig. Aplícase a los campos o plantas que necesitan de humedad o riego. || **3.** fig. Que con ansia desea una cosa. || **P.** sedento; **I.** thirsty; **F.** assoiffé, alteré; **A.** durstig; **It.** assetato; **R.** жаждущий.

SEDIMENTACIÓN. f. Acción y efecto de sedimentar o sedimentarse. || **2.** GEOL. Proceso de formación de sedimentos, correlativo de la erosión.

SEDIMENTAR. tr. Depositar sedimento un líquido. || **2.** r. Formar sedimento las materias suspendidas en un líquido.

SEDIMENTARIO, RIA. adj. Perteneciente o relativo al sedimento. || **2.** GEOL. Dícese de los terrenos formados únicamente por fenómenos de sedimentación.

SEDIMENTO. (l. *sedimentum.*) m. Materia que, habiendo estado suspensa en un líquido, se posa en el fondo. || **2.** GEOL. Cada uno de los diversos materiales depositados por efecto de la sedimentación. || **P.** e **It.** sedimento; **I.** sediment; **F.** sédiment; **A.** Bodensatz; **R.** осадок, отстой.

SEDOSO, SA. adj. Parecido a la seda.

SEDUCCIÓN. (l. *seductio, -ōnis.*) f. Acción y efecto de seducir. || **P.** sedução; **I.** seduction, seducement; **F.** séduction; **A.** Verlockung, Verführung; **It.** seduzione; **R.** прельщение.

SEDUCIR. (l. *seducĕre.*) tr. Engañar con arte y maña; persuadir suavemente al mal. || **2.** Cautivar. || **P.** seduzir; **I.** to seduce, to charm; **F.** séduire; **A.** verführen, bezaubern; **It.** sedurre; **R.** обольщать.

SEDUCTIVO, VA. adj. Dícese de lo que seduce.

SEDUCTOR, RA. (l. *seductor, -ōris.*) adj. Que seduce. Ú.t.c.s. || **P.** sedutor; **I.** seductive, seducer; **F.** séducteur; **A.** Verführer; **It.** seduttore; **R.** обольстительный.

SEFARDÍ. (hebr. *sefardí;* de *Sefarad,* España.) adj. Dícese del judío oriundo de España, o del que, sin proceder de España, acepta las prácticas especiales religiosas que mantienen los judíos españoles. Ú.t.c.s.

SEFARDITA. adj. Sefardí. Ú.t.c.s.

★ **SEFÓGRAFO.** m. Máquina usada en las votaciones para hacer automáticamente el escrutinio.

SEGA. (De *seguir.*) adj. fam. En algunos juegos, el segundo en orden de los jugadores.

SEGABLE. (l. *secabĭlis.*) adj. Que está en sazón para ser segado.

SEGADA. (De *segar.*) f. Siega.

SEGADERA. f. Hoz para segar.

SEGADERO, RA. (De *segar.*) adj. Segable.

SEGADOR. (l. *secātor, -ōris.*) m. El que siega. || **2.** Arácnido pequeño de patas muy largas, con el cuerpo redondeado y el vientre aovado y comprimido. || **P.** segador; **I.** mower, reaper; **F.** moissonneur; **A.** Mäher, Schnitter; **It.** segatore, mietitore; **R.** косарь.

SEGADORA. (De *segador.*) adj. Dícese de la máquina que sirve para segar. Ú.t.c.s. || **2.** f. Mujer que siega.

SEGALLO. m. AR. Cabrito antes de llegar a primal.

SEGAR. (l. *secāre,* cortar.) tr. Cortar mieses o hierba con cualquier instrumento o máquina a propósito. || **2.** Cortar de cualquier manera, y especialmente lo que sobresale. || **3.** fig. Cortar, impedir desconsiderada y bruscamente el desarrollo de algo, como esperanzas, ilusiones, etc. || **P.** segar; **I.** to mow, to reap; **F.** moissonner;

A. mähen; **It.** segare, falciare; **R.** косить, жать.

SEGAZÓN. (l. *secatio, -ōnis.*) f. Siega.

SEGLAR. (l. *saeculāris.*) adj. Perteneciente a la vida, estado o costumbre del siglo o mundo. || **2.** Lego, 1.ª acep. Ú.t.c.s. || **P.** secular, leigo; **I.** secular; **F.** séculier; **A.** Laie; **It.** secolare; **R.** светский.

SEGLARMENTE. adv. De modo seglar.

SEGMENTACIÓN. f. División en segmentos. || **2.** BIOL. División reiterada del zigoto o huevo de animales y plantas, en virtud de la cual se constituye un cuerpo pluricelular, que es la primera fase del embrión.

SEGMENTADO. (l. *segmentum.*) adj. ZOOL. Dícese del animal cuyo cuerpo consta de partes o segmentos dispuestos en serie lineal.

SEGMENTO. (l. *segmentum.*) m. Parte cortada de una cosa. || **2.** GEOM. Parte del círculo comprendida entre un arco y su cuerda. || **3.** MEC. Cada uno de los aros elásticos de metal que encajan en ranuras circulares del émbolo y que se ajustan a las paredes del cilindro. || **4.** ZOOL. Cada una de las partes dispuestas en serie lineal de que está formado el cuerpo de los gusanos y artrópodos. || **—esférico.** GEOM. Parte de la esfera cortada por un plano. || **P. e It.** segmento; **I.** y **F.** segment; **A.** Segment, Abschnitt; **R.** сегмент.

SEGOBRICENSE. (De *segobrigense.*) adj. Segorbino. Apl. a pers. ú.t.c.s.

SEGOBRIGENSE. (l. *segobrigensis.*) adj. Natural de la antigua Segóbriga, hoy Segorbe. Ú.t.c.s. || **2.** Perteneciente a esta ciudad.

SEGORBINO, NA. adj. Natural de Segorbe. Ú.t.c.s. || **2.** Perteneciente a esta ciudad.

SEGOTE. m. AST. Instrumento que se usa para segar hierba y se compone de una hoja recta de hierro y un mango como de medio metro.

SEGOVIANO, NA. adj. Natural de Segovia. Ú.t.c.s. || **2.** Perteneciente a esta ciudad.

SEGOVIENSE. adj. Segoviano. Apl. a pers. ú.t.c.s.

SEGREGACIÓN. (l. *segregatĭo, -ōnis.*) f. Acción y efecto de segregar. || **—química.** QUÍM. Disociación de un compuesto en sus elementos.

* SEGREGADOR, RA. adj. Segregativo. || **2.** m. Instrumento para obtener la orina de cada riñón por separado.

SEGREGAR. (l. *segregāre.*) tr. Separar o apartar una cosa de otra u otras. || **2.** Secretar, excretar. || **P.** segregar; **I.** to segregate, to secrete; **F.** ségréter; **A.** (ab)sondern, ausscheiden; **It.** segregare; **R.** выделять.

SEGREGATIVO, VA. (l. *segregatīvus.*) adj. Que segrega o tiene virtud de segregar.

SEGRÍ. m. Tela de seda que se usó para vestidos de señora.

SEGUDAR. (l. *secutāre*; de *secūtus,* el que sigue.) tr. ant. Echar, arrojar.

SEGUETA. (al. *säge,* sierra.) f. Sierra de marquetería.

SEGUETEAR. intr. Trabajar con la segueta.

SEGUIDA. f. Acción y efecto de seguir. || **2.** Inmediatamente. || **3.** Cierto baile antiguo. || *De* SEGUIDA. m. adv. Consecutiva o continuamente, sin interrupción. || **2.** Inmediatamente. || *En* SEGUIDA. m. adv. Acto continuo.

SEGUIDAMENTE. adv. De seguida. || **2.** En seguida.

SEGUIDERO. (De *seguido.*) m. Regla o pauta para escribir.

SEGUIDILLA. (d. de *seguida.*) f. Estrofa que puede constar de cuatro o de siete versos heptasílabos y pentasílabos, muy usada en la poesía popular y en el género festivo. || **2.** pl. Aire popular español. || **3.** Baile correspondiente a este aire. || **4.** fig. y fam. Cámaras o flujo de vientre. || **—chamberga.** Seguidilla con estribillo irregular de seis versos. || **Seguidillas boleras.** Música con qué se acompañan las bailadas a lo bolero. || **—manchegas.** Música o tono especial, originario de La Mancha, con que se cantan las coplas llamadas seguidillas. || **2.** Baile propio de esta música.

SEGUIDO, DA. p.p. de seguir. || **2.** adj. Continuo, sin intermisión de lugar o tiempo. || **3.** Que está en línea recta. || **4.** adv. De seguida. || **5.** m. Cada uno de los puntos que se van menguando en el remate del pie de las calcetas, medias, etc. para cerrarlo. || *De* SEGUIDO. m. adv. COLOM. y CHILE. En seguida, inmediatamente.

SEGUIDOR, RA. adj. Que sigue a una persona o cosa. Ú.t.c.s. || **2.** m. Seguidero.

SEGUIMIENTO. m. Acción y efecto de seguir o seguirse.

SEGUIR. (l. *sequĕre; o sequi,* con la terminación de *ire.*) tr. Ir después o detrás de uno. Ú.t.c.intr. || **2.** Ir en busca de una persona o cosa; dirigirse hacia ella. || **3.** Proseguir lo empezado. || **4.** Ir en compañía de uno. || **5.** Profesar o ejercer una ciencia, arte o estado. || **6.** Tratar o manejar un negocio o pleito, haciendo las diligencias conducentes. || **7.** Conformarse, ser del dictamen o parcialidad de una persona. || **8.** Perseguir, acosar a uno. || **9.** Imitar o hacer una cosa por el ejemplo de otro. || **10.** Dirigir una cosa sin apartarse del intento. || **11.** r. Inferirse una cosa de otra. || **12.** Suceder una cosa a otra por orden, o ser continuación de ella. || **13.** fig. Originarse una cosa de otra. || **P.** seguir; **I.** to follow; **F.** suivre; **A.** folgen, verfolgen, befolgen; **It.** seguire; **R.** следовать.

SEGÚN. (l. *secundum.*) prep. Conforme o con arreglo a. SEGÚN *la ley.* || **2.** Toma carácter de adverbio, denotando relaciones de conformidad, correspondencia o modo, y equivaliendo más comúnmente a: con arreglo o en conformidad a lo que, o a como. SEGÚN *me encuentre esta noche.* Con proporción o correspondencia a. *Se te pagará* SEGÚN *lo que rindas.* De la misma manera que. *Todo quedó* SEGÚN *estaba.* Por el modo en que. *Sus cabellos eran sortijas de oro,* SEGÚN *eran rubios y enrizados.* || **3.** Precediendo inmediatamente a nombres o pronombres personales, significa conformemente a lo que opinan las personas de que se trate. SEGÚN *Platón.* || **4.** Hállase equivaliendo a la conjunción que. SEGÚN *que iba amaneciendo.* || **5.** Con carácter adverbial y en frases elípticas indica eventualidad o contingencia. *La escribiré o no,* SEGÚN. || SEGÚN *y cómo.* m. adv. De igual manera que. || **2.** SEGÚN, 5.ª acep. *¿Vendrás?* —SEGÚN *y cómo.* || SEGÚN *y conforme.* m. adv. Según y cómo. || **P.** según; **I.** according to; **F.** selon, d'après; **A.** nach, zufolge; **It.** secondo R. согласно.

SEGUNDA. (l. *secunda,* t. f. de *-dus,* segundo.) f. En las cerraduras y llaves, vuelta doble que suele hacerse en ellas. || **—intención.** Modo de proceder solapado y doble.

SEGUNDAMENTE. adv. ant. En segundo lugar.

SEGUNDAR. (De *segundo.*) tr. Asegundar. || **2.** intr. Ser segundo o seguirse al primero.

SEGUNDARIAMENTE. adv. Secundariamente.

SEGUNDARIO, RIA. adj. Secundario.

SEGUNDERO, RA. adj. Dícese del segundo fruto que dan ciertas plantas dentro del año. || **2.** m. Manecilla que señala los segundos en el reloj. || **3.** MAR. Ampolleta que sirve para medir una fracción de minuto.

SEGUNDILLA. (d. de *segunda.*) f. Campana pequeña con que en ciertos conventos se llama a la comunidad para algunos casos. || **2.** ÁL. Lagartija.

SEGUNDILLO. (d. de segundo. || **2.** Segunda porción de pan, menor que la primera, que suele darse en las comidas a los religiosos de ciertas comunidades. || **3.** Segundo principio que suele dárseles.

* SEGUNDINO. m. CHILE. Cierta bebida en la que se bate yema de huevo.

SEGUNDO, DA. (l. *secundus.*) adj. Que sigue inmediatamente en orden al o a lo primero. || **2.** m. Persona que en una institución sigue en jerarquía al jefe. || **3.** ASTRON. y GEOM. Cada una de las sesenta partes iguales en que se divide el minuto de tiempo o de círculo. || *Batir* SEGUNDOS. fr. Dicho del reloj o del péndulo, sonar acompasadamente indicando su marcha. || *Sin* SEGUNDO. expr. fig. Sin par. || **P.** segundo; **I.** second; **F.** second, deuxième; **A.** zweite(r) **It.** secondo; **R.** второй.

SEGUNDOGÉNITO, TA. (De *segundo,* y el l. *genitus,* engendrado.) adj. Dícese del hijo o hija nacidos después del primogénito o primogénita. Ú.t.c.s.

SEGUNDOGENITURA. f. Dignidad, prerrogativa o derecho del segundogénito.

SEGUNDÓN. m. Hijo segundo de la casa. || **2.** Por ext., cualquier hijo no primogénito. .

SEGUNTINO, NA. (l. *seguntīnus.*) adj. Natural de Sigüenza. Ú.t.c.s. || **2.** Perteneciente a esta ciudad.

SEGUR. (l. *secūris.*) f. Hacha grande para cortar. || **2.** Hacha que formaba parte de cada una de las faces de los lictores romanos. || **3.** Hoz, 1.ª acep.

SEGURA. (El apellido *Segura* puesto en juego con su homónimo el adj. *segura.*) *A* SEGURA *llevan,* o *le llevan preso.* fr. proverb. con que se da a entender que toda precaución es poca cuando se puede correr algún peligro, por inverosímil que parezca.

SEGURA. f. ant. Segur.

SEGURADOR. (De *segurar.*) m. Fiador.

SEGURAMENTE. adv. m. De modo seguro. Ú.t.c.adv. afirm. *¿Vendrás a casa?* —SEGURAMENTE. || **2.** Probablemente.

SEGURAMIENTO. (De *segurar.*) m. ant. Seguridad.

SEGURANZA. (De *segurar.*) f. ant. Seguridad. Ú. en Asturias y Salamanca.

SEGURAR. (De *seguro.*) tr. ant. Asegurar.

SEGURIDAD. (l. *securĭtas, -ātis.*) f. Calidad de seguro. || **2.** Fianza u obligación de indemnidad a favor de alguien comúnmente en materia de intereses. *De* SEGURIDAD. fr. que se aplica a un ramo de la administración pública, cuyo fin es el de velar por la seguridad de los ciudadanos. *Agente de* SEGURIDAD. **2.** Dícese de ciertos mecanismos que aseguran el buen funcionamiento de una cosa precaviendo algún posible fallo. || **P.** seguridade, seguransa; **I.** security, surety, safety; **F.** sûreté, sécurité; **A.** Sicherheit, Sekurität; **It.** sicurtà, sicurezza; **R.** безопасность, гарантия.

SEGURO, RA. (l. *secūrus.*) adj. Libre y exento de todo peligro. || **2.** Cierto, indubitable. || **3.** Firme, constante. || **4.** Desprevenido, ajeno de sospecha. || **5.** m. Seguridad, certeza, confianza. || **6.** Lugar libre de todo peligro. || **7.** Contrato por el cual una persona, natural o jurídica, se obliga a resarcir pérdidas o daños que corran en las cosas. || **8.** Salvoconducto o permiso que se concede para ejecutar alguna cosa. || **9.** Muelle destinado en algunas armas de fuego a evitar que se disparen. || **—de vida.** Seguro sobre la vida. || **—sobre la vida.** Contrato por el cual el asegurador se obliga, mediante el premio estipulado, a entregar al contratante o al beneficiario un capital o renta al verificarse el acontecimiento previsto. || **—subsidiario.** El que cubre el riesgo de que otro asegurador falte al pago de la indemnización que, por virtud de contrato hecho con anterioridad, pueda exigírsele. *A buen* SEGURO, *al* SEGURO, o *de* SEGURO. ms. advs. Ciertamente, en verdad. || *En* SEGURO. m. adv. En salvo. || **2.** A salvo. || *Irse* uno *del* SEGURO. fr. fig. y fam. Dejarse llevar de un arrebato. || *Sobre* SEGURO. m. adv. Sin aventurarse a ningún riesgo. || **P.** seguro; **I.** secure; **F.** sûr; **A.** sicher; **It.** sicuro; **R.** безопасный. || **7.**ª acep.: **P.** seguração; **I.** insurance; **F.** assurance; **A.** Versicherung; **It.** assicurazione; **R.** страхование.

SEGURÓN. m. aum. de segur.

SEICO. m. ÁL. Conjunto de seis haces de mies.

* SEICHE. amb. GEOL. Oscilación o variación del nivel de la superficie de un lago.

SEIS. (l. *sex.*) adj. Cinco y uno. || **2.** Sexto, como número ordinal. Apl. a los días del mes, ú.t.c.s. *El* SEIS *de mayo.* || **3.** m. Signo con que se representa el número seis. || **4.** Naipe que tiene seis se-

S ñales. *El* SEIS *de bastos.* ‖ **5.** P. RICO. Baile popular, especie de zapateado. ‖ **P.** seis; **I.** e **F.** six; **A.** sechs; **It.** sei; **R.** шесть.

SEISAVAR. (De *seisavo.*) tr. Dar a una cosa figura de hexágono regular.

SEISAVO, VA. (De *seis,* con la terminación de *octavo.*) adj. Sexto. Ú.t.c.s.m. ‖ **2.** Hexágono. Ú.m.c.s.

SEISCIENTOS, TAS. (l. *sexcéntos.*) adj. Seis veces ciento. ‖ **2.** Sexcentésimo, como número ordinal. ‖ **3.** m. Conjunto de signos con que se representa este número.

SEISE. (Singular hecho del pl. *seises,* de seis.) m. Cada uno de los niños de coro, seis por lo común, que, vestidos con traje antiguo de seda azul y blanca, bailan y cantan en la catedral de Sevilla, y en algunas otras, en ciertas festividades del año.

SEISÉN. (De *seis.*) m. Sesén.

SEISENO, NA. (De *seis.*) adj. Sexto.

SEISILLO. (d. de *seis.*) m. Mús. Conjunto de seis notas iguales que se deben cantar o tocar en el tiempo correspondiente a cuatro de ellas.

SEÍSMO. (gr. σεισμός, sacudida.) m. Sismo, terremoto o sacudida de la tierra.

SEJE. m*N*. Árbol de la América meridional, de la familia de las palmas, de copa ancha, gran número de flores, y fruto puntiagudo, del cual se saca un aceite espeso.

SEL. m. SANT. Pradería en que suele sestear el ganado vacuno.

SELACIO, CIA. (gr. σελάχιον.) adj. ZOOL. Dícese de peces marinos cartilagíneos, de cuerpo fusiforme o deprimido, cola heterocerca, piel muy áspera, boca casi semicircular con numerosos dientes triangulares, la mandíbula inferior móvil y las hendiduras braquiales al descubierto. Ú.t.c.s. ‖ **2.** m. pl. ZOOL. Orden de estos peces.

★ SELÁFIDOS. m. pl. ZOOL. Familia de insectos coleópteros, que viven en substancias orgánicas en descomposición o debajo de cortezas de árboles; su cuerpo es grueso, su cabeza grande y sus patas fuertes y largas.

★ SELAGINÁCEO, A. adj. BOT. Dícese de ciertas plantas dicotiledóneas, herbáceas. Ú.t.c.s. ‖ **2.** f. pl. BOT. Familia de estas plantas.

★ SELAGO. m. BOT. Género de plantas herbáceas con hojas alternas, y flores pequeñas, agrupadas en corimbos o en espigas terminales. ‖ **2.** BOT. Planta licopodiácea, que suele crecer entre las peñas húmedas.

★ SELASFORO. m. BOT. Género de pájaros tenuirrostros, troquílidos, entre cuyas especies están los colibríes o pájaros moscas, cuyo plumaje se distingue por un hermoso brillo metálico.

SELECCIÓN. (l. *selectio, -ōnis.*) f. Elección y preferencia de una persona o cosa entre otras. ‖ **2.** Elección de los animales destinados a la reproducción, para mejorar la raza. ‖ **3.** Conjunto de cosas escogidas. ‖ **4.** RADIODIF. Elección en un aparato receptor de una onda separándola de las de frecuencia aproximada. ‖ **—natural.** Sistema ideado por Darwin, con el que pretende explicar, por la acción continuada del tiempo y del medio, la desaparición más o menos completa de determinadas especies animales o vegetales, y su substitución por otras de condiciones superiores. ‖ **P.** selecção; **I.** selection; **F.** sélection; **A.** Auslese, Auswahl; **It.** selezione; **R.** выбор, отбор.

SELECCIONAR. tr. Elegir, escoger mediante una selección.

SELECTAS. (l. *selectae.*) f. pl. Analectas.

SELECTIVIDAD. f. ELECTR. Calidad de selectivo. ‖ **2.** Propiedad de un radio receptor de separar, entre ciertos límites, las emisiones de frecuencias diferentes.

SELECTIVO, VA. adj. Que implica selección. ‖ **2.** Dícese del aparato radio receptor que permite escoger una onda de longitud determinada sin que perturben la audición otras ondas muy próximas.

SELECTO, TA. (l. *selectus,* p.p. de *seligĕre,* escoger, elegir.) adj. Que es o se reputa por mejor entre otras cosas de su especie.

★ SELECTOR. m. TEL. Órgano mecánico de la central del teléfono automático que establece la comunicación entre el que llama y el llamado. ‖ **2.** RADIOGR. Aparato que permite enviar siempre una onda de signo conveniente a la ampolla radiográfica.

★ SELENHÍDRICO, CA. adj. QUÍM. Dícese de un ácido resultante de la combinación del selenio con el hidrógeno. Es un gas combustible, incoloro y de olor desagradable.

SELENIO. (gr. σελήνιον, resplandor de la Luna.) m. Metaloide de color pardo rojizo y brillo metálico. Químicamente se asemeja al azufre y, por sus propiedades fotoeléctricas, tiene empleo en cinematografía y televisión.

SELENITA. (gr. σεληνίτης, perteneciente a la Luna.) com. Supuesto habitante de la Luna. ‖ **2.** f. Espejuelo, yeso cristalizado.

SELENITOSO, SA. (De *selenita,* 2.ª acep.) adj. Que contiene yeso. *Agua* SELENITOSA.

SELENIURO. m. QUÍM. Cuerpo resultante de la combinación del selenio con un radical simple o compuesto. ‖ **P.** seleniato; **I.** selenide; **F.** séléniure; **A.** Selensalz; **It.** seleniuro.

SELENOGRAFÍA. (De *selenógrafo.*) f. Parte de la astronomía, que trata de la descripción de la Luna.

SELENÓGRAFO. (gr. Σελήνη, la Luna, y γράφω, describir.) m. El que profesa la selenografía o es muy versado en ella.

SELENOSIS. (gr. Σελήνη, la Luna.) f. Mentira, manchita blanca de las uñas.

★ SELENOSIS. f. VETER. Intoxicación del ganado como consecuencia de haber pastado en terrenos seleníferos.

SELTZ. n. p. V. *Agua de* SELTZ.

SELVA. (l. *silva.*) f. Terreno extenso, inculto y muy poblado de árboles. ‖ **—virgen.** La que no está explotada por el hombre y es difícilmente penetrable. ‖ **P.** selva; **I.** sylva, wood(land), forest; **F.** forêt, bois; **A.** Wald; **It.** selva. **R.** тропический лес.

SELVAJE. (prov. *selvatge,* y éste del l. *silvaticus.*) adj. ant. Salvaje. ‖ **2.** Selvático.

SELVAJINO, NA. (De *selvaje.*) adj. ant. Selvático.

SELVÁTICO, CA. (l. *silvaticus.*) adj. Perteneciente o relativo a las selvas, o que se cría en ellas. ‖ **2.** fig. Tosco, rústico, sin cultura. ‖ **P.** selvático; **I.** forestal, sylvan; **F.** sauvage, rustre; **A.** waldig, wild; **It.** selvàtico; **R.** лесной.

SELVATIQUEZ. f. Calidad de selvático.

SELVICULTURA. f. Silvicultura.

SELVOSO, SA. (De *silvoso.*) adj. Propio de la selva. ‖ **2.** Aplícase al país o territorio en que hay muchas selvas. ‖ **2.**ª acep.: **P.** e **It.** selvoso. **I.** woody; **F.** boisé; **A.** waldig; **R.** лесной.

SELLADO, DA. p.p. de sellar. ‖ **2.** adj. Dícese del papel que lleva sellos oficiales.

SELLADOR, RA. adj. Que sella o pone el sello. Ú.t.c.s.

SELLADURA. f. Acción y efecto de sellar.

SELLAR. (l. *sigillāre.*) tr. Imprimir el sello. ‖ **2.** fig. Estampar, imprimir o dejar señalada una cosa en otra o comunicar determinado carácter. ‖ **3.** fig. Concluir una cosa, porque el sello es lo último que se pone. ‖ **4.** fig. Cerrar, tapar, cubrir. ‖ **P.** selar; **I.** to seal, to stamp; **F.** sceller, cacheter; **A.** (ein-, ver)siegeln; **It.** suggellare; **R.** запечатывать.

SELLO. (l. *sigillum.*) m. Utensilio, comúnmente de metal o caucho, para estampar las armas, divisas o cifras en él grabadas, y se emplea para autorizar documentos y otros usos análogos. ‖ **2.** Lo que queda estampado con el mismo sello. ‖ **3.** Disco de metal o de cera que, estampado con un sello, se unía, pendiente de hilos, cintas correas, a ciertos documentos de importancia. ‖ **4.** Trozo pequeño de papel, con timbre oficial de figuras grabadas, que se pega a ciertos documentos y a las cartas para franquearlas. ‖ **5.** Oficina donde se sellan algunos escritos para autorizarlos. ‖ **6.** fig. Carácter distintivo comunicado a una obra ‖ **7.** FARM. Conjunto de dos obleas redondas en las cuales se encierra una dosis de medicamento. ‖ **8.** ARGENT. Papel sellado. ‖ **—de alcance.** El postal suplementario utilizado para la correspondencia depositada en buzón especial después de la hora normal de recogida. ‖ **—del estómago.** fig. Cualquier pequeña porción de comida, sólida y vigorosa, que afirma la demás comida tomada sobre ella. ‖ **—de Salomón.** Estrella de seis puntas formada por dos triángulos equiláteros cruzados y a la cual atribuían ciertas virtudes los cabalistas. ‖ **2.** BOT. Planta herbácea liliácea, de 4 a 6 dm de altura, con tallo esquinado, hojas alternas y sentadas y ovales, flores blancas y axilares; fruto en baya redonda y rizoma horizontal, en cuya parte superior hay huellas profundas, circulares o elípticas, correspondientes a los tallos anuales desaparecidos, y a las cuales debe su nombre la planta. ‖ **—hermético.** Cerramiento de una vasija hecho con la misma materia de que ella es. ‖ **—móvil.** Timbre móvil. ‖ *Echar,* o *poner* el SELLO *a una cosa.* fr. fig. Rematarla, llevarla a la última perfección. ‖ **P.** selo, estampilha; **I.** seal, stamp, postage-stamp; **F.** sceau, cachet, timbre-poste; **A.** Siegel, Stempel, Briefmarke; **It.** suggello, sigillo; **R.** печать, марка, штемпель.

SEMAFÓRICO, CA. adj. Perteneciente al semáforo.

SEMÁFORO. (gr. σῆμα, señal, y φορός, que lleva.) m. Telégrafo óptico de las costas, para comunicarse con los buques por medio de señales. ‖ **2.** Cualquiera de los sistemas ópticos de señales utilizados para regular el tránsito en calles, vías férreas y carreteras. ‖ **P.** semáforo; **I.** semaphore; **F.** sémaphore; **A.** Semaphor, Küstentelegraph; **It.** semáforo; **R.** семафор.

SEMANA. (l. *septimāna.*) f. Serie de siete días naturales consecutivos, que empieza el domingo y termina el sábado. ‖ **2.** Período septenario de tiempo, sea de días, meses, años o siglos. ‖ **3.** fig. Salario ganado en una semana. ‖ **4.** fig. Una de las muchas variedades del juego del infernáculo. ‖ **—grande, mayor** o **santa.** La última de la cuaresma, desde el Domingo de Ramos hasta el de Resurrección. ‖ **2.** Libro en que está el rezo propio del tiempo de la Semana Santa, y los oficios que se celebran en ella. ‖ **—inglesa.** Régimen semanal de trabajo que termina a mediodía del sábado. ‖ *Mala* SEMANA. fam. Menstruo en las mujeres. ‖ *Cada* SEMANA *tiene su disanto.* fr. proverb. con que se consuela a los que tienen trabajos. ‖ *Entre* SEMANA. m. adv. En cualquier día de ella, menos el primero y el último. ‖ *La* SEMANA *que no tenga viernes.* expr. fig. y fam. con que se niega a uno lo que pretende, o se significa la imposibilidad de que una cosa se realice. ‖ **P.** semana; **I.** week; **F.** semaine; **A.** Woche; **It.** settimana; **R.** неделя.

SEMANAL. adj. Que sucede o se repite cada semana. ‖ **2.** Que dura una semana o a ella corresponde.

SEMANALMENTE. adv. Por semanas, en todas las semanas o en cada una de ellas.

SEMANARIO, RIA. adj. Semanal. ‖ **2.** m. Periódico que se publica semanalmente. ‖ **3.** Juego de siete navajas de afeitar. ‖ **P.** semanário; **I.** weekly; **F.** hebdomadaire; **A.** wöchentlich; **It.** settimanale; **R.** еженедельник.

SEMANERÍA. f. Cargo u oficio de semanero. ‖ **2.** En los tribunales, inspección semanal que se hacía de los despachos que salían de ellos.

SEMANERO, RA. adj. Dícese de la persona que ejerce un empleo o encargo por semanas. Ú.t.c.s.

SEMANILLA. f. Semana Santa, libro que contiene el rezo y los oficios de la Semana Santa.

SEMÁNTICA. f. Estudio de la significación de las palabras. ‖ **2.** Ciencia que trata de la relación existente entre los símbolos y lo que representan, de la forma de reaccionar del hombre ante los símbolos, de sus actitudes inconscientes y de la sistematización del lenguaje científico.

SEMÁNTICO, CA. (gr. σημαντικός, significativo.) adj. Referente a la significación de las palabras.

SEMASIOLOGÍA. (gr. σημασία, significación, y λόγος, tratado.) f. Semántico.

SEMASIOLÓGICO, GA. adj. Referente a la semasiología.

SEMBLANTE. (l. *similans, -antis*, p.a. de *similāre*, semejar.) m. Conjunto de las facciones en cuanto revelan el estado de ánimo de una persona. || **2.** Cara, rostro. || **3.** fig. Apariencia y aspecto por el cual nos formamos concepto de las cosas. || *Beber el* SEMBLANTE *a* uno. fr. fig. Beberle las palabras. || *Componer* uno *el* SEMBLANTE. fr. Mostrar seriedad o modestia. || **2.** Serenar la expresión del rostro. || *Mudar de* SEMBLANTE. fr. Demudarse una persona, expresándolo en el rostro. || **2.** Alterarse las circunstancias de las cosas. || P. semblante; I. mien, countenance; F. semblant, figure; A. Anschein, Gesicht; It. sembiante; R. лицо, вид.

★ **SEMBLANTEAR.** tr. CHILE. Mirar cara a cara. || **2.** MÉJ. Examinar, indagar.

SEMBLANZA. (De *semblar*.) f. ant. Semejanza. || **2.** Bosquejo biográfico. || **2.**ª acep.: P. esboço; I. biographical sketch; F. esquisse biographique; A. Lebensbild; It. schizzo biográfico; R. схождство.

SEMBLAR. (l. *simulare*.) intr. Semejar o ser semejante.

SEMBLE. (l. *simīle*.) adv. ant. Semejante.

SEMBLE. (l. *simul*.) adv. ant. Semejantemente.

SEMBRA (EN). m. adv. Ensembla.

SEMBRADA. (l. *semināta*.) f. Sembrado.

SEMBRADERA. f. Máquina para sembrar.

SEMBRADÍO, A. adj. Dícese del terreno destinado o a propósito para sembrar.

SEMBRADO, DA. p.p. de sembrar. || **2.** Ú.c.adj. en la expr. fig. y fam. *Perejil mal* SEMBRADO, con que se designa la barba rala. || **3.** m. Tierra sembrada.

SEMBRADOR, RA. (l. *seminātor*.) adj. Que siembra. Ú.t.c.s.

SEMBRADORA. f. Sembradera.

SEMBRADURA. f. Acción y efecto de sembrar. || **2.** V. *Fanega, tierra de* SEMBRADURA.

SEMBRAR. (l. *semināre*.) tr. Arrojar y esparcir las semillas en la tierra preparada para este fin. || **2.** fig. Desparramar. || **3.** fig. Dar motivo, causa a una cosa. || **4.** fig. Colocar sin orden una cosa para adorno de otra. || **5.** fig. Esparcir, publicar una especie para que se divulgue. || **6.** fig. Hacer algunas cosas de que se ha de seguir fruto o tener consecuencias. || **7.** MÉJ. Derribar. || *Quien bien* SIEMBRA, *bien coge*. ref. que explica que el que emplea bien su liberalidad o servicios, fácilmente consigue lo que desea. || SIEMBRA *quien habla y recoge quien calla*. ref. que expresa la ventaja que tiene el callar. || P. semear; I. to sow; F. semer; A. ausstreuen, säen, aussäen; It. seminare; R. сеять.

★ **SEMBRÍO.** m. ECUAD. Sembrado.

SEMEJA. (l. *similia*, pl. de *simīle*, semejanza.) f. Semejanza. || **2.** Señal, muestra, indicio. Ú.m. en pl.

SEMEJABLE. adj. Capaz de asemejarse a una cosa.

SEMEJABLEMENTE. adv. ant. Semejantemente.

SEMEJADO, DA. p.p. de semejar. || **2.** adj. Semejante.

SEMEJANTE. (De *semejar*.) adj. Que semeja o se parece a una persona o cosa. Ú.t.c.s. || **2.** Úsase con sentido de comparación o ponderación. *No creo* SEMEJANTE *noticia*. || **3.** Empleado con carácter de demostrativo, tal. *No conozco a* SEMEJANTE *persona*. || **4.** GEOM. Dícese de dos figuras de distinta extensión, pero que tienen sus ángulos iguales dos a dos y sus lados homólogos proporcionales. || **5.** m. Semejanza, imitación. || **6.** Prójimo.

SEMEJANTEMENTE. adv. Con semejanza.

SEMEJANZA. f. Calidad de semejante. || **2.** RET. Símil. || P. semelhança; I. resemblance, likeness; F. ressemblance;

A. Ahnlichkeit; It. somiglianza; R. подобие.

SEMEJAR. (De *semeja*.) intr. Parecerse una persona o cosa a otra. Ú.t.c.r.

★ **SEMEJOS (DARSE).** fr. COLOM. Asemejarse, parecerse.

SEMEN. (l. *semen*.) m. ZOOL. Substancia líquida más o menos espesa en que pululan los espermatozoides, y que segregan los órganos reproductores de los animales del sexo masculino. || **2.** BOT. Semilla, simiente. || P. sémen; I. semen, sperm; F. semence; A. Same(n), Sperma; It. seme; R. семя.

SEMENCERA. (vulgar y ant. *semienza*, y éste del l. *semēntia*.) f. Sementera.

SEMENCONTRA. (l. *semen contra vermes*, simiente contra las lombrices.) m. FARM. Santónico.

SEMENTAL. (l. *sementis*, simiente.) adj. Perteneciente o relativo a la siembra o sementera. || **2.** Aplícase al animal macho destinado a padrear. Ú.t.c.s. || **2.**ª acep.: P. semental; I. stallion, server; F. étalon; A. Deckhengst; It. stallone; R. племенной.

SEMENTAR. (De *simiente*.) tr. Sembrar, 1.ª acep.

SEMENTERA. (De *simiente*.) f. Acción y efecto de sembrar. || **2.** Tierra sembrada. || **3.** Cosa sembrada. || **4.** Tiempo en que se siembra. || **5.** fig. Semillero, causa u origen de cosas perjudiciales.

SEMENTERO. (De *simiente*.) m. Saco en que se llevan los granos para sembrar. || **2.** Sementera.

SEMENTINO, NA. (l. *sementīnus*.) adj. Perteneciente a la simiente.

SEMESTRAL. (l. *semestrālis*.) adj. Que sucede o se repite cada semestre. || **2.** Que dura un semestre o corresponde a él. || P. semestral; I. half-yearly; F. semestriel; A. halbjährlich; It. semestrale; R. полугодовой, шестимесячный.

SEMESTRALMENTE. adv. Por semestres.

SEMESTRE. (l. *semestris*.) adj. Semestral. || **2.** m. Espacio de seis meses. || **3.** Renta, sueldo, pensión, etc., que se cobra o que se paga cada semestre. || **4.** Conjunto de los números de un periódico o revista publicados durante un semestre. || P., F. e It. semestre; I. half-year; A. Halbjahr, Semester; R. семестр.

SEMI. (l. *semi*.) Prefijo de vocablos compuestos, con la significación de medio o de casi; como SEMICírculo, SEMIdifunto.

SEMIBREVE. (De *semi* y *breve*.) f. Mús. Nota musical que vale un compasillo entero. || P., I. e It. semibreve; F. ronde; A. Vierviertelnote, ganze Note.

SEMICABRÓN. (De *semi* y *cabrón*.) m. Semicapro.

SEMICADENCIA. (De *semi* y *cadencia*.) f. Mús. Paso sencillo de la nota tónica a la dominante.

SEMICAPRO. (l. *semicăper, -pri*.) m. Monstruo fabuloso, medio macho cabrío y medio hombre.

SEMICILÍNDRICO, CA. adj. Perteneciente o relativo al semicilindro. || **2.** De figura de semicilindro.

SEMICILINDRO. m. Cada una de las dos mitades del cilindro separadas por un plano que pasa por el eje.

SEMICIRCULAR. (l. *semicirculāris*.) adj. Perteneciente o relativo al semicírculo. || **2.** De figura de semicírculo o semejante a ella.

SEMICÍRCULO. (l. *semicircŭlus*.) m. GEOM. Cada una de las dos mitades del círculo dividido por un diámetro. || P. semicírculo; I. semicircle; F. demi-cercle; A. Halbkreis; It. semicircolo; R. полукруг.

SEMICIRCUNFERENCIA. f. GEOM. Cada una de las dos mitades de la circunferencia. || P. semicircunferência; I. semicircumference; F. demi-circonférence; A. Halbkreis; It. semicirconferenza; R. полукруг.

° **SEMICONDUCTOR.** m. y adj. Dícese de ciertos cuerpos cuya conductibilidad eléctrica puede lograrse mediante dispositivos especiales, ocurre en los transistores de germanio impuro. || **2.** Dícese de ciertos cuerpos, como el germanio, el selenio, el silicio, etc., dotados de escasa conductividad eléctrica, muy inferior a la de los metales ordinarios.

SEMICONSONANTE. adj. GRAM.

Aplícase en general a las vocales *i*, *u*, en principio de diptongo o triptongo. Su articulación es entonces tan cerrada que se acerca a la de una consonante. Ú.t.c.s.f.

SEMICOPADO, DA. adj. Mús. Sincopado.

SEMICORCHEA. (De *semi* y *corchea*.) f. Mús. Nota musical cuyo valor es la mitad de una corchea. || P. semicolcheia; I. semiquaver; F. double-croche; A. Sechzehntelnote; It. semicroma; R. полувосьмая.

SEMICROMÁTICO, CA. (De *semi* y *cromático*.) adj. Mús. Dícese del género de música que participa del diatónico y del cromático.

★ **SEMICUPIO.** m. CUBA. Bañera de hoja de lata en figura de poltrona para tomar baños de asiento. || **2.** MED. Baño de la mitad inferior del cuerpo.

SEMIDEA. (l. *semidĕa*.) f. poét. Semidiosa.

SEMIDEO. (l. *semidĕus*.) m. poét. Semidiós.

SEMIDIÁMETRO. (l. *semidiamĕtrus*.) m. GEOM. Cada una de las dos mitades de un diámetro separadas por el centro. || —**de un astro.** ASTRON. El ángulo formado por dos visuales dirigidas una a su centro y otra a su limbo.

SEMIDIFUNTO, TA. (De *semi* y *difunto*.) adj. Medio difunto o casi difunto.

SEMIDIÓS. (De *semi* y *dios*.) m. Héroe esclarecido por sus hazañas, a quien los gentiles colocaban entre sus deidades. || P. semideus; I. demigod; F. semidieu; A. Halbgott; It. semidio; R. полубог.

SEMIDIOSA. (De *semi* y *diosa*.) f. Heroína que los gentiles hacían descender de alguno de sus falsos dioses.

SEMIDÍTONO. (De *semi* y *dítono*.) m. Mús. Intervalo de un tono y un semitono mayor.

SEMIDOBLE. (De *semi*, medio, y *doble*.) adj. Dícese del rito menos solemne que el doble y más sencillo, o de la fiesta que la Iglesia celebra con este rito.

SEMIDORMIDO, DA. (De *semi* y *dormido*, p.p. de *dormir*.) adj. Medio dormido o casi dormido.

SEMIDRAGÓN. (De *semi* y *dragón*.) m. Monstruo fabuloso que tenía de hombre la mitad superior del cuerpo y de dragón la otra mitad.

SEMIEJE. (De *semi* y *eje*.) m. GEOM. Cada una de las dos mitades de un eje.

SEMIESFERA. (De *semi* y *esfera*.) f. Hemisferio.

SEMIESFÉRICO, CA. adj. Perteneciente o relativo a la semiesfera. || **2.** De forma de semiesfera.

SEMIFINAL. f. DEP. Cada una de las dos últimas competiciones del campeonato o concurso, que se gana por eliminación del contrario y no por puntos. Ú.m. en pl.

SEMIFLÓSCULO. (De *semi* y *flósculo*.) m. BOT. Cada una de las flores situadas en la periferia de una cabezuela y cuya corola se prolonga en forma de lámina o lengüeta.

SEMIFORME. (l. *semiformis*.) adj. A medio formar, no del todo formado.

SEMIFUSA. (De *semi* y *fusa*.) f. Mús. Nota musical cuyo valor es la mitad de una fusa. || P. semifusa; I. double demisemiquaver; F. quadruple croche; A. Vierundsechzigstelnote; It. semibiscroma; R. —

★ **SEMIFUSO, SA.** adj. joc. P. RICO. Patidifuso, extasiado.

SEMIGOLA. (De *semi* y *gola*.) f. FORT. Línea recta que pasa del ángulo de un flanco del baluarte a la capital, y es parte del polígono interior.

SEMIHOMBRE. (De *semi* y *hombre*.) m. Pigmeo.

SEMILUNAR. adj. Que tiene figura de media luna.

SEMILUNIO. (l. *semilunĭum*.) m. ASTRON. Mitad de una lunación. || P. semilúnio; I. half-moon; F. demi-lunaison; A. halber Monat; It. semilunio; R. полумесяц.

SEMILLA. f. BOT. Cada uno de los cuerpos que forman parte del fruto de los vegetales; es el óvulo fecundado y maduro, que puesto en condiciones adecuadas da origen a una nueva planta. || **2.** fig. Cosa que es causa u origen de otras. || **3.** pl. Granos que se siembran, exceptua-

S

dos el trigo y la cebada. ‖ **P.** semente; **I.** seed; **F.** semence, graine; **A.** Samen, Saatkorn; **It.** semenza; **R.** семя, зерно.

SEMILLERO. (De *semilla.*) m. Sitio donde se siembran los vegetales que después han de transplantarse. ‖ **2.** Sitio donde se conservan para estudio colecciones de diversas semillas. ‖ **3.** fig. Origen de que nacen o se propagan algunas cosas. ★ **SEMILLÓN. m.** ARGENT. Variedad de uva blanca que se cultiva en la provincia de Mendoza.

★ **SEMINACIÓN.** f. Introducción del semen en los órganos genitales femeninos.

SEMINAL. (l. *seminālis.*) adj. Perteneciente o relativo al semen. ‖ **2.** Perteneciente o relativo a la semilla. ‖ **3.** ZOOL. Dícese de cada una de las dos vesículas que contienen el esperma.

SEMINARIO, RIA. (l. *seminarius.*) m. Semillero. ‖ **2.** Casa destinada a la educación de niños y jóvenes. ‖ **3.** Clase donde el profesor con sus discípulos realizan trabajos de investigación. ‖ **4.** fig. Semillero. ‖ **—conciliar.** Casa destinada a la formación de los jóvenes que se dedican al estado eclesiástico. ‖ **2.ª** acep.: **P.** seminário; **I.** seminary; **F.** séminaire; **A.** Seminar; **It.** seminario; **R.** семинария.

SEMINARISTA. m. Alumno de. un seminario conciliar.

SEMINÍFERO, RA. (l. *semen, -ĭnis,* semen, y *fero,* llevar.) adj. ZOOL. Que produce o contiene semen.

SEMÍNIMA. (Contracc. de *semi* y *mínima.*) f. MÚS. Nota musical que vale la mitad de una mínima. ‖ **2.** pl. fig. Menudencias, minucias.

SEMIOLOGÍA. (gr. σημεῖον, signo, y λόγος, tratado.) f. Semiótica.

SEMIOTECNIA. (gr. σημεῖον, signo, nota, y τέχνη, arte.) f. Conocimiento de los signos gráficos usados en la notación musical.

SEMIÓTICA. (gr. σημειωτική, sobreentendimiento, y τέχνη, arte.) f. Parte de la medicina, que trata de los signos o síntomas de las enfermedades.

SEMIPEDAL. (l. *semipedālis.*) adj. De medio pie de largo.

SEMIPELAGIANISMO. m. Secta de los semipelagianos. ‖ **2.** Conjunto de estos herejes.

SEMIPELAGIANO, NA. adj. Dícese del hereje que seguía las opiniones sustentadas en el siglo v por Fausto y Casiano, los cuales pretendían conciliar las ideas de los pelagianos con la doctrina ortodoxa sobre la gracia y el pecado original. Ú.t.c.s. ‖ **2.** Perteneciente a esta doctrina o secta.

SEMIPERÍODO [~PERIODO]. m. ELECTR. Mitad del período correspondiente a un sistema de corrientes bifásicas.

★ **SEMIPESADO, DA.** adj. Dícese del boxeador de categoría intermedia entre el peso medio y el peso fuerte o pesado.

★ **SEMIPILA.** f. QUÍM. Cada una de las dos partes independientes de que se compone toda pila voltaica; en una de las cuales se verifica la oxidación del reductor y en la otra la reducción del oxidante.

SEMIPLENA. (l. *semiplēna,* t.f. de *-nus,* imperfecto, sin concluir.) adj. FOR. Dícese de la prueba imperfecta o media prueba, como la que resulta de la deposición de un solo testigo.

SEMIPLENAMENTE. adv. FOR. Con probanza semiplena.

★ **SEMIRRECTA.** f. GEOM. Recta que desde un punto se considera trazada solamente en un sentido.

SEMIRRECTO, TA. (De *semi* y *recto.*) adj. GEOM. Dícese del ángulo de cuarenta y cinco grados.

SEMIRREFINADO, DA. adj. Dícese del azúcar que se produce directamente en las fábricas, de color blanco, pero no tan puro como el refinado.

SEMIS. (l. *semis.*) m. Moneda romana que valía medio as.

SEMISUMA. f. Resultado de dividir por dos una suma.

SEMITA. adj. Descendiente de Sem, como árabes, hebreos y otros pueblos. Ú.m.c.s. ‖ **2.** Semítico.

SEMÍTICO, CA. adj. Perteneciente o relativo a los semitas.

SEMITISMO. m. Conjunto de las doctrinas morales, instituciones y costumbres de los pueblos semitas. ‖ **2.** Giro o modo de hablar propio de las lenguas semíticas. ‖ **3.** Vocablo o giro de estas lenguas empleado en otras.

SEMITISTA. m. Persona erudita en la lengua, literatura, instituciones, etc., de los pueblos semitas.

SEMITONO. (De *semi* y *tono.*) m. MÚS. Cada una de las dos partes en que se divide el intervalo de un tono. ‖ **—cromático.** MÚS. Semitono menor. ‖ **—diatónico.** MÚS. Semitono mayor. ‖ **—enarmónico.** MÚS. Intervalo de una coma, que media entre dos semitonos menores dentro de un mismo tono. ‖ **—mayor.** MÚS. El que comprende tres comas. ‖ **—menor.** MÚS. El que comprende dos comas.

SEMITRANSPARENTE. adj. Casi transparente.

SEMITRINO. (De *semi* y *trino.*) m. MÚS. Trino de corta duración, que empieza por la nota superior.

SEMIVIVO, VA. (De *semi* y *vivo.*) adj. Medio vivo o que no tiene vida cabal.

SEMIVOCAL. (l. *semivocālis.*) adj. Dícese de la vocal *i* o *u* al final de un diptongo. Ú.t.c.s.f. ‖ **2.** Dícese de la consonante que puede pronunciarse sin que se perciba directamente el sonido de una vocal como la *f.* Ú.t.c.s.f.

SÉMOLA. (ital. *semola,* y éste del l. *simĭla,* la flor de la harina.) f. Trigo candeal desnudo de su corteza. ‖ **2.** Trigo quebrantado a modo del farro. ‖ **3.** Pasta de harina de flor reducida a granos menudos, usada para sopa. ‖ **P.** sêmola; **I.** semolina; **F.** semoule; **A.** (Weizen) Griess; **It.** sèmola; **R.** манная крупа.

SEMOVIENTE. (l. se *movens, -entis,* que se mueve a sí mismo o por sí.) adj. Dícese de los bienes consistentes en ganado de cualquier especie. Ú.t.c.s. en sing. y pl.

SEMPITERNA. (l. *sempiterna,* t. f. de *-nus,* sempiterno.) f. Tela de lana, basta y muy tupida. ‖ **2.** Perpetua.

SEMPITERNAMENTE. adv. Eternamente.

SEMPITERNO, NA. (l. *sempiternus.*) adj. Eterno.

SEN. (De *sena,* 1.er art.) m. BOT. Arbusto oriental, papilionáceo, parecido a la casia y cuyas hojas se usan en infusión como purgantes.

SEN. m. Moneda japonesa de cobre, cuyo valor es la centésima parte del yen.

SEN. (germ. *sin.*) m. ant. Sentido, discreción, juicio.

SEN. (l. *sĭne.*) prep. ant. Sin.

SENA. (ár. *sanā,* planta purgante de Arabia y Egipto.) f. Sen, 1.er art.

SENA. (l. *sena,* t. neutra de *seni,* seis.) f. Conjunto de seis puntos marcados en una de las caras del dado. ‖ **2.** pl. En el juego de las tablas reales y otros, suerte que consiste en salir apareados los dos lados de los seis puntos.

SENADA. f. Porción de cosas que caben en el seno o hueco formado por la saya o el delantal.

SENADO. (l. *senātus.*) m. Asamblea de patricios que formaba el Consejo supremo de la antigua Roma. Aplícase también por analogía a ciertas asambleas políticas de otros Estados. ‖ **2.** Cuerpo compuesto de personas de ciertas calidades, que en varios Estados tiene por principal misión ejercer el poder legislativo. ‖ **3.** Edificio donde los senadores celebran sus sesiones. ‖ **4.** fig. Cualquier junta de personas graves y respetables. ‖ **5.** fig. Auditorio, principalmente el que acude a una representación dramática. ‖ **P.** senado; **I.** senate; **F.** sénat; **A.** Oberhaus, Senat; **It.** senato; **R.** сенат.

SENADO, DA. (De *sen,* 2.º art.) adj. ant. Sensato, juicioso.

SENADOCONSULTO. (l. *senatusconsultum.*) m. Decreto del antiguo senado romano. También se ha dicho de los decretos senatoriales del Imperio francés.

SENADOR. (l. *senător.*) m. Individuo del senado. ‖ **P.** senador; **I.** senator; **F.** sénateur; **A.** Senator; **It.** senatore; **R.** сенатор.

SENADURÍA. f. Dignidad de senador.

SENARA. (l. *seminaria; de semen, -ĭnis,* semilla.) f. Porción de tierra que dan los amos a ciertos criados para que la labren

por su cuenta. ‖ **2.** Producto de esta labor. ‖ **3.** Sementera. ‖ **4.** Tierra concejil.

SENARIO, RIA. (l. *senarius.*) adj. Compuesto de seis elementos, unidades o guarismos. ‖ **2.** m. Verso latino de seis pies. Ú.t.c.s.

SENATORIAL. adj. Perteneciente o relativo al senado o al senador.

SENATORIO, RIA. (l. *senatorĭus.*) adj. Senatorial.

SENCIDO, DA. adj. AND., AR., RIOJA y SOR. Cencido, intacto. Se dice comúnmente de los prados no segados o de los rastrojos no pacidos.

SENCILLAMENTE. adv. Con sencillez, sin doblez ni engaño.

SENCILLEZ. f. Calidad de sencillo. ‖ **P.** singeleza; **I.** simplicity; **F.** simplicité; **A.** Einfachheit, Simplizität; **It.** semplicità, schiettezza; **R.** простота.

SENCILLO, LLA. (l. *singĕllus,* por *singŭlus.*) adj. Sin artificio ni composición. ‖ **2.** Dícese de los que tienen menos cuerpo que los demás de su especie. Tafetán sencillo. ‖ **3.** Sin ostentación ni adornos. ‖ **4.** Dícese del estilo de exornación y artificio. ‖ **5.** *Letra* SENCILLA. Dícese de la letra que no se considera como doble. ‖ **6.** Moneda pequeña, respecto de otra del mismo nombre, de más valor. ‖ **7.** fig. Incauto, fácil de engañar. ‖ **8.** fig. Ingenuo, sin doblez ni engaño. ‖ **9.** m. Menudo, dinero suelto. ‖ **P.** simples; **I.** y **F.** simple; **A.** einfach, einfältig; **It.** sèmplice; **R.** простой.

SENDA. (l. *sēmĭta.*) f. Camino estrecho abierto por el tránsito de peatones. ‖ **2.** fig. Camino. ‖ **P.** senda; **I.** path(way); **F.** sentier, sente; **A.** Pfad, Fusssteig; **It.** sentiero; **R.** тропа.

★ **SENDAÑO.** m. CHILE. Mazo con que separan las bolas, en el juego de la argolla, cuando no cabe entre ellas la pala.

★ **SENDECHO.** m. MÉJ. Bebida de maíz hervido y colado, y con azúcar.

SENDERA. f. ant. Sendero.

SENDERAR. tr. Senderear.

SENDEREAR. tr. Guiar o encaminar por el sendero. ‖ **2.** Abrir senda. ‖ **3.** intr. fig. Echar por caminos extraordinarios en el modo de obrar o discurrir.

SENDERO. (l. *semitarius; de sēmĭta,* senda.) m. Senda. ‖ *Cada* SENDERO *tiene su atolladero.* fr. proverb. que indica que en toda obra hay dificultades que vencer.

SENDERUELA. (l. *serotīnus,* tardío, infl. por *senda.*) f. RIOJA. Hongo con el sombrerete pardo obscuro, plano y liso, que brota en las sendas y veredas.

SENDERUELO. m. d. de sendero.

SENDOS, DAS. (l. *singŭlos,* acus. de *-li.*) adj. pl. Uno o una para cada cual de dos o más personas o cosas. ‖ **P.** sendos; **I.** one for each; **F.** un pour chacun; **A.** je einer; **It.** uno per ciascuno; **R.** каждый.

SENE. (l. *senex.*) m. ant. Hombre anciano.

SÉNECA. (Por alusión al filósofo estoico natural de Córdoba.) m. fig. Hombre de gran sabiduría.

★ **SENECIO.** m. BOT. Género de plantas compuestas, tubulifloras, que comprende numerosas especies herbáceas o leñosas, entre las que se encuentran el zuzón, hierba cana, etc. ‖ **P.** senécio; **I.** birdseed; **F.** séneçon; **A.** Jakobskraut, Kreuzkraut; **It.** senecio; **R.** крестовник.

SENECTUD. (l. *senectus, -ūtis.*) f. Edad senil, período de la vida que comúnmente empieza a los 60 años. ‖ **P.** senectude; **I.** senescence; **F.** senilité; **A.** Greisenalter; **It.** senilità; **R.** старость.

SENEGALÉS, SA. adj. Natural de Senegal. Ú.t.c.s. ‖ **2.** Perteneciente o relativo a esta región de África.

SENEQUISMO. m. Norma de vida ajustada a los dictados de la moral y la filosofía de Séneca.

SENEQUISTA. adj. Relativo al senequismo. ‖ **2.** Partidario de la doctrina de Séneca. Ú.t.c.s.

SENESCAL. (germ. *siniskalk,* criado antiguo.) m. En algunos países, mayordomo mayor de la casa real. ‖ **2.** Jefe principal de la nobleza, a la que gobernaba, especialmente en la guerra.

SENESCALADO. m. Territorio sujeto a la jurisdicción de un senescal. ‖ **2.** Senescalía.

SENESCALÍA. f. Dignidad o cargo de senescal.

SENESCENCIA. (De *senescente*.) f. Calidad de senescente.

SENESCENTE. (l. *senescens, -entis*.) adj. Que empieza a envejecer.

SENIL. (l. *senĭlis*.) adj. Perteneciente a los viejos o a la vejez. || P. senil; I. e It. senile; F. sénile; A. greisenhaft; R. старческий.

SENIOR. (l. *senĭor*, anciano.) m. ant. Señor. || 2. ant. Senador.

SENIORA. (De *senior*.) f. ant. Señora.

SENO. (l. *sinus*.) m. Concavidad o hueco. || 2. Concavidad que forma una cosa encorvada. || 3. Pecho. || 4. Espacio comprendido entre el vestido y el pecho. || 5. Matriz. || 6. Parte de mar entre dos puntas o cabos de tierra. || 7. fig. Regazo. || 8. fig. Parte interna de alguna cosa. || 9. Anat. Cavidad en el espesor de un hueso o formada por la reunión de varios huesos. || 10. Arq. Espacio comprendido entre dos trasdoses de arcos o bóvedas contiguas. || 11. Cir. Pequeña cavidad que se forma en la llaga o postema. || 12. Geogr. Golfo. || 13. Mar. Curvatura que se forma en una vela o cuerda cuando no está tirante. || 14. Trig. Seno de un ángulo. || 15. Trig. Seno de un arco. || **—de Abrahán.** Lugar en que estaban detenidas las almas de los fieles que habían pasado de esta vida en la fe y con esperanza del Redentor. || **—de un ángulo.** Trig. El del arco que le sirve de medida. || **—de un arco.** Trig. La razón de la ordenada del extremo del arco al radio del mismo. || **—primero de un ángulo.** Trig. Seno de una ángulo. || **—primero de un arco.** Trig. Seno de un arco. || **—recto.** Trig. Seno, 14.ª y 15.ª aceps. || **—segundo.** Trig. Coseno. || **—verso.** Trig. Parte del radio comprendido entre el pie del seno de un arco y el arco mismo. || P. seio; I. sinus, cavity; F. sein, cavité; A. Aushöhlung; It. seno; R. лоно, чрево.

SENOJIL. m. ant. Cenojil.

SENSACIÓN. (l. *sensatĭo, -ōnis*.) f. Impresión que las cosas producen en el alma por medio de los sentidos. || 2. Emoción que produce en el ánimo un suceso o noticia de importancia. || P. sensação; I. y F. sensation; A. Sensation, Eindruck; It. sensazione; R. ощущение.

SENSACIONAL. adj. Que causa sensación.

SENSATAMENTE. adv. Con sensatez.

SENSATEZ. f. Calidad de sensato.

SENSATO, TA. (l. *sensātus*.) adj. Prudente, cuerdo, juicioso. || P. sensato; I. judicious; F. sensé, judicieux; A. besonnen; vernünftig; It. sensato, assennato; R. благоразумный.

SENSERINA. f. Sal. Tomillo.

SENSIBILIDAD. (l. *sensibilĭtas, -ātis*.) f. Facultad de sentir, propia de los seres animados. || 2. Propensión natural del hombre a dejarse llevar de los afectos de compasión y ternura. || 3. Calidad de sensible, 6.ª acep. || P. sensibilidade; I. sensibility, sensitiveness; F. sensibilité; A. Empfindsamkeit; It. sensibilità; R. чувствительность.

SENSIBILIZAR. (l. *sensibĭlis*, sensible.) tr. Hacer sensibles a la acción de la luz ciertas materias que se usan en fotografía.

SENSIBLE. (l. *sensibĭlis*.) adj. Capaz de sentir, física y moralmente. || 2. Que puede ser percibido por los sentidos. || 3. Perceptible, manifiesto, patente. || 4. Que causa sentimientos de pena o de dolor. || 5. Que se deja llevar fácilmente del sentimiento. || 6. Dícese de las cosas que ceden fácilmente a la acción de ciertos agentes naturales. || 7. Dícese de la séptima nota de la escala diatónica.

SENSIBLEMENTE. adv. De forma que se percibe por los sentidos o por el entendimiento. || 2. Con dolor o pesar.

SENSIBLERÍA. f. Sentimentalismo exagerado o fingido.

SENSIBLERO, RA. adj. Dícese de la persona que muestra sensiblería.

SENSITIVA. (De *sensitivo*.) f. Bot. Planta de la familia de las mimosáceas, con tallo de 6 a 7 dm de altura; y lleno de aguijones; hojas pecioladas, compuestas; flores pequeñas de color rojo obscuro, y fruto en vainillas con varias simientes. Es originaria de la América Central. Si se la toca o sacude, las hojas y los folíolos se pliegan y abaten como si estuvieran marchitos hasta que después de algún tiempo vuelve todo al estado normal.

SENSITIVO, VA. (l. *sensus*, sentido.) adj. Perteneciente a las sensaciones producidas en los sentidos y especialmente en la piel. || 2. Capaz de sensibilidad. || 3. Que tiene la propiedad de excitar la sensibilidad.

★ **SENSÓFONO.** m. Fís. Aparato telegráfico, que sirve de receptor fónico.

SENSORIAL. (De *sensorio*.) adj. Zool. Sensorio.

SENSORIO, RIA. (l. *sensorĭus*.) adj. Perteneciente o relativo a la sensibilidad. || 2. m. Centro común de todas las sensaciones. || **—común.** Sensorio, 2.ª acep.

SENSUAL. (l. *sensuālis*.) adj. Sensitivo, 1.ª acep. || 2. Dícese de los gustos y deleites de los sentidos de las cosas que los incitan y satisfacen y de quienes son aficionados a ellos. || 3. Perteneciente al apetito carnal. || P. e I. sensual; F. sensuel; A. sinnlich; It. sensuale; R. чувственный.

SENSUALIDAD. (l. *sensualĭtas, -ātis*.) f. Calidad de sensual. || 2. Sensualismo, 1.ª acep.

SENSUALISMO. (De *sensual*.) m. Propensión excesiva a los placeres de los sentidos. || 2. Fil. Doctrina según la cual el origen de las ideas está exclusivamente en los sentidos.

SENSUALISTA. adj. Que profesa la doctrina del sensualismo. Apl. a pers. ú.t.c.s.

SENSUALMENTE. adv. Con sensualidad.

SENTADA. f. Tiempo que sin interrupción permanece sentada una persona. || *De una* sentada. m. adv. De una vez, sin levantarse.

SENTADERO. m. Cualquiera piedra, madero, etc., que puede servir para sentarse.

SENTADILLAS (A). m. adv. A asentadillas.

SENTADO, DA. p.p. de sentar. || 2. adj. Juicioso, quieto. || 3. Bot. Dícese de las hojas, flores y demás partes de la planta que carecen de pedúnculo.

★ **SENTADOR, RA.** adj. Chile. Dícese de la prenda de vestir que sienta bien.

SENTAMIENTO. (De *sentar*.) m. Arq. Asiento que hace una obra por la presión de unos materiales sobre otros.

SENTAR. (l. *sedentāre*; de *sedens, -entis*.) tr. Colocar a uno en silla, banco, etc., de manera que se apoye y descanse sobre las nalgas. Ú.t.c.r. || 2. fig. Asentar. || 3. intr. fig. y fam. Tratándose de comidas o bebidas, ser bien recibidas y digeridas por el estómago. Ú.t. con negación y con los adverbios *bien* y *mal*. || 4. fig. y fam. Tratándose de cosas o acciones que pueden influir en la salud, hacer provecho. Ú.t. con negación y frecuentemente con los adverbios *bien* y *mal*. *Le* sentará *bien una sangría*. || 5. fig. Cuadrar, convenir una cosa a otra o a una persona. Ú. comúnmente con los adverbios *bien* y *mal*. *El hablar modesto le* sienta *bien*. || 6. fig. y fam. Agradar a uno una cosa; ser conforme a su gusto. Ú.t. con negación y comúnmente con los adverbios *bien* y *mal*. || 7. r. Asentarse. || 8. fig. y fam. Marcar a uno huella en la carne una cosa. || *Estar* uno *bien* sentado. fr. fig. Estar asegurado en el empleo o conveniencia que disfruta. || 2. fig. Ocupar en ciertos juegos de naipes un lugar ventajoso. || sentar uno *los cascos*. fr. fig. Hacerse juicioso y de buena conducta el que era turbulento y desordenado. || P. sentar; I. to seat; F. asseoir; A. setzen; sedere; R. сажать. || 7.ª acep.: P. assentarse; I. to sit down; F. s'asseoir; A. sich setzen; It. sedere; R. сидеть.

SENTENCIA. (l. *sententĭa*.) f. Dictamen que uno sigue o tiene. || 2. Dicho grave y sucinto que encierra doctrina o moralidad. || 3. Resolución judicial dictada por el tribunal o juez competente. || 4. Decisión de cualquier controversia extrajudicial, que da la persona a quien se ha hecho árbitro de ella. || **—definitiva.** For. Aquella en que el juzgador, concluido el juicio, resuelve finalmente sobre el asunto principal. || 2. For. La que termina el asunto o impide la continuación del juicio. || **—firme.** For. La que por estar confirmada, por no ser apelable o por haberla consentido las partes, causa ejecutoria. || **—pasada en autoridad de cosa, o en cosa juzgada.** For. Sentencia firme. || *Fulminar, o pronunciar la* sentencia. fr. For. Dictarla, publicarla. || P. sentença; I. y F. sentence; A. Sentenz; It. sentenza; R. изречение, приговор.

SENTENCIADOR, RA. adj. Que sentencia o tiene competencia para sentenciar. Ú.t.c.s.

SENTENCIAR. tr. Pronunciar sentencia. || 2. Condenar por sentencia en materia penal. || 3. fig. Expresar el juicio o dictamen decidiendo a favor de una de las partes contendientes. || 4. fig. y fam. Destinar una cosa para un fin.

SENTENCIÓN. m. aum. de sentencia. || 2. fam. Sentencia rigurosa.

SENTENCIOSAMENTE. adv. De modo sentencioso.

SENTENCIOSO, SA. (l. *sententiōsus*.) adj. Dícese del dicho, oración o escrito grave y agudo que encierra moralidad o doctrina. || 2. También se aplica al tono de la persona que habla con cierta afectada gravedad.

SENTENZUELA. f. d. de sentencia.

SENTIBLE. adj. desus. Sensible.

SENTICAR. (l. *sentix, -ĭcis*, zarza.) m. Espinar.

SENTIDAMENTE. (De *sentido*.) adv. Con sentimiento.

SENTIDO, DA. (De *sentir*.) adj. Que incluye o explica un sentimiento. || 2. Dícese de la persona que se ofende con facilidad. || 3. m. Cada una de las aptitudes del alma, de percibir, por medio de determinados órganos corporales, las impresiones de los objetos externos. || 4. Entendimiento en cuanto discierne las cosas. || 5. Modo particular de entender una cosa. || 6. Inteligencia con que se ejecutan algunas cosas. *Leer con* sentido. || 7. Razón de ser, finalidad. *Su actuación carecía de* sentido. || 8. Significación cabal de una proposición o cláusula. || 9. Significado o acepción de las varias que suelen tener las palabras. || 10. Cada una de las varias interpretaciones que puede admitir un escrito o proposición. || 11. Geom. Modo de apreciar una dirección desde un punto a otro. || **—acomodaticio.** Inteligencia espiritual y mística que se da a algunas palabras de la escritura, aplicándolas a personas o cosas distintas de las que se dijeron en su riguroso significado. || **—común.** Facultad interior en la cual se reciben e imprimen todas las imágenes de los objetos que envían los sentidos exteriores. || 2. Facultad de juzgar razonablemente de las cosas. || **—interior.** Sentido común. || *Abundar* uno *en un* sentido. fr. Mostrarse firme en una opinión. || *Aguzar* uno *el* sentido. fr. fig. y fam. Poner mucho cuidado o atención. *Con todos mis, tus, sus cinco* sentidos. loc. fig. y fam. Con toda atención y cuidado. || 2. fig. y fam. Con suma eficacia. || *Costar* una cosa *un* sentido. fr. fig. y fam. Costar excesivamente cara. || *De* sentido *común.* fr. Conforme al buen juicio natural de las gentes. || *Llevar*, o *pedir, un* sentido *por una cosa*. frs. figs. y fams. Llevar o pedir por ella un precio excesivo. || *Perder* uno *el* sentido. fr. Desmayarse. || *Poner* uno, o *tener puestos, sus cinco* sentidos *en una persona o cosa*. fr. fig. y fam. Dedicarle extraordinaria atención. || 2. fig. y fam. Profesarle entrañable afecto. || 3.ª acep.: P. sentido; I. sense; F. sens; A. Sinn; It. senso; R. чувство.

SENTIDOR, RA. adj. ant. Que siente o está dotado de la facultad de sentir. Ú.t.c.s.

SENTIMENTAL. (De *sentimiento*.) adj. Que expresa o excita sentimientos tiernos. || 2. Propenso a ellos. || 3. Que afecta sensibilidad de un modo exagerado.

SENTIMENTALISMO. m. Calidad de sentimental.

SENTIMENTALMENTE. adv. De manera sentimental.

SENTIMIENTO. m. Acción y efecto de sentir o sentirse. || 2. Impresión o movimiento que causan en el alma las cosas espirituales. || 3. Estado del ánimo afligido por un suceso triste. || P. e It. sentimento;

S

I. y **F.** sentiment; **A.** Gefühl, Empfindung; **R.** чувство.

SENTINA. (l. *sentina.*) f. MAR. Cavidad inferior de la nave en la que se recogen las aguas de diferentes procedencias, de donde son expulsadas después por las bombas. || **2.** fig. Lugar lleno de inmundicias y mal olor. || **3.** fig. Lugar donde abundan los vicios. || **P.** e **It.** sentina; **I.** bilge; **F.** sentine; **A.** Kielboden; **R.** льяло.

SENTIR. (Forma substantiva de *sentir*, 2.º art.) m. Sentimiento. || **2.** Dictamen, parecer.

SENTIR. (l. *sentīre.*) tr. Experimentar sensaciones. || **2.** Oír algún ruido o sonido. || **3.** Experimentar una impresión, placer o dolor corporal o espiritual. SENTIR *hambre*, SENTIR *alegría.* || **4.** Lamentar una cosa, un suceso. || **5.** Opinar, formar parecer. || **6.** Acomodar en la recitación las acciones exteriores a las palabras, o darles el sentido que les corresponde. || **7.** Barruntar lo que ha de sobrevenir. Dícese especialmente de los animales que presienten la mudanza del tiempo. || **8.** r. Formar queja una persona de algo. || **9.** Padecer un dolor en alguna parte del cuerpo. || **10.** Seguido de algunos adjetivos, estar como éste expresa. SENTIRSE *cansado.* || **11.** Seguido de ciertos adjetivos, considerarse. Sentirse obligado. || **12.** Empezar a rajarse una cosa. || **13.** Empezar a podrirse una cosa. Ú.m. en p.p. y con el verbo *estar.* || *Que* SENTIR. fr. que augura consecuencias lamentables de alguna cosa. Ú.m. precedida de los verbos *dar* y *tener.* || *Sin* SENTIR. adv. Inadvertidamente. || **P.** y **F.** sentir; **I.** to feel; **A.** fühlen, empfinden; **It.** sentire; **R.** чувствовать.

SEÑA. (l. *signa*, pl. de *sĭgnum.*) f. Nota o indicio para dar a entender una cosa. || **2.** Lo que de concierto está determinado entre dos o más personas para entenderse. || **3.** Señal. || **4.** MIL. Palabra que acompaña del santo se da en la orden del día para que sirva de reconocimiento al recibir las rondas. || **5.** pl. Indicación del lugar y del domicilio de una persona. || *Dar* SEÑAS. fr. Manifestar las circunstancias individuales de una cosa para que se pueda distinguir de otra. || *Hablar* uno *por* SEÑAS. fr. Darse a entender por medio de ademanes. || *Hacer* SEÑAS. fr. Indicar uno con gestos lo que piensa o quiere. || *Por* SEÑAS, o *por más* SEÑAS. m. adv. fam. Ú. para traer al conocimiento una cosa, recordando las circunstancias de ella. || SEÑAS *mortales.* fr. fig. Indicios vehementes de alguna cosa. Ú.m. con el verbo *ser.* || **P.** senha; **I.** sign; **F.** signe, indice; **A.** Zeichen; **It.** cenno, segno; **R.** знак, сигнал.

SEÑAL. (l. *signālis;* de *sĭgnum*, seña.) f. Marca o nota que hay o se pone en las cosas, conocerlas o distinguirlas. || **2.** Hito o mojón puesto para marcar un término. || **3.** Cualquier signo empleado para acordarse de algo. || **4.** Nota o distintivo. || **5.** Signo. || **6.** Indicio de una cosa. || **7.** Vestigio que queda de una cosa. || **8.** Cicatriz que queda en el cuerpo por resultas de una herida. || **9.** Imagen o representación de una cosa. || **10.** Prodigio fuera del orden natural. || **11.** Parte de precio que se adelanta en algunos contratos. || **12.** Aviso que se da para concurrir a un lugar determinado o para ejecutar una cosa. || **13.** GERM. Criado de justicia. || **14.** MED. Accidente, mutación o especie que permite juzgar del estado de la enfermedad. || **—de borrica frontina.** fig. y fam. Acción con que uno da a conocer la segunda intención que lleva. || **—de la cruz.** Cruz que se hace con los dedos de la mano representando aquella en que murió nuestro Redentor. || **—de socorro.** RADIOTELEC. Señal que se emite para pedir auxilio inmediato. || **—de tronca.** La que se hace al ganado, cortándole una o ambas orejas. || *En* SEÑAL. m. adv. En prenda o muestra de una cosa. || *Ni* SEÑAL. expr. fig. con que se da a entender que una cosa se acabó del todo, o no se halla. || **P.** sinal; **I.** sign, mark; **F.** marque, signe; **A.** Kennzeichen, Merkmal; **It.** segnale; **R.** знак, признак.

* **SEÑALA.** f. CHILE. Acción de señalar el ganado. || **2.** CHILE. Marca que se le hace. || **3.** CHILE. Tiempo en que se ejecuta esta acción.

* **SEÑALADA.** f. ARGENT. Acción y efecto de señalar o marcar el ganado.

SEÑALADAMENTE. adv. Con especialidad. || **2.** Con expresión determinada.

SEÑALADO, DA. p.p. de señalar. || **2.** adj. Insigne, famoso.

SEÑALAMIENTO. m. Acción de señalar. || **2.** FOR. Designación de día para un juicio oral o una vista, y también el asunto que se ha de tratar en ese día.

SEÑALAR. (De *señal.*) tr. Poner señal en una cosa. || **2.** Rubricar, 2.ª acep. || **3.** Llamar la atención hacia una persona o cosa, designándola con la mano o de otro modo. || **4.** Determinar persona, día, hora, lugar o cosa para algún fin. || **5.** Hacer una herida o señal en el cuerpo, particularmente en el rostro. || **6.** Hacer el amago o señal de una cosa sin ejecutarla. || **7.** Hacer señal para dar noticia de una cosa. || **8.** En algunos juegos de naipes, tantear los puntos que cada uno va ganando. || **9.** r. Distinguirse especialmente en materias de reputación. || **P.** assinalar; **I.** to mark out, to signalize; **F.** signaler, montrer; **A.** bezeichnen, weisen, andeuten; **It.** segnare, segnalare; **R.** помечать, указывать.

SEÑALEJA. f. d. de señal.

SEÑALERO. (De *señal*, estandarte.) m. ant. Alférez del rey.

SEÑALEZA. f. ant. Señal.

* **SEÑALIZACIÓN.** (De *señalizar.*) f. Sistema de señales que se emplea en carreteras, ferrocarriles y otras vías, o para dirigir la ejecución de alguna cosa.

* **SEÑALIZAR.** tr. Poner el sistema de señales convenidas en carreteras, ferrocarriles, etc.

SEÑAR. (l. *sĭgnāre.*) intr. ant. AR. Hacer señas.

SEÑERA. (De *señero*, 1.er art.) f. ant. Seña, estandarte.

SEÑERAMENTE. (De *señero*, 2.º art.) adv. ant. Particularmente.

SEÑERO, RA. (De *seña.*) adj. Aplícase al territorio o pueblo que en las proclamaciones de los reyes, tenía la facultad de levantar pendón.

SEÑERO, RA. (l. *sĭngŭlārius*, por *sĭngŭlāris.*) adj. Solo, solitario. || **2.** Único, sin par.

SEÑOLEAR. intr. Cazar con señuelo y ponerlo al ave de rapiña.

SEÑOR, RA. (l. *senior, -ōris.*) adj. Dueño de una cosa. Ú.t.c.s. || **2.** fam. Noble, decoroso y propio de señor. || **3.** fam. Antepuesto a algunos nombres, encarece el significado de los mismos. || **4.** m. Por antonom. Dios. || **5.** Jesús en la Eucaristía. || **6.** Poseedor de estados y lugares. || **7.** Título nobiliario. || **8.** Amo, respecto de sus criados. || **9.** Término de cortesía que se aplica a cualquier hombre. || **10.** fam. Suegro. || **11.** desus. Título que se anteponía al nombre de los santos. *El* SEÑOR *Santiago;* SEÑOR *San Pedro.* Ú. en Vizcaya y en Asturias. || **—de horca y cuchillo.** Señor que tenía jurisdicción para castigar hasta con pena capital. || **2.** fig. y fam. Persona que manda como dueño y con mucha autoridad. || **—de los ejércitos.** Dios. || **—de sí.** Dueño de sí mismo. || **—mayor.** Hombre respetable, de edad avanzada. || *A más* SEÑORES. FOR. loc. que se usa para indicar que un asunto pasa a consulta de más personas de las que venían conociendo del caso. || *A tal* SEÑOR, *tal honor.* fr. que indica que según es la persona, así debe honrársela. || *Descansar*, o *dormir, en el* SEÑOR. fr. Morir. Dícese de los justos. || *Gloriarse* uno *en el* SEÑOR. fr. Decir o hacer una cosa buena, reconociendo a Dios por autor de ella y dándole alabanzas. || *Ninguno puede servir a dos* SEÑORES. fr. proverb. tomada del Evangelio, con que se significa que no puede cumplirse bien una obligación cuando se está atendiendo a otra. || *Nuestro* SEÑOR. Jesucristo. || *Págase el* SEÑOR *del chisme, mas no del que lo dice.* ref. que denota que aun a los que agrada el chisme, desagrada el chismoso. || *Pues* SEÑOR. expr. fam. con que se comienza un relato o un cuento. || *Quedar* uno SEÑOR *del campo.* fr. MIL. Haber ganado la batalla, dominando el terreno en donde se dio o estaba el enemigo. || **2.** fig. Haber vencido en cualquier disputa. || *Sirve al* SEÑOR *y sabrás de dolor.* ref. que advierte que el que sirve a los poderosos suele verse desatendido. || **P.** senhor, nobre; **I.** lord, master; **F.** maître, seigneur; **A.** Herr, Grandseigneur; **It.** signore, padrone; **R.** господин.

SEÑORA. (De *señor.*) f. Mujer del señor. || **2.** La que por sí posee un señorío. || **3.** Ama, respecto de sus criados. || **4.** Término de cortesía que se aplica a una mujer, especialmente a la casada o viuda. || **5.** Mujer, la casada, con relación al marido. || **6.** fam. Suegra. || **—de compañía.** La que tiene por oficio acompañar a señoras y más especialmente a señoritas cuando salen de sus casas. || **—mayor.** Mujer respetable y de avanzada edad. || *Nuestra* SEÑORA. La Virgen María. || **—y mayora.** AR. La madre, principalmente si es viuda y cabeza de casa, cuando instituye heredero de ella en capítulos matrimoniales, reservándose el dominio. || **P.** senhora; **I.** lady, dame; **F.** dame; **A.** Dame, Gemahlin; **It.** signora, madonna; **R.** госпожа.

SEÑORADA. f. Acción propia de señor.

SEÑORAJE. m. Señoreaje.

SEÑOREADOR, RA. adj. Que señorea. Ú.t.c.s.

SEÑOREAJE. (De *señor.*) m. Derecho que pertenecía al príncipe o soberano en las casas de moneda.

SEÑOREANTE. p.a. de señorear. Que señorea.

SEÑOREAR. (De *señor.*) tr. Dominar o mandar como dueño y señor sobre una cosa. || **2.** Mandar uno imperiosamente. || **3.** Sujetar una cosa a su dominio. Ú.t.c.r. || **4.** fig. Estar una cosa en situación superior respecto a otra, como dominándola. || **5.** fig. Sujetar uno las pasiones a la razón. || **6.** fam. Dar a uno repetida e importunamente el tratamiento de señor. || **7.** r. Usar de gravedad en el porte, vestido o trato. || **P.** senhorear, dominar; **I.** to master, to domineer; **F.** gouverner, dominer, commander; **A.** (be)herrschen, gebieten; **It.** signoreggiare, padroneggiare; **R.** господствовать.

SEÑORÍA. (De *señor.*) f. Tratamiento que se da a las personas a quienes compete por su dignidad. || **2.** Persona a quien se da este tratamiento. || **3.** Señorío, 1.ª acep.

SEÑORIAL. (De *señorío.*) adj. Perteneciente o relativo al señorío. || **2.** Dominical. || **3.** Majestuoso, noble.

SEÑORIL. adj. Perteneciente al señor.

SEÑORILMENTE. adv. De modo señoril.

SEÑORÍO. (De *señor.*) m. Dominio o mando sobre una cosa. || **2.** Territorio perteneciente al señor. || **3.** Dignidad de señor. || **4.** fig. Gravedad en el porte y en las acciones. || **5.** fig. Dominio de las pasiones y libertad de obrar. || **6.** fig. Conjunto de señores o personas distinguidas. || **—mayor.** AR. Derecho de propiedad sujeto a cortapisas determinadas. || **P.** senhorio; **I.** dominion, command, lordship; **F.** seigneurie, autorité; **A.** Herrschaft; **It.** signoria, dominio; **R.** господство.

SEÑORITA. (d. de *señora.*) f. Hija de un señor o de persona de representación. || **2.** Término de cortesía que se da a la mujer soltera. || **3.** fam. Ama, respecto de sus criados. || 2.ª acep.: **P.** senhorita; **I.** young lady, miss; **F.** mademoiselle; **A.** Fräulein; **It.** signorina; **R.** барышня, девушка.

SEÑORITINGO, GA. m. y f. despect. de señorito.

SEÑORITO. (d. de *señor.*) m. Hijo de un señor o de persona de representación. || **2.** fam. Amo, respecto de sus criados. || **3.** fam. Joven acomodado y ocioso.

SEÑORÓN, NA. adj. Muy señor o muy señora, por serlo en realidad, por conducirse como tal, o por afectar señorío. Ú. t.c.s.

SEÑUELO. (De *seña.*) m. Figura de ave donde se ponen algunos trozos de carne para atraer al halcón remontado. || **2.** Por ext., cualquier cosa que sirve para atraer otras aves. || **3.** Cimbel. || **4.** fig. Cualquier cosa que sirve para atraer con alguna falacia. || **5.** ARGENT. y BOL. Grupo de cabestros para conducir el ganado. || *Caer al* SEÑUELO. fr. CETR. Caer a la presa. || *Caer* uno *en el* SEÑUELO. fr. fig. y fam. Caer en el lazo. || **P.** negaça; **I.** lure;

F. leurre, appeau; **A.** Lockvogel; **It.** lògoro; **R.** приманка.

SEO. (l. *sedes.*) f. Ar. Iglesia catedral.

SEÓ. m. fam. Apócope de seor.

SEOR. m. Síncope de señor.

SEORA. f. Síncope de señora.

SÉPALO. (l. *separ, -ăris*, separado, apartado.) m. Bot. Cada una de las piezas que forman el cáliz de la flor. || **P.** sépala; **I.** sepal; **F.** sépale; **A.** Kelchblatt; **It.** sèpalo; **R.** лепесток.

SEPANCUANTOS. (De las palabras *sepan* y *cuantos* con que generalmente empezaban los edictos, amonestaciones, etc.) m. fam. Castigo, zurra.

SEPARABLE. (l. *separabĭlis.*) adj. Que puede separarse o ser separado.

SEPARACIÓN. (l. *separatio, -ōnis.*) f. Acción y efecto de separar o separarse. || **2.** For. Interrupción de la vida conyugal por conformidad de las partes o fallo judicial, aunque sin disolución del vínculo matrimonial. || **P.** separaçaõ; **I.** separation; **F.** séparation; **A.** Trennung; **It.** separazione; **R.** отделение, разлука.

SEPARADAMENTE. adv. Con separación.

SEPARADOR, RA. (l. *separātor, -ōris.*) adj. Que separa. Ú.t.c.s. || **2.** m. Cuba. Máquina o parte de máquina que unida a los aventadores de café separa el triache del bueno. || **3.** Cir. Instrumento usado para separar las partes o bordes de una cavidad. || **4.** Fís. Aparato utilizado para separar cuerpos mezclados.

SEPARANTE. p.a. de separar. Que separa.

SEPARAR. (l. *separāre.*) tr. Poner a una persona o cosa fuera del contacto o proximidad de otra. Ú.t.c.r. || **2.** Apartar, distinguir unas de otras, cosas o especies. || **3.** Destituir de un empleo o cargo al que lo desempeñaba. || **4.** r. Retirarse uno de algún ejercicio u ocupación. || **5.** For. Desistir. || **P.** separar, apartar; **I.** to separate; **F.** séparer, écarter; **A.** trennen, absondern; **It.** separare; **R.** отделять.

SEPARATA. f. Tirada aparte.

SEPARATISMO. m. Opinión de los separatistas. || **2.** Partido separatista.

SEPARATISTA. adj. Que trabaja y conspira para que un territorio se separe de la soberanía actual. Apl. a pers. ú.t. c.s.

SEPARATIVO, VA. (l. *separatĭvus.*) adj. Dícese de lo que separa o tiene virtud de separar.

SEPE. m. Bol. Comején.

SEPEDÓN. (gr. σηπεδών.) m. Eslizón.

SEPELIO. (l. *sepelīre*, enterrar.) m. Acción de inhumar la Iglesia a los fieles. || **P.** enterro; **I.** burial; **F.** enterrement; **A.** Beerdigung; **It.** sepoltura; **R.** похороны.

SEPELIR. (l. *sepelīre*, enterrar.) tr. ant. Sepultar.

SEPIA. (l. *sepĭa*, y éste del gr. σηπία.) f. Jibia, molusco cefalópodo. || **2.** Materia colorante que se saca de la jibia y se emplea en pintura. || **P.** sépia, siba; **I.** cuttlefish, sepia; **F.** sèche, sepia; **A.** Tintenfisch, Sepia; **It.** seppia; **R.** каракатица, сепия.

★ **SEPIOLA.** f. Zool. Género de moluscos cefalópodos, de la familia de los sepiólidos, parecidos a las sepias, pero más pequeños que éstas.

★ **SEPIOLITA.** f. Mineral. Variedad de talco, susceptible de buen pulimento cuando es de grano fino. Se emplea en la fabricación de boquillas y pipas para fumar y de objetos de adorno.

SEPTENA. (l. *septēna*, neutro de *-ni.*) f. Conjunto de siete cosas por orden.

SEPTENARIO, RIA. (l. *septenarĭus.*) adj. Dícese del número que consta de siete unidades, o que se escribe con siete guarismos. || **2.** Aplícase, en general, a todo lo que consta de siete elementos. || **3.** m. Tiempo de siete días. || **4.** Tiempo de siete días dedicados a alguna devoción religiosa.

SEPTENIO. (l. *septenĭum.*) m. Tiempo de siete años.

SEPTENO, NA. (l. *septēnus.*) adj. Séptimo.

SEPTENTRIÓN. (l. *septentrio, -ōnis*; de *septen*, siete, y *trio, -ōnis*, buey de labor.) m. Osa Mayor. || **2.** Norte.

SEPTENTRIONAL. (l. *septentrionă-*

lis.) adj. Perteneciente o relativo al Septentrión. || **2.** Que cae al Norte.

SEPTETO. (l. *septem*, siete.) m. Mús. Composición para siete instrumentos o siete voces. || **2.** Mús. Conjunto de estos siete instrumentos o voces.

SEPTICEMIA. (gr. σηπτικός, que corrompe, y αἷμα, sangre.) f. Med. Género de enfermedades infecciosas, graves, producidas por el paso a la sangre y su multiplicación en ella de diversos gérmenes patógenos procedentes de las supuraciones. || **P.** septicemia; **I.** septic(a)emia; **F.** septicémie; **A.** Blutvergiftung; **It.** setticemia; **R.** сепсис, заражение крови.

SEPTICÉMICO, CA. adj. Perteneciente o relativo a la septicemia.

SÉPTICO, CA. (gr. σηπτικός.) adj. Med. Que produce putrefacción o es causado por ella. || **2.** Med. Que contiene gérmenes nocivos.

SEPTIEMBRE. (l. *september, -bris.*) m. Séptimo mes del año, según la cuenta de los antiguos romanos, y noveno del calendario actual. || *Por* SEPTIEMBRE, *calabazas.* expr. fig. y fam. con que se da a entender que, por falta de oportunidad, no logrará uno lo que se propone. || **P.** setembro; **I.** y **A.** September; **F.** septembre; **It.** settembre; **R.** сентябрь.

SEPTILLO. (l. *septem*, siete.) m. Mús. Conjunto de siete notas iguales que se deben cantar o tocar en el tiempo correspondiente a seis de ellas.

SÉPTIMA. (l. *septĭma*, t. f. de *-mus*, séptimo.) f. En el juego de los cientos, reunión de siete cartas de valor correlativo. || **2.** Mús. Intervalo de una nota a la séptima ascendente o descendente en la escala. || **—aumentada.** Mús. Intervalo que consta de cinco tonos y dos semitonos. || **—diminuta.** Mús. Intervalo que consta de tres tonos y tres semitonos. || **—mayor.** En el juego de los cientos la que comienza por el as. || **2.** Mús. Intervalo que consta de cinco tonos y un semitono. || **—menor.** En el juego de los cientos, la que comienza por el rey. || **2.** Mús. Intervalo que consta de cuatro tonos y dos semitonos mayores.

SÉPTIMO, MA. (l. *septĭmus.*) adj. Que sigue inmediatamente en orden al o a lo sexto. || **2.** Dícese de cada una de las siete partes iguales en que se divide un todo. Ú.t.c.s.

SEPTINGENTÉSIMO, MA. (l. *septingentesĭmus.*) adj. Que sigue inmediatamente en orden al o a lo sexcentésimo nonagésimo nono. || **2.** Dícese de cada una de las 700 partes iguales en que se divide un todo. Ú.t.c.s.

SEPTISÍLABO, BA. (l. *septem*, siete, y de *sílaba.*) adj. Heptasílabo.

SEPTUAGENARIO, RIA. (l. *septuagenarĭus.*) adj. Que ha cumplido la edad de 70 años, pero no llega aún a los 80. Ú.t.c.s.

SEPTUAGÉSIMA. (l. *septuagesĭma dies*, día septuagésimo antes del domingo de Pascua.) f. Dominica que celebra la Iglesia tres semanas antes de la primera de cuaresma.

SEPTUAGÉSIMO, MA. (l. *septuagesĭmus.*) adj. Que sigue inmediatamente en orden al o a lo sexagésimo nono. || **2.** Dícese de cada una de las 70 partes iguales en que se divide un todo. Ú.t.c.s.

SEPTUPLICACIÓN. f. Acción y efecto de septuplicar o septuplicarse.

SEPTUPLICAR. (l. *septem*, siete, y *plicăre*, doblar.) tr. Hacer séptupla una cosa; multiplicar por siete una cantidad. Ú.t.c.r.

SÉPTUPLO, PLA. (l. *septŭplus.*) adj. Dícese de la cantidad que contiene siete veces a otra. Ú.t.c.s.m.

SEPULCRAL. (l. *sepulcrālis.*) adj. Perteneciente o relativo al sepulcro. *Inscripción* SEPULCRAL.

SEPULCRO. (l. *sepulcrum.*) m. Obra comúnmente de piedra, construida para dar en ella sepultura al cadáver de una persona. || **2.** Urna con una imagen de Jesucristo difunto. || **3.** Hueco del ara donde se depositan las reliquias. || *Santo* SEPULCRO. Aquel en que estuvo sepultado Jesucristo. || *Bajar al* SEPULCRO. fr. Morirse. || *Ser uno un* SEPULCRO. fr. Guardar fielmente un secreto. || **P.** sepulcro; **I.** se-

pulchre; **F.** sépulcre; **A.** Grab (en comp.); **It.** sepolcro; **R.** гробница.

SEPULTADOR, RA. adj. Que sepulta. Ú.t.c.s.

SEPULTAR. (l. *sepultāre*, intens. de *sepelīre.*) tr. Poner en la sepultura a un difunto. || **2.** Ocultar alguna cosa como enterrándola. Ú.t.c.r. || **3.** fig. Sumergir, abismar, dicho del alma. Ú.m.c.r. Quedó sepultado en su aflicción. || **P.** sepultar; **I.** to bury, to entomb; **F.** enterrer, ensevelir; **A.** beerdigen, bestatten; **It.** seppellire; **R.** погребать.

SEPULTO, TA. (l. *sepultus.*) p.p. irreg. de sepelir y de sepultar.

SEPULTURA. (l. *sepultūra.*) f. Acción y efecto de sepultar. || **2.** Hoyo cavado en tierra para enterrar un cadáver. || **3.** Lugar donde está enterrado un cadáver. || **4.** Sitio que en la iglesia tiene señalado una familia para colocar la ofrenda por sus difuntos. || *Dar* SEPULTURA. fr. Sepultar, enterrar a un difunto. || **P.** sepultura; **I.** sepulture; **F.** sépulture; **A.** Begräbnis; **It.** sepoltura; **R.** могила.

SEPULTURERO. m. El que tiene por oficio abrir las sepulturas y enterrar a los muertos.

SEQUEDAD. (De *seco.*) f. Calidad de seco. || **2.** fig. Dicho o ademán áspero y duro. Ú.m. en pl. || **P.** secura; **I.** dryness; **F.** sécheresse, siccité; **A.** Trockenheit; **It.** siccità; **R.** сухость.

SEQUEDAL. m. Terreno muy seco.

SEQUERAL. (De *sequero.*) m. Sequedal.

SEQUERO. (De *seco.*) m. Secano. || **2.** Secadero.

SEQUEROSO, SA. (De *sequero.*) adj. Carente del jugo o humedad que debía tener.

SEQUETE. m. Pedazo duro y seco de pan, bollo o rosca. || **2.** Golpe seco para poner en movimiento una cosa o para detenerla. || **3.** fig. y fam. Aspereza en el trato o en el modo de responder.

SEQUÍA. f. Tiempo seco de larga duración.

SEQUILLO. (De *seco.*) m. Pedazo pequeño de masa azucarada, en forma de rosquilla, bollo, etc.

SEQUÍO. (De *seco.*) m. Secano, terreno carente de riego, o cosa muy seca.

SÉQUITO. (l. *sequi*, seguir.) m. Agregación de gente que acompaña y sigue a una persona. || **2.** Aplauso común en aprobación de las acciones o doctrina de uno. || **P.** séquito; **I.** retinue, suite; **F.** suite, cortège; **A.** Gefolge, Begleitung; **It.** sèguito; **R.** свита.

SEQUIZO, ZA. adj. Que propende a secarse.

SER. (Forma substantiva de *ser*, 2.º art.) m. Esencia o naturaleza. || **2.** Ente, lo que es o existe. || **3.** Valor, estimación de las cosas. || **4.** Modo de existir. || *En* SER, *o en su* SER. m. adv. Sin haberse gastado. || **P.** ser; **I.** being; **F.** être, essence; **A.** Dasein, Wesen; **It.** èssere; **R.** быть, существовать.

SER. (De *seer.*) Verbo substantivo que afirma del sujeto lo que significa el atributo. || **2.** Verbo auxiliar con el cual se forma la voz pasiva de los verbos. || **3.** intr. Haber o existir. || **4.** Servir, para una cosa. *Juan no* ES *para esto.* || **5.** Estar en lugar o situación. || **6.** Suceder o acontecer. *¿Cómo* FUE *esto?* || **7.** Valer. *¿A cómo* ES *la sandía?* || **8.** Pertenecer. *Este huerto* ES *del alcalde.* || **9.** Corresponder. *Esta conducta no* ES *de buen amigo.* || **10.** Formar parte de una corporación. ES *del Consejo.* || **11.** Tener origen o naturaleza, refiriéndose a lugares o países. *Manuel* ES *de Barcelona.* || **12.** Sirve para afirmar o negar en lo que se dice o pretende. *Esto* ES. || **13.** Junto con substantivos, adjetivos o participios, tener los empleos, condiciones, etc., que aquellas palabras significan. || *¡Cómo* ES *eso!* expr. fam. con que se reprende a uno, motejándole de atrevido. || *¡Cómo ha de* SER! exclam. de resignación o conformidad. || ÉRASE *que se era.* expr. fam. usada tradicionalmente para dar principio a los cuentos. || ES *a saber, esto* ES. exprs. usadas para dar a entender que se la explicar mejor o de otro modo lo que ya se ha dicho. || *Lo que* FUERE, *sonará.* expr. fam. con que se da a entender que a su tiempo

S se hará patente una cosa, o se conocerán sus consecuencias. || **2.** También denota que se arrostran las consecuencias de una decisión. || *Más* ERES *tú.* fr. fam. que se usa para disculpar el yerro o vicio propio, imputándolo en mayor grado a quien lo critica. || *No* SER *para menos.* expr. con que se asevera que es fundada la vehemencia con que se admira, se siente o se celebra una cosa. || *O* SOMOS, *o no* SOMOS. expr. fam. que se emplea, generalmente en estilo festivo, para dar a entender que por ser quien somos debemos portarnos de tal o cual manera. || SEA *lo que* FUERE, o SEA *lo que* SEA. exprs. con que se prescinde de lo que se considera accesorio, pasando a tratar de lo principal. || SEA *o no* SEA. expr. con que, prescindiendo de la existencia de una cosa, se pasa a tratar del asunto principal. || SER *uno de otro.* fr. fig. Seguir su partido u opinión. || **2.** fig. Mantener su amistad. || SER *de lo que no hay.* fr. fam. Dicho de una persona o cosa, no tener igual en su clase. Suele tomarse en mala parte. || SER uno *quien* ES. fr. Corresponder con sus acciones a lo que debe a su carácter o cargo. || *Si yo* FUERA *que fulano.* expr. que se usa para dar a entender lo que, es concepto del que lo dice, debía hacer el sujeto de quien se habla. || SOY *contigo, con usted.* expr. que se usa para prevenir a uno que espere un poco para hablarle. || SOY *mío.* expr. con que uno indica la libertad o independencia que tiene respecto de otro para obrar. || *Un* ES, *no* ES, *o un sí* ES, *no* ES. exprs. con que se significa cortedad o pequeñez. || **P.** ser; **I.** to be; **F.** être; **A.** sein, werden, geschehen dasein; **It.** èssere; **R.** быть.

SERA. (ár. andaluz, *šaira,* espuerta.) f. Espuerta grande. || **2.** AND. Sarria de esparto.

SERADO. (De *sera.*) m. Seraje.

SERÁFICAMENTE. (De *seráfico.*) adv. De modo seráfico.

SERÁFICO, CA. adj. Perteneciente o parecido al serafín. || **2.** Suele darse este epíteto a San Francisco de Asís y a la orden religiosa por él fundada. || **3.** fig. y fam. Pobre, humilde.

SERAFÍN. (l. *seraphin,* voz del hebr. *serafim,* nobles príncipes, ángeles alados.) m. Cada uno de los espíritus bienaventurados que forman el segundo coro y se distinguen por el perenne ardor con que aman las cosas divinas. || **2.** fig. Persona de singular hermosura. || **P.** serafim, anjo; **I.** seraph; **F.** séraphin; **A.** Seraph, Engel; **It.** seraphin; **R.** серафим.

SERAFÍN. (ár. *ašrafí,* perteneciente al sultán de Egipto al-Malik al-*Ašraf.*) m. Moneda de oro mandada acuñar en el siglo XV por el sultán de Egipto el Asraf.

SERAFINA. f. Tela de lana de un tejido muy semejante a la bayeta, adornado con variedad de flores y otros dibujos.

SERAJE. m. Conjunto de seras.

SERANEAR. intr. EXTR. y SAL. Estar de sereno.

SERANO. (De *seranum; de serum,* la tarde.) m. SAL. Tertulia nocturna que se tiene en los pueblos al aire libre.

SERAPINO. m. Segapeno.

SERASQUIER. (turco-persa, *sar-'askar,* cabeza del ejército.) m. General de ejército entre los turcos.

SERBA. (l. *sorba,* pl. de *sŏrbum,* serba.) f. Fruto del serbal. Es de figura de pera pequeña, de color encarnado amarillento. || **P.** sorva; **I.** sorb-apple; **F.** sorbe; **A.** Vogelbeere; **It.** sorba; **R.** рябина.

SERBAL. (De *serba.*) m. Árbol de la familia de las rosáceas, con tronco recto y liso y copa abierta; hojas compuestas; flores blancas, en corimbos axilares, y cuyo fruto es la serba.

SERBO. (De *suerbo,* del l. *sŏrbus.*) m. Serbal.

SERENA. (De *sereno.*) f. Composición poética o musical de los trovadores, que solía cantarse de noche. || **2.** fam. Sereno, 1.er art., 1.ª acep. || *A la* SERENA. m. adv. fam. Al sereno.

SERENA. f. ant. Sirena, 1.ª acep.

SERENAR. (l. *serēnāre.*) tr. Aclarar, sosegar, tranquilizar el tiempo, el mar, etc. Ú.t.c.intr. y c.r. || **2.** Enfriar agua al sereno. Ú.t.c.r. || **3.** Sentar o aclarar los

licores que están turbios. Ú.m.c.r. || **4.** fig. Apaciguar disturbios. || **5.** fig. Moderar o cesar del todo en el enojo. Ú.t.c.r. || **P.** serenar; **I.** to become serene, to clear up; **F.** rasséréner; **A.** sich aufhellen; **It.** rasserenarsi; **R.** прояснять.

SERENATA. (ital. *serenata.*) f. Música en la calle durante la noche, para festejar a una persona. || **2.** Composición poética o musical destinada a este fin. || **P.** e **It.** serenata; **I.** serenata, serenade; **F.** sérénade; **A.** Nachtmusik, Serenade; **R.** серенада.

* **SERENDENQUE.** m. VENEZ. Aire popular bailable.

SERENERO. (De *sereno.*) m. Toca usada por las mujeres en algunas regiones como defensa contra la humedad de la noche. || **2.** ARGENT. Pañuelo que, doblado por una de sus diagonales y atado debajo de la barba llevan las mujeres a la cabeza.

SERENÍ. m. Uno de los botes más pequeños que llevaban los antiguos barcos de guerra.

SERENIDAD. (l. *serenitas, -ātis.*) f. Calidad de sereno. || **2.** Título de honor de algunos príncipes. || **P.** serenidade; **I.** serenity, sereneness; **F.** sérénité; **A.** Heiterkeit; **It.** serenità; **R.** спокойствие, ясность.

SERENÍSIMO, MA. adj. sup. de sereno. || **2.** Aplicábase en España como tratamiento a los príncipes hijos de reyes. También se ha dado este título a algunas repúblicas.

SERENO. (l. *serēnum; de serum,* la tarde, la noche.) m. Humedad de la atmósfera durante la noche. || **2.** Vigilante nocturno encargado de rondar por las calles para velar por la seguridad de la propiedad y del vecindario, mientras éste duerme. || *Al* SERENO. m. adv. A la intemperie de la noche. || **P.** e **It.** sereno; **I.** night dew; **F.** serein; **A.** Abendtau; **R.** ночной туман.

SERENO, NA. (l. *serēnus.*) adj. Claro, despejado de nubes. || **2.** Apacible, sosegado. || **3.** GERM. Desvergonzado. || **P.** e **It.** sereno; **I.** serene, clear; **F.** serein; **A.** hell, klar; **R.** безоблачный.

* **SERETA.** f. P. RICO. Aro con fondo de tela para poner al aire quesos, frutas, etc. || **2.** P. RICO. Recipiente de caña cimarrona que sirve para guardar ciertos alimentos.

SERETE. m. Serijo, 1.ª acep.

SERGAS. (gr. ἔργα, obras, hazañas; que con la *s* del art. *las* [*Las Sergas*]; sirvió de título a un famoso libro de caballerías.) f. pl. Proezas, hazañas.

SERGENTA. (fr. *sergent,* y éste del l. *serviens, -entis,* sirviente.) f. Religiosa lega de la orden de Santiago.

SERIAMENTE. adv. Con Seriedad.

SERIAR. tr. Poner en serie, formar series.

SERICICULTOR, RA. m. y f. Persona que se dedica a la sericicultura.

SERICICULTURA. (l. *sericum,* seda, y *cultūra,* cultivo.) f. Cría y explotación racional del gusano de seda. || **P.** sericicultura; **I.** sericiculture; **F.** sériciculture; **A.** Seidenzucht; **It.** sericoltura; **R.** шелководство.

* **SERICITA.** f. MINERAL. Silicato hidratado de alúmina y potasa, variedad de moscovita que se presenta en escamas o en fibras entrelazadas de color verde más o menos amarillento.

SÉRICO, CA. (l. *sericus.*) adj. De seda.

SERICULTOR, RA. m. y f. Sericicultor.

SERICULTURA. f. Sericicultura.

SERIE. (l. *series.*) f. Conjunto de cosas relacionadas entre sí y que se suceden unas a otras. || **2.** MAT. Sucesión de cantidades que se derivan unas de otras según una ley determinada. || **—de desintegración radiactiva.** Cada uno de los grupos de elementos e isótopos que se producen como resultado de la descomposición de los elementos radiactivos. || *En* SERIE. m. adv. que se aplica a la fabricación de muchos objetos iguales entre sí, según un mismo patrón. || *Fuera de* SERIE. loc. adj. Dícese de los objetos que han sido fabricados o construidos con tal esmero que se distinguen de los fabricados en serie. || **2.** loc. adj. fig. Sobresaliente en su línea. ||

P. y **F.** série; **I.** series; **A.** Reihe, Serie; **It.** serie; **R.** серия.

SERIEDAD. (l. *seriĕtas, -ātis.*) f. Calidad de serio. || **2.** P. seriedade; **I.** seriousness; **F.** sérieux; **A.** Ernst, Redlichkeit; **It.** serietà; **R.** серьёзность.

SERIFIO, FIA. (l. *seriphius.*) adj. Natural de Serifo. Ú.t.c.s. || **2.** Perteneciente a esta isla del mar Egeo.

SERIJA. f. t. de sera.

SERIJO. m. Sera pequeña que se utiliza para llevar pasas, higos u otras cosas menudas. || **2.** Posón, posadero.

SERILLO. (De *serilla,* d. de *sera.*) m. Serijo, 1.ª acep. || **2.** AND. Sera rectangular en que se echa el pienso a la yunta en el campo.

* **SERINA.** f. QUÍM. Uno de los aminoácidos más importantes encontrados en la hidrólisis de las proteínas.

SERINGA. (port. *seringa.*) f. AMÉR. Goma elástica.

SERIO, RIA. (l. *serius.*) adj. Grave y sentado en el modo de proceder. Aplícase también a las acciones. || **2.** Severo en el semblante, en la mirada y en la expresión. || **3.** Real y sincero, sin engaño, burla o disimulo. || **4.** Grave, importante. || **5.** Contrapuesto a jocoso o bufo. || **P.** sério; **I.** serious; **F.** sérieux; **A.** ernst, seriös; **It.** serio; **R.** серьёзный.

SERMOCINAL. (l. *sermocināre,* platicar, conversar.) adj. ant. Perteneciente a la oración o modo de hablar en público.

SERMÓN. (l. *sermo, -ōnis.*) m. Discurso pronunciado por un sacerdote para la enseñanza de la buena doctrina y edificación de los fieles cristianos. || **2.** fig. Amonestación insistente y larga. || **—de tabla.** Uno de los que figuran como obligación de la magistralía. || **P.** sermão; **I.** y **F.** sermon; **A.** Predigt; **It.** sermone; **R.** проповедь.

SERMONAR. (l. *sermonāre,* hablar, platicar.) intr. Predicar, echar sermones.

SERMONARIO, RIA. adj. Perteneciente al sermón o semejante a él. || **2.** m. Colección de sermones.

SERMONEADOR, RA. adj. Que sermonea o reprende con frecuencia.

SERMONEAR. (De *sermón.*) intr. Sermonear. || **2.** tr. Amonestar echando un sermón, 2.ª acep. || **2.ª** acep.: **P.** pregar; **I.** to reprimand; **F.** sermonner, semoncer; **A.** tadeln; **It.** sermoneggiare; **R.** проповедовать.

SERMONEO. m. fam. Acción de sermonear.

SERNA. (l. *serĕre,* sembrar.) f. Porción de tierra de sembradura.

* **SEROALBÚMINA.** f. QUÍM. Substancia orgánica que se encuentra en todos los líquidos del cuerpo animal.

○ **SERODIAGNÓSTICO.** m. MED. Procedimiento seguido para reconocer ciertas enfermedades mediante reacciones provocadas por el suero sanguíneo.

* **SEROGLOBULINA.** f. QUÍM. Proteína natural sencilla que se encuentra en el suero de la sangre.

SEROJA. (De *serojo.*) f. Hojarasca seca que cae de los árboles. || **2.** Residuo o desperdicio de la leña.

SEROJO. (De *serŭculus,* d. de *serus,* tardío.) m. Seroja.

SEROLOGÍA. (l. *serum,* suero, y λόγος, tratado.) f. Tratado de los sueros.

SERÓN. m. Especie de sera más larga que ancha, que sirve para transportar carga sobre una caballería. || **—caminero.** El que se usa para llevar carga por los caminos.

SERONDO, DA. (l. *serŏtĭnus,* tardío.) adj. Dícese de los frutos tardíos.

SERONERO. adj. m. El que hace o vende serones.

SEROSIDAD. (De *seroso.*) f. Líquido que segregan ciertas membranas. || **2.** Humor que se acumula en las ampollas de la epidermis, a causa de quemaduras, cáusticos, etc. || **P.** serosidade; **I.** serosity; **F.** sérosité; **A.** Lymphe, Serum; **It.** serosità; **R.** сыворотка.

SEROSO, SA. (l. *serum,* suero.) adj. Perteneciente o relativo al suero o a la serosidad, o semejante a estos líquidos. || **2.** Que produce serosidad.

SEROTERAPIA. (l. *serum,* suero, y el gr. θεραπεία, curación.) f. Sueroterapia.

* **SEROTINO.** m. ZOOL. Murciélago vespertiliónido, de hocico ancho y corto, ore-

jas pequeñas y redondeadas y pelaje pardo amarillento.

SERÓTINO, NA. (l. *serotīnus*.) adj. Serondo.

SERPA. (l. *sarpĕre*, podar la viña.) f. Jerpa.

SERPEAR. (l. *serpĕre*.) intr. Serpentear.

SERPENTARIA. (l. *serpentaria*.) f. Dragontea. || —**virginiana.** Aristoloquia que venía de América y cuya raíz se empleaba en medicina. || **P.** serpentaria; **I.** birthwort, serpentary; **F.** serpentaire; **A.** Drachenwurz; **It.** serpentaria; **R.** драконов корень.

SERPENTARIO. (l. *serpentarius*.) m. ASTRON. Constelación septentrional próxima al Ecuador celeste, comprendida entre Hércules, por el Norte, y Sagitario y Escorpión, por el Sur.

SERPENTEADO, DA. p.p. de serpentear. || **2.** adj. Que tiene ondulaciones semejantes a las que forma la serpiente al moverse.

SERPENTEAR. intr. Andar, moverse formando vueltas como la serpiente. || **P.** serpear; **I.** to serpentine; **F.** serpenter; **A.** winden, sich schlängeln; **It.** serpeggiare; **R.** извиваться.

SERPENTEO. m. Acción y efecto de serpentear.

SERPENTÍGERO, RA. (l. *serpentīger, -ĕri*; de *sepens, -entis*, serpiente, y *gerĕre*, llevar.) adj. poét. Que lleva o tiene serpientes.

SERPENTÍN. (d. de *serpiente*.) m. Instrumento de hierro en que se ponía la mecha encendida para hacer fuego con el mosquete. || **2.** Pieza de acero en las llaves de las armas de fuego y chispa, con la cual se forma el movimiento y muelle de la llave. || **3.** Tubo enroscado en espiral que sirve para facilitar el enfriamiento de la destilación y suele cubrirse de agua que se renueva. || **4.** Serpentina, 3.ª acep. || **5.** Pieza antigua de artillería. || **P.** serpentina; **I.** still-worm; **F.** serpentin; **A.** Spiral, Schlangenrohr; **It.** serpentino; **R.** змеевик.

SERPENTINA. (l. *serpentīna*, t. f. de *-nus*, serpentino.) f. Serpentín, 1.ª y 2.ª aceps. || **2.** Venablo antiguo cuyo hierro forma ondas. || **3.** Piedra de color verdoso, con venas más o menos obscuras, que admite hermoso pulimento y tiene mucha aplicación en las artes decorativas. || **4.** Tira de papel arrollada que se arrojan unas personas a otras, en ciertas fiestas, sujetándolas por un extremo para que se desarrollen al lanzarlas.

SERPENTINAMENTE. adv. A modo de serpiente.

SERPENTINO, NA. (l. *serpentīnus*.) adj. Perteneciente o relativo a la serpiente. || **2.** adj. poét. Que serpentea.

SERPENTÓN. m. aum. de serpiente. || **2.** Instrumento músico de viento, de tonos graves, consistente en un tubo de madera delgada forrado de cuero, encorvado en forma de S. || **3.** Instrumento músico de viento, usado por las bandas militares, compuesto de un tubo de madera encorvado en forma de U.

SERPEZUELA. f. d. de sierpe.

SERPIA. (De *serpa*.) f. AND. Jerpa.

SERPIENTE. (l. *serpens, -entis*; de *serpĕre*, arrastrarse.) f. Culebra, comúnmente de gran tamaño y ferocidad. || **2.** fig. El demonio, por haberse presentado en figura de tal a Eva. || **3.** ASTRON. Constelación septentrional que está al occidente y debajo de Hércules y al oriente de Libra. || —**de anteojos.** Reptil venenoso del orden de los ofidios, de más de 1 m de longitud, que presenta detrás de la cabeza un dibujo en forma de anteojos. || —**de cascabel.** Crótalo, serpiente venenosa de América, con unos anillos en la cola con los que produce ruido. || —**pitón.** Género de culebras, las de mayor tamaño conocidas, propias de Asia y de África. || **P.** serpente, cobra; **I.** y **F.** serpent; **A.** Schlange; **It.** serpente; **R.** змея.

SERPIGINOSO, SA. adj. Perteneciente o relativo al serpigo.

SERPIGO. (b. l. *serpigo*, y éste del l. *serpĕre*, andar arrastrando, extenderse.) m. Llaga que se extiende por un extremo mientras va cicatrizándose por el otro. || **P.** chaga; **I.** y **F.** serpigo; **A.** Fistel, Schwind-

flechte; **It.** serpigine; **R.** стригущии лишай.

SERPOL. (cat. *serpoll*, y éste del l. *serpyllum*.) m. Especie de tomillo de tallos rastreros y hojas planas. || **P.** serpão; **I.** wild thyme; **F.** serpolet; **A.** Feldthymian, Quendel; **It.** serpillo; **R.** тимьян.

SERPOLLAR. intr. Echar serpollos un árbol, retoñar.

SERPOLLO. (l. *sarpĕre*, podar.) m. Cada una de las ramas nuevas que brotan al pie de un árbol o en la parte por donde se le ha podado. || **2.** Retoño de una planta. || **P.** vergôntea; **I.** sprout, shoot; **F.** rejeton, pousse; **A.** Schössling, Trieb; **It.** germoglio; **R.** побег, отпрыск.

SERRADIZO, ZA. (De *serrado*.) adj. Aserradizo.

SERRADO, DA. p.p. de serrar. || **2.** adj. Que tiene dentecillos semejantes a los de la sierra.

SERRADOR, RA. (De *serrar*.) adj. Aserrador. Ú.t.c.s.

SERRADURAS. (De *serrar*.) f. pl. Serrín.

SERRAGATINO, NA. adj. Natural de la Sierra de Gata. Ú.t.c.s. || **2.** Perteneciente a esta región de Salamanca.

SERRALLO. (persa *sarây*, palacio, quizá a través del it. *seraglio*.) m. Lugar en que los mahometanos tienen sus mujeres y concubinas. || **2.** fig. Sitio donde se cometen graves desórdenes obscenos. || **P.** serralho; **I.** seraglio; **F.** sérail; **A.** Serail, Harem; **It.** serraglio; **R.** сераль, гарем.

SERRANA. (De *serrano*.) f. Composición poética parecida a la serranilla.

SERRANÍA. (De *serrano*.) f. Terreno cruzado por montañas y sierras.

SERRANIEGO, GA. adj. Serrano.

SERRANIL. (De *serrano*.) m. Especie de puñal o cuchillo.

SERRANILLA. (d. de *serrana*.) f. Composición lírica de asunto rústico, y casi siempre erótico, escrita comúnmente en metros cortos.

SERRANO, NA. adj. Que vive en una sierra o que ha nacido en ella. Ú.t.c.s. || **2.** Perteneciente a las sierras o serranías, o a sus habitantes. || **P.** serrano; **I.** highlander; **F.** montagnard; **A.** Gebirgsbewohner; **It.** montanino, montanaro; **R.** горец.

SERRAR. (l. *serrāre*.) tr. Cortar con sierra. || **2.** intr. MURC. Ajear la perdiz.

★ SERRASALMO. m. ZOOL. Género de peces de la familia de los caracínidos, propios de los ríos de la América del Sur, que se caracterizan por su gran voracidad.

SERRASUELO. m. P. RICO. Árbol mirtáceo, de corteza agrietada y por fruto bayas globosas.

SERRÁTIL. (l. *serra*, sierra.) adj. MED. Dícese del pulso frecuente y desigual. || **2.** ZOOL. Dícese de la juntura de dos huesos que tienen figura de dientes de sierra.

SERRATILLA. f. d. de sierra, 3.ª acep.

SERRATO. (l. *serrātus*.) adj. · ZOOL. Dícese del músculo que tiene dientes a modo de sierra. Ú.t.c.s.

SERRERÍA. f. Taller mecánico para aserrar maderas.

SERRETA. f. d. de sierra. || **2.** Mediacaña de hierro, de forma semicircular y con dientecillos que se pone sujeta al cabezón sobre la nariz de las caballerías. || **3.** Galón de oro o plata dentado por uno de sus bordes. || **2.ª** acep.: **P.** serrinha; **I.** cavesson; **F.** caveçon; **A.** Kappzaum; **It.** seghetta; **R.** узда.

SERRETAZO. m. Tirón que se da a la serreta para castigar al caballo. || **2.** fig. Sofrenada, reprensión violenta.

SERREZUELA. f. d. de sierra.

SERRIJÓN. m. Sierra o cordillera de montes de poca extensión.

SERRÍN. (l. *serrāgo, -ĭnis*.) m. Conjunto de partículas desprendidas de la madera cuando se sierra. || **P.** serradura; **I.** sawdust; **F.** scieure; **A.** Sägespäne; **It.** segatura, **R.** опилки.

SERRINO, NA. adj. Perteneciente a la sierra, 1.ª acep., o parecido a ella.

SERRÓN. m. aum. de sierra, 1.ª acep. || **2.** Tronzador.

SERRUCHO. (despect. de *sierra*.) m. Sierra de hoja ancha y comúnmente con sólo una manija. || **2.** CUBA. Pez de cuerpo alargado y con el rostro en forma de sierra. || **P.** serrote; **I.** handsaw; **F.** egoïne,

scie à main; **A.** (Hand-, Blatt)säge; **It.** gattuccio; **R.** ручная пила.

SERTA. f. GERM. Camisa.

★ SERTULARIA. f. ZOOL. Género de pólipos que forman colonias ramificadas en forma de arbustos.

SERUENDO, DA. (l. *serotīnus*, tardío.) adj. LEÓN. Serondo.

SERVADOR. (l. *servātor, -ōris*.) adj. Guardador o defensor. Úsase únicamente en poesía como epíteto de Júpiter.

SERVAR. (l. *servāre*.) tr. ant. Observar, guardar.

SERVATO. m. Planta herbácea umbelífera, con tallo erguido, estriado y ramoso en lo alto; hojas grandes, partidas en lacinias puntiagudas; flores pequeñas y amarillas y fruto seco y elipsoidal.

SERVENTESIO. (prov. *serventes*.) m. Composición de la poética provenzal, de asunto moral, político o satírico. || **2.** Cuarteto en que riman el primer verso con el tercero y el segundo con el cuarto. || **P.** serventésio; **I.** sirvente; **F.** sirvente, sirventès; **A.** Sirvente; **It.** serventese; **R.** сирвента.

SERVENTÍA. (De *servir*.) f. CUBA. Camino que pasa por terrenos de propiedad particular, y que utilizan los habitantes de otras fincas.

SERVIBLE. adj. Que puede servir.

SERVICIADOR. m. El que cobraba el servicio y montazgo.

SERVICIAL. (De *servicio*.) adj. Que sirve con cuidado, diligencia y obsequio. || **2.** Pronto a complacer y servir. || **3.** m. Ayuda, lavativa. || **P.** serviçal; **I.** obsequious, obliging; **F.** serviable, obligeant; **A.** dienstfertig, gefällig; **It.** serviziévole; **R.** услужливый.

SERVICIALMENTE. adv. Con diligencia y cuidado en el servir.

SERVICIAR. tr. Pagar o cobrar el servicio y montazgo.

SERVICIO. (l. *servitium*.) m. Acción y efecto de servir. || **2.** Estado de criado o sirviente. || **3.** Rendimiento y culto debido a Dios en el ejercicio de lo que pertenece a su gloria. || **4.** Mérito que se hace sirviendo al Estado o a otra entidad o persona. || **5.** Servicio militar. || **6.** Obsequio hecho en provecho del igual o amigo. || **7.** Porción de dinero ofrecida voluntariamente al Estado para las necesidades públicas. || **8.** Utilidad que resulta a uno de lo que otro hace en atención suya. || **9.** Vaso usado para excrementos mayores. || **10.** Lavativa, ayuda. || **11.** Cubierto que se pone en la mesa para cada comensal. || **12.** Conjunto de vajilla y otras cosas, para servir la comida, el café, etc. || **13.** Hablando de beneficios eclesiásticos, residencia y asistencia personal. || **14.** Organización y personal destinado a cuidar intereses o satisfacer necesidades públicas o privadas. Servicio de correos. —**activo.** El que corresponde a un empleo y que se presta de hecho, actualmente. || —**militar.** El que se presta siendo soldado. || —**secreto.** Cuerpo de agentes que, a las órdenes de un gobierno y procurando pasar inadvertidos, tienen por misión recoger datos e informes reservados, ya en el propio país, ya en el extranjero. || *Estar una persona o cosa al* SERVICIO *de uno*. fr. de cortesía con que se le ofrece algo o se pone a su disposición el mismo que habla. || *Hacer el* SERVICIO. fr. Ejercer en la milicia el empleo que tiene cada uno. || *Hacer un flaco* SERVICIO *a uno*. fr. fam. Causarle un perjuicio. || *Prestar* SERVICIOS. fr. Hacerlos. || **P.** serviço; **I.** y **F.** service; **A.** Dienst, Wartung, Bedienung; **It.** servizio; **R.** служба.

SERVIDERO, RA. adj. Apto para servir o ser utilizado. || **2.** Que requiere asistencia personal para ejecutarse o cumplirse.

SERVIDOR, RA. (l. *servītor*.) m. y f. Que sirve como criado. || **2.** Persona adscrita al manejo de un arma, de una maquinaria o de un artefacto cualquiera. || **3.** Nombre que por cortesía y obsequio se da a sí misma una persona respecto de otra. || **4.** m. El que corteja a una dama. || **5.** Servicio, 9.ª acep. || **P.** servidor; **I.** servant, waiter; **F.** serviteur; **A.** Diener; **It.** servente; **R.** слуга.

SERVIDUMBRE. (l. *servitūdo, -ĭnis*.)

S f. Trabajo propio del siervo. || **2.** Estado o condición de siervo. || **3.** Conjunto de criados que sirven en una casa. || **4.** Sujeción u obligación inexcusable de hacer una cosa. || **5.** fig. Sujeción causada por las pasiones o afectos. || **6.** For. Derecho en predio ajeno que limita el dominio de éste, y constituido en favor de las necesidades de otra finca de distinto dueño, o de quien no es propietario de la gravada. || **—aparente.** For. La que muestra su existencia por un signo externo. || **—continua.** For. La que para ejercitarse siempre no requiere acto del hombre. || **—de abrevadero.** La que grava un predio al que van a beber los ganados de otro. || **—de acueducto.** La que grava un predio por donde pasa una conducción de aguas. || **—de luces.** Aquella que limita la construcción o altura de un edificio para no privar de la luz a otra finca inmediata. || **—de paso.** For. La que da derecho a entrar en una finca no lindante con camino público. || **—discontinua.** La que se usa por intervalos. || **—forzosa.** For. Aquella a cuyo otorgamiento el dueño del predio sirviente puede ser compelido legítimamente. || **—legal.** For. La que por ministerio de la ley grava los inmuebles, sin expreso otorgamiento de títulos. || **—negativa.** For. La que prohibe ejercitar derechos al dueño del predio sirviente. || **—positiva.** For. La que impone al dueño del predio sirviente ejecutar actos o permitir los del dueño del predio dominante. || **—pública.** For. La que está constituida para el uso general. || **P.** servidão; **I.** servitude, slavery; **F.** servage; **A.** Dienerschaft; **It.** servitù; **R.** рабство. || 3.ª acep.: **P.** criadagem; **I.** attendance; **F.** domesticité; **A.** Dienerschaft; **It.** servitorame; **R.** прислуга.

SERVIL. (l. *servilis*.) adj. Perteneciente a los siervos y criados. || **2.** Humilde, bajo. || **3.** Rastrero, que obra servilmente. || **P.** servil; **I., F.** e **It.** servile; **A.** kncktisch; **R.** рабский.

SERVILISMO. (De *servir*.) m. Ciega y baja adhesión a la autoridad de uno. || **2.** Orden de ideas de los denominados serviles.

SERVILMENTE. adv. A modo de siervo. || **2.** Indecorosamente, con bajeza. || **3.** A la letra, sin quitar ni poner nada.

SERVILÓN, NA. adj. adm. de servil. || **2.** m. Apodo que fue usado para motejar a los partidarios de la monarquía absoluta.

SERVILLA. (l. *servilia calceamenta*, calzado de esclavas.) f. Zapatilla.

SERVILLETA. (De *servir*; en port. *servilêta*, criada, sierva.) f. Trozo de tela que sirve en la mesa para aseo de una persona. || *Doblar la* SERVILLETA. fr. fig. y fam. Morir. || *Estar uno de* SERVILLETA *en ojal o prendida*. fr. fam. Comer convidado en casa ajena. || **P.** guardanapo; **I.** napkin; **F.** serviette; **A.** Serviette, Mundtuch; **It.** salvietta; **R.** салфетка.

SERVILLETERO. m. Aro en que se pone la servilleta. || **P.** argola de guardanapo; **I.** napkin-ring; **F.** rond de serviette; **A.** Serviettenring; **It.** annelo da tovagliuolo, portasalvietta; **R.** кольцо для салфетки.

SERVIO, VIA. adj. Natural de Servia. Ú.t.c.s. || **2.** Perteneciente a esta región. || **3.** m. Idioma servio.

SERVIOLA. (port. *serviola*.) f. Mar. Pescante muy robusto en las proximidades de la amura y hacia la parte exterior del costado del buque. || **2.** Mar. Vigía establecido de noche cerca de este pescante.

SERVIR. (l. *servire*.) intr. Estar al servicio de otro. Ú.t.c.tr. || **2.** Estar empleado en la ejecución de una cosa por mandato de otro. || **3.** Estar sujeto a otro haciendo lo que él dispone. || **4.** Ser un instrumento a propósito para determinado fin. || **5.** Ejercer un cargo propio o en lugar de otro. Ú.t.c.tr. || **6.** Hacer las veces de otro en una ocupación. || **7.** Aprovechar, ser de utilidad. || **8.** Ser soldado en activo. || **9.** Asistir con naipe del mismo palo a quien ha jugado primero. || **10.** Sacar o restar la pelota de modo que se pueda jugar fácilmente. || **11.** Asistir a la mesa trayendo los manjares y las bebidas. || **12.** Entre panaderos y alfareros, calentar el horno. || **13.** tr. Dar culto a Dios o a los santos. || **14.** Obsequiar a uno o hacer algo en su favor. || **15.** Cortejar a una dama. || **16.** Ofrecer o dar voluntariamente al Gobierno una cantidad de dinero para las urgencias del Estado. || **17.** Hacer plato o llenar el vaso al que está a la mesa para comer. Ú.t.c.r. || **18.** r. Querer hacer alguna cosa. || **19.** Valerse de una cosa para el uso al que está destinada. || *Ir uno* SERVIDO. fr. irón. con que se denota que va desfavorecido o chasqueado. || *No* SERVIR *uno para descalzar* a otro. fr. fig. y fam. Ser muy inferior a él. || *Para* SERVIRTE, SERVIR *a usted*, etc. expr. de cortesía con que se ofrece uno, a la disposición de otro. || *Ser uno* SERVIDO. fr. Querer o gustar que una cosa conforme con la súplica o pretensión hecha. || **P.** y **F.** servir; **I.** to serve; **A.** dienen; **It.** servire; **R.** служить.

SERVITA. (l. *Servi*.) adj. Dícese del que profesa la orden tercera fundada por San Felipe Benicio en el siglo XIII. Ú.t.c.s.

SERVITUD. (l. *servitus, -útis*.) f. ant. Servidumbre, 1.ª y 2.ª aceps.

SERVOMOTOR. (De *servir* y *motor*.) m. Mec. Motor auxiliar que sirve para amplificar un esfuerzo relativamente pequeño y conseguir un trabajo considerable, como el de la maniobra del timón de buques o aviones.

SES. (l. *sĕssus*, asiento.) m. Ar. y Murc. Sieso.

SESADA. f. Fritada de sesos. || **2.** Sesos de un animal.

SESÁMEO, A. (De *sésamo*.) adj. Bot. Pedaliáceo.

SÉSAMO. (l. *sesámum*, y éste del gr. σήσαμον.) m. Alegría, planta herbácea, de flores axilares y fruto capsular. || **P.** sésamo; **I.** sesame; **F.** sésame; **A.** Sesam; **It.** sèsamo; **R.** сезам, кунжут.

SESAMOIDEO, A. adj. Parecido en la forma a la semilla del sésamo. Dícese particularmente de unos huesecillos redondeados, que se desarrollan en el espesor de los tendones y en determinadas articulaciones.

SESCUNCIA. (l. *sescuncia*; de *sesqui*, la mitad más, y *uncia*, onza.) f. Moneda de cobre de los antiguos romanos, que valía la octava parte del as.

SESEAR. intr. Pronunciar la *c* o la *z* como *s*.

SESÉN. (l. *sex*, seis.) m. Moneda de Aragón, que equivalía a 6 maravedís burgaleses.

SESENA. f. Sesén.

SESENTA. (l. *sexaginta*.) adj. Seis veces diez. || **2.** Sexagésimo; que sigue en orden al o a lo quincuagésimo nono. || **3.** m. Conjunto de signos que representan el número sesenta. || **P.** sessenta; **I.** sixty; **F.** soixante; **A.** sechzig; **It.** sessanta; **R.** шестьдесят.

SESENTAVO, VA. (De *sesenta* y *avo*.) adj. Dícese de cada una de las 60 partes iguales en que se divide un todo. Ú.t.c.s.

SESENTÉN. adj. Aplícase en Cataluña y Huesca a la pieza de madera de hilo de 12 m de longitud, con escuadría de 6 dm de tabla por 4 de canto. Ú.t.c.s.

SESENTÓN, NA. (De *sesenta*.) adj. fam. Sexagenario. Ú.m.c.s.

SESEO. m. Acción y efecto de sesear.

SESERA. f. Parte de la cabeza del animal, donde están los sesos. || **2.** Seso, 1.er art., 1.ª acep.

SESGA. (De *sesgar*.) f. Nesga.

SESGADAMENTE. (De *sesgado*, p.p. de *sesgar*.) adv. Al sesgo.

SESGADAMENTE. (De *sesgado*, de sesgar.) adv. Sosegadamente.

SESGADO, DA. (Del inus. *sesgar*; ant. *sesegar*, del l. *sessicāre*, asentar.) adj. Sosegado, pacífico.

SESGADURA. f. Acción y efecto de sesgar.

SESGAMENTE. (De *sesgo*, 1.er art.) adv. Sesgadamente, 1.er art.

SESGAMENTE. (De *sesgo*, 2.º art.) adv. Sosegadamente.

SESGAR. tr. Cortar en sesgo. || **2.** Torcer a un lado o atravesar hacia un lado una cosa.

SESGO, GA. (port. *sesgo*.) adj. Torcido, cortado o puesto oblicuamente. || **2.** fig. Grave, serio o torcido en el semblante. || **3.** m. Oblicuidad o torcimiento de una cosa hacia un lado. || **4.** fig. Medio término que se toma en un negocio dudoso. || **5.** Por ext., rumbo que toma un negocio. || *Al* SESGO. m. adv. Oblicuamente.

SESGO, GA. adj. p. us. Sosegado, pacífico, quieto.

SESÍ. m. Cuba y P. Rico. Pez muy parecido al pargo, de unos 30 cm de largo; tiene las aletas pectorales negras y la cola amarilla.

* **SESIA.** f. Zool. Género de mariposas de la familia de los esfíngidos, propias de América.

SÉSIL. (l. *sessĭlis*.) adj. Bot. Sentado, sin piececillo.

SESIÓN. (l. *sessĭo, -ŏnis*.) f. p. us. Acción y efecto de sentarse. || **2.** Cada una de las juntas de una corporación. || **3.** fig. Conferencia o consulta entre varios. || *Abrir la* SESIÓN. fr. Comenzarla. || *Levantar la* SESIÓN. fr. Concluirla. || **P.** sessão; **I.** y **F.** session; **A.** Sitzung; **It.** sessione, seduta; **R.** заседание.

SESMA. f. Sexma.

SESMERO. m. Sexmero.

SESMO, MA. m. Sexmo, sexto. Ú.t.c.s. || **2.** Sexmo, 1.ª y 2.ª aceps.

SESO. (l. *sensus*, sentido.) m. Cerebro. || **2.** Masa encefálica. Ú.m. en pl. || **3.** fig. Prudencia, madurez. || **4.** *Tapa de los* SESOS. fig. y fam. Parte superior del casco de la cabeza. || *Calentarse uno los* SESOS. fr. fig. y fam. Devanarse uno los sesos. || *Dar* SESOS *de mosquito, o de asno* a uno. fr. fig. y fam. Tenerle sorbidos los sesos. || *Devanarse uno los* SESOS. fr. fig. Fatigarse meditando mucho en una cosa. || *Ni tanto ni tan calvo que se le vean los* SESOS. ref. contra las exageraciones. || *Perder uno el* SESO. fr. fig. Perder el juicio. || *Tener uno los* SESOS *en los calcañares*. fr. fig. y fam. Tener poco juicio. || *Tener sorbido el* SESO, *o sorbidos los* SESOS a uno. fr. fig. y fam. Ejercer sobre él gran influjo. || **P.** miolo; **I.** brain; **F.** cerveau; **A.** Gehirn; **It.** cervello; **R.** мозг.

SESO. (l. *sessus*, asentamiento.) m. Piedra o hierro con que se calza la olla para que asiente.

SESQUI. Voz latina que entra en la formación de compuestos para denotar una unidad y media; como sesquihora, hora y media. || **2.** Unida a un ordinal, significa la unidad más una fracción, cuyo numerador es la unidad y el denominador el número ordinal: SESQUI*tercio* equivale a *uno y un tercio*. || **3.** En Química, denota que tres átomos de un elemento se combinan con dos de otro: SESQUI*sulfuro*.

SESQUIÁLTERO, RA. (l. *sesquialter*.) adj. Dícese de las cosas que contienen una unidad y una mitad de ella, y de las cantidades que están en razón de tres a dos.

SESQUIMODIO. (l. *sesquimodius*.) m. Medida de modio y medio.

SESQUIÓXIDO. (De *sesqui* y *óxido*.) m. Quím. Óxido que contiene tres átomos de oxígeno por cada dos del cuerpo que entra con él para formarlo.

SESQUIPEDAL. (l. *sesquipedālis*.) adj. De pie y medio de largo.

SESQUIPLANO. m. Biplano con una de las alas mucho menor que la otra.

SESTAR. (l. *sessitāre*, asentar, de *sessum*.) tr. ant. Asentar, atinar, poner.

SESTEADERO. m. Lugar donde sestea el ganado.

SESTEAR. intr. Pasar la siesta descansando. || **2.** Recogerse el ganado en paraje sombrío para descansar y librarse de los rigores del sol.

SESTEO. m. Amér. Acción y efecto de sestear. || **2.** C. Rica. Sesteadero.

SESTERCIO. (l. *sestertius*.) m. Moneda de plata de los antiguos romanos, equivalente a dos ases y medio.

SESTERO. m. Sesteadero.

SESTIL. (De *siesta*.) m. Sesteadero.

SESUDAMENTE. adv. De manera sesuda.

SESUDEZ. f. Calidad de sesudo, sensatez.

SESUDO, DA. adj. Que tiene seso o prudencia. || **P.** sisudo; **I.** judicious; **F.** posé, sage; **A.** verständig, klug; **It.** assennato; **R.** умный.

SETA. (l. *seta.*) f. Seda, cerda de algunos animales.

SETA. f. Cualquiera especie de hongo de forma de sombrero o casquete. || 2. fig. Moco del pabilo de una vela. || **P.** seta; **I.** mushroom; **F.** champignon; **A.** Erdschwamm, Pilz; **It.** fungo; **R.** щетина.

SETA. f. ant. Secta.

SETABENSE. adj. Natural de la antigua Setabis, hoy Játiva. Ú.t.c.s. || 2. Perteneciente a esta comarca. || 3. Jativés.

SETABITANO, NA. (l. *saetabitānus.*) adj. Jativés. Apl. a pers. ú.t.c.s.

SETAL. m. Terreno donde abundan las setas.

SETE. m. desus. Pieza de las casas de moneda donde estaba el cepo para acuñar a martillo.

SETECIENTOS, TAS. (De *siete* y *ciento.*) adj. Siete veces ciento. || 2. Septingentésimo: *año* SETECIENTOS. || 3. m. Conjunto de guarismos con que se representa el número setecientos. || **P.** setecentos; **I.** seven hundred; **F.** sept cents; **A.** siebenhundert; **It.** setecento; **R.** семьсот.

SETENA. f. Septena. || 2. pl. Pena con que se obligaba a pagar el séptuplo de una cantidad determinada.

SETENADO, DA. p.p. de setenar. || 2. adj. Castigado con pena superior a la culpa. || 3. m. Período de siete años.

SETENAR. tr. Sacar por suerte uno de cada siete.

SETENARIO. m. Septenario.

SETENO, NA. adj. desus. Séptimo.

SETENTA. (l. *septuaginta.*) adj. Siete veces diez. || 2. Septuagésimo. || 3. m. Conjunto de signos con que se representa este número. || **P.** setenta; **I.** seventy; **F.** soixante-dix; **A.** siebzig; **It.** settanta; **R.** семьдесят.

SETENTAVO, VA. (De *setenta* y *avo.*) adj. Cualquiera de las setenta partes iguales en que se divide un todo. Ú.t.c.s.m.

SETENTÓN, NA. (De *setenta.*) adj. fam. Septuagenario. Ú.m.c.s.

SETERO. (De *seta,* 2.º art.) adj. Dícese del cardo corredor.

SETICA. f. Bot. Perú. Cierto árbol ortocarpáceo.

SETIEMBRE. (l. *septĕmber.*) m. Septiembre. || **P.** setembro; **I.** y **A.** September; **F.** septembre; **It.** settembre; **R.** сентябрь.

SÉTIMO, MA. adj. desus. Ú.t.c.s.

SETO. (l. *saeptum.*) m. Cercado hecho de palos o varas entretejidas. || **—vivo.** Cercado de matas o arbustos vivos. || **P.** sebe; **I.** hedge, fence; **F.** haie; **A.** Zaun, Hecke; **It.** chiusa, siepe; **R.** изгородь.

SETUNÍ. m. Aceituní.

SEUDO. (De *pseudo.*) adj. Supuesto, falso. Empléase como prefijo precediendo a substantivos o como primer elemento de voces técnicas compuestas. SEUDO*profeta,* SEUDO*membrana.*

★ **SEUDOBRANQUIAS.** f. pl. Zool. Branquias accesorias de menor tamaño que las principales que tienen algunos peces.

★ **SEUDOHEMOPTISIS.** f. Med. Expulsión de sangre que procede de órganos que no son los pulmones ni los bronquios.

SEUDÓNIMO, MA. (gr. ψευδώνυμος; de ψευδής, falso, y ὄνομα, nombre.) adj. Dícese del autor que oculta con un nombre falso el suyo verdadero. || 2. Dícese también de la obra de este autor. || 3. m. Nombre falso usado por un autor en vez del suyo verdadero. || 3.ª acep.: **P.** pseudónimo; **I.** pseudonym; **F.** pseudonyme; **A.** Pseudonym; **It.** pseudònimo; **R.** псевдоним.

SEUDÓPODO. (gr. ψευδής, falso, y πούς, ποδός, pie.) m. Biol. Cualquiera de las prolongaciones protoplasmáticas transitorias que emiten ciertos protozoos y células libres y con las cuales efectúan su locomoción y capturan las partículas que les sirven de alimento.

★ **SEUDOTOXINA.** f. Quím. y Terap. Materia venenosa que se obtiene de las hojas de la belladona.

SEVERAMENTE. adv. Con severidad.

SEVERIDAD. (l. *severĭtas, -ātis.*) f. Rigor y aspereza en trato, o en la reprensión y en el castigo. || 2. Exactitud y puntualidad en la observancia de los preceptos. || 3. Gravedad, seriedad.

SEVERO, RA. (l. *sevērus.*) adj. Riguroso, duro en el trato o castigo. || 2. Exacto y rígido en la observancia de leyes y preceptos. || 3. Grave, serio. **P.** e **It.** severo; **I.** severe; **F.** sévère; **A.** streng, ernst(haft); **It.** сурóвый.

SEVICIA. (l. *saevitĭa.*) f. Crueldad excesiva. || 2. Malos tratos.

★ **SEVICIA.** f. Cuba. Cierta ave de río americana, parecida a la garza.

SEVICHE. m. Ecuad. y Perú. Guiso hecho con corvina fresca cocida con jugo de naranja.

SEVILLA. n. p. *Quien fue a* SEVILLA *perdió su silla.* ref. con que se advierte que la ausencia suele causar la pérdida de empleos, u otras cosas o que uno no tiene derecho a recobrar lo que voluntariamente dejó.

SEVILLANAS. (De *sevillano.*) f. pl. Aire musical bailable, propio de Sevilla y su comarca, y con el cual se cantan seguidillas. || 2. Danza que se baila con esta música.

SEVILLANO, NA. adj. Natural de Sevilla. Ú.t.c.s. || 2. Perteneciente a esta ciudad o a su provincia.

SÉVIRO. (l. *sevir, -īri.*) m. Jefe de cada una de las seis decurias de los caballeros romanos. || 2. Cada uno de los seis individuos que en la Roma antigua componían ciertos cuerpos colegiados. || **—augustal.** Individuo de cualquiera de los colegios sacerdotales que en las provincias del imperio romano cuidaban del culto a Augusto divinizado.

SEXAGENARIO, RIA. (l. *sexagenarius.*) adj. Que ha cumplido la edad de sesenta años, sin llegar a setenta. Se usa también a los efectos legales de excepción, o beneficio aunque pase de los setenta. Ú.t.c.s. || **P.** sexagenário; **I.** sexagenary; **F.** sexagénaire; **A.** Sechziger; **It.** sessagenario; **R.** шестидесятилетний человек.

SEXAGÉSIMA. (l. *sexagesima dies,* día sexagésimo antes del domingo de Pascua.) f. Dominica segunda de las tres anteriores a la primera de cuaresma. || **P.** sexagésima; **I.** sexagesima; **F.** sexagésime; **A.** Sexagesima; **It.** sessàgesima.

SEXAGESIMAL. (De *sexagésimo.*) adj. Aplícase al sistema de contar o de subdividir de 60 en 60.

SEXAGÉSIMO, MA. (l. *sexagesĭmus.*) adj. Que sigue inmediatamente en orden al o a lo quincuagésimo nono. || 2. Dícese de cada una de las 60 partes iguales en que se divide un todo. Ú.t.c.s.

SAXAGONAL. adj. Hexagonal.

SEXÁNGULO. (l. *sexangŭlus.*) adj. Geom. Hexágono. Ú.t.c.s.m.

SEXCENTÉSIMO, MA. (l. *sexcentesĭmus.*) adj. Que sigue inmediatamente en orden al o a lo quingentésimo nonagésimo nono. || 2. Dícese de cada una de las 600 partes iguales en que se divide un todo. Ú.t.c.s.

SEXÉNIO. (l. *sexennĭum.*) m. Período de tiempo de seis años.

SEXMA. (De *sexmo.*) f. Sexta parte de una cosa, particularmente la de la vara. || 2. Sexmo, 1.ª acep. || 3. Madero de 21 cm de ancho y 14 de grueso, sin largo determinado. || 4. Séxtula.

SEXMERO. m. Encargado de los negocios y asuntos de un sexmo.

SEXMO, MA. (l. *sex,* seis.) adj. m. División territorial que comprende cierto número de pueblos asociados para la administración de bienes comunes. || 2. Jaén. Pieza de madera de hilo, de 4 m y 8 cm de longitud y con una escuadría de 19 cm de tabla por 12 de canto.

SEXO. (l. *sexus.*) m. Biol. Condición orgánica que distingue el macho de la hembra. || **—débil.** Las mujeres. || **—feo** o **fuerte.** Los hombres. || *Bello* SEXO. Sexo débil. || **P.** sexo; **I.** sex; **F.** sexe; **A.** Geschlecht; **It.** sesso **R.** пол.

SEXTA. (l. *sexta.*) f. Tercera de las cuatro partes iguales en que dividían los antiguos romanos el día artificial, y comprendía desde mediodía, hasta media tarde. || 2. En el rezo eclesiástico, una de las horas menores. || 3. En el juego de los cientos, reunión de seis cartas de valor correlativo. || 4. Mús. Intervalo de una nota a la sexta ascendente o descendente en la escala. || **—aumentada.** Mús. Intervalo que consta de cuatro tonos y dos semitonos. || **—diminuta.** Mús. Intervalo que consta de dos tonos y tres semitonos. || **—mayor.** En el juego de los cientos, la que comienza por el as. || 2. Mús. Hexacordo mayor. || **—menor.** La que, en el juego de los cientos, comienza por el rey. || 2. Mús. Hexacordo menor.

SEXTAFERIA. (De *sexta feria,* el viernes.) f. Ast. y Sant. Prestación vecinal para otras obras de utilidad pública, a que los vecinos tenían obligación de concurrir los viernes en algunas épocas del año.

SEXTAFERIAR. tr. Trabajar en la sextaferia.

SEXTANTARIO, RIA. (l. *sextantarius.*) adj. Que tiene el peso de un sextante. Dícese del as (moneda de la Roma antigua.)

SEXTANTE. (l. *sextans, -antis.*) m. Moneda de cobre de los antiguos romanos, que valía la sexta parte del as. || 2. Instrumento parecido al quintante y destinado a los mismos usos, cuyo sector es de 60 grados.

SEXTARIO. (l. *sextarĭus.*) m. Medida antigua de capacidad, decimosexta parte del modio.

SEXTAVADO, DA. p.p. de sextavar. || 2. adj. Dícese de la figura hexagonal.

SEXTAVAR. tr. Dar figura sextavada a una cosa.

SEXTETO. (l. *sextum,* sexto.) m. Mús. Composición para seis instrumentos o seis voces. || 2. Mús. Conjunto de estos seis instrumentos o voces.

SEXTIL. (l. *sextĭlis.*) m. ant. El mes de Agosto.

SEXTIL. (De *sexta.*) adj. Astrol. Dícese del aspecto de los dos astros cuando queda entre ambos una casa celeste vacía.

SEXTILLA. (d. de *sexta.*) f. Combinación métrica de seis versos de arte menor aconsonantados.

SEXTILLO. (d. de *sexto.*) m. Mús. Seisillo.

SEXTINA. (d. de *sexta.*) f. Composición poética que consta de seis estrofas de a seis versos endecasílabos cada una, y de otra que sólo se compone de tres. || 2. Cada una de las estrofas de a seis versos endecasílabos que entran en esta composición. || 3. Combinación métrica de seis vresos endecasílabos en la cual aconsonantan el primero con el tercero y el segundo con el cuarto, y son pareados los dos últimos.

SEXTINA. (Quizá de alguno de los papas de nombre *Sixto.*) f. Especie de carta de excomunión que se fulminaba para descubrir delincuentes.

SEXTO, TA. (l. *sextus.*) adj. Que sigue inmediatamente en orden al o a lo quinto. || 2. Dícese de cada una de las seis partes iguales en que se divide un todo. Ú.t.c.s. || 3. m. Libro que contiene algunas consticiones y decretos canónicos. || 4. fam. Sexto mandamiento de la ley de Dios. || **P.** sexto; **I.** sixth; **F.** sixième; **A.** sechste(r); **It.** sesto; **R.** шестóй.

SÉXTULA. (l. *sextŭla.*) f. Moneda de cobre de la antigua Roma, equivalente a la sesentaidosava parte de un as.

SEXTUPLICACIÓN. f. Acción y efecto de sextuplicar o sextuplicarse.

SEXTUPLICAR. (l. *sextus,* sexto, y *plicāre,* doblar.) tr. Hacer séxtupla una cosa; multiplicar una cantidad por seis. Ú.t.c.r.

SÉXTUPLO, PLA. (l. *sextŭplus.*) adj. Que contiene o incluye en sí seis veces una cantidad. Ú.t.c.s. || **P.** sêxtuplo; **I.** sextuple, sixfold; **F.** sextuple; **A.** sechsfach; **It.** sèstuplo **R.** шестикратный.

SEXUADO, DA. (De *sexo.*) adj. Biol. Dícese de la planta o del animal que tiene órganos sexuales bien desarrollados y aptos.

SEXUAL. (l. *sexuālis.*) adj. Perteneciente o relativo al sexo.

SEXUALIDAD. (De *sexual.*) f. Conjunto de condiciones anatómicas y fisiológicas características de cada sexo. || **P.** sexualidade; **I.** sexuality; **F.** sexualité; **A.** Geschlechtstrieb; **It.** sessualità; **R.** сексуальность.

★ **SEYURO.** m. Zool. Género de pájaros dentirrostros, motacílidos, de alas largas

S

y pico comprimido, que viven en las Antillas.

★ SHA. m. Título oficial del rey de Persia.

★ SHERARDIZACIÓN. f. METAL. Proceso de revestimiento del hierro o el acero con una capa de cinc.

SI. (Formado con las dos letras iniciales del cuarto verso de la estrofa con que empieza el himno de San Juan Bautista: *Sante Ioannes.* V. *Fa.*) m. MÚS. Séptima voz de la escala musical. || P., F. e It. si; I. si, B; A. H; R. си.

SÍ. (l. *sibi*, dat. de *sui*.) Forma reflexiva del pronombre personal de tercera persona para ambos géneros y números; lleva siempre preposición. Cuando ésta es *con*, se dice consigo. || *De por* sí. m. adv. Separadamente la una cosa. || *De sí.* m. adv. De suyo. || *Para* sí. m. adv. Mentalmente o sin decirlo a otro. También se aplica este modismo a los pronombres *mi* y *ti.* || *Por* sí *y ante* sí. m. adv. Por propia deliberación y sin contar con nadie. || *Sobre* sí. m. adv. Con atención y cautela. || **2.** Con entereza y altivez. || P. y F. si; I. (him, her-, it-, one)self, themselves; A. sich; It. sè; R. cебе.

SÍ. (l. *sic*.) adv. de afirmación usado más comúnmente respondiendo a preguntas. || **2.** Ú. para denotar especial aseveración o para ponderar una especie. || **3.** Se emplea con énfasis para avivar la afirmación expresada por el verbo con que se junta. || **4.** Usado como substantivo, significa consentimiento o permiso. || *Dar* uno *el* sí. fr. Conceder una cosa. Ú.m. hablando del matrimonio. || *No decir* sí *o no responder* uno *un* sí *ni un no.* fr. Callar enteramente. || *No haber entre dos o más personas, o no tener éstas, un* sí *ni un no.* fr. con que se expresa la paz y concordia en que viven. || *Por* sí *o por no.* loc. adv. Por si ocurre o no. || *Pues* sí. expr. irón. usada para reconvenir o redargüir a uno como admitiendo lo que propone, pero haciéndole ver lo contrario. || *Sin faltar un* sí *ni un no.* fr. fig. con que se explica que se hizo detallada y entera relación de una cosa. || sí *por* sí, *o no por no.* expr. que advierte el modo verídico de decir las cosas. || sí *tal.* expr. con que se esfuerza la afirmación. || P. sim; I. yes; F. ouí; A. ja, jawohl, gewiss; It. si; R. да.

SI. (l. *si.*) conj. subordinante con que se introduce la condición o suposición en virtud de la cual un concepto depende de otro u otros. || **2.** A veces denota aseveración terminante. Si ayer lo negabas, ¡cómo lo afirmas hoy! || **3.** Otras veces denota circunstancia dudosa. *Ignoro* SI *está aprobado o suspenso.* || **4.** En ciertas expresiones indica ponderación. *Es estudioso,* SI *los hay.* || **5.** A principio de cláusula sirve a veces para dar énfasis o energía a las expresiones de duda, deseo o aseveración. ¿SI *será verdad tanta belleza?* || **6.** Empléase a menudo con elipsis de verbo expresado anteriormente. *Regresaré,* SI *el martes o el miércoles, es aventurado asegurarlo.* || **7.** Precedida del adverbio *como* o de la conjunción *que,* úsase en conceptos comparativos. *Siendo rico vivía como* SI *fuera un mendigo.* || **8.** A veces equivale a *aunque.* SI *me mataran no consentiría.* || **9.** Repetida tiene carácter de conjunción distributiva. *Malo,* SI *te quedas;* SI *te marchas, peor.* || **10.** Precede al adverbio *no* en frases como ésta: *Marcharé* SI *no quieres verme.* || **11.** Forma a veces con el mismo adverbio de negación expresiones elípticas equivalentes a, de otra suerte o en caso contrario. *Pórtate como hombre educado;* SI *no, deja de acompañar a mi hija.* P. e It. se; I. if; F. si; A. wenn, ob, wo; R. если, хотя бы.

★ SIAL. m. GEOL. Parte de la litosfera, formada por silicatos alumínicos constituyendo grandes bloques y las capas graníticas y basálticas de la corteza terrestre. Se halla en equilibrio hidrostático sobre el sima.

SIALISMO. m. MED. Salivación.

SIAMÉS, SA. adj. Natural u oriundo de Siam. Ú.t.c.s. || **2.** Perteneciente a esta nación asiática. || **3.** m. Idioma siamés.

SIAN. adj. ant. Siamés.

SIBARITA. (l. *sybarita*, y éste del gr. Συβαρίτης; de Σύβαρις, ciudad célebre por la riqueza y el lujo de sus habitantes.)

adj. Natural de Síbaris. Ú.t.c.s. || **2.** Perteneciente a esta ciudad de la Italia antigua. || **3.** fig. Muy dado a regalos y placeres. Ú.t.c.s. || P. sibarita; I. Sybarite; F. sybarite; A. Sybarit, Schlemmer; It. sibarita; R. сибарит.

SIBARÍTICO, CA. (l. *sybaritĭcus*.) adj. Perteneciente o relativo a la ciudad de Síbaris. || **2.** fig. Sensual.

SIBARITISMO. m. Género de vida regalada y sensual. || P. y It. sibaritismo; I. sybaritism; F. sybaritisme; A. Genusssucht; R. сибаритство.

SIBERIANO, NA. adj. Natural de la Siberia. Ú.t.c.s. || **2.** Perteneciente a esta región asiática.

SIBIL. m. Pequeña despensa en las cuevas, para conservar frescas las provisiones. || **2.** Concavidad subterránea.

SIBILA. (l. *sibylla*, y éste del gr. σίβυλλα.) f. Mujer a quien los antiguos atribuían espíritu profético. || P. sibila; I. sibyl; F. sibylle; A. Wahrsagerin; It. sibilla; R. сивилла.

SIBILANTE. (l. *sibĭlans, -antis*, p.a. de *sibilāre*, silbar.) adj. FON. Dícese del sonido que se pronuncia como una especie de silbido. || **2.** FON. Dícese de la consonante fricativa que representa este sonido como la *s*. Ú.t.c.s.f.

SIBILINO, NA. (l. *sibyllīnus*.) adj. Perteneciente o relativo a la sibila. || **2.** fig. Misterioso, obscuro con apariencia de importante.

SIBILÍTICO, CA. adj. Sibilino.

SIBUCAO. m. BOT. Arbolito papilionáceo de Filipinas, de 3 a 4 m, con tronco delgado y lleno de aguijones, hojas compuestas, flores amarillas en racimos axilares, y fruto en legumbre leñosa con tres o cuatro semillas. La madera es durísima y medicinal y, como tintórea, produce un hermoso color encarnado. || **2.** Esta misma madera.

SIC. (Lit., *así, de esta manera.*) adv. lat. que se usa, por lo general entre paréntesis, para dar a entender que una palabra o frase empleada en un escrito y que pudiera parecer inexacta, está tomada textualmente de un libro o papel.

★ SICALIPSIS. f. Donaire de sugestión erótica. || **2.** Pornografía.

★ SICALÍPTICO, CA. adj. Perteneciente o relativo a la sicalipsis.

★ SICALIS. m. ZOOL. Género de pájaros fringílidos, de pico grueso y plumaje, parcialmente amarillo. Viven en América.

SICAMBRO, BRA. (l. *sicambri, -ōrum.*) adj. Dícese del individuo de un pueblo que habitó antiguamente en la Germania septentrional, cerca del Rin, y después pasó a la Galia Bélgica, donde se unió con los francos. Ú.t.c.s. || **2.** Perteneciente a este pueblo.

SICAMOR. m. Ciclamor.

SICANO, NA. (l. *sicānus.*) adj. Dícese del individuo de un pueblo que se cree que en tiempos heroicos pasó de España a Italia, y se estableció en el país que dio nombre, y se este pueblo se llamó Sicania. || **2.** Natural de Sicania, hoy Sicilia. Ú.t.c.s. || **3.** Perteneciente a esta isla de la Italia antigua.

SICARIO. (l. *sicarĭus.*) m. Asesino asalariado.

SICIGIA. (gr. συζυγία, unión.) f. ASTRON. Conjunción u oposición de la Luna con el Sol.

SICILIANO, NA. acj. Natural de Sicilia. Ú.t.c.s. || **2.** Perteneciente a esta isla del Mediterráneo.

SICIONIO, NIA (l. *sicyonĭus.*) adj. Natural de Sición. Ú.t.c.s. || **2.** Perteneciente a esta ciudad del Peloponeso.

SICLO. (l. *siclus*, y éste del hebr. *séqel.*) m. Unidad de peso usada entre babilonios, fenicios y judíos. || **2.** Moneda de plata usada en Israel.

SICOANÁLISIS. amb. MED. Psicoanálisis.

SICOFANTA. (l. *sycophanta*, y éste del gr. συκοφάντης; de σῦκον, higo, y φαίνω, descubrir: delator del que exporta higos de contrabando.) m. Impostor, calumniador.

SICOFANTE. m. Sicofanta.

SICOFÍSICA. f. Psicofísica.

SICOLOGÍA. f. Psicología.

SICOLÓGICO, CA. adj. Psicológico.

SICÓLOGO. m. Psicólogo.

SICÓMORO. (l. *sycomŏrus*, y éste del gr. συκόμορος; de σῦκον, higo, y μόρον, moral.) m. BOT. Planta morácea de Egipto con hojas algo parecidas a las del moral, fruto pequeño, de color blanco amarillento, y madera incorruptibles, que usaban los antiguos egipcios para las cajas donde encerraban las momias. || **2.** Plátano falso. || P. sicómoro; I. sycamore; F. sycomore; A. Sykomore, gemeiner Ahornbaum; It. sicomoro; R. сикомора, смоковница.

SICÓPATA. com. MED. Psicópata.

SICOPATÍA. f. Psicopatía.

SICOSIS. f. Psicosis.

★ SICOSIS. f. MED. Inflamación de los folículos pilosos de la barba y del bigote. || —**contagiosa** o **parasitaria.** PATOL. Sarna de los barberos, mentagra. || —**tuberculosa.** PATOL. Sicosis parasitaria, con formación de manchas tuberculosas.

SICOTE. m. CUBA y VIZC. Cochambre del cuerpo humano, especialmente la de los pies sudorosos.

★ SICOTERA. f. CUBA y P. RICO. Sicote o suciedad de los pies.

SICOTERAPIA. f. Psicoterapia.

SICRÓMETRO. m. Psicrómetro.

SÍCULO, LA. (l. *sicŭlus.*) adj. Siciliano. Apl. a pers. ú.t.c.s.

★ SICURÉ. f. BOL. Cierta especie de serpiente.

★ SIDECAR. m. Cochecillo que va unido a las motocicletas lateralmente.

★ SIDERACIÓN. f. MED. Aniquilamiento súbito, producido por ciertas enfermedades que obran con una rapidez extraordinaria, casi súbita. || **2.** MED. Aplicación terapéutica de chispas eléctricas. || **3.** AGR. Sistema de abono del terreno mediante el enterramiento de algunas leguminosas para fijar los nitratos formados en la nitrificación.

SIDERAL. (l. *siderālis.*) adj. Sidéreo.

SIDÉREO, A. (l. *siderĕus.*) adj. Perteneciente o relativo a las estrellas, y por extensión, a los astros en general.

SIDERITA. (l. *siderītis*, y éste del gr. σιδηρῖτις; de σίδηρος, hierro.) f. Siderosa. || **2.** Planta herbácea labiada, con tallos medio echados, muy velludos; hojas oblongas, trasovadas, dentadas y pelosas; flores amarillas, en verticilos separados, y fruto seco con semillas menudas.

★ SIDERIZACIÓN. f. ART. y OF. Procedimiento de preparar la madera que ha de estar expuesta a la acción de la humedad, inyectando en ella sales de hierro.

★ SIDEROCALCITA. f. MINERAL. Carbonato de cal con hierro y magnesia.

★ SIDEROCONITA. f. MINERAL. Variedad de calcita con alguna cantidad de sesquióxido de hierro hidratado.

★ SIDERODENDRO. m. BOT. Árbol rubiáceo de la América tropical cuya madera es tan dura que ha merecido el nombre de palo de hierro.

★ SIDERÓFONO. m. CIR. Instrumento para acusar la presencia de partículas en los tejidos, utilizando un dispositivo semejante al teléfono.

★ SIDEROGRAFÍA. f. Arte de grabar sobre hierro o acero.

★ SIDEROMAGNÉTICO, CA. adj. Fís. Aplícase a los cuerpos de propiedades magnéticas de igual sentido que las del hierro.

★ SIDERONATRITA. m. MINER. Sulfato natural de hierro y sodio. Se encuentra en algunas minas en Chile formando masas cristalinas, finamente fibrosas, de color anaranjado.

SIDEROSA. (gr. σίδηρος, hierro.) f. Carbonato ferroso de color pardo amarillento, brillo acerado y quebradizo. Constituye una excelente mena para la siderurgia. En España abunda en Vizcaya.

SIDEROSIS. f. MED. Neumoconiosis producida por el polvo de los minerales de hierro. Se halla en el Brasil.

★ SIDEROSTATO. m. ASTRON. Aparato que, por medio de la reflexión en un espejo giratorio de los rayos luminosos de los astros según una dirección determinada y fija con relación a la Tierra, anula, para el observador, el desplazamiento del astro objeto de estudio, debido al movimiento de rotación de nuestro planeta.

SIDERURGIA. (gr. σιδηρουργία; de σίδηρος, hierro, y ἔργον, obra.) f. Arte de extraer el hierro y de trabajarlo. || P. siderurgia; **I.** siderurgy; **F.** sidérurgie; **A.** Eisenhüttenkunde; **It.** siderurgìa; **R.** чёрная металлургия.

SIDERÚRGICO, CA. adj. Perteneciente o relativo a la siderurgia.

SIDONIO, NIA. (l. *sidonĭus.*) adj. Natural de Sidón. Ú.t.c.s. || **2.** Perteneciente a esta ciudad de Fenicia. || **3.** Fenicio. Apl. a pers. ú.t.c.s.

SIDRA. (l. *sicĕra*, y éste del hebr. *šēkār*, bebida embriagadora.) f. Bebida alcohólica, de color ambarino, que se obtiene por la fermentación del zumo de las manzanas. || **P.** sidra; **I.** cider; **F.** cidre; **A.** Apfelwein; **It.** sidro; **R.** сидр.

SIDRERÍA. f. Despacho en que se vende sidra.

SIEGA. f. Acción y efecto de segar las mieses. || **2.** Tiempo en que se siega. || **3.** Mieses segadas. || **P.** sega; **I.** mowing, mowing-time; **F.** moisson; **A.** Mahd, Ernte; **It.** segatura, mietitura; **R.** жатва, косьба.

SIEMBRA. f. Acción y efecto de sembrar. || **2.** Tiempo en que se siembra. || **3.** Sembrado, tierra sembrada. || **P.** semeadura; **I.** sowing, seed-time; **F.** semaille; **A.** (Aus)Säen, Säzeit; **It.** seminatura; **R.** сев.

SIEMPRE. (l. *sĕmper.*) adv. En todo o en cualquier tiempo. || **2.** En todo caso o cuando menos. Quizá no logre mi propósito, pero siempre me quedará la satisfacción de haber hecho todo lo posible. || *Para* SIEMPRE. m. adv. Por todo tiempo o por tiempo indefinido. || *Por* SIEMPRE. m. adv. Perpetuamente. || SIEMPRE *jamás.* m. adv. Siempre, con sentido esforzado. || SIEMPRE *que.* m. conjunt. condic. Con tal que. || SIEMPRE *y cuando que.* m. conjunt. condic. Siempre que. || **P.** e **It.** sempre; **I.** always, at all times; **F.** toujours, en tout temps; **A.** immer, stets, allemal, immerfort; **R.** всегда.

SIEMPRETIESO. m. Tentetieso, dominguillo.

SIEMPREVIVA. (De *siempre* y *viva.*) f. Perpetua amarilla. || **—amarilla.** Siempreviva. || **—mayor.** Planta perenne crasulácea con hojas planas, gruesas, lanceoladas las de los tallos y aovadas las radicales; flores con escamas carnosas, que no se marchitan. Vive en las peñas y en los tejados. || **—menor.** Uva de gato. || **P.** sempre-viva; **I.** everlasting; **F.** immortelle, joubarbe; **A.** Strohblume; **It.** sempreviva; **R.** бессмертник.

SIEN. (De *sen*, 2.º art.) f. Cada una de las dos partes laterales de la cabeza comprendidas entre la frente, la oreja y la mejilla. || **P.** fonte; **I.** temple; **F.** tempe; **A.** Schläfe; **It.** tempia; **R.** висок.

SIENA. f. GERM. Cara, rostro.

*** SIENA.** f. ART. y OF. Ocre empleado en pintura.

SIENITA. (De *Siene*, ciudad del antiguo Egipto donde había canteras de esta roca.) f. Roca compuesta de feldespato, anfíbol y algo de cuarzo, de color generalmente rojo y que se descompone con más dificultad que el granito. Se empleó como ornamental en las antiguas construcciones egipcias.

SIERPE. (l. *serpens.*) f. Serpiente. || **2.** fig. Persona muy fea, feroz y colérica. || **3.** fig. Cualquier cosa que se mueve serpeando. || **4.** GERM. Ganzúa. || **5.** BOT. Vástago que brota de las raíces leñosas.

SIERRA. (l. *sĕrra.*) f. Herramienta para cortar cuyo elemento principal es una hoja, disco o cinta de acero, con un borde provisto de dientes agudos y cortantes. Puede ser para madera, hierro, piedras, de Cirugía, etc., y según su funcionamiento, de mano y mecánica. || **2.** Cordillera de montes o peñascos cortados. || **3.** ZOOL. Pez sierra. || **4.** SANT. Loma o colina. || **5.** ARGENT. Corcillera de poca extensión. || **6.** pl. GERM. Las sienes. || **—abrazadera.** La de grandes dimensiones, con la hoja montada en el medio bastidor, y que sirve para dividir grandes maderos sobre caballetes. || **—de punta.** La de hoja estrecha y puntiaguda, que sirve para hacer calados y otras labores delicadas. || **—de trasdós.** Serrucho de hoja rectangular y muy delgada, reforzada en el lomo, que sirve para hacer hendiduras muy finas. || *De* SIERRA *a extremo.* m. adv. Dícese de los ganados trashumantes que pasan desde las sierras de Castilla a las de dehesas de Extremadura. || **P.** serra; **I.** saw; **F.** scie; **A.** Säge; **It.** sega; **R.** пила. || 2.ª acep.: **P.** cordilheira; **I.** ridge (of mountains); **F.** chaîne (de montagnes); **A.** (Berg)Kette; **It.** giogaia; **R.** пила.

SIERRO. m. SAL. Teso de sierra, risco.

SIERVO, VA. (l. *sĕrvus.*) m. y f. Esclavo. || **2.** Nombre que una persona se da a sí misma respecto de otra para mostrarle rendimiento. || **3.** Persona profesa en orden o comunidad religiosa de las que por humildad se denominan así. || **—de Dios.** Persona que sirve a Dios y guarda sus preceptos. || **2.** fam. Persona muy cuitada, pobre hombre. || **—de la gleba.** FOR. Esclavo de tiempos pasados, afecto a una heredad y que no se desligaba de ella al cambiar de dueño. || **—de la pena.** El que era condenado en juicio a servir en las minas u otras obras públicas. || *De los* SIERVOS *de Dios.* Nombre que por humildad se da el Papa a sí mismo. || **P.** servo, escravo; **I.** serf, slave; **F.** serf, esclave; **A.** Sklave, Knecht; **It.** servo; **R.** раб, крепостной.

SIESO. (l. *sĕssus*, asiento.) m. Parte inferior del intestino recto que termina en el ano.

SIESTA. (l. *sĕxta* [hora].) f. Tiempo después del mediodía, en que aprieta más el calor. || **2.** Tiempo destinado para dormir o descansar después de la comida del mediodía. || **3.** Sueño que se toma después de comer. || **4.** Música que en las iglesias se canta o toca por la tarde. || **—del carnero.** La que se duerme antes de la comida del mediodía. || *Dormir*, o *echar* uno *la* SIESTA. fr. Dormir después de comer. || **P.** sesta; **I.** siesta, after-dinner nap; **F.** sieste; **A.** Mittagsruhe, Siesta; **It.** siesta, meriggio; **R.** полуденный отдых.

SIETE. (l. *sĕptem.*) adj. Seis y uno. || **2.** Séptimo. Apl. a los días del mes. Ú.t.c.s. *El* SIETE *de mayo.* || **3.** m. Signo con que se representa el número siete. || **4.** Naipe que tiene siete señales. *El* SIETE *de bastos.* || **5.** Barrilete de banco de carpintero. || **6.** fam. Rasgón angular. || **7.** ARGENT. y COLOM. Ano. || **—y media.** Juego de naipes en el que gana el que primero hace siete puntos y medio o el que más se acerque por bajo de este número. || *Tres* SIETES. Juego de naipes cuyo objeto es llegar a 21 puntos. || *Más que* SIETE. loc. adv. fig. y fam. Muchísimo, excesivamente. *Hablar más que* SIETE. || **P.** sete; **I.** seven; **F.** sept; **A.** sieben; **It.** sette; **R.** семь.

SIETECOLORES. m. BURG. y PAL. Jilguero. || **2.** CHILE. Pajarillo con las patas y el pico negros, plumaje manchado de rojo, amarillo, azul, verde y blanco, y la cola y alas negruzcas; tiene en medio de la cabeza un moño de color rojo vivo. Habita en las orillas de las lagunas y construye su nido en las hojas secas de totora.

SIETECUEROS. m. COLOM., CHILE, ECUAD. y HOND. Tumor que se forma en el talón del pie, especialmente a los que andan descalzos. || **2.** C. RICA, CUBA y PERÚ. Panadizo.

SIETEENRAMA. (De *siete en rama*, porque las hojas de esta planta están compuestas de siete hojuelas.) m. Tormentilla.

SIETELEVAR. (De *siete* y *levar*, levantar, llevar.) m. En el juego de la banca, tercera suerte, en que se va a ganar siete tantos.

SIETEMESINO, NA. adj. Dícese de la criatura nacida a los siete meses de engendrada. Ú.t.c.s. || **2.** fam. Jovencito que presume de persona mayor. Ú.t.c.s.

SIETEÑAL. adj. Que tiene siete años o es de siete años.

SIETESANGRÍAS. f. ÁL. Centaura menor.

SIFILICOMIO. m. Hospital para sifilíticos.

SIFÍLIDE. f. MED. Dermatosis originada o sostenida por la sífilis.

SÍFILIS. (De *Siphylo*, personaje del poema «De Morbo Gallico», de Jerónimo Fracastor.) f. MED. Enfermedad virulenta, específica, venérea, transmisible por el coito, por simple contacto o por herencia. || **P.** sífilis; **I.** y **F.** syphilis; **A.** Syphilis, Lustseuche; **It.** sifilide; **R.** сифилис.

SIFILÍTICO, CA. adj. MED. Perteneciente o relativo a la sífilis. || **2.** MED. Que la padece. Ú.t.c.s.

SIFILOGRAFÍA. (De *sífilis*, y el gr. γράφω, describir.) f. Parte de la medicina, que trata de las enfermedades sifilíticas.

SIFILOGRÁFICO, CA. adj. MED. Perteneciente o relativo a la sifilografía.

SIFILÓGRAFO. m. El que se dedica al estudio de la sifilografía.

SIFÓN. (l. *sipho*, *-ōnis*, y éste del gr. σίφων.) m. Tubo encorvado de ramas desiguales que sirve para trasegar líquidos haciéndolos pasar por un punto superior a su nivel. || **2.** Botella cerrada herméticamente con una tapa por la que pasa un sifón, con una llave para abrir o cerrar el paso del agua cargada de ácido carbónico que aquélla contiene. || **3.** Tubo doblemente acodado en que el agua detenida dentro de él impide que salgan al exterior los gases de las cañerías. || **4.** ARQ. Canal cerrado o tubo que sirve para hacer pasar el agua por un punto inferior a sus dos extremos. || **5.** ZOOL. Cada uno de los dos largos tubos que tienen ciertos moluscos lamelibranquios, y que sirven para la expulsión del agua respiratoria y de los productos de excreción. || **P.** sifão; **I.** y **F.** siphon; **A.** Saugheber; **It.** sifone; **R.** сифон.

*** SIFONOGAMIA.** f. BOT. Proceso por el cual el grano de polen de las plantas angiospermas emite un sifón o tubo polínico que llega al microfilo del óvulo donde deposita dos espermatozoides.

*** SIFONOPSIO.** m. ZOOL. Género de anfibios ápodos, propios de la América tropical, de un color negro verdoso y que alcanzan hasta medio metro de longitud.

SIFOSIS. (gr. σίφων.) f. Corcova, joroba.

SIFUÉ. (fr. *surfaix*; de *sur* y *faix*, y éste del l. *fascis*, haz, fajo.) m. Sobrecincha.

*** SIGA.** m. CHILE. Seguimiento. || *A la* SIGA. m. adv. CHILE. En seguimiento de.

SIGILACIÓN. f. Acción y efecto de sigilar.

SIGILAR. (l. *sigillāre.*) tr. Sellar, imprimir con sello. || **2.** Callar u ocultar una cosa.

SIGILO. (l. *sigillum.*) m. Sello que se estampa en pliegos, documentos, etc. || **2.** Secreto que se guarda de una cosa o noticia. || **—profesional.** Secreto profesional. || **—sacramental.** Secreto inviolable que guarda el confesor, de lo que oye en la confesión sacramental. || 2.ª acep.: **P.** sigilo; **I.** secret, secrecy; **F.** secret; **A.** Geheimnis; **It.** segreto; **R.** тайна, секрет.

SIGILOGRAFÍA. f. Estudio de los sellos antiguos.

SIGILOSAMENTE. adv. Con sigilo.

SIGILOSO, SA. adj. Que guarda sigilo.

SIGLA. (l. *sigla*, cifras, abreviaturas.) f. Letra inicial como abreviatura de una palabra. TVE son, por ejemplo, las siglas de *Televisión Española.* Los nombres en plural suelen representarse por su letra inicial repetida; v. gr.: *EE.UU.*, siglas de *Estados Unidos.* || **2.** Rótulo formado con varias siglas. *INRI.* || **3.** Cualquier signo usado para ahorrar letras o espacio en la escritura. || **P., I.** e **It.** sigla; **F.** sigle; **A.** Sigel, Abkürzungszeichen; **R.** сокращение.

SIGLO. (l. *saecŭlum.*) m. Espacio de cien años. || **2.** Seguido de la preposición *de* y un nombre, tiempo en que floreció una persona o en que existió, sucedió, o se inventó una cosa notable. *El* SIGLO *de Oro.* || **3.** Mucho o muy largo tiempo. *Un* SIGLO *ha que no te veo.* || **4.** Trato de los hombres, en oposición a la vida religiosa. || **—de cobre.** Entre los poetas, tiempo en que se adelantó la malicia de los hombres a los engaños y guerras. || **—de hierro.** Tiempo que fingieron los poetas, en el cual huyeron de la tierra las virtudes y reinaron los vicios. || **2.** fig. Tiempo desgraciado. || **—de oro.** Tiempo en que según la ficción de los poetas, vivieron los hombres justificadamente. || **2.** fig. Tiempo de paz y de ventura. || **3.** fig. Tiempo en que las letras, las artes, la política, etc., han florecido con mayor esplendor en un país. || **4.** fig. Tiempos floridos y felices en que había paz. || **—de plata.** Tiempo en que, según la ficción de los poetas, los hombres, menos sencillos que antes, habitaron cuevas y labraron la tierra. || **—dorado.** Siglo de

S Oro. ‖ SIGLOS *medios.* Edad media. ‖ *En,* o *por* los SIGLOS *de* los SIGLOS. m. adv. Eternamente. ‖ *Por el* SIGLO *de mi padre,* o *de mi madre,* etc. Exclamación con que se asevera o promete una cosa. ‖ **P.** século; **I.** century; **F.** siècle; **A.** Jahrhundert; **It.** sècolo; **R.** столетие, век.

SIGMA. (gr. σίγμα.) f. Decimoctava letra del alfabeto griego, que corresponde a la *s* del nuestro.

SIGMOIDEO, A. adj. Dícese de lo que tiene forma parecida a la sigma.

SIGNÁCULO. (l. *signacŭlum.*) m. Sello o señal en lo escrito.

SIGNAR. (l. *signāre.*) tr. Hacer o imprimir el signo. ‖ 2. Firmar un escrito. ‖ 3. Hacer la señal de la cruz sobre una persona o cosa. Ú.t.c.r. ‖ 4. Hacer con los dedos de la mano derecha tres cruces, la una en la frente, otra en la boca y la tercera en el pecho, pidiendo a Dios nos libre de nuestros enemigos. Ú.t.c.r. ‖ **P.** assinar; **I.** to sign; **F.** signer; **A.** (unter)zeichnen; **It.** segnare; **R.** означать. ‖ 4.ª acep.: **P.** persignar; **I.** to sign the cross; **F.** signer; **A.** sich bekreuzen; **It.** segnarsi; **R.** креститъ.

SIGNATARIO, RIA. (De *signar,* firmar.) adj. Firmante. Ú.t.c.s.

SIGNATURA. (l. *signatūra.*) f. Señal. ‖ 2. Especialmente la señal de números y letras puestos a un libro o a un documento para indicar su colocación en una biblioteca o archivo. ‖ 3. Tribunal de la corte romana formado por varios prelados en el cual se determinan diversos negocios de gracia o de justicia. ‖ 4. IMPR. Señal generalmente puesta en números al pie de la primera página de cada pliego para gobierno del encuadernador. ‖ **P.** assinatura; **I.** y **F.** signature; **A.** Signatur; **It.** signatura; **R.** сигнатура.

SIGNÍFERO, RA. (l. *signifer, -ĕri; de signum,* señal, y *ferre,* llevar.) adj. poét. Que lleva o incluye una señal o insignia.

SIGNIFICACIÓN. (l. *significatĭo, -ōnis.*) f. Acción y efecto de significar. ‖ 2. El sentido de una palabra o frase. ‖ 3. Objeto que se significa. ‖ 4. Importancia. ‖ **P.** significação; **I.** y **F.** signification; **A.** Bedeutung; **It.** significazione; **R.** значение, смысл.

SIGNIFICADO, DA. p.p. de significar. ‖ 2. adj. Conocido, importante, reputado. ‖ 3. m. Significación.

SIGNIFICADOR, RA. adj. Que significa. Ú.t.c.s.

SIGNIFICAMIENTO. (De *significar.*) m. ant. Significación.

SIGNIFICANTE. (l. *significans, -antis.*) p.a. de significar. Que significa.

SIGNIFICAR. (l. *significāre; de signum,* señal, y *facĕre,* hacer.) tr. Ser una cosa representación o signo de otra distinta. ‖ 2. Ser una palabra o frase expresión de una idea o de una cosa material. ‖ 3. Hacer saber, declarar una cosa. ‖ 4. intr. Representar, tener importancia. ‖ 5. r. Distinguirse por alguna cualidad o circunstancia. ‖ **P.** significar; **I.** to signify; **F.** signifier; **A.** bedeuten, heissen, andeuten; **It.** significare; **R.** означать. ‖ 3.ª acep.: **P.** denotar; **I.** to give notice; **F.** faire savoir, faire part; **A.** bekanntmachen, kundgeben; **It.** notificare; **R.** уведомлять.

SIGNIFICATIVAMENTE. adv. m. De un modo significativo.

SIGNIFICATIVO, VA. (l. *significatīvus.*) adj. Que da a entender con propiedad una cosa. ‖ 2. Que tiene importancia por representar algún valor.

SIGNO. (l. *signum.*) m. Cosa que evoca en el entendimiento la idea de otra. ‖ 2. Cualquiera de los caracteres empleados en la escritura y en la imprenta. ‖ 3. Señal que se hace por modo de bendición. ‖ 4. Figura que los notarios agregan a su firma en los documentos públicos. ‖ 5. Destino que la superstición considera determinado por el influjo de los astros. ‖ 6. ASTRON. Cada una de las doce partes del Zodíaco. ‖ 7. MAT. Señal o figura usada en los cálculos para indicar la naturaleza de las cantidades, o las operaciones que se han de ejecutar con ellas. ‖ 8. MÚS. Cualquiera de los caracteres con que se escribe la música. ‖ 9. MÚS. El que indica el tono natural de un sonido. ‖ —**natural.** El que nos hace conocer una cosa por la

analogía o dependencia natural que tiene con ella. El humo es signo del fuego. ‖ —**negativo.** MAT. Menos, de substracción. ‖ —**por costumbre.** Aquel que por el uso significa cosa diversa de sí. ‖ —**positivo.** MAT. Más, de suma o adición. ‖ **P.** sinal; **I.** sign, mark; **F.** signe, marque; **A.** Zeichen, Anzeichen, Merkmal; **It.** segno, indizio; **R.** знак, обозначение.

SIGUA. f. BOT. CUBA. Árbol silvestre lauráceo, con hojas brillantes y coriáceas y fruto ovalado. ‖ 2. HOND. Bruja, ser imaginario.

SIGUAPA. f. C. RICA y CUBA. Ave de rapiña nocturna, pequeña, de plumaje pardo obscuro con pintas amarillas y moño negro.

SIGUEMEPOLLO. m. Cinta que por adorno llevaban las mujeres, dejándola pendiente a la espalda.

* **SIGUETEAR.** tr. joc. PERÚ. Seguir a alguien.

* **SIGUI.** m. VENEZ. Chulo, rufián.

SIGUIENTE. (l. *sequens, -entis.*) p.a. de seguir. Que sigue. ‖ 2. adj. Ulterior, posterior.

SIJÚ. m. Ave rapaz nocturna de las Antillas, de unos 16 cm de largo, con lomo blanco manchado de puntos rojos, cabeza y vientre blancos con manchas pardas, cuello, pecho y muslos rojos con rayas obscuras y ojos de color amarillo verdoso.

SIL. (l. *sil.*) m. Ocre, óxido de hierro hidratado, de color amarillo.

SÍLABA. (l. *syllăba,* y éste del gr. συλλαβή.) f. Sonido o sonidos articulados que constituyen un solo núcleo fónico entre dos depresiones sucesivas de la emisión de voz. ‖ 2. Mús. Cada uno de los dos o tres nombres de notas que se añaden a las siete primeras letras del alfabeto para designar los diversos modos musicales. ‖ —**abierta.** Sílaba libre. ‖ —**aguda.** PROS. Aquella en que se carga el acento prosódico. ‖ —**átona.** La que no tiene acento prosódico. ‖ —**breve.** PROS. La de menor duración relativa que las largas. En las lenguas clásicas se consideraba que la sílaba breve duraba la mitad que la larga. ‖ —**cerrada.** Sílaba trabada. ‖ —**larga.** PROS. La de mayor duración en las lenguas que como el latín y el griego se sirven regularmente de dos medidas de cantidad silábica. ‖ —**libre.** La que termina en vocal. ‖ —**postónica.** PROS. La átona que en la misma palabra sigue a la tónica. ‖ —**protónica.** PROS. La átona que en el vocablo precede a la tónica. ‖ —**tónica.** PROS. La que tiene el acento prosódico. ‖ —**trabada.** La que termina en consonante. ‖ **P.** sílaba; **I.** syllable; **F.** syllabe; **A.** Silbe; **It.** sillaba; **R.** слог.

SILABAR. intr. Silabear.

SILABARIO. m. Librito para enseñar a deletrear presentando sílabas sueltas y palabras divididas en sílabas.

SILABEAR. intr. Ir pronunciando separadamente cada sílaba. Ú.t.c.tr.

SILABEO. m. Acción y efecto de silabear.

SILÁBICO, CA. adj. Perteneciente a la sílaba.

SILABIZAR. (l. *syllabizāre.*) intr. ant. Silabear.

SÍLABO. (l. *syllăbus.*) m. Índice, catálogo.

* **SILAGO.** m. ZOOL. Género de peces acantopterigios que se distinguen por su cabeza cónica.

* **SILAMPA.** f. C. RICA. Cilampa, llovizna.

SILANGA. f. FILIP. Brazo de mar largo y estrecho que separa dos islas.

* **SILANO.** m. QUÍM. Nombre genérico de los hidruros de silicio saturados.

SILBA. f. Acción de silbar, 3.ª acep. ‖ **P.** assobio; **I.** whistling, hissing; **F.** sifflets; **A.** Auszischen; **It.** fischiata; **R.** освистывание.

SILBADOR, RA. adj. Que silba. Ú. t.c.s.

SILBANTE. p.a. de silbar. Que silba. ‖ 2. adj. Sibilante.

SILBAR. (l. *sibilāre.*) intr. Producir silbos o silbidos. ‖ 2. Agitar el aire produciendo un sonido como el del silbo. ‖ 3. fig. Manifestar desagrado o desaprobación el público, con silbidos. Ú.t.c.tr. Silbar a un actor, un discurso. ‖ **P.** assobiar;

I. to whistle, to hiss; **F.** siffler, siffloter; **A.** auspfeifen, auszischen; **It.** fischiare, sibilare; **R.** свистеть.

SILBATINA. f. ARGENT., CHILE y PERÚ. Silba, rechifla.

SILBATO. (l. *sibilātus.*) m. Instrumento pequeño y hueco que produce un silbo agudo soplando en él con fuerza. ‖ 2. Rotura pequeña por donde se escapa el aire o se rezuma un líquido. ‖ **P.** assobio; **I.** whistle; **F.** sifflet; **A.** Pfeife; **It.** fischio, fischietto; **R.** свисток.

* **SILBEROL.** m. QUÍM. y TERAP. Sulfofenato de plata, usado en el tratamiento de la blenorragia.

SILBIDO. m. Silbo. ‖ —**de oídos.** Sonido a manera de silbo, que se percibe en los oídos por causa de alguna indisposición.

SILBO. (l. *sibĭlus.*) m. Sonido agudo que hace el aire. ‖ 2. Sonido agudo que se produce al soplar con fuerza teniendo los labios fruncidos o con las dedos colocados convenientemente en la boca. ‖ 3. Sonido de igual clase que se hace soplando con fuerza en un cuerpo hueco. ‖ 4. Voz aguda y penetrante de algunos animales. ‖ 5. AND. Silbato hecho de adelfa.

SILBÓN. (De *silbar.*) m. Ave palmípeda semejante a la cerceta, que vive en las costas y lanza un sonido fuerte.

SILBOSO, SA. (De *silbar.*) adj. Que silba o hace el ruido de silbido.

* **SILENCIADOR, RA.** adj. Que silencia. ‖ 2. m. MEC. Aparato con que se amortiguan los ruidos de los motores de vehículos automóviles. ‖ 3. RADIOTELEC. Circuito eléctrico que en los aparatos radiorreceptores amortigua o suprime los ruidos o perturbaciones electromagnéticas.

SILENCIAR. tr. Callar, pasar en silencio.

SILENCIARIO, RIA. (l. *silentiarĭus.*) adj. Que guarda continuo silencio. ‖ 2. m. Persona destinada a cuidar del silencio de la casa o del templo. ‖ 3. MEC. Silenciador del automóvil.

SILENCIERO, RA. adj. Que cuida de que se guarde silencio. Ú.t.c.s.

SILENCIO. (l. *silentium.*) m. Abstención de hablar. ‖ 2. fig. Falta de ruido. ‖ 3. fig. Efecto de no hablar por escrito. *El* SILENCIO *de los periódicos sobre tal asunto.* ‖ 4. FOR. Desestimación tácita de una petición o recurso por el mero vencimiento del plazo que la administración pública tiene para resolver. ‖ 5. MÚS. Pausa. ‖ *Perpetuo* SILENCIO. FOR. Fórmula con que se prohíbe al actor que vuelva a deducir la acción o a instar sobre ella. ‖ *En* SILENCIO. m. adv. fig. Sin protestar, sin quejarse. *Aguantar en* SILENCIO. *Entregar* uno *una cosa al* SILENCIO. fr. fig. Olvidarla, no mencionarla más. ‖ *Imponer* uno SILENCIO. fr. Tratándose de personas, hacerlas callar. ‖ 2. fig. Tratándose de pasiones, reprimirlas. ‖ *Pasar* uno *en* SILENCIO *una cosa.* f. Omitirla, no mencionarla. ‖ **P.** silêncio; **I.** y **F.** silence; **A.** Schweigen; **It.** silenzio; **R.** молчание, тишина.

SILENCIOSAMENTE. adv. Con silencio. ‖ 2. Disimulada o secretamente.

SILENCIOSO, SA. (l. *silentiōsus.*) adj. Dícese del que calla o tiene hábito de callar. ‖ 2. Aplícase al lugar o tiempo en que hay silencio. ‖ 3. Que no hace ruido. **P.** silencioso; **I.** silent, still; **F.** silencieux; **A.** still, schweigsam; **It.** silenzioso; **R.** молчаливый.

SILENTE. adj. Silencioso, tranquilo, sosegado.

SILEPSIS. (l. *syllepsis,* y éste del gr. σύλληψις, comprensión.) f. GRAM. Figura de construcción consistente en quebrantar las leyes de la concordancia en el género y el número de las palabras. ‖ 2. RET. Tropo que consiste en usar a la vez una misma palabra en sentido recto y figurado. ‖ 3. MED. Embarazo, preñez. ‖ **P.** silepse; **I.** syllepsis; **F.** syllepse; **A.** Syllepsis; **It.** sillepsi.

SILERÍA. f. Lugar donde están los silos.

SILERO. m. Silo.

SILESIANO, NA. adj. Silesio. Apl. a pers. ú.t.c.s.

SILESIO, SIA. adj. Natural de Silesia. Ú.t.c.s. || **2.** Perteneciente a esta región alemana.

SÍLEX. m. Pedernal. || **2.** Sílice. || **—córneo.** MINERAL. El que tiene colores claros y aspecto semejante al del cuerno. || **—molar.** MINERAL. Variedad porosa y áspera de pedernal usada para fabricar ruedas de molino. || **—xiloideo** o **jiloideo.** MINERAL. El que presenta aspecto de madera o de árboles petrificados.

SÍLFIDE. (De *silfo.*) f. Ninfa, ser fantástico del aire. || **2.** fig. Mujer esbelta y graciosa.

SILFO. (l. *sylfi*, *-orum*, silfo, genio, entre los galos.) m. Ser fantástico, espíritu elemental del aire, según los cabalistas. || **P.** silfo; **I.** sylph; **F.** sylphe; **A.** Elf, Luftgeist; **It.** silfo; **R.** сильфы.

SILGA. (De *silgar.*) f. Sirga.

★ **SILGADO, DA.** adj. ECUAD. Enjuto, delgado, cenceño.

SILGAR. (Del m. or. que *singlar.*) tr. MAR. Sirgar. || **2.** intr. MAR. Singar.

SILGUERO. (l. *silibum*, cardo.) m. Jilguero.

SILICATO. (l. *silex*, *-icis*.) m. QUÍM. Sal compuesta de ácido silícico y una base. || **P.** silicato; **I.** y **F.** silicate; **A.** Silikat; **It.** silicato; **R.** силикат.

SÍLICE. (l. *silex*, *-icis*.) f. QUÍM. Combinación del silicio con el oxígeno. Es blanca e incolora. dura e insoluble en el agua. Si es anhidra, forma el cuarzo, y si es hidratada, el ópalo. || **P.** sílica; **I.** silica; **F.** silex, silice; **A.** Kieselerde; **It.** silice; **R.** кремнезём.

SILÍCEO, A. (l. *siliceus.*) adj. De sílice o semejante a ella.

SILÍCICO, CA. adj. QUÍM. Perteneciente o relativo a la sílice. || **2.** *Ácido* SILÍCICO. QUÍM. Cuerpo que puede considerarse resultado de la combinación de la sílice con una o varias moléculas de agua.

SILICIO. m. Metaloide que se extrae de la sílice. Es sólido, amarillento, infusible, insoluble en el agua y más pesado que ella. || **P.** silício; **I.** silicon, silicium; **F.** silicium; **A.** Silizium; **It.** silicio; **R.** силиций.

★ **SILICIURO.** m. QUÍM. Compuesto de silicio con un metal.

★ **SILICOAMIDA.** f. QUÍM. Compuesto resultante de la acción del amoníaco disuelto en benzol sobre el cloruro de silicio.

★ **SILICÓN.** m. QUÍM. Nombre genérico de una serie de compuestos artificiales que se utilizan como plásticos y son muy resistentes al calor. Empleándose también en la fabricación de barnices y productos aislantes.

SILICOSIS. f. MED. Neumoconiosis producida por el polvo de sílice.

SILICUA. (l. *siliqua.*) f. Peso antiguo, que era de cuatro granos. || **2.** BOT. Fruto simple, seco, abridero, en caja alargada, bicarpolar, cuyas semillas se hallan alternativamente adheridas a las dos suturas; como el de la mostaza.

SILÍCULA. (l. *silicula.*) f. BOT. Silicua casi tan larga como ancha.

★ **SILIMANITA.** f. MINERAL. Silicato de alúmina.

SILINGO, GA. (l. *Silingi.*) adj. Dícese del individuo de un pueblo de raza germánica que habitó entre el Elba y el Óder, al norte de Bohemia, y en el siglo V, en unión con otros, invadió el mediodía de Europa. Ú.m.c.s. y en pl. || **2.** Perteneciente a este pueblo.

SILO. (l. *sirus.*) m. Lugar convenientemente preparado y seco para guardar trigo u otros granos, semillas o forrajes. || **2.** fig. Cualquier lugar subterráneo, profundo y obscuro. || **P., I., F.** e **It.** silo; **A.** Silo, Getreidegrube; **R.** зернохранилище.

SILOGISMO. (l. *syllogismus*, y éste del gr. συλλογισμός.) m. LÓG. Razonamiento deductivo o argumento que consta de tres preposiciones, la última de las cuales se deduce necesariamente de las otras dos. || **—cornuto.** LOG. Argumento cornuto. || **P.** silogismo; **I.** syllogism; **F.** syllogisme; **A.** Syllogismus; **It.** sillogismo; **R.** силлогизм.

SILOGÍSTICO, CA. (l. *syllogisticus*, y éste del gr. συλλογιστικός.) adj. LÓG. Perteneciente al silogismo.

SILOGIZAR. (l. *syllogizare*, y éste del gr. συλλογίζω.) intr. Argüir con silogismos o hacerlos.

SILONIA. f. ÁL. Nueza.

SILUETA. (fr. *silhouette*; de *Silhouette*, que en el siglo XVIII se hizo célebre como inspector del Tesoro, y del cual tomaron nombre muchas monedas de su tiempo.) f. Dibujo sacado siguiendo los contornos de la sombra de un objeto. || **2.** Forma que presenta a la vista la masa de un objeto más obscuro que el fondo sobre el cual se proyecta. || **3.** Perfil, contorno aparente de la figura. || **P.** silueta; **I.** y **F.** silhouette; **A.** Schattenbild, Schattenriss; **It.** siluetta; **R.** силуэт.

SILURIANO, NA. adj. Silúrico.

SILÚRICO, CA. (l. *Silúres*, nombre de un pueblo celta que habitó el país de Gales, en la Gran Bretaña.) adj. GEOL. Dícese del período geológico de la era primaria que sigue inmediatamente al cámbrico, y del terreno sedimentario a él correspondiente y que se considera como uno de los más antiguos. Ú.t.c.s. || **2.** GEOL. Perteneciente a este terreno.

SILURO. (l. *silurus*, y éste del gr. σίλουρος.) m. ZOOL. Pez teleósteo fluvial, parecido a la anguila, con la boca muy grande y rodeada de seis u ocho apéndices a manera de barbillas. || **2.** MAR. fig. Torpedo automóvil.

SILVA. (l. *silva*, selva.) f. Colección de varias materias escritas sin orden. || **2.** Combinación métrica que consta de un número no determinado de versos endecasílabos y heptasílabos, aconsonantados al arbitrio del poeta. || **3.** Composición poética escrita en silva. || **4.** SAL. Zarza.

★ **SILVANITA.** f. MINERAL. Telururo de oro y plata, casi siempre con algo de plomo y antimonio.

SILVANO. (l. *silvanus*.) m. MIT. Semidiós de las selvas y de los campos en la mitología romana.

SILVÁTICO. adj. Selvático.

SILVESTRE. (l. *silvestris*.) adj. Criado naturalmente y sin cultivo en campos o selvas. || **2.** Inculto, rústico, agreste. || **P.** e **It.** silvestre; **I.** wild, sylvan; **F.** sylvestre; **A.** wild, wildwachsend; **R.** дикий, полевой.

SILVICULTOR. (l. *silva*, selva, y *cultor*, cultivador.) m. El que profesa la silvicultura o es versado en ella.

SILVICULTURA. (l. *silva*, selva, y *cultura*, cultivo.) f. Cultivo de los bosques o montes. || **2.** Ciencia que trata de este cultivo. || **P.** silvicultura; **I.** sylviculture, forestry; **F.** sylviculture; **A.** Forstwesen, Waldkultur; **It.** selvicoltura, silvicoltura; **R.** лесоводство.

★ **SÍLVIDOS.** m. pl. ZOOL. Familia de pájaros dentirrostros.

★ **SILVINA.** f. MINERAL. Cloruro potásico, muy parecido a la sal común.

SILVOSO, SA. (l. *silvosus*.) adj. Selvoso.

SILLA. (l. *sella*.) f. Asiento con respaldo para una persona. || **2.** Aparejo para montar a caballo. || **3.** Sede de un prelado. || **4.** Dignidad de Papa y otras eclesiásticas. || **5.** fig. y fam. Ano. || **—bastarda.** La de montar usada en tiempos antiguos. || **—curul.** Silla de marfil en donde se sentaban los ediles romanos. || **2.** fig. La que ocupa la persona que ejerce una elevada dignidad. || **—de la reina.** Asiento que forman entre dos con las cuatro manos, asiendo cada uno su muñeca y, la del otro. || **—de manos.** Vehículo con asiento para una persona, a manera de caja de coche, sostenido en dos varas largas y llevado por hombres. || **2.** ARGENT., COLOM., C. RICA y CHILE. Silla de la reina. || **—de montar.** Silla para montar a caballo. || **—de posta.** Carruaje en que se corría la posta. || **—de tijera.** La que tiene el asiento por lo general de tela y las patas cruzadas en aspa que puede plegarse. || **—eléctrica.** Silla en que se ejecuta por electrocución al condenado a muerte. || **gestatoria.** Silla portátil que usa el Papa en ciertos actos de gran ceremonia. || **—jineta.** La que sólo se distingue de la común en que los borrenes son más altos, las acciones más cortas y mayores los estribos. || **—turca.** ANAT. Escotadura en forma de silla del hueso esfenoides. || **—volante.** Carruaje de dos ruedas y de dos asientos, colocado sobre las varas,

de que regularmente tira un caballo. || *Dar* SILLA uno *a* otro. fr. fig. Hacer que se siente en su presencia. || *De* SILLA *a* SILLA. m. adv. para explicar el modo de hablar de dos o más personas en conferencia privada. || *No ser uno para* SILLA, *ni para albarda.* fr. fig. y fam. Ser enteramente inhábil. || *Pegársele a uno la* SILLA. fr. fig. y fam. Estarse mucho tiempo en un sitio, en una visita, etc. || **P.** cadeira; **I.** chair, see, seat, saddle; **F.** chaise, siège, selle; **A.** Stuhl, Sessel, Sitz, Sattel; **It.** sedia sede, seggio, sella; **R.** стул, седло.

SILLADA. f. Rellano en la ladera de un monte.

SILLAR. (De *silla*.) m. Cada una de las piedras labradas que forman parte de una construcción de sillería. || **2.** Parte del lomo de la caballería, donde sienta la silla. || **—de hoja.** CANT. El que no ocupa todo el grueso del muro. || **—lleno.** CANT. El que tiene igual grueso en el paramento que en el tizón. || **P.** silhar; **I.** hewn stone, ashlar; **F.** pierre de taille; **A.** Quader, Baustein; **It.** pietra lavorata; **R.** каменная плита.

SILLAREJO. m. d. de sillar. Dícese del que no atraviesa todo el paramento del muro.

SILLERA. f. desus. Lugar donde se guardan las sillas de mano.

SILLERÍA. f. Conjunto de sillas y sillones con que se amuebla una habitación. || **2.** Conjunto de asientos de los coros de las iglesias. || **3.** Taller donde se fabrican y tienda donde se venden sillas. **4.** Oficio de sillero.

SILLERÍA. f. Fábrica hecha de sillares asentados uno sobre otros y en hileras. || **2.** Conjunto de estos sillares.

SILLERO, RA. m. y f. Persona que se dedica a hacer o vender sillas.

SILLETA. f. d. de silla. || **2.** Vaso para excretar en la cama los enfermos. || **3.** Piedra sobre la cual se labra o muele el chocolate. || **4.** ALBAC. y AR. Silla de la reina. **5.** AMÉR. Silla, 1.ª acep. || **6.** pl. AR. Jamugas.

SILLETAZO. (De *silleta*.) m. Golpe dado con una silla.

SILLETE. m. RIOJA. Banquillo de anea o paja con cuatro patas unidas por travesaños.

SILLETERO. (De *silleta*.) m. Cada uno de los portadores de la silla de manos.

SILLETÍN. m. d. de silleta o sillete. || **2.** LEÓN y ZAM. Escabel, banqueta para apoyar los pies cuando se está sentado.

SILLICO. (De *silla*.) m. Bacín para excrementos.

SILLÍN. (d. de *silla*.) m. Jamuga cómoda y lujosa, hecha de madera fina labrada. || **2.** Silla de montar más ligera y sencilla que la común. || **3.** Especie de silla muy pequeña que lleva la caballería de varas. || **4.** Asiento de la bicicleta y otros vehículos análogos.

SILLÓN. m. aum. de silla. || **2.** Silla de brazos, mayor y más cómoda que la ordinaria. || **3.** Silla de montar en que una mujer pueda ir sentada como en una silla común. || **P.** cadeirão; **I.** armchair, elbowchair; **F.** fauteuil; **A.** Lehnstuhl, Armessel; **It.** seggiolone; **R.** кресло.

★ **SILLONERO, RA.** adj. AMÉR. Dícese de la caballería dócil en admitir la silla de montar.

SIMA. f. Cavidad grande y muy profunda en la tierra. || **2.** Escocia, moldura. **P.** furna; **I.** abyss; **F.** abîme; **A.** Kluft, tiefer Schlund; **It.** tònfano, abisso; **R.** пропасть, бездна.

★ **SIMABA.** f. BOT. Género de plantas simarubáceas, propias de las regiones tropicales americanas, cuyo fruto seco es muy amargo.

SIMADO, DA. (De *sima*.) adj. AND. Dícese de las tierras hondas.

SIMARUBA. f. BOT. ARGENT., COLOM. y C. RICA. Árbol corpulento simarubáceo, cuya corteza se emplea en infusión como febrífugo. || **P., F.** e **It.** simaruba; **I.** bitterwood; **A.** Bitterholzbaum.

SIMARUBÁCEO, A. (De *simaruba*, nombre de un género de plantas.) adj. BOT. Dícese de árboles o arbustos, angiospermos dicotiledóneos, que suelen contener principios amargos en su corteza. Sus hojas son, comúnmente esparcidas,

S flores regulares unisexuales, rara vez hermafroditas, fruto generalmente en drupa y semillas sin albumen. Ú.t.c.s.f. ‖ 2. f. pl. Bot. Familia de estas plantas.

★ **SIMBA.** f. Bol. Cable formado de cuero trenzado. ‖ 2. Perú. Cinta que usan las indias para atar sus trenzas.

SIMBIONTE. adj. Biol. Dícese de los individuos asociados en simbiosis. Ú.t. c.s.m.

SIMBIOSIS. (gr. σύν, con, y βίωσις, medios de subsistencia.) f. Biol. Asociación íntima de organismos de diferentes especies, en la que ambos asociados o simbiontes sacan provecho de la vida en común.

SIMBIÓTICO, CA. (De simbiosis.) adj. Biol. Perteneciente o relativo a la simbiosis.

★ **SIMBLÓN.** m. Art. y Of. Cuerda con que se trazan circunferencias de gran radio.

SIMBOL. m. Argent. Gramínea de tallos largos y flexibles usados en cestería.

SIMBÓLICAMENTE. adv. De manera simbólica. ‖ 2. Por medio de símbolos.

SIMBÓLICO, CA. (l. symbolĭcus, y éste del gr.συμβολικός.) adj. Perteneciente o relativo al símbolo. ‖ 2. Expresado por medio de símbolos.

SIMBOLISMO. m. Sistema de símbolos con que se representan conceptos, afectos, sucesos, etc. ‖ 2. Escuela poética, aparecida en Francia a fines del siglo XIX, como reacción contra el realismo, que elude nombrar concretamente los objetos y prefiere sugerirlos o evocarlos, elevándose hasta una trascendencia vagamente simbólica y musical. ‖ **P.** e **It.** simbolismo; **I.** symbolism; **F.** symbolisme; **A.** Symbolismus, Symbolwesen; **R.** символизм.

SIMBOLISTA. com. Persona que gusta de usar símbolos. ‖ 2. Poeta o artista afiliado al simbolismo.

SIMBOLIZABLE. adj. Propio para expresarse con un símbolo.

SIMBOLIZACIÓN. f. Acción y efecto de simbolizar.

SIMBOLIZAR. (De símbolo.) tr. Servir una cosa como símbolo de otra, por alguna relación o semejanza entre ellas.

SÍMBOLO. (l. symbŏlum, y éste del gr. σύμβολον.) m. Cosa sensible que se toma como representación de otra, en virtud de una convención o por alguna semejanza o correspondencia que el entendimiento percibe entre ambas. ‖ 2. Dicho sentencioso. ‖ 3. Quím. Letra o letras con que se designa un cuerpo simple. ‖ 4. Numism. Emblemas o figuras accesorias que se añaden al tipo de las monedas y medallas. ‖ —de la Fe o de los Apóstoles. Credo, compendio de las verdades de la fe. ‖ **P.** símbolo; **I.** symbol; **F.** symbole; **A.** Symbol, Sinnbild; **It.** simbolo; **R.** символ.

★ **SIMBOMBO, BA.** adj. Cuba. Tonto, mentecato, bobalicón.

SIMETRÍA. (l. symmetrĭa, y éste del gr. συμμετρία, de σύμμετρος; de σύν, con, y μέτρον, medida.) f. Proporción adecuada de las partes de un todo. ‖ 2. Armonía de posición de las partes o puntos similares unos respecto de otros, y con referencia a un punto, a una línea o a un plano. ‖ **P.** simetría; **I.** symmetry; **F.** symétrie; **A.** Symmetrie, Ebenmass; **It.** simmetria; **R.** симметрия.

SIMÉTRICAMENTE. adv. Con simetría.

SIMÉTRICO, CA. (gr. συμμετρικός.) adj. Perteneciente a la simetría. ‖ 2. Que la tiene.

SIMIA. (l. simĭa.) f. Hembra del simio.

SÍMICO, CA. adj. Perteneciente o relativo al simio.

SIMIENTE. (l. sementis.) f. Semilla. ‖ 2. Semen. ‖ —de papagayos. Alazor. ‖ Guardar a una persona o cosa para simiente de rábanos. fr. fig. y fam. con que se zahiere a quien la guarda para tiempo u ocasión que no ha de llegar. ‖ **P.** semente; **I.** seed; **F.** semence; **A.** Saatkorn, Samen; **It.** semente; **R.** семя.

SIMIENZA. (l. sementis, semilla.) f. Sementera.

SIMIESCO, CA. adj. Que se asemeja al simio.

SÍMIL. (l. simĭlis.) adj. p. us. Semejante, parecido. ‖ 2. m. Comparación, semejanza entre dos cosas. ‖ 3. Ret. Figura consistente en comparar expresamente una cosa con otra. ‖ 2.ª acep.: **P.** símil; **I.** similarity, similitude; **F.** similitude; **A.** ähnlich; **It.** simile; **R.** подобный.

SIMILAR. (De simil.) adj. Semejante, análogo, parecido.

SIMILICADENCIA. (l. simĭlis, semejante, y de cadencia.) f. Ret. Figura que consiste en emplear al fin de dos o más cláusulas nombres en el mismo caso de la declinación, verbos en igual modo o tiempo y persona, o palabras de sonido semejante.

SIMILIRRATE. (l. macarrónico similis ratae, parecido a la rata.) m. Germ. Ladroncillo temeroso.

SIMILITUD. (l. silimitudo.) f. Semejanza, parecido, analogía.

SIMILITUDINARIO, RIA. (l. similitudo, -ĭnis.) adj. Que tiene similitud con otra cosa.

SIMILOR. (De simil y oro.) m. Aleación que se obtiene fundiendo cinc con tres, cuatro o más partes de cobre. ‖ De similor. m. adv. Falso, fingido, que aparenta mejor calidad que la que realmente tiene. ‖ **P.** ouro falso; **I.** y **F.** similor; **A.** Double; **It.** similoro; **R.** латунь.

SIMIO. (l. simĭus.) m. Mono. ‖ 2. pl. Zool. Suborden de estos animales.

SIMÓN. (De Simón, nombre de un alquilador de coches de Madrid.) adj. Dícese del coche de punto o alquiler. Ú.t. c.s. ‖ 2. Dícese del cochero que guía el coche de punto. Ú.t.c.s.

SIMONÍA. (De Simón Mago.) f. Compra o venta deliberada de cosas espirituales o temporales inseparables anejas a las espirituales. ‖ 2. Propósito de efectuar dicha compraventa. ‖ **P.** simonia; **I.** simony; **F.** simonie; **A.** Simonie; **It.** simonia; **R.** симония.

SIMONIACAMENTE. adv. m. Con simonía.

SIMONIACO, CA [SIMONÍACO, CA]. (b. l. simoniacus.) adj. Perteneciente a la simonía. ‖ 2. Que la comete. Ú.t.c.s.

SIMONIÁTICO, CA. adj. Simoniaco. Ú.t.c.s.

★ **SIMONILLO.** m. Méj. Cierta planta de la familia de las compuestas.

SIMPA. (Voz quichua.) f. Argent. y Perú. Trenza.

★ **SIMPAR.** tr. Argent. Hacer simpas o trenzas.

SIMPATÍA. (l. sympathĭa, y éste del gr. συμπάθεια, comunidad de sentimientos.) f. Conformidad o analogía en una persona respecto de los afectos o sentimientos de otra. ‖ 2. Modo de ser de una persona que la hace agradable a las demás. ‖ 3. Med. Relación de actividad fisiológica y patológica de algunos órganos. ‖ **P.** simpatia; **I.** sympathy; **F.** sympathie; **A.** Sympathie, Zuneigung; **It.** simpatia; **R.** симпатия.

SIMPÁTICAMENTE. adv. m. Con simpatía.

SIMPÁTICO, CA. (De simpatía.) adj. Que inspira simpatía. ‖ 2. Tinta SIMPÁTICA. Dícese de una tinta que tiene la propiedad de que no se conoce lo escrito con ella hasta que se le aplica el reactivo conveniente. ‖ 3. Mús. Dícese de la cuerda que resuena por sí sola cuando se hace sonar otra. ‖ Gran SIMPÁTICO. Anat. Conjunto de nervios que rigen el funcionamiento visceral y que forman con el nervio neumogástrico el sistema nervioso de la vida vegetativa.

SIMPATIZADOR, RA. adj. Que simpatiza.

SIMPATIZANTE. p.a. de simpatizar. Que simpatiza. Ú.t.c.s.

SIMPATIZAR. (De simpatía.) intr. Sentir simpatía. ‖ **P.** simpatizar; **I.** to sympathize; **F.** sympathiser; **A.** sympathisieren; **It.** simpatizzare; **R.** симпатизировать.

★ **SIMPLADA.** f. C. Rica. Simpleza, necedad, tontería.

SIMPLE. (l. simplex.) adj. Sin composición. ‖ 2. Sencillo, hablando de las cosas que pueden ser dobles. ‖ 3. Dícese del traslado o copia de una escritura que se saca sin firmar ni autorizar. ‖ 4. fig. Desabrido, falto de sazón. ‖ 5. fig. Apacible e incauto. Ú.t.c.s. ‖ 6. fig. Mentecato. Ú.t.

c.s. ‖ 7. Gram. Aplícase a la palabra que no se compone de otras de la misma lengua. ‖ 8. Quím. Cuerpo SIMPLE. El formado por una sola substancia. ‖ 9. m. Materia que sirve por sí sola a la medicina, o que entra en la composición de un medicamento. ‖ **P.** simples; **I.** y **F.** simple; **A.** einfach; **It.** sèmplice; **R.** простой.

SIMPLEMENTE. adv. Con simpleza o sencillez. ‖ 2. Absolutamente, sin condición alguna.

SIMPLEZA. (De simple.) f. Bibería, necedad.

SIMPLICIDAD. (l. simplicĭtas, -ātis.) f. Sencillez, candor. ‖ 2. Calidad de simple. ‖ **P.** simplicidade; **I.** simplicity; **F.** simplicité; **A.** Einfachheit, Arglosigkeit; **It.** semplicità; **R.** простота.

SIMPLICÍSIMO, MA. (l. simplicissĭmus.) adj. sup. de simple.

SIMPLICISTA. adj. Simplista. Apl. a pers. ú.t.c.s.

SIMPLIFICABLE. adj. Que se puede simplificar.

SIMPLIFICACIÓN. f. Acción y efecto de simplificar.

SIMPLIFICADOR, RA. adj. Que simplifica.

SIMPLIFICAR. (l. simplex, simple, sencillo, y facĕre, hacer.) tr. Hacer más sencilla o menos complicada una cosa. ‖ **P.** simplificar; **I.** to simplify; **F.** simplifier; **A.** vereinfachen; **It.** semplificare; **R.** упрощать.

SIMPLÍSIMO, MA. adj. sup. de simple.

SIMPLISMO. m. Calidad de simplista.

SIMPLISTA. adj. Que simplifica o tiende a simplificar. Apl. a pers. ú.t.c.s. ‖ 2. com. Med. Persona que escribe o trata de los simples.

SIMPLÓN, NA. adj. aum. de simple. ‖ 2. Sencillo, ingenuo. Ú.t.c.s.

★ **SIMPO.** m. Chile. En Chiloé, hojita de maquí en que se envuelve el tabaco para formar cigarros.

° **SIMPOSIO.** m. Asamblea, congreso, reunión durante unos días, de personas de una misma actividad profesional. ‖ 2. Banquete.

★ **SIMPUDO, DA.** adj. Argent. Que lleva simpas o trenzas largas.

★ **SIMUCA.** f. Colom. Pasta de bollo de yuca juntamente con harina de ajonjolí, y sazonado con pimienta y sal.

SIMULACIÓN. (l. simulatĭo, -ōnis.) f. Acción de simular. ‖ 2. For. Alteración aparente de la causa, la índole o el objeto verdaderos de un acto o contrato. ‖ **P.** simulação; **I.** simulation, feigning; **F.** simulation; **A.** Verstellung, Vorspiegelung; **It.** simulazione, simulamento; **R.** симуляция.

SIMULACRO. (l. simulacrum.) m. Imagen hecha a semejanza de una cosa o persona, especialmente sagrada. ‖ 2. Especie o imagen que forma la fantasía. ‖ 3. Mil. Acción de guerra, simulada para adiestrar las tropas. ‖ 4. Venez. Dechado, modelo. ‖ **P.** e **It.** simulacro; **I.** simulacrum; **F.** simulacre; **A.** (Trug-, Schein)-bild; **R.** изображение.

SIMULADAMENTE. adv. Con simulación.

SIMULADOR, RA. (l. simulātor, -ōris.) adj. Que simula. Ú.t.c.s.

SIMULAR. (l. simulāre.) tr. Representar una cosa, fingiendo lo que no es. ‖ **P.** simular; **I.** to simulate; **F.** simuler; **A.** (er)heucheln, fingieren; **It.** simulare; **R.** симулировать.

SIMULTÁNEAMENTE. adv. Con simultaneidad.

SIMULTANEAR. (De simultáneo.) tr. Realizar al mismo tiempo dos operaciones o propósitos. ‖ 2. Cursar al mismo tiempo asignaturas correspondientes a distintos años académicos o a diferentes facultades.

SIMULTANEIDAD. f. Calidad de simultáneo.

SIMULTÁNEO, A. (l. simul, juntamente, a una.) adj. Dícese de lo que se hace u ocurre al mismo tiempo que otra cosa. ‖ **P.** simultâneo; **I.** simultaneous; **F.** simultané; **A.** gleichzeitich, gemeinsam; **It.** simultâneo; **R.** одновременный.

SIMÚN. (ár. samūm, viento cálido y pestilencial.) m. Viento seco y abrasador

S

que suele soplar en los desiertos de África y de Arabia.

SIN. (l. *sine.*) prep. separat. y negat. que denota carencia o falta. || **2.** Fuera de o además de. || **3.** Cuando se junta con el infinitivo del verbo equivale a *no* con su participio o gerundio. *Marchó* SIN *comer;* esto es, *no habiendo comido.* || **P.** sem; **I.** without; **F.** sans; **A.** ohne, sonder; **It.** senza; **R.** без.

SIN. (gr. σύν, con.) prep. insep. que significa unión o simultaneidad. SÍN-*tesis*, SÍN*toma*, SINC*rónico.*

SINABAFA. f. Tela antigua de hilo parecida a la Holanda.

SINAGOGA. (l. *synagōga*, y éste del gr. συναγωγή; de συνάγω, reunir, congregar.) f. Congregación religiosa de los judíos. || **2.** Casa en que se reúnen los judíos a orar y a oir la doctrina de Moisés. || **3.** fig. Conciliábulo.

SINALAGMÁTICO, CA. (gr. συναλλαγματικός, perteneciente al contrato.) adj. FOR. Bilateral.

★ **SINALAXIO.** m. ZOOL. Género de pájaros tenuirrostros, de color rojo, gris o verdoso, con la cola escalonada que viven entre la maleza, en los montes de la América del Sur.

SINALEFA. (l. *sinaloepha*, y éste del gr. συναλοιφή; de συναλείφω, confundir, mezclar.) f. Enlace de sílabas para formar una sola con la última de un vocablo y la primera del siguiente cuando aquél acaba en vocal y éste empieza también con vocal, precedida o no de *h* muda. || **P.** sinalefa; **I.** synalepha; **F.** synalèphe; **A.** Synalöphe; **It.** sinalefe.

○ **SINALEFAR.** tr. Hacer uso de la sinalefa.

★ **SINALGIA.** (gr. σύν, juntamente, y ἄλγος, dolor) f. PAT. Dolor experimentado en un punto, producido por una lesión en otro punto.

SINAMAY. (Voz tagala.) m. Tela muy fina fabricada en Filipinas con las fibras más delicadas del abacá y de la pita.

SINAMAYERA. f. Mujer que vende sinamay y otras telas en Filipinas.

★ **SINANTHROPUS.** m. PALEONT. Homínido anterior al hombre de Neanderthal, del cual se han encontrado restos cerca de Pekín.

★ **SINANTROPO.** m. PALEONT. Sinanthropus.

SINAPISMO. (l. *sinapismus*, y éste del gr. σιναπισμός, de σίναπι, mostaza.) m. MED. Tópico hecho con polvo de mostaza. || **2.** fig. y fam. Persona o cosa que molesta o irrita.

SINARIO. m. p. us. Sina, pronóstico.

SINARTROSIS. (gr. συνάρθρωσις, de συναρθρόω, articular.) f. ZOOL. Articulación no movible.

★ **SINCAS.** m. pl. ETNOGR. Ciertos indios de la América Central.

SINCERADOR, RA. adj. Que sincera. Ú.t.c.s.

SINCERAMENTE. adv. Con sinceridad.

SINCERAR. (l. *sincerāre*, purificar.) tr. Justificar la inculpabilidad de uno en lo que se le atribuye. Ú.m.c.r.

SINCERIDAD. (l. *sinceritas, -ātis.*) f. Sencillez, veracidad, libre de fingimiento. || **P.** sinceridade; **I.** sincerity, sincereness; **F.** sincérité; **A.** Aufrichtigkeit, Lauterkeit; **It.** sincerità; **R.** искренность, правдивость.

SINCERO, RA. (l. *sincērus.*) adj. Ingenuo, veraz y sin doblez.

★ **SINCIPUCIO.** m. ANAT. Parte superior de la cabeza.

★ **SINCLINAL.** adj. GEOL. Dícese de los estratos inclinados de forma que convergen.

★ **SINCOLOTE.** m. MÉJ. Colote o canasto alto para guardar maíz. Ú.m. en plural.

SÍNCOPA. (l. *syncŏpa*, y éste del gr. συγκοπή; de συγκόπτω, cortar, reducir.) f. GRAM. Supresión de uno o más sonidos dentro de un vocablo, como en *Navidad* por *Natividad.* || **2.** Mús. Enlace de los sonidos iguales, de los cuales el uno se halla en el tiempo o parte débil del compás, y el otro en el fuerte. || **P.** sincopa; **I.** syncopation; **F.** syncope; **A.** Synkope, Wortverkürzung; **It.** sincope; **R.** синкопа.

SINCOPADAMENTE. adv. Con síncopa.

SINCOPADO, DA. p.p. de sincopar. || **2.** adj. Mús. Dícese de la nota que se halla entre dos o más notas de menos valor, pero que juntas valen tanto como ella. || **3.** Dícese del ritmo o canto que tiene notas sincopadas.

SINCOPAL. adj. MED. Dícese de la fiebre que se junta con el síncope.

SINCOPAR. tr. GRAM. y Mús. Hacer síncopa. || **2.** fig. Abreviar, reducir.

SÍNCOPE. (l. *syncŏpe*, y éste del gr. συγκοπή.) m. GRAM. Síncopa. || **2.** MED. Suspensión momentánea y súbita de los movimientos del corazón con pérdida del conocimiento y de la sensibilidad. || **2.ª** acep.: **P.** síncope; **I.** y **F.** syncope; **A.** Ohnmacht; **It.** sincope; **R.** обморок.

SINCOPIZAR. tr. MED. Causar síncope. Ú.t.c.r.

SINCRÉTICO, CA. adj. Perteneciente o relativo al sincretismo.

SINCRETISMO. (gr. συγκρητισμός, coalición de dos adversarios contra un tercero; de σύν, con, y κρητίζω, obrar o hablar como un cretense; ser impostor.) m. Sistema filosófico que intenta conciliar doctrinas diferentes.

★ **SINCROCICLOTRÓN.** m. Fís. y Quím. Ciclotrón basado en la estabilización de la fase y la sincronización de la rotación del ion.

○ **SINCRONÍA.** f. Acción de sincronizar o hacer que coincidan en el tiempo dos o más movimientos o fenómenos. || **2.** Carácter de los hechos que se observan en el lenguaje con independencia de la evolución experimentada al correr del tiempo.

SINCRÓNICO, CA. (gr. σύγχρονος; de σύν, con, y χρόνος, tiempo.) adj. Dícese de las cosas que suceden o se verifican al mismo tiempo.

SINCRONISMO. (gr. συγχρονισμός.) m. Circunstancia de suceder o verificarse dos o más cosas al mismo tiempo. || **P.** e **It.** sincronismo; **I.** synchronism; **F.** synchronisme, synchronie; **A.** Synchronismus, Gleichzeitigkeit; **R.** синхронность.

★ **SINCRONIZACIÓN.** f. Acción y efecto de sincronizar. || **2.** CINEMAT. Adaptación del sonido a la imagen previamente impresionada. || **3.** ELECTR. Ajuste de una máquina de corriente alterna con la línea de suministro o con otra máquina a la que ha de acoplarse. || **4.** TELEV. Ajuste de las frecuencias de línea y de imagen en un receptor, de modo que coincidan con las del transmisor.

SINCRONIZAR. tr. Hacer que coincidan en el tiempo dos o más movimientos o fenómenos.

★ **SINCRONOSCOPIO.** m. ELECTR. Aparato que sirve para apreciar si dos máquinas eléctricas tienen la misma fuerza electromotriz, la misma fase y la misma frecuencia para funcionar sincrónicamente.

★ **SINCROTRÓN.** m. Fís y Quím. Aparato electromagnético, parecido al betatrón, destinado a comunicar altas velocidades a partículas cargadas de electricidad.

SINDÁCTILO. (gr. σύν, junto, y δάκτυλος, dedo.) adj. ZOOL. Dícese de los pájaros que tienen el dedo externo unido al medio hasta la penúltima falange. Ú.t.c.s. || **2.** m. pl. ZOOL. Suborden de estas aves.

SINDÉRESIS. (gr. συντήρησις, de συντηρέω, observar, examinar.) f. Capacidad natural para juzgar rectamente.

SÍNDICA. f. SEG. Mujer que en las fiestas de Santa Águeda ostenta un cargo representativo, y auxilia a la alcaldesa.

SINDICABLE. adj. Que puede sindicarse.

SINDICACIÓN. f. Acción y efecto de sindicar o sindicarse.

SINDICADO. m. Junta de síndicos.

SINDICADOR, RA. adj. Que sindica. Ú.t.c.s.

SINDICAL. adj. Perteneciente o relativo al síndico. || **2.** Perteneciente o relativo al sindicato.

SINDICALISMO. m. Sistema de organización obrera por medio del sindicato.

SINDICALISTA. adj. Perteneciente o

relativo al sindicalismo. || **2.** com. Partidario del sindicalismo.

SINDICAR. (De *síndico.*) tr. Acusar o delatar. || **2.** Poner una tacha o sospecha. || **3.** Sujetar una cantidad de dinero, valores o mercancías a compromisos especiales para negociarlos o venderlos. || **4.** Ligar varias personas de una misma profesión, o de intereses comunes, para formar un sindicato. || **5.** r. Entrar a formar parte de un sindicato.

SINDICATO. m. Sindicado. || **2.** Asociación formada para la defensa de intereses económicos comunes a todos los asociados. Dícese especialmente de las asociaciones obreras organizadas. || **2.ª** acep.: **P.** sindicato; **I.** labour union, syndicate; **F.** syndicat; **A.** Syndikat, Berufsgenossenschaft; **It.** sindacato; **R.** синдикат, профсоюз.

SINDICATURA. f. Oficio o cargo de síndico. || **2.** Oficina del síndico.

SÍNDICO. (l. *syndicus*, y éste del gr. σύνδικος; de σύν, con, y δίκη, justicia.) m. El que en un concurso de acreedores o en una quiebra es el encargado de liquidar el activo y el pasivo del deudor. || **2.** El que guarda el dinero de las limosnas que se dan a los religiosos mendicantes. || **3.** Procurador síndico. || **4.** Persona elegida por una comunidad o corporación para cuidar de sus intereses. || **P.** síndico; **I.** assignee, syndic; **F.** syndic; **A.** Syndikus; **It.** sindaco; **R.** синдик.'

SÍNDROME. (gr. συνδρομή, concurso.) m. Conjunto de síntomas característicos de una enfermedad. || **—general de adaptación.** MED. Conjunto de manifestaciones no específicas del organismo atacado por un agente ofensivo cualquiera.

SINÉCDOQUE. (l. *synecdŏche*, y éste del gr. συνεκδοχή, de συνεκδέχομαι, recibir juntamente.) f. RET. Tropo consistente en extender, restringir o alterar la significación de las palabras, tomando el todo por la parte, o viceversa; el género por la especie, o al contrario; la materia por la cosa formada de ella, etc.; v. gr.: *Mil almas, por mil personas.* || **P.** sinédoque; **I.** synecdoche; **F.** synecdoche, synecdoque; **A.** Synekdoche; **It.** sinèddoche; **R.** синекдоха.

SINECURA. (l. *sine cura*, sin cuidado.) f. Empleo o cargo retribuido que exige poco o ningún trabajo.

★ **SINE DIE.** Expresión latina que se emplea para indicar un aplazamiento sin fecha determinada.

SINEDRIO. (gr. συνέδριον.) m. Sanedrín.

SINE QUA NON. (Lit., *sin la cual no.*) expr. lat. que se usa en la denominación «condición sine qua non» para designar aquella condición sin la cual no se hará una cosa o se tendrá por no hecha.

SINÉRESIS. (l. *synaerēsis*, y éste del gr. συναίρεσις, de συναιρέω, tomar con.) f. GRAM. Reducción a una sola sílaba, en una misma palabra, de vocales que normalmente se pronuncian en sílabas distintas. La sinéresis en el verso es considerada como licencia poética. || **2.** Quím. Fenómeno muy complejo, por el que ciertos geles dejados en reposo separan una pequeña cantidad de agua. Sin que cambie el volumen total del gel. || **P.** sinérese; **I.** syn(a)eresis; **F.** synérèse; **A.** Synärese; **It.** sinèresi.

SINERGIA. (gr. συνεργία, cooperación.) f. FISIOL. Concurso activo y concertado de varios órganos para realizar una función. || **2.** MED. Acción concomitante de dos o más medicamentos.

SINESTESIA. (gr. σύν, junto, y αἴσθησις, sensación.) f. FISIOL. Sensación que se percibe en una parte del cuerpo a consecuencia de un estímulo aplicado en otra parte del organismo. || **2.** PSICOL. Sensación subjetiva, propia de un sentido, causada por otra sensación que afecta a un sentido diferente.

SINFÍN. m. Infinidad, sinnúmero.

SINFISANDRIOS. (gr. σύμφυσις, unión, y ἀνήρ, ἀνδρός, masculino.) adj. BOT. Dícese de los estambres de una flor cuando están soldados por sus filamentos y por sus anteras. Ú. sólo en pl.

SÍNFISIS. (gr. σύμφυσις, unión.) f. ZOOL. Conjunto de medios orgánicos de unión de dos superficies óseas. || 2. MED. Pegadura de dos órganos o tejidos a consecuencia de una inflamación. || 3. Articulación en que las superficies óseas están unidas por fibrocartílago. || 4. Línea que señala la unión de las dos porciones de que se compuso un hueso en los primeros períodos de la vida. || P. sínfise; I. symphisis; F. symphise; A. Knochenfügung; It. sinfisi; R. симфиз.

SÍNFITO. (l. *symphytum*, y éste del gr. σύμφυτον.) m. Consuelda.

SINFONÍA. (l. *symphonía*, y éste del gr. συμφωνία, de σύμφωνος, que una a su voz, acorde, unánime.) f. Conjunto de voces, de instrumentos, o de ambas cosas, que suenan acordes a la vez. || 2. Cierta composición instrumental para orquesta. || 3. Pieza de música instrumental, que precede, por lo común, a las óperas y zarzuelas. || 4. fig. Armonía de los colores. || 5. SANT. Acordeón. || P. sinfonia; I. symphony; F. symphonie; A. Symphonie, Gleichklang; It. sinfonia; R. симфония.

SINFÓNICO, CA. adj. Perteneciente o relativo a la sinfonía.

SINFONISTA. com. Persona que compone sinfonías. || 2. Persona que toma parte en su ejecución.

SINGA. f. MAR. Acción y efecto de singar.

SINGAR. intr. MAR. Remar con un remo armado en la popa de una embarcación, de tal modo manejado que produzca un movimiento de avance.

SINGENÉSICOS. (gr. σύν, junto, y γένεσις, generación.) adj. BOT. Dícese de los estambres de una flor soldados por sus anteras. Ú. sólo en pl.

* **SINGIERITA.** (De Ezgar *Singier*, promotor de la explotación de minerales en el Congo Belga.) f. MINERAL. Mineral radiactivo descubierto en 1948 en el Congo Belga, el cual contiene uranio.

SINGLADURA. (De *singlar*.) f. MAR. Distancia recorrida por una nave en 24 horas. || 2. MAR. En las navegaciones, intervalo de 24 horas que comúnmente se cuentan de mediodía a mediodía.

SINGLAR. (ant. nórdico *sigla*, navegar.) intr. MAR. Navegar la embarcación con rumbo determinado.

SINGLE. (ingl. *single*, y éste del l. *singulus*, singular, solo.) adj. MAR. Dícese del cabo que se emplea sencillo.

SINGLÓN. (ingl. *singlon*, y éste del l. *cingulum*, ceñidor.) m. MAR. Genol.

SINGULAR. (l. *singularis*.) adj. Único, sin par. || 2. fig. Extraordinario, raro o excelente. Ú.t.c.s. || 3. AR. Particular, individuo, vecino. Ú.t.c.s. || 4. GRAM. Dícese de la palabra variable cuando se refiere a un solo ser. Ú.t.c.s. || En SINGULAR. m. adv. En particular. || P. singular; I. singular, single; F. singulier; A. einzig, singular; It. singolare; R. единственный.

SINGULARIDAD. (l. *singularitas*, -*atis*.) f. Calidad de singular. || 2. Particularidad, distinción, o separación de lo común.

SINGULARIZAR. (De *singular*.) tr. Distinguir o particularizar una cosa entre otras. || 2. GRAM. Dar número singular a palabras que no suelen tenerlo. || 3. r. Distinguirse, apartarse del común. || P. singularizar; I. to singularize; F. singulariser; A. auszeichnen, absondern; It. singolarizzare; R. отличать.

SINGULARMENTE. adv. m. Separadamente, particularmente.

SINGULTO. (l. *singultus*.) m. Sollozo. || 2. MED. Hipo.

SINHUESO. f. fam. La lengua, como órgano de la palabra.

SÍNICO, CA. adj. Chino. Aplícase a cosas.

SINIESTRA. (l. *sinistra*.) f. Izquierda.
° **SINIESTRADO, A.** adj. Se dice de quien ha sufrido un siniestro. Ú.t.c.s.

SINIESTRAMENTE. adv. De manera siniestra.

SINIESTRO, TRA. (l. *sinister, -tri*.) adj. Aplícase a la parte o lugar que está a la mano izquierda. || 2. fig. Avieso y malintencionado. || 3. fig. Funesto, aciago. || 4. m. Propensión a lo malo; resabio, vicio. Ú.m. en pl. || 5. Avería grave, destrucción o pérdida importante que sufren las personas o la propiedad, especialmente por

accidente. || 5.ª acep.: **P.** e **It.** sinistro; **I.** loss, disaster; **F.** sinistre; **A.** Unglücksfall; **R.** крупная потеря.

* **SINIQUITATE.** m. VENEZ. Persona despreciable.

SINISTRO, TRA. adj. ant. Siniestro, 1.ª acep.

SINISTRÓRSUM. (Voz latina.) adv. Hacia la izquierda. Dícese de las formas y movimientos helicoidales.

SINJUSTICIA. (De *sin* y *justicia*.) f. ant. Injusticia. Ú. como vulgar en Andalucía, Aragón y Puerto Rico.

SINNÚMERO. (De *sin* y *número*.) m. Número incalculable de personas o cosas. *Hubo un SINNÚMERO de muertos.*

SINO. (l. *signum*.) m. Signo, hado.

SINO. (De *si*, y *no*.) conj. advers. con que se contrapone un concepto afirmativo a otro negativo. *No es rosa, SINO amarillo.* En esta acepción suele juntarse con modos adverbiales de sentido adversativo, como *al contrario, antes bien,* etc. *No quiero que marche, SINO, al contrario.* || 2. Denota a veces idea de excepción. *Nadie lo sabe SINO Ángela.* || 3. Precedida de negación, suele equivaler a *solamente* o tan sólo. *No te pido SINO que me oigas,* que equivale a: *Te pido solamente,* o *tan sólo que me oigas.* || 4. Precedido del modo adverbial *no sólo,* denota adición de otro u otros miembros. *No sólo por entendido,* SINO *por afable y virtuoso.* En casos como éste, suele ir seguido del adverbio *también.* || **P.** senão; **I.** but; **F.** mais, sinon; **A.** nur, sonst, sondern; **It.** ma, bensì; **R.** но, а.

* **SINO.** m. CUBA. Pieza de barro parecida a la horma de azúcar.

SINOBLE. (l. *sinópis, -ídis,* y éste del gr. συνωπίς, tierra de Sinope.) adj. BLAS. Sinople. Ú.t.c.s.

SINOCAL. (De *sínoco.*) adj. MED. Dícese de la fiebre continua. Ú.t.c.s.

SÍNOCO, CA. (l. *synóchus,* y éste del gr. Σύνοχος, continuo; de συνέχω, tener, retener con.) adj. MED. Dícese de la fiebre continua. Ú.t.c.s.

SINODAL. (l. *synodalis.*) adj. Perteneciente al sínodo. Aplícase regularmente a las decisiones de los sínodos, usándose entonces como substantivo femenino.

SINODÁTICO. m. Tributo anual que pagaban al obispo todos los eclesiásticos seculares cuando iban al sínodo.

SINÓDICO, CA. (l. *synídicus,* y éste del gr. συνοδικός.) adj. Perteneciente o relativo al sínodo. || *Mes lunar* SINÓDICO. ASTRON. Tiempo que transcurre entre dos sucesivos novilunios.

SÍNODO. (l. *synodus,* y éste del gr. σύνοδος; de σύν, con, y ὁδός, camino.) m. Concilio, reunión de obispos. || 2. Junta de eclesiásticos nombrada por el ordinario para examinar a los ordenandos y confesores. || 3. Junta de ministros protestantes para decidir sobre asuntos eclesiásticos. || 4. ASTRON. Conjunción de dos planetas en el mismo grado de la Eclíptica y en el mismo círculo de posición. || —**diocesano.** Junta del clero de una diócesis, convocada y presidida por el obispo para tratar de asuntos eclesiásticos. || *Santo* SÍNODO. Asamblea de la Iglesia rusa. || **P.** sínodo; **I.** synod; **F.** synode; **A.** Synode, Kirchenrat; **It.** sìnodo; **R.** синод.

SINOLOGÍA. f. Estudio de la lengua, la literatura e instituciones chinas.

SINÓLOGO. (gr. Σίνα, la China, y λόγος, doctrina.) m. El que profesa la sinología.

SINONIMIA. (l. *synonymía,* y éste del gr. συνωνυμία.) f. Circunstancia de ser sinónimos dos o más vocablos. || 2. RET. Figura que consiste en usar de intento voces sinónimas para amplificar o reforzar la expresión de un concepto. || **P.** sinonímia; **I.** synonymy; **F.** synonymie; **A.** Sinnverwandtschaft, Begriffsähnlichkeit; **It.** sinonimia; **R.** синонимия.

SINÓNIMO, MA. (l. *synonymus,* y éste del gr. συνώνυμος; de σύν, con, y ὄνομα, nombre.) adj. Dícese de las palabras y expresiones que tienen una misma o muy parecida significación. Ú.t.c.s.m. || **P.** sinónimo; **I.** synonym; **F.** synonyme; **A.** sinnverwandt; **It.** sinònimo; **R.** синоним.

SINOPENSE. adj. Natural de Sinope,

ciudad de la Turquía asiática. Ú.t.c.s. || 2. Sinópico.

SINÓPICO, CA. (l. *sinopicus.*) adj. Perteneciente a Sinope.

SINOPLE. (fr. *sinople,* y éste del m. or. que *sinoble.*) adj. BLAS. Color verde que se representa en el grabado por líneas oblicuas y paralelas a una vía desde el cantón diestro del jefe al siniestro de la punta. Ú.t.c.s.m.

SINOPSIS. (l. *synopsis,* y éste del gr. σύνοψις; de σύν, con, y ὄψις, vista.) f. Compendio o resumen de una ciencia o tratado, presentado en forma sinóptica. || **P.** sinopse; **I.** synopsis; **F.** synopse; **A.** Synopsis, Übersicht; **It.** sinopsi, sinossi; **R.** обзор, синопсис.

SINÓPTICO, CA. (l. *synopticus,* y éste del gr. συνοπτικός.) adj. Dícese de lo presentado con brevedad y claridad, de tal forma que a primera vista permita apreciar las diversas partes de un todo. *Cuadro* SINÓPTICO.

SINOVIA. (b. l. *synovia.*) f. ZOOL. Humor viscoso que lubrica las articulaciones óseas. || **P.** sinóvia; **I.** synovia; **F.** synovie; **A.** Gelenkschleim; **It.** sinovia.

SINOVIAL. adj. ZOOL. Dícese de las glándulas que secretan la sinovia. || 2. Concerniente a ella.

SINOVITIS. f. MED. Inflamación de las glándulas sinoviales de las grandes articulaciones.

SINRAZÓN. (De *sin* y *razón.*) f. Acción contra justicia y fuera de razón. || **P.** sem-razão; **I.** wrong, injustice; **F.** tort; **A.** Unrecht, Ungerechtigkeit; **It.** torto; **R.** безрассудство.

SINSABOR. (De *sin,* 1.er art., y *sabor.*) m. Desabor. || 2. fig. Desazón, pesadumbre.

SINSONTE. (mejic. *cenzontle,* que tiene cuatrocientas voces.) m. Pájaro americano semejante al mirlo, pero de plumaje pardo y con las extremidades de las alas y de la cola, el pecho y el vientre blancos. Su canto es muy variado y melodioso.

* **SINSONTILLO.** m. ZOOL. CUBA. Pajarillo dentirrostro de la familia de los sílvidos, el más pequeño de la isla después del zunzún, que habita en la región oriental y emite un canto muy agradable.

SINSORGO, GA. (vasc. *zenzurgue.*) adj. ÁL., MURC. y VIZC. Dícese de la persona insubstancial y de poca formalidad. Ú.t.c.s.

SINSUBSTANCIA. com. fam. Persona frívola e insubstancial.

SINTÁCTICO, CA. (gr. συντακτικός.) adj. GRAM. Perteneciente o relativo a la sintaxis.

SINTAXIS. (l. *syntaxis,* y éste del gr. σύνταξις, de συντάσσω, coordinar.) f. GRAM. Parte de la gramática, que enseña a coordinar y unir las palabras para formar las oraciones y expresar conceptos. Divídese en regular y figurada. La primera pide que este enlace se haga del modo más lógico y sencillo. La segunda autoriza el uso de las figuras de construcción para dar a la expresión del pensamiento más vigor o elegancia. La figurada no es, como pudiera creerse, hija del caprichoso artificio: empléase, por el contrario, instintivamente en el lenguaje hablado. || **P.** sintaxe; **I.** syntax; **F.** syntaxe; **A.** Syntax, Satzlehre; **It.** sintassi; **R.** синтаксис.

* **SINTERIZACIÓN.** f. QUÍM. Proceso para obtener aleaciones de metales de punto de fusión muy alto como el tántalo, el molibdeno y el volframio, los cuales se preparan en polvo prensándolos luego convenientemente, y las piezas así obtenidas se calientan y someten a fuerte presión. El calor y la presión conjuntamente sueldan las partículas metálicas en una masa homogénea por acción de fuerzas de superficie.

SÍNTESIS. (l. *synthesis,* y éste del gr. σύνθεσις.) f. Composición de un todo por la reunión de sus partes. || 2. Suma y compendio de una materia. || 3. QUÍM. Formación de un compuesto mediante la combinación de elementos químicos o de cuerpos más sencillos. || 4. Información general, de base bibliográfica sobre los principales hechos de investigación científica. || 5. Movimiento de colaboración científica para contrarrestar la excesiva especialización, y tendente a determinar en la suma ingente de los hechos las líneas generales del pensamiento humano, especialmente con fines filosóficos. ‖ P. síntese; I. synthesis; F. synthèse; A. Synthese, Zusammenfassung; It. sintesi; R. синтез.

SINTÉTICAMENTE. adv. m. De manera sintética.

SINTÉTICO, CA. (gr. συνθετικός.) adj. Perteneciente o relativo a la síntesis. ‖ 2. Que procede componiendo, o que pasa de las partes al todo. ‖ 3. Dícese de productos obtenidos por procedimientos industriales, comúnmente una síntesis química, que reproducen la composición y las propiedades de algunos cuerpos naturales. ‖ P. sintético; I. synthetic, synthetical; F. synthétique; A. synthetisch, künstlich; It. sintético; R. синтетический.

SINTETIZABLE. adj. Que se puede sintetizar.

SINTETIZADOR, RA. adj. Que sintetiza.

SINTETIZAR. (gr. συνθετίζομαι.) tr. Hacer síntesis.

★ **SINTEXIA.** (gr. σύντηξις, consunción; de σύντηκω, consumir, derretir.) f. MED. Enflaquecimiento rápido causado por evacuaciones frecuentes.

SINTOÍSMO. (japonés shinto, camino de los dioses.) m. Religión primitiva y popular de los japoneses, basada en el culto de la naturaleza y de los antepasados.

SÍNTOMA. (l. symptǒma, y éste del gr. σύμπτωμα.) m. MED. Fenómeno revelador de una enfermedad. ‖ 2. fig. Señal, indicio de algo que está sucediendo o va a suceder. ‖ P. sintoma; I. symptom; F. symptôme; A. Symptom, Anzeichen; It. sintomo; R. симптом, признак.

SINTOMÁTICO, CA. (gr. συμπτωματικός, coincidencia.) adj. Perteneciente al síntoma.

★ **SINTOMATOLOGÍA.** f. MED. Estudio de los síntomas desde el punto de vista de su interpretación clínica.

SINTONÍA. (gr. συν, con, y τόνος, tono.) f. Sintonismo. ‖ 2. Circunstancia de estar el aparato receptor de oscilaciones eléctricas adaptado a la misma longitud de onda que la estación emisora.

SINTÓNICO, CA. adj. Sintonizado.

SINTONISMO. m. Cualidad de sintónico.

SINTONIZACIÓN. f. Acción y efecto de sintonizar.

SINTONIZADOR. m. ELECTR. Sistema que permite aumentar o disminuir la longitud de onda propia del aparato receptor, adaptándola a la longitud de las ondas de una estación emisora determinada.

SINTONIZAR. tr. En la telegrafía sin hilos, lograr que el aparato de recepción vibre al unísono con el transmisor. ‖ 2. RADIO. Adaptar las longitudes de onda de dos o más aparatos.

SINUOSIDAD. f. Calidad de sinuoso. ‖ 2. Seno, concavidad. ‖ P. sinuosidade; I. sinuosity, sinuousness; F. sinuosité; A. Krümmung, Ausbuchtung; It. sinuosità; R. извилина.

SINUOSO, SA. (l. sinuōsus.) adj. Que tiene senos, ondulaciones o recodos. ‖ 2. fig. Dícese del carácter de las acciones que tratan de ocultar el propósito que persiguen. ‖ P. e It. sinuoso; I. sinuous; F. sinueux; A. gewunden, gekrümmt, buchtig; R. извилистый.

SINUSITIS. (l. sinus.) f. Inflamación de los senos del cráneo.

★ **SINUSOIDAL.** adj. GEOM. Perteneciente o relativo a la sinusoide. ‖ 2. Que tiene forma de sinusoide. ‖ 3. Fís. Dícese de la corriente alterna en la que el potencial va elevándose gradualmente de cero al máximo, para después disminuir nuevamente hasta cero y oscilar análogamente con valores negativos. ‖ Función SINUSOIDAL. MAT. Aquella en que la función está ligada a la variable independiente por medio de un seno o un coseno.

º **SINVERGONZÓN, NA.** adj. aum. de sinvergüenza. Ú.t.c.s.

SINVERGÜENCERÍA. f. fam. Desfachatez, falta de vergüenza.

SINVERGÜENZA. (De sin y vergüenza.) adj. Pícaro, bribón. Ú.t.c.s.

★ **¡SIO!** intj. CUBA. ¡So!

SIONISMO. m. Aspiración de los judíos a recobrar la Palestina como patria. ‖ 2. Organización internacional de los judíos para lograr esta aspiración.

SIONISTA. adj. Perteneciente o relativo al sionismo. ‖ 2. Partidario del sionismo. Ú.t.c.s.

SIPEDÓN. m. Sepedón.

SIPIA. (l. sēpia.) f. MURC. Jibia o calamar.

★ **SIPO, PA.** adj. ECUAD. Virolento, señalado de viruelas.

★ **SIPÓN.** m. REP. DOMIN. Enagua almidonada.

SIQUÍATRA [SIQUIATRA]. m. MED. Psiquíatra.

SIQUIATRÍA. f. Psiquiatría.

SÍQUICO, CA. adj. Psíquico.

SIQUIER. (l. si quier[e].) conj. Siquiera.

SIQUIERA. (De si, conj., y quiera, 3.ª pers. de sing. del pres. de subj. del verbo querer.) conj. adverb. equivalente a bien que o aunque. Hazme este favor, SIQUIERA sea el último. ‖ 2. Ú. como conjunción distributiva, equivalendo a o, ya u otra semejante. SIQUIERA venga, SIQUIERA no venga. ‖ 3. adv. que viene a equivaler a por lo menos en conceptos afirmativos y tan sólo en conceptos negativos, y con el cual se expresa idea de limitación o restricción. Deme usted cien pesetas SIQUIERA.

★ **SIQUITRACA.** f. ARGENT. Escopetilla de aire comprimido que sirve de juguete a los muchachos.

★ **SIQUITRAQUE.** m. CUBA y P. RICO. Triquitraque.

SIRACUSANO, NA. (l. syracusānus.) adj. Natural de Siracusa. Ú.t.c.s. ‖ 2. Perteneciente a esta ciudad de Sicilia.

★ **SIRAGUO, GUA.** adj. VENEZ. Dícese del caballo o yegua cuyo pelo es blanco en su fondo con manchas de otro color más o menos extensas.

SIRENA. (l. siren, y éste del gr. σειρήν.) f. Cualquiera de las ninfas marinas con busto de mujer y cuerpo de ave o de pez que extraviaba a los navegantes atrayéndolos con la dulzura de su canto. ‖ 2. Fís. Instrumento que sirve para contar el número de vibraciones de un cuerpo sonoro en tiempo determinado. ‖ 3. Aparato que produce un sonido que se oye a mucha distancia y que se emplea en los buques, fábricas, etc.

SIRENIO. (l. sirenius, de siren, sirena.) adj. ZOOL. Dícese de mamíferos marinos herbívoros, de cuerpo pisciforme terminado en una aleta caudal horizontal, extremidades torácicas en forma de aletas y sin extremidades abdominales; las abenturas nasales en el extremo del hocico y mamas pectorales. Ú.t.c.s.m. ‖ 2. m. pl. ZOOL. Orden de estos animales.

SIRGA. (De silga.) f. MAR. Maroma que se usa para tirar las redes, para llevar las embarcaciones desde tierra, principalmente en la navegación fluvial, y para otros usos. ‖ A la SILGA. m. adv. MAR. Navegando a remolque mediante una sirga o maroma que desde la orilla tira de la embarcación.

SIRGAR. (De silgar.) tr. Llevar a la sirga una embarcación.

SIRGO. (l. sericum, seda, obra de seda.) m. Seda torcida. ‖ 2. Tela de seda.

SIRGO, GA. adj. AST. y LEÓN. Dícese de las reses que tienen el pelo con manchas negras y rojas.

SIRGUERO. (De silguero.) m. Jilguero.

SIRIACO, CA [SIRÍACO, CA]. (l. syríacus.) adj. Natural de Siria. Ú.t.c.s. ‖ 2. Perteneciente a esta región de Asia. ‖ 3. Dícese especialmente del idioma semítico que hablaban los antiguos siriacos. Ú.t.c.s.m.

SIRIANO, NA. adj. ant. Siriaco. Apl. a pers. usáb.t.c.s.

★ **SIRIGOTE.** m. ARGENT. Lomillo, silla, aparejo para montar a caballo.

★ **SIRIMBA.** f. CUBA. Síncope, desmayo.

★ **SIRIMBO, BA.** adj. CUBA. Tonto, mentecato.

SIRIMIRI. m. ÁL., NAV. y VIZC. Llovizna, calabobos. ‖ P. chuvisco; I. drizzle; F. bruine; A. Riesel, Sprühregen; It. pioggerella; R. мелкий затяжной дождь.

SIRINGA. f. poét. Especie de zampoña, compuesta de varios tubos de caña, unos

al lado de otros, que forman escala musical. ‖ 2. BOL. y PERÚ. Árbol euforbiáceo, que alcanza gran altura y de cuyo tronco se extrae un jugo lechoso, que produce la goma elástica.

SIRINGE. (gr. σύριγξ, -γγος, siringa.) f. ZOOL. Aparato de fonación de las aves, situado en el lugar en que la tráquea se bifurca para formar los bronquios; en las aves cantoras está muy desarrollada.

★ **SIRINGITIS.** f. MED. Inflamación de la trompa de Eustaquio.

★ **SIRINGO.** m COLOM. Siringa.

★ **SIRINGOCELO.** m. ANAT. Conducto de la medula espinal.

★ **SIRINGOMIELIA.** f. MED. Enfermedad de la medula espinal, caracterizada por trastornos de la sensibilidad y por la formación de una cavidad general única, y que tiene su asiento alrededor del canal central.

★ **SIRINGUERA.** f. BOL. y PERÚ. Jugo lechoso de la siringa. ‖ 2. BOL. y PERÚ. Paraje poblado de siringas.

★ **SIRINGUERO, RA.** m. y f. BOL. Persona encargada de extraer la goma de las siringas. ‖ 2. m. ZOOL. BOL. y PERÚ. Especie de pájaro carpintero.

SIRIO. (l. Sirius, y éste del gr. Σείριος, ardiente.) m. ASTRON. Estrella de primera magnitud, en la constelación del Can Mayor. Es la más brillante del firmamento.

SIRIO, RIA. (l. syrius.) adj. Siriaco. Apl. a pers. ú.t.c.s.

★ **SIRIPA.** f. REP. DOMIN. Síncope, desmayo.

★ **SIRIPITA.** f. BOL. Grillo, insecto ortóptero. ‖ 2. BOL. Persona entrometida.

SIRLE. (Del m. or. que sirria.) m. Excremento del ganado lanar y cabrío.

SIRMIENSE. (l. sirmiensis.) adj. Natural de Sirmio. Ú.t.c.s. ‖ 2. Perteneciente a esta antigua ciudad, metrópoli de Panonia.

SIRO, RA. (l. syrus.) adj. Siriaco. Apl. a pers. ú.t.c.s.

SIROCO. (Del m. or. que jaloque.) m. Viento que sopla del Sudeste, en el Mediterráneo. ‖ P. siroco; I., F. e It. sirocco; A. Schirokko, Südwind; R. сирокко.

★ **SIROPE.** m. CUBA. Almíbar usado para endulzar bebidas refrescantes.

SIRRIA. (cat. aixerri.) f. Sirle.

SIRTE. (gr. σύρτις, de σύρω, barrer, arrastrar en pos de sí.) f. Bajo de arena.

SIRVENTÉS. (prov. sirventes.) m. Serventesio, composición poética.

SIRVIENTA. (De sirviente.) f. Mujer dedicada al servicio doméstico. ‖ P. criada; I. maid(servant); F. servante; A. Dienstmädchen; It. serva; R. служанка.

SIRVIENTE. (l. serviens, -entis, p.a. de servīre, servir.) p.a. de servir. Que sirve. Ú.t.c.s. ‖ 2. m. Servidor.

SISA. (l. scissa, cortada.) f. Parte pequeña que se defrauda o se hurta, especialmente en la compra diaria para el consumo de una casa. ‖ 2. Sesgadura hecha en la tela de las prendas de vestir para que ajusten bien al cuerpo, y especialmente corte curvo correspondiente a la parte de los sobacos. ‖ 3. Impuesto que se cobraba sobre géneros comestibles, menguando las medidas. ‖ 2.ª acep.: P. sisa; I. scye; F. échancrure; A. Ärmelausschnitt; It. taglio a sghembo; R. надрезывать.

SISA. (fr. assise, cosa asentada.) f. Mordente de ocre o bermellón cocido con aceite de linaza usado por los doradores para fijar los panes de oro.

SISA. f. AR. El ave llamada también sisón.

SISADOR, RA. adj. Que sisa. Ú.t.c.s.

SISALLO. m. Caramillo.

SISAR. tr. Cometer la defraudación o el hurto llamado sisa. ‖ 2. Hacer sisas al cortar las prendas de vestir. ‖ 3. Rebajar las medidas de los comestibles para cobrar el impuesto de la sisa. ‖ P. furtar; I. to pilfer; F. grappiller; A. Schmu machen; It. leccheggiare; R. обвешивать.

SISAR. (De sisa.) tr. Preparar con la sisa lo que se ha de dorar.

SISARDO. m. AR. Gamuza de los Pirineos.

SISCA. AND., AR. y MURC. Cisca, carrizo.

S

SISEAR. (Voz onomatopéyica.) intr. Emitir repetidamente el sonido inarticulado de *s* y *ch*, comúnmente desaprobación o desagrado. Ú.t.c.tr. ‖ **P.** ciciar; **I.** to hiss; **F.** chuter; **A.** zischen; **It.** zittire, fischiare; **R.** шикать.

SISELLA. f. Ar. Paloma torcaz.

SISEO. m. Acción y efecto de sisear. Ú.m. en pl.

SISERO. m. Empleado en la cobranza de la sisa.

SISIMBRIO. (l. *sisymbrĭum*, y éste del gr. σισύμβριον.) m. Jaramago.

★ **SISMATIQUERÍA.** f. Colom. Remilgo, melindre. Ú.t.c.s.

SÍSMICO, CA. (gr. σεισμός, agitación.) adj. Perteneciente o relativo al terremoto.

SISMO. (De *seismo*.) m. Terremoto producido por causas internas.

SISMÓGRAFO. (gr. σεισμός, agitación, y γραφω, describir.) m. Instrumento que señala la dirección y amplitud de las oscilaciones y sacudimientos de la tierra durante un terremoto.

★ **SISMOGRAMA.** m. Gráfico trazado por un sismógrafo.

SISMOLOGÍA. (gr. σεισμός, agitación, y λόγος, tratado.) f. Parte de la geología, que trata de los terremotos.

SISMOLÓGICO, CA. adj. Perteneciente o relativo a la sismología.

SISMÓMETRO. (gr. σεισμός, agitación, y μέτρον, medida.) m. Instrumento que sirve para medir la fuerza de las oscilaciones y sacudimientos de los terremotos.

★ **SISMOSCOPIO.** m. Fís. Aparato elemental que sirve para revelar o detectar la producción de un terremoto.

SISÓN. m. Ave zancuda, de unos 45 cm de largo, cabeza pequeña, pico y patas amarillos, plumaje leonado con rayas negras en la espalda y cabeza, y blanco en el vientre y en los bordes de las alas y la cola. Es común en España.

SISÓN, NA. adj. fam. Que sisa con frecuencia. Ú.t.c.s.

SISTEMA. (l. *systēma*, y éste del gr. σύστημα.) m. Conjunto de reglas o principios sobre una materia enlazados entre sí. ‖ **2.** Conjunto de cosas relacionadas entre sí según un orden y que contribuyen a determinado objeto. ‖ **3.** Biol. Conjunto de órganos que intervienen en algunas de las principales funciones vegetativas. sistema *nervioso*. —**acusatorio.** For. Ordenamiento procesal que prohibe al juzgador exceder la acusación de la condena, o le exige para hacerlo oir previamente a las partes. ‖ —**astático.** El formado por dos agujas imantadas colocadas de forma que los polos queden invertidos y los ejes paralelos para que aquél resulte insensible a la acción directriz de la Tierra. ‖ —**cegesimal.** El que tiene por unidades fundamentales el centímetro, el gramo y el segundo. ‖ —**cristalino.** Cristalog. Conjunto de formas derivables del mismo tipo. ‖ —**de unidades.** El formado por un número limitado de unidades físicas fundamentales definidas con toda precisión. ‖ —**inquisitivo.** El que, a diferencia del acusatorio, permite al juzgador exceder la acusación y aun condenar sin ella. ‖ —**métrico decimal.** El de pesas y medidas que tiene por base el metro. ‖ —**nervioso.** Zool. Conjunto de órganos, encargados unos de recibir las excitaciones del exterior, otros de transformarlas en impulsos nerviosos, y otros de conducir éstos a los lugares del cuerpo en que han de ejercer su acción. ‖ —**planetario.** Conjunto del Sol y las planetas, satélites y cometas. —**solar.** Sistema planetario. ‖ **P.** e **It.** sistema; **I.** system; **F.** système; **A.** System; **R.** система.

SISTEMÁTICAMENTE. adv. m. De modo sistemático.

SISTEMÁTICO, CA. (l. *systematicus*, y éste del gr. συστηματικός.) adj. Que sigue o se ajusta a un sistema. ‖ **2.** Dícese de la persona que procede por principios, sometiéndose a ellos con cierta rigidez.

SISTEMATIZACIÓN. f. Acción y efecto de sistematizar.

SISTEMATIZAR. (l. *systēma, -ătis*, sistema.) tr. Reducir a sistema.

SÍSTILO. (l. *systўlos*, y éste del gr. σύστυλος; de σύν, con, y στύλος, columna.) adj. Arq. Dícese del edificio o monumento cuyos intercolumnios tienen cuatro módulos de claro.

SÍSTOLE. (l. *systŏle*, y éste del gr. συστολή, de συστέλλω, contraer, reducir.) f. Licencia poética consistente en usar como breve una sílaba larga. ‖ **2.** Fisiol. Movimiento de contracción del corazón y de las arterias para empujar la sangre. ‖ **P.** sístole; **I.** y **F.** systole; **A.** Systole, Zusammenziehung; **It.** sistole; **R.** систола.

SISTÓLICO, CA. adj. Fisiol. Perteneciente o relativo a la sístole.

SISTRO. (l. *sistrum*, y éste del gr. σεῖστρον.) m. Antiguo instrumento músico de metal, en forma de aro o de herradura y atravesado por varillas, que se hacía sonar agitándolo con la mano. ‖ **P.** e **It.** sistro; **I.** sistrum; **F.** sistre; **A.** Sistrum.

SITÁCIDA. adj. Zool. Psitácida.

SITACISMO. m. Psitacismo.

SITACOSIS. f. Med. Psitacosis.

★ **SITAR.** tr. Venez. y P. Rico. Llamar con silbidos a alguien.

SITIADO, DA. p.p. de sitiar. Ú.t.c.s.

SITIADOR, RA. adj. Que sitia una plaza o fortaleza. Ú.t.c.s.

SITIAL. (De *sitio*, 1.er art.) m. Asiento de ceremonia, especialmente el que ciertas personas constituidas en dignidad usan en actos solemnes.

SITIAR. (ant. sajón *sittian*, asentarse.) tr. Cercar una plaza o fortaleza para apoderarse de ella. ‖ **2.** fig. Cercar a uno cerrándole todas las salidas para cogerle o rendir su voluntad. ‖ **P.** sitiar; **I.** to besiege; **F.** assiéger; **A.** belagern; **It.** assediare; **R.** осаждать.

SITIBUNDO, DA. (b. l. *sitibundus*, y éste del l. *sitĭre*, estar sediento.) adj. poét. Sediento.

SITIERO, RA. m. y f. Cuba. Persona que posee un sitio o estancia.

SITIO. (l. *situs*, situación, sitio.) m. Lugar. ‖ **2.** Paraje o terreno determinado, a propósito para alguna cosa. ‖ **3.** Casa campestre o hacienda de recreo. ‖ **4.** Cuba. Estancia pequeña dedicada al cultivo y a la cría de animales domésticos. ‖ —**real.** Palacio o casa de recreo donde residían eventualmente los reyes. ‖ *Dejar* a uno en el sitio. fr. fig. Dejarle muerto en el acto. ‖ *Poner* sitio. fr. Sitiar, asediar. ‖ *Quedarse* uno en el sitio. fr. fig. Morir en el mismo punto y momento en que le hieren o es víctima de accidente repentino. ‖ **P.** espaço, lugar; **I.** place, spot; **F.** site, lieu; **A.** Ort, Gegend, Stelle; **It.** sito, luogo; **R.** место, осада.

SITIO. m. Acción y efecto de sitiar. ‖ *Levantar* el sitio. fr. Desistir del que se había puesto a una plaza sitiada. ‖ **P.** sítio, assédio; **I.** siege, blockade; **F.** siège; **A.** Belagerung; **It.** assedio; **R.** снимать осаду.

SITIOS. adj. pl. Dícese de los bienes raíces que consisten en tierras y posesiones.

SITO, TA. (l. *situs*, p.p. de *sĭnĕre*, dejar.) adj. Situado o fundado. ‖ **2.** Dícese de los bienes sitios o raíces.

★ **SITOGONIÓGRAFO.** m. Art. Aparato colocado en el afuste de los cañones de defensa antiaérea y que automáticamente desplaza la línea de fuego, de suerte que, siguiendo la marcha del avión que desea derribar, el cañón apunta sobre la posición que aquél tendrá en el momento en que ha de alcanzarle el proyectil.

SITUACIÓN. (De *situar*.) f. Acción y efecto de situar. ‖ **2.** Disposición de una cosa respecto del lugar que ocupa. ‖ **3.** situado, 2.ª acep. ‖ **4.** Estado o constitución de las cosas y personas. ‖ —**activa.** La del funcionario que está prestando de hecho algún servicio al Estado. ‖ —**pasiva.** La de la persona que se encuentra cesante, jubilada, excedente, retirada de servicio, etc. ‖ **P.** situação; **I.** situation, position; **F.** situation, état; **A.** Lage, Situation; **It.** situazione; **R.** ситуация, положение.

★ **SITUACIONISMO.** m. Argent. Conjunto de los que ocupan el poder y los cargos públicos, especialmente si utilizan su posición en provecho propio.

SITUADO, DA. p.p. de situar. ‖ **2.** m. Salario, sueldo o renta señalados sobre algunos bienes productivos. ‖ **3.** Cuba. Socorro o auxilio pecuniario para subvenir a los gastos de una provincia.

SITUAR. (l. *situs*, sitio, posición.) tr. Poner a una persona o cosa en determinado sitio o situación. Ú.t.c.r. ‖ **2.** Asignar fondos para algún pago o inversión. ‖ **P.** situar; **I.** to situate; **F.** situer, placer; **A.** legen, setzen; **It.** situare; **R.** класть.

SÍU. m. Chile. Pájaro muy parecido al jilguero.

SIÚTICO, CA. adj. fam. Chile. Dícese de la persona que presume de fina y elegante.

★ **SMOKING.** (Voz inglesa.) m. Traje masculino de media etiqueta.

SO. (Contracc. de *seó*.) m. fam. Se usa solamente seguido de adjetivos despectivos, cuya significación refuerza y con los cuales se increpa a alguna persona.

SO. (l. *sŭus*.) pron. poses. ant. Su.

SO. (l. *sŭb*.) prep. Bajo, debajo de. Hoy sólo tiene uso con los substantivos *capa, color, pena*, etc. so *capa de*; so *pena de.* ‖ **2.** prep. insep. Sub.

¡SO! interj. empleada para hacer parar a las caballerías.

SOALZAR. tr. p. us. Alzar ligeramente.

SOASAR. (De *so*, 3.er art., 2.ª acep., y *asar*.) tr. Medio asar o asar ligeramente.

SOBA. f. Acción y efecto de sobar. ‖ **2.** fig. Aporreamiento o zurra.

SOBACAL. adj. Perteneciente o relativo al sobaco. ‖ **2.** Axilar.

SOBACO. (l. *subbrachĭa*; de *sub*, debajo de, y *brachĭum*, brazo.) m. Concavidad que forma el arranque del brazo con el cuerpo. ‖ **2.** Axila. ‖ **3.** Enjuta. ‖ **4.** Pez plectognato parecido al pez ballesta. ‖ **P.** sovaco; **I.** armpit; **F.** aisselle; **A.** Achsel(höhle); **It.** ascella; **R.** подмышечная впадина.

★ **SOBADA.** f. Cuba. Soba, zurra, azotaina.

SOBADERO, RA. adj. Que se puede sobar. ‖ **2.** m. Sitio en las fábricas de curtidos destinado a sobar las pieles.

SOBADO, DA. p.p. de sobar. ‖ **2.** adj. Aplícase al bollo o torta a cuya masa se ha agregado aceite o manteca. Ú.t.c.s. ‖ **3.** fig. Manido, muy usado. ‖ **4.** m. Sobadura. ‖ **5.** C. Rica. Melcocha que se hace batiendo miel de inferior calidad.

SOBADURA. (De *sobar*.) f. Soba, 1.ª acep.

SOBAJADURA. f. Acción y efecto de sobajar.

SOBAJAMIENTO. (De *sobajar*.) m. Sobajadura.

SOBAJANERO. (De *sobajar*.) m. And. Mozo que en los cortijos sirve para ir por el recado al pueblo.

SOBAJAR. (De *sobar*.) tr. Manosear fuertemente una cosa, ajándola.

SOBAJEO. m. Acción y efecto de sobajar.

SOBANDA. (De *so*, 3.er art., y *banda*.) f. Superficie curva del tonel, que está más distante respecto del que lo mira o lo labra.

SOBANDERO. m. Colom. Curandero que concierta los huesos dislocados.

SOBAQUERA. f. Abertura que se deja en algunos vestidos, en la parte del sobaco. ‖ **2.** Pieza con que se refuerza el vestido, por la parte correspondiente al sobaco. ‖ **3.** Pieza de tela impermeable con que se resguarda el sudor la parte del vestido que corresponde al sobaco.

SOBAQUIDO. (De *sobaco*.) m. Germ. Hurto que se lleva debajo del brazo.

SOBAQUILLO. m. d. de sobaco. ‖ *De* sobaquillo. m. adv. Taurom. Modo de poner banderillas dejando pasar la cabeza del toro y clavándolas el diestro hacia atrás en el momento que emprende la huida. ‖ **2.** Modo de lanzar piedras por debajo del brazo izquierdo.

SOBAQUINA. f. Sudor de los sobacos.

SOBAR. (l. *sŭbăgĕre*, por *subĭgĕre*.) tr. Manejar y oprimir repetidamente una cosa para que se ablande. ‖ **2.** fig. Castigar, dando algunos golpes. ‖ **3.** fig. Palpar, manosear a una persona. ‖ **4.** fig. y fam. Fastidiar con trato impertinente. ‖ **P.** sovar; **I.** to knead; **F.** masser; **A.** (durch-)kneten; **It.** maneggiare; **R.** ощупывать, мять.

S

SOBARBA. (De *so* y *barba*.) f. Muserola. || **2.** Papada.

SOBARBADA. (De *sobarba*.) f. Sofrenada. || **2.** fig. Reprensión con palabras ásperas.

SOBARBO. (l. *sub arbŏre*, debajo del árbol.) m. Álabe.

SOBARCAR. (l. *sub*, so, 3.ᵉʳ art., y *brachium*, brazo.) tr. Poner o llevar debajo del sobaco una cosa que hace bulto. || **2.** Levantar los vestidos hacia los sobacos.

SOBEJANÍA. (De *sobejano*.) f. ant. Sobra, exceso.

SOBEJANO, NA. (De *sobejo*.) adj. ant. Sobrado, excesivo.

SOBEJO, JA. (l. *super*, sobre.) adj. ant. Sobejano. || **2.** m. pl. Sobra, 3.ª acep.

SOBEO. (l. *subiugium*.) m. Correa fuerte con que se ata el yugo a la lanza del carro.

SOBERADO. m. desus. Sobrado, 5.ª acep. Ú. en América y Andalucía.

SOBERANAMENTE. adv. m. Con soberanía. || **2.** Extremadamente, altamente.

SOBERANEAR. intr. Mandar o dominar a modo de soberano.

SOBERANÍA. (De *soberano*.) f. Calidad de soberano. || **2.** Autoridad suprema del poder público. || **3.** Excelencia no superada en cualquier orden inmaterial. **—nacional.** La que, según algunas teorías del derecho político, corresponde al pueblo, de quien se suponen emanados todos los poderes del Estado, aunque sean ejercidos por representación. || **P.** soberania; **I.** sovereignty; **F.** souveraineté; **A.** (Ober)Herrschaft, Hoheit; **It.** sovranità; **R.** верховная власть, суверенитет.

SOBERANIDAD. f. ant. Soberanía.

SOBERANO, NA. (b. l. *sŭperānus*.) adj. Que posee o ejerce la autoridad suprema e independiente. Apl. a pers. ú.t. c.s. || **2.** No superado, excelente. || **P.** soberano; **I.** sovereign; **F.** souverain; **A.** oberherrlich, allerhöchst; **It.** sovrano; **R.** верховный.

★ **SOBERAO.** m. Venez. Barbacoa, zarzo sostenido con puntales. || **2.** P. Rico. Entre gente del campo, el piso de la casa.

SOBERBIA. (l. *superbia*.) f. Apetito desordenado de ser preferido a otros. || **2.** Satisfacción en contemplación de las propias prendas con menosprecio de los demás. || **3.** Exceso en la magnificencia, suntuosidad o pompa. || **4.** Cólera e ira expresadas en forma altiva e injuriosa. || **P.** soberba, soberbia; **I.** pride; **F.** superbe, emportement; **A.** Stolz; **It.** superbia; **R.** высокомерие.

SOBERBIAMENTE. adv. m. Con soberbia.

SOBERBIAR. (De *soberbia*.) intr. ant. Ensoberbecerse.

SOBERBIO, BIA. (l. *superbus*, infl. por *soberbia*.) adj. Que tiene o siente soberbia. || **2.** Altivo, arrogante, elevado. || **3.** fig. Fuerte o excesivo en las cosas inanimadas. || **4.** fig. Grandioso, magnífico. **5.** Orgulloso y violento. Dícese ordinariamente de los caballos. || **P.** soberbo; **I.** proud; **F.** superbe, orgueilleux; **A.** stolz, prachtvoll; **It.** superbo; **R.** надменный.

SOBERBIOSAMENTE. adv. m. Soberbiamente.

SOBERBIOSO, SA. (De *soberbia*.) adj. Soberbio.

SOBERMEJO, JA. adj. Bermejo obscuro.

★ **SOBERNA.** f. Ecuad. Sobornal la soga que asegura la carga.

★ **SOBIJO.** m. Colom. Soba, 1.ª acep. || **2.** Colom. Excoriación.

★ **SOBIJÓN.** m. Hond. y Guat. Sobijo.

SOBINA. (l. *sŭpina*, t. f. de *sŭpĭnus*.) f. Clavo de madera.

SOBO. m. Soba.

SOBÓN, NA. (De *sobar*.) adj. fam. Fastidioso por su excesiva familiaridad caricias y halagos. Ú.t.c.s. || **2.** fam. Taimado y que elude el trabajo. Ú.t.c.s.

SOBORDO. m. Revisión de la carga de un buque para confrontar las mercancías con la documentación. || **2.** Documento en que el capitán del barco anota todos los fletes o mercancías que constituyen el cargamento. || **3.** Remuneración adicional que, en tiempo de guerra, se paga a cada uno de los tripulantes.

SOBORNABLE. adj. Que puede ser sobornado.

SOBORNACIÓN. (De *sobornar*.) f. Soborno.

SOBORNADO, DA. (l. *sŭpĕrnātus*, de *sŭpĕrnus*.) adj. Dícese del pan que en el tendido se pone en el hueco de dos hileras, por lo que queda de diferente figura.

SOBORNADOR, RA. (l. *sobornātor*.) adj. Que soborna. Ú.t.c.s.

SOBORNAL. (De *soborno*.) m. Sobrecarga.

SOBORNAR. (l. *sŭbŏrnāre*.) tr. Corromper a uno con dádivas.

SOBORNO. (De *sobornar*.) m. Acción y efecto de sobornar. || **2.** Dádiva con que se soborna. || **3.** fig. Cualquier cosa que mueve el ánimo a complacer a otro. || **P.** suborno; **I.** bribe(ry); **F.** subornation; **A.** Bestechung; **It.** subornazione; **R.** подкуп.

SOBORNO. (l. *sŭpĕrnus*, superior.) m. Bol. y Chile. Sobornal.

SOBRA. (De *sobrar*.) f. Demasía y exceso en cualquier cosa. || **2.** Demasía, injuria, agravio. || **3.** pl. Lo que queda de la comida al levantar la mesa. || **4.** Por ext., lo que sobra o queda de otras cosas. || **5.** Desperdicios o desechos. || **DE SOBRA.** m. adv. Abundantemente, con exceso. || **2.** Por demás. || **P.** sobra; **I.** overplus; **F.** excès, surplus; **A.** Überfluss, Übermass; **It.** eccesso; **R.** остаток.

SOBRADAMENTE. adv. De sobra.

SOBRADAR. tr. Poner sobrado a los edificios.

SOBRADERO. m. Ál., Ar. y Logr. Desaguadero por donde se facilita la salida del agua sobrante de una acequia.

SOBRADILLO. (d. de *sobrado*.) m. Guardapolvo de ventana o balcón.

SOBRADO, DA. p. p. de sobrar. || **2.** adj. Demasiado, que sobra. || **3.** Atrevido, licencioso. || **4.** Rico y abundante de bienes. || **5.** m. Desván. || **6.** And. y Chile. Sobra, 3.ª acep. Ú.m. en pl. || **7.** adv. Sobradamente.

SOBRAJA. f. ant. Sobra, 1.ª acep.

SOBRAMIENTO. (De *sobrar*.) m. ant. Sobra, 1.ª acep.

SOBRANCERO. (De *sobrar*, estar de más.) adj. Que está sin trabajar o sin oficio determinado. Ú.t.c.s. || **2.** Cuba, Murc. y Venez. Que excede en tamaño, cantidad o peso. || **3.** Murc. Mozo de labor que está para suplir.

SOBRANTE. p.a. de sobrar. Que sobra. Ú.t.c.s. || **2.** Sobrado.

SOBRAR. (l. *superāre*.) intr. Haber más de lo que se necesita. || **2.** Estar de más. Ú. frecuentemente hablando de quien se introduce donde no los llaman. || **3.** Quedar, restar. || **P.** sobrar; **I.** to exceed; **F.** excéder, être de trop; **A.** übrigbleiben; **It.** eccèdere, èssere di troppo; **R.** быть в избытке.

SOBRASADA. (cat. *sobrassada*, y éste del l. *sale pressāta*, curada con sal.) f. Embuchado grueso de carne de cerdo muy picada y sazonada con sal y pimiento molido.

SOBRASAR. (De *so* y *brasa*.) tr. Poner brasas al pie de la olla.

SOBRAZANO, NA. (De *sobrar*.) adj. ant. Grande, excesivo.

SOBRAZAR. (De *so*, debajo, y *brazo*.) tr. ant. Recoger una cosa debajo del brazo.

SOBRE. (l. *sŭper*.) prep. Encima de. || **2.** Acerca de. || **3.** Además de. || **4.** Ú. para indicar aproximación a una cantidad o un número. *Llegaré* SOBRE *las siete*. || **5.** Cerca de otra cosa, con más altura que ella y dominándola. || **6.** Con superioridad y dominio. || **7.** En prenda de una cosa. SOBRE *este reloj de oro préstame mil pesetas*. || **8.** En términos mercantiles, denota la persona contra quien se gira una cantidad, o la plaza donde ha de hacerse efectiva. || **9.** En voces compuestas, aumenta la significación o añade la suya al nombre o verbo con que se junta. SOBRE*sueldo*, SOBRE*poner*. || **10.** A o hacia. || **11.** Úsase precediendo al nombre de la finca o fondo que tiene gravamen. *Un censo* SOBRE *tal casa*. || **12.** Después de. SOBRE *siesta*. || **13.** Precedida y seguida de un mismo substantivo, expresa idea de reiteración o acumulación. *Desdichas*

SOBRE *desdichas*. || **14.** m. Cubierta, comúnmente de papel, para envío, de ordinario por correo, la carta, comunicación, etc. a su destinatario. || **15.** Sobreescrito, 2.ª acep. || **16.** Sal. y Zam. Juego del escondite. || **—monedero.** Estuche para remitir monedas por correo. || **P.** sobre; **I.** over, (up)on; **F.** sur; **A.** über, an, gegen, ausser, auf; **It.** sopra; **R.** на, над. || **14.ª** acep.: **P.** sobre; **I.** envelope, cover; **F.** enveloppe; **A.** Briefumschlag; **It.** sopraccarta; **R.** конверт.

SOBREABUNDANCIA. (De *sobreabundar*.) f. Acción y efecto de sobreabundar.

SOBREABUNDANTE. p.a. de sobreabundar. Que sobreabunda.

SOBREABUNDANTEMENTE. adv. m. Con sobreabundancia.

SOBREABUNDAR. intr. Abundar mucho.

SOBREAGUAR. intr. Marchar o estar sobre la superficie del agua. Ú.t.c.r.

SOBREAGUDO, DA. adj. Mús. Dícese de los sonidos más agudos del sistema musical, y particularmente de los de un instrumento. Ú.t.c.s.

SOBREALIENTO. m. Respiración fatigosa y difícil.

SOBREALIMENTACIÓN. f. Acción y efecto de sobrealimentar.

SOBREALIMENTAR. tr. Dar a un individuo más alimento del que ordinariamente necesita para su manutención. Ú.t.c.r.

SOBREALZAR. tr. Aumentar la elevación de una cosa o alzarla demasiado.

SOBREAÑADIR. tr. Añadir repetidamente o con exceso.

SOBREAÑAL. adj. Dícese de algunos animales de poco más de un año.

SOBREARAR. tr. Repetir en una tierra la labor del arado.

SOBREARCO. m. Arq. Arco construido sobre un dintel o umbral para aliviar el peso que cargaría sobre aquéllos.

SOBREASADA. (Del m. or. que *sobrasada*.) f. Sobrasada.

SOBREASAR. tr. Volver a poner a la lumbre para que se tueste lo que ya está asado o cocido.

SOBREBARATO, TA. adj. Muy barato.

SOBREBARRER. tr. Barrer ligeramente.

SOBREBEBER. intr. Beber de nuevo o con exceso.

SOBREBOTA. f. Amér. Central. Polaina de cuero curtido.

SOBRECALZA. f. Polaina.

SOBRECAMA. f. Colcha.

SOBRECAÑA. f. Veter. Tumor óseo formado en la caña de las extremidades anteriores de las caballerías.

SOBRECARGA. f. Lo que se añade a una carga regular. || **2.** Soga con que se asegura la carga. || **3.** fig. Moles que viene a agravar el sentimiento, pena o pasión del ánimo. || **4.** Impresión tipográfica de carácter oficial que se estampa en un sello de correos para alterar su valor, etc.

SOBRECARGAR. tr. Cargar con exceso. || **2.** Coser segunda vez una costura redoblando un borde sobre el otro. || **P.** sobrecarregar; **I.** to overload, to overcharge; **F.** surcharger; **A.** überladen, überlasten; **It.** sopraccaricare; **R.** перегружать.

SOBRECARGO. m. El que en los buques mercantes lleva a su cuidado y bajo su responsabilidad el cargamento.

SOBRECARO, RA. adj. Muy caro.

SOBRECARTA. f. Sobre, 14.ª acep. || **2.** For. Segunda provisión o despacho que daban los tribunales acerca de una misma cosa, cuando no había tenido cumplimiento la primera.

SOBRECARTAR. tr. For. Dar sobrecarta.

SOBRECEBADERA. f. Mar. desus. Verga que se cruzaba sobre el botalón de foque, y la vela que se envergaba en ella.

SOBRECÉDULA. f. Segunda cédula o despacho real para la observancia de lo y prescrito.

SOBRECEJA. f. Parte de la frente inmediata a las cejas.

S

SOBRECEJO. (l. *süpercīlĭum.*) m. Ceño, fruncimiento de las cejas y la frente en señal de enojo.

SOBRECELESTIAL. adj. Relativo o perteneciente al más alto cielo.

SOBRECENAR. intr. Cenar por segunda vez. Ú.t.c.tr.

SOBRECEÑO. m. Ceño muy sañudo.

SOBRECERCO. m. Cerco con que se refuerza otro.

SOBRECERRADO, DA. adj. Muy bien cerrado.

SOBRECIELO. m. fig. Dosel, toldo.

SOBRECINCHA. f. Faja o correa que pasa por debajo de la barriga de la cabalgadura y por encima del aparejo para sujetar la manta, la mantilla o el caparazón.

SOBRECINCHO. m. Sobrecincha.

SOBRECLAUSTRA. f. Sobreclaustro.

SOBRECLAUSTRO. m. Habitación o vivienda que está encima del claustro.

SOBRECOGEDOR. m. ant. Recaudador.

SOBRECOGER. tr. Coger de repente y desprevenido. || **2.** r. Sorprenderse, intimidarse, asustarse. || **P.** surpreender; **I.** to surprise; **F.** surprendre; **A.** überraschen; **It.** sorprèndere; **R.** застигнуть врасплох.

SOBRECOGIMIENTO. m. Acción de sobrecoger, y más comúnmente efecto de sobrecogerse.

SOBRECOMIDA. f. Postre.

SOBRECOPA. f. Tapadera de la copa.

★ **SOBRECOSTILLA.** f. Chile y Argent. Jerguilla, carne que tiene la res vacuna a ambos lados del cogote.

SOBRECRECER. (l. *supercrescĕre.*) intr. Exceder en crecimiento o crecer con exceso.

SOBRECRECIENTE. p.a. de sobrecrecer. Que sobrecrece.

SOBRECRUZ. m. Cada uno de los cuatro brazos o rayos que la rueda de la azuda lleva en los lados de las cruces.

SOBRECUBIERTA. f. Segunda cubierta, sobre la primera, que se pone a una cosa.

SOBRECUELLO. m. Segundo cuello sobrepuesto al de un vestido. || **2.** Collarín.

SOBRECURAR. tr. Curar a medias y sin cuidado.

SOBREDEZMERO. m. Interventor o acompañado del dezmero.

SOBREDICHO, CHA. adj. Dicho antes o más arriba. || **P.** sobredito; **I.** above-mentioned; **F.** susdit, le dit; **A.** obenerwähnt, obig; **It.** sopraddetto; **R.** вышесказанный.

SOBREDIENTE. m. Diente nacido encima de otro.

SOBREDORAR. tr. Dorar los metales, y en particular la plata. || **2.** fig. Disculpar con razones aparentes una acción reprensible o una palabra mal dicha. || **P.** sobredourar; **I.** to overgild; **F.** dorer; **A.** übergolden; **It.** sopraindorare; **R.** золотить.

★ **SOBREEBULLICIÓN.** f. Fís. Estado de un líquido que no hierve a pesar de que su temperatura sobrepasa el punto de ebullición.

SOBREEDIFICAR. tr. Construir sobre otra edificación.

SOBREEMPEINE. Parte inferior de la polaina que cubre el empeine del pie.

SOBREENTENDER. tr. Sobrentender.

SOBREESDRÚJULO, LA. adj. Sobresdrújulo. Ú.t.c.s.m.

SOBREEXCEDER. tr. Sobrexceder.

SOBREEXCITACIÓN. f. Acción y efecto de sobreexcitar o sobreexcitarse.

SOBREEXCITAR. tr. Aumentar o exagerar la energía vital de todo el organismo o de una de sus partes. Ú.t.c.r.

SOBREFALDA. f. Falda corta colocada como adorno sobre otra.

SOBREFAZ. f. Superficie o cara exterior de las cosas. || **2.** Fort. Distancia que hay entre el ángulo exterior del baluarte y el flanco prolongado.

SOBREFLOR. f. Flor que nace del centro de otra.

SOBREFRENADA. f. Sofrenada.

SOBREFUSIÓN. f. Permanencia de un cuerpo en estado líquido a temperatura inferior a la de su punto de fusión.

SOBREGANAR. tr. Ganar con ventaja o con exceso.

SOBREGIRAR. tr. Exceder en un giro del crédito disponible.

SOBREGIRO. m. Giro o libranza que excede de los créditos o fondos disponibles.

SOBREGUARDA. m. Jefe inmediato de los guardas. || **2.** Segundo guarda puesto para más seguridad.

SOBREHAZ. f. Sobrefaz. || **2.** Cubierta de una cosa. || **3.** fig. Apariencia somera.

SOBREHERIDO, DA. adj. Herido leve o superficialmente.

SOBREHILADO. p.p. de sobrehilar. || **2.** m. Puntadas en la orilla de una tela para que no se deshilache.

SOBREHILAR. tr. Dar puntadas en la orilla de una tela cortada, para que no se deshilache.

SOBREHÍLO. m. Sobrehilado.

SOBREHORA (A). m. adv. desus. A deshora.

SOBREHUESO. m. Tumor duro que está sobre un hueso. || **2.** fig. Cosa que molesta o sirve de embarazo o carga. || **3.** fig. Trabajo, molestia.

SOBREHUMANO, NA. adj. Que excede a lo humano.

SOBREHÚSA. (l. *superfūsa*, derramada por encima.) f. And. Guiso de pescado en salsa, con cebolla, ajo, pimentón y otras especias. || **2.** fig. And. Apodo.

SOBREINTENDENCIA. f. Superintendencia.

SOBREJALMA. f. Manta que se pone sobre la jalma.

SOBREJUANETE. m. Mar. Cada una de las vergas que se cruzan sobre los juanetes, y las velas que se largan en ellas.

SOBREJUEZ. m. ant. Juez superior o de apelación.

SOBRELECHO. m. Arq. Cara inferior de la piedra, que descansa sobre el lecho superior de la que está debajo.

SOBRELTADO. m. Blas. Escusón.

SOBRELLAVAR. tr. Poner sobrellave a una puerta, especialmente por mandato judicial.

SOBRELLAVE. f. Segunda llave en la puerta, además de las cerraduras ordinarias. || **2.** m. Oficio del que tiene esta segunda llave para que no se abra la puerta sin su intervención.

SOBRELLENAR. tr. Llenar en abundancia.

SOBRELLENO, NA. adj. Superabundante, rebosante.

SOBRELLEVAR. tr. Llevar a cuestas una carga para aliviar a otro. || **2.** fig. Ayudar a sufrir los trabajos y contrariedades de la vida. || **3.** fig. Resignarse a ellos quien los padece. || **4.** fig. Disimular y suplir los defectos o descuidos de otro. || **P.** suportar; **I.** to undergo; **F.** supporter; **A.** erdulden, ertragen; **It.** sopportare; **R.** помогать нести (груз).

SOBREMANERA. adv. m. Sobre manera.

SOBREMANO. f. Veter. Tumor óseo de las caballerías desarrollado sobre la corona de los cascos delanteros. || *A* sobremano. m. adv. A pulso, sin ningún apoyo.

SOBREMESA. f. Tapete que se pone sobre la mesa. || **2.** Tiempo que se está a la mesa después de haber comido. || *De* sobremesa. Dícese de ciertos objetos a propósito para colocarlos sobre una mesa o mueble semejante. || **2.** m. adv. Inmediatamente después de comer, y sin levantarse de la mesa. || **P.** toalha de mesa; **I.** table-carpet; **F.** tapis de table; **A.** Tischdecke; **It.** tappeto; **R.** скатерть.

SOBREMESANA. f. Mar. Gavia del palo mesana.

SOBREMODO. adv. Sobre modo.

SOBREMUÑONERA. f. Art. Hierro semicircular firme en el canto superior de las gualderas de la cureña, que impide que la pieza montada se descabalgue en los disparos.

SOBRENADAR. (l. *supernatāre.*) intr. Mantenerse encima de un líquido sin hundirse.

SOBRENATURAL. (l. *supernaturālis.*) adj. Que excede los términos de la naturaleza. || **P.** sobrenatural; **I.** supernatural, supranatural; **F.** surnaturel; **A.** übernatür-

lich; **It.** soprannaturale; **R.** сверхъестественный.

SOBRENATURALMENTE. adv. m. De modo sobrenatural.

SOBRENJALMA. f. Sobrejalma.

SOBRENOCHE. f. p. us. Altas horas de la noche.

SOBRENOMBRE. m. Nombre añadido a veces al apellido de una persona para distinguirla de otra que tiene el mismo. || **2.** Nombre calificativo con que se distingue particularmente a una persona. || **P.** sobrenome; **I.** surname; **F.** surnom; **A.** Beiname, Zuname; **It.** soprannome; **R.** прозвище.

SOBRENTENDER. tr. Entender una cosa que no está expresa, pero que se deduce de lo que antecede o la materia que se trata. Ú.t.c.r.

SOBREÑO, ÑA. adj. Sal. Sobreañal. Aplícase a la res vacuna.

SOBREPAGA. f. Aumento de paga, ventaja en ella.

SOBREPAÑO. m. Lienzo o paño que se pone encima de otro paño.

SOBREPARTO. m. Tiempo que sigue inmediatamente al parto. || **2.** Estado delicado de salud consiguiente al parto.

SOBREPEINE. adv. m. fam. Sobre peine.

SOBREPELO. m. Argent. Sudadero que se pone a las caballerías. || *De* sobrepelo. m. adv. fig. desus. Someramente.

SOBREPELLIZ. (b. l. *superpellícium*, y éste del l. *super, sobre*, y *pellícium*, vestimenta de piel.) f. Vestidura blanca de lienzo fino, con mangas perdidas o muy anchas, que llevan sobre la sotana los eclesiásticos y sacristanes en las funciones de iglesia. || **P.** sobrepeliz; **I.** surplice; **F.** surplis; **A.** Chorhemd; **It.** cotta; **R.** куртка.

SOBREPIÉ. m. Veter. Tumor óseo que se desarrolla sobre la corona de los cascos traseros de las caballerías.

SOBREPINTARSE. r. Repintarse mucho de afeites.

SOBREPLÁN. (De *sobre* y *plan.*) f. Mar. Cada una de las ligazones que se colocan sobre el forro interior del buque y que sirven para refuerzo de éste.

SOBREPONER. tr. Añadir una cosa o ponerla encima de otra. || **2.** r. fig. Dominar los impulsos de ánimo haciéndose superior a las adversidades. || **3.** fig. Obtener o afectar superioridad sobre alguien. || **P.** sobrepor; **I.** to put over; **F.** superposer; **A.** aufsetzen, auflagern; **It.** sovrapporre; **R.** накладывать.

SOBREPRECIO. m. Recargo en el precio ordinario.

SOBREPRIMADO, DA. adj. Sal. Dícese de la res lanar que ha cumplido dos años.

SOBREPRODUCCIÓN. f. Exceso de producción.

SOBREPUERTA. f. Pieza de madera que se coloca sobre las puertas interiores de los aposentos, y de la cual penden las cortinas. || **2.** Cenefa o cortinilla que se pone sobre las puertas. || **3.** Pintura, tela, talla, etc., que se pone por adorno sobre las puertas.

SOBREPUESTO, TA. (l. *superpositus.*) p.p. irreg. de sobreponer. || **2.** adj. Dícese del bordado que se hace suelto, y luego se aplica sobre la tela. || **3.** m. Aplicación, elemento de adorno. || **4.** Panal que forman las abejas después de llena la colmena. || **5.** Vasija de barro o cesto de mimbres que se pone sobre los vasos de las colmenas, para que allí trabajen las abejas el panal antedicho.

SOBREPUJAMIENTO. m. Acción y efecto de sobrepujar.

SOBREPUJANTE. p.p. de sobrepujar. Que sobrepuja.

SOBREPUJANZA. f. Pujanza excesiva.

SOBREPUJAR. (De *sobre* y *pujar.*) tr. Exceder en cualquier línea una cosa o persona a otra. || **P.** sobrepujar; **I.** to surpass; **F.** surpasser, l'emporter sur; **A.** übertreffen; **It.** sorpassare; **R.** превышать.

SOBREQUILLA. f. Mar. Madero formado de piezas, colocado de popa a proa por encima de la trabazón de las varengas. En los buques metálicos la sobrequilla

S

es del mismo metal. ‖ **P.** sobrequilha; **I.** keelson; **F.** contrequille, carlingue; **A.** Gegenkiel, Träger; **It.** contracchiglia; **R.** балка.

SOBRERO. (l. *suber*.) m. SAL. Alcornoque.

SOBRERO, RA. (De *sobrar*.) adj. Sobrante. Aplícase al toro que se tiene de repuesto por si se inutiliza algún otro de los destinados a una corrida. Ú.t.c.s.

SOBRERO, RA. (De *sobre*.) m. y f. Persona que tiene por oficio hacer sobres.

SOBRERRIENDA. f. ARGENT. y CHILE. Falsa rienda.

SOBRERRONDA. f. Contrarronda.

SOBRERROPA. f. Sobretodo.

SOBRESABIDO, DA. adj. ÁL. y VIZC. Previsto, sabido de antemano.

SOBRESALIENTA. f. Sobresaliente, 3.ª acep. Ú. principalmente entre comediantes.

SOBRESALIENTE. p.a. de sobresalir. Que sobresale. Ú.t.c.s. ‖ **2.** m. En los exámenes, calificación máxima. ‖ **3.** com. fig. Persona destinada a suplir la falta de otra; especialmente entre comediantes y toreros.

SOBRESALIR. intr. Exceder una persona o cosa a otras. ‖ **2.** Aventajarse unos a otros; distinguirse entre ellos. ‖ **P.** sobressair; **I.** to overreach; **F.** exceller; **A.** hervorragen; **It.** eccèllere; **R.** выделяться.

SOBRESALTAR. tr. Saltar, venir y acometer de repente. ‖ **2.** Asustar repentinamente. Ú.t.c.r. ‖ **3.** intr. Venirse una cosa a los ojos. Dícese especialmente de las figuras pintadas cuando parecen salirse del lienzo.

SOBRESALTO. (De *sobresaltar*.) m. Sensación causada por un acontecimiento repentino e imprevisto. ‖ **2.** Susto repentino. ‖ *De* SOBRESALTO. m. adv. De improviso. ‖ **P.** sobressalto; **I.** start, sudden assault; **F.** sursaut; **A.** Bestürzung, Schrecken; **It.** soprassalto; **R.** внезапный испуг.

SOBRESANAR. intr. Cerrarse una herida sólo por la superficie, quedando dañada la parte interior. ‖ **2.** Disimular un defecto con una cosa superficial.

SOBRESANO. adv. m. Con curación falsa o superficial. ‖ **2.** fig. Disimuladamente. ‖ **3.** m. MAR. Pedazo de madera con que se compone la parte dañada del casco de un barco.

★ **SOBRESATURACIÓN.** f. Fís. Estado de una solución en la que la concentración del cuerpo disuelto es superior a la que corresponde a la temperatura a que se opera.

SOBRESCRIBIR. tr. Escribir un letrero sobre una cosa. ‖ **2.** Poner el sobrescrito en la cubierta de las cartas.

SOBRESCRIPTO, TA. p.p. irreg. Sobrescrito.

SOBRESCRITO, TA. (l. *superscriptus*.) p.p. irreg. de sobrescribir. ‖ **2.** m. Lo que se escribe en el sobre o en la parte exterior de un pliego cerrado, para darle dirección.

SOBRESDRÚJULO, LA. (De *sobresdrújulo*.) adj. GRAM. Dícese de las voces que llevan acento en sílaba anterior a la antepenúltima; v. gr.: *entrégamelo*. Ú.t.c.s.

SOBRESEER. (l. *supersedère*, cesar, desistir; de *super*, sobre, y *sedère*, sentarse.) intr. Desistir de la pretensión que se tenía. ‖ **2.** Cesar en el cumplimiento de una obligación. ‖ **3.** FOR. Cesar en una instrucción sumarial; y por ext., dejar sin curso ulterior un procedimiento. Ú.t.c.r.

SOBRESEIMIENTO. m. Acción y efecto de sobreseer. ‖ **—libre.** FOR. El que por ser evidente la inexistencia de delito o la irresponsabilidad del inculpado, pone término al proceso. ‖ **—provisional.** FOR. El que por deficiencias de prueba se suspende la causa. ‖ **P.** suspensión; **I.** suspension; **F.** sursis; **A.** Abstandnahme; **It.** soprassimento; **R.** отклаживание.

SOBRESELLO. m. Segundo sello que se pone para dar mayor autoridad.

SOBRESEMBRAR. tr. Sembrar sobre lo ya sembrado.

SOBRESEÑAL. f. Distintivo o divisa que a su arbitrio tomaban antiguamente los caballeros armados.

SOBRESOLAR. (De *sobre* y *solar*.) tr. Coser una suela nueva al calzado sobre las otras que están ya gastadas.

SOBRESOLAR. (De *sobre* y *solar*.) tr. Echar un segundo suelo sobre lo ya solado.

SOBRESTADÍA. f. COM. Cada uno de los días que pasan después de las estadías, o segundo plazo prefijado para cargar o descargar un buque. ‖ **2.** COM. Cantidad que se paga por tal demora.

SOBRESTANTE. m. Capataz de una obra. ‖ **P.** sobrestante, capataz; **I.** overseer, overlooker; **F.** surveillant, agent-voyer; **A.** Aufseher; **It.** soprastante; **R.** управляющий.

SOBRESTANTÍA. f. Empleo de sobrestante. ‖ **2.** Oficina del sobrestante.

SOBRESUELDO. m. Retribución que se añade al sueldo fijo.

SOBRESUELO. m. Segundo suelo que se pone sobre otro.

SOBRETARDE. f. Lo último de la tarde, antes de anochecer.

★ **SOBRETASA.** f. Derecho arancelario cobrado sobre el normal.

SOBRETENDÓN. m. VETER. Tumor que suele formarse a las caballerías en los tendones flexores de las piernas.

★ **SOBRETENSIÓN.** f. ELECTR. Aumento de tensión en un circuito por variación brusca de la carga.

SOBRETERCERO. m. Sujeto que se nombraba a más del tercero, para llevar cuenta de los diezmos y tener una llave de la tercia o cilla.

SOBRETODO. m. Prenda de vestir ancha, larga, que se lleva sobre el traje ordinario. ‖ **P.** sobretudo; **I.** overcoat; **F.** pardessus; **A.** Überzieher; **It.** sopràbito; **R.** пальто.

SOBREVEEDOR. m. Superior de los veedores.

SOBREVELA. f. ant. MIL. Segunda vela o centinela.

SOBREVENIDA. f. Venida repentina e imprevista.

SOBREVENIR. (l. *supervenìre*.) intr. Acaecer una cosa además o después de otra. ‖ **2.** Venir de improviso. ‖ **3.** Venir a la sazón, al tiempo de, etc. ‖ **P.** sobrevir; **I.** to happen; **F.** arriver; **A.** (da-, hin-, zu)kommen; **It.** sopravvenire; **R.** случаться.

SOBREVERTERSE. r. Verterse en abundancia.

SOBREVESTA. f. Sobreveste.

SOBREVESTE. (De *sobrevestir*.) f. Prenda de vestir que se usaba sobre la armadura o el traje.

SOBREVESTIR. (l. *supervestìre*.) tr. Poner un vestido sobre el que ya se tiene puesto.

SOBREVIDRIERA. f. Alambrera con que se resguarda una vidriera. ‖ **2.** Segunda vidriera puesta para mayor abrigo.

SOBREVIENTA. f. (De *sobreviento*.) f. Golpe de viento impetuoso. ‖ **2.** fig. Furia, ímpetu. ‖ **3.** fig. Sobresalto.

SOBREVIENTO. (l. *superventus*, venida inesperada.) m. Sobrevienta, 1.ª acep. ‖ *Estar*, o *ponerse a* SOBREVIENTO. fr. MAR. Tener el barlovento respecto de otra nave.

SOBREVISTA. f. Plancha metálica, a modo de visera, fija al borde anterior del morrión.

SOBREVIVIENTE. p.a. de sobrevivir. Que sobrevive. Ú.t.c.s. ‖ **P.** sobrevivente; **I.** surviver, survivor; **F.** survivant; **A.** Relikte; **It.** sopravvivente; **R.** выживший.

SOBREVIVIR. (l. *supervivère*.) intr. Vivir uno después de la muerte de otro o después de un determinado suceso. ‖ **P.** sobrevir; **I.** to survive; **F.** survivre; **A.** überleben; **It.** sopravvivere; **R.** пережить.

★ **SOBREVOLAR.** tr. Áv. Volar sobre algún lugar.

★ **SOBREVOLTAJE.** m. Fís. y Quím. Diferencia de potencial de cada electrodo de una cuba electrolítica en el paso de corriente respecto al valor teórico reversible que debería tener considerado como un electrodo de la pila originada en la electrólisis.

SOBREXCEDENTE. p.a. de sobrexceder. Que sobrexcede.

SOBREXCEDER. (De *sobreexceder*.) tr. Exceder, sobrepujar, aventajar a otro.

SOBREXCITACIÓN. f. Sobreexcitación.

SOBREXCITAR. tr. Sobreexcitar. Ú.t.c.r.

SOBRIAMENTE. adv. m. Con sobriedad.

SOBRIEDAD. (l. *sobrìetas*, *-ātis*.) f. Calidad de sobrio. ‖ **P.** sobriedade; **I.** sobriety, temperance; **F.** sobriété; **A.** Genügsamkeit; **It.** sobrietà, parcità; **R.** умеренность.

SOBRINAZGO. m. Parentesco de sobrino. ‖ **2.** Nepotismo.

SOBRINO, NA. (l. *sobrinus*.) m. y f. Respecto de una persona, hijo o hija de su hermano o hermana, o de su primo o prima. Los primeros se llaman carnales, y los otros, segundos, terceros, etc. ‖ **P.** sobrinho; **I.** nephew; **F.** neveu; **A.** Neffe; **It.** nipote; **R.** племянник.

SOBRIO, BRIA. (l. *sobrìus.*) adj. Templado, moderado, especialmente en comer y beber. ‖ **P.** sóbrio; **I.** sober; **F.** sobre; **A.** nüchtern, mässig; **It.** sobrio; **R.** воздержанный.

SOCA. f. AMÉR. Último retoño de la caña de azúcar. ‖ **2.** BOL. Brote de la cosecha del arroz.

SOCAIRE. (port. *socairo*.) m. MAR. Abrigo que ofrece una cosa en su lado opuesto a aquel de donde sopla el viento. ‖ *Estar*, o *ponerse al* SOCAIRE. fr. MAR. Hacerse remolón el marinero con el coy, sin salir de la guardia. ‖ **2.** fig. y fam. Rehuir el trabajo. ‖ *Tomar* SOCAIRE. fr. MAR. Sujetar un cabo que trabaja o del que se está tirando, dándole una vuelta sobre un madero para que no se escurra.

SOCAIRERO. (De *socaire*.) adj. Entre marineros, remolón que procura eludir el cumplimiento de sus obligaciones.

SOCALIÑA. (De *sacaliña*.) f. Ardid con que se saca a uno lo que no está obligado a dar. ‖ **P.** ardil; **I.** cunning, trick; **F.** ruse, escroquerie; **A.** Prellerei; **It.** truffa; **R.** уловка, обман.

SOCALIÑAR. tr. Sacar a uno con socaliña alguna cosa.

SOCALIÑERO, RA. adj. Que usa de socaliñas. Ú.t.c.s.

SOCALZAR. (De *so* y *calzar*.) tr. Reforzar por la parte inferior un edificio o muro.

SOCAPA. (De *so* y *capa*.) f. Pretexto fingido que se toma para disfrazar la verdadera intención con que se hace una cosa. ‖ *A* SOCAPA. m. adv. Disimuladamente.

SOCAPAR. tr. BOL., ECUAD. y MÉJ. Encubrir faltas ajenas.

SOCAPISTOL. (De *so* y *capistol*.) m. Sochantre.

SOCARRA. f. Acción y efecto de socarrar o socarrarse. ‖ **2.** Socarronería.

SOCARRAR. (vasc. *sua*, fuego, y *carra*, llama.) tr. Quemar o tostar superficialmente una cosa. Ú.t.c.r.

SOCARRÉN. m. Parte del alero del tejado, que sobresale de la pared.

SOCARRENA. (De *socarrén*.) f. Hueco, concavidad. ‖ **2.** ARQ. Hueco entre cada dos maderos de un suelo o un tejado.

SOCARRINA. (De *socarrar*.) f. fam. Chamusquina.

SOCARRO. (l. medieval *iocarius*.) m. ant. Socarrón.

SOCARRÓN, NA. (De *socarro*.) adj. Astuto, bellaco, disimulado. Ú.t.c.s.

SOCARRONAMENTE. adv. m. Con socarronería.

SOCARRONERÍA. (De *socarrón*.) f. Astucia y bellaquería con que uno procura su interés o disimula su intento.

SOCAVA. f. Acción y efecto de socavar. ‖ **2.** Alcorque alrededor de una planta.

SOCAVACIÓN. f. Socava, 1.ª acep.

SOCAVAR. (De *so* y *cavar*.) tr. Excavar por debajo alguna cosa, dejándola en falso. ‖ **P.** socavar; **I.** to undermine; **F.** creuser, miner; **A.** untergraben; **It.** soccavare; **R.** подкапывать.

SOCAVÓN. (De *socavar*.) m. Cueva que se excava en la ladera de un cerro o monte. ‖ **2.** Hoyo que se produce por hundimiento del suelo.

★ **SOCAVONERO.** m. CHILE. Individuo que trabaja una mina por medio del socavón o cueva abierta en la ladera de un monte.

SOCAZ. (De *so*, debajo, y *caz*.) m. Trozo de cauce que hay debajo del molino o batán hasta la madre del río.

SOCIABILIDAD. f. Calidad de sociable.

S

SOCIABLE. (l. *sociabĭlis.*) adj. Naturalmente inclinado a la sociedad.

SOCIAL. (l. *sočiālis.*) adj. Perteneciente o relativo a la sociedad o a las contiendas entre unas y otras clases. || **2.** Perteneciente o relativo a una compañía o sociedad, o a los socios, aliados o confederados. || *Medicina* SOCIAL O SOCIALIZADA. Ordenación sistematizada de la asistencia médica a grupos de población, generalmente bajo el control del Estado y cierta contribución pecuniaria deducida de los ingresos de los mismos beneficiados. || **P.**, **I.** y **F.** social; **A.** sozial, gesellschaftlich; **I.** sociale; **R.** общественный.

SOCIALISMO. m. Sistema de organización social que supone derivados de la colectividad los derechos individuales, y atribuye al Estado absoluta potestad para ordenar las condiciones de la vida civil y económica con preponderancia del interés colectivo sobre el particular.

SOCIALISTA. adj. Que profesa la doctrina del socialismo. Ú.t.c.s. || **2.** Perteneciente o relativo al socialismo. || **P.** e **It.** socialista; **I.** socialist; **F.** socialiste; **A.** Sozialist; **R.** социалистический.

SOCIALIZACIÓN. f. Acción y efecto de socializar.

SOCIALIZADOR, RA. adj. Que socializa.

SOCIALIZAR. tr. Transferir al Estado, u otro órgano colectivo, las propiedades, industrias, etc., particulares.

SOCIEDAD. (l. *sočĭětas, -ātis.*) f. Reunión de personas, familias, pueblos o naciones. || **2.** Agrupación natural o pactada de individuos con el fin de cumplir mediante la mutua cooperación, todos o algunos de los fines de la vida. Dícese también de algunos animales, como las abejas, hormigas, etc. || **3.** COM. La de comerciantes, hombres de negocios o accionistas de alguna compañía. || **—anónima.** COM. La que se forma por acciones, con responsabilidad circunscrita al capital que éstas representan, sin tomar nombre de ninguno de sus individuos. || **—comanditaria** o **en comandita.** COM. Aquella en que hay dos clases de socios: unos con derecho y obligaciones como en la sociedad colectiva, y otros, llamados comanditarios, que tienen limitados a cierta cuantía su interés y su responsabilidad. || **—comanditaria por acciones.** COM. Aquella en que el capital de los socios no colectivos está dividido y representado por acciones. || **—conyugal.** La constituida por el marido y la mujer durante el matrimonio. || **—cooperativa.** La formada para un objeto de utilidad común de los asociados. || **—regular colectiva.** COM. La que se ordena bajo pactos comunes a los socios, participando todos proporcionalmente de los mismos derechos y obligaciones. || *Buena* SOCIEDAD. Conjunto de personas que se distinguen por su cultura y finos modales. || *Mala* SOCIEDAD. La de gente sin delicadeza ni educación. || **P.** sociedade; **I.** society; **F.** société; **A.** Gesellschaft; **It.** società; **R.** общество.

SOCIETARIO, RIA. adj. Perteneciente o relativo a las asociaciones, y de un modo especial a las obreras.

SOCINIANISMO. (De *sociniano.*) m. Herejía de Socino, que negaba la Trinidad y la divinidad de Jesucristo.

SOCINIANO, NA. adj. Partidario del socinianismo. Apl. a pers. ú.t.c.s. || **2.** Perteneciente o relativo a esta herejía.

SOCIO, CIA. (l. *socĭus.*) m. y f. Persona asociada con otra u otras para algún fin. || **2.** Individuo de una sociedad. || **—capitalista.** El que aporta capital a una empresa. || **—industrial.** El que no aporta capital a la empresa, sino servicios o pericia personales.

SOCIOLOGÍA. (l. *socĭus*, socio, y el gr. λόγος, tratado.) f. Ciencia que estudia las condiciones de existencia y desenvolvimiento de las sociedades humanas. || **P.** sociología; **I.** sociology; **F.** sociologie; **A.** Soziologie; **It.** sociologia; **R.** социология.

SOCIOLÓGICO, CA. adj. Perteneciente o relativo a la sociología.

SOCIÓLOGO, GA. m. y f. Persona que profesa la sociología o es versada en ella.

* **SOCO, CA.** adj. CHILE. Manco. || **2.**

ARGENT. Dícese de la caballería que adolece de muchos defectos. || **3.** m. AMÉR. CENTRAL. Borracho. || **4.** m. COLOM. Muñón, tocón. || **5.** CHILE. Golpe que se da de frente, con el puño cerrado. || **6.** CHILE. Machete corto.

SOCOLA. (De *so*, 3.er art., y *cola*.) f. RIOJA. Ataharre.

* **SOCOLA.** f. COLOM. Acción de socolar. || **2.** C. RICA. Sembrado.

SOCOLAR. tr. ECUAD. y HOND. Desmontar, rozar un terreno.

SOCOLOR. (De *so*, 3.er art., y *color*.) m. Pretexto y apariencia para disimular y encubrir el verdadero fin de una acción. || **2.** adv. m. So color.

SOCOLLADA. (De *so*, 3.er art., y *cuello*.) f. MAR. Sacudida que dan las velas cuando hay un poco de viento, y las jarcias cuando están flojas. || **2.** Caída brusca de la proa de un buque.

* **SOCOLLÓN.** m. CUBA y C. RICA. Estremecimiento. || **2.** CUBA. Animal de tiro desparejado.

SOCONUSCO. (De la región mejicana del mismo nombre.) m. Cacao de superior calidad por serlo el de toda la provincia de este nombre. || **2.** Chocolate especial al que se agregaban los llamados polvos de Soconusco, que le daban exquisito sabor. || **3.** CUBA. Chocolate.

SOCORO. m. Sitio que está debajo del coro.

SOCORREDOR, RA. adj. Que socorre. Ú.t.c.s.

SOCORRER. (l. *succurrěre.*) tr. Ayudar en un peligro o necesidad. || **2.** Dar a uno a cuenta parte de lo que se ha de pagar. || **P.** socorrer; **I.** to succour; **F.** secourir; **A.** helfen, beistehen; **It.** soccòrrere; **R.** помогать.

SOCORRIDO, DA. p.p. de socorrer. || **2.** adj. Dícese del que con facilidad socorre la necesidad ajena. || **3.** Aplícase a aquello en que se halla fácilmente lo que se necesita.

SOCORRO m. Acción y efecto de socorrer. || **2.** Dinero u otra cosa con que se socorre. || **3.** Tropa que acude en auxilio de otra. || **4.** Provisión de municiones y de víveres que se lleva a un cuerpo de tropa o a una plaza que la necesita. || **5.** GERM. Hurto. || **6.** GERM. Lo que la mujer envía al rufián. || **P.** socorro; **I.** succour, support, help, aid; **F.** secours, aide; **A.** (Aus)Hilfe, Unterstützung; **It.** soccorso, sussidio; **R.** помощь, выручка.

SOCRÁTICO, CA. (l. *socratĭcus.*) adj. Que sigue la doctrina de Sócrates. Ú.t.c.s. || **2.** Perteneciente a ella.

SOCROCIO. (l. *sub*, so, y *croceus*, de azafrán.) m. Emplasto en que entra el azafrán.

SOCUCHO. (De *sucucho.*) m. AMÉR. Rincón, tabuco, chiribitil.

SOCHANTRE. (De *so*, 3.er art., y *chantre.*) m. Director del coro en los oficios divinos. || **P.** y **F.** chantre; **I.** subchanter; **A.** Vorsänger; **It.** capocoro; **R.** запевала.

* **SOCHE.** m. ZOOL. COLOM. y ECUAD. Rumiante montés parecido al ciervo. || **2.** COLOM. y ECUAD. Piel curtida de ciervo, cordero o chivo.

SODA. (ital. *soda.*) f. Sosa.

SÓDICO, CA. adj. QUÍM. Perteneciente o relativo al sodio.

SODIO. (De *soda.*) m. Metal de color y brillo argentinos, que se empaña rápidamente en contacto con el aire, muy blando y ligero y que descompone el agua a la temperatura ordinaria. || **2.** QUÍM. *Cloruro de* SODIO. Sal común o de cocina.

SODOMÍA. (De *Sodoma*, antigua ciudad de Palestina, donde se practicaba todo género de vicios torpes.) f. Concúbito entre personas de un mismo sexo, o contra el orden natural. || **P.** sodomía; **I.** sodomy; **F.** sodomie; **A.** Sodomie; **It.** sodomia; **R.** содом.

SODOMITA. (l. *sodomĭta.*) adj. Natural de Sodoma. Ú.t.c.s. || **2.** Perteneciente a esta antigua ciudad de Palestina. || **3.** Que comete sodomía. Ú.t.c.s.

SODOMÍTICO, CA. (l. *sodomitĭcus.*) adj. Perteneciente a la sodomía.

SOEZ. adj. Bajo, grosero, vil. || **P.** soez; **I.** mean, base; **F.** vil, bas; **A.** gemein, schmutzig; **It.** vile, sudicio; **R.** гадкий, подлый.

SOEZA. f. ant. Suciedad, infamia.

SOFÁ. (ár. *suffa*, banco largo, a través del francés.) m. Asiento cómodo para dos o más personas, provisto de respaldo y brazos.

SOFALDAR. (De *so*, 3.er art., y *falda*.) tr. Alzar las faldas. || **2.** fig. Levantar una cosa para descubrir otra.

SOFALDO. m. Acción y efecto de sofaldar.

SOFÍ. (ár. *safawi*, descendiente del jeque Safí [*ad-din Isháq*.], muerto en 1334.) m. Título de majestad que se dio a los reyes de Persia.

SOFÍ. adj. Sufí. Ú.t.c.s.

SOFIANO, NA. adj. Dícese del súbdito del Sofí persa. Ú.t.c.s.

SOFIÓN. (ital *soffione*, de *soffiare*, y éste del l. *sufflāre*, soplar.) m. Bufido, expresión de enojo. || **2.** Trabuco, especie de escopeta. || **3.** Cierto artificio de fuego que empleaban los artilleros en otro tiempo, para hacer señales de noche y otros usos.

SOFISMA. (l. *sophisma*, y éste del gr. σόφισμα, argucia, habilidad dialéctica.) m. Razón o argumento aparente con que se quiere defender lo que es falso. || **P.** e **It.** sofisma; **I.** sophism; **F.** sophisme; **A.** Trugschluss; **R.** софизм.

SOFISMO. m. Sufismo.

SOFISTA. (l. *sophista*, y éste del gr. σόφιστής.) adj. Que se vale de sofismas. Ú.t.c.s. || **2.** m. En la Grecia antigua, el que se dedicaba a la enseñanza de la filosofía. Después de Sócrates, el vocablo tuvo un sentido peyorativo. || **P.** e **It.** sofista; **I.** sophist; **F.** sophiste; **A.** Sophist, Klügler; **R.** софист.

SOFISTERÍA. (De *sofista.*) f. Uso de raciocinios sofísticos. || **2.** Estos mismos raciocinios.

SOFISTICACIÓN. f. Acción y efecto de sofisticar. || **P.** sofisticação; **I.** y **F.** sophistication; **A.** Verfälschung; **It.** sofisticazione; **R.** подделка.

SOFÍSTICAMENTE. adv. m. De manera sofística.

SOFISTICAR. (De *sofístico.*) tr. Adulterar, falsificar con sofismas.

SOFÍSTICO, CA. (l. *sophistĭcus*, y éste del gr. σοφιστικός.) adj. Aparente, fingido con sutileza.

SOFISTIQUEZ. f. p. us. Calidad de sofístico.

SOFITO. (ital. *soffitto*, y éste del l. *suffĭctus*, por *suffixus*: véase *sufijo.*) m. ARQ. Plano inferior del saliente de una cornisa o de otro cuerpo voladizo. || **P.** sofito; **I.** soffit; **F.** soffite; **A.** Felderdecke; **It.** soffitto; **R.** софит.

SOFLAMA. (De *so*, 3.er art., y *flama.*) f. Llama tenue o reverberación del fuego. || **2.** Bochorno o ardor que sale al rostro por enojo, vergüenza, etc. || **3.** fig. Palabras artificiosas con que uno intenta engañar o chasquear. || **4.** fig. despect. Discurso, perorata, alocución. || **5.** fig. Roncería, arrumaco. || **3.ª** acep.: **I.** flimflam; **F.** cajolerie; **A.** Neckerei, Fopperei; **It.** lunganata; **R.** уловки, лицемерная речь.

SOFLAMAR. (De *soflama.*) tr. Fingir con palabras afectadas para chasquear o engañar a uno. || **2.** fig. Hacer que uno se avergüence o abochorne. || **3.** r. Tostarse requemarse con la llama lo que se asa o cuece.

SOFLAMERO, RA. adj. fig. Que usa de soflamas. Ú.t.c.s.

SOFOCACIÓN. (l. *suffocatio, -ōnis.*) f. Acción y efecto de sofocar o sofocarse.

SOFOCADOR, RA. (l. *suffocātor, -ōris.*) adj. Que sofoca.

SOFOCANTE. p.a. de sofocar. Que sofoca.

SOFOCAR. (l. *suffocāre.*) tr. Ahogar, impedir la respiración. || **2.** Apagar, dominar, extinguir. || **3.** fig. Acosar demasiado a uno. || **4.** fig. Avergonzar, abochornar a uno. Ú.t.c.r. || **P.** sufocar; **I.** to suffocate; **F.** suffoquer; **A.** ersticken; **It.** soffocare; **R.** душить.

SOFOCLEO, A. (l. *sophoclēus.*) adj. Propio y característico de Sófocles como poeta trágico, o que tiene semejanza con alguna de las calidades de sus obras.

SOFOCO. m. Efecto de sofocar o sofocarse. || **2.** fig. Grave disgusto que se da o se recibe.

SOFOCÓN. (aum. de *sofoco.*) m. fam. Desazón, disgusto que sofoca.

SOFOQUINA. f. fam. Sofoco, comúnmente intenso.

SÓFORA. (ár. *sufairā'*, amarillita.) f. BOT. Árbol papilionáceo, originario de Oriente, con tronco recto y grueso, copa ancha, ramas retorcidas, hojas compuestas, flores pequeñas, amarillas, en panojas colgantes, y fruto en vainas con varias semillas pequeñas. || **P.** sófora; **I.** y **F.** sophora; **A.** Sophore; **It.** sofora.

SOFREIR. (l. *sŭbfrigĕre.*) tr. Freir ligeramente una cosa.

SOFRENADA. f. Acción y efecto de sofrenar.

SOFRENAR. (l. *suffrenāre;* de *sub*, so, 3.er art., y *frenum*, freno.) tr. Reprimir el jinete a la caballería tirando violentamente de las riendas. || **2.** fig. Reprender con aspereza. || **3.** fig. Refrenar una pasión del ánimo.

SOFRIDERO, RA. adj. ant. Sufridero.

SOFRITO, TA. p.p. irreg. de sofreir.

SOGA. (vasc. *soca;* en b. l. *soga.*) f. Cuerda gruesa de esparto. || **2.** Cierta medida agraria. || **3.** R. DE LA PLATA y VENEZ. Tira larga de cuero sin sobar que se usa para sujetar un animal. || **4.** ARQ. Parte de un sillar o ladrillo que queda descubierta en el paramento de un muro. || **5.** m. fig. y fam. Hombre socarrón, que con paciencia hace su negocio. || **6.** VENEZ. Soguero, lacero. || *A* SOGA. m. adv. ARQ. Dícese del modo de construir cuando la dimensión más larga del ladrillo o piedra se coloca en la misma dirección del largo del paramento. || *Con la* SOGA *a la garganta.* fr. fig. Amenazado de un riesgo grave. || **2.** En apretura o apuro. || *Dar* SOGA. fr. Soltar cuerda poco a poco. || *Echar la* SOGA *tras el caldero.* fr. fig. y fam. Dejar que se pierda lo accesorio, después de perdido lo principal. || *La* SOGA *tras el caldero.* fr. fig. y fam usada para denotar la habitual compañía de dos o más personas. || *No hay que*, o *no se ha de mentar la* SOGA *en casa del ahorcado.* fr. proverb. con que se aconseja no mencionar en la conversación lo que pueda sonrojar o molestar a alguno de los circunstantes. || *Quebrar la* SOGA *por lo más delgado.* fr. fig. *Siempre quiebra la* SOGA *por lo más delgado.* ref. con que se da a entender que comúnmente el fuerte prevalece contra el débil. || **P.** soga; **I.** cord, rope; **F.** corde, cordage; **A.** Strang; **It.** fune, stramba; **R.** пеньковый канат.

SOGALINDA. f. VIZC. Lagartija.

SOGDIANO, NA. (l. *sogdiānus.*) adj. Natural de la Sogdiana. Ú.t.c.s. || **2.** Perteneciente a este país del Asia antigua.

SOGUEAR. tr. AR. Medir con soga. || **2.** AGR. Pasar una cuerda tirante por encima de las espigas, para que se desprenda el rocío que hay en ellas.

SOGUERÍA. f. Oficio y trato de soguero. || **2.** Sitio donde se hacen o se venden sogas. || **3.** Conjunto de sogas.

SOGUERO. m. El que hace o vende sogas. || **2.** Mozo de cordel.

SOGUILLA. (d. de *soga.*) f. Trenza delgada de pelo. || **2.** Trenza delgada de esparto. || **3.** m. Mozo dedicado a transportar objetos de poco peso.

SOGUILLO. m. MURC. Soguilla.

SOJA. f. Planta leguminosa procedente de Asia, con fruto parecido al fréjol, de la que se obtiene aceite. Se cultiva también como planta forrajera.

SOJUZGADOR, RA. adj. Que sojuzga. Ú.t.c.s.

SOJUZGAR. (De *so*, 3.er art., y *juzgar.*) tr. Sujetar, dominar con violencia. || **P.** subjugar; **I.** to subdue, to subjugate; **F.** subjuguer, dominer; **A.** unterjochen; **It.** soggiogare; **R.** порабощать.

SOL. (l. *sol, solis.*) m. Astro luminoso, centro de nuestro sistema planetario. || **2.** fig. Luz, calor o influjo de este astro. *Tomar el* SOL. || **3.** fig. Día. || **4.** Cierto género de encajes de labor antigua. || **5.** Moneda de plata del Perú, equivalente a un peso fuerte. || **6.** ALQ. Oro. || **—con uñas.** fig. y fam. Este astro cuando algunas nubes ligeras empañan su luz. || **—de justicia.** fr. fig. Jesucristo. || **2.** fig. Solazo. || **—de las Indias.** Girasol. || **—figurado.** BLAS. El que se representa con cara humana. || *Al* SOL *naciente* o *al* SOL *que nace.* exprs. figs. y fams. con que se explica el anhelo y adulación con que se sigue a quien empieza a ser poderoso. || *Arrimarse al* SOL *que más calienta.* fr. fig. Servir y adular al más poderoso. || *Aún hay* SOL *en las bardas.* expr. fig. y fam. con que se da a entender no estar perdida la esperanza de conseguir una cosa. || *De* SOL *a* SOL. m. adv. Desde que sale el sol hasta que se pone. || *Meter a uno donde no vea el* SOL. fr. fig. y fam. Encarcelarlo. || *No dejar ni a* SOL *ni a sombra* a uno. fr. fig. y fam. Seguirle con importunidad a todas horas y en todas partes. || SOL *que mucho madruga, poco dura.* ref. que enseña que las cosas demasiado tempranas suelen malograrse. || *Tomar el* SOL. fr. Ponerse en parte adecuada para gozar de su luz y calor. || **2.** MAR. Tomar la altura meridiana del Sol, para deducir de ella la latitud del lugar en que está el observador. || **P.** sol; **I.** sun; **F.** soleil; **A.** Sonne; **It.** sole; **R.** солнце.

SOL. m. MÚS. Quinta voz de la escala musical.

SOL. (Contracc. de *sólo.*) adv. ant. Solamente.

SOLACEAR. (De *solaz.*) tr. p. us. Solazar.

SOLACIO. (l. *solatĭum.*) m. desus. Solaz.

SOLADA. f. Suelo, poso que deja en el fondo una substancia líquida.

SOLADO, DA. p.p. de solar. || **2.** m. Acción de solar. || **3.** Revestimiento de un piso.

SOLADOR. m. El que tiene por oficio solar pisos.

SOLADURA. f. Acción y efecto de solar pisos. || **2.** Material que sirve para solar.

SOLAMENTE. adv. De un solo modo, en una sola cosa, o sin otra cosa. || SOLAMENTE *que.* loc. adv. Con sólo que, con la única condición de que. || **P.** sòmente; **I.** only; **F.** seulement; **A.** nur, lediglich, blos; **It.** solamente; **R.** только, лишь.

SOLANA. (l. *solana*, t. f. de *solanus.*) f. Sitio donde el sol da de lleno. || **2.** Corredor destinado en la casa para tomar el sol.

SOLANÁCEO, A. (l. *solānum*, hierba mora.) adj. BOT. Aplícase a hierbas, matas y arbustos angiospermos dicotiledóneos que tienen hojas simples y alternas, flores de corola acampanada, y baya o caja con muchas semillas; como la hierba mora, la patata, el pimiento y el tabaco. Ú.t.c.s.f. || **2.** f. pl. BOT. Familia de estas plantas.

SOLANAR. (De *solana.*) m. AR. Solana.

SOLANERA. (De *solana.*) f. Efecto producido en una persona por tomar mucho sol. || **2.** Paraje expuesto sin resguardo a los rayos solares cuando son más molestos.

SOLANINA. (De *solano*, 2.º art.) f. Glucósido alcaloide muy venenoso contenido en algunas solanáceas.

SOLANO. (l. *solānus.*) m. Viento que sopla de donde sale el Sol. || **2.** BURG. y PROV. VASC. Viento cálido y sofocante, cualquiera que sea su rumbo.

SOLANO. (l. *solānum.*) m. Hierba mora.

SOLAPA. (De *solape.*) f. Parte del vestido, correspondiente al pecho, y que suele ir doblada hacia afuera sobre la misma prenda de vestir. || **2.** Prolongación lateral de la cubierta de un libro, que se dobla hacia adentro. || **3.** fig. Ficción o colorido para disimular una cosa. || **4.** VETER. Cavidad que hay en algunas llagas que presentan un orificio pequeño. || *De* SOLAPA. m. adv. A solapo. || **P.** lapela; **I.** lapel; **F.** revers d'un habit; **A.** Aufschlag, Klappe am Kleid; **It.** mostreggiatura, bàvero; **R.** лацкан.

SOLAPADAMENTE. adv. fig. Con cautela o disimulo.

SOLAPADO, DA. p.p. de solapar. || **2.** adj. fig. Acostumbrado a ocultar maliciosa o cautelosamente sus pensamientos. || 2.^a acep.: **P.** solapado; **I.** artful, cunning; **F.** sournois; **A.** arglistig, verschlagen; **It.** finto; **R.** лицемерный.

SOLAPAMIENTO. m. VETER. Solapa, 4.ª acep.

SOLAPAR. (De *solapa.*) tr. Poner solapas a los vestidos. || **2.** Traslapar, cubrir una cosa a otra. || **3.** fig. Ocultar maliciosa y cautelosamente la verdad o la intención. || **4.** intr. Caer cierta parte del vestido doblada sobre otra.

SOLAPE. (De *so*, 3.er art., y el l. *lapis*, losa; compárese el port. *solapa.*) m. Solapa.

SOLAPO. m. Solapa. || **2.** Parte de una cosa que queda cubierta por otra. || **3.** fig. y fam. Sopapo. || *A* SOLAPO. m. adv. fig. y fam. Ocultamente, a escondidas.

SOLAR. (De *suelo.*) adj. Dícese de la casa más antigua y noble de una familia. Ú.t.c.s.m. || **2.** m. Casa, descendencia, linaje noble. || **3.** Porción de terreno donde se ha edificado o destinado a edificar en él.

SOLAR. (l. *solāris.*) adj. Perteneciente al Sol.

SOLAR. (De *suelo.*) tr. Revestir el suelo con ladrillos, losas u otro material.

SOLAR. tr. Echar suelas al calzado.

SOLARIEGO, GA. adj. Perteneciente al solar de antigüedad y nobleza. Ú.t.c.s. || **2.** En la Edad Media, decíase del hombre o colono que vivía en tierra del rey, de la Iglesia o de un hidalgo, sometido al poder personal de su señor. Ú.m.s.c. || **3.** Aplícase a los fundos que pertenecen con pleno derecho a sus dueños. || **4.** Antiguo y noble.

* **SOLARÍMETRO.** m. FÍS. Aparato que sirve para determinar la intensidad de la radiación solar.

* **SOLARIO** o **SOLARIUM.** m. Establecimiento instalado para tomar baños de sol.

SOLAZ. (De *solazar.*) m. Consuelo, placer, esparcimiento, alivio de los trabajos. || *A* SOLAZ. m. adv. Con gusto.

SOLAZAR. (l. *solatiāre*, de *solatĭum.*) tr. Dar solaz. Ú.m.c.r. || **P.** alegrar; **I.** to solace; **F.** soulager; **A.** ergötzen; **It.** sollazzare; **R.** утешать.

SOLAZO. (aum. de *sol.*) m. fam. Sol fuerte, ardiente y abrasador.

SOLAZOSO, SA. adj. Que causa solaz.

SOLDADA. (De *sueldo.*) f. Sueldo, salario, paga. || **2.** Haber del soldado. || **P.** soldo; **I.** salary, wages; **F.** solde, salaire; **A.** Arbeitslohn, Gehalt; **It.** salario; **R.** жалованье.

SOLDADERO, RA. adj. ant. Que gana soldada.

SOLDADESCA. f. Ejercicio y profesión de soldado. || **2.** Conjunto de soldados. || **3.** Tropa indisciplinada. || **P.** soldadesca; **I.** soldiery; **F.** soldatesque; **A.** Soldatenvolk; **It.** soldatesca; **R.** солдатня.

SOLDADESCO, CA. adj. Perteneciente a los soldados. || *A la* SOLDADESCA. m. adv. Al uso de los soldados.

SOLDADO. (l. *solidātus;* de *solĭdus*, sueldo.) m. El que sirve en la milicia. || **2.** Militar sin graduación. || **3.** fig. El que es esforzado en la milicia. || **4.** fig. Mantenedor, servidor, partidario. || **—cumplido.** El que ha servido todo el tiempo a que estaba obligado, y aún permanece en la milicia. || **—de Pavía.** fam. Tajada de bacalao frito rebozado con huevo y harina. || **—veterano** o **viejo.** Militar que ha servido muchos años. || **—voluntario.** El que libremente se alista para el servicio. || **P.** soldado; **I.** soldier; **F.** soldat; **A.** Soldat; **It.** soldato; **R.** солдать.

SOLDADOR. m. El que tiene por oficio soldar. || **2.** Instrumento para soldar.

SOLDADOTE. aum. despect. de soldado. Se aplica principalmente al militar de alta graduación que se distingue por la brusquedad de sus modales.

SOLDADURA. f. Acción y efecto de soldar. || **2.** Material que sirve para soldar. || **3.** fig. Enmienda y corrección de una cosa. || **—autógena.** La que se hace con el mismo metal de las piezas que se han de soldar fundiendo sus bordes. || **P.** soldadura; **I.** soldering, welding; **F.** soudure; **A.** Löten, Lötung; **It.** saldatura; **R.** пайка.

SOLDÁN. (Del m. or. que *sultán.*) m. Sultán, 2.^a acep. Llamábase así más particularmente a los soberanos musulmanes de Persia y Egipto.

SOLDAR. (l. *solidāre*, consolidar, afirmar.) tr. Pegar y unir sólidamente dos cosas, o dos partes de una misma cosa. || **2.** fig. Componer o enmendar un desacierto. || **P.** soldar; **I.** to solder, to weld; **F.** souder; **A.** (Zusammen)schweissen, löten; **It.** saldare; **R.** паять.

SOLEÁ. f. AND. Forma pop. de soledad, 4.^a, 5.^a y 6.^a aceps. El pl. es *soleares*.

SOLEAMIENTO. m. Acción de solear o solearse.

SOLEAR. (De *sol*, 1.er art.) tr. Tener expuesta al sol una cosa. Ú.t.c.r.

S

SOLECISMO. (l. *soloecismus*, y éste del gr. σολοικισμός, dicho así de *Soli*, ciudad de Cilicia, en donde se hablaba mal el griego.) m. Falta de sintaxis; incorrección contra la exactitud o pureza de un idioma.

SOLEDAD. (l. *solĭtas, -ātis.*) f. Carencia de compañía. || **2.** Lugar desierto, o tierra no habitada. || **3.** Melancolía causada por la ausencia, muerte o pérdida de alguna persona o cosa. || **4.** Tonada andaluza de carácter melancólico, en compás de tres por ocho. || **5.** Copla que se canta con esta música. || **6.** Danza que se baila con ella. || **P.** soledade; **I.** y **F.** solitude; **A.** Einsamkeit; **It.** solitùdine; **R.** одиночество.

SOLEDOSO, SA. (De *soledad.*) adj. Solitario. || **2.** Que siente soledad, 3.ª acep.

SOLEDUMBRE. (l. *solitudo, -ĭnis.*) f. desus. Paraje solitario y estéril.

SOLEJAR. intr. ant. Tomar el sol.

SOLEJAR. (De *sol.*) m. Solana, 1.ª acep.

SOLEMNE. (l. *solemnis.*) adj. Celebrado o hecho públicamente con pompa o ceremonias extraordinarias. || **2.** Formal, firme, válido, acompañado de todos los requisitos necesarios. || **3.** Crítico, interesante, de mucha entidad. || **4.** Grave, majestuoso. || **5.** Encarece en sentido peyorativo la significación de algunos nombres. SOLEMNE *tontería.* || **P.** solene; **I.** solemn; **F.** solennel; **A.** feierlich, pomphaft; **It.** solenne; **R.** торжественный.

SOLEMNEMENTE. adv. De manera solemne.

SOLEMNIDAD. (l. *solemnĭtas, -ātis.*) f. Calidad de solemne. || **2.** Acto o ceremonia solemne. || **3.** Festividad eclesiástica. || **4.** Cada una de las formalidades de un acto solemne. || **5.** Se dice *Pobre de* SOLEMNIDAD al que no dispone de lo necesario para subsistir. || **6.** FOR. Conjunto de requisitos legales para la validez de los instrumentos que la ley denomina públicos y solemnes. || **P.** solenidade; **I.** solemnity; **F.** solennité; **A.** Feierlichkeit; **It.** solennità; **R.** торжество.

SOLEMNIZADOR, RA. adj. Que solemniza. Ú.t.c.s.

SOLEMNIZAR. (l. *solemnizāre.*) tr. Celebrar de manera solemne un suceso. || **2.** Engrandecer, aplaudir o encarecer una cosa. || **P.** solenizar; **I.** to solemnize; **F.** solenniser; **A.** feiern; **It.** solennizzare; **R.** торжественно праздновать.

SOLÉN. adj. ant. Solemne.

SOLENOIDE. (l. *solen*, canal, canuto, y del gr. εἶδος, forma.) m. FÍS. Circuito formado por un conductor arrollado en hélice, usado en diversos aparatos eléctricos.

SÓLEO. (l. *solĕa*, suela; de *solum*, la planta del pie.) m. ZOOL. Músculo de la pantorrilla unido a los gemelos por su parte inferior para formar el tendón de Aquiles.

SOLEO. (De *suelo.*) m. AND. Recolección de la aceituna caída del árbol.

SOLER. (cat. *soler*, y éste del l. *solārium.*) m. MAR. Entablado que tienen las embarcaciones en lo bajo del plan.

SOLER. (l. *solēre.*) intr. Con referencia a seres vivos, acostumbrar; con referencia a hechos o cosas, ser frecuente. || **P.** soer; **I.** to use to; **F.** avoir coutume de; **A.** pflegend; **It.** solere; **R.** иметь обыкновение.

SOLERA. (l. *solarĭa*, de *solum*, suelo.) f. Madero asentado de plano, sobre el que descansan o se ensamblan otros horizontales, inclinados o verticales. || **2.** Madero de sierra, de dimensiones varias. || **3.** Piedra plana puesta en el suelo para sostener pies derechos. || **4.** Muela del molino que está fija debajo de la volandera. || **5.** Suelo del horno. || **6.** Superficie del fondo en canales y acequias. || **7.** Madre o lía del vino. || 7.ª acep.: **P.** fezes do vinho; **I.** lees, mother of vine; **F.** mère du vin; **A.** Weinhefe; **It.** posatura, feccia.

SOLERCIA. (l. *solertĭa.*) f. Habilidad y astucia para hacer o tratar una cosa. || **P.** solércia; **I.** ability; **F.** adresse; **A.** Gewandheit; **It.** solerzia; **R.** ловкость.

SOLERÍA. f. Material que sirve para solar. || **2.** Solado, 3.ª acep.

SOLERÍA. f. Conjunto de cueros para hacer suelas.

SOLERO. m. AND. Solera, 4.ª acep.

* **SOLERO, RA.** adj. ARGENT. Fastidioso, pesado, cargante. || **2.** m. ARGENT. Solera, 1.ª acep.

SOLERTE. (l. *solers, -ertis.*) adj. Sagaz, astuto.

SOLETA. (De *suela.*) f. Pieza con que se remienda la planta del pie de la media o calcetín. || **2.** fam. Mujer descarada.

SOLETAR. tr. Echar soletas a las medias.

SOLETEAR. tr. Soletar.

SOLETERO, RA. m. y f. Persona que por oficio echa soletas.

SOLEVACIÓN. f. Acción y efecto de solevar o solevarse.

SOLEVAMIENTO. m. Solevación.

SOLEVANTADO, DA. p.p. de solevantar. || **2.** adj. Soliviantado.

SOLEVANTAMIENTO. m. Acción y efecto de solevantar o solevantarse.

SOLEVANTAR. (De *so*, 3.er art., y *levantar.*) tr. Levantar una cosa empujando de abajo arriba. Ú.t.c.r. || **2.** fig. Soliviantar. Ú.t.c.r. || **P.** solevantar; **I.** to upheave; **F.** soulever; **A.** emporheben; **It.** sollevare; **R.** приподнимать.

SOLEVANTO. (De *solevantar*, 2.ª acep.) m. ant. Conmoción, alteración.

SOLEVAR. (l. *sublevāre.*) tr. Sublevar. Ú.t.c.r. || **2.** Solevantar, 1.ª acep.

SOLFA. (De *sol*, 2.º art., y *fa.*) f. Arte de leer y entonar las diversas voces de la música. || **2.** Sistema de signos con que se escribe la música. || **3.** fig. Música. || **4.** fig. y fam. Zurra, paliza. || *Estar* una cosa *en* SOLFA. fr. fig. y fam. Estar hecha con arte y acierto. || **2.** fig. y fam. Estar escrita o explicada de una manera ininteligible. || *Poner* una cosa *en* SOLFA. fr. fig. y fam. Hacerla con arte y acierto. || **2.** fig. y fam. Presentarla bajo un aspecto ridículo. || *Tocar la* SOLFA uno. fr. fig. y fam. Solfearle, darle una paliza. || **P.** e **It.** solfa; **I.** sol-fa; **F.** solfège; **A.** Fonleiter; **R.** сольфеджио.

SOLFATARA. (ital. *solfatara.*) f. Abertura, en los terrenos volcánicos, por donde salen vapores sulfurosos.

SOLFEADOR, RA. adj. Que solfea. Ú.t.c.s.

SOLFEAR. (De *solfa.*) tr. Cantar marcando el compás y pronunciando los nombres de las notas. || **2.** fig. y fam. Castigar a uno con golpes, zurrarle. || **3.** fig. y fam. Reprender con insistencia.

SOLFEO. m. Acción y efecto de solfear. || **2.** fig. y fam. Zurra, azotaina. || **P.** solfejo; **I.** sol-faing; **F.** solfège; **A.** Solmisation; **It.** solfeggio; **R.** сольфеджио.

SOLFERINO, NA. (Del nombre de la batalla de *Solferino*, ganada por Napoleón III en 1859.) adj. De color morado rojizo.

SOLFISTA. (De *solfa.*) com. Persona que practica el solfeo.

SOLICITACIÓN. (l. *sollicitatio, -ōnis.*) f. Acción de solicitar.

SOLICITADOR, RA. (l. *sollicitātor, -ōris.*) adj. Que solicita. Ú.t.c.s. || **2.** m. Agente, que obra, que produce un efecto.

SOLÍCITAMENTE. adv. m. De manera solícita.

SOLICITANTE. p.a. de solicitar. Que solicita. Ú.t.c.s.

SOLICITAR. (l. *sollicitāre.*) tr. Pretender una cosa con diligencia. || **2.** Gestionar los negocios propios o ajenos. || **3.** Requerir de amores a una persona. || **4.** FÍS. Atraer una o más fuerzas a un cuerpo. || **P.** solicitar; **I.** to solicit; **F.** solliciter; **A.** erbitten; **It.** sollecitare; **R.** просить.

SOLÍCITO, TA. (l. *sollicĭtus.*) adj. Diligente, cuidadoso.

SOLICITUD. (l. *sollicitūdo.*) f. Diligencia o instancia cuidadosa. || **2.** Memorial en que se solicita algo. || **P.** e **I.** solicitude; **F.** sollicitude; **A.** Sorgfalt; **It.** sollecitùdine; **R.** прошение.

SÓLIDAMENTE. adv. m. Con solidez. || **2.** fig. Con verdaderas y firmes razones.

SOLIDAR. (l. *solidāre.*) tr. Consolidar. Ú.t.c.r. || **2.** fig. Establecer o afirmar una cosa con verdaderas y fundamentales razones.

SOLIDARIAMENTE. adv. m. In sólidum.

SOLIDARIDAD. (De *solidario.*) f. Modo de derecho u obligación in sólidum. || **2.** Adhesión circunstancial a la causa de otros. || **3.** Comunidad de intereses, sentimientos y aspiraciones. || **P.** solidariedade; **I.** solidarity; **F.** solidarité; **A.** Solidarität; **It.** solidarietà; **R.** солидарность.

SOLIDARIO, RIA. (De *sólido.*) adj. Dícese de las obligaciones contraídas in sólidum y de las personas que las contraen. || **2.** Adherido o asociado a la causa de otro. || **P.** solidário; **I.** solidary; **F.** solidaire; **A.** solidarisch; **It.** solidario; **R.** солидарный.

SOLIDARIZAR. tr. Hacer a una persona o una cosa solidaria con otra. Ú.t.c.r.

SOLIDEO. (l. *soli Deo*, a sólo Dios, aludiendo a que los sacerdotes se lo quitan únicamente ante el sagrario, en presencia de S. D. M.) m. Casquete que usan los eclesiásticos para cubrirse la corona. || **P.** solidéu; **I.** y **F.** calotte; **A.** Scheitelkäppchen; **It.** calotta, zucchetto; **R.** накладка.

SOLIDEZ. f. Calidad de sólido. || **2.** GEOM. Volumen de un cuerpo.

SOLIDIFICACIÓN. f. Acción y efecto de solidificar o solidificarse.

SOLIDIFICAR. (l. *solidus*, sólido, y *facĕre*, hacer.) tr. Hacer sólido un fluido. Ú.t.c.r.

SÓLIDO. (l. *solĭdus.*) adj. Firme, macizo y fuerte. || **2.** Aplícase a los cuerpos que presentan forma propia y oponen resistencia a ser divididos, y cuyas moléculas tienen entre sí mayor cohesión que las de los líquidos. Ú.t.c.s.m. || **3.** fig. Asentado, establecido con razones firmes. || **4.** GEOM. Dícese del ángulo formado por varios planos que se cortan mutuamente y concurren en un punto. || **5.** m. Moneda de oro de los antiguos romanos. || **6.** GEOM. Cuerpo. || **P.** sólido; **I.** solid; **F.** solide; **A.** fest; **It.** sòlido; **R.** твёрдый.

* **SOLIFACIO.** m. fam. PERÚ. Sol, moneda nacional peruana.

* **SOLIFLUCCIÓN.** f. GEOL. Deslizamiento de un terreno provocado por la acción del hielo.

SOLILOQUIAR. (De *soliloquio.*) intr. fam. Hablar a solas.

SOLILOQUIO. (l. *soliloquĭum;* de *solus*, solo, y *loqui*, hablar.) m. Habla o discurso de una persona que habla sola sin dirigirse a otra. || **2.** Lo que habla de este modo un personaje de obra dramática. || **P.** solilóquio; **I.** soliloquy; **F.** soliloque; **A.** Selbstgespräch; **It.** soliloquio; **R.** разговор с самим собой.

SOLIMÁN. (ár. *sulaimānī*, propio de Salomón, corrupción y etimología popular del l. *sublimātum.*) m. Sublimado corrosivo.

SOLIMITANO, NA. adj. Aféresis de jerosolimitano. Apl. a pers. ú.t.c.s.

* **SOLININGO, GA.** adj. joc. REP. DOMIN. Solitario, completamente solo.

SOLIO. (l. *solĭum.*) m. Trono, silla real con dosel.

SOLÍPEDO. (l. *solipes, -ĕdis.*) adj. ZOOL. Équido.

* **SOLIPSISMO.** (l. *solus ipse*, sólo yo.) m. FILOS. Doctrina ontológica, exageración del idealismo subjetivo, según la cual el sujeto pensante no puede afirmar ninguna existencia salvo la suya propia.

SOLISTA. com. MÚS. Persona que ejecuta un solo de una pieza vocal o instrumental.

SOLITARIA. (l. *solitarĭa*, t. f. de *-rĭus*, solitario.) f. Silla de posta para una sola persona. || **2.** Tenia. || 2.ª acep.: **P.** ténia; **I.** tapeworm; **F.** ténia; **A.** Bandwurm; **It.** tenia; **R.** солитёр.

SOLITARIAMENTE. adv. En soledad.

SOLITARIO, RIA. (l. *solitarius.*) adj. Desamparado, desierto. || **2.** Solo, 3.ª acep. || **3.** Retirado, que vive en soledad o la ama. Ú.t.c.s. || **4.** m. Diamante grueso que se engasta solo en una joya. || **5.** Juego que ejecuta una sola persona. || **6.** Ermitaño. || **P.** solitário; **I.** solitary; **F.** solitaire; **A.** einsam, allein; **It.** solitario; **R.** одинокий.

* **SOLITO.** m. P. RICO y COLOM. Pinito o primer paso que dan los niños.

SÓLITO, TA. (l. *solĭtus*, p.p. de *solēre*, soler, acostumbrar.) adj. Acostumbrado; que suele hacerse ordinariamente.

SOLITUD. f. ant. Soledad, 1.ª y 2.ª aceps.

SOLIVIADURA. f. Acción y efecto de soliviar o soliviarse.

SOLIVIANTADO, DA. p.p. de soliviantar. || **2.** adj. Inquieto, perturbado, solícito.

SOLIVIANTAR. (De *soliviar.*) tr. Mover el ánimo de una persona induciéndola a adoptar alguna actitud rebelde. Ú.t.c.r. || **P.** sublevar; **I.** to upheave; **F.** soulever; **A.** aufhetzen; **It.** sollevare, eccitare; **R.** возмущать.

SOLIVIAR. (l. *sŭbleviāre*, de *levis.*) tr. Ayudar a levantar una cosa por debajo. || **2.** r. Alzarse un poco el que está echado sobre una cosa.

SOLIVIO. (De *soliviar.*) m. Soliviadura.

SOLIVIÓN. m. aum. de solivio. Tirón grande para sacar una cosa oprimida por otra que está encima.

SOLIVO. m. GUIP. y NAV. Madero de sierra que se usa en la construcción.

SOLMENAR. (l. *sub*, so, 3.er art., y *mināre*, llevar.) tr. AST. Agitar, asiéndolo por el tallo, un árbol u otro vegetal que está en pie. || **2.** fig. AST. Agitar de un modo semejante cualquiera otra cosa.

SOLO, LA. (l. *solus.*) adj. Único en su especie. || **2.** Que está sin otra cosa o separado de ella. || **3.** Dicho de personas, sin compañía. || **4.** Que no tiene quien le ampare en sus necesidades. || **5.** m. Paso de danza que se ejecuta sin pareja. || **6.** Cierto juego de naipes parecido en su marcha al tresillo. || **7.** En el juego del hombre y otros de naipes, lance en que se hacen todas las bazas necesarias para ganar, sin ayuda de robo ni de compañero. || **8.** Solitario, 5.a acep. || **9.** MÚS. Composición o parte de ella que canta o toca una persona sola. || *A* SOLAS. m. adv. Sin ayuda ni compañía de otro. || *A* mis, *a* sus, *a* tus SOLAS. m. adv. En soledad; fuera del trato social. || **2.** A solas. || *Dar un* SOLO a uno. fr. fig. y fam. Molestarle un importuno, contándole prolijamente cosas que no le interesan. || *De* SOLO *a* SOLO. m. adv. Entre dos solamente. || **P.** único; **I.** sole, single; **F.** seul; **A.** einzig; **It.** solo; **R.** один.

SÓLO. adv. Solamente.

SOLOMBRA. (l. *sub umbra.*) f. ant. Sombra.

SOLOMBRÍA. f. SAL. Umbría.

SOLOMILLO. (d. de *solomo.*) m. En los animales de matadero, capa muscular que se extiende por entre las costillas y el lomo.

SOLOMO. (De *so*, 3.er art., y *lomo.*) m. Solomillo. || **2.** Por ext., lomo de puerco adobado.

* **SOLÓN.** m. VENEZ. Luz solar muy intensa.

SOLSONENSE. adj. Natural de Solsona. Ú.t.c.s. || **2.** Perteneciente a esta ciudad catalana.

SOLSTICIAL. (l. *solstitiālis.*) adj. Perteneciente o relativo al solsticio.

SOLSTICIO. (l. *solstitium.*) m. ASTRON. Época en que el Sol se halla en uno de los dos trópicos, en el de Cáncer, del 21 al 22 de junio y en el de Capricornio, del 21 al 22 de diciembre. || **—hiemal.** ASTRON. El de invierno, que hace en el hemisferio boreal el día menor y la noche mayor del año, y en el hemisferio austral a la inversa. || **—vernal.** ASTRON. El de verano, que hace en el hemisferio boreal el día mayor y la noche menor del año, y a la inversa en el hemisferio austral. || **P.** solstício; **I.** y **F.** solstice; **A.** Solstitium, Sonnenwende; **It.** solstizio; **R.** солнцестояние.

* **SOLTADERO.** m. MÉJ. Dehesa.

SOLTADIZO, ZA. adj. Que se suelta con maña, o con disimulo para algún fin.

SOLTADOR, RA. adj. Que suelta o echa de sí algo que tenía asido. Ú.t.c.s.

SOLTANÍ. (ár. *sulṭānī*, perteneciente o relativo al sultán.) m. Moneda de oro fino que fue usada en el imperio turco.

SOLTAR. (De *suelto.*) tr. Desatar o desceñir. || **2.** Dejar ir o dar libertad al que estaba detenido. Ú.t.c.r. || **3.** Desasir lo que estaba sujeto. Ú.t.c.r. || **4.** Dar salida a lo que estaba confinado. Ú.t.c.r. || **5.** Con relación al vientre, hacerle evacuar con frecuencia. Ú.t.c.r. || **6.** Prorrumpir o romper en una señal de afecto interior; como llanto, risa, etc. || **7.** Explicar, descifrar. Hoy sólo se usa en las frases: SOLTAR *la dificultad, el argumento.* || **8.** fam. Decir. Aplícase comúnmente a las palabras necias, groseras o injuriosas. SOLTAR *un disparate.* || **9.** r. fig. Adquirir agilidad en la ejecución de las cosas. || **10.** fig. Abandonar el encogimiento y la modestia dándose a la desenvoltura. || **11.** fig. Empezar a hacer algunas cosas; como hablar, andar, etc. || **P.** soltar; **I.** to untie, to loosen; **F.** lâcher, détacher; **A.** losmachen, losbinden; **It.** sciògliere; **R.** развязывать, освобождать.

SOLTERÍA. f. Estado de soltero.

SOLTERO, RA. (l. *solitarĭus.*) adj. Célibe. Ú.t.c.s. || **2.** Suelto o libre. || **P.** solteiro; **I.** bachelor; **F.** célibataire; **A.** ledig, unverheiratet; **It.** cèlibe; **R.** холостой.

SOLTERÓN, NA. adj. Célibe ya entrado en años. Ú.t.c.s.

SOLTURA. f. Acción y efecto de soltar. || **2.** Agilidad, prontitud, gracia y facilidad en lo material o en lo inmaterial. || **3.** fig. Disolución o desgarro. || **4.** fig. Facilidad y lucidez de dicción. || **5.** FOR. Libertad concedida por el juez a un preso. || **6.** MÉJ., GUAT., HOND. y VENEZ. Diarrea. || 2.a acep.: **P.** agilidade; **I.** easiness, agility; **F.** souplesse, agilité; **A.** Behendigkeit, Ungezwungenheit; **It.** agilità; **R.** чоквкость.

SOLUBILIDAD. f. Calidad de soluble.

SOLUBLE. (l. *solubĭlis.*) adj. Que se puede disolver o desleir. || **2.** fig. Que se puede resolver. *Problema* SOLUBLE. || **P.** solúvel; **I.** (dis)solvable; **F.** soluble; **A.** lösbar; **It.** solùbile; **R.** разрешимый.

SOLUCIÓN. (l. *solutĭo, -ōnis.*) f. Acción y efecto de desatar o disolver. || **2.** Acción y efecto de resolver una dificultad. || **3.** Satisfacción que se da a una duda, o razón con que se resuelve la dificultad de un argumento. || **4.** En el drama y poema épicos, desenlace. || **5.** Paga, satisfacción. || **6.** Desenlace de un proceso, negocio, etc. || **7.** MAT. Cada una de las cantidades que satisfacen las condiciones de un problema o de una ecuación. || **8.** FÍS. y QUÍM. Líquido homogéneo resultante de la disolución de cualquier substancia sólida, líquida o gaseosa en un líquido. || **—acuosa.** QUÍM. Aquella en que el disolvente es agua. || **—alcohólica.** QUÍM. Solución en que el disolvente es alcohol. || **—de continuidad.** Interrupción o falta de continuidad. || **—molar.** QUÍM. || La que contiene un mol o molécula gramo de soluto o litro de solución. || **—normal.** QUÍM. Aquella en que por cada litro contiene un número de gramos de la substancia disuelta igual al peso molecular de ésta. || **—saturada.** QUÍM. Aquella en que el disolvente no puede disolver mayor cantidad de substancia. || **P.** solução; **I.** y **F.** solution; **A.** Lösung; **It.** soluzione; **R.** раствор, решение.

SOLUCIONAR. tr. Resolver un asunto, hallar solución a un negocio.

SOLUTIVO, VA. (l. *solūtum*, supino de *solvĕre*, soltar, desatar.) adj. MED. Dícese del medicamento que tiene virtud para soltar o laxar. Ú.t.c.s.m.

* **SOLUTO.** m. FÍS. y QUÍM. En las soluciones, el cuerpo disuelto.

* **SOLUTRENSE.** (De *Solutre*, aldea de Francia.) m. Período medio del Paleolítico superior.

SOLVENCIA. (l. *solvens, -entis*, solvente.) f. Acción y efecto de solventar. || **2.** Calidad de solvente. || 2.a acep.: **P.** solvência; **I.** solvency; **F.** solvabilité; **A.** Zahlungsfähigkeit; **It.** solvenza; **R.** платёжеспособность.

SOLVENTAR. (De *solvente.*) tr. Arreglar cuentas, pagando la deuda a que se refieren. || **2.** Dar solución a un asunto difícil.

SOLVENTE. (l. *solvens, -entis.*) p.a. de solver. Que desata o resuelve. || **2.** adj. Desempeñado de deudas. || **3.** Capaz de satisfacerlas. || **4.** Capaz de cumplir debidamente una obligación, cargo, etc. || 3.a acep.: **P.** e **It.** solvente; **I.** solvent; **F.** solvable; **A.** zahlungsfähig; **R.** платёжеспособный.

SOLVER. (l. *solvĕre.*) tr. desus. Resolver, 3.a y 4.a aceps.

SOLLA. (l. *sŏlea.*) f. Pez muy parecido a la platija.

SOLLADO. (gall. o port. *sollado*, y éste del l. *soleātum*, de *sŏlum.*) m. MAR. Uno de los pisos o cubiertas inferiores del buque.

SOLLADOR. (De *sollar.*) m. ant. El que sopla como un fuelle.

SOLLAMAR. tr. Socarrar una cosa con la llama. Ú.t.c.r.

SOLLAR. (l. *sufflāre.*) tr. ant. Soplar, 1.a y 2.a aceps. Ú. en Santander.

SOLLASTRE. (De *sollar.*) m. Pinche de cocina. || **2.** fig. Pícaro redomado.

SOLLASTRÍA. f. Acción o ministerio de sollastre.

S

* **SOLLATE.** m. CUBA. La piel. || *Arrancar el* SOLLATE. fr. CUBA. Despellejar a una persona; murmurar maliciosamente de ella.

SOLLISPARSE. r. AND. Recelarse, escamarse.

SOLLO. (l. *sŭillus.*) m. Esturión.

SOLLOZANTE. p.a. de sollozar. Que solloza.

SOLLOZAR. (l. *singultiāre*, de *singultus*, sollozo.) intr. Producir por un movimiento convulsivo varias inspiraciones bruscas, entrecortadas, seguidas de una espiración; es fenómeno nervioso que suele acompañar al llanto. || **P.** soluçar; **I.** to sob; **F.** sangloter; **A.** schluchzen; **It.** singhiozzare; **R.** рыдать.

SOLLOZO. m. Acción y efecto de sollozar. || **P.** soluço; **I.** sob; **F.** sanglot; **A.** Schluchzen; **It.** singhiozzo; **R.** рыдание.

SOMA. (l. *sŭmma.*) f. Cabezuela, harina del trigo después de sacada la flor. || **2.** GERM. Gallina. || **3.** ÁL. y LOGR. Pan hecho de soma.

* **SOMA.** (gr. σῶμα, cuerpo.) BIOL. Conjunto del organismo animal o vegetal prescindiendo del tejido genital o germen. || **2.** FILOS. El cuerpo en contraposición a la inteligencia.

* **SOMALI [SOMALÍ].** adj. ETNOGR. Dícese del individuo perteneciente a un pueblo de los camitas orientales que vive en Somalia. Ú.t.c.s.

SOMANTA. (De *so*, 3.er art., y *manta.*) f. fam. Tunda, zurra.

SOMARRAR. (De *semiurāre*, de *semiurĕre*, medio quemado.) tr. AR. y RIOJA. Socarrar, chamuscar. Ú.t.c.r.

SOMARRO. m. AND., CUENC., SAL., SEG. y ZAM. Trozo de carne fresca sazonada con sal y asada en las brasas.

* **SOMATADA.** f. PAN. y AMÉR. CENTRAL. Batacazo.

SOMATÉN. (Voz catalana, formada de *sò*, ruido, y *metent*, metiendo.) m. Cuerpo de gente armada que se reúne a toque de campana para perseguir a los criminales o defenderse del enemigo. Es instituto propio de Cataluña. || **2.** En Cataluña, rebato. || **3.** fig. y fam. Bulla, alarma, alboroto. || ¡SOMATÉN! Grito de guerra de las antiguas milicias de Cataluña.

SOMATENISTA. m. Individuo que forma parte de un somatén.

SOMÁTICO, CA. (gr. σωματικός, corporal.) adj. Dícese de lo que es material o corpóreo en un ser animado. || **2.** MED. Aplícase al síntoma material, físico o químico, dependiente de una alteración de los sólidos o líquidos del organismo, para diferenciarlo del síntoma funcional. || **3.** BIOL. Perteneciente al soma o a las células somáticas. || **4.** Dícese de las células del cuerpo que se diferencian y forman los tejidos y órganos en contraposición a las que están destinadas a dar origen a un nuevo ser. || **P.** somático; **I.** somatic(al); **F.** somatique; **A.** körperlich; **It.** somàtico.

SOMATOLOGÍA. (gr. σῶμα, cuerpo, y λόγος, tratado.) f. Tratado de las partes sólidas del cuerpo humano.

* **SOMATOMÉTRICO, CA.** adj. ANAT. Dícese de las medidas lineales que se emplean para determinar las variaciones de ciertos órganos.

* **SOMATOSCOPIO.** f. MED. Aparato con el cual pueden observarse los órganos internos del organismo humano.

SOMBRA. (De *sombrar.*) f. Obscuridad, falta de luz. Ú.m. en pl. *Las* SOMBRAS *de la noche.* || **2.** Proyección obscura que un cuerpo lanza en dirección opuesta a aquella por donde vienen los rayos luminosos. || **3.** Imagen obscura que sobre una superficie cualquiera proyecta el contorno de un cuerpo opaco, interceptando los rayos directos de la luz. || **4.** Espectro o aparición vaga y fantástica de la imagen de una persona ausente o difunta. || **5.** fig. Obscuridad en el entendimiento. || **6.** fig. Asilo, favor, defensa. || **7.** fig. Apariencia o semejanza de una cosa. || **8.** fig. Mácula, defecto. || **9.** fam. Suerte, fortuna. || **10.** ARGENT. y HOND. Falsilla. || **11.** GERM. Justicia. || **12.** PINT. Color obscuro, contrapuesto al claro, con que se da entonación al cuadro o dibujo y relieve aparente a los objetos representados. || **13.** MÉJ. Toldo de los puestos

S

que están a la intemperie. || **14.** EL SALV. Tejadillo. || **—de hueso.** PINT. Color pardo obscuro que se prepara con huesos quemados y molidos. || **—de Venecia.** PINT. Color pardo negruzco preparado con el lignito terroso. || **—de viejo.** PINT. Color muy obscuro y ordinario preparado con la arcilla negruzca. || **Sombras chinescas.** Espectáculo que consiste en unas figurillas que se mueven detrás de una cortina de papel o lienzo blanco iluminadas por la parte opuesta a los espectadores. || **2.** Baile que se hace poniendo en el escenario una cortina detrás de la cual, a cierta distancia, se colocan algunas luces en el suelo, y los que bailan lo hacen entre las luces y la cortina. || **—invisibles.** Sombras chinescas, 2.ª acep. || A la SOMBRA. fr. fig. y fam. En la cárcel. Ú. con los verbos poner y estar. || Hacer SOMBRA. fr. Impedir la luz. || **2.** fig. Impedir uno a otro prosperar o sobresalir. || **3.** fig. Favorecer y amparar uno a otro. || Mirarse uno a la SOMBRA. fr. fig. y fam. Preciarse de galán. || Ni por SOMBRA. m. adv. fig. De ningún modo. || **2.** fig. Sin noticia alguna. || No ser una persona o cosa su SOMBRA, o ni SOMBRA de lo que era. fr. fig. Haber degenerado o decaído por extremo. || No tener uno SOMBRA, o ni SOMBRA, de una cosa. fr. fig. Carecer absolutamente de ella. || Tener uno buena SOMBRA. fr. fig. y fam. Ser agradable y simpático. Dícese también de las cosas. || **2.** fig. y fam. Tener chiste. || **3.** fig. y fam. Ser de buen agüero su presencia. || Tener uno mala SOMBRA. fr. fig. Ejercer mala influencia sobre los que le rodean. || **2.** fig. y fam. Ser desagradable y antipático. Dícese también de las cosas. || **P.** sombra; **I.** shade, shadow; **F.** ombre; **A.** Schatten; **It.** ombra; **R.** тень, потёмки.

SOMBRAJE. m. Sombrajo.

SOMBRAJO. (l. sub, so, 3.er art., y umbraticum, de umbra, sombra.) m. Resguardo de ramas, mimbres, etc., para hacer sombra. || **2.** fam. Sombra que hace uno privando de la luz al que la necesita. Ú.m. en pl.

SOMBRAR. (l. subumbrāre.) tr. Asombrar.

SOMBREADOR, RA. (De sombrear.) adj. Que sombrea.

SOMBREAR. tr. Dar o producir sombra. || **2.** PINT. Poner sombra en una pintura o dibujo. || **P.** sombrear; **I.** to shade; **F.** ombrer, ombrager; **A.** (ab)schattieren, beschatten; **It.** ombreggiare; **R.** затенить.

★ **SOMBRERA.** f. CHILE. Sombrero de que usan las mujeres del campo.

SOMBRERADA. f. Lo que cabe en un sombrero.

SOMBRERAZO. m. aum. de sombrero. || **2.** Golpe dado con el sombrero. || **3.** fam. Saludo ceremonioso que se hace quitándose el sombrero.

SOMBRERERA. f. Mujer del sombrerero. || **2.** Mujer que hace sombreros o los vende. || **3.** Caja para guardar el sombrero. || **4.** BOT. Planta de la familia de las compuestas, que se usa en medicina. || **5.** P. RICO, ECUAD. y PERÚ. Perchero para sombreros.

SOMBRERERÍA. (De sombrerero.) f. Oficio de sombrerero. || **2.** Fábrica donde se hacen sombreros. || **3.** Tienda donde se venden. || 3.ª acep.: **P.** chapelaria; **I.** millinery; **F.** chapellerie; **A.** Hutgeschäft; **It.** cappelleria; **R.** шляпная мастерская.

SOMBRERERO. m. El que hace sombreros y el que los vende.

SOMBRERETE. m. d. de sombrero. || **2.** BOT. Sombrero, 4.ª acep.

SOMBRERILLO. m. d. de sombrero. || **2.** Cestillo que los presos colgaban de la reja del calabozo para recoger las limosnas. || **3.** Ombligo de Venus, planta crasulácea medicinal. || **4.** BOT. Parte abombada de las setas.

SOMBRERO. (De sombra.) m. Prenda de vestir para cubrir la cabeza; consta de copa y ala. || **2.** Techo que cubre el púlpito. || **3.** BOT. Sombrerillo, 4.ª acep. || **4.** MAR. Pieza circular de madera, que forma la parte superior del cabrestante. || **—apuntado.** El de ala grande, recogida por ambos lados. || **—cordobés.** El de fieltro de ala ancha y plana, con copa baja cilíndrica. || **—chambergo.** El de copa acampanada y de ala ancha levantada por un

lado y sujeta con presilla, el cual solía adornarse con plumas y cintillos. || **—de copa** o **de copa alta.** El de ala estrecha y copa alta, casi cilíndrica y plana por encima. || **—de jipijapa.** El de ala ancha tejido con paja muy fina, que se fabrica en Jipijapa y en otras poblaciones ecuatorianas. || **—de pelo.** ARGENT. y CHILE. Sombrero de copa. || **—de teja.** Sombrero usado por los eclesiásticos. || **—de tres picos.** El que está armado en forma de triángulo. || **—flexible.** El de fieltro sin apresto. || **—gacho.** El de copa baja y ala ancha y tendida hacia abajo. || **—hongo.** De fieltro o castor y de copa aovada. || **—jarano.** El de fieltro, usado en América, muy duro, de color blanco, ala ancha y vuelta hacia arriba, de copa alta y cónica. || **—jíbaro.** El de campo, hecho de hoja de palma usado en Cuba y Puerto Rico. || **—tricornio.** Sombrero de tres picos. || Quitarse uno el SOMBRERO. fr. Descubrirse la cabeza apartando de ella el sombrero en señal de cortesía y respeto. || **P.** chapéu; **I.** hat; **F.** chapeau; **A.** Hut; **It.** cappello; **R.** шляпа.

SOMBRÍA. (De sombrío.) f. Umbría.

SOMBRILLA. (d. de sombra.) f. Quitasol.

SOMBRILLAZO. m. Golpe dado con una sombrilla.

SOMBRÍO, A. adj. Dícese del lugar en que frecuentemente hay sombra. || **2.** Dícese de la parte donde se ponen las sombras en la pintura. || **3.** fig. Tétrico, melancólico. || **P.** sombrio; **I.** shady; **F.** sombre, ombragé; **A.** schattig; **It.** ombroso; **R.** тенистый, мрачный.

SOMBROSO, SA. adj. Que hace mucha sombra. || **2.** Sombrío, 1.ª acep.

SOMERA. (b. l. saumarius, y éste del l. sagmarius, de sagma, albarda.) f. Cada una de las dos piezas fuertes de madera en que se apoya todo el juego de la máquina antigua de imprimir.

SOMERAMENTE. adv. De un modo somero.

SOMERO, RA. (l. summarius, de summum, somo.) adj. Casi encima o muy inmediato a la superficie. || **2.** fig. Ligero, superficial.

SOMETER. (l. submittĕre.) tr. Sujetar, humillar a una persona, tropa o facción; conquistar, subyugar un país, un pueblo, etc. Ú.t.c.s. || **2.** Subordinar el juicio, o la voluntad propios a los de otro. || **3.** Proponer a la consideración de uno razones, reflexiones, etc. || **4.** Encomendar a una o más personas la resolución de un negocio. || **P.** submeter; **I.** to submit; **F.** soumettre; **A.** unterwerfen; **It.** sottomèttere; **R.** попчинять.

SOMÉTICO, CA. adj. ant. Sodomítico. Úsáb. t.c.s.

SOMETIMIENTO. m. Acción y efecto de someter o someterse.

★ **SOMMIER.** (Voz francesa.) m. Jergón de tela metálica.

SOMNAMBULISMO. m. Sonambulismo.

SOMNÁMBULO, LA. (l. somnus, sueño, y ambulāre, andar.) adj. Sonámbulo.

SOMNÍFERO, RA. (l. somnifer, -eri; de somnus, sueño, y ferre, llevar, producir.) adj. Que causa sueño.

SOMNÍLOCUO, CUA. (l. somnus, sueño, y loqui, hablar.) adj. Que habla durante el sueño. Ú.t.c.s.

SOMNOLENCIA. (l. somnolentia.) f. Pesadez y torpeza de los sentidos motivadas por el sueño. || **2.** Ganas de dormir. || **3.** fig. Pereza, falta de actividad. || **P.** sonolência; **I.** y **F.** somnolence; **A.** Somnolenz, Schlafsucht; **It.** sonnolenza; **R.** дремота.

SOMO. (l. summum.) m. ant. Cima, lo más elevado de una cosa.

SOMONTANO, NA. (De so, 3.er art. y montano.) adj. Natural de la región del alto Aragón, en la vertiente de los Pirineos. Ú.t.c.s. || **2.** Dícese de esta región y de lo perteneciente a ella.

SOMONTE (DE). (De so, 3.er art., y monte.) expr. Basto, burdo, sin pulimento. || **2.** Dícese del mosto que aún no se ha convertido en vino.

SOMORGUJADOR. (De somorgujar.) m. Buzo.

SOMORGUJAR. (De somorgujo.) tr.

Sumergir, chapuzar. Ú.t.c.r. || **2.** intr. Bucear.

SOMORGUJO. (l. sub, so, y mergŭlus, somormujo.) m. Ave palmípeda, con pico recto, alas cortas, patas vestidas, plumas negras, las del pecho y abdomen blancas, y un pincel de pluma detrás de cada ojo.

SOMORGUJÓN. m. Somorgujo.

SOMORMUJAR. tr. Somorgujar.

SOMORMUJO. m. Somorgujo.

SOMPESAR. (De son, por sub, debajo, y pesar.) tr. Sopesar.

SOMPOPO. m. HOND. Especie de hormiga amarilla. || **2.** HOND. Guiso de carne rehogada en manteca.

SON. (l. sonus.) m. Sonido agradable al oído, especialmente el que se hace con arte. || **2.** fig. Noticia, fama, divulgación de algo. || **3.** fig. Pretexto. || **4.** fig. Tenor, modo o manera. || **5.** GERM. Voz para imponer silencio. || ¿A qué SON? expr. fig. y fam. ¿Con qué motivo? || A SON de un instrumento. m. adv. Con acompañamiento de tal instrumento. || Bailar uno a cualquier SON. fr. fig. y fam. Mudar fácilmente de afecto. || Bailar uno al SON que le tocan. fr. fig. y fam. Acomodar la conducta propia a las circunstancias. || En SON de. m. adv. fig. De tal modo o a manera de. || **2.** A título de, con ánimo de. || Quedar uno al SON de buenas noches. fr. fig. y fam. Quedar burlado o ver frustrado un intento. || Sin ton ni SON. m. adv. fig. y fam. Sin motivo ni fundamento.

SON. prep. insep. Sub.

SONABLE. (l. sonabilis.) adj. Sonoro o ruidoso. || **2.** Sonado, 2.ª acep.

SONADA. (De sonar.) f. Sonata.

SONADERA. f. Acción de sonarse las narices.

SONADERO. m. Pañuelo para sonarse las narices.

SONADO, DA. p.p. de sonar. || **2.** adj. Famoso, célebre. || **3.** Divulgado con mucho ruido y admiración. || Hacer una que sea SONADA. fr. fam. Promover un escándalo o alboroto que dé que hablar.

SONADOR, RA. adj. Que suena o hace ruido. Ú.t.c.s. || **2.** m. Sonadero.

SONAJA. (l. sonacŭlum, de sonāre.) f. Par o pares de chapas metálicas que, atravesadas por un alambre, se colocan en las panderetas y otros instrumentos rústicos para hacerlas sonar agitándolas. || **2.** Reglita transversal de la ballestilla. || **3.** pl. Instrumento rústico que consiste en un aro de madera delgada con varias sonajas. || **4.** AR. Espantalobos.

SONAJERO. m. Juguete con algunas sonajas o cascabeles para entretener a los niños de pecho. || **P.** guizo; **I.** baby's rattle; **F.** hochet; **A.** Kinderklapper; **It.** sonaglino; **R.** погремушка.

SONAJUELA. f. d. de sonaja.

SONAMBULISMO. m. Estado de sonámbulo.

SONÁMBULO, LA. adj. Dícese de la persona que por afección natural o por sugestión padece sueño anormal durante el cual puede ejecutar actos automáticos, como andar, hablar, etc., de los cuales al despertar no tiene el menor recuerdo. Ú.t.c.s. || **P.** sonâmbulo; **I.** somnambulist; **F.** somnambule; **A.** Nachtwandler; **It.** sonnàmbulo; **R.** сомнамбула.

SONANTE. (l. sonans, -antis.) p.a. de sonar. Que suena. || **2.** adj. Sonoro. || **3.** GERM. Nuez. || Moneda SONANTE. La metálica.

SONAR. (l. sonāre.) intr. Hacer ruido una cosa. || **2.** Tener una letra valor fónico. || **3.** Mencionarse, citarse. Tal nombre no SUENA en aquel escrito. || **4.** Tener una cosa apariencia de algo. Esto SUENA a claudicación. || **5.** fam. Ofrecerse vagamente al recuerdo alguna cosa como ya oída alguna vez. Me SUENA ese nombre. || **6.** tr. Tañer un instrumento con arte. || **7.** Limpiar de mocos las narices con una espiración violenta. Ú.m.c.r. || **8.** impers. Susurrarse, esparcirse rumores de una cosa. Como SUENA. m. adv. Literalmente. || SONAR bien, o mal una expresión. fr. fig. Producir buena, o mala impresión. || **P.** soar; **I.** to sound; **F.** sonner; **A.** klingen, lauten, schellen; **It.** suonare; **R.** звонить.

★ **SONAR.** (Sigla inglesa.) m. NÁUT. Aplicación de los ultrasonidos para detectar objetos submarinos y para medir la velocidad de la embarcación. || 2. Aparato para efectuar tales determinaciones.

SONATA. (ital. *sonata*, y éste del l. *sonāre*, resonar.) f. Mús. Composición de música instrumental de trozos de diferente carácter y movimiento. || P. e I. sonata; F. sonate; A. Sonate; It. so(u)nata; R. соната.

SONATINA. (ital. *sonatina*.) f. Mús. Sonata corta y, comúnmente, de fácil ejecución.

SONCLE. (mejic. *tzontli*, cuatrocientos.) m. Méj. Medida de leña equivalente a 400 leños.

SONDA. f. Acción y efecto de sondar. || 2. Cuerda con un peso de plomo, usada para medir la profundidad de las aguas. || 3. Barrena con que se abren en los terrenos taladros de gran profundidad. || 4. Cir. Agalia, usada en las operaciones de la vejiga. || 5. Cir. Tienta, para explorar cavidades y conductos del cuerpo. || 6. Mar. Sitio del mar cuyo fondo es comúnmente sabido. || —acanalada. Cir. Vástago de metal, acanalado por una de sus caras, usado para introducir sin riesgo el bisturí a través de un órgano. || 2.ª acep.: P. sonda; I. sounding-line; F. sonde; A. Senkblei, Lot; It. scandaglio; R. бур.

SONDABLE. adj. Que se puede sondar.

SONDALEZA. f. Maroma que se cruza de una orilla a otra de un río, dividida con señales para determinar los lugares en que se han verificado los diferentes sondeos. || 2. Mar. Cuerda larga y delgada que con el escandallo de sonda, sirve para medir la profundidad del mar.

SONDAR. (l. *sŭbŭndāre*.) tr. Echar el escandallo al agua para averiguar la profundidad y la calidad del fondo. || 2. Averiguar la naturaleza del subsuelo con una sonda. || 3. fig. Inquirir con cautela la intención, habilidad o discreción de uno, o las circunstancias y estado de una cosa. || 4. Cir. Introducir en algunos conductos del cuerpo ciertos instrumentos quirúrgicos.

SONDEAR. (De *sonda*.) tr. Sondar.

SONDEO. (De *sondear*.) m. Sonda, 1.ª acep.

SONECILLO. m. d. de son. || 2. Son poco perceptible. || 3. Son alegre, vivo y ligero.

SONETEAR. intr. Componer sonetos.

SONÉTICO. m. d. de son. || 2. d. de soneto. || 3. Sonecillo que suele hacerse golpeando con los dedos sobre la mesa o cosa semejante.

SONETILLO. m. d. de soneto. || 2. Soneto de versos de ocho o menos sílabas.

SONETISTA. com. Autor de sonetos.

SONETIZAR. intr. Escribir sonetos.

SONETO. (ital. *sonetto*, y éste del l. *sonus*, sonido.) m. Composición poética que consta de catorce versos endecasílabos distribuidos en dos cuartetos y dos tercetos. En cada uno de los cuartetos riman, por regla general, el primer verso con el cuarto y el segundo con el tercero, repitiéndose en ambos cuartetos las mismas consonancias. En los tercetos pueden ir éstas ordenadas de distintas maneras. || —caudato. Soneto con estrambote. || P. soneto; I. y F. sonnet; A. Sonett; It. sonetto; R. сонет.

★ **SONGA.** f. fam. Cuba. Ironía, burla, chunga. || 2. Méj. Chocarrería, chabacanería. || *A la* songa. loc. adv. Argent. Con disimulo.

★ **SONGO, GA.** adj. Méj. y Colom. Tonto, necio, mentecato. || 2. m. fam. Colom. Sonido, ruido.

★ **SONGUEAR.** intr. Méj. Hacer burla.

SONICHE. m. Germ. Silencio, 1.ª acep.

SONIDO. (l. *sonus*, sonido.) m. Sensación producida en el órgano del oído por el movimiento vibratorio de los cuerpos, transmitido por el aire u otro medio elástico. || 2. Valor y pronunciación de las letras. || 3. Significación y valor literal de las palabras. || 4. fig. Noticia, fama. || —claro. Med. Sonido producido por la percusión del pulmón sano. || —mate. Med. El producido por la percusión de una parte maciza o llena de líquido. || P. som; I. sound; F. son; A. Laut, Ton, Klang; It. suono; R. звук, тон.

SONIQUE. m. Sal. Follador.

SONIQUETE. m. despect. de son. || 2. Sonecillo, 2.ª acep. || 3. Sonsonete.

SONLOCADO, DA. adj. Alocado.

SONOCHADA. (De *sonochar*.) f. Principio de la noche. || 2. Acción y efecto de sonochar.

SONOCHAR. (De *so*, 3.er art., y *noche*.) intr. Velar en las primeras horas de la noche.

SONÓMETRO. (l. *sonus*, sonido, y del gr. μέτρον, medida.) m. Monocordio.

SONORAMENTE. adv. De un modo sonoro.

SONORIDAD. (l. *sonorĭtas*, -ātis.) f. Calidad de sonoro.

SONORIZACIÓN. f. Gram. Acción y efecto de sonorizar.

SONORIZAR. tr. Gram. Convertir una consonante sorda en sonora.

SONORO, RA. (l. *sonōrus*.) adj. Que suena o puede sonar. || 2. Que suena bien o que suena mucho y agradablemente. || 3. Que despide bien el sonido, o hace que se oiga bien. || 4. Gram. Dícese de las letras o articulaciones que durante su pronunciación van acompañadas de una vibración de las cuerdas vocales. || P. e It. sonoro; I. sonorous; F. sonore; A. klangvoll, tönend; It. sonoro; R. звонкий.

SONOROSO, SA. adj. Sonoro.

SONREIR. (l. *subridēre*.) intr. Reírse levemente y sin ruido. Ú.t.c.r. || 2. fig. Reir, infundir alegría. || 3. fig. Mostrarse favorable o halagüeño para uno algún asunto, suceso, etc. || P. sorrir; I. to smile; F. sourire; A. lächeln; It. sorridere; R. улыбаться.

SONRIENTE. p.a. de sonreir. Que sonríe. Ú.t.c.s.

SONRISA. (De *sonrisar*.) f. Acción de sonreírse.

SONRISAR. (De *son*; por *sub*, bajo, y *risa*.) intr. ant. Sonreir.

SONRISO. (De *sonrisar*.) m. Sonrisa.

SONRISUEÑO, ÑA. adj. Que se sonríe. Ú.t.c.s.

SONRODARSE. (l. *sub*, debajo, y *rota*, rueda.) r. Atascarse las ruedas de un carruaje.

SONROJAR. (De *son*; por *sub*, bajo, y *rojo*.) tr. Hacer salir los colores a la cara diciendo o haciendo algo que cause vergüenza. Ú.t.c.r. || P. envergonhar; I. to blush, to redden; F. faire rougir; A. erröten; It. far arrossire; R. устыдить.

SONROJEAR. (De *sonrojo*.) tr. Sonrojar. Ú.t.c.r.

SONROJO. m. Acción y efecto de sonrojar o sonrojarse. || 2. Improperio o voz ofensiva que hace sonrojarse.

SONROSAR. (De *son*; por *sub* y *rosa*.) tr. Poner o causar color como de rosa. Ú.t.c.r.

SONROSEAR. tr. Sonrosar. || 2. r. Sonrojar.

SONROSEO. (De *sonrosear*.) m. Color rosado que sale al rostro.

SONRUGIRSE. (De *son*; por *sub*, debajo, y *rugirse*.) r. ant. Susurrarse, translucirse.

SONSACA. f. Acción y efecto de sonsacar.

SONSACADOR, RA. adj. Que sonsaca. Ú.t.c.s.

SONSACAMIENTO. (De *sonsacar*.) m. Sonsaca.

SONSACAR. (De *son*; por *sub*, debajo, y *sacar*.) tr. Sacar arteramente algo por debajo del sitio en que está. || 2. Solicitar cautelosamente a uno para que deje el servicio u ocupación que tiene y pase a otra. || 3. fig. Procurar con maña que uno diga o descubra lo que sabe y reserva. || P. surripiar; I. to wheedle; F. soutirer; A. entlocken; It. scroccare, truffare; R. выманивать что-л.

SONSAÑAR. tr. ant. Sosañar. Ú. en Asturias.

SONSAQUE. (De *sonsacar*.) m. Sonsaca.

SONSONETE. m. Sonido resultante de los golpecitos repetidos que se dan en alguna parte, imitando un son de música. || 2. fig. Ruido generalmente poco intenso, pero continuado, y comúnmente desapacible. || 3. fig. Tonillo especial en la risa o palabras, que denota ironía o desprecio. || 2.ª acep.: P. sonsonete; I. singsong; F. bruit monotone; A. Klingklang; It. rumoretto noioso; R. ритмическое постукивание.

SONTO, TA. adj. Guat. y Hond. Tronzo.

SOÑACIÓN (NI POR). (De *soñar*.) loc. adv. fig. y fam. Ni por sueño.

SOÑADOR, RA. (l. *somniātor*, -ōris.) adj. Que sueña mucho. || 2. Que cuenta patrañas y en sueños o con facilidad les da crédito. Ú.t.c.s. || 3. fig. Que discurre con mucha imaginación apartándose de la realidad.

SOÑANTE. p.a. de soñar. Que sueña.

SOÑAR. (l. *somniāre*.) tr. Representarse en la fantasía especies o sucesos mientras se duerme. Ú.t.c.intr. || 2. fig. Discurrir fantásticamente y teniendo por real lo que no lo es. Ú.t.c.intr. || 3. intr. fig. Anhelar persistentemente una cosa. *Soñar con grandezas.* || *Ni* soñarlo. fr. fig. y fam. con que explicamos estar lejos de una especie. || *Soñar despierto*. fr. fig. Soñar, 2.ª acep. || P. sonhar; I. to dream; F. rêver, songer, fantasier; A. träumen; It. sognare; R. мечтать, грезить.

SOÑARRERA. f. fam. Acción de soñar mucho. || 2. fam. Sueño pesado. || 3. fam. Soñera.

SOÑERA. (De *sueño*.) f. Propensión a dormir.

SOÑOLENCIA. (l. *somnolentia*.) f. Somnolencia.

SOÑOLENTO, TA. adj. ant. Soñoliento.

SOÑOLIENTAMENTE. adv. m. Con soñolencia.

SOÑOLIENTO, TA. (l. *somnolentus*.) adj. Acometido del sueño. || 2. Que está dormitando. || 3. Que causa sueño. || 4. fig. Tardo o perezoso. || P. sonolento; I. sleepy; F. somnolent; A. schläfrig; It. sonnolento; R. сонливый.

SOPA. (germ. *sūppa*.) f. Pedazo de pan empapado en un líquido. || 2. Plato compuesto de caldo de la olla u otro análogo en que se han cocido trocitos de pan, arroz, verduras, fideos u otras pastas. || 3. Plato compuesto de un líquido alimenticio y de rebanadas de pan. || 4. Comida que dan a los pobres en los conventos. || —boba. Sopa, 4.ª acep. || 2. fig. Vida holgazana y a expensas de otro. || —borracha. La que se hace de pedazos de pan, o bizcochos, mojados en vino. || —de hierbas. Sopa juliana. || —juliana. La que se hace cociendo en caldo verduras cortadas en tiritas y conservadas secas. || *sopas de ajo*. Las que se hacen de rebanadas de pan cocida en agua, y aceite frito con ajos. || *Hecho una* sopa. loc. fig. y fam. Muy mojado. || P. sopa; I. sop, soup; F. soupe; A. Suppe; It. zuppa; R. суп.

SOPAIPA. f. Masa que, bien batida, frita y enmelada, forma una especie de hojuela gruesa.

SOPALANCAR. (De *so*, 3.er art., y *palanca*.) tr. Meter la palanca debajo de una cosa para moverla o levantarla.

SOPALANDA. f. Hopalanda.

SOPANDA. (De *suspender*; compárese el fr. *soupente*.) f. Madero horizontal, apoyado por ambos extremos en jabalcones para fortificar otro madero encima de él. || 2. Cada una de las correas empleadas para suspender la caja de los coches antiguos.

SOPAPEAR. tr. fam. Dar sopapos. || 2. fig. y fam. Sopetear, 2.º art.

★ **SOPAPIÉ.** m. Colom. Puntapié.

SOPAPINA. f. fam. Zurra o tunda de sopapos.

SOPAPO. (De *so*, 3.er art., y *papo*.) m. Golpe dado con la mano debajo de la papada. || 2. fam. Bofetada.

SOPAR. (De *sopa*.) tr. Ensopar.

SOPEAR. (De *sopa*.) tr. Sopar.

SOPEAR. (De *so*, 3.er art., y *pie*.) tr. Pisar, hollar. || 2. fig. Supeditar, dominar o maltratar a uno.

SOPEÑA. (De *so*, 3.er art., y *peña*.) f. Espacio o concavidad que forma una peña por su pie o parte inferior.

SOPERA. f. Vasija honda en que se sirve la sopa en la mesa. || P. sopeira; I. tureen; F. soupière; A. Suppenschüssel; It. zuppiera; R. суповая миска.

S

SOPERO. (De *sopa*.) adj. Dícese del plato en que se sirve la sopa. Ú.t.c.s.

SOPESAR. (De *so*, 3.er art., y *pesar*.) tr. Levantar una cosa como para tantear o reconocer el peso que tiene.

SOPETEAR. (frec. de *sopear*, 1.er art.) tr. Mojar repetidas veces el pan en el caldo de un guisado.

SOPETEAR. (frec. de *sopear*, 2.º art.) tr. fig. Maltratar o ultrajar a uno.

SOPETEO. m. Acción de sopetear.

SOPETÓN. (De *sopa*.) m. Pan tostado que en los molinos se moja en aceite.

SOPETÓN. (l. *subitus*, súbito.) m. Golpe fuerte y repentino dado con la mano. || *De* SOPETÓN. m. adv. Impensadamente, de improviso.

SOPICALDO. m. Caldo con pocas sopas.

SOPISTA. com. Persona que anda a la sopa. || **2.** m. Estudiante que seguía su carrera sin otros recursos que los de la caridad.

SOPITIPANDO. m. fam. Accidente, desmayo.

SOPLADERO. (De *soplar*.) m. Abertura por donde sale con fuerza el aire de las cavidades subterráneas.

SOPLADO, DA. p.p. de soplar. || **2.** adj. fig. y fam. Demasiadamente pulido y compuesto. || **3.** fig. y fam. Estirado, engreído, entonado. || **4.** m. MIN. Grieta muy profunda del terreno.

SOPLADOR, RA. adj. Que sopla. || **2.** fig. Que excita, mueve, altera o enciende una cosa. || **3.** m. Aventador, rueda de esparto para aventar el fuego. || **4.** Sopladero. || **5.** ECUAD. Apuntador de un teatro. || **6.** VENEZ. Embaucador que se atribuye la virtud de curar enfermedades soplando sobre la parte enferma.

SOPLADURA. f. Acción y efecto de soplar.

SOPLAMOCOS. (De *soplar* y *moco*.) m. fig. y fam. Golpe que se da a uno en la cara, especialmente tocándole en las narices.

SOPLAR. (l. *sufflāre*.) intr. Despedir aire con violencia por la boca. Ú.t.c.tr. || **2.** Producir una corriente de aire haciendo funcionar un fuelle o instrumento análogo. || **3.** Correr el viento, haciéndose sentir. || **4.** tr. Apartar con el soplo una cosa. || **5.** Inflar, hinchar con aire una cosa. Ú.t.c.r. || **6.** Hurtar una cosa a escondidas. || **7.** fam. Hablando de bofetadas, cachetes, etc., dar. || **8.** fig. Inspirar o sugerir. Sopla la musa. || **9.** fig. En el juego de damas y otros, quitar al contrario la pieza con que debió comer y no comió. || **10.** fig. Sugerir o apuntar a uno la especie que debe decir. || **11.** fig. Acusar o delatar. || **12.** r. fig. y fam. Beber o comer mucho. || **13.** r. fig. Hincharse, engreírse. || ¡SOPLA! interj. fam. con que se denota admiración o ponderación. || **P.** assoprar; **I.** to blow; **F.** souffler; **A.** blasen; **It.** soffiare; **R.** сильно дуть.

SOPLAVIVO. (Del juego *sopla, vivo te lo doy*.) m. fig. desus. Composición en que se iban encadenando los versos, y al final se repetían las palabras que constituían el encadenamiento.

SOPLETE. (d. de *soplo*.) m. Instrumento esencialmente constituido por un tubo de varias formas destinado a aplicar una corriente gaseosa a una llama para dirigirla sobre objetos que se han de fundir o examinar a muy elevada temperatura. || **2.** Canuto de boj por donde se hincha de aire la gaita gallega. || **P.** maçarico; **I.** blow-pipe; **F.** chalumeau, tuyau à souder; **A.** Lötrohr, Gebläse; **It.** cannello ferruminatorio; **R.** паяльная трубка.

SOPLIDO. m. Soplo.

SOPLILLO. m. d. de soplo. || **2.** Ruedo pequeño de esparto que se usa para avivar el fuego. || **3.** Cualquier cosa sumamente delicada y muy leve. || **4.** Especie de tela de seda muy ligera. || **5.** Bizcocho de pasta muy esponjosa y delicada. || **6.** CUBA. Una especie de hormiga. || **7.** CHILE. Trigo aún no maduro que se come tostado. || **8.** BOT. CUBA. Cierto árbol que alcanza gran diámetro y es de madera muy dura.

SOPLO. m. Acción y efecto de soplar. || **2.** fig. Instante o brevísimo tiempo. || **3.** fig. y fam. Aviso cauteloso que se da en secreto. || **4.** fig. y fam. Delación. ||

5. fig. y fam. Soplón. || **P.** sopro; **I.** blowing; **F.** souffle; **A.** Blasen, Hauch; **It.** soffio; **R.** дуновение.

SOPLÓN, NA. (De *soplar*, sugerir.) adj. fam. Dícese de la persona que acusa con cautela y en secreto. Ú.t.c.s.

SOPLONEAR. tr. Soplar, acusar, delatar.

SOPLONERÍA. f. Hábito propio de soplón.

SOPÓN. m. aum. de sopa, 1.ª acep. || **2.** fam. Sopista.

SOPONCIO. m. fam. Desmayo, congoja. || **2.** fam. Sopón, 1.ª acep.

SOPOR. (l. *sopor, -ōris*.) m. MED. Modorra morbosa persistente. || **2.** fig. Somnolencia. || **P.** torpor, modorra; **I.** sopor; **F.** assoupissement; **A.** Schlafsucht; **It.** sopore; **R.** тяжёлый сон.

SOPORÍFERO, RA. (l. *soporĭfer, -ĕri*; de *sopor*, sopor, y *ferre*, llevar.) adj. Que mueve al sueño; propio para causarlo. Ú.t.c.s.

SOPOROSO, SA. adj. p. us. Soporífero. || **2.** Que tiene o padece sopor. || **3.** MED. Caracterizado por el sopor.

SOPORTABLE. adj. Que se puede soportar o sufrir.

SOPORTADOR, RA. adj. Que soporta. Ú.t.c.s.

SOPORTAL. (De *so*, 3.er art., y *portal*.) m. Espacio cubierto que precede en algunas casas a la entrada principal. || **2.** Pórtico, a manera de claustro, que tienen algunos edificios o manzanas de casas en sus fachadas y delante de las puertas o tiendas que hay en ellas. Ú.m. en pl. || **P.** soportal; **I.** porch; **F.** porche; **A.** Vorhalle; **It.** pòrtico; **R.** колоннада.

SOPORTANTE. p.a. de soportar. Que soporta.

SOPORTAR. (l. *supportāre*.) tr. Sostener o llevar sobre sí una carga. || **2.** fig. Sufrir, tolerar. || **P.** suportar; **I.** to support; **F.** supporter; **A.** ertragen; **It.** sopportare; **R.** терпеть. || **2.ª** acep.: **P.** sofrer, tolerar; **I.** to endure; **F.** endurer; **A.** erdulden; **It.** soffrire; **R.** выносить.

SOPORTE. (De *soportar*.) m. Apoyo o sostén. || **2.** BLAS. Cada una de las figuras que sostienen el escudo. || **3.** Utensilio de laboratorio consistente en una varilla vertical a la cual se aplican pinzas, aros, etc. para sostener vasijas, tubos, etc. || **—de ángulo.** ELECTR. Torre o poste emplazado en el punto donde una línea eléctrica aérea cambia de dirección. || **—de árbol de transmisión.** ING. Apoyo para árbol de transmisión de taller. || **—de cámara.** CINEMAT. Todo sostén de la cámara que no sea un trípode. || **P.** suporte; **I.** y **F.** support; **A.** Stütze; **It.** supporto, sostegno; **R.** опора.

SOPÓRTICO. m. desus. Cobertizo, pórtico, soportal.

SOPRANO. (ital. *soprano*, y éste del l. *superānus*, de *super*.) m. MÚS. Tiple, la más aguda de las voces humanas. || **2.** Hombre castrado. || **3.** com. Persona que tiene voz de soprano.

SOPUNTAR. (De *so*, 3.er art., y *punto*.) tr. Poner uno o varios puntos debajo de una letra, palabra o frase, para distinguirla de otra, para indicar que sobra o con cualquier otro fin.

★ SOQUETEAR. tr. P. RICO y COLOM. Maltratar.

SOR. (Contracc. de *sóror*.) f. Hermana. Ú. comúnmente precediendo al nombre de las religiosas.

SOR. m. Seor.

SOR. prep. insep. Sub.

SORA. (Voz aimará.) f. ant. Jora.

SORBA. (l. *sorba*, pl. de *sorbum*.) f. ant. Serba.

SORBEDOR, RA. adj. Que sorbe. Ú.t.c.s.

SORBER. (l. *sorbēre*.) tr. Beber aspirando. || **2.** fig. Atraer hacia dentro de sí algunas cosas aunque no sean líquidas. || **3.** fig. Recibir o esconder una cosa hueca o esponjosa a otra, dentro de sí. || **4.** Absorber, tragar. || **5.** fig. Apoderarse ávidamente del ánimo de alguna especie apetecida. || **P.** sorver; **I.** to sip, to suck; **F.** humer, engloutir; **A.** (aus)schlürfen; **It.** succiare, sorbire; **R.** всасывать.

SORBETE. (ár. *šurba*, bebida azucarada.) m. Refresco azucarado de zumo de frutas, agua, leche o yemas de huevo aromatizadas con esencias al que se da cierto grado de congelación pastosa. || **P.** sorvete; **I.** sherbet; **F.** sorbet; **A.** Kühltrank, Scherbett; **It.** sorbetto; **R.** щербет.

SORBETÓN. m. fam. aum. de sorbo, 1.er art., 1.ª acep.

SORBIBLE. adj. Que puede sorberse.

SORBICIÓN. f. desus. Sorbo, 1.er art., 1.ª acep.

★ SORBITA. f. QUÍM. Sólido higroscópico muy empleado en la industria para mantener algunos productos en un grado de humedad apropiado. Se obtiene por reducción electrolítica de la glucosa en disolución acuosa. Constituye la materia prima de la vitamina C.

SORBO. (De *sorber*.) m. Acción de sorber. || **2.** Porción de líquido que puede tomarse de una vez en la boca. || **3.** fig. Cantidad pequeña de un líquido. 2.ª acep.: **P.** gole; **I.** draught; **F.** gorgée, trait; **A.** Schluck; **It.** sorso; **R.** глоток.

SORBO. (l. *sorbus*.) m. ant. Serbal.

SORCE. (l. *sorex, -ĭcis*.) m. ant. Ratón pequeño.

SORCHE. m. fam. Recluta.

SORDA. (l. *surda*, t. f. de *-dus*, sordo.) f. Agachadiza.

SORDA. (ant. veneciano *sorda*.) f. MAR. Guindaleza sujeta en la roda de un barco para facilitar la maniobra al botarlo al agua.

SORDAMENTE. adv. m. fig. Secretamente y sin ruido.

SORDECER. (l. *surdescĕre*.) tr. ant. Ensordecer. Ú.t.c.intr.

SORDEDAD. (l. *surdĭtas, -ātis*.) f. desus. Sordera.

SORDERA. (De *sordo*.) f. Privación o disminución de la facultad de oír. || **P.** surdez; **I.** deafness; **F.** surdité; **A.** Taubheit; **It.** sordità; **R.** глухота.

SORDEZ. (l. *surdities*.) f. p. us. Sordera.

SÓRDIDAMENTE. adv. m. Con sordidez.

SORDIDEZ. f. Calidad de sórdido.

SÓRDIDO, DA. (l. *sordĭdus*.) adj. Sucio. || **2.** fig. Impuro, indecente. || **3.** fig. Mezquino, avariento. || **4.** MED. Dícese de la úlcera que produce supuración icorosa. || **P.** sórdido; **I.** sordid; **F.** sordide; **A.** schmutzig, schäbig; **It.** sòrdido; **R.** скаредный, грязный.

SORDILLA. f. ZOOL. AND. Pájaro parecido a la alondra, aunque más pequeño.

SORDINA. (De *sorda*.) f. Pieza pequeña que, ajustada a la parte superior del puente a los instrumentos de arco y cuerda modifica el sonido. || **2.** Pieza para los mismos fines que se pone en otros instrumentos. || **3.** Registro en los órganos y pianos, con que se produce los mismos efectos. || **4.** Muelle que sirve en los relojes para impedir que suene la campana o el timbre. || *A la* SORDINA. m. adv. fig. Silenciosamente y con disimulo. || **P.** surdina; **I.** sordine; **F.** sourdine; **A.** Sordine, Tondämpfer; **It.** sordina; **R.** сурдина.

SORDINO. (De *sordo*.) m. Instrumento músico de cuerda, parecido al violín.

SORDO, DA. (l. *surdus*.) adj. Que no oye, o no oye bien. Ú.t.c.s. || **2.** Callado, silencioso. || Que suena poco o sin timbre claro. *Ruido* SORDO. || **4.** fig. Insensible a las súplicas o al dolor ajeno, o indócil a los consejos o avisos. || **5.** GRAM. Dícese de las letras, sonidos o articulaciones cuya pronunciación no va acompañada de vibraciones de las cuerdas vocales. || **6.** MAR. Dícese de la mar o marejada que se experimenta en dirección diversa de la del viento reinante. || *A la* SORDA, *a lo* SORDO *o a* SORDAS. ms. advs. figs. Sin ruido, sin sentir. || *No hay peor* SORDO *que el que no quiere oír.* ref. que explica que es inútil todo intento de persuadir a quien de antemano se obstina en no admitir ninguna razón. || *Nos han de oír,* o *nos oirán los* SORDOS. fr. y fam. con que se da a entender el propósito que uno tiene de exponer su razón o expresar su enojo en términos enérgicos. || **P.** surdo; **I.** deaf; **F.** sourd; **A.** taub; **It.** sordo; **R.** глухой.

SORDOMUDEZ. f. Calidad de sordomudo.

SORDOMUDO, DA. (De *sordo* y *mudo*.) adj. Privado por sordera congénita de la facultad de hablar. Ú.t.c.s. ||

P. surdo-mudo; **I.** deaf-mute; **F.** sourd-muet; **A.** taubstumm; **It.** sordomuto; **R.** глухонемой.

SORDÓN. (De *sordo*.) m. Bajón antiguo semejante al fagot.

SORGO. (l. *syricus*, sirio.) m. Zahína.

SORIANENSE. adj. Natural de Soriano. Ú.t.c.s. || **2.** Perteneciente a esta ciudad y departamento del Uruguay.

SORIANO, NA. adj. Natural de Soria. Ú.t.c.s. || **2.** Perteneciente a esta ciudad o a su provincia.

SORITES. (l. *sorites*, y éste del gr. σωρίτης, de σωρεύω, amontonar.) m. LÓG. Raciocinio compuesto de muchas proposiciones encadenadas, de modo que el predicado de cada una pasa a ser sujeto de la siguiente, hasta que en la conclusión se une el sujeto de la primera con el predicado de la última.

SORMIGRAR. (l. *submergŭlāre*, de *mergŭlus*.) tr. ant. Sumergir.

SORNA. (l. *sŭrnia*, mochuelo.) f. Lentitud con que se hace una cosa. || **2.** fig. Disimulo, burla y tardanza voluntaria con que se hace o se dice una cosa. || **3.** GERM. Noche, 1.ª acep.

SORNAR. (l. *sŭrnia*, mochuelo.) intr. GERM. Dormir.

SORO. (b. l. *saurus*.) adj. Dícese del halcón cogido antes de haber mudado la pluma por primera vez.

SORO. (gr. σορός, sepulcro.) m. BOT. Conjunto de esporangios en el reverso de las hojas de los helechos.

SOROCHE. m. AMÉR. MERID. Angustia que, a causa de la rarefacción del aire, se siente en las altas montañas. || **2.** BOL. y CHILE. Galena. || **3.** AMÉR. MERID. Emanación deletérea de pozos, minas, etc. || **4.** AMÉR. MERID. Rubor, congestión del rostro.

★ **SOROCHO, CHA.** adj. VENEZ. Dícese del fruto aún no maduro. || **2.** m. AMÉR. Sorocho, aún no maduro.

SÓROR. (l. *soror*.) f. Sor, 1.er art.

SORPRENDENTE. p.a. de sorprender. Que sorprende o admira. || **2.** adj. Raro, extraordinario.

SORPRENDER. (De *sor*; por *sub*, y *prender*.) tr. Coger desprevenido. || **2.** Maravillar con algo imprevisto, raro o incomprensible. Ú.t.c.r. || **3.** Descubrir lo que otro ocultaba o disimulaba. || **P.** surprender; **I.** to surprise; **F.** surprendre; **A.** überraschen; **It.** sorprèndere; **R.** застать врасплох.

SORPRESA. f. Acción y efecto de sorprender o sorprenderse. || **2.** Cosa que da motivo para que alguien se sorprenda. || *Coger a uno de* SORPRESA *alguna cosa.* fr. Hallarle desprevenido, sorprenderle. || **P.** surpresa; **I.** F. surprise; **A.** Überraschung; **It.** sorpresa; **R.** удивление.

SORRA. (l. *saburra*.) f. Arena gruesa que se echa en las embarcaciones para que sirva de lastre.

SORRA. f. Cada uno de los costados del vientre del atún.

SORRABAR. tr. ant. Desrabotar.

SORRAPEAR. (De *so*, 3.er art., y *rapar*.) tr. SANT. Raspar y limpiar con la azada u otra herramienta parecida el terreno en que no se quiere que crezca la hierba.

SORREGAR. (De *so*, 3.er art., y *regar*.) tr. Humedecer accidentalmente un bancal el agua que pasa del inmediato que se está regando, o la de la reguera.

SORRIEGO. m. Acción y efecto de sorregar. || **2.** Agua que sorriega.

★ **SORRONGAR.** intr. COLOM. Refunfuñar.

SORROSTRADA. (De *so* y *rostro*.) f. Insolencia, descaro, claridad. || *Dar* SORROSTRADA. fr. Decir oprobios, echar en cara cosas que ofenden.

SORTEABLE. adj. Que puede o debe sortearse.

SORTEADOR, RA. adj. Que sortea. Ú.t.c.s.

SORTEAMIENTO. (De *sortear*.) m. Sorteo.

SORTEAR. (l. *sors*, *sortis*, suerte.) tr. Someter a personas o cosas al resultado o decisión de la suerte. || **2.** Lidiar a pie y hacer suertes a los toros. || **3.** fig. Eludir con maña un compromiso, riesgo o dificultad. || **P.** sortear; **I.** to draw lots; **F.** tirer

au sort; **A.** auslosen, verlosen; **It.** sorteggiare, sortire; **R.** бросать жребий.

SORTEO. m. Acción de sortear.

SORTERÍA. (De *sortero*.) f. ant. Sortilegio.

SORTERO, RA. (l. *sors*, *sortis*, suerte, oráculo.) m. y f. Agorero, adivino. || **2.** Cada una de las personas entre las cuales por sorteo se reparte algo.

SORTIARIA. (l. *sors*, *sortis*, sortilegio.) f. Adivinación supersticiosa por cartas o naipes.

SORTIJA. (l. *sorticŭla*, de *sors*, *sortis*, suerte.) f. Anillo, aro pequeño, principalmente el que se lleva en los dedos de la mano. || **2.** Anilla. || **3.** Rizo del cabello, en figura de anillo. || **4.** Juego de muchachos que consiste en adivinar a quién ha dado uno de ellos una sortija. || **5.** AND. Cada uno de los aros que refuerzan los cubos de las ruedas de los carros. || **P.** anel; **I.** ring; **F.** bague; **A.** Fingerring; **It.** anello; **R.** кольцо.

SORTIJERO. m. Cajita en que se guardan las sortijas.

SORTIJILLA. f. d. de sortija. || **2.** Sortija, 3.ª acep.

SORTIJÓN. m. aum. de sortija.

SORTIJUELA. f. d. de sortija.

SORTILEGIO. (De *sortilego*.) m. Adivinación por medio de suertes supersticiosas. || **P.** sortilégio; **I.** spell, sorcery; **F.** sortilège; **A.** Zauberei, Wahrsagerei; **It.** sortilegio; **R.** гадание.

SORTÍLEGO, GA. (l. *sortilĕgus*; de *sors*, *sortis*, suerte, y *legĕre*, leer.) adj. Que adivina una cosa por medio de suertes supersticiosas. Ú.t.c.s.

★ **SORULLO.** m. ARGENT. Zurullo. || **2.** P. RICO. Masa de harina de maíz asada o frita, de forma cilíndrica.

SOS. prep. insep. Sub.

★ **S.O.S.** o **SOS.** TELEGR. Señal de aviso de peligro y petición de socorro, usada universalmente en el lenguaje de la telegrafía sin hilos por barcos, aviones, etc.

SOSA. (l. *salsa*, salada.) f. Barrilla, planta cuyas cenizas contienen sosa, y también estas mismas cenizas. || **2.** QUÍM. Óxido de sodio, base salificable y muy cáustica. || **P.** barrilheira; **I.** soda, soda ash; **F.** soude; **A.** Natron(salz), Soda; **It.** soda; **R.** сода, натрий.

SOSACADOR, RA. adj. ant. Sonsacador. Úsáb.t.c.s.

SOSACAMIENTO. m. ant. Sonsacamiento.

SOSACAR. tr. ant. Sonsacar.

SOSAINA. com. fam. Persona sosa. Ú.t.c.adj.

SOSAL. m. Terreno donde abunda la sosa.

SOSAMENTE. adv. Con sosería.

SOSAÑAR. (l. *subsanāre*.) tr. ant. Burlar, mofar. || **2.** Reprender, denostar.

SOSAÑO. (De *sosañar*.) m. ant. Burla o mofa.

SOSAR. m. Terreno en que abunda la sosa o barrilla.

SOSEGADAMENTE. adv. Con sosiego.

SOSEGADO, DA. p.p. de sosegar. || **2.** adj. Quieto, pacífico.

SOSEGADOR, RA. adj. Que sosiega. Ú.t.c.s.

SOSEGAR. (ant. *sesegar*, del l. *sessĭcāre*; de *sessum*, sentado.) tr. Aplacar, pacificar, aquietar. Ú.t.c.r. || **2.** fig. Aquietar las alteraciones del ánimo o mitigar el ímpetu de la cólera e ira. Ú.t.c.r. || **3.** intr. Descansar, reposar, aquietarse. Ú.t.c.r. || **4.** Dormir o reposar. || **P.** sossegar; **I.** to appease; **F.** apaiser, calmer; **A.** beruhigen; **It.** calmare, tranquillar; **R.** успокаивать.

SOSERA. f. Sosería.

SOSERÍA. (De *soso*, 2.ª acep.) f. Insulsez, falta de gracia y de viveza. || **2.** Dicho o hecho insulso y sin gracia.

SOSERO, RA. adj. que produce sosa.

SOSIA. (De *Sosia*, personaje de la comedia *Anfitrión*, de Plauto.) m. Persona de gran parecido con otra con la cual puede ser confundida.

SOSIEGA. (De *sosegar*.) f. Sosiego, descanso. || **2.** Trago de vino o de aguardiente que se toma durante la sosiega, o antes de acostarse, o después de comer.

SOSIEGO. (De *sosegar*.) m. Quietud,

tranquilidad. || **P.** sossego; **I.** calmness; **F.** calme, repos; **A.** Friede(n), Ruhe; **It.** riposo; **R.** покой.

SOSLAYAR. tr. Poner una cosa ladeada para pasar una estrechura. || **2.** Evitar una dificultad con un rodeo o pasando de largo.

SOSLAYO, YA. (port. *soslaio*.) adj. Soslayado, oblicuo. || *Al* SOSLAYO. m. adv. Oblicuamente. || *De* SOSLAYO. m. adv. Al soslayo. || **2.** De costado para pasar por alguna estrechura. || **3.** De largo o por alto, para esquivar una dificultad.

SOSO, SA. (Por *ensoso*, del l. *insŭlsus*.) adj. Que no tiene sal, o tiene poca. || **2.** fig. Dícese de la persona, acción o palabra carentes de viveza y gracia. || **P.** insosso; **I.** insipid, unsalted; **F.** fade; **A.** geschmacklos, fad(e); **It.** insipido; **R.** несолёный.

SOSPECHA. f. Acción y efecto de sospechar. || **2.** GERM. Mesón. || SOSPECHAS *vehementes.* Indicios vehementes.

SOSPECHABLE. adj. Sospechoso, 1.ª acep.

SOSPECHAR. (l. *suspectāre*.) tr. Aprehender o imaginar una cosa por conjeturas. || **2.** intr. Desconfiar, dudar, recelar de una persona. Usóse t.c.tr. || **P.** suspeitar; **I.** to suspect, to mistrust; **F.** soupçonner, se méfier; **A.** mutmassen, vermuten; **It.** sospettare; **R.** подозревать.

SOSPECHOSAMENTE. adv. De un modo sospechoso.

SOSPECHOSO, SA. (De *sospecha*.) adj. Que da fundamento o motivo para sospechar de las intenciones o de las acciones de uno o de otras cosas. || **2.** Dícese de la persona que sospecha. || **3.** m. Individuo que por su conducta o antecedentes inspira sospecha o poca confianza.

SOSPESAR. (De *sos* y *pesar*.) tr. Sopesar.

SOSQUÍN. m. Golpe dado de soslayo. || *De*, o *en* SOSQUÍN. m. adv. De través.

★ **SOSQUINAR.** tr. CUBA. Dar sosquines.

SOSTÉN. m. Acción de sostener. || **2.** Persona o cosa que sostiene. || **3.** fig. Apoyo moral. || **4.** Prenda de vestir interior que usan las mujeres para ceñir el pecho. || **5.** MAR. Resistencia del buque al impulso del viento sobre sus velas para escorarlo. || **P.** sustentamento; **I.** support; **F.** soutien, point d'appui; **A.** Stütze; **It.** sostegno; **R.** поддерживание.

SOSTENEDOR, RA. adj. Que sostiene. Ú.t.c.s.

SOSTENER. (l. *sustinēre*.) tr. Sustentar, mantener firme una cosa. Ú.t.c.r. || **2.** Sustentar o defender una proposición. || **3.** fig. Sufrir, tolerar, soportar. || **4.** fig. Dar aliento, prestar apoyo o auxilio. || **5.** Dar a uno lo necesario para su sustento. || **P.** suster; **I.** to sustain, to support; **F.** soutenir, supporter; **A.** (unter)stützen, halten; **It.** sostenere; **R.** поддерживать.

SOSTENIDO, DA. p.p. de sostener. || **2.** MÚS. Dícese de la nota cuya entonación es un semitono más alta que la que corresponde a su sonido natural. || **3.** MÚS. Precedido del adjetivo *doble*, dícese de la nota cuya entonación es dos semitonos más alta que la que corresponde a su sonido natural. || **4.** m. Movimiento de la danza española que se hace levantando el cuerpo sobre las puntas de los pies. || **5.** MÚS. Signo que representa la alteración del sonido natural de la nota o notas a que se refiere. || *Doble* SOSTENIDO. MÚS. Signo formado por una cruz en aspa o por dos sostenidos juntos, representativo de esta doble alteración del sonido natural o de una o varias notas. || **3.** acep.: P. sostenido; **I.** sharp; **F.** dièse; **A.** Kreuz, Erhöhungszeichen; **It.** diesis; **R.** повышенный, диез.

SOSTENIENTE. p.a. de sostener. Que sostiene.

SOSTENIMIENTO. m. Acción y efecto de sostener o sostenerse. || **2.** Mantenimiento o sustento.

SOSTITUIR. tr. ant. Sustituir.

SOTA. (l. *subtus*, debajo.) f. Carta décima de cada palo de la baraja española, que tiene la figura de un paje. || **2.** Mujer insolente y desvergonzada. || **3.** CHILE. Sobrestante o manigero. || **4.** MURC. Cortador en las fábricas de calzado. || **5.** prep. usada en composición para significar el

S subalterno inmediato o substituto en algunos oficios. || **6.** ant. Debajo. || SOTA, *caballo y rey.* fr. fig. y fam. Sopa, cocido y principio.

SOTABANCO. (De *sota*, debajo, y *banco*, por hilada.) m. Piso habitable colocado por encima de la cornisa general del edificio. || **2.** ARQ. Hilada que se coloca sobre la cornisa para levantar los arranques de un arco o bóveda.

SOTABARBA. f. Barba que se deja crecer por debajo de la barbilla.

SOTABASA. (De *sota*, debajo, y *basa*.) f. ant. ARQ. Plinto, zócalo, etc., en que descansa la basa. Ú. en León.

SOTACOLA. (De *sota*, debajo, y *cola*.) f. Ataharre.

SOTACORO. (De *sota*, debajo, y *coro*.) m. Socoro.

SOTACURA. (De *sota*, 5.ª acep., y *cura*.) m. AMÉR. Coadjutor, sotoministro.

SOTALUGO. m. Segundo arco con que se aprietan los extremos o tiestas de los toneles o barriles.

SOTAMINISTRO. m. Sotoministro.

SOTAMONTERO. m. El que hace las veces del montero mayor.

SOTANA. (l. *subtāna*, de *subtus*, debajo.) f. Vestidura talar que usan los eclesiásticos y los legos que sirven en las funciones de iglesia. || P. sotaina; I. cassock; F. soutane; A. Priesterrock, Sutane; It. sottana; R. ряса, сутана.

SOTANA. f. fam. Somanta.

SOTANEAR. fam. Dar una sotana, zurra o represión áspera y severa.

SOTANÍ. (ital. *sottanino*, de *sottana*, sotana.) m. Zagalejo corto y sin pliegues.

SOTANILLA. f. d. de sotana. || **2.** Traje de bayeta negra que en algunas ciudades usaban los colegiales.

SÓTANO. (l. *subtŭlus*, de *subtus*, debajo.) m. Pieza subterránea entre los cimientos de un edificio. || P. cave; I. cellar; F. cave, souterrain; A. Keller, Kellergeschoss; It. sotterràneo; R. подвал.

SOTAR. (l. *saltāre*.) intr. ant. Bailar, danzar. Ú. en Burgos.

SOTAVENTARSE. (De *sotavento*.) r. MAR. Irse o caer el buque a sotavento.

SOTAVENTEARSE. r. Sotaventarse.

SOTAVENTO. (l. *subtus*, debajo, y *ventus*, viento.) m. MAR. Costado de la nave opuesto al barlovento. || **2.** MAR. Parte que cae hacia aquel lado. || P. sotavento; I. leeward, lee; F. le déssous du vent; A. Leeseite; It. sottovento; R. подветренная сторона.

SOTAYUDA. m. Sirviente palatino de inferior categoría que el ayuda.

SOTE. m. COLOM. Nigua, cuando es pequeña.

SOTECHADO. (De *so*, 3.er art., y *techado*.) m. Cobertizo, techado.

SOTEÑO, ÑA. adj. Que se cría en sotos. || **2.** Natural de Soto. Ú.t.c.s. || **3.** Perteneciente a alguna de las poblaciones de este nombre.

SOTERA. f. AR. Azada algo estrecha y puntiaguda que se emplea ordinariamente para entrecavar.

SOTERRAMIENTO. m. Acción y efecto de soterrar.

SOTERRÁNEO, A. adj. ant. Subterráneo. Usáb.t.c.s.m.

SOTERRANA, NA. adj. ant. Subterráneo. Usáb.t.c.s.m.

SOTERRAÑO, ÑA. adj. Subterráneo. Ú.t.c.s.m.

SOTERRAR. (l. *sub*, debajo, y *terra*, tierra.) tr. Enterrar, meter una cosa debajo de tierra. || **2.** fig. Esconder una cosa de modo que no parezca. || P. soterrar; I. to put under ground; F. enfouir; A. vergraben, einscharren; It. sotterrare; R. закапывать.

SOTIL. (l. *subtīlis*.) adj. ant. Sutil.

SOTILEZA. f. ant. Sutileza. || **2.** SANT. Parte más fina del aparejo de pescar donde está el anzuelo, y por ext., todo cordel muy fino.

SOTILIDAD. (l. *subtilĭtas*, -*atis*.) f. ant. Sutilidad.

SOTILIZAR. tr. ant. Sutilizar.

SOTILLO. m. d. de soto.

SOTO. (l. *saltus*, bosque, selva.) m. Sitio en riberas o vegas poblado de árboles y arbustos. || **2.** Sitio poblado de malezas y árboles. || P. souto; I. grove,

thicket; F. bocage; A. Gebüsch; It. boscaglia; R. роща.

SOTO. (l. *subtus*.) prep. insep. Debajo.

SOTOL. m. MÉJ. Planta liliácea de la que se obtiene una bebida alcohólica del mismo nombre.

SOTOLE. m. MÉJ. Palma gruesa y basta que se emplea para construir chozas.

SOTOMINISTRO. (De *soto*, 2.º art., y *ministro*.) m. Coadjutor superior que en la Compañía de Jesús se halla a las inmediatas órdenes del padre ministro y a cuyo cuidado está la cocina, despensa y demás oficinas dependientes de ella.

SOTRETA. f. ARGENT. y BOL. Plepa. Especialmente se aplica al caballo inútil.

SOTROZO. m. ART. Pasador de hierro, que atraviesa el pezón del eje para que no se salga la rueda de la cureña. || **2.** MAR. Pedazo de hierro afirmado en las jarcias y en el cual se sujetan las jaretas.

* **SOTTO VOCE.** loc. l. En voz baja.

SOTUER. (ant. fr. *sautier*, y éste del l. *saltuarius*, guardabosque.) m. BLAS. Pieza honorable que ocupa el tercio del escudo, y cuya forma es como si se compusiera de la banda y de la barra cruzadas.

SOTURNO, NA. adj. Saturno, saturnino.

SOTUTO. m. ZOOL. BOL. Nigua.

SOVIET. (Voz rusa.) m. Órgano de gobierno local que ejerce la dictadura comunista en Rusia. || **2.** Agrupación de obreros y soldados durante la revolución rusa. || **3.** Conjunto de la organización del Estado o de su poder supremo en Rusia. || **4.** fig. y fam. Colectividad en que no se obedece a la autoridad jerárquica.

SOVIÉTICO, CA. adj. Perteneciente o relativo al soviet. || P. soviético; I. sovietic; F. soviétique; A. Sowjet; It. soviético; R. советский.

° **SOVIETIZACIÓN.** f. Acción y efecto de sovietizar.

° **SOVIETIZAR.** (De *soviet*.) tr. Organizar un estado según el credo político y económico del comunismo soviético.

SOVOZ (A). (De *so*, 3.er art., y *voz*.) m. adv. En voz baja y suave.

* **SOYATE.** (mejic. *zoyalt*.) m. BOT. MÉJ. Especie de palma pequeña.

SOZCOMENDADOR. (De *sos* y *comendador*.) m. ant. Subcomendador.

* **SOZINA.** f. BIOQUÍM. Proteína defensiva que existe normalmente en la sangre.

SOZPRIOR. (De *sos* y *prior*.) m. ant. Suprior.

* **SPAT.** (l. *spatium*, espacio.) m. GEOM. Unidad de medida de ángulos sólidos, que vale 4π esterradiantes.

* **SPIN.** (Voz inglesa que significa *giro*.) m. ATOMÍST. Supuesta rotación del electrón o de los nucleones sobre su eje.

* **SPRINT.** (Voz inglesa.) m. DEP. Carrera de velocidad en una distancia corta. || **2.** Final de carrera cuando se fuerza la marcha.

* **SPUTNIK.** m. Nombre dado por los rusos a sus satélites artificiales. Significa *compañero de camino.*

STABAT. m. Himno dedicado a los dolores de la Virgen al pie de la cruz, que empieza con esa palabra. || **2.** Composición musical para este himno.

* **STAND.** (Voz inglesa.) m. Tribuna de los espectadores de una carrera de caballos. || **2.** Instalación o puesto en una exposición o feria.

STATU QUO. (Lit., *en el estado en que.*) loc. l. usada como substantivo, especialmente en la diplomacia, para designar el estado de cosas en un determinado momento.

* **STELLITA.** f. METAL. Aleación de cobalto, cromo, tungsteno, molibdeno y hierro.

* **STOP.** (Voz inglesa.) Término empleado para indicar parada a los coches. || **2.** Término internacional para significar final de frase en los telegramas.

SU. prep. insep. Sub.

SU, SUS. (apóc. de *suyo, suya, suyos, suyas.*) Pronombre posesivo de tercera persona en género masculino y femenino y en ambos números singular y plural. Ú. sólo antepuesto al nombre. || P. seu, sua, seus, suas; I. his, her, its, their, one's; F. son, sa, leur; A. sein(e), ihr(e), Ihr(e);

It. suo, sua, di lui, di lei, di loro; R. его, её, их. ваш.

SUADIR. (l. *suadēre.*) tr. ant. Persuadir.

SUARDA. (l. *sordes.*) f. Juarda.

SUARISMO. m. Sistema escolástico del jesuita español Francisco Suárez, notable por su rigor y profundidad. Dícese más especialmente de su teoría del concurso simultáneo, ideada para conciliar la libertad humana con la infalible eficacia de la gracia divina.

SUARISTA. com. Partidario del suarismo.

SUASIBLE. (l. *suasibĭlis.*) adj. ant. Persuasible.

SUASORIO, RIA. (l. *suasorĭus.*) adj. Perteneciente a la persuasión o propio para persuadir.

* **SUATO, TA.** adj. MÉJ. Tonto.

SUAVE. (l. *suăvis.*) adj. Liso y blando al tacto, en contraposición a tosco y áspero. || **2.** Blando, grato a los sentidos. || **3.** fig. Tranquilo, manso. || **4.** fig. Lento, moderado. || **5.** fig. Dócil, apacible. Dícese, por lo común, del genio o natural. || P. F. suave; I. smooth, soft; A. sanft, lieblich; It. soave; R. мягкий.

SUAVEMENTE. adv. m. De manera suave.

SUAVIDAD. (l. *suavĭtas,* -*ātis*) f. Calidad de suave. || P. suavidade; I. suavity, softness; F. suavité; A. Milde, Sanftheit; It. soavità; R. мягкость, нежность.

SUAVIZADOR, RA. adj. Que suaviza. || **2.** m. Pedazo de cuero, con que se suaviza el filo de las navajas de afeitar. || **2.ª** acep.: P. suavizador; I. razor-strop; F. cuir à rasoir; A. Streichleder; It. coramella; R. смягчитель.

SUAVIZAR. (De *suave.*) tr. Hacer suave. Ú.t.c.r. || P. suavizar; I. to soften; F. adoucir; A. besänftigen, lindern; It. soavizzar; R. смягчать.

SUB. (l. *sub.*) prep. insep. que a veces cambia su forma en algunas de las siguientes: *so, son, sor, su* y *sus.* Ordinariamente significa *debajo,* o bien denota acción secundaria, inferioridad, atenuación o disminución, etc. SUBdirector, sonreír suspender.

SUBACETATO. m. QUÍM. Acetato básico de plomo.

SUBAFLUENTE. m. Río o arroyo que desagua en un afluente.

SUBALCAIDE. m. Substituto o teniente de alcaide.

* **SUBALIMENTACIÓN.** f. Alimentación insuficiente.

* **SUBALQUILAR.** tr. Subarrendar.

SUBALTERNANTE. p.a. de subalternar. Que subalterna.

SUBALTERNAR. (De *subalterno.*) tr. Sujetar, supeditar, o poner debajo.

SUBALTERNO, NA. (l. *subalternus.*) adj. Inferior, subordinado, o que está debajo de una persona o cosa. || **2.** m. Empleado de categoría inferior. || **3.** MIL. Oficial de empleo inferior al de capitán. || P. e It. subalterno; I. subaltern; F. subalterne; A. untergeordnet; R. подчинённый.

SUBÁLVEO, A. adj. Que está debajo del álveo de un río o arroyo. Ú.t.c.s.

* **SUBANDINO, NA.** (De *sub* y *andino.*) adj. Situado al pie de los Andes.

SUBARRENDADOR, RA. m. y f. Persona que da en subarriendo alguna cosa. || P. subarrendador; I. underletter; F. sous-bailleur; A. Aftermieter, Unterpächter; It. subaffittatore; R. субарендатор.

SUBARRENDAMIENTO. m. Subarriendo.

SUBARRENDAR. tr. Tomar en arriendo una cosa de otro arrendatario de la misma o darla éste en arriendo. || P. subarrendar; I. to underlet, to sublet; F. souslouer; A. abvermieten, untervermieten; It. subaffittare; R. передавать в субаренду.

SUBARRENDATARIO, RIA. (De *subarrendar.*) m. y f. Persona que toma en subarriendo alguna cosa. || P. subarrendatário; I. undertenant; F. sous-locataire; A. Unterpächter; It. subaffittuario; R. субарендатор.

SUBARRIENDO. (De *subarrendar.*) m. Acción y efecto de subarrendar. || **2.** Con-

S

trato por el cual se subarrienda una cosa. ||
3. Precio en que se subarrienda. || **P.** su-
barrendamento; **I.** sublease; **F.** sousloca-
tion; **A.** aftermiete; **It.** subaffitto; **R.** субаренда.

SUBASTA. (l. *sub hasta*, bajo la lanza,
porque la venta del botín cogido en la
guerra se anunciaba con una lanza.) f.
Venta pública de bienes o alhajas que se
hace al mejor postor. || **2.** Adjudicación
que en la misma forma se hace de una
contrata, comúnmente de servicio públi-
co. || *Sacar a pública* SUBASTA *una cosa.*
fr. Ofrecerla a quien haga proposiciones
más ventajosas. || **P.** leilão; **I.** auction;
F. enchère; **A.** Auktion, Versteigerung;
It. subasta; **R.** аукцион.

SUBASTACIÓN. (l. *subhastatio, -önis.*)
p. us. Subasta.

SUBASTAR. (l. *subhastäre; de sub
hasta*, subasta.) tr. Vender efectos o contratar servicios, arriendos, etc., en pública
subasta. || **P.** leiloar; **I.** to auction; **F.** ven-
dre aux enchères; **A.** versteigern; **It.** su-
bastare; **R.** продавать с аукциона.

★ **SUBATÓMICO, CA.** (De *sub* y *atómico*.) adj. Fís. Dícese de las partículas más
pequeñas que el átomo y que forman
parte de su estructura. || **2.** Perteneciente
o relativo a los procesos que implican cambios dentro del átomo.

SUBCIERNA. (De *sub* y *cerner*.) f.
LEÓN y ZAM. Moyuelo que se emplea
para alimento del ganado.

SUBCINERICIO. (l. *subcinericius.*) adj.
Dícese del pan cocido en el rescoldo o
debajo de la ceniza.

SUBCLASE. f. BOT. y ZOOL. Cada uno
de los grupos taxonómicos de plantas o
animales que forman una categoría de
clasificación entre la clase y el orden. ||
P. subclasse; **I.** subclass; **F.** sous-classe;
A. Unterklasse; **It.** subòrdine; **R.** подотдел.

SUBCLAVERO. m. Teniente de clavero en algunas órdenes militares.

SUBCLAVIO, VIA. (l. *sub*, debajo, y
clavis.) adj. ZOOL. Situado debajo de la
clavícula.

SUBCOLECTOR. m. El que hace las
veces de colector y sirve a sus órdenes.

SUBCOMENDADOR. m. Teniente
comendador en las órdenes militares.

SUBCOMISIÓN. f. Grupo de individuos de una comisión que tiene cometido determinado.

★ **SUB CONDITIONE.** loc. lat. Bajo
condición expresa.

SUBCONSCIENCIA. f. Estado inferior de la conciencia psicológica en el
que, por la poca intensidad o duración de
las percepciones escapa a la introspección.
Es un grado o nivel inferior a la conciencia
propiamente dicha y superior a la incons-
ciencia.

SUBCONSCIENTE. adj. Que no llega
a ser consciente. || **2.** Perteneciente o rela-
tivo a la subconsciencia. || **3.** Parte de lo
olvidado con tendencia a aparecer en la
conciencia clara y con cierto influjo sobre
la conducta.

SUBCONSERVADOR. m. Juez delegado por el conservador.

SUBCOSTAL. adj. Situado debajo de
las costillas.

SUBCUTÁNEO, A. (l. *subcutaneus.*)
adj. ZOOL. Que está inmediatamente deba-
jo de la piel. || **2.** Que se introduce de-
bajo de la piel. || **P.** subcutâneo; **I.** subcu-
taneous; **F.** sous-cutané; **A.** subkutan,
unter der Haut; **It.** sottocutàneo; **R.** под-
кожный.

SUBDELEGABLE. adj. Que se puede
subdelegar.

SUBDELEGACIÓN. f. Acción y efec-
to de subdelegar. || **2.** Distrito, oficina y
empleo del subdelegado.

SUBDELEGADO, DA. p.p. de sub-
delegar. || **2.** adj. Que sirve inmediata-
mente a las órdenes del delegado o le sus-
tituye en sus funciones. Ú.m.c.s. || **P.** sub-
delegado; **I.** subdelegate; **F.** sous-délégué;
A. untergeordnet; **It.** sottodelegato; **R.** помощник делегата.

SUBDELEGANTE. p.a. de subdelegar. Que subdelega.

SUBDELEGAR. (l. *subdelegäre; de
sub*, bajo, y *delegäre*, delegar.) tr. FOR.
Trasladar o dar el delegado su potestad
a otro.

SUBDELIRIO. m. MED. Delirio tranquilo, caracterizado por palabras incohe-
rentes y a media voz, compatible con una
conciencia normal cuando el enfermo es
interrogado.

SUBDIACONADO. m. Orden de subdiácono o de epístola.

SUBDIACONAL. adj. Perteneciente
al subdiácono.

SUBDIACONATO. (l. *subdiaconätus.*)
m. Subdiaconado.

SUBDIÁCONO. (l. *subdiacönus.*) Clé-
rigo ordenado de epístola. || **P.** subdiácono;
I. subdeacon; **F.** sousdiacre; **A.** Subdiakon;
It. suddiàcono; **R.** подьячий.

SUBDIRECCIÓN. f. Cargo de sub-
director. || **2.** Oficina del subdirector.

SUBDIRECTOR. RA. m. y f. Persona que sirve inmediatamente a las órdenes del director o le substituye en sus
funciones. || **P.** subdirector; **I.** assistant
director; **F.** sous-directeur; **A.** Unter-
direktor; **It.** sottodirettore; **R.** момощник
директора.

SUBDISTINCIÓN. (l. *subdistinctio,
-önis.*) f. Acción y efecto de subdistinguir.

SUBDISTINGUIR. (l. *subdistinguëre.*)
tr. Distinguir en lo ya distinguido, o hacer
en ello una distinción en otra.

SÚBDITO, TA. (l. *subdïtus,* p.p. de
subdëre, someter.) adj. Sujeto a la autoridad
de un superior con obligación de obede-
cerle. Ú.t.c.s. || **2.** m. y f. Natural o ciuda-
dano de un país en cuanto está sujeto
a las autoridades políticas de éste. || 2.ª
acep.: **P.** súdito; **I.** subject; **F.** sujet;
A. Untertan; **It.** sùddito; **R.** подданный.

SUBDIVIDIR. (l. *subdivïdëre.*) tr. Dividir una parte de lo que ya está dividido
por una división anterior. Ú.t.c.r.

SUBDIVISIÓN. (l. *subdivisio, -önis.*) f.
Acción y efecto de subdividir o subdivi-
dirse. || **P.** subdivisão; **I.** y **F.** subdivision;
A. Unterabteilung; **It.** suddivisione; **R.**
подразделение.

SUBDOMINANTE. f. Mús. Cuarta
nota de la escala diatónica.

SUBDUPLO, PLA. (l. *subduplus.*) adj.
MAT. Dícese del número o cantidad que
es mitad exacta de otro u otra.

SUBEJECUTOR. m. El que ejecuta
una cosa por delegación o bajo la dirección de otro.

SUBENTENDER. tr. Sobrentender.
Ú.t.c.r.

SUBEO. (l. *subjugius.*) m. Sobeo.

SUBERINA. f. QUÍM. Substancia orgánica, impermeable, de naturaleza grasa,
procedente de la transformación de la
celulosa de las células del corcho.

★ **SUBERIZACIÓN.** (l. *suber, -ëris,* corcho.) f. BOT. Transformación de la celulosa
en suberina.

SUBEROSO, SA. (l. *suber,* corcho.)
adj. Parecido al corcho.

★ **SUBESTRATOSFERA.** f. AVIAC. Región de la atmósfera situada inmediatamente debajo de la estratosfera.

SUBFEBRIL. adj. MED. Algo febril,
con una temperatura entre 37,5 y 38 grados.

SUBFIADOR. m. Fiador subsidiario.

SUBFORO. m. FOR. Contrato por el
cual el forero cede el dominio útil de la
finca a otro.

SUBGÉNERO. m. BOT. y ZOOL. Cada
uno de los grupos taxonómicos en que se
dividen los géneros de plantas y animales. ||
P. subgênero; **I.** subgenus; **F.** sous-genre;
A. Untergattung; **It.** sottogènere; **R.** под-
дотдел.

SUBGOBERNADOR. m. Jefe inmediatamente inferior al gobernador, al que
substituye en sus funciones.

★ **SUBIBAJA.** m. fam. CUBA. Rebanada
de pan untada con mantequilla.

SUBIDA. f. Acción y efecto de subir
o subirse. || **2.** Sitio en declive, que va
subiendo. || *Cuanto mayor es la* SUBIDA,
tanto mayor es la descendida. De gran SU-
BIDA *gran caída.* refrs. que advierten que
cuanto más encumbra o eleva la fortuna
a los hombres, suele ser mayor la caída. ||
P. subida; **I.** ascension; **F.** montée, ascension; **A.** (An-, Empor-, Hinauf-)steigen; **It.**
salita; **R.** подъём.

SUBIDAMENTE. adv. ant. Altamente, sublimemente.

SUBIDERO, RA. adj. Dícese de algunos instrumentos que sirven para subir

en alto. || **2.** m. Paraje por donde se sube.

SUBIDO, DA. p.p. de subir. || **2.** adj.
Dícese de lo más fino y acendrado en
su especie. || **3.** Dícese del color o del
olor que impresiona fuertemente el corres-
pondiente sentido. || **4.** Muy elevado, que
excede al término ordinario.

SUBIDOR. (De *subir*.) m. El encargado de llevar una cosa de un lugar a otro
alto.

SUBIENTE. p.a. de subir. Que sube. ||
2. m. Cada uno de los follajes que suben
adornando un vaciado de pilastras o cosa
semejante.

SUBIGÜELA. f. SAL. Alondra.

★ **SUBILÓN, NA.** adj. PERÚ. Aplícase al
licor que se sube a la cabeza, que embriaga
fácilmente.

SUBILLA. (l. *subélla; de subüla.*) f.
Lezna.

SUBIMIENTO. (De *subir*.) m. Subida.

SUBÍNDICE. m. MAT. Letra o número
colocado a la derecha y en la parte inferior
de un símbolo para distinguirlo de otros
semejantes.

SUBINSPECCIÓN. f. Cargo de sub-
inspector. || **2.** Oficina de subinspector.

SUBINSPECTOR. m. Jefe inmediato
después del inspector.

SUBINTENDENCIA. f. Cargo de subintendente.

SUBINTENDENTE. m. El que sirve
inmediatamente a las órdenes del inten-
dente o le substituye en sus funciones. ||
P. e **It.** subintendente; **I.** assistant inten-
dant; **F.** sous-intendant; **A.** Unterinten-
dant; **R.** помощник интенданта.

SUBINTRACIÓN. f. CIR. y MED. Acción y efecto de subintrar.

SUBINTRANTE. p.a. de subintrar.
CIR. y MED. Que subintra.

SUBINTRAR. (l. *subinträre.*) intr. En-
trar uno después o en lugar de otro. ||
2. CIR. Colocare un hueso o fragmento
de él debajo de otro. || **3.** MED. Comenzar
una accesión febril antes de terminar la
anterior.

SUBIR. (l. *subïre,* llegar, avanzar, arribar.) intr. Pasar de un sitio a otro más
alto. || **2.** Cabalgar, montar. || **3.** Crecer
en altura ciertas cosas. *Ha* SUBIDO *la ma-
rea.* || **4.** Ponerse el gusano en las ramas o
matas para hilar el capullo. || **5.** Importar
una cuenta. *Los gastos* SUBEN *a mil pesetas.* ||
6. fig. Ascender en dignidad o empleo, o
crecer en riquezas o hacienda. || **7.** fig.
Agravarse o difundirse ciertas enfermeda-
des. || **8.** MÚS. Elevar la voz o el sonido
de un instrumento desde un tono a otro
más agudo. Ú.t.c.tr. || **9.** tr. Recorrer yendo
hacia arriba. || **10.** Trasladar a una persona
o cosa a lugar más alto que el que ocupaba.
Ú.t.c.r. || **11.** Hacer más alta una cosa. ||
12. Enderezar o poner derecha una cosa
que estaba inclinada o caída. || **13.** fig.
Elevar el precio de las cosas. || SUBIRSE *a
predicar.* fr. fig. y fam. Dicho del vino,
subirse a la cabeza. || **P.** subir; **I.** to mount,
to ascend, to raise; **F.** monter, s'élever;
A. steigen, hinaufgehen; **It.** ascèndere, sa-
lire; **R.** подниматься.

SÚBITAMENTE. adv. De manera
súbita.

SUBITÁNEAMENTE. adv. m. Súbitamente.

SUBITÁNEO, A. (l. *subitaneus.*) adj.
Que sucede súbitamente.

SÚBITO, TA. (l. *subïtus.*) adj. Im-
proviso, repentino. || **2.** Precipitado, im-
petuoso en las obras o palabras. || **3.** adv.
m. Súbitamente. || *De* SÚBITO. m. adv.
Súbitamente. || **P.** súbito; **I.** sudden, hasty;
F. subit, soudain; **A.** plötzlich, unerwartet;
It. subitàneo; **R.** внезапный.

SUBJECTAR. (l. *subiectäre.*) tr. ant.
Sujetar.

SUBJEFE. m. El que sirve a las órdenes
inmediatas del jefe y le substituye en sus
funciones. || **P.** subchefe; **I.** assistant chief;
F. sous-chef; **A.** Unterchef; **It.** sottocapo;
R. заместитель начальника.

SUBJETIVIDAD. f. Calidad de subjetivo.

SUBJETIVISMO. m. Predominio de
lo subjetivo. || **2.** FILOS. Doctrina episte-
mológica que limita la validez del conocimiento al sujeto que conoce.

SUBJETIVO, VA. (l. *subiectïvus.*) adj.
Perteneciente o relativo al sujeto. || **2.** Re-

S

lativo a nuestro modo de pensar o de sentir, y no al objeto en sí mismo. ‖ **P.** subjectivo; **I.** subjective; **F.** subjectif; **A.** subjektiv; **It.** soggettivo; **R.** субъективный.

SUBJETO. (l. *subiectus.*) m. ant. Sujeto.

SUB JÚDICE. For. loc. lat. con que se denota que una cuestión está pendiente de una resolución. ‖ **2.** fig. Dícese de toda cuestión opinable.

SUBJUGANTE. p.a. ant. de subjugar. Que subyuga.

SUBJUGAR. (l. *subiugāre.*) tr. ant. Subyugar.

SUBJUNTIVO, VA. (l. *subiunctīvus.*) adj. Gram. Dícese del modo del verbo, que generalmente necesita juntarse a otro verbo para tener significación determinada y cabal. Ú.t.c.s.

SUBJUZGAR. tr. ant. Sojuzgar. Ú.t.c.r.

SUBLEVACIÓN. (l. *sublevatio, -ōnis.*) f. Acción y efecto de sublevar o sublevarse. ‖ **P.** sublevação; **I.** sedition; **F.** soulèvement; **A.** Empörung; **It.** sollevazione; **R.** мятеж, восстание.

SUBLEVAMIENTO. (De *sublevar.*) m. Sublevación.

SUBLEVAR. (l. *sublevāre.*) tr. Alzar en sedición o motín. Sublevar al pueblo. Ú.t.c.r. ‖ **2.** fig. Excitar indignación, promover sentimiento de protesta. ‖ **P.** sublevar; **I.** to revolt, to raise in rebellion; **F.** soulever; **A.** aufwiegeln, rebellieren; **It.** sollevare; **R.** возмущать.

SUBLIMACIÓN. f. Acción y efecto de sublimar. ‖ **2.** Fís. Paso directo de un cuerpo del estado sólido al estado gaseoso, por la acción del calor. ‖ **3.** Psicoanál. Proceso de desviar de su fin natural la energía de un impulso dirigiéndola hacia fines más nobles de carácter cultural o espiritual, por ejemplo.

SUBLIMADO, DA. p.p. de sublimar. ‖ **2.** m. Quím. Substancia obtenida por sublimación. ‖ **3.** Quím. Sublimado corrosivo. ‖ **—corrosivo.** Substancia blanca, volátil y venenosa, que disuelta en agua caliente, se usa como desinfectante enérgico.

SUBLIMAR. (l. *sublimāre.*) tr. Engrandecer, exaltar, ensalzar. ‖ **2.** Quím. Volatilizar un cuerpo sólido y condensar sus vapores. Ú.t.c.r. ‖ **3.** Psicoanál. Resolver un estado morboso o impulso natural inferior en una actividad moral o intelectualmente generosa o superior. ‖ **P.** sublimar; **I.** to heighten, to sublime; **F.** sublimer; **A.** erheben; **It.** sublimare; **R.** возвышать.

SUBLIMATORIO, RIA. adj. Quím. Perteneciente o relativo a la sublimación.

SUBLIME. (l. *sublīmis.*) adj. Excelso, eminente, sumamente elevado. Se emplea más en sentido figurado aplicado a cosas morales o intelectuales, y especialmente a las concepciones mentales y producciones literarias y artísticas. Aplícase igualmente a las personas. **P., I., F.** e **It.** sublime; **A.** erhaben, hehr, grossartig; **R.** великолепный.

SUBLIMEMENTE. adv. De manera sublime.

SUBLIMIDAD. (l. *sublīmitas, -ātis.*) f. Calidad de sublime.

★ SUBLIMINAL. adj. Med. Que no pasa del umbral de la sensación, que es demasiado débil para producir ésta. *Estímulo* subliminal. ‖ **2.** Psicol. Que no pasa el umbral de la conciencia.

SUBLINGUAL. (l. *sublingua*, parte inferior de la lengua.) adj. Zool. Perteneciente a la región inferior de la lengua.

SUBLUNAR. (l. *sublunāris.*) adj. Que está debajo de la Luna. Se suele aplicar al planeta que habitamos.

SUBMARINO, NA. (De *sub*, debajo, y *marino.*) adj. Que está bajo la superficie del mar. ‖ **2.** m. Buque construido especialmente para navegar bajo el agua. ‖ **P.** submarino; **I.** submarine; **F.** sous-marin; **A.** unterseeisch; **It.** sotto-marino; **R.** подводный.

SUBMAXILAR. (*sub*, debajo, y *maxilla*, mandíbula inferior.) adj. Zool. Dícese de lo que está debajo de la mandíbula inferior.

SUBMINISTRACIÓN. f. Suministración.

SUBMINISTRADOR, RA. adj. Suministrador. Ú.t.c.s.

SUBMINISTRAR. tr. Suministrar.

SUBMÚLTIPLO, PLA. (l. *submultiplus.*) adj. Mat. Dícese del número o cantidad que otro u otra contiene un número exacto de veces. Ú.t.c.s.

SUBNOTA. f. Impr. Nota puesta a otra nota de un escrito o impreso.

SUBOFICIAL. m. Categoría militar comprendida entre las de oficial y sargento.

SUBORDEN. m. Bot. y Zool. Cada uno de los grupos taxonómicos en que se dividen los órdenes de plantas y animales. Es una categoría de clasificación entre el orden y la familia.

SUBORDINACIÓN. (l. *subordinatio, -ōnis.*) f. Sujeción a la orden, mando o dominio de uno. ‖ **2.** Gram. Dependencia en que se hallan ciertos elementos gramaticales con respecto a otros. ‖ **P.** subordinação; **I.** y **F.** subordination; **A.** Unterordnung; **It.** subordinazione; **R.** подчинение.

SUBORDINADAMENTE. adv. m. Con subordinación.

SUBORDINADO, DA. p.p. de subordinar. ‖ **2.** adj. Dícese de la persona sujeta a otra o dependiente de ella. Ú.m.c.s. ‖ **3.** Dícese de la palabra u oración que depende gramaticalmente de otra.

SUBORDINAR. (l. *sub*, bajo, y *ordināre*, ordenar.) tr. Sujetar personas o cosas a la dependencia de otras. Ú.t.c.r. ‖ **2.** Clasificar algunas cosas como inferiores en orden respecto de otras. ‖ **3.** Supeditar unos elementos gramaticales a otros. ‖ **P.** subordinar; **I.** to subordinate; **F.** subordonner; **A.** unterordnen; **It.** subordinare; **R.** подчинённый.

★ SUBÓXIDO. m. Quím. Óxido que contiene menor proporción de oxígeno que la correspondiente al protóxido.

SUBPREFECTO. (l. *subpraefectus.*) m. Jefe o magistrado inmediatamente inferior al prefecto.

SUBPREFECTURA. (l. *subpraefectūra.*) f. Cargo de subprefecto. ‖ **2.** Oficina del subprefecto.

★ SUBPRODUCTO. m. Cualquiera de los materiales que se obtienen en una industria aparte del principal, y que no tiene coste propio.

SUBRANQUIAL. adj. Zool. Situado debajo de las branquias.

SUBRAYABLE. adj. Que puede o merece ser subrayado.

SUBRAYADO, DA. p.p. de subrayar. ‖ **2.** adj. Dícese de la letra, palabra o frase que en lo impreso va de carácter cursivo o de otro distinto del empleado comúnmente en la impresión. ‖ **3.** m. Acción y efecto de subrayar, 1.ª acep.

SUBRAYAR. tr. Señalar por debajo con una raya alguna letra, palabra o frase escrita, para llamar la atención sobre ella. ‖ **2.** fig. Recalcar las palabras pronunciándolas con una cierta lentitud y fuerza. ‖ **P.** sublinhar; **I.** to underline; **F.** souligner; **A.** unterstreichen; **It.** sottolineare; **R.** подчёркивать.

SUBREINO. m. Zool. Cada uno de los dos grupos taxonómicos en que se divide el reino animal.

SUBREPCIÓN. (l. *subreptio, -ōnis.*) f. Acción oculta y a escondidas. ‖ **2.** For. Ocultación de un hecho para obtener lo que no se conseguiría de otro modo.

SUBREPTICIAMENTE. adv. De manera subrepticia.

SUBREPTICIO, CIA. (l. *subreptitius.*) adj. Que se pretende u obtiene con subrepción. ‖ **2.** Que se hace o toma ocultamente y a escondidas. ‖ **P.** sub-reptício; **I.** surreptitious; **F.** subreptice; **A.** erschlichen, verstohlen; **It.** surrettizio; **R.** подложный.

SUBRIGADIER. m. Oficial que desempeñaba las funciones de sargento segundo en el cuerpo de guardias del rey. ‖ **2.** Mar. El que ejercía las funciones de cabo subordinado al brigadier en las antiguas compañías de guardias marinas. Actualmente en escuelas navales, el aspirante distinguido subordinado y auxiliar del brigadier.

SUBROGACIÓN. (l. *subrogatio, -ōnis.*) f. Acción y efecto de subrogar o subrogarse.

SUBROGAR. (l. *subrogāre.*) tr. For. Substituir o poner una persona o cosa en lugar de otra. Ú.t.c.r. ‖ **P.** sub-rogar; **I.** to subrogate; **F.** subroger; **A.** subregieren; **It.** surrogare; **R.** заменять.

SUBSANABLE. adj. Que puede subsanarse.

SUBSANACIÓN. f. Acción y efecto de subsanar.

SUBSANAR. tr. Disculpar o excusar una falta o desacierto. ‖ **2.** Reparar un defecto, o resarcir un daño. ‖ **P.** subsanar; **I.** to repair; **F.** réparer; **A.** wiedergutmachen, reparieren; **It.** riparare; **R.** извинять, исправлять.

SUBSCAPULAR. (l. *sub*, debajo, y *scapŭlae*, los hombros.) adj. Zool. Dícese del músculo que está debajo de la escápula u omóplato. Ú.t.c.s.

SUBSCRIBIR. (l. *subscribĕre.*) tr. Firmar al pie de un escrito. ‖ **2.** fig. Convenir con el dictamen de otro. ‖ **3.** r. Obligarse uno a contribuir con otros al pago de una cantidad. ‖ **4.** Abonarse para recibir alguna publicación periódica. Ú.t.c.r. ‖ **P.** subscrever; **I.** to subscribe; **F.** souscrire; **A.** unterschreiben; **It.** sottoscrivere; **R.** подписывать.

SUBSCRIPCIÓN. (l. *subscriptio, -ōnis.*) f. Acción y efecto de subscribir o subscribirse. ‖ **P.** subscrição; **I.** subscription; **F.** souscription; **A.** Subskription, Unterzeichnung; **It.** sottoscrizione; **R.** подпись.

SUBSCRIPTO, TA. (l. *subscriptus.*) p.p. irreg. Subscrito.

SUBSCRIPTOR, RA. (l. *subscriptor, -ōris.*) m. y f. Persona que subscribe o se subscribe.

SUBSCRITO, TA. p.p. irreg. de subscribir.

SUBSCRITOR, RA. m. y f. Subscriptor.

SUBSECRETARÍA. f. Empleo de subsecretario. ‖ **2.** Oficina del subsecretario.

SUBSECRETARIO, RIA. m. y f. Persona que hace las veces del secretario. ‖ **2.** m. Secretario general de un ministro. ‖ **P.** subsecretário; **I.** undersecretary; **F.** sous-secrétaire; **A.** Unter(staats)sekretär; **It.** sottosegretario; **R.** заместитель секретаря.

SUBSECUENTE. (l. *subsěquens, -entis.*) adj. Subsiguiente.

SUBSEGUIR. intr. Seguir una cosa inmediatamente a otra. Ú.t.c.r.

SUBSEYENTE. (l. *subsĭdens, -entis*, que está después.) adj. ant. Subsiguiente.

SUBSIDIARIAMENTE. adv. Por vía de subsidio. ‖ **2.** For. De un modo subsidiario.

SUBSIDIARIO, RIA. (l. *subsidiārius.*) adj. Que se da o se manda en socorro o subsidio de uno. ‖ **2.** For. Dícese de la acción y responsabilidad que suple o robustece a otra principal.

SUBSIDIO. (l. *subsidium.*) m. Socorro, ayuda o auxilio extraordinario. ‖ **2.** Cierto auxilio concedido por la Sede apostólica a los reyes de España sobre las rentas eclesiásticas. ‖ **3.** Contribución o impuesto de carácter eventual. ‖ **P.** subsídio; **I.** subsidy; **F.** subside; **A.** Beihilfe; **It.** sussidio; **R.** субсидия.

SUBSIGUIENTE. p.a. de subseguirse. Que subsigue. ‖ **2.** adj. Que viene después del que sigue inmediatamente.

SUBSISTENCIA. (l. *subsistentia.*) f. Permanencia, estabilidad de las cosas. ‖ **2.** Conjunto de medios necesarios para el sustento de la vida humana. Ú.m. en pl. ‖ **3.** Fil. Complemento último de la substancia o acto por el cual una substancia se hace incomunicable a otra. ‖ **4.** Ecuad. Entre militares, falta de asistencia, ausencia.

SUBSISTENTE. p.a. de subsistir. Que subsiste.

SUBSISTIR. (l. *subsistěre.*) intr. Durar una cosa o conservarse. ‖ **2.** Vivir, mantener la vida. ‖ **3.** Fil. Existir una substancia con todas las condiciones propias de su ser y de su naturaleza. ‖ **4.** Perú. Vivir amancebado. ‖ **5.** Ecuad. Entre militares, no asistir, faltar. ‖ **P.** subsistir; **I.** to subsist; **F.** subsister; **A.** fortbestehen; **It.** sussistere; **R.** существовать.

SUBSOLANO. (l. *subsolānus.*) m. Este, levante, viento que sopla de esta parte.

SUBSTANCIA. (l. *substantia.*) f. Cualquier cosa con que otra se aumenta y nutre y sin la cual se acaba. ‖ **2.** Jugo de ciertas materias alimenticias. ‖ **3.** Ser, esencia, naturaleza de las cosas, lo que hay de permanente en un ser. ‖ **4.** Hacienda, bienes. ‖ **5.** Valor y estimación de las cosas. ‖ **6.** Parte nutritiva de los alimentos. ‖ **7.** fig.

y fam. Juicio, madurez. *Hombre sin* SUBS-
TANCIA. || **8.** FIL. Entidad a la que por su
naturaleza compete existir en sí. || **—blan-
ca.** ZOOL. Parte del tejido nervioso formada principalmente por cordones de
fibras nerviosas, que constituye la porción
periférica de la medula espinal y la central
del encéfalo. || **—gris.** ZOOL. Parte del
tejido nervioso formada principalmente por
la reunión de cuerpos de células nerviosas,
que constituye la porción central de la
medula espinal y la superficial del encéfa-
lo. || *Convertirlo* uno *todo en* SUBSTANCIA.
fr. fig. y fam. Interpretarlo a su favor. ||
2. fig. y fam. Sacar partido de todo, tanto
de lo favorable como de lo adverso. ||
En SUBSTANCIA. m. adv. En compendio. ||
3.ª acep.: P. substância; I. y F. substance;
A. Gehalt, Substanz; It. sostanza; R. вещество.

SUBSTANCIACIÓN. f. Acción y
efecto de substanciar.

SUBSTANCIAL. (l. *substantiālis*.) adj.
Perteneciente o relativo a la substancia. ||
2. Substancioso. || **3.** Dícese de lo esencial
de una cosa.

SUBSTANCIALMENTE. adv. En
substancia.

SUBSTANCIAR. (De *substancia*.) tr.
Compendiar, extractar. || **2.** FOR. Conducir
un asunto, causa o juicio por la vía procesal adecuada hasta ponerlo en estado de
sentencia.

SUBSTANCIOSO, SA. adj. Que tiene
substancia, o que la tiene abundante.

SUBSTANTIVAMENTE. adv. A manera de substantivo, con carácter de substantivo.

SUBSTANTIVAR. tr. GRAM. Dar valor y significación de substantivo a otra
parte de la oración y aun a locuciones
enteras.

SUBSTANTIVIDAD. f. Calidad de
substantivo.

SUBSTANTIVO, VA. (l. *substantivus*.)
adj. Que tiene existencia real, independien-
te, individual. || **2.** GRAM. Dícese del nom-
bre con que se designan las personas o
cosas por su naturaleza, esencia o subs-
tancia. Ú.t.c.s. || **3.** Dícese del verbo *ser*,
único que expresa la idea de esencia sin
denotar otros atributos. || 2.ª acep.: P. subs-
tantivo; I. substantive; F. substantif; A.
Hauptwort; It. sostantivo; R. имя существ-
ительное.

SUBSTITUCIÓN. (l. *substitutio*, -*ōnis*.)
f. Acción y efecto de substituir. || **2.** FOR.
Nombramiento de heredero o legatario en
reemplazo de otro nombramiento de la
misma índole. || **3.** QUÍM. Cambio en un
compuesto químico de un elemento o de
un radical por otro. || **—ejemplar.** FOR.
Designación de sucesor en los bienes del
que, por causa de demencia, está incapa-
citado para testar. || **—fideicomisaria.**
Designación de otro u otros herederos a
quienes la herencia haya de transferirse
gradualmente, después de la adquisición
y el goce por los antepuestos en la serie
de llamamientos. || **—pupilar.** Nombra-
miento de heredero de los bienes del pupilo
que no puede hacer testamento por no
haber llegado a la edad de la pubertad. ||
—vulgar. Nombramiento de segundo, tercero o más herederos, en lugar del primero
instituido para el caso en que éste falte.

SUBSTITUIBLE. adj. Que puede o
debe substituirse.

SUBSTITUIDOR, RA. adj. Que substi-
tituye. Ú.t.c.s.

SUBSTITUIR. (l. *substituĕre*.) tr. Po-
ner a una persona o cosa en lugar de otra. ||
P. substituir; I. to substitute; F. substituer;
A. ersetzen; It. sostituire; R. заменять.

SUBSTITUTIVO. adj. Dícese de lo
que puede reemplazar a otra cosa en el uso.
Ú.t.c.s. || **2.** m. Substancia producida
artificialmente imitando las propiedades
de otra que escasea.

SUBSTITUTO, TA. (l. *substitūtus*.)
p.p. irreg. de substituir. || **2.** m. y f. Per-
sona que hace las veces de otra. || **3.** FOR.
Heredero designado para cuando falta la
sucesión del nombrado con prioridad a él. ||
P. substituto; I. substitute; F. substitut;
A. Ersatz; It. sostituto R. заменяющий.

SUBSTRACCIÓN. f. Acción y efecto
de substraer o substraerse. || **2.** ÁLG. y
ARIT. Resta. || P. subtracção; I. subtrac-

tion; F. soustraction; A. Subtraktion; It.
sottrazione; R. изъятие.

SUBSTRAENDO. (De *substraer*.) m.
ÁLG. y ARIT. Cantidad que ha de restarse
de otra.

SUBSTRAER. (l. *sub*, debajo, y *ex-
trahĕre*, sacar.) tr. Separar, extraer. ||
2. Hurtar, robar fraudulentamente. ||
ÁLG. y ARIT. Restar. || **4.** r. Eludir una
obligación, desistir de lo que se tenía pro-
yectado o de alguna otra cosa.

SUBSTRATO. m. FIL. Substancia. ||
2. QUÍM. Substancia sobre la que actúa
un fermento. || **3.** GEOL. Estrato inferior.

SUBSUELO. m. Terreno que está debajo de la capa laborable o en general
debajo de una capa de tierra. || **2.** Parte
profunda del terreno a la cual no llegan
los aprovechamientos superficiales de los
predios y en donde las leyes consideran
estatuido el dominio público. || **3.** CHILE.
Sótano, subterráneo. || P. subsolo; I. sub-
soil; F. sous-sol; A. Untergrund; It. sotto-
suolo; R. подпочва.

SUBTENDER. (l. *subtendĕre*.) tr.
GEOM. Unir una línea recta los extremos
de un arco de curva o de una línea quebrada.

SUBTENENCIA. f. Empleo de subteniente.

SUBTENIENTE. m. Segundo teniente.

SUBTENSA. (l. *subtensa*, extendida.) f.
GEOM. Cuerda de un arco.

SUBTENSO, SA. (l. *subtensus*.) p.p.
irreg. de subtender.

SUBTERFUGIO. (l. *subterfugium*.) m.
Efugio, pretexto, excusa artificiosa. ||
P. subterfúgio; I. y F. subterfuge; A. Ausrede,
Ausflucht, Worwand; It. sotterfugio; R.
уловка.

SUBTERRÁNEAMENTE. adv. Por
debajo de tierra.

SUBTERRÁNEO, A. (l. *subterranĕus*.)
adj. Que está debajo de tierra. || **2.** m.
Cualquier lugar o espacio que está debajo
de tierra. || **3.** ARGENT. Tranvía o tren sub-
terráneo. || P. subterrâneo; I. subterranean;
F. souterrain; A. unterirdisch; It. sotterrà-
neo; R. подземный.

★ SUBTILINA. f. QUIMIOTERAP. Substancia antibiótica obtenida del cultivo del
bacilo sutil que destruye las toxinas bac-
terianas.

SUBTILIZAR. (l. *subtilis*, sutil.) tr.
ant. Sutilizar.

SUBTIPO. m. BOT. y ZOOL. Cada uno
de los grupos taxonómicos en que se dividen los tipos de plantas y de animales.

SUBTITULAR. tr. Poner subtítulo.

SUBTÍTULO. m. Título secundario
puesto a veces después del principal. ||
P. subtítulo; I. subtitle; F. soustitre; A. Ne-
bentitel; It. subtitolo; R. подзаголовок.

SUBTRAER. (l. *substrahĕre*.) tr. ant.
Substraer. Usab.t.c.r.

★ SUBTROPICAL. adj. Que está bajo
los trópicos.

SUBURBANO, NA. (l. *suburbānus*.)
adj. Dícese del edificio, terreno o campo
próximo a la ciudad. Ú.t.c.s. || **2.** Pertene-
ciente o relativo a un suburbio. || **3.** Ha-
bitante de un suburbio.

SUBURBICARIO, RIA. (l. *suburbi-
carius*.) adj. Perteneciente o relativo a las
diócesis que componen la provincia eclesiástica de Roma.

SUBURBIO. (l. *suburbĭum*.) m. Barrio
o arrabal cercano a la ciudad o dentro de
su jurisdicción. || P. subúrbio; I. suburb;
F. banlieue; A. Vorort, Vorstadt; It. sob-
borgo; R. пригород.

SUBURENSE. adj. Natural de la an-
tigua Subur, hoy Sitges. Ú.t.c.s. || **2.** Per-
teneciente a esta población.

SUBVENCIÓN. (l. *subventio*, -*ōnis*.) f.
Acción y efecto de subvenir. || **2.** Cantidad
con que se subviene. || P. subvenção; I. y
F. subvention; A. Zuschuss, Subvention;
It. sovvenzione; R. пособие.

SUBVENCIONAR. tr. Favorecer con
una subvención.

SUBVENIO. (De *subvenir*.) m. ant.
Subvención.

SUBVENIR. (l. *subvenīre*.) intr. Venir
en auxilio de alguno o acudir a las necesidades de alguna cosa.

SUBVERSIÓN. (l. *subversĭo*, -*ōnis*.) f.
Acción y efecto de subvertir o subvertirse.

SUBVERSIVO, VA. (l. *subversum*, supino de *subvertĕre*, subvertir.) adj. Capaz
de subvertir, o que tiene tendencia a ello.
Dícese especialmente de lo que tiende a
subvertir el orden público.

SUBVERSOR, RA. (l. *subversor*, -*ōris*.)
adj. Que subvierte. Ú.t.c.s.

SUBVERTIR. (l. *subvertĕre*.) tr. Trastornar, revolver, destruir. Ú. más en
sentido moral.

SUBYACENTE. (l. *subiacens*, -*entis*.)
adj. Que yace o está debajo de otra cosa.

SUBYUGABLE. adj. Que se puede
subyugar.

SUBYUGACIÓN. (l. *subiugatio*, -*ōnis*.)
f. Acción y efecto de subyugar o subyu-
garse.

SUBYUGADOR, RA. (l. *subiugător*,
-*ōris*.) adj. Que subyuga. Ú.t.c.s.

SUBYUGAR. (l. *subiugāre*; de *sub*,
bajo, y *iugum*, yugo.) tr. Avasallar, sojuzgar, dominar poderosa o violentamente.
Ú.t.c.r. || P. subjugar; I. to subjugate;
F. subjuguer; A. unterjochen; It. soggio-
gare; R. порабощать.

SUCCINO. (l. *succinum*.) m. Ámbar.

SUCCIÓN. (l. *suctum*, supino de
sugĕre, chupar.) f. Acción de chupar aplicando los labios.

SUCEDÁNEO, A. (l. *succedanĕus*, sucesor, substituto.) adj. Dícese de la substancia que, por tener propiedades parecidas a las de otra, puede reemplazarla,
Ú.m.c.s.m.

SUCEDER. (l. *succedĕre*.) intr. Entrar
una persona o cosa en lugar de otra o se-
guirse a ella. || **2.** Entrar como heredero
en la posesión de los bienes de quien ha
muerto. || **3.** Descender, proceder, pro-
venir. || **4.** impers. Efectuarse un hecho,
acontecer. || P. suceder; I. to succeed;
F. succéder; A. folgen, erben; It. succède-
re; R. следовать. || 4.ª acep.: P. acontecer;
I. to happen; F. arriver; A. geschehen;
It. accadere; R. происходить.

SUCEDIDO, DA. p.p. de suceder. ||
2. m. fam. Suceso, acontecimiento.

★ SUCEDIDO, DA. adj. fam. CHILE.
Ensuciado. || **2.** fig. CHILE. Melindroso. ||
3. CHILE. Dícese de quien sufre una racha
de contratiempos imprevistos. Suele usarse
con el adv. *tan*.

SUCEDIENTE. p.a. de suceder. Que
sucede o se sigue.

SUCEDUMBRE. (De *sucio*.) f. ant.
Suciedad.

SUCENTOR. (l. *succentor*, -*ōris*.) m.
ant. Sochantre.

SUCESIBLE. adj. Dícese de aquello
en que se puede suceder.

SUCESIÓN. (l. *successĭo*, -*ōnis*.) f. Acción y efecto de suceder, 1.ª, 2.ª y 3.ª
aceps. || **2.** Herencia, conjunto de bienes,
derechos y obligaciones que al morir una
persona se transmiten a sus herederos. ||
3. Prole, descendencia directa. || **—for-
zosa.** FOR. La que está ordenada preceptivamente, de modo que el causante no
pueda variarla. || **—intestada.** La que se
verifica por precepto de la ley y no por
testamento. || **—testada.** La que se re-
fiere y regula por la voluntad del causante
declarada con las solemnidades exigidas
por la ley. || **—universal.** La que trans-
mite al heredero la totalidad o una parte
alícuota de la personalidad civil y del
haber íntegro del causante, haciéndole
continuador o partícipe de cuantos bienes,
derechos y obligaciones tenía éste al mo-
rir. || *Deferirse la* SUCESIÓN. fr. Efectuarse
de derecho la transmisión sucesoria. ||
2.ª acep.: P. sucessão; I. y F. succession;
A. Erbschaft; It. successione; R. следо-
вание, потомство.

SUCESIVAMENTE. (De *sucesivo*.)
adv. m. Sucediendo o siguiéndose una
persona o cosa a otra.

SUCESIVO, VA. (l. *successivus*.) adj.
Que sucede o se sigue a otra cosa.

SUCESO. (l. *successus*.) m. Cosa que
sucede, especialmente cuando es de alguna
importancia. || **2.** Transcurso del tiempo. ||
3. Éxito, resultado de un negocio. P. su-
cesso; I. event; F. événement; A. Ereignis;
It. avvenimento; R. происшествие, событие.

SUCESOR, RA. (l. *successor*, -*ōris*.)
adj. Que sucede a uno o sobreviene en su
lugar, como continuador de él. Ú.t.c.s. ||

S

SUCESORIO, RIA. adj. Perteneciente o relativo a la sucesión.

SUCIAMENTE. adv. m. Con suciedad.

SUCIEDAD. f. Calidad de sucio. || **2.** Inmundicia, porquería. || **3.** fig. Dicho o hecho sucio. || **P.** sujidade; **I.** dirtines, nastiness; **F.** saleté, malpropreté; **A.** Schmutz; **It.** sozzura; **R.** грязь.

SUCINDA. f. SAL. Alondra

SUCINTAMENTE. adv. De modo sucinto o compendioso.

SUCINTARSE. (De *sucinto*.) tr. Ceñirse, ser sucinto.

SUCINTO, TA. (l. *succīntus*, p.p. de *succingĕre*, ceñir.) adj. p. us. Recogido o ceñido por abajo. || **2.** Breve, compendioso.

SUCIO, CIA. (l. *succĭdus*, jugoso, mugriento.) adj. Que tiene manchas o impurezas. || **2.** Que se ensucia fácil y frecuentemente. || **3.** fig. Manchado con pecados o con imperfecciones. || **4.** fig. Deshonesto u obsceno. || **5.** fig. Dícese del color confuso y turbio. || **6.** fig. Con daño, infección o impureza. || **7.** m. HOND. Suciedad. || **8.** adv. fig. Hablando de algunos juegos, sin la debida observancia de las reglas. || **P.** sujo; **I.** dirty; **F.** sale, malpropre; **A.** schmutzig, unrein; **It.** sùcido, sporco; **R.** грязный, пошлый.

SUCO. (l. *succus*.) m. Jugo. || **2.** BOL. y VENEZ. Terreno fangoso.

* SUCO, CA. adj. ECUAD. Pelirrubio. || **2.** PERÚ. Anaranjado.

SUCOSO, SA. (l. *succōsus*.) adj. Jugoso.

SUCOTRINO. (De *Socotora*, isla de África.) adj. Dícese del áloe de la isla Socotora.

SUCRE. (De Antonio José de *Sucre*, general venezolano.) m. Moneda de plata, del Ecuador, equivalente a cinco pesetas a la par.

SUCREÑO, ÑA. adj. Natural de Sucre. Ú.t.c.s. || **2.** Perteneciente a esta ciudad de Bolivia o al departamento del mismo nombre.

SUCU. m. VIZC. Gachas de harina de maíz con leche.

SÚCUBO. (l. *succŭbus*, según *incŭbus*.) adj. Dícese del demonio que, según la antigua superstición vulgar, tenía comercio carnal con un varón, bajo la apariencia de mujer.

* SUCUCHAZO. m. fam. P. RICO Sopapo.

* SUCUCHEAR. intr. BOL. Ocultar o encubrir algo.

SUCUCHO. m. Rincón, ángulo entrante que forman dos paredes. || **2.** AMÉR. Socucho. || **3.** MAR. Rincón estrecho que queda en las partes más cerradas de las ligazones de una embarcación.

SÚCULA. (l. *sucŭla*.) f. Torno, máquina simple, con un cilindro en el que va arrollándose una cuerda.

SUCULENTAMENTE. adv. m. De modo suculento.

SUCULENTO, TA. (l. *succulentus*.) adj. Jugoso, substancioso, muy nutritivo. || **P.** suculento; **I.** y **F.** succulent; **A.** nahrhaft, saftig; **It.** succulento; **R.** сочный.

SUCUMBIENTE. p.a. de sucumbir. Que sucumbe.

SUCUMBIR. (l. *succumbĕre*.) intr. Ceder, someterse, rendirse. || **2.** Morir, perecer. || **3.** FOR. Perder el pleito. || **P.** sucumbir; **I.** to succumb, to perish; **F.** succomber; **A.** erliegen; **It.** soccòmbere; **R.** падать, сдаваться.

SUCURSAL. (l. *succursus*, socorro, auxilio.) adj. Dícese del establecimiento que depende de otro al que sirve de ampliación. Ú.t.c.s.f. || **P.** sucursal; **I.** branch; **F.** et **It.** succursale; **A.** Filiale, Sukkursale; **R.** филиал.

* SUCUSIÓN. f. MED. Sacudimiento del cuerpo con el fin de descubrir la posible existencia de líquido.

* SUCUSUMUCU (A LO). m. adv. CUBA. Taimadamente, haciéndose el tonto.

SUCHE. adj. VENEZ. Agrio, sin madurar. || **2.** m. ECUAD. y PERÚ. Súchil. || **3.** CHILE. despect. Empleado de última categoría. || **4.** ARGENT. Barro. || **5.** CHILE. despec. Rufián, alcahuete. || **6.** CHILE.

despec. Individuo de ningún valer ni carácter. || **7.** pl. COLOM. Caracolillos usados como adorno por algunos indios.

SÚCHEL. m. CUBA. Súchil.

SÚCHIL. (mejic. *xochitl*, flor.) m. MÉJ. Árbol pequeño de la familia de las apocináceas, de ramas tortuosas, hojas lanceoladas y flores de cinco pétalos blancos con listas encarnadas; la madera se emplea en construcciones.

SUD. (anglosajón *sud*.) m. SUR. Es la forma usada en composición de algunos vocablos como sudeste, sudamericano.

* SUDADA. f. fam. CHILE. Acto de hacer sudar al caballo.

SUDADERA. f. Sudadero. || **2.** fam. Sudor copioso.

SUDADERO. m. Lienzo con que se limpia el sudor. || **2.** Manta pequeña que se pone a las cabalgaduras debajo de la silla o aparejo. || **3.** Lugar en el baño, destinado para sudar. || **4.** Lugar por donde se rezuma el agua a gotas. || **5.** AND., AR. y EXTR. Bache, sitio donde se encierra el ganado lanar para que sude.

SUDAFRICANO, NA. adj. Natural del África del Sur. Ú.t.c.s. || **2.** Perteneciente a esta parte de África.

SUDAMERICANO, NA. adj. Natural de América del Sur. Ú.t.c.s. || **2.** Perteneciente a esta parte de América.

SUDANÉS, SA. adj. Natural del Sudán. Ú.t.c.s. || **2.** Perteneciente a esta región de África.

SUDANTE. p.a. de sudar. Que suda. Ú.t.c.s.

SUDAR. (l. *sudāre*.) intr. Exhalar y expeler el sudor. Ú.t.c.tr. || **2.** fig. Destilar los vegetales algunas gotas de su jugo. Ú.t.c.tr. || **3.** fig. Destilar agua a través de sus poros algunas cosas impregnadas de humedad. || **4.** fig. y fam. Trabajar con fatiga o desvelo. || **5.** tr. Empapar en sudor. || **6.** fig. y fam. Dar una cosa, especialmente de mala gana. *Le hice* SUDAR *cien duros*. || **P.** suar; **I.** to sweat; **F.** suer; **A.** schwitzen; **It.** sudare; **R.** потеть.

SUDARIO. (l. *sudarĭum*.) m. desus. Sudadero. || **2.** Lienzo con que se cubre el rostro de los difuntos o en que se envuelve el cadáver. || *Santo* SUDARIO. Sábana con que José de Arimatea envolvió el cuerpo de Cristo cuando lo bajó de la cruz. || **2.**ª acep.: **P.** sudário; **I.** shroud; **F.** suaire; **A.** Leichentuch; **It.** sudario; **R.** саван.

SUDATORIO, RIA. (l. *sudatorĭus*.) adj. Sudorífico.

SUDESTADA. f. ARGENT. Viento con lluvia persistente que viene del Sudeste, del lado del mar.

SUDESTE. m. Punto del horizonte entre el Sur y el Este, a igual distancia de ambos. || **2.** Viento que sopla de esta parte.

SUDOESTE. m. Punto del horizonte entre el Sur y el Oeste, a igual distancia de ambos. || **2.** Viento que sopla de esta parte.

* SUDÓN, NA. adj. CHILE. Sudoroso.

SUDOR. (l. *sudor*, -ōris.) m. Líquido claro y transparente que segregan las glándulas sudoríparas de la piel de los mamíferos. || **2.** fig. Jugo que sudan las plantas. || **3.** fig. Gotas que salen de las cosas que contienen humedad. || **4.** fig. Trabajo y fatiga. || **5.** pl. Curación que se hacen en los enfermos aplicándoles medicinas que los obliguen a sudar copiosamente. || SUDOR *diaforético*. MED. Sudor disolutivo, continuo y copioso que acompaña a ciertas calenturas. || *Un* SUDOR *se le iba y otro se le venía*. fr. con que se encarece la confusión o apuro en que uno se halla. || **P.** suor; **I.** sweat; **F.** sueur; **A.** Schweiss; **It.** sudore; **R.** пот.

SUDORIENTO, TA. adj. Sudado, cubierto de sudor.

SUDORÍFERO, RA. (l. *sudorĭfer*, -ĕri; de *sudor*, sudor, y *ferre*, llevar, producir.) adj. Sudorífico. Ú.t.c.s.m.

SUDORÍFICO, CA. (l. *sudor*, -ōris, sudor, y *facĕre*, hacer.) adj. Dícese del medicamento que hace sudar. Ú.t.c.s.m.

SUDORÍPARA. (l. *sudor*,-ōris, sudor, y *parĕre*, parir, producir.) adj. ZOOL. Dícese de la glándula que segrega el sudor.

SUDOROSO, SA. (De *sudor*.) adj. Que está sudando mucho. || **2.** Muy propenso a sudar.

SUDOSO, SA. adj. Que tiene sudor.

SUDSUDESTE. m. Punto del horizonte que media entre el Sur y el Sudeste. || **2.** Viento que sopla de esta parte.

SUDSUDOESTE. m. Punto del horizonte que media entre el Sur y el Sudoeste. || **2.** Viento que sopla de esta parte.

SUDUESTE. m. MAR. Sudoeste.

SUECO, CA. (l. *suecus*.) adj. Natural u oriundo de Suecia. Ú.t.c.s. || **2.** Perteneciente a esta nación europea. || **3.** m. Idioma sueco, uno de los dialectos del nórdico. || *Hacerse* uno *el* SUECO. fr. fig. y fam. Hacerse el desentendido; fingir que no se entiende una cosa. || **P.** sueco; **I.** Swedish; **F.** suédois; **A.** schwedisch, Schwede; **It.** svedese; **R.** швед.

SUEGRA. (l. *socra*, por *socrus*.) f. Madre de un cónyuge respecto del otro. || **2.** Parte, en la rosca del pan, correspondiente a los extremos del rollo de masa, que suele ser lo más delgado y cocido. || **P.** sogra; **I.** mother-in-law; **F.** belle-mère; **A.** Schwiegermutter; **It.** suòcera; **R.** тёща, свекровь.

SUEGRO. (l. *socrus*, suegro, por *socer*.) m. Padre de un cónyuge respecto del otro. || **P.** sogro; **I.** father-in-law; **F.** beau-père; **A.** Schwiegervater; **It.** suòcero; **R.** тесть, свёкор.

SUELA. (l. *solĕa*.) f. Parte del calzado que toca al suelo. || **2.** Cuero vacuno curtido. || **3.** Pedazo de cuero que se pega a la punta del taco con que se juega al billar. || **4.** Lenguado. || **5.** Zócalo de un edificio. || **6.** fig. Madero que se pone debajo de un tabique para levantarlo. || **7.** pl. En algunas órdenes religiosas, sandalias. || SUELA *correjel*. Cierta suela que se fabrica en Inglaterra, y por ext., la que se fabrica en otras partes, imitando a aquélla. || *De tres, de cuatro,* o *de siete* SUELAS. expr. fig. y fam. Fuerte, sólido, notable en su línea. *Pícaro de siete* SUELAS. || *Media* SUELA. Pieza de cuero con que se remienda el calzado y que cubre la planta desde el enfranque a la punta. Ú.m. en pl. || *No llegarle* a uno *a la* SUELA *del zapato*. fr. fig. y fam. Ser muy inferior a él en alguna habilidad, disposición o aptitud. || **P.** sola; **I.** sole; **F.** semelle; **A.** Sohle; **It.** suola; **R.** подошва.

* SUELAZO. m. fam. AMÉR. MERID. Batacazo.

SUELDA. f. Consuelda. || **2.** desus. Soldadura.

SUELDACOSTILLA. f. Planta liliácea, con bohordo central hojas radicales erguidas y estrechas, flores blancas en corimbo y fruto capsular casi esférico.

SUELDO. (l. *solĭdus*.) m. Moneda antigua, de distinto valor según los tiempos y países. || **2.** Sólido, moneda romana de oro. || **3.** Remuneración asignada a un individuo por el desempeño de un cargo o servicio profesional. || **—por libra.** Derecho sobre un capital determinado, en proporción de uno a veinte. || **—regulador.** El mayor de los que ha percibido un funcionario y que sirve de base para regular los haberes pasivos de aquél. || *A* SUELDO. m. adv. Mediante retribución fija. || **P.** soldo; **I.** y **F.** sou; **A.** Sold; **It.** soldo; **R.** сольд. || **3.**ª acep.: **P.** paga; **I.** wages; **F.** solde; **A.** Gehalt, Sold; **It.** soldo; **R.** заработная плата.

* SUELEAR. tr. ARGENT. Arrojar.

SUELO. (l. *solum*.) m. Superficie de la tierra. || **2.** fig. Superficie inferior de algunas cosas. || **3.** Poso que deja un líquido en el fondo de una vasija. || **4.** Sitio o solar de un edificio. || **5.** Superficie artificial hecha para dejar el piso sólido y llano. || **6.** Piso de una habitación. || **7.** Cualquiera de los pisos o plantas de una casa. || **8.** Territorio de una provincia o jurisdicción. || **9.** Casco de las caballerías. || **10.** fig. Tierra o mundo. || **11.** fig. Término, fin. || **12.** FOR. Terreno destinado a siembra o producciones herbáceas, en oposición al arbolado. || **13.** pl. Grano que queda en la era después de recogida la parva. || **14.** Paja o grano que de un año a otro, queda en los pajares o en los graneros. || **—natal.** Patria. || *Arrastrarse* uno *por el* SUELO. fr. fig. y fam. Humillarse, proceder con bajeza. || *Besar el* SUELO. fr. fig. y fam. Caerse de bruces al suelo. || *Dar* uno *consigo en el* SUELO. fr. Caerse en tierra. || *Dar en el* SUELO *con* una cosa. fr. fig. Perderla o malpararla. || *Echarse* uno *por los* SUELOS. fr. fig. Humillarse con exceso. || *Faltarle* a uno *el* SUELO. fr. fig Tropezar o caer. || *Medir* uno *el* SUELO. fr. fig. Tenderse sobre él para descansar. || **2.** Caerse a la larga. || *No salir* uno *del* SUELO, o *no vérsele en el* SUELO. frs. figs. y fams. Ser de muy escasa estatura. || *Por el* SUELO, o *los* SUELOS. m. adv. fig. que denota el poco aprecio que se hace de una cosa o el estado abatido en que se halla. || *Sin* SUELO. m. adv. fig. Con grande exceso, con descaro. || *Venir,* o *venirse, al* SUELO una cosa. fr. Venir, o venirse a tierra. || **P.** solo; **I.** ground, soil; **F.** sol; **A.** Boden, Grund; **It.** suolo; **R.** почва, земля, пол.

SUELTA. f. Acción y efecto de soltar. || **2.** Traba con que se atan las manos de las caballerías, para soltarlas a pacer en el campo. || **3.** Cierto número de bueyes que se llevan desuncidos para remudar a los que van tirando. || **4.** Paraje a propósito para desuncir los bueyes y para darles pasto. || *Dar* SUELTA a uno. fr. fig. Darle por breve tiempo asueto o permiso para que se distraiga o divierta.

SUELTAMENTE. adv. Con soltura. || **2.** Espontánea, voluntariamente.

SUELTO, TA. (l. *solūtus;* por *solūtus.*) p.p. irreg. de soltar. || **2.** adj. Ligero, veloz. || **3.** Disgregado, poco compacto. || **4.** Expedito, hábil en la ejecución de una cosa. || **5.** Libre, atrevido. || **6.** Que padece diarrea. || **7.** Tratándose del lenguaje, estilo, etc., fácil, corriente. || **8.** Separado, que no forma unión ni juego con otras cosas. Muebles sueltos; noticias sueltas. || **9.** Aplícase al conjunto de monedas fraccionarias de plata o calderilla. Ú.t.c.s.m. || **10.** Dícese del verso libre. || **11.** m. Escrito inserto en un periódico que no tiene la extensión ni la importancia de los artículos ni son meras gacetillas. || 2.ª acep.: **P.** solto; **I.** loose, light; **F.** léger; **A.** lose, ungebunden; **It.** sciolto, leggero; **R.** разрозненный.

SUENO. (l. *sonus.*) m. ant. Sonido.

SUEÑO. (l. *somnus*, y de *somnium.*) m. Acto de dormir. || **2.** Acto de representarse en la fantasía, mientras se duerme sucesos o especies. || **3.** Los mismos sucesos o especies que se representan. || **4.** Gana de dormir. || **5.** Cierto baile licencioso del siglo XVIII. || **6.** fig. Cosa que carece de realidad o fundamento. || **—dorado.** fig. Anhelo, ilusión halagüeña. Ú.t. en pl. || **—eterno.** La muerte. || **—pesado.** fig. El que es muy profundo, o melancólico y triste. || *Caerse* uno *de* SUEÑO. fr. fig. y fam. Estar acometido de ganas irresistibles de dormir. || *Coger* uno *el* SUEÑO. fr. Quedarse dormido. || *Conciliar* uno *el* SUEÑO. fr. Conseguir dormirse. || *Descabezar* uno *el* SUEÑO. fr. fig. y fam. Quedarse dormido por corto tiempo sin acostarse en la cama. || *Dormir* uno *a* SUEÑO *suelto*. fr. fig. Dormir tranquilamente. || *Echar un* SUEÑO. fr. fam. Dormir breve tiempo. || *El* SUEÑO *de la liebre*. expr. fig. y fam. Que se aplica a los que disimulan una cosa. || *En* SUEÑOS. m. adv. Estando durmiendo. || *Entre* SUEÑOS. m. adv. Dormitando. || **2.** En sueños. || *Espantar el* SUEÑO. fr. fig. y fam. Estorbarlo, no dejar dormir. || *Guardar el* SUEÑO a uno. fr. Cuidar de que no le despierten. || *Ni por* SUEÑOS. loc. adv. fig. y fam. con que se pondera que una cosa ha estado muy lejos de suceder o ejecutarse. || *No dormir* SUEÑO uno. fr. Desvelarse, no poder conciliar el sueño. || *Quebrantar* uno *el* SUEÑO. fr. fig. Descabezar el sueño. || *Tornarse*, o *volverse el* SUEÑO *al revés*, o *el* SUEÑO *del perro*. fr. fig. y fam. con que se da a entender haberse malogrado una pretensión o utilidad que se tenía ya por segura. || **P.** sono; **I.** sleep; **F.** sommeil; **A.** Schlaf; **It.** sonno; **R.** сон. || 2.ª acep.: **P.** sonho; **I.** dream; **F.** songe; **A.** Traum; **It.** sogno; **R.** сновидение.

SUERO. (l. *sorum; por serum.*) m. ZOOL. Parte de la sangre, de la linfa o de la leche que permanece fluida después de haberse producido el coágulo de estos líquidos orgánicos. || **—medicinal.** Disolución en agua de sales, u otras substancias que se inyectan con fines terapéuticos. || **2.** Suero sanguíneo de animales preparado convenientemente, que se inyecta para inmunizar contra ciertas enfermedades. || **—artificial.** TERAP. Cualquiera de las soluciones salinas inyectables, de las cuales la más común es la solución acuosa de cloruro de sodio. || **P.** soro; **I.** serum; **F.** sérum; **A.** Serum, Plasma; **It.** siero; **R.** сыворотка.

SUEROSO, SA. adj. Seroso.

SUEROTERAPIA. (De *suero*, y del gr. θεραπεία, tratamiento.) f. Tratamiento de las enfermedades por los sueros medicinales.

SUERTE. (l. *sors, sortis.*) f. Encadenamiento de los sucesos, considerado como fortuito o casual. || **2.** Circunstancia de ser, por mera casualidad, favorable o adverso lo que sucede. || **3.** Suerte favorable. *¡Que tengas* SUERTE! || **4.** Casualidad a que se fía la resolución de una cosa. || **5.** Dícese especialmente del sorteo para elegir los mozos destinados a cubrir el cupo del servicio militar. || **6.** Aquello que ocurre o puede ocurrir para bien o para mal. || **7.** Estado, condición. *Empeorar la* SUERTE *de una familia*. || **8.** Cualquiera de ciertos medios casuales empleados antiguamente para adivinar lo por venir. || **9.** Género o especie de una cosa. Toda suerte de ganados. || **10.** Manera de hacer una cosa. || **11.** Como contrapuesto al azar en ciertos juegos, puntos con que se gana. || **12.** Cada uno de los lances de la lídia taurina. || **13.** Parte de tierra de labor, separada de otras por sus lindes. || **14.** Con los números ordinales *primera, segunda, tercera*, etc., calidad respectiva de los géneros o de otra cosa. || **15.** ARGENT. Carne, en el juego de la taba. || **16.** PERÚ. Billete de lotería. || **17.** IMPR. Conjunto de tipos fundidos en una misma matriz. || *Caerle* a uno *en* SUERTE una cosa. fr. Corresponderle por sorteo. || **2.** fig. Sucederle algo providencialmente. || *Caerle* a uno *la* SUERTE. fr. Tocarle la suerte. || *Correr bien*, o *mal la* SUERTE a uno. fr. Ser dichoso, o desgraciado. || *De* SUERTE *que*. fr. conjunt. que indica consecuencia y resultado. || *Echar* SUERTES, o *a* SUERTE. fr. Valerse de medios fortuitos para decidir una cosa. || **2.** Repartir alguna cosa por sorteo. || *Entrar en* SUERTE uno. fr. Además de aplicarse a las cosas, dícese de las personas entre las que se ha de sortear algo. || SUERTE *y verdad*. expr. de que se usa en el juego y en otras materias, para pedir a los circunstantes que resuelvan la duda de un lance dificultoso, en que están discordes los interesados. || *Tocarle* a uno *en* SUERTE una cosa. fr. Caerle en suerte. || *Tocarle* a uno *la* SUERTE. fr. Tener o sacar en un sorteo número favorable o adverso. || **P.** sorte; **I.** fate, chance; **F.** sort, destinée, destin; **A.** Schicksal, Los, Zufall; **It.** sorte, fato; **R.** судьба, удача.

SUERTERO, RA. adj. AMÉR. Afortunado, dichoso. || **2.** m. PERÚ. Vendedor de billetes de lotería.

* **SUESTADA.** f. ARGENT. Viento fuerte que sopla del sudeste.

SUESTE. m. Sudeste. || **2.** MAR. Sombrero impermeable cuya ala, estrecha y levantada por delante, es muy ancha y caída por detrás.

° **SUÉTER.** m. Prenda de vestir de punto, parecida al jersey.

SUÉVICO, CA. (l. *suevĭcus.*) adj. Perteneciente o relativo a los suevos.

SUEVO, VA. (l. *suēvus.*) adj. Natural de Suevia. Ú.t.c.s. || **2.** Aplícase al individuo perteneciente a un antiguo pueblo germano que en el siglo III se hallaba establecido entre el Rin, el Danubio y el Elba, y en el siglo V invadió las Galias y parte de España. Ú.m.c.s. y en pl. || **P.** suevo; **I.** Suevian; **F.** suève; **A.** suevisch; **It.** svevio.

SUFETE. (l. *suffes, -ĕtis.*) m. Cada uno de los dos magistrados supremos de Cartago y de otras repúblicas fenicias.

SUFÍ. (ár. *sūfi*, el que va vestido de *ṣūf*, lana, por el hábito que llevaban.) adj. Partidario del sufismo. Ú.t.c.s.

SUFICIENCIA. (l. *sufficientia.*) f. Capacidad, aptitud. || *A* SUFICIENCIA. m. adv. Bastantemente.

SUFICIENTE. (l. *sufficiens, -entis.*) adj. Bastante para lo que se necesita. || **2.** Apto o idóneo. || **3.** fam. Propenso a la pedantería. || **P.** suficiente; **I.** sufficient; **F.** suffisant; **A.** genug, hinreichend; **It.** sufficiente; **R.** достаточность.

SUFICIENTEMENTE. adv. De un modo suficiente.

SUFIJO, JA. (l. *suffixus*, p.p. de *suffigĕre*, fijar.) adj. GRAM. Aplícase al afijo que va pospuesto, particularmente del pronombre que se junta al verbo y forman con él una sola palabra; v. gr.: *morir*SE; DÍ*melo*. Ú.m.c.s.m. || **P.** sufixo; **I.** suffix; **F.** suffixe; **A.** Nachsilbe, Suffix; **It.** suffisso; **R.** суффикс.

SUFISMO. (De *sufi.*) m. Doctrina mística y ascética que profesan ciertos mahometanos, principalmente en Persia.

SUFISTA. adj. Dícese del que profesa el sufismo. Ú.t.c.s.

SUFLACIÓN. (l. *sufflatio, -ōnis.*) f. ant. Soplo.

SUFLAR. (l. *sufflāre.*) intr. ant. Soplar.

SUFOCACIÓN. f. Sofocación.

SUFOCADOR, RA. adj. Sofocador. Ú.t.c.s.

SUFOCANTE. p.a. de sufocar. Que sufoca.

SUFOCAR. tr. Sofocar. Ú.t.c.r.

SUFRA. (De *azofra.*) f. Correón que sostiene las varas, apoyado en el sillín de la caballería de tiro. || **2.** CÓRD. y PAL. Prestación personal.

SUFRAGÁNEO, A. (De *sufragar.*) adj. Que depende de la jurisdicción y autoridad de alguno. || **2.** Dícese del obispo cuya diócesis compone con otra u otras la provincia del metropolitano. || **3.** Perteneciente a la jurisdicción del obispo sufragáneo.

SUFRAGANO, NA. adj. ant. Sufragáneo. Usáb.t.c.s.m.

SUFRAGAR. (l. *suffragāre.*) tr. Ayudar o favorecer. || **2.** Costear, satisfacer. || **3.** intr. ARGENT., CHILE y ECUAD. Votar por alguien, dar el voto a un candidato. || **P.** sufragar; **I.** to aid; **F.** aider, payer; **A.** helfen, beistehen; **It.** suffragare; **R.** помогать.

SUFRAGIO. (l. *suffragĭum.*) m. Ayuda, socorro. || **2.** Obra buena aplicada por las almas del purgatorio. || **3.** Voto que se emite en una elección o en la adopción de un acuerdo. || **4.** Sistema electoral para la provisión de cargos. || **5.** pl. Consuetas. Ú.t. en sing. || **—universal.** Aquel en que para la provisión de cargos públicos votan todos los ciudadanos. || **—restringido.** Aquel en que está reservado el voto para los ciudadanos que tienen ciertas condiciones. || **P.** sufrágio; **I.** y **F.** suffrage; **A.** Wahlstimme; **It.** suffragio; **R.** содействие.

SUFRAGISMO. m. Sistema político que concede a la mujer el derecho de sufragio.

SUFRAGISTA. adj. Partidario del voto femenino. Ú.m.c.s.f.

SUFRIBLE. adj. Que se puede sufrir.

SUFRIDA. (De *sufrir.*) f. GERM. Cama.

SUFRIDERA. (De *sufrir.*) f. Pieza de hierro con un agujero en medio, que los herreros ponen debajo de la que quieren penetrar con el punzón.

SUFRIDERO, RA. (De *sufrir.*) adj. Sufrible.

SUFRIDO, DA. p.p. de sufrir. || **2.** adj. Que sufre. || **3.** Dícese del marido consentidor. Ú.t.c.s. || **4.** Dícese del color que disimula lo sucio.

SUFRIDOR, RA. adj. Que sufre. Ú.t.c.s.

SUFRIENTE. p.a. de sufrir. Que sufre.

SUFRIMIENTO. m. Paciencia, conformidad, tolerancia con que se sufre una cosa. || **2.** Pena, padecimiento, dolor. || **P.** sofrimento; **I.** suffering; **F.** souffrance; **A.** Geduld, Nachsicht; **It.** soffrimento, sofferenza; **R.** страдание.

SUFRIR. (l. *sufferre.*) tr. Padecer. || **2.** Recibir con resignación un daño moral o físico. Ú.t.c.r. || **3.** Sostener, resistir. || **4.** Aguantar, tolerar, soportar. || **5.** Permitir, consentir. || **6.** Pagar. || **7.** Oprimir fuertemente la parte de una pieza de madera o de hierro opuesta a aquella en que se golpea. || **P.** sofrer; **I.** to suffer; **F.** souffrir; **A.** leiden, dulden; **It.** soffrire; **R.** страдать, выносить.

SUFUMIGACIÓN. (l. *suffumigatĭo, -ōnis.*) f. MED. Sahumerio que se hace para recibir el humo.

SUFUSIÓN. (l. *suffusĭo, -ōnis.*) f. MED. Cierta enfermedad de los ojos, parecida

S a las cataratas. || **2.** MED. Imbibición en los tejidos orgánicos de líquidos extravasados.

SUGERENCIA. f. Insinuación, inspiración, idea que se sugiere.

SUGERENTE. p.a. de sugerir. Que sugiere.

SUGERIDOR, RA. adj. Que sugiere.

SUGERIR. (l. *suggerĕre*.) tr. Hacer entrar en el ánimo de alguno una idea o especie, insinuándosela o haciéndole caer en ella. || **P.** sugerir; **I.** to suggest; **F.** suggérer; **A.** anregen, einflüstern; **It.** suggerire; **R.** внушать.

* SUGESTIBILIDAD. f. Estado de una persona en el que es fácilmente susceptible a las sugestiones.

SUGESTIÓN. (l. *suggestío, -ōnis*.) f. Acción de sugerir. || **2.** Especie o idea sugerida. Tómase frecuentemente en mala parte. || **3.** Acción y efecto de sugestionar. || **P.** sugestão; **I.** y **F.** suggestion; **A.** Beeinflussung, Suggestion; **It.** suggestione; **R.** внушение.

SUGESTIONABLE. adj. Fácil de ser sugestionado.

SUGESTIONADOR, RA. adj. Que sugestiona.

SUGESTIONAR. (De *sugestión*.) tr. Inspirar una persona a otra hipnotizada palabras o actos involuntarios. || **2.** Dominar la voluntad de una persona, llevándola a obrar en determinado sentido.

SUGESTIVO, VA. (l. *suggestus*, acción de sugerir.) adj. Que sugiere.

SUGESTO. (l. *suggestus*.) m. ant. Púlpito o cátedra destinada para predicar.

SUICIDA. (Voz formada a semejanza de homicida, del l. *sui*, de sí mismo, y *caedĕre*, matar.) com. Persona que se suicida. || **2.** adj. fig. Dícese del acto o la conducta que daña o destruye el propio agente. || **P.** suicida; **I.** suicide, self-murderer; **F.** suicide; **A.** Selbstmörder; **It.** suicida; **R.** самоубийца.

SUICIDARSE. (De *suicida*.) r. Quitarse violenta y voluntariamente la vida.

SUICIDIO. (Voz formada a semejanza de homicidio, del l. *sui*, de sí mismo, y *caedĕre*, matar.) m. Acción y efecto de suicidarse. || **P.** e **It.** suicidio; **I.** y **F.** suicide; **A.** Selbstmord; **R.** самоубийство.

SUIDO. (l. *sus, suis*, cerdo.) adj. ZOOL. Dícese de mamíferos ungulados, artiodáctilos, paquidermos con jeta bien desarrollada y caninos largos y fuertes, que sobresalen de la boca. Ú.t.c.s.m. || **2.** m. pl. ZOOL. Familia de estos animales.

SUI GÉNERIS. expr. lat. que significa *de su género o especie*, y que en español se usa para denotar que aquello a que se aplica es de un género o especie muy singular.

SUINDÁ. m. ARGENT. Cierta ave, especie de lechuza.

SUITA. f. HOND. Planta gramínea que se utiliza como forraje.

* SUITE. (fr. *suite*, serie.) f. MÚS. Composición musical en varios tiempos, constituida por diversos aires, todos de la misma tonalidad, pero de diferente carácter.

SUIZA. (De *suizo*.) f. Antigua diversión militar, imitación de simulacros y ejercicios bélicos. || **2.** Soldadesca festiva a pie, armada y vestida a semejanza de los antiguos tercios de infantería. || **3.** fig. Riña, alboroto entre los bandos. || **4.** fig. Disputa en juntas y certámenes.

SUÍZARO, RA. (Como *esguízaro*, del al. *schweizer*.) adj. ant. Suizo. Usáb. t.c.s.

SUIZO, ZA. adj. Natural de Suiza. Ú.t.c.s. || **2.** Perteneciente a esta nación. || **3.** m. El que formaba parte de la suiza, 2.ª acep. || **4.** Persona muy adicta que secunda ciegamente las iniciativas de otro. || **5.** Bollo especial de harina, huevo y azúcar. || **P.** suiço; **I.** Swiss; **F.** suisse, suissesse; **A.** Schweizer; **It.** svizzero; **R.** швейцарский.

SUIZÓN. m. Chuzo, pica, arcabuz, etc., con que se armaba cada uno de los suizos, o individuos que formaban parte de las suizas o soldadescas festivas.

SUJECIÓN. (l. *subiectío, -ōnis*.) f. Acción de sujetar o sujetarse. || **2.** Unión con que una cosa está sujeta. || **3.** RET. Figura que consiste en hacer el orador o escritor

preguntas a que él mismo responde. || **4.** RET. Anticipación o prolepsis. || **P.** sujeição; **I.** subjection; **F.** sujétion; **A.** Unterwerfung, Abhängigkeit; **It.** soggezione; **R.** удерживание.

SUJETADOR, RA. adj. Que sujeta. Ú.t.c.s.

SUJETAPAPELES. m. Pinza para sujetar papeles.

SUJETAR. (l. *subiectāre*, intens. de *subiicĕre*, poner debajo.) tr. Someter al dominio de alguno. Ú.t.c.r. || **2.** Afirmar o contener una cosa con la fuerza. || **2.ª** acep.: **P.** segurar; **I.** to fasten; **F.** assujétir; **A.** befestigen; **It.** assoggettare; **R.** удерживать силой.

SUJETO, TA. (l. *subiectus*.) p.p. irreg. de sujetar. || **2.** adj. Expuesto o propenso a una cosa. || **3.** m. Asunto o materia sobre que se habla o escribe. || **4.** Persona innominada, especialmente cuando se alude a ella despectivamente. || **5.** FIL. El espíritu humano considerado en oposición al mundo externo || **6.** GRAM. Palabra o locución de la cual el verbo afirma algo. || **7.** LÓG. Ser del cual se predica o anuncia alguna cosa. || **6.ª** acep.: **P.** sujeito; **I.** subject; **F.** sujet; **A.** Subjekt; **It.** soggetto; **R.** подлежащее.

SULA. f. SANT. Pescado de bahía, pequeño, de color plateado.

SULCAR. (l. *sulcāre*.) tr. ant. Surcar.

SULCO. (l. *sulcus*.) m. ant. Surco. Ú. en León y algunas regiones de América.

º SULFAMIDA. (l. *sulphur*, azufre, y *amida*.) f. QUÍM. Cualquiera de los compuestos que se obtienen tratando un sulfocloruro por un exceso de solución amoniacal concentrada. Son utilizados frecuentemente en Medicina contra ciertas enfermedades infecciosas.

* SULFANÍLICO, CA. adj. QUÍM. Dícese de un ácido derivado de la anilina. Se emplea en la fabricación de colores de anilina.

SULFATACIÓN. f. Sulfatado. || **2.** ELECTR. Producción de sulfato de plomo en la superficie de las placas de los acumuladores.

SULFATADO, DA. p.p. de sulfatar. || **2.** m. Acción y efecto de sulfatar.

SULFATADOR, RA. adj Que sulfata. Ú.t.c.s. || **2.** m. y f. Máquina para sulfatar.

SULFATAR. tr. Impregnar o bañar con un sulfato alguna cosa, especialmente las vides y otras plantas con sulfato de cobre para preservarlos de ciertas enfermedades.

* SULFATIAZOL. m. QUÍM. y FARM. Sulfamida muy eficaz contra las infecciones estafilocócicas. Se obtiene de ordinario a partir del sulfocloruro de acetanilida.

SULFATILLO. m. BOT. AMÉR. CENTRAL. Planta melastomatácea, de tallos débiles, hojas acorazonadas y flores pequeñas en panoja, de color morado. Su cocimiento se usa como febrífugo.

SULFATO. (l. *sulphur*, azufre.) m. QUÍM. Cuerpo resultante de la combinación del ácido sulfúrico con un radical mineral u orgánico.

SULFHÍDRICO, CA. (l. *sulphur*, azufre, y del gr ὕδωρ, agua.) adj. QUÍM. Perteneciente o relativo a las combinaciones del azufre con el hidrógeno.

SULFITO. (l. *sulphur*, azufre.) m. QUÍM. Sal resultante de la combinación del ácido sulfuroso con una base.

* SULFOÉTER. m. QUÍM. Nombre genérico de los compuestos orgánicos sulfurados que se pueden considerar como éteres en los que el oxígeno está substituido por el azufre.

SULFONACIÓN. f. QUÍM. Fijación de los radicales sulfonilo y nitrilo en uno o más carbonos del núcleo aromático.

SULFONAL. (l. *sulphur*, azufre.) m. QUÍM. Substancia blanca, insípida, inodora y muy poco soluble en el agua, derivada del propano, usada como hipnótico.

SULFONETE. (l. *sulphur*, azufre.) m. ant. Pajuela, varilla o mecha cubierta de azufre.

SULFÓNICO. m. QUÍM. Radical monovalente derivado del ácido sulfuroso.

SULFURAR. (l. *sulphur*, azufre.) tr. Combinar un cuerpo con el azufre. || **2.** fig. Irritar, encolerizar. Ú.m.c.r.

SULFÚREO, A. (l. *sulphurĕus*.) adj. Perteneciente o relativo al azufre. || **2.** Que tiene azufre.

SULFÚRICO, CA. adj. Sulfúreo. || **2.** QUÍM. Dícese de un ácido que se obtiene en la industria haciendo reaccionar al mismo tiempo en grandes cámaras de plomo ácido nítrico, vapor de agua y anhídrido sulfuroso. Es un líquido oleaginoso, incoloro, inodoro y de sabor fuertemente ácido.

SULFURO. (l. *sulphur*, azufre.) m. QUÍM. Cuerpo que resulta de la combinación del azufre con metal o alguno de ciertos metaloides.

SULFUROSO, SA. (l. *sulphurōsus*.) adj. Sulfúreo. || **2.** QUÍM. Que participa de las propiedades del azufre. || **3.** QUÍM. Dícese de un anhídrido que se obtiene en la combustión del azufre. || **4.** Dícese del ácido resultante de la combinación del anhídrido sulfuroso con el agua.

SULPICIANO, NA. adj. Dícese del individuo que pertenece a la congregación de clérigos regulares de San Sulpicio. Ú.t.c.s. || **2.** Perteneciente o relativo a dicha congregación.

SULTÁN. (ár. *sultān*, soberano.) m. Emperador de los turcos. || **2.** Príncipe o gobernador mahometano. || **P.** sultão; **I.** y **F.** sultan; **A.** Sultan; **It.** sultano; **R.** султан.

SULTANA. f. Mujer del sultán, o la que goza de igual consideración. || **2.** Embarcación principal que usaban los turcos en la guerra. || **3.** BOL. Infusión preparada con la película del café.

SULTANÍA. f. Territorio sujeto a un sultán.

SULTÁNICO, CA. adj. Perteneciente al sultán o a su potestad.

SULLA. f. BOT. Zulla, planta leguminosa que se cultiva para forraje.

SUMA. (l. *summa*.) f. Agregado de muchas cosas y más comúnmente de dinero. || **2.** Acción de sumar. || **3.** Lo más substancial e importante de una cosa. || **4.** Recopilación de todas las partes de una ciencia. || **5.** ÁLG. y ARIT. Cantidad equivalente a dos o más homogéneas. || **6.** FOR. CHILE. Extracto de las peticiones escritas presentadas a las autoridades. || *En* SUMA. m. adv. En resumen. || SUMA *y* sigue. fr. que indica que, sumadas las cantidades anotadas en una plana, continúa la suma en la siguiente. || **2.** fr. fig. y fam. con que se denota la repetición o continuación de una cosa. || **P.** soma; **I.** sum; **F.** somme; **A.** Summe; **It.** somma; **R.** сумма.

SUMACA. (hol. *smak*.) f. Embarcación pequeña y planuda de dos palos, empleada en Hispanoamérica para el cabotaje.

SUMADOR, RA. adj. Que suma. Ú.t.c.s.

SUMAMENTE. adv. m. En sumo grado.

SUMANDO. (l. *summandus*.) m. ÁLG. y ARIT. Cada una de las cantidades parciales que han de sumarse.

* SUMANSITA. f. MINERAL. Fluofosfato de aluminio y sodio.

* SUMAQUE. m. BOT. BOL. Especie de palmera.

SUMAR. (l. *summāre*; de *summa*, suma.) tr. Recopilar, abreviar una materia. || **2.** ÁLG. y ARIT. Reunir en una sola varias cantidades homogéneas. || **3.** ÁLG. y ARIT. Componer varias cantidades una total. || **4.** r. fig. Agregarse uno a un grupo o adherirse a una doctrina. || **P.** somar; **I.** to sum, to add; **F.** additionner; **A.** addieren, zusammenzählen; **It.** sommare; **R.** складывать.

SUMARIA. (De *sumario*.) f. FOR. Proceso escrito. || **2.** En el procedimiento criminal militar, sumario.

SUMARIAL. adj. FOR. Perteneciente o relativo al sumario o a la sumaria.

SUMARIAMENTE. adv. m. De un modo sumario. || **2.** FOR. De plano o por trámites abreviados.

SUMARIAR. tr. FOR. Someter a uno a sumaria.

SUMARIO, RIA. (l. *summarĭus*.) adj. Compendiado, breve, sucinto. || **2.** FOR. Aplícase a determinados juicios civiles, en que se procede brevemente. || **3.** m. Resumen, compendio o suma. || **4.** FOR. Conjunto de actuaciones encaminadas a

S

preparar el juicio criminal y determinar la culpabilidad y prevenir el castigo de los delincuentes. || 3.ª acep.: **P.** sumário; **I.** summary, abridgment; **F.** sommaire; **A.** Auszug, Zusammenstellung; **It.** sommario; **R.** краткий, сжатый.

SUMARÍSIMO, MA. (sup. de *sumario*.) adj. FOR. Dícese de cierta clase de juicios, a que señala la ley una tramitación brevísima.

SUMERGIBLE. adj. Que se puede sumergir. || **2.** m. Buque sumergible.

SUMERGIMIENTO. (De *sumergir*.) m. Sumersión.

SUMERGIR. (l. *submergĕre*.) tr. Meter una cosa debajo del agua o de otro líquido. Ú.t.c.r. || **2.** fig. Abismar, hundir. Ú.t.c.r.; **P.** submergir; **I.** to submerge; **F.** submerger; **A.** untertauchen; **It.** sommèrgere; **R.** погружать, топить.

SUMERSIÓN. (l. *submersĭo, -ōnis*.) f. Acción y efecto de sumergir o sumergirse.

SUMIDAD. (l. *summĭtas, -ātis*.) f. Ápice o extremo más alto de una cosa.

SUMIDERO. m. Conducto o canal por donde se sumen las aguas. || **2.** P. RICO. Pozo negro. || **3.** P. RICO. Tremedal.

SUMILLER. (fr. *sommelier*, ant. *sommerier*, y éste de *sommier*, del l. *sagmarius*.) m. Jefe o superior en varias oficinas y ministerios de palacio. **—de corps.** Uno de los jefes de palacio que tenía a su cargo el cuidado de la real cámara. || **—de cortina.** Eclesiástico destinado en palacio para asistir a los reyes cuando iban a la capilla y bendecir la mesa real en ausencia del capellán. || **P.** sumilher; **I.** chamberlain; **F.** sommelier; **A.** Kammerherr, Kellermeister; **It.** gran ciambellano; **R.** камерреп.

SUMILLERÍA. f. Oficina del sumiller. || **2.** Ejercicio y cargo de sumiller.

SUMINISTRABLE. adj. Que puede o debe suministrarse.

SUMINISTRACIÓN. (l. *suministratĭo, -ōnis*.) f. Suministro.

SUMINISTRADOR, RA. (l. *suministrātor*.) adj. Que suministra. Ú.t.c.s.

SUMINISTRAR. (l. *suministrāre*.) tr. Proveer a uno de algo que necesita. || **P.** subministrar; **I.** to furnish, to provide; **F.** fournir, approvisionner; **A.** liefern, besorgen; **It.** somministrare; **R.** снабмать.

SUMINISTRO. m. Acción y efecto de suministrar. || **2.** Provisión de víveres o utensilios para las tropas, presos, etc. Ú.m. en pl.

SUMIR. (l. *sumĕre*.) tr. Hundir o meter debajo de la tierra o del agua. Ú.t.c.r. || **2.** Consumir el sacerdote en la misa. || **3.** fig. Sumergir, hundir. Ú.t.c.r. || **4.** r. Hundirse u oprimirse alguna parte del cuerpo, como la boca, por falta de la dentadura, el pecho, etc.

SUMISAMENTE. adv. Con sumisión.

SUMISIÓN. (l. *submissĭo, -ōnis*.) f. Acción y efecto de someter o someterse. || **2.** Acatamiento, subordinación puesta de manifiesto con palabras y acciones. || **3.** FOR. Acto por el cual uno se somete a otra jurisdicción, renunciando o perdiendo su domicilio y fuero. || **P.** submissão; **I.** submission; **F.** soumission; **A.** Unterwerfung; **It.** sommissione; **R.** повиновение.

SUMISO, SA. (l. *submissus*, p.p. de *submittĕre*, someter.) adj. Obediente, subordinado. || **2.** Rendido, subyugado. || **P.** submisso; **I.** submissive; **F.** soumis; **A.** untertänig; **It.** sommesso; **R.** послушный.

SUMISTA. adj. Referente a la suma y compendio. || **2.** com. Persona práctica y diestra en contar o hacer sumas. || **3.** m. Autor que escribe sumas o compendios de alguna o algunas materias. || **4.** El que sólo ha aprendido por sumas la teología moral.

SÚMMUM. (Voz latina.) m. El colmo, lo sumo.

SUMO, MA. (l. *summus*.) adj. Supremo. || **2.** fig. Muy grande, enorme. || *A lo* SUMO. adv. A lo más, al mayor grado, número, etc., a que puede llegar una persona o cosa. || **2.** Cuando más, si acaso. || *De* SUMO. adv. Entera y cabalmente.

SUMONTE (DE). expr. De s"sumonte.

SUMOSCAPO. (l. *summus*, elevado, superior, y *scāpus*, tallo.) m. ARQ. Parte superior del fuste de las columnas.

SÚMULAS. (l. *summŭla*; d. de *summa*, suma.) f. pl. Compendio o sumario que contiene los principios elementales de la lógica.

SUMULISTA. m. El que enseña súmulas. || **2.** El que las estudia.

SUMULÍSTICO, CA. adj. Perteneciente o relativo a las súmulas.

SUNCIÓN. (l. *sumptio, -ōnis*.) f. Acción de sumir, 2.ª acep.

SUNCHO. m. Zuncho. || **2.** BOT. BOL. Planta herbácea de la familia de las compuestas, parecida a la margarita, con flores amarillas. || **3.** ARGENT. Chilca.

★ SUNGO, GA. adj. COLOM. Negro, perteneciente a la raza negra. || **2.** Tostado, ennegrecido por la acción del sol.

SUNTUARIO, RIA. (l. *sumptuarius*.) adj. Relativo perteneciente al lujo.

SUNTUOSAMENTE. adv. Con suntuosidad.

SUNTUOSIDAD. (l. *sumptuosĭtas, -ātis*.) f. Calidad de suntuoso.

SUNTUOSO, SA. (l. *sumptuōsus*.) adj. Magnífico, grande y costoso. || **2.** Dícese de la persona magnífica en su gasto y porte. **P.** sumptuoso; **I.** sumptuous; **F.** somptueux; **A.** prachtvoll; **It.** sontuoso; **R.** великолепный.

★ SUPE. m. VENEZ. Carne cocida y condimentada con salsa.

SUPEDÁNEO. (l. *suppedanĕum*.) m. Especie de peana o apoyo, como el que suelen tener algunos crucifijos.

SUPEDITACIÓN. (l. *suppeditatĭo, -ōnis*.) f. Acción y efecto de supeditar o supeditarse.

SUPEDITAR. (l. *suppeditāre*.) tr. Sujetar, oprimir con rigor. || **2.** fig. Avasallar. Ú.t.c.r.; **2.** AMÉR. Subordinar, condicionar. || **P.** sujeitar; **I.** subject, to subdue; **F.** assujetir; **A.** unterordnen; **It.** assoggettare, opprimere; **R.** подчинять.

SÚPER. (l. *super*.) prep. insep. que significa sobre, y unas veces denota preeminencia, como en superintendente; otras, exceso o demasía, como en superabundancia.

SUPERABLE. (l. *superabĭlis*.) adj. Que se puede superar o vencer.

SUPERABUNDANCIA. (l. *superabundantĭa*.) f. Abundancia muy grande. || *De* SUPERABUNDANCIA. adv. Superabundantemente.

SUPERABUNDANTE. (l. *superabundans, -antis*.) p.a. de superabundar. Que superabunda.

SUPERABUNDANTEMENTE. adv. Con superabundancia.

SUPERABUNDAR. (l. *superabundāre*.) intr. Abundar con extremo o rebosar.

SUPERACIÓN. f. Acción y efecto de superar.

SUPERÁDITO, TA. (l. *superaddĭtus*; de *super*, sobre, y *addĭtus*, añadido.) adj. Añadido a una cosa.

SUPERANO. m. ant. MÚS. Soprano.

SUPERANTE. (l. *supĕrans, -antis*.) p.a. de superar. Que supera. || **2.** adj. ARIT. Dícese del número que es superior a la suma de sus partes alicuantas.

SUPERAR. (l. *superāre*.) tr. Sobrepujar, exceder, vencer. || **P.** superar; **I.** to overcome; **F.** surpasser, vaincre; **A.** bewaltigen, überwinden; **It.** superare; **R.** превосходить.

SUPERÁVIT. (3.ª pers. de sing. de pret. perf. de indic. del l. *superāre*, exceder, sobrar: *sobró*.) m. En el comercio, exceso del haber o caudal sobre el debe u obligaciones; y en la administración pública, exceso de los ingresos sobre los gastos.

SUPERBAMENTE. adv. ant. Con lujo, con exceso.

SUPERBIA. (l. *superbĭa*.) f. a nt. Soberbia.

SUPERBO, BA. (l. *superbus*.) adj. desus. Soberbio.

★ SUPERBOMBA. (l. *súper*, sobre, y *bomba*.) f. ART. MIL. Bomba de hidrógeno o de tritio, cuya potencia explosiva es extraordinariamente mayor que la de la primitiva bomba atómica.

★ SUPERCARBURANTE. (l. *super* y *carburante*.) m. Carburante que permite la utilización de una tasa de compresión muy elevada.

SUPERCILIAR. (l. *supercilium*, sobreceja.) adj. ANAT. Dícese del reborde en forma de arco que tiene el hueso frontal en la parte correspondiente a la sobreceja.

★ SUPERCOHETE. m. Proyectil cohete de grandes dimensiones cuyo despegue se efectúa generalmente sin rampa y en cuyo interior van los órganos de control.

★ SUPERCONDUCTIBILIDAD. f. Fís. Fenómeno consistente en que, a temperaturas extraordinariamente bajas, cerca del cero absoluto, algunos conductores pierden sus últimos vestigios de resistencia, de forma que iniciada una corriente en tal conductor, continuará por sí misma durante horas y aun días.

★ SUPERCONDUCTIVIDAD. f. Fís. Propiedad que adquieren algunos metales de no ofrecer resistencia al paso de la corriente eléctrica, a temperaturas muy bajas.

SUPERCHERÍA. (ital. *soperchieria*.) f. Engaño, dolo, fraude.

SUPERCHERO, RA. (De *superchería*.) adj. Que usa de supercherías. Ú.t.c.s.

SUPERDOMINANTE. (De *super* y *dominante*.) f. MÚS. Sexta nota de la escala diatónica.

SUPEREMINENCIA. (l. *supereminentĭa*.) f. Elevación, alteza, exaltación o eminente grado en que una persona o cosa se halla constituida respecto de otras.

SUPEREMINENTE. (l. *supereminens, -entis*.) adj. Muy elevado.

SUPERENTENDER. (l. *superintendĕre*.) tr. Inspeccionar, vigilar, gobernar.

SUPEREROGACIÓN. (l. *supererogatĭo, -ōnis*.) f. Acción ejecutada sobre o además de los términos de la obligación.

SUPEREROGATORIO, RIA. adj. Relativo a la supererogación.

★ SUPERFECUNDACIÓN. f. Fecundación sucesiva de dos óvulos correspondientes al mismo período menstrual.

SUPERFEROLÍTICO, CA. adj. fam. Excesivamente delicado, fino, primoroso.

SUPERFETACIÓN. (l. *superfetāre*; de *super*, sobre, y *fetus*, feto.) f. Concepción de un segundo feto durante el embarazo.

SUPERFICIAL. (l. *superficiālis*.) adj. Perteneciente o relativo a la superficie. || **2.** Que está o se queda en ella. || **3.** fig. Aparente, falto de solidez y substancia. || **4.** fig. Sin fundamento, frívolo. || **P.** e **I.** superficial; **F.** superficiel; **A.** oberflächlich; **It.** superficiale; **R.** поверхностный.

SUPERFICIALIDAD. f. Calidad de superficial, falta de solidez.

SUPERFICIALMENTE. adv. fig. De un modo superficial.

SUPERFICIARIO, RIA. (l. *superficiarius*.) adj. FOR. Aplícase al que tiene el uso de la superficie del fundo ajeno o percibe los frutos del mismo pagando cierta pensión anual al dueño de él.

SUPERFICIE. (l. *superficies*.) f. Parte externa de un cuerpo, que lo limita por todos lados. || **2.** GEOM. Extensión en que sólo se consideran dos dimensiones. || **—alabeada.** GEOM. La reglada que no es desarrollable, como la del conoide. || **—cilíndrica.** Superficie curva engendrada por una recta que se mueve permaneciendo siempre paralela a una misma dirección. || **—cónica.** La engendrada por una línea recta que se mueve pasando constantemente por un punto fijo y teniendo por directriz una curva. || **—curva.** La que no es plana ni compuesta de superficies planas. || **—desarrollable.** La reglada que sin dislocación de sus partes se puede extender sobre un plano. || **—equipotencial.** Fís. Aquella en la que todos los puntos en un campo eléctrico tienen el mismo potencial. || **—esférica.** La de la esfera. || **—plana.** La que puede contener una línea recta en cualquier posición. || **—reglada.** Aquella a la cual se puede aplicar una regla en varias direcciones. || **P.** superfície; **I.** superficies, surface; **F.** superficie, surface; **A.** Oberfläche, Baufläche; **It.** superficie; **R.** поверхность, плоащадь.

SUPERFINO, NA. (De *super*, sobre, y *fino*.) adj. Muy fino.

SUPERFLUAMENTE. adv. Con superfluidad.

SUPERFLUENCIA. f. Abundancia grande.

SUPERFLUIDAD. (l. *superfluĭtas, -ātis*.) f. Calidad de superfluo. || **2.** Cosa superflua.

SUPERFLUO, FLUA. (l. *superflŭus*.)

S adj .No necesario, que está de más. ‖ **2.** Dícese del culto que se da por medio de cosas vanas. ‖ **P.** supérfluo; **I.** superfluous; **F.** superflu; **A.** überflüssig; **It.** superfluo; **R.** излишний.

SUPERFOSFATO. m. Fosfato ácido de cal que se emplea como abono.
★ **SUPERHETERODINO, NA.** adj. RADIOTEC. Dícese del radiorreceptor fundado en la composición de la frecuencia portadora con otra más baja producida por un oscilador dando como resultado una onda de frecuencia intermedia que se amplifica fácilmente. Ú.t.c.s.m.

SUPERHOMBRE. m. Tipo de hombre muy superior a los demás. ‖ **2.** Ser superior al hombre actual y a cuyo tipo debe tender la Humanidad según ciertos filósofos.

SUPERHUMERAL. (l. *superhumerāle*.) m. Efod. ‖ **2.** Banda que usa el sacerdote para tener la custodia, la patena y las reliquias.

SUPERINTENDENCIA. f. Suprema administración de un ramo. ‖ **2.** Empleo, cargo o jurisdicción del superintendente. ‖ **3.** Oficina del superintendente.

SUPERINTENDENTE. (l. *super*, sobre, e *intendente*.) com. Persona a cuyo cargo está la dirección superior de una cosa. ‖ **P.** superintendente; **I.** superintendent; **F.** surintendant; **A.** Oberaufseher; **It.** soprintendente; **R.** суперинтендант.

SUPERIOR. (l. *superĭor*, -ōris.) adj. Más alto, situado en lugar preeminente respecto de otra cosa. ‖ **2.** fig. Dícese de lo más excelente y digno, respecto de otras cosas. ‖ **3.** fig. Que excede a otras cosas en virtud, vigor o prendas. ‖ **4.** fig. Excelente, muy bueno. ‖ **5.** GEOGR. Aplícase a algunos lugares o países que están en la parte alta de la cuenca de los ríos. ‖ **P.** e **I.** superior; **F.** supérieur; **A.** überlegen; **It.** superiore; **R.** верхний.

SUPERIOR, RA. m. y f. Persona que gobierna o dirige una congregación o comunidad, especialmente religiosa. ‖ **P.** e **I.** superior; **F.** supérieur; **A.** Vorgesetzte(r); **It.** sopraccapo; **R.** глава.

SUPERIORATO. m. Empleo o dignidad del superior o superiora, más particularmente en las comunidades. ‖ **2.** Tiempo que dura.

SUPERIORIDAD. (De *superior*.) f. Preeminencia, excelencia o ventaja en una persona o casa respecto de otra. ‖ **2.** Persona o conjunto de personas de superior autoridad. ‖ **P.** superioridad; **I.** superiority, pre-eminence; **F.** supériorité; **A.** Überlegenheit, Superiorität; **It.** superiorità, preeminenza; **R.** превосходство.

SUPERIORMENTE. adv. De modo superior.

SUPERLACIÓN. (l. *superlātus*.) f. Calidad de superlativo.

SUPERLATIVAMENTE. adv. En grado superlativo.

SUPERLATIVO, VA. (l. *superlativus*.) adj. Muy grande y excelente en su línea. ‖ **2.** GRAM. Dícese del adjetivo que expresa el sumo grado de la cualidad en un substantivo. 2.ª acep.: **P.** e **It.** superlativo; **I.** superlative; **F.** superlatif; **A.** Superlativ; **R.** превосходящий.

★ **SUPERMERCADO.** m. Tienda. principalmente de géneros alimenticios, en que el comprador se sirve por sí mismo y paga a la salida.

SUPERNO, NA. (l. *supernus*.) adj. Supremo o más alto.

SUPERNUMERARIO, RIA. (l. *supernumerarius*.) adj. Que excede o está fuera del número señalado o establecido. ‖ **2.** Dícese del militar en situación análoga a la excedencia. ‖ **3.** m. y f. Empleado que trabaja en una oficina pública sin figurar en la plantilla.

★ **SUPERPOBLACIÓN.** (l. *super*, sobre, y *población*.) f. Exceso de población en un país en relación con sus posibilidades económicas.

SUPERPONER. (l. *superponĕre*.) tr. Sobreponer. Ú.t.c.r.

SUPERPOSICIÓN. f. Acción y efecto de superponer o superponerse.

★ **SUPERPRODUCCIÓN.** (De *super* y *producción*.) f. ECON. POL. Exceso de la producción sobre las necesidades normales del consumo.

★ **SUPERSATURAR.** (l. *super*, sobre, y *saturar*.) tr. QUÍM. Saturar un líquido excediendo los límites ordinarios de la saturación. ‖ **2.** Sobresaturar.

SUPERSÓNICO, CA. adj. FÍS. Dícese de la velocidad superior a la del sonido, y de lo que se mueve de este modo. Avión supersónico.

SUPERSTICIÓN. (l. *superstitĭo*, -ōnis.) f. Creencia extraña a la fe religiosa y contraria a la razón. ‖ **P.** superstição; **I.** y **F.** superstition; **A.** Aberglaube; **It.** superstizione; **R.** суеверие.

SUPERSTICIOSAMENTE. adv. Con superstición.

SUPERSTICIOSO, SA. (l. *superstitiōsus*.) adj. Perteneciente o relativo a la superstición. ‖ **2.** Dícese de la persona que cree en ella. Ú.t.c.s.

SUPÉRSTITE. (l. *superstes*, -stĭtis.) adj. FOR. Superviviente.

SUPERSUBSTANCIAL. (l. *supersubstantiālis*, que sustenta.) adj. Dícese del pan eucarístico.

SUPERVACÁNEO, A. (l. *supervacanĕus*.) adj. p. us. Superfluo.

SUPERVENCIÓN. (l. *superventum*, supino de *supervenīre*, sobrevenir.) f. FOR. Acción y efecto de sobrevenir nuevo derecho. ‖ **2.** MED. Desarrollo de un proceso morboso en adición a otro ya existente.

SUPERVENIENCIA. f. Acción y efecto de supervenir.

SUPERVENIENTE. p.a. de supervenir. Que superviene.

SUPERVENIR. (l. *supervenīre*.) intr. Sobrevenir.
° **SUPERVISAR.** tr. Ejercer la alta inspección en los servicios y trabajos de una empresa.
° **SUPERVISIÓN.** f. Acción y efecto de supervisar.
° **SUPERVISOR, RA.** m. y f. El que, o la que supervisa.

SUPERVIVENCIA. (l. *supervivens*, -entis, que sobrevive.) f. Acción y efecto de sobrevivir. ‖ **2.** Gracia concedida a uno para gozar una renta o pensión después del fallecimiento de quien la obtenía. ‖ **P.** supervivência; **I.** survival, survivorship; **F.** survivance; **A.** Überleben; **It.** sopravvivenza; **R.** выживание.

SUPERVIVIENTE. (l. *supervivens*, -entis.) adj. Sobreviviente. Ú.t.c.s.

SUPINACIÓN. (l. *supinatĭo*, -ōnis.) f. Posición de una persona tendida sobre el dorso, o de la mano con la palma hacia arriba. ‖ **2.** Movimiento del antebrazo que hace girar la mano de dentro a fuera, presentando la palma.
★ **SUPINADOR.** adj. ANAT. Dícese del músculo que produce la supinación.

SUPINO, NA. (l. *supīnus*.) adj. Que está tendido sobre el dorso. ‖ **2.** Referente a la supinación. ‖ **3.** Aplícase a la ignorancia que procede de negligencia en aprender o inquirir lo que puede y debe saberse. ‖ **4.** Dicho de ciertos estados de ánimo, acciones o cualidades morales, necio, estólido. ‖ **5.** m. GRAM. Una de las formas nominales del verbo latino.

SUPITAÑO, ÑA. adj. desus. Subitáneo.

SÚPITO, TA. (l. *subĭtus*.) adj. Súbito.
SUPLANTABLE. adj. Que puede ser suplantado.

SUPLANTACIÓN. (l. *supplantatĭo*-ōnis.) f. Acción y efecto de suplantar.

SUPLANTADOR, RA. (l. *supplantātor*, -ōris.) adj. Que suplanta. Ú.t.c.s.

SUPLANTAR. (l. *supplantāre*.) tr. Falsificar un escrito con palabras o cláusulas que alteren el sentido que antes tenía. ‖ **2.** Ocupar con malas artes el lugar de otro. ‖ **P.** suplantar; **I.** to supplant; **F.** supplanter; **A.** unterschieben, ausstechen; **It.** soppiantare; **R.** подделывать.

SUPLECIÓN. (l. *suppletĭo*, -ōnis.) f. p. us. Suplemento, acción de suplir.

SUPLEFALTAS. com. fam. Persona que, aun careciendo de título o grado suple faltas de otra.

SUPLEMENTAL. adj. Suplementario.

SUPLEMENTARIO, RIA. (De *suplemento*.) adj. Que sirve para suplir o completar una cosa. ‖ **2.** GEOM. Dícese del ángulo que falta a otro para valer dos rectos. ‖ **3.** GEOM. Dícese del arco que

falta a otro para componer una semicircunferencia. ‖ **4.** GEOM. Dícese de los ángulos poliedros en que las caras del uno son el suplemento de los diedros del otro.

SUPLEMENTERO. adj. CHILE. Vendedor ambulante de periódicos. Ú.t.c.s.

SUPLEMENTO. (l. *supplementum*.) m. Acción y efecto de suplir. ‖ **2.** Complemento. ‖ **3.** Hoja o cuaderno que publica un periódico o revista y cuyo texto es independiente del número ordinario. ‖ **4.** GEOM. Ángulo que falta a otro para componer dos rectos. ‖ **5.** Arco que falta a otro para completar una semicircunferencia. ‖ **P.** suplemento; **I.** supplement; **F.** supplément; **A.** Ergänzung, Supplement; **It.** supplemento; **R.** дополнение.
★ **SUPLENCIA.** (l. *supplens*, -ēntem, p.a. de *supplēre*, suplir.) f. CHILE. Acción de suplir una persona a otra en un cargo, y tiempo que dura esta acción.

SUPLENTE. p.a. de suplir. Que suple. Ú.t.c.s.

SUPLETORIO, RIA. (l. *suppletorĭum*.) adj. Dícese de lo que suple una falta.

SÚPLICA. f. Acción y efecto de suplicar. ‖ **2.** Memorial o escrito en que se suplica. ‖ **3.** FOR. Cláusula final de un escrito dirigido a la autoridad administrativa o judicial, en solicitud de una resolución. *A* SÚPLICA. adv. Mediante ruego o instancia. ‖ **P.** súplica; **I.** supplication, request; **F.** supplique; **A.** Gesuch, Eingabe; **It.** supplica; **R.** мольба.

SUPLICACIÓN. (l. *supplicatĭo*, -ōnis, de *supplicāre*; de *sub*, bajo, y *plicāre*, plegar.) f. Súplica. ‖ **2.** Barquillo en forma de canuto. ‖ **3.** Hoja muy delgada hecha de masa de harina con azúcar y otros ingredientes, cocida en un molde para hacer barquillos. *A* SUPLICACIÓN. adv. A súplica.

SUPLICACIONERO, RA. m. y f. Persona que vendía suplicaciones, 2.ª y 3.ª aceps.

SUPLICANTE. (l. *supplĭcans*, -antis.) p.a. de suplicar. Que suplica. Ú.t.c.s.

SUPLICAR. (l. *supplicāre*.) tr. Rogar, pedir con humildad una cosa. ‖ **2.** FOR. Recurrir contra el auto o sentencia del tribunal superior ante el mismo. ‖ **P.** suplicar; **I.** to supplicate; **F.** supplier; **A.** bitten, flehen; **It.** supplicare; **R.** просить, умолять.

SUPLICATORIA. (De *suplicar*.) f. FOR. Oficio o carta que pasa un tribunal o juez a otro superior.

SUPLICATORIO, RIA. adj. Que contiene súplica. ‖ **2.** m. FOR. Suplicatoria. ‖ **3.** FOR. Instancia que un tribunal o juez eleva a un cuerpo legislativo, pidiendo autorización para proceder en justicia contra algún miembro de dicho cuerpo legislador.

SUPLICIO. (l. *supplicĭum*, súplica, ofrenda, tormento.) m. Lesión corporal, o muerte infligida como castigo. ‖ **2.** fig. Lugar donde el reo padece este castigo. ‖ **3.** fig. Grave tormento o dolor. *Último* SUPLICIO. Pena capital. ‖ **P.** suplicio; **I.** punishment; **F.** supplice; **A.** Strafe, Hinrichtung; **It.** supplizio; **R.** мука, пытка.

SUPLIDO, DA. p.p. de suplir. ‖ **2.** m. Cantidad de dinero anticipada que se hace por cuenta y cargo de otra persona con ocasión de mandato o trabajos profesionales. Ú.m. en pl.

SUPLIDOR, RA. adj. Suplente. Ú.t.c.s.

SUPLIR. (l. *supplēre*.) tr. Completar lo que falta en una cosa, o remediar la carencia de ella. ‖ **2.** Ponerse en lugar de otro para hacer sus veces. ‖ **3.** Disimular uno un defecto de otro. ‖ **4.** GRAM. Dar por supuesto lo que sólo se contiene implícitamente en la frase u oración. ‖ **P.** suprir; **I.** to supplement, to make up for; **F.** suppléer; **A.** ergänzen, ersetzen; **It.** supplire; **R.** добавлять.

SUPONEDOR, RA. adj. Que supone una cosa que no es. Ú.t.c.s.

SUPONER. (l. *supponĕre*.) tr. Dar por sentada y existente una cosa. ‖ **2.** Fingir. ‖ **3.** Traer consigo, importar. *Tal empresa* SUPONE *muchos gastos*. ‖ **4.** intr. Tener representación o autoridad en una comunidad. ‖ **P.** supor; **I.** to suppose; **F.** supposer; **A.** annehmen, voraussetzen; **It.** supporre; **R.** предполагать.

SUPORTACIÓN. f. Acción y efecto de suportar.

SUPORTAR. (l. *supportāre*.) tr. Soportar.

SUPOSICIÓN. (l. *suppositio, -ōnis*.) f. Acción y efecto de suponer. || 2. Lo que se supone o da por sentado. || 3. Autoridad, distinción. || 4. Impostura o falsedad. || 5. Lóg. Acepción de un término en lugar de otro.

SUPOSITICIO, CIA. (l. *supposititius*.) adj. Fingido, supuesto, inventado.

SUPOSITIVO, VA. (l. *suppositivus*.) adj. Que implica o denota suposición.

SUPÓSITO. (l. *suppositus*.) m. ant. Supuesto.

SUPOSITORIO. (l. *suppositorium*.) m. Med. Preparación farmacéutica en pasta, de forma generalmente cónica, que se introduce en el recto, en la vagina o en la uretra con fines terapéuticos.

SUPRA. adv. latino que se usa como prefijo, con la significación de sobre, arriba, más allá.

SUPRACLAVICULAR. adj. Dícese de la región situada encima de las clavículas.

★ SUPRANORMAL. (l. *supra*, sobre, y *normal*.) adj. Que excede los límites de lo normal.

SUPRARREALISMO. m. Tendencia a inspirar la obra de arte en los elementos figurativos tomados del repertorio de imágenes del delirio o del ensueño.

SUPRARRENAL. adj. Anat. Situado encima de los riñones.

★ SUPRASENSIBLE. adj. Fil. Que está fuera del alcance de los sentidos.

SUPRASPINA. (l. *supra*, sobre, y *spina*, espinazo.) f. Zool. Fosa alta de la escápula.

SUPREMA. (l. *suprēma*, t. f. de *-mus*, supremo.) f. Consejo supremo de la Inquisición.

SUPREMACÍA. f. Grado supremo en cualquier línea. || 2. Preeminencia, superioridad jerárquica. || P. supremacia; I. supremacy; F. suprématie; A. Vorrang, Supremat; It. supremazia; R. первенство.

SUPREMAMENTE. adv. De una manera suprema. || 2. Últimamente, hasta el fin.

SUPREMIDAD. (l. *supremĭtas, -ātis*.) f. ant. Supremacía.

SUPREMO, MA. (l. *suprēmus*.) adj. Altísimo. || 2. Que no tiene superior en su línea. || 3. Dícese del más alto tribunal. || 4. Último. || P. e It. supremo; I. supreme; F. suprême; A. oberst, höchst; R. высший.

SUPRESIÓN. (l. *suppressio, -ōnis*.) f. Acción y efecto de suprimir.

SUPRESO, SA. (l. *suppressus*.) p.p. irreg. de suprimir.

SUPRESOR, RA. adj. Que suprime.

SUPRIMIR. (l. *supprimĕre*.) tr. Hacer cesar, hacer desaparecer. || 2. Omitir, pasar por alto. || P. suprimir; I. to suppress, to cut out; F. supprimer; A. abstellen, unterdrücken; It. sopprimere; R. упразднять, отменять.

SUPRIOR. (De *sub*, debajo, y *prior*.) m. El que hace de prior en algunas comunidades religiosas. || 2. Segundo prelado destinado para hacer las veces del prior en algunas comunidades religiosas.

SUPRIORA. (De *sub*, debajo, y *priora*.) f. Religiosa que hace las veces de la priora.

SUPRIORATO. m. Empleo de suprior o supriora.

SUPUESTO, TA. (l. *suppositus*.) p.p. irreg. de suponer. || 2. m. Objeto que no se expresa en la proposición; pero es aquello de que depende la verdad de ella. || 3. Hipótesis. || 4. Fil. Todo ser que es principio de sus acciones. || 5. For. Presupuesto en que se explican las operaciones de una partición. || *Por* supuesto. adv. Ciertamente. || supuesto *que*. m. conjunto causal y continuativo. Puesto que.

SUPURACIÓN. (l. *suppuratio, -ōnis*.) f. Acción y efecto de supurar.

SUPURANTE. p.a. de supurar. Que supura o hace supurar.

SUPURAR. (l. *suppurāre*.) intr. Formar o echar pus. || P. supurar; I. to suppurate; F. suppurer; A. (ver)eitern; It. suppurare; R. гноиться.

SUPURATIVO, VA. adj. Que tiene virtud de hacer supurar. Ú.t.c.s.m.

SUPURATORIO, RIA. (l. *suppuratorius*.) adj. Que supura.

SUPUTACIÓN. (l. *supputatio, -ōnis*.) f. Cómputo o cálculo.

SUPUTAR. (l. *supputāre*.) tr. Computar, calcular, contar.

SUR. (De *sud*.) m. Punto cardinal diametralmente opuesto al Norte. || 2. Lugar de la Tierra o de la esfera celeste que cae al lado del polo antártico, respecto de otro. || 3. Viento que sopla de la parte austral del horizonte. || P. sul; I. south; F. e It. sud; A. Süden; R. юг.

SURA. (ár. *sūra*.) m. Cualquiera de las lecciones o capítulos en que se divide el Alcorán.

SURA. (l. *sura*.) f. ant. Pantorrilla.

SURÁ. (De *Surate*, villa del Indostán.) m. Tejido de seda fino y flexible.

SURAL. (l. *sura*, pantorrilla.) adj. Zool. Perteneciente o relativo a la pantorrilla.

SÚRBANA. f. Cuba. Planta herbácea de la familia de las gramíneas, con flores violáceas.

SURCADOR, RA. adj. Que surca. Ú.t.c.s.

SURCAÑO. (De *surco*.) m. Rioja. Linde, línea divisoria entre dos tierras.

SURCAR. (De *sulcar*.) tr. Hacer surcos en la tierra al ararla. || 2. Hacer en alguna cosa rayas parecidas a los surcos que se hacen al arar la tierra. || 3. fig. Caminar por un fluido cortándolo.

SURCO. (De *sulco*.) m. Hendidura que se hace en la tierra con el arado. || 2. Señal o hendidura prolongada que deja una cosa al pasar sobre otra. || 3. Arruga en el cuerpo y especialmente en el rostro. || *A* surco. adv. Dícese de dos hazas que están contiguas. || *Echarse* uno *en el* surco. fr. fig. y fam. Abandonar una empresa por desaliento o pereza. || P. sulco; I. furrow, rut; F. sillon; A. Furche; It. solco; R. борозда.

SURCULADO, DA. (De *súrculo*.) adj. Bot. Aplícase a las plantas que sólo echan un tallo.

SÚRCULO. (l. *surcŭlus*.) m. Bot. Vástago de que no han brotado otros.

SURCULOSO, SA. (l. *surculōsus*.) adj. Bot. Surculado.

★ SURERO, RA. adj. Argent. Natural de las regiones del Sur del país. Ú.t.c.s. || 2. Amér. Perteneciente a dichas regiones. || 3. m. Bol. Viento que sopla del Sur.

SURESTE. m. Sudeste.

SURGENTE. (l. *surgens, -entis*.) p.a. de surgir. Que surge.

SURGIDERO. (De *surgir*.) m. Paraje donde dan fondo las naves.

SURGIDOR, RA. adj. Que surge. Ú.t.c.s.

SURGIENTE. p.a. ant. de surgir. Que surge.

SURGIR. (l. *surgĕre*.) intr. Surtir, 2.ª acep. || 2. Dar fondo la nave. || 3. fig. Alzarse, manifestarse, brotar. || P. surgir; I. to spout, to spurt; F. surgir, sourdre; A. hervorquellen, aufkommen; It. sorgere; R. возникать.

SURI. m. Zool. Argent. y Bol. Ñandú.

SURIPANTA. f. desus. Mujer corista en un teatro. || 2. despect. Mujer moralmente despreciable.

★ SURMENAGE. (Voz francesa.) m. Estado morboso producido por la fatiga repetida de los órganos.

SUROESTE. m. Sudoeste.

★ SURQUEARSE. r. Venez. Quedar mal impresionado.

★ SURRUNGUEAR. tr. Colom. Rasguear.

SURSUDOESTE. m. Viento medio entre el sur y el sudoeste. || 2. Región situada hacia el punto de donde sopla este viento.

SURSUNCORDA. (fr. lat. *sursum corda*, que significa *arriba los corazones*.) m. fig. y fam. Supuesto personaje anónimo de mucha importancia.

SURTIDA. (De *surtir, salir, aparecer*.) f. Salida oculta que hacen los sitiados contra los sitiadores. || 2. Fort. Paso o puerta pequeña que se hace en las fortificaciones por debajo del terraplén al foso. || 3. fig. Puerta falsa o sitio por donde puede salirse secretamente. || 4. Mar. Rampa hacia el mar en algunos muelles para que puedan varar o care-

narse las embarcaciones menores. || 5. Mar. Varadero.

SURTIDERO. (De *surtir*.) m. Buzón o conducto artificial por donde desaguan los estanques. || 2. Surtidor, 2.ª acep.

SURTIDO, DA. p.p. de surtir. || 2. adj. Dícese del artículo de comercio, que se ofrece como mezcla de diversas clases dentro del mismo género. Ú.t.c.s. || 3. m. Acción y efecto de surtir o surtirse. || 4. Lo que se previene o sirve para surtir. *Recibí un* surtido *de telas*. || 5. Cuba. Dícese del azúcar en que hay tres quintas partes de blanco y dos quintas de quebrado. || *De* surtido. m. adv. De uso o gasto común.

SURTIDOR, RA. adj. Que surte o provee. Ú.t.c.s. || 2. m. Chorro de agua que brota especialmente hacia arriba. || —de gasolina. Bomba colocada en la vía pública, en garajes, etc., para suministro de este combustible.

SURTIMIENTO. (De *surtir*.) m. Surtido, 3.ª acep.

SURTIR. (De *surto*.) tr. Proveer a alguien de alguna cosa. Ú.t.c.r. || 2. intr. Brotar el agua, y más en particular hacia arriba.

SURTO, TA. (l. *surtus*; por *surrectus*, del verbo *surgĕre*.) p.p. irreg. de surgir, 2.ª acep. || 2. adj. fig. Tranquilo, en silencio.

SÚRTUBA. f. C. Rica. Helecho gigante, cuya medula se come asada.

SURUBÍ. (Voz guaraní.) m. Argent. y Bol. Pez de río, bagre de gran tamaño, sin escamas, con pintas negras; de carne amarilla, compacta y sabrosa.

★ SURUCA. f. P. Rico. Alboroto. || 2. P. Rico. Borrachera, embriaguez.

★ SURUCO, CA. (De *suruca*.) adj. P. Rico. Calamocano, achispado.

SURUMPE. m. Perú. Inflamación de los ojos que sufren los que atraviesan los Andes nevados, por efecto de la reverberación del sol en la nieve.

SURUPÍ. (Voz guaraní.) m. Bol. Surumpe.

SUS. prep. insep. Sub.

¡SUS! (De *suso*.) interj. con que se intenta infundir ánimo repentinamente y excitar a la ejecución rápida y vigorosa de alguna cosa. || —de gaita. fig. y fam. Cualquier cosa aérea o sin substancia.

SUSANO, NA. (De *suso*.) adj. ant. Que está a la parte superior o de arriba. || 2. Nav. Próximo, cercano.

SUSCEPCIÓN. (l. *susceptio, -ōnis*.) m. Acción de recibir uno algo en sí mismo.

SUSCEPTIBILIDAD. f. Calidad de susceptible. || —eléctrica. De un material es la razón de la densidad de carga inducida, a la intensidad del campo eléctrico resultante. || —magnética. La razón de la densidad de flujo, promovida por corrientes superficiales, a la excitación magnética.

SUSCEPTIBLE. (l. *susceptibĭlis*.) adj. Capaz de recibir modificación o impresión. || 2. Quisquilloso, picajoso. || P. susceptivel; I. y F. susceptible; A. empfindlich, reizbar; It. suscettibile; R. восприимчивый.

SUSCEPTIVO, VA. (l. *suceptivus*.) adj. Susceptible.

SUSCITACIÓN. (l. *suscitatio, -ōnis*.) f. Acción y efecto de suscitar.

SUSCITAR. (l. *suscitāre*.) tr. Levantar, promover. || P. suscitar; I. to suscitate; F. susciter; A. erregen; It. suscitare; R. вызывать, возбуждать.

SUSCRIBIR. tr. Subscribir. Ú.t.c.r.

SUSCRIPCIÓN. f. Subscripción.

SUSCRIPTO, TA. p.p. irreg. Subscrito.

SUSCRIPTOR, RA. m. y f. Subscriptor.

SUSCRITO, TA. (l. *subscriptus*.) p.p. irreg. de suscribir.

SUSCRITOR, RA. m. y f. Subscritor.

SUSERO, RA. (De *suso*.) adj. ant. Que está a la parte superior o de arriba.

SUSIDIO. (De *subsidio*.) m. fig. Inquietud, zozobra.

SUSO. (l. *sursum, sussum*.) adv. Asuso. || *De* suso. adv. ant. De arriba.

SUSOAYÁ. m. Argent. Planta de raíz fusiforme, con tallo recto de 1,50 m de alto; hojas alternas, largas, agudas; flores

S

de cinco pétalos amarillos, y raíz fusiforme.

SUSODICHO, CHA. (De *suso*, arriba, y *dicho*.) adj. Sobredicho.

SUSPECCIÓN. (l. *suspectĭo*, *-ōnis*.) f. ant. Sospecha, acción de sospechar.

SUSPECTO, TA. (l. *suspectus*.) adj. ant. Sospechoso.

SUSPENDEDOR, RA. adj. Que suspende. Ú.t.c.s.

SUSPENDER. (l. *suspendĕre*.) tr. Levantar, colgar o detener una cosa en alto o en el aire. || **2.** Diferir por algún tiempo una acción u obra. Ú.t.c.r. || **3.** fig. Causar admiración, embelesar. || **4.** fig. Privar temporalmente a uno de sueldo o empleo. || **5.** Negar la aprobación a un examinando. || **6.** r. Afirmarse el caballo sobre las piernas con los brazos al aire. || **P.** suspender; **I.** to hang; **F.** suspendre; **A.** aufhängen; **It.** appèndere. || **2.ª** acep.: **P.** suspender; **I.** to stop; **F.** arrêter; **A.** aufschieben; **It.** sospèndere; **R.** отсочвать.

SUSPENDIMIENTO. (De *suspender*.) m. ant. Suspensión.

SUSPENSIÓN. m. (l. *suspensĭo, -ōnis*.) f. Acción y efecto de suspender o suspenderse. || **2.** Censura eclesiástica o corrección gubernativa que priva del uso del oficio, beneficio o empleo o de sus emolumentos. || **3.** En los carruajes, cada una de las ballestas y correas destinadas a suspender la caja del coche. || **4.** Mús. Prolongación de una nota que forma parte de un acorde, sobre el siguiente, produciendo disonancia. || **5.** Ret. Figura que consiste en diferir, para avivar el interés, la declaración del concepto a que va encaminado lo dicho anteriormente. || **—catenaria.** Electr. Método de suspensión empleado para las líneas aéreas de tracción. || **—coloidal.** Quím. Compuesto resultante de disolver cualquier coloide en un líquido. || **—de armas.** Mil. Cesación temporal de hostilidades. || **—de barra.** Electr. Especial método de montaje del motor de un vehículo de producción eléctrica. || **—de garantías.** Situación anormal en que, por motivos de orden público, quedan temporalmente sin vigencia algunas de las garantías constitucionales. || **—de pagos.** Com. Situación en que se coloca ante el juez el comerciante cuyo activo no es inferior al pasivo, pero que no puede temporalmente atender al pago puntual de sus obligaciones. || **P.** suspensão; **I.** y **F.** suspension; **A.** Einstellung, Unterbrechung; **It.** sospensione; **R.** откладывание, подвешивание.

º SUSPENSIÓN. f. Emoción del ánimo producida por una acción dramática de desenlace incierto o diferido. Corresponde al *suspense* francés.

SUSPENSIVO, VA. (De *suspenso*.) adj. Que tiene virtud o fuerza de suspender.

SUSPENSO, SA. (l. *suspensus*.) p.p. irreg. de suspender. || **2.** adj. Admirado, perplejo. || **3.** m. Nota de haber sido suspendido en un examen. || *En* suspenso. m. adv. Diferida la resolución o su cumplimiento.

★ SUSPENSOR, RA. adj. Amér. Suspendedor. Ú.t.c.s. || **2.** m. Argent. y Chile. Tirante, cada una de las dos tiras, comúnmente elásticas, que sirven para suspender de los hombros el pantalón. Suele usarse en plural. || **3.** Argent. Suspensorio.

SUSPENSORIO, RIA. (l. *suspensum*, supino de *suspendĕre*, suspender.) adj. Que sirve para suspender, 1.ª acep. || **2.** m. Vendaje para sostener el escrito, u otro miembro.

SUSPICACIA. f. Calidad de suspicaz. || **2.** Especie de idea sugerida por la desconfianza o la sospecha. || **P.** suspicácia; **I.** suspiciousness; **F.** méfiance; **A.** Misstrauen, Argwohn; **It.** suspizione; **R.** недоверчивость.

SUSPICAZ. (l. *suspĭcax, -ācis*.) adj. Propenso a la sospecha o a la desconfianza.

SUSPICAZMENTE. adv. De modo suspicaz.

SUSPICIÓN. (l. *suspicĭo, -ōnis*.) f. ant. Sospecha, 1.ª acep.

SUSPIRADO, DA. p.p. de suspirar. || **2.** adj. fig. Deseado con ansia.

SUSPIRAR. (l. *suspirāre*.) intr. Dar suspiros. || suspirar uno *por* una cosa. fr.

fig. Desearla con ansia. || suspirar uno *por* una persona. fr. fig. Amarla en extremo. || **P.** suspirar; **I.** to sigh; **F.** soupirer; **A.** (auf)seufzen; **It.** sospirar; **R.** вздыхать.

SUSPIRO. (l. *suspirĭum*.) m. Aspiración fuerte y prolongada seguida de una espiración, que expresa comúnmente pena, ansia o deseo. || **2.** Golosina hecha de harina, azúcar y huevo. || **3.** Pito pequeño de vidrio. || **4.** And. y Chile. Trinitaria. || **5.** Argent. y Chile. Nombre que se da a distintas especies de enredaderas, de la familia de las convolvuláceas. || **6.** Mús. Pausa breve. || **7.** Mús. Signo que la representa. || **8.** Méj. Panecillo ovalado, muy delgado. || *Último* suspiro. fig. y fam. El del hombre al morir y, en general, fin de cualquier cosa. || **P.** suspiro; **I.** sigh, breath; **F.** soupir; **A.** Seufzer; **It.** sospiro; **R.** вздох.

SUSPIRÓN, NA. adj. Que suspira mucho.

SUSPIROSO, SA. (l. *suspiriōsus*.) adj. Que suspira con dificultad.

SUSTANCIA. f. Substancia.

SUSTANCIACIÓN. f. Substanciación.

SUSTANCIAL. adj. Substancial.

SUSTANCIALMENTE. adv. Substancialmente.

SUSTANCIAR. tr. Substanciar.

SUSTANCIOSO, SA. adj. Substancioso.

SUSTANTIVAR. tr. Gram. Substantivar. Ú.t.c.r.

SUSTANTIVIDAD. f. Substantividad.

SUSTANTIVO, VA. adj. Substantivo. Ú.t.c.s.

SUSTENIDO, DA. adj. Mús. Sostenido. Ú.t.c.s.m.

SUSTENTABLE. adj. Que se puede sustentar o defender con razones.

SUSTENTACIÓN. (l. *sustentatĭo, -ōnis*.) f. Acción y efecto de sustentar. || **2.** Sustentáculo. || **3.** Ret. Suspensión, 5.ª acep.

SUSTENTÁCULO. (l. *sustentacŭlum*.) m. Apoyo o sostén de una cosa. || **P.** sustentáculo; **I.** y **F.** support; **A.** Untergestell; **It.** sostegno; **R.** поддержка, опора.

SUSTENTADOR, RA. adj. Que sustenta. Ú.t.c.s.

SUSTENTAMIENTO. m. Acción y efecto de sustentar o sustentarse.

SUSTENTANTE. p.a. de sustentar. Que sustenta. || **2.** m. Cada una de las partes que sustentan o en que se apoya un edificio. || **3.** El que defiende conclusiones en acto público de una facultad. || **4.** Mar. Barra u horquilla para colocar o sujetar las vergas.

SUSTENTAR. (l. *sustentāre*, intens. de *sustinēre*.) tr. Mantener. Ú.t.c.r.

SUSTENTO. m. Mantenimiento, alimento. || **2.** Lo que da vigor y permanencia a una cosa. || **3.** Apoyo o sostén. || **P.** sustento; **I.** sustenance, food; **F.** nourriture; **A.** Broterwerb, Lebensunterhalt; **It.** sostentamento; **R.** питание.

SUSTITUCIÓN. f. Substitución.

SUSTITUIBLE. adj. Substituible.

SUSTITUIDOR, RA. adj. Substituidor. Ú.t.c.s.

SUSTITUIR. tr. Substituir.

SUSTITUTIVO, VA. adj. Substitutivo.

SUSTITUTO, TA. p.p. irreg. de substituir. || **2.** m. y f. Substituto, persona que hace las veces de otra.

SUSTO. (De *sustar*, y éste del l. *sŭscĭtare*.) m. Impresión repentina de sorpresa, miedo, pavor o espanto. || **2.** fig. Preocupación vehemente por algún daño que se teme. || *Dar un* susto *al miedo*. fr. fig. y fam. Ser muy feo o repugnante. || **P.** susto; **I.** fright, scare, shock; **F.** frayeur, peur; **A.** Schreck(en); **It.** paura; **R.** испуг, страх.

SUSTRACCIÓN. f. Substracción.

SUSTRAENDO. m. Arit. Substraendo.

SUSTRAER. tr. Substraer.

SUSURRACIÓN. (l. *susurratĭo, -ōnis*.) f. Murmuración secreta.

SUSURRADOR, RA. (l. *susurrātor*.) adj. Que susurra. Ú.t.c.s.

SUSURRANTE. p.a. de susurrar. Que susurra.

SUSURRAR. (l. *susurrāre*.) intr. Hablar quedo, produciendo un murmullo. || **2.** Empezarse a divulgar una cosa que no se sabía. || **3.** fig. Moverse con ruido suave y remiso, el agua, el aire, etc. || **P.** sussurrar; **I.** to whisper, to purl, to rustle; **F.** susurrer, bourdonner, murmurer; **A.** flüstern, säuseln, murmeln; **It.** sussurrare, mormorare; **R.** шептать, шушукаться.

SUSURRIDO. m. Susurro, 2.ª acep.

SUSURRO. (l. *susurrus*.) m. Ruido suave que resulta de hablar quedo. || **2.** Ruido suave que naturalmente hacen algunas cosas.

SUSURRÓN, NA. (l. *susurro, -ōnis*.) adj. fam. Que suele murmurar a escondidas. Ú.t.c.s.

SUTÁS. (fr. *soutache*, y éste del magiar *szuszak*.) m. Cordoncillo con una hendidura en medio que le da apariencia de dos. Se usa para adorno.

SUTE. adj. Colom. y Venez. Enteco, canijo. || **2.** m. Colom. Lechón, gorrino. || **3.** Hond. Especie de aguacate.

SUTIL. (l. *subtīlis*.) adj. Delgado, delicado, tenue. || **2.** fig. Agudo, ingenioso, perspicaz. || **P.** y **F.** subtil; **I.** subtile; **A.** spitzfindig, dünn, subtil; **It.** sottile; **R.** тонкий, слабый.

SUTILEZA. f. Calidad de sutil. || **2.** fig. Dicho o concepto excesivamente agudo y falto de verdad o exactitud. || **3.** fig. Instinto de los animales. || **4.** Teol. Una de las cuatro dotes del cuerpo glorioso, que consiste en poder penetrar por otro cuerpo. || **—de manos.** fig. Habilidad para hacer con primor algunas cosas. || **2.** fig. Habilidad del ladrón ratero. || **P.** subtileza; **I.** subtility; **F.** subtilité; **A.** Scharfsinn; **It.** sottigliezza; **R.** слабость.

SUTILIDAD. (l. *subtilĭtas, -ātis*.) f. Sutileza.

SUTILIZADOR, RA. adj. Que sutiliza. Ú.t.c.s.

SUTILIZAR. (De *sutil*.) tr. Adelgazar, atenuar. || **2.** fig. Pulir y perfeccionar cosas no materiales. || **3.** fig. Discurrir ingeniosamente. || **P.** subtilizar; **I.** to subtilize; **F.** subtiliser; **A.** deuteln; **It.** sottilizzare; **R.** утончать.

SUTILMENTE. adv. De manera sutil.

SUTORIO, RIA. (l. *sutorĭus*.) adj. Aplícase al arte de hacer zapatos, o a lo perteneciente a él.

SUTURA. (l. *sutūra*; de *sutum*, supino de *suĕre*, coser.) f. Bot. Cordoncillo que forman la juntura de las ventallas de un fruto. || **2.** Cir. Costura con que se unen los labios de una herida. || **3.** Zool. Línea sinuosa que forma la unión de algunos huesos del cráneo. || **P.** e **It.** sutura; **I.** y **F.** suture; **A.** Naht; **R.** шов.

SUVERSIÓN. f. ant. Subversión.

SUVERSIVO, VA. adj. ant. Subversivo.

SUVERTIR. tr. ant. Subvertir.

SUYO, SUYA, SUYOS, SUYAS. (l. *sŭus*, infl. por *cuius*.) Pronombre posesivo de tercera persona en género masculino y femenino y ambos números singular y plural. Ú.t.c.s. || *La* suya. Intención o voluntad del sujeto de quien se habla. *Salirse con la suya.* || *Los* suyos. Personas unidas a otra por parentesco, amistad, etc. || *De* suyo. adv. Naturalmente, sin sugestión ajena. || *Lo* suyo *y lo ajeno*. loc. fig. y fam. Lo que pertenece y lo que no pertenece, a una persona. || *Hacer uno de las* suyas. r. fam. Proceder según su genio. Tómase por lo común en mala parte. || *Quien a los* suyos *se parece, honra merece*. ref. con que se elogia al que no desluce la reputación de sus ascendientes. || *Salir, o salirse uno con la* suya. fr. fig. Lograr su intento a pesar de contradicciones y dificultades. || *Ver uno la* suya. fr. fig. y fam. Presentársele ocasión favorable a sus propósitos. || **P.** seu, sua, seus, suas; **I.** his, hers, theirs, one's; **F.** sieu, sienne; **A.** sein(e), ihr(e); **It.** suo, sua, loro; **R.** его, свой.

SUZARRÓN. m. Germ. Mozo de servicio.

SUZÓN. m. Zuzón.

SVÁSTICA. (Voz sánscrita.) f. Esvástica. || **P.** suástica; **I.** Swastika; **F.** svastika; **A.** Hakenkreuz; **It.** svàstica.

★ SYTON. m. Materia plástica que se emplea para impregnar hilos y tejidos aumentando su resistencia y elasticidad.

T

T. Vigésima tercera letra del abecedario español y decimonona de sus consonantes. Su nombre es *te*.

¡TA! interj. ¡Tate! Ú. repetida. ‖ **2.** Repetida, se emplea igualmente para indicar los golpes que para llamar se dan en la puerta.

TABA. (Quizá del ár. *ka'ba*, talón, taba, dado para jugar.) f. Astrágalo, uno de los huesos del talón. ‖ **2.** Lado de la taba opuesto a la chuca. ‖ **3.** Juego en que se tira al aire una taba del carnero y se gana o se pierde según el lado sobre el que cae. ‖ *Menear* uno *las* TABAS. fr. fig. y fam. Andar con mucha prisa. ‖ *Tomar* uno *la* TABA. fr. fig. y fam. Empezar a hablar con prisa después que otro lo deja. ‖ **P.** astrágalo; **I.** astragalus; **F.** astragale, osselet; **A.** Sprungbein; **It.** astràgalo; **R.** таранная кость.

TABACAL. m. Lugar sembrado de tabaco.

★ **TABACALERA.** f. MÉJ. Cigarrería.

TABACALERO, RA. adj. Perteneciente o relativo al cultivo, fabricación o venta del tabaco. ‖ **2.** Se dice del que cultiva el tabaco. Ú.t.c.s. ‖ **3.** Tabaquero. Ú.t.c.s.

★ **TABACAZO.** m. CHILE. Bebida en que se pone tabaco para envenenar a uno.

TABACO. (Voz caribe.) m. Planta solanácea, narcótica y de olor fuerte, hojas alternas, grandes, lanceoladas y glutinosas. ‖ **2.** Hoja de esta planta, curada y preparada para diversos usos, principalmente para ser fumada. ‖ **3.** Polvo a que se reducen las hojas de esta planta para tomarlo por las narices. ‖ **4.** Cigarro. **5.** Enfermedad de algunos árboles por la que se descompone la parte interior del tronco reduciéndolo a polvo rojizo, parduzco o negro. ‖ **6.** joc. CUBA. Bofetada. ‖ **—capero.** El propio para capas de cigarros. ‖ **—cimarrón.** BOT. CHILE. Especie de tabaco indígena. ‖ **—colorado.** Cigarro puro de color claro y menor fortaleza que el maduro. ‖ **—cucarachero.** El de polvo. ‖ **—de barro.** El de polvo, aromatizado con barro oloroso. ‖ **—de hoja.** Hoja o conjunto de hojas escogidas de esta planta y que se emplean para capa de los puros. ‖ **—de humo.** El que se fuma. ‖ **—del diablo.** CHILE. Tupa. ‖ **—de la tierra.** CHILE. Tabaco cimarrón. ‖ **—de palillos.** El de polvo, fabricado de los tallos y venas de las plantas aromatizándolo con vinagrillo y aguas de olor. ‖ **—de pipa.** El cortado en forma de hebra para ser fumado en pipa. ‖ **—de regalía.** El de calidad superior. ‖ **—de somonte** o **sumonte.** Sin lavar y sin aderezo alguno. ‖ **—de vena.** Picadura para cigarrillos de papel. ‖ **—groso.** El hecho con los polvos de las hojas. ‖ **—holandés** u **holandilla.** El flojo y sin aroma criado en Holanda. ‖ **—maduro.** Cigarro puro de buena calidad, obscuro y de gran fortaleza. ‖ **—mabinga.** CUBA. Tabaco de la peor calidad. ‖ **—moruno.** El que se cría en Europa y África, de aroma poco grato. ‖ **—negro.** El elaborado en forma de mecha retorcida que se pica para fumarlo. ‖ **—peninsular.** El elaborado en fábricas de la Península Ibérica. ‖ **—rapé.** El de polvo, hecho con hoja cortada algo después de madurar. ‖ **—rubio.** El resultado de mezclar el de color amarillo y rojizo de Virginia y Oriente. ‖ **—turco.** El picado en hebras y que resulta muy suave y aromático.‖**—verdín.** El de polvo, pero sin compostura y hecho de hojas antes de madurar. ‖ **—vinagrillo.** El de polvo, aderezado con cierta especie de vinagre flojo y aromático. ‖ *Acabársele* a uno el TABACO. fr. fig. y fam. ARGENT. Quedarse sin recursos. ‖ **2.** ARGENT. Dícese del que interrumpe un discurso por falta de tema. ‖ *A mal dar, tomar* TABACO. fr. fig. y fam. que aconseja que en las penalidades de la vida se debe buscar algún entretenimiento. ‖ *Tomar* TABACO. fr. Usar de él, sorbiéndolo en polvo por las narices. ‖ **P.** tabaco; **I.** tobacco; **F.** tabac; **A.** Tabak; **It.** tabacco; **R.** табак.

TABACÓN. m. P. RICO. Árbol solanáceo, de su tronco grueso que proporciona una madera resistente empleada en la construcción.

TABACOSO, SA. adj. fam. Se aplica al que toma mucho tabaco en polvo. ‖ **2.** Manchado de tabaco. ‖ **3.** Se dice del árbol atacado de tabaco, 5.ª acep.

TABAHIA. f. ant. Tabaque, 1.er art.

TABAIBA. f. CAN. Árbol cuya madera se emplea para tapones de cubas y barriles.

TABAL. m. AND., AST. y SANT. Barrica en que colocan y conservan las sardinas aranques.

TABALADA. (De *atabal*.) f. fam. Tabanazo. ‖ **2.** fam. Tamborilada, golpe que se recibe al caerse o sentarse en el suelo con violencia.

TABALARIO. (De *atabal*.) m. fam. Tafanario.

TABALEAR. (De *atabal*.) tr. Mecer una cosa a un lado y a otro. Ú.t.c.r. ‖ **2.** intr. Imitar el toque del tambor sonando en una tabla con los dedos.

TABALEO. m. Acción o efecto de tabalear o tabalearse.

★ **TABANA.** f. REP. DOMIN. Tabanazo, pescozón.

TABANAZO. m. fam. Golpe dado con la mano. ‖ **2.** fam. Bofetada.

TABANCO. m. Puesto en las calles o mercados para la venta de comestibles. ‖ **2.** AMÉR. CENTRAL. Desván, sobrado. ‖ **3.** CÁC. Tajo, 2.ª acep.

TABANERA. f. Lugar en que abundan los tábanos.

TÁBANO. (l. *tabānus*.) m. ZOOL. Insecto díptero, braquícero, que molesta principalmente a las caballerías. ‖ **2.** BOT. CUBA. Planta malvácea silvestre con que se hacen palillos mondadientes. ‖ **P.** tavão; **I.** gadfly, horsefly; **F.** taon; **A.** Bremse, Pferdefliege; **It.** tafano; **R.** овод, слепень.

TABANQUE. m. Rueda de madera que mueven los alfareros con el pie para hacer girar el torno. ‖ *Levantar el* TABANQUE. fr. fig. y fam. Suspender una reunión. ‖ **2.** fig. y fam. Abandonar un lugar.

TABAOLA. f. Bataola.

TABAQUE. (ár. *ṭabaq*, cestillo plano.)

m. Cestillo de mimbres para colocar la fruta, la costura, etc.

TABAQUE. m. Clavo mayor que la tachuela y menor que el de media chilla.

★ **TABAQUEADA.** adj. BOL. Se aplica a la carne descompuesta llena de tabaco para que al comerla el cóndor se maree y sea fácil cazarlo.

★ **TABAQUEAR.** intr. fam. COLOM. Fumar tabaco.

TABAQUERA. f. Caja para tabaco en polvo. ‖ **2.** Caja o pomo con agujeros para sorber tabaco en polvo. ‖ **3.** Receptáculo donde se deposita el tabaco en la pipa. ‖ **4.** ARGENT. y CHILE. Petaca. ‖ **5.** CUBA. Bolsa cuadrilonga en que se lleva el tabaco para el gasto diario. ‖ **P.** tabaqueira; **I.** snuff-box; **F.** tabatière; **A.** Tabaksdose; **It.** tabacchiera; **R.** табакерка.

TABAQUERÍA. f. Puesto o tienda para la venta de tabaco.

TABAQUERO, RA. adj. Dícese de la persona que tuerce el tabaco. ‖ **2.** El que vende o comercia con tabaco. Ú.t.c.s.

TABAQUISMO. m. Intoxicación crónica producida por el abuso del tabaco.

TABAQUISTA. com. Persona entendida en apreciar la calidad del tabaco. ‖ **2.** Persona que toma mucho tabaco.

TABARDETE. m. Tabardillo.

TABARDILLO. (b. l. *tabardilii*; en port. *tabardilho*.) m. MED. desus. Tifus. ‖ **2.** fam. Insolación. ‖ **3.** fig. y fam. Persona alocada, bulliciosa y molesta. ‖ **—pintado.** desus. Tifus exantemático.

TABARDO. (fr. *tabard*; en ital. *tabarro*.) m. Prenda de abrigo ancha y larga, de paño tosco, que emplean los labradores en el campo. ‖ **2.** Especie de gabán sin mangas, de paño o piel. ‖ **P.** tabardo; **I.** y **F.** tabard; **A.** Bauernmantel; **It.** tabarro; **R.** армяк, кафтан.

TABARRA. f. Lata, molestia.

TABARRERA. f. fam. Tabarra grande.

TABARRO. m. Tábano. ‖ **2.** Especie de avispa mayor que la corriente y su picadura causa gran dolor.

TABASCO. n. p. *Pimienta de* TABASCO. Fruto aovado, de sabor aromático, que se usa como especia, y es producto de un fruto tropical.

TABASQUEÑO, ÑA. adj. Natural de Tabasco. Ú.t.c.s. ‖ **2.** Perteneciente a este estado mejicano.

TABEA. f. BURG. y PAL. Chorizo hecho con la asadura del cerdo.

★ **TABEAR.** (De *taba*.) intr. ARGENT. y GUAT. Jugar a la taba. ‖ **2.** ARGENT. fig. y fam. Conversar por mero pasatiempo.

TABELIÓN. (l. *tabellĭo*, -ōnis.) m. ant. Escribano, el que por oficio público da fe de las escrituras.

★ **TABELLADURA.** (De *tabellar*.) f. ART. y OF. Plegadura de telas o papeles formando tablas.

TABELLAR. (l. *tabella*, tablilla.) tr. Doblar las piezas de paño y otros tejidos de lana de forma que los orillos queden sueltos para poder registrarlos fácilmente. ‖ **2.** Marcar las telas o ponerles los sellos de fábrica. ‖ **P.** tabelar; **I.** to fold cloth;

T

F. plier; **A.** zusammenfalten; **It.** tavellare; **R.** складывать.

TABERNA. (l. *taberna.*) f. Tienda donde se vende, por menor, vino y bebidas espiritosas. || **2.** CUBA. Pulpería. || **P.** taberna; **I.** tavern; **F.** taverne, cabaret, assommoir; **A.** Weinschenke; **It.** taverna; **R.** трактир, кабак.

TABERNÁCULO. (l. *tabernacŭlum,* tienda de campaña.) m. Lugar en que los hebreos guardaban el arca del Testamento. || **2.** Sagrario donde se guarda a Cristo Sacramentado. || **P.** tabernáculo; **I.** y **F.** tabernacle; **A.** Tabernakel; **It.** tabernàcolo.

TABERNARIO, RIA. (l. *tabernarĭus.*) adj. Propio de la taberna o de quienes la frecuentan. || **2.** fig. Bajo, vil, grosero.

TABERNERA. f. Mujer del tabernero. || **2.** Mujer que vende vino en la taberna.

TABERNERÍA. f. Oficio o trato de tabernero.

TABERNERO. m. El que vende vino en la taberna. || **2.** CUBA. Tendero. || **P.** taberneiro; **I.** tavern-keeper; **F.** tavernier, cabaretier; **A.** Schenkwirt; **It.** tavernaio; **R.** трактирщик.

TABERNIZADO, DA. adj. Propio de taberna.

TABES. (l. *tabes.*) f. MED. Consunción, extenuación. || **—dorsal.** Enfermedad de los cordones posteriores de la medula espinal, de origen sifilítico, caracterizada por la ataxia, abolición de reflejos y trastornos de la sensibilidad.

TABÍ. (Del m. or. que *atavío.*) m. Tela antigua de seda con labores ondeadas que forman aguas.

TABICA. (ár. *ṭabiqa,* adaptada, ajustada.) f. ARQ. Tablilla con que se cubre un hueco.

TABICAR. fr. Cerrar con tabique una puerta, ventana, etc. || **2.** fig. Cerrar algo que debía estar abierto o tener curso. Ú.t.c.s. || **P.** tabicar; **I.** to wall up; **F.** cloisonner; **A.** (zu-, ver)mauern; **It.** chiùdere con tramezzo; **R.** затыкать.

TABICÓN. m. aum. de tabique. Se dice cuando no pasa de un pie de grueso. || **2.** TOL. Adobe, ladrillo sin cocer.

TÁBIDO, DA. (l. *tabĭdus.*) adj. MED. Podrido, corrompido. || **2.** MED. Extenuado por consunción.

TABÍFICO, CA. (l. *tabifĭcus.*) adj. MED. Que produce la consunción.

TABILLA. (l. *tabella,* tablilla.) f. AR. y MURC. Tabina.

TABINA. f. ÁV., SAL. y VALLAD. Vaina y semilla de las leguminosas, cuando están verdes.

TABINETE. (fr. *tabinet,* del m. or. que *tabí.*) m. Tela arrasada usada en calzado de señoras.

TABIQUE. (ár. *tašbik,* separación en una estancia, pared de ladrillo.) m. Pared delgada que sirve ordinariamente para la separación de las habitaciones de una casa. || **2.** Por ext., división plana y delgada que separa dos huecos. || **—de carga.** El que está hecho con ladrillos sentados de plano y sirve para cargar en él las vigas de una crujía. || **—de panderete.** El hecho con ladrillos puestos de canto. || **—sordo.** El formado por dos panderetes separados y paralelos. || **P.** tabique; **I.** partition-wall; **F.** cloison; **A.** Zwischenwand; **It.** tramezzo; **R.** перегородка.

TABIQUERÍA. f. Conjunto o serie de tabiques.

TABIQUERO. m. Operario que hace tabiques.

TABLA. (l. *tabŭla.*) f. Pieza de madera, plana, de escaso grueso relativamente a las otras dimensiones y con caras paralelas entre sí. || **2.** Pieza plana y de poco espesor de alguna otra materia rígida. || **3.** Cara más ancha de un madero. || **4.** Dimensión mayor de una escuadría. || **5.** Diamante tabla. || **6.** Parte que se deja sin plegar en un vestido. || **7.** Doble pliegue ancho hecho por adorno de una tela. || **8.** Tablilla, trozo de la baranda de la mesa de billar, comprendida entre dos troneras. || **9.** Índice colocado en los libros para buscar con facilidad las materias de que trata. || **10.** Catálogo de cosas puestas en orden sucesivo o relacionadas entre sí. || **11.** Catálogo de números de especie determinada, dispuestos para facilitar los cálculos. || **12.** Parte algo plana de ciertos miembros del cuerpo. || **13.** Faja de tierra, particularmente la labrantía, comprendida entre dos filas de árboles. || **14.** Plantel de tierra para sembrar verduras. || **15.** Bancal de un huerto. || **16.** Aduana en los puertos secos. || **17.** Mostrador de carnicería. || **18.** Puesto público de carne. || **19.** PERSP. Superficie del cuadro donde deben presentarse los objetos y que se considera siempre como vertical. || **20.** PINT. Pintura hecha en tabla. || **21.** pl. Tablas reales. || **22.** Estado en que ninguno de los jugadores de ajedrez o damas puede ganar la partida. || **23.** fig. Empate entre dos competidores. || **24.** Piedras en que estaba escrito el Decálogo que entregó Dios a Moisés en el monte Sinaí. || **25.** fig. Escenario de teatro. || **26.** TAUROM. Tercio del ruedo inmediato a la barrera. || **28.** Conjunto de tres tablillas con cuyo ruido despertaban a los frailes en algunas órdenes religiosas para unirse a rezar maitines. || **29.** COLOM. Pastilla de chocolate. || **30.** CUBA. Mostrador de tienda o comercio. || **—alcaceña.** Pieza de madera de sierra, de longitud 24 dedos de ancho y 3 de canto. || **—barcal.** Pieza de madera de sierra, que se emplea para construir embarcaciones pequeñas. || **—bocal.** MAR. La que está debajo de la regala de algunas embarcaciones menores. || **—de armonía.** MÚS. Tabla delgada de madera fina que cubre la caja de los instrumentos de cuerda y aumenta su resonancia. || **—de canal.** MAR. Hilada más baja de tablones puesto en el forro de la bodega y que dista de la sobrequilla el ancho que tiene el canal del agua. || **—de coto.** Pieza de madera de sierra de un coto de ancho. || **—de escantillones.** MAR. Pedazo de tabla en que están marcados los acantillones que han de formar piezas. || **—de gordillo.** TOL. Pieza de madera de sierra de 6 pies de longitud y con una escuadría de 6 pulgadas de tabla por una y cuarta de canto. || **—de guindola.** MAR. Cualquiera de las tres dispuestas para formar la guindola de la arboladura. || **—de jarcia.** MAR. Conjunto de obenques de cada banda de un palo cuando están tersos en su lugar y con la flechadura hecha. || **—de juego.** Garito. || **—de la vaca.** Se dice del corrillo que mete mucho ruido en la conversación. || **—de lavar.** Aquella en la que se restrega la ropa al enjabonarla. || **—de río.** Parte del río en que apenas se nota su corriente. || **—de salvación.** fig. Por comparación con la del náufrago, último recurso para salir de un apuro. || **—pitagórica.** ARIT. Tabla de multiplicación de los números dígitos dispuesta en forma de cuadro. || **—rasa.** La que no tiene nada trazado ni pintado. || **2.** fig. Entendimiento sin cultivo ni estudio. || **—reales.** Juego semejante al de damas. || *A la* TABLA *del mundo.* m. adv. fig. Al público. || *A raja* TABLA. m. adv. fig. y fam. Cueste lo que cueste, sin remisión. || *Escapar* uno *en una* TABLA. fr. fig. Salir de un riesgo como por milagro. || *Hacer* TABLA *rasa* de algo. fr. Prescindir de ello, por lo común arbitrariamente. || *Pisar bien las* TABLAS. fr. fig. Estar el actor en escena con naturalidad. || *Por* TABLA. m. adv. Por choque y reflexión de la bola de billar en una de las bandas. || **P.** tábua; **I.** board; **F.** planche; **A.** Brett; **It.** asse; **R.** доска. || 11.ª acep.: **P.** tabuada; **I.** y **F.** table; **A.** Verzeichnis; **It.** tàvola; **R.** таблица.

TABLACHERO. m. MURC. El que cuida del tablacho y de las tandas de riego.

TABLACHINA. (d. de *tablacho.*) f. Broquel o escudo de madera.

TABLACHO. (De *tabla.*) m. Compuerta para detener el agua. || *Echar,* o *hacer el* TABLACHO. fr. fig. y fam. Interrumpir con alguna razón al que está hablando.

TABLADA. (l. *tabulāta,* t. f. de *-tus;* de *tabŭla,* tabla.) f. PAL. Cada uno de los especios en que se divide una huerta para regarla. || **2.** ARGENT. Lugar próximo al matadero donde se reúne el ganado para la venta.

TABLADO. (l. *tabulātum.*) m. Suelo plano formado de tablas unidas por el canto. || **2.** Suelo de tablas formado en alto sobre una armazón. || **3.** Pavimento del escenario de un teatro. || **4.** Armazón de tablas que cubre la escalera del carro. || **5.** Conjunto de tablas de cama sobre que se tiende el colchón. || **6.** Patíbulo. || **7.** Armazón o castillete muy levantado del suelo y contra el que los caballeros lanzaban lanzas hasta derribarlo. || **8.** GERM. Cara, rostro. || *Sacar al* TABLADO una cosa. fr. fig. Publicarla, hacerla manifiesta. || **P.** tablado; **I.** stage, scaffold; **F.** estrade, échafaud; **A.** Gerüst, Podium; **It.** tavolato; **R.** подмостки.

TABLAJE. m. Conjunto de tablas. || **2.** Garito, casa de juego.

TABLAJERÍA. f. Vicio de jugar en los tablajes. || **2.** Garito, ganancia que produce una casa de juego. || **3.** Carnicería, lugar en que se vende carne.

TABLAJERO. (De *tablaje.*) m. Carpintero que hace tablados para ciertas fiestas. || **2.** Persona que tiene a su cargo hacer estos tablados y cobra el precio de los asientos. || **3.** Garitero, sujeto que frecuenta los garitos. || **4.** Carnicero, vendedor de carne. || **5.** AR. despect. Practicante del hospital.

TABLAR. m. Conjunto de tablas o planteles de huerta o jardín. || **2.** Tabla de río. || **3.** Adral.

TABLAZO. m. Golpe dado con una tabla. || **2.** Parte de mar o río extendida y poco profunda. || **3.** SAL. Meseta, altozano.

TABLAZÓN. f. Agregado de tablas. || **2.** Conjunto de tablas con que se hacen las cubiertas y los forros de las embarcaciones.

TABLEADO, DA. p.p. de tablear. || **2.** m. Conjunto de tablas de una tela.

TABLEAR. tr. Dividir un madero en tablas. || **2.** Dividir el terreno de una huerta o jardín en tablas. || **3.** Igualar con atabladera la tierra que ha sido arada. || **4.** Reducir las barras cuadradas de hierro a figura de llanta o fleje. || **5.** Hacer tablas en una tela. || **6.** CHILE. Dar forma plana a la masa del pan.

TABLECILLA. f. ant. d. de tabla.

TABLEO. m. Acción y efecto de tablear.

TABLERA. (De *tabla.*) f. Mujer que pedía limosna repicando las tablillas de San Lázaro.

TABLERO. adj. Dícese del madero a propósito para aserrarle en tablas. || **2.** Dícese del clavo para clavar tablas. || **3.** m. Tabla o conjunto de tablas unidas por el canto y con una superficie alisada y plana. || **4.** Tabla o pieza plana y delgada, de una materia rígida. || **5.** Palo o cureña de la ballesta. || **6.** Tabla cuadrada con cuadritos de dos colores alternados para ciertos juegos como ajedrez, damas, etc. || **7.** Mostrador de una tienda. || **8.** Garito o casa de juego. || **9.** Mesa grande en que cortan los sastres. || **10.** Tablar. || **11.** Suelo bien cimentado de una represa en un canal. || **12.** Cuadro de madera pintado comúnmente de negro, sobre el que se escribe con clarión en las escuelas. || **13.** Especie de petrel, muy parecido a la gaviota, común en los mares antárticos. || **14.** Caja de madera de poca altura en que los vendedores ambulantes llevan sus artículos. || **15.** ARQ. Plano resaltado para ornato de algunas partes del edificio. || **16.** ARQ. Ábaco, parte plana superior del capitel. || **17.** CARP. Tablazón de una hoja de puerta o ventana y que se coloca en los cuadros formados por los largueros. || **18.** MAR. Mamparo con que se divide la parte interior de un buque. || **—equipolado.** BLAS. El ajedrezado que tiene nueve escaques. || *Poner,* o *traer al* TABLERO una cosa. fr. fig. Aventurarla. || **P.** tabuleiro; **I.** board, table; **F.** madrier, tableau; **A.** Tafel, Verschalung, Platte; **It.** tàvola; **R.** доска, настил.

TABLETA. f. d. de tabla. || **2.** Madera de sierra de distintas medidas según la región. Se llama también así la que se emplea para entarimar. || **3.** Pastilla o comprimido que se emplea en medicina. || **4.** ARGENT. Alfajor, 3.ª acep. || **5.** pl. Tablillas de San Lázaro. || *Estar en* TABLETAS una cosa. fr. Ser dudoso su logro. || *Quedarse* uno *tocando* TABLETAS. fr. fig. y fam. Perder lo que tenía, o no lograr lo que se esperaba.

TABLETEADO. m. Efecto de tabletear.

TABLETEAR. intr. Hacer chocar tabletas o tablas para producir ruido.

TABLETEO. m. Acción y efecto de tabletear.

TABLILLA. f. d. de tabla. || **2.** Tableta. || **3.** Tabla pequeña en la que se exponen al público listas, edictos, etc. || **4.** Cada trozo de baranda de la mesa de billar comprendido entre dos troneras. || **—de santero.** Insignia con que se piden las limosnas para santuarios o ermitas. || **—de San Lázaro.** Tres tablillas unidas con un cordel, que se hacían sonar para pedir limosna para los hospitales de San Lázaro. || **—neperianas.** Tablas de logaritmos inventadas por Juan Néper. || **3.ª** acep.; **P.** tabela, tabuleta; **I.** tablet; **F.** planchette; **A.** Anschlagebrett; **It.** tavoletta; **R.** дощечка.

TABLIZO. m. Rioja. Teguillo.

TABLÓN. m. aum. de tabla. || **2.** Tabla gruesa. || **3.** Germ. Mesa, 1.ª acep. || **4.** fig. y fam. Borrachera. || **—de aparadura.** Mar. El primero del fondo del buque que va encajado en el alefriz.

TABLONAJE. m. Conjunto de tablones.

★ **TABLONAZO.** m. Cuba. Fullería.

TABLONCILLO. m. d. de tablón. || **2.** Madera de sierra de variadas dimensiones, según la región. || **3.** Asiento de la fila más alta de gradas y tendidos de la plaza de toros.

TABLOZA. (ital. *tavolozza*, paleta, y éste de *tavola*, del l. *tabŭla*.) f. desus. Paleta del pintor.

TABO. m. Vasija filipina hecha con la cáscara interior del coco.

★ **TABOCA.** f. Bol. Bambú usado como vasija.

TABOLANGO. m. Chile. Insecto díptero, de cuerpo grueso, de olor fétido; vive bajo las piedras.

TABÓN. m. Burg. y Pal. Terrón, masa pequeña y compacta de tierra.

TABÓN. (Voz tagala.) m. Filip. Ave marítima, zancuda, de plumas negras; la hembra entierra los huevos en la arena para que el sol los incube.

TABONUCO. m. Bot. P. Rico. Árbol corpulento burseráceo, de su tronco fluye una resina de olor alcanforado, empleada como incienso.

TABOR. (turco *ṭābŭr*, batallón, escuadrón.) m. Unidad de tropa regular marroquí, perteneciente al Ejército español.

TABORA. f. Sant. Charco cenagoso, pantano.

★ **TABORGA.** adj. Bol. Se aplica al café hervido en tacho y sin colar. U.t.c.s.

TABÚ. (polinesio *tabú*.) m. Prohibición de carácter mágico-religioso de comer, tocar o nombrar algún objeto, impuesta a los adeptos de ciertas religiones de los pueblos primitivos de Polinesia.

TABUCO. (Quizá del ár. *ṭabaq*, cuarto obscuro.) m. Aposento pequeño o estrecho. || **2.** Rep. Domin. Matorral.

TABULAR. (l. *tabulāris*.) adj. Que tiene forma de tabla.

TABURETE. (fr. *tabouret*.) m. Asiento sin brazos ni respaldo, para una sola persona. || **2.** Silla de respaldo estrecho, y tapizada. || **3.** Bot. Cuba. Cierto arbusto rubiáceo silvestre. || **P.** tamborete; **I.** y **F.** tabouret; **A.** Schemel; **It.** sgabello; **R.** табурет.

TAC. (Voz onomatopéyica.) m. Onomatopeya del ruido producido por algunos movimientos acompasados, como el latir del corazón, etc. Ú.m. en repetido.

TACA. (gót. *taikka*, señal.) f. Ar. y Ast. Mancha, señal dejada en un cuerpo por una cosa y también parte de distinto color del que domina en una superficie.

TACA. (ár. *ṭāqa*, ventana, agujero en la pared.) f. Alacena pequeña.

TACA. (fr. *taque*, lámina de hierro colado.) f. Min. Cada una de las placas que integran el crisol de una forja.

TACA. f. Chile. Marisco comestible de concha redonda.

TACACO. m. C. Rica. Planta trepadora cucurbitácea, que produce un fruto parecido al chayote, el cual se come cocido como verdura.

★ **TACACHO.** m. Perú. Plato preparado con plátanos molidos y chicharrones.

TACADA. f. Golpe dado con el taco a la bola de billar o de trucos. || **2.** Serie de carambolas hechas sin perder golpe. || **3.**

Mar. Conjunto de tacos colocados entre un punto firme y otro que ha de moverse.

TACAMACA. (De *tacamahaca*.) f. Bot. Árbol americano gutífero, de tronco muy grueso, que da una resina sólida y aromática. || **2.** Resina de este árbol. || **—angélica.** Resina opaca, de sabor amargo, que fluye de plantas de distintas especies terebintáceas. || **—común.** Resina transparente, insípida, de débil olor; fluye de una especie de álamo.

TACAMACHA. f. Tacamaca.

★ **TACAMACHÍN.** (mejic. *tlaca-michin*; de *tlacatl*, hombre, y *michin*, pez.) m. Zool. Méj. Nombre vulgar de un pez centropomátido del Golfo de Méjico.

TACAMAHACA. (port. *tacahamaca*.) f. Tacamaca.

★ **TACAMAJACA.** f. Bot. Venez. Tacamaca.

★ **TACÁN.** adj. Chile. En la prov. de Chiloé, porfiado.

TACANA. f. Mineral de color negruzco, abundante en plata.

★ **TACANA.** (Voz quichua por *maza*.) f. Argent. Mano de mortero.

★ **TACANEAR.** (De *tacana*, 2.º art.) tr. Argent. Apisonar, majar, aplastar.

TACAÑAMENTE. adv. Con tacañería.

TACAÑEAR. (De *tacaño*.) intr. Obrar con tacañería.

TACAÑERÍA. f. Calidad de tacaño. || **2.** Acción propia del tacaño.

TACAÑO, ÑA. (ital. *taccagno*, y éste del gót. *tahu*, pegajoso.) adj. desus. Astuto, bellaco, pícaro, que engaña con embustes. Ú.t.c.s. || **2.ª** acep.: **P.** tacanho: **I.** stingy, mean; **F.** avare; **A.** karg, knauserig; **It.** taccagno; **R.** скаредный.

TACAR. (De *taca*, 1.er art.) tr Señalar haciendo hoyo, mancha u otra huella.

★ **TACAR.** (De *taco*.) tr. Colom. Manejar el taco en el billar. || **2.** Colom. Apretar, rellenar. || **3.** r. Colom. Hartarse.

★ **TACARIGA.** f. Bot. Venez. Árbol de frutos algodonosos.

★ **TACARIGUA.** f. Bol. Salv. Palma real. || **2.** Bot. Venez. Tacariga. || **3.** pl. Venez. Flotadores de madera o corcho para que las lanchas no zozobren.

★ **TACARPU.** (quich. *takallpu*.) m. Perú. Palo puntiagudo con que se hacen hoyos en la tierra para sembrar granos.

★ **TACAY.** m. Bot. Colom. Árbol cuya semilla tiene una especie de manteca.

TACAZO. m. Golpe dado con el taco. || **2.** P. Rico. Trago grande de licor.

TACETA. (d. de *taza*.) f. Calderillo que sirve para trasegar el aceite en los molinos.

★ **TACIFIRO.** m. Guat. Chafirro, machete.

★ **TACÍS.** m. Colom. y Venez. Calabozo, hacha de forma curva.

TACITA. f. d. de taza. || **—de plata.** fig. Se aplica a lo que está limpio y acicalado con esmero.

TÁCITAMENTE. adv. Secretamente, sin ruido. || **2.** Sin expresión o declaración formal.

TÁCITO, TA. (l. *tacitus*, p.p. de *tacēre*, callar.) adj. Callado, silencioso. || **2.** Que no se entiende, oye o dice formalmente, sino que se infiere por alguna razón. || **3.** For. Se aplica a la condición que virtualmente se entiende puesta. || **P.** tácito; **I.** tacit; **F.** tacite; **A.** stillschweigend; **It.** tàcito; **R.** молчаливый.

TACITURNIDAD. (l. *taciturnitas, -ātis.*) f. Calidad de taciturno.

TACITURNO, NA. (l. *taciturnus.*) adj. Callado, silencioso. || **2.** fig. Triste, apesadumbrado. || **P.** taciturno: **I.** taciturn; **F.** taciturne; **A.** schweigsam, trübsinnig; **It.** taciturno; **R.** замкнутый.

★ **TACIZO.** m. Colom. Tacú estrecho.

★ **TACK.** (Abrev. del ingl. *tachometer*, tacómetro.) m. Cinemat. Tacómetro usado para determinar la velocidad de rotación del elemento rotativo en el equipo impresor.

★ **TACLIA.** f. Perú. Instrumento indígena de labranza para romper el terreno.

TACLOBO. m. Zool. Molusco lamelibranquio, abundante en Filipinas y otras islas del Pacífico; su concha es muy hermosa.

★ **TACLLA.** f. Perú. Taclia.

★ **TACNA.** f. Colom. Horno en que los indios cuecen tejas y ladrillos.

TACO. (De *atacar*.) m. Pedazo de madera, metal, etc., grueso y corto que encaja en algún hueco. || **2.** Cualquier pedazo de madera corto y grueso. || **3.** Cilindro de trapo, estopa, etc., con que se aprieta la carga de un arma de fuego o de un barreno. || **4.** Baqueta con que se ataca un arma de fuego. || **5.** Vara de madera dura y pulimentada con que se empujan las bolas de billar. || **6.** Canuto de madera con que juegan los niños lanzando un taco por medio del aire comprimido por otro que se empuja por detrás. || **7.** Conjunto de hojas que forman el calendario de pared. || **8.** fig. y fam. Bocado tomado fuera de las horas de comer. || **9.** fig. y fam. Trago de vino. || **10.** fam. Embrollo, lío. || **11.** fig. y fam. Voto, palabrota, juramento, etc., suele usarse con los verbos *echar* y *soltar*. || **12.** Gran. Cohombro, fruta de sartén. || **13.** Germ. Regüeldo, eructo. || **14.** Impr. Botador. || **—de clavellina.** Art. El cilindro formado por varios haces de filástica atados. || **—de suela.** El de billar, con una rodajita de suela en la punta. || **—limpio** o **seco.** fig. El de billar, sin suela en la punta. || *Meter los* tacos. fr. Méj. y C. Rica. Amedrentar, atemorizar || **P.** taco; **I.** stopper, plug, peg, bung; **F.** taquet, bourre; **A.** Pflock; **It.** tappo, stoppaccio(lo); **R.** пыж, шомпол.

° **TACO.** (quich. *taycu*.) m. Amér. Merid. Tacón de calzado.

★ **TACO, CA.** (Quizás aféresis de *currutaco*.) adj. Cuba. Se aplica a quien viste con afectada elegancia. Ú.t.c.s. || **2.** Cuba. Desenfadado, guapo. Ú.t.c.s. || *Darse* taco. fr. Argent. Darse tono.

TACÓN. (De *taco*.) m. Pieza semicircular, que va unida por fuera a la suela del zapato o bota, en la parte que corresponde al talón. || **2.** Impr. Cuadro formado por unas barras, a las que se ajusta el pliego al colocarlo en la prensa para ser impreso. || **3.** Germ. Chile. Daga. || **P.** tação; **I.** heel; **F.** talon du soulier; **A.** Absatz, Hacke; **It.** tacco, taccone; **R.** каблук.

TACONAZO. m. Golpe dado con el tacón.

TACONEAR. intr. Pisar causando ruido con el tacón. || **2.** fig. Pisar con arrogancia.

★ **TACONEAR.** (De *taco*.) tr. Chile. Henchir, rellenar.

TACONEO. Acción y efecto de taconear.

TACOTAL. (mejic. *tlacotl*.) m. C. Rica. Matorral espeso. || **2.** Hond. Ciénaga, lodazal.

TÁCTICA. (gr. ταχτιχή, t. f. de -χός, táctico.) f. Arte de poner las cosas en orden. || **2.** Mil. Conjunto de reglas a que se ajustan en su ejecución las operaciones militares. || **3.** fig. Sistema hábil que se emplea disimuladamente para conseguir algo. || **—naval.** Arte de disponer y ejecutar las operaciones navales de guerra. || **P.** táctica; **I.** tactics; **F.** tactique; **A.** Taktik, Kriegskunst; **It.** tàttica; **R.** тактика.

TÁCTICO, CA. (gr. ταχτιχός; de τάσσω, poner en orden.) adj. Perteneciente o relativo a la táctica. || **2.** m. El que sabe o practica la táctica.

TÁCTIL. (l. *tactilis*.) adj. Referente al tacto.

★ **TACTISMO.** m. Histol. Influencia que ejercen ciertas substancias químicas o ciertas formas de la energía, como la luz, la electricidad, etc., sobre el protoplasma y más sobre el movimiento o dirección de crecimiento o de traslación de las células.

TACTO. (l. *tactus*.) m. Zool. Sentido corporal por el cual los animales aprecian las sensaciones de contacto, de frío, de calor, de presión. || **2.** Acción de tocar o palpar. || **3.** fig. Tino, maña. || **—de codos.** Mil. Unión que debe haber entre uno y otro soldado para que estén formados correctamente. || **2.** fig. Efecto de unirse estrechamente varias personas para determinado fin. || **P.** tacto; **I.** touch; **F.** toucher, tact; **A.** Gefühl, Takt, Tastsinn; **It.** tatto; **R.** осязание, такт.

★ **TACÚ.** m. Bol. Mortero grande de madera.

T

TACUACÍN. (mejic. *tlacuatzin.*) m. Amér. Central y Méj. Zarigüeya.

★ **TACUACO, CA.** adj. Chile. Pequeño y grueso. Se aplica sólo a personas. Ú.t. c.s. || 2. Chile. Patojo, de patas cortas. Se dice de los pollos.

★ **TACUACHA.** Cuba. Acción incorrecta.

TACUACHE. m. Zool. Cuba y Méj. Mamífero insectívoro nocturno. || 2. Zool. Chile. Especie de avispa.

★ **TACUAPÍ.** m. Bot. Argent. Caña hueca y de poco peso que suele alcanzar 10 m de altura y unos 10 cm de diámetro.

TACUARA. f. Argent., Chile y Urug. Planta gramínea, especie de bambú de cañas resistentes.

TACUARAL. m. Argent. y Chile. Lugar poblado de tacuaras.

★ **TACUAREMBÓ.** m. Bot. Amér. Tacuarembú.

★ **TACUAREMBÚ.** (Voz guaraní.) m. Bot. Amér. Merid. Caña larga y flexible que se utiliza para tejer esteras y cestos.

★ **TACUARÍ.** m. Bot. Argent. Cierta cañita hueca y delgada.

★ **TACUARUZÚ.** m. Bot. Amér. Merid. Variedad de tacuara.

★ **TACUAZÍN.** m. Zool. Amér. Central. Zarigüeya.

★ **TACURO.** (Voz caribe.) m. Venez. Cubilete de dados.

TACURÚ. (Voz guaraní.) m. Argent. y Par. Especie de hormiga pequeña y negra. || 2. Argent. y Par. Cada uno de los montículos cónicos o semiesféricos de tierra arcillosa, abundantemente en los terrenos anegadizos del Chaco, y que en su origen fueron hormigueros.

TACHA. (fr. *tache*, y éste del gót. *taikka*, mancha.) f. Falta, defecto o imperfección. || 2. Especie de clavo pequeño mayor que la tachuela. || 3. For. Motivo legal para desestimar a declaración de un testigo. || ¡Miren qué TACHA! expr. fam. usada para ponderar la especial calidad de una cosa. || ¡Qué TACHA, beber con borracha! expr. que se aplica a los grandes bebedores porque bebiendo de la bota no se nota la cantidad que beben. || P. tacha; I. blemish, fault, defect; F. défaut, tache; A. Fehler, Mangel, Tadel; It. taccia, macchia; R. дефект.

TACHA. f. Amér. Tacho. || 2. En la fabricación de azúcar, aparato donde se evapora por medio del vacío el jarabe hasta conseguir una masa cristalizada.

TACHABLE. adj. Que merece tacha.

TACHADOR, RA. adj. Se dice del que pone tacha. Ú.t.c.s.

TACHADURA. f. Acción y efecto de tachar lo escrito.

TACHAR. tr. Poner en algo falta o tacha. || 2. Borrar lo escrito. || 3. Alegar algún motivo contra un testigo para que no sea tenida en cuenta su declaración. || 4. fig. Culpar, censurar. || P. tachar; I. to blame, to tax; F. accuser, reprocher; A. tadeln, beschuldigen; It. tacciare; R. марать, пятнать.

TACHERO. m. Amér. Obrero encargado de los tachos en la elaboración del azúcar. || 2. Amér. Hojalatero.

TACHIGUAL. m. Méj. Cierto tejido de algodón.

TACHO. m. Argent. y Chile. Vasija de metal, con asas, de fondo redondeado. o por ext., cualquier recipiente grande de latón. || 2. Amér. Paila grande en que se acaba de cocer el melado y se le da el punto de azúcar.

★ **TACHÓMETRO.** m. joc. Argent. El reloj.

TACHÓN. (De *tachar*.) m. Cada una de las rayas con que se borra lo escrito. || 2. Golpe de galón o cinta que se coloca en la ropa para adornarla.

TACHÓN. (aum. de *tacha*, clavo.) m. Tachuela grande, de cabeza adornada, para sillerías, cofres, etc.

TACHONADO. (De *tachonar*.) m. Germ. Cinto que ciñe la cintura.

TACHONAR. tr. Adornar una cosa sobreponiéndole tachones. || 2. Clavetear con tachones cofres, sillerías, etc. || P. tachonar; I. to stud; F. garnir de caboches; A. mit Tresen besetzen; It. gallonare; R. украшать галунами.

TACHONERÍA. f. Obra o labor de tachones.

TACHOSO, SA. adj. Que tiene tacha o defecto.

TACHUELA. (d. de *tacha*, clavo.) f. Clavo corto y de cabeza grande. || 2. fig. y fam. Chile. Persona de muy baja estatura. || P. tachinha; I. tack; F. broquette; A. Stift, kleiner Nagel; It. bulletta; R. обойный гвоздь.

TACHUELA. (De *tacho*.) f. Colom. Especie de escudilla de metal usada para calentar algunas cosas. || 2. Venez. Taza de metal que se pone en el tinajero para beber agua.

★ **TACHURÍ.** (Voz guaraní, equivalente a *comedor de gusanos*.) m. Zool. Amér. Merid. Pajarillo tiránido que se alimenta de gusanos e insectos.

TAEL. (malayo *tail*.) m. Moneda china de uso en Filipinas. || 2. Peso común usado en Filipinas que equivale a 395 g aproximadamente. || 3. Peso de metales preciosos usado en Filipinas.

TAFANARIO. (De *antifonario*, 2.ª acep.) m. fam. Parte posterior del cuerpo humano, o asentaderas.

TAFETÁN. (persa *tâftê*, torcido, variedad de tejido de seda.) m. Tela delgada de seda, muy tupida. || 2. pl. fig. Las banderas. || 3. fig. Galas de mujer. || —de heridas o inglés. El preparado por una cara con cola de pescado que se emplea para cubrir heridas. || P. tafetá; I. taffeta, taffety; F. taffetas; A. Taffet; It. taffettà; R. тафта.

TAFIA. f. Aguardiente de caña.

TAFILETE. (De *Tâfilâlt*, región del sudeste de Marruecos.) m. Cuero bruñido o lustroso, más delgado que el cordobán. || 2. Amér. Tira de badana que rodea interiormente el sombrero en la parte que toca la cabeza. || P. tafilete; I. morocco leather; F. maroquin; A. Saffian; It. marocchino; R. сафьян.

TAFILETEAR. tr. Adornar o componer con tafilete.

TAFILETERÍA. f. Arte de adobar el tafilete. || 2. Taller donde se adoba. || 3. Tienda donde se vende.

★ **TAFITE.** m. Méj. Papirotazo.

TAFO. m. Ál., León, Rioja y Zam. Tufo, olor fuerte y desagradable. || 2. Sentido corporal del olfato.

TAFÓN. (fr. *tafon*.) m. Molusco marino gasterópodo, de espina corta, boca casi redonda que se prolonga con una fosa estrecha.

TAFULLA. f. ant. Tahúlla.

TAFUR. m. ant. Tahúr.

TAFUREA. (ár. *ṭaifûriyya*, la nave que es como una bandeja o *ataifor*.) f. Embarcación muy planuda que se usó para el transporte de caballos.

TAFURERÍA. (De *tafur*.) f. ant. Tahurería.

★ **TAG.** (Voz inglesa equivalente a *apéndice*.) m. Cinemat. Final añadido a una composición musical en la preparación de una obra cinematográfica.

TAGALO, LA. adj. Dícese del individuo de una raza indígena de Filipinas, que vive en la isla de Luzón y otras inmediatas. Ú.t.c.s. || 2. Perteneciente y relativo a los tagalos. || 3. m. Lengua que hablan los tagalos.

★ **TAGARETE.** m. Argent. Arroyuelo.

TAGARINO, NA. (ár. *ṭagrî* o *ṭagarî*, fronterizo.) adj. Se aplica de los moriscos que vivían entre cristianos y hablaban ambas lenguas. Ú.t.c.s.

TAGARNINA. (Del art. berb. *ta*, y el ár. *kernîn*; del gr. ἄχαρνα, cardo lechal.) f. Cardillo, planta compuesta. || 2. fam. y fest. Cigarro puro muy malo. || 3. Méj. Escarcela de piel. || 4. Guat. Borrachera.

★ **TAGARNIOSO, SA.** adj. Colom. Corrillero.

★ **TAGARNO.** m. Méj. Bolsa de cuero para el tabaco picado. || 2. Méj. Pan de munición. || 3. Baile y canto populares.

TAGAROTE. (Quizá del ár. *tāhurti*, procedente de la ciudad africana de *Tāhĕrt*.) m. Baharí. || 2. fig. Escribano. || 3. fam. Hidalgo pobre que se arrima donde puede comer sin costarle nada. || 4. fam. Hombre alto y desgarbado.

TAGAROTEAR. (De *tagarote*, 2.ª acep.) intr. Formar los caracteres y letra con garbo.

TAGASASTE. m. Can. Arbusto leguminoso, de madera muy dura.

★ **TAGMA.** f. Agregado de moléculas; masa molecular de protoplasma.

★ **TAGNE.** (arauc. *thage*.) m. Zool. Chile. Garza.

TAGUA. f. Chile. Ave que vive en las lagunas y pajonales. || 2. Bot. Semilla de una palma americana, cuyo endospermo es el marfil vegetal. || 3. Bot. Amér. Merid. Corojo, planta americana. || Hacer taguas. fr. fam. Chile. Zambullirse en el agua.

TAGUÁN. m. Filip. Guiguí.

★ **TAGUAR.** (De *tagua*.) tr. Ecuad. Recoger tagua.

★ **TAGUARA.** f. Colom. Bocado de tabaco de mascar. || 2. Venez. Tabernucho.

★ **TAGUATÁ.** m. Zool. Argent. Ave rapaz parecida al gavilán.

★ **TAGUATAGUA.** f. Bot. Amér. Cierto árbol silvestre, de madera negra, dura y fina. || 2. Chile. Tagua.

★ **TAGÜITA.** (d. de *tagua*.) f. Zool. Chile. Ave zancuda rálida parecida a la tagua. || Hacer tagüitas. Chile. fam. Hacer taguas.

TAHA. (ár. *ṭâ'a*, obediencia, jurisdicción.) f. Comarca, distrito.

TAHALÍ. (ár. *tahlîl*, estuche para guardar amuletos.) m. Tira, comúnmente de cuero, que cruza desde el hombro derecho al costado izquierdo y en la que se pone la espada. || P. talim; I. baldric; F. baudrier; A. Wehrgehänge; It. tracolla. R. портупея.

TAHARAL. m. Tarayal.

TAHELÍ. m. desus. Tahalí.

TAHEÑO, ÑA. (Quizá del ár. *tahannu*', teñirse con alheña.) adj. Se aplica al pelo bermejo. || 2. Barbitaheño. || 3. Chile. De color de café claro.

TAHONA. (ár. *ṭâḥûna*, molino de cereales.) f. Molino de harina cuya rueda mueve una caballería. || 2. Lugar en que se hace pan y se vende. || 3. Ecuad. Especie de báculo largo usado como bichero para cruzar los ríos. || 2.ª acep.: P. atafona; I. bakery, bakehouse; F. boulangerie; A. Bäckerladen; It. panatteria; R. пекарня.

TAHONERA. f. La que tiene tahona. || 2. Mujer del tahonero.

TAHONERO. m. El que tiene tahona.

★ **TAHUA.** f. Amér. Tagua.

★ **TAHUATAHUA.** f. Amér. Taguatagua.

★ **TAHUITA.** f. Amér. Tagüita.

TAHÚLLA. f. Alm., Gran. y Murc. Medida agraria usada principalmente para las tierras de regadío; tiene 40 varas de lado ó 1.600 varas cuadradas, o sea 11 áreas y 18 centiáreas.

TAHÚR, RA. (ár. *zafûr*, ganancioso, largo de uñas.) adj. Jugador, que tiene el vicio de jugar. || 2. m. El que frecuenta las casas de juego. || 3. Jugador fullero. || P. taful; I. gambler; F. tricheur; A. Gewohnheits spieler; It. biscazziere; R. игрок.

TAHURERÍA. (De *tahúr*.) f. Garito o casa de juego. || 2. Vicio de los tahúres. || 3. Modo de jugar con trampas.

TAHURESCO, CA. adj. Propio de tahúres.

TAIBEQUE. (Del m. or. que *tabique*.) m. ant. Tabique.

TAIFA. (ár. *tā'ifa*, grupo, bandería, facción.) f. Bandería, parcialidad. Ú. para calificar a los régulos de los pequeños Estados en que se fraccionó el califato cordobés. || 2. fig. y fam. Reunión de personas de mala vida o escaso juicio.

TAIGA. f. Geogr. Selva propia del norte de Rusia y Siberia, de subsuelo helado y formada principalmente de coníferas. Se halla limitada al norte por la tundra, y al sur por la estepa.

° **TAILANDÉS, SA.** adj. Natural de Tailandia.

TAIMA. f. Taimería. || 2. Chile. Murria.

TAIMADO, DA. adj. Bellaco, astuto. Ú.t.c.s. || 2. Chile. Amorrado. || 3. Argent. y Ecuad. Perezoso. || P. taimado; I. sly, crafty; F. rusé, fourbe; A. listig, schlau; It. scaltro; R. хитрый, лукавый.

TAIMARSE. r. Argent. y Chile. Hacerse taimado. || 2. Chile. Amorrarse, emperrarse.

TAIMERÍA. (De *taimado*.) f. Picardía, malicia.

TAINA. (l. *tigna*, pl. de *tignum*, madero.) f. GUAT. y SOR. Tinada, cobertizo para tener recogidos los ganados. ‖ 2. ÁV., PAL., SAL., SEG. y VALLAD. Coz, 1.ª acep. ‖ 3. MURC. Meta, término de la carrera.

TAINO, NA. adj. Se aplica al individuo perteneciente a varias tribus que vivieron en las Grandes Antillas. Apl. a pers. ú.t.c.s.

★ **TAINO, NA.** (Voz caribe.) adj. CUBA. Bueno.

★ **TAINO, NA.** adj. ECUAD. Zaíno, de color castaño.

TAIRE. m. CUENC., GUAD. y SOR. Cachete, golpe dado a uno con la mano abierta.

TAITA. (l. *tata*, padre.) m. Palabra infantil para designar al padre. ‖ 2. Padre de mancebía. ‖ 3. ANT. Tratamiento que se suele dar a los negros ancianos. ‖ 4. VENEZ. Tratamiento que suele darse al jefe de familia. ‖ 5. p. us. ARGENT. y CHILE. Tratamiento que se da a las personas que merecen respeto. ‖ 6. ARGENT. Entre los gauchos, matón. ‖ 7. ECUAD. Padre. ‖ 8. COLOM. Jayán, gigante. ‖ *¡Ajó* TAITA! expr. fam. ¡Ajó!

★ **TAITABUICO.** m. CUBA. Plato preparado con plátanos y chicharrones.

★ **TAITETÚ.** (Voz guaraní.) m. ZOOL. AMÉR. MERID. Pécari.

★ **TAITÓN.** (aum. de *taita*.) m. fam. CUBA. Abuelo.

TAJA. f. Armazón formado de varios palos colocada sobre el baste para llevar más sujeta la carga de mieses, leñas, etc. ‖ 2. LEÓN. Tabla de las lavanderas para estregar la ropa.

TAJA. (De *tajar*.) f. Cortadura o repartimiento. ‖ 2. Tarja.

TAJÁ. f. ANT. Especie de pájaro carpintero.

TAJADA. (De *tajar*.) f. Porción cortada de una cosa, particularmente comestible. ‖ 2. fam. Ronquera o tos debida a un resfriado. ‖ 3. fam. Borrachera, embriaguez. ‖ 4. CHILE. Corte, tajo. ‖ *Hacer* TAJADAS a uno. fr. fig. y fam. Acribillarlo de heridas con un arma blanca. Ú. más como amenaza. ‖ *Sacar* una TAJADA. fr. fig. y fam. Conseguir con maña alguna ventaja, especialmente en lo que se distribuye entre varios. ‖ P. tailade; I. slice; F. tranche; A. Scheibe, Schnitte; It. fetta; R. кусок, ломоть.

TAJADERA. (De *tajar*.) f. Cuchilla en forma de media luna. ‖ 2. Tajito de madera sobre el que se coloca la carne que se ha de cortar. ‖ 3. Cortafrío. ‖ 4. pl. AR. Compuerta para detener la corriente de agua. ‖ P. talhadeira; I. chopping-knife; F. hachoir; A. Hackmesser; It. mezzaluna; R. косарь (нож).

TAJADERO. (De *tajar*.) m. Tajo sobre el que se corta o pica la carne. ‖ 2. SAL. Tajadera, 2.ª acep.

TAJADILLA. f. d. de tajada. ‖ 2. Plato de bodegón, formado de tajadas de livianos guisadas. ‖ 3. AND. Rodaja de naranja o limón que se vende para bebedores de aguardiente.

TAJADO, DA. p.p. de tajar. ‖ 2. adj. Se dice de la costa o roca cortada verticalmente. ‖ 3. BLAS. Se dice del escudo dividido diagonalmente con una línea desde el ángulo siniestro del jefe al diestro de la punta.

TAJADOR, RA. adj. Que taja. Ú.t.c.s. ‖ 2. m. Tajo para cortar o picar carne. ‖ 3. ÁV. Plato de madera con tajadera usado en las matanzas para picar la carne.

TAJADURA. f. Acción y efecto de tajar.

★ **TAJALÁN, NA.** adj. CUBA. Se dice de la persona vaga que vive a costa de los demás. Ú.t.c.s.

★ **TAJALEO.** m. fam. CUBA. La comida. ‖ 2. fam. CUBA. Escándalo, jaleo.

★ **TAJALÁN, NA.** m. y f. REP. DOMIN. Muchacho o muchacha muy crecidos.

★ **TAJAMANIL.** (mejic. *tla-xamanilli*; de *tla*, cosa, y *xamanilli*, roto, hendido.) m. MÉJ. Tejamanil.

TAJAMAR. (De *tajar* y *mar*.) m. MAR. Tablón recortado en forma de curva y ensamblado en la parte exterior de la roda, que hiende el agua cuando la embarcación marcha. ‖ 2. ARQ. Parte de fábrica adicionada a las pilas de los puentes para cortar el agua de la corriente. ‖ 3. GERM. Cuchillo de campo. ‖ 4. CHILE. Malecón, dique. ‖

5. ARGENT. Presa o balsa. ‖ 6. ARGENT. Zanjón practicado en las riberas de los ríos para amenguar los efectos de las crecidas. ‖ P. talha-mar; I. cutwater; F. taille-mer; A. Eisbrecher, Schaft; It. tagliamare; R. форштевень.

TAJAMIENTO. (De *tajar*.) m. Tajadura.

TAJANTE. p.a. de tajar. Que taja. ‖ 2. m. En algunas partes, cortador, carnicero.

TAJAPLUMAS. (De *tajar* y *pluma*.) m. Cortaplumas.

TAJAR. (l. *taliāre*, tallar.) tr. Dividir una cosa con instrumento cortante. ‖ 2. Hablando de la pluma de ave para escribir, cortarla. ‖ P. talhar; I. to cut; F. couper, tailler; A. behauen, schneiden; It. tagliare, fèndere; R. резать.

★ **TAJARRAZO.** (De *tajar*.) m. HOND. Tajo, corte.

★ **TAJARRIA.** f. CUBA. Ataharre. ‖ 2. P. RICO. Pelliza.

TAJEA. f. Atarjea. ‖ 2. Obra de fábrica, pequeña, para dar paso al agua por debajo de un camino.

★ **TAJEAR.** tr. AMÉR. Muy usado en lugar de tajar.

TAJERO. m. Tarjero.

★ **TAJIBO.** m. AMÉR. Tajivo.

★ **TAJIVA.** m. AMÉR. Tajivo.

★ **TAJIVO.** (guar. *tayi*.) m. R. DE LA PLATA. Lapacho.

TAJO. (De *tajar*.) m. Corte hecho con instrumento adecuado. ‖ 2. Sitio hasta donde llega en su trabajo una cuadrilla de operarios, como segadores, mineros, etc. ‖ 3. Tarea, 2.ª acep. ‖ 4. Escarpa alta y cortada casi verticalmente. ‖ 5. Corte o filo. ‖ 6. Trozo grueso de madera, fijo ordinariamente sobre tres pies, que se usa para cortar y picar la carne. ‖ 7. Trozo de madera grueso sobre el cual se cortaba la cabeza de los condenados a muerte. ‖ 8. ZAM. Taja, tabla de las lavanderas. ‖ 9. ESGR. Corte dado con la espada u otra arma blanca llevando el brazo de derecha a izquierda. ‖ 10. REP. DOMIN. Trozo de carne. ‖ 11. VENEZ. y COLOM. Camino de herraduras. ‖ 12. BOT. P. RICO. Planta herbácea medicinal. ‖ —**diagonal**. ESGR. El que se tira en la línea diagonal sobre el rostro. ‖ P. talho; I. cut; F. coupure; A. Hieb; It. taglio; R. разрез.

TAJÓN. (aum. de *tajo*.) m. Tajo, 6.ª acep. ‖ 2. Madero de menor longitud que la que por el marco le corresponde. ‖ 3. AND. Vena de piedra de que se hace cal. ‖ 4. GERM. Mesón.

TAJÚ. m. FILIP. Cocimiento de té, jengibre y azúcar que toman las indígenas como desayuno.

TAJUELA. f. Tajuelo, 2.ª acep.

TAJUELO. m. d. de tajo. ‖ 2. Banquillo rústico, generalmente de tres pies. ‖ 3. MEC. Tejuelo, pieza donde se apoya el gorrón de un árbol.

TAJUGO. (l. *taxūcus*; de *taxo, -ōnis*.) m. AR. Tejón, mamífero carnicero.

★ **TAJUREAR.** intr. P. RICO. Traficar con malas artes.

★ **TAJUREO.** m. P. RICO. Acción y efecto de tajurear. ‖ 2. P. RICO. Ardid, engañifa.

TAL. (l. *talis*.) adj. Aplícase a las cosas indefinidamente, para determinar en ellas lo que por su correlativo se indica. ‖ 2. Igual, semejante, de la misma clase o figura. ‖ 3. Tanto o tan grande. Ú. con sentido ponderativo. ‖ 4. Ú.t. para determinar lo que no está especificado. Suele usarse con repetición para dar más viveza a la expresión. ‖ 5. Ú. también a veces como pronombre demostrativo. Empleado como neutro equivale más determinadamente a *cosa o cosa tal*, y toma con mayor distinción carácter de substantivo. *Para destruir un pueblo no hay* TAL *como dividirlo*. Puede construirse con el artículo determinado masculino o femenino. *La* TAL *compañía*, *el* TAL *personaje*. ‖ 6. También se emplea como pronombre indeterminado. TAL (alguno) *habrá que lo sienta*. ‖ 7. Aplicado a un nombre propio da a entender que se trata de persona poco o nada conocida. *Pidió la palabra un* TAL *Andrés*. ‖ 8. adv. Así, de esta suerte. ‖ 9. Empleado en sentido comparativo, corresponde con *cual*, y en dicho caso equivale a *de igual modo o asimismo*. ‖ 10. En la réplica, precedido

de los adverbios *sí o no*, refuerza el significado de los mismos. ‖ *Con* TAL *que*. m. conjunt. condic. En el caso de que. ‖ TAL *cual*. expr. que da a entender que por defectuosa que sea una cosa, se estima por algo bueno que en ella se ve. ‖ 2. Ú.t. para indicar que son pocas las personas o cosas de que se habla. ‖ 3. Pasadero, regular. ‖ 4. m. adv. Así, así; medianamente. ‖ TAL *para cual*. expr. fam. para denotar igualdad o semejanza moral entre dos personas. Generalmente se toma en mala parte. ‖ TAL *por cual*. expr. despect. De poco más o menos. ‖ *Una* TAL. expr. despect. Una ramera. ‖ P. tal; I. such; F. tel; A. solch(er-, e-, es); It. tale; R. такой, таковой.

TALA. (De *talar*, 2.º art.) f. Acción y efecto de talar, 2.º art., 1.ª, 2.ª y 3.ª aceps. ‖ 2. FORT. Defensa formada por árboles cortados. ‖ 3. CHILE. Acción de pacer los ganados la hierba que no puede cortarse con la hoz. ‖ 4. VENEZ. Hacha. ‖ 5. P. RICO. Huerta o huerto. ‖ P. tala; I. felling (of trees); F. abattage; A. Holzschlag, Fällen (der Bäume); It. tagliata; R. вырубка леса.

TALA. f. Juego de muchachos, consistente en dar con un palo en otro pequeño y por ambos extremos puntiagudo, haciéndole saltar del suelo para darle en el aire un segundo golpe que lo despide a mayor distancia. ‖ 2. Palo pequeño y puntiagudo por ambos extremos empleado en este juego.

TALA. f. ARGENT. Árbol urticáceo, de madera blanca y fuerte; la raíz se emplea para teñir, y sus hojas tienen propiedades medicinales.

TALABARTE. (port. *talabarte*.) m. Cinturón que lleva pendientes los tiros de que cuelga la espada o el sable.

TALABARTERÍA. f. Tienda o taller de talabartero. ‖ 2. AMÉR. Taller o tienda de artículos de cuero.

TALABARTERO. (De *talabarte*.) m. Guarnicionero que hace talabartes y otros correajes.

TALABRICENSE. (l. *Talabriga*, hoy Talavera.) adj. Natural de Talavera de la Reina. Ú.t.c.s. ‖ 2. Perteneciente a esta ciudad.

TALACHO. m. MÉJ. Azada.

TALADOR, RA. adj. Que tala. Ú.t.c.s.

★ **TALADRACRISTAL.** (De *taladrar* y *cristal*.) m. ELECTR. Aparato que demuestra los efectos mecánicos de la chispa eléctrica, taladrando un cristal colocado entre dos puntas, entre las que se hace saltar una chispa eléctrica.

TALADRADOR, RA. adj. Que taladra. Ú.t.c.s.

TALADRANTE. p.a. de taladrar. Que taladra.

TALADRAR. tr. Horadar algo con taladro o instrumento semejante. ‖ 2. fig. Herir los oídos algún sonido muy fuerte y agudo. ‖ 3. fig. Penetrar con el discurso en una materia obscura. ‖ P. tradear; I. to drill, to bore; F. percer, forer; A. durchbohren, durchlöchern; It. succhiellare; R. сверлить.

TALADRILLA. f. Barrenillo que ataca al olivo.

TALADRO. (l. *taratrum*.) m. Instrumento cortante y agudo para agujerear. ‖ 2. Agujero hecho con el taladro u otro instrumento semejante. ‖ P. trado, broca; I. drill, borer; F. tarière, vrille; A. Bohrer; It. succhio; R. сверло.

TALAJE. (De *talar*, 2.º art.) m. CHILE. Acción de pacer los ganados la hierba en los campos y precio pagado por ello.

★ **TALAMATE.** (mejic. *tlatl amatl*; de *tlalli*, tierra, y *amatl*, amate.) m. BOT. MÉJ. Cierta planta medicinal.

TALAMERA. f. Árbol en que se pone el señuelo para atraer las palomas.

TALAMETE. (d. de *tálamo*.) m. MAR. Cubierta que alcanza sólo a la parte de proa en embarcaciones menores.

TALAMIFLORA. (De *tálamo* y *flor*.) adj. BOT. Se aplica a las plantas en cuyas flores es clara la inserción de los estambres en el receptáculo. Ú.t.c.s.

TALAMITE. (gr. θαλαμίτης.) m. Remero de la fila inferior, en las naves antiguas de dos o más órdenes de remos.

TÁLAMO. (l. *thalămus*, y éste del gr. θάλαμος.) m. Lugar en que los novios celebraban las bodas y recibían los para-

T bienes. || **2.** Cama de los desposados. || **3.** Bot. Receptáculo o extremo del pedúnculo donde se asientan los verticilos de la flor. ||—**óptico.** Anat. Cada uno de los dos núcleos voluminosos de substancia gris formada de células y fibras nerviosas, situados uno a cada lado del ventrículo medio; se enlazan con casi todas las regiones del encéfalo e intervienen en la regulación de la sensibilidad y de la actividad de los sentidos. || 2.ª acep.: **P.** tálamo; **I.** nuptial bed; **F.** lit nuptial; **A.** Brautbett; **It.** tàlamo; **R.** брачное ложе.

TALÁN. (Voz onomatopéyica.) m. Sonido de la campana. Ú. más repetido.

TALANQUERA. (De *palanquera*.) f. Valla que sirve de defensa. || **2.** fig. Cualquier sitio que sirve de defensa. || **3.** fig. Defensa y seguridad. || **4.** Colom. Pared de cañas entretejidas. || *Hablar de, o desde la* TALANQUERA. fr. fig. y fam. que indica la ligereza con que algunos, desde una situación de seguridad, juzgan y critican a los que están en un peligro. || *Mirar, o ver, de, o desde la* TALANQUERA una cosa. fr. fig. y fam. Contemplarla sin correr el riesgo a que se exponen los que intervienen en ella.

* **TALANTALA.** f. Bot. P. Rico. Arbusto de 2 ó 3 m de alto, con flores amarillas en racimos terminales.

TALANTE. (De *talente*.) m. Modo de ejecutar algo. || **2.** Semblante, disposición personal o calidad de las cosas. || **3.** Voluntad, deseo. || *De buen, o mal* TALANTE. expr. adv. Con buena o mala disposición de ánimo para hacer o conocer una cosa. || 2.ª acep.: **P.** talante; **I.** mien, appearance; **F.** air, mine; **A.** Art, Weise, Äusseres; **It.** aspetto; **R.** настроение.

TALANTOSO, SA. (De *talante*, 2.ª acep.) adj. p. us. Que está de buen talante.

TALAR. (l. *talāris*.) adj. Dícese del vestido que llega hasta los talones. || **2.** Dícese de las alas en los talones del dios Mercurio. **P.** talar; **I.** long (robe); **F.** talaire, traînant; **A.** Talar abschleppend; **It.** talare; **R.** длиннополый (об одежде).

TALAR. (germ. *talon*, arrancar.) tr. Cortar con el pie masas de árboles hasta dejar rasa la tierra. || **2.** Destruir a mano airada campos, edificios, poblaciones. || **3.** And. y Extr. Podar olivos o encinas. || **4.** Germ. Quitar o arrancar. || **5.** P. Rico. Dedicar un terreno a tala o huerto. || **P.** talar; **I.** to fell (trees); **F.** couper, abattre; **A.** Bäume fällen, abhauen; **It.** tagliare; **R.** сводить (лес).

* **TALAR.** m. Amér. Monte cubierto de talas.

TALASOTERAPIA. (gr. θάλασσα, mar, y θεραπεία, tratamiento.) f. Med. Uso terapéutico de los baños o del aire del mar.

TALAVERANO, NA. adj. Natural de Talavera. Ú.t.c.r. || **2.** Perteneciente a cualquiera de las poblaciones de este nombre.

TALAYA. f. León. Roble joven.

TALAYOTE. (mallorquín *talayot*.) m. Monumento megalítico de las Baleares, semejante a una torre de poca altura.

TALAYOTE. m. Bot. Méj. Fruto de ciertas plantas asclepiadáceas.

* **TALCA.** f. Chile. Trueno.

* **TALCACAHUATE.** (mejic. *tlatl-cacahuatl*; de *tlalli*, tierra, y *cacahuatl*, cacao.) m. Méj. Cacahuete.

TALCO. (ár. *talq*, amianto, yeso.) m. Silicato de magnesia natural, infusible, suave al tacto, se raya con la uña, de color blanco verdoso. En forma de láminas, substituye al vidrio en ventanillas, foroles, etc. || **2.** Lámina metálica muy delgada de variado color, que se emplea en bordados y adornos. || **P.** e **It.** talco; **I.** y **F.** talc; **A.** Talkum, Federweiss; **R.** тальк.

TALCOSO, SA. adj. Compuesto de talco o abundante en él.

TALCUALILLO, LLA. (De *tal cual*.) adj. fam. Que sale poco de la medianía. || **2.** fam. Que experimenta alguna mejoría. Dícese de los enfermos.

TALCHOCOTE. (mejic. *tlazocotl*.) m. Hond. Cierto árbol elevado, cuyo fruto, parecido a la aceituna, se emplea como remedio contra la disentería.

TÁLEA. (l. *talĕa*, rama, palo.) f. Empalizada que levantaban los romanos en sus campamentos.

TALED. (hebr. *tal-līt*, vestido, manto.) m. Pieza o tejido de lana que, a modo de

amito, usan los judíos en las ceremonias religiosas, cubriéndose con él la cabeza y el cuello.

TALEGA. (ár. *ta'liqa*, saco o bolsa colgada.) f. Saco o costal para guardar y llevar cosas. || **2.** Lo que en ella se contiene. || **3.** Culero que se pone a los niños. || **4.** Cantidad de mil pesos duros en plata. || **5.** fam. Dinero. Ú.m. en pl. || **6.** fig. y fam. Pecados que uno tiene que confesar. || **7.** Ar. Saco de cuatro fanegas de cabida. || **8.** Bad. Costal de media fanega de trigo para moler. || **9.** León. Cesto de mimbre usado en las vendimias.

TALEGADA. f. Lo que cabe en una talega. || **2.** Ál. y Nav. Costalada.

TALEGAZO. m. Golpe dado con un talego. || **2.** Ar. Costalada.

TALEGO. (De *talega*.) m. Saco largo y angosto que se emplea para guardar o llevar una cosa. || **2.** fig. y fam. Persona sin arte ni disposición corporal y ancha de cintura. || **3.** Germ. Calza, prenda de vestir. || *Tener* TALEGO. fr. fig. y fam. Tener dinero.

* **TALEGÓN, NA.** adj. Méj. Flojo.

TALEGUILLA. f. d. de talega. || **2.** Calzón que forma parte del traje de toreros. ||—**de la sal.** fig. y fam. Dinero que se invierte en el gasto diario.

TALENTE. (fr. *talent*, y éste del l. *talentum*) m. ant. Talante, 3.ª acep.

TALENTO. (l. *talentum*, y éste del gr. τάλαντον, plato de balanza, peso.) m. Moneda imaginaria de los antiguos griegos y romanos. || **2.** fig. Conjunto de dones con que Dios enriquece a los hombres. || **3.** fig. Brillante capacidad intelectual. || **4.** fig. Por antonom., entendimiento, inteligencia. || 3.ª acep.: **P.** e It. talento; **I.** y **F.** talent; **A.** Talent, Begabung; **R.** талант.

TALENTOSO, SA. adj. Que tiene talento.

TALENTUDO, DA. adj. Talentoso.

* **TALERAZO.** m. Argent. Golpe dado con el talero.

TÁLERO. (Del m. or. que *táller*.) m. Moneda alemana antigua.

TALERO. (De *tala*, 2.º art.) m. Argent. y Chile. Rebenque corto y grueso con cabo de tela o madera dura y lonja corta.

* **TALGO.** m. Tren articulado ligero.

* **TALGUATE.** m. Guat. Papada del ganado vacuno, y por ext., piel fláccida de las personas.

* **TALGUATUDO, DA.** adj. Guat. Se aplica al que posee las carnes fláccidas.

* **TALGUEN.** m. Bot. Chile. Arbusto rámneo, de madera fuerte e incorruptible.

* **TALICUNA.** f. Zool. Chile. Crustáceo decápodo semejante a la jaiba.

TALÍN. m. Sant. Pájaro, especie de canario silvestre.

* **TALINGO.** m. Pan. Hombre de raza negra.

TALIO. (gr. θαλλός, rama verde.) m. Metal poco común, semejante al plomo; sus sales, muy tóxicas, dan color verde a la llama del alcohol.

TALIÓN. (l. *talío*, -ōnis.) m. Pena que consiste en hacer sufrir al delincuente un daño igual al que causó.

TALIONAR. tr. Castigar a uno con la pena del talión.

* **TALISAYO.** adj. Cuba. Se dice del gallo de pelea que tiene plumas amarillas en las alas y negras en la pechuga, como el pájaro mayo. Ú.t.c.s.

TALISMÁN. (ár. *tilasm*, conjuro, encantamiento, y éste del gr. τέλεσμα, rito religioso.) m. Carácter, imagen o figura grabada en un metal o substancia, con correspondencia a los signos celestes, y a la que se atribuyen virtudes portentosas. || **P.** talismá; **I.** y **F.** talisman; **A.** Talisman; **It.** talismano; **R.** талисман.

TALMA. (De *Talma*, célebre trágico francés.) f. Especie de esclavina usada para abrigo por las señoras y por los hombres como capa.

TALMENTE. adv. De tal manera, así.

TALMUD. (hebr. *talmūd*, enseñanza.) Libro que contiene una vasta compilación de la doctrina tradicional de los judíos. Fue escrito después de la destrucción de Jerusalén.

TALMÚDICO, CA. adj. Perteneciente al Talmud.

TALMUDISTA. m. El que profesa la

doctrina del Talmud, o se dedica a su estudio.

TALO. (gr. θάλος, retoño, rama joven.) m. Bot. Cuerpo u órgano vegetativo de las talofitas, donde no es posible distinguir entre raíz, tallo y hojas.

TALO. (Voz vascuence.) m. Ál., Nav., Sant. y Vizc. Torta aplastada, hecha de harina de maíz sin fermentar, que se cuece sobre ascuas.

TALOFITA. (gr. θάλος, retoño, rama joven, y φυτόν, planta.) adj. Bot. Se dice de la planta cuyo cuerpo vegetativo es el talo. Ú.t.c.s.f. || **2.** f. pl. Bot. Tipo de estas plantas que comprende algas y hongos.

TALÓN. (l. *talo*, -ōnis.) m. Calcañar. || **2.** Parte del calzado que cubre el calcañar. || **3.** Pulpejo del casco de las caballerías. || **4.** Parte del arco del violín y de otros instrumentos semejantes, inmediata al mango. || **5.** Cada uno de los bordes reforzados de la cubierta del neumático que encajan en la llanta metálica de la rueda. || **6.** Arq. Moldura sinuosa convexa por arriba y cóncava por abajo. || **7.** Com. Documento cortado de un libro talonario. || **8.** Mar. Corte oblicuo en la extremidad posterior de la quilla, que se ajusta a otro hecho en el chaflán anterior de la madre del timón. || *Apretar uno los* TALONES. fr. fig. y fam. Echar a correr con mucha diligencia. || *Pisarle a uno los* TALONES. fr. fig. y fam. Irle a los alcances, seguirle muy de cerca. || **P.** talão; **I.** heel; **F.** talon; **A.** Ferse; **It.** tallone; **R.** пятка.

TALÓN. (De *talar*, 2.º art.) m. Germ. Mesón.

TALÓN. m. Patrón monetario.

TALONADA. f. Golpe dado a la cabalgadura con los talones.

TALONARIO, RIA. (De *talón*, 1.er art., 7.ª acep.) adj. Dícese del documento que se corta de un libro, quedando en él una parte de cada hoja para acreditar con ella su legitimidad o para ulterior recuento o comprobación. || **2.** V. *Libro* TALONARIO. Ú.t.c.s.

TALONAZO. m. Golpe dado con el talón.

TALONEAR. (De *talón*, calcañar.) intr. fam. Andar a pie con mucha prisa. || **2.** Argent. Incitar el jinete a la caballería picándola con los talones.

TALONERA. f. Chile. Pieza de cuero colocada en el talón de la bota para fijar la espuela. || **2.** Arte. Cuña con que algunos escultores disimulan la espiga que sujeta un pie flexionado sobre los dedos. || **3.** Colom. Talón, parte del calzado que cubre el calcañar.

TALONERO. (De *talón*, 2.º art.) m. Germ. Ventero o mesonero.

TALONESCO, CA. adj. fam. Perteneciente a los talones.

TALPA. (l. *talpa*, topo.) f. Cir. Talparia.

TALPARIA. (De *talpa*.) f. Cir. Absceso formado en los tegumentos de la cabeza.

* **TALPETATE.** m. Guat. Capa terrestre del subsuelo, formada de barro y arena fina.

TALQUE. (Del m. or. que *talco*.) m. Tierra talcosa, muy refractaria, usada para hacer crisoles.

TALQUE. (l. *tale quid*.) pron. indet. desus. Alguno, alguien.

TALQUEZA. f. C. Rica. Hierba que se emplea para cubrir las chozas.

* **TALQUINA.** f. Chile. Engaño, traición, abuso de confianza. || *Jugar la* TALQUINA. fr. fam. Chile. Engañar, traicionar.

TALQUITA. f. Roca pizarrosa compuesta principalmente de talco.

* **TALTACAHUATE.** m. Méj. Cacahuete.

* **TALTAL.** (arauc. *thalthal*.) m. Chile. Gallinazo.

* **TALTUSA.** f. Amér. Taltuza.

TALTUZA. f. C. Rica. Mamífero roedor, especie de rata.

TALUD. (Por *taluz*, del fr. *talus*, y éste der. del l. *talus*, talón.) m. Inclinación del paramento de un muro o de un terreno. || **P.** talude; **I.** slope, talus; **F.** talus, rampe; **A.** Rampe, Abdachung; **It.** scarpa, pendío; **R.** откос.

TALUDÍN. m. Guat. Reptil, especie de caimán.

TALVINA. (ár. *talbína*, manjar de leche, harina y miel.) f. Gachas hechas con leche de almendras.

TALLA. (De *tallar*, cortar.) f. Obra de escultura, especialmente madera. || **2.** Cantidad ofrecida por el rescate de un cautivo o por la detención de un delincuente. || **3.** Cantidad de moneda que ha de rer fabricada por cierta unidad de peso del metal que se acuñe. || **4.** En el juego de la banca y monte, etc., mano o lance entero. || **5.** Estatura del hombre. || **6.** Marca, instrumento para medir la estatura. || **7.** fig. Altura moral o intelectual. || **8.** Ar. Tara, o tarja para llevar cuentas. || **9.** Cir. Operación para extraer los cálculos de la vejiga. || **10.** C. Rica. Embuste. ||—**dulce.** Arte. Dícese de los grabados en metal hechos a buril o al agua fuerte. || *Media* TALLA. Esc. Medio relieve. || *A media* TALLA. m. adv. fig. Con poco miramiento. || *Echar* TALLA. fr. Chile. Jactarse. || *Poner* TALLA. fr. Señalar la talla (2.ª acep.) que se ofrece y publicará contra un delincuente. || **P.** talha; **I.** carving, wood-carving; **F.** taille, sculpture; **A.** Schnitzwerk; **It.** taglia, scoltura; **R.** рост, скульптура.

TALLA. (port. *talha*.) f. And. Alcarraza. || **2.** Can. Cántaro grande de barro.

TALLA. (ital. *taglia*, polea.) f. Mar. Polea o aparejo para ciertos trabajos.

TALLA. f. p. us. Argent. Charla, palique.

TALLADO, DA. p.p. de tallar. || **2.** adj. Con los adverbios *bien* o *mal*, de buen o mal detalle. || **3.** m. Acción o efecto de tallar. || **4.** Germ. Basquiña o sayo.

TALLADO, DA. adj. Blas. Se aplica a los ramos, flores, palmas que tienen tallo o tronco de diferente esmalte.

TALLADOR, RA. (De *tallar*, 2.º art.) m. Grabador en hueco o de medallas. || **2.** El que talla a los quintos. || **3.** Argent. El que talla o es banquero en los juegos de azar. || **4.** Amér. Instrumentos con que los dentistas dan forma a los empastes. || **P.** talhador; **I.** engraver, carver; **F.** graveur en taille-douce; **A.** Graveur; **It.** intagliatore, incisore; **R.** гравёр, резчик.

TALLADURA. (l. *taliatūra*.) f. Entalladura.

TALLANTE. p.a. de tallar. Que talla.

TALLAR. (l. *talĕa*, rama de árbol.) adj. Que puede ser talado o cortado. || **2.** Se dice de ciertos peines pequeños. Ú.t.c.s.m. || **3.** m. Monte que se está renovando y en el que los nuevos brotes no han alcanzado la altura precisa para que no les alcance el diente del ganado. || **4.** Monte o bosque nuevo en que se puede efectuar la primera corta.

TALLAR. (l. *taliāre*.) tr. Llevar la baraja en algunos juegos como el de la banca. || **2.** Cargar las tallas o impuestos. || **3.** Hacer obras de talla o esculturas. || **4.** Labrar piedras preciosas. || **5.** Abrir metales, grabar en hueco. || **6.** Tasar, valuar. || **7.** Medir la estatura de una persona. || **8.** intr. fam. Intervenir con fuerza dominante en una conversación o debate, y por ext., en cualquier asunto. || **9.** Chile. Hablar de amores hombre y mujer. || **10.** Colom. Molestar. || **11.** Argent. Charlar. || **3.**ª acep.: **P.** talhar; **I.** to carve, to cut; **F.** tailler; **A.** schnitzen; **It.** tagliare; **R.** измерять рост, шлифовать.

TALLARÍN. (ital. *tagliarini*, del l. *taliāre*, cortar.) m. Cada una de las tiras estrechas elaboradas con pasta de macarrones y que se emplean como sopa. Ú.m. en pl.

TALLAROLA. (fr. *taillerole*, de *tailler*, y éste del l. *taliāre*.) f. Cuchilla muy fina para cortar la urdimbre del terciopelo para sacar el vello.

TALLE. (fr. *tailla*, y éste del l. *taliāre*, cortar.) m. Disposición o proporción del cuerpo humano. || **2.** Cintura del cuerpo humano. || **3.** Forma que se da al vestido proporcionándole al cuerpo. || **4.** Parte del vestido correspondiente a la cintura. || **5.** fig. Traza, disposición o apariencia. || **6.** Chile. Almilla interior sin mangas que usan las mujeres. || *Largo de* TALLE. loc. fig. y fam. Se aplica a la cantidad de ciertas cosas, cuando excede del número o término que expresa. || TALLE *de avispa*. Argent. Talle airoso, esbelto. || *Tener* uno TALLE. P. Rico. Sufrir bromas sin enfadarse. ||

P. talhe; **I.** shape, waist; **F.** taille, ceinture; **A.** Gürtel; **It.** taglia, cintura; **R.** стан, талия.

TALLECER. intr. Entallecer. || **2.** Echar tallo las semillas, tubérculos o bulbos de las plantas. Ú.t.c.r. || **P.** entalecer; **I.** to shoot, to sprout; **F.** pousser; **A.** Sprösslinge treiben; **It.** tallire; **R.** давать ростки.

TÁLLER. (al. *taler*.) m. Tálero.

TALLER. (fr. *atelier*, y éste del l. *astellarium*, astillero, de *astella*, por *astúla*, astilla.) m. Lugar en que se ejecuta una obra o trabajo manual. || **2.** fig. Escuela o seminario donde van muchos a la común enseñanza. || **3.** Estudio del escultor o del pintor. || **P.** oficina de trabalho manual; **I.** workshop; **F.** atelier; **A.** Werkstätte; **It.** officina; **R.** мастерская, цех.

TALLER. (fr. *tailloir*, y éste de *tailler*, del l. *taliāre*, tajar.) m. Angarillas, vinagreras.

★ **TALLERO, RA.** (De *talla*, embuste.) adj. Chile. Mentiroso, embustero.

★ **TALLETA.** f. Argent. y Bol. Alfajoz o alajú.

TALLISTA. com. Persona que hace obras de talla.

TALLO. (l. *thallus*, y éste del gr. θαλλός.) m. Órgano de las plantas que se prolonga en sentido contrario al de la raíz y sirve de sustentáculo a las hojas, flores y frutos. || **2.** Renuevo, vástago, brote. || **3.** Germen que ha brotado de una semilla, de un bulbo o de un tubérculo. || **4.** Trozo confitado de calabaza, melón, etc. || **5.** Colom. Bretón o col. || **6.** Chile. Cardo santo. || **7.** And. y Murc. Churro, tejeringo. || **8.** Bohordo de los cardos. || **P.** talo; **I.** stem, shoot; **F.** tige; **A.** Stengel, Stiel; **It.** stelo, gambo; **R.** стебель.

TALLÓN. m. Talla, 1.ᵉʳ art., 2.ª acep.

TALLÓN. (Del m. or. que *talón*, 2.º art.) m. Germ. Mesón.

TALLUDO, DA. adj. Que ha echado tallo grande. || **2.** fig. Alto, crecido. Se dice del muchacho que ha crecido en poco tiempo. || **3.** fig. Se dice del que estando viciado en algo tiene dificultad en dejarlo. || **4.** fig. Se aplica a la persona que va pasando de la juventud.

★ **TALLULLO.** m. Cuba. En algunas partes, masa hecha de maíz con algunos pedazos de carne de cerdo, tomate y ají y cocida envuelta en hoja de plátano. || **2.** fig. Intriga. ||—**perdido.** Cuba. Talludo de maíz tierno.

TAMAGÁS. m. Zool. Amér. Merid. Víbora muy venenosa.

TAMAJAGUA. m. Ecuad. Tamajuaga.

TAMAL. (mejic. *tamalli*.) m. Amér. Especie de empanada de harina de maíz, envuelta en hojas de plátano y cocida al horno o al vapor. || **2.** Amér. Lío, embrollo.

★ **TAMALADA.** f. fam. Méj. Merienda de tamales.

★ **TAMALAYOTE.** (mejic. *tamal-ayotli*, de *tamalli*, tamal, y *ayotli*, calabaza.) m. Méj. Especie de calabaza, también llamada tamalayusa.

★ **TAMALEAR.** (De *tamal*.) tr. fam. Méj. Manosear a una persona.

★ **TAMALERA.** f. Bol. Pañuelo con que se envuelve la cara cuando se tiene algún dolor. || **2.** Méj. Grupo de gente chismosa.

TAMALERO, RA. m. y f. Amér. Persona que hace o vende tamales. || **2.** fam. Chile. Persona que engaña, o prepara tamales en el juego.

TAMANACO, CA. adj. Dícese del individuo de una tribu que habita en las orillas del Orinoco. Ú.t.c.s. || **2.** Perteneciente a él. || **3.** m. Lengua tamanaca.

TAMANDUÁ. (Voz guaraní.) m. Oso hormiguero.

TAMANGO. m. Chile. Calzado rústico de cuero usado por los gauchos y por los campesinos. || **2.** Argent. Calzado basto y grande.

TAMAÑAMENTE. adv. Tan grandemente, en comparación con otra cosa.

TAMAÑITO, TA. adj. d. de tamaño. || **2.** fig. Achicado, confuso. Ú. principalmente con los verbos *dejar* y *quedar*.

TAMAÑO, ÑA. (l. *tam*, tan, y *magnus*, grande.) adj. comp. Tan grande o tan pequeño. || **2.** adj. sup. Muy grande o muy pequeño. || **3.** m. Mayor o menor volumen

o dimensión de una cosa. ||—**natural.** El de la imagen de una persona o cosa representada con las mismas dimensiones del modelo. || **3.**ª acep.: **P.** tamanho; **I.** size; **F.** grandeur; **A.** Grösse, Umfang; **It.** grandezza; **R.** размер, величина.

TAMAÑUELO, LA. adj. d. de tamaño.

TÁMARA. (ár. *tamra*, dátil.) f. Palmera de Canarias. || **2.** Lugar poblado de palmas. || **3.** pl. Dátiles en racimo.

TÁMARA. (l. *termen*, *-inis*, por *termes*, *-itis*, ramo.) f. Guat. Carga de ramaje de encina, roble o pino. || **2.** Leña muy delgada, despojos de la gruesa o astillas resultantes de labrar la madera.

TAMARAL. (De *támara*, 2.º art.) m. Zam. Soto poblado de fresnos.

TAMARAO. (Voz malaya.) m. Filip. Especie de búfalo, más pequeño y más bravo que el carabao.

TAMARICÁCEO, A. (l. *tamarice*, del gr. ταμαρίκη.) adj. Bot. Árboles o arbustos angiospermos dicotiledóneos, de fruto en cápsula, con semillas que llevan pelos como órgano de diseminación. Abundan en los países de la cuenca del Mediterráneo. Ú.t.c.s.f. || **2.** f. pl. Bot. Familia de estas plantas.

TAMARIGAL. m. Ar. Tarayal.

TAMARILLA. f. Bot. Mata leñosa cistácea, de hojas estrechas y flores blancas, terminales, en cimas verticiladas.

★ **TAMARINDILLO.** (d. de *tamarindo*.) m. Bot. Cuba. Arbusto silvestre semejante al tamarindo.

TAMARINDO. (ár. *tamr hindi*, dátil índico.) m. Bot. Árbol papilionáceo, de tronco grueso, copa extensa, hojas compuestas, pecioladas y gruesas; flores amarillentas en espiga. Es originario de Asia y se cultiva en los países cálidos por su fruto de sabor agradable, empleado como laxante en medicina. || **2.** Fruto de este árbol. || **P.** e **It.** tamarindo; **I.** tamarind; **F.** tamaris, tamarinier; **A.** Tamarindenbaum; **R.** тамаринд.

TAMARISCÍNEO, A. (l. *tamariscus*, taray.) adj. Bot. Tamaricáceo.

TAMARISCO. (l. *tamariscus*.) m. Taray.

TAMARITANO, NA. adj. Natural de Tamarite de Litera, villa de la provincia de Huesca. Ú.t.c.s. || **2.** Perteneciente a esta villa.

TAMARIZ. (l. *tamarīce*.) m. Taray.

TAMARRIZQUITO, TA. adj. fam. Muy pequeño.

TAMARRUSQUITO, TA. adj. fam. Tamarrizquito.

TAMARUGAL. m. Chile. Terreno poblado de tamarugos.

TAMARUGO. m. Bot. Chile. Árbol papilionáceo, especie de algarrobo, que crece en la pampa. Es de madera fuerte, ramas espinosas y flores en espigas axilares.

★ **TAMAZUL.** (mejic. *tamazulin*.) m. Méj. Sapo marino.

TAMBA. f. Germ. Manta, prenda suelta de abrigo. || **2.** Ecuad. Paño con que los indios se cubren de cintura abajo.

★ **TAMBACHE.** (Voz tarasca.) m. Méj. Lío de ropa, hato, equipaje. || **2.** Méj. fig. Mujer gruesa y fofa.

★ **TAMBAL.** m. Ecuad. Palma de la cera.

TAMBALEANTE. p.a. de tambalear. Que se tambalea.

TAMBALEAR. (Voz onomatopéyica.) intr. Menearse una cosa algo a uno y otro lado, dando la impresión de que va a caerse por falta de equilibrio o de fuerza. Ú.m.c.r. || **P.** cambalear; **I.** to stagger, to waver; **F.** chanceler; **A.** taumeln, torkeln; **It.** traballare; **R.** качаться.

TAMBALEO. m. Acción de tambalear o tambalearse.

★ **TAMBALEQUE.** com. fam. Cuba. Persona que anda con paso inseguro, como tambaleándose.

TAMBALISA. f. Cuba. Planta leguminosa, de hojas tomentosas, y flores amarillas.

★ **TAMBÁN.** m. Amér. Tambal.

TAMBANILLO. (De *timpanillo*, d. de *timpano*, en su acepción arquitectónica.) m. Arq. Frontón sobrepuesto a una puerta o ventana.

★ **TAMBAR.** tr. Colom. Engullir, tragar, zampar.

T

TÁMBARA. (l. *termen, -ĭnis;* por *termes, -ĭtis,* ramo.) f. Burg. y Sal. Tutor que se pone a una planta, rodrigón.

TAMBARILLA. f. Logr. Mata ericácea de flores purpúreas.

TAMBARILLO. (Como *tambanillo,* de *timpanillo.*) m. Arquilla con tapa redonda y combada.

TAMBARIMBA. f. Sal. Altercado, pendencia.

TAMBARRIA. f. Colom., Ecuad., Hond. y Perú. Holgorio, parranda.

★ **TAMBEMBE.** m. Chile. Nalgas o asentaderas.

★ **TAMBERAJE.** m. Conjunto de ganado tambero o manso.

★ **TAMBERÍA.** f. Chile. Conjunto de tambos o de tambo y edificios próximos.

TAMBERO, RA. adj. Argent. Se aplica al ganado manso, especialmente al vacuno. || 2. Amér. Merid. Perteneciente al tambo. || 3. m. y f. Amér. Merid. Persona que posee un tambo o está encargada de él.

TAMBESCO. m. Burg. y Sant. Columpio.

★ **TAMBEYUA.** (guar. *tambeiuá.*) m. Zool. R. de la Plata. Especie de chinche silvestre, que se cría entre las hojas del zapallo.

TAMBIÉN. (De *tan* y *bien.*) adv. Igualmente, además. Se usa para indicar semejanza, conformidad o igualdad de una cosa con otra ya mencionada. || 2. Tanto o así. || P. também; I. also; F. aussi; A. auch, ebenfalls; It. pure, anche; R. также, даже.

TAMBO. (quich. *tampu.*) m. Colom., Chile, Ecuad. y Perú. Venta, posada, parador. || 2. Argent. Casa de vacas.

TAMBOBÓN. m. Filip. Panera de piedra para guardar el arroz.

TAMBOCHA. f. Colom. Hormiga de cabeza roja; es muy venenosa.

TAMBOR. (Del m. or. que *atambor.*) m. Instrumento músico de percusión, cilíndrico, hueco, cubierto en sus dos bases con piel estirada, y que se toca golpeándole con dos palillos. || 2. Soldado que toca el tambor en unidades militares de infantería. || 3. Tamiz por donde pasan el azúcar los reposteros. || 4. Cilindro de hierro, cerrado, con agujeritos, con su manubrio o cigüeña para voltearlo sobre dos puntos de apoyo; se usa para tostar café, castañas, etcétera. || 5. Aro de madera en que se coloca la tela para bordarla. || 6. Pal. Cubierta de madera que se coloca sobre la piedra del molino. || 7. Arq. Aposentillo hecho de tabiques dentro de otro aposento. || 8. Arq. Muro cilíndrico que sirve de base a una cúpula. || 9. Arq. Cuerpo central del capitel de mayor diámetro o más abultado que el fuste de la columna. || 10. Arq. Cada una de las piezas del fuste de una columna no monolítica. || 11. Fort. Pequeña plaza cerrada de estacas o de una pared sencilla atronerada, con su rastrillo delante de las puertas. || 12. Mar. Cilindro de madera para arrollar los guardines del timón. || 13. Mar. Cada uno de los cajones o cubiertas de las ruedas en los vapores. || 14. Mec. Rueda de canto liso, más gruesa que la polea. || 15. Mec. Disco de acero acoplado al interior de las ruedas, con un reborde sobre el cual actúan las zapatas del freno. || 16. Zool. Tímpano del oído. || 17. Cuba. Pez plectognato, con las mandíbulas llenas de placas de esmalte. || —**mayor.** Maestro de una banda de tambores. || *A* tambor, o *con* tambor *batiente.* m. adv. Tocando el tambor. || 2. Con aire triunfal, con pompa. || P. tambor; I. drum; F. tambour; A. Trommel; It. tamburo; R. барабан.

TAMBORA. f. Bombo o tambor grande. || 2. fam. Tambor, instrumento músico de percusión. || 3. f. fam. Cuba. Mentira, patraña.

TAMBOREAR. intr. Tabalear, 2.ª acep.

TAMBOREO. m. Acción y efecto de tamborear.

TAMBORETE. m. d. de tambor. || 2. Mar. Trozo de madera con un agujero cuadrado y otro redondo, y que sirve para sujetar a un palo otro sobrepuesto.

TAMBORIL. (De *tamborín.*) m. Tambor pequeño que se toca con un palillo o baqueta y que, acompañando comúnmente

al pito, se usa en las danzas populares. || *Como* tamboril *en boda.* Dícese de lo que, con seguridad, no faltará. || tamboril *por gaita.* fr. fam. con que se indica que lo mismo le da a uno una cosa que otra. || P. tamboril; I. tabo(u)r, taborin(e); F. tambourin; A. Tamburin; It. tamburino; R. тамбурин.

TAMBORILADA. (De *tamboril.*) f. fig. y fam. Golpe dado con fuerza al caer en el suelo, especialmente el que se da con las asentaderas. || 2. fig. y fam. Manotazo dado en la cabeza o en las espaldas.

TAMBORILAZO. m. fig. y fam. Tamborilada.

TAMBORILEAR. intr. Tocar el tamboril. || 2. Celebrar mucho a uno, ponderando sus prendas o buenas cualidades. || 3. Impr. Igualar las letras del molde con el tamborilete.

TAMBORILEO. m. Acción y efecto de tamborilear o tocar el tambor.

TAMBORILERO. m. El que tiene por oficio tocar el tamboril.

TAMBORILETE. m. d. de tamboril. || 2. Impr. Tablita cuadrada con la que se nivelan las letras de un molde, dando golpecitos.

TAMBORÍN. (d. de *tambor.*) m. Tamboril.

TAMBORINO. (d. de *tambor.*) m. Tamboril. || 2. Tamborilero.

TAMBORITEAR. intr. Tamborilear.

TAMBORITERO. m. Tamborilero.

★ **TAMBORITO.** m. Pan. Baile popular.

TAMBORÓN. m. aum. de tambora.

TAMBRE. m. Colom. Presa, azud.

★ **TAMBÚ.** m. Zool. Argent. Larva de cierto insecto que los campesinos comen frita.

★ **TAMEGUA.** f. Amér. Central. Primera escarda de las milpas.

TAMEME. m. Chile, Méj. y Perú. desus. Cargador indio que acompañaba a los viajeros.

★ **TAMILLEAR.** tr. Bol. Raspar del tronco del árbol de la coca el musgo parásito que le daña.

★ **TAMILLEO.** m. Bol. Acción y efecto de tamillear.

TAMÍNEA. adj. Taminia.

TAMINIA. (l. *taminia.*) adj. En la denominación «uva taminia» o hierba piojera.

TAMIZ. (fr. *tamis,* y éste del célt. *tamisium.*) m. Cedazo muy tupido. || P. y F. tamis; I. tamis, strainer; A. Sieb; It. staccio; R. сито.

TAMIZAR. tr. Pasar una cosa por tamiz.

TAMO. m. Pelusa desprendida del lino, lana, algodón. || 2. Polvo o paja menuda de varias semillas trilladas. || 3. Pelusilla que se va acumulando debajo de las camas y otros muebles por falta de aseo. || P. tamo; I. fuzz, chaff; F. duvet; A. Fasern; It. peluria; R. отсевница.

TAMOJAL. m. Campo poblado de tamojos.

TAMOJO. m. Metát. de matojo, planta barrilera salsolácea.

★ **TAMPER.** m. Fís. Aleación especial que forma el cuerpo de la bomba atómica.

★ **TAMPIL.** m. Bot. Chile. Planta medicinal usada contra inflamaciones y úlceras.

TAMPOCO. (De *tan* y *poco.*) adv. neg. con que se niega una cosa después de haber negado otra. || P. tão-pouco; I. neither; F. non plus; A. auch nicht, ebensowenig; It. nemmeno; R. также не.

° **TAMPÓN.** m. Almohadilla para entintar sellos, estampillas, etc.

★ **TAMUGA.** f. Amér. Central. Talego, morral, fardo.

TAMUJA. f. Borrago, hojarasca de los pinos.

TAMUJAL. m. Sitio poblado de tamujos.

TAMUJO. (De *tamojo.*) m. Mata euforbiácea, de ramas mimbreñas y espinosas; hojas lampiñas y aovadas; flores verdosas, y fruto globoso y pardo-rojizo cuando maduro. Común en las márgenes de los arroyos y lugares sombríos; con sus ramas se hacen escobas. || P. tamujo; I. buckthorn; F. ajonc, genêt à balai; A. Kreuzdorn, Besenginster; It. tamuglio; R. вереск.

★ **TAMUNANGO.** m. Venez. Cierto baile de negros.

TAN. m. Sonido del tambor u otro instrumento semejante. Ú. m. repetido.

TAN. (Como el fr. *tan,* del célt. *tan.*) m. Corteza de encina.

TAN. adv. apóc. de tanto. No se emplea para modificar la significación del verbo, sino para enrarecer la del adjetivo, del participio y de otras partes de la oración a las que precede siempre. || 2. Correspondiéndole con *como* o *cuán* en comparación expresa, denota idea de equivalencia o igualdad. tan *duro como el acero.* || 3. Ecuad. También. || P. tão; I. so, so much; F. si, aussi; A. so, so sehr, ebenso; It. tanto, così; R. так же, так.

★ **TANA.** f. Méj. Bolsa de palma tejida.

★ **TANACA.** (Voz quichua.) f. Bol. Mujer fea y desaliñada.

TANACETO. (port. *tanacêto* y *tanásia;* en b. l. *tanacetum;* en fr. *tanaisie;* tal vez del gr. ἀθανασία, inmortalidad.) m. Hierba lombriguera.

TANADOR. (De *tan,* 2.° art.) m. ant. Curtidor.

TANAGRA. f. Estatuilla figulina de las muchas halladas en las excavaciones en la antigua ciudad de Tanagra de Beocia; y por ext., cualquiera estatuilla hecha a semejanza de ellas.

TANATE. (mejic. *tanatli.*) m. Hond. y Méj. Mochila, zurrón de cuero o de palma. || 2. Amér. Central. Lío, fardo. || 3. pl. Amér. Central. Trastos, bártulos. || *Cargar* uno *con los* tanates. fr. fig. y fam. Amér. Central. Mudarse, marcharse.

★ **TANATEAR.** tr. Méj. Cargar en tanates.

★ **TANATERO.** m. Méj. Obrero que saca con un tanate los metales y materiales del desmonte de las minas.

★ **TANATOLOGÍA.** f. Teoría sobre la muerte. || 2. Conjunto de conocimientos relativos a la muerte desde el punto de vista medicolegal, mediante los cuales y previo el examen de los restos de una persona, pueden determinarse el peso, edad, raza, etc., así como las condiciones en que se produjo su muerte.

★ **TANCA.** f. Chile. Tortilla hecha en el mismo molino.

TANCOLOTE. (azt. *tlacotl,* vara, y *colotli,* armadura de manga de cruz.) m. Méj. Cesto de los indios otomíes para transportar mercancías y llevar a los niños.

TANDA. (l. *tanta,* t. f. de *-tus,* tanto.) f. Alternativa o turno. || 2. Tarea, obra. || 3. Capa o tonga. || 4. Cada uno de los grupos en que se dividen las personas o animales que participan en un trabajo. || 5. Partida de juego. || 6. Número indeterminado de ciertas cosas de un mismo género. || 7. Ar. Período de arrendamiento de finca urbana, que tiene una duración de seis meses, desde Navidad hasta San Juan. || 8. Áv. Avío que se da a los jornaleros para la comida. || 9. Chile. Sección de una representación teatral. || 10. p. us. Argent. Resabio, vicio o mala costumbre. || 11. Min. Cada uno de los períodos de tiempo en que se trabaja o descansa en las minas alternativamente. || P. turno, vez, alternativa; I. turn, task; F. tour, tâche; A. Reihe, Tagewerk; It. turno, còmpito; R. смена, черёд.

★ **TANDARIOLA.** f. Méj. Ruido, bullicio, escándalo.

★ **TANDEAR.** (De *tanda,* chanza.) intr. Chile. Bromear, chancear.

TÁNDEM. (l. *tandem,* a lo largo de, dicho del tiempo y festivamente del espacio.) m. Bicicleta para dos personas, que se sientan una tras otra. || 2. Tiro, generalmente en coche de dos ruedas, de una caballería entre las limoneras y delante otra con los tirantes enganchados a las puntas de ellas. || 3. *En* tándem. loc. con que se expresa que dos o más vehículos avanzan enganchados unos a otros.

TANDEO. m. Distribución por tandas del agua de riego.

★ **TANDERO, RA.** (De *tanda.*) m. y f. Chile. Persona bromista.

★ **TANDIL.** adj. Chile. Concerniente a la tanda.

★ **TANDISTA.** com. Perú. Persona que gusta del teatro por tandas.

TANELA. f. C. Rica. Pasta de hojaldre adobada con miel.

TANGA. f. Chito, tángano.

T

* **TANGA.** f. Colom. Zurra, somanta, tunda.

* **TANGALEAR.** tr. Colom. Embrollar, retardar.

TANGÁN. m. Ecuad. Tablero cuadrado suspendido del techo, que puede subirse y bajarse. Úsase para colocar en él comestibles.

TÁNGANA. f. And., Ar. y Zam. Chito, tángano.

* **TANGANA.** f. Perú. Remo largo usado para impulsar pequeñas embarcaciones fluviales.

* **TANGANAZO.** m. Perú. Golpe dado con la tangana. || **2.** Ecuad. Garrotazo.

* **TANGANEAR.** tr. Ecuad. Pegar, zurrar. || **2.** Venez. Contonearse.

* **TANGANERO, RA.** adj. Méj. Holgazán. Ú.t.c.s. || **2.** s. Perú. Persona que maneja la tangana.

TANGANILLAS (EN). (De *tanganillo*.) m. adv. Con escasa seguridad o firmeza, en peligro de caerse.

TANGANILLO. m. d. de tángano. || **2.** Palo, piedra, etc., con que se sostiene provisionalmente alguna cosa. || **3.** Pal., Seg. y Vall. Longaniza pequeña. || **4.** Ál. Juego de la rayuela.

TÁNGANO. (De *tango*.) m. Chito, juego. || **2.** Burg. y Sal. Rama seca de un árbol. || **3.** León. Raíz de urce empleada como combustible.

* **TÁNGANO, NA.** adj. Méj. Bajo, achaparrado.

* **TANGARÁ.** m. Zool. Argent. Pájaro conirrostro, de pico grueso y plumaje de variados matices.

TANGENCIA. f. Calidad de tangente.

TANGENCIAL. adj. Perteneciente o relativo a la tangencia.

TANGENTE. (l. *tangens, -entis*.) p.a. de tangir. Que toca. || **2.** adj. Geom. Se aplica a las líneas y superficies que sin cortarse se tocan. || **3.** f. Geom. Recta que toca a una curva o a una superficie. || **—de un ángulo.** Trig. La del arco que la sirve de medida. || **—de un arco o primera de un arco.** Trig. Parte de la recta tangente al extremo de un arco, comprendida entre dicho punto y la prolongación del radio que pasa por el otro extremo. || *Escapar*, o *escaparse*, o *irse uno por la* tangente. fr. fig. y fam. Salir de un apuro con evasivas. || 3.ª acep.: **P.**, **F.** e **It.** tangente; **I.** tangent; **A.** Tangente; **R.** касательная.

TANGERINO, NA. adj. Natural de Tánger. Ú.t.c.s. || **2.** Perteneciente a esta ciudad de África. || **3.** Dícese de una variedad de naranja pequeña, fácil de mondar y muy dulce.

TANGIBLE. (l. *tangibilis*.) adj. Que se puede tocar. || **2.** fig. Que se puede percibir de modo preciso.

TANGIDERA. (De *tangir*.) f. Mar. Cabo grueso que se da a la reguera para tasarla por la otra banda de donde sale dicha reguera, y que ésta quede derecha por la popa.

TANGIR. (l. *tangĕre*.) tr. ant. Tañer, tocar.

TANGO. (De *tanga*.) m. Chito, tángano.

TANGO. (Voz americana.) m. Fiesta y baile de negros o de gente de pueblo en América. || **2.** Baile argentino de compás binario. || **3.** Música para estos bailes. || **4.** Copla que se canta con esta misma música. || **5.** Hond. Instrumento músico de percusión que usan los indígenas.

* **TANGO, GA.** adj. Méj. Rechoncho.

TANGÓN. (fr. *tangon*.) m. Mar. Cualquiera de los dos botalones del costado de proa para amurar en ellos las rastreras, y, en puerto, amarrar los botes o lanchas que están en el agua para el servicio.

* **TANGUARNIZ.** m. Méj. Trago de licor.

* **TANGUEAR.** (De *tango*.) intr. Bailar el tango. || **2.** Ecuad. Caminar haciendo eses por embriaguez. || **3.** tr. Colom. Hacer tangos o rollos de tabaco.

TANGUILLO. m. And. Peonza que se hace bailar con un látigo.

TÁNICO, CA. (De *tan*, 2.º art.) adj. Que tiene tanino.

* **TANICHE.** m. Méj. Tenducho.

* **TANÍGENO.** m. Quím. y Terap. Combinación de tanino y acetilo, empleada en medicina para combatir la diarrea.

TANINO. (De *tan*, 2.º art.) m. Quím. Substancia ácida, muy astringente que se extrae de algunos vegetales. Puro y seco, es inalterable al aire; se disuelve en el agua y sirve entre otros usos para curtir pieles. || **P.** tanino; **I.** tannin; **F.** tanin; **A.** Tannin, Gerbstoff; **It.** tannino; **R.** танин.

* **TANINOLE.** m. Méj. Alimento de camote cocido o tostado. o de calabaza con leche.

TANOBIA. f. Ast. Tablón colocado al terminar la escalera del hórreo para mejor entrar y salir.

TANOR, RA. (tagalo *tanor*, guarda, pastor.) adj. Se aplica a los filipinos indígenas que prestaban el servicio de tanoría. Ú.t.c.s.

TANORÍA. (De *tanor*.) f. Servicio doméstico que los indígenas filipinos tuvieron que prestar gratuitamente a los españoles.

TANQUE. m. Propóleos.

TANQUE. (ingl. *tank*.) m. Automóvil de guerra blindado y artillado que puede andar por lugares escabrosos. || **2.** Depósito montado sobre ruedas para su transporte. || **3.** Mar. Aljibe, depósito donde se lleva o conserva agua, petróleo u otros líquidos. || **4.** Guip., Rioj., Sant. y Vizc. Vasija pequeña para sacar el contenido de otra mayor; se emplea también como vaso para beber. || **5.** Sal. Sapo grande. || **6.** Amér., Can. y Gal. Estanque, depósito de agua.

TANTA. f. Perú. Pan de maíz, borona.

TANTALIO. (De *Tántalo*, personaje mitológico.) m. Quím. Metal poco común difícil de separar de sus combinaciones, inflamable, inatacable por los ácidos diluidos, excepto el fluorhídrico. Es parecido por su aspecto al acero. Su símbolo es Ta, y su número atómico 73.

* **TANTALITA.** f. Quím. Mineral en que se encuentra el tántalo.

TÁNTALO. m. Quím. Tantalio. || **2.** Ave zancuda de plumas blancas, con las remeras negras, y la cabeza y el cuello desnudos.

TANTÁN. (Voz onomatopéyica.) m. Batintín.

TANTARÁN. m. Tantarantán.

TANTARANTÁN. (Voz onomatopéyica.) m. Sonido del tambor o atabal, con golpes repetidos. || **2.** fig. y fam. Golpe violento o sacudimiento brusco.

TANTEADA. f. Acción y efecto de tantear. || **2.** Méj. Doblez de que se vale una persona para burlar a otra.

* **TANTEADO, DA.** adj. Méj. Se aplica a quien sabe distribuir.

TANTEADOR. m. El que tantea, especialmente en el juego. || **2.** Aparato donde se escriben los tantos que va consiguiendo cada bando en los partidos de pelota.

TANTEAR. (De *tanto*.) tr. Parangonar una cosa con otra para ver si queda bien o ajustada. || **2.** Apuntar los tantos en el juego para ver quién gana. Ú.t.c.intr. || **3.** fig. Considerar las cosas prudentemente antes de hacerlas. || **4.** fig. Examinar con cuidado a una persona o cosa para conocer sus cualidades. || **5.** fig. Explorar la intención de uno sobre un asunto. || **6.** Chile y Hond. Calcular aproximadamente o al tanteo. || **7.** For. Dar por una cosa el mismo precio en que ha sido rematada en favor de otro, por la preferencia reconocida en algunos casos. || **8.** Pint. Comenzar un dibujo, apuntar. || **9.** f. For. Allanarse a pagar la misma cantidad en que una cosa está arrendada o ha sido rematada en una venta. || **10.** Méj. y Hond. Acechar, vigilar. || **11.** Méj. Engañar, sacando a uno dinero. || **P.** tantear, medir; **I.** to try, to reckon, to sound; **F.** sonder, essayer, tâtonner; **A.** prüfen, ausprobieren; **It.** assaggiare, essaminare, scandagliare; **R.** сравнивать, взвешивать.

TANTEO. m. Acción y efecto de tantear o tantearse. || **2.** Número de tantos ganados en el juego. || *Al* tanteo. m. adv. aplicada al modo de calcular a ojo, a bulto.

TANTICO. adj. Poco, escaso. || **2.** m. Cantidad pequeña. || **3.** adv. Poco, con escasez.

TANTO, TA. (l. *tantus*.) adj. Dícese de la cantidad, número o parte de una cosa indeterminada. Ú. como correlativo de *cuanto*. || **2.** Tan grande o muy grande. || **3.** Se emplea como pronombre demostrativo equivalente a *eso*, pero incluyendo la idea de ponderación. || **4.** m. Cantidad cierta de una cosa. || **5.** Copia que se da de un escrito. || **6.** Ficha, moneda, u otro objeto a propósito para señalar los puntos que se van ganando en un juego. || **7.** Unidad de cuenta en muchos juegos. || **8.** Persona de mediana estatura, que colocada al pie de un edificio, árbol, etc., sirve para calcular la altura de éste. || **9.** Com. Cantidad proporcional respecto de otra según lo estipulado o convenido. || **10.** pl. Número ignorado o que no se quiere expresar. *A* tantos *de mayo*. || **11.** adv. De tal modo o en tal grado. || **12.** adv. Hasta tal punto; tal cantidad. || **13.** Usado con verbos expresivos de tiempo, denota larga duración relativa. || **14.** En sentido comparativo se corresponde con *cuanto* y *como* e indica equivalencia o igualdad. || **15.** Pospuesto a un numeral, forma múltiplos. *Algún* tanto. expr. Algo, un poco. || *Al* tanto. m. adv. Por el mismo precio, coste o trabajo. || *Al* tanto *de una cosa*. fr. Enterado de ella. Ú. con los verbos *estar*, *poner*, *quedar*, etc. || *Apuntarse uno un* tanto. fr. fig. y fam. Dar por averiguado un mérito o acierto en aquello de que se trata. || *En su* tanto. m. adv. Proporcionalmente. || *En* tanto, o *entre* tanto. ms. advs. Mientras, durante algún tiempo intermedio. || *Las* tantas. expr. fam. Para designar una hora avanzada del día o de la noche. || *Ni* tanto *ni tan poco*. expr. para censurar la exageración por exceso o por defecto. || *Otro* tanto. loc. Lo mismo. || *Por lo* tanto. m. adv. y conjunt. Por consiguiente. || *Por* tantos *y cuantos*. expr. fam. con que se pondera una cosa. || *Tanto de culpa*. m. For. Testimonio que se libra de una parte de un pleito o expediente, cuando resultan indicios de culpabilidad criminal. || *Tanto de ello*. m. adv. Mucho, abundante, sin limitación. || tanto *es lo que más como lo que menos*. expr. que indica la prudencia del término medio. || tanto *más cuanto*. fr. Regateo entre comprador y vendedor. || tantos *a* tantos. expr. con que se demuestra la igualdad de números dentro de una especia. || tantos *otros*. fr. Otros muchos. || 6.ª acep.: **P.** tento; **I.** counter, mark; **F.** fiche, point; **A.** Stich im Spiel; **It.** gettone; **R.** очко. || 14.ª acep.: **P.** tanto; **I.** as much; **F.** tant de, autant de; **A.** so gross, so viel; **It.** tanto; **R.** такой.

TÁNTUM ERGO. m. Estrofa quinta del himno *Pange lingua*, que empieza con estas palabras y suele cantarse al reservar el Santísimo Sacramento.

TANZA. f. Sant. Sedal de la caña de pescar.

TAÑEDOR, RA. m. y f. Persona que tañe un instrumento músico.

TAÑENTE. p.a. de tañer. Que tañe.

TAÑER. (l. *tangĕre*.) tr. Tocar un instrumento músico. || **2.** intr. Tabalear, tamborear. || **3.** tañer *de occisa*. fr. Mont. Avisar con la bocina que la res que se perseguía está muerta. || **P.** tanger; **I.** to play; **F.** jouer; **A.** spielen; **It.** suonare; **R.** играть, звонить.

* **TAÑICATI.** m. Zool. Amér. Cariblanco₂ especie de pécari labiado.

TAÑIDO, DA. p.p. de tañer. || **2.** m. Son particular tocado en cualquier instrumento. || **3.** Sonido de la cosa tocada, especialmente de la campana.

TAÑIMIENTO. m. Acción y efecto de tañer.

TAÑO. (De *tannus*, del célt. *tan*, corteza de la encina.) m. Casca, corteza de la encina y segunda cáscara del alcornoque, usadas para curtir pieles.

TAO. (De *tau*, nombre de la letra griega T, por semejanza de la forma.) m. Insignia usada por los comendadores de la Orden de San Antonio Abad, y la que los familiares y dependientes de la Orden de San Juan llevan en el pecho.

TAOÍSMO. m. Doctrina teológica de la antigua religión de los chinos.

TAOÍSTA. com. Persona que profesa el taoísmo.

T

TAPA. (gót. *tappa*.) f. Pieza que cierra por la parte superior las cajas, cofres, etc. || **2.** Cubierta córnea que rodea el casco de las caballerías. || **3.** Cada una de las diversas capas de suela de que se compone el tacón de una bota o zapato. || **4.** Cada una de las dos cubiertas de un libro encuadernado. || **5.** Compuerta de canal o acequia. || **6.** En la ternera del matadero, carne correspondiente al medio de la pierna trasera de ternera. || **7.** Vuelta que cubre el cuello de una a otra solapas en las chaquetas, abrigos, etc. || **8.** Ruedas de embutido o lonjas finas de jamón que sirven en los bares con las cañas y chatos de vino. || **9.** FILIP. Tasajo, cecina. || **10.** pl. MÁL. y VIZC. Conjunto de mantas y colcha de la cama. || TAPA *de los sesos.* fig. y fam. Parte superior del casco de la cabeza, que los cubre y encierra. || *Levantar* a uno la TAPA *de los sesos.* fr. Romperle el cráneo. Ú.t. con el verbo c.r. || *Meter en* TAPAS. fr. Colocar dentro de ellas el libro ya preparado para encuadernar. || *Ser la* TAPA. fr. VENEZ. Rayar en lo peor. || **P.** tampa; **I.** cover; **F.** couvercle; **A.** Deckel; **It.** coperchio; **R.** крышка.

TAPA. (Voz mejicana.) f. HOND. Estramonio.

TAPABALAZO. (De *tapar* y *balazo*.) m. MAR. Cilindro de madera que se usó en los barcos de guerra para cerrar los agujeros hechos por las balas. || **2.** COLOM., HOND., MÉJ. y VENEZ. Braguera, portañuela.

★ **TAPABARRO.** (De *tapar* y *barro*.) m. CHILE. Guardabarros.

TAPABOCA. (De *tapar* y *boca*.) m. Golpe dado en la boca con la mano abierta o con el botón de la espada en la esgrima. || **2.** Bufanda. || **3.** fig. y fam. Razón, dicho o acción con que a uno se le corta la conversación, obligándole a callarse, especialmente si se le convence de ser falso lo que dice.

TAPABOCAS. m. Tapaboca, 2.ª acep. || **2.** Taco cilíndrico de madera con que se cierra y preserva el ánima de las piezas de artillería.

TAPACAMINO. m. ARGENT. Ave, especie de chotacabras.

TAPACETE. m. Toldo o cubierta corrediza con que se tapa la carroza o saliente de la escala de las cámaras de un buque. || **2.** COLOM. y CUBA. Cortina que se pone en la parte delantera del carruaje.

TAPACUBOS. m. MEC. Tapa metálica adaptada exteriormente al cubo de la rueda para cubrir el buje de la misma.

TAPACULO. (De *tapar* y *culo*, por alusión a lo astringente del fruto.) m. Escaramujo, el fruto, no la planta. || **2.** CHILE. Pájaro pequeño, de color terroso, que anida en las cuevas abandonadas por algunos roedores. || **3.** CÁD. y CUBA. Pez de cuerpo casi plano parecido al lenguado.

TAPACHICHE. m. C. RICA. Insecto de alas rojas, especie de langosta.

TAPADA. f. Mujer que se tapa con el manto o pañuelo para que no la reconozcan.

TAPADERA. (De *tapar*.) f. Pieza que se ajusta a la boca de alguna cavidad para cubrirla. || **2.** fig. Persona que disimula o encubre lo que otra desea que se ignore.

TAPADERO. m. Instrumento para tapar un agujero o boca ancha de una cosa.

TAPADILLO. m. Acción de taparse la cara las mujeres con el manto o el pañuelo para no ser conocidas. || **2.** Uno de los registros de flautas que hay en el órgano. || *De* TAPADILLO. m. adv. fig. A escondidas, disimuladamente.

TAPADIZO. (De *tapar*.) m. En algunas partes, cobertizo.

TAPADO, DA. p.p. de tapar. || **2.** adj. ARGENT. y CHILE. Aplícase al caballo o yegua sin mancha ni señal alguna en su capa. Ú.t.c.s. || **3.** m. COLOM. y HOND. Comida que preparan los indígenas con plátanos y carne, y que asan en un hoyo hecho en tierra. || **4.** ARGENT. y CHILE. Abrigo o capa de señora o niño. || **5.** ARGENT. Tesoro enterrado. || **6.** PERÚ. Se dice de quien no tiene bien estudiado un asunto. || **7.** MÉJ. y P. RICO. Riña de gallos cuando éstos se llevan tapados al reñidero, sin conocer sus propiedades características. || **8.** HOND. Última pieza que bailan las mujeres en una fiesta ya dispuestas para marchar. || **9.** MÉJ. Mentís, desmentida.

TAPADOR, RA. adj. Que tapa. Ú.t. c.s. || **2.** m. Cierto género de tapa, que encaja en la boca o abertura de lo que se quiere tapar. || **3.** GERM. Sayo o saya. || **4.** GERM. Padre de mancebía.

★ **TAPADORA.** f. CHILE. Manta que se usa para tapar la cabeza de una acémila mientras se la apareja o carga. || **2.** AMÉR. Máquina para poner cápsulas a las botellas.

TAPADURA. f. Acción o efecto de tapar o taparse. || **2.** CHILE. Acción y efecto de tapar las muelas.

TAPAFUNDA. (De *tapar* y *funda*.) f. Faldilla que pende de la boca de las pistoleras y sirve para resguardar de la lluvia las pistolas. || **2.** COLOM. Cubierta de las sillas de montar.

★ **TAPAGUJEROS.** (De *tapar* y *agujero*.) m. fig. y fam. Albañil poco hábil. || **2.** fig. y fam. Persona de quien se echa mano para que supla a otra.

TAPAJUNTAS. m. CARP. Listón moldeado que se coloca para tapar la unión del cerco de una puerta o ventana con la pared.

★ **TAPALNATE.** m. fam. GUAT. Trasto inútil.

TÁPALO. m. MÉJ. Chal o mantón.

★ **TAPALODO.** (De *tapar* y *lodo*.) P. RICO. Guardabarros.

★ **TAPALLAGUA.** (Del m. or. que *tapa-yagüe*.) m. AMÉR. Temporal de lluvias y viento que dura muchos días.

TAPAMIENTO. m. Tapadura.

TÁPANA. (De *tápara*.) f. ALBAC. y MURC. Alcaparra.

TAPANCA. f. CHILE y ECUAD. Gualdrapa del caballo o mula. || **2.** CHILE. Asentaderas.

TAPANCO. (De *tapar*.) m. FILIP. Toldo hecho de tiras de cañas de bambú. || **2.** MÉJ. Tapesco.

★ **TAPANZA.** (De *tapar*.) f. fig. y fam. CHILE. Acción de encubrir. || **2.** fig. y fam. CHILE. Acción y efecto de cubrir a uno de insultos.

TAPAOJO. m. COLOM. y VENEZ. Quitapón.

★ **TAPAOJOS.** m. VENEZ. Tapaojo.

TAPAPIÉS. (De *tapar* y *pie*.) m. Brial, vestido de seda que usaban las mujeres.

TAPAR. (De *tapa*.) tr. Cubrir o cerrar lo que estaba descubierto o abierto. || **2.** Cubrir con la ropa u otra defensa. Ú.t.c.r. || **3.** fig. Encubrir, disimular o callar un defecto. || **4.** r. Cubrir el caballo algún tanto la huella de una mano con la de la otra. || **5.** CHILE. Empastar las muelas. || **P.** tapar; **I.** to cover, to plug, to stop up; **F.** couvrir, boucher; **A.** decken, bedecken, stopfen; **It.** tapare, turare; **R.** покрывать.

TÁPARA. (l. *cappáris*.) f. Alcaparra. || **2.** AR. Alcaparrón, fruto de la alcaparra.

TÁPARA. f. Fruto del taparo con seco y ahuecado, usan los campesinos de Venezuela para llevar líquidos. || *Vaciarse* uno *como una* TÁPARA. fr. fig. y fam. VENEZ. Decir todo lo que quiere.

★ **TAPAREAR.** (De *tápara*.) tr. VENEZ. Ocultar. || **2.** VENEZ. Curar a uno el vicio de la bebida.

★ **TAPARERO.** m. VENEZ. Chisme, enredo.

TAPARO. m. Árbol de los países cálidos de América, semejante a la güira pero con hojas más anchas, y fruto alargado.

★ **TÁPARO, RA.** adj. COLOM. Dícese de quien ha perdido un ojo. || **2.** COLOM. Torpe y testarudo. || **3.** m. COLOM. Yesquero. || **4.** VENEZ. Hombre muy inteligente.

TAPAROTE. m. ALM. y MURC. Alcaparrón, fruto de la alcaparra.

TAPARRABO. (De *tapar* y *rabo*.) m. Pedazo de tela u otra cosa con que los salvajes cubren las partes pudendas. || **2.** Calzón corto, usado como traje de baño. || **P.** tanga; **I.** waistcloth, loincloth; **F.** pagne, caleçon de bain; **A.** Lendenschurz; **It.** mutandine; **R.** плавки.

★ **TAPATARRO.** (De *tapar* y *tarro*, cuerno.) m. fam. CHILE. El diablo.

TAPATE. m. C. RICA. Estramonio.

★ **TAPATÍO, A.** adj. Natural de Guadalajara, capital del estado de Jalisco. Ú.t.c.s.|| **2.** MÉJ. Pertenecientе o relativo a esta ciudad. || **3.** MÉJ. En el cantón de Guadalajara, terno de tres tortillas.

TAPAYAGUA. f. HOND. y MÉJ. Llovizna.

★ **TAPAYAGÜE.** (Del m. or. que *tapa-yagua*.) f. HOND. Calabobos.

★ **TAPAYAYUA.** f. EL SALV. Calabobos.

★ **TAPE.** adj. Dícese del indio guaraní originario de las misiones de los jesuitas en Paraná y Uruguay. Ú.t.c.s. || **2.** AMÉR. Perteneciente a los tapes.

★ **TAPEGUA.** f. HOND. Trampa para cazar.

TÁPENA. f. MURC. Alcaparra.

★ **TAPEQUE.** m. BOL. Avíos de viaje.

★ **TAPEQUEARSE.** (De *tapeque*.) r. BOL. Aprovisionarse para el viaje.

TAPERA. (Voz *guaraní*.) f. AMÉR. MERID. Ruinas de un pueblo. || **2.** AMÉR. MERID. Habitación abandonada y ruinosa.

★ **TAPERA.** f. CHILE. Trapo mojado para tapar la bravera del horno caliente.

TAPERRUJARSE. r. fam. Taparse. Decíase especialmente hablando de las mujeres que se tapaban de medio ojo y desaliñadamente.

TAPERUJO. m. fam. Tapón o tapador mal hecho o mal colocado. || **2.** fam. Modo de taparse o embozarse sin gusto y sin arte.

★ **TAPESCLE.** m. MÉJ. Angarillas, tapesco.

TAPESCO. (mejic. *tlapechtli*.) m. AMÉR. CENTRAL y MÉJ. Especie de zarzo que unas veces sirve de cama y otras de vasar.

★ **TAPESTE.** m. SALV. Tapesco. || **2.** MÉJ. Batea usada por las molenderas para la masa.

★ **TAPESTLE.** m. MÉJ. Tapesco.

TAPETADO, DA. (De *tapido*.) adj. Dícese del color obscuro. || **2.** HOND. Cuero de venado teñido de color negro.

TAPETE. (l. *tapēte*.) m. Alfombra pequeña. || **2.** Cubierta de hule, paño, etc., que se pone para resguardo u ornato en las mesas y otros muebles. || —**verde.** fig. y fam. Mesa de juego de naipes. || *Estar sobre el* TAPETE una cosa. fr. fig. Estar discutiéndose, examinándose o sometida a resolución.

★ **TAPETEADO, DA.** adj. ECUAD. Caprichoso, terco.

★ **TAPETI.** m. ZOOL. ARGENT. Mamífero roedor, semejante al conejo.

★ **TAPETUSA.** (Contracc. de *tapa-de-tusa*.) m. COLOM. Aguardiente de contrabando que suele ocultarse bajo tusas.

★ **TAPEZCO.** m. AMÉR. CENTRAL. Tapesco.

TAPIA. (b. l. *tapia*; en ár. *ṭābiya*.) f. Cada uno de los trozos de pared que se hacen con tierra amasada y apisonada de una sola vez. || **2.** Esta misma tierra amasada y apisonada. || **3.** Pared formada de tapias. || **4.** Muro de cerca. || **5.** ALBAÑ. Medida superficial de 50 pies cuadrados. || —**real.** ALBAÑ. Pared hecha con mezcla de tierra y cal. || *Más sordo que una* TAPIA. fr. fig. y fam. Muy sordo. || **P.** taipa; **I.** mud-wall; **F.** mur en pisé; **A.** (Lehm)-Mauer; **It.** muro di fango; **R.** глинобитная стена.

TAPIADOR. m. Oficial que hace tapias.

TAPIAL. m. Conjunto de dos tableros colocados verticalmente y paralelos para formar el molde en que se hacen las tapias. || **2.** Tapia, 1.ª y 3.ª aceps. || **3.** SEG. Adral. Ú.m. en pl. || *Tener el* TAPIAL. fr. fig. y fam. con que se avisa a uno que se detenga en la ejecución de una cosa, o que tenga paciencia cuando da prisa para que se ejecute.

★ **TAPIALERO.** m. ECUAD. Tapiador.

TAPIAR. tr. Cerrar con tapias. || **2.** fig. Cerrar un hueco con un muro o tabique.

TAPICERÍA. f. Juego de tapices. || **2.** Lugar en que se guardan los tapices. || **3.** Arte de tapicero. || **4.** Obra de tapicero. || **5.** Tienda de tapicero. || **3.** ª acep.: **P.** tapeçaria; **I.** tapestry; **F.** tapisserie; **A.** Tapezierarbeit; **It.** tappezzeria; **R.** ковры.

TAPICERO. m. Oficial que teje o compone tapices. || **2.** El que por oficio tapiza muebles o paredes. || **P.** tapeceiro; **I.** upholsterer; **F.** tapissier; **A.** Tapezierer; **It.** tappezziere; **R.** ковровщик.

★ **TAPICHI.** m. AMÉR. Vacaray, ternero

extraído del vientre de la madre al tiempo de matarla.

TAPIDO, DA. adj. Dícese de la tela tupida.

PAPIERÍA. f. Conjunto de tapias que forman una casa o una cerca.

★ **TAPIERO.** m. Colom. Tapiador.

TAPÍN. (De *tapa*.) m. Mar. Taquito de madera que cubre la cabeza de los clavos que sujetan a los baos las tablas de las cubiertas. ‖ **2.** Tapa metálica del chifle o cuerno de pólvora con que se cebaban los antiguos cañones.

TAPÍN. (De *tepe*.) m. Ast. y León. Tepe.

TAPINGA. f. Chile. Cincha que sujeta el caballo de tiro a las varas del carro. ‖ **2.** Chile. Por ext., pellejo o cualquier cosa ligera que se pone a la cabalgadura para no montarla en pelo.

TAPIOCA. (guar. *tipiog*.) f. Fécula blanca y granulada obtenida de la mandioca, y se toma como sopa agradable y nutritiva. ‖ **P., I.** e **It.** tapioca; **F.** tapioca, fécule de manioc; **A.** Sago; **R.** тапиока.

TAPIR. (guar. *tapiir*.) m. Zool. Mamífero de Asia y América del Sur, perisodáctilo, de nariz en forma de trompa. Su carne es comestible. ‖ **P., I.** y **F.** tapir; **A.** Tapir; **It.** tapiro; **R.** тапир.

★ **TAPIRAMO.** m. Venez. Judía roja con pintas blancas.

★ **TAPIRO.** m. Zool. Ecuad. Tapir.

TAPIRUJARSE. r. fam. Taperujarse.

TAPIRUJO. m. fam. Taperujo.

TAPIS. m. Filip. Faja ancha, que llevan las mujeres, ciñéndola encima de la saya.

TAPISCA. (azt. *tla*, cosa, y *pixcani*, coger el maíz.) f. Amér. Central y Méj. Recolección del maíz.

TAPISCAR. tr. C. Rica y Hond. Cosechar el maíz, desgranando la mazorca.

TAPIZ. (fr. *tapis*, y éste del l. *tapitium*, del gr. ταπήτιον, pequeño tapiz.) m. Tejido artístico en que se copian cuadros de historia, de escenas campestres, etc., y sirve para adorno de las paredes o como paramento de cualquier otra cosa. ‖ *Arrancado de un* TAPIZ. fig. Se aplica a la persona de aspecto extraño. ‖ **P.** tapiz, tapete; **I.** tapestry; **F.** tapis, tapisserie; **A.** Teppich, Tapete; **It.** arazzo, tappeto; **R.** ковёр, гобелен.

TAPIZAR. (De *tapiz*.) tr. Entapizar. ‖ **2.** Cubrir con tela los muebles o paredes. ‖ **3.** fig. Forrar una superficie con algo que se adapte perfectamente a ella. ‖ **4.** fig. Cubrir la pared y suelo con algo como un tapiz. ‖ **P.** tapizar; **I.** to tapestry; **A.** tapezieren; **It.** tappezzare; **R.** обивать коврами.

★ **TAPIZCAR.** tr. Amér. Central. Tapiscar.

★ **TAPOLCATE.** m. Guat. y Salv. Tepalcate.

TAPÓN. (germ. *tappo*.) m. Pieza de corcho, cristal, etc., para tapar botellas, frascos, etc., metiéndolas por el orificio por donde ha entrado y ha de salir el líquido. ‖ **2.** Cir. Masa de hilas o de algodón en rama para cerrar una herida o una cavidad natural del cuerpo. ‖ **3.** Pan. Trampa para cazar pájaros. ‖ —**de cuba.** fig. y fam. Persona gruesa y pequeña. ‖ *Al primer* TAPÓN, *zurrapas.* expr. fig. y fam. que da a entender que el principio de cualquier cosa sale mal. ‖ **P.** tapón; **I.** cork, bung; **F.** bouchon; **A.** Stöpsel, Pfropfen; **It.** tappo; **R.** пробка.

★ **TAPÓN, NA.** adj. Pan. Rabón, reculo.

TAPONAMIENTO. m. Cir. Acción y efecto de taponar.

TAPONAR. tr. Cerrar con tapón un orificio cualquiera. ‖ **2.** Cir. Obstruir con tapones las heridas o cavidad del cuerpo. ‖ **P.** tapar; **I.** to plug, to tampon; **F.** boucher, tamponner; **A.** tamponieren, zupfropfen; **It.** tamponare; **R.** затыкать.

TAPONAZO. m. Golpe dado con el tapón de una botella de un licor espumoso, al destaparla. ‖ **2.** Estruendo que produce este acto.

★ **TAPONAZTLO.** m. Mús. Amér. Instrumento músico de percusión, mejicano; es una caja sonora hecha del tronco de un árbol.

TAPONERÍA. f. Conjunto de tapo-

nes. ‖ **2.** Fábrica de tapones. ‖ **3.** Tienda de tapones. ‖ **4.** Industria taponera.

TAPONERO, RA. adj. Perteneciente o relativo a la taponería. ‖ **2.** m. y f. Persona que hace o vende tapones.

★ **TAPORA.** f. Bol. Gallina copetuda o moñuda.

TAPSIA. (l. *thapsia*, y éste del gr. θαψία.) f. Planta herbácea vivaz, umbelífera, de corto y grueso, de hojas pecioladas, flores amarillas y fruto seco. De su raíz se obtiene un jugo de consistencia de miel con el cual se prepara un esparadrapo.

★ **TAPUCHO, CHA.** adj. Chile. Se dice del gallo o gallina sin cola.

TAPUJARSE. (De *tapujo*.) r. fam. Taparse de rebozo, embozarse.

★ **TAPUJERO.** m. Guat. Contrabandista.

TAPUJO. m. Disfraz o embozo con que una persona se tapa para que no la conozcan. ‖ **2.** fig. y fam. Disimulo para disfrazar la verdad.

★ **TAPUSO, SA.** adj. P. Rico. Tapucho, rabón.

TAPUYA. adj. Se dice del individuo de las tribus indígenas americanas que ocupaban casi todo el Brasil en la época del descubrimiento. Ú.t.c.s. ‖ **2.** Perteneciente a estas tribus.

TAQUE. (Voz onomatopéyica.) m. Ruido o golpe de una puerta al cerrarse con llave. ‖ **2.** Ruido del golpe con que se llama a una puerta.

TAQUÉ. (fr. *taquet*.) m. Mec. Cada uno de los vástagos que transmiten la acción del árbol de levas a las válvulas de admisión y de escape del motor, y que se cierran por la acción de un resorte al dejar de actuar la leva correspondiente.

★ **TAQUEAR.** (De *taco*.) tr. Amér. Atacar o apretar el taco de un arma de fuego. ‖ **2.** Amér. Atestar, atiborrar. ‖ **3.** intr. Argent., Méj. y Perú. Jugar al billar. ‖ **4.** Argent. y Chile. Taconear. ‖ **5.** Méj. Comer tacos o tortillas fuera de las comidas.

★ **TAQUEAR.** (Del cubanismo *taco*.) intr. fam. Cuba. Vestir con demasiada elegancia. ‖ **2.** r. Colom. Enriquecerse.

★ **TAQUEAR.** intr. Chile y Argent. Taconear, pisar haciendo ruido.

★ **TAQUEÓMETRO.** (Del m. or. que *taquímetro*.) m. Top. Instrumento de topografía, semejante al taquímetro; sirve para el pronto levantamiento de planos.

TAQUERA. f. Especie de estante para los tacos de billar.

★ **TAQUERÍA.** (Del cubanismo *taco*.) f. Cuba. Elegancia en el vestir.

★ **TAQUERÍA.** f. Cuba. Desenfado, descaro. ‖ **2.** Cuba. Mala acción.

★ **TAQUERO.** m. Chile. Jornalero que con un garfio deshace los tacos de las alcantarillas; pocero.

★ **TAQUIA.** f. Bol. y Perú. Boñiga de llama y guanaco que se usa tradicionalmente como combustible.

★ **TAQUIARA.** f. Colom. Pañuelo que lleva el guajiro.

TAQUICARDIA. (gr. ταχύς, veloz, y καρδία, corazón.) f. Med. Frecuencia excesiva del ritmo en las contracciones del corazón.

★ **TAQUICHUELA.** f. Par. Juego de los cantillos.

TAQUIGRAFÍA. (De *taquígrafo*.) f. Arte de escribir tan rápidamente como se habla, mediante signos y abreviaturas. ‖ **P.** taquigrafia; **I.** shorthand, tachigraphy; **F.** tachygraphie; **A.** Stenographie; **It.** tachigrafia; **R.** стенография.

TAQUIGRAFIAR. tr. Escribir taquigráficamente.

TAQUIGRÁFICAMENTE. adv. Por medio de la taquigrafía.

TAQUIGRÁFICO, CA. adj. Perteneciente o relativo a la taquigrafía.

TAQUÍGRAFO, FA. (gr. ταχύς, pronto, rápido, y γράφω, escribir.) m. y f. Persona que sabe o profesa la taquigrafía. ‖ **P.** taquífrago; **I.** stenographer, shorthander; **F.** tachygraphe; **A.** Stenograph; **It.** tachigrafo; **R.** стенограф.

TAQUILLA. (d. de *taca*, 2.º art.) f. Papelera o armario para guardar papeles. ‖ **2.** Casillero para billetes de ferrocarril, teatro, toros, etc. ‖ **3.** Por ext., despacho de billetes y también lo recaudado en él. ‖ **3.ª** acep.: **P.** bilheteira; **l.** guichet, box-

office; **F.** guichet; **A.** Kartenverkauf; **It.** sportello; **R.** билетная касса.

TAQUILLERO, RA. m. y f. Persona encargada de una taquilla o despacho de billetes.

★ **TAQUILLO.** (d. de *taco*.) m. Méj. Barquillo.

TAQUIMETRÍA. f. Parte de la topografía, que enseña a levantar rápidamente planos mediante el taquímetro.

TAQUIMÉTRICO, CA. adj. Perteneciente o relativo a la taquimetría o al taquímetro.

TAQUÍMETRO. (gr. ταχύς, pronto, rápido, y μέτρον, medida.) m. Instrumento semejante al teodolito, usado para medir a un tiempo distancias y ángulos horizontales y verticales. ‖ **P.** taquímetro; **I.** tachymeter; **F.** tachymètre; **A.** Tachymeter; **It.** tachimetro; **R.** тахеометр.

TAQUÍN. (d. de *taco*.) m. Taba, astrágalo. ‖ **2.** Juego de la taba. ‖ **3.** Germ. Fullero.

TAQUINERO. (De *taquín*.) m. Ar. Jugador de taba.

★ **TAQUIRARI.** m. Bol. Baile popular de aire parecido al de la habanera.

★ **TAQUIZA.** (Quizá de *taco*.) f. Chile. Barra de hierro aguzada por una punta y achaflanada por la otra que se usa para remover piedras, cavar, etc.

TARA. (ár. *tarha*, lo que se quita, el peso de los embalajes.) f. Parte de peso que se rebaja de las mercancías por razón del embalaje, envase, etc., en que se hallaban encerradas. ‖ *Menos la* TARA. m. adv. fig. y fam. con que se expresa que siempre hay que rebajar algo de lo que se dice o se oye.

TARA. f. Tarja, 5.ª acep.

TARA. f. Venez. Langostón. ‖ **2.** Colom. Especie de culebra venenosa. ‖ **3.** Perú. Arbusto de hojas pinadas, flores amarillas y legumbres esponjosas. Se usa en tintorería.

★ **TARABA.** f. Colom. Estribera. ‖ **2.** Colom. Torcedero.

TARABILLA. (l. *tremella*, por *tremula*, tembladera.) f. Cítola del molino. ‖ **2.** fig. y fam. Persona que habla mucho, de prisa y sin fuste. ‖ **3.** fig. y fam. Tropel de palabras de este modo. ‖ **4.** Sal. Matraca o carraca pequeña. ‖ **5.** Argent. Bramadera. ‖ **6.** Chile. Aparato que sirve para torcer sogas de fibras o crin. ‖ *Soltar uno la* TARABILLA. fr. fig. y fam. Hablar mucho y de prisa. ‖ **P.** taramela; **I.** mill-clack; **F.** claquet; **A.** Mühlklapper; **It.** tentennella; **R.** мельничный толкач.

TARABILLA. (l. *trabella*, de *trabs*, *trabis*, madero.) f. Zoquetillo de madera que sirve para cerrar puertas y ventanas, colocado de forma que pueda girar sobre el marco y con un extremo sujetar la puerta o ventana. ‖ **2.** Listón de madera que por torsión mantiene tirante la cuerda del bastidor de una sierra. ‖ **3.** Telera del arado.

TARABITA. (d. del l. *trabs*, *trabis*, madero.) f. Palito al extremo de la cincha, por donde pasa el cordel o la correa para ajustarla. ‖ **2.** Amér. Merid. Maroma por la que corre la oroya.

TARACEA. (ár. *tarṣiᶜ*, incrustación.) f. Labor de incrustación o embutido hecha con pedazos pequeños de chapa de madera, concha, nácar, etc. ‖ **2.** Entarimado hecho con maderas finas de diversos colores formando dibujo. ‖ **P.** marchetaria; **I.** marquetry; **F.** marqueterie; **A.** eingelegte Laubsägenarbeit; **It.** intarsio, tarsia; **R.** инкрустация.

TARACEAR. tr. Adornar con taracea la madera u otra materia.

★ **TARACO.** m. Bol. Especie de antifaz de lana para proteger la cara contra el frío.

TARACOL. m. Ant. Crustáceo semejante al cangrejo.

★ **TARACÚ.** m. Bol. Cinta con que las mujeres sujetan el cabello.

TARAFADA. (De *tarafe*.) f. Trampa en los dados.

TARAFANA. (De *tarifa*.) f. Germ. Aduana u oficina donde se recaban los derechos de importación y exportación.

TARAFE. m. Germ. Dado, pieza cúbica con las caras marcadas con puntos desde el 1 al 6, usada en diversos juegos.

T **TARAGALLO.** (De *tarangallo*.) m. Trangallo.

* **TARAGALLO, LLA.** adj. CUBA. Grandullón.

TARAGONTÍA. f. Dragontea.

TARAGOZA. f. GERM. Pueblo, población, localidad.

TARAGOZAJIDA. f. GERM. Ciudad.

* **TARAJALLO.** m. CUBA. Bohorde de algunas plantas.

* **TARAJALLO, LLA.** adj. VENEZ. Grandullón. Ú.t.c.r.

TARAJE. (ár. *ṭarfāʾ*, tamarindo; en español, primeramente, *tarahe*.) m. Taray.

* **TARAMA.** f. VENEZ. Empuñadura de sable con guarnición.

TARAMBA. f. HOND. Instrumento músico que consiste en un arco de madera con su cuerda de alambre que se golpea con un palito.

TARAMBANA. com. fam. Persona alocada, de poco juicio. Ú.t.c.adj. || 2. ÁL. Tarabilla, 2.º art., 1.ª acep. || 3. ÁL. Trozo de tabla que se ata en una pata al ganado para que no se agite.

TARANDO. (l. *tarandus*, y éste del gr. τάρχνδος.) m. Reno.

TARANGALLO. (De *trangallo*.) m. Trangallo.

TARÁNGANA. f. Especie de morcilla muy ordinaria.

TARANTA. (ital. *taranta*, y éste del l. *Tarentum*.) f. ALM. y MURC. Cierto canto popular. || 2. HOND. Desvanecimiento, aturdimiento. || 3. ZOOL. ARGENT. Tarántula. || 4. ARGENT., C. RICA y ECUAD. Repente, locura. || 5. MÉJ. Borrachera.

TARANTELA. (ital. *tarantella*, y éste del l. *Tarentum*.) f. Baile napolitano de movimiento muy vivo, que se ha tenido como remedio contra la picadura de la tarántula por creer que el veneno inoculado por la araña era eliminado a través del sudor provocado por este baile. || 2. Aire musical para ejecutar este baile. || *Darle a uno la* TARANTELA. fr. fig. y fam. Decidirse o moverse uno de repente a hacer algo inoportuno y desordenadamente.

* **TARANTERA.** f. VENEZ. Vértigo, desvanecimiento.

TARANTÍN. m. AMÉR. CENTRAL y CUBA. Cachivache, trasto. || 2. VENEZ. Tenducha. || 3. CUBA. Especie de andamio.

* **TARANTO, TA.** adj. COLOM. Atarantado. || 2. VENEZ. Borracho, ebrio.

TARÁNTULA. (l. *tarantŭla*, de *Tarentum*, la ciudad de Tarento.) f. Araña grande, común en el mediodía de Europa, principalmente en Tarento (Italia). Vive entre las piedras o en agujeros profundos que hace en el suelo. Es venenosa; su picadura produce una inflamación. || *Picado de la* TARÁNTULA. fig. Dícese del que sufre alguna dolencia física o moral. || 2. fig. y fam. Que padece mal venéreo. || P. tarántula; I. tarantula; F. tarentule; A. Tarantel; It. taràntola, tarantella; R. таранту́л.

TARANTULADO, DA. (De *tarántula*.) adj. Atarantado.

TARAPAQUEÑO, ÑA. adj. Natural de Tarapacá. Ú.t.c.s. || 2. Perteneciente a esta provincia de Chile.

* **TARAPÉ.** m. BOT. BOL. Victoria regia, planta ninfeácea.

º **TARAR.** tr. Señalar la tara.

TARARA. (Voz onomatopéyica.) f. Señal o toque de trompeta. || 2. RIOJA. Aventador, máquina para aventar.

TARARÁ. m. Tarara, toque de trompeta.

TARARACO. m. BOT. ant. Planta bulbosa amarilidácea, narcótica y venenosa, que se cultiva en los jardines por sus flores de color rojo brillante.

* **TARARASES.** m. pl. URUG. Sujetos que viven fuera de la ley.

TARAREAR. (De *tarara*.) tr. Cantar entre dientes y sin articular palabras. || P. cantarolar; I. to hum; F. chantonner; A. trällern, summen; It. canterellare; R. напевать.

TARAREO. m. Acción de tararear.

TARARIRA. (De *tarara*.) f. fam. Chanza, alegría bulliciosa. || 2. ARGENT. Cierto pez de río, de carne estimada. || 3. com. fam. Persona bulliciosa, inquieta y de poca formalidad. || 4. interj. fam. que indica desconfianza.

TARASA. f. CHILE y PERÚ. Cierta planta malvácea.

TARASCA. (fr. *tarasque*, de *Tarascón*, ciudad de Francia.) f. Figura de sierpe monstruosa, que en algunos lugares se saca en la procesión del Corpus. || 2. fig. y fam. Mujer fea, desenvuelta y de mal natural. || 3. C. RICA y CHILE. Boca grande. || 4. ARGENT. Especie de pandorga o cometa. || 5. fig. Gomia, persona voraz y glotona.

TARASCA. f. Trasca, 2.º art.

TARASCADA. (De *tarascar*.) f. Dentellada, mordedura. || 2. fig. y fam. Respuesta áspera o grosera dada a quien cortés y comedidamente propone algo. || P. dentada; I. bite; F. morsure; A. Biss; It. morsicatura; R. укус.

TARASCAR. (De *tarazar*.) tr. Morder haciendo herida, especialmente los perros.

* **TARASCO.** m. ECUAD. Tarascada, mordisco.

TARASCÓN, NA. m. y f. aum. de tarasca. || 2. ARGENT., BOL., CHILE y ECUAD. Tarascada, mordedura.

TARASÍ. (Quizá del ár. *ṭirāzī*, bordador.) m. Sastre.

* **TARASQUIENTO, TA.** (De *tarasca*.) adj. CHILE. Dícese de la persona que abre mucho la boca al llorar, reir, gritar, etc.

TARATÁNTARA. (l. *taratantăra*.) m. Tarará.

TARAY. (Del m. or. que *taraje*.) m. BOT. Arbusto tamaricáceo, que alcanza hasta 3 m de altura; tiene hojas glaucas y menudas; flores blancas, pequeñas y en espigas laterales; fruto seco capsular, y semillas negras. Crece en las orillas de los ríos. || 2. Fruto de este arbusto.

TARAYAL. m. Espacio de terreno poblado de tarayes.

TARAZA. m. ZOOL. Molusco lamelibranquio marino, de aspecto vermiforme, con sifones muy largos y concha muy pequeña que deja al descubierto la mayor parte del cuerpo. Perfora las maderas sumergidas en las que hace galerías que reviste de una materia calcárea y causa así graves daños en las construcciones navales.

TARAZANA. f. Atarazana.

TARAZANAL. m. Tarazana.

TARAZAR. (ár. *ḍarasa*, morder.) tr. Atarazar. || 2. fig. Molestar, afligir, inquietar.

TARAZÓN. (De *tarazar*.) m. Trozo que se parte o corta de una cosa, especialmente de carne o pescado.

TARBEA. (ár. *tarbiʿ*, cuadra, espacio cuadrado.) f. Sala grande.

TARCO. m. ARGENT. Árbol saxifragáceo, que alcanza unos 10 m de altura. Se usa como planta de adorno por su floración violácea, y su madera se emplea en la construcción de muebles.

TARDADOR, RA. adj. Que tarda o se tarda. Ú.t.c.s.

TARDANAOS. (De *tardar* y *nao*.) m. Rémora, pez marino acantopterigio que se adhiere fuertemente a los objetos flotantes.

TARDANO, NA. adj. ant. Tardío.

TARDANZA. (De *tardar*.) f. Detención, pausa, lentitud, demora. || P. tardança; I. slowness, tardiness; F. retard, lenteur; A. Zögerung, Verspätung; It. tardanza; R. опоздание.

TARDAR. (l. *tardăre*.) intr. Detenerse, retrasar la llegada o la ejecución de una cosa. Ú.t.c.r. || 2. Emplear cierto tiempo en hacer las cosas. || *A más* TARDAR. m. adv. Empleado para señalar el plazo máximo en que ha de suceder una cosa. || P. tardar; I. to delay; F. tarder, se retarder; A. lange ausbleiben, säumen, zögern; It. tardare, indugiare; R. запаздывать.

TARDE. (l. *tarde*.) f. Tiempo que va desde el mediodía al anochecer. || 2. Últimas horas del día. || 3. adv. A hora avanzada del día o de la noche. || 4. Después del tiempo oportuno o acostumbrado, o en tiempo futuro lejano. || *Buenas* TARDES. expr. empleada para saludar durante el tiempo de la tarde. || *De* TARDE *en* TARDE. m. adv. De cuando en cuando. || *Para luego es* TARDE. expr. con que se da prisa para que uno ejecute algo rápidamente. || TARDE, *mal y nunca*. expr. con que se pondera lo mal y fuera del tiempo en que se hace una cosa que fuera casi mejor no

ejecutar ya. || P. tarde; I. afternoon; F. après-midi, soir; A. Nachmittag, Abend; It. dopo pranzo, sera; R. вечер.

TARDECER. intr. Empezar a caer la tarde.

TARDECICA, TA. (d. de *tarde*.) f. Caída de la tarde, cerca del anochecer.

TARDÍAMENTE. adv. Tarde, 4.ª acep.

TARDÍGRADO, DA. (l. *tardigrădus*.) adj. ZOOL. Dícese de los animales que son lentos en sus movimientos. || 2. m. pl. ZOOL. Clase de estos mamíferos.

TARDINERO, RA. adj. Tardo.

TARDÍO, A. adj. Que tarda en madurar y en venir a sazón más tiempo del regular. Comúnmente se dice de las frutas y los frutos. || 2. Que ocurre después del tiempo debido. || 3. Pausado, que camina u obra lentamente. || 4. m. Sembrado o plantío de fruto tardío. Ú.m. en pl. || 5. SAL. y SANT. Otoñada, otoño. || P. tardío; I. slow, tardy; F. tardif; A. spät; It. tardivo; R. поздний.

TARDO, DA. (l. *tardus*.) adj. Lento, perezoso en obrar. || 2. Que sucede después de lo que se esperaba o convenía. || 3. Torpe, poco expedito en explicar o en comprender. || 4. ASTRON. Dícese de un planeta cuando su movimiento diurno verdadero es menor que el medio. || P. tardo; I. sluggish; F. lent, paresseux; A. langsam, schwerfällig; It. tardo, tardivo; R. медлительный.

TARDÓN, NA. adj. fam. Flemático, que tarda mucho. Ú.t.c.s. || 2. fam. Que comprende tarde las cosas. Ú.t.c.s.

TAREA. (ár. *ṭariḥa*, encargo de alguna obra en cierto tiempo.) f. Cualquier obra o trabajo. || 2. Trabajo que debe hacerse en tiempo limitado. || 3. fig. Afán, cuidado causado por el trabajo continuo. || 4. AND. Conjunto de 15 fanegas de aceitunas recolectadas. || 5. REP. DOMIN. Medida de superficie equivalente a 6,28 áreas. —*de chocolate*. Cantidad de chocolate que elabora un oficial al día. || *Mandarle* una TAREA. fr. fig. y fam. con que se da a entender que le ha correspondido a uno un papel molesto o trabajo enojoso. || P. tarea; I. task, work; F. tâche, besogne; A. Arbeit, Werk, Aufgabe; It. còmpito; R. работа, дело.

TARECO. m. (ár. *tarīk*, cosa abandonada.) m. CUBA, ECUAD. y VENEZ. Trasto, tebejo. || 2. fig. y fam. CUBA. Mujer fea envejecida prematuramente.

TARECHE. m. BOL. Ave de rapiña, especie de aura.

TAREERO. m. SEV. Obrero ajustado por tareas, para la recolección de aceituna.

* **TAREFERO, RA.** (port. *tarefa*, tarea.) m. y f. PARAG. Obrero que trabaja ajustado por tarea.

TARENTINO, NA. (l. *tarentīnus*.) adj. Natural de Tarento. Ú.t.c.s. || 2. Perteneciente a esta ciudad de Italia.

TARGUM. (caldeo *targŭm*, interpretación.) m. Libro de los judíos, que contiene las glosas y paráfrasis caldeas de la Biblia.

TARIDA. (ár. *ṭarida*, barco de transportes.) f. Embarcación usada desde el siglo XII en el Mediterráneo. Se la usó principalmente en el transporte de caballos y máquinas militares en expediciones marítimas.

TARIFA. (ár. *taʿrifa*, definición, determinación.) f. Tabla o catálogo de los precios, derechos, o impuestos que se deben pagar por alguna cosa. || P. tarifa; I. rate, tariff; F. tarif; A. Tarif, Preisliste, Zolltarif; It. tariffa; R. тариф, такса.

TARIFAR. tr. Señalar o aplicar una tarifa. || 2. intr. fam. Reñir con uno, enemistarse.

TARIFEÑO, ÑA. adj. Natural de Tarifa. Ú.t.c.s. || 2. Perteneciente a esta ciudad.

TARIMA. (ár. *ṭarima*, estrado de madera.) f. Entablado movible y de dimensiones varias, según el uso a que se le destina. || P. tarima; I. platform; F. estrade; A. Tritt, Bühne; It. predella; R. настил.

* **TARIMACO.** m. CUBA. Trasto despreciable.

* **TARIMERA.** (De *tarima*.) f. CUBA. Alcahueta.

TARIMÓN. m. aum. de tarima.

TARÍN. (b. l. *tarinus* o *tarenus*; de

T

Tarento, ciudad donde se cree fueron acuñados por primera vez.) m. Realillo de plata de ocho cuartos y medio.

TARÍN. m. NAV. Cierto pájaro.

TARINA. f. desus. Fuente de tamaño mediano en que se servía la vianda a la mesa.

TARÍN BARÍN. loc. adv. fam. Escasamente, sobre poco más o menos.

★ **TARIRI.** m. BOT. PERÚ. Brasilete, árbol de la misma familia que el brasil.

TARJA. (fr. *targe,* y éste del germ. *targa,* escudo.) f. Escudo grande que cubría todo el cuerpo. ‖ 2. Cierta moneda que mandó acuñar Felipe II. ‖ 3. En algunas partes, pieza de cobre de dos cuartos. ‖ 4. Chapa que sirve de contraseña. ‖ 5. Caña o palo partido longitudinalmente donde se va marcando, haciendo muescas, lo que se compra fiado. Suelen usarlo también las personas que no saben escribir para llevar sus cuentas. ‖ 6. fam. Golpe o azote. ‖ 7. AMÉR. y MURC. Tarjeta de visita. ‖ 8. CUBA. Entre agrimensores, medida de diez unidades. ‖ *Beber* uno *sobre* TARJA. fr. fig. y fam. Beber vino al fiado. ‖ **P.** tarja; **I.** target, buckler; **F.** targe, bouclier; **A.** Tar(i)tsche; **It.** targa; **R.** щит.

TARJADOR, RA. m. y f. Persona que tarja.

TARJAR. tr. Señalar en la tarja lo que se va sacando fiado o lo que se cuenta. ‖ 2. CHILE. Tachar lo que está escrito. ‖ 3. CUBA. Medir por tarjetas.

★ **TARJEAR.** P. RICO. Dividir en tiras una hoja de palma para tejer sombreros.

TARJERO, RA. (De *tarja.*) m. y f. Tarjador.

TARJETA. f. d. de tarja, escudo grande. ‖ 2. Adorno plano y oblongo que se figura sobrepuesto a un miembro arquitectónico y que suele llevar inscripciones, empresas o emblemas. ‖ 3. Membrete de los mapas y cartas. ‖ 4. Pedazo pequeño de cartulina, de forma rectangular, con el nombre, cargo y dirección de una persona, y que se emplea para visitas, felicitaciones, etc. ‖ 5. Pedazo de cartulina que lleva impreso un permiso, un anuncio, una invitación o cosa semejante. ‖ **—de identidad.** La que acredita la personalidad del titular. ‖ **—postal.** La que lleva estampado un sello de correos y se emplea como carta. ‖ 4.ª acep.: **P.** cartão de visita; **I.** card, visiting card; **F.** carte, carte de visite; **A.** Visitenkarte; **It.** biglietto; **R.** карточка (визитная).

TARJETEO. m. fam. Uso frecuente de tarjetas para cumplimentarse las personas.

★ **TARJETERA.** f. AMÉR. Tarjetero. ‖ 2. ARGENT. Bandeja que se tiene en las salas de recibir para colocar en ella las tarjetas de visita, pésame, felicitación, etc.

TARJETERO. m. Cartera para llevar tarjetas de visita.

TARJETÓN. m. aum. de tarjeta.

TARJÓN. m. desus. de tarja, tarjeta o adorno superpuesto a un miembro arquitectónico.

★ **TARLATÁN.** m. VENEZ. Tarlatana.

TARLATANA. (fr. dialect. *tarlantane,* como el fr. *tiretaine.*) f. Tejido ralo de algodón, parecido a la muselina, aunque de mayor consistencia.

★ **TARO.** ZOOL. ARGENT. Tareche, ave rapaz.

TAROPÉ. (Voz guaraní.) m. ZOOL. Planta acuática, ninfeácea, especie de nenúfar.

TARQUIA. f. GERM. Tarja, moneda de vellón que mandó acuñar Felipe II.

TARQUÍN. (ár. *tarkím,* lodo amontonado.) m. Légamo que las aguas estancadas depositan en el fondo, o las avenidas de los ríos en los campos que inundan. ‖ **P.** nateiro, lodo; **I.** mud, mire; **F.** bourbe, vase; **A.** Schlamm; **It.** fanghiglia, limoccio; **R.** тина.

TARQUINA. (ital. *tarchia.*) adj. MAR. Dícese de la vela trapezoidal muy alta de baluma y baja de caída. Ú.t.c.s.

TARQUINADA. (Por alusión a la violencia ejercida en Lucrecia por Sexto *Tarquino,* hijo de Tarquino el Soberbio.) f. fig. y fam. Violencia contra la honestidad de una mujer.

★ **TARQUINO, NA.** adj. y s. ARGENT. Dícese de la res vacuna de raza fina.

★ **TARRABASQUINA.** f. VENEZ. Rabieta, cólera.

TARRACONENSE. (l. *tarraconensis.*) adj. Natural de la antigua Tárraco, hoy Tarragona. Ú.t.c.s. ‖ 2. Perteneciente a esta ciudad. ‖ 3. Perteneciente a la antigua provincia del mismo nombre. ‖ 4. Natural de Tarragona. Ú.t.c.s. ‖ 5. Perteneciente a esta ciudad.

TÁRRAGA. f. Baile español que estuvo en boga a mediados del siglo XVII.

TÁRRAGO. m. Planta labiada, especie de salvia.

TARRAJA. (port. *tarracha.*) f. Terraja. ‖ 2. VENEZ. Tarja para llevar cuentas, hecha de una tira de cuero.

★ **TARRAJAZO.** m. ECUAD. y P. RICO. Desgracia inopinada. ‖ 2. REP. DOMIN. Tajo o herida de grandes dimensiones. ‖ 3. Golpe o herida. ‖ 4. *De un* TARRAJAZO. COLOM. y P. RICO. De golpe, de una vez.

TARRALÍ. f. COLOM. Planta trepadora silvestre.

★ **TARRAMENTA.** (De *tarro,* cuerno.) f. CUBA. Cornamenta.

TARRAÑUELA. (De *tarreña.*) f. BURG., PAL., SANT. y VIZC. Tarreña, castañuela.

★ **TARRASBAQUIÑA.** f. VENEZ. Cólera, rabieta, enojo.

TARRASCAR. tr. GERM. Arrancar, violentar.

TARRASENSE. adj. Natural de Tarrasa. Ú.t.c.s. ‖ 2. Perteneciente a esta ciudad catalana.

TARRAYA. f. AND., BAD., P. RICO y VENEZ. Atarraya, esparavel.

★ **TARRAYAZO.** m. CUBA, P. RICO, COLOM. y VENEZ. Golpe o redada de la tarraya. ‖ 2. P. RICO y VENEZ. Golpe contundente.

TARRAZA. (De *tierra.*) f. desus. Vasija de barro.

★ **TARRAZA.** f. VENEZ. Grupa.

★ **TARREAR.** (De *tarro,* cuerno.) tr. CUBA. Poner cuernos, coronar.

TARREÑA. (De *tarro.*) f. Cada una de las dos tejuelas que, sujetas entre los dedos y batidas una contra otra, producen un ruido semejante al de las castañuelas.

★ **TARRIBROCO, CA.** (De *tarro,* cuerno, y *broco,* por *brocho.*) adj. CUBA. Dícese del ganado con las puntas de los cuernos muy próximas entre sí.

TARRICO. m. Caramillo, planta barrilera.

TARRIZA. (De *terrizo,* terriza.) f. AR. y SOR. Barreño, lebrillo.

TARRO. (port. *tarro.*) m. Vaso de barro cocido y vidriado o de vidrio u otra materia, de forma cilíndrica y comúnmente más alto que ancho. ‖ 2. SAL. Borra de los panales de miel. ‖ 3. CUBA. Asta o cuerno.

TARSANA. f. C. RICA, ECUAD. y PERÚ. Corteza del árbol sapindáceo, usada para lavar, como el palo de jabón.

TARSO. (gr. ταρσός.) m. ZOOL. Conjunto de huesos cortos que forman parte del esqueleto de las extremidades posteriores de los batracios, reptiles y mamíferos; se hallan entre los huesos de la pierna y el metatarso. En el hombre forma la parte posterior del pie y lo constituyen siete huesos unidos, uno de los cuales se articula con la tibia y el peroné. ‖ 2. ZOOL. La parte más delgada de las patas de las aves que une los dedos con la tibia. ‖ 3. ZOOL. Corvejón de los cuadrúpedos. ‖ 4. ZOOL. Artejo terminal de las patas de los insectos, dividido en varios artejos secundarios. ‖ **P.** e **It.** tarsus; **I.** tarsus; **F.** tarse; **A.** Fusswurzel; **R.** плюсна.

TARTA. (fr. *tarte,* y éste del l. *torta.*) f. Tortera, cacerola casi plana. ‖ 2. Torta rellena con dulce de frutas, crema, etc.

★ **TARTAGAZO.** m. fam. P. RICO. Trago grande de licor.

TÁRTAGO. (b. l. *tartaǐcus,* tartáreo, y éste el l. *Tartǎrus,* Tártaro.) m. Planta herbácea anual, euforbiácea, de hojas lanceoladas, flores unisexuales sin corola, y fruto seco capsular; tiene virtud purgante y emética fuerte. Es común en España. ‖ 2. fig. y fam. Suceso infeliz. ‖ 3. fig. y fam. Chasco pesado. ‖ **—de Venezuela.** Ricino.

TARTAJA. adj. fam. Tartajoso. Ú.t.c.s.

TARTAJEAR. (Voz onomatopéyica.) intr. Hablar pronunciando con torpeza y poca claridad o trocando las letras de las palabras a causa de algún impedimento en la lengua. ‖ **P.** tartamudear, tartarear; **I.** to drawl, to stammer; **F.** bégayer, bafouiller; **A.** stammeln, stottern; **It.** tartagliare, balbettare; **R.** заикаться.

TARTAJEO. m. Acción y efecto de tartajear.

TARTAJOSO, SA. adj. Que tartajea. Ú.t.c.s.

TARTALEAR. (Voz onomatopéyica.) intr. fam. Moverse sin orden o trémulamente. ‖ 2. fam. Turbarse uno de tal forma que no acierta a hablar.

TARTAMUDEAR. (De *tartamudo.*) intr. Hablar o leer con pronunciación entrecortada y repitiendo las sílabas. ‖ **P.** tartamudear; **I.** to stutter; **F.** balbutier, bégayer; **A.** lallen, stottern; **It.** balbettare; **R.** заикаться.

TARTAMUDEO. m. Acción y efecto de tartamudear.

TARTAMUDEZ. f. Calidad de tartamudo.

TARTAMUDO, DA. (Como el port. *tartamudo,* quizá de *tarta,* onomatopéyico, y *mudo.*) adj. Que tartamudea. Ú.t.c.s. ‖ **P.** tartamudo; **I.** stutterer; **F.** bègue; **A.** Stotterer; **It.** balbo; **R.** заикающийся.

TARTÁN. (fr. *tartan.*) m. Tela de lana con cuadros y listas cruzadas de diversos colores.

TARTANA. (ital. *tartana,* y el fr. *tartane,* del m. or. que *tarida.*) f. Embarcación menor, de un solo palo, perpendicular a la quilla, y vela latina. Es muy usada en la pesca y tráfico de cabotaje. ‖ 2. Carruaje generalmente de dos ruedas, cubierta abovedada y asientos laterales. ‖ 3. MURC. Zarzos donde se cría el gusano de seda.

★ **TARTANCHO, CHA.** adj. BOL. Tartamudo.

TARTANERO. m. Conductor de tartana.

TÁRTANO. m. ÁL. y VIZC. Panal de miel.

TARTÁREO, A. (l. *tartarěus.*) adj. poét. Perteneciente al tártaro o infierno.

TARTARÍ. adj. ant. Natural de Tartaria. Usáb.t.c.s. ‖ 2. m. Cierta tela lujosa usada antiguamente.

TARTÁRICO, CA. adj. QUÍM. Tártrico.

TARTARIZAR. tr. FARM. Preparar una confección con tártaro.

TÁRTARO. (b. l. *tartǎrum,* y éste corrupción del persa *darǎdi,* heces.) m. Tartrato ácido de potasio impuro que forma costra cristalina en el fondo y paredes de la vasija donde fermenta el mosto, es blanquecino o rojo según del vino que proceda. ‖ 2. Sarro, substancia amarillenta que se adhiere a los dientes. ‖ **—emético.** Tartrato de antimonio y de potasio, de poderosa acción emética y purgante según la dosis. ‖ **P.** tártaro; **I.** tartar; **F.** tartre; **A.** Weinstein; **It.** tàrtaro; **R.** винный камень.

TÁRTARO. (l. *Tartǎrus,* y éste del gr. τάρταρος.) m. poét. El infierno.

TÁRTARO, RA. (Del turco *tatār,* nombre del pueblo.) adj. Natural de Tartaria. Ú.t.c.s. ‖ 2. Perteneciente a esta región de Asia.

★ **TÁRTARO.** m. BOT. VENEZ. Variedad de tártago.

★ **TARTARUGA.** (Voz italiana.) f. BOL. Tortuga.

TARTERA. (De *tarta.*) f. Tortera, cacerola para llevar comida fuera de casa. ‖ 2. Fiambrera.

TARTESIO, SIA. (l. *tartessǐus.*) adj. Natural de Tartéside. Ú.t.c.s. ‖ 2. Perteneciente a esta región de la España antigua.

★ **TARTO, TA.** adj. ECUAD. Tartajoso.

TARTRACINA. f. QUÍM. Es un colorante azoico, conocido desde muy antiguo. Se emplea en algunos países para colorear de amarillo los alimentos.

TARTRATO. m. QUÍM. Sal formada por la combinación del ácido tártrico con una base. ‖ **P.** tartarato; **I.** y **F.** tartrate; **A.** Weinsteinsalz; **It.** tartrato; **R.** соль виннокаменной кислоты.

TÁRTRICO, CA. adj. QUÍM. Perteneciente o relativo al tártaro. 1.er art., 1.ª acep.

T

TARUGA. f. Mamífero rumiante americano semejante al ciervo, de pelo rojo obscuro, vive salvaje en los Andes.

* **TARUGADA.** f. Méj. Acción propia de un tarugo o necio.

TARUGO. m. Clavija gruesa de madera. || 2. Zoquete. || 3. Trozo grueso de madera, de forma prismática, que se emplea para pavimentar las calles. || P. tarugo; I. plug; F. cheville de bois; A. Pflock; It. cavicchio di legno.

TARUMÁ. (Voz guaraní.) m. Argent. Árbol verbenáceo, que da un fruto morado oleoso.

* **TARUMA.** m. Bot. Amér. Tarumá.

TARUMBA (VOLVERLE a uno). fr. fam. Confundirle, atolondrare. *Volverse* uno tarumba. Ú.t. el verbo c.r.

TARUSA. f. León, Pal. y Zam. Chito, tángano.

TÁRZANO. m. Ast. Poste fijo colocado verticalmente en el hogar cerca de la pared y con agujeros para colgar allí la olla en la lumbre.

TAS. (fr. *tas.*) m. Yunque pequeño que usaban los plateros, hojalateros y plomeros.

TASA. (De *tasar.*) f. Acción y efecto de tasar. || 2. Documento en que consta la tasa. || 3. Precio máximo o mínimo señalado por disposición de la autoridad para la venta de algunas cosas. || 4. Medida, regla. || P. taxa; I. rate; F. taux, taxe; A. Taxe, Schätzung; It. tassa; R. такса.

TASACIÓN. (l. *taxatio, -õnis.*) f. Justiprecio, valoración o avalúo de las cosas.

TASADAMENTE. adv. Con tasa o medida. || 2. fig. Limitadamente.

TASADOR; RA. adj. Que tasa. Ú.t.c. s. || 2. m. El que ejerce el oficio público de tasar. || P. taxador; I. taxer, valuer; F. taxateur; A. Schätzmeister; It. tassatore; R. оценщик, таксатор.

* **TASAJEAR.** tr. Colom., Cuba y Guat. Atasajar. || 2. fig. fam. Cuba. Matar con saña a cuchilladas o puñaladas.

* **TASAJERÍA.** f. Cuba. Lugar en que se hace y vende tasajo.

* **TASAJITO.** (d. de *tasajo.*) m. Cuba. Tasajo de cerdo.

TASAJO. (l. *tassalho.*) m. Pedazo de carne seco y salado o acecinado para conservarse. || 2. Por ext., pedazo cortado o tasajo de cualquiera carne. || 3. Colom. Hombre largo y flaco.

* **TASAJÓN, NA.** adj. C. Rica. Tasajudo.

* **TASAJUDO, DA.** (De *tasajo.*) adj. fam. Amér. Central, Colom. y Cuba. Dícese de la persona muy alta y flaca.

TASAR. (l. *taxãre.*) tr. Poner tasa a las cosas vendibles. || 2. Graduar el precio o valor de las cosas. || 3. Estimar lo que cada uno merece por su personal trabajo, dándole el premio o paga correspondiente. || 4. fig. Poner medida o regla para que no haya exceso en cualquier materia. || 5. fig. Reducir lo que hay obligación de dar, apocándolo mezquinamente. || P. taxar; I. to tax; F. taxer; A. taxieren, schätzen; It. tassare; R. таксировать.

TASCA. (De *tascar*, en port. *tasca*.) f. Garito o casa de juego de mala fama. || 2. Taberna. || 3. Perú. Olas revueltas y corrientes encontradas que hacen difícil el desembarque en las costas. || P. taberna; I. tavern; F. taverne; A. Kneipe; It. taverna; R. таверна.

TASCADOR. (De *tascar*, 1.ª acep.) m. Espadilla, instrumento empleado para espadar.

* **TASCALATE.** m. Guat. Pinol hecha de tortilla de maíz tostada.

TASCAR. (port. *tascar*.) tr. Espadar. || 2. fig. Quebrantar con ruido la hierba las bestias cuando pacen. || 3. Ecuad. Mascar, mascullar. || Tascar *el freno.* fr. Equit. Morder el caballo el bocado.

TASCO. (De *tascar*.) m. Estopa gruesa del cáñamo o lino que queda tras espadarlo y que se emplea para tejidos bastos.

TASCONIO. (l. *tasconium*.) m. Talque.

* **TASE.** m. Bot. Amér. Merid. Tasi.

* **TASES.** m. pl. C. Rica. Pinitos, primeros pasos de los niños.

TASI. m. Bot. Argent. Enredadera silvestre asclepiadácea. Su fruto se come guisado o en dulce. || 2. Bot. Amér. Fruto de esta planta.

* **TASIN.** m. Ecuad. Nido, nidal. ||

2. Ecuad. Rodete para llevar pesos en la cabeza.

TASIO, SIA. (l. *thasĭus.*) adj. Natural de Taso. Ú.t.c.s. || **2.** Perteneciente a esta isla del Mar Egeo.

* **TASPITO, TA.** adj. Nicar. Con poco fondo.

* **TASQUEAR.** intr. Perú. Trabajar en la tasca.

TASQUERA. (De *tasca.*) f. fam. Pendencia, riña. || **2.** Germ. Taberna.

TASQUERO. m. Perú. Indio que ayuda a desembarcar en las costas en que hay tascas u olas revueltas.

* **TASQUERO, RA.** adj. Perú. Perteneciente o relativo a la acción de tasquear.

TASQUIL. (ár. *tasqîr*, machacar piedra con el martillo.) m. Fragmento que salta de la piedra al labrarla. || P. lasca; I. chip; F. éclat; A. Steinsplitter; I. scheggia.

* **TASTA.** f. Perú. Tasata.

* **TASTABILLAR.** intr. Chile y Urug. Trastrabillar.

TASTANA. f. Costra originada por la sequía en las tierras de cultivo. || **2.** Membrana que separa los gajos de ciertas frutas.

TASTAR. (l. *taxĭtãre*; de *taxãre*, tocar.) tr. ant. Tocar.

TÁSTARA. f. Ar. Salvado gordo.

* **TASTARAZO.** m. P. Rico. Testarazo.

TASTAZ. (l. *testacēum*, ladrillo molido.) m. Polvo hecho con los crisoles viejos, que se usa para limpiar las piezas de azófar.

* **TASTAZO.** m. Guat. Capirotazo.

TASTO. (De *tastar.*) m. Sabor desagradable de las viandas cuando se han pasado.

TASUGO. m. Tejón, mamífero carnicero de pelo largo que habita en madrigueras profundas.

TATA. (l. *tata.*) m. fam. En lenguaje infantil, niñera. || **2.** Amér. y Murc. Voz cariñosa con que se designa al padre. En algunas partes de América se usa también como tratamiento de respeto. || **3.** Ar. Voz de cariño usada para designar a la hermana menor.

* **TATABRA.** f. Zool. Colom. Pécari.

TATABRO. m. Zool. Colom. Pécari.

TATAGUA. f. Cuba. Mariposa nocturna grande y de color obscuro.

TATAIBÁ. m. Par. Moral silvestre de fruto áspero.

TATARABUELO, LA. (l. *tritãvus*, tercer abuelo.) m. y f. Tercer abuelo. || P. tataravô; I. great-great-grandfather; F. trisaïeul; A. Ururgrossvater; It. terzàvolo; R. прапрадед.

TATARADEUDO, A. (De *tatara*, por imitación de *tatarabuelo*, y *deudo*.) m. y f. Pariente muy antiguo; antepasado.

TATARANIETO, TA. (De *tatara* y *nieto*.) m. y f. Tercer nieto que tiene el cuarto grado de consanguinidad en la línea recta descendente. || P. tataraneto; I. great-great-grandson; F. arrière-petit-fils; A. Ururgrossenkel; It. pronipote in quarto grado; R. праправнук.

* **TATARATEAR.** int. Méj. y Venez. Hacer algo tropezando. || **2.** Venez. y Guat. Tartalear.

* **TATARATERO, RA.** adj. Guat. Se dice del trompo saltador.

* **TATARATIAR.** intr. Méj., Venez. y Amér. Central. Tataratear.

* **TATARATOSO, SA.** adj. Méj. Tataratero. || **2.** Venez. y Guat. Tartaleador.

TATARÉ. (Voz guaraní.) m. Bot. Argent. y Par. Árbol grande, mimosáceo, cuya madera amarilla se emplea en ebanistería y en la construcción de barcos. De su corteza se extrae una materia tintórea.

* **TATARETAS.** m. C. Rica. Tatarata, trompo saltador.

* **TATARETEAR.** intr. Amér. Central. Tataratear.

* **TATARETO, TA.** adj. Venez. Se dice del que tataratea.

* **TATARRETE.** m. despect. de tarro, 1.ª acep.

TATAS. Voz que se emplea sólo en la frase *andar a* TATAS, que significa comenzar el niño a andar con cierto miedo y cuidado. || **2.** Esta frase significa también *andar a gatas.*

¡TATE! (port. *tate.*) interj. que equivale a ¡cuidado! o poco a poco. || **2.** También denota haber venido en conocimiento de algo que antes no se comprendía o no venía al pensamiento. Ú.t. repetida.

* **TATEMAR.** (mejic. *tla-tlemati*; de *tla*, algo, *tletl*, fuego, y *mati*, poner.) tr. Méj. Asar carnes, raíces o frutas.

TATETÍ. m. Argent. Juego de tres en raya.

* **TATITO.** m. fam. Perú y Bol. Tata, papá, padre.

TATO. (l. *tata*, padre.) m. fam. Ar., Chile y Rioja. Voz de cariño para designar a un hermano pequeño o al niño en general.

TATO, TA. adj. Tartamudo que vuelve la *c* y *s* en *t*.

* **TATOLE.** (mejic. *tlatolli*; de *tlatoa*, hablar.) m. fam. Méj. Conspiración, convenio.

* **TATOLEAR.** (De *tatole.*) intr. fam. Méj. Concertar, conspirar.

TATÚ. (Voz guaraní.) m. Argent. Voz genérica que designa diversas especies de armadillo.

TATUAJE. m. Acción y efecto de tatuar o tatuarse. || P. tatuagem; I. tattooing; F. tatouage; A. Tätowierung; It. tatuaggio; R. татуировка.

TATUAR. (ingl. *to tattoo*, voz tomada de los indígenas de la isla de Tahití, en Polinesia.) tr. Grabar dibujos en la piel humana, introduciendo bajo la epidermis ciertas materias colorantes haciendo punzadas y picaduras. Ú.t.c.r.

* **TATUCA.** f. Venez. Jícara, vasija grande. || **2.** fig. Cholla, cabeza.

* **TATUQUE.** m. Venez. Tatuca, vasija grande.

* **TATURE.** m. Venez. Cesto casi redondo y ancho de boca.

* **TATURO.** m. Venez. Calabozo o jarro para bebidas.

* **TATUSA.** f. Argent. y Bol. Mujerzuela.

TATUSIA. f. Par. Especie de armadillo.

TAU. (gr. ταῦ.) m. Última letra del alfabeto hebreo. || **2.** Tao. || **3.** fig. Divisa, distintivo. || **4.** f. Decimonona letra del alfabeto griego, que corresponde al nuestro de *te*.

* **TAUCA.** (Voz quichua.) Bol. Montón de cosas. || **2.** Bol. Plegadillo que se hace en la ropa. || **3.** Chile. Bolsa grande o talego para dinero.

TAUJEL. (ár. *ţawŷul*, saeta.) m. Listón de madera, renglón.

TAUJÍA. (Del m. or. que *ataujía*.) f. Ataujía.

* **TAULA.** (Voz catalana que significa mesa.) f. Monumento megalítico, formado por dos piedras, una hincada verticalmente y otra colocada horizontalmente sobre la primera. Encuéntranse varios de ellos en las Baleares.

TAUMATURGIA. f. Facultad o poder de realizar prodigios. || P. taumaturgia; I. thaumaturgy; F. thaumaturgie; A. Wundertätigkeit; It. taumaturgia; R. чудотворение.

TAUMATÚRGICO, CA. adj. Perteneciente o relativo a la taumaturgia.

TAUMATURGO, GA. (gr. θαυματουργός; de θαῦμα, -ατος, maravilla, y ἔργον, obra.) m. y f. Persona admirable en sus obras, autor de cosas prodigiosas. || P. e It. taumaturgo; I. thaumaturge; F. thaumaturge; A. Wundertäter R. чудотворец.

* **TAUNACHI.** m. Bol. Rodaja de cascabeles que se ciñe a las piernas en ciertas danzas.

* **TAUQUEAR.** (De *tauca.*) tr. Bol. Amontonar.

* **TAURI.** m. Bot. Perú. Cierta planta leguminosa.

* **TAURINA.** f. Quím. Ácido aminosulfónico, de carácter alifático, que se encuentra en estado libre en las ostras, y combinado en la bilis.

TAURINO, NA. (l. *taurĭnus.*) adj. Perteneciente o relativo al toro, o a las corridas de toros.

TAURIOS. (l. *taurĭ, -õrum.*) adj. pl. Dícese de ciertos juegos de la antigüedad en que luchaban hombres con toros.

TAURO. (l. *taurus.*) m. Astron. Segundo signo del Zodíaco que el Sol recorre aparentemente al andar la primavera. || **2.** Astron. Constelación zodiacal situada entre Aries y Géminis, cuya estrella principal es Aldebarán.

TAURÓFILO, LA. adj. Aficionado a las corridas de toros.

TAURÓMACO, CA. adj. Tauromáquico. || **2.** Se dice del que entiende de tauromaquia. Ú.t.c.s.

TAUROMAQUIA. (gr. ταῦρος, toro, y μάχομαι, luchar.) f. Arte de lidiar toros. || **P.** tauromaquia; **I.** tauromachy; **F.** tauromachie; **A.** Stierfechterkunst; **It.** tauromachia; **R.** искусство боя быков.

TAUROMÁQUICO, CA. adj. Perteneciente o relativo a la tauromaquia.

TAUTEO. m. AND. Gañido peculiar del zorro.

TAUTOLOGÍA. (gr. ταυτολογία, de ταυτολόγος; de ταυτό, lo mismo, y λέγω, decir.) f. RET. Repetición del mismo pensamiento expuesto de varias maneras. Suele referirse a la repetición viciosa. || **P.** tautologia; **I.** tautology; **F.** tautologie; **A.** Tautologie; **It.** tautologia; **R.** тавтология.

TAUTOLÓGICO, CA. adj. Perteneciente o relativo a la tautología.

★ **TAUTOMERÍA.** (gr. ταυτό, lo mismo, y μέρος, parte.) f. QUÍM. Isomería especial de algunos cuerpos de poder existir bajo dos formas isómeras u obrar de dos maneras, según el reactivo excitador.

TAXÁCEO, A. (De taxus, nombre de un género de plantas.) adj. BOT. Planta arbórea gimnosperma, conífera de hojas persistentes, flores dioicas y semillas con arilos. Ú.t.c.s. || **2.** f. pl. BOT. Familia de estas plantas.

TAXATIVAMENTE. adv. De modo taxativo.

TAXATIVO, VA. (l. taxātum, supino de taxāre, tasar, limitar.) adj. FOR. Que reduce un caso a determinadas circunstancias. || **P.** taxativo; **I.** limiting; **F.** taxatif; **A.** beschränkend; **It.** tassative; **R.** ограничительный.

★ **TAXCAL.** m. MÉJ. Tazcal.

TAXI. m. fam. Apócope de taxímetro, 2.ª acep.

TAXIDERMIA. (gr. τάξις, colocación, arreglo, y δέρμις, piel.) f. Arte de disecar los animales muertos para conservarlos con apariencia de vivos. || **P.** taxidermia; **I.** taxidermy; **F.** taxidermie; **A.** Tierausstopfkunst; **It.** tassidermia.

TAXIDERMISTA. com. Disecador, persona que practica la taxidermia.

TAXÍMETRO. (fr. taximètre, y éste del gr. ταχύς, tasa, y μέτρον, medida.) m. Aparato de algunos coches de alquiler que marca automáticamente el camino recorrido y la cantidad devengada. || **2.** Coche de alquiler con taxímetro. || **3.** MAR. Instrumento semejante, en forma y aplicación, al círculo azimutal. || **P.** taxímetro; **I.** taximeter; **F.** taximètre; **A.** Fahrpreisanzeiger; **It.** tassámetro; **R.** счётчик таксомотора.

★ **TAXINA.** (l. taxus, telo, árbol conífero.) f. QUÍM. Alcaloide venenoso que se halla en las hojas del tejo.

★ **TAXÍNEO, A.** adj. BOT. Taxáceo.

TAXISTA. com. Persona que conduce un taxi.

★ **TAXOLOGÍA.** (gr. τάξις, ordenación, y λόγος, tratado.) f. Ciencia de las clasificaciones.

TAXONOMÍA. (gr. τάξις, ordenación, y νόμος, ley.) f. Parte de la botánica y de la zoología que clasifica y ordena sistemáticamente los vegetales y animales. || **P.** taxinomia; **I.** taxonomy; **F.** taxonomie; **A.** Systemlehre; **It.** tassonomia.

TAXONÓMICO, CA. adj. Perteneciente o relativo a la taxonomía.

★ **TAYA.** ZOOL. COLOM. Culebra venenosa americana.

★ **TAYA.** ZOOL. COLOM. Culebra venenosa de cabeza lanceolada. || **2.** f. BOL. Gualuza, papa de gran tamaño. || **3.** PERÚ. Amuleto de cazadores y pescadores.

★ **TAYACÁN.** (azt. te-yacantiuh, guía.) m. AMÉR. CENTRAL. Operario agrícola que guía el arado.

★ **TAYLORISMO.** (De Taylor, ingeniero norteamericano.) m. Sistema de organización científica del trabajo con la máxima economía de esfuerzo y de tiempo.

★ **TAYO.** m. BOT. CHILE. Tayu.

★ **TAYU.** (Voz araucana.) m. BOT. CHILE. Árbol de la familia de las compuestas, siempre verde, también llamado palo santo.

TAYUELA. f. AST. Tajuela, banquillo rústico de madera, por lo común, de tres pies.

TAYUYÁ. (Del guaraní.) m. ARGENT. Planta rastrera, cucurbitácea.

★ **TAYUYO.** m. GUAT. Tamal ordinario.

TAZ A TAZ. (De tasa.) m. adv. Sin añadir precio alguno, al trocar una cosa por otra.

TAZA. (ár. ṭassa, escudilla.) f. Vasija pequeña, de loza o metal, con asa, usada para tomar líquidos. || **2.** Lo que cabe en ella. || **3.** Receptáculo redondo donde vacían el agua las fuentes. || **4.** Pieza redonda y cóncava que forma parte de la guarnición de algunas espadas. || **5.** COLOM. Cesta con tapa. || **P.** taça, xícara; **I.** cup, bowl; **F.** tasse; **A.** Schale, Tasse; **It.** tazza; **R.** чашка.

TAZAÑA. f. En algunas partes, tarasca, figura de sierpe monstruosa.

TAZAR. (l. tactiāre, tocar.) tr. Partir la ropa por los dobleces, principalmente por el roce. Ú.m.c.r.

★ **TAZCAL.** m. MÉJ. Tortilla de maíz, y por ext., cesto en que se van poniendo las tortillas, una vez preparadas.

TAZMÍA. (ár. tasmiya, denominación, enumeración.) Porción de granos que llevaba cada cosechero al acervo decimal. || **2.** Cálculo aproximado de una cosecha en pie, especialmente la de la caña de azúcar.

★ **TAZOL.** m. AMÉR. CENTRAL. Tlazol.

TAZÓN. m. aum. de taza. || **2.** AND. Jofaina.

★ **Tb.** QUÍM. Símbolo del terbio.

★ **TE.** f. Nombre de la letra t.

TE. (l. te.) Dativo o acusativo del pronombre personal de segunda persona, femenino o masculino singular. No admite preposición y pospuesto al verbo se es enclítico. || **P.** te, a ti; **I.** thee, you, to you; **F.** te, à toi; **A.** dir, dich; **It.** ti; **R.** тебя, тебе.

TÉ. (Del chino tscha, pronunciado en ciertas provincias te.) m. BOT. Arbusto teáceo del Extremo Oriente, teáceo, de hojas coriáceas, flores blancas axilares y fruto capsular. || **2.** Hoja de este arbusto, seca y tostada ligeramente. || **3.** Infusión de dichas hojas en agua hirviendo, que se toma como bebida estomacal y estimulante. || **4.** Reunión de personas por la tarde durante la cual se toma un refrigerio y se sirve té. || **—de España, —de Europa, —de Méjico.** Pazote. || **—negro.** El tostado después de secar las hojas al sol y haberle aromatizado con ciertas hierbas. || **—perla.** El verde preparado con las hojas más delicadas y más frescas, que se arrollan en bolitas. || **—verde.** El tostado cuando las hojas estaban frescas, quitando primero el pecíolo y tiñéndolas con una mezcla de yeso y añil. || Dar el TÉ a uno. fr. fig. y fam. Importunarle con una tabarra. || **P.** chá; **I.** tea; **F.** thé; **A.** Tee; **It.** tè; **R.** чай.

TEA. (l. taeda.) f. Astilla de madera impregnada en resina que se enciende para alumbrar como un hacha. || **2.** MAR. Nombre que se da al cable que se leva con él desde una lancha, maniobra que se llama levar por la TEA. || **3.** BOT. P. RICO. Árbol de madera aromática y resinosa usada para hachones. || **4.** BOT. CUBA. Especie de palma. || TEAS maritales o nupciales. Las que los desposados llevaban antiguamente. || **2.** fig. Las bodas. || **P.** teia; **I.** torch; **F.** torche; **A.** Harzfackel; **It.** torcia; **R.** факел.

TEÁCEO, A. (De thea, nombre de un género de plantas.) adj. BOT. Aplícase a los árboles y arbustos angiospermos dicotiledóneos, de hojas perennes, flores axilares y fruto capsular. Ú.t.c.s.f. || **2.** f. pl. BOT. Familia de estas plantas.

TEAME. (l. theamēdes.) f. Piedra a la que antiguamente se atribuía la propiedad contraria a la del imán, o sea la de repeler el hierro.

TEAMIDE. (l. theamēdes.) f. Teame.

★ **TEANGUIS.** m. MÉJ. Tianguis.

TEATINA. f. CHILE. Planta gramínea, cuya paja sirve para tejer sombreros. || **2.** BOT. PERÚ. Planta escrofulariácea.

TEATINO, NA. (Del obispo Teate Juan Pedro Caraffa, fundador de esta orden, y después pontífice con el nombre de Paulo IV.) adj. Dícese de los clérigos regulares de San Cayetano. Se dedicaban en especial a ayudar a bien morir a los ajusticiados.

Ú.t.c.s. || **2.** Perteneciente a esta orden religiosa.

TEATRAL. (l. theatrālis.) adj. Perteneciente o relativo al teatro. || **2.** Dícese también de las acciones, maneras, etc., de la vida real con que se tiende a llamar la atención. Actitud TEATRAL. || **P.** teatral; **I.** theatric, theatrical; **F.** théâtral; **A.** theatralisch; **It.** teatrale; **R.** театральный.

TEATRALIDAD. f. Calidad de teatral.

TEATRALMENTE. adv. De modo teatral.

TEÁTRICO, CA. (l. theatricus.) adj. p. us. Teatral, perteneciente o relativo al teatro.

TEATRO. (l. theatrum, y éste del gr. θέατρον, de θεάομαι, mirar.) m. Local destinado a representaciones dramáticas. || **2.** Sitio en que se ejecuta una cosa a la vista de numeroso concurso. || **3.** Escenario o escena. || **4.** Práctica en el arte de representar comedias. || **5.** Conjunto de las obras dramáticas de un pueblo, época o autor. || **6.** Profesión de actor. || **7.** Arte de componer o representar obras dramáticas. || **8.** fig. Literatura dramática. || **9.** fig. Lugar en que ocurren acontecimientos notables. || **10.** Lugar donde una cosa está expuesta al juicio, censura o estimación de las gentes. || **P.** e It. teatro; **I.** theatre; **F.** théâtre; **A.** Theater, Schaubühne; **R.** театр.

TEBAICO, CA. (l. thebaicus.) adj. Perteneciente a Tebas, ciudad del Egipto antiguo. || **2.** QUÍM. y FARM. Dícese del extracto acuoso de opio.

★ **TEBAÍNA.** f. QUÍM. Alcaloide cristalizable del opio, menos narcótico que la morfina.

TEBANO, NA. (l. thebānus.) adj. Natural de Tebas. Ú.t.c.s. || **2.** Perteneciente a esta ciudad de la Grecia antigua.

TEBENQUE. m. CUBA. Planta anual, compuesta, de flores amarillas y aromáticas, que crece en las playas.

TEBEO, A. (l. thebaeus.) adj. Tebano. Apl. a pers. ú.t.c.s.

TECA. (tagalo ticla.) f. Árbol verbenáceo, que se cría en las Indias Orientales, de hojas grandes, casi redondas, flores blanquecinas en panojas terminales y drupas con nuez durísima, su madera es dura y elástica, y se emplea para algunas construcciones navales.

TECA. (gr. θήκη, caja.) f. Cajita que guarda una reliquia. || **2.** BOT. Célula en cuyo interior se forman las esporas de algunos hongos.

TECALI. m. MÉJ. Alabastro oriental de colores muy vivos que se halla en Tecali, villa mejicana del estado de Puebla.

★ **TECINA.** f. HOND. Criada que realiza los trabajos caseros más duros.

TECLA. (port. i cat. tecla.) f. Cada una de las piezas o listoncillos de madera o marfil que ponen en movimiento, por presión de los dedos, las palancas que hacen sonar ciertos instrumentos músicos como el órgano, el piano, etc. || **2.** Cualquiera de las piezas que se pulsan para hacer funcionar algunos aparatos, como máquinas de escribir, etc. || **3.** fig. Materia que debe tratarse con tacto y cuidado. Dar uno en la TECLA. fr. fig. y fam. Acertar en la manera de hacer algo. || **2.** Tomar una manía. || Tocar uno una TECLA. fr. fig. y fam. Mover de intento y con cuidado un asunto o especie. || **P.** tecla; **I.** key; **F.** touche; **A.** Taste; **It.** tasto; **R.** клавиша.

TECLADO. m. Conjunto ordenado de teclas de piano, órgano, máquina de escribir, etc. || **P.** teclado; **I.** clavier, keyboard; **F.** clavier; **A.** Klaviatur, Tastatur; **It.** tastiera, tastatura; **R.** клавиатура.

★ **TECLAÑO, ÑA.** (De tecle.) adj. CHILE. En algunos lugares, muy anciano.

TECLE. m. MAR. Especie de aparejo con un solo motón.

★ **TECLE.** adj. CHILE. Enclenque, tiritón.

TECLEADO, DA. p.p. de teclear.

TECLEAR. intr. Mover las teclas. || **2.** fig. y fam. Menear los dedos a manera del que toca las teclas. || **3.** tr. fig. y fam. Probar varios medios para conseguir algún fin. || **P.** bater as teclas; **I.** to finger; **F.** doigter; **A.** die Tasten anschlagen, fingern; **It.** tastiggiare; **R.** перебирать клавиши.

T

* **TECLEAR.** (De *tecle*.) intr. ARGENT. y CHILE. Estar una persona dando las boqueadas. || 2. CHILE. Estar un jugador agotando su dinero.

TECLEO. m. Acción y efecto de teclear.

° **TECNECIO.** m. QUÍM. Elemento químico metálico generalmente asociado al renio. Es útil para reactores atómicos.

* **TECNETRÓN.** m. RADIOTEC. Aparato receptor electrónico constituido por un tubo finísimo de germanio recubierto por un manguito microscópico de indio.

TÉCNICA. (De *técnica*.) f. Conjunto de procedimientos de que se vale una ciencia o arte. || 2. Pericia para usar de dichos procedimientos. || P. técnica; I. technics; F. technique; A. Technik; It. tècnica; R. техника.

TÉCNICAMENTE. adv. De manera técnica.

TECNICISMO. m. Calidad de técnico. || 2. Conjunto de voces técnicas empleadas en el lenguaje de un arte, ciencia, etc. || 3. Cada una de estas voces.

TÉCNICO, CA. (l. *technicus*, y éste del gr. τεχνικός, de τέχνη, arte.) adj. Perteneciente o relativo a las aplicaciones de las ciencias y las artes. || 2. Dícese particularmente de las palabras o expresiones empleadas exclusivamente, o con sentido distinto del vulgar, en el lenguaje propio de un arte, ciencia, etc. || 3. m. El que posee los conocimientos especiales de una ciencia, arte u oficio. || 3.ª acep.: P. técnico; I. technical; F. technicien; A. Sachverständiger, Techniker; It. tècnico; R. технический.

TECNICOLOR. m. CINEMAT. Procedimiento que permite reproducir en la pantalla cinematográfica los colores de los objetos.

* **TECNOGRAFÍA.** f. Gobierno de la sociedad por expertos técnicos, o según principios establecidos por técnicos. || 2. Organización de técnicos encargada de estudiar las posibilidades de tal régimen, considerando que la evolución social está completamente supeditada a la producción y a las perfeccionamientos técnicos.

TECNOLOGÍA. (gr. τεχνολογία, de τεχνολόγος; de τέχνη, arte y λόγος tratado.) f. Conjunto de los conocimientos propios de un oficio mecánico o arte industrial. || 2. Tratado de los términos técnicos. || 3. Lenguaje propio, exclusivo, técnico de una ciencia o arte. || P. tecnología; I. technology; F. technologie; A. Gewerbekunde, Technik; It. tecnologìa; R. технология.

TECNOLÓGICO, CA. (gr. τεχνολογικός.) adj. Perteneciente o relativo a la tecnología.

* **TECO, CA.** adj. GUAT. Borracho.

TECOL. m. MÉJ. Gusano que se cría en el maguey.

* **TECOLERO.** m. MÉJ. Carbonero. || 2. MÉJ. Mozo de establo.

* **TECOLINES.** m. pl. fam. MÉJ. Monises, dinero.

* **TECOLIO.** m. MÉJ. Bebida fermentada con tecoles.

* **TECOLOTA.** f. fam. MÉJ. Colilla de cigarro.

TECOLOTE. (azt. *tecotl*.) m. HOND. y MÉJ. Buho, ave nocturna. || 2. MÉJ. Lance del juego de albures. || 3. fam. MÉJ. Polizonte nocturno.

* **TECOLOTE.** adj. C. RICA. Pardo rojizo o acanelado. || 2. GUAT. y SALV. Borracho.

* **TECOMAL.** m. C. RICA. Tecomate, vasija.

TECOMATE. m. AMÉR. CENTRAL. Especie de calabaza de cuello estrecho de la cual suelen hacerse vasijas. || 2. AMÉR. CENTRAL. Esa clase de vasijas. || 3. MÉJ. Vasija de barro, a manera de taza honda.

* **TECORRAL.** m. MÉJ. Cerca de piedra o albarrada seca.

* **TECTOLOGÍA.** (gr. τεκταίνω, fabricar, y λόγος, tratado.) BIOL. Estudio de la estructura de los organismos a partir de sus elementos fundamentales.

TECTÓNICO, CA. (gr. τεκτονικός, perteneciente a la construcción o estructura.) adj. Perteneciente o relativo a edificios u obras de arquitectura. || 2. GEOL. Perteneciente o relativo a la estructura de

la corteza terrestre. || 3. f. Parte de la geología que trata de las dislocaciones y deformaciones mecánicas de la corteza terrestre.

* **TECUÁN.** (mejic. *te-cuani*; de *te*, a alguno, y *cuani*, el que come.) m. ZOOL. HOND. Yaguar o leopardo.

* **TECUCO, CA.** (mejic. *tecuya*, envolver algo.) adj. MÉJ. Avaro, mezquino, aludiendo a la costumbre de los indígenas de guardar el dinero envolviéndolo en un ceñidor.

* **TECUIL.** (mejic. *tetl*, fuego.) m. MÉJ. Hornillo hecho con tres piedras.

* **TECUTO.** m. CHILE. Jugador que defiende la puerta de salida en el juego del linao.

TECHADO, DA. p.p. de techar. || 2. m. Techo.

TECHADOR. m. El que se dedica a techar, especialmente el que hace cubierta de paja para casas o chozas.

TECHAR. (l. *tectāre*.) tr. Cubrir un edificio con un techo.

TECHO. (l. *tectum*.) m. Parte interior y superior que cubre una habitación o un edificio. || 2. fig. Casa, domicilio. || P. techo; I. roof; F. toit, plafond; A. Dach, Plafond; It. tetto; R. крыша.

TECHUMBRE. f. Techo, 1.ª acep. Dícese, por lo regular, de los muy altos, como son los de las iglesias.

TEDA. (l. *taeda*.) f. Tea, 1.ª acep.

TEDERO. (l. *teda*.) m. Pieza de hierro en que se colocan las teas para alumbrar. || 2. SOR. Vendedor de teas, 1.ª acep.

TEDÉUM. (De *Te Deum*, primeras palabras de este cántico.) m. Cántico litúrgico que usa la Iglesia para alabar y dar gracias a Dios.

TEDIAR. (l. *taediāre*.) tr. Aborrecer una cosa; tener tedio de ella.

TEDIO. (l. *taedĭum*.) m. Repugnancia, molestia, fastidio. || P. tédio; I. tedium, tediousness; F. dégoût, ennui; A. Lang(e)weile; It. tedio; R. скука, отвращение.

TEDIOSO, SA. (l. *taediōsus*.) adj. Fastidioso, molesto al gusto o al ánimo.

TEFE. m. COLOM. y ECUAD. Tira o girón de piel o tela. Ú.m. en pl.

* **TEFLÓN.** m. Materia plástica conseguida por polimerización de una combinación de flúor y carbono.

TEGEO, A. (l. *tegeaeus*.) adj. Natural de Tegea. Ú.t.c.s. || 2. Perteneciente a esta ciudad de Arcadia.

* **TEGUA.** m. COLOM. Curandero.

TEGUAL. (Quizá del ár. *atqāl*, carga.) m. Impuesto que se pagaba por cada carga de pescado en el antiguo reino de Granada.

TEGUE. m. VENEZ. Planta tuberosa de jugo lechoso.

* **TEGÜELCHE.** adj. Rehuelche. Apl. a pers. ú.t.c.s.

TEGUILLO. m. Pieza de madera de sierra, o listón que se usa para construir cielos rasos.

TEGUMENTARIO, RIA. adj. BOT. y ZOOL. Perteneciente o relativo al tegumento.

TEGUMENTO. (l. *tegumentum*.) m. BOT. Tejido que cubre algunas partes de las plantas, especialmente los óvulos y semillas. || 2. ZOOL. Membrana que cubre el cuerpo del animal o alguno de sus órganos internos. || P. tegumento; I. tegument; F. tégument; A. Tegument, Knospendecke; It. integumento; R. покров.

* **TEHUELCHE.** adj. y s. ETNOL. Indio originario de la Patagonia. || 2. Idioma del mismo.

TEÍNA. f. QUÍM. Principio activo del té, semejante a la cafeína contenida en el café.

TEINADA. (l. *tignāta*; de *tignum*, madero.) f. Tinada, cobertizo para el ganado.

TEÍSMO. (gr. Θεός, Dios.) m. Creencia en un Dios personal y providente, creador y conservador del mundo. || P. teísmo; I. theism; F. théisme; A. Theismus; Gottesglaube; It. teismo; R. теизм.

TEÍSTA. adj. Que profesa el teísmo. Apl. a pers. ú.t.c.s.

TEITRAL. m. ant. Testera o adorno de la cabezada del caballo.

TEJA. (l. *tegŭla*.) f. Pieza de barro cocido en forma de canal para cubrir exteriormente los techos y dejar escurrir el

agua de la lluvia. || 2. Cada una de las dos hojas de acero que envuelven el alma de la espada. || 3. Parte alícuota de la fila de agua, que en Aragón, Logroño y Navarra es la cuarta, en Valencia la vigésima. || 4. Sombrero de teja. || 5. MAR. Concavidad semicircular que se hace en un palo para ajustar otro cilindro. || 6. PERÚ. Tejo, disco usado para jugar. || 7. GUAT. Trabajo excesivo. || **—árabe.** La de forma de una canal cónica. || **—plana.** La de forma de cuadrilátero que tiene marcadas dos o más canales en forma de mediacaña. || *A* TEJA vana. m. adv. Sin más techo que el tejado. || 2. fig. Sin reparo, a la ligera. || *A toca* TEJA. m. adv. fam. Con dinero en mano. || *De* TEJAS *abajo*. m. adv. fig. y fam. Por un orden regular, sin contar con las causas sobrenaturales. || 2. fig. y fam. En este mundo. || *De* TEJAS *arriba*. loc. adv. fig. y fam. Según orden sobrenatural, contando con la voluntad de Dios. || 2. fig. y fam. En el cielo. || P. telha; I. tile; F. tuile; A. Schindel, Dachziegel; It. tègola; R. черепица.

TEJA. (l. *tilĭa*.) f. Tilo.

TEJADILLO. m. d. de tejado. || 2. Tapa o cubierta de la caja de un coche. || 3. Manera de coger el fullero los naipes de forma que con la misma mano que los tiene, puede sacar del monte con disimulo las cartas que precisa para ganar.

TEJADO. m. Parte superior del edificio, comúnmente cubierta de tejas. || 2. MIN. Afloramiento que forma la parte alta de los filones metalíferos. || *Quien tiene* TEJADO *de vidrio, no tire piedras al de su vecino.* ref. que aconseja al que tiene motivos para ser censurado que no censure a los demás. || A. Ziegeldach; It. tettoia; R. крыша.

TEJAMANÍ. m. CUBA y P. RICO. Tejamanil.

TEJAMANIL. m. MÉJ. Tabla delgada y cortada en listones que se colocan como tejas en los techos de las casas.

TEJANO, NA. adj. Perteneciente o relativo al Estado de Tejas, en los Estados Unidos de América. || 2. Natural de este Estado. Ú.t.c.s.

TEJAR. m. Lugar en que se fabrican tejas, ladrillos y adobes. || P. telheira; I. tilery; F. tuilerie; A. Ziegelei, Ziegelhütte; It. tegolaia; R. черепичный завод.

TEJAR. tr. Cubrir de tejas las casas, edificios.

TEJAROZ. (De *teja*.) m. Alero del tejado.

TEJAVANA. f. Edificio techado a teja vana, cobertizo.

TEJAZO. m. Golpe de teja.

TEJEDERA. (De *tejer*.) f. Tejedora. || 2. Escribano del agua.

TEJEDOR, RA. adj. Que teje. || 2. CHILE y PERÚ. fig. y fam. Intrigante, enredador. Ú.t.c.s. || 3. m. y f. Persona que tiene por oficio tejer. || 4. m. Insecto hemíptero de cuerpo prolongado, que corre ágilmente por la superficie del agua y se alimenta de otros insectos que apresa con los pies delanteros. || 3.ª acep.: P. tecedor; I. weaver; F. tisseur, tisserand; A. Weber; It. tessitore; R. ткач.

TEJEDURA. f. Acción y efecto de tejer. || 2. Textura, disposición de los hilos en una tela.

TEJEDURÍA. f. Arte de tejer. || 2. Lugar en que están los telares y trabajan los tejedores.

TEJEMANEJE. (De *tejer* y *manejar*.) m. fam. Afán y destreza con que se hace algo o se maneja un negocio. || 2. AMÉR. Manejos enredosos para algún asunto turbio.

* **TEJEMENEJE.** m. P. RICO y ARGENT. Tejemaneje.

TEJER. (l. *texĕre*.) tr. Formar en el telar la tela con la trama y la urdimbre. || 2. Entrelazar hilos, cordones, etc. para hacer esteras, trencillas, etc. || 3. Formar ciertos animales articulados sus telas y capullos. || 4. fig. Componer, ordenar con método y disposición una cosa. || 5. fig. Discurrir con variedad de ideas. || 6. fig. Cruzar o mezclar con orden. || 7. CHILE y PERÚ. fig. Enredar, intrigar. || TEJER *y des*TEJER. fr. fig. Mudar de resolución en lo emprendido, haciendo y deshaciendo una

misma cosa. || TEJÉRselas. fr. CUBA. Huir a escape. || **P.** tecer; **I.** to weave; **F.** tisser, tresser, ourdir, tramer; **A.** weben, flechten, wirken; **It.** tèssere; **R.** ткать, вязать.

TEJERA. f. La que fabrica tejas y ladrillos. || **2.** Tejar, 1.er art.

TEJERÍA. (De *tejero*.) f. Tejar, lugar en que se fabrican tejas, ladrillos y adobes.

TEJERINGO. (De *te*, pronombre personal y *jeringa*, por alusión al instrumento, especie de jeringa, por donde se echa la masa para freirla.) m. AND. y BAD. Cohombro, 3.ª acep.

TEJERO. m. El que fabrica tejas y ladrillos.

TEJIDO, DA. p.p. de tejer. || **2.** adj. Se aplica a la pintura que se hace sobre la tela. || **3.** m. Textura. || **4.** Cosa tejida. || **5.** BOT. y ZOOL. Cada uno de los diversos agregados de células de la misma naturaleza, que desempeñan una determinada función. || **—adiposo.** ZOOL. El formado por células que contienen grasa en su protoplasma. || **—cartilaginoso.** ZOOL. El que constituye los cartílagos, que consta de células generalmente redondeadas u ovales y separadas por una materia sólida, resistente y elástica. || **—conjuntivo.** ZOOL. El formado por células de diversos aspectos, en general laminares, y que sirve de unión a los demás tejidos. || **—fibroso.** Una de las variedades del conjuntivo, elemento principal de los tendones, ligamentos, etc. || **—linfático.** ZOOL. El integrado por un estroma, celular y fibroso, con células, en su mayoría, linfocitos. Forma la parte principal de algunos órganos, tales como los ganglios linfáticos. || **—muscular.** ZOOL. El que forma los músculos y está constituido por células contráctiles. || **—nervioso.** ZOOL. El que forma los órganos del sistema nervioso y está constituido por neuronas. || **—óseo.** ZOOL. El que forma los huesos, consta de células provistas de largas y finas prolongaciones, separadas entre sí por materia orgánica mezclada con sales de calcio. || 3.ª acep.: **P.** tecido; **I.** tissue; **F.** tissu; **A.** Gewebe, Zeug; **It.** tessuto; **R.** ткань.

TEJILLO. m. Especie de trencilla que las mujeres usaban como ceñidor.

TEJIMIENTO. m. ant. Tejido, cosa tejida.

TEJO. m. Pedazo redondo de teja o algo parecido usado para jugar. || **2.** Juego del chito. || **3.** Plancha metálica gruesa y de figura circular. || **4.** Pedazo de oro en pasta. || **5.** Cospel. || **6.** MEC. Tejuelo, 5.ª acep. || **P.** malha; **I.** quoit; **F.** palet, tuileau; **A.** Klicker; **It.** piastrella; **R.** осколок черепицы.

TEJO. (l. *taxus*.) m. BOT. Árbol taxáceo, siempre verde, de tronco grueso y poco alto, hojas lineales y fruto consistente en una semilla elipsoidal, envuelta en arilo de color escarlata. || **P.** teixo; **I.** yew-tree; **F.** if; **A.** (Rot)Eibe; **It.** tasso; **R.** тис.

TEJOCOTE. m. MÉJ. Planta rosácea de fruto parecido a la ciruela, de color amarillo.

TEJOLETA. (d. de *tejuela*.) f. Pedazo de teja. || **2.** Cualquier pedazo de barro cocido. || **3.** Tarreña.

* **TEJOLETAS.** adj. PERÚ. Tonto, simplón. Ú.t.c.s.

* **TEJOLOTE.** (azt. *tetl*, piedra, y *xolotl*, muñeco.) m. AMÉR. Mazo o cilindro de piedra para machacar alimentos en el molcajete.

TEJÓN. (germ. *taxo*.) m. Mamífero carnicero de piel dura y pelo largo, de tres colores, blanco, negro y pajizo tostado. Vive en profundas madrigueras y come animales pequeños y frutos. Es común en España. || **2.** ZOOL. MÉJ. Coatí. || **P.** texugo; **I.** badger, brock; **F.** blaireau; **A.** gemeiner Dachs; **It.** tasso; **R.** барсук.

TEJÓN. m. aum. de tejo. || **2.** Tejo, pedazo de oro en pasta.

TEJONERA. f. Madriguera de tejones.

TEJUELA. f. d. de teja. || **2.** Tejoleta, pedazo de teja o barro cocido. || **3.** Pieza de madera que forma los dos fustes de la silla de montar.

TEJUELO. m. d. de tejo, 1.er art. || **2.** Cuadrillo de piel o de papel que se pega al lomo de un libro para poner el

rótulo. || **2.** El rótulo mismo aun sin estar sobrepuesto. || **4.** ant. Tejo, 1.er art. || **5.** MEC. Pieza en que se apoya el gorrón de un árbol. || **6.** VETER. Hueso corto y resistente que sirve de base al casco de las caballerías.

* **TEJUINO.** m. MÉJ. Bebida preparada con dulce de leche, de maíz que comienza a germinar y que se deja fermentar. Es bebida alcohólica.

TELA. (l. *tēla*.) f. Obra tejida de muchos hilos de lana, lino, seda u otra fibra textil, entrecruzados en toda su longitud, formando una hoja o lámina. || **2.** Obra parecida a ésta, pero formada por series alineadas de lazaditas hechas con un mismo hilo, especialmente la tela de punto elástico tejida a máquina. || **3.** Lo que se pone de una vez en el telar. || **4.** Membrana, tejido que en los seres orgánicos cubre las vísceras o segrega humores. || **5.** Lugar cerrado dispuesto para lides públicas, espectáculos o fiestas. || **6.** Sabogal usado en el Ebro para pescar sabogas y otros peces. || **7.** Nata que crían algunos líquidos en su superficie. || **8.** Túnica, en algunas frutas después de la cáscara que las cubre. || **9.** Tejido que hace la araña común y otros animales de su clase. || **10.** Nubecilla que comienza a formarse en la niña del ojo. || **11.** fig. Enredo, embuste. || **12.** fig. Asunto o materia. || **13.** MONT. Recinto formado con lienzos para encerrar la caza y matarla con seguridad. || **—de araña.** Telaraña. || **—de cebolla.** Binza, película de la cebolla. || **2.** fig. despect. Tela de escasa consistencia. || **—metálica.** Tejido hecho de alambre. || **—pasada.** Aquella en cuyas labores pasa la seda al envés de ella. || **—real.** CUBA. Lienzo parecido al guarandol, de hilo, que se usa para camisas. || *Echar* TELA. fr. Hacer o mandar hacer las labores precisas para tejerla. || *En* TELA *de juicio*. fr. adv. En duda sobre la certeza o éxito de algo. Se usa más con los verbos *estar*, *poner* y *quedar*. || **2.** Sujeto a maduro examen. || *Haber* TELA *de que cortar*. fr. fig. y fam. Haber abundancia de algo. || *Hay* TELA *cortada*, o *larga* TELA. expr. fig. y fam. con que se indica que el asunto o materia de que se trata ofrece dificultades y exigirá mucho tiempo para su ejecución. || **2.** fig. y fam. Ú.t. para censurar la prolija locuacidad de una persona. || *Llegarle* a uno *las* TELAS *del corazón*. fr. fig. Ofenderle en lo que más ama. || *Mantener la* TELA. fr. Ser el principal sostenedor de una lid, justa u otro espectáculo. || *Mantener* TELA *o la* TELA. fr. fig. Tomar la mano en la conversación, contestando a lo que otros preguntan. || *Muy ciego es el que no ve por* TELA *de cedazo*. expr. fig. y fam. con que se da a entender la poca perspicacia de quien no percibe las cosas más claras. || *Querer a otro más que a las* TELAS *de su corazón*. fr. fig. y fam. Quererle mucho. || *Ver* uno una cosa *por* TELA *de cedazo*. fr. fig. y fam. Verla o entenderla confusamente, o juzgarla no como realmente es, sino como la presenta la pasión. || **P.** teia; **I.** cloth; **F.** toile, tissu, étoffe; **A.** Tuch, Stoff; **It.** tela, stoffa; **R.** ткань, материя.

TELABREJO. m. AMÉR. MERID. Trasto de poco valor.

TELAMÓN. (l. *telamōnes*, y éste del gr. τελαμών.) m. ARQ. Atlante.

TELAR. (l. *telarium*.) m. Máquina para tejer. || **2.** Parte superior del escenario de donde bajan o adonde suben los telones y bambalinas. || **3.** Aparato en que los encuadernadores colocan los pliegos para coserlos. || **4.** ARQ. Parte del espesor del vano de una puerta o ventana más cercana al paramento exterior de la pared. || **5.** CUBA. Armazón que rodea el trapiche desde el fondo hasta más arriba de los dientes o coronas de las mazas. || **P.** tear; **I.** loom; **F.** métier ou machine à tisser; **A.** (Web)Stuhl; **It.** telaio; **R.** ткацкий станок.

TELARAÑA. f. Tela que forma la araña segregando un hilo muy tenue. || **2.** Cosa sutil, de poca entidad, substancia o subsistencia. || *Eso se cura con una* TELARAÑA. expr. fig. y fam. con que se da a entender la facilidad del remedio de una cosa. || *Mirar* uno *las* TELARAÑAS. fr. fig. y fam. Estar distraído, no atender a lo que

se hace o dice. || *Tener* uno TELARAÑAS *en los ojos*. fr. fig. y fam. No percibir bien la realidad por ofuscación o prevención. || **P.** teia de aranha; **I.** cobweb; **F.** toile d'araignée; **A.** Spinngewebe; **It.** ragnatela; **R.** паутина.

TELARAÑOSO, SA. adj. Cubierto de telarañas.

TELAREJO. m. d. de telar.

* **TELAUTÓGRAFO.** (gr. τῆλε, lejos, αντός, uno mismo, y γράφω, escribir.) Fís. Aparato telegráfico que permite transmitir a distancia mensajes escritos o croquis.

* **TELDELDE.** m. CHILE. En Chiloé, calambre o entumecimiento.

* **TELEBREJO.** (De *trebejo*.) m. fam. MÉJ. Cachivache, trasto. || **2.** MÉJ. Mequetrefe.

* **TELECINEMATOGRAFÍA.** (gr. τῆλε, lejos; κίνημα, ατος, movimiento, y γράφω, escribir.) f. Fís. Telegrafía cinematográfica, o transmisión de películas por televisión.

* **TELECINEMATÓGRAFO.** m. Aparato o conjunto de aparatos para la transmisión de películas cinematográficas por medio de la televisión.

TELECOMUNICACIÓN. f. Sistema de comunicación telegráfica, telefónica o radiotelegráfica y demás análogos. || **P.** telecomunicação; **I.** telecommunication; **F.** télécommunication; **A.** Fernverbindung; **It.** telecomunicazione; **R.** связь по телефону.

* **TELEDIRIGIBLE.** adj. Que se puede teledirigir. || **2.** m. Aparato o proyectil dirigido por ondas electromagnéticas.

* **TELEDIRIGIR.** tr. Dirigir aparatos o proyectiles a distancia por medio de ondas electromagnéticas desde un centro emisor.

* **TELEFERAJE.** (fr. *télépherage*, y éste del gr. τῆλε, lejos, y el l. *fero*, llevar.) m. Transporte eléctrico automático con vehículos suspendidos de cables aéreos.

° **TELEFÉRICO, CA.** adj. Aplícase al transporte con vehículos suspendidos de cables aéreos. || **2.** Dícese de una instalación de teleferaje. Ú.t.c.s.m.

TELEFIO. (l. *telephion*, y éste del gr. τελέφιον.) m. Planta herbácea crasulácea, de tallos tendidos, hojas opuestas ovaladas, flores en corimbo y fruto seco con semillas negras. Vive en terrenos umbríos.

* **TELEFONAZO.** m. Llamada telefónica.

TELEFONEAR. tr. Comunicar algo por medio del teléfono. || **2.** Hablar por teléfono.

TELEFONEMA. m. Despacho telefónico.

TELEFONÍA. f. Arte de construir, instalar y manejar los teléfonos. || **2.** Servicio público de comunicaciones telefónicas. || **3.** Fís. Parte de la física que estudia los procedimientos empleados para transmitir la palabra a distancia, especialmente los que se valen de la electricidad. || **4.** Fís. Conjunto de procedimientos para transmitir la palabra a distancia. || **—sin hilos.** Radiotelefonía.

TELEFÓNICAMENTE. adv. Por medio del teléfono.

TELEFÓNICO, CA. adj. Perteneciente o relativo al teléfono o a la telefonía.

TELEFONISTA. com. Persona empleada en el servicio de los aparatos telefónicos.

TELÉFONO. (gr. τῆλε, lejos, y φωνέω, hablar.) m. Conjunto de aparatos o hilos con los cuales se transmite la palabra a distancia, y cualquier clase de sonidos por la acción de la electricidad. || **—automático.** Fís. Aquel que permite conectar directamente con el teléfono de la persona con quien se desea hablar, marcando su número en un disco giratorio. || **—inalámbrico.** Fís. Radioteléfono. || **P.** telefone; **I.** thelephone; **F.** téléphone; **A.** Telephon, Fernsprecher; **It.** telefono; **R.** телефон.

* **TELEFONÓGRAFO.** (De *teléfono* y el gr. γράφω, escribir, trazar.) m. Fís. Aparato que registra las conversaciones telefónicas, generalmente se usa para dictar correspondencia.

* **TELEFOTO.** (gr. τῆλε, lejos, y φῶς, φωτός, luz.) m. Aparato para transmitir

T

a distancia uma imagen por medio de la electricidad.

TELEFOTOGÉNICO, CA. (gr. τῆλε, lejos, y *fotogénico*.) adj. Persona que reúne buenas condiciones para actuar ante las cámaras de televisión.

TELEGRAFÍA. f. Arte de construir, instalar y manejar los telégrafos. ‖ **2.** Servicio público de comunicaciones telegráficas. ‖ **3.** Fís. Parte de la Física que estudia los métodos empleados para transmitir despachos escritos a distancia.

TELEGRAFIAR. tr. Manejar el telégrafo. ‖ **2.** Dictar comunicaciones para enviarlas telegráficamente o escribirlas y entregarlas con el propio objeto.

TELEGRÁFICAMENTE. adv. Por medio del telégrafo.

TELEGRÁFICO, CA. adj. Perteneciente o relativo al telégrafo o a la telegrafía.

TELEGRAFISTA. Persona que instala los aparatos telegráficos, o está empleada en el servicio de los mismos.

TELÉGRAFO. (gr. τῆλε, lejos, y γράφω, escribir.) m. Conjunto de aparatos que sirven para transmitir despachos con rapidez y a larga distancia. ‖ —**eléctrico.** El que funciona mediante la electricidad a través de hilos conductores. ‖ —**marino.** Conjunto de combinaciones de banderas y otras señales que emplean los buques para comunicarse entre sí y con las estaciones de tierra. ‖ —**óptico.** El que se vale de señales visibles a distancia y que se repiten de estación en estación. ‖ —**sin hilos.** El eléctrico en que las señales se transmiten mediante ondas hertzianas, sin necesidad de conductores. ‖ *Hacer* TELÉGRAFOS. fr. fig. y fam. Hablar por señas. ‖ **P.** telégrafo; **I.** telegraph; **F.** télégraphe; **A.** Telegraph, Fernschreiber; **It.** telègrafo; **R.** телеграф.

TELEGRAMA. (gr. τῆλε, lejos, y γράμμα, escrito.) m. Despacho telegráfico. ‖ **P.** telegrama; **I.** telegram; **F.** télégramme, dépêche; **A.** Depesche, Telegramm; **It.** telegramma; **R.** телеграмма.

TELEIMPRESOR. (gr. τῆλε, lejos, e *impresor*.) m. Aparato telegráfico cuyo receptor imprime el mensaje en caracteres tipográficos.

TELELE. m. MÉJ. y AMÉR. CENTRAL. Soponcio. ‖ **2.** AMÉR. Baile popular mejicano.

TELEMECÁNICA. (gr. τῆλε, lejos, y de *mecánica*.) f. Fís. Transmisión del movimiento a distancia por corrientes eléctricas o por las ondas electromagnéticas.

TELEMETRÍA. f. Arte de medir distancias entre objetos lejanos.

TELEMÉTRICO, CA. adj. Perteneciente o relativo al telémetro o a la telemetría.

TELÉMETRO. (gr. τῆλε, lejos, y μέτρον, medida.) m. TOPOGR. Anteojo con cristales a propósito para averiguar sin moverse del lugar la distancia que hay desde él a otro más o menos distante. ‖ **P.** telémetro; **I.** telemeter, teleometer; **F.** télémètre, téléomètre; **A.** Fernmesser; **It.** telèmetro; **R.** дальномер.

TELENCÉFALO. (gr. τῆλε, lejos, y *encéfalo*.) m. Parte anterior del encéfalo o encéfalo terminal.

TELENDO, DA. adj. Vivo, airoso, gallardo.

TELENGUE. adj. ARGENT. Telenque. ‖ **2.** m. AMÉR. CENTRAL. Trasto, trebejo. Ú.m. en pl.

TELENQUE. adj. CHILE. Tecle, enclenque. ‖ **2.** ARGENT. Bobo, simplón. ‖ **3.** SALV. Torcido, patojo. ‖ **4.** GUAT. Cachivache.

TELEOBJETIVO. (gr. τῆλε, lejos, y *objetivo*.) m. FOTOG. Objetivo fotográfico que permite fotografiar objetos lejanos con bastante aumento a pesar de que la cámara suele ser relativamente corta.

TELEOLEOSCOPÓMETRO. (gr. τῆλε, lejos, l. *olĕum*, aceite, y el gr. σκοπέω, mirar, examinar, y μέτρον, medida.) m. ELECTR. Aparato que sirve para determinar el lugar exacto de los depósitos de petróleo o aceite mineral del subsuelo hasta más de 1.000 metros de profundidad, indicando la profundidad exacta a que se hallarán y la cantidad aproximada de petróleo que tiene cada depósito.

TELEOLOGÍA. (gr. τέλος, -εος, fin, y λόγος, doctrina.) f. FIL. Doctrina de las causas finales. ‖ **2.** Doctrina metafísica que considera el Universo como un orden de fines que las cosas tienden a realizar.

TELEOLÓGICO, CA. adj. Perteneciente a la teleología.

TELEÓSTEO. (gr. τέλειος, completo, y ὀστέον. hueso.) adj. ZOOL. Se dice del pez de esqueleto completamente osificado. Ú.t.c.s. ‖ **2.** m. pl. ZOOL. Orden de estos animales que comprende la mayoría de los peces.

TELEOTISMO. (gr. τέλειος, completo, acabado, perfecto.) m. Cumplimiento exacto de una función o fenómeno.

TELEPATE. m. HOND. Insecto áptero parásito, muy molesto.

TELEPATÍA. (gr. τῆλε, lejos, y πάθος, afección.) f. Percepción extraordinaria de un fenómeno ocurrido fuera del alcance de los sentidos. ‖ **2.** Correspondencia de pensamientos y sentimientos a distancia sin intervención de ningún sentido. ‖ **3.** Presentimiento de cosas futuras. ‖ **P.** telepatia; **I.** telepathy; **F.** télépathie; **A.** Telepathie; **It.** telepatia; **R.** телепатия.

TELEPÁTICO, CA. adj. Perteneciente a la telepatía.

TELERA. (l. *telarĭa*, de *telum*, espada.) f. Travesaño de hierro o madera que sujeta el dental a la cama del arado y gradúa la inclinación de la reja y la profundidad de la labor. ‖ **2.** Redil formado con pies derechos hincados en tierra y tablas que se afirman en ellos. ‖ **3.** Cada uno de los dos maderos paralelos que forman las prendas de los carpinteros, encuadernadores, etc. ‖ **4.** Travesaño que enlaza el pértigo con los largueros de la escalera del carro. ‖ **5.** AND. Pan bazo y de forma ovalada que suelen comer los trabajadores. ‖ **6.** CUBA. Galleta delgada y cuadrilonga. ‖ **7.** ART. Cada una de las tablas que en las cureñas afirman las gualderas. ‖ **8.** MAR. Palo con una fila de agujeros que separa los cabos de una araña.

TELERÁN. (Voz inglesa; del gr. τῆλε, lejos, a distancia, y *ran*, pretérito de *run*, correr, volar.) m. Fís. Sistema electrónico que guía al piloto desde que comienza el vuelo hasta que aterriza y facilita la regulación de la navegación aérea.

TELÉRGICA. f. Adaptación del hombre al trabajo mediante la aplicación de la psicología y la pedagogía experimentales.

TELERÍN. m. VALLAD. Adral.

TELERO. (l. *telarĭus*, de *telum*, espada.) m. AR. Palo o estaca de las barandas de los carros y galeras.

TELERÓN. (De *telero*.) m. ART. Pieza fuerte de madera o acero con que se unen las gualderas por la parte anterior del montaje.

TELESCÓPICO, CA. adj. Perteneciente o relativo al telescopio. ‖ **2.** Que sólo se puede ver con telescopio. ‖ **3.** Hecho con auxilio del telescopio.

TELESCOPIO. (gr. τῆλε, lejos, y σκοπέω, ver, examinar.) m. Anteojo de gran alcance, que se destina a observar los astros, combinado a veces con un espejo cóncavo. ‖ —**electrónico.** Telescopio reflector cuya pantalla está constituida por una célula fotoeléctrica. ‖ —**reflector.** Aquel cuyo objetivo es una superficie especular, aproximadamente esférica. ‖ —**refractor.** Telescopio cuyo objetivo está formado por lentes transparentes. ‖ **P.** telescopio; **I.** telescope; **F.** télescope; **A.** Teleskop, Fernrohr; **It.** telescopio; **R.** телескоп.

TELESILLA. f. Asiento individual suspendido de un cable de tracción.

TELESQUÍ. (gr. τῆλε, lejos, y de *esquí*.) m. Trasbordador aéreo que permite al esquiador subir sin fatiga a lo alto de una pista, para efectuar un nuevo descenso.

TELESTEREOSCOPIO. (gr. τῆλε, lejos, y *estereoscopio*.) m. Fís. Aparato compuesto de cuatro prismas de reflexión total que permite obtener vistas en relieve de objetos lejanos.

TELETA. (d. de *tela*.) f. Hoja de papel secante que se coloca sobre el escrito reciente para evitar que se borre. ‖ **2.** Red en las pilas de los molinos de papel para que salga el agua y no el material.

TELETERMÓGRAFO. (gr. τῆλε, lejos, y *termógrafo*.) m. Fís. Termómetro con el que puede conocerse en un edificio o recinto cerrado la temperatura exterior.

TELETIPO. m. Aparato telegráfico que tiene el aspecto de una máquina de escribir y que sirve para transmitir mensajes que mecanografiados en origen son reproducidos automáticamente en una cinta de papel en el aparato receptor, semejante al transmisor.

TELETÓN. m. desus. Tela de seda semejante al tafetán, pero de más cuerpo que él.

TELEVISAR. tr. Transmitir vistas o escenas por medio de la televisión.

TELEVISIÓN. (gr. τῆλε, lejos, y *visión*.) f. Transmisión de imágenes a distancia mediante las ondas hertzianas. ‖ —**estereoscópica.** Sistema de televisión en el que la imagen reproducida tiene la apariencia tridimensional del objeto televisado. ‖ —**por zonas.** Sistema de televisión en que las diferentes partes de la imagen son exploradas y transmitidas separadamente, pero se recombinan en el aparato receptor. ‖ **P.** televisão; **I.** television; **F.** télévision; **A.** Fernsehen, Fernbildübertragung; **It.** televisione; **R.** телевидение.

TELEVISOR. m. Fís. Aparato transmisor de televisión. Ú.t.c. adj. ‖ **2.** Aparato receptor de televisión.

TELILLA. f. d. de tela. ‖ **2.** Tejido de lana menos grueso que el camelote. ‖ **3.** Tela, nata que se forma en la superficie de algunos líquidos. ‖ **4.** Capa delgada que cubre la masa fundida de la plata cuando se copela.

TELINA. (gr. τελλίνη.) f. ZOOL. Molusco lamelibranquio marino, del tamaño de una almeja y con concha con colores brillantes.

TELÍNIDOS. m. pl. ZOOL. Familia de moluscos lamelibranquios sifonados acéfalos que viven generalmente enterrados en el fango o en la arena.

TELÓN. (aum. de *tela*.) m. Lienzo grande pintado que se coloca en el escenario de un teatro y que se sube y baja. ‖ —**corto.** El colocado inmediatamente detrás de la embocadura mientras se presentan escenas episódicas y se muda a su espalda la decoración. ‖ —**de boca.** El que cierra la embocadura del escenario y está echado antes que comenzar la función teatral y durante los intermedios. ‖ —**de foro.** El que cierra la escena formando el frente de la decoración. ‖ **P.** pano do teatro; **I.** drop-curtain; **F.** rideau, toile de théâtre; **A.** Vorhang; **It.** telone, sipario; **R.** занавес.

TELONIO. (l. *telonium* y éste del gr. τελώνιον.) m. Oficina en que se pagaban los tributos.

TELSON. (gr. τέλσον, extremo.) m. ZOOL. Último segmento del cuerpo de los crustáceos y que, junto con los apéndices últimos del pleon, actúan como aleta nadadora; suele ser laminar.

TELÚRICO, CA. (l. *Tellus, Tellūris*, la Tierra.) adj. Perteneciente o relativo a la Tierra como planeta. ‖ **2.** QUÍM. Dícese del ácido, el más oxigenado, formado por el telurio.

TELURIO. (l. *Tellus, Tellūris*, la Tierra.) m. QUÍM. Elemento químico o cuerpo simple, metaloide muy raro, quebradizo y fusible.

TELLINA. (gr. τελλίνη.) f. Telina.

TELLIZ. (ár. *tillis*, tela basta, saco, y éste del l. *trillix, ícis*, de tres lizos o hilos; véase *terliz*.) m. Caparazón, cubierta que pone a las caballerías.

TELLIZA. (de *telliz*.) f. Sobrecama.

TEMA. (l. *thema*, y éste del gr. θέμα.) m. Proposición o texto que se toma como materia de un escrito, lección o discurso. ‖ **2.** Este mismo asunto o materia. ‖ **3.** GRAM. Parte esencial, invariable de un vocablo. ‖ **4.** MÚS. Pequeño trozo de una composición con arreglo al cual se desarrolla el resto de ella. ‖ **5.** f. Porfía, contumacia en un propósito o aprensión. ‖ **6.** Idea fija propia de los dementes. ‖ **7.** Oposición caprichosa a uno. ‖ *A* TEMA. m. adv. A porfía. ‖ *Ese es el* TEMA *de mi sermón*. expr. fig. y fam. que emplea el que oye una especie o advertencia sobre la cual él había insistido anteriormente. ‖ *Tomar* TEMA. fr. Obstinarse en una cosa, u oponerse por capricho contra alguien. ‖

P. e **It.** tema; **I.** theme, subject, matter; **F.** thème, sujet; **A.** Sujet, Thema; **R.** тема.

★ **TEMAR.** (De *tema*.) intr. ARGENT. Cavilar.

★ **TEMASCAL.** (mejic. *temazcalli*, casa de baño.) m. GUAT. y MÉJ. Antiguo hipocausto o cuarto de baño de los aztecas. || **2.** Sitio muy caliente.

TEMÁTICO, CA. (gr. θεματικός.) adj. Que se arregla o dispone según el tema o asunto de cualquier materia. || **2.** Temoso. || **3.** GRAM. Perteneciente o relativo al tema de una palabra.

★ **TEMBETARI.** m. BOT. ARGENT. y URUG. Tembeteri.

★ **TEMBETERI.** m. BOT. ARGENT. y URUG. Árbol rutáceo de fina madera y corteza de propiedades antirreumáticas.

TEMBLADAL. (De *temblar*.) m. Tremedal.

TEMBLADERA. (De *temblar*.) f. Vaso ancho de metal o vidrio, de figura redonda y asiento pequeño; los hay de varios tamaños, generalmente se hacen de una hoja muy delgada que fácilmente vibra. || **2.** Tembleque, joya que montada sobre una hélice de alambre tiembla fácilmente. || **3.** Torpedo, pez selacio. || **4.** Planta anual gramínea, de cañas cilíndricas, y panoja terminal. || **5.** AMÉR. Tremedal. || **6.** ARGENT. Enfermedad de los animales en ciertas latitudes de los Andes.

★ **TEMBLADERAL.** m. AMÉR. Tembladero.

TEMBLADERILLA. f. CHILE. Planta papilionácea, que produce temblor a los animales que la comen. || **2.** CHILE. Planta herbácea umbelífera, de tallos rastreros y hojas sencillas lobuladas.

TEMBLADERO, RA. (De *temblar*.) adj. Que retiembla. || **2.** m. Tremedal.

TEMBLADOR, RA. adj. Que tiembla. Ú.t.c.s. || **2.** m. y f. Cuáquero.

★ **TEMBLADORA.** (De *temblar*.) f. CUBA. Tembladero.

TEMBLANTE. p.a. de temblar. Que tiembla. || **2.** Ajorca que usaron en otro tiempo las mujeres.

TEMBLAR. (l. *tremŭlare*.) intr. Agitarse con movimiento frecuente e involuntario. || **2.** Vacilar, moverse una cosa rápidamente de un lado para otro. || **3.** fig. Tener mucho miedo. || *Estar, quedar* o *dejar* TEMBLANDO. Dícese de una cosa que está próxima a acabarse. || **P.** tremer; **I.** to tremble, to quake; **F.** trembler; **A.** beben, zittern; **It.** tremare; **R.** трястись, дрожать.

TEMBLEQUE. adj. Tembloroso. || **2.** m. Persona o cosa que tiembla mucho. || **3.** Joya que montada sobre una hélice de alambre tiembla fácilmente. || **4.** HOND. Temblor fingido. || **5.** P. RICO y COLOM. Dulce de coco, leche, azúcar y arroz.

TEMBLEQUEAR. (De *tembleque*.) intr. fam. Temblar con frecuencia. || **2.** fam. Afectar temblor.

★ **TEMBLEQUERA.** f. P. RICO. Temblor.

TEMBLETEAR. intr. fam. Temblequear.

TEMBLÓN, NA. adj. fam. Temblador. || **2.** Dícese del álamo parecido al chopo y hojas de largo pecíolo y en constante movimiento. Ú.t.c.s. || *Hacer uno la* TEMBLONA. fr. fam. Fingirse tembloroso el pordiosero para mover a compasión.

TEMBLOR. (De *temblar*.) m. Movimiento involuntario y continuado del cuerpo o de alguna de sus partes. || —**de tierra.** Terremoto. || **P.** tremor; **I.** trembling, tremor; **F.** tremblement; **A.** Zittern, Beben, Trema; **It.** tremore; **R.** дрожь.

TEMBLOROSO, SA. (De *temblor*.) adj. Que tiembla mucho.

TEMBLOSO, SA. (De *temblar*.) adj. Tembloroso.

★ **TEMBO, BA.** adj. COLOM. Aturdido, bobo.

★ **TEMBORUCO, CA.** m. MÉJ. Brujo, hechicero.

TEMEDERO, RA. adj. Digno de ser temido.

TEMEDOR, RA. adj. Que teme. Ú.t.c.s.

TEMER. (l. *timēre*.) tr. Tener a una persona o cosa por objeto de temor. || **2.** Recelar un daño, con algún fundamento. ||

3. Sospechar, recelar, creer. || **4.** intr. Sentir temor. || *No* TEMER *ni deber* uno. fr. fam. Obrar temerariamente, sin prudencia, sin miramientos y sin respetos. || **P.** temer; **I.** to fear; **F.** craindre, redouter; **A.** fürchten, scheuen; **It.** temere; **R.** бояться.

TEMERARIAMENTE. adv. De modo temerario.

TEMERARIO, RIA. (l. *temerarius*.) adj. Inconsiderado, imprudente y que se expone a los peligros sin meditarlo. || **2.** Que se hace, se piensa, o se dice sin razón ni fundamento. || **3.** FOR. Dícese de la imprudencia con que se ejecutan actos que de mediar malicia, constituirían delito. || **P.** temerário; **I.** temerarious; **F.** téméraire; **A.** verwegen, tollkühn; **It.** temerario; **R.** отчаянный.

TEMERIDAD. (l. *temerĭtas, -ātis.*) f. Calidad de temerario. || **2.** Acción temeraria. || **3.** Juicio temerario. || **P.** temeridade; **I.** temerity; **F.** témérité; **A.** Verwegenheit, Unbesonnenheit; **It.** temerità; **R.** опрометчивость.

TEMERÓN, NA. (De *temer*.) adj. fam. Dícese de la persona que afecta valentía y esfuerzo, especialmente cuando pretende infundir miedo con sus baladronadas y ponderaciones. Ú.t.c.s.

TEMEROSAMENTE. (De *temeroso*.) adv. Con temor.

TEMEROSO, SA. adj. Que causa temor. || **2.** Medroso, pusilánime, cobarde, irresoluto. || **3.** Que recela un daño.

TEMIBLE. adj. Digno de ser temido o capaz de infundir temor.

TEMIENTE. (l. *timens, -entis.*) p.a. de temer. Que teme. Ú.t.c.s.

★ **TEMO.** m. CHILE. Temu.

★ **TEMOLÍN.** (Voz mejicana.) m. ZOOL. MÉJ. Escarabajo de gran tamaño de la familia de los escarabeidos.

TEMOR. (l. *timor, -ōris.*) m. Pasión de ánimo, que incita a huir de las cosas consideradas peligrosas o dañosas. || **2.** Presunción o sospecha. || **3.** Recelo de un daño futuro. || **4.** GERM. Cárcel, 1.ª acep. || —**de Dios.** Miedo respetuoso que debe tenerse a Dios. Es uno de los dones del Espíritu Santo. || **P.** temor, medo; **I.** fear, dread; **F.** crainte, peur; **A.** Furcht, Angst; **It.** timore; **R.** страх, боязнь.

TEMORIZAR. (De *temor*.) tr. ant. Atemorizar.

TEMOSO, SA. (De *tema*.) adj. Tenaz, terco, porfiado en sostener una idea, un propósito.

TEMPANADOR. (De *tempanar*.) m. Instrumento para abrir las colmenas, quitando de ellas los témpanos o tapas.

TEMPANAR. tr. Echar témpanos a las colmenas, cubas, etc.

TEMPANIL. m. AR. Pernil delantero del cerdo.

TEMPANILLA. adj. HUESCA. Aplícase a la pieza de madera de sierra, de 10, 12 ó 15 palmos de longitud y escuadría variable. Ú.m.c.s.

TEMPANILLO. m. SAL. Madera de junto a la medula del árbol.

TÉMPANO. (l. *tympănum*, y éste del gr. τύμπανον.) m. Timbal o atabal. || **2.** Piel extendida del pandero, tambor, etc. || **3.** Pedazo de cualquier cosa dura extendida o plana. || **4.** Hoja de tocino, quitados los perniles. || **5.** Tapa de cuba o tonel. || **6.** Corcho redondo que cierra una colmena. || **7.** ARQ. Tímpano, espacio triangular entre las dos cornisas inclinadas de un frontón y la horizontal de la base. || **P.** y **F.** timbale; **I.** kettle-drum; **A.** Pauke; **It.** timpano; **R.** литавры.

TEMPATE. m. C. RICA y HOND. Piñón, arbusto euforbiáceo.

TEMPERACIÓN. (l. *temperatio, -ōnis.*) f. Acción o efecto de temperar o temperarse.

TEMPERADAMENTE. adv. Templadamente.

TEMPERADO, DA. p.p. de temperar. || **2.** adj. ant. Templado. Ú. aún hoy en América.

TEMPERAMENTAL. adj. Perteneciente o relativo al temperamento, 3.ª acep. || **2.** Dícese de quien tiene un temperamento excitable o muy sensible.

TEMPERAMENTO. (l. *temperamentum*.) m. Temperie. || **2.** Providencia para terminar las discusiones y contiendas u

obviar las dificultades. || **3.** FISIOL. Constitución particular de cada individuo, resultante del predominio fisiológico de un sistema orgánico. || **4.** MÚS. Ligera modificación hecha en los sonidos rigurosamente exactos de ciertos instrumentos al templarlos, para acomodarlos a la práctica del arte. || **5.** MÉJ. Temperatura. || **3.ª** acep.: **P.** e **It.** temperamento; **I.** temperament, nature; **F.** tempérament; **A.** Temperament, Charakter; **R.** темперамент, склад.

TEMPERANCIA. (l. *temperantia*.) f. Templanza.

TEMPERANTE. (l. *temperans, -antis.*) p.a. de temperar. Que tempera. Ú.t.c.s. || **2.** AMÉR. Abstemio.

TEMPERAR. (l. *temperāre*.) tr. Atemperar. Ú.t.c.r. || **2.** MED. Templar o calmar el exceso de acción o excitación orgánicas mediante calmantes y antiespasmódicos.

TEMPERATÍSIMO, MA. (l. *temperatissĭmus*.) adj. sup. Muy templado, muy moderado o parco.

TEMPERATURA. (l. *temperatūra*.) f. Grado mayor o menor de calor en los cuerpos. || **2.** Temperie. || —**absoluta.** Fís. Temperatura de la escala absoluta o de Kelvin. || —**crítica.** Fís. Temperatura por bajo de la cual un gas puede ser licuado mediante la presión. || —**máxima.** La más elevada observada en un punto durante un determinado período. || —**mínima.** La más baja observada en un punto durante un determinado período. || **P.** e **It.** temperatura; **I.** temperature; **F.** température; **A.** Temperatur, Wärmegrad; **R.** температура.

TEMPERIE. (l. *temperies*.) f. Estado de la atmósfera, según los diversos grados de calor o frío, sequedad o humedad.

TEMPERO. (De *temperar*.) m. Sazón y buena disposición que con la lluvia adquiere la tierra para las labores.

TEMPESTAD. (l. *tempĕstas, -ātis.*) f. Fuerte perturbación de la atmósfera con nubes gruesas de mucha agua o granizo, con acompañamiento de truenos y rayos. || **2.** Fuerte perturbación o agitación de las aguas del mar, causada por la violencia del viento. || **3.** fig. Conjunto de palabras ásperas o injuriosas dichas con ira y enojo. || *Levantar* TEMPESTADES. fr. fig. Producir disturbios, desórdenes, movimientos de indignación, etc. || **P.** tempestade; **I.** tempest, storm; **F.** tempête; **A.** Gewitter, starker, Sturm, Ungewitter; **It.** tempesta; **R.** буря, шторм.

TEMPESTAR. intr. ant. Descargar la tempestad.

TEMPESTEAR. intr. Tempestar. || **2.** fig. y fam. Echar pestes, manifestar enojo grande.

TEMPESTIVAMENTE. adv. De modo tempestivo.

TEMPESTIVIDAD. (l. *tempestivĭtas, -ātis.*) f. Calidad de tempestivo.

TEMPESTIVO, VA. (l. *tempestīvus.*) adj. Oportuno, que viene a tiempo.

TEMPESTOSO, SA. adj. ant. Tempestuoso.

TEMPESTUOSAMENTE. adv. Con tempestad.

TEMPESTUOSO, SA. (l. *tempestuōsus.*) adj. Que causa o constituye una tempestad. || **2.** Expuesto o propenso a tempestades. || **P.** tempestuoso; **I.** tempestuous, stormy; **F.** orageux, tempétueux; **A.** stürmisch; **It.** tempestoso; **R.** бурный.

TEMPISQUE. (Voz mejicana.) m. C. RICA y HOND. Árbol sapotáceo, de frutos ovoides y comestibles.

TEMPLA. (De *templar*.) f. PINT. Agua con cola fuerte o con yema de huevo batida, usada para desleír los colores de la pintura al temple y darles fijeza. || **P.** têmpera; **I.** tempera; **F.** détrempe; **A.** Tempera, Wasserfarbe; **It.** tèmpera; **R.** живопись клеевой краской.

TEMPLA. (l. *tempŏre.*) f. Sien. Ú.m. en pl.

TEMPLA. f. CUBA. Porción de guarapo contenida en un tacho.

TEMPLACIÓN. (l. *temperatio, -ōnis.*) f. ant. Templanza.

TEMPLADAMENTE. adv. Con templanza.

TEMPLADERA. (De *templar*.) f. NAV.

T Compuerta para regular en las acequias el paso del agua.

TEMPLADERO. m. Lugar destinado para templar, principalmente en las fábricas de cristales.

TEMPLADO, DA. p.p. de templar. || **2.** adj. Moderado, parco en la comida o bebida o en cualquier apetito o pasión. || **3.** Que no está frío ni caliente, sino a una temperatura media. || **4.** Hablando del estilo, medio. || **5.** fam. Valiente con serenidad. || **6.** Méj. Competente, entendido. || **7.** fig. y fam. Chile. Enamorado. || **8.** Colom. Borracho. || **9.** Venez. Severo. || *Estar bien*, o *mal* TEMPLADO. fr. fig. y fam. Estar de buen o mal humor. || P. moderado; I. temperate; F. tempéré, tempérant, modéré; A. gemässigt; It. temperato; R. умеренный.

TEMPLADOR, RA. (l. *temperātor, -ōris*.) adj. Que templa. Ú.t.c.s. || **2.** m. Llave o martillo con que se templan algunos instrumentos de cuerda, piano, arpa, etc., o con que se regula la tensión de los alambres, cables, etc. || **3.** Colom. El que maneja los fondos en los trapiches y prepara la panela. || **4.** Perú. Jaula central, que hay para refugio del torero en las plazas de más de 80 m de diámetro.

TEMPLADURA. f. Acción o efecto de templar o templarse.

TEMPLAMIENTO. (De *templar*.) m. desus. Templanza.

TEMPLANZA. (l. *temperantia*.) f. Virtud cardinal, mediante la cual se moderan los apetitos y el uso excesivo de los sentidos, sujetándolos a la razón. || **2.** Moderación, continencia. || **3.** Benignidad del clima de un país. || **4.** Pint. Armonía en los colores. || P. temperança; I. temperance; F. tempérance; A. Enthaltsamkeit, Mässigkeit; It. temperanza; R. умеренность.

TEMPLAR. (l. *temperāre*.) tr. Moderar, suavizar la fuerza de una cosa. || **2.** Quitar el frío de una cosa, especialmente de un líquido, calentándolo ligeramente. || **3.** Dar a una materia como metal, cristal, etc., el punto de dureza o elasticidad que requiere para ciertos usos. || **4.** Poner en tensión o presión moderada una cosa; como un freno, una cuerda, etc. || **5.** fig. Mezclar una cosa con otra para suavizar su actividad. || **6.** fig. Moderar, sosegar la cólera, de una persona. || **7.** Cetr. Preparar el halcón para la caza, teniéndolo veinticuatro horas a dieta. || **8.** Mar. Proporcionar y moderar las velas al viento, recogiéndolas o extendiéndolas según la fuerza de aquél. || **9.** Mús. Preparar un instrumento para que emita exactamente los sonidos que le corresponden. || **10.** Pint. Disponer la pintura de modo que no desdigan los colores. || **11.** intr. Perder el frío, empezar a calentarse una cosa, especialmente la temperatura. || **12.** r. fig. Contenerse, moderarse, evitando todo exceso. || **13.** C. Rica. Zurrar. || **14.** Colom. y Ecuad. Derribar a alguien. || **15.** Ecuad. Matar. || **16.** Ecuad. Arrostrar un peligro. || **17.** r. P. Rico, Colom. y Perú. Embriagarse. || **18.** Chile. Propasarse, excederse. || **19.** Ecuad. Tenderse en el suelo. || **20.** Hond. Morirse. || P. temperar; I. to temper; F. tempérer; A. mässigen, mildern; It. temperare; R. умерять. || **3.ª** acep.: P. temperar; I. to temper; F. tremper; A. härten, stählen; It. temprare; R. закалять.

TEMPLARIO. (De *templo*, a causa de haber tenido la orden su primer asiento junto al templo de Salomón.) m. Individuo de una orden de caballería, fundada en la época de las Cruzadas, y cuyo trabajo era asegurar los caminos a quienes visitaban los Santos Lugares de Jerusalén. || P. templário; I. Templar; F. templier; A. Templer, Tempelherr; It. templare; R. тамплиер.

TEMPLE. (De *templar*.) m. Temperie. || **2.** Temperatura, grado de calor de los cuerpos. || **3.** Punto de dureza o elasticidad que se da a un metal, al cristal, etc., templándolos. || **4.** Metal. Operación por la cual se da al acero un grado de dureza definido, calentándolo a una temperatura determinada y enfriándolo luego bruscamente al sumergirlo en agua o en aceite. || **5.** fig. Cualidad o estado del genio

apacible o áspero. || **6.** fig. Arrojo, valentía. || **7.** fig. Término medio que se toma entre dos cosas. || **8.** Mús. Disposición y acuerdo armónico de los instrumentos. || **9.** Chile. Enamoramiento. || *Al* TEMPLE. m. adv. Pint. Dícese de la pintura preparada con colores desleídos en líquidos glutinosos y calientes, como agua de cola, etc. || **3.ª** acep.: P. têmpera; I. temper; F. trempe; A. Härtung; It. tèmpera; R. полода.

TEMPLE. (fr. *temple*, templo.) m. Religión u orden de los templarios; hoy se designan así algunas iglesias que les pertenecieron.

* **TEMPLE.** m. Chile. Camote, batata.

TEMPLÉN. m. Pieza del telar que regula el ancho de la tela que se va tejiendo.

TEMPLETE. m. d. de templo. || **2.** Armazón pequeño, en figura de templo, que cobija una imagen o forma parte de un mueble o alhaja. || **3.** Pabellón o quiosco.

TEMPLISTA. com. Pint. Persona que pinta al temple.

TEMPLO. (l. *templum*.) m. Edificio destinado públicamente a un culto. || **2.** fig. Lugar real o imaginario en que se rinde o se supone rendir culto al saber, la justicia, etc. —**próstilo.** Arq. Entre los antiguos, el que sólo tenía columnas en su cara frontal. || P. templo; I. y F. temple; A. Tempel; It. tempio; R. храм, церковь.

* **TEMPO.** (Voz italiana.) m. Mús. Tiempo.

TÉMPORA. (l. *tempŏra*, pl. de *tempus*, tiempo, estación.) f. Tiempo de ayuno al comienzo de las cuatro estaciones. Ú.m. en pl.

TEMPORADA. (l. *tempus, -ŏris*, tiempo.) f. Espacio de varios días, meses o años, considerados aparte formando un conjunto. || **2.** Tiempo durante el cual se realiza habitualmente alguna cosa. || *De* TEMPORADA. m. adv. Durante algún tiempo, sin permanencia. || P. temporada; I. season, spell; F. saison; A. Zeitraum; It. stagione; R. период времени.

TEMPORAL. (l. *temporālis*.) adj. Perteneciente al tiempo. || **2.** Que dura algún tiempo. || **3.** Secular, profano. || **4.** Que pasa con el tiempo, no eterno. || **5.** m. p. us. Buena o mala calidad o constitución del tiempo. || **6.** Tempestad, tormenta. || **7.** Tiempo de lluvia persistente. || **8.** And. Trabajador del campo que sólo trabaja ciertas épocas del año. || **9.** Cuba. Sujeto sin escrúpulo. || *Correr un* TEMPORAL. fr. Murc. Sufrir, cuando navega, los riesgos de la tempestad. || *Declararse un* TEMPORAL. fr. Mar. Romper por parte determinada. || P. temporal; I. temporary; F. temporel; A. zeitlich; It. temporale; R. временный. || **6.ª** acep.: P. tempestade; I. tempest, storm; F. tempête; A. Sturmwetter; It. temporale; R. буря.

TEMPORAL. (l. *temporālis*; de *tempŏra*, sienes.) adj. Zool. Perteneciente o relativo a las sienes. || **2.** Zool. Aplícase a cada uno de los dos huesos del cráneo correspondientes a las sienes. Ú.t.c.s.

TEMPORALIDAD. (l. *temporalitas, -ātis*.) f. Calidad de temporal, 1.er art., 3.ª acep. || **2.** Frutos y cualquier cosa profana que los eclesiásticos perciben de sus beneficios o prebendas. Ú.m. en pl. || *Ocupar las* TEMPORALIDADES. fr. Privar a un eclesiástico de los bienes temporales que poseía.

TEMPORALIZAR. tr. Convertir lo eterno en temporal.

TEMPORALMENTE. adv. Por algún tiempo. || **2.** adv. En el orden de lo temporal terreno.

TEMPORÁNEO, A. (l. *temporaněus*.) adj. Temporal, que dura por algún tiempo.

TEMPORARIO, RIA. (l. *temporarius*.) adj. Temporal, que dura por algún tiempo.

TEMPOREJAR. intr. Mar. Aguantarse a la capa en un temporal, para no pasar del punto de destino, que está a sotavento. || **2.** Mar. Mantenerse con poca vela sin alejarse de un punto.

TEMPORERA. f. Córd. Cante popular en las gañanías.

TEMPORERO, RA. (l. *temporarius*.) adj. Dícese de quien ejerce temporalmente un empleo, especialmente del funcionario subalterno que no es de plantilla. Ú.t.c.s.

TEMPORIL. m. And. Temporal, 1.er art., 8.ª acep.

TEMPORIZAR. (l. *tempus, -ŏris*, tiempo.) intr. Contemporizar. || **2.** Ocuparse en algo por mero pasatiempo.

TEMPRANAL. adj. Dícese de la tierra y plantío de fruto temprano. Ú.t.c.s.m.

TEMPRANAMENTE. adv. Temprano, 4.ª acep.

TEMPRANERO, RA. adj. Temprano, adelantado.

TEMPRANILLA. (d. de *temprana*.) adj. Dícese de la uva temprana. Ú.t.c.s.

TEMPRANITO. adv. fam. Muy temprano.

TEMPRANO, NA. (l. *temporānus*; por *temporaněus*.) adj. Adelantado, o que es antes del tiempo ordinario. || **2.** m. Sembrado o plantío de fruto temprano. || **3.** adv. En las primeras horas del día o de la noche. || **4.** En tiempo anterior al oportuno, convenido o acostumbrado. || P. temporão; I. early, soon; F. hâtif; A. früh; It. primaticcio; R. ранный.

TEMU. (Voz araucana.) m. Chile. Árbol mirtáceo, de semillas semejantes al café y madera muy dura.

TEMULENTO, TA. (l. *temulentus*.) adj. Borracho.

TEN. (2.ª pers. de sing. del imper. de *tener*.) TEN *con* TEN. expr. fam. usada c.s.m. Tiento, moderación, contemporización.

* **TEN.** m. Venez. Pinito.

TENA. (l. *tigna*, cubierta, techado.) f. Tinada, cobertizo para recoger los ganados.

TENACE. adj. poét. Tenaz.

TENACEAR. (De *tenaza*.) tr. Atenacear.

TENACEAR. (De *tenaz*.) intr. Insistir o porfiar insistente y tercamente en algo.

TENACERO. m. El que hace o vende tenazas. || **2.** El que las maneja. En las ferrerías de Vizcaya, el obrero que sostiene los barrotes con las tenazas, mientras se trabajan en el yunque.

TENACIDAD. (l. *tenacĭtas, -ātis*.) f. Calidad de tenaz. || **2.** Fís. Propiedad de la materia en virtud de la cual los cuerpos presentan una mayor o menor resistencia a la fractura por tracción. || P. tenacidade; I. tenacity; F. ténacité; A. Starrsinn; It. tenacità; R. упорство.

TENACILLAS. f. pl. d. de tenazas. || **2.** Despabiladeras. || **3.** Instrumento parecido a unas pinzas, que se usa para sujetar el cigarro al fumarlo. || **4.** Tenaza pequeña usada para tomar terrones de azúcar, dulces, etc. || **5.** Instrumento, en forma de tenazas pequeñas, que se usa para rizar el pelo. || **6.** Pinzas empleadas por las mujeres para arrancarse el vello. || P. tenazes, pinças; I. nippers; F. pincettes; A. kleine Zange; It. pinzette, tenagliette; R. щипцы.

TENÁCULO. (l. *tenacŭlum*; de *teněre*, tener.) m. Cir. Instrumento en forma de aguja, encorvado por un extremo y fijo o articulado a un mango por el otro. Empléase para coger y sostener las arterias que deben ligarse.

TENADA. (l. *tignāta*; de *tignum*, madero.) f. Tinada, cobertizo para recoger del ganado. || **2.** Ast. y León. Henal.

TENALLÓN. (fr. *tenaillon*; de *tenaille*, tenaza.) m. Fort. Especie de falsabraga construida delante de las cortinas y flancos de una fortificación.

* **TENAMASTE.** (azt. *tenamaxtli*; de *tetl*, piedra, y *mamictia*, igualar.) m. Méj. Cada una de las tres piedras de un fogón indígena. || **2.** Piedra grande. || **3.** Guat. Trasto, cosa inútil. || **4.** Amér. Central y Méj. Persona testaruda.

TENANTE. (fr. *tenant*, que sostiene.) m. Blas. Cada una de las figuras que sostienen el escudo.

TENAZ. (l. *tenax, -ācis*.) adj. Que se pega, ase, o prende fuertemente a una cosa y es difícil separar. || **2.** Que opone gran resistencia a romperse o deformarse. || **3.** fig. Firme, terco, porfiado en su propósito. || P. tenaz; I. tenacious, sticking; F. e It. tenace; A. zähe, starrköpfig; R. липкий, стойкий.

TENAZA. (l. *tenacia*; de *teněo*, tener.) f. Instrumento de metal de dos brazos sujetos con un clavillo o eje que permite abrirlos y volverlos a cerrar. Según su forma sirve para coger, sujetar, arrancar o cortar una cosa. Ú.m. en pl. ‖ 2. Instrumento de metal de dos brazos paralelos y enlazados en un extremo por un muelle semicircular y por el otro sirve para coger la leña o el carbón de las chimeneas u otras cosas. ‖ 3. ZOOL. Pinza. ‖ 4. Extremo libre de la viga de los antiguos molinos de aceite. ‖ 5. fig. Par de cartas con las que se hacen dos bazas en algunos juegos de naipes. ‖ 6. FORT. Obra exterior con uno o dos ángulos retirados, construida delante de la cortina. ‖ Hacer uno la TENAZA. fr. Ganar por medio de la tenaza en algunos juegos de naipes. ‖ Hacer TENAZA. fr. fig. Asir mordiendo, atravesando o cruzando las presas. ‖ No poderse coger ni con TENAZAS. fr. que se usa para encarecer la suciedad de una persona o cosa. ‖ Ser menester TENAZAS. fr. fig. y fam. con que se pondera lo difícil que es conseguir o sacar de una persona alguna cosa. ‖ P. tenaz; I. pair of tongs, pincers; F. tenaille; A. Kneifzange; It. tanaglia; R. клещи.

TENAZADA. f. Acción de agarrar con una tenaza. ‖ 2. Ruido de la tenaza al manejarla. ‖ 3. fig. Acción de morder con fuerza.

TENAZAZO. m. Golpe dado con las tenazas.

TENAZMENTE. adv. Con tenacidad.

TENAZÓN (A, o DE). m. adv. Al golpe, sin fijar la puntería. ‖ 2. fig. Dícese de lo que se acierta u ocurre de pronto. ‖ Parar de TENAZÓN el caballo. fr. EQUIT. Pararlo de golpe en la carrera, sin haberle avisado previamente.

TENAZUELAS. f. pl. d. de tenazas. ‖ 2. Tenacillas o pinzas depilatorias.

★ **TENCA.** (l. tinca.) f. ZOOL. Pez teleósteo de agua dulce, de unos 3 dm de largo; cuerpo fusiforme, verdoso por encima y blanquecino por debajo. ‖ 2. ARGENT. y CHILE. Especie de alondra. ‖ P. tenca; I. tench; F. tanche; A. Schlei(e); It. tinca; R. линь.

★ **TENCAL.** m. MÉJ. Conjunto de cestos de carrizo usado para transportar gallos de pelea. ‖ 2. MÉJ. Caseta donde se almacena el maíz.

TENCIÓN. f. Acción de tener.

★ **TENCOLOTE.** (Voz mejicana.) m. MÉJ. Jaula grande usada para llevar las aves de corral a los mercados.

★ **TENCUA** (azt. tentli, labio, y cualo, comido.) adj. MÉJ. Dícese de la persona que tiene el labio hendido.

★ **TENCHA.** f. GUAT. Penitenciaría.

TENDAJO. (despect. de tienda.) m. Tendejón.

TENDAL. (De tender.) m. Toldo, cubierta de tela tendida para hacer sombra. ‖ 2. Trozo de lienzo que se coloca debajo de los olivos para recoger las aceitunas. ‖ 3. En algunos lugares, tendedero. ‖ 4. Conjunto de cosas tendidas para secarse. ‖ 5. EXTR. Cada uno de los dos maderos laterales del lecho de la carreta. ‖ 6. ARGENT., CHILE y PERÚ. Conjunto de personas o cosas tendidas desordenadamente en el suelo por haber sido derribadas violentamente. ‖ 7. CUBA. Espacio al sol donde se seca el café. ‖ 8. ECUAD. Armazón que se usa en las haciendas para asolear las almendras de cacao. ‖ P. toldo, coberto; I. tent; F. tendelet; A. Zeltdach; It. tendale; R. парусиновый навес.

TENDALERA. f. fam. Desorden de las cosas que se dejan tendidas por el suelo.

TENDALERO. (De tender.) m. Tendedero.

★ **TENDEAR.** intr. fam. CHILE. Recorrer los comercios con más interés de curiosear que de comprar.

★ **TENDEDERA.** f. CUBA y MÉJ. Cuerda de tender la ropa. ‖ 2. COLOM. Tendalera.

TENDEDERO. m. Lugar donde se tiende una cosa.

TENDEDOR, RA. m. y f. Persona que tiende.

TENDEDURA. f. Acción y efecto de tender o tenderse.

TENDEJÓN. m. Cobertizo, tienda pequeña o barraca mal construida.

TENDEL. m. ALBAÑ. Cuerda tendida horizontalmente para sentar bien las hiladas de ladrillo o piedra. ‖ 2. ALBAÑ. Capa de mortero o yeso que se extiende sobre

cada hilada de ladrillos en la construcción de un muro. ‖ P. cordel de pedreiro; I. tilt; F. cordeau; A. Messschnur; It. cordella.

TENDENCIA. (De tender, propender.) f. Inclinación o propensión hacia ciertos fines. ‖ P. tendência; I. tendency; F. tendance; A. (Hin)Neigung, Tendenz; It. tendenza; R. наклонность.

TENDENCIOSO, SA. adj. Que manifiesta o implica tendencia hacia determinados fines o doctrinas.

TENDENTE. (De tender.) adj. Que tiende a algún fin.

TÉNDER. (ingl. tender; de to tend, estar de servicio.) m. Carruaje que se engancha a la locomotora y lleva el combustible y el agua necesarios para el viaje. ‖ P. tênder; I. y F. tender; A. Anhängewagen; R. тендер.

TENDER. (l. tendĕre.) tr. Desdoblar, extender lo que está arrugado, amontonado o recogido. ‖ 2. Esparcir algo por el suelo. ‖ 3. Extender al aire y al sol la ropa mojada para que se seque. ‖ 4. Alargar o extender. ‖ 5. Propender a algún fin alguna cosa. ‖ 6. ALBAÑ. Revestir paredes y techos de una capa delgada de cal, yeso o mortero. ‖ 7. r. Tumbarse a la larga. ‖ 8. Encamarse las mieses u otras plantas. ‖ 9. Presentar el jugador todas las cartas, persuadido de que gana o de que pierde. ‖ 10. Extenderse en la carrera el caballo. ‖ 11. fig. y fam. Descuidar algún asunto por negligencia. ‖ P. desdobrar; I. to unfold; F. étendre; A. (aus)spannen; It. stèndere; R. расшивать, растягивать. ‖ 5.ª acep.: P. tender; I. to tend; F. tendre a; A. hinzielen auf, hinneigen zu etwas; It. tèndere; R. стремиться к чему-л.

★ **TENDERETA.** (De tender.) f. PAN. Multitud de animales o cosas. ‖ Quedar en la TENDERETA. fr. VENEZ. Quedar tendido en el suelo.

TENDERETE. (De tender.) m. Cierto juego de naipes. ‖ 2. Puesto de venta por menor, instalado al aire libre. ‖ 3. fam. Tendalera. ‖ —robador. Aquel en que se puede robar la carta descubierta y la baza del contrario que empareja con ellas.

TENDERO, RA. m. y f. Persona que tiene tienda. ‖ 2. Persona que vende por menor. ‖ 3. m. El que fabrica tiendas de campaña. ‖ 4. El que las cuida. ‖ P. tendeiro; I. shopkeeper; F. boutiquier; A. Krämer, Kleinhändler; It. bottegaio; R. лавочник.

TENDEZUELA. f. d. de tienda.

TENDIDAMENTE. (De tender, alargar.) adv. Extensa o difusamente.

TENDIDO, DA. p.p. de tender. ‖ 2. adj. Se aplica al galope del caballo cuando éste se tiende o a la carrera violenta del hombre o de cualquier animal. ‖ 3. m. Acción de tender. ‖ 4. Gradería descubierta próxima a la barrera en las plazas de toros. ‖ 5. Porción del encaje hecha sin levantarla del patrón. ‖ 6. Conjunto de ropa que tiende cada lavandera. ‖ 7. Masa en panes, colocada en el tablero para que se venga y meterla al horno. ‖ 8. RIOJA. Cielo despejado. ‖ 9. ALBAÑ. Parte del tejado desde el caballete al alero. ‖ 10. ALBAÑ. Capa delgada de yeso, cal o mortero que se tiende en paredes o techo.

TENDIENTE. p.a. de tender. Que tiende.

TENDINOSO, SA. adj. ZOOL. Que tiene tendones o se compone de ellos. ‖ 2. ZOOL. Perteneciente o relativo a los tendones.

TENDÓN. (De tender.) m. ZOOL. Haz de fibras conjuntivas que une los músculos a los huesos. ‖ 2. En el caballo y otros animales, parte de los tendones flexores del pie, que pasa por detrás de la caña, desde el pliegue de la rodilla, hasta el origen posterior del menudillo. ‖ —de Aquiles. ZOOL. El grueso y fuerte, que une el talón con la pantorrilla. ‖ P. tendão; I. y tendon; F. tendon; A. Sehne; It. tèndine; R. сухожилие.

TENDUCHA. f. despect. Tienda de mal aspecto y escasamente abastecida.

TENDUCHO. m. despect. Tenducha.

TENEBRARIO. (l. tenebrarius; de tenĕbrae, tinieblas.) m. Candelabro triangular, con quince velas que se encienden en

los oficios de las tinieblas en Semana Santa. ‖ 2. ASTRON. Híades.

TENEBREGOSO, SA. (l. tenebricōsus.) adj. ant. Tenebroso.

TENEBREGURA. (l. tenebrĭcus, tenebroso.) f. ant. Tenebrosidad.

★ **TENEBRISMO.** m. PINT. Nombre de la tendencia pictórica, de los siglos XVI y XVII representada por el italiano Caravaggio y el español Ribera, y caracterizada por la iluminación unilateral de sus composiciones, que hace que sus figuras, resurgiendo de un fondo tenebroso, aparezcan con acentuado contraste de luz y de sombra.

TENEBROSAMENTE. adv. Con tenebrosidad.

TENEBROSIDAD. (l. tenebrositas, -ātis.) f. Calidad de tenebroso.

TENEBROSO, SA. (l. tenebrōsus.) adj. Obscuro, cubierto de tinieblas. ‖ P. e It. tenebroso; I. gloomy, tenebrous; F. ténébreux; A. düster, finster; R. тёмный, мрачный.

TENEBRURA. (l. tenĕbrae, tinieblas.) f. ant. Tenebrosidad.

TENEDERO. (De tener, asir.) m. MAR. Paraje del mar, donde puede afirmarse el ancla.

TENEDOR. m. El que tiene o posee una cosa. ‖ 2. El que tiene legítimamente una letra de cambio u otro valor endosable. ‖ 3. Utensilio de mesa con tres o cuatro púas o dientes con que se toman los manjares sólidos para llevarlos a la boca. ‖ 4. Sirviente que en el juego de pelota detiene la que va rodando por el suelo. ‖ —de bastimentos. Persona encargada de los víveres para su pronta distribución. ‖ —de libros. El que tiene a su cargo los libros de contabilidad en oficina particular o pública. ‖ P. possuidor; I. holder, keeper; F. possesseur; A. Besitzer, Inhaber; It. tenitore, possessore; R. владелец. ‖ 3.ª acep.: P. garfo; I. fork; F. fourchette; A. Gabel; It. forchetta; R. вилка.

★ **TENEDORA.** (Forma f. de tenedor.) f. GUAT. Baticola.

TENEDORCILLO. m. d. de tenedor. ‖ 2. GERM. Liga para sujetar las medias y calcetines.

TENEDURÍA. f. Cargo y oficina del tenedor de libros. ‖ —de libros. Arte de llevar los libros de contabilidad. ‖ P. contabilidade; I. bookkeeping; F. comptabilité, tenue des livres; A. Buchhaltung; It. tenuta (dei libri); R. бухгалтерия.

★ **TENEJAL.** m. MÉJ. Arena de cal; cal viva para fabricar el nixtamal.

★ **TENELÍN, NA.** adj. MÉJ. Cicatero.

TENENCIA. (De tener.) f. Ocupación y posesión actual y corporal de una cosa. ‖ 2. Cargo de teniente. ‖ 3. Oficina en que lo ejerce.

TENER. (l. tenĕre.) tr. Poseer, gozar. ‖ 2. tr. Asir o mantener asida una cosa. ‖ 3. Mantener, sostener. Ú.t.c.r. ‖ 4. Contener o comprender en sí. ‖ 5. Poseer, dominar. ‖ 6. Detener, parar. Ú.t.c.r. ‖ 7. Guardar, cumplir. ‖ 8. Hospedar o recibir en su casa. ‖ 9. Poseer, estar abundante de algo; como de ciertas cualidades. ‖ 10. Estar en precisión de hacer una cosa u ocuparse de ella. ‖ 11. Juzgar, reputar. Júntase con la partícula por y ú.t.c.r. TENER a uno por valiente. Construyese también con la preposición a. TENER a honra una cosa. ‖ 12. Con la preposición en y los adjetivos poco, mucho y otros semejantes, estimar, apreciar. Ú.t.c.r. ‖ 13. Con algunos nombres de tiempo, emplear, pasar algún espacio de él en un lugar o de cierta forma. TENER un día divertido. ‖ 14. Con el pronombre que y el infinitivo de otro verbo, expresa la importancia de la acción significada por el infinitivo. TENER mucho que ver. ‖ 15. Construido con algunos pronombres hacer o padecer lo que el nombre significa. TENER vergüenza. ‖ 16. Con los nombres que significan espacios de tiempo, expresa la duración de las cosas o la edad de las personas. ‖ 17. intr. Ser rico y adinerado. ‖ 18. r. Asegurarse uno para no caer. ‖ 19. Hacer asiento un cuerpo sobre otro. ‖ 20. Resistir a uno en posición o pelea. ‖ 21. Atenerse, estar por uno o por una cosa. ‖ 22. Como verbo auxiliar, equivale al verbo *haber*. || **23.** Construido con la conjunción *que* y el infinitivo de otro verbo, denota la necesidad o precisión de hacer lo que el verbo significa. TENDRÉ *que irme*. Ú.t. con la preposición *de* en la primera persona del presente de indicativo, y comúnmente se usa en son de amenaza. || *No* TENERLAS uno *todas consigo*. fr. fig. y fam. Sentir recelo o temor. || *No* TENER uno *nada suyo*. fr. fig. Ser generoso en extremo, manirroto. || *No* TENER uno *por dónde respirar*. fr. fig. y fam. No tener qué responder al cargo que se le hace. || *No* TENER uno *sobre qué caerse muerto*. fr. fig. y fam. Encontrarse en la mayor pobreza. || *Quien* TUVO, RETUVO. fr. que indica que siempre se conserva algo de lo que se tuvo en otro tiempo: gallardía, belleza, vicios, etc. || *Ruin sea quien por ruin se* TIENE. ref. que amonesta a no tener tan bajo concepto de uno mismo que obligue a los demás a aceptarlo. || TENED *y* TENGAMOS. fr. fig. y fam. que se emplea para mover a la mutua seguridad en lo que se trata. || TENER uno *algo que perder*. fr. fig. y fam. Poseer riquezas, fama, etc. || TENER uno *a menos*. fr. Desdeñarse de hacer alguna cosa por considerarla humillante. || TENER uno *andado*. fr. Haber adelantado algo en algún asunto. || TENER uno *en buenas*. fr. fam. Reservar en el juego las cartas buenas para lograr la mano. || **2.** fig. y fam. Prevenir algún riesgo. || TENER uno *en contra*. fr. Hallar en un asunto impedimento o dificultad. || TENER *en menos* a uno. fr. Menospreciarle. || TENER *lugar*. loc. Suceder, acontecer una cosa. || TENER uno *la negra*. fr. fig. y fam. Padecer una racha de mala suerte. || TENER uno *para sí* una cosa. fr. Persuadirse o formar opinión particular en una materia en que otros puedan dudar o tener parecer opuesto. || TENER uno *por dicha* una cosa. fr. Tenerla por sobrentendida por ser muy clara. || TENER uno *presente*. fr. Conservar en la memoria alguna especie para usar de ella cuanto convenga, o a algún sujeto para atenderle cuando se presente ocasión oportuna. || TENER *que ver* una persona o cosa con otra. fr. Haber entre ellas alguna conexión, relación o semejanza. Ú. por lo común negativamente. || TENER *que ver* un hombre *con* una *mujer*. fr. Tener cópula carnal. || TENERSE *fuerte* uno. fr. Resistir fuertemente una cosa, oponiéndose a ella con valor. || TENÉRSELAS *tiesas* uno, o *a* o *con* uno. fr. fig. y fam. Mantenerse firme contra otro en alguna lucha. || TENER, O TENERSE uno *tieso*. fr. fig. y fam. Mantenerse firme y constante en una resolución o dictamen. || **P.** ter, deter; **I.** to have, to hold; **F.** avoir, posséder, tenir; **A.** haben, halten, innehaben; **It.** avere, tenere, possedere; **R.** иметь, содержать.

* **TENERES.** (De *tener*.) m. pl. REP. DOMIN. Caudales, bienes.

TENERÍA. (b. l. *tanaria;* de *tannare*, curtir.) f. Curtiduría.

TENESMO. (l. *tenesmus*, y éste del gr. τεινεσμός.) m. Pujo, sensación muy penosa con gana frecuente de orinar, acompañada de dolores. || **2.** MED. Espasmo doloroso de los esfínteres anal y vesical.

TENGUE. m. BOT. CUBA. Árbol leguminoso, semejante a la acacia.

TENGUERENGUE (EN). m. adv. fam. Sin estabilidad, en equilibrio inestable.

TENIA. (l. *taenĭa*, y éste del gr. ταινία, cinta, listón.) f. ZOOL. Gusano platelminto cestado, de forma de cinta, formado de muchos anillos cuya anchura va en aumento gradualmente a partir del colocado detrás del escólex. Puede alcanzar varios metros de longitud. Vive parásito en el intestino de otro animal al que se fija mediante ventosas o ganchos. Su larva se halla enquistada en general en los músculos del cerdo o de la vaca, de donde pasa al hombre cuando come carne cruda de dichos animales. || **2.** ARQ. Listel o filete. || **P.** y **F.** ténia; **I.** tapeworm; **A.** Bandwurm; **It.** tenia; **R.** солитёр.

* **TENIASIS.** f. Infestación del organismo por la tenia. || **—somática.** MED. Presencia de larvas de tenia en los músculos.

* **TENIDA.** (term. f. de *tenido*, p.p. de *tener*.) f. Reunión celebrada en una logia masónica. || **2.** f. CHILE, MÉJ. y VENEZ. Reunión, sesión.

TENIENTA. f. Mujer del teniente.

TENIENTAZGO. (De *teniente*.) m. Tenencia, cargo de teniente.

TENIENTE. p.a. de tener. Que tiene o posee una cosa. || **2.** adj. Dícese de la fruta no madura. || **3.** fam. Algo sordo. || **4.** fig. Miserable y escaso. || **5.** m. El que substituye a otro en algún cargo. || **6.** MIL. Oficial inmediatamente inferior al capitán. || **—coronel.** MIL. Inmediato jefe después del coronel. || **—general.** MIL. General del Ejército de categoría superior a la de general de división e inferior a la de capitán general. || *Segundo* TENIENTE. MIL. Oficial de categoría inmediatamente inferior a la de primer teniente. || 6.ª acep.: **P.** e **It.** tenente; **I.** y **F.** lieutenant; **A.** Leutnant; **R.** старший лейтенант.

TENÍFUGO, GA. (De *tenia*, y el l. *fugāre*, ahuyentar.) adj. MED. Aplícase al medicamento capaz de causar la expulsión de la tenia. Ú.t.c.s.m.

TENIS. (ingl. *tennis*.) m. Juego en que los contrincantes, separados por una red, se envían la pelota mediante unas raquetas. || **2.** Espacio dispuesto para este juego.

TENÍU. m. CHILE. Árbol saxifragáceo, cuya madera es empleada en construcciones y cuya corteza es medicinal.

TENOR. (l. *tenor, -ōris;* de *tenēre*, tener.) m. Constitución u orden firme de una cosa. || **2.** Contenido literal de un escrito o discurso. || *A este* TENOR. m. adv. Por el mismo estilo. || **P.** teor; **I.** tenor; **F.** tenneur; **A.** Beschaffenheit; **It.** tenore; **R.** порядок.

TENOR. (ital. *tenore*, y éste del l. *tenor, -ōris*.) m. MÚS. Voz media entre la de contralto y barítono. || **2.** MÚS. Persona que posee esta voz. || **P.** tenor; **I.** tenor, tenorist; **F.** ténor; **A.** Tenor; **It.** tenore; **R.** тенор.

* **TENORINO.** (Voz italiana, d. de *tenore*, tenor.) m. Tenor ligero, que canta en falsete.

TENORIO. (Por alusión al protagonista de *El burlador de Sevilla*.) m. fig. Galanteador audaz y pendenciero.

TENSAR. (De *tenso*.) tr. Poner tenso, un cable, una cuerda, una cadena, etc.

* **TENSÍMETRO.** m. FÍS. Aparato para medir tensiones, especialmente la superficial de los líquidos.

TENSINO, NA. adj. Natural del valle de Tena. Ú.t.c.s. || **2.** Perteneciente a esta región de la provincia de Huesca.

TENSIÓN. (l. *tensĭo, -ōnis*.) f. Estado de un cuerpo sometido a la acción de fuerzas que lo estiran. || **2.** Reacción que un cuerpo elástico opone a las fuerzas que intentan deformarlo. || **3.** Intensidad de la fuerza con que los gases tienden a dilatarse. || **4.** Grado de energía eléctrica que se manifiesta en un cuerpo; se dice *alta* o *baja* según sea o no elevado su voltaje. || **5.** ELECTR. Tendencia de una carga eléctrica a pasar de un cuerpo a otro de menor potencial. || **6.** FON. Primera fase de la articulación de un fonema durante la cual los órganos toman la posición conveniente a la emisión de este fonema. || **7.** FON. Segunda fase de la articulación de un fonema, durante el cual los órganos vocales conservan la posición propia en la emisión de este fonema. || **8.** MEC. Fuerza interior que dentro de ciertos límites, tiende a unir las moléculas de un cuerpo separadas de su posición de equilibrio por una fuerza exterior. || **—arterial.** Presión que ejerce la sangre sobre la pared de las arterias. || **—gaseosa.** FÍS. Elasticidad de los gases, o tendencia de éstos a la expansión. || **—superficial.** FÍS. Acción de las fuerzas moleculares en virtud de la cual la capa exterior de los líquidos tiende a contener el volumen de éstos dentro de la mínima superficie. || **P.** tensão; **I.** y **F.** tension; **A.** Spannung; **It.** tensione; **R.** натяжение, давление.

TENSIÓN. f. Tensón.

TENSO, SA. (l. *tensus*, p.p. de *tendĕre*, tender.) adj. Que se halla en estado de tensión, 1.er art., 1.ª acep.

TENSÓN. (De *tenzón*.) f. Composición poética de los provenzales consistente en una controversia entre dos o más poetas sobre un tema, comúnmente de amores.

TENSOR, RA. (l. *tensor, -ōris*.) adj. Que tensa, origina tensión o se dispone a producirla. Ú.t.c.s. || **2.** MEC. Aparato o dispositivo que sirve para dar a un cable, cadena, correa, etc., la tensión conveniente. || **3.** FÍS. Cualquier magnitud física con intensidad, dirección y sentido variable.

TENTABUEY. m. ÁL. Gatuña.

TENTACIÓN. (l. *tentatĭo, -ōnis*.) f. Instigación que induce a hacer algo malo. || **2.** Impulso repentino que mueve a hacer algo, aunque no sea malo. || **3.** fig. Persona que induce o persuade. || *Caer* uno *en la* TENTACIÓN. fr. fig. Dejarse vencer de ella; resolverse a ejecutar una cosa, a pesar de los riesgos que encierra, sólo por el placer de lograrla. || **P.** tentação; **I.** temptation; **F.** tentation; **A.** Versuchung; **It.** tentazione; **R.** искушение.

TENTACULAR. adj. Referente al tentáculo.

TENTÁCULO. (l. *tentacŭlum;* de *tentāre*, tentar.) m. ZOOL. Cualquiera de los apéndices movibles y flexibles que tienen muchos animales invertebrados y que pueden desempeñar diversas funciones, especialmente como órganos de la presión y del tacto. || **P.** tentáculo; **I.** tentacle; **F.** tentacule; **A.** Fühler, Fangarm; **It.** tentàcolo; **R.** щупальце.

TENTADERO. (De *tentar*.) m. Corral o lugar cerrado donde se hace la tienta de los becerros.

TENTADO, DA. p.p. de tentar. || **2.** COLOM. Inquieto, travieso.

TENTADOR, RA. (l. *tentātor*.) adj. Que tienta. Ú.t.c.s. || **2.** Que hace caer en la tentación. Ú.t.c.s. || **3.** m. Por antonom., el demonio.

TENTADURA. (De *tentar*, probar.) f. Ensayo que se hace del mineral de plata tratándolo con azogue. || **2.** Muestra necesaria para dicho ensayo. || **3.** Zurra, tunda.

TENTALEAR. tr. Tentar repetidas veces; reconocer algo a tientas.

TENTAR. (l. *temptāre*.) tr. Palpar, ejercitar el sentido del tacto, tocando materialmente alguna cosa. Ú.t.c.r. || **2.** Reconocer y examinar mediante el tacto lo que no se puede ver. || **3.** Instigar, estimular. || **4.** Intentar o procurar. || **5.** Examinar, experimentar. || **6.** Probar a uno; hacer examen de su fortaleza o constancia. || **7.** CIR. Reconocer con la tienta la profundidad de una herida. || **P.** tactear; **I.** to touch; **F.** tâter; **A.** befühlen; **It.** tentare; **R.** щупать. || 4.ª acep.: **P.** tentar; **I.** to tempt; **F.** tenter; **A.** prüfen; **It.** tentare; **R.** пытаться.

TENTARUJA. f. fam. Manoseo, sobajadura.

TENTATIVA. (l. *tentativa*, t. f. de *-vus*, tentativo.) f. Acción con que se intenta o tantea una cosa. || **2.** FOR. Principio de ejecución de un delito que no llega a realizarse, sin que haya mediado desistimiento voluntario del culpable. || **P.** tentativa; **I.** attempt; **F.** tentative; **A.** Versuch, Probe; **It.** tentativo; **R.** попытка.

TENTATIVO, VA. (l. *tentatīvus*.) adj. Que sirve para tantear una cosa.

TENTEMOZO. (De *tente* y *mozo*.) m. Puntal que se aplica a una cosa expuesta a caerse, para sostenerla. || **2.** Palo que cuelga del pértigo del carro con que se impide que aquél caiga hacia delante. || **3.** Dominguillo. || **4.** Quijera, cualquiera de las dos correas de la cabezada del caballo que van de la frontalera a la muserola.

TENTEMPIÉ. (De *tente en pie*.) m. fam. Refrigerio, pequeña porción de alimento que se toma para reparar las fuerzas. || **2.** Dominguillo, muñeco de materia ligera que permanece siempre derecho, por efecto de un contrapeso puesto en la base. || **P.** lanche; **I.** snack; **F.** casse-croûte; **A.** Imbiss; **It.** spuntino; **R.** закуска.

TENTENELAIRE. (De *tente en el aire*.) com. Hijo o hija de cuarterón y mulata o de mulato y cuarterona. || **2.** AMÉR. Descendiente de jíbaro y albarazada o de albarazado y jíbara. || **3.** m. ARGENT. Colibrí.

TENTETIESO. m. Dominguillo, tentempié, 2.ª acep.

TENTÓN. m. fam. Acción de tentar

brusca y rápidamente. || **2.** Guat. Herida grave.

TENUE. (l. *tenŭis*.) adj. Delicado, sutil, débil. || **2.** Dícese de la letra que se pronuncia más suavemente que las demás. || **3.** De escasa substancia, importancia o valor. || **4.** Sencillo, natural. || P. ténue; I. tenuous; F. ténu; A. dünn, zart, leise; It. tenue; R. тонкий, сдабый.

TENUEMENTE. adv. Con tenuidad.

TENUIDAD. (l. *tenŭitas, -ātis*.) f. Calidad de tenue. || **2.** Cualquier cosa de escasa entidad o valor.

TENUIRROSTRO. (l. *tenŭis, -e,* delgado, y *rostrum*, pico.) adj. Dícese del pájaro de pico alargado y tenue. || **2.** m. pl. Zool. Suborden de estas aves, al que pertenecen la abubilla y los pájaros moscas.

TENUO, NUA. adj. ant. Tenue.

TENUTA. (De *tener*.) f. For. Posesión de los frutos, rentas, etc., de un mayorazgo, que se gozaba provisionalmente hasta la decisión de la pertenencia de su propiedad, entre dos o más litigantes.

TENUTARIO, RIA. adj. For. Perteneciente o relativo a la tenuta.

TENZÓN. (ant. fr. *tençon*, y éste de *tencier, tancer*, disputar, del l. *tentiāre*.) f. Tensón.

TEÑA. (l. *tinĕa*.) f. Ar. Oruga, larva de insecto.

TEÑA. (l. *tigna*, cubierta de madera.) f. Rioja. Tinada, pocilga.

TEÑIBLE. adj. Que se puede teñir.

TEÑIDO, DA. p.p. de teñir. || **2.** Teñidura.

TEÑIDURA. f. Acción y efecto de teñir o teñirse.

TEÑIR. (l. *tingĕre*.) tr. Dar a una cosa color distinto del que tenía. Ú.t.c.r. || **2.** fig. Imbuir de una opinión o afecto. || **3.** Pint. Rebajar un color con otros más obscuros. || P. tingir; I. to dye, to tinge; F. teindre; A. färben; It. tingere; R. окрашивать.

★ **TEÑO, ÑA.** (De *taheño*.) adj. Chile. Que tiene el color del café claro.

TEOBROMA. (gr. θεός, dios, y βρῶμα, alimento.) m. Cacao, árbol esterculiáceo.

TEOBROMINA. (De *teobroma*.) f. Quím. Principio activo del cacao; es un derivado de la xantina.

TEOCALI. (mejic. *teotl.*, dios, y *calli*, casa.) m. Templo de los antiguos mejicanos.

TEOCINTE. m. C. Rica. Planta gramínea, especie de maíz, se aprovecha para forraje.

★ **TEOCOTE.** (mejic. *teo-ocotl*; de *Teotl*, Dios, y *ocotl*, ocote.) m. Bot. Méj. Ocote, planta conífera.

TEOCRACIA. (gr. θεοκρατία; de θεός, Dios, y κράτος, dominio.) f. Gobierno directamente ejercido por Dios, como el de los hebreos antes de la época de los reyes. || **2.** Gobierno en que el poder supremo está sometido al sacerdocio. || P. teocracia; I. theocracy; F. théocratie; A. Theodrat, Priesterherrschaft; It. teocrazia; R. теократия.

TEOCRÁTICO, CA. adj. Perteneciente o relativo a la teocracia.

TEODICEA. (gr. θεός, Dios, y δίκη, justicia.) f. Teología natural.

TEODOLITO. m. Mat. Instrumento de precisión compuesto de un círculo horizontal y un semicírculo vertical, graduados ambos, y con anteojos para medir ángulos en sus planos respectivos. || P. teodolito; I. theodolite; F. théodolite; A. Theodolit, Höhenmesser; It. teodolite; R. теодолит.

TEODOSIANO, NA. (l. *theodosiānus*.) adj. Perteneciente a Teodosio el Grande o a su nieto Teodosio II. || **2.** Dícese especialmente del Código compilado por Teodosio II.

TEOGONÍA. (l. *theogonĭa*, y éste del gr. θεογονία.) f. Generación de los dioses del paganismo.

TEOGÓNICO, CA. adj. Perteneciente o relativo a la teogonía.

TEOLOGAL. (De *teólogo*.) adj. Perteneciente o relativo a la teología. || **2.** Dícese de cada una de las tres virtudes, fe, esperanza y caridad, cuyo objeto directo es Dios.

TEOLOGÍA. (l. *theologĭa*, y éste del gr. θεολογία, de θεόλογος, teólogo.) f.

Ciencia que trata de Dios y de sus atributos y perfecciones. || **—ascética.** Parte de la Teología dogmática y moral, que se refiere al ejercicio de las virtudes. || **—dogmática.** La que trata de Dios y de sus atributos y perfecciones a la luz de los principios revelados. || **—escolástica.** La que partiendo de las verdades reveladas, y usando los métodos de la filosofía escolástica, colige sus conclusiones. || **—mística.** Parte de la teología dogmática y moral que trata de la perfección de la vida cristiana en las más íntimas relaciones de la humana inteligencia con Dios. || **—moral.** La que trata de las aplicaciones de los principios de la dogmática o natural al orden de las acciones humanas. || **—natural.** La que trata de Dios y de los atributos y perfecciones a la luz de los principios de la sola razón. || **—pastoral.** La que trata de las obligaciones de la cura de almas. || **—positiva.** La dogmática que apoya sus conclusiones en los principios, hechos y monumentos de la revelación cristiana. || *No meterse* uno *en* teologías. fr. fig. y fam. Discutir o hablar sencilla y llanamente, sin meterse en materias que no ha estudiado. || P. teología; I. theology; F. théologie; A. Theologie, Glaubenslehre; It. teologia; R. теология.

TEOLÓGICAMENTE. adv. En términos teológicos, o según los principios de la Teología.

TEOLÓGICO, CA. (l. *theologĭcus*, y éste del gr. θεολογικός.) adj. Teologal.

TEOLOGIZAR. intr. Discurrir sobre principios o razones teológicas.

TEÓLOGO, GA. (l. *theolŏgus*, y éste del gr. θεολόγος; de θεός, Dios, y λέγω, decir, exponer.) adj. Teologal, perteneciente o relativo a la teología. || **2.** m. y f. Persona que profesa o conoce muy bien la teología. || **3.** Estudiante de teología. || 2.ª acep.: P. teólogo; I. theologian; F. théologicien; A. Theolog(e), Geistlicher; It. teòlogo; R. теолог.

TEOMANÍA. f. Manía de creerse Dios el que la padece.

★ **TEOMEL.** (mejic. *teometl*; de *teotl*, dios, y *metl*, maguey.) m. Bot. Méj. Maguey que produce pulque fino.

TEOREMA. (l. *theorēma*, y del gr. θεώρημα, de θεωρέω, examinar.) m. Proposición que afirma una verdad demostrable. || P. e It. teorema; I. theorem; F. théorème; A. Lehrsatz, Theorem; R. теорема.

TEORÍA. (gr. θεωρία, de θεωρέω, contemplar.) f. Conocimiento especulativo puramente racional considerado con independencia de toda aplicación. || **2.** Serie de leyes que relacionan determinado orden de fenómenos. || **3.** Hipótesis cuyas consecuencias aran a toda una ciencia o a parte muy importante de la misma. || **4.** Procesión religiosa en la antigua Grecia. || **—atómica.** Fís y Quím. Teoría de la composición de la materia según la cual todas las substancias materiales se componen de partículas pequeñísimas llamadas átomos. || **—cinética de los gases.** Fís. Explicación matemática del comportamiento de los gases según la hipótesis de que éstos están formados por moléculas animadas de movimiento constante y cuya energía cinética depende de la temperatura del gas. || **—de conjuntos.** Mat. Concepción moderna de la ciencia matemática fundada en la idea de conjunto; según la cual las propiedades de los números y sus operaciones se reducen a las de los conjuntos abstractos. || **—de la disociación electrolítica.** Fís. Explicación del fenómeno de la electrólisis basada en la hipótesis de que en una solución las moléculas de un electrólito se disocian en iones cargados eléctricamente. || **—electrónica.** Fís. Teoría que explica la constitución del átomo como formado por un núcleo central, con carga eléctrica positiva y corpúsculos que giran alrededor del núcleo y se denominan electrones. || P. teoria; I. theory; F. théorie; A. Theorie; It. teoria; R. теория.

TEÓRICA. (l. *theorĭca*, y éste del gr. θεωρική.) f. Teoría, conocimiento especulativo puramente racional, independiente de toda aplicación.

TEÓRICAMENTE. adv. De modo teórico.

TEÓRICO, CA. (l. *theorĭcus*, y éste del gr. θεωρικός.) adj. Perteneciente a la teoría. || **2.** Que conoce las cosas o las considera sólo especulativamente. Se opone muchas veces al práctico.

TEORIZANTE. adj. Que teoriza. Ú.t. c.s.m.

TEORIZAR. tr. Tratar un asunto sólo en teoría. || **2.** intr. Discurrir teóricamente. || **3.** Formular teorías.

TEOSO, SA. adj. Perteneciente o relativo a la tea. || **2.** Aplícase a la madera abundante en resina y buena para tea.

TEOSOFÍA. (gr. θεοσοφία, de θεόσοφος, teósofo.) f. Doctrina de varias sectas que presumen de estar iluminados por la divinidad e íntimamente unidas con ella, pretendiendo alcanzar así, por intuición, el conocimiento directo de Dios sin necesidad de la razón y de la fe. || P. teosofia; I. theosophy; F. théosophie; A. Theosophie; It. teosofia; R. теософ.

TEOSÓFICO, CA. adj. Perteneciente o relativo a la teosofía.

TEÓSOFO. (gr. θεόσοφος, de θεός, Dios, y σοφός, sabio.) m. El que profesa la teosofía.

★ **TEPACLE.** (mejic. *tle-patli*; de *tletl*, fuego, y *patli*, medicina.) m. Hond. Tepache.

TEPACHE. m. Méj. Bebida que se hace con pulque, agua, piña y clavo. || **2.** Hond. Elaboración y venta clandestina de aguardiente.

★ **TEPALCATE.** (mejic. *tepacatl*.) m. Méj., El Salv. y Guat. Pedazo de tiesto o vasija de barro. || **2.** Cachivache inútil. || *De tal jarro, tal* tepalcate. Méj. De tal palo, tal astilla.

★ **TEPALCATERO.** (De *tepalcate*.) m. Méj. Alfarero.

TÉPALO. m. Bot. Cada una de las piezas que componen los perigonios sencillos de una flor.

★ **TEPATE.** m. Bot. Amér. Central. Estramonio.

★ **TEPATERO.** (mejic. *platli*, hierba medicinal.) m. Méj. Herbolario.

TEPE. (b. l. *teppa*, césped.) m. Pedazo de tierra con césped y muy trabado con las raíces de la hierba, que, cortado en forma prismática, se emplea en la construcción de paredes y malecones.

TEPEAQUÉS, SA. adj. Natural de Tepeaca. Ú.t.c.s. || **2.** Perteneciente a esta población de Méjico.

★ **TEPEGUAJE.** (mejic. *tepe-huaxim*; de *tepetl*, monte, y *huaxim*, guaje.) Madera mejicana muy dura. || **2.** adj. fig. Méj. Terco, porfiado.

TEPEIZCUINTE. (mejic. *tepetl*, monte, e *itzcuintli*, perro.) m. C. Rica y Méj. Paca, mamífero roedor domesticado.

TEPEMECHÍN. (mejic. *tepetl*, monte, y *michin*, pez.) m. C. Rica y Hond. Pez fluvial que se halla en el curso alto de los ríos; su carne es muy sabrosa.

★ **TEPERETE.** adj. Guat. y Méj. Alocado. Ú.t.c.s.

★ **TEPETEREPE.** m. fam. Cuba. Patatús, desmayo.

★ **TEPOCATE.** m. Guat. Renacuajo. || **2.** Méj. Rechoncho. Ú.t.c.s.

★ **TEPONASCLE.** (mejic. *teponaztli*.) m. Bot. Méj. Árbol burseráceo, empleado en construcciones. || **2.** Mús. Méj. Instrumento, especie de carraca o de tambor azteca.

TEPOZÁN. m. Méj. Planta escrofulariácea.

TEPÚ. m. Chile. Árbol mirtáceo, pequeño. Críase en lugares húmedos y forma a veces selvas enmarañadas.

★ **TEPUAL.** m. Chile. Bosque de tepúes, comúnmente tan tupidos y enmarañados, que resultan casi impenetrables.

★ **TEQUE.** m. Bot. Chile. Tique.

★ **TEQUE.** adj. Etnogr. Dícese del individuo de una tribu del norte de Venezuela. Ú.t.c.s. || **2.** Perteneciente o relativo a estos indios. || **3.** m. Argent. Guamaco.

★ **TEQUEZQUITE.** m. Miner. Méj. Carbonato sódico natural. || **2.** Méj. Salitre.

★ **TEQUIAR.** tr. Hond. Dañar, perjudicar.

TEQUICHE. m. Manjar usado en Ve-

T nezuela, compuesto de harina de maíz tostado, leche de coco y mantequilla.

TEQUILA. f. Méj. Bebida semejante a la ginebra y que se obtiene de la destilación de una especie de maguey.

TEQUIO. (Voz mejicana.) m. Amér. Central. fig. Molestia, perjurio. || **2.** Amér. Porción de mineral que forma el destajo de un barretero.

*** TEQUIOSO, SA.** (De *tequio*.) adj. Amér. Central. Pesado.

TERAPEUTA. (gr. θεραπευτής; de θεραπεύω, servir, cuidar.) adj. Aplícase al individuo de una antigua secta religiosa, de origen judaico, que en los primeros siglos de la Iglesia observaba algunas prácticas del cristianismo. || **2.** com. Persona que profesa la terapéutica.

TERAPÉUTICA. (gr. θεραπευτική, t. f. de -κός, terapéutico.) f. Parte de la medicina, que tiene por objeto el tratamiento de las enfermedades.

TERAPÉUTICO, CA. (gr. θεραπευτικός; de θεραπευτής, terapeuta.) adj. Perteneciente o relativo a la terapéutica.

TERAPIA. f. Med. Terapéutica.

TERATOLOGÍA. (gr. τέρας, -ατος, prodigio, monstruo, y λόγος, tratado.) f. Estudio de las anomalías, monstruosidades y deformaciones congénitas del organismo vegetal o animal. || **P.** teratologia; **I.** teratology; **F.** tératologie; **A.** Lehre von den Misssgeburten; **It.** teratologia.

TERATOLÓGICO, CA. adj. Perteneciente o relativo a la teratología.

TERBIO. (De *Itterby*, pueblo de Suecia.) m. Metal de las tierras raras, que con el itrio y el erbio, se ha hallado a algunos minerales de Suecia. Su símbolo es Tb y su número atómico 65.

TERCAMENTE. adv. Con terquedad.

TERCELETE. adj. Arq. Se aplica al arco que en las bóvedas de crucería sube por un lado del arco diagonal hasta la línea media.

TERCENA. (De *atarazana*, depósito.) f. Almacén del Estado para vender por mayor tabaco y efectos estancados. || **2.** Ecuad. Carnicería, tienda donde se vende carne.

TERCENAL. m. Ar. Fascal de 30 haces.

TERCENCO, CA. adj. Ar. Dícese de la res de ganado menor que tiene tres años.

TERCENISTA. com. Persona encargada de la tercena. || **2.** Ecuad. Carnicero, cortante, vendedor de carne.

TERCER. adj. Apócope de tercero. Ú. siempre antepuesto al substantivo.

TERCERA. (l. *tertiaria*, t. f. de -*rius*, tercero.) f. Reunión, en el juego de los cientos, de tres cartas del mismo palo y de valor correlativo. || **2.** Alcahueta, celestina. || **3.** Mús. Consonancia que comprende el intervalo de dos tonos y medio. || **—mayor.** La que empieza por el as en el juego de los cientos. || **2.** Mús. Dítono. || **—menor.** Mús. Semidítono. || **—real.** En el juego de los cientos, la que empieza por el rey.

TERCERAMENTE. adv. p. us. En tercer lugar.

TERCEREAR. intr. p. us. Hacer oficio de tercero, 2.ª acep. || **2.** tr. Ál. Terciar.

TERCERÍA. f. Oficio o cargo de tercero, alcahuete, o encargado de guardar o recoger los diezmos. || **2.** Depósito o tenencia interina de un castillo, fortaleza, etc. || **3.** For. Derecho que deduce un tercero entre dos o más litigantes o por el suyo propio, y coadyuvando en pro de algunos de ellos. || **4.** For. Juicio en que se ejercita este derecho.

TERCERILLA. (d. de *tercera*.) f. Composición métrica de tres versos de arte menor, dos de los cuales se riman en consonancia.

TERCERISTA. m. For. Parte demandante de una tercería.

TERCERO, RA. (l. *tertiarius*.) adj. Que sigue en orden inmediatamente al o al segundo. Ú.t.c.s. || **2.** Que media entre dos o más personas para el arreglo de un asunto. Ú.m.c.s. || **3.** m. Alcahuete, persona que sonsaca a una mujer para ilícita comunicación con un hombre. || **4.** El que profesa la regla de la tercera orden de San Francisco, Santo Domingo

o Nuestra Señora del Carmen. || **5.** Persona que no es ninguna de dos o más de quienes se trata o que toman parte en un negocio. || **6.** Geom. Cada una de las sesenta partes iguales en que se divide el segundo del círculo. || **—en discordia.** El que media para zanjar una desavenencia. || **P.** terceiro; **I.** third; **F.** tiers, troisième; **A.** dritter; **It.** terzo; **R.** третий. || **2.ª** acep.: **P.** medianeiro; **I.** mediator; **F.** médiateur; **A.** Vermittler; **It.** mediatore; **R.** посредник.

TERCEROL. (Del dialect. *tercerol*, y éste del l. *tertiarius*.) m. Mar. En los barcos, dícese de algunas cosas que ocupan el tercer lugar, tal como el rizo chico en los faluchos, etc.

TERCEROLA. (l. *terzeruolo*.) f. Arma de fuego un tercio más corta que la carabina, y que usa la caballería. || **2.** Especie de barril de mediana cabida. || **3.** Flauta más pequeña que la ordinaria y mayor que el flautín.

TERCETO. (ital. *terzetto*, y éste del l. *tertius*.) m. Estrofa que consta de tres versos endecasílabos. Riman el primero y el tercero, y el segundo de cada terceto con el primero y el tercero del terceto siguiente. En el soneto se combinan *ad libitum* las consonantes de los dos tercetos que entran en él. || **2.** Tercerilla. || **3.** Mús. Composición para tres voces o instrumentos. || **4.** Mús. Conjunto de estas tres voces o instrumentos. || **P.** terceto; **I.** tiercet; **F.** tercet; **A.** Dreizeilige Strophe; **It.** terzetto; **R.** терцет.

TERCIA. (l. *tertia*.) f. Tercera parte de una vara. || **2.** Tercio, tercera parte de cualquier cosa. || **3.** Una de las horas menores del oficio divino, que sigue a hora prima. || **4.** Segunda de las cuatro partes iguales en que los romanos dividían el día artificial, que comprendía desde media mañana hasta mediodía. || **5.** Tercera, 1.ª acep. || **6.** Pieza de madera de hilo, con escuadría de una tercia en la tabla y una cuarta en el canto. || **7.** Agr. Tercera cava o segunda bina que se da a las viñas.

TERCIADO, DA. p.p. de terciar. || **2.** adj. Se aplica al azúcar de color pardo claro que contiene menos melaza que el moreno. || **3.** m. Espada de hoja ancha, un tercio más corta que la de marca. || **4.** Cinta algo más ancha que el listón. || **5.** Madero de sierra que resulta de dividir en tres partes iguales el ancho de una alfarjía.

TERCIADOR, RA. adj. Que tercia o media. Ú.t.c.s. || **2.** m. Rioja. Mazo menor que la almádena, usado para partir piedras grandes.

TERCIANA. (l. *tertiana*.) f. Med. Calentura intermitente que repite cada tres días. || **—de cabeza.** Med. Cefalea intermitente. || **P.** terçã; **I.** tertian; **F.** fièvre tierce; **A.** dreitägiges Wechselfieber; **It.** terzana; **R.** лихорадка.

TERCIANARIO, RIA. adj. Que padece tercianas. Ú.t.c.s. || **2.** Se aplica al país que da ocasión a ellas. || **3.** Dícese de esta clase de calenturas y de cualquier otra cosa que guarde igual período.

TERCIANELA. (ital. *terzanella*.) f. Gorro de cordoncillo muy grueso.

*** TERCIANIENTO, TA.** adj. Amér. Terciamiento.

TERCIAR. (l. *tertiare*.) tr. Poner una cosa atravesada diagonalmente o al sesgo o ladeada. Comúnmente con relación al cuerpo humano. || **2.** Dividir una cosa en tres partes. || **3.** Equilibrar la carga repartiéndola por igual a los dos lados de la acémila. || **4.** Agr. Dar la tercera reja o labor a las tierras labrantías. || **5.** Agr. Cortar las plantas o arbustos por una tercia sobre la tierra, para que retoñen con mayor vigor. || **6.** r. Venir bien una cosa. Empléase en infinitivo y en las terceras personas de singular y plural. *Si se* Tercia, *intercederé por ti.* || **7.** intr. Mediar en alguna discordia o disputa. || **8.** Hacer tercio, tomar parte igual en la acción de otros. || **9.** Completar el número necesario de personas para alguna cosa. || **10.** Llegar al número de tres. Suele decirse de la Luna cuando llega al tercer día. || **11.** Colom. Cargar una cosa a la espalda. || **12.** Colom. Aguar el vino. || **7.ª** acep.: **P.**

terçar; **I.** to mediate; **F.** intervenir; **A.** vermitteln; **It.** intervenire; **R.** разделять на три части.

TERCIARIO, RIA. (l. *tertiarius*.) adj. Tercero en orden o grado. || **2.** Arq. Dícese de cierto arco de piedra hecho en las bóvedas formadas con cruceros. || **3.** Geol. Dícese del terreno posterior del cretáceo, en el cual ya existieron especies de animales que viven hoy. Ú.t.c.s. || **4.** Geol. Perteneciente a él. || **5.** m. y f. Persona que profesa una de las órdenes terceras.

TERCIAZÓN. (De *terciar*, dar la tercera reja.) f. Tercera reja o labor que se da a las tierras labrantías después de barbechadas y binadas.

TERCIO, CIA. (l. *tertius*.) adj. Tercero, que sigue en orden al o a lo segundo. || **2.** m. Cada una de las tres partes iguales de un todo. || **3.** Cada una de las dos mitades de la carga de una acémila, cuando va en fardos. || **4.** Cada una de las tres partes en que se considera dividida la lidia de toros. || **5.** Cada una de las tres partes de la altura de una caballería. || **6.** Cada uno de los tres períodos que se consideran en la carrera del caballo; arrancar, correr y empezar a parar. || **7.** Cada una de las partes del rosario. || **8.** Parte más ancha de la media que cubre la pantorilla. || **9.** And. Cada uno de los versos de que consta una copla del cante flamenco. || **10.** Cuba. Fardo de tabaco en rama que pesa aproximadamente un quintal y es la mitad de una carga. || **11.** Mar. Cada uno de los antiguos batallones que guarnecían las galeras. || **12.** Asociación de los armadores y pescadores de un puerto. || **13.** Mil. Cuerpo de la infantería española en los siglos XVI y XVII. || **14.** Mil. Nombre de los regimientos de la Legión Extranjera española y de otras milicias modernas. || **15.** Mil. Cada una de las divisiones de la Guardia Civil. || **16.** Taurom. Cada una de las tres partes concéntricas en que se considera dividido el ruedo. Por antonom., el comprendido entre las tablas y los medios. || **17.** pl. Miembros robustos del hombre. || **18.** Bol. Pellejo lleno de polvo mate. || **19.** Méj. Haz de leña. || **20.** Rep. Domin. Yunta de bueyes que va entre la guía y el tronco, tirando de la carreta. || **21.** pl. Miembros robustos y fuertes del hombre. || **—de fuerza.** Tercio de la longitud de la espada más próximo a la empuñadura. || **—flaco.** Tercio de la longitud de la espada más próximo a la punta. || **—naval.** Mar. Cada uno de los cuerpos formados por la marinería de un departamento para el servicio de la Marina de guerra. || *Ganar uno los* Tercios *de la espada* a otro. fr. Esgr. Introducir la suya muy adentro, cargando la contraria de modo que no pueda obrar. || *Hacer uno buen, o mal* Tercio a otro. fr Ayudarle o estorbarle. || *Hacer* Tercio uno. fr. Entrar en parte en alguna cosa. || *Mejorado en* Tercio y quinto. expr. fig. Aventajado con exceso, o mucho más favorecido que otro. || **2.ª** acep.: **P.** terço; **I.** third (part); **F.** un tiers; **A.** Drittel, Dritteil; **It.** terzo; **R.** третья чать.

TERCIODÉCUPLO, PLA. (De *tercio*, tercero, y *décuplo*.) adj. Que contiene exactamente trece veces un número. Ú.t.c.s.m.

TERCIOPELADO, DA. adj. Aterciopelado. || **2.** m. Especie de tejido semejante al terciopelo, de fondo raso o rizo.

TERCIOPELERO. m. Oficial que trabaja los terciopelos.

TERCIOPELO. (De *tercio*, tercero, y *pelo*.) m. Tela de seda, velluda, con dos urdimbres y una trama. || **2.** Tela velluda parecida al verdadero, pero con hilos que no son de seda. || **3.** C. Rica. y Venez. Macagua, terciopelo. || **4.** Chile. Planta bignoniácea, de hojas dentadas y fruto en cápsulas alargadas. || **P.** terceiro; **I.** velvet; **F.** velours; **A.** Samt, Plüsch; **It.** velluto; **R.** бархат.

TERCO, CA. (port. *terco*.) adj. Pertinaz, obstinado. || **2.** fig. Difícil de labrar, bronco. || **P.** teimoso, obstinado; **I.** stubborn; **F.** têtu, entêté; **A.** störig, starrköpfig; **It.** ostinato; **R.** упрямый.

*** TERE.** m. Colom. Criatura llorona.

T

★ TEREAR. intr. ARGENT. Chillar el tero o terutero, ave zancuda.

★ TEREBECO, CA. adj. HOND. Tembloroso, trémulo.

TEREBINTÁCEO, A. (l. *terebinthus,* terebinto.) adj. BOT. Anacardiáceo.

TEREBINTINA. (l. [*resina*] *terebinthina,* resina del terebinto.) f. ant. Trementina.

TEREBINTO. (l. *terebinthus,* y éste del gr. τερέβινθος.) m. BOT. Arbolillo anacardiáceo, de hojas compuestas de hojuelas ovales, común en España, de madera dura y compacta, exuda por la corteza gotitas de trementina blanca y olorosa. || **P.** e **It.** terebinto; **I.** terebinth; **F.** térébinthe; **A.** Terpentinbaum; **R.** терпентиновое дерево.

TEREBRANTE. (l. *terebrans, -antis,* p.a. de *terebrāre,* taladrar.) adj. MED. Dícese del dolor semejante al que causaría el taladrar la parte enferma.

TEREBRÁTULA. (l. *terebrātus,* taladrado.) f. ZOOL. Animal braquiópodo, del que existen especies vivientes y fósiles; su cuerpo está protegido por una concha calpárea.

★ TERECINA. f. P. RICO. Vagoneta movida a mano que suele transportar dos o tres personas.

★ TERECO. m. ECUAD. Tereque, cachivache, trasto.

TERENCIANO, NA. (l. *terentiānus.*) adj. Propio del poeta cómico latino Terencio, o que tiene parecido con las dotes o cualidades que distinguen sus obras.

TERENIABÍN. (persa *taranȳabīn,* maná líquido de Persia.) m. Substancia viscosa y dulce, que fluye de las hojas de un arbusto propio de Persia y Arabia, y que se emplea como purgante.

TEREQUE. m. P. RICO y VENEZ. Trasto, trebejo.

TERERE. m. PAR. Bebida hecha con la infusión en agua fría de la yerba mate.

TERESA. adj. Se aplica a la monja carmelita descalza que profesa la reforma de Santa Teresa. Ú.t.c.s.f.

TERESIANA. f. Especie de quepis, usado como prenda de uniforme militar.

TERESIANO, NA. adj. Perteneciente o relativo a Santa Teresa de Jesús. || **2.** Afiliado a la devoción de esta santa. || **3.** CHILE. Dícese de la hermana de votos simples, perteneciente a un instituto religioso afiliado a la tercera orden carmelita, y cuya patrona es Santa Teresa.

TERETE. (l. *teres, -ētis,* rollizo.) adj. p. us. Rollizo, de carne fuerte.

TERGIVERSABLE. adj. Que puede tergiversarse.

TERGIVERSACIÓN. (l. *tergiversatio, -ōnis.*) f. Acción y efecto de tergiversar. || **P.** tergiversação; **I.** misrepresentation; **F.** tergiversation; **A.** (Wort)Verdrehung; **It.** tergiversazione; **R.** искажение.

TERGIVERSADOR, RA. adj. Que tergiversa. Ú.t.c.s.

TERGIVERSAR. (l. *tergiversāre.*) tr. Forzar, torcer los argumentos, o la relación de los hechos, comúnmente para defender alguna cosa o excusarse de ella. || **P.** tergiversar; **I.** to misrepresent; **F.** tergiverser; **A.** Verdrehen; **It.** tergiversare; **R.** искажать, извращать.

TERIACA. (l. *theriăca,* y éste del gr. θηριαχή [de θηρίον, fiera] sobrentendiéndose ἀντίδοτος, remedio contra la mordedura de animales venenosos.) f. Triaca.

TERIACAL. (De *teriaca.*) adj. Triacal.

TERIDOFITO, TA. adj. BOT. Pteridofito.

TERIGÜELA. (l. *telariŏla,* de *telum,* espada.) f. SAL. y ZAM. Tarabilla, telera del arado. || **2.** SAL. Cordel atado a la oreja de un buey para castigarle mientras va arando.

★ TERINA. (Voz haitiana; del fr. *terrine,* lebrillo.) f. REP. DOMIN. Palangana, jofaina.

TERISTRO. (l. *theristrum,* y éste del gr. θέριστρον, de θερίζω, veranear.) m. Velo o manto delgado que usaban para el verano las mujeres de Palestina.

TERLIZ. (l. *trilix, -ícis,* de tres hilos.) m. Tela fuerte de lino o algodón, tejida con tres lizos. || **I.** tick; **F.** treillis; **A.** Drill; **It.** traliccio; **R.** тик.

TERMAL. adj. Perteneciente o relativo

a las termas o caldas. || **2.** Dícese del agua que sale caliente del manantial durante todo el año. || **P.** termal; **I., F.** y **A.** thermal; **It.** termale; **R.** тёплый, горячий.

TERMAS. (l. *thermae,* y éste del gr. θερμά, de θερμός, cálido.) f. pl. Caldas. || **2.** Baños públicos en la antigua Roma. || **P.** termas; **I.** hot baths, thermae; **F.** thermes; **A.** Thermen; **It.** terme; **R.** тёплые ванны.

TERMES. (l. *termes,* carcoma.) m. ZOOL. Comején.

★ TERMIA. (gr. θέρμη, calor.) f. Fís. Unidad para medir el calórico, y representa la cantidad de calor que absorbe una tonelada de agua al aumentar un grado su temperatura. Equivale a 1.000 militermias o calorías grandes.

TÉRMICO, CA. (gr. θέρμη, calor.) adj. Perteneciente o relativo al calor.

TERMIDOR. (fr. *thermidor,* y éste del gr. θέρμη, calor, y δωρέω, dar.) m. Undécimo mes del calendario republicano francés, que comprendía del 19 de julio al 17 de agosto.

TERMINABLE. adj. Que tiene término.

TERMINACIÓN. (l. *terminatio, -ōnis.*) f. Acción o efecto de terminar o terminarse. || **2.** Parte final, extremo o conclusión de una obra o cosa. || **3.** GRAM. Letra o letras que se subsiguen al radical de los vocablos, y también las que indican el número y género de las palabras variables. || **4.** MED. Estado de la naturaleza de un enfermo al entrar en convalecencia. || **5.** MÉTR. Letra o letras que determinan la asonancia o consonancia de unos vocablos con otros. || **P.** terminação; **I.** conclusion; **F.** terminaison; **A.** Vollendung, Beendigung; **It.** terminazione; **R.** окончание.

TERMINACHO. (despect. de *término.*) m. fam. Voz o palabra poco culta, indecente, o mal formada. || **2.** fam. Término bárbaro o mal usado.

TERMINADOR, RA. (l. *terminātor, -ōris.*) adj. Que termina. Ú.t.c.s.

TERMINAJO. (despect. de *término.*) m. fam. Terminacho.

TERMINAL. (l. *terminālis.*) adj. Final, último, que pone fin a una cosa. || **2.** BOT. Que forma el extremo de cualquier parte de la planta. || **3.** ELECTR. Extremo de un conductor con que se efectúa su conexión con un aparato.

TERMINANTE. p.a. de terminar. Que termina. || **2.** adj. Claro, preciso, concluyente.

TERMINANTEMENTE. adv. De manera terminante o concluyente.

TERMINAR. (l. *termināre.*) tr. Acabar, poner término a una cosa. || **2.** Pulir, perfeccionar. || **3.** intr. Tener término una cosa, acabar. Ú.t.c.r. || **4.** MED. Entrar una enfermedad en su último período. || **5.** r. Dirigirse una cosa a otra como a su fin y objeto. || **P.** terminar; **I.** to end, to conclude; **F.** terminer, achever; **A.** beend(i)gen, vollenden; **It.** terminare; **R.** заканчивать.

TERMINATIVO, VA. (l. *terminātum,* supino de *termināre,* terminar.) adj. Respectivo al término u objeto de una acción. Ú. en la filosofía escolástica.

TERMINISTA. com. Persona que usa términos rebuscados.

TÉRMINO. (l. *termĭnus.*) m. Último punto hasta donde alcanza una cosa. || **2.** Último momento de la existencia o duración de una cosa. || **3.** fig. Límite o extremo de una cosa inmaterial. || **4.** Mojón, límite, línea divisoria. || **5.** Línea divisoria de Estados, provincias, pueblos, etc. || **6.** Porción de territorio bajo la autoridad de un ayuntamiento. || **7.** Paraje señalado para un fin. || **8.** Tiempo determinado. || **9.** Hora, día, momento preciso para hacer algo. || **10.** Objeto, fin. || **11.** Palabra, vocablo. || **12.** Situación en que se encuentra una persona o cosa. || **13.** Modo de portarse o hablar. Ú.m. en pl. || **14.** Talle, traza, apariencia. || **15.** ARQ. Apoyo que termina por la parte superior en una cabeza humana, al modo como los aniguos representaban al dios Término. || **16.** GRAM. Cada uno de los dos elementos necesarios en la relación gramatical. || **17.** LÓG. Aquello dentro de lo

cual se contiene totalmente una cosa. || **18.** LÓG. El sujeto y el predicado de un juicio, y cada uno de los tres componentes de un silogismo simple. || **19.** MAT. Cada una de las cantidades separadas por los signos más (+) o menos (−) que forman un polinomio. || **20.** MAT. Cada una de las cantidades que forman una progresión o serie y también cualquiera de las dos que forman una razón o un quebrado. || **21.** MÚS. Punto, tono. || **22.** PINT. Plano en que se representa algún objeto en un cuadro; se llama primer término al más cercano, segundo al medio, y tercero al último. || **23.** CHILE. Palabra rebuscada. —**de una audiencia.** FOR. Intervalo entre dos sesiones consecutivas de un tribunal. || —**ecliptico.** ASTRON. Distancia de la Luna a uno de los nodos de su órbita. || —**extraordinario.** FOR. El de prueba cuando ésta ha de practicarse en país extranjero, o en territorio nacional muy distante y separado por el mar. || —**fatal.** FOR. El improrrogable, cuyo transcurso extingue la facultad o el derecho que no se ejerció durante él. || —**medio** MAT. Cantidad resultante de sumar otras varias y dividir la suma por el número de sumandos. || **2.** Arbitrio proporcionado que se toma para salir de una duda o para componer una discordia. || —**negativo.** ÁLG. El que lleva el signo menos (−). || —**positivo.** ÁLG. El que lleva el signo más (+) explícito o implícito. || —**probatorio.** FOR. El que señala el juez para hacer las probanzas. || —**redondo.** Territorio exento de la jurisdicción de todos los pueblos comarcanos. || **2.** Conjunto de predios de un mismo dueño, que no incluyen en sus linderos ninguna heredad ajena. || *Términos hábiles.* Posibilidad de hacer o conseguir algo. || —**necesarios.** ASTRON. En los eclipses de Sol o Luna aquellas distancias de los luminares al nodo más próximo, dentro de las cuales puede haber eclipse en algún lugar de la Tierra. || —**posibles.** ASTRON. En los eclipses, aquellas distancias al nodo, dentro de las cuales puede haber eclipse y nunca fuera de ellas. || —**repugnantes.** LÓG. Los que indican incompatibilidad entre sí. || *Medios* TÉRMINOS. Tergiversación o rodeo con que uno huye de lo que le desagrada. || *Correr el* TÉRMINO. fr. Ir transcurriendo el señalado para una cosa. || *En buenos* TÉRMINOS. loc. adv. con que se indica el empleo de una perífrasis con que se evita la crudeza de la expresión. || **2.** En amigable relación. || *En propios* TÉRMINOS. loc. adv. Con puntual y genuina expresión para la inteligencia de una cosa. || *Poner* TÉRMINO a una cosa. fr. Darla fin. || 4.ª acep.: **P.** limite; **I.** boundary, landmark; **F.** terme; **A.** Grenze, Feldmark; **It.** tèrmine; **R.** межевой знак, граница.

TERMINOLOGÍA. f. Conjunto de términos o vocablos propios de determinada profesión, ciencia, etc.

TERMINOTE. m. aum. de término. || **2.** fam. Vocablo afectado, desusado, o demasiado culto.

★ TERMIÓN. (gr. θέρμη, calor, y *ion.*) m. Fís. Partícula cargada de electricidad que se desprende de una substancia incandescente.

★ TERMISTOR. m. ELECTR. Aparato captador que permite observar la temperatura del cuerpo en función de la cual modifica rápidamente su resistencia eléctrica.

TERMITA. (gr. θέρμη, calor.) f. QUÍM. Mezcla de limaduras de aluminio y de óxidos de diversos metales que producen, por inflamación, elevadísima temperatura y se utiliza para soldar hierros y aceros.

★ TERMITE. (b. l. *termes, -itis.*) m. ZOOL. Termes.

TERMITERO. m. Nido de termes.

TERMO. (De *thermos,* nombre comercial registrado.) m. Vasija de dobles paredes, entre las que se ha practicado el vacío, y con cierre hermético. Las substancias metidas dentro, aisladas del exterior, conservan su temperatura durante cierto tiempo.

TERMO. m. fam. Termosifón.

★ TERMOAVISADOR. (De *termo,* calor, y *avisador.*) m. Fís. Especie de termómetro de máxima y mínima que sirve para prevenir los accidentes que pudieran

T producirse de un excesivo aumento de la intensidad de una corriente eléctrica.

TERMOCAUTERIO. (gr. θέρμη, calor, y καυτήριον, cauterio.) m. Cauterio hueco, de platino, que se mantiene candente por electricidad u otro medio semejante.

★ **TERMOCROICO, CA.** (gr. θέρμη, calor, y χρῶμα, color.) adj. Fís. Dícese del cuerpo que sólo deja pasar ciertos rayos caloríficos, a semejanza de lo que ocurre con un cuerpo de transparente colorido que sólo deja pasar determinados rayos luminosos. || **2.** Aplícase también a los rayos caloríficos absorbidos en mayor o menor proporción.

★ **TERMOCROSIS.** (gr. θέρμη, calor, y chrôsis, coloración.) f. Fís. Propiedad de un rayo luminoso del espectro de ser más o menos transmisible a través de una substancia diatérmica.

TERMODINÁMICA. (gr. θέρμη, calor, y dinámica.) f. Parte de la física, que estudia las relaciones entre el calor y el trabajo mecánico u otras formas de la energía. || **P.** termodinâmica; **I.** thermodynamics; **F.** thermodynamique; **A.** Thermodynamik; **It.** termodinàmica; **R.** термодинамика.

TERMOELECTRICIDAD. f. Energía eléctrica producida por el calor. || **2.** Parte de la física que trata de esta energía.

TERMOELÉCTRICO, CA. (gr. θέρμη, calor, y eléctrico.) adj. Se aplica al aparato en que se desarrolla la electricidad por acción del calor. || **2.** Fís. Perteneciente o relativo a la termoelectricidad.

★ **TERMOELEMENTO.** (gr. θέρμη, calor, y elemento.) m. Fís. Aparato para medir temperaturas con precisión. Fúndase en los principios de la electricidad y consta de un par termoeléctrico y un galvanómetro.

★ **TERMOLOGÍA.** f. Parte de la física que estudia el calor.

★ **TERMOLUMINISCENCIA.** f. Fís. Fenómeno inverso de emisión de luz por las substancias, independientemente de la radiación emitida por los cuerpos a temperatura elevada, producida por acción del calor sobre el cuerpo, activado previamente en frío por acción de la luz.

TERMOMETRÍA. (De termómetro.) f. Parte de la física que trata de la medida de la temperatura. || —**clínica.** Med. Método de exploración que tiene por objeto el estudio comparativo del calor del cuerpo humano durante el curso de las enfermedades.

TERMOMÉTRICO, CA. Perteneciente o relativo al termómetro.

TERMÓMETRO. (gr. θέρμη, calor, y μέτρον, medida.) m. Fís. Instrumento para medir la temperatura. El más usual está formado de un tubo capilar cerrado de vidrio, terminado en un pequeño depósito que contiene mercurio o alcohol coloreado que se dilata o contrae con el calor señalando en una escala los grados de temperatura. —**clínico.** El de máxima y de precisión para tomar la temperatura a los enfermos. || —**de máxima.** El que registra la temperatura máxima. || —**de mínima.** El que registra la temperatura mínima. || —**diferencial.** Instrumento que mide diferencias pequeñas de temperatura. Consiste en un tubo capilar de cristal doblado en ángulo recto por los extremos que terminan en bolas llenas de aire y con un líquido entre ambas ramas, el cual se mueve a uno y otro lado según esté más o menos caliente el aire encerrado en cada una de las bolas. || **P.** termómetro; **I.** thermometer; **F.** thermomètre; **A.** Thermometer; **It.** termòmetro; **R.** термометр, градусник.

★ **TERMOMETRÓGRAFO.** (De termómetro, y el gr. γράφω, escribir.) m. Fís. Termómetro en que se registran gráficamente las diversas temperaturas a que ha estado sometido en un tiempo dado.

★ **TERMOMULTIPLICADOR.** m. Fís. Termómetro diferencial muy sensible, que permite apreciar diferencias de centésimas de grado. Está formado por una pila termoeléctrica unida a un galvanómetro.

★ **TERMONUCLEAR.** adj. Dícese de la energía de fusión de dos núcleos atómicos;

se produce a temperaturas elevadísimas, por encima del millón de grados.

★ **TERMOPLÁSTICO, CA.** adj. Quím. Dícese de la substancia plástica que puede ablandarse por el calor para volver a endurecerse de nuevo, repetidamente.

★ **TERMOQUÍMICA.** f. Parte de la química que trata exclusivamente de la energía calorífica que acompaña a un proceso químico.

★ **TERMORREGULACIÓN.** f. Conjunto de medios sinérgicos que disponen los organismos homeotermos para defenderse de las variaciones excesivas de la temperatura.

★ **TERMORREGULADOR.** (gr. θέρμη, calor, y de regulador.) m. Fís. Aparato mediante el que se regula la temperatura en cualquier lugar. Tiene gran utilidad en estufas, etc.

★ **TERMORREÓSTATO.** m. Fís. Instrumento para regular la emisión del calor mediante resistencias óhmicas variables sobre el circuito eléctrico de calefacción.

★ **TERMOS.** m. Vasija dispuesta para mantener, por algún tiempo, a temperatura constante los líquidos o sólidos en ella contenidos. Para conseguir este efecto tiene doble envoltura y una cámara de vacío.

★ **TERMOSCOPIA.** (De termoscopio.) f. Fís. Conjunto de medios y procedimientos empleados para determinar el calor atmosférico.

TERMOSCOPIO. (gr. θέρμη, calor, y σκοπέω, examinar.) m. Fís. Termómetro diferencial.

TERMOSIFÓN. (gr. θέρμη, calor, y el l. sipho, -ōnis, del gr. σίφων.) m. Aparato anejo a una cocina, que calienta el agua y mediante tuberías la distribuye a los lavabos, pilas y baños de la casa. || **2.** Aparato de calefacción mediante agua caliente que va entubada a diversos locales de un edificio o elementos de una maquinaria.

TERMOSTATO. m. Aparato que se conecta con una fuente de calor y que, mediante un artificio automático, permite mantener en un recinto cerrado una temperatura constante.

★ **TERMOTECNIA.** f. Fís. Aplicación de la termología, y especialmente de la termodinámica, a la técnica industrial.

★ **TERMOTROPISMO.** (gr. θέρμη, calor, y τρόπος, de τρέπω, girar.) m. Bot. Influencia atractiva o repulsiva del calor sobre las plantas.

TERNA. (l. terna, triple.) f. Conjunto de tres personas propuestas para que de entre ellas se designe la que ha de desempeñar un cargo o empleo. || **2.** Pareja de tres puntos en el juego de dados. || **3.** Cada juego o conjunto de dados con que se juega. || **4.** Ar. Paño, ancho de una tela cuando se cosen unidas varias piezas.

TERNARIO, RIA. (l. ternarĭus.) adj. Formado por tres elementos, unidades o guarismos. || **2.** Mús. Se aplica al compás formado de tres tiempos o de un múltiplo de tres. || **3.** m. Espacio de tres días dedicados a una devoción.

TERNASCO. (De tierno.) m. Ar. Cordero recental. || **2.** Nav. Cabrito, cría de la cabra.

TERNE. adj. fam. Valentón. Ú.t.c.s. || **2.** fam. Perseverante, obstinado. || **3.** fam. Fuerte, tieso, robusto de salud. || **4.** Argent. Navaja grande usada por los gauchos.

TERNECICO, CA, TO, TA. adjs. ds. de tierno.

TERNEJAL. adj. fam. Terne. Ú.t.c.s.

★ **TERNEJO, JA.** adj. Ecuad. y Perú. Enérgico, fuerte, vigoroso.

TERNEJÓN, NA. adj. fam. Ternerón. Ú.t.c.s.

TERNERA. (De tierna.) f. Cría hembra de la vaca. || **2.** Carne de ternera o de ternero. || **P.** ternera; **I.** (cow-)calf; **F.** génisse; **A.** Kalbin, Farse; **It.** vitella; **R.** тёлка.

★ **TERNERAJE.** m. Chile. Conjunto de terneros.

TERNERO. (De tierno.) m. Cría macho de vaca. || —**recental.** El de leche o que aún no ha pastado. || **P.** terneiro; **I.** (bull-)calf; **F.** veau; **A.** Kalb; **It.** vitello; **R.** телёнок.

TERNERÓN, NA. (De tierno.) adj. fam. Se dice de la persona que fácilmente

se enternece. Ú.t.c.s. || **2.** m. fam. Chile. Niño bitongo.

TERNERUELA. f. d. de ternera.

TERNEZ. f. d. desus. Ternera.

TERNEZA. (De tierno.) f. Ternura. || **2.** Requiebro, piropo. Ú.m. en pl.

TERNEZUELO, LA. adj. d. de tierno.

TERNILLA. (d. de tierna.) f. Zool. Cartílago.

TERNILLOSO, SA. adj. Compuesto de ternillas. || **2.** Parecido a ellas.

TERNÍSIMO, MA. adj. sup. de tierno.

TERNO. (l. ternus.) m. Conjunto de tres cosas de la misma especie. || **2.** Pantalón, chaleco y chaqueta de la misma tela. || **3.** Oficiante y dos ministros, diácono y subdiácono, que celebran misa mayor o asisten en dicha forma a una función eclesiástica. || **4.** Vestido exterior del terno eclesiástico, que consta de la casulla y capa fluvial para el oficiante y de dalmáticas para los dos ministros. || **5.** Voto, juramento o porvida. || **6.** Cuba y P. Rico. Aderezo de joyas compuesto de pendientes, collar y alfiler. || **7.** Impr. Conjunto de tres pliegos impresos metidos uno dentro de otro. || **8.** Colom. Juego de jícara y platillo. || —**seco.** fig. y fam. Fortuna feliz e inesperada.

TERNURA. f. Calidad de tierno. || **2.** Requiebro, piropo. || **P.** ternura; **I.** tenderness; **F.** tendresse; **A.** Zartheit, Liebe; **It.** tenerezza; **R.** нежность.

TERO. m. Argent. Teruteru.

★ **TERPENO.** m. Quím. Hidrocarburo complejo que se obtiene de aceites esenciales de muchas plantas.

TERPINA. f. Quím. Hidrato de trementina.

TERPINOL. m. Substancia que resulta al actuar un ácido sobre la terpina.

TERQUEAR. intr. Mostrarse terco.

TERQUEDAD. f. Calidad de terco. || **2.** Porfía, disputa molesta o pesada, inflexible a la razón. || **P.** teimosia; **I.** stubbornness; **F.** entêtement, opiniâtreté; **A.** Starrsinn, Eigenwille; **It.** cocciutàggine, caparbietà; **R.** упорство.

TERQUERÍA. (De terco.) f. Terquedad.

TERQUEZA. (De terco.) f. Terquedad.

TERRACOTA. (ital. terracota, y éste del l. terra cocta.) f. Escultura de barro cocido.

TERRADA. (De tierra.) f. Especie de batún hecho de un cocimiento de almagre, ajos machacados, blanquimiento y cola.

TERRADO. (De terra.) m. Lugar en una casa, descubierto y comúnmente elevado, desde el que se puede explayar la vista. || **P.** terrado; **I.** terrace; **F.** terrasse; **A.** Terrassendach; **It.** terrazzo; **R.** терраса.

TERRAGUERO. m. Sal. y Zam. Terrero, o montón que en la era se forma con las barreduras del solar de la parva.

TERRAJA. f. Tabla guarnecida con una chapa de metal recortada para hacer molduras de yeso, estuco o mortero, corriéndola cuando la pasta está blanda. || **2.** Herramienta formada por una barra de acero con una caja rectangular en el medio donde se ajustan las piezas para labrar las roscas de los tornillos. || —**de agujero cerrado.** La que tiene de una sola pieza la caja donde se labra la rosca. || —**de cojinetes.** La que tiene la caja donde se labra la rosca dividida en dos partes, cuya distancia se gradúa por medio de cojinetes. || **2.ª** acep.: **P.** tarraxa; **I.** screw-plate; **F.** filière; **A.** Kluppe, Schraubenbohrer; **It.** madrevite; **R.** шаблон, метчик.

TERRAJE. m. Terrazgo, renta que paga al señor de una tierra el que la labra.

TERRAJERO. m. Terrazguero. || **2.** Extr. Persona encargada por el dueño de una tierra de labor para cobrar el terrazgo al arrendatario.

TERRAL. (De tierra.) adj. Dícese del viento que viene de la tierra. Ú.t.c.s.

★ **TERRAMICINA.** (l. terra, tierra, y el gr. μύκης, hongo.) f. Bioquím. Antibiótico que se obtiene de un actinomiceto del suelo y destruye los gérmenes causantes de la fiebre tifoidea, algunas neumonías y muchas afecciones intestinales y urinarias.

TERRAPLÉN. (fr. terre-plein, y éste del l. terra y planus.) m. Macizo de tierra para rellenar un hueco, o que se levanta como defensa, o para hacer un camino u otra cosa semejante. || **P.** terrapleno; **I.** terreplein; **F.** terre-plein; **A.** Erddamm, Erdwall, Aufschüttung; **It.** terrapieno; **R.** насыпь.

TERRAPLENAR. (De *terraplén*.) tr. Llenar de tierra un hueco. || **2.** Acumular tierra para levantar un terraplén.

TERRAPLENO. (De *terraplenar*.) m. desus. Terraplén.

TERRÁQUEO, A. (l. *terra*, tierra, y *aqua*, agua.) adj. Compuesto de tierra y agua. Se aplica únicamente al globo o esfera terrestre.

★ **TERRARIO.** m. Zool. Lugar destinado al cuidado y cría de animales terrestres.

TERRATENIENTE. (l. *terra*, tierra, y *tenens, -entis*, que tiene.) com. Dueño o poseedor de tierra o hacienda.

TERRAZA. (De *terrazo*.) f. Jarra vidriada de dos asas. || **2.** Arriate, espacio algo levantado alrededor de la pared en jardines y patios. || **3.** Terrado.

TERRAZGO. m. Pedazo de tierra para sembrar. || **2.** Renta que paga al señor de una tierra el que la labra.

TERRAZGUERO. m. Labrador que paga terrazgo.

TERRAZO. (l. *terracĕus*, de *tierra*.) Pint. Terreno representado en un paisaje.

TERRAZUELA. f. d. de terraza. Jarra vidriada de dos asas.

TERRAZULEJO. m. ant. d. de terrazo. Jarro.

TERREAR. intr. Dejarse ver la tierra en los sembrados.

TERRECER. (l. *terrescĕre*.) tr. Aterrar, causar terror. Ú.t.c.r. || **2.** intr. Ast. y León. Sentir temor.

★ **TERREGAL.** m. Méj. Polvareda.

TERREGOSO, SA. adj. Dícese del campo con muchos terrones.

TERREMOTO. (l. *terraemōtus*; de *terra*, tierra, y *motus*, movimiento.) m. Sacudida del terreno, ocasionada por fuerzas interiores del globo. || **P.** e **It.** terremoto; **I.** earthquake; **F.** tremblement de terre; **A.** Erdbeben; **R.** землетрясение.

TERRENAL. (De *terreno*.) adj. Perteneciente a la tierra, en contraposición de lo que pertenece al cielo. || **2.** Se dice del paraíso donde Dios puso a nuestros primeros padres, cuando los crió. || **P.** terreal; **I.** terrene; **F.** terrestre; **A.** irdisch; **It.** terrenale; **R.** земной.

TERRENIDAD. f. Calidad de terreno.

TERRENO, NA. (l. *terrēnus*.) adj. Terrestre. || **2.** Terrenal. || **3.** m. Espacio de tierra. || **4.** fig. Campo o esfera de acción en que mejor se manifiestan las cualidades de personas o cosas. || **5.** fig. Orden de materias o de ideas de que se trata. || **6.** Geol. Conjunto de substancias minerales que tienen origen común, o pertenecen a una misma época. || **—agarrado.** El que es duro y compacto. || **—del honor.** fig. Campo donde se lleva a cabo un duelo. || **—de migajón.** Chile. El formado de tierra vegetal y es muy fértil. || **—de transición.** Geol. Terreno sedimentario donde se encuentran fósiles primitivos. || **—franco.** Min. El que puede ser libremente concedido por el Estado para la industria minera. || *Ganar* uno terreno. fr. fig. Adelantar en una cosa. || **2.** fig. Irse introduciendo con arte y habilidad para conseguir un fin. || *Llevar* a uno al terreno del honor. fr. fig. Desafiarle a un duelo. || *Medir* uno *el* terreno. fr. fig. Tantear las dificultades de un asunto para poner medios para superarlas. || *Minarle* a uno *el* terreno. fr. fig. Trabajar solapadamente para desbaratar a uno los planes. || *Perder* uno terreno. fr. fig. Atrasar en un negocio. || *Saber* uno *el* terreno *que pisa*. fr. fig. Conocer bien el asunto que trae entre manos o las personas con quienes trata. || *Sobre el* terreno. fr. fig. En presencia de los lugares de que se trata y, por ext., de los datos y referencias de un asunto. || **3.ª** acep.: **P.** e **It.** terreno; **I.** land, ground; **F.** terrain, terroir; **A.** Erdreich, Boden; **R.** участок земли.

TERREÑO, ÑA. adj. Rioja. De la tierra.

TÉRREO, A. (l. *terrĕus*.) adj. De tierra. || **2.** Parecido a ella.

TERRERA. (l. *terraria*, t. f. de *-rius*,

terrero.) f. Trozo de tierra escarpada desprovista de vegetación. || **2.** Alondra.

TERRERÍA. (l. *terrēre*, aterrar.) f. ant. Amenaza terrorífica.

TERRERO, RA. (l. *terrarius*.) adj. Perteneciente o relativo a la tierra. || **2.** Dícese del vuelo rastrero de algunas aves. || **3.** Aplícase a la caballería que al caminar levanta poco los brazos. || **4.** Dícese de las cestas de mimbre o espuertas usadas para llevar tierra de un sitio a otro. Ú.t.c.s.f. || **5.** fig. Bajo y humilde. || **6.** Can. y P. Rico. Aplícase a la casa de un solo piso. || **7.** m. Terrado. || **8.** Montón de tierra. || **9.** Depósito de tierras amontonadas por las aguas. || **10.** Montón de desechos sacados de una mina. || **11.** Objeto colocado como blanco para tirar a él. || **12.** Especie de plaza pública. || **13.** Pal. y Vallad. Montón que en la era se forma con las barreduras del solar de la parva.

TERRESTRE. (l. *terrestris*.) adj. Perteneciente o relativo a la tierra, en contraposición de lo relativo al agua. || **2.** Perteneciente o relativo a la Tierra considerada como planeta. || **P., F.** e **It.** terrestre; **I.** terrestrial; **A.** weltlich; **R.** земной.

TERREZUELA. f. d. de tierra. || **2.** Tierra de escaso valor.

TERRIBILIDAD. (l. *terribilitas, -ātis*.) f. Calidad de terrible.

TERRIBILÍSIMO, MA. adj. sup. de terrible.

TERRIBLE. (l. *terribĭlis*.) adj. Digno o capaz de ser temido; que causa terror. || **2.** Duro de genio o condición. || **3.** Atroz, gigantesco en su línea. || **P.** terrível; **I.** terrible, dreadful; **F.** terrible, redoutable; **A.** (er)schrecklich, fürchterlich; **It.** terribile; **R.** страшный.

TERRIBLEMENTE. adv. Espantosa, violenta, horriblemente. || **2.** fam. Extraordinaria o excesivamente.

TERRIBLEZ. f. Terribleza.

TERRIBLEZA. (De *terrible*.) f. Terribilidad.

TERRÍCOLA. (l. *terricŏla*; de *terra*, tierra, y *colĕre*, habitar.) com. Habitador de la Tierra.

TERRÍFICO, CA. (l. *terrifĭcus*.) adj. Que pone espanto o terror.

TERRÍGENO, NA. (l. *terrigĕnus*; de *terra*, tierra, y *gignĕre*, engendrar, nacer.) adj. Nacido o engendrado de la tierra.

TERRINO, NA. adj. De tierra.

TERRITORIAL. (l. *territoriālis*.) adj. Perteneciente a un territorio. || **2.** Dícese de la audiencia con jurisdicción especialmente civil y de apelación sobre varias provincias.

TERRITORIALIDAD. (De *territorial*.) f. Consideración especial en que se toman las cosas en cuanto están dentro del territorio de un Estado. || **2.** Ficción jurídica por la cual los buques y domicilios de los agentes diplomáticos se consideran territorio de su propia nación.

TERRITORIO. (l. *territorĭum*.) m. Porción de la superficie terrestre perteneciente a una nación, provincia, etc. || **2.** Término que comprende una jurisdicción. || **3.** Argent. Demarcación sujeta al mando de un gobernador. || **P.** territorio; **I.** territory; **F.** territoire; **A.** Gebiet, Territorium; **It.** rritorio; **R.** территория.

TERRIZO, ZA. adj. Hecho o fabricado de tierra. || **2.** m. y f. Barreño, lebrillo. || **3.** m. Gran. Era sin empedrar.

TERROLLO. m. Rioja. Especie de collera hecha de un rollo de paja de centeno forrado de tela fuerte.

TERROMONTERO. m. Montoncillo, cerro o collado como montón de tierra.

TERRÓN. m. Masa pequeña y suelta de tierra compacta. || **2.** Masa pequeña y suelta de otras substancias, como azúcar, etc. || **3.** Orujo que deja en los capachos de los molinos de aceite la aceituna después de exprimirla. || **4.** fig. y fam. Terrón de tierra. || **5.** pl. Hacienda rústica. || **6.** Méj. Bloque de tierra moldeado en forma de ladrillo y secado al sol, que se emplea en la construcción. || *A rapa* terrón. m. adv. fam. Hablando de siega, a ras de tierra. || **P.** torrão; **I.** clod, lump, glebe; **F.** motte, grumeau; **A.** Erdscholle, Erdklumpen; Würfel(Zucker); **It.** zolla; **R.** замлй.

TERRONAZO. m. Golpe dado con un terrón.

★ **TERRONERA.** f. Colom. Terror, espanto.

TERROR. (l. *terror, -ōris*.) m. Miedo, espanto o pavor de un mal que amenaza o de un peligro que se teme. || **2.** Hist. Época o fase de la Revolución francesa caracterizada por la intensificación de las ejecuciones por motivos políticos. || **P.** e **I.** terror; **F.** terreur; **A.** Schrecken; **It.** terrore; **R.** страх, террор.

TERRORÍFICO, CA. adj. Terrífico.

TERRORISMO. m. Dominación por el terror. || **2.** Sucesión de actos de violencia ejecutados con el fin de infundir terror. || **P.** e **It.** terrorismo; **I.** terrorism; **F.** terrorisme; **A.** Terrorismus; **R.** терроризм.

TERRORISTA. m. Partidario del terrorismo.

TERROSIDAD. f. Calidad de terroso.

TERROSO, SA. (l. *terrōsus*.) adj. Que participa de la naturaleza y propiedades de la tierra. || **2.** Que tiene mezcla de tierra. || **3.** m. Germ. Terrón, masa pequeña de tierra compacta. || **P.** e **It.** terroso; **I.** earthy; **F.** terreux; **A.** erdig; **R.** землистый.

TERRUÑO. m. Terrón o trozo de tierra. || **2.** Comarca, especialmente el país natal. || **3.** Terreno, especialmente hablando de su calidad.

TERRUZO. m. ant. Terruño.

TERSAR. tr. Poner tersa una cosa.

TERSIDAD. (De *terso*.) f. Tersura.

TERSO, SA. (l. *tersus*, p.p. de *tergĕre*, limpiar.) adj. Limpio, claro, bruñido y resplandeciente. || **2.** fig. Tratándose del lenguaje, estilo, etc., puro, limado, fácil, fluido. || **P.** e **It.** terso; **I.** smooth, polished; **F.** poli; **A.** glatt; **R.** гладкий.

TERSURA. f. Calidad de terso.

TERTEL. m. Chile. Capa de tierra dura que se encuentra debajo del subsuelo.

TERTIL. (ár. *tartîl*, acción de pesar por libras.) m. Impuesto de ocho maravedís por cada libra de seda, que se pagó en el reino de Granada desde la época árabe hasta mediados del siglo xix.

TERTULIA. (port. *tertulia*.) f. Reunión habitual de personas para conversar amigablemente o recrearse honestamente. || **2.** Lugar en los cafés destinado a mesas de diversos juegos. || **P.** tertúlia; **I.** circle, coterie; **F.** cercle; **A.** Gesellschaft; **It.** triocca, crocchio; **R.** вечеринка.

TERTULIANO, NA. adj. Que concurre a una tertulia. Ú.t.c.s.

TERTULIANTE. adj. Tertuliano.

TERTULIAR. intr. Amér. Estar de tertulia, conversar.

TERTULIO, LIA. adj. Tertuliano. Ú.t.c.s.

TERUELO. m. Ar. Bola hueca donde se incluye el nombre o número de cada uno de los que entran en suerte.

TERUNCIO. (l. *teruncĭus*; de *ter*, tres, y *uncĭa*, onza.) m. Antigua moneda romana que valía la cuarta parte de un as.

★ **TERUTEREAR.** (De *terutero*.) intr. Urug. En el habla de los campesinos, andorrear, cazcalear.

TERUTERU. m. Zool. Amér. Merid. Ave zancuda de la familia de los adarríos, con plumaje blanco con mezcla de negro. Va en bandadas y alborota con sus chillidos al levantar el vuelo.

★ **TERUTERU.** adj. y s. Argent., Bol. y Urug. Listo, avispado.

TERUVELA. (l. *terebella*, trépano.) f. ant. Polilla.

TERZÓN, NA. (De *tercio*.) adj. Ar. Dícese del novillo de tres años. Ú.t.c.s.

TERZUELA. (d. de *tercio*.) f. Distribución que reciben en algunas iglesias los capitulares por asistir al coro a la hora tercia.

TERZUELO. (d. de *tercio*.) m. Tercio o tercera parte de algo. || **2.** Cetr. Halcón macho.

TESALIANO, NA. adj. Tesaliense.

TESÁLICO, CA. (l. *thessalĭcus*.) adj. Tesaliense.

TESALIENSE. adj. Natural de Tesalia. Ú.t.c.s. || **2.** Perteneciente a esta región de la Grecia antigua.

TESALIO, LIA. (l. *thessalĭus*.) adj. Tesaliense. Apl. a pers. ú.t.c.s.

TÉSALO, LA. (l. *thessalus*.) adj. Tesaliense, natural de Tesalia. Ú.t.c.s.

TESALONICENSE. (l. *thessalonicen-*

T *ses.*) adj. Natural de Tesalónica. Ú.t.c.s. || **2.** Perteneciente a esta ciudad de Macedonia.

TESALÓNICO, CA. (De *Tesalónica.*) adj. Tesalonicense. Apl. a pers. ú.t.c.s.

TESAR. (l. *tēnsāre,* de *tēnsus.*) tr. MAR. Poner tirantes los cabos, cadenas, velas, toldos, etc. || **2.** intr. Andar hacia atrás los bueyes uncidos.

TESAURERO. (l. *thesaurarius.*) m. ant. Tesorero.

TESAURIZAR. (l. *thesaurizāre.*) tr. Atesorar.

TESAURO. (l. *thesaurus,* y éste del gr. θησαυρός.) m. Tesoro, diccionario con definiciones o noticias de cosas útiles y curiosas.

TESBITA. adj. Natural de Tesba, antigua ciudad de Palestina. Ú.t.c.s. || **2.** Perteneciente a esta ciudad.

* **TESCAL.** (mejic. *te-xcalli;* de *tetl,* piedra, y *xcalli,* aféresis de *ixcalli,* cocido.) m. Méj. Terreno cubierto de basaltos, lavas o malpas. || **2.** Aplícase también a las propias lavas.

* **TESCALAMATE.** (mejic. *texcalli,* tescal, piedra de lava, y *amatl,* amate.) f. Bot. Méj. Cierta planta morácea.

* **TESCALERA.** (De *tescal.*) f. Méj. Pedregal.

TESELA. (l. *tessella.*) f. Cada una de las piezas cúbicas de mármol, piedra, barro cocido u otra materia con que antiguamente formaban los pavimentos de mosaico.

TESELADO, DA. (l. *tessellātus.*) adj. Dícese del pavimento formado con teselas.

TÉSERA. (l. *tessēra.*) f. Pieza cúbica o planchuela con inscripciones que los antiguos romanos empleaban como contraseña, distinción honorífica o prenda de un pacto.

TESIS. (l. *thesis,* y éste del gr. θέσις.) f. Conclusión, proposición que se mantiene con razonamientos. || **2.** Disertación escrita que presenta a la universidad el aspirante al título de doctor. || **P.** tese; **I.** thesis; **F.** thèse; **A.** These; **It.** tesi; **R.** тезис.

TESITURA. (ital. *tessitura.*) f. Mús. Altura propia de cada voz o de cada intrumento. || **2.** fig. Actitud o disposición del ánimo.

TESO, SA. (l. *tensus,* p.p. de *tendēre,* estirar.) p.p. irreg. de tesar. || **2.** adj. Tieso. || **3.** m. Cima o alto de un cerro o collado. || **4.** Pequeña salida en una superficie lisa. || **5.** Tol. Sitio en que se efectúa la feria de ganados. || **6.** Áv. Cada una de las divisiones del rodeo en las ferias.

TESÓN. (l. *tensĭo, -ōnis.*) m. Firmeza, constancia, inflexibilidad. || **2.** Zam. Manga corta para pescar. || **3.** Zam. Cada una de las tablas planas que forman los fondos o tapas de cubas y toneles. || **P.** rijeza; **I.** firmness, tenacity; **F.** fermeté, acharnement; **A.** Beharrlichkeit; **It.** fermeza; **R.** упорство.

TESONERÍA. (De *tesón.*) f. Terquedad, pertinacia, obstinación.

TESONERO, RA. adj. Que tiene tesón. Ú.m. en América Meridional. || **2.** Chile y Perú. Obstinado.

TESONÍA. (De *tesón.*) f. ant. Tesonería.

TESORERÍA. f. Cargo u oficio de tesorero. || **2.** Oficina del tesorero.

TESORERO, RA. (De *tsaurero.*) m. y f. Persona encargada de la custodia y distribución de los caudales de una dependencia pública o particular. || **2.** Canónigo o dignidad encargada de la custodia de las reliquias de una catedral o colegiata. || **P.** tesoureiro; **I.** treasurer; **F.** trésorier; **A.** Schatzmeister; **It.** tesoriere; **R.** казначей.

TESORIZAR. tr. desus. Atesorar.

TESORO. (l. *thesaurus.*) m. Cantidad reunida y guardada de dinero, alhajas, joyas, valores u objetos preciosos. || **2.** Erario, caudal del Estado. || **3.** Abundancia de caudal y dinero guardado. || **4.** fig. Persona o cosa o suma de cosas, de mucho precio o muy dignas de estimación. || **5.** fig. Nombre que dan ciertos autores a algunos diccionarios, catálogos o antologías. || **6.** For. Conjunto escondido de monedas o cosas preciosas, de cuyo dueño no queda memoria. || **—de duende.** Riqueza imaginaria o que se disipa fácilmente. || **P.** te-

souro; **I.** treasure; **F.** trésor; **A.** Schatz; **It.** tesoro; **R.** сокровище, клад.

TESPÍADES. (l. *thespiădes.*) f. pl. Las musas, porque según la fábula, vivían en Tespias.

* **TEST.** (Voz inglesa que significa *prueba.*) m. Biol. Prueba para determinar la acción de un medicamento químico, o para apreciar el estado de una función. || **2.** Psicol. y Pedag. Prueba que, mediante el planteamiento de un problema o cuestión bien delimitados, lleva a la determinación de la capacidad mental o de una disposición psíquica determinada en un individuo.

TESTA. (l. *testa.*) f. Cabeza, parte superior del cuerpo humano y superior o anterior de muchos animales. || **2.** Cara anterior de algunas cosas materiales. || **3.** fig. y fam. Entendimiento, prudencia, sensatez y capacidad. || **—coronada.** Monarca, soberano de un Estado. || **—de ferro.** Testaferro. || **P.** e **It.** testa; **I.** head; **F.** tête; **A.** Kopf; **R.** голова.

TESTÁCEO, A. (l. *testacĕus.*) adj. Dícese de los animales que tienen concha. Ú.t.c.s.m.

TESTACIÓN. (l. *testatĭo, -ōnis.*) f. Acción y efecto de testar o atestiguar.

TESTADA. (De *testa.*) f. Testarada.

TESTADO, DA. p.p. de testar. || **2.** adj. Dícese de la persona que muere habiendo hecho testamento, y de la sucesión por éste regida.

TESTADOR, RA. (l. *testātor, -ōris.*) m. y f. Persona que hace testamento. || **P.** testador; **I.** testator; **F.** testateur; **A.** Erblasser; **It.** testatore; **R.** завещатель.

TESTADURA. (De *testar,* atestiguar.) f. Testación.

TESTAFÉRREA. m. Testaferro.

TESTAFERRO. (ital. *testa-ferro,* cabeza de hierro.) m. El que presta su nombre en un contrato o negocio ajeno. || **P.** testa-de-ferro; **I.** cats-paw; **F.** prête-nom; **A.** Strohmann; **It.** prestanome; **R.** подставное лицо.

* **TESTAL.** (mejic. *textli,* harina.) f. Porción de masa de maíz con que se hace una tortilla.

TESTAMENTARÍA. f. Ejecución de lo dispuesto en el testamento. || **2.** Sucesión y caudal de ella durante el tiempo comprendido entre la muerte del testador y la terminación de la liquidación. || **3.** Conjunto de documentos y papeles que atañen al debido cumplimiento de la voluntad del testador. || **4.** Junta de los testamentarios. || **5.** Juicio, para inventariar, liquidar y partir la herencia del testador.

TESTAMENTARIO, RIA. (l. *testamentarius.*) adj. Perteneciente o relativo a testamento. || **2.** m. y f. Persona encargada por el testador de cumplir su última voluntad. || **P.** testamentário; **I.** testamentary; **F.** testamentaire; **A.** letzwillig; **It.** testamentario; **R.** душеприказчик.

TESTAMENTIFACCIÓN. f. For. Facultad de disponer por acto de última voluntad o de recibir legado o herencia. Puede ser activa y pasiva.

TESTAMENTO. (l. *testamentum.*) m. Declaración que de su última voluntad hace una persona, disponiendo de sus bienes y derechos transmisibles para después de su muerte. || **2.** Documento en que consta en forma legal la última voluntad del testador. || **3.** fig. y fam. Serie de resoluciones que por interés personal dicta una autoridad cuando va a cesar en sus funciones. || **—abierto.** El que se otorga de palabra o por minuta que se lee ante notario y testigos, en las condiciones señaladas por la ley civil. || **—adverado.** El que, según derecho foral, se entrega ante el párroco y dos testigos y se confirma con formalidades establecidas por el fuero. || **—cerrado.** El otorgado escribiendo o haciendo escribir el testador su voluntad bajo cubierta sellada que no se abre sin romperla y cuyo sobrescrito autorizan el notario y los testigos. || **—escrito.** Testamento cerrado. || **—marítimo.** El otorgado por la persona que se encuentra de viaje en una nave. || **—militar.** El otorgado por la persona que forma parte de un ejército en campaña. || **—nuncupativo.** Testamento abierto. || **—ológrafo.** El que deja el testador escrito y firmado por su mano y que es después protocolizado. ||

—sacramental. El otorgado con especiales formalidades de juramento religioso determinadas en el derecho regional de Cataluña. || *Antiguo* testamento. Parte de la Biblia que contiene los escritos de Moisés y todos los demás canónicos anteriores a la venida de Cristo. || *El* testamento *de la zorra.* fr. Que critica el disponer o hacer mandas de algo que no se posee. || *Nuevo* testamento. Parte de la Biblia que contiene los Evangelios y demás obras canónicas posteriores al nacimiento de Jesús. || *Lo que no pasa por* testamento, *pasa por codicilo.* fr. fig. y fam. con que se da a entender que lo que no puede hacerse por el conducto ordinario, puede lograrse por diferentes medios. || *Quebrantar el* testamento. fr. For. Invalidar el que se hizo según derecho, y permaneciendo en el mismo estado el testador. || **P.** e **It.** testamento; **I.** last will, testament; **F.** testament; **A.** Testament, letzter Wille; **R.** завещание.

TESTANTE. p.a. ant. de testar. Que atestigua.

TESTAR. (l. *testāri.*) intr. Hacer testamento. || **2.** tr. Tachar, borrar.

TESTARADA. (De *testerada.*) f. Golpe dado con la testa. || **2.** Terquedad, obstinación en una aprensión particular.

TESTARAZO. m. Testarada, golpe dado con la testa.

* **TESTAREAR.** (De *testa,* cabeza.) intr. Amér. Central. Cabecear las caballerías. || **2.** Amér. Central. Darse de cabeza las personas.

TESTARRÓN, NA. adj. fam. Testarudo. Ú.t.c.s.

TESTARRONERÍA. (De *testarrón.*) f. fam. Testarudez.

TESTARUDEZ. f. Calidad de testarudo. || **2.** Acción propia del testarudo.

TESTARUDO, DA. (De *testa.*) adj. Porfiado, terco. Ú.t.c.s.

TESTE. (l. *testis.*) m. Testículo. || **2.** Argent. Grano de consistencia coriácea que sale en los dedos de las manos.

TESTERA. (De *testa.*) f. Frente o fachada principal de una cosa. || **2.** Asiento, en que se va de frente, en el coche. || **3.** Adorno para la frente de las caballerías. || **4.** Parte anterior y superior de la cabeza del animal. || **5.** Cada una de las paredes del horno de fundición. || **P.** testeira; **I.** front; **F.** têtière; **A.** Vorderseite; **It.** testiera; **R.** перёд, фасад.

TESTERADA. (De *testera.*) f. Testarada.

* **TESTEREAR.** intr. Méj. Toparse, chocar entre sí personas o animales.

TESTERILLO, LLA. adj. Argent. Se aplica a la caballería que posee una mancha horizontal blanca u overa en la frente. Ú.m.c.f.

TESTERO. m. Testera. || **2.** Trashoguero de la chimenea. || **3.** Min. Macizo de mineral con dos caras descubiertas, una inferior horizontal y otra vertical. || **4.** Cuenc. Extremo del tronco de pino por donde ha sido cortado.

TESTICULAR. adj. Perteneciente o relativo a los testículos.

TESTÍCULO. (l. *testicŭlus.*) m. Zool. Cada una de las dos glándulas secretorias del semen en que se contienen los espermatozoides de los animales. || **P.** testículo; **I.** testicle; **F.** testicule; **A.** Hode; **It.** testicolo; **R.** яичко.

TESTIFICACIÓN. (l. *testificatĭo, -ōnis.*) f. Acción y efecto de testificar.

TESTIFICAL. adj. Referente a los testigos.

TESTIFICANTE. p.a. de testificar. Que testifica.

TESTIFICAR. (l. *testificāri.*) tr. Afirmar o probar de oficio una cosa, con referencia a testigos o documentos auténticos. || **2.** Deponer como testigo en algún acto judicial. || **3.** fig. Declarar y explicar con verdad una cosa. || **P.** testificar; **I.** to attest, to testify; **F.** attester; **A.** bescheinigen, bezeugen; **It.** testificare; **R.** свидетельствовать.

TESTIFICATA. (l. *testificāta,* testificada.) f. For. Ar. Testimonio legalizado de escribano, en que se da fe de una cosa.

TESTIFICATIVO, VA. (l. *testificātus,* p.p. de *testificāri,* testificar.) adj. Se aplica a lo que declara una cosa con certeza y testimonio auténtico.

TESTIGO. (De *testiguar*.) com. Persona que da testimonio de una cosa, o la atestigua. || **2.** Persona que presencia una cosa o adquiere de ella auténtico y verdadero conocimiento. || **3.** m. Cualquiera cosa por la que se infiere la verdad de un hecho. || **4.** Hito o mojón de tierra que se deja a trechos las excavaciones para cubicar después exactamente la tierra sacada. || **5.** Extremo de una cuerda en que el cáñamo o esparto está sin torcer para indicar que la cuerda está entera. || **6.** Testículo. || **7.** BIOL. Parte del material viviente destinado a una experimentación que indica por comparación el resultado de las manipulaciones a que se somete otra parte de dicho material. || **8.** ECUAD. Trozo de papel que se deja al pie de una hoja para que indique el tamaño original de los pliegos. || **9.** pl. Piedras que se arriman a los lados de los mojones para indicar la dirección del límite del terreno amojonado. || **—abonado.** FOR. El que no tiene tacha legal. || **2.** FOR. El que por ausencia o muerte no puede ratificarse, y es abonado por la justificación que se hace de su veracidad y de nu tener tachas legales. || **—de cargo.** El que depone en contra del procesado. || **—de conocimiento.** FOR. El que conocido por el notario acredita que conoce al otorgante. || **—de descargo.** El que depone en favor del procesado. || **—de oídas.** El que depone de un caso por haberlo oído a otros. || **—de vista.** u **ocular.** El que ha presenciado el caso sobre que atestigua o depone. || **2.** Persona que se constituye en vigilante para observar lo que se hace o acontece. || **—instrumental.** FOR. El que en documentos notariales afirma con el notario el hecho y contenido del otorgamiento. || **—mayor de toda excepción.** FOR. El que no tiene tacha ni excepción legal. || **—singular.** FOR. El que es único en lo que atestigua. || **—sinodal.** Persona proba y honesta nombrada en el sínodo para dar testimonio de la observancia de los estatutos sinodales. || *Examinar* TESTIGOS. fr. FOR. Tomarles el juramento y las declaraciones, escribiendo lo que deponen al tenor del interrogatorio, y de las preguntas si las hay. || *Hacer* TESTIGOS. fr. FOR. Poner personas de autoridad para que confirmen la verdad de una cosa. || *Mucho aprieta este* TESTIGO. expr. fig. y fam. que se usa cuando uno prueba con hechos ciertos lo contrario de lo que otro decía. || **P.** testemunha; **I.** witness, testifier; **F.** témoin; **A.** (Beweis)-Zeuge; **It.** teste; **R.** свидетель.

TESTIGUAR. (l. *testificāri*.) tr. ant. Atestiguar.

TESTIMONIAL. (l. *testimoniālis*.) adj. Que hace fe y verdadero testimonio. || **2.** f. pl. Instrumento auténtico que hace fe de lo contenido en él. || **3.** Testimonio que dan los obispos de la buena vida y costumbres de un súbdito que pasa a otra diócesis.

TESTIMONIAR. (De *testimonio*.) tr. Atestiguar, servir de testigo. || **P.** testemunhar; **I.** to attest, to testify; **F.** temoigner; **A.** (be)zeugen; **It.** testimo¡iare; **R.** свидетельствовать.

TESTIMONIERO, RA. adj. Que levanta falsos testimonios. Ú.t.c.s. || **2.** Hipócrita. Ú.t.c.s.

TESTIMONIO. (l. *testimonium*.) m. Atestación o aseveración de una cosa. || **2.** Instrumento autorizado por notario, en que se da fe de un hecho, o se resume o traslada parcial o totalmente un documento. || **3.** Comprobación de la certeza o verdad de una cosa. || **4.** Falsa atribución de una culpa. || *Falso* TESTIMONIO. For. Delito que comete el testigo o perito que declara faltando a la verdad. || **P.** testemunho; **I.** testimony; **F.** témoignage; **A.** Zeugnis, Beweis; **It.** testimonio; **R.** свидетельство.

TESTIMOÑERO, RA. adj. Testimoniero. Ú.t.c.s.

★ **TESTO, TA.** adj. MÉJ. Lleno, atestado. || **2.** fig. MÉJ. Aburrido, harto.

TESTÓN. (De *testa*, por tener esta moneda grabada una cabeza.) m. Moneda de plata de diversos países y con distinto valor.

TESTUDÍNEO, A. adj. Propio de la tortuga, parecido a ella.

TESTUDO. (l. *testūdo*.) m. Máquina militar antigua con que se cubrían los soldados para acercarse a las murallas y defenderse de las armas arrojadizas.

TESTUZ. (De *testa*.) m. Frente, en algunos animales, nuca. || **2.** En otros animales, nuca. || **P.** testa, fronte; **I.** crown, nape; **F.** front, nuque; **A.** Genick eines Tieres; **It.** fronte, coppa; **R.** лоб.

TESTUZO. m. Testuz.

TESURA. (l. *tensūra*.) f. Tiesura.

TETA. (germ. *titta*.) f. Cada uno de los órganos glandulosos y salientes que los mamíferos poseen en número par y en las hembras sirven para la secreción de la leche. || **2.** Pezón, botón saliente de dichos órganos por donde los niños chupan la leche. || **3.** fig. Mogote, montículo cónico. **—de vaca.** Merengue grande y de forma cónica. || **2.** Barbaja, planta perenne compuesta. || *Dar la* TETA. Dar de mamar. || *Dar la* TETA *al asno.* fr. fig. y fam. con que se indica la inutilidad de una acción que se realiza con quien no la ha de agradecer. || *De* TETA. Se dice del niño o de cría del animal que se halla en el periodo de la lactancia. || *Mamar una* TETA. fr. fig. y fam. con que se zahiere al que siendo ya mayor muestra demasiado apego a su madre, con propiedades de niño. || *Quitar la* TETA. fr. fam. Destetar. || **P.** teta; **I.** mamma, teat, nipple, breast; **F.** mamelle, tétin; **A.** Brustdrüse, Brustwarze, Zitze, Euter; **It.** mammella, poppa, tetta; **R.** грудь, вымя.

TETANIA. (De *tétanos*.) f. Enfermedad producida por la insuficiencia de la secreción de las glándulas paratiroides, caracterizada por espasmos musculares y por diversos trastornos del metabolismo.

TETÁNICO, CA. (l. *tetanicus*.) adj. MED. Perteneciente o relativo a los tétanos.

TÉTANO. m. MED. Tétanos.

TÉTANOS. (l. *tetănus*, y éste del gr. τέτανος, de τείνω, tender.) m. MED. Rigidez y tensión convulsiva de los músculos que en salud están sometidos al imperio de la voluntad. || **2.** MED. Enfermedad infecciosa, dolorosa y frecuentemente mortal, producida por un bacilo que comúnmente penetra por las heridas y ataca el sistema nervioso. Sus síntomas característicos son la contracción dolorosa y permanente de los músculos y la fiebre. || 2.ª acep.: **P.** tétano; **I.** tetanus, lockjaw; **F.** tétanos; **A.** Starrkrampf; **It.** tètano; **R.** столбняк.

TETAR. (De *teta*.) tr. Atetar. || **2.** intr. Ar. Mamar.

★ **TELEMEME.** adj. y s. fam. CHILE y PERÚ. Memo, lelo.

★ **TETELEMEQUE.** m. PERÚ. Telememe.

★ **TETELQUE.** adj. AMÉR. CENTRAL. Áspero.

★ **TETEPÓN, NA.** adj. MÉJ. Rechoncho.

TETERA. f. Vasija con tapa y un pico con colador que se usa para preparar o servir el té. || **2.** CUBA, MÉJ. y P. RICO. Tetilla, mamadera. || **3.** CHILE. Vasija para calentar agua. || **P.** chaleira; **I.** teapot; **F.** théière; **A.** Teekanne; **It.** teiera; **R.** чайник.

TETERO. (De *teta*.) m. COLOM. Biberón.

TETICIEGA. adj. Ar. Aplícase a la res que tiene obstruidos los conductos de la leche.

TETILLA. f. d. de teta. || **2.** Cada una de las tetas de los machos en los mamíferos menos desarrollados que las de las hembras. || **3.** Especie de pezón que se coloca en el biberón. || **4.** CHILE. Hierba anual saxifragácea. || **5.** BOT. Planta compuesta, semejante al alazor, pero con flores azules. || *Dar a uno en, o por la* TETILLA. fr. fig. y fam. Convencerle, o tocarle en lo que más le duele. || 3.ª acep.: **P.** chupeta de biberón; **I.** nipple; **F.** tétine de biberon; **A.** Saughütchen; **It.** tèttola; **R.** сосок.

TETÓN. (aum. de *teta*.) m. Pedazo seco de la rama podada que queda unido al tronco. || **2.** RIOJA. Lechón, cochinillo.

TETONA. (De *teta*.) adj. fam. Tetuda, que tiene grandes tetas.

TETRABRANQUIAL. (gr. τέτρα, por τέτταρα, cuatro, y el pl. βράγχια, bran-

quias.) adj. ZOOL. Dícese del cefalópodo con cuatro branquias en el aparato respiratorio. || **2.** m. pl. ZOOL. Grupo taxonómico de cefalópodos que tienen cuatro branquias.

TETRACORDIO. (l. *tetrachordon*, y éste del gr. τετράχορδον; de τέτρα, por τέτταρα, cuatro, y χορδή, cuerda.) m. MÚS. Serie de cuatro sonidos que forman un intervalo de cuarta.

★ **TETRACROMÍA.** f. IMPR. Procedimiento de estampación que intensifica las partes negras del original y da más vigor al colorido.

TETRADRACMA. m. Moneda antigua que valía cuatro dracmas.

TETRAEDRO. (gr. τετράεδρον; de τέτρα, por τέτταρα, cuatro, y ἕδρα, cara.) m. GEOM. Sólido de cuatro caras planas. **—regular.** GEOM. Aquel cuyas caras son triángulos equiláteros. || **P.** e **It.** tetraedro; **I.** tetrahedron; **F.** tétraèdre; **A.** Tetraeder, Vierflächner; **R.** четырёхгранник.

TETRÁGONO. (l. *tetragonum*, y éste del gr. τετράγωνον; de τέτρα, por τέτταρα, cuatro, y γωνία, ángulo.) adj. GEOM. Se dice del polígono de cuatro ángulos y cuatro lados. Ú.t.c.s. || **2.** m. Cuadrilátero.

TETRAGRAMA. (gr. τέτρα, por τέτταρα, cuatro, y γραμμή, línea.) m. MÚS. Renglonadura formada por cuatro rectas paralelas y equidistantes, que se usa en la escritura del canto gregoriano.

TETRAGRÁMATON. (l. *tetragrammătos*, y éste del gr. τετραγράμματον; de τέτρα, por τέτταρα, cuatro, y γράμμα, letra.) m. Palabra compuesta de cuatro letras. || **2.** Por excel., nombre de Dios, que en muchos idiomas se escribe en cuatro letras, como en hebreo.

TETRALOGÍA. (gr. τετραλογία; de τέτρα, por τέτταρα, cuatro, y λόγος, obra literaria.) f. Conjunto de cuatro obras dramáticas que los antiguos griegos ofrecían unidas en los concursos públicos. Constaba generalmente de tres tragedias y un drama satírico.

TETRÁMERO, RA. (gr. τέτρα; por τέτταρα, y μέρος, parte.) adj. BOT. Se dice del verticilo de cuatro piezas y de la flor con cáliz y corola así formados. || **2.** ZOOL. Dícese de los insectos coleópteros de cuatro artejos en cada tarso. Ú.t.c.s.m. || **3.** m. pl. ZOOL. Suborden de estos insectos.

TETRARCA. (l. *tetrarcha*, y éste del gr. τετράρχης; de τέτρα, cuatro, y ἄρχω, mandar, dominar.) m. Señor de la cuarta parte de un reino o provincia. || **2.** Gobernador de una provincia o territorio.

TETRARQUÍA. (l. *tetrarchía*, y ésta del gr. τετραρχία.) f. Dignidad de tetrarca. || **2.** Territorio de su jurisdicción. || **3.** Tiempo que dura su gobierno.

TETRASÍLABO. (l. *tetrasyllăbus*, y éste del gr. τετρασύλλαβος, de cuatro sílabas.) adj. Cuatrisílabo. Ú.t.c.s.m.

TETRÁSTICO, CA. (l. *tetratichus*, y éste del gr. τετράστιχος, cuatro, de cuatro órdenes o series.) adj. Se aplica a la cuarteta o combinación métrica de cuatro versos.

TETRÁSTROFO, FA. (l. *tetrastrŏphus*, y éste del gr. τέτρα, cuatro, y στροφή, estrofa.) adj. Dícese de la composición de cuatro estrofas. Suele decirse también, equivocadamente, de la estrofa tetrástrica.

TÉTRICO, CA. (l. *tetricus*, de teter, negro.) adj. Excesivamente serio, grave y melancólico con tristeza que impresiona y deprime. || **P.** tétrico; **I.** sullen, gloomy; **F.** triste, sombre; **A.** trübselig, finster; **It.** tetro; **R.** унылый, мрачный.

TETRO, TRA. (l. *teter*, *tetra*.) adj. ant. Negro, manchado.

TETUÁN. adj. p. us. Tetuaní.

TETUANÍ. adj. Natural de Tetuán. Ú.t.c.s. || **2.** Perteneciente a esta ciudad de Marruecos.

TETUDA. adj. Se dice de la hembra de tetas muy grandes. || **2.** Aceituna de forma en teta.

★ **TETUNTE.** m. AMÉR. CENTRAL. Tulpa. || **2.** GUAT. y HOND. Cosa voluminosa y deforme.

TEUCALI. m. Teocali.

TEUCRIO. (l. *teucrion*, y éste del gr. τεύκριον.) m. Arbusto de la familia de las labiadas, de 1 m de altura, con hojas per-

T

sistentes, aovadas, lustrosas por la haz y vellosas por el envés, flores azuladas y por frutos tetraquenios pardos.

TEUCRO, CRA. (l. *teucrus*.) adj. Troyano. Apl. a pers. ú.t.c.s.

TEÚRGIA. (l. *theurgía*, y éste del gr. θεουργία, de θεουργός; de θεός, dios, y ἔργον, obra.) f. Especie de magia de los antiguos gentiles que decían tener comunicación con las divinidades. ‖ **P.** teurgia; **I.** theurgy; **F.** théurgie; **A.** Theurgie, Wunderwirkung; **It.** teurgia; **R.** магия.

TEÚRGICO, CA. adj. Relativo a la teúrgia.

TEÚRGO. m. Mago dedicado a la teúrgia.

TEUTÓN, NA. (l. *teutônes*, pl.) adj. Dícese del individuo de un antiguo pueblo de raza germánica que habitó cerca de la desembocadura del Elba. Ú.m.c.s. y en pl. ‖ 2. fam. Alemán.

TEUTÓNICO, CA. (l. *teutonicus*.) adj. Perteneciente o relativo a los teutones. ‖ 2. Dícese de una orden militar de Alemania y de los caballeros de la misma. ‖ 3. m. Idioma de los teutones. ‖ **P.** teutónico; **I.** Teutonic; **F.** teutonique; **A.** teutonisch, deutsch; **It.** teutònico; **R.** тевтонский.

★ TEXCALERA. f. Méj. Terreno basáltico de texcal.

★ TEXTAL. m. Méj. Testal.

TEXTIL. (l. *textîlis*.) adj. Dícese de la materia que puede reducirse a hilos y ser tejida. Ú.t.c.s. ‖ 2. Relativo a los tejidos.

TEXTO. (l. *textus*.) m. Lo dicho o escrito por un autor o en una ley, a distinción de las glosas, o comentarios sobre ello. ‖ 2. Pasaje citado de una obra literaria. ‖ 3. Por antonom., sentencia de la Sagrada Escritura. ‖ 4. Todo lo dicho en el cuerpo de una obra manuscrita o impresa a diferencia de lo que va por separado, como notas, índice, etc. ‖ 5. Grado de letra de imprenta, menos gruesa que la parangona y más que la atanasia. ‖ 6. Libro de texto ‖ *Sagrado* TEXTO. La Biblia. ‖ **P.** texto; **I.** text; **F.** texte; **A.** Text, Wortlaut; **It.** testo; **R.** текст.

TEXTORIO, RIA. (l. *textorîus*.) adj. Perteneciente al arte de tejer. ‖ 2. fig. Rayo textorio. Nombre que suele darse a la lanzadera, en sentido figurado.

TEXTUAL. adj. Conforme al texto propio de él. ‖ 2. Dícese del que autoriza sus pensamientos o los prueba con la letra de los textos, o expone un texto con otro.

TEXTUALISTA. (De *textual*.) m. El que usa frecuentemente del texto, ateniéndose rigurosamente a él, sin distraerse con las glosas, etc.

TEXTUALMENTE. adv. De modo textual.

TEXTURA. (l. *textûra*.) f. Orden y disposición de los hilos en una tela. ‖ 2. Operación de tejer. ‖ 3. fig. Estructura de la obra de ingenio. ‖ 4. Hist. Nat. Disposición entre sí de las partículas de un cuerpo o substancia.

TEYO, YA. (l. *teîus*.) adj. Natural del Teos. Ú.t.c.s. ‖ 2. Perteneciente a esta ciudad de Jonia.

★ TEYOLOTE. (azt. *tetl*, piedra, y *yolotli*, corazón.) m. Méj. Cascote o piedra pequeña de relleno.

TEYÚ. (Voz guaraní.) m. Argent., Par. y Urug. Especie de lagarto, verde en el dorso, con una serie de manchas negras. ‖ 2. Argent., Par. y Urug. Iguana.

TEZ. (port. *tez*.) f. Superficie, cara. Más especialmente se dice del rostro humano. ‖ **P.** tez; **I.** complexion; **F.** teint; **A.** Teint; **It.** carnato, cute; **R.** цвет лица.

TEZADO, DA. (De *tez*.) adj. Atezado.

TEZCUCANO, NA. adj. Natural de Tezcuco. Ú.t.c.s. ‖ 2. Perteneciente a esta ciudad de Méjico.

★ TEZONTLE. (Voz mejicana.) m. Méj. Escoria volcánica roja; piedra porosa empleada en construcciones.

★ THAGE. (Voz araucana.) m. Zool. Chile. Pelícano.

THETA. (gr. θῆτα.) f. Octava letra del alfabeto griego. En latín se representa con *th* y en los idiomas neolatinos con estas mismas letras, o sólo con *t*, como en español.

★ THIN. (Voz araucana.) m. Chile. Piojo de la cabeza.

★ THUM. (arauc. *thùn*.) m. Chile. Thin.

TI. (l. *tibi*, dat. de *tu*, tú.) Forma de pronombre personal de segunda persona del singular, común a los casos genitivo, dativo, acusativo y hablativo. Con la preposición *con* se dice *contigo*. ‖ *Hoy por* TI *y mañana por mí*. expr. con que se manifiesta la reciprocidad que puede haber en los favores. ‖ **P.** ti; **I.** thee, you; **F.** toi; **A.** dir, dich; **It.** te, a te; **R.** тебе, тебя, тобой.

TÍA. (l. *thía*, y éste del gr. θεία.) f. Respecto de una persona, hermana o prima del padre o de la madre. La primera se llama carnal y la otra segunda, tercera, etc., según los grados. ‖ 2. En las aldeas, tratamiento dado a la mujer casada o de edad. ‖ 3. fam. Mujer rústica. ‖ 4. Ramera. ‖ 5. fam. Ar., Extr. y parte de Cast. Madrastra, y a veces suegra. ‖ 6. Argent. Negras viejas. ‖ **—abuela.** Respecto de una persona, hermana de uno de los abuelos. ‖ *A tu* TÍA, *que te dé para libros*. expr. fig. y fam. con que se deniega algo a una persona. ‖ *No hay tu* TÍA. expr. fig. y fam. con que se da a entender a uno que no conseguirá lo que desea. ‖ *Quedar*, o *quedarse una para* TÍA. fr. fig. y fam. Quedarse una mujer soltera. ‖ **P.** tia; **I.** aunt; **F.** tante; **A.** Tante; **It.** zia; **R.** тётка.

TIACA. f. Chile. Árbol saxifragáceo, con hojas lanceoladas y flores pequeñas y blancas. Sus ramas flexibles se emplean para zunchos en los toneles.

TIALINA. (gr. πτύαλον, saliva.) f. Zool. Fermento de la saliva que actúa sobre el almidón de los alimentos, transformándolos en azúcar.

TIALISMO. (gr. πτυαλισμός.) m. Secreción excesiva y permanente de la saliva.

★ TIANGUE. m. Amér. Central. Mercadillo, puesto de venta.

★ TIANGUES. m. Amér. Tianguis.

TIÁNGUEZ. m. Méj. Tianguis.

TIANGUIS. (mejic. *tianquiztli*.) m. Méj. Mercado, plaza.

TIARA. (l. *tiâra*; éste del gr. τιάρα, y éste del persa *tara*.) f. Gorro alto de tela o cuero adornado con riqueza, que usaban los soberanos persas. ‖ 2. Mitra alta, ceñida por tres coronas, usada por el Papa. ‖ 3. Dignidad del Sumo Pontífice. ‖ **P.**, **I.** e **It.** tiara; **F.** tiare; **A.** Tiara; **R.** тиара.

★ TIATINA. f. Chile. Avena loca.

★ TIBANTE. adj. Colom. Altanero, orgulloso.

TÍBAR. (ár. *tibr*, pepita o lingote de oro.) adj. desus. De oro puro. ‖ 2. Se emplea en la denominación *oro de* TÍBAR, para designar el oro muy fino.

TIBE. m. Colom. Corindón. ‖ 2. Cuba. Piedra empleada para afilar instrumentos.

TIBERINO, NA. (l. *tiberînus*.) adj. Perteneciente o relativo al río Tíber.

TIBERIO. m. fam. Ruido, alboroto, confusión.

TIBETANO, NA. adj. Natural del Tíbet. Ú.t.c.s. ‖ 2. Perteneciente a esta región de Asia. ‖ 3. m. Lengua de los tibetanos.

★ TIBÍ. m. Bol. Botón de quitar y poner. ‖ 2. Bol. Gemelos de camisa.

TIBIA. (l. *tibia*.) f. Flauta. ‖ 2. Zool. Hueso anterior de la pierna, que se articula con el fémur, el peroné y el astrágalo. ‖ 3. Zool. Una de las piezas de las patas de los insectos, que por un extremo se articula con el fémur, y con el tarso por el otro. ‖ 2.ª acep.: **P.**, **I.**, **F.** e **It.** tibia; **A.** Schienbein; **R.** берцовая кость.

TIBIAMENTE. adv. Con tibieza, con descuido.

TIBIAR. tr. p. us. Entibiar. Ú.t.c.r.

★ TIBIERA. (De *tibio*.) f. fam. Venez. Incomodidad, fastidio.

TIBIEZ. f. ant. Tibieza.

TIBIEZA. f. Calidad de tibio.

TIBIO, BIA. (l. *tepîdus*.) adj. Templado, entre frío y caliente. ‖ 2. fig. Flojo, descuido, poco fervoroso. ‖ 3. Colom. Colérico, irritado. ‖ 4. m. Amér. Central. Brebaje de harina de maíz, azúcar y agua caliente. ‖ **P.** tépido; **I.** tepid; **F.** tiède; **A.** lau(warm); **It.** tepido; **R.** тепловатый.

TIBISÍ. m. Cuba. Especie de carrizo silvestre, cuyas hojas sirven de forraje al ganado vacuno.

TIBOR. m. Vaso grande de barro, de China o Japón, generalmente en forma de tinaja y con decoración exterior. ‖ 2. Cuba. Orinal. ‖ 3. Méj. Jícara.

TIBORNA. (port. *tiborna*.) f. Extr. Tostón, pan tostado con aceite.

TIBURÓN. (Voz caribe.) m. Zool. Escualo. ‖ 2. Amér. Persona egoísta. ‖ 3. Argent. Hombre donjuanesco. ‖ **P.** tubarão; **I.** shark; **F.** requin; **A.** Haifisch; **It.** pescecane; **R.** акула.

TIBURTINO, NA. (l. *tiburtînus*.) adj. Natural del Tíbur. Ú.t.c.s. ‖ 2. Perteneciente a esta ciudad de la Italia antigua.

TIC. (germ. *ticken*.) m. Movimiento convulsivo, contracción involuntaria de uno o varios músculos, especialmente del rostro.

★ TICA. f. Hond. Juego de muchachos en que se arroja una bolita con el dedo corazón y el pulgar.

TICINENSE. (l. *ticinensis*.) adj. Natural de Ticino, hoy Pavía. Ú.t.c.s. ‖ 2. Perteneciente a esta ciudad. ‖ 3. Paviano. Apl. a pers. ú.t.c.s.

★ TICO, CA. adj. y s. fam. Amér. Central. Costarricense.

TICÓNICO, CA. adj. Perteneciente o relativo al sistema astronómico de Tycho Brahe. ‖ 2. Partidario de dicho sistema. Ú.t.c.s.

TICTAC. (Voz onomatopéyica.) m. Ruido acompasado producido por el escape de un reloj.

★ TICTE. m. Ecuad. Tiste.

TICHELA. f. Bol. Vasija para recoger el caucho al caer del árbol.

★ TICHELINA. f. Perú. Tichela.

TICHOLO. m. Argent. Panecillo de dulce de guayaba. ‖ 2. Argent. Ladrillo menor que el corriente.

TIEMBLO. (l. *tremûlus*.) m. Álamo temblón. ‖ **P.** álamo, choupo; **I.** trembling poplar; **F.** peuplier tremble; **A.** Espe, Zitterpappel; **It.** trèmula; **R.** тополь осина.

★ TIEMPLE. f. Chile. Pasión, enamoramiento. ‖ 2. Chile. Amante.

TIEMPO. (l. *tempus*.) m. Duración de las cosas sujetas a mudanza. ‖ 2. Parte de esta duración. ‖ 3. Época durante la cual vive alguna persona o sucede algo. ‖ 4. Estación del año. ‖ 5. Edad de una persona o animal, duración de algo desde que comenzó a existir. ‖ 6. Oportunidad de realizar algo. ‖ 7. Lugar, espacio libre de otros negocios. ‖ 8. Largo espacio de tiempo. ‖ 9. Cada uno de los actos sucesivos de la ejecución de composiciones musicales, ejercicios militares, etc. ‖ 10. Filos. Concepto empírico-racional radicado en la sucesión de fenómenos que se producen en el Universo y en el que cabe considerar un aspecto psicológico —tiempo experimental, concreto, de cada uno— y un aspecto ontológico que analiza notas suyas tales como su continuidad, su relación al movimiento, su absolutismo o relatividad y diferencias con la eternidad. ‖ 11. Estado de la atmósfera. ‖ 12. Esgr. Golpe a pie firme del tirador tendente a tocar al adversario. ‖ 13. Gram. Cada una de las varias divisiones de la conjugación correspondiente a la época en que sucede o se ejecuta la acción del verbo. ‖ 14. Mar. Temporal o tempestad duradera en el mar. ‖ 15. Mús. Cada parte de igual duración en que se divide el compás. ‖ **—compuesto.** Gram. El formado con el participio pasivo de un verbo y un tiempo del auxiliar *haber*. ‖ **—crudo.** fig. y fam. Punto crudo. Ú. comúnmente con la preposición *a* o el artículo *el*. ‖ **—de fortuna.** El de muchas nieves, aguas o tempestades. ‖ **—de pasión.** En liturgia, el que comienza en las vísperas de la domínica de pasión y acaba con la nona del Sábado Santo. ‖ **—futuro.** Gram. El que denota la acción de que aún no ha sucedido. ‖ **—inmemorial.** For. Tiempo antiguo no fijado por documentos ni por los testigos más ancianos. ‖ **—medio.** Astron. El que se mide por el movimiento uniforme de un astro ficticio que recorre el Ecuador celeste en el mismo tiempo que el Sol verdadero la Eclíptica. ‖ **—pascual.** En liturgia, el que comienza en la Pascua de Resurrección y termina en la nona anterior al domingo de la Santísima Trinidad. ‖ **—presente.** Gram.

El que denota la acción actual. || **—pretérito.** GRAM. El que denota la acción ya sucedida. || **—sidéreo.** ASTRON. El que se mide por el movimiento aparente de las estrellas y especialmente del primer punto de Aries. || **—simple.** GRAM. Tiempo del verbo que se conjuga sin auxilio de otro verbo. || **—solar verdadero** o **tiempo verdadero.** ASTRON. El que se mide por el movimiento aparente del sol. || *Medio* TIEMPO. El que pasa entre dos sucesos, o entre dos estaciones. || *Abrir el* TIEMPO. fr. fig. Comenzar a serenarse, disiparse los nublados, cesar las lluvias, los vientos, etc. || *Acomodarse* uno *al* TIEMPO. fr. Conformarse con lo que ocurre o con lo que permiten las circunstancias. || *Agarrarse el* TIEMPO. fr. fig. y fam. Afianzarse éste en su mal estado. || *Ajustar los* TIEMPOS. fr. Investigar o fijar la cronología de los sucesos. || *A largo* TIEMPO. m. adv. Después de mucho tiempo. || *Alzar*, o *alzarse el* TIEMPO. fr. fig. Dejar de llover. || *A mal* TIEMPO, *buena cara.* fr. proverb. que aconseja recibir con entereza los reveses de la vida. || *Andando el* TIEMPO. fr. adv. En el transcurso del tiempo. || *Andar* uno *con el* TIEMPO. fr. fig. Conformarse con él, lisonjear al que tiene mucho poder. || *A su* TIEMPO. m. adv. En ocasión oportuna. || *A* TIEMPO. m. adv. En coyuntura y oportunidad. || *A un* TIEMPO. m. adv. Simultáneamente, o a la vez que otros. || *Cada cosa en su* TIEMPO. fr. proverb. que indica que la oportunidad avalora las cosas. || *Capear el* TIEMPO. fr. MAR. Estar a la capa, o no dar a la nave, durante algún temporal, otro gobierno que el necesario para la defensa. || *Con* TIEMPO. m. adv. Anticipadamente, sin premura. || **2.** Cuando aún es ocasión oportuna. || *Correr el* TIEMPO. fr. fig. Irse pasando. || *Darse* uno *buen* TIEMPO. fr. fig. y fam. Alegrarse, divertirse. || *Dar* TIEMPO *al* TIEMPO. fr. fam. Esperar el momento oportuno para alguna cosa. || **2.** fig. y fam. Usar de condescendencia con alguien, atendiendo a las circunstancias. || *Dejar al* TIEMPO una cosa. fr. Levantar mano de un negocio, esperando que lo resuelva el tiempo. || *Descomponerse el* TIEMPO. fr. fig. Alterarse la serenidad de la atmósfera. || *De* TIEMPO. expr. que se aplica a la criatura o al animal que ha estado en el claustro materno el tiempo debido. || *Engañar* uno *el* TIEMPO. fr. fig. Ocuparse en algo, para que el tiempo se haga más breve. || *En los buenos* TIEMPOS de uno. loc. adv. fam. Cuando era joven o estaba boyante. || *En* TIEMPO *de higos no hay amigos.* ref. que zahiere al que en tiempos de fortuna no recuerda a los amigos. || *Ganar* TIEMPO. fr. fig. y fam. Darse prisa. || **2.** fig. y fam. Hacer de forma que el tiempo que transcurra aproveche al intento de acelerar o retrasar algún suceso o la ejecución de alguna cosa. || *Gozar* uno *del* TIEMPO. fr. Usarlo bien o aprovecharse de él. || *Hacer* TIEMPO uno. fr. fig. Entretenerse esperando que llegue el momento oportuno para alguna cosa. || *Más vale llegar a* TIEMPO *que rondar un año.* fr. proverb. que indica que la oportunidad es la mejor condición para lograr algo. || *Medir* uno *el* TIEMPO. fr. fig. Proporcionarlo como se necesite. || *No tener* TIEMPO *ni para rascarse.* fr. fam. con que se indica que uno está muy ocupado. || *Obedecer* uno *al* TIEMPO. fr. fig. Actuar como piden las circunstancias. || *Pasar* uno *el* TIEMPO. fr. Estar ocioso, o entretenido en cosas de poca entidad o de mera distracción. || *Perder* uno *el* TIEMPO, o TIEMPO. fr. No aprovecharse de él, no emplearlo debidamente. || *Quien quisiere ser mucho* TIEMPO *viejo, comiéncelo presto.* ref. que aconseja moderación desde joven, pues los excesos de la mocedad acortan la vida. || TIEMPO *tras* TIEMPO *viene.* fr. proverb. que alude a la mudanza y fugacidad de las cosas humanas. || *Tomarse* TIEMPO uno. fr. Obrar con calma para asegurar el acierto. || *Y si no, al* TIEMPO. expr. elípt. para manifestar que los sucesos futuros confirmarán la verdad de lo que se afirma o anuncia. || **P.** e **It.** tempo; **I.** time; **F.** temps; **A.** Zeit; **R.** время.

TIENDA. (l. *tĕnda*, de *tendĕre*, tender.) f. Armazón con palos hincados en tierra con telas o pieles para servir de alojamiento. || **2.** Toldo en algunas embarcaciones para resguardarse del sol y de la lluvia. || **3.** Entalamadura. || **4.** Casa o lugar en que se venden artículos de comercio por menor. || **5.** Por antonomasia, la de comestibles o la de mercería. || **6.** ARGENT., CUBA, CHILE y VENEZ. Por antonomasia, aquella en que se venden los tejidos. || **—de modas.** Aquella en que se venden las últimas novedades en trajes de señora. || *Abrir* TIENDA. fr. Poner tienda pública. || *Alzar* TIENDA. Quitarla. || *Batir* TIENDAS. fr. MIL. Recoger las de campaña para levantar el campo. || *La* TIENDA *de los cojos.* fig. y fam. La más próxima, a la que se suele acudir, aunque tenga mercaderías de peor calidad. || *Quien tiene*, o *tenga* TIENDA, *que la atienda.* ref. que indica que uno debe atender a sus propios negocios. Suele añadirse: Y *si no, que la venda.* || **P.** tenda; **I.** tent; **F.** tente; **A.** Zelt; **It.** tenda; **R.** палатка. || 4.ª acep.: **P.** tenda; **I.** shop; **F.** boutique; **A.** Kaufladen; **It.** bottega; **R.** лавка.

TIENTA. (De *tentar.*) f. Operación para probar la bravura de los becerros destinados a las corridas. || **2.** Sagacidad y arte para averiguar algo. || **3.** Tientaguja. || **4.** CIR. Instrumento delgado y liso, para explorar cavidades y conductos naturales o para reconocer la profundidad de las heridas. || *A* TIENTAS. m. adv. A tiento. || **2.** fig. Con incertidumbre, sin tino. Ú. con el verbo *andar.* || 2.ª acep.: **P.** sagacidade; **I.** cleverness; **F.** sagacité; **A.** Schlauheit; **It.** avvedutezza; **R.** проницательность.

TIENTAGUJA. (De *tienta* y *aguja.*) f. Barra de hierro terminada en punta dentada para explorar la calidad del terreno en que se piensa edificar.

TIENTAPAREDES. com. Persona que anda a tientas o a ciegas, moral o materialmente.

TIENTO. (De *tentar.*) m. Ejercicio del sentido del tacto. || **2.** Palo con que se guían los ciegos. || **3.** Cuerda o palo que va del peón de la noria a la cabeza de la bestia y la obliga a ir por la pista. || **4.** Contrapeso o balancín de volatinero. || **5.** Pulso, seguridad en la mano al ejecutar una cosa. || **6.** fig. Consideración prudente, miramiento en lo que se realiza. || **7.** fig. y fam. Golpe. || **8.** ARGENT. y CHILE. Tira delgada de cuero sin curtir, usada para atar trenzas, ligaduras, etc. || **9.** ALBAÑ. Pellada de yeso para afirmar las minas y los reglones. || **10.** MÚS. Floreo que hace el músico antes de comenzar para comprobar la afinación del instrumento. || **11.** PINT. Varita que el pintor tiene con la mano izquierda y apoya en el lienzo por un extremo rematado en perilla redonda o botoncillo de borra, y que le sirve para apoyar la mano derecha. || *Con* TIENTO, *que son para colgar.* fr. fam. con que se recomienda cuidado en la ejecución de alguna cosa. || *Dar* uno *un* TIENTO a una cosa. fr. fig. Examinarla con prevención y cuidado. || **2.** fig. y fam. con la palabra *bota*, *jarro* u otra semejante echar un trago de lo que contiene. || *De* TIENTO *en* TIENTO. loc. adv. De una en otra tentativa. || *Perder el* TIENTO a una cosa. fr. fam. Carecer de destreza para atinar con ella. || *Por el* TIENTO. m. adv. Por el tacto, en el reconocimiento de las cosas. || 11.ª acep.: **P.** maromba; **I.** mahlstick; **F.** appuie-main; **A.** Malstock; **It.** mazza. **R.** осязание.

TIENTOS. m. pl. Cante andaluz con letra en tres versos octosílabos y baile que se ejecuta a su compás.

TIERNAMENTE. adv. Con ternura o cariño.

TIERNO, NA. (l. *tener*, *-ĕra.*) adj. Blando, delicado, fácil a cualquier extraña impresión. || **2.** fig. Reciente, de poco tiempo. || **3.** fig. Dícese de la edad de la niñez. || **4.** fig. Propenso al llanto. || **5.** fig. Cariñoso, afectuoso. || **5.** CHILE y ECUAD. Dícese de los frutos aún en agraz. || **P.** tenro; **I.** tender, recent; **F.** tendre, frais; **A.** zart, weich, mürbe; **It.** tènero, recente; **R.** нежный, мягкий.

TIERRA. (l. *terra.*) f. Planeta que habitamos. || **2.** Parte de dicho planeta no ocupada por el mar. || **3.** Materia inorgánica desmenuzable de que principalmente está formado el suelo natural. || **4.** Suelo o piso. || **5.** Terreno propio para el cultivo. || **6.** Patria. || **7.** País, región. || **8.** Distrito o territorio constituido por intereses presentes o históricos. || **9.** fig. Conjunto de pobladores de un territorio. || **10.** Cualquier mineral amorfo que se pulveriza fácilmente. || **11.** ARGENT. Polvo. || **—abertal.** La que se agrieta con facilidad. || **2.** La que no está cerrada por tapia, vallado, etc. || **—bolar.** Aquella de que se hace el bol. || **—campa.** La que no tiene arbolado, y comúnmente se le destina al cultivo de cereales. || **—de batán.** Greda muy limpia empleada en los batanes para desengrasar los paños. || **—de brezo.** Mantillo formado por los despojos del brezo y mezclado con arena. Se usa mucho en jardinería. || **—del pipiripao.** fam. Lugar o casa donde reina la abundancia y se piensa sobre todo en regalarse. || **—de miga.** La que se pega mucho por ser arcillosa. || **—de pan llevar.** La destinada a la siembra de cereales o propia para este cultivo. || **—de promisión.** La que Dios prometió al pueblo de Israel. || **2.** fig. La muy fértil. || **—de Segovia.** Carbonato de cal sin impurezas, que se emplea en pintura. || **—de sembradura.** La destinada a la siembra de cereales y otras semillas. || **—de Venecia.** Ancorca. || **—firme.** Continente. || **2.** Terreno sólido que admite sobre sí un edificio. || **—japónica.** Cato. || **—llana.** FOR. En Vizcaya, la sometida al derecho foral. || **—mulata.** CUBA. La que es término medio entre la negra y la bermeja, pareciendo mezcla de ambas. || **—rara.** Cualquiera de los óxidos de ciertos metales que ocupan lugares contiguos en la escala de números atómicos desde el cerio hasta el lutecio, y que se hallan en la Naturaleza en escasísima cantidad. || **—santa.** Palestina, donde nació, vivió y murió Jesucristo. || **—vegetal.** La que está impregnada de elementos orgánicos, por lo que es apta para el cultivo. || *Besar* uno *la* TIERRA *que* otro *pisa.* fr. fig. con que se da a entender el gran respeto que siente una persona por otra. || *Callar y obrar por la* TIERRA *y por la mar.* ref. que enseña que para negociar bien debe hablarse poco y actuar con diligencia. || *Dar en* TIERRA *con* una cosa. fr. Derribarla o arruinarla. || **2.** fig. Deshacer las esperanzas que en ella se fundan. || *Dar en* TIERRA *con* una persona. fr. Rendirla. || **2.** fig. Hacerla decaer de su favor, destruirla. || *De la* TIERRA. Dícese de los productos que produce el país. || *Descubrir* TIERRA uno. fr. fig. Entrar en país desconocido, para reconocerlo. || **2.** fig. Hacer o decir algo con el fin de averiguar alguna cosa. || *Echar en* TIERRA una cosa. fr. MAR. Desembarcarla. || *Echar por* TIERRA una cosa. fr. fig. Destruirla, arruinarla. || *Echarse* uno *a, en,* o *por* TIERRA. fr. fig. Humillarse, rendirse. || **2.** fig. Afectar humildad. || *Echarse la* TIERRA *en los ojos.* fr. fig. y fam. Hablar u obrar uno de forma que en lugar de favorecerse se perjudique. || *Echar* TIERRA *a* una cosa. fr. fig. Ocultarla, hacer que no se hable más de ella y se olvide. || *En* TIERRA *de ciegos, el tuerto rey.* ref. que indica que el que poco vale sobresale entre los que aún valen menos. || *En toda* TIERRA *de garbanzos.* loc. fam. que se emplea para decir que algo es muy conocido en España o en todas partes. || *Estar bien gobernada la* TIERRA. fr. Estar en buena sazón. || *La primera,* y *ésa, en* TIERRA. expr. fig. con que se nota al que yerra lo primero que ejecuta en cualquier línea. || *La* TIERRA *negra buen pan lleva.* ref. que indica la buena calidad para el cultivo de los terrenos de este color. || *Partir la* TIERRA. fr. Lindar el término de un pueblo, provincia, etc. con el de otra. || *Perder* TIERRA uno. fr. Resbalar el que va andando. || **2.** Levantarse del suelo una persona o cosa impulsada por una fuerza superior a su peso. || *Poner por* TIERRA. fr. Derribar un edificio o cosa parecida. || *Por debajo de* TIERRA. m. adv. fig. Con cautela. || *Probar mal la* TIERRA a uno. fr. Hacerle daño en la salud la mudanza de un lugar a otro. || *Sacar* uno *de debajo de la* TIERRA una cosa. fr. fig. y fam. con que se indica la dificultad de conseguirla. Ú.m. hablando de dinero. || *Sembrar* uno *mala* TIERRA. fr. fig. y fam. Hacer beneficios a quien no los agradece. || *Ser buena* TIERRA *para sembrar nabos.* fr. irón. y fam. con

T que se denota la inutilidad de una persona. ‖ TIERRA *adentro*. loc. adv. para determinar la tierra que se aleja de las costas. ‖ TIERRA *a* TIERRA. m. adv. Navegando a la vista de tierra, siguiendo la costa. ‖ **2**. fig. Con cautela en los negocios. ‖ *Tomar* TIERRA. fr. MAR. Arribar la nave. ‖ **2**. Saltar a tierra las personas. ‖ **3**. fig. y fam. Adquirir experiencia en el manejo de alguna cosa o tomar confianza con una persona. ‖ *Tragársele* a uno *la* TIERRA. fr. fig. y fam. Dícese de quien no se ha dejado ver en mucho tiempo, en los lugares que antes frecuentaba. ‖ *Venir o venirse a* TIERRA una cosa. fr. Caer, destruirse, arruinarse. ‖ **P**. e **It**. terra; **I**. the earth; **F**. terre; **A**. die Erde; **R**. земля. ‖ 2.ª acep.: **P**. terreno; **I**. ground; **F**. terrain; **A**. Grund, Land; **It**. terra; **R**. суша.

* **TIERRAFRÍA**. com. COLOM. Habitante de la meseta o altiplanicie.

* **TIERRAL**. (De *tierra*.) m. CHILE. Polvo muy grande.

* **TIERRAZO**. m. REP. DOMIN. Polvareda.

* **TIERRERO**. m. MÉJ. y COLOM. Tierral.

TIESAMENTE. (De *tieso*.) adv. Firmemente.

TIESO, SA. (l. *tensus*, tendido, estirado.) adj. Duro, rígido, que se rompe o dobla difícilmente. ‖ **2**. Robusto de salud, particularmente después de haber convalecido de una enfermedad. ‖ **3**. Tenso, tirante. ‖ **4**. fig. Valiente, animoso. ‖ **5**. fig. Afectadamente, grave. ‖ **6**. fig. Terco, inflexible. ‖ **7**. adv. Recia o fuertemente. ‖ TIESO *que* TIESO. expr. fam. con que se denota la terquedad de uno. ‖ **P**. teso; **I**. stiff, rigid; **F**. raide; **A**. steif, starr; **It**. teso, irrigidito; **R**. жёсткий, натянутый.

TIESTA. (l. *testa*.) f. Canto de las tablas que sirve de fondo o tapas en los toneles.

TIESTO. (l. *testum*.) m. Pedazo de cualquier vasija de barro. ‖ **2**. Maceta donde se crían plantas. ‖ **3**. CHILE. Vasija de cualquier clase. ‖ *Mear fuera del* TIESTO. fr. fig. y fam. Salirse de la cuestión. ‖ **P**. vaso de barro, caco; **I**. potsherd, flower-pot; **F**. tesson; **A**. Scherbe, Blumentopf; **It**. coccio, testo; **R**. горшок.

TIESTO, TA. (l. *tensus*, estirado.) adj. Tieso, duro, rígido. ‖ **2**. adv. Tieso, fuertemente.

TIESURA. (De *tieso*.) f. Dureza o rigidez de una cosa: ‖ **2**. fig. Gravedad con afectación.

TIFÁCEO, A. (l. *typhe*, y éste del gr. τύφη, espadaña.) adj. BOT. Dícese de las plantas angiospermas monocotiledóneas, acuáticas, perennes, de hojas alternas reunidas en la base del tallo, flores en espiga y fruto en drupa; como la espadaña. Ú. t.c.s. ‖ **2**. f. pl. BOT. Familia de estas plantas.

* **TIFIAR**. tr. Cuba. Hurtar.

TÍFICO, CA. ad.. MED. Perteneciente o relativo al tifus. ‖ **2**. Que tiene tifus. Ú. t.c.s.

* **TIFINGO, GA**. adj. COLOM. De color negro intenso.

* **TIFITITI**. (ingl. *to thieve*, robar.) m. CUBA y P. RICO. Robo, hurto.

TIFO. (gr. τῦφος, humo, estupor; de τύφω, abrasar.) m. MED. Tifus. ‖ —**asiático**. MED. Cólera-morbo. ‖ —**de América**. MED. Fiebre amarilla. ‖ —**de Oriente**. MED. Peste bubónica, o levantina.

TIFO, FA. (cat. *tip*.) adj. fam. Harto, repleto.

TIFOIDEO, A. (De *tifo*, tifus, y el gr. εἶδος, forma.) adj. MED. Perteneciente, relativo o parecido al tifus. ‖ **2**. Perteneciente a la fiebre tifoidea. ‖ **3**. f. Fiebre tifoidea.

TIFÓN. (l. *typhon*, y éste del gr. τυφῶν, torbellino.) m. Huracán en el Mar de la China. ‖ **2**. m. Manga, tromba marina. ‖ **P**. tufão; **I**. typhoon; **F**. typhon; **A**. Typhon; **It**. tifone; **R**. тайфун.

TIFUS. (gr. τῦφος, estupor.) m. MED. Enfermedad infecciosa, grave, con alta fiebre y aparición de costras negras en la boca y a veces, de petequias en la piel. ‖ **2**. fig. y fam. Conjunto de personas que asisten a un espectáculo con invitación o pase gratuito. ‖ —**exantemático** o **pete-**

---

quial. Infección tífica, epidémica, generalmente transmitida por el piojo del cuerpo. ‖ —**icterodes**. MED. Fiebre amarilla. ‖ **P**. e **It**. tifo; **I**. y **F**. typhus; **A**. Typhus; **R**. тиф.

* **TIGANA**. f. ZOOL. VENEZ. Ave zancuda fácilmente domesticable.

* **TIGELINA**. f. COLOM. Tazuela de metal. ‖ **2**. COLOM. Tichelina.

* **TIGIGIAR**. tr. CUBA. Hurtar. ‖ **2**. CUBA. Ahorrar.

TIGRA. (De *tigre*.) f. AMÉR. Jaguar hembra.

TIGRE. (l. *tigris*, y éste del gr. τίγρις.) m. Mamífero carnicero félido feroz, rugidor, de gran tamaño, semejante en la forma al gato, con el pelaje amarillento y rayado de negro en el lomo y cola. Habita principalmente en la India. Se ha usado t.c.f. ‖ **2**. fig. Persona cruel y sanguinaria. ‖ **3**. AMÉR. Jaguar. ‖ **4**. ECUAD. Pájaro mayor que la gallina, de pico largo y plumaje pardo con manchas negras, que recuerda la piel del tigre. ‖ **P**., **F**. e **It**. tigre; **I**. tiger; **A**. Tiger; **R**. тигр.

* **TIGRERO, RA**. adj. AMÉR. MERID. Dícese del que caza tigres. Ú.m.c.s. ‖ **2**. AMÉR. MERID. Aplícase principalmente a los perros amaestrados para cazar tigres. ‖ **3**. ARGENT. Valiente, intrépido.

TIGRILLO. (De *tigre*.) m. AMÉR. CENTRAL, ECUAD. y VENEZ. Mamífero carnicero pequeño, de pelaje adornado con manchas y cola larga.

* **TIGRITO**. m. VENEZ. y COLOM. Calabozo.

* **TIGRÓN**. (aum. de *tigre*.) m. VENEZ. Guapo, valentón.

* **TIGÜERO**. (Voz caribe.) m. P. RICO. Espata que envuelve la inflorescencia de la palmera. ‖ **2**. P. RICO. Vasija rústica hecha con espata.

TIGÜILOTE. m. AMÉR. CENTRAL. Árbol cuya madera se usa en tintorería.

TIJA. (fr. *tige*, varilla, y éste del l. *tibia*, canilla.) f. Barrita de la llave entre el ojo y el paletón.

TIJERA. (De *tisera*.) f. Instrumento compuesto de dos hojas cortantes de acero, comúnmente con un ojo en el extremo de cada mango para meter los dedos, los cuales al girar sobre un eje que las traba, cortando lo que entre ellas se coloca. Ú.m. en pl. ‖ **2**. fig. Nombre de ciertas cosas compuestas, como la tijera, de dos piezas cruzadas que giran sobre un eje. ‖ **3**. Cierta zanja hecha en las tierras húmedas para desaguarlos. ‖ **4**. Esquilador de ganado lanar. ‖ **5**. Aspa para apoyar un madero que se ha de aserrar o labrar. ‖ **6**. Pieza de madera, de los marcos de Canarias, León y Pontevedra. ‖ **7**. fig. Persona murmuradora. ‖ **8**. AR. Cuchillo de una techumbre. ‖ **9**. SEG. Conjunto de ovejas que un operario puede trasquilar en un día. ‖ **10**. VOL. Pluma primera del ala del halcón. ‖ **11**. pl. Largueros que a uno y otro lado del pértigo quedan unidos con las teleras para formar la escalera del carro. ‖ **12**. Armazón de vigas oblicuamente cruzadas puestas en el cruce de un río para detener la madera que su corriente arrastra. ‖ **13**. GERM. Dedos índice y cordial de la misma mano. ‖ *Buena* TIJERA. fig. y fam. Persona hábil en cortar. ‖ **2**. fig. y fam. Persona que come mucho. ‖ **3**. fig. y fam. Persona murmuradora. ‖ *Echar la* TIJERA. fr. Empezar a cortar con este instrumento en paño o tela. ‖ **2**. fig. Cortar los inconvenientes que se presentan en un negocio. ‖ *Hacer* TIJERA *el caballo*. fr. EQUIT. No llevar la boca en posición normal, sino torcida a un lado. ‖ **P**. tesoura; **I**. scissors; **F**. ciseaux; **A**. Schere; **It**. fòrbici; **R**. ножницы.

TIJERADA. (De *tijera*.) f. Tijeretada.

TIJERAL. m. CHILE. Cuchillo de una techumbre.

TIJERETA. f. d. de tijera. Ú.m. en pl. ‖ **2**. Cada uno de los zarcillos de los sarmientos de las vides. ‖ **3**. Cortapicos. ‖ **4**. Ave palmípeda de América Meridional, de pico aplanado y cortante y cola ahorquillada. ‖ *Decir* TIJERETAS. fr. fig. y fam. Porfiar tercamente sobre cosas sin importancia. ‖ TIJERETAS *han de ser*. expr. fig. y fam. con que se indica que uno porfía necia y tercamente.

TIJERETADA. (De *tijereta*.) f. Corte hecho de un golpe con las tijeras.

TIJERETAZO. (De *tijereta*.) m. Tijeretada.

TIJERETEAR. (De *tijereta*.) tr. Dar cortes con una tijera, especialmente sin arte ni tino. ‖ **2**. fig. y fam. Disponer uno, a su antojo, en negocios ajenos.

TIJERETEO. m. Acción y efecto de tijeretear. ‖ **2**. Ruido de las tijeras al ser movidas con rapidez.

TIJERILLA. f. d. de tijera. ‖ **2**. Tijereta, zarcillo de la vid.

TIJERUELA. f. d. de tijera. ‖ **2**. Tijereta, zarcillo de la vid. ‖ **3**. ZOOL. AMÉR. Tijerilla, 2.ª acep. ‖ **4**. AMÉR. Rabihorcado.

TIJUIL. m. HOND. Pájaro cornirrostro, de color negro.

* **TIJUY**. m. ZOOL. AMÉR. CENTRAL. Aní. ‖ **2**. VENEZ. El diablo.

TILA. (l. *tille*, y éste del l. *tilia*.) f. Tilo. ‖ **2**. Flor del tilo. ‖ **3**. Bebida antiespasmódica preparada con flores de tilo en infusión de agua caliente. ‖ **2**.ª acep.: **P**. tília; **I**. linden; **F**. tilleul; **A**. Lindenblüte; **It**. tiglio; **R**. липовый цвет.

* **TILBE**. m. ARGENT. Trampa para pescar, empleada por los indios.

TÍLBURI. (ingl. *Tilbury*, nombre del inventor de este carruaje.) m. Carruaje de dos grandes ruedas, sin cubierta y ligero, para dos personas y tirado de una caballería.

* **TILCUAS**. f. pl. MÉJ. Entre los charros, harapos.

TILDAR. (l. *titulāre*.) tr. Poner tilde a las letras que lo precisan. ‖ **2**. Tachar lo escrito. ‖ **3**. fig. Señalar a una persona con alguna nota denigrativa.

TILDE. (De *tildar*.) amb. Virgulilla que se coloca sobre algunas abreviaturas y sobre la ñ y cualquier signo que sea para distinguir una letra de otra, o para indicar su acentuación. Ú.m.c.f. ‖ **2**. fig. Tacha, nota insignificante. ‖ **3**. f. Cosa mínima.

TILDÓN. (aum. de *tilde*.) m. Tachón, señal sobre lo escrito para indicar que no sirve. ‖ **P**. risco; **I**. scratch, erasure; **F**. biffage; **A**. Strich; **It**. frego; **R**. черпа.

* **TILE**. m. EL SALV. Hollín, carbón.

TILIA. (l. *tilis*, tilo.) f. Tilo.

TILIÁCEO, A. (l. *tilia*, tilo.) adj. BOT. Dícese de las plantas angiospermas dicotiledóneas, árboles, arbustos o hierbas, de hojas sencillas y alternas, flores axilares, y fruto capsular con muchas semillas. Ú.t.c.s.f. ‖ **2**. f. pl. BOT. Familia de estas plantas.

* **TILICO, CA**. adj. fam. MÉJ. Enclenque, flaco.

TILICHE. m. AMÉR. CENTRAL y MÉJ. Baratija, bujería, cachivache.

* **TILICHERÍA**. f. AMÉR. CENTRAL. Buhonería.

TILICHERO. m. AMÉR. CENTRAL. Buhonero.

TILÍN. (Voz onomatopéyica.) m. Sonido de la campanilla. ‖ *En un* TILÍN. m. adv. fig. y fam. COLOM., CHILE y VENEZ. En un tris. ‖ *Hacer* TILÍN. fr. fig. y fam. Caer en gracia, lograr aprobación. ‖ *Tener* TILÍN. fr. fig. y fam. Tener gracia, atractivo. ‖ **P**. telim; **I**. ting-a-ling; **F**. drelin; **A**. Klingklang; **It**. tintinnio; **R**. звук колокольчика.

* **TILINCHES**. m. pl. MÉJ. Andrajos, harapos.

* **TILINDAJO**. m. COLOM. Colgajo, andrajo. Ú.m. en pl.

* **TILINGADA**. f. fam. ARGENT. Acción propia de un tilingo.

TILINGO, GA. adj. ARGENT. y MÉJ. Memo, lelo.

* **TILÍNGUE**. adj. MÉJ. Tilinte, estirado, tieso.

* **TILINGUEAR**. (De *tilingo*.) intr. ARGENT. Decir sandeces.

* **TILINTAR**. (De *tilinte*.) tr. AMÉR. CENTRAL. Atirantar, tesar.

* **TILINTE**. adj. GUAT. Estirado, elegante. ‖ **2**. C. RICA. Tirante, estirado. ‖ **3**. HOND. Harto, repleto.

TILMA. f. MÉJ. Manta de algodón que, a manera de capa, llevan los hombres del campo anudada al hombro.

TILO. (De *tila*.) m. Árbol tiliáceo, de corteza lisa algo cenicienta, ramas fuertes, flores blanquecinas, olorosas y medicinales, hojas acorazonadas y aserradas y fruto redondo y velloso. Su madera se emplea en escultura y carpintería. ‖ **2**.

T

COLOM. Yema floral de maíz. || **P.** tília; **I.** linden-tree; **F.** tilleul; **A.** Linde; **It.** tiglio; **R.** липа.

★ **TILOSO, SA.** adj. AMÉR. CENTRAL. Sucio, mugriento.

★ **TILTIL.** m. CHILE. Almiar, pila de paja dejada al raso, que se da a los animales en invierno.

★ **TILUCHE.** m. ZOOL. BOL. Hornero. || **2.** fig. BOL. Inquieto como el pájaro de este nombre.

TILLA. (fr. tillac, del islandés thilia.) f. Entablado que cubre una parte de las embarcaciones menores. || **P.** tilha; **I.** cuddy; **F.** tillac; **A.** Oberlof, Laufplanken; **It.** tolda; **R.** верхняя палуба.

TILLADO. (De tilla.) m. Entablado, suelo formado de tablas. || **2.** CUBA. Clavo de 4 pulgadas de largo.

TILLAR. (De tilla.) tr. Echar suelos de madera.

TILLO. m. BURG. y SANT. Cada una de las tablas del tillado.

TIMADOR, RA. m. y f. fam. Persona que tima.

TÍMALO. (l. thymǎllus, y éste del gr. θύμαλλος.) m. ZOOL. Pez teleóstero, fisóstomo, semejante al salmón pero más obscuro y de aleta dorsal muy larga y de color violado. || **P.** especie de salmón; **I.** grayling; **F.** umbre; **A.** Äsche; **It.** tèmolo; **R.**

TIMAR. tr. Hurtar con engaño. || **2.** Engañar a otro con promesas. || **3.** rec. fam. Entenderse con la mirada, hacerse guiños los enamorados. || **P.** vigarizar; **I.** to swindle; **F.** escroquer, tromper avec des promesses; **A.** beschwindeln, prellen; **It.** truffare; **R.** надуть, обмануть.

TIMBA. f. fam. Partida de juego de azar. || **2.** Casa de juego, garito. || **3.** FILIP. Cubo para sacar agua del pozo. || **4.** AMÉR. CENTRAL y MÉJ. Barriga, vientre.

★ **TIMBA.** f. CUBA. El más ordinario de los dulces pastosos hechos de la guayaba.

★ **TIMBA.** (ingl. timber.) f. CUBA. Madero, alfarjía grande.

TIMBAL. (l. tympănum, y éste del gr. τύμπανον.) m. Especie de tambor de un solo parche, con caja en forma de media esfera. Suelen tocarse dos a la vez, templados en distinto tono. || **2.** Atabal, tamboril. || **3.** Masa de harina y manteca, en forma de cubilete que se rellena de macarrones u otros manjares. || **P.** y **F.** timbale; **I.** kettledrum; **A.** Pauke, Kesselpauke; **It.** timballo; **R.** литавры.

TIMBALERO. m. El que toca los timbales.

★ **TIMBEAR.** intr. ARGENT. Timbar.

★ **TIMBEMBE.** adj. CHILE. Trémulo, tembloroso.

★ **TIMBEQUE.** m. CUBA. Baile de los negros poco decoroso. || **2.** CUBA. Por ext., escándalo, alboroto.

★ **TIMBERO, RA.** (De timba.) adj. ARGENT. Jugador vicioso. Ú.t.c.s.

TIMBIRICHE. m. MÉJ. Árbol rubiáceo de fruto comestible.

★ **TIMBIRICHI.** m. AMÉR. Timbiriche.

TIMBIRIMBA. f. fam. Timba, partida de juego de azar. || **2.** fam. Casa de juego.

★ **TIMBIRIMBA.** f. COLOM. Instrumento músico consistente en un bastón flexible con una cuerda de punta a punta, que al frotar, produce el sonido.

★ **TIMBO.** m. COLOM. Negro de pura raza africana. || **2.** HOND. Duende, aparición.

TIMBÓ. (Voz guaraní.) m. BOT. ARGENT. y PAR. Árbol leguminoso corpulento cuya madera se utiliza para hacer canoas.

★ **TIMBÓN, NA.** (De timba.) adj. MÉJ. y GUAT. Ventrudo, barrigón.

TIMBRADOR. m. El que timbra. || **2.** Instrumento empleado para timbrar.

TIMBRAR. tr. Poner el timbre en el escudo de armas. || **2.** Estampar un timbre, membrete o sello. || **2.ª** acep.: **P.** timbrar; **I.** to stamp; **F.** timbrer, sceller; **A.** (ab)stempeln; **It.** timbrare; **R.** штемпелевать.

TIMBRAZO. m. Toque fuerte de un timbre.

TIMBRE. (fr. timbre, del l. tympănum, y éste del gr. τύμπανον, tambor.) m. Insignia que se coloca encima del escudo de armas, para distinguir los grados de armas.

nobleza. || **2.** Sello, especialmente el estampado en seco. || **3.** Sello que estampa el Estado en ciertos documentos públicos, indicando la cantidad que debe pagarse al fisco. || **4.** Aparato de llamada o de aviso, compuesto de campana y macito que la golpea al ser puesto en movimiento por la electricidad u otro agente. || **5.** Modo característico de sonar un instrumento músico o la voz de una persona. || **6.** fig. Acción gloriosa o cualidad personal que ensalza y ennoblece. || **7.** Renta del Tesoro público constituida por el importe de los sellos, papel sellado, etc., que gravan la emisión, uso o circulación de los documentos. || **—móvil.** Sello que se pega en algunos documentos o artículos de comercio para satisfacer el impuesto del timbre. || **2.ª** acep.: **P.** timbre, selo; **I.** stamp; **F.** timbre; **A.** Stempel; **It.** timbro; **R.** штемпель. || **4.ª** acep.: **P.** timbre, campainha; **I.** call bell; **F.** timbre; **A.** Klingel, Tischglocke; **It.** soneria; **R.** звонок.

TIMBREO, A. (l. thymbraeus.) adj. Natural de Timbra. Ú.t.c.s. || **2.** Perteneciente a esta antigua ciudad de Tróade.

★ **TIMBUSCA.** f. COLOM. Sopa o caldo bastante fuerte. || **2.** fig. COLOM. Cualquier alimento rústico. || **3.** PERÚ. Potaje criollo desabrido, con coles, patatas, etc.

TIMELEÁCEO, A. (l. thymelaea, y éste de θυμελαία; de θύμον, planta odorífera, y ελαία, olivo.) adj. BOT. Se aplica a las plantas dicotiledóneas angiospermas, arbustos y hierbas de hojas alternas, flores sin corola y fruto en baya, drupa o aquenio. Ú.t.c.s.f. || **2.** f. pl. BOT. Familia de estas plantas.

TIMIAMA. (l. thymiǎma, y éste del gr. θυμίαμα, perfume, incienso.) m. Confección olorosa, reservada al culto divino entre los judíos.

TÍMIDAMENTE. adv. Con timidez.

TIMIDEZ. f. Calidad de tímido.

TÍMIDO, DA. (l. timĭdus.) adj. Temeroso, medroso, corto, apocado, encogido. || **P.** tímido, timorato; **I.** timid; **F.** timide; **A.** furchtsam, scheu; **It.** timid; **R.** застенчивый.

TIMO. m. Tímalo.

TIMO. m. fam. Acción y efecto de timar. || Dar un TIMO a uno. fr. fam. Timarle. || **P.** vigarice; **I.** swindle; **F.** escroquerie; **A.** Prellerei; **It.** trufferia; **R.** мошенничество.

TIMO. (l. thỹmus.) m. ZOOL. Glándula endocrina de los vertebrados; se atrofia durante la pubertad, y en el hombre se halla detrás del esternón y delante de la parte inferior de la tráquea. Estimula el crecimiento de los huesos y el desarrollo de las glándulas genitales. || **P. e I.** timo; **I. y F.** thymus; **A.** Thymusdrüse; **R.** тимьян.

TIMOCRACIA. (gr. τιμοκρατία, de τιμή, honor, y κρατέω, dominar.) f. Gobierno en que ejercen el poder los ciudadanos más ricos.

TIMÓCRATA. adj. Partidario de la timocracia. Ú.t.c.s.

TIMOCRÁTICO, CA. adj. Perteneciente o relativo a la timocracia.

TIMOL. (l. thymum, tomillo, por hallarse en la esencia de esta planta.) m. Substancia ácida, usada como desinfectante.

TIMÓN. (l. temo, -ōnis.) m. Palo derecho que sale de la cama del arado en su extremidad, tiene agujeros para meter la clavija y proporcionar el tiro. || **2.** Pértigo. || **3.** Varilla del cohete que le da dirección. || **4.** fig. Dirección o gobierno de un negocio. || **5.** MAR. Pieza de madera o hierro que, articulada verticalmente sobre goznes en el codaste, sirve para gobernar la nave. Se da este nombre también a las piezas similares de submarinos, aeroplanos, etc. || **6.** HOND. Contrapeso de los volantineros. || Cerrar el TIMÓN a la banda. fr. Hacer girar el timón todo lo posible hacia una banda. || **5.ª** acep.: **P.** leme; **I.** helm, rudder; **F.** timon, barre; **A.** Steuer(ruder); **It.** timone; **R.** рулевой, кормчий.

TIMONEAR. intr. Gobernar el timón.

TIMONEL. m. El que gobierna el timón. || **P.** timoneiro; **I.** helmsman, wheelman; **F.** timonier; **A.** Steuermann; **It.** timoniere; **R.** рулевой, кормчий.

TIMONERA. (De timón, 5.ª acep.) adj.

Aplícase a las plumas grandes de la cola de las aves y que dan dirección al cuerpo en el vuelo. Ú.t.c.s.f.

TIMONERO. adj. Dícese del arado común o de timón. || **2.** m. Timonel.

TIMORATO, TA. (l. timorātus.) adj. Que tiene el santo temor de Dios y vive conforme a él. || **2.** Tímido, encogido.

TIMPA. (fr. tympe; quizá de tímpano.) f. METAL. Barra de hierro colado que sostiene la pared delantera del crisol de un horno alto.

TIMPÁNICO, CA. (l. tympanicus.) adj. Perteneciente o relativo al tímpano del oído. || **2.** MED. Dícese del sonido como de tambor que por percusión producen ciertas cavidades del cuerpo cuando están llenas de gases.

TIMPANILLO. (d. de tímpano.) m. IMPR. Tímpano pequeño que se encajaba detrás del principal, en las prensas antiguas.

TIMPANÍTICO, CA. (l. tympanitĭcus.) adj. MED. Que padece timpanitis. Ú.t.c.s. || **2.** MED. Perteneciente a esta enfermedad.

TIMPANITIS. (l. tympanītes, y éste del gr. τυμπανίτης, de τύμπανον, tambor.) f. FISIOL. Hinchazón de alguna cavidad del cuerpo debida a los gases, principalmente del vientre.

TIMPANIZACIÓN. f. MED. Acción y efecto de timpanizarse.

TIMPANIZARSE. r. MED. Abultarse el vientre y ponerse tenso, con timpanitis.

TÍMPANO. (l. tympănum, y éste del gr. τύμπανον.) m. Atabal, tamboril. || **2.** Instrumento músico compuesto de varias tiras desiguales de vidrio de mayor a menor, y que se toca con un macillo. || **3.** Cada uno de los dos fondos o tapas de la pipa o cuba. || **4.** ARQ. Espacio triangular entre las dos cornisas inclinadas de un frontón y la horizontal de la base. || **5.** ZOOL. Membrana extendida y tensa, que limita exteriormente el oído medio en vertebrados. || **4.ª** acep.: **P.** tímpano; **I.** tympan(um); **F.** tympan; **A.** Tympanon; **It.** timpano; **R.** тимпан. || **5.ª** acep.: **P.** tímpano; **I.** tympanum; **F.** tympan; **A.** Trommelfell; **It.** timpano; **R.** тимпан.

TINA. (l. tina.) f. Tinaja, vasija grande. || **2.** Vasija de madera de forma de media cuba. || **3.** Vasija grande de forma de caldera, usada en la operación del tinte de telas y para otros fines. || **4.** Baño, pila para bañarse. || **5.** AND. Balsa, media bota. || **6.** SAL. Arcón grande para guardar harina. || **2.ª** acep.: **P.** tina, cuba; **I.** vat, dyer's copper; **F.** cuve; **A.** Zuber, Farbenküpe; **It.** tina, tinozza; **R.** бочонок.

★ **TINACAL.** (cast. tina, y mejic. calli, casa.) m. MÉJ. Bodega o lugar donde se instalan los tinacos del pulque.

TINACO. m. Tina pequeña de madera. || **2.** Alpechín.

TINADA. (l. tignāta, de tignum, madero.) f. Montón de leña. || **2.** Cobertizo para el ganado.

TINADO. (l. tignātus, de tignum, madero.) m. Tinada, cobertizo para el ganado.

TINADOR. m. Tinado.

TINAJA. (l. tinacǔla, de tina.) f. Vasija grande de barro cocido, mucho más ancha por el medio que por el fondo y la boca. || **2.** Líquido que cabe en una tinaja. || **3.** Medida de capacidad para líquidos usada en Filipinas, equivalente a 48 litros y 4 centilitros. || **P.** talha; **I.** tinaja; **F.** jarre; **A.** Bütte, Kufe; **It.** bigoncia; **R.** глиняный кувшин.

★ **TINAJERA.** f. ECUAD., AMÉR. CENTRAL y PERÚ. Lugar donde están las tinajas.

TINAJERÍA. f. AND. Tinajero, 2.ª acep.

TINAJERO. m. El que hace o vende tinajas. || **2.** Lugar donde se ponen las tinajas. || **3.** MURC., P. RICO y VENEZ. Lugar de las tinajas, cántaros, jarras y demás vasijas para agua potable.

TINAJÓN. m. aum. de tinaja. || **2.** Vasija tosca de barro cocido, semejante a la mitad inferior de una tinaja, y que se usa para recoger el agua de la lluvia, para lavadero, etc.

★ **TINAJONA.** f. COLOM. Tinajón.

TINAJUELA. f. d. de tinaja.

★ **TINAMASTE.** m. AMÉR. CENTRAL. Tulpa o piedra de fogón.

★ **TINAMÚ.** m. ZOOL. AMÉR. Cripturo

T género de aves gallináceas, propias de América Meridional.

TINAPÁ. m. FILIP. Pescado seco ahumado.

★ **TINCA.** f. BOL. Asalto, irrupción de varias personas en una casa con intención de divertirse. ‖ 2. CHILE. Presentimiento. ‖ 3. PERÚ. Juego del doliche. ‖ *Ponerle* TINCA *a algo.* fr. Hacerlo con todo empeño.

★ **TINCADA.** f. CHILE y ARGENT. Acción y efecto de tincar. ‖ 2. CHILE. Presentimiento, corazonada.

★ **TINCANQUE.** m. CHILE. Papirotazo.

★ **TINCAR.** (arauc. *t'incay,* dar un papirote.) tr. ARGENT. y CHILE. Dar un papirotazo a una bola o pita para despedirla fuertemente.

★ **TINCAR.** intr. CHILE. Presentir, tener una corazonada.

TINCAZO. m. ARGENT. y ECUAD. Capirotazo.

TINCIÓN. (l. *tinctĭo, -ōnis.*) f. Acción y efecto de teñir, teñidura, teñido.

TINCO, CA. adj. ARGENT. Dícese del animal vacuno que al caminar roza una pata con otra.

° **TINDALIZACIÓN.** f. Método de esterilización fraccionada que se practica por medio del calor.

° **TINDALIZAR.** Practicar la tindalización.

TINDALO. m. BOT. Árbol leguminoso de Filipinas, de madera de color rojo obscuro y compacta, propia para ebanistería.

TINDÍO. m. PERÚ. Ave acuática, semejante a la gaviota.

TÍNEA. (l. *tinĕa.*) f. ant. Polilla, 1.ᵃ acep.

TINELAR. adj. Perteneciente al tinelo.

TINELERO, RA. m. y f. Persona encargada de la provisión y cuidado del tinelo.

TINELO. (ital. *tinello,* y éste del l. *tinellum;* de *tinum,* jarro.) m. Comedor de la servidumbre en las casas de los grandes. ‖ *Dar* TINELO. fr. fig. Dar de comer a los criados o sirvientes.

TINERFEÑO, ÑA. adj. Natural de Tenerife. Ú.t.c.s. ‖ 2. Perteneciente a esta isla de las Canarias.

TINETA. f. d. de tina.

★ **TINGA.** f. GUAT. Molestia. Ú.m. en pl.

★ **TINGAR.** tr. ECUAD. Dar capirotes.

★ **TINGAZO.** m. ECUAD. Capirote, golpe.

TINGE. m. Búho de mayor tamaño y más fuerte que el común.

TINGIBLE. adj. Teñible.

TINGITANO, NA. (l. *tingitānus.*) adj. Natural de Tingis, hoy Tánger. Ú.t.c.s. ‖ 2. Perteneciente a esta ciudad del África antigua. ‖ 3. Tangerino. Apl. a pers. ú.t.c.s.

TINGLADILLO. (d. de *tinglado.*) m. MAR. Disposición de las tablas de forro de algunas embarcaciones menores, cuando montan unas sobre otras, como las pizarras de los tejados, en vez de estar unidas por sus cantos.

TINGLADO. (ant. fr. *tingle,* y éste del neerl. *tingel,* tabla, tablado.) m. Cobertizo. ‖ 2. Tablado armado a la ligera. ‖ 3. fig. Enredo, maquinación. ‖ 4. CUBA. Tablado en ligero declive donde cae la miel que purgan los panes de azúcar. ‖ P. cobertiço; I. shed; F. hangar; A. Speicher, Shuppen; It. tettoia; R. навес.

★ **TINGLAR.** tr. CHILE. Traslapar o montar parcialmente una tabla sobre otra.

TINGLE. (ant. fr. *tingle,* y éste del neerl. *tingel,* tabla.) f. Pieza plana y pequeña de hueso, con que los vidrieros abren las tiras de plomo y las ajustan al vidrio. ‖ P. faca o tira distinto de plomo; I. crumbling-iron; F. tire-plomb; A. Krösel des Glassers; It. lisciatoio; R. рейка.

★ **TINGLERA.** f. REP. DOMIN. Armazón sobre la cual se coloca la techumbre.

★ **TINGO.** ECUAD. Tingue.

★ **TINGRE.** (Voz quichua.) m. despect. CHILE. Perro chico ordinario.

★ **TINGUE.** m. ECUAD. Tincazo.

★ **TINGUIÑAZO.** m. R. DE LA PLATA. Capirotazo.

TINICLA. (l. *tunicŭla,* camisilla.) f. Especie de cota de armas, que usaban los oficiales superiores del ejército, más ancha que la cota.

TINIEBLA. (l. *tenĕbrae, -ārum.*) f. Falta de luz. Ú.m. en pl. ‖ 2. pl. fig. Suma ignorancia y confusión de la mente. ‖ 3. fig. Obscuridad, falta de luz en lo abstracto o moral. ‖ 4. Maitines de los tres últimos días de la Semana Santa. ‖ P. treva; I. darkness; F. ténèbres; A. Finsternis, Umnachtung; It. tènebre; R. мрак, тьма.

TINILLO. (d. de *tino,* tina grande.) m. Tina grande hecha de fábrica para recoger el mosto que corre de la uva pisada en el lagar.

TINO. (port. *tino.*) m. Hábito o facilidad de acertar a tientas con cosas. ‖ 2. Destreza para dar en el blanco u objeto que se tira. ‖ 3. fig. Cordura para la dirección de un negocio. ‖ *A buen* TINO. m. adv. fam. A bulto, a ojo. ‖ *Sacar de* TINO *a uno.* fr. fig. Atolondrarle con un golpe. ‖ 2. fig. Aturdirle, confundirle una razón o suceso. ‖ *Sin* TINO. m. adv. Sin tasa, sin medida. *Gastar sin* TINO. ‖ P. tino; I. skill, tact; knack; F. tact, adresse, savoir faire; A. Teffsicherheit, Geschick; It. abilità, tatto; R. такт.

TINO. (l. *tinum.*) m. Tina, vasija grande en forma de caldera. ‖ 2. Depósito de piedra adonde va el agua caliente desde la caldera, en los lavaderos de lana. ‖ 3. En algunas partes, lagar.

TINO. m. Durillo, arbusto caprifoliáceo.

★ **TINOCO.** m. PAN. Cubo para la basura.

TINOLA. f. FILIP. Especie de sopa con pollo cocido o gallina muy picados, con trocitos de calabaza o de patata.

★ **TINOSO, SA.** adj. COLOM. y VENEZ. Hábil, seguro, con tino.

★ **TINQUE.** m. CHILE. Tincazo, capirotazo.

★ **TINQUEAR.** tr. ARGENT. Tincar.

★ **TINQUIRRE.** m. C. RICA. Cuchillo viejo y roto.

TINTA. (l. *tincta,* t. f. de *-tus,* tinto.) f. Substancia de color, fluida o viscosa que se usa para escribir, dibujar o imprimir. ‖ 2. Color con que se tiñe una cosa. ‖ 3. Tinte, 1.ᵃ acep. ‖ 4. pl. Matices, degradaciones de color. ‖ 5. PINT. Mezcla de colores para pintar. ‖ —comunicativa. La apropiada para que lo escrito pueda reproducirse en más ejemplares, mediante estampación mecánica. ‖ —china. La fabricada con negro de humo y que tiene la propiedad de ser indeleble. ‖ —de imprenta. Composición grasa usada para imprimir. ‖ —simpática. Composición líquida que tiene la propiedad de no distinguirse lo escrito con ella hasta aplicarle el debido reactivo. ‖ *Media* TINTA. PINT. La que se da a un fondo, del que se modifica el tono, y sobre el cual se extiende el claro y el obscuro. ‖ 2. PINT. Color templado que une y empasta los claros con los obscuros. ‖ *Medias* TINTAS. fig. y fam. Palabras y acciones de sentido vago y nada definida a causa de una extremada cautela y recelo. ‖ *Correr la* TINTA. fr. Escribirse fácilmente con ella. ‖ *Dar o dar* TINTA. fr. Dícese de la pluma que arroja, o no, la suficiente cantidad para escribir. ‖ *Meter* TINTAS. fr. PINT. Poner las tintas en los lugares correspondientes. ‖ *Saber uno de buena* TINTA *una cosa.* fr. fig. y fam. Saberla por conducto fidedigno. ‖ *Sudar* TINTA. fr. fig. y fam. Realizar un trabajo con mucho esfuerzo. ‖ P. tinta; I. ink; F. encre; A. Tinte; It. inchiostro, tinta; R. краска, чернила.

TINTAR. (De *tinta,* tinte.) tr. Teñir, dar a una cosa distinto color del que tenía.

TINTE. (De *tintar.*) m. Acción y efecto de teñir. ‖ 2. Color con que se tiñe. ‖ 3. Casa o tienda donde se tiñen telas, ropas, etc. ‖ 4. fig. Artificio mañoso con que se desfiguran las cosas no materiales. ‖ P. tintura; I. dye, dyeing; F. teinture; A. Färben, Farbstoff; It. tinta; R. окрашивание.

TINTERAZO. m. Golpe dado con un tintero.

TINTERILLADA. f. AMÉR. Embuste, acción propia de un tinterillo.

★ **TINTERILLAR.** intr. COLOM. y AMÉR. CENTRAL. Oficiar de tinterillo, pleitear.

TINTERILLO. (d. de *tintero.*) m. fig. y fam. despect. Empleado, cagatintas. ‖ 2. AMÉR. Picapleitos, rábula.

TINTERO. m. Vaso que contiene la tinta en que se moja la pluma para escribir. ‖ 2. Neguilla, mancha negra en la cavidad de los dientes de las caballerías. ‖ 3. IMPR. Depósito de las máquinas de imprimir que recibe la tinta que es transmitida a los cilindros que han de realizar la impresión. ‖ 4. MAR. Zoquete de madera con varios huecos para conservar desleída la almagra que usan a bordo carpinteros y calafates. ‖ *Dejar o dejarse uno, o quedársele a uno en el* TINTERO *una cosa.* fr. fig. y fam. Olvidarla u omitirla. ‖ P. tinteiro; I. inkstand; F. encrier; A. Tintenfass; It. calamaio; R. чернильница.

TINTILLA. (d. de *tinta.*) f. Vino tinto, dulce y astringente, hecho en Rota, villa de la provincia de Cádiz.

TINTILLO. (d. de *tinto.*) adj. Dícese del vino poco subido de color. Ú.t.c.s.

TINTÍN. (Voz onomatopéyica.) m. Sonido de la esquila, campanilla o timbre y el que hacen al recibir un ligero choque las copas u objetos semejantes.

TINTINAR. (l. *tintinnāre.*) intr. Producir el sonido especial del tintín.

TINTINEAR. intr. Tintinar.

TINTINEO. m. Acción y efecto de tintinear.

TINTIRINTÍN. (Voz onomatopéyica.) m. Sonido agudo y penetrante del clarín y otros instrumentos.

★ **TINTITACO.** m. BOT. ARGENT. Arbusto que produce una substancia tintórea.

TINTO, TA. (l. *tinctus,* p.p. de *tingĕre,* teñir.) p.p. irreg. de teñir. ‖ 2. adj. Dícese de la uva de zumo negro que se usa para dar color a ciertos mostos. Ú.t.c.s. ‖ 3. Dícese del vino de color obscuro, casi negro. Ú.t.c.s. ‖ 4. C. RICA y HOND. Rojo obscuro.

TINTOR. (l. *tinctor, -ōris.*) m. ant. Tintorero.

TINTÓREO, A. (l. *tinctorĭus.*) adj. BOT. Dícese de las plantas de las que se extraen materias colorantes.

TINTORERA. (De *tinturar.*) f. Mujer que se dedica a teñir o dar tintes. ‖ 2. Mujer del tintorero. ‖ 3. ZOOL. Tiburón semejante al cazón, frecuente en las costas del sur de España y en las de Marruecos.

TINTORERÍA. f. Oficio de tintorero. ‖ 2. Tinte, tienda donde se tiñen telas, vestidos, etc.

TINTORERO. (De *tintor.*) m. Hombre dedicado a teñir o dar tintes. ‖ P. tintureiro; I. dyer; F. teinturier; A. Färber; It. tintore; R. красильщик.

TINTURA. (l. *tinctūra.*) f. Tinte, acción de teñir y color con que se tiñe. ‖ 2. Afeite en el rostro, especialmente de las mujeres. ‖ 3. Líquido en que se ha disuelto una substancia que le da color. ‖ 4. fig. Noción superficial de una facultad o ciencia. ‖ 5. FARM. Solución de cualquier substancia medicinal en un líquido. ‖ *Sobre negro no hay* TINTURA. ref. que denota la dificultad de corregir el mal genio o natural. ‖ P. e It. tintura; I. tincture; F. teinture; A. Färben, Tinktur; R. окрашивание.

TINTURAR. (De *tintura.*) tr. Teñir, dar a una cosa un color distinto del que tenía. ‖ 2. fig. Informar sumariamente de una cosa. Ú.t.c.r.

TIÑA. (l. *tinĕa,* polilla.) f. Arañuelo que daña las colmenas. ‖ 2. MED. Afección contagiosa de la piel producida por un parásito, que produce costras. ‖ 3. fig. y fam. Miseria, escasez, mezquindad. ‖ —mucosa. MED. Eccema. ‖ 2.ᵃ acep. P. tinha; I. scall; F. teigne; A. (Kopf)-Grind; It. tigna; R. парша.

★ **TIÑA.** f. COLOM. Juego, especie de rebatiña.

TIÑERÍA. f. fam. Tiña, miseria.

★ **TIÑOSA.** f. ZOOL. CUBA. Pez acantopterigio, carángido, propio de los mares tropicales de América. ‖ 2. ZOOL. CUBA. Aura, especie de buitre.

TIÑOSO, SA. (l. *tineōsus.*) adj. Que padece tiña. Ú.t.c.s. ‖ 2. fig. Escaso, ruin. Ú.t.c.s. ‖ 3. fam. AR. y ÁV. Dícese de quien tiene buena suerte en el juego.

TIÑUELA. (d. de *tiña.*) f. Cuscuta parásita del lino. ‖ 2. MAR. Broma que comienza a atacar el casco de una embarcación. ‖ P. cuscuta; I. dodder; F. cuscute; A. Bohrwurn; It. cùscuta; R. повилика.

TÍO. (l. *thius,* y éste del gr. θεῖος.) m.

T

Respecto de una persona, hermano o primo de su padre o madre. El primero se llama carnal, y el otro, según el grado, segundo, tercero, etc. ‖ **2.** En las aldeas, tratamiento que se da al casado o entrado en edad. ‖ **3.** fam. Hombre rústico o grosero. ‖ **4.** fam. So, seó. ‖ **5.** fam. Ar., parte de Cast. y Extr. Padrastro, y a veces, suegro. ‖ **—abuelo.** Respecto de una persona, hermano de uno de sus abuelos. ‖ *Tener* uno Tío, o *un* Tío *en las Indias.* fr. fig. y fam. Contar con los favores de una persona rica o poderosa. ‖ **P.** tio; **I.** uncle; **F.** oncle; **A.** Onkel; **It.** zìo; **R.** дядя.

*** TIOCROMO.** m. Quím. Materia colorante de la levadura, que adquiere florescencia azul a la luz ultravioleta.

TIONEO. (l. *Thyôneus*; de *Thyône*, madre o nodriza de Baco.) adj. Aplícase como sobrenombre al dios Baco.

TIORBA. (l. *tiorba*.) f. Instrumento músico parecido al laúd, aunque algo mayor. ‖ **2.** Ar. Chata, bacín plano con mango hueco.

TIOVIVO. m. Recreo de feria, consistente en una plataforma giratoria sobre la que están instalados caballitos de madera, coches, etc. ‖ **P.** carrocel; **I.** theorbo; **A.** Karussel; **It.** tiorba; **R.** лютня.

TIPA. f. Bot. Árbol leguminoso sudamericano, de tronco grueso y copa amplia. Su madera, amarillenta y dura, es empleada en carpintería y ebanistería. ‖ **2.** Argent. Cesto de varillas o de mimbre sin tapa.

*** TIPA.** (Voz guaraní.) m. R. de la Plata. Chipá.

*** TIPACHE.** m. Guat. y El Salv. Tipaches, juego de chapas.

*** TIPACHES.** m. pl. El Salv. Juego de las chapas.

*** TIPEJA.** f. P. Rico, Rep. Domin. y Colom. Mujer despreciable.

TIPEJO. (despect. de *tipo*.) m. Persona despreciable y ridícula.

*** TIPIA.** f. Bot. Chile. Arbusto que se cría en el norte del país.

TIPIADORA. f. Máquina de escribir. ‖ **2.** Mecanógrafa.

TÍPICO, CA. (l. *typicus*, y éste del gr. τυπικός.) adj. Que incluye en sí la representación de otra cosa, siendo figura de ella. ‖ **2.** R. de la Plata. Se aplica a la orquesta que cuenta con un bandoneón, y ejecuta piezas populares. Ú.t.c.s.f. ‖ **P.** típico; **I.** typic, typical; **F.** typique; **A.** typisch; **It.** tipico; **R.** типичный.

*** TIPIDOR.** m. Ecuad. Instrumento usado para abrir panojas.

*** TIPIL.** m. Argent. Cesta confeccionada con jarrilla.

TIPLE. (port. *tiple*, quizá de *triple*.) m. La más aguda de las voces humanas, propia especialmente de mujeres y niños. ‖ **2.** Guitarrita de voces muy agudas. ‖ **3.** Germ. Vino. ‖ **4.** Mar. Vela de falucho con todos los rizos tomados. ‖ **5.** Mar. Palo de una sola pieza. ‖ **6.** com. Persona cuya voz es el tiple. ‖ **7.** Persona que toca el tiple. ‖ **P.** tiple; **I.** treble; **F.** e **It.** soprano; **A.** Primadonna, Sopransängerin; **R.** сопрано.

*** TIPLEAR.** intr. Colom. Teclear, perecer.

*** TIPLICO.** (De *tiple*.) m. Pan. Grito agudo.

TIPLISONANTE. (De *tiple* y *sonante*.) adj. fam. Que tiene voz o tono de tiple.

TIPO. (l. *typus*, y éste del gr. τύπος.) m. Modelo, ejemplar. ‖ **2.** Símbolo representativo de cosa figurada. ‖ **3.** Letra de imprenta. ‖ **4.** Cada una de las clases de esta letra. ‖ **5.** Figura o talle de una persona. ‖ **6.** Clase, naturaleza de las cosas. ‖ **7.** despect. Persona extraña o singular. ‖ **8.** Bot. y Zool. Cada uno de los grandes grupos taxonómicos en que se dividen los reinos animal y vegetal. ‖ **9.** Numism. Figura principal de una moneda o medalla. ‖ **P.** tipo, modelo; **I.** y **F.** type; **A.** Vorbild, Type; **It.** tipo; **R.** тип.

TIPOGRAFÍA. (De *tipógrafo*.) f. Imprenta, arte de imprimir y taller o establecimiento donde se imprime.

TIPOGRÁFICO, CA. adj. Perteneciente o relativo a la tipografía.

TIPÓGRAFO. (gr. τύπος, tipo, y γράφω, escribir.) m. Operario que sabe o profesa la tipografía. ‖ **P.** tipógrafo;

I. printer, typographer; **F.** typographe, imprimeur; **A.** Typograph, (Buch)drucker; **It.** tipógrafo; **R.** типограф, наборщик.

TIPOLOGÍA. f. Rama de la antropología, que tiene por objeto estudiar y clasificar los tipos humanos, según sus caracteres morfológicos, fisiológicos, psicológicos y patológicos.

TIPOMETRÍA. f. Medición de los puntos tipográficos.

TIPÓMETRO. (gr. τύπος, golpe, señal impresa por un golpe, y μέτρον, medida.) m. Instrumento para medir los puntos tipográficos.

TIPOY. m. Argent. y Par. Túnica desceñida, sin cuello ni mangas que usan las campesinas guaraníes.

TÍPULA. (l. *tippùla*.) f. Insecto díptero, semejante al mosquito, que se alimenta del jugo de las flores y su larva ataca las raíces de algunas plantas de huerta y jardín.

TIQUE. (arauc. *tuque*.) m. Chile. Árbol euforbiáceo, de hojas lampiñas y muy pálidas por debajo. Su fruto es una drupa semejante a la aceituna pequeña.

*** TIQUEAR.** tr. Chile. Perforar un billete, folleto, etc.

*** TÍQUET.** (ingl. *ticket*.) m. P. Rico y Perú. Billete, cédula, boleto, etc.

*** TIQUETE.** m. Cuba. Tíquet.

*** TIQUI.** Voz que, repetida, se emplea para llamar a las gallinas.

TIQUÍN. m. Filip. Pértiga, comúnmente de caña de bambú, con que se da impulso a las embarcaciones menores, en la navegación fluvial, apoyando uno de los extremos en el fondo del río.

TIQUIS MIQUIS. (l. *tibi et michi*, por *mihi*, a ti y a mí.) expr. fam. Tiquismiquis.

TIQUISMIQUIS. (De *tiquis miquis*.) m. pl. Escrúpulos o reparos vanos, carentes de importancia. ‖ **2.** fam. Expresiones afectadas y ridículas.

*** TIQUISMO.** (De *tico*, costarricense.) Amér. Central. Costarriqueñismo.

*** TIQUISQUE.** m. Bot. C. Rica. Tiquizque.

TIQUISTIQUIS. m. Filip. Árbol sapindáceo, de hojas alternas compuestas, flores hermafroditas en panojas terminales. Su madera se emplea para hacer vasos que comunican al agua un sabor amargo y ciertas virtudes medicinales.

*** TIQUI-TIQUI.** m. Zool. Argent. Nombre onomatopéyico dado al piojito o chochí.

TIQUIZQUE. m. Bot. C. Rica. Planta arácea, de rizoma comestible. Sus hojas son grandes y triangulares.

TIRA. (De *tirar*.) f. Pedazo largo y angosto de papel, tela, cuero, etc. ‖ **2.** Germ. Camino, tierra hollada por donde se transita. ‖ **3.** Mar. Parte de un cabo que pasa por un motón y que se extiende horizontalmente para que se agarren a ella los marineros para halar. ‖ **P.** tira; **I.** list, strap; **F.** bande; **A.** Streifen, Binde; **It.** banda, striscia; **R.** лента.

TIRABALA. (De *tirar* y *bala*.) m. Taco, cañuto con que juegan los muchachos, con dos tacos, lanzando el primero mediante aire comprimido al empujar el segundo.

TIRABEQUE. m. Guisante mollar. ‖ **2.** Ál., Logr. y Nav. Tirador, horquilla con dos gomas unidas por una badana.

TIRABOTAS. (De *tirar* y *bota*.) m. Gancho de hierro para calzarse las botas. ‖ **P.** calçadeira; **I.** boot-jack; **F.** tire-botte; **A.** Stiefelknecht, Stiefelzieher; **It.** tirastivali; **R.** рожок для обувания.

TIRABRAGUERO. (De *tirar* y *braguero*.) m. Correa tirante que mantiene bien en su sitio el braguero que los que están quebrados se colocan sobre la hernia.

TIRABRASAS. m. Ál. y Albac. Barra de hierro para remover las brasas en los hornos.

TIRABUZÓN. (fr. *tire-bouchon*.) m. Sacacorchos. ‖ **2.** fig. Rizo de cabello, largo y pendiente en espiral. ‖ *Sacar* con Tirabuzón. fr. fig. y fam. Sacarlo a la fuerza. Dícese especialmente de las palabras que se logra hacer hablar a una persona callada. ‖ **P.** saca-rolhas; **I.** corkscrew; **F.** tire-bouchon; **A.** Korkzieher;

It. tiratappi, cavaturàccioli; **R.** штопор, локон.

TIRACANTOS. m. fam. Echacantos.

TIRACOL. m. Tiracuello. ‖ **2.** Rioja. Baticola.

TIRACUELLO. (De *tirar* y *cuello*.) m. Tahalí para la espada.

TIRACUERO. m. despect. Zapatero de oficio.

TIRACHINOS. m. Seg. Tirador, horquilla con dos gomas unidas por una badana.

*** TIRACHO.** m. Perú. En algunos lugares, flecha que utilizan los muchachos.

TIRADA. f. Acción de tirar. ‖ **2.** Distancia entre dos lugares o entre dos tiempos. ‖ **3.** Serie de cosas dichas o hechas de un tirón. ‖ **4.** Impr. Acción y efecto de imprimir. ‖ **5.** Impr. Número de ejemplares de una edición. ‖ **6.** Impr. Lo tirado en un día de trabajo. ‖ **—aparte.** Impr. Impresión por separado hecha de algún artículo o capítulo publicado en una revista u obra, que, aprovechando sus moldes, se edita en ejemplares sueltos. ‖ **5.ᵃ** acep.: **P.** tiragem; **I.** issue, edition; **F.** tirage; **A.** Auflage; **It.** tirata; **R.** тираж.

TIRADERA. (De *tirar*.) f. Flecha larga, que los indios de América disparaban por medio de correas. ‖ **2.** Ar. Clavo de hierro con una cadena para arrastrar maderos. ‖ **3.** Germ. Cadena, conjunto de eslabones enlazados entre sí.

TIRADERO. m. Lugar o paraje donde el cazador se pone para tirar.

TIRADILLAS. (d. de *tiradas*, estiradas.) f. pl. ant. Calzoncillos.

TIRADO, DA. p.p. de tirar. ‖ **2.** adj. Dícese de las cosas que se obtienen muy baratas o que abundan mucho, por lo que se hallan con facilidad. ‖ **3.** Dícese de la letra del que escribe con soltura. ‖ **4.** Mar. Se dice del buque con mucha eslora y poca altura de casco. ‖ **5.** m. Acción de reducir a hilo los metales, particularmente el oro. ‖ **6.** Impr. Tirada, acción de imprimir.

TIRADOR, RA. m. y f. Persona que tira. ‖ **2.** Persona que tira con relativa destreza. ‖ **3.** Persona que estira. ‖ **4.** Instrumento con que se estira. ‖ **5.** Asidero del que se tira para cerrar una puerta, abrir un cajón, etc. ‖ **6.** Cordón, cadenilla, etc., de que se tira para hacer sonar una campanilla o timbre. ‖ **7.** Regla de hierro de los picapedreros. ‖ **8.** Pluma metálica que sirve de tiralíneas. ‖ **9.** Horquilla con mango, con dos gomas unidas por una badana para disparar piedrecitas. ‖ **10.** Argent. Cinturón ancho del gaucho, comúnmente adornado con monedas de plata y provisto de bolsillos. ‖ **11.** Impr. Prensista. ‖ **—de oro.** Artífice que lo reduce a hilo. ‖ **P.** atirador; **I.** thrower, shooter, drawer; **F.** tireur, tirailleur; **A.** Schütze; **It.** tiratore; **R.** стрелок.

TIRAFONDO. (fr. *tire-fond*.) m. Tornillo grande de cabeza especial con que se sujetan a la madera algunas piezas metálicas. ‖ **2.** Cir. Instrumento para extraer de las heridas cuerpos extraños.

TIRAFUERA. m. Ál. Manga provista de un palo largo, que sirve para pescar desde la orilla.

TIRAGOMAS. m. Sant. y Sor. Tirador, horquilla con mango y dos gomas unidas a una badana.

TIRAJO. m. despect. de tira, trozo largo y estrecho de una cosa.

TIRALÍNEAS. (De *tirar* y *línea*.) m. Instrumento metálico de dibujo, a modo de pinzas, cuya separación puede graduarse por medio de un tornillo, y que sirve para trazar con tinta líneas más o menos gruesas. ‖ **P.** tira-linhas; **I.** drawing-pen; **F.** tire-ligne; **A.** Reissfeder, Linienzieher; **It.** tiralinee; **R.** рейсфедер.

TIRAMIENTO. m. Acción y efecto de tirar o estirar.

TIRAMIRA. (De *tira* y *mirar*.) f. Cordillera larga y estrecha. ‖ **2.** Fila o serie continuada de muchas cosas o personas. ‖ **3.** Tirada, distancia.

TIRAMOLLAR. (De *tirar* y *amollar*.) intr. Mar. Tirar de un cabo que pasa por retorno, para aflojar lo que asegura o sujeta.

TIRANA. (De las palabras ¡*Ay tirana, tirana!*, con que empieza esta canción.) f.

Canción popular española, de aire lento. || **2.** Áv., SAL. y ZAM. Franja de paño picado que sirve de adorno en la parte inferior del refajo o manteo. || **3.** SAL. y ZAM. Vid de más de tres yemas.

TIRANAMENTE. adv. Tiránicamente.

TIRANÍA. (gr. τυραννία.) f. Gobierno ejercitado por un tirano. || **2.** fig. Abuso, imposición excesiva, de cualquier fuerza o poder. || **3.** fig. Dominio excesivo de un afecto o pasión sobre la voluntad. || **P.** tirania; **I.** tyranny; **F.** tyranine; **A.** Gewaltherrschaft; **It.** tirannia; **R.** тирания.

TIRÁNICAMENTE. adv. De modo tiránico.

TIRANICIDA. (l. *tyrannicida;* de *tyrannus,* tirado, y *caedĕre,* matar.) adj. Que da muerte a un tirano. Ú.m.c.s.

TIRANICIDIO. (l. *tyrannicidium.*) m. Muerte dada a un tirano.

TIRÁNICO, CA. (l. *tyrannicus,* y éste del gr. τυραννικός.) adj. Perteneciente o relativo a la tiranía. || **2.** Tirano.

TIRANIZACIÓN. f. Acción y efecto de tiranizar.

TIRANIZADAMENTE. adv. Tiránicamente.

TIRANIZAR. ((l. *tyrannizāre.*) tr. Gobernar un tirano. || **2.** fig. Dominar tiránicamente.

TIRANO, NA. (l. *tyrannus,* y éste del gr. τύραννος.) adj. Dícese de quien usurpa el poder de un Estado y lo gobierna a medida de su voluntad, sin atenerse a normas de justicia. Ú.t.c.s. || **2.** fig. Dícese del que abusa de su poder, superioridad o fuerza, etc., en cualquier concepto o materia. Ú.t.c.s. || **3.** fig. Dícese de la pasión o afecto que domina el ánimo anulando la razón.

* **TIRANOSAURO.** m. PALEONT. Reptil dinosaurio, de unos 5 m de talla, considerado por algunos paleontólogos como el animal más feroz que ha existido.

* **TIRANTA.** f. COLOM. Madera que va de solera a solera, cogiendo el ancho del cuchillo en una armadura. || **2.** COLOM. Tirador, tirante que sostiene el pantalón.

TIRANTE. p.a. de tirar. Que tira. || **2.** adj. Tenso. || **3.** fig. Dícese de las relaciones amistosas que parecen estar próximas a romperse. || **4.** m. Madero de sierra del marco de Cuenca. || **5.** Correa que sirve para tirar de un carruaje o artefacto. || **6.** Cada una de las dos tiras de piel o tela, con que los hombres sujetan el pantalón. || **7.** ARQ. Pieza de madera o hierro colocada horizontalmente en una armadura de tejado para impedir la separación de los pares o evitar el desplome de dos muros. || **8.** MEC. Pieza, generalmente de hierro o acero, que soporta un esfuerzo de tensión, como en las calderas de vapor. || **9.** f. GERM. Calza, vestidura que cubría el muslo y la pierna. || *A* TIRANTES *largos.* m. adv. Tirando del carruaje cuatro caballerías, con dos cocheros. || 2.ª acep.: **P.** tenso; **I.** tight, tense; **F.** tendu; **A.** gespannt, straff; **It.** teso, disteso; **R.** натянутый.

* **TIRANTEAR.** (De *tirante.*) tr. CHILE. Tirar y aflojar alternativamente el hilo de la cometa para que ésta no se incline y pueda elevarse. || **2.** fig. y fam. CHILE. Tratar a las personas con dureza y suavidad alternativamente. || **3.** GUAT. y CHILE. Atirantar.

TIRANTEZ. f. Calidad de tirante. || **2.** Distancia en línea recta entre los extremos de una cosa. || **3.** ARQ. Dirección de los planos de hilada de un arco o bóveda. || **P.** tensão; **I.** tenseness; **F.** tension; **A.** Spannung, Straffheit; **It.** tiratezza, tensione; **R.** напряжение.

TIRANUELO, LA. adj. d. de tirano. Ú.t.c.s.

TIRAPIÉ. (De *tirar* y *pie.*) m. Correa unida por sus extremos que emplean los zapateros para sujetar el zapato al coserlo.

* **TIRAPO.** m. REP. DOMIN. Pistola de juguete.

TIRAR. (port. y cat. *tirar;* fr. *tirer;* ital. y b. l. *tirare.*) tr. Despedir de la mano una cosa. || **2.** Arrojar, lanzar en dirección determinada. || **3.** Derribar, arruinar, demoler. || **4.** Disparar la carga de un arma de fuego, o un artificio de pólvora. Ú.t. c.intr. || **5.** Estirar o extender. || **6.** Reducir a hilo un metal. || **7.** Tratándose de líneas o rayas, hacerlas. || **8.** Con palabras expresivas de daño corporal, ejecutar la acción significada por ellas. || **9.** Devengar, adquirir o ganar. || **10.** fig. Malgastar el caudal o malvender la hacienda. || **11.** IMPR. Imprimir, 1.ª acep. || **12.** intr. Atraer por virtud natural. || **13.** Hacer fuerza para atraer hacia sí o para llevar tras sí. || **14.** Tratándose de ciertas armas, manejarlas según arte. || **15.** Seguido de la preposición *de* y un nombre de arma o instrumento, tomarlo en la mano para emplearlo. || **16.** Producir el tiro o corriente de aire de un hogar. || **17.** fig. Atraer la voluntad y el afecto de una persona. || **18.** fig. Torcerse a un lado u otro. || **19.** fig. Durar trabajosamente una persona o cosa. || **20.** fig. Tender, inclinarse. || **21.** fig. Imitar, parecerse una cosa a otra. || **22.** fig. Poner los medios con disimulo para conseguir algo. || **23.** r. Abalanzarse. || **24.** Arrojarse, tirarse. || **25.** Echarse, tenderse en el suelo o encima de algo. || *A* TIRA *más* TIRA. loc. adv. fam. Tirando a porfía entre muchos. || *A todo* TIRAR. m. adv. fig. A lo más, a lo sumo. || ¡TIRA! interj. P. RICO y ARGENT. Exclamación para espantar, parar o hacer marchar al ganado. || TIRAR a uno. fr. ARGENT. Tenerle ojeriza. || TIRAR *de,* o *por largo.* fr. fam. Gastar sin tasa. || **2.** fam. Calcular el valor de algo, tratando de pecar por exceso. || TIRARLA *de.* loc. fam. Echarla de. || TIRA *y afloja.* loc. fig. y fam. que se emplea para significar que un asunto o negocio se trata con prudencia y tino o alternando el rigor con la suavidad. || 2.ª acep.: **P.** lançar, arrojar; **I.** to throw, to cast; **F.** jeter, lancer, tirer; **A.** werfen schmeissen; **It.** tirare, gettare; **R.** тянуть, тащить.

* **TIRATA.** (De *tirar.*) f. fam. COLOM. Burla, chasco, broma.

TIRATACOS. m. Taco, bala, juguete de niños.

* **TIRATIRA.** (De la repetición de *tira,* 2.ª pers. del sing. del imper. de *tirar.*) f. ZOOL. CHILE. Ave zancuda, de pico largo y cola corta. || **2.** COLOM. Melcocha, azúcar elástico. || **3.** COLOM. Ligamento cervical de la res vacuna. || **4.** COLOM. Cosa difícil de masticar.

TIRATIROS. m. ÁL. y NAV. Colleja.

TIRATRILLO. m. AR. y SOR. Balancín de madera con un anillo en el centro para enganchar el trillo, y otros dos en los extremos para los tirantes del ganado que lo arrastra.

TIRELA. (De *tira,* trozo largo de tela. f. Tela listada.

TIRETA. (d. de *tira,* trozo largo y estrecho de tela, papel, etc.) f. AR. Agujeta, tira listada.

* **TIRIANA.** f. CHILE. Ocejón.

TIRICIA. f. vulg. Ictericia.

* **TIRIGÜILLO.** m. REP. DOMIN. Eje desnudo de los granos de palma, que usan los campesinos para barrer.

TIRILLA. f. d. de tira. || **2.** Tira de lienzo en el cuello de las camisas para fijar en ella el cuello postizo.

* **TIRILLENTO, TA.** (De *tirilla.*) adj. CHILE. Andrajoso.

TIRINTIO, TIA. (l. *tirynthius.*) adj. Natural de Tirinto. Ú.t.c.s. || **2.** Perteneciente a esta ciudad del Peloponeso.

TIRIO, RIA. (l. *tyrius.*) adj. Natural de Tiro. Ú.t.c.s. || **2.** Perteneciente a esta ciudad de Fenicia. || TIRIOS *y troyanos.* loc. fig. Partidarios de distintos y aun opuestos intereses u opiniones.

* **TIRIRONTE.** m. P. RICO. Voz usada en las canciones de cuna.

* **TIRIRÚ.** m. BOL. Vasija que usa la gente humilde como vaso de noche.

* **TIRISUYA.** f. MÚS. PERÚ. Chirimía.

TIRITAÑA. (fr. *tiretaine,* y éste de *tire,* tela de Tiro.) f. Tela endeble de seda. || **2.** fig. y fam. Cosa baladí.

TIRITAÑO. m. SAL. Garlito formado de una esterilla atada a cuatro estacas para pescar en las presas de los molinos.

TIRITAR. (Voz onomatopéyica.) intr. Estremecerse de frío. || TIRITANDO. fr. fig. Con los verbos *estar, quedar, dejar* u otro semejante, temblando. || **P.** tiritar; **I.** to shiver; **F.** grelotter; **A.** frösteln; **It.** tremare; **R.** дрожать.

TIRITERA. f. Temblor producido por el frío o al iniciarse la fiebre.

* **TIRITIRÍ.** m. BOL. Baile popular de paso lento y con inclinaciones de cabeza.

TIRITÓN. m. Cada uno de los estremecimientos del que tirita. || *Dar* uno TIRITONES. fr. Tiritar.

TIRITONA. (De *tiritón.*) f. fam. Tiritera. || *Hacer* uno *la* TIRITONA. fr. fam. Fingir temblor.

* **TIRLANGA.** f. MÉJ. Carlanga, guiñapo.

TIRO. (l. *tirus,* pez.) m. AND. Salamandra.

TIRO. (De *tirar.*) m. Acción y efecto de tirar. || **2.** Señal que hace lo que se tira. || **3.** Pieza de artillería. || **4.** Disparo de un arma de fuego. || **5.** Estampido que produce éste. || **6.** Cantidad de munición para cargar una vez el arma. || **7.** Alcance de cualquier arma arrojadiza. || **8.** Lugar donde se tira al blanco. || **9.** Conjunto de caballerías que tiran de un carruaje. || **10.** Tirante, correa que sirve para tirar las caballerías. || **11.** Cuerda colocada en una polea para subir algo. || **12.** Corriente de aire que aviva el fuego de un hogar. Por ext., se dice también de la corriente de aire que se establece entre dos puertas o ventanas. || **13.** Longitud de una pieza de tela. || **14.** Anchura del vestido de hombro a hombro por la parte del pecho. || **15.** Holgura entre las perneras del pantalón. || **16.** Tramo de escalera. || **17.** fig. Seguida por la preposición *de* y el nombre del arma disparada o el objeto lanzado, se usa como medida de distancia. *Estaba el árbol de la casa a un* TIRO *de bala.* || **18.** fig. Daño grave, físico o moral. || **19.** fig. Chasco o burla para engañar a uno. || **20.** fig. Hurto, robo. || **21.** fig. Indirecta contra una persona. || **22.** SANT. Lugar marcado para tirar a los bolos. || **23.** ART. Dirección dada al disparo de las armas de fuego. || **24.** MIN. Pozo abierto en el suelo de una galería. || **25.** MIN. Profundidad de un pozo. || **26.** VETER. Vicio de algunos caballos de apoyar los dientes en alguna parte como el pesebre, contrayendo los músculos del cuello y haciendo un ruido especial. || **27.** ZOOL. AND. Gallipato. || **—de gracia.** El dado para rematar al que está gravemente herido. || **—directo.** ART. Lanzamiento de un proyectil contra un blanco visible. || **—entero.** El que consta de seis o más caballerías. || **—indirecto.** ART. El que se tira contra un blanco oculto a la vista del tirador. || **—par.** El de cuatro caballerías. || **—rasante.** ART. Aquel cuya trayectoria se aproxima a la línea horizontal. || *Al* TIRO. COLOM., C. RICA y CHILE. En el acto, inmediatamente. || *A* TIRO. m. adv. Al alcance de un arma. || **2.** fig. Dícese de lo que está al alcance de los intentos de uno. || *A* TIRO *hecho.* m. adv. Apuntando con la casi seguridad de no equivocar el tiro. || **2.** fig. Con propósito deliberado. || *De,* o *del* TIRO. m. conj. CUBA y P. RICO. Por consecuencia. || *De* TIROS *largos.* m. adv. A tiros largos. || **2.** fig. y fam. Con vestido de gala. || **3.** fig. y fam. Con lujo y esmero. || *Errar* uno *el* TIRO. fr. fig. Engañarse en el dictamen o fracasar en el intento. || *Hacer* TIRO. fr. Lanzar el jugador la barra de forma que caiga en el suelo sin dar vuelta y de punta. || **2.** fig. Perjudicar, hacer mal tercio a uno en un negocio. || *Ni a* TIROS. loc. adv. fig. y fam. Ni con la mayor violencia, de ningún modo. || *Salir el* TIRO *por la culata.* fr. fig. y fam. Dar una cosa resultado contrario del que se pretendía. || **P.** tiro; **I.** cast, throw, shot; **F.** tir, coup de fusil, portée; **A.** Wurf, Schuss; **It.** tiro, sparo; **R.** бросание, выстрел.

TIROCINIO. (l. *tirocinium.*) m. Aprendizaje, noviciado.

TIROIDEO, A. adj. ZOOL. Relativo o perteneciente al tiroides.

TIROIDES. (gr. θυροειδής, semejante a una puerta.) m. ZOOL. Glándula endocrina de los animales vertebrados, situada por debajo y a los lados de la tráquea y de la parte posterior de la laringe; en el hombre está delante y a los lados de la tráquea y de la parte inferior de la laringe. || **P.** tiróide; **I.** thyroid; **F.** thyroïde; **A.** Schilddrüse; **It.** tiroide; **R.** щитовидная железа.

TIROLÉS, SA. adj. Natural del Tirol. Ú.t.c.s. || **2.** Perteneciente a este país de Europa. || **3.** m. Dialecto del Tirol. || **4.** Mercader de juguetes y quincalla.

TIRÓN. (l. *tiro, -ōnis.*) m. Aprendiz, novicio.

TIRÓN. m. Acción y efecto de tirar con violencia, de golpe. || **2.** Estirón. || *Al* TIRÓN. m. adv. Cobrando anticipadamente los intereses de un préstamo. || *De un* TIRÓN. m. adv. De una vez, de un golpe. || *Ganar* a uno *el* TIRÓN. fr. ARGENT. Anticipársele, ganarle por la mano. || *Ni a dos, o tres* TIRONES. loc. adv. fig. y fam. con que se expresa la dificultad de lograr algo. || **P.** puxão; **I.** pull; **F.** saccade; **A.** Zug, Ruck; **It.** strappata; **R.** дёрганье.

TIRONA. (De *tirar.*) f. Red semejante a la llamada tela, que se usa para pesca sedentaria en el Mediterráneo, dejándola algún tiempo en el fondo.

★ **TIRONEAR.** (De *tirón.*) tr. AMÉR. Estironear. || **2.** fig. CHILE. Incitar, provocar.

★ **TIRONEO.** m. ARGENT. Acción y efecto de tironear.

TIRORIRO. (Voz onomatopéyica.) m. fam. Sonido de los instrumentos músicos de boca. || **2.** pl. fam. Estos mismos instrumentos.

TIROTEAR. (frec. de *tirar.*) tr. Repetir a discreción los tiros de fusil de una parte a otra. Dícese más comúnmente de las partidas de avanzada o de un corto número de gente. Ú.m.c.rec. || **2.** rec. fig. Andar en dimes y diretes.

TIROTEO. m. Acción o efecto de tirotear o tirotearse.

★ **TIROXINA.** f. BIOQUÍM. Principio activo de la glándula tiroides.

TIRRENO, NA. (l. *tyrrhēnus.*) adj. Dícese del mar situado entre Italia, Sicilia, Córcega y Cerdeña. || **2.** Etrusco. Apl. a pers. ú.t.c.s.

TIRRIA. f. fam. Manía contra uno, oponiéndosele en cuanto hace o dice. || **2.** Odio, mala voluntad. || **P.** antipatia; **I.** aversion; **F.** antiphatie; **A.** Widerwille; **It.** rancore; **R.** отвращение.

TIRSO. (l. *thyrsus*, y éste del gr. θύρσος.) m. Vara enramada, que lleva como cetro la imagen de Baco y que usaban los gentiles en las fiestas de este dios. || **2.** BOT. Panoja aovada. || **P.** tirso; **I.** thyrsus; **F.** thyrse; **A.** Thyrsus, (Bacchus)Stab; **It.** tirso; **R.** тирс.

¡TIRTE! (Síncopa de *tírate*, *quítate.*) interj. ant. Apártate, retírate.

TIRULATO. adj. fam. Alelado, embobado.

TIRULO. m. Rollo de hoja de tabaco o porción de picadura de hebra que forma la tripa del cigarro puro.

TISANA. (l. *ptisăna*, y éste del gr. πτισάνη, de πτίσσω, machacar, mondar cebada o grano.) f. Bebida medicinal que resulta de cocer ligeramente en agua una o varias hierbas y otros ingredientes. || **P.** tisana; **I.** tisane, ptisan; **F.** tisane; **A.** Arzneitee; **It.** tisana; **R.** настой медицинских трав.

TISANURO. (gr. θυσάνουρος; de θύσανος, franja, y οὐρά, cola.) adj. ZOOL. Dícese de insectos pequeños sin alas, desarrollados sin metamorfosis, y cuyo abdomen está provisto de apéndices que les sirven para saltar. Ú.t.c.s. || **2.** m. pl. ZOOL. Orden de estos animales.

TISERA. (l. [*ferramenta*] *tonsoria.*) f. ant. Tijera. Ú. en América, Andalucía y Santander. Ú.m. en pl.

TÍSICA. (De *tísico.*) f. ant. Tisis.

TÍSICO, CA. (l. *phthisicus*, y éste del gr. φθισικός.) adj. MED. Que padece de tisis. Ú.t.c.s. || **2.** MED. Perteneciente a la tisis.

TISIS. (l. *phthisis*, y éste del gr. φθίσις, de φθίω, consumir.) f. MED. Enfermedad que produce consunción gradual y lenta, fiebre héctica y ulceración en algún órgano. || **2.** MED. Tuberculosis pulmonar. || **P.** tísica; **I.** phthisis; **F.** phthisie; **A.** Schwindsucht, Tuberkulose; **It.** tisi; **R.** чахотка.

TISTE. (mejic. *textli*, cosa molida.) m. AMÉR. CENTRAL. Bebida refrescante preparada con harina de maíz tostado, cacao, achicote y azúcar.

★ **TISTE.** m. BOL. Verruga que se forma

cuando se clavan en la piel las espinas de la tuna o nopal.

TISÚ. (fr. *tissu*, de *tisser*, y éste del l. *texĕre*, tejer.) m. Tela de seda entretejida con hilos de oro o plata.

TISURIA. (gr. φθίσις, consunción, y οὖρον, orina.) f. MED. Debilidad por exceso de secreción de orina.

TITA. f. d. fam. de tía, 1.ª acep. Ú.m. en Andalucía.

TITÁN. (l. *Titan*, y éste del gr. Τιτάν.) m. MIT. Cada uno de los gigantes que, según la fábula, intentaron asaltar el cielo. || **2.** fig. Sujeto de excepcional poder en algún aspecto. || **3.** fig. Grúa gigantesca para mover grandes pesos. || **P.** titã; **I.** y **A.** Titan; **F.** titan; **It.** titano; **R.** титан.

★ **TITANIA.** f. QUÍM. Bióxido de titanio. Se usa en pintura.

TITÁNICO, CA. adj. Perteneciente o relativo a los titanes. || **2.** fig. Desmesurado, excesivo.

TITANIO. (gr. τιτανος, tierra blanca.) m. Metal raro pulverulento, de color gris, casi del peso del hierro y fácil de combinar con el nitrógeno. Arde centelleando y produce un ácido sólido con aspecto de tierra blanca.

TITANIO, NIA. (l. *titanĭus.*) adj. Titánico, 1.ª acep.

TITAR. intr. SAL. Graznar el pavo para llamar a la manada.

★ **TITEADOR, RA.** adj. BOL. y R. DE LA PLATA. Dícese del que acostumbra a bromear. Ú.t.c.s. || **2.** AMÉR. Que incluye titeo.

★ **TITEAR.** tr. ARGENT., BOL. y URUG. Burlarse.

TÍTERE. (port. *títere.*) m. Figurilla de pasta u otra materia, vestida y adornada, que se mueve con algún artificio. || **2.** fig. y fam. Sujeto de figura ridícula, aniñado o presumido. || **3.** fig. y fam. Sujeto informal y casquivano. || **4.** fig. Idea fija que preocupa mucho. || **5.** pl. fam. Diversión pública de volatines, sombras chinescas, etc. || *Echar* uno *los* TÍTERES *a rodar.* fr. fig. y fam. Romper abiertamente con una o más personas. || *Hacer* TÍTERE a uno alguna cosa. fr. fig. y fam. Cautivarle el ánimo, atrayéndole y moviéndole de modo agradable. || *No dejar, o no quedar* TÍTERE *con cabeza*, *o con cara.* fr. fig. y fam. con que se pondera el desbarajuste o el destrozo total de una cosa. || **P.** títere; **I.** puppet; **F.** marionette; **A.** Marionette, Gliederpuppe; **It.** burattino; **R.** марионетка.

TITERERO, RA. (De *títere.*) m. y f. Titirero, ra.

TITERETADA. f. fam. Acción propia de un títere, informalidad.

TITERISTA. (De *títere.*) com. Titiritero.

TITÍ. (aimará *tirtí*, gato pequeño.) m. ZOOL. Mamífero cuadrumano, hapálido, que habita en América Meridional, tímido, domesticable, come pajarillos e insectos. || **P.** macaquinho; **I.** marmoset, ouistiti; **A.** Seidenaffe; **It.** vedovella; **R.** уистити.

TITIARO. adj. Dícese de una variedad de cambur de fruto pequeño y muy dulce.

TITILACIÓN. (l. *titillatĭo, -ōnis.*) f. Acción y efecto de titilar.

TITILADOR, RA. adj. Que titila.

TITILANTE. p.a. de titilar. Que titila.

TITILAR. (l. *titillăre.*) intr. Agitarse con ligero temblor alguna parte del organismo animal. || **2.** Centellear con cierto temblor un cuerpo luminoso.

TITILEO. m. Acción y efecto de titilar o centellear.

TITÍMALO. (l. *tithymălus*, y éste del gr. τιθύμαλος.) m. Lechetrezna.

★ **TITÍMICO, CA.** adj.fam. GUAT. Ebrio.

★ **TITIPUCHAL.** m. MÉJ. Abundancia de algo.

★ **TITIRIBÍ.** m. ZOOL. COLOM. Cardenal, pájaro ceniciento con un alto penacho rojo en la cabeza.

TITIRIMUNDI. m. Mundonuevo.

TITIRITAINA. (Voz onomatopéyica.) f. fam. Ruido confuso de flautas u otros instrumentos. || **2.** Por ext., cualquier bulla alegre o festiva sin orden.

TITIRITAR. (De *tiritar.*) intr. Temblar de frío o miedo.

TITIRITERO, RA. m. y f. Persona que maneja los títeres. || **2.** Volatinero, ra.

TITO. m. Almorta. || **2.** Sillico, perico. || **3.** SAL., VALLAD. y ZAM. Hueso o pepita de fruta. || **4.** BURG. y GUAD. Yero. || **5.** AR. Guisante. || **6.** MURC. Pollo de la gallina.

TITO. m. d. fam. de tío, 1.ª acep. Ú. en Andalucía.

TÍTOLO. m. ant. Título.

TITUBANTE. (l. *titubans, -antis.*) p.a. de titubar. Que titubea.

TITUBAR. (l. *titubāre.*) intr. Titubear.

TITUBEANTE. p.a. de titubear. Que titubea.

TITUBEAR. (De *titubar.*) intr. Oscilar perdiendo la firmeza o la estabilidad. || **2.** Vacilar en la elección o pronunciación de las palabras. || **3.** fig. Sentir perplejidad, no decidirse en algún asunto, vacilar con inconstancia. || **P.** titubear; **I.** to sttager, to hesitate; **F.** tituber, hésiter; **A.** schwanken, wanken; **It.** titubare; **R.** шататься.

TITUBEO. m. Acción y efecto de titubear.

TITULADO, DA. p.p. de titular. || **2.** m. y f. Persona que tiene un título académico. || **3.** m. Título, persona condecorada con alguna dignidad nobiliaria.

TITULAR. adj. Que tiene algún título por el cual se denomina. || **2.** Que da su nombre por título a otra cosa. || **3.** Que ejerce profesión u oficio con cometido especial y propio, a distinción del que lo ejerce sin tal título. || **4.** IMPR. Dícese de la letra mayúscula empleada en portadas, títulos, etc. Ú.t.c.s. || **P., I.** y **A.** titular; **F.** titulaire; **It.** titolare; **R.** титульный.

TITULAR. (l. *titulāre.*) tr. Poner título, nombre o inscripción a una cosa. || **2.** intr. Obtener un título nobiliario.

TITULILLO. (d. de *título.*) m. IMPR. Renglón puesto en la parte superior de la página impresa, para indicar la materia de que se trata. || *Andar* uno *en* TITULILLOS. fr. fig. y fam. Reparar en cosas sin importancia, en materia de cortesía o cumplidos.

TITULIZADO, DA. adj. ant. Dotado con algún título.

TÍTULO. (l. *titŭlus.*) m. Palabra o frase con que se da a conocer la materia de una obra científica o literaria, de un papel impreso o manuscrito, o de cada una de las divisiones de un escrito. || **2.** Letrero con que da a conocer el contenido, objeto o destino de otras cosas. || **3.** Renombre con que se conoce a una persona por sus cualidades o sus acciones. || **4.** Causa, motivo o pretexto. || **5.** Origen o fundamento jurídico de un derecho u obligación. || **6.** Demostración auténtica del derecho con que se posee una cosa. || **7.** Testimonio o instrumento dado para ejercer un empleo, dignidad, etc. || **8.** Dignidad nobiliaria de conde, marqués, etc., concedida por el Papa o por el jefe de un Estado. || **9.** Persona condecorada con esta dignidad nobiliaria. || **10.** Cada una de las partes de las leyes, reglamentos, etc., o subdivisiones de los libros. || **11.** Cierto documento que representa deuda pública o valor comercial. || **—al portador.** El que no es nominativo, sino pagadero a quien lo lleva. || **—colorado.** FOR. El que tiene apariencia de justicia o de buena fe pero no sirve por sí solo para transferir la propiedad. || **2.** FOR. El que con fraude y dolo se atribuye a un acto o convenio. || **3.** En derecho canónico, el de apariencias de válido, pero con algún vicio oculto que lo hace nulo. || **—lucrativo.** FOR. El que proviene de un acto de liberalidad, como la donación o el legado, sin conmutación recíproca. || **—oneroso.** FOR. El que supone recíprocas prestaciones entre los que adquieren y transmiten. || *Justo* TÍTULO. FOR. El que legalmente basta para la adquisición del derecho transmitido. || *A* TÍTULO. m. adv. Con pretexto, causa o motivo. || **P.** título; **I.** title; **F.** titre; **A.** Titel; **It.** titolo; **R.** заглавие.

TITUNDIA. f. CUBA. Baile popular antiguo.

TIUFADO. m. Jefe de un cuerpo de mil hombres, en el ejército visigodo.

TIUQUE. m. ARGENT. y CHILE. Ave de rapiña, de plumaje obscuro y pico grande.

TIZA. (mejic. *tizatl*.) f. Arcilla terrosa blanca usada para escribir en los encerados, y pulverizada, para limpiar metales. || **2.** Asta de ciervo calcinada. || **3.** Pasta

T compuesta de yeso y greda con que en el juego de billar se unta la suela de los tacos para no resbalar al dar en las bolas. || **P.** giz; **I.** chalk, clay; **F.** craie; **A.** Schlemmkreide, Putzpulver; **It.** creta, gesso; **R.** мел.

TIZANA. (De *tizo*.) f. GUAD. Zaragalla, cisco.

★ **TIZAR.** m. MÉJ. Tiza.

★ **TIZAR.** tr. CHILE. Diseñar, trazar.

★ **TIZATE.** (Del mismo or. que *tiza*.) m. MÉJ., GUAT. y HOND. Tiza.

TIZNA. f. Materia tiznada y preparada para tiznar.

TIZNADO, DA. p.p. de tiznar. || **2.** adj. AMÉR. CENTRAL y ARGENT. Borracho, ebrio.

TIZNADURA. f. Acción o efecto de tiznar o tiznarse.

TIZNAJO. (De *tizne*.) m. fam. Tiznón.

TIZNAR. (l. *titiōnāre*, de *titio*, -*ōnis*.) tr. Manchar con tizne, hollín o algo semejante. Ú.t.c.r. || **2.** Por ext., manchar con cualquier color. Ú.t.c.r. || **3.** fig. Manchar la fama u opinión. || **4.** r. ARGENT., CHILE y AMÉR. CENTRAL. Emborracharse. || **P.** tisnar; **I.** to smut, to smudge; **F.** noircir; **A.** russen, schwärzen; **It.** annerire; **R.** чернить.

TIZNE. (De *tiznar*.) amb. Ú.m.c.m. Humo que se pega a las sartenes y vasijas que han estado a la lumbre. || **2.** m. Tizón, tizo.

TIZNERA. (De *tiznar*.) f. SOR. y BURG. Piedra del hogar adosada a la pared para apoyar los leños.

TIZNERO, RA. adj. Que tizna.

TIZNÓN. (De *tizne*.) m. Mancha que se echa en una cosa, con tizne o algo semejante.

TIZO. (der. regres. de *tisón*.) m. Pedazo de leña mal carbonizado que hace humo al arder.

TIZÓN. (l. *titio*, -*ōnis*.) m. Palo a medio quemar. || **2.** fig. Mancha, borrón o deshonra en la fama. || **3.** ARQ. Parte de un sillar o ladrillo que entra en la fábrica. || **4.** BOT. Hongo pequeño parásito en el trigo y otros cereales. || *Apágose el* TIZÓN *y apareció quien lo encendió*. ref. con que se denota que cuando los enemistados se reconcilian se descubre el autor de la discordia. || *A* TIZÓN. m. adv. ARQ. Aplícase al modo de construir cuando la dimensión mayor de ladrillo o piedra se coloca perpendicularmente al paramento. || **P.** tição; **I.** firebrand; **F.** tison; **A.** Russstaub, Flugbrand; **It.** tizzone; **R.** головешка.

TIZONA. (por alusión a la célebre espada del Cid.) f. fig. y fam. Espada.

TIZONADA. f. Tizonazo.

TIZONAZO. m. Golpe dado con un tizón. || **2.** fig. y fam. Castigo del fuego en la vida eterna. Ú.m. en pl.

TIZONCILLO. m. d. de tizón. || **2.** Tizón, honguillo parásito de los cereales. || **2.ª** acep.: **P.** tição; **I.** smut; **F.** nielle; **A.** Kornfäule; **It.** rubigine; **R.** головня.

TIZONEAR. int. Componer los tizones, atizar la lumbre.

TIZONERA. (De *tizón*.) f. Carbonera hecha con los tizos para acabar de carbonizarlos. || **2.** SAL. Velada celebrada en las noches de invierno en la cocina al amor de los tizones.

TLACO. m. AMÉR. desus. Octava parte del real columnario.

★ **TLACONETE.** adj. MÉJ. Chaparro.

★ **TLACOTE.** (Voz mejicana.) m. fam. MÉJ. Divieso.

★ **TLACOTILLO.** m. MÉJ. Furúnculo, divieso.

★ **TLACOYO.** (Voz mejicana.) m. MÉJ. Tortilla de gran tamaño hecha con fréjoles.

TLACUACHE. m. MÉJ. Zarigüeya.

★ **TLACHIQUE.** (Voz mejicana.) m. MÉJ. Aguamiel.

★ **TLALCHICHOL.** m. MÉJ. Tenducho.

★ **TLAPALERÍA.** f. MÉJ. Tienda donde venden colores, barnices, aceites y útiles para pintar.

TLASCALTECA. adj. Natural de Tlascala, ciudad de Méjico. Ú.t.c.s. || **2.** Perteneciente a esta ciudad.

★ **TLAXCAL.** m. MÉJ. Tazcal.

TLAZOL. m. MÉJ. Punta de la caña de maíz o de azúcar que sirve de forraje.

★ **TLAZOLE.** m. MÉJ. Tlazol.

★ **TLEMOLE.** m. MÉJ. Salsa de ají y tomate.

¡**TO**! interj. p. us. con que se llama al perro. Ú.m. repetida. || **2.** interj. con que se denota haber venido en conocimiento de algo. || **3.** ÁV., SAL. y ZAM. interj. que indica extrañeza.

TOA. (De *toar*.) f. ant. Maroma o sirga. Ú. en América.

TOALLA. (germ. *thwahlja*.) f. Lienzo para limpiarse y secarse las manos y la cara. || **2.** Cubierta que se tiende sobre las almohadas de las camas. || **P.** toalha; **I.** towel; **F.** essuie-main, serviette; **A.** Handtuch; **It.** asciugamano, asciugatoio; **R.** полотенце.

TOALLERO. m. Mueble para colgar toallas.

TOALLETA. f. d. de toalla. || **2.** Servilleta.

TOAR. (ingl. *tow*, cuerda.) tr. MAR. Atoar, llevar una nave a remolque.

TOBA. (l. *tofus*.) f. Piedra caliza muy porosa, formada por la cal que llevan en disolución las aguas de ciertos manantiales y que van depositando. || **2.** Sarro de los dientes. || **3.** Cardo borriquero. || **4.** fig. Capa o corteza que se cría en algunas cosas. || **P.** e **It.** tufo; **I.** tufa; **F.** tuf, tuffeau; **A.** Tuff; **R.** туф.

TOBA. f. GERM. Metátesis de bota, calzado que resguarda el pie y parte de la pierna.

★ **TOBA.** adj. y s. ETNOL. AMÉR. MERID. Indio de la familia *guaycurú* que habita en el Chaco Boreal y en las márgenes del Pilcomayo.

TOBAJA. (germ. *thwahlja*.) f. ant. Toalla. Ú. en Andalucía.

TOBALLA. (germ. *thwahlja*.) f. Toalla.

TOBALLETA. (d. de *toballa*.) f. Toalleta.

TOBAR. m. Cantera de toba.

★ **TOBAR.** tr. COLOM. Toar, remolcar.

★ **TOBELLETA.** f. Toballeta.

TOBERA. (l. *tŭbus*, tubo.) f. Abertura tubular por donde entra el aire en un horno o en una forja. || **P.** olho da forja; **I.** tewel; **F.** porte-vent, tuyère; **A.** Düse; **It.** tubiera; **R.** сопло.

TOBIANO, NA. adj. ARGENT. Dícese del caballo o yegua de capa casta que tiene la capa de dos colores a grandes manchas.

TOBÍAS. n. p. V. *Libro de* TOBÍAS.

TOBILLERA. adj. fam. Decíase de la jovencita que dejaba los vestidos de niña, pero aún no se vestía de largo.

TOBILLO. (l. *tubellum*, d. de *tuber*, protuberancia.) m. Protuberancia de cada uno de los dos huesos de la pierna, tibia y peroné, en el lado interno, y en el externo, respectivamente, de la garganta del pie. || **P.** tornozelo; **I.** ankle; **F.** malléole, cheville; **A.** (Fuss)Knöchel; **It.** caviglia; **R.** щиколотка.

★ **TOBO.** m. VENEZ. Balde, cubo.

TOBOBA. f. C. RICA. Especie de víbora.

★ **TOBOGÁN.** (ingl. *toboggan*, voz canadiense derivada del americano indígena *odabaga*, trineo.) m. DEP. Especie de trineo bajo con una armadura de acero montada sobre dos patines largos y cubierto con plancha acolchada. || **2.** DEP. Declive para el uso del tobogán. || **3.** Tela o cinta rulante que se usa en grandes almacenes para transportar de un lugar a otro. || **4.** Deslizamientos con altos y bajos que se instalan en las ferias para diversión de la gente.

★ **TOBOROCHE.** m. BOT. Palo borracho.

TOBOSEÑO, ÑA. adj. Natural del Toboso. Ú.t.c.s. || **2.** Perteneciente a este pueblo de la Mancha.

TOBOSESCO, CA. adj. desus. Toboseño.

TOBOSINO, NA. adj. desus. Toboseño.

TOBOSO, SA. adj. Formado de piedra toba.

TOCA. (cimbro *toc*, gorra.) f. Prenda de tela, de diferentes formas, según los tiempos, con que se cubría la cabeza por adorno o abrigo. || **2.** Prenda de lienzo blanco que ceñida al rostro usan las monjas. || **3.** Tela delgada y rala, especie de beatilla, de que suelen hacerse las tocas. || **4.** Sombrero de ala pequeña, o casquete, que usan las señoras. || **5.** pl. Importe de una o varias mensualidades del sueldo de

un empleado, que a su fallecimiento perciben en ciertos casos la viuda o las hijas. || TOCAS *de beata y uñas de gata*. fr. con que se moteja a la mujer hipócrita. || **P.** touca; **I.** wimple; **F.** bonnet, béguin; **A.** Haube, Kopftuch; **It.** cuffia; **R.** тока, капор.

★ **TOCA.** com. C. RICA. Tocayo o tocaya.

TOCABLE. adj. Que se puede tocar.

★ **TOCACIÓN.** (De *tocar*.) f. CHILE. Acto de aplicar a una parte del cuerpo un medicamento líquido mediante un pincel.

★ **TOCADA.** (De *tocar*.) f. CHILE. En las riñas de gallos, golpe que un gallo da a otro sin hacerle sangre, pero con el que lo desalienta.

° **TOCADISCOS.** m. Aparato provisto de un fonocaptor y de un altavoz, usado para reproducir los sonidos grabados en un disco.

TOCADO, DA. p.p. de tocar, 2.º art. || **2.** Peinado y adorno de la cabeza, en las mujeres. || **3.** Juego de cintas de color, encajes, etc., para tocarse las mujeres. || **3.ª** acep.: **P.** toucado; **I.** headdress; **F.** coiffure; **A.** Frisur; **It.** acconciatura; **R.** головное украшение.

TOCADO, DA. p.p. de tocar, 1.er art. || **2.** fig. Medio loco, algo perturbado.

TOCADOR. (De *tocar*, 2.º art.) m. Mueble de forma de mesa, con espejos, para el aseo de una persona. || **2.** Aposento para este fin. || **3.** Neceser. || **P.** toucador; **I.** toilet-table; **F.** toilette; **A.** Toilettentisch; **It.** toeletta; **R.** туалетный стол.

TOCADOR, RA. adj. Que toca. Ú.t. c.s., especialmente aplicado al que tañe un instrumento músico. || **2.** AND. Templador de algunos instrumentos de cuerda.

TOCADURA. f. Tocado, peinado y adorno de la cabeza.

TOCADURA. (De *tocar*, herir.) f. AR. Matadura.

TOCAMIENTO. m. Acción y efecto de tocar o palpar. || **2.** fig. Llamamiento o inspiración.

TOCANTE. p.a. de tocar, 1.er art. TOCANTE *a*. loc. adv. En orden a, referente a.

TOCAR. (Como el ital. *toccare*, y el fr. *toucher* [ant. *toquer*], tal vez de raíz onomatopéyica *toc*.) tr. Ejercitar el tacto, percibiendo la tersura, dureza, suavidad, etcétera, de las cosas. || **2.** Llegar a una cosa con la mano sin asirla. || **3.** Hacer sonar según arte algún instrumento. || **4.** Avisar con campana u otro instrumento. || **5.** Tropezar ligeramente una cosa con otra. || **6.** Herir una cosa para reconocer por el sonido su calidad. || **7.** Acercar dos cosas sin dejar distancia entre ambas para comunicarse alguna virtud. || **8.** Ensayar en la piedra de toque una pieza de oro o plata para conocer la proporción de metal fino que contiene. || **9.** fig. Saber una cosa por experiencia. || **10.** fig. Inspirar, disuadir. || **11.** fig. Tratar ligeramente y como de paso un tema. || **12.** fig. Haber llegado el momento de hacer una cosa. *A pagar* TOCAN. || **13.** GERM. Engañar, dar apariencia de verdad a la mentira. || **14.** MAR. Tirar hacia fuera de los guarnes de un aparejo y soltar rápidamente para facilitar su laboreo. || **15.** MAR. Empezar a flamear una vela cuando empieza a perder el viento. || **16.** MAR. Dar suavemente con la quilla en el fondo. || **17.** PINT. Dar toques a una pintura, para mayor efecto. || **18.** intr. Pertenecer por algún derecho. || **19.** Llegar o arribar, sólo de paso a algún sitio. || **20.** Ser de la obligación de alguien. || **21.** Importar, ser de provecho o interés. || **22.** Corresponder parte o porción de una cosa que se divide entre varios. || **23.** Caer una cosa en suerte. || **24.** Estar tan próxima una cosa de otra que no quede espacio alguno entre ellas. || **25.** Ser pariente o aliado de otro. || *A* TOCA, *no* TOCA. expr. adv. que indica la posición de una persona o cosa tan próxima a otra que casi la toca. || *Estar* TOCADA una cosa. fr. fig. Empezarse a dañar. || *Estar* uno TOCADO de una enfermedad. fr. Empezar a padecerla. || —**a rebato.** fr. Dar la señal de alarma para evitar cualquier peligro. || —**de cerca.** fr. fig. Tener una persona parentesco próximo con otra. || **2.** fig. Tratándose de un asunto o negocio, tener de él conoci-

T

miento práctico. || P. tocar; I. to touch; F. toucher; A. antasten, berühren; It. toccare; R. трогать. || 3.ª acep.: P. tocar; I. to play; F. jouer d'un instrument; A. spielen (Instrumente, etc.); It. suonare; R. играть, звонить.

TOCAR. (De *toca*.) tr. Peinar el cabello, componerlo con adornos. Ú.m.c.r. || 2. r. Cubrirse la cabeza con gorra, sombrero, mantilla, etc. || P. pentear; I. to dress (the hair); F. coiffer; A. kämmen (das Haar); It. acconciare (i capelli); R. надевать шляпу.

TOCASALVA. (De *tocar*, 1.er art., y salva. Prueba que se hacía de la comida, antes de servir a a los señores.) f. Salvilla, bandeja.

TOCATA. (ital. *toccata*.) f. Pieza de música, destinada comúnmente a instrumentos de teclado. || 2. fig. y fam. Zurra, azotaina.

★ **TOCATA.** (De *tocar*.) f. fam. P. Rico. Tocamiento.

★ **TOCATECA.** m. Venez. Militar analfabeto.

TOCATEJA (A). m. adv. A toca teja.

★ **TOCATINA.** f. P. Rico. Tocamiento, acción de tocar.

★ **TOCATOCA.** (De *toca*, *toca*, 2.ª pers. repetida del imperativo de tocar.) m. Chile. Juego de muchachos en que se tiran entre sí la pelota.

TOCATORRE. f. Ál. Juego del marro.

★ **TOCAY.** m. Zool. Colom. Especie de mono aullador.

TOCAYO, YA. m. y f. Respecto de una persona, otra que tiene el mismo nombre.

TOCÍA. f. Atutía.

TOCINERA. f. La que vende tocino. || 2. Mujer del tocinero. || 3. Tablón ancho y algo cóncavo donde se sala el tocino.

TOCINERÍA. (De *tocinero*.) f. Tienda donde se vende tocino. || 2. Méj. Carnicería, lugar en que se vende carne.

TOCINERO. m. El que vende tocino.

TOCINO. (l. *tŭccinum*.) m. Zool. Panículo adiposo, muy desarrollado, de ciertos mamíferos, especialmente del cerdo. || 2. Lardo, lo gordo del tocino. || 3. Témpano de la canal del cerdo. || 4. En el juego de la comba, saltos seguidos y muy rápidos. || 5. Ar. Cerdo. || 6. Bot. Cuba. Arbusto trepador mimosáceo. || 7. Germ. Azote, instrumento para azotar. || **—del cielo.** Dulce compuesto de yema de huevo y almíbar cocidos. || **—entreverado.** El que tiene algo de magro. || 2.ª acep.: P. toucinho; I. salt pork, bacon; F. lard; A. Speck, Filz; It. lardo; R. шпиг, свиная туша.

TOCIO, CIA. adj. Tozo, enano. Aplícase especialmente a una especie de roble. || 2. m. Sant. Melojo.

★ **TOCLLA.** f. Ecuad. Lazo de cuerda.

TOCO. (quich. *tojo*.) m. Perú. Nicho rectangular muy usado en la arquitectura de los incas.

★ **TOCO.** m. Bot. Argent. Especie de cedro americano. || 2. Zool. Pájaro trepador del África tropical.

★ **TOCO.** m. Argent. || 2. Venez. Tocón. || 3. Bol. Taburete rústico.

★ **TOCO, CA.** m. y f. Amér. Central. Tocayo o tocaya.

★ **TOCOCO, CA.** adj. Chile. Dícese del animal de color de café obscuro. || 2. m. Colom. Tocotoco.

★ **TOCOCÓ.** m. Bol. Cierto baile popular.

TOCOLOGÍA. (gr. τόκος, parto, y λόγος, tratado.) f. Obstetricia.

TOCÓLOGO. m. Profesor que ejerce la tocología.

★ **TOCOLORO.** m. Bot. Cuba. Tocororo.

★ **TOCOLOTEAR.** intr. Cuba. Barajar los naipes echándolos uno a uno en tres o cuatro montones sobre la mesa.

★ **TOCOLOTEO.** m. Cuba. Acción de tocolotear.

★ **TOCOMATE.** m. Tecomate.

★ **TOCOMOCHO.** m. fam. Argent. y Colom. Billete de lotería, aparentemente premiado y con el que se intenta estafar a uno.

TOCÓN. (Del m. or. que *tueco*; port. *toco*.) m. Parte del tronco de un árbol que

queda unida a la raíz cuando lo cortan por el pie. || 2. Muñón, parte de un cuerpo amputado que queda adherida al cuerpo. || 3. P. Rico y Rep. Domin. Cañón de la barba.

★ **TOCÓN, NA.** adj. Venez. y P. Rico. Mogón. || 2. Colom. Rabón.

TOCONA. f. Tocón de gran diámetro.

★ **TOCONA.** f. Venez. Metát. de cotona, especie de jubón o blusa.

TOCONAL. m. Paraje en que abundan los tocones. || 2. Olivar formado por renuevos de tocones.

★ **TOCOQUERA.** f. Venez. Reunión escandalosa o bulliciosa. || 2. Por ext., garito.

TOCORNO. m. Ál. Roble mal podado, cuya madera sólo sirve para quemar.

TOCORORO. (Onomat. del canto de este pájaro.) m. Ave trepadora, de blanco plumaje con reflejos metálicos, que vive solitario en los bosques de Cuba. Se le caza fácilmente y su carne es comestible.

TOCOTÍN. m. Méj. Antigua danza popular y canto que la acompañaba.

TOCOTOCO. m. Venez. Pelícano o alcatraz.

★ **TOCOYAL.** m. Guat. Cordón de adorno que se colocan los indios en la cabeza.

TOCTE. m. Ecuad. y Perú. Árbol juglándeo de madera parecida a la del nogal.

★ **TOCTO.** m. Bol. Guisado de arroz con carne.

TOCUYO. (De *Tocuyo*, ciudad de Venezuela.) m. Amér. Merid. Tela burda de algodón.

★ **TOCHA.** f. Méj. Mujer desaliñada.

★ **TOCHE.** m. Colom. y Venez. Pájaro conirrostro de plumaje amarillo, negro y azulado. || 2. Zool. Colom. Especie de serpiente.

TOCHEDAD. f. Calidad de tocho. || 2. Dicho o hecho de persona tocha.

TOCHIBÍ. (ár. *Tuŷîbí*, el de la tribu de *Tuŷîb*.) adj. Aplícase a los descendientes de Móndir ben Yahya el Tochibí, que a la caída del califato de Córdoba fundaron un reino de taifas en Zaragoza durante la primera mitad del siglo XI. Ú.t.c.s.

TOCHIMBO. m. Horno de fundición usado en Perú.

TOCHO, CHA. adj. Tosco, inculto, necio. || 2. m. Lingote de hierro. || 3. Ar. y Sal. Palo redondo, garrote. || 4. Dícese del hierro forjado en barras de sección cuadrada de 7 cm de largo.

TOCHUELO. adj. d. de tocho. || 2. Dícese del hierro forjado en barras de sección cuadrada de 5 a 6 cm de lado.

TOCHURA. (De *tocho*.) f. Ast., Burg. y Sant. Tochedad, tosquedad, tontería.

TODABUENA. (De *toda* y *buena*.) f. Bot. Planta herbácea anual, gutífera, de hojas sentadas y ovales, flores amarillas y fruto en bayas negruzcas.

TODASANA. (De *toda* y *sana*.) f. Todabuena.

TODAVÍA. (De *toda* y *vía*.) adv. t. Hasta un momento determinado desde tiempo anterior. *Está durmiendo* TODAVÍA. || 2. ant. Siempre, 1.ª acep. || 3. adv. m. Con todo eso, no obstante, sin embargo. *Es muy ingrato, pero* TODAVÍA *quiero yo hacerle bien.* || 4. Tiene sentido concesivo corrigiendo una frase anterior. *¿Para qué ahorras?* TODAVÍA *si tuvieras hijos estaría justificado.* || 5. Denota encarecimiento o ponderación en frases como la siguiente: *Juan es* TODAVÍA *más aplicado que su hermano.* || Por TODAVÍA. m. adv. ant. Por siempre. || P. todavia; I. yet, still; F. encore, toujours; A. (je)doch, noch, noch immer; It. tuttavia, ancora; R. ещё, до сих пор.

★ **TODERO, RA.** adj. Venez. Que sirve para todo.

TODÍA. (De *todo día*.) adv. ant. Siempre, en todo o en cualquier tiempo.

★ **TODITO.** adj. d. de todo. || 2. fam. Encarece el significado de todo.

TODO, DA. (l. *tōtus*.) adj. Dícese de lo que se toma o comprende por completo, enteramente. || 2. Ú.t. para ponderar el exceso de alguna calidad o circunstancia. *Hombre pobre* TODO *es trazas.* || 3. Seguido de un sustantivo en singular y sin artículo, da al sustantivo valor de plural. TODO *delito, equivale a* TODOS *los delitos.* || 4. En plural equivale a veces a cada. *Viene*

TODOS *los días; es decir, cada día.* || 5. m. Cosa íntegra sin que falte ninguna de sus partes integrantes. || 6. Condición en el juego del hombre y otros de naipes, en que cobra más el que hace todas las bazas. || 7. En las charadas, palabra que contiene todas las sílabas enunciadas. || 8. adv. Enteramente. || A TODO. m. adv. Primera o principalmente. || *Así y* TODO. loc. adv. A pesar de todo, aun siendo así. || A TODO. m. adv. A lo más con el mayor esfuerzo o rendimiento. || 2. Con los verbos *estar, quedar, salir*, etc., obligarse a la seguridad de algo a pesar de los riesgos que puedan presentarse. || *A* TODO *esto*, o a TODAS *estas*, m. adv. Mientras tanto, entre tanto. || *Del* TODO. m. adv. Enteramente, sin limitación. || *De* TODO *en* TODO. m. adv. Entera y absolutamente. || *En* TODO *y por* TODO. m. adv. Con todas las circunstancias, absolutamente. || *En un* TODO. m. adv. Absoluta y generalmente. || *Jugar uno el* TODO *por el* TODO. fr. fig. Aventurarlo todo, arrostrar todos los riesgos para lograr alguna cosa. || *Ser uno el* TODO. fr. fig. Ser la persona más precisa para un negocio, o aquella de quien depende el éxito de algo. || *Sobre* TODO. m. adv. Principalmente. || TODO *es gordo.* loc. fam. irón. usada para ponderar la pequeñez de algo. || TODO *es uno.* expr. irón. con que se da a entender que una cosa es totalmente impertinente y fuera de propósito para el caso. || TODO *uno.* loc. Dícese del carbón mineral que se dedica al consumo tal como sale de la mina. || Y TODO. m. adv. Hasta, también, indicando gran encarecimiento. || P. todo, toda; I. all, whole, everything; F. tout; A. ganz, all, alles; It. tutto; R. целый, весь.

TODOPODEROSO, SA. adj. Que todo lo puede. || 2. m. Por antonom., Dios, el Ser Supremo.

TOESA. (fr. *toise*, y éste del l. *tensa*, extendida.) f. Antigua medida francesa de longitud equivalente a 1 m y 949 mm.

TOFANA. (ital. *Toffana*, nombre de una mujer que pasaba por inventora de esta agua.) f. Agua tofana, veneno muy activo que se usó en Italia.

TOFO. (l. *tofus*, toba.) m. Med. y Veter. Nodo, tumor duro que se forma sobre los huesos, ligamentos o tendones. || 2. Chile y Argent. Arcilla blanca refractaria.

★ **TOFOSO, SA.** adj. Chile. Abundante en tofo.

TOGA. (l. *toga*.) f. Prenda principal exterior del traje nacional romano. || 2. Traje principal y de ceremonia de los magistrados, letrados, etc. Es de paño negro con esclavina de terciopelo, tiene mangas y en ellas a veces vuelillos. || P. e It. toga; I. toga, robe; F. toge, robe; A. Toga; R. тога.

TOGADO, DA. (l. *togātus*.) adj. Que viste toga. Dícese ordinariamente de los magistrados superiores y en jurisdicción militar, de los jueces letrados. Ú.t.c.s. || 2. Dícese de la comedia latina de argumento romano y también de la de personajes de humilde condición.

★ **TOICAGUA.** f. Chile. Adquisición voluntaria o violenta de víveres en vísperas de fiestas religiosas.

TOISÓN. (fr. *toison*, vellón, y éste del l. *tonsio*, -ōnis, esquileo.) m. Orden de caballería instituida por Felipe el Bueno, de la que era Jefe el rey de España. || 2. Insignia de esta orden.

TOJAL. m. Lugar lleno de tojos.

TOJINO. (fr. *taquet*.) m. Mar. Pedazo de madera que se clava en el interior de la embarcación para asegurar alguna cosa del movimiento de los balances. || 2. Mar. Cada trozo de madera prolongada que se pone en el costado del buque desde el portalón a la lumbre del agua, y sirven de escala para subir y bajar. || 3. Mar. Taco de madera que se clava en los penoles de las vergas para ajustar las empuñiduras cuando se toman rizos. || 4. Mar. Cada uno de los resaltes que en los timones de hierro o acero limitan el giro.

TOJO. (port. *tojo*.) m. Bot. Planta perenne papilionácea, que alcanza hasta 2 m de altura. || 2. Sant. Tronco hueco donde hay abejas. || 3. Bol. Alondra.

TOJO. m. Burg. y Pal. Lugar manso y profundo en un río; cadozo.

T

★ TOJO, JA. adj. Bol. Mellizo, gemelo. Ú.t.c.s.

★ TOJOSA. adj. Zool. Cuba. Aplícase a una especie de paloma silvestre, que frecuenta los terrenos cultivados donde busca semillas para su alimento; es bocado escaso, pero sabroso.

TOJOSITA. f. Cuba. Ave, especie de paloma silvestre, de plumas obscuras en las alas y más claro en el pecho, con un collar blanquecino.

★ TOL. m. Guat. Calabaza cortada por la mitad.

TOLA. f. Amér. Merid. Nombre de diferentes especies de arbustos compuestos, que crecen en las laderas de la cordillera andina.

TOLANO. (port. *tolano*.) m. Veter. Enfermedad de las encías de las bestias. Ú.m. en pl.

TOLANO. m. Abuelo, cualquiera de los pelillos cortos que nacen en el cogote. Ú.m. en pl.

TOLDA. (De *toldo*.) f. ant. Mar. Alcázar de la nave.

TOLDADURA. (De *toldar*.) f. Colgadura de algún paño, para defenderse de la luz o del calor.

TOLDAR. (De *toldo*.) tr. Entoldar. || 2. Germ. Cubrir o aderezar.

TOLDERÍA. f. Argent. Campamento formado por toldos de indios.

TOLDERO. (De *toldo*, 4.ª acep.) m. And. Tendero que vende la sal por menor.

TOLDILLA. f. d. de tolda. || 2. Mar. Cubierta parcial que tienen algunos buques a la altura de la borda, desde el palo mesana al coronamiento de popa. || 2.ª acep.: **P.** tombadilho; **I.** round-house; **F.** dunette; **A.** Hütte; **It.** càssere; **R.** полуют.

TOLDILLO. m. d. de toldo. || 2. Silla de manos cubierta.

★ TOLDITO. m. Zool. Venez. Pájaro conirrostro.

TOLDO. (Del ár. *ẓulla*, sombrajo.) m. Pabellón de lienzo colocado para hacer sombra. || 2. Entalamadura. || 3. fig. Engreimiento, vanidad, pompa. || 4. And. Tienda en que se vende sal al por menor. || 5. Argent. Tienda de indios, hecha de ramas y cueros. || **P.** toldo; **I.** tilt, awning; **F.** bâche, tente; **A.** Sonnenzelt, Zeltdach; **It.** tenda, copertone; **R.** парусиновый навес.

TOLE. (l. *tolle*, quita, imper. de *tollĕre*, por alusión a las palabras *tolle eum*, con que los judíos excitaban a Pilatos a crucificar a Jesús.) m. fig. Confusión y griterío popular. Ú. comúnmente repetida. || 2. fig. Rumor de desaprobación que cunde entre la gente contra alguien o contra algo. Suele usarse repetida. || 3. Colom. fam. Pista, orientación. || *Tomar uno el* TOLE. fr. fam. Partir aceleradamente.

★ TOLE. Salv. Guacal grande.

TOLEDANO, NA. (l. *toletānus*.) adj. Natural de Toledo. Ú.t.c.s. || 2. Perteneciente a dicha ciudad. || 3. fig. Se dice de la noche que se pasa sin dormir.

TOLEDO. n. p. V. *Albaricoque de* Toledo.

TOLEMAICO, CA. adj. Perteneciente a Tolomeo o a su sistema astronómico.

TOLENA. f. Ast. Tollina.

TOLERABLE. (l. *tolerabĭlis*.) adj. Que se puede tolerar.

TOLERABLEMENTE. adv. De modo tolerable.

TOLERACIÓN. (l. *toleratĭo*, -ōnis.) f. ant. Tolerancia.

TOLERANCIA. (l. *tolerantĭa*.) f. Acción y efecto de tolerar. || 2. Respeto hacia las opiniones o gustos de los demás. || 3. Reconocimiento de la inmunidad política para los que profesan distinta religión de la oficial. || 4. Permiso, diferencia consentida en las monedas entre su ley o peso efectivo y el que exactamente se les supone. || 5. Margen consentido en la calidad o cantidad de las cosas u obras contratadas. || **P.** tolerância; **I.** tolerance; **F.** tolérance; **A.** Nachsicht, Toleranz; **It.** tolleranza; **R.** терпимость.

TOLERANTE. (l. *tolerans*, -antis.) p.a. de tolerar. Que tolera o es propenso a la tolerancia.

TOLERANTISMO. (De *tolerante*.) m. Opinión de los que preconizan el libre ejercicio de todo culto religioso.

TOLERAR. (l. *tolerāre*.) tr. Sufrir con paciencia. || 2. Disimular algo que no es lícito, sin consentirlo expresamente. || 3. Soportar, aguantar. || **P.** tolerar, sofrer; **I.** to tolerate; **F.** tolérer; **A.** dulden, ertragen; **It.** tollerare; **R.** выносить.

TOLETARI. (De *tolete*, porra.) m. Cuba. Nombre que se aplica festivamente al guardia o gendarme.

★ TOLETAZO. m. Amér. Golpe dado con el tolete.

TOLETE. (fr. *tolet*, y éste del ant. nórd. *thollr*.) m. Mar. Escálamo. || 2. Amér. Central, Colom., Cuba y Venez. Garrote corto.

★ TOLETEAR. tr. Colom. Partir en toletes alguna cosa.

★ TOLETERO, RA. adj. Venez. Camorrista, pendenciero. Ú.t.c.s.

★ TOLETOLE. m. Tole, confusión, griterío. || 2. Colom. Porfía, tema. || 3. Venez. Vida alegre, vagabundeo.

★ TOLILLO. m. Colom. Parte de pescado que se incorpora al sancocho.

★ TOLINGA. f. Méj. La muerte.

TOLMERA. f. Lugar donde abundan los tolmos.

TOLMO. (l. *tumŭlus*.) m. Peñasco elevado, que parece un gran mojón.

TOLO. (l. *torus*, hinchazón.) m. Ast. y León. Tolondro, chichón.

★ TOLO, LA. Argent. Tonto, mentecato.

TOLOBOJO. m. Guat. Pájaro bobo.

★ TOLOLOCHE. m. Méj. Violón, contrabajo.

TOLÓN. m. And. Tolano, enfermedad de las encías que padecen las bestias. Ú.m. en pl.

★ TOLÓN. m. El Salv. Especie de trompo sin punta de hierro.

★ TOLONCHO. m. Colom. Tolete, pedazo.

TOLONDRO, DRA. (De *torondo*.) adj. Aturdido, desatinado, sin tiempo en lo que hace. Ú.t.c.s. || 2. m. Bulto producido por un golpe en alguna parte del cuerpo, especialmente en la cabeza. || *A topa* tolondro. m. adv. Sin reflexión ni reparo.

TOLONDRÓN, NA. adj. Tolondro, aturdido. || 2. m. Tolondro, bulto, chichón. || *A* tolondrones. m. adv. Con tolondros o chichones. || 2. fig. Con interrupción o retazos.

TOLONÉS, SA. adj. Natural de Tolón. Ú.t.c.s. || 2. Perteneciente a esta ciudad de Francia.

★ TOLONGUEAR. tr. C. Rica. Acariciar, mimar.

TOLOSANO, NA. adj. Natural de Tolosa. Ú.t.c.s. || 2. Perteneciente a cualquiera de las poblaciones de este nombre.

TOLTECA. adj. Dícese del individuo perteneciente a una de las tribus que dominaron Méjico. Ú.t.c.s. || 2. Perteneciente a estas tribus. || 3. m. Idioma de las mismas.

TOLÚ. n. p. de una ciudad de Colombia. V. *Bálsamo de* Tolú.

★ TOLUENO. m. Quím. Hidrocarburo bencénico, llamado también metilbenceno y fenilmetano.

★ TOLUILACETAMIDA. f. Quím. Acetotoluida.

TOLVA. (l. *tubŭla*, tubo.) f. Caja en forma de tronco de pirámide o de cono invertido, abierta por abajo, donde se arrojan granos u otros cuerpos para que caigan lentamente en el mecanismo que ha de triturarlos, limpiarlos o clasificarlos. || 2. Parte superior en los cepillos o urnas en forma de tronco de pirámide invertido con una abertura para la monedas, bolas, papeletas, etc. || **P.** tremonha; **I.** hopper; **F.** trémie; **A.** Mühltrichter; **It.** tramoggia; **R.** насыпь.

TOLVANERA. (l. *turbo*, -ĭnis, remolino.) f. Remolino de polvo.

TOLLA. (De *tollo*, 2.º art.) m. Tremedal encharcado por las aguas subterráneas.

TOLLA. f. Nav. Mielga, pez marino.

TOLLA. f. Cuba. Artesa grande con forma de canoa que se emplea para dar de beber a los animales en el campo.

TOLLADAR. m. Tolla, tremedal encharcado por las aguas subterráneas.

TOLLECER. (De *toller*.) tr. ant. Tullir.

TOLLER. (l. *tollĕre*.) tr. ant. Quitar. Usáb.t.c.r.

TOLLIMIENTO. m. ant. Acción y efecto de toller o tollerse.

TOLLINA. (De *tollir*.) f. fam. Zurra, paliza.

TOLLIR. (l. *tollĕre*.) tr. ant. Tullir. Usáb.t.c.r.

TOLLO. m. Zool. Pintarroja. || 2. Mielga, pez marino. || 3. Carne del ciervo junto a los lomos.

TOLLO. m. Hoyo en la tierra o escondite del ramaje, donde se ocultan los cazadores. || 2. Tolla, tremedal encharcado por las aguas subterráneas. || 3. León y Sal. Lodo, fango. || 4. Ar. Charco del agua de lluvia.

TOLLÓN. m. Coladero, camino o paso estrecho.

TOMA. f. Acción de recibir o tomar una cosa. || 2. Conquista por asalto o por armas de una plaza o ciudad. || 3. Porción de alguna cosa que se coge o se recibe de una vez. || 4. Data de los depósitos de agua. || 5. Abertura por donde se desvía de una corriente de agua o de un embalse parte de su caudal. || 6. Lugar por donde se deriva una corriente de electricidad o fluido. || **P.** tomada; **I.** taking; **F.** prise; **A.** Nehmen; **It.** presa; **R.** принятие; || 2.ª acep.: **P.** e **It.** conquista; **I.** conquest, capture; **F.** conquête; **A.** Eroberung; **R.** взятие.

TOMADA. f. Toma, conquista de una plaza por las armas.

TOMADERO. m. Parte por donde se toma una cosa. || 2. Toma, abertura por donde se desvía parte del caudal de una corriente de agua.

TOMADO, DA. p.p. de tomar. || 2. Bol., Chile y Argent. Borracho, ebrio. || *Estar* uno TOMADO. fr. fig. y fam. Argent. Estar borracho.

TOMADOR, RA. adj. Que toma. Ú.t.c.s. || 2. Ratero que hurta de los bolsillos. || 3. Argent. y Chile. Bebedor. || 4. Mont. Se dice del perro que tiene bien la presa. Ú.t.c.s. || 5. m. Com. Aquel a la orden de quien se gira una letra de cambio. || 6. Mar. Cualquiera de las bandas de filástica repartidas a lo largo y firmes en las vergas que sirven para mantener sujetas a ellas las velas cuando se aferran.

TOMADURA. f. Toma, acción de tomar.

TOMAÍNA. (gr. πτῶμα, cadáver.) f. Quím. Cualquiera de las substancias básicas y venenosas que resultan de la putrefacción de las materias orgánicas animales.

TOMAJÓN, NA. adj. fam. Que toma con frecuencia y descaro. Ú.t.c.s. || 2. m. Germ. Oficial o ministro de justicia.

TOMAMIENTO. (De *tomar*.) m. ant. Toma, acción de tomar.

TOMANTE. p.a. ant. de tomar. Que toma.

TOMAR. (port. *tomar*.) tr. Asir algo con la mano. || 2. Asir, aunque no sea con la mano. || 3. Recibir del modo que sea. || 4. Percibir, recibir una cosa y entregarse de ella. || 5. Ocupar por la fuerza de las armas una ciudad o una fortaleza. || 6. Comer o beber. || 7. Emplear, poner por obra. || 8. Contraer, adquirir. || 9. Contratar, ajustar a una o varias personas para que presten un servicio. TOMAR *una criada*. || 10. Alquilar. || 11. Entender algo en determinado sentido, según los aspectos que ofrece. || 12. Ocupar un lugar para interceptar un paso o salida. || 13. Quitar o hurtar. || 14. Comprar, conseguir algo por dinero. || 15. Recibir uno en sí los usos o cualidades de otro, imitarlos. TOMAR *el estilo de fulano*. || 16. Recibir en sí los efectos de algunas cosas, consistiéndolos. || 17. Emprender una cosa, o encargarse de un negocio. || 18. Sobrevenir de nuevo algún efecto que se adueña del ánimo. || 19. Elegir alguna cosa entre varias. || 20. Cubrir el macho a la hembra. || 21. Ganar la baza en los naipes. || 22. Parar la pelota que se saca, si no la volverla. || 23. Con ciertos nombres verbales, significa lo que los verbos de los que tales nombres se derivan. || 24. Adquirir lo que significan algunos nombres que se le juntan. TOMAR *ánimo, aliento*. || 25. Construido con un nombre de instrumento, ejecutar la acción propia de dicho instrumento. TOMAR *la pluma*, ponerse a escribir. || 26. Llevar a uno en su compañía. || **27.** intr. Seguir una dirección determinada. *Al llegar allí,* TOMÓ *por la izquierda.* || **28.** r. Cubrise de moho u orín. Dícese propiamente de los metales. || *Más vale un «*TOMA*» que dos «te daré».* ref. que indica que es preferible el bien presente a halagüeñas esperanzas. || ¡TOMA! interj. fam. con que se indica la poca novedad o importancia de algo. || **2.** fam. Empléase también cuando uno cae en la cuenta de algo que antes no comprendía. || **3.** fam. Señalar como castigo, explicación o desengaño, aquello de que se habla. *¿No te había advertido yo el peligro? Pues,* ¡TOMA! || TOMAR uno *de más alto o más lejos* una cosa. fr. fig. Acercarse más al origen o principio de una cosa. || TOMARLA *con* uno. fr. Contradecirle y culparle de cuanto pasa. || TOMAR uno una cosa *por donde quema.* fr. fig. y fam. Atribuir sin razón suficiente, intención ofensiva o aviesa a lo que otro hace o dice. || TOMAR uno *sobre sí* una cosa. fr. fig. Responder de ella. || TÓMATE *ésa.* expr. fig. y fam. usado cuando se da un golpe a uno, o se hace con él algo que asienta, para indicar que lo merecía. Se añade *y vuelve por otra.* || TOMAR *a menudo.* CUBA. Beber demasiado. || TOMA *y* daca. expr. fam. Usado cuando hay cambio simultáneo de cosas y servicios, o cuando se hace un favor esperando reciprocidad seguida. || P. tomar, agarrar; I. to take, to catch, to seize; F. prendre, saisir, avaler; A. nehmen, ergreifen, anfassen; It. prèndere, pigliare; R. брать, принимать.

★ **TOMATA.** f. fam. COLOM. Vaya, burla, mofa.

TOMATADA. f. Fritada de tomate.

TOMATAL. m. Plantación de tomateras.

TOMATAZO. m. aum. de tomate. || **2.** Golpe dado con un tomate.

TOMATE. (mejic. *tomatl*.) m. BOT. Fruto de la tomatera; es una baya casi roja, de piel lisa y brillante, y en cuya pulpa hay muchas semillas algo amarillas y aplastadas. || **2.** Tomatera. || **3.** Juego de naipes semejante al julepe en el que el que da se queda con el triunfo en lugar de las tres cartas que le correspondían y pierde en caso de no hacer dos bazas. || **4.** fam. Roto de una prenda de punto, como medias, calcetines, etc. || P. y F. tomate; I. tomato; A. Paradeiser, Tomate, Liebesapfel; It. pomodoro; R. томат, помидор.

TOMATERA. f. Planta herbácea anual, solanácea. Se cultiva en las huertas por su fruto que es el tomate.

TOMATERO, RA. m. y f. Persona que vende tomates. || **2.** adj. Propio para ser guisado con tomate. *Pollo* TOMATERO.

TOMATICÁN. m. CHILE. Guiso o salsa de tomate.

TOMATILLO. m. d. de tomate. || **2.** ZAM. Variedad de guinda muy sabrosa. || **3.** CHILE. Arbusto solanáceo lampiño, de fruto amarillo o rojo.

★ **TOMATO.** m. BOT. AMÉR. Planta arbórea de fruto comestible.

★ **TOMATÓN.** (aum. de *tomate*.) m. BOT. CHILE. Planta solanácea arbórea de bayas semejantes al tomate.

★ **TOMAVISTAS.** (De *tomar* y *vista*.) adj. Dícese de la cámara cinematográfica que se emplea para impresionar las películas. Ú.m.c.s.m.

TOMAZA. f. RIOJA. Planta semejante al tomillo, pero menos olorosa.

★ **TOMBO.** m. CHILE. Entre los rateros y ladrones, agente de policía.

° **TÓMBOLA.** (ital. *tombola*, lotería.) f. Rifa o lotería, organizada comúnmente con fines benéficos, en que los premios son objetos variados.

★ **TÓMBOLO.** (Voz italiana.) m. Banco de arena que une una isla con la costa.

TOME. m. CHILE. Especie de espadaña.

TOMEGUÍN. m. CUBA. Pájaro pequeño, de pico corto cónico, plumas verdes por encima, cenicientas en el pecho y patas y con una cola amarilla.

TOMENTO. (l. *tomentum*.) m. Estopa basta, llena de aristas, que queda después de rastrillar el lino o cáñamo. || **2.** BOT. Capa de pelos cortos, suaves y entrelazados que cubre la superficie de los tallos y hojas de algunas plantas.

TOMENTOSO, SA. adj. Que tiene tomento.

★ **TOMERO.** m. CHILE. Presero.

TOMILLAR. m. Lugar lleno de tomillo.

TOMILLO. (l. *tumum, thymum*.) m. Planta perenne labiada, aromática, muy común en España, de flores pequeñas blancas o rosáceas, agrupadas en cimas y cuyo cocimiento se emplea como tónico y estomacal. || **—blanco.** Santónico, planta compuesta, de propiedades tónicas y vermífugas. || **—salsero.** Planta de igual familia que el tomillo común, de tallos menos leñosos y hojas más estrechas. Es de olor agradable y se usa como condimento, principalmente en el adobo o aliño de las aceitunas. || P. tomilho; I. thyme; F. thym; A. Thymian, Kud(e)l; It. timo; R. тимьян.

TOMÍN. (ár. *tumnī*, octava parte.) m. Antiguo peso, tercera parte del adarme y octava del castellano, divide en 12 granos y equivalente a 596 miligramos.

TOMINEJA. f. Tomineja.

TOMINEJO. (d. de *tomín*, por su pequeñez.) m. Pájaro mosca.

★ **TOMINERO, RA.** (De *tomín*.) adj. MÉJ. Miserable, avaro.

TOMISMO. m. Sistema escolástico contenido en las obras de Santo Tomás de Aquino y de sus discípulos. Dícese más especialmente de la teoría de la promoción física, inventada por el dominico español Báñez, para conciliar la libertad humana con la eficacia de la divina gracia.

TOMISTA. adj. El que adopta la doctrina de Santo Tomás de Aquino. Ú.t.c.s.

TOMIZA. (l. *thomix, -īcis*, y éste del gr. θῶμιξ.) f. Cuerda o soguilla de esparto.

TOMO. (l. *tomus*, y éste del gr. τόμος, sección.) m. Cada una de las partes con paginación propia y encuadernadas separadamente, o que se dividen para más fácil manejo las obras impresas de alguna extensión. || **2.** p. us. Grueso, bulto de una cosa. || **3.** fig. Importancia, estima. *De* TOMO *y lomo.* loc. fig. y fam. De mucho peso y bulto. || **2.** fig. y fam. De consideración o importancia. || P. tomo; I. y F. volume; A. (Buch) Band; It. tomo, volume; R. том.

TOMÓN, NA. (De *tomar*.) adj. fam. Tomajón. Ú.t.c.s.

★ **TOMOTECA.** f. Mueble que sirve para contener piezas histológicas.

★ **TOMOYO.** m. ZOOL. CHILE. Cierto pez de la familia de los blénidos.

★ **TOMPEATE.** (mejic. *tompiatli*.) m. MÉJ. Canasta indígena de palma. || **2.** Testículo. || *Colgar el* TOMPEATE. MÉJ. Demostrar enojo o disgusto en el semblante. || *Ser de muchos* TOMPEATES. MÉJ. Ser valiente.

★ **TOMPIATE.** m. MÉJ. Tompeate.

★ **TOMUZA.** f. VENEZ. Greña abundante y áspera.

TON. m. Apócope de *tono*, que se usa únicamente en la frase *sin* TÓN *ni son*, que quiere decir: sin motivo, sin ocasión, fuera de orden y medida. También se dice: *¿A qué* TON *o a qué son viene eso?*

TONA. (célt. *tunna*, costra, nata.) f. GAL. y LEÓN. Nata de la leche.

TONADA. (De *tono*.) f. Composición métrica para cantarse. || **2.** Música de dicha canción. || **3.** AMÉR. Sonsonete al hablar. || P. toada; I. tune; F. chanson; A. Lied; It. canzone; R. песня.

TONADILLA. f. d. de tonada. || **2.** Tonada alegre y ligera. || **3.** Canción o pieza corta o ligera que se canta en algunos teatros.

TONADILLERO, RA. m. y f. Persona que compone tonadillas. || **2.** Persona que las canta.

TONAL. adj. MÚS. Perteneciente o relativo al tono o a la tonalidad.

TONALIDAD. (De *tono*.) f. MÚS. Sistema de sonidos que sirve de fundamento a una composición musical. || **2.** PINT. Sistema de colores y tonos. || P. tonalidade; I. tonality; F. tonalité; A. Tonart, Klangfarbe; It. tonalità; R. тональность.

TONANTE. (l. *tonans, -antis*) p.a. de TONAR. Que truena. Ú. como epíteto del dios Júpiter.

TONAR. (l. *tonāre*.) intr. poét. Tronar o arrojar rayos.

TONARIO. (De *tono*.) m. Libro antifonario.

TONCA. adj. V. *Haba* TONCA.

★ **TONCADO, DA.** p.p. de *toncarse*. || **2.** CHILE. Marchito. || **3.** CHILE. Dícese del animal lleno de chacras.

★ **TONCARSE.** r. CHILE. Marchitarse.

★ **TONCO.** (arauc. *thonco*.) m. CHILE. Plato de madera.

TONDERO. m. PERÚ. Baile popular, propio de la costa. Es ejecutado por parejas sueltas.

TONDINO. (ital. *tondino*, d. de *tondo*, tondo.) m. ARQ. Astrágalo, 2.ª acep.

TONDIZ. (l. *tundĕre*.) f. Tondizno.

TONDO. (ital. *tondo*, aféresis de rotondo, y éste del l. *rotundus*, redondo.) m. ARQ. Adorno circular rehundido en un paramento.

★ **TONDOI.** m. PERÚ. Instrumento indio de percusión formado por troncos huecos que se hacen sonar con un mazo.

TONEL. (prov. o cat. *tonell*, y éste del celt. *tunna*.) m. Cuba grande en que se echa el vino u otro líquido, especialmente cuando hay que transportarlo. || **—macho.** Tonelada de arqueo. || P. tonel, pipa grande; I. tun, cask; F. tonneau; A. (Wein)fass, Tonne; It. barile, botte; R. бочка.

TONELADA. (De *tonel*.) f. Unidad de peso o de capacidad que se emplea para ver el desplazamiento de los buques. || **2.** Peso de 20 quintales. || **3.** Tonelería, conjunto o provisión de toneles. || **—de arqueo.** Medida de capacidad de cien pies cúbicos ingleses, o sea 2,83 m cúbicos. || **—métrica de peso.** Peso de 10 quintales métricos o 1.000 kilogramos. || P. tonelada; I. ton; F. tonne; A. Tonne; It. tonnellata; R. тонна.

TONELAJE. (De *tonel*.) m. Arqueo, cabida de una embarcación. || **2.** Número de toneladas que mide un conjunto de buques mercantes. || P. tonelagem; I. tonnage, tonnage-duty; F. tonnage; A. Tonnengehalt; It. portata, tonnellaggio; R. тоннаж.

TONELERÍA. f. Arte u oficio del tonelero. || **2.** Taller del tonelero. || **3.** Conjunto o provisión de toneles.

TONELERO, RA. adj. Perteneciente o relativo al tonel. *Industria* TONELERA. || **2.** m. El que hace toneles. || **2.ª** acep.: P. tanoiero; I. hooper; F. tonnelier; A. Böttcher; It. bottaio; R. бондарь.

TONELETE. m. d. de tonel. || **2.** Falda corta que cubre hasta las rodillas. || **3.** En el teatro, traje antiguo de hombre. || **4.** Parte de las antiguas armaduras que tenía forma de falda corta.

TONGA. (l. *tunĭca*.) f. Tongada. || **2.** CUBA. Pila o montón de cosas apiladas en orden. || **3.** AR. y COLOM. Tanda, tarea.

★ **TONGA.** adj. AMÉR. Tonca. || **2.** COLOM. Estramonio. || **3.** ECUAD. Almuerzo que llevan los obreros al lugar donde trabajan. || **4.** COLOM. Sueño, dormida. || **5.** AMÉR. Bebida que se obtiene de los frutos del bovochco.

TONGADA. (De *tonga*.) f. Capa, porción de cosas extendidas y colocadas unas sobre otras.

TONGO. m. En los partidos de pelota, carreras de caballos, etc., hacer trampa, aceptando dinero un participante para dejarse ganar.

★ **TONGONEARSE.** r. fam. AMÉR. Contonearse.

★ **TONGONEO.** (De *tongonearse*.) m. fam. AMÉR. Contoneo.

★ **TONGORI.** m. ARGENT., BOL. y URUG. Menudo o piltrafa de res. Ú.m. en pl.

TONICIDAD. (De *tónico*.) f. Grado de tensión de los órganos de un cuerpo vivo.

TÓNICO, CA. (l. *tonicus*.) adj. MED. Que entona, que da tensión y vigor al organismo. Ú.t.c.s.m. || **2.** MÚS. Dícese de la primera nota de una escala musical. Ú.m.c.s.f. || **3.** ORTOGR. Dícese del acento que se carga la pronunciación. || **4.** PROS. Dícese de la vocal o sílaba sobre la que recae el acento. || P. tónico; I. tonic; F. tonique; A. tonisch, anregend; It. tonico; R. тонический.

TONIFICACIÓN. f. Acción y efecto de tonificar.

TONIFICADOR, RA. adj. Que tonifica.

T

TONIFICANTE. p.a. de tonificar. Que tonifica.

TONIFICAR. tr. Entonar, dar vigor al organismo.

TONILLO. d. de tono. || **2.** m. Tono monótono y desagradable de algunas personas al hablar, recitar, rezar o leer. || **3.** Dejo, acento particular de algunos al hablar. || **4.** Entonación enfática al hablar.

TONINA. (l. *thunnus*, atún.) f. Atún fresco. || **2.** Delfín, cetáceo con cabeza de gran tamaño, con una abertura nasal por donde arroja al agua que traga.

★ **TONINO, NA.** adj. MÉJ. Aplícase a la persona a quien faltan dedos. || **2.** P. RICO. Alelado.

★ **TONITO.** m. ECUAD. Cierta música popular.

TONO. (l. *tonus*, y éste del gr. τόνος, tensión.) m. Mayor o menor elevación del sonido según la rapidez de las vibraciones de los cuerpos sonoros. || **2.** Inflexión de la voz y modo especial de decir algo, según la intención o el ánimo del que lo dice. || **3.** Modo particular de la expresión y estilo de una obra literaria según el asunto que trata o el estado de ánimo que quiere expresar. || **4.** Tonada. || **5.** Energía, fuerza. || **6.** MED. Energía del organismo para realizar sus propias funciones. || **7.** MÚS. Modo musical. || **8.** MÚS. Cada una de las escalas que se forman para las composiciones músicas, partiendo de una nota inicial y fundamental, que le da nombre. || **9.** MÚS. Diapasón normal. || **10.** MÚS. Cada uno de los trozos de tubo que en las trompas y otros instrumentos de bronce se mudan para hacer subir o bajar el tono. || **11.** MÚS. Intervalo entre dos notas inmediatas de la escala diatónica, excepto del *mi* al *fa* y del *si* al *do*. || **12.** PINT. Vigor de todas las partes de una pintura y armonía de su conjunto principalmente en el colorido y claroscuro. || **13.** ARGENT. Pompa, fausto. || **—disonante.** MÚS. Disonancia, acorde no consonante que es preciso completar con otro perfecto para obtener verdadera armonía. || **—maestro.** MÚS. Cada uno de los cuatro tonos impares del canto llano. || **—mayor.** MÚS. Modo mayor. || **2.** MÚS. Intervalo entre dos notas consecutivas de la escala diatónica cuando guardan proporción de 8 a 9. || **—menor.** MÚS. Modo menor. || **2.** MÚS. Intervalo entre dos notas consecutivas de la escala diatónica cuando guardan proporción de 9 a 10. || *Bajar* uno el TONO. fr. fig. Moderarse después de haber hablado con arrogancia. || *Darse* uno TONO. fr. fig. Darse importancia. || *De buen* o *mal* TONO. loc. Propio de gente culta y educada, o al contrario. || *Decir* una cosa *en todos los* TONOS. fr. fig. Decirla empleando todos los recursos con insistencia. || *Estar* o *poner* a TONO. fr. fig. Adecuar una cosa a otra. Dícese también de personas. || *Mudar* uno de TONO. fr. fig. Moderarse al hablar cuando se está enojado. || *Subir* uno, o *subirse de* TONO. fr. fig. Aumentar la arrogancia en el trato o la ostentación en el vivir. || P. e It. tono; I. tone, tune; F. ton; A. Ton; R. тон.

★ **TONOCOTE.** adj. AMÉR. MERID. Dícese del indio que moraba al sur de Chaco.

★ **TONOFANTO.** (gr. τόνος, tono, tensión, y φανταζῶ, hacer ver.) m. Fís. Instrumento para ver las vibraciones acústicas.

★ **TONÓN.** (arauc. *thonon*, trama.) m. CHILE. Cada lizo que sostiene las hebras en el telar casero.

★ **TONONCAR.** intr. CHILE. Ejecutar el movimiento debido con la varilla del tonón y apretar el hilo en los telares.

★ **TONONQUEAR.** (De *tononcar*.) intr. CHILE. Hacer puntos de adornos en las mantas.

TONSILA. (l. *tonsillae*.) f. ZOOL. Amígdala. || P. tonsila; I. tonsil; F. amygdale; A. Tonsille; It. tonsilla; R. миндалина.

TONSILAR. adj. ZOOL. Perteneciente o relativo a las tonsilas.

TONSURA. (l. *tonsūra*, de *tonsum*, supino de *tondēre*, trasquilar.) f. Acción y efecto de tonsurar. || **2.** Grado preparatorio para recibir órdenes menores, que confiere el prelado en una ceremonia en que corta al aspirante un poco de cabello. También se llama prima tonsura. || P. e

It. tonsura; I. y F. tonsure; A. Tonsur; R. стрижка.

TONSURADO. m. El que ha recibido el grado de prima tonsura.

TONSURANDO. m. El que está próximo a recibir la tonsura clerical.

TONSURAR. tr. Cortar el pelo o la lana a personas o animales. || **2.** Conferir a uno el grado de prima tonsura. || P. tonsurar; I. to tonsure; F. tonsurer; A. tonsurieren; It. tonsurare; R. подрезать волоски.

TONTADA. f. Tontería, necedad.

TONTAINA. com. fam. Persona tonta. Ú.t.c.adj.

TONTAMENTE. adv. Con tontería.

TONTARRÓN, NA. adj. aum. de tonto. Ú.t.c.s.

TONTEAR. (De *tonto*.) intr. Hacer o decir tonterías.

TONTEDAD. (De *tonto*.) f. Tontería.

TONTERA. f. fam. Tontería.

TONTERÍA. f. Calidad de tonto. || **2.** Dicho o hecho tonto. || **3.** fig. Nadería. || P. tonteira; I. foolishness; F. bêtise; A. Dummheit; It. sciocchezza; R. глупость.

TONTILOCO, CA. adj. Tonto alocado.

TONTILLO. (De *tonelete*.) m. Faldellín con aros de ballena o de otra materia que usaron las mujeres para ahuecar las faldas.

TONTINA. (De Lorenzo *Tonti*, banquero italiano del siglo XVII, autor de esta clase de operaciones.) f. COM. Operación de lucro, en que varias personas ponen un fondo para repartirlo en dado tiempo, con sus intereses, únicamente entre los asociados que han sobrevivido y pertenecen aún a la asociación. || P. e It. tontina; I. y F. tontine; A. Tontine, Leibrentengesellschaft; R. прибыльная операция.

TONTITO. m. CHILE. Chocacabras.

TONTIVANO, NA. (De *tonto* y *vano*.) adj. Tonto vanidoso.

TONTO, TA. (l. *attŏnĭtus*, aturdido.) adj. Mentecato o escaso de entendimiento o razón. Ú.t.c.s. || **2.** Dícese del hecho o dicho propio de un tonto. || **3.** m. NAV. y SEG. Especie de mantón de las mujeres. || *A* TONTAS *y a locas.* m. adv. Sin orden ni concierto. || *Como* TONTO *en vísperas.* loc. adv. fig. y fam. con que se moteja al que está suspenso fuera de propósito o sin tomar parte en la conversación. || *Hacerse* uno *el* TONTO. fr. Aparentar que no entiende o que no advierte lo que no le conviene. || *No hay* TONTO *para su provecho.* fr. proverb. que advierte que tratándose de la propia utilidad hasta el de escasa capacidad discurre con acierto. || *Ponerse* TONTO o TONTA. fr. fam. Mostrar petulancia, terquedad. || P. tonto, parvo; I. silly, foolish; F. niais, sot, nigaud; A. dumm, albern; It. sciocco, tonto, scemo; R. глупый.

★ **TONTOLEAR.** intr. COLOM. Tontear.

TONTÓN, NA. adj. aum. de tonto.

TONTUCIO, CIA. adj. despect. de tonto; medio tonto. Ú.t.c.s.

TONTUELO, LA. adj. d. de tonto.

TONTUNA. (De *tonto*.) f. Tontería.

★ **TONTUNECO, CA.** adj. AMÉR. CENTRAL. Simplón. Ú.t.c.s.

★ **TONUDO, DA.** (De *tono*.) adj. ARGENT. Espléndido, lujoso. || **2.** Hablando de personas, encopetado, ostentoso. Ú.t.c.s.

TOÑA. f. Tala, juego de muchachos. || **2.** AR. Pan grande, a veces de centeno. || **3.** ALIC. y MURC. Torta amasada con aceite y miel.

★ **TOÑECO.** m. VENEZ. Niño mimado.

★ **TOÑEQUERÍA.** (De *toñeco*.) f. VENEZ. Antojo de niño mimado.

TOÑIL. (De *otoño*.) m. AST. Especie de nido de paja o hierba seca, para madurar en él las manzanas o peras sin sazonar por completo.

TOÑINA. f. AND. Tonina, atún fresco.

TOP. (ingl. *to stop*, parar, detener.) MAR. Interjección usada como voz de mando, para indicar paro o detención de la corredera con que se calcula la velocidad del buque, o para detener alguna otra observación o maniobra que se refiera a aquel espacio de tiempo marcado por el reloj de arena.

TOPA. (De *tope*.) f. MAR. Motón de

driza con que se izaban las velas de las galeras.

★ **TOPA.** f. GUAT. Ensayo de pelea de gallos.

TOPACIO. (l. *topazĭus*, y éste del gr. τοπάζιον.) m. Piedra fina, muy dura, generalmente amarilla, a veces incolora, rojiza o verdosa. Es un fluosilicato de alúmina cristalizado en el sistema rómbico. **—ahumado.** Cristal de roca pardo obscuro. || **—de hinojosa.** Cristal de roca amarillo. || **—del Brasil.** El amarillo rojizo, rosado o morado. || **—oriental.** Corindón amarillo. || **—quemado** y **tostado.** El del Brasil, de color bajo, que por la acción del calor se le ha dado el color morado. || P. topázio; I. topaz; F. topaze; A. (Rauch)Topas; It. topazio; R. топаз.

TOPADA. (De *topar*.) f. Topetada.

TOPADIZO, ZA. (De *topar*.) adj. Encontradizo.

TOPADOR, RA. adj. Que topa. Dícese propiamente de los carneros y de otros animales cornudos. || **2.** Que quiere en el juego con facilidad y sin reflexión.

TOPAMIENTO. (De *topar*.) m. ant. Encuentro.

TOPAR. (De *tope*.) tr. Chocar una cosa con otra. || **2.** Hallar casualmente. Ú.t.c.intr. y c.r. || **3.** Hallar lo que se busca. Ú.t.c.intr. || **4.** AMÉR. Echar a pelear a los gallos en ejercicio de ensayo. || **5.** MAR. Unir dos maderos al tope. || **6.** intr. Topetar, dar con la cabeza en alguna cosa. || **7.** Querer, aceptar el envite en el juego. || **8.** fig. Estribar una cosa en otra y causar embarazo. || **9.** fig. Embarazarse en algo por algún obstáculo o falta que se advierte. || **10.** fig. y fam. Salir bien una cosa. || **P.** topar; I. to collide, to strike against; F. heurter, choquer; A. (zusammen)stossen; It. urtare; R. сталкиваться.

TOPARCA. (l. *toparcha*, y éste del gr. τοπάρχης; de τόπος, lugar, y ἄρχω, dominar, mandar.) m. Señor de un Estado pequeño formado de uno o muy pocos lugares.

TOPARQUÍA. (gr. τοπαρχία.) f. Señorío del toparca.

TOPARRA. f. SAL. Tropiezo que halla el arado en las tierras.

★ **TOPASAIRE.** m. ARGENT. Hierbas que hacen estornudar cuando están secas.

TOPATOPA. f. CHILE y PERÚ. Cierta planta de la familia de las escrofulariáceas.

TOPE. (Como el port. *tope*, de la raíz germánica *top*, punta, extremidad.) m. Parte por donde una cosa puede topar con otra. || **2.** Pieza para detener el movimiento de un mecanismo en un punto determinado. || **3.** Cada una de las piezas circulares, aplanadas y algo convexas puestas al extremo de una barra horizontal terminada por un resorte, que llevan los carruajes de ferrocarril, para mantenerlos en contacto y ligeramente oprimidos cuando formen parte de un tren. || **4.** Material duro, que se pone por dentro como armadura en la punta del calzado para evitar que se arrugue. || **5.** Tropiezo, impedimento. || **6.** Topetón. || **7.** fig. Punto donde estriba la dificultad de una cosa. || **8.** fig. Riña o contienda. || **9.** MAR. Extremo superior de cualquier palo de arboladura. || **10.** MAR. Palo del último mastelero, donde se colocan las grímpolas y las perillas. || **11.** MAR. Extremo de una madera o tablón. || **12.** MAR. Marinero que está de vigía en lo alto de la arboladura. || *Al* TOPE, o *a* TOPE. m. adv. con que se denota la unión o juntura de las cosas por sus extremidades sin ponerse una sobre otra. || *Estar* uno *de* TOPE. fr. MAR. Estar de vigía en lo alto de la arboladura. || *Estar hasta los* TOPES. fr. MAR. Tener excesiva carga un buque. || **2.** fig. y fam. Tener una persona o cosa exceso de algo. || *Hasta el* TOPE. m. adv. fig. Enteramente, hasta donde se puede llegar. || **5.**ᵃ acep.: P. tropeço; I. impediment; F. heurt; A. Hindernis; It. dificultà; R. конец.

TOPEADURA. f. CHILE. Diversión de los guasos consistente en empujar un jinete a otro para echarle de su puesto.

TOPEAR. tr. desus. topetar. || **2.** CHILE. Empujar un jinete a otro para desalojarla de su puesto.

TOPERA. f. Madriguera del topo. ||

P. toca da toupeira; **I.** mole-hole; **F.** taupinière; **A.** Maulwursloch; **It.** tana di talpa; **R.** кротовая нора.

TOPETADA. (De *topetar*.) f. Golpe que dan con la cabeza los toros, carneros, etc. || **2.** fig. y fam. Golpe que da uno con la cabeza en alguna cosa.

TOPETAR. (frec. de *topar*.) tr. Dar fuertemente golpes con la cabeza, especialmente los animales cornudos. Ú.t.c. intr. || **2.** Topar, chocar una cosa con otra.

TOPETAZO. (De *topetar*.) m. Topetada.

TOPETÓN. (De *topetar*.) m. Golpe o encuentro de una cosa con otra. || **2.** Topetada. || **P.** encontrão; **I.** collision; **F.** choc, heurt; **A.** Stoss; **It.** urto, intoppamento; **R.** столкновение.

TOPETUDO, DA. adj. Dícese del animal que da topetazos.

★ **TOPIA.** (caribe *topo*, piedra.) f. VENEZ. Tulpa.

TÓPICO, CA. (gr. τοπικός, de τόπος, lugar.) adj. Perteneciente a determinado lugar. || **2.** m. MED. Medicamento externo. || **3.** RET. Expresión vulgar o trivial. || **4.** pl. Lugares comunes o principios generales de los que se sacan las pruebas para los argumentos en los discursos. || **P.** tópico; **I.** topic(al); **F.** topique; **A.** topisch, ortlich; **It.** tòpico; **R.** местный.

TOPIL. m. desus. MÉJ. Alguacil, ministro inferior de justicia.

TOPINADA. f. fam. Acción propia de un topo o persona torpe.

TOPINAMBUR. m. BOT. ARGENT. y BOL. Planta de la familia de las compuestas, que produce unos tubérculos parecidos a las batatas, y que también son comestibles.

TOPINARIA. (De *topo*, pequeño mamífero insectívoro.) f. Talparia.

TOPINERA. (De *topo*, pequeño mamífero insectívoro.) f. Topera. || *Bebe como una* TOPINERA. fr. que se dice del que bebe mucho por alusión al agua de riego que absorben las topineras o galerías subterráneas de los topos.

TOPINO, NA. adj. Aplícase a la caballería de cuartillas cortas, y pisa por ello, con la parte anterior del casco.

TOPIQUERO, RA. m. y f. Persona encargada de aplicar los tópicos en los hospitales.

TOPO. (l. *talpa*.) m. Mamífero insectívoro del tamaño del ratón, de cuerpo rechoncho y cola corta; en cada mano tiene cinco dedos con uñas fuertes para socavar la tierra o abrir las galerías subterráneas donde vive; su pelaje es negruzco, tupido y suave. Se alimenta de gusanos y larvas de insectos. || **2.** fig. y fam. Persona que tropieza con todo por cortedad de vista o por torpeza natural. Ú.t.c.adj. || **3.** fig. y fam. Persona de escasos alcances que se equivoca en todo. Ú.t.c.adj. || **P.** toupeira; **I.** mole; **F.** taupe; **A.** Maulwurf; **It.** talpa; **R.** крот.

TOPO. (Quizá del cumanagoto *topo*, piedra redonda.) m. Medida itineraria de legua y media de extensión, usada entre los indios de la América Meridional.

TOPO. (Voz quichua.) m. ARGENT., CHILE y PERÚ. Alfiler grande con que prenden el mantón las indias.

★ **TOPOCHAL.** m. VENEZ. Sitio lleno de topochos.

TOPOCHO, CHA. adj. Dícese del cambur cuyo fruto se parece a un plátano pequeño. || **2.** VENEZ. Rechoncho.

★ **TOPOGONO.** m. BOT. VENEZ. Ipecacuana.

TOPOGRAFÍA. (gr. τοπογραφία, de τοπογράφος, topógrafo.) f. Arte de describir y delinear con detalle la superficie de un terreno poco extenso. || **2.** Conjunto de particularidades de un terreno en su configuración superficial. || **P.** topografia; **I.** topography; **F.** topographie; **A.** (Orts-, Landes)beschreibung, Topographie; **It.** topografia; **R.** топография.

TOPOGRÁFICAMENTE. adv. De modo topográfico.

TOPOGRÁFICO, CA. adj. Perteneciente o relativo a la topografía.

TOPÓGRAFO. (gr. τοπογράφος; de τόπος, lugar, y γράφω, describir.) m. El que profesa el arte de la topografía o es versado en ello.

★ **TOPÓN.** m. COLOM., CUBA, CHILE y PAN. Topetón.

★ **TOPONEAR.** (De *topón*.) tr. COLOM. Topetar.

TOPONIMIA. (gr. τόπος, lugar, y ὄνομα, nombre.) f. Estudio del origen y significación de los nombres propios de lugar.

TOPONÍMICO, CA. adj. Perteneciente o relativo a la toponimia.

TOPÓNIMO. m. Nombre propio de lugar.

★ **TOPORO.** m. VENEZ. Jícara o copa alargada.

★ **TOPOSO, SA.** (De *topar*.) adj. VENEZ. Entremetido. || **2.** VENEZ. Pedante, presuntuoso. Ú.t.c.s.

★ **TOPOTOPO.** m. BOT. VENEZ. Alquequenje.

TOQUE. m. Acción de tocar una cosa, tentándola, o llegando a ella. || **2.** Ensayo de cualquier objeto de oro o plata que se hace comparando el efecto producido por el ácido nítrico en dos rayas sobre piedra dura, trazada una con dicho objeto, y la otra con una barrita de ley conocida. || **3.** Piedra de toque. || **4.** Tañido de las campanas o de ciertos instrumentos para anunciar algo. || **5.** fig. Punto esencial en que estriba alguna cosa. || **6.** fig. Prueba a que se somete a alguna persona para reconocer su capacidad o disposición. || **7.** fig. Tocamiento, indicación hecha a alguien. Más comúnmente se dice TOQUE *de atención*. || **8.** fig. y fam. Golpe dado a alguno. || **9.** PINT. Pincelada ligera. || —**del alba.** El de las campanas de los templos que anuncian el rezo del Avemaría, al amanecer. || —**de luz.** PINT. Realce o esplendor de claro. || —**de obscuro.** PINT. Apretón, golpe de color obscuro. || *Dar un* TOQUE *a uno*. fr. fig. y fam. Ponerle a prueba. || **2.** fig. y fam. Sondearle respecto de algún asunto. || **P.** toque; **I.** touch, touching; **F.** attouchement; **A.** Berührung, Betasten; **It.** tocco, tatto; **R.** прикосновение. || **2.** acep.: **P.** toque de sinos; **I.** ringing of bells; **F.** tintement; **A.** Geläute; **It.** suono; **R.** звон.

TOQUEADO. (De *toque*.) m. Son o golpeo acorde que se hace con las manos, pies, palos, etc.

TOQUERÍA. f. Conjunto de tocas. || **2.** Oficio del toquero.

TOQUERO, RA. m. y f. Persona que hace o vende tocas.

TOQUETEAR. tr. Tocar repetidamente y sin orden ni tino.

TOQUI. m. CHILE. Entre los antiguos araucanos, jefe del Estado en tiempo de guerra. || **2.** CHILE. Hacha de piedra como atributo de dignidad del toqui.

★ **TOQUIATO.** m. CHILE. Dignidad de toqui.

TOQUILO. m. NAV. Pico, picamaderas.

TOQUILLA. (d. de *toca*.) f. Cierto adorno que se ponía alrededor de la copa del sombrero. || **2.** Pañuelo que se ponen las mujeres en la cabeza o al cuello. || **3.** Pañuelo de punto, comúnmente de lana, que usan las mujeres y niños contra el frío. || **4.** BOL. y ECUAD. Especie de palmera sin tronco cuyas hojas como abanico salen del suelo con un pecíolo largo. Con la paja que suministra se hacen los sombreros de Jipijapa. || **2.**ª acep.: **P.** xaile; **I.** shawl; **F.** fichu; **A.** Schal; **It.** fisciù; **R.** косынка.

★ **TOQUISTINÉ.** adj. y s. ETNOG. AMÉR. MERID. Indio de una tribu lulé que vivía al sur del Chaco.

TORA. (l. *thora*, y éste del hebr. *tōrah*, ley.) f. Tributo que pagaban por familias los judíos. || **2.** Libro de la ley de los judíos.

TORA. (De *toro*.) adj. Aplícase a una hierba orobancácea parásita de las raíces de algunas leguminosas. || **2.** f. Armazón en figura de toro donde se colocan artificios pirotécnicos en las fiestas populares. || **3.** SAL. Agalla, excrecencia de la corteza del roble.

TORÁCICO, CA. (gr. θωρακικός.) adj. ZOOL. Perteneciente o relativo al tórax. || **2.** ZOOL. Aplícase al conducto que va desde la tercera vértebra lumbar hasta la vena subclavia izquierda, y al que fluyen los vasos linfáticos de los miembros inferiores del abdomen.

TORADA. f. Manada de toros.

TORAL. (l. *torus*, lecho.) adj. Principal, de más fuerza y vigor en cualquier concepto. || **2.** Dícese de la cera de las colmenas antes de derretida y curada. || **3.** ARQ. Dícese de cada uno de los cuatro arcos en que descansa la media naranja de un edificio. || **4.** m. MIN. Molde donde se da forma a las barras de cobre. || **5.** MIN. Barra formada en este molde.

TÓRAX. (l. *thōrax*, y éste del gr. θώραξ.) m. ZOOL. Pecho, parte del cuerpo de los vertebrados que se extiende desde el cuello al abdomen. || **2.** ZOOL. Cavidad del pecho. || **3.** ZOOL. Región media de las tres en que está dividido el cuerpo de los insectos, arácnidos y crustáceos. || **P.** tórax; **I.** y **F.** thorax; **A.** Brustkorb; **It.** torace; **R.** грудная клетка.

TORBELLINO. (l. *turbo*, -*ĭnis*.) m. Remolino de viento. || **2.** fig. Abundancia de cosas que ocurren a igual tiempo. || **3.** fig. y fam. Persona excesivamente inquieta y que hace o dice todo atropelladamente. || **P.** torvelinho; **I.** whirlwind; **F.** tourbillon; **A.** Wirbelwind; **It.** turbine; **R.** вихрь.

TORCA. (Quizá del l. *torques*, collar.) f. Depresión circular en un terreno, con bordes escarpados.

TORCAL. m. Lugar donde hay torcas.

TORCAZ. (De *torcazo*.) adj. Dícese de la paloma algo mayor que la común que vive en el campo y hace sus nidos en los árboles más altos.

TORCAZO, ZA. (De un der. del l. *torques*, collar.) adj. Torcaz. Ú.t.c.s.f.

TORCE. (l. *torques*, collar.) f. Cada una de las vueltas que da alrededor del cuello una cadena o collar. || **2.** p. us. Collar.

TORCECUELLO. (De *torcer* y *cuello*.) m. ZOOL. Ave trepadora de color pardo jaspeado con rojo y negro en lomo, cola y alas. Eriza las plumas de la cabeza en caso de peligro, tuerce el cuello hacia atrás y lo extiende después con rapidez. Es ave de paso en España y anida en los huecos de los árboles. Come insectos, principalmente hormigas. || **P.** torcicolo; **I.** wryneck; **F.** torcol, tercol; **A.** Otterwindel; **It.** torticollo; **R.** вертишейка.

TORCEDERO, RA. (De *torcer*.) adj. Torcido, desviado de lo recto. || **2.** m. Instrumento para torcer.

TORCEDOR, RA. adj. Que tuerce. Ú.t.c.s. || **2.** m. Huso para torcer la hilaza. || **3.** fig. Cualquier cosa que causa persistente disgusto, sentimiento o pesadumbre. || **4.** AR. Acial. || **2.**ª acep.: **P.** fuso; **I.** twister; **F.** tordeur; **A.** Spindel; **It.** torcitore; **R.** крутильный. || **3.**ª acep.: **P.** torcedor; **I.** remorse; **F.** remors; **A.** Verdruss; **It.** rimorso; **R.** неприятность.

TORCEDURA. f. Acción y efecto de torcer o torcerse. || **2.** Aguapié, vino pobrísimo que se hace echando agua al orujo usado y pisado. || **3.** CIR. Distensión de las partes blandas que rodean las articulaciones de los huesos. || **4.** CIR. Desviación de un miembro u órgano de la dirección normal.

TORCER. (l. *torquēre*.) tr.) Dar vueltas a una cosa sobre sí misma de forma que tome figura helicoidal y se apriete. Ú.t.c.r. || **2.** Encorvar, poner angulosa una cosa recta o ponerla inclinada si estaba perpendicular. || **3.** Hacer que cambie su posición o dirección normal o que tenía en momento dado. Ú.t.c.r. || **4.** Dicho del gesto, del semblante, del morro, etc., dar al rostro expresión de enojo o desagrado. || **5.** Dar violentamente a un miembro dirección contraria al orden natural. || **6.** Desviar una cosa de la dirección que llevaba. Ú.t.c.r. *El camión se* TORCIÓ *hacia la cuneta.* Ú.t.c.intr. *El camino* TUERCE *a mano izquierda.* || **7.** Elaborar el cigarro puro, envolviendo la tripa en la capa. || **8.** fig. Interpretar mal lo que tiene sentido equivocado. || **9.** fig. Mudar la voluntad o el dictamen de alguien. Ú.t.c.r. || **10.** Hacer que los jueces o autoridades falten a la justicia. Ú.t.c.r. || **11.** r. Avinagrarse el vino. || **12.** Cortarse la leche. || **13.** fig. Dejarse un jugador ganar por otro con el que está convenido para estafar juntos a un

Ttercero. || **14.** Frustrarse algo que iba por buen camino. || **15.** fig. Desviarse del camino recto de la virtud o de la razón. || *Andar*, o *estar* TORCIDO *con* uno. fr. y fam. Estar enemistado con él, o no tratarle con la confianza de antes. || **P.** torcer; **I.** to twist, to twine; **F.** tordre; **A.** ver-(drehen) It. tòrcere; **R.** крутить, сгивать.

TORCIDA. f. Mecha que se pone en los velones, velas, etc. || **2.** AND. Ración diaria de carne que dan en los molinos de aceite al que muele la aceituna. || **P.** torcida, pavio; **I.** wick; **F.** mèche; **A.** Docht; **It.** stoppino; **R.** фитиль.

TORCIDAMENTE. adv. De manera torcida.

TORCIDILLO. m. d. de torcido, hebra grande y gruesa de seda torcida.

TORCIDO, DA. p.p. de torcer. || **2.** adj. Que no es recto, que hace curvas o está inclinado. || **3.** fig. Dícese de quien no obra con rectitud' y de su conducta. || **4.** Rollo de pasta de ciruelas u otras frutas en dulce. || **5.** En algunos lugares, torcedura, aguapié. || **6.** Hebra gruesa y fuerte de seda torcida. **2.ª** acep.: **P.** torcido, torto; **I.** bent, crooked; **F.** tortu, tors; **A.** verdreht, krumm; **It.** torto; **R.** кривой.

TORCIJÓN. (De *torcer*.) m. Retorcimiento. || **2.** Retortijón de tripas. || **3.** Torozón.

TORCIMIENTO. (De *torcer*.) m. Torcedura, acción de torcer o torcerse. || **2.** fig. Perífrasis o circunlocución con que se dice algo que se podía explicar más breve y claramente.

TORCO. m. ÁL., LOGR. y SANT. Bache, charco grande.

★ **TORCUATA.** f. fam. CHILE. Pescozón, golpe dado con la mano en el cuello o cabeza.

TORCULADO, DA. (De *tórculo*.) adj. De forma de tornillo, como los husillos de las prensas.

TÓRCULO. (l. *torculum*.) m. Prensa, especialmente la que se emplea para estampar grabados en acero, cobre, etc. || **P.** tórculo; **I.** small press; **F.** petite presse; **A.** kleine, Presse; **It.** torcoletto; **R.** пресс, тиски.

TORCHO. m. Tocho, lingote de hierro.

TORCHUELO. adj. Tochuelo.

TORDA. f. Hembra del tordo.

TORDANCHA. (De *tordo*.) f. NAV. Estornino.

TORDELLA. (l. *turdēla*.) f. Especie de tordo mayor que el común.

TÓRDIGA. f. Túrdiga.

TORDILLEJO, JA. adj. d. de tordillo. Ú.t.c.s.

TORDILLO, LLA. (d. de *tordo*, **1.ª** acep.) adj. Tordo, que tiene el pelo mezclado de negro y blanco. Ú.t.c.s.

★ **TORDITA.** f. VENEZ. Mujer parda o mulata desvergonzada.

TORDO, DA. (l. *turdus*.) adj. Dícese del caballo o yegua, mulo o mula, con el pelo mezclado de negro y blanco. Ú.t.c.s. || **2.** m. Pájaro dentirrostro, de cuerpo grueso, común en España, de plumaje pardo verdoso en el lomo y blanco amarillento, con manchas en el vientre; se alimenta de insectos y de frutos, especialmente de aceitunas. || **3.** AMÉR. CENTRAL, ARGENT. y CHILE. Estornino. **—de agua.** Pájaro semejante al tordo, de lomo pardo, cabeza rojiza, que vive en las orillas de ríos y arroyos y se sumerge en el agua para coger insectos y moluscos. **—serrano.** Pájaro parecido al estornino y de color negro uniforme. || **2.ª** acep.: **P.** e **It.** tordo; **I.** thrush; **F.** grive; **A.** Singdrossel; **R.** дрозд.

TOREADOR. m. El que torea.

TOREAR. intr. Lidiar toros en la plaza. Ú.t.c.tr. || **2.** Echar los toros a las vacas. || **3.** tr. fig. Entretener las esperanzas de uno engañándole. || **4.** fig. Burlarse de uno con disimulo. || **5.** fig. Molestar a uno llamando su atención hacia diversos objetos.

TOREO. m. Acción de torear. || **2.** Arte de torear o lidiar toros. || **2.ª** acep.: **P.** toureio; **I.** bull-fighting; **F.** tauromachie; **A.** Stierkampf; **It.** tauromachia; **R.** искусство боя быков.

TORERA. f. Chaquetilla ceñida al cuerpo, llamada así por el parecido con la

empleada por los toreros. || *Saltarse* algo *a la* TORERA. fr. fig. y fam. Omitir con cierta audacia el cumplimiento de un compromiso u obligación.

TORERÍA. (De *torero*.) f. Gremio o conjunto de toreros.

TORERO, RA. adj. fam. Perteneciente o relativo al toreo. || **2.** Dícese de la capa que usan los toreros. || **3.** m. y f. Persona que por oficio o afición acostumbra a torear en las plazas. || **3.ª** acep.: **P.** toureiro; **I.** bull-fighter; **F.** toréador; **A.** Stierfechter, Stierkämpfer; **It.** torero, toreador; **R.** относящийся к бою быков.

TORÉS. (l. *torus*, lecho.) m. ARQ. Toro que asienta sobre el plinto de la basa de la columna.

TORESANO, NA. adj. Natural de Toro. Ú.t.c.s. || **2.** Perteneciente a esta ciudad.

TORETE. m. d. de toro, animal rumiante. || **2.** fig. y fam. Especie o encierra grave dificultad y exige gran esfuerzo de la inteligencia para su solución. || **3.** fig. y fam. Asunto del que se trata más generalmente en las conversaciones.

TORGA. f. Horca, collar triangular formado por un palo con dos puntas y otro que atraviesa. || **2.** LEÓN. Torna, obstáculo puesto en una reguera para cambiar el curso del agua.

TORGADO, DA. (De *torga*.) adj. ant. Torpe.

TORGO. (l. *tōricus*, de *torus*, tronco.) m. EXTR. y GAL. Tocón, raíz gruesa o parte abultada de las ramas.

TORIL. m. Lugar donde se encierran los toros que han de lidiarse.

TORILLO. m. d. de toro, bocel. || **2.** Espiga que une dos pinas contiguas de una rueda. || **3.** ZOOL. Rafe, rugosidad saliente a modo de costura en el perineo y el escroto. || **4.** AND. Pájaro semejante a la codorniz, pero de menor tamaño.

TORILLO. m. d. de toro. || **2.** Pez acantopterigio blénido, de piel desnuda y con una mucosidad característica con las aletas abdominales reducidas a dos radios colocados debajo de las torácicas. || **3.** fig. y fam. Torete, asunto del que se habla más en las conversaciones.

TORIO. (De *Tor*, dios de la mitología escandinava.) m. Metal raro, radiactivo, infusible, de color plomizo, más pesado que el hierro y soluble en el ácido clorhídrico. Se obtiene industrialmente a partir de las arenas monacíticas. || **P.** tório; **I.** y **F.** thorium; **A.** Thorium; **It.** torio; **R.** торий.

TORIONDEZ. f. Calidad de toriondo.

TORIONDO, DA. (De *toro*.) adj. Dícese de la vaca en celo.

★ **TORITA.** f. Mineral negro del que se obtiene el torio.

TORITO. m. d. de toro. || **2.** CHILE. Fiofío. || **3.** ARGENT. y PERÚ. Especie de escarabajo negro; el macho tiene en la frente un cuerno encorvado. || **4.** ECUAD. Cierta variedad de orquídea. || **5.** CUBA. Especie de pez cofre con dos espinas como cuernos.

TORLOROTO. (fr. *tournebout*.) m. Instrumento músico de viento semejante al orlo.

TORMAGAL. (De *tormo*.) m. Tormellera.

TORMELLERA. (De *tormo*.) f. Tolmera.

TORMENTA. (l. *tormenta*, pl. de *-tum*, tormento.) f. Tempestad, borrasca. || **2.** fig. Adversidad, infelicidad o desgracia. || **3.** fig. Violenta manifestación del estado de ánimos enardecidos. || **P.** e **It.** tormenta; **I.** storm, tempest; **F.** tourmente, orage; **A.** Sturm, (Un)gewitter; **R.** буря.

TORMENTADOR, RA. (De *tormentar*.) adj. ant. Atormentador. Úsáb. t.c.s.

TORMENTAR. (De *tormento*.) tr. ant. Atormentar. || **2.** intr. Padecer tormenta.

TORMENTARIO, RIA. (l. *tormentum*, máquina, ingenio para disparar armas arrojadizas.) adj. Perteneciente o relativo a la maquinaria de guerra propia para defender las fortificaciones.

★ **TORMENTERA.** f. P. RICO. Cuchitril situado debajo de la escalera en ciertas casas, o local destinado a guarecerse de las tormentas.

TORMENTILA. (De *tormento*, porque

alivia el dolor de muelas.) f. Planta herbácea anual, rosácea, cuyo fruto seco se emplea en medicina como astringente enérgico y contra el dolor de muelas. Es común en España. || **P.** tormentilha; **I.** tormentil, saptfoil; **F.** tormentille; **A.** Tormentille, Blutwurzel; **It.** tormentila.

TORMENTÍN. (ff. *tourmentin*, de *tourment*, tormento.) m. MAR. Mástil pequeño que se colocaba sobre el bauprés.

TORMENTO. (l. *tormentum*.) m. Acción o efecto de atormentar o atormentarse. || **2.** Angustia o mal físico. || **3.** Antigua máquina de guerra para arrojar balas u otros proyectiles. || **4.** fig. Congoja, aflicción del ánimo. || **5.** fig. Especie o persona que causa la causa. || *Confesar* uno *sin* TORMENTO. fr. fig. Decir fácilmente lo que sabe sin instigarle. || *Dar* TORMENTO a uno. fr. Someterle a cuestión de tormento o averiguación de la verdad. || **P.** e **It.** tormento; **I.** torment; **F.** tourment; **A.** Folter; **R.** пытка, мука.

TORMENTOSO, SA. (l. *tormentuōsus*.) adj. Que causa tormenta. || **2.** Dícese del tiempo en que hay o amenaza tormenta. || **3.** MAR. Se aplica al buque que por mala construcción o por otra causa trabaja mucho con el viento y la mar.

TORMERA. f. Tolnera.

TORMO. m. Tolmo. || **2.** Terrón, masa pequeña y suelta de tierra u otra substancia.

TORNA. f. Acción de tornar, devolver o regresar. || **2.** Obstáculo en una reguera para cambiar el curso del agua. || **3.** AR. Remanso de un río. || **4.** PAL. Cada dos o cuatro surcos de terreno sembrado. || **5.** SAL. y ZAM. Cajón de madera que recoge el grado en la aceña. || **6.** AND. Granzones que dejan los bueyes y se echan a otros animales. || *Volver las* TORNAS. fr. fig. Corresponder una persona al proceder de otra. || **2.** Cambiar en sentido opuesto el curso o marcha de un asunto. Ú.t.c.r.

TORNABODA. f. Día después de la boda. || **2.** Celebridad de este día.

TORNACHILE. m. MÉJ. Pimiento gordo.

TORNADA. f. Acción de tornar o regresar. || **2.** Repetición de la ida a un lugar. || **3.** VETER. Enfermedad causada en el carnero por el desarrollo de un cisticerco en la masa encefálica del animal.

TORNADERA. (De *tornar*.) f. Horca de dos puntas usada para dar vuelta a las parvas durante la trilla.

TORNADERO. m. SAL. Torna, **2.ª** acep.

TORNADIZO, ZA. (De *tornar*.) adj. Que fácilmente se torna o muda. Especialmente se aplica al que cambia de opinión o de partido. Ú.t.c.s. || **2.** m. CÁD. Alcornoque.

TORNADO, DA. p.p. de tornar. || **2.** m. Huracán.

TORNADURA. f. Torna, **1.ª** acep. || **2.** Tornada, **1.ª** acep. || **3.** Pértica.

TORNAGALLOS. m. ÁL. Lechetrezna.

TORNAGUÍA. (De *tornar* y *guía*.) f. Resguardo de la guía de la mercancía que se expidió y que acredita que el género llegó a término.

★ **TORNAJUMA.** (De *tornar* y *juma*, borrachera.) f. REP. DOMIN. Malestar tras una borrachera.

TORNALECHO. m. Dosel sobre la cama.

TORNAMIENTO. m. Acción y efecto de tornar o mudar de naturaleza o estado.

TORNAPEÓN (A). m. adv. AR. y NAV. Ayudándose unos a otros los vecinos en las labores del campo, mediante la prestación mutua de servicios.

TORNAPUNTA. (De *tornar* y *punta*.) f. Madero ensamblado en uno horizontal para apear otro vertical o inclinado. || **2.** Puntal, madero que sirve de sostén. || **3.** MAR. Cualquiera de las barras de hierro que desde la cubierta apoyan cerca de la regala por una y otra banda en los bergantines y goletas de mucho pozo, que llevan las mesas de guarnición encima de la portería.

TORNAR. (l. *tornāre*, tornear.) tr. Devolver, restituir. || **2.** Mudar a una persona o cosa su naturaleza o estado. Ú.t.c.r. || **3.** intr. Regresar, volver al lugar de donde se salió. || **4.** Con la preposición *a* y otro verbo en infinitivo, volver a hacer lo que éste significa. || **5.** Volver, restituirse a su sentido el que por un letargo o accidente lo había perdido.

TORNASOL. m. Girasol, planta compuesta oriunda del Perú. || **2.** Cambiante o viso de la luz en algunas telas o en objetos tersos. || **3.** Materia colorante azul violácea producida en la fermentación de algunos líquenes y de otras plantas y cuya tintura sirve de reactivo para reconocer los ácidos que la tornan roja. || **P.** tornassol; **I.** sunflower, turnsole; **F.** tournesol; **A.** Sonnenblume; **It.** girasole; **R.** подсолнечник.

TORNASOLADO, DA. (De *tornasolar.*) adj. Que tiene o hace visos y tornasoles.

TORNASOLAR. tr. Hacer tornasoles. Ú.t.c.r.

TORNÁTIL. (l. *tornatilis.*) adj. Hecho a torno o torneado. || **2.** poét. Que gira con rapidez. || **3.** fig. Tornadizo.

TORNATRÁS. com. Descendiente de mestizos y con caracteres propios de una sola de las razas originarias, reaparecidos por atavismo. || **2.** Especialmente, hijo de albina y europeo o de europea y albino.

TORNAVIAJE. m. Viaje de regreso al lugar de donde salió. || **2.** Lo que se trae al volver de un viaje.

TORNAVIRÓN. m. Torniscón, golpe dado con la mano.

TORNAVOZ. m. Sombrero del púlpito, concha del apuntador en los teatros, o aparato parecido para que el sonido repercuta. || **I.** sounding-board; **F.** abat-voix; **A.** Schalldach, Kanzeldach; **It.** baldacchino; **R.** резонатор.

TORNEADOR. (De *tornear.*) m. El que tornea. || **2.** Tornero, artífice que hace obras al torno.

TORNEADURA. f. Viruta sacada de lo que se tornea.

TORNEANTE. p.a. de tornear, combatir en torneo. Que tornea. Ú.t.c.s.

TORNEAR. tr. Labrar una cosa al torno, redondeándola y puliéndola. || **2.** LOGR. Dar vueltas a la parva. || **3.** SANT. Imprimir el movimiento de rotación a la bola que se arroja en el juego de bolos. || **4.** intr. Dar vueltas alrededor. || **5.** Combatir en el torneo. || **6.** fig. Dar vueltas con la imaginación; desvelarse con pensamientos varios. || **P.** tornear; **I.** to turn; **F.** tourner; **A.** drechseln; **It.** tornire; **R.** вытачивать.

TORNEO. (De *tornear*, combatir a caballo dos bandos de personas.) m. Combate a caballo entre varias personas que forman dos bandos y pelean dando vueltas en torno. || **2.** Fiesta pública entre caballeros armados, unidos en cuadrillas que escaramucean dando vueltas alrededor imitando una batalla. || **3.** Modorra de las reses lanares. || 2.ª acep.: **P.** torneio; **I.** tournament, j(o)ust; **F.** tournoi; **A.** Turnier, Kampfspiel; **It.** torneo; **R.** турнир.

TORNEO. (De *torno*, potro de tormento.) m. GERM. Tormento, dolor corporal que se causaba al reo para obligarle a declarar.

TORNERA. f. Monja encargada del torno. || **2.** Mujer del tornero.

TORNERÍA. f. Taller del tornero. || **2.** Oficio de tornero.

TORNERO. m. Artífice que hace obras al torno. || **2.** El que hace tornos. || **3.** AND. Demandadero de monjas.

TORNÉS, SA. (b. l. *turonensis*, de Tours.) adj. Dícese de la moneda francesa que se acuñó en la ciudad de Tours y valía una quinta parte menos que la de París. *Libra* TORNESA.

TORNIJA. f. BAD. y SAL. Cuña que se introduce en el extremo del eje del carro para evitar que se escape la rueda.

TORNILLERO. (De *tornillo*, deserción del soldado.) m. fam. Soldado desertor.

TORNILLO. (d. de *torno*.) m. Cilindro de metal, madera, etc., que entra y juega en la tuerca. || **2.** Clavo con resalto en hélice. || **3.** fig. y fam. Deserción del soldado. || **4.** BOT. AMÉR. CENTRAL y VENEZ. Arbusto estericuláceo con flores rojas y fruto capsular. Se usa en medicina. ||—**de rosca golosa.** Clavo de espiga li-

geramente cónica con resalto helicoidal de arista cortante. ||—**sin fin.** Engranaje de una rueda dentada y un cilindro con resalto helicoidal. || *Apretarle* a uno *los* TORNILLOS. fr. fig. y fam. Apremiarle, obligarle a obrar en un sentido o forma determinada. || **P.** parafuso; **I.** screw; **F.** vis; **A.** Schraube; **It.** vite; **R.** винт, болт.

TORNIQUETE. (fr. *tourniquet.*) m. Palanca angular de hierro, para comunicar el movimiento del tirador a la campanilla. || **2.** Especie de torno con brazos en forma de cruz que gira sobre un eje y se coloca en las entradas para que pasen las personas una a una. || **3.** CIR. Instrumento quirúrgico para contener la hemorragia en operaciones y heridas de las extremidades. || *Dar* TORNIQUETE *a una frase.* fr. fig. Torcer su sentido, dando a entender algo distinto a lo que es.

TORNISCÓN. (De *tornar.*) m. fam. Golpe que con la mano se da a alguien en la cara o cabeza, especialmente si es dado al revés. || **2.** fam. Pellizco retorcido.

★ **TORNIZCO.** m. COLOM. Pellizco.

TORNIZCÓN. m. CHILE. Torniscón, pellizco retorcido.

TORNO. (l. *tornus*, y éste del gr. τόρνος, giro, vuelta.) m. Máquina simple consistente en un cilindro que gira sobre un eje por acción de un pedal o manubrio y que actúa sobre la resistencia mediante una cuerda que arrolla al cilindro. || **2.** Armazón giratorio con varios tableros verticales que concurren en un eje con techo y suelo circulares y que se ajusta al hueco de una pared y sirve para pasar cosas de un lugar a otro sin que se vean las que dan y los que reciben. Se usa en conventos, en casas de expósitos y comedores. || **3.** Máquina en que por medio de una rueda o de una cigüeña se hace girar una cosa como la usada para hilar, devanar, etc. || **4.** Máquina para labrar en redondo piezas de madera, metal, etc. || **5.** Freno de algunos carruajes manejado con manubrio. || **6.** Vuelta alrededor, rodeo. || **7.** Recodo del cauce de un río en el que generalmente aumenta la fuerza de la corriente. || **8.** AR. Aparato para cerner harina. || **9.** FOR. Acción de pasar la adjudicación del remate, en los arrendamientos de rentas, al postor que ofrece mejores ventajas inmediatamente después del que la obtuvo primero y no dio, dentro del plazo las fianzas estipuladas. ||—**paralelo.** Aquel cuyo portaherramientas se mueve paralelamente al eje de la pieza que se tornea. || **P.** e **It.** torno; **I.** lathe; **F.** tour; **A.** Drehbank; **R.** токарный станок.

TORO. (l. *taurus.*) m. Mamífero rumiante, de la familia los bóvidos, de cabeza gruesa con cuernos; fiero, y más cuando se le irrita; mide unos dos metros y medio de largo y metro y medio de alto. Hecho buey al castrarlo, sirve, domesticado, en los trabajos del campo. || **2.** fig. Hombre robusto. || **3.** ASTRON. Tauro. || **4.** pl. Fiesta o corrida de toros. ||—**corrido.** fig. y fam. Sujeto de gran experiencia y difícil de engañar. ||—**de campanilla.** El que lleva una túrdiga colgando de la piel del pescuezo. ||—**del aguardiente.** El que se lidia por el público a primeras horas de la mañana en fiestas populares. ||—**de muerte.** El destinado a morir en el redondel. ||—**de puntas.** El que se lidia sin tener las astas emboladas. ||—**furioso.** BLAS. Toro levantado en sus pies, cuando está en forma de león rampante. ||—**mejicano.** Bisonte. || *Ciertos son los* TOROS. expr. fig. y fam. con que se afirma la certeza de algo comúnmente desagradable y que se temía. || *Echarle* a uno *el* TORO. fr. fig. y fam. Decirle algo desagradable sin contemplación. || *Haber* TOROS *y cañas.* fr. fig. y fam. Tener fuertes disputas sobre algo. || *Otro* TORO. fr. fig. empleada para decir que es preciso cambiar de tema en la conversación. || *Pelean los* TOROS, *y mal para las ramas.* ref. que enseña que de las riñas entre los poderosos se derivan perjuicios para los subalternos. || **P.** touro; **I.** bull; **F.** taureau; **A.** Stier; **It.** toro; **R.** бык.

TORO. (l. *torus*, y éste del gr. τόρος.) m. ARQ. Bocel, moldura en forma de cilindro macizo.

★ **TOROCAÁ.** (De *toro* y el guaraní *caá*, hierba: hierba del toro.) m. BOT. R. DE LA PLATA. Planta aromática labiada, semejante al tabaco; el cocimiento de sus hojas se emplea para curar heridas. || **2.** R. DE LA PLATA. Trébol muy oloroso.

★ **TOROMBOLO, LA.** adj. CUBA. Rechoncho. Ú.t.c.s.

★ **TORÓN.** m. QUÍM. Emanación del torio.

TORONDO. (l. *turunda*, bola.) m. ant. Tolondro, bulto o chichón.

TORONDÓN. (De *torondo.*) m. ant. Tolondro, chichón.

TORONDOSO, SA. adj. ant. Que tiene torondos.

TORONJA. (ár. *turunŷa*, cidra.) f. Cidra de forma globosa como la naranja. || **P.** toronja; **I.** grapefruit; **F.** pamplemousse; **A.** echte Zitrone; **It.** cedro; **R.** цедр.

TORONJIL. (ár. *turunŷân*, con imela *turunŷîn*, hierba abejera.) m. Planta herbácea anual, labiada, común en España; sus hojas y sumidades floridas se usan en medicina como remedio tónico y antiespasmódico. || **P.** melissa; **I.** balm(mint), melissa; **F.** mélisse; **A.** Melisse; **It.** melissa **R.** мелисса.

TORONJINA. (Del m. or. que *toronjil.*) f. Toronjil.

TORONJO. m. Variedad de cidro que produce las toronjas.

TOROSO, SA. (l. *torōsus.*) adj. Fuerte y robusto.

TOROZÓN. (De *torzón.*) m. fig. Inquietud, sofoco. || **2.** VETER. Movimiento violento y desordenado de las caballerías y otros animales cuando padecen enteritis con fuertes dolores. || **2.** VETER. Enteritis de estos animales con dolores cólicos.

★ **TOROZÓN.** m. ARGENT. y CHILE. Trozo.

TORPE. (l. *turpis.*) adj. Que no es de movimiento libre, sino lento y pesado. || **2.** Falto de destreza. || **3.** Rudo, tardo en comprender. || **4.** Deshonesto, lascivo. || **5.** Ignominioso, infame. || **6.** Feo, falto de ornato. || **P.** torpe; **I.** slow, dull; **F.** lourd, engourdi; **A.** ungeschickt, plump, sohwerfällig; **It.** malaccorto, tòrpido; **R.** неловкий.

★ **TORPEAR.** intr. CHILE. Cometer torpezas y revelarse torpe.

TORPECER. (l. *torpescĕre.*) tr. ant. Entorpecer.

TORPECIMIENTO. (De *torpecer.*) m. ant. Entorpecimiento.

TORPEDAD. (De *torpe.*) f. p. us. Torpeza.

TORPEDEAMIENTO. m. Torpedos.

TORPEDEAR. tr. MAR. Lanzar torpedos.

TORPEDEO. m. MAR. Acción y efecto de torpedear.

TORPEDERO, RA. adj. Aplícase al barco de guerra destinado a disparar torpedos. *Lancha* TORPEDERA. Ú.m.c.s.m.

TORPEDO. (l. *torpēdo.*) m. ZOOL. Pez selacio, ráyido, tiene dos órganos musculosos debajo de la piel, a ambos lados de la cabeza, que producen corrientes eléctricas suficientemente intensas para ocasionar una conmoción en la persona o animal que lo toca. Es carnívoro y vive en los fondos arenosos submarinos. || **2.** MAR. Máquina de guerra con carga explosiva que echa a pique al buque que choca con ella o se encuentra en su radio de acción. ||—**automóvil.** El de forma de cigarro, lanzado por el buque que ataca, llevando elementos para trasladarse y gobernarse en profundidad y hacer explosión sobre el blanco o irse a pique y clavarse en el fondo en caso de resultar ineficaz su lanzamiento. ||—**de botalón.** El que se asegura en una percha colocada en proa de un bote de vapor, que se dirige contra el blanco. ||—**de corriente, o a la ronza.** El que se deja ir al garete aprovechando el movimiento del agua. ||—**de remolque.** El que es conducido así por la popa de un buque. ||—**durmiente, o de fondo.** El formado por un recipiente metálico con materia explosiva; se coloca en el fondo del mar y se le hace estallar por medio de electricidad al pasar bajo un buque enemigo. ||—**flotante.** El que al ser fondeado queda estallar, como el durmiente, por choque o eléctricamente,

T

en el debido momento. ‖ 1.ª y 2.ª aceps.: **P.** raia, torpedo; **I.** torpedo; **F.** torpédo, torpille; **A.** Zitterochen, Torpedo; **It.** torpèdine; **R.** электрический скат, торпеда.

TORPEMENTE. adv. Con torpeza.

TORPEZA. f. Calidad de torpe. ‖ 2. Acción o dicho torpe.

TÓRPIDO, DA. (l. *torpĭdus*.) adj. MED. Que reacciona con torpeza.

★ **TORPÓN, NA.** adj. aum. de torpe. ‖ 2. CHILE. Algo torpe.

★ **TORPONAZO, ZA.** adj. CHILE. En extremo torpe.

TORPOR. (l. *torpor*.) m. desus. MED. Entumecimiento.

TORQUES. (l. *torques*.) f. Collar que usaban los antiguos como insignia o adorno.

TORRADO, DA. p.p. de torrar. ‖ 2. m. Garbanzo tostado.

TORRAR. (l. *torrēre*.) tr. Tostar al fuego.

TORRE. (l. *tŭrris*.) f. Edificio fuerte, alto, que sirve para defenderse desde él del enemigo, o para defender una plaza. ‖ 2. Edificio más alto que ancho que sirve para colocar campanas en las iglesias y en las casas para adorno o esparcimiento de la vista. ‖ 3. Pieza grande del juego de ajedrez, en figura de torre, camina en línea recta en todas direcciones, sin más limitación que la de no poder saltar por encima de otra pieza, salvo el lance de enroque. ‖ 4. Reducto acorazado de los buques de guerra que se alza sobre cubierta para que dentro de él jueguen una o más piezas de artillería. ‖ 5. AR., CAT., MURC. y NAV. Casa de campo o de recreo, o granja con huerta. ‖ 6. CUBA y P. RICO. Chimenea del ingenio. ‖ —cubierta. BLAS. La que representa un techo casi siempre puntiagudo. ‖ Hacer TORRE. fr. fig. Remontar su vuelo la perdiz herida mortalmente, hasta caer sin vida. ‖ **P.** e It. torre; **I.** tower; **F.** tour; **A.** Turm; **R.** башня.

TORREAR. tr. Guarnecer con torres una fortaleza o plaza fuerte.

TORRECILLA. f. d. de torre. ‖ 2. NAV. Azud, partidor de donde toman el riego algunos pueblos y campos de la merindad de Tudela.

TORREFACCIÓN. (l. *torrefactum*, supino de *torrefacĕre*.) tostar.) f. Tostadura. ‖ **P.** torrefacção; **I.** torrefaction, toasting; **F.** torréfaction; **A.** Rösten; **It.** arrostimento; **R.** поджаривание.

TORREFACTO, TA. adj. Tostado.

TORREJA. f. ant. Torrija. Ú. en América.

TORREJÓN. m. Torre pequeña o mal formada.

TORRENCIAL. adj. Parecido al torrente.

TORRENTE. (l. *torrens, -entis*.) m. Corriente o avenida impetuosa de aguas en época de grandes lluvias o rápidos deshielos. ‖ 2. Curso de la sangre en el aparato circulatorio. ‖ 3. fig. Abundancia de gente que afluye a un lugar, o de cosas que concurren a un mismo tiempo. ‖ —de voz. fig. Gran cantidad de voz fuerte y sonora. ‖ **P.** e It. torrent; **I.** y F. torrent; **A.** Sturzbach; **R.** водопад.

TORRENTERA. f. Cauce de un torrente.

★ **TORRENTOSO, SA.** adj. CHILE. Se aplica al caudal de agua que corre como torrente.

TORREÓN. m. aumentativo de torre. ‖ 2. Torre grande para la defensa de una plaza o castillo. ‖ 3. VENEZ. Torre o chimenea de fábrica. ‖ **P.** torreão; **I.** keep, fortified tower; **F.** donjon; **A.** Festungsturm, Zwinger; **R.** большая башня.

TORRERO. m. El que tiene a su cuidado un faro o atalaya. ‖ 2. AR., MURC. y NAV. Colono de una torre o granja. ‖ **P.** faroleiro; **I.** light(house)-keeper; **F.** gardien de phare; **A.** Turmwächter; **It.** torriere; **R.** смотритель маяка.

TORREZNADA. f. Fritada grande y abundante de torreznos.

TORREZNERO, RA. (De *torrezno*.) adj. fam. Holgazán y regalón. Ú.t.c.s.

TORREZNO. (l. *torrēre*, tostar, asar.) m. Pedazo de tocino frito o para freir.

TÓRRIDO, DA. (l. *torrĭdus*.) adj. Muy ardiente y quemado. ‖ 2. GEOGR. Se dice de la zona de la superficie terrestre dividida

por el Ecuador en dos partes iguales. ‖ **P.** tórrido; **I.** torrid; **F.** torride; **A.** versengend, heiss; **It.** tòrrido; **R.** палящий, знойный.

★ **TORRIFICADO, DA.** adj. MÉJ. Torrefacto.

TORRIJA. (De *torrar*.) f. Rebanada de pan mojada con vino, leche u otro líquido, y endulzada con miel o azúcar. Suele rebozarse con huevo y se hace también con otros ingredientes.

TORRONTERA. f. AND. Torrontero.

TORRONTERO. (De *torrente*.) m. Montón de tierra que dejan las grandes avenidas de las aguas.

TORRONTÉS. adj. Dícese de una variedad de uva, de grano pequeño y hollejo tierno y delgado, por lo que se pudre pronto. ‖ 2. Se dice también del viñedo que produce esta variedad de uva.

TÓRSALO. m. AMÉR. CENTRAL. Gusano parásito que se desarrolla bajo la piel del hombre y de algunos animales, produciendo dolores e hinchazón.

★ **TORSIÓMETRO.** (De *torsión* y *metro*.) m. Fís. Aparato para medir la torsión de hilos, barras u otros objetos. ‖ 2. Aparato con que se mide la potencia efectiva de una máquina marina de vapor o motor de combustión interna en el eje de las hélices. ‖ 3. MED. Clinoscopio para determinar el grado de rotación del globo ocular sobre el eje visual.

TORSIÓN. (l. *torsĭo, -ōnis*.) f. Acción y efecto de torcer o torcerse. ‖ **P.** torção; **I.** torsion, twist(ing); **F.** torsion; **A.** Drehung, Windung; **It.** torsione; **R.** кручение.

TORSO. (ital. *torso*.) m. Tronco del cuerpo humano. Ú. especialmente en escultura y pintura. ‖ 2. Estatua sin cabeza, brazos y piernas. **P.**, **I.** e It. torso; **F.** torse; **A.** Rumpf, Torso; **R.** туловище.

TORTA. (l. *torta*.) f. Masa de harina, de figura circular, a la que suelen agregarse huevos, aceite y otros ingredientes, y se cuece después a fuego lento. ‖ 2. fig. Cualquier masa en figura de torta. ‖ 3. fig. y fam. Palmada, golpe con la palma de la mano. ‖ 4. fig. y fam. Bofetada. ‖ 5. IMPR. Paquete de caracteres de imprenta formado en las oficinas de la fundición. ‖ 6. IMPR. Plana mazorral guardada para distribuir. ‖ —de reyes. La que se come el día de Reyes, que contiene en su interior una haba o figurilla que toca en suerte a un comensal. ‖ —perruna. Torta de harina, manteca y azúcar que se toma en Andalucía con chocolate. ‖ Costar la TORTA un pan. fr. fig. y fam. cosa que se pondera lo difícil que resulta conseguir una cosa por la que hay que dar mucho más de lo que vale. ‖ 2. fig. y fam. Exponerse uno por conseguir algo, a un riesgo imprevisto. ‖ Ser una cosa TORTAS y pan pintado. fr. fig. y fam. Ser un daño, gasto, disgusto, trabajo, etc., menor que otro con que se compara. ‖ 2. No ofrecer dificultad una cosa. ‖ **P.** torta, pastel; **I.** round cake; **F.** tourte, tourteau; **A.** Torte, Kuchen; **It.** torta; **R.** торт.

TORTADA. f. Torta grande, de masa delicada, rellena de huevos, carne, dulces, etc. ‖ 2. ALBAÑ. Tendel, capa de argamasa extendida sobre los ladrillos o piedras para colocar después otra hilada.

TORTAZO. m. fig. y fam. Bofetada.

★ **TORTEAR.** tr. CHILE. Tablear, aplanar la masa para hacer pan. ‖ 2. MÉJ. Hacer las tortas volteando la masa en las manos. ‖ 3. MÉJ. Aplaudir.

TORTEDAD. (l. *tortus*, torcido, doblado.) f. Calidad de tuerto.

TORTERA. (l. *tortum*, supino de *torquēre*, torcer.) f. Rodaja que colocada en la parte inferior del huso ayuda a torcer la hebra.

TORTERA. (De *torta*.) adj. Dícese de la cazuela o cacerola casi plana que sirve para hacer tortadas. Ú.m.c.s.

TORTERO, RA. m. Tortera, 1.er art. ‖ 2. ÁL. Cierta planta gramínea, que tiene bulbos en forma de disco en la raíz.

TORTERO, RA. m. y f. El que hace o vende tortas. ‖ 2. Cesta o caja para guardar tortas.

TORTERO, RA. adj. BOL. Dícese de lo que tiene forma de disco.

TORTERUELO. m. BOT. Planta pa-

pilionácea, del mismo género que la alfalfa.

TORTICERAMENTE. (De *torticero*.) adv. Contra derecho, justicia o razón.

TORTICERO, RA. (l. *tortus*, torcido, tuerto.) adj. Injusto o que no se acomoda a las exigencias de la ley o de la razón. ‖ 2. FOR. Se dice del enriquecimiento conseguido por medios ilícitos o contra derecho.

TORTÍCOLIS [TORTICOLIS]. (l. *tortum collum*, cuello torcido.) m. MED. Espasmo doloroso, de origen inflamatorio o nervioso, de los músculos del cuello que obliga a tener éste torcido.

TORTILLA. (d. de *torta*.) f. Fritada de huevos batidos, ordinariamente de forma de torta, en la que suele incluirse algún otro manjar. ‖ Hacer TORTILLA a una cosa. fr. Aplastarla, quebrantarla en trozos pequeños. Ú.t. el verbo c.r. ‖ Volverse la TORTILLA. fr. fig. y fam. Suceder algo como no se esperaba o contra la costumbre. ‖ 2. fig. y fam. Trocarse la fortuna favorable que uno gozaba o mudarse a favor de otro. ‖ **P.** fritada de ovos; **I.** omelet; **F.** omelette; Eierfladen; **It.** frittata; **R.** омлет.

★ **TORTILLERA.** adj. y s. Dícese de la mujer turbada. ‖ 2. MÉJ. Mujer que hace tortillas de maíz.

★ **TORTILLERO.** m. CHILE. Hombre que hace o vende tortillas.

TORTILLO. (De *torta*; en fr. *tourteau*.) m. BLAS. Roel, cada una de las piedras redondas y de color, no de metal.

TORTIS. (De Baptista de *Tortis*, impresor veneciano de fines del siglo XV.) n. p. V. *Letra de* TORTIS.

TORTITA. f. d. de torta. ‖ 2. pl. Juego de niño pequeño, consistente en dar palmadas. Úsase comúnmente con el verbo hacer.

TÓRTOLA. (l. *tŭrtŭr, -ŭris*.) f. Ave del orden de las palomas, de unos 3 dm de longitud, plumaje ceniciento, pico agudo y pies rojizos. Es común en España donde llega en primavera y pasa en África el otoño. ‖ 2. Ave exótica y domesticada, del orden anterior, semejante a ella pero con plumaje ceniciento rojizo. ‖ **P.** rola; **I.** turtledove; **F.** tourterelle; **A.** Turteltaube; **It.** tòrtora; **R.** горлица.

★ **TORTOLEAR.** tr. COLOM. Asesinar.

★ **TORTOLILLA.** (l. *turturilla*.) f. CUBA. Culebrilla, vuelta circular que da la cometa por exceso de viento.

TORTOLITO, TA. adj. Atolondrado, sin experiencia.

TÓRTOLO. m. Macho de la tórtola. ‖ 2. fig. y fam. Hombre amartelado.

★ **TÓRTOLO.** m. P. RICO. Tortor o gamarra.

★ **TORTÓN.** m. CHILE. Acial o mordaza que se pone a las bestias.

TORTOR. (l. *tortus*, retorcido.) m. Palo corto o barra de hierro con que se aprieta, dándole vueltas, una cuerda atada por sus dos cabos. ‖ 2. MAR. Cada una de las vueltas que se da a la trinca de cabo que liga dos objetos más o menos separados.

TORTOSINO, NA. adj. Natural de Tortosa. Ú.t.c.s. ‖ 2. Perteneciente a esta ciudad.

TORTOZÓN. (l. *tortus*, torcido.) adj. Dícese de una variedad de uva de grano grueso y de la cual se obtiene un vino que se conserva poco. Ú.t.c.s.

TORTUGA. (b. l. *tortuca*, y éste del l. *tortus*, torcido.) f. Reptil marino del orden de los quelonios, que llega a medir hasta 2,50 m de largo y 1 de ancho. Sus extremidades torácicas están más desarrolladas que las abdominales. Se alimenta de vegetales marinos, y su carne, huevos y tendones son comestibles. ‖ 2. Reptil terrestre del orden de los quelonios, de 2 a 3 dm de largo con los dedos unidos en forma de muñón y espaldar muy convexo. Vive en Italia, Grecia y las Islas Baleares, come hierbas, insectos, caracoles y su carne es sabrosa. ‖ 3. Testudo. ‖ **P.** e It. tartaruga; **I.** turtle, tortoise; **F.** tortue; **A.** Schildkröte; **R.** черепаха.

★ **TORTUGO.** (De *tortuga*.) m. MÉJ. Aguador. ‖ 2. BOT. P. RICO. Árbol de 15 a 20 metros de altura, de madera amarillenta, útil en ebanistería.

★ **TORTUGUILLO.** m. BOT. P. RICO. Variedad de tortugo.

TORTUOSAMENTE. adv. De modo tortuoso.

TORTUOSIDAD. (l. *tortuosĭtas, -ātis.*) f. Calidad de tortuoso.

TORTUOSO, SA. (l. *tortuōsus.*) adj. Que tiene vueltas y rodeos. ‖ **2.** fig. Solapado, cauteloso. ‖ **P.** e **It.** tortuoso; **F.** tortueux, sinueux; **A.** wink(e)lig, geschlängelt; **R.** извилистый.

TORTURA. (l. *tortūra.*) f. Calidad de tuerto, o falto de la vista en un ojo. ‖ **2.** Cuestión de tormento. ‖ **3.** Dolor, angustia, pena grande. ‖ **2.ª** acep.: **P.** e **It.** tortura; **I.** y **F.** torture; **A.** Marter; **R.** пытка.

TORTURADOR, RA. adj. Que tortura.

TORTURAR. tr. Dar tortura, atormentar. Ú.t.c.r.

★ **TORUCA.** f. MÉJ. Popularmente, coco o fantasma.

TORUNDA. (l. *turunda*, bola.) f. Lechino, clavo. ‖ **2.** Pelota de algodón con gasa que se emplea en las operaciones quirúrgicas contra hemorragias.

TORUNO. (De *toro.*) m. CHILE. Buey que ha sido castrado después de tres años o más.

★ **TORUTILINA.** f. QUÍM. Vitamina T, extraída de la levadura.

TORVA. (l. *turba.*) f. Remolino de lluvia o nieve.

TORVISCA. f. Torvisco.

TORVISCAL. m. Lugar en que abunda el torvisco.

TORVISCO. (l. *turbiscus.*) m. Mata timeleácea, con hojas persistentes y lineares; flores blanquecinas en racimillos terminales, y una baya sentada como fruto. ‖ **P.** trovisco; **I.** spurge flax; **F.** garou; **A.** Zeiland; **It.** timelea; **R.** волчьи ягоды.

TORVO, VA. (l. *torvus.*) adj. Fiero, terrible a la vista, espantoso.

TORZADILLO. m. Especie de torzal, menos grueso que el común.

TORZAL. (De *torcer.*) m. Cordoncillo delgado de seda, de varias hebras torcidas, que se usa para coser y bordar. ‖ **2.** fig. Unión de varias cosas retorcidas como en hebra. ‖ **3.** ARGENT. Lazo o maniota de cuero retorcido. ‖ **P.** torçal; **I.** silk twist; **F.** cordonnet; **A.** Schnur, Kordonettseide; **It.** cordoncino; **R.** шнур.

TORZÓN. (l. *tortio, -ōnis.*) m. VETER. Torozón.

TORZONADO, DA. adj. VETER. Que padece torzón.

TORZUELO. m. CETR. Terzuelo, halcón macho.

TORZUELO. (De *torce.*) m. GERM. Anillo, sortija.

TOS. (l. *tussis.*) f. Movimiento convulsivo y ruidoso del aparato respiratorio, por lo general para arrojar la flema. ‖ **—brava.** COLOM. y P. RICO. Tos ferina. ‖ **—ferina.** MED. Enfermedad infecciosa, con estado catarral del árbol respiratorio, con accesos de tos convulsiva, y espasmo laríngeo; inspiratorio, de estertor ruidoso a veces de mareo, que suele padecerse más comúnmente en la infancia. ‖ **—perruna.** Tos bronca, de ruido característico, con espasmos de la laringe. ‖ **P.** e **It.** tose; **I.** cough; **F.** toux; **A.** Husten; **R.** кашель.

TOSA. (l. *tonsa*, pelada.) f. Trigo chamorro.

TOSCA. (De *tosco.*) f. Toba, piedra caliza muy porosa.

TOSCAMENTE. adv. De modo tosco.

TOSCANO, NA. (l. *tuscānus.*) adj. Natural de Toscana. Ú.t.c.s. ‖ **2.** Perteneciente a este país de Italia. ‖ **3.** ARQ. Dícese de la columna cuyo capitel es semejante al dórico y tiene una altura como siete veces su diámetro inferior. ‖ **4.** R. DE LA PLATA. Aplícase a cierta clase ordinaria de tabaco de hoja procedente de Italia y a su igual fabricado en el país. Ú.t.c.s.

TOSCO, CA. (port. *tosco*; cat. *tosch*; b. l. *tuscus.*) adj. Grosero, sin pulimento. ‖ **2.** fig. Insulto, sin enseñanza. Ú.t.c.s. ‖ **P.** tosco, grosseiro; **I.** coarse, rough; **F.** grossier, rude, rustre; **A.** grob, roh; **It.** grossolano, rozzo; **R.** грубый.

TOSE. f. ant. Tos.

★ **TOSEDERA.** f. AMÉR. Tos persistente.

TOSEGOSO, SA. adj. Tosigoso, que padece tos y opresión de pecho. Apl. a pers. ú.t.c.s.

TOSER. (l. *tussīre.*) intr. Hacer fuerza y violencia con la respiración para arrancar del pecho lo que le molesta. *Paceder* TOS. ‖ TOSER una persona a otra. fr. fig. fam. Competir con ella, más especialmente en valor. Comúnmente ú. sólo con negación y en las terceras personas del singular de los presentes de indicativo y subjuntivo. ‖ **P.** tossir; **I.** to cough; **F.** tousser; **A.** husten; **It.** tossire; **R.** кашлять.

TOSETA. f. NAV. Trigo chamorro.

★ **TOSIDO.** m. CHILE. Tosidura.

TOSIDURA. f. Acción y efecto de toser.

TOSIGAR. (De *tósido.*) tr. Emponzoñar con tósigo.

TOSIGAR. (l. *tussĭcus*, catarroso, asmático.) tr. fig. Oprimir a alguno para que se dé prisa en hacer alguna cosa. Ú.t.c.r.

TÓSIGO. (l. *toxĭcum*, y éste del gr. τοξικόνφάρμακον, veneno para emponzoñar las flechas; de τόξον, arco, flecha.) m. Ponzoña. ‖ **2.** fig. Angustia o pena grande.

TOSIGOSO, SA. (l. *tussĭcus*, que tose mucho.) adj. Que padece tos y opresión de pecho. Apl. a pers. ú.t.c.s.

TOSIGOSO, SA. (De *tósigo.*) adj. Envenenado, emponzoñado. Ú.t.c.s.

TOSQUEDAD. f. Calidad de tosco.

TOSTADA. (De *tostar.*) f. Rebanada de pan tostada y untada después con manteca, miel, etc. ‖ **2.** ARGENT. Visita larga y pesada. ‖ **3.** fig. y fam. ARGENT. Lata, tabarra. ‖ **—de novia.** CHILE. Torrijas. ‖ *Dar, pegar, a uno la, o una,* TOSTADA. fr. fig. y fam. Hacerle algo que le vaya en perjuicio de él, sacarle dinero con engaño, etc. ‖ *No ver la* TOSTADA. fr. fig. y fam. Echar de menos en una cosa la gracia o la utilidad que eran de esperar. ‖ **P.** torrada; **I.** toast; **F.** rôtie; **A.** geröstete, Brotschnitte; **It.** crostino; **R.** ломтик поджаренного хлеба.

★ **TOSTADERA.** f. CHILE. fig. y fam. Pendencia, riña.

TOSTADILLO. (d. de *tostado.*) m. Horno de tostadillo.

TOSTADO, DA. p.p. de tostar. ‖ **2.** adj. Dícese del color subido y obscuro. ‖ **3.** ECUAD. Maíz tostado. ‖ **4.** R. DE LA PLATA. Dícese del caballo alazán obscuro. ‖ **—de manteca.** ECUAD. Maíz tostado con manteca.

TOSTADOR, RA. adj. Que tuesta. Ú.t.c.s. ‖ **2.** m. Instrumento o vasija para tostar.

TOSTADURA. f. Acción y efecto de tostar.

TOSTAR. (l. *tostum*, supino de *torrēre*, tostar.) tr. Poner algo al fuego, para que tome color y vaya desecándose sin quemarse. Ú.t.c.r. ‖ **2.** fig. Calentar demasiado. Ú.t.c.r. ‖ **3.** fig. Curtir, atezar el sol o el viento la piel del cuerpo. Ú.t.c.r. ‖ **4.** fig. AR. y CHILE. Zurrar, vapular. ‖ **P.** torrar; **I.** to toast, to roast; **F.** griller; **A.** rösten, bräunen; **It.** arrostire, rosolare; **R.** поджаривать.

★ **TOSTEL.** m. C. RICA. Bizcocho, pastelillo.

★ **TOSTELERÍA.** (De *tostel.*) f. C. RICA. Pastelería.

TOSTÓN. f. Torrado, garbanzo tostado. ‖ **2.** Rebanada de pan tostado empapado en aceite nuevo. En algunos sitios se adereza con miel, o sal o azúcar y zumo de naranja. ‖ **3.** Cosa demasiado tostada. ‖ **4.** Cochinillo asado. ‖ **5.** Dardo con la punta tostada para endurecerla. ‖ **6.** BOT. CUBA y P. RICO. Planta nictaginácea, de flores moradas, hojas ovaladas y tallo nudoso.

TOSTÓN. (De *testón.*) m. Moneda portuguesa de plata que vale cien reis.

º **TOSTÓN.** m. Relato enfadoso, discurso prolijo e impertinente, falto de interés, lata, en sentido figurado.

★ **TOSTONEADO, DA.** adj. MÉJ. Aplícase a la caballería cuyo pelaje tiene manchas redondas más claras o más obscuras que el fondo de la capa.

★ **TOSTONEAR.** (De *tostón.*) tr. P. RICO. Trasquilar.

★ **TOTA.** f. CHILE. Anzuelo usado en la pesca de jibias. ‖ *A la* TOTA. m. adv. CHILE. A cuestas.

TOTAL. (l. *totus*, todo.) adj. General, universal, y que lo comprende y abarca todo en su especie. ‖ **2.** m. ÁLG. y ARIT.

Suma, cantidad que vale tanto como dos o más homogéneas. ‖ **3.** adv. En suma, en resumen. ‖ **P., I.** y **F.** total; **A.** ganz, völlig; **It.** totale; **R.** полный, весь, тотальный.

TOTALIDAD. f. Calidad de total. ‖ **2.** Todo, conjunto de las partes integrantes, de una cosa, sin faltar ninguna. ‖ **3.** Conjunto de personas y cosas que forman una especie o clase. ‖ **4.** Período de discusión referente a una ley en que se examina lo esencial de su tendencia antes de pasar al articulado o detalles. ‖ **P.** totalidad; **I.** totality, whole(ness); **F.** totalité, total; **A.** Gesamtheit, das Ganze; **It.** totalità; **R.** совокупность.

TOTALITARIO, RIA. adj. Dícese de lo que incluye la totalidad de las partes y atributos de una cosa sin excluir ninguna. ‖ **2.** Aplícase al régimen político que confiere al jefe del poder ejecutivo supremacía sobre los demás poderes del Estado y no admite ninguna forma legal de oposición pretendiendo la agrupación de todos los ciudadanos en un solo bloque.

º **TOTALITARISMO.** m. Sistema político y social que tiende a la absorción y regulación de todas las actividades por parte del Estado.

★ **TOTALIZADOR, RA.** adj. Que totaliza o da el total de una serie de operaciones. ‖ **2.** m. Aparato utilizado en el comercio u otras actividades para registrar automáticamente el resultado de determinadas operaciones.

TOTALIZAR. tr. Sacar el total que forman varias cantidades.

TOTALMENTE. adv. Enteramente, del todo.

TOTANERO, RA. adj. Natural de Totana. Ú.t.c.s. ‖ **2.** Perteneciente a esta villa murciana. ‖ **3.** BOT. Dícese de una especie de calabaza, que es la de mayor tamaño de las conocidas.

★ **TOTAY.** m. BOT. AMÉR. MERID. Nombre dado a la palmera. *Cocos* TOTAY.

★ **TOTAZO.** (Síncopa de *topetazo.*) m. COLOM. y CUBA. Topetazo o coscorrón. ‖ **2.** COLOM. Reventón.

★ **TOTE.** m. COLOM. Tronera, juguete de muchachos consistente en un papel plegado debidamente de modo que al sacudirlo con fuerza produce una especie de estampido.

★ **TOTEAR.** intr. COLOM. Reventar.

TOTEM. (ingl. *totem*, y éste de *dodaim*, lengua de unas tribus de América del Norte.) m. Objeto natural, generalmente animal o vegetal, que en la mitología de algunas tribus salvajes se toma como emblema protector de la tribu o del individuo y a veces como progenitor o antepasado.

TOTEMISMO. m. Sistema de creencias y organización de tribu basado en el totem. Es privativo de ciertas razas o colectividades primitivas.

TOTÍ. (Voz caribe.) m. CUBA. Cierto pájaro de plumaje negro y pico encorvado. Se alimenta de semillas e insectos.

TOTILIMUNDI. m. Mundonuevo.

TOTOLATE. m. C. RICA. Piojillo de las aves, especialmente de la gallina. ‖ *Tener* TOTOLATE. fr. C. RICA. Estar preocupado.

★ **TOTOLEAR.** (De *totolo.*) tr. fam. C. RICA. Prodigar mimos a un niño.

TOTOLOQUE. m. Juego de los antiguos mejicanos.

★ **TOTOPO.** m. MÉJ. Totoposte.

★ **TOTOPO, PA.** adj. GUAT. Desmañado, torpe.

TOTOPOSTE. (mejic. *totopoch*, bien tostado.) m. AMÉR. CENTRAL y MÉJ. Torta o rosquilla de harina de maíz, muy tostada.

TOTORA. (quich. *tutura.*) f. AMÉR. MERID. Especie de espadaña que se cría en terrenos pantanosos o húmedos.

TOTORAL. m. AMÉR. CENTRAL. Paraje lleno de totoras.

★ **TOTORECO, CA.** (De *totora.*) adj. AMÉR. CENTRAL. Atolondrado, torpe. ‖ **2.** HOND. Corcovado.

TOTORERO. m. CHILE. Pájaro del tamaño de un jilguero, que vive en los pajonales de las vegas y hace su nido con hojas de totora, dándole forma cónica.

★ **¡TOTOTOTO!** ECUAD. Voz empleada para llamar a los perros.

T **TOTOVÍA.** (ital. *tottovilla;* port. *cotovía.*) f. Cogujada.

★ **TOTOYA.** f. fam. Chile. Pecho de mujer.

TOTUMA. f. Amér. Fruto del totumo o güira. || **2.** Amér. Vasija hecha con ese fruto.

★ **TOTUME.** m. Méj. Totuma.

★ **TOTUMEAR.** (De *totuma,* cabeza.) intr. Venez. Reflexionar, titubear.

TOTUMO. m. Perú. Güira, árbol bignoniáceo. || **2.** Totuma, vasija de güira.

TÓTUM REVOLÚTUM. (expr. lat.) m. Revoltillo conjunto desordenado de muchas cosas.

TOVA. f. Totovía, en algunos lugares.

TOVIDO, DA. p.p. irreg. ant. de tener.

★ **TOXAFENO.** m. Quím. Derivado clorado de gran actividad insecticida.

TOXICAR. (De *tóxico.*) tr. Atosigar.

TOXICIDAD. f. Calidad de tóxico.

TÓXICO, CA. (l. *toxīcum,* tósigo.) adj. Méd. Dícese de las substancias venenosas. Ú.t.c.s.m.

TOXICOLOGÍA. (gr. τοξικόν, veneno, y λόγος, tratado.) f. Parte de la medicina que estudia los venenos.

TOXICOLÓGICO, CA. adj. Perteneciente o relativo a la toxicología.

TOXICÓLOGO. m. Persona versada en el estudio de los tóxicos.

TOXICOMANÍA. f. Hábito patológico de intoxicarse con substancias que procuran sensaciones agradables o hacen desaparecer el dolor.

TOXICÓMANO, NA. adj. Aplícase al que padece toxicomanía. Ú.t.c.s.

TOXINA. (gr. τοξικόν, veneno.) f. Méd. Substancia comúnmente albuminosa, elaborada por los seres vivos, principalmente por los microbios y actúa como veneno aun en pequeñísimas proporciones. || P. toxina; I. to(e)xin; F. toxine; A. Gift; It. tossina; R. токсин.

★ **TOYA.** f. Bol. Aro de cascabeles que los indios ciñen a las piernas para danzar.

★ **TOYUYO.** m. Zool. Perú. Jabirú, ave zancuda de América del Sur.

★ **TOZ.** f. Zool. Amér. Ave de plumaje polícromo propia del Yucatán.

TOZA. (l. *thyrsus.*) f. En algunos lugares, pedazo de corteza del pino y de otros árboles. || **2.** Pieza grande de madera labrada a esquina viva. || **3.** Ar. Tocón, parte del tronco del árbol que queda unida a la raíz cuando lo cortan. || **4.** C. Real. Yugo para uncir las mulas al arado.

TOZAL. (De *tozo,* cabeza.) m. Ar. Teso, cima de un cerro o collado.

TOZALBO, BA. (De *tozo,* cabeza y *tozuelo,* y *albo.*) adj. Ar. Dícese de la res con frente blanca.

TOZAR. (De *tozo,* cabeza.) intr. Ar. Topetar, dar golpes con la cabeza el carnero. || **2.** fig. Ar. Porfiar neciamente.

TOZO. (cat. *tos;* l. *tonsus,* pelado.) m. Albac. Tozuelo.

TOZO. m. Bot. Tocio, 2.ª acep.

TOZO, ZA. adj. Enano, de baja estatura.

TOZOLADA. f. Golpe dado en el tozuelo. || **2.** Ar. Costalada, caída de nuca.

TOZOLÓN. (De *tozuelo.*) m. Tozolada.

TOZUDEZ. f. Calidad de tozudo.

TOZUDO, DA. (De *tozo,* cabeza.) adj. Obstinado, terco, testarudo.

TOZUELO. (De *tozo,* cabeza.) m. Cerviz gruesa, crasa y carnosa de un animal.

TRABA. (l. *trabs, trabis,* madero.) f. Acción y efecto de trabar o triscar. || **2.** Instrumento con que se unen y sujetan dos cosas. || **3.** Ligadura para atar por las cuartillas las manos o pies de una caballería. || **4.** Cada una de las dos cuerdas que se ponen a las caballerías del pie o la mano de cada lado para acostumbrarlas al paso de andadura. || **5.** Cada uno de los palos delanteros de la red para cazar palomas. || **6.** Pedazo de paño que une las dos partes del escapulario de ciertos hábitos monásticos. || **7.** Piedra o cuña para calzar las ruedas de un carro. || **8.** fig. Cualquier cosa que estorba o impide la ejecución de algo. || **9.** And. Palo que sujeta el frente del arca dentro de la cual se mueve la piedra de la tahona. || **10.** Chile. Palo atado a los cuernos de una res vacuna que le impide entrar en sitios donde pueda ocasionar daños. || **11.** For. Embargo de bienes o derechos, o impedimento para disponer de ellos. || **12.** pl. Ál. Clemátide. || **2.ª** acep.: **P.** trava; **I.** tie, brace, clasp; **F.** attache; **A.** Band; **It.** legame; **R.** связь. || **8.ª** acep.: **P.** estorvo; **I.** trammel, hind(e)rance; **F.** entrave; **A.** Hindernis; **It.** intoppo; **R.** помеха.

TRABACUENTA. (De *trabar* y *cuenta.*) f. Error o equivocación en una cuenta que la enreda. || **2.** fig. Discusión, disputa.

TRABADA. (De *trabar,* 1.ª acep.) f. Germ. Cota, armadura del cuerpo usada antiguamente.

TRABADERO. (De *trabar,* porque es la parte por donde se traban las caballerías.) m. Cuartilla de las caballerías.

TRABADO, DA. p.p. de trabar. || **2.** adj. Aplícase al caballo o yegua con las dos manos blancas, por ser en ellas donde se colocan las trabas. || **3.** Dícese igualmente del caballo o yegua con la mano derecha y el pie izquierdo blancos, o viceversa. || **4.** fig. Robusto, nervudo.

TRABADURA. f. Acción y efecto de trabar.

TRABAJADAMENTE. adv. Trabajosamente.

TRABAJADO, DA. p.p. de trabajar. || **2.** adj. Cansado, molido del mucho trabajo. || **3.** Lleno de trabajos.

TRABAJADOR, RA. adj. Que trabaja. || **2.** Muy aplicado al trabajo. || **3.** m. y f. Obrero, jornalero. || **4.** m. Chile. Totorero. || **3.ª** acep.: **P.** trabalhador; **I.** worker; **F.** travailleur; **A.** Arbeiter; **It.** lavoratore; **R.** трудящийся.

TRABAJANTE. p.a. de trabajar. Que trabaja. Ú.t.c.s.

TRABAJAR. (l. *tripaliāre,* de *tripalium.*) intr. Ocuparse en cualquier ejercicio, obra o labor. || **2.** Procurar algo con eficacia y cuidado. || **3.** Aplicarse con desvelo a la ejecución de algo. || **4.** fr. Ejercitar sus fuerzas naturales la tierra y plantas para que éstas se desarrollen. || **5.** fig. Sufrir una máquina, un buque, etc., o parte de ellos la acción de los esfuerzos a que están sometidos. || **6.** fig. Poner fuerza para vencer alguna cosa. || **7.** Germ. Robar. || **8.** tr. Disponer o ejecutar una cosa con método y orden. || **9.** Amaestrar el caballo. || **10.** fig. Molestar, perturbar. || **11.** fig. Hacer sufrir trabajos a alguien. || **12.** r. Ocuparse con empeño en alguna cosa, esforzándose por lograrla. || **P.** trabalhar; **I.** to work, to labour; **F.** travailler; **A.** arbeiten; **It.** lavorare, travagliare; **R.** работать.

TRABAJERA. f. fam. Incumbencia, trabajo molesto, pejiguera.

TRABAJO. (l. *tripālium,* aparato para sujetar las caballerías, de *tripālis,* de tres palos.) m. Acción y efecto de trabajar. || **2.** Obra, producción del entendimiento. || **3.** Operación de máquina, herramienta o utensilio empleado para algún fin. || **4.** Esfuerzo humano aplicado a la producción de riqueza. Úsase en contraposición de capital. || **5.** fig. Dificultad, perjuicio o impedimento. || **6.** fig. Penalidad, tormento, suceso desgraciado. || **7.** Germ. Prisión o galeras. || **8.** Mec. Producto del valor de una fuerza por la distancia que recorre su punto de aplicación. || **9.** pl. fig. Estrechez, pobreza o necesidad con que se pasa la vida. || **—de zapa.** fig. El que se hace solapadamente para conseguir algo. || Trabajos *forzados* o *forzosos.* Los que ejecuta por obligación el presidiario como parte de la pena de su delito. || **2.** fig. Dícese de cualquier trabajo ineludible hecho a disgusto. || *Tomarse* uno *el* trabajo. tr. Aplicarse a la ejecución de alguna cosa que requiere cuidado o afán, especialmente para aliviar a otro. || *Trabajo le o te mando.* expr. con que se da a entender que es muy difícil aquello que se trata de conseguir o de hacer. || **P.** trabalho; **I.** work(ing); **F.** travail; **A.** Arbeit; **It.** lavoro; **R.** работа, труд.

TRABAJOSAMENTE. adv. Con trabajo, dificultad o penalidad.

TRABAJOSO, SA. adj. Que da o causa mucho trabajo. || **2.** Que padece trabajo, penalidad o miseria; y especialmente enfermizo, maganto. || **3.** Carente de espontaneidad por ser fruto de mucho trabajo. || **P.** trabalhoso; **I.** laborious, painful, hard; **F.** pénible, fatigant; **A.** mühsam; **It.** faticoso; **R.** трудоёмкий, трудный.

TRABAJUELO. m. d. de trabajo.

TRABAL. (l. *trabālis.*) adj. Dícese del clavo que sirve para unir vigas.

TRABALENGUAS. m. Palabra o locución difícil de pronunciar, especialmente la que sirve de juego con que se intenta hacer a uno equivocarse.

TRABAMIENTO. m. Acción y efecto de trabar.

TRABANCA. f. Mesa formada por un tablero colocado sobre dos caballetes.

TRABANCO. (d. de *trabe.*) m. Trangallo.

TRABAR. (De *traba.*) tr. Unir o juntar dos cosas, para conseguir mayor fuerza o resistencia. || **2.** Agarrar, asir. Ú.t.c.intr. || **3.** Echar trabas. || **4.** Dar mayor consistencia a una masa o líquido. || **5.** Triscar, torcer a un lado y otro los dientes de la sierra. || **6.** fig. Comenzar una batalla, conversación, etc. || **7.** fig. Enlazar, conformar. || **8.** For. Embargar o retener bienes o derechos. || **9.** r. Hablando de la lengua como órgano de la palabra, entorpecerse. || **10.** Amér. Tartamudear. || **11.** Perú. Amarrar gallos. || **12.** Perú y P. Rico. Amarrar. || **13.** Cuba y Guat. Engañar. || **14.** r. Cuba. Perder un orador el hilo del discurso. || **15.** Rep. Domin. Contraer trabos un recién nacido. || **P.** travar; **I.** to join, to clasp; **F.** joindre, lier; **A.** verbinden, zusammenfügen; **It.** legare, inceppare; **R.** сцеплять.

TRABAZÓN. (De *trabar.*) f. Juntura, enlace de varias cosas entre sí. || **2.** Espesor o consistencia dada a un líquido o masa. || **3.** fig. Dependencia o conexión de dos cosas entre sí. || **P.** travação; **I.** joining; **F.** liaison; **A.** Zusammenfügung; **It.** collegamento; **R.** соединение.

TRABE. (l. *trabs, trabis.*) f. Viga, madero largo y grueso.

TRÁBEA. (l. *trabĕa.*) f. Vestidura talar de gala que usaban los reyes, los senados y ciertos sacerdotes de la antigua Roma.

★ **TRABÉCULA.** f. Anat. Prolongación que sale de una pared para introducirse en una cavidad a menudo contrayendo anastomosis con otras próximas constituyendo en conjunto el estroma.

TRABILLA. (d. de *traba.*) f. Tira de tela o de cuero que pasa por debajo del pie para sujetar los bordes inferiores del pantalón, de la polaina, del botín, etc. || **2.** Rabillo, tira de tela doble que por medio de una hebilla sirve para apretar o aflojar la cintura de los pantalones o chalecos. || **P.** presilha debaixo do pé; **I.** trouser-strap; **F.** sous-pied; **A.** Hosensteg; **It.** sottopiedi; **R.** штрипка.

TRABINA. f. And. Fruto de la sabina.

★ **TRABO.** m. Rep. Domin. Trabazón. || **2.** Rep. Domin. Tétanos de los recién nacidos.

TRABÓN. m. aum. de traba. || **2.** Argolla fija, de hierro a la cual se atan por un pie los caballos. || **3.** Tablón que pasando por las cárceles de las vírgenes queda atravesado sobre la cabeza de la viga prensadora de los lagares y molinos de aceite, para apretarla.

TRABUCA. (De *trabuco.*) f. Buscapiés que estalla al apagarse.

TRABUCACIÓN. f. Acción y efecto de trabucar o trabucarse.

TRABUCADOR, RA. adj. Que trabuca. Ú.t.c.s.

TRABUCAIRE. (cat. *trabucaire,* el que lleva trabuco.) m. Antiguo faccioso catalán que iba armado de trabuco. || **2.** adj. Valentón, osado.

TRABUCANTE. p.a. de trabucar. Que trabuca. || **2.** adj. Aplícase a la moneda que excede algo al peso legal.

TRABUCAR. (De *tra,* por *trans,* y *buque.*) tr. Trastornar el buen orden de alguna cosa. Ú.t.c.r. || **2.** Ofuscar o trastornar el entendimiento. Ú.t.c.r. || **3.** fig. Confundir especies o noticias, trastrocarlas. || **4.** fig. Escribir o pronunciar equivocadamente unas palabras o sílabas por otras. Ú.t.c.r. || **P.** transtornar; **I.** to upset; **F.** déranger, renverser; **A.** verwechseln, in Unordnung bringen; **It.** sconvolgere; **R.** переворачивать.

TRABUCAZO. m. Disparo del trabuco. || **2.** Tiro dado con él. || **3.** fig. y fam. Pesadumbre, susto que aturde por inesperado.

TRABUCO. (De *trabucar.*) m. Máquina antigua de guerra que se empleaba para batir las murallas arrojando contra ellas grandes piedras. || **2.** Arma de fuego de mayor calibre y más corta que la escopeta. || **3.** AND. Taco, juguete para disparar bolitas. || **—naranjero.** El de boca acampanada y gran calibre. || P. trabuco; I. blunderbuss; F. tromblon; A. Knallbüchse, Stutzen; It. trabocco; R. катапульта.

★ **TRABUCO.** adj. MÉJ. Estrecho, pequeño.

TRABUQUETE. (d. de *trabuco.*) m. Catapulta. || **2.** Traíña pequeña, alrededor de la cual se hace ruido con los remos y con piedras para que los peces se precipiten en ella.

TRACA. (Del m. or. que *traque.*) f. Artificio de pólvora con una serie de petardos a lo largo de una cuerda que estallan sucesivamente.

TRACA. (ingl. *strake.*) f. desus. MAR. Hilada de tablas o planchas de cobre en los forros o cubiertas del buque. || **2.** MAR. Cada una de las tres hiladas de la cubierta inmediatas al contracarril.

★ **TRACAL.** m. CHILE. Banasta de cuero para el transporte de uvas al lagar.

TRÁCALA. f. MÉJ. y P. RICO. Trampa, engaño. || **2.** ECUAD. Tracalada.

TRACALADA. f. AMÉR. Matracalada, multitud.

TRACALERO, RA. (De *trácala.*) adj. MÉJ. Tramposo. Ú.t.c.s.

★ **TRACAMANDACA.** f. fam. P. RICO. Matraca, zumba.

★ **TRACAMANDANGA.** f. COLOM. Tracamundana, trueque.

TRACAMUNDANA. f. fam. Trueque de cosas de escaso valor. || **2.** fam. Alboroto, confusión.

TRACCIÓN. (l. *tractio, -ōnis.*) f. Acción y efecto de tirar de alguna cosa para moverla o arrastrarla. || **2.** Especialmente acción y efecto de arrastrar carruajes sobre la vía. || P. tracção; I. y F. traction; A. Zugförderung; It. trazione; R. тяга, сила тяги.

TRACE. adj. Tracio, natural de Tracia. Ú.t.c.s.

TRACERÍA. (De *trazo.*) f. Decoración arquitectónica que se forma combinando figuras geométricas.

TRACIANO, NA. adj. Tracio. Apl. a pers. ú.t.c.s.

TRACIAS. (l. *thrascías,* y éste del gr. Θραϰίας, de Θράϰη, Tracia.) m. Viento que corre entre el euro y el bóreas, según la división de los antiguos.

TRACIO, CIA. (l. *thracius.*) adj. Natural de Tracia. Ú.t.c.s. || **2.** Perteneciente a esta región de la Europa antigua.

TRACISTA. adj. Dícese del que dispone o inventa el plan y traza de una fábrica. Ú.t.c.s. || **2.** fig. Dícese de quien es fecundo en tretas o engaños. Ú.t.c.s.

TRACOMA. (gr. τραχύς, áspero.) m. MED. Conjuntivitis crónica granulosa y contagiosa, con lesiones cicatrizales consecutivas. En muchos casos determina la ceguera.

TRACTAR. tr. ant. tratar.

TRACTO. (l. *tractus.*) m. Espacio entre dos lugares. || **2.** Lapso, curso de un espacio de tiempo. || **3.** Conjunto de versículos que se rezan inmediatamente antes del evangelio en la misa de ciertos días.

TRACTOCARRIL. m. Convoy de locomoción mixta, que puede marchar sobre carriles o sin ellos.

TRACTOR. m. Máquina que produce tracción. || **2.** Vehículo automotor, usado en faenas agrícolas para remolcar arados, segadoras, rastras, etc. || P. e I. tractor; F. tracteur; A. Zugwagen; It. trattore; R. трактор.

★ **TRADESCANTIA.** BOT. Género de plantas comelináceas ornamentales oriundas de América.

TRADICIÓN. (l. *traditio, -ōnis.*) f. Transmisión de noticias, ritos, doctrinas, etcétera, de padres a hijos y a través de los tiempos y las generaciones. || **2.** Noticia de un hecho antiguo transmitida de este modo. || **3.** Doctrina, costumbre, etc., conservada en un lugar por transmisión de padres a hijos. || **4.** FOR. Entrega, acción de entregar alguna cosa. || P. tradição; I. y F. tradition; A. Überlieferung; It. tradizione; R. традиция.

TRADICIONAL. (De *tradición.*) adj. Perteneciente o relativo a la tradición o que se transmite por medio de ella.

TRADICIONALISMO. (De *tradicional.*) m. Doctrina filosófica según la cual el origen de las ideas se halla primero en la revelación y sucesivamente en la enseñanza que el hombre recibe de la sociedad. || **2.** Sistema político que consiste en mantener o restablecer las instituciones antiguas en la organización del Estado y de la sociedad.

TRADICIONALISTA. (De *tradicional.*) adj. Que profesa la doctrina o es partidario del tradicionalismo. Ú.t.c.s. || **2.** Perteneciente a este sistema o doctrina.

TRADICIONALMENTE. adv. Por tradición.

TRADICIONISTA. com. Narrador, colector de tradiciones.

TRADUCCIÓN. (l. *traductio, -ōnis.*) f. Acción y efecto de traducir. || **2.** Obra del traductor. || **3.** Sentido o interpretación dado a un escrito o texto. || **4.** RET. Empleo dentro de la cláusula del mismo adjetivo o nombre en distintos casos, géneros o números, o un mismo verbo en distintos modos, tiempos o personas. || P. tradução; I. translation; F. traduction, version; A. Übersetzung; It. traduzione; R. перевод.

TRADUCIBILIDAD. f. Calidad de traducible.

TRADUCIBLE. adj. Que puede traducirse.

TRADUCIR. (l. *traducĕre,* hacer pasar de un lugar a otro.) tr. Expresar en una lengua lo que antes se ha escrito o dicho en otra distinta. || **2.** Convertir, mudar, trocar. || **3.** fig. Explicar, interpretar, glosar. || P. traduzir; I. to translate; F. traduire; A. Verdolmetschen, übersetzen; It. tradurre; R. переводить.

TRADUCTOR, RA. (l. *traductor, -ōris.*) adj. Que traduce una obra o escrito. Ú.t.c.s. || P. tradutor; I. translator; F. traducteur; A. Übersetzer; It. traduttore; R. переводчик.

TRAEDIZO, ZA. adj. Que se trae o puede traer.

TRAEDOR, RA. adj. Que trae, conduce o lleva algo de un lugar a otro. Ú.t.c.s.

TRAEDURA. f. p. us. Traída.

TRAER. (l. *trahĕre.*) tr. Conducir algo al lugar en donde se halla o de que se habla. || **2.** Tirar o atraer hacia sí. || **3.** Causar, acarrear. || **4.** Tener uno en el estado o situación que expresa el adjetivo que se junta con el verbo. TRAER a uno *amedrentado.* || **5.** Tener puesta una cosa de uso personal. TRAÍA *camisa nueva.* || **6.** fig. Aplicar o aducir razones o autoridades para comprobación de una materia. || **7.** Obligar a uno a que haga algo. || **8.** fig. Persuadir a alguien a que siga el dictamen que se le propone. || **9.** fig. Tratar, estar ocupado en la ejecución de alguna cosa. TRAIGO *un negocio importante entre manos.* Ú.t.c.r. principalmente al referirse a propósitos ocultos o maliciosos. || **10.** p. us. Manejar. || **11.** r. Con los adverbios *bien* o *mal,* vestirse, portarse en la manera de vestir, o en el aire de manejarse. TRAERSE *a mal* TRAER. fr. Molestarse mucho en cualquier concepto. || TRAER a uno *arrastrado* o *arrastrando.* fr. fig. y fam. Fatigarle mucho. || TRAER a uno *de acá para allá,* o *de aquí para allí.* fr. Tenerle en movimiento continuo, sin dejarle parar. || **2.** Inquietarle, marearle, con TRAÉRSELAS. loc. fam. que se aplica a lo que tiene más intención, malicia o dificultad de lo que parece a primera vista. || TRAER y *llevar.* fr. fam. Chismear. || P. trazer; I. to bring, to carry hither; F. apporter, amener; A. bringen; It. trarre, portare, recare; R. приносить.

TRAER. (l. *trahĕre.*) tr. ant. Entregar con restitución.

TRAERES. (De *traer,* manejarse en el vestir o en el aire.) m. pl. Atavío.

TRAFAGADOR. m. El que anda en tráfagos y tratos.

TRAFAGANTE. p.a. de trafagar. Que trafaga. Ú.t.c.s.

TRAFAGAR. (l. *transfigicăre,* cambiar de sitio.) intr. Traficar, comerciar, negociar. Ú.t.c.tr. || **2.** Correr mucho, andar por varios países. Ú.t.c.tr.

TRÁFAGO. (De *trafagar.*) m. Tráfico. || **2.** Conjunto de negocios, ocupaciones o faenas que causan gran molestia y mucha fatiga.

TRAFAGÓN, NA. (De *trafagar.*) adj. fam. Dícese de la persona que anda en negocios con mucho afán y solicitud. Ú.t. c.s.

TRAFALGAR. m. Tela de algodón, especie de linón ordinario que ordinariamente se empleaba para forros de vestidos de mujer.

TRAFALMEJA. adj. Trafalmejas.

TRAFALMEJAS. adj. Dícese de la persona bulliciosa y de poco seso. Ú.t.c.s.

★ **TRAFASIA.** f. PERÚ. Trapacería.

★ **TRAFASISTA.** adj. PERÚ. Trapacero. Ú.t.c.s.

TRAFICACIÓN. (De *traficar.*) f. Tráfico.

TRAFICANTE. p.a. de traficar. Que trafica o comercia. Ú.t.c.s.

TRAFICAR. (ital. *trafficare,* y éste del l. *transfigicăre,* cambio de sitio.) intr. Comerciar, negociar con el dinero y las mercaderías comprando, vendiendo o trocando. || **2.** Trafagar, correr mucho. || P. traficar, comerciar; I. to traffic; F. trafiquer, commercer; A. Handel treiben; It. trafficare; R. торговать.

TRÁFICO. (ital. *traffico.*) m. Acción de traficar. || **2.** Tránsito de vehículos por calles, carreteras, etc. || P. traficância, tráfico; I. traffic; F. trafic; A. Handel, Verkehr; It. tràffico; R. торговля.

TRAGABLE. adj. Que se puede tragar.

TRAGACANTA. (l. *tragacantha,* y éste del gr. τραγάϰανθα; de τράγος, macho cabrío, y ἄϰανθα, espina.) f. Tragacanto.

TRAGACANTO. (De *tragacanta.*) m. BOT. Arbusto papilionáceo, de abundantes ramas, hojas compuestas y flores blancas. Crece en Persia y en Asia Menor, y de su tronco y ramas fluye una goma muy usada en farmacia y en la industria. || **2.** Esta goma. || P. tragacanto; I. tragacanth; F. gomme adragant; A. Tragant; It. tragacanta; R. трагакант.

TRAGACETE. m. Arma antigua arrojadiza, a manera de dardo o flecha.

★ **TRAGADAL.** f. COLOM. Lodazal, barrizal.

TRAGADERAS. f. pl. Tragadero, faringe. || **2.** fig. y fam. Facilidad de creer cualquier cosa. Úsase más comúnmente en la frase *tener* uno *buenas* TRAGADERAS. || **3.** fig. y fam. Poco escrúpulo, excesiva facilidad para tolerar cosas inconvenientes especialmente desde un punto de vista moral.

TRAGADERO. (De *tragar.*) m. Faringe. || **2.** Boca o agujero por donde penetra agua u otra cosa. || **3.** pl. Tragaderas, 2.ª acep.

TRAGADOR, RA. adj. Que traga. Ú. t.c.s. || **2.** Que come con voracidad. Ú.t.c. s. || **—de leguas.** fig. y fam. Tragaleguas.

TRAGAFEES. m. ant. Traidor a la fe debida, o que la abandona en sus operaciones.

TRAGAHOMBRES. m. fam. Perdonavidas.

TRÁGALA. (De las palabras «*Trágala, tú, servilón*», con que empezaba el estribillo.) m. Canción con que los liberales españoles zaherían a los absolutistas durante el primer tercio del siglo XIX. || **2.** fig. Manifestaciones o hechos por los cuales se obliga a uno a soportar, alguna cosa de la que es enemigo. Se emplea más frecuentemente en la frase *cantarle* a uno *el* TRÁGALA.

TRAGALDABAS. (De *tragar* y *aldabas.*) com. fam. Persona muy comilona o tragona.

TRAGALEGUAS. com. fam. Persona que anda de prisa y mucho.

TRAGALUZ. (De *tragar* y *luz.*) m. Ventana abierta en un techo o en la parte superior de una pared con derrame hacia lo interior. || P. clarabóia; I. skylight; F. lucarne; A. Dachfenster, Luke; It. abbaino, occhio di bùe; R. форточка.

TRAGALLÓN, NA. adj. CHILE y SAL. Comilón, tragón. Ú.t.c.s.

TRAGAMALLAS. com. fam. Tragaldabas.

★ **TRAGANÍQUELES.** (De *tragar* y *ní-*

T

quel, moneda.) m. P. Rico. Tragaperras, aparato tocadiscos que funciona introduciendo en él una moneda.

TRAGANTADA. (De *tragante.*) f. El mayor trago que se puede tragar de una vez.

TRAGANTE. p.a. de tragar. Que traga. || **2.** m. And. Cauce por donde entra en las presas del molino la mayor parte del río. || **3.** Metal. Abertura en la parte superior de los hornos de cuba; y en los del reverbero, conducto por donde pasa la llama desde la plaza a la chimenea.

TRAGANTÓN, NA. (aum. de *tragante.*) adj. fam. Que traga o come mucho. Ú.t.c.s.

TRAGANTONA. (De *tragantón.*) f. fam. Comilona. || **2.** fam. Acción de tragar haciendo fuerza, por susto o pesadumbre. || **3.** fig. y fam. Violencia que hace uno a su razón para creer o consentir una cosa extraña o inverosímil.

TRAGAR. (port. y cat. *tragar.*) tr. Hacer que una cosa pase por el tragadero yendo de la boca al estómago. || **2.** fig. Comer vorazmente. || **3.** fig. Absorber o abismar la tierra o las aguas lo que se halla en su superficie. Ú.t.c.r. || **4.** fig. Dar crédito con facilidad a cualquier cosa, aunque sea inverosímil. Ú.t.c.r. || **5.** fig. Soportar cosa repulsiva o vejatoria. Ú.t. c.r. || **6.** No darse por entendido o disimular una cosa, especialmente si es desagradable. Ú.t.c.r. || **7.** fig. Consumir, gastar. Ú.t.c.r. || *Haberse* uno tragado *o tenerse* tragada alguna cosa. fr. fig. y fam. Estar persuadido, a veces por mera impresión o por ciertos indicios que algo va a ocurrir. Se emplea más especialmente hablando de lo infausto o desagradable. || *No* tragar a una persona o cosa. fr. fig. y fam. Sentir antipatía hacia ella. || **P.** tragar, engolir; **I.** to swallow, to glut; **F.** avaler, engloutir; **A.** hinunterschlucken; **It.** tranguiare; **R.** глотать.

TRAGASANTOS. com. fam. despect. Persona beata que frecuenta mucho las iglesias.

TRAGAVENADO. f. Venez. Serpiente con la piel de colores variados y más brillantes que la boa. Alcanza unos 4 m de longitud. No es venenosa, vive en la tierra y en los árboles y ataca al venado y a cuadrúpedos corpulentos.

TRAGAVINO. m. Embudo para transvasar vino.

TRAGAVIROTES. m. fam. Hombre que sin fundamento siempre está serio y erguido.

TRAGAZ. m. Ál. Grada de dientes.

TRAGAZÓN. (De *tragar,* comer mucho.) f. fam. Gula, glotonería.

TRAGEDIA. (l. *tragoedia,* y éste del gr. τραγωδία; de τράγος, macho cabrío, y ᾠδω, cantar.) f. Canción de los antiguos gentiles al dios Baco. || **2.** Obra dramática de acción extraordinaria que infunde lástima y terror, con personajes heroicos y final comúnmente funesto. || **3.** Poema dramático que sin ser tragedia propiamente dicha, se le asemeja por lo elevado y vigoroso de la acción y por el desenlace. || **4.** Composición lírica destinada a lamentar sucesos infaustos. || **5.** Género trágico. || **6.** fig. Suceso de la vida real, que infunde lástima y terror. || **7.** fig. Cualquier suceso fatal o infausto. || **8.** Colom. Apuro, trabajo. Ú. más en plural. || *Parar en* tragedia una cosa. fr. fig. Tener un fin desgraciado o infausto. || **6.**ª acep.: **P.** tragedia; **I.** tragedy; **F.** tragédie; **A.** Tragödie; **It.** tragedia; **R.** трагедия.

TRAGÉDICO, CA. (gr. τραγῳδικός.) adj. ant. Trágico, perteneciente o relativo a la tragedia.

TRAGEDIOSO, SA. (De *tragedia.*) adj. ant. Trágico, perteneciente o relativo a la tragedia.

TRÁGICAMENTE. adv. De modo trágico, funestamente.

TRÁGICO, CA. (l. *tragicus,* y éste del gr. τραγικός.) adj. Perteneciente o relativo a la tragedia. || **2.** Dícese del autor de tragedias. Ú.t.c.s. || **3.** Dícese también del actor que representa papeles trágicos. || **4.** fig. Infausto, muy desgraciado, que infunde lástima o terror. || **P.** trágico; **I.** tragic(al), tragedian; **F.** tragique, tragedien; **A.** tragisch; **It.** tràgico; **R.** трагический.

TRAGICOMEDIA. (l. *tragicomoedia,* contracc. de *tragico-comoedia.*) f. Obra dramática que reúne a la vez condiciones del género trágico y cómico. || **2.** Obra jocoseria escrita en diálogo y no destinada a la presentación teatral; como la tragicomedia *de Calixto y Melibea.* || **3.** fig. Suceso que se mueve a risa y piedad al mismo tiempo. || **P.** tragicomédia; **I.** tragicomedy; **F.** tragicomédie; **A.** Tragikomödie; **It.** tragicomedia; **R.** трагикомедия.

TRAGICÓMICO, CA. (Contracc. de *trágico-cómico.*) adj. Perteneciente o relativo a la tragicomedia. || **2.** Jocoserio.

TRAGO. (De *tragar.*) m. Porción de líquido que se bebe o puede beberse de una vez. || **2.** fig. y fam. Adversidad, infortunio, contratiempo, disgusto grande. || **3.** pop. Ecuad. Aguardiente. || *A* tragos. m. adv. fig. y fam. Poco a poco, lentamente. || *Sacar* trago. fr. Chile. Sacar beneficio o provecho. || **P.** trago; **I.** draught, gulp, swallow; **F.** gorgée, coup; **A.** Schluck, Trunk; **It.** sorso, sorsata; **R.** глоток.

TRAGO. (gr. τράγος.) m. Prominencia de la oreja humana, situada delante del conducto auditivo y a veces con pelos largos y ralos.

TRAGÓN, NA. adj. fam. Que traga o come mucho. Ú.t.c.s.

TRAGONEAR. (De *tragón.*) tr. fam. Tragar mucho y a menudo.

TRAGONERÍA. f. fam. Vicio del tragón.

TRAGONÍA. (De *tragón.*) f. fam. Tragonería.

TRAGONTINA. (De *dragontino,* y éste del l. *dracontium,* dragontea.) f. Aro, planta aroidea de raíz tuberculosa y fruto de color y tamaño de la grosella.

* **TRAGOPÁN.** m. Zool. Género de aves gallináceas, caracterizadas por tener el pico corto, grueso y cónico, tarsos robustos y cola corta y redondeada. Sus especies viven en el Himalaya.

* **TRAGUEADO, DA.** p.p. de traguear o traguearse. || **2.** adj. Colom., Ecuad., Venez. y Amér. Central. Calamocano.

* **TRAGUEAR.** (De *trago.*) intr. fam. Beborrotear. || **2.** r. Venez. Embriagarse.

* **TRAGUETEARSE.** r. Guat. y Rep. Domin. Achisparse, traguearse.

* **TRAHUA.** (mapuche *thaua,* cáscara o pellejo.) f. Chile. Cuero de cerdo sacrificado que se chamusca para su limpieza.

TRAICIÓN. (l. *traditio, -ōnis.*) f. Delito cometido quebrantando la fidelidad debida. || **2.** For. Delito contra la patria cometido por los ciudadanos, o contra la disciplina por los militares sirviendo al enemigo. || *Alta* traición. La cometida contra la soberanía, el honor, la seguridad y la independencia del Estado. || *A* traición. m. adv. Alevosamente, faltando a la lealtad; con engaño. || **P.** traição; **I.** treachery, treason; **F.** trahison, traîtrise; **A.** Verrat, Treubruch; **It.** tradimento; **R.** предательство.

TRAICIONAR. tr. Hacer traición a una persona o cosa.

TRAICIONERO, RA. (De *traición.*) adj. Traidor. Ú.t.c.s.

TRAÍDA. f. Acción y efecto de traer.

TRAÍDO, DA. p.p. de traer. || **2.** adj. Usado, gastado, que va haciéndose viejo. Dícese más particularmente de la ropa. || traído *o llevado.* fr. Trasladado con mucha frecuencia de un lugar a otro, manoseado, muy usado.

TRAIDOR, RA. (l. *traditor, -ōris.*) adj. Que comete traición. Ú.t.c.s. || **2.** Dícese de los irracionales que faltan a la obediencia o lealtad que sus dueños esperaban. || **3.** Que denota traición o falsía. || *A un* traidor, *dos* alevosos. ref. que da a entender que aquel que obra con traición no merece que se le guarde fe. || **P.** traidor; **I.** treacherous; **F.** traître; **A.** Verräter; **It.** traditore; **R.** предательский, преда́тель.

TRAIDORAMENTE. adv. A traición, con alevosía.

* **TRAIGUÉN.** (mapuche *thayghen.*) fr. Chile. En la fr. *Salir del* traiguén. Salir de la cárcel.

* **TRAIHUE.** m. Zool. Chile. Ave palustre, de plumaje blanco y negro, semejante a la cigüeña.

TRAÍLLA. (l. *tragŭla,* de *trahĕre,* traer hacia sí, llevar arrastrando.) f. Cuerda para llevar al perro atado a las cacerías y soltarlo a su tiempo. || **2.** Tralla. || **3.** Aparato agrícola, especie de cogedor grande usado para igualar los terrenos flojos llevando la tierra que sobra en unos sitios a otros donde falta. || **4.** Cuerda con que a veces se echa el hurón en las madrigueras, para luego tirar de él. || **5.** Un par de perros atraillados. || **6.** Conjunto de estas traíllas unidas por una cuerda. || **P.** trela; **I.** leash, string; **F.** laisse; **A.** Koppelriemen; **It.** guinzaglio; **R.** свора, ремень.

TRAILLAR. tr. Allanar la tierra con la traílla, 3.ª acep.

TRAÍNA. (l. *trahĕre,* atraer, arrastrar.) f. Denominación dada a varias redes de fondo. || **2.** Red de 50 brazas de largo y 8 de ancho, que en las costas del norte de España se usa en la pesca de la sardina.

TRAINEL. (De *traer.*) m. Germ. Criado de la mujer pública o del rufián, que lleva y trae recados.

TRAINERA. adj. Se aplica a la barca que pesca con traína. Ú.t.c.s.

TRAÍÑA. (De *traína.*) f. Red muy extensa que cala rodeando un banco de sardinas y las lleva a la costa vivas como encerradas en redil de donde se van sacando para la venta.

TRAITE. (cat. *traite,* y éste del l. *tractus,* trabajado.) m. Percha, acción de perchar el paño.

* **TRAJA.** f. Amér. Carga que llevan sobre cubierta las embarcaciones. || **2.** Bol. Sobrecarga.

TRAJANO, NA. (l. *traiānus.*) adj. Perteneciente o relativo al emperador Trajano.

TRAJE. (b. l. *tragere,* y éste del l. *trahĕre,* traer.) m. Vestido propio de cierta clase de personas o de los naturales de un país. || **2.** Vestido completo de una persona. || —corto. El que usan comúnmente chulos y toreros, formado por pantalón alto de talle y ceñido de caderas, y chaqueta corta y ajustada a la cintura, sin pasar de ella. || —de ceremonia o de etiqueta. Uniforme propio del cargo o dignidad de quien lo usa. || **2.** El que usan los hombres distinguidos en actos solemnes, y que actualmente consiste en un frac y pantalón negros y chaleco negros o blancos. || —de luces. El traje de seda, bordado de oro o plata con lentejuelas que para torear se ponen los toreros. || **P.** traje; **I.** dress; **F.** costume; **A.** Kleid, Tracht; **It.** àbito; **R.** костюм.

TRAJEADO, DA. p.p. de trajear. Con los advs. *bien* o *mal,* dícese de quien viste de este modo.

TRAJEAR. tr. Proveer de traje a una persona. Ú.t.c.r.

TRAJÍN. (De *trajinar.*) m. Acción de trajinar.

TRAJINANTE. p.a. de trajinar. Que trajina. || **2.** m. El que trajina o acarrea géneros de un lugar a otro.

TRAJINAR. (l. *tragināre,* arrastrar.) tr. Llevar géneros de un lugar a otro. || **2.** intr. Andar de un lugar a otro con cualquier diligencia u ocupación. || **3.** r. Argent. Hallarse burlado. || **P.** transportar, trafegar; **I.** to carry goods, to fidget about; **F.** voiturer, colporter; **A.** befördern, handeln; **It.** trainare, vetturiggiare; **R.** перевозить.

* **TRAJINERA.** f. Méj. Canoa cuadrangular de unos 8 m de largo por 2 de ancho.

TRAJINERÍA. f. Ejercicio de trajinero.

TRAJINERO. (De *trajín.*) m. Trajinante.

* **TRAJINISTA.** (De *trajín.*) adj. P. Rico y Argent. Buscavidas. Ú.t.c.s.

TRAJINO. (De *trajinar.*) m. Trajín.

* **TRALACARSE.** (De *trelacarse.*) r. Chile. Andar con las piernas muy abiertas o esparrancado y tropezando por esta causa.

* **TRALAUQUÍN.** (mapuche *traleun,* sonar, producir estruendo.) m. Chile. Ruido confuso oído de noche.

* **TRALCA.** (arauc. *thalca.*) f. Chile. Trueno.

* **TRALHUE.** m. Chile. Hilo grueso que se emplea para hacer frazadas.

TRALHUÉN. m. Bot. Chile. Arbusto espinoso ramnáceo, cuya madera es empleada para hacer carbón.

* **TRALPE.** adj. CHILE. Dícese de la lana apelmazada. || **2.** Implume, deshojado, descascarado.

* **TRALQUEAR.** (De *tralca*.) intr. CHILE. Tronar.

TRALLA. (l. *tragŭla*.) f. Cuerda más gruesa que el bramante. || **2.** Trencilla del extremo del látigo para que restalle. || **3.** Látigo con tralla, 2.ª acep. || **4.** MÁL. Trozo de cordel, rematado con rodaja de corcho con que los jabegotes se traban a las maestras del arte ,de pesca llamado lábega para tirar del copo. || **P.** corda, soga; **I.** lash; **F.** corde mince; **A.** Strick; **It.** corda; **R.** канат.

TRALLAZO. m. Golpe dado con la tralla. || **2.** Chasquido de la tralla. || **3.** fig. Latigazo, represión áspera.

TRALLETA. f. d. de tralla.

TRAMA. (l. *trama*.) f. Conjunto de hilos que, cruzados con los de la urdimbre, forman una tela. || **2.** Especie de seda para tramar. || **3.** fig. Dolo, artificio, confabulación para perjudicar a uno. || **4.** Disposición interna, ligazón entre las partes de un asunto, especialmente enredo en obras dramáticas y novelas. || **5.** fig. Florecimiento y flor de los árboles, especialmente del olivo. || **P.** e **It.** trama; **I.** woof; **F.** trame; **A.** Einschlag; **R.** уток.

* **TRAMADO, DA.** p.p. de tramar. || **2.** adj. AMÉR. CENTRAL. Valiente, hablando de personas, y mañoso hablando de animales. || **3.** AMÉR. CENTRAL. Difícil, morrocotudo. || **4.** VENEZ. Joropo que se baila por Pascua.

TRAMADOR, RA. adj. Que trama, que cruza los hilos de la trama con los de la urdimbre para tejer, o que prepara con astucia un engaño. Ú.t.c.s.

* **TRAMANO, NA.** adj. CHILE. Aplícase al niño o animal pequeño.

TRAMAR. tr. Atravesar los hilos de la trama por entre los de la urdimbre para tejer la tela. || **2.** fig. Disponer con astucia un enredo, traición. || **3.** Disponer hábilmente la realización de cualquier cosa difícil. || **4.** intr. Florecer los árboles, en especial el olivo. || **P.** tramar; **I.** to weave; **F.** tramer, machiner; **A.** ausspinnen, einschlagen; **It.** tramare; **R.** сновать, ткать.

* **TRAMAZÓN.** (De *tramar*.) f. AMÉR. CENTRAL. Enredo, confusión.

* **TRAMBUCAR.** intr. VENEZ. y COLOM. Naufragar. || **2.** VENEZ. y COLOM. fig. Perder el juicio.

* **TRAMBUQUE.** (De *trambucar*.) m. COLOM. Naufragio.

* **TRAMIL.** adj. CHILE. Dícese de la persona a quien flaquean las piernas.

TRAMILLA. (De *trama*.) f. Bramante, cordel delgado.

TRAMITACIÓN. f. Acción y efecto de tramitar. || **2.** Serie de trámites prescritos para un asunto o de los seguidos en él.

TRAMITADOR, RA. m. y f. Persona que tramita un asunto.

TRAMITAR. tr. Hacer pasar un negocio por los trámites debidos. || **P.** diligenciar; **I.** to transact; **F.** mener une affaire; **A.** weitergehen; **It.** inoltrare, dar corso; **R.** хлопотать о чём-л.

TRÁMITE. (l. *trames*, -*ĭtis*, camino, medio.) m. Paso de una parte a otra, o de una cosa a otra. || **2.** Cada uno de los estados y diligencias precisas para la conclusión de un negocio. || **P.** trâmite; **I.** transit, proceeding; **F.** cours, gestion; **A.** Instanz, Weg; **It.** trâmite; **R.** инстанция.

TRAMO. (l. *trames*.) m. Trozo de terreno o suelo contiguo a otros y separado de ellos por una señal cualquiera. || **2.** Parte de una escalera comprendida entre dos mesetas. || **3.** Cada uno de los trechos o partes en que está dividido un camino, andamio, canal, etc. || **4.** fig. Trozo de composición literaria en que domina una misma idea. || **P.** tracto, tramo; **I.** stretch, flight of stairs; **F.** volée d'escalier; **A.** Treppenöhe, Lauf; **It.** pezzo, branca di scala; **R.** пролёт.

TRAMOJO. (De *tramar*.) m. Vencejo hecho con mies para atar las gavillas o haces en la siega. || **2.** Parte de la mies por donde el segador la coge y pone el tramojo a la gavilla. || **3.** fam. Trabajo, apuro. Ú.m. en pl.

TRAMOJO. (l. *trabŭculum*, de *trabs*, *trabis*, madero.) m. fam. AMÉR. Especie

de trangallo que se pone a un animal para evitar que haga mal en los cercados.

TRAMONTANA. (l. *transmontāna*, t. f. de -*nus*, transmontano.) f. Norte, punto cardinal del horizonte que cae frente al observador a cuya derecha esté el oriente. || **2.** Viento que sopla de este lado. || **3.** fig. Vanidad, pompa. || *Perder* uno *la* TRAMONTANA. fr. fig. y fam. Perder la brújula. || **2.** fig. y fam. Perder los estribos. || 2.ª acep.: **P.** e **It.** tramontana; **I.** north wind; **F.** tramontane; **A.** Nordwind; **R.** север.

TRAMONTANO, NA. (De *transmontano*.) adj. Dícese de lo que, respecto a algún lugar, está al otro lado de los montes.

TRAMONTAR. (De *transmontar*.) intr. Pasar al otro lado de los montes, respecto al lugar de que se habla. Dícese particularmente del Sol cuando se oculta detrás de los montes. || **2.** tr. Disponer que uno huya del peligro que le amenaza. Ú.m.c.r.

TRAMOYA. (De *trama*.) f. Máquina para efectuar en el teatro transformaciones y figurar momentos prodigiosos. || **2.** Conjunto de dichas máquinas. || **3.** fig. Enredo, maña, disimulo, ficción. || **P.** tramóia; **I.** machinery; **F.** machine; **A.** Bühnenmaschinerie; **It.** màcchina teatrale; **R.** механизм для передвижки декораций.

TRAMOYA. (l. *trimodia*.) f. ÁL. y PAL. Tolva del molino.

* **TRAMOYAR.** (De *tramoya*.) tr. VENEZ. y PERÚ. Trampear.

* **TRAMOYERO, RA.** adj. P. RICO y GUAT. Tramoyista, tramposo. Ú.t.c.s.

TRAMOYISTA. m. El que inventa, construye o maneja tramoyas de teatro. || **2.** Operario que las coloca o las hace funcionar. || **3.** El que trabaja en las mutaciones escénicas. || **4.** com. fig. Persona que usa de ficciones y engaños. Ú.t.c.adj.

TRAMOYÓN, NA. adj. fam. Tramoyista, 4.ª acep.

* **TRAMP.** (Voz inglesa que significa *andariego*.) m. MAR. Buque mercante que no se dedica al tráfico regular según líneas preestablecidas, sino que va de unos a otros puertos en busca de fletes al azar. || **2.** Tráfico realizado por dicho buque.

TRAMPA. (b. l. *trappa*, y éste del germ. *trappa*, lazo, cepo.) f. Artificio para cazar, formado comúnmente por una excavación cubierta con una tabla que la cubre y puede hundirse al pasar por encima el animal. || **2.** Puerta en el suelo, para poner en comunicación parte del edificio con el interior. || **3.** Tablero horizontal movible que tienen los mostradores de las tiendas, para facilitar la entrada y la salida. || **4.** Portañuela. || **5.** fig. Ardid para burlar o perjudicar a alguien. || **6.** fig. Deuda cuyo pago se demora. || -**legal.** Acto ilícito con apariencia de legalidad. || *Coger* a uno *en la* TRAMPA. fr. fig. y fam. Sorprenderle en alguna mala acción. || *Llevarse* la TRAMPA una cosa, o negocio. fr. fig. y fam. Malograrse o echarse a perder. || TRAMPA *adelante*. expr. fam. que explica la manera de portarse de algunas personas que piden a uno para pagar a otro, entreteniendo el tiempo y arbitrando medios para salir de sus apuros. || **2.** Sortear con subterfugios y de mala manera las dificultades del momento a sabiendas de que reaparecerán en lo porvenir. || **P.** armadilha; **I.** trap, snare; **F.** piège trappe, traquenard; **A.** Falle, Fangeisen; **It.** tràppola; **R.** капкан, западня.

TRAMPAL. (De *trampa*, 1.ª acep.) m. Pantano, atolladero o tremedal.

TRAMPANTOJO. (De *trampa ante ojo*.) m. fam. Artificio, ilusión o trampa con que se hace ver a otro lo que no es.

* **TRAMPAPILLO.** (De *trampa* y *pillo*.) m. CHILE. Pillo redomado.

TRAMPAZO. m. Última de las vueltas que se daban en el tormento de la cuerda.

TRAMPEADOR, RA. adj. fam. Que trampea. Ú.t.c.s.

TRAMPEAR. (De *trampa*.) intr. fam. Petardear, pedir prestado con engaños y ardides. || **2.** fam. Arbitrar medios lícitos para hacer más llevadero la penuria u otra adversidad. || **3.** fam. Conllevar los achaques o la vida valetudinaria. || **4.** tr. fam. Usar de artificio para engañar a una persona o eludir alguna dificultad. || **P.** trampear; **I.** to lurch, to play tricks; **F.** vivre

d'expédients, duper; **A.** überlisten, abschwindeln; **It.** trappolare; **R.** мошенничать.

* **TRAMPERA.** f. ARGENT. Trampa, red.

TRAMPERÍA. f. Acción propia de tramposo.

TRAMPERO. m. El que coloca trampas para cazar.

* **TRAMPERO, RA.** adj. MÉJ. Tramposo.

TRAMPILLA. (d. de *trampa*.) f. Ventanilla en el suelo de una habitación alta, para ver quién entra en el piso bajo. || **2.** Portezuela con que se cierra la carbonera de un fogón de cocina. || **3.** Portañuela.

TRAMPISTA. (De *trampa*.) adj. Tramposo, embustero. Ú.t.c.s.

TRAMPOLÍN. (ital. *trampolino*, y éste del al. *trampeln*, patalear.) m. Plano inclinado u horizontal y elástico que da impulso al gimnasta para que dé grandes saltos. || **2.** fig. Persona, cosa o suceso que uno aprovecha para conseguir beneficios o ventajas desmesuradas y rápidas. || **P.** trampolim; **I.** spring-board; **F.** tremplin; **A.** Springbrett, Schwungbrett; **It.** trampolino; **R.** трамплин.

* **TRAMPOSERÍA.** f. CUBA, P. RICO y COLOM. Trampería.

TRAMPOSO, SA. adj. Embustero, mal pagador. Ú.t.c.s. || **2.** Que hace trampas en el juego. Ú.t.c.s. || **P.** trampolineiro; **I.** swindler; **F.** dupeur, trompeur; **A.** Bertrüger, Schwindler; **It.** scroccone; **R.** мошеннический.

* **TRAMPULIÑA.** (De *trampa*.) f. REP. DOMIN. Fraude.

TRANCA. (b. l. *trancus*, y éste del l. *truncus*, tronco.) f. Palo grueso y fuerte. || **2.** Palo grueso que se pone para mayor seguridad, y a manera de puntal, detrás de puertas o ventanas cerradas. || **3.** fam. Borrachera. || **4.** AMÉR. Tranquera, puerta rústica de un cercado. || *A* TRANCAS *y barrancas*. fr. fig. y fam. Pasando sobre todos los obstáculos. || **P.** tranca; **I.** club; **F.** gros bâton; **A.** Sperrbalken; **It.** randello; **R.** кол.

* **TRANCA.** f. joc. P. RICO y REP. DOMIN. Dólar, peso.

TRANCADA. f. Tranco, paso largo o salto poniendo un pie delante y sentándolo antes de mover el otro. || **2.** AR. Trancazo, golpe dado con una tranca. || **3.** CUBA. Bromazo, jugarreta. || **4.** COLOM. Represión, reprimenda.

* **TRANCADERO.** (De *tranca*.) m. REP. DOMIN. Cierre súbito de puertas produciendo ruido.

* **TRANCADO, DA.** adj. CUBA Aplícase al paso torpe de la cabalgadura.

TRANCAHÍLO. m. Nudo o lazo sobrepuesto para que estorbe el paso de un hilo o cuerda por alguna parte.

TRANCANIL. (ant. fr. *tranquenin*; en ital. *trinquein*.) m. MAR. Serie de maderas fuertes o planchas de hierro tendidos tope a tope, y desde la proa a popa para ligar los baos a las cuadernas y al forro exterior.

* **TRANCANTRULLA.** f. CHILE. Andrómina, alicantina.

* **TRANCAPERROS.** (De *tranca* y *perro*.) m. VENEZ. Riña, pelotera.

TRANCAR. tr. Atrancar, echar la tranca a la puerta o ventana. || **2.** intr. fam. Atrancar, dar pasos largos.

TRANCAZO. m. Golpe dado con una tranca. || **2.** fig. y fam. Gripe. || **3.** CUBA y P. RICO. Trago de licor.

TRANCE. (fr. *transe*, de *transir*, y éste del l. *transīre*.) m. Momento crítico y decisivo. || **2.** Con los adjetivos *último*, *postrero*, *mortal*, u otros semejantes, el último tiempo de la vida, próximo a la muerte. || **3.** FOR. Apremio judicial contra los bienes de un deudor para pagar al acreedor con ellos. || **4.** PSICOL. Estado de suspensión de los sentidos mientras dura el éxtasis o por efecto del hipnotismo. || *A todo* TRANCE. m. adv. Resueltamente.

TRANCELÍN. m. Trencellín.

TRANCO. (Del m. or. que *tranca*.) m. Paso largo, salto dado abriendo mucho las piernas. || **2.** Umbral de la puerta. || **3.** ALBAC. y MURC. Tala, juego de muchachos y el palo empleado en este juego. || **4.** MÉJ. Sobrepaso. || *Al* TRANCO. m. adv.

T

ARGENT. y **CHILE.** Hablando de caballerías, a paso largo. ‖ *A* TRANCOS. m. adv. fig. y fam. De prisa y sin arte. ‖ *En dos* TRANCOS. m. adv. fig. y fam. con que se explica la celeridad con que puede llegarse a un sitio. ‖ **P.** tranco; **I.** long stride; **F.** enjambée; **A.** weiter Schritt; **It.** passo lungo; **R.** большой шаг.

TRANCHA. f. Hierro con canto boto, clavado en un borriquete, del que se sirven los hojalateros para rebordear sobre él con el mazo los cantos de la hojalata.

TRANCHEA. (fr. *tranchée*, de *trancher*, cortar.) f. ant. Trinchera.

TRANCHETE. (fr. *tranchet*, de *trancher*, cortar.) m. Chaira, cuchilla de zapatero.

TRANCHO. m. Pez semejante al sábalo; vive en el mar y pasa a las rías a desovar.

TRANGALLO. (De *tranca*; en port. *trangalho*.) m. Palo que en tiempo de la cría de la caza va pendiente del collar de los perros de los ganados que pastan, para que no puedan bajar la cabeza hasta el suelo.

TRANQUEAR. (De *tranca*.) intr. fam. Trancar, dar pasos largos. ‖ **2.** Remover apalancando con trancos o palos.

TRANQUERA. f. Estacada o empalizada de trancas. ‖ **2.** AMÉR. Puerta rústica de un cercado por donde sólo puede pasar un hombre a caballo.

TRANQUERO. (De *tranco*, umbral.) m. Piedra labrada con que se forman las jambas y dinteles de puertas y ventanas.

* **TRANQUIJÓN.** m. GUAT. y HOND. Paso difícil en un camino.

TRANQUIL. m. ARQ. Línea vertical.

TRANQUILAMENTE. adv. De modo tranquilo.

TRANQUILAR. (l. *tranquillāre*.) tr. Señalar con dos rayitas cada una de las partidas de cargo y data de un libro de Comercio, hasta donde iguala la cuenta. ‖ **2.** p. us. Tranquilizar. Ú.t.c.r.

TRANQUILIDAD. (l. *tranquíllĭtas*, *-ātis*.) f. Calidad de tranquilo. ‖ **P.** tranquilidade; **I.** tranquility, tranquilness, rest; **F.** tranquillité, repos, calme; **A.** Ruhe, Stille; **It.** tranquillità; **R.** спокойствие.

* **TRANQUILINO, NA.** adj. MÉJ. Borracho.

TRANQUILIZADOR. adj. Que tranquiliza.

TRANQUILIZAR. tr. Poner tranquila a una persona o cosa, haciendo desaparecer su agitación o inquietud. Ú.t.c.r. ‖ **P.** tranquilizar; **I.** to tranquillize; **F.** tranquilliser; **A.** beruhigen, besänftigen; **It.** tranquillare; **R.** успокаивать.

TRANQUILO, LA. (l. *tranquillus*.) adj. Quieto, pacífico, sosegado.

TRANQUILLA. f. d. de tranca. ‖ **2.** fig. Especie que en la conversación se suelta para desorientar a alguien y sacarla por sorpresa algún secreto o noticia o para conseguir lo que de él se desea. ‖ **3.** Pasador que se pone en una barra para que no pueda pasar más allá de lo que se desea al meterla en alguna parte. ‖ *Armar* TRANQUILLA. fr. Poner inconvenientes y tropiezos para invalidar algún convenio o negocio.

TRANQUILLO. m. fig. Modo o hábito especial mediante el cual se hace una cosa con mayor destreza o se maneja una máquina con más facilidad. ‖ **2.** ALBAC., AND. y AR. Tranco, umbral de la puerta.

TRANQUILLÓN. m. Mezcla de trigo con centeno en la siembra y en el pan.

* **TRANQUIZA.** (De *tranca*.) f. fam. Méj. Zurra.

TRANS. (l. *trans*.) prep. insep. que en las voces simples del castellano a que se une significa *del otro lado*, o *más allá*; como en TRANSandino; o *a través de*, como TRANSlúcido; o indica mudanza o cambio, como en TRANSformar. Pierde la *s* final cuando precede a voces simples que empiecen con esa letra. El uso permite casi siempre usar indistintamente *trans* o *tras*, y aun a veces *tra* como en TRAmontano.

TRANSACCIÓN. (l. *transactĭo*, *-ōnis*.) f. Acción y efecto de transigir. ‖ Por ext., trato, negocio, convenio. ‖ **P.** transacção; **I.** y **F.** transaction; **A** Übereinkunft, Vertrag; **It.** transazione; **R.** уступка, сделка.

TRANSACCIONAL. adj. Perteneciente o relativo a la transacción.

* **TRANSAHARIANO, NA.** (De *trans* y *sahariano*.) adj. Dícese de las regiones situadas allende el Sahara. ‖ **2.** Perteneciente o relativo a ellas. ‖ **3.** Que atraviesa el Sahara.

TRANSALPINO, NA. (l. *transalpīnus*.) adj. Dícese de las regiones que desde Italia se hallan al otro lado de los Alpes. ‖ **2.** Perteneciente o relativo a ellas.

* **TRANSAMINACIÓN.** f. QUÍM. Paso del grupo amido de uno a otro aminoácido por intermedio del ácido glutámico.

TRANSANDINO, NA. adj. Aplícase a las tierras situadas al otro lado de los Andes. ‖ **2.** Perteneciente o relativo a ellas. **3.** Dícese del tráfico y de medios de locomoción que atraviesan los Andes.

TRANSAR. tr. AMÉR. Transigir, ceder, ajustar un trato especialmente de carácter comercial y bursátil.

TRANSATLÁNTICO, CA. adj. Aplícase a las regiones situadas al otro lado del Atlántico. ‖ **2.** Perteneciente o relativo a ellas. ‖ **3.** Dícese del tráfico y medios de locomoción que atraviesan el Atlántico. ‖ **4.** m. Buque de gran tonelaje destinado a hacer viajes a través del Atlántico o de otro gran océano.

TRANSBISABUELO, LA. m. y f. ant. Tatarabuelo, la.

TRANSBISNIETO, TA. m. y f. ant. Tataranieto, ta.

TRANSBORDADOR, RA. adj. Que transborda. ‖ **2.** m. Barquilla que suspendida de unos cables marcha alternativamente entre dos puntos y que transporta viajeros y vehículos. *Puente* TRANSBORDAdor. ‖ **—funicular.** El constituido por una vía funicular o teleférica sobre la que marcha el carro; generalmente forma un solo cuerpo con la barquilla que transporta los viajeros.

TRANSBORDAR. (De *trans* y *bordo*.) tr. Trasladar personas o cosas de un barco a otro. Ú.t.c.r. ‖ **2.** Trasladar personas o efectos de un carruaje a otro; especialmente se dice del cambio de un tren a otro en viajes por ferrocarril. ‖ **P.** baldear; **I.** to tranship, to transfer; **F.** transborder; **A.** umladen; **It.** trasbordare; **R.** пересаживать.

TRANSBORDO. m. Acción y efecto de transbordar o transbordarse. ‖ **P.** transbordamento; **I.** transhipment; **F.** transbordément; **A.** Umladung; **It.** trasbordo; **R.** пересадка.

TRANSCENDENCIA. (l. *transcendentĭa*.) f. Trascendencia.

TRANSCENDENTAL. (De *transcendente*.) adj. Transcendental. ‖ **2.** FIL. Que transpasa los límites de la ciencia experimental.

TRANSCENDENTALISMO. m. Calidad de transcendental. ‖ **2.** FIL. Doctrina que pretende conocer lo que está fuera del dominio de la experiencia.

TRANSCENDENTE. p.a. de transcender. Que transciende.

TRANSCENDER. (l. *transcendĕre*.) intr. Trascender.

* **TRANSCEPTOR.** (l. *trans*, a través, y de *ceptor*, aféresis de receptor.) m. RADIOTEL. Aparato emisor y receptor combinados, de reducido peso y volumen con el que puede establecerse comunicación radiotelefónica a distancia considerable en ondas ultracortas.

TRANSCRIBIR. (l. *transcribĕre*.) tr. Copiar, escribir en un lugar lo escrito en otro. ‖ **2.** Escribir con un sistema de caracteres lo que está ya escrito en otro. ‖ **3.** MÚS. Arreglar para un instrumento la música escrita para otro. ‖ **P.** transcrever; **I.** to transcribe; **F.** transcrire; **A.** umschreiben, abschreiben, übertragen; **It.** trascrivere; **R.** переписывать.

TRANSCRIPCIÓN. (l. *transcriptĭo*, *-ōnis*.) f. Acción y efecto de transcribir. ‖ **2.** MÚS. Pieza musical resultante de transcribir otra.

TRANSCRIPTO, TA. (l. *transcriptus*.) p.p. irreg. Transcrito.

TRANSCRITO, TA. p.p. irreg. de transcribir.

TRANSCURRIR. (l. *transcurrĕre*.) intr. Pasar, correr. Dícese comúnmente del tiempo. ‖ **P.** transcorrer; **I.** to elapse;

F. passer, s'écouler; **A.** ablaufen, verfliessen; **It.** trascòrrere; **R.** проходить.

TRANSCURSO. (l. *transcursus*.) m. Paso del tiempo. Ú. comúnmente con la misma palabra *tiempo*, o con alguna de las que expresan alguna de sus divisiones, *año*, *mes*, etc.

* **TRANSDUCTOR.** (l. *trans*, a través, y *ductor*, *-ōris*, conductor.) m. Fís. Aparato o conjunto de elementos capaces de transmitir potencia de un sistema mecánico o generador a otro. ‖ **P.** transcurso; **I.** cours of time; **F.** cours, laps de temps; **A.** Verlauf der Zeit; **It.** trascorso; **R.** течение (времени).

TRÁNSEAT. (3ª pers. del sing. del pres. de subj. del verbo *transīre*, pasar: pase.) Voz latina usada para consentir una afirmación que tanto importa conceder como negar.

* **TRANSEPTO.** m. ARQ. Nave transversal de una iglesia que forma el brazo corto de una cruz latina. ‖ **P.** transepto; **I.** y **F.** transept; **A.** Querschiff; **It.** crociata; **R.** перекресток.

TRANSEÚNTE. (l. *transiens*, *-seuntis*, p.a. de *transīre*, pasar de un lugar a otro.) Que pasa de un lugar a otro. Ú.t.c.s. ‖ **2.** Que está de paso en un lugar, sin haber fijado en él su residencia. Apl. a pers. ú.t.c.s. ‖ **3.** Transitorio, temporal. ‖ **4.** FIL. Dícese de lo originado por el agente de manera que el efecto pasa o termina fuera de él. ‖ **P.** transeunte; **I.** passer-by, transient; **F.** passant; **A.** Passant; **It.** passante, passeggiero; **R.** преходящий.

TRANSFERENCIA. (l. *transferens*, *-entis*, p.a. de *transferre*, transferir.) f. Acción y efecto de transferir. ‖ **—de crédito.** Alteración permitida por las leyes de contabilidad, mediante ella sin aumentar la suma total de gastos del presupuesto, varía la dotación de los distintos servicios. ‖ **P.** transferência; **I.** transfer; **F.** transfèrement, transfert; **A.** Übertragung; **It.** trasferimento; **R.** перенесение.

TRANSFERIBLE. adj. Que puede ser transferido a otro.

TRANSFERIDOR, RA. adj. Que transfiere. Ú.t.c.s.

TRANSFERIR. (l. *transferre*.) tr. Llevar o pasar una cosa de un lugar a otro. ‖ **2.** Diferir, dilatar, retardar. ‖ **3.** Extender el sentido de una palabra para que signifique figuradamente otra cosa distinta. ‖ **4.** Ceder a otro el derecho o el dominio sobre alguna cosa. ‖ **5.** ESGR. Abrir el ángulo en la espada sujeta o inferior y volverlo a cerrar, quedando superior. ‖ **6.** ESGR. Hacer con la espada otros movimientos, pero del mismo efecto. ‖ **P.** transferir; **I.** to transfer; **F.** transférer; **A.** übertragen, transferieren; **It.** transferire; **R.** переносить.

TRANSFIGURABLE. (l. *transfigurabĭlis*.) adj. Que se puede transfigurar.

TRANSFIGURACIÓN. (l. *transfiguratĭo*, *-ōnis*.) f. Acción y efecto de transfigurar o transfigurarse. ‖ **2.** Por antonom., la de Nuestro Señor Jesucristo en el monte Tabor, en presencia de San Pedro, San Juan y Santiago, manifestándose entre Moisés y Elías. ‖ **P.** transfiguração; **I.** y **F.** transfiguration; **A.** Verklärung; **It.** trasfigurazione; **R.** видоизменение.

TRANSFIGURAR. (l. *transfigurāre*.) tr. Hacer cambiar de figura a una persona o cosa. Ú.t.c.r.

TRANSFIJO, JA. (l. *transfixus*.) adj. Atravesado por una arma o cosa puntiaguda.

TRANSFIXIÓN. (l. *transfixĭo*, *-ōnis*.) f. Acción de herir pasando de parte a parte. Más frecuentemente hablando de los dolores de la Virgen María. ‖ **P.** transfixação; **I.** y **F.** transfixion; **A.** Durchbohrung; **It.** trafiggimento; **R.** прободение.

TRANSFLOR. (De *transflorar*.) m. PINT. Pintura sobre plata, oro, estaño, etc., lo más frecuente es el verde sobre oro.

TRANSFLORAR. (l. *transflorāre*, trasflorar.) intr. Transparentarse, dejarse ver una cosa a través de otra.

TRANSFLORAR. (De *trans* y *flor*.) tr. PINT. Transflorear. ‖ **2.** PINT. Copiar un dibujo al trasluz.

TRANSFLOREAR. (De *trans* y *florear*.) tr. PINT. Adornar con transflor.

TRANSFORMABLE. adj. Que puede transformarse.

TRANSFORMACIÓN. (l. *transformatio*, *-ōnis*.) f. Acción y efecto de transformar o transformarse. ‖ **—adiabática**. Fís. Cambio en el volumen y presión de un contenido sin recibir ni ceder calor. ‖ **—de la energía**. Cambio de una forma de energía en otra. ‖ **—isotérmica**. Cambio en el volumen y presión de un gas o vapor manteniéndose constante la temperatura, pero cediendo o absorbiendo calor. ‖ **—polimórfica**. METAL. Cambio que experimenta un metal puro pasando de una forma a otra. ‖ **P**. transformação; **I**. y **F**. transformation; **A**. Umformung, Umbildung; **It**. trasformazione; **R**. преобразование.

TRANSFORMADOR, RA. adj. Que transforma. Ú.t.c.s. ‖ **2**. Fís. Aparato eléctrico para convertir corriente de alta tensión y débil intensidad en otra de baja tensión y gran intensidad o a la inversa. ‖ **—de ensayo**. Fís. El utilizado en los laboratorios para corrientes de alta tensión. ‖ **—de medida**. Fís. El empleado para convertir el voltaje de la corriente en otro apropiado al buen funcionamiento del aparato en que se haya de utilizar dicha corriente. ‖ **—de potencia**. Fís. El que se emplea en la transmisión y distribución de energía eléctrica. ‖ **P**. transformador; **I**. transformer, converter; **F**. transformateur; **A**. Umwandler, Transformator; **It**. trasformatore; **R**. преобразовывающий.

TRANSFORMAMIENTO. (De *transformar*.) m. Transformación.

TRANSFORMANTE. p.a. de transformar. Que transforma.

TRANSFORMAR. (l. *transformāre*.) tr. Hacer cambiar de forma a una persona o cosa. Ú.t.c.r. ‖ **2**. Transmutar una cosa en otra. Ú.t.c.r. ‖ **3**. fig. Hacer mudar a alguien de porte o de costumbres. Ú.t.c.r. ‖ **P**. transformar; **I**. to transform, to transmute; **F**. transformer; **A**. umformen, umwandeln, umgestalten; **It**. trasformare; **R**. преобразовать.

TRANSFORMATIVO, VA. adj. Que tiene eficacia para transformar.

TRANSFORMISMO. m. BIOL. Doctrina biológica según la cual los caracteres típicos de las especies animales y vegetales no son fijos sino que varían por efecto de factores intrínsecos y extrínceos.

TRANSFORMISTA. adj. Perteneciente o relativo al transformismo. ‖ **2**. com. Partidario de esta doctrina. ‖ **3**. Actor o actriz que rapidísimamente hace mutaciones en sus trajes y en los tipos que representa.

TRANSFREGAR. (De *trans* y *fregar*.) tr. Restregar una cosa con otra, manoseándola.

TRANSFRETANO, NA. (l. *transfretanus*; de *trans*, de la otra parte, y *fretum*, estrecho de mar.) adj. Que está al otro lado de un estrecho de mar.

TRANSFRETAR. (l. *transfretāre*.) tr. Pasar el mar. ‖ **2**. intr. Dilatarse, extenderse.

TRÁNSFUGA. (l. *transfŭga*, de *transfugĕre*, pasarse, huir.) com. Persona que huye de un lugar a otro. ‖ **2**. fig. Persona que pasa de un partido a otro. ‖ **P**. trânsfuga; **I**. deserter; **F**. transfuge; **A**. Überläufer; **It**. transfuga; **R**. перебежчик.

TRÁNSFUGO. m. Tránsfuga.

TRANSFUNDICIÓN. (De *transfundir*.) f. Transfusión.

TRANSFUNDIR. (l. *transfundĕre*.) tr. Hacer pasar lentamente un líquido de un recipiente a otro. ‖ **2**. fig. Comunicar sucesivamente algo entre varias personas. Ú.t.c.r.

TRANSFUSIBLE. adj. Que se puede transfundir.

TRANSFUSIÓN. (l. *transfusio*, *-ōnis*.) f. Acción y efecto de transfundir o transfundirse. ‖ **—de sangre**. CIR. Operación consistente en hacer pasar sangre de una persona a otra. ‖ **P**. transfusão; **I**. y **F**. transfusion; **A**. Umgiessung, Transfusion; **It**. trasfusione; **R**. переливание.

TRANSFUSOR, RA. (l. *transfūsus*, p.p. de *transfundĕre*, transfundir.) adj. Que transfunde. Ú.t.c.s.

TRANSGANGÉTICO, CA. adj. Dícese de las tierras o regiones situadas al norte del río Ganges. ‖ **2**. Perteneciente o relativo a ellas.

TRANSGREDIR. (l. *transgrĕdi*.) tr. Quebrantar o violar una ley o precepto.

TRANSGRESIÓN. (l. *transgressio*, *-ōnis*.) f. Acción y efecto de transgredir. ‖ **P**. transgressão; **I**. y **F**. transgression; **A**. Überschreitung, Verletzung; **It**. trasgressione; **R**. нарушать.

TRANSGRESOR, SA. (l. *transgressor*, *-ōris*.) adj. Que comete transgresión. Ú.t.c.s.

TRANSIBERIANO, NA. adj. Aplícase al tráfico y a los medios de locomoción que atraviesan la Siberia.

TRANSICIÓN. (l. *transitio*, *-ōnis*.) f. Acción y efecto de pasar de un modo de ser o estar a otro. ‖ **2**. Paso más o menos rápido de una idea o materia a otra en discursos y escritos. ‖ **3**. Cambio repentino de tono y expresión. ‖ **P**. transição; **I**. y **F**. transition; **A**. Übergang, Transition; **It**. transizione; **R**. переход.

TRANSIDO, DA. p.p. de transir. ‖ **2**. adj. fig. Fatigado, consumido por una pena o necesidad. ‖ **3**. fig. Miserable y ridículo en su modo de portarse y gastar.

TRANSIGENCIA. f. Condición de transigente. ‖ **2**. Lo que se hace o consiente transigiendo.

TRANSIGENTE. p.a. de transigir. Que transige.

TRANSIGIR. (l. *transigĕre*.) intr. Consentir en parte con algo que no se cree verdadero, justo o razonable para evitar un mal o por espíritu de condescendencia. Ú. a veces c.tr. ‖ **2**. tr. Ajustar algún punto litigioso o dudoso, conviniendo voluntariamente las partes en algún medio que parta la diferencia de la disputa. ‖ **P**. transigir; **I**. to accommodate differences; **F**. transiger; **A**. nachgeben; **It**. transigere; **R**. уступать.

TRANSILVANO, NA. adj. Natural de Transilvania. Ú.t.c.s. ‖ **2**. Perteneciente o relativo a esta región europea.

TRANSIR. (l. *transīre*.) intr. ant. Pasar, morir, acabar. Usáb.m.c.r.

TRANSISTOR. ELECTRÓN. Elemento constituido por un semiconductor con ciertas impurezas que puede sustituir a las válvulas de vacío en sus numerosas aplicaciones. ‖ **2**. RADIOTEC. Aparato receptor de radiotelefonía que aprovecha las propiedades detectoras y amplificadoras del germanio. Opera como una lámpara electrónica, sin necesitar cristal ni filamento. Su tamaño es muy reducido.

TRANSITABLE. adj. Dícese del paraje por donde se puede transitar.

TRANSITAR. (De *tránsito*.) intr. Ir o pasar de un lugar a otro por parajes públicos. ‖ **2**. Viajar haciendo tránsitos. ‖ **P**. transitar; **I**. to pass by; **F**. passer, transiter; **A**. verkehren, durchfahren; **It**. transitare; **R**. ходить.

TRANSITIVO, VA. (l. *transitivus*.) adj. p. us. Que pasa y se transfiere de uno a otro. ‖ **2**. GRAM. Dícese del verbo activo.

TRÁNSITO. (l. *transitus*.) m. Acción de transitar. ‖ **2**. Paso, acción de pasar y lugar por donde se pasa de un sitio a otro. ‖ **3**. En conventos, seminarios, etc., pasillo o corredor. ‖ **4**. Lugar destinado para hacer alto en alguna marcha. ‖ **5**. Paso de un estado o empleo a otro. ‖ **6**. Muerte de personas santas y justas; aplícase especialmente a la de la Santísima Virgen. ‖ **7**. Fiesta que en honor de la muerte de la Santísima Virgen se celebra el 15 de agosto. ‖ *De* TRÁNSITO. De modo transitorio; dícese de la persona que no reside en el lugar donde se halla de paso y de la mercancía que atraviesa un país para llegar a su destino. ‖ *Hacer* TRÁNSITO. Pasar o descansar en alojamientos o albergues hallados de trecho en trecho en el trayecto al realizar un viaje. ‖ *Por* TRÁNSITOS. m. adv. Haciendo tránsitos; dícese más comúnmente *por* TRÁNSITOS *de justicia*, hablando de los detenidos llevados por la fuerza pública de pueblo en pueblo.

TRANSITORIAMENTE. adv. De modo transitorio.

TRANSITORIEDAD. f. Calidad de transitorio.

TRANSITORIO, RIA. (l. *transitorius*.) adj. Temporal, pasajero. ‖ **2**. Caduco, fu-

gaz. ‖ **P**. transitório; **I**. transitory; **F**. transitoire; **A**. zeitlich, vorübergehend; **It**. transitorio; **R**. временный.

TRANSLACIÓN. (l. *translatio*, *-ōnis*.) f. Traslación.

TRANSLATICIAMENTE. (De *translaticio*.) adv. Traslaticiamente.

TRANSLATICIO, CIA. (l. *translatitius*.) adj. Traslaticio.

TRANSLATIVO, VA. (l. *traslativus*.) adj. Traslativo.

TRANSLIMITACIÓN. f. Acción y efecto de translimitar. ‖ **2**. Envío de tropas de una potencia al territorio de un Estado vecino en que luchan dos partidos en guerra civil, para guarnecer las plazas ganadas por aquel en cuyo favor se hace esta intervención.

TRANSLIMITAR. (De *trans*, más allá, y *límite*.) tr. Traspasar los límites morales o materiales. ‖ **2**. Pasar inadvertidamente, o previa autorización, la frontera de un Estado para una operación militar, pero sin propósito de violar el territorio.

TRANSLINEAR. (De *trans*, en sentido de mudanza, y *línea*.) intr. FOR. Pasar un vínculo de una línea a otra.

TRANSLITERACIÓN. f. Representación de sonidos de una lengua con signos del alfabeto de otra.

TRANSLUCIDEZ. f. Calidad de translúcido.

TRANSLÚCIDO, DA. (l. *translucĭdus*.) adj. Dícese del cuerpo a través del cual pasa la luz, pero que no deja ver las cosas que están detrás de él. ‖ **P**. translúcido; **I**. translucent, translucid; **F**. translucide; **A**. durchscheinend; **It**. traslúcido; **R**. просвечивающий.

TRANSLUCIENTE. adj. Trasluciente.

TRANSMARINO, NA. (l. *transmarinus*.) adj. Dícese de las regiones situadas al otro lado del mar. ‖ **2**. Perteneciente o relativo a ellas.

TRANSMIGRACIÓN. (l. *transmigratio*, *-ōnis*.) f. Acción y efecto de transmigrar. ‖ **P**. transmigração; **I**. y **F**. transmigration; **A**. Hinüberwanderung, Übersiedelung; **It**. trasmigrazione; **R**. переселение.

TRANSMIGRAR. (l. *transmigrāre*.) intr. Pasar de un país a otro para vivir en él, especialmente la gente, no la nación entera o gran parte de ella. ‖ **2**. Según los que creen en la metempsicosis, pasar una alma de un cuerpo a otro.

TRANSMIGRATORIO, RIA. adj. Perteneciente o relativo a la transmigración.

TRANSMISIBLE. (l. *transmissibilis*.) adj. Que se puede transmitir.

TRANSMISIÓN. (l. *transmissio*, *-ōnis*.) f. Acción y efecto de transmitir. ‖ **2**. **—de movimiento**. MEC. Conjunto de mecanismos que comunican el movimiento de un cuerpo a otro, alterando, de ordinario, su forma, su sentido o su velocidad. ‖ **P**. transmissão; **I**. y **F**. transmission; **A**. Übertragung, Transmission; **It**. trasmissione; **R**. передача.

TRANSMISOR, RA. (l. *transmissor*, *-ōris*.) adj. Que transmite o puede transmitir. Ú.t.c.s. ‖ **2**. m. Aparato telefónico mediante el cual las vibraciones sonoras se transmiten al hilo conductor, haciendo ondular las corrientes eléctricas. ‖ **3**. Aparato telegráfico o telefónico destinado a transmitir las corrientes o las ondas hertzianas que actuarán en el receptor.

TRANSMITIR. (l. *transmittĕre*.) tr. Trasladar, transferir. ‖ **2**. FOR. Transferir o ceder a otro un derecho u otra cosa. ‖ **P**. transmitir; **I**. to transmit; **F**. transmettre; **A**. übertragen, senden, sperieren; **It**. trasméttere; **R**. передавать.

TRANSMONTANO, NA. (l. *transmontānus*.) adj. Tramontano.

TRANSMONTAR. (l. *trans*, a la parte de allá, y *mons*, *montis*, el monte.) tr. e intr. Tramontar. Ú.t.c.r.

TRANSMONTE. m. p. us. Acción de transmontar.

TRANSMUDACIÓN. f. Transmutación.

TRANSMUDAMIENTO. (De *transmudar*.) m. Transmutación.

TRANSMUDAR. (l. *transmutāre*.) tr. Trasladar, llevar de un lugar a otro. Ú.t.c.r. ‖ **2**. Transmutar. Ú.t.c.r. ‖ **3**. fig.

T

Reducir o trocar los afectos o inclinaciones con razones o por persuación.

TRANSMUNDANO, NA. adj. Que se halla fuera del mundo.

TRANSMUTABLE. adj. Que puede transmutarse.

TRANSMUTACIÓN. (l. *transmutatio, -ōnis.*) f. Acción y efecto de transmutar o transmutarse.

TRANSMUTAR. (l. *transmutāre.*) tr. Convertir, mudar una cosa en otra. Ú.t.c.r.

TRANSMUTATIVO. (l. *transmutatum,* supino de *transmutāre,* transmutar.) adj. Que tiene poder o virtud para transmutar.

TRANSMUTATORIO, RIA. adj. Transmutativo.

TRANSPACÍFICO, CA. Perteneciente o relativo a las tierras situadas al otro lado del Pacífico. || 2. Dícese de los grandes barcos que hacen la travesía del Pacífico.

TRANSPADANO, NA. (l. *transpadānus;* de *trans,* del otro lado, y *Padus,* el Po.) adj. Que está o habita al otro lado del Po. Apl. a pers. ú.t.c.s.

TRANSPARENCIA. f. Calidad de transparente.

TRANSPARENTARSE. r. Dejarse ver alguna cosa a través de un cuerpo transparente. || 2. Ser transparente un cuerpo. || 3. fig. Dejarse adivinar en lo que se declara algo que no se manifiesta.

TRANSPARENTE. (l. *trans,* a través, y *parens, -entis,* que aparece.) adj. Dícese del cuerpo a través del cual pueden verse claramente los objetos. || 2. Translúcido. || 3. fig. Que se deja adivinar sin declararse. || 4. ZOOL. Dícese de la córnea o primera membrana de las que forman el globo del ojo. || 5. m. Tela o papel que, colocado como cortina delante de las ventanas, templa la luz, o delante de una luz artificial la mitiga o hace aparecer en él figuras o letreros. || 6. Ventana de cristales que adorna el fondo de un altar. || P. transparente; I. y F. transparent; A. durchsichtig; It. trasparente; R. прозрачный.

TRANSPIRABLE. adj. Dícese de lo que puede transpirar o transpirarse.

TRANSPIRACIÓN. f. Acción y efecto de transpirar o transpirarse. || 2. BOT. Salida de vapor de agua a través de las membranas de las células superficiales de las plantas, principalmente por los estomas, por efecto de sus funciones vitales, y en función del estado higrométrico y de la luz.

TRANSPIRAR. (l. *trans,* a través, y *spirāre,* exhalar, brotar.) intr. Pasar los humores de la parte interior a la exterior a través del tegumento. Ú.t.c.r. || 2. fig. Sudar, rezumar un líquido por los poros del vaso que lo contiene. || P. transpirar; I. to transpire; F. transpirer; A. schwitzen; It. traspirare; R. испаряться.

TRANSPIRENAICO, CA. (De *trans,* a la parte de allá, y *pirenaico.*) adj. Dícese de las regiones situadas al otro lado de los montes Pirineos. || 2. Perteneciente o relativo a ellas. || 3. Aplícase al comercio y a los medios de locomoción que atraviesan la cordillera de los Pirineos.

★ **TRANSPÓNDER.** (Voz inglesa; de *trans,* prefijo que significa a través, allende, al otro lado, y *ponder,* reflexión, reflejo.) m. Fís. Aparato que contesta a las señales emitidas por las estaciones de radar.

TRANSPONEDOR, RA. adj. Que transpone. Ú.t.c.s.

TRANSPONER. (l. *transponěre.*) tr. Poner a una persona o cosa en distinto sitio del que ocupaba. Ú.t.c.r. || 2. Trasplantar. || 3. r. Ocultarse a la vista una persona o cosa, doblando una esquina, un cerro, etc. Ú.t.c.tr. || 4. Ocultarse de nuestro horizonte el Sol u otro astro. || 5. Quedarse algo dormido. || P. transponer; I. to transpose; F. transposer; A. versetzen; It. trasporre; R. перемещать.

TRANSPORTACIÓN. (l. *transportatio, -ōnis.*) f. Transporte, acción de transportar.

TRANSPORTADOR, RA. adj. Que transporta. Ú.t.c.s. || 2. m. Círculo o semicírculo graduado que sirve para medir o trazar los ángulos de un dibujo geométrico. || 3. TECN. Ferrocarril funicular de vía aérea. || 4. Dispositivo para el transporte continuo de materiales sólidos entre dos sitios poco alejados.

TRANSPORTAMIENTO. (De *transportar.*) m. Transporte, acción de transportar o transportarse.

TRANSPORTAR. (l. *transportāre.*) tr. Llevar algo de un sitio a otro. || 2. Portear, llevar de una parte a otra una cosa. || 3. MÚS. Trasladar una composición de un tono a otro. || 4. r. fig. Enajenarse de la razón o del sentido, por accidente, pasión, éxtasis. || P. transportar; I. to transport; F. transporter; A. überführen, transportieren; It. trasportare; R. перевозить.

TRANSPORTE. m. Acción y efecto de transportar. || 2. Buque de transporte. || 3. fig. Acción y efecto de transportarse. || 4. Metástasis. || P. transporte; I. y F. transport; A. Transport; It. trasporto; R. перенoска.

TRANSPORTISTA. m. El que tiene por oficio hacer transportes.

TRANSPOSICIÓN. (l. *transpositum,* supino de *transponěre,* transponer.) f. Acción y efecto de transponer o transponerse. || 2. RET. Figura consistente en alterar el orden normal de las voces en la oración.

TRANSPOSITIVO, VA. (l. *transpositivus.*) adj. Capaz de transponerse. || 2. Perteneciente o relativo a la transposición.

TRANSPUESTA. (De *transpuesto.*) f. Traspuesta.

TRANSPUESTO, TA. (l. *transpositus.*) p.p. irreg. de transponer.

TRANSTERMINANTE. p.a. de transterminar. Que transtermina.

TRANSTERMINAR. (De *trans,* de la otra parte, y *terminar.*) tr. Pasar de un término jurisdiccional a otro, o salir del que está señalado.

TRANSTIBERINO, NA. (l. *transtiberīnus.*) adj. Que, respecto de Roma y sus cercanías, habita o está al otro lado del Tíber. Apl. a pers. ú.t.c.s.

TRANSUBSTANCIACIÓN. (l. eclesiástico *transubstantiatio, -ōnis.*) f. Conversión total de una substancia en otra. Dícese especialmente hablando de la conversión del pan y del vino en el cuerpo y sangre de Jesucristo en la Eucaristía. || P. transubstanciación; I. transubstantiation; F. transsubstantiation; A. Umwandlung; It. transustanziazione; R. превращение.

TRANSUBSTANCIAL. adj. Que se transubstancia.

TRANSUBSTANCIAR. (De *trans,* en sentido de mudanza, y *substancia.*) tr. Convertir totalmente una substancia en otra. Ú.t.c.r. || 2. Especialmente se dice del cuerpo y sangre de Cristo en la Eucaristía.

★ **TRANSURÁNICO, CA.** adj. QUÍM. Dícese de cada uno de los elementos artificiales que siguen al uranio en la tabla periódica y que se han obtenido mediante procesos de transmutación nuclear producidos por neutrones o mediante proyectiles generados en aceleradores adecuados.

TRANSVASAR. (De *trans,* de una parte a otra, y *vaso.*) tr. Trasegar, mudar un líquido de un recipiente a otro.

TRANSVERBERACIÓN. (l. *transverberatio, -ōnis.* de *transverberāre,* traspasar.) f. Transfixión. Especialmente se dice hablando de la herida en el corazón que Santa Teresa de Jesús dice haber recibido en el curso de una oración, por el dardo de un serafín.

TRANSVERSAL. (De *transverso.*) adj. Que atraviesa de un lado a otro. ||2. Que se aparta de la dirección recta o principal. || 3. Colateral, referido al parentesco que no viene por línea directa. Ú.t.c.s. || 4. f. GEOM. Recta que corta a una figura geométrica. || P. transversal; I. traverse; F. transversal; A. quer, schräg; It. tra(s)versale; R. поперечный.

TRANSVERSO, SA. (l. *transversus.*) adj. Colocado o dirigido al través. || 2. GEOM. Dícese del eje, o del diámetro, de una curva, o superficie, que corta a ésta cuando hay otro que no lo hace.

TRANVÍA. (ingl. *tramway;* de *tram,* riel, plano, y *way,* vía.) m. Ferrocarril en una calle o camino carretero por donde pueden transitar también carruajes ordinarios. || 2. fig. Coche de tranvía. —de **sangre.** Aquel cuya tracción se hacía con mulas o caballos. || P. tranvia; I. y F.

tranway; A. Strassenbahn; It. tramvia; R. трамвай.

TRANVIARIO, RIA. adj. Perteneciente o relativo a los tranvías. || 2. m. Empleado en el servicio de tranvías.

TRANVIERO. m. Tranviario.

TRANZA. f. AR. Trance, apremio judicial contra los bienes de un deudor para pagar así al acreedor.

TRANZADERA. f. Trenzadera, lazo que se forma trenzando una cuerda o cinta.

TRANZADO, DA. p.p. de tranzar. || 2. Aplícase al arnés compuesto de varias piezas articuladas para facilitar el movimiento del hombre armado.

TRANZAR. tr. Cortar, tranchar. || 2. Trenzar, hacer trenzas. || 3. AR. Rematar, hacer remate en la venta o arrendamiento de alguna cosa, en juicio o públicamente.

TRANZÓN. (De *tranzar,* cortar.) m. Cada una de las partes en que se divide un monte o un pago de tierras para su aprovechamiento o cultivo. || 2. Pedazo de tierra separado del antiguo fundo y que forma ya propiedad independiente.

TRAPA. (fr. *Trappe,* lugar donde se fundó esta orden.) f. Instituto religioso u orden de cistercienses reformados. Es una de las más austeras de la Iglesia.

TRAPA. (Quizá del m. or. que *trampa;* en port. *trapa.*) f. ÁL. Grada de dientes. 2. MAR. Cabo provisional para cerrar y cargar velas cuando sopla mucho viento. || 3. pl. MAR. Aparejos para asegurar la lancha dentro del buque.

TRAPA. (Voz onomatopéyica.) amb. Ruido de los pies y gran vocerío y alboroto. Ú. más frecuentemente, repetida.

TRAPACEAR. intr. Usar trapazas o engaños.

TRAPACERÍA. (De *trapacero.*) f. Trapaza.

TRAPACERO, RA. (De *trapaza.*) adj. Trapacista. Ú.t.c.s.

TRAPACETE. (l. *trapezīta,* banquero, y éste del gr. τραπεζίτης.) m. Libro en que el comerciante anota las partidas dadas a cambio o logro, o las de los géneros vendidos.

TRAPACISTA. ad.. Que usa de trapazas. Ú.t.c.s. || 2. fig. Que con trapazas, falsedades, astucias, etc., procura engañar a otros. Ú.t.c.s.

TRAPAJO. m. despect. de trapo.

TRAPAJOSO, SA. (De *trapajo.*) adj. Roto, andrajoso, desaseado. || 2. Estropajoso, fasfalloso.

TRÁPALA. (Voz onomatopéyica.) f. Ruido, alboroto, confusión de gente. || 2. Ruido acompasado del trote o galope del caballo.

TRÁPALA. (Como el ital. *trappola,* del m. or. que *trampa.*) f. fam. Engaño, embuste. || 2. GERM. Cárcel, prisión. || 3. m. fam. Flujo de palabras o prurito de hablar mucho e insubstancialmente. Ú.t.c.adj. || 4. com. fig. y fam. Persona habladora, sin substancia. Ú.t.c. adj. || 5. fig. y fam. Persona embustera y falsa. Ú.t.c.adj.

★ **TRAPALCARSE.** r. CHILE. Sentarse perezosamente en el suelo con las piernas encogidas.

TRAPALEAR. (De *trápala,* 1.er art.) intr. Meter ruido con los pies yendo de una lado para otro.

TRAPALEAR. intr. fam. Decir o actuar como un trápala.

★ **TRAPALELE.** CHILE. En Chiloé, pedazo de masa sobada y recortada, hervida en agua de sal.

★ **TRAPALERO, RA.** adj. CUBA y P. RICO. Trapacero. Ú.t.c.s.

TRAPALÓN, NA. m. y f. aum. de trápala, persona parlanchina y falsa. Ú.t.c.adj.

★ **TRAPALONEAR.** intr. CHILE. Trapalear, hablar o actuar como un trápala.

★ **TRAPALPUTRA.** (arauc. *tapulputha.*) f. CHILE. Carne delgada que rodea el vientre de los animales.

TRÁPANA. f. GERM. Trápala, cárcel, prisión.

TRAPATIESTA. f. fam. Riña, desorden, alboroto.

TRAPAZA. (germ. *trappa,* engaño, trampa.) f. Artificio engañoso e ilícito con que se engaña a una persona o se la defrau-

T

da en un cambio, compra o venta. ‖ **2.** Fraude, engaño. ‖ **P.** trapaça, burla; **I.** trick, deceit; **F.** ruse, fourberie; **A.** Schwindelei, Betrug; **It.** truffa; **R.** мошенничество.

TRAPAZAR. (De *trapaza*.) intr. Trapacear.

TRAPE. (fr. *draper*, disponer con holgura y gracia los vestidos.) m. Entretela con que se armaban los pliegues de las casacas y las faldillas.

★ **TRAPEADA.** (De *trapear*.) f. C. RICA. Insulto.

★ **TRAPEADOR.** (De *trapear*.) m. CHILE y MÉJ. Estropajo, trapo para limpiar los suelos.

TRAPEAR. impers. fam. SANT. Nevar. ‖ **2.** tr. AMÉR. Fregar el suelo con estropajo o aljofila.

TRAPECIAL. adj. GEOM. Perteneciente o relativo al trapecio. ‖ **2.** GEOM. De figura de trapecio.

TRAPECIO. (l. *trapezĭum*, y éste del gr. τραπέζιον, de τράπεζα, mesa de cuatro pies.) m. Palo horizontal pendiente de dos cuerdas en sus extremos usado para ejercicios gimnásticos o de acrobacia. ‖ **2.** GEOM. Cuadrilátero irregular que tiene sólo dos de sus lados paralelos. ‖ **3.** ZOOL. Uno de los huesos del carpo; en el hombre, el primer hueso de la segunda fila, en el lado del pulgar. ‖ **4.** ZOOL. Cada uno de los dos músculos planos y triangulares de los vertebrados, que en los mamíferos se hallan en la parte dorsal del cuello y anterior de la espalda. ‖ **P.** trapézio; **I.** trapezium; **F.** trapèze; **A.** Trapez, Schwelbereck; **It.** trapezio; **R.** трапеция.

° **TRAPECISTA.** com. Artista de circo que realiza ejercicios gimnásticos y de acrobacia en el trapecio.

★ **TRAPELACUCHA.** (mapuche mod. *trapelakucha*.) f. CHILE. Adorno de las indias araucanas, compuesto de varias planchas de plata más o menos triangulares.

★ **TRAPELUTO.** (arauc. *trapeln*, amarrar, atar, y la partícula *tu*.) m. CHILE. En Chiloé, costura hecha con aguja de madera en la ropa o en las velas de las embarcaciones.

★ **TRAPÉN.** m. CHILE. Vega húmeda y, en parte, pantanosa.

TRAPENSE. adj. Dícese del monje de la Trapa. Ú. t. c. s. ‖ **2.** Perteneciente o relativo a esta orden religiosa.

TRAPERÍA. f. Conjunto de muchos trapos. ‖ **2.** Lugar donde se venden trapos y objetos usados. ‖ **P.** traparia; **I.** frippery; **F.** chiffons, boutique de chiffonnier; **A.** Lumperhandel; **It.** cenceria; **R.** тряпьё.

★ **TRAPERÍO.** m. ARGENT. Trapería, conjunto de trapos.

TRAPERO, RA. m. y f. El que por oficio recoge trapos de desecho para comerciar con ellos. ‖ **2.** El que compra y vende trapos y objetos usados. ‖ **P.** trapeiro; **I.** ragman; **F.** chiffonier; **A.** Trödler; **It.** cenciaiolo; **R.** тряпичник.

★ **TRAPEZOEDRO.** m. CRISTALOG. Forma cristalina formada por venticuatro caras que son trapecios simétricos.

TRAPEZOIDAL. adj. GEOM. Perteneciente o relativo al trapezoide. ‖ **2.** GEOM. De figura de trapezoide.

TRAPEZOIDE. (gr. τραπεζοειδής; de τράπεζα, mesa de cuatro pies, y εἶδος, forma.) m. GEOM. Cuadrilátero irregular sin ningún lado paralelo a otro. ‖ **2.** ZOOL. Uno de los huesos del carpo, que en el hombre es el segundo de la segunda fila, contiguo al trapecio.

★ **TRAPI.** (arauc. *thapi.*) m. CHILE. Cosa picante.

★ **TRAPICÁN.** (arauc. *thapi*, ají, y *can.*) m. CHILE. Ají o pimiento picante desmenuzado en agua y sazonado con sal.

★ **TRAPICAR.** (De *trapi*.) intr. CHILE. Picar como ají. ‖ **2.** CHILE. Producir en los ojos y boca escozor. como causado por ají. ‖ **3.** r. CHILE. Atorarse con ají o algo semejante.

★ **TRAPICHADOR, RA.** m. y f. CUBA. Persona que trapicha o sabe hacerlo.

★ **TRAPICHANTE.** adj. CUBA, P. RICO y COLOM. Trapichero.

★ **TRAPICHAR.** (De *trapiche*.) intr. fam. CUBA, P. RICO y COLOM. Trapichear. ‖ **2.** tr. ECUAD. Aplicar el tormento del trapiche.

TRAPICHE. (l. *trapētes*, piedra del molino de aceite.) m. Molino que extrae el jugo de algunos frutos como aceite o caña de azúcar. ‖ **2.** ARGENT. y CHILE. Molino para pulverizar minerales.

TRAPICHEAR. (De *trapiche*.) intr. fam. Buscar medios, a veces ilícitos, para lograr algo. ‖ **2.** Comerciar al menudeo.

TRAPICHEO. m. fam. Acción y ejercicio de trapichear.

TRAPICHERO. m. El que trabaja en trapiches.

TRAPIENTO, TA. (De *trapo*, trozo de tela desechado.) adj. Andrajoso.

★ **TRAPILCAR.** intr. CHILE. Trapicar. Ú. t. c. r.

TRAPILLO. (d. de *trapo*, 1.ª acep.) m. d. de trapo. ‖ **2.** fig. y fam. Galán o dama de baja suerte. ‖ **3.** fig. y fam. Caudal ahorrado. ‖ *De* TRAPILLO. m. adv. fig. y fam. Con vestido casero.

TRAPÍO. (De *trapo*.) m. desus. Velamen. ‖ **2.** fig. y fam. Aire gracioso de algunas mujeres. ‖ **3.** fig. y fam. Buena planta del toro de lidia. ‖ **4.** fig. y fam. Codicia con que acomete.

TRAPISONDA. f. fam. Bulla o riña con voces o acciones. ‖ **2.** fam. Embrollo, enredo.

TRAPISONDEAR. intr. fam. Armar frecuentes trapisondas o embrollos.

TRAPISONDISTA. m. Persona que arma trapisondas o está metido en ellas.

★ **TRAPISTA.** m. ARGENT. Trapero.

TRAPITO. m. d. de trapo. ‖ *Los* TRAPITOS *de cristianar*. La ropa mejor que se posee.

TRAPO. (l. *drappus*.) m. Pedazo de tela desechado por viejo e inservible. ‖ **2.** Velamen. ‖ **3.** fam. Capote de brega. ‖ **4.** fam. Tela, comúnmente roja, de la muleta del torero. ‖ **5.** pl. fam. Prendas de vestir, especialmente femeninas. ‖ *A todo* TRAPO. m. MAR. A toda vela. ‖ **2.** fig. y fam. Con eficacia y actividad. ‖ *Poner* a uno *como un* TRAPO. fr. fig. y fam. Decirle palabras injuriosas, reprenderle agriamente. ‖ *Sacar los* TRAPOS, o *todos los* TRAPOS *a la colada*, o *a relucir al sol*. fr. fig. y fam. Echar a uno en cara sus faltas haciéndolas públicas, más en particular cuando se riñe con él acaloradamente. ‖ *Soltar* uno *el* TRAPO. fr. fig. y fam. Echarse a llorar. ‖ **2.** fig. y fam. Echarse a reir. ‖ **P.** trapo; **I.** rag; **F.** chiffon; **A.** Lumpen; **It.** cencio; **R.** тряпка.

★ **TRAPOSIENTO, TA.** (De *traposo*.) adj. PERÚ. Trapiento.

★ **TRAPOSO, SA.** adj. P. RICO y PERÚ. Trapiento.

★ **TRAPUJEAR.** intr. AMÉR. CENTRAL. Contrabandear.

★ **TRAPUJERO, RA.** adj. AMÉR. CENTRAL. Contrabandista. Ú. t. c. s.

★ **TRAPUJO, JA.** (De *tapujo*.) adj. fam. HOND. Dícese de las cosas de contrabando.

TRAQUE. (Voz onomatopéyica.) m. Estallido del cohete. ‖ **2.** Guía de pólvora fina que une las piezas de un fuego de artificio. ‖ **3.** fig. y fam. Ventosidad ruidosa. ‖ *A* TRAQUE *barraque*. expr. fam. Con cualquier motivo. ‖ **P.** estouro de foguete; **I.** crack; **F.** détonation; **A.** Knall; **It.** scoppio; **R.** взрыв.

TRÁQUEA. (l. *trachia*, y éste del gr. τραχεῖα ἀρτηρία, traquearteria.) f. ZOOL. Conducto cilíndrico del aparato respiratorio de los reptiles, aves y mamíferos, situado delante y a lo largo del esófago, y que partiendo de la laringe, se divide en dos ramas llamadas bronquios que van a terminar cada una a un pulmón. ‖ **2.** BOT. Vaso leñoso conductor de la savia, con relieve en espiral. ‖ **3.** ZOOL. Cada una de las cavidades del aparato respiratorio de muchos artrópodos, que son conductos ramificados, en comunicación con el exterior y colocados a ambos lados del cuerpo. ‖ **P.** traqueia; **I.** trachea, windpipe; **F.** trachée; **A.** Luftröhre; **It.** trachea; **R.** трахея.

★ **TRAQUEADO, DA.** adj. ARGENT. Aplícase al lugar muy transitado. ‖ **2.** Dícese del animal que tiene tráqueas para la respiración.

TRAQUEAL. adj. Perteneciente o relativo a la tráquea. ‖ **2.** ZOOL. Dícese del animal que respira por medio de tráqueas.

TRAQUEAR. (De *traque*.) intr. Traquetear.

TRAQUEARTERIA. (gr. τραχεῖα ἀρτηρία, áspera arteria.) f. desus. ZOOL. Tráquea, conducto respiratorio que parte de la laringe y se divide en dos bronquios.

TRÁQUEO. (De *traquear*.) m. Traqueteo. ‖ **2.** ARGENT. Trajín, movimiento o tránsito animado en un paraje de carruajes, animales y personas.

TRAQUEOTOMÍA. (gr. τραχεῖα, tráquea, y τομή, incisión.) f. CIR. Abertura artificial practicada en la traquearteria para evitar la sofocación del enfermo.

TRAQUETEAR. intr. Hacer ruido o estrépito. ‖ **2.** tr. Mover, agitar una cosa de un lugar a otro. Aplícase más a los líquidos. ‖ **3.** fig. y fam. Frecuentar algo.

TRAQUETEO. (De *traquetear*.) m. Ruido continuado del disparo de cohetes en los fuegos de artificio. ‖ **2.** Movimiento de una persona o cosa que se golpea al ser transportada de un lugar a otro.

TRAQUIDO. (De *traquear*.) m. Estruendo causado al disparar un arma de fuego. ‖ **2.** Chasquido de la madera.

★ **TRAQUINAR.** intr. fam. P. RICO. Trajinar, andar.

TRAQUITA. (gr. τραχύς, áspero al tacto.) f. Roca volcánica compuesta de feldespato vítreo y cristales de hornablenda o mica, ligera, dura y porosa; es apreciada como piedra de construcción.

TRARIGÜE. (arauc. *tharin*, atar.) m. p. us. CHILE. Faja o cinturón de lana que usan los hombres y mujeres indios.

★ **TRARIHUE.** m. CHILE. Trarigüe.

TRARILONGO. (arauc. *tharin*, atar.) m. desus. CHILE. Cinta que los indios se ciñen al pelo:

TRARO. (arauc. *tharu*.) m. CHILE. Ave de rapiña, de color blanquecino salpicado de negro; lleva en la cabeza una especie de corona de plumas negras, y los pies son amarillos y escamosos y armados de fuertes garras.

TRAS. (l. *trans*.) prep. Después de, a continuación de, referida al espacio o al tiempo. Ú. como prefijo en voces compuestas. ‖ **2.** fig. En busca o seguimiento de. ‖ **3.** Detrás de. ‖ **4.** Fuera de esto, además. TRAS *de llegar tarde*. ‖ **5.** prep. insep. Trans. ‖ **6.** m. fam. Trasero, parte posterior del animal.

TRAS. (Onomatopeya.) Voz para imitar el ruido de un golpe. ‖ TRAS, TRAS. expr. fam. para indicar el golpe repetido, especialmente el que se da al llamar a una puerta.

TRASABUELO, LA. (De *tresabuelo*.) m. y f. ant. Tatarabuelo, la.

TRASALCOBA. f. Pieza que está detrás de la alcoba.

TRASALPINO, NA. adj. Transalpino.

TRASALTAR. m. Sitio de las iglesias que está detrás del altar.

TRASANDINO, NA. adj. Transandino.

TRASANDOSCO, CA. adj. Dícese de la res de ganado menor, de algo más de dos años. Ú. t. c. s.

TRASANTEANOCHE. adv. En la noche de trasanteayer.

TRASANTEAYER. adv. En el día inmediatamente anterior al de anteayer.

TRASANTIER. adv. fam. Trasanteayer.

TRASAÑEJO, JA. adj. Muy añejo. ‖ **2.** Tresañejo.

TRASATLÁNTICO, CA. adj. Transatlántico. Ú. t. c. s.

TRASBARRÁS. m. Ruido producido por una cosa al caer.

TRASBISABUELO, LA. m. y f. ant. Transbisabuelo, la.

TRASBISNIETO, TA. m. y f. ant. Transbisnieto, ta.

TRASBOCAR. tr. AMÉR. Vomitar, arrojar.

TRASBORDAR. tr. Transbordar.

TRASBORDO. m. Transbordo.

★ **TRASBUCAR.** (l. *trans*, de un sitio a otro, y *buca*, boca.) tr. CHILE. Trasegar. ‖ **2.** CHILE y P. RICO. Trabucar.

TRASCA. (l. *transica*, pasador.) f. Barzón del yugo y correa para uncir y demás usos. ‖ **2.** AR. Pescuño.

TRASCA. (l. *troia*.) f. Cerda, que tras criarla se engorda para matarla.

TRASCABO. m. Traspié, zancadilla.

TRASCANTÓN. m. Guardacantón, poste de piedra para resguardar de los carruajes las esquinas de las casas. || **2**. Mozo que se coloca en una esquina o cantón para acudir rápido cuando lo llamen, esportillero.

TRASCANTONADA. f. Trascantón, guardacantón.

TRASCARTARSE. r. Quedarse, en el juego de naipes, una carta detrás de otra cuando se esperaba que saliera antes.

TRASCARTÓN. (De *trascartarse.*) m. Lance del juego de naipes, en que queda detrás la carta con que se hubiese ganado y pasa delante la que hace perder.

TRASCENDENCIA. (De *transcendencia.*) f. Penetración, perspicacia. || **2**. Resultado, consecuencia grave o muy importante. || **3**. FIL. Calidad de trascendente o trascendental. || **P**. transcendência; **I**. transcendency; **F**. transcendance; **A**. grosse Bodeutung; **It**. trascendenza; **R**. значительность.

TRASCENDENTAL. (De *transcendente.*) adj. Que se extiende o comunica a varias cosas. || **2**. De gran importancia por sus posibles consecuencias.

TRASCENDENTE. p.a. de trascender. Que trasciende.

TRASCENDER. (De *transcender.*) intr. Exhalar un olor tan fuerte, que se percibe a gran distancia. Dícese más frecuentemente del agradable. || **2**. Empezar a ser conocido lo que estaba oculto. || **3**. FIL. Aplicarse a todo una noción que no es género, como acontece con las de unidad y ser, asimismo en el sistema kantiano, traspasar los límites de la experiencia posible. || **4**. tr. Comprender, averiguar algo oculto. || **5**. Comunicarse los afectos de unas cosas a otras, produciendo consecuencias. || **P**. trescalar; **I**. to transcend; **F**. être transcendant; **A**. ĵriechen nach, durchdringen; **It**. trascèndere; **R**. благоухать.

TRASCENDIDO, DA. p.p. de trascender. || **2**. adj. Dícese del que trasciende, averigua y penetra con claridad y prontitud.

TRASCOCINA. f. Pieza situada detrás de la cocina y para desahogo de ésta.

TRASCODA. m. Trozo de cuerda de tripa que sujeta el cordal al botón en los instrumentos de arco.

TRASCOL. m. ant. Falda de cola, que fue usada por las mujeres.

TRASCOLAR. (l. *transcolāre.*) tr. Colar a través de alguna tela, piel, etc. Ú.t.c.r. || **2**. fig. Pasar de un lado a otro de un monte u otro sitio.

TRASCONEJARSE. (De *trans*, prep., y *conejo.*) r. Quedarse la caza detrás de los perros que la siguen. Dícese más propiamente de los conejos que se acogen a una mata burlando la persecución de los perros que no pueden detenerse por la velocidad de su carrera. || **2**. Dícese también de los hurones cuando quedan en las madrigueras, por quedar obstruida la salida con el conejo que han matado. || **3**. fig. y fam. Extraviarse o perderse alguna cosa.

TRASCORDARSE. (De *tras*, por *trans*, y el l. *cor, cordis*, corazón.) r. Perder la noticia puntual de algo, por olvido o confusión.

TRASCORO. m. Sitio que está detrás del coro en las iglesias.

TRASCORRAL. m. Sitio descubierto y cerrado que tienen algunas casas después del corral. || **2**. fam. Trasero, culo.

TRASCORVO, VA. adj. Aplícase al caballo o yegua con la rodilla más atrás de la línea de aplomo.

TRASCRIBIR. fr. Transcribir.
TRASCRIPCIÓN. f. Transcripción.
TRASCRIPTO, TA. (l. *transcriptus.*) p.p. irreg. Trascrito.
TRASCRITO, TA. (De *trascripto.*) p.p. irreg. de trascribir.

TRASCUARTO. m. Vivienda o habitación situada detrás de la principal.
TRASCUENTA. f. Trabacuenta.
TRASCURRIR. intr. Transcurrir.
TRASCURSO. m. Transcurso.
TRASDOBLADURA. f. Acción y efecto de trasdoblar.
TRASDOBLAR. tr. Tresdoblar.
TRASDOBLO. (De *trasdoblar.*) m. Número triple.
TRASDÓS. (ital. *estradosso*, y éste del l. *extra*, fuera, y *dorsum*, dorso.) m. ARQ.

Superficie exterior de un arco o bóveda. || **2**. ARQ. Pilastra colocada inmediatamente detrás de la columna.

TRASDOSEAR. (De *trasdós.*) tr. ARQ. Reforzar una obra por la parte posterior.

TRASECHADOR, RA. adj. Que trasecha. Ú.t.c.s.

TRASECHAR. (l. *trans*, tras, y *sectāri*, seguir.) tr. Asechar.

TRASEGADOR, RA. adj. Que trasiega. Ú.t.c.s.

TRASEGAR. (cat. y port. *trafegar.*) tr. Revolver, trastornar. || **2**. Mudar las cosas de un sitio a otro, y especialmente un líquido de un recipiente a otro. || **2.ª** acep.: **P**. trasegar; **I**. to draw off; **F**. remuer, transvaser; **A**. umstellen; **It**. travasare; **R**. перемещать.

TRASEÑALADOR, RA. adj. Que traseñala. Ú.t.c.s.

TRASEÑALAR. (De *tras*, por *trans*, en sentido de cambio, y *señalar.*) tr. Poner a una cosa distinta marca o señal de la que tenía.

TRASERA. (De *trasero.*) f. Parte posterior de un coche, una casa, etc.

TRASERO, RA. (De *tras*, detrás de.) adj. Que está, se queda o viene detrás. || **2**. Dícese del carro que lleva más carga detrás que delante. || **3**. Dícese de la puerta que se abre en la parte opuesta a la fachada principal de un edificio. || **4**. m. Parte posterior de un animal. || **5**. pl. fam. Padres, abuelos y demás antepasados.

TRASFERENCIA. f. Transferencia.
TRASFERIBLE. adj. Transferible.
TRASFERIDOR, RA. adj. Transferidor. Ú.t.c.s.
TRASFERIR. tr. Transferir.
TRASFIGURABLE. adj. Transfigurable.
TRASFIGURACIÓN. f. Transfiguración.
TRASFIGURAR. tr. Transfigurar. Ú.t.c.s.
TRASFIJO, JA. adj. Transfijo.
TRASFIXIÓN. f. Transfixión.
TRASFLOR. m. PINT. Transflor.
TRASFLORAR. tr. PINT. Transflorar.
TRASFLOREAR. tr. PINT. Transflorear.
TRASFOJAR. (De *tras*, prep., y *foja*, hoja.) tr. ant. Trashojar.
TRASFOLLADO, DA. adj. VETER. Dícese del animal que padece de trasfollos.
TRASFOLLO. (l. *trans*, y *follis*, fuelle.) m. VETER. Alifafe que se forma en el pliegue o parte anterior del corvejón.
TRASFORMACIÓN. f. Transformación.
TRASFORMADOR, RA. adj. Transformador. Ú.t.c.s.
TRASFORMAMIENTO. m. Transformamiento.
TRASFORMAR. tr. Transformar. Ú.t.c.r.
TRASFORMATIVO, VA. adj. Transformativo.
TRASFREGAR. tr. Transfregar.
TRASFRETANO, NA. adj. Transfretano.
TRASFRETAR. tr. e intr. Transfretar.
TRÁSFUGA. com. Tránsfuga.
TRÁSFUGO. m. Tránsfugo.
TRASFUNDICIÓN. f. Transfundición.
TRASFUNDIR. tr. Transfundir. Ú.t.c.r.
TRASFUSIÓN. f. Transfusión.
TRASFUSOR, RA. adj. Transfusor. Ú.t.c.s.
TRASGA. f. LEÓN. Pértigo de la carreta de los bueyes.
TRASGO. m. Duende, espíritu que según el vulgo, travesea. || **2**. fig. Niño enredador. || *Andar hecho* TRASGO. fr. fig. Andar de noche. || *Dar* TRASGO *a uno*. fr. Fingir hechos propios de un duende, para espantar a alguien.
TRASGREDIR. tr. Transgredir.
TRASGRESIÓN. f. Transgresión.
TRASGRESOR, RA. adj. Transgresor. Ú.t.c.s.
TRASGUEAR. intr. Imitar el ruido, jugueteo y travesuras que se atribuyen a los trasgos.

TRASGUERO, RA. m. y f. Persona que trasguea o es dada a trasguear.

TRASHOGUERO, RA. (De *tras*, prep., y *foguero.*) adj. Dícese del perezoso que queda en casa cuando los demás van al trabajo o al campo. || **2**. m. Losa o plancha situada detrás del hogar para resguardo de la pared de la chimenea. || **3**. Leño grueso o tronco seco que se coloca arrimado a la pared para conservar la lumbre.

TRASHOJAR. (De *trasfojar.*) tr. Hojear un libro.

TRASHUMACIÓN. f. Acción y efecto de trashumar.

TRASHUMANTE. p.a. de trashumar. Que trashuma.

TRASHUMAR. (l. *trans*, de la otra parte, y *humus*, tierra.) intr. Pasar el ganado con sus conductores de las dehesas de invierno a las de verano, y viceversa. || **P**. transumar; **I**. to nomadize (sheep); **F**. transhumer; **A**. wandern (das Vieh); **It**. migrare; **R**. менять пастбище.

TRASIEGO. m. Acción y efecto de trasegar.

* **TRASIGAR.** tr. ECUAD. Trasegar.

TRASIJADO, DA. (De *tras*, prep., e *ijar*.) adj. Que tiene los ijares recogidos por no haber comido o bebido en mucho tiempo. || **2**. fig. Se aplica al que está muy flaco.

TRASLACIÓN. (De *translación*.) f. Acción y efecto de trasladar o trasladarse. || **2**. GRAM. Figura de construcción consistente en usar un tiempo de la conjugación por otro. || **3**. RET. Metáfora. || **4**. ASTRON. En los sistemas estelares y planetarios, movimiento de las estrellas, de los planetas y de los satélites alrededor del punto común de gravedad. || **—de luz**. ASTROL. Acción de trasferir un planeta la luz a otro. || **P**. translação; **I**. y **F**. translation; **A**. Übertragung, Überführung; **It**. traslazione; **R**. перемещение.

TRASLADABLE. adj. Que puede trasladarse.

TRASLADACIÓN. (De *trasladar.*) f. Traslación.

TRASLADADOR, RA. adj. Que traslada o sirve para trasladar. Ú.t.c.s.

TRASLADANTE. p.a. de trasladar. Que traslada.

TRASLADAR. (De *traslado.*) tr. Llevar a una persona o cosa de un sitio a otro. Ú.t.c.r. || **2**. Hacer cambiar a alguien de un cargo o puesto a otro de igual categoría. || **3**. Hacer que una junta, una función, etc., se celebre en día diferente del primeramente señalado. || **4**. Traducir de un idioma a otro. || **5**. Copiar un escrito. || **P**. trasladar; **I**. to transfer; **F**. transférer, transporter; **A**. versetzen, übertragen; **It**. traslatare; **R**. перемещать.

TRASLADO. (l. *translātus*, p.p. de *transferre*, transferir, trasladar.) m. Copia de un escrito, o remedo de una persona. || **2**. Acción y efecto de trasladar. || **3**. FOR. Comunicación que se da a una de las partes litigantes, de las pretensiones de la otra.

TRASLAPAR. (l. *trans*, más allá, y *lapis*, losa: véase *solapar*.) tr. Cubrir una cosa a otra. || **2**. Cubrir parcialmente una cosa a otra; como las tejas del tejado.

TRASLAPO. (De *traslapar.*) m. Solapo, parte de una cosa traslapada por otra.

TRASLATICIAMENTE. adv. Con sentido traslaticio.

TRASLATICIO, CIA. (De *translaticio.*) adj. Dícese del sentido en que se emplea un vocablo para significar cosa distinta a la expresada cuando se usa en su acepción primitiva.

TRASLATIVO, VA. (De *translativo.*) adj. Que trasfiere.

TRASLATO, TA. (l. *translātus.*) adj. Traslaticio.

* **TRASLATOR.** (l. *translātor, -ōris*, el que traslada o trasfiere, de *trasferre*, de *trans*, de una parte a otra, y *ferre*, llevar.) m. Fís. Relevador telegráfico colocado en una estación intermedia para cambiar la corriente de la primera en otra producida por una pila establecida en dicha estación intermedia.

TRASLINEAR. intr. FOR. Translinear.

TRASLOAR. (De *tras*, por *trans*, más allá, y *loar*.) tr. p. us. Alabar a alguien o algo con exageración.

TRASLÚCIDO, DA. adj. Translúcido.

TRASLUCIENTE. (De *traslucirse*.) adj. Traslúcido.

TRASLUCIMIENTO. m. Acción y efecto de traslucirse.

TRASLUCIRSE. (l. *translucēre*.) r. Ser traslúcido un cuerpo. || **2.** fig. Inferirse o conjeturarse una cosa de otra. Ú.t.c.s.

TRASLUMBRAMIENTO. m. Acción y efecto de traslumbrar o traslumbrarse.

TRASLUMBRAR. tr. Deslumbrar u ofuscar con una luz muy viva que hiere repentinamente la vista. Ú.t.c.r. || **2.** r. Desaparecer repentinamente alguna cosa. || **P.** deslumbrar; **I.** to dazzle; **F.** éblouir; **A.** verblenden; **It.** abbagliare; **R.** ослеплять.

TRASLUZ. (De *tras*, por *trans*, a través de, y *luz*.) m. Luz que pasa a través de un cuerpo translúcido. || **2.** Luz reflejada de soslayo por la superficie de un cuerpo. || *Al* TRASLUZ. m. adv. Puesto el objeto entre la luz y el ojo, para que se trasluzca.

TRASMALLO. (arag. *trasmallo*, y éste del l. *trimacŭlum; de tris*, tres, y *macŭla*, malla.) m. Arte de pesca formado por tres redes, más tupida la central que las otras dos y que se cala verticalmente mediante piedras o plomos. || **P.** tresmalho; **I.** trammel-net; **F.** tramail, trémail; **A.** Fischernetz; **It.** tramaglio; **R.** тройная рыболовная сеть.

TRASMALLO. m. Virola de hierro con que se refuerza el cotillo del mazo usado para jugar al mallo.

TRASMANO. com. Segundo en orden en ciertos juegos. || *A* TRASMANO. m. adv. Fuera del alcance y del manejo cómodo de la mano. || **2.** Fuera de los lugares frecuentados, o desviado del trato de las gentes.

TRASMAÑANA. adv. Pasado mañana.

TRASMAÑANAR. (De *trasmañana*.) tr. Diferir alguna cosa de un día en otro.

TRASMARINO, NA. adj. Transmarino.

TRASMATAR. tr. fam. Suponer uno que otro ha de morir antes que él, con cierto deseo de que así sea.

TRASMERANO, NA. adj. Natural de Trasmiera. Ú.t.c.s. || **2.** Perteneciente a esta comarca de Santander.

TRASMIGRACIÓN. f. Transmigración.

TRASMIGRAR. intr. Transmigrar.

★ **TRASMINANTE.** adj. CHILE. Dícese del frío intenso y penetrante.

TRASMINAR. (De *tras*, por *trans*, a través de, y *minar*.) tr. Abrir camino por debajo de tierra. || **2.** Filtrarse o pasar a través de alguna cosa un líquido, un olor, etcétera. Ú.t.c.r.

TRASMISIBLE. adj. Transmisible.

TRASMISIÓN. f. Transmisión.

TRASMITIR. tr. Transmitir.

TRASMONTANA. (De *transmontana*.) f. Tramontana.

TRASMONTANO, NA. adj. Transmontano.

TRASMONTAR. tr. e intr. Transmontar. Ú.t.c.r.

TRASMOSTO. (De *tras*, prep., y *mosto*.) m. RIOJA. Aguapié.

TRASMUDACIÓN. f. Transmudación.

TRASMUDAMIENTO. m. Transmudamiento.

TRASMUDAR. tr. Transmudar. Ú. t.c.r. || **2.** AR. Trasegar líquidos.

TRASMUTABLE. adj. Transmutable.

TRASMUTACIÓN. f. Transmutación.

TRASMUTAR. tr. Transmutar. Ú.t. c.r.

TRASMUTATIVO, VA. adj. Transmutativo.

TRASMUTATORIO, RIA. adj. Transmutatorio.

TRASNIETO, TA. (De *tresnieto*.) m. y f. ant. Tataranieto, ta.

TRASNOCHADA. (De *trasnochar*.) f. Noche que ha precedido al día presente. || **2.** Vela o vigilia por una noche. || **3.** MIL. Embestida o emboscada hecha de noche.

TRASNOCHADO, DA. p.p. de trasnochar. || **2.** adj. Dícese de lo que por haber pasado una noche por ello se corrompe o echa a perder. || **3.** fig. Dícese de la persona macilenta y desmejorada. || **4.** fig. Falto de novedad.

TRASNOCHADOR, RA. adj. Que trasnocha. Ú.t.c.s.

TRASNOCHAR. (De *tras*, por *trans*, a través de, y *noche*.) intr. Pasar uno la noche, o gran parte de ella sin dormir. || **2.** Pernoctar. || **3.** Dejar pasar la noche una cosa cualquiera.

TRASNOCHE. m. fam. Trasnocho.

★ **TRASNOCHEO.** P. RICO. Trasnoche o trasnocho.

TRASNOCHO. m. fam. Acción de trasnochar o velar.

TRASNOMBRAR. (l. *transnomināre*.) tr. Trastrocar los nombres.

TRASNOMINACIÓN. (l. *transnominatio, -ōnis.*) f. RET. Metonimia.

TRASOIR. (De *tras*, por *trans*, en sentido de cambio, y *oir*.) tr. Oir equivocadamente lo que se dice.

TRASOJADO, DA. (De *tras*, prep., y *ojo*.) adj. Caído o macilento de ojos, con ojeras, por accidente, pesar o hambre.

TRASOÑAR. (De *tras*, por *trans*, en sentido de cambio, y *soñar*.) tr. Comprender con error una cosa, como si en realidad algo hubiese sucedido, al modo de lo que acontece en los sueños.

TRASORDINARIAMENTE. adv. m. ant. Extraordinariamente.

TRASORDINARIO, RIA. adj. desus. Extraordinario.

TRASOVADO, DA. (De *tras*, por *trans*, en sentido de cambio, y *aovado*.) adj. BOT. Se aplica a la hoja aovada más ancha por la punta que por la base.

TRASPADANO, NA. adj. Transpadano. Apl. a pers. ú.t.c.s.

TRASPALAR. tr. Mover algo con una pala de un lado a otro, como la parva, granos diversos, etc. || **2.** fig. Mudar una cosa de un lugar a otro. || **3.** AND. Cortar la grama de las viñas con el azadón.

TRASPALEAR. tr. Traspalar.

TRASPALEO. m. Acción y efecto de traspalear.

TRASPAPELARSE. (De *tras*, prep., y *papel*.) r. Confundirse, desaparecer un papel entre otros. Ú.t.c.tr.

TRASPARECER. intr. Dejarse ver una cosa a través de otra más o menos transparente.

TRASPARENCIA. f. Transparencia.

TRASPARENTARSE. r. Transparentarse.

TRASPARENTE. adj. Transparente. Ú.t.c.s.

TRASPASABLE. adj. Que se puede traspasar.

TRASPASACIÓN. f. Acción de traspasar o transmitir un dominio o derecho.

TRASPASADOR, RA. adj. Trasgresor. Ú.t.c.s.

TRASPASAMIENTO. (De *traspasar*.) m. Traspaso.

TRASPASAR. (De *tras*, por *trans*, y *pasar*.) tr. Llevar una cosa de un lugar a otro. || **2.** Pasar adelante, hacia otro lugar. || **3.** Pasar al otro lado. TRASPASAR *el río*. || **4.** Atravesar de lado a lado con un instrumento o arma. Ú.t.c.r. || **5.** Ceder a favor de otro el derecho o dominio de una cosa. Dícese más especialmente de lo que se tiene alquilado. || **6.** Repasar, volver a pasar. || **7.** Transgredir. || **8.** Exceder de lo debido. || **9.** fig. Sentir un dolor moral o físico con demasiada violencia. || **P.** trespassar; **I.** to pass over; **F.** traverser; **A.** übertragen; **It.** trapassare; **R.** переносить.

TRASPASO. m. Acción y efecto de traspasar. || **2.** Conjunto de géneros traspasados. || **3.** Precio de cesión de dichos géneros o del local donde se ejerce un comercio o industria. || **4.** Ardid, astucia. || **5.** fig. Angustia que atormenta. || **6.** fig. Sujeto que la causa. || *Ayunar al* TRASPASO. fr. No comer desde el Jueves Santo al mediodía hasta que tocan a gloria de Resurrección. || **P.** trespasse; **I.** transfer; **F.** transfert; **A.** Abstandssumme; **It.** trapasso; **R.** перенос.

TRASPATIO. m. AMÉR. Segundo patio de las casas de vecindad, detrás del principal.

TRASPECHO. m. Huesecillo que guarnece por abajo la caja de la ballesta.

TRASPEINAR. tr. Volver a peinar ligeramente lo peinado para perfeccionarlo.

TRASPELLAR. (De *traspillar*.) tr. Cerrar, encajar en un marco las hojas de una puerta, ventana, o volver a unir las partes de un todo que se habían separado.

TRASPIÉ. (De *tras*, por *trans*, de la otra parte, y *pie*.) m. Resbalón o tropezón. || **2.** Zancadilla que se pone a uno para tirarle. || *Dar* uno TRASPIÉS. fr. fig. y fam. Cometer errores o faltas. || **P.** traspés; **I.** slip, stumble; **F.** faux-pas; **A.** Stolpern; **It.** scivolone; **R.** оступаться.

TRASPILASTRA. f. ARQ. Contrapilastra, resalto en el paramento de un muro a ambos lados de una pilastra o media columna unida a él.

TRASPILLAR. tr. Traspellar. || **2.** r. Extenuarse, desfallecer.

TRASPINTAR. (De *tras*, por *trans*, en sentido de cambio, y *pinta*.) tr. Engañar a los puntos el jugador que lleva la baraja, dejando ver la pinta de un naipe y sacando otro. Ú.t.c.r. || **2.** r. fig. y fam. Salir una cosa al contrario de como se esperaba.

TRASPINTARSE. r. Clarearse por el revés del papel, tela, etc., lo que está escrito o dibujado por el derecho.

TRASPIRABLE. adj. Transpirable.

TRASPIRACIÓN. f. Transpiración.

TRASPIRAR. intr. Transpirar. Ú.t.c.r.

TRASPIRENAICO, CA. adj. Transpirenaico.

TRASPLANTABLE. adj. Que puede trasplantarse.

TRASPLANTAR. (De *tras*, por *trans*, de una parte a otra, y *plantar*.) tr. Mudar un vegetal del sitio donde estaba plantado a otro. || **2.** r. fig. Trasladarse una persona del lugar o país donde ha nacido a otro, para vivir en él. || **P.** transplantar; **I.** to transplant; **F.** transplanter; **A.** (um-, ver)-pflanzen; **It.** trapiantare; **R.** пересаживать.

TRASPLANTE. m. Acción y efecto de trasplantar o trasplantarse.

TRASPONEDOR, RA. adj. Transponedor. Ú.t.c.s.

TRASPONER. tr. Transponer. Ú.t.c.r. e intr.

TRASPONTÍN. m. Traspuntín. || **2.** fam. Trasero, asentaderas.

TRASPORTACIÓN. f. Transportación.

TRASPORTADOR, RA. adj. Transportador. Ú.t.c.s.

TRASPORTAMIENTO. m. Transportamiento.

TRASPORTAR. tr. Transportar. Ú.t. c.r.

TRASPORTE. m. Transporte. || **2.** P. RICO. Instrumento músico de cinco cuerdas, mayor que la guitarra.

TRASPORTÍN. m. Traspuntín.

TRASPOSICIÓN. f. Transposición.

TRASPOSITIVO, VA. adj. Transpositivo.

TRASPUESTA. (l. *transposĭta*, t. f. de *-tus*, transpuesto.) f. Transposición, acción de transponer. || **2.** Repliegue o elevación del terreno que no deja ver lo que hay detrás. || **3.** Fuga de una persona para escapar de algún peligro. || **4.** Puerta, corral y otras dependencias que están detrás de la parte principal de la casa.

TRASPUESTO. (l. *transposĭtus*.) p.p. irreg. de trasponer.

TRASPUNTE. (De *tras*, prep., y *apunte*.) m. Apuntador que previene a cada actor cuándo ha de salir a escena y le apunta las primeras palabras que ha de decir.

TRASPUNTÍN. (ital. *strapuntino*, colchoncillo embastado.) m. Cada uno de los colchoncillos que se colocan atravesados debajo de los colchones de la cama. || **2.** Asiento plegadizo en ciertos coches. || **3.** Asentaderas.

TRASQUERO. m. El que vende trascas.

TRASQUILA. (De *trasquilar*.) f. Trasquiladura.

TRASQUILADO, DA. p.p. de trasquilar. || **2.** m. fam. Tonsurado. Ú. sólo en la loc. adv. fig. y fam. *Como* TRASQUILADO *por iglesia*, que significa lo mismo que *como Pedro por su casa*.

TRASQUILADOR. m. El que trasquila.

T

TRASQUILADURA. f. Acción y efecto de trasquilar o trasquilarse.

TRASQUILAR. (De *tras*, prep., y *esquilar*.) tr. Cortar el pelo a trechos, sin orden ni arte. Ú.t.c.r. || **2.** Esquilar a los animales. || **3.** fig. y fam. Disminuir una cosa quitando parte de ella. || TRAS-QUILAR, *y no desollar.* expr. fig. que aconseja no abusar de quien no favorece o ayuda. || **P.** tosquiar; **I.** to shear, to snip the hair; **F.** tondre; **A.** scheren (das Haar); **It.** tòndere; **R.** стричь.

TRASQUILIMOCHO, CHA. (De *trasquilado*, y *mocho*, pelado.) adj. fam. Trasquilado a raíz.

TRASQUILÓN. (De *trasquilar*.) m. fam. Trasquiladura. || **2.** fig. y fam. Parte del caudal ajeno de la que uno se ha apoderado con astucia y arte. || *A* TRAS-QUILONES. m. adv. Con desorden y sin arte, especialmente aplicado al modo de cortar el pelo.

TRASROSCARSE. r. Pasarse de rosca.

TRASTABILLAR. (De *trastrabillar*.) intr. Dar traspiés o tropezones. || **2.** Tambalear, titubear. || **3.** Tartalear, trabarse la lengua.

TRASTABILLÓN. m. AMÉR. Tropezón, traspié.

TRASTADA. f. fam. Acción propia de un trasto o persona informal, mala jugada. || **P.** tratanda; **I.** bad turn; **F.** mauveais tour; **A.** böser Streich; **It.** birbonata; **R.** глупая выходка.

TRASTAJO. m. Trasto inútil.

TRASTAZO. (De *trasto*.) m. fam. Porrazo.

TRASTE. (De *tastar*.) m. Cada uno de los resaltos de metal o hueso colocados a las distancias convenientes en el mástil de la guitarra o instrumentos semejantes para que, oprimiendo las cuerdas entre ellos, quede libre al longitud correspondiente a los diversos sonidos. || **2.** AND. Vaso pequeño con que prueban el vino los catadores. || *Ir uno fuera de* TRASTES. fr. fig. y fam. Obrar sin concierto. || *Sin* TRASTES. m. adv. fig. y fam. Sin orden ni método. || **P.** trasto; **I.** fret, stop; **F.** touchette; **A.** Gitarrengriff; **It.** tasto; **R.** лад.

TRASTE. m. AMÉR. y AND. Trasto. Ú.m. en pl. || **2.** fig. y fam. ARGENT. y CHILE. Trasero, asentaderas. || *Dar uno al* TRASTE *con* una cosa. fr. Destruirla, malbaratarla.

TRASTEADO, DA. p.p. de trastear. || **2.** m. Conjunto de trastes de un instrumento.

TRASTEADOR, RA. adj. Que trastea o hace ruidos con algunos trastos. Ú.t.c.s.

TRASTEANTE. p.a. de trastear. Que trastea. || **2.** adj. Diestro en trastear, o pisar las cuerdas de la guitarra o de otro instrumento semejante.

TRASTEAR. tr. Echar los trastes a la guitarra u otro instrumento parecido. || **2.** Pisar las cuerdas de los instrumentos de trastes.

TRASTEAR. intr. Revolver, llevar trastos de un sitio a otro. || **2.** fig. Discurrir con ingenio y travesura. || **3.** tr. Dar el espada pases de muleta al toro. || **4.** fig. y fam. Manejar bien a una persona o negocio.

TRASTEJADOR, RA. adj. Que trasteja. Ú.t.c.s.

TRASTEJADURA. (De *trastejar*.) f. Trastejo.

TRASTEJAR. (De *tras*, prep., y *tejar*, cubrir un edificio con tejas.) tr. Retejar, poner las tejas que faltan en el tejado. || **2.** fig. Reconocer alguna cosa para componerla. || *Por aquí* TRASTEJAN. expr. fig. y fam. con que se explica que alguien huye del peligro que teme. Se dice más comúnmente de los deudores que procuran escapar a la vista de sus acreedores.

TRASTEJO. m. Acción y efecto de trastejar. || **2.** fig. Movimiento continuado y sin orden.

TRASTEO. m. Acción de trastear al toro o a una persona.

*★*TRASTERA. (Forma f. de *trastero*.) f. P. RICO. Montón de trastos viejos.

TRASTERÍA. f. Muchedumbre o montón de cosas viejas. || **2.** fig. y fam. Trastada.

TRASTERMINANTE. p.a. de trasterminar. Que trastermina.

TRASTERMINAR. tr. FOR. Transterminar.

TRASTERO, RA. adj. Dícese de la pieza o desván donde se guardan los trastos de poco o ningún uso. Ú.t.c.s.f.

TRASTESADO, DA. (De *tras*, por *trans*, más allá, y *tesar*.) adj. Endurecido, tieso. Dícese más especialmente de las ubres de los animales con mucha leche.

TRASTESÓN. m. Abundancia de leche de la ubre de una res.

TRASTIBERINO, NA. adj. Transtiberino. Apl. a pers. ú.t.c.s.

TRASTIENDA. f. Aposento o pieza detrás de la tienda. || **2.** fig. y fam. Cautela, disimulo en el modo de proceder.

★ **TRASTIGAR.** tr. ECUAD. Trasegar, rebuscar.

TRASTO. (l. *transtrum*, banco.) Cualquiera de los muebles o utensilios de una casa. || **2.** Mueble arrinconado por inútil. || **3.** Cada uno de los artificios que forman parte de la decoración del teatro, o sirven en los juegos de magia. || **4.** fig. y fam. Persona inútil que sólo sirve de estorbo. || **5.** fig. y fam. Persona informal. || **6.** pl. Espada, daga y otras armas de uso. || **7.** Utensilios o herramientas de algún arte o ejercicio. || *Tirarse los* TRASTOS *a la cabeza.* fr. fig. y fam. Altercar con violencia dos o más personas. || **2.ª** acep.: **P.** tareco; **I.** luggage; **F.** meuble inutile, machine; **A.** Rumpelei, Hausgerät; **It.** vecchio mòbile; **R.** мебель.

TRASTOCAR. tr. p. us. Trastornar, revolver. || **2.** r. p. us. Trastornarse la razón.

TRASTORNABLE. adj. Que se trastorna fácilmente.

★ **TRASTORNADO, DA.** adj. ARGENT. Dícese del que ha perdido el juicio.

TRASTORNADOR, RA. adj. Que trastorna. Ú.t.c.s.

TRASTORNADURA. (De *trastornar*.) f. Trastorno.

TRASTORNAMIENTO. (De *trastornar*.) m. Trastorno.

TRASTORNAR. (De *tras*, por *trans*, de una parte a otra, y *tornar*.) tr. Volver una cosa de un lado a otro o de arriba abajo. || **2.** Invertir el orden regular de una cosa. || **3.** fig. Inquietar, causar disturbios. || **4.** fig. Perturbar el sentido los vapores u otro accidente. Ú.t.c.r. || **5.** fig. Disuadir a uno de su opinión. || **6.** BOL. Volver loco a uno. Ú.t.c.r. || **P.** transtornar; **I.** to overthrow, to overturn; **F.** bouleverser, troubler, déranger; **A.** umkehren, in Unordnung bringen, verwirren; **It.** scompigliare, frastornare; **R.** переворачивать.

TRASTORNO. m. Acción y efecto de trastornar o trastornarse.

TRASTRABADO, DA. (De *tras*, por *trans*, de través, y *trabado*.) adj. Dícese del caballo o yegua que tiene blancos la mano izquierda y el pie derecho o viceversa.

TRASTRABARSE. (De *tras*, por *trans*, de través, y *trabar*.) r. Trabarse, entorpecerse. Dícese de la lengua.

TRASTRABILLAR. (De *tras*, y *traba*, menos us. que *trastabillar*.) intr. Trastabillar.

TRASTRÁS. (De *tras*, prep.) m. fam. El penúltimo en algunos juegos de muchachos.

TRASTRIGO. m. Voz usada únicamente en la loc. fig. y fam. *buscar pan de* TRASTRIGO, que significa pretender uno cosas imposibles o que encierran algún peligro.

TRASTROCAMIENTO. m. Acción y efecto de trastrocar o trastrocarse.

TRASTROCAR. (De *tras*, por *trans*, en sentido de cambio, y *trocar*.) tr. Mudar el estado o el ser de una cosa. Ú.t.c.r.

TRASTRUECO. m. Trastrueque.

TRASTRUEQUE. (De *trastrocar*.) m. Trastrocamiento.

TRASTUELO. m. d. de trasto.

TRASTULO. (ital. *trastullo*.) m. Juguete, pasatiempo.

TRASTUMBAR. (De *tras*, por *trans*, en sentido de cambio, y *tumbar*.) tr. Dejar caer o echar a rodar una cosa.

TRASUDACIÓN. f. Acción y efecto de trasudar.

TRASUDADAMENTE. adv. Con trasudores y fatigas.

TRASUDAR. (De *tras*, prep., y *sudar*.) tr. Exhalar o echar de sí trasudor. || **P.** transudar; **I.** to transude, to perspire; **F.** transsuder, transpirer; **A.** druchschwitzen; **It.** trasudare; **R.** покрываться испариной.

TRASUDOR. (De *tras*, prep., y *sudor*.) m. Sudor leve por lo común ocasionado por un sentimiento interno, como temor, congoja, etc.

TRASUNTAR. (De *trasunto*.) tr. Copiar un escrito de su original. || **2.** Epilogar o compendiar una cosa.

TRASUNTIVAMENTE. (l. *transuptívus*, que toma de otra parte.) adv. En copia, en traslado. || **2.** Compendiosamente.

TRASUNTO. (l. *transumptus*, p.p. de *transumĕre*, tomar de otro.) m. Copia sacada del original. || **2.** Imitación o representación exacta de una cosa. || **P.** transunto; **I.** copy, likeness; **F.** copie, image; **A.** Abschrift, Kopie; **It.** copia, transunto; **R.** копия.

TRASVASAR. tr. Transvasar.

TRASVASE. m. Acción y efecto de trasvasar.

★ **TRASVASIJO.** (De *trasvasijar*.) m. CHILE. Trasiego de un líquido.

TRASVENARSE. (De *tras*, por *trans*, a través de, y *vena*, vaso o conducto por donde vuelve la sangre al corazón.) r. Extravenarse. || **2.** fig. Derramarse una cosa desperdiciándose.

TRASVER. (De *tras*, por *trans*, a través de, y *ver*.) tr. Ver a través de alguna cosa. || **2.** Ver mal y equivocadamente.

TRASVERBERACIÓN. f. Transverberación.

TRASVERSAL. adj. Transversal.

TRASVERSO, SA. adj. Transverso.

TRASVERTER. (De *tras*, prep., y *verter*.) intr. Rebosar el líquido contenido en un recipiente vertiéndose por los bordes.

TRASVINARSE. (De *tras*, por *trans*, a través de, y *vino*.) r. Rezumarse o verterse lentamente el vino de las vasijas. Ú.t. alguna vez c.tr. || **2.** fig. y fam. Traslucirse, conjeturarse una cosa en virtud de algún antecedente. || **3.** fig. Traspasar, trascender.

TRASVOLAR. (l. *transvolāre*.) tr. Pasar volando de un lugar a otro.

TRATA. (De *tratar*, comerciar.) f. Tráfico de negros bozales africanos que eran llevados a América y vendidos como esclavos. **—de blancas.** Tráfico de mujeres para atraerlas a lugares de prostitución. || **P.** tráfico de escravos; **I.** slave-traffic; **F.** traite d'esclaves; **A.** Sklavenhandel; **It.** tratta (dei negri); **R.** работорговля.

TRATABLE. (l. *tractabĭlis*.) adj. Que se puede o se deja tratar con facilidad. || **2.** Cortés, razonable.

TRATADISTA. m. Autor que escribe tratados sobre una materia determinada.

TRATADO. (l. *tractātus*.) m. Ajuste, pacto o convenio, después de conversaciones más o menos prolongadas, especialmente al celebrado entre Gobiernos de distintos países. || **2.** Escrito, libro o discurso que explica una materia científica determinada. || **1.ª** y **2.ª** aceps.: **P.** tratado; **I.** treaty, treatise; **F.** pacte, traité; **A.** Vertrag, Abhandlung; **It.** trattato; **R.** договор.

TRATADOR, RA. (l. *tractātor, -ōris*.) adj. Que trata un negocio o materia especialmente para procurar la concordia cuando hay controversia. Ú.t.c.s.

TRATAMIENTO. (De *tratar*.) m. Trato, acción de tratar. || **2.** Título de cortesía que se da a una persona. || **3.** Sistema o método usado para curar enfermedades o defectos. || **4.** Procedimiento empleado en una experiencia o en la elaboración de un producto. || **—impersonal.** El que se da al sujeto en tercera persona. *Apear* uno *el* TRATAMIENTO. fr. fig. No admitirle el que lo tiene, o dárselo el que le escribe o habla. || *Dar* TRATAMIENTO a uno. fr. Hablarle o escribirle con el tratamiento que se le debe. || *Tragarse* uno *el* TRATAMIENTO. fr. fig. y fam. Dejárselo dar quien lo tiene, cuando la cortesía aconseja no admitirlo. || **P.** tratamiento; **I.** treatment; **F.** traitement; **A.** Behandlung; **It.** trattamento; **R.** обхождение.

TRATANTE. p.a. de tratar. Que trata. || **2.** m. El que se dedica a comprar géneros para revenderlos o comerciar con ellos.

TRATANZA. (De *tratar.*) f. ant. Trato o tratamiento.

TRATAR. (l. *tractāre.*) tr. Manejar algo, traerla entre las manos. || **2.** Manejar, disponer un negocio. || **3.** Comunicar con alguien, tener relaciones o amistad con alguno. Con la preposición *con*, ú.t.c.intr. y c.r. || **4.** Tener relaciones amorosas. Ú.m.c.intr. con la preposición *con.* || **5.** Portarse bien o mal con alguien de dicho o hecho. || **6.** Cuidar bien, o mal a uno, especialmente en lo relativo a la comida, vestido, etc. Ú.t.c.r. || **7.** Conversar, disputar o discurrir de palabra o por escrito sobre un asunto. Ú.t.c.intr. con las preposiciones *de* o *sobre* o con el modo adverbial *acerca de.* || **8.** Con la preposición *de* y un título de cortesía, dar este título a alguien. || **9.** Con la presposición *de* y un adjetivo despectivo o injurioso, motejar con él a alguien. || **10.** QUÍM. Con las preposiciones *con* o *por*, someter una substancia a la acción de otra. || **11.** intr. Con la preposición *de*, intentar conseguir algo. || **12.** Con la preposición *en*, comerciar, traficar. TRATAR *en joyas.* || **P.** tratar, comunicar; **I.** to handle; **F.** traiter; **A.** behandeln; **It.** trattare; **R.** обходиться. || 3.ª acep.: **P.** comunicar; **I.** to treat; **F.** fréquenter; **A.** umgehen (mit); **It.** trattare; **R.** обращаться (с кеи-л).

* **TRATERO, RA.** (De *trato*, ajuste.) m. y f. CHILE. Destajista, destajero.

TRATO. m. Acción y efecto de tratar o tratarse. || **2.** Tratado, ajuste, convenio. || **3.** Tratamiento de cortesía. || **4.** Ocupación de tratante. || **5.** fam. Contrato, especialmente el relativo a ganados y principalmente el llevado a cabo en ferias y mercados. || **6.** CHILE. Destajo. || **—de gentes.** Experiencia en la vida social. || **—de nación más favorecida.** En los tratados de comercio, el que concede a una potencia las mayores ventajas que el otro Estado conceda a un tercer país. || **—doble.** Simulación para engañar a otro, afectando amistad. || **—hecho.** Fórmula fam. para dar por definitivo un convenio.

TRAUMA. (gr. τραῦμα, herida.) m. CIR. Traumatismo. || **—psíquico.** Choque emocional que deja una impresión duradera.

TRAUMÁTICO, CA. (l. *traumaticus*, y éste del gr. τραυματικός, de τραῦμα, herida.) adj. CIR. Perteneciente o relativo al traumatismo.

TRAUMATISMO. (gr. τραυματισμός, acción de herir.) m. CIR. Lesión de los tejidos por agentes mecánicos, casi siempre externos. || **P.** e **It.** traumatismo; **I.** traumatism; **F.** traumatisme; **A.** Wundverletzung; **R.** травма.

* **TRAUMÉN.** m. BOT. CHILE. Especie de saúco cuyas hojas son de color verde claro.

* **TRAUNA.** (arauc. *thaum*, juntarse.) f. CHILE. Puñado.

* **TRAUQUE.** (arauc. *thavcùum.*) m. CHILE. Persona con quien se tiene relaciones de mercancías. || **2.** Amigo.

* **TRAUQUINTO.** (De *trauque.*) m. CHILE. Intercambio de mercaderías. || **2.** CHILE. Cambalache.

* **TRAUTRAU.** adj. CHILE. Dícese de la alubia, poroto o cualquier otra legumbre a medio cocer.

° **TRAVELÍN.** (ingl. *travelling.*) m. CINEMAT. Desplazamiento de la cámara montada sobre ruedas para poder seguir al objetivo en sus movimientos o acercarse o alejarse de él, según convenga.

TRAVERSA. (l. *transversa*, oblicua.) f. Madero que va de un lado a otro en los carros para dar firmeza al brancal. || **2.** MAR. Estay.

* **TRAVERTINO.** m. Toba calcárea que se endurece al aire y adquiere un tinte rojizo.

TRAVÉS. (De *travesar.*) m. Inclinación o torcimiento de una cosa hacia un lado con relación a otra. || **2.** fig. Suceso desgraciado que va en menoscabo de la hacienda o de la honra. || **3.** ARQ. Pieza de madera en que se afirma el pendolón de una armadura. || **4.** FORT. Obra exterior que estorba el paso en lugares angostos. || **5.** FORT. Muro o parapeto de tierra, sacos, tablones, etc., generalmente improvisado. || **6.** MAR. Dirección perpendicular a la de la quilla. || *Al* TRAVÉS o *a* TRAVÉS. m. adv. Por entre. *A* TRAVÉS *de la malla.* || *Dar al* TRAVÉS. fr. MAR. Tropezar la nave en una roca o costa donde queda varada o deshecha. || **2.** fig. Tropezar, caer en un peligro. || *De* TRAVÉS. m. adv. En dirección transversal. || *Echar al* TRAVÉS una nave. fr. MAR. Vararla para hacerla pedazos cuando se la considera inútil. || *Ir de* TRAVÉS una nave. fr. MAR. Ir arrollada por el viento o la corriente. || *Mirar* uno *de* TRAVÉS. fr. Mirar bizco. || 2.ª acep.: **P.** desgraça; **I.** misfortune; **F.** malheur; **A.** Unglück; **It.** disgrazia; **R.** несчастье.

TRAVESAÑA. f. ALBAC. Travesaño de madera que une los varales del carro. || **2.** GUADAL. Travesía, callejuela.

TRAVESAÑO. (De *travesar.*) m. Pieza de madera o hierro que atraviesa de una parte a otra. || **2.** Almohada larga que ocupa casi toda la cabecera de la cama. || **P.** trave, travessão; **I.** cross-bar, transom; **F.** traversin; **A.** Querbalken; **It.** traversa; **R.** перекладина.

TRAVESAR. (l. *transversāre*, atravesar.) tr. Atravesar. Ú.t.c.r.

TRAVESEAR. (De *travieso.*) intr. Andar inquieto o bullicioso de un lado a otro. Dícese con frecuencia de la gente moza y, por ext., de las cosas inanimadas. || **2.** fig. Discurrir con ingenio y viveza. || **3.** fig. Vivir desenvueltamente y con deshonestidad o desenfreno.

TRAVESERO, RA. (l. *traversarius.*) adj. Dícese de lo que se coloca de través. || **2.** Aplícase a la flauta que para tocarla se coloca de través, y de izquierda a derecha. || **3.** m. Travesaño, almohada larga que ocupa casi toda la cabecera.

TRAVESÍA. (De *través.*) f. Camino transversal. || **2.** Callejuela que atraviesa entre calles principales. || **3.** Parte de una carretera dentro del casco urbano. || **4.** Distancia entre dos puntos de mar o de tierra. || **5.** Viaje por mar. || **6.** Modo de estar una cosa al través. || **7.** Cantidad de pérdida o ganancia entre los que juegan. || **8.** ARGENT. Región vasta sin agua y desierta. || **9.** FORT. Conjunto de traveses de una obra de fortificación. || **10.** MAR. Viento en dirección perpendicular a la costa y que no permite separarse de un riesgo o salir a mar ancha sin bolinear. || **11.** MAR. Paga o viático que se da al marinero mercante por navegar de un puerto a otro. || **P.** travessa; **I.** passage, cross-road; **F.** traverse; **A.** Querstrasse; **It.** traversata; **R.** проезд.

TRAVESÍO, A. (De *través.*) adj. Dícese del ganado que sin ser trashumante sale de los términos del pueblo donde mora. || **2.** Se dice del viento que sopla de un lado y no de frente. || **3.** m. Lugar o terreno por donde se atraviesa.

TRAVESTIDO, DA. (ital. *travestito.*) adj. Disfrazado con un traje que hace desconocer al sujeto.

° **TRAVESTIR.** tr. Vestir a una persona con las ropas propias del otro sexo.

TRAVESURA. (De *travieso.*) f. Acción y efecto de travesear. || **2.** fig. Viveza de ingenio para conocer las cosas. || **3.** fig. Acción reprensible, hecha con ingenio o destreza. || **P.** travessura; **I.** prank, trick; **F.** espièglerie, polissonnerie; **A.** Mutwille, Schelmerei; **It.** monelleria; **R.** шалость, баловство.

TRAVIESA. (l. *transversa*, t. f. de *-sus*, travieso.) f. Travesía, distancia entre dos puntos de tierra o mar. || **2.** Lo que se juega además de la puesta. || **3.** Apuesta que se hace a favor de un jugador. || **4.** Cada madero de una vía férrea para asentar los rieles. || **5.** Cada pieza de las que unen los largueros del bastidor donde se asientan los vagones de ferrocarril. || **6.** AR. Barrera de piedras, tierra y tablas para detener o desviar el agua de riego. || **7.** ARQ. Cualquiera de los cuchillos de armadura que sostienen el tejado. || **8.** ARQ. Pared maestra que no está en fachada ni en medianería. || **9.** MIN. Galería transversal al filón que se beneficia. || 4.ª acep.: **P.** travessa; **I.** crosstie; **F.** traverse; **A.** Schwelle; **It.** traversina; **R.** расстояние.

TRAVIESO, SA. (l. *transversus.*) adj. Atravesado, o puesto al través o de lado. || **2.** Se dice de la mesa que en la sala de juntas o en el refectorio de una comunidad está en el testero y es donde se sientan los superiores. || **3.** fig. Sutil, sagaz. || **4.** fig. Inquieto y revoltoso. Aplícase comúnmente a los muchachos. || **5.** fig. Dícese de las cosas inquietas y bulliciosas. || **6.** fig. Que vive metido en vicios, especialmente en la sensualidad. || 4.ª acep.: **P.** travesso; **I.** restless, mischievous; **F.** turbulent, spiègle, polisson; **A.** mutwillig, ausgelassen; **It.** monellesco, discolo; **R.** шаловливый, озорной.

TRAVO. m. GERM. Maestro de esgrima o esgrimidor.

TRAYECTO. (l. *traiectus*, pasaje.) m. Espacio o camino que se recorre o puede hacerse de un lugar a otro. || **2.** Acción de recorrerlo. || **P.** trajecto; **I.** trajection, road; **F.** trajet; **A.** Strecke; **It.** tragitto; **R.** расстояние.

TRAYECTORIA. (l. *traiector*, *-ōris*, el que atraviesa.) f. Línea descrita en el espacio por un punto que se mueve, especialmente la curva que sigue el proyectil de un arma de fuego. || **2.** METEOR. Derrota o curso del huracán o tormenta giratoria. || **P.** trajectória; **I.** trajectory; **F.** trajectoire; **A.** Wurflinie, Flugbahn; **It.** traiettoria; **R.** траектория.

TRAYENTE. p.a. de traer. Que trae.

TRAZA. (De *trazar.*) f. Planta, diseño o proyecto de un edificio u otra obra que se ha de construir. || **2.** fig. Plan escogido para realizar un fin. || **3.** Invención, recurso. || **4.** fig. Modo, figura o apariencia de una persona o cosa. || **5.** GEOM. Intersección de una línea o superficie con cualquiera de los planos de proyección. || **P.** traça; **I.** draft, plan; **F.** ébauchage; **A.** Bauplan; **It.** abbozzo, traccia; **R.** план, проект.

TRAZABLE. adj. Que puede trazarse.

TRAZADO, DA. p.p. de trazar. || **2.** adj. Con los adverbios *bien* o *mal* antepuestos, dícese de la persona de buena o mala disposición o compostura. || **3.** m. Acción y efecto de trazar. || **4.** Traza, plano o diseño. || **5.** Recorrido o dirección de un camino, canal, etc., sobre el terreno.

TRAZADOR, RA. adj. Que traza o idea una obra. Ú.t.c.s.

TRAZAR. (l. *tractiāre*, de *tractus.*) tr. Hacer trazos. || **2.** Diseñar la traza que se seguirá en la construcción de un edificio u otra obra. || **3.** fig. Discurrir los medios para conseguir algo. || **4.** fig. Dibujar o exponer mediante el lenguaje los rasgos propios de una persona o asunto. || 2.ª acep.: **P.** traçar; **I.** to plan out; **F.** tracer; **A.** entwerfen; **It.** tracciare, disegnare; **R.** вычерчивать.

TRAZO. (De *trazar.*) m. Delineación con que se forma el diseño o planta de cualquier cosa. || **2.** Línea, raya. || **3.** Cada una de las partes en que se divide la letra manuscrita. || **4.** PINT. Pliegue del ropaje. || **5.** VENEZ. Equivocación sufrida. || **—magistral.** El grueso que forma la parte principal de una letra. || *Dibujar al* TRAZO fr. Señalar con una línea los contornos de una figura.

TRAZUMARSE. (De *tras*, por *trans*, a través, y *zumo.*) r. Rezumarse.

TREBALLA. f. Salsa blanca que en otros tiempos se hacía con almendras, ajos, huevos, pan, especias, agraz, azúcar y canela. Se empleaba para condimentar ansarones.

TRÉBEDE. (l. *tripes*, *-ĕdis*, que tiene tres pies.) f. Habitación o lugar de ella que se calienta quemando paja por debajo del pavimento. Es común en las regiones de Castilla la Vieja donde escasea mucho la leña. || **2.** Aro o triángulo de hierro con tres pies y en el que se colocan al fuego peroles, sartenes, etc.

TREBEJAR. (De *trebejo.*) intr. Travesear, retozar. || **2.** p. us. Jugar.

TREBEJO. (Como el port. *trebelho* y *trabelho*, del l. *trabecŭla*, d. de *trabs*, viga, madero.) m. Cualquiera de los trastos, de que nos servimos para una cosa. Ú.m. en pl. || **2.** Juguete o trasto para divertirse o enredar. || **3.** Cada una de las piezas del juego de ajedrez.

TREBEJUELO. m. d. de trebejo.

T

TREBELÁNICA. adj. For. Trebeliánica. Ú.t.c.s.

TREBELIÁNICA. (b. l. *trebellianica*, y éste del l. *trebelliānus*, perteneciente a *Trebelio*, cónsul romano.) adj. For. Dícese de la cuarta parte de una herencia que tiene derecho de deducir para sí el heredero fideicomisario o rogado por el testador a que restituya la herencia a otro. Ú.t.c.s.

TREBENTINA. (l. *terebinthīna*, de *terebinto*.) f. ant. Trementina.

TREBO. m. Bot. Chile. Arbusto espinoso ramnáceo que se utiliza para formar setos.

TRÉBOL. (cat. *trébol*, y éste del gr. τρίφυλλον.) m. Bot. Planta herbácea anual, papilionácea, de tallos vellosos, hojas casi redondas, pecioladas de tres en tres y flores blancas o moradas. Es espontánea en España y se cultiva como forraje. ‖ 2. Arq. y Esc. Adorno que imita la hoja de esta planta, muy frecuente en los monumentos ojivales. ‖ **—hediondo.** Especie de higueruela. ‖ **—oloroso.** Meliloto. ‖ P. trevo; I. trefoil, clover; F. trèfle; A. Klee; It. trifoglio; R. клевер.

TREBOLAR. m. Amér. Merid. Terreno lleno de trébol.

TRECE. (l. *tredēcim*.) adj. Diez y tres. ‖ 2. Decimotercio. Apl. a los días del mes. Ú.t.c.s. ‖ 3. m. Conjunto de signos para representar el número trece. ‖ 4. Cada uno de los caballeros elegidos por sus hermanos en capítulo general, para gobernar y administrar la orden de Santiago. ‖ *Estarse, mantenerse, o seguir uno en sus* trece. fr. fig. Persistir obstinadamente en un dictamen o propósito. ‖ P. treze; I. thirteen; F. treize; A. dreizehn; It. trèdici; R. тринадцать.

TRECEMESINO, NA. adj. De trece meses.

TRECÉN. (De *treceno*.) m. Decimotercia parte del valor de las cosas vendidas que se pagaba como tributo al señor jurisdiccional.

TRECENARIO. (De *treceno*.) m. Número de trece días seguidos, dedicados a un mismo objeto.

TRECENATO. (De *treceno*.) m. Cuerpo supremo de trece caballeros que gobiernan y administran la orden militar de caballería de Santiago.

TRECENAZGO. (De *treceno*.) m. Trecenato.

TRECENO, NA. (De *trece*.) adj. Tredécimo.

TRECÉSIMO, MA. (l. *tricesimus*.) adj. Trigésimo.

TRECIENTOS, TAS. (l. *trecenti, -ōrum*.) adj. Trescientos. Ú.t.c.s.

★ **TRECO.** (arauc. *thecú*.) Chile. Especie de chicha de maqui que preparan los indios con su harina tostada.

★ **TRECÓMETRO.** m. Fís. Aparato usado para determinar la cantidad de agua infiltrada en un suelo y la que puede deslizarse sobre el mismo.

TRECHA. (l. *tracta*, t. f. de *-tus*.) f. Treta, ardid para conseguir algo.

TRECHEADOR. m. Min. El que trechea.

TRECHEAR. tr. Min. Transportar de trecho en trecho una carga a mano o en espuerta.

TRECHEL. adj. Dícese del trigo que se siembra en primavera y fructifica el verano del mismo año. Ú.t.c.s.

TRECHEO. m. Min. Acción de trechear.

TRECHO. (l. *tractus*.) m. Espacio o distancia de lugar o tiempo. ‖ *A* trechos. m. adv. Con intermisión de lugar o tiempo. ‖ *De* trecho *a*, *o en* trecho. m. adv. De distancia a distancia, de tiempo en tiempo. ‖ P. trecho; I. space, distance; F. espace, distance; A. Strecke, Zeitraum; It. tratto; R. пространство, промежуток.

TRECHOR. m. Blas. Orla estrecha.

TREDÉCIMO, MA. (l. *tredécimus*.) adj. Decimotercio.

TREDENTUDO, DA. (De *tres* y *dentudo*.) adj. ant. Tridente, de tres dientes.

TREFE. (Quizá del m. or. que *trifa*.) adj. Ligero, delgado, flojo, por lo cual se ensancha, dobla o encoge con facilidad. ‖ 2. Falso, falto de ley.

TREFEDAD. (De *trefe*.) f. ant. Tisis.

° **TREFILADOR, RA.** adj. Que trefila. ‖ 2. m. Obrero especializado en la tarea de trefilar.

° **TREFILAR.** tr. Reducir un metal o alambre o a hilo pasándolo por la hilera.

° **TREFILERÍA.** f. Operación de trefilar. ‖ 2. Establecimiento en que se efectúa la operación de trefilar.

TREGUA. (germ. *treuwa* seguridad.) f. Cesación de hostilidades por cierto tiempo entre enemigos que tienen pendiente la guerra. ‖ 2. fig. Intermisión, descanso. ‖ *Dar* treguas. fr. fig. Templarse por algún tiempo o mitigarse notablemente un dolor u otra cosa. ‖ 2. fig. Dar tiempo, no ser urgente una cosa. ‖ P. trégua; I. truce; F. trêve; A. Waffenstillstand, Ruhe; It. tregua; R. перемирие.

TREGUAR. tr. ant. Dar tregua.

★ **TREHUA.** (arauc. *theua*.) m. Chile. Perro, can.

TREÍLLA. f. Traílla.

TREINTA. (l. *triginta*.) adj. Tres veces diez. ‖ 2. Trigésimo, que sigue al vigésimo nono. Apl. a los días del mes. Ú.t.c.s. ‖ 3. m. Conjunto de signos para representar este número. ‖ 4. Juego de naipes en que se trata de llegar o acercarse a treinta puntos. ‖ P. trinta; I. thirty; F. trente; A. dreissig; It. trenta; R. тридцать.

TREINTAIDOSAVO, VA. adj. Dícese de cada una de las treinta y dos partes iguales en que se divide una cosa. ‖ *En* treintaidosavo. expr. Aplícase al libro, folleto, etc., cuyo tamaño es igual a la treintaidosava parte de un pliego de papel de marca ordinaria.

TREINTAIDOSENO, NA. (De *treinta* y *dos*.) adj. Trigésimo segundo. ‖ 2. Dícese del paño cuya urdimbre consta de treinta y dos centenares de hilos.

★ **TREINTAIUNO.** m. Ecuad. Potaje que se prepara con los intestinos de una res.

TREINTANARIO. (De *treintenario*.) m. Número de treinta días seguidos, dedicados a un mismo objeto, comúnmente religioso.

TREINTAÑAL. adj. Dícese de lo que es de treinta años o los tiene.

TREINTAVO, VA. (De *treinta* y *avo*.) adj. Trigésimo, trigésima parte de un todo. Ú.t.c.s.m.

TREINTENA. f. Conjunto de treinta unidades. ‖ 2. Cada una de las treintavas partes de un todo.

TREINTENARIO. (De *treinteno*.) m. ant. Treintanario.

★ **TREINTENARIO, RIA.** adj. Amér. Treintañal.

TREINTENO, NA. (De *treinta*.) adj. Trigésimo.

TREJA. f. Tirada por tabla o recodo, en el juego de trucos.

★ **TRELACA.** f. Chile. Enfermedad nerviosa de los animales bovinos.

★ **TRELACARSE.** (arauc. *thelan, thelalen*.) r. Chile. Montar a caballo sin montura, o a las ancas detrás de la montura. ‖ 2. Chile. Ponerse de barriga en el suelo, con los brazos y piernas encogidos.

★ **TRELENCO, CA.** adj. Chile. Dícese del vestido más largo de un lado que de otro.

TREMADAL. m. Tremedal.

TREMANTE. p.a. ant. de tremar. Que tiembla.

TREMAR. (De *tremer*.) intr. ant. Temblar.

TREMATODO. (gr. τρηματώδης, con aberturas o ventosas, de τρῆμα, -ατος, agujero.) adj. Zool. Aplícase a los gusanos platelmintos de cuerpo no segmentado, sin ano, con ventosas y a veces con ganchos que les fijan al cuerpo de su huésped. Ú.t.c.s. ‖ 2. m. pl. Zool. Orden de dichos animales.

TREMEBUNDO, DA. (l. *tremebundus*, de *tremĕre*, estremecerse, temblar.) adj. Espantable, horrendo, que hace temblar.

TREMEDAL. (l. *tremĕre*, temblar.) m. Terreno pantanoso, con césped, y que retiembla al caminar por él.

TREMENDO, DA. (l. *tremendus*, p.a. de *tremĕre*, temer, tener miedo.) adj. Terrible, digno de ser temido. ‖ 2. Digno de reverencia y respeto. ‖ 3. fig. y fam. Muy grande y excesivo en su línea. ‖ *Echar por la* tremenda. fr. fam. Llevar un asunto o negocio a términos violentos. ‖

P. tremendo; I. tremendous; F. terrible, formidable; A. fürchterlich; It. tremendo; R. ужасный.

TREMENTE. p.a. de tremer. Que treme.

TREMENTINA. (De *trebentina*.) f. Jugo casi líquido, resinoso, de sabor picante y caliente, que fluye de los pinos, abetos, terebintos y alerces. La más usada es la de pino. ‖ **—de Quío.** Resina del lentisco de Quío, usada como perfume y en la preparación de barnices. ‖ P. terebintina; I. turpentine; F. térébenthine; A. Terpentin; It. trementina; R. скипидар.

TREMER. (l. *tremēre*.) intr. Temblar.

TREMÉS. (l. *trimensis*.) adj. Tremesino. ‖ 2. Dícese del trigo trechel o tremesino que se siembra en primavera y fructifica en el verano inmediato.

TREMESINO, NA. (De *tremés*.) adj. De tres meses. ‖ 2. Dícese del trigo también llamado trechel y tremés.

TREMIELGA. (Como el cat. *tremelga*, de un der. del l. *tremĕre*, temblar.) f. Torpedo, pez selacio que produce una conmoción eléctrica a la persona o animal que lo toca.

TREMÍS. (l. *tremissis*.) m. Moneda antigua de Castilla que valía el tercio de un castellano.

TREMÓ. (fr. *trumeau*.) m. Adorno a manera de marco que se coloca a los espejos que están fijos en la pared.

TREMOL. m. Tremó.

TREMOL. (l. *tremŭlus*, tembLón.) m. Ar. Álamo temblón.

TREMOLANTE. p.a. de tremolar. Que tremola o se agita en el aire.

TREMOLAR. (l. *tremŭlare*, de *trémulus*, trémulo.) tr. Enarbolar los pendones, banderas o estandartes agitándolos en el aire. ‖ 2. fig. Hacer ostentación de alguna cualidad o circunstancia. ‖ P. tremular; I. to wave; F. arborer, déployer; A. schwingen, wehen, flattern; It. tremolare; R. колыхаться.

TREMOLÍN. (De *tremolar*.) m. Ar. Álamo temblón.

TREMOLINA. (De *tremolar*.) f. Movimiento ruidoso del aire. ‖ 2. fig. y fam. Bulla, alboroto o confusión de voces o personas que riñen y gritan.

TRÉMOLO. (ital. *tremolo*, trémulo.) m. Mús. Sucesión rápida de muchas notas iguales, de igual duración.

TREMOR. (l. *tremor, -ōris*.) m. Temblor. ‖ 2. Comienzo del temblor.

★ **TREMOSO, SA.** adj. Tembloroso.

★ **TREMOTILES.** m. pl. Colom. Bártulos o trebejos.

TRÉMULAMENTE. (De *trémulo*.) adv. Con temblor o movimiento semejante.

TREMULANTE. adj. Trémulo.

TREMULENTO, TA. adj. Trémulo.

TRÉMULO, LA. (l. *tremŭlus*.) adj. Que tiembla. ‖ 2. Se dice de las cosas que tienen un movimiento semejante al temblor. ‖ P. tremulante; I. tremulous; F. tremblant; A. zitternd, bebend; It. trèmulo; R. дрожащий.

TREMULOSO, SA. adj. desus. Trémulo.

TREN. (fr. *train*.) m. Prevención de las cosas necesarias para un viaje o expedición. ‖ 2. Conjunto de máquinas o instrumentos que se emplean para una misma operación. ‖ 3. Ostentación o pompa en lo perteneciente a una persona o cosa. ‖ 4. Serie de carruajes enlazados unos a otros para conducir pasajeros y mercancías por férrea. ‖ **—ascendente.** El que va de las costas al interior en los ferrocarriles españoles. ‖ **—carreta.** fam. El que para en todas las estaciones y marcha a poca velocidad. ‖ **—correo.** El que normalmente lleva la correspondencia pública. ‖ **—de aterrizaje.** Aviac. Mecanismo situado en la parte inferior de un avión para facilitar el aterrizaje. ‖ **—de recreo.** El que se expide con motivo de unas fiestas o ferias, y casi siempre con gran rebaja de precio y billetes de ida y vuelta. ‖ **—descendente.** El que en España va del interior a la costa. ‖ **—directo.** Aquel en que se hace el viaje hasta el final sin transbordo. ‖ **—discrecional.** El que puede o no salir según disponga la jefatura. ‖ **—especial.** El que no está en el cuadro del servicio ordinario. || —**expreso.** El de viajeros que para solamente en las estaciones importantes y marcha a gran velocidad. || —**mixto.** El que lleva viajeros y mercancías. || —**ómnibus.** El que lleva toda clase de carruajes y para en todas las estaciones. || —**ordinario.** El que tiene determinada su marcha en el cuadro del servicio de la línea. || —**rápido.** El de mayor velocidad que el expreso. || —**regular.** El que ha de salir en los días que indica el cuadro de servicio. || —**sanitario.** El que transporta heridos o lleva socorros al lugar de una catástrofe. || *Vivir a todo* TREN. Gozar de una posición tan desahogada que permite no reparar en gastos para llevar una vida con toda clase de comodidades. || 4.ª acep.: **P.** trem; **I.** y **F.** train; **A.** (Eisenbahn)Zug; **It.** treno; **R.** поезд.

TRENA. (l. *trina,* t. f. de *-nus,* triple.) f. Especie de banda que usaba la gente de guerra como cinturón o pendiente del hombro derecho al costado izquierdo. || **2.** Plata quemada. || **3.** AR. Bollo o pan de figura de trenza. || **4.** GERM. Cárcel, prisión. Ú.c. fam. en Navarra y Vizcaya. || *Meter a uno en* TRENA. fr. fig. y fam. AR. Meterle en cintura.

TRENADO, DA. (De *trena.*) adj. Dispuesto en forma de redecilla o trenza.

TRENCA. (Del m. or. que *tranca.*) f. Cada uno de los palos atravesados en el vaso de la colmena para sostener los panales. || **2.** Cada una de las raíces principales de una cepa. || *Meterse hasta las* TRENCAS. fr. fig. y fam. Enlodarse por entrarse en un lodazal. || **2.** fig. y fam. Intrincarse en una materia o negocio de forma que sea difícil desembarazarse.

★ **TRENCA.** f. ZOOL. CHILE. Tenca, 2.ª acep.

TRENCELLÍN. m. Trencillo, cintillo.

TRENCILLA. (d. de *trenza.*) f. Galoncillo que sirve para adornos de pasamanería, bordados, etc. || **P.** trancelim; **I.** braid; **F.** galon; **A.** Tresse, Litze; **It.** trecciola; **R.** галун.

TRENCILLAR. tr. Guarnecer con trencilla.

TRENCILLO. m. Trencilla. || **2.** Cintillo de oro o plata con pedrería que se ponía en los sombreros como adorno.

TRENO. (l. *thrēnus,* y éste del gr. θρῆνος, de θρέομαι, lamentarse.) m. Canto fúnebre por alguna calamidad. || **2.** Por antonom., cada una de las lamentaciones del profeta Jeremías. || **P.** canto fúnebre, lamentação; **I.** thronody; **F.** lamentation; **A.** Klag(e)lied; **It.** lamento; **R.** погребальное пение.

TRENO. (De *trena,* cárcel.) m. GERM. Preso.

TRENQUE. (cat. *trencar,* romper.) m. MURC. y TER. Dique o defensa en forma de parapeto para cortar o desviar la corriente de un río.

TRENTE. (l. *tridens, -entis,* tridente.) amb. SANT. Especie de horcón con los dientes de hierro. Ú.t. en pl.

TRENTENO, NA. adj. ant. Treinteno.

TRENZA. (De *trenzar.*) f. Tres o más ramales entretejidos para formar un mismo cuerpo alargado. || **2.** La que se hace entretejiendo el cabello largo. || *En* TRENZA. m. adv. Con las trenzas sueltas, dicho de las mujeres. || **P.** trança; **I.** tress; **F.** tresse; **A.** Geflecht; **It.** treccia; **R.** коса.

★ **TRENZADA.** (Forma f. de *trenzado.*) f. ARGENT. y CHILE. Acción y efecto de trenzarse o enredarse en una disputa.

TRENZADERA. f. Lazo que se forma trenzando una cuerda o cinta. || **2.** AR. y NAV. Cinta de hilo.

TRENZADO, DA. p.p. de trenzar. || **2.** m. Trenza. || **3.** En la danza, salto ligero en el cual los pies se cruzan batiendo rápidamente uno contra otro. || **4.** EQUIT. Paso que hace el caballo piafando. || *Al* TRENZADO. m. adv. Con desaliño.

TRENZAR. (Quizá de un der. del l. *trinus:* véase *trena.*) tr. Hacer trenzas. || **2.** intr. DANZA y EQUIT. Hacer trenzados. || **P.** trançar; **I.** to plait, to braid; **F.** tresser; **A.** flechten; **It.** intrecciare; **R.** плести.

TREO. (Como en fr. *tréou,* del anglosajón *traef.*) m. MAR. Vela cuadrada o redonda con que navegan en popa las embarcaciones latinas con vientos fuertes.

★ **TREONINA.** f. ZOOL. Uno de los

aminoácidos más importantes, encontrados en la hidrólisis de las proteínas. La caseína contiene sobre un 4 % de treonina.

TREPA. f. Acción y efecto de trepar o subir a un lugar alto. || **2.** fam. Media voltereta que dan los volatineros tendiéndose boca abajo, apoyando la coronilla en el suelo y pasando el cuerpo sobre ella hasta quedar tendido boca arriba.

TREPA. f. Acción y efecto de trepar o aguijerear. || **2.** Especie de adorno en el borde de los vestidos. || **3.** Aguas y ondulaciones de algunas maderas labradas. || **4.** fam. Astucia, malicia, fraude. || **5.** fam. Castigo dado a uno con patadas, azotes, etc.

TREPADERA. (De *trepar,* 1.er art.) f. CUBA. Juego de cuerdas con dos estribos y un cinto, con que los guajiros suben a las palmeras a cortar el fruto o las pencas.

TREPADO, DA. p.p. de trepar. || **2.** m. Trepa, adorno en el borde de un vestido. || **3.** Línea de puntos taladrados para separar los documentos de sus matrices o los sellos de correos.

TREPADO, DA. p.p. de treparse. || **2.** adj. Retrepado. || **3.** Se aplica al animal rehecho y fornido.

TREPADOR, RA. adj. Que trepa, o sube a un lugar alto, áspero o de difícil acceso. || **2.** BOT. Aplícase a las plantas que trepan. || **3.** ZOOL. Dícese de las aves con pico recto o débil, y el dedo externo unido al de en medio, o versátil para trepar fácilmente. Ú.t.c.s. || **4.** m. Lugar por donde se trepa o se puede trepar. || **5.** Garfio con dientes interiores, que se sujeta a cada pie del que ha de trepar a postes del telégrafo o a otros semejantes. Ú.m. en pl. || **6.** f. pl. ZOOL. Orden de las aves trepadoras.

★ **TREPADORA.** (Forma f. de *trepador.*) f. PERÚ. Olor desagradable de pies.

TREPAJUNCOS. (De *trepar,* 1.er art., y *junco.*) m. Arandillo, pájaro que gusta de mecerse entre las cañas.

TREPANACIÓN. f. Acción y efecto de trepanar.

TREPANAR. (De *trépano.*) tr. CIR. Horadar el cráneo u otro hueso con el trépano, con fin curativo o diagnóstico.

TRÉPANO. (b. l. *trepanum,* y éste del gr. τρύπανον.) m. CIR. Instrumento usado para trepanar.

TREPANTE. p.a. de trepar, 1.er art. Que trepa.

TREPANTE. (De *trepar,* 2.º art.) adj. Que usa de trepas o engaños. Ú.t.c.s.

TREPAR. (germ. *trippon.*) intr. Subir a un lugar alto y difícil, valiéndose de los pies y de las manos. Ú.t.c.tr. || **2.** Crecer y subir las plantas agarrándose a los árboles u otros objetos. || **P.** trepar; **I.** to climb; **F.** grimper; **A.** erklettern; **It.** rampicare; **R.** влезать, карабкаться.

TREPAR. (Quizá del l. *terebrāre.*) tr. Taladrar, aguijerear, horadar. || **2.** Guarnecer el bordado con trepa.

TREPARSE. r. Retreparse.

TREPATRONCOS. (Porque *trepa* con gran agilidad por los *troncos* de los árboles.) m. Herrerillo, pájaro insectívoro, que hace sus nidos de barro en el hueco de los árboles.

TREPE. (De *trepa,* azotaina.) m. fam. Reprimenda. Ú. principalmente en la frase *echar un* TREPE.

★ **TREPETERA.** f. fam. VENEZ. Algarabía.

TREPIDACIÓN. (l. *trepidatio, -ōnis.*) f. Acción de trepidar. || **2.** ASTRON. Balance aparente que los antiguos astrónomos atribuían al firmamento. || **P.** trepidação; **I.** trepidation; **F.** trépidation; **A.** Erschütterung, Beben; **It.** trepidazione; **R.** сотрясение.

TREPIDANTE. (l. *trepidans, -antis.*) p.a. de trepidar. Que trepida. || **2.** ESGR. Aplícase al compás de trepidación, que es el que se da por las llamadas líneas infinitas.

TREPIDAR. (l. *trepidāre.*) intr. Temblar, estremecerse. || **2.** CHILE. Vacilar, dudar.

TRÉPIDO, DA. (l. *trepidus.*) adj. Trémulo.

TREPONEMA. f. ZOOL. Flagelado espiroqueto, parásito en los animales de sangre caliente y en el hombre; tiene forma

de espiral ondulado rígido. Una de sus especies es agente de la sífilis.

★ **TREPUAL.** m. BOT. ARGENT. Árbol mirtáceo de madera usada en ebanistería.

★ **TREQUE.** adj. VENEZ. Gracioso, ocurrente. || **2.** m. COLOM. Mayoral, jefe.

TRES. (l. *tres.*) adj. Dos y uno. || **2.** Tercero, que sigue en orden al segundo. Apl. a los días del mes. Ú.t.c.s. || **3.** m. Signo o conjunto de signos que representan el número tres. || **4.** Carta o naipe con tres señales. || **5.** Trío. || **6.** ANT. Instrumento músico con tres cuerdas que da sonidos muy agudos. || **7.** COLOM. Cierto baile popular. || —**de menor.** GERM. Asno o macho. || *Como* TRES *y dos son cinco.* expr. fig. y fam. con que se pondera la evidencia de lo que se afirma. || *Ni a la de* TRES. loc. fig. y fam. con que se expresa lo difícil que resulta conseguir una cosa. || *Y* TRES *más.* m. adv. fam. con que se emplea para dar más fuerza a una afirmación. || **P.** três; **I.** three; **F.** trois; **A.** drei; **It.** tre; **R.** три.

TRESABUELO, LA. (De *tres* y *abuelo.*) m. y f. ant. Tatarabuelo, la.

TRESALBO, BA. (De *tres* y *albo.*) adj. Dícese del caballo o yegua que tiene tres pies blancos.

TRESAÑAL. (De *tres* y *año.*) adj. Tresañejo.

TRESAÑEJO, ÑA. adj. Dícese de lo que es de tres años.

TRESBOLILLO (A o AL). m. adv. Se dice de la colocación de las plantas colocadas en filas paralelas, de forma que las de cada fila correspondan al punto medio de los huecos de la fila inmediata.

TRESCIENTOS, TAS. (De *trecientos,* infl. por *tres.*) adj. Tres veces ciento. || **2.** Tricentésimo, que sigue en orden al ducentésimo nonagésimo nono. || **3.** m. Conjunto de signos que representan el número trescientos. || **P.** trezentos; **I.** three hundred; **F.** trois cents; **A.** dreihundert; **It.** trecento; **R.** триста.

TRESDOBLAR. (De *tres* y *doblar.*) tr. Triplicar, multiplicar por tres. || **2.** Dar a una cosa tres dobleces, uno sobre otro.

TRESDOBLE. (De *tres* y *doble.*) adj. Triple. Ú.t.c.s.

★ **TRESILLERO, RA.** m. y f. COLOM. Tresillista.

TRESILLISTA. com. Persona hábil en el tresillo, o muy aficionada a este juego.

TRESILLO. (d. de *tres.*) m. Juego de naipes entre tres personas, con nueve cartas cada una, gana el que más bazas hace. Los lances principales son: entrada, vuelta y solo. || **2.** Conjunto de un sofá y dos butacas que hacen juego. || **3.** Sortija de tres piedras que hacen juego. || **4.** MÚS. Conjunto de tres notas iguales que se ejecutan en el tiempo correspondiente a dos de ellas. || **P.** voltarete; **I.** ombre; **F.** hombre; **A.** Tresillo; **It.** tresette; **R.** ломбер.

TRESMESINO, NA. adj. Tremesino.

TRESNA. (Del m. or. que el ant. fr. *traisne.*) f. ant. Rastro, señal, huella.

TRESNAL. m. Treznal.

TRESNAR. (De *tresna.*) tr. ant. Arrastrar, llevar alguna cosa por el suelo, tirando de ella.

TRESNIETO, TA. (De *tres* y *nieto.*) m. y f. ant. Tataranieto, ta.

★ **TRESPELEQUE.** m. MÉJ. Mequetrefe.

★ **TRESQUILA.** (De *trasquilar.*) f. ECUAD. Esquileo.

TRESQUILAR. tr. ant. Trasquilar. Ú.c.vulg.

TRESQUILÓN. m. ant. Trasquilón. Ú.c.vulg.

TRESTANTO. adv. Tres veces tanto. || **2.** m. Cantidad triplicada.

TRESTIGA. (b. l. *tristĕga,* letrina, y éste del l. *tristĕga,* desván.) f. ant. Cloaca, albañal.

TRETA. (l. *tracta,* t. f. de *-tus,* p.p. de *trahĕre,* tentar, meditar.) f. Artificio sutil para lograr algún intento. || **2.** ESGR. Engaño que hace para defenderse o desarmar al contrario. || —**de la manotada.** ESGR. Aquella en que el diestro con la mano izquierda, separa rápida y violentamente de la línea recta la espada del contrario, quedando en disposición de herirle. || —**del arrebatar.** ESGR. Aquella en que el

T diestro intenta descomponer la posición de la espada del contrario, por medio de tajo o revés. || —del llamar. Esgr. Aquella en que el diestro amaga con distinto golpe de aquel con que piensa herir. || —del tajo rompido. Esgr. La empleada por el diestro tirando grandes tajos fuera del medio de proporción, para aturdir al contrario. || —del tentado. Esgr. La que usa el diestro tocando con la flaqueza de su espada el tercio medio de la del contrario. || *Dar en la* treta. fr. fig. y fam. Tomar la maña de hacer o decir algo enojoso y molesto. || P. treta; I. trick; F. tour, ruse; A. List, Trick; It. finta; R. уловка.

TRETERO, RA. adj. desus. Astuto, taimado.

TREUDO. (l. *tribūtum*.) Ar. Censo enfitéutico cuyo canon se paga en dinero o en frutos. || 2. Canon o pensión de este censo.

* TREVI. (Voz araucana.) m. Bot. Chile. Arbusto ramnáceo de corteza medicinal.

TREZA. f. Germ. Bestia.

TREZAVO, VA. (De *trece* y *avo*.) adj. Dícese de cada una de las trece partes iguales en que se divide un todo. Ú.t.c.s.m.

TREZNAL. (De *treceno*.) m. Ar. Conjunto de haces de mies apilados para que despidan el agua antes de llevarlos a la era.

TREZNAR. (De *treceno*.) tr. ant. Ar. Atresnalar.

TRI. (l. *tri*, por *tris*.) pref. insep. que significa tres, como en tri*ángulo*.

TRÍA. f. Acción y efecto de triar o triarse. || 2. Albac. y Ar. Carril, huella que dejan las ruedas de un carruaje. || *Dar una* tría. fr. Trasladar una colmena poco poblada o débil al lugar de otra fuerte, para fortalecer la primera y debilitar la segunda, logrando que muchas abejas cambien de vaso.

TRIACA. (De *teriaca*.) f. Medicamento compuesto de muchos ingredientes que fue empleado contra mordeduras de animales venenosos. || 2. fig. Remedio a un mal, especialmente el sacado del dicho daño. || P. teriaga; I. theriaca; F. thériaque; A. Theriak; It. triaca; R. противоядие.

TRIACAL. adj. De triaca, o posee alguna de sus propiedades.

TRIACHE. (fr. *triage*, de *trier*, triar.) m. Café de calidad inferior compuesto de granos requemados, partidos, etc.

* TRIADA. f. Conjunto de tres cosas iguales. || 2. Lit. En las odas pindáricas, conjunto formado por la estrofa, la antiestrofa y el épodo. || 3. Quím. Serie de tres elementos que pertenecen al mismo grupo del sistema periódico y que presentan una graduación regular en sus propiedades. || 4. Ret. En las religiones politeístas, agrupación de tres dioses.

* TRIANDRIA. f. Bot. Planta cuyas flores hermafroditas tienen tres estambres libres.

TRIANERO, RA. adj. Del barrio de Triana, en Sevilla. Ú.t.c.s.

TRIANGULACIÓN. f. Arq. y Geod. Operación de triangular. || 2. Conjunto de datos conseguidos por dicha operación.

TRIANGULADO, DA. p.p. de triangular. || 2. adj. Dispuesto u ordenado en forma de triángulo.

TRIANGULAR. (l. *triangulāris*.) adj. De figura de triángulo o semejante a él.

TRIANGULAR. tr. Arq. Disponer las piezas de una armazón formando triángulos. || 2. Geod. Ligar mediante triángulos ciertos puntos de una comarca para levantar su plano. || P. triangular; I. to triangulate; F. trianguler; A. triangulieren; It. triangolare; R. треугольный.

TRIANGULARMENTE. adv. En forma triangular.

TRIÁNGULO, LA. (l. *triangŭlus*.) adj. Triangular. || 2. m. Geom. Polígono de tres lados. || 3. Mús. Instrumento de percusión formado por una varilla metálica doblada en forma de triángulo y suspendida de un cordón. || —acutángulo. Geom. El que tiene los tres ángulos agudos. || —austral. Astron. Constelación cerca del polo antártico. || —boreal. Astron. Constelación un poco al sur de Perseo. || —cuadrantal. Trigon. El esférico con uno o más cuadrantes por lados. || —escaleno. Geom. El que tiene los tres lados desiguales. || —esférico. Geom. El tra-

zado en la superficie de la esfera, especialmente el formado por tres arcos de círculo máximo. || —esférico birrectángulo. Geom. El que tiene dos ángulos rectos. || —esférico rectángulo. El de un ángulo recto. || —esférico trirrectángulo. Geom. El que tiene los tres ángulos rectos. || —isósceles. Geom. El de dos lados iguales. || —oblicuángulo. Geom. El que no tiene ningún ángulo recto. || —obtusángulo. Geom. El que tiene un ángulo obtuso. || —orcheliano. Artificio gráfico usado por Orchell para explicar la correlación de las vocales o lo referente a su pronunciación. || —plano. Geom. El que tiene sus tres lados en el mismo plano. || —rectángulo. Geom. El que tiene recto uno de sus ángulos. || P. triângulo; I. y F. triangle; A. Dreieck; It. triàngolo; R. треугольник.

TRIAQUERA. f. Caja para guardar triaca u otro medicamento.

TRIAQUERO, RA. m. y f. desus. Persona que vende triaca y otros medicamentos o drogas.

TRIAR. tr. Escoger, entresacar. || 2. intr. Entrar y salir con frecuencia las abejas de una colmena poblada y fuerte. || 3. r. Clararearse una tela por mala o usada. || 4. Ar. Cortarse la leche. || P. escolhar; I. to choose; F. trier; A. aussuchen; It. scègliere; R. снять.

TRIARIO. (l. *triarii*.) m. Cada uno de los soldados veteranos que formaban parte de la reserva en la milicia romana.

TRIÁSICO, CA. (gr. τριάς, conjunto de tres.) adj. Geol. Dícese del terreno sedimentario que es inferior al liásico y el más antiguo de los secundarios. Tiene tres órdenes de rocas, areniscas rojas, calizas y margas abigarradas. Ú.t.c.s. || 2. Geol. Perteneciente a este terreno.

* TRIAXONO, NA. adj. Que tiene tres ejes. || 2. Zool. Dícese de las espículas de ciertos espongiarios formadas por tres ejes perpendiculares entre sí.

TRIBAL. adj. Tribual.

* TRIBILÍN. Colom. Mujer de vida airada. || 2. Cuba. Muchacho o persona pequeña.

* TRIBILINERO, RA. adj. Venez. Voluble.

* TRIBÓMETRO. m. Fís. Instrumento que mide el esfuerzo preciso para vencer el rozamiento de los cuerpos.

TRIBRAQUIO. (l. *tribrăchys*, y éste del gr. τρίβραχυς, de τρεῖς, tres, y βραχύς, breve.) m. Pie de la poesía griega y latina compuesto de tres sílabas breves.

TRIBU. (l. *tribus*.) f. Cada una de las agrupaciones sociales en que se dividían algunos pueblos. || 2. Conjunto de gente nómada del mismo origen y que obedece al mismo jefe. || 3. Bot. y Zool. Cada uno de los grupos taxonómicos en que se dividen algunas familias y que se subdivide a su vez en géneros. || P. tribo; I. tribe; F. tribu; A. Stamm, Tribus; It. tribù; R. племя род.

TRIBUAL. adj. Perteneciente o relativo a la tribu.

TRIBUENTE. p.a. de tribuir. Que tribuye.

TRIBUIR. (l. *tribuĕre*.) tr. Atribuir.

TRIBULACIÓN. (l. *tribulatio*, -*ōnis*.) f. Congoja, pena, aflicción que inquieta el ánimo. || 2. Persecución o adversidad que padece el hombre. || P. tribulação; I. y F. tribulation; A. Tribulation, Drangsal; It. tribulazione; R. горе, скорбь.

TRIBULANTE. p.a. ant. de tribular. Que atribula.

TRIBULANZA. (De *tribular*.) f. ant. Tribulación.

TRIBULAR. (l. *tribulāre*.) tr. ant. Atribular. Usáb.t.c.r.

TRÍBULO. (l. *tribŭlus*, ·abrojo.) m. Nombre genérico de varias plantas espinosas. || 2. Abrojo, planta cigofilácea.

TRÍBULO. (l. *tribŭlor*, tengo pena.) m. ant. Pésame.

TRIBUNA. (De *tribuno*.) f. Plataforma elevada y con antepecho, desde donde los oradores hablaban al pueblo. || 2. Especie de púlpito desde donde se lee o perora en asambleas privadas o públicas. || 3. Galería para los espectadores en dichas asambleas. || 4. Ventana o balcón en algunas iglesias desde donde se puede asistir a los

oficios. || 5. fig. Conjunto de oradores públicos de un país, de una época, etc. || P. e It. tribuna; I. y F. tribune; A. Tribüne; R. трибуна.

TRIBUNADO. (l. *tribunātus*.) m. Dignidad de tribuno. || 2. Tiempo que duraba.

TRIBUNAL. (l. *tribūnal*.) m. Lugar donde los jueces administran justicia y pronuncian sentencias. || 2. Ministro o ministros que administran justicia. || 3. Conjunto de jueces ante el cual se efectúan exámenes, certámenes, oposiciones, etc. || —ad quem. For. En las apelaciones, aquel ante quien se acude contra el fallo de otro inferior. || —a quo. For. Aquel de cuyo fallo se recurre. || —colegiado. El formado con tres o más personas en contraposición al unipersonal. || —de casación. For. El que sólo conoce de las infracciones de la ley alegadas contra los fallos de instancias y de modo excepcional, de errores sobre hecho y prueba. || 2. For. El establecido en Cataluña por el Estatuto de 1932, con jurisdicción última en lo civil y en lo administrativo de legislación autómata. || —de cuentas. Oficina central de contabilidad del Estado. || —de Dios. Juicio que Dios hace de los hombres después de la muerte de cada uno. || —de garantías constitucionales. El establecido por la Constitución española de 1931 para apreciar la constitucionalidad de las leyes, amparar los derechos individuales, y resolver los conflictos entre los poderes del Estado y los regionales, exigir responsabilidad penal a los encargados de ejercerlos. || —de honor. For. El autorizado dentro de ciertos cuerpos para juzgar la conducta deshonrosa, aunque no delictiva, de alguno de sus miembros. || —de instancia. For. El que ejerce plena jurisdicción, así sobre el hecho como sobre el derecho en todas las circunstancias debatidas. || —de la conciencia. Juicio íntimo de los deberes y de los actos propios. || —de la penitencia. Sacramento de la penitencia y lugar en que se administra. || —supremo. For. El más alto de la justicia ordinaria, que tiene jurisdicción sobre todo el país y cuyos fallos no son recurribles ante otro tribunal. || —tutelar de menores. For. El que, con trámites sencillos y propósito educador, resuelve sobre la infancia delincuente y protege a la desamparada. || P., I. y F. tribunal; A. Tribunal, Gericht, Gerichtshof; It. tribunale; R. суд.

TRIBUNATO. m. ant. Tribunado.

TRIBUNICIO, CIA. (l. *tribunitius*.) adj. Tribúnico. || 2. fig. Perteneciente o relativo al tribuno u orador político grandilocuente.

TRIBÚNICO, CA. adj. Perteneciente a la dignidad de tribuno.

TRIBUNO. (l. *tribūnus*.) m. Cada uno de los magistrados del pueblo romano, con facultad de poner el veto a las resoluciones del Senado y de proponer plebiscitos. || 2. fig. Orador político que mueve a la multitud con fogosa elocuencia. || P. e It. tribuno; I. tribune; F. tribun; A. Tribun, Volksredner; R. трибун.

TRIBUTABLE. adj. Que puede dar tributo.

TRIBUTACIÓN. f. Acción de tributar. || 2. Tributo. || 3. Régimen o sistema tributario. || 4. Ar. Enfiteusis.

TRIBUTANTE. p.a. de tributar. Que tributa. Ú.t.c.s.

TRIBUTAR. (De *tributo*.) tr. Entregar el vasallo al señor o el súbdito al Estado cierta contribución en dinero o en especies. || 2. fig. Ofrecer a modo de tributo y reconocimiento de superioridad, alguna demostración de respeto o veneración. || 3. Ar. Dar a treudo. || 4. Ar. Amojonar los límites señalados a la mesta. || P. tributar; I. to pay taxes; F. payer un tribut; A. erweisen, steuern; It. tributare; R. платить.

TRIBUTARIO, RIA. (l. *tributarius*.) adj. Perteneciente o relativo al tributo. || 2. Que paga o tiene que pagar tributo. Ú.t.c.s. || 3. fig. Dícese del curso de agua con relación al río o al mar adonde va a parar. || P. tributário; I. tributary; F. tributaire; A. tributpflichtig; It. tributario; R. налоговый.

TRIBUTO. (l. *tribūtum*.) m. Lo que se tributa. || 2. Carga u obligación de tributar. || **3.** Censo, pensión anual que se ha de pagar por un inmueble. || **4.** fig. Cualquier carga permanente. || **5.** GERM. Mujer de mancebía. || **P.** e **It.** tributo; **I.** tribute, tax; **F.** tribut; **A.** Abgabe, Zoll, Steuer; **R.** налог.

TRICAHUE. (arauc. *thucau.*) m. CHILE. Loro grande, de color verde, que vive en los barrancos de los Andes.

★ **TRICAHUERA.** f. CHILE. Cueva que forman en los barrancos andinos los tricahues. || **2.** Nido que hacen en los árboles.

★ **TRICAO.** m. ZOOL. CHILE. Tricahue.

★ **TRICAU.** m. ZOOL. CHILE. Tricahue.

TRICENAL. (l. *tricenālis.*) adj. Que dura treinta años. || **2.** Que ocurre cada treinta años.

TRICENTENARIO. m. Tiempo de trescientos años. || **2.** Fecha en que se cumplen trescientos años de un acontecimiento famoso, como el nacimiento o muerte de alguna persona ilustre. || **3.** Fiestas organizadas para conmemorar dicho acontecimiento.

TRICENTÉSIMO, MA. (l. *tricenti*, trescientos.) adj. Que sigue inmediatamente al ducentésimo nonagésimo nono. || **2.** Dícese de cada una de las trescientas partes iguales en que se divide un todo. Ú.t.c.s.

TRÍCEPS. (l. *triceps.*) adj. ZOOL. Dícese del músculo con tres porciones o cabezas. Ú.t.c.s. || **—braquial.** ZOOL. El que se extiende al antebrazo al contraerse. || **—espinal.** ZOOL. El situado a lo largo en el espinazo e impide que éste caiga hacia adelante. || **—femoral.** ZOOL. El unido al fémur y la tibia y que extiende la pierna al contraerse.

★ **TRICERÁTOPO.** m. PALEONT. Género fósil de dinosaurios herbívoros que presentan en la cabeza tres prolongaciones en forma de cuerno.

TRICÉSIMO, MA. (l. *tricesĭmus.*) adj. Trigésimo. Ú.t.c.s.

TRICICLO. (gr. τρεῖς, tres, y κύκλος, círculo, rueda.) m. Vehículo de tres ruedas. || **P.** e **It.** triciclo; **I.** y **F.** tricycle; **A.** Dreirad; **R.** трёхколёсный велосипед.

TRICÍPITE. (l. *triceps, -ĭtis:* de *tres*, tres, y *caput*, cabeza.) adj. De tres cabezas.

TRICLINIO. (l. *triclinĭum*, y éste del gr. τρικλίνιον; de τρεῖς, tres, y κλίνη, lecho.) m. Cada uno de los lechos para tres personas, en que los antiguos griegos y romanos se recostaban para comer. || **2.** Comedor de los antiguos griegos y romanos.

★ **TRICLOROACETATO.** m. QUÍM. Fito-hormona u hormona vegetal utilizada eficazmente para la destrucción de hierbajos que perjudican los cultivos.

★ **TRICLOROBENZOL.** m. QUÍM. Compuesto derivado del benceno por substitución de tres átomos de hidrógeno por tres de cloro.

★ **TRICLOROETILENO.** m. QUÍM. Uno de los derivados halógenos alílicos.

★ **TRICOFITA.** f. MED. Tiña, especialmente la tonsurante.

TRICOLOR. (l. *tricŏlor, -ōris.*) adj. De tres colores.

★ **TRICÓNQUIDO.** adj. ARQ. Dícese del ábside dividido en tres absidíolas. Ú.t.c.s.

TRICORNE. (l. *tricornis.*) adj. poét. Que tiene tres cuernos.

TRICORNIO. adj. Tricorne. || **2.** Se aplica al sombrero de tres candiles. Ú.t.c.s.

★ **TRICORREA.** f. Caída rápida del pelo.

TRICOTOMÍA. (gr. τριχοτομία; de τρίχα, en tres, y τομή, sección.) f. BOT. Trifurcación de un tallo o una rama. || **2.** LÓG. Método de clasificación en que las divisiones y subdivisiones tienen tres partes.

TRICOTÓMICO, CA. adj. BOT. y LÓG. Perteneciente o relativo a la tricotomía.

TRICÓTOMO, MA. (gr. τρίχα, en tres, y τομή, sección.) adj. BOT. y LÓG. Que se divide por tricotomía en tres partes.

TRICROMÍA. f. Estampación tipográfica en tres tintas diferentes, correspondientes a los tres colores fundamentales.

TRICÚSPIDE. adj. ZOOL. ANAT. Dícese de la válvula situada entre la aurícula y el ventrículo derechos del corazón y que termina en tres puntas. Ú.t.c.s.f.

TRIDACIO. (l. *thridax, -ācis*, y éste del gr. θρῖδαξ, lechuga.) m. FARM. Medicamento calmante que se obtiene evaporando el zumo de los tallos de la lechuga espigada.

TRIDENTE. (l. *tridens, -entis.*) adj. De tres dientes. || **2.** m. Cetro de Neptuno en forma de fisga. || **3.** AND. y MURC. Fisga, arpón de tres dientes. || **P.** e **It.** tridente; **I.** y **F.** trident; **A.** Dreizack; **R.** трезубец.

TRIDENTÍFERO, RA. adj. Que lleva tridente.

TRIDENTINO, NA. (l. *tridentĭnus.*) adj. Natural de Trento. Ú.t.c.s. || **2.** Perteneciente a esta ciudad del Tirol. || **3.** Perteneciente al concilio ecuménico que se reunió en esta ciudad en el siglo XVI.

TRIDUANO, NA. (l. *triduānus.*) adj. De tres días.

TRIDUO. (l. *tridŭum*, espacio de tres días.) m. Ejercicios devotos que se practican durante tres días.

TRIEDRO. (gr. τρεῖς, tres, y ἕδρα, plano.) adj. GEOM. Dícese del ángulo sólido de tres caras. || **P.** e **It.** triedro; **I.** trihédral, trihedron; **F.** trièdre; **A.** dreiflächig; **R.** трёхгранный.

TRIENAL. adj. Que ocurre cada trienio. || **2.** Que dura un trienio.

TRIENIO. (l. *triennĭum.*) m. Espacio de tres años.

TRIENTE. (l. *triens.*) m. Moneda bizantina que valía un tercio de sólido. || **2.** Moneda de oro acuñada en España por los visigodos.

TRIEÑAL. adj. Trienal.

TRIESTINO, NA. adj. Natural de Trieste. Ú.t.c.s. || **2.** Perteneciente a esta ciudad del Adriático. || **3.** m. Lengua que se habla en esta región del Trieste.

TRIFÁSICO, CA. adj. FÍS. Que tiene tres fases o está formado por la asociación de tres elementos con fase distinta cada uno. || **2.** Dícese especialmente del sistema de tres corrientes eléctricas alternas de igual período e intensidad, que tienen cada una respecto de la siguiente una diferencia de fase igual a un tercio de período.

TRIFAUCE. (l. *trifaux, -aucis.*) adj. poét. De tres fauces o gargantas. Es epíteto del famoso Cancerbero.

★ **TRIFENILMETANO.** m. QUÍM. Uno de los hidrocarburos que contienen varios anillos bencénicos, pudiendo suponerse derivados de un hidrocarburo alifático saturado o no por substitución de algunos hidrógenos por radicales fenilos.

TRÍFIDO, DA. (l. *trifĭdus.*) adj. BOT. Abierto o hendido en tres partes.

TRIFINIO. (l. *trifinĭum.*) m. Punto donde concluyen y se juntan los términos de tres divisiones territoriales o jurisdicciones.

TRIFLORO, RA. (De *tri* y el l. *flos, floris*, flor.) adj. Que tiene tres flores.

TRIFOLIADO, DA. adj. BOT. Que tiene hojas de tres folíolos.

TRIFOLIO. (l. *trifolĭum.*) m. Trébol.

TRIFORIO. m. ARQ. Galería en la parte interior de una iglesia sobre los arcos de las naves laterales.

TRIFORME. (l. *triformis.*) adj. De tres figuras o formas. Es epíteto de la diosa Diana.

TRIFULCA. (l. *trifurca*, t. f. de *-cus*; de *tres*, tres, y *furca*, horca.) f. Aparato formado con tres palancas ahorquilladas en sus extremos para mover los fuelles de los hornos metalúrgicos. || **2.** fig. y fam. Desorden, contienda o camorra entre varias personas.

★ **TRIFURCA.** f. CUBA. Trifulca.

TRIFURCACIÓN. f. Acción y efecto de trifurcarse.

TRIFURCADO, DA. (l. *trifurcātus.*) adj. De tres ramales, brazos o puntas.

TRIFURCARSE. r. Dividirse una cosa en tres ramales, brazos o puntas.

TRIGA. (l. *trigae, -ārum.*) f. Carro de tres caballos. || **2.** Conjunto de tres caballos que tiran de un carro.

TRIGAL. m. Campo sembrado de trigo. || **P.** trigal; **I.** wheat-field; **F.** champ de blé; **A.** Kornfeld, Weizenfeld; **It.** campo di frumento; **R.** пшеничное поле.

TRIGAZA. (De *trigo.*) adj. Dícese de la paja de trigo.

★ **TRIGEMINADO, DA.** (De *trigémino.*) adj. Tres veces gemelo, compuesto de seis elementos iguales que aparecen distribuidos dos a dos. || **2.** ARQ. Aplícase al vano dividido en seis huecos por dos columnas o pilastras y un travesaño horizontal.

★ **TRIGÉMINO, NA.** (l. *trigeminăre*, triplicar.) Dícese de cada uno de los tres hermanos nacidos en el mismo parto. || **2.** m. ANAT. Nervio del quinto par craneal que se divide en tres ramas: la oftálmica y las dos maxilares.

TRIGÉSIMO, MA. (l. *trigesĭmus.*) adj. Que sigue en orden al o a lo vigésimo nono. || **2.** Dícese de cada una de las treinta partes iguales en que se divide un todo. Ú.t.c.s. || **P.** trigésimo; **I.** thirtieth; **F.** trentième; **A.** dreissigste(r); **It.** trigésimo; **R.** тридцатый.

TRIGLA. (gr. τρίγλα.) f. Trilla, salmonete.

TRIGLIFO [**TRÍGLIFO**]. (l. *triglỳphus*, y éste del gr. τρίγλυφος; de τρεῖς, tres, y γλύφω, cincelar, esculpir.) m. ARQ. Miembro arquitectónico en forma de rectángulo saliente y con tres canales, que decora el friso del orden dórico desde el arquitrabe a la cornisa. || **P.** tríglifo; **I.** triglyph; **F.** triglyphe; **A.** Triglyph, Dreischiltz; **It.** triglifo; **R.** триглиф.

TRIGO. (l. *triticum.*) m. Planta graminea, con espiga terminal de cuatro o más carreras de granos, de los cuales se saca, por trituración, la harina con que se hace el pan. Hay muchas especies e innumerables variedades. || **2.** Grano de esta planta. || **3.** Conjunto de granos de esta planta. || **4.** fig. Caudal, dinero. || **—alonso.** Variedad de trigo fanfarrón de caña cerrada y espiga ancha. || **—aristado.** El que tiene aristas. || **—berrendo.** Variedad del trigo común cuyo cascabillo tiene manchas azules. || **—bornero.** El que molido con piedra bornera da pan bazo. || **—candeal.** Especie de trigo aristado que da harina y pan blancos y de primera calidad. || **—cañihueco o cañívano.** Variedad de trigo redondillo de paja hueca que es muy apetecido por el ganado. || **—cascalbo.** Variedad de trigo fanfarrón con raspa blanca. || **—chamorro.** Especie de trigo mocho, con la espiga pequeña de grano blando y poco salvado. || **—chapado.** Semejante al cuchareta, de espiga comprimida. || **—de Bona.** Trigo de Polonia. || **—de Polonia.** Especie de trigo que se cultiva en León y Baleares, semejante al duro, con espigas más anchas por la base que por la cúspide. || **—durillo o duro.** Muy semejante al moro, con glumas vellosas y granos elípticos y duros. || **—fanfarrón.** El procedente de Berbería, alto y duro, da mucho salvado y poca, pero buena, harina. || **—lampiño.** Cualquiera de los que no tienen vello en las glumas. || **—montesino.** Especie de egílope con las cañas desnudas en la parte superior. || **—morato o moreno.** Variedad de álaga, cuyos granos son de color obscuro. || **—moro o moruno.** Procedente de África, semejante al fanfarrón, pero más moreno. || **—otoñal.** Cualquiera de los que se siembran en otoño. || **—racimal.** Cualquiera de las variedades que echan más de una espiga. || **—salmerón.** Variedad del fanfarrón que ahija poco y tiene la espiga grande. || **—Trechel, tremes o tremesino.** Cualquiera de los sembrados en primavera. || **—zorollo.** El segado antes de su completa madurez. || *Cuando siembres, siembra* TRIGO, *que chícharos hacen ruido.* ref. que indica que sólo se debe trabajar en cosas útiles. || *No es lo mismo predicar que dar* TRIGO. fr. proverb. que indica que es más fácil aconsejar que hacer lo que se aconseja. || *No es todo* TRIGO. fr. que se emplea para significar que entre cosas o cualidades buenas hay otras malas. || *No ser* TRIGO *limpio.* fr. fig. y fam. con que se da a entender que algún asunto o conducta de una persona no es tan intachable como parece. || *Por mucho* TRIGO *nunca es mal año.* ref. que advierte que lo que es bueno no daña por abundante que sea. || **P.** trigo; **I.** wheat; **F.** blé, froment; **A.** Weizen; **It.** frumento, grano; **R.** пшеница.

TRIGÓN. (l. *trigōnus*, y éste del gr.

τρίγωνος, triangular.) m. Instrumento músico triangular, de cuerdas metálicas, que fue usado por los antiguos griegos y romanos.

TRÍGONO. (l. *trigŏnus*, y éste del gr. τρίγωνος; de τρεῖς, tres, y γωνία, ángulo.) m. ASTROL. Conjunto de tres signos del Zodiaco equidistantes entre sí. || **2.** GEOM. Triángulo, polígono de tres lados. || **3.** GNOM. Radio de los signos.

TRIGONOMETRÍA. (gr. τριγωνομετρία; de τρίγωνον, triángulo, y μέτρον, medida.) f. Parte de las matemáticas que trata del cálculo de los elementos de los triángulos, tanto planos como esféricos. || —**esférica.** La que trata de triángulos esféricos. || —**plana.** La que trata de triángulos planos.

TRIGONOMÉTRICO, CA. adj. Perteneciente o relativo a la trigonometría.

TRIGUEÑO, ÑA. adj. Del color de trigo, entre rubio y moreno.

TRIGUERA. (De *triguero*, 2.ª acep). f. Planta perenne gramínea, semejante al alpiste, aunque de menor tamaño, que crece en sembrados. || **2.** SAL. Pinzón, pájaro. || **3.** SANT. Trigueña, criba o harnero para zarandar el trigo.

TRIGUERO, RA. (l. *triticarĭus*.) adj. Perteneciente o relativo al trigo. || **2.** Que se cría o anda entre el trigo. || **3.** Aplícase al terreno que da buen trigo. || **4.** m. Harnero o criba para zarandar trigo. || **5.** El que comercia en trigo.

TRIGUILLO. m. d. de trigo. || **2.** AND. y AR. Ahechaduras.

★ **TRIHUE.** (Voz araucana.) m. CHILE. Laurel.

★ **TRILAR.** intr. PERÚ. GERM. Protestar.

★ **TRILÁTERO, RA.** adj. De tres lados.

TRILE. (arauc. *thili*.) m. CHILE. Pájaro negro con manchas amarillas debajo de las alas. Anida en lugares húmedos y es parecido al tordo.

TRILINGÜE. (l. *trilinguis*.) adj. De tres lenguas. || **2.** Que habla tres lenguas. || **3.** Escrito en tres lenguas.

★ **TRILINTROYA.** (Quizá del arauc. *trülircu*, dar punzadas en la mano.) f. CHILE. Cuerda de 50 cm que usan los policías para asegurar por las muñecas a los delincuentes.

★ **TRILITA.** f. QUÍM. Explosivo rompedor potente. Es un cuerpo sólido en cristales amarillos insolubles en el agua. Detona mediante un cebo de fulminato de mercurio.

TRILÍTERO, RA. (l. *tres*, tres, y *littĕra*, letra.) adj. De tres letras.

TRILITO. (gr. τρεῖς, tres, y λίθος, piedra.) m. Dolmen sencillo formado de tres grandes piedras, dos de ellas verticales que sostienen otra colocada horizontalmente.

TRILOBITES. m. Artrópodo marino fósil del paleozoico. Su cuerpo, de contorno oval, se divide en tres partes y está recorrido por dos surcos que le dan aspecto de trilobulado.

TRILOBULADO, DA. adj. Que tiene tres lóbulos.

TRILOCULAR. adj. Dividido en tres partes.

TRILOGÍA. (gr. τριλογία.) f. Conjunto de tres obras trágicas del mismo autor, presentadas a concurso en la antigua Grecia. || **2.** Conjunto de tres obras dramáticas con enlace histórico o unidad de pensamiento.

TRILLA. (l. *trigla*, y éste del gr. τρίγλη.) f. ZOOL. Rubio, salmonete.

TRILLA. (l. *tribŭla*, tribla.) f. Trillo, instrumento para trillar.

TRILLA. (De *trillar*.) f. Acción de trillar. || **2.** Tiempo en que se trilla. || **P.** debulha; **I.** thrashing; **F.** battage; **A.** Dresch, Dreschzeit; **It.** trebbia; **R.** молотить, молотьба.

★ **TRILLA.** adj. P. RICO. Dícese del café de inferior calidad recogido del suelo.

★ **TRILLADA.** f. MÉJ. Trilla o tunda administrada mientras la víctima permanece en el suelo.

TRILLADERA. (De *trillar*.) f. Trillo, instrumento para trillar. || **2.** ÁL., LOGR., NAV. y SOR. Tirante, con que se ata el trillo a las caballerías.

TRILLADO, DA. p.p. de trillar. || **2.** adj. Dícese del camino frecuentemente usado. || **3.** fig. Común y sabido; vulgar.

TRILLADOR, RA. adj. Que Trilla. Ú.t.c.s.

TRILLADORA. f. Máquina para trillar.

TRILLADURA. (De *trillar*.) f. Acción y efecto de trillar.

TRILLAR. (l. *tribulāre*.) tr. Quebrantar la mies para separar el grano de la paja. || **2.** fig. y fam. Frecuentar y seguir una cosa continuamente. || **3.** fig. Maltratar, quebrantar. || **P.** trilhar; **I.** to thrash, to beat; **F.** dépiquer, battre; **A.** dreschen; **It.** trebbiare; **R.** молотить.

TRILLAZÓN. f. ant. Trilla, acción de trillar.

TRILLIQUE. com. SAL. Persona que guía la yunta durante la trilla.

TRILLO. (l. *tribŭlum*.) m. Instrumento para trillar, consistente en un tablón con pedazos de pedernal o cuchillas de acero en la cara inferior. || **2.** C. RICA, CUBA y P. RICO. Senda, camino más estrecho que la vereda. || **P.** trilho; **I.** thrashing-machine; **F.** batteuse; **A.** Dreschbrett; **It.** trebbia; **R.** цеп, молотилка.

TRILLÓN. (De *tri*, y la terminación *-llón*, de *millón*.) m. ARIT. Un millón de billones, que en la numeración decimal se expresa por la unidad seguida de dieciocho ceros.

TRIMEMBRE. (l. *trimembris*.) adj. De tres miembros o partes.

★ **TRIMENSUAL.** adj. Que se repite tres veces en un mes.

TRÍMERO. adj. ZOOL. Aplícase a los insectos coleópteros con tres artejos bien desarrollados en cada tarso. Ú.t.c.s.m. || **2.** m. pl. ZOOL. Suborden de estos animales.

★ **TRIMESTRAL.** ad.. Que sucede o se repite cada trimestre. || **2.** De un trimestre de duración.

TRIMESTRALMENTE. adv. Por trimestres.

TRIMESTRE. (l. *trimestris*.) adj. Trimestral. || **2.** m. Espacio de tres meses. || **3.** Renta, pensión, etc., que se cobra o paga al fin de cada trimestre. || **4.** Conjunto de los números de un periódico o revista publicados durante un trimestre. || **2.ª** acep.: **P., F.** e **It.** trimestre; **I.** trimester; **A.** Quartal, Vierteljahr; **R.** триместр.

TRÍMETRO. (l. *trimetrus*.) adj. Dícese de los versos yámbicos, trocaicos y anapésticos que tienen tres dipodias o seis pies. Ú.t.c.s.

★ **TRIMETROGONÍA.** (De *tri*, tres, y el gr. μέτον, medida, y γωνία, ángulo.) f. CARTOG. Método para trazar mapas mediante la obtención de tres fotografías de la región desde un avión, una vertical y dos oblicuas a intervalos regulares.

TRIMIELGA. f. Torpedo, pez selacio.

★ **TRIMMER.** (ingl. *to trim*, ajustar.) m. RADIOTEC. Condensador pequeño de compensación formado por láminas de estaño y mica que sirve para ajustar y sintonizar un alineamiento de circuitos.

TRIMOTOR. m. Avión de tres motores.

TRIMURTI. f. Especie de trinidad de la religión brahmánica.

TRINACRIO, CRIA. (l. *trinacrĭus*.) adj. Natural de Trinacria, hoy Sicilia. Ú.t.c.s. || **2.** Perteneciente a esta isla. || **3.** poét. Siciliano. Apl. a pers. ú.t.c.s.

TRINADO. (De *trinar*.) m. Trino, sucesión rápida y alternada de dos notas de igual duración con un tono o semitono entre ellas. || **2.** Gorjeo, quiebro de la voz en la garganta.

TRINAR. intr. MÚS. Hacer trinos. || **2.** fig. y fam. Rabiar, impacientarse, dar muestras de ira.

TRINCA. (l. *trini*, tres, triple.) f. Conjunto de tres cosas de la misma clase. || **2.** Conjunto de tres personas designadas para argüir recíprocamente en las oposiciones a cátedras o prebendas. || **3.** MAR. Cabo para trincar alguna cosa. || **4.** MAR. Ligadura que se da a un palo, u otra cosa, con una cuerda o cabo, para asegurarla del balanceo de la nave. || *Estar a la* TRINCA. fr. MAR. Estar a la capa.

TRINCADURA. (De *trincar*, asegurar con trincas.) MAR. Lancha grande, de dos palos con velas al tercio.

TRINCAESQUINAS. m. Parahúso.

TRINCAFÍA. (De *trincar* y *fiar*.) f. Atadura en espiral, con vueltas muy juntas y con medio nudo en cada vuelta. Úsase para empalmar maderos, o asegurar un palo rajado.

TRINCAPIÑONES. (De *trincar*, partir, y *piñón*.) m. fam. Mozo liviano y sin juicio.

TRINCAR. (port. *trincar*; en cat. *trencar*.) tr. Partir en trozos.

TRINCAR. (De *trinca*.) tr. Atar con fuerza. || **2.** Sujetar a uno con los brazos o las manos como amarrándole. || **3.** SANT. Hurtar. || **4.** AMÉR. CENTRAL y MÉJ. Apretar. || **5.** LEÓN y SAL. Torcer, inclinar. Ú.t.c.r. || **6.** MAR. Sujetar con trincas los efectos de a bordo para asegurarlos de los bandazos de la nave. || **7.** intr. MAR. Pairar.

TRINCAR. (al. *trinken*.) tr. fam. Beber licor o vino. || **2.** fam. CUBA. Beber licores con exceso.

★ **TRINCAYO.** m. CUBA. Gusarapo en la superficie de las aguas estancadas, que se transforma en mosquito.

★ **TRINCO, CA.** (De *trincar*, beber.) adj. P. RICO. Borracho.

TRINCHA. (cat. *trinxa*.) f. Ajustador de los chalecos y pantalones con que estas prendas se ciñen a la cintura.

TRINCHADOR, RA. adj. Que trincha. Ú.t.c.s.

TRINCHANTE. p.a. de trinchar. Que trincha. || **2.** m. El que corta las viandas en la mesa. || **3.** Instrumento para asegurar lo que se va a trinchar. || **4.** Escoda. || **5.** ARGENT. Cuchillo grande para trinchar.

TRINCHAR. (ital. *trinciare*, y del m. or. que *trincar*, 1.er art.) tr. Partir en trozos la vianda para servirla. || **2.** fig. y fam. Decidir en algún asunto con resolución y autoridad. || **P.** trinchar; **I.** to carve, to cut up; **F.** trancher, découper; **A.** zerhacken, zerlegen, tran(s)chieren; **It.** trinciare; **R.** разрезать на куски.

TRINCHE. m. COLOM., CHILE, ECUAD. y MÉJ. Tenedor para comer. || **2.** CHILE, ECUAD. y MÉJ. Trinchero, mueble de comedor para trinchar en él las viandas.

TRINCHEA. (De *tranchea*.) f. ant. Trinchera, defensa de tierra que protege el cuerpo del soldado.

TRINCHEAR. (De *trinchea*.) tr. ant. Atrincherar. Usáb.t.c.r.

TRINCHEO. (De *trinchar*.) adj. ant. Trinchero. Usáb.t.c.s.

TRINCHERA. (De *trinchea*.) f. Defensa hecha en tierra para cubrir y proteger al soldado. || **2.** Desmonte hecho en el terreno para una línea de camino y con taludes a los lados. || **3.** Sobretodo impermeable. || **4.** LEÓN. Cada una de las piezas curvas que sujetan el eje al tablero de la carreta. || *Abrir* TRINCHERA. fr. MIL. Comenzar a construirla; empezar el ataque a una plaza. || *Montar la* TRINCHERA. fr. MIL. Entrar de guardia en ella. || **P.** trincheira; **I.** trench; **F.** tranchée; **A.** Schanze, Laufgraben; **It.** trinciera; **R.** окоп.

TRINCHERO. (De *trincheo*.) adj. Dícese del plato en el que se trinchan las viandas. Ú.t.c.s. || **2.** m. Mueble de comedor sobre el que se trinchan las viandas.

TRINCHERÓN. m. aum. de trinchera.

★ **TRINCHETA.** f. ARGENT. Trinchete, 1.ª acep.

TRINCHETE. (De *tranchete*.) m. Chaira, cuchilla de zapatero.

★ **TRINCHO.** (De *trinchar*.) m. COLOM. Parapeto, defensa, dique.

TRINEO. (f. *traîneau*.) m. Vehículo sin ruedas que se desliza sobre hielo. || **P.** trenó; **I.** sledge; **F.** traîneau; **A.** Schlitten, Rodel; **It.** slitta, treggia; **R.** сани.

TRINIDAD. (l. *trinitas, -ātis*.) f. TEOL. Distinción de tres Personas divinas en una sola y única esencia, misterio inefable de la religión cristiana. || **2.** Orden religiosa aprobada por Inocencio III el año 1198 para redención de los cautivos. || **3.** fig. Unión de tres en un negocio. Suele usarse despectivamente. || **P.** Trindade; **I.** Trinity; **F.** Trinité; **A.** Dreieinigkeit; **It.** Trinità; **R.** троица.

TRINITARIA. (l. *trinitas*, conjunto de tres, por alusión a los tres colores de la flor.) f. Planta herbácea anual violácea, con flores en largos pedúnculos de cinco pétalos de tres colores. Es planta de jardín, común en España, llamada también pen-

T

samiento. || **2.** Flor de dicha planta. || **3.** P. Rico. Planta trepadora espinosa.

TRINITARIO, RIA. (l. *Trinitas*, Trinidad.) adj. Aplícase al religioso o religiosa de la orden de la Trinidad. Ú.t.c.s. || **2.** Natural de Trinidad. Ú.t.c.s. || **3.** Perteneciente a esta villa de la isla de Cuba. || **P.** trinitário; **I.** Trinitarian; **F.** trinitaire, mathurin; **A.** Trinitarier(-mönch-, -nonne); **It.** trinitario.

★ **TRINITROTOLUENO.** (De *tri*, tres, *nitrógeno* y *tolueno*.) m. QUÍM. Explosivo de gran poder destructor. Se obtiene por nitración del tolueno. Es de manejo muy seguro. Se hace explotar mediante cebos de fulminato de mercurio. Se llama también trilita y suele representarse en sigla como TNT.

TRINO, NA. (l. *trinus*.) adj. Que contiene tres cosas distintas. Ú. para significar la trinidad de las Personas en Dios. || **2.** Ternario. || **3.** m. Mús. Sucesión rápida y alternada de dos notas de igual duración, entre las cuales media la distancia de un tono o de un semitono. || 3.ª acep.: **P.** trinado; **I.** trill; **F.** roulade, roulement; **A.** Triller; **It.** gorgheggio; **R.** трель.

TRINOMIO. (De *tris*, tres, y el gr. νόμος, partición.) m. ÁLG. Expresión algebraica que consta de tres términos. || **P.** trinómio; **I.** trinomial; **F.** trinôme; **A.** Trinom; **It.** trinomio; **R.** триномъ.

★ **TRINQUE.** (ingl. *drink*, bebida.) m. PERÚ. Aguardiente, bebida alcohólica en general.

TRINQUETADA. f. MAR. Navegación que se hace con sólo el trinquete. || *Correr una* TRINQUETADA. fr. MAR. Hacer una navegación con el trinquete solamente. || **2.** MAR. Hacer una navegación difícil. || **3.** fig. Sufrir una crujía.

TRINQUETE. (De *triquete*, 2.º art.) m. MAR. Verga mayor que se cruza sobre el palo de proa. || **2.** MAR. Vela que se larga en ella. || **3.** MAR. Palo que se arbola inmediato a la proa, en las embarcaciones de más de uno.

TRINQUETE. (fr. *triquet*, pala para jugar a la pelota.) m. Juego de pelota cerrado y cubierto.

TRINQUETE. (De *trincar*, 2.º art.) m. Garfio articulado por un extremo y que por el otro resbala sobre los dientes oblicuos de una rueda, para impedir que no vuelva hacia atrás. || **2.** AND. Aldabilla para asegurar las puertas. || **3.** GERM. Cama de cordeles.

TRINQUETE. m. Triquete, dim. de trique. || *A cada* TRINQUETE. m. adv. fig. y fam. A cada tripa, a cada momento.

TRINQUETILLA. (De *trinquete*, vela en la verga mayor del palo de proa.) f. MAR. Foque pequeño que se caza en malos tiempos.

★ **TRINQUEVAL.** m. CUBA. Carro de dos ruedas que se utiliza para arrastrar maderas.

★ **TRINQUIFORTE.** (De *trinquis* y *forte*.) m. fam. CHILE. Trago de aguardiente o de otro licor fuerte.

TRINQUIS. (De *trincar*, beber vino o licor.) m. fam. Trago de vino o licor.

★ **TRINTRE.** (arauc. *thinthi*.) adj. fam. CHILE. Crespo, hablando de la pluma de ciertos pollos domésticos. || **2.** m. y f. CHILE. Cierta ave gallinácea.

★ **TRINTRIQUEAR.** intr. CHILE. Temblequear.

TRÍO. (De *triar*.) m. Tría.

TRÍO. (ital. *trio*.) m. Mús. Terceto, composición para tres voces o instrumentos. || **2.** CUBA. Tres caballerías enganchadas al quitrín.

★ **TRIODO.** m. RADIOTEC. Válvula o tubo de vacío termoiónico de tres electrodos: ánodo, cátodo y una rejilla cuyo potencial regula la corriente de electrones.

★ **TRIOLEÍNA.** f. QUÍM. Oleína, aceite líquido, presente en un gran número de grasas y aceites naturales.

TRIONES. (l. *triônes*.) m. pl. ASTRON. Las siete estrellas principales de la Osa Mayor.

★ **TRIOSA.** (De *tri*, tres, y *-osa*, terminación de los sacáridos.) f. QUÍM. Azúcar cuya molécula contiene tres átomos de carbono.

TRIÓXIDO. (De *tri*, tres, y *óxido*.) m. QUÍM. Cuerpo que resulta de combinar

un radical con tres átomos de oxígeno. || **—de nitrógeno.** QUÍM. Anhídrido nitroso.

★ **TRIOXIMETILENO.** (De *tri*, tres, *oxi* y *metileno*.) m. QUÍM. y TERAP. Paraformo.

TRIPA. (cimbro *tripa*.) f. Intestino, conducto membranoso que se halla en la cavidad abdominal, donde se termina la digestión y se prepara la defecación de los alimentos. || **2.** Vientre, sobre todo el femenino por la preñez. || **3.** Panza de una vasija o de otra cosa. || **4.** Relleno del cigarro puro. || **5.** Hoja del tabaco más próxima a la raíz de la planta. || **6.** pl. Laminillas tenues del interior del cañón de las plumas de ciertas aves. || **7.** Partes interiores de ciertas frutas. || **8.** fig. Lo interior de algunas cosas. || **9.** Conjunto de documentos que componen un expediente administrativo. || *Devanar* a uno *las* TRIPAS una persona o cosa. fr. fig. y fam. Causarle gran disgusto o incomodidad. || *Hacer* uno *de* TRIPAS *corazón*. fr. fig. y fam. Esforzarse para disimular el miedo, sobreponerse en la adversidad. || *Revolver* a uno *las* TRIPAS una persona o cosa. fr. fig. y fam. Causarle repugnancia. || *Rompérsele* a uno *una* TRIPA. fr. fig. y fam. Ocurrirle algo por lo que necesite la ayuda de otra persona. Suele usarse en frase interrogativa cuando alguien llama con urgencia. || *Sin* TRIPAS *ni cuajar*. loc. fig. y fam. Muy flaco y consumido. || *Tener* uno *malas* TRIPAS. fr. fig. y fam. Ser cruel. || **P.** tripa, intestino; **I.** gut, intestine; **F.** tripe; **A.** Darm; **It.** trippa; **R.** кишка.

TRIPADA. f. fam. Panzada, hartazgo.

★ **TRIPAL.** (De *tripa*.) CHILE. Conjunto de tripas o intestinos de una persona o animal.

★ **TRIPARSAMIDA.** f. QUÍM. Derivado arsenical del ácido arsanílico, sal sólida empleada con éxito para combatir la enfermedad del sueño.

TRIPARTICIÓN. f. Acción y efecto de tripartir.

TRIPARTIR. (l. *tripartîre*.) tr. Dividir en tres partes.

TRIPARTITO, TA. (l. *tripartîtus*.) adj. Dividido en tres partes o clases.

TRIPASTOS. m. Aparejo compuesto de tres poleas.

TRIPE. (fr. *tripe*.) m. Tejido semejante al terciopelo. Se emplea principalmente para alfombras.

TRIPERÍA. f. Puesto o carnicería donde venden tripas y mondongo. || **2.** Conjunto de tripas.

TRIPERO, RA. m. y f. Persona que vende mondongo o tripas. || **2.** m. Paño para abrigar el vientre.

TRIPICALLERO, RA. m. y f. Persona que vende tripicallos.

TRIPICALLOS. (De *tripa* y *callo*.) m. pl. Callos, pedazos de estómago de vaca, ternera o carnero que se comen guisados.

TRÍPILI. m. Tonadilla cantada y bailada en los teatros de España desde el último tercio del siglo XVIII.

TRIPLANO. (De *tri*, tres, y *plano*.) m. Aeroplano con alas formadas por tres planos superpuestos.

TRIPLE. (l. *triplex*.) adj. Dícese del número que contiene exactamente a otro tres veces. Ú.t.c.s.m. || **2.** Se aplica a la cosa que va juntamente con otras dos semejantes para servir a un mismo fin. || **P.** triplo; **I.** y **F.** triple; **A.** dreifach; **It.** triplo; **R.** тройной.

TRÍPLICA. (De *triplicar*.) f. FOR. AR. Respuesta a la dúplica.

TRIPLICACIÓN. (l. *triplicatio*, *-ônis*.) f. Acción y efecto de triplicar o triplicarse.

TRIPLICAR. (l. *triplicâre*.) tr. Multiplicar por tres. Ú.t.c.r. || **2.** Hacer tres veces una cosa. Ú.t.c.s. || **3.** FOR. AR. Responder a la dúplica en juicio.

TRÍPLICE. (l. *triplex*, *-icis*.) adj. Triple.

TRIPLICIDAD. (l. *triplicîtas*, *-âtis*.) f. Calidad de triple.

TRIPLO, PLA. (l. *triplus*.) adj. Triple. Ú.t.c.s.m.

★ **TRIPOCA.** f. ZOOL. CHILE. Nombre vulgar del pato silvestre *Erysmatura ferruginea*, también llamado pato rana.

★ **TRIPOCHO, CHA.** adj. VENEZ. Trillizo. Ú.t.c.s.

TRÍPODE. (l. *tripus*, *-ôdis*, y éste del

gr. τρίπους; de τρεῖς, tres, y πούς, pie.) amb. Ú.m.c.m. Mesa, banquillo, etc., de tres pies. || **2.** m. Armazón de tres pies para instrumentos fotográficos, geodésicos, etc. || **P.** trípode; **I.** trivet, tripod; **F.** trépied; **A.** Dreifuss; **It.** tripode; **R.** треножник.

TRÍPOL. m. Trípoli.

TRÍPOLI. (De *Trípoli*, país de África, de donde procedía antes exclusivamente.) m. GEOL. Roca silícea pulverulenta, formada por caparazones de infusorios fósiles, que se emplea para pulimentar vidrio, metales, piedras duras. Suele mezclarse con la nitroglicerina para fabricar dinamita.

TRIPOLINO, NA. (De *Trípoli*, país de África.) adj. Tripolitano. Apl. a pers. ú.t.c.s. || **2.** Dícese de la paloma doméstica pequeña, con los pies calzados de plumas y la cabeza con plumas levantadas en forma de diadema.

TRIPOLITANO, NA. (l. *tripolitânus*.) adj. Natural de Trípoli. Ú.t.c.s. || **2.** Perteneciente a esta ciudad y país de África, o a los de igual nombre de Siria.

TRIPÓN, NA. adj. fam. Tripudo. Ú.t.c.s.

TRIPOTE. (Del vasco.) m. NAV. Morcilla.

★ **TRIPSINA.** f. BIOQUÍM. Fermento existente en el jugo pancreático, de acción semejante a la pepsina.

TRIPTANO. m. Hidrocarburo procedente de la destilación del petróleo, de uso en los motores de explosión.

TRÍPTICO. (gr. τρίπτυχος, triplicado, plegado en tres.) m. Tablilla para escribir dividida en tres hojas, de las que las laterales se doblan sobre la central. || **2.** Libro que trata de tres partes. || **3.** Pintura, grabado, en tres hojas de forma que se doblen las laterales sobre la central. || **P.** tríptico; **I.** triptich; **F.** triptique; **A.** Triptychon; **It.** tríttico; **R.** триптих.

★ **TRIPTÓFANO.** m. BIOQUÍM. Aminoácido heteróclito que existe en pequeña cantidad en muchísimas proteínas y es esencial para la vida animal.

TRIPTONGAR. tr. Pronunciar tres vocales formando un triptongo.

TRIPTONGO. (gr. τρεῖς, tres, y φθόγγος, sonido.) m. GRAM. Conjunto de tres vocales que forman una sola sílaba. || **P.** tritongo; **I.** triphthong; **F.** triphthongue; **A.** Dreilaut; **It.** trittongo; **R.** трифтонг.

TRIPUDIANTE. p.a. de tripudiar. Que tripudia. Ú.t.c.s.

TRIPUDIAR. (l. *tripudiâre*.) intr. Danzar, bailar.

TRIPUDIO. (l. *tripudîum*.) m. Danza, baile.

TRIPUDO, DA. Que tiene la tripa o vientre muy abultada. Ú.t.c.s.

★ **TRIPUÉ.** (arauc. *thupun* o *túpun*, pegar, aporrear.) m. CHILE. Rebenque usado por los indios.

TRIPULACIÓN. (De *tripular*.) f. Personas que van en un barco o en un avión dedicadas a su servicio y maniobra. || **P.** tripulação; **I.** crew; **F.** équipage; **A.** Schiffsmannschaft, Besatzung; **It.** equipaggio; **R.** экипаж.

TRIPULANTE. (De *tripular*, 2.ª acep.) m. Persona que forma parte de una tripulación.

TRIPULAR. (De *tropa*.) tr. Dotar de tripulación a un barco o avión. || **2.** Ir la tripulación en el barco o en el avión. || **3.** CHILE. Mezclar un líquido con otro u otros. || **P.** tripular; **I.** to man (ships), to equip; **F.** équiper d'hommes; **A.** bemannen; **It.** equipaggiare; **R.** набирать экипаж.

★ **TRIPULINA.** f. ARGENT. y CHILE. Tremolina.

TRIQUE. (Voz onomatopéyica.) m. Estallido leve. || *A cada* TRIQUE. m. adv. fig. y fam. A cada momento.

TRIQUE. (Voz de origen araucano.) m. BOT. CHILE. Planta iridácea, de rizoma que se usa como purgante. || **2.** BOT. CHILE. Planta irídea de flor blanca.

TRIQUETE. m. d. de trique, estallido leve. || *A cada* TRIQUETE. m. adv. fig. y fam. A cada momento.

TRIQUETE. (l. *triquêtrus*, de tres lados.) m. ant. MAR. Trinquete, verga mayor del palo de proa.

★ **TRIQUILINA.** f. COLOM. Triquiñuela.

★ **TRIQUÍN.** (arauc. *thucul* o *thicul*.) m.

CHILE. Parte gruesa que resulta de moler el trigo. || **2.** CHILE. Harina mal molida que se emplea para alimento de las aves y para varios guisos.

TRIQUINA. (gr. τριχίνη, t. f. de νος; de θρίξ, τριχός, pelo.) f. ZOOL. Gusano nematelmintos, cuya larva se halla enquistada en los músculos de algunos mamíferos como el cerdo, de donde puede pasar al intestino del hombre, en el cual se desarrolla ocasionando la enfermedad llamada triquinosis.

* **TRIQUINEAR.** (De *triquin*.) tr. CHILE. Molestar, fastidiar, importunar.

TRIQUINOSIS. f. MED. Enfermedad causada por la triquina y que a veces es mortal.

* **TRIQUIÑÚA.** (arauc. *thucúnn*.) f. CHILE. Plato que se prepara con trigo y porotos.

TRIQUIÑUELA. f. fam. Rodeo, artería, evasiva astucia. || P. rodelo; I. cheat; F. chicane; A. Schikane; It. intrigo; R. плутни.

* **TRIQUITINALES.** m. pl. VENEZ. Trastos, bártulos.

TRIQUITRAQUE. (De *triqui* y *traque*.) m. Ruido como de golpes repetidos. || **2.** Los mismos golpes. || **3.** Rollo de papel con pólvora y atado en varios dobleces, de cada uno de los cuales resulta una detonación cuando se enciende la mecha de los extremos. || *A cada* TRIQUITRAQUE. m. adv. fig. y fam. A cada trique.

TRIRRECTÁNGULO. (De *tri*, tres, y *rectángulo*.) adj. GEOM. Aplícase al triángulo esférico que tiene los tres ángulos rectos.

TRIRREME. (l. *trirēmis*.) m. Embarcación antigua de tres órdenes de remos.

TRIS. (Voz onomatopéyica.) m. Leve ruido que una cosa delicada produce al romperse. || **2.** Golpe ligero que produce este sonido. || **3.** fig. y fam. Porción pequeña de lugar o tiempo. || **4.** Muy poca cosa, ocasión levísima. || *En un* TRIS. m. adv. fig. y fam. En peligro inminente. || TRIS, *tras*. expr. fam. Tras, tras. || **2.** fig. y fam. Repetición enfadosa del que dice siempre lo mismo.

TRISA. (l. *thrissa*, y éste del gr. θρίσσα.) f. Sábalo.

* **TRISADURA.** f. CHILE. Acción de trisarse.

TRISAGIO. (l. *trisagium*, y éste del gr. τρισάγιος; de τρίς, tres veces, y ἅγιος, santo.) m. Himno a la Santísima Trinidad en que se repite la palabra *santo* tres veces. || P. triságio; I. Trisagion; F. trisagion; A. Trisagium; It. trisagio.

* **TRISAR.** intr. Cantar la golondrina, la alondra, etc. || **2.** tr. CHILE. Romper levemente la porcelana, la loza o el cristal.

* **TRISARSE.** intr. CHILE. Clisarse.

TRISCA. (De *triscar*.) f. Ruido producido al pisar y quebrantar con los pies cosas como nueces, avellanas. || **2.** Por ext. cualquier cosa que da bulla o estruendo.

TRISCADOR, RA. adj. Que trisca. || **2.** m. Instrumento de acero para triscar los dientes de las sierras.

TRISCAR. (b. l. *triscare*, y éste del gót. *thriskan*, patear.) intr. Hacer ruido con los pies. || **2.** fig. Retozar, travesear. || **3.** tr. fig. Enredar, mezclar una cosa con otra. Ú.t.c.r. || **4.** fig. Torcer alternativamente los dientes de la sierra a uno y otro lado. || P. triscar; I. to frisk; F. ginguer; A. trippeln; It. trescare; R. топтать.

* **TRISCÓN, NA.** (De *triscar*, murmurar.) m. y f. COLOM. Persona murmuradora. Ú.t.c.adj. || **2.** adj. REP. DOMIN. Dícese del que ríe a menudo. Ú.t.c.s.

TRISECAR. (De *tris*, tres, y *secāre*, cortar.) tr. GEOM. Dividir o cortar una cosa en tres partes iguales. Dícese comúnmente del ángulo.

TRISECCIÓN. (De *tri* y *sección*.) f. GEOM. Acción y efecto de trisecar.

TRISEMANAL. adj. Que se repite tres veces a la semana, o cada tres semanas.

TRISÍLABO, BA. (l. *trisyllăbus*, y éste del gr. τρισύλλαβος; de τρεῖς, tres, y συλλαβή, sílaba.) adj. GRAM. De tres sílabas. Ú.t.c.s.m.

* **TRISITO.** m. COLOM. y P. RICO. Pizca, trocito.

TRISMO. (gr. τρισμός, de τρίζω, rechinar.) m. MED. Contracción tetánica de los músculos maseteros, que impide abrir la boca.

TRISPASTO. (gr. τρεῖς, tres, y σπάω, tirar.) m. Aparejo compuesto de tres poleas.

TRISTE. (l. *tristis*.) adj. Afligido. || **2.** De carácter melancólico. || **3.** fig. Que expresa pena o tristeza. || **4.** fig. Que las causa. || **5.** fig. Funesto, desgraciado. || **6.** fig. Pasado o hecho con melancolía o pesadumbre. || **7.** fig. Doloroso, enojoso. || **8.** fig. Insignificante, ineficaz, inútil, antepuesto a nombres como: TRISTE *consuelo*. || **9.** m. Canción popular en algunos países sudamericanos, generalmente amorosa y triste, que se canta con acompañamiento de guitarra. || P. y F. triste; I. sad, sorrowful, mournful; A. traurig, kläglich; It. triste, mesto; R. печальный, грустный.

* **TRISTEFÍN.** m. ARGENT. Bienteveo.

TRISTEMENTE. adv. Con tristeza.

TRISTEZA. (l. *tristitia*.) f. Calidad de triste. || **2.** GERM. Sentencia de muerte. || P. tristeza; I. sorrow, sadness; F. tristesse; A. Trauer, Schwermut; It. tristezza; R. грусть.

TRISTÓN, NA. adj. Un poco triste.

TRISTOR. (De *triste*.) m. ant. Tristeza.

TRISTURA. (De *triste*.) f. Tristeza.

TRISULCO, CA. (l. *trisulcus*.) adj. De tres puntas. Ú.m. en poesía. || **2.** De tres canales o surcos.

* **TRITANOPÍA.** Ceguera para el color violáceo.

* **TRITEÍSMO.** m. HIST. ECLES. Doctrina herética que sostiene la existencia en la Trinidad, no sólo de tres personas, sino de tres divinidades. Fue condenada en el cuarto concilio de Letrán.

TRITÍCEO, A. (l. *triticĕus*.) adj. De trigo, o que participa de sus cualidades.

* **TRITIO.** m. Fís. y QUÍM. Isótopo del hidrógeno. Es radiactivo y más pesado que el deuterio. Se halla en el agua en pequeña proporción. Usado como explosivo en la bomba de hidrógeno.

TRITÓN. (De *Tritón*, dios marino, hijo de Neptuno y de Anfítrite.) m. MIT. Cada una de las deidades marinas a las que se creía con figura de hombre desde la cabeza hasta la cintura y de pez el resto. || **2.** ZOOL. Salamandra acuática. || **2.ª** acep.: P. tritão; I. y F. triton; A. Triton, Wassermolch; It. tritone; R. тритон.

TRÍTONO. (gr. τρίτονον; de τρεῖς, tres, y τόνος, tono.) m. MÚS. Intervalo de tres tonos consecutivos, dos mayores y el otro menor.

TRITÓXIDO. (Del prefijo *trito*, tomado del gr. τρίτος, tercero, y de *óxido*.) m. QUÍM. Trióxido.

* **TRITRE.** m. ZOOL. CHILE. Pez cupleido, semejante al arenque.

* **TRITRICAR.** (arauc. *thúlúzcun*, desollarse la piel al recibir un golpe.) tr. Partir el trigo sin molerlo.

TRITURABLE. adj. Que puede triturarse.

TRITURACIÓN. (l. *trituratio, -ōnis*.) f. Acción y efecto de triturar.

TRITURADOR, RA. adj. Que tritura. Ú.t.c.s.

TRITURAR. (l. *triturāre*, trillar las mieses.) tr. Moler alguna cosa sólida, pero sin convertirla en polvo. || **2.** Mascar, desmenuzar con la dentadura la comida. || **3.** fig. Moler, molestar gravemente, maltratar. || **4.** fig. Desmenuzar, criticar lo que se considera o examina. || P. triturar; I. to triturate, to grind; F. triturer, broyer; A. zerstossen, zerreiben, zermalmen; It. triturare, macinare; R. размельчать.

TRIUNFADOR, RA. (l. *triumphātor, -ōris*.) adj. Que triunfa. Ú.t.c.s. || P. triunfador; I. triumpher; F. triomphateur; A. thriumphierend; It. trionfatore; R. победоносный.

TRIUNFAL. (l. *triumphālis*.) adj. Perteneciente al triunfo.

TRIUNFALMENTE. adv. De manera triunfal.

TRIUNFANTE. (l. *triumphans, -antis*.) p.a. de triunfar. Que triunfa o sale victorioso. || **2.** Que incluye triunfo.

TRIUNFANTEMENTE. adv. Triunfalmente.

TRIUNFAR. (l. *triumphāre*.) intr. Entrar en la Roma antigua con solemnidad y pompa el vencedor de los enemigos de la república. || **2.** Quedar victorioso. || **3.** Jugar del palo del triunfo en algunos juegos de naipes. || **4.** fig. Gastar aparatosamente y mucho. || P. triunfar; I. to triumph; F. triompher; A. (er)siegen, triumphieren; It. trionfare; R. побеждать.

TRIUNFO. (l. *triumphus*.) m. Acto de triunfar el vencedor en la Roma antigua. || **2.** Victoria. || **3.** Carta del palo preferida en los juegos de naipes, y que vence a los otros palos. || **4.** Burro, cierto juego de naipes. || **5.** fig. Acción de triunfar, gastar mucho y con aparato. || **6.** fig. Lo que sirve de trofeo que acredita el triunfo. || **7.** fig. Éxito feliz en un empeño difícil. || **8.** ARGENT. y PERÚ. Cierta danza popular. || *Costar un* TRIUNFO una cosa. fr. fam. con que se pondera el esfuerzo para alcanzarla. || *En* TRIUNFO. m. adv. Entre aclamaciones de la gente. Úsase con los verbos *llevar*, *sacar*, etc. || P. triunfo; I. triumph; F. triomphe; A. Triumph, Siegeszug; It. trionfo; R. победа.

TRIUNVIRADO. m. ant. Triunvirato.

TRIUNVIRAL. (l. *triunvirālis*.) adj. Perteneciente o relativo a los triunviros.

TRIUNVIRATO. (l. *triunvirātus*.) m. Magistratura de la antigua Roma, compuesta de tres personas. || **2.** Junta de tres personas para cualquier asunto.

TRIUNVIRO. (l. *triunvir*, *-īri*.) m. Cada uno de los tres magistrados romanos que en ciertas ocasiones tuvieron à su cargo el gobierno y la administración de la república.

* **TRIVALENTE.** adj. QUÍM. Que se combina con tres átomos de hidrógeno u otro átomo o radical monovalente.

TRIVIAL. (l. *triviālis*.) adj. Perteneciente o relativo al trivio o división de un camino en tres. || **2.** Dícese del camino muy frecuentado. || **3.** fig. Común, sabido por todos. || **4.** fig. Que no sale de lo corriente, que carece de novedad e importancia.

TRIVIALIDAD. f. Calidad de trivial, vulgar o corriente. || **2.** Dicho o especie trivial. || P. trivialidade; I. triviality; F. trivialité; A. Plattheit, Trivialität; It. trivialità, scurrilità; R. тривиальность, пошлость.

TRIVIALMENTE. adv. De modo trivial.

TRIVIO. (l. *trivĭum*; de *tres*, tres, y *via*, camino.) m. División de un camino en tres, y punto en que concurren. || **2.** En lo antiguo, conjunto de las tres artes liberales: Gramática, Retórica y Dialéctica.

TRIZA. (De *trizar*.) f. Pedazo pequeño o partícula de un cuerpo. || *Hacer* TRIZAS. fr. Destruir en trozos menudos una cosa. Ú.t. el verbo c.r. || **2.** fig. Lastimar gravemente a una persona o a un animal.

TRIZA. f. MAR. Driza.

TRIZAR. (l. *trītiāre*, de *trītus*.) tr. Destrizar, hacer trizas.

TROCABLE. adj. Que se puede trocar o cambiar por otra cosa.

TROCADA (A LA). (De *trocado*, p.p. de *trocar*.) m. adv. En sentido contrario de aquel en que suele entenderse. || **2.** A trueque.

TROCADAMENTE. adv. Trocando las cosas, diciendo una cosa por otra, tergiversándolas.

TROCADILLA (A LA). m. adv. A la trocada.

TROCADO, DA. p.p. de trocar. || **2.** Dícese del dinero cambiado en monedas menores.

TROCADOR, RA. adj. Que trueca una cosa por otra. Ú.t.c.s.

TROCAICO, CA. (l. *trochaĭcus*, y éste del gr. τροχαϊκός.) adj. Perteneciente o relativo al troqueo. || **2.** Dícese del verso de la poesía latina compuesto de siete pies, unos troqueos y otros espondeos y yambos. Ú.t.c.s.

TROCAMIENTO. (De *trocar*, cambiar.) m. Trueque.

TROCANTE. p.a. de trocar. Que trueca.

TROCÁNTER. (gr. τροχαντήρ.) m. ANAT. Prominencia de ciertos huesos largos en su extremidad. Dícese especialmente de la existente en la parte superior del fémur. || **2.** ZOOL. La segunda de las cinco piezas de las patas de los insectos, articulada con la cadera y el fémur. ||

T

P. trocánter; **I.** y **F.** trochanter; **A.** Hüfthöcker; **It.** trocantere.

★ **TROCANTINA.** (De *trocantín.*) ARGENT. y VENEZ. Trocantina.

TROCAR. (fr. *trocart,* de *trois-quarts;* de *trois,* tres, y *carre,* esquina.) m. Instrumento de cirugía, a modo de punzón con punta de tres aristas cortantes, que se utiliza para punzar cavidades de donde haya que extraer líquidos.

TROCAR. (port. *trocar;* fr. *troquer,* y en b. l. *trocare.*) Cambiar, permutar, alterar. || **2.** Vomitar, arrojar por la boca lo comido. || **3.** Equivocar, decir o tomar una cosa por otra. || **4.** Cambiar, dar o tomar una cantidad de dinero por otra equivalente en distinta clase de monedas. || **5.** EQUIT. Cambiar, hacer que el caballo que galopa con el pie y mano izquierdos lo haga con el pie y mano derechos, o a la inversa. || **6.** r. Mudar, dejar el modo o la vida que se llevaba por otro. || **7.** Permutar el asiento con otro. || **8.** Mudarse, cambiarse una cosa. || **P.** trocar; **I.** to exchange; **F.** troquer; **A.** tauschen; **It.** barattare; **R.** менять.

TROCATINTA. (De *trocatinte.*) f. fam. Cambio, permuta o trueque equivocado o confuso.

TROCATINTE. (De *trocar,* cambiar, y *tinte.*) m. Color tornasolado.

TROCEAR. (De *trozo.*) tr. Dividir en trozos.

TROCEO. (De *troza.*) m. MAR. Cabo grueso, que sujeta a los palos las vergas mayores.

TROCIR. (l. *traducĕre.*) intr. ant. Pasar el tiempo o el espacio.

TROCISCAR. tr. FARM. Reducir una cosa a trociscos.

TROCISCO. (l. *trochiscus,* y éste del gr. τροχίσκος.) m. FARM. Cada trozo de los que se hacen con la masa de ingredientes medicinales, para formar después las píldoras. || **2.** FARM. Cada una de las masas pequeñas de forma variada, de substancias medicinales levigadas con medio del agua. || **P.** e **It.** trocisco; **I.** troche, lozenge; **F.** trochisque; **A.** Pastille, Plätzchen, Zeltchen; **R.** кусок.

TROCLA. (l. *trochlĕa,* y éste del gr. τροχλᾰδῐ.) f. Polea.

TROCO. (l. *trochus,* y éste del gr. τροχός, rueda, círculo.) m. Rueda, pez plectognato, de cuerpo comprimido y circular.

TROCOIDE. (gr. τροχοειδής; de τροχός, rueda, y εἶδος, forma.) f. GEOM. Cicloide.

TRÓCOLA. f. Trocla.

★ **TRÓCULO.** (l. *trochus,* rodaja o redondel, y éste del gr. τροχός, rueda.) m. MEC. Máquina para vencer grandes resistencias con poco esfuerzo; es un aparejo constituido por grupos de poleas montadas, las de cada grupo, sobre una misma armadura y enlazados con una cuerda los distintos grupos.

TROCHA. (l. *traducta,* atravesada.) f. Camino o vereda angosta y excusada, que sirve de atajo para ir a una parte. || **2.** Camino en la maleza.

★ **TROCHAR.** (De *trocha.*) tr. CUBA. Abrir una trocha o vereda. || **2.** P. RICO. Trozar. || **3.** intr. COLOM. y VENEZ. Trotar.

★ **TROCHE.** m. COLOM. Troce.

TROCHEMOCHE (A), o **A TROCHE Y MOCHE.** (De *trocear* y *mochar.*) m. adv. fam. Disparatada e irreflexivamente.

TROCHUELA. f. d. de trocha.

TROFEO. (l. *trophaeum,* y éste del gr. τρόπαιον.) m. Monumento, insignia, señal de una victoria. || **2.** Despojo conseguido en la guerra. || **3.** Conjunto de armas o insignias militares agrupadas con simetría. || **4.** fig. Triunfo logrado, victoria. || **P.** trofeu; **I.** trophy; **F.** trophée; **A.** Trophäe, Siegespreis; **It.** trofeo; **R.** трофей.

TRÓFICO, CA. (gr. τροφός, alimenticio.) adj. FISIOL. Perteneciente o relativo a la nutrición.

TROGLODITA. (l. *troglodўtae,* y éste del gr. τρωγλοδύτης.) adj. Que vive en las cavernas. Ú.t.c.s. || **2.** fig. Dícese del hombre cruel y bárbaro. Ú.t.c.s. || **3.** fig. Muy comilón. Ú.t.c.s. || **4.** m. Género de pájaros dentirrostros. || **P.** e **It.** troglodita; **I.** y **F.** troglodyte; **A.** Höhlenbewohner; **R.** троглодит.

TROGLODÍTICO, CA. (l. *troglodytĭcus.*) adj. Perteneciente o relativo a los trogloditas.

TROICA. f. Carruaje ruso, especie de trineo grande arrastrado por tres caballos.

TROJ. (De *troje.*) f. Depósito limitado por tabiques para guardar frutos, especialmente cereales. || **2.** Por ext., algorín donde se deposita la aceituna.

TROJA. (Del m. or. que el port. *trouxa,* y el fr. *trousse;* quizá del l. *torquĕre.*) f. ant. Troj. Ú. en América. || **2.** AMÉR. Especie de troj en la cubierta de un buque donde van mercancías de poco peso.

TROJADO, DA. adj. ant. Metido en la troja o talega.

TROJE. (De *troja.*) f. Troj.

TROJEL. (De *troja.*) m. ant. Fardo.

TROJERO. m. El que tiene a su cargo las trojes o cuida de ellas.

TROJEZADA. adj. Dícese de la conserva cortada en trozos.

TROLA. f. fam. Engaño, mentira, falsedad.

★ **TROLA.** (Quizá del mapuche *thrrolol,* cuero.) f. CHILE. Pedazo de corteza de árbol, especialmente cuando está medio desprendida. Ú.m. en pl. || **2.** CHILE. Cáscara y astilla del quillay. || **3.** CHILE. Tira longitudinal de cuero de animal. || **4.** CHILE. Guía de las algas marinas. || **5.** CHILE. Pelota de barro o excremento que cuelga del pelo de un animal. || **6.** CHILE. Testículo. Ú.m. en pl. || **7.** COLOM. Rebanada de jamón. || *Sacar una buena* TROLA. CHILE. Sacar gran beneficio.

TROLE. (ingl. *trolley,* carretilla.) Pértiga de hierro que transmite a los tranvías eléctricos, trolebuses, etc., la corriente del cable conductor, tomándola mediante una polea o un arco que lleva su extremidad. || **P.** trólei; **I.,** **F.** e **It.** trolley; **A.** Kontaktstange; **R.** троллей.

° **TROLEBÚS.** (De *trole* y la terminación *-bus,* de *omnibus.*) m. Ómnibus de tracción eléctrica que, por medio de un doble trole, toma la corriente de una línea aérea. Lleva llantas neumáticas.

TROLERO, RA. adj. fam. Mentiroso. Ú.t.c.s.

★ **TROLÓN.** m. QUÍM. Una de las resinas fenólicas, con mezcla de resinas naturales, utilizadas como polvos de moldeo, barnices y en la fabricación de objetos manufacturados.

★ **TROLTRO.** (arauc. *tholtho.*) CHILE. Cardo de tallos huecos que los indios emplean para hacer instrumentos musicales.

★ **TROLUDO, DA.** adj. y s. ARGENT. y CHILE. Cachazudo. || **2.** CHILE. Cojudo.

TROLLA. (l. *trulla,* llana de albañil.) f. AND. ALBAÑ. Esparavel, tabla de madera para tener una porción de la mezcla que se da con la llana o paleta.

★ **TROLLA.** f. CHILE. Juego de chicos en que se ponen tantas bolas como jugadores, dentro de un círculo trazado en el suelo e irlos tirando con otra lanzada desde cierta distancia. || **2.** CHILE. Troya, juego del boliche.

TROMBA. (l. *tromba,* trompa.) f. Manga, columna de agua en el mar, por causa de un torbellino atmosférico. || **P.** e **It.** tromba; **I.** waterspout; **F.** trombe, siphon; **A.** (Wasser-, Wind) hose; **R.** водяной смерч.

★ **TROMBINA.** f. BIOL. Fermento soluble en la sangre. Es uno de los factores indispensables para la coagulación de la sangre.

★ **TROMBO.** m. PATOL. Coágulo sanguíneo que obstruye un vaso parcial o totalmente.

TROMBÓN. (ital. *trombone.*) m. Instrumento músico metálico, especie de trompeta grande de doble curvatura, cuyos sonidos corresponden a las voces de tenor, barítono o bajo, según su clase. || **2.** Músico que toca este instrumento. || **—de pistones.** Aquel en que la variación de las notas se consigue mediante el juego combinado de tres claves o pistones. || **P.,** **I.,** **F.** e **It.** trombone; **A.** Posaune; **R.** тромбон.

★ **TROMBOSIS.** (gr. θρόμβωσις, de θρόμβος, coágulo.) f. PATOL. Formación de tromboso coágulos en los vasos sanguíneos. || **—coronaria.** PATOL. La de una arteria coronaria.

★ **TROME.** (arauc. *thome.*) m. BOT. CHI-

LE. Planta ciperácea, cuyas hojas sirven para hacer ramadas.

TROMPA. (fr. *trompe;* en port. *trompa.*) f. Instrumento músico de viento, consistente en un tubo de latón enroscado circularmente que se va anchando, y en el que la diversidad de sonidos se consigue mediante el juego combinado de pistones o llaves. || **2.** Trompo grande, con otros pequeños dentro que salen al ser arrojado para que baile. || **3.** Trompo grande, con una abertura para que zumbe. || **4.** Prolongación muscular y elástica de la nariz de algunos animales. || **5.** Aparato chupador de algunos insectos. || **6.** Tromba. || **7.** Aparato para soplar en una forja a la catalana. || **8.** Bohordo de cebolla, cortado en el que soplan los muchachos para hacerlo sonar. || **9.** fig. Instrumento que por ficción poética se supone que hace sonar el poeta al entonar los cantos. || **10.** ARQ. Bóveda voladiza fuera del paramento de un muro. || **11.** ZOOL. Prolongación del extremo anterior de algunos gusanos. || **12.** m. El que en las músicas militares y en las orquestas toca la trompa. || **13.** Borrachera. || **—de Eustaquio.** ZOOL. Conducto que en muchos vertebrados comunica el oído medio con la faringe. || **—de Falopio.** ZOOL. Oviducto de los mamíferos. || **—marina.** Instrumento músico de una sola cuerda que se toca con arco, apoyando sobre ella el dedo pulgar de la mano izquierda. || *A* TROMPA *talega.* m. adv. fig. y fam. Sin orden ni concierto. || **P.** trompa; **I.** horn; **F.** trompe; **A.** Horn; **It.** tromba; **R.** труба.

TROMPADA. f. fam. Trompazo, golpe dado con la trompa. || **2.** fig. y fam. Encontronazo de dos personas dándose de narices. || **3.** fig. y fam. Puñetazo, golpe. || **4.** MAR. Embestida de un buque contra otro o contra la tierra.

TROMPAR. (De *trompa.*) tr. ant. Engañar, burlar. || **2.** intr. Jugar al trompo.

TROMPAZO. m. Golpe dado con el trompo. || **2.** Golpe que se da con la trompa. || **3.** fig. Golpe recio.

★ **TROMPEADOR.** m. fam. AMÉR. El que trompa.

★ **TROMPEADURA.** f. ARGENT., BOL. y PERÚ. Serie o sucesión de trompadas.

TROMPEAR. intr. Trompar, jugar al trompo. || **2.** tr. AMÉR. Dar trompadas.

TROMPERO. m. El que hace o tornea trompos.

TROMPERO, RA. (De *trompar,* engañar.) adj. desus. Que engaña.

TROMPETA. (d. de *trompa.*) f. Instrumento músico de viento, consistente en un tubo largo de metal que va ensanchándose desde la boquilla al pabellón, y origina sonidos según la fuerza con que se sopla. || **2.** Clarín, instrumento semejante a la trompeta, pero menor y de sonidos más agudos. || **3.** m. El que toca la trompeta en las bandas militares. || **4.** fig. y fam. Hombre despreciable y para poco || **—bastarda.** La de sonido fuerte, usada principalmente en la guerra. || **—de amor.** Girasol, planta compuesta. || **P.** trompeta; **I.** trumpet; **F.** trompette; **A.** Trompete; **It.** trombetta; **R.** горн, корнет.

TROMPETADA. (De *trompeta.*) f. fam. Clarinada, dicho intempestivo.

TROMPETAZO. m. Sonido destemplado de la trompeta. || **2.** Por ext., el de cualquiera otro instrumento semejante. || **3.** Golpe dado con la trompeta. || **4.** fig. y fam. Trompetada.

TROMPETEAR. intr. fam. Tocar la trompeta.

TROMPETEO. m. Acción y efecto de trompetear.

TROMPETERÍA. f. Conjunto de varias trompetas. || **2.** Conjunto de los registros del órgano formados por trompetas de metal.

TROMPETERO. m. El que hace trompetas. || **2.** El que toca la trompeta. || **3.** ZOOL. Pez teleósteo acantopterigio, que debe su nombre a la forma de su hocico en forma de tubo.

TROMPETILLA. f. d. de trompeta. || **2.** Instrumento a modo de trompeta, que los sordos se aplican al oído para oír mejor. || **3.** Cigarro puro filipino. || *De* TROMPETILLA. Se aplica a algunos mosquitos que vuelan originando un zumbido. ||

T

P. corneta acústica; **I.** hearing-trumpet; **F.** cornet acoustique; **A.** Hörrohr; **It.** corno acùstico; **R.** слуховая трубка.

★ **TROMPETO, TA.** (De *trompeta*, borrachera.) adj. MÉJ. Borracho.

TROMPEZAR. intr. ant. Tropezar.

TROMPEZÓN. m. ant. Tropezón.

TROMPICADERO. m. Lugar donde se trompica.

TROMPICAR. (port. *trompicar*; véase *trompillar*), tr. Hacer tropezar a uno repetida y violentamente. ‖ **2.** fig. y fam. Promover a uno al empleo que pertenecía a otro sin observar el orden debido. ‖ **3.** intr. Tropezar con violencia y repetidamente. ‖ **4.** Dar media voltereta.

TROMPICÓN. m. Cada tropezón del que trompica.

★ **TROMPILLA.** f. AMÉR. CENTRAL. Arete que se pone a los cerdos en el hocico para que no hocen.

TROMPILLADURA. (De *trompillar*.) f. Trompicón.

TROMPILLAR. (Del m. or. que *trompellar*.) tr. e intr. Trompicar.

TROMPILLO. m. BOT. Arbusto de América tropical, de la familia de las bixáceas, de madera rosada empleada en tornería. ‖ **2.** CÓRD. Tocón de jara.

TROMPILLÓN. (fr. *trompillon*, de *trompe*, trompa, 10.ª acep.) m. ARQ. Dovela que sirve de clave en una trompa o en una bóveda de planta circular.

TROMPIS. m. fam. Trompada, puñetazo.

★ **TROMPISCÓN.** m. VENEZ. Tropezón.

★ **TROMPIZA.** (De *trompis*.) f. AMÉR. MERID. Pelea a puñadas.

TROMPO. (De *trompa*.) m. Peón, juguete cónico de madera al que se arrolla una cuerda de manera que al lanzarlo se hace bailar. ‖ **2.** Peonza. ‖ **3.** Molusco gasterópodo marino que abunda en España. ‖ **4.** fig. Bolo, persona ruda, sin habilidad. ‖ **5.** ALBAC. Planta parecida a la neguilla que crece entre el trigo. ‖ **6.** CHILE. Instrumento de madera o metal, de forma cónica, usado para abocardar cañerías. ‖ *Báilame o cógeme,* ese TROMPO *en la uña.* fr. fig. y fam. AMÉR. Ajústame esas medidas. ‖ *Bailar* uno *el* TROMPO *en la uña.* fr. CUBA y P. RICO. Ser muy listo. ‖ *Ponerse* uno *como un* TROMPO *o hecho un* TROMPO. fr. fig. y fam. Comer o beber con exceso. ‖ *Tener un* TROMPO *enrollado.* VENEZ. Tener preparado un complot. ‖ *Ser muchos niños para un* TROMPO. CHILE y ARGENT. Ser muchos pretendientes para una cosa. ‖ **P.** pião; **I.** top; **F.** toupie; **A.** (Brumm-, Holz)Kreisel; **It.** tròttola; **R.** волчок, юла.

TROMPÓN. m. aum. de Trompa. ‖ **2.** Aumentativo de trompada embestida de un buque contra otro. ‖ **3.** Narciso, planta herbácea.

★ **TROMPÓN, NA.** adj. COLOM. Hocicudo, jetudo.

★ **TROMPUDO, DA.** (De *trompa*, jeta hocicuda.) adj. ARGENT. Jetudo, hocicudo.

TRONA. (Quizá del m. or. que *natrón*.) f. Carbonato de sosa cristalizado que se halla formando incrustaciones en las orillas de los lagos y ríos de África, Asia y América del Sur. Es vítreo, translúcido, más duro que el yeso y de sabor acre. Tiene aplicación en la industria jabonosa.

TRONADA. (De *tronar*.) f. Tempestad de truenos.

TRONADO, DA. p.p. de tronar. ‖ **2.** adj. Deteriorado por el uso.

TRONADOR, RA. adj. Que truena. ‖ **2.** Dícese del cohete que da muchos truenos. ‖ **3.** m. AR. Tronera juguete.

★ **TRONAMENTA.** f. COLOM. Tronada.

TRONANTE. p.a. de tronar. Que truena.

TRONAR. (l. *tonare*, con la r de *tronido*.) impers. Haber truenos. ‖ **2.** intr. Causar ruido como las armas de fuego al dispararlas. ‖ **3.** fig. y fam. Perder todo hasta arruinarse. ‖ **4.** fig. y fam. Hablar, escribir, pronunciar discursos violentos contra alguien o contra algo. ‖ TRONAR *con* uno. fr. fig. y fam. Reñir con él, retirarle la amistad. ‖ **P.** trovejar, troar; **I.** to thunder; **F.** tonner; **A.** donnern; **It.** tuonare; **R.** греметь.

★ **TRONAZÓN.** m. EL SALV. Tronada.

TRONCA. (De *troncar.*) f. Truncamiento.

TRONCAL. adj. Perteneciente al tronco o procedente de él. ‖ **2.** FOR. Dícese de los bienes que a la muerte del poseedor deben volver al tronco o línea de donde proceden.

TRONCALIDAD. f. FOR. Principio jurídico según el cual los bienes deben pasar en la sucesión por ley, de una persona, a favor de la línea de parientes de que aquellos procedían.

TRONCAR. (l. *trŭncăre.*) tr. Truncar.

TRONCO, CA. (l. *trŭncus.*) adj. ant. Trunco, tronchado, truncado. ‖ **2.** m. Cuerpo truncado. ‖ **3.** Tallo fuerte y macizo de los arbustos y árboles. ‖ **4.** Cuerpo humano o cualquier animal, prescindiendo de la cabeza y de las extremidades. ‖ **5.** Par de mulas o caballos que tiran de un carro. ‖ **6.** Canal o conducto principal al que concurren o del que salen otros menores. ‖ **7.** fig. Ascendiente común de dos líneas, ramas o familias. ‖ **8.** fig. Persona insensible, despreciable. ‖ —**braquiocefálico.** ANAT. Arteria gruesa que nace del cayado aórtico y se divide en dos la carótida y la subclavia del lado derecho. ‖ *Estar uno hecho un* TRONCO. fr. fig. y fam. Estar como inerte o falto del uso de los sentidos por un síncope u otro accidente. ‖ **2.** fig. y fam. Estar profundamente dormido. ‖ 3.ª acep.: **P.** e **It.** tronco; **I.** trunk; **F.** souche; **A.** Stamm; **R.** ствол дерева. ‖ 4.ª acep.: **P.** tronco, corpo; **I.** trunk; **F.** tronc; **A.** Rumpf, Oberkörper; **It.** tronco; **R.** туловище.

★ **TRONCOL.** m. CHILE. Parte de una tela ya tejida en el telar.

TRONCÓN. m. aum. de tronco, tallo robusto de las plantas arbóreas. ‖ **2.** Tronco, cuerpo del hombre y de los animales prescindiendo de la cabeza y de las extremidades. ‖ **3.** Tocón de un árbol.

★ **TRONCÚE.** (arauc. *troncún*, dar cabezadas, y la part. *hue*, instrumento con que se hace una cosa.) m. CHILE. Barreta de madera.

★ **TRONCHA.** (De *tronchar*.) f. ARGENT., CHILE y PERÚ. Loncha, tajada. ‖ **2.** fam. CHILE y PERÚ. Sinecura, ganga.

TRONCHADO. (De *tronchar*.) adj. BLAS. Dícese del escudo partido de izquierda a derecha en diagonal.

TRONCHAR. (De *troncho*.) tr. Partir violentamente el tronco, tallo o rama de un vegetal. Ú.t.c.r. ‖ **2.** fig. Romper con violencia alguna cosa semejante a un tronco o tallo. Ú.t.c.r. ‖ **P.** tronchar; **I.** to cut, to chop off; **F.** couper par la tige; **A.** abreissen; **It.** tagliare; **R.** переламывать.

TRONCHAZO. m. Golpe dado con el troncho.

★ **TRONCHEO.** m. PERÚ. Ganga.

TRONCHO. (l. *trŭncŭlus*.) m. Tallo de las hortalizas. ‖ **P.** talo das hortaliças; **I.** stem, stalk; **F.** trognon; **A.** Strunk; **It.** gambo; **R.** кочерыжка.

★ **TRONCHO, CHA.** adj. ARGENT. Tronchado, truncado, mutilado. ‖ **2.** m. COLOM. Pedazo.

TRONCHUDO, DA. adj. Dícese de las hortalizas de troncho grueso.

TRONERA. (De *trueno*.) f. Abertura en el costado de un buque, en una muralla, etc., para disparar con acierto los cañones. ‖ **2.** Ventana pequeña por donde entra escasamente la luz. ‖ **3.** Papel plegado de forma que al sacudirlo la parte recogida salga detonando. Es un juguete de niños. ‖ **4.** Cada uno de los agujeros de las mesas de billar o de trucos para que entren las bolas. ‖ **5.** com. fig. y fam. Persona alocada e informal. ‖ **P.** troneira; **I.** loophole; **F.** meurtrière; **A.** Schiesscharte; **It.** troniera; **R.** амбразура.

TRONERAR. (De *tronera*.) tr. Atronerar.

TRONERO. m. RIOJA. Cúmulo, serie de nubes amontonadas.

TRONGA. (port. *tronga*.) f. Manceba, mujer galanteada por un hombre.

TRÓNICA. (Deformación de *retórica*.) f. Hablilla, chisme.

TRONIDO. (l. *tronĭtus*.) m. Estampido del trueno. ‖ **2.** AND. Rumbo, ostentación, arrogancia.

TRONÍO. m. vulg. Tronido, rumbo, arrogancia.

TRONITOSO, SA. (l. *tonĭtrus*, trueno.) adj. fam. Dícese de lo que hace ruido de truenos u otro parecido.

TRONO. (l. *thronus*, y éste del gr. θρόνος.) m. Asiento con gradas y dosel que usan los reyes y otras personas de alta dignidad. ‖ **2.** Tabernáculo sobre el altar en que se expone al Santísimo Sacramento. ‖ **3.** Lugar en que se coloca la efigie de un santo para honrarle con culto más solemne. ‖ **4.** fig. Dignidad de rey. ‖ **5.** pl. Espíritus bienaventurados que forman el tercer coro de los ángeles. ‖ **P.** e **It.** trono; **I.** throne; **F.** trône; **A.** Thron; **R.** трон, престол.

TRONQUEAR. (De *tronco*.) tr. RIOJA. Excavar los pies.

★ **TRONQUERO, RA.** adj. ARGENT. Dícese del caballo o mulo que forma tronco con otro.

TRONQUISTA. m. Cochero que guía un tronco de caballos o de mulas.

TRONZADOR. (De *tronzar*.) m. Sierra grande y fuerte con mango en cada uno de los extremos, usada para partir al través piezas enterizas.

TRONZAR. (l. *trŭncĕăre*, cortar.) tr. Dividir, hacer trozos. ‖ **2.** Hacer, en las faldas de los vestidos femeninos, pliegues iguales y muy menudos. ‖ **3.** fig. Cansar excesivamente. Ú.t.c.r.

TRONZO, ZA. (l. *trŭncĕus*, de *trŭncus*.) adj. Dícese del caballo o yegua que tiene una o ambas orejas cortadas, en señal de ser considerado inútil.

★ **TRONZUDO, DA.** adj. P. RICO. Dícese de la persona enemistada con otra sin que ésta sepa la causa del enfado.

TROPA. (b. l. *troppus*, rebaño, y éste quizá del germ. *trop*, multitud, pueblos.) f. Turba, muchedumbre de gente. ‖ **2.** despect. Gentecilla. ‖ **3.** Gente militar, a distinción de los paisanos. ‖ **4.** AMÉR. MERID. Recua de ganado. ‖ **5.** ARGENT. y URUG. Manada de ganado que es conducido de un lugar a otro. ‖ **6.** ARGENT. Cáfila de carretas dedicadas al tráfico. ‖ **7.** MIL. Conjunto de las tres clases de sargentos, cabos y soldados. ‖ **8.** MIL. Toque militar con que se avisa para que la tropa tome las armas y forme. ‖ **9.** pl. MIL. Conjunto de cuerpos que componen un ejército, guarnición, etc. ‖ —**de línea.** MIL. La organizada para combatir en orden cerrado y por cuerpos. ‖ **2.** MIL. La que por su institución es permanente. ‖ —**ligera.** MIL. La organizada para combatir en orden abierto. ‖ **2.** fig. Gente sin importancia. ‖ *En* TROPA. m. adv. En grupos, sin orden. ‖ **P.** tropa; **I.** troop; **F.** troupe; **A.** Truppe; **It.** truppa; **R.** толпа.

★ **TROPEAR.** ARGENT. y URUG. Conducir tropas o manadas de ganado.

TROPEL. (De *tropa*.) m. Movimiento acelerado, ruidoso y en desorden de personas o cosas. ‖ **2.** Aceleramiento confuso. ‖ **3.** Conjunto o amontonamiento de cosas en desorden. ‖ *De,* o *en,* TROPEL. m. adv. Con movimiento violento y acelerado. ‖ **2.** Yendo muchos juntos confusa y desordenadamente. ‖ **P.** tropel; **I.** hurry; **F.** mouvement désordonné; **A.** Trappeln; **It.** chiasso; **R.** толкучка.

TROPELERO. (De *tropelía*, 3.ª acep.) m. GERM. Salteador.

TROPELÍA. (De *tropel*.) f. Aceleración confusa y sin orden. ‖ **2.** Atropellamiento o violencia en las acciones. ‖ **3.** Hecho violento y contrario a la leyes. ‖ **4.** Atropello, vejación. ‖ **5.** Arte mágica que cambia las apariencias de las cosas. ‖ **6.** Prestigio, ilusión, engaño de los prestidigitadores.

TROPELISTA. m. El que comete tropelía. ‖ **2.** Persona que ejerce la tropelía como arte de prestidigitación.

TROPELLAR. (De *tropel*.) tr. ant. Atropellar.

★ **TROPEÑA.** (De *tropa*.) f. ECUAD. Rabona, mujer que acompaña a la tropa en campaña.

TROPEOLÁCEO, A. (De *tropaeolum*, nombre de un género de plantas.) adj. BOT. Dícese de las plantas dicotiledóneas angiospermas, afines a las geraniáceas, tienen hojas opuestas, flores cigomorfas y semillas sin albumen. Ú.t.c.s.f. ‖ **2.** f. pl. BOT. Familia de dichas plantas.

TROPEOLEO, A. (l. *tropaeolum*, nom-

T

bre de un género de plantas; d. de *trophaeum*, trofeo, porque sus hojas parecen broqueles y sus flores cascos.) adj. BOT. Tropeoláceo.

★ **TROPERA**. f. GUAT. y VENEZ. Rabona.

TROPERO. m. ARGENT. Conductor de ganado.

TROPEZADERO. m. Lugar donde hay peligro de tropezar.

TROPEZADOR, RA. adj. Que tropieza mucho. Ú.t.c.s.

TROPEZADURA. f. Acción de tropezar.

★ **TROPEZALONA**. f. PERÚ. Mujer veleidosa.

TROPEZAR. (port. *tropeçar;* en cat. *tropessar*.) intr. Dar con los pies en un estorbo poniéndose en peligro de caer. || **2.** Detenerse una cosa en un estorbo que no le deja avanzar. || **3.** fig. Deslizarse en alguna culpa o estar a punto de cometerla. || **4.** fig. Reñir con alguien u oponerse a su dictamen. || **5.** fig. Advertir el defecto o falta de una cosa o la dificultad de realizarla. || **6.** fig. y fam. Hallar una persona o cosa por casualidad. || **7.** r. Rozarse las bestias una mano con la otra. | **P.** tropeçar; **I.** to stumble; **F.** broncher, trébucher; **A.** strauchen, stolpern; **It.** inciampare; **R.** спотыкаться.

TROPEZÓN, NA. adj. fam. Tropezador. Dícese comúnmente de las caballerías. || **2.** m. Tropezadura. || **3.** Tropiezo. || **4.** fig. y fam. Pedazo pequeño de jamón u otra vianda metido con las legumbres o la sopa. Ú.m. en pl. || *A* TROPEZONES. m. adv. fig. y fam. Con impedimentos y tardanzas. | **P.** tropeçado, tropeçamento; **I.** stumbling; **F.** bronchement; **A.** Stolpern; **It.** inciampo; **R.** часто спотыкающийся.

TROPEZOSO, SA. adj. fam. Que tropieza o se detiene en la ejecución de una cosa.

TROPICAL. adj. Perteneciente o relativo a los trópicos.

TRÓPICO, CA. (l. *tropĭcus*, y éste del gr. τροπικός, de τρόκος, vuelta.) adj. Perteneciente o relativo al trópico; figurado. || **2.** m. ASTRON. Cada uno de los dos círculos menores considerados en la esfera celeste, paralelos al Ecuador, y que tocan con la eclíptica en los solsticios. || **3.** GEOGR. Cada uno de los dos círculos menores que se consideran en el globo terrestre en correspondencia con los de la esfera celeste.

TROPIEZO. m. Aquello en que se tropieza. || **2.** Lo que constituye un estorbo. || **3.** fig. Yerro o falta, por lo común en materia de honestidad. || **4.** fig. Causa de la culpa cometida. || **5.** fig. Persona con la que se comete. || **6.** fig. Dificultad en un negocio, pretensión o tarea. || **7.** fig. Riña, oposición de una persona a los dictámenes de otra. | **P.** tropeço, estorvo; **I.** trip; **F.** achoppement; **A.** Anstoss, Schwierigkeit; **It.** inciampo, ostàcolo; **R.** помеха.

TROPILLA. (d. de *tropa*.) f. ARGENT. Manada de caballos guiados por una madrina.

★ **TROPILLERO, RA**. m. y f. AMÉR. Conductor de una tropilla.

★ **TROPILLO**. m. ZOOL. AMÉR. Aura.

★ **TROPINA**. f. QUÍM. Amina terciaria, que presenta en su molécula un anillo heptagonal de átomos de carbono con un puente de nitrógeno.

TROPISMO. (gr. τρόπος, vuelta.) m. BIOL. Movimiento parcial o total de los organismos obedeciendo a ciertos estímulos exteriores. Es más propio de los órganos vegetales en orden a su crecimiento.

TROPO. (l. *tropus*, y éste del gr. τρόπος, de τρέπω, girar.) m. RET. Empleo de las palabras en distinto sentido de aquel que propiamente les comprende, pero que tiene con éste alguna relación o semejanza. El tropo comprende la sinécdoque, la metonimia y la metáfora.

TROPOLOGÍA. (l. *tropologia*, y éste del gr. τροπολογία; de τρόπος, tropo, y λόγος, tratado.) f. Lenguaje figurado, alegórico. || **2.** Mezcla de moralidad y doctrina en el discurso, aunque sea en materia indiferente.

TROPOLÓGICO, CA. (l. *tropologicus*, y éste del gr. τροπολογικός.) adj. Fi-

gurado, expresado en tropos. || **2.** Doctrinal, moral, dirigido a la enmienda de las costumbres.

★ **TROPOPAUSA**. f. Límite inferior de la estratosfera.

TROPOSFERA. (gr. τρόπος, y del l. *sphaera*.) f. METEOR. Zona inferior de la atmósfera, de unos 12 kilómetros de espesor, donde se desarrollan los meteoros aéreos, acuosos y algunos eléctricos.

TROQUE. (l. *trochus*, rodaja o redondel, y el gr. τροχός, rueda.) m. Especie de botón formado en los paños antes de teñirlos liando con bramante una partecita de ellos, que queda así aislada del tinte y sirve para saber cuál fue el color primero del paño.

TROQUE. (De *trocar*.) m. ant. Trueque.

TROQUEL. (port. *troquel;* quizá del al. *drucken*, estampar.) m. Molde empleado para acuñar monedas, medallas, etc. | **P.** troquel; **I.** die, stamp; **F.** poinçon; **A.** Punze; **It.** torsello, stampo; **R.** чекан, штамп.

TROQUELAR. (De *troquel*.) tr. Acuñar.

TROQUEO. (l. *trochaeus*, y éste del gr. τροχαῖος.) m. Pie de la poesía griega y latina, de dos sílabas, larga y leve. || **2.** En la poesía española, se llama así al pie formado de sílaba acentuada y otra átona.

TROQUILO. (l. *trochilus*, y éste del gr. τροχίλος.) m. ARQ. Mediacaña, moldura cóncava.

TROSAS. f. pl. LEÓN. Especie de angarillas o formadas por dos palos, entre los cuales pende una cesta de mimbres, que se emplea para llevar tierra, estiércol, etc., entre dos personas.

TROTACALLES. com. fam. Azotacalles.

TROTACONVENTOS. (De *trotar*, andar mucho y con celeridad, y *convento*.) f. fam. Alcahueta.

TROTADOR, RA. adj. Que trota mucho o bien.

★ **TROTADORA**. f. ARGENT. Acera de una calle, o espacio reservado para peatones.

TROTAMUNDOS. com. Persona muy aficionada a viajar.

TROTAR. (Del medio alto al. *trotten*, correr.) intr. Ir el caballo al trote. || **2.** Cabalgar una persona en caballo que va al trote. || **3.** fig. y fam. Andar mucho y de prisa una persona.

TROTE. (De *trotar*.) m. Modo de caminar acelerado, propio de las caballerías, que consiste en mover a un tiempo pie y mano contrapuestos, arrojando sobre ellos el cuerpo con ímpetu. || **2.** fig. Trabajo o faena apresurada. || **—cochinero**. fam. Trote corto y apresurado. || *Al* TROTE. m. adv. fig. Aceleradamente, sin sosiego. || *Amansar* uno *el* TROTE. fr. fig. y fam. Moderarse. || *Hacer entrar en* TROTES, o *meter en* TROTES, a uno. fr. fig. y fam. Imponerse en determinadas costumbres, encaminarle, dirigirle. || *Para todo* TROTE. loc. fig. y fam. Para uso continuo, diario. Dícese principalmente de la ropa de vestir. || *Poner en los* TROTES a uno. fr. fig. y fam. Hacerle entrar en trotes. || *Tomar* uno *el* TROTE. fr. fig. y fam. Irse acelerada e intempestivamente.

TROTERO. (De *trotar*.) m. ant. Correo que lleva y trae la correspondencia.

★ **TROTINAR**. intr. AMÉR. CENTRAL. Trotar.

TROTÓN, NA. adj. Dícese de la caballería cuyo paso ordinario es al trote. || **2.** m. Caballo, corcel.

TROTONA. (De *trotar*, andar mucho.) f. Señora de compañía.

TROTONERÍA. (De *trotón*.) f. Acción continuada de trotar.

TROVA. (De *trovar*.) f. Verso. || **2.** Composición métrica a imitación de otra. o parificando una fábula o historia. || **3.** Composición métrica escrita generalmente para canto. || **4.** Canción amorosa compuesta o cantada por los trovadores. | **P.** trova; **I.** ballad; **F.** fabliau; **A.** Trove; **It.** verso, canzone; **R.** стихотворение.

TROVADOR, RA. adj. Que trova. Ú.t.c.s. || **2.** m. Poeta provenzal de la Edad Media, que trovaba y escribía en

lengua de oc. || **3.** m. y f. Poeta, poetisa.

TROVADORESCO, CA. adj. Perteneciente o relativo a los trovadores.

TROVAR. (l. *trŏpāre*, de *trŏpus*, melodía.) intr. Hacer versos. || **2.** Componer trovas. || **3.** tr. Imitar una composición métrica, aplicándola a otro tema. || **4.** fig. Dar a una cosa distinto sentido del que realmente tiene.

TROVAR. (l. *tŭrbāre*, turbar.) tr. ant. Hallar. Usáb.t.c.r.

TROVERO. (De *trovar*.) m. Poeta de la lengua de oíl, en la literatura francesa de la Edad Media.

★ **TROVERO, RA**. (De *trova*, mentira, embuste.) adj. CUBA. Inclinado a decir trovas o mentiras. Ú.t.c.s.

TROVISTA. (De *trova*.) com. Trovador.

TROVO. (De *trova*.) m. Composición métrica popular, comúnmente de carácter amoroso.

TROX. f. Troj.

TROYA. n. p. f. *Ahí, allí,* o *aquí fue* TROYA. expr. fig. y fam. con que se manifiesta que sólo han quedado las ruinas o restos de un edificio, población, etc. o se alude a un suceso desgraciado. Ú.t. en otros tiempos del verbo ser. || **2.** Se emplea para indicar el momento en que sobreviene el conflicto o la dificultad en el asunto o hecho de que se habla. || *Arda* TROYA. expr. fig. y fam. con que se expresa el propósito o el deseo de hacer alguna cosa sin pensar en las consecuencias.

★ **TROYA**. f. BOL. y ARGENT. Un juego infantil consistente en la pelea o lucha de trompos. || **2.** CHILE y PERÚ. Juego del boliche.

TROYANO, NA. (l. *troiānus*.) adj. Natural de Troya. Ú.t.c.s. || **2.** Perteneciente a esta antigua ciudad de Asia.

TROZA. (De *trozar*.) f. Tronco aserrado por los extremos y preparado para sacar tablas. || **2.** MADRID, SEG. y VALLAD. Pieza de madera de hilo, de 2 a 3 m de longitud, con una escuadría de 28 cm de tabla por 21 de canto.

TROZA. (ital. *trozza*.) f. MAR. Conjunto del troceo y su aparejo.

TROZAR. (De *trozo*.) tr. Romper, hacer pedazos. || **2.** Entre madereros, dividir un árbol en tronzas.

TROZO. (port. *troço;* cat. *tros*.) m. Pedazo de una cosa considerado aparte del resto. || **2.** MAR. Cada uno de los grupos de hombres de mar, adscritos a distritos marítimos o a diversas divisiones de la fuerza de mar. || **—de abordaje**. MAR. Cada uno de los tres grupos destinados a dar y rechazar los abordajes en los buques de guerra. | **P.** troço; **I.** piece, bit; **F.** morceau, tronçon; **A.** Stück; **It.** brano, tozzo, pezzo; **R.** кусок, отрывок.

★ **TRU**. P. RICO. Voz para llamar a los cerdos. Ú. repetida.

★ **TRÚA**. f. BOL. Borrachera.

★ **TRUCA**. f. fam. PERÚ. Cambio, trueque.

★ **TRUCA**. f. CINEMAT. Máquina usada en lo laboratorios para los trucos y con la que se corrigen los errores de orden técnico o bien se introducen ciertos cambios en las escenas.

★ **TRÚCAMELO**. m. REP. DOMIN. Juego infantil de la coxcojilla.

TRUCAR. (port. *trucar*.) intr. Hacer el primer envite en el juego de truque. || **2.** Hacer trucos en el juego del truque y en el del billar.

★ **TRUCAR**. (cat. *trucar*.) intr. REP. DOMIN. Huir, salir corriendo.

TRUCIDAR. (l. *trucidāre*.) tr. ant. Despedazar, matar con crueldad.

TRUCO. (De *trucar*.) m. Suerte del juego de los trucos, consistente en echar con la bola propia del contrario por alguna de las troneras o por encima de la barandilla. || **2.** Apariencia engañosa hecha con arte. || **3.** AR. Cencerro grande. || **4.** ARGENT. Truque, juego de envite. || **5.** pl. Juego de destreza y habilidad, parecido al billar, que se ejecuta en una mesa con tablillas, troneras, barras y bolillo. || *Como si dijera* TRUCO. fr. fam. con que se manifiesta el poco caso que se hace de lo que alguien dice. || **2.ª** acep.: **P.** truque; **I.** trick; **F.** truc; **A.** Schlich; Trick; **It.** trucco; **R.** трюк.

T

TRUCULENCIA. f. Calidad de truculento.

TRUCULENTO, TA. (l. *truculentus*.) adj. Cruel, atroz, horrible.

TRUCHA. (l. *trŭcta*.) f. ZOOL. Pez teleósteo de agua dulce, fisóstomo, de color pardo y con pintas rojizas o negras. Su carne es muy rica y delicada. Abunda en los ríos de España. || **2.** MEC. Cabria. || —**de mar.** Raño, pez acantopterigio. || *Ayunar o comer* TRUCHA. fr. fig. con que se indica el propósito de quedarse sin nada o conseguir lo mejor. || **P.** truta; **I.** trout; **F.** truite; **A.** Forelle; **It.** trota; **R.** форель.

TRUCHA. f. AMÉR. CENTRAL. Puesto de mercería.

TRUCHANO. m. SOR. Buche, borrico lechal.

★ **TRUCHE.** adj. COLOM. Currutaco, elegante.

TRUCHERO. m. El que pesca o vende truchas.

★ **TRUCHERO.** m. C. RICA. Dueño de una trucha o pequeña tienda de mercería, buhonero.

TRUCHIMÁN, NA. (ár. *turŷumān*, intérprete.) m. y f. fam. Trujamán. || **2.** fig. y fam. Persona astuta, sagaz y de pocos escrúpulos. Ú.t.c.adj.

★ **TRUCHO, CHA.** ARGENT. Dícese de la boca con el labio inferior caído o saliente.

TRUCHUELA. (l. *tractāre*, infl. por *trucha*.) f. d. de trucha. || **2.** Bacalao curado más delgado que el común.

TRUÉ. (De *Troyes*, ciudad de Francia.) m. Tela de lienzo delgado y blanco.

TRUECO. m. Trueque. || *A* TRUECO *de.* m. adv. Con tal que.

TRUENO. (De *tronar*.) m. Estampido producido por una descarga eléctrica entre las nubes o entre éstas y la tierra. || **2.** Estampido del tiro de cualquier arma o artificio de fuego. || **3.** fig. y fam. Joven atolondrado y vicioso. || *Correr un* TRUENO. fr. VENEZ. Correr una juerga. || *Dar uno, el* TRUENO *gordo, o un* TRUENO. fr. fig. y fam. Decir o hacer algo que cause escándalo o tenga desagradables consecuencias. || *Escapar del* TRUENO *y dar en el relámpago.* fr. fig. que indica el hecho de huir de un peligro y caer en otro. || **P.** trovão; **I.** thunder; **F.** tonnerre; **A.** Donner; **It.** tuono; **R.** гром.

TRUEQUE. m. Acción y efecto de trocar o trocarse. || **2.** pl. AMÉR. Vuelta, sobrante que el vendedor devuelve al comprador que al pagar la mercancía ha entregado una cantidad superior al precio.

TRUFA. (l. *tŭfer*, tuber.) f. Variedad aromática de criadilla de tierra. || **P.** trufa; **I.** truffle; **F.** truffe; **A.** Trüffel; **It.** tartufo; **R.** трюфель.

TRUFA. (célt. *trug*, vagabundo.) f. fig. Mentira, patraña, cuento.

TRUFADOR, RA. adj. Que trufa o miente. Ú.t.c.s.

TRUFALDÍN, NA. (ital. *truffaldino*.) m. y f. ant. Farsante, comediante.

TRUFÁN, NA. (De *trufar*.) adj. ant. Truhán. Usáb.t.c.s.

TRUFAR. (De *trufa*, 1.er art.) tr. Rellenar de trufas las aves, embutidos, y otros manjares. || **2.** intr. Mentir, contar patrañas. || **2.ª** acep.: **P.** inventar patranhas; **I.** to fib; **F.** tromper, blaguer; **A.** schwindeln; **It.** sballare; **R.** лгать.

TRUFAR. (célt. *trug*, vagabundo.) intr. Inventar trufas o mentiras. || **2.** Mentir, engañar.

★ **TRUGA.** (arauc. *chuva*.) f. CHILE. Oruga.

TRUHÁN, NA. (Del fr. *truand*, y éste del célt. *trug*, vagabundo.) adj. Dícese del sinvergüenza que vive de engaños y estafas. Ú.t.c.s. || **2.** Dícese del histrión que con bufonadas, cuentos, gestos y patrañas procura hacer reír y divertir. Ú.t.c.s. || **P.** trapaceiro; **I.** knave, rascal; **F.** truand, fripon; **A.** Gauner, Spitzbube; **It.** birbante; **R.** плут.

TRUHANADA. (De *truhán*.) f. Truhanería.

TRUHANAMENTE. adv. A manera de truhán.

TRUHANEAR. intr. Petardear, engañar. || **2.** Decir chocarrerías y chanzas propias de un truhán.

TRUHANERÍA. (De *truhán*.) f. Acción

truhanesca. || **2.** Conjunto de truhanes.

TRUHANESCO, CA. adj. Propio de truhán.

TRUHANÍA. (De *truhán*.) f. ant. Truhanería.

TRUJA. (l. *trŏcŭlum*, por *tŏrcŭlum*.) f. Algorín, cualquiera de las divisiones donde se almacena la aceituna en el patio del molino de aceite.

TRUJAL. (l. *torculāre*.) m. Prensa para exprimir la uva o la aceituna. || **2.** Molino de aceite. || **3.** Tinaja en que se prepara la barrilla para fabricar el jabón. || **4.** AR. Estanque, comúnmente de piedra, donde se elabora el vino, fermentando el mosto juntamente con el escobajo de la uva. || **5.** AR. Lagar, donde se pisa la uva. || **P.** lagar de uva ou azeite; **I.** wine-press, oil-press; **F.** pressoir; **A.** Weinpresse, Ölpresse, Kelter; **It.** torchio, frantoio; **R.** пресс.

TRUJALETA. f. AR. y RIOJA. Vasija en la que cae el mosto desde el trujal.

TRUJAMÁN, NA. (Del m. or. que *truchimán*.) m. y f. pus. Intérprete. || **2.** m. El que tiene experiencia de una cosa y sabe ejecutarla con acierto, especialmente en el comercio.

TRUJAMANEAR. intr. Hacer oficio de trujamán. || **2.** Trocar unos géneros por otros.

TRUJAMANÍA. f. Oficio de trujamán.

★ **TRUJANO, NA.** adj. PAN. Truhán.

TRUJAR. (De *truja*.) tr. AR. Dividir por medio de tabiques una o más dependencias en otras menores y distintas.

TRUJILLANO, NA. adj. Natural de Trujillo. Ú.t.c.s. || **2.** Perteneciente a esta ciudad.

TRUJIMÁN, NA. (De *truchimán*.) m. y f. p. us. Trujamán.

TRULLA. (l. *turbŭla*, alboroto.) f. Bulla, parranda. || **2.** Turba, multitud de gente.

TRULLA. (l. *trulla*.) f. Llana, herramienta de albañil.

★ **TRULLADA.** f. CUBA. Trulla, turba.

TRULLAR. (De *trulla*, *trullisāre*.) tr. PAL. Enlucir una pared con barro. || **2.** fig. PAL. Embadurnar.

TRULLO. (l. *truo*.) Ave palmípeda del tamaño de un pato, de cabeza negra y con moño. Nada y se sumerge para coger los peces con los que se alimenta. Es ave de invierno en España.

TRULLO. (b. l. *trullum*, y éste del l. *torcŭlum*, prensa.) m. Lagar con depósito inferior donde cae el mosto al pisar la uva.

★ **TRUMAJOSO, SA.** adj. CHILE. Que abunda en trumao o se le asemeja.

TRUMAO. m. CHILE. Tierra arenisca, delgada y movediza que procede de la disgregación de rocas volcánicas.

★ **TRUMUIQUE.** m. ZOOL. CHILE. Larva grande y cilíndrica de cierto insecto.

★ **TRUMULCO.** m. ZOOL. CHILE. Caracol enterrado en la arena.

TRUN. m. CHILE. Fruto espinoso de algunas plantas que se adhiere a la lana o al pelo como los cadillos.

TRUNCADAMENTE. adv. Truncando las palabras o las frases.

TRUNCADO, DA. p.p. de truncar. || **2.** adj. GEOM. Dícese del cilindro terminado por dos planos no paralelos. || *Cono* TRUNCADO. GEOM. Parte del cono comprendida entre la base y otro plano que corta la superficie cónica.

TRUNCAMIENTO. m. Acción y efecto de truncar.

TRUNCAR. (l. *truncāre*.) tr. Cortar una parte a alguna cosa. || **2.** Cortar la cabeza al cuerpo de un hombre o de un animal. || **3.** fig. Callar u omitir palabras o frases de un escrito especialmente cuando se hace con malicia. || **4.** fig. Interrumpir, dejar sin concluir el sentido de lo que se lee o escribe. || **5.** fig. Interrumpir una acción, dejándola incompleta. || **P.** truncar; **I.** to truncate, to maim; **F.** tronquer; **A.** abschneiden; **It.** troncare, stroncare; **R.** обрубать.

TRUNCO, CA. (l. *truncus*.) adj. Truncado, incompleto.

★ **TRUNCHO, CHA.** (De *tronchar*.) adj. COLOM. Rabón, trunco.

★ **TRUNIENTO, TA.** adj. CHILE. Lleno

de trunes. || **2.** CHILE. Con trunes pegados al pelo.

★ **TRUNTUNEAR.** intr. CHILE. Producir bordoneos a guitarra.

★ **TRUNUCAR.** (arauc. *thunan, thunantum*, coger a dos manos.) tr. CHILE. Tirar a uno del pelo.

★ **TRUNUCÓN.** m. CHILE. Sacudida, repelón.

★ **TRUNUNCAR.** (Del m. or. que *trunucar*.) tr. CHILE. Tirar a uno a tierra y aplastarlo.

★ **TRUNUQUEAR.** tr. CHILE. Trunucar.

★ **TRUÑO.** m. REP. DOMIN. Gesto de mal humor.

★ **TRUPA.** f. BOT. CHILE. Tupa, planta lobeliácea.

TRUPIAL. m. Pájaro americano semejante a la oropéndola. Fácil de domesticar; aprende a hablar como la urraca.

TRUQUE. (port. *truque*.) m. Juego de envite entre dos, cuatro o más personas; a cada jugador se reparten tres cartas, y gana el que echa carta de más valor, empezando por el tres y siguiendo el dos, as, etc. || **2.** Una de las variedades del juego del infernáculo.

★ **TRUQUEAR.** intr. URUG. Jugar al truco.

TRUQUERO. m. El que cuida de una mesa de trucos.

TRUQUIFLOR. m. Juego de naipes en que hay el lance de flor cuando se reúnen tres cartas seguidas del mismo palo.

★ **TRUSA.** f. CUBA. Traje de baño.

TRUSAS. (fr. *trousses*.) f. pl. Greguescos con cuchilladas que llegaban a mitad del mismo.

★ **TRUST.** (Voz inglesa.) m. COM. Sistema de organización industrial y financiera, que tiene por meta el monopolio de una determinada rama de la producción para promover el alza de un valor en el mercado o del precio de una mercancía.

★ **TRUTO.** m. CHILE. En el sur, tuto, muslo de las aves.

★ **TRUTRO.** m. CHILE. Truto, muslo de las aves.

★ **TRUTRUCA.** (Voz araucana.) f. CHILE y ARGENT. Instrumento de música formado de colihues ahuecados y un cuerno.

★ **TRUTRUCAHUE.** m. CHILE. Trutruca.

★ **TRUYANÍA.** f. CUBA. Trullada.

★ **TSETSÉ.** f. ZOOL. Mosca del género glosina que, por su picadura, transmite enfermedades graves.

TÚ. (l. *tū*.) Nominativo y vocativo del pronombre personal de segunda persona en género masculino o femenino singular. || *A* TÚ *por* TÚ. m. adv. fig. y fam. Descompuestamente, sin respeto. || *De* TÚ *por* TÚ. m. adv. Tuteándose. || *Hablar, o tratar de* TÚ *a uno.* fr. Tutearle. || *Más eres* TÚ. expr. fam. usada para rechazar una calificación injuriosa. || **2.** Disputa con insultos. || **P.** e It. tu; **I.** thou; **F.** toi, tu; **A.** du; **R.** ты, твой.

TU, TUS. pron. poses. Apócope, de *tuyo, tuya, tuyos, tuyas.* Ú. siempre antepuesto al nombre.

TUATÁN. f. Árbol americano euforbiáceo, de hojas moradas semejantes a las de la vid, y fruto del tamaño de una aceituna.

TUÁUTEM. (De las palabras *Tu autem, Domine miserere nobis*, con que terminan las lecciones del Breviario.) m. fam. Sujeto que se considera a sí mismo indispensable o muy importante para algún fin. || **2.** fam. Cosa precisa para algún fin.

TUBA. (Voz tagala.) f. Licor filipino, obtenido por destilación de la nipa, el coco o el burí, y de otras palmeras.

TUBA. (l. *tuba*, trompeta.) f. Instrumento músico de metal, especie de bugle, cuya tesitura corresponde a la del contrabajo.

TÚBANO. m. ant. Cigarro.

★ **TUBERÁCEO, A.** adj. BOT. Perteneciente o relativo a la trufa o criadilla de tierra. || **2.** f. pl. Familia de hongos ascomicetos que tienen por tipo la trufa.

TUBERCULINA. f. Preparación terapéutica con gérmenes tuberculosos, usada para el tratamiento y diagnóstico de la tuberculosis.

TUBERCULIZACIÓN. f. MED. Infección de un organismo por la tuberculosis.

TUBÉRCULO. (l. *tubercŭlum*, d. de *tuber*, tumor.) m. Bot. Abultamiento del tallo subterráneo o de una raíz, en cuyas células se acumula gran cantidad de substancias de reserva; como la patata, etc. ‖ 2. Med. Producto morboso duro al principio y que al reblandecerse adquiere la consistencia y el aspecto del pus. ‖ 3. Zool. Protuberancia del dermatoesqueleto o de la superficie de varios animales. ‖ P. tubérculo; I. tuber, tubercle; F. tubercule; A. Tuberkel, Knolle; It. tubèrcolo; R. клубень.

TUBERCULOSIS. (De *tubérculo*, 2.ª acep.) f. Med. Enfermedad infecciosa y contagiosa del hombre y de animales, caracterizada por el gran polimorfismo anatomocíclico, producida por el bacilo de Koch. Su lesión habitual es un nódulo pequeño, llamado tubérculo. ‖ —miliar. La caracterizada por la aparición de numerosos tubérculos miliares en uno o más órganos. ‖ P. tuberculose; I. tuberculosis; F. tuberculose; A. Tuberkulose; It. tuberculosi; R. туберкулёз.

TUBERCULOSO, SA. adj. Perteneciente o relativo al tubérculo. ‖ 2. De forma de tubérculo. ‖ 3. Que tiene tubérculos. Ú.t.c.s. ‖ 4. Que padece tuberculosis. Ú.t.c.s.

TUBERÍA. f. Conducto formado de tubos para el paso de líquidos o gases. ‖ 2. Serie de tubos. ‖ 3. Fábrica o comercio de tubos. ‖ P. tubagem; I. tubing, piping; F. conduit, tuyauterie; A. Rohrnleitung; It. tuberia; R. трубопровод.

TUBEROSA. (l. *tuberōsa*.) f. Nardo, planta liliácea de flores blancas.

TUBEROSIDAD. (l. *tuberōsus*, lleno de tumores.) f. Tumor, hinchazón, tubérculo.

TUBEROSO, SA. adj. Que tiene tuberosidades.

TUBIANO, NA. adj. Urug. Tobiano.

TUBO. (l. *tubus*.) m. Pieza hueca, generalmente de forma cilíndrica y abierta por ambos extremos. ‖ 2. Recipiente metálico de forma cilíndrica dispuesto para contener substancias blandas, como pinturas, barnices, etc. ‖ 3. Tubo rígido, comúnmente de cristal destinado para contener pastillas u otras cosas menudas. ‖ —de ensayo. El de cristal, cerrado por un extremo, empleado en los análisis químicos. ‖ —de fuerza. Mec. y Electroc. El formado por las líneas de fuerza que salen de todos los puntos de un elemento de superficie, limitado por una curva cerrada trazada sobre un conductor cargado. ‖ —de Koenig. Acúst. Empleado para demostrar prácticamente la interferencia de las ondas sonoras. ‖ —de Pitot. Hidrául. Instrumento ideado para medir la velocidad y el gasto de una corriente de agua. ‖ —electrónico o de vacío. Aparato, también llamado lámpara o válvula electrónica, que tiene gran importancia en multitud de aplicaciones, en medicina, cinematografía, televisión, microscopia, pilotaje de aviones, transmisiones telegráfica y telefónica y en la construcción de máquinas calculadoras. ‖ —intestinal. Conjunto de los intestinos de un animal. ‖ —lanzallamas. Arma de combate para lanzar gases o líquidos inflamables. ‖ —lanzatorpedos. Mar. El instalado en las proximidades de la línea de flotación para disparar torpedos. ‖ P. e It. tubo; I. pipe, tube; F. tuyau, tube; A. Rohr, Röhre; R. труба.

TUBULAR. (l. *tubŭlus*, tubillo.) adj. Perteneciente al tubo; que tiene su figura o está formado de tubos. ‖ 2. Dícese de la caldera de vapor con varios tubos longitudinales en su interior para aumentar la superficie de calefacción.

★ **TUBULIFLORO, RA.** (l. *tubŭlus*, tubito, y *flos, floris*, flor.) adj. Bot. Que tiene flores tubulares. ‖ 2. f. pl. Grupo de plantas que tienen esas flores.

TUBULOSO, SA. adj. Bot. Tubular, en forma de tubo.

★ **TUC.** interj. Ecuad. Voz usada en forma repetida para reunir las gallinas.

★ **¡TUCA!** f. Urug. Voz usada para azuzar a los perros.

TUCÁN. (Voz de los indígenas del Brasil.) m. Ave americana trepadora, de pico arqueado, grueso y casi tan largo como el cuerpo. Es domesticable. ‖ 2. Astron. Constelación próxima al polo antártico.

★ **TUCANO.** m. Zool. R. de la Plata. Tucán.

★ **TUCE.** m. Urug. Corte de las crines de un animal.

TUCÍA. f. Atutía.

TUCINTE. m. Bot. Hond. Teocinte, planta gramínea de hojas grandes.

TUCIORISMO. (l. *tutior, -ōris*, más seguro.) m. Doctrina de teología moral que en puntos de discusión, recomienda atenerse a la opinión más segura y a la más estricta y literal observancia de la ley.

TUCIORISTA. (l. *tutior, -ōris*, más seguro.) adj. Dícese de quien en puntos discutibles sigue la opinión más segura. Ú.t.c.s.

TUCO, CA. adj. Bol. y P. Rico. Manco, que carece de un brazo. 2. m. Amér. Central, Ecuad. y P. Rico. Tocón, muñón. ‖ 3. Ast. Raspa de la mazorca de maíz.

TUCO. (quich. *tueu*, brillante.) m. Argent. Insecto luminoso como el cocuyo. ‖ 2. Perú. Especie de búho.

★ **TUCO, CA.** m. y f. Hond. Tocayo, o tocaya.

★ **TUCO.** m. Argent. Salsa de aceite, carne, cebolla, setas, tomate, usada para aderezar los ravioles y otros bocadillos.

★ **TUCÚ.** m. Bol. Tucona, cocuyo.

★ **TUCUCHO.** m. Bol. Globito lleno de aire.

TUCUMANO, NA. adj. Natural de Tucumán. Ú.t.c.s. ‖ 2. Perteneciente a esta ciudad argentina o a su provincia.

★ **TUCUNDARÉ.** m. Zool. Argent. y Bol. Pez de buen tamaño muy estimado por su provincia.

★ **TUCUNGO, GA.** adj. Venez. Animal de orejas caídas.

TUCÚQUERE. m. Chile. Búho de gran tamaño.

★ **TUCURA.** f. Bol. Langosta, saltamontes. ‖ 2. Bol. Cura de mala conducta.

TUCURPILLA. f. Ecuad. Especie de tórtola pequeña.

★ **TUCUSITO.** m. Colom. Especie de curruca.

TUCUSO. m. Venez. Chupaflor.

★ **TUCUTUCO.** m. Argent. y Bol. Mamífero semejante al topo, que vive en galerías subterráneas que excava en tierras arenosas.

★ **TUCUTUCU.** m. Bot. Colom. Planta semejante a la salvia. ‖ 2. Bol. y R. de la Plata. Tucutuco. ‖ 3. P. Rico y Colom. Tustús, susto.

★ **TUCUTUZAL.** m. R. de la Plata. Terreno con cuevas o galerías de tucutuco.

★ **TUCUYO.** m. Amér. Tocuyo.

★ **TUCHE.** m. Venez. Residuo.

★ **TUCHE.** m. Zool. C. Rica. Ardilla de América Central.

TUDA. f. Zam. Cueva hecha en la falda de un monte para guarecerse personas y ganado.

TUDEL. (ant. nórdico *tuda*, cucurucho, tubo.) m. Tubo de latón encorvado, fijo en lo alto del bajón u otro instrumento parecido, y a cuyo extremo libre se ajusta el lengüeta.

TUDELANO, NA. adj. Natural de Tudela. Ú.t.c.s. ‖ 2. Perteneciente a esta o cualquiera de las poblaciones de este nombre.

TUDENSE. (l. *tudensis*.) adj. Natural de Tuy. Ú.t.c.s. ‖ 2. Perteneciente a esta ciudad.

TUDESCO, CA. (al. *deutsch*, alemán.) adj. Natural de cierto país de Alemania en la Sajonia inferior. Ú.t.c.s. ‖ 2. Perteneciente a él. ‖ 3. Por ext., alemán. Apl. a pers. ú.t.c.s. ‖ 4. m. Capote alemán. ‖ Comer, beber, engordar uno como un tudesco. fr. fig. y fam. Comer, beber, engordar mucho.

TUECA. f. Tueco, tocón.

TUECO. m. Tocón. ‖ 2. Oquedad que la carcoma produce en las maderas.

TUERA. (ár. *ṯuwāra*, acónito, y éste del gr. φθορά, muerte, destrucción.) f. Coloquíntida, 2.ª acep.

TUERCA. (l. *tōrques*.) f. Pieza con un hueco helicoidal que ajusta con un filete de un tornillo. ‖ P. porca (de parafuso); I. nut, lock-nut; F. écrou; A. (Schrauben)mutter; It. chiòcciola (della vite); R. гайка.

TUERCE. (De *torcer*.) m. Torcedura, acción de torcer.

TUÉRDANO. m. Sant. Tejido de varas que, puesto sobre el llar, recoge el hollín en las cocinas donde no hay chimenea.

TUERO. (l. *tōrus*.) m. Trashoguero, leño o tronco grueso arrimado a la pared para conservar la lumbre. ‖ 2. Leña, conjunto de astillas y ramas partidas para la lumbre.

TUERTAMENTE. (De *tuerto*.) adv. ant. Torcidamente.

★ **TUERTAR.** tr. Colom. y Guat. Tuertear.

★ **TUERTEAR.** (De *tuerto*.) tr. C. Rica. Entortar.

TUERTO, TA. (l. *tōrtus*.) p.p. irreg. de torcer. ‖ 2. adj. Falto de visión en un ojo. Ú.t.c.s. ‖ 3. m. Agravio, injuria que se hace a uno. ‖ 4. pl. Entuerto, dolores de vientre de las recién paridas. ‖ A tuertas. m. adv. fam. Al revés de como se debe hacer. ‖ A tuerto. m. adv. Contra razón, sin justicia. ‖ A tuerto o a derecho, o a tuertas o a derechas. m. adv. Sin reflexión ni consideración. ‖ 2.ª acep.: P. vesgo, torto; I. one-eyed; F. borgne; A. einäugig; It. torto; R. одноглазый.

★ **TUESTA.** f. P. Rico. Borrachera. ‖ 2. P. Rico. Zurra, tunda.

TUESTE. (De *tostar*.) m. Tostadura.

TUÉTANO. (De *tútano*.) m. Medula, substancia grasa que se halla en el interior de algunos huesos de los animales, y también la substancia esponjosa del interior del tronco y de los tallos de algunos vegetales. ‖ Hasta los tuétanos. loc. adv. fig. y fam. Hasta lo más íntimo de la parte moral o física del hombre. ‖ P. tutano; I. marrow; F. moelle; A. Mark; It. midollo; R. костный мозг.

TUFARADA. (De *tufo*.) f. Olor fuerte percibido de pronto.

TUFILLAS. com. fam. Persona que se enoja o atufa con facilidad.

TUFO. (l. *typhus*, y éste del gr. τῦφος, vapor, miasma dañino.) m. Emanación gaseosa desprendida de las fermentaciones y combustiones imperfectas. ‖ 2. fam. Olor activo y desagradable que despide de sí una cosa. ‖ 3. fig. y fam. Soberbia, entonamiento. Ú.m. en pl. ‖ 4. fig. Olor, lo que causa o motiva sospecha. ‖ P. vapor, exalação; I. exhalation; F. odeur désagréable; A. Kohlendunst Dampf, Dünstung; It. puzzo; R. запах гари, чад.

TUFO. (fr. *touffe*, del germ. *tuife*, copete.) m. Cada una de las dos porciones de pelo, peinado o rizado, que se ponen delante de las orejas.

TUFO. (l. *tofus*.) m. Toba, piedra caliza y porosa que las aguas de algunos manantiales van depositando sobre los cuerpos que hallan a su paso.

★ **TUFUDO, DA.** (De *tufo*, mechón de pelo que cae por delante de la oreja.) adj. Zool. Chile. Se aplica al ave gallinácea que tiene junto a los oídos unas plumas menudas y crespas a modo de zarcillos.

★ **TUGAR.** (arauc. *tucau*, por *tun*, agarrar.) m. Chile. Juego de muchachos en que se esconde un objeto que ha de buscar, con los ojos vendados, uno de los que juegan.

★ **TUGAR.** tr. Ecuad. Arrullar.

TUGIENSE. (l. *tugiensis*.) adj. Natural de la antigua Tugia, hoy Toya. Ú.t.c.s. ‖ 2. Perteneciente a esta ciudad de la Bética.

TUGURIO. (l. *tugurium*.) m. Choza o cabaña de pastores. ‖ 2. fig. Habitación pequeña y mezquina. ‖ P. tugúrio; I. hut, cottage; F. chaumière; A. Schäferhütte; It. tugurio; R. лачуга, трущобы.

TÚHO. m. ant. Tufo, emanación, miasma.

TUI. m. Argent. Loro pequeño, de color verde claro, con unas plumas anaranjadas y azules en la cabeza.

TUICIÓN. (l. *tuitio, -ōnis*.) f. For. Acción y efecto de defender o guardar.

TUINA. f. Especie de chaquetón largo, ancho.

★ **TUITA.** f. Zool. Especie de pinzón de Méjico.

TUITIVO, VA. (l. *tuītus*, p.p. de *tuēri*,

T defender.) adj. For. Que guarda, ampara y defiende.

TUJA. f. Guat. Cobija, manta. || **2.** Bol. Juego del escondite.

★ **TUJURÉ.** m. Bol. Apí, mazamorra.

TUL. (fr. *tulle*, por haberse establecido en la ciudad de *Tulle* las primeras fábricas de esta tela.) m. Tejido de seda, algodón o hilo, que forma malla poligonal, y que se usa para bordar sobre él, para mantillas, velos, etc. || **P.** tule; **I.**, **F.** e **It.** tulle; **A.** Tüll; **R.** тюль.

★ **TUL.** m. Guat. Tule.

★ **TULA.** (arauc. *thùla* o *thùlla*.) f. Zool. Chile. Garza completamente blanca.

★ **TULA.** f. Pan. Vasija hecha de un calabazo entero.

★ **TULANGA.** f. Cuba. Masa hecha con harina fina de maíz, azúcar, manteca o mantequilla en trozos cilíndricos.

TULE. m. Méj. Junco o espadaña.

★ **TULE.** m. C. Rica. Sombrero estropeado y viejo.

★ **TULENCO, CA.** (De *tule.*) adj. C. Rica. Enclenque. || **2.** Amér. Central. Pataleco, patojo.

★ **TULIO.** m. Quím. Elemento químico del grupo de las tierras raras, que, combinado, se halla en ciertos minerales. Su existencia ha sido demostrada por el análisis espectral.

TULIPA. f. Tulipán pequeño. || **2.** Pantalla de vidrio de forma semejante al tulipán, que se pone en algunas lámparas.

TULIPÁN. (turco *dulband*, turbante, por su forma.) m. Planta herbácea liliácea y vivaz, con raíz bulbosa y flor única en lo alto del escapo, de seis pétalos de hermosos colores. || **2.** Flor de dicha planta. || **P.** túlipa; **I.** tulip; **F.** tulipe; **A.** Tulpe; **It.** tulipano; **R.** тюльпан.

★ **TULIVIEJA.** f. Pan. y C. Rica. Coco, fantasma.

★ **TULOMUCO.** m. Zool. C. Rica. Paca.

★ **TULPA.** f. Colom. Cada una de las piedras del fogón, donde guisa la gente del campo.

★ **TULUNCO.** m. Guat. Tuco, pedazo, trozo. || **2.** Mazorca de maíz poco desarrollada.

★ **TULUNCONA.** f. fam. Guat. Mujer pesada y gruesa.

★ **TULUPA.** (Voz rusa.) f. Piel de cordero preparada en Tartania para exportar.

★ **TULLA.** f. Bot. Amér. Tuya.

TULLECER. tr. Tullir, hacer que uno quede tullido. || **2.** intr. Quedar tullido.

TULLIDEZ. (De *tullido.*) f. Tullimiento.

TULLIDO, DA. p.p. de tullir, o tullirse. || **2.** adj. Que ha perdido el movimiento del cuerpo o de alguno de sus miembros. Ú.t.c.s.

TULLIDURA. (De *tullir*, 1.ª acep.) f. Cetr. Excremento de las aves de rapiña. Ú.m. en pl.

TULLIMIENTO. m. Acción y efecto de tullir.

TULLIR. (De *tollir*.) intr. Cetr. Arrojar el excremento las aves de rapiña. || **2.** tr. Hacer que uno quede tullido. || **3.** r. Perder el uso o movimiento del cuerpo o de algún miembro. || 3.ª acep.: **P.** tolher, paralisar; **I.** to be crippled; **F.** devenir perclus; **A.** lahm werden; **It.** rattrappirsi; **R.** парализовать.

TUMBA. (l. *tumba*, y éste del gr. τύμβος, túmulo.) f. Sepulcro, obra dispuesta para dar en ella sepultura al cadáver de una persona. || **2.** Armazón en forma de ataúd que se usa para celebrar las exequias o funerales de un triunfo. || **3.** Cubierta arqueada de algunos coches. || **4.** Armazón con cubierta de lujo en el pescante de los coches de gala. || **P.** tumba; **I.** tomb; **F.** tombe; **A.** Grab(mal); **It.** tomba; **R.** могила.

TUMBA. (De *tumbar*.) f. Tumbo, vaivén violento. || **2.** Voltereta, vuelta dada en el aire.

TUMBACUARTILLOS. com. fam. Sujeto que frecuenta mucho las tabernas.

★ **TUMBACUATRO.** (De *tumbar* y *cuatro*.) m. Cuba. Matasiete, perdonavidas.

★ **TUMBADERO.** (De *tumbar*.) m. Cuba y P. Rico. Lugar donde se hacen tumbas o talas. || **2.** Venez. Corral donde se hierra el ganado menor. || **3.** Cuba. Burdel.

TUMBADILLO. (d. de *tumbado*.) m. Mar. Cajón de medio punto que cubre la escotadura de popa de la cubierta del alcázar en las embarcaciones menores.

TUMBADO, DA. p.p. de tumbar. || **2.** adj. De figura de tumba, como los baúles, los coches, etc.

TUMBAGA. (ár. *tunbāk*, similor, que viene del indio, a través del malayo.) fr. Aleación metálica quebradiza, de oro y cobre, que se usa en joyería. || **2.** Sortija hecha de esta liga o aleación. || **3.** Anillo, sortija. || **P.** tambac; **I.** tombac, pinchbeck; **F.** tombac; **A.** Tombak; **It.** tombacco; **R.** томпак.

★ **TUMBAGO.** m. Argent. y Colom. Tumbaga.

TUMBAGÓN. m. aum. de tumbaga. || **2.** Brazalete de tumbaga.

TUMBAL. adj. Perteneciente o relativo a la tumba.

TUMBAOLLAS. com. fam. Persona comedora y glotona.

TUMBAR. (De la onomat. *tumb.*) tr. Hacer caer a una persona o cosa. || **2.** fig. y fam. Marear o quitar a uno el sentido el vino, un olor muy fuerte, etc. || **3.** intr. Caer por tierra. || **4.** Dar de quilla, o la quilla. || **5.** r. fam. Echarse a dormir. || **6.** fig. Aflojar en un trabajo o desistir de él. || **P.** tombar; **I.** to tumble; **F.** terrasser; **A.** umwerfen; **It.** tombolare, abbàttere; **R.** валить.

★ **TUMBAVIEJA.** f. Argent. Perfume de pachulí.

★ **TUMBEAR.** intr. Bol. Vagar, andar de un lado a otro.

★ **TUMBÍA.** f. Amér. Central. Canasto, cuévano.

★ **TÚMBILO.** m. Colom. Calabaza, fruto de la calabacera.

★ **TUMBILLA.** (d. de *tumba.*) f. Armazón de tres arcos de madera flexible, con dos listones en la parte media y uno en la superior y con un braserillo para calentar la cama.

★ **TUMBITOS.** m. pl. Bol. Trocitos de carne.

TUMBO. (De *tumbar.*) m. Vaivén violento. || **2.** Ondulación de la ola de mar. || **3.** Ondulación del terreno. || **4.** Retumbo, estruendo. || **—de dado.** fig. Peligro inminente. || **—de olla.** fam. Cada uno de los tres vuelcos de la olla: caldo, legumbre y carne. || **P.** tombo; **I.** tumble, fall; **F.** chute, culbute; **A.** Fall; **It.** capitómbolo; **R.** шатание.

TUMBO. (gr. τύμβος, túmulo.) m. Libro grande de pergamino, donde las iglesias, monasterios, etc., tenían copiados los privilegios y demás escrituras de sus pertenencias.

★ **TUMBO, BA.** adj. Colom. Tronzo, desorejado.

TUMBÓN. m. aum. de tumba, 1.er art. || **2.** Coche con cubierta de tumba. || **3.** Cofre con tapa de esta forma.

TUMBÓN, NA. (De *tumbar*, echarse a dormir.) adj. fam. Socarrón. Ú.t.c.s. || **2.** fam. Perezoso, holgazán. Ú.t.c.s.

TUMEFACCIÓN. (l. *tumefactum*, supino de *tumefacĕre*, hinchar.) f. Med. Hinchazón, inflamación. || **P.** tumefacção; **I.** y **F.** tumefaction; **A.** (An-, Auf)Schwellung; **It.** tumefazione; **R.** опухоль.

TUMEFACTO, TA. adj. Túmido, hinchado.

TÚMIDO, DA. (l. *tumĭdus.*) adj. fig. Hinchado. || **2.** Arq. Dícese del arco o bóveda más ancho hacia la mitad de la altura que en los arranques.

TUMO. (l. *thymum*, *tŭmum.*) m. Ál. Tomillo.

TUMOR. (l. *tumor*, *-ōris.*) m. Hinchazón o abultamiento en alguna parte del cuerpo por la proliferación patológica de los tejidos. || **P.** tumor; **I.** tumour; **F.** tumeur; **A.** Geschwulst; **It.** tumore; **R.** опухоль.

★ **TUMORAFÍN.** (De *tumor* y *afín.*) adj. Que muestra afinidad especial por las células neoplásicas o tumorales; oncotrópico.

TUMOROSO, SA. adj. Que tiene varios tumores.

★ **TUMUCHO.** m. Chile. Operario que engrasa y cuida las ruedas de los trenes.

TUMULARIO, RIA. adj. Perteneciente o relativo al túmulo.

TÚMULO. (l. *tumŭlus.*) m. Sepulcro levantado de la tierra. || **2.** Montecillo artificial con que en algunos pueblos antiguos se cubría la sepultura. || **3.** Armazón de madera, cubierta de paños fúnebres, erigida para la celebración de las honras de un difunto. || **P.** túmulo; **I.** tumulus, funeral pile; **F.** tumulus, catafalque; **A.** Tumulus, Grabhügel; **It.** tùmulo; **R.** могила, курган.

TUMULTO. (l. *tumultus.*) m. Motín, alboroto producido por la multitud. || **2.** Confusión agitada y ruidosa. || **P.** e **It.** tumulto; **I.** tumult; **F.** tumulte; **A.** Getümmel, Tumult, Aufruhr; **R.** беспорядок.

TUMULTUACIÓN. (l. *tumultuatio*, *-ōnis.*) f. ant. Tumulto.

TUMULTUANTE. p.a. de tumultuar. Que tumultúa.

TUMULTUAR. (l. *tumultuāre.*) tr. Levantar un tumulto, desorden o motín. Ú.t.c.r.

TUMULTUARIAMENTE. adv. De modo tumultuoso.

TUMULTUARIO, RIA. (l. *tumultuarĭus.*) adj. Que levanta tumultos. || **2.** Que está o se efectúa sin orden ni concierto. || **3.** For. Dícese de la riña en que varias personas se acometen mutua y confusamente.

TUMULTUOSAMENTE. adv. De modo tumultuoso.

TUMULTUOSO, SA. (l. *tumultuōsus.*) adj. Tumultuario.

★ **TUN.** m. Guat. Especie de tambor parecido al atabal.

TUNA. (Voz caribe.) f. Nopal, chumbera o higuera de tuna. || **2.** Fruto de esta chumbera o higo de tuna. || **3.** Fruto del candelabro, higo del nopal. || **4.** Colom. Espina. || **—brava, colorada** o **roja.** Especie silvestre, semejante a la higuera de tuna, con más espinas y fruto de pulpa muy encarnada. || **—peluda.** Argent. Fruto del ucle.

TUNA. (port. *tuna.*) f. Vida holgazana y vagabunda. || **2.** Estudiantina. || **3.** Venez. Borrachera. || *Correr* uno *la* TUNA. Tunar.

TUNAL. m. Tuna, nopal, higuera de Indias. || **2.** Lugar donde abunda esta planta.

★ **TUNALMIL.** m. Guat. Segunda siembra del maíz.

★ **TUNAMIL.** m. El Salv. Milpa o maizal.

TUNANTA. (De *tunante*, pícaro.) adj. fam. Pícara, taimada. Ú.t.c.s.

TUNANTADA. f. Acción propia de tunante o pícaro.

TUNANTE. p.a. de tunar. Que tuna. Ú.t.c.s. || **2.** adj. Pícaro, bribón. Ú.t.c.s. || 2.ª acep.: **P.** tunante; **I.** truant; **F.** coquin; **A.** Spitzbube; **It.** birbone; **R.** плутовской.

TUNANTEAR. (De *tunante.*) intr. Tunear.

TUNANTERÍA. f. Calidad de tunante. || **2.** Tunantada.

TUNANTUELA. adj. fam. d. de tunanta. Ú.t.c.s.

TUNANTUELO. adj. fam. d. de tunante, pícaro, bribón. Ú.t.c.s.

TUNAR. (De *tuna.*) intr. Andar en vida holgazana, de un lugar a otro.

★ **TUNARSE.** (De *tuna*, espina.) r. Colom. Clavarse una espina.

★ **TUNCA.** f. Perú. Pasta de macha y harina de chuño.

TUNCO. m. Hond. y Méj. Puerco, cerdo.

★ **TUNCUNA.** f. Bol. Coxcojilla, juego de muchachos.

TUNDA. f. Acción y efecto de tundir paños.

TUNDA. (De *tundir*, castigar con palos.) f. fam. Castigo riguroso de palos o azotes. || **P.** tunda, sova; **I.** beating; **F.** raclée, rincée; **A.** Prügel, Wichse; **It.** bastonatura; **R.** взбучка, побои.

TUNDEAR. tr. Dar una tunda o zurra.

TUNDENTE. p.a. de tundir. Que tunde o golpea. || **2.** adj. Contundente, que produce contusión.

TUNDICIÓN. (De *tundir*, contar o igualar el pelo de los paños.) f. Tunda, acción de tundir los paños.

TUNDIDOR. m. El que tunde los paños.

TUNDIDORA. adj. Dícese de la máquina que sirve para tundir los paños.

Ú.t.c.s. || **2.** f. Mujer dedicada al trabajo de tundir paños.

TUNDIDURA. f. Tunda, acción de tundir paños.

TUNDIR. (l. *tondère*, raspar, cortar, trasquilar.) tr. Cortar o igualar el pelo de los paños. || **P.** tosar; **I.** to shear (cloth); **F.** tondre; **A.** (Tuch)scheren; **It.** cimare; **R.** подстригать.

TUNDIR. (l. *tundere*.) tr. fig. y fam. Castigar, con golpes, palos o azotes.

TUNDIZNO. (De *tundir*, cortar el pelo de los paños.) m. Borra que queda de la tundidura de los paños. || **P.** felpa, borra; **I.** shearings; **F.** bourre, tontisse; **A.** Scherhaare; **It.** cimatura; **R.** пушок.

TUNDRA. (Voz finlandesa.) f. Terreno llano y estepario de las regiones de clima subglacial, de subsuelo helado, suelo sin árboles, pero cubierto de musgos y líquenes. Se extiende en Siberia y Alaska, principalmente al norte del círculo polar.

★ **TUNDUCO.** m. CHILE. Tunduque.

TUNDUQUE. m. ZOOL. CHILE. Especie de ratón grande, de color pardo, que vive en los Andes.

TUNEAR. intr. Hacer vida de tuno. || **2.** Proceder como tal.

★ **TUNEAR.** tr. GUAT. Cosechar la tuna o fruto del nopal.

TUNECÍ. (ár. *tūnisí*, de Túnez.) adj. Tunecino. Apl. a pers. ú.t.c.s.

TUNECINO, NA. (Del m. or. que *tunecí*.) adj. Natural de Túnez. Ú.t.c.s || **2.** Perteneciente a esta ciudad o país de África. || **3.** Dícese de cierta clase de punto que se hace con aguja de gancho.

TÚNEL. (ingl. *tunnel*.) m. Paso subterráneo abierto por el hombre a través de un monte, por debajo de un río u otro obstáculo para establecer una comunicación. || **P.** túnel; **I.** y **F.** tunnel; **A.** Tunnel; **It.** tunnel, galleria; **R.** туннель.

TUNERA. f. Tuna, chumbera.

TUNERÍA. f. Calidad de tunante o pícaro.

★ **TUNERO.** m. COLOM. Tunera, zarzal. || **2.** GUAT. y VENEZ. Matorral de tunas.

★ **TUNES.** m. pl. COLOM. Pinitos o pasitos. *Hacer* TUNES.

TÚNEZ. n. p. V. *Azufaifo*, *hierba de* TÚNEZ.

★ **TUNGARO.** m. COLOM. Especie de sapo americano.

★ **TUNGO.** m. fam. CHILE. Testuz, especialmente del ganado vacuno. || **2.** CHILE. Papada. || **3.** CHILE. Pescuezo del animal vacuno o caballar.

★ **TUNGO.** (Aféresis de *matungo*.) m. ARGENT. Caballo viejo e inútil.

★ **TUNGO, GA.** adj. COLOM. Trunco, mocho. || **2.** m. COLOM. Trozo, pedazo.

TUNGRO, GRA. (l. *Tungri, -ōrum*.) adj. Dícese del individuo de un pueblo antiguo de Germania, que, poco antes de la era cristiana, se estableció entre el Rin y el Escalda. Ú.t.c.s. || **2.** Perteneciente o relativo a los tungros.

TUNGSTENO. (sueco *tungsten*, piedra pesada; de *tung*, pesado, y *sten*, piedra.) m. Volframio.

TÚNICA. (l. *tunica*.) f. Vestidura interior, sin mangas, usada por los antiguos que servía como de camisa. || **2.** Vestidura de lana que debajo de los hábitos usan los frailes. || **3.** Vestidura exterior amplia y larga. || **4.** Telilla que en algunos frutos está unida a la cáscara y cubre la carne. || **5.** ZOOL. Membrana sutil de algunas partes del cuerpo. || **6.** ZOOL. Membrana que envuelve el cuerpo de los tunicados. || **—de Cristo.** Planta anual parecida al estramonio, de flor violada por fuera y blanca por dentro. Procede de la India y se cultiva en los jardines. || **—palmada.** La muy rica y con adornos que llevaban los romanos debajo de la toga. || **—úvea.** ZOOL. La tercera del ojo. || **P.** túnica; **I.** tunic, chiton; **F.** tunique; **A.** Tunik(a); **It.** tùnica; **R.** туника.

TUNICADO, DA. adj. BOT. y ZOOL. Envuelto por una túnica. || **2.** ZOOL. Dícese de los animales procordados de cuerpo blando, que al nacer tienen forma de renacuajo. Su cuerda dorsal se halla localizada en la cola; segregan una túnica que los protege. || **3.** m. pl. ZOOL. Clase de estos animales.

TUNICELA. (l. *tunicella*.) f. Túnica,

1.ª acep. || **2.** Vestidura episcopal que usan los prelados debajo de la casulla en los pontificales.

★ **TUNICINA.** f. Substancia parecida a la celulosa, de la que está formada la túnica de los animales tunicados.

TÚNICO. (De *túnica*, vestidura exterior amplia y larga.) m. Vestidura amplia y larga que se usa en el teatro como traje de la Edad Media. || **2.** COLOM., C. RICA, HOND. y VENEZ. Túnica de las mujeres.

★ **TUNICONA.** f. despect. GUAT. Persona que pretende aparentar lo que no es.

★ **TUNJO.** m. COLOM. Idolillo chibcha, comúnmente de oro, hallado en las sepulturas de los indios.

TUNO, NA. (De *tunar*.) adj. Tunante. Ú.t.c.s. || **2.** m. AND., COLOM. y CUBA. Higo de tuna o chumbo.

★ **TUNOSO, SA.** adj. COLOM. Espinoso como tuna.

TUNTÚN (AL, o AL BUEN). m. adv. fam. Sin reflexión. || **2.** fam. Sin conocimiento del asunto.

★ **TUNTUNECO, CA.** adj. P. RICO y AMÉR. CENTRAL. Tontaina, simplón. Ú. t.c.s.

★ **TUNTUNIENTO, TA.** (De *tuntún*, anemia.) adj. COLOM. Anémico.

★ **TUNTUNITA.** (De *tuntún*.) f. COLOM. Estribillo, reiteración molesta.

★ **TUÑECO, CA.** adj. VENEZ. Baldado, manco.

★ **TUÑUÑO.** m. PAN. Hombre tacaño y miserable.

TUPA. f. Acción y efecto de tupir o tupirse. || **2.** fig. y fam. Hallazgo. || **3.** COLOM. Azoramiento, vergüenza.

TUPA. (Voz mapuche.) f. CHILE. Planta lobeliácea, con flores grandes de color de grana; segrega un líquido lechoso tóxico.

★ **TUPASAIRE.** m. ARGENT. Topasaire.

TUPAYA. f. FILIP. Mamífero insectívoro trepador, semejante a la ardilla.

TUPÉ. (fr. *toupet*, y éste del m. or. que *tope*.) m. Copete, cabello levantado sobre la frente. || **2.** fig. y fam. Atrevimiento, desfachatez, descaro. || **P.** topete; **I.** tuft, toupet; **F.** toupet; **A.** Stirnhaar; **It.** ciuffetto; **R.** кок, чуб.

TUPI. adj. Dícese de cada uno de los indios que dominaban las costas de la Guayana francesa y brasileña antes de la conquista. Ú.m.c.s. y en pl. || **2.** m. Lengua de estos indios.

★ **TUPIA.** f. COLOM. Presa de agua. || **2.** COLOM. Hartazgo.

★ **TUPIAR.** tr. COLOM. Construir tapias. || **2.** COLOM. Obstruir el cauce de una acequia.

★ **TUPICIÓN.** CHILE. Torpeza, cortedad de inteligencia. || **2.** BOL. Espesura. || **3.** CHILE. Multitud de cosas.

★ **TUPIDEZ.** f. ARGENT. Calidad de tupido.

TUPIDO, DA. p.p. de tupir. || **2.** adj. Espeso, muy junto y apretado. || **3.** Dicho del entendimiento o los sentidos, cerrado, torpe. || **P.** espesso; **I.** thick; **F.** épaissi; **A.** dicht; **It.** denso, fitto; **R.** плотный.

TUPÍN. (Del vasco.) m. ÁL. y NAV. Marmita con tres pies.

TUPINAMBO. (De *tupinambá*, nombre de una raza indígena del Brasil.) m. Aguaturma.

TUPIR. tr. Apretar mucho una cosa, cerrando sus poros o intersticios. Ú.t.c.r. || **2.** r. fig. Hartarse de una comida o bebida. || **P.** tupir; **I.** to pack tight; **F.** épaissir, serrer; **A.** Zusammenpressen; **It.** inzeppare; **R.** стягивать.

★ **TUPIRCA.** f. CHILE. Culpica, mazamorra suelta.

TUPITAINA. f. EXT. y SAL. Tupa, hartazgo.

★ **TUPO.** (arauc. *tupu*.) m. CHILE. Alfiler o punzón de plata de forma variable que usan las indias mapuches.

★ **TUPO.** m. ARGENT. Recipiente para contener miel.

★ **TUQUE.** m. P. RICO. Golpe dado a uno en la corva para que doble la pierna.

★ **TUQUEQUE.** m. VENEZ. Lagarto.

★ **TUQUIAR.** tr. COLOM. Tupiar, obstruir.

★ **TUQUITO.** m. P. RICO. Tuco, muñón.

TURA. (De *turar*.) f. ant. Dura.

TURABLE. adj. ant. Durable.

TURACIÓN. (De *turar*.) f. ant. Duración.

TURANIO, NIA. adj. Natural de Turán. Ú.t.c.s. || **2.** Perteneciente o relativo a esta región de la antigua Asia Central. || **3.** Dícese de las lenguas, que sin corresponder a los grupos ario y semítico, como el turco y el húngaro, se creen originarias del Asia Central. || **P.** turânio; **I.** Turanian; **F.** touranien; **A.** Turanier; **It.** turanio; **R.** туранский.

TURAR. (De *aturar*, del l. *abdūrāre*.) intr. ant. Durar.

TURBA. (al. *torf*.) f. Combustible fósil de poca densidad, formado de residuos vegetales acumulados en sitios pantanosos. || **2.** Estiércol mezclado con carbón mineral que se emplea en los hornos de ladrillos como combustible. || **P.** turfa; **I.** turf; **F.** tourbe; **A.** Torf; **It.** torba; **R.** брикет торфа.

TURBA. (l. *turba*.) f. Muchedumbre de gente desordenada. || **P.** multidão; **F.** foule; **I.** crowd; **A.** ¿obel; **It.** folla; **R.** толпа.

★ **TURBA.** m. P. RICO. Valentón, perdonavidas.

TURBACIÓN. (l. *turbatio, -ōnis*.) f. Acción y efecto de turbar o turbarse. || **2.** Confusión, desconcierto. || **P.** turbação; **I.** perturbation, trouble; **F.** trouble, confusion; **A.** Verlegenheit; **It.** turbazione; **R.** смущение.

TURBADAMENTE. adv. Con turbación o sobresalto.

TURBADOR, RA. (l. *turbātor, -ōris*.) adj. Que causa turbación. Ú.t.c.s.

TURBAL. (De *turba*, combustible fósil formado de tejidos vegetales.) m. Turbera.

TURBAMIENTO. (De *turbar*.) m. Turbación.

TURBAMULTA. (l. *turba*, turba, y *multa*, mucha, numerosa.) f. fam. Multitud confusa y desordenada.

TURBANTE. p.a. de turbar. Que turba.

TURBANTE. (turco *dulbānd*.) m. Tocado oriental que consiste en una larga faja de tela rodeada a la cabeza. || **P.** e **It.** turbante; **I.** y **F.** turban; **A.** Turban; **R.** тюрбан.

TURBAR. (l. *turbāre*.) tr. Alterar el estado o curso natural de una cosa, desordenarla o descomponerla. Ú.t.c.r. || **2.** Enturbiar. Ú.t.c.r. || **3.** fig. Sorprender a uno de modo que no acierte a hablar o a proseguir lo que estaba haciendo. Ú.t.c.r. **4.** fig. Interrumpir la quietud con violencia. Ú.t.c.r. || **P.** turbar; **I.** to disturb; **F.** troubler; **A.** verwirren; **It.** turbare; **R.** нарушать порядок.

TURBATIVO, VA. adj. Que turba o inquieta. || **2.** For. Dícese de la posesión que uno logra violentando la que otro tenía pacíficamente.

TURBERA. f. Sitio donde yace la turba.

TURBIA. (De *turbiar*.) f. Estado del agua corriente enturbiada por las tierras que arrastra.

TURBIAMENTE. adv. De manera turbia o confusa.

TURBIANTE. p.a. ant. de turbiar. Turbante, 1.er art.

TURBIAR. (l. *turbidāre*.) tr. ant. Turbar. Usáb.t.c.r.

TÚRBIDO, DA. (l. *turbĭdus*.) adj. Turbio.

TURBIEDAD. f. Calidad de turbio.

TURBIEZA. (De *turbio*.) f. Turbulencia. || **2.** Acción y efecto de enturbiar o de ofuscar.

TURBINA. (l. *turbo, -ĭnis*, remolino.) f. Rueda hidráulica con paletas curvas en la periferia, que recibe el agua por el centro a través de un eje fijo, distribuidor, y la despide en dirección tangente a la circunferencia y aprovechando así la mayor parte posible de la fuerza motriz. || **2.** Máquina para transformar en movimiento giratorio de una rueda de paletas la fuerza viva o la presión de un fluido. || **P.** e **It.** turbina; **I.** y **F.** turbine; **A.** Turbine, Kreiselrad; **R.** турбина.

TURBINO. m. Raíz del turbit pulverizada.

TURBINTO. (De *terebinto*.) m. BOT. Árbol anacardiáceo de América Meridional, de corteza resquebrajada, tronco recto, ramas colgantes y fruto en bayas redondas

T de olor de pimienta y con las cuales se prepara en América una bebida muy agradable. Da muy buena trementina.

TURBIO, BIA. (De *tŭrbĭdus.*) adj. Mezclado con otra cosa que obscurece o quita la natural claridad o transparencia. || **2.** fig. Revuelto, azaroso. Dícese del tiempo y las circunstancias. || **3.** fig. Tratando de la visión, confusa, poco clara. || **4.** fig. Aplicado a lenguaje, explicación, etc., confuso. || **5.** m. pl. Hez, poso, especialmente del aceite. || **P.** turvo; **I.** muddy, turbid; **F.** trouble; **A.** unklar, trübe; **It.** torbido; **R.** мутный.

TURBIÓN. (De *turbón.*) m. Aguacero con viento fuerte, repentino y de escasa duración. || **2.** fig. Multitud de cosas que caen de golpe, llevándose tras sí cuanto encuentran. || **3.** fig. Multitud de cosas adversas que ocurren al mismo tiempo. || **P.** aguaceiro; **I.** squall, heavy shower; **F.** averse avec vent; **A.** Platzregen; **It.** tùrbine, acquazzone; **R.** шквал.

TURBIOSO, SA. adj. ant. Turbio.

TURBIT. (ár. *turbid.*) m. Planta trepadora asiática, de las convolvuláceas, cuyas raíces largas, blancas por dentro y resinosas, se han empleado en medicina como purgante drástico. || **2.** Raíz de esta planta. || **—mineral.** Sulfato mercurial de propiedades purgantes semejantes a las del turbit vegetal.

TURBÓN. (l. *turbo, -ōnis,* por *-ĭnis.*) m. ant. Turbón.

TURBONADA. (De *turbón.*) f. Fuerte chubasco de viento y agua, con truenos y relámpagos.

★ **TURBOPROPULSIÓN.** (De *turbina* y *propulsión.*) f. Áv. Forma de propulsión mixta de algunos motores de aviación con turbinas de gas, en los que el efecto motriz se logra por la hélice y a la vez por la reacción del chorro de gas que dispone de la energía sobrante después de accionar aquella.

★ **TURBOPROPULSOR.** m. Mec. Propulsor que es accionado por una turbina. || **2.** Aviac. Motor de aviación, de propulsión mixta.

★ **TURBORREACCIÓN.** f. Mec. Forma de propulsión a chorro o mixta, utilizada en aviación.

★ **TURBORREACTOR.** m. Motor de reacción constituido por una turbina de gas fluido que al expansionarse a través de una o varias toberas produce una reacción propulsiva.

TURBULENCIA. (l. *turbulentĭa.*) f. Alteración que obscurece las cosas claras y transparentes. || **2.** fig. Confusión, alboroto. || **P.** turvação; **I.** y **F.** turbulence; **A.** Aufregung; **It.** turbolenza; **R.** помутнение.

TURBULENTAMENTE. adv. De manera turbulenta.

TURBULENTO, TA. (l. *turbulentus.*) adj. Turbio. || **2.** fig. Confuso, desordenado, alborotado.

TURCA. (De *turco,* vino.) f. fam. Borrachera, embriaguez. || **P.** bebedeira; **I.** tipsiness; **F.** cuite, ivresse; **A.** Rausch; **It.** sbornia; **R.** опьянение.

TURCA. (arauc. *thurcu.*) f. Chile. Pájaro conirrostro, de patas con tarsos muy fuertes, uñas largas y plumaje pardo rojizo.

TURCO, CA. (ár. *turk.*) adj. Aplícase al individuo de un pueblo numeroso que, procedente del Turquestán, se estableció en el Asia Menor y en la parte oriental de Europa, a las que dio nombre. Ú.t.c.s. || **2.** Natural de Turquía. Ú.t.c.s. || **3.** Perteneciente a esta nación. || **4.** m. Lengua turca. || **5.** Germ. Vino, zumo fermentado de la uva. || *El Gran* Turco. El sultán de Turquía. || **P.** e **It.** turco; **I.** Turkish, Turk; **F.** turc; **A.** Türke; **R.** турецкий, турок.

TURCOMANO, NA. (De *turkmān,* nombre persa de unas tribus turcas del Asia Central.) adj. Dícese del individuo de cierta rama de la raza turca, muy numerosa en Persia y otras regiones de Asia. Ú.t.c.s. || **2.** Perteneciente o relativo a los turcomanos. || **P.** e **It.** turcomano; **I.** Turkoman; **F.** turcoman; **A.** Turkmen.

TURCOPLE. (gr. mod. τουρκόπουλον, hijo de turco.) adj. Dícese del nacido de padre turco y madre griega. Ú.t.c.s.

TURDETANO, NA. (l. *turdetanus.*) adj. Natural de Turdetania. Ú.t.c.s. || **2.** Perteneciente a esta antigua región de España, en la Bética occidental.

TÚRDIGA. f. Tira o lista de pellejo.

TURDIÓN. (fr. *tordion,* de *tordre,* torcer.) m. Cierto baile del género de la gallarda.

TÚRDULO, LA. (l. *turdŭlus.*) adj. Dícese del habitante de una antigua región meridional de España. Ú.t.c.s. || **2.** Perteneciente o relativo a los túrdulos.

★ **TURE.** m. Mús. Colom. Instrumento músico indio, especie de trompeta de bambú, de sonidos parecidos a los del oboe.

★ **TURE.** m. P. Rico. Silla baja con el respaldo inclinado hacia atrás.

★ **TURECA.** f. C. Rica. Trampa para cazar aves.

★ **TUREGA.** f. Colom. Manojo de mazorcas de maíz atado por el capacho.

★ **TUREREAR.** (De *turo.*) intr. Bol. Dar vueltas concéntricas como la concha del caracol. || **2.** Bol. Repetir el eco.

TURGENCIA. (l. *turgens, -entis,* turgente.) f. Calidad de turgente. || **P.** turgencia; **I.** y **F.** turgescence; **A.** Anschwellung; **It.** turgenza; **R.** вспученность.

TURGENTE. (l. *turgens, -entis.*) adj. poét. Abultado, prominente, elevado. || **2.** Med. Dícese del humor que hincha una parte del cuerpo. || **P.** turgente; **I.** y **F.** turgescent; **A.** schwülstig; **It.** turgente, tùrgido; **R.** вспученный.

TÚRGIDO, DA. (l. *turgĭdus.*) adj. poét. Turgente, 1.ª acep.

TURIBULAR. tr. Mecer el turíbulo.

TURIBULARIO. m. Turiferario.

TURÍBULO. (l. *turibŭlum;* de *tus, turis,* incienso.) m. Incensario.

★ **TURIEGO, GA.** adj. Venez. Borracho, beodo.

TURIFERARIO. (l. *turiferarius.*) El que lleva el incensario. || **P.** turiferário; **I.** thurifer; **F.** thuriféraire; **A.** Rauchfassträger; **It.** turiferario; **R.** кадильник.

TURÍFERO, RA. (l. *turifes, -ěri;* de *tus, turis,* incienso, y *ferre,* llevar.) adj. Que produce o lleva incienso.

TURIFICACIÓN. f. Acción y efecto de turificar.

TURIFICAR. tr. Incensar.

TURIÓN. (l. *turĭo, -ōnis,* yema.) m. Bot. Yema que nace de un tallo subterráneo; como en los espárragos. || **P.** turião; **I.** y **F.** turion; **A.** Schössling; **It.** turione.

TURISMO. m. Afición a viajar por gusto de recorrer un país. || **2.** Organización de los medios que facilitan estos viajes. || **P.** e **It.** turismo; **I.** tourism; **F.** tourisme; **A.** Reisesport; **R.** туризм.

TURISTA. (ingl. *tourist.*) com. Persona que recorre un país por distracción y recreo. || **P.** e **It.** turista; **I.** tourist; **F.** touriste; **A.** Tourist; **R.** турист.

TURÍSTICO, CA. adj. Perteneciente o relativo al turismo.

TURLERÍN. m. Germ. Ladrón, 1.ª acep.

TURMA. (l. *turma.*) f. Testículo o criadilla. || **—de tierra.** Criadilla de tierra.

TURMALINA. (malayo *tŭrnamal.*) f. Mineral. Borosilicato de alúmina con pequeñas cantidades de aluminio con hierro, magnesio, metales alcalinos e indicios de flúor. Es duro como el cuarzo, negro y pardo, transparente o translúcido. || **P.** turmalina; **I.** y **F.** tourmaline; **A.** Turmalin; **It.** tormalina; **R.** турмалин.

★ **TURMALINIZACIÓN.** f. Proceso de substitución de ciertas rocas o minerales por turmalina, merced a la acción de líquidos o gases mineralizadores.

TURNAR. (fr. *tourner,* y éste del l. *tornāre.*) intr. Alternar ordenadamente con dos o más personas en el disfrute de un beneficio, en la prestación de un servicio o en el desempeño de un cargo.

★ **TURNERÁCEAS.** f. pl. Bot. Familia de plantas dicotiledóneas, herbáceas o leñosas, cuyas especies, en su mayoría, crecen en la América tropical.

TURNIO, NIA. adj. Dícese de los ojos torcidos. || **2.** Que tiene los ojos turnios o torcidos. Ú.t.c.s. || **3.** fig. Que mira con ceño o excesiva severidad.

★ **TURNIPA.** f. Chile. Nabo de bulbo redondo.

TURNO. (De *turnar.*) Orden o alternativa con que varias personas proceden en la ejecución de una cosa o que se observa en la sucesión de éstas. || **2.** Cada una de las intervenciones que el reglamento de las Cámaras legislativas o corporaciones autoriza en pro o en contra de una propuesta. || *De* TURNO. Dícese de la persona o cosa a la que, según la alternativa establecida, corresponde actuar en momento determinado. || **P.** e **It.** turno; **I.** turn, alternancy; **F.** tour; **A.** Reihenfolge, Ordnung; **R.** очередь.

TUROLENSE. adj. Natural de Teruel. Ú.t.c.s. || **2.** Perteneciente o relativo a esta ciudad y provincia.

TURÓN. m. Mamífero carnicero mustélido, de cuerpo flexible y prolongado, cabeza pequeña y hocico agudo. Habita en sitios montuosos donde abunda la caza de la que se alimenta. Despide un olor fétido. || **P.** toirão; **I.** polecat; **F.** mulot, putois; **A.** Stinkmarder; **It.** criceto; **R.** хорь, хорёк.

TURONENSE. (l. *turonensis.*) adj. Natural de Tours. Ú.t.c.s. || **2.** Perteneciente a esta ciudad francesa.

TURPE. (l. *turpis.*) adj. ant. Torpe.

★ **TURPÉN.** m. Rep. Domin. Persona extraordinaria en cualquier sentido, de la que se dice: ¡qué TURPÉN!

TURPIAL. (De *trupial.*) m. Trupial.

TURPITUD. (l. *turpitūdo.*) f. ant. Torpeza.

★ **TURQUEARSE.** r. Chile. Cansarse mucho, rendirse de cansancio.

TURQUÉS, SA. adj. ant. Turco. Apl. a pers. usáb.t.c.s.

TURQUESA. (Quizás del l. *torquěre,* apretar con fuerza.) f. Molde, a modo de tenazas, con que se hacen bodoques o balas. || **2.** Molde en general.

TURQUESA. (De *turqués.*) f. Mineral amorfo, formado por fosfato de aluminio con algo de cobre; es muy duro, de color azul verdoso, susceptible de pulimento y se usa en joyería. || **—occidental.** Mineral. Odontolita. || **—oriental.** Turquesa, 2.º art.

TURQUESADO, DA. (De *turquesa,* 2.º art.) adj. Turquí.

TURQUESCO, CA. adj. Turco, relativo a Turquía. || *A la* TURQUESCA. m. adv. Al uso y costumbre de Turquía.

TURQUÍ. (ár. *turki,* de Turquía.) adj. desus. Turco, perteneciente o relativo a Turquía. || **2.** Dícese del azul más obscuro. Ú.t.c.s.

TURQUÍA. f. Germ. Dobla de oro.

TURQUINO, NA. adj. Turquí.

TURRA. f. Áv. y Seg. Especie de tomillo muy perjudicial para el ganado. || **2.** Colom. Cierto juego llamado también chito.

TURRAR. (De *torrar.*) tr. Tostar en las brasas.

★ **TURRIL.** m. Bol. Ánfora, vasija grande.

★ **TURRITÉLIDOS.** m. pl. Zool. y Paleont. Familia de moluscos gasterópodos.

TURRÓN. (De *turrar.*) m. Masa resultante de mezclar almendras, avellanas o piñones tostados con miel y otros ingredientes. Hácense también turrones con otras diversas pastas muy variadas. || **2.** fig. y fam. Destino, empleo o beneficio que se obtiene del Estado. || **3.** Germ. Piedra, 1.ª acep. || **P.** nogado; **I.** y **F.** nougat; **A.** Nougat; **It.** torrone; **R.** нуга.

TURRONADA. (De *turrón,* 3.ª acep.) f. Germ. Pedrada.

TURRONERÍA. f. Tienda en que se vende el turrón.

TURRONERO, RA. m. y f. Persona que hace o vende turrón. || **2.** adj. fam. And. Pegajoso, sobado.

★ **TURRUJAL.** m. C. Rica. Estercolero, basurero.

TURUBÍ. m. Argent. Planta aromática, de unos 20 cm de altura, con hojas aserradas, vellosas y raíz tuberculosa que se usa en medicina como emenago.

TURULATO, TA. (l. *turbulentātus,* turbado.) adj. fam. Estupefacto, alelado.

TURULEQUE. n. p. Voz usada en la expresión familiar *Mal que se aviene el don con el* TURULEQUE con la que se significa no decir bien los honores con la gente baja.

TURULÉS. adj. Dícese de una especie de uva fuerte.

★ **TURULETA.** f. P. Rico. Turulete.

★ **TURULETE.** m. P. Rico. Canción de cuna.

TURULLO. m. Cuerno usado por los pastores para llamar y reunir el ganado.

★ **TURUMBA.** f. Perú, Guat. y Chile. Tarumba.

★ **TURUMBA.** f. Amér. Central. Jícara, vasija.

TURUMBÓN. (De *torondón.*) Tolondrón, chichón.

TURUPIAL. (De *turpial.*) m. Venez. Trupial.

★ **TURUPO.** m. Colom. Turupe, chichón.

TURURÚ. m. En algunos juegos de naipes, reunión de tres cartas del mismo valor.

¡TUS! Voz para llamar a los perros. Ú. m. repetida. ‖ *Sin decir* tus *ni mus.* loc. adv. fig. y fam. Sin decir palabra.

TUSA. (De *tuso.*) f. fam. Perra, hembra del perro. Ú. como interjección para llamarla o espantarla.

TUSA. f. Bol., Colom. y Venez. Carozo, zuro, corazón de la panoja del maíz. ‖ **2.** Amér. Central y Cuba. Espata de la mazorca del maíz. ‖ **3.** Cuba y And. Pajilla, cigarrillo hecho en una hoja de maíz. ‖ **4.** Chile. Barbas de la mazorca del maíz. ‖ **5.** Chile. Crines del caballo. ‖ **6.** Colom. Hoyo de viruela. ‖ **7.** fig. Amér. Central. y Cuba. Mujer despreciable.

★ **TUSANGA.** f. Venez. Mazorca muy grande de maíz.

TUSAR. (l. *tōnsāre,* de *tonsus.*) tr. ant. Atusar. Ú. en América. ‖ **2.** Amér. Trasquilar.

TUSCÁNICO, CA. (l. *tuscanĭcus.*) adj. ant. Toscano, perteneciente a la Toscana.

TUSCO, CA. (l. *tuscus.*) adj. Etrusco o toscano. Apl. a pers. ú.t.c.s.

TUSCULANO, NA. (l. *tusculānus.*) adj. Natural de Túsculo. Ú.t.c.s. ‖ **2.** Perteneciente a esta antigua ciudad del Lacio.

TUSILAGO. (l. *tussilāgo.*) m. Fárfara, planta compuesta medicinal.

TUSO. (De *¡tus!*) m. fam. Perro. Ú. como interjección para llamarlo o espantarlo.

TUSO, SA. adj. Colom. Cacarañado, picado de viruela. ‖ **2.** P. Rico. Rabón, sin rabo o con el rabo corto.

TUSÓN. (l. *tonsĭo, -ōnis.*) m. Vellón de lana. ‖ **2.** And. Potro que no ha cumplido los dos años.

TUSONA. (De *tusón.*) f. fam. Ramera. ‖ **2.** And. Potranca menor de dos años.

★ **TUSPA.** f. Ecuad. Tulpa, piedra del fogón.

★ **TUSTÚS.** m. P. Rico. Susto. ‖ **2.** Movimiento acelerado del corazón por sobresalto o miedo.

TUTA. f. Ál., Sant. y Vizc. Chito, juego.

TÚTANO. (port. *tutano.*) m. desus. Tuétano.

TUTE. (l. *tutti,* todos, porque gana el juego quien reúne todos los reyes o caballos.) m. Juego de naipes carteado parecido a la brisca, y en que hay el lance de ganar la partida el que reúne los cuatro reyes o los cuatro caballos. ‖ **2.** Reunión en este juego de los cuatro reyes o los cuatro caballos de la baraja. ‖ **—arrastrado.** El que se juega entre tres, distribuyendo todas las cartas y arrastrando. ‖ *Darse un* tute. loc. fig. y fam. Trabajar con gran intensidad y sin descanso durante cierto tiempo.

TUTEAR. tr. Tratar a uno de tú en la conversación, empleando el pronombre de segunda persona. ‖ **P.** tutear; **I.** to thou; **F.** tutoyer; **A.** duzen; **It.** dare del tu; **R.** обращаться на ты, тыкать.

TUTELA. (l. *tutēla.*) f. Autoridad que, al faltar la paterna o la materna, se confiere para curar de la persona y los bienes del menor de edad o del que por otra causa no goza de completa capacidad civil. ‖ **2.** Cargo de tutor. ‖ **3.** fig. Amparo, protección. ‖ **—dativa.** For. La conferida, no por designación de la ley ni por disposición testamentaria, sino por nombramiento del consejo de familia o del juez. ‖ **—ejemplar,** For. La que se confiere para curar de la persona y de los bienes del incapacitado mental. ‖ **—legítima.** For. La que se confiere por virtud de la ley. ‖ **—testamentaria.** For. La deferida por virtud de llamamiento hecho en el testamento de una persona facultada para ello. ‖ **P.** e **It.** tutela; **I.** tutelage, tutorage; **F.** tutelle; **A.** Vormundschaft, Bevormundung; **R.** опека.

TUTELAR. (l. *tutelāris.*) adj. Que guía, protege o defiende. ‖ **2.** For. Perteneciente a la tutela de los incapaces. ‖ **3.** Dícese del juez que daba la tutela al menor que la necesitaba.

TUTEO. m. Acción de tutear.

TUTÍA. (ár. *tŭtiyā,* y éste del gr. τουτία, óxido de cinc.) f. Atutía.

TUTILIMUNDI. (ital. *tutti li mondi,* todos los mundos.) m. Mundonuevo.

TUTIPLÉN (A). (Forma viciosa del l. *totus,* todo, y *plenus,* lleno.) m. adv. fam. A porrillo, en abundancia.

★ **TUTO.** m. Chile. Muslo de las aves,

especialmente cuando está guisado.

TUTOR, RA. (l. *tutor, -ōris.*) m. y f. Persona encargada de la tutela de quien no tiene completa capacidad civil. ‖ **2.** Persona que ejerce las funciones señaladas por la legislación antigua al curador. ‖ **3.** Rodrigón que se pone a una planta. ‖ **4.** Defensor, protector. ‖ **—dativo.** For. El designado por autoridad competente, a falta de testamentario. ‖ **—legítimo.** For. El designado por la ley del testamentario. ‖ **—testamentario.** For. El designado en testamento. ‖ *Haber menester de* tutor uno. fr. fig. Ser incapaz para gobernar sus cosas o ser manirroto. Ú. m. con neg. ‖ **P.** tutor; **I.** guardian, tutor; **F.** tuteur; **A.** Vormund; **It.** tutore; **R.** опекун.

TUTORÍA. (De *tutor.*) Tutela, cargo de tutor.

TUTRIZ. (l. *tutrix, -īcis.*) f. Tutora.

TUTÚ. m. Argent. Ave de rapiña con plumaje verde en el lomo, azul en el pecho y con manchas negras en las alas y la cola.

★ **TUTUCA.** f. Nicar. Bulto, chichón.

★ **TUTUMA.** Amér. Totuma. ‖ **2.** Chile. Bulto, chichón. ‖ **3.** Chile. Postema.

★ **TUTUMITO, TA.** adj. Tutururo, aturdido, lelo.

★ **TUTUMPOTE.** (l. *totum potens,* que lo puede todo.) Rep. Domin. Personaje influyente.

★ **TUTUQUEAR.** tr. Chile. Azuzar a los perros para que embistan.

★ **TUTURUTA.** f. Argent. Mujer bullanguera.

TUTURUTO, TA. adj. Colom., Ecuad. y Venez. Turulato, lelo.

TUTURUTÚ. (Voz onomatopéyica.) m. Sonido de la corneta.

TUYA. (gr. θυία.) f. Bot. Árbol americano de la familia de las coníferas, de hojas fragantes y fruto en piñas pequeñas. Su madera es de mucha duración y resistencia. ‖ **—articulada.** Alarce africano. ‖ **P.** e **It.** tuia; **I.** y **F.** thuya; **A.** Lebensbaum; **R.** туя.

★ **TUYIGENINA.** f. Quím. Compuesto que se encuentra en las partes verdes de la yuya.

★ **TUYINA.** f. Quím. Glucósido que se encuentra en las partes verdes de la yuya.

TUYO, TUYA, TUYOS, TUYAS. (l. *tuus.*) Pronombre posesivo de segunda persona, en sus formas del género masculino y femenino, singular y plural. Con la terminación del masculino en singular, ú.t.c. neutro. ‖ **P.** teu, tua, teus, tuas; **I.** thine; **F.** tien, tienne; **A.** dein(e); **It.** tuo, tua; **R.** твой.

U

U. f. Vigésima cuarta letra del abecedario español, última de sus vocales y una de las dos débiles. Se pronuncia emitiendo la voz con los labios más alargados y fruncidos que para la *o*. Es muda en las sílabas *que* y *qui*, y *gue* y *gui*. Para que en estas dos últimas suene ha de llevar diéresis.

U. conj. disyunt. que se emplea para evitar el hiato en lugar de *o* ante palabras que empiezan por esta última letra o por *ho*.

* UÁCARI. m. ZOOL. AMÉR. Mono platirrino, célido que vive en las regiones septentrionales de América del Sur.

* UAM. m. FÍS. y QUÍM. Unidad atómica de masa que es 1/16 de la masa del isótopo más abundante del oxígeno.

UBADA. (De *yugada*.) f. AND. Medido agraria equivalente a 36 fanegas.

UBAJAY. m. ARGENT. Árbol mirtáceo, que da un fruto un tanto ácido de piel vellosa y pulpa amarilla. ‖ **2.** ARGENT. Fruto de este árbol.

UBE. m. BOT. FILIP. Planta dioscorácea que produce rizomas comestibles.

UBÉRRIMO, MA. (l. *uberrĭmus*.) adj. sup. Muy abundante y fértil.

UBETENSE. adj. Natural de Úbeda. Ú.t.c.s. ‖ **2.** Perteneciente a esta ciudad de Andalucía.

UBÍ. m. BOT. CUBA. Planta vitácea, especie de bejuco con el que se fabrican canastas.

UBICACIÓN. f. Acción y efecto de ubicar o ubicarse.

UBICAR. (l. *ubi*, en donde.) intr. Estar en determinado espacio o lugar. Ú.m.c.r. ‖ **2.** tr. AMÉR. Situar en determinado lugar. ‖ **3.** CHILE. Señalar a un candidato a senador o diputado la provincia en que ha sido elegido. ‖ **4.** PERÚ. Designar sus candidatos los partidos políticos para la elección de senadores y diputados. ‖ **5.** r. ARGENT. Colocarse en un empleo.

UBICUIDAD. f. Calidad de ubicuo. ‖ **P.** ubiquity; **I.** ubiquity; **F.** ubiquité; **A.** Allgegenwart; **It.** ubiquità; **R.** повсеместность.

UBICUO, CUA. (l. *ubĭque*, en todas partes.) adj. Que está presente a un mismo tiempo en todas partes. Se dice sólo de Dios. ‖ **2.** fig. Dícese de quien todo lo quiere ver y presenciar y está, por ello, en continuo movimiento.

UBIO. m. AND., MANCHA, PAL. y SEG. Yugo para uncir las bestias.

UBIQUIDAD. f. Ubicuidad.

UBIQUITARIO, RIA. (l. *ubĭque*, en todas partes.) adj. Dícese del individuo perteneciente a una secta protestante que niega la transubstanciación y asegura que el cuerpo de Jesucristo está presente en la Eucaristía como en otras partes. Ú.t.c.s.

UBRE. (l. *uber, -ĕris*.) f. Cada teta de la hembra en los mamíferos. ‖ **2.** Conjunto de ellas. ‖ **P.** úbere, teta; **I.** udder, teat; **F.** pis, mamelle; **A.** Zitze, Euter; **It.** cappèzzolo; **R.** вымя, сосок.

UBRERA. (De *ubre*.) f. Excoriación que padecen los niños al mamar demasiado o por la descomposición de la leche derramada por los labios.

UCASE. (ruso *ukasati*, indicar.) m. Decreto del zar. ‖ **2.** fig. Orden injusta y tiránica de un gobierno.

UCÉ. com. ant. Vuestra merced.

* UCEAR. intr. CHILE. Golpear con las manos.

UCED. com. ant. Ucé.

UCENCIA. com. ant. Vuecencia.

* UCLE. m. BOT. ARGENT. Árbol cácteo de fruto comestible y del que puede hacerse un jarabe y aguardiente.

* UCRANIANO, NA. adj. Ucranio. Ú.t.c.s.

UCRANIO, NIA. adj. Natural de Ucrania. Ú.t.c.s. ‖ **2.** Perteneciente o relativo a este país.

UCUBITANO, NA. adj. Natural de la antigua Ucubi, la actual Espejo, en la provincia de Córdoba. Ú.t.c.s. ‖ **2.** Perteneciente a esta ciudad.

* UCUCHA. f. ARGENT. Ratón.

* UCHEPO. m. MÉJ. Tamal de maíz tierno.

* UCHICAURA. f. CHILE. Punto especial de adorno en las mantas.

UCHÚ. m. PERÚ. Guindilla, fruto del guindillo de Indias.

* UCHUVA. f. COLOM. Fruto del capulí.

* UCHUVITO, TA. adj. fam. COLOM. Ebrio.

UDÓGRAFO. m. FÍS. Udómetro registrador con el que se aprecian las fases por las que pasó la lluvia en tiempo determinado.

UDÓMETRO. (l. *udor*, lluvia, y el gr. μέτρον, medida.) m. Pluviómetro.

UESNORUESTE. m. Oesnorueste.

UESSUDUESTE. m. Oessudueste.

UESTE. m. Oeste.

¡UF! (ár. *uff*, interjección.) interj. para denotar cansancio, fastidio, etc. ‖ **2.** Indica también repugnancia.

* ¡UFA! interj. ARGENT. ¡Uf!

UFANAMENTE. (De *ufano*.) adv. Con ufanía.

UFANARSE. (De *ufano*.) r. Jactarse, gloriarse, engreírse. ‖ **P.** ufanar-se; **I.** to boast; **F.** se vanter; **A.** sich brüsten; **It.** pompeggiarsi; **R.** чваниться.

UFANERO, RA. adj. ant. Que suele ufanarse.

UFANEZA. (De *ufano*.) f. ant. Ufanía.

UFANÍA. f. Calidad de ufano.

UFANIDAD. (De *ufano*.) f. desus. Ufanía.

UFANO, NA. (gót. *uffjo*, superfluo.) adj. Arrogante, engreído. ‖ **2.** fig. Satisfecho, contento. ‖ **3.** fig. Que procede con resolución en la ejecución de las cosas.

UFO (A). (ital. *a ufo*.) m. adv. De gorra, sin ser convidado.

UGRE. m. C. RICA. Árbol bixíneo, de tronco blanquecino y frutos esféricos con aguijones.

UGROFINÉS, SA. adj. Perteneciente o relativo a los fineses y otros pueblos de lengua semejante. ‖ **2.** Se aplica a un grupo de lenguas uraltaicas como el magiar, finlandés, estoniano, etc.

UJIER. (De *usier*.) Portero de estrados de un palacio o tribunal. ‖ **2.** Empleado subalterno en ciertos cuerpos del Estado y tribunales. ‖ **P.** porteiro, contínuo;

meirinho; **I.** usher; **F.** huissier; **A.** Türhüter; **It.** usciere; **R.** привратник, пристав.

* ¡UJÚ! interj. P. RICO y VENEZ. Exclamación de desconfianza.

ULAGUIÑO. (De *ulaga*.) m. LOGR. Abrótano.

ULALA. f. BOL. Especie de cacto.

ULANO. (turco *oglan*, joven, servidor, soldado de caballería ligera, a través del al. *uhlan*.) m. Soldado de caballería ligera armado de lanza, que existió en el ejército austriaco, alemán y ruso hasta la primera gran guerra.

ÚLCERA. (l. *ulcĕra*, pl. de *ulcus*, llaga.) f. MED. Solución de continuidad con pérdida de substancia en los tejidos orgánicos ordinariamente con secreción de pus y que causa desintegración gradual de los tejidos. ‖ **2.** Daño en la parte leñosa de las plantas con exudación de la savia corrompida. ‖ **P.** úlcera; **I.** ulcer; **F.** ulcère; **A.** Geschwür; **It.** ùlcera; **R.** язва.

ULCERACIÓN. (l. *ulceratio, -ōnis*.) f. Acción y efecto de ulcerar o ulcerarse.

ULCERANTE. p.a. de ulcerar. Que ulcera.

ULCERAR. (l. *ulcerāre*.) tr. Causar úlcera. Ú.t.c.s.

ULCERATIVO, VA. adj. Que causa o puede causar úlceras.

ULCEROSO, SA. (l. *ulcerōsus*.) adj. Que tiene úlceras.

* ULCOATE. (mejic. *ul-coatl*; de *ulli*, hule, caucho, y *coatl*, serpiente.) m. ZOOL. MÉJ. Serpiente venenosa.

ULEMA. (ár. *'ulamā'*, pl. de *'ālim*, sabio en materias teológico-jurídicas.) m. Doctor de la ley mahometana.

* ULERO. m. CHILE. Uslero, rodillo de pasteleros.

ULFILANO, NA. adj. Se dice de un carácter de letra gótica, cuya invención se atribuye al obispo Ulfilas.

ULIGINOSO, SA. (l. *uligo*, humedad de la tierra.) adj. Se dice de los terrenos húmedos y de las plantas que en ellos crecen.

* ULIVE. (arauc. *ùlive*.) CHILE. Halcón.

ULMÁCEO, A. (l. *ulmus*, olmo.) adj. BOT. Se aplica a los árboles o arbustos angiospermos dicotiledóneos, de hojas aserradas, flores hermafroditas o unisexuales, y fruto seco con una sola semilla. Ú.t.c.s.f. ‖ **2.** f. pl. BOT. Familia de estas plantas.

ULMARIA. f. Reina de los prados.

ULMÉN. m. CHILE. Entre los indios araucanos, hombre rico, influyente y digno de respeto.

* ULMENATO. m. AMÉR. Calidad de ulmén.

ULMO. m. CHILE. Árbol corpulento, siempre verde, con flores blancas y cuya corteza sirve para curtir.

* ULORREA. f. MED. Pérdida de sangre por las encías a causa de rezumarse en pequeñas cantidades.

* ULPADA. f. CHILE. En Chiloé, alimento de semilla de lino con cebada tostada.

ULPO. m. CHILE y PERÚ. Especie de mazamorra preparada con harina tostada desleída en agua, que usan los indios.

ULTERIOR. (l. *ulterĭor, -ōris*.) adj. Que está de la parte de allá de un lugar. ‖

U

2. Que se dice, ejecuta o sucede después de otra cosa. ǁ **P.** ulterior; **I.** ulterior, farther; **F.** ultérierur; **A.** ferner, weiter; **It.** ulteriore; **R.** последующий.

ULTERIORMENTE. (De *ulterior.*) adv. Después de un momento dado.

ULTÍLOGO. m. Discurso puesto en un libro después de terminada la obra.

ULTIMACIÓN. f. Acción y efecto de ultimar.

ULTIMADAMENTE. (De *ultimado.*) adv. ant. Últimamente. ǁ **2.** Méj. Finalmente.

ULTIMADO, DA. p.p. de ultimar.

ULTIMADOR, RA. adj. El que ultima. Ú.t.c.s.

ÚLTIMAMENTE. adv. Por último.

ULTIMAR. (l. *ultimāre,* de *ultimus,* último.) tr. Acabar, finalizar una cosa.

ULTIMATO. m. desus. Ultimátum.

ULTIMÁTUM. (l. *ultimātum,* t. n. de *-tus.*) m. En el lenguaje diplomático, resolución terminante y definitiva comunicada por escrito y cuya falta de aceptación debe conducir a la ruptura. ǁ **2.** fam. Resolución definitiva.

ULTIMIDAD. f. Calidad de último.

ÚLTIMO, MA. (l. *ultimus.*) adj. Se dice de lo que en su línea no tiene otra después de sí en el espacio o en el tiempo. ǁ **2.** Dícese de lo que en una serie o sucesión de cosas es posterior a todas las demás. ǁ **3.** Dícese de lo más remoto y escondido. ǁ **4.** Dícese del recurso o medio definitivo que se toma en algún asunto después de haber resultado inútil todo lo intentado anteriormente. ǁ **5.** Se dice de lo singular o más excelente en su línea. ǁ **6.** Aplícase al fin o blanco al que deben dirigirse todas nuestras acciones. ǁ **7.** Se dice del precio que se pide como mínimo o del que se ofrece como máximo. Ú.t.c.s. ǁ *A la* ÚLTIMA. m. adv. fig. A la última moda. ǁ *Por* ÚLTIMO. m. adv. Después de todo, finalmente. ǁ **P.** último; **I.** last, latest, hindmost; **F.** dernier; **A.** letzter; **It.** ùltimo; **R.** крайний, последний.

ULTRA. (l. *ultra.*) adv. Además de. ǁ **2.** Prefijo que significa *más allá de, al otro lado de,* ULTRAmar. ǁ **3.** Antepuesta como partícula inseparable a algunos adjetivos, expresa idea de ponderación o de exceso.

★ **ULTRACENTRÍFUGA.** f. Centrífuga de pequeñas dimensiones impulsada por aceite a presión, con la que se obtienen velocidades del orden de las 100.000 revoluciones por minuto y se consiguen efectos análogos a campos gravitatorios hasta un millón de veces mayores que el terrestre. Se emplea en la separación de isótopos, determinación de pesos moleculares, etc.

★ **ULTRACORTO, TA.** (De *ultra* y *corto.*) adj. Muy corto, cortísimo. *Ondas* ULTRACORTAS.

★ **ULTRAFAX.** (l. *ultra,* más allá, y *fax,* tea, luz.) m. TELEV. Aparato que permite transmitir fotografías, documentos, planos, música, etc., con la velocidad de la luz.

★ **ULTRAFILTRACIÓN.** (De *ultra* y *filtración.*) f. Filtración por medio de un filtro empapado en una substancia coloidea por el que se hace pasar un líquido bajo presión.

★ **ULTRAGASEOSO, SA.** (De *ultra* y *gaseoso.*) adj. Fís. Se dice del estado de la materia radiante.

ULTRAÍSMO. m. Movimiento poético iniciado en España en 1918 y que agrupó a algunos poetas españoles e hispanoamericanos que anhelaban un arte nuevo con la renovación radical del espíritu y de la técnica.

ULTRAJADOR, RA. adj. Que ultraja. Ú.t.c.s.

ULTRAJANTE. p.a. de ultrajar. Que ultraja.

ULTRAJAR. (De *ultraje.*) tr. Injuriar de obra o de palabra ǁ **2.** Tratar con desprecio a alguien.

ULTRAJE. (b. l. *ultragium,* y éste del l. *ultra,* más allá.) m. Injuria de obra o de palabra.

ULTRAJOSO, SA. adj. Que causa o incluye ultraje.

ULTRAMAR. (De *ultra* y *mar.*) m. País o tierra al otro lado del mar, considerado desde el lugar donde se habla. ǁ

2. Azul de ultramar. ǁ **P.** ultramar; **I.** oversea; **F.** outre-mer; **A.** Übersee; **It.** oltremare; **R.** заморский.

ULTRAMARINO, NA. (De *ultramar.*) adj. Que está o se le considera del otro lado del mar. ǁ **2.** Se dice de los géneros o comestibles traídos del otro lado del mar o del océano, especialmente de los comestibles que se conservan sin alterarse. Ú. m.c.s. y en pl. ǁ **3.** Se dice del azul de ultramar. ǁ **4.** Dícese del término que se concedía para practicar prueba en ultramar. ǁ 2.ª acep.: **P.** comestíveis; **I.** grocery; **F.** épices; **A.** Kolonialwaren; **It.** colonial; **R.** колониальные товары.

ULTRAMARO. (De *ultramar.*) adj. Dícese del azul de ultramar.

★ **ULTRAMICROQUÍMICA.** (De *ultra* y *química.*) f. Quím. Parte de la química que trata de las cantidades de substancia extremadamente pequeñas, de una millonésima de gramo o menos.

ULTRAMICROSCÓPICO, CA. (De *ultra* y *microscópico.*) adj. Se aplica a lo que por su pequeñez sólo puede ser visto por medio del ultramicroscopio.

ULTRAMICROSCOPIO. (De *ultra* y *microscopio.*) m. Sistema óptico para ver los objetos pequeñísimos que no pueden percibirse con el microscopio.

ULTRAMONTANISMO. m. Conjunto de las doctrinas y opiniones de los ultramontanos. ǁ **2.** Conjunto de éstos.

ULTRAMONTANO, NA. (l. *ultra,* más allá, y *montānus,* del monte.) adj. Que está más allá o al otro lado de los montes. ǁ **2.** Que opina contra lo que en España se denominan regalías de la corona y a favor de la potestad y facultades del Papa. Ú.t.c.s. ǁ **3.** Perteneciente o relativo a la doctrina de los ultramontanos.

ULTRAMUNDANO, NA. adj. Que excede a lo mundano o está más allá.

ULTRANZA (A). (l. *ultra,* más allá.) m. adv. A muerte. ǁ **2.** Resueltamente, a todo trance. ǁ **P.** de morte; **I.** to the death, at any cost; **F.** à outrance; **A.** auf Leben und Tod; **It.** oltranza; **R.** не на жизнь, а на смерть.

ULTRAPUERTOS. (De *ultra* y *puerto.*) m. Lo que está más allá o al otro lado de los puertos.

★ **ULTRARRADIACIÓN.** f. Radiación propia de los rayos cósmicos.

ULTRARROJO. adj. Fís. Perteneciente o relativo a la parte invisible del espectro luminoso que se extiende a continuación del color rojo y se revela principalmente por su acción calorífica.

★ **ULTRASONIDO.** (De *ultra* y *sonido.*) m. Fís. Vibración elástica que por sus ondas ultrasonoras, es decir, de frecuencia superior a las 30.000 oscilaciones por segundo, no es perceptible por el oído humano. Tiene distintas aplicaciones, como son localización de buques submarinos, escollos, etc., y como bactericida.

★ **ULTRASONORO, RA.** (De *ultra* y *sonoro.*) adj. Fís. Dícese de las ondas de ultrasonido.

ULTRATUMBA. (De *ultra* y *tumba.*) adv. Más allá de la tumba.

ULTRAVIOLADO, DA. (De *ultra* y *violado.*) adj. Fís. Ultravioleta.

ULTRAVIOLETA. adj. Fís. Perteneciente o relativo a la parte invisible del espectro luminoso que se extiende a continuación del color violado y se revela principalmente por su acción química.

ULTRAVIRUS. m. Virus como el de la rabia, la vacuna, etc., que contiene gérmenes patógenos invisibles que pueden pasar a través de los filtros.

ULTRIZ. (l. *ultrix, -īcis.*) adj. ant. Vengadora.

ÚLULA. (l. *ulūla.*) f. Autillo, ave rapaz nocturna, semejante a la lechuza.

ULULAR. (l. *ululāre.*) intr. Dar gritos o alaridos. ǁ **P.** ulular, uivar; **I.** to howl; **F.** ululer; **A.** heulen, schreien; **It.** ululare; **R.** завывать.

ULULATO. (l. *ululātus.*) m. Clamor, alarido.

★ **ULURUNCO.** m. Argent. Tigre.

★ **ULLÚ.** m. Bol. Perú. Planta celastrínea empleada como sucedánea del mate.

ULLUCO. m. Bot. Bol., Ecuad. y Perú. Olluco, planta muy cultivada en

Perú y Bolivia por el uso culinario que se hace de sus pequeños tubérculos.

★ **UMAREO.** m. Perú. Primer riego del terreno.

UMBELA. (l. *umbella,* quitasol.) f. Bot. Grupo de flores o frutos que nacen en un mismo punto del tallo y alcanzan igual altura. ǁ **2.** Guardapolvo, tejadillo voladizo sobre un balcón o ventana.

UMBELÍFERO, RA. (De *umbela,* y el l. *ferre,* llevar.) adj. Bot. Se aplica a las plantas angiospermas dicotiledóneas con flores en umbela, blancas o amarillas, y fruto compuesto de dos aquenios. Ú.t. c.s.f. ǁ **2.** f. pl. Bot. Familia de estas plantas.

UMBILICADO, DA. (l. *umbilicātus.*) adj. De figura del ombligo.

UMBILICAL. (l. *umbilicāris.*) adj. Zool. Perteneciente al ombligo. ǁ **2.** Zool. V. *Cordón* UMBILICAL.

UMBRA. (l. *umbra.*) f. ant. Sombra.

UMBRÁCULO. (l. *umbracŭlum.*) m. Sitio cubierto de ramaje u otra cosa que da paso al aire, destinado para resguardar las plantas del sol.

UMBRAL. (De *lumbral.*) m. Parte inferior o escalón, en la puerta o entrada de una casa. ǁ **2.** fig. Primer paso o entrada de cualquier cosa. ǁ **3.** Arq. Madero que se atraviesa en lo alto de un vano para sostener el muro que hay encima. ǁ **4.** Fisiol. y Psicol. Valor mínimo de un estímulo para producir una respuesta o reacción. ǁ *Atravesar,* o *pisar los* UMBRALES. de un edificio. fr. Entrar en él. Ú.m. con neg. ǁ **P.** umbral; **I.** threshold; **F.** seuil; **A.** Schwelle, Türschwelle; **It.** soglia; **R.** порог.

★ **UMBRALADA.** f. Amér. Umbral.

UMBRALADO, DA. p.p. de umbralar. ǁ **2.** m. Arq. Vano asegurado por un umbral. ǁ **3.** Amér. Merid. Umbral.

UMBRALAR. tr. Arq. Poner umbral al vano de un muro.

UMBRÁTICO, CA. (l. *umbraticus.*) adj. Perteneciente a la sombra. ǁ **2.** Que causa.

UMBRÁTIL. (l. *umbratilis.*) adj. Umbroso. ǁ **2.** Que tiene sombra o parecido de una cosa.

UMBRÍA. (De *umbrío.*) f. Parte del terreno en que en general hay sombra por hallarse expuesta al Norte. ǁ **P.** umbria; **I.** umbrage; **F.** ombrage; **A.** Schatten; **It.** auggiato, ombria; **R.** тенистое место.

UMBRÍO, A. (De *umbra.*) adj. Sombrío, 1.ª acep.

★ **UMBROMANÍA.** (l. *umbra,* sombra, y *manus,* mano.) f. Arte de hacer con las manos sombras que recuerden la silueta de distintos animales u objetos.

UMBROSO, SA. (l. *umbrōsus.*) adj. Que tiene o causa sombra.

★ **UMECHE.** m. Bol. Cera vegetal.

UMERO. m. Homero.

★ **UMPA.** f. Chile. Bolsa hecha de cuero de cabra. Ú. en la provincia de Chiloé.

★ **UMPÉ.** m. Chile. Mofeta, grisú.

UN. (apóc. de *uno, una.*) Artículo indeterminado en género masculino y femenino y número singular. Se usa a veces con énfasis para ponderar la personalidad de aquel a cuyo nombre se antepone: ¡UN *Alejandro retroceder ante el enemigo!* ǁ **2.** adj. Uno. ǁ **P.** um, uma; **I.** an, a; **F.** el **It.** un; **A.** ein, eine(r); **R.** один.

UNALBO, BA. (De *uno* y *albo.*) adj. Se dice de la caballería con una mano o pie calzado.

UNÁNIME. (l. *unanĭmus,* de *unus,* uno, y *anĭmus,* ánimo.) adj. Se dice del conjunto de personas que tienen un mismo parecer, dictamen, voluntad o sentimiento. ǁ **2.** Dícese de este mismo parecer. ǁ **P.** unânime; **I.** unanimous; **It.** unânime; **A.** einstimmig; **It.** unànime; **R.** единогласный, единодушный.

UNÁNIMEMENTE. adv. De modo unánime.

UNANIMIDAD. (l. *unanimĭtas, -ātis.*) f. Calidad de unánime. ǁ *Por* UNANIMIDAD. m. adv. Unánimemente. ǁ **P.** unanimidade; **I.** unanimity; **F.** unanimité; **A.** Unanimität; **It.** unanimità; **R.** единодушие.

UNCIA. (l. *uncia,* duodécima parte de un todo.) f. Moneda romana de cobre, que valía la duodécima parte del as. ǁ

U

2. For. Entre romanistas, duodécima parte de la masa hereditaria.

UNCIAL. (l. *unciãlis*, de una pulgada.) adj. Se aplica a ciertas letras que se usaron hasta el siglo VII. Ú.t.c.s. ‖ **2.** Se dice también de este sistema de escritura.

UNCIDOR, RA. adj. Que une o sirve para ello. Ú.t.c.s.

UNCIFORME. (l. *uncus*, garfio, y *forma*, figura.) adj. ZOOL. Se dice de uno de los huesos de la segunda fila del carpo. Ú.m.c.s.m.

UNCIÓN. (l. *unctio*, *-õnis*.) f. Acción de ungir. ‖ **2.** Extremaunción. ‖ **3.** Gracia del Espíritu Santo que inclina al alma a la perfección. ‖ **4.** Devoción con que el ánimo se entrega a la realización de una obra, etc. ‖ **5.** MAR. Vela pequeña de las lanchas pesqueras que se iza cuando hay peligro de zozobra y se arrían las otras. ‖ **6.** pl. Unturas de ungüento mercurial para la curación de la sífilis. ‖ **P.** junção; **I.** unction; **F.** onction; **A.** (Ein)Salbun; **It.** unzione; **R.** напряжение, помазание.

UNCIONARIO, RIA. adj. Que está tomando las unciones o convalece de ellas. Ú.t.c.s. ‖ **2.** m. Habitación en que se toman.

UNCIR. (l. *iungĕre*.) tr. Atar al yugo bueyes, mulas, etc. ‖ **P.** jungir; **I.** to yoke; **F.** atteler; **A.** anjochen, anspannen; **It.** aggiogare; **R.** запрягать.

★ **UNCO.** m. PERÚ. Cusma, camiseta larga.

★ **UNCU.** m. PERÚ. Unco.

UNDANTE. (l. *undans*, *-antis*.) adj. poét. Undoso.

UNDECÁGONO, NA. adj. GEOM. Endecágono. Ú.m.c.s.m.

UNDÉCIMO, MA. (l. *undecĭmus*.) adj. Que sigue inmediatamente al o a lo décimo. ‖ **2.** Se aplica a cada una de las once partes iguales en que se divide un todo. Ú.t.c.s. ‖ **2.ᵃ** acep.: **P.** undécimo; **I.** eleventh; **F.** onzième; **A.** elfte(r); **It.** undècimo; **R.** одиннадцатая часть.

UNDÉCUPLO, PLA. (l. *undecŭplus*.) adj. Que contiene un número once veces exactamente. Ú.t.c.s.

UNDÍSONO, NA. (l. *undisõnus*.) poét. Dícese de las aguas que al correr producen ruido.

UNDÍVAGO, GA. (l. *undivăgus*.) adj. poét. Que ondea o se mueve como las olas.

UNDOSO, SA. (l. *undõsus*.) adj. Que se mueve formando ondas.

UNDULACIÓN. f. Ondulación. ‖ **2.** Fís. Onda, movimiento circular de un fluido, en virtud de un impulso.

UNDULANTE. p.a. de undular. Ondulante.

UNDULAR. (l. *undŭla*, ola pequeña.) intr. Ondular, moverse una cosa haciendo giros en forma de eses. ‖ **P.** serpear; **I.** to wave; **F.** onduler; **A.** wallen; **It.** ondulare; **R.** волноваться, колыхаться.

UNDULATORIO, RIA. adj. Ondulatorio. ‖ **2.** Fís. Que se propaga por ondas.

UNGIDO, DA. p.p. de ungir. ‖ **2.** m. Rey o sacerdote signado con el óleo sagrado.

UNGIMIENTO. m. Acción y efecto de ungir.

UNGIR. (l. *ungĕre*.) tr. Aplicar y extender sobre la superficie de una cosa aceite u otra substancia pingüe. ‖ **2.** Signar a una persona con óleo sagrado para administrarle un sacramento o para denotar el carácter de su dignidad. ‖ **P.** ungir; **I.** to anoint; **F.** oindre; **A.** salben; **It.** ungere; **R.** смазывать.

UNGÜENTARIO, RIA. (l. *unguentarius*.) adj. Perteneciente a los ungüentos o que los contiene. ‖ **2.** m. El que los fabrica. ‖ **3.** Lugar en que se tienen debidamente separados los ungüentos.

UNGÜENTO. (l. *unguentum*.) m. Todo lo que sirve para ungir o untar. ‖ **2.** Medicamento para ser aplicado al exterior, formado de substancias grasas. ‖ **3.** Compuesto de substancias aromáticas usado antiguamente para embalsamar cadáveres. ‖ **4.** fig. Cualquier cosa que suaviza el ánimo o ablanda la voluntad. ‖ —**amaracino.** Medicamento cuyo principal componente es la mejorana. ‖ —**amarillo.** El madurativo y supurativo cuyo principio medicinal es la colofonia. ‖ —**basilicón.** El madurativo y supurativo que tiene pez negra

como principio medicinal. ‖ —**de soldado.** El que contiene mercurio. ‖ **P.** e **It.** unguento; **I.** ointment, unguent; **F.** onguent; **A.** Salbe, Schmiersalbe; **R.** мазь.

UNGUICULADO, DA. (l. *unguicŭla*, uña pequeña.) adj. ZOOL. Que tiene los dedos terminados en uña. Ú.t.c.s.

UNGUIS. (l. *unguis*.) m. ZOOL. Hueso pequeño situado en el ángulo interno de la órbita del ojo, y que contribuye a formar los conductos lagrimal y nasal. ‖ **P.** únguis; **I.** e **It.** unguis; **F.** onguis; **A.** Tränenbein.

UNGULADO, DA. (l. *ungulātus*, de *ungŭla*, uña, casco.) adj. ZOOL. Dícese del mamífero que tiene casco o pezuña. Ú.t. c.s. ‖ **2.** m. pl. ZOOL. Grupo de estos animales.

UNGULAR. adj. Que pertenece o se refiere a la uña.

★ **UNIATO.** (l. *unus*, uno solo.) m. Cristiano procedente de la Iglesia griega que reconoce la supremacía del Papa pero conserva sus ritos, su lengua litúrgica y su disciplina.

UNIBLE. adj. Que puede unirse.

★ **UNICAMARISTA.** adj. ARGENT. Unicameral.

ÚNICAMENTE. (De *único*.) adv. Sola o precisamente.

UNICAULE. (l. *unus*, uno, y *caulis*, tallo.) adj. BOT. Dícese de la planta de un solo tallo.

UNICELULAR. adj. Que tiene sólo una célula.

UNICIDAD. (l. *unicitas*, *-ātis*.) f. Calidad de único.

ÚNICO, CA. (l. *unĭcus*.) adj. Sólo, sin otro de su especie. ‖ **2.** fig. Singular, raro. **P.** único; **I.** single, sole; **F.** unique; **A.** einzig; **It.** único; **R.** единственный.

UNICOLOR. (l. *unicŏlor*, *-õris*.) adj. De un solo color.

UNICORNIO. (l. *unicornis*; de *unus*, uno, y *cornu*, cuerno.) m. Animal fabuloso con figura de caballo y un cuerno recto en mitad de la frente. ‖ **2.** Rinoceronte. ‖ **3.** Marfil fósil de mastodonte. ‖ **4.** ASTRON. Constelación boreal situada entre Pegaso y el Águila. ‖ **P.** unicórnio; **I.** unicorn; **F.** unicorne; **A.** Einhorn, Nashorn; **It.** unicorno; **R.** единорог.

UNIDAD. (l. *unĭtas*, *-ātis*.) f. Propiedad de todo ser de no poder dividirse sin destruir o alterar su esencia. ‖ **2.** Singularidad en número y calidad. ‖ **3.** Unión o conformidad. ‖ **4.** Cualidad de la obra literaria o artística con un solo tema principal que une y relaciona todo lo demás. ‖ **5.** MAT. Cantidad que se toma por medida de las demás de su especie. ‖ **6.** El número entero más pequeño. ‖ **7.** MIL. Fracción del ejército que puede obrar independientemente bajo las órdenes de un jefe. ‖ **8.** Unicidad, en oposición a la pluralidad. ‖ **9.** MED. Cantidad de una droga, suero, etc. necesaria para producir determinado resultado. ‖ —**absoluta.** Fís. Magnitud tomada como patrón fundamental, por ejemplo las tres unidades de longitud, masa y tiempo, del sistema cegesimal, que son el centímetro, el gramo y el segundo. ‖ —**astronómica.** El radio medio de la órbita terrestre o sea la distancia media de la Tierra al Sol. ‖—**de aceleración.** Fís. La aceleración de un movimiento uniformemente variado, en que aumenta o disminuye la velocidad en una unidad de velocidad por segundo. ‖ —**de acción.** Cualidad de la obra dramática de tener sólo una acción principal. ‖ —**de calor.** Fís. Caloría. ‖ —**de campo magnético.** Fís. Gaus. ‖ —**de cantidad eléctrica.** Fís. Culombio. ‖ —**de capacidad eléctrica.** Faradio. ‖ —**de longitud.** Fís. El metro en el sistema M. T. S.; el centímetro en el C. G. S. ‖ —**de masa magnética.** Masa que atrae o rechaza a otra igual con la fuerza de una dina, estando ambas en el aire, o mejor en el vacío, a un centímetro de distancia. ‖ —**de presión.** Fís. En el sistema cegesimal es la dina por centímetro cuadrado. Industrialmente es la atmósfera, equivalente a la presión de una columna vertical de mercurio de 76 centímetros de altura y a la temperatura de cero grados. ‖ —**de velocidad.** La velocidad de un móvil que recorre un centímetro por segundo, en movimiento uniforme. ‖ —**monetaria.** Moneda real o

imaginaria que sirve de patrón en cada país. ‖ —**unidades electromagnéticas.** Fís. Sistema de unidades electromagnéticas que tiene por base la unidad de masa magnética. ‖ **P.** unidade; **I.** unity; **F.** unité; **A.** Einheit(lichkeit); **It.** unità; **R.** единица.

UNIDAMENTE. adv. Juntamente, con unión y concordia.

★ **UNIDIMENSIONAL.** adj. De una sola dimensión.

★ **UNIDIRECCIÓN.** (De *uno* y *dirección*.) ELECTR. Se dice de una corriente o de una onda que se propaga en un solo sentido.

UNIDOR, RA. adj. Que une.

UNIFICACIÓN. f. Acción y efecto de unificar o unificarse.

UNIFICAR. (l. *unus*, uno, y *facĕre*, hacer.) tr. Hacer de muchas cosas una, o un todo. Ú.t.c.r. ‖ **P.** unificar; **I.** to unify; **F.** unifier; **A.** vereinheitlichen, einigen; **It.** unificare; **R.** объединять.

UNIFOLIADO, DA. (l. *unus*, uno, y *folium*, hoja.) adj. BOT. Que tiene una sola hoja.

UNIFORMADOR, RA. adj. Que uniforma.

UNIFORMAR. tr. Hacer uniforme una cosa. ‖ **2.** Hacer uniformes dos o más cosas. Ú.t.c.r. ‖ **3.** Vestir con uniforme o dar traje igual a los que forman un mismo cuerpo o comunidad. ‖ **P.** uniformar; **I.** to uniform; **F.** uniformiser; **A.** uniformieren, vereinheitlichen; **It.** uniformare; **R.** придавать единообразие.

UNIFORME. (l. *uniformis*.) adj. Dícese de dos o más cosas de igual forma. ‖ **2.** Igual, conforme. ‖ **3.** MEC. Se aplica al movimiento en que es igual y constante la velocidad. ‖ **4.** m. Vestido peculiar que usan los militares u otros individuos que pertenecen a un mismo cuerpo. ‖ **P.**, **F.** e **It.** uniforme; **I.** uniform; **A.** einförmig, gleichförmig; **R.** единообразный. ‖ **4.ᵃ** acep.: **P.** uniforme; **I.** uniform; **F.** habit d'ordonnance; **A.** Waffenrock, Uniform; **It.** assisa, divisa; **R.** форма, мундир.

UNIFORMEMENTE. adv. De modo uniforme.

UNIFORMIDAD. (l. *uniformĭtas*, *-ātis*.) f. Calidad de uniforme. ‖ **P.** uniformidade; **I.** uniformity; **F.** uniformité; **A.** Einförmigkeit; **R.** единообразие.

UNIGÉNITO, TA. (l. *unigenĭtus*; de *unus*, uno solo, y *genĭtus*, engendrado.) adj. Se dice del hijo único. ‖ **2.** m. Por antonom., el Hijo de Dios.

UNILATERAL. (De *uno* y *lateral*.) adj. Se dice de lo que se refiere solamente a una parte o a un aspecto de un cosa. ‖ **2.** Que solamente está a un lado. ‖ **3.** For. Aplícase al contrato que obliga a una sola persona.

UNIMISMAR. tr. p. us. Identificar, unificar.

UNIÓN. (l. *unio*, *-õnis*.) f. Acción y efecto de unir o unirse. ‖ **2.** Correspondencia de una cosa con otra en el sitio o composición. ‖ **3.** Conformidad y concordia de los ánimos, pareceres o voluntades. ‖ **4.** Casamiento, acción de casar o casarse. ‖ **5.** Semejanza de dos perlas en tamaño, color, etc. ‖ **6.** Composición que resulta de mezclar algunas cosas. ‖ **7.** Grado de perfección espiritual en que el alma se une por la caridad con su Creador dispuesta a cumplir la voluntad divina en todo. ‖ **8.** Alianza, compañía. ‖ **9.** Agregación de un beneficio o prebenda eclesiástica a otra. ‖ **10.** Inmediación de una cosa a otra. ‖ **11.** Anillo formado por dos, enlazados entre sí. ‖ **12.** CHILE. Entredós de bordado o encaje. ‖ **13.** CIR. Consolidación de los labios de la herida. ‖ **P.** união; **I.** y **F.** union; **A.** Vereinigung, Verbindung, Bündnis; **It.** unione; **R.** союз, объединение.

UNIONISTA. adj. Se aplica a la persona, partido, etc. que mantiene ideas de unión. Ú.t.c.s.

UNÍPEDE. (l. *unipes*, *-ĕdis*.) adj. De un pie solo.

UNIPERSONAL. (l. *unus*, uno solo, y *persõna*, persona.) adj. Que consta sólo de una persona. ‖ **2.** Que corresponde a una sola persona.

★ **UNIPOLAR.** adj. FISIOL. Dícese de la

neurona que presenta una sola prolongación.

UNIR. (l. *unīre.*) Juntar dos o más cosas haciendo un todo. || **2.** Mezclar entre sí algunas cosas, incorporándolas. || **3.** Juntar una cosa con otra física o moralmente. || **4.** Acercar una cosa a otra para que formen un conjunto o tiendan a un mismo fin. || **5.** Agregar un beneficio o prebenda eclesiástica a otra. || **6.** Casar, disponer y autorizar matrimonio. Ú.t.c.r. || **7.** fig. Concordar las voluntades, ánimos, etc. || **8.** Cerrar la herida. || **9.** r. Unirse varios para un logro ayudándose mutuamente. || **10.** Juntarse en un sujeto dos cosas antes separadas o cesar la oposición de ellas. || **11.** Estar muy cercana una cosa de otra. || **12.** Juntarse uno a la compañía de otro. || **P.** y **F.** unir; **I.** to unite; **A.** vereinigen; **It.** unire; **R.** объединять.

UNISEXUAL. (l. *unus,* uno solo, y *sexus,* sexo.) adj. Biol. Se aplica a la planta o al animal que tiene un solo sexo. || **2.** Bot. Dícese de la flor que carece de estambres o de pistilos.

UNISÓN. adj. Unísono. || **2.** Mús. Conjunto de dos o más voces o instrumentos que interpretan a la vez la misma nota.

UNISONANCIA. (l. *unus,* uno, igual, y *sonāce,* sonar.) f. Concurrencia de dos o más voces o instrumentos en un tono mismo. || **2.** Persistencia monótona del orador en un mismo tono de voz.

UNISONAR. intr. Sonar al unísono dos voces e instrumentos.

UNÍSONO, NA. (l. *unisŏnus.*) adj. Aplícase a lo que tiene el mismo tono que otra cosa. || **2.** m. Mús. Trozo musical en que varias voces o instrumentos suenan con iguales tonos. || *Al* unísono. m. adv. fig. Sin discrepancia. || **P.** uníssono; **I.** unisonous; **F.** unissonnant; **A.** gleichstimmig; **It.** unisono; **R.** согласно.

UNITARIO, RIA. (l. *unĭtas,* unidad.) adj. Sectario que sólo reconoce en Dios una persona. Ú.t.c.s. || **2.** Partidario de la unidad en política. Ú.t.c.s. || **3.** Que propende a la unidad o la conserva.

UNITARISMO. m. Doctrina de los unitarios. || **2.** Secta o partido que profesa esta doctrina.

UNITIVO, VA. (l. *unitivus.*) adj. Que posee virtud de unir. || **2.** Hist. Nat. Se aplica al tejido conjuntivo.

* **UNIVALENTE.** (l. *unus,* uno solo, y *valens, -ēntis,* que tiene fuerza o poder.) adj. Quím. Se dice de los cuerpos cuya capacidad de combinación es igual a la del hidrógeno.

UNIVALVO, VA. (De *uno* y *valva.*) adj. Se aplica a la concha de una sola pieza. || **2.** Se dice del molusco que tiene concha de esta clase. Ú.t.c.s.m. || **3.** Dícese del fruto cuya cáscara o envoltura no tiene más que una sutura.

UNIVERSAL. (l. *universālis.*) adj. Que comprende a todos los de su especie, sin excepción. || **2.** Se aplica a la persona versada en muchas ciencias. || **3.** Que lo comprende todo en la especie de que se habla. || **4.** Que se extiende a todo el mundo, a todos los países y tiempos. || **5.** Dial. Lo que es apto para ser predicado de muchos. || **6.** Teol. Se aplica al juicio que hará Jesucristo de todos los hombres al fin del mundo. || **7.** Dial. Se aplica a la proposición cuyo sujeto se toma en toda su extensión. || **P.** e **I.** universal; **F.** universel; **A.** allgemein, universal; **It.** universale; **R.** всеобщий.

UNIVERSALIDAD. (l. *universalĭtas, -ātis.*) f. Calidad de universal. || **2.** For. Comprensión en la herencia de todos los bienes, derechos, etc. del difunto.

UNIVERSALÍSIMO, MA. (sup. de *universal.*) adj. Lóg. Dícese del género supremo que comprende otros inferiores también universales.

UNIVERSALIZAR. tr. Hacer universal una cosa.

UNIVERSALMENTE. adv. De modo universal.

UNIVERSIDAD. (l. *universalĭtas, -ātis.*) f. Institución pública o privada donde cursan estudios superiores de derecho, medicina, farmacia, filosofía, ciencias, etc. y se confieren los grados correspondientes. || **2.** Edificio destinado a cátedras y oficinas de una universidad. || **3.** Conjunto de personas que forman una corporación. || **4.** Mundo, conjunto de todas las cosas creadas. || **5.** Universalidad, calidad de universal. || **P.** universidade; **I.** university; **F.** université; **A.** Universität; **It.** università; **R.** университет.

UNIVERSITARIO, RIA. adj. Perteneciente o relativo a la universidad. || **2.** m. Catedrático de universidad.

UNIVERSO, SA. (l. *universus.*) adj. Universal. || **2.** m. Mundo, conjunto de todo lo creado. || **2.**ª acep.: **P.** e **It.** universo; **I.** universe; **F.** univers; **A.** Weltall; **R.** всеобщий, мир.

UNIVOCACIÓN. (l. *univocatĭo, -ōnis.*) f. Acción y efecto de univocarse.

UNÍVOCAMENTE. adv. De manera unívoca.

UNIVOCARSE. (De *unívoco.*) r. Convenir en una misma razón dos o más cosas.

UNÍVOCO, CA. (l. *univŏcus;* de *unus,* uno, y *vox, vocis,* voz.) adj. Dícese de lo que es de igual naturaleza o valor a otra. Ú.t.c.s. || **2.** Lóg. Se dice del término que se predica de varios individuos con igual significación. Ú.t.c.s. || **P.** unívoco; **I.** univocal; **F.** univoque; **A.** eindeutig; **It.** unìvoco; **R.** одноимённый.

UNO, NA. (l. *ūnus.*) adj. Que no está dividido en sí mismo. || **2.** Dícese de la persona o cosa identificada con otra, física o moralmente. || **3.** Idéntico. || **4.** Único, sólo y sin otro de su especie. || **5.** Con sentido distributivo se usa contrapuesto a otro. || **6.** pl. Algunos. || **7.** Antepuesto a un número cardinal, aproximadamente. || **8.** Pronombre indeterminado que según esté en singular o en plural significa una o dos o más personas cuyo nombre no se conoce o no se quiere decir. || **9.** m. Unidad, 5.ª acep. || **10.** Signo o guarismo para expresar la unidad sola. || **11.** Individuo de cualquier especie. || *A* una. m. adv. A un tiempo. || *Cada* uno. Cualquier persona individualmente considerada. || *En* uno. m. adv. Con unión o de conformidad. || *Ser todo* uno, o *ser* uno. fr. fig. Parecer varias cosas una misma, o verificarse una inmediatamente, a continuación de otra o al mismo tiempo. || una *de dos.* loc. empleada para contraponer en disyuntiva dos ideas o cosas. || una *no es ninguna.* expr. que da a entender que una acción o cosa sola no basta. || una *por otra.* loc. adv. En todo caso. || uno *a otro.* m. adv. Recíprocamente. || uno *a* uno. m. adv. con que se expresa la distinción por orden de personas y cosas. || uno *con otro.* m. adv. Tomadas en conjunto varias cosas, compensando lo que excede en una con lo que falta en otra. || uno *de tantos.* loc. fam. que expresa que algo no se distingue de los de su especie por ninguna cualidad. || uno *que otro.* loc. Algunos pocos de entre muchos. || unos *cuantos.* loc. Pocos. || uno *tras otro.* m. adv. Sucesivamente. || **P.** e **It.** uno; **I.** one; **F.** un, une; **A.** ein, eins; **R.** единственный, один.

UNTADA. f. Ál., Ar., Logr. y Nav. Rebanada de pan untada con tocino, miel, etc.

UNTADOR, RA. adj. Que unta. Ú.t.c.s.

UNTADURA. f. Acción y efecto de untar o untarse. || **2.** Untura, cosa o materia con que se unta.

UNTAMIENTO. (De *untar.*) m. Untadura, acción de untar.

UNTAR. (De *unto.*) tr. Ungir, 1.ª acep. || **2.** fig. y fam. Sobornar a uno con regalos o dinero. || **3.** r. Mancharse con una materia untuosa. || **4.** fig. y fam. Quedarse con algo de lo que se maneja o administra. || **P.** untar; **I.** to anoint, to oil; **F.** oindre, graisser; **A.** einsalben, schmieren; **It.** ùngere, untare; **R.** смазывать.

UNTAZA. (De *untar.*) f. Unto, 2.ª acep.

UNTO. (l. *unctum,* de *ungĕre,* untar.) m. Materia pingüe a propósito para untar. || **2.** Cordura interior del cuerpo del animal. || **3.** Ungüento. Ú.m. en sent. fig. || **4.** Chile. Betún para el calzado. || **5.** P. Rico. Untura, untadura. || **—de Méjico o de rana.** fig. y fam. Dinero, especialmente el empleado en el soborno. || **P.** unto; **I.** grease, fat; **F.** graisse, onguent; **A.** (Bauch)Feet, Schmiere; **It.** untume; **R.** мазь.

UNTOSIDAD. f. ant. Untuosidad.

UNTOSO, SA. adj. Untuoso.

UNTUOSIDAD. f. Calidad de untuoso.

UNTUOSO, SA. (l. *unctum,* unto.) adj. Craso, pegajoso. || **P.** e **It.** untuoso; **I.** unctuous; **F.** onctueux; **A.** schmierig, fettig; **R.** жирный.

UNTURA. (l. *unctūra.*) f. Untadura, 1.ª acep. || **2.** Materia con que se unta.

UÑA. (l. *ŭngŭla.*) f. Lámina córnea y dura, que nace y crece en las extremidades de los dedos del hombre y de muchos animales. || **2.** Casco o pezuña de algunos animales. || **3.** Punta corva de la cola del alacrán, con la que pica. || **4.** Espina corva de ciertas plantas. || **5.** Tetón de un árbol. || **6.** Costra dura que se forma sobre las mataduras de las bestias. || **7.** Excrecencia de la carúncula lagrimal, semejante a la raíz de la uña. || **8.** Garfio de algunos instrumentos de metal. || **9.** Escopleadura en el espesor de algunas piezas de madera, metal, etc. para poder moverlas con el dedo. || **10.** Dátil, cierto molusco bivalvo. || **11.** Especie de dedal abierto y puntiagudo usado para cerrar los extremos de los pitillos. || **12.** fig. y fam. Destreza para hurtar. Ú.m. en pl. || **13.** Bot. Angostura en la parte inferior de algunos pétalos. || **14.** Mar. Punta triangular en el remate de los brazos del ancla. || **—de gata.** Gatuña. || **—de vaca.** Mano o pie de res después de cortada para la carnicería. || **—olorosa.** Opérculo de una cañadilla índica, que al quemarse produce un olor agradable. || *Afilar,* o *afilarse* uno *las* uñas. fr. fig. y fam. Hacer un extraordinario esfuerzo de inteligencia o destreza. || *A* uña *de caballo* m. adv. fam. A todo correr del caballo. Se usa con los verbos *huir, escapar,* etc. || **2.** fig. y fam. Con los mismos verbos, libertarse uno de un peligro por su diligencia. || *Comerse* uno *las* uñas. fr. fig. y fam. Morderse las de las manos. || *Cortarse* uno *las* uñas *con* otro. fr. fig. y fam. Disponerse para reñir con él. || *De* uñas. loc. adv. fig. y fam. con que se indica la enemistad entre dos o más personas. Se usa con los verbos *estar* y *ponerse.* || *Largo* de uñas. fig. y fam. Inclinado al robo. || *Libertar* a uno *de las* uñas *de* otro. fr. fig. y fam. Sacarle de sus garras. || *Meter* uno *la* uña. fr. fig. y fam. Exceder en los precios, derechos debidos, o defraudar algunas cantidades. || *Mirarse* uno *las* uñas. fr. fig. y fam. Jugar a los naipes. || **2.** fig. y fam. Estar enteramente ocioso. || *No tener* uñas *para guitarrero.* fr. Argent. Tener malos dedos para organista o no ser apto para aquello a lo que se dedica o pretende dedicarse. || *Ponerse de* uñas uno. fr. fig. y fam. Oir con mucho enfado lo que se pretende, resistiéndose a ello. || *Ponerse* uno *en veinte* uñas. fr. fig. y fam. Ponerse boca abajo, afirmándose en el suelo con pies y manos. || **2.** fig. y fam. Negarse del todo con aspereza a lo que se pide. || *Quedarse* uno *soplando las* uñas. fr. fig. y fam. Quedar burlado de quien no se esperaba. || *Sacar* uno *las* uñas. fr. fig. y fam. Valerse de todo el ingenio en algún lance apurado. || *Sacar por la* uña *al león.* fr. fig. Llegar al conocimiento de una cosa por una leve señal de ella. || *Ser* uña *y carne* dos o más personas. fr. fig. y fam. Haber entre ellas estrecha amistad. || *Tener* uno *en la* uña una cosa. fr. fig. y fam. Saberla muy bien. || *Tener* uno *las* uñas *afiladas.* fr. fig. y fam. Estar ejercitado en el robo. || *Tener* uña *en la palma.* fr. fig. Ser ladrón. || *Tener* uñas una cosa. fr. fig. y fam. Tener un asunto graves dificultades. || uñas *abajo.* loc. adv. Equit. Explica la posición en que queda la mano al aflojarse un poco la rienda. || **2.** Esgr. Denota la estocada dada volviendo hacia el suelo la mano y los gavilanes de la espada. || uñas *adentro.* loc. adv. Equit. Explica la posición ordinaria de la mano izquierda con que se llevan las riendas, la cual irá cerrada y las uñas mirando hacia el cuerpo. || uñas *arriba.* loc. adv. fig. y fam. Se dice del que se dispone a defenderse o a rechazar lo que le proponen. || **2.** Equit. Explica la posición en que ha de quedar la mano al acortarse algo la rienda. || **3.** Esgr. Denota la estocada que se tira volviendo los gavilanes y la mano hacia

U arriba. || *Verse en las* UÑAS *del lobo.* fr. fig. y fam. Estar en grave peligro. || **P.** unha; **I.** nail; **F.** ongle; **A.** Nagel; **It.** unghia; **R.** ноготь.

★ **UÑA.** (arauc. *ùna.*) f. ZOOL. CHILE. Cierta araña venenosa.

UÑADA. f. Impresión o señal hecha con el filo de la uña. || **2.** Impulso dado con la uña a una cosa. || **3.** Uñarada.

★ **UÑAR.** (De *uña.*) tr. CHILE y ECUAD. Hurtar, robar.

UÑARADA. f. Rasguño o araño que se hace con las uñas.

UÑATE. m. Uñeta, juego de muchachos. || **2.** fam. Acción y efecto de apretar una cosa con la uña. || **3.** Juego de niños en que se impulsa un alfiler con la uña hasta cruzarlo con el contrario.

★ **UÑATEAR.** (De *uñate.*) tr. BOL. Hurtar, escamotear.

UÑERO. m. Inflamación en la raíz de la uña. || **2.** Herida que causa la uña al crecer viciosamente y meterse en la carne. || **P.** unheiro; **I.** felon; **F.** panaris; **A.** Fingerwurm; **It.** patereccio; **R.** ногтоеда.

UÑETA. f. d. de uña. || **2.** Cincel de boca ancha que usan los canteros. || **3.** Juego de muchachos en que se impulsan unas monedas con la uña del dedo pulgar intentando meterla en un hoyo. || **4.** CHILE. Especie de plectro o dedal de carey que usan los tocadores de instrumentos de cuerda. || **5.** Pestaña que tienen las tarjetas de fichero.

★ **UÑETAS.** m. ·COLOM. Persona inclinada al robo.

UÑETAZO. m. Uñada, uñarada.

★ **UÑETEAR.** tr. CHILE. Hurtar, escamotear.

UÑI. m. CHILE. Arbusto de la familia de las mirtáceas, cuyo fruto es una baya comestible.

UÑIDURA. f. Acción y efecto de uñir.

★ **UÑIGAL.** adj. ARGENT. Doñigal.

UÑIR. (l. *iungĕre.*) tr. ant. Unir, juntar. || **2.** EXTR., LEÓN, SAL., VALLAD. y ZAM. Uncir.

UÑOPERQUÉN. m. CHILE. Planta herbácea campanulácea, de hojas lineares y flores blancas algo azulares, que crece en lugares pedregosos.

UÑOSO, SA. adj. Que posee uñas largas. || **2.** CHILE. Dícese del animal despeado.

UÑUELA. f. d. de uña.

¡UPA! (port. *upa;* en vasc. *upa.*) Voz usada para esforzar a levantar un peso, o a levantarse. Suele decirse hablando con niños. || *A* UPA. m. adv. En brazos, voz infantil.

★ **UPA.** adj. ECUAD. Torpe, tonto. Ú.t. c.s.

UPAR. tr. Aupar.

★ **¡UPE!** interj. C. RICA. Se emplea para lamar a los que habitan en una casa, al entrar en ella.

★ **UPITE.** m. ARGENT. Ano de ave.

UPUPA. (l. *upŭpa.*) f. Abubilla.

URA. f. ARGENT. Gusano que se cría en las heridas.

★ **URACRATIA.** f. Incontinencia de la orina.

URACHO. m. ant. Uretra.

URAJEAR. intr. Grajear.

URALALTAICO, CA. adj. Perteneciente o relativo a los Urales y al Altai. || **2.** Dícese de una gran familia de lenguas aglutinantes de Europa y norte de Asia, como el mogol, el turco y el ugrofinés. || **3.** Dícese también de los pueblos que hablan estas lenguas.

★ **URALITA.** (De los montes *Urales,* donde primeramente se halló este mineral.) f. MINERAL. Silicato doble de calcio y magnesio. || **2.** Producto fabricado con asbesto y cemento y que se emplea principalmente para cubiertas de edificaciones, tubos, etc.

URANIO. (De *Urano.*) m. QUÍM. Metal muy denso, el más pesado de los elementos químicos naturales, de color blanco parecido al níquel y fusible a elevadísima temperatura. En contacto con el aire arde con gran brillo. Es radiactivo y fuente de una serie de productos de desintegración que produce una enorme cantidad de energía. || **P.** urânio; **I.** F. uranium; **A.** Uran, Uranerz; **It.** uranio; **R.** уран.

URANIO, NIA. (gr. οὐράνιος, celeste.) adj. Perteneciente o relativo a los astros y el espacio celeste.

★ **URANISMO.** m. PATOL. En medicina legal, inversión sexual, principalmente en el hombre y cuando los órganos genitales no presentan ningún vicio de conformación.

URANO. (l. *Urānus,* y éste del gr. Οὐρανός.) m. Uno de los grandes planetas del sistema solar, cuya órbita se halla entre las de Saturno y Neptuno. || **P.** Urano; **I., F.** y **A.** Uranus; **It.** Urano; **R.** Уран.

URANOGRAFÍA. (gr. οὐρανογραφία; de οὐρανός, cielo, y γράφω, describir.) f. Cosmografía. || **P.** uranografia; **I.** uranography; **F.** uranographie; **A.** Himmelschreibung; **It.** uranografia; **R.** уранография.

★ **URANOGRÁFICO, CA.** adj. Perteneciente o relativo a la uranografía.

URANÓGRAFO. m. El que profesa la uranografía o es versado en ella.

URANOLITO. (gr. οὐρανός, cielo, y λίθος, piedra.) m. Aerolito.

URANOMETRÍA. (gr. οὐρανός, cielo, y μέτρον, medida.) f. Parte de la astronomía que trata de la medición de las distancias celestes.

URAO. (Voz caribe.) m. Trona.

URAPE. m. VENEZ. Arbusto leguminoso, de tallo espinoso y flores blancas. Con él se forman setos vivos.

URATO. (De *urea.*) m. QUÍM. Compuesto salino correspondiente al ácido úrico.

URBANAMENTE. (De *urbano,* 2.ª acep.) adv. Con urbanidad.

URBANÍA. (De *urbano,* cortés.) f. ant. Urbanidad.

URBANIDAD. (l. *urbanĭtas, -ātis.*) f. Cortesanía, buen modo, buenos modales. || **P.** urbanidade; **I.** urbanity, politeness; **F.** urbanité, politesse; **A.** Gesittung, Urbanität; **It.** civiltà, urbanità; **R.** благовоспитанность.

URBANISMO. m. Técnica arquitectónica que se ocupa de la creación, desarrollo y reforma de las poblaciones en orden a las necesidades crecientes de la vida humana.

URBANISTA. adj. Referente al urbanismo. || **2.** m. Persona que profesa el urbanismo.

° **URBANÍSTICO, CA.** adj. Relativo a la urbanización.

URBANIZACIÓN. f. Acción y efecto de urbanizar.

URBANIZAR. tr. Hacer urbano y sociable a uno. Ú.t.c.r. || **2.** Convertir en poblado una porción de terreno o prepararlo para ello, haciendo las obras necesarias. || **P.** urbanizar; **I.** to urbanize; **F.** rendre civil; **A.** zivilisieren; **It.** incivilire; **R.** воспитывать.

URBANO, NA. (l. *urbānus,* de *urbs, urbis,* ciudad.) adj. Perteneciente o relativo a la ciudad. || **2.** fig. Cortesano, de buen modo. **3.** m. Individuo de la milicia urbana.

URBE. (l. *urbs, -bis.*) f. Ciudad, especialmente la muy populosa y moderna. || **P. e It.** urbe; **I.** town, city; **F.** ville; **A.** Grosstadt; **R.** большой современный город.

URBI ET ORBI. expr. lat. Fórmula aplicada a la bendición papal cuando abarca a todo el mundo. || **2.** fig. A los cuatro vientos, al mundo entero.

URCA. (neerl. *hulk.*) f. Embarcación grande, muy ancha en el centro, utilizada para el transporte.

URCA. f. Orca.

URCE. (l. *ulex, -ĭcis.*) m. Brezo, arbusto ericáceo.

URCITANO, NA. adj. Natural de Urci, antigua ciudad de la España Tarraconense, hoy Chuche, barrio de Almería. Ú.t.c.s. || **2.** Perteneciente a esta ciudad de la España Tarraconense. || **3.** Almeriense. Apl. a pers. ú.t.c.s.

URCHILLA. (port. *urchilla,* quizá del ital. *orciglia,* y éste tal vez del l. *urceolarĭa herba.*) f. Cierto liquen que vive en las rocas bañadas por las aguas del mar. || **2.** Color violeta obtenido de esta planta.

URDIDERA. f. Urdidora. || **2.** Instrumento para preparar los hilos para las urdimbres.

URDIDOR, RA. adj. Que urde. Ú.t. c.s. || **2.** m. Urdidera, 2.ª acep.

URDIDURA. f. Acción y efecto de urdir.

URDIEMBRE. f. Urdimbre.

URDIMBRE. f. Estambre urdido. || **2.** Conjunto de hilos colocados paralelos en el telar para formar la tela. || **3.** fig. Acción de urdir una intriga. || **P.** urdume; **I.** warp; **F.** chaîne; **A.** Kettgarn, (Web)-Kette; **It.** ordito; **R.** основа.

URDIR. (l. *ordīri.*) tr. Preparar los hilos en la urdidera para pasarlos después al telar. || **2.** fig. Disponer cautelosamente o maquinar algo contra uno o para la consecución de algún designio. || **P.** urdir; **I.** to warp; **F.** ourdir; **A.** scheren, zetteln; **It.** ordire; **R.** навивать основу.

UREA. (gr. οὖρον, orina.) f. QUÍM. Substancia nitrogenada, cristalina y muy soluble que constituye la mayor parte de la materia orgánica contenida en la orina en su estado normal. Se la obtiene sintéticamente y tiene en la actualidad numerosas aplicaciones industriales. || **P.** ureia; **I.** e **It.** urea; **F.** urée; **A.** Harnstoff; **R.** мочевина.

★ **UREASA.** (De *urea,* y la term. *-asa,* propia de los nombres de fermentos.) f. BIOQUÍM. Enzima o fermento de la orina que acelera la hidrólisis de la urea en carbonato amónico.

UREMIA. (gr. οὖρον, orina, y αἷμα, sangre.) f. MED. Conjunto de síntomas cerebrales, respiratorios, etc., causados por la acumulación de la sangre y en los tejidos, de venenos derivados del metabolismo orgánico que en estado normal son eliminados por el riñón. || **P.** uremia; **I.** ur(a)emia; **F.** urémie; **A.** Harnvergiftung; **It.** uremia; **R.** уремия.

URÉMICO, CA. adj. MED. Perteneciente o relativo a la uremia.

URENTE. (l. *urens, -entis,* p.a. de *urĕre,* quemar, abrasar.) adj. Que escuece, abrasador.

URÉTER. (gr. οὐρητήρ.) m. ZOOL. Cada uno de los conductos por donde desciende la orina desde los riñones a la vejiga. || **P.** uréter; **I.** ureter; **F.** uretère; **A.** Harnleiter; **It.** uretere; **R.** мочеточник.

URÉTERA. f. ZOOL. Uretra.

URÉTICO, CA. (gr. οὐρητικός.) adj. ZOOL. Perteneciente o relativo a la uretra.

URETRA. (l. *urēthra,* y éste del gr. οὐρήθρα, de οὐρέω, orinar.) f. ZOOL. Conducto por donde se expele la orina. || **P. e It.** uretra; **I.** urethra; **F.** urètre; **A.** Harnröhre; **R.** мочеиспускательный канал.

URETRAL. (De *uretra.*) adj. ZOOL. Urético.

URETRITIS. (De *uretra,* y el suf. *itis,* inflamación.) f. MED. Inflamación de la membrana mucosa que tapiza el conducto de la uretra. || **2.** MED. Blenorragia. || **P. e It.** uretrite; **I.** urethritis; **F.** urétérite, urétrite; **A.** Harnröhrenentzündung; **R.** уретрит.

★ **URETROSCOPIO.** m. CIR. Endoscopio para examinar la uretra.

URGABONENSE. (Del nombre antiguo *Alba Urgabona,* hoy Arjona.) adj. Natural de Arjona. Ú.t.c.s. || **2.** Perteneciente a esta ciudad de la provincia de Jaén.

URGENCIA. (l. *urgentĭa.*) f. Calidad de urgente. || **2.** Necesidad apremiante de algo. || **3.** Obligación actual de cumplir las leyes y preceptos. || **P.** urgência; **I.** urgency; **F.** urgence; **A.** Dringlichkeit; **It.** urgenza; **R.** срочность.

URGENTE. (l. *urgens, -entis.*) p.a. de urgir. Que urge. || **2.** adj. Dícese de la carta o del telegrama que han de enviarse y entregarse al destinatario con preferencia a los ordinarios.

URGENTEMENTE. adv. De manera urgente.

URGIR. (l. *urgēre.*) intr. Instar a ejecutar algo con rapidez. || **2.** Obligar actualmente la ley o el precepto. || **P.** urgir; **I.** to press, to be urgent; **F.** être urgent, presser; **A.** pressieren, dringend sein; **It.** ùrgere; **R.** быть срочным.

★ **URIANA.** f. VENEZ. Especie de cedazo hecho de palma.

URÍAS. n. p. fig. V. *Carta de* URÍAS.

ÚRICO, CA. (gr. οὖρον, orina.) adj. Perteneciente o relativo al ácido úrico. || **2.** Urinario, perteneciente o relativo a la orina. ‖ **3.** Quím. Dícese de un ácido de la orina humana y de los animales carnívoros, y de los excrementos de las aves. ‖ **P.** úrico; **I.** uric; **F.** urique; **A.** Harnsäure, Blasensäure; **It.** úrico; **R.** мочевой.

URINAL. (l. *urinālis*.) adj. Urinario, perteneciente a la orina.

URINARIO, RIA. (l. *urīna*, orina.) adj. Perteneciente o relativo a la orina. ‖ **2.** m. Lugar en que se orina y sobre todo el dispuesto para todo el público en lugares concurridos. ‖ **2.ª** acep.: **P.** mictório; **I.** urinal, chalet; **F.** pissoir, urinoir; **A.** Bedürfnisanstalt, Pissoir; **It.** orinatoio; **R.** уборная.

★ **URIÑE.** m. Chile. Foca.

URNA. (l. *urna*.) f. Vaso que los antiguos usaban para guardar dinero, las cenizas de los muertos, etc. ‖ **2.** Arquita para depositar las papeletas o números para un sorteo, o para una votación secreta. ‖ **3.** Caja de cristales planos para guardar en ella, teniéndolos visibles, pero resguardados del polvo objetos preciosos. ‖ **4.** Medida antigua para líquidos. ‖ **P.** e **It.** urna; **I.** urn; **F.** urne; **A.** Urne, Krug; **R.** урна.

URNICIÓN. f. Mar. En los astilleros de Vizcaya, barraganete.

URO. (l. *urus*.) m. Bóvido salvaje semejante al toro, pero mayor que éste.

URODELO. adj. Zool. Dícese de los batracios de piel desnuda, que conservan siempre una cola larga y cuatro extremidades cortas, aunque a veces faltan las posteriores. Ú.t.c.s. ‖ **2.** m. pl. Zool. Orden de dichos animales.

UROGALLO. (De *uro* y *gallo*.) m. Ave gallinácea, de plumaje pardo negruzco, patas y pico negros y cola redonda. ‖ **I.** heath-cock; **F.** coq de bruyère; **A.** Auerhahn; **It.** urogallo; **R.** тетерев.

★ **UROLOGÍA.** f. Med. Parte de la medicina que trata de las enfermedades del aparato urinario.

UROMANCIA [**∼MANCÍA**]. (gr. οὖρον, orina, y μαντεία, adivinación.) f. Adivinación vana y supersticiosa por el examen de la orina.

UROSCOPIA. (gr. οὖρον, orina, y σκοπέω, examinar.) f. Med. Inspección metódica de la orina para esclarecer el diagnóstico de las enfermedades.

★ **UROTROPINA.** f. Quím. Aldehído que se emplea como antiséptico de las vías urinarias, en la vulcanización del caucho y en la industria del plástico.

URPILA. f. Argent. Paloma pequeña.

★ **URPO.** m. Argent. Ulpo.

★ **URQUE.** (arauc. *urcun*, cansarse.) m. Chile. Patata mala, vieja y rugosa.

URRACA. (De *hurraca*.) f. Pájaro córvido, de casi medio metro de largo, de pico y pies negros y plumas blancas en el vientre y arranque de las alas y negro en el resto del cuerpo. Abunda en España, es fácilmente domesticable y aprende a remedar palabras. ‖ **2.** Amér. Ave semejante al arrendajo. ‖ *Hablar más que una* URRACA. fr. fig. y fam. Hablar mucho. Dícese más de las mujeres y niños. ‖ **P.** pega; **I.** (mag)pie; **F.** pie, agace; **A.** Gartenrabe, Elster; **It.** pica, cecca; **R.** сорока.

★ **URRAQUEAR.** tr. Bol. Causar a uno un gran dolor, hacerle ver las estrellas.

URSA. (l. *ursa*, osa.) f. Astron. Osa.

URSAONENSE. (l. *ursaonenses*, *-um*, de *Ursao*, Osuna.) adj. Natural de la antigua Ursao, hoy Osuna. Ú.t.c.s. ‖ **2.** Perteneciente a esta villa.

★ **URSIGRAMA.** m. Mensaje radiodifundido que informa acerca del estado de actividad del Sol y de los fenómenos geofísicos relacionados con ella.

URSINA. adj. Que forma parte de la denominación «branca ursina» que se da al acanto.

URSULINA. (De Santa *Úrsula*, virgen mártir del siglo IV, bajo cuya advocación se fundó esta orden.) adj Dícese de la religiosa que pertenece a la congregación agustiniana fundada en el siglo XVI, para educación de las niñas y asistencia de enfermos. Ú.t.c.s. ‖ **P.** ursulina; **I.** Ursuline; **F.** ursuline; **A.** Ursulinennonne; **It.** orsolina.

URTICÁCEO, CEA. (l. *urtĭca*, ortiga.) adj. Bot. Se aplica a las plantas angiospermas dicotiledóneas, de hojas sencillas

con estípulas y casi todas provistas de pelos que segregan un jugo urente; flores en espiga y fruto desnudo o incluso en el perigonio. Ú.t.c.s. ‖ **2.** f. pl. Bot. Familia de estas plantas.

URTICANTE. adj. Que causa comezón parecida a la picadura de las ortigas.

URTICARIA. (l. *urtĭca*, ortiga.) f. Med. Enfermedad eruptiva de la piel, con una comezón semejante a la que producen las ortigas en la piel. ‖ **P.** urticária; **I.** e **It.** urticaria; **F.** urticaire; **A.** Nesselausschlag; **R.** крапивница.

URÚ. m. Argent. Ave de plumaje pardo, y semejante a la perdiz.

URUBÚ. m. Especie de buitre americano de 60 cm de largo.

★ **URUBUTÍ.** m. Zool. R. de la Plata. Especie de cuervo blanco, y más de un metro de envergadura.

URUCÚ. m. Argent. Bija.

URUGA. f. Logr. Gayuba.

° **URUGUAYISMO.** m. Locución, giro o modo de hablar privativo de los uruguayos.

URUGUAYO, YA. adj. Natural de Uruguay. Ú.t.c.s. ‖ **2.** Perteneciente a esta nación de América del Sur.

URUNDAY. m. Bot. Argent. Árbol anarcadiáceo, de buena madera, que se emplea en la construcción de casas y buques y para muebles.

URUNDEY. m. Argent. Urunday.

★ **URUTAU.** m. Zool. Amér. Urutaú.

URUTAÚ. m. Argent. Ave nocturna, de plumaje pardo, que lanza durante la noche una especie de alarido prolongado.

★ **URUTÍ.** (guar. *uruti*, pájaro blanco.) m. Zool. R. de la Plata. Cierto pajarillo de colores variados.

USACIÓN. (De *usar*.) f. ant. Uso, acción de usar.

USADAMENTE. (De *usado*, p.p. de usar.) adv. Según el uso o conforme a él.

USADO, DA. p.p. de usar. ‖ **2.** adj. Deslucido por el uso. ‖ **3.** Habituado en algo. ‖ *Al* USADO. m. adv. con que se explican los cambistas que las letras se han de pagar en el tiempo o modo acostumbrado.

USADOR, RA. adj. ant. Que usa.

USAGE. (gr. ψώρα ἀγρία, tiña.) m. Med. Erupción pustulosa, con costras, que comúnmente se presenta en la cara y alrededor de las orejas durante la primera dentición. ‖ **2.** Veter. Sarna en el cuello del perro, y otros animales domésticos. ‖ **1.ª** y **2.ª** aceps.: **P.** usagre, sarna; **I.** scald-head, milk-scab; **F.** croûte de lait, gale; **A.** Milchschorf, Räude; **It.** lattime, costra làttea; **R.** короста.

USAJE. (dialect. *usatge*, y éste del l. *usaticum*.) m. ant. Uso, moda.

USANTE. p.a. de usar. Que usa.

USANZA. (De *usar*.) f. Uso, moda.

USAR. (De *uso*.) tr. Hacer servir una cosa para algo. ‖ **2.** Disfrutar uno de algo. ‖ **3.** Ejecutar algo por costumbre. ‖ **4.** Ejercer o servir un empleo. ‖ **5.** intr. Acostumbrar, tener costumbre de algo. ‖ *Lo que se* USA *no se excusa*. ref. que aconseja conformarse con la costumbre común del tiempo, o indica que es difícil substraerse a la fuerza del uso común. ‖ **P.** usar; **I.** to use; **F.** user, employer; **A.** gebrauchen, tragen; **It.** usare; **R.** употреблять.

USARCÉ. com. Apóc. de *usarced*.

USARCED. com. Metapl. de *vuesarced*, vuestra merced.

USCOQUE. adj. Dícese del individuo de una tribu esclavona que habita en la Iliria, la Croacia y la Dalmacia. Ú.t.c.s. ‖ **2.** Perteneciente a esta tribu.

USENCIA. com. Metapl. de *vuesa reverencia*. Ú. entre los religiosos.

USEÑORÍA. com. Metapl. de *vueseoría*, vuestra señoría.

USGO. m. Asco.

USÍA. com. Síncopa de *usiría*, vuestra señoría.

USIER. (fr. *huissier*, y éste del l. *ostiarius*, de *ostium*, puerta.) m. Ujier.

USILLO. m. Ar. Achicoria silvestre. ‖ **2.** Argent. y Chile. Arbusto de las malpigiáceas que se encuentra principalmente en la provincia argentina de Mendoza.

USIRÍA. com. ant. Metapl. de *useñoría*, vuestra señoría.

USITADO, DA. (l. *usitātus*.) adj. ant. Que se usa con frecuencia.

USLERO. m. Chile, Sal. y Vallad. Fruslero, rollo de madera para extender la masa de harina en la cocina.

USO. (l. *ūsus*.) m. Acción y efecto de usar. ‖ **2.** Ejercicio de una cosa. ‖ **3.** Moda. ‖ **4.** Modo determinado de actuar de una persona o cosa. ‖ **5.** Empleo habitual de una persona o cosa. ‖ **6.** Derecho a percibir los frutos de cosa ajena en lo que baste a las necesidades del usuario y de su familia, salvo título especial que fije otro límite. ‖ **7.** For. Forma del derecho consuetudinario inicial de la costumbre, y que convive como supletorio con algunas leyes escritas. **—de razón.** posesión del natural discernimiento que se adquiere pasada la primera niñez. ‖ **2.** Tiempo en que se empieza a reconocer en los actos del niño o individuo. ‖ *Al* USO. m. adv. Conforme a él. ‖ *Andar uno al* USO. fr. Acomodarse al tiempo o a las ocasiones. ‖ *El* USO *hace maestro*. fr. proverb. que aconseja ejercitarse en las artes, ciencias y virtudes, pues con la repetición de los actos se consigue mayor perfección. ‖ *Estar uno en los* USOS. fr. Seguir los usos y costumbres del lugar en que vive. ‖ *Estar de buen* USO. fr. fam. No estar estropeado lo que ya está usado. ‖ **P.** e **It.** uso; **I.** use; **F.** usage; **A.** Gebrauch, Sitte; **R.** пользование.

USOFRUTO. m. ant. Usufructo.

USTAGA. (Como *ostaga* y el ital. *ostaga*, taga, del neerl. *tackel*.) f. Mar. Ostaga.

¡USTE! interj. ¡Oxte! ‖ *Sin decir* USTE *ni muste*. expr. adv. fam. Sin decir oxte ni moxte.

USTED. (De *vusted*.) com. Pronombre personal de segunda persona, usado como tratamiento de respeto y cortesía; concierta con el verbo en tercera persona. USTED *lo sabe*.

USTIBLE. (l. *ustus*, p.p. de *urĕre*, quemar.) adj. Que se puede quemar con facilidad.

USTIÓN. (l. *ustĭo*, *-ōnis*.) f. Acción de quemar o quemarse.

USTORIO. (l. *ustor*, *-ōris*, el que quema.) adj. Fís. Dícese del espejo cóncavo de metal que refleja los rayos de sol haciéndolos converger en un punto llamado foco, y produciendo un calor capaz de quemar, fundir y hasta volatilizar los cuerpos allí colocados.

USUAL. (l. *usuālis*.) adj. Que se usa comúnmente. ‖ **2.** Se aplica al que tiene un carácter tratable. ‖ **3.** Se aplica a las cosas fáciles de usar. ‖ **P.** e **I.** usual; **F.** usuel; **A.** gebräuchlich; **It.** usuale; **R.** употребительный.

USUALMENTE. adv. De manera usual.

USUARIO, RIA. (l. *usuarĭus*.) adj. Que usa de ordinario una cosa. Ú.t.c.s. ‖ **2.** For. Se dice del que puede usar de lo ajeno con cierta limitación. Ú.m.c.s. ‖ **3.** For. Se dice del que por especial derecho goza del aprovechamiento de aguas derivadas de corriente pública. Ú.t.c.s.

USUCAPIÓN. (l. *usucapĭo*, *-ōnis*.) f. For. Modo de adquirir el dominio de una cosa, por haber pasado el tiempo en que podría haberlo reclamado el anterior dueño.

USUCAPIR. (l. *usucapĕre*; de *usus*, uso, y *capĕre*, tomar.) tr. For. Adquirir algo por usucapión.

USUFRUCTO. (l. *usufructus*.) m. Derecho de usar de una cosa ajena y aprovechar sus frutos sin estropearla. ‖ **2.** Utilidad, fruto que puede sacarse de cualquier cosa. ‖ **P.** usufruto; **I.** usufruct; **F.** usufruit; **A.** Nutzniessung, Niessbrauch; **It.** usufrutto; **R.** право пользования.

USUFRUCTUAR. tr. Tener una cosa en usufructo. ‖ **2.** intr. Fructificar, producir utilidad una cosa. ‖ **P.** usufruir; **I.** to usufruct; **F.** jouir de l'usufruit; **A.** nutzniessen; **It.** usufruttare; **R.** пользоваться.

USUFRUCTUARIO, RIA. (l. *usufructuarius*.) adj. Dícese de quien posee y disfruta una cosa. Ú.t.c.s. ‖ **2.** For. Que tiene derecho de usufructo sobre una cosa en que otro tiene nuda propiedad. Ú.t.c.s.

USUFRUTO. m. ant. Usufructo.

USUFRUTUAR. tr. ant. Usufructuar.

U

USUFRUTUARIO, RIA. adj. ant. Usufructuario. Usáb.t.c.s.

USUPUCA. f. ARGENT. Pito, garrapata casi circular, de color amarillento, cuya picadura es muy molesta.

USURA. (l. *usūra*.) f. Interés que se lleva por el dinero o el género prestado en contrato de mutuo. || **2.** Este mismo contrato. || **3.** Interés excesivo en un préstamo. || **4.** fig. Ganancia o utilidad que se saca de una cosa especialmente si son excesivos. || **5.** ARGENT. Ventaja. || *Pagar uno con* USURA *una cosa.* fr. fig. Corresponder a un beneficio con otro mayor. || **P.** e **It.** usura; **I.** usury; **F.** usure; **A.** Wucher; **R.** доход, ростовщичество.

USURAR. (De *usura*.) intr. Usurear.

USURARIAMENTE. (De *usurario*.) adv. Con usura.

USURARIO, RIA. (l. *usurarīus*.) adj. Aplícase a los tratos y contratos en que hay usura.

USUREAR. intr. Dar o tomar a usura. || **2.** fig. Ganar o adquirir con utilidad o provecho, particularmente si es con exceso.

USURERO, RA. m. y f. Persona que presta con usura. || **2.** Por ext. se dice de quien en otros contratos obtiene excesivo lucro. || **P.** usurário; **I.** usurer; **F.** usurier; **A.** Wucherer; **It.** usuraio; **R.** ростовщик.

USURPACIÓN. (l. *usurpatio, -ōnis.*) f. Acción y efecto de usurpar. || **2.** Cosa usurpada, especialmente si es terreno. || **3.** FOR. Delito que se comete al apoderarse con violencia de inmueble o derecho real ajeno. || **P.** usurpação; **I.** y **F.** usurpation; **A.** Usurpation, widerrechtlich Besitzergreifung; **It.** usurpazione; **R.** узурпация.

USURPADOR, RA. (l. *usurpātor, -ōris.*) adj. Que usurpa. Ú.t.c.s.

USURPAR. (l. *usurpāre.*) tr. Apoderarse de lo ajeno, generalmente con violencia. || **2.** Arrogarse la dignidad o empleo de otro o usar de ellos como propios. || **P.** usurpar; **I.** to usurp, to grasp; **F.** usurper; **A.** sich anmassen, erschleichen; **It.** usurpare; **R.** незаконно захватывать.

USUTA. f. ARGENT. y BOL. Ojota, especie de sandalia.

UT. (V. *Fa.*) m. ant. MÚS. Do.

UTA. f. PERÚ. Enfermedad de úlceras faciales, muy frecuente en las quebradas hondas del Perú.

* **UTAVE.** m. CHILE. Gavilla de trigo. Ú. en la provincia de Chiloé.

* **UTEMPE.** m. CHILE. Lisa, pez de río, malacopterigio que se parece a la locha.

UTENSILIO. (l. *utensilĭa,* pl. de *utensĭlis,* útil, necesario.) m. Lo que se emplea en algún uso manual y frecuente. Ú.m. en pl. || **2.** Herramienta de un oficio. Ú.m. en pl. || **3.** MIL. Auxilio que debe dar el patrón al soldado alojado en su casa. Ú.m. en pl. || **4.** MIL. Leña, aceite para luces, cama, etc., que se suministra a los soldados en los cuarteles. Ú.m. en pl. || **P.** utensilio; **I.** utensil; **F.** ustensile; **A.** Werkzeug, Gerät; **It.** utensile; **R.** инструмент, орудие.

UTERINO, NA. (l. *uterīnus.*) adj. Perteneciente al útero. || **2.** Dícese del hermano que lo es únicamente por parte de madre. || **3.** MED. *Furor* UTERINO. Deseo violento en la mujer de entregarse a la cópula.

ÚTERO. (l. *utĕrus.*) m. Matriz, víscera de la mujer y de las hembras de los mamíferos donde se efectúa la gestación. || **P.** útero; **I.** uterus; **F.** utérus; **A.** Gebärmutter; **It.** ùtero; **R.** матка.

UTICENSE. (l. *uticensis.*) adj. Natural de Utica. Ú.t.c.s. || **2.** Perteneciente a esta ciudad del África antigua.

ÚTIL. (l. *utĭlis.*) adj. Que produce provecho, comodidad, interés, etc. || **2.** Que puede servir para algún fin. || **3.** FOR. Se dice del tiempo o de los días hábiles de un término señalado por la ley o la costumbre sin contar aquellos en los que no

se puede actuar. Fuera de lo forense se extiende a otras materias y especies. || **4.** m. Utilidad. | **5.** Utensilio, 1.ª y 2.ª aceps. Ú.m. en pl. || **P.** útil; **I.** useful; **F.** utile; **A.** nützlich, tauglich; **It.** ùtile; **R.** полезный.

* **UTILERÍA.** f. ARGENT. Instrumental, conjunto de instrumentos o utensilios para una clase de trabajo. || **2.** ARGENT. Vestuario de un teatro.

* **UTILERO, RA.** m. y f. AMÉR. Persona que está encargada del vestuario o utilería de un teatro.

UTILIDAD. (l. *utilĭtas, -ātis.*) f. Calidad de útil. || **2.** Provecho, interés, etc., que se saca de algo. || **P.** utilidade; **I.** utility, usefulness; **F.** utilité; **A.** Nutzen, Vorteil; **It.** utilità; **R.** полезность.

UTILITARIO, RIA. adj. Que sólo propende a conseguir lo útil; que antepone la utilidad y el interés a todo.

UTILITARISMO. m. Doctrina filosófica moderna que considera la utilidad como principio moral, identificando el bien con lo útil.

UTILIZABLE. adj. Que puede o debe utilizarse.

UTILIZACIÓN. f. Acción y efecto de utilizar.

UTILIZAR. (De *útil.*) tr. Aprovecharse de una cosa. Ú.t.c.r. || **P.** utilizar; **I.** to utilize; **F.** utiliser; **A.** gebrauchen, benützen; **It.** utilizzare; **R.** использовать.

ÚTILMENTE. adv. De manera útil.

UTOPÍA [UTOPIA]. (gr. οὐ, no, y τόπος, lugar: lugar que no existe. Tomado del libro que publicó Tomás Moro, con el título de *Utopía,* describiendo una república imaginaria.) f. Plan, doctrina o sistema halagüeño, pero irrealizable.

UTÓPICO, CA. adj. Perteneciente o relativo a la utopía.

UTOPISTA. adj. Que traza utopías o es dado a ellas. Ú.m.c.s.

* **UTOSO, SA.** adj. PERÚ. Que padece la enfermedad llamada uta.

UTRERANO, NA. adj. Natural de Utrera. Ú.t.c.s. || **2.** Perteneciente a dicha ciudad.

UTRERO, RA. m. y f. Novilla o novillo desde los dos años hasta cumplir los tres.

UT RETRO. (Lit., *como detrás, como a la vuelta.*) m. adv. en la expr. *Fecha* UT RETRO. La misma expresada anteriormente en un escrito.

* **UTRICULARIA.** (De *utrículo.*) f. BOT. Plantas herbáceas acuáticas lentibulariáceas cuyas especies nadan libremente o vegetan en el fondo del agua.

* **UTRÍCULO.** m. Saquito, odre pequeño, celdilla. || **2.** BOT. Cavidad de los granos de polen. || **3.** ANAT. Parte del laberinto membranoso del oído interno de donde nacen los tres conductos semicirculares.

UT SUPRA. (Lit., *como arriba.*) m. adv. lat. Se emplea en ciertos documentos para referirse a una fecha o frase, expresada anteriormente y evitar su repetición.

* **UTURUNGO.** m. ARGENT. Yaguar.

UVA. (l. *uva.*) f. Fruto de la vid, que es baya jugosa, apiñado con otros formando racimos. || **2.** Cada uno de los granos que produce el berberís o arlo, semejantes a los de la granada. || **3.** Enfermedad de la úvula con un tumorcillo en forma de uva. || **4.** Especie de verrugas que se forman juntas en el párpado, semejando un racimo de uvas. || **5.** AR., MANCHA, NAV. y RIOJA. Racimo de uvas. || **6.** PAR. Paja brava. || **—abejar.** Variedad de uva más gruesa y menos jugosa que la albilla que apetecen las abejas y avispas. || **—alarije.** La de color rojo que producen ciertas cepas altas y sarmientos duros. || **—albarazada.** La de hollejo jaspeado, común en Andalucía. || **—albilla.** La de hollejo tierno y delgado y muy gustosa. || **—bodocal.** Uva negra de granos gruesos y racimos largos y ralos. || **—canilla.** Uva de gato. || **—ciguete.** Variedad de uva blanca parecida

a la albilla. || **—crespa.** Uva espina. || **—de caleta.** CUBA. Uva de playa. || **—de gato.** Hierba anual crasulácea, que se cría comúnmente en los tejados. || **—de playa.** Fruto del uvero, como una cereza grande, morado, tierno, dulce y muy jugoso. || **—de raposa.** Hierba perenne liliácea, que produce una baya negra del tamaño del guisante y narcótica. || **—espina.** Variedad silvestre del grosellero que tiene las hojas vellosas y el fruto menos dulce. || **—hebén.** Variedad de uva, blanca, vellosa, semejante a la moscatel en el sabor. || **—Jaén.** Variedad de uva blanca, crecida y de hollejo grueso y duro. || **—lairén.** Variedad de uva, de grano crecido y hollejo duro, buena para guardarla. || **—moscatel.** Variedad de uva, blanca o morada, de grano redondo, liso y sabor sumamente dulce. || **—palomina.** Uva negra en racimos largos y ralos. || **—tinta.** Variedad de uva de zumo negro que se emplea para dar color a ciertos mostos. || **—torrontés.** Variedad de uva blanca, transparente y de grano muy pequeño y hollejo tierno. Se hace de ella un vino suave y oloroso, que se conserva mucho tiempo. || **—tortozón.** Variedad de uva, de granos gruesos y racimos grandes. || *Entrar uno por* UVAS. fr. fig. y fam. Arriesgarse a intervenir en un asunto. Ú.m. con neg. || *Hecho una* UVA. expr. fig. y fam. Muy borracho. || *Meter* UVAS *con agraces.* fr. fig. y fam. Confundir unas cosas con otras; traer a cuento cosas inconexas. || **P.** e **It.** uva; **I.** grape; **F.** raisin; **A.** Traube; **R.** виноград.

UVADA. f. Abundancia de uva.

UVADUZ. (De *uva* y el vulg. *duz,* del l. *dulcis.*) f. Gayuba.

UVAGUEMAESTRE. m. Vaguemaestre.

UVAL. adj. Parecido a la uva.

UVATE. m. Conserva de uvas, comúnmente cocidas en el mosto hasta el punto de arrope.

UVAYEMA. (De *uva* y *yema.*) f. Especie de vid silvestre que se enreda como la hiedra entre las ramas de los árboles.

UVE. f. Nombre de la letra *v.*

ÚVEA. (De *uva.*) adj. ZOOL. Dícese de la tercera túnica del ojo. Ú.t.c.s.

UVERAL. m. AMÉR. Paraje en que abundan los árboles llamados uveros.

UVERO, RA. adj. Perteneciente o relativo a las uvas. || **2.** m. y f. Persona que vende uvas. || **3.** m. Árbol silvestre poligonáceo, que vive en las costas de las Antillas y América Central, de escasa altura y muy frondoso. Su fruto es la uva de playa.

UVIAR. (l. *obviāre,* salir al encuentro.) intr. ant. Acudir, llegar.

UVILLA. f. d. de uva. || **2.** CHILE. Especie de grosella. || **2.** f. BOT. COLOM. Planta solanácea americana.

UVILLO. m. CHILE. Arbusto trepador fitolacáceo, de flores blancas y frutos anaranjados.

* **UVIOL.** Lámpara que suministra rayos ultravioletas y tiene aplicaciones médicas.

* **UVITA.** f. BOT. ARGENT. Fruto de una planta trepadora silvestre, es blanco, jugoso y de forma de una uva alargada.

ÚVULA. (l. *uvŭla,* d. de *uva,* uva.) f. ZOOL. Parte media del velo del paladar, de forma cónica que divide el borde libre del velo en dos mitades a modo de arcos. || **P.** úvula; **I.** uvula; **F.** uvule; **A.** Zäpfchen; **It.** ùvola; **R.** язычок.

UVULAR. adj. Perteneciente o relativo a la úvula. || **2.** FON. Se aplica al sonido en cuya articulación interviene la úvula.

UXORICIDA. (l. *uxor, -ōris,* mujer, esposa, y *caedĕre,* matar.) adj. Se dice del que mata a su mujer. Ú.t.c.m.

UXORICIDIO. m. Muerte causada a la mujer por su marido.

* **UYAMA.** f. VENEZ. Especie de calabaza.

UZO. (l. *ūstĭum, ostĭum,* puerta.) m. ant. Puerta o postigo.

V

V. f. Vigésima quinta letra del abecedario español y vigésima de sus consonantes. Su nombre es *uve*. || **2.** Letra numeral con valor de cinco en la numeración romana. || **3.** Abreviatura de usted. || **4.** Fís. En mayúscula, símbolo de voltio; en minúscula significa la velocidad. || **5.** Fís. Sigla de la palabra latina *vis*, usada como abreviatura para significar el potencial. || **6.** Quím. Símbolo del vanadio. || —**doble.** Letra de esta figura (W), no comprendida en nuestro abecedario. Se emplea sólo en los nombres de algunos personajes godos de nuestra historia y en voces de origen extranjero, y en química es símbolo del wolframio.

* V-1 y V-2. Nombres de dos tipos de bomba volante empleados por los alemanes al final de la II Guerra Mundial.

VACA. (l. *vacca*.) f. Hembra del toro. **2.** Carne de vaca o buey como alimento. **3.** Dinero que juegan en común dos o más personas. || **4.** Cuero curtido de la vaca. **.5.** Colom. Persona corpulenta e inútil. **6.** Bot. Colom. y Venez. Árbol alto de frutos semejantes a las avellanas. || **7.** Zool. Cuba. Pez pequeño de carne poco apreciada. || —**abierta.** Vaca fecunda. || —**del aguardiente.** La que se lidia a primeras horas de la mañana en fiestas populares. || —**loca.** Ecuad. Dispositivo para fuegos artificiales consistente principalmente en una piel de vaca recubierta de cohetes. || *La* vaca *de la boda.* fig. y fam. Persona que sirve de diversión a los concurrentes de una fiesta o paga los gastos de la misma. **2.** fig. y fam. Persona a quien todos acuden en sus necesidades. || *Hacer* vaca. Juntar dinero varias personas para jugar, repartiéndose proporcionalmente las ganancias o las pérdidas. || **2.** *Hacer* vaca. fr. Ecuad. Pintar dinero para organizar un baile u otra diversión. || **2.** Perú. Faltar a clase. || *Por eso se vende la* vaca; *porque uno come, o quiere, la pierna y otro la falda.* ref. que indica que todo es aprovechable ante la variedad de gustos. || *Quien come la* vaca *del rey, a cien años paga los huesos.* ref. que advierte que el que no fue fiel con los caudales de los poderosos, no debe sentirse seguro, pues aun al cabo del tiempo se lo harán pagar. || *Si quieres ser rico, calza de* vaca *y viste de fino.* ref. que aconseja gastar géneros de buena calidad por ser más duraderos. || *Volverse o volvérsele, a uno la* vaca. fr. Argent. Volverse irascible y altanero el que era manso y humilde. || **P.** vaca; **I.** cow; **F.** vache; **A.** Kuh; **It.** vacca; **R.** корова.

VACABUEY. m. Bot. Cuba. Árbol silvestre, dileniáceo, cuya madera es buena para la construcción y sus frutos son comestibles.

VACACIÓN. (l. *vacatio, -ōnis*.) f. Suspensión de los negocios o estudios por cierto tiempo. Ú.m. en pl. || **2.** Tiempo que dura la cesación de trabajo. Ú.m. en pl. || **3.** Acción de vacar un empleo o cargo. || **4.** Vacante, cargo o empleo sin proveer. **P.** vacação; **I.** vacation; **F.** vacances; **A.** Ferien, Ruhezeit; **It.** vacazione, vacanza; **R.** отдых, отпуск.

VACADA. (De *vaca*.) f. Manada de ganado vacuno. || **2.** Ganado vacuno con que negocia un ganadero.

VACADO, DA. p.p. de vacar.

* VACAJE. m. R. de la Plata y Chile. Vacada.

VACANCIA. (l. *vacantĭa*.) f. Vacante, cargo o empleo sin proveer.

VACANTE. (l. *vacans, -antis*.) p.a. de vacar. Que vaca. || **2.** adj. Se dice del cargo, empleo o dignidad sin proveer. Ú.t.c.s.f. || **3.** Se aplica a los bienes inmuebles sin dueño conocido. || **4.** f. Renta devengada en el tiempo que permanece sin proveerse un beneficio o dignidad eclesiástica. || **5.** Vacación, tiempo que dura la cesación del trabajo. || 2.ª acep.: **P.** e **It.** vacante; **I.** y **F.** vacant; **A.** unbesetz; **R.** вакантный.

VACANZA. f. ant. Vacancia.

VACAR. (l. *vacāre*.) intr. Cesar por cierto tiempo en los trabajos, estudios, etc., habituales. || **2.** Quedar un empleo o cargo sin persona que lo desempeñe. || **3.** Dedicarse por entero a un determinado ejercicio. || **4.** Carecer. || **P.** vacar; **I.** to vacate; **F.** vaquer, être vacant; **A.** unbesetzt sein, frei sein; **It.** vacare, èssere vacante; **R.** отдыхать.

* VACARAY. (guar. *mbacaraí, mbaca*, tomado del español *vaca*.) m. R. de la Plata. Ternero nonato sacado del vientre de la madre al matarla.

VACARÍ. (ár. *baqarī*, perteneciente o relativo al ganado vacuno.) adj. De cuero de vaca, o cubierto de este cuero.

VACATURA. (l. *vacātum*, supino de *vacāre*, vacar.) f. Tiempo que está vacante un empleo o cargo.

VACCEO, A. (l. *vaccaei*.) adj. Natural de una antigua región de la España Tarraconense y que se extendía por los modernos términos de Medina del Campo, Valladolid, Palencia, Sahagún, Villalpando y Zamora. Ú.t.c.s. || **2.** Perteneciente a esta región.

VACCINIEO, A. (l. *vaccinium*, cierta planta tintórea.) adj. Bot. Dícese de las matas o arbustos iricáceos, de hojas simples y perennes, y fruto en baya jugosa. Ú.t.c.s.f.

* VACCINO. (l. *vaccīnus*, vacuno, de vaca.) m. Med. Vacuna.

VACIADERO. m. Lugar en que se vacía una cosa. || **2.** Conducto por donde se vacía.

VACIADIZO, ZA. adj. Se dice de la obra vaciada. Ú. entre vaciadores de metales.

VACIADO, DA. p.p. de vaciar. || **2.** Acción de vaciar en un molde, yeso, metal, etc., para formar un objeto. || **3.** Arq. Excavación. || **4.** Arq. Fondo en el neto del pedestal después de la moldura. **5.** Esc. Figura o adorno de yeso, estuco, etc., formado en un molde.

VACIADOR. m. El que vacía. || **2.** Instrumento por donde o con que se vacía.

VACIAMIENTO. m. Acción o efecto de vaciar o vaciarse.

VACIANTE. p.a. de vaciar. Que vacía. **2.** f. Menguante, descenso del agua del mar por efecto de la marea.

VACIAR. (De *vacío*.) tr. Dejar vacía una cosa. Ú.t.c.r. || **2.** Sacar o verter el contenido de un recipiente. Ú.t.c.r. || **3.** Hacer un objeto echando en un molde hueco metal derretido u otra materia blanda. || **4.** Hacer un hueco en algún cuerpo sólido. || **5.** Sacar filo agudo en la piedra a los instrumentos cortantes. || **6.** fig. Explicar lentamente una doctrina. || **7.** fig Trasladarla de un escrito a otro. || **8.** intr. Desaguar ríos o corrientes. || **9.** Menguar el agua en los ríos, en el mar, etc. || **10.** r. fig. y fam. Decir uno sin reparo lo que debía callar. || **11.** Méj. Perder una tela la consistencia de tanto lavarla. || **P.** esvaziar; **I.** to empty, to evacuate; **F.** vider; **A.** ausleeren; **It.** voutare; **R.** опорожнять.

VACIEDAD. (l. *vacivitas, -ātis*.) f. ant. Vacuidad. || **2.** fig. Necedad, simpleza.

VACIERO. m. Pastor del ganado vacío.

VACILACIÓN. (l. *vacillatio, -ōnis*.) f. Acción y efecto de vacilar. || **2.** fig. Perplejidad. || **P.** vacilação; **I.** vacillation, staggering; **F.** vacillation, hésitation; **A.** Schwankung; **It.** vacillazione, esitazione; **R.** колебание.

* VACILADA. (De *vacilar*, parrandear.) f. Méj. Juerga, parranda. || **2.** Méj. Borrachera.

* VACILADOR, RA. adj. Méj. Amigo de parrandas, juerguista.

VACILANTE. (l. *vacillans, -antis*.) p.a. de vacilar. Que vacila.

VACILAR. (l. *vacillāre*.) intr. Moverse algo indeterminadamente. || **2.** Estar poco firme una cosa. || **3.** Titubear, estar irresoluto. || **4.** P. Rico. Estar calamocano. || **5.** Méj. y Guat. Emborracharse. || **6.** Méj. Parrandear. || **P.** vacilar; **I.** to vacillate, to hesitate; **F.** vaciller, chanceler, hésiter; **A.** schwanken; **It.** vacillare, esitare; **R.** колебаться.

* VACILÓN, NA. (De *vacilar*, parrandear.) adj. Méj. Parrandero. || **2.** P. Rico. Medio ebrio. || **3.** m. Méj. Fiesta, jolgorio.

VACÍO, A. (l. *vacīvus*.) adj. Falto de contenido. || **2.** Dícese de la hembra de los ganados que no tiene cría. || **3.** Vano, malogrado. || **4.** Ocioso, sin ocupación. || **5.** Se dice de las casas, lugares o pueblos sin habitantes o sin la gente que a ellos suele acudir. || **6.** Falto de la perfección que le corresponde o del efecto que se desea. || **7.** Hueco o sin solidez. || **8.** fig. Vano, falto de madurez. || **9.** m. Concavidad o hueco de algunas cosas. || **10.** Ijada o cavidad entre las costillas falsas y las caderas. || **11.** Vacante en algún cargo o empleo que alguno deja libre. || **12.** Movimiento de la danza española, que se ejecuta levantando un pie cón violencia y bajándolo después naturalmente. || **13.** fig. Falta, ausencia o carencia de persona o cosa que se echa de menos. || **14.** Fís. Espacio que no contiene aire ni otra materia perceptible por medios físicos o químicos. || **15.** Fís. Enrarecimiento hasta el grado máximo posible del aire o gas de un lugar cerrado. || —**barométrico o de Torricelli.** Fís. El espacio que queda sobre la columna de mercurio de un barómetro. || —**óptico.** Fís. Estado de un medio en el que no se percibe la trayec-

V

toria de un haz luminoso, como sucede en las soluciones perfectas. || *Caer en el* VACÍO *una cosa.* loc. fam. No tener acogida lo que se dice o se propone. || *De* VACÍO. m. adv. Sin carga. *El carro volvió de* VACÍO. || **2.** Sin ocupación. || **3.** Sin haber conseguido lo que uno se proponía; Ú. con los verbos *volver, irse,* y otros. || *En* VACÍO. m. adv. En vago. || **2.** MÚS. Pulsando la cuerda sin pisarla. || *Hacer el* VACÍO *a uno.* fr. fig. Dificultarle el trato con los demás. || **P.** vazio; **I.** void, empty; **F.** vide; **A.** leer; **It.** vuoto; **R.** пустой.

VACO. (De *vaca.*) m. fam. Buey.

VACO, CA. (l. *vacŭus.*) adj. Vacante, que está sin proveer.

★ **VACUENCIA.** (De *vacuo.*) f. REP. DOMIN. Vacuidad, simpleza. Ú.m. en pl.

★ **VACUENTE.** adj. Que dice necedades o simplezas.

VACUIDAD. (l. *vacuĭtas, -ātis.*) f. Calidad de vacuo.

VACUNA. (De *vacuno.*) f. Pústula o viruela que sale en las tetas de las vacas y se transmite al hombre por inoculación para preservarlo de las viruelas naturales. || **2.** Pus de dichas pústulas o de los vacunados. || **3.** Cualquier principio orgánico preparado que se inocula a persona o animal para evitar una determinada enfermedad. || **P.** vacina; **I.** cowpox; **F.** vaccin, vaccine; **A.** Kuhpocke, Vakzin; **It.** vaccina; **R.** вакцина.

VACUNACIÓN. f. Acción o efecto de vacunar o vacunarse. || **P.** vacinação; **I.** y **F.** vaccination; **A.** Impfung; **It.** vaccinazione; **R.** прививка.

VACUNADOR, RA. adj. Que vacuna. Ú.t.c.s.

VACUNAR. (De *vacuna.*) tr. Comunicar el virus vacuno a una persona para preservarla de la enfermedad de las viruelas. Ú.t.c.r. || **2.** Inocular a la vaca o a la ternera el virus vacuno para conservarlo. || **3.** Inocular a una persona o animal el virus o principio orgánico preparado para preservarlos de una determinada enfermedad. || **P.** vacinar; **I.** to vaccinate; **F.** vacciner; **A.** impfen; **It.** vaccinare; **R.** делать прививку.

VACUNO, NA. adj. Perteneciente al ganado bovino. || **2.** De cuero de vaca.

★ **VACUNOSÍFILIS.** f. Sífilis por una inoculación de vacuna impura.

VACUNOTERAPIA. f. Tratamiento de las enfermedades infecciosas por medio de vacunas.

VACUO, CUA. (l. *vacŭus.*) adj. Vacío. || **2.** Vacante, que está sin proveer. || **3.** m. Vacío, concavidad de algunas cosas.

★ **VACUOLA.** (l. *vacŭus,* vacío.) f. BIOL. Cavidad o vesícula que se encuentra en el protoplasma celular. || **2.** GEOL. Cada una de las cavidades vacías y redondeada que presentan ciertas rocas.

VADE. (l. *vade,* imper. de *vadĕre,* ir, marchar, caminar.) m. Vademécum, 2.ª acep.

VADEABLE. adj. Se dice del río, o corriente de agua que se puede vadear. || **2.** fig. Superable con ingenio y arte, tratándose de una dificultad.

VADEADOR. m. Individuo que conoce bien los vados y sirve en ellos de guía.

VADEAR. tr. Pasar un río o corriente de agua por un vado o lugar en que se puede hacer pie. || **2.** fig. Vencer una gran dificultad. || **3.** fig. Tantear el ánimo de uno. || **4.** fig. Comprender una sentencia o cosa difícil y obscura. || **5.** r. Manejarse, portarse. || **P.** vadear; **I.** to ford, to wade; **F.** guéer; **A.** (durch)waten; **It.** guadare; **R.** переходить вброд (реку).

VADEMÉCUM. (l. *vade,* anda, ven, y *mecum,* conmigo.) m. Libro pequeño y que contiene las nociones más necesarias de una ciencia o arte que suele uno llevar consigo para consultarlo con frecuencia. || **2.** Cartapacio en que llevan los estudiantes y escolares libros y papeles. || **P.** vade-mécum; **I.** e **It.** vademecum; **F.** vade-mecum; **A.** Notizbuch; **R.** справочник.

VADERA. f. Vado, especialmente el ancho por donde pasan ganados y carruajes.

VADE RETRO. (Lit., *ve o marcha atrás.*) expr. lat. empleada para rechazar a una persona o cosa.

VADIANO, NA. (l. *vadiānus,* por *audiā-* nus.*) adj. Dícese de ciertos herejes del siglo IV que seguían las doctrinas de Audio. Ú.t.c.s. || **2.** Perteneciente a esta secta.

VADO. (l. *vadus.*) m. Paraje de un río con fondo firme, llano y poco profundo, por donde se puede pasar a pie, a caballo o en carruaje. || **2.** fig. Expediente, curso, alivio o remedio en algunas cosas. || *Al* VADO *o a la puente.* expr. fig. y fam. con que se aconseja al que está perplejo o irresoluto que opte por una u otra resolución. || *Tentar un* VADO. fr. Sondearlo. || **2.** fig. Intentar un negocio con cuidado y precaución. || **P.** vau; **I.** ford; **F.** gué; **A.** Furt, Durchwatstelle; **It.** guado; **R.** брод.

VADOSO, SA. (l. *vadōsus.*) adj. Dícese del paraje del mar, río o lago que tiene vados o parajes de suelo somero, por lo que es peligroso para la navegación.

★ **VAEMES.** m. pl. CHILE. Especie de pan o pasta de patatas ralladas a las que alguna vez se añade miel.

VAFE. m. AND. Golpe atrevido.

VAFO. (De la onomat. *baf.*) m. ant. Vaho.

VAFOSO, SA. (De *vafo.*) adj. ant. Vaporoso.

VAGA. (fr. *vague,* y éste del ant. nórd. *vaag,* ola.) f. ant. Ola en la superficie del mar.

★ **VAGA.** f. ARGENT. Ramera.

VAGABUNDEAR. intr. Andar vagabundo.

VAGABUNDEO. m. Acción y efecto de vagabundear.

VAGABUNDERÍA. f. Vagabundeo. || **2.** Calidad de vagabundo.

VAGABUNDO, DA. (l. *vagabundus.*) adj. Que anda errante de un lugar a otro. || **2.** Holgazán que va de una parte a otra, sin domicilio y sin oficio. Ú.t.c.s. || **3.** m. y f. COLOM., VENEZ. y PAN. Persona astuta y enredadora. || **2.ª** acep.: **P.** vagabundo; **I.** vagrant, vagabond; **F.** vagabond; **A.** Landstreicher; **It.** vagabondo; **R.** бродяга, странник.

★ **VAGADA (DE UNA).** m. adv. CUBA. De una vez.

VAGAMENTE. adv. De una manera vaga.

VAGAMUNDEAR. intr. Vagabundear.

★ **VAGAMUNDERÍA.** f. ANT., AMÉR. CENTRAL y COLOM. Vagancia. || **2.** Poca vergüenza.

VAGAMUNDO, DA. adj. Vagabundo. Ú.t.c.s.

VAGANCIA. (l. *vacantĭa.*) f. Acción de vagar o estar sin oficio u ocupación. Ú.t.c.s.

VAGANTE. (l. *vagans, -antis.*) p.a. de vagar o andar errante. || **2.** BOL. Dícese del terreno poco cultivado.

VAGANTE. (l. *vacans, -antis.*) p.a. de vagar, 2.° art.

VAGAR. (Forma substantiva de *vagar,* 1.er art.) m. Tiempo libre para hacer una cosa. || **2.** Espacio, pausa. || *Andar de* VAGAR uno. fr. No tener qué hacer; estar ocioso. || **P.** vagar; **I.** leisure; **F.** loisir; **A.** Musse; **It.** retaglio di tempo; **R.** досуг.

VAGAR. (l. *vacāre.*) intr. Tener tiempo y lugar suficiente para hacer algo. || **2.** Estar ocioso, sin oficio ni beneficio. || **P.** vagar; **I.** to be at leisure; **F.** être oisif; **A.** Musse haben; **It.** bighellonare; **R.** иметь досуг.

VAGAR. (l. *vagāri.*) intr. Andar de un lugar a otro sin detención especial en ninguno. || **2.** Andar por un sitio sin hallar camino o lo que se busca. || **3.** Andar libre y suelta una cosa, sin el orden y disposición que debe tener. || **P.** vagar; **I.** to roam; **F.** vaquer, errer, flâner; **A.** umherstreichen, umherirren; **It.** vagare; **R.** бродить.

VAGAROSAMENTE. adv. De modo vagaroso.

VAGAROSIDAD. f. Calidad de vagaroso.

VAGAROSO, SA. adj. Que vaga, o que se mueve continuamente de un lugar a otro. Ú.m. en poesía.

VAGIDO. (l. *vagitus,* de *vagīre,* llorar los niños.) m. Llanto del recién nacido. || **P.** vagido; **I.** vagitus; **F.** vagissement; **A.** Kindergewimmer; **It.** vagito; **R.** крик новорождённого.

VAGINA. (l. *vagīna,* vaina.) f. ZOOL. Conducto membranoso que en las hembras de los mamíferos se extiende desde la vulva hasta la matriz. || **2.** BOT. Vaina ensanchada y envolvente de algunas hojas. ||

P., I. e **It.** vagina; **F.** vagin; **A.** Mutterscheide, Scheide; **R.** влагалище.

VAGINAL. adj. ZOOL. Perteneciente o relativo a la vagina.

★ **VAGINISMO.** (De *vagina.*) m. MED. Hiperestesia de los órganos genitales externos de la mujer que generalmente se debe a una lesión que origina la contracción espasmódica y dolorosa de los músculos constrictores de la vagina e impide el coito.

VAGINITIS. (De *vagina* y la terminación *itis,* inflamación.) f. MED. Inflamación de la vagina.

VAGNERIANO, NA. adj. Perteneciente o relativo a Wagner o a su música.

VAGO, GA. (l. *vacŭus.*) adj. Vacío, desocupado. Se aplica al hombre sin oficio ni ocupación. Ú.t.c.s. || **2.** m. AR. y NAV. Erial o solar vacío. || *En* VAGO. m. adv. Sin firmeza o sin apoyo con riesgo de caerse. || **2.** Sin el sujeto u objeto a que se dirige la acción. || **3.** fig. En vano, o sin el logro del fin que se intentaba, o engañándose en lo que se juzgaba. || **P.** vago; **I.** idle, lazy; **F.** oisif, fainéant; **A.** müssiggänger, vagabundierend; **It.** scioperone, fannullone; **R.** свободный, бездельник.

VAGO, GA. (l. *vagus.*) adj. Que anda de un lugar a otro, sin detenerse en ninguno. || **2.** Dícese de lo que no tiene objeto o fin determinado sino libre en la elección. || **3.** Indeciso, indeterminado. || **4.** PINT. Vaporoso, indefinido. || **5.** ZOOL. ANAT. Se dice del nervio que regula los movimientos cardíacos y las funciones respiratoria y digestiva. Ú.m.c.s. || **P.** vago; **I.** errant, vagrant; **F.** errant, vagabond; **A.** Nichtstuer, Bummler; **It.** vagante; **R.** блуждающий.

VAGÓN. (ing. *wagon.*) m. Carruaje de viajeros o de mercancías en los ferrocarriles. || **2.** Carro grande de mudanzas para ser transportado sobre una plataforma de ferrocarril. || **P.** vagão; **I.** passenger-car, wagon; **F.** wagon; **A.** Eisenbahnwagen, Waggon; **It.** vagone; **R.** вагон.

VAGONETA. f. Vagón pequeño para transporte.

VAGOTONÍA. f. MED. Excitabilidad anormal del nervio vago, con alteraciones de la función de los órganos en que especifica este nervio principalmente del corazón, los bronquios, el estómago y los intestinos.

VAGUADA. f. Línea que marca la parte más honda del valle y por donde van las aguas de las corrientes naturales.

VAGUEACIÓN. (De *vaguear.*) f. Inquietud o inconstancia de la imaginación. || **2.** Acción de vagar.

VAGUEANTE. p.a. de vaguear. Que vaguea.

VAGUEAR. (De *vago,* 2.° art.) intr. Vagar, andar errante.

VAGUEDAD. f. Calidad de vago, vacío o desocupado.

VAGUEDAD. f. Calidad de vago, 2.° art. || **2.** Expresión o frase vaga.

VAGUEMAESTRE. (al. *wegenmeister.*) m. Oficial militar que en el ejército cuidaba de la conducción del bagaje.

VÁGUIDO. m. ant. Vaguido. Ú. en América.

VAGUIDO, DA. (De *vaguear.*) adj. Turbado o que padece vahídos. || **2.** m. Vahído.

VAHAJE. (De *vaho.*) m. Viento suave.

VAHANERO, RA. (De *vago,* 1.er art.) adj. MURC. desus. Ocioso, pícaro. Usáb. t.c.s.

VAHAR. (De *vaho.*) intr. Vahear.

VAHARADA. f. Acción y efecto de arrojar o echar el vaho o respiración.

VAHARERA. (De *vahar.*) f. Erupción pustulosa que sale a veces a los niños en las comisuras de los labios. || **2.** EXTR. Melón que por no estar sazonado causa daño a la boca.

VAHARINA. (De *vahar.*) f. fam. Vaho, vapor, niebla.

VAHEAR. intr. Echar de sí vaho o vapor.

VAHÍDO. (De *vaguido.*) m. Desvanecimiento, breve turbación del sentido. || **P.** vertigem; **I.** dizziness; **F.** évanouissement; **A.** Schwindel; **It.** capogiro; **R.** обморок.

VAHO. (De la onomat. *baf.*) m. Vapor

V

que despiden los cuerpos en determinadas condiciones. ‖ **P.** vapor; **I.** vapour; **F.** vapeur; **A.** Dampf; **It.** vapore; **R.** пар.

VAÍDA. adj. ARQ. Dícese de la bóveda formada por un hemisferio cortado por cuatro planos verticales, paralelos dos a dos.

VAINA. (l. *vagĭna*.) f. Funda para guardar algunas armas como espadas, etc. ‖ **2.** Túnica o cáscara larga en que se hallan encerradas algunas simientes. ‖ **3.** BOT. Ensanchamiento del peciolo o de la hoja que envuelve el tallo. ‖ **4.** MAR. Dobladillo en el borde de una vela para reforzarle. ‖ **5.** MAR. Jareta de tela fuerte que se cose al canto vertical de una bandera, por donde pasa el cordel con que se iza. ‖ **6.** pl. VIZC. Judías que se comen en verde. ‖ **7.** m. fig. y fam. Persona despreciable. ‖ **8.** COLOM., C. RICA y VENEZ. Molestia. ‖ **9.** BOL. Especie de dedil que se pone a los gallos de pelea en los espolones. ‖ **10.** COLOM. Casualidad. ‖ **11.** CHILE. Bebida preparada con varios componentes de los que son los principales la champaña y el huevo. ‖ **12.** HOND. Jareta hecha en la ropa para pasar por ella una cinta. ‖ **—catódica.** Capa delgada de gas luminoso que recubre la superficie del cátodo dentro de un tubo con gas a baja presión. ‖ *Correr a uno con la* VAINA. fr. ARGENT. Imponérsele valiéndose del engaño y la ficción. ‖ *Echarle* a uno *la* vaina. fr. COLOM. Hacerle fracasar. ‖ *¡Qué* vaina! expr. AMÉR. Exclamación con que se expresa fastidio. ‖ *Salirse* uno *de la* VAINA. fr. ARGENT. Perder la serenidad y el dominio de sí mismo. ‖ **P.** bainha; **I.** sheath; **F.** fourreau, gaine; **A.** Scheide, Hülse; **It.** guaina; **R.** ножны, кобура.

★ **VAINADA.** f. CUBA. Acción de una persona despreciable a quien se tacha de vaina.

VAINAZAS. (De *vaina*, informal.) m. fam. Persona floja y descuidada.

VAINERO. m. Oficial que hace vainas para las armas.

★ **VAINETILLA.** f. PERÚ. Molestia, disgusto, contrariedad.

VAINICA. (d. de *vaina*.) f. Deshilado menudo que se hace por adorno en el borde de la tela junto a los dobladillos.

VAINILLA. (d. de *vaina*, 2.ª acep.) f. BOT. Planta orquidácea americana de tallos trepadores, hojas ovales, flores grandes y fruto capsular en forma de judía con muchas simientes menudas. ‖ **2.** Fruto de dicha planta, empleado en aromatizar licores, chocolate, etc. ‖ **3.** Heliotropo que se cría en América. ‖ **4.** Vainica. ‖ **5.** AST. Judía verde. ‖ **P.** baunilha; **I.** vanilla; **F.** vanille; **A.** Vanille; **It.** vaniglia; **R.** ваниль.

★ **VAINILLÓN.** m. AMÉR. MERID. Fruto de la vainilla.

VAINIQUERA. f. Obrera que se dedica a hacer vainicas.

★ **VAINITA.** (d. de *vaina*.) f. VENEZ. Habichuela o judía verde.

VAIVÉN. (De *ir* y *venir*.) m. Movimiento alternativo de un cuerpo primero en un sentido y luego en sentido contrario. ‖ **2.** fig. Variedad inestable o inconstancia de las cosas. ‖ **3.** fig. Riesgo que expone a perder lo que se desea. ‖ **4.** MAR. Cabo delgado que sirve para entrañar y forrar otros más gruesos, y para otros usos. ‖ **P.** vaivém; **I.** seesaw; **F.** va-et-vient; **A.** Schwankung, Schwingung; **It.** viavai; **R.** качание.

VAIVENEAR. tr. desus. Causar vaivén.

VAIVODA. (eslavo *vaivod*, príncipe.) m. Título que se dio a los reyes de Moldavia, Valaquia y Transilvania.

VAJILLA. (l. *vascĕlla*, pl. n. de *vascĕllum*.) f. Conjunto de platos, vasos, etc., destinados al servicio de la mesa. ‖ **P.** baixela; **I.** tableware; **F.** vaisselle; **A.** (Tafel-, Tisch)Geschirr; **It.** vassellame; **R.** столовая посуда.

VAL. m. Apócope de valle. Ú. mucho en composición. ‖ **2.** MURC. Acequia por donde corren las aguas sucias de una población.

VAL. Apócope antigua de *vale*, tercera persona del singular del presente de indicativo del verbo *valer*.

★ **VALACA.** f. COLOM. Cinta con que sujetan las mujeres el cabello.

VALACO, CA. adj. Natural de Valaquia. Ú.t.c.s. ‖ **2.** Perteneciente a este antiguo principado del reino de Rumania. ‖ **3.** Dícese de la lengua romance hablada en Valaquia, Moldavia y territorios rumanos. ‖ **4.** m. Lengua valaca. ‖ **P.** Wallachian; **F.** valaque; **A.** Wallache; **It.** valaco; **R.** валахский.

VALAIS. m. Pieza de madera de sierra del marco de Ávila de 3,5 m de largo, 10 cm de tabla y 5 cm de ancho, que se emplea en carpintería y para hacer rediles o teleras.

VALAR. (l. *vallāris*, de *vallum*, estacada.) adj. Perteneciente al vallado o cerca. ‖ **2.** Dícese de la corona castrense.

VALDENSE. adj. Sectario de Pedro Valdo, heresiarca francés según el cual el lego que practicase voluntariamente la pobreza podría ejercer las funciones del sacerdocio. Ú.t.c.s. ‖ **2.** Perteneciente a esta secta.

VALDEPEÑAS. m. Vino tinto de la villa de este nombre de la provincia de Ciudad Real.

VALDEPEÑERO, RA. adj. Natural de Valdepeñas. ‖ **2.** Perteneciente a este pueblo. ‖ **3.** ALBAC. Dícese de una variedad de uva blanca, fina y buena para conservarla colgada.

VALDESTILLAS. n. p. en la expr. fig. y fam. *Ajo de* VALDESTILLAS, que significa cosa que se añade para adorno o aderezo de otra, y que cuesta más que la principal.

VALDIVIA. f. ZOOL. ECUAD. Ave trepadora, de canto triste que se considera vulgarmente de mal agüero.

VALDIVIANO. m. CHILE. Guiso de cecina con cebolla frita y zumo de limón.

VALE. (lit., *consérvate sano*.) Voz latina usada a veces en español para despedirse en estilo cortesano y familiar.

VALE. (pres. de indic. de *valer*.) Contraseña que se da a uno para que lo canjee por dinero, para que entre gratis en un espectáculo, etc. ‖ **2.** Papel o seguro a favor de uno obligándole a pagar dinero. ‖ **3.** Nota firmada que da uno ha de entregar una cosa para que pueda acreditar la entrega y cobrar después. ‖ **4.** Papel que da al maestro al alumno para que pueda aspirar a una recompensa mayor o redimir una falta. ‖ **5.** Envite en algunos juegos de naipes con las primeras cartas. ‖ **6.** REP. DOMIN. Campesino. ‖ **7.** VENEZ. Valedor, camarada. ‖ *Recoger un* VALE. fr. Pagar lo que se cobra por él. ‖ *Ser* VALE con uno. fr. COLOM. Tener valimiento con él. ‖ **P.** vale; **I.** bond; **F.** bon; **A.** Freischein; **It.** b(u)ono; **R.** расписка, квитанция.

VALEDERO, RA. adj. Que debe valer, ser firme.

VALEDOR, RA. m. y f. Persona que ampara a otra. ‖ **2.** MÉJ. Camarada, amigo. ‖ **3.** VENEZ. Fiador. ‖ **P.** protector; **F.** protecteur; **A.** Beschützer; **It.** protettore; **R.** поручитель.

VALEDURA. f. desus. CUBA. Regalo que el jugador que gana hace al que pierde o a otro que presencia el juego. ‖ **2.** MÉJ. Valimiento, favor.

VALENCIA. (De *valer*.) f. ant. Valor. ‖ **2.** BIOL. Poder de un anticuerpo para combinarse con uno o más antígenos. ‖ **3.** QUÍM. Capacidad de combinación de un elemento o radical químico determinada por el número de átomos de hidrógeno con que aquél puede combinarse directa e indirectamente.

VALENCIANISMO. m. Giro propio del habla valenciana.

VALENCIANO, NA. adj. Natural de Valencia. Ú.t.c.s. ‖ **2.** Perteneciente a esta ciudad y antiguo reino. ‖ **3.** Lengua hablada en la mayor parte del antiguo reino de Valencia.

★ **VALENTE.** (l. *valens*, *-ēntis*, p.a. de *valere*, valer.) adj. Que tiene poder de combinación con una o más valencias según el prefijo con el cual forme las palabras monovalente, divalente, trivalente, etc.

VALENTÍA. (De *valiente*.) f. Esfuerzo, vigor. ‖ **2.** Hazaña heroica. ‖ **3.** Jactancia de las acciones de valor y esfuerzo. ‖ **4.** Gallardía, arrojo feliz en la manera de concebir o ejecutar una obra literaria o artística. ‖ **5.** Acción material o inmaterial esforzada que parece superior a las fuerzas naturales. ‖ *Pisar de* VALENTÍA. fr. fig. Andar con arrogancia. ‖ **P.** valentia; **I.** bravery; **F.** vaillance; **A.** Mut, Tapferkeit; **It.** valentìa, prodezza; **R.** сила, отвага.

VALENTINIANO, NA. adj. Sectario de Valentín, heresiarca gnóstico del siglo II que admitía hasta treinta eones. Ú.t.c.s.

VALENTINO, NA. (l. *valentinus*.) adj. Valenciano, perteneciente o relativo a Valencia.

VALENTÍSIMO, MA. adj. sup. de valiente. ‖ **2.** Muy perfecto en un arte o ciencia.

VALENTÓN, NA. adj. Que se jacta de guapeza o valentía. Ú.t.c.s.

VALENTONA. f. fam. Valentonada.

VALENTONADA. (De *valentón*.) f. Jactancia o exageración del propio valor.

VALENZA. (l. *valentia*.) f. ant. Valimiento, favor.

VALER. (l. *valēre*.) tr. Amparar, patrocinar. ‖ **2.** Fructificar, producir. Ú.t. en sentido figurado. ‖ **3.** Importar o sumar, hablando de números y cuentas. ‖ **4.** Tener las cosas un precio determinado. ‖ **5.** Hablando de monedas, equivaler unas a otras en número de determinada estimación y tratando de otras equivaler, tener valor comparable a otra. ‖ **6.** intr. Equivaler, ser una cosa igual a otra en valor o estimación. ‖ **7.** Ser de naturaleza o poseer cualidades que merezcan aprecio o estimación. ‖ **8.** Tener una persona fuerza o autoridad. ‖ **9.** Tratándose de monedas correr o pasar. ‖ **10.** Ser una cosa de importancia para lograr otra. ‖ **11.** Prevalecer una cosa en oposición a otra. Ú. mucho con el verbo *hacer*. ‖ **12.** Servir alguna cosa de amparo o defensa. ‖ **13.** Tener la fuerza necesaria para la firmeza de algún efecto. ‖ **14.** Seguido de la preposición *por*, incluir en sí equivalentemente las cualidades de otra cosa. ‖ **15.** fig. Tener cabida, aceptación o autoridad con uno. ‖ **16.** r. Usar una cosa útilmente. ‖ **17.** Recurrir al favor o mediación de otro para un intento. ‖ **18.** m. Valor, valía; *Lo que mucho* VALE, *mucho cuesta.* fr. proverb. con que se advierte que no debe repararse en el trabajo o en el coste de las cosas cuando son muy estimables. ‖ *Más* VALE *tarde que nunca.* fr. proverb. que significa que aunque se haga algo con retraso, resulta estimable. ‖ *Más* VALIERA. loc. irón. para indicar la extrañeza o disonancia que causa lo que se propone como opuesto a lo que se intentaba. ‖ *Tanto* VALES *cuanto tienes.* ref. con que significa que el poder y estimación que uno tiene entre las gentes va acorde generalmente con su riqueza. ‖ VALER uno *una cosa lo que pesa.* fr. fam. que encarece las excelentes cualidades de una persona o cosa. ‖ *VÁLGATE.* Con algunos verbos o nombres, se usa expresando extrañeza, pesar, etc. ‖ **4.ª** acep.: **P.** valer; **I.** to be valuable; **F.** valoir; **A.** gelten; **It.** valere; **R.** стоить.

VALERIANA. (l. *valēre*, ser saludable, por alusión a las propiedades medicinales de la planta.) f. Planta herbácea, valerianácea, de tallo erguido, de fruto seco con tres divisiones y una sola semilla, y rizoma fragante con muchas raicillas, usada en medicina como antiespasmódico. ‖ **P.** e **It.** valeriana; **I.** valerian; **F.** valériane; **A.** Baldrian; **R.** валериана.

VALERIANÁCEO, A. (De *valeriana*.) adj. BOT. Se aplica a las plantas angiospermas dicotiledóneas, herbáceas, anuales o vivaces, de hojas opuestas, flores azules, rojas o amarillas y fruto con una sola semilla. Ú.t.c.s. ‖ **2.** f. pl. BOT. Familia de estas plantas.

VALERIANATO. m. QUÍM. Sal formada por el ácido valeriánico y una base.

VALERIÁNICO. adj. QUÍM. Se aplica al ácido de la raíz de la valeriana, que es líquido, incoloro, oleaginoso, muy soluble en alcohol y éter, y poco en agua. Se usa en farmacia.

VALERIENSE. (l. *valeriensis*.) adj. Natural de Valeria, hoy Valera de Arriba. Ú.t.c.s. ‖ **2.** Perteneciente a esta ciudad de la España Tarraconense.

VALEROSAMENTE. (De *valeroso*, 1.ª y 2.ª aceps.) adv. Con valor, con ánimo. ‖ **2.** Con fuerza y eficacia.

VALEROSIDAD. f. Calidad de valeroso.

V

VALEROSO, SA. (De *valer.*) adj. Eficaz, que puede mucho. || **2.** Valiente, esforzado. || **3.** Valioso, que vale mucho. || **2.ª** acep.: **P.** valeroso; **I.** valiant, brave; **F.** valereux, courageux; **A.** tapfer; **It.** valoroso; **R.** храбрый.

VALETUDINARIO, RIA. (l. *valetudinarius.*) adj. Enfermizo, de salud quebrada. Ú.t.c.s. || **P.** valetudinário; **I.** valetudinary; **F.** valétudinaire; **A.** siech; **It.** valetudinario; **R.** хилый.

* **VALGO, GA.** (l. *valgus*, torcido.) adj. Med. Desviado hacia afuera. Dícese especialmente de las piernas, equivaliendo a zambo. Es lo contrario de varo. Ú.t.c.s.

VALÍ. (ár. *wālī*, gobernador.) m. Gobernador de una provincia en un Estado musulmán.

VALÍA. (De *valer.*) f. Estimación, aprecio de algo. || **2.** Valimiento, privanza. || **3.** Parcialidad, facción. || *Mayor* valía. Acrecentamiento del valor de una cosa por circunstancias exteriores, independientemente de cualquier mejora realizada en ella. || *A las* valías. m. adv. Al mayor precio de los frutos, especialmente de los granos. || **P.** valia; **I.** price, valuation; **F.** value, valeur, prix; **A.** Wert; **It.** valore; **R.** ценность.

VALIATO. m. Gobierno de un valí. || **2.** Territorio gobernado por un valí.

VALIDACIÓN. f. Acción y efecto de validar. || **2.** Firmeza, seguridad o subsistencia de algún acto.

VALIDAD. (l. *validĭtas, -ātis.*) f. ant. Validación.

VÁLIDAMENTE. adv. De manera válida.

VALIDAR. (l. *validāre.*) tr. Dar firmeza a una cosa; hacerla válida. || **P.** validar; **I.** to validate; **F.** valider; **A.** gültig machen; **It.** validare; **R.** узаконивать.

VALIDEZ. f. Calidad de válido.

VÁLIDO, DA. (l. *valĭdus.*) adj. Firme, y que vale o debe valer legalmente. || **2.** Robusto, esforzado. || **P.** válido; **I.** valid; **F.** valide; **A.** gültig; **It.** vàlido; **R.** узаконенный.

VALIDO, DA. p.p. de valer. || **2.** adj. Recibido o apreciado generalmente. || **3.** m. El que tiene el primer lugar en la gracia de un príncipe o alto personaje. || **4.** Primer ministro. || 3.ª acep.: **P.** valido; **I.** favourite; **F.** favori; **A.** Günstling; **It.** favorito; **R.** фаворит.

VALIENTE. (l. *valens, -entis.*) adj. Fuerte y robusto en su línea. || **2.** Esforzado, animoso. Ú.t.c.s. || **3.** Eficaz física o moralmente. || **4.** Excelente, primoroso. || **5.** Grande y excesivo. Ú.m. en sentido irón. ¡valiente *amigo te has echado*! || **6.** Valentón. Ú.t.c.s. || **P.** valente; **I.** valiant, spirited; **F.** vaillant, brave; **A.** tapfer, mutig; **It.** valente, prode; **R.** сильный, доблестный.

VALIENTEMENTE. (De *valiente.*) adv. Con fuerza y eficacia. || **2.** Esforzadamente. || **3.** Con demasía. || **4.** Con propiedad o primor, o con valentía en el discurso o en el arte.

VALIJA. (ár. *waliḥa*, saco grande.) f. Maleta. || **2.** Saco de cuero y cerrado con llave donde llevan la correspondencia los correos. || **3.** El mismo correo. || **4.** Amér. Cartera de cuero de los carteros. || **—diplomática.** La que utilizan los correos de gabinete para transportar los despachos de las embajadas gozando de la misma inmunidad que éstas. || **P.** maleta; **I.** y **F.** valise; **A.** Reisetasche; **It.** valigia; **R.** чемодан.

VALIJERO. (De *valija.*) m. El que conduce las cartas desde una administración de correos a los pueblos que dependen de ella. Actualmente se reserva este nombre para los funcionarios que conducen la correspondencia entre un Estado y sus representantes diplomáticos.

VALIJÓN. m. aum. de valija.

VALIMIENTO. m. Acción de valer una cosa o de valerse de ella. || **2.** Privanza particular que tiene una persona con otra, especialmente si es superior. || **3.** Amparo, defensa, protección.

* **VALINA.** f. Quím. Uno de los aminoácidos más importantes y que se obtiene de las proteínas de las semillas de las plantas.

VALIOSO, SA. adj. Que vale mucho o tiene mucho poder o estimación. || **2.** Adinerado, rico.

VALISOLETANO, NA. (b. l. *vallisoletanus*, de *Vallisolētum*, Valladolid.) adj. Vallisoletano. Apl. a pers. ú.t.c.s.

VALÓN, NA. (b. l. *wallus*, y éste del l. *gallus*, gallo.) adj. Natural de la región situada entre el Escalda y el Lys. Ú.t.c.s. || **2.** Perteneciente a ella. || **3.** m. Idioma de los valones, dialecto del antiguo francés. || **4.** pl. Zaragüelles o gregüescos al uso de los valones. || **P.** valão; **I.** Walloon; **F.** wallon; **A.** Wallone; **It.** vallone; **R.** валлонский.

VALONA. (De *valón.*) f. Cuello grande y vuelto sobre la espalda, hombros y pecho, que se usó en otro tiempo. || **2.** Colom., Ecuad. y Venez. Crines recortadas que cubren el cuello de los asnos y las mulas. || **3.** Méj. Favor, ayuda. || **P.** balona; **I.** Vandyke collar; **F.** grande collerette; **A.** breiter Brustkragen; **It.** sarrocchino; **R.** пелерина.

* **VALONEARSE.** r. Amér. Central. Inclinarse el jinete para coger la cola del toro que huye y derribarle.

VALOR. (l. *valor, -ōris.*) m. Grado de utilidad de las cosas para satisfacer las necesidades. || **2.** Cualidad de las cosas en virtud de la cual se les señala un precio. || **3.** Alcance de la significación de una cosa. || **4.** Cualidad del ánimo que impele a efectuar grandes cosas sin miedo a los peligros. || **5.** Se emplea también en mal sentido, significando y denotando osadía y desvergüenza. || **6.** Firmeza de algún acto. || **7.** Fuerza o eficacia de las cosas para producir sus efectos. || **8.** Rédito o producto de una hacienda, empleo, etc. || **9.** Equivalencia de una cosa a otra, especialmente tratando de monedas. || **10.** Mús. Duración del sonido correspondiente a cada nota según la figura que la representa. || **11.** pl. Títulos representativos de un derecho patrimonial, vinculado a la posesión de documentos como acciones, obligaciones, pólizas, etc. || **12.** Fil. Cualidades ideales de las cosas, pertenecientes a objetos que no poseen ser, sino que pertenecen a la esfera del valer, y por lo mismo situados fuera del tiempo y del espacio. || **—efectivo de un pagaré.** Diferencia entre el valor nominal y el descuento que se hace cuando se cobra antes del vencimiento. || **—en cuenta.** Com. El que el librador de una letra de cambio o de otro título a la orden, cubre con asiento de igual cuantía a cargo del tomador en la cuenta abierta entre ambos. || **—en sí mismo.** Com. Fórmula empleada en las letras y pagarés para indicar que el librador gira a su propia orden, y que tiene en su poder el importe del libramiento. || **—entendido.** Com. El de las letras y pagarés, cuando entre librador y tenedor median razones que impiden transitoriamente el asiento en cuenta. || **2.** fr. que indica connivencia o acuerdo consabido entre dos o más personas. || **—recibido, o recibido en efectivo, géneros, mercancías, cuentas,** etc. Com. Fórmula que indica que el librador se considera satisfecho, de cualquier modo de éstos, del importe de la letra o pagaré. || **—valores declarados.** Monedas o billetes enviados por correo en sobre cerrado, cuyo valor se declara en la administración de salida y de cuya entrega se hace responsable el servicio de correos. || **—fiduciarios.** Los emitidos en representación de numerario, bajo promesa de cambiarlos por éste. || *¿Cómo va ese* valor?, o *¿Qué tal ese* valor? Fórmulas de saludo con las que se pregunta por el estado de salud o de ánimo de la persona a quien van dirigidas. || **P.** valor; **I.** value; **F.** valeur; **A.** Wert; **It.** valore; **R.** цена.

VALORACIÓN. f. Acción y efecto de valorar. || **P.** avaliacão, valorização; **I.** appraisement, valuation; **F.** estimation, évaluation; **A.** Wertbestimmung; **It.** valutazione; **R.** оценка.

VALORAR. tr. Señalar el valor de una cosa, ponerle precio. || **2.** Aumentar el valor de una cosa. || **P.** avaliar, valorizar; **I.** to appraise, to value; **F.** estimer, évaluer; **A.** schätzen, bewerten; **It.** avvalorare, stimare; **R.** оценить цену.

VALOREAR. (De *valor.*) tr. Valorar.

VALORÍA. (De *valor.*) f. Valía, estimación.

VALORIZACIÓN. f. Acción y efecto de valorizar. || **P.** valorização; **I.** valorization, valuation; **F.** estimation, évaluation; **A.** Wertbestimmung; **It.** valutazione; **R.** оценка.

VALORIZAR. tr. Valorar, evaluar. || **2.** Aumentar el valor de una cosa. || **3.** Amér. Vender a bajo precio los géneros que se tienen en un momento dado, para convertirlos en dinero en el menor tiempo posible.

VALQUIRIA. (ant. al. *walkyrien; de wal*, matanza, y *küren*, elegir.) f. Cada una de ciertas divinidades de la mitología escandinava que en los combates designaban los héroes que habían de morir, y en el cielo les servían de escanciadoras.

VALS. (al. *welzer*, dar vueltas.) m. Baile, de origen alemán, que ejecutan las parejas con movimiento giratorio y de traslación; se acompaña con música de ritmo ternario en aire vivo. || **2.** Música de este baile. || **P.** valsa; **I.** waltz; **F.** valse; **A.** Walzer; **It.** valzer; **R.** вальс.

VALSAR. intr. Bailar el vals.

* **VALSE.** m. Amér. Vals.

* **VALSEAGUADO, DA.** adj. Venez. Desmañado, desvaído.

VALÚA. f. Murc. Valía.

VALUACIÓN. f. Valoración.

VALUAR. tr. Valorar, señalar a una cosa el valor que a su estimación corresponde.

* **VALUMAR.** intr. Argent. Cargar con objetos grandes.

* **VALUMEN.** m. Chile. Lozanía viciosa que presentan algunas veces las plantas.

* **VALUMIA.** f. Chile. Valumen.

* **VALUMINOSO, SA.** adj. Chile. Excesivamente lozano, hablando de plantas. || **2.** Chile. Hablando de granos, que abulta mucho por tener muchas impurezas.

* **VALUMOSO, SA.** adj. Amér. Voluminoso. || **2.** Venez. Vanidoso.

VALVA. (l. *valva*, puerta.) f. Bot. Ventalla, cada una de las partes de la cáscara de un fruto que encierran las semillas. || **2.** Zool. Cada una de las dos piezas duras y movibles que forman la concha de los moluscos lamelibranquios y otros invertebrados. || **P.** e **It.** valva; **I.** y **F.** valve; **A.** Muschelschale; **R.** семенная коробочка.

VALVASOR. (b. l. *vasvassor;* éste de *vassus vassorum*, vasallo de vasallos, y *vassus*, del cimbro *gwas*, mozo, servidor.) m. Hidalgo infanzón.

VÁLVULA. (l. *valvŭla*, d. de *valva*, puerta.) f. Pieza móvil, de variadas formas, que sirve para interrumpir alternativa o permanentemente la comunicación entre dos de sus órganos de una máquina o entre éstos y el medio exterior. || **2.** Electr. Lámpara de radio. || **3.** Zool. Pliegue membranoso que impide el retroceso de los líquidos que circulan por los vasos o conductos del cuerpo de los animales. || **—de bellota.** Válvula termoiónica de tamaño muy pequeño, que es usada para frecuencias muy elevadas. || **—de doble rejilla.** Tubo termoiónico de cuatro electrodos con dos rejillas de control. || **—de seguridad.** La colocada en las calderas de máquinas de vapor para que de ellas se escape éste automáticamente cuando la presión es excesiva. || **—mitral.** Zool. La que se halla entre la aurícula y el ventrículo izquierdos del corazón de los mamíferos. || **—rectificadora.** Radiotec. Lámpara termoiónica en que se ha hecho el vacío y en cuyo interior hay un filamento que puede ser calentado por una corriente continua y una placa cargada positivamente. En ella se utilizan los efectos de su conducción en un solo sentido. || **—termoiónica.** Electr. Tubo de metal en que se ha hecho el vacío y en que hay un filamento que puede ponerse incandescente al paso de la corriente eléctrica, una placa que recoge los electrones desprendidos del filamento, y una malla metálica que recibe la carga eléctrica que influye en la marcha de dichos electrones. Se emplea en Radiotecnia. || **—tricúspide.** Zool. La que se encuentra entre la aurícula y el ventrículo derechos del corazón de los mamíferos, así llamada por terminar en tres puntas. || **P.** válvula; **I.** valve; **F.** soupape, valvule; **A.** Klappe, Ventil; **It.** vàlvola; **R.** клапан.

VALVULAR. adj. Perteneciente o relativo a las válvulas.

VALLA. (l. *valla*, pl. de *vallum*, estacada.) f. Vallado o estacada para defensa. || **2.** Línea formada por estacas hincadas en el suelo o por tablas unidas para cerrar algún lugar o señalarlo. || **3.** Obstáculo o impedimento moral o material. || **4.** CUBA y P. RICO. Gallera, reñidero de gallos. || *Romper* o *saltar* uno *la* VALLA. fr. fig. Emprender el primero la ejecución de algo difícil. || **2.** fig. Prescindir de las consideraciones debidas. || **P.** valo; **I.** fence, paling, enclosure; **F.** clôture, palissade; **A.** Zaun, Pferch; **It.** palizzata; **R.** изгородь, забор.

VALLADAR. m. Vallado. || **2.** fig. Obstáculo que impide que sea invadida o allanada alguna cosa.

VALLADEAR. tr. Vallar, cercar con valla o estacada.

VALLADO. (l. *vallātus*.) m. Cerco levantado con tierra apisonada, bardas, etc., para impedir la entrada en un sitio. || **2.** P. RICO. Ramaje que resulta de la poda de los árboles. || **3.** P. RICO. Montón de paja, ramas, etc., que arrastra un río en sus crecidas. || **4.** P. RICO. Jíbaro o campesino mal vestido. || **P.** valado; **I.** enclosure; **F.** haie, palissade; **A.** Wall, Einzäunung; **It.** riparo, cinta; **R.** заграждение, вал.

VALLAR. (l. *vallāris*.) adj. Valar. || **2.** m. Valladar.

VALLAR. (l. *vallāre*.) tr. Cercar con vallado un sitio.

VALLE. (l. *vallis*.) m. Espacio de tierra entre montes o alturas. || **2.** Cuenca de un río. || **3.** Conjunto de lugares o aldeas situadas en un valle. || —**de lágrimas.** fig. Este mundo, por las miserias que se sufren en él. || *¡Hasta el* VALLE *de Josafat!* expr. Hasta el día del juicio universal. Se emplea para indicar que dos personas no esperan verse o tratarse ya más en esta vida. || **P.** vale; **I.** valley; **F.** vallée; **A.** Tal; **It.** valle; **R.** долина.

VALLEJO. m. d. de valle.

VALLEJUELO. m. d. de vallejo.

VALLICO. m. Ballico. || **2.** COLOM. Grano de arroz que conserva la cáscara.

★ **VALLINO, NA.** adj. PERÚ. Propio de los valles, concerniente o relativo a ellos.

VALLISOLETANO, NA. (Del m. or. que *valisoletano*.) adj. Natural de Valladolid. Ú.t.c.s. || **2.** Perteneciente a esta ciudad.

★ **VALLISTA.** adj. ARGENT. Vallero. Ú. t.c.s.

★ **VALLUNO, NA.** adj. COLOM. Natural de los valles del Cauca y Neiva. Ú.t.c.s. || **2.** COLOM. Perteneciente a cualquiera de estos dos valles.

★ **VAMPIRESA.** (De *vampiro*.) f. Mujer mundana que atrae y anula a los hombres que caen en sus redes.

VAMPIRO. (servio *vampir*.) m. Espectro o cadáver, que según creencia vulgar de ciertos países, chupa por las noches la sangre de los vivos hasta matarlos. || **2.** Mamífero quiróptero americano, especie de murciélago con un apéndice membranoso en la cabeza, que se alimenta de la sangre chupa de las personas y animales dormidos. || **3.** fig. Persona que se enriquece por malos medios a costa de los demás. || **P.** e **It.** vampiro; **I.** y **F.** vampire; **A.** Vampir, Blutsauger; **R.** кровопийца, вампир.

★ **VANADINITA.** f. QUÍM. y MINERAL. Mineral en el cual se encuentra el vanadio.

VANADIO. (De *Vanadis*, diosa de la mitología escandinava.) m. Metal semejante a la plata en color y brillo, aunque de menor peso específico. Arde con luz intensa calentándola en atmósfera de oxígeno. Su símbolo es V. Industrialmente tiene gran interés su aleación con el hierro, ferrovanadio; a los aceros les comunica resistencia, dureza y facilidad de temple. || **P.** vanádio; **I.** y **F.** vanadium; **A.** Vanadin; **It.** vanadio; **R.** ванадий.

VANAGLORIA. (De *vana*, presuntuosa, arrogante, y *gloria*.) f. Jactancia del propio valer u obrar, presunción, elación. || **P.** vanglória; **I.** vainglory; **F.** vaine gloire; **A.** Ruhmsucht, Eitelkeit; **It.** vanagloria; **R.** тщеславие.

VANAGLORIARSE. (De *vanagloria*.) r. Jactarse de su propio valer u obrar.

VANAGLORIOSAMENTE. adv. Con vanagloria.

VANAGLORIOSO, SA. (De *vanagloria*.) adj. Jactancioso, ufano, presuntuoso. Ú.t.c.s.

VANAMENTE. adv. En vano. Con superstición. || **3.** Sin fundamento o realidad. || **4.** Arrogantemente, con vanidad.

★ **VANARSE.** r. COLOM. y CHILE. Ponerse o quedarse vana una cosa, especialmente dícese de algunos frutos.

★ **VANDALAJE.** m. ARGENT. Vandalismo.

VANDÁLICO, CA. (l. *vandalĭcus*.) adj. Perteneciente o relativo a los vándalos o al vandalismo.

VANDALISMO. m. Devastación propia de los antiguos vándalos. || **2.** fig. Espíritu de destrucción que nada respeta.

VÁNDALO, LA. (l. *Vandăli*, *-ōrum*.) adj. Se dice del individuo de un pueblo de la Germania antigua, que tras varias peregrinaciones invadió la España romana con los suevos y los alanos y se señaló por su furia destructora. Ú.t.c.s. || **2.** Perteneciente o relativo a los vándalos. || **3.** m. fig. El que comete acciones o tiene ideas propias de gentes incultas, forajidas o desalmadas. || **P.** vándalo; **I.** Vandal; **F.** vandale; **A.** Vandale; **It.** vàndalo; **R.** вандал.

VANDEANO, NA. adj. Natural del territorio francés llamado *la Vendée*. Ú.t.c.s. || **2.** Perteneciente al mismo territorio.

VANEAR. (De *vano*.) intr. Hablar vanamente.

VANECERSE. (l. *vanescĕre*.) r. ant. Desvanecerse.

VANGUARDA. f. desus. Vanguardia.

VANGUARDIA. (De *avanguardia*.) f. Parte de una fuerza armada que va delante del cuerpo principal. || **2.** pl. Lugares donde arrancan las obras de construcción de un puente o de una presa. || *A* VANGUARDIA. m. adv. Con los verbos *ir, estar*, y otros, ir al primero, adelantarse a los demás, etc. || **P.** vanguarda; **I.** vanguard, foreward; **F.** avant-garde; **A.** Vorhut, Avantgarde; **It.** (a)vanguardia; **R.** авангард.

VANGUARDISMO. m. Nombre genérico de ciertas escuelas o tendencias artísticas, nacidas a principios del siglo xx, tales como el cubismo, el altruísmo, etc., con el propósito de hallar nuevas formas de expresión estética.

VANIDAD. (l. *vanĭtas*, *-ātis*.) f. Calidad de vano. || **2.** Fausto, pompa vana. || **3.** Palabra vana, inútil. || **4.** Vana representación. || *Ajar la* VANIDAD *de uno.* fr. fig. y fam. Abatir su engreimiento. || *Hacer* uno *VANIDAD* de una cosa. fr. Jactarse de ella. || *VANIDAD* y *pobreza en una pieza.* fr. con que se moteja al que tiene orgullo siendo pobre. || **P.** vaidade; **I.** vanity; **F.** vanité; **A.** Eitelkeit, Hoffart; **It.** vanità; **R.** пустота, чванство.

VANIDOSO, SA. adj. Que tiene vanidad y la manifiesta. Ú.t.c.s.

VANILOCUENCIA. (l. *vaniloquentĭa*.) f. Verbosidad inútil. || **P.** vaniloquência; **I.** verbosity; **F.** verbiage; **A.** Geschwätzigkeit; **It.** vaniloquenza; **R.** болтовня.

VANILOCUENTE. adj. Vanílocuo.

VANÍLOCUO, A. (l. *vaniloquus*; de *vanus*, vano, y *loqui*, hablar.) adj. Hablador y orador insubstancial. Ú.t.c.s.

VANILOQUIO. (l. *vaniloquĭum*.) m. Discurso inútil e insubstancial.

★ **VANILLINA.** f. QUÍM. Cuerpo sólido, blanco, cristalino, de intenso olor a vainilla. Se usa mucho en la industria de la alimentación por su aroma y como estimulante gástrico. Se encuentra en la vaina de la vainilla en forma de glucósido.

VANISTORIO. m. fam. Vanidad ridícula y afectada. || **2.** fam. Persona vanidosa.

VANO, NA. (l. *vanus*.) adj. Falto de realidad o entidad. || **2.** Hueco, sin solidez. || **3.** Se aplica a ciertos frutos de cáscara cuando la semilla o almendra está seca o podrida. || **4.** Inútil, sin efecto. || **5.** Arrogante, desvanecido. || **6.** Insubsistente, poco durable. || **7.** Que no tiene fundamento. || **8.** ARQ. Parte del muro en que no hay apoyo para el techo, como son los huecos de ventanas y puertas y los intercolumnios. || *En* VANO. m. adv. Inútilmente. || **2.** Sin necesidad o razón. || *Una* VANA *y dos vacías.* loc. fig. y fam. con que se nota

a quien habla mucho y sin substancia. || **P.** vão; **I.** vain, inane; **F.** vain; **A.** eitel **It.** vano; **R.** напрасный, тщетный.

VANO. (l. *vannus*, criba, zaranda.) m. AST. y LEÓN. Especie de harnero, pero sin agujeros, usado para zarandar granos.

VÁNOVA. (b. l. *vanoa*; en prov. *vano*.) f. AR. Colcha de cama.

VAPOR. (l. *vapor, -ōris*.) m. Fluido aeriforme en que ciertos cuerpos, especialmente líquidos, se convierten por la absorción del calor; por antonom., el del agua. || **2.** Gas de los eructos. Ú.m. en pl. || **3.** Especie de desmayo. || **4.** Buque de vapor. || **5.** pl. Accesos histéricos o hipocondríacos. || **6.** CUBA. Suela del taco de billar. || —**recalentado.** FÍS. Vapor de temperatura superior a 100 ºC. || *Al* VAPOR. m. adv. fig. y fam. Con gran celeridad. || *Tener, llevar, mucho* VAPOR una persona. fr. fam. CUBA. Estar borracho. || **P.** vapor; **I.** vapour, steam; **F.** vapeur; **A.** Dunst, Dampfer; **It.** vapore; **R.** пар.

VAPORABLE. (De *vaporar*.) adj. Capaz de arrojar vapores o de evaporarse.

VAPORACIÓN. (l. *vaporatĭo, -ōnis*.) f. Evaporación.

★ **VAPORADORA.** f. P. RICO. Aparato para sacar café por medio del vapor.

VAPORAR. (l. *vaporāre*.) tr. Evaporar. Ú.t.c.r.

VAPORARIO m. Aparato para producir vapor, usado en los baños rusos. || **2.** Local con instalaciones para la producción de vapor e inhalación del mismo.

VAPOREAR. (De *vapor*.) tr. Vaporar. Ú.t.c.r. || **2.** intr. Exhalar vapores.

★ **VAPORINO.** m. PAN. y COLOM. Marinero de un buque de vapor. || **2.** CHILE. Individuo que viaja en un barco de vapor con el fin de traficar y hacer negocio con los pasajeros y en los puertos en que el buque haga escala.

VAPORIZACIÓN. f. Acción y efecto de vaporizar y vaporizarse. || **2.** Uso medicinal de vapores, especialmente de aguas termales. || **P.** vaporização; **I.** F. vaporization; **A.** Verdampfen, Verdunstung; **It.** vaporizzazione; **R.** испарение.

VAPORIZADOR. m. Aparato que sirve para vaporizar.

VAPORIZAR. (l. *vapor, -ōris*, vapor.) tr. Convertir un líquido en vapor por la acción del calor. Ú.t.c.r. || **2.** Dispersar un líquido en gotitas sumamente finas. || **3.** TECNOL. Someter los tejidos, después de teñidos o estampados, a la acción del vapor de agua para fijar los colorantes y eliminar los disolventes o descomponer los mordientes. || **P.** vaporizar; **I.** to vaporize; **F.** vaporiser; **A.** verdampfen; **It.** vaporizzare; **R.** выпаривать.

★ **VAPORIZO.** (De *vapor*.) m. P. RICO. Vaho. || **2.** Calor.

VAPOROSO, SA. (l. *vaporōsus*.) adj. Que arroja de sí vapores o los ocasiona. || **2.** fig. Tenue, ligero, semejante al vapor. || **P.** e **It.** vaporoso; **I.** vaporous; **F.** vaporeux; **A.** dunstig; **R.** испаряющийся.

VAPULACIÓN. f. Acción y efecto de vapular y vapularse.

VAPULAMIENTO. (De *vapular*.) m. Vapulación.

VAPULAR. (l. *vapulāre*.) tr. Azotar, dar azotes. Ú.t.c.r.

VAPULEAR, RA. adj. Que vapulea.

VAPULEAMIENTO. (De *vapulear*.) m. Vapulamiento.

VAPULEAR. tr. Vapular. Ú.t.c.r.

VAPULEO. (De *vapulear*.) m. Vapulación.

VÁPULO. m. Vapulación.

VAQUEAR. tr. Cubrir con frecuencia los toros a las vacas. || **2.** R. DE LA PLATA. Repuntar ganado cimarrón. || **3.** intr. COLOM., PAN. y ECUAD. Hacer rodeo de ganado o bestiaje.

VAQUEIRO. m. AST. Vaquero, pastor de reses vacunas. || —**de alzada.** AST. Individuo de una casta de pastores que se diferencia de los labriegos vecinos por su vestido, costumbres y dialecto. Durante el verano van a los pastos de las mesetas cercanas.

★ **VAQUERA.** f. VENEZ. Silla de montar con un gancho metálico donde se sujeta un extremo del lazo que se utiliza para cazar el ganado.

V

★ VAQUEREAR. intr. PERÚ. Hacer novillos, faltar los muchachos a clase.

VAQUERÍA. f. Vacada. || **2.** Lugar donde hay vacas o se vende leche. || **3.** R. DE LA PLATA. Gran rebaño de ganado vacuno. || **4.** R. DE LA PLATA y VENEZ. Batida de ganado vacuno. || **5.** VENEZ. Ojeo del ganado. || **6.** P. RICO. Ordeñadero. || **7.** MÉJ. Fiesta casera.

★ VAQUERILLO. m. MÉJ. Cada una de las bolsas de cuero con pelo, que se llevan colocadas junto al borrén trasero de la silla de montar y que sirven para llevar comida. Ú.m. en pl.

VAQUERIZA. (De *vaquerizo*.) f. Cubierto o corral donde se recoge el ganado vacuno en invierno. || **P.** vacaria, arribana; **I.** stable for cattle; **F.** étable à vaches; **A.** Kuhstall; **It.** bovile; **R.** коровник, хлев.

VAQUERIZO, ZA. (De *vaquero*.) adj. Perteneciente o relativo al ganado bovino. || **2.** m. y f. Vaquero.

VAQUERO, RA. adj. Propio de los pastores de ganado bovino. || **2.** m. y f. Pastor o pastora de reses vacunas. || **3.** VENEZ. Propio de las vaquerías. || **4.** PERÚ. Alumno que falta a clase. || **5.** CUBA. Ajuar para bautizar a los niños. || **6.** R. DE LA PLATA. Matambre. || **7.** VENEZ. Látigo, azote. || *Ayer* VAQUERO *y hoy caballero*. ref. que indica lo mudable e inestable de las cosas terrenas. || **2.ª** acep.: **P.** vaquero; **I.** cowboy; **F.** vacher; **A.** Rinderhirt, Küher; **It.** vaccaio; **R.** пастук.

★ VAQUERÓN. m. VENEZ. Bolsa de cuero que hay en las queserías para depositar la cuajada o el requesón.

VAQUETA. f. Cuero de ternera adobado y curtido. || **2.** P. RICO. Tira de este cuero que usan los barberos para suavizar la navaja. || **3.** CUBA. Pez acantopterigio antillano. || **4.** CUBA. Sujeto informal. || **P.** vaqueta; **I.** sole-leather; **F.** cuir de veau; **A.** Suchtenleder, Rindsleder; **It.** vacchetta; **R.** коровья кожа.

★ VAQUETILLA. (d. de *vaqueta*.) f. CUBA. Cuero más fino que la vaqueta. || **2.** m. fam. d. de vaqueta en su acepción de persona informal.

★ VAQUETÓN. (aum. de *vaqueta*.) m. CUBA. Vaqueta preparada para la cubierta de fuelle del carruaje de dos ruedas llamado quitrín.

★ VAQUETÓN, NA. adj. MÉJ. Atrevido, descarado.

★ VAQUETUDO, DA. (De *vaqueta*, sujeto informal.) adj. CUBA. Descarado, desvergonzado.

VAQUIGÜELA. f. LEÓN. Batracio llamado comúnmente salamandra.

VAQUILLA. f. d. de vaca. || **2.** CHILE. Ternera de año y medio a dos años.

VAQUILLONA. f. ARGENT. y CHILE. Vaca nueva de dos o tres años.

★ VÁQUIRO. m. VENEZ. Pécari.

VARA. (l. *vara*, travesaño.) f. Ramo liso, delgado y sin hojas. || **2.** Palo largo y delgado. || **3.** Bastón que como símbolo de autoridad llevan los alcaldes y sus tenientes. || **4.** fig. Jurisdicción de que es insignia la vara. || **5.** Medida de longitud, dividida en tres pies, equivalente a 835 mm y 9 décimas. || **6.** Barra de metal o madera de esa longitud y usada para medir. || **7.** Vara alcándara. || **8.** Vara larga. || **9.** Garrochazo dado al toro por el picador. || **10.** Trozo de tela u otra cosa que tiene la longitud de la vara. || **11.** Conjunto de 40 ó 50 puercos de montanera, que puede cuidar un hombre vareándoles la bellota. || **12.** Tallo con flores de algunas plantas. || **—alcándara.** Cada una de las dos piezas de madera que afirman los largueros de la escalera del carro y en las que se engancha la caballería. || **—alta.** fig. Autoridad, ascendiente. Ú. principalmente con el verbo tener. || **—cuadrada.** Cuadro de una vara de lado. || **—de Aragón.** Medida dividida en cuatro palmos. || **—de Jesé.** Nardo. || **—de luz.** Especie de meteoro consistente en aparecer a la vista una pequeña porción del arco iris, o en pasar los rayos del Sol para las aberturas de las nubes, formando unas líneas resplandecientes. || **—de premio.** ARGENT. Cucaña. || **—de tarea.** CUBA. Terreno cuya extensión es de seis varas cubanas. || **—larga.** Especie de pica em-

pleada para picar los toros. || **—de San José.** BOT. CUBA y HOND. Planta malvácea de flores grandes en espiga. || **—de tarea.** CUBA. Terreno de seis varas cubanas de extensión. || *Con la* VARA *que midas, serás medido.* fr. proverb. tomada del Evangelio y que indica que según tratemos a los demás, seremos tratados. || *Doblar la* VARA *de la Justicia.* fr. Inclinarse injustamente el que juzga en favor de uno. || *Ir a, o en,* VARAS. fr. Se dice de al caballería que entra entre las dos varas de un carruaje. || *Jurar uno en* VARA *de Justicia.* fr. Prestar juramento ante un ministro de justicia. || *Nadie le dio la* VARA; *él se hizo Alcalde, y manda.* ref. que reprende a los entremetidos que se toman el cargo que no les corresponde. || *Picar de* VARA *larga* uno. fr. fig. Intentar el logro de las cosas sin exponerse al riesgo que puede hallarse en ellas. || *Poner* VARAS. fr. Dar garrochazos al toro los vaqueros y picadores. || *Tomar* VARAS. fr. Recibir el toro garrochazos del picador. || **P.** vara; **I.** rod, stick, twig; **F.** verge, gaule; **A.** Stab, Stange; **It.** verga, pèrtica; **R.** палка, прут.

VARADA. f. Acción y efecto de varar un barco.

VARADA. (De *vara*.) f. Conjunto de jornaleros que van en Andalucía a las casas de campo para las faenas agrícolas. || **2.** Tiempo de duración de estas faenas. || **3.** ZAM. Vara, conjunto de 40 ó 50 puercos de montanera. || **4.** MIN. Medición de trabajos realizados en una mina en un período de labor. || **5.** MIN. Este mismo período, al cabo del cual se ajustan cuentas y se reparten las ganancias. || **6.** MIN. Suma de estas mismas ganancias, y aun el dividendo que corresponde a cada accionista.

VARADERA. (De *varar*, 1.ª acep.) f. MAR. Cualquiera de los palos colocados al costado de un buque para que sirvan de resguardo a la tablazón al subir o bajar los botes u objetos de mucho peso.

VARADERO. m. Lugar en que varan las embarcaciones. || **—del ancla.** MAR. Plancha de hierro para defender el costado del buque en el sitio en que descansa el ancla. || **P.** varadero; **I.** shipyard; **F.** échouage; **A.** Stapel, Dock; **It.** scalo; **R.** док.

VARADO, DA. (l. *varātus*, atravesado.) p.p. de varar. || **2.** AMÉR. Envarado. || **3.** m. y f. CHILE. Persona sin ocupación fija.

VARADURA. f. Varada, acción y efecto de varar un barco.

VARAL. m. Vara muy larga y gruesa. || **2.** Cada uno de los palos redondos donde se encajan las estacas que forman los costados de la caja en los carros. || **3.** Cada una de las varas del carro. Ú.m. en pl. || **4.** Madero colocado verticalmente entre los bastidores de los teatros en que se colocan las luces para alumbrar la escena. || **5.** fig. y fam. Persona muy alta. || **6.** ARGENT. Armazón de varales que en los saladeros sirve para tender al sol y al aire la carne de que se hace el tasajo. || **P.** varal; **I.** long pole; **F.** longue perche; **A.** Rüstholz, lange Stange; **It.** pèrtica; **R.** толстая палка.

VARAPALO. m. Palo largo como vara. || **2.** Golpe dado con palo o vara. || **3.** fig. y fam. Daño que recibe uno en los bienes materiales o morales. || **4.** fig. y fam. Pesadumbre o desazón.

VARAPLATA. (De *vara* y *plata*.) m. Ministro eclesiástico que hace el oficio de pertiguero en la catedral de Toledo.

VARAR. (De *vara*; en b. l. *varare*.) intr. Encallar una embarcación. || **2.** fig. Quedar detenido un negocio. || **3.** tr. MAR. Sacar a la playa y poner en seco una embarcación. || **P.** varar; **I.** to ground; **F.** échouer; **A.** (an)stranden; **It.** dare in secco; **R.** сесть на мель.

VARASETO. (De *vara* y *seto*.) m. Cerramiento o enrejado de varas o cañas, que suelen ponerse en los jardines.

★ VARAYOC. m. PERÚ. Mandón de las comunidades indígenas.

VARAZO. m. Golpe dado con la vara.

★ VARAZÓN. f. CHILE. Cardumen, banco de peces.

VARBASCO. m. Verbasco.

VARDASCA. f. Verdasca.

VARDASCAZO. m. Verdascazo.

VÁRDULO, LA. (l. *Vardūli*.) adj. Natural de una región de la antigua España Citerior que comprendía la actual provincia de Guipúzcoa y parte de Navarra y Álava. Ú.t.c.s. || **2.** Perteneciente a dicha región.

★ VARE. m. ECUAD. Chasco, engaño.

VAREA. f. Acción de varear o derribar con golpes de vara los frutos de algunos árboles.

VAREADOR. m. El que varea.

VAREAJE. m. Acción y efecto de varear, derribar frutos con la vara o medir géneros por varas.

VAREAR. tr. Derribar con la vara los frutos de algunos árboles. || **2.** Dar golpes con vara o palo. || **3.** Herir a los toros o fieras con varas o cosas parecidas. || **4.** Medir con la vara. || **5.** Vender por vara. || **6.** R. DE LA PLATA. Entrenar un caballo para las carreras. || **7.** r. fig. Enflaquecer, poner flaco. || **P.** varejar; **I.** to beat down (fruits); **F.** gauler; **A.** (Obst. etc.)abschlagen; **It.** (ab)bachiare; **R.** сбивать палкой (плоды).

VAREJÓN. m. Vara larga y gruesa. || **2.** AMÉR. MERID. y AND. Verdasca, vergueta. || **3.** COLOM. Especie de salvia.

VAREJONAZO. m. Golpe dado con el varejón.

VARENGA. (sueco *wränger*, costados de un buque.) f. MAR. Brazal, madero arqueado que se fija en los extremos de las bandas de la serviola al tajamar, para sujetar éste y la figura de proa y formación de los enjaretados y buques. || **2.** MAR. Pieza curva que se coloca atravesada sobre la quilla para formar la cuaderna. || **3.** MÉJ. Viga. || **P.** caverna de barco; **I.** floor timber; **F.** varangue; **A.** Bodenwrage; **It.** madiere; **R.** прогон.

VAREO. (De *varear*.) m. Vareaje. || **2.** R. DE LA PLATA. Acción o efecto de varear un caballo o entrenarlo para las carreras.

VARETA. f. d. de vara. || **2.** Palito delgado o junco con liga para cazar pájaros. || **3.** Lista de color diferente al del fondo de un tejido. || **4.** fig. Expresión picante con ánimo de herir a uno. || **5.** fig. y fam. Indirecta. || *Irse, o estar, de* VARETA uno. fr. fig. y fam. Tener diarrea.

VARETAZO. (De *vareta*, 1.ª acep.) m. Golpe de lado que da el toro con el asta.

★ VARETE. m. C. RICA. Roncha, verdugón.

VARETEAR. (De *vareta*.) tr. Formar varetas en los tejidos.

VARETÓN. m. Ciervo joven con una punta en la cornamenta.

VARGA. (célt. *berg*, altura.) f. Parte más pendiente de una cuesta.

VARGA. (De *varrica*, del célt. *barr*, palo, tabla.) f. ant. Casilla con cubierta de paja.

VARGA. (De *pargo*, del l. *pagrus*.) f. Especie de congrio común en las costas de las Baleares.

VARGANAL. m. Seto formado de várganos.

VÁRGANO. (l. *virga*, vara.) m. Cada uno de los palos o estacas con que se construye una empalizada. || **P.** pau duma paliçada; **I.** fence stake; **F.** pieu d'une palissade; **A.** Pfahl zum Einlegen; **It.** steccone; **R.** шест, кол.

VARGAS. n. p. *Averíguelo* VARGAS. fr. proverb. que se emplea cuando algo es difícil de averiguar.

VARGUEÑO. m. Bargueño.

VARÍ. m. CHILE y PERÚ. Ave de rapiña diurna de plumas grises por encima y con rayas rojas por debajo.

VARIABILIDAD. f. Calidad de variable. || **2.** BIOL. Modificación que experimentan los caracteres de las especies biológicas.

VARIABLE. (l. *variabilis*.) adj. Que varía o puede variar. || **2.** Instable, mudable, inconstante. || **3.** MAT. Cantidad variable. La que puede recibir cualquier valor. Ú.t.c.s.f. || **P.** variável; **I.** y **F.** variable; **A.** veränderlich; **It.** variàbile; **R.** изменчивый.

VARIABLEMENTE. adv. De manera variable.

VARIACIÓN. (l. *variatio*, *-ōnis*.) f. Acción y efecto de variar. || **2.** MÚS. Cada una de las imitaciones melódicas de un mismo tema. ‖ **3.** BIOL. Modificación en los caracteres de la descendencia con respecto a sus progenitores. ‖ **4.** MAT. Cada uno de los grupos que se pueden formar con un conjunto de *m* elementos tomando *n* de ellos de manera que los grupos se diferencien en el orden de colocación de los elementos o en alguno de ellos. ‖ **5.** MIL. Cambio de frente de una formación de tropa en marcha. ‖ **—de la aguja o magnética.** MAR. Declinación de la aguja. ‖ VARIACIONES *sobre el mismo tema.* fr. fam. que se aplica por ironía a la insistencia en un mismo asunto. ‖ **P.** variação; **I.** y **F.** variation; **A.** Veränderung, Wechsel; **It.** variazione; **R.** изменение.

VARIADO, DA. (l. *variātus.*) p.p. de variar. ‖ **2.** adj. Que posee variedad. ‖ **3.** De varios colores. ‖ **4.** Dícese del movimiento que no tiene constante la velocidad.

VARIAMENTE. adv. De modo vario.

VARIAMIENTO. (De *variar.*) m. ant. Variación.

VARIANTE. p.a. de variar. Que varía. Usáb. más en lo forense. ‖ **2.** f. Variedad o diferencia de lección que hay en los ejemplares o copias de un códice o libro, cuando se cotejan los de una época o edición con los de otra.

VARIAR. (l. *variāre.*) tr. Hacer que algo sea diferente de lo que era. ‖ **2.** Dar variedad. ‖ **3.** intr. Cambiar algo en algún aspecto. ‖ **4.** Ser una cosa diferente de otra. ‖ **5.** MAR. Hacer ángulo la aguja magnética con la línea meridiana. ‖ **P.** variar; **I.** to change, to vary; **F.** varier; **A.** abändern, wechseln; **It.** variare; **R.** изменять.

VARICE [VÁRICE]. (l. *varix, -ĭcis.*) f. MED. Dilatación permanente de una vena por acumulación de sangre. ‖ **P.** variz; **I.** varix; **F.** e **It.** varice; **A.** Krampfader; **R.** расширение вен.

VARICELA. (b. l. *variola,* viruela.) f. MED. Enfermedad contagiosa, caracterizada por una erupción semejante a la de la viruela benigna, pero en que las vesículas supuran moderadamente. ‖ **P.** varicela; **I.** varicella, chicken-pox; **F.** varicelle; **A.** (Schaf)Blattern, Windpocken; **It.** varicella; **R.** ветрянка.

VARICOCELE. (De *varice* y el gr. κήλη, tumor.) m. MED. Tumor formado por dilatación de las venas del escroto y del cordón espermático.

VARICOSO, SA. (l. *varicōsus.*) adj. MED. Perteneciente o relativo a las varices. ‖ **2.** MED. Que tiene varices. Ú.t.c.s.

VARIEDAD. (at. *varĭĕtas, -ātis.*) f. Calidad de vario. ‖ **2.** Diferencia dentro de la unidad. ‖ **3.** Inconstancia o mutabilidad de las cosas. ‖ **4.** Mudanza o alteración en la substancia de las cosas o en su uso. ‖ **5.** Variación. ‖ **6.** BOT. y ZOOL. Cada uno de los grupos en que se dividen algunas especies de plantas y animales y que se diferencian entre sí por ciertos caracteres secundarios, pero permanentes que se perpetúan por la herencia. ‖ **P.** variedade; **I.** variety; **F.** variété; **A.** Verschiedenheit; **It.** varietà; **R.** разнообразие.

* **VARIEDADES.** f. pl. Género teatral ligero, con números de canto, baile, etc. ‖ **2.** Se dice también del local dedicado a esta clase de espectáculo.

VARILARGUERO. (De *vara larga.*) m. Picador de toros.

VARILLA. f. d. de vara. ‖ **2.** Barra larga y delgada. ‖ **3.** Cada una de las tiras de madera, marfil, etc., de la armazón de un abanico. ‖ **4.** Cada costilla de las que forman la armazón de los paraguas y sombrillas. ‖ **5.** fam. Cada uno de los dos huesos largos que forman la quijada. ‖ **6.** CHILE. Arbusto, variedad del palhuén. ‖ **7.** pl. Bastidor rectangular en que se mueven los cedazos para cerner. ‖ VARILLA *de virtudes.* La que emplean los titiriteros y prestidigitadores para los juegos y operaciones con que asombran a los espectadores. ‖ **P.** vareta; **I.** small rod, spindle; **F.** baguette, tringle; **A.** Reitgerte, Stäbchen; **It.** verghetta, stecca; **R.** стержень, спица.

VARILLAJE. m. Conjunto de varillas de un utensilio, como abanicos, paraguas, etcétera. ‖ **P.** armação; **I.** set of ribs of a fan, umbrella, etc.; **F.** baleines d'un parapluie, bois d'un éventail; **A.** Gestäbe; **It.** armatura; **R.** остов.

VARILLAR. m. CHILE. Lugar donde abundan las varillas, 6.ª acep. ‖ **2.** CHILE. Varillaje.

* **VARILLAR.** tr. VENEZ. Varear o entrenar un caballo para las carreras.

VARIO, RIA. (l. *varĭus.*) adj. Diverso, diferente. ‖ **2.** Inconstante o mudable. ‖ **3.** Indiferente o indeterminado. ‖ **4.** Que tiene variedad. ‖ **5.** pl. Algunos, unos cuantos. ‖ **6.** m. Conjunto de libros, hojas, documentos, etc., de diferentes autores o materias reunidos en tomos o legajos. ‖ **P.** vário; **I.** various, divers; **F.** divers; **A.** mannigfaltig, verschieden; **It.** vario; **R.** различный.

* **VARIOBARÓMETRO.** (De *vario* y *barómetro.*) m. FÍS. Aparato que señala pequeños cambios de la presión atmosférica.

* **VARIOLIZACIÓN.** f. MED. Inoculación del virus variólico como medio profiláctico para inmunizar contra la viruela.

VARIOLOIDE. (b. lat. *variola,* viruela, y del gr. εἶδος, forma.) f. MED. Viruela atenuada y benigna.

VARIOLOSO, SA. (b. l. *variola,* viruela.) adj. MED. Perteneciente o relativo a la viruela. ‖ **2.** MED. Virolento, que tiene viruelas. Ú.t.c.s.

* **VARIÓMETRO.** m. AVIAC. Aparato para medir la velocidad ascensional. ‖ **2.** RADIOTEC. Órgano de los aparatos radiorreceptores que sintoniza la antena con la longitud de onda de la estación emisora.

VARITA. f. d. de vara. ‖ **2.** AMÉR. Bastón delgado. ‖ **—de San José.** HOND. Malva real. ‖ **—de virtudes.** Varilla de virtudes.

VARITERO. (De *varita.*) m. Porquero que varea las bellotas para los cerdos.

* **VARÍTICAS.** f. pl. VENEZ. Giros o vueltas que da una persona sobre sí misma.

VARIZ. f. MED. Varice.

VARIZO. (De *vara.*) m. SAL. Madero o palo delgado y largo.

* **VARO, RA.** (f. *varus,* patituerto.) adj. MED. Estevado, que tiene las piernas torcidas en arco. Ú.t.c.s.

VARÓN. (l. *varo, -ōris,* fuerte, esforzado.) m. Persona del sexo masculino. ‖ **2.** Hombre que ha llegado a la edad viril. ‖ **3.** Hombre de respeto, autoridad u otras prendas. ‖ **4.** MAR. Cada uno de los cabos o cadenas que se sujetan a la pala del timón y a los costados del buque, para gobernar en casos de avería en la caña del timón. ‖ **—de Dios.** Hombre santo de gran virtud. ‖ *Buen* VARÓN. Hombre juicioso, docto y experimentado. ‖ *Santo* VARÓN. fig. Hombre sencillo, de escasos alcances. ‖ **P.** varão; **I.** male (man); **F.** personne du sexe masculin, homme fait; **A.** Mann, männliches Wesen; **It.** viro; **R.** мужчина.

VARONA. (De *varón.*) f. Mujer, persona del sexo femenino. ‖ **2.** Mujer varonil.

VARONESA. f. Varona, mujer.

VARONÍA. f. Calidad de descendiente de varón en varón.

VARONIL. adj. Perteneciente o relativo al varón. ‖ **2.** Esforzado, valeroso. ‖ **P.** varonil; **I.** male, manly; **F.** viril; **A.** männlich, mannhaft; **It.** virile; **R.** мужской.

VARONILMENTE. adv. De manera varonil.

VARRACO. m. Verraco.

VARRAQUEAR. intr. fam. Verraquear.

VARRAQUERA. f. fam. Verraquera.

VARSOVIANA. (De *varsoviano.*) f. Danza polaca, variante de la mazurca. ‖ **2.** Música de esta danza.

VARSOVIANO, NA. adj. Natural de Varsovia. Ú.t.c.s. ‖ **2.** Perteneciente a esta ciudad polaca.

VASA. (l. *vasa,* pl. n. de *vas.*) f. BURG. y PAL. Vajilla, conjunto de fuentes, platos, vasos, jarros, tazas, etc., para el servicio de la mesa.

VASALLAJE. m. Vínculo de dependencia y fidelidad, propio del feudalismo, y que tenía una persona respecto a otra, su señor. ‖ **2.** Sumisión, rendimiento o reconocimiento de dependencia. ‖ **3.** Tributo pagado por el vasallo al señor. ‖ **P.** vassalagem; **I.** vassalage; **F.** vassalité, vasselage; **A.** Lehnspflicht; **It.** vassallaggio; **R.** вассальная зависимость.

VASALLO, LLA. (b. l. *vassallus,* de *vassus,* y éste del cimbro *gwas,* mozo, servidor.) adj. Sujeto a algún señor con vínculo de vasallaje. ‖ **2.** m. y f. Súbdito de cualquier soberano o gobierno independiente. ‖ **3.** fig. Cualquiera que reconoce a otro como superior o dependen de él. ‖ **P.** vassalo; **I.** y **F.** vassal; **A.** Vassall, Lehnsmann; **It.** vassallo; **R.** вассал.

VASAR. (l. *vasarĭum.*) m. Poyo o anaquelería que sobresaliendo de la pared en cocinas, despensas, etc., sirve para colocar la vasa o sea vasos, platos, etc. ‖ **P.** cantareira; **I.** shelf, tray; **F.** tablette pour la vaiselle; **A.** Gestell, Küchenbort; **I.** scansia; **R.** посудная полка.

VASCO, CA. (De *vascón.*) adj. Vascongado. Apl. a pers. ú.t.c.s. ‖ **2.** Natural de una región francesa comprendida en el departamento de los Bajos Pirineos. Ú.t.c.s. ‖ **3.** Perteneciente a esta región. ‖ **4.** m. Vascuence, lengua vasca. ‖ **P.** vasco, vascongado; **I.** Basque; **F.** basque; **A.** baskisch, Baske; **It.** basco; **R.** баск, баскский.

VASCÓFILO. (De *vasco* y el gr. φίλος, amante.) m. Persona aficionada a la lengua y cultura vascongadas, y versada en los estudios correspondientes, ya sean lingüísticos, etnológicos, históricos, etc.

VASCÓN, NA. (l. *Vascŏnes.*) adj. Natural de Vasconia, región de la España Tarraconense. Ú.t.c.s. ‖ **2.** Perteneciente a esta región.

VASCONGADO, DA. (l. *vasconicātus,* hecho vascón.) adj. Natural de cualquiera de las tres provincias, Álava, Guipúzcoa o Vizcaya. Ú.t.c.s. ‖ **2.** Perteneciente a ellas. ‖ **3.** m. Vascuence, 1.ª acep.

VASCÓNICO, CA. (l. *vasconicus.*) adj. Perteneciente o relativo a los vascones.

VASCUENCE. (l. *vascŏnice.*) adj. Dícese de la lengua que hablan los naturales de las provincias vascongadas, de Navarra y del terreno vasco francés. Ú.m.c.s. ‖ **2.** Perteneciente a ellas. ‖ **3.** m. fig. y fam. Lo que está tan confuso y obscuro que no se entiende. ‖ **4.** pl. GERM. Grillos, grilletes.

VASCULAR. (l. *vasculārius.*) adj. BOT. y ZOOL. Perteneciente o relativo a los vasos del cuerpo animal o vegetal. ‖ **2.** BOT. Que tiene vasos.

VASCULOSO, SA. (l. *vascŭlum,* vaso pequeño.) adj. BOT. y ZOOL. Vascular.

VASELINA. (ingl. *wax,* cera.) f. Substancia crasa que se obtiene de la parafina y aceites densos del petróleo y que se prefiere en farmacia a los aceites y mantecas por la obtención de ungüentos, cremas y cosméticos. ‖ **P.** e **It.** vaselina; **I.** y **F.** vaseline; **A.** Vaselin, Paraffinsalbe; **R.** вазелин.

VASERA. (l. *vasarĭa,* pl. de *-rium,* vasar.) f. Vasar. ‖ **2.** Caja o funda para guardar el vaso. ‖ **3.** Salvilla grande con asa, en que llevan los vasos los vendedores de refrescos.

VASIJA. (d. del l. *vas,* vaso.) f. Pieza cóncava y pequeña, que sirve para contener líquidos o cosas destinadas a la alimentación. ‖ **2.** Por ext., también las de medianas y grandes dimensiones. ‖ **3.** Conjunto de tinajas y cubas en las bodegas. ‖ **4.** ÁL., NAV. y SANT. Vajilla. ‖ **P.** vasilha; **I.** vessel; **F.** vase, vaisseau; **A.** Gefäss, Geschirr; **It.** vaso; **R.** сосуд.

VASILLA. (l. *vascella,* pl. de *-llum,* d. de *vas,* vaso.) f. ant. Vajilla.

VASILLO. (l. *vascellum,* d. de *vas,* vaso.) m. Celdilla de panal.

VASO. (l. *vasum.*) m. Pieza cóncava de mayor o menor tamaño capaz de contener alguna cosa. ‖ **2.** Recipiente comúnmente cilíndrico utilizado para beber. ‖ **3.** Cantidad de líquido que cabe en dicho recipiente. ‖ **4.** Embarcación, nave y especialmente su casco. ‖ **5.** Bacín, vasija de barro vidriado usado para recibir el excremento humano. ‖ **6.** Casco o uña de las caballerías. ‖ **7.** Obra de escultura, en forma de jarrón, florero o pebetero. ‖ **8.** Por ext., receptáculo o depósito natural que contiene algún líquido. ‖ **9.** ASTRON. Copa, constelación austral. ‖ **10.** BOT. Conducto por el que circula en el vegetal la savia o látex. ‖ **11.** ZOOL. Conducto por el que circula en el cuerpo de animal la sangre o la linfa. ‖ **12.** REP. DOMIN. División de un potrero o dehesa. ‖ **—criboso.** BOT.

V Cualquiera de aquellos por los que desciende la savia de los vegetales. || **—de elección.** fig Sujeto escogido por Dios para un ministerio especial. || **2.** Por anton., el Apóstol San Pablo. || **—de reencuentro.** Quím. Vaso para la circulación de los disolventes, compuesto de dos matraces encontrados, enchufados el uno en el otro o de dos cucúrbitas de la misma madera. || **—excretorio.** Bacín. || **—lacrimatorio.** Vasija pequeña, que se encuentra en los sepulcros antiguos y que erróneamente se suponían destinadas a contener las lágrimas vertidas por los parientes y los amigos del difunto. || **—leñoso.** Bot. Cualquiera de los que conducen la savia ascendente de los vegetales. || **vasos *comunicantes*.** Vasijas de diferente forma que comunican entre sí. Si el líquido contenido es homogéneo alcanza en todos los vasos la misma altura; si son varios los líquidos, la altura de cada uno es inversamente proporcional a sus densidades. || **P.** vaso, copo; **I.** vessel, glass; **F.** vase, verre; **A.** Gefäss, Trinkglas; **It.** vaso, bicchiere; **R.** стакан.

★ **VASOCONSTRICCIÓN.** f. Fisiol. Disminución del calibre de los vasos.

★ **VASODILATACIÓN.** f. Fisiol. Aumento del calibre de los vasos.

★ **VASOMOTOR, RA.** adj. Fisiol. Que regula los movimientos de contracción y dilatación de los vasos de cuerpo de los animales.

VASTACIÓN. (l. *vastatĭo, -ōnis.*) f. ant. Destrucción o desolación.

VÁSTAGO. m. Renuevo tierno de una planta o árbol. || **2.** fig. Persona descendiente de otra. || **3.** Barra para dar movimiento al émbolo o transmitir el suyo a un mecanismo. || **4.** C. Rica y Venez. Tallo de plátano. || **P.** vergôntea; **I.** stem, shoot; **F.** rejeton; **A.** Sprössling; **It.** germoglio; **R.** росток.

★ **VASTAGOSA.** f. Colom. Balsa hecha con tallos de plátanos.

VASTAR. (l. *vastāre.*) tr. ant. Talar o destruir.

VASTEDAD. (l. *vastĭtas, -ātis.*) f. Dilatación o anchura de una cosa.

VÁSTIGA. f. Vástago, renuevo de un vegetal.

VASTO, TA. (l. *vastus.*) adj. Dilatado, muy extendido. || **P.** e **It.** vasto; **I.** vast; **F.** vaste; **A.** weit.

VATE. (l. *vates.*) m. Adivino. || **2.** Poeta.

VATICANISTA. adj. Perteneciente y relativo a la política del Vaticano. || **2.** Partidario de esta política.

VATICANO, NA. (l. *vaticānus.*) adj. Perteneciente al monte Vaticano. || **2.** Perteneciente o relativo al Vaticano, residencia ordinaria del Papa. || **3.** Perteneciente al Papa o a la corte pontificia. || **4.** m. fig. Corte pontificia. || **2.ª** acep.: **P.** e **It.** vaticano; **I.** vatican(al); **F.** vaticane; **A.** vatikanisch.

VATICINADOR, RA. (l. *vaticinātor, -ōris.*) adj. Que vaticina. Ú.t.c.s.

VATICINANTE. (l. *vaticĭnans, -antis.*) p.a. de vaticinar. Que vaticina.

VATICINAR. (l. *vaticinări.*) tr. Pronosticar, profetizar. || **P.** vaticinar; **I.** to foretell, to predict; **F.** vaticiner; **A.** wahrsagen; **It.** vaticinare; **R.** предсказывать.

VATICINIO. (l. *vaticinĭum.*) m. Predicción, pronóstico. || **P.** vaticínio, predição; **I.** vaticination, prediction; **F.** vaticination; **A.** Wahrsagung, Weissagung; **It.** vaticinio; **R.** гадание, предсказание, прогноз.

VATÍDICO, CA. (l. *vates, vatis,* profeta, y *dĭcĕre,* decir.) adj. Vaticinador. Ú.t.c.s. || **2.** Perteneciente o relativo al vaticinio.

VATÍMETRO. (De *vatio* y μέτρον, medida.) m. Aparato que sirve para medir los vatios de una corriente eléctrica.

VATIO. (De *Watt,* mecánico escocés, muerto en 1819.) m. Cantidad de trabajo eléctrico equivalente a un julio por segundo. || **P.** vátio; **I., F.** e **It.** watt; **A.** Watt; **R.** ватт.

★ **VATIO-HORA.** Fís. Unidad industrial de trabajo eléctrico; es el trabajo realizado en una hora por un vatio.

★ **VATIOHORÍMETRO.** (De *vatio-hora* y el gr. μέτρον, medida.) m. Fís. Contador

de electricidad que mide la energía eléctrica en vatios-hora.

★ **VATIÓMETRO.** (De *vatio,* y el gr. μέτρον, medida.) m. Fís. Aparato que determina los vatios o potencia eléctrica absorbida por un receptor.

★ **VATRO.** (arauc. *vathu.*) m. Chile. Especie de espadaña para hacer esteras.

VAYA. f. Burla que se hace de uno o chasco que se le da. Ú.m. con el verbo *dar*.

VE. f. Nombre de la letra *v*.

VECERA. (De *vez.*) f. Manada de ganado, comúnmente porcino, que pertenece a un vecindario.

VECERÍA. f. Vecera.

VECERO, RA. (De *vez.*) adj. Dícese del que tiene que ejercer por turno un cargo concejil. Ú.t.c.s. || **2.** Dícese de las plantas que dan mucho fruto en un año y poco o ninguno en otro. || **3.** m. y f. Parroquiano, cliente. || **4.** Persona que guarda turno o vez para algo.

VECINAL. (l. *vīcīnālis.*) adj. Perteneciente al vecindario o a los vecinos de un pueblo. || **2.** Dícese del camino construido a expensas del municipio.

VECINAMENTE. (De *vecino,* próximo.) adv. Inmediatamente.

VECINDAD. (l. *vecinĭtas, -ātis.*) f. Calidad de vecino. || **2.** Conjunto de personas que viven en distintos cuartos de una casa o en un mismo barrio. || **3.** Vecindario, conjunto de vecinos de una población. || **4.** Cercanías de un sitio o paraje. || **5.** Der. Vínculo que liga entre sí a los habitantes de un término municipal. || *Media* vecindad. Derecho que en algunas partes adquiere el forastero para aprovechar sus derechos en los pastos del campo, mediante el pago de la mitad de las contribuciones. || *Hacer mala* vecindad. fr. Ser molesto o perjudicial a los vecinos. || **2.** fig. Ser dañosa una cosa a otra por su aproximación a ella. || **P.** vizinhança; **I.** vicinity, neighbourhood; **F.** voisinage; **A.** Nachbarschaft; **It.** vicinanza; **R.** соседство.

VECINDAR, DA. p.p. de vecindar. || **2.** Murc. Vecindario.

VECINDAR. (De *vecindad.*) tr. ant. Avecindar. Usáb.t.c.r.

VECINDARIO. (De *vecindad.*) m. Conjunto de vecinos de un municipio, población, barrio o calle. || **2.** Lista o padrón de los vecinos de un pueblo.

VECINDONA. (De *vecindad.*) f. And. Mujer del pueblo que comadrea.

VECINO, NA. (l. *vicīnus,* de *vicus,* barrio, lugar.) adj. Que vive con otros en un mismo pueblo, barrio, casa. Ú.t.c.s. || **2.** Que tiene casa y hogar en un pueblo y contribuye a las cargas o repartimientos y está inscrito en el padrón de la localidad. Ú.t.c.s. || **3.** Que ha adquirido los derechos de vecindad en un pueblo por llevar viviendo en él el tiempo que determina la ley. Ú.t.c.s. || **4.** fig. Cercano, inmediato. || **5.** fig. Semejante, coincidente. || *Medio* vecino. El que tiene el derecho de media vecindad. || **P.** vizinho; **I.** neighbour; **F.** voisin; **A.** Nachbar; **It.** vicino; **R.** сосед.

VECTACIÓN. (l. *vectatĭo, -ōnis.*) f. Acción de caminar en un vehículo.

★ **VECTÓGRAFO.** Ópt. Vista compuesta de dos imágenes estereoscópicas superpuestas y polarizadas en ángulo recto una con relación a la otra produciendo un efecto tridimensional al ser contemplada a través de unos gemelos polarizantes.

VECTOR. (l. *vector, -ōris,* que conduce.) adj. Geom. Se aplica al radio que va desde uno de los focos de una curva a cualquier punto de dicha curva. || **2.** m. Fís. y Mat. Segmento de recta de magnitud, dirección y sentido determinados que se usa para representar magnitudes. || **3.** Med. Agente de transmisión de gérmenes patógenos de un individuo a otro.

VECTORIAL. adj. Perteneciente o relativo a un vector.

VEDA. f. Acción y efecto de vedar. || **2.** Espacio de tiempo durante el cual está vedado cazar o pescar. || **2.ª** acep.: **P.** veda; **I.** close-time; **F.** fermeture de la chasse; **A.** Schonzeit; **It.** divieto; **R.** время запрета охоты.

VEDA. (sánscr. *vêda,* ciencia.) m. Cada uno de los libros sagrados primitivos de la India.

VEDADO, DA. p.p. de vedar. || **2.** m.

Lugar o campo acotado por ley u ordenanza. || **2.ª** acep.: **P.** vedado, coutada; **I.** enclosure for game; **F.** champ coté; **A.** Schonung; **It.** bandita; **R.** заповедник.

VEDAMIENTO. (De *vedar.*) m. Veda, acción de vedar.

VEDAR. (l. *vetāre.*) tr. Prohibir por ley o mandato. || **2.** Impedir, estorbar. || **3.** Sal. Destetar la cría de un animal. || **P.** vedar; **I.** to forbid; **F.** défendre; **A.** verbieten; **It.** vietare; **R.** запрещать.

VEDEGAMBRE. (l. *medicamen,* droga, veneno.) m. Bot. Planta liliácea, de tallo erguido, hojas alternas, grandes y elípticas, flores blancas en espiga y fruto capsular con multitud de semillas comprimidas y aladas. || **P.** heléboro; **I.** hellebore; **F.** ellébore; **A.** Nieswurz; **It.** ellèboro; **R.** чемерица.

VEDEJA. (Del m. or. que *vedija.*) f. Guedeja.

★ **VEDI.** m. Chile. Veri.

VEDIJA. (l. *vitĭcŭla,* zarcillo, 1.er art.) f. Mechón de lana. || **2.** Pelo enredado en cualquier parte del cuerpo del animal. || **3.** Mata de pelo enredada y que difícilmente se puede peinar. || **P.** tufo; **I.** lock of wool; **F.** flocon de laine; **A.** Flocke, Wollflocke; **It.** bicòcolo; **R.** клок шерсти.

VEDIJA. (l. *virīlia,* partes viriles.) f. Verija.

VEDIJERO, RA. (De *vedija.*) m. y f. Persona que recoge la lana de caídas cuando se esquila el ganado.

VEDIJOSO, SA. (De *vedija.*) adj. Vedijudo.

VEDIJUDO, DA. adj. Que tiene la lana o el pelo enredado.

VEDIJUELA. f. d. de vedija.

★ **VÉDIL.** m. Chile. Veri.

VEDILLA. (l. *vitĭcŭla;* véase *vedija.*) f. Germ. Frazada.

VEDISMO. (sánscr. *vêda,* ciencia.) m. Religión más antigua de los indios, contenida en los libros llamados Vedas.

★ **VEDOQUE.** m. Chile. Ombligo. Ú. en la provincia de Chiloé.

VEDUÑO. m. Viduño.

VEEDOR, RA. (De *veer.*) adj. Que ve o mira con curiosidad las acciones de los otros. Ú.t.c.s. || **2.** m. El que en los municipios está encargado de reconocer o inspeccionar ciertas obras y especialmente lo relacionado con los bastimentos. || **2.ª** acep.: **P.** vedor, inspector; **I.** overseer; **F.** contrôleur; **A.** Inspektor, Strassenaufseher; **It.** veditore; **R.** инспектор.

VEEDURÍA. f. Cargo u oficio de veedor. || **2.** Oficina del veedor.

VEER. (l. *vidĕre.*) tr. ant. Ver, observar o percibir por los ojos la forma y el color de los objetos.

VEGA. (ibérico *vaica.*) f. Extensión de tierra baja, llana y fértil. || **2.** Cuba. Terreno sembrado de tabaco. || **3.** Chile. Terreno húmedo. || **P.** veiga, várzea; **I.** open plain; **F.** champ bas; **A.** Au(e), Flur, Gefilde; **It.** campagna; **R.** долина.

VEGA. (ár. [*an-nasr*] *al-wāqi‘* el buitre cayente.) f. Astron. Estrella de primera magnitud de la constelación de la Lira.

VEGADA. (l. *vĭcāta,* de *vĭces.*) f. ant. Vez. Ú. en Salamanca y Zamora.

VEGETABILIDAD. f. Calidad de vegetable.

VEGETABLE. (l. *vegetabilis.*) adj. p. us. Vegetal. Ú.t.c.s.m.

VEGETACIÓN. (l. *vegetatĭo, -ōnis.*) f. Acción y efecto de vegetar. || **2.** Conjunto de vegetales propios de una región o los existentes en un determinado paraje. || **—adenoidea.** Med. Hipertrofia de las amígdalas faríngea y nasal, y especialmente de los folículos linfáticos de la parte posterior de las fosas nasales. || **P.** vegetação; **I.** vegetation; **F.** végétation; **A.** Vegetation, Pflanzenwuchs; **It.** vegetazione; **R.** растительность.

VEGETAL. adj. Que vegeta. || **2.** Perteneciente o relativo a las plantas. || **3.** m. Ser orgánico que crece y vive, pero no puede ejecutar movimientos voluntarios. || **4.** Se dice de la tierra con abundan elementos orgánicos que la hacen apta para el cultivŏ. || **P.** vegetal; **I.** vegetable; **F.** végétal; **A.** pflanzlich; **It.** vegetale; **R.** растительный.

VEGETALISTA. (De *vegetal.*) adj. Vegetariano.

V

VEGETANTE. p.a. de vegetar. Que vegeta.

VEGETAR. (l. *vegetāre*.) intr. Germinar, crecer, aumentarse las plantas. Ú.t.c.r. ‖ **2.** fig. Vivir una persona con vida meramente orgánica, comparable a la de las plantas. ‖ **3.** fig. Disfrutar voluntariamente vida tranquila sin trabajos ni cuidados. ‖ P. vegetar; **I.** to vegetate; **F.** végéter; **A.** wachsen; **It.** vegetare; **R.** расти.

VEGETARIANISMO. m. Régimen alimenticio en el que entran solamente vegetales o substancia de origen vegetal.

VEGETARIANO, NA. (fr. *végétarien*.) adj. Dícese de la persona en cuya alimentación entran exclusivamente vegetales o substancias de origen vegetal. Ú.t.c.s. ‖ **2.** Perteneciente a este régimen alimenticio. ‖ P. e **It.** vegetariano; **I.** vegetarian; **F.** végétarien; **A.** Vegetari(an)er; **R.** вегетарианец.

VEGETATIVO, VA. adj. Que vegeta o puede vegetar. ‖ **2.** FISIOL. Que concurre a las funciones de nutrición o reproducción.

VEGOSO, SA. (De *vega*.) adj. CHILE. Se dice del terreno siempre húmedo.

VEGUER. (l. *vicarius*, lugarteniente.) m. Magistrado que en Aragón, Cataluña y Mallorca, ejercía la misma jurisdicción que el corregidor en Castilla. ‖ **2.** En Andorra, cada uno de los dos delegados de las soberanías protectoras.

VEGUERÍA. f. Territorio en que ejercía su jurisdicción el veguer.

VEGUERÍO. (De *veguer*.) m. Veguería.

★ **VEGUERÍO.** m. CUBA. Aldehuela formada por las viviendas de los vegueros o cultivadores de tabaco. ‖ **2.** CUBA. Unión de varias vegas.

VEGUERO, RA. adj. Perteneciente o relativo a la vega. ‖ **2.** m. Labrador que cultiva una vega especialmente para la explotación del tabaco. ‖ **3.** Cigarro puro rústicamente hecho de una sola hoja de tabaco. ‖ **4.** CUBA. El que tiene o asiste a alguna vega en la que se cultiva el tabaco.

★ **VEGUINO, NA.** m. y f. CHILE. Que es dueño de una vega.

VEHEMENCIA. (l. *vehementia*.) f. Calidad de vehemente.

VEHEMENTE. (l. *vehēmens*, *-entis*.) adj. Que mueve o se mueve con violencia u obra con eficacia. ‖ **2.** Se dice de lo que en la vida real o en el arte siente o se expresa con viveza. ‖ **3.** Dícese de la persona que siente o se expresa con ímpetu y viveza. ‖ **4.** *Indicios*, *sospechas* VEHEMENTES. Los que mueven de tal modo a creer reo a uno que equivalen a probanza semiplena. ‖ P. e **It.** veemente; **I.** vehement; **F.** véhément, chaleureux; **A.** heftig; **R.** вспыльчивый.

VEHEMENTEMENTE. adv. De manera vehemente.

VEHÍCULO. (l. *vehiculum*, de *vehĕre*, conducir.) m. Cualquier artefacto como carruaje, embarcación, litera, etc., que sirve para llevar personas o cosas de un lugar a otro. ‖ **2.** fig. Todo lo que sirve para transmitir una cosa, como el sonido, los contagios, etc. ‖ P. veículo; **I.** vehicle; **F.** véhicule; **A.** Fuhrwerk, Fahrzeug; **It.** veicolo; **R.** повозка.

VEIMARÉS, SA. adj. Natural de Sajonia Véimar o de su capital Véimar. Ú.t.c.s. ‖ **2.** Perteneciente a dicho Estado alemán o a su capital.

VEINTAVO, VA. (De *veinte* y *avo*.) Vigésimo, vigésima parte de un todo. Ú.t. c.s.m.

VEINTE. (l. *viginti*.) adj. Dos veces diez. ‖ **2.** Vigésimo, que sigue en orden al o a lo decimonono. Apl. a los días del mes, ú.t.c.s. ‖ **3.** m. Conjunto de signos que representan el número de veinte. ‖ **4.** MÉJ. y CHILE. Moneda de veinte centavos. ‖ *A la* VEINTE. m. adv. fig. y fam. A horas intempestivas. ‖ P. vinte; **I.** twenty; **F.** vingt; **A.** zwanzig; **It.** venti; **R.** двадцать.

VEINTECUATRÍA. f. ant. Veinticuatría.

VEINTEDOSENO, NA. adj. ant. Veintidoseno.

VEINTÉN. m. Escudito de oro de valor de veinte reales.

VEINTENA. f. Conjunto de veinte unidades.

VEINTENAR. m. Veintena.

VEINTENARIO, RIA. adj. Aplícase a lo que tiene veinte años.

VEINTENERO. (De *veintena*.) m. Sochantre, en ciertas iglesias.

VEINTENO, NA. (De *veinte*.) adj. Vigésimo, que sigue en orden al o a lo decimonono. ‖ **2.** Veintavo. Ú.t.c.s.f. ‖ **3.** Dícese del paño cuya urdimbre tiene veinte centenares de hilos.

VEINTEÑAL. adj. Que dura veinte años.

VEINTEOCHENO, NA. adj. Veintiocheno.

VEINTESEISENO, NA. adj. Veintiseiseno.

VEINTÉSIMO, MA. (De *veinte*.) adj. Vigésimo. Ú.t.c.s.

VEINTICINCO. adj. Veinte y cinco. ‖ **2.** Vigésimo quinto. Dicho de los días del mes, ú.t.c.s. ‖ **3.** m. Conjunto de signos que representan el número veinticinco. ‖ P. vinte e cinco; **I.** twenty-five; **F.** vingt-cinq; **A.** fünfundzwanzig; **It.** venticinque; **R.** двадцать пять.

VEINTICUATRÉN. adj. Se aplica al madero de varios marcos de Cataluña y Aragón, de 24 palmos, o sea unos 5 m de longitud y con escuadría de 3 palmos, que son unos 60 cm, y 2 palmos de canto o algo menos. Ú.t.c.s.

VEINTICUATRENO, NA. adj. Perteneciente al número veinticuatro. ‖ Vigésimo cuarto. ‖ **3.** Dícese del paño cuya urdimbre consta de veinticuatro centenares de hilos. Ú.t.c.s. ‖ —**de capas.** Velarte de primera clase.

VEINTICUATRÍA. f. Cargo u oficio de veinticuatro.

VEINTICUATRO. adj. Veinte y cuatro. ‖ **2.** Vigésimo cuarto. Dicho de los días del mes, ú.t.c.s. ‖ **3.** m. Conjunto de signos que representan el número veinticuatro. ‖ **4.** Regidor de ayuntamiento en ciertas ciudades de Andalucía, en tiempos pasados. ‖ P. vinte e quatro; **I.** twenty-four; **F.** vingt-quatre; **A.** vierundzwanzig; **It.** ventiquattro; **R.** двадцать четыре.

VEINTIDÓS. adj. Veinte y dos. ‖ **2.** Vigésimo segundo. Apl. a los días del mes, ú.t.c.s. ‖ **3.** m. Conjunto de signos que presentan el número veintidós. ‖ P. vinte e dois; **I.** twenty-two; **F.** vingt-deux; **A.** zweiundzwanzig; **It.** ventidue; **R.** двадцать два.

VEINTIDOSENO, NA. adj. Vigésimo segundo. ‖ **2.** Se dice del paño en cuya urdimbre se hallan veintidós centenares de hilos. Ú.t.c.s. ‖ —**de capas.** Velarte de segunda clase.

VEINTINUEVE. adj. Veinte y nueve. ‖ **2.** Vigésimo nono. Apl. a los días del mes, ú.t.c.s. ‖ **3.** m. Conjunto de signos o cifras con que se representa el número veintinueve. ‖ P. vinte e nove; **I.** twenty-nine; **F.** vingt-neuf; **A.** neunundzwanzig; **It.** ventinove; **R.** двадцать девять.

VEINTIOCHENO, NA. adj. Vigésimo octavo. ‖ **2.** Dícese del paño cuya urdimbre consta de veintiocho centenares de hilos. Ú.t.c.s.

VEINTIOCHO. adj. Veinte y ocho. ‖ **2.** Vigésimo octavo. Dicho de los días del mes, ú.t.c.s. ‖ **3.** m. Conjunto de cifras o signos que representan el número veintiocho. ‖ P. vinte e oito; **I.** twenty-eight; **F.** vingt-huit; **A.** achtundzwanzig; **It.** ventotto; **R.** двадцать восемь.

VEINTISÉIS. adj. Veinte y seis. ‖ **2.** Vigésimo sexto. Apl. a los días del mes, ú.t.c.s. ‖ **3.** m. Conjunto de signos con que se representa el número veintiséis. ‖ P. vinte e seis; **I.** twenty-six; **F.** vingt-six; **A.** sechsundzwanzig; **It.** ventisei; **R.** двадцать шесть.

VEINTISEISENO, NA. adj. Perteneciente al número veintiséis. ‖ **2.** Vigésimo sexto. ‖ **3.** Dícese del paño en cuya urdimbre entran veintiséis centenares de hilos. Ú.t.c.s.

VEINTISIETE. adj. Veinte y siete. ‖ **2.** Vigésimo séptimo. Dicho de los días del mes, ú.t.c.s. ‖ **3.** m. Conjunto de signos o cifras con que se representa el número veintisiete. ‖ P. vinte e sete; **I.** twenty-seven; **F.** vingt-sept; **A.** siebenundzwanzig; **It.** ventisette; **R.** двадцать семь.

VEINTITRÉS. adj. Veinte y tres. ‖ **2.** Vigésimo tercio. Apl. a los días del mes, ú.t.c.s. ‖ **3.** m. Serie de números y cifras

que representan el número veintitrés. ‖ P. vinte e três; **I.** twenty-three; **F.** vingt-trois; **A.** dreiundzwanzig; **It.** ventitre; **R.** двадцать три.

VEINTIÚN. adj. Apóc. de veintiuno. Ú. antepuesto al substantivo.

VEINTIUNA. f. Juego de naipes o dados, en que se gana el que hace 21 puntos o se acerca más a ellos sin pasar.

VEINTIUNO, NA. adj. Veinte y uno. ‖ **2.** Vigésimo primero. Dicho de los días del mes, ú.t.c.s. ‖ **3.** m. Conjunto de cifras y números que representan al número veintiuno. ‖ P. vinte e um; **I.** twenty-one; **F.** vingt et un; **A.** einundzwanzig; **It.** ventuno; **R.** двадцать один.

VEJACIÓN. (l. *vexatio*, *-ōnis*.) f. Acción y efecto de vejar. ‖ *Redimir* uno *la* VEJACIÓN. fr. Hacer algún sacrificio con daño propio para evitar otro daño o gravamen mayor. ‖ P. vexação; **I.** y **F.** vexation; **A.** Bedrückung; **It.** vessazione; **R.** издевательство.

VEJADOR, RA. adj. Que veja. Ú.t.c.s.

VEJAMEN. (l. *vexāmen*.) m. Vejación. ‖ **2.** Burla, vaya, zaherimiento o represión festiva en que se ponen de manifiesto los defectos de una persona, ya sean físicos o morales. ‖ **3.** Composición poética o discurso de carácter burlesco que se leía o pronunciaba en las universidades.

VEJAMINISTA. m. Sujeto que se encargaba del vejamen en los certámenes o funciones literarias.

★ **VEJAMINOSO, SA.** adj. P. RICO. Vejatorio.

VEJANCÓN, NA. adj. fam. aum. de viejo. Ú.t.c.s.

VEJAR. (l. *vexāre*.) tr. Maltratar, perseguir a uno, hacerle padecer. ‖ **2.** Dar vejamen. ‖ P. vexar; **I.** to vex, to annoy; **F.** vexer, maltraiter; **A.** Belästigen, plagen; **It.** vessare; **R.** издеваться.

VEJARRÓN, NA. adj. fam. aum. de viejo. Ú.t.c.s.

VEJATORIO, RIA. adj. Dícese de lo que veja o puede vejar.

VEJAZO, ZA. adj. aum. de viejo. Ú.t.c.s.

★ **VEJAR.** tr. CHILE. Tratar de viejo a uno.

VEJECER. intr. ant. Envejecer.

VEJECITO, TA. adj. d. ant. de viejo. Usáb.t.c.s.

VEJEDAD. f. ant. Vejez. Ú. en Salamanca.

★ **VEJERANO, NA.** adj. despect. CUBA. Viejo. Ú.t.c.s. ‖ **2.** m. y f. despect. CUBA. Vejestorio.

VEJESTORIO. m. despect. Persona muy vieja.

VEJETA. adj. d. de vieja. ‖ **2.** f. Cogujada.

VEJETE. adj. d. de viejo. Dícese especialmente en el teatro a la figura del viejo ridículo. Ú.m.c.s.

VEJEZ. f. Calidad de viejo. ‖ **2.** Senectud. ‖ **3.** fig. Impertinencia propia de los viejos. ‖ **4.** fig. Dicho o narración de algo muy conocido. ‖ *A la* VEJEZ, *viruelas*. expr. con que se critica a los viejos enamorados o que hacen cosas impropias de su edad. ‖ **2.** Dícese también para notar de tardía una cosa. ‖ **a.** acep.: P. velhice; **I.** old age; **F.** vieillesse; **A.** (Greisen)Alter; **It.** vecchiezza; **R.** старость.

VEJEZUELO, LA. adj. d. de viejo. Ú.t.c.s.

VEJIBLE. adj. ant. Viejo.

VEJIGA. (l. *vesīca*.) f. ZOOL. Órgano muscular y membranoso a modo de bolsa que se deposita la orina segregada por los riñones. ‖ **2.** Ampolla formada por la elevación de la epidermis. ‖ **3.** Bolsita formada en cualquier superficie y llena de un líquido, de aire o de otro gas. ‖ **4.** Bolsita de tripa de carnero que se guardaba un color para la pintura al óleo. ‖ **5.** Pústula variolosa. ‖ —**de la bilis** o **de la hiel.** ZOOL. Bolsita membranosa en que se deposita la bilis segregada por el hígado. ‖ —**natatoria.** ZOOL. Receptáculo membranoso que junto a la orina tienen muchos peces y que constituye un órgano hidrostático que puede aumentar o disminuir de volumen, de forma que acomodando el peso específico del cuerpo del animal al del agua ambiente, pueda ascender o descender en la masa líquida por

V simple impulso orgánico. ‖ **P.** bexiga; **I.** bladder; **F.** vessie; **A.** Blase, Harnblase; **It.** vescica; **R.** пузырь.

★ **VEJIGANTE.** m. P. Rico. Máscara en general con figura de diablo y que con una vejiga va golpeando a los muchachos en las fiestas.

VEJIGATORIO, RIA. (De *vejiga*.) adj. Med. Se dice del emplasto de cantáridas u otra substancia irritante que se pone para levantar vejigas en la piel. U.m.c.s.m.

VEJIGAZO. m. Golpe dado con una vejiga de cerdo, vaca, etc., llena de aire u otra cosa. ‖ **2.** Hond. Porrazo.

VEJIGÓN. m. aum. de vejiga. ‖ **2.** Colom. Ántrax sintomático.

VEJIGOSO, SA. adj. Lleno de vejigas.

VEJIGÜELA. f. d. de vejiga.

VEJIGUILLA. f. d. de vejiga. ‖ **2.** Vejiga de perro, alquequenje. ‖ **3.** Vesícula, vejiga pequeña en la epidermis.

VEJÓN, NA. adj. aum. ant. de viejo. Usáb.t.c.s.

VEJOTE, TA. adj. aum. de viejo. Ú.t.c.s.

VELA. (De *velar*, 1.er art.) f. Velación, acción de velar. ‖ **2.** Tiempo que se vela. ‖ **3.** Asistencia por horas ante el Santísimo Sacramento. ‖ **4.** Tiempo de la noche que se destina a trabajar. ‖ **5.** Romería, peregrinación hecha a un santuario. ‖ **6.** Centinela o guardia que se ponía por la noche en los ejércitos o plazas. ‖ **7.** Cilindro o prisma de cera, sebo, etc., con pabilo en el eje para encenderlo y que dé luz. ‖ **8.** pl. fig. y fam. Mocos que cuelgan de la nariz, especialmente en los niños. ‖ vela *María*. Vela blanca puesta en el tenebrario entre las demás que son amarillas. ‖ *Aguantar la* vela. fr. Cuba. Aguantar mucho a una persona. ‖ **2.** Méj. Sobrellevar pacientemente un regaño, contrariedad, etc. ‖ *A* vela *y pregón.* m. adv. En pública subasta, anunciando con pregón las pujas y admitiéndolas hasta que se consume una vela encendida. ‖ *En* vela. m. adv. Sin dormir. ‖ *Estar a dos* velas. fr. fig. y fam. Estar sin dinero. ‖ *No darle* a uno vela *en, o para, un entierro.* fr. fig. y fam. No darle motivo o autoridad para, intervenir en lo que se está tratando o haciendo. Ú.t. sin negación en sentido interrogativo. ‖ *Poner una* vela *a San Miguel, o a Dios, y otra al diablo.* fr. que se dice cuando uno quiere contemporizar con unos y con otros para sacar provecho de todos. ‖ *Tener la* vela. fr. Argent. Aguantar la vela, tener que aguardar mucho a alguien. ‖ **7.ª** acep.: **P.** vela; **I.** candle; **F.** bougie; **A.** Kerze; **It.** candela; **R.** свеча.

VELA. (l. *vela*, pl. de *velum*.) f. Conjunto de piezas de lona o lienzo fuerte que se atan a las vergas para recibir el viento que impele la nave. ‖ **2.** Toldo para hacer sombra. ‖ **3.** fig. Barco de vela. ‖ **4.** fig. Oreja de caballería o de cualquier otro animal cuando la pone erguida. ‖ —**al tercio.** Mar. Vela trapezoidal que se diferencia de la tarquina en ser más baja por la baluma y menos baja por el lado de la caída. ‖ —**bastarda.** Mar. La mayor de los buques latinos. ‖ —**cangreja.** Mar. La trapezoidal que va envergada por dos relingas en el pico y palo correspondientes. ‖ —**cuadra.** Mar. Vela cuadrangular. ‖ —**de abanico.** Mar. La compuesta por paños cortados al sesgo y unidos por el lado más estrecho. ‖ —**de cruz.** Mar. Cualquiera de las cuadradas o trapezoidales que se envergan en las vergas que se cruzan sobre los mástiles. ‖ —**de cuchillo.** Mar. Cualquiera de las envergadas en las perchas colocadas en el plano longitudinal del buque. ‖ —**encapillada.** Mar. Aquella que el viento echa sobre la verga. ‖ —**latina.** Mar. La triangular que emplean las embarcaciones de poco porte. ‖ —**mayor.** Mar. La principal, sujeta al palo mayor. ‖ —**tarquina.** Mar. Vela trapezoidal muy alta de baluma y baja de caída. ‖—**velas mayores.** Mar. Las tres velas principales del navío y otras embarcaciones, que son la mayor, el trinquete y la mesana. ‖ *A la* vela. m. adv. fig. Con la disposición precisa para algún fin. ‖ *Alzar* velas. fr. Mar. Disponerse para navegar. ‖ **2.** fig. y fam. Marcharse uno de repente. ‖ *A toda* vela, *o a todas* velas, *o a velas desplegadas, o llenas, o*

tendidas. m. adv. Mar. Navegando la embarcación con gran viento. ‖ **2.** fig. Entregado uno con ansia en la ejecución de una cosa. ‖ *Cambiar la* vela. fr. Mar. Volverla hacia donde sopla el viento. ‖ *Dar la* vela. *Hacerse a la* vela. *Largar* velas. frs. Mar. Salir a navegar un barco de vela. ‖ *Recoger* velas uno. fr. fig. Contenerse, moderarse. ‖ *Tender las* velas, o velas. fr. Mar. Aprovecharse del tiempo favorable en la navegación. ‖ **2.** fig. Usar uno del tiempo que se le ofrece favorablemente para algún intento. ‖ **P.** e **It.** vela; **I.** sail; **F.** voile; **A.** Segel; **R.** парус.

VELA. f. And. Voltereta, volatín. Ú. comúnmente con el verbo *dar*.

VELACIÓN. f. Acción de velar, de permanecer sin dormir.

VELACIÓN. (l. *velatio, -ōnis*, acción de tomar el velo.) f. Ceremonia consistente en cubrir con el velo a los cónyuges en la misa nupcial, después del casamiento. Ú.m. en pl. ‖ **2.** pl. Sal. Rogativas. ‖ *Abrirse las* velaciones. fr. Precipitar el tiempo en que la Iglesia autoriza que los desposados se velen. ‖ *Cercarse las* velaciones. fr. Suspender la Iglesia durante determinadas épocas las velaciones solemnes en los matrimonios. ‖ **P.** velação; **I.** watch; **F.** veille; **A.** Wachen; **It.** veglia; **R.** венчание.

VELACHO. (De *vela*.) m. Mar. Gavia del trinquete. ‖ **2.** Mar. *Mastelero de* velacho. Mastelero que va sobre el palo trinquete y sostiene el velacho y su verga.

★ **VELACHO.** m. Amér. Central. Tenducho.

VELADA. (De *velar*, 1.er art.) f. Velación, acción de velar o estar sin dormir el tiempo destinado al sueño. ‖ **2.** Concurrencia a una fiesta nocturna en una plaza o paseo públicos. ‖ **3.** Reunión nocturna de varias personas para proporcionarse solaz y entretenimiento. ‖ **4.** Fiesta musical o literaria celebrada por la noche. ‖ **3.ª** acep.: **P.** serão; **I.** evening entertainment, soirée; **F.** veillée, soirée; **A.** Abendunterhaltung; **It.** veglia, serata; **R.** ночное бдение.

★ **VELADERO.** (De *velar*.) m. Venez. Puesto de observación y acecho.

VELADO, DA. p.p. de velar. ‖ **2.** m. y f. Marido o mujer legítima.

VELADOR, RA. adj. Que vela, 1.er art. Ú.t.c.s. ‖ **2.** Se dice del que con solicitud cuida de alguna cosa. Ú.t.c.s. ‖ **3.** m. Candelero, generalmente de madera. ‖ **4.** Mesita de un solo pie. ‖ **5.** Chile. Mesa de noche. ‖ **4.ª** acep.: **P.** velador; **I.** lamp table; **F.** guéridon; **A.** (Nipp-, Leuchter); **It.** tavolino; **R.** круглый столик.

★ **VELADORA.** (Forma f. de *velador*.) f. Méj. Trozo corto y cilíndrico de parafina, con torcida en el centro, y que suele encenderse en honor de algún santo.

VELADURA. (De *velar*, 2.º art.) f. Pint. Tinta transparente que se da para suavizar el tono pintado.

VELAJE. (De *vela*, 2.º art.) m. Velamen.

VELAMBRE. (l. *velāmen, -inis*.) f. ant. Velación, 2.º art.

VELAMEN. m. Conjunto de velas de una embarcación. ‖ **P.** velame; **I.** suit of sails; **F.** voilure; **A.** Segelwerk; **It.** velatura, velame; **R.** парусность (судна).

VELANTE. p.a. de velar. Que vela, o permanece sin dormir el tiempo destinado al sueño.

VELAR. (l. *vigilāre*.) intr. Estar sin dormir el tiempo destinado ordinariamente al sueño. ‖ **2.** Continuar trabajando después de la jornada ordinaria. ‖ **3.** Asistir por turnos delante del Santísimo Sacramento cuando está manifiesto. Ú.t.c.tr. ‖ **4.** fig. Cuidar con solicitud de una cosa. ‖ **5.** Mar. Sobresalir algún escollo sobre la superficie del agua. ‖ **6** Mar. Persistir el viento durante la noche. ‖ **7.** tr. Hacer guardia por la noche. ‖ **8.** Asistir de noche a un enfermo o pasarla junto a un difunto. ‖ **9.** fig. Observar con atención una cosa. ‖ **10.** Rep. Domin., Colom. y Ecuad. Pedir, suplicar con la mirada. ‖ **11.** Guat. Gorronear. ‖ **P.** velar; **I.** to watch; **F.** veiller; **A.** wachen, aufsein; **It.** vegliare; **R.** бодрствовать.

VELAR. (l. *velāre*, de *velum*, velo.) tr. Cubrir con velo. Ú.t.c.r. ‖ **2.** Celebrar la

ceremonia nupcial de las velaciones. Ú.t. c.r. ‖ **3.** fig. Cubrir, ocultar o disimular una cosa a medias. ‖ **4.** En fotografía, borrarse la imagen por la acción indebida de la luz. Ú.m.c.r. ‖ **5.** Pint. Dar veladuras. ‖ **P.** velar; **I.** to veil; **F.** voiler; **A.** verschleiern; **It.** velare; **R.** покрывать голову вуалью.

VELAR. adj. Que vela o obscurece. ‖ **2.** Perteneciente o relativo al velo del paladar. ‖ **3.** Fon. Se dice del sonido que se articula aproximando el dorso de la lengua al velo del paladar. ‖ **4.** Fon. Dícese de la letra que representa este sonido. Ú.t.c.s.f.

★ **VELARIZACIÓN.** f. Fon. Articulación de un fonema en la región del velo del paladar.

VELARIZAR. tr. Fon. Dar a una letra sonido velar.

VELARTE. m. Paño enfurtido lustroso y negro, que servía para prendas de abrigo.

VELATORIO. m. Acción de velar a un difunto. ‖ **P.** veladura dum defunto; **I.** deathwatch; **F.** veiller un mort; **A.** Totenwache; **It.** veglia dei difunti; **R.** бдение около покойника.

★ **¡VELAY!** (contrac. de *¡vedlo ahí!*) interj. Vall. y Argent. U. para apoyar o confirmar un dicho o hecho.

VELAZQUEÑO, ÑA. adj. Propio o característico de Velázquez o de estilo semejante.

VEL CUASI. loc. lat. empleada en lenguaje forense en la expresión *posesión* vel cuasi, que significa no sólo la posesión real y corporal, sino además la comprensiva de los derechos y bienes inmateriales.

★ **¡VELÉ!** interj. Chile. ¡Velay!

VELEIDAD. (fr. *velléité*, del l. *velle*.) f. Voluntad antojadiza o deseo vano. ‖ **2.** Inconstancia o ligereza reprensible en los dictámenes o decisiones. ‖ **P.** veleidade; **I.** velleity, versatility; **A.** Wankelmut, Laune; **It.** velleità; **R.** слабое стремление.

VELEIDOSO, SA. (De *veleidad*.) adj. Mudable, inconstante.

★ **¡VELEITA!** (Contracc. de *¡vedlo ahí está!*) interj. Chile. ¡Velay!

VELEJAR. intr. Usar velas en la navegación.

★ **VELEJERO, RA.** adj. Colom. Malicioso.

VELERÍA. (De *velero*, 1.er art.) f. Despacho o tienda donde se venden velas de alumbrar.

VELERO, RA. (De *vela*, 1.er art.) adj. Dícese de la persona que va a velas y romerías. Ú.t.c.s. ‖ **2.** m. y f. El que hace o vende velas. ‖ **3.** m. Chile. Lámpara de esmaltador.

VELERO, RA. (De *vela*, 2.º art.) adj. Dícese de la embarcación muy ligera, que navega mucho. ‖ **2.** El que hace velas para buques. ‖ **3.** Buque de vela. ‖ **P.** veleiro; **I.** swift-sailing; **F.** voilier; **A.** Schnellsegler; **It.** veliero; **R.** парусное судно.

VELETA. (De *vela*, 2.º art.) f. Pieza de metal, colocada en lo alto de un edificio, y que gira alrededor de un eje vertical impulsada por el viento indicando así la dirección de éste. ‖ **2.** Plumilla o cosa ligera que ponen sobre el corcho los pescadores de caña para conocer por su movimiento de sumersión cuando el pez pica. ‖ **3.** Banderola colocada bajo la moharra de las lanzas. ‖ **4.** com. fig. Persona inconstante. ‖ **P.** veleta; **I.** weather-cock; **F.** girouette; **A.** Wetterfahne; **It.** banderuola; **R.** флюгер.

VELETE. m. Velo muy fino que usan en algunas partes las mujeres.

★ **VELETERÍA.** (De *veleta*.) f. Chile. Veleidad, ligereza, inconstancia.

★ **¡VELEY!** interj. Chile. ¡Velay!

VELICACIÓN. (l. *vellicatio, -ōnis*.) f. Med. Acción y efecto de velicar.

VELICAR. (l. *vellicāre*.) tr. Med. Punzar en alguna parte del cuerpo para que salgan los humores.

VELICOMEN. (ant. al. *willekommen*, bienvenida.) m. Copa grande para brindar.

VELILLA. (De *vela*, 1.er art.) f. Albac., And. y León. Cerilla, fósforo.

VELILLO. m. d. de velo. ‖ **2.** Tela muy fina y delgada con algunas flores en hilo de plata.

VELIS NOLIS. Voces latinas empleadas familiarmente, para significar, *quieras o no quieras*; de grado o fuerza.

VÉLITE. (l. *velites*.) m. Entre los antiguos romanos, soldado de infantería ligera.

VELÍVOLO, LA. (l. *velivŏlus*.) adj. poét. Velero, que navega a toda vela.

*** VÉLIZ.** m. Méj. Maletín.

VELMEZ. (ár. *malbas*, vestido.) m. Vestidura que se ponía debajo de la armadura.

VELO. (l. *vēlum*.) m. Cortina o tela con que cubre u oculta alguna cosa. ‖ 2. Prenda de tul, gasa o tela delgada de seda con la que las mujeres se cubren la cabeza. ‖ 3. Trozo de tul, gasa, etc., que adorna la parte superior de algunas mantillas. ‖ 4. El de variado color que llevan las señoras en el sombrero cubriendo el rostro. ‖ 5. Manto bendito con que se cubren las religiosas la cabeza y parte superior del cuerpo. ‖ 6. Banda de tela blanca que en la misa de velaciones se coloca sobre los esposos en señal de unión. ‖ 7. Humeral, paño blanco recamado de oro, que se coloca el sacerdote sobre los hombros y con cuyos extremos envuelve las manos para tomar la custodia. ‖ 8. Fiesta en que se celebra para dar la profesión a una monja. ‖ 9. fig. Cualquier cosa delgada que oculta más o menos a otra. ‖ 10. fig. Pretexto o disimulación para atenuar u ocultar la verdad. ‖ 11. fig. Estorbo o confusión que impide al entendimiento percibir con claridad alguna cosa. ‖ 12. fig. Cualquier cosa que disimula o impide el total conocimiento de otra. ‖ 13. Cierto aparejo de pesca. ‖ 14. FOTOGR. Matiz obscuro que toman los clisés al velarse. —**del paladar.** ZOOL. Especie de cortina muscular y membranosa que separa la cavidad de la boca de la de las fauces. *Correr el* VELO. fr. fig. Manifestar algo que estaba oculto. ‖ *Correr o echar un* VELO *sobre una cosa.* fr. fig. Callarla, porque no se deba o no convenga hacer mención de ella. ‖ *Tomar* una *el* VELO. fr. fig. Profesar una monja. ‖ **P.** véu; **I.** veil; **F.** voile; **A.** Schleier; **It.** velo; **R.** вуаль.

VELOCE. (l. *velox, -ōcis*.) adj. ant. Veloz.

VELOCIDAD. (l. *velocĭtas, -ātis*.) f. Prontitud en el movimiento. ‖ 2. MEC. Relación entre el espacio recorrido y el tiempo que se tarda en recorrerlo. —**angular.** FÍS. En el movimiento circular, ángulo descrito por el radio vector del móvil en la unidad de tiempo. —**areolar.** Superficie descrita en la unidad de tiempo por el radio vector de la órbita en que gira un cuerpo alrededor de su centro de atracción. —**comercial.** FERR. La resultante de dividir la distancia recorrida por el tiempo empleado. —**crítica.** La que en el movimiento giratorio produce la deformación o rotura del eje. —**de escape.** FÍS. La necesaria para que cualquier cuerpo animado de cierto impulso pueda salir del campo gravitatorio de un astro. —**de la luz.** FÍS. La de propagación de la luz en el vacío, fijada en 299.800 km por segundo, aunque para los cálculos se toma el valor aproximado de 300.000 km por segundo. —**del sonido.** FÍS. El tiempo que invierten las ondas sonoras en recorrer una distancia determinada. En el aire es, como valor aproximado, de 340 m por segundo. —**máxima absoluta.** MEC. La que ha alcanzado sólo en un momento dado y es mayor que cualquiera de las alcanzadas antes o después. —**relativa.** FÍS. La de un cuerpo comparada con la de otro. —**supersónica.** FÍS. La que es mayor que la del sonido. —**virtual.** MEC. Espacio que puede ser recorrido por el punto de aplicación de una fuerza en un tiempo infinitamente pequeño. ‖ *En doble pequeña* VELOCIDAD. Se dice cuando la mercancía facturada ha de transportarse en un tren mixto. ‖ *En gran* VELOCIDAD. Se dice cuando las mercancías han de ser transportadas en el primer tren de viajeros conveniente. ‖ *En pequeña* VELOCIDAD. Dícese cuando el transporte de la mercancía queda diferido hasta que le llegue el turno en un tren de mercancías. ‖ 2.ª acep.: **P.** velocidade; **I.** velocity, speed; **F.** vélocité, vitesse; **A.** Geschwindigkeit; **It.** velocità; **R.** скорость.

*** VELOCÍMANO.** m. Vehículo impulsado por medio de un manubrio.

*** VELOCÍMETRO.** m. AVIAC. Instrumento para medir la velocidad. ‖ 2. AVIAC. Instrumento que señala la velocidad de un avión con respecto al aire y no en relación con la tierra.

VELOCIPÉDICO, CA. adj. Perteneciente o relativo al velocípedo.

VELOCIPEDISMO. m. Deporte de los aficionados al velocípedo.

VELOCIPEDISTA. com. El que anda o sabe andar en velocípedo.

VELOCÍPEDO. (l. *velox, -ōcis*, veloz, y *pes, pedis*, pie.) m. Vehículo formado por un caballete y dos o tres ruedas, que mueve con los pies el que va montado en él. ‖ **P.** velocípede; **I.** velocipede; **F.** vélocipède; **A.** Veloziped, Zweirad; **It.** velocipede; **R.** велосипед.

VELÓDROMO. (l. *velox*, veloz, y el gr. δρόμος, carrera.) m. Lugar destinado para carreras en bicicleta. ‖ **P.** velódromo; **I.** velodrome; **F.** vélodrome; **A.** Velodrom Radrennbahn; **It.** velodromo; **R.** велодром.

° **VELOMOTOR.** (l. *velox, -ōcis*, veloz, y *motor, -ōris*, motor.) m. Vehículo movido por motor de explosión. ‖ 2. Bicicleta con motor auxiliar.

VELÓN. (De *vela*, I.er art.) m. Lámpara de metal, para aceite común, con uno o varios mecheros, que termina por arriba en un asa y se sostiene sobre un pie. ‖ 2. CHILE y PERÚ. aum. de vela.

*** VELÓN, NA.** adj. REP. DOMIN., COLOM. y ECUAD. Se dice del que pide con la mirada. ‖ 2. AMÉR. CENTRAL. Gorrón. Ú.t.c.s.

VELONERA. f. Repisa en que se ponía el velón u otra luz.

VELONERO. m. Fabricante o vendedor de velones.

VELORIO. (De *velar*, I.er art.) m. Reunión con baile, cantos, etc., que se celebra de noche en los pueblos, comúnmente con ocasión de alguna faena doméstica, como la matanza del cerdo. ‖ 2. Velatorio, especialmente cuando el difunto es un niño.

VELORIO. (De *velar*, 2.º art.) m. Ceremonia de tomar el velo una religiosa.

*** VELORIO.** m. VENEZ. Ventorrillo.

VELORTA. f. Vilorta.

VELORTO. m. Vilorto, planta ranunculácea trepadora. ‖ 2. ÁL. Viburno.

VELOZ. (l. *velox, -ōcis*.) adj. Acelerado y rápido en el movimiento. ‖ 2. Pronto en lo que ejecuta o discurre. ‖ **P.** veloz; **I.** swift; **F.** véloce; **A.** schnell; **It.** veloce; **R.** быстрый.

VELOZMENTE. adv. De manera veloz.

VELUDILLO. m. Velludillo.

VELUDO. (gall. *veludo*, y éste del l. *villūtus*, de *villus*.) m. Velludo, felpa o terciopelo.

VELLERA. f. Mujer que depila o quita el vello a otras.

VELLIDA. (De *vellido*.) f. GERM. Frazada.

VELLIDO, DA. (De *vello*.) adj. Velloso. ‖ 2. m. GERM. Terciopelo.

VELLO. (l. *villus*.) m. Pelo más corto y suave que el de la cabeza o barba en algunas partes del cuerpo humano. ‖ 2. Pelusilla de las frutas de algunas plantas. ‖ **P.** pêlo, penugem; **I.** down; **F.** duvet; **A.** Flaum; **It.** vello; **R.** волосы, пушок.

VELLOCINO. m. Vellón, toda la lana junta de una oveja o carnero cuando se le esquila. ‖ 2. Vellón, piel de carnero u oveja con lana y especialmente el vellocino de oro de la fábula y el de Gedeón en la Biblia.

VELLÓN. (l. *vellus*.) m. Toda la lana junta de un carnero u oveja que se esquila. ‖ 2. Vedija de lana. ‖ 3. Zalea. ‖ **P.** tosão, velo; **I.** fleece; **F.** toison; **A.** Schur(wolle); **It.** tosone; **R.** овечья шерсть.

VELLÓN. (fr. *billon*, de *bille*, billa, y *lingote*.) m. Liga de plata y cobre con que en otro tiempo se labró moneda. ‖ 2. P. RICO. Moneda de cinco a diez centavos. ‖ 3. PAN. Moneda de cinco centavos.

*** VELLONERA.** f. P. RICO y REP. DOMIN. Caja de música que funciona introduciendo una moneda por una ranura.

VELLONERO. m. El que recoge los vellones en el esquileo y los coloca en la pila.

VELLORA. (l. *vellěra*, pl. n. de *vellus*, -ĕris*.) f. Mota que tienen en el revés ciertos paños.

VELLORÍ. (l. *vellus, -ĕris*.) m. Paño entrefino de color ceniciento o de lana sin teñir.

VELLORÍN. (l. *vellus, -ĕris*.) m. Vellorí.

VELLORIO, RIA. adj. Pardusco. Se dice de la caballería de piel semejante a la de la rata, con algunos pelos blancos.

VELLORITA. (l. *bellis*.) f. Maya, planta compuesta de hojas vellosas. ‖ 2. Primavera, planta primulácea, de hojas grandes, tendidas en la tierra y tallos erguidos y desnudos con flores amarillas en forma de parasol.

VELLOSIDAD. (De *velloso*.) f. Abundancia de vello.

VELLOSILLA. (d. de *vellosa*.) f. Planta herbácea, vivaz, compuesta, de hojas elípticas, flores amarillas y fruto seco con semillas pequeñas y negras. Es común en los montes de España. ‖ **P.** velosilha; **I.** mouse-ear; **F.** piloselle; **A.** Mäuseöhrchen; **It.** pelosella.

VELLOSO, SA. (l. *villōsus*.) adj. Que tiene vello. ‖ 2. m. GERM. Bernia, capa de esta tela. ‖ 3. GERM. Carnero, mamífero rumiante. ‖ **P.** veloso; **I.** downy; **F.** villeux, velu; **A.** haarig; **It.** velloso; **R.** волосатый.

VELLOTADO. (De *vello*.) m. ant. Rizo, terciopelo áspero al tacto.

VELLUDILLO. (d. de *velludo*.) m. Felpa o terciopelo de algodón, de pelo muy corto. ‖ **P.** veludilho; **I.** velveteen; **F.** velontine; **A.** Velvet, Halbsamt; **It.** vellutino; **R.** бумажный бархат.

VELLUDO, DA. adj. Que tiene mucho vello. ‖ 2. m. Felpa o terciopelo.

VELLUTERO. (cat. *veliut*, velludo.) m. En algunas partes el que trabaja en seda, especialmente en felpa.

VENA. (l. *vena*.) f. Cualquiera de los conductos por los que vuelve la sangre al corazón. ‖ 2. Filón metálico. ‖ 3. Cada uno de los hacedillos de fibras que sobresalen en el envés de las hojas de las plantas. ‖ 4. Faja de terreno o piedra que se distingue de la masa en que se halla interpuesta. ‖ 5. Conducto natural por donde circula el agua en las entrañas de la tierra. ‖ 6. Cada una de las listas de variados colores que poseen ciertas piedras y maderas. ‖ 7. fig. Inspiración poética. ‖ —**ácigos.** ZOOL. La que está en la parte derecha y anterior de la porción torácica del raquis y comunica la vena cava superior con la inferior. ‖ —**basílica.** ZOOL. Una de las del brazo. ‖ —**cardiaca.** ZOOL. Cada una de las que coronan la aurícula derecha del corazón. —**cava.** ZOOL. Cada una de las dos venas mayores una superior o descendente, y otra inferior o ascendente. ‖ —**cefálica.** ZOOL. La del brazo que se aproxima al pliegue del codo. ‖ —**coronaria.** ZOOL. Vena cardiaca. ‖ —**de loco.** fig. Genio inconstante. ‖ —**emulgente.** ZOOL. Cada una de las venas por donde sale la sangre de los riñones. ‖ —**porta.** ZOOL. La gruesa cuyo tronco está entre las eminencias de la superficie interior del hígado. ‖ —**ranina.** ZOOL. La situada en la parte inferior de la lengua. ‖ —**safena.** ZOOL. Cada una de las dos largas que van a lo largo de la pierna. ‖ —**subclavia.** ZOOL. Cada una de las dos que van desde la clavícula a la vena cava superior. ‖ —**yugular.** ZOOL. Cada una de las dos que hay a uno y otro lado del cuello. ‖ *Acostarse la* VENA. fr. MIN. Cambiarse el buzamiento del filón. ‖ *Darle* a uno *la* VENA. fr. fig. y fam. Excitársele alguna especie que le inquieta o que le hace ejecutar algo inesperado o poco cuerdo. ‖ *Dar* a uno *en la* VENA. fr. fig. Encontrar un medio antes ignorado, con el que conseguir un deseo. ‖ *Descabezarse una* VENA. fr. CIR. Romperse una vena, con gran pérdida de sangre. ‖ *Estar* uno *en* VENA. fr. fig. y fam. Estar inspirado para componer versos o llevar algo a feliz realización. ‖ 2. fig. y fam. Ocurrirle las especies con fecundidad y en abundancia. ‖ **P.** veia; **I.** vein; **F.** veine; **A.** (Blut)Ader; **It.** vena; **R.** вена.

VENABLE. adj. Venal, vendible, expuesto a la venta.

VENABLO. (l. *venabŭlum*, de *venari*, cazar.) m. Dardo o lanza arrojadiza. ‖

V

Echar uno VENABLOS. fr. fig. Romper en exclamaciones de cólera. ‖ P. venábulo; I. javelin; F. javelot; A. Jadgspiess; It. giavelloto; R. копье, дротик.

VENACIÓN. (l. *venatio, -ōnis*.) f. ant. Caza, acción de cazar.

★ **VENADEAR.** tr. GUAT. Cazar venados. ‖ 2. GUAT. Matar a una persona en despoblado.

VENADERO. m. Paraje en que los venados tienen su acogida. ‖ 2. adj. COLOM. y ECUAD. Se dice del perro utilizado en'la caza del venado.

VENADO. (l. *venātus*, caza.) m. Ciervo. ‖ 2. ant. Res de caza mayor, particularmente oso, jabalí o ciervo. ‖ P. veado, cervo; I. deer, stag; F. cerf, gibier; A. Hirsch, Wild; It. daino; R. олень.

VENADOR. (l. *venātor, -ōris*.) m. ant. Cazador que caza por oficio o diversión.

VENADRIZ. (l. *venātrix, -īcis*.) f. ant. Cazadora.

VENAJE. (De *vena*.) m. Conjunto de venas de agua o manantiales que dan origen a un río.

VENAL. adj. Perteneciente o relativo a las venas.

VENAL. (l. *venālis*, de *venum*, venta.) adj. Vendible o expuesto a la venta. ‖ 2. fig. El que se deja sobornar con obsequios. ‖ P. e I. venal; F. vénal; A. (er)-käuflich; It. venale; R. продажный.

VENALIDAD. (l. *venalítas, -ātis*.) f. Calidad de venal, vendible, sobornable.

VENÁTICO, CA. adj. fam. Que tiene vena de loco. Ú.t.c.s.

VENATORIO, RIA. (l. *venatorius*.) adj. Perteneciente o relativo a la montería.

VENCEDERO, RA. adj. Que se halla sujeto a vencimiento en época determinada.

VENCEDOR, RA. adj. Que vence. Ú.t.c.s.

VENCEJERA. f. SEG. y ZAM. Haz de paja de centeno.

VENCEJO. (l. *vincĭcŭlum*, de *vincĭre*, atar.) m. Lazo que sirve para atar, especialmente los haces de las mieses. ‖ 2. Pájaro, de la familia de las trepadoras, de cola larga y ahorquillada, plumas blancas en la garganta y negras en el resto del cuerpo; come insectos, anida en los aleros de los tejados y tiene la forma y las costumbres de la golondrina. ‖ 3. GERM. Pretina o correa con hebilla para sujetar a la cintura ciertas prendas. ‖ P. vencelho; I. string; F. lien pour les gerbes; A. Garbenband; It. legame; R. свясло. ‖ 2.ª acep.: P. gaivão; I. martlet, black-martin; F. martinet; A. Turmschwalbe; It. rondone; R. стриж.

VENCER. (l. *vincĕre*.) tr. Rendir o sujetar al enemigo. ‖ 2. Rendir a uno aquellas cosas físicas o morales a cuya fuerza con dificultad resiste la naturaleza. Ú.t.c.r. ‖ 3. Aventajar, exceder o superar a alguien en algún concepto, en competencia o comparación con él. ‖ 4. Sujetar las pasiones. ‖ 5. Superar las dificultades. ‖ 6. Prevalecer una cosa sobre otra, sean materiales o inmateriales. ‖ 7. Reducir una persona a otra con razones hasta conseguir que siga su dictamen. ‖ 8. Llevar con paciencia una calamidad o dolor. ‖ 9. Subir, superar una altura o una aspereza de un camino o de cualquier paraje. ‖ 10. Ladear una cosa. Ú.m.c.r. ‖ 11. intr. Cumplirse un plazo o término. ‖ 12. Perder su fuerza obligatoria un contrato. ‖ 13. Hacerse exigible una deuda u otra obligación por cumplirse el plazo señalado. ‖ 14. Salir uno con su intento en contienda física o moral, pleito o disputa. ‖ 15. Refrenar la pasión o los ímpetus del genio. Ú.t.c.r. ‖ P. vencer; I. to vanquish; F. vaincre; A. besiegen, bezwingen; It. vincere; R. побеждать.

VENCETÓSIGO, GA. (De *vencer* y *tósigo*.) m. BOT. Planta perenne asclepiadácea, con hojas aovadas llenas de pelusa en su base, flores blancas, raíz medicinal y de olor semejante al alcanfor. ‖ P. vencetóssigo; F. asclépiade; A. Hundswürger; It. vincetòssico.

VENCIBLE. (l. *vincibĭlis*,) adj. Que puede vencerse.

VENCIDA. f. Vencimiento, acción o efecto de vencer. Úsase únicamente en los siguientes casos: *A las tres, a la tercera, va la* VENCIDA. ref. con que se da a enten-

der que repitiendo con ahinco creciente el intento a la tercera suele lograse lo deseado. ‖ 2. También significa que después de tres fracasos es prudente desistir del propósito. ‖ 3. Es empleada también en son de amenaza al que habiendo cometido ya dos faltas, no se le perdonará la tercera. ‖ *De* VENCIDA. expr. adv. con que se indica que está a punto de ser vencida una persona o dominada una cosa. Ú. con los verbos *ir* y *llevar*.

VENCIDO, DA. p.p. de vencer. Ú.t.c.s.

VENCIMIENTO. m. Acción de vencer o su efecto, que es ser vencido. Ú.m. en el último sentido. ‖ 2. fig. Inclinación o torcimiento de una cosa material. ‖ 3. fig. Cumplimiento del plazo de una deuda, de un pago, etc. ‖ 3.ª acep.: P. prazo; I. maturity, expiration; F. échéance; A. Verfallzeit; It. scadenza; R. исполнение.

VENDA. (l. *vittŭla*.) f. Tira, generalmente de lienzo, con que se liga un miembro o se sujetan los apósitos colocados sobre una herida. ‖ *Caérsele* a uno *la* VENDA *de los ojos*. fr. Desengañarse, salir del estado de ofuscación en que se encontraba. ‖ *Poner* a uno *una* VENDA *en los ojos*. fr. fig. Influir en él para que viva engañado. ‖ *Tener* una VENDA *en los ojos*. fr. fig. Desconocer la verdad por ofuscación del entendimiento. ‖ P. venda; I. bandage; F. bande; A. Binde; It. benda; R. бинт.

VENDA. (l. *vendĭta*.) f. ant. Véndida.

VENDAJE. m. CIR. Ligadura de vendas que se aplica a una parte del cuerpo y acomodan a su forma sujetando el apósito. ‖ —**enyesado.** CIR. Apósito con yeso que se emplea principalmente en las fracturas de huesos. ‖ P. venda, ligadura; I. y F. bandage; A. Verband; It. fasciatura; R. перевязка.

VENDAJE. (De *venda*, 2.º art.) m. p. us. Paga que se da a uno por vender los géneros que se le han encomendado. ‖ 2. COLOM., C. RICA, ECUAD. y PERÚ. Yapa o adehala.

VENDAL. m. AND. Claro en la espesura de un bosque, de suelo generalmente pizarroso.

VENDAR. tr. Atar, cubrir con venda. ‖ 2. fig. Poner un impedimento a la razón para que no vea las cosas como son. Se dice comúnmente de las pasiones del ánimo. ‖ P. vendar; I. to bandage; F. bander; A. verbinden; It. fasciare; R. перевязывать.

VENDAVAL. (fr. *vent d'aval*, viento de abajo.) m. Viento fuerte que sopla del Sur con tendencia al Oeste. ‖ 2. Por ext., cualquier viento fuerte sin llegar a temporal declarado. ‖ 2.ª acep.: P. vendaval; I. blore, strong wind; F. vent d'aval, tempête de vent; A. starker Seewind; It. vento impetuoso; R. порыв ветра.

VENDEDERA. f. Mujer que vende por oficio.

VENDEDOR, RA. adj. Que vende. Ú.t.c.s. P. vendedor; I. seller; F. vendeur; A. Verkäufer; It. venditore; R. торговец.

VENDEHÚMOS. (De *vender* y *humo*.) com. fam. Persona que ostenta o simula privanza con un poderoso para vender así su favor.

VENDEJA. (d. de *venda*, 2.º art.) f. Venta pública como en feria. ‖ 2. AND. Venta de pasas, limones, higos, etc., en el tiempo de la cosecha. ‖ 3. VIZC. Fruta o verdura que llevan las aldeanas a vender en el mercado.

VENDER. (l. *vendĕre*.) tr. Traspasar a otro por el precio convenido la propiedad de una cosa. ‖ 2. Exponer los géneros al público para el que los desee comprar. ‖ 3. Sacrificar al interés cosas que no tienen valor material. ‖ 4. fig. Faltar a la fe o amistad que a otro se debe. ‖ 5. r. Dejarse sobornar. ‖ 6. fig. Ofrecerse a todo riesgo en favor de uno. ‖ 7. fig. Decir o hacer inadvertidamente algo que descubre lo que se deseaba guardar oculto. ‖ 8. fig. Seguido de la preposición *por*, atribuirse cualidad o condición que no se tiene. ‖ *¡A mí, que las* VENDO! expr. fig. y. fam. con que se advierte que el engaño previo, prevenido con la propia práctica en la materia de que se trata. ‖ *Estar* uno *como* VENDIDO. fr. Estar desazonado en la compañía o

conversación de quienes nos son desconocidos o piensan de forma distinta. ‖ *Estar* VENDIDO uno. fr. fig. Estar en conocido peligro entre los que pueden ocasionarlo o son más sagaces en la materia de que se trata. ‖ VENDER *cara* una cosa a uno. fr. fig. Hacer que le cueste mucho trabajo conseguirla. ‖ 2. fig. Persuadirle con razones aparentes la utilidad de algo que en realidad no la tiene. ‖ VENDERSE uno *caro*. fr. fig. Prestarse con gran dificultad al trato o comunicación del que lo apetece o busca. ‖ P. vender; I. to sell; F. vendre; A. verkaufen; It. vèndere; R. продавать.

VENDERACHE. m. ant. Vendedor o mercader.

VENDÍ. (1.ª pers. de sing. del pret. indefinido del verbo *vender*, palabra con que suelen dar principio estos documentos.) m. Certificado de venta que da el vendedor, agente o corredor para acreditar la procedencia y precio de lo comprado.

VENDIBLE. (l. *vendibĭlis*.) adj. Que se puede vender o está a la venta. ‖ P. vendível; I. sal(e)able; F. vendable; A. verkäuflich; It. vendibile; R. продажный.

VENDICIÓN. (l. *venditio, -ōnis*.) f. ant. Venta, acción y efecto de vender.

VÉNDIDA. (l. *vendĭta*, véndida.) f. ant. Venta, acción y efecto de vender.

VENDIENTE. p.a. de vender. Que vende.

VENDIMIA. (l. *vindemĭa*.) f. Recolección y cosecha de la uva. ‖ 2. Tiempo en que se hace. ‖ 3. fig. Provecho abundante obtenido de una cosa. ‖ P. vindima; I. vintage; F. vendange; A. (Wein)lese; It. vendemmia; R. сбор винограда.

VENDIMIADOR, RA. (l. *vindemitător*.) m. y f. Persona que vendimia.

VENDIMIAR. (l. *vendemĭare*.) tr. Recoger el fruto de las viñas. ‖ 2. fig. Disfrutar una cosa o aprovecharse de ella, especialmente si es con violencia o injusticia. ‖ 3. fig. y fam. Matar. ‖ P. vindimar; I. to gather the vintage; F. vendanger; A. herbste, (Wein)lesen; It. vendemmiare; R. собирать виноград.

VENDIMIARIO. (Traducción del fr. *vendémiaire*.) m. Primer mes del calendario republicano francés cuyos días primero y último coincidían, respectivamente, con el 22 de setiembre y el 21 de octubre.

VENDO. (De *venda*, 1.er art.) m. Orillo del paño. ‖ 2. pl. AND. y CUENC. Zorros, tiras de orillo o de piel, que se usan para sacudir el polvo.

★ **VENDUTA.** (ital. *venduta*, term. fr. *venduto*, p.p. de *vendere*, vender.) f. AMÉR. Almoneda. ‖ 2. CUBA. Establecimiento pequeño dedicado a la venta de frutas y verduras. ‖ 3. CUBA, GUAT., COLOM. y VENEZ. Vendeja, baratillo. ‖ 4. P. RICO. Venta traicionera.

★ **VENDUTERO, RA.** m. y f. CUBA. Persona que tiene o atiende una frutería o venduta. ‖ 2. m. AMÉR. Corredor de vendutas o almonedas.

VENECIA. n. p. V. *Tierra de* VENECIA. ‖ 2. PINT. V. *Sombra de* VENECIA.

VENECIANO, NA. (l. *venetiānus*.) adj. Natural de Venecia. Ú.t.c.s. ‖ 2. Perteneciente a esta ciudad de Italia. ‖ *A la* VENECIANA. m. adv. Al uso de Venecia. ‖ 2. Hablando de iluminaciones de festejos, aquellas en que hay gran profusión de faroles de colores.

VENEDIZO, ZA. (De *venir*.) adj. ant. Advenedizo.

VENEFICIAR. (De *veneficio*.) tr. ant. Maleficiar o hechizar.

VENEFICIO. (l. *veneficĭum*.) tr. ant. Maleficio.

VENÉFICO, CA. (l. *venefĭcus*; de *venēnum*, veneno, y *facĕre*, hacer.) adj. ant. Venenoso.

VENENADOR, RA. (De *venenar*.) adj. ant. Envenador. Usáb.t.c.s.

VENENAR. (l. *venenăre*.) tr. ant. Envenenar.

VENENCIA. f. Utensilio consistente en un recipiente cilíndrico y una varilla terminada en un gancho, usado en las bodegas de Jerez de la Frontera para sacar pequeñas cantidades de vino o mosto que contiene una bota con el fin de probarlo.

VENENÍFERO, RA. (l. *venenĭfer, -ĕri*;

de *venēnum*, veneno, y *ferre*, llevar.) adj. poét. Venenoso.

VENENO. (l. *venēnum*.) m. Cualquier substancia que injerida o inoculada en un organismo vivo le causa la muerte o graves trastornos. || **2.** fig. Cualquier cosa nociva para la salud. || **3.** fig. Cualquier cosa que causa un mal moral. || **4.** fig. Sentimiento de ira, rencor, etc. || *Poco* VENENO *no mata.* fr. proverb. que indica que algunas cosas dañosas, tomadas en poca cantidad, suelen no dañar. || **2.** Aconseja también no exagerar las preocupaciones en lo material o moral. || **P.** veneno, tóxico; **I.** poison, venom; **F.** venin, poison; **A.** Gift; **It.** veleno; **R.** яд, отрава.

VENENOSIDAD. f. Calidad de venenoso.

VENENOSO, SA. (l. *venenōsus*.) adj. Que contiene veneno.

VENERA. (l. *veneriae*, ciertas conchas.) f. Concha semicircular de dos valvas, una plana y otra convexa. Es la concha que llevaban los peregrinos que volvían de Santiago de Compostela. Es un molusco común en las costas de Galicia. || **2.** Insignia distintiva que llevan al pecho los caballeros de cada orden. || *Empeñar uno la* VENERA. fr. fig. y fam. No perdonar gasto ni sacrificio para lograr lo deseado o salir de un apuro. || *No se le, o te caerá la* VENERA. expr. fig. y fam. con que se reprende al que por orgullo rehusa hacer alguna cosa. || **P.** vieira; **I.** scallop-shell; **F.** coquille Saint-Jacques; **A.** Jakobsmuschel; **It.** conchiglia; **R.** раковина.

VENERA. (De *vena*.) f. Venero, manantial de agua.

VENERABILÍSIMO, MA. adj. sup. de venerable.

VENERABLE. (l. *venerabĭlis*.) adj. Digno de veneración y respeto. || **2.** Aplícase como renombre a las personas de reconocida virtud. || **3.** Dícese de las personas eclesiásticas constituidas en dignidad. || **4.** Primer título que se concede en Roma a los que mueren con fama de santidad. Ú.t.c.s. || **P.** venerável; **I.** venerable; **F.** vénérable; **A.** ehrwürdig; **It.** venerábile; **R.** почтенный.

VENERABLEMENTE. adv. Con veneración.

VENERACIÓN. (l. *veneratĭo, -ōnis*.) f. Acción y efecto de venerar.

VENERADOR, RA. (l. *venerātor, -ōris*.) adj. Que venera. Ú.t.c.s.

VENERANDO, DA. (l. *venerandus*.) adj. Venerable, digno de veneración.

VENERANTE. p.a. de venerar. Que venera.

VENERAR. (l. *venerāri*.) tr. Respetar en sumo grado a una persona, por su dignidad o santidad, o a una cosa por lo que representa. || **2.** Dar culto a Dios, a los santos o a las cosas sagradas. 2.ª acep.: **P.** venerar; **I.** to venerate, to worship; **F.** vénérer; **A.** verehren; **It.** venerare; **R.** чтить.

VENÉREO, A. (l. *venerĕus*.) adj. Perteneciente o relativo a la venus o acto carnal. || **2.** Dícese del mal contagioso contraído por el trato carnal. Ú.t.c.s.m. || 2.ª acep.: **P.** venéreo; **I.** venereal; **F.** vénérien; **A.** Geschlechtskrankheit; **It.** venèreo; **R.** венерический.

VENERO. (De *vena*.) m. Manantial de agua. || **2.** Raya o línea horaria en los relojes de sol. || **3.** fig. Origen de donde procede una cosa. || **4.** MIN. Criadero de un mineral. || **P.** fonte; **I.** spring of water, source; **F.** source d' eau; **A.** Quell; **It.** vena, sorgente; **R.** источник, родник.

VENERUELA. f. d. de venera.

VÉNETO, TA. (l. *venĕtus*.) adj. Veneciano. Apl. a pers. ú.t.c.s.

VENEZOLANISMO. m. Vocablo o modo de hablar propio de los venezolanos.

VENEZOLANO, NA. adj. Natural de Venezuela. Ú.t.c.s. || **2.** Perteneciente a esta nación. || **P.** venezuelano; **I.** Venezuelan; **F.** vénézuelien; **A.** Venezolaner; **It.** venezolano; **R.** венесуэльский.

VENEZUELA. n. p. V. *Tártago de* VENEZUELA.

VENGABLE. adj. Que puede o debe ser vengado.

VENGADOR, RA. (l. *vindicātor, -ōris*.) adj. Que venga o se venga. Ú.t.c.s.

VENGAINJURIAS. (De *vengar* e *inju-*

ria.) m. GERM. Fiscal que ejerce el ministerio público en los tribunales.

VENGANZA. (De *vengar*.) f. Satisfacción que se toma del agravio o daño recibidos. || **P.** vingança; **I.** revenge, vengeance; **F.** vengeance; **A.** Rache; **It.** vendetta; **R.** месть, мщение.

VENGAR. (l. *vindĭcāre*.) tr. Tomar satisfacción de un agravio o daño. Ú.t.c.r. || **P.** vingar; **I.** to revenge; **F.** venger; **A.** rächen; **It.** vendicare; **R.** мстить.

VENGATIVO, VA. (De *vengar*.) adj. Inclinado a la venganza.

VENIA. (l. *venĭa*.) f. Perdón o remisión de la culpa. || **2.** Permiso pedido para ejecutar algo. || **3.** Inclinación hecha con la cabeza saludando a alguien cortésmente. || **4.** AMÉR. Saludo militar. || **P.** vénia; **I.** pardon, leave; **F.** pardon, permission; **A.** Verzeihung; **It.** venia; **R.** прощение.

VENIAL. (l. *veniālis*.) adj. Que se opone levemente a la ley o precepto y es de fácil remisión. || **2.** Dícese del pecado que levemente va contra la ley de Dios, o por la parvedad de la matèria o por falta de advertencia plena.

VENIALIDAD. f. Calidad de venial.

VENIALMENTE. adv. De modo venial.

VENIDA. (De *venir*.) f. Acción de venir. || **2.** Regreso. || **3.** Avenida, creciente impetuosa de un arroyo o río. || **4.** ESGR. Acometimiento mutuo que se hacen los combatientes, después de presentar la espada. || **5.** fig. Ímpetu, acción inconsiderada. || **P.** vinda; **I.** arrival, coming; **F.** venue; **A.** Ankuft; **It.** venuta; **R.** приход.

VENIDERO, RA. adj. Que está por venir o suceder. || **2.** m. pl. Sucesores. **3.** Los que han de nacer después. || **P.** vindouro ou vindoiro; **I.** future, (forth)coming; **F.** futur; **A.** (zu)künftig; **It.** venturo; **R.** будущий.

VENIENTE. p.a. ant. de venir. Que viene.

VENIMÉCUM. (l. *veni*, ven, y *mecum*, conmigo.) m. Vademécum, 1.ª acep.

VENINO, NA. (De *veneno*.) adj. ant. Venenoso.

VENIR. (l. *venĭre*.) intr. Caminar una persona o moverse una cosa hacia donde está el que habla. || **2.** Llegar una persona o cosa a donde está el que habla. || **3.** Comparecer una persona ante otra. || **4.** Acomodarse una cosa con otra o a otra. || **5.** Llegar uno a conformarse o avenirse. Ú.t.c.r. || **6.** Avenirse en lo que antes se resistía. || **7.** Volver a tratar de un asunto, después de una digresión. || **8.** Seguido de la preposición *en*, resolver, acordar una autoridad, especialmente la suprema. **9.** Deducirse o ser una cosa consecuencia de otra. || **10.** Pasar el dominio o uso de una cosa de una persona a otra. || **11.** Producirse una cosa en un terreno. || **12.** Acercarse el tiempo en que ha de suceder algo. || **13.** Tener origen o dependencia una cosa de otra. || **14.** Excitarse un afecto, pasión o apetito. || **15.** Ofrecerse u ocurrir algo a la mente. || **16.** Manifestarse o iniciarse algo. || **17.** Con la preposición *a* y el infinitivo de otro verbo, suceder finalmente lo que se esperaba o se temía. *Después de tanto afanarse*, VINO *a perderlo todo*. **18.** Con la preposición *a* y ciertos nombres, estar haciendo o a punto de hacer lo que nombres significan. || **19.** Con la misma prep. *a* y algunos verbos como *ser*, *tener*, *decir*, etc., denota equivalencia aproximada. || **20.** Seguido de la prep. *en* y un substantivo, tiene la significación del verbo correspondiente a dicho substantivo. VENIR *en conocimiento*. || **21.** Seguido de la prep. *sobre*, caer. VINO *el granizo sobre los sembrados*. || **22.** Suceder, acontecer. **23.** r. Llegar algunas cosas, por medio de la fermentación, al estado que deben alcanzar. VENIRSE *el pan*. || *El que* VENGA *detrás, que arree*. fr. con que uno, después de haber superado ciertas dificultades o peligros, manifiesta desentenderse de los riesgos que esas mismas circunstancias pueden entrañar para los demás. || *En lo por* VENIR. loc. adv. En lo futuro. || VEN *acá*. expr. fam. usada para llamar la atención de uno o disuadirle de algo. || VENGA *lo que* VINIERE. expr. con que se da a entender la resolución que se ha tomado sin

preocuparse demasiado del resultado final. || VENIR *a menos*. Empeorarse, caer del estado o situación que se gozaba. || VENIR uno *bien* en una cosa. fr. Acceder a ella. || VENIR *clavada* una cosa a otra. fr. fig. y fam. Serle adecuada. || VENIRLE a uno *ancha* una cosa. fr. fig. y fam. Venirle muy ancha. || VENIRLE a uno *angosta* una cosa. fr. fig. y fam. No ser bastante para satisfacer su ambición o su mérito. || VENIRLE a uno *muy ancha* una cosa. fr. fig. y fam. Exceder de su mérito o capacidad. || VENIR *rodada* una cosa. fr. fig. Suceder inesperadamente favoreciendo lo que se pretende. || VENIRSE *abajo* una cosa. fr. Venirse a tierra, caerse, arruinarse. || VENIRSE *a buenas*. Darse a buenas. **P.** vir, chegar; **I.** to come; **F.** venir; **A.** kommen, gelangen; **It.** venire; **R.** приходить.

VENORA. f. AR. Hilada de piedra o de ladrillo puesta de trecho en trecho en las acequias para servir de señal a los que las limpian.

VENOSO, SA. (l. *venōsus*.) adj. Que tiene venas. || **2.** Perteneciente o relativo a la vena. || **3.** BOT. Dícese de la hoja que presenta vasillos sobresalientes que se extienden hasta los bordes.

VENTA. (l. *vendĭta*, pl. de *vendĭtum*; de *vendĕre*, vender.) f. Acción y efecto de vender. || **2.** Contrato de cesión de una cosa propia mediante un precio convenido. || **3.** Parador o posada establecida en los caminos o despoblados. || **4.** fig. y fam. Sitio desamparado y expuesto a las inclemencias del tiempo. || **—pública.** Almoneda. || *Ser una* VENTA. fr. fig. y fam. con que se explica lo caro que cobran en un lugar o tienda. || **P.** venda; **I.** sale; **F.** vente; **A.** Verkauf; **It.** vendita; **R.** продажа. || 3.ª acep.: **P.** pousada, estalagem; **I.** roadhouse; **F.** auberge; **A.** Wirtshaus am Weg; **It.** osteria; **R.** постоялый двор.

VENTADA. f. Golpe de viento.

VENTADOR. (De *ventar*.) m. ant. Aventador, bieldo.

VENTAJA. (De *aventaja*.) f. Superioridad de una persona o cosa sobre otra. || **2.** Excelencia, utilidad o condición favorable de una persona o cosa. || **3.** Sueldo sobreañadido al común. || **4.** Ganancia anticipada que un jugador que se considera superior a su contrario, concede a éste. || **5.** AMÉR. Beneficio, utilidad. || **6.** P. RICO. Dulce de harina y miel. || **P.** vantagem; **I.** advantage; **F.** avantage; **A.** Vorteil; **It.** vantaggio; **R.** превосходство.

VENTAJE. m. ant. Ventaja.

VENTAJERO, RA. adj. CHILE. Ganguero, que sabe sacar ventaja en los tratos. Ú.t.c.s. || **2.** ARGENT. Dícese de quien no repara en medios para sacar ventaja o provecho de todas las circunstancias. Ú.t.c.s.

VENTAJISTA. adj. Dícese de la persona que sin miramientos intenta conseguir ventaja en los tratos, en el juego, etc. Ú.t.c.s.

VENTAJOSAMENTE. adv. De manera ventajosa.

VENTAJOSO, SA. adj. Dícese de lo que tiene ventaja o la reporta. || **P.** vantajoso; **I.** advantageous; **F.** avantageux; **A.** vorteilhaft; **It.** (av)vantaggioso; **R.** выгодный.

VENTALLA. (l. *ventŭs*.) f. Válvula de una máquina. || **2.** BOT. Cada una de las partes de la cáscara de un fruto que, juntas por una o varias suturas, encierran las semillas.

VENTALLE. (l. *ventŭs*.) m. Abanico. || **2.** Pieza movible del casco, que en unión con la visera, cerraba la parte delantera del mismo.

VENTANA. (l. *ventus*.) f. Abertura más o menos elevada sobre el suelo, practicada en una pared para dar luz y ventilación. || **2.** Hoja u hojas de madera y de cristales con que se cierra esa abertura. **3.** Cada uno de los dos orificios de la nariz. || **4.** IMPR. Espacio que queda en blanco sin impresión por haberse interpuesto un cuerpo extraño. || **5.** Orificio en algunas piezas de una máquina. || **—oval.** ANAT. Uno de los dos orificios que comunican la caja del tímpano con el laberinto. || **—redonda.** El segundo de los

V orificios antes mencionados. || *Arrojar,* o *echar* una cosa *por la* VENTANA. fr. fig. Desperdiciarla o malgastarla. || *Salir* uno *por la* VENTANA. fr. fig. Salir desgraciadamente de un lugar o negocio. || *Tener* uno VENTANA *al cierzo.* fr. fig. y fam. Tener mucha vanidad y orgullo; ser propenso a resoluciones enérgicas o airadas. || P. janela, ventana; I. window; F. fenêtre; A. Fenster; It. finestra; R. окно.

VENTANAJE. m. Conjunto de ventanas de un edificio.

VENTANAL. m. Ventana grande, como las de las iglesias.

VENTANAZO. m. Golpe recio que se da al cerrar con violencia una ventana. || 2. Acto de cerrar con violencia las ventanas en señal de repulsa y desaire al que está fuera.

VENTANEAR. intr. fam. Asomarse a la ventana con frecuencia.

VENTANEO. m. fam. Acción de ventanear.

VENTANERO, RA. adj. Dícese del hombre que mira descaradamente y sin recato a las ventanas en que hay mujeres. Ú.t.c.s. || 2. Dícese de la mujer muy aficionada a asomarse a la ventana. Ú.t.c.s. || 3. m. El que hace ventanas.

VENTANICO. (d. de *ventano.*) m. Ventanillo.

VENTANILLA. f. d. de ventana. || 2. Abertura pequeña practicada en la pared o tabique de algunas oficinas, por donde se atiende al público. || 3. Ventana de la nariz. || 2.ª acep.: P. guichê; I. y F. guichet; A. Schalter; It. finestrino; R. окошечко.

VENTANILLO. m. d. de ventano. || 2. Postigo pequeño de puerta o ventana. || 3. Abertura en la puerta exterior de una casa para ver quién llama. || 4. Trampilla, ventanilla en el suelo de las habitaciones altas.

VENTANO. m. Ventana pequeña.

VENTAR. impers. Soplar el viento. || 2. tr. Ventear, tomar algunos animales el viento con el olfato.

VENTAR. (l. *ventāre,* frec. de *venīre,* venir.) tr. ant. Hallar, descubrir.

VENTARRÓN. m. Viento muy fuerte.

VENTEADURA. f. Efecto de ventearse.

VENTEAR. impers. Soplar el viento. || 2. tr. Tomar algunos animales el viento husmeando. || 3. Sacar o echar alguna cosa al viento para limpiarla o enjugarla. || 4. fig. Andar indagando o averiguando una cosa. || 5. r. Henderse una cosa. || 6. Levantarse ampollas en medio de la masa de tejas o ladrillos al cocerse. || 7. Adulterarse el tabaco y otras cosas por la acción del aire. || 8. Ventosear. || P. ventar; I. to blow (the wind); F. venter; A. lüften; It. ventare; R. дуть (о ветре).

VENTECICO, LLO, TO, m. ant. d. de viento.

* VENTEO. m. ART. y OF. Agujero que se hace en la parte superior de toneles o tinajas para que al abrir la espita colocada en la parte inferior, salga el líquido de dentro.

VENTERIL. adj. Propio de venta, o de ventero o ventera.

VENTERNERO, RA. (De *vientre.*) adj. ant. Glotón, tragón.

VENTERNÍA. f. ant. Glotonería.

VENTERO, RA. adj. Dícese del que ventea o toma el viento con el olfato. *Caballo* VENTERO.

VENTERO, RA. m. y f. Persona que tiene a su cargo una venta para hospedaje de los pasajeros y caminantes.

* VENTICUATRINO, NA. adj. PERÚ. Perdulario.

* VENTIFACTO. m. GEOL. Cantos angulosos y pulidos en el polvo de origen eólico.

VENTIFAREL. m. SAL. Cínife, mosquito.

VENTILACIÓN. (l. *ventilatĭo, -ōnis.*) f. Acción y efecto de ventilar o ventilarse. || 2. Abertura que sirve para ventilar un aposento. || 3. Corriente de aire que se establece al ventilarlo. || P. ventilação; I. y F. ventilation; A. Lüftung; It. ventilazione, aerazione; R. вентиляция.

VENTILADOR. (l. *ventilātor, -ōris.*) m. Aparato que sirve para ventilar remo-

viendo el aire de un aposento. || 2. Abertura que se deja hacia el exterior por donde se renueva el aire de una habitación sin necesidad de abrir puertas ni ventanas. || P. ventilador; I. ventilator; F. ventilateur; A. Ventilator; It. ventilatore; R. вентилятор.

VENTILAR. (l. *ventilāre.*) tr. Hacer circular el aire en algún sitio, especialmente hacer entrar el aire del exterior expulsando el viciado. || 2. tr. Agitar una cosa en el aire. || 3. Exponerla al viento. || 4. fig. Controvertir o dilucidar una cuestión o duda. || P. ventilar; I. to ventilate, to air; F. ventiler; A. durchlüften; It. ventilare; R. проветривать.

VENTISCA. (De *ventiscar.*) f. Borrasca de viento y nieve. || P. borrasca de neve; I. blizzard; F. tempête de vent et de neige; A. Schneesturm; It. bufera, sinibbio; R. вьюга.

VENTISCAR. (De *viento.*) impers. Nevar con viento fuerte. || 2. Levantarse la nieve por la violencia del viento.

VENTISCO. m. Ventisca.

VENTISCOSO, SA. adj. Aplícase al tiempo y lugar en que son frecuentes las ventiscas.

VENTISQUEAR. (De *ventisca.*) impers. Ventiscar.

VENTISQUERO. m. Ventisca. || 2. Altura de los montes más expuesta a las ventiscas. || 3. Lugar de los montes donde se conserva la nieve y el hielo. || 4. Masa de hielo y nieve reunida en este sitio. || 3.ª acep.: P. glaciar; I. y F. glacier; A. Gletscher; It. ghiacciaio; R. вершина, покрытая снегом.

* VENTO. m. ARGENT. En lufardo, dinero.

VENTOLA. f. MAR. Esfuerzo que hace el viento contra un obstáculo.

VENTOLERA. (De *ventola.*) f. Golpe de viento recio y de poca duración. || 2. Rehilandera. || 3. fig. y fam. Vanidad, jactancia. || 4. fig. y fam. Determinación impensada y extravagante. || 5. fam. MÉJ. Ventosidad, pedo. || P. lufada; I. gust, blast of wind; F. coup de vent; A. starker Windstoss; It. buffo, soffio di vento; R. порыв ветра.

* VENTOLÍN. m. COLOM. Buhardilla. || 2. COLOM. Ventana o tragaluz.

VENTOLINA. f. MAR. Viento leve y variable.

VENTOR, RA. (De *ventar,* 1.er art.) adj. Dícese del animal que, guiado por su olfato y el viento, busca un rastro o huye del cazador. || 2. m. Dícese del perro que sigue la caza por el viento y el olfato.

VENTORRERO. m. Sitio alto y despejado, muy combatido de los vientos.

VENTORRILLO. (d. de *ventorro.*) m. Ventorro. || 2. Bodegón o casa de comidas en las afueras de una población. || 3. P. RICO. Tenducha, tienda pobre y pequeña.

VENTORRO. m. despect. Venta o posada pequeña o mala.

VENTOSA. (l. *ventōsa.*) f. Abertura que se hace para dar paso al viento. || 2. Tubo para la ventilación de las atarjeas. || 3. Órgano de ciertos animales que les permite adherirse o agarrarse, mediante el vacío, al andar o al hacer presa. || 4. GERM. Ventana, abertura que se deja en la pared para dar luz y ventilación. || 5. CIR. Vaso o campana que se aplica sobre la piel, produciendo el enrarecimiento del aire en su interior, para producir una irritación local. || —escarificada. CIR. La que se aplica sobre una superficie escarificada o sajada. || —seca. CIR. La que se aplica sobre una parte íntegra o no sajada. || *Pegar* a uno *una* VENTOSA. fr. fig. y fam. Sacarle con artificio o engaño dinero a una cosa. || 3.ª acep.: P. e It. ventosa; I. sucker; F. ventouse; A. Schropfkopf; R. присоска.

VENTOSEAR. (De *ventoso.*) intr. Expeler los gases intestinales. Ú. algunas veces c.r.

VENTOSEDAD. f. ant. Ventosidad.

VENTOSIDAD. (l. *ventosĭtas, -ātis.*) f. Calidad de ventoso o flatulento. || 2. Gases intestinales, especialmente cuando se expelen. || P. ventosidade; I. flatulence, windiness; F. ventosité; A. Furz, Blähung; It. ventosità; R. скопление газов.

VENTOSO, SA. (l. *ventōsus.*) adj. Que

contiene viento o aire. || 2. Dícese del día o tiempo en que hace aire fuerte, y al sitio azotado por los vientos. || 3. Flatulento, que ocasiona flatos. || 4. Ventor, 1.ª acep. || 5. m. Sexto mes del calendario republicano francés que comprendía las fechas que median entre el 19 de febrero y el 20 de marzo. || 6. GERM. El que hurta por la ventana.

VENTRADA. (De *vientre.*) f. ant. Ventregada.

VENTRAL. (l. *ventrālis.*) adj. Perteneciente al vientre.

VENTRECILLO. m. ant. de vientre.

VENTRECHA. (l. *ventrĭculus.*) f. Vientre de los pescados.

VENTREGADA. (De *vientre.*) f. Conjunto de crías o animalillos nacidos de un parto. || 2. fig. Abundancia de cosas que vienen juntas de una vez.

VENTRERA. f. Faja para ceñir el vientre. || 2. Armadura que cubría el vientre.

VENTREZUELO. m. d. de vientre.

VENTRICULAR. adj. ZOOL. Perteneciente o relativo al ventrículo.

VENTRÍCULO. (l. *ventrĭculus.*) m. ZOOL. Estómago. || 2. ZOOL. Cada una de las dos cavidades que hay entre las cuerdas vocales de los mamíferos a uno y otro lado de la glotis. || 3. ZOOL. Cavidad, o cada una de las cavidades del corazón que reciben la sangre procedente de las aurículas. || —del encéfalo. ZOOL. Cada una de las cuatro cavidades del encéfalo de los vertebrados llamadas ventrículo medio, ventrículos laterales y cuarto ventrículo. || 3.ª acep.: P. ventrículo; I. ventricle; F. ventricule; A. Herzkammer; It. ventricolo; R. желудок.

VENTRIL. (De *vientre.*) m. Pieza de madera que sirve para equilibrar la viga en los molinos de aceite. || 2. LEÓN. Vara del lado de la glotis. || 3. ZOOL. Cavidad, o cada carro de bueyes a la cual se unce al ganado. || 3. PAL. Correa que pasa por debajo del vientre de las mulas y se une al yugo.

VENTRÍLOCUO, CUA. (l. *ventrilŏquus;* de *venter, -tris,* vientre, y *loqui,* hablar, porque antiguamente se creyó que su voz salía del vientre o del estómago.) adj. Dícese del que sabe modificar su voz de manera que parezca venir de lejos, e imita otras voces o sonidos. Ú.t.c.s. || P. ventríloquo; I. ventriloquist; F. ventriloque; A. Bauchredner; It. ventriloquo; R. чревовещатель.

VENTRILOQUIA. f. Arte del ventrílocuo.

VENTRISCA. f. En algunas partes, ventrecha.

VENTRÓN. m. aum. de vientre. || 2. Túnica muscular que envuelve el estómago de ciertos rumiantes.

VENTROSO, SA. (l. *ventrōsus.*) adj. ventrudo.

VENTRUDO, DA. adj. Que tiene abultado el vientre.

VENTURA. (l. *ventūra,* pl. de *ventūrum,* lo por venir.) f. Felicidad. || 2. Contingencia o casualidad. || 3. Riesgo, peligro. || *Buena* VENTURA. m. adv. Buenaventura. || *A la buena* VENTURA. m. adv. Sin determinado objeto; a lo que depare la suerte. || *A la* VENTURA. m. adv. A la buena ventura. || *Cuando corre la* VENTURA, *las aguas son truchas.* ref. que advierte que cuando la fortuna es favorable, todo sale bien. || *Por* VENTURA. m. adv. Quizá. || 2.ª acep.: P. ventura; I. fortune, luck; F. chance, hazard; A. Glück; It. ventura, fortuna; R. случайность.

VENTURADO, DA. (De *ventura.*) adj. Venturoso.

VENTURANZA. f. Ventura, dicha, felicidad.

VENTURERO, RA. (De *ventura.*) adj. Dícese del sujeto que anda vagabundo, pero dispuesto a trabajar en cualquier cosa. || 2. Venturoso. || 3. Aventurero. Ú.t.c.s.

VENTURINA. (ital. *venturina,* de *ventura,* por el modo como se inventó la venturina artificial.) f. Variedad de cuarzo que lleva en su masa laminillas de mica. || —artificial. Vidrio de color rojizo fundido con limaduras de cobre, que se emplea en joyería.

V

VENTURO, RA. (l. *ventūrus*, p. f. de *venīre*, venir.) adj. Que ha de venir o suceder.

VENTURÓN. m. aum. de ventura.

VENTUROSAMENTE. adv. De manera venturosa.

VENTUROSO, SA. adj. Afortunado, que tiene fortuna, que es feliz o que hace feliz.

VENUS. (De *Venus*, diosa mitológica de la hermosura.) m. Planeta del sistema solar, cuya órbita está comprendida entre las de Mercurio y de la Tierra; brilla con resplandor intenso como lucero de la mañana y de la tarde. || **2.** f. fig. Mujer muy hermosa. || **3.** Deleite sensual o acto carnal. || **4.** ALQ. Cobre, metal rojo pardo.

VENUSINO, NA. (l. *venusinus*.) adj. Natural de Venusa. || **2.** Perteneciente a esta ciudad de Italia. || **3.** m. Por antonom., el poeta Horacio.

VENUSTEZ. f. Venustidad.

VENUSTIDAD. (De *venusto*.) f. Hermosura perfecta o muy agraciada.

VENUSTO, TA. (l. *venustus*, de Venus.) adj. Hermoso y agraciado.

VER. (Forma substantiva de ver, 2.º art.) m. Sentido de la vista. || **2.** Parecer o apariencia de las cosas. *Tener buen* VER. *A mi*, tu, su VER. m. adv. Según el parecer de otro.

VER. (De *veer*.) tr. Percibir por los ojos los objetos materiales mediante la acción de la luz. || **2.** Observar, considerar una cosa. || **3.** Reconocer una cosa con cuidado y atención, leyéndola o examinándola. || **4.** Visitar una persona a otra. || **5.** Atender o ir con cuidado en las cosas que se ejecutan. || **6.** Experimentar o reconocer por el hecho. || **7.** Considerar, advertir o reflexionar. || **8.** Prevenir lo que sucede en el presente lo que puede suceder en el futuro. || **9.** Conocer, juzgar. || **10.** Usado en futuro o en pretérito, sirve para remitir, el que habla o escribe, a otra ocasión, aquello que se toca de paso, o bien para aludir algo de que ya se trató. *Como más tarde* VEREMOS. || **11.** Examinar si una cosa está en el lugar que se cita. Se usa casi siempre mandando. || **12.** Seguido de la preposición *de* y de un infinitivo, intentar lo que el infinitivo expresa. || **13.** FOR. Asistir los jueces a la discusión oral de un pleito o causa. || **14.** r. Estar en postura para hacerse visible. || **15.** Hallarse constituido en algún estado o situación. || **16.** Avistarse alguna persona con otra para algún asunto. *Me he* VISTO *con Juan*. || **17.** Representarse la imagen o semejanza de una cosa. *Me he* VISTO *en el espejo*. || **18.** Darse una cosa a conocer, o conocerse con tanta claridad y evidencia como si se estuviere viendo. || **19.** Hallarse en un sitio o lance. *Allá* VEREMOS. fr. Veremos, manifestando duda de que se realice algo. || *A más* VER. expr. fam. que se emplea como despedida. || *Aquí donde me*, o *le* VES, VEIS, VE *usted*, o VEN *ustedes*. expr. fam. con que uno denota que va a decir de sí mismo o de otro algo que no era de suponer. || *A* VER. expr. que se usa para pedir una cosa que se ha de examinar. || **2.** *A* VER, VEAMOS. loc. que denota la determinación de que se patentice la certidumbre de alguna cosa. || *Hasta más* VER. expr. fam. A más ver. || *Ni quien tal* VIO. fr. fam. con que se refuerza la negación de algo. || *No haberlas* VISTO *uno más gordas*. fr. fig. y fam. No tener noticia o conocimiento de lo que se trata. || Ú.t. con el adverbio *nunca* y con frases negativas. || *No ser* VISTO *ni oído*, o *ni* VISTO *ni oído*. frs. empleadas para dar a entender la extraordinaria presteza o rapidez con que ocurrió algo. || *Si te* VI, VI *no me acuerdo*, o *ya no me acuerdo*. fr. que manifiesta el despego con que los ingratos suelen pagar los favores recibidos. || *Te* VEO, o *te* VEO *venir*. expr. fam. con que se advierte a alguien que adivinamos su intención. || VEREMOS. expr. que se emplea para diferir la resolución de una cosa, sin concederla ni negarla. || **2.** Ú.t. para manifestar la duda de que ocurra algo. || VERLAS *venir*. fr. fam. Jugar al monte. || **2.** fig. y fam. Ver venir una cosa. || VERSE *uno en ello*. fr. fig. Considerar una cosa para su resolución. || VERSE *negro* uno. fr. fig. y fam. Hallarse

en grande apuro. || VERSE *y desearse* uno. fr. fig. y fam. Costarle mucho cuidado, fatiga o afán la ejecución o el logro de una cosa. || *Ver y creer*. expr. que se usa para manifestar que no se quiere creer una cosa sólo por oídas. || *Ya se* VE. expr. que se usa para manifestar asentimiento. || **P.** ver; **I.** to see; **F.** voir; **A.** sehen; **It.** vedere; **R.** зрение.

VERA. (l. *ora*, de donde, se dijo *uera*; como de *ossum*, hueso.) f. Orilla. || **2.** SAL. y ZAM. Friso en la parte inferior de una pared. || *A la* VERA. m. adv. A la orilla. || **2.** Al lado, próximo.

VERA. f. BOT. Árbol de América, de la familia de las cigofiláceas, de madera de color rojizo obscuro y casi tan dura como el hierro.

VERACIDAD. (l. *veracĭtas*, *-ātis*.) f. Calidad de veraz. || **P.** veracidade; **I.** veracity, truth(fulness); **F.** véracité; **A.** Wahrhaftigkeit; **It.** veracità; **R.** чистосердечие.

VERA EFIGIES. expr. lat. Imagen verdadera de una persona o cosa.

★ **VERAGUA.** f. PAN. Mancha pequeña en la ropa. Ú.m. en pl.

VERALCA. f. CHILE. Piel de guanaco que se usa como alfombra, sobrecama, etc.

VERAMENTE. (De *vero*, 2.º art.) adv. m. ant. Verdaderamente.

VERANADA. f. Temporada de verano, respecto de los ganados.

VERANADERO. (De *veranada*.) m. Sitio donde pastan los ganados durante el verano.

VERANAR. (De *verano*.) intr. Veranear.

VERANEANTE. p.a. de veranear. Que veranea. Ú.t.c.s.

VERANEAR. intr. Pasar el verano en alguna parte por recreo o descanso. || **2.** Pasar el verano en lugar distinto de aquel en que se reside habitualmente. || **P.** veranear; **I.** to summer; **F.** villégiaturer, passer l'été; **A.** den Sommer verbringen; **It.** estatare, villeggiare; **R.** проводить лето где-л.

VERANEO. m. Acción y efecto de veranear. || **2.** Veranero.

VERANERO. m. Paraje donde algunos animales pasan el verano. || **2.** ECUAD. Pardillo, pájaro domesticable. || **3.** adj. AMÉR. Veraniego.

VERANIEGO, GA. adj. Perteneciente o relativo al verano. || **2.** fig. Dícese del que, en verano, suele ponerse flaco o enfermar. || **3.** fig. Ligero, de poco fuste.

VERANILLO. m. d. de verano. || **2.** Tiempo breve de calor en otoño. VERANILLO *de San Martín*.

VERANO. (l. *ver*, primavera.) m. Estío. || **2.** En la zona ecuatorial, donde las estaciones no son sensibles, temporada de sequía, que dura aproximadamente seis meses. || **3.** Época más calurosa del año que cae en diferentes épocas según los hemisferios. || **4.** V. *Nube de* VERANO. **5.** PAL. y VALLAD. Recolección, cosecha de los frutos. || *De* VERANO. fr. fam. que se dice para desentenderse de algo. || **P.** verão; **I.** summer; **F.** été; **A.** Sommer; **It.** estate; **R.** лето.

VERAS. (l. *veras*, acus. pl. f. de *verus*, verdadero.) f. pl. Realidad, verdad en las cosas que se dicen o hacen. || **2.** Eficacia, fervor con que se ejecutan o desean las cosas. || *De* VERAS. m. adv. Con verdad. || **2.** Con formalidad, eficacia o empeño. || *Hablar uno de* VERAS. fr. fig. y fam. Comenzar a enfadarse.

VERASCOPIO. (Nombre comercial.) m. Estereoscopio dispuesto para ver por transparencia fotografías en cristal.

VERATO, TA. adj. Natural de Vera de Plasencia, en la provincia de Cáceres. Ú.t.c.s.

VERATRINA. f. MED. Alcaloide contenido en la cebadilla que se usan en veterinaria como estimulante en las contracciones musculares.

VERAZ. (l. *verax*, *-ācis*.) adj. Que dice o profesa siempre la verdad. || **P.** veraz; **I.** veracious; **F.** véridique; **A.** wahr(haft); **It.** verace; **R.** правдивый.

VERBA. (l. *verba*, pl. de *verbum*, palabra.) f. Labia, locuacidad.

VERBAL. (l. *verbālis*.) adj. Referente a la palabra, o que se sirve de ella. ||

2. Que se hace de palabra solamente y no por escrito. || **3.** GRAM. Perteneciente al verbo. || **4.** GRAM. Dícese de las palabras que se derivan de un verbo. Ú.t.c.s. 2.ª acep.: **P.**, **I.** y **F.** verbal; **A.** wörtlich; **It.** verbale; **R.** словесный.

VERBALISMO. m. Propensión a dar, en el razonamiento o en la enseñanza, más importancia a las palabras a los conceptos o al estudio del texto que al trato real de las cosas.

VERBALISTA. adj. Perteneciente o relativo al verbalismo. Ú.t.c.s.

VERBALMENTE. adv. De palabra, por medio de la palabra hablada.

VERBASCO. (l. *verbascum*.) m. Gordolobo.

VERBENA. (l. *verbēna*.) f. Planta herbácea anual verbenácea, de tallo erguido, hojas ásperas y hendidas y flores terminales en espigas largas y delgadas. Es común en España. || **2.** Velada y feria popular que en Madrid y en otras poblaciones se celebra en las noches de la víspera de ciertas fiestas. || *Coger* uno *la* VERBENA. fr. fig. y fam. Madrugar mucho para irse a pasear, principalmente en las mañanas de San Juan y de San Pedro. || **P.** verbena; **I.** vervain; **F.** verveine; **A.** Eisenkraut; **It.** verbena; **R.** вербена.

VERBENÁCEO, A. (l. *verbēna*, verbena.) adj. BOT. Aplícase a las plantas angiospermas dicotiledóneas, hierbas, arbustos y árboles, de hojas opuestas y verticiladas, flores en racimo, espiga, cabezuela o cima, y fruto capsular o drupáceo; como la verbena. Ú.t.c.s.f. || **2.** f. pl. BOT. Familia de estas plantas.

VERBENEAR. (Del ant. *vierben*, gusano, y éste del l. *vermen*, *-ĭnis*, por *věrmis*.) intr. fig. Gusanear, bullir, hormiguear. || **2.** Abundar, multiplicarse en un paraje personas o cosas.

VERBENERO, RA. adj. Relativo o perteneciente a las verbenas.

VERBERACIÓN. (l. *verberatio*, *-ōnis*.) f. Acción y efecto de verberar.

VERBERAR. (l. *verberāre*.) tr. Azotar, fustigar, castigar con azotes. Ú.t.c.r. || **2.** fig. Azotar en alguna parte el viento o el agua.

VERBIGRACIA. Voz que representa en español la expresión elíptica latina *Verbi Gratia*. || **2.** m. Ejemplo, caso o hecho que se propone o se refiere. || **P.** por ejemplo; **I.** for example; **F.** par exemple; **A.** zum Beispiel, (z. B.); **It.** verbigrazia; **R.** например.

VERBI GRATIA. expr. elípt. lat. Por ejemplo.

VERBO. (l. *verbum*.) m. Segunda persona de la Santísima Trinidad. || **2.** Palabra, representación oral de una idea. || **3.** Terno, juramento, voto. || **4.** GRAM. Parte variable de la oración, que denota esencia, acción, pasión o estado, casi siempre con expresión de tiempo, número y persona. —**activo.** Verbo transitivo. || —**adjetivo.** GRAM. Cualquiera de los verbos, exceptuando *ser*, que es el único substantivo. || —**auxiliar.** GRAM. El que se emplea en la formación de los tiempos compuestos y de la voz pasiva; como *haber* y *ser*. || —**defectivo.** GRAM. El que no tiene la conjugación completa. || —**deponente.** GRAM. Verbo latino que, con significación de activo, tiene forma de la voz pasiva. || —**determinante.** GRAM. El que rige a otro formando oración con él. || —**frecuentativo.** GRAM. Aquel que denota acción frecuentemente reiterada o repetida. || —**impersonal.** GRAM. El que solamente se emplea en el modo infinitivo y en la tercera persona del singular de cada uno de los tiempos de los demás modos. || —**incoativo.** El que indica el comienzo de una acción; como *florecer*. || —**intransitivo.** GRAM. Aquel que no reclama complemento directo. || —**irregular.** GRAM. El que se conjuga alterando ya las letras radicales, ya las terminaciones propias de la conjugación regular, ya unas y otras. || —**neutro.** GRAM. Verbo intransitivo. || —**pasivo.** GRAM. El que denota pasión en sentido gramatical. || —**pronominal.** GRAM. El que se conjuga acompañado de un pronombre átono de la misma persona que el sujeto; como *ausentarse*. || —**recíproco.** GRAM. Aquel que denota

V reciprocidad o cambio mutuo de acción entre dos o más sujetos, llevando siempre por complemento un pronombre.‖**—reflejo o reflexivo.** GRAM. Aquel cuya acción recae en la misma persona que la produce, representada o suplida siempre por medio de un pronombre personal como complemento del verbo. ‖ **—regular.** GRAM. El que se conjuga de acuerdo con su paradigma sin alterar las letras radicales ni las terminaciones propias de la conjugación a que pertenece. ‖ **—substantivo.** GRAM. Verbo *ser*, único que expresa la idea de esencia o substancia sin denotar otros atributos o modos de ser. ‖ **—transitivo.** GRAM. Aquel que exige complemento directo. ‖ **—unipersonal.** GRAM. Verbo impersonal. ‖ *En un* VERBO. loc. adv. fig. y fam. Sin dilación, en un instante. ‖ 5.ª acep.: **P.** e **It.** verbo; **I.** verb; **F.** verbe; **A.** Zeitwort, Tätigkeistwort; **R.** глагол.

VERBORRAGIA. f. Verborrea.

VERBORREA. f. fam. Verbosidad excesiva.

VERBOSIDAD. (l. *verbosĭtas, -ātis.*) f. Abundancia o copia de palabras en la elocución.

VERBOSO, SA. (l. *verbōsus*, de *verbum*, palabra.) adj. Abundante y copioso de palabras.

VERDACHO. m. Arcilla teñida naturalmente de verde.

VERDAD. (l. *verĭtas, -ātis.*) f. Conformidad de las cosas con el concepto que de ellas forma la mente. ‖ **2.** Conformidad de lo que se dice con lo que se siente o piensa. ‖ **3.** Propiedad que tiene una cosa de mantenerse siempre la misma. ‖ **4.** Juicio o proposición que no puede negarse racionalmente. ‖ **5.** Veracidad. ‖ **6.** Expresión clara con que a uno se le corrige o reprende. Ú. principalmente en pl. ‖ **7.** Auténtica realidad de una cosa. ‖ **—de perogrullo.** fam. Perogrullada. ‖ **—moral.** Verdad, 2.ª acep. ‖ *La pura* VERDAD. La verdad indubitable. ‖ VERDADES *como puños.* Verdades evidentes. ‖ *A decir* VERDADES o *a la* VERDAD. m. adv. con que se asegura la certeza y realidad de una cosa. ‖ *Bien es* VERDAD, o VERDAD *es que.* expr. que se usa para contraponer una cosa a otra como no impidiendo el asunto o negocio tratado o para exceptuarlo de una regla general. ‖ *Decir* a uno *las cuatro* VERDADES, o *las* VERDADES *del barquero.* fr. fig. y fam. Decirle sin miramiento cosas que le desagraden. ‖ *De* VERDAD. m. adv. A la verdad. ‖ **2.** De veras. ‖ *En* VERDAD. m. adv. Verdaderamente. Suele usarse repetido. ‖ *Faltar* uno *a la* VERDAD. fr. Mentir. ‖ *La* VERDAD *amarga.* expr. fig. con que se significa el disgusto que causa a uno el que le pongan de manifiesto sus desaciertos o defectos. ‖ *Para* VERDADES, *el tiempo, y para justicias, Dios.* fr. proverb. con que se da a entender que a la larga se descubre lo cierto, y que la justicia divina es ineludible. ‖ *Quien dice la* VERDAD, *ni peca ni miente.* fr. proverb. con que se da a entender que siempre debe decirse toda la verdad, por amarga que sea. ‖ *Si va a decir* VERDAD. expr. con la que el que habla da a entender que va a explicar con toda sinceridad lo que sabe o piensa. ‖ VERDAD *sabida y buena fe guardada.* For. Expresión que se usa como norma tradicional en la interpretación o ejecución de los contratos, y muy particularmente en los mercantiles. ‖ **P.** verdade; **I.** truth; **F.** vérité; **A.** Wahrheit, It. verità; **R.** правда.

VERDADERAMENTE. adv. Con toda verdad. ‖ **2.** A la verdad.

VERDADERO, RA. adj. Que contiene verdad. ‖ **2.** Real y efectivo. ‖ **3.** Ingenuo, sincero. ‖ **4.** Veraz. ‖ **5.** V. *Costilla* VERDADERA. ‖ **P.** verdadeiro; **I.** true; **F.** vrai; **A.** wahr(haftig); **It.** vero; **R.** правдивый.

VERDAL. (De *verde.*) adj. Dícese de las frutas que tienen color verde aun después de maduras. ‖ **2.** Dícese de los árboles que las producen.

VERDASCA. f. Vara o ramo delgado, ordinariamente verde.

VERDASCAZO. m. Golpe dado con una verdasca.

VERDE. (l. *virĭdis.*) adj. Dícese del color parecido al de la hierba fresca. Ú.t.c.s. Es el cuarto espectro solar y se puede

obtener mezclando el amarillo y el azul. ‖ **2.** Dícese de los árboles, de la leña o de las legumbres que aún no están secas. ‖ **3.** Dícese de la leña recién cortada del árbol vivo. ‖ **4.** Tratándose de legumbres, las que se consumen frescas. *Judías* VERDES. ‖ **5.** Dícese de lo que aún no está maduro. ‖ **6.** Junto con algunos substantivos, dícese del color parecido al de las cosas que éstos designan: VERDE *mar.* ‖ **7.** fig. Dícese de las cosas que están en sus principios. ‖ **8.** fig. Libre, obsceno. Aplícase a chistes, cuentos, comedias, etc. ‖ **9.** fig. Dícese del que conserva inclinaciones galantes impropias de su edad o de su estado. ‖ **10.** m. Hierba segada en verde para alimento del ganado. ‖ **11.** Follaje de las plantas. ‖ **12.** Sabor áspero del vino resultante de la mezcla de uva agraz con la madura. ‖ **13.** ARGENT. Mate en infusión. ‖ **14.** ARGENT. Pasto. ‖ **15.** P. RICO. El campo, la campiña. ‖ **16.** COLOM. y ECUAD. Plátano verde. ‖ VERDE *de montaña*, o *de tierra.* Carbonato de cobre terroso y de color verde claro. ‖ *Poner* VERDE *a una* persona. fr. fig. y fam. Colmarla de improperios o censurarla acremente. ‖ **P.** e **It.** verde; **I.** green; **F.** vert; **A.** grün; **R.** зелёный.

VERDEA. f. Vino de color verdoso.

VERDEANTE. p.a. de verdear. Que verdea.

VERDEAR. intr. Mostrar una cosa el color verde que en sí tiene. ‖ **2.** Dicho del color, tirar a verde. ‖ **3.** Empezar a brotar plantas en los campos. ‖ **4.** tr. En algunas partes, coger la uva o la aceituna para venderla. ‖ **5.** URUG. Pastar los animales.

VERDECELEDÓN. (fr. *vert-céladon.*) m. Color verde claro que se da a ciertas telas.

VERDECER. (l. *viridescĕre.*) intr. Reverdecer, vestirse de verde la tierra y los árboles.

VERDECILLO. (d. de *verde.*) m. Verderón, 1.er art.

VERDEGAL. m. Sitio donde verdea el campo.

VERDEGAY. (De *verde* y *gayo.*) adj. De color verde claro. Ú.t.c.s.

VERDEGUEAR. intr. Verdear.

VERDEJO, JA. adj. d. de verde. ‖ **2.** Verdal. *Higos* VERDEJOS; *uva* VERDEJA.

VERDEL. (De *verde.*) m. ÁL. y NAV. Verderón, 1.er art.

VERDEMAR. m. Color semejante al verdoso que suele tomar el mar. Ú.t.c.adj.

VERDEMONTAÑA. m. Verde montaña. ‖ **2.** Color verde claro que se hace de este mineral.

VERDEROL. m. Verderón, 1.er art.

VERDEROL. m. Verderón, 2.º art.

VERDERÓN. (l. *virĕo, -ōnis*, por la influencia de *verde.*) m. Pájaro canoro, del tamaño y forma del gorrión, con plumaje verde. Es común en España; se acomoda fácilmente a la cautividad. ‖ **P.** verdelhão; **I.** green bird; **F.** verdier; **A.** Zeisig; **It.** verdone; **R.** зеленушка.

VERDERÓN. m. Berberecho.

VERDERÓN, NA. adj. Verdino. ‖ **2.** m. SAL. Bolsillo tejido de torzal verde.

VERDESCURO, RA. adj. ant. Verdinegro.

VERDETE. (d. de *verde.*) m. Cardenillo que se forma en los objetos de cobre. ‖ **2.** Color verde claro que se hace con el acetato o carbonato de cobre.

VERDEVEJIGA. m. Compuesto de hiel de vaca y sulfato de hierro que da un color verde obscuro que se usa en la pintura.

VERDEZUELA. (De *verde.*) f. ÁL. Colleja.

VERDEZUELO. adj. d. de verde. ‖ **2.** m. Verderón, 1.er art.

VERDIAL. adj. AND. Dícese de una variedad de aceituna que se conserva verde aun estando madura.

VERDIGÓN. m. AND. Molusco parecido a la almeja, de concha de color verdoso.

VERDÍN. m. Primer color verde de las plantas o hierbas que no han llegado a la sazón. ‖ **2.** Estas mismas plantas. ‖ **3.** Capa verde formada por ciertas plantas criptógamas en lugares húmedos y en la superficie de las aguas estancadas. ‖

4. Cardenillo que se forma en los objetos de cobre. ‖ **5.** Tabaco verdín. ‖ **6.** GUAT. Hermoso pajarillo de color verde.

VERDINA. f. Verdín, 1.ª acep.

VERDINAL. m. Fresquedal, terreno que a causa de la humedad se mantiene fresco y verde, aun en la época en que todo lo demás se agosta por el calor del estío.

VERDINEGRO, GRA. (De *verde* y *negro.*) adj. De color verde obscuro.

VERDINO, NA. adj. Muy verde o de color verdoso.

VERDINOSO, SA. adj. AND. Verdino.

VERDIÑAL. (De *verde.*) adj. Dícese de la pera que no pierde su color verde por muy madura que esté.

VERDISECO, CA. (De *verde* y *seco.*) adj. Medio seco.

VERDOLAGA. (l. *portulāca*, a través de la transcripción ár. *burdulāqa.*) f. BOT. Planta herbácea anual, portulacácea, con tallos tendidos; hojas sentadas carnosas, casi redondas, flores amarillas y fruto capsular con semillas menudas y negras.

VERDÓN. (De *verde.*) m. Verderón, 1.er art. ‖ **2.** GERM. Campo, pradera. ‖ **3.** CUBA. Cierto pájaro fringílido llamado comúnmente mariposa. ‖ **4.** adj. ARGENT. Verdoso.

VERDOR. m. Color verde vivo de las plantas. ‖ **2.** Color verde. ‖ **3.** fig. Vigor, lozanía, fortaleza. ‖ **4.** fig. Edad de la mocedad. Ú.t. en pl. ‖ **P.** verdor; **I.** verdure, greenness; **F.** verdeur; **A.** frisches Pflanzengrün; **It.** verdore, verdezza; **R.** зелень.

VERDOSO, SA. adj. Que tira a verde. ‖ **2.** GERM. Higo, segundo fruto de la higuera.

VERDOYO. m. Verdín, 1.ª acep.

VERDUGADA. f. ALBAÑ. Verdugo, hilada de ladrillo en una pared.

VERDUGADO. (Por el *verdugo*, renuevo o vástago, con que en un principio se formaron estas armazones.) m. Vestidura que las mujeres usaban debajo de las basquiñas, para ahuecarlas.

VERDUGAL. m. Monte bajo que, después de quemado o cortado, se cubre de verdugos o renuevos.

VERDUGAZO. m. Golpe dado con el verdugo.

VERDUGO. (De un der. del l. *viridis*, verde.) m. Renuevo o vástago de un árbol. ‖ **2.** Estoque muy delgado. ‖ **3.** Azote hecho de cuero u otra materia flexible. ‖ **4.** Roncha larga que levanta el golpe del azote. ‖ **5.** Ministro de justicia que ejecuta las penas de muerte. ‖ **6.** Aro de sortija. ‖ **7.** Alcaudón. ‖ **8.** Verdugado. ‖ **9.** fig. Persona muy cruel. ‖ **10.** LEÓN y SANT. Pieza de madera horizontal de la carreta va colocada entre el eje y el larguero del tablero. ‖ **11.** ARQ. Hilada horizontal de ladrillo en una fábrica de otro material. ‖ 5.ª acep.: **P.** verdugo; **I.** executioner, hangman; **F.** bourreau; **A.** Henker; **It.** boia; **R.** палач.

* **VERDUGO, GA.** adj. CUBA. Dícese del animal de pelo colorado con vetas negras.

VERDUGÓN. (aum. de *verdugo.*) m. Verdugo, 1.ª y 4.ª aceps. ‖ **2.** AMÉR. Rozadura hecha por el calzado. ‖ **3.** AMÉR. Rotura en la ropa.

VERDUGUILLO. m. d. de verdugo. ‖ **2.** Especie de roncha que se levanta en las hojas de algunas plantas. ‖ **3.** Navaja estrecha de afeitar. ‖ **4.** Arete, anillo pequeño. ‖ **5.** Verdugo, estoque muy delgado. ‖ **6.** MAR. Galón, listón en forma de mediacaña.

VERDULERA. f. La que vende verduras. ‖ **2.** fig. y fam. Mujer desvergonzada.

VERDULERÍA. (De *verdulero.*) f. Tienda o puesto de verduras.

VERDULERO. (De *verdura.*) m. El que vende verduras.

VERDURA. f. Verdor, 1.ª y 2.ª aceps. ‖ **2.** Hortaliza, especialmente la que se come cocida. Ú.m. en pl. ‖ **3.** Representación pictórica del paisaje en cuadros y tapices. ‖ **4.** Dicho obsceno. 2.ª acep.: **P.** hortaliza; **I.** vegetable; **F.** verdure; **A.** Gemüse; **It.** ortaggio; **R.** зелень.

VERDUSCO, CA. adj. Que tira a verde obscuro.

V

VERECUNDIA. f. Vergüenza.

VERECUNDO, DA. (l. *verecundus*.) adj. Vergonzoso, que se avergüenza y ruboriza con facilidad.

VEREDA. (berb. *tabrida, abred,* senda.) f. Camino estrecho, formado generalmente por el tránsito de peatones y ganados. || **2.** Vía pastoril para los ganados transhumantes. || **3.** Orden o aviso que se despacha para hacer saber una cosa a un número determinado de lugares que están próximos. || **4.** Camino que hacen los regulares por determinados pueblos, de orden de los prelados, para predicar en ellos. || **5.** Amér. Merid. Acera de una calle. || **6.** Ál. Prestación personal. || *Hacer* a uno *entrar en* vereda. fr. fig. y fam. Obligarle al cumplimiento de los debres. || **P.** vereda; **I.** footpath; **F.** sentier; **A.** Fussweg, Pfad; **It.** sentiero; **R.** тропка.

VEREDARIO, RIA. (l. *veredarĭus*.) adj. ant. Aplícase a las postas o postillones y a los caballos de alquiler.

VEREDERO. (De *vereda*.) m. Mensajero que va enviado para notificar un despacho en varios lugares.

VEREDICTO. (l. *vere*, con verdad, y *dictus*, dicho.) m. Definición sobre un hecho dictada por un jurado. || **2.** Por ext., dictamen, juicio emitido reflexiva y autorizadamente. || **—de inculpabilidad.** El que pronuncia el jurado descargando al reo de todos sus cargos. || **P.** veredicto; **I.** veredict; **F.** verdict; **A.** Urteil, Wahrspruch; **It.** verdetto; **R.** приговор.

VEREDÓN. And. Ciertas rugosidades que quedan en los enormes tajos de la Sierra Nevada por donde se puede pasar aunque difícilmente.

VERENJUSTO. m. V. *En justos y en* verenjustos.

★ VERETILLO. m. Zool. Género de pólipos antozoarios que constituyen una colonia polípera.

VERGA. (l. *virga*.) Miembro genital de los mamíferos. || **2.** Arco de acero de la ballesta. || **3.** Tira de plomo que sirve para asegurar los vidrios en las ventanas. || **4.** Mar. Percha a la cual se asegura el grátil de una vela. || **—seca.** Mar. La mayor del palo mesana, que no lleva vela. || vergas *en alto.* loc. Mar. Denota que la embarcación está preparada para navegar. || **4.ª** acep.: **P.** e It. verga; **I.** yard; **F.** verge; **A.** Schamglied; **R.** рея.

VERGA. adj. Usado en la denominación «uva verga» con que se designa el acónito.

VERGAJAZO. m. Golpe dado con un vergajo.

★ VERGAJEADA. (De *vergajear*.) f. Ecuad. Azotaina, zurra.

VERGAJO. m. Verga de toro, que después de cortada, seca y retorcida, se usa como látigo.

VERGÉ. (fr. *vergé*, de verge, y éste del l. *virga*.) adj. Dícese del papel que lleva filigrana de rayitas y puntizones que se cortan perpendicularmente.

VERGEL. (fr. *verger*, y éste del l. *viridiārium*.) m. Huerto con variedad de flores y árboles frutales.

VERGELERO. m. p. us. El que tiene a su cargo el vergel.

VERGETA. (fr. *vergette*, de verge, y éste del l. *virga*.) f. Vergueta, varita delgada. || **2.** Blas. Palo más estrecho que el ordinario.

VERGETEADO, DA. (De *vergeta*.) adj. Blas. Dícese del escudo que se compone de diez o más palos.

VERGONZANTE. adj. Que tiene vergüenza. Aplícase regularmente al que pide limosna con cierto disimulo. || **2.** Perú. Dícese de la persona que ha caído en la extrema pobreza después de haber vivido en la abundancia y en la riqueza.

VERGONZOSAMENTE. adv. De modo vergonzoso.

VERGONZOSO, SA. adj. Que causa vergüenza. || **2.** Que se avergüenza con facilidad. Ú.t.c.s. || **3.** *Partes* vergonzosas o *pudendas.* Órganos de la generación. || **4.** Especie de armadillo con la cola y el cuerpo cubierto de escamas. || **P.** vergonhoso; **I.** bashful; **F.** honteux; **A.** schamhaft; **It.** vergognoso; **R.** постыдный.

VERGOÑA. (l. *verecundia*.) f. ant. Vergüenza.

VERGOÑOSO, SA. (De *vergoña*.) adj. ant. Vergonzoso.

VERGUEAR. tr. Varear o sacudir con vara o verga.

VERGÜENZA. (l. *verecundia*.) f. Turbación del ánimo causada por una falta cometida, por una humillación recibida, o por sentirse objeto de la atención de alguien. || **2.** Pundonor, estimación propia o ajena. || **3.** Encogimiento para ejecutar una cosa. || **4.** Acción que, por indecorosa, cuesta repugnancia ejecutar. || **5.** Exposición pública de un reo. || **6.** Germ. Toca de la mujer. || **7.** pl. Partes pudendas. || *Más vale* vergüenza *en cara que mancilla en el corazón.* ref. que advierte que es preferible vencer el empacho de hacer o decir alguna cosa a quedar con el pesar de no haberla dicho o hecho. || *Perder* uno la vergüenza. Abandonarse, perdiendo la estimación de sí mismo y el honor que le corresponde según su estado y condición. || **2.** Desechar el encogimiento. || **P.** vergonha; **I.** shame; **F.** honte; **A.** Scham; **It.** vergonça; **R.** стыд.

VERGÜEÑA. (l. *verecundia*.) f. ant. Vergüenza.

VERGUER. (De *verga*, vara.) m. Ar. Alguacil de vara.

VERGUERO. (De *verga*, vara.) m. Ar. Verguer.

VERGUETA. (d. de *verga*, 1.er art.) f. Varita delgada.

VERGUETEADO. adj. Vergé.

VERGUÍO, A. (De *verga*, 1.er art.) adj. Dícese de las maderas flexibles y correosas.

★ VERGUIZA. (De *verga*.) f. Ecuad. Azotaina, zurra.

VERICUETO. m. Lugar o sitio áspero y quebrado, por donde se marcha con dificultad.

VERÍDICO, CA. (l. *veridĭcus*; de verus, verdadero, y *dicĕre*, decir.) adj. Que dice la verdad. || **2.** Aplícase también a lo que la incluye.

VERIFICACIÓN. f. Acción y efecto de verificar o verificarse.

VERIFICADOR, RA. adj. Que verifica. Ú.t.c.s. || **2.** Mec. y Electr. Aparato con el que se comprueba la exactitud de las indicaciones de otro aparato o si se ha efectuado un servicio.

VERIFICAR. (l. *verus*, verdadero, y *facĕre*, hacer.) tr. Probar que es verdadera una cosa que se dudaba. || **2.** Contrastar la verdad de una cosa. || **3.** r. Salir cierto o verdadero lo que se pronosticó. || **P.** verificar; **I.** to verify; **F.** vérifier; **A.** kontrollieren, prüfen; **It.** verificare; **R.** проверять.

VERIFICATIVO, VA. adj. Dícese de lo que sirve para verificar una cosa.

VERIGÜETO. m. Molusco lamelibranquio bivalvo, comestible.

VERIJA. (l. *virilia*, pl. n. de *virĭlis*.) f. Región de las partes pudendas. || **2.** Colom. y Chile. Ijares del caballo.

★ VERIJÓN, NA. adj. Méj. Perezoso.

VERIL. (De *vera*, 1.er art.) m. Mar. Orilla o borde de un bajo, sonda, placer, etc. || **2.** Zam. Faja estrecha de terreno colindante con un camino o con una carretera.

VERILEAR. intr. Mar. Navegar por un veril o por sus inmediaciones.

★ VERINGO, GA. adj. Colom. Desnudo, sin vestido.

VERISÍMIL. (l. *verisimĭlis*; de verus, verdadero, y *simĭlis*, semejante.) adj. Verosímil.

VERISIMILITUD. (l. *verisimilitŭdo*.) f. Verosimilitud.

VERISÍMILMENTE. adv. Verosímilmente.

VERISMO. (l. *verus*.) m. Sistema estético que señala lo verdadero como fin de las obras de arte.

VERJA. (fr. *verge*, y éste del l. *virga*.) f. Enrejado que sirve de puerta, ventana o cerca. || **P.** grade; **I.** grate; **F.** grille; **A.** Gitter, Gatter; **It.** inferriata; **R.** решётка.

VERJURADO. adj. Vergé.

VERME. (l. *vermis*, gusano.) m. Zool. Gusano, nombre de una de las nueve grandes ramas del reino animal. || **2.** m. Med. Lombriz intestinal. Ú.m. en pl. || **2.ª** acep.: **P.** lombriga intestinal; **I.** pin-

worm; **F.** ver intestinal; **A.** Eingeweidewurm; **It.** verme; **R.** глист.

VERMICIDA. (l. *vermis*, gusano, y *caedĕre*, matar.) adj. Med. Vermífugo. Ú.t.c.s.m.

VERMICULAR. (l. *vermicŭlus*, gusanillo.) adj. Que tiene o cría gusanos o vermes. || **2.** Que se parece a los gusanos o participa de sus cualidades. || **3.** Zool. Aplícase al apéndice cecal o vermiforme.

VERMIFORME. (l. *vermis*, gusano, y *forma*, figura.) adj. De figura de gusano. || **2.** Dícese del apéndice cecal.

VERMÍFUGO, GA. (l. *vermis*, gusano, y *fugăre*, ahuyentar.) adj. Med. Que tiene la virtud de matar las lombrices intestinales. Ú.t.c.s.m. || **P.** vermífugo; **I.** F. vermifuge; **A.** Wurmmittel; **It.** vermifugo; **R.** глистогонный.

VERMINOSO, SA. (l. *verminōsus*, de *vermis*, gusano.) adj. Dícese de las úlceras con gusanos. || **2.** Dícese también de las enfermedades en las cuales se da la existencia de lombrices.

VERMUT. (al. *wermuth*, ajenjo.) m. Licor aperitivo compuesto de vino blanco, ajenjo, y otras substancias amargas y tónicas. || **2.** Amér. Función de cine o de teatro por la tarde.

VERNÁCULO, LA. (l. *vernacŭlus*.) adj. Propio del país, nativo. Dícese especialmente de la lengua o idioma.

VERNAL. (l. *vernālis*.) adj. Perteneciente a la primavera. || **2.** Dícese del solsticio de verano.

VERNIER. (Del geómetra francés Pedro *Vernier*.) m. Geom. Nonio.

VERO. (l. *varĭus*, manchado de varios colores.) m. Marta cebellina. || **2.** pl. Blas. Esmaltes que cubren el escudo, en figura de campanillas alternadas y en opuesta posición.

VERO, RA. (l. *verus*.) adj. desus. Verdadero.

VERONENSE. (l. *veronensis*.) adj. Veronés. Apl. a pers. ú.t.c.s.

VERONÉS, SA. adj. Natural de Verona. Ú.t.c.s. || **2.** Perteneciente a esta ciudad de Italia.

VERÓNICA. (De *Verónica*, nombre propio.) f. Planta herbácea, escrufulácea, con tallos delgados y rastreros; hojas opuestas, elípticas y pecioladas; flores azules en espigas axilares y fruto seco, capsular, con semillas menudas. Es común en España en los sitios húmedos y elevados. || **2.** Taurom. Lance que consiste en esperar al toro en su acometida, teniendo la capa extendida con ambas manos.

VEROSÍMIL. adj. Que tiene apariencia de verdadero. || **2.** Creíble.

VEROSIMILITUD. f. Calidad de verosímil.

VEROSÍMILMENTE. adv. De modo verosímil.

★ VERRACADA. (De *verraco*, majadero.) f. Cuba. Sandez, majadería.

VERRACO. (l. *verres*.) m. Cerdo destinado a cubrir las puercas. || **2.** Cuba. Cerdo montaraz. || **3.** Olor de animal butiondo. || **P.** varrasco; **I.** boar; **F.** verrat; **A.** Eber; **It.** verro; **R.** кабан.

VERRAQUEAR. (De *verraco*.) intr. fig. y fam. Gruñir o dar señales de enojo. || **2.** fig. y fam. Llorar con rabia y continuamente los niños.

VERRAQUERA. (De *verraquear*, 2.ª acep.) f. fam. Lloro con rabia y continuado de los niños.

VERRIONDEZ. f. Calidad de verriondo.

VERRIONDO, DA. (l. *verres*, verraco.) adj. Aplícase al puerco y otros animales cuando están en celo. || **2.** Dícese de las hierbas, legumbres o cosas semejantes cuando están marchitas o mal cocidas y duras.

VERROJA. (l. *verucŭla*, pl. n. de *verucŭlum*.) f. And. Navaja, colmillo de jabalí.

VERROJAZO. m. And. Golpe que da el jabalí con las verrojas.

VERROJO. (l. *verucŭlum*, d. de *verus*.) m. ant. Cerrojo. Ú. en Burgos, Logroño y Vizcaya.

VERRÓN. (l. *verres*.) m. Verraco.

VERRUCARIA. (l. *verrucaria*; de *verrūca*, verruga, porque se empleaba su jugo para quitarlas.) f. ant. Girasol, planta

V

compuesta de muchas semillas comestibles.

VERRUGA. (l. *verrūca*.) f. Excrecencia cutánea formada por la hipertrofia de las papilas dérmicas y el endurecimiento de la epidermis que la cubre. ‖ **2.** Abultamiento que la acumulación de savia produce en algún punto en la superficie de una planta. ‖ **3.** fig. y fam. Persona o cosa molesta o fastidiosa. ‖ **4.** Tacha, defecto. ‖ **5.** AMÉR. CENTRAL. Prebenda, sinecura. ‖ **6.** AMÉR. CENTRAL. Hucha, ahorro. ‖ **P.** verruga; **I.** wart; **F.** verrue; **A.** Warze; **It.** verruca; **R.** бородавка.

VERRUGO. m. fam. Hombre tacaño y avaro.

VERRUGOSO, SA. (l. *verrucōsus*.) adj. Que tiene muchas verrugas.

VERRUGUETA. f. GERM. Fullería consistente en marcar las cartas en el juego de naipes.

VERRUGUETAR. tr. GERM. Usar de verrugueta en el juego.

★ **VERSADA.** f. PERÚ. Retahíla de versos.

★ **VERSADO, DA.** p.p. de versar. ‖ **2.** adj. Práctico, instruido.

VERSAL. (De *verso*, por emplearse esta clase de letra como inicial de cada uno de ellos.) IMPR. Dícese de la letra mayúscula.

VERSALILLA, TA. adj. IMPR. V. *Letra* VERSALITA. Ú.t.c.s.

VERSALLESCO, CA. adj. Perteneciente o relativo a Versalles. ‖ **2.** fam. Dícese del lenguaje y los modales afectadamente corteses.

VERSAR. (l. *versāre*.) intr. Dar vueltas alrededor. ‖ **2.** Con la preposición *sobre*, y algunas otras, o el modo adverbial *acerca de*, tratar de tal o cual materia un libro, conferencia, discurso, etc. ‖ **3.** r. Hacerse uno práctico o perito en una cosa. ‖ 2.ª acep.: **P.** versar; **I.** to treat on; **F.** traiter; **A.** handeln von; **It.** trattare; **R.** говорить, трактовать.

★ **VERSAR.** (De *verso*.) intr. CUBA y P. RICO. Versear.

VERSÁTIL. (l. *versatĭlis*.) adj. Que se vuelve o se puede volver fácilmente. ‖ **2.** fig. De carácter inconstante. ‖ **P.** versátil; **I.** y **F.** versatile; **A.** versatil **I.** versàtile; **R.** подвижный.

VERSATILIDAD. f. Calidad de versátil.

VERSEAR. intr. fam. Hacer versos, versificar.

VERSECILLO. m. d. de verso. 1.er art.

VERSERÍA. f. Conjunto de versos, 2.º art.

VERSETE. m. d. de verso, 2.º art.

VERSÍCULA. (De *versículo*.) f. Lugar donde se colocan los libros de coro.

VERSICULARIO. m. El que canta los versículos. ‖ **2.** El encargado de cuidar los libros de coro.

VERSÍCULO. (l. *versicŭlus*, d. de *versus*, verso.) m. Cada una de las breves divisiones de los capítulos de ciertos libros, especialmente de la Biblia. ‖ **2.** Oración breve formada por una frase y la respuesta, que se dice especialmente en las horas canónicas. ‖ **P.** versículo; **I.** versicle; **F.** verset; **A.** (Bibel)Vers; **It.** versetto; **R.** параграф.

VERSIFICACIÓN. (l. *versificatio*, -ōnis.) f. Acción y efecto de versificar.

VERSIFICADOR. (l. *versificātor*, -ōris.) adj. Que hace o compone versos. Ú.t.c.s.

VERSIFICANTE. p.a. de versificar. Que versifica.

VERSIFICAR. (l. *versificāre*; de *versus*, verso, y *facěre*, hacer.) intr. Componer versos. ‖ **2.** tr. Poner en verso. ‖ **P.** versificar; **I.** to versify; **F.** versifier; **A.** dichten; Verse machen; **It.** versificare; **R.** писать стихи.

VERSIÓN. (l. *versum*, supino de *vertěre*, volver.) f. Traducción. ‖ **2.** Modo que cada cual tiene de referir un mismo suceso. ‖ **3.** Cada una de las formas que adopta la relación de un suceso. ‖ **4.** OBST. Operación para cambiar la postura del feto. ‖ **P.** versão, tradução; **I.** y **F.** version; **A.** Übersetzung, Darstellungsart; **It.** versione; **R.** версия, толкование.

VERSISTA. com. Versificador. ‖ **2.** Persona que tiene prurito de componer versos.

VERSO. (l. *versus*.) m. Palabra o conjunto de palabras sujetas a ritmo y me-

dida. ‖ **2.** Empléase también en sentido colectivo, por contraposición a prosa. ‖ **3.** Versículo. ‖ **—acataléctico.** Verso griego o latino que tiene cabales todos los pies. ‖ **—adónico.** Verso de la poesía griega y latina, que consta de un dáctilo y un espondeo. ‖ **2.** Verso de la poesía española, que consta de cinco sílabas, la primera y la cuarta largas, y breves las demás. ‖ **—agudo.** El que termina en palabra aguda. ‖ **—alcaico.** Verso de la poesía griega y latina, que se compone de un espondeo, de otro yambo, de una cesura y de dos dáctilos. ‖ **—alejandrino.** El de catorce sílabas dividido en dos hemistiquios. ‖ **—amebeo.** Cada uno de los de igual clase, con que hablan o cantan a competencia y alternativamente los pastores que se introducen en algunas églogas. ‖ **—amétrico.** El que no se sujeta a una medida fija de sílabas. ‖ **—anapéstico.** En la poesía griega y latina, verso compuesto de anapestos. ‖ **—asclepiadeo** Verso de la poesía griega y latina, que se compone de un espondeo, dos coriambos y un pirriquio. ‖ **—blanco.** Verso suelto. ‖ **—cataléctico.** Verso de la poesía griega y latina, al que le falta una sílaba al fin. ‖ **—coriámbico.** El que consta de coriambos. ‖ **—dactílico.** El que consta de dáctilos. ‖ **—de arte mayor.** Cualquiera de los que tienen diez sílabas o más. ‖ **—de arte menor.** Cualquiera de los que no pasan de ocho sílabas. ‖ **—de cabo roto.** El que tiene suprimida o cortada la sílaba o sílabas que siguen a la última acentuada. ‖ **—de redondilla mayor.** El de ocho sílabas u octosílabo. ‖ **—de redondilla menor.** El de seis sílabas. ‖ **—ecoico.** El latino cuyas dos últimas sílabas son iguales. ‖ **2.** El que se emplea en la composición poética castellana llamada eco. ‖ **—esdrújulo.** El que finaliza en palabra esdrújula. ‖ **—espondaico.** Verso hexámetro que tiene espondeos en determinados lugares. ‖ **—faleuco.** En la métrica griega y latina, verso endecasílabo que se compone de cinco pies: el primero espondeo, el segundo dáctilo, el tercero y cuarto troqueos. ‖ **—ferecracio.** En la poesía griega y latina, verso compuesto de tres pies: espondeo el primero y tercero, y dáctilo el segundo. ‖ **—gliconio.** Verso de la poesía griega y latina, que se compone de tres pies; uno espondeo y dos dáctilos. ‖ **—heroico.** El que se tiene por más a propósito para ser empleado en la poesía de esta clase. ‖ **—hexámetro.** Verso de la poesía griega y latina, que consta de seis pies: cada uno de los cuatro primeros espondeo o dáctilo, dáctilo el quinto, y el sexto espondeo. ‖ **—hiante.** Aquel en que hay hiatos. ‖ **—leonino.** Verso latino usado en la Edad Media, cuyas sílabas finales forman consonancia con las últimas de su primer hemistiquio. ‖ **—libre.** Verso suelto. ‖ **—llano.** El que termina en palabra llana o grave. ‖ **—pentámetro.** Verso de la poesía griega y latina, que se compone de un dáctilo o un espondeo, de otro dáctilo u otro espondeo, de una cesura, de dos dáctilos y otra cesura. ‖ **—quebrado.** El de cuatro sílabas cuando alterna con otros más largos. ‖ **—repelú.** Verso de la poesía griega, en que cada palabra tiene una sílaba más que la precedente. ‖ **—sáfico.** Verso de la poesía griega y latina que se compone de once sílabas distribuidas en cinco pies, de los cuales son, por regla general, troqueos el primero y los dos últimos, espondeo el segundo, y dáctilo el tercero. ‖ **2.** Verso de la poesía española, que consta de once sílabas, como el griego y el latino, y cuyos acentos métricos estriban en la cuarta y la octava. ‖ **—senario.** El que consta de seis pies. ‖ **—suelto.** El que no forma con otro rima perfecta ni imperfecta. ‖ **—trocaico.** Verso de la poesía latina, que consta de siete pies, de los cuales los unos son troqueos y los demás espondeos o yambos, al arbitrio. ‖ **—yámbico.** Verso de la poesía griega o latina en que entran yambos. ‖ **Versos fesceninos.** Versos satíricos y obscenos inventados en la ciudad de Fescenio y que solían cantarse en la antigua Roma. ‖ **—pareados.** Los dos versos que van unidos y aconsonantados. ‖ *Correr el* VERSO. fr. Tener fluidez, sonar bien al oí-

do. ‖ **P.** verso, poesia; **I.** verse; **F.** vers, poésie; **A.** Vers, Poesia; **It.** verso; **R.** стих.

VERSO. m. Pieza ligera de artillería antigua.

VERSO. (l. *versus*, de *vertěre*, volver.) adj. TRIG. V. *Coseno, folio, seno* VERSO.

VERSTA. f. Medida itineraria rusa, equivalente a 1.067 metros.

VERSUCIA. (l. *versutia*.) f. ant. Astucia, sagacidad.

VERSUTO, TA. (l. *versūtus*.) adj. ant. Astuto y malicioso.

VÉRTEBRA. (l. *vertěbra*.) f. ZOOL. Cada uno de los huesos articulados entre sí, que forman la columna vertebral de los mamíferos, aves, reptiles y peces. ‖ **P.** vertebra; **I.** vertebra; **F.** vertèbre; **A.** Wirbel(knochen); **It.** vèrtebra; **R.** позвонок.

VERTEBRADO. (l. *vertebrātus*.) adj. ZOOL. Que tiene vértebras. ‖ **2.** ZOOL. Dícese de los animales cordados que tienen esqueleto con columna vertebral. Ú.t.c.s. ‖ **3.** m. pl. ZOOL. Subtipo de estos animales. ‖ **P.** vertebrado; **I.** vertebrate; **F.** vertébré; **A.** Wirbeltiere; **It.** vertebrato; **R.** позвоночный.

VERTEBRAL. adj. Perteneciente a las vértebras.

★ **VERTEBROTERAPIA.** f. MED. Conjunto de los métodos aplicados para la curación de los trastornos resultantes de la repercusión nerviosa de un ataque del sistema articular de las vértebras.

VERTEDERA. (De *verter*.) f. Especie de orejera para voltear la tierra levantada por el arado.

VERTEDERO. m. Sitio o paraje adonde o por donde se vierte algo.

VERTEDOR, RA. adj. Que vierte. Ú.t.c.s. ‖ **2.** m. Canal o conducto para dar salida al agua y a las inmundicias en algunas construcciones. ‖ **3.** Librador, cogedor con que en las tiendas ponen las mercancías en el peso. ‖ **4.** MAR. Achicador, operario que achica el agua que entra en el barco. ‖ 2.ª acep.: **P.** desaguadoiro; **I.** sewer; **F.** déversoir; **A.** Ausguss; **It.** letamaio; **R.** сточный жёлоб.

VERTELLO. (l. *vertěre*, girar.) m. MAR. Bola de madera que, ensartada en un cabo con otras iguales forma el racamento.

VERTER. (l. *vertěre*.) tr. Hacer salir de un recipiente y esparcir o derramar un líquido o cosas menudas. Ú.t.c.r. ‖ **2.** Inclinar una vasija o volverla boca abajo para vaciar su contenido. Ú.t.c.r. ‖ **3.** Traducir de una lengua a otra. ‖ **4.** fig. Emitir máximas o conceptos con la intención de sugerir algo desagradable. ‖ **5.** intr. Correr un líquido por una pendiente. ‖ **P.** verter; **I.** to spill; **F.** verser, répandre; **A.** (ab-, ein, ver-, aus)giessen; **It.** vuotare, versare; **R.** лить, проливать.

VERTIBILIDAD. (l. *vertibilĭtas*, -ātis.) f. Calidad de vertible.

VERTIBLE. (l. *vertibĭlis*.) adj. Que puede volverse o mudarse.

VERTICAL. (l. *verticālis*.) adj. GEOM. Dícese de la recta o plano perpendicular al del horizonte. Ú.t.c.s. ‖ **2.** PERSP. Dícese del plano que pasando por la vista es a la vez perpendicular al plano horizontal y al plano óptico. ‖ **3.** m. Cualquiera de los semicírculos máximos que se consideran en la esfera celeste perpendiculares al plano del horizonte. ‖ **—primario** o **primer vertical.** El que es perpendicular al meridiano y pasa por los puntos cardinales de oriente y occidente. ‖ **P.**, **I.** y **F.** vertical; **A.** senkrecht; **It.** verticale; **R.** вертикальный.

VERTICALIDAD. f. Calidad de vertical.

VERTICALMENTE. adv. De un modo vertical.

VÉRTICE. (l. *vertex*, -ĭcis.) m. GEOM. Punto en que concurren los dos lados de un ángulo. ‖ **2.** GEOM. Punto donde corren tres o más planos. ‖ **3.** GEOM. Punto de una curva en que ésta se encuentra con su eje. ‖ **4.** Cúspide de la pirámide y del cono. ‖ **5.** fig. Parte más elevada de la cabeza humana. ‖ **6.** GEOD. y TOPOG. Cada uno de los puntos en que se apoyan las redes de triangulación de primero y segundo orden. ‖ **P.** vértice; **I.** y **F.** vertex; **A.** Scheitelpunkt; **It.** vèrtice; **R.** вершина.

VERTICIDAD. (l. *vertex*, -ĭcis, lo que

da vueltas.) f. Capacidad o potencia de moverse a varias partes o alrededor.

VERTICILADO, DA. adj. Bot. Que forma verticilo.

VERTICILO. (l. *verticillus*.) m. Bot. Conjunto de tres o más ramos, hojas, flores, pétalos u otros órganos, que están en un mismo plano alrededor del tallo. || P. verticilo; I. verticil; F. verticille; A. Quirl, Wirtel; It. verticillo; R. мутовка.

VERTIENTE. p.a. de verter. Que vierte. || 2. amb. Declive o sitio por donde corre o puede correr el agua. || *Aguas* VERTIENTES, las que bajan de las montañas y también las que vierten los tejados. || 2.ª acep.: P. vertente; I. versant, slope; F. versant; A. Abhang; It. versante; R. льющийся, скат.

VERTIGINOSIDAD. f. Calidad de vertiginoso.

VERTIGINOSO, SA. (l. *vertiginōsus*.) adj. Perteneciente o relativo al vértigo. || 2. Que causa vértigo. || 3. Que padece vértigos. || P. e It. vertiginoso; I. vertiginous; F. vertigineux; A. schwindelig; R. головокружительный.

VÉRTIGO. (l. *vertigo*, de *vertĕre*, girar, dar vueltas.) m. Trastorno nervioso con alteraciones del equilibrio que produce al enfermo la sensación de que él o los objetos que le rodean están animados de un movimiento giratorio u oscilatorio. || 2. Turbación del juicio repentina y generalmente pasajera. || 3. fig. Apresuramiento anormal de la actividad de una persona o colectividad. || P. vertigem; I. vertigo; F. vertige; A. Schwindel; It. vertigine; R. головокружение.

VERTIMIENTO. m. Acción y efecto de verter o verterse.

VESANIA. (l. *vesanĭa*.) f. Demencia, locura, furia. || P. vesânia; I. vesania; F. vésanie; A. Irsinn; It. vesania, demenza; R. психоз.

VESÁNICO, CA. adj. Perteneciente o relativo a la vesania. || 2. Que padece de vesania. Ú.t.c.s.

VESICAL. (l. *vesicālis*.) adj. Zool. Perteneciente o relativo a la vejiga.

VESICANTE. (l. *vesicans*, *-antis*, p.a. de *vesicāre*, levantar ampollas.) adj. Dícese de la substancia que produce ampollas en la piel. Ú.t.c.s.m. || 2. m. pl. Zool. Suborden de insectos coleópteros que secretan una substancia irritante.

VESÍCULA. (l. *vesicŭla*, d. de *vesica*, vejiga.) f. Med. Vejiga pequeña en la epidermis, llena generalmente de líquido seroso. || 2. Bot. Ampolla llena de aire que tienen algunas plantas acuáticas en las hojas o en el tallo. || —**aérea.** Zool. Cualquiera de aquellas en que terminan las últimas ramificaciones bronquiales. || —**biliar.** Vejiga de la bilis. || —**ovárica.** Zool. La que contiene el óvulo. || —**seminal.** Zool. Cada una de las dos de los mamíferos, cuyas paredes contienen glándulas secretoras de un líquido que forma parte del esperma. || P. vesícula; I. vesicle; F. vésicule; A. Bläschen; It. vescicola; R. волдырь.

VESICULAR. adj. De forma de vesícula.

VESICULOSO, SA. (l. *vesiculōsus*.) adj. Lleno de vesículas.

VESIVILO. m. Cuenc. y Murc. Vestiglo, fantasma, visión.

VESPERAL. m. Libro de canto llano, que contiene las vísperas.

VÉSPERO. (l. *vespĕrus*, y éste del gr. ἕσπερος.) m. Planeta Venus como lucero de la tarde.

VESPERTILIO. (l. *vespertilĭo*.) m. p. us. Murciélago.

VESPERTINA. (l. *vespertĭna*.) f. Acto literario que se celebraba por la tarde en las universidades. || 2. Sermón que se predica por la tarde.

VESPERTINO, NA. (l. *vespertīnus*.) adj. Perteneciente o relativo a la tarde. || 2. Astron. Dícese de los astros que transponen el horizonte después de ponerse el Sol. || 3. m. Vespertina, 2.ª acep.

★ **VÉSPIDOS.** m. pl. Zool. Familia de insectos himenópteros, cuyas hembras están provistas de un aguijón venenoso.

VESQUE. (l. *viscus*.) m. Ar. Visco, liga de cazar pájaros.

VESTA. m. Astron. El cuarto asteroide que fue descubierto por Olbers en 1807.

VESTAL. (l. *vestālis*.) adj. Perteneciente o relativo a la diosa Vesta. || 2. Dícese de las doncellas romanas consagradas a la diosa Vesta.

VESTE. (l. *vestis*.) f. poét. Vestido.

VESTECHA. (l. *bis*, dos, y *tecta*, techada.) f. León. Soportal o cobertizo, sostenido por postes de madera, ante la puerta de algunas casas.

VESTFALIANO, NA. adj. Natural de Vestfalia. Ú.t.c.s. || 2. Perteneciente a este país de Alemania.

VESTIARIO. (l. *vestiarium*.) m. ant. Vestuario.

VESTÍBULO. (l. *vestibŭlum*.) m. Atrio o portal a la entrada de un edificio. || 2. Pieza de recibimiento a la entrada de cada uno de los apartamentos de una casa. || 3. Sala amplia de los grandes hoteles próxima a la estrada. || —**del oído.** Cavidad ósea del oído interno. || P. vestíbulo; I. y F. vestibule; A. Vorsaal; It. vestibolo; R. вестибюль.

VESTIDO. (l. *vestitus*.) m. Prenda o conjunto de prendas de ropa con que se cubre el cuerpo por honestidad y por abrigo. || —**de ceremonias.** Uniforme propio de una dignidad o cargo. || —**de corte.** El que usaban en palacio las señoras los días de función. || —**de etiqueta.** El usado por personas de clase distinguida en actos o reuniones que así lo requieren. || P. vestido; I. dress, costume; F. vêtement, habit, robe; A. Kleid, Anzug; It. àbito, vestito; R. одежда, платье.

VESTIDURA. (l. *vestitŭra*.) f. Vestido. || 2. Vestido que, sobrepuesto al ordinario, usan los sacerdotes para el culto divino. Ú.m. en pl. || *Rasgarse las* VESTIDURAS. fr. fig. con que se da a entender que se considera escandaloso o extremadamente injusto lo que se dice o se hace.

VESTIGIO. (l. *vestigium*.) m. Huella del pie por donde ha pasado. || 2. Memoria de los hechos antiguos, que se recuerdan como ejemplo. || 3. Señal que queda de un edificio u otra construcción antigua. || 4. fig. Indicio por donde se infiere algo. || 5. fig. Señal que queda de una cosa, inmaterial o material. || P. vestígio; I. y F. vestige; A. Spur; It. vestigio; R. след.

VESTIGLO. (l. *bestiŭlum*, d. de *bestia*, bestia.) m. Monstruo fantástico horrible.

VESTIMENTA. (l. *vestimenta*, pl. de *-tum*, vestimento.) f. Vestido. || 2. Vestidura, 2.ª acep. Ú.m. en pl.

VESTIMENTO. (l. *vestimentum*.) m. ant. Vestido. || 2. desus. Vestimenta, 2.ª acep. Usáb.m. en pl.

VESTIR. (l. *vestire*.) tr. Cubrir o adornar el cuerpo con el vestido. || 2. Guarnecer o cubrir una cosa con otra. || 3. Dar a uno la cantidad necesaria para que adquiera vestido. || 4. Ser una prenda o la materia o el color de ella, a propósito para el lucimiento de una persona. *El verde* VISTE *mucho*. || 5. fig. Exornar una especie con galas retóricas. || 6. Disfrazar la realidad de una cosa con artificios o adornos. || 7. Dar al porte o apariencia exterior los aspectos de una pasión de ánimo. VISTIÓ *su rostro de ira*. || 8. fig. Cubrir la hierba los campos; la hoja los árboles; el pelo o la pluma los animales, etc. Ú.t.c.r. || 9. fig. Hacer los vestidos para otro. || 8. intr. Vestirse, o ir vestido, en frases como ésta. *Enrique* VISTE *mal*. Dicho de cosas, ser elegantes. || 10. Llevar un traje de color, forma o distintivo especial. VESTIR *de negro*. || 11. r. fig. Salir de una enfermedad y dejar la cama donde se ha estado algún tiempo enfermo. || 12. Engreírse vanamente de autoridad o empleo. || 13. fig. Sobreponerse una cosa a otra, encubriéndola. *El cielo se* VISTIÓ *de nubes*. || *El mismo que* VISTE *y calza*. expr. que se usa para corroborar la identidad de una persona. || P. vestir; I. to clothe, to dress; F. vêtir, habiller; A. kleiden, anlegen; It. vestire; R. одевать.

VESTUARIO. (De *vestiario*.) m. Vestido, conjunto de prendas de vestir. || 2. Conjunto de trajes necesarios para una representación de teatro. || 3. Renta que en las catedrales perciben los que tienen obligación de vestirse en las funcciones del culto. || 4. Lo que en algunas comunidades eclesiásticas se da a sus individuos, en especie o en dinero para vestirse. || 5. Parte del teatro donde se visten los actores. || 6. Por ext., toda la parte interior del teatro. || 7. Mil. Uniforme de los soldados. || 2.ª acep.: P. vestuário; I. apparel, wardrobe; F. garde-robe; A. Ankleidezimmer, Garderobe; It. vestiario; R. костюмерная.

VESTUGO. m. Renuevo o vástago del olivo.

VETA. (l. *vitta*.) f. Faja o lista de una materia que se distingue de la masa en la que se halla interpuesta. || 2. Vena, filón metálico. || 3. Ecuad. Cinta. || 4. Chile. Cordel o soga con que se sujeta la carga de una carreta. || *Descubrir la* VETA *de uno*. fr. fig. y fam. Enterarse de sus inclinaciones o intenciones. || P. beta; I. vein; F. veine; A. Maser, Gang; It. filone, vena; R. жила.

VETADO, DA. (De *veta*.) adj. Veteado.

VETAR. tr. Poner el veto a una proposición o acuerdo.

★ **VETAZO.** m. Ecuad. Latigazo.

VETEADO, DA. p.p. de vetear. || 2. adj. Que tiene vetas.

VETEAR. tr. Señalar o pintar vetas, imitando las de la madera, el mármol, etc. || 2. Ecuad. Azotar, zurrar.

° **VETERANÍA.** f. Calidad de veterano.

VETERANO, NA. (l. *veterānus*, de *vetus*, *-ĕris*, viejo.) adj. Dícese de los militares expertos por haber servido mucho tiempo. || 2. fig. Antiguo y experimentado en cualquier profesión u oficio.

VETERINARIA. (l. *veterinaria*, t.f. de *-rius*, veterinario.) f. Ciencia y arte de precaver y curar las enfermedades de los animales. || P. veterinária; I. veterinary medicine; F. vétérinaire; A. Tierheilkunde; It. veterinaria; R. ветеринария.

VETERINARIO. (l. *veterinarius*, de *veterinae*, bestias de carga.) m. El que por profesión o estudio se dedica a la veterinaria. || P. veterinário; I. veterinary, veterinarian; F. vétérinaire; A. Tierarzt; It. veterinario; R. ветеринар.

★ **VETEVÉ.** m. Colom. Sofá, escaño con asiento y respaldo tapizado.

VETISESGADO, DA. adj. Que tiene las vetas al sesgo.

VETO. (l. *veto*, yo vedo o prohibo.) m. Derecho que tiene una persona o corporación para vedar una cosa; especialmente un jefe de Estado para impedir la aprobación de una ley. || 2. Por ext., acción y efecto de vedar. || P., I., F. e It. veto; A. Einspruch; R. вето, запретить.

VETUSTEZ. f. Calidad de vetusto.

VETUSTO, TA. (l. *vetustus*, de *vetus*, viejo, antiguo.) adj. Muy antiguo o de mucha edad.

VEYENTE. p.a. ant. de veer. Vidente. Usáb.t.c.s.

VEZ. (l. *vieis*.) f. Cada uno de los casos en que tiene lugar un acto o suceso que puede tener repetición. || 2. Tiempo u ocasión en que ocurre una cosa o se ejecuta una acción. || 3. Turno, alternación. || 4. Tiempo u ocasión de hacer una cosa por turno. || 5. Vecera. || 6. pl. Ministerio o autoridad que una persona ejerce supliendo o representando a otra. *Hacer uno las* VECES *de madre*. || *A la* VEZ. m. adv. || *Alguna* A un tiempo, simultáneamente. || *Alguna* VEZ. m. adv. En una que otra ocasión. || *A su* VEZ. m. adv. Por parte sucesivo y alternado. || 2. Por su parte, por separado de los demás. || *A* VECES. m. adv. Por orden alternativo. || 2. En alguna ocasión. || *Cada* VEZ *que*. loc. Siempre que. || *De una* VEZ. m. adv. Con una sola acción. || 2. Poniendo todo el esfuerzo para lograr algo resueltamente. || 3. fig. y fam. Que reúne todas las excelencias deseables. || *En* VEZ *de*. m. adv. En substitución de una persona o cosa. || 2. Al contrario. || *Otra* VEZ. m. adv. Reiteradamente. || *Tal cual* VEZ. m. adv. En rara ocasión. || *Tal* VEZ. m. adv. Quizá. || *Toda*, *o una*, VEZ *que*. Supuesto que, siendo así que. || *Una que otra* VEZ. m. adv. Alguna vez. || *Tomarle a uno* la VEZ. fr. fam. Adelantársele. || *Una* VEZ. loc. que se usa para suponer que se ha de ejecutar o se ha ejecutado una cosa, o para sentar su certidumbre o existencia. ||

V

Una VEZ *que.* loc. fam. con que se supone o da por cierta una cosa para pasar adelante. || **P.** vez, turno; **I.** time, turn; **F.** fois, tour; **A.** Mal, Reihe(nfolge); **It.** vece, volta; **R.** раз.

VEZA. (l. *vĭcia.*) f. Arveja, planta leguminosa, papilionácea, trepadora, cultivada como forrajera y por sus semillas.

VEZAR. (l. *vitiāre.*) tr. Avezar. Ú.t.c.r.

VEZO. (l. *vitĭum.*) m. ant. Costumbre.

VÍA. (l. *via.*) f. Camino, por donde se transita y en sentido figurado, medio para hacer una cosa. || **2.** Espacio que hay entre los carriles que señalan las ruedas de los carruajes. || **3.** El mismo carril. || **4.** Carril de hierro, raíl. || **5.** Parte del suelo explanado donde se asientan los carriles de la línea férrea. || **6.** En ascética, orden de vida espiritual encaminada a una mayor perfección. || **7.** Camino o dirección que han de seguir los correos. || **8.** Calidad de ocupación o estado que se elige para vivir. || **9.** fig. Conducto, persona por quien se dirige un asunto o por quien se tiene noticia de alguna cosa. || **10.** fig. Camino o medio para hacer o conseguir alguna cosa. || **11.** FOR. Ordenamiento judicial. || **12.** pl. En lenguaje de la Escritura Santa, mandatos de Dios. || **13.** TEOL. Medios de los que se vale la Divina Providencia para conducir las cosas humanas. || VÍA *contenciosa.* Procedimiento judicial ante la jurisdicción para el caso, en oposición al administrativo. || **—de agua.** MAR. Agua, rotura o grieta por donde entra el agua en una embarcación. || **—de comunicación.** Camino terrestre o ruta marítima utilizada para el comercio de los pueblos entre sí. || **—ejecutiva.** FOR. Procedimiento para hacer un pago judicialmente, procurando antes convertir en dinero los bienes de otra índole pertenecientes al obligado. || **—férrea.** Ferrocarril. || **—gubernativa.** FOR. Procedimiento seguido ante la Administración activa. || **—húmeda.** QUÍM. Procedimiento analítico que consiste en disolver el cuerpo objeto del análisis. || **—láctea.** ASTRON. Ancha zona de luz blanca y difusa que atraviesa casi toda la esfera celeste; está compuesta de multitud de estrellas. || **—muerta.** En los ferrocarriles, la que no tiene salida. || **—ordinaria.** FOR. Forma procesal de contención, usada en los juicios declarativos. || **2.** fig. Modo regular y común de hacer una cosa. || **—pública.** Calle, plaza o camino por donde transita el público. || **—seca.** QUÍM. Procedimiento analítico que consiste en someter a la acción del calor el cuerpo objeto del análisis. || **—sacra.** Viacrucis. || **—sumaria.** FOR. Forma abreviada de enjuiciar en asuntos de urgencia. || *Cuaderna* VÍA. Estrofa de cuatro versos alejandrinos monorrimos, usada en los siglos XIII y XIV. || *En* VÍAS *de.* m. adv. En curso, en trámite. Ú. con el verbo *estar.* || *Por* VÍA. m. adv. De forma, a manera y modo. || *Por* VÍA *de buen gobierno.* loc. adv. Gubernativamente. || **P.** via, rumo, rota; **I.** way, road, route; **F.** voie, route, chemin; **A.** Weg, Bahn; **It.** vìa, cammino; **R.** путь, дорога.

VIABILIDAD. f. Calidad de viable.

VIABLE. (fr. *viable,* de *vie,* vida.) adj. Que puede vivir. Dícese principalmente de las criaturas que nacen con fuerza suficiente para seguir viviendo. || **2.** fig. Dícese de lo que tiene probabilidades de llevarse a cabo.

VÍA CRUCIS. (Lit., *camino de la cruz.*) Expresión latina con que se denomina el camino señalado con representaciones de los pasos de la Pasión de Jesucristo, caminando al Calvario. Ú.c.s.m. || **2.** m. Conjunto de 14 representaciones de dichos pasos. || **3.** Ejercicio piadoso en el que se conmemoran los pasos del Calvario. || **4.** Libro en que se contiene este rezo. || **5.** fig. Aflicción continuada que sufre una persona. || **P.** Via-Sacra; **I.** Calvary; **F.** Chemin de la Croix; **A.** Kreuzweg; **It.** Calvario; **R.** голгофа.

VIADA. f. MAR. Arrancada, empuje de un buque al emprender la marcha o al aumentar repentinamente la velocidad.

VIADERA. (l. *viāre.*) f. Pieza de madera que en los telares antiguos servía para colgar los lizos y gobernar el tejido.

VIADOR. (l. *viātor, -ōris,* caminante.) m. TEOL. Criatura racional que está en esta vida y aspira y camina a la eternidad.

VIADUCTO. (l. *via,* camino, y *ductus,* conducido.) m. Obra a manera de puente que substituye al terraplén para el paso de una carretera o un ferrocarril sobre una hondonada. || **P.** viaduto, pontão; **I.** viaduct; **F.** viaduc; **A.** Viadukt, Überbrückung; **It.** viadotto; **R.** виадук.

VIAJADOR, RA. m. y f. Viajero, 2.ª acep.

VIAJANTE. p.a. de viajar. Que viaja. Ú.t.c.s. || **2.** m. Dependiente comercial que hace viajes para negociar ventas o compras. || **P.** viajante, viageiro; **I.** traveller; **F.** voyageur, commis voyageur; **A.** (Handels-, Geschäfts)Reisende(r); **It.** viaggiatore; **R.** путешествующий.

VIAJAR. intr. Hacer viaje. || **2.** Hacer de viajante. || **P.** viajar; **I.** to travel, to journey; **F.** voyager; **A.** reisen; **It.** viaggiare; **R.** путешествовать.

VIAJATA. (De *viaje.*) f. fam. Caminata o trayecto largo que hay que recorrer por necesidad y comúnmente a disgusto.

* **VIAJAZO.** (aum. de *viaje,* reprensión.) m. C. RICA. Regaño, reprimenda. || **2.** VENEZ. Azotazo. || **3.** C. RICA. Machetazo.

VIAJE. (dialect. y cat. *viatge,* y éste del l. *viatĭcum.*) m. Recorrido más o menos largo que se hace trasladándose de un lugar a otro, ya sea por tierra, por mar o por aire. || **2.** Camino por donde se hace. || **3.** Ida a cualquier parte, aunque no sea jornada. Dícese especialmente cuando se lleva una carga. || **4.** Carga que se lleva de una vez de un lugar a otro. || **5.** Relación, libro o memoria donde se relata lo que se ha observado en un viaje. || **6.** Agua conducida por cañerías para el consumo de una población. || **7.** AMÉR. CENTRAL. Reprimenda, reprensión. || **—circular.** El que se hace con billete circular. || **—redondo.** El efectuado yendo directamente de un punto a otro y volviendo al primero. || **2.** fig. Completo y fácil resultado de un negocio. || ¡*Buen* VIAJE! expr. con que se manifiesta el deseo de que se haga felizmente la jornada. || **2.** expr. despect. con que se denota lo poco que importa que una cosa se pierda o alguien se vaya. || **3.** expr. que se usa en los buques al arrojar un cadáver al mar, para significar que se desea al alma la felicidad eterna. || *Para ese* VIAJE *no se necesitan alforjas.* expr. fig. y fam. con que se contesta al que, creyendo ayudar a otro en una pretensión, le arbitra medios que están al alcance de cualquiera. || **2.** fig. y fam. Empléase también para contestar al que ofrece ayuda o protección en un asunto fácil de resolver. || **3.** fig. y fam. Se emplea para indicar que el resultado conseguido no corresponde al esfuerzo hecho. || **P.** viagem; **I.** travel; **F.** voyage, chemin; **A.** Reise; **It.** viaggio; **R.** поездка.

VIAJE. (De *esviaje,* sesgo, oblicuidad.) m. Corte sesgado que se da a alguna cosa. || **2.** fam. TAUROM. Derrote.

VIAJERO, RA. adj. Que viaja. || **2.** m. y f. Persona que hace un viaje, especialmente largo. || **3.** CHILE. Criado de una chacra encargado de hacer los mandados yendo a caballo. || **P.** viageiro; **I.** passenger, traveller; **F.** voyageur; **A.** Fahrgast, Reisender; **It.** viaggiatore; **R.** пассажир.

VIAL. (l. *viālis.*) adj. Perteneciente o relativo a la vía. || **2.** m. Calle formada por dos filas paralelas de árboles u otras plantas.

VIALIDAD. f. Calidad de vial. || **2.** Conjunto de servicios pertenecientes a las vías públicas.

VIANDA. (fr. *viande,* y éste del l. *vivenda.*) f. Sustento y comida de los racionales. || **2.** Comida que se sirve en la mesa. || **3.** CUBA. Fruto o raíz, que después de cocidos, se sirven a la mesa para comerlos con la olla. Ú.m. en pl. || **4.** ARGENT. Fiambrera. || **P.** vianda, comida; **I.** viands, victuals; **F.** aliment, nourriture; **A.** Speise, Gericht; **It.** vivanda; **R.** пища, еда.

VIANDANTE. (De *vía* y *andante.*) com. Persona que hace viaje o anda camino. || **2.** Persona que pasa lo más del tiempo vagabundeando por los caminos. || **P.** e **It.** viandante; **I.** passenger; **F.** passant; **A.** Wanderer; **R.** странник.

VIANDERA. f. SAL. Mujer encargada de dar o llevar la comida a los obreros del campo.

* **VIANITA.** f. GEOL. y MINERAL. Fosfato hidratado de hierro que se encuentra en las turberas mezclado con la turba.

VIARAZA. f. Flujo del vientre. || **2.** GUAT. Cólera, arrebato, furia. || **3.** ant. fig. Acción inconsiderada. Ú. aún en la Argentina.

VIATICAR. tr. Administrar el viático a un enfermo. Ú.t.c.r.

VIÁTICO. (l. *viatĭcum,* de *via,* camino.) m. prevención, en especie o en dinero, de lo necesario para un viaje. || **2.** Subvención que percibe un diplomático para trasladarse a su punto de destino. || **3.** Sacramento de la Eucaristía, que se administra a los enfermos que están en peligro de muerte. || **P.** viático; **I.** viaticum; **F.** viatique; **A.** Reisegeld; **It.** viàtico; **R.** соборование.

VÍBORA. (l. *vipĕra.*) f. Serpiente venenosa de unos cinco decímetros de largo, cabeza triangular, piel adornada de una faja ondulante longitudinal, escamas aquilladas y cola muy corta; es ovovivípara, posee dos dientes huecos en la mandíbula superior, a través de los cuales inyecta, al morder, el veneno procedente de las glándulas venenosas. || **2.** fig. *Lengua de escorpión* o *de* VÍBORA. || **3.** *V. Lengua de* VÍBORA, 1.ª acep. || **4.** fig. Persona maldiciente. || **5.** MÉJ. Cinturón en el cual se esconde o guarda dinero. || **—volante.** AND. Especie de coleóptero de unos 25 mm de longitud, de color pardo rojizo y de antenas muy largas. || **P.** víbora; **I.** viper; **F.** vipère; **A.** Viper; **It.** vìpera; **R.** гадюка.

VIBORÁN. m. BOT. AMÉR. CENTRAL. Planta de la familia de las asclepiadáceas, que segrega un jugo lechoso que se utiliza como vomitivo y como vermífugo.

* **VIBOREAR.** intr. ARGENT. Caracolear, serpentear. || **2.** tr. Marcar los naipes para hacer trampas en el juego.

VIBOREZNO, NA. adj. Perteneciente o relativo a la víbora. || **2.** m. Cría de la víbora.

VIBRACIÓN. (l. *vibratio, -ōnis.*) f. Acción y efecto de vibrar. || **2.** FÍS. Movimiento de una partícula de un cuerpo vibrante durante un período. || **—longitudinal.** FÍS. Aquella en que el punto vibra en el mismo sentido de la dirección de propagación de la onda. || **—transversal.** FÍS. Aquella en que la vibración del punto tiene lugar en un plano perpendicular a la dirección de propagación de la onda. || **P.** vibração; **I.** y **F.** vibration; **A.** Schwingung, Vibration; **It.** vibrazione; **R.** вибрация.

VIBRADOR, RA. adj. Que vibra. || **2.** m. Aparato que transmite las vibraciones eléctricas. || **3.** Oscilador. || **4.** TERAP. Cierto aparato vibratorio eléctrico usado para producir movimientos activos y pasivos.

VIBRANTE. (l. *vibrans, -antis.*) p.a. de vibrar. Que vibra. || **2.** adj. GRAM. Dícese del sonido o letra cuya pronunciación se caracteriza por un rápido contacto oclusivo, simple o múltiple, entre los órganos de la articulación. Ú.t.c.s.f. || **3.** MED. Dícese del pulso que es tenso.

VIBRAR. (l. *vibrāre.*) tr. Dar un movimiento trémulo a una cosa, delgada y elástica, como la espada. || **2.** Por ext., dícese del sonido trémulo de la voz. || **3.** Arrojar con ímpetu y violencia una cosa que vibra. || **4.** intr. MEC. Moverse rápidamente las partículas de un cuerpo elástico con movimiento alterno a uno y otro lado del punto de equilibrio, o la totalidad de un cuerpo por efecto de este movimiento. || **P.** vibrar; **I.** to vibrate; **F.** vibrer; **A.** schwingen, pendeln, vibrieren; **It.** vibrare; **R.** вибрировать.

VIBRÁTIL. adj. Capaz de vibrar.

VIBRATORIO, RIA. (l. *vibrātum,* supino de *vibrāre,* vibrar.) adj. Que vibra o es capaz de vibrar.

VIBRIÓN. (fr. *vibrion,* der. de *vibrer,* y éste del l. *vibrāre.*) m. BOT. Cualquiera de las bacterias de forma encorvada; son cortas, rígidas, con un flagelo polar en forma de S o de coma.

* **VIBROSCOPIO.** m. FÍS. Aparato que

sirve para estudiar las vibraciones de los cuerpos sonoros.

VIBURNO. (l. *viburnum.*) m. Arbusto caprifoliáceo, de unos dos o tres metros de altura, ramoso, con hojas ovales, obtusas y dentadas; flores blanquecinas, olorosas en grupos terminales muy apretados; frutos en bayas negras, y raíz rastrera. || **P. e It.** viburno; **I.** viburnum; **F.** viorne; **A.** Schneeball; **R.** калина.

VICARIA. (De *vicario.*) f. Segunda superiora en algunos conventos de monjas.

VICARIA. f. CUBA. Planta apocinácea, muy común, con varios tallos cilíndricos, ramificados, hojas oblongas aovadas, y flores con cinco pétalos blancos o rosados y el centro de color carmín. Es planta de jardinería.

VICARÍA. (l. *vicaria.*) f. Oficio y dignidad de vicario. || **2.** Oficina o tribunal en que despacha el vicario. || **3.** Territorio de la jurisdicción del vicario. —**perpetua.** Curato. || **P.** vigararia; **I.** vicairagy, vicariate; **F.** vicairie, office du vicaire; **A.** Vikariat; **It.** vicaria, vicariato; **R.** викариат.

VICARIATO. m. Vicaría, 1.ª y 3.ª aceps. || **2.** Tiempo que dura el oficio de vicario.

VICARIO, RIA. (l. *vicarius,* de *vicis,* vez, alternativa.) adj. Que tiene las veces, autoridad y facultades de otro o le substituye. Ú.t.c.s. || **2.** MED. Que actúa en lugar de otra cosa, como ciertas hemorragias que substituyen al menstruo ordinario. || **3.** m. y f. Persona que en las órdenes regulares tiene la autoridad de alguno de los superiores mayores, en caso de ausencia, falta o indisposición. || **4.** m. Juez eclesiástico nombrado y elegido por los prelados para que ejerza sobre sus súbditos la jurisdicción ordinaria. Los que la ejercen en todo el territorio se llaman VICARIOS *generales,* los que la ejercen en un solo partido y fuera de la capital de la diócesis, se llaman foráneos. || **5.** pl. Sueldacostillas. —**apostólico.** Prelado que en representación de la Santa Sede gobierna cristiandades en países donde aún no se ha establecido la regular jerarquía eclesiástica. —**capitular.** Eclesiástico elegido por el capítulo de canónicos para el gobierno de una sede vacante. || VICARIO o VICARIA *de coro.* Persona que en las órdenes regulares rige y gobierna en orden al canto y rezo en el coro. —**de Jesucristo.** El Papa o Sumo Pontífice. —**de monjas.** Sujeto que pone el ordinario o el superior de una orden para que asista y dirija a las religiosas. —**general castrense** o **de los ejércitos.** El que como delegado apostólico ejerce omnímoda jurisdicción eclesiástica sobre todos los dependientes del ejército y armada. —**perpetuo.** Cura, sacerdote encargado de una feligresía. || **3.ª** acep.: **P.** vicairo; **I.** vicar; **F.** vicaire; **A.** Vikar; **It.** vicario; **R.** викарий.

VICE. (l. *vice,* abl. de *vicis,* vez.) Prefijo que significa que la persona de quien se habla tiene las veces o la autoridad de la expresada por la segunda parte del compuesto. VICE*presidente.* También se usa para designar los cargos correspondientes. VICE*presidencia.*

VICEALMIRANTA. (De *vicealmirante.*) f. Segunda galera de una escuadra, o sea la que montaba el segundo jefe.

VICEALMIRANTAZGO. m. Dignidad de vicealmirante.

VICEALMIRANTE. (De *vice,* en vez de, y *almirante.*) m. Oficial general de la armada, inmediatamente inferior al almirante. || **P.** vice-almirante; **I.** vice-admiral; **F.** vice-amiral; **A.** Vizeadmiral; **It.** vice-ammiraglio; **R.** вице-адмирал.

VICECANCILLER. (De *vice* y *canciller.*) m. Cardenal presidente de la curia romana para el despacho de las bulas y breves apostólicos. || **2.** Sujeto que hace las veces de canciller, a falta de éste, en el sello de los despachos. || **P.** vice-chanceller; **I.** vice-chancellor; **F.** vice-chancelier; **A.** Vizekanzler; **It.** vicecancelliere; **R.** вице-канцлер.

VICECANCILLERÍA. f. Cargo de vicecanciller. || **2.** Oficina del vicecanciller.

VICECONSILIARIO. m. El que hace las veces de consiliario.

un animal. || **11.** Mimo, caricia, demostración expresiva de afecto. || **12.** SAL. Estiércol, abono. || *Contra el* VICIO *de pedir, hay la virtud de no dar.* fr. proverb. usada para negar una petición. || *De* VICIO. m. adv. Sin necesidad. || *Hablar de* VICIO uno. fr. fam. Ser hablador. || *Quejarse uno de* VICIO. fr. fam. Sentirse por pequeño motivo. || *Tras el* VICIO *viene el fornicio.* ref. que enseña que la vida regalona y holgazana suele conducir a la lujuria. || **P.** vício; **I.** y **F.** vice; **A.** Fehler; **It.** vizio; **R.** недостаток, порок.

VICIOSAMENTE. adv. De manera viciosa.

VICIOSO, SA. (l. *vitiōsus.*) adj. Que tiene, padece o causa vicio o defecto. || **2.** Entregado a los vicios. Ú.t.c.s. || **3.** Vigoroso y fuerte, especialmente para producir. || **4.** Abundante, deleitoso. || **5.** fam. Dícese del niño mimado, malcriado.

VICISITUD. (l. *vicissitūdo.*) f. Orden sucesivo o alternativo de alguna cosa. **2.** Alternativa de sucesos prósperos o adversos.

VICISITUDINARIO, RIA. (l. *vicissitūdo, -inis,* vicisitud.) adj. Que acontece sucesiva o alternativamente.

VICO. m. ÁL. Boche, hoyo pequeño que hacen los muchachos en el suelo para algunos juegos.

VÍCTIMA. (l. *victima.*) f. Persona o animal destinado al sacrificio. || **2.** fig. Persona que se expone a un grave riesgo en beneficio de otra. || **3.** fig. Persona que sufre por culpa de otro o por causa fortuita. || **P.** vítima; **I.** victim; **F.** victime; **A.** Opfer; **It.** vittima; **R.** жертва.

VICTIMARIO. (l. *victimarius.*) m. Entre los antiguos gentiles, al que asistía al sacerdote en el sacrificio, encendiendo el fuego y atando y sujetando las víctimas.

VICTO. (l. *victus,* sustento.) m. Sustento diario.

¡VÍCTOR! (l. *victor,* vencedor.) interj. ¡Vítor! Ú.t.c.s.

VICTOREAR. (De *víctor.*) tr. Vitorear.

VICTORIA. (l. *victoria,* de *victor,* vencedor.) f. Superioridad o ventaja conseguida sobre algún rival o contrario en disputa o lid. || **2.** fig. Vencimiento o sujeción de los vicios o pasiones. || **3.** BOT. Planta acuática de la familia de las ninfáceas, con grandes hojas y flores flotantes. **4.** CUBA. Tela de algodón fuerte, usada para zapatos. || *Cantar* uno VICTORIA. fr. fig. Blasonar o jactarse del triunfo. || ¡VICTORIA! interj. que sirve para aclamar la que se ha conseguido. || **P.** vitória; **I.** victory; **F.** victoire; **A.** Sieg; **It.** vittoria; **R.** победа.

VICTORIA. (Del nombre de la reina *Victoria* de Inglaterra, que la usó por primera vez.) f. Coche de dos asientos, abierto y con capota.

VICTORIATO. (l. *victoriātus,* y éste de *victoria.*) m. NUMISM. Moneda de plata de la república romana, que lleva la figura de la Victoria.

VICTORIOSAMENTE. adv. De un modo victorioso.

VICTORIOSO, SA. (l. *victoriōsus.*) adj. Que ha conseguido una victoria. Ú.t.c.s. || **2.** Dícese también de las acciones con que se consigue.

VICUÑA. (quich. *vicunna.*) f. Mamífero rumiante camélido, parecido a la llama, con el cuerpo cubierto de pelo largo y finísimo de color amarillo rojizo, capaz de admitir todo género de tintes. Vive salvaje en manadas en los Andes del Perú y de Bolivia, y se caza para aprovechar su vellón, que es muy apreciado. || **2.** Lana de este animal. || **3.** Tejido que se hace con esta lana. || **P.** vicunha; **I.** vicuña, vicugna; **F.** vigogne; **A.** Schafkamel; **It.** vigogna; **R.** вигонь.

★ **VICHE.** adj. COLOM. Dícese de la fruta verde. || **2.** MÉJ. Desnudo.

★ **VICHENZO, ZA.** adj. ARGENT. Tonto, simplón, sonso.

★ **VICHI.** m. PERÚ. Vaso de barro con un pico, y de boca ancha.

VICHOCO, CA. adj. ARGENT. y CHILE. Bichoco.

VID. (l. *vītis.*) f. BOT. Planta trepadora y vivaz de la familia de las ampelidáceas o vitáceas, con tronco retorcido; vástagos muy largos; hojas partidas en cinco lóbulos

---

VICECÓNSUL. m. Funcionario de la carrera consular, inmediatamente inferior al cónsul. || **P.** vice-cônsul; **I.** y **F.** vice--consul; **A.** Vizekonsul; **It.** vicecônsole; **R.** вице-консул.

VICECONSULADO. m. Empleo o cargo de vicecónsul. || **2.** Oficina de este funcionario.

VICECRISTO. m. Vicediós.

VICEDIÓS. (De *vice,* en vez de, y *Dios.*) m. Título honorífico que dan los católicos al Sumo pontífice como representante de Dios en la Tierra.

VICEGERENCIA. f. Cargo de vicegerente.

VICEGERENTE. m. El que hace las veces de gerente.

VICEGOBERNADOR. m. El que hace las veces de gobernador.

VICENAL. (l. *vicennālis,* de *vicenium,* espacio de veinte años.) adj. Que sucede o se repite cada veinte años. || **2.** Que dura veinte años.

VICENSE. (l. *vicensis.*) adj. Vigitano. Apl. a pers. ú.t.c.s.

VICENTE. n. p. ¿*Dónde va* VICENTE? *Donde va la gente,* o *al ruido de la gente.* fr. fam. que se emplea para tachar a alguno de falta de iniciativa o de personalidad.

VICEPRESIDENCIA. f. ¡Cargo de vicepresidente o de vicepresidenta.

VICEPRESIDENTE, TA. m. y f. Persona que hace o está facultada para hacer las veces del presidente o de la presidenta.

VICEPROVINCIA. f. Conjunto de casas o conventos de ciertas religiones, no erigido en provincia, pero que hace las veces de tal.

VICEPROVINCIAL. adj. Relativo o perteneciente a una viceprovincia. || **2.** m. Persona que gobierna una viceprovincia.

VICERRECTOR, RA. m. y f. Persona que hace las veces del rector o de la rectora.

VICESECRETARÍA. f. Cargo de vicesecretario o vicesecretaria.

VICESECRETARIO, RIA. m. y f. Persona que hace o está facultada para hacer las veces del secretario o de la secretaria.

VICÉSIMA. (l. *vicesima.*) f. Impuesto de la vigésima parte sobre ciertos bienes en la antigua Roma.

VICESIMARIO, RIA. (l. *vicesimarius.*) adj. Perteneciente o relativo a la vicésima.

VICÉSIMO, MA. (l. *vicesimus.*) adj. Vigésimo. Ú.t.c.s.

VICETESORERO, RA. m. y f. Persona que hace las veces de tesorero.

VICEVERSA. (l. *vice* y *versa,* vuelta.) adv. Al contrario, por lo contrario; cambiadas dos recíprocamente. || **2.** m. Cosa, dicho o acción al revés de lo que lógicamente debe ser. || **P.** y **F.** vice-versa; **I.** vice versa, conversely; **A.** umgekehrt; **It.** viceversa; **R.** наоборот.

VICIA. (l. *vicia,* y éste del gr. βιχία.) f. Arveja, planta leguminosa, papilionácea, propia de los países templados del hemisferio boreal.

VICIAR. (l. *vitiāre.*) tr. Dañar o corromper física o moralmente. Ú.t.c.r. || **2.** Falsear o adulterar los géneros. || **3.** Falsificar un escrito. || **4.** Anular o quitar validez a un acto. || **5.** Pervertir o pervertir las buenas costumbres. Ú.t.c.r. || **6.** fig. Tergiversar el sentido de una proposición. || **7.** SAL. Abonar las tierras de labranza. || **8.** r. Entregarse uno a los vicios. || **9.** Enviciarse, aficionarse con exceso a una cosa. || **10.** Alabarse o pandearse una superficie. || **P.** viciar; **I.** to vitiate; **F.** vicier; **A.** verderben; **It.** viziare; **R.** портить.

VICIO. (l. *vitium.*) m. Defecto físico o imperfección en las cosas. || **2.** Falta de rectitud o defecto moral en las acciones. || **3.** Falsedad, yerro o engaño en lo que se escribe o se propone. || **4.** Hábito de obrar mal. || **5.** Defecto o exceso que como propiedad o costumbre tienen algunas personas o colectividades. || **6.** Demasiado apetito que una cosa que incita a usar de ella con exceso. || **7.** Desviación, pandeo o alabeo que presenta una superficie. || **8.** Lozanía o frondosidad excesiva y perjudicial. || **9.** Libertad excesiva en la crianza. || **10.** Mala costumbre que adquiere a veces

V puntiagudos; flores verdosas en racimos, y cuyo fruto es la uva. || **—salvaje** o **silvestre.** La no cultivada, que produce uvas pequeñas y de sabor agrio. || **P.** vide; **I.** vine; **F.** vigne; **A.** Weinstock; **It.** vite; **R.** виноградная лоза.

VIDA. (l. *vīta.*) f. Fuerza interna, actividad funcional de los seres orgánicos, indispensable para su desarrollo y conservación. || **2.** Estado de actividad de los seres orgánicos. || **3.** Unión del alma y del cuerpo. || **4.** Transcurso de tiempo desde que nace hasta que muere un ser orgánico. || **5.** Duración de las cosas. || **6.** Modo de vivir de una persona en lo tocante a la suerte o desgracia, fortuna, etc. || **7.** Modo de vivir en tocante a la fortuna o desgracia, a sus medios de fortuna, etc. || **8.** Alimento necesario para vivir. || **9.** Método de vivir con relación a las acciones de los seres racionales. || **10.** Persona o ser humano. || **11.** Historia de las acciones notables ejecutadas por una persona mientras vivió. || **12.** Estado del alma después de la muerte. || **13.** *Mala* VIDA. Prostitución, dicho de las mujeres. || **14.** fig. Cosa que produce suma complacencia. || **15.** fig. Cosa que contribuye al ser o conservación de otra. || **16.** fig. Estado de la gracia y proporción para el mérito de las buenas obras. || **17.** fig. Bienaventuranza, vista y posesión de Dios en el cielo. VIDA *eterna.* || **18.** fig. Expresión, viveza. Dícese especialmente cuando se habla de los ojos. || **19.** Aleluya, hoja o pliego de papel con una serie de estampitas con explicación de un asunto en versos pareados. || **—airada.** Vida desordenada y viciosa. || **—animal.** Aquella cuyas tres funciones principales son la nutrición, la relación y la reproducción. || **—canonical** o **de canónigo.** fig. y fam. La que se disfruta con sosiego y comodidad. || **—capulina.** MÉJ. Vida regalada y sin cuidados. || **—de perros** fig. y fam. La que se pasa con grandes trabajos y desazones. || **—espiritual.** Modo de vivir arreglado a los ejercicios de perfección cristiana. || **—latente.** BIOL. La no manifiesta que presentan ciertos organismos. || **—y milagros.** fam. Modo de vivir de uno, hechos, mañas y travesuras. || *La otra* VIDA, o *la* VIDA *futura.* Existencia del alma después de la muerte. || *La* VIDA *pasada.* Las acciones ejecutadas en tiempo pasado, especialmente las culpables. || *Media* VIDA. Estado medio de conservación de una cosa. || **2.** fig. Cosa de gran alivio para uno. || *Buena* VIDA. Vida regalada. || *Buscar,* o *buscarse* uno *la* VIDA. fr. Usar los medios conducentes a adquirir el mantenimiento y lo demás necesario. || *Consumir la* VIDA a uno. fr. fig. con que se pondera la molestia o enfado que otro ocasiona, o lo mucho que le fatigan los trabajos y las necesidades. || *Costar la* VIDA. fr. con que se pondera lo grave de un sentimiento o suceso, o la determinación de ejecutar una cosa aunque sea con peligro de la vida. || *Dar* una cosa *la* VIDA a uno. fr. fig. Sanarle, aliviarle, fortalecerle. || *Dar* uno *la* VIDA por otro. fr. Sacrificarse voluntariamente por él. || *Dar* uno *mala* VIDA a otra persona. fr. Causarla pesadumbres. || *Darse* uno *buena* VIDA. fr. Disfrutar de comodidades. || *De por* VIDA. m. adv. Por todo el tiempo que uno viva. || *En la* VIDA, o *en* mi, tu, su VIDA. m. adv. Nunca. Ú.t. para explicar la incapacidad o suma dificultad de conseguir una cosa. || *Enterrarse* uno *en* VIDA. fr. fig. Retirarse de todo comercio del mundo. || *Entre la* VIDA *y la muerte.* fr. En peligro inminente de muerte. Ú. con los verbos *estar, hallarse,* etc. || *Escapar* uno *con* VIDA, o *la* VIDA. fr. Librarse de un grave peligro de muerte. || *Ganar,* o *ganarse* uno *la* VIDA. fr. Trabajar o buscar medios de mantenerse. || *Gran* VIDA. Buena vida. || *Hacer* uno *por la* VIDA. fr. fam. Comer. || *Hacer* VIDA. fr. Vivir juntos el marido y la mujer y tratándose como tales y como es de su obligación. || *Meterse* uno *en* VIDAS *ajenas.* fr. Murmurar, averiguando lo que a uno no le importa. || ¡*Mi* VIDA! expr. ¡Vida mía! || *Mudar* uno *de* VIDA o *la* VIDA. fr. Dejar las malas costumbres o vicios. || *Pasar* uno *a mejor* VIDA. fr. Morir en gracia de Dios. || *Pasar* uno *la* VIDA. fr. Vivir con lo estrictamente necesario. || *Pasar la* VIDA *a tragos.* fr. fig. y fam. Ir viviendo con trabajos y penalidades. || *Perder* uno *la* VIDA. Morir. Dícese especialmente cuando se muere de manera violenta. || ¡*Por* VIDA! Modo de hablar que se usa para persuadir u obligar a la concesión de lo que se pretende. || **2.** Ú.t. como aseveración o juramento. || ¡*Por* VIDA *mía!* Especie de juramento con que se asegura la verdad de una cosa, o se expresa la determinación de ejecutarla. || *Saber* uno *las* VIDAS *ajenas.* fr. Informarse con curiosidad y malicia de la conducta de alguien. || *Tener* uno *la* VIDA *en un hilo.* fr. fig. y fam. Estar en mucho peligro. || *Tener* uno *siete* VIDAS *como los gatos.* fr. fig. y fam. Salir incólume de graves riesgos y peligros de muerte. || *Vender* uno *cara la* VIDA. fr. fig. Perderla a mucha costa del enemigo. || ¡VIDA *mía!* expr. cariñosa dedicada a persona a quien se quiere mucho. || **P.** vida; **I.** life, being; **F.** vie; **A.** Leben; **It.** vita; **R.** жизнь.

VIDAL. (l. *vītālis.*) adj. ant. Vital.

VIDALITA. f. ARGENT. Canción popular, por lo general amorosa, y de carácter triste, que se acompaña con la guitarra.

VIDARRA. (l. *vitis alba.*) f. Planta ranunculácea, trepadora, especie de clemátide.

VIDE. (l. *vide,* impert. de *video.*) Voz verbal latina que se usa en impresos y manuscritos precediendo a la indicación del lugar o página a que se remite al lector.

VIDENTE. (l. *videns, -entis.*) p.a. de ver. Que ve. || **2.** m. Profeta.

VIDORRA. f. fam. Vida holgada y placentera.

VIDORRIA. f. fam. despect. ARGENT., COLOM. y VENEZ. Vida arrastrada y triste.

VIDRIADO, DA. p.p. de vidriar. || **2.** adj. Vidrioso, que fácilmente se quiebra como el vidrio. || **3.** m. Barro o loza con barniz vítreo. || **4.** Este mismo barniz. || **5.** Vajilla, conjunto de platos, fuentes, vasos, etc., para el servicio de la mesa.

VIDRIAR. tr. Dar a las piezas de barro o loza un barniz o esmalte vítreo. || **2.** r. fig. Ponerse vidriosa una cosa. || **P.** vidrar; **I.** to glaze; **F.** vernisser; **A.** glasieren; **It.** invetriare; **R.** глазировать.

VIDRIERA. f. Bastidor con vidrios con que se cierran puertas y ventanas. || **2.** Dícese de la puerta que tiene cristales. || **3.** CUBA. Puesto en el interior de los cafés, para la venta de cerillas, tabaco y otros objetos de poco valor. || **—de colores.** La formada por vidrios con dibujos coloreados para ventanales. || **P.** vidraça; **I.** glass-window; **F.** vitrage, vitrail; **A.** Glasfenster **It.** (in)vetriata; **R.** витраж.

VIDRIERÍA. (De *vidriero.*) f. Taller donde se labra y corta el vidrio. || **2.** Tienda donde se venden vidrios.

VIDRIERO. (l. *vitriarĭus.*) m. El que trabaja en vidrio o el que lo vende. || **2.** CUBA. El que en el interior de un café tiene un puesto de venta de tabaco, cerillas, papel y objetos de poco valor.

VIDRIO. (l. *vitrĕum,* de *vitrum.*) m. Substancia dura, frágil, por lo común transparente, que se obtiene fundiendo sílice con potasa o sosa, y pequeñas cantidades de otras bases. Tiene un brillo especial. || **2.** Cualquiera pieza o vaso de vidrio. || **3.** En el coche, asiento en que se va de espaldas al tiro. || **4.** fig. Cosa muy delicada y quebradiza. || **5.** fig. Persona muy quisquillosa. || **—bufado.** Hojuelas que resultan de romper una ampolla muy tenue que se hace soplando con un canuto metálico una masa de vidrio fundido. || *Ir* uno *al* VIDRIO. fr. Ocupar en un coche los asientos de la delantera, de espaldas al tiro. || *Pagar* uno *los* VIDRIOS *rotos.* fr. fig. y fam. Pagar el pato. || **P.** vidro; **I.** glass; **F.** verre; **A.** Glas; **It.** vetro; **R.** стекло.

VIDRIOLA. f. MURC. Alcancía, hucha.

VIDRIOSIDAD. f. fig. Calidad de vidrioso irritable.

VIDRIOSO, SA. adj. Quebradizo como el vidrio. || **2.** fig. Dícese del piso muy resbaladizo por la helada. || **3.** fig. Aplícase a la persona que fácilmente se resiente o enoja, o al genio de esta condición. || **4.** fig. Dícese de los ojos que se vidrian. || **P.** vidrento; **I.** vitreous; **F.** vitreux; **A.** glasig; **It.** vetroso; **R.** стеклянный.

VIDRO. (l. *vitrum.*) m. ant. Vidrio.

VIDUAL. (l. *viduālis.*) adj. Perteneciente o relativo a la viudez.

VIDUEÑO. m. Viduño.

VIDUÑO. (l. *vitinĕus,* de *vid.*) m. Casta o variedad de vid.

* **VIDURRIA.** f. ARGENT. Vidorra, vida cómoda y regalada. || **2.** COLOM. y VENEZ. Vida triste, desgraciada y trabajosa.

VIEIRA. (gall. *vieira,* y éste del l. *veneria,* concha de Venus.) f. Molusco comestible, muy común en los mares de Galicia, cuya concha es la venera, que los peregrinos solían traer cosidas en las esclavinas. || **2.** GAL. Esta concha.

VIEJA. f. Pez de unos 10 cm de largo, de color negruzco, cuerpo comprimido, cabeza grande, y tentáculos cortos sobre las cejas. Vive en el mar Pacífico, en las costas de América Meridional.

VIEJARRÓN, NA. adj. fam. Vejarrón. Ú.t.c.s.

VIEJEZ. f. ant. Vejez.

VIEJEZUELO, LA. adj. d. de viejo, ja. Ú.t.c.s.

VIEJO, JA. (l. *vulgar veclus,* por *vetŭlus.*) adj. Dícese de la persona de mucha edad. Ú.t.c.s. || **2.** Por ext., dícese también de los animales en igual caso, especialmente si son domésticos. || **3.** Antiguo o del tiempo pasado. || **4.** Que no es reciente ni nuevo. || **5.** Deslucido, estropeado por el uso. || **6.** m. y f. AMÉR. Tratamiento cariñoso que se emplea para dirigirse a los padres, y que también se emplea entre los cónyuges y amigos. || **P.** velho; **I.** old, aged; **F.** vieillard; **A.** Greis; **It.** vecchio; **R.** старик. || 3.ª acep.: **P.** antigo, usado; **I.** old, ancient; **F.** vieux; **A.** alt, abgenutzt; **It.** vecchio, antico; **R.** старый, древний.

VIENENSE. (l. *viennensis.*) adj. Natural de Viena de Francia. Ú.t.c.s. || **2.** Perteneciente a esta ciudad. || **3.** Vienés. Apl. a pers. ú.t.c.s.

VIENÉS, SA. adj. Natural de Viena de Austria. Ú.t.c.s. || **2.** Perteneciente a esta ciudad. || **P.** vienense; **I.** Viennese; **F.** viennois; **A.** Wiener; **It.** viennese; **R.** венский.

VIENTO. (l. *vĕntus.*) m. Corriente de aire producida en la atmósfera por causas naturales. || **2.** Aire, atmósfera. || **3.** Olor que dejan como rastro las piezas de caza. || **4.** Olfato de ciertos animales. || **5.** Hueso que los perros tienen entre las orejas. || **6.** fig. Cosa que agita el ánimo con violencia. || **7.** fig. Vanidad y jactancia. || **8.** fig. Cuerda o alambre con que se atiranta una cosa para mantenerla derecha en alto o en determinada posición. || **9.** fam. Ventosidad. || **10.** P. RICO y PAN. Dolor reumático. || **11.** GERM. Descubridor de algo; soplón. || **12.** ART. Huelgo que queda entre la bala y el ánima del cañón. || **13.** MAR. Rumbo, dirección. || **14.** RADIOTEC. Cable para mantener firme la posición de antenas, mástiles, etc. || **—abierto.** MAR. El que forma con la derrota un ángulo mayor de seis cuartas. || **—a la cuadra.** MAR. El que sopla perpendicularmente al rumbo a que se navega. || **—a un largo.** MAR. Viento largo. || **—calmoso.** MAR. El muy flojo y que sopla con intermisión. || **—cardinal.** El que sopla de alguno de los cuatro puntos cardinales del horizonte. || **—de bolina.** MAR. El que viene de proa y obliga a ceñir cuanto puede la embarcación. || **—de proa.** MAR. El que sopla en dirección contraria a la que lleva el buque. || **—de popa.** MAR. El que sopla hacia el mismo punto a que se dirige un buque. || **—entero.** Cada uno de los cardinales y de los cuatro intermedios. || **—escaso.** MAR. El que sopla por la proa o de la parte a donde debe dirigirse el buque, de modo que no pueda caminarse directamente al rumbo que conviene. || **—etesio.** MAR. El que se muda en tiempo determinado del año. || **—frescachón.** MAR. El muy recio, que impide llevar orientadas las velas menudas. || **—largo.** MAR. El que sopla desde la dirección perpendicular al rumbo que lleva la nave. || **—maestral** MAR. El que sopla de un punto intermedio entre el poniente y tramontana. || **—marero.** MAR. El que viene de la parte del mar. || **—terral.** MAR. El que viene de tierra. || VIENTOS *alisios.* Vientos fijos que soplan de la zona tórrida, con inclinación al Nordeste o al Sudeste, según el hemisferio en que reinen. || VIENTOS *generales.* Los que reinan constantemente en varios climas o partes del globo durante ciertas estaciones o número de días. || *Medio* VIENTO. Cada uno de los ocho que equidistan de los enteros en la rosa náutica. || *Afirmarse el* VIENTO. MAR. Fijar éste su dirección. || *Alargar el* VIENTO. fr. MAR. Soplar más largo, o más para popa, de lo que soplaba respecto a la embarcación. || *A los cuatro* VIENTOS. fr. adv. En todas direcciones, por todas partes. || *Beber uno los* VIENTOS *por algo.* expr. fig. y fam. Desearlo con ansia. || *Cargar el* VIENTO. fr Aumentar mucho su fuerza o soplar con demasía. || *Como el* VIENTO. loc. adv. Rápida, velozmente. || *Contra* VIENTO *y marea.* loc. adv. fig. Arrostrando inconvenientes y dificultades. || *Con* VIENTO *fresco.* loc. Con los verbos *irse, marcharse, despedir,* etc., indica con enfado o con desprecio. || *Correr malos* VIENTOS. fr. fig. Ser las circunstancias adversas para algún asunto. || *Dar a uno el* VIENTO *de una cosa.* fr. fig. Presumirla o conjeturarla con acierto. || *Declararse el* VIENTO. fr. MAR. Fijar éste su dirección o fuerza después de haber estado variable. || *Dejar atrás los* VIENTOS. fr. fig. Correr con suma velocidad. || *Echarse el* VIENTO. fr. fig. Calmarse o sosegarse. || *Escasearse el* VIENTO. fr. MAR. Cambiarse éste en su dirección hacia proa. || *Ganar el* VIENTO. fr. MAR. Lograr la nave el paraje por donde el viento sopla más favorable. || *Irse uno con el* VIENTO *que corre.* fr. fig. y fam. Seguir siempre, atento solamente al propio interés, el partido que prevalece. || *Llevarse el* VIENTO *una cosa.* fr. fig. No ser estable. || *Moverse uno a todos los* VIENTOS. fr. fig. Ser inconstante. || *Papar el* VIENTO. fr. fig. y fam. Papar moscas. || *Picar el* VIENTO. fr. MAR. Correr favorable y suficiente para el rumbo que se lleva. || 2. fig. Ir en bonanza los negocios. || *Quien siembra* VIENTOS, *recoge tempestades.* fr. proverb. con que se predicen a uno las funestas consecuencias que pueden acarrearle predicar malas doctrinas o suscitar enemistades. || *Refrescar el* VIENTO. fr. MAR. Aumentar su fuerza. || *Saltar el* VIENTO. fr. MAR. Mudarse repentinamente de una parte a otra. || *Tomar el* VIENTO. fr. MAR. Acomodar las velas de modo que el viento las hiera. || 2. CETR. y MONT. Indagar o rastrear por él la caza. Dícese frecuentemente de los perros. || 3. MONT. Ponerse donde a un animal de caza no le vaya el aire de la parte del cazador. || *Venir al* VIENTO. fr. MAR. Volver algo más el buque su curso contra él. || VIENTO *en popa.* m. adv. fig. Con buena suerte, prósperamente. *Ir un negocio* VIENTO *en popa.* || P. e It. vento; I. wind; F. vent; A. Wind; R. ветер.

VIENTO. (l. *venditus,* de *vendĕre,* vender.) m. V. *Alcabala del* VIENTO.

VIENTRE. (l. *vēnter, -tris.*) m. ZOOL. Cavidad del cuerpo de animal que contiene los órganos principales del aparato digestivo y del genitourinario. || 2. Conjunto de las vísceras contenidas en esa cavidad. || 3. ANAT. Región exterior y anterior del cuerpo humano correspondiente al abdomen. || 4. Feto o preñado. || 5. Panza, parte convexa y más saliente de ciertas vasijas y de otras cosas. || 6. fig. Cavidad grande e interior de una cosa. || 7. Fís. Parte más ensanchada de las ondulaciones correspondientes al movimiento vibratorio. || 8. ANAT. Porción más abultada de un músculo. || 9. FOR. Madre, hembra que ha parido; y así se dice que el parto sigue al vientre para significar que el hijo sigue la condición de la madre. || 10. FOR. Criatura humana que aún está en el claustro materno y a la cual una ficción legal le atribuye personalidad para adquirir derechos. || *Bajo* VIENTRE. Hipogastrio. || *Constiparse el* VIENTRE. fr. Estreñirse. || *Descargar el* VIENTRE. fr. Exonerar el vientre. || *Desde el* VIENTRE *de su madre.* m. adv. Desde que fue uno concebido. || *De* VIENTRE. loc. Dícese del animal hembra destinado a la reproducción. || *Evacuar o exonerar o mover el* VIENTRE, o

hacer de, o *del* VIENTRE. fr. Descargarlo del excremento. || *Regir el* VIENTRE. fr. Hacer con regularidad las funciones de la defecación. || *Sacar uno el* VIENTRE *de mal año.* fr. fig. y fam. Saciar el hambre. || *Servir uno al* VIENTRE. fr. fig. Darse a la gula. || **P., F. e It.** ventre; **I.** belly; **A.** Bauch; **R.** живот, брюхо.

VIERNES. (l. *Vĕnĕris* [dies].) m. Sexto día de la semana. || *Comer de* VIERNES. fr. Comer de vigilia. || *Haber aprendido, u oído, uno en* VIERNES *una cosa.* fr. y fam. Repetir mucho lo que aprendió u oyó una vez, venga o no venga a cuento. || **P.** sexta-feira; **I.** friday; **F.** vendredi; **A.** Freitag; **It.** venerdì; **R.** пятница.

VIERTEAGUAS. m. Resguardo con que, para escurrir las aguas llovedizas, se cubren los salientes de los paramentos, la parte baja de las puertas exteriores, etc.

VIÉSPERA. (l. *vespĕra.*) f. ant. Víspera.

○ **VIETNAMITA.** adj. Natural del Viet-Nam. Ú.t.c.s.

VIGA. f. Madero largo y grueso que sirve para formar techos y sostener y asegurar las fábricas. || 2. Barra de hierro de igual uso que la viga de madera; su sección suele tener forma de doble T o de H. || 3. Pieza que en algunos coches enlaza el juego delantero con el trasero. || 4. Prensa compuesta de un gran madero horizontal que puede girar alrededor de uno de sus extremos. Se usa particularmente para exprimir la aceituna molida. || 5. Porción de aceituna molida que se pone cada vez debajo de la viga. || —*de aire.* ARQ. La que sólo está soportada en sus extremos. || —*maestra.* ARQ. La que, tendida sobre pilares o columnas, sostiene las cabezas de otros maderos o sustenta cuerpos superiores del edificio. || *Contar, estar contando,* o *ponerse a contar, uno las* VIGAS. fr. fig. y fam. Estar mirando al techo embelesado. || **P.** viga, trave; **I.** beam, girder; **F.** poutre, solive; **A.** Balken, Träger; **It.** trave; **R.** балка.

VIGENCIA. f. Calidad de vigente.

VIGENTE. (l. *vigens, -entis,* p.a. de *vigĕre,* tener vigor.) adj. Aplícase a las leyes, estilos y costumbres que están en vigor y en observancia. || **P. e It.** vigente; **I.** in force; **F.** en vigueur; **A.** gültig, rechtskräftig; **R.** действующий.

VIGESIMAL. (De *vigésimo.*) adj. Aplícase al modo de contar o al sistema de subdividir de veinte en veinte.

VIGÉSIMO, MA. (l. *vigesĭmus.*) adj. Dícese de cada una de las veinte partes iguales en que se divide un todo. Ú.t.c.s. || 2. Que ocupa el último lugar en una serie ordenada de veinte.

VIGÍA. (port. *vigia,* de *vigiar, vigiar.*) f. Atalaya, torre en lugar alto para observar desde ella el campo o el mar. || 2. Persona destinada a vigilar o atalayar el mar o el campo. Ú.m.c.s.m. || 3. Acción de vigiar para descubrir a alguna persona o cosa desde lejos. || 4. MAR. Escollo que en el mar sobresale algo sobre su superficie. || **P.** vigia; **I.** wacht; **F.** vigie; **A.** Aussichtswarte; **It.** vedetta; **R.** риф.

VIGIAR. (port. *vigiar,* y éste del l. *vigilāre.*) tr. Velar o cuidar de hacer descubiertas desde un paraje adecuado.

VIGILANCIA. (l. *vigilantĭa.*) f. Cuidado y continua atención sobre las cosas que uno tiene a su cargo. || 2. Servicio ordenado y dispuesto para vigilar. || **P.** vigilância; **I.** vigilance; **F.** surveillance; **A.** Aufsicht, Wachsamkeit; **It.** vigilanza; **R.** бдительность.

VIGILANTE. (l. *vigilans, -antis.*) p.a. de vigilar. Que vigila. || 2. adj. Que vela o está despierto. || 3. m. Persona encargada de velar por algo. || 4. Agente de policía. || **P. e It.** vigilante; **I.** y **F.** vigilant; **A.** wachsam; **R.** наблюдающий.

VIGILANTEMENTE. adv. Con vigilancia.

VIGILAR. (l. *vigilāre.*) intr. Velar cuidadosa y atentamente sobre una persona o cosa. || **P.** vigilar; **I.** to watch over; **F.** veiller, surveiller; **A.** bewachen, aufpassen; **It.** vigilare; **R.** наблюдать.

VIGILATIVO, VA. (l. *vigilātum,* supino de *vigilāre,* vigilar.) adj. Dícese de lo que causa vigilias o no deja dormir.

VIGILIA. (l. *vigilĭa.*) f. Acción de estar despierto o en vela. || 2. Trabajo intelec-

tual, especialmente el que se efectúa de noche. || 3. Obra producida de este modo. || 4. Falta de sueño o dificultad en dormirse. || 5. Víspera, lo que antecede a una cosa, y principalmente el día inmediatamente anterior a una festividad religiosa. || 6. Oficio que se reza en la víspera de ciertas festividades. || 7. Oficio de difuntos rezado o cantado en la iglesia. || 8. Cualquiera de las partes en que se divide la noche para el servicio militar. || 9. Comida con abstinencia de carne. || 10. *Día de* VIGILIA. || *Comer de* VIGILIA. fr. Comer pescado, legumbres, etc., con abstención de carnes. || **P.** vigilia; **I.** wakefulness; **F.** veille; **A.** Nachtwache; **It.** veglia; **R.** ночное дежурство.

VIGITANO, NA. adj. Natural de Vich. Ú.t.c.s. || 2. Perteneciente a esta ciudad.

VIGOLERO. m. GERM. Ayudante del verdugo en el tormento.

VIGOR. (l. *vigor, -ōris.*) m. Fuerza activa del cuerpo o del espíritu. || 2. Eficacia de las acciones. || 3. Fuerza de obligar en las leyes, o duración de las costumbres. || 4. fig. Expresión enérgica en las obras artísticas o literarias. || **P.** vigor; **I.** vigour; **F.** vigueur; **A.** Kraft, Energie; **It.** vigore; **R.** сила, мощь.

VIGORAR. (l. *vigorāre.*) tr. Vigorizar. Ú.t.c.r.

VIGORIZADOR, RA. adj. Que da vigor.

VIGORIZAR. tr. Dar vigor. Ú.t.c.r. || 2. fig. Animar, reforzar. Ú.t.c.r. || **P.** vigorizar; **I.** to invigorate; **F.** donner de la vigueur; **A.** kräftigen; **It.** invigorire; **R.** укреплять.

VIGOROSAMENTE. adv. De manera vigorosa.

VIGOROSIDAD. f. Calidad de vigoroso.

VIGOROSO, SA. (l. *vigorōsus.*) adj. Que tiene vigor.

VIGOTA. (ital. *bigotta.*) f. MAR. Especie de motón redondo, sin roldana y con dos o tres agujeros, por donde pasan los acolladores. || **P.** bigota; **I.** dead-eye; **F.** moque; **A.** Kampblock; **It.** bigotta; **R.** блок.

VIGOTA. (aum. de *viga.*) f. CAN. Pieza de madera de hilo, de 19 pies de longitud y escuadría de 12 pulgadas de tabla por 9 de canto.

VIGUERÍA. f. Conjunto de vigas de un edificio.

VIGUÉS, SA. adj. Natural de Vigo. Ú.t.c.s. || 2. Perteneciente a esta ciudad.

VIGUETA. f. d. de viga. || 2. Madero de escuadría variable. || 3. Barra de hierro laminado destinado a la edificación.

VIHUELA. (Del m. or. que *viola,* 1.er art.) f. Mús. Guitarra. || 2. Antiguo instrumento músico muy generalizado en el siglo XVI.

VIHUELISTA. com. Persona que ejerce el arte de tocar la vihuela.

★ **VIJUA.** f. COLOM. Sal gema.

VIL. (l. *vilis.*) adj. Abatido, bajo o despreciable. || 2. Indigno, torpe, infame. || 3. Dícese de la persona que falta a la confianza depositada en ella. || **P.** vil; **I.** mean, vile; **F.** vil, vile; **A.** niederträchtig, gemein; **It.** vile; **R.** низкий гнусный.

VILAGÓMEZ. m. GERM. El que saca barato en la casa de juego.

VILANO. (De *milano.*) m. ant. Milano. || 2. Penacho de pelos o escamitas, procedentes del cáliz, que corona el fruto de muchas plantas compuestas. || 3. Flor del cardo.

VILDAD. (l. *vilĭtas, -ātis.*) f. ant. Vileza.

VILECER. (l. *vilescĕre.*) tr. ant. Envilecer. Usáb.t.c.r.

VILERA. f. SAL. Gaza o presilla que se forma en un cordel al doblarlo o retorcerlo.

VILEZA. f. Calidad de vil. || 2. Acción o expresión indigna, torpe o infame. || **P.** vileza; **I.** vileness, meanness; **F.** vileté, bassesse; **A.** Gemeinheit; **It.** viltà; **R.** мерзость.

VILHORRO. (De *vil y horro.*) m. GERM. El que se libra de un peligro, por medio de la huida.

VÍLICO. (l. *villĭcus.*) m. Entre los romanos, capataz o mayordomo de una granja.

V

VILIPENDIADOR, RA. adj. Que vilipendia. Ú.t.c.s.

VILIPENDIAR. (l. *vilipendĕre*; de *vilis*, vil, y *pendĕre*, estimar.) tr. Despreciar una cosa o denigrar a una persona. || **P.** vilipendiar; **I.** to vilipend, to contemn; **F.** vilipender; **A.** geringschätzen; **It.** vilipèndere; **R.** унижать.

VILIPENDIO. (De *vilipendiar*.) m. Desprecio, denigración de una persona o cosa. || **P.** vilipêndio; **I.** contempt; **F.** mépris, dénigrement; **A.** Geringschätzung; **It.** vilipendio; **R.** унижение, презрение.

VILIPENDIOSO, SA. adj. Que causa vilipendio o lo implica.

VILMENTE. adv. De manera vil.

VILO (EN). m. adv. Suspendido; sin fundamento o apoyo necesario. || **2.** Con indecisión o zozobra.

VILORDO, DA. (l. *bis*, dos veces, y *lurĭdus*, pálido, lívido.) adj. Perezoso, tardo.

VILORTA. (l. *bis*, dos veces, y *rotŭla*, rueda.) f. Aro hecho con una vara de madera flexible. || **2.** Cada una de las abrazaderas de hierro que sujetan al timón la cama del arado. || **3.** Arandela, anillo metálico. || **4.** Juego en que, con el vilorto, se lanza por el aire una bola de madera que ha de pasar a través de una fila de estacas. || **5.** BOT. Clemátide de hojas más anchas que la de las especies comunes.

VILORTO. (l. *bis*, dos veces, y *rotŭlus*, cilindro.) m. Especie de clemátide de hojas anchas y flores inodoras. || **2.** Vilorta, 1.ª acep. || **3.** Palo grueso a modo de raqueta, usado para jugar a la vilorta.

VILOS. m. Embarcación filipina de dos palos.

VILOTE. adj. ARGENT. y CHILE. Cobarde.

★ **VILQUE.** m. ARGENT. Tinaja grande donde se guardan granos.

VILTANZA. (l. *vilitāre*, envilecer.) f. ant. Envilecimiento.

VILTOSO, SA. (l. *vilĭtas*, vileza.) adj. ant. Vil.

VILTROTEAR. (De *villa* y *trote*.) intr. fam. Corretear, callejear. Dícese más comúnmente de las mujeres y en tono de censura.

VILTROTERA. adj. Dícese de la mujer que viltrotea. Ú.t.c.s.

VILLA. (l. *villa*.) f. Casa de recreo, generalmente en el campo. || **2.** Población con algunos privilegios que la distinguen de las aldeas y lugares. || **3.** Consistorio. || *Quien ruin es en su* VILLA, *ruin será en Sevilla.* ref. que enseña que el que es de mal natural, obra de un mismo modo y se da a conocer por malo en cualquier ocasión. || 2.ª acep.: **P.** vila; **I.** borough, town; **F.** petite ville; **A.** Kleinstadt; **It.** borgo; **R.** посёлок.

VILLABARQUÍN. (fr. *vilebrequin*, y éste del neerl. *wimmelkijn*.) m. AR. Berbiquí.

VILLADIEGO. n. p. *Coger, o tomar las de* VILLADIEGO. fr. fig. Ausentarse impensadamente de ordinario por huir de un riesgo o compromiso.

VILLAJE. (b. l. *villaticum*, y éste del l. *villa*, casa de campo.) m. Pueblo pequeño.

VILLANADA. f. Acción propia de villano.

VILLANAJE. (De *villano*.) m. Gente del estado llano de los lugares. || **2.** Calidad del estado de los villanos, en contraposición a la nobleza.

VILLANAMENTE. adv. De manera villana.

VILLANCEJO. (De *villano*.) m. Villancico.

VILLANCETE. (De *villano*.) m. Villancico.

VILLANCICO. (De *villano*.) m. Composición poética popular con estribillo, especialmente de asunto religioso que se canta en las iglesias en Navidad. || **P.** vilancico; **I.** christmas carol; **F.** noël; **A.** Weihnachtslied; **It.** canzonetta villereccia; **R.** старинная испанская народная песня.

VILLANCIQUERO. m. El que compone o canta villancicos.

VILLANCHÓN, NA. adj. fam. Villano, tosco y grosero. Ú.t.c.s.

VILLANERÍA. (De *villano*.) f. Villanía. || **2.** Villanaje.

VILLANESCA. (De *villanesco*.) f. Cancioncilla rústica antigua. || **2.** Danza que se acompaña con este canto.

VILLANESCO, CA. adj. Perteneciente a los villanos.

VILLANÍA. (De *villano*.) f. Bajeza de nacimiento, condición o estado. || **2.** fig. Acción ruin. || **3.** fig. Expresión indecorosa.

VILLANO, NA. (b. l. *villanus*, y éste del l. *villa*, casa de campo.) adj. Vecino del estado llano, a distinción del noble o hidalgo. Ú.t.c.s. || **2.** fig. Rústico o descortés. || **3.** fig. Ruin, indigno, indecoroso. || **4.** Baile español del siglo XVI y XVII. || —*harto es el* VILLANO. fig. y fam. Persona rústica y mal criada. || *Cuando el* VILLANO *está rico ni tiene parientes ni amigos.* ref. con que se da a entender que quien ha llegado a grande altura se suele olvidar de sus principios. || 3.ª acep.: **P.** vilão, ruim; **I.** villainous; **F.** méchant, vilain; **A.** gemein, niedrig; **It.** malnato, vile; **R.** грубый, неприличный.

VILLANOTE. adj. aum. de villano. Ú.t.c.s.

VILLAR. (De *villa*, 1.ª acep.) m. Villaje.

VILLAZGO. m. Calidad o privilegio de villa. || **2.** Tributo que se imponía a las villas como tales.

VILLERÍA. f. SANT. Comadreja.

VILLERO. (De *villa*.) m. AR. Pueblo de escaso vecindario.

VILLETA. f. d. de villa.

VILLORÍA. (l. *villa*, granja.) f. Caserío o casa de campo.

VILLORÍN. m. Vellorín.

VILLORRIO. (De *villa*.) m. despect. Población pequeña y poco urbanizada.

VIMBRE. (l. *vimen, -ĭnis*.) m. Mimbre.

VIMBRERA. (De *vimbre*.) f. Mimbrera.

VINAGRADA. f. Refresco compuesto de agua, vinagre y azúcar.

VINAGRE. (l. *vinum acre*.) m. Líquido agrio y astringente producido por la fermentación ácida del vino. Desde el punto de vista químico el vinagre es un compuesto de agua, alcohol, ácido acético, tártaro, y materia extractiva. || **2.** fig. y fam. Persona de genio áspero y desapacible. || —*de yema.* El de en medio de la cuba o tinaja, considerado como el de mejor calidad. || **P.** vinagre; **I.** vinegar; **F.** vinaigre; **A.** Essig; **It.** aceto; **R.** уксус.

VINAGRERA. f. Vasija destinada a contener vinagre para el uso de la mesa. || **2.** Acedera. || **3.** AMÉR. MERID. Acedía del estómago. || **P.** vinagreira; **I.** vinegar-cruet; **F.** vinaigrier; **A.** Essigflasche; **It.** ampolla per l'aceto; **R.** уксусница.

VINAGRERO, RA. m. y f. Persona que vende o hace vinagre.

VINAGRETA. f. Salsa compuesta de aceite, cebolla y vinagre, que se usa fría con el pescado y con la carne.

VINAGRILLO. m. d. de vinagre. || **2.** Vinagre de poca fuerza. || **3.** Cosmético compuesto de vinagre, alcohol y esencias aromáticas. || **4.** Vinagre aromático con que se aderaza el tabaco en polvo. || **5.** *Tabaco* VINAGRILLO. || **6.** BOT. ARGENT. y CHILE. Cierta planta oxalídea cuyos tallos segregan un jugo blanquecino y ácido.

VINAGRÓN. m. Vino reputado y de inferior calidad.

VINAGROSO, SA. adj. De gusto semejante al del vinagre. || **2.** fig. y fam. De genio áspero y desapacible.

VINAJERA. f. Cada uno de los dos jarrillos con que se sirven en la misa el vino y el agua. || **2.** pl. Conjunto de ambos jarrillos y la bandeja donde se colocan. || **P.** galheta para a missa; **I.** cruet; **F.** burette; **A.** Messkännchen; **It.** ampollina; **R.** столовый судок.

VINAL. m. ARGENT. Especie de algarrobo arborescente.

VINAR. adj. Vinario o vinatero.

VINARIEGO. (l. *vinarius*, de *vinum*, vino.) m. El propietario de viñas y es práctico en su cultivo.

VINARIO, RIA. (l. *vinarĭus*.) adj. Perteneciente al vino.

VINATERA. f. MAR. Cordel con una gaza en un extremo y una muletilla en el otro.

VINATERÍA. (De *vinatero*.) f. Tráfico y comercio de vino. || **2.** Tienda en que se vende vino.

VINATERO, RA. (arag. *vinatero*, de *vinat*, y éste del l. *vīnum*.) adj. Perteneciente al vino. || **2.** Dícese de la calabaza que forma cintura en medio. || **3.** m. El que trafica con el vino.

VINÁTICO, CA. adj. desus. Perteneciente al vino.

VINAZA. (l. *vinacĕa*, de *vīnum*, vino.) f. Vino inferior, sacado de los posos y de las heces. || **2.** pl. Residuos de la destilación de los vinos y de las heces. De ellos se obtiene el tártaro. || **P.** vinhaça; **I.** poor wine, lees wine; **F.** vinasse; **A.** Tresterwein, Nachwein; **It.** vinello, vinaccio; **R.** подонки.

VINAZO. (aum. de *vino*.) m. Vino muy fuerte y áspero.

VINCAPERVINCA. (l. *pervinca*.) f. Planta herbácea apocinácea, con flores azules, que se cultiva en los jardines.

VINCLE. (cat. *vincle*, y éste del l. *vincŭlum*.) m. ant. Vínculo.

VINCO. (l. *vincum*, der. regres. de *vincŭlum*.) m. LEÓN. Anillo de alambre que se pone al hocico de los cerdos para que no hocen. || **2.** LEÓN. pl. Pendientes, aretes de plata que llevan las mujeres.

VINCULABLE. adj. Que se puede vincular.

VINCULACIÓN. (l. *vinculatĭo, -ōnis*.) f. Acción y efecto de vincular o vincularse.

VINCULAR. (l. *vinculāre*.) tr. Sujetar los bienes a vínculo para perpetuarlos en empleo o familia determinados. || **2.** fig. Atar o fundar una cosa en otra. || **3.** fig. Perpetuar o continuar una cosa. || **P.** vincular; **I.** to entail; **F.** unir, lier; **A.** verknüpfen; **It.** vincolare; **R.** связывать, соединять.

VINCULAR. adj. Perteneciente o relativo al vínculo.

VÍNCULO. (l. *vincŭlum*, de *vincīre*, atar.) m. Unión o atadura de una persona o cosa con otra. || **2.** FOR. Sujeción de unos bienes o del ejercicio de ciertos derechos al goce de determinados sucesores, con prohibición de enajenarlos. Dícese también del conjunto de bienes adscritos a una vinculación. || **P.** vínculo; **I.** vinculum, tie; **F.** lien; **A.** Band, Verbindung; **It.** vincolo; **R.** связь.

VINCHA. (quich., *huincha*.) f. ARGENT., BOL., CHILE y PERÚ. Apretador, cinta o pañuelo con que se ciñe la cabeza y se sujeta el cabello.

VINCHUCA. f. ARGENT., CHILE y PERÚ. Insecto hemíptero, alado y maloliente, de dos centímetros de longitud, especie de chinche. Por la noche chupa la sangre de las personas dormidas.

VINDICACIÓN. (l. *vindicatĭo, -ōnis*.) f. Acción y efecto de vindicar o vindicarse.

VINDICADOR, RA. adj. Que vindica. Ú.t.c.s.

VINDICAR. (l. *vindicāre*.) tr. Vengar. Ú.t.c.r. || **2.** Defender al que se halla calumniado o injustamente anotado. Ú.t.c.s. || **3.** FOR. Reinvindicar. || 2.ª acep.: **P.** vindicar; **I.** to vindicate; **F.** revendiquer; **A.** verteidigen; **It.** rivendicare; **R.** защищать.

VINDICATIVO, VA. (l. *vindicātum*, supino de *vindicāre*, vengar.) adj. Vengativo. || **2.** Dícese del escrito o discurso en que se defienden la fama y la opinión de quien ha sido injuriado o calumniado.

VINDICATORIO, RIA. adj. Que sirve para vindicar o vindicarse.

VINDICTA. (l. *vindicta*.) f. Venganza. || —*pública.* Satisfacción de los delitos, que exige la justicia, para ejemplo del público.

VÍNICO, CA. adj. Perteneciente o relativo al vino.

VINÍCOLA. (l. *vinum*, vino, y *colĕre*, cultivar.) adj. Relativo a la fabricación del vino. || **2.** m. Vinariego.

VINICULTOR, RA. (l. *vinum*, vino, y *cultor-oris*, cultivador.) m. y f. Persona dedicada a la vinicultura. || **P.** vinicultor; **I.** wine-grower; **F.** viticulteur; **A.** Weinbauer; **It.** vinicoltore; **R.** винодельческий.

VINICULTURA. (l. *vinum*, vino, y *cultūra*, cultivo.) f. Elaboración de los vinos.

VINIEBLA. f. Cinoglosa.

VINIENTE. p.a. ant. de venir. Que viene. Ú. en la locución *yentes y* VINIENTES.

VINÍFERO, RA. adj. Que produce vino.

V

VINIFICACIÓN. (l. *vīnum*, vino, y *facĕre*, hacer.) f. Trasformación del mosto de la uva en vino, mediante un proceso de fermentación.

* **VINILO.** m. QUÍM. Radical monovalente no saturado de algunos derivados del etileno.

VINILLO. m. d. de vino. || **2.** Vino muy flojo.

VINO. (l. *vīnum.*) m. Bebida alcohólica obtenida por la fermentación del mosto o zumo de las uvas. || **2.** Zumo de otras cosas fermentado al modo del mosto de las uvas. || **—albillo.** El que se hace con la uva albilla. || **—atabernado.** El vendido por menor, según se acostumbra en las tabernas. || **—clarete.** Especie de vino tinto, algo claro. || **—de agujas.** Vino raspante o picante. || **—de Burdeos.** El cosechado en los viñedos de la Gironda (Francia). || **—de cabezas.** Aguapié, vino muy flojo que se hace echando agua en el orujo. || **—de coco.** Aguardiente flojo que se fabrica en Filipinas con la tuba del coco después de fermentada. || **—de dos, tres,** etc., **hojas.** El que tiene dos, tres o más años. || **—de dos orejas.** Vino fuerte y bueno. || **—de garnacha.** Vino obtenido de la uva de este nombre. || **—de garrote.** El que se saca a fuerza de prensa. || **—de Jerez, de Málaga,** etc. El cosechado en los viñedos del respectivo distrito geográfico. || **—de lágrimas.** El que destila la uva sin exprimirla. || **—de mesa.** Vino de pasto. || **—de nipa.** Aguardiente flojo que se fabrica en Filipinas con la tuba de la nipa después de fermentada. || **—de pasto.** El más común y ligero, que se bebe durante la comida. || **—de postre.** Vino generoso. || **—de quema.** El que se destina a la destilación. || **—de solera.** El más añejo y generoso, destinado para dar vigor al nuevo. || **—de una oreja.** El delicado y generoso. || **—de yema.** El de en medio de la cuba o tinaja. || **—dulce.** El que tiene este sabor. || **—generoso.** El más fuerte y añejo que el vino común. || **—medicamentoso** o **medicinal.** El que lleva en disolución una substancia medicamentosa. || **—moscatel.** El que se fabrica con la uva moscatel. || **—pardillo.** Cierto vino entre blando y tinto y de escasa calidad. || **—seco.** El que no tiene sabor dulce. || **—tintillo.** Vino poco subido de color. || **—tinto.** El de color muy obscuro. || **—verde.** CUENC. Mosto ordinario, áspero y seco. || *Bautizar*, o *cristianar, el* VINO. fr. fig. y fam. Echarle agua. || *Dormir* uno *el* VINO. fr. Dormir mientras dura la borrachera. || *En el mejor* VINO *hay heces.* ref. que expresa que no hay bien cumplido. || *Pregonar* VINO *y vender vinagre.* expr. que se aplica a los que tienen buenas palabras y obras ruines. || *Tener* uno *mal* VINO. fr. Ser provocativo y pendenciero en la embriaguez. || *Tomarse* uno *del* VINO. fr. fig. Embriagarse. || **P.** vinho; **I.** wine; **F.** vin; **A.** Wein; **It.** vino; **R.** вино.

VINOLENCIA. (l. *vinolentĭa.*) f. Exceso en el beber vino.

VINOLENTO, TA. (l. *vinolentus.*) adj. Dado al vino o acostumbrado a beberlo con exceso.

VINOSIDAD. (l. *vinosĭtas, -ātis.*) f. Calidad de vinoso.

VINOSO, SA. (l. *vinōsus.*) adj. Que tiene las propiedades o apariencia de vino. || **2.** Vinolento.

VINOTE. (aum. de *vino.*) m. Residuo que queda en la caldera del alambique después de destilado el vino.

VINOTERA. f. ÁL. y NAV. Carraleja, insecto coleóptero.

* **VINOTINTO.** m. ZOOL. VENEZ. Pájaro dentirrostro que vive en América.

VINTA. f. En el sur del archipiélago filipino, baroto.

* **VINYON.** m. Fibra textil sintética obtenida a partir de derivados del vinilo. Se usa para filtros de líquidos corrosivos.

VIÑA. (l. *vinĕa.*) f. Terreno plantado de vides. || *Arropar las* VIÑAS. fr. AGR. Abrigar las raíces de las cepas, con basura, trapos u otras cosas. || *Como por* VIÑA *vendimiada.* m. adv. fig. Fácilmente, sin reparo ni estorbo. || *De mis* VIÑAS *vengo.* expr. fig. y fam. que se suele usar para dar a entender uno que no ha tenido intervención en un hecho. || *De todo hay en la* VIÑA *del Señor.* expr. fig. y fam. con que damos a entender que, bien mirado, hay defectos hasta en lo que mejor parece. || *Hallarse* uno *una* VIÑA. fr. fig. y fam. Tener una viña. || *La* VIÑA *del ruin se poda en abril.* ref. con que se explica que la hacienda del miserable se cuida tarde y mal. || *La* VIÑA *del Señor.* fr. fig. El conjunto de fieles guiados por un ministro del Señor. || *Ser una* VIÑA una cosa. fr. fig. y fam. Producir muchas utilidades. || *Tener* uno *una* VIÑA. fr. fig. y fam. Lograr una ocupación lucrativa y de poco trabajo. || VIÑAS *y Juan danzante.* expr. GERM. Ú. para dar a entender que uno sale huyendo. || **P.** vinha; **I.** wineyard; **F.** vigne; **A.** Weinberg; **It.** vigna; **R.** виноградник.

VIÑADERA. (De *viña.*) f. AND. Pájaro conirrostro, insectívoro.

VIÑADERO. (De *viña.*) m. Viñador, 2.ª acep.

VIÑADOR. m. El que cultiva las viñas. || **2.** Guarda de las viñas.

VIÑEDO. (l. *vinetum*, infl. por *viña.*) m. Terreno plantado de vides.

VIÑERO, RA. m. Persona que posee heredades de viñas.

VIÑETA. (fr. *vignette*, de *vigne*, viña, porque en su origen representaban estos adornos, racimos y hojas de vid.) f. Dibujo que como adorno se pone en el principio o el fin de los libros y capítulos, o como orla de una página. || **P.** vinheta; **I.** y **F.** vignette; **A.** Vignette, Zierleiste; **It.** vignetta; **R.** виньетка.

VIÑETERO. m. IMPR. Armario para guardar los moldes de las viñetas y adornos.

VIÑUELA. f. d. de viña.

VIOLA. (prov. *viula*, y éste del l. *vivŭla*, de *vivus.*) f. Instrumento músico de cuatro cuerdas y arco, de la misma figura que el violín, pero algo mayor y de cuerdas más fuertes. || **2.** com. Persona que profesa el arte de tocar este instrumento. || **P., I.** e **It.** viola; **F.** viole; **A.** Bratsche, Viola; **R.** виола.

VIOLA. (l. *viŏla.*) f. Violeta. || **2.** AR. Alhelí.

VIOLÁCEO, A. (l. *violacĕus.*) adj. Violado. Ú.t.c.s. || **2.** BOT. Aplícase a plantas dicotiledóneas, de hojas festoneadas y con estípulas, flores pentapétalas, y fruto capsular con muchas semillas; como la violeta. Ú.t.c.s.f. || **3.** f. pl. BOT. Familia de estas plantas.

VIOLACIÓN. (l. *violatio, -ōnis.*) f. Acción y efecto de violar. || **2.** FOR. Genéricamente, quebrantamiento o infracción de una norma jurídica; específicamente, delito contra la honestidad consistente en tener conjunción carnal con una mujer, sin la concurrencia de la voluntad de ésta. || **P.** violação; **I.** y **F.** violation; **A.** Schändung, Notzucht; **It.** violazione; **R.** нарушение, насилие.

VIOLADO, DA. (l. *violātus.*) adj. De color de violeta, morado claro. Ú.t.c.s. Es el séptimo color del espectro solar; se puede obtener mezclando azul con rojo. || **P.** violáceo; **I.** violaceous; **F.** violacé; **A.** veilchenblau; **It.** violàceo; **R.** фиолетовый.

VIOLADOR, RA. (l. *violātor, -ōris.*) adj. Que viola. Ú.t.c.s.

VIOLAR. (De *viola*, 2.º art.) m. Sitio plantado de violetas.

VIOLAR. (l. *violāre.*) tr. Infringir o quebrantar una ley o precepto. || **2.** Tener acceso carnal por la fuerza con una mujer. || **3.** Profanar un lugar sagrado, ejecutando en él ciertos actos determinados por el derecho canónico. || **4.** fig. Ajar una cosa. || 2.ª acep.: **P.** violar; **I.** to violate; **F.** violer; **A.** notzüchtigen; **It.** violare; **R.** насиловать.

VIOLARIO. (arag. *viu*, vivo y éste del l. *vivus.*) m. AR. Pensión anual que el poseedor de los bienes paternos acostumbra dar a la persona que entra en religión. || **2.** NAV. Renta vitalicia. || **3.** CAT. Obligación redimible de pasar una pensión anual a una persona durante su vida, a cambio de una finca o de un capital que se entrega.

VIOLENCIA. (l. *violentĭa.*) f. Calidad de violento. || **2.** Acción y efecto de violentar o violentarse. || **3.** fig. Acción violenta. || **4.** fig. Acción de violar o forzar una mujer. || 2.ª acep.: **P.** violência; **I.** y **F.** violence; **A.** Gewalttätigkeit; **It.** violenza; **R.** насилие.

VIOLENTAMENTE. adv. De manera violenta.

VIOLENTAR. tr. Aplicar medios violentos para vencer la resistencia de personas o de cosas. || **2.** fig. Entrar en una casa contra la voluntad de su dueño. || **3.** fig. Dar sentido violento a lo dicho o escrito. || **4.** r. fig. Vencer uno su repugnancia a ejecutar alguna cosa. || **P.** violentar; **I.** to force; **F.** violenter; **A.** Vergewaltigen; **It.** violentare, forzare; **R.** насиловать, принуждать.

VIOLENTO, TA. (l. *violentus.*) adj. Que está fuera de su estado, situación o modo natural. Dícese también de las acciones que de ello se derivan. || **2.** Que obra con ímpetu y fuerza. || **3.** Dícese de lo que hace uno contra su gusto, por ciertas consideraciones. || **4.** Dícese de la muerte ocasionada por herida, veneno, golpe o cosa semejante. || **5.** fig. Aplícase al genio impetuoso e iracundo. || **6.** fig. Falso, torcido. Dícese especialmente de la interpretación que se da a lo dicho o escrito. || **7.** fig. Que se ejecuta contra el modo regular o fuera de razón o justicia. || 5.ª acep.: **P.** e **It.** violento; **I.** y **F.** violent; **A.** gewalttätig; **R.** неистовый.

VIOLERO. m. ant. Vihuelista. || **2.** Fabricante de instrumentos de cuerda. || **3.** Mosquito, cínife.

VIOLETA. (De *viola*, 2.º art.) f. Planta violácea, vivaz, herbácea, de tallos rastreros; flores comúnmente moradas y de un aroma suave muy agradable. Abunda en los montes de España. || **2.** Flor de esta planta. || **3.** m. Color morado claro. Ú.t.c.s. || **P.** violeta; **I.** violet; **F.** violette; **A.** Veilchen; **It.** violetta; **R.** фиалка.

VIOLETERA. f. Mujer que vende en sitios públicos ramitos de violetas.

VIOLETERO. m. Florero pequeño para violetas.

VIOLETO. (De *violeta*, por el color morado del fruto.) m. Peladillo.

VIOLÍN. (d. de *viola*, 1.er art.) m. Instrumento músico de cuatro cuerdas y arco. Es el instrumento más pequeño de los de su clase y equivale al tiple. || **2.** Violinista. || **3.** Soporte para apoyar la mediana en el juego de billar. || **4.** Parte del atalaje en los carros de la Mancha. || **5.** P. RICO. Caballo flaco y de mala traza. || **6.** VENEZ. Mal olor de la boca. || *Embolsar el* VIOLÍN. fr. fig. y fam. ARGENT. y VENEZ. Quedar corrido, salir con el rabo entre las piernas. || *Meter el* VIOLÍN *en bolsa.* fr. AMÉR. MERID. Quedar corrido. || **P.** e **It.** violino; **I.** violin; **F.** violon; **A.** Geige, Violine; **R.** скрипка.

VIOLINISTA. com. Persona que ejerce o profesa el arte de tocar el violín.

VIOLÓN. (aum. de *viola*, 1.er art.) m. Instrumento músico de cuerda y arco, de dimensiones mucho mayores que el violín, pero de forma casi idéntica. || **2.** Persona que toca este instrumento. || *Tocar el* VIOLÓN. Hablar u obrar inoportunamente, fuera de propósito. || **P.** contrabaixo; **I.** bass viol; **F.** contrabasse; **A.** Bassgeige; **It.** violone; **R.** контрабас.

VIOLONCELISTA. com. Violonchelista.

VIOLONCELO. (ital. *violoncello.*) m. Violonchelo.

VIOLONCHELISTA. com. Persona que ejerce el arte de tocar el violonchelo.

VIOLONCHELO. m. MÚS. Instrumento de cuerda y arco, de la misma figura que el contrabajo, pero más pequeño, que se toca estando el ejecutante sentado. Equivale al barítono entre los de su clase. || **P.** violoncelo; **I.** e **It.** violoncello; **F.** violoncelle; **A.** Violoncell, Cello; **R.** виолончель.

* **VIOLLE.** (De Julio *Violle*, físico francés.) m. Unidad de intensidad luminosa equivalente a la que da en dirección normal un cm^2 de platino a la temperatura de fusión.

VIPÉREO, A. (l. *viperĕus.*) adj. Viperino.

VIPERINO, NA. (l. *viperīnus.*) adj. Perteneciente a la víbora. || **2.** fig. Que tiene sus propiedades. || **3.** fig. *Lengua* VIPERINA. Persona mordaz.

VIRA. (port. *vira.*) f. Especie de saeta delgada y de punta muy afilada. || **2.** Tira, que para dar fuerza al calzado, se cose entre la suela y la pala. || **3.** MURC. Franja que emplean las mujeres para adornar los vestidos.

VIRACOCHA. (Voz quichua con que designaban a un dios.) m. Nombre que los antiguos peruanos y los indios chilenos, daban a los conquistadores españoles.

* **VIRACHO, CHA.** adj. CHILE. Bizco.

VIRADA. f. MAR. Acción de virar, cambiar de rumbo o de borda.

VIRADOR. m. Líquido empleado en fotografía para virar. || **2.** MAR. Cabo grueso que guarnece al cabrestante para meter el cable. || **3.** MAR. Cabo que sirve para guindar y echar abajo los masteleros.

VIRAGO. (Voz latina.) f. Mujer varonil.

VIRAJE. m. Acción y efecto de cambiar de dirección un vehículo. || **2.** FOT. Acción y efecto de virar una fotografía para darle fijeza y estabilidad.

VIRAR. (l. *virāre*, de *gyrāre*, infl. por *volvĕre* y *venire*.) m. tr. En fotografía, someter el papel impresionado a la acción de un líquido para fijar el color de la imagen o hacerle tomar otro color. || **2.** MAR. Cambiar de rumbo o de bordada, de tal modo que el viento que daba al buque por un costado, le dé por el opuesto. Ú.t.c.intr. || **3.** MAR. Dar vueltas al cabrestante para levar las anclas o suspender pesos. || **4.** intr. Mudar de dirección en la marcha de un automóvil u otro vehículo semejante. || 2.ª acep.: **P.** virar; **I.** to tack, to turn; **F.** virer; **A.** drehen, wenden; **It.** virare; **R.** вирировать.

VIRATÓN. m. Virote o vira grande.

VIRAVIRA. (Voz quichua.) f. ARGENT., CHILE, PERÚ y VENEZ. Planta herbácea de la familia de las compuestas, con hojas lanceoladas, flores en cabezuela.

VIRAZÓN. (De *virar*.) f. Viento que en las costas sopla de la parte del mar durante el día, alternando con el terral, que sopla de noche. || **2.** SANT. Cambio repentino de viento, y especialmente cuando al del Sur huracanado sucede el Noroeste. || **3.** COLOM. Persona que obra con diligencia y prontitud.

VÍREO. (l. *virĕo*.) m. Virio.

VIRGAZA. f. Vidarra.

VIRGEN. (l. *virgo, -ĭnis*.) com. Persona que no ha tenido comercio carnal. Ú.t.c.adj. || **2.** adj. Dícese de la tierra que no ha sido arada ni cultivada. || **3.** Dícese de las cosas que aún no han sido usadas en aquello para lo que se las destinan. || **4.** Natural, sin artificio. || **5.** Dícese del aceite que sale de la aceituna por primera expresión. || **6.** Dícese de la cera que está en el panal sin labrarse. || **7.** fig. y fam. Aplícase a la voluntad indómita e ineducada. || **8.** f. Por antonom., María Santísima Nuestra Señora, Madre de Dios, que habiendo concebido por obra y gracia del Espíritu Santo, fue Virgen antes del parto, en el parto, y después del parto. || **9.** Imagen de María Santísima. || **10.** Uno de los títulos con que la Iglesia distingue los coros de las santas y mujeres que conservaron su integridad y pureza. || **11.** Cada uno de los dos pies derechos que en los lagares y molinos de aceite guían el movimiento de la viga. || **12.** CUBA. Cada uno de los cuatro horcones puestos verticalmente en la armazón que rodea el trapiche. || *Fíate de la* VIRGEN *y no corras.* fr. fam. que se aplica al que por estar demasiado confiado no pone nada de su parte para conseguir algo. || *Viva la* VIRGEN. fr. fam. que se aplica a persona informal, que no se preocupa por nada. || **P.** virgem; **I.** virgin; **F.** vierge; **A.** Jungfrau; **It.** vèrgine; **R.** девственница.

VIRGILIANO, NA. (l. *virgiliānus*.) adj. Propio y característico del poeta Virgilio, o que tiene semejanza con cualquiera de las cualidades por que se distinguen sus obras.

VIRGINAL. (l. *virginālis*.) adj. Perteneciente a la virgen. || **2.** fig. Puro, incólume, inmaculado.

VIRGINALERO, RA. (De *virginal*.) adj. ant. Mujeril.

VIRGÍNEO, A. (l. *virginĕus*.) adj. Virginal.

VIRGINIA. (De *Virginia*, país de América.) m. Tabaco virginiano.

VIRGINIANO, NA. adj. Natural de Virginia. Ú.t.c.s. || **2.** Perteneciente a este país de América.

VIRGINIDAD. (l. *virginĭtas, -ātis*.) f. Entereza corporal de la persona que no ha tenido cópula o comercio carnal.

VIRGO. (l. *virgo*, vírgen.) m. Virginidad. || **2.** Hímen. || **3.** ASTRON. Sexto signo del Zodíaco que el Sol recorre aparentemente en el último tercio del verano. || **4.** ASTRON. Constelación zodiacal situada entre la Libra y el León, cuya estrella principal es Espiga.

VÍRGULA. (l. *virgŭla*, d. de *virga*, vara.) f. Vara pequeña. || **2.** Rayita o línea muy delgada. || **3.** MED. Bacilo encorvado, agente del cólera morbo asitático. || **4.** ORTOGR. Coma. || 4.ª acep.: **P.** vírgula; **I.** virgule, comma; **F.** virgule; **A.** Beistrich, **It.** virgola; **R.** штрих.

VIRGULILLA. (d. de *vírgula*.) f. Cualquier signo ortográfico en figura de coma, rasguillo o trazo. || **2.** Cualquier rayita o línea corta y muy delgada.

VIRIGAZA. f. ÁL. Clemátide.

VIRIL. (De *vidrio*.) m. Vidrio muy transparente que se pone delante de algunas cosas para defenderlas, dejándolas patentes a la vista. || **2.** Custodia pequeña que se pone dentro de la grande.

VIRIL. (l. *virilis*.) adj. Varonil. || **2.** Dícese de la edad en que el hombre ha adquirido ya todo el vigor de que es susceptible.

VIRILIDAD. (l. *virilĭtas, -ātis*.) f. Calidad de viril. || **2.** Edad viril.

VIRILMENTE. (De *viril*, 2.º art.) adv. Varonilmente.

VIRINA. f. FILIP. Guardabrisa, fanal.

VIRIO. (De *víreo*.) m. Oropéndola.

VIRIPOTENTE. (l. *viripŏtens, -entis;* de *vir*, varón, y *potens*, que puede.) adj. Aplícase a la mujer casadera.

VIRIPOTENTE. (l. *viripotens;* de *vires*, fuerzas, y *potens*, que puede.) adj. Vigoroso, potente.

VIROL. (fr. *virole*, y éste del l. *viriola*, brazalete.) m. BLAS. Perfil circular de la boca de la bocina y de otros instrumentos semejantes.

VIROLA. (fr. *virole*, y éste del l. *viriola*, brazalete.) f. Abrazadera de metal que se pone en algunos instrumentos, como navajas, espadas, etc. || **2.** Anillo de hierro colocado en la extremidad de las garrochas, para que la púa no penetre excesivamente en la piel del toro. || **3.** ARGENT. Rodaja de plata que sirve de adorno en los arreos de los caballos. || **P.** virola; **I.** hoop; **F.** virole; **A.** Zwinge; **It.** ghiera; **R.** кольцо, обод.

VIROLENTO, TA. adj. Que tiene viruelas. Ú.t.c.s. || **2.** Señalado de ellas. Ú.t.c.s.

º **VIROLOGÍA.** f. MED. Estudio de los virus y de las enfermedades que producen.

VIRÓN. m. aum. de vira, 1.ª acep. || **2.** BAD. Madero en rollo, de castaño, de 5 m y 20 cm de longitud.

VIROSIS. (De *virus*.) f. Cualquiera de las enfermedades cuyo origen se atribuye a virus patógenos.

* **VIROTADA.** f. VENEZ. Impertinencia.

VIROTAZO. m. Golpe dado con el virote.

VIROTE. (aum. de *vira*, 1.ª acep.) m. Especie de saeta guarnecida con un casquillo. || **2.** Hierro largo que a modo de maza se colgaba de la argolla sujeta al cuello de ciertos esclavos. || **3.** Vara cuadrangular de la ballestina. || **4.** fig. Mozo soltero, ocioso y preciado de guapo. || **5.** Hombre erguido, muy serio y quijote. || **6.** AND. Cepa de tres años. || **7.** PAL. Cada uno de los pies derechos del telar. || **8.** VENEZ. Hombre necio. || *Mirar* uno *por el* VIROTE. fr. fig. y fam. Atender con cuidado y vigilancia a lo que importa. || **P.** virote; **I.** dart; **F.** vireton; **A.** Armbrustbolzen; **It.** giavellotto, dardo; **R.** стрела.

VIROTILLO. (d. de *virote*.) m. ARQ. Madero corto, vertical y sin zapata, que se apoya en uno horizontal y sostiene otro.

VIROTISMO. (De *virote*, 7.ª acep.) m. Entono, presunción, engreimiento.

VIRREINA. f. Mujer del virrey. || **2.** Mujer que gobierna como virrey.

VIRREINAL. adj. Relativo al virrey o al virreino.

VIRREINATO. m. Dignidad o cargo de virrey. || **2.** Tiempo que dura el cargo de virrey. || **3.** Distrito gobernado por un virrey.

VIRREINO. m. Virreinato.

VIRREY. (De *vi*, por *vice*, en lugar de, y *rey*.) m. El que con este título gobierna en nombre y con autoridad del rey. || **P.** vice-rei; **I.** viceroy; **F.** vice-roi; **A.** Vizekönig; **It.** vicerè; **R.** вице-король.

VIRTUAL. (l. *virtus*, fuerza, virtud.) adj. Que puede producir un efecto. || **2.** Implícito, tácito. || **3.** FÍS. Que tiene existencia aparente y no real. || **4.** FÍS. Dícese del foco en que concurren las prolongaciones de los rayos luminosos reflejados por un espejo convexo o refractados por una lente cóncava. || **5.** FÍS. Dícese de la imagen que se forma aparentemente detrás de un espejo plano, o en el foco virtual de un espejo o de una lente.

VIRTUALIDAD. f. Calidad de virtual.

VIRTUALMENTE. adv. De un modo virtual. || **2.** Implícitamente.

VIRTUD. (l. *virtus, -ūtis*.) f. Capacidad de producir un efecto determinado. || **2.** Eficacia de una cosa para conservar o restablecer la salud corporal. || **3.** Fuerza, vigor o valor. || **4.** Poder o potestad de obrar. || **5.** Integridad de ánimo y bondad y rectitud de vida. || **6.** Disposición habitual del alma para las acciones conformes a la ley moral. || **7.** Acción virtuosa o recto modo de proceder. || **8.** pl. Espíritus angélicos que forman el quinto coro. || **9.** CUBA. Órgano sexual de la mujer. || **—cardinal.** Cada una de las cuatro (prudencia, justicia, fortaleza y templanza) que son principio y fundamento de todas las virtudes morales. || **—moral.** Hábito de obrar bien en conformidad con la razón natural. || **—teologal.** Cada una de las tres (fe, esperanza y caridad) cuyo objeto directo es Dios. || *En* VIRTUD. m. adv. En fuerza, a consecuencia o por resultado de. || VIRTUDES *vencen señales.* fr. proverb. con que se da a entender que uno obra o puede obrar bien, no obstante los indicios que parecían indicar lo contrario. || **P.** virtude; **I.** virtue; **F.** vertu; **A.** Tugend; **It.** virtù; **R.** свойство.

VIRTUOSAMENTE. adv. m. De manera virtuosa.

º **VIRTUOSISMO.** m. Perfecto y excepcional dominio de la técnica de cualquier arte, especialmente de la ejecución musical.

VIRTUOSO, SA. (l. *virtuosus*.) adj. Que practica la virtud. Ú.t.c.s. || **2.** Dícese de las acciones inspiradas en la virtud. || **3.** Dícese también de las cosas que tienen actividad y virtud natural que les corresponde. || **4.** Dícese del artista, especialmente músico, que domina de modo extraordinario la técnica de su arte. Ú.t.c.s.

VIRUELA. (b. l. *variola*, y éste del l. *varus*, barro, postilla.) f. Enfermedad aguda, febril, esporádica o epidémica, contagiosa, caracterizada por la erupción de gran número de pústulas supurantes que suelen dejar típicas cicatrices. Ú.m. en pl. || **2.** Cada una de las pústulas producidas por esta enfermedad. || **3.** fig. Granillo en la superficie de algunas cosas. || VIRUELAS *confluentes*. MED. Las que aparecen juntas en gran cantidad. || **—locas.** MED. Las que no tienen malignidad y son pocas y ralas. || *Picado de* VIRUELA. Picoso. || **P.** varíola; **I.** smallpox; **F.** variole; **A.** Blatter, Pocken; **It.** vaiolo; **R.** оспа.

VIRULÉ (A LA). (galic. ant. *barulé*, y éste del fr. *bas roulé*.) m. adv. que expresa la forma de llevar la media arrollada en su parte superior.

VIRULENCIA. (l. *virulentia*.) f. Calidad de virulento.

VIRULENTO, TA. (l. *virulentus*.) adj. Ponzoñoso, ocasionado por un virus o que participa de la naturaleza de éste. || **2.** Que tiene materia o podre. || **3.** fig. Dícese del escrito o discurso, ardiente, ponzoñoso o mordaz en sumo grado.

* **VIRUÑAS.** m. COLOM. El diablo.

VIRUS. (l. *virus*.) m. MED. Podre, humor maligno. || **2.** MED. Cualquiera de los gérmenes infecciosos apenas visibles con el microscopio ordinario y que pasan a través de los fieltros de porcelana. Son causa de muchas enfermedades; como la rabia, las viruelas, etc. || **P., I., F.** e **It.** virus; **A.** Giftstoff; **R.** вирус.

VIRUTA. Hoja delgada y comúnmente

V

arrollada en espiral, que se saca con el cepillo al labrar la madera o los metales. || **2.** Cuba. Dinero. || **3.** pl. Chile. Especie de galleta dulce y fina que al cocerse se arrolla en espiral. || **4.** Chile. Hilos metálicos y finos que se usan para fregar pavimentos. || *Meter la* VIRUTA. fr. fam. Defraudar, engañar. || P. mara, fita; I. woodshaving; F. copeau; A. Span, Hobelspan; It. truciolo; R. стружка.

VIS. (l. *vis*.) f. Fuerza, vigor. Ú. únicamente en la locución VIS *cómica*.

VISADO, DA. p.p. de visar. || **2.** m. Visto bueno o autorización que se hace constar en algunos documentos, especialmente pasaportes.

VISAJE. (l. *visar*, mirada, apariencia, aspecto). m. Gesto, expresión del rostro.

VISAJERO, RA. (De *visaje*.) adj. Gestero.

VISAL. m. ant. Visera, parte del yelmo que defendía el rostro.

VISANTE. (De *visar*, por *ver*.) m. Germ. Ojo, órgano de la vista.

VISAR. (l. *visus*.) tr. Autorizar un instrumento, certificación, etc., poniéndole el visto bueno. || **2.** Dar validez a un pasaporte u otro documento. || **3.** Entre artilleros y topógrafos, dirigir la puntería de la visual. || P. visar; I. to visa, to visé; F. viser; A. visieren, beglaubigen; It. vistare; R. визировать.

VÍSCERA. (l. *viscĕra*.) f. Entraña. || **2.** Zool. Cualquiera de los grandes órganos de la vida vegetativa que se hallan alojados en el tórax y el abdomen, como el corazón, los pulmones, el estómago, etc. || P. entranhas; I. viscera, entrails; F. viscère; A. Eingeweide; It. viscere; R. внутренний орган.

VISCERAL. adj. Perteneciente o relativo a las vísceras.

VISCO. (l. *viscus*.) m. Liga para cazar pájaros. || **2.** Bot. Argent. Árbol leguminoso, cuya corteza se emplea como curtiente.

VISCOSA. f. Quím. Substancia líquida de consistencia y color parecidos a los de la miel, que se obtiene tratando la celulosa con hidróxido sódico hasta que cuaja en filamentos de celulosa regenerados que se utilizan como materia textil. || **2.** Tela fabricada con hilos de esta materia.

VISCOSIDAD. f. Calidad de viscoso. || **2.** Materia viscosa. || **3.** Fís. Propiedad de los fluidos apreciable por el esfuerzo tangencial o rasante que hay que vencer para separar dos porciones juntas de un fluido. Es debida a la resistencia que las moléculas del fluido oponen a la variación de su movimiento relativo. || P. viscosidade; I. viscosity; F. viscosité; A. Klebrigkeit; It. viscosità; R. вязкость, липкость.

VISCOSO, SA. (l. *viscōsus*.) adj. Pegajoso, glutinoso.

VISEAR. tr. p. us. Vislumbrar, adquirir una visión imperfecta de una cosa.

VISERA. (De *visar*.) f. Parte movible del yelmo que cubría el rostro. || **2.** Ala pequeña de las gorras, chacós, etc., para resguardar la vista. || **3.** Garita desde donde el palomero observa el movimiento de las palomas. || **4.** Cuba. Cada una de las dos piezas que, en las guarniciones de las caballerías, quedan junto a los ojos para impedirles ver lo que pasa a uno y otro lado. || *Calar*, o *calarse*, uno *la* VISERA. fr. Bajarse la del yelmo. || P. viseira; I. vizor; F. visière; A. Visier; It. visiera; R. визор.

VISIBILIDAD. (l. *visibilitas*, *-ātis*.) f. Calidad de visible. || **2.** Meteor. Transparencia de la atmósfera. || I. visibility; F. visibilité; A. Sichtbarkeit; It. visibilità; R. видимость.

VISIBLE. (l. *visibilis*.) adj. Que se puede ver. || **2.** Manifiesto, evidente. || **3.** Dícese de la persona que llama la atención por alguna singularidad.

VISIBLEMENTE. adv. m. De manera visible.

VISIGODO, DA. (b. l. *visigothus*, y éste del alem. *west*, oeste, y *gothus*, godo.) adj. Dícese del individuo de una parte del pueblo godo que entró en España, donde se estableció fundando un reino que duró hasta la invasión árabe. Ú.t.c.s. || **2.** Visigótico.

VISIGÓTICO, CA. Perteneciente o relativo a los visigodos.

VISILLO. (d. de *viso*.) m. Cortinilla.

VISIÓN. (l. *visio*, *-ōnis*.) f. Acción y efecto de ver. || **2.** Objeto de la vista, especialmente si es ridículo o espantoso. || **3.** Especie de la fantasía o imaginación, que se toma como realidad. || **4.** fig. y fam. Persona fea y ridícula. || **—acromática.** Med. La que no distingue los colores. || **—beatífica.** Teol. Acto de ver a Dios, en el cual consiste la bienaventuranza. || *Quedarse* uno *como quien ve* VISIONES. fr. fig. y fam. Quedarse atónito, pasmado. || *Ver* uno VISIONES. fr. fig. y fam. Dejarse llevar mucho de su imaginación, dando por cierto lo que no existe. || P. visão; I. y F. vision; A. Sehen; It. visione; R. зрение.

VISIONARIO, RIA. adj. Dícese de la persona de imaginación exaltada, propensa a imaginar y creer cosas quiméricas. Ú.t.c.s.

VISIR. (ár. *wazîr*, ministro.) m. Ministro de un soberano musulmán. || *Gran* VISIR. Primer ministro del sultán de Turquía.

VISIRATO. m. Cargo o dignidad de visir. || **2.** Tiempo que dura ese cargo.

VISITA. f. Acción de visitar. || **2.** Persona que visita. || **3.** Casa donde está el tribunal de los visitadores eclesiásticos. || **4.** Conjunto de ministros o funcionarios que en forma de tribunal asisten para la visita de cárceles. || **5.** Especie de esclavina que usan las señoras. || **—de altares.** Oración vocal que con asistencia personal se hace en cada uno de ellos para algún fin piadoso. || **—de aspectos.** La que los médicos de sanidad marítima hacen en los puertos a la llegada de las embarcaciones. || **—de cárcel,** o **de cárceles.** La que un juez o tribunal hace a las cárceles para enterarse del estado de los presos. || **—de sanidad.** La que se hace oficialmente en los puertos para enterarse del estado de salubridad de los buques que arriban. || **—domiciliaria.** La que se hace por el juez u otra autoridad en casas sospechosas. || **2.** La que hacen por caridad, en casas pobres, las personas constituidas en asociación piadosa para ese fin. || **—pastoral.** La que hace el obispo para inspeccionar las iglesias de su diócesis. || *Pagar* uno *la* VISITA a otro. fr. Corresponder con igual obsequio o atención a aquel que le ha visitado. || P. e It. visita; I. visit; F. visite; A. Besuch; R. посещение, визит.

VISITACIÓN. (l. *visitatio*, *-ōnis*.) f. Visita. Acción de visitar. || **2.** Por antonom., visita que hizo María Santísima a su prima Santa Isabel, y fiesta que en su memoria celebra la Iglesia.

VISITADOR, RA. (l. *visitātor*, *-ōris*.) adj. Que visita frecuentemente. Ú.t.c.s. || **2.** m. Juez o empleado encargado de hacer visitas de inspección.

VISITADORA. f. Hond. y Venez. Ayuda, lavativa.

VISITANTE. p.a. de visitar. Que visita. Ú.t.c.s.

VISITAR. (l. *visitāre*.) tr. Ir a ver a alguien a su casa. || **2.** Ir a un templo o santuario por devoción. || **3.** Informarse el funcionario de superior categoría del proceder y actuación de los inferiores sometidos a su jurisdicción y del estado del servicio. || **4.** Ir el médico a casa del enfermo para asistirle. || **5.** Registrar en las aduanas los géneros para el pago de impuestos. || **6.** Examinar los oficios públicos, y en ellos los instrumentos o géneros que tocan a cada uno, para ver si están según ley u ordenanza. || **7.** Reconocer en las cárceles los presos y las prisiones. || **8.** Examinar el juez eclesiástico las personas en orden al cumplimiento de sus obligaciones y reconocer las iglesias y obras pías y comprobar si están y se mantienen en la disposición que debe tener. || **9.** Informarse personalmente de una cosa. || **10.** Acudir con frecuencia a un lugar con un fin determinado. || **11.** Ir un juez o tribunal a la cárcel para enterarse del estado de los presos. || **12.** Teol. Enviar Dios a los hombres algún especial consuelo o trabajo para su mayor merecimiento. || **13.** r. For. Acudir a la visita el preso para hacer alguna petición. || P. visitar; I. to visit; F. visiter; A. besuchen; It. visitare; R. посещать.

VISITEO. m. Acción de hacer o recibir muchas visitas.

VISITERO, RA. (De *visita*.) adj. fam.

Visitador. Que visita frecuentemente. Ú.t.c.s.

VISITÓN. m. aum. de visita. || **2.** fam. Visita muy larga, pesada y enfadosa.

VISIVO, VA. (l. *visum*, supino de *vidĕre*, ver.) adj. Que sirve para ver.

VISLUMBRAR. (l. *vix*, apenas, y *lumināre*, alumbrar.) tr. Ver un objeto confusamente. || **2.** fig. Conocer por conjeturas y leves indicios una cosa inmaterial. || P. vislumbrar; I. to glimpse; F. entrevoir; A. undeutlich sehen; It. intravedere; R. неясно видеть.

VISLUMBRE. (De *vislumbrar*.) f. Reflejo o tenue resplandor de una luz débil o lejana. || **2.** fig. Indicio, conjetura, sospecha. Ú.m. en pl. || **3.** fig. Noticia dudosa o imprecisa. || **4.** fig. Leve semejanza de una cosa con otra. || P. vislumbre; I. glimmer; F. reflet; A. schwacher, Schimmer; It. barlume; R. отблеск.

VISO. (l. *visus*.) m. Lugar alto desde donde se descubre una gran extensión de terreno. || **2.** Superficie de las cosas lisas que hieren la vista con un especial color o reflejo. || **3.** Reflejo o color que se advierte en la superficie de algunas cosas cuando la luz las hiere en determinada inclinación. || **4.** Forro o traje interior de color que a veces se coloca debajo de un vestido femenino de tela clara, para que por ella se transparente. || **5.** fig. Apariencia de las cosas. || **6.** Cuba. Sayuela, vestido de lienzo blanco que usan las mujeres sobre el camisón. || **—altar.** prov. And. Cuadro pequeño de tela con su bastidor, con el cual se cubren las puertas del sagrario donde se guarda el Santísimo Sacramento. || *A dos* VISOS. m. adv. fig. Con dos intentos distintos, o a dos miras. || *Al* VISO. m. adv. Modo de mirar al sesgo ciertos objetos. || *De* VISO. loc. Dícese de las personas importantes. || *Dar* mal VISO uno. fr. fig. Deslucirle algún defecto o nota, haciéndole perder en la estimación que por sus cualidades o cargo debía tenerse de él. || *Hacer* VISO uno. fr. fig. Llevarse la atención y aprecio de las gentes. || *Hacer* VISOS. fr. Formar cambiantes o tornasoles la luz en algunas cosas, telas especialmente. || **3.ª** acep.: P. reflexo; I. luster, gloss; F. reflet; A. Schimmer; It. riflesso; R. отблеск.

VISOGODO, DA. adj. p. us. Visigodo. Apl. a pers. ú.t.c.s.

VISÓN. (fr. *visón*, y éste del al. *wiesel*.) m. Zool. Mamífero carnicero mustélido americano, parecido a la marta, y cuya piel es muy estimada en peletería.

VISONTINO, NA. (De *Visentium*, nombre latino de Vinuesa.) adj. Natural de Vinuesa. Ú.t.c.s. || **2.** Perteneciente o relativo a esta villa de la provincia de Soria.

VISOR. (l. *visor*, *-ōris*.) m. Accesorio de la máquina fotográfica para enfocarla exacta y rápidamente. || **2.** Accesorio de otros instrumentos (armas de fuego, telescopios, etc.) para dirigirlos convenientemente hacia el punto que se desea. || **3.** Aviac. Aparato para dirigir punterías desde un avión de bombardeo y para determinar el momento en que han de lanzarse las bombas.

VISORIO, RIA. (l. *visus*.) adj. Perteneciente a la vista o que sirve como instrumento para ver. || **2.** m. Vista o examen pericial.

VISORREINA. (De *vice* y *reina*.) f. ant. Virreina.

VISORREINADO. (De *vice* y *reinado*.) m. ant. Virreinato.

VISORREINO. (De *vice* y *reino*.) m. ant. Virreino.

VISORREY. (De *vice* y *rey*.) m. ant. Virrey.

VÍSPERA. (l. *vespĕra*, la tarde.) f. Día que antecede inmediatamente a otro determinado. || **2.** fig. Cualquier cosa que antecede a otra, y de la cual es, en cierto modo, causa o motivo. || **3.** fig. Inmediación a una cosa que ha de suceder. || **4.** pl. Una de las divisiones del día entre los antiguos romanos, que correspondía al crepúsculo de la tarde. || **5.** Una de las horas del oficio divino que se dice después de la nona. || *En* VÍSPERAS. m. adv. fig. Cerca o con inmediación de tiempo. || P. véspera; I. eve; F. veille; A. Vorabend; It. vigilia; R. канун.

VISTA. (De *visto.*) f. Facultad de ver; sentido corporal por medio del cual se perciben la luz y los colores que contribuyen a la percepción de la forma, del espacio y del movimiento. || **2.** Visión, 1.ª acep. || **3.** Apariencia, disposición o aspecto de las cosas en orden al sentido del ver. Ú.t. en pl. || **4.** Campo, paisaje o espectáculo que se descubre desde un sitio o punto determinado. || **5.** Ojo, órgano de la visión. || **6.** Conjunto de ambos ojos. || **7.** Encuentro o concurrencia en que uno se ve con otro. || **8.** Visión o aparición. || **9.** Cuadro, estampa que representa un lugar, un monumento, etc. || **10.** Conocimiento claro de las cosas. || **11.** Apariencia o relación de unas cosas respecto de otras. || **12.** Intento o propósito. || **13.** Parte de una cosa que no se oculta a la vista, como los puños, cuello y pechera de una camisa. || **14.** Vistazo. || **15.** FOR. Actuación en que se ventila ante un tribunal un pleito, incidente o juicio oyendo a los interesados y defensores. || **16.** CUBA. Derecho curial que devenga el asesor, abogado, etc., a razón de tanto por hoja del proceso que por primera vez examina. || **17.** pl. Concurrencia o reunión de dos o más sujetos que se ven para algún fin. || **18.** Regalos que los novios cambian recíprocamente entre sí. || **19.** Puerta, ventana o cualquier otra abertura por donde entra la luz en un edificio. || **20.** Galería, ventana u otro hueco desde el cual puede verse el exterior desde dentro de un edificio. || **21.** Empleado de aduana a cuyo cargo está el registro de géneros y mercancías. || **—cansada.** La del présbite. || **—corta.** La del miope. || **—de águila.** fig. La que alcanza y abarca mucho. || **—de lince.** fig. La muy aguda y penetrante. || **—de ojos.** Diligencia judicial de ver personalmente una cosa para informarse con toda seguridad de ella. || **—doble.** Facultad extraordinaria de ver por medio de la imaginación cosas reales, pero que no están al alcance de la vista. || *Aguzar* uno *la* VISTA. fr. fig. Recogerla y aplicarla con intención. || *A la* VISTA. m. adv. Luego, prontamente y sin dilación. En el comercio, *letra a la* VISTA es la que ha de pagarse a su presentación. || **2.** A vista. || *A media* VISTA. m. adv. Ligeramente y de paso en el reconocimiento de una cosa. || **2.** Ú.t. para significar la facilidad de aprender o de reconocer las cosas. || *Apartar* uno *la* VISTA. fr. fig. Desviar la consideración o el pensamiento de un objeto. || *A primera* VISTA, o *a simple* VISTA. m. adv. A media vista. || *A* VISTA *de.* m. adv. En presencia de. || **2.** En consideración o comparación. || **3.** Enfrente, cerca o en paraje donde se pueda ver. || **4.** Con observación o cuidado de ver o seguir a alguien. || *A* VISTA *de ojos.* m. adv. Viendo uno por sí mismo una cosa. || *A* VISTA *de pájaro.* m. adv. con que se denota que se ven o describen los objetos desde un punto muy elevado sobre ellos. || *Bajar* uno *la* VISTA. fr. fig. Bajar uno los ojos. || *Clavar* uno *la* VISTA. fr. fig. Fijar la vista. || *Comerse* uno *con la* VISTA a una persona o cosa. fr. fig. y fam. Mirarla airadamente o con grande ansia. || *Como la* VISTA. fr. fig. Muy rápido. || *Conocer de* VISTA a uno. fr. Conocerle por haberle visto alguna vez, sin haber tenido trato con él. || *Corto de* VISTA. Miope. Ú.t.c.s. || **2.** fig. Poco perspicaz. || *Dar una* VISTA. fr. Mirar sin detenerse mucho. || *Dar* VISTA a una cosa. fr. Avistarla, alcanzar a verla. || *De la* VISTA *baja.* fr. fam. con que se designa al cerdo. || *Derramar la* VISTA. fr. fig. Mirar los caballos sin volver la cabeza, inclinando o torciendo los ojos, lo cual se tiene por muy mala señal. || *Echar* uno *la* VISTA a una cosa. fr. fig. Elegir mentalmente una cosa entre otras. || *Echar* uno *la* VISTA, o *la* VISTA *encima,* a otro. fr. fig. Llegarle a ver cuando le anda buscando. || *Echar una* VISTA. fr. fig. Cuidar de una cosa mirándola de cuando en cuando. Suele usarse para encargar este cuidado. || *En* VISTA *de.* m. adv. En consideración o atención de alguna cosa. || *Estar a la* VISTA. fr. Estar a la mira. || **2.** Ser evidente una cosa. || *Extender* uno *la* VISTA. fr. Esparcirla en algún paraje abierto y espacioso. || *Fijar* uno *la* VISTA. fr. Ponerla en un objeto con atención. || *Hacer* uno *la* VISTA *gorda.* fr. fam. Fingir que no ha visto una cosa. || *Hasta la* VISTA. expr. A más ver. || *Irse de* VISTA. fr. Apartarse de aquella distancia a que alcanza la vista. || *Írsele* a uno *la* VISTA. fr. fig. Desvanecerse, turbársele el sentido. || *No perder* uno *de* VISTA a una persona o cosa. fr. Estarla observando sin interrupción. || **2.** fig. Seguir sin intermisión un intento. || **3.** fig. Cuidar con suma vigilancia de una cosa, o pensar en ella continuamente. || *Pasar* uno *la* VISTA *por* un escrito. fr. Pasar los ojos por él. || *Perder* uno *de* VISTA a una persona o cosa. fr. Dejar de verla por haberse alejado. || *Perderse de* VISTA una persona o cosa. fr. fig. y fam. Tener gran superioridad en su línea. || **2.** fig. Ser muy listo y avispado. || *Poner* uno *la* VISTA. fr. Fijar la vista. || *Saltar a la* VISTA una cosa. fr. fig. Saltar a los ojos. || *Tener* uno *a la* VISTA una cosa. fr. fig. Tenerla presente en la memoria para el cuidado de ella. || *Tener* VISTA una cosa. fr. Tener buena apariencia. || *Torcer,* o *trabar,* uno *la* VISTA. fr. fig. Bizcar o mirar de rabillo. || *Tragarse* uno *con la* VISTA a una persona o cosa. fr. fig. y fam. Comérsela con la vista. || *Volver* uno *la* VISTA *atrás.* fr. fig. Recordar sucesos pasados, meditar sobre ellos. || **P.** e **It.** vista; **I.** sight; **F.** vue; **A.** Sehen, Gesichtssinn, Sehen; **R.** зрение.

VISTAZO. (De *vista.*) m. Mirada superficial. || *Dar* uno *un* VISTAZO a una cosa. fr. Visitarla, reconocerla superficialmente.

VISTILLAS. (d. de *vistas,* pl. de *vista,* 4.ª acep.) f. pl. Lugar elevado desde el cual se descubre mucho terreno. || *Irse a las* VISTILLAS. fr. fam. En el juego de cartas, procurar con disimulo ver las del contrario.

VISTO, TA. (l. *vīsĭtus.*) p.p. irreg. de ver. || **2.** FOR. Fórmula con que se da por terminada la vista pública de un negocio. || **3.** Fórmula con que se significa que no procede dictar resolución respecto de un asunto. || **4.** FOR. Parte del informe, resolución o sentencia que precede ordinariamente a los considerandos. || *Bien* o *mal,* VISTO. loc. con que se indica que una cosa o acción merece la aprobación o censura de las gentes. || *Es,* o *está* VISTO. expr. con que se da por segura y cierta una cosa. || *Ni* VISTO *ni oído.* fr. de que se usa para ponderar la rapidez con que ocurre o pasa una cosa. || *No* VISTO, o *nunca* VISTO. loc. Raro o extraordinario. || VISTO *bueno.* Fórmula que se pone al pie de algunos certificados y otros documentos con la firma del que los autoriza. Suele escribirse con esta abreviatura: V.º B.º. || VISTO *que.* m. conj. Pues que, una vez que.

VISTOSAMENTE. adv. m. De manera vistosa.

VISTOSIDAD. f. Calidad de vistoso.

VISTOSO, SA. (De *vista.*) adj. Que atrae mucho la atención por su apariencia ostentosa. || **2.** GERM. Ojo. Ú.m. en pl. || **3.** GERM. Sayo. || **P.** vistoso, aparatoso; **I.** showy; **F.** voyant; **A.** ansehnlich, auffallend; **It.** vistoso; **R.** яркий.

VISU (DE). expr. l. A vista de ojos.

VISUAL. (l. *visuālis.*) adj. Perteneciente a la vista como medio para ver. || **2.** f. Línea recta que va desde el ojo del espectador hasta el objeto.

VISUALIDAD. (l. *visualĭtas, -ātis.*) f. Efecto agradable que produce el conjunto de objetos vistosos.

VISURA. (l. *visum,* supino de *vidēre,* ver.) f. Examen visual de una cosa. || **2.** Visorio, 2.ª acep.

VITÁCEO, A. (De *vitis,* nombre de un género de plantas.) adj. BOT. Dícese de las plantas angiospermas dicotiledóneas, comúnmente trepadoras, con tallos nudosos; hojas alternas, pecioladas y sencillas, flores dispuestas en racimos, y fruto en baya, como la vid. Ú.t.c.s. || **2.** f. pl. BOT. Familia de estas plantas.

VITAL. (l. *vitālis.*) adj. Perteneciente o relativo a la vida. || **2.** fig. De suma importancia o trascendencia. || **P.** vital, de grande importância; **I.** vital, essential; **F.** vital; **A.** belebend, wichtig; **It.** vitale; **R.** жизненный.

VITALICIO, CIA. (De *vital.*) adj. Que dura desde que se obtiene hasta el fin de la vida. Dícese de cargos, rentas, etc. || **2.** Dícese de la persona que disfruta ciertos cargos vitalicios. || **3.** m. Póliza de seguro sobre la vida. || **4.** Pensión que dura hasta el fin de la vida del perceptor. || **P.** vitalício; **I.** perpetual, lasting for life; **F.** viager, à vie; **A.** lebenslänglich; **It.** vitalizio; **R.** пожизненный.

VITALICISTA. com. Persona que disfruta de una renta vitalicia o de un seguro vitalicio.

VITALIDAD. (l. *vitalĭtas, -ātis.*) f. Calidad de tener vida. || **2.** Actividad, eficacia de las facultades vitales. || **P.** vitalidade; **I.** vitality; **F.** vitalité; **A.** Lebenskraft; **It.** vitalità; **R.** жизнеспособность жизненность, живучесть.

* **VITALIO.** m. Aleación inoxidable de cobalto, cromo y tungsteno que es muy usada en odontología, aparatos de cirujía, etc.

VITALISMO. m. FISIOL. Doctrina biológica que explica todas las funciones de los seres vivos como el producto de un principio especial, de una fuerza vital esencialmente distinta de las fuerzas físicas, químicas y mecánicas.

VITALISTA. adj. Que sigue la doctrina del vitalismo. Apl. a pers. ú.t.c.s. || **2.** Perteneciente o relativo al vitalismo o a los vitalistas.

VITAMINA. (Término inventado por Funk, del l. *vita,* y del término químico *amina.*) f. QUÍM. Cada una de ciertas substancias químicas que se hallan en cantidades pequeñísimas, en la mayor parte de los alimentos. Hállanse también en las células del organismo humano, y su pérdida o falta da lugar a enfermedades anémicas. || **P.** e **It.** vitamina; **I.** vitamin; **F.** vitamine; **A.** Vitamin; **R.** витамин.

° **VITAMINADO, DA.** adj. Dícese de los alimentos o drogas a los que se han incorporado determinadas vitaminas.

VITAMÍNICO, CA. adj. Perteneciente o relativo a las vitaminas.

VITANDO, DA. (l. *vitandus,* p. f. de *vitāre,* evitar, precaver.) adj. Que se debe evitar. || **2.** Odioso, execrable.

VITAR. (l. *vitāre.*) tr. Evitar.

VITELA. (l. *vitella,* d. de *vitŭla.*) f. Piel de vaca o ternera, adobada y muy pulida, que suele usarse para pintar y escribir. || **P.** vitela; **I.** parchment; **F.** vélin; **A.** Kalbleder; **It.** vitella; **R.** пергамент.

VITELINA. (l. *vitĕllum,* yema de huevo.) adj. Dícese de la bilis de color amarillo obscuro. || **2.** ZOOL. Dícese de la membrana que envuelve el óvulo de los animales. Ú.t. c.s.f. || **3.** BIOQUÍM. Proteína existente en la yema del huevo.

* **VITELO.** m. ZOOL. Citoplasma del huevo de los animales.

VITÍCOLA. (l. *viticŏla;* de *vitis,* vid, y *colĕre,* cultivar.) adj. Perteneciente o relativo a la viticultura. || **2.** Viticultor.

VITICULTOR, RA. (l. *vitis,* vid, y *cultor, -ōris,* cultivador.) m. y f. Persona perita en la viticultura.

VITICULTURA. (l. *vitis,* vid, y *cultūra,* cultivo.) f. Cultivo de la vid. || **2.** Arte de cultivar la vid.

* **VITÍLIGO.** m. MED. Decoloración de la piel, caracterizada por manchas blancas.

VITIVINÍCOLA. (l. *vitis,* vid; *vinum,* vino, y *colĕre,* cultivar.) adj. Perteneciente o relativo a la vitivinicultura. || **2.** com. Vitivinicultor.

VITIVINICULTOR, RA. m. y f. Persona dedicada a la vitivinicultura.

VITIVINICULTURA. (l. *vitis,* vid; *vinum,* vino, y *cultūra,* cultivo.) f. Arte de cultivar las vides y elaborar el vino.

VITO. (Por alusión a la enfermedad convulsiva llamada baile de *San Vito.*) m. Baile andaluz muy animado y movido. || **2.** Música en compás de tres por ocho, con que se acompaña este baile. || **3.** Letra que se canta con esta música.

VITO. m. ant. Victo.

VITOLA. (anglosajón *wittol,* conocedor.) f. Plantilla para calibrar balas de cañón o de fusil. || **2.** Marca que diferencia los cigarros puros por su tamaño. || **3.** Faja que circunda los cigarros puros, generalmente litografiada en colores vivos. || **4.** fig. Traza o facha de una persona. || **5.** MAR. Escantillón en que se señalan las medidas de los herrajes necesarios para construir un barco. || **P.** bitola; **I.** ball caliber; **F.** passe-balle; **A.** Kaliberlehre; **It.** vitola; **R.** калибр, мерка.

¡VÍTOR! (l. *victor,* vencedor.) interj. que se usa para aplaudir a una persona o acción. ‖ **2.** m. Función pública en que se aclama a uno. ‖ **3.** Cartel público en que se elogia a una persona por alguna hazaña.

VITOREAR. tr. Aplaudir o aclamar con vítores a una persona o acción.

VITORIA. f. ant. Victoria.

VITORIANO, NA. adj. Natural de Vitoria. Ú.t.c.s. ‖ **2.** Perteneciente a esta ciudad. ‖ **3.** MÁL. Dícese de una clase selecta de boquerones. Ú.t.c.s.

VITORIOSO, SA. adj. ant. Victorioso.

★ **VITRAL.** (fr. *vitrail*; de *vitre*, vidrio, y éste del l. *vitrum*.) m. Vidriera grande con travesaños de hierro y bastidor metálico. Especialmente se usa para designar los ventanales de las iglesias, de vidrios pintados.

VITRE. (De *Vitré*, ciudad de Bretaña.) m. MAR. Lona muy delgada.

VÍTREO, A. (l. *vitrĕus*.) adj. De vidrio o que tiene sus propiedades. ‖ **2.** Parecido al vidrio.

VITRIFICABLE. adj. Fácil o capaz de vitrificarse.

VITRIFICACIÓN. f. Acción y efecto de vitrificar o vitrificarse.

VITRIFICAR. (l. *vitrum*, vidrio, y *facĕre*, hacer.) tr. Convertir en vidrio una substancia. Ú.t.c.r. ‖ **2.** Hacer que una cosa adquiera las apariencias del vidrio. ‖ **P.** vitrificar; **I.** to vitrify; **F.** vitrifier; **A.** verglasen, fritten; **It.** vitrificare; **R.** превращать в стекло.

VITRINA. (fr. *vitrine*, y éste del l. *vitrum*, vidrio.) f. Armario o caja con puertas o tapas de cristales, para tener objetos expuestos a la vista. ‖ **P.** vitrina; **I.** vitrine; **A.** Glaskasten, Glasschrank; **It.** vetrina; **R.** витрина.

VITRIÓLICO, CA. adj. QUÍM. Perteneciente al vitriolo o que tiene sus propiedades.

VITRIOLO. (l. *vitreŏlus*, d. de *vitrum*, vidrio.) m. QUÍM. Sulfato. ‖ **—amoniacal.** QUÍM. Sulfato de amoníaco. ‖ **—azul.** QUÍM. Sulfato de cobre. ‖ **—blanco.** QUÍM. Sulfato de cinc. ‖ **—de plomo.** Anglesita. ‖ **—verde.** QUÍM. Caparrosa verde.

★ **VITROSIL.** m. QUÍM. Una de las resinas fenólicas, utilizadas como polvos de moldeo, barnices, etc.

VITUALLA. (l. *victualia*, víveres, pl. de *victuālis*, relativo al sustento.) f. Conjunto de víveres o cosas necesarias para la comida, especialmente en los ejércitos. Ú.m. en pl. ‖ **2.** fam. Abundancia de comida. ‖ **3.** CUBA. Conjunto de los frutos o tubérculos cocidos, que se comen con la olla. ‖ **P.** vitualha; **I.** victuals; **F.** victuaille; **A.** Lebensmittel; **It.** vettovaglia; **R.** съестные припасы.

VITUALLAR. (De *vitualla*.) tr. Avituallar.

VÍTULO MARINO. (l. *vitŭlus*, ternero, becerro, y de *marino*.) m. Becerro marino.

VITUPERABLE. (l. *vituperabilis*.) adj. Merecedor de vituperio.

VITUPERACIÓN. (l. *vituperatio*, *-ōnis*.) f. Acción y efecto de vituperar.

VITUPERADOR, RA. (l. *vituperātor*, *-ōris*.) adj. Que vitupera. Ú.t.c.s.

VITUPERANTE. p.a. de vituperar. Que vitupera.

VITUPERAR. (l. *vituperāre*.) tr. Censurar o hablar mal de una persona o cosa, tachándola de viciosa o indigna. ‖ **P.** vituperar; **I.** to vituperate; **F.** blâmer; **A.** rügen, tadeln; **It.** vituperare; **R.** порицать.

VITUPERIO. (l. *vituperĭum*.) m. Baldón u oprobio que se dice a alguien. ‖ **2.** Acción o circunstancia que causa afrenta o deshonra. ‖ **P.** vitupério; **I.** vituperation, affront; **F.** blâme, affront; **A.** Tadel, Schmähung; **It.** vituperio; **R.** порицание.

VITUPERIOSAMENTE. adv. De manera vituperiosa.

VITUPERIOSO, SA. adj. Que incluye vituperio.

VITUPEROSAMENTE. adv. m. Vituperiosamente.

VITUPEROSO, SA. adj. Vituperioso.

VIUDA. (De *viudo*.) f. BOT. Planta herbácea, bienal dipsacácea de jardín, de flores en racimos acabezuelados, de color morado obscuro, con las anteras blancas, y fruto seco capsular. ‖ **2.** Flor de esta

planta. ‖ **3.** GERM. Horca. ‖ **4.** NICAR. y EL SALV. Especie de buitre americano, llamado también aura. ‖ **5.** CUBA. Cometón sin flecos. ‖ **6.** COLOM. Cierto guiso de pescado fresco. ‖ **7.** C. RICA. Chobí.

VIUDAL. (l. *viduālis*.) adj. Perteneciente o relativo al viudo o a la viuda.

VIUDEDAD. f. Pensión que percibe la viuda de un empleado mientras permanezca en tal estado. ‖ **2.** AR. y NAV. Derecho que corresponde al cónyuge sobreviviente, sobre los bienes del premuerto o sobre el caudal común, mientras subsista su estado de viudez. ‖ **P.** pensão de viudez; **I.** dower; **F.** pension de veuve; **A.** Wittum, Witwengeld; **It.** vedovanza; **R.** вдовья пенсия.

VIUDEZ. f. Estado de viudo o de viuda.

VIUDITA. f. d. de viuda. ‖ **2.** ARGENT. y CHILE. Ave insectívora, de plumaje blanco, con borde negro en la cola y en las alas. ‖ **3.** COLOM. y VENEZ. Mono cébido, llamado también sahuí de collar. ‖ **4.** VENEZ. Pajarito de plumaje negro y blanco y con copete. ‖ **5.** CUBA. Pájaro de gran parecido con el canario. ‖ **6.** CUBA. Cometa con flecos.

VIUDO, DA. (l. *vidŭus*.) adj. Dícese de la persona a quien se le ha muerto su cónyuge y no ha vuelto a casarse. Ú.t. c.s. ‖ **2.** fig. Dícese de algunas aves que, estando apareadas para criar, pierden la compañera. ‖ **3.** COLOM. Cierto guiso de pescado y plátano. ‖ **4.** COLOM. Cocido, olla o puchero. ‖ *La* VIUDA *rica, con un ojo llora y con otro repica.* ref. que zahiere el interés que se antepone al afecto, como en quien con la herencia se consuela de la pérdida del difunto. ‖ **P.** viúvo; **I.** widower, widow; **F.** veuf, veuve; **A.** verwitwet, Witwer, Witwe; **It.** vèdovo, vèdova; **R.** вдова, вдовец.

VIVAC. (al. *beiwache*; de *bei*, cerca, y *wachen*, vigilar.) m. Vivaque. ‖ **P.** bivaque; **I.** y **F.** bivouac; **A.** Biwak; **It.** bivacco; **R.** бивуак.

VIVACIDAD. (l. *vivacitas*, *-ātis*.) f. Calidad de vivaz. ‖ **2.** Viveza, 6.ª acep.

VIVAMENTE. adv. m. Con viveza o eficacia. ‖ **2.** Con propiedad o semejanza.

VIVANDERO, RA. (fr. *vivandier*, del b. l. *vivanda*, víveres, y éste del l. *vivĕre*, vivir.) m. y f. Persona que vende víveres a los militares en marcha o en campaña. ‖ **2.** AND. Individuo que lleva el hato a un poblado. ‖ **3.** HOND. Vendedor en el mercado.

VIVAQUE. (De *vivac*.) m. MIL. Guardia principal en las plazas de armas. ‖ **2.** MIL. Campamento de un cuerpo militar. ‖ *Estar al* VIVAQUE. fr. MIL. Vivaquear.

VIVAQUEAR. (De *vivaque*.) intr. MIL. Pasar las tropas la noche al raso.

VIVAR. (l. *vivarium*.) m. Paraje donde crían los conejos. ‖ **2.** Vivero de peces. ‖ 2.ª acep.: **P.** viveiro de peixes; **I.** fish-pond; **F.** réservoir; **A.** Fischweiher; **It.** peschiera; **R.** садок.

★ **VIVAR.** tr. AMÉR. Vitorear.

VIVARACHO, CHA. adj. fam. Muy vivo de genio, travieso y alegre.

VIVARIENSE. adj. Natural de Vivero. Ú.t.c.s. ‖ **2.** Perteneciente a esta ciudad de Galicia.

VIVAZ. (l. *vivax*, *-ācis*.) adj. Que vive mucho tiempo. ‖ **2.** Eficaz y vigoroso. ‖ **3.** Agudo, perspicaz, de pronta comprensión e ingenio. ‖ **4.** BOT. Dícese de la planta que vive más de dos días. ‖ 3.ª acep.: **P.** vivaz, perspicaz; **I.** brisk, vivacious; **F.** perspicace; **A.** lebhaft; **It.** vivace; **R.** живучий.

VIVENCIA. f. Hecho vivido, de experiencia que, con participación consciente o inconsciente del sujeto, se incorpora a su personalidad.

VIVERA. (De *vivero*.) f. Vivar.

VIVERAL. m. Vivero, 1.er art., 1.ª acep.

VÍVERES. (De *vivir*.) m. pl. Provisiones de boca. ‖ **2.** Comestibles necesarios para el alimento de las personas. ‖ **3.** REP. DOMIN. Raíces y tubérculos comestibles. ‖ **P.** víveres; **I.** provisions, stores; **F.** vivres; **A.** Lebensmittel; **It.** viveri; **R.** съестные припасы.

VIVERO. (l. *vivarium*.) m. Terreno adonde se trasplantan desde la almáciga

los arbolillos para recriarlos. ‖ **2.** Lugar donde se mantienen dentro del agua peces, moluscos, etc. ‖ **3.** fig. Semillero. ‖ **4.** AND. Pantano pequeño. ‖ **P.** viveiro de plantas; **I.** vivary. **F.** pépinière; **A.** (Baum-, Pflanz)-Schule; **It.** vivaio; **R.** рассадник.

VIVERO. m. Lienzo fabricado en Vivero, ciudad gallega.

VIVEZ. f. ant. Viveza.

VIVEZA. (De *vivo*, pronto, ágil.) f. Prontitud en las acciones o agilidad en la ejecución. ‖ **2.** Ardimiento en las palabras. ‖ **3.** Agudeza de ingenio. ‖ **4.** Dicho pronto e ingenioso. ‖ **5.** Propiedad en la representación de algo. ‖ **6.** Esplendor, lustre, especialmente en los colores. ‖ **7.** Gracia en la mirada. ‖ **8.** Acción desconsiderada. ‖ **9.** Palabra irreflexiva. ‖ **10.** ARGENT. Treta engaño, mala pasada. ‖ **P.** vivacidade; **I.** liveliness; **F.** vivacité; **A.** Lebhaftigkeit; **It.** vivezza; **R.** живость.

VIVIDERO, RA. (De *vivir*.) adj. Dícese del lugar que puede habitarse.

VÍVIDO, DA. (l. *vividus*.) adj. poét. Vivaz, eficaz, vigoroso. ‖ **2.** Agudo, 2.ª y 3.ª aceps.

VIVIDO, DA. p.p. de vivir. ‖ **2.** adj. Dícese de lo que en las obras literarias parece fruto de la inmediata experiencia del autor.

VIVIDOR, RA. adj. Que vive. Ú.t.c.s. ‖ **2.** Vivaz, 1.ª acep. ‖ **3.** Dícese de la persona laboriosa y ahorradora y que sabe ganarse la vida honradamente. Ú.t.c.s. ‖ **4.** m. El que vive a expensas de los demás valiéndose de medios poco honestos.

VIVIENDA. (l. *vivenda*, t. f. de *-dus*, p. f. de *vivĕre*, vivir.) f. Morada, habitación, domicilio. ‖ **2.** Modo de vivir, género de vida. ‖ **P.** vivenda, morada; **I.** dwelling-house, apartment; **F.** demeure, logis; **A.** Behausung, Wohnung; **It.** alloggio, dimora; **R.** жилище.

VIVIENTE. (l. *vivens*, *-entis*.) p.a. de vivir. Que vive. Ú.t.c.s.

VIVIFICACIÓN. (l. *vivificatio*, *-ōnis*.) f. adj. Acción y efecto de vivificar.

VIVIFICADOR, RA. (l. *vivificātor*, *-ōris*.) adj. Que vivifica.

VIVIFICANTE. p.a. de vivificar. Que vivifica.

VIVIFICAR. (l. *vivificāre*; de *vivus*, vivo, y *facĕre*, hacer.) tr. Dar vida. ‖ **2.** Confortar. ‖ **P.** vivificar; **I.** to vivify; **F.** vivifier; **A.** beleben; **It.** vivificare; **R.** давать жизнь, оживлять.

VIVIFICATIVO, VA. adj. Capaz de vivificar.

VIVÍFICO, CA. (l. *vivifĭcus*.) adj. Que incluye vida o nace de ella.

VIVIJAGUA. f. ANT. Hormiga grande muy voraz que constituye una verdadera plaga.

VIVÍPARO, RA. (l. *vivipărus*.) adj. ZOOL. Dícese de los animales cuyas hembras paren vivos los hijos, bien desarrollados. Ú.t.c.s.

VIVIR. (Forma substantiva de *vivir*, 2.º art.) m. Conjunto de los recursos o medios y substancia. ‖ *De mal* VIVIR. loc. De mala vida. ‖ *Recogerse, o retirarse* uno *a buen* VIVIR. fr. Poner enmienda a su conducta.

VIVIR. (l. *vivĕre*.) intr. Tener vida. ‖ **2.** Durar con vida. VIVIÓ *setenta años*. ‖ **3.** Durar las cosas. ‖ **4.** Pasar y mantener la vida. *Julián* VIVE *de sus rentas*. ‖ **5.** Habitar, residir en un lugar o país. Ú.t.c.tr. ‖ **6.** fig. Observar determinada conducta en la moral. **7.** fig. Perdurar en la memoria de las gentes. ‖ **8.** Acomodarse a las circunstancias. *Aprender a* VIVIR. ‖ **9.** fig. Estar presente una cosa en la memoria, en la voluntad o en la consideración; y en lo espiritual se dice de la presencia y asistencia particular de Dios por sus inspiraciones. ‖ **10.** Estar. VIVIR *descuidado*. ‖ *Como él* VIVA, *no faltará quien le alabe*. fr. con que se hace burla del jactancioso. ‖ *Como se* VIVE, *se muere*. fr. proverb. con que se explica la fuerza del hábito adquirido. ‖ *¿Quién* VIVE? expr. con que el soldado que está de centinela pregunta quién va y de qué llega o pasa. Ú.t.c.s. ‖ ¡VIVA! interj. de alegría y aplauso. Ú.t.c.s.m. ‖ ¡VIVA *quien vence*! expr. con que se explica la disposición pronta del ánimo a seguir al que está en prosperidad y a huir del caído. ‖ VIVE. Tercera persona del singular del presente de indicativo del verbo *vivir*, usada como interjección de juramento con algún nombre que lo expresa. ¡VIVE *Dios*! ‖ VIVIR uno *a prisa*. fr. fig. Vive de prisa. ‖ VIVIR *para ver*. expr. con que se manifiesta la extrañeza que causa una cosa que no se esperaba del sujeto de quien se habla. ‖ **P.** viver, ter vida; **I.** to live; **F.** vivre; **A.** leben, bestehen; **It.** vivere; **R.** жить.

VIVISECCIÓN. (l. *vivus*, vivo, y *sectio*, -ōnis, corte.) f. Disección de los animales vivos, con finalidad científica.

VIVISMO. m. Sistema filosófico del español Luis Vives, caracterizado por su tendencia a armonizar los dogmas cristianos con las doctrinas de Aristóteles y de de Platón, pero independientemente del escolasticismo.

VIVISTA. adj. Perteneciente o relativo a Luis Vives. ‖ **2.** Partidario del sistema filosófico de Luis Vives.

VIVO, VA. (l. *vivus*.) adj. Que tiene vida. Apl. a pers. u.t.c.s. ‖ **2.** Intenso, fuerte. ‖ **3.** Que está en actual ejercicio de un empleo. ‖ **4.** Sutil, ingenioso. **5.** Demasiadamente pronto o poco considerado. ‖ **6.** fig. Que dura y subsiste en toda su fuerza. ‖ **7.** fig. Que perdura en la memoria. ‖ **8.** fig. Diligente, y ágil. **9.** Muy expresivo o persuasivo. ‖ **10.** ARQ. Dícese de la arista o del ángulo agudo bien determinado. ‖ **11.** m. Borde, canto u orilla de alguna cosa. ‖ **12.** Filete, cordoncillo o trencilla con que se adornan los bordes o las costuras de las prendas de vestir. ‖ **13.** VETER. Enfermedad, especie de usagre que padecen algunos animales, particularmente los perros. ‖ **14.** VETER. Ardínculo. ‖ *Lo vivo*. Lo más sensible. *Dar, llegar, herir, tocar en lo* VIVO, *o a lo* VIVO. ‖ *A lo* VIVO, *o al* VIVO. m. adv. Con la mayor viveza y expresión y eficacia. ‖ *Como de lo* VIVO *a lo pintado*. loc. con que se expresa la gran diferencia que hay de una cosa a otra. ‖ *En vivo*. m. adv. que se usa en la venta de animales, como cerdos, vacas, etc., cuando se pesan antes de sacrificarlos. ‖ *Ni vivo ni muerto*. fr. Ni muerto ni vivo. ‖ **P.** e It. vivo; **I.** living; **F.** vif; **A.** lebend(ig); **R.** живой.

VIZCACHA. (Voz quichua.) f. Roedor del tamaño de la liebre, de pelaje lanoso y cola larga; vive en Argentina, Chile y Perú.

VIZCACHERA. f. Madriguera de la vizcacha. ‖ **2.** ARGENT. Leonera, habitación de trastos en desorden. ‖ **3.** BOT. ARGENT. Planta gramínea muy venenosa propia de las altiplanicies andinas. ‖ **4.** CHILE. Cada uno de los saquillos de cuero que llevan colocados en la silla los soldados de caballería. Ú.m. en pl.

VIZCAINADA. f. Acción o dicho propios de vizcaíno. ‖ **2.** fig. Palabras o expresiones mal concertadas.

VIZCAÍNO, NA. adj. Natural de Vizcaya. Ú.t.c.s. ‖ **2.** Perteneciente a esta provincia. ‖ **3.** Uno de los ocho dialectos principales del vascuence, hablado en parte de Vizcaya. ‖ *A la* VIZCAÍNA. m. adv. fig. Al modo que hablan o escriben el español los vizcaínos, cuando faltan a las reglas gramaticales. ‖ **2.** Al estilo o según costumbre de los vizcaínos.

VIZCAITARRA. adj. Partidario de la independencia o autonomía de Vizcaya. Ú.t.c.s.

VIZCAYA. n. p. V. *Juez Mayor de* VIZCAYA.

VIZCONDADO. m. Título de vizconde. ‖ **2.** Territorio sobre el que radicaba este título.

VIZCONDE. (De *vice*, en lugar de, y *conde*.) m. Persona que el conde ponía por teniente o sustituto con sus veces y autoridad. ‖ **2.** Título nobiliario inferior al de conde. ‖ **P.** visconde; **I.** viscount, **F.** vicomte; **A.** Vizegraf; **It.** visconte; **R.** виконт.

VIZCONDESA. f. Mujer del vizconde. ‖ **2.** La que por sí goza este título.

VOACÉ. (De *vosa merced*.) com. ant. Usted.

VOCABLO. (l. *vocabŭlum*.) m. Palabra, voz. ‖ *Jugar uno del* VOCABLO. fr. fig. Hacer juego de palabras. ‖ **P.** vocábulo; **I.** y **F.** vocable; **A.** Wort; **It.** vocàbolo; **R.** слово.

VOCABULARIO. (l. *vocabŭlum*, vocablo.) m. Diccionario, léxico. ‖ **2.** Conjunto de las palabras de un idioma o dialecto. ‖ **3.** Conjunto de las palabras que se usan en una ciencia, arte, oficio. **4.** Catálogo de palabras usadas en determinada región o empleadas por un autor en sus obras. ‖ **5.** fig. y fam. Persona que dice o interpreta lo que piensa o dice otro. ‖ **4.**ª acep.: **P.** vocabulário; **I.** vocabulary; **F.** vocabulaire; **A.** Wörterbuch; **It.** vocabolario; **R.** словарь.

VOCABULISTA. (l. *vocabŭlum*, vocablo.) m. Autor de un vocabulario. ‖ **2.** Persona dedicada al estudio de los vocablos.

VOCACIÓN. (l. *vocatio*, -ōnis, acción de llamar.) f. Inspiración con que Dios llama a algún estado, especialmente al de la religión. ‖ **2.** Advocación. ‖ **3.** Inclinación duradera hacia determinado estado o profesión. ‖ *Errar uno la* VOCACIÓN. fr. Dedicarse a una ocupación, profesión u oficio para los que carecen de la disposición o aptitud debida. ‖ **P.** vocação; **I.** y **F.** vocation; **A.** Beruf; **It.** vocazione; **R.** призвание к чему-л.

VOCAL. (l. *vocālis*.) adj. Perteneciente a la voz. ‖ **2.** Dícese de lo que se expresa materialmente con la voz. ‖ **3.** Dícese de cada una de las letras que se pronuncian con sólo emitir la voz, y que en español son éstas cinco: *a, e, i, o, u*. Ú.t.c.s.f. **4.** com. Persona que tiene voz en un consejo o junta. ‖ **—abierta.** GRAM. La que se pronuncia con la lengua más separada del paladar que para la vocal cerrada. ‖ **—cerrada.** GRAM. La que se pronuncia estando la lengua más próxima al paladar que para la vocal abierta. ‖ **—mixta.** GRAM. La que se pronuncia elevando el dorso de la lengua hacia el punto medio del paladar. ‖ **—modal.** GRAM. Vocal temática indicadora del modo. ‖ **—nasal.** GRAM. La pronunciada dejando escapar por la nariz parte del aire espirado. ‖ **3.**ª acep.: **P.** vogal; **I.** vowel; **F.** voyelle; **A.** Vokal; **It.** vocale; **R.** гласный.

VOCÁLICO, CA. adj. Perteneciente o relativo a la vocal.

VOCALISMO. m. Sistema de vocales de una lengua.

VOCALIZACIÓN. f. MÚS. Acción y efecto de vocalizar. ‖ **2.** MÚS. En el arte del canto, todo ejercicio que se ejecuta, valiéndose de cualquiera de las vocales, al efecto de formar y dar agilidad y flexibilidad a la voz. ‖ **3.** MÚS. Pieza de música propia para vocalizar.

VOCALIZADOR, RA. adj. Que vocaliza.

VOCALIZAR. (De *vocal*.) intr. Solfear sin nombrar las notas. ‖ **2.** MÚS. Ejecutar ejercicios de vocalización. ‖ **P.** vocalizar; **I.** to vocalize; **F.** vocaliser; **A.** vokalisieren; **It.** vocalizzare; **R.** вокализировать.

VOCALMENTE. (De *vocal*.) adv. m. Con la voz.

VOCATIVO. (l. *vocatīvus*.) m. GRAM. Caso de la declinación en que se usa la palabra que sirve para invocar, llamar o nombrar a una persona o cosa personificada. ‖ **P.** e It. vocativo; **I.** vocative; **F.** vocatif; **A.** Anredefall, Vokativ; **R.** звательный падеж.

VOCEADOR, RA. adj. Que vocea o da muchas voces. Ú.t.c.s. ‖ **2.** m. Pregonero.

VOCEAR. intr. Dar voces. ‖ **2.** tr. Publicar o manifestar con voces una cosa. ‖ **3.** Llamar a uno dándole voces. ‖ **4.** Aplaudir o aclamar con voces. ‖ **5.** fig. Manifestar algo claramente las cosas inanimadas. ‖ **6.** fig. y fam. Echar públicamente en rostro a uno, un beneficio que se le ha hecho, jactándose de ello. ‖ **P.** vozear; **I.** to cry out; **F.** crier, publier; **A.** (aus)schreien; **It.** vociare, gridare; **R.** кричать.

VOCEJÓN. m. Voz muy áspera y bronca.

VOCERÍA. (De *voz*, 4.ª acep.) f. Gritería.

VOCERÍA. f. Cargo de vocero.

VOCERÍO. m. Gritería.

VOCERO. (De *voz*, 9.ª acep.) m. El que habla a nombre de otro.

VOCIFERACIÓN. (l. *vociferatio*, -ōnis.) f. Acción y efecto de vociferar.

VOCIFERADOR, RA. (l. *vociferātor*, -ōris.) adj. Que vocifera. Ú.t.c.s.

VOCIFERANTE. p.a. de vociferar. Que vocifera.

VOCIFERAR. (l. *vociferāre*; de *voz*, *vocis*, voz, y *ferre*, llevar.) tr. Publicar ligera y jactanciosamente una cosa. ‖ **2.** intr. Hablar a grandes voces. ‖ **P.** vociferar; **I.** to vociferate; **F.** vociférer; **A.** kreischen; **It.** vociferare; **R.** выступающий.

VOCINGLERÍA. f. Calidad de vocinglero. ‖ **2.** Ruido de muchas voces.

VOCINGLERO, RA. adj. Que da muchas voces o habla muy recio. Ú.t.c.s. ‖ **2.** Que habla mucho y vanamente. Ú.t.c.s.

VODKA. f. Especie de aguardiente que se obtiene del centeno, de la patata y del maíz. Se consume mucho en Rusia.

VOILA. m. Voz que usan en el juego de la taba para detenerla o para significar que no valga aquella tirada.

VOLADA. (De *volar*.) f. Vuelo a corta distancia. ‖ **2.** Cada una de las veces que se ejecuta. ‖ **3.** AR. y SEG. Ráfaga de viento. ‖ **4.** fig. ARGENT. Ocasión favorable. ‖ **5.** ARGENT. Tirada en el juego del billar. ‖ **6.** MÉJ. Entre reporteros, bulo, noticia falsa. ‖ **7.** ECUAD. Trampa. ‖ *A las* VOLADAS. m. adv. Al vuelo.

VOLADERA. (De *volar*, 4.ª acep.) f. Paleta de la rueda hidráulica.

VOLADERO, RA. adj. Que puede volar. ‖ **2.** fig. Que pasa o se desvanece ligeramente. ‖ **3.** m. Precipicio, despeñadero.

VOLADIZO, ZA. adj. Que vuela o sale de lo macizo en las paredes o edificios. Ú.t.c.s. ‖ **P.** saliente; **I.** corbel; **F.** saillant; **A.** vorspringend; **It.** sporgente, risalto; **R.** выступающий.

VOLADO, DA. p.p. de volar. ‖ **2.** adj. IMPR. Dícese del tipo de menor tamaño colocado en la parte superior del renglón. ‖ **3.** m. Bolado. ‖ **4.** COLOM. Aturdido. ‖ **5.** MÉJ. Chiflado. ‖ **6.** ARGENT. Volante de un vestido de mujer. ‖ **7.** MÉJ. Juego de cara o cruz. ‖ **8.** C. RICA. Rumor que corre de boca en boca. ‖ *Estar uno* VOLADO. fr. fig. y fam. Estar inquieto, intranquil. *Tener uno un* VOLADO. fr. MÉJ. Tener amoríos.

VOLADOR, RA. (l. *volātor*, -ōris.) adj. Que vuela. ‖ **2.** Que está pendiente de manera que el aire lo pueda mover. **3.** Que corre con ligereza. ‖ **4.** m. Cohete que se lanza a lo alto. ‖ **5.** Pez acantopterigio, de cabeza gruesa y cuerpo en forma de cuña, con aletas pectorales muy desarrolladas. ‖ **6.** Molusco parecido al calamar, aunque de mayor tamaño y sabor menos delicado. ‖ **7.** Árbol tropical americano, de la familia de las lauráceas. 6.ª acep.: **P.** peixe-voador; **I.** flying fish; **F.** poisson volant; **A** Flugfisch; **It.** pesce volante; **R.** летучая рыба.

VOLADURA. (l. *volatūra*.) f. Acción y efecto de volar, 7.ª y 11.ª aceps.

VOLANDAS (EN). m. adv. Por el aire o levantado del suelo y como volando. ‖ **2.** fig. y fam. Rápidamente, en un instante.

VOLANDERA. (De *volandero*.) f. Arandela. ‖ **2.** Rodaja de hierro que se coloca como suplemento en los extremos del eje para sujetar las ruedas del carro. **3.** Piedra voladora. ‖ **4.** Muela, piedra de molino. ‖ **5.** fig. y fam. Mentira, embuste. ‖ **6.** IMPR. Tableta delgada que entra en el rebajo y por entre los listones de la galera.

VOLANDERO, RA. (l. *volandus*, p. f. de *volāre*, volar.) adj. Volantón. ‖ **2.** Suspenso en el aire a cuyo impulso se mueve fácilmente. ‖ **3.** fig. Casual, imprevisto. **4.** fig. Que no hace asiento en ningún lugar.

VOLANDILLAS (EN). m. adv. En volandas.

VOLANTA. f. Volante, coche parecido al quitrín.

VOLANTE. (l. *volans*, -antis.) p.a. de volar. Que vuela. ‖ **2.** adj. Que va o se lleva de una parte a otra sin asiento fijo. **3.** m. Adorno de tela fina, para la cabeza que usaron en otro tiempo las mujeres. **4.** Guarnición rizada, plegada o fruncida, con que se adornan prendas de vestir o de tapicería. ‖ **5.** Pantalla movible y ligera. ‖ **6.** MEC. Rueda grande de una máquina que regulariza su movimiento. ‖

7. Anillo provisto de dos topes que regula el movimiento de la rueda de escape de un reloj. ‖ **8.** MEC. Máquina de acuñación, en la que se colocan los troqueles; consiste en un husillo vertical atravesado en su extremidad superior por una barra horizontal con dos grandes masas metálicas en los extremos. ‖ **9.** AUTOM. Aro con varios radios que forma parte del mecanismo de dirección de los vehículos automóviles. ‖ **10.** AUTOMOV. Por ext., automovilismo. ‖ **11.** MAR. Rueda articulada con el timón y que sirve para guiar una lancha motora. ‖ **12.** Hoja de papel, estrecha y larga, en que se manda comunicaciones o avisos. ‖ **13.** Criado de librea que iba a pie delante del coche o caballo de su señor. ‖ **14.** Pelota pequeña de madera coronada de plumas, que sirve para jugar, lanzándola por el aire con raquetas. ‖ **15.** Este mismo juego. ‖ **16.** PERÚ. Frac. ‖ **17.** ANT. Coche parecido al quitrín. ‖ **P.** voante; **I.** flying; **F.** volant; **A.** fliegend; **It.** volante; **R.** летающий.

VOLANTÍN, NA. (De *volante*.) adj. Volante, 2.ª acep. ‖ m. Cordel con uno o más anzuelos usado para pescar. ‖ **3.** PAL. Balancín del carro. ‖ **4.** COLOM. y HOND. Voltereta. ‖ **5.** CHILE, CUBA, P. RICO y ARGENT. Cometa que los muchachos hacen volar al aire.

VOLANTÓN, NA. (De *volante*, 1.ª acep.) adj. Dícese del pájaro que está para salir o volar. Ú.t.c.s. ‖ **2.** ECUAD. Vagabundo. Ú.t.c.s.

VOLAPIÉ. (De *volar* y *pie*.) m. TAUROM. Suerte que consiste en herir de corrida el espada al toro cuando éste se halla parado. ‖ *A* VOLAPIÉ. m. adv. TAUROM. Ejecutando esta suerte. ‖ **2.** Modo de correr algunas aves ayudándose con las alas. ‖ **3.** Modo de andar trabajosamente haciendo unas veces pie en el fondo y otras nadando al atravesar un río o una laguna.

VOLAPUK. (Compuesto deformado del ingl. *world*, mundo, y *speak*, hablar.) m. Idioma compuesto artificialmente con elementos latinos, alemanes e ingleses, por el alemán Schleyer, quien en 1879 lo propuso como lengua universal.

VOLAR. (l. *volāre*.) intr. Ir o moverse las aves y muchos insectos por el aire, sosteniéndose con las alas. ‖ **2.** fig. Elevarse en el aire y moverse por él un planeador o un avión. ‖ **3.** fig. Elevarse una cosa en el aire y moverse algún tiempo por él. Ú.t.c.r. ‖ **4.** fig. Caminar o ir con gran prisa. ‖ **5.** fig. Desaparecer rápida e inesperadamente una cosa. ‖ **6.** fig. Sobresalir del paramento de un edificio. ‖ **7.** fig. Ir por el aire una cosa arrojada con violencia. ‖ **8.** fig. Hacer las cosas de prisa. ‖ **9.** fig. Propagarse rápidamente una especie, noticia o bulo. ‖ **10.** tr. fig. Hacer saltar con violencia alguna cosa, especialmente empleando alguna substancia explosiva. ‖ **11.** fig. Irritar a uno. ‖ **12.** MÉJ. Enamorar, galantear por correr el rato. ‖ **13.** MÉJ. Entusiasmar, embaucar. ‖ **14.** MÉJ. Entre reporteros, lanzar bulos. ‖ **15.** CETR. Hacer que el ave se levante y vuele para tirar a ella. ‖ **16.** CETR. Soltar el halcón para que persiga al ave de presa. ‖ **17.** IMPR. Levantar una letra o signo de manera que resulte volado. ‖ **18.** CHILE. r. Encolerizarse. ‖ **P.** voar; **I.** to fly, to wing; **F.** voler, s'envoler; **A.** fliegen; **It.** volare; **R.** лететь, летать.

VOLATA. (De *volar*.) m. GERM. Ladrón que hurta por ventana o tejado.

VOLATEO (AL). m. adv. Tirando al cazador a las aves cuando van volando.

VOLATERÍA. (l. *volātus*, de *volāre*, volar.) f. Caza de aves valiéndose de otras enseñadas. ‖ **2.** Conjunto de diversas aves. ‖ **3.** fig. Multitud de especies que andan vagando por la imaginación. ‖ **4.** fig. Modo de adquirir o de hallar una cosa contingentemente y como al vuelo. ‖ **5.** ECUAD. Conjunto de fuegos artificiales. ‖ *De* VOLATERÍA. m. adv. Contingentemente y como al vuelo. ‖ *Hablar* uno *de* VOLATERÍA. fr. fig. y fam. Hablar al aire, sin razón ni fundamento. ‖ **P.** volataria, altanaria; **I.** falconry; **F.** volerie; **A.** Falknerei; **It.** falconeria; **R.** соколиная охота.

VOLATERO. (De *volar*.) m. Cazador de volatería. ‖ **2.** GERM. Ladrón que echan-

do a correr, acomete a hurtar una cosa.

VOLÁTIL. (l. *volatĭlis*.) adj. Que vuela o puede volar. Ú.t.c.s. ‖ **2.** fig. Mudable, inconstante. ‖ **3.** QUÍM. Dícese de la substancia que se volatiliza con facilidad. ‖ **4.** Dícese del aceite que procede de la destilación de flores aromáticas. ‖ **5.** Aplícase a las cosas que se mueven ligeramente por aire. ‖ **P.** volátil; **I.** y **F.** volatile; **A.** fliegend, Geflügel; **It.** volàtile; **R.** летающий.

VOLATILIDAD. f. QUÍM. Calidad de volátil.

VOLATILIZABLE. adj. Que se volatiliza.

VOLATILIZACIÓN. f. Acción y efecto de volatizar o volatizarse.

VOLATILIZAR. (De *volátil*.) tr. Hacer pasar al estado gaseoso un cuerpo sólido o líquido. ‖ **2.** r. Exhalarse o disiparse una substancia. ‖ **P.** volatilizar; **I.** to volatilize; **F.** volatiliser; **A.** verflüchtigen; **It.** volatilizzare; **R.** выпаривать.

VOLATILLA. (l. *volatilĭa*, pl. de *volatĭle*.) f. ant. Animal volátil.

VOLATÍN. m. Volatinero. ‖ **2.** Cada uno de los ejercicios del volatinero. ‖ **3.** PERÚ. Función o espectáculo de volatineros.

VOLATÍN. (De *vela*, de una embarcación.) adj. MAR. Dícese del hilo de velas.

★ VOLATÍN, NA. adj. GUAT. Borracho.

VOLATINERO, RA. (De *volatín*, 1.er art.) m. y f. Persona que hace ejercicios acrobáticos dando saltos o volteretas por el aire, anda sobre una cuerda o alambre, etc. ‖ **P.** volatim; **I.** ropedancer; **F.** funambule; **A.** Seiltänzer; **It.** funàmbolo; **R.** эквилибрист.

VOLATIZAR. tr. Volatilizar.

VOLAVÉRUNT. (3.ª pers. del pl. del pret. de indic. de *volāre*, volar: volaron.) Voz latina que se usa festivamente para significar que una cosa desapareció o se perdió.

VOLCÁN. (ital. *bolcan*, y éste del l. *Vŭlcanus*.) m. Abertura en la corteza terrestre, comúnmente en una montaña, por donde salen de tiempo en tiempo humo, llamas y materias encendidas o derretidas. ‖ **2.** fig. El mucho fuego que arde con violencia. ‖ **3.** fig. Cualquiera pasión ardiente; como el amor o la ira. ‖ VOLCÁN *apagado*, o *extinto*. El que ya no tiene erupciones. ‖ *Estar* uno *sobre* un VOLCÁN. fr. fig. Estar amenazado de un gran peligro, comúnmente sin saberlo. ‖ **P.** vulcão; **I.** volcano; **F.** volcan; **A.** Vulkan; **It.** vulcano; **R.** вулкан.

★ VOLCANADA. (De *volcán*.) f. CHILE. Tufarada. ‖ **2.** GUAT. Montón de cosas.

VOLCANEJO. m. d. de volcán.

VOLCÁNICO, CA. adj. Perteneciente o relativo al volcán. ‖ **2.** Muy ardiente o fogoso.

★ VOLCANISMO. m. Conjunto de todos los fenómenos volcánicos y de las teorías geológicas que intentan explicarlos.

VOLCAR. (l. *volvĭcāre*, de *volvĕre*.) tr. Inclinar hacia un lado o invertir un objeto o recipiente, de modo que caiga o se vierta el contenido de él. Ú.t.c.intr., tratándose de carruajes. *El carro* VOLCÓ *en la calzada.* ‖ **2.** Turbar a uno la cabeza, un olor fuerte. ‖ **3.** fig. Hacer mudar de parecer a uno. ‖ **4.** fig. Molestar a uno con zumba hasta irritarle. ‖ **5.** r. Poner uno su máximo empeño en favor de una persona o de una empresa. ‖ **P.** voltar; **I.** to overset; **F.** renverser, chavirer; **A.** umwerfen; **It.** rovesciare, capovolgere; **R.** опрокидывать.

VOLEA. (De *volear*.) f. Palo labrado que a modo de balancín cuelga de una argolla en la lanza de los carruajes para sujetar en él los tirantes de las caballerías delanteras. ‖ **2.** Voleo, 1.ª acep.

VOLEADOR. (De *volear*.) m. GERM. Ladrón que hurta en las ferias.

VOLEAR. (De *vuelo*.) tr. Golpear una cosa en el aire para impulsarla. ‖ **2.** Sembrar a voleo. ‖ **3.** R. DE LA PLATA. Tirarse hacia atrás los animales.

VOLEO. (De *volear*.) m. Golpe dado en el aire a una cosa antes que caiga al suelo. ‖ **2.** Cierto movimiento rápido de la danza española. ‖ **3.** Bofetón que derriba quien lo recibe. ‖ *Del* VOLEO. m. adv. Dicho de la siembra cuando se

arroja la semilla a puñados esparciéndola al aire. ‖ *Del primer*, o *de un* VOLEO. m. adv. fig. y fam. Con presteza, de un golpe.

VOLFRAMIO. (n. p. germ. *Wolfram*.) m. Cuerpo simple, metálico, de color gris acerado muy duro, muy denso y difícilmente fusible.

★ VOLFRAMITA. f. QUÍM. y MINERAL. Mineral del que se beneficia el volframio. Es un volframato de hierro y manganeso.

VOLICIÓN. (l. *volo*, quiero.) f. FIL. Acto de la voluntad.

VOLITAR. (l. *volitāre*.) intr. Revolotear.

VOLITIVO, VA. (Del m. or. que *volición*.) adj. FIL. Aplícase a los actos y fenómenos de la voluntad.

VOLQUEARSE. r. Revolcarse o dar vuelcos.

VOLQUETE. (De *volcar*.) m. Carro formado por un cajón que se puede vaciar girando sobre el eje. ‖ **2.** Por ext., vagoneta o camión automóvil que se descargan en forma semejante. ‖ **P.** volquete; **I.** tip-cart; **F.** tombereau; **A.** Kippkarren; **It.** carro a bilico; **R.** самосвал.

VOLQUETERO. m. Conductor de un volquete.

VOLSCO, CA. (l. *volsci*, *-ōrum*.) adj. Dícese del individuo de un antiguo pueblo del Lacio. ‖ **2.** Perteneciente a este pueblo.

VOLT. m. FÍS. Nombre del voltio en la nomenclatura internacional.

VOLTAICO, CA. (De *Volta*: véase *voltio*.) adj. Dícese del flujo de chispas en el punto en que se interrumpe un circuito eléctrico con un intervalo conveniente.

VOLTAJE. m. Diferencia de potencial entre las extremidades de un conductor eléctrico o entre los bornes de un generador de corriente. ‖ **2.** Número de voltios que actúan en un aparato o sistema eléctrico.

VOLTÁMETRO. (De *Volta* [véase *voltio*], y el gr. μέτρον, medida.) m. Fís. Aparato destinado a demostrar la descomposición del agua por la corriente eléctrica y, en general, todo aparato en que se produce una electrólisis. Sirve para medir la intensidad de una corriente eléctrica.

★ VOLTAMPERÍMETRO. m. ELECTR. Instrumento para medir voltios y períodos.

★ VOLTAMPERIO. (De *voltio* y *amperio*.) m. Fís. Unidad de medida igual al producto de un voltio por un amperio.

VOLTARIEDAD. f. Calidad de voltario.

VOLTARIO, RIA. (De *vuelta*.) adj. Versátil.

VOLTEADA. f. ARGENT. Operación consistente en apartar una porción de ganado arrollándolo al correr del caballo.

★ VOLTEADERO. m. CHILE. Parte del matadero donde se voltean las reses. ‖ **2.** fig. y fam. CHILE. Prostíbulo disimulado o secreto.

VOLTEADOR, RA. adj. Que voltea. ‖ **2.** m. y f. Persona que voltea con habilidad.

VOLTEAR. tr. Dar vueltas a una persona o cosa. ‖ **2.** Volver una cosa de una parte a otra poniéndola al revés de como estaba colocada. ‖ **3.** Trastocar o mudar una cosa a otro estado o sitio. ‖ **4.** ARQ. Construir un arco o bóveda. ‖ **5.** AMÉR. Volver. ‖ **6.** CHILE. Derribar por tierra. ‖ **7.** MÉJ. Derramar. ‖ **8.** CHILE. Hacer mudar de parecer. ‖ **9.** intr. Dar vueltas una persona o cosa ya por impulso ajeno, ya voluntariamente con arte. ‖ **10.** P. RICO, REP. DOMIN. y ARGENT. Andar de una parte a otra en averiguación de alguna cosa. ‖ **11.** r. VENEZ. Ser infiel una mujer. ‖ **12.** r. AMÉR. Chaquetear, volver la casaca. ‖ **P.** voltar; **I.** to whirl; **F.** faire tourner ou culbuter; **A.** herumdrehen; **It.** volteggiare; **R.** вертеть.

VOLTEJAR. tr. ant. Voltear.

VOLTEJEAR. tr. Voltear, volver. ‖ **2.** MAR. Navegar de bolina, virando de cuando en cuando para ganar el barlovento.

VOLTELETA. f. Voltereta.

VOLTEO. m. Acción y efecto de voltear.

VOLTERETA. f. Vuelta ligera dada en el aire. ‖ **2.** Lance de varios juegos de naipes en el que se descubre una carta para saber qué palo ha de ser triunfo. ‖

P. cambalhota; **I.** tumble; **F.** culbute; **A.** Purzelbaum; **It.** capriola, giravolta; **R.** кувырканье.

VOLTERIANISMO. (De *volteriano.*) m. Espíritu de incredulidad, manifestado con burla o cinismo.

VOLTERIANO, NA. adj. Dícese del que, a la manera de Voltaire, manifiesta incredulidad o impiedad cínica y burlona. Ú.t.c.s. || **2.** Que denota o implica este género de incredulidad o impiedad.

VOLTETA. (De *vuelta.*) f. Voltereta.

VOLTÍMETRO. (De *voltio,* y el gr. μέτρον, medida.) m. Aparato para medir potenciales eléctricas.

VOLTIO. (De *Volta,* célebre físico italiano, muerto en 1827.) m. ELECTR. Unidad de fuerza electromotriz, que origina una corriente de un amperio en un circuito de un ohmio de resistencia. || **P.** volt, vóltio; **I., F.** e **It.** volt; **A.** Volt; **R.** вольт.

VOLTIZO, ZA. (De *vuelta.*) adj. Retorcido, ensortijado. || **2.** Dícese del calzado de piel, cuando el envés queda hacia afuera. || **3.** fig. Versátil, 2.ª acep.

VOLTURA. f. ant. Vuelta, 1.ª acep.

VOLUBILIDAD. (l. *volubilĭtas, -ātis.*) f. Calidad de voluble.

VOLUBLE. (l. *volubĭlis.*) adj. Que con facilidad puede volverse alrededor. || **2.** fig. Versátil, 2.ª acep. || **3.** BOT. Dícese del tallo que crece formando espiras alrededor de los objetos. || 2.ª acep.: **P.** volúvel; **I.** voluble; **F.** versatile; **A.** veränderlich; **It.** volùbile; **R.** непостоянный.

VOLUMEN. (l. *volūmen.*) m. Corpulencia o bulto de una cosa. || **2.** m. En la antigüedad, manuscrito en tiras de papiro y arrollado después sobre un palo. || **3.** Cuerpo material de un libro. || **4.** GEOM. Espacio ocupado por un cuerpo. || **5.** NUMISM. Grosor de la moneda o medalla. || 3.ª acep.: **P., I., F.** e **It.** volume; **A.** Band; **R.** том. || 4.ª acep.: **P., I.** e **It.** vólume; **F.** volume, masse; **A.** Rauminhalt; **R.** объём.

* **VOLUMETRÍA.** f. Ciencia de los volúmenes de los cuerpos. || **2.** QUÍM. Procedimiento de análisis cuantitativo basado en la medición del volumen de reactivo gastado para producir determinado fenómeno en el líquido que se analiza.

VOLUMÉTRICO, CA. (De *volumen* y *métrico.*) adj. Perteneciente o relativo a la medición de volúmenes. || **2.** QUÍM. Referente a la volumetría.

VOLÚMINE. (l. *volūmen, -ĭnis.*) m. ant. Volumen, 3.ª acep. Ú.m. en pl. Cuerpo material de un libro encuadernado, ya contenga la obra completa, o uno o más tomos de ella, o ya lo constituyan dos o más escritos diferentes.

VOLUMINOSO, SA. (l. *voluminōsus.*) adj. Que tiene mucho volumen o bulto.

VOLUNTAD. (l. *voluntas, -ātis.*) f. Potencia o facultad del alma, que mueve a hacer o no hacer una cosa. || **2.** Acto con que la potencia volitiva admite o rehuye una cosa. || **3.** Designio de Dios. || **4.** Libre albedrío o libre determinación. || **5.** Elección hecha espontáneamente sin precepto externo ni coacción alguna. || **6.** Intención, resolución de hacer una cosa. || **7.** Amor, benevolencia, afición o afecto. || **8.** Gana o deseo de hacer una cosa. || **9.** Disposición o mandato de una persona. || **10.** Consentimiento, asentimiento. || **—de hierro.** fig. La muy enérgica e inflexible. || **—virgen.** fig. y fam. La indómita y no educada. || *Mala* VOLUNTAD. Enemiga, malquerencia. || *Última* VOLUNTAD. La expresada en el testamento. || **2.** El propio testamento. || *A* VOLUNTAD. expr. Como o cuando se quiera. Es muy usada en las subastas, arriendos, etc. || **2.** Según aconseja la conveniencia del momento. || *De buena* VOLUNTAD, o *de* VOLUNTAD. m. adv. Con gusto y benevolencia. || *Ganar* uno *la* VOLUNTAD de otro. fr. Lograr su benevolencia, afecto y simpatía con servicios u obsequios. || *Negar* uno su *propia* VOLUNTAD. fr. fig. Privarse de la propia voluntad sometiéndose a la dirección de otro. Dícese más comúnmente hablando de los que entran en religión. || *No tener* uno VOLUNTAD *propia.* fr. fig. Ser muy inclinado a seguir las indicaciones de los demás. || *Quitar la* VOLUNTAD a uno. fr. Persuadirle a que no ejecute lo que se propone, especialmente cuando ello era en provecho de otra persona. || *Zurzir* VOLUNTADES. fr. fig. Alcahuetear. || **P.** vontade; **I.** will; **F.** volonté; **A.** Wille; **It.** volontà; **R.** воля.

VOLUNTARIADO. m. Alistamiento voluntario para el servicio militar.

VOLUNTARIAMENTE. adv. m. De manera voluntaria.

VOLUNTARIEDAD. f. Calidad de voluntario. || **2.** Determinación de la propia voluntad por mero antojo.

VOLUNTARIO, RIA. (l. *voluntarĭus.*) adj. que nace de la voluntad, espontáneamente sin coacción alguna. || **2.** Que se hace sin estar obligado a ello. || **3.** Voluntarioso. || **4.** Dícese del soldado que se alista libremente. Ú.t.c.s. || **5.** FOR. Dícese de la jurisdicción que se ejerce sin las formalidades ni la eficacia del juicio. || **6.** m. y f. Persona que se presta voluntariamente a hacer algo. || **P.** voluntário; **I.** voluntary; **F.** volontaire; **A.** freiwillig; **It.** volontario; **R.** добровольный.

VOLUNTARIOSAMENTE. adv. m. De manera voluntariosa.

VOLUNTARIOSO, SA. (De *voluntario.*) adj. Que por capricho quiere hacer siempre su voluntad. || **2.** Deseoso, complaciente, que hace con gusto una cosa.

VOLUPTUOSAMENTE. adv. m. De manera voluptuosa.

VOLUPTUOSIDAD. (De *voluptuoso.*) f. Complacencia en los deleites sensuales.

VOLUPTUOSO, SA. (l. *voluptuōsus.*) adj. Que inclina a la voluptuosidad o la hace sentir. || **2.** Dado a los placeres o deleites sensuales. Ú.t.c.s. || **P.** voluptuoso; **I.** voluptuous; **F.** voluptueux; **A.** wollüstig; **It.** voluttuoso; **R.** сладострастный.

VOLUTA. (l. *voluta.*) f. ARQ. Adorno en figura de espiral en los capiteles de los órdenes jónico y compuesto.

VOLVEDERA. f. SEG. Instrumento de madera para dar vueltas a la mies.

VOLVEDOR, RA. adj. ARGENT. y COLOM. Aplícase a la caballería que se vuelve a la querencia contra el deseo de su dueño.

* **VOLVEDOR.** m. MEC. Aparato que, haciendo girar los machos de rosca a mano, se usa para practicar roscas en los agujeros de piezas metálicas.

VOLVER. (l. *vŏlvĕre.*) tr. Dar vuelta a una cosa. || **2.** Dirigir una cosa hacia otra. || **3.** Corresponder, pagar, retribuir. || **4.** Traducir de una lengua a otra. || **5.** Devolver, restituir. || **6.** Poner nuevamente a una persona o cosa en el estado que antes tenía. || **7.** Hacer que se mude o trueque una cosa o persona de un estado o aspecto en otro. Ú.m.c.r. VOLVERSE *negro, tonto.* || **8.** Mudar, dar o tomar otro estado, figura, naturaleza, lugar, etc. || **9.** Mudar la haz de las cosas, poniéndolas a la vista por el envés, o al contrario. || **10.** Vomitar. || **11.** Disuadir a uno de su parecer, dictamen u opinión. Ú.m.c.r. || **12.** Dar la vuelta o dinero sobrante el vendedor al comprador. || **13.** Hacer girar una ventana, puerta, etc. para que quede entornada o cerrada. || **14.** Restar la pelota. || **15.** Dar la segunda reja o labor a la tierra. || **16.** Despedir o rechazar, o enviar por repercusión o reflexión. || **17.** Rehusar un regalo haciéndolo restituir a quien lo envió. || **18.** intr. Regresar, retornar. || **19.** Reanudar el hilo de la historia o discurso que se había interrumpido. VOLVAMOS *a nuestro cuento.* || **20.** Hablando del camino, calle, etc., torcer o dejar línea recta. || **21.** Repetir lo que ya se ha hecho. VUELVE *a copiar esta carta.* || **22.** Con la preposición *por,* defender a una persona o cosa. VOLVER *por el honor de uno.* || **23.** Recobrar su sentido el que lo ha perdido. VOLVER *en sí.* || **24.** r. Acedarse o dañarse el vino u otros líquidos. || **25.** Inclinar el cuerpo o el rostro hacia alguien en señal de dirigirle la palabra. || VOLVER *a nacer* uno *en* tal día. fr. fig. y fam. Haberse librado de un gran peligro en tal día. || VOLVER *loco* a uno. fr. fig. Confundirle con diversidad de especies aglomeradas y sin conexión. || **2.** fig. y fam. Envanecerle de manera que parezca que está sin juicio. || VOLVER *lo de abajo arriba,* o *lo de arriba abajo.* fr. fig. Trastornar el orden de las cosas. || VOLVER uno *por sí.* fr. Defenderse. || **2.** fig. Restaurar con su buen comportamiento el crédito o la opinión que había perdido. || VOLVERSE uno *atrás.* fr. No cumplir lo prometido; retractarse de lo dicho. || VOLVERSE uno *contra* otro. Perseguirle o serle contrario. || VOLVERSE uno *loco.* fr. Perder el juicio. || **2.** fig. y fam. Manifestar excesiva alegría, o estar dominado por un afecto vehemente. || VOLVER uno *sobre sí.* fr. Considerar con detenimiento las propias operaciones, para la enmienda. || **2.** Recuperarse de lo perdido. || **3.** Recobrar la serenidad y el ánimo. || **P.** voltar, volver, girar; **I.** to turn, to return, to send back; **F.** tourner, rendre; **A.** wiederkehren, zurückkehren; **It.** vòlgere, ritornare; **R.** сворачивать, возвращаться.

VOLVIBLE. adj. Que se puede volver.

VOLVIMIENTO. m. ant. Acción de volverse o revolverse.

VOLVO. (fr. *volve,* del l. *volva,* vulva.) m. Vólvulo.

VÓLVULO. (De *volvo.*) m. MED. Íleo.

VÓMER. (l. *vomer,* reja de arado, por la forma de este hueso.) m. ZOOL. Huesecillo impar de la cabeza, que contribuye a formar el tabique medio de la nariz.

VÓMICA. (l. *vomica.*) f. MED. Absceso o tumor formado en la parte interior del pecho y en que el pus llega a los bronquios y se evacua por expectoración y como vómito.

VÓMICO, CA. (l. *vomĭcus,* de *vomĕre,* vomitar.) adj. Que motiva o causa vómito. || *Nuez* VÓMICA. Semilla de un árbol loganiáceo, muy venenosa, que se emplea en medicina.

VOMIPURGANTE. (De *vomi,* apóc. de *vomitivo,* y *purgante.*) adj. MED. Dícese del medicamento que promueve el vómito y las evacuaciones del vientre. Ú.t.c.s.m.

VOMIPURGATIVO, VA. (De *vomi,* apóc. de *vomitivo,* y *purgativo.*) adj. MED. Vomipurgante. Ú.t.c.s.m.

VOMITADO, DA. p.p. de vomitar. || **2.** adj. fig. y fam. Dícese de la persona desmedrada y descolorida.

VOMITADOR, RA. adj. Que vomita. Ú.t.c.s.

VOMITAR. (l. *vomitāre,* intens. de *vomĕre.*) tr. Arrojar violentamente por la boca lo contenido en el estómago. || **2.** fig. Arrojar de sí algo que se tiene dentro. || **3.** fig. Tratándose de injurias, maldiciones, etc., proferirlas. || **4.** fig. Revelar uno lo que tiene secreto y se resiste a descubrir. || **5.** fig. y fam. Restituir uno lo que indebidamente retiene en su poder. || **P.** vomitar; **I.** to vomit; **F.** vomir; **A.** erbrechen; **It.** vomitare; **R.** вырвать.

VOMITEL. m. BOT. CUBA. Árbol borragináceo que produce madera de muy buena calidad.

VOMITIVO, VA. adj. MED. Que provoca vómitos. Ú.t.c.s.m.

VÓMITO. (l. *vomĭtus.*) m. Acción de vomitar. || **2.** Lo que se vomita. || **—de sangre.** Hemoptisis. || **—negro,** o **prieto.** Fiebre amarilla. || *Provocar a* VÓMITO una persona o cosa. fr. fig. y fam. Producir repugnancia. || **P.** vómito; **I.** vomiting; **F.** vomissement; **A.** Brechen; **It.** vòmito. **R.** рвота.

VOMITÓN, NA. adj. fam. Dícese del niño de teta que vomita mucho.

VOMITONA. f. fam. Vómito grande.

VOMITORIO, RIA. (l. *vomitorĭus.*) adj. Vomitivo. Ú.t.c.s. || **2.** m. Puerta de los circos o teatros romanos que daba acceso a las gradas.

* **VOQUI.** (Voz araucana.) m. CHILE. Toda planta cuyos tallos flexibles pueden servir como cordeles. || **2.** CHILE. Cordel o lazo hecho de tallos flexibles.

VOQUIBLE. m. fam. Vocablo.

VORACE. adj. Voraz.

VORACIDAD. (l. *voracĭtas, -ātis.*) f. Calidad de voraz.

VORÁGINE. (l. *vorāgo, -ĭnis.*) f. Remolino impetuoso que hacen las aguas en algunos parajes.

VORAGINOSO, SA. (l. *voraginōsus.*) adj. Dícese del sitio en que hay vorágines.

VORAHÚNDA. f. Baraúnda.

VORAZ. (l. *vorax, -ācis.*) adj Dícese del animal muy comedor y del hombre que come con mucha ansia. || **2.** fig. Que destruye o consume con rapidez. || **P.** voraz; **I.** voracious; **F.** vorace; **A.** gefrässig; **It.** vorace; **R.** прожорливый.

VORAZMENTE. adv. m. Con voracidad.

VORMELA. (al. *vürmlein.*) f. Mamífero carnívoro mustélido parecido al hurón, propio del norte de Europa.

VÓRTICE. (l. *vortex, -ĭcis.*) m. Torbellino, remolino. ‖ **2.** Centro de un ciclón. ‖ **P.** vórtice; **I.** vortex; **F.** tourbillon; **A.** Wirbel; **It.** vòrtice; **R.** вихрь.

★ **VORTICELA.** f. Zool. Especie de infusorio de agua dulce.

VORTIGINOSO, SA. (l. *vortīgo, -gĭnis,* remolino.) adj. Dícese del movimiento en remolino del aire o del agua.

VOS. (l. *vos.*) Cualquiera de los casos del pronombre personal de segunda persona en género masculino o femenino y número singular y plural, cuando esta voz se emplea como tratamiento. Lleva preposición en los casos oblicuos y pide verbo en plural, pero concierta en singular con el adjetivo. vos, *señor, sois docto.* ‖ **P.** vós; **I.** you; **F.** vous; **A.** Ihr, euch; **It.** voi; **R.** вы.

VOSCO. (l. *voscum, vobiscum.*) pron. pers. art. Con vos, o con vosotros.

VOSEAR. tr. Dar el tratamiento de vos.

VOSEO. m. Acción y efecto de vosear. Dícese especialmente del empleo hispanoamericano de *vos* por *tú.*

VOSO, SA. adj. ant. Vuestro.

VOSOTROS, TRAS. (De *vos* y *otros.*) Pronombre personal de segunda persona en número plural y género masculino y femenino para el nominativo y el vocativo. Se usa con preposición en los casos oblicuos. ‖ **P.** vcs; **I.** you; **F.** vous; **A.** ihr, euch; **It.** voi; **R.** вы.

VOTACIÓN. f. Acción y efecto de votar. ‖ **2.** Conjunto de votos emitidos. ‖ **—nominal.** En los parlamentos o corporaciones, la que se hace dando su nombre cada uno de los votantes. ‖ **—ordinaria.** En los parlamentos o corporaciones, la que se hace poniéndose en pie o permaneciendo sentados, o alzando o dejando de alzar una mano. ‖ **—secreta.** La que se hace por medio de bolas de diferente color o de papeletas en que no figura la firma de los votantes. ‖ **P.** votação; **I.** voting; **F.** votation; **A.** Abstimmung; **It.** votazione; **R.** голосование.

VOTADA. (De *votar.*) f. Votación.

VOTADOR, RA. adj. Que vota. Ú.t. c.s. ‖ **2.** m. y f. Persona que tiene el vicio de votar o echar votos o juramentos.

VOTANTE. p.a. de votar, 3.ª acep. Que vota. Ú.t.c.s.

VOTAR. (l. *votāre.*) intr. Hacer voto a Dios o a los santos. Ú.t.c.tr. ‖ **2.** Echar votos o juramentos. ‖ **3.** Dar uno su voto en una elección de personas, o en una reunión o cuerpo deliberante. Ú.t.c.tr. ‖ ¡voto *a tal*! expr. fam. ¡Voto va! ‖ **P.** votar; **I.** to vow, to vote; **F.** voter, feire un vœu; **A.** abstimmen, wahlen; **It.** votare; **R.** давать обет.

VOTIVO, VA. (l. *votivus.*) adj. Ofrecido por voto o relativo a él. ‖ **2.** Dícese de la misa que no siendo propia del día puede decirse por voto en ciertos días.

VOTO. (l. *votum.*) m. Promesa hecha a Dios, a la Virgen o a los santos. ‖ **2.** Cualquiera de los prometimientos propios del estado religioso, como son: pobreza, castidad y obediencia. ‖ **3.** En una asamblea o elección, manifestación de la voluntad de cada uno en orden a la elección de una persona o a la decisión sobre un punto o materia. ‖ **4.** Persona que da o puede dar su voto. ‖ **5.** Ruego o deprecación con que se pide algo a Dios. ‖ **6.** Juramento, execración, reniego. ‖ **7.** Deseo. ‖ **8.** Exvoto. ‖ **—activo.** Voz activa, facultad de votar que tiene el individuo de una corporación. ‖ **—acumulado.** Aquel en que, para amparo de las minorías, puede el elector reunir todos sus sufragios en favor de sólo algunos y aun de uno de los candidatos. ‖ **—cuadragesimal.** El que hacen en algunas órdenes los religiosos, de observar todo el año la misma abstinencia que en cuaresma. ‖ **—de amén.** fig. y fam. El de la persona que se conforma siempre y ciegamente con el dictamen ajeno. ‖ **2.** fig. y fam. Esta misma persona. ‖ **—de calidad.** El que por ser de persona de mayor autoridad, decide la cuestión en caso de empate. ‖ **—de censura.** El que emiten las cámaras o corporaciones negando su confianza al gobierno o a la junta directiva. ‖ **—de confianza.** Aprobación que las cámaras dan a la actuación de un gobierno. ‖ **—de reata.** fig. y fam. El que se da ciegamente. ‖ **2.** fig. y fam. Persona que le da. ‖ **—de Santiago.** Tributo en trigo o pan que por las yuntas que tenían daban los labradores de algunas provincias a la Iglesia de Santiago de Compostela. ‖ **—en blanco.** El que emite el elector sin escribir en la papeleta de votación nombre alguno. ‖ **—informativo.** El que no tiene efecto ejecutivo. ‖ **—particular.** Dictamen que uno o varios individuos de una comisión presentan en contra del de la mayoría. ‖ **—pasivo.** Facultad de poder ser votado o elegido para un cargo. ‖ **—plural.** El que, por privilegio, se concede a ciertos ciudadanos en atención a su cultura, cargo que desempeñan, etc. ‖ **—restringido.** Aquel en que, para facilitar la representación de minorías, el elector ha de votar menos representantes de los que han de ser elegidos. ‖ **—secreto.** El que emite sin que se conozca el nombre del votante. ‖ **—simple.** Promesa hecha a Dios sin solemnidad exterior de derecho. ‖ **—solemne.** El que se hace públicamente con las formalidades de derecho, como sucede en la profesión religiosa. ‖ *Regular los* votos. fr. Contarlos, y confrontar unos con otros. ‖ *Ser,* o *tener,* voto uno. fr. Tener acción para votar en alguna deliberación o elección. ‖ **2.** fig. Tener el conocimiento que requiere el asunto o negocio de que se trata, o estar libre de pasión. Ú. por lo común con negación para rechazar el dictamen del que se cree que está apasionado. ‖ ¡voto *va*! expr. fam. con que se amenaza o se denota enfado, sorpresa, admiración, etc. ‖ **P.** voto, promessa; **I.** vote, ballot; **F.** vote, vœu; **A.** Gelübde, Wahlstimme; **It.** voto; **R.** обет, вотум.

VOTRI. m. Bot. Planta trepadora propia de Chile, de hojas ovaladas y muy carnosas.

VOZ. (l. *vox, vocis.*) f. Sonido que, en el hombre y ciertos animales, produce el aire expelido de los pulmones al atravesar la glotis. ‖ **2.** Calidad, timbre o intensidad de este sonido. ‖ **3.** Sonido que en su roce o choque con el aire o el viento producen algunas cosas inanimadas. ‖ **4.** Grito. Ú.m. en plural. ‖ **5.** Vocablo. ‖ **6.** fig. Músico que canta. ‖ **7.** fig. Autoridad o fuerza que reciben las cosas por el dicho u opinión común. ‖ **8.** fig. Poder o facultad para hacer uno algo, en nombre propio o por delegación de otro. ‖ **9.** fig. Voto en una deliberación o elección. ‖ **10.** fig. Facultad de hablar, aunque no de votar, en una asamblea. ‖ **11.** fig. Opinión, rumor. ‖ **12.** fig. Motivo o pretexto público. ‖ **13.** fig. Mandato del superior. ‖ **14.** Germ. Consuelo. ‖ **15.** Gram. Accidente gramatical que expresa si el sujeto del verbo es agente o paciente. ‖ **16.** Mús. Sonido particular o tono correspondiente a las notas y claves. ‖ **17.** Mús. Cada una de las líneas melódicas que forman una composición polifónica. *Fuga a cuatro* voces. ‖ **—activa.** Facultad de votar que tiene el individuo de una corporación. ‖ **2.** Gram. Forma de conjugación que sirve para significar que el sujeto del verbo es agente. ‖ **—aguda.** Mús. Alto y triple. ‖ **—argentada** o **argentina.** fig. la clara y sonora. ‖ **—cantante.** Mús. Parte principal de una composición. ‖ **—común.** Opinión o rumor general. ‖ **—de cabeza.** Falsete. ‖ **—de la conciencia.** fig. Remordimiento. ‖ **—del cielo.** fig. Inspiración que nos lleva hacia el bien. ‖ **—de mando.** Mil. La que da a sus subordinados el que los manda. ‖ **—de trueno.** fig. La muy fuerte o retumbante. ‖ **—empañada.** fig. La que no es bastante sonora y clara. ‖ **—opaca** o **parda.** fig. Voz empañada. ‖ **—pasiva.** Poder o aptitud de ser votado o elegido para un encargo o empleo. ‖ **2.** Gram. Forma de conjugación que sirve para significar que el sujeto del verbo es paciente. ‖ **—sumisa.** fig. La baja y suave, como la del que suplica. ‖ **—tomada.** fig. Voz empañada. ‖ **—vaga.** Rumor o hablilla esparcida entre muchos, y cuyo origen se ignora. ‖ *Mala* voz. Tacha o reclamación contra el crédito de una persona o contra la legítima posesión de una cosa. ‖ *Pública* voz *y fama.* expr. con que se da a entender que una cosa se tiene por cierta en virtud de asegurarla casi todos. ‖ *Segunda* voz. La que acompaña a una melodía entonándola generalmente una tercera más baja. ‖ *Viva* voz. Explicación de la voluntad en orden a lo que se debe ejecutar, sin rescripto, bula o decreto. ‖ **2.** Expresión oral, por contraposición a la escrita. ‖ *Aclarar la* voz. fr. Quitar el obstáculo que impedía pronunciar con claridad. ‖ *Ahuecar* uno *la* voz. fr. Abultarla para que parezca más grave. ‖ *Alzar* uno *la* voz a otro. fr. fam. Levantarle la voz. ‖ *A media* voz. m. adv. Con voz baja. ‖ **2.** fig. Con ligera insinuación. ‖ *Anudársele* a uno *la* voz. fr. fig. No poder hablar por alguna vehemente pasión. ‖ *Apagar la* voz a un instrumento. fr. fig. Hacer que suene menos. ‖ *A una* voz. m. adv. fig. De común consentimiento. ‖ *A* voces. m. adv. A gritos o en voz alta. ‖ *A* voz *en cuello,* o *en grito.* m. adv. Gritando. ‖ *Correr la* voz. fr. Divulgarse una cosa. ‖ **2.** Difundir alguna especie. ‖ *Dar una* voz a uno. fr. Llamarle en alta voz desde lejos. ‖ *Dar* uno voces *al viento,* o *en desierto.* fr. fig. Esforzarse inútilmente. ‖ *Desanudar la* voz. fr. fig. Quedar expedita la voz y el habla, impedidas antes por un accidente. ‖ *Echar* uno voz, o *la* voz. fr. Divulgar alguna especie o noticia. ‖ *En* voz. m. adv. De palabra. ‖ **2.** Mús. Con la voz clara para poder cantar. ‖ *Estar pidiendo a* voces algo. Necesitar algo con urgencia. ‖ *Jugar* uno *la* voz. fr. Cantar haciendo quiebros o inflexiones. ‖ *Levantar* uno *la* voz a otro. fr. fam. Hablarle descompuestamente o contestarle sin el respeto que merece. ‖ *Llevar la* voz *cantante.* fr. fig. Ser la persona que se impone a los demás en una reunión, en un negocio. ‖ *Meter* uno *a* voces una cosa. fr. fig. Ofuscar la razón metiendo bulla. ‖ *Romper* uno *la* voz. fr. Levantarla más de lo regular, o ejercitarla dando voces con el fin de educarla para el canto. ‖ *Soltar* uno *la* voz. fr. fig. Divulgar, publicar. ‖ *Tomar la* voz *de* uno. Declararse por un determinado sujeto. ‖ **2.** Salir a la defensa de una persona o cosa. ‖ voz *del pueblo,* voz *del cielo.* fr. proverb. que enseña que el convenir comúnmente todos en una especie es prueba de su certidumbre. ‖ **P.** voz; **I.** voice; **F.** voix; **A.** Stimme; **It.** voce; **R.** голос

VOZARRÓN. m. Voz muy fuerte y gruesa.

VOZARRONA. f. Vozarrón.

VOZNAR. (l. *bucinare.*) intr. Graznar.

★ **VUDÚ.** m. Culto supersticioso africano, de carácter bárbaro, cuyos ritos y ceremonias, generalmente secretas y dirigidos por brujos o hechiceros, suelen comenzar por danzas y orgías, y llegan a una especie de delirio. ‖ **2.** Deidad que es objeto de este culto. ‖ **3.** Individuo que practica dicho culto.

VUECELENCIA. com. Metapl. de *vuestra excelencia.*

VUECENCIA. com. Síncopa de *vuecelencia.*

VUELAPIÉ (A). m. adv. A volapié, 3.ª acep.

VUELAPLUMA (A). m. adv. A vuela pluma.

VUELCO. m. Acción y efecto de volcar o volcarse. ‖ **2.** Movimiento que con una cosa se vuelca. ‖ *A* vuelco *de dado.* m. adv. fig. con que se expresa la gran contingencia o riesgo a que está expuesta una cosa. ‖ *Darle* a uno *un* vuelco *el corazón.* fr. fig. y fam. Representársele inopinadamente una especie futura con cierto movimiento interior. ‖ **2.** Sentir de pronto sobresalto, alegría u otra viva emoción o movimiento del ánimo. ‖ **P.** tombo; **I.** tumble; **F.** culbute; **A.** Umsturz, Umkippen; **It.** tòmbolo; **R.** перевёртывание.

VUELILLO. (De *vuelo.*) m. Adorno de encaje u otra tela ligera, en las bocamangas de algunos trajes.

VUELO. m. Acción de volar. ‖ **2.** Espacio que se recorre volando sin posarse. ‖

3. Conjunto de plumas del ala del ave dispuestas principalmente para volar. Ú.m. en pl. || 4. Por ext., toda el ala. || 5. Amplitud de un vestido en la parte que no se ajusta al cuerpo. || 6. Vuelillo. || 7. Tramoya teatral en que va por el aire una persona o cosa. || 8. Arbolado de un monte. || 9. Arq. Parte saliente de una fábrica. || 10. Cetr. Ave de caza enseñada a perseguir a otras. || 11. For. En algunas divisiones tradicionales de la propiedad, derecho al arbolado, con separación del que otro tenga sobre el suelo. || **—a vela.** Aviac. Vuelo sin motor, aprovechando determinadas condiciones atmosféricas. || **—ciego, instrumental** o **sin visibilidad.** Aeronáut. El que realiza una aeronave con visibilidad nula, sirviéndose exclusivamente de los datos facilitados por los aparatos instalados a bordo. || **—de contacto.** Aeronáut. El que realiza una aeronave mediante la observación directa de las señales procedentes de los puestos instalados con tal fin. || **—planeado.** Aviac. Vuelo que se efectúa planeando. || *Al* vuelo, o *a* vuelo. m. adv. Ligera y prontamente. || *Alzar el* vuelo. fr. Echar a volar. || 2. fig. y fam. Marcharse de repente de un sitio. || *Cazarlas* o *cogerlas* uno *al* vuelo. Entender inmediatamente las cosas que de propósito se expresan veladamente. || *Coger al* vuelo una cosa. fr. fig. Lograrla de paso, o impensadamente. || *Coger,* o *tomar,* vuelo una cosa. fr. fig. Ir adelantando mucho. || *Cortar los* vuelos *a* uno. Ponerle trabas y limitaciones a sus propósitos. || *De un* vuelo, *de* vuelo, o *en un* vuelo. m. adv. fig. Con prontitud. || *Echar,* o *tocar, a* vuelo *las campanas.* Tocar todas a la vez volteándolas. || *Levantar el* vuelo. fr. Echar a volar. || 2. fig. Elevar uno el espíritu o la imaginación. || 3. fig. Engreírse, envanecerse. || 4. fig. y fam. Alzar el vuelo, 2.ª acep. || *Tirar al* vuelo. fr. Tirar a las aves que van volando. || **P.** voo; **I.** flight, flying; **F.** vol; **A.** Flug; **It.** volo; **R.** взлёт, полёт.

VUELTA. (l. *volūta,* por *volūta.*) f. Movimiento de una cosa alrededor de un punto, o girando sobre sí misma, hasta invertir su posición primera, o hasta recobrarla de nuevo. || 2. Curvatura en una línea o en un camino. || 3. Cada una de las circunvoluciones de una cosa alrededor de otra. || 4. Regreso. || 5. Devolución de una cosa a quien la tenía. || 6. Retorno o recompensa. || 7. Repetición de una cosa. || 8. Paso o repaso que se da a una materia leyéndola o estudiándola. || 9. Vez, alternación de las cosas. || 10. Cara de una cosa opuesta a la que se tiene a la vista. || 11. Tunda de azotes o golpes. || 12. Adorno que se sobrepone al puño de las camisas, camisolas, etc. || 13. Tela sobrepuesta en algunas partes de ciertas prendas de vestir. || 14. Embozo de la capa. || 15. Cada una de las series circulares de puntos en las medias, calcetas, etc. || 16. Mudanza de las cosas. || 17. Acción o expresión áspera y sensible, especialmente cuando no se espera. || 18. Dinero sobrante que se devuelve a la persona que hace un pago. || 19. Labor que se da a la tierra de cultivo. || 20. Voltereta en algunos juegos de naipes. || 21. En las composiciones que glosan un villancico, verso o versos de la segunda parte de cada estrofa en que reaparece la rima del villancico para introducir la repetición de éste en todo o en parte. || 22. Ar. Bóveda, y por ext., techo. || 23. Arq. Curva de intradós de un arco o bóveda. || 24. Min. Destello de luz que despide la plata cuando termina la copelación. || 25. Mús. Retornelo. || **—de carnero.** fig. Trepa, media vuelta dada fijando la cabeza en el suelo. || 2. Caída, batacazo. || **—de campana.** La que se da con el cuerpo en el aire volviendo a caer de pies. || **—en redondo.** Media vuelta. || *Media* vuelta. Acción de volver el cuerpo de modo que quede de frente hacia la parte que estaba antes a la espalda. || *A la* vuelta. m. adv. Al volver. || *A la* vuelta *de.* loc. Al cabo de. || *A la* vuelta *de la esquina.* fr. fig. de que se usa para indicar que un lugar está muy cerca, o que una cosa se encuentra muy a mano. || *A la* vuelta *lo venden tinto.* fr. fig. y fam. usada cuando uno quiere desentenderse de lo que le piden. || *Andar* a uno *a las* vueltas. fr. Seguirle observando sus pasos. || *Andar a* vueltas. fr. Reñir o luchar. || *Andar* uno *a* vueltas *con, para,* o *sobre,* una cosa. fr. fig. Estar perplejo o poniendo todos los medios para averiguarla o ejecutarla. || *Andar* uno *en* vueltas. fr. fig. Andar en rodeos; poner dificultades o señalar inconvenientes para no hacer una cosa. || *A* vuelta *de correo.* m. adv. Por el correo inmediato, sin demora. || *A* vueltas *con* una cosa. m. adv. Usarla insistentemente. || *Buscarle* a uno *las* vueltas. fr. fig. y fam. Acechar la ocasión para cogerle descuidado. || *Coger* uno *las* vueltas, o *la* vuelta. fr. fig. Buscar rodeos o artificios para librarse de una incomodidad o conseguir un fin. || *Cogerle* a uno *las* vueltas. Adivinarle sus propósitos y planes para anticiparse a él, saliéndose con la suya. || *Dar cien* vueltas. a uno. fr. fig. y fam. Aventajarle mucho en algún conocimiento o habilidad. || *Darse* uno *una* vuelta *a la redonda.* fr. fig. y fam. Examinarse a sí mismo antes de reprender a otro. || *Dar* uno *una* vuelta. fr. Pasear un rato. || 2. Ir por poco tiempo a una población o país. || 3. fig. Limpiar una cosa reconociéndola. || 4. fig. Hacer una breve y personal diligencia para el resguardo o reconocimiento de una cosa. || 5. fig. Mudarse, trocarse en otro. || *Dar* vueltas. fr. Andar alrededor. || 2. Andar buscando algo sin encontrarlo. || 3. fig. Discurrir repetidamente sobre un asunto. || *De* vuelta. m. adv. En volviendo. || *Estar de* vuelta. fr. fig. y fam. Estar de antemano enterado de algo de que se le cree ignorante. || *Guardar* uno *las* vueltas. fr. fig. y fam. Estar con cuidado para no ser cogido en una acción mala. || 2. fig. y fam. Ejecutar algo sin que otro lo entienda. || *No hay que darle* vueltas. expr. fig. y fam. que se emplea para afirmar que, por más que se considere una cosa, siempre resultará ser la misma, o no tener sino un remedio o solución. || *No tener* vuelta *de hoja* una cosa. fr. fig. y fam. Ser incontestable. || *Poner* a uno *de* vuelta *y media.* fr. fig. y fam. Llenarla de improperios. || *Tener* vuelta una cosa. fr. fig. y fam. con que se previene al que la recibe prestada la obligación de devolverla. || *Tener* vueltas uno. fr. fig. Ser inconstante. || *Tomar la* vuelta *de tierra.* fr. Mar. Virar con dirección a la costa. || ¡vuelta! interj. ¡Dale! || 2. Úsase también para ordenar a uno que vuelva una cosa hacia alguna parte. || 3. Úsase con las preposiciones *a* o *con* en frases admirativas para indicar que alguien da en repetir con impertinencia alguna cosa. || **P.** e **It.** volta, giro; **I.** turn; **F.** tour, détour; **A.** Drehung, Wendung; **R.** оборот.

* **VUELTERO, RA.** adj. Argent. Disimulado, doble, taimado.

VUELTO, TA. (l. *volūtus,* por *volūtus.*) p.p. irreg. de volver. || 2. Amér. Vuelta del dinero sobrante que el que cobra devuelve al comprador.

VUELUDO, DA. adj. Dícese de la vestidura que tiene mucho vuelo.

VUESARCED. com. ant. Metapl. de *vuestra merced.*

VUESEÑORÍA. com. ant. Metapl. de *vuestra señoría.*

VUESO, SA. pron. poses. ant. Vuestro.

VUESTRO, TRA, TROS, TRAS. (l. *voster, vostra.*) pron. y adj. poses. de 2.ª pers., en géneros masculino, femenino y neutro; pl. en cuanto a los poseedores y sing. y pl. en cuanto a la cosa poseída. Por ficción o por tratamiento de vos, el uso autoriza que pueda entenderse un solo poseedor. || 2. En la forma femenina del sing. se usa como tratamiento aplicado a una sola persona. En este caso, la concordancia de verbo y adjetivo obedece al sentido: vuestra *majestad es generoso.* || **P.** vosso, vossa; **I.** your, yours; **F.** votre, vôtre; **A.** euer, ihr; **It.** vostro, -a, -i, -e; **R.** ваш.

VULCANIO, NIA. (l. *vulcanĭus.*) adj. Perteneciente a Vulcano, o al fuego.

VULCANISMO. (De *Vulcano,* dios del fuego.) m. Geol. Plutonismo.

VULCANISTA. adj. Geol. Partidario del vulcanismo. Ú.t.c.s.

VULCANITA. f. Ebonita.

VULCANIZACIÓN. f. Acción y efecto de vulcanizar. || 2. Quím. Proceso químico por el cual el caucho natural se convierte en una materia tenaz y elástica, mediante la fijación del azufre o de uno de sus compuestos.

VULCANIZAR. (l. *vulcānus,* fuego.) tr. Combinar el caucho o la gutapercha, con azufre, para darles mayor elasticidad, impermeabilidad y duración.

* **VULFENITA.** f. Quím. Molibdato de plomo, mineral en que se encuentra el molibdeno.

VULGACHO. m. despect. Ínfima plebe o vulgo.

VULGADO, DA. (l. *vulgātus.*) adj. ant. Vulgar.

VULGAR. (l. *vulgāris.*) adj. Perteneciente al vulgo. || 2. Común o general. || 3. Históricamente, las lenguas populares habladas, en contraposición a las lenguas sabias. || 4. Que no tiene especialidad particular en su línea. || 5. Dícese de la era cristiana. || **P.** e **I.** vulgar; **F.** vulgaire; **A.** gewöhnlich, gemein; **It.** volgare; **R.** простой.

VULGAR. (l. *vulgāre.*) tr. ant. Divulgar.

VULGARIDAD. (l. *vulgarĭtas, -ātis.*) f. Calidad de vulgar, 1.ª acep. || 2. Cosa vulgar que carece de novedad e importancia.

VULGARISMO. m. Dicho o frase especialmente usados por el vulgo.

VULGARIZACIÓN. f. Acción y efecto de vulgarizar.

VULGARIZADOR, RA. adj. Que vulgariza. Ú.t.c.s.

VULGARIZAR. (l. *vulgāris,* vulgar.) tr. Hacer vulgar o común una cosa. Ú.t. c.r. || 2. Hacer asequible al vulgo una ciencia o una materia técnica cualquiera. || 3. Traducir un escrito a la lengua común o vulgar. || 4. r. Darse uno al trato de la gente del vulgo o portarse como ella. || **P.** vulgarizar; **I.** to vulgarize; **F.** vulgariser; **A.** gemein machen; **It.** volgarizzare; **R.** вульгаризировать.

VULGARMENTE. adv. m. De manera vulgar. || 2. Comúnmente.

VULGATA. (l. *vulgāta,* divulgado, dada al público.) f. Versión latina de la Sagrada Escritura, única reconocida como canónica.

VULGO. (l. *vulgus.*) m. El común de la gente popular. || 2. Conjunto de las personas que en cada materia no tienen más que unos conocimientos muy superficiales. || 3. Germ. Mancebía, lupanar. || 4. adv. Vulgarmente. || **P.** vulgo; **I.** common people; **F.** vulgaire; **A.** Pöbel, Mob; **It.** volgo; **R.** простой народ.

VULNERABILIDAD. f. Calidad de vulnerable.

VULNERABLE. (l. *vulnerabĭlis.*) adj. Que puede ser herido o recibir lesión, física o moralmente.

VULNERACIÓN. (l. *vulneratĭo, -ōnis.*) f. Acción y efecto de vulnerar.

VULNERAR. (l. *vulnerāre,* de *vulnus,* herida.) tr. ant. Herir. || 2. fig. Dañar, perjudicar.

VULNERARIO, RIA. (l. *vulnerarĭus.*) adj. For. Aplícase al clérigo que ha herido o matado a otra persona. Ú.t.c.s. || 2. Med. Aplícase al remedio que cura las llagas y heridas. Ú.t.c.s.m.

VULPÉCULA. (l. *vulpecŭla,* d. de *vulpes,* raposa.) f. Vulpeja.

VULPEJA. (l. *vulpecŭla.*) f. Zorra, raposa. || **P.** raposa; **I.** bitch-fox; **F.** renard; **A.** Füchsin; **It.** volpe; **R.** лисица.

VULPINO, NA. (l. *vulpīnus.*) adj. Perteneciente o relativo a la zorra. || 2. fig. Que tiene sus propiedades.

VULTO. (l. *vultus.*) m. ant. Rostro o cara.

VULTUOSO, SA. (l. *vultuōsus.*) adj. Med. Dícese del rostro abultado por congestión.

VULTURÍN. (l. *vulturīnus.*) m. Ar. Buitrón, arte de pesca.

VULTURNO. (l. *vulturnus.*) m. Bochorno, aire muy caliente que sopla en el estío.

VULVA. (l. *vulva.*) f. Anat. Partes que rodean y constituyen la abertura externa de la vagina. || **P., I.** e **It.** vulva; **F.** vulve; **A.** Schamritze.

VUSCO. (De *vosco,* infl. por *tú.*) pron. pers. ant. Convusco.

VUSTED. (De *vuestra merced.*) com. ant. Usted.

W

W. f. Letra llamada *v doble* y que no pertenece propiamente a la escritura española, pues en ella es substituida por la *v* sencilla. ‖ **2.** Se escribe como abreviatura de oeste en mapas, brújulas, etc. ‖ **3.** Fís. Abreviatura de vatio o wat.

★ **WAGNERIANO, NA.** adj. Perteneciente o relativo a Wagner. ‖ **2.** Partidario de la escuela musical de Wagner.

★ **WALCHIA.** f. GEOL. Planta conífera del Pérmico, semejante a la araucaria actual, distribuida por toda la superficie de nuestro planeta en aquel período.

★ **WARRANT.** m. Documento a la orden, que se entrega en los almacenes generales de comercio como resguardo de las mercancías depositadas.

WAT. m. Fís. Nombre del *vatio* en la nomenclatura internacional.

★ **WATER-CLOSET.** (ingl. *water*, agua, y *closet*, retrete.) m. Retrete que puede limpiarse instantáneamente por medio del agua contenida en un depósito; en castellano, *inodoro*. ‖ **P.** retrete; **I.** water closet; **F.** water-closet; **A.** (Spül)Abort; **It.** cesso; **R.** клозет.

★ **WATER-POLO.** (Palabra inglesa que significa polo acuático.) m. Deporte acuático que se juega entre dos equipos de siete nadadores, en partidos de 14 minutos de duración, divididos en dos tiempos. El objetivo es introducir el balón en la portería contraria.

★ **WHISKY.** (ingl. *whisky*.) m. Bebida alcohólica obtenida por la fermentación de la avena y de la cebada. Los de mejor calidad se fabrican en Escocia e Irlanda.

★ **WOLFRAMIO.** m. Volframio.

X

X. f. Vigésima sexta letra del abecedario español, y vigésima primera de sus consonantes. Llámase *equis.* Antiguamente representó dos sonidos: uno doble, compuesto de *k,* o de *g* suave, y *s,* y otro simple, semejante al de la *ch* francesa, el cual hoy conserva en algunos dialectos, como el bable. Después tuvo valor de *j.* Actualmente sólo se emplea con el valor de *ks* o *gs;* como en *axioma, excelso.* ‖ **2.** N, 2.ª acep. ‖ **3.** ÁLG. y ARIT. Signo con que suele representarse en los cálculos la incógnita, o la primera de las incógnitas, si son dos o más. ‖ **4.** V. *Rayos* x. ‖ **5.** Letra numeral que tiene el valor de diez en la numeración romana.

* **XÁNTICO.** m. QUÍM. Éster del ácido ditiocarbónico.

* **XANTOCROMÍA.** f. MED. Coloración amarilla.

* **XANTOFILA.** f. BOT. Pigmento amarillo que acompaña a la clorofila en las células vegetales.

* **XANTOPTERINA.** f. QUÍM. Substancia aislada de las alas de las mariposas, tiene color amarillo.

* **XENIA.** (gr. ξένος, forastero.) f. BIOL. Influencia que el elemento masculino puede ejercer, a veces, sobre determinadas partes de la hembra, la cual adquiere caracteres propios del macho fecundador.

* **XENOFILIA.** (gr. ξένος, extranjero, y φίλος, amante, amigo.) f. Amor, inclinación a lo extranjero o a los extranjeros.

XENOFOBIA. (gr. ξένος, extranjero, y φοβέω, espantarse.) f. Odio u hostilidad hacia los extranjeros. ‖ **P.** xenofobia;

I. xenophobia; **F.** xénophobie; **A.** Fremdenhass; **It.** xenofobia.

XENÓFOBO, BA. adj. Que siente xenofobia.

* **XENÓN.** m. QUÍM. Uno de los gases nobles o inertes que forma parte del aire atmosférico en muy pequeña cantidad. Su símbolo es X y 54 su número atómico.

* **XENÓTIMA.** f. MINERAL. Fosfato natural de cerio e itrio.

* **XEROFAGIA.** f. MED. Costumbre de comer alimentos secos y de beber poco.

* **XERÓFILO, LA.** adj. BOT. Se dice de las plantas que prosperan mejor en un medio seco.

* **XERÓFITO, TA.** adj. Dícese de las plantas y de las formaciones vegetales adaptadas a vivir con escasa humedad.

XEROFTALMÍA. (gr. ξηρός, seco, y ὀφθαλμία; de οφθαλμός, ojo.) f. MED. Enfermedad de los ojos producida por la desecación y retracción de la conjuntiva y opacidad de la córnea.

* **XEROSIS.** f. MED. Modificación estructural de los órganos que se manifiesta en la vejez; es una esclerosis generalizada. ‖ **2.** Xeroftalmía.

* **XEROSTOMÍA.** f. PAT. Sequedad de la boca.

XI. (gr. ξι.) f. Decimocuarta letra del alfabeto griego, que corresponde a la *equis* en el nuestro.

XIFOIDEO, A. adj. Perteneciente o relativo al apéndice xifoides.

XIFOIDES. (gr. ξιφοειδής, de figura de espada; de ξίφος, espada, y εἶδος, forma.) adj. ZOOL. Dícese del apéndice carti-

laginoso y de forma parecida a la punta de una espada, en que termina el esternón del hombre. Ú.t.c.s.m. ‖ **P.** xifóide; **I.** xiphoid; **F.** xiphoïde; **A.** Schwertfortsatz; **It.** sifóides; **R.** мечевидный отросток.

XILÓFAGO, GA. (gr. ξύλον, madera, y φαγεῖν, comer.) adj. ZOOL. Dícese de los insectos que roen la madera. Ú.t.c.s

° **XILÓFONO.** (gr. ξύλον, madera, y φωνή, sonido.) m. MÚS. Instrumento de percusión compuesto de una serie de láminas de madera de diferente longitud que se tocan con dos macillos.

XILOGRAFÍA. (gr. ξύλον, madera, y γράφω, escribir.) f. Arte de grabar en madera. ‖ **2.** Impresión tipográfica hecha con planchas de madera grabadas. ‖ **P.** xilografía; **I.** xylography; **F.** xylographie; **A.** Holzschneidekunst; **It.** silografia; **R.** ксилография.

XILOGRÁFICO, CA. adj. Perteneciente o relativo a la xilografía.

* **XILOL.** m. QUÍM. Hidrocarburo líquido de la serie del benceno; se emplea como disolvente.

* **XILOMETRÍA.** f. Determinación del volumen de los árboles.

XILÓRGANO. (gr. ξύλον, madera, y ὄργανον, instrumento.) m. Instrumento músico antiguo, compuesto de unos cilindros o varillas de madera.

XILOTILA. f. ECUAD. Hidrosilicato de magnesia y hierro, que, con su estructura fibrosa y su color pardo, imita la madera fósil.

* **XIÓN.** adv. GERM. Sí.

Y

Y. f. Vigésima séptima letra del abecedario español y vigésima segunda de sus consonantes. Llamábase *i griega* o *ye*. Usada como conjunción y fin de sílaba, tiene el mismo sonido que la *i* vocal. ‖ **2.** Mat. Lo mismo que la *x* se usa con mucha frecuencia para designar una incógnita. ‖ **3.** Quím. Símbolo del itrio.

Y. (l. *ĕt*.) conj. copulat. que une palabras o cláusulas en concepto afirmativo y que desempeñan el mismo oficio gramatical. Cuando son varios los vocablos o miembros del período que han de ir enlazados, sólo se expresa, generalmente, antes del último. ‖ **2.** Se forman con esta conjunción grupos de dos o más palabras entre los cuales no se expresa. *Ricos* Y *pobres, altos* Y *bajos, todos mueren.* ‖ **3.** Omítese a veces por la figura asíndeton y se repite otras veces por la figura polisíndeton. ‖ **4.** Ú. a principio de período sin vocablo o frase anterior, para dar énfasis a lo que se dice. ¡Y *si llega a venir!* ‖ **5.** Precedida y seguida por una misma palabra, denota idea de repetición indefinida. *Horas* Y *horas;* o de diferenciación. *Hay hombres* Y *hombres.*

Y. (l. *ibi*.) adv. ant. Allí.

YA. (l. *iam*.) adv. con que se denota el tiempo pasado. YA *lo vimos ayer.* ‖ **2.** En el tiempo presente, haciendo relación al pasado. *Estaba enfermo, pero* YA *está bien.* ‖ **3.** En tiempo futuro. YA *lo haré.* ‖ **4.** Finalmente. YA *es necesario decidirse.* ‖ **5.** Luego, inmediatamente, cuando se responde a quien llama. YA *vamos.* ‖ **6.** Ú. como conjunción distributiva. YA *en casa,* YA *en la calle.* ‖ **7.** Sirve para conceder o apoyar lo que nos dicen, y suele usarse con las frases YA *entiendo,* YA *se ve,* que equivalen a así es. ‖ *Pues* YA. loc. fam. Por supuesto, ciertamente. Ú. comúnmente en sentido irónico. ‖ *Si* YA. m. conjunt. condic. equivalente a la sola conj. *si* o a *siempre que.* ‖ ¡YA! interj. fam. con que denotamos recordar algo o caer en ello, o no hacer caso de lo que nos dicen. Ú. repetida, y de esa manera expresa también idea de encarecimiento en bien o en mal. ‖ YA *que.* m. conjunt. condic. Una vez que, aunque, o dado que. YA *que no puedes remediarlo, llévalo con paciencia.* ‖ *Desde* YA. loc. fam. R. DE LA PLATA. Desde ahora. ‖ P. já; I. already; F. déjà; A. schon, bereits, jetzt, nun; It. già; R. уже.

YAACABÓ. m. Pájaro insectívoro de la América del Sur, con pico y uñas fuertes. Su canto es parecido a las sílabas de su nombre.

YABA. f. BOT. CUBA. Árbol silvestre, papilonáceo, cuya corteza se usa como vermífuga, y la madera se emplea en la construcción.

YABUNA. f. CUBA. Hierba gramínea que abunda en las sabanas; sus tallos, rastreros, se cruzan de tal modo que cubren el terreno de una especie de alfombra.

★ **YABUNAL.** m. CUBA. Terreno cubierto de la hierba gramínea llamada yabuna.

YAC. m. Bóvido que habita en las altas montañas del Tíbet; largas lanas que cubren sus patas y la parte inferior del cuerpo.

YACA. f. BOT. Anona de la India.

YACAL. (Voz tagala.) m. BOT. FILIP. Árbol dipterocarpáceo, de hasta 20 m de altura; su madera es muy apreciada para construcciones y muebles.

YACARÉ. (Voz guaraní.) m. ARGENT. Caimán, reptil saurio.

★ **YACATIANG.** m. ZOOL. AMÉR. Pavo montés.

YACEDOR. m. Mozo de labor encargado de llevar las caballerías a yacer.

YACENTE. (l. *iacens, -entis*.) p.a. de yacer. Que yace. ‖ **2.** adj. Dícese generalmente de la figura humana que en pintura o escultura se representa tendida. ‖ **3.** FOR. Dícese de la herencia de la cual aún no se han hecho las particiones o de aquella de la cual no ha tomado aún posesión el heredero. ‖ **4.** m. MIN. Cara inferior de un criadero.

YACER. (l. *iacĕre*.) intr. Estar echada o tendida una persona. ‖ **2.** Estar un cadáver en el sepulcro. ‖ **3.** Existir real o figuradamente una persona o cosa en algún lugar. ‖ **4.** Tener trato carnal con una persona. ‖ **5.** Pacer de noche las caballerías en el campo. ‖ P. jazer; I. to lie down; F. gésir, être couché; A. liegen; It. giacere; R. лежать.

YACIENTE. p.a. de yacer. Yacente. ‖ **2.** adj. Dícese de la colmena que está tendida a lo largo.

YACIJA. (l. *iacilĭa*, pl. n. de *iacile*.) f. Lecho o cosa en que se está acostado. ‖ **2.** Sepultura, fosa, huesa. ‖ *Ser uno de mala* YACIJA. fr. fig. Ser de mal dormir. ‖ **3.** fig. Ser de condición inquieta. ‖ **4.** fig. Ser hombre vagabundo y de malas mañas. ‖ P. leito; I. couch, bed; F. couche; A. Bett, Lager; It. giaciglio; R. ложе.

YACIMIENTO. (De *yacer*.) m. GEOL. Sitio donde se halla naturalmente una roca, un mineral o un fósil. ‖ P. jazigo; I. bed; F. gite, gisement; A. Lager, Fundort; It. giacimento; R. слой.

YACIO. m. Árbol euforbiáceo, de 20 a 30 m de altura, abundante en los bosques de la América tropical, que, por incisiones hechas en el tronco, da goma elástica.

★ **YACO.** m. ZOOL. PERÚ. Especie de nutria.

YACTURA. (l. *iactūra*.) f. Quiebra, pérdida o daño recibido.

★ **YACÚ.** m. R. DE LA PLATA. Cierta ave gallinácea del género penélope.

YAGRUMA. f. CUBA. Nombre que se da a dos árboles maderables y de propiedades medicinales, de distinta familia, definidos a continuación. **—hembra.** BOT. CUBA. Árbol de la familia de las moráceas, con hojas palmeadas, verdes por la haz y plateadas por el envés; flores en racimo, rosadas con visos amarillos. **—macho.** BOT. CUBA. Árbol de la familia de las araliáceas; pecíolos largos, hojas digitadas, tomentosas por el envés, flores blancas en umbela; madera lechia.

YAGRUMO. m. P. RICO y VENEZ. Yagruma hembra.

YAGUA. (Voz caribe.) f. VENEZ. Palma que sirve de hortaliza, y se usa para techar chozas y hacer cestos, sombreros y cabuyas. En el invierno da aceite, utilizado en el alumbrado. ‖ **2.** CUBA y P. RICO. Tejido fibroso que rodea la parte superior y más tierna del tronco de la palma real, y se usa especialmente para envolver tabaco en rama.

★ **YAGUACIL.** m. REP. DOMIN. Cubierta que protege las flores y racimos de la palma real.

YAGUAL. m. C. RICA, HOND., GUAT. y MÉJ. Rodete que se pone sobre la cabeza para asentar una carga. ‖ **2.** MÉJ. Cernedor.

★ **YAGUANA.** f. ARGENT. Vasija donde se hierve la leche.

YAGUANÉ. adj. ARGENT. Dícese del animal vacuno o caballar que tiene el pescuezo y los costillares de color diferente al del lomo, barriga y parte de las ancas. Ú.t.c.s.

★ **YAGUAPINDA.** f. BOT. BOL. Cierta planta trepadora.

YAGUAR. (Voz guaraní.) m. ZOOL. Jaguar.

★ **YAGUARETÉ.** (Voz guaraní.) m. R. DE LA PLATA. Jaguar.

★ **YAGUARÚ.** m. R. DE LA PLATA. Mamífero fluvial parecido al lobo marino.

★ **YAGUARUNDÍ.** m. ZOOL. ARGENT. Especie de gato montés.

YAGUASA. f. ZOOL. CUBA y HOND. Ave palmípeda, especie de pato salvaje, pequeño, de color pardo claro y manchas obscuras.

★ **YAGUEYES.** (Voz caribe.) m. pl. CUBA. Hondonadas donde se recoge el agua de lluvia.

YAGURÉ. m. AMÉR. Mofeta, mamífero carnicero, parecido a la comadreja.

° **YAGURT.** m. Yogur.

★ **YAHANÁ.** f. ZOOL. Ave zancuda, congénere de la polla de agua. Vive en América del Sur.

★ **YAHUILMA.** (Voz araucana.) f. ZOOL. CHILE. Cierto papagayo de pequeño tamaño.

YAICUAJE. (Voz caribe.) m. CUBA. Árbol sapindáceo, con hojas compuestas; flores blancas, y madera compacta de color rojizo claro.

YAICHIHUE. m. CHILE. Planta bromeliácea.

YAITÍ (Voz caribe.) m. CUBA. Árbol euforbiáceo, con hojas lanceoladas, flores amarillas y madera muy dura.

YAK. m. Yac, mamífero rumiante.

YAL. m. ZOOL. CHILE. Pájaro pequeño, conirrostro, con plumaje gris y pico amarillo.

YAMAO. m. ZOOL. Árbol meliáceo, con hojas que sirven de pasto al ganado, y madera blanca.

YÁMBICO, CA. (l. *iambĭcus*, y éste del gr. ἰαμβικός.) adj. Perteneciente o relativo al yambo. ‖ **2.** Dícese del verso de la poesía clásica, en que entran yambos. Ú.t.c.s.

YAMBO. (l. *iambus*, y éste del gr. ἴαμβος.) m. Pie de la poesía griega y latina, compuesto de una sílaba breve y otra larga. ‖ **2.** Por ext., pie de la poesía española que tiene una sílaba átona seguida

Y de otra tónica. ‖ **P.** jambo; **I.** iambic; **F.** iambe; **A.** Jambus; **It.** giambo; **R.** ямб.

YAMBO. (sánscr. *jambu*.) m. Árbol mirtáceo, procedente de la India oriental y muy cultivado en las Antillas. Su fruto es la pomarrosa.

* **YAMBÚ.** m. CUBA. Cierto baile cubano de origen africano.

* **YAMBUL.** m. P. RICO. Dulce que se hace con harina y yema de huevo.

YANA. f. CUBA. Árbol combretáceo, con hojas alternas, flores en racimo, tronco tortuoso y madera muy dura.

YANACÓN. m. PERÚ. Yanacona, indio aparcero.

YANACONA. (Voz quichua.) adj. Dícese del indio que estaba al servicio personal de los españoles en algunos países de la América Meridional. Ú.t.c.s. ‖ **2.** BOL. y PERÚ. Indio que cultiva una tierra en aparcería.

* **YANCA.** f. MIN. CHILE. Capa interpuesta entre el filón y la roca estéril.

* **YANGA.** (quich. *yanka*.) f. CHILE. Líquido que sale del mineral y deja depositado un polvo terroso. ‖ **2.** ARGENT. En la provincia de Catamarca, persona desmañada.

YANGÜÉS, SA. adj. Natural de Yanguas. Ú.t.c.s. ‖ **2.** Perteneciente a alguno de los pueblos de este nombre.

YANILLA. f. BOT. CUBA. Árbol silvestre, simurabáceo, de madera negra y durísima, que crece en las desembocaduras de los ríos y en las costas pantanosas.

YANQUI. (ingl. *yankee*.) adj. Natural de Nueva Inglaterra, en los Estados Unidos de América del Norte, y por ext., natural de este país. Apl. a pers. ú.t.c.s.

YANTA. (De *yantar*.) f. ant. Comida del mediodía. Ú. aún en algunas partes.

YANTAR. (Forma sustantiva de *yantar*, comer.) m. Cierto tributo que pagaban los habitantes de los pueblos de Castilla para el mantenimiento del soberano y el señor cuando transitaban por ellos. ‖ **2.** Prestación enfitéutica que antiguamente se pagaba en especie, y hoy en dinero, al poseedor del dominio directo de una finca. ‖ **3.** ant. Manjar, vianda. Ú. aún en algunas partes.

YANTAR. (l. *ientāre*, almorzar.) tr. ant. Comer. ‖ **P.** comer; **I.** to dine, to eat; **F.** manger; **A.** essen; **It.** mangiare; **R.** кушать.

YAPA. (Voz quichua.) f. AMÉR. MERID. Añadidura, adehala, refacción. ‖ **2.** MIN. Azogue que en las minas argentíferas de América se añade al mineral para facilitar su trabajo. ‖ **3.** Parte del aparejo de pescar donde se colocan los anzuelos.

YAPAR. tr. AMÉR. MERID. Añadir la yapa.

* **YAPERO, RA.** adj. PERÚ. Dícese de quien pide yapas.

* **YAPÚ.** m. ARGENT. Especie de tordo.

* **YAPURURO.** m. VENEZ. Flauta de bambú. ‖ **2.** Baile de los indios del alto Orinoco.

* **YAQUE.** m. COLOM. Vestido de niño.

* **YÁQUIL.** m. BOT. CHILE. Arbusto espinoso ramnáceo, cuyas raíces se usan para lavar vestidos de lana.

YARARÁ. f. ARGENT., BOL. y PAR. Víbora que alcanza hasta 1 m de largo, muy venenosa, de color pardo.

YARAVÍ. (Voz quichua.) m. Especie de cantar dulce y melancólico de los indios en algunos países de América Meridional.

* **YARAYARA.** f. QUÍM. Éter con el grupo naftilo que se obtiene sintéticamente y se emplea en perfumería.

YARDA. (ingl. *yard*.) f. Medida inglesa de longitud, equivalente a 914 mm.

YARE. (Voz caribe.) m. Jugo venenoso que se extrae de la yuca amarga. ‖ **2.** VENEZ. Masa de yuca dulce con la que se hace el cazabe.

YAREY. m. CUBA. Planta de la familia de las palmas, de tronco delgado y corto, hojas plegadas, cuyas fibras se emplean para tejer sombreros. ‖ **2.** CUBA y REP. DOMIN. Sombrero hecho de esta fibra.

YARO. m. BOT. Aro, planta arácea.

* **YARQUEN.** (Voz araucana.) m. CHILE. Lechuza.

YATAGÁN. (turco *yātāgān*, cuchillo.) m. Especie de sable o alfanje usado por árabes y turcos.

YATAY. m. ARGENT. y PAR. Planta muy alta, de la familia de las palmas. Su palmito es comestible y su fruto se utiliza para fabricar aguardiente, y la fibra de sus hojas para tejer sombreros.

YATE. (ingl. *yacht*.) m. Embarcación de recreo o de gala. ‖ **P.** iate; **I.** y **F.** yacht; **A.** Jacht; **It.** yacht, panfilio; **R.** яхта.

* **YATROFÍSICA.** f. Sistema médico que atribuye todos los fenómenos de la vida a aplicaciones de las leyes físicas. ‖ **2.** Fisioterapia.

* **YATROLOGÍA.** (gr. ιατρός, médico, y λόγος, tratado.) f. Ciencia de la medicina.

YAYA. f. ALBAC. y AR. Abuela.

YAYA. f. CUBA. Árbol anonáceo, con tronco recto y delgado, hojas lanceoladas, flores blancuzcas y madera flexible y fuerte. ‖ **2.** ZOOL. PERÚ. Especie de ácaro. ‖ **3.** fam. COLOM. y AMÉR. CENTRAL. Llaga. ‖ **4.** COLOM. y CHILE. Dolor y también herida leve. ‖ **5.** CUBA. Cualquier palo que se lleva para que haga las veces de bastón. ‖ **6.** PAN. Tormento, situación difícil o engorrosa. ‖ —**cimarrona.** Cierto árbol, con el tronco muy ramoso, hojas oblongas, flores amarillas, y cuyo fruto sirve de alimento al ganado de cerda. ‖ **2.** PERÚ. Insecto, especie de ácaro.

* **YAYERO, RA.** adj. CUBA. Entremetido. Ú.t.c.s. ‖ **2.** m. y f. Hombre o mujer que, palmeando y cantando, acompaña los bailes populares.

* **YAYI.** m. CHILE. Harina de curuaga.

YAYO. m. ALBAC. y AR. Abuelo.

YE. f. Nombre de la letra *y*.

YEBO. (l. *ĕbum*, der. regres. de *ĕbŭlum*.) m. ÁL. Yezgo, planta caprifoliácea, herbácea y vivaz.

YECO. m. CHILE. Especie de cuervo marino.

YEDGO. (l. *edĕcus*; cruce del l. *ĕbŭlum* y del celt. *odĕcus*.) m. ant. Yezgo.

YEDRA. (l. *hedĕra*.) f. BOT. Hiedra.

YEGUA. (l. *ĕqua*.) f. Hembra del caballo. ‖ **2.** La que, por contraposición a potra, tiene ya cinco o más yerbas. ‖ **3.** AMÉR. CENTRAL. Colilla de cigarro. ‖ **4.** adj. P. RICO y C. RICA. Bruto, zopenco. ‖ **5.** CHILE. Enorme. ‖ —**caponera.** La que guía como cabestro. ‖ **P.** égua; **I.** mare; **F.** jument, cavale; **A.** Stute; **It.** giumenta; **R.** кобыла.

YEGUADA. f. Piara de ganado caballar. ‖ **2.** P. RICO y C. RICA. Disparate.

YEGUAR. adj. Perteneciente a las yeguas.

YEGUARIZO. m. ant. Yegüerizo. ‖ **2.** AMÉR. MERID. Cantidad grande de yeguas destinadas a la cría. ‖ **3.** adj. ARGENT. Yeguada en que predominan las yeguas sobre los caballos.

YEGÜERÍA. (De *yegüero*.) f. Yeguada.

YEGÜERIZO, ZA. adj. Yeguar. ‖ **2.** m. Yegüero.

YEGÜERO. m. El que guarda las yeguas.

YEGÜEZUELA. f. d. de yegua.

YEÍSMO. m. Defecto consistente en pronunciar la *elle* como *ye*, diciendo, por ejemplo, *seyo*, por *sello*.

* **YEITO.** m. URUG. Maña, habilidad. ‖ **2.** Actitud o gesto mal hechos.

YELMO. (germ. *helm*.) m. Parte de la armadura antigua, que resguardaba la cabeza. ‖ **P.** e **It.** elmo; **I.** helmet; **F.** heaume; **A.** Helm, Sturmhaube; **R.** шлем.

YEMA. (l. *gĕmma*.) f. Renuevo que en forma de botón escamoso nace en los tallos de las plantas, y produce ramos, hojas o flores. ‖ **2.** Porción central del huevo de los vertebrados ovíparos. ‖ **3.** Dulce hecho con azúcar y yema de huevo. ‖ **4.** Yema mejida. ‖ **5.** fig. La parte mejor de una cosa. ‖ **6.** ZOOL. Pequeña porción del cuerpo de ciertos animales, que se desarrolla dando origen a un nuevo individuo. ‖ **7.** BIOL. El más pequeño de los dos corpúsculos que resultan de dividirse una célula por gemación. ‖ —**del dedo.** Lado de la punta de él, opuesto a la uña. ‖ —**mejida.** La del huevo batida con azúcar en leche o agua caliente. ‖ *Dar uno en la* YEMA. fr. fig. y fam. Dar en la dificultad. ‖ **P.** gema; **I.** bud; **F.** gemme, bourgeon; **A.** Knospe; **It.** gemma; **R.** почка. ‖ 2.ª acep.: **P.** gema; **I.** yolk; **F.** jaune d'œuf; **A.** Eidotter; **It.** torlo; **R.** желток яйца.

YEN. m. Unidad monetaria del Japón.

YENTE. (l. *iens, euntis*.) p.a. de ir. Que va. Sólo tiene uso en la locución YENTES *y vinientes*.

YERAL. m. Terreno sembrado de yeros.

YERBA. (l. *hĕrba*.) f. Hierba. ‖ **2.** AMÉR. MERID. Bebida que se prepara con hojas de mate.

YERBAJO. m. despect. de yerba.

YERBERA. f. ARGENT. Vasija en que se echa el mate.

YERBILLA. f. CUBA y GUAT. Cierta tela de algodón que forma cuadros menudos y es de fabricación nacional.

YERBOSO, SA. adj. ant. Herboso.

YERMAR. tr. Despoblar o dejar yermo un lugar.

YERMO, MA. (l. *erēmus*, por *erēmus*, según el gr. ἔρημος.) adj. Inhabitado. ‖ **2.** Inculto, sin cultivo. Ú.t.c.s. ‖ **3.** m. Terreno inhabitado. ‖ **P.** ermo; **I.** desert, uninhabited; **F.** inhabité, desert; **A.** sede; **It.** spopolato; **R.** пустынный. ‖ 2.ª acep.: **P.** e **It.** ermo; **I.** wilderness; **F.** inculte; **A.** Ödland; **R.** бесплодный.

* **YERNA.** (Forma fem. de *yerno*.) f. P. RICO, REP. DOMIN. y COLOM. Nuera.

YERNO. (l. *gener, -ĕri*.) m. Respecto de una persona, marido de su hija. ‖ **P.** genro; **I.** son-in-law; **F.** gendre; **A.** Schwiegersohn; **It.** gènero; **R.** зять.

YERO. (l. *ĕrum*, por *ĕroum*.) m. BOT. Planta herbácea anual, de la familia de las papilionáceas. Se cultiva para alimento, principalmente del ganado vacuno. Ú.m. en pl. ‖ **2.** Semilla de esta planta. Ú.m. en pl. ‖ **P.** ervilha; **I.** tare; **F.** ers; **A.** Erve; **It.** ervo; **R.** чечевица.

* **YERRE.** m. C. RICA. Especie de gallina de monte.

YERRO. (De *errar*.) m. Falta o delito cometido por ignorancia o malicia. ‖ **2.** Equivocación por descuido o inadvertencia. ‖ *Deshacer* uno *un* YERRO. Enmendarlo. ‖ **P.** erro; **I.** error, mistake; **F.** faute; **A.** Irrtum; **It.** sbaglio, errore; **R.** ошибка.

YERTO, TA. (l. *erctus*, de *ergo*, por *erĭgo*.) adj. Tieso, rígido. ‖ **2.** Aplícase al viviente que se ha quedado rígido por el frío; y también al cadáver u otra cosa en que se produce el mismo efecto de rigidez. ‖ **P.** hirto, tesso; **I.** stiff; **F.** raide, raidi; **A.** starr, steif; **It.** teso, irrigidito; **R.** твёрдый, от холода.

YERVO. (l. *ĕrvum*.) m. Yero.

YESAL. m. Yesar.

YESAR. m. Terreno abundante en yeso que se puede beneficiar. ‖ **2.** Cantera de yeso o aljez.

YESCA. (l. *esca*, comida, alimento, por serlo del fuego.) f. Materia muy seca y preparada de modo que cualquiera chispa prenda en ella. ‖ **2.** fig. Lo que está sumamente seco, y fácil para el fuego. ‖ **3.** fig. Incentivo de cualquier pasión. ‖ **4.** fig. y fam. Cualquier cosa que excita la gana de beber y, especialmente, de beber vino. ‖ **5.** pl. Lumbre. ‖ **6.** P. RICO. Corteza seca del coco. ‖ **7.** ECUAD. Deuda. ‖ **P.** isca; **I.** tinder; **F.** amadou; **A.** Zunder; **It.** esca; **R.** лёгко горючее вещество.

YESERA. f. La que fabrica o vende yeso. ‖ **2.** Yesar.

YESERÍA. (De *yesero*.) f. Fábrica de yeso. ‖ **2.** Tienda en que se vende yeso. ‖ **3.** Obra hecha de yeso.

YESERO, RA. adj. Perteneciente al yeso. ‖ **2.** m. El que fabrica o vende yeso.

YESO. (l. *gypsum*, y éste del gr. γύψος.) m. Sulfato de cal hidratado, compacto o terroso, blanco por lo común, tenaz y tan blando que se raya con la uña. Se emplea en la construcción y en la escultura. ‖ **2.** Obra de escultura vaciada en yeso. ‖ —**blanco.** En albañilería se llama así al más fino y blanco, empleado principalmente para el enlucido de los tabiques y muros de las habitaciones. ‖ —**mate.** Yeso blanco muy duro, matado, molido y amasado con agua de cola, sirve para fabricar moldes y para otros usos. ‖ —**negro.** En albañilería, el más basto y de color gris. ‖ —**espejuelo.** Espejuelo yeso cristalizado. ‖ *Catar de* YESO. fr. ACAD. Cubrir de yeso una pared, bruñéndola con la paleta. ‖ **P.** e **It.** gesso; **I.** gypsum; **F.** gypse, plâtre; **A.** Gips; **R.** гипс.

YESÓN. m. Cascote de yeso.

YESOSO, SA. adj. De yeso o parecido

Y

a él. ‖ **2.** Dícese del terreno que abunda en yeso.

* **YESQUE.** m. COLOM. Horquilla.

YESQUERO. adj. Dícese del cardo también llamado borriquero. ‖ **2.** Dícese de un hongo muy común en España que crece al pie de las encinas o los robles. ‖ **3.** m. El que fabrica yesca o la vende. ‖ **4.** Esquero. ‖ **5.** ARGENT. Eslabón, hierro acerado con que se saca fuego del pedernal.

* **YETA.** f. ARGENT. Adversidad.

YEYUNO. (l. *ieiūnum*.) m. ZOOL. Segunda porción del intestino delgado de los mamíferos, entre el duodeno y el íleon. ‖ P. jejuno; I. y F. jejunum; A. Leerdarm; It. digiuno.

YEZGO. (De *yedgo*.) m. BOT. Planta herbácea, vivaz, caprifoliácea, con tallos semejantes al saúco. Exhala olor fétido.

* **YICO, CA.** adj. REP. DOMIN. Rústico, inculto.

* **YIRANTA.** f. R. DE LA PLATA. Ramera, mujer pública.

YO. (l. *eo*, de *ego*.) Nominativo del pronombre personal de primera persona en género masculino o femenino y número singular. ‖ **2.** m. FIL. Con el artículo *el*, o el posivo, afirmación de conciencia de la personalidad humana como ser racional y libre. ‖ P. eu; I. I, myself; F. je, moi; A. ich, das Ich; It. jo; R. я.

* **YOCALLA.** m. BOL. Chico callejero.

YODADO, DA. adj. Que contiene yodo.

YODO. (gr. ἰώδης, violado; de ἴον, violeta.) m. Metaloide de textura laminosa, de color gris negruzco y brillo metálico, que se volatiliza fácilmente desprendiendo vapores de color azul violeta y de olor parecido al del cloro. Su símbolo es I; su peso atómico 126,93; número atómico 53. Se emplea mucho en medicina. Suele escribirse iodo en las obras técnicas. ‖ P. iodo; I. iodine; F. iode; A. Jod; It. iodio; R. йод.

YODOFORMO. (De *yodo*, y *formo*, abreviación de *fórmico*.) m. QUÍM. Cuerpo compuesto de carbono, hidrógeno y yodo. Es un polvo amarillento, de olor muy fuerte, y se usa en medicina como antiséptico.

YODURAR. tr. Convertir en yoduro. ‖ **2.** Preparar con yoduro.

YODURO. m. QUÍM. Cuerpo resultante de la combinación del yodo con un radical.

YOGAR. (De *yogo*, pret. indef. de *yacer*, derivado del l. *iacŭi*, pret. de *iacēre*, yacer.) intr. ant. Holgarse, y particularmente, tener acto carnal.

YOGLAR. (l. *ioculāris*, risible, chancero.) m. ant. Juglar.

YOGLARESA. (De *yoglar*.) f. ant. Juglaresa.

YOGLARÍA. (De *yoglar*.) f. ant. Juglería.

° **YOGUR.** (turco *yogurt*.) m. Leche fermentada de sabor agrio, que se usa en la dieta de estómagos delicados.

YOL. m. CHILE. Árguenas de cuero usadas para el acarreo en la recolección de la uva y el maíz.

YOLA. (ingl. *yawl*.) f. Embarcación muy ligera, movida a remo y vela.

YOLILLO. m. C. RICA. Palmera pequeña cuyo fruto es parecido al del corojo.

* **YOLTAMAL.** m. NICAR. Bollo que se hace con harina de maíz y queso.

* **YOQUI.** m. MÉJ. Pulque muy fuerte o bebida que se obtiene haciendo fermentar el jugo de las pitas, el aguamiel, etc.

YOS. m. C. RICA. Cierta planta euforbiácea que segrega un jugo lechoso cáustico.

° **YPSILON.** Ipsilon.

° **YTERBIO.** Iterbio.

° **YTRIO.** Itrio.

YUBARTA. (fr. *jubarte*.) f. ZOOL. Rorcual, cetáceo parecido a la ballena.

YUBERO. m. ant. Yuguero.

YUBO. (arag. *yubo*, y éste del l. *iugum*.) m. ant. Yugo.

YUCA. (Voz haitiana.) f. BOT. Planta liliácea de la América tropical, con tallo arborescente, coronado por un penacho de hojas largas, rígidas y ensiformes; flores blancas, raíz gruesa, de que se obtiene harina alimenticia. ‖ **2.** Nombre vulgar de varias especies de mandioca.

YUCAL. m. Terreno plantado de yuca.

YUCATECO, CA. adj. Natural de Yucatán. Ú.t.c.s. ‖ **2.** Perteneciente a esta región de América. ‖ **3.** m. Lengua de los yucatecos.

* **YUCUMA.** f. BOL. Bozal que se pone a los asnos.

* **YUCHÁN.** m. ARGENT. Palo borracho.

YUGADA. (De *yugo*, tomado figuradamente por la pareja de bueyes unidos con él.) f. Extensión de tierra de labor que puede arar una yunta en un día. ‖ **2.** En algunas partes, espacio de tierra de labor algo mayor de 32 hectáreas. ‖ **3.** Yunta, especialmente la de bueyes.

* **YUGAR.** intr. Ocuparse en trabajos duros y pesados.

YUGLANDÁCEO, A. (De *yuglans*, nombre de un género de plantas.) adj. BOT. Dícese de árboles angiospermos dicotiledóneos, con hojas aromáticas; flores monoicas y fruto en drupa. Ú.t.c.s.f. ‖ **2.** f. pl. BOT. Familia de estas plantas.

YUGO. (l. *iugum*.) m. Instrumento de madera, al cual, formando yunta, se uncen por el cuello las mulas, o por la cabeza los bueyes, y al que va sujeta la lanza del carro, el timón del arado, etc. ‖ **2.** Especie de horca, por debajo de la cual, en tiempos de la antigua Roma, hacían pasar desarmados a los enemigos vencidos. ‖ **3.** Armazón de madera unida a la campana que ayuda a voltearla. ‖ **4.** fig. Velo o banda que en la misa de velaciones se pone a los desposados. ‖ **5.** fig. Ley o dominio superior que obliga a obedecer. ‖ **6.** fig. Carga pesada, prisión o atadura. ‖ **7.** MAR. Cada uno de los tablones dentados en el codaste que forman la popa del barco. ‖ *Sacudir* uno el YUGO. fr. fig. Librarse de opresión o dominio molesto. ‖ *Sujetarse* uno al YUGO *de otro.* fr. fig. Someterse a su dominio. ‖ P. jugo; I. yoke; F. joug; A. Joch; It. giogo; R. ярмо.

YUGOSLAVO, VA. adj. Natural de Yugoslavia. Ú.t.c.s. ‖ **2.** Perteneciente o relativo a esta nación europea.

YUGUERO. (l. *iugārius*.) m. Mozo que labra la tierra con un par de bueyes o mulas.

YUGUETA. f. PAL. y SEG. Yugo para una sola bestia.

YUGULAR. (l. *iugulāris*, de *iugŭlus*.) adj. ANAT. Dícese de cada una de las dos venas que hay a uno y otro lado del cuello. Ú.t.c.s.

YUMBO, BA. adj. ECUAD. Indio salvaje del oriente de Quito. Ú.t.c.s.

* **YUNGA.** f. ECUAD., PERÚ y BOL. Cada uno de los valles cálidos de las laderas andinas por debajo de los 2.000 m de altitud, en los cuales se cultiva la caña de azúcar. ‖ **2.** AMÉR. MERID. Habitante de estos valles.

* **YUNGA.** f. ECUAD. Caballo de raza.

YUNGIR. (l. *iungĕre*.) tr. ant. Uncir.

YUNQUE. (l. *incus*, -*ŭdis*.) m. Prisma de hierro acerado, a veces con punta en uno de los lados, encajado en un tajo de madera fuerte, y a propósito para trabajar en él a martillo los metales. Usáb.c.f. ‖ **2.** fig. Persona firme en los trabajos y paciente en las adversidades. ‖ **3.** ANAT. Uno de los tres huesecillos que hay en el oído medio. ‖ *Estar uno en el* YUNQUE. fr. fig. Estar sufriendo las impertinencias de otro o cualquier trabajo duro. ‖ P. safra, bigorna; I. anvil; F. enclume; A. Amboss; It. incúdine; R. наковальня.

YUNTA. (l. *iuncta*, junta.) f. Par de bestias de labor uncidas al yugo para la labranza. ‖ **2.** En algunas partes, yugada, 1.ª acep. ‖ P. junta, parelha; I. yoke of draught animals; F. pair, attelage; A. Gespann; It. paio di buoi; R. упряжка волов, мулов.

YUNTAR. (De *yunto*.) tr. ant. Juntar.

YUNTERÍA. f. Conjunto de yuntas. ‖ **2.** Lugar donde se recogen.

YUNTERO. (De *yunta*.) m. Yuguero.

YUNTO, TA. (l. *iunctus*.) p.p. irreg. de yuntar. Junto.

* **YUNZA.** f. PERÚ. Diversión consistente en derribar un árbol previamente dispuesto y adornado con botellas de licor, dulces, etc., mientras se canta y baila.

YUQUERÍ. (Voz guaraní.) m. BOT. ARGENT. Arbusto espinoso, mimosáceo, con fruto semejante a la zarzamora.

* **YUQUÍ.** m. AMÉR. MERID. Ceñidor, entre los pampas.

YUQUILLA. f. BOT. CUBA. Sagú, planta cannácea. ‖ **2.** VENEZ. Planta acantácea.

YURAGUANO. m. CUBA. Miraguano.

YURAS (A). (l. *a iure*, fuera de derecho.) m. adv. ant. Usado en la denominación *matrimonio a* YURAS, con que se designa el matrimonio clandestino celebrado sin la presencia del párroco y testigos. Desde el Concilio de Trento no está admitido por la Iglesia.

YURÉ. m. C. RICA. Especie de paloma pequeña, muy abundante en el país.

* **YURO.** (Voz de origen quichua.) m. ARGENT. Especie de vasija para líquidos, a modo de botellón.

* **YURRO.** m. C. RICA. Manantial de agua.

YURUMA. f. VENEZ. Médula de una palma con la que fabrican los indios una especie de pan.

YUSANO, NA. (De *yuso*.) adj. ant. Yusero.

YUSENTE. (De *yuso*.) f. ant. MAR. Marea que baja.

YUSERA. (De *yusero*.) f. Piedra circular o conjunto de dovelas que sirve de suelo en el alfarje de los molinos de aceite.

YUSERO, RA. (De *yuso*.) adj. ant. Que está en lugar inferior.

YUSIÓN. (l. *iussĭo*, -*ōnis*.) f. desus. FOR. Acción de mandar. ‖ **2.** FOR. Mandato, precepto.

YUSO. (l. *deorsum*, hacia abajo.) adv. Ayuso.

* **YUTA.** f. ZOOL. CHILE. Babosa, molusco sin concha. ‖ **2.** BOL. Ave sin cola. ‖ *Hacer la* YUTA. loc. fam. ARGENT. Hacer novillos, dejar de asistir a clase o a cualquier otra obligación habitual.

YUTE. (ingl. *jute*.) m. Materia textil que se obtiene de la corteza interior de una planta tiliácea. ‖ **2.** Tejido de esta materia. ‖ P. juta; I. y F. jute; A. Juthanf; It. iuta, iute; R. джут.

* **YUTO, TA.** adj. BOL. y ARGENT. Rabón sin cola.

YUXTALINEAL. (l. *yuxta*, junto a, y de *lineal*.) adj. Dícese de la traducción que acompaña a su original, o del cotejo de textos cuando se disponen a dos columnas de modo que se correspondan línea por línea para su comparación más cómoda.

YUXTAPONER. (l. *iuxta*, cerca de, y *ponĕre*, poner.) tr. Poner una cosa junto a otra. Ú.t.c.r.

YUXTAPOSICIÓN. (l. *iuxta*, junto a y *positĭo*, -*ōnis*, posición.) f. Acción y efecto de yuxtaponer o yuxtaponerse. ‖ **2.** HIST. NAT. Modo de aumentar o crecer los minerales, a diferencia de los animales y vegetales. ‖ P. justaposição; I. y F. juxtaposition; A. Nebeneinanderstellung; It. giustapposizione; R. сопоставление.

¡**YUY**! interj. ant. ¡Huy!

YUYO. (l. *iŏlium*, por *lŏlium*, cizaña.) m. ARGENT. y CHILE. Yerbajo. ‖ **2.** CHILE. Jaramago. ‖ **3.** pl. PERÚ. Hierbas tiernas y comestibles. ‖ **4.** COLOM. y ECUAD. Hierbas que sirven de condimento. ‖ **5.** AMÉR. CENTRAL. Ampolla que se forma entre los dedos del pie. ‖ —**colorado.** ARGENT. Carurú.

* **YUYO, YA.** adj. PERÚ. Insípido. ‖ **2.** AMÉR. CENTRAL. Que tiene ampollas en los pies.

YUYUBA. (l. *zizyphum*, y éste del gr. ζίζυφον.) f. Azufaifa.

* **YUYUSCAR.** tr. PERÚ. Desherbar, arrancar las hierbas perjudiciales a los cultivos.

Z

Z. f. Vigésima octava y última letra del abecedario español, y vigésima tercera de sus consonantes. Llámase *zeda* o *zeta*. || **2.** QUÍM. Símbolo del número atómico. || **3.** Símbolo del número de colisiones moleculares por segundo.

¡ZA! interj. Voz usada en algunas partes para ahuyentar a los perros y otros animales.

ZABACEQUIA. (ár. *ṣḥāib as-sāqiya*, regidor de la acequia.) m. AR. Acequiero.

ZABALMEDINA. m. Zalmedina.

ZABARCERA. f. Mujer que revende por menudo frutos y otros comestibles. || P. vendedeira; I. greengrocer; F. fruitière; A. (Obst-, Lebensmittel)kleinhändlerin; It. fruttaiola; R. торговка (фруктами).

ZABAZALA. (ár. *ṣāhib aṣ-ṣalā*, director de la oración.) m. Encargado de dirigir la oración pública en la mezquita.

ZABAZOQUE. (ár. *ṣaḥib as-sūq*, regidor del mercado.) m. Almotacén.

ZABIDA. f. Zabila.

ZABILA. (ár. *ṣabbāra*, con imela *ṣabbī-ra*, o de *ṣabaira*, áloe; de esta raíz viene también *acíbar*.) f. Áloe.

ZABORDA. f. MAR. Acción y efecto de zabordar.

ZABORDAMIENTO. m. MAR. Zaborda.

ZABORDAR. (De *za*, por *sub*, bajo, y *abordar*.) intr. MAR. Varar y encallar el barco en tierra.

ZABORDO. m. MAR. Zaborda.

ZABORRA. (l. *saburra*.) f. NAV. Residuo, desecho. || **2.** AR. y MURC. Piedra pequeña. || **3.** AND. Recebo, piedra menuda o arena con que se consolida el firme de las carreteras.

ZABORRERO, RA. (De *zaborra*.) adj. ÁL. y NAV. Dícese del obrero chapucero y poco diestro, que termina mal los trabajos.

ZABORRO. (De *zaborra*.) m. Hombre o niño gordinflón. || **2.** AR. Yesón.

ZABOYAR. tr. AR. Unir con yeso las juntas de los ladrillos. || **2.** fig. AR. Tapar, cubrir, ocultar.

ZABRA. (ár. *zawraq*, barco pequeño.) f. Buque de dos palos, de cruz, que se usó en algún tiempo en el Golfo de Vizcaya.

ZABUCAR. tr. Bazucar.

ZABULLIDA. (De *zabullir*.) f. Zambullida.

ZABULLIDOR, RA. (De *zabullir*.) adj. Zambullidor.

ZABULLIDURA. (De *zabullir*.) f. Zambullidura.

ZABULLIMIENTO. (De *zabullir*.) m. Zambullimiento.

ZABULLIR. (l. *subbullire*; de *sub*, debajo, y *bullire*, hervir.) tr. Zambullir. Ú.t.c.r.

ZABUQUEO. (De *zabucar*.) m. Bazuqueo.

ZACA. f. MIN. Zaque grande que se emplea para desaguar los pozos de las minas.

ZACAPELA. f. Riña o contienda con ruido y alboroto.

ZACAPELLA. f. Zacapela.

ZACATAL. (De *zacate*.) m. AMÉR. CENTRAL, FILIP. y MÉJ. Pastizal.

ZACATE. (mejic. *çacatl*.) m. AMÉR. CENTRAL, FILIP. y MÉJ. Hierba, pasto, forraje.

ZACATECA. m. CUBA. Sepulturero, muñidor de entierros a los que asiste vestido de librea.

* ZACATECLA. m. REP. DOMIN. Zacateca.

ZACATECO, CA. adj. Natural de Zacatecas. Ú.t.c.s. || **2.** Perteneciente a esta ciudad y Estado mejicano.

* ZACATILLO. m. fam. C. RICA. Dinero.

ZACATÍN. (ár. *saqqāṭīn*, ropavejeros.) m. Plaza o calle donde en algunas poblaciones se venden ropas.

ZACATÓN. (aum. de *zacate*.) m. MÉJ. Hierba alta de pasto.

ZACEAR. tr. Espantar y hacer huir a los perros u otros animales con la voz ¡za! || **2.** intr. Cecear, 1.ª acep.

ZACEO. m. Acción y efecto de zacear, 2.ª acep.

ZACEOSO, SA. adj. Que zacea, 2.ª acep.

* ZACUARA. f. PERÚ. Tacuara.

ZACUTO. (vasc. *zakute*, de *zaku*, y éste del l. *saccus*.) m. AR. y NAV. Bolso, saco pequeño.

ZADE. m. SAL. Especie de mimbre, de tallos delgados, que crece en las orillas de los arroyos.

ZADORIJA. (cat. *sadorija*, y éste del l. *satureia*.) f. Pamplina, planta papaverácea de flores amarillas y fruto seco en vainillas con muchas simientes.

ZAFA. (ár. *ṣaḥfa*, escudilla.) f. ALBAC., GRAN. y MURC. Jofaina.

ZAFACOCA. f. AMÉR. y AND. Riña, pendencia, trifulca. || **2.** MÉJ. Zurra. || **3.** MAR. Accidente desgraciado que ocurre a un barco mientras navega.

* ZAFACÓN. m. P. RICO y REP. DOMIN. Cubo de la basura. || **2.** Persona desaseada.

ZAFADA. f. MAR. Acción de zafar o zafarse, 2.° art., 1.ª acep.

ZAFADO, DA. p.p. de zafar. || **2.** adj. AMÉR., AND., CAN. y GAL. Descarado, atrevido. Ú.t.c.s. || **3.** ARGENT. Avispado. Dícese más comúnmente de los niños.

* ZAFADURA. f. CHILE. Dislocación.

* ZAFADURÍA. f. ARGENT. Hecho o dicho grosero e indecente.

* ZAFANARSE. r. AMÉR. CENTRAL. Desasirse, desligarse.

* ZAFANTE. p.a. de zafar. Que zafa. || **2.** adv. CUBA. Excepto. *Todos tuvieron suerte,* ZAFANTE *Andrés.*

ZAFAR. tr. Adornar, guarnecer o cubrir.

ZAFAR. (verbo ár. *zāḥa*, irse, alejarse.) tr. MAR. Desembarazar, quitar los estorbos de una cosa. Ú.t.c.s. || **2.** r. Escaparse o esconderse para evitar un riesgo o un encuentro. || **3.** Salirse del canto de la rueda la correa de una máquina. || **4.** fig. Excusarse de hacer una cosa. || **5.** fig. Librarse de una molestia. || **6.** COLOM. Excluir. || **7.** CHILE. Dislocarse. Ú.t.c.tr. || **8.** P. RICO. Tener un tropiezo, cometer un desliz. || **9.** P. RICO y ARGENT. Faltar al respeto que merece una persona.

ZAFARECHE. (De *zafariche*.) m. AR. Estanque.

ZAFARÍ. (ár. *safarī*, relativo a *Safar*, personaje del siglo IX, que introdujo la planta en España.) adj. Dícese de la granada con los granos cuadrados. || **2.** Dícese de una clase de higo que se distingue por su dulzura y suavidad.

ZAFARICHE. (ár. *sahriy*, o de su pl. *sahāriy*, estanques; véase también *jaraíz*.) m. AR. Cantarera o sitio destinado a poner los cántaros.

ZAFARRANCHO. (De *zafar*, desembarazar, y de *rancho*.) m. MAR. Acción y efecto de desembarazar una parte de la embarcación y dejarla dispuesta para determinada faena. ZAFARRANCHO *de combate.* || **2.** fig. y fam. Riza, destrozo. || **3.** fig. y fam. Riña, chamusquina, pendencia.

ZAFIAMENTE. adv. Con zafiedad.

ZAFIEDAD. f. Calidad de zafio. || P. grossaria; I. roughness; F. rudesse; A. Grobheit; It. rozzezza; R. грубость.

ZAFIO, FIA. (ár. *ŷāfī*, grosero, incivil.) adj. Tosco, inculto, grosero. || **2.** PERÚ. Desalmado.

ZAFÍO. (ár. *safī'*, ennegrecido, moreno.) m. AND. Negrilla, especie de congrio.

ZAFIR. m. Zafiro.

ZAFIRA. f. Zafiro.

ZAFÍREO, A. (De *zafiro*.) adj. Zafirino.

ZAFIRINA. (l. *sapphirina*, t. f. de *nus*, zafirino.) f. Calcedonia azul.

ZAFIRINO, NA. (l. *sapphirinus*.) adj. De color de zafiro.

ZAFIRO. (l. *sapphirus*; éste del gr. σάπφειρος, y éste del hebr. *ṣappīr*, pulcro.) m. Corindón cristalizado, incoloro o transparente. **—oriental.** Zafiro muy apreciado por su brillo u oriente. || P. safira; I. sapphire; F. saphir; A. Saphir; It. zaffiro; R. сапфир.

ZAFO, FA. (De *zafar*.) adj. MAR. Libre y desembarazado. || **2.** fig. Libre y sin daño. *Salió* ZAFO *del peligro.*

* ZAFO. adv. COLOM. Excepto.

ZAFÓN. (Un documento ár. da con este sentido *sifān*, pero quizá sea errata por *sifān*, pl. de *safan*, piel basta.) m. Zahón. Ú.m. en pl.

ZAFRA. (ár. *ṣufar* o *ṣafr*, latón [vasija de]; compárese *azófar*.) f. Vasija de metal ancha y poco profunda, con agujeritos en el fondo, en que los vendedores de aceite ponen a escurrir las medidas. || **2.** Vasija de metal en que se guarda el aceite.

ZAFRA. f. En algunas partes sufra.

ZAFRA. (ár. *ṣafar*, período en que amarillean y maduran las cosechas.) f. Cosecha de la caña dulce. || **2.** Fabricación del azúcar de caña, y por extensión, del de remolacha. || **3.** Tiempo que dura esta fabricación. || **4.** ARGENT. Época del año más indicada para la venta del ganado y aprovechamiento de sus productos. || **5.** ARGENT. La misma venta y aprovechamiento del ganado. || P. colheita (da cana de açucar); I. sugar crop; F. récolte (canne à sucre); A. Luckererernte; It. raccolta (della canna); R. сбор урожая сахарного тростника.

ZAFRA. (ár. *ṣajra*, piedra.) f. MIN.

Escombros de una cantera o de una mina.

ZAFRE. (Del m. or. que *zafiro*.) m. Óxido de cobalto mezclado con cuarzo, con que se da color azul a la loza y al vidrio.

ZAFRERO. m. MIN. Operario ocupado en el trecheo de zafras.

ZAGA. (ár. *sāqa*, retaguardia.) f. Parte trasera de una cosa. ‖ **2.** Carga que se coloca en la parte trasera de un carruaje. ‖ **3.** Jugador postrero. ‖ **4.** m. El postrero en el juego. ‖ *A la* ZAGA, *a* ZAGA, *o en* ZAGA. m. adv. Atrás, o detrás. ‖ *No ir, o no irle uno en* ZAGA *a otro, o no quedarse en* ZAGA. fr. fig. y fam. No ser inferior a otro en aquello de que se trata.

ZAGADERO. m. ant. Cegatero.

ZAGAL. (ár. *zagall*, joven, animoso.) m. Muchacho que ha llegado a la adolescencia. ‖ **2.** Mozo fuerte, animoso y gallardo. Ú. mucho en los pueblos y aldeas. ‖ **3.** Pastor, mozo, subordinado al rabadán. ‖ **4.** Mozo que en los carruajes de transporte ayuda al mayoral en varias faenas. ‖ 3.ª acep.: **P.** zagal; **I.** swain; **F.** aide berger; **A.** Hirtenknabe; **It.** pastorello; **R.** младший пастух.

ZAGAL. (l. *sagum*, sayo.) m. Zagalejo, refajo usado a veces por las mujeres.

ZAGALA. (De *zagal*, 1.ᵉʳ art.) f. Muchacha soltera. ‖ **2.** Pastora joven. ‖ **3.** LEÓN y SANT. Niñera.

ZAGALEJA. f. d. de zagala.

ZAGALEJO. (d. de *zagal*, 2.º art.) m. Refajo que usan las lugareñas.

ZAGALEJO. m. d. de zaga, 1.ᵉʳ art.

ZAGALÓN, NA. (aum. de *zagal*, 1.ᵉʳ art.) m. y f. Adolescente muy crecido.

ZAGAYA. f. ant. Azagaya.

ZAGUA. f. BOT. Arbusto de la familia de las quenopodiáceas, de unos 2 m de altura, muy ramificado, con flores axilares en parejas. Críase en el mediodía de Europa y en el norte de África, y es útil como planta barrillera.

ZAGUAL. (ingl. *shovel*, pala.) m. Remo corto de una sola pieza usado para embarcaciones pequeñas. ‖ **2.** CHILE. Sumidero.

ZAGUÁN. (ár. *usṭuwān*, y éste del gr. στοά.) m. Pieza cubierta que sirve de vestíbulo en la entrada de una casa.

ZAGUANETE. m. d. de zaguán. ‖ **2.** Aposento de palacio donde estaba la guardia del rey. ‖ **3.** Escolta de guardias que acompañan a pie a las personas reales.

★ **ZAGUATE.** m. C. RICA. Perro flaco.

ZAGUERA. (De *zaguero*.) f. ant. Retaguardia. ‖ **2.** AR., CUENC. y SAL. Zaga, 1.ª acep.

ZAGUERO, RA. (De *zaga*.) adj. Que va, se queda o está detrás. ‖ **2.** Dícese del carro que lleva exceso de carga en la parte trasera. ‖ **3.** m. Jugador que se coloca detrás en el juego de pelota. ‖ **4.** DEP. Jugador en ciertos deportes encargado de defender la meta.

ZAGÚÍA. (ár. *zāwiya*, rincón, ermita.) f. En Marruecos, especie de ermita donde se halla la tumba de un santón.

ZAHAREÑO, ÑA. (ár. *ṣaḥrā'*, desierto, con sufijo castellano.) adj. Dícese del pájaro que no se domestica o se domestica con mucha dificultad. ‖ **2.** Desdeñoso, irritable, esquivo.

ZAHARÍ. adj. Zafarí.

ZAHARRÓN. (ár. *sujara*, burlón, bromista, con terminación de aumentativo castellano.) m. Moharracho o botarga.

ZAHÉN. (ár. *Zayyān*, nombre de una familia real de Tremecén.) adj. Dícese de una dobla de oro finísimo que usaron los moros españoles.

ZAHENA. f. Dobla zahén.

ZAHERIDOR, RA. adj. Que zahiere. Ú. t. c. s.

ZAHERIMIENTO. m. Acción de zaherir.

ZAHERÍO. m. ant. Zaherimiento.

ZAHERIR. (De *hacerir*.) tr. Amonestar o reprender a uno dándole en rostro con alguna acción o beneficio. ‖ **2.** Mortificar, molestar a uno con represión acerba y maligna. ‖ **P.** exprobrar; **I.** to blame, to upule; **F.** blâmer; **A.** tadeln; **It.** pùngere; **R.** порицать.

ZAHÍNA. (l. *sagina*.) f. Planta anual, gramínea, con flores en panoja y cuyos granos sirven de alimento a las aves. ‖ **2.** Semilla de esta planta. ‖ **3.** pl. AND.

Gachas o puches de harina que no se dejan espesar. ‖ **P.** sorgo; **I.** sorghum; **F.** sorgho; **A.** Moorhirse; **It.** saggina; **R.** copro.

ZAHINAR. m. Tierra sembrada de zahína.

ZAHÓN. (De *zafón*.) m. Especie de calzón de cuero o paño, con perniles abiertos que se atan a los muslos. Ú. m. en pl.

ZAHONADO, DA. adj. Aplícase a los pies y manos de algunas reses cuando tienen distinto color por delante.

ZAHONDAR. (l. *subfundāre*.) tr. Ahondar la tierra. ‖ **2.** intr. Hundirse los pies en ella.

ZAHORA. (ár. *saḥūra*, comida del alba, durante el ayuno del Ramadán.) f. Comida o merienda con bulla y alboroto.

ZAHORAR. (De *zahora*.) intr. En La Mancha y otras partes, tener o celebrar zahoras.

ZAHORÍ. (ár. *zuhari*, servidor del planeta Venus, geomántico.) m. Persona a quien el vulgo atribuye la facultad de ver lo que está oculto. ‖ **2.** fig. Persona perspicaz y escudriñadora. ‖ **3.** Actualmente, persona que practica la radiestesia para descubrir manantiales subterráneos o venas metalíferas valiéndose de una varilla o de un péndulo. **P.** vidente; **I.** soothsayer; **F.** rabdomancien; **A.** Wahrsager; **It.** indovino; **R.** гадатель.

ZAHORIAR. (De *zahorí*.) tr. p. us. Escudriñar, penetrar con la vista.

ZAHORRA. (l. *saburra*.) f. MAR. Lastre de una embarcación.

★ **ZAHUATE.** m. C. RICA. Perro flaco.

ZAHÚRDA. (al. *sau*, cerdo, y *hürde*, cercado.) f. Pocilga.

★ **ZAHURNA.** f. COLOM. Jaleo, alborozo, bullicio.

ZAIDA. (ár. *ṣā'ida*, pescadora.) f. Ave zancuda, parecida a la grulla, que tiene un moño eréctil de plumas obscuras. Se domestica fácilmente, y habita en el norte y oeste de África.

ZAINA. (ant. alto al. *zaina*.) f. GERM. Bolsa para guardar el dinero.

ZAINO, NA. (ár. *jā'in*, traidor.) adj. Traidor, falso poco de fiar en el trato. ‖ **2.** Aplícase a cualquiera caballería con indicios de ser falsa. ‖ *A lo* ZAINO, *o de* ZAINO. m. adv. Al soslayo, recatadamente o con alguna intención. Ú. m. con el verbo *mirar*.

ZAINO. (ár. *aṣamm*.) adj. Aplícase al caballo o yegua castaño obscuro, que no tiene otro color. ‖ **2.** En el ganado vacuno, dícese de la res de color negro que no tiene ningún pelo blanco.

ZAJARÍ. adj. Zafarí. ‖ **2.** Dícese de la naranja que produce el árbol resultante del injerto del naranjo dulce sobre el agrio.

ZAJARRAR. tr. AND. Jaharrar.

ZALÁ. (ár. *ṣalā*, oración litúrgica.) f. Azalá. ‖ *Hacer uno la* ZALÁ *a otro.* fr. fig. y fam. Cortejarle con sumisión y agasajarle rendidamente para hacérsele propicio y alcanzar de él lo que se desea.

ZALAGARDA. f. Emboscada con que se pretende coger desprevenido al enemigo. ‖ **2.** Escaramuza. ‖ **3.** Trampa para cazar animales. ‖ **4.** fig. y fam. Astucia con que uno pretende engañar a otro por el halago. ‖ **P.** emboscada; **I.** ambush; **F.** embuscade; **A.** Hinterhalt; **It.** imboscata; **R.** засада.

ZALAGARDA. (Del m. or. que *zaragata*.) f. fig. y fam. Alboroto repentino levantado para espantar a quienes estaban descuidados. ‖ **2.** fig. y fam. Pendencia, las más de las veces fingida, de palos y cuchilladas, con muchas voces y gran alboroto.

ZALAMA. (ár. *salām*, salutación.) f. Zalamería.

ZALAMELÉ. (ár. *as-salām 'alaik*, la paz sea sobre ti, fórmula habitual de saludo entre musulmanes.) m. Zalama.

ZALAMERÍA. (De *zalamero*.) f. Demostración de cariño empalagosa y afectada. ‖ **P.** zumbaia; **I.** flattery; **F.** cajolerie; **A.** Schmeichelei; **It.** salamelecco; **R.** лесть.

ZALAMERO, RA. (De *zalama*.) adj. Que hace zalamerías. Ú. t. c. s.

ZALEA. (ár. *salija*, pelleja.) f. Piel de oveja o carnero curtida de manera que conserve toda la lana. ‖ **2.** P. RICO. Pelliza.

ZALEAR. (De *zalea*.) tr. Sacudir o arrastrar una cosa a un lado y a otro. ‖ **2.** Romper, destrozar.

ZALEAR. (De *¡za!*) tr. Zacear, ahuyentar.

ZALEMA. (Del m. or. que *zalama*.) f. Reverencia o cortesía humilde en muestra de sumisión. ‖ **2.** Zalamería.

★ **ZALENCO, CA.** adj. VENEZ. Patojo. ‖ **2.** COLOM. Cellenco.

★ **ZALENQUEAR.** (De *zalenco*.) intr. COLOM. Renquear.

ZALEO. m. Acción de zalear o sacudir. ‖ **2.** Zalea de la res que ha sido muerta por el lobo. ‖ **3.** Zalea.

ZALMEDINA. (ár. *ṣāḥib al-madīna*, regidor o prefecto de la ciudad.) m. Magistrado que antiguamente había en Aragón con jurisdicción civil y criminal.

ZALOMA. f. Saloma.

ZALONA. (ár. *zanūna*, jarro de dos asas.) f. AND. Vasija grande, de barro, de boca ancha y con una o dos asas.

ZALLAR. (verbo ár. *zalla*, deslizarse.) tr. MAR. Hacer rodar o resbalar una cosa en el sentido de su longitud y hacia la parte exterior de la embarcación.

★ **ZALLE.** m. BOL. Gran mole de peñas que forman un cerro. Ú.m. en pl.

ZAMACUCO. (ár. *ṣamkūk*, hombre fuerte y brutal.) m. fam. Hombre tonto, torpe y abrutado. ‖ **2.** Hombre solapado que calla y hace su voluntad. ‖ **3.** fig. y fam. Borrachera.

ZAMACUECA. f. Baile popular originario del Perú, y que se usa también en Chile, comúnmente entre indios zambos y chuchumecos. ‖ **2.** Música y canto que acompaña a este baile.

ZAMANCA. f. fam. Somanta.

ZAMARRA. f. Prenda de vestir rústica, hecha de piel con su lana o pelo. ‖ **2.** Piel de carnero. ‖ **P.** samarra; **I.** sheepskin jacket, jumper; **F.** veste de mouton; **A.** Pelzjacke; **It.** zimarra; **R.** тулуп, полушубок.

ZAMARRADA. f. Acción propia de un zamarro o zamacuco. ‖ **2.** LOGR. y NAV. Enfermedad larga y de cuidado.

ZAMARREAR. (De *zamarra*, 2.ª acep.) tr. Sacudir a un lado y otro la res o presa asida con los dientes como hacen los lobos, los perros, etc., para terminarla de matar. ‖ **2.** fig. y fam. Maltratar a alguien zarandeándole y golpeándole con violencia. ‖ **3.** fig. y fam. Apretar a uno en la pendencia, sin dejarle responder o defenderse.

ZAMARREO. m. Acción de zamarrear.

ZAMARRICO. (d. de *zamarro*.) m. Alforja o zurrón hecha de zalea.

ZAMARRILLA. (d. de *zamarra*.) f. Planta labiada anual, de tallos leñosos y velludos, hojas lanuginosas, muy estrechas, y flores blancas o encarnadas en cabezuelas tomentosas. Es aromática y se usó para preparar la triaca.

ZAMARRO. (De *zamarra*.) m. Zamarra, 1.ª acep. ‖ **2.** Piel de cordero. ‖ **3.** fig. y fam. Hombre tosco, rústico, pesado. ‖ **4.** fig. y fam. Hombre astuto, pillo. ‖ **5.** pl. COLOM. y VENEZ. Especie de zahones, usados para montar.

ZAMARRÓN. m. aum. de zamarra. ‖ **2.** AND. Mandil de lona o de cuero, con peto, que usan los segadores.

★ **ZAMARRONEAR.** tr. CHILE y ECUAD. Zamarrear. ‖ **2.** tr. CHILE y ECUAD. Reprender, censurar.

° **ZAMBA.** f. AMÉR. Zamacueca, baile popular americano, y música y canto que le acompaña.

ZAMBAIGO, GA. adj. Zambo, hijo de negro e india, o de indio y negra. Ú.t.c.s. ‖ **2.** PERÚ. Conjunto de zambos. ‖ **3.** MÉJ. Dícese del descendiente de chino e india o de indio y china. Ú.t.c.s.

★ **ZAMBAJE.** m. VENEZ. Piel muy suave usada para hacer zahones para montar.

ZAMBAPALO. m. Baile grotesco originario de las Indias Occidentales, que se usó en España en los siglos XVI y XVII. ‖ **2.** Música que acompaña a este baile.

ZAMBARCO. (port. *sambarca*.) m. Correa ancha que ciñe el pecho de las bestias de tiro, para sujetar a ellas los tirantes. ‖ **2.** Francalete.

★ **ZAMBARDO.** m. CHILE. Persona que comete tropelías. ‖ **2.** ARGENT. y CHILE.

Z Avería. || 3. ARGENT. Casualidad, especialmente en el juego.

* **ZAMBATE.** m. HOND. Humita.

* **ZAMBEQUE.** adj. fam. CUBA. Necio, simple. || 2. CUBA y VENEZ. Algazara.

* **ZAMBEQUERÍA.** (De *zambeque*.) f. fam. CUBA. Tontería, necedad

ZÁMBIGO, GA. adj. Zambo, 1.ª acep. Ú.t.c.s.

ZAMBO, BA. (l. *scambus*, y éste del gr. σκαμβός.) adj. Aplícase a quien, por mala configuración, tiene separadas las piernas hacia afuera y juntas las rodillas. Ú.t.c.s. || 2. AMÉR. Dícese del hijo de negro e india, o al contrario. Ú.t.c.s. || 3. ECUAD., COLOM., CHILE y BOL. Mulato o mulata. Ú.t.c.s. || 4. GUAT. De color entre rojo y morado. || 5. m. Mono cinocéfalo americano, muy feroz y lascivo, que tiene el pelaje de color pardo amarillento; hocico negro y una mancha blanca en la frente. || P. zambro; I. knock-kneed; F. cagneux, A. krummbeinig, X-beinig; It. strambo; R. кривоногий.

ZAMBOA. (ár. *zambu'a*, cidra.) f. Azamboa.

ZAMBOMBA. (Voz onomatopéyica). f. Instrumento musical, rústico, de barro o de madera, hueco, abierto por un extremo y cerrado por el otro con una piel muy tirante que tiene en el centro, bien sujeto un carrizo, que se frota con la mano humedecida, en movimiento de arriba abajo, produciendo un sonido ronco y monótono. || ¡ZAMBOMBA! interj. fam. con que se manifiesta sorpresa.

ZAMBOMBAZO. m. Porrazo, golpazo.

ZAMBOMBO. (De *zambomba*.) m. fig. y fam. Hombre tosco y rudo de ingenio.

ZAMBORONDÓN, NA. adj. Zamborotudo. Ú.t.c.s.

ZAMBOROTUDO, DA. adj. fam. Tosco, grueso y mal formado. || 2. fig. y fam. Dícese de quien hace las cosas toscamente. Ú.t.c.s.

ZAMBORROTUDO, DA. adj. Zamborotudo. Ú.t.c.s.

ZAMBRA. (ár. *samra*, fiesta nocturna, velada, sarao.) f. Fiesta que celebraban los moriscos con bulla, regocijo y baile. || 2. Fiesta de los gitanos de Andalucía, parecida a la de los moriscos. || 3. fig. y fam. Algazara, bulla y ruido de muchos. || 3.ª acep.: P. algazarra; I. merry-making; F. tapage, tintamarre; A. lustiger Rummel; It. gazzarra; R. самфра.

ZAMBRA. (ár. *sammāriyya*, por *sallāriyya*, especie de barco, y éste del gr. σελλάριον.) f. Especie de barco morisco.

* **ZAMBROTE.** m. C. RICA. Revoltijo.

ZAMBUCAR. tr. fam. Meter de pronto una cosa entre otras para que no pueda ser vista o reconocida.

ZAMBUCO. m. fam. Acción de zambucar. Ú. especialmente en el juego.

* **ZAMBUILA.** f. CUBA. Plátano frito.

* **ZAMBUIR.** tr. P. RICO y ECUAD. Zambullir. Ú.t.c.r.

ZAMBULLIDA. (De *zambullir*.) f. Zambullidura. || 2. Cierta treta de la esgrima. || P. mergulho; I. plunge, diving; F. plongeon; A. Untertauchen; It. tuffata; R. окунание.

ZAMBULLIDOR, RA. adj. Que zambulle o se zambulle. || 2. COLOM. Somorgujo.

ZAMBULLIDURA. f. Acción y efecto de zambullir o zambullirse.

ZAMBULLIMIENTO. m. Zambullidura.

ZAMBULLIR. (De *zabullir*.) tr. Sumergir bruscamente en el agua una cosa. Ú.t.c.r. || 2. fig. Ocultarse o meterse en algún sitio. || P. mergulhar; I. to plunge; F. plonger; A. (unter-, ein)tauchen; It. tuffare; R. окунать.

ZAMBULLO. m. Bacín grande. || 2. SAL. Acebuche. || 3. AMÉR. En algunos países, tonel cubierto para llevar las basuras. || 4. AMÉR. Por ext., las mismas basuras o inmundicias. || 5. fig. CUBA. Persona sucia, desaseada.

* **ZAMBUMBIA.** f. MÉJ. Revoltijo. || 2. GUAT. y VENEZ. Zambomba.

ZAMORA. n. p. *No se ganó ZAMORA en una hora.* ref. que se usa para significar que las cosas importantes y arduas nece-

sitan tiempo para ejecutarse o lograrse.

ZAMORANO, NA. adj. Natural de Zamora. Ú.t.c.s. || 2. Perteneciente a esta ciudad.

ZAMPA. f. Cada una de las estacas o pilotes que se colocan en la realización de una obra de cimentación.

ZAMPABODIGOS. (De *zampar* y *bodigo*.) com. fam. Zampatortas.

ZAMPABOLLOS. (De *zampar* y *bollo*.) com. fam. Zampatortas.

ZAMPALIMOSNAS. (De *zampar* y *limosna*.) com. fam. Mendigo importuno que, falto de todo recato y vergüenza, va pidiendo limosna por todas partes.

ZAMPALOPRESTO. m. AND. Salsa que se prepara con cebolla, perejil y harina para recalentar sobras de carne o pescado.

ZAMPAPALO. (De *zampar* y *palo*.) com. fam. Zampatortas.

ZAMPAR. tr. Meter de prisa una cosa en otra para ocultarla. || 2. Comer ansiosamente y con exceso. || 3. P. RICO y ECUAD. Zurrar, pegar. || 4. r. Meterse de repente en algún sitio.

ZAMPATORTAS. (De *zampar*, 2.ª acep., y *torta*.) com. fam. Persona que come con exceso y grosería. || 2. fig. y fam. Persona que en su fisonomía y traza, y en su manera de hablar y proceder, da muestras de incapacidad, torpeza y mala crianza.

ZAMPEADO. (De *zampear*.) m. ARQ. Obra de cimentación que se hace de cadenas de madera y macizos de mampostería.

ZAMPEAR. (l. *sub*, debajo, y *pes, pedis*, pie.) tr. ARQ. Afirmar el terreno con zampeados.

ZAMPÓN, NA. adj. fam. Comilón, tragón. Ú.t.c.s.

ZAMPOÑA. (l. *symphonia*, instrumento músico, y éste del gr. συμφωνία.) f. Instrumento rústico a modo de flauta, o compuesto de muchas flautas. || 2. Piripitaña. || 3. fig. y fam. Dicho trivial. || 4. PERÚ. Andaras. || P. flauta pastoril; I. shepehrd's flute; F. chalumeau; A. Hirtenflöte; It. sampogna; R. свирель.

ZAMPUZAR. (De *zapuzar*.) tr. Zambullir, 1.ª acep. || 2. fig. y fam. Zampar, 1.ª acep.

ZAMPUZO. m. Acción y efecto de zampuzar.

ZAMURO. m. COLOM. y VENEZ. Aura, gallinazo.

* **ZANAGORIA.** adj. ARGENT. Mentecato, tonto.

ZANAHORIA. (ár. *isfannāriya*, pastinaca.) f. Planta herbácea, anual, umbelífera, de tallos pelosos y raíz fusiforme, jugosa y comestible. || 2. Raíz de esta planta. || 3. fig. y fam. R. DE LA PLATA. Hombre simple y mentecato, bobo. || P. cenoura; I. carrot; F. carotte; A. Mohrrübe; It. pastinaca; R. морковь.

ZANAHORIATE. m. Azanahoriate.

ZANATE. m. C. RICA, HOND. y MÉJ. Pájaro americano de los dentirrostros, de plumaje negro.

ZANCA. (Quizá del ár. *sâq*, pierna.) f. Pierna larga de las aves, desde el tarso hasta la juntura del muslo. || 2. fig. y fam. Pierna larga y delgada del hombre o de un animal. || 3. ARQ. Madero inclinado que sirve de apoyo a los peldaños de una escalera. || 4. AND. Alfiler grande. —de asnado. ARQ. Cada uno de los maderos que componen el asnado. || *Por ZANCAS o por barrancas.* loc. fig. y fam. Por varios y extraordinarios medios.

ZANCADA. (De *zanca*.) f. Paso largo de quien va con movimiento acelerado y con impulso vigoroso hacia adelante. || *En dos ZANCADAS.* m. adv. fig. y fam. con que se pondera la brevedad en llegar a un sitio.

ZANCADILLA. (d. de *zancada*.) f. Treta consistente en cruzar una pierna por detrás de la de otra persona, con intención de derribarla. || 2. fig. y fam. Engaño, trampa o ardid para perjudicar a alguien. || *Armar ZANCADILLA.* fr. fig. y fam. Poner asechanzas. || P. rasteira; I. trip; F. croc-en-jambe; A. Beinstellen; It. sgambetto; R. подножка.

ZANCADO. adj. Dícese del salmón que flaco y sin fuerzas baja hacia el mar después del desove.

ZANCAJEAR. (De *zancajo*.) intr.

Andar mucho de una parte a otra, por lo común de prisa.

ZANCAJERA. f. Parte del estribo donde se pone el pie para entrar en el coche.

ZANCAJIENTO, TA. (De *zancajo*.) adj. Zancajoso.

ZANCAJO. (despect. de *zanca*.) m. Hueso del pie, que forma el talón. || 2. Parte del pie, donde sobresale el talón. || 3. fig. y fam. Zancarrón, hueso grande y descarnado. || 4. fig. Parte del zapato o media que cubre el talón, especialmente si está rota. || 5. fig. y fam. Persona pequeña y de mala figura. || *No llegarle uno a los ZANCAJOS*, o *al ZANCAJO*, a otro. fr. fig. y fam. Ser muy inferior a él en cualquier línea. || *Roer los ZANCAJOS* a uno. fr. fig. y fam. Murmurar de él en su ausencia.

ZANCAJOSO, SA. (De *zancajo*.) adj. Que tiene los pies torcidos y vueltos hacia afuera. || 2. Que tiene grandes zancajos o lleva los de sus medias sucios y rotos.

ZANCARRÓN. (De *zanca*.) m. Cualquier hueso de la pierna, despojado de carne. || 2. fig. y fam. Hueso grande y descarnado, especialmente de las extremidades. || 3. fig. y fam. Hombre flaco, feo y desaseado. || 4. fig. y fam. El que enseña ciencias o artes sin suficiente preparación.

ZANCO. (De *zanca*.) m. Cada uno de los dos palos altos, con sendos travesaños en que se afirman los pies, y sirven para andar sin mojarse por donde hay agua, y para ciertos juegos de equilibrio. || 2. MAR. Cada uno de los palos que con sus grímpolas, se ponen en las cabezas de los masteleros cuando se quitan los mastelerillos de juanete. || *En ZANCOS.* loc. fig. y fam. En posición muy elevada o ventajosa, comparada con la anterior. Ú. con los verbos *andar, estar, poner, subirse,* etc.

ZANCÓN, NA. (De *zanca*.) adj. fam. Zancudo, que tiene las zancas muy largas. || 2. f. COLOM., GUAT. y VENEZ. Dícese del traje demasiado corto. || 3. m. VENEZ. Potro sin domar. || 4. VENEZ. Adolescente.

* **ZANCUDERO.** m. ANT. y C. RICA. Nube de mosquitos.

ZANCUDO, DA. adj. Que tiene las zancas largas. || 2. ZOOL. Aplícase a las aves que tienen muy largos los tarsos, como la cigüeña y la grulla. Ú.t.c.s. || 3. f. pl. ZOOL. Orden de estas aves. || 4. m. AMÉR. Mosquito de trompetilla y zancas muy largas.

ZANDÍA. f. Sandía.

ZANFONÍA. (l. *symphonia*, instrumento músico.) f. Instrumento músico de cuerda que se toca haciendo dar vueltas a un cilindro armado de púas.

ZANGA. f. Juego de naipes entre cuatro, parecido al del cuatrillo. || 2. Las ocho cartas sobrantes que toma el postre en este juego. || 3. AND. Palo largo que lleva otro más corto articulado con una correa y se usa para varear las encinas.

ZANGABURRA. f. SAL. Cigoñal para sacar agua de los pozos.

ZANGALA. f. Tela de hilo muy engomada.

ZANGAMANGA. f. fam. Treta, ardid.

ZÁNGANA. f. Mujer desmañada, torpe y floja.

ZANGANADA. (De *zángano*, 2.ª acep.) f. fam. Hecho o dicho torpe e impertinente.

ZANGANDONGO, GA. m. y f. fam. Zangandungo.

ZANGANDULLO, LLA. m. y f. fam. Zangandungo.

ZANGANDUNGO, GA. (De *zángano*, 2.ª acep.) m. y f. fam. Persona desmañada y holgazana.

ZANGANEAR. (De *zángano*, 2.ª acep.) intr. fam. Andar vagando de una parte a otra y holgazaneando sin sujetarse a un trabajo determinado.

ZANGANERÍA. f. Calidad de zángano. 2.ª acep.

ZÁNGANO. (port. *zanagno* y *zangam*.) m. Macho de la abeja reina. Es de mayor tamaño que la reina y que las obreras; no produce miel ni cera. Uno solo de ellos está destinado a fecundar la reina. || 2. fig. y fam. Hombre holgazán. || 3. Hombre flojo y desmañado. || P. zângano; I. drone; F. bourdon; A. Drohne; It. fuco, pecchione; R. трутень.

ZANGARILLA. f. EXTR. Edificio pequeño y provisional, hecho de madera y

Z

césped en medio de los ríos, y en el cual se ponen algunos rodeznos para poder moler durante el verano.

ZANGARILLEJA. (De *zangarullón.*) f. fam. Muchacha desaseada y vagabunda.

ZANGARREAR. (port. *zangarrear;* quizá de *zángano.*) intr. fam. Tocar y rasguear sin arte en la guitarra.

ZANGARRIANA. (port. *zangorriana,* embriaguez.) f. VETER. Comalia. || **2.** fig. y fam. Enfermedad leve y que se repite con frecuencia en quien la padece. || **3.** fig. y fam. Tristeza, melancolía, disgusto || **4.** CUENC. y NAV. Galbana, dejadez.

★ **ZANGARRO.** m. MÉJ. Tendejón. || **2.** HOND. Trapiche provisional.

ZANGARRÓN. m. SAL. Moharracho que interviene en la danza.

ZANGARULLÓN. m. fam. Zangón.

ZANGOLOTEAR. tr. fam. Mover continua y violentamente una cosa. Ú.t. c.r. || **2.** intr. fig. y fam. Moverse una persona de un sitio a otro sin plan ni concierto. || **3.** r. fam. Moverse ciertas cosas que no están bien sujetas.

ZANGOLOTEO. m. fam. Acción de zangolotear o zangolotearse.

ZANGOLOTINO, NA. (De *zangolotear.*) adj. fam. Dícese del muchacho que quiere o a quien se quiere hacer pasar por niño. Ú.t.c.s.

ZANGÓN. (De *zancón.*) m. fam. Muchacho alto, desvaído y que anda ocioso, a pesar de tener ya edad suficiente para trabajar.

★ **ZANGORREAR.** intr. CHILE. Tocar la guitarra con torpeza, sin gusto ni arte.

ZANGOTEAR. tr. fam. Zangolotear.

ZANGOTEO. m. fam. Zangoloteo.

ZANGUANGA. (De *zanguango.*) f. fam. Ficción de una enfermedad o impedimento para eludir el trabajo. || **2.** fam. Lagotería.

ZANGUANGADA. f. Hecho o dicho propio de zanguango.

ZANGUANGO, GA. (De *zangón.*) adj. fam. Indolente, embrutecido por la pereza. Ú.t.c.s.

ZANGUAYO. (De *zangón.*) m. fam. Hombre alto, desgarbado y perezoso.

ZANJA. (ár. *zanqa,* callejón.) f. Excavación larga y estrecha que se hace en la tierra para la cimentación de algún edificio, para la conducción de aguas, etc. || **2.** AMÉR. Arroyada abierta por el agua corriente. || **3.** ECUAD. Cerca, vallado. *Abrir las* ZANJAS. fr. Empezar el edificio. || **2.** fig. Dar principio a una cosa. || **P.** cabouco; **I.** trench; **F.** jauge, fossé; **A.** (Strassen)Graben; **It.** fosso; **R.** канава, ров.

ZANJAR. tr. Abrir zanjas en un terreno. || **2.** fig. Resolver de modo expeditivo un asunto.

★ **ZANJEAR.** tr. ANT., GUAT. y COLOM. Zanjar, abrir zanjas.

ZANJÓN. m. Cauce o zanja grande y profunda por donde corre el agua. || **2.** CHILE. Despeñadero, precipicio.

ZANQUEADOR, RA. adj. Que anda zanqueando. Ú.t.c.s. || **2.** Que anda mucho. Ú.t.c.s.

ZANQUEAMIENTO. m. Acción de zanquear.

ZANQUEAR. (De *zanca.*) intr. Torcer las piernas al andar. || **2.** Andar mucho de una parte a otra a pie y con prisa.

ZANQUILARGO, GA. adj. fam. Que tiene largas las zancas o las piernas. Ú.t.c.s.

ZANQUILLA, TA. f. d. de zanca. || **2.** com. fig. y fam. Persona de piernas cortas y delgadas y baja de estatura. Ú.m. en pl.

ZANQUITUERTO, TA. adj. fam. Que tiene tuertas las zancas. Ú.t.c.s.

ZANQUIVANO, NA. (De *zanca* y *vana.*) adj. fam. Que tiene las piernas flacas y muy largas. Ú.t.c.s.

ZAPA. (l. *sappa,* escardillo.) f. Pala herrada, con un corte acerado, que usan los zapadores. || **2.** FORT. Excavación de galería subterránea, o de zanja al descubierto. || *Caminar a la* ZAPA. fr. MIL. Avanzar los sitiadores resguardados por las galerías que ellos mismos abren. || **P.** sapa; **I.** spade; **F.** bêche; **A.** Sappe; **It.** zappa; **R.** мотыга.

ZAPA. (l. *sepia,* lija.) f. Lija, piel seca del pez selacio de este nombre, con que se limpian y pulen los metales y maderas. ||

2. Piel labrada de manera que la flor forme grano. || **3.** Labor que en obras de metal imita los granitos de la lija.

ZAPADOR. (De *zapar.*) m. Soldado del cuerpo de ingenieros destinado a trabajar con la zapa. || **1.**ᵉʳ **art.** || **P.** sapador; **I.** sapper; **F.** sapeur; **A.** Schanzgräben; **It.** zappatore; **R.** сапёр.

ZAPALOTA. f. ÁL. Nenúfar.

★ **ZAPALLADA.** f. fam. Fortuna adquirida impensada o accidentalmente. || COLOM. Sandez, necedad, dicho insubstancial.

★ **ZAPALLAZO.** (aum. de *zapallo.*) m. CHILE. Golpe que se da con el zapallo. || **2.** CHILE. Chiripa grande, acierto por casualidad.

★ **ZAPALLERO, RA.** m. y f. CHILE. Vendedor o vendedora de zapallos. || **2.** CHILE. Aficionado a comer zapallos. || **3.** fam. CHILE. Chiripero, favorecido por la suerte.

ZAPALLO. (quich. *sapallu,* calabaza.) m. BOT. AMÉR. MERID. Calabacero, árbol de Costa Rica. || **2.** AMÉR. MERID. Fruto de este árbol. || **3.** AMÉR. MERID. Cierta calabaza comestible. || **4.** ECUAD. Persona obesa. || **5.** fig. y fam. ARGENT. y CHILE. Chiripa. || **6.** adj. C. RICA. Soso, desmañado.

★ **ZAPALLÓN, NA.** adj. fam. CHILE. y PERÚ. Gordinflón y de baja estatura.

ZAPAPICO. (De *zapa,* **1.**ᵉʳ art., y *pico,* **1.**ᵉʳ art.) m. Herramienta con mango de madera y dos bocas opuestas, una terminada en punta y la otra en corte angosto. Se usa cuando el suelo está muy duro y para demoler o derribar.

ZAPAR. (De *zapa,* **1.**ᵉʳ art., **1.**ª acep.) intr. Trabajar con la zapa.

ZAPARDA. f. ÁL. Carpa o tenca de color pardo sucio.

ZAPARRAZO. f. Zarpazo.

ZAPARRASTRAR. intr. fam. Llevar arrastrando los vestidos de modo que se ensucien. Ú.m. en gerundio.

ZAPARRASTROSO, SA. adj. fam. Zarrapastroso. Ú.t.c.s.

ZAPARRAZO. m. fam. Zarpazo.

ZAPATA. (De *zapato.*) f. Calzado que llega a media pierna. || **2.** Trozo de cuero que se pone debajo del quicio de la puerta para que no rechine. || **3.** Pieza del freno de los coches que actúa por fricción contra el eje o contra las ruedas. || **4.** CUBA. Zócalo de fábrica en que descansa una pared. || **5.** CHILE. Telera del arado. || **6.** ARQ. Pieza puesta horizontalmente sobre la cabeza de un pie derecho para sostener la carrera que va encima y aminorar su vano. || **7.** MAR. Tablón con que se defiende y resguarda la parte inferior de la quilla. || **8.** MAR. Trozo de madera puesto en la uña del ancla.

ZAPATAZO. m. Golpe dado con un zapato. || **2.** fig. Caída de una cosa y ruido que produce. || **3.** fig. Golpe recio dado contra una cosa que suena como el golpe dado con un zapato. || **4.** fig. Golpe que las caballerías dan con el casco del pie. || **5.** CUBA. Golpe que un muchacho da a otro con el pie, estando ambos dentro del agua. || **6.** MAR. Sacudida y golpe fuerte que dan las velas que flamean. || *Mandar a uno a* ZAPATAZOS. fr. fig. y fam. Mandarle a puntapiés. || *Tratar a uno a* ZAPATAZOS. fr. fig. y fam. Tratarle duramente, sin consideración.

ZAPATEADO. m. Baile popular español en compás ternario y con gracioso zapateo. || **2.** Música de este baile.

ZAPATEADOR, RA. adj. Que zapatea. Ú.t.c.s.

ZAPATEAR. tr. Golpear con el zapato. || **2.** Dar golpes en el suelo con los pies calzados. || **3.** En ciertos bailes, golpear el suelo con los pies al compás de la música. || **4.** Golpear rápidamente el conejo el suelo con las manos. || **5.** Alcanzar las manos las caballerías cuando van corriendo. || **6.** fig. y fam. Traer a uno a mal traer. || **7.** ESGR. Dar uno muchos golpes a su contrario con el botón o la zapatilla, sin recibir ninguno. || **8.** intr. CUBA. Ejecutar el baile del zapateo. || **9.** EQUIT. Moverse el caballo aceleradamente sin mudar de sitio. || **10.** MAR. Dar zapatazos las velas. || **11.** r. fig. Mantenerse firme frente a alguno. ||

ZAPATEO. m. Acción y efecto de za-

patear. || **2.** CUBA. Baile al son de la música y el canto.

ZAPATERA. f. Mujer del zapatero. || **2.** La que hace zapatos o los vende. || **3.** CHILE. Cierto coleóptero díptero acuático del tamaño de la mosca y de color negro.

ZAPATERÍA. (De *zapatero.*) f. Taller donde se hacen zapatos. || **2.** Tienda donde se venden. || **3.** Sitio o calle donde hay muchas tiendas de zapatos. || **4.** Oficio de hacer zapatos. || **—de viejo.** Sitio donde se remiendan o se venden zapatos viejos. || **2.**ª acep.: **P.** sapataria; **I.** shoe-store, shoe-maker's shop; **F.** cordonnerie; **A.** Schuhmacherhandwerk; **It.** calzoleria; **R.** обувная лавка.

ZAPATERO, RA. (De *zapato.*) adj. Dícese de las legumbres y de las viandas que cuecen mal o quedan correosas. || **2.** m. El que por oficio hace o vende zapatos. || **3.** Pez teleósteo acantopterigio, plateado, con cabeza puntiaguda, cola ahorquillada y muy abierta, y ojos pequeños negros. Mide unos 25 cm de longitud y habita en los mares de la América tropical. || **4.** ZOOL. Tejedor, insecto hemíptero. || **5.** fam. El que en el juego se queda sin hacer una baza. || **6.** ÁL. Renacuajo, cría de la rana. || **7.** NAV. y RIOJA. Escarabajo. || **—de viejo.** El que por oficio remienda los zapatos rotos o gastados. || ZAPATERO, *a tus zapatos.* fr. proverb. con que se aconseja que cada cual debe juzgar sólo de aquello que entiende. || **2.**ª acep.: **P.** sapateiro; **I.** shoemaker; **F.** cordonnier; **A.** Schuhmacher; **It.** calzolaio; **R.** сапожник.

ZAPATETA. f. Golpe o palmada que se da en el pie o zapato, brincando al mismo tiempo con muestras de alegría. || **2.** Cabriola. || **3.** pl. Golpes dados con el zapato en el suelo en ciertos bailes. || ¡ZAPATETA! interj. admirativa.

ZAPATILLA. (d. de *zapata.*) f. Zapato ligero y de suela muy delgada. || **2.** Zapato cómodo y de abrigo, para estar en casa. || **3.** Pedazo de ante que en los instrumentos músicos de viento se pone debajo de la pala de las llaves. || **4.** Trozo de cuero que se pone en los grifos para su perfecto ajuste. || **5.** Suela del taco de billar. || **6.** Casco de los animales de pata hendida. || **7.** Rasgo horizontal que suelen llevar por adorno los trazos rectos de las letras. || **8.** ESGR. Forro de cuero con que se cubre el botón de los floretes y espadas. || **9.** CHILE. Tablilla con tres orificios con la que se evita que se enreden los gallos de pelea. || **10.** VENEZ. Pihuela con que se sujeta los gallos. || **11.** BOL. Cierto juego de muchachos. **—de la reina.** BOT. Pamplina, planta papaverácea. || **—de orillo.** La que se hace de un tejido formado con recortes de orillos o con otro análogo. || **P.** sapatilha; **I.** slipper; **F.** pantoufle; **A.** Pantoffel; **It.** scarpino; **R.** лёгкая туфля.

ZAPATILLAZO. m. Golpe dado con una zapatilla.

ZAPATILLERO, RA. m. y f. Persona que hace zapatillas o que las vende.

ZAPATO. (turco *zabata.*) m. Calzado que no pasa del tobillo, con la suela de cuero y lo demás de fieltro, piel, etc. || **—argentado.** Zapato picado que dejaba ver por las picaduras la piel o tela que se ponía debajo. || **—botín.** Media bota, que no suele pasar de la media pierna, y está unida con el zapato ordinario. || ZAPATOS *papeles.* Los que se calzan sobre los ordinarios. || *Andar uno con* zapatos *de fieltro.* fr. fig. Proceder con mucho secreto. || *Saber uno dónde le aprieta el* ZAPATO. fr. fig. y fam. Saber bien lo que le conviene. || **P.** sapato; **I.** shoe; **F.** soulier; **A.** Schuh; **It.** scarpa; **R.** башмак, туфля.

★ **ZAPATÓN, NA.** (De *zapato.*) adj. CUBA. Correoso. || **2.** m. GUAT. Chanclo. || **3.** pl. CUBA y REP. DOMIN. Cuchillas en forma de espolones que se ponen a los gallos de pelea.

ZAPATUDO, DA. adj. Que lleva zapatos demasiado grandes y fuertes. || **2.** Aplícase al animal muy calzado de uña. || **3.** CUBA. Dícese de ciertos frutos y de otros alimentos que se quedan correosos después de fritos.

ZAPATUDO, DA. adj. Reforzado por una zapata.

¡ZAPE! (port. *sape.*) interj. fam. con

Z que se ahuyenta a los gatos, o se manifiesta extrañeza o miedo al enterarse de algún daño, o denota el propósito de no exponerse a un peligro. || **2.** fam. Se emplea en algunos juegos de naipes para negar la carta que pide el compañero.

ZAPEAR. tr. Espantar al gato con la interjección ¡zape! || **2.** Dar zape en ciertos juegos de naipes. || **3.** fig. y fam. Ahuyentar a uno. || **4.** PAN. y PERÚ. Espiar.

★ **ZAPERA.** f. VENEZ. Riña, alboroto, contienda.

★ **ZAPEROCO.** m. VENEZ. Jaleo.

ZAPITA. f. EXTR. y SANT. Colodra, vasija de madera en forma de barreño.

ZAPITO. m. SANT. Zapita.

ZAPO. m. MURC. Gusano de seda que no hila el capullo.

★ **ZAPO, PA.** adj. PAN. y PERÚ. Astuto.

ZAPOTAL. m. Terreno en que abundan los zapotes.

ZAPOTE. (mejic. *izapotl*.) m. Árbol americano sapotáceo, con tronco recto y liso; copa redonda y espesa: hojas persistentes, flores rojizas y fruto comestible, de forma de manzana. || **2.** Fruto de este árbol. || *Chico* ZAPOTE. Árbol americano de la familia de las sapotáceas, de unos 20 m de altura, con tronco liso y recto, de corteza gris verdosa y madera blanquecina; copa piramidal, hojas lanceoladas, persistentes; flores blancas en umbelas, fruto drupáceo aovado. || **2.** Fruto de este árbol.

ZAPOTERO. m. Boy. Zapote, 1.ª acep.

ZAPOTILLO. m. Chico zapote.

ZAPOYOL. m. C. RICA. y HOND. Hueso o cuesco del zapote.

ZAPOYOLITO. m. AMÉR. CENTRAL. Ave trepadora, especie de perico pequeño.

★ **ZAPUPE.** m. MÉJ. Agave, pita, planta amaridílea.

ZAPUZAR. (l. *subpŭtĕāre*, de *pŭtĕus*, pozo.) tr. Chapuzar.

ZAQUE. (ár. *zaqq*, odre.) m. Odre pequeño. || **2.** fig. y fam. Persona borracha.

ZAQUEAR. (De *zaque*.) tr. Mover o trasegar líquidos de unos zaques a otros. || **2.** Transportar líquidos en zaques.

ZAQUIZAMÍ. (ár. *saqf samã'*, conimela *saqf samĩ'*, techo del cielo.) m. Desván, comúnmente a teja vana. || **2.** fig. Habitación pequeña, sin comodidades y poco aseada. || **3.** Enmaderamiento de un techo.

ZAR. (ruso *tsar*.) m. Título que llevaban los emperadores de Rusia. || **P.** e **It.** czar; **I.** y **F.** czar, tsar; **A.** Zar; **R.** царь.

ZARA. (Voz quichua.) f. Maíz.

ZARABANDA. (persa *sarband*, variedad de danza.) f. Baile picaresco que se usó en España durante los siglos XVI y XVII. || **2.** Música alegre y ruidosa de este baile. || **3.** Copla que se cantaba con esta música. || **4.** fig. Cualquier cosa que causa ruido, bulla y algazara. || **5.** GUAT. Baile, con gran alborozo, de indios y negros. || **6.** MÉJ. Zurra, tunda.

ZARABANDISTA. adj. Que baila, tañe o canta la zarabanda. Ú.t.c.s. || **2.** Que compone coplas para esta música. Ú.m.c.s. || **3.** fig. Dícese de la persona alegre y bulliciosa. Ú.m.c.s.

ZARABANDO, DA. adj. Zarabandista.

ZARABUTEAR. tr. fam. Zaragutear.

ZARABUTERO, RA. (De *zarabutear*.) adj. fam. Zaragutero. Ú.t.c.s.

ZARACEAR. (l. *círcius*, cierzo.) intr. Neviscar y lloviznar con viento.

ZARAGALLA. f. Carbón vegetal menudo. || **2.** AR. Pandilla de chicos.

ZARAGATA. (ár. *zalgata*, penetrantes gritos de alegría que dan las mujeres golpeandose los labios con la mano y pronunciando en el tono más agudo la sílaba *li*, hasta perder el aliento.) f. fam. Pendencia, alboroto, tumulto. || **2.** ANT. Zalamería. Ú.m. en pl. || **P.** bulha; **I.** scuffle; **F.** tapage; **A.** Radau; **It.** alterco, lite; **R.** Драка.

ZARAGATE. m. MÉJ., PERÚ, VENEZ. y AMÉR. CENTRAL. Persona despreciable. || **2.** CUBA. Persona zalamera.

ZARAGATERO, RA. adj. fam. Bullicioso, aficionado a los zaragates.

ZARAGATONA. (De *zargatona*.) f. BOT. Planta herbácea anual, plantaginácea, con tallo velludo y ramoso; hojas lanceoladas y fruto capsular con muchas semillas. || **2.** Semilla de esta planta. ||

P. zaragatoa; **I.** fleawort; **F.** herbe-aux-puces; **A.** Wegerich; **It.** conizza; **R.** capаратоha.

ZARAGOCÍ (De *Zaragoza*.) adj. Dícese de una variedad de ciruela originaria de Zaragoza, de color amarillo.

ZARAGOZANO, NA. adj. Natural de Zaragoza. Ú.t.c.s. || **2.** Perteneciente a esta ciudad.

ZARAGÜELLES. (ár. *sarāwīl*, calzones, bragas.) m. pl. Especie de calzones anchos y follados, que se usaron antiguamente, y actualmente llevan los campesinos de Murcia y Valencia. || **2.** Planta gramínea, de cañas débiles y flores en panoja compuesta de espiguillas colgantes. || **3.** fig. y fam. Calzones muy largos, anchos y mal hechos. || **4.** AR. Calzoncillos blancos que asoman por debajo del calzón.

ZARAGUTEAR. (De *zarabutear*.) tr. fam. Embrollar, hacer cosas con precipitación y torpeza.

ZARAGUTERO, RA. adj. fam. Que zaragutea. Ú.t.c.s.

ZARAJO. m. CUENC. Trenzado de tripas de cordero, asado al horno y que se conserva colgado al humo, como los chorizos.

ZARAMAGULLÓN. m. Somorgujo.

ZARAMBEQUE. (De *zambra*, 1.er art.) m. Música y danza de negros, alegre y bulliciosa.

★ **ZARAMULLADA.** (De *zaramullo*, bromista.) f. REP. DOMIN. y ECUAD. Broma, chanza.

ZARAMULLO. m. PERÚ y VENEZ. Zascandil. || **2.** HOND. Sujeto remilgado. || **3.** BOL. Disparate. || **4.** adj. CUBA, HOND. y COLOM. Presumido. || **5.** REP. DOMIN. y ECUAD. Bromista.

ZARANDA. (ár.-persa *sarand*, criba.) f. Criba. || **2.** Cedazo rectangular con fondo de red de tomiza, que se usa en los lagares. || **3.** Pasador de metal que se emplea para colar la jalea. || **4.** VENEZ. Trompa, trompo grande. || **P.** ciranda; **I.** sieve, sifter; **F.** crible; **A.** (Sand-, Erd)sieb; **It.** vaglio, crivello; **R.** решето.

ZARANDADOR, RA. (De *zarandar*.) m. y f. Persona que mueve la zaranda o echa el trigo u otro grano en ella.

ZARANDAJA. (l. *serotinālia*, de *serotĩnus*, tardío.) f. fam. Cosa menuda, sin valor o de poca importancia. Ú.m. en pl. || **2.** AR. Desperdicio de las reses.

★ **ZARANDALIA.** f. COLOM. Mujerzuela.

★ **ZARANDAJO.** (De *zarandaja*.) m. CHILE. Trasto inútil.

★ **ZARANDAJO, JA.** adj. VENEZ. Ruin, despreciable.

ZARANDALÍ. adj. AND. Dícese del palomo pintado de negro.

ZARANDAR. (De *zaranda*.) tr. Limpiar el grano o la uva, haciéndolos pasar por la zaranda. || **2.** Colar el dulce con la zaranda. || **3.** fig. y fam. Mover una cosa con ligeresa y facilidad. Ú.t.c.r. || **4.** fig. Separar de lo común, lo esencial y más precioso. || **5.** r. AMÉR. Contonearse.

ZARANDEAR. tr. Zarandar. Ú.t.c.r. || **2.** fig. Ajetrear. || **3.** r. PERÚ, P. RICO, VENEZ. y AND. Contonearse || **4.** ECUAD. Molestar mucho.

ZARANDEO. m. Acción y efecto de zarandear o zarandearse.

ZARANDERO, RA. (De *zaranda*.) m. y f. Zarandador.

ZARANDILLA. (vasc. *sugandilla*, *suganguila*, lagartija.) f. RIOJA. Lagartija.

ZARANDILLO. (d. de *zaranda*.) m. Zaranda pequeña. || **2.** fig. y fam. El que anda con ligereza y soltura yendo de una parte a otra. Suele decirse de los muchachos traviesos. || *Traerle* a uno *como un* ZARANDILLO. fr. fig. y fam. Hacerle ir con frecuencia de una parte a otra.

★ **ZARANDO, DA.** adj. fam. VENEZ. Ligero de cascos, poco formal. || **2.** COLOM. Achispado. || **3.** m. COLOM. Trompo que baila mal.

★ **ZARANDUNGA.** f. REP. DOMIN. Diversión, bullicio, jarana.

ZARANGA. f. AR. Fritada parecida al pisto.

ZARANGOLLO. m. AND. Juego de cartas parecido al trueque.

ZARAPATEL. m. Especie de alboronía.

ZARAPITO. m. Ave zancuda, de tamaño

aproximado al del gallo, de cuerpo esbelto, cuello y tarsos largos, cabeza pequeña, pico delgado y encorvado por la punta; alas muy agudas, cola corta y plumaje pardo por encima y blanco por debajo. Vive en las playas y lugares pantanosos y se alimenta de insectos, moluscos y gusanos.

ZARAPÓN. m. ÁL. Lampazo planta compuesta de flores purpúreas en cabezuelas.

★ **ZARAPULLO.** m. VENEZ. Yorta que se hace con harina de yuca.

ZARATÁN. (ár. *saraṭān*, cangrejo.) m. Cáncer de los pechos en la mujer. || **2.** HON. Triquina. || **3.** GUAT. Triquinosis.

★ **ZARATANO, NA.** adj. ECUAD. De color gris. Más frecuentemente se aplica a los gallos de pelea que tienen el plumaje de ese color.

★ **ZARATEARSE.** r. CHILE. Arrastrarse sobre el trasero. || **2.** fam. CHILE. Deslizarse sobre una superficie lisa.

ZARAZA. (De *zarzahán*.) f. Antigua tela de algodón procedente de Asia, ancha y fina, con listas de colores o con flores estampadas.

ZARAZAS. f. pl. Masa que se prepara mezclando vidrio molido, substancias venenosas, etc., y que se destina a matar ratones, perros y otros animales.

ZARAZO, ZA. adj. AMÉR. MERID. y AND. Dícese del fruto a medio madurar.

★ **ZARAZÓN, NA.** (Quizá de *sazón*.) adj. MÉJ. Dícese de los frutos que han empezado a madurar. || **2.** fig. MÉJ. Achispado, calamocano.

ZARBO. (l. *sargus*.) m. ÁL. Cierto pez de río, parecido al gobio.

ZARCEAR. (De *zarza*.) tr. Limpiar los conductos o las cañerías, introduciendo en ellos unas zarzas. || **2.** intr. Entrar entre zarzas el perro que va en busca de la caza. || **3.** fig. Andar de una parte a otra, cruzando presurosamente un sitio.

ZARCEÑO, ÑA. adj. Perteneciente o relativo a la zarza.

★ **ZARCEO.** m. Acción de zarcear. || **2.** CUBA y P. RICO. Discusión enredosa y confusa.

ZARCERA. f. RIOJA y VALLAD. Respiradero para ventilar las bodegas.

ZARCERO, RA. (De *zarza*.) adj. Dícese del perro pequeño que con facilidad entra en los zarzales para espantar la caza. Ú.t.c.s.

ZARCETA. f. ZOOL. Cerceta, ave palmípeda, del tamaño de una paloma.

ZARCILLITOS. (d. de *zarcillos*, 1.er art.) m. pl. BOT. Tembladera, planta gramínea.

ZARCILLO. (l. *circĕllus*, circulito.) m. Pendiente, arete con adorno colgante o sin él. || **2.** BOT. Cualquiera de los tallitos volubles que algunas plantas tienen para asirse al tallo de otras plantas u objetos próximos. || **3.** CHILE. Flecos de plumas rizadas que presentan a ambos lados de la cabeza una variedad de gallinas. || **4.** CUBA. Fleco de la cometa. || **5.** ARGENT. Corte en la oreja que se da al ganado. || **P.** argola; **I.** ear-ring; **F.** boucle d'oreille; **A.** Ohrring; **It.** orecchino; **R.** серьга.

ZARCILLO. (l. *sarcēllum*, por *sarcŭlum*, azada.) m. Amocafre o azadilla de escardar.

ZARCO, CA. (ar. *zarqā'*, mujer de ojos azules.) adj. De color azul claro. Ú. hablando de las aguas y más frecuentemente de los ojos. || **2.** CHILE. Dícese de quien tiene ojos de color diferente. || **3.** ARGENT. Dícese del animal de ojos albinos.

ZAREVITZ. (ruso *tsarewitz*.) m. Hijo del zar. || **2.** En particular, príncipe primogénito del zar reinante.

ZARGATONA. (ár. *bazraqatūnā*, hierba de pulgas, por la forma de sus semillas.) f. Zaragatona.

ZARIANO, NA. adj. Perteneciente o relativo al zar.

ZARIGÜEYA. (brasileño *çarigueia*.) f. Mamífero didelfo americano, de unos 40 cm de longitud, sin contar la cola, con cabeza semejante a la de la zorra, el hocico y las orejas negros, el pelaje pardo rojizo, y cola prensil y desnuda. Es nocturno, muy trepador, y se alimenta de animales pequeños y algunos frutos.

ZARINA. f. Esposa del zar. || 2. Emperatriz de Rusia.

ZARISMO. m. Forma de gobierno absoluto, propio de los zares.

ZARISTA. com. Persona partidaria del zarismo.

ZARJA. f. Azarja.

ZARPA. f. Acción de zarpar. || 2. Garra de ciertos animales. || 3. Cazcarria. || 4. ECUAD. Gota o gotas de agua o rocío que tiene una planta. || *Echar* uno *la* ZARPA. fr. fig. y fam. Agarrar o asir con las mano o con las uñas. || 2. fig. y fam. Apoderarse de algo por sorpresa o con violencia o con engaño. || 2.ª acep.: **P.** garra; **I.** claw; **F.** patte, griffes; **A.** Tatze; **R.** лапа.

ZARPA. (De *escarpa*.) f. ARQ. Parte de la anchura de un cimiento que excede a la del muro levantado sobre él.

ZARPADA. f. Golpe dado con la zarpa.

ZARPANEL. (Antes *escarpanel;* del fr. *anse de panier*.) adj. ARQ. Dícese del arco carpanel o apainelado.

ZARPAR. (cat. *xarpar*, y éste del l. *exharpāre*, de *harpe*, gr. ἅρπη, gancho.) tr. MAR. Levar anclas. Ú.t.c.intr.

ZARPAZO. (De *zarpa*.) m. Zarpada. || 2. Batacazo.

ZARPEAR. tr. C. RICA y HOND. Salpicar de barro, llenar de zarpas o cazcarrias.

ZARPOSO, SA. adj. Que tiene zarpas o cazcarrias.

ZARRACATERÍA. f. Halago fingido y engañoso.

ZARRACATÍN. (Quizá del ár. *sarraqī*, revendedor, chamarilero.) m. fam. Regatón que procura comprar barato para vender caro.

ZARRAMPÍN. m. ÁL. Acedera.

ZARRAMPLÍN. (De *ramplón*.) m. fam. Hombre chapucero y torpe en su profesión u oficio. || 2. Pelagatos, pobre diablo.

ZARRAMPLINADA. f. fam. Desacierto propio del zarraplantín.

ZARRAPASTRA. f. fam. Cazcarria.

ZARRAPASTRÓN, NA. (De *zarrapastra*.) adj. fam. Que anda muy zarrapastroso. Ú.t.c.s.

ZARRAPASTROSAMENTE. (De *zarrapastroso*.) adv. fam. Con desaliño y desaseo.

ZARRAPASTROSO, SA. (De *zarrapastra*.) adj. fam. Desaseado, andrajoso, desaliñado. Ú.t.c.s.

ZARRIA. f. Cazcarria. || 2. Harapo, pingajo.

ZARRIA. f. Tira de cuero que se mete entre los ojales de la abarca para asegurarla bien con la calzadera.

ZARRIENTO, TA. adj. Que tiene zarras o cazcarrias.

ZARRIO, RRIA. adj. AND. Charro basto y rústico.

ZARRIOSO, SA. adj. Lleno de zarrias. || 2. ÁL. y NAV. Desmadejado, sin energía.

ZARZA. (ár. *šars*, planta espinosa.) f. BOT. Arbusto de la familia de las rosáceas, con tallos sarmentosos, con aguijones fuertes y ganchosos; hojas divididas en cinco hojuelas; flores blancas o rosas, cuyo fruto es la zarzamora. || —lobera ÁL. Escaramujo, especie de rosal silvestre. || **P.** sarça; **I.** bramble; **F.** ronce; **A.** Kratzbeere; **It.** rovo; **R.** куст ежевики.

ZARZAGÁN. m. Cierzo muy frío, aunque no muy fuerte.

ZARZAGANETE. m. d. de zarzagán.

ZARZAGANILLO. m. d. de zarzagán. || 2. Viento cierzo que causa tempestades.

ZARZAHÁN. (ár. *zardajāna*, seda fina.) m. Especie de tela de seda, delgada como el tafetán, con listas de colores.

ZARZAL. m. Sitio poblado de zarzas.

ZARZALEÑO, ÑA. adj. Perteneciente o relativo al zarzal.

ZARZAMORA. f. Fruto de la zarza, que cuando está maduro es una baya formada de granillos negros y lustrosos. || 2. Zarza. || **P.** amora; **I.** blackberry; **F.** mûron; **A.** Brombeere; **It.** mora del rovo; **R.** ежевика.

ZARZAPARRILLA. (De *zarza* y *parrilla*, d. de *parra*, por semejanza con ambos arbustos.) f. BOT. Arbusto de la familia de las liliáceas, de tallos volubles y espinosos; hojas acorazonadas y persistentes; flores verdosas, fruto en bayas globosas. || 2. Cocimiento de la raíz de esta planta, usado como sudorífico y depurativo. || 3. Bebida refrescante preparada con esta planta. || —de Indias. Arbusto americano del mismo género que el de España. || —de la tierra. Zarzaparrilla, 1.ª acep. || **P.** salsaparrilha; **I.** sarsaparilla; **F.** salsepareille; **A.** Sarsaparille; **It.** salsapariglia; **R.** сарсапариль.

ZARZAPARRILLAR. m. Campo abundante en zarzaparrilla.

ZARZAPERRUNA. (De *zarza* y *perruna*.) f. BOT. Escaramujo, rosal silvestre, y su fruto.

ZARZARROSA. (De *zarza* y *rosa*.) f. Flor del escaramujo.

ZARZO. m. Tejido de varas, cañas, mimbres o juncos, formando una superficie plana. || 2. ECUAD. Cierto instrumento músico de viento. || 3. COLOM. Desván, sobrado.

ZARZOSO, SA. adj. Que tiene zarzas.

ZARZUELA. f. d. de zarza.

ZARZUELA. (Del real sitio de la *Zarzuela*, donde por primera vez se representaron.) f. Obra dramática y musical en que alternativamente se declama y se canta. || 2. Letra de la obra de esta clase. || 3. Música de la misma obra. || **P.** y **F.** zarzuela; **I.** zarzuela, operetta; **A.** Singspiel, Operette; **It.** operetta; **R.** сарсуэла.

ZARZUELERO, RA. adj. Perteneciente o relativo a la zarzuela, 2.º art.

ZARZUELISTA. com. Poeta que escribe zarzuelas. || 2. Compositor de música para zarzuela.

¡ZAS! Voz expresiva de un golpe y del ruido que este golpe produce. || ¡ZAS! ¡ZAS! Voces con que se expresa la repetición de un golpe o del ruido o sonido que origina.

ZASCANDIL. m. fam. Hombre despreciable, ligero y enredador.

ZASCANDILEAR. intr. Andar como un zascandil.

ZASCANDILEO. m. Acción y efecto de zascandilear.

ZATA. f. Zatara.

ZATARA. (ár. *šajtūra*, barca.) f. Armazón de madera, a modo de balsa, para transportes por río. || **P.** balsa; **I.** raft; **F.** sorte de radeau; **A.** Floss; **It.** zàttera; **R.** плот для перевозки грузов.

ZATICO, LLO. (d. de *zato*.) m. El que antiguamente estaba encargado en palacio de cuidar el pan y alzar la mesa. || 2. Zato.

ZATO. (vasc. *zati*, pedazo.) m. Mendrugo de pan.

★ ZATO, TA. adj. VENEZ. Hablando de un animal, rechoncho.

ZAYA. f. LEÓN. Caz del molino.

ZAZO, ZA. adj. Zazoso.

ZAZOSO, SA. adj. Tartajoso.

ZEBRA. f. Cebra.

ZEDA. (De *zeta*.) f. Nombre de la letra z.

ZEDILLA. (d. de *zeda*.) f. Cedilla.

★ ZEINA. f. QUÍM. Una de las clases de proteínas sencillas que se encuentra en el maíz.

ZÉJEL. (ár. *zaŷal*.) m. Cierta composición de la métrica popular de los moros españoles.

ZELANDÉS, SA. adj. Natural de Zelandia. Ú.t.c.s. || 2. Perteneciente a esta provincia holandesa.

ZENDAVESTA. (Del zendo, *zanti*, conocimiento, y *avesta*, doctrina de Zoroastro.) m. Colección de los libros sagrados de los persas.

ZENDO, DA. (Del pelvi *zand*, interpretación, comentario del *Avesta*.) adj. Dícese de un idioma indoeuropeo usado antiguamente en las provincias septentrionales de Persia. Ú.t.c.s.m.

ZENIT. m. Cenit.

★ ZEPELÍN. m. Globo dirigible, rígido, fusiforme y con barquilla cerrada dispuesta para transportar personas o carga. || **P.** zepelim, globo dirigível; **I.** y **F.** zeppelin; **A.** Luftschiff; **It.** zeppelin; **R.** дирижабль.

ZETA. (gr. ζῆτα.) f. Zeda. || 2. Sexta letra del alfabeto griego.

ZEUGMA. (l. *zeugma*, y éste del gr. ζεῦγμα, yugo, lazo.) f. GRAM. Figura de construcción, que se comete cuando una palabra que tiene relación con dos o más miembros del período, está expresa en uno de ellos y se omite, sobrentendiéndose, en todos los demás.

ZEUMA. f. GRAM. Zeugma.

ZIGOFILÁCEO, A. adj. BOT. Cigofiláceo.

ZIGOTO. m. BIOL. Cigoto.

ZIGZAG. (Voz onomatopéyica.) m. Línea quebrada compuesta por una serie de segmentos rectilíneos que forman entre sí alternativamente ángulos entrantes y salientes. || 2. BOT. CHILE. Planta irídea cuyas flores son muy olorosas.

ZIGZAGUEAR. intr. Serpentear, andar en zigzag.

★ ZIMASA. m. QUÍM. Enzima descarboxilante que transforma los azúcares en alcohol y dióxido de carbono.

★ ZIMÓGENO. m. QUÍM. Forma inactiva en que se encuentran a veces los enzimas.

★ ZIMOSÍMETRO. m. FÍS. Instrumento que se emplea para determinar el grado de fermentación de un líquido.

ZINC. (al. *zink*.) m. Cinc. || **P.** e **It.** zinco; **I.** y **F.** zinc; **A.** Zink; **R.** цинк.

ZINGIBERÁCEO, A. adj. BOT. Cingiberáceo, a.

★ ZINGUIZARRA. f. VENEZ. Pendencia, alboroto, trifulca.

ZIPIZAPE. (Voz onomatopéyica.) m. fam. Riña ruidosa o con golpes.

¡ZIS, ZAS! fam. ¡Zas, zas!

ZOANTROPÍA. (gr. ζῷον, animal, y ἄνθρωπος, hombre.) f. Monomanía en la cual el enfermo se cree convertido en un animal.

ZOCA. (Del m. or. que *zoco*, 2.º art.) f. Plaza pública. || *Andar* uno *de* ZOCA *en* colondra. fr. fig. y fam. Andar de zocos en colodros.

ZOCA. (l. *soccus*, zueco.) f. AR. y NAV. Cepa o tocón.

ZÓCALO. (l. *socculus*, d. de *soccus*, zueco.) m. ARQ. Cuerpo inferior de un edificio que sirve para elevar los basamentos a un mismo nivel. || 2. ARQ. Friso de madera, tela, estera, etc., en la parte inferior de una pared. || 3. ARQ. Miembro inferior del pedestal. || 4. ARQ. Especie de pedestal. || 5. RADIOTEC. Parte inferior de las válvulas electrónicas de los aparatos de radio. || 6. MÉJ. Parte central de la plaza mayor de algunas poblaciones. || **P.** zócalo; **I.** zocle; **F.** socle; **A.** Sockel; **It.** zocco; **R.** цоколь.

ZOCAÑO. m. AND. Zoquete de pan.

ZOCATEARSE. r. Ponerse zocato un fruto.

ZOCATO, TA. adj. fam. Zurdo. Ú.t.c.s. || 2. Dícese del fruto que sin madurar se pone amarillo y acorchado.

ZOCLO. (l. *socculus*.) m. Zueco, chanclo.

ZOCO. (l. *soccus*.) m. Zueco. || 2. ARQ. Zócalo, 3.ª acep. || *Andar* uno *de* ZOCOS *en* colodros. fr. fig. y fam. Ir de mal en peor.

ZOCO. (ár. *suq*, mercado.) m. En Marruecos, mercado; lugar en que se celebra.

ZOCO, CA. adj. fam. Zocato, zurdo. Ú.t.c.s. || 2. fam. Dícese de la mano izquierda. Ú.t.c.s. || 3. COLOM. Manco. || 4. m. SALV. Carraspera. || *A* ZOCAS. m. adv. A zurdas.

★ ZOCOTROLLO. m. BOL. Cosa muy voluminosa.

★ ZOCUCHO. m. AMÉR. MERID. Socucho, chiribitil, desván.

ZODIACAL. adj. Perteneciente o relativo al Zodiaco. || 2. Dícese de la luz o claridad que en algunas noches de invierno se percibe en la alta atmósfera.

ZODIACO [ZODÍACO]. (l. *zodiăcus*, y éste del gr. ζῳδιακός.) m. ASTRON. Zona o faja celeste de 16 a 18 grados de anchura, por cuyo centro pasa la Eclíptica y que comprende las 12 casas, signos o constelaciones que recorre el Sol en su curso anual aparente. || 2. Representación material del Zodiaco. || **P.** zodíaco; **I.** zodiac; **F.** zodiaque; **A.** Tierkreis, Zodiakus; **It.** zodíaco; **R.** зодиак.

ZOFRA. (ár. *sufra*, mantel de comedor.) f. Especie de tapete o alfombra morisca.

ZOFRA. f. MURC. Sufra. 1.ª acep.

Z

ZOILO. (Por alusión a *Zoilo*, sofista y famoso crítico detractor de Homero, Platón e Isócrates.) m. fig. Crítico presumido, malicioso y murmurador de las obras ajenas.

ZOIZO. m. Suizo, soldado de infantería.

ZOLOCHO, CHA. adj. fam. Simple, mentecato, aturdido. Ú.t.c.s.

ZOLTANÍ. m. Soltaní.

ZOLLIPAR. intr. fam. Dar zollipos o sollozar hipando.

ZOLLIPO. m. fam. Sollozo con hipo, y comúnmente con aflicción y llanto.

ZOMA. f. Soma.

★ **ZOMPLANTLE.** (Voz mejicana.) m. Bot. Méj. Planta leguminosa cuya semilla parecida a un fréjol contiene un alcaloide venenoso.

ZOMPO, PA. adj. Zopo. Ú.t.c.s.

ZOMPOPO. m. Amér. Central. Hormiga de cabeza grande, que se alimenta de las hojas de las plantas.

ZONA. (l. *zona*, y éste del gr. ζώνη, ceñidor, faja.) f. Lista o faja. || **2.** Extensión considerable de terreno que tiene forma de banda o faja. || **3.** Extensión considerable de terreno cuyos límites están determinados por razones administrativas, políticas, etc. || **4.** Geog. Cada una de las cinco partes en que los trópicos y los círculos polares dividen la superficie de la Tierra. || **5.** Geom. Parte de la superficie de la esfera comprendida entre dos planos paralelos. || **6.** Hist. Nat. Región en la que la vida animal y vegetal presenta cierta uniformidad característica. || **7.** Med. Enfermedad eruptiva infecciosa, con fiebre y dolor, caracterizada por la inflamación de ciertos ganglios nerviosos, y que se manifiesta por una serie de vesículas translúcidas a lo largo del nervio afectado. || —**avanzada.** Mil. Porción de terreno más próxima al frente de combate. || —**de ensanche.** La que en la cercanía de las poblaciones, y con régimen legal diferente, está destinada para que se extienda la edificación. || —**de influencia.** Parte de un país débil, aunque no sometido a protectorado oficial, respecto de la que varias potencias aceptan la preponderante expansión económica o cultural de alguna de aquéllas. || —**desenfilada.** Mil. Espacio de terreno que está cubierto de proyectiles. || —**fiscal.** Demarcación más o menos próxima de las fronteras, aduanas o fielatos, por que rigen preceptos excepcionales en materia de tributos. || —**glacial,** Geogr. Cada uno de los dos casquetes esféricos formados en la superficie de la tierra por los círculos polares. || —**polémica.** Fort. Espacio en que para la defensa de una plaza se establecen excepciones legales y gubernamentativas. || —**rasada.** Mil. Espacio sobre el terreno en el cual no puede aparecer un blanco a altura dada sin ser alcanzado por un proyectil. || —**templada.** Geogr. Cada una de las dos comprendidas entre los trópicos y los círculos polares inmediatos. || —**tórrida,** Geogr. La comprendida entre ambos trópicos. || —**visual.** Fís. Área alrededor de un eje óptico en la cual prácticamente no se aprecia aberración. || P. e It. zona; I. y F. zone; A. Zone, Erdgürtel; R. пояс, зона.

ZONCERA. f. Amér. Sosera.

ZONCERÍA. (De *zonzo*.) f. Sosería.

ZONCHICHE. m. C. Rica y Hond. Cierto buitre con la cabeza roja e implume.

ZONCHO. m. Sant. Capacho, cesto.

★ **ZONITA.** f. Quím. Disolución germicida preparada en hipoclorito; es muy usada para esterilizar el agua potable y la de las piscinas.

ZONOTE. m. Cenote.

★ **ZONTEAR.** tr. C. Rica. Cortar las orejas a un animal. || **2.** Romper el asa de una vasija.

ZONZAMENTE. adv. Con zoncería.

ZONZO, ZA. (l. *insulsus*?) adj. Soso, falto de gracia. Apl. a pers. ú.t.c.s. || **2.** Argent. Simplón, bobalicón. Ú.t.c.s. || *Hacerse el* zonzo. fr. Argent. Hacerse el bobo, el desentendido.

★ **ZONZORENO, NA.** C. Rica. Zonzo, bobalicón.

ZONZORRIÓN, NA. adj. fam. Muy zonzo. Ú.t.c.s.

ZONZORRO. m. Ál. Agalla grande de roble.

ZOÓFAGO, GA. (gr. ζωοφάγος; de ζῶον, animal, y φαγεῖν, comer.) adj. Zool. Que se alimenta de materias animales. Ú.t.c.s.

ZOÓFITO. (gr. ζῶον, animal, y φυτόν, planta.) adj. Zool. Dícese de ciertos animales en los que se creía reconocer algunos caracteres propios de los seres vegetales. || **2.** m. pl. Zool. Grupo de los animales que tienen aspecto de plantas.

ZOOFTIRIO. (gr. ζῶον, animal, y φθείρ, piojo.) m. Zool. Anopluro.

★ **ZOÓGENO, NA.** adj. De origen animal.

★ **ZOOGEOGRAFÍA.** f. Ciencia que estudia la distribución geográfica de las especies animales.

ZOOGRAFÍA. (gr. ζῶον, animal, y γράφω, describir.) f. Parte de la zoología que tiene por objeto la descripción de los animales.

ZOOGRÁFICO, CA. adj. Perteneciente o relativo a la zoografía.

ZOÓLATRA. adj. Que adora los animales.

ZOOLATRÍA. (gr. ζῶον, animal, y λατρεία, adoración.) f. Adoración, culto de los animales.

ZOOLOGÍA. (gr. ζῶον, animal, λόγος, tratado.) f. Ciencia que trata de los animales. || —**experimental.** Estudio de los animales por medio de experimentos efectuados en ellos. || —**médica.** Estudio de los animales desde el punto de vista de su influencia sobre la salud de las personas. || P. zoologia; I. zoology; F. zoologie; A. Zoologie, Tierkunde; It. zoologia; R. зоология.

ZOOLÓGICO, CA. adj. Perteneciente o relativo a la zoología. || **2.** Aplícase al parque en que se guardan, y exhiben, fieras y otros animales pocos comunes.

ZOÓLOGO. m. El que profesa la zoología o es versado en ella.

ZOONOSIS. (gr. ζῶον, animal, y νόσος, enfermedad.) f. Med. Enfermedad propia de los animales, que a veces se comunica a las personas.

ZOOSPERMO. (gr. ζῶον, animal, y σπέρμα, semilla.) m. Espermatozoide.

ZOOSPORA. (gr. ζῶον, animal, y σπορά, semilla.) f. Bot. Espora de ciertos hongos, la cual puesta en libertad por ruptura del esporagio, y en ciertas condiciones favorables, emite unas pestañas vibrátiles, a modo de flagelos o cilios con los que se hace movible en el agua.

★ **ZOOTAXIA.** f. Clasificación metódica de los animales.

ZOOTECNIA. (gr. ζῶον, animal, y τέχνη, arte.) f. Ciencia aplicada que se ocupa de la cría, multiplicación y mejora de los animales domésticos.

ZOOTÉCNICO, CA. adj. Perteneciente o relativo a la zootecnia.

ZOOTOMÍA. (gr. ζῶον, animal, y τομη, sección.) f. Parte de la zoología que estudia la anatomía de los animales.

ZOÓTROPO. m. desus. Aparato circular que al girar produce la ilusión de que se mueven unas figuras dibujadas, debido a la persistencia de las imágenes en la retina.

ZOPAS. com. fam. Persona que cecea mucho.

★ **ZOPE.** m. C. Rica. Ave de las rapaces diurnas del tamaño de una gallina. || **2.** Méj. Tortilla gruesa y pequeña.

ZOPENCO, CA. (De *zopo*.) adj. fam. Tonto y abrutado. Ú.t.c.s.

ZOPETERO. m. Ribazo.

ZOPILOTE. m. C. Rica, Hond. y Méj. Aura, ave rapaz diurna.

ZOPISA. (l. *sopissa*, y éste del gr. ζώπισσα.) f. Brea. || **2.** Resina de pino.

ZOPITAS. com. fam. Zopas.

ZOPO, PA. (ital. *zoppo*, en port. *zopo.*) Dícese del pie o mano torcidos o contrahechos. || **2.** Dícese de la persona que tiene torcidos o contrahechos los pies o las manos.

ZOQUETA. f. Pieza de madera ahuecada, a modo de guante, con que los segadores resguardan del corte de la hoz los dedos de la mano izquierda, dejando libre el pulgar.

ZOQUETE. (ár. *suqâṭa*, desecho.) m. Pedazo de madera corto y grueso, que queda sobrante al labrar o cortar un madero. ||

2. fg Trozo de pan grueso e irregular. || **3.** fig. v fam. Hombre de mala traza. || **4.** fig. y fam. Persona ruda y torpe. Ú.t.c. adj.

★ **ZOQUETEAR.** (De *zoquete*.) tr. Cuba. Discutir. Reñir gesticulando como queriendo meter un puños por los ojos del contricante. || **2.** P. Rico y Colom. Maltratar. || **3.** intr. Cuba y Pan. Decir o hacer majaderías.

ZOQUETERO, RA. adj. Que se mantiene de los zoquetes o mendrugos de pan que va recogiendo, sin otro oficio u ocupación. Ú.t.c.s.

ZOQUETUDO, DA. (De *zoquete*, 1.ª acep.) adj. Basto y mal hecho.

ZORCICO. (vasc. *zortzico*, octava.) m. Composición musical vascongada, en compás de cinco por ocho. || **2.** Letra de esta música. || **3.** Baile que se ejecuta con esta música.

ZORITO, TA. adj. Zurito.

ZOROÁSTRICO, CA. adj. Perteneciente o relativo al zoroastrismo.

ZOROASTRISMO. (l. *zŏrŏastres*.) m. Mazdeísmo.

★ **ZOROCHO, CHA.** adj. Venez. Zorollo. || **2.** Colom. y Venez. Dícese del manjar medio cocido o medio asado.

ZOROLLO. (l. *cereŏlus*, amarillo de color de cera.) adj. Dícese del trigo segado antes de su completa madurez.

ZORONGO. m. Pañuelo doblado en forma de venda, que los labriegos aragoneses y algunos navarros llevan alrededor de la cabeza. || **2.** Moño ancho y aplastado que usan algunas mujeres del pueblo. || **3.** Baile popular andaluz. || **4.** Música y canto de este baile.

ZORRA. (port. *zorra.*) f. Mamífero carnicero de la familia de los cánidos; cubierto de pelo largo y abundante, pardo rojizo, excepto los labios y la punta de la cola, que son de color blanco. Abunda en los montes de España, vive en madrigueras, campea de noche, ataca a las aves de corral; despide olor fétido. || **2.** Hembra de esta especie. || **3.** fig. y fam. Persona astuta y solapada. || **4.** fig. y fam. Borrachera, embriaguez. || **5.** fig. y fam. Ramera. || **6.** Hond. Zorro del Brasil. || **7.** Argent. Vagoneta. || **8.** Astron. Constelación del hemisferio boreal. || —**de mar.** Especie de tiburón común en las costas de la Península Ibérica. || *A la zorra, candilazo.* expr. fig. que denota ganar uno en astucia a otro que de ella presume. || *No ser la primera* zorra *que uno ha desollado.* fr. fig. y fam. de que se usa para notar que uno está adiestrado por la costumbre para hacer una cosa. || *Pillar uno una* zorra. fr. fam. Embriagarse, emborracharse. || ¡ZORRA! interj. Ecuad. Exclamación de disgusto. || P. raposa; I. she-fox; F. renarde; A. Füchsin; It. volpe; R. лиса, лисица.

ZORRA. (l. *saburra*, lastre.) f. Carro bajo y fuerte para transportar pesos grandes.

ZORRA. (ár. *surriyya*, concubina.) f. fig. y fam. Ramera.

★ **ZORRAL.** adj. Colom. Importuno y pesado. || **2.** Ecuad. Terco.

ZORRASTRÓN, NA. (aum. despect. de *zorro.*) adj. Pícaro, astuto, disimulado y cauteloso en demasía. Ú.t.c.s.

★ **ZORREADURA.** f. Chile. Batida o caza de zorros.

★ **ZORREAR.** intr. Chile. Cazar zorros. || **2.** fam. Chile. Sacudir golpeando con los zorros.

ZORRERA. f. Cueva de zorros. || **2.** fam. Azorramiento. || **3.** fig. Habitación llena de humo, producido dentro de ella.

ZORRERÍA. f. Astucia y cautela de la zorra. || **2.** fig. y fam. Astucia, disimulo.

ZORRERO, RA. (De *zorra*, 1.er art.) adj. Dícese del perdigón más grueso que el ordinario. || **2.** Dícese del perro que se emplea en la caza de la zorra. Ú.t.c.s. || **3.** fig. Astuto, capcioso. || **4.** m. El encargado de limpiar de zorros y otras alimañas los bosques reales.

ZORRERO, RA. (l. *saburrarius*, de *saburra*, lastre.) adj. Dícese de la embarcación pesada en navegar. || **2.** fig. Que va detrás de otros y queda rezagada.

ZORRILLO. m. Guat. y Hond. Mofeta, mamífero carnicero parecido a la

Z

comadreja. || **2.** MÉJ. Dulce que se prepara con leche cortada.

* **ZORRILLO, LLA.** adj. MÉJ. Remolón. || **2.** MÉJ. Tonto, necio, mentecato.

ZORRO. m. Macho de la zorra. || **2.** Piel de la zorra, curtida de modo que conserve el pelo. || **3.** fig. y fam. El que afecta simpleza y bobería para rehuir el trabajo. || **4.** fig. y fam. Hombre muy taimado y astuto. || **5.** ZOOL. AMÉR. Mofeta, mamífero carnicero que arroja un líquido hediondo cuando se ve perseguido. || **6.** CHILE. Harina de trigo tostada al sol. || **7.** pl. Tiras de orillo o piel que puestas en un mango, sirven para sacudir el polvo de muebles, paredes, etc. || ZORRO azul. Raposo ferrero. || *Estar uno hecho un* ZORRO. fr. fig. y fam. Estar cargado de sueño en demasía. || **2.** fig. y fam. Estar callado y pesado. || *Hacerse* uno *el* ZORRO. fr. fig. y fam. Aparentar ignorancia o distracción. || **P.** zorro; **I.** fox; **F.** renard; **A.** Fuchs; **It.** volpe (maschio); **R.** лис.

ZORRO, RRA. adj. Zorrero, astuto, capcioso.

ZORROCLOCO. m. y fam. Hombre tardo y pesado y que, fingiéndose bobo, es taimado y camastrón. || **2.** fam. Arrumaco. || **3.** pl. ALBAC. y MURC. Especie de nuédagos en forma de canutillos.

ZORROMOCO. m. SANT. Zangarrón.

ZORRÓN. m. aum. de zorra, 1.er art., 4.ª acep. || aum. de zorro, 4.ª acep.

ZORRONGLÓN, NA. adj. fam. Dícese del que ejecuta de mala gana y murmurando o refunfuñando las cosas que le mandan. Ú.t.c.s.

ZORRUELA. f. d. de zorra.

ZORRUELO. m. d. de zorro.

ZORRULLO. m. Zurullo.

ZORRUNO, NA. adj. Perteneciente o relativo a la zorra, 1.er art.

ZORZAL. (ár. *zurzâl*, por *zulzûl* o *zurzur*, tordo, estornino.) m. Pájaro dentirrostro de la familia de los túrdidos, de unos 30 cm de largo, pico delgado, y el plumaje pardo por encima, rojizo con manchas grises en el pecho y blanco en el vientra. Vive en España durante el invierno. || **2.** Hombre sagaz y astuto. || **3.** P. RICO. Muchacho revoltoso. || **4.** fam. CHILE. Papanatas, persona simple y poco cauta. || **5.** ZOOL. P. RICO. Cierto pajarillo semejante al mirlo. || —**marino.** ZOOL. Pez marino, acantopterigio, de color más o menos obscuro, según las épocas del año, con la cabeza grande y el hocico puntiagudo, y la aleta de la cola cuadrada. Es frecuente en los mares de España. || **P.** zorzal; **I.** field-fare; **F.** grive; **A.** Drossel; **It.** tordo botaccio; **R.** дрозд.

* **ZORZALADA.** f. CHILE. Necedad, tontería.

* **ZORZALEAR.** (De *zorzal*.) intr. fam. CHILE. Sablear, sacar a uno dinero. || **2.** Engañar abusando de la buena fe de una persona.

ZORZALEÑO, ÑA. (De *zorzal*.) adj. Dícese de una variedad de aceituna pequeña y redonda. || **2.** Dícese de un halcón, variedad del neblí, cuyo plumaje tiene manchas amarillentas.

ZORZALERO. m. Cazador de zorzales.

* **ZORZALINO, NA.** adj. CHILE. Deleitoso, agradable.

ZOSTER. (l. *zoster*, y éste del gr. ζωστήρ.) f. MED. Zona, 9.ª acep.

ZOTE. (b. l. *sottus*, y éste del l. *stultus*.) adj. Ignorante, torpe y muy tardo en aprender. Ú.t.c.s.

ZOZOBRA. f. Acción y efecto de zozobrar. || **2.** Oposición de los vientos que impiden o dificultan grandemente la navegación. || **3.** fig. Inquietud y congoja que atormenta el ánimo. || **3.ª** acep.: **P.** inquietação; **I.** anguish; **F.** trouble, souci; **A.** Unruhe; **It.** ràngola; **R.** беспокойствú.

ZOZOBRANTE. p.a. de zozobrar. Que zozobra.

ZOZOBRAR. (l. *sub*, debajo, y *supra*, encima.) intr. Correr riesgo inminente una embarcación sacudida por los vientos. || **2.** Naufragar la embarcación. || **3.** fig. Correr inminente riesgo de perderse una cosa. || **4.** fig. Acongojarse con dudas y vacilaciones sobre lo que se debe hacer para librarse de un peligro inminente, o

para conseguir lo que se desea. || **5.** tr. Hacer zozobrar. || **P.** soçobrar; **I.** to founder, to sink; **F.** couler, sombrer; **A.** scheitern, kentern; **It.** sprofondare, naufragare; **R.** терпѣть кораблекрушение.

ZOZOBROSO, SA. adj. Intranquilo, acongojado, lleno de zozobra.

ZÚA. f. Zuda.

ZUAVO. (berb. *Zawâwa*, nombre de una confederación de tribus argelinas.) m. Soldado de infantería argelino, que estuvo al servicio de Francia. || **2.** Soldado francés que viste el mismo uniforme que el zuavo argelino. || **P.** e **It.** zuavo; **I.** y **F.** zouave; **A.** Zuave; **R.** алжирский солдат.

ZUBIA. (ár. *šu'biyyâ*, corriente de agua en un arenal.) f. Lugar o sitio por donde corre a adonde corre mucha agua.

ZUCARINO, NA. adj. Sacarino. || **2.** Dícese del alumbre mezclado con azúcar que se usa en medicina como astringente.

* **ZUCLEAR.** (De *zucla*.) tr. C. RICA. Desbastar con la azuela.

ZUCRERÍA. f. AR. Confitería.

ZUCURCO. m. CHILE. Planta umbelífera, con hojas casi siempre espinosas, y flores amarillas.

ZUDA. f. Azud.

ZUECO. (l. *soccus*.) m. Zapato de madera. || **2.** Zapato de cuero con suela de corcho o de madera. || **3.** En oposición al coturno, significa el estilo llano de la comedia. || **P.** tamanco; **I.** y **F.** sabot; **A.** Holzschuh; **It.** zòccolo; **R.** деревянный башмак.

ZUECO, CA. adj. ALBAC. y CUENC. Zurdo, zocato. Ú.t.c.s.

ZUELA. f. Azuela.

ZUINDÁ. m. ARGENT. Suindá.

ZUIZA. f. Suiza.

ZUIZÓN. m. Suizón.

ZULACAR. tr. Untar o cubrir con zulaque.

ZULAQUE. (ár. *sulâqa*, betún.) m. Betún en pasta, propio para tapar las juntas de los acueductos en las cañerías y para obras hidráulicas, hecho de estopa, cal, aceite y escorias o vidrios molidos.

ZULAQUEAR. tr. Zulacar.

ZULÚ. adj. Dícese del individuo de un pueblo de raza negra que habita en África austral. Ú.t.c.s. || **2.** Perteneciente o relativo a este pueblo.

ZULLA. (ár. *sullây*, hierba de pasto para los camellos.) f. BOT. Planta herbácea, vivaz, papilionácea, con tallo ramoso; hojas compuestas de hojuelas muy pequeñas; flores purpurinas o blancas y fruto en vainilla con tres semillas. Es común en los campos del mediodía de España y sirve de excelente pasto para el ganado.

ZULLA. (l. *sulla*, t. f. de -*llus*; de *sus*, puerco.) f. fam. Excremento humano.

ZULLARSE. (De *zulla*.) r. fam. Hacer uno sus necesidades, irse de vientre. || **2.** fam. Ventosear.

ZULLENCO, CA. (De *zulla*, 2.º art.) adj. fam. Que ventosea o se va de vientre con frecuencia.

ZULLÓN, NA. (De *zulla*, 2.º art.) adj. fam. Zullenco. Ú.t.c.s. || **2.** m. fam. Follón, ventosidad sin ruido.

ZUMA. f. ÁL. Mimbrera arborescente.

ZUMACAL. m. Tierra plantada de zumaque, 1.ª acep.

ZUMACAR. m. Zumacal.

ZUMACAR. tr. Adobar las pieles con zumaque, 1.ª acep.

ZUMACAYA. (Quizá de un der. del l. *cicúma*, murciélago.) f. Zumaya, chotacabras.

ZUMAQUE. (ár. *sumâq*, planta de cuyo fruto se extrae un jugo rojo, rico en tanino.) m. BOT. Arbusto terebintáceo, de tallos leñosos, hojas compuestas, flores blanquecinas primero y encarnadas después y fruto redondo y rojizo. || **2.** fam. Vino. || —**del Japón.** Barniz del Japón. || —**falso.** Ailanto. || **P.** sumagre; **I.** sumach; **F.** sumac; **A.** Gerbersumach, Firnis; **It.** sommacco; **R.** сумах.

ZUMAYA. (De *zumacaya*.) f. ZOOL. Autillo, ave rapaz nocturna parecida a la lechuza. || **2.** Chotacabras. || **3.** Ave de paso, del orden de las zancudas, pico grueso, negro, encorvado en la punta, alas obtusas, cola corta, cuello desnudo y plumaje de color verde negruzco en el lomo y la ca-

beza, ceniciento en las alas y cola, blanco en las partes inferiores, y tres o cuatro plumas también blancas, filiformes, que caen hacia atrás del occipucio.

ZUMBA. (De *zumbar*.) f. Cencerro grande que suele llevar la caballería delantera de una recua, o el buey que hace de cabestro. || **2.** Bramadera, juego infantil. || **3.** Vaya, chanza, broma. || **4.** COLOM., CHILE y P. RICO. Zurra, azotaina. || **5.** MÉJ. Tira de papel que se pega a la cuerda en la parte alta de la cometa. || **6.** MÉJ. Borrachera. || *Poner* ZUMBA *al papalote*. fr. MÉJ. Incitar a los que están enzarzados en una discusión. || *Salir sin* ZUMBA. fr. MÉJ. Escapar apresuradamente. || ¡ZUMBA! COLOM. Interj. para espantar a los perros.

ZUMBADOR, RA. adj. Que zumba. || **2.** COLOM. Bramadera, juguete infantil. || **3.** ELECTR. Dispositivo, parecido a un timbre, que produce un sonido sordo. || **4.** m. AMÉR. Colibrí.

ZUMBAR. (Voz onomatopéyica.) intr. Hacer una cosa ruido o sonido continuado y bronco; como el de una colmena. Algunas veces se siente en los oídos sin causa exterior. || **2.** fig. Estar una cosa inmaterial muy próxima o inmediata. || **3.** tr. Tratándose de golpes, dar, asestar. || **4.** fig. Dar vaya, chasco o broma a uno. Ú.t.c.r. || **5.** VENEZ. y P. RICO. Arrojar. Ú.t.c.r. || **6.** r. CUBA y P. RICO. Desaparecer de pronto. || **7.** CUBA. Propasarse, excederse. || ZUMBARLE *el mango* a uno. fr. CUBA. Mostrar arrojo y decisión. || **P.** zumbir; **I.** to buzz, to hum; **F.** bourdonner; **A.** schnurren, summen; **It.** ronzare; **R.** гудеть, жужжáть.

ZUMBEL. (De *cimbel*.) m. Cuerda que se arrolla al peón o trompo para hacerle bailar.

ZUMBEL. m. fam. Expresión exterior de ceño y enojo en el semblante.

ZUMBIDO. m. Acción y efecto de zumbar. || **2.** fam. Golpe fuerte o porrazo que se da a uno. || —**de oídos.** MED. Ruido que parece percibirse, sin causa excitante exterior, y que es debido a una afección del oído. || **P.** zumbido; **I.** hum(ming); **F.** bourdonnement; **A.** Summen, Geschnurre; **It.** ronzío; **R.** жужжáние.

ZUMBILÍN. m. Venablo arrojadizo hecho de palma brava y usado en Filipinas.

ZUMBO. (De *zumbar*.) m. Zumbido.

ZUMBÓN, NA. (De *zumbar*.) adj. Dícese del cencerro que se pone al cabestro. Ú.t.c.s. || **2.** fig. y fam. Dícese del que frecuentemente anda burlándose, o es de genio festivo y poco serio. Ú.t.c.s. || **3.** AND. Dícese del palomo que tiene el buche pequeño y alto. Ú.t.c.s.

ZUMEL. (Voz araucana.) m. CHILE. Una clase de calzado que usan los araucanos. Ú.m. en pl.

ZUMIENTO, TA. adj. Que arroja zumo.

ZUMILLO. m. d. de zumo. || **2.** Dragontea. || **3.** Tapsia.

ZUMO. (gr. ζωμός.) m. Líquido que se extrae de algunos frutos. || **2.** fig. Utilidad y provecho que se saca de una cosa. || —**de cepas o de parras.** fig. y fam. El vino. || **P.** sumo, suco; **I.** juice, sap; **F.** jus, suc; **A.** Saft; **It.** sugo; **R.** сок.

ZUMOSO, SA. adj. Que tiene zumo.

ZUNA. (ár. *sunna*, costumbre, tradición, ley tradicional.) f. Ley tradicional de los mahometanos, sacada de las sentencias de Mahoma. || **2.** AST. y SANT. Resabio de una caballería. || **3.** AST. y SANT. Perfidia de una persona.

ZUNCUYA. f. HOND. Cierta fruta de sabor agridulce.

ZUNCHAR. tr. Colocar zunchos para reforzar alguna cosa.

ZUNCHO. (De *cincho*.) m. Abrazadera de materia resistente que sirve para reforzar o dar fortaleza y seguridad a algunas cosas.

ZUNTECO. m. HOND. Especie de avispa negra.

ZUNZÚN. m. CUBA. Pajarillo, especie de colibrí.

ZUÑO. (gr. σκύνιον.) m. Ceño, fruncimiento de la frente y cejas por enfado.

ZUPIA. f. Poso del vino. || **2.** Vino turbio por estar revuelto con el poso. || **3.** Líquido de mal aspecto y sabor. || **4.** fig.

Z Lo más inútil y despreciable de cualquier cosa.

ZURANO, NA. adj. Zuro, 2.º art. || **2.** Dícese de la paloma también llamada zorita, zura y zurita.

ZURBA. (l. *sòrbum.*) f. ÁL. Serba.

ZURCIDERA. f. Zurcidora.

ZURCIDO, DA. p.p. de zurcir. || **2.** m. Unión o costura de las cosas zurcidas.

ZURCIDOR, RA. adj. Que zurce. Ú.t. c.s. || **—de voluntades.** fig. y fam. Alcahuete, ta.

ZURCIDURA. f. Acción· y efecto de zurcir. || **2.** Zurcido, costura de las cosas zurcidas.

ZURCIR. (l. *sarcīre.*) tr. Coser la rotura de una tela, uniendo con puntadas los pedazos, de tal modo que la compostura resulte disimulada. || **2.** Rellenar con puntadas muy juntas y entrecruzadas la tela que falta en un tejido que se ha roto. || **3.** fig. Unir sutilmente dos cosas. || **4.** fig. y fam. Imaginar y trabar mentiras para dar apariencia de verdad a lo que se cuenta. || **P.** cerzir; **I.** to darn; **F.** rentraire; **A.** (aus)flicken, stopfen; **It.** ricucire; **R.** штопать.

ZURDAL. m. PAL. Azor, ave de rapiña.

ZURDERA. f. Calidad de zurdo.

ZURDERÍA. f. Zurdera.

ZURDO, DA. adj. Que usa de la mano izquierda con la misma facilidad y para lo mismo que las demás personas usan la derecha. Ú.t.c.s. || **2.** Dícese de la mano izquierda. Ú.t.c.s. || **3.** Perteneciente o relativo a ésta. || *A* ZURDAS. m. adv. Con la mano zurda. || **2.** fig. y fam. Al revés de como se debía hacer. || *No ser* uno ZURDO. fr. fig. y fam. Ser hábil o inteligente. || **P.** canho; **I.** left-handed; **F.** gauche, gaucher; **A.** linkshändig; **It.** mancino; **R.** левша.

ZUREAR. (De zuro, 2.º art.) intr. Hacer arrullos la paloma.

ZUREO. m. Acción y efecto de zurear.

ZURITA. f. ÁL. Tórtola.

ZURITO, TA. (Quizá del ár. *ţūrī,* montaraz, salvaje.) adj. Zuro, 2.º art.

ZURIZA. f. Suiza, contienda, riña entre dos bandos.

ZURO. m. Corazón de la mazorca del maíz después de desgranada.

ZURO, RA. (Del m. or. que *zurito.*) adj. Dícese de las palomas y palomos silvestres. || **2.** Dícese de la paloma también llamada żurana, zorita o zurita.

ZURRA. f. Acción de zurrar las pieles. || **2.** fig. y fam. Castigo, especialmente de azotes y golpes. || **3.** fig. y fam. Continuación, prosecución del trabajo en una materia especialmente estudiando o leyendo ||

4. fig. y fam. Riña o reyerta en que algunos salen maltratados.

ZURRADO, DA. p.p. de zurrar. || **2.** m. fam. Guante. || *Salvo el* ZURRADO. expr. fam. Salvo el guante.

ZURRADOR, RA. adj. Que zurra. Ú.t.c.s. || **2.** m. El que tiene por oficio zurrar pieles.

ZURRAPA. (ár. *surāb,* barro que se saca al limpiar un estanque.) f. Brizna o sedimento que se halla en un líquido que poco a poco se va asentando. Ú.m. en pl. || **2.** fig. y fam. Cosa vil, ruin y despreciable. || **3.** fig. y fam. Muchacho desmedrado, feo y desgarbado. || *Con* ZURRAPAS. m. adv. fig. y fam. Con poca limpieza o pureza física o moral.

ZURRAPELO. (De *zurrar* y *pelo.*) m. fam. Rapapolvo.

ZURRAPIENTO, TA. (De *zurrapa.*) adj. Zurraposo.

ZURRAPOSO, SA. adj. Que tiene zurrapas.

ZURRAR. (port. *surrar.*) tr. Curtir y adobar las pieles quitándoles el pelo. || **2.** fig. y fam. Castigar a uno dándole una azotaina o paliza. || **3.** fig. y fam. Traer a mal traer al adversario en una riña. || **4.** fig. y fam. Censurar a uno con dureza y especialmente en público. || ZURRA, *que es tarde.* expr. fig. y fam. de que se usa para zaherir la impertinente insistencia de alguien en alguna cosa. || **P.** surrar; **I.** to curry, to tan; **F.** corroyer; **A.** gerben; **It.** conciare; **R.** дубить.

ZURRARSE. (De *chorrar.*) r. Irse de vientre uno involuntariamente. || **2.** fig. y fam. Estar poseído de un gran temor o miedo. || **3.** fam. ARGENT. Peerse sin ruido.

★ ZURRIA. f. COLOM. Zurra. || **2.** COLOM. Multitud.

ZURRIAGA. (ár. *surriyāqa,* correa para azotar.) f. Zurriago. || **2.** AND. Alondra.

ZURRIAGAR┼ tr. Dar o castigar con el zurriago.

ZURRIAGAZO. m. Golpe dado con el zurriago o con otra cosa flexible. || **2.** fig. Desgracia inesperada. || **3.** fig. Mal trato ·o desdén de quien no se esperaba.

ZURRIAGO. (De *zurriaga.*) m. Látigo con que se castiga o zurra, el cual suele ·ser de cuero o cordel. || **2.** Correa larga y ▸flexible con que los muchachos hacen bailar el trompo o peonza. || **P.** azorrague; **I.** whip; **F.** fouet; **A.** Reitpeitsche; **It.** sferza; **R.** плеть.

ZURRIAR. (port. *zurrar;* de *zurro,* ▸rebuzno y especie de chicharra.) intr. Zurrir.

ZURRIBANDA. (De *zurra* y *banda.*) f. fam. Zurra repetida o con muchos gol-

pes. || **2.** fam. Pendencia o riña ruidosa con golpes.

ZURRIBURRI. m. fam. Sujeto vil y despreciable. || **2.** fam. Conjunto de personas de la ínfima plebe o de mala calaña. || **3.** Barullo, desorden, confusión.

ZURRIDO. (De *zurrir.*) m. Sonido bronco, confuso y desapacible.

ZURRIDO. (De *zurrar.*) m. fam. Golpe, especialmente con palo.

ZURRIR. (Voz onomatopéyica.) intr. Sonar bronca, confusa y desapaciblemente alguna cosa.

ZURRÓN. (aum. español del ár. *şurra,* bolsa.) m. Bolsa grande de pellejo usada por los pastores para llevar la comida y otras cosas. || **2.** Cualquier bolsa de cuero. || **3.** Cáscara primera y más tierna en que están encerrados ciertos frutos para que lleguen a su completa madurez. || **4.** Bolsa formada por las membranas que envuelven el feto. || **5.** Quiste.

ZURRONA. (De *zorra,* 5.ª acep.) f. fam. Mujer perdida y estafadora.

ZURRONADA. f. Lo que cabe en un zurrón.

ZURRUMBERA. f. ÁL. Bramadera, tablita con una cuerda, a la que los muchachos hacen girar a modo de honda.

ZURRUSCARSE. r. fam. Zurrarse.

ZURRUSCO. m. fam. Churrusco. || **2.** MURC. Viento muy penetrante.

ZURUBÍ. m. ZOOL. ARGENT. Surubí, pez de agua dulce, grande, sin escamas, especie de bagre, propio de la Argentina.

ZURUGÍA. f. ant. Cirugía.

ZURUJANO. m. ant. Cirujano.

ZURULLO. m. fam. Pedazo rollizo de materia blanda. || **2.** fam. Mojón, porción compacta de excremento humano que se expele de una vez.

★ ZURUMATO, TA. adj. MÉJ. Pasmado, atontado.

ZURUMBÁTICO, CA. adj. Lelo, pasmado, aturdido.

ZURUPETO. m. fam. Corredor de bolsa no matriculado. || **2.** Intruso en la profesión notarial.

ZUTANO, NA. (De *citano.*) m. y f. fam. Vocablo usado como complemento o en contraposición de *fulano* y *mengano,* y en la misma acepción que éstas cuando se alude a tercera persona. Cuando se emplean los tres juntos, fulano precede siempre a los otros dos. || **P.** beltrano; **I.** such a one; **F.** un tel, une telle; **A.** ein gewisser Dingsda; **It.** un tale; **R.** некто, кто-то, кто-нибудь.

ZUZAR. (De *¡Zuzo!*) tr. ant. Azuzar.

¡ZUZO! interj. ¡Chucho!

ZUZÓN. m. Hierba cana.

LISTA ALFABÉTICA DE SINÓNIMOS

A

ÁBACO. Tablero.
ABARATAR. Desencarecer.
ABASTECEDOR. Proveedor, aprovisionador, suministrador.
ABDOMEN. Vientre, barriga, panza.
ABECEDARIO. Alfabeto.
ABLANDAR. Blandear, emblandecer, enmollecer, reblandecer, lentecer, relentecer, molificar.
ABOGADO. Letrado, licenciado, jurisconsulto, jurista, jurisperito, legista.
ABOLIR. Abrogar, derogar, revocar, casar, cancelar, rescindir.
ABOMINAR. Derrenegar, decir, pestes, execrar.
ABONAR. Fertilizar.
ABONO. Fertilizante.
ABORIGEN. Autóctono, indígena, originario, natural, nativo.
ABORRECER. Odiar, detestar.
ABORRECIMIENTO. Antipatía.
ABORTO. Malparto.
ABOVEDAR. Embovedar.
ABRASAR. Quemar, agostar.
ABREVIATURA. Sigla, cifra, monograma.
ABRIGO. Gabán, sobretodo.
ABROGAR. Abolir.
ABSTINENCIA. Abstención; V. Templanza.
ABUSO. Exceso.
ACAECIMIENTO. Acontecimiento.
ACARAMELAR. Caramelizar.
ACARICIAR. V. Halagar.
ACARREO. Transporte.
ACASO. V. Casualidad.
ACAUDALADO. Adinerado, rico.
ACEDERA. Agrilla, vinagrera.
ACEITOSO. Oleaginoso.
ACEITUNA. Oliva.
ACEPCIÓN. V. Significación.
ACERCAR. Aproximar.
ACERTIJO. V. Enigma.
ACIAGO. V. Desgraciado.
ACICALAR. Repulir.
ACLIMATAR. Naturalizar.
ACOBARDAR. Intimidar, atemorizar, amedrentar, arredrar, acoquinar, achantar, amilanar, aterrar.
ACOMETER. V. Arremeter.
ACOMODADO. V. Conveniente.
ACOMPAÑAMIENTO. Comitiva, séquito, cortejo, corte, escolta, comparsa.
ACONTECIMIENTO. Acaecimiento, suceso, evento, sucedido, hecho, caso.
ACOQUINAR. V. Acobardar.
ACORAZONADO. Cordiforme.
ACTIVO. Operante.
ACTOR. Cómico, comediante, histrión.
ACUÑAR. Troquelar.
ACHACAR. V. Atribuir.
ACHICAR. Parvificar, empequeñecer; jamurar.
ADAGIO. Refrán.
ADECUADO. V. Conveniente.
ADEFESIO. Facha, mamarracho.
ADEMÁN. V. Gesto.
ADHERENCIA. V. Cohesión.
ADIESTRAR. V. Enseñar.
ADINERADO. Acaudalado, rico.
ADIVINAR. Profetizar, vaticinar, augurar, agorar, auspiciar; predecir, presagiar, pronosticar; acertar, atinar, descifrar.
ADOCENADO. Del montón.
ADOCTRINAR. V. Enseñar.

ADOLESCENTE. Mancebo, muchacho, zagal.
ADORNAR. Engalanar, hermosear, exornar, ornamentar, ornar, ataviar.
ADULADOR. Servil.
ADULAR. Halagar.
ADVERTENCIA. Observación.
ADVERTIR. Observar, reparar.
AEROLITO. Meteorito, piedra meteórica, uranolito.
AEROPLANO. Avión.
AFECTACIÓN. Amaneramiento.
AFECTAR. Interesar.
AFEITAR. Rapar, rasurar.
AFELPADO. Felpudo.
AFICIONADO. Dilatante.
AFÍN. V. Semejante.
AFIRMACIÓN. Aserción, aserto, aseveración.
AFLICCIÓN. V. Dolor.
AFONÍA. Ronquera.
AFORISMO. Refrán.
AFRENTA. V. Deshonra.
AFRONTAR. Enfrentar.
AGASAJAR. V. Halagar.
AGENDA. Dietario.
AGLUTINAR. Pegar, adherir.
AGRADABLE. Grato, placible.
AGRADECIMIENTO. Gratitud, reconocimiento.
AGRAVIO. Insulto, injuria, afrenta, ultraje.
AGUAFIESTAS. Derramasolaces.
AGUARDAR. V. Esperar.
AGUIJÓN. Espina; pincho; rejo.
AGUJEREAR. V. Horadar.
AHITAR. V. Hartar.
AHORCAR. Colgar.
AHORRAR. Economizar.
AIREAR. Orear, ventilar.
AJETREARSE. Zarandearse, azacanarse, trajinar.
AJUSTAR. Compaginar.
AJUSTICIAR. Ejecutar.
ALABANZA. Elogio.
ALABAR. Loar.
ALACRÁN. Escorpión; escilla.
ALBERGUE. Cobijo; cubil.
ALBOROZO. Júbilo.
ALCAHUETERÍA. Tercería, lenocinio, proxenetismo, rufianería.
ALCAIDE. Castellano.
ALCANCÍA. Hucha, vidriola, ladronera, olla ciega.
ALDABA. Llamador, picaporte.
ALEACIÓN. Liga.
ALEGORÍA. V. Símbolo.
ALEGRAR. Animar, letificar.
ALEGRÍA. Contento, alborozo, júbilo, regocijo.
ALEMÁN. Germano, tudesco, teutón.
ALFABETO. Abecé, abecedario.
ALGARROBA. Garroba, garrofa.
ALIENADO. V. Loco.
ALIENISTA. Frenópata.
ALIENTO. Vaho.
ALIMENTICIO. Nutritivo.
ALJOFIFA. Bayeta.
ALMACÉN. Tienda.
ALMOHADA. Cabezal.
ALMOHADILLA. Cojinete.
ALMONEDA. Subasta, licitación; saldo.
ALMUERZO. Desayuno.
ALPINISMO. Montañismo.
ALPINISTA. Montañero.
ALQUILAR. Arrendar.
ALQUILER. Arrendamiento; renta.
ALQUITRÁN. Brea.
ALREDEDOR. En torno.

ALTANERÍA. Soberbia.
ALTIMETRÍA. Hipsometría.
ALTIVEZ. Soberbia.
ALTO. Elevado, eminente.
ALUDIR. Mencionar, mentar, citar.
ALUMBRADO. Iluminación.
ALUMBRAR. Iluminar.
ALUMNO. Estudiante.
ALZAMIENTO. Sublevación.
ALZAR. Levantar.
ALLANAR. Aplanar, explanar; igualar.
AMAESTRAR. V. Enseñar.
AMANECER. Alba, madrugada; aclarar, clarear, clarecer.
AMANERAMIENTO. Afectación.
AMATORIO. Erótico.
ÁMBAR. Cárabe, electro, succino.
AMBICIONAR. V. Desear.
ÁMBITO. Perímetro.
AMEDRENTAR. V. Acobardar.
AMERICANA. (Amér.) Saco.
AMÍGDALA. Tonsila.
AMILANAR. V. Acobardar.
AMO. Señor, dueño; señorito.
AMOLAR. Afilar.
AMONESTACIÓN. Admonición, monición; V. Reconvención.
AMOR. Querer.
AMORTIGUAR. Atenuar, ancinorar, mitigar; paliar.
AMPARAR. V. Proteger.
ANANÁ. Piña de América.
ANARQUISTA. Ácrata, libertario.
ANDAR. Caminar.
ANDRAJOSO. Harapiento, haraposo, pingajoso, roto, trapiento.
ANHELAR. V. Desear.
ANIMADVERSIÓN. V. Antipatía.
ANODINO. Sedante, sedativo.
ANSIAR. V. Desear.
ANTECESOR. Predecesor.
ANTEDICHO. Predicho, sobredicho.
ANTEPONER. Preponer.
ANTIGUO. V. Viejo.
ANTIPATÍA. Animadversión, desafección, desafecto, hincha, inquina, manía, ojeriza, tirria; aborrecimiento, animosidad, encono, mala voluntad, malquerencia, odio, rabia, rencor.
ANTOJO. Capricho, gusto.
ANTROPOFAGIA. Canibalismo.
APADRINAR. V. Proteger.
APARATO. V. Instrumento.
APATÍA. Asadura, cachaza, calma, flema, pachorra; displicencia, incuria, indolencia.
APETECER. V. Desear.
APLAZAR. Diferir, prorrogar.
APOCADO. Encogido, tímido; V. Medroso.
APOYO. Soporte, sostén; V. Auxilio.
APRESAR. V. Capturar.
APROBACIÓN. Consentimiento.
APROXIMADAMENTE. Próximamente.
APTO. Capaz, competente, idóneo, suficiente, útil.
ARAÑAR. Rascar.
ARAR. Labrar.
ARDID. Astucia, estratagema.
AREÓMETRO. Densímetro.
AROMATIZAR. Perfumar.
ARRABAL. Suburbio.
ARRAIGAR. Enraizar, radicar; prender.
ARRELLENARSE. Apoltronarse, recalcarse, rellanarse, repanchigarse, repantigarse.
ARREMETER. Acometer, asaltar, atacar, embestir.

ARRENDAR. V. Alquilar.

ARRESTO. Detención.

ARROLLAR. Enrollar, rollar.

ARROYO. Regajal, regajo, regato, rivera.

ARZOBISPO. Metropolitano.

ASAR. V. Tostar.

ASCENDIENTE. Antecesor, antepasado.

ASECHAMIENTO. Insidia.

ASEDIO. V. Sitio.

ASERCIÓN. Afirmación, aserto.

ASEVERACIÓN. V. Afirmación.

ASIR. Agarrar, coger, tener, tomar, trabar.

ASNO. Borrico, burro, rucio.

ASONADA. Alboroto, motín, revuelta, tumulto.

ASPIRAR. Inspirar; ambicionar, anhelar, pretender; V. Desear.

ASTA. Fuste.

ASTERISCO. Estrella.

ASTUTO. Sagaz.

ASUNTO. Tema.

ASUSTAR. Espantar.

ATALAYA. Vigía.

ATAÑER. Concernir.

ATAR. Amarrar, liar, ligar.

ATAÚD. Caja mortuoria, féretro.

ATESTIGUAR. Atestar, testificar, testimoniar.

ATISBO. Barrunto.

ATLANTE. Telamón.

ATÓNITO. Estupefacto, patidifuso, patitieso, suspenso.

ATORMENTAR. Torturar.

ATRASAR. Demorar, diferir, dilatar, retrasar, rezagar(se).

ATRIBUIR. Achacar, colgar, culpar, inculpar, imputar.

ATRIBUTO. Cualidad.

ATÚN. Tonina.

AULA. Cátedra, clase.

AUMENTAR. V. Crecer.

AUREOLA [AURÉOLA]. Corona, diadema, lauréola, nimbo.

AUTOCRACIA. V. Dictadura.

AUTÓCTONO. V. Aborigen.

AUTOMÓVIL. Coche; (Amér.) carro.

AUXILIO. Amparo, apoyo, asistencia, ayuda, escudo, favor, protección, refugio, socorro.

AVIVAR. V. Vivificar.

AXILA. Sobaco.

AYUDA. V. Auxilio.

AZABACHE. Ámbar negro.

AZAR. Casualidad.

AZOGUE. Hidrargiro o hidrargirio, mercurio.

AZOTAR. Fustigar, hostigar, paporrear, vapular, vapulear.

AZOTE. Flagelo.

B

BABERO. Babador, pechero.

BACALAO. Abadejo, curadillo.

BACANTE. Ménade.

BACÍN. Dompedro, perico, sillico, tito, vaso, zambullo.

BADAJO. Espiga, lengua.

BAGAJE. Impedimenta.

BAGATELA. V. Pequeñez.

BAILAR. Danzar, tripudiar.

BAJAR. Descender; decrecer, disminuir.

BAJÓN. Piporro.

BALADRONADA. Bravata.

BALISTA. Petraria.

BANDERILLA. Palitroque, rehilete.

BANDERILLEAR. Parear.

BÁQUICO. Dionisíaco.

BARANDILLA. Rastel.

BARBARISMO. Extranjerismo.

BARBERÍA. V. Peluquería.

BARBILLA. Mentón.

BARREÑO. Terrizo.

BARRIGA. V. Abdomen.

BARRO. Cieno, fango, lama, légamo, limo, lodo, tarquín.

BARRUNTO. Corazonada, presentimiento.

BASCA. Fatiga o fatigas, náusea.

BASTANTE. Suficiente.

BASTÓN. V. Palo.

BATINTÍN. Gong.

BATURRO. Matraco.

BAUTIZAR. Acristianar, cristianar.

BEBIBLE. Potable.

BEFA. V. Burla.

BELLO. V. Hermoso.

BENEFICIO. V. Ganancia.

BILIS. Cólera, hiel.

BISAGRA. Charnela, gozne.

BISÍLABO. Disílabo.

BIZCOCHO. Galleta.

BLANCO. Albo, cándido.

BLASFEMAR. Renegar.

BOCANADA. Buchada, buche, sorbo.

BOCIO. Papera.

BOFETADA. Cachete, guantada, guantazo, tabanazo, torta, tortazo.

BOFETÓN. Sopapo.

BONAERENSE. Porteño.

BORRACHERA. Embriaguez, ebriedad, curda, turca, mona, jumera, chispa, loba, merluza, moña, papalina, pítima, tajada.

BORRACHO. Ebrio, beodo, embriagado, achispado, bebido, calamocano.

BORRASCOSO. Proceloso, tempestuoso.

BOSQUEJO. Esbozo.

BOSTA. Boñiga.

BOTÁNICA. Fitología.

BOVINO. Vacuno.

BRAMANTE. Tramilla.

BRAMAR. Mugir.

BREA. Zopisa; alquitrán.

BRILLANTE. Resplandeciente, reluciente, refulgente.

BROCAL. Pozal, arcén.

BRUJO. Hechicero.

BRÚJULA. Saeta, compás.

BUCÓLICO. Pastoril, pastoral.

BURGUESÍA. Mesocracia, clase media.

BURIL. Punzón.

BURLA. Mofa, pitorreo, rechifla, sarcasmo, befa, escarnio, ludibrio; zumba, vaya, chunga, cantaleta, broma, guasa, cuchufleta, chalfadita.

BURLÓN. Guasón, zumbón, bromista, chancero, socarrón.

C

CABALLERIZA. Cuadra.

CABAÑA. Choza.

CABO. Punta, extremidad.

CABRIOLA. Pirueta.

CABRÓN. Bode, igüedo, buco, macho cabrío.

CACO. Ladrón.

CACHO. V. Pedazo.

CAGAR. Defecar, exonerar el vientre, hacer del cuerpo, deponer.

CALABOZOS. Llovizna.

CALAMBRE. Rampa.

CALENDAR. Datar, fechar.

CALETRE. Cacumen, chirumen, pesquis, mollera.

CALINA. V. Niebla.

CALMAR. Mitigar, moderar, suavizar.

CALVARIO. Gólgota.

CAMA. Lecho, litera, yacija.

CAMBIAR. Trocar, permutar, canjear, conmutar; mudar, variar, transformar, alterar, metamorfosear, transmutar, convertir, modificar, transfigurar, trasladar; reducir.

CANDENTE. Incandescente, rusiente.

CANSANCIO. Fatiga, lasitud, reventón, agotamiento.

CANSERA. Moledera.

CAÑERÍA. Tubería.

CAPAR. Castrar.

CAPTURAR. Aprehender, apresar, prender, aprisionar.

CARÁMBANO. Candelizo, canelón.

CÁRCEL. Prisión, chirona, gayola, trena.

CARDENAL. Purpurado.

CARNAVAL. Carnestolendas, antruejo.

CARPINTERO. Maderero.

CARRASPERA. V. Ronquera.

CARRETE. Bobina.

CARRIL. Rodada, releje, rodera; rail, riel.

CASA. V. Habitación.

CASCAR. Rajar, hender, romper; golpear, pegar, zurrar.

CASTAÑUELA. Crótalo, palillos.

CASTELLANIZAR. Españolizar.

CASUALIDAD. Azar, acaso, caso fortuito, chamba, chiripa, suerte.

CATARRO. Constipado, resfriado.

CAUCHO. Goma elástica.

CAUSAR. Originar.

CAUTELA. V. Precaución.

CAVERNÍCOLA. Troglodita.

CAVIDAD. Concavidad, hueco, seno, vacío.

CELADA. Encerrona, emboscada.

CELAR. V. Ocultar.

CELDILLA. Alvéolo, vasillo.

CELEBRIDAD. V. Fama.

CELESTIAL. Paradisíaco, empíreo.

CEMENTERIO. Camposanto, necrópolis.

CENCERRO. Campano, esquila, zumba.

CENTÉSIMO. Centavo, céntimo.

CENTRALISMO. Unitarismo.

CENTURIA. Siglo.

CEÑUDO. Capotudo, cejijunto, hosco.

CERCAR. Circuir, circundar, recercar; asediar, sitiar.

CERDO. Coche, cocho, cochino, cuino, gocho, gorrino, guarro, marrano, puerco, tocino.

CEREBRO. Seso.

CÉSPED. Gallón.

CIANURO. Prusiato.

CIELO. Empíreo, gloria, paraíso, patria celestial, reino de los cielos, bienaventuranza.

CIENO. V. Barro.

CIERVO. Venado.

CIFRA. Guarismo.

CIMIENTO. Fundamento.

CINEASTA. Peliculero.

CINEGÉTICA. Montería.

CINEGÉTICO. Venatorio.

CINTURA. Cinto; talle.

CÍRCULO. Redondel.

CIRCUNLOQUIO. V. Rodeo.

CISTERNA. Aljibe.

CIUDAD. Urbe.

CIZAÑA. Borrachuela, cominillo, joyo, rabillo.

CIZAÑERO. Chismoso.

CLAVAR. Hincar.

CLERICALISMO. Teocratismo, ultramontanismo.

CLÉRIGO. Eclesiástico, tonsurado, cura, capellán.

COBAYO. Conejillo de Indias, cavia.

COBERTIZO. Techado, sotechado, tapadizo, tejavana.

COCO. Bu, cancón, papón.

COCHINILLA. Cucaracha, milpiés, porqueta, puerca; grana.

COFRE. Baúl, mundo.

COGOTE. Cerviz; nuca; pescuezo.

COHESIÓN. Adherencia, adhesión, coherencia.

COJEAR. Renquear.
COL. Berza.
COLA. Rabo.
COLCHA. Cubrecama, sobrecama, telliza.
COLEAR. Rabear.
COLGAR. Suspender.
COLINA. Alcor, cerro, collado, cuesto.
COLMENAR. Abejar.
COLMILLO. Canino, diente columelar.
COLOCOLO. Haba de Egipto.
COMARCA. Redonda,
COMILÓN. Comilón, tragantón, tragón, zampón.
COMPAÑERISMO. Camaradería.
COMPASIÓN. Conmiseración, lástima, misericordia.
COMPENDIO. Epítome, rudimentos, resumen, sumario, sinopris, recopilación, síntesis.
COMPETIDOR. Rival.
COMPOSTURA. Remiendo; V. Reparar.
COMUNICAR. Impartir.
CONCAUSA. Factor.
CONCEDER. Otorgar, conferir; convenir, en admitir, asentir.
CONCISIÓN. Brevedad, sobriedad, laconismo.
CONCLUIR. V. Terminar.
CONCUBINA. Manceba, querida.
CONEXIÓN. Relación, correspondencia.
CONFIRMAR. V. Ratificar; convalidar.
CONSECUENCIA. Resultado; secuela.
CONSEGUIR. Lograr, alcanzar.
CONSPIRAR. Conjurarse.
CONTAGIOSO. Pegadizo, pegajoso.
CONTEMPORÁNEO. Coetáneo, sincrónico, simultáneo.
CONTRAMARCA. Contraseña.
CONTRATIEMPO. Percance.
CONTUBERNIO. Confabulación.
CONVENIENTE. Acomodado, adecuado, proporcionado, idóneo, oportuno, provechoso.
CONVERSACIÓN. Coloquio, diálogo, plática, charla, cháchara, palique, parloteo, entrevista, conferencia.
CONVIDAR. Invitar.
COPIAR. Transcribir, trasladar, reproducir, plagiar, fusilar.
CORAJE. Valor; V. Ira.
CORCHETE. Gafete.
CORNAMENTA. Cuerna, encornadura, herramienta.
CORPORAL. Somático, corpóreo.
CORRESPONDENCIA. Conexión, relación.
CORTADURA. Corte, incisión, sección.
CORTANTE. Tajante.
CORTEJO. V. Acompañamiento.
CORTESÍA. Urbanidad, educación, finura, afabilidad, cumplimiento, cumplido.
CORTINILLA. Visillo.
CORTO. Breve, sucinto, sumario, compendioso.
COSECHA. Recolección, recogida.
COSTEAR. V. Pagar.
COSTUMBRE. Hábito, uso, usanza.
COTEJAR. Parangonar, compulsar, confrontar.
CRECER. Aumentar, acrecentar, acrecer.
CREMATÍSTICO. V. Pecuniario.
CREPÚSCULO. Lubricán.
CRESTOMATÍA. Antología, florilegio.
CRIBA. Harnero, cribo, zaranda.
CRUELDAD. Sevicia.
CUADERNO. Libreta.
CUAJADA. Cáseo.
CUALIDAD. Propiedad, tributo.
CUCHUFLETA. Chirigota, chufleta; V. Burla.
CUERNO. Asta.
CULO. Trasero, salva sea la parte, tras, trasportín, asentaderas.

CULPAR. Inculpar; V. Atribuir.
CÚPULA. Dombo, domo, media naranja.
CURVATURA. Corvadura, encorvadura, encorvamiento, alabeo, comba.

CH

CHABACANO. Achabacanamiento.
CHACHA. Tata.
CHAMUSCAR. Socarrar.
CHANCLO. Choclo, zoclo, zueco.
CHAPUCERO. Charanguero, desmañado.
CHAQUETA. Americana.
CHARLA. V. Conversación.
CHASCO. Fiasco.
CHICHARRÓN. Gorrón.
CHIFLADO. V. Loco.
CHIRIPA. V. Casualidad.
CHIRIPERO. Chambón.
CHIRRIDO. Rechinar, gruñir.
CHISME. Reporte.
CHISMORREAR. Comadrear, cotillear.
CHISMORREO. Comadreo, cotilleo.
CHISMOSO. Cuentista, cuentón, murmurador, cizañero.
CHISTE. Gracia, graciosidad, agudeza.
CHOCAR. Topar.
CHOCHEAR. Caducar.
CHOQUE. Encuentro, topada, colisión, topetazo, trompada, encontronazo.
CHORRO. Caño, hilo.
CHUPADA. Succión.

D

DAÑAR. Damnificar, perjudicar.
DAÑOSO. Nocivo, dañino.
DATA. Fecha, haber.
DEBER. Obligación.
DÉBIL. Endeble.
DECRECER. Disminuir, menguar, aminorar.
DEGOLLAR. Yugular.
DEJO. Saborcillo, gustillo, deje.
DELATOR. Acusón, soplón, fuelle, malsín, acusica, acusique, chivato, denunciador, denunciante, acusador; V. Espía.
DELGADO. Enjuto, cenceño.
DELICADO. Sentido, susceptible, cosquilloso, quisquilloso, picajoso.
DELIRIO. Desvarío.
DENIGRAR. Vilipendiar.
DENTISTA. Odontólogo.
DERECHA. Diestra.
DERRIBAR. Tirar, tumbar.
DESABRIDO. Insubstancial, insulso, insípido, soso.
DESACOSTUMBRAR. Deshabituar, desvezar.
DESAFINAR. Desentonar.
DESAFÍO. Reto.
DESAGRADABLE. Molesto, irritante, enojoso.
DESAGRADECIMIENTO. Ingratitud.
DESAPROBAR. Reprobar, vituperar, improbar, suspender.
DESASOSEGAR. Inquietar, desalmar, intranquilizar.
DESATENCIÓN. V. Grosería.
DESCENDENCIA. Prole.
DESCENDER. Bajar; V. Decrecer y Disminuir.
DESCONFIADO. Receloso, escamado, suspicaz, mal pensado, escamón.
DESCORTÉS. Desatento, descomedido, malcriado, grosero.

DESCORTESÍA. Desatención, descomedimiento, impolítica; V. Grosería.
DESEAR. Aspirar a, querer, codiciar, ambicionar, suspirar por, ansiar, anhelar.
DESEMBARAZO. Desenvoltura, desempacho.
DESENCADENAR. Desatarse, desenfrenarse.
DESENCAJAR. Desquiciar.
DESENFADO. Desempacho, desenvoltura.
DESENGAÑAR. Decepcionar, desilusionar, desencantar.
DESENTUMECER. Desadormecer, desentumir.
DESGAÑITARSE. Desgargantarse, desgaznatarse.
DESGARRÓN. Rasgado, rasgón.
DESGRACIA. Desventura, infelicidad, desdicha, infortunio, malaventura.
DESGRACIADO. Desventurado, malaventurado, desdichado, infeliz, infortunado, desafortunado.
DESGREÑAR. Despeinar, desmelenar, despelotar, despeluznar, despeluzar.
DESHONESTIDAD. Impudicia o impudicicia, inhonestidad, torpeza.
DESHONRA. Afrenta, ignominia, oprobio.
DESINFECTANTE. Antiséptico.
DESINTERÉS. Desasimiento, desprendimiento.
DESNUDAR. Desvestir.
DESOBEDIENTE. Indócil, malmandado, díscolo, rebelde, reacio, reluctante.
DESOLLAR. Despellejar, escorchar.
DESPEÑADERO. Derrocadero, derrumbadero, precipicio.
DESTIERRO. Exilio, ostracismo, extrañamiento, proscripción, confinamiento, deportación.
DESTITUIR. Deponer.
DESTREZA. Agilidad, soltura.
DESVÁN. Buharda, buhardilla, bohardilla, boardilla, camaranchón, guardilla, sobrado, zaquizamí.
DESVERGONZADO. Sinvergüenza, poca vergüenza, inverecundo.
DIABLO. Demonio; V. Lucifer.
DIÁLOGO. V. Conversación.
DIARIO. Cotidiano, cuotidiano.
DICCIONARIO. Léxico, glosario, vocabulario.
DICTADURA. Autocracia, autarquía, cesarismo, despotismo, tiranía.
DIFERENCIA. Desigualdad, desemejanza, disimilitud, disparidad, discrepancia, divergencia.
DIFERIR. V. Aplazar.
DIGNARSE. Servirse, tener a bien, tener la bondad.
DILAPIDAR. Derrochar, malgastar, malbaratar, echar a rodar.
DINAMARQUÉS. Danés.
DINERO. Plata, guita, pasta, monises, cacao, cuartos, pecunia, perras, tela.
DIONISÍACO. Báquico.
DIQUE. Malecón.
DIRECCIÓN. Rumbo, sentido.
DÍSCOLO. V. Desobediente.
DISCREPANCIA. V. Diferencia.
DISCULPA. V. Excusa.
DISECCIÓN. Anatomía.
DISFRAZAR. Enmascarar, encubrir.
DISGREGAR. Desagregar, disociar, dispersar.
DISIPAR. V. Malgastar.
DISLOCAR. Descoyuntar, desencajar, desconcertar.
DISMINUIR. Amenguar, aminorar, menoscabar, mermar, acortar, bajar, rebajar, abreviar.
DISPARAR. Tirar.
DISPARATAR. Desbarrar.
DISPARATE. Dislate.

DISPENSAR. V. Perdonar.
DISPLICENCIA. Apatía, indolencia, dejadez.
DISTRIBUIR. Repartir.
DISUADIR. Desaconsejar, desarrimar.
DITIRAMBO. V. Elogio.
DIVERTIR. Distraer.
DIVINIZAR. Deificar, endiosar.
DIVISAR. Distinguir.
DIVULGAR. Vulgarizar, difundir, publicar, pregonar, esparcir, sembrar, propagar.
DOBLAR. Duplicar, redoblar, reduplicar, plegar, doblegar.
DOBLEGAR. Doblar, ablandar, blandear.
DOBLEZ. Pliegue, duplicidad, doble juego, doble trato, mala fe.
DOLENCIA. V. Enfermedad.
DOLOR. Mal, pupa, aflicción, pena, pesar, tristeza, desconsuelo, tormento, suplicio, angustia, tortura.
DOMINAR. Señorear, sujetar, someter, supeditar, sojuzgar, avasallar, subyugar, señorear.
DOMINICAL. Señorial.
DOMINIO. Señorío, imperio.
DUELO. Desafío, lance de honor.
DUEÑA. Ama.
DURAR. Tirar, vivir, perdurar.

E

EBRIO. Borracho.
ECO. Repercusión, resonancia, tornavoz.
EFLUVIO. Emanación.
EFUGIO. Evasiva, escapatoria, salida, rodeo, subterfugio.
EJERCITANTE. Actuante.
ELOGIO. Alabanza, enaltecimiento, encomio, loor, loa, ditirambo, apología, panegírico, bombo.
ELUDIR. V. Evitar.
EMANAR. Dimanar.
EMBALSE. Pantano, rebalsa, rebalse.
EMBLEMA. Símbolo, alegoría.
EMBOSCADA. Zalagarda, celada, encerrona.
EMBRIAGUEZ. V. Borrachera.
EMBUCHADO. Embutido.
EMBUSTE. V. Mentira.
EMIGRACIÓN. Éxodo.
EMISARIO. Embajador.
EMOCIONAR. Conmover, afectar, enternecer.
EMOLUMENTO. V. Sueldo.
EMPAPAR. Impregnar
EMPEDRAR. Adoquinar, engravar, enguijarrar, enlosar.
EMPEÑAR. Pignorar, hipotecar.
EMPEREJILAR. Empapirotar, empaquetar, emperifollar.
EMPEZAR. Comenzar, iniciar, principiar.
EMPLASTO. Parche, bizma, pegado.
EMPUJAR. Rempujar, arrempujar, impeler, impulsar, propulsar.
EMPUJÓN. Envión, envite, impulso, impulsión, propulsión, rempujón.
ENANO. Liliputiense.
ENCAJAR. Ajustar.
ENCANTAR. Hadar, hechizar.
ENCARCELAR. Enchiquerar, enchironar, enjaular.
ENCARGAR. Confiar, encomendar.
ENCARGO. Encomienda, encomendamiento, recado.
ENCOMIO. V. Elogio.
ENCONO. V. Antipatía.
ENCORVAR. Corvar, recorvar.
ENCRUCIJADA. Crucero, cruzada, cruce.
ENCUBRIR. V. Ocultar.
ENDEMONIADO. Demoníaco, energúmeno, poseso, endiablado.

ENFERMEDAD. Mal, dolencia, morbo, padecimiento, achaque, indisposición, afección.
ENFERMIZO. Enclenque, valetudinario.
ENFLAQUECER. Adelgazar, desengrasar, enmagrecer.
ENFRENTE. Delante, frente a, frontero.
ENGALANAR. V. Adornar.
ENGAÑO. V. Mentira.
ENGENDRAR. Generar, procrear.
ENGORRO. V. Estorbo.
ENGRASAR. Incrasar, lubricar, lubrificar.
ENGREIR. Ahuecarse, hincharse, soplarse; V. Jactarse.
ENIGMA. Adivinanza, adivinaja, quisicosa, acertijo.
ENLAZAR. V. Juntar.
ENNEGRECER. Denegrecer, denegrir, negrecer.
ENOJAR. Desazonar, molestar, fastidiar, enfadar, irritar, encolerizar, ensañar, exacerbar, enfurecer, exasperar, sacar de quicio.
ENOJO. V. Ira.
ENREJADO. Enverjado.
ENSEÑAR. Adoctrinar, adiestrar, amaestrar, instruir, educar.
ENTABLADO. Entarimado, tablado, tillado.
ENTARQUINAR. Enlegamar.
ENTENDIMIENTO. Intelecto, inteligencia.
ENTERNECER. V. Emocionar.
ENTERO, RA. Completo, cabal.
ENTERRAR. Inhumar, sepultar, soterrar.
ENTIERRO. Inhumación, enterramiento, sepelio, conducción del cadáver.
ENTREVISTA. V. Conversación.
ENVANECIMIENTO. V. Soberbia; entoldamiento, toldo, entono, ahuecamiento, esponjamiento, presunción, humos, fatuidad, petulancia.
ENVEJECER. Aviejar, avejentar, revejecer, inveterar.
ENVENENAR. Atosigar, tosigar, entosigar, intoxicar.
ENVIAR. Mandar, remitir, expedir, remesar.
ENVIDIA. Dentera, pelusa.
EPÍTOME. V. Compendio.
ÉQUIDO. Solípedo.
EQUIMOSIS. Cardenal, roncha, moretón.
ERARIO. Fisco.
ERMITAÑO. Eremita, paguro, solitario.
ERROR. Inadvertencia, confusión, equivocación, yerro, falta, desatino, desacierto, coladura, piña, gazapo, errata.
ESCABROSO. Abrupto, fragoso.
ESCALOFRÍO. Repeluzno, calofrío, calosfrío.
ESCARDAR. Desherbar, desyerbar, sachar, saltar.
ESCARNIO. V. Burla.
ESCASEZ. Parvedad, exigüidad.
ESCENARIO. Tablas.
ESCOCER. Picar, resquemar, escaldarse, sahonarse.
ESCOGER. Seleccionar, elegir, optar por, florear, entresacar.
ESCOLTA. V. Acompañamiento.
ESCOZOR. Escocimiento, resquemor.
ESCRITORIO. Escribanía, despacho.
ESCUPIR. Esputar, espectorar, gargajear.
ESPADA. Garrancha, hoja, tizona, colada, acero.
ESPECIE. Clase.
ESPECTRO. Aparición, sombra, visión.
ESPERAR. Aguardar.
ESPÍA. Confidente, soplón, espión; V. Delator.
ESPUTO. Expectoración, escupido, escupidura, flema, escupitajo, gargajo.

ESQUELETO. Osamenta, osambre.
ESQUINA. Cantón, cantonada.
ESTABLECER. Implantar, instaurar, instituir, fundar, instalarse.
ESTABLO. Cuadra, caballeriza, bostar, boyera, boyeriza, pocilga.
ESTALLAR. Explotar, detonar, reventar.
ESTANCIA. Estación, estada, estadía, morada, permanencia.
ESTATURA. Talla.
ESTIÉRCOL. Fimo, fiemo, hienda.
ESTIMAR. V. Valorar.
ESTORBO. Dificultad, inconveniente, entorpecimiento, embarazo, engorro, obstáculo, óbice, rémora, traba, tropiezo, impedimento.
ESTRECHO. Angosto, ahogado, reducido, ajustado, apretado, ceñido, riguroso, estricto.
ESTREGAR. Confricar, frotar, friccionar, refregar, restregar.
ESTRIBAR. Entibar, refirmar.
ESTUDIANTE. Escolar, alumno, discípulo.
ETERNO, NA. Eternal, sempiterno, eviterno, perdurable, perpetuo, inmortal, imperecedero.
EUPÉPTICO. Digestivo, estomacal.
EVAPORAR. Vaporar, vaporear, volatilizar.
EVENTO. V. Acontecimiento.
EVITAR. Prevenir, precaver, eludir, sortear, rehuir, soslayar.
EXAGERAR. Abultar, encarecer, ponderar.
EXCESO. Sobra, sobrante, demasía, excedente, superfluidad, redundancia, pleonasmo, derroche, despilfarro, demán, desafuero, abuso, desorden, delito, extralimitación, alcaldada, polacada, tropelía, atropello, arbitrariedad.
EXCLUIR. Separar, eliminar, echar, expulsar, expeler.
EXCUSA. Disculpa, exculpación, pretexto, rebozo, socapa, socolor.
EXEQUIAS. Funerales, honras u honras fúnebres.
EXPIAR. Purgar, pagar.
EXPLICAR. Exponer, explanar.
EXPÓSITO. Echadillo, echadizo, inclusero, enechado.
EXPRESAR. Interpretar.
EXPULSAR. V. Excluir.
ÉXTASIS. Rapto, transporte, arrebato, arrebatamiento.
EXTENSO. Vasto, dilatado, lato, prolongado.
EXTRANJERISMO. Barbarismo.
EXTRAÑAMIENTO. V. Destierro.
EXTRAVAGANTE. Extraño, raro.

F

FACTIBLE. Hacedero.
FACUNDIA. Verbosidad, labia.
FALDA. Halda, saya.
FALSEDAD. V. Mentira.
FALSIFICAR. Sofisticar, adulterar.
FALTAR. Quedar, restar.
FAMA. Nombre, nombradía, notoriedad, reputación.
FAMOSO. Renombrado, célebre, insigne, señalado, sonado.
FANGO. V. Barro.
FANTASMA. Aparición, espectro, sombra.
FASTIDIAR. Hastiar, aburrir, dar la lata; V. Enojar.
FASTIDIOSO. Hastioso, tedioso, latoso, aburrido, pesado, cargante.
FATIGA. V. Cansancio.
FAVOR. V. Auxilio.

FELICITACIÓN. Enhorabuena, parabién, pláceme, congratulación.

FELIZ. Dichoso, venturoso, afortunado.

FÉRTIL. Fecundo, feraz, ubérrimo.

FICCIÓN. Fingimiento, pamema, paripé, simulación.

FILÓN. Hebra, vena, veta.

FILTRAR. Desfilar, pasar, colar.

FIN. Intención, intento, propósito, designio, mira, meta, objeto, objetivo, finalidad.

FLAQUEAR. Flojear.

FONDA. Posada, parador, mesón, venta, hostería, hospedería, pensión.

FORTUITO. V. Casualidad.

FÓSFORO. Cerilla, mixto.

FRAGOSO. Abrupto, escabroso.

FRISO. Rodapié, zócalo.

FROTAR. Estregar, fregar, refregar, restregar, ludir, friccionar.

FRUGALIDAD. V. Templanza.

FRUSLERÍA. Pequeñez, nimiedad, bagatela, futilidad, friolera, futesa, nadería.

FUNDIR. V. Liquidar, fusionar.

FUSIONAR. Fundir; V. Liquidar.

G

GALANTEAR. Cortejar, hacer la corte, festejar, obsequiar.

GANANCIA. Negocio, utilidad, beneficio, rendimiento, granjería, lucro, logro, usura, provecho, producto, fruto.

GARANTÍA. Seguridad, señal, prenda, hipoteca, fianza, caución.

GARGANTA. Gola, gorja, pasapán, garguero, gañote.

GARGUERO. Gañote, gaznate.

GARITO. Gazapón, mandracho, tablero, tablajería.

GAZMOÑERO. Mojigato, timorato, místico, santurrón.

GAZMOÑO. V. Gazmoñero.

GEMIDO. Quejido, lamento.

GEMIR. Quejarse, lamentarse.

GENERAL. Común, usual, frecuente, vulgar, universal.

GENEROSO. Desprendido, desinteresado, rumboso, dadivoso, liberal, espléndido, magnífico; V. Pródigo.

GESTO. Actitud, ademán, manoteo, actitud, mueca, visaje, mohín.

GITANO. Calé, cíngaro, cañí, agitanado.

GLOTONERÍA. Gula, golosina, tragazón.

GORDO. Craso, grueso.

GORRÓN. Gorrista, gorrero, mogrollo, pegadizo.

GOZNE. Charnela, gonce.

GRACIA. Sal, salero, sandunga, sombra.

GRAFITO. Lápiz, plomo, plombagina, plumbagina.

GRANDE. Alto, vasto, espacioso, largo, profundo.

GRANIZO. Pedrisco, piedra.

GRATITUD. Agradecimiento, reconocimiento.

GRITAR. Desgañitarse, chillar, vociferar, vocear.

GRITERÍO. Grita, vocerío, vocería, vocinglería.

GROSERÍA. Impolítica, desatención, incorrección, inconveniencia, descomedimiento, descortesía, patanería, zafiedad, patochada, tochedad.

GRUÑIR. Rezongar, refunfuñar.

GUANTADA. Manotada, manotazo, tabalada.

GUARIDA. Manida, cubil, madriguera, cado, osera, lobera, raposera, topera.

GULA. V. Glotonería.

H

HABITACIÓN. Vivienda, morada, mansión, domicilio, residencia, casa, hogar, lar, cuarto, pieza, aposento, estancia.

HABLADOR. Cotorra, charlatán, parlanchín, hablanchín, parlador.

HACIENDA. Heredad, heredamiento, fortuna, capital.

HADO. Destino; fatalidad; estrella, sino, signo.

HALAGAR. Acariciar, lisonjear, incensar; agasajar, festejar; obsequiar, regalar; adular.

HAMBRE. Apetito, gana, necesidad, voracidad; gazuza, carpanta.

HARTAR. Ahitar, empapuzar, empachar.

HARTAZGO. Panzada, tripada.

HATO. Manada, rebaño.

HECHICERO. Jorguín, brujo, mago, encantador, nigromante.

HEDIONDO. Fétido.

HERMOSO. Bello, guapo, lindo, gracioso, precioso, magnífico, venusto.

HERVOR. Ebullición.

HILERA. Fila, hila, cola.

HIPÓCRITA. Engañoso, disimulado, tartufo, falso, farisaico.

HITO. Coto, mojón, muga, muñeca, pilón, señal, término.

HOLGAZÁN. Perezoso, poltrón, gandul, maltrabaja, pamposado, galbanero, harón, haragán, vago, tumbón, indolente, negligente, remiso, remolón.

HORADAR. Agujerear, taladrar, perforar.

HUELLA. Estampa, vestigio; holladura, pisada, patada.

HURONEAR. Fisgar, fisgonear, husmear.

HURTAR. Gatear, soplar, limpiar; quitar, substraer, plagiar.

HUSMEAR. Fisgar, fisgonear, curiosear, huronear.

I

IGNOMINIA. Oprobio, deshonra.

IGNOTO. Desconocido, ignorado.

IGUAL. Uniforme, equivalente, idéntico, par, parejo, parigual; V. Semejante.

ILÍCITO. Indebido, ilegal.

IMAGINACIÓN. Fantasía; imaginativa; magín.

IMITAR. Seguir, remedar.

IMPACIENTAR. Quemar(se), desesperar(se), pudrir(se), repudrir(se).

IMPEDIDO. Imposibilitado, tullido, paralítico.

IMPELER. Empujar.

IMPENITENCIA. Contumacia.

IMPERFECTO. Incompleto, defectuoso, deficiente.

IMPERMEABILIZAR. Alquitranar, embrear, calafatear, recauchutar.

IMPLICAR. Traer consigo, suponer, significar.

IMPUTAR. V. Atribuir.

INADVERTENCIA. Desadvertimiento, descuido. V. Error.

INAPETENCIA. Anorexia, disorexia, desgana.

INCENDIO. Conflagración; quema, fuego, siniestro.

INCISIÓN. Corte, cortadura.

INCITAR. Excitar, instigar, inducir, provocar.

INCÓLUME. V. Indemne.

INCOMPLETO. Fragmentario, inacabado, imperfecto, defectuoso.

INCULTO. Yermo.

INCURABLE. Insanable.

INDAGAR. Inquirir, averiguar.

INDELEBLE. Imborrable.

INDEMNE. Ileso, incólume.

INDICAR. Mostrar, denotar.

INDIGESTIÓN. Empacho.

INDOEUROPEO. Ario.

INEPTITUD. Incapacidad, incompetencia.

INEXORABLE. Inflexible.

INEXPRESIVO. V. Soso.

INFANCIA. V. Niñez.

INFANTIL. Aniñado, pueril.

INFECTAR. Contagiar.

INFLUENCIA. Influjo.

INGÉNITO. Congénito, innato.

INICIAR. V. Empezar.

INJURIA. V. Insulto.

INJURIAR. Denigrar, denostar, vilipendiar, ofender, ultrajar.

INMERSIÓN. V. Sumersión.

INMOBLE. Inconmovible.

INQUINA. V. Antipatía.

INSEGURO. Incierto, movedizo, inestable.

INSÍPIDO. V. Desabrido.

INSPIRACIÓN. Numen, musa, vena, lira.

INSTAR. V. Rogar.

INSTAURAR. V. Establecer.

INSTRUIR. V. Enseñar.

INSTRUMENTO. Utensilio, útil; apero; aparato, mecanismo, dispositivo.

INSULSEZ. Sosera, sosería.

INSULTO. Ofensa, ultraje, injuria; dicterio, improperio, denuesto.

INTANGIBLE. Intocable, impalpable.

ÍNTEGRO. Entero; uno.

INTERCALAR. Interponer, interpolar.

INTERCEPTAR. V. Obstruir.

INTERCESIÓN. Mediación.

INTERÉS. Rédito, renta.

INTERESADO. Codicioso.

INTERINO. Provisional, accidental.

INTERMEDIO. Entreacto.

INTERPOLAR. Intercalar.

INTIMAR. Conminar, requerir.

INTIMIDAR. V. Acobardar.

INTITULAR. Titular.

INTRODUCIR. Meter.

IRA. Molestia, enfado, indignación, enojo, irritación, coraje, cólera, rabia, furia, furor.

IRONÍA. V. Burla.

IRREGULARIDAD. Anomalía.

IRRELIGIOSO. Impío.

IRRESOLUTO. Indeciso, perplejo; irresuelto.

IRRITACIÓN. V. Ira.

IRRITAR. V. Enojar.

ISLA. Ínsula.

IZQUIERDO. Siniestro, zurdo.

J

JABONAR. Enjabonar.

JACTARSE. Gloriarse, vanagloriarse, preciarse, echárselas de, presumir de, ufanarse.

JAPONÉS. Nipón.

JARANA. Jaleo.

JARDÍN. Pensil, vergel.

JEROGLÍFICO. Hieroglífico.

JILGUERO. Cardelina, colorín, pintacilgo, pintadillo, sirguero.

JIRÓN. Desgarrón.

JOVEN. Mozo, mancebo, zagal.

JOYA. Alhaja.

JÚDÍA. Alubia, habichuela.

JUGO. Zumo.

JUNTAR. Acoplar, enlazar, trabar; reunir; congregar.

JUNTURA. Articulación; coyuntura.

JURADO. Tribunal de hecho, juez de hecho.
JURAMENTO. Jura, salva.
JURISDICCIÓN. Fuero.
JUSTO. Recto.
JUVENTUD. Mocedad, mocerío.

L

LABERINTO. Dédalo, enredo, maraña, confusión, lío.
LABRADOR. Campesino, paisano; V. Labriego.
LABRAR. Laborar.
LABRIEGO. Destripaterrones, labrantín.
LÁCTEO. Lechoso, lacticíneo, lacticinoso.
LADO. Costado, ala, flanco.
LAPSO. Tracto, trecho; lapsus, lapsus cálami (error de pluma), lapsus linguae (error de lengua).
LATERAL. Ladero.
LÁTIGO. Tralla, zurriago, zurriaga.
LATITUD. Anchura, ancho.
LEAL. Fiel.
LEBRILLO. Terrizo, librillo.
LECHOSO. Lácteo, lactescente; lechal, lechar.
LEGAÑA. Pitarra, pitaña, lagaña.
LEGO. Seglar; converso, confeso, donado, hermano.
LEJANO. Apartado, alejado, distante, remoto.
LENGUA. Idioma.
LEPIDÓPTERO. Mariposa.
LEUCOCITO. Glóbulo blanco.
LEVANTAMIENTO. V. Sublevación.
LEVANTAR. Alzar, elevar; subir.
LÉXICO. V. Diccionario.
LIBRADOR. Dador; vertedor.
LICITADOR. Postor
LID. Liza; V. Lucha.
LIGAR. V. Atar.
LIGERO. Ingrávido, leve, liviano.
LIMITAR. Delimitar, demarcar, determinar; V. Lindar.
LIMÍTROFE. Lindante, colindante.
LIMPIACHIMENEAS. Deshollinador.
LIMPIEZA. Aseo; limpia, limpiamiento.
LINDAR. Limitar, confinar, colindar, rayar; alindar, confrontar.
LIQUIDAR. Condensar, licuar, fundir, derretir; regalar, saldar.
LITERATURA. Bellas letras, buenas letras, letras humanas, humanidades.
LITOLOGÍA. Petrografía.
LOA. V. Elogio.
LOCO. Demente, insano, perturbado, alienado, enajenado, maniático, monomaniaco, maniaco, desequilibrado; chiflado, guillado, tocado; lunático, idiota.
LOCUACIDAD. Verbosidad, labia, verborrea.
LONGITUD. Largo, largor, largueza, largura.
LONJA. Loncha.
LUCIFER. El diablo, el demonio, Satán, Satanás, Luzbel, Belcebú; Cachano, Pateta, Pero Botero.
LUCRO. Ganancia.
LUCHA. Contienda, pugna, riña, brega, pendencia, bronca, reyerta, pelotera, cisco, agarrada; combate, batalla, lid; discusión, debate, cuestión, altercado; controversia.
LUGAR. Sitio.
LUGAREÑO. Pueblerino.
LUJURIOSO. Libidinoso, lúbrico, rijoso, sátiro.
LUNÁTICO. Alunado; V. Loco.
LUSITANISMO. Portuguesismo, lusismo.

LL

LLAMA. Flama.
LLAMAR. Vocear; V. Nombrar.
LLANO. Plano.
LLENAR. Henchir, colmar; cumplir, satisfacer.
LLOVIZNAR. Molliznar, pintear, chispear.

M

MACETA. Tiesto, pote.
MADERA. Fuste, leñame, leño, palo.
MADRINA. Padrina.
MADRUGADOR. Mañanero.
MAESTRO. Pedagogo.
MAGIA. Ocultismo.
MAGIAR. Húngaro.
MÁGICO. Hechicero.
MAGNETITA. Piedra imán, calamita, caramida.
MAGO. V. Hechicero.
MAHOMETANO. Musulmán, sarraceno; islamita, muslime; islámico, muslímico.
MALBARATAR. Malvender; V. Malgastar.
MALETA. Valija.
MALGASTAR. Disipar, malrotar, malbaratar, despilfarrar, malmeter, desperdiciar.
MALO. Enviciado, bellaco, ruín, depravado, corrompido; indigno, vil, perverso, malvado, satánico.
MALSANO. Insalubre.
MANANTIAL. Fontanal, fontanar, hontanar, fuente, venero.
MANAR. Salir, brotar, surgir, surtir.
MANCEBÍA. Burdel, lupanar, prostíbulo.
MANCHA. Mácula; mancilla.
MANDAR. Ordenar.
MANEJABLE. Manuable.
MANERA. Modo.
MANIDA. V. Guarida.
MANIFIESTO. V. Patente.
MANJAR. Alimento, mantenimiento, comestible, comida.
MANSIÓN. Estada, estancia, estadía; V. Habitación.
MANTEL. Paño de mesa.
MANTENER. Sustentar, sostener.
MANTILLA. Mantellina.
MANTÓN. Pañolón.
MANUBRIO. Manivela.
MANUFACTURA. Manifactura, obraje.
MANZANA. Poma.
MAPA. Carta, plano.
MAQUINAR. Urdir, tramar, intrigar.
MAREMOTO. Marullo.
MARFIL. Dentina.
MARIDO. Esposo, hombre.
MARINO. Marítimo.
MARSUPIAL. Didelfo.
MASCULLAR. Barbotar, mascar, musitar, barbullar, farfullar.
MATANZA. Degollina, carnicería, hecatombe.
MATAR. Ejecutar, despachar, trincar.
MATEMÁTICAS. Ciencias exactas.
MATRÍCULA. Registro.
MECANISMO. Dispositivo; V. Instrumento.
MECANIZACIÓN. Motorización.
MECANOGRAFÍA. Dactilografía.
MEDIA. Calceta.
MEDIADOR. V. Medianero.
MEDIANERO. Mediador, intermediario, tercera persona, tercero.
MEDIAR. Intervenir, terciar; intermediar.
MEDICAMENTO. Fármaco, medicina, potingue.

MEDITAR. V. Pensar.
MEDROSO. Miedoso; meticuloso; temeroso, tímido, pusilánime, cobarde; gallina, cagón, encogido, apocado.
MEDULA. Meollo; tuétano; pulpa.
MELANCOLÍA. Lipemanía; murria.
MELINDRE. Remilgo, dengue; repulgo.
MEMORIA. Retentiva.
MENCIONAR. V. Aludir.
MENDIGO. Pobre, pordiosero, zampalimosnas.
MENDRUGO. Corrusco.
MENESTEROSO. V. Pobre.
MENGUAR. V. Decrecer; V. Disminuir.
MENOSCABAR. V. Disminuir.
MENSAJE. Misiva.
MENSUALIDAD. Mes, mesada; V. Sueldo.
MENTIRA. Bola, trola, volandera, bulo, embuste, trápala; chapuza, paparrucha; fraude, falsedad, superchería, engaño embeleco, engañifa; farsa, patraña, cuento.
MENTÍS. Desmentida.
MENUDENCIA. Minucia; V. Pequeñez.
MERCED. V. Regalo.
MÉRITO. Merecimiento.
MERMAR. V. Disminuir.
MESÓN. V. Fonda.
MESTIZO. Mulato, trigueño; mixto.
METÁFORA. Traslación.
METÁTESIS. Transposición.
METEMPSICOSIS. Transmigración.
METER. Poner, introducir.
MÉTODO. Procedimiento, norma, regla, sistema.
METONIMIA. Transnominación.
MEZCLA. Mixtión, mixtura.
MEZCLAR. Mixturar, mixtionar; inmiscuirse, injerirse.
MIAJA. V. Pedazo.
MICROBIO. Microorganismo.
MIEDO. Recelo, temor, espanto, pavor, terror, pánico; medrana, jindama, canguelo.
MIGAJA. Miaja; V. Pedazo.
MILAGRO. Prodigio.
MINISTERIAL. Gubernamental.
MIOPE. Corto de vista.
MISERICORDIA. Conmiseración, miseración.
MISTICISMO. Mística.
MOCO. Mucosidad.
MODA. Uso, usanza.
MODERACIÓN. V. Templanza.
MODIFICAR. V. Cambiar.
MODISMO. Idiotismo.
MOJIGATO. Mogato.
MOLDE. Forma, hembra, turquesa.
MOLER. Molturar, triturar.
MOLESTAR. V. Enojar.
MOLESTIA. Incomodidad.
MOLIENDA. Moltura; moledura.
MOMENTO. Instante, punto.
MONACATO. Monaquismo.
MÓNADA. Microcosmo.
MONAGUILLO. Monacillo.
MONDAR. Pelar.
MONEDA. V. Dinero.
MONETARIO. V. Pecuniario.
MONOMANÍA. Paranoia.
MONTAJE. Montura.
MONTE. Montaña.
MOQUERO. Mocador, pañuelo de bolsillo.
MORADA. V. Habitación.
MORALISTA. Ético.
MORDER. Tarascar, tarazar, atarazar; mordiscar, mordisquear.
MORIR. Fallecer, expirar, fenecer, finar; perecer, acabar, sucumbir.
MORRAL. Macuto, mochila.
MORTÍFERO. Letal.
MOSTRAR. Manifestar; enseñar; demostrar.

MOTORIZAR. Mecanizar.
MOZO. Mancebo.
MUCHACHO. Mozuelo.
MUDAR. V. Cambiar.
MUECA. V. Gesto.
MUERTE. Defunción, fallecimiento, óbito, tránsito.
MULATO. Trigueño.
MUNDO. Cosmos, creación, universo, orbe.
MURMURAR. Susurrar; rezongar.

N

NALGA. Asentaderas, rahel, tabalario, tafanario, posas, posaderas; ancas.
NATA. Crema.
NAVE. Nao.
NAVIDAD. Natividad.
NECEDAD. Inepcia.
NECESER. Tocador.
NEFRÍTICO. Renal.
NEGLIGENTE. Abandonado, dejado.
NEGOCIO. V. Ganancia.
NEGRECER. V. Ennegrecer.
NEOLATINO. Romance, románico.
NIEBLA. Bruma, neblina, bara, brumazón, calima, calina, calígine, fosca.
NIÑEZ. Infancia, puericia.
NÓMADA. Errante, migratorio, trashumante.
NOMBRAR. V. Aludir; llamar, denominar; designar.
NOMBRE. Nombradía, renombre, notoriedad; denominación, designación.
NOSTALGIA. Añoranza, morriña, pasión de ánimo, mal de la tierra; V. Soledad.
NOTICIA. Novedad, nueva; reporte.
NUBLADO. Nublo, nubloso, nuboso, nebuloso.
NÚMERO. Cifra, guarismo.
NUTRITIVO. Alimenticio, nutricio.

O

OBERTURA. Sinfonía, introducción, preludio.
OBJECIÓN. Observación, reparo, réplica, obyecto, contestación, respuesta.
OBSCURIDAD. Lobreguez; sombra, tinieblas, tenebrosidad.
OBSTETRICIA. Tocología.
OBSTRUIR. Interceptar, atascar; opilar.
OCASIÓN. Caso, coyuntura, oportunidad, conveniencia, proporción, razón, tiempo.
OCULTAR. Encubrir, tapar; solapar, disimular; esconder; velar, celar.
ODIAR. Abominar, aborrecer, detestar, execrar.
ODIO. V. Antipatía.
OFUSCACIÓN. Obcecación; obnubilación.
OLOR. Tufo.
OMITIR. Pasar por alto, dejar, pretermitir, saltar; callar, silenciar, suprimir.
OMÓPLATO. Escápula, espaldilla, paletilla, paleta.
ÓPERA. Melodrama; libreto.
OPINIÓN. Juicio, parecer, sentir; dictamen; informe.
OPORTUNIDAD. V. Ocasión.
OPORTUNO. Tempestivo; V. Conveniente.
OPTAR. V. Escoger.
ORACIÓN. Proposición; rezo, plegaria, preces.
ORATORIA. Elocuencia.

ORDINARIEZ. Grosería, plebeyez.
ORGULLO. V. Soberbia.
ORIGINAR. Causar; provenir, proceder.
ORÍN. Herrín, herrumbre, robín, rubín.
OSTENTOSO. Fastuoso; retumbante, rimbombante.
OSTRACISMO. V. Destierro.
OTEAR. Atalayar.

P

PACHORRA. V. Apatía.
PADRÓN. Empadronamiento, registro.
PAGAR. Abonar, satisfacer; costear, sufragar; recompensar, retribuir, remunerar.
PALIQUE. Palillo; V. Conversación.
PALO. Vara; bastón, cayado, cachava; garrote, tranca.
PAMEMA. V. Ficción.
PAPARRUCHA. Papa; V. Mentira.
P A R A D A . Detención; acaballadero, puesto.
PARADOR. V. Fonda.
PARCHE. Emplasto.
PARECER. V. Opinión.
PARIPÉ. V. Ficción.
PARLOTEO. V. Conversación.
PARO. Desempleo, desocupación.
PARÓTIDA. Papera.
PARTERA. Comadre, comadrona, matrona.
PARTIDA. Salida, arrancada, arranque.
PASAJERO. Transitorio, fugaz, efímero, huidizo; viajero.
PASAPORTE. Salvoconducto.
PASTAR. Pastorear, apacentar.
PASTELERÍA. Confitería, dulcería.
PASTOR. Boyero, boyerizo, vaquero, porquerizo, ovejero, cabrero, pavero; mayoral, rabadán, rehalero, albarrán, zagal.
PATENTE. Claro, manifiesto, ostensible, palpable.
PAUTA. Regla.
PAVIMENTO. Suelo, solado, piso; adoquinado, entarimado, enladrillado, embaldosado, empedrado, asfaltado.
PAVOR. V. Miedo.
PEANA. Pedestal.
PECUNIARIO. Monetario, crematístico.
PEDAZO. Trozo, parte, porción, cacho, miaja, fracción, fragmento.
PEDESTAL. Contrabase.
PEDIR. Exigir, demandar; V. Rogar; pedir la mano.
PELEA. V. Lucha.
PELUQUERÍA. Barbería.
PENAL. Presidio, correccional, penitenciaría.
PENDENCIA. V. Lucha.
PENITENCIARÍA. V. Penal.
PENSAR. Considerar, reflexionar, meditar; rumiar, masticar.
PENSIÓN. V. Fonda.
PEQUEÑEZ. Niñería, nimiedad, bagatela, menudencia, minucia.
PERDONAR. Remitir, disculpar, excusar, exculpar, dispensar, eximir, indultar, amnistiar, condonar.
PERECEDERO. Caduco.
PERECER. V. Morir.
PEREGRINACIÓN. Romería.
PEREZA. Galbana, gandulería, chucha, perra, holgazanería, haronía, poltronería.
PERJUDICIAL. Dañino, dañoso, pernicioso.
PERMITIR. Aprobar, acceder, consentir; tolerar, sufrir, aguantar.
PERNOCTAR. Trasnochar, hacer noche.
PERVERTIR. Mal inclinar, enviciar, viciar, malear, maliciar, corromper, depravar.
PESAME. Condolencia.
PESAR. V. Dolor.
PESTE. Epidemia.
PETICIÓN. Pedido, pedidura, petitoria; pedimento, demanda.
PICADOR. Varilarguero.
PICAZÓN. Hormiguillo, picor, rascazón, comezón, prurito; quemazón.
PIEL. Pelleja, pellejo, cutis, tez.
PIEZA. Habitación, aposento, estancia, cuarto.
PIFIA. V. Error.
PIPA. Cachimba.
PIROPEAR. Requebrar, echar o decir flores, florear.
PITORREO. V. Burla.
PLANA. Página, carilla, llana.
PLANCHAR. Alisar.
PLANIFICAR. Planear, proyectar.
PLATILLO. Comidilla, plato.
PLAUSIBLE. Laudable, loable.
PLEITO. Causa, litigio.
PLÉYADES. Hespérides.
PLUTONISMO. Vulcanismo.
PLUVIÓMETRO. Udómetro.
POBLACIÓN. Población.
POBRE. Indigente, necesitado, menesteroso; pelón, pelado, pelagatos.
POCILGA. Zahurda, cochitril, cuchitril, cochiquera, chiquero.
POCILLO. Pozal, pozuelo.
PODAR. Mondar, escamondar.
PODER. Potestad; potencia.
PODÓMETRO. Cuentapasos, odómetro, hedómetro.
POETA. Vate, trovador, bardo.
POLAINA. Sobrecalza.
POLEA. Garrucha, carrillo, trocla.
POLTRÓN. V. Holgazán.
POLLINO. Rozno, ruche, rucho.
POMPOSO. Retumbante, rimbombante.
PONER. V. Meter.
PONTIFICADO. Papado.
POQUEDAD. Parvedad; nimiedad, bagatela, fruslería.
PORCIÓN. V. Pedazo.
PORRAZO. Trastazo.
PORTAMONEDAS. Monedero.
PORTE. Transporte, acarreo.
PÓRTICO. Portal.
PORTUGUÉS. Lusitano, luso.
PORVENIR. Futuro, mañana.
POSO. V. Sedimento.
POSPONER. V. Aplazar.
POSTURA. Posición.
POTENTADO. V. Rico.
POTESTATIVO. Facultativo.
PREÁMBULO. V. Prólogo.
PRECAUCIÓN. Prevención, cautela, cuidado, tiento; escama.
PRECAVER. V. Evitar.
PRECONIZAR. Encomiar, elogiar.
PREDISPOSICIÓN. Propensión.
PREGONAR. V. Divulgar.
PREGUNTA. Interrogación.
PREMATURO. Precoz.
PREMIO. Galardón, lauro, recompensar.
PRENDA. V. Garantía.
PRENDER. V. Capturar.
PRESBICIA. Vista cansada, hipermetropía.
PRESENTIMIENTO. Corazonada, barrunto.
PRESERVAR. V. Proteger.
PRESIDIO. V. Penal.
PRESTAR. Emprestar, dejar.
PRESUMIR. V. Suponer.
PRESUNTUOSO. Vano, fantasioso; fantasmón.
PRETÉRITO. Pasado.
PRETEXTO. V. Excusa.
PRIMACÍA. Prioridad.
PRIMAVERAL. Vernal.

PRIMOGENITURA. Mayorazgo, progenitura.
PRINCIPAL. Primero; precipuo.
PROBAR. Catar.
PROCESAR. Encartar, empapelar, encauzar.
PROCURAR. Pretender, tratar de, intentar.
PRODIGIO. Portento.
PRÓDIGO. Derramado, malgastador, manilargo, derrochador, despilfarrador.
PROFETA. Vidente.
PRÓFUGO. Desertor, tornillero.
PROFUNDIZAR. Ahondar.
PROFUNDO. Hondo.
PROHIBIR. Privar, impedir, vedar.
PRÓJIMO. Semejante.
PROLE. Familia.
PRÓLOGO. Proemio, prefacio, introducción, preámbulo.
PROMETER. Ofrecer.
PRONUNCIAR. Proferir.
PROPAGAR. V. Divulgar.
PROPENDER. V. Tender.
PROPORCIONADO. V. Conveniente.
PRORROGAR. V. Aplazar.
PROSCRIPCIÓN. V. Destierro.
PROSOPEYA. Personificación.
PROTECCIÓN. V. Auxilio.
PROTECTOR. Padrino, valedor.
PROTEGER. Amparar, defender, escudar, resguardar, salvaguardar, respaldar, preservar, favorecer, apoyar; apadrinar, auspiciar, patrocinar.
PROTESTANTISMO. Reforma, religión reformada.
PROTOCOLO. Registro.
PROTOTIPO. Arquetipo.
PROVECHO. V. Ganancia.
PROVENIR. Dimanar, promanar, venir de; obedecer a.
PROVISIONAL. V. Interino.
PROYECTAR. Planear, planificar.
PRUDENCIA. Cordura, seso, medida, juicio, aplomo, sabiduría, sensatez, buen sentido.
PUBLICAR. V. Divulgar; promulgar.
PUESTA. Ocaso.
PUGNA. V. Lucha.
PULGAR. Pólice, dedo gordo.
PUNZAR. Picar, pinchar, punchar, pungir.
PUTREFACCIÓN. Podredura, pudrimiento, corrupción, pudrición.

Q

QUEJA. Lamento.
QUERER. V. Desear.
QUIETO. Quedo.
QUIMÉRICO. Imaginario.
QUITAMANCHAS. Sacamanchas.

R

RABIOSO. Hidrófobo.
RACIOCINIO. Razonamiento.
RAER. Raspar.
RÁFAGA. Racha, jugada.
RAMERA. Meretriz, mujer pública, mujer de vida airada, prostituta, puta.
RÁPIDO. Raudo.
RAPTAR. Robar.
RAQUETA. Pala.
RASGAR. Desgarrar.
RATIFICAR. Reafirmar, refirmar, confirmar, roborar, corroborar.
RAYA. Línea.
REAVIVAR. V. Vivificar.

REBAÑO. Manada.
REBOTAR. Resaltar.
REBOTE. V. Retroceso.
REBUZNO. Roznido.
RECADO. Mensaje, misiva.
RECAUDACIÓN. Colecta.
RECELO. V. Miedo.
RECETAR. Formular, ordenar.
RECÍPROCO. Mutuo.
RECOBRO. Recuperación.
RECOMPENSA. V. Premio.
RECONVENCIÓN. Admonición, monición, amonestación, reprensión, reproche, cargo, recriminación, regaño, peluca, recorrido, repasata, repaso, reprimenda, repulsa, rociada, sermón, bronca, felpa, rapapolvo, zurrapelo.
RECORDAR. Memorar, rememorar.
RECORRIDO. Trayecto.
RECREACIÓN. Recreo, solaz, expansión, esparcimiento, asueto.
RECRIMINACIÓN. V. Reconvención.
RÉDITO. Interés.
REDUNDANCIA. V. Exceso.
REEMPLAZAR. Substituir, suplir; relevar, revezar, suplantar; V. Representar.
REFLEXIONAR. V. Pensar.
REGALO. Fineza, agasajo, obsequio, presente, ofrenda, don, merced, donación, donativo, dádiva.
REGIR. Dirigir, gobernar; regentar.
REGOCIJO. V. Alegría.
REHUIR. V. Evitar.
REHUSAR. Declinar, renunciar, dimitir, rechazar, repudiar.
REIMPRIMIR. Reeditar.
REMEDIAR. Subsanar.
REMIENDO. V. Compostura.
REMOTO. V. Lejano.
RENUNCIAR. V. Rehusar.
REPERCUSIÓN. V. Resonancia.
REPRESENTAR. Significar, patentizar, mostrar; V. Reemplazar.
REQUEBRAR. Piropear, echar o decir flores, florear.
REQUERIMIENTO. Intimación.
RESABIO. V. Dejo.
RESBALAR. Irse los pies.
RESENTIMIENTO. Quejar, escozor, resquemor, rencor.
RESIDIR. Habitar, vivir, morar.
RESIDUO. Resto, remanente, restante; diferencia, resto, resta.
RESOLUCIÓN. Determinación, decisión.
RESOLVER. Determinar, decidir, solucionar, solventar; zanjar.
RESONANCIA. Repercusión, tornavoz, eco.
RESPLANDOR. Refulgencia, fulgor.
RESPUESTA. Contestación.
RESTA. Substracción.
RESTRINGIR. Acortar, reducir, limitar.
RESUMIR. Recapitular.
RETO. Desafío.
RETOÑO. Hijuelo, rebrote, serpollo, renuevo.
RETRETE. Evacuatorio, excusado, común.
RETROCEDER. Recular, recejar, rebotar, resurtir.
RETROCESO. Reculada, rechazo, rebote, resurtida; regresión.
REUNIR. V. Juntar.
REVALIDAR. Confirmar, convalidar.
REVERBERAR. V. Resplandecer.
REVOCAR. V. Abolir.
REZO. Oración, plegaria.
REZUMAR. Resudar, sudar, exudar, trazumar.
RICO. Acomodado, adinerado, acaudalado, pudiente, potentado, opulento.
RÍGIDO. V. Tieso.
RIÑA. V. Lucha.

ROCE. Rozamiento, rozadura.
RODEAR. Cercar, circuir, circundar, circunvalar.
RODEO. Desviación.
ROGAR. Pedir, solicitar, instar, suplicar, implorar, impetrar, deprecar.
RONCHA. Rueda, rodaja.
RONQUERA. Afonía, enronquecimiento; tajada, carraspera.
RUBÍ. Carbunclo, carbúnculo, piropo, rubín.
RUFIÁN. Chulo.

S

SABAÑÓN. Friera.
SABROSO. Gustoso, rico.
SACRIFICAR. Inmolar.
SAETA. Flecha.
SAGACIDAD. Astucia, perspicacia, olfato; V. Tacto.
SALPICADURA. Salpicón, salpique.
SALTAR. Brincar; resaltar; pasar por alto, dejar, omitir.
SALTO. Brinco, bote; cascada, catarata.
SALUBRIDAD. Sanidad.
SALVOCONDUCTO. V. Pasaporte;
SANGUINARIO. Sangriento, sanguinoso.
SANTORAL. Hagiografía.
SAQUEO. Saco.
SECCIÓN. Corte; sector.
SECULARIZAR. Temporalizar.
SEDICIÓN. Sublevación.
SEDIMENTO. Poso, solada, suelo; precipitado; hez, lías, pie, zupia, madre, solera.
SEGLAR. Secular.
SEGREGAR. Secretar.
SEGUIR. Suceder; continuar, proseguir.
SEMANAL. Hebdomadario, semanario.
SEMEJANTE. Parecido, similar, análogo, afín, parejo, parigual, igual, idéntico.
SEMEJANZA. Parecido, semejante, similitud.
SEMEN. Esperma, simiente.
SEMICÍRCULO. Hemiciclo.
SEMILLA. Simiente.
SEMILLERO. Seminario; sementera, sementero, vivero.
SENECTUD. Vejez, ancianidad.
SENSATEZ. V. Prudencia.
SENSUAL. Sibarítico.
SENTENCIAR. Fallar.
SEÑA. Signo.
SEÑAL. Signo; V. Huella; V. Garantía.
SEPULCRO. Enterramiento, losa, sarcófago, tumba, túmulo, mausoleo.
SEPULTAR. V. Enterrar.
SERENIDAD. Sangre fría.
SERPIENTE. Sierpe.
SERRALLO. Harem o harén.
SERRERÍA. Aserradero.
SERVIDOR. V. Criado.
SEVERO. Rígido, riguroso, inflexible, inexorable.
SIDERAL. Estelar, astral.
SIEMBRA. Sementera.
SIEN. Templa.
SIGLA. Abreviatura.
SIGNIFICACIÓN. Significado, sentido, acepción.
SILBA. Pita, pitada.
SILBATO. Chiflato, pito.
SILBIDO. Pitido, pitío.
SILENCIAR. Callar, reservar; omitir.
SILENCIOSO. Callado, reservado, taciturno.
SÍMBOLO. Emblema, alegoría.
SÍMIL. Comparación, semejanza.
SIMILAR. V. Semejante.
SIMPLICIDAD. Parvulez, ingenuidad.

SIMULAR. Fingir.

SIMULTÁNEO. V. Contemporáneo.

SINCERO. Veraz, verdadero, verídico, de buena fe, abierto, franco; sencillo, candoroso, cándido, ingenuo.

SÍNCOPE. Desmayo, desvanecimiento, congoja, soponcio.

SINO. V. Hado.

SINOPSIS. V. Compendio.

SINVERGÜENZA. V. Desvergonzado.

SITIO. Asedio, cerco.

SOBACO. Axila.

SOBERBIA. Engreimiento, orgullo, arrogancia, altivez, hinchazón, ínfulas, altanería, vanidad. V. Envanecimiento.

SOBÓN. Pegajoso.

SOBORNAR. Untar, corromper; cohechar.

SOBRESALIR. Campar, campear, dominar, descollar, destacarse, distinguirse, escollar, sobrepasar, sobrepujar, requintar, aventajar.

SOCIEDAD. Asociación; agrupación, colectividad; entidad, corporación; círculo, peña, casino, ateneo, hermandad, cofradía, archicofradía, gremio, colegio, sindicato; compañía, razón social, empresa.

SOCORRO. V. Auxilio.

SOLAZ. V. Recreación.

SOLEDAD. Nostalgia, añoranza, morriña.

SOLICITAR. V. Rogar.

SOLILOQUIO. Monólogo.

SOLIPSISMO. Egoísmo metafísico.

SOLO. Singular, señero.

SOLTERÍA. Celibato.

SOMÁTICO. V. Corporal.

SOMBRÍO. Umbrío, sombroso, umbroso, umbrátil.

SOMETER. V. Dominar.

SOMNOLENCIA. Soñolencia, adormecimiento; V. Sueño.

SONSONETE. Soniquete.

SOPLÓN. V. Espía y Delator.

SOPOR. V. Sueño.

SOPORTAL. Porche.

SORBETE. Helado.

SORBO. Buche, buchada, bocanada.

SORTEO. Rifa.

SOSLAYAR. V. Evitar.

SOSO. Inexpresivo, zonzo.

SOSPECHAR. Barruntar, remusgar, presumir, conjeturar, imaginar, suponer.

SUASORIO. Persuasivo, convincente.

SUBASTA. V. Almoneda.

SÚBDITO. Vasallo.

SUBIR. Ascender; V. Crecer; V. Levantar; elevar, aumentar, encarecer.

SUBLEVACIÓN. Levantamiento, alzamiento, sedición, rebelión; motín, tumulto, algarada, asonada, revuelta; facción; revolución, subversión.

SUBLIME. Elevado, levantado.

SUBMÚLTIPLO. Divisor, factor.

SUBSTITUIR. V. Reemplazar.

SUBTERRÁNEO. Soterraño; sótano.

SUBVERSIÓN. V. Sublevación.

SUBYUGAR. V. Dominar.

SUCESO. V. Acontecimiento.

SUCIO. Inmundo, puerco, cochino; sórdido.

SUDAR. Transpirar, resudar, trasudar; rezumar, exudar.

SUDOR. Transpiración, resudor, trasudor; exudación.

SUEGRA. Madre política.

SUEGRO. Padre político.

SUELDO. Remuneración, retribución, estipendio, haber, paga, mensualidad, salario, soldada, emolumentos.

SUEÑO. Dormida; adormecimiento, somnolencia, sopor; ensueño; quimera, ilusión, fantasía.

SUERTE. Fortuna.

SUFRAGAR. V. Pagar.

SUFRIDO. Pasible, paciente, resignado.

SUFRIR. Resignarse; soportar.

SUGERIR. Insinuar.

SUJECCIÓN. Ligadura, atadura, traba.

SUJETAR. V. Dominar.

SUMARIO. V. Compendio.

SUMERSIÓN. Inmersión, baño.

SUNTUOSO. Real, regio.

SUPERABUNDANCIA. Sobreabundancia, plétora.

SUPERFLUIDAD. V. Exceso.

SUPLICAR. V. Rogar.

SUPLICIO. Tormento, tortura.

SUPLIR. V. Reemplazar.

SUPONER. Presumir, creer, conjeturar, figurarse, pensar, sospechar; implicar.

SUPOSICIÓN. Hipótesis, supuesto, presunción, conjetura.

SUPRIMIR. V. Abolir; V. Omitir.

SUR. Mediodía; austro, noto, ostro.

SURGIR. V. Manar.

SUSPENDER. Colgar; interrumpir; desaprobar, reprobar; calabacear, dar calabazas, catear, revolcar.

SUSTO. Sobresalto, espanto; V. Miedo.

SUSURRAR. Murmurar; rumorear(se), runrunear(se), sonar(se).

T

TABAQUISMO. Nicotismo.

TABERNA. Tasca.

TACTO. Tiento; mano izquierda, táctica, política, diplomacia, mundología, sagacidad.

TACHAR. Rayar, testar, tildar.

TALADRAR. V. Horadar.

TAMAÑO. Magnitud, grandor.

TANGIBLE. Tocable, palpable.

TAÑIDO. Toque.

TAPAR. Obturar; V. Ocultar.

TAQUIGRAFÍA. Estenografía.

TARACEA. Ataracea, marquetería, mosaico de madera.

TAREA. Tanda, labor; tajo.

TASAR. V. Valorar.

TAURO. Toro.

TEDIO. Aburrimiento, desgana, hastío.

TELA. Paño.

TELETIPO. Teleimpresor.

TEMA. Lema.

TEMBLAR. Tremer; rilar, titiritar, tiritar, extremecerse; trepidar.

TEMOR. V. Miedo.

TEMPESTAD. Temporal, tormenta; tronada.

TEMPLADO. Tibio.

TEMPLANZA. Temperancia, morigeración, frugalidad, abstinencia, continencia.

TEMPLO. Iglesia.

TÉMPRANO. Precoz, prematuro.

TENDER. Tirar a, inclinarse a.

TENIA. Solitaria.

TENSIÓN. Tirantez; presión.

TERCO. Voluntarioso, constante, tenaz, tesonero.

TERMINAR. Acabar, rematar, concluir, finalizar, ultimar.

TERNERO. Choto.

TERREMOTO. Temblor de tierra, seísmo.

TERRITORIO. Suelo.

TERROR. V. Miedo.

TESTIFICAR. Atestiguar, testimoniar.

TETA. Mama, ubre; pecho, seno.

TÉTRICO. Sombrío.

TIENTO. V. Tacto.

TIESO. Rígido, inflexible, yerto.

TIMBALERO. Atabalero.

TÍMPANO. Témpano; tambor.

TINAJA. Tina.

TINTE. Tintura; tintorería.

TIOVIVO. Caballitos.

TIRA. Cinta, lista.

TIRANO. Déspota.

TIRRIA. V. Antipatía.

TÍSICO. Tuberculoso, hético.

TIZA. Clarión.

TOBA. Tosca, tufo.

TOCABLE. V. Tangible.

TOCADO. V. Loco.

TOLERAR. Sufrir; aguantar.

TOMAR. V. Asir; conquistar.

TOMO. Volumen.

TONALIDAD. Tono.

TONEL. Barril, pipa.

TONTO. Papirote, zopenco, necio.

TOPETÓN. Tope, topada, topetazo, choque.

TORCEDURA. Torsión, torcimiento.

TORERO. Diestro, lidiador.

TORIL. Chiquero, encerradero, encierro.

TORNISCÓN. Tornavirón.

TORSIÓN. V. Torcedura.

TORTUGA. Galápago.

TORTURA. Suplicio; V. Dolor.

TOSTADO. Torrefacto.

TOSTAR. Torrar, asar, turrar.

TÓXICO. V. Veneno.

TOZUDO. V. Terco.

TRABAJO. Labor.

TRABAR. V. Juntar; V. Asir; entablar.

TRACTO. Trecho.

TRADUCCIÓN. Versión.

TRADUCIR. Verter, interpretar, trasladar, volver.

TRÁFICO. Tránsito.

TRAGAR. Engullir, pasar, ingerir, deglutir; sorber.

TRAGÓN. V. Comilón.

TRAICIÓN. Prodición, alevosía.

TRAJE. V. Vestido.

TRAMAR. Urdir, maquinar.

TRANSCRIPCIÓN. Copia.

TRANSEÚNTE. Viandante.

TRANSFERIR. Trasmitir, traspasar.

TRANSFORMACIÓN. Metamorfosis.

TRANSFORMAR. V. Cambiar.

TRANSFORMISMO. Evolucionismo.

TRANSGRESIÓN. Infracción.

TRANSMARINO. Ultramarino.

TRANSPIRACIÓN. V. Sudor.

TRANSPORTAR. Acarrear.

TRASEGAR. Transvasar.

TRASERO. V. Culo.

TRASLADAR. Trasmudar, cambiar.

TRASLATICIO. Figurado, trópico, tropológico.

TRASMUNDO. Ultramundo, ultratumba.

TRATADO. Pacto, trato, contrato.

TRECHO. Tracto, lapso.

TREPAR. Encaramarse.

TREPIDAR. V. Temblar.

TRIAR. V. Escoger.

TRIBUTO. Contribución, impuesto; carga, gabela.

TRIPA. V. Abdomen.

TRIPLICAR. Tresdoblar.

TRISCAR. Trabar.

TRISTEZA. V. Dolor; melancolía, murria, sentimiento.

TRIUNFAR. Ganar, vencer.

TROGLODITA. Cavernícola.

TROLA. V. Mentira.

TRONCO. Torso.

TRONO. Solio.

TROPEZÓN. Traspié.

TROPOLÓGICO, CA. Traslaticio, trópico.

TRUEQUE. Cambio, trocamiento, trueco.

TRUNCAR. Troncar.

TUBERCULOSIS. Tisis.

TUBERÍA. Cañería.

TUFO. Vaho.

TULLIDO. Impedido, paralítico, imposibilitado.
TUNDA. V. Zurra.
TURCO. Otomano.
TURNO. Tanda, vez.

U

UBICUIDAD o **UBIQUIDAD.** Omnipresencia.
ÚLCERA. Llaga.
ULTIMAR. V. Terminar.
ÚLTIMO. Postrero.
ULTRATUMBA. Trasmundo, ultramundo.
UMBRAL. Tranco; limen; lumbral.
UNGIR. Untar.
UNIÓN. Concordia.
UNIR. V. Juntar; hermanar.
URDIR. Tramar.
URGENCIA. Perentoriedad, prisa premura; precisión, necesidad.
USAR. Emplear, gastar.
USO. Usanza, costumbre.
ÚTIL. V. Apto.
ÚVULA. Campanilla, galillo, gallillo.

V

VACILAR. Dudar, balbucir, titubear, oscilar, fluctuar.
VAGAR. Divagar, érrar, vaguear.
VAHO. Exhalación.

VALEDOR. Protector, padrino.
VALENTÓN. Jaque, jaquetón, chulo, matamoros, matasiete, balandrón, terne, ternejal, perdonavidas, tragahombres.
VALENTONERÍA. Majeza, guapeza, chulería.
VALORAR. Valuar, evaluar, tasar, justipreciar, tallar; avalorar, valorizar.
VANIDAD. V. Soberbia y Envanecimiento.
VANO. Hueco, huero.
VAPULEO. V. Zurra.
VARÓN. Hombre.
VASCUENCE. Vasco, éuscaro.
VEJEZ. Ancianidad.
VELOCIDAD. Rapidez.
VELOZ. Rápido, presto.
VENCER. Ganar, triunfar.
VENENO. Tóxico. V. Envenenar.
VENGAR. Vindicar.
VENTISCA. Nebasca.
VENUS. Afrodita.
VERANIEGO. Estival.
VERBAL. Oral.
VERGEL. V. Jardín.
VERGÜENZA. Rubor, sonrojo, bochorno, sofoco, sofocón.
VERNAL. Primaveral.
VERTEDERO. Escombrera, derramadero.
VESTIDO. Ropaje, traje, ropa, indumentaria.
VETO. Prohibición.
VIANDANTE. Transeúnte.
VICTORIA. Triunfo.
VIEJO. Anciano; provecto; vetusto.
VIGILIA. Vela, velación, trasnochada.
VIL. V. Malo.
VIRGINIDAD. Doncellez, integridad.
VISIBLE. Patente, claro, ostensible.

VÍSPERA. Vigilia.
VIVIENDA. V. Habitación.
VIVIFICAR. Revivificar, avivar, reavivar.
VOCACIÓN. Llamamiento.
VOCEAR. Gritar, vociferar, chillar, desgañitarse.
VOLATILIZAR. V. Evaporar.
VOLTERETA. Cabriola, pirueta, tumbo; vuelta.
VOMITAR. Devolver, volver, rendir; trocar, arrojar, provocar.
VUELTA. Giro.

Y

YEMA. Botón, gema, gromo, grumo.
YERTO. V. Tieso.
YUNTA. Par.

Z

ZAFIEDAD. V. Grosería.
ZAHERIR. Satirizar, motejar.
ZAHÓN. Delanteras, zafón.
ZAMPOÑA. Caramillo.
ZANCADILLA. Trascabo, traspié.
ZÓCALO. Suelo, zoco.
ZOQUETE. Tarugo, zote, marmolillo, zopenco.
ZUECO. Almadreña, madreña, zoclo, choclo, chanclo, zoco.
ZURRA. Azotaina, manta, somanta, panadera, pega, felpa, solfa, sotana, tentadura, tocata, tollina, vapuleo, vuelta, zurribanda.